世界最新
英汉医学辞典

A Contemporary English-Chinese Dictionary of
the World's Medicine

白永权

世界图书出版公司

西安 北京 广州 上海

(陕)新登字014号

图书在版编目(CIP)数据

世界最新英汉医学辞典/白永权主编.—西安:世界图书出版公司西安公司,1999,8
ISBN 7-5062-4232-X

Ⅰ.世… Ⅱ.白… Ⅲ.医药学-词典-英、汉 Ⅳ.R-61

中国版本图书馆CIP数据核字(1999)第35217号

世界最新英汉医学辞典

主 编 白永权
责任编辑 张栓才

世界图书出版西安公司出版发行
(西安市南大街17号 邮政编码710001)
咸阳萌芽激光照排中心照排
西北大学印刷厂印刷
全国各地新华书店、外文书店总经销
开本 787×1092 1/32 字数:3800千字 印张:65.75
2000年1月第1版 2002年4月第6次印刷
ISBN 7-5062-4232-X/R·411
W×4232 定价:(精)88.00元

《世界最新英汉医学辞典》编写人员名单

主 编

白永权

副主编

范晓晖　李永安　孔红梅　朱　元

编 者

陈向京	范晓晖	李　明	卫朝霞	孔红梅	李永安	朱　元
张　鑫	晏国莉	彭　帆	张　华	胡　梅	乔玉玲	石永清
朱金萍	刘　静	许　颖	吴　莹	白安平	马晓梅	白　冰
胡勇强	李　瑛	韦祥刚	王春岩	刘志慧	方大兴	白　斌
郭　青	贺长中	陈永花	许崇明	李万敬	李　震	杨　梅
高雨田	黄正荣	赵跃君	李　莹	陈念宁	胡　建	刘道践
范华泉						

责任编辑

张栓才

前　言

　　《世界最新英汉医学辞典》是以《道兰氏英汉医学辞海》最新版为蓝本,参考《斯特德曼医学大辞典》、《道兰氏袖珍医学辞典》、《邱吉尔利文斯通医学大辞典》、《汉德森生物学术语辞典》、《斯考特简明生物学辞典》等辞典编写而成。《道兰氏英汉医学辞典》自1905年出版以来,一直被公认为20世纪医学词汇的权威指南。

　　在当今时代,科学技术的发展日新月异,知识呈爆炸式在增长和传播,各学科之间的相互交叉和渗透越来越紧密,每项新成果、新发现和新产品都会孕育出大量新词汇和新术语。因此,在《世界最新英汉医学辞典》的编写过程中,我们特别强调收词的广泛性和新颖性,特别注意收编医学各学科和与医学相关学科的新词汇。《世界最新英汉医学辞典》所收的词汇覆盖了医学的所有学科和与其相关的其他自然和社会学科近10万条。

　　为确保词汇收编的科学性与准确性,对经有关国际学术组织审定的解剖学词汇、药品名称、酶的名称等,我们注出了其审定机构。对收编的大多数词条,我们编写了其词源/人物信息,为研究词的来源和本义,以及了解杰出医学科学家的生平简历和他们的丰功伟绩提供了方便和更多信息。

　　在辞典的最后,我们编写了七个附录:医学常用缩略词、解剖学词汇(包括:动脉、骨骼、肌肉、神经和静脉词汇)、摄氏和华氏温度对应表、公制倍数和约数、重量和计量表、公制与药衡计量近似对应表和实验室检查参考值。这些附录不仅扩充了《世界最新英汉医学辞典》的信息量，而且为广大读者阅读和查阅提供了方便。

《世界最新英汉医学辞典》是许多作者共同努力和辛勤劳动的结果，参加编写的人员都希望她能成为我国医药工作者、医药学研究人员和医科院校师生阅读英文书刊和学习医学英语时的一本权威工具书。

在《世界最新英汉医学辞典》的编写过程中，我们与世界图书出版西安公司张栓才经理的合作是非常愉快和成功的。他对我们的编写工作给予了鼎力支持和指导，在此表示感谢。

最后需要特别说明的是，尽管我们全体编写人员做了大量细致而艰苦的工作，但由于我们水平有限，难免有所失误，敬请广大读者批评指正。

主编　白永权
1999 年 8 月

使 用 说 明

（一） 词条

本辞典词条内包含有本词、音标、所有格、复数形式、词源、人物信息、中文译名和次词条等分项，并按此顺序排列。但是并非每个词条中都有这些分项。

（二） 本词

1. 本词在书中位于每一词条之首，印为黑正体。
2. 本词以字母顺序排列，本词自身中的空格和连字符在排列顺序时，均被忽略。

如：

formboard	**heart**
form-class	**heartbeat**
formc	**heart block**
form-family	**heartburn**

3. 辞典中有些本词以专用名词开始，这种词条的排列顺序如下：

（1）所有格"'s"在按字母排序时，"'s"不计算在内。如 Addison's planes 排在 addisonian 之前。

（2）专用名词后跟的词不计入按字母排序之内。

（3）专用名词由两个词构成时，两个词都计入排序。如：Babinski-Fröhlich syndrome, Babinski-Nageotte syndrome, Babinski-Vaquez syndrome。

（4）德语中的元音变化（ö, ü）不计入排序。如：Löwe's ring, Lowe's syndrome, Lowe-Terry-Maclachlan syndrome, Löwenberg's canal, Löwenthal's tract, Lower's ring。

（5）以 Mac 或 Mc 开始的名字，在排序时都被看作为 Mac。

4. 化学名词排序时,其斜体前缀(如,*o*-,*p*-,*m*-,*trans*-,*cis*-)、数字、希腊字母和其他前缀(如,D-,L-,d-,l-,(+)-,(-)-)不计入排序。

(三) 注音

1. 采用国际音标注音。音标排白正体,放在方括号内,紧跟本词排列。
2. 本词有几种发音时,只注其常见的一种。
3. 如果本词是一个复合词时,只给其首次出现的词注音。

(四) 复数与所有格形式

1. 对于外来语(希腊语和拉丁语)词条,在其音标后、圆括号内,用英文 plural 的正体缩写 pl. 和英文斜体字注出其复数形式。不规则英语名词的复数形式也用同样方式注出。

 如:**stoma** [ˈstəumə](pl. *stomas* 或 *stomata*)...
 　　tooth [tuːθ](pl. *teeth*)...

2. 在解剖学名词中,拉丁语被用来表示"the X of Y"类型词组。如,拉丁语 *arcus aortae* 等于英文"the arch of the aorta"。英文"of"引导的介词短语等于拉丁语的所有格。由于这种原因,拉丁语名词的所有格用英文 genitive 的缩写 gen. 加以注明,排列在音标之后,圆括号内。

 如:**papilla** [pəˈpilə](gen. 和 pl. *papillae*)...
 　　os [ɔs](gen. *oris*, pl. *ora*)...

(五) 词源

1. 一个本词的词源,如果有的话,排列在音标后或者所有格/复数形式后,圆括号内。如:本词 **dualism** 的词源部分(L. *duo* two),L. 是拉丁语的缩写,斜体字 *duo* 是该词的词源,two 是其英语译文。但有些词条只给出其词源或译文。

 如:**kidney**...(L. *ren*; Gr. *nephros*)...

frange...(Fr. "brush")...
innervation...(L. *in* into + *nervus* nerve)...

（六） 人物信息

有些本词含有专用名词,常以冠名名词为主。这种本词的传记、地理或其他信息材料在音标后圆括号内,用英文注出。

如：**Down syndrome** ［daun］（John Langdon Haydon *Down*, English physician,1828-1896）道氏综合征。

（七） 中文译名

1. 中文译名是英文本词的中文对等词。
2. 一个本词有多个中文译名时,分别用反白体 ❶,❷,❸,……来表示。
3. 次词条的中文译名与主词条相同。如有多个中文译名时,分别用①,②,③,……来表示。

（八） 次词条

1. 次词条的本词为黑正体,另起行,缩回两个英文字母排写。
2. 次词条的本词也按英文字母顺序排列。
3. 在排列顺序时,次词条本词中的介词、连词和冠词均被忽略。主词条本词常用其第一个字母代替。

如：**lamina**   **prolapse**

    l. affixa   anal p.

    alar l.   p. of anus

    l. alaris   p. of cord

    laminae albae cerebelli   frank p.

    anterior limiting l.   p. of iris

4. 如果次词条本词是拉丁词时,其所有格和复数形式均按其主格单数形式看待。如：*os craniale*, *ossis cranialis*, *ossa cranialia* 和 *ossium cranialium* 的排序。

(九) 缩略语

本书中常用的缩略语及其全称和中文译名如下：

Ar.	Arabic 阿拉伯语
DSM-Ⅲ-R	*Diagnostic and Statistical Manual of Mental Disorders* of the American Psychiatric Association, 3rd edition-Revised (1987) 美国精神病学学会 1987 年修订出版的第三版《精神病诊断与统计手册》
EC	Enzyme Commission number (e. g., citrate (si)-synthase...[EC 4.1.3.7]) from the Recommendations of the Nomenclature Committee of the International Union of Biochemistry and Molecular Biology on the Nomenclature and Classification of Enzymes published in *Enzyme Nomenclature* (1992) 酶委员会确定的酶编号：1992 年《酶的命名》中出版的国际生化和分子生物联盟命名委员会关于酶的命名和分类的建议
Fr.	French 法语
gen.	genitive 所有格
Gr.	Greek 希腊语
Ger.	German 德语
It.	Italian 意大利语
L.	Latin 拉丁语
NA	*Nomina Anatomica*《拉丁语解剖学名词》
NF	*National Formulary*《美国国家药品集》
pl.	plural 复数
Port.	Portuguese 葡萄牙语
Sp.	Spanish 西班牙语
USAN	*United States Adopted Names*《美国法定药名》
USP	*United States Pharmacopeia*《美国药典》

目 录

编写人员名单
前言
使用说明

词汇 ··· (1~1886)

附录 ·· (1887)
 1. 医学常用缩写词 ·· (1888)
 2. 解剖学词汇 ··· (1922)
    动脉 ··· (1922)
    骨骼（按人体部位排列） ································ (1954)
    骨骼 ··· (1958)
    肌肉 ··· (1964)
    神经 ··· (1992)
    静脉 ··· (2022)
 3. 摄氏和华氏温度对应表 ···································· (2051)
 4. 公制倍数和约数 ·· (2054)
 5. 重量和计量表 ··· (2055)
 6. 公制和药衡计量近似对应表 ······························ (2064)
 7. 实验室检查参考值 ·· (2067)

A

A ❶ (*accommodation* 的符号)调节;❷ (*adenine* 的符号)腺嘌呤;❸ (*adenosine* 的符号)腺苷;❹ (*ampere* 的符号)安培;❺ (*anode* 的符号)阳极,正极;❻ (*anterior* 的符号)前的;❼ (*alveolar gas* 的符号)肺泡气(用作下角标)

A. (L. *annum* 的缩写)年

A ❶(*absorbance* 的符号)吸收率;❷ (*activity* 定义3的符号)活性;❸ (*admittance* 的符号)入院,收入;❹ (*area* 的符号)区,区域,面积;❺ (*mass number* 的符号)质量数

AⅠ 第一听觉区

AⅡ 第二听觉区

A₂ (*aortic second sound* 的符号)主动脉瓣区第二音

Å (*angstrom* 的符号)埃

a ❶ (*accommodation* 的符号)调节;❷ (*atto-* 的符号)阿托;❸ (*arterial blood* 的符号)动脉血(用作下角标)

a. ❶ (L. *annum* 的缩写)年;❷ (L. *aqua* 的缩写)水;❸ (L. *arteira* 的缩写)动脉

a- ❶ (Gr.)缺乏,缺少;❷ (L.)分离,分隔;离开,远离

a ❶ (*specific absorptivity* 的符号)比吸收率;❷ (*acceleration* 的符号)加速度;❸ (*activity* 定义2的符号)活动度

ā (L. *ante* 的缩写)在……前面

α ❶ alpha,第一个希腊字母;❷ (*Bunsen coefficient* 的符号)本生氏吸收系数

α- ❶ 与主要功能基紧接的碳原子;❷ 光活性物质的转变旋光度;❸ 环外原子或基团的定向;❹ 蛋白电泳时随 α 带(可分为 α₁ 带和 α₂ 带)转动的血浆蛋白;❺ 系列相关化合物中的一种,尤其是立体异构的,同源异构的,聚合的和同素异性的组成;❻ 具有相同命名的一组物质中的一种

AA ❶ (*achievement age* 的缩写)智力成就年龄;❷ (*Alcoholics Anonymous* 的缩写)戒酒俱乐部;❸ (*amino acid* 的缩写)氨基酸

$\overline{AA}$ (Gr. *ana* of each)每

$\overline{aa}$ 每

aa. (L. *arteriae* 的缩写)动脉

AAA (American Association of Anatomists 的缩写)美国解剖学家协会

AAAS (American Association for the Advancement of Science 的缩写)美国科学发展协会

AABB (American Association of Blood Banks 的缩写)美国血库协会

AACP (American Academy of Child Psychiatry 的缩写)美国儿童精神病学会

AACP ❶ (American Association of Colleges of Pharmacy 的缩写)美国药学院协会;❷ (American Academy of Cerebral Palsy 的缩写)美国大脑性瘫痪学会

AAD (American Academy of Dermatology 的缩写)美国皮肤病学会

AADP (American Academy of Denture Prosthetics 的缩写)美国义齿修复学会

AADR (American Academy of Dental Radiology 的缩写)美国牙科放射学会

AADS (American Association of Dental Schools 的缩写)美国牙科学校学会

AAE (American Association of Endodontists 的缩写)美国牙髓病学家协会

AAFP (American Association of Family Physicians 的缩写)美国家庭医师学会

AAGP (American Academy of General Practice 的缩写)美国全科医师学会

AAI (American Association of Immunologists 的缩写)美国免疫学家协会

AAID (American Academy of Implant Dentistry 的缩写)美国植牙学会

AAIN (American Association of Industrial Nurses 的缩写)美国工业护士协会

AAMA (American Association of Medical Assistants 的缩写) 美国助理医师协会

AAMC (American Association of Medical Colleges 的缩写) 美国医学院协会

AAMD (American Association on Mental Deficiency 的缩写) 美国智能缺陷协会

AAMT (American Association for Medical Transcription 的缩写) 美国医学转录协会

AAN (American Academy of Neurology 的缩写) 美国神经病学学会

AAO ❶ (American Association of Orthodontists 的缩写) 美国正牙医师协会; ❷ (American Academy of Ophthalmology 的缩写) 美国眼科学会; ❸ (American Academy of Otolaryngology 的缩写) 美国耳鼻喉科学会

AAOP (American Academy of Oral Pathology 的缩写) 美国口腔病理学学会

AAOS (American Academy of Orthopaedic Surgeons 的缩写) 美国矫形外科医师学会

AAP ❶ (American Academy of Pediatrics 的缩写) 美国儿科学会; ❷ (American Academy of Pedodontics 的缩写) 美国儿童牙科学会; ❸ (American Academy of Periodontology 的缩写) 美国牙周病学会; ❹ (American Association of Pathologists 的缩写) 美国病理学家协会

AAPA (American Academy of Physician Assistants 的缩写) 美国内科助理医师学会

AAPB (American Association of Pathologists and Bacteriologists 的缩写) 美国病理学家和细菌学家协会

AAPMR (American Academy of Physical Medicine and Rehabilitation 的缩写) 美国物理医学和康复医学学会

AAPS (American Association of Plastic Surgeons 的缩写) 美国整形外科医师学会

Aarane ['ɛərən] 阿尔兰。色甘酸钠制剂的商品名

AARC (American Association for Respiratory Care 的缩写) 美国呼吸护理协会

Aaron's sign ['ɛərənz] (Charles Dettie *Aaron*, American physician, 1866-1951) 阿隆氏征

Aarskog syndrome ['ɑːskɔg] (Dagfinn Charles *Aarskog*, Norwegian pediatrician, born 1928) 阿斯柯格综合征

Aarskog-Scott syndrome ['ɑːskɔg skɔt] (D. C. *Aarskog*, Charles I. *Scott*, Jr., American pediatrician, 20th century) 阿-斯二氏综合征

Aase syndrome ['eiz] (Jon Morton *Aase*, American pediatrician, born 1936) 阿色综合征

AAV (adeno-associated virus 的缩写) 腺相伴病毒

AB (L. *Artium Baccalaureus* 的缩写) 文学学士

Ab (antibody 的缩写) 抗体

ab (拉丁语前置词) 从, 由, 自

ab- (L. *ab* from) 离, 从

abacterial [ˌeibæk'tiəriəl] ❶ 非细菌性的; ❷ 无细菌的

Abadie's sign [ɑːbɑː'diː] (1. Charles *Abadie*, French ophthalmologist, 1842-1932. 2. Joseph Louis Irenée *Abadie*, French neurologist, 1873-1946) 阿巴蒂氏征

abalienation [æˌbeiliə'neiʃən] (L. *ab* away + *alienar* to transfer) 精神错乱, 疯狂

abaptiston [ˌəbæp'tistən] (pl. *abaptista*) (*a* neg. + Gr. *baptein* to dip) 安全开颅圆锯, 开颅环钻

abarognosis [ˌeibærəg'nəusis] (*a* neg. + Gr. *baros* weight + *gnōsis* knowledge) 压觉缺失, 辨重不能

abarthrosis [ˌeibɑː'θrəusis] (*ab-* + L. *arthrosis*) 动关节

abarticular [ˌæbɑː'tikjulə] ❶ 不影响关节的; ❷ 关节外的

abarticulation [ˌæbɑːˌtikju'leiʃən] (*an-* + L. *articulatio* joint) ❶ 关节脱位; ❷ 动关节, 滑膜关节

abasia [ə'beiziə] (*a* neg. + Gr. *basis* step + *-ia*) 步行不能

   a. astasia 立行不能

   a. atactica 共济失调性步行不能

   choreic a. 舞蹈病性步行不能

   paralytic a. 麻痹性步行不能, 瘫痪性步行不能

   paroxysmal trepidant a. 阵发震颤性步行不能

   spastic a. 痉挛性步行不能, 阵发震颤性步行不能

   trembling a., a. trepidans 震颤性步行不能

abasic [ə'beisik] 步行不能的
abate [ə'beit] 减轻,减少
abatement [ə'beitmənt] 减轻,减少
abatic [ə'bætik] 步行不能的
abbau ['æbau] (Ger."decomposition", "breakdown") ❶ (化学物质)放能分解; ❷ (化学物质)分解; ❸ 分解代谢产物
Abbe's condenser [ə'bez] (Ernst Karl *Abbe*, German physicist, 1840-1905) 阿伯氏聚光镜
Abbe's flap ['æbiz] (Robert *Abbe*, American surgeon, 1851-1928) 阿伯氏皮瓣
Abbe-Zeiss counting chamber (**counting cell**) [ə'be 'tsais] (E. K. *Abbe*; Carl *Zeiss*, German optician, 1816-1888) 阿-泽二氏计数池
Abbocillin-DC [ˌæbə'silin] 阿伯西林
Abbott's method ['æbəts] (Edville Gerhardt *Abbott*, American surgeon, 1870-1938) 阿波特氏法
Abbott-Miller tube ['æbət 'milə] (William Osler *Abbott*, American physician, 1902-1943; T. Grier *Miller*, American physician, 1886-1981) 阿-米二氏管
Abbott-Rawson tube ['æbət 'rɔːsən] (William Osler *Abbott*; Arthur J. *Rawson*, American medical physicist, born 1896) 阿-罗二氏管
ABC (aspiration biopsy cytology 的缩写) 针吸活检细胞学
abdomen ['æbdəmən] (L., possibly from *abdere* to hide) 腹部
  acute a. 急腹症
  boat-shaped a. 舟状腹
  carinate a. 舟状腹
  navicular a. 舟状腹
  a. obstipum 曲腹
  pendulous a. 悬垂腹
  scaphoid a. 舟状腹
  surgical a. 急腹症
abdominal [æb'dɔminəl] (L. *abdominalis*) 腹部的
abdomin(o)- (L. *abdomen*) 腹
abdomino-anterior [ˌæb'dɔminəuænˈtiəriə] (*obs.*) 腹向前
abdominocentesis [æbˌdɔminəusen'tiːsis] (*abdomino-* + *centesis*) 腹部穿刺
abdominocystic [æbˌdɔminəu'sistik] 腹胆囊的
abdominogenital [æbˌdɔminəu'dʒenitəl] 腹生殖器的
abdominohysterectomy [æbˌdɔminəuˌhistə'rektəmi] 剖腹子宫切除术,腹式子宫切除术
abdominohysterotomy [æbˌdɔminəu'histə'rɔtəmi] 剖腹子宫切开术,腹式子宫切开术
abdominoperineal [æbˌdɔminəu'periniːl] 腹与会阴的
abdominoposterior [æb'dɔminəupəusˌtiəriə] (*obs.*) 腹向后
abdominoscopy [æbˌdɔmi'nɔskəpi] (*abdomino-* + Gr. *skopein* to inspect) 腹腔镜检查,腹腔镜检查法
abdominoscrotal [æbˌdɔminəu'skrəutəl] 腹阴囊的
abdominothoracic [æbˌdɔminəuθɔː'ræsik] 腹胸的,腹部胸廓的
abdominouterotomy [æbˌdɔminəuˌjuːtə'rɔtəmi] 剖腹子宫切开术,腹式子宫切开术
abdominovaginal [æbˌdɔminəu'vædʒinəl] 腹阴道的
abdominovesical [æbˌdɔminəu'vesikəl] 腹膀胱的
abducens [æb'djuːsənz] (L. "drawing away") 外展的
abducent [æb'djuːsənt] (L. *abducens*) 外展的,展的
abduct [æb'dʌkt] (*ab-* + L. *ducere* to draw) 展
abduction [æb'dʌkʃən] 展,外展
abductor [æb'dʌktə] (L.) 展肌
ABE (acute bacterial endocarditis 的缩写) 急性细菌性心内膜炎
abembryonic [ˌæbembri'ɔnik] (*ab-* + Gr. *embryon* embryo) 胚胎外的,离开胚胎的
abenteric [ˌæbən'terik] (L. *ab-* away from + Gr. *enteron* intestine) 肠外的
abepithymia [ˌæbepi'θimiə] (L. *ab-* from + Gr. *epithymia* a longing) 性感缺乏,情欲冷淡
abequose ['æbikwəus] 马流产菌糖
Abernethy's fascia ['æbəniθiz] (John *Abernethy*, British surgeon and anatomist, 1764-1831) 艾伯内西氏筋膜

aberrancy [ə'berənsi] 心电脉冲传导偏差
  acceleration-dependent a. 加速依赖性心电脉冲传导偏差
  bradycardia-dependent a. 心动过缓依赖性心电脉冲传导偏差
  deceleration-dependent a. 减速依赖性心电脉冲传导偏差
  tachycardia-dependent a. 心动过速依赖性心电脉冲传导偏差
aberrant [æ'berənt] 迷失或脱离常轨的
aberratio [ˌæbə'reiʃiəu] (L., from *aberrare* to wander away from) 迷失,偏离常轨
  a. testis 睾丸异位
aberration [ˌæbə'reiʃən] (L. *aberratio*) 偏离,偏差
  chromatic a. 色象差
  chromatic a., lateral 横色象差
  chromatic a., longitudinal 纵象差
  chromosome a. 染色体畸变
  dioptric a. 折射象差
  distantial a. 距离象差
  intraventricular a. 心室间传导(电脉冲)偏差
  lateral a. 旁(向)象差
  longitudinal a. 纵(向)象差
  mental a. 精神迷乱,精神障碍
  meridional a. 子午图象差
  newtonian a. 色象差
  penta-X chromosomal a. 5-X 染色体畸变
  spherical a. 球面象差
  spherical a., negative 负球面象差
  spherical a., positive 正球面象差
  tetra-X chromosomal a. 4-X 染色体畸变
  triple-X chromosomal a. 3-X 染色体畸变
  zonal a. 带象差
abetalipoproteinemia [eiˌbeitəˌlipəuˌprəuti'niːmiə] 血 β-脂蛋白缺乏
  normotriglyceridemic a. 正常甘油三酯性血 β-脂蛋白缺乏
abevacuation [ˌæbiˌvækju'eiʃən] (L. *ab-* away from + *euacnation*) ❶ 转移;❷ 排泄失常
ABG (arterial blood gases 的缩写) 动脉血气
abiatrophy [ˌæbai'ætrəfi] 生活力缺失
abient ['æbiənt] 避开的
abietic acid [ˌæbi'etik] 松香酸

abiochemistry [ˌæbiəu'kemistri] (Gr. neg. + *bios* life + *chemeia* chemistry) 无生物化学,无机化学
abiogenesis [ˌeibaiəu'dʒenəsis] (*a* neg. + Gr. *bios* life + Gr. *genesis* generation) ❶ 自然发生,非生物起源;❷ 无生源说
abiogenetic [ˌeibaiəudʒə'netik] 自然发生的
abiogenous [ˌeibai'ɔdʒinəs] 自然发生的
abionergy [ˌeibai'ɔnədʒi] (*a* neg. + Gr. *bios* life + *ergon* work) 生活力缺损
abiophysiology [ˌæbiəuˌfizi'ɔlədʒi] (Gr. *abios* lifeless + *physiology*) 无机生理学
abiosis [ˌeibai'əusis] (*a* neg. + Gr. *bios* life + *-osis*) ❶ 无生活力;❷ 生活力缺失
abiotic [ˌeibai'ɔtik] ❶ 无生命的;❷ 生活力缺失的;❸ 抗生命的
abiotrophic [ˌeibaiəu'trɔfik] 生活力缺失的
abiotrophy [ˌeibai'ɔtrəfi] (*a* neg. + Gr. *bios* life + *trophē* nutrition) 生活力缺失
  retinal a. 视网膜生活力缺失
abirritant [æb'iritənt] (*ab-* + L. *irritans* irritating) ❶ 减轻或缓和刺激;❷ 缓和药
abirritation [ˌæbiri'teiʃən] ❶ 应激性减弱;❷ 张力缺乏,弛缓
abirritative [æb'iriˌtətiv] 减弱应激性的,和缓的
abiuret [ə'baijuəret] (*a* neg. + *biuret*) 双缩脲反应阴性的,无双缩脲反应的
abiuretic [əˌbaijuə'retik] 双缩脲反应阴性的,无双缩脲反应的
ablactation [ˌæblæk'teiʃən] (L. *ablactatio*, from *ab* from + *lactare* to give milk) ❶ 断乳;❷ 泌乳停止
ablastemic [ˌeiblæs'temik] (*a* neg. + Gr. *blastēma* a shoot) 非芽生的
ablastin [ə'blæstin] 制繁殖素
ablate [æb'leit] (L. *ablatus* removed) 切除,摘除
ablatio [æb'leiʃiəu] (L.) ❶ 脱离;❷ 部分切除术
  a. placentae 胎盘早期脱离
  a. retinae 视网膜脱离
ablation [æb'leiʃən] ❶ 脱离;❷ 部分切除术

catheter-induced a. 导管切除术
chemical a. 化学切除
electrical a. 电灼疗法
ablepharia [ˌæbliˈfɛəriə] 无睑(畸形)
ablepharon [əˈblefərɔn] 无睑(畸形)
ablepharous [əˈblefərəs] 无睑的
ablepsia [əˈblepsiə] (*a* neg. + Gr. *blepsis* sight + *-ia*) 视觉缺失,盲
abluent [ˈæbluənt] (*ab-* + L. *luens* washing) ❶ 清洗的; ❷ 清洗剂
abluminal [əˈbluːminəl] 来自管腔的,离开管腔的
ablution [əˈbluːʃən] (L. *ablutio* a washing) 清洗
ablutomania [ˌæbˌluːtəˈmeiniə] (L. *ablutio* a washing + *mania*) 清洗癖,沐浴癖
abmortal [æbˈmɔːtəl] 来自损伤(死亡)部的
abneural [æbˈnjuːrəl] (L. *ab* from + *neuron* nerve) ❶ 高中枢神经的; ❷ 发自神经的
abnormal [æbˈnɔːməl] (*ab-* + L. *norma* rule) 异常的
abnormality [ˌæbnɔːˈmæliti] ❶ 异常,反常; ❷ 畸形
  potential a. of glucose tolerance (pot AGT) 葡萄糖耐量潜在异常
  previous a. of glucose tolerance (prev AGT) 葡萄糖耐量既往异常
abnormity [æbˈnɔːmiti] ❶ 异常,反常; ❷ 畸形
abocclusion [ˌæbɔˈkluːʒən] (*obs.*) 上下齿列不合,咬合不密
abolition [ˌæbəʊˈliʃən] 废止,停顿
  a. of function 官能停顿
abomasitis [ˌæbəməˈsaitis] 皱胃炎
abomasum [ˌæbəˈmæsəm] (*ab-* + L. *omasum* paunch) 皱胃
aborad [æˈbɔːræd] 离口的
aboral [æˈbɔːrəl] 对口的,离口的,远口的
aboriginal [ˌæbəˈridʒinəl] 土著的
abort [əˈbɔːt] (L. *aboriri* to miscarry) ❶ 顿挫; ❷ 使流产; ❸ 流产; ❹ 发育不全
aborticide [əˈbɔːtisaid] (L. *abortus* abortion + *caedere* to kill) ❶ 杀胎,堕胎; ❷ 堕胎药
abortient [əˈbɔːtiənt] ❶ 堕胎的; ❷ 堕胎药
abortifacient [əˌbɔːtiˈfeiʃənt] (L. *abortio* abortion + *facere* to make) ❶ 堕胎的; ❷ 堕胎药
abortion [əˈbɔːʃən] (L. *abortio*) ❶ 流产,小产; ❷ 顿挫
  accidental a. 意外流产
  ampullar a. 输卵管壶腹流产
  artificial a. 人工流产
  complete a. 完全流产
  contagious a. 传染性流产
  contagious equine a. 马传染性流产
  enzootic a. of cattle 牛地方性流产
  enzootic a. of ewes 羊地方性流产
  equine epizootic a. 马传染性流产
  equine virus a. 马病毒流产
  foothill a. 牛地方性流产
  habitual a. 习惯性流产
  idiopathic a. 特发性流产
  imminent a. 紧迫流产
  incomplete a. 不完全流产
  induced a. 人工流产
  inevitable a. 难免流产,进行性流产
  infected a. 感染性流产
  infectious a. 传染性流产
  missed a. 过期流产,稽留流产
  a. in progress 进行性流产,不可避免性流产
  recurrent a. 复发性流产
  septic a. 脓毒性流产
  spontaneous a. 自发流产,自然流产
  therapeutic a. 治疗性流产
  threatened a. 先兆流产
  tubal a. 输卵管流产
  vibrio a. 弧菌性流产,传染性流产
abortionist [əˈbɔːʃənist] 堕胎者
abortive [əˈbɔːtiv] (L. *abortivus*) ❶ 发育不完全的; ❷ 堕胎的,堕胎药; ❸ 顿挫的
abortus [əˈbɔːtəs] (L.) 流产胎
abouchement [ɑːbuːʃˈmɔŋ] (Fr.) 注入,汇入
aboulia [əˈbjuːliə] 意志缺失
ABP (arterial blood pressure 的缩写) 动脉血压
abrachia [əˈbreikiə] (*a* neg. + Gr. *brachiōn* arm + *-ia*) 无臂(畸形)
abrachiatism [əˈbreikiəˌtizəm] 无臂畸形

abrachiocephalia [əˌbreikiəusiˈfeiliə] (*a* neg. + Gr. *brachīon* arm + *kephalē* head + *-ia*) 无头无臂(畸形)

abrachiocephalus [əˌbreikiəuˈsefələs] 无头无臂畸胎

abrachius [əˈbrækiəs] 无臂,先天性缺臂

abradant [əˈbreidənt] ❶ 擦除的,擦破的; ❷ 磨擦剂

abrade [əˈbreid] 擦除,磨损

Abrahams' sign [ˈeibrəhæmz] (Robert *Abrahams*, American physician, 1861-1935) 阿布拉哈姆氏征

Abrams' heart reflex [ˈeibrəmz] (Albert *Abrams*, American physician, 1863-1924) 阿布拉姆斯心反射

abrasio [əˈbræsiəu] (L.) ❶ 擦除,擦破; ❷ 磨损,磨耗
  a. corneae 角膜上皮擦伤

abrasion [əˈbreiʃən] (L. *abrasio*) ❶ 磨损,磨耗; ❷ 擦伤

abrasive [əˈbreisiv] ❶ 致擦除的,致擦伤的; ❷ 磨擦剂

abrasor [əˈbreizə] 擦除器,磨除器,刮除器

abreaction [ˌæbri(:)ˈækʃən] (*ab-* + *reaction*) 精神疏泄
  motor a. 运动性精神疏泄

abreuography [ˌæbruːˈɔgrəfi] (Manoel de *Abreu*, Brazilian physician, 1892-1962) (*obs.*) 阿布汝摄影术

Abrikosov's (Abrikossoff's) tumor [ɑːbriˈkɔsɔfs] (Aleksei Ivanovich *Abrikosov*, Russian pathologist, 1875-1955) 阿布里科索夫瘤

abrin [ˈeibrin] 相思豆毒素

abrism [ˈeibrizəm] 相思豆中毒

abrosia [əˈbrəuziə] (Gr. *abrōsia* fasting) 断食,禁食

abruptio [əˈbrʌpʃiəu] (L. from *abrumpere* to break off from) 分离,分开
  a. placentae 胎盘早期脱离

Abrus precatorius [ˈeibrəs prikəˈtɔriəs] (L. Leguminosae) 相思子,相思树

abs- (L. *abs*, variant of *ab*) 离,从

abscess [ˈæbsis] (L. *abscessus*, from *abs* away + *cedere* to go) 脓肿
  acute a. 急性脓肿
  acute dentoalveolar a. 急性牙槽脓肿
  alveolar a. 牙槽脓肿
  amebic a. 阿米巴脓肿
  apical a. ① 尖端脓肿; ② 根尖脓肿
  apical a., acute 急性根尖脓肿
  apical a., chronic 慢性根尖脓肿
  appendiceal a., appendicular a. 阑尾脓肿
  arthrifluent a. 蚀关节性脓肿
  bartholinian a. 前庭大腺脓肿
  Bezold's a. 贝措尔德氏脓肿
  bicameral a. 双腔脓肿
  bile duct a. 胆管脓肿
  biliary a. 胆道脓肿
  bone a. ① 骨髓炎; ② 化脓性骨膜炎
  brain a. 脑脓肿
  broad ligament a. 阔韧带脓肿
  Brodie's a. 布拉地氏脓肿,骨骺端脓肿
  canalicular a. 乳小管脓肿
  caseous a. 干酪样脓肿
  cheesy a. 干酪样脓肿
  cholangitic a. 胆管脓肿
  chronic a. 慢性脓肿
  circumtonsillar a. 扁桃体周脓肿
  cold a. ① 无热脓肿,寒性脓肿; ② 结核性脓肿
  collar-button a. 领扣状脓肿
  dental a. 牙脓肿
  dentoalveolar a. 牙槽脓肿
  diffuse a. 弥漫性脓肿
  Douglas' a. 道格拉斯氏脓肿,直肠子宫陷窝脓肿
  dry a. 干性脓肿
  Dubois' a. 杜伯伊斯氏脓肿
  epidural a. 硬膜外脓肿
  epiploic a. 网膜脓肿
  extradural a. 硬膜外脓肿
  fecal a. 粪脓肿
  frontal a. 额叶脓肿
  gas a. 气脓肿
  gingival a. 龈脓肿
  gravitation a., gravity a. 流注性脓肿, 引力性脓肿
  helminthic a. 蠕虫性脓肿
  hot a. 热性脓肿
  hypostatic a. 坠积性脓肿,游走性脓肿
  intradural a. 硬膜内脓肿
  intramastoid a. 乳突内脓肿
  ischiorectal a. 坐骨直肠窝脓肿
  kidney a. 肾脓肿

lacrimal a. 泪囊脓肿
lacunar a. 尿道陷窝脓肿
lateral a., lateral alveolar a. 根侧脓肿
mammary a. 乳腺脓肿,乳房脓肿
mastoid a. 乳突脓肿
metastatic a. 转移性脓肿
metastatic tuberculous a. 转移性结核性脓肿
migrating a. 游走性脓肿
miliary a. 粟粒状脓肿
Munro a. 蒙罗氏脓肿
orbital a. 眶脓肿
palatal a. 腭脓肿
parafrenal a. 系带旁脓肿
parametrial a., parametric a. 子宫旁脓肿
paranephric a. 肾周脓肿
parietal a. 牙周脓肿
Pautrier's a. 泡特瑞尔氏脓肿
pelvic a. 盆腔脓肿
pelvirectal. 骨盆直肠脓肿
periapical a. (牙根)尖周脓肿
pericoronal a. 冠周脓肿
peridental a. 牙周脓肿
perinephric a. 肾周脓肿
periodontal a. 牙周脓肿
peripleuritic a. 胸膜周脓肿
peritoneal a. 腹膜脓肿
peritonsillar a. 扁桃体周脓肿
periureteral a. 输尿管周脓肿
phlegmonous a. 蜂窝织炎性脓肿
phoenix a. 菲尼克斯脓肿
Pott's a. 波特氏脓肿
premammary a. 乳腺前脓肿
psoas a. 腰肌脓肿
pulp a., pulpal a. ①牙髓脓肿；②指垫脓肿
pyemic a. 脓毒症性脓肿
renal a. 肾脓肿
residual a. 残余脓肿
retromammary a. 乳腺后脓肿
retroperitoneal a. 腹膜后脓肿
retropharyngeal a. 咽后脓肿
retrotonsillar a. 扁桃体后脓肿
ring a. 环形脓肿
root a. (牙)根脓肿
satellite a. 卫星(式)脓肿
septicemic a. 败血症性脓肿
serous a. 浆液性脓肿
shirt-stud a. 哑铃形脓肿
spermatic a. 精索脓肿
splenic a. 脾脓肿
stercoraceous a., stercoral a. 粪脓肿
sterile a. 无菌脓肿
stitch a. 缝线脓肿
strumous a. 瘰疬性脓肿
subaponeurotic a. 腱膜下脓肿
subareolar a. 乳(房)晕皮下脓肿
subdiaphragmatic a. 膈膜下脓肿
subdural a. 硬脑膜下脓肿
subfascial a. 筋膜下脓肿
subgaleal a. 帽状腱膜下脓肿
submammary a. 乳腺下脓肿
subpectoral a. 胸肌下脓肿
subperiosteal a. 骨膜下脓肿
subperitoneal a. 腹膜下脓肿
subphrenic a. 膈下脓肿
subscapular a. 肩胛骨下脓肿
sudoriparous a. 汗腺脓肿
superficial a. 浅脓肿
suprahepatic a. 肝上脓肿
sympathetic a. 交感性脓肿
syphilitic a. 梅毒性脓肿
thecal a. 腱鞘脓肿
thymic a. 胸腺脓肿
Tornwaldt (Thornwaldt) a. 托恩瓦尔德特氏脓肿
tuberculous a. 结核性脓肿
tubo-ovarian a. 输卵管卵巢脓肿
tympanitic a. 气脓肿
tympanocervical a. 鼓室颈部脓肿
tympanomastoid a. 鼓室乳突脓肿
urethral a. 尿道脓肿
urinary a. 尿脓肿
verminous a. 蠕虫性脓肿
vitreous a. 玻璃体脓肿
von Bezold's a. 弗·贝措尔德脓肿
wandering a. 游走性脓肿
Welch's a. 维尔奇氏脓肿
worm a. 蠕虫性脓肿
abscessus [æb'sesəs] (L.) 脓肿
abscise [æb'saiz] ❶ 切断；❷ 消除
abscissa [æb'sisə] (L. (*linea*) *abscissa* cut-off line, from *abscindere* to cut off) ❶ 横坐标；❷ 水平距离
abscission [æb'siʃən] (L. *ab* from +

scindere to cut)切除术

corneal a. 角膜切除术

absconsio [æbˈskɔnsiəu]（pl. *absconsiones*）(L.) 骨窝

abscopal [æbˈskɔpəl] 远位的，伴随远隔的

absence [ˈæbsəns] 癫痫性失神

abs. feb. (L. *absente febre* 的缩写) 无（发）热时

Absidia [æbˈsidiə] 犁头霉属

absinthe [ˈæbsinθ] 苦艾酒

absinthium [æbˈsinθiəm] 苦艾

absolute [ˈæbsəlut] (L. *absolutus*, from *absolvere* to set loose) 不受限制的，未限制的；未化合的，未结合的

absorb [əbˈsɔːb] 吸收

absorbance [əbˈsɔːbəns] 吸光度

absorbefacient [əbˌsɔːbiˈfeiʃənt] (L. *absorbere* to absorb + *facere* to make) ❶ 促吸收的；❷ 吸收剂

absorbency [əbˈsɔːbənsi] 吸光度

absorbent [əbˈsɔːbənt] (L. *absorbens*, from *ab* away + *sorbere* to suck) ❶ 吸收的；❷ 吸收体；❸ 吸收剂

absorptiometer [əbˌsɔːpʃiˈɔmitə] (*absorption* + *-meter*) ❶ 液体吸气计；❷ 吸收比色计

absorptiometry [əbˌsɔːpʃiˈɔmitri] 吸收测定法

dual photon a. 双光子吸收测定法

absorption [əbˈsɔːpʃən] (L. *absorptio*) ❶ 吸收(作用)；❷ 全神贯注；❸ 吸能

agglutinin a. 凝集素吸收

enteral a. 肠内吸收

external a. 外吸收

internal a. 内吸收

interstitial a. 间质吸收

intestinal a. 肠吸收

net a. 净吸收

parenteral a. 肠胃外吸收，非肠胃吸收

absorptive [əbˈsɔːptiv] 能吸收的，吸收的

absorptivity [ˌæbsɔːpˈtiviti] 吸光率，吸光度

molar a. 克分子吸光率

specific a. 比吸光度

abst (abstract 的缩写) ❶ 摘要，提要；❷ 提出物，萃取物

abstergent [əbˈstəːdʒənt] (L. *abstergere* to cleanse) ❶ 洗涤的，净化的，纯化的；❷ 洗涤器，洗涤

abstinence [ˈæbstinəns] 节制，禁忌，戒除

abstr ❶ 摘要，提要；❷ 提出物，萃取物

abstract [ˈæbstrækt] (L. *abstractum*, from *abstrahere* to draw off) 摘要，提要

abstraction [æbˈstrækʃən] (L. *abstractus* past participle of *abstrahere* to draw away) ❶ 抽出，提取；❷ 拉长

abterminal [æbˈtəːminəl] (*ab-* + L. *terminus* end) 离末端的，从末端向中心的

abtorsion [æbˈtɔːʃən] 眼外转，眼外斜

Abulcasis [ˌəbulˈkæsis] 艾尔布卡西斯

abulia [əˈbjuːliə] (*a* neg. + Gr. *boulē* will + *-ia*) 意志缺失

abulic [əˈbjuːlik] 意志缺失的

Abulkasim [ˌəbjuːlˈkæsim] 艾尔布卡西斯

abulomania [əˌbjuːləuˈmeiniə] (*abulia* + Gr. *mania* madness) 意志缺失狂

abuse [əˈbjuːz] 滥用，误用

child a. 儿童虐待

drug a. 药物滥用

psychoactive substance a. (DSM-Ⅲ-R) 精神(性)药物滥用

substance a. (精神性)药物滥用

abut [əˈbʌt] ❶ 接触，接连，毗连；❷ 支托

abutment [əˈbʌtmənt] ❶ 接界(点)；❷ 承压部；❸ 桥基，基牙

auxiliary a. 辅(助)基牙

implant a. 种植基牙

intermediate a. 间隔基牙

isolated a. 间隔基牙，中间基牙

multiple a. 多桥基

primary a. 主桥基，主基牙

secondary a. 次基牙，辅(助)基牙

terminal a. 远端桥基，远端基牙

ABVD ABVD 联合疗法

AC ❶ (air conduction; alternating current; aortic closure; anodal closure; axiocervical; acromioclavicular 的缩写) 空气传导，交流电，主动脉瓣关闭，阳极通电，轴颈的，肩锁的；❷ 阿霉素(Adriamycin)和罗氮芥(cyclophosphamide)联合肿瘤化疗方案

Ac (*actinium* 的符号) 锕

a.c. (L. *ante cibum* 的缩写) 饭前

ACA ❶ (American College of Angiology 的缩写) 美国血管学会；❷ (American College of Apothecaries 的缩写) 美国药剂员

学会

Acacia [əˈkeiʃiə] (L., Gr. *akakia*)金合欢属，阿拉伯胶属
  A. catechu 儿茶
  A. georginae 乔氏金合欢
  A. senegal 阿拉伯胶树

acacia [əˈkeiʃiə] (L.; Gr. *akakia*) 阿拉伯胶，金合欢胶

acalcerosis [əˌkælsəˈrəusis] 缺钙

acalcicosis [əˌkælsaiˈkəusis] 缺钙症

acalculia [əkælˈkjuːliə] (*a* neg + L. *calculare* to reckon + *-ia*) 计算不能，失算症

acampsia [əˈkæmpsiə] (*a* neg + Gr. *kamptein* to bend + *-ia*) 屈挠不能

acantha [əˈkænθə] (Gr. *akantha* thorn) ❶ 棘；❷ 棘突

acanthaceous [ˌækənˈθeiʃəs] 有棘的

acanthamebiasis [əˌkænθəmiˈbaiəsis] 棘阿米巴病

Acanthamoeba [əˌkænθəˈmiːbə] (*acanth-* + Gr. *amoibē* change) 棘阿米巴属

acanthesthesia [əˌkænθisˈθiːzjə] (*acantho-* + Gr. *aisthēsis* sensation + *-ia*) 针刺感

Acanthia lectularia [əˈkænθiə ˌlektjuˈlɛəriə] 温带臭虫

acanthion [əˈkænθiən] (Gr. *akanthion* little thorn) 鼻前棘点，鼻棘

acanth(o)- (Gr. *akantha*) 棘状，棘，尖

Acanthobdellidea [əˌkænθədəˈlidiə] 棘蛭目

Acanthocephala [əˌkænθəˈsefələ] (*acantho-* + Gr. *kephalē* head) 棘头门，棘头纲

acanthocephalan [əˌkænθəˈsefələn] 棘头虫

acanthocephaliasis [əˌkænθəˌsefəˈlaiəsis] 棘头虫病

acanthocephalous [əˌkænθəˈsefələs] 棘头门虫的

Acanthocephalus [əˌkænθəˈsefələs] 棘头虫属

Acanthocheilonema [əˌkænθəˌkailəˈniːmə] 棘唇线虫属
  A. perstans 常现丝虫，常现棘唇线虫
  A. streptocerca 蟠尾丝虫

acanthocheilonemiasis [əˌkænθəˌkailəniˈmaiəsis] 棘唇虫病

acanthokeratodermia [əˌkænθəˌkerətəˈdəːmiə] (Gr. *akantha* prickle + *keras*, horn + *derma* skin) 角质肥厚，手足角质肥厚

acanthocyte [əˈkænθəsait] (*acantho-* + *-cyte*) 棘红细胞，棘刺细胞

acanthocytosis [əˌkænθəsaiˈtəusis] (*acanthocyte* + *-osis*) 棘红细胞(增多)症

acanthoid [əˈkænθɔid] (*acantho-* + Gr. *eidos* form) ❶ 棘样的，棘状的；❷ 多刺的，尖细如棘的

acantholysis [ˌækənˈθɔlisis] (*acantho-* + Gr. *lysis* a loosening) 皮肤棘层松解

acantholytic [əˌkænθəˈlitik] 皮肤棘层松解的

acanthoma [ˌækənˈθəumə] (*acanth-* + *-oma*) (pl. *acanthomas* or *acanthomata*) 棘皮瘤
  a. adenoides cysticum 囊性腺样棘皮瘤，囊状腺样上皮瘤
  clear cell a. 透明细胞棘皮瘤
  Degos a. 地高氏棘皮瘤
  pilar sheath a. 发鞘棘皮病

acanthopelvis [əˌkænθəˈpelvis] (*acantho-* + Gr. *pelyx* bowl) 棘状骨盆

acanthopelyx [əˌkænθəˈpeliks] 棘状骨盆

Acanthophis [əˈkænθəfis] 棘蛇属
  A. antarctica 澳洲蛇

Acanthopodina [əˌkænθəpɔˈdinə] (*acantho-* + Gr. *pous* foot) 棘足亚目

acanthosis [ˌækənˈθəusis] (*acanth-* + *-osis*) 棘皮症
  a. nigricans 黑棘皮症(病)

acanthotic [ˌækənˈθɔtik] 棘皮症的，棘皮病的

acanthrocyte [əˈkænθrəsait] 棘红细胞

acanthrocytosis [əˌkænθrəsaiˈtəusis] 棘红细胞(增多)症

a capite ad calcem [ei ˈkæpitə əd ˈkælsim] (L.) 自顶至踵

acapnia [əˈkæpniə] (*a* neg. + Gr. *kapnos* smoke + *-ia*) 血内二氧化碳缺乏，缺碳酸血(症)

acapnial [əˈkæpniəl] 血内二氧化碳缺乏的

acapnic [əˈkæpnik] 血内二氧化碳缺乏的

Acarapis [əˈkɑːrəpis] 螨属

acarbia [əˈkɑːbiə] 血内(重)碳酸盐缺乏，缺碳酸盐血(症)

acardia [eiˈkɑːdiə] (*a* neg + Gr. *kardia* heart) 无心(畸形)

acardiac [eiˈkɑːdiæk] 无心的

acardiacus [ˌeikɑːˈdaiəkəs] 无心畸胎
acardiohemia [əˌkɑːdiəuˈhiːmiə] (Gr. *a* neg. + *kardia* heart + *aema* blood) 心脏内血液缺乏
acardiotrophia [əˌkɑːdiəuˈtrəufiə] (Gr. *a* neg. + *kardia* heart + *trophe* nutrition) 心萎缩
acardius [əˈkɑːdiəs] (*a* neg. + Gr. *kardia* heart) 无心畸胎
  a. acephalus 无头无心寄生胎畸胎
  a. acormus 无躯干无心寄生胎畸胎
  a. amorphus 无定形无心寄生胎畸胎
  a. anceps 无躯无心畸胎
acari [ˈækərai] (L.) 螨,壁虱
acarian [əˈkɛəriən] 螨的,壁虱的
acariasis [ˌækəˈraiəsis] (Gr. *akari* mite + *-iasis*) 螨病,壁虱病
acaricide [əˈkærisaid] (L. *acarus* mite + *caedere* to slay) ❶ 杀螨的; ❷ 杀螨药
acarid [ˈækərid] 螨,粉螨,壁虱
Acaridae [əˈkæridiː] 螨科
acaridan [əˈkæridən] 螨
acaridiasis [əˌkæriˈdaiəsis] 螨病,壁虱病
Acarina [ˌækəˈrainə] 螨目,壁虱目
acarine [ˈækərain] 螨类,蜱螨类
acarinosis [əˌkæriˈnəusis] 螨病,壁虱病
acariosis [əˌkæriˈəusis] 螨病,壁虱病
acar(o)- (Gr. *akari*, L. *acarus* a mite) 螨,壁虱
acarodermatitis [ˌækərəuˌdəːməˈtaitis] 螨性皮炎
  a. urticarioides 荨麻疹样螨性皮炎
acaroid [ˈækərɔid] (Gr. *akari* a mite + *eidos* form) 螨样的
acarologist [ˌækəˈrɔlədʒist] 螨学家,蜱螨学家
acarology [ˌækəˈrɔlədʒi] (*acaro-* + *-logy*) 螨(类)学,蜱螨学
acarophobia [ˌækərəˈfəubjə] (*acaro-* + *phobia*) 螨恐怖,细小物恐怖
acarotoxic [ˌækərəˈtɔksik] 灭螨的,毒螨的
Acartomyia [əˌkɑːtɔˈmaijə] 茸蚊属
Acarus [ˈækərəs] (L; Gr. *akari* a mite) 螨属
  A. folliculorum 毛囊蠕螨
  A. gallinae 鸡皮刺螨
  A. hordei 麦螨
  A. rhyzoglypticus hyacinthi (洋)葱螨
  A. scabiei 疥螨
  A. siro 粗脚粉螨
  A. tritici 虱螨,袋形虱螨
acarus [ˈækərəs] (pl. *acari*) (L.) 螨,壁虱
acaryote [əˈkɛəriəut] ❶ 无核的; ❷ 无核细胞
ACAT ❶ (acyl CoA 的缩写) 酰基辅酶 A; ❷ (cholesterol acyltransferase 的缩写) 胆固醇转酰酶
acatalasemia [ˌeikætələiˈsiːmiə] 血过氧化氢酶缺乏(症)
acatalasia [ˌeikætəˈleiziə] 过氧化氢酶缺乏(症)
acatalepsia [əˌkætəˈlepsiə] (Gr. *a* neg. + *katalepsis* comprehension) ❶ 领悟不能; ❷ 诊断不明
acatamathesia [əˌkætəməˈθiziə] (Gr. *a* neg. + *katamathsis* understanding) 理解不能
acataphasia [əˌkætəˈfeiziə] 连续言语不能
acataposis [əˌkætəˈpəusis] (Gr. *a* neg. + *kata* down + *posis* swallowing or drinking) 咽物不能,吞咽不能
acatastasia [ˌækətæsˈteisiə] (Gr. *a* neg. + *katastasis* stability + *-ia*) 不正常,反常,异常
acatastatic [ˌækətæsˈtætik] 失规的,反常的
acatharsia [ˌækəˈθɑːsiə] (Gr. *a* neg. + *katharsis* purgation) 排泄不能
acathectic [ˌækəˈθektik] (*a* neg. + Gr. *kathexis* a retention) 排泄失禁的
acathexia [ˌækəˈθeksiə] 排泄失禁
acathexis [ˌækəˈθeksis] 无感动,情绪唤起不能
acathisia [ˌækəˈθiziə] 静坐不能,静坐恐怖
acaudal [eiˈkɔːdəl] 无尾的
acaudate [eiˈkɔːdeit] (*a* neg. + L. *cauda* tail)无尾的
acaulinosis [eiˌkɔːliˈnəusis] 无茎真菌病,无茎霉菌病
ACC (American College of Cardiology 的缩写) 美国心脏病学会
Acc (accommodation 的缩写) ❶ 调节; ❷ 适应
accelerant [əkˈselərənt] 催化剂

acceleration [əkˌseləˈreiʃən] (L. *accelera-tio*, from *ad* intensification + *celerare* to quicken) ❶ 加速(作用); ❷ 加速度
  a. of gravity 重力加速度
  negative a. 变慢,减速,负加速度
accelerator [əkˈseləreitə] (L. "hastener") ❶ 加速剂,加速器; ❷ 加速神经,加速肌; ❸ 促进剂
  C3b inactivator a. C3b 灭活加速剂
  serum prothrombin conversion a. (SPCA) 血清凝血酶原转变加速素
  serum thrombotic a. 血清凝血加速素
  a. urinae 球海绵体肌
accelerin [əkˈselərin] 加速因子,加速球蛋白
accelerometer [əkˌseləˈrɔmitə] 加速计,加速度计
accentuation [ækˌsentjuˈeiʃən] (L. *accentus* accent) 增强,亢进
acceptor [əkˈseptə] 受体,受器,受者
  hydrogen a. 受氢体
access [ˈækses] (L. *accessus* past part. of *accedere* to approach) 进路,通路
  arteriovenous (A-V) a. 动静脉短路,动静脉吻合
accessiflexor [əkˈsesəˌfleksə] 副屈肌
accessorius [ˌəkseˈsɔːriəs] (L. "supplementary") 副的
accessory [əkˈsesəri] (L. *accessorius*) 副的,辅助性的,附属的
accident [ˈæksidənt] 事故,意外伤害,意外情况
  cerebrovascular a. 脑血管意外,中风综合征,卒中综合征
accidentalism [ˌæksiˈdentəlizəm] 唯症象论
accident prone [ˈæksidənt prəun] 易致事故
ACCl (anodal closure clonus 的缩写) 阳极通电(肌)阵挛
acclimatation [əˌklaiməˈteiʃən] 服水土,水土适应,气候适应
acclimation [ˌækklaiˈmeiʃən] 服水土,水土适应,气候适应
acclimatization [əˌklaimətaiˈzeiʃən] 服水土,水土适应,气候适应
accolé [ɑːkɔːˈlei] 依附型,依附体
accommodation [əˌkɔməˈdeiʃən] (L. *ac-commodare* to adjust to) ❶ 调节; ❷ 适应
  absolute a. 绝对调节
  binocular a. 双眼调节
  excessive a. 调节过度
  histologic a. 组织调节
  negative a. 负(性)调节,视远调节
  nerve a. 神经适应
  positive a. 正(性)调整,近视调整
  relative a. 相对调节
  subnormal a. 低常调节,逊常调节
accommodative [əˌkɔməˈdeitiv] 调节的,适应的
accommodometer [əˌkɔməˈdɔmitə] (*accommodation* + *-meter*) 眼调节(力)计,眼调节测定器
accomplice [ɑːkɔmˈpliːs] (Fr.) 协同菌
accouchement [ɑːkuːʃˈmɔŋ] (Fr.) 生产,分娩
  a. forcé [fɔːˈsei] 强促分娩,强迫分娩,催促生产
accoucheur [ˌɑːkuːˈʃəː] (Fr.) 男助产士,男产科医师
accoucheuse [ɑːkuːˈʃəz] (Fr.) 女助产士,女产科医师
ACCP (American College of Chest Physicians 的缩写) 美国胸腔医师学会
accrementition [ˌækrimenˈtiʃən] (L. *ad* to + *crementum* increase) 增生
accretio [æˈkriːʃiəu] (L.) 粘连
  a. cordis, a. pericardii 心包粘连
accretion [əˈkriːʃən] (L. *ad* to + *crescere* to grow) ❶ 增积(加); ❷ 增积(物); ❸ 粘连
Accupril [ˈækjupril] 阿克普瑞:盐酸喹那啶制剂的商品名
accuracy [ˈækjurəsi] 准确性,准确度
Accutane [ˈækjutein] 阿克特恩
ACD (acid citrate dextrose 的缩写) 枸橼酸葡萄糖
ACE ❶ (angiotensin converting enzyme 的缩写) 血管紧张素转化酶; ❷ (adrenocortical extract 的缩写) 肾上腺皮质浸膏
acebutolol [ˌeisəˈbʌtəlɔl] 醋丁酰心安
acecainide hydrochloride [ˌeisəˈkeinaid] 盐酸胺酰醋苯胺
aceclidine [əˈseklidiːn] 醋克立定,乙酸喹核酯

acedapsone [ˌeisə'dæpsəun] 二乙酰氨苯砜
ACEL-IMUNE [ˌeiseli'mjuːn] 阿赛立免
acellular [ei'seljulə] 无细胞的,非细胞组成的
acelomate [ei'siːləmeit] 无体腔的
acelous [ei'seləs] (a neg. + Gr. *koilos* hollow) 无凹(面)的
acenesthesia [əˌsenis'θiːzjə] (a neg. + *cenesthesia*)(躯体)存在感觉缺失,自身感觉不良
acenocoumarin [əˌsiːnəu'kuːmərin] 新抗凝
acenocoumarol [əˌsiːnəu'kuːmərɔl] 新抗凝
acentric [ə'sentrik] (Gr. *akentrikos* not centric) ❶ 偏心的,非正中的,非中枢性的;❷ 无着丝粒(的)
aceognosia [ˌæsiəu'nəusiə] (Gr. *akos* remedy + *gnosis* knowledge) 治疗知识,治疗论
ACEP (American College of Emergency Physicians 的缩写) 美国急救医师学会
acephalia [ˌeisi'feiliə] (a neg. + Gr. *kephalē* head) 无头(畸形)
Acephalina [əˌsefə'linə] (a neg. + Gr. *kephalē* head) 无头亚目
acephalism [ə'sefəlizəm] 无头(畸形)
acephalobrachia [əˌsefələu'breikiə] (a neg. + Gr. *kephalē* head + *brachiōn* arm + -ia)(先天性)无头无臂(畸形)
acephalobrachius [əˌsefələu'breikiəs] 无头无臂畸胎
acephalocardia [əˌsefələu'kɑːdiə] (a neg. + Gr. *kephalē* head + *kardia* heart + -ia)(先天性)无头无心(畸形)
acephalocardius [əˌsefələu'kɑːdiəs] 无头无心畸胎
acephalochiria [əˌsefələu'kaiəriə] (a neg. + Gr. *kephalē* head + *cheir* hand + -ia) (先天性)无头无手(畸形)
acephalochirus [əˌsefələu'kaiəriəs] 无头无手畸胎
acephalocyst [əˌsefə'ləusist] (a neg. + Gr. *kephalē* head + *kystis* bladder) 无头囊
acephalogaster [əˌsefələu'gæstə] (a neg. + Gr. *kephalē* head + *gastēr* belly) 无头胸上腹畸胎

acephalogastria [əˌsefələu'gæstriə] (先天性)无头胸上腹(畸形)
acephalopodia [əˌsefələu'pəudiə] (a neg. + Gr. *kephalē* head + *pous* foot + -ia) (先天性)无头无足(畸形)
acephalopodius [əˌsefələu'pəudiəs] 无头无足畸胎
acephalorhachia [əˌsefələu'reikiə] (a neg. + Gr. *kephalē* head + *rhachis* spine + -ia) (先天性)无头无脊柱(畸形)
acephalostomia [əˌsefələu'stəumiə] (a neg. + Gr. *kephalē* head + *stoma* mouth + -ia) (先天性)无头无口(畸形)
acephalostomus [əˌsefə'lɔstəməs] 无头无口畸胎
acephalothoracia [əˌsefələuθɔː'reisiə] (a neg. + Gr. *kephalē* head + *thōrax* chest + -ia) (先天性)无头无胸(畸形)
acephalothorus [əˌsefələu'θɔːrəs] 无头无胸畸胎
acephalous [ə'sefələs] 无头的
acephalus [ə'sefələs] (pl. *acephali*) (a neg. + Gr. *kephalē* head) 无头畸胎
  a. **dibrachius** 双臂(不全性)无头畸胎
  a. **dipus** 双腿(不全性)无头畸胎
  a. **monobrachius** 单臂无头畸胎
  a. **monopus** 单腿无头畸胎
  a. **paracephalus** 不全颅无脑畸胎
  a. **sympus** 无头并足畸胎
acephaly [ə'sefəli] 无头畸胎
acepromazine maleate [ˌeisə'prɔməziːn] 马来酸乙烯丙嗪
Aceraria [ˌæsə'reəriə] 无角(线虫)属
  A. **spiralis** 螺旋无角线虫
aceratosis [əˌserə'təusis] (Gr. *a* neg. + *keras* horn) 角化不全
acerin ['æsərin] 槭素
acerola [eisə'rəulə] 黄褥药果
acervuline [ə'səːvjulain] (L. *acervulus* little heap) 堆集的,集合的
acervuloma [əˌsəːvju'ləumə] (L. *acervulus* little heap + *oma* tumor) 沙样瘤
acescence [ə'sesəns] (L. *acescere* to become sour) ❶ 酸度;❷ 变酸
acescent [ə'sesənt] 微酸的
acesodyne [ə'sesədain] (Gr. *akestos* healing + *adyne* pain) ❶ 止痛的;❷ 止痛药
acetabula [ˌæsə'tæbjulə] 髋白

acetabular [ˌæsə'tæbjulə] 髋臼的

Acetabularia [ˌæsəˌtæbju'lɛəriə] 伞藻属

acetabulectomy [ˌæsətæbju'lektəmi] (*acetabulum* + Gr. *ektomē* excision) 髋臼切除术

acetabuloplasty [ˌæsə'tæbjuləˌplæsti] (*acetabulum* + Gr. *plassein* to form) 髋臼成形术

acetabulum [ˌæsə'tæbjuləm] (pl. *acetabula*) (L. "vinegar-cruet" from *acetum* vinegar) (NA) 髋臼
  sunken a. 髋关节内陷

acetal ['æsətəl] 乙缩醛

acetaldehyde [ˌæsi'tældihaid] 乙醛,醋醛

acetaldehyde dehydrogenase [ˌæsi'tældihaid di'haidrədʒəneis] 乙醛脱氢酶

acetamide [ə'setəmaid] 乙酰胺,醋酰胺

acetamidine [ˌæsi'tæmidi:n] 乙脒,醋脒

acetaminophen [əˌsetə'minəfen] (USP) 扑热息痛,对乙酰氨基酚,醋氨酚

acetanilid [ˌæsi'tænilid] (*acetic* + *aniline*) 乙酰苯胺,退热冰,苯胺,萨罗芬

acetarsol [ˌæsi'tɑːsɔl] 乙酰胂酚,阿西塔胂

acetarsone [ˌæsi'tɑːsəun] 乙酰胂胺,阿西塔胂

acetas [ə'siːtəs] (L.) ❶ 乙酸盐;❷ 乙酸酯;❸ 乙酸根(基)

acetate ['æsəteit] ❶ 乙酸盐;❷ 乙酸酯;❸ 乙酸根(基)
  cellulose a. 乙酸纤维素

acetate-CoA ligase [æsəteit kəu'ei 'laigeis] (EC 6.2.1.1) 乙酸硫激酶

acetazolamide [ˌæsitə'zɔləmaid] (USP) 乙酰唑胺,醋唑磺胺
  a. sodium, sterile (USP) 灭菌醋唑磺胺钠

acetenyl [ə'siːtənil] 乙炔基

Acetest ['æsətest] 丙酮检出试剂

aceteugenol [ˌæsi'tjuːdʒinɔl] 乙酰丁香酚

acetic [ə'siːtik] 醋酸的,醋的
  a. aldehyde 乙醛

acetic acid [ə'siːtik æsid] 乙酸,醋酸
  glacial a.a. 冰醋酸

aceticoceptor [əˌsitikəu'septə] 乙酰受体,乙酰基团

acetify [ə'setifai] 醋酸化,使醋化,使变醋

acetimeter [ˌæsi'timitə] (L. *acetum* vinegar + *-meter*) 醋酸(比重)计

acetin ['æsitin] 乙酸甘油酯

Acetivibrio [æˌsiti'vibriə] 醋酸弧菌

acetoacetate [əˌsitə'æsəteit] 乙酰乙酸盐

acetoacetic acid [ˌæsitəuə'sitik] 乙酰乙酸

acetoacetyl CoA [ˌæsitəu'æsitil] 乙酰乙酸辅酶A

acetoacetyl-CoA reductase [ˌæsitəu'æsitil kəu'ei ri'dʌkteis] (EC 1.1.1.36) 乙酰乙酸辅酶A还原酶

acetoacetyl CoA thiolase [ˌæsitəu'æsitil kəu'ei 'θaiəleis] 乙酰乙酸辅酶A硫解酶

acetoacetyl coenzyme A [ˌæsitəu'æsitil kəu'enzaim] 乙酰乙酸辅酶A

Acetobacter [əˌsiːtəu'bæktə] (L. *acetum* vinegar + Gr. *baktron* a rod) 醋酸杆菌属

Acetobacteraceae [əˌsiːtəubækti'reisi:] 醋酸杆菌科

acetoform [ə'siːtəfɔːm] 乌洛托品

acetohexamide [ˌæsitəu'heksəmaid] (USP) 醋磺环己脲,对乙酰苯磺酰环己脲

acetohydroxamic acid [ˌæsitəuˌhaidrɔks-'æmik] 乙酰氧肟酸

acetoin [ə'setəuin] 乙酰甲基原醇

acetolase [e'setəleis] 醋酸酶

acetolysis [ˌæsi'tɔlisis] 乙酰解,醋解

acetometer [ˌæsi'tɔmitə] 醋酸(比重计)

acetometry [ˌæsi'tɔmitri] 醋酸定量法

acetomorphine [ˌæsitəu'mɔːfiːn] 二乙酸吗啡,海洛因

acetonaphthone [ˌæsitəu'næfθəun] 萘乙酮

acetonation [ˌæsitəu'neiʃən] 丙酮化合(作用)

acetone ['æsitəun] 丙酮

acetonglycosuria [ˌæsitəunˌglaikəu'sjuəriə] 丙酮糖尿(症)

acetonitrile [ˌæsitəu'naitril] 乙腈,氰化甲烷

acetonum [ˌæsi'təunəm] 丙酮

acetonumerator [ˌæsitəu'njuːməˌreitə] 尿丙酮定量器

acetonuria [ˌæsitəu'njuəriə] 丙酮尿

aceto-orcein [ˌæsitəu'ɔːsiːin] 醋酸地衣红

acetophenazine maleate [ˌæsitəu'fenəzein] (USP) 马来酸乙酰奋乃静

acetosoluble [ˌæsitəu'sɔljubl] 醋(酸)溶性的

acetosulfone sodium [ˌæsitəu'sʌlfəun] 磺

胺苯砜钠,乙酰胺苯砜钠

acetous ['æsitəs] (L. *acetosus*) 醋(酸)的

acetphenarsine [,æsitfe'nɑːsin] 乙酰胂胺

acetpyrogall [,æsit'paiərəɡəl] 乙酰没食子酚

acetrizoate [,æsitri'zəueit] 醋碘苯酸盐

acetum [ə'siːtəm] (pl. *aceta*) (L.) ❶ 醋; ❷ 醋酸剂
   a. plumbi, a. saturni 铅醋,次醋酸铅溶液

aceturate [ə'siːtjureit] (USAN) N-乙酰甘氨酸盐

acetyl ['æsitil] (L. *acetum* vinegar + Gr. *hylē* matter) 乙酰(基)
   a. chloride 氯化乙酰,乙酰氯
   a. peroxide 过氧化乙酰
   a. sulfisoxazole 乙酰磺胺异噁唑

acetylase [ə'setileis] 乙酰基转移酶,转乙酰基酶

acetylation [ə,seti'leiʃən] 乙酰化作用

acetylator [ə,seti'leitə] 乙酰化个体

acetylcholine [,æsəti:'kɔli:n] 乙酰胆碱
   a. chloride (USP) 氯化乙酰胆碱

acetylcholinesterase [,æsitil,kəuli'nestəreis] 胆碱酯酶,乙酰胆碱酯酶

acetyl CoA ['æsitil] 乙酰辅酶A

acetyl-CoA *C*-acetyltransferase [,æsitil kəu'ei ,æsitil'trænsfəreis] 乙酰辅酶A转乙酰(基)酶

acetyl-CoA *C*-acyltransferase [,æsitil kəu'ei ,æsil'trænsfəreis] 乙酰辅酶A *C*-转酰(基)酶

acetyl-CoA carboxylase [,æsitil kəu'ei kɑː'bɔksileis] 乙酰辅酶A羧化酶

acetyl CoA: α-glucosaminide *N*-acetyltransferase ['æsitil kəu'ei glukəu'sæminaid ,æsitil 'trænsfəreis] 乙酰辅酶A

acetyl CoA synthetase ['æsitil kəu'ei 'sinθiteis] 乙酰辅酶A合成酶

acetyl coenzyme A ['æsitil kəu'enzaim] 乙酰辅酶A

acetylcysteine [,æsitil'sisti:n] (USP)乙酰半胱氨酸

acetyldigitoxin [,æsitil'didʒi,tɔksin] 乙酰洋地黄毒苷

acetyldihydrolipoamide [,æsitildi,haidrəulipəu'eimaid] 乙酰双氢硫辛酸酰胺

acetylene [ə'setilin] 乙炔

N-**acetylgalactosamine** [,æsitil,ɡəlæk'təusəmin] N-乙酰半乳糖胺

N-**acetylgalactosamine-4-sulfatase** [,æsitil,ɡəlæk'təsəmi:n 'sʌlfəteis] N-乙酰半乳糖胺-4-硫酸酯酶

N-**acetylgalactosamine-6-sulfatase** [,æsitil,ɡəlæk'təsəmi:n 'sʌlfəteis] N-乙酰半乳糖胺-6-硫酸酯酶

α-*N*-**acetylgalactosaminidase** [,æsitilɡəlæk,təusə'minideis] α-N-乙酰氨基半乳糖甙酶

β-*N*-**acetylgalactosaminidase** [,æsitilɡəlæktəusə'minideis] β-N-乙酰氨基半乳糖甙酶

N-**acetylglucosamine-6-sulfatase** [,æsitilɡluː'kəusəmin 'sʌlfəteis] N-乙酰葡(萄)糖胺-6-硫酸酯酶

N-**acetylglucosamine** [,æsitilɡluː'kəusəmin] N-乙酰半乳糖胺

α-*N*-**acetylglucosaminidase** [,æsitilɡluː,kəusə'minideis] α-N-乙酰氨基葡(萄)糖苷酶

β-D-**acetylglucosaminidase** ['æsitil ,ɡlukəusə'minideis] β-D-乙酰氨基葡(葡)糖苷酶

N^4-β-*N*-**acetylglucosaminyl-L-asparaginase** [,æsitilɡluː,kəusə'minil ,æspə'rædʒineis] N^4-β-N-乙酰葡萄糖氨基-L-天冬酰胺酶

β-*N*-**acetylglucosaminylglycopeptide β-1, 4-galactosyltransferase** [,æsitilɡluːkəu,sæminil,ɡlikəu'peptaid ɡə,læktəusil'trænsfəreis] β-N-乙酰葡萄糖氨基糖肽 β 1,4-半乳糖转移酶

N-**acetylglucosaminylphosphotransferase** [,æsitilɡluː,kəusə'minil,fɔsfəu'trænsfəreis] N-乙酰葡糖胺基磷酸转移酶

N-**acetylglutamate** [,æsitil'ɡluːtəmeit] N-乙酰谷氨酸

N-**acetylglutamate synthetase** [,æsitil'ɡluːtəmeit 'sinθiteis] N-乙酰谷氨酸合成酶

N-**acetylglutamic acid** [,æsitilɡluː'tæmik] N-乙酰谷氨酸

N-**acetylhexosamine** [,æsitilhek'səusəmin] N-乙酰氨基己糖

β-*N*-**acetylhexosaminidase** [,æsitilhek,səusi'minideis] β-N-乙酰氨基己糖苷酯酶

acetylization [æ,setilai'zeiʃən] 乙酰化作用,加乙酰作用

N-**acetylmannosamine** [,æsitilmæ'nɔsəmi:n] 乙

acetylmethadol [ˌæsitil'meθədɔl] 乙酰美沙酮,乙酰美散痛

***N*-acetylmuramate** [ˌæsitil'mjurəmeit] *N*-乙酰胞壁酸盐

***N*-acetylmuramic acid** [ˌæsitilmju'ræmik] *N*-乙酰胞壁酸

***N*-acetylneuraminate** [ˌæsitilnjuə'ræmineit] *N*-乙酰神经氨糖

***N*-acetylneuraminate lyase** [ˌæsitilnjuə'ræmineit'lieis] *N*-乙酰神经氨(糖)酸裂解酶,唾液酸裂解酶

***N*-acetylneuraminic acid** [ˌæsitilˌnjuərə'minik] *N*-乙酰神经氨(糖)酸,唾液酸

acetylsalicylic acid [ə'siːtilˌsælə'silik] 乙酰水杨酸

acetylstrophanthidin [ˌæsitilstrəu'fænθidin] 乙酰毒毛旋花子苷原

acetylsulfadiazine [ˌæsitilˌsʌlfə'daiəziːn] 乙酰磺胺嘧啶

acetylsulfaguanidine [ˌæsitilˌsʌlfə'gwænidiːn] 乙酰硫酸胍

acetylsulfathiazole [ˌæsitilˌsʌlfə'θaiəzəul] 乙酰磺胺噻唑

acetyltransferase [ˌæsitil'trænsfəreis] 乙酰转移酶

ACG ❶ (American College of Gastroenterology 的缩写) 美国胃肠病学会; ❷ (angiocardiography 的缩写) 心血管造影术

AcG (accelerator globulin 的缩写) 加速球蛋白, 凝血酶促进因子,(凝血)因子 V

ACh (acetylcholine 的缩写) 乙酰胆碱

ACHA (American College of Hospital Administrators 的缩写) 美国医院管理学会

achalasia [ˌækə'leiziə] (*a* neg. + Gr. *chalasis* relaxation + *-ia*) 弛缓不能,失弛缓性

 pelvirectal a. 直肠弛缓不能,先天性巨结肠

 sphincteral a. 括约肌弛缓不能

Achard's syndrome [ɑː'ʃɑdz] (Émile Charles Achard; French physician, 1860-1944) 艾查德氏综合征

Achard-Thiers syndrome [ɑː'ʃɑː tiəz] (Émile Charles Achard; Joseph Thiers, French physician, born 1885) 艾-蒂二氏综合征

Achatina [ˌækə'tinə] 玛瑙螺属

 A. fulica 一种玛瑙螺

AChE (acetylcholinesterase 的缩写) 乙酰胆碱酯酶

ache [eik] 疼痛

acheilia [ə'kailiə] (*a* neg. + Gr. *cheilos* lip + *-ia*) 无唇(畸形)

acheilous [ə'kailəs] 无唇的

acheiria [ə'kaiəriə] (*a* neg. + Gr. *cheir* hand + *-ia*) 无手(畸形)

acheiropodia [əˌkaiərəu'pəudiə] (*a* neg. + Gr. *cheir* hand + *pous* foot + *-ia*) 无手足(畸形)

acheirus [ə'kaiərəs] 无手畸胎

Achilles' bursa [ə'kiliːz] (Gr. *Achilleus*, Greek hero, whose mother held him by the heel to dip him in the Styx) 阿希里氏跟腱囊

Achillini [ˌækə'liːni] 艾科里尼

achillobursitis [əˌkiləubəː'saitis] (*Achilles* + Gr. *byrsa* bursa + *-itis*) 跟腱(粘液)囊炎

achillodynia [ˌækiləu'diniə] (*Achilles* (tendon) + Gr. *odynē* pain + *-ia*) ❶ 跟腱痛; ❷ 跟腱(粘液)囊炎

achillorrhaphy [ˌæki'lɔrəfi] (*Achilles* (tendon) + Gr. *rhaphē* suture) 跟腱缝(合)术

achillotenotomy [əˌkiləuti'nɔtəmi] (*Achilles* + Gr. *tenōn* tendon + *tomē* cut) 跟腱切断术

 plastic a. 成形跟腱切断术

achillotomy [ˌæki'lɔtəmi] 跟腱切断术

achiria [ə'kairiə] ❶ 无手(畸形); ❷ 左右感觉障碍

achirus [ə'kairiəs] 无手畸胎

achlorhydria [ˌeiklɔː'haidriə] 盐酸缺乏

achlorhydric [ˌeiklɔː'haidrik] 盐酸缺乏的

achloroblepsis [əˌklɔrə'blepsis] (Gr. *a* neg. + *chloros* green + *blepsis* vision) 绿色盲

achloropsia [ˌəklɔu'rɔpsiə] (Gr. *a* neg. + *chloros* green + *opsis* vision) 绿色盲

Achlya ['eikliə] 绵霉属

Acholeplasma [ˌəkəuli'plæzmə] (*a* neg. + Gr. *cholē* bile + *plasma*) 无胆甾原体属

 A. granularum 颗粒性无胆甾原体

 A. laidlawii 拉氏无胆甾原体

Acholeplasmataceae [əˌkɔliˌplæzmə'teisiː]

无胆甾原体科
acholia [ə'kəuliə] (*a* neg. + Gr. *cholē* bile + *-ia*) 无胆汁(症)
acholic [ə'kɔlik] 无胆汁的
acholuria [ˌəkəu'ljuəriə] (*a* neg. + Gr. *cholē* bile + *ouron* urine + *-ia*) 无胆色素尿
acholuric [ˌəkəu'ljuərik] 无胆色素尿的
achondrogenesis [əˌkɔndrəu'dʒenəsis] 软骨成长不全
achondroplasia [əˌkɔndrəu'pleiziə] (*a* neg. + Gr. *chondros* cartilage + *plassein* to form + *-ia*) 软骨发育不全
achondroplastic [əˌkɔndrəu'plæstik] 软骨发育不全的
achondroplasty [ə'kɔndrəuˌplæsti] 软骨发育不全
achor ['eikɔː] (Gr. "scurf dandruff") ❶ 乳癣; ❷ 头癣
　a. barbatus 发癣
achordal [ei'kɔːdəl] 无脊索的
achordate [ei'kɔːdeit] 无脊索的
achoresis [ˌækəu'riːsis] (Gr. *a* neg. + *chorein* to make room) 腔容量减少
achreocythemia [əˌkriəusai'θiːmiə] (Gr. *achroeos* colorless + *kytos* cell + *aema* blood) 血红素缺乏,红血球素缺乏
achroacyte [ə'krəuəsait] (Gr. *achroeos* colorless + *kytos* cell) 无色血球,淋巴球
achroacytosis [əˌkrəuəsai'təusis] 无色血球增多,淋巴球增多
achroiocythemia [əˌkrɔiəsai'θiːmiə] 血红素缺乏,红血球素缺乏
achroma [ə'krəumə] (Gr. *a* neg. + *chrōma* color) 色素缺乏,血化病
achromacyte [ə'krəuməsait] 无色红血球
achromasia [ˌækrəu'meiziə] (*a* neg. + *chrōma* color + *-ia*) ❶ 色素缺乏; ❷ 染色性缺乏
achromat ['ækrəmæt] (*a* neg. + *chromatic*) ❶ 消色差透镜; ❷ 全色盲者
achromate [ə'krəumeit] 全色盲者
achromatic [ˌækrəu'mætik] (*a* neg. + Gr. *chrōmatikos* pertaining to color) ❶ 无色的; ❷ 不易染色的; ❸ 非染色质的; ❹ 消色差的,不分光的; ❺ 全色盲的
achromatin [ə'krəumətin] (*a* neg. + Gr. *chrōma* color) 非染色质

achromatinic [əˌkrəumə'tinik] 非染色质的
achromatism [ə'krəumətizəm] ❶ 非染色质性; ❷ 消色差性
achromatize [ə'krəumətaiz] ❶ 无色化; ❷ 消色差
achromatolysis [əˌkrəumə'tɔlisis] (*achromatin* + Gr. *lysis* dissolution) 非染(色)质溶解,胞质收缩,原浆分离
achromatophil [ˌeikrəu'mætəfil] (*a* neg. + Gr. *chrōma* color + *philein* to love) ❶ 不染色的; ❷ 不染色
achromatophilia [əˌkrəumətəu'filiə] 不染色性,拒染性
achromatopia [əˌkrəumə'təpiə] (Gr. *a* neg. + *chrōma* color + *opsis* vision) 色盲
　partial a. 不全色盲
　total a. 完全色盲
achromatopsia [əˌkrəumə'təpsiə] 全色盲,色盲
achromatosis [əˌkrəumə'təusis] (*a* neg. + Gr. *chrōma* color + *-osis*) ❶ 色素缺乏; ❷ 染色性缺乏
achromatous [ə'krəumətəs] 无色的
achromaturia [əˌkrəumə'tjuəriə] (*a* neg. + Gr. *chrōma* color + *ouron* urine + *-ia*) 无色尿
achromia [ə'krəumiə] (*a* neg. + Gr. *chrōma* color + *-ia*) 色素缺乏,无色性
　cortical a. 皮质性色素缺乏
　a. parasitica 寄生性色素缺乏,白糠疹
achromic [ə'krəumik] 无色的,色素缺乏的
achromin [ə'krəumin] 非染色质
Achromobacter [əˌkrəumə'bæktə] (*a* neg. + Gr. *chrōma* color + *baktron* a rod) 无色(杆)菌科
achromocyte [ə'krəuməsait] 无色红细胞,新月形小体
achromoderma [əˌkrəumə'dəːmə] (*a* neg. + *chrōma* color + *derma* skin) 皮肤色素缺乏,白化病
achromophil [ə'krəuməfil] (*a* neg + Gr. *chrōma* color + *philein* to love) ❶ 不染色的; ❷ 不染色体
achromophilous [ˌəkrəu'mɔfiləs] 不嗜色的,不染色的
achromotrichia [əˌkrəumə'trikiə] (Gr. *a*

neg. + *chrōma* color + *thrit* hair + *-ia*) 毛发色素缺乏,灰发

Achromycin [ˈækrəuˌmaisin] 阿可霉素: 四环霉素制剂的商品名

achrooamyloid [eiˌkrəuəˈæmiləid] (*a* neg. + Gr. *chroa* color + *amyloid*) 无色淀粉样蛋白

achroocytosis [əˌkrəuəsaiˈtəusis] 淋巴球增多,无色血球增多

achroodextrin [əˌkrəuəˈdekstrin] (*a* neg. + Gr. *chroa* color + *dextrin*) 消色糊精,无色糊精

Achúcarro's stain [ɑːˈtʃukɑːrəuz] (Nicolás Achúcarro, Spanish histologist, 1881-1918) 阿库卡罗氏染剂

achylia [əˈkailiə] (Gr. *achylos* juiceless + *-ia*) 胃液缺乏

achymia [əˈkaimiə] 食糜缺乏

achymosis [ˌəkaiˈməusis] 食糜缺乏

acicular [əˈsikjulə] (L. *acicularis*) 针形的

aciculum [əˈsikjuləm] 针毛

acid [ˈæsid] (L. *acidum* from *acidus* sharp, sour) 酸
  amino a. 氨基酸
  binary a. 二元素酸
  carboxylic a. 羧酸
  a. citrate dextrose (ACD) 柠檬酸葡萄糖
  conjugate a. 共轭酸
  fatty a. 脂肪酸
  haloid a. (氢)卤酸
  inorganic a. 无机酸
  monobasic a. 一价酸,一价碱酸
  nucleic a. 核酸
  organic a. 有机酸
  oxo a. ① 含氧酸; ② 酮酸
  oxygen a. 含氧酸
  polybasic a. 多元酸
  sulfo-a. ① 磺酸; ② 硫代酸
  ternary a. 三元酸
  thio a. 硫代酸
  tribasic a. 三元酸

acidalbumin [ˌæsidˈælbjumin] 酸白蛋白,酸蛋白质

Acidaminococcus [ˌæsidəˌmiːnəˈkɔkəs] (*acid* + *amino* + *coccus*) 氨基酸球菌属

acidaminuria [ˌæsidæmiˈnjuəriə] 氨(基)酸尿

acidemia [ˌæsiˈdiːmiə] 酸血(症)
  organic a. 有机酸血症

acid-fast [ˈæsidfɑːst] 耐酸的,抗酸的

acidic [əˈsidik] 酸(性)的,成酸的,酸式

acidifiable [əˈsidifaiəbl] 可酸化的,能变酸的

acidifier [əˈsidiˌfaiə] ❶ 酸化器; ❷ 酸化剂,致酸剂

acidify [əˈsidifai] ❶ 酸化; ❷ 使变酸

acidimeter [ˌæsiˈdimitə] (L. *acidum* acid + *-meter*) 酸定量器

acidimetry [ˌæsiˈdimətri] 酸定量法

acidism [ˈæsidizəm] 酸类中毒

acidismus [ˌæsiˈdizməs] 酸类中毒

acidity [əˈsiditi] (L. *aciditas*) ❶ 酸度,酸性; ❷ 含酸(氢离子)

acidlipase [ˌæsidˈlipeis] ❶ 固醇酯酶; ❷ 具有最适 pH 值的脂酶

acid lipase deficiency ❶ 沃尔曼氏病; ❷ 胆固醇酯酶贮存疾病

acid maltase [ˈæsid ˈmɔːlteis] 葡聚糖 1,4-α-糖苷酶

acid maltase deficiency Ⅱ型糖原贮存病

acidocyte [ˈæsidəsait] ❶ 嗜酸性粒细胞; ❷ 嗜伊红白血球

acidocytosis [ˌæsidəusaiˈtəusis] 嗜酸白血球增多

acidogenic [ˌæsidəuˈdʒenik] 产酸的,生酸的

Acidol [ˈæsidɔl] 阿齐多耳:盐酸糖莱碱制剂的商品名

acidology [ˌæsiˈdɔlədʒi] (Gr. *akis* bandage + *logos* science) 外科用具,外科用具学

acidophil [əˈsidəfil] (L. *acidum* acid + Gr. *philein* to love) ❶ 嗜酸细胞,嗜酸组织; ❷ d 细胞; ❸ 嗜酸; ❹ 嗜酸的
  alpha a. α 嗜酸细胞
  epsilon a. ε 嗜酸细胞,E 细胞,戊细胞,嗜卡红细胞

acidophile [əˈsidəfail] 嗜酸细胞,嗜酸织组

acidophilic [əˌsidəˈfilik] ❶ 嗜酸的; ❷ 嗜酸菌

acidophilism [ˌæsiˈdɔfilizəm] 嗜酸性腺瘤病

acidoresistant [ˌæsidəuriˈzistənt] 抗酸的,拒酸的

acidosic [ˌæsi'dɔsik] 酸中毒的
acidosis [ˌæsi'dəusis] 酸中毒
 compensated a. 代偿性酸中毒
 diabetic a. 糖尿病性酸中毒
 distal renal tubular a. 远侧肾小管酸中毒
 distal renal tubular a., generalized 全身性远侧肾小管酸中毒
 hypercapnic a. 血碳酸过多性酸中毒
 hyperchloremic a. 血氯过多性酸中毒，高氯血症性酸中毒
 lactic a. 乳酸中毒
 metabolic a. 代谢性酸中毒
 metabolic a., compensated 代偿性代谢性酸中毒
 nonrespiratory a. 非呼吸性酸中毒
 proximal renal tubular a. 近端肾小管酸中毒
 renal hyperchloremia a. 肾性高氯血性酸中毒，肾小管性酸中毒
 renal tubular a. (RTA) 肾小管性酸中毒
 renal tubular a., type 1 1型肾小管性酸中毒
 renal tubular a., type 2 2型肾小管性酸中毒
 renal tubular a., type 4 4型肾小管性酸中毒
 respiratory a. 呼吸性酸中毒
 respiratory a., compensated 代偿性呼吸性酸中毒
 starvation a. 饥饿性酸中毒
 uremic a. 尿毒症性酸中毒
acidosteophyte [ˌæsi'dɔstiəfait] (Gr. *akis* point + *osteon* bone + *phyton* plant) 针状骨赘
acidotic [ˌæsi'dɔtik] 酸中毒的
acid phosphatase [ˌæsid'fɔsfəteis] 酸性磷酸酶
acid-proof ['æsidpru:f] 抗酸的，拒酸的
acidulated [ə'sidjuleitid] 酸化的
Acidulin [ə'sidjulin] 阿西杜林：盐酸谷氨酸制剂的商品名
acidulous [ə'sidjuləs] 微酸的，具酸味的
aciduria [ˌæsi'djuəriə] 尿酸症
 organic a. 器质性尿酸症
aciduric [ˌæsi'djuərik] (L. *acidum* acid + *durare* to endure) 耐酸的
acidyl ['æsidil] 酸基，酰基

acidylation [əˌsidi'leiʃən] 酰化作用
acinar ['æsinə] 腺泡的
acinesia [ˌæsi'ni:ziə] 运动不能，失运动能
acinetic [ˌæsi'netik] 运动不能的
Acinetobacter [ˌæsiˌnetəu'bæktə] (*a* neg. + *cineto-* + Gr. *baktron* a rod) 不动杆菌属
 A. anitratus 无硝不动杆菌
 A. calcoaceticus 乙酸钙不动杆菌
 A. lwoffi 鲁氏不动杆菌
acini ['æsinai] (L.) 腺泡
acinic [ə'sinik] 腺泡的
aciniform [ə'sinifɔ:m] (L. *acinus* grape + *forma* form) 腺泡状的，葡萄状的
acinitis [ˌæsi'naitis] 腺泡炎
acinose ['æsinəus] (L. *acinosus* grapelike) ❶ 由腺泡组成的；❷ 腺泡的
acinotubular [ˌæsinəu'tju:bjulə] 管状腺泡的
acinous ['æsinəs] ❶ 象葡萄的；❷ 腺泡的
acinus ['æsinəs] (pl. *acini*) (L. "grape") 腺泡
 liver a. 肝小体
 pulmonary a. 肺泡
 a. renalis (malpighii) 肾小体
 a. renis (malpighii) 肾小体
acipenserin [ˌæsi'pensərin] 鳇鱼毒(素)
acivicin [ˌæsi'visin] 谷氨酰胺拮抗剂
ackee ['æki:] 西非荔枝果
acladiosis [əˌklædi'əusis] 皮疡真菌病，皮疡霉菌病
Acladium [ə'kleidiəm] 皮疡霉菌属
aclasia [ə'kleiziə] 续连症
aclasis ['ækləsis] (*a* neg. + Gr. *klasis* a breaking) 续连症
 diaphyseal a. 骨干性续连症
 tarsoepiphyseal a. 半肢畸形骨骺发育不良
aclastic [ə'klæstik] (*a* neg. + Gr. *klan* to break) ❶ 续连症的；❷ 不折射的
acleistocardia [əˌklaistəu'kɑ:diə] (*a* neg. + Gr. *kleistos* closed + *kardia* heart) (心)卵圆孔未闭，(心)卵圆孔开放
aclusion [ə'klu:ʒən] (*a* neg. + *occlusion*) 无殆
acme ['ækmi] (Gr. *akmē* point) 极期
acne ['ækni] (possibly a corruption of Greek

akmē a point or of *achnē* chaff) 痤疮,粉刺
a. atrophica 萎缩性痤疮
bromide a. 溴(化物)痤疮
chlorine a. 氯痤疮
common a. 寻常痤疮,普通粉刺
a. conglobata, conglobate a. 聚会性痤疮
contact a. 接触性痤疮
contagious a. of horses 马触染性痤疮,马痘
a. cosmetica 美容剂痤疮
cystic a. 囊肿性痤疮
a. detergicans 去垢剂性痤疮
epidemic a. 表皮痤疮
a. estivalis 夏季痤疮
excoriated a., a. excoriée des filles, a. excoriée des jeunes filles, 表皮脱落性痤疮,少女人为痤疮
a. frontalis 额面痤疮
a. fulminans 暴发性痤疮
halogen a. 卤素痤疮
a. indurata 硬结性痤疮
infantile a. 新生儿痤疮
iodide a. 碘痤疮
a. keloid 瘢瘤性痤疮
Mallorca a. 夏季痤疮
a. mechanica, mechanical a. 机械性痤疮
a. necrotica miliaris 粟粒性坏死性痤疮
neonatal a., neonatorum 新生儿痤疮
occupational a. 职业性痤疮
a. papulosa 丘疹性痤疮
picker's a. 少女人为痤疮
pomade a. 香膏剂痤疮,发膏剂痤疮
premenstrual a. 月经前痤疮
a. pustulosa 脓疱性痤疮
a. rosacea 红斑痤疮,酒渣鼻
a. scrofulosorum 结核性痤疮
tropical a., a. tropicalis 热带痤疮
a. urticata 荨麻疹性痤疮
a. varioliformis 痘样痤疮
a. venenata 中毒性痤疮
a. vulgaris 普通粉刺,寻常痤疮
acneform [ˈæknifɔːm] 痤疮样的
acnegen [ˈæknidʒən] 致痤疮物
acnegenic [ˌækniˈdʒenik] (*acne* + Gr. *gennan* to produce) 致痤疮的,能致痤疮的

acneiform [ækˈniːifɔːm] 痤疮样的
acnemia [ækˈniːmiə] (*a* neg. + Gr. *knēmē* leg) 腓肠部萎缩
acnitis [ækˈnaitis] (*acne* + *-itis*) 痤疮炎
ACNM (American College of Nurse-Midwives 的缩写) 美国护士助产士学会
acoasma [ˌeikouˈæsmə] 幻听,听幻觉
Acocanthera [ˌækoukænˈθiərə] (Gr. *akōkē* a point, edge + *anthēros* blooming) 箭毒木属
acocantherin [ˌækouˈkænθərin] 箭毒木苷
acoelomate [əˈsiːləmeit] ❶ 无体腔的; ❷ 无体腔动物
acoenesthesia [əˌsenesˈθiziə] 存在感觉缺失
ACOG (American College of Obstetricians and Gynecologists 的缩写) 美国妇产科学会
acognosia [ˌækougˈnəusiə] (Gr. *akos* remedy + *gnotis* knowledge) 治疗知识,治疗论
acography [əˈkɔɡrəfi] (Gr. *akos* remedy + *graphin* to write) 治疗记录
Acokanthera [ˌækəkænˈθiːrə] 箭毒木属
acology [əˈkɔlədʒi] (Gr. *akos* remedy + *logos* discourse) 治疗学
acolumellate [ˌækɔljuˈmileit] ❶ 一个体腔缺如的; ❷ 一个腔缺如的动物
acomia [əˈkəumiə] (Gr. *a* neg. + *kome* hair) 无发,秃
Acon [ˈækɔn] 维生素 A 康:维生素 A 制剂的商品名
aconative [əˈkɔnətiv] 意向缺失的,非意志的
aconitase [əˈkɔniteis] (顺)乌头酸酶
cis-**aconitate** [əˈkɔniteit] 顺乌头酸酯
aconitate hydratase [əˈkɔniteit ˈhaidrəteis] (顺)乌头酸(水合酶)
aconite [ˈækənait] (L. *aconitum*, Gr. *akoniton*) 乌头
aconitine [əˈkɔnitin] (L. *aconitina*, *a-conitia*) 乌头碱
Aconitum [ˌækəˈnaitəm] (L.) 乌头属
aconuresis [ˌækənjuəˈriːsis] (Gr. *akōn* unwilling + *ourēsis* urination) 小便失禁
acoprosis [ˌækəˈprəusis] (*a*. neg. + Gr. *kopros* excrement) 肠内空虚,(肠内)粪便缺乏
acoprous [əˈkɔprəs] 肠内空虚的,粪便缺

乏的

acorea [əˈkɔːriə] (*a* neg. + Gr. *korē* pupil) 无瞳孔(畸形)

acoria [əˈkɔːriə] (*a* neg. + Gr. *koros* satiety + *-ia*) 贪食, 不饱(症)

acorin [ˈækərin] 菖蒲苦苷

acortan [eiˈkɔːtən] 促皮质素, 促肾上腺皮质激素

Acorus [ˈækərəs] (L.; Gr. *akoros*) 菖蒲属

ACOS (American College of Osteopathic Surgeons 的缩写) 美国骨病外科医师学会

acosmia [eiˈkɔzmiə] (Gr. *a* neg. + *kosmos* order) ❶ 违和, 异常; ❷ 病呈异常

Acosta's disease [ɑːˈkɔstɑːz] (José de *Acosta*, 1539-1600, Spanish Jesuit missionary who first described it after his travels in Peru in 1590) 阿考斯塔氏病, 急性高山病

acou- (Gr. *akouein* to hear) 听觉

acouasm [əˈkuæzəm] 幻听, 听幻觉

acouesthesia [əˌkuːesˈθiːziə] (Gr. *akouein* to hear + *aesthesis* sensation) 听觉

acoumeter [əˈkuːmitə] (Gr. *akouein* to hear + *metron* measure) ❶ 听力计; ❷ 听音器

acouophone [ˈækuːəfəun] (Gr. *akouein* to hear + *phone* voice) 助听器

acouophonia [əˌkuːəuˈfəuniə] (Gr. *akouein* to hear + *phone* voice) 听叩诊

acousma [əˈkuːzmə] (pl. *acousmata*) (Gr. *akousma* a thing heard) 幻听, 听幻觉

acousmatamnesia [əˌkuːsmætimˈniːzjə] (Gr. *akousma* hearing + *amnēsia* forgetfulness) 听觉性健忘症

acoustic [əˈkuːstik] (Gr. *akoustikos*) 听的, 声学的

acousticophobia [əˌkuːstikəˈfəubjə] (Gr. *akoustos* heard + *phobia*) 音响恐惧, 恐音症

acoustics [əˈkuːstiks] 声学

acoustigram [əˈkuːstigræm] 关节音像图

acoustogram [əˈkuːstəgræm] 关节音像图

ACP ❶ (American College of Physicians 的缩写) 美国内科医师学会; ❷ (acid phosphatase 的缩写) 酸性磷酸酯合成酶

acquired [əˈkwaiəd] (L. *acquirere* to obtain) 获得(性)的, 后天的

acquisition [ˌækwiˈziʃən] 获得, 掌握, 学识, 习得

acquisitus [əˈkwisitəs] 获得(性)的, 后天的

ACR (American College of Radiology 的缩写) 美国放射学会

acragnosis [ˌækrəgˈnəusis] 肢觉缺乏

acral [ˈækrəl] (Gr. *akron* extremity) 肢端的

acrania [əˈkreiniə] (*a* neg. + Gr. *kranion* skull + *-ia*) 无颅(畸形)

acranial [əˈkreiniəl] 无颅的

Acraniata [əˌkreiniˈeitə] 头索亚门, 无头亚门

acranius [əˈkreinjəs] 无颅畸胎

acraturesis [əˌkrætjuəˈrisis] (Gr. *akratēs* feeble + *ourēsis* urination) 排尿无力

Acrel's ganglion [ˈækrəlz] (Olof (or Olaf) *Acrel*, Swedish surgeon, 1717-1806) 阿克雷耳氏腱鞘囊肿

Acremoniella [ˌækriməuniˈelə] 小支顶孢属

Acremonium [ˌækriˈməuniəm] 支顶孢属
  A. alabamensis 阿拉巴门支顶孢菌
  A. kiliense 凯利恩斯支顶孢菌

acremoniosis [ˌækriməuniˈəusis] 支顶孢菌感染

acrid [ˈækrid] (L. *acer*, *acris* sharp) 辛辣的, 刺激性的

acridine [ˈækridiːn] 吖啶, 一氮蒽
  a. orange 吖啶橙

acriflavine [ˌækriˈfleivin] 吖啶黄

acrisorcin [ˌækriˈsɔːsin] (USP) 吖啶琐辛

acrisia [əˈkraisiə] (Gr. *a* neg. + *crisis*) ❶ 转变期缺乏; ❷ 不良转变

acritical [əˈkritikəl] (*a* neg. + Gr. *krisis* a crisis) 无极期的, 无危象的

acritochromacy [əˌkritəuˈkrəuməsi] 色盲, 全色盲

ACRM (American Congress of Rehabilitation Medicine 的缩写) 美国康复医学协会

acr(o)- (Gr. *akron* extremity, from *akros* extreme) 肢端, 尖端, 顶端, 末端

acroagnosis [ˌækrəuægˈnəusis] (*acro-* + *neg.* + Gr. *gnōsis* knowledge) 肢体感觉缺乏

acroanesthesia [ˌækrəʊˌænisˈθiːzjə] (*acro-* + *anesthesia*) 肢麻木

acroarthritis [ˌækrəʊɑːˈθraitis] (*acro-* + *arthritis*) 肢关节炎

acroblast [ˈækrəblæst] (*acro-* + Gr. *blastos* germ) 原顶体，初尖体

acrobrachycephaly [ˌækrəʊˌbrækiˈsefəli] (*acro-* + Gr. *brachys* short + *kephalē* head) 扁头畸形

acrobystiolith [ˌækrəʊˈbistiəliθ] (Gr. *akrobystia* prepuce + *lithos* stone) 包皮结石

acrobystitis [ˌækrəʊbisˈtaitis] (Gr. *akrobysia* prepuce + *-itis*) 包皮炎

acrocentric [ˌækrəˈsentrik] (*acro-* + Gr. *kentron*, L. *centrum* center) 近端着丝的

acrocephalia [ˌækrəʊsiˈfeiliə] (Gr. *akra* point + *kephalē* head + *-ia*) 尖头（畸形）

acrocephalic [ˌækrəʊsiˈfælik] 尖头的

acrocephalopolysyndactyly (ACPS) [ˌækrəʊˌsefələʊˌpɒlisinˈdæktili] (*acrocephaly* + *polysyndactyly*) 尖头并指(趾)多指(趾)畸形

acrocephalosyndactylia [ˌækrəʊˌsefələʊˌsindækˈtiliə] 尖头并指(趾)畸形

acrocephalosyndactylism [ˌækrəʊˌsefələʊsinˈdæktilizəm] 尖头并指(趾)畸形

acrocephalosyndactyly [ˌækrəʊˌsefələʊsinˈdæktili] (*acrocephaly* + *syndactyly*) 尖头并指(趾)畸形

acrocephalous [ˌækrəˈsefələs] 尖头的

acrocephaly [ˌækrəˈsefəli] 尖头畸形

   a. syndactyly 尖头并指(趾)畸形

acrochordon [ˌækrəˈkɔːdən] (*acro-* + Gr. *chordē* string) 软垂疣

acrocinesis [ˌækrəʊsaiˈniːsis] (*acro-* + Gr *kinēsis* motion) 运动过度

acrocinetic [ˌækrəʊsaiˈnetik] 运动过度的

acrocontracture [ˌækrəʊkənˈtræktʃə] (*acro-* + *contracture*) 肢挛缩

acrocyanosis [ˌækrəʊˌsaiəˈnəʊsis] (*acro-* + *cyanosis*) 手足发绀

acrodermatitis [ˌækrəʊˌdəːməˈtaitis] (*acro-* + *dermatitis*) 肢皮炎

   a. chronica atrophicans 慢性萎缩性肢皮炎

   a. continua 持续性肢皮炎

   a. enteropathica 肠病性肢皮炎，肠胃病性肢皮炎

   Hallopeau's a. 哈氏肢皮炎

   infantile a. 婴儿肢皮炎

   papular a. of childhood, a. papulosa infantum 儿童丘疹性肢皮炎

   a. perstans 顽固性肢皮炎

acrodermatoses [ˌækrəʊˌdəːməˈtəʊsiːz] 肢皮病

acrodermatosis [ˌækrəʊˌdəːməˈtəʊsis] (pl. *acrodermatoses*) (*acro-* + *dermatosis*) 肢皮病

acrodolichomelia [ˌækrəʊˌdɒlikəʊˈmiːliə] (*acro-* + Gr. *dolichos* long + *melos* limb + *-ia*) 手足过长

acrodynia [ˌækrəʊˈdiniə] (*acro-* + Gr. *odynē* pain + *-ia*) 肢病症

   rat a. 鼠肢痛症

acrodysplasia [ˌækrəʊdisˈpleizjə] 尖头并指(趾)畸形

acroesthesia [ˌækrəʊisˈθiːzjə] (*acro-* + Gr. *aisthēsis* sensation + *-ia*) ❶ 感觉过敏；❷ 肢痛

acrognosis [ˌækrəɡˈnəʊsis] (*acro-* + Gr. *gnōsis* knowledge) 肢感

acrohyperhidrosis [ˌækrəʊˌhaipəːhiˈdrəʊsis] 手足多汗

acrohypothermy [ˌækrəʊˌhaipəʊˈθəːmi] (*acro-* + Gr. *hypo* under + *thermē* heat) 手足温度过低，手足厥冷

acrohysterosalpingectomy [ˌækrəʊˌhistərəˌsælpinˈdʒektəmi] (*acro-* + Gr. *hystera* uterus + *salpinx* tube + *ektome* excision) 宫底卵管切除术

acrokeratosis [ˌækrəʊˌkerəˈtəʊsis] 肢端角化症

   paraneoplastic a. 癌旁肢端角化症

   a. verruciformis 疣状肢端角化症

acrokinesia [ˌækrəʊkaiˈniːzjə] 运动过度

acrolein [əˈkrəʊliːn] (L. *acer* acrid + *oleum* oil) 丙烯醛

acromacria [ˌækrəʊˈmækriə] 细长指(趾)，蜘蛛脚样指(趾)

acromastitis [ˌækrəʊmæsˈtaitis] (*acro-* + Gr. *mastos* mamma + *-itis*) 乳头炎

acromegalia [ˌækrəʊmiˈɡeiliə] 肢端肥大症

acromegalic [ˌækrəʊmiˈɡælik] 肢端肥大

的

acromegalogigantism [ˌækrəˌmegələˈdʒaigəntizəm] 肢端肥大性巨大畸形,肢端肥大性巨人症

acromegaloidism [ˌækrəuˈmegələidizəm] 类肢端肥大症

acromegaly [ˌækrəuˈmegəli] (acro- + Gr. megalē great) 肢端肥大症

acromelalgia [ˌækrəumiˈlældʒiə] 红斑性肢痛病

acromelic [ˌækrəuˈmi:lik] (acro- + Gr. melos limb) 肢端的

acrometagenesis [ˌækrəuˌmetəˈdʒenisis] (acro- + Gr. meta beyond + genesis production) 四肢发育过度

acromial [əˈkrəumiəl] 肩峰的

acromicria [ˌækrəuˈmikriə] (acro- + mikros small + -ia) 肢端过小症

acromikria [ˌækrəuˈmikriə] 肢端过小症

acromi(o)- (L. acromion) 肩峰

acromioclavicular [əˌkrəumiəukləˈvikjulə] 肩(峰)锁(骨)的

acromiocoracoid [əˌkrəumiəuˈkɔ:rəkɔid] 肩(峰)喙(突)的

acromiohumeral [əˌkrəumiəuˈhju:mərəl] 肩(峰)肱(骨)的

acromion [əˈkrəumiən] (acro- + Gr. ōmos shoulder) (NA) 肩峰

acromionectomy [əˌkrəumiəuˈnektəmi] 肩峰切除术

aromioplasty [əˈkrəumiəuˌplæsti] 肩峰成形术

acromioscapular [əˌkrəumiəuˈskæpjulə] 肩峰肩胛的

acromiothoracic [əˌkrəumiəuθɔˈræsik] 肩峰胸廓的

acromphalus [əˈkrɔmfələs] (acro- + Gr. omphalos navel) ❶ 脐膨出,突脐; ❷ 脐心

acromyotonia [ˌækrəumaiəˈtəuniə] 肢肌强直

acromyotonus [ˌækrəumaiˈɔtənəs] 肢肌强直

acronarcotic [æˌkrəunɑːˈkɔtik] 辛辣麻醉的

acroneurosis [ˌækrəunjuəˈrəusis] (acro- + neurosis) 肢体神经(机能)病,肢神经官能症

acroneuropathy [ˌækrəunjuəˈrɔpəθi] 肢末神经疾病

acronym [ˈækrənim] (acro- + Gr. onoma name) 首字母缩略词

acro-osteolysis [ˌækrəuˌɔstiˈɔlisis] 肢端骨质溶解

acropachia [ˌækrəuˈpækiə] (acro- + Gr. pachys thick + -ia) 杵变病

acropachy [æˈkrəupəki] (acro- + Gr. pachys thick) 肥大性肺性骨关节病

acropachyderma [ˌækrəuˌpækiˈdəmə] (acro- + Gr. pachys thick + derma skin) 肢厚皮病
 a. with pachyperiostitis 肢厚皮病合并骨膜肥厚

acroparalysis [ˌækrəupəˈrælisis] (acro- + paralysis) 肢麻痹,肢瘫痪

acroparesthesia [ˌækrəuˌpærisˈθizjə] (acro- + paresthesia) 肢端感觉异常

acropathology [ˌækrəupəˈθɔlədʒi] (acro- + pathology) (四)肢病理学

acropathy [əˈkrɔpəθi] (acro- + Gr. pathos disorder) (四)肢病
 ulcerative mutilating a. 溃疡性致残(四)肢病

acropeptide [ˌækrəuˈpeptaid] 无色肽

acropetal [əˈkrɔpitəl] (acro- + L. petere to seek) 趋向顶端的,向顶的

acrophobia [ˌækrəˈfəubjə] (Gr. akron height, promontory + phobia) 高处恐怖(症),高空恐怖(症)

acroposthitis [ˌækrəupɔsˈθaitis] (Gr. acroposthia prepuce + -itis) 包皮炎

acroscleroderma [ˌækrəuˌskliərəuˈdəmə] 肢硬皮病,指(趾)硬皮病

acrosclerosis [ˌækrəuskliəˈrəusis] (acro- + sclerosis) 肢端硬化病,肢端变硬

acrosome [ˈækrəusəum] (acro- + Gr. sōma body) 顶体

acrosphacelus [ˌækrəuˈsfæsiləs] (Gr. sphakelos gangrene) 肢尖坏疽

acrosphenosyndactylia [ˌækrəuˌsfinəuˌsindækˈtiliə] 尖头并指(趾)(畸形)

acrospiroma [ˌækrəuspiˈrəumə] (acro- + spir- + -oma) 顶端螺旋瘤
 eccrine a. 外分泌腺顶端螺旋瘤

acrostealgia [ˌækrəstiˈældʒiə] (acro- + Gr. osteon bone + algos pain + -ia) 肢骨痛

acrosyndactyly [ˌækrəusinˈdæktili] (acro-

+ Gr. *syn* with + *daktylos* finger) 有隙并指(趾), 末端并指(趾)

acrotarsium [ˌækrəu'tɑːsiəm] (Gr. *tarsos* tarsus) 跗

acroteric [ˌækrə'terik] 末梢的, 周围的

Acrotheca pedrosoi [ˌækrə'θiːkə pi'drəusɔi] 佩德罗索产色芽生菌

Acrothesium floccosum [ˌækrə'θisiəm flɔ'kɔsəm] 絮状表皮癣菌

acrotic [ə'krɔtik] ❶ (Gr. *akros* extreme) 表面性的; ❷ (*a* neg. + Gr. *krotos* beat) 无脉的, 弱脉的

acrotism ['ækrətizəm] (*a* neg. + Gr. *krotos* beat + -*ism*) 无脉, 脉搏微弱

acrotrophodynia [ˌækrəˌtrɔfə'diniə] (*acro*- + Gr. *trophē* nutrition + *odynē* pain + -*ia*) 营养性肢痛症

acrotrophoneurosis [ˌækrəˌtrɔfənju'rəusis] 肢营养神经病

acrylamide [ə'kriləmaid] 丙烯酰胺

acrylate [ə'krileit] 丙烯酸盐

acrylic [ə'krilik] 丙烯酸的

acrylic acid [ə'krilik] 丙烯酸

acrylonitrile [ˌækrilə'naitrail] 丙烯腈

ACS ❶ (American Cancer Society 的缩写) 美国癌症协会; ❷ (American Chemical Society 的缩写) 美国化学学会; ❸ (American College of Surgeons 的缩写) 美国外科医师学会

ACSM (American College of Sports Medicine 的缩写) 美国运动医学学院

act [ækt] 动作
reflex a. 反射动作

Actaea [æk'tiə] (L., Gr. *aktē* elder-tree) 类叶升麻属
A. **odorata** 芳香类叶升麻
A. **richardsoni** 理查逊类叶升麻
A. **spicata** 类叶升麻

actaplanin [ˌæktə'plænin] 阿克他菌素

ACTH (adrenocorticotropic hormone 的缩写) 促肾上腺皮质激素

Acthar ['ækθɑː] 阿克撒: 促肾上腺皮质激素制剂的商品名

Actidil ['æktidil] 阿克体迪: 盐酸苯丙烯啶制剂的商品名

Acti-Dione [ˌækti'daiəun] 阿克体顿: 放线菌醇制剂的商品名

Actigall ['ækti,gɔːl] 阿克体高: 乌索二醇制剂的商品名

Actimmune ['æktimjuːn] 阿克体每: 干扰素 γ-16 制剂的商品名

actin ['æktin] 肌动蛋白

acting out ['æktiŋ aut] 潜意识显露, 舒放

actinic [æk'tinik] (Gr. *aktis* ray) 光化性的

actinicity [ˌækti'nisiti] 光化力

actiniform [æk'tinifɔːm] (Gr. *aktis* ray) 放射状的, 辐射状的

α-actinin ['æktinin] α-辅肌动蛋白

actinism ['æktinizəm] (Gr. *aktis* ray) 光化力

actinium [æk'tiniəm] (Gr. *aktis* ray) 锕

actin(o)- (Gr. *aktis*, gen. *aktinos* a ray) 放射的, 放线的

actinobacillosis [ˌæktinəuˌbæsi'ləusis] 放线杆菌病

Actinobacillus [ˌæktinəubə'siləs] (*actino*- + L. *bacillus* small rod) 放线杆菌属
A. **actinoides** 类放线杆菌
A. **actinomycetemcomitans** 伴放线放线杆菌
A. **equuli** 马驹放线杆菌
A. **lignieresii** 李氏放线杆菌
A. **mallei** 鼻疽放线杆菌
A. **pseudomallei** 类鼻疽放线杆菌
A. **suis** 猪放线杆菌
A. **whitmori** 怀氏放线杆菌

actinobolin [ˌækti'nɔbəlin] 放线菌光素

actinochemistry [ˌæktinəu'kemistri] (*actino*- + *chemistry*) 光化学

actinocladothrix [ˌæktinəu'klædəθriks] 放线菌

actinocongestin [ˌæktinəukən'dʒestin] 海葵毒素

actinocutitis [ˌæktinəkjuː'taitis] (Gr. *aktis* ray + L. *cutis* + -*itis*) 射线皮炎, X 光皮炎

actinodermatitis [ˌæktinəˌdəːmə'taitis] (Gr. *aktis* ray + *derma* skin + -*itis*) 射线皮炎, X 光皮炎

actinogram [æk'tinəgræm] (Gr. *aktis* ray + *graphein* to write) ❶ 光化计记录; ❷ X 光像

actinography [ˌækti'nɔgrəfi] ❶ 光化学; ❷ X 光检查

actinohematin [ˌæktinəu'hemətin] 海葵血

红素
actinolyte [æk'tinəlait] (*actino-* + Gr. *lytos* soluble, from *lyein* to loosen) 光化物
Actinomadura [ˌæktinəumə'djuːrə] (*actino-* + *Madura* (now *Madurai*), a city in India) 马杜拉放线菌属
  A. **madurae** 马杜拉放线菌
  A. **pelletieri** 白乐杰马杜拉放线菌
actinometer [ˌækti'nɔmitə] (*actino-* + Gr. *metron* measure) ❶ 光化线强度计; ❷ 透光度计
actinometry [ˌækti'nɔmitri] 光化强度测定
actinomycelial [ˌæktinəumai'seliəl] ❶ 放线菌属的; ❷ 放线菌的
Actinomyces [ˌæktinəu'maisiːz] (*actino-* + Gr. *mykēs* fungus) 放线菌属
  A. **asteroides** 星状放线菌
  A. **bovis** 牛放线菌
  A. **brasiliensis** 巴西放线菌
  A. **dentocariosus** 龋齿放线菌
  A. **eppingeri** 艾氏放线菌
  A. **erikso nii** 爱氏放线菌
  A. **gonidiaformis** 微生子放线菌
  A. **israelii** 衣氏放线菌
  A. **luteus** 藤黄放线菌
  A. **muris**, A. **muris-ratti** 鼠放线菌
  A. **naeslundii** 内氏放线菌
  A. **necrophorus** 坏死放线菌
  A. **odontolyticus** 溶牙放线菌
  A. **pseudonecrophorus** 假坏死放线菌
  A. **vinaceus** 粘性放线菌
  A. **viscosus** 粘性放线菌
actinomyces [ˌæktinəu'maisiːz] (pl. *actinomycetes*) 放线菌
Actinomycetaceae [ˌæktinəuˌmaisi'teisiː] 放线菌科
Actinomycetales [ˌæktinəuˌmaisi'tæliːz] 放线菌目
actinomycete [ˌæktinəu'maisiːt] 放线菌
  nocardioform a's 诺卡菌样放线菌
actinomycetes [ˌæktinəumai'sitiːz] 放线菌
actinomycetic [ˌæktinəumai'setik] 放线菌的
actinomycetin [ˌæktinəumai'setin] 白放线菌素
actinomycetoma [ˌæktinəuˌmaisi'təumə] (*actino-* + *mycetoma*) 放线菌性足菌病

actinomycin [ˌæktinəu'maisin] 放线菌素
actinomycoma [ˌæktinəumai'kəumə] (*actinomyces* + *-oma*) 放线菌肿
actinomycosis [ˌæktinəumai'kəusis] (*actino-* + Gr. *mykēs* fungus) 放线菌病
actinomycotic [ˌæktinəumai'kɔtik] 放线菌病的
actinomycotin [ˌæktinəu'maikətin] 放线菌体素
actinophage [æk'tinəufeidʒ] 放线菌噬菌体
actinophytosis [ˌæktinəufi'təusis] 放线菌病
Actinoplanaceae [ˌæktinəuplə'neisiː] 游动放线菌科
Actinoplanes [ˌæktinəu'pläniːz] (*actino-* + Gr. *planēs* one who wanders) 游动放线菌属
  A. **teichomyceticus** 太希覃游动放线菌
actinopraxis [ˌæktinəu'præksis] (Gr. *aktis*, ray + *praxis* a doing) 射线疗法, 放射疗法
actinoquinol sodium [æk'tinəukwinəul] 乙氧喹啉磺酸钠
actinotherapy [ˌæktinəu'θerəpi] (*actino-* + *therapy*) 放线疗法
actinotoxin [ˌæktinəu'tɔksin] 海葵触须毒素
action ['ækʃən] (L. *actio*) 作用, 动作
  ball-valve a. 球瓣作用
  buffer a. 缓冲作用
  capillary a. 毛细血管吸引作用
  contact a. 接触催化作用
  cumulative a. 累积作用
  disordered a. **of heart** (D.A.H) 心脏活动异常
  reflex a. 反射作用
  specific a. 特效作用
  specific dynamic a. 特殊动力作用
  tampon a. 缓冲作用
  trigger a. 激发作用
Activase ['æktiveis] 活性酶
activate ['æktiveit] 活化, 激活
activation [ˌækti'veiʃən] ❶ 活化; ❷ 激活
  allosteric a. 变构活化
  contact a. 接触活化
  lymphocyte a. 淋巴细胞活化

activator ['ækti‚veitə] ❶活化剂；❷ 激活剂；❸ 功能矫正器
  bow a. 弓形活化矫正器
  functional a. 功能矫正器
  monoblock a. 功能矫正器
  plasminogen a. 血浆素原活化剂
  polyclonal a. 多克隆活化剂
  prothrombin a. 凝血酶原活化剂
  Schwarz a. 弓形活化矫正器
  single chain urokinase-type plasminogen a. (scu-PA) 单链尿激尿类纤维蛋白溶酶原活化剂
  tissue plasminogen a. (t-PA, TPA) 组织纤维蛋白溶酶原活化剂
  urinary plasminogen a. 尿纤维蛋白溶酶原活化剂
active ['æktiv] 有效的，非被动，非期待的
  optically a. 具旋光力的
activin ['æktivin] 苯丙酸诺龙
activity [æk'tiviti] (L. *agere* to do, drive) ❶ 活性,活力；❷ 热动力度；❸ 放射活性；❹ 脑电和肌电描记；❺ 旋光度
  alpha a. α 活性
  background a. 底数活度
  beta a. β 活性
  continuous muscle a., continuous muscle fiber a. 连续肌肉(纤维)活性
  a's of daily living (ADL) 日常活动
  delta a. δ 活性
  discrete a. 非连续性活动
  electrical a. 电活动
  end-plate a. 终板活动
  enzyme a. 酶活力
  epileptiform a. 癫痫样活动
  insertion a., insertional a. 介入性活动
  intermittent rhythmic delta. 间性节律性 δ 的活动
  intrinsic sympathomimetic a. (ISA) 体内类交感活动
  leukemia-associated inhibitory a. (LIA) 白血病相关性抑制作用
  nonsuppressible insulin-like a. (NSILA) 不受抑制的胰岛素样活动力
  optical a. 旋光度
  partial agonist a. 部分主动活动
  polymorphic delta a. 多形 δ 活动
  specific a. 比活性
  spontaneous a. 自发活动
  theta a. θ 活动
  triggered a. 触发活动
  voluntary a. 自发活动
actodigin [‚æktə'didʒin] 阿(克)托迪金
actomyosin [‚æktə'maiəsin] 肌动凝蛋白
acu- (L. *acus* needle) 针,尖锐
Acuaria spiralis [‚ækju'ɛəriə spai'rælis] 旋锐形线虫
acufilopressure [‚ækju'failə‚preʃə] (L. *acus* needle + *filum* thread + *pressure*) 针线压迫法
acuity [ə'kju:iti] (L. *acuitas* sharpness) 清晰
  Vernier a. 微变敏度
  visual a. 视觉敏锐度
aculeate [ə'kju:lieit] (L. *aculeatus* thorny) 有刺的,尖的
acuminate [ə'kju:mineit] (L. *acuminatus*) 尖的
acupoint ['ækjupoint] 穴位
acupressure ['ækju:preʃə] (*acu-* + L. *pressio* or *pressura* pressure) 针压法
acupuncture ['ækju‚pʌŋktʃə] (*acu-* + L. *punctura* a prick) 针刺术
acus ['ækəs] (L.) 针或针样突
acusection ['ækju‚sekʃən] 电针切开术
acusector ['ækju‚sektə] (*acu-* + L. *sectere* to cut) 电针
acusticus [ə'kʌstikəs] (L.) ❶ 听的；❷ 听神经
acute [ə'kju:t] (L. *acutus* sharp) 急性的
acyanoblepsia [ə‚saiənə'blepsiə] (Gr. *a* neg. + *kyanos* blue + *blepsia* vision) 蓝色盲
acyanotic [æ‚siə'nɔtik] 不发绀的
acyclic [ei'saiklik] ❶ 无环的；❷ 无周期性的
acyclovir [ei'saiklɔvə:] 无环鸟苷
  a. sodium 无环鸟苷钠盐
acyl ['æsil] 酰基
acylase ['æsileis] 酰基酶
acylation [‚æsi'leiʃən] 酰化作用
acyl-CoA ['æsilkəu'ei] 酰基辅酶 A
acyl CoA: cholesterol acyltransferase ['æsil kəu'ei kə'lestərəl ‚æsil'trænsfəreis] 酰基辅酶 A
acyl-CoA dehydrogenase ['æsil kəu'ei di'haidrədʒineis] (EC 1.3.99.3) 酰基

辅酶 A 脱氢酶
long-chain a.-CoA d. (LCAD) **deficiency** 长链酰基辅酶 A 脱氢酶缺乏
medium-chain a.-CoA d. (MCAD) **deficiency** 中链酰基辅酶 A 脱氢酶缺乏
short-chain a.-CoA d. (SCAD) **deficiency** 短链酰基辅酶 A 脱氢酶缺乏

acyl-CoA desaturase ['æsilkəu'ei di'sætʃəreis] 酰基辅酶 A 去饱和酶

acyl CoA synthetase ['æsilkəu'ei 'sinθiteis] 酰基辅酶 A 合成酶

acyl CoA synthetase (GDP-forming) ['æsilkəu'ei 'sinθiteis] 酰基辅酶 A 合成酶(GDP 形成)

acyl coenzyme A ['æsil kəu'enzaim] 酰基辅酶 A

acylglycerol [,æsil'glisərɔl] 酰基甘油

2-acylglycerol O-acyltransferase [,æsil'glisərɔl ,æsil'trænsfəreis] 2-酰基甘油-O-酰基转化酶

acylglycerol lipase [,æsil'glisərɔl 'lipeis] 酰基脂肪转化酶

acylglycerol palmitoyltransferase [,æsil'glisərɔl 'pælmi,tɔil'trænsfəreis] 酰基甘油-软酯酰基转化酶

***N*-acylneuraminic acid** [,æsil,njuːrə'minik] N-酰基神经胺酸

***N*-acylneuraminate cytidylyltransferase** [,æsilnjuː'ræmineit ,saitidailil'trænsfəreis] (EC 2.7.7.43) N-酰基神经胺酸苷酰转移酶

***N*-acylsphingosine** [,æsil'sfiŋgəsiːn] N-酰基鞘氨醇

acylsphingosine deacylase [,æsil'sfiŋgəsiːn di'æsileis] 酰基鞘氨醇脱酰酶

acyltransferase [,æsil'trænsfəreis] (EC 2.3) 酰基转移酶

acystia [ə'sistiə] (*a* neg. + Gr. *kystis* bladder) 无膀胱

acystinervia [ə,sisti'nəːviə] (*a* neg. + Gr. *kystis* bladder + L. *nervus* nerve + *-ia*) 膀胱神经无力

acystineuria [ə,sisti'njuːriə] 膀胱神经无力

AD ❶ 阳极期间；❷ 乙醇脱氢酶

A.D. (L. *auris dextra* 的缩写) 右耳

ad (L. *ad* to) 向,至

ad- (L. *ad* to) 向,至；增加

-ad (L. *ad* to) ❶ 向…方(侧)；❷ (Gr. *-as*, gen. *-ados*) 一组,同类

ADA ❶ (American Dental Association 的缩写) 美国牙科学会；❷ (American Diabetes Association 的缩写) 美国糖尿病协会；❸ (American Dietetic Association 的缩写) 美国饮食学会；❹ (adenosine deaminase 的缩写) 腺苷脱氨酶

adacrya ['ædəkriə] (*a* priv.; *dakryon* tear) 无泪,泪缺乏

adactylia [eidæk'tiliə] 无指(趾)

adactylism [ei'dæktilizəm] 无指(趾)

adactylous [ei'dæktiləs] 无指(趾)的

adactyly [ei'dæktili] (*a* neg. + Gr. *daktylos* finger) 无指(趾)

Adair Dighton's syndrome [ə'dɛə 'ditənz] (Charles Allen *Adair Dighton*, British otolaryngologist, born 1885) 阿-戴二氏综合征

adamantine [,ædə'mæntain] 釉质的

adamantinocarcinoma [,ædəm,æntinə,kɑːsi'nəumə] 齿釉质癌

adamantinoma [,ædə,mænti'nəumə] 釉质(上皮)瘤

a. of long bones 长骨釉质(上皮)瘤
pituitary a. 垂体釉质(上皮)瘤

adamantoblast [,ædə'mæntəblæst] (Gr. *adamas* a hard substance + *blastos* germ) 成釉细胞

adamantoblastoma [,ædə,mæntəblæs'təumə] 成釉细胞瘤

adamantoma [,ædəmæn'təumə] 成釉细胞瘤

ADAMHA (Alcohol, Drug Abuse, and Mental Health Administration 的缩写) 酒精,药物滥用和精神健康管理局

Adamkiewicz's arteries [ɑdɑm'kjeivitʃəz] (Albert *Adamkiewicz*, Polish pathologist, 1850-1921) 阿德姆基埃维克氏动脉

Adams' operation ['ædəmz] (William *Adams*, English surgeon, 1810-1900) 阿德姆氏手术

Adams-Stokes attack ['ædəmz stəuks] (Robert *Adams*, Irish physician, 1791-1875; William *Stokes*, Irish physician, 1804-1878) 亚-施二氏发作

adamsite ['ædəmzait] 氯化二苯胺胂

Adansonia [,ædən'səniə] (after Michel

Adanson, French naturalist, 1727-1806) 猴饼树属

adansonian [ˌædən'sɔniən] 猴饼树属

Adapin ['ædəpin] 阿德平：盐酸多虑平制剂的商品名

adaptation [ˌədæp'teiʃən] (L. *adaptare* to fit) 适应(作用)
  auditory a. 听适应
  color a. ① 色适应；② 视力调节
  dark a. 暗适应
  genetic a. 遗传适应
  light a. 光适应
  phenotypic a. 表型适应
  photopic a. 光适应
  retinal a. 视网膜适应
  scotopic a. 暗适应

adaptometer [ˌədæp'tɔmitə] (*adaptation* + *-meter*) 适应计
  color a. 色适应计

adaxial [ə'dæksiəl] 向轴的，近轴的

ADCC (antibody-dependent cell-mediated cytotoxicity 的缩写) 抗体依赖的间接的细胞毒性

add. (L. *adde* 或 *addetur* 的缩写) 加，加到

adde ['ædi] (L.) 加，加到

adder ['ædə] 毒蛇
  death a. 致死毒蛇
  puff a. 吹气蝰蛇

addict ['ædikt] 瘾君子，成瘾者

addiction [ə'dikʃən] 瘾，成瘾
  alcohol a. 酒瘾
  drug a. 药瘾
  polysurgical a. 外科治疗癖

Addis count ['ædis] (Thomas *Addis*, American physician, 1881-1949) 阿狄斯计数

addisin ['ædisin] 胃液抗贫血素

Addison's disease ['ædisənz] (Thomas *Addison*, English physician 1793-1860) 阿狄森氏病

Addison's planes ['ædisənz] (Christopher *Addison*, English anatomist, 1869-1951) 阿狄森氏平面

addisonian [ˌædi'səuniən] 阿狄森的

addisonism ['ædisənizəm] 阿狄森氏病型，类青铜色皮病

additive ['æditiv] ❶ 加的，添加的；❷ 添加剂

adducent [ə'djuːsənt] 收的，内收的

adduct[1] [ə'dʌkt] (L. *adducere* to draw toward) 收，内收

adduct[2] ['ædʌkt] 加合物

adduction [ə'dʌkʃən] 收(作用)，内收(作用)

adductor [ə'dʌktə] (L.) 收肌，内收肌

Adeleina [ˌædili'inə] 匿虫亚目

adelomorphic [əˌdelə'mɔːfik] 隐形的

adelomorphous [əˌdelə'mɔːfəs] (Gr. *adēlos* not evident + *morphē* form) 隐形的，不显形的

adenalgia [ˌædi'nældʒiə] (*aden-* + Gr. *algos* pain + *-ia*) 腺痛

adenase ['ædineis] (Gr. *aden-* gland + *-ase*) 腺嘌呤酶

adenasthenia [ˌædenæs'θiːniə] (Gr. *aden-* gland + *a.* neg. + *sthenos* strength) 腺无力，腺官能减退

adendric [ə'dendrik] 无树突的

adendritic [ˌæden'dritik] (*a* neg. + Gr. *dendron* tree) 无树突的

adenectomy [ˌædi'nektəmi] (*aden-* + Gr. *ektomē* excision) 腺切除术

adenectopia [ˌædinek'təupiə] (*aden-* + Gr. *ektopos* displaced + *-ia*) 腺异位

adenemphraxis [ˌædinem'fræksis] (Gr. *áden-* gland + *emphraxis* stoppage) 淋巴腺阻塞，腺闭塞

adenia [ə'diːniə] 淋巴腺增生病

adenic [ə'diːnik] 腺的，腺样的

adeniform [ə'denifɔːm] (*aden-* + L. *forma* shape) 腺样的

adenine ['ædəniːn] 腺嘌呤
  a. arabinoside 阿糖腺苷
  a. nucleotide 腺嘌呤核苷酸

adenine phosphoribosyltransferase [ˌædəniːn ˌfɔsfə'ribəusil'trænsfəreis] 腺嘌呤转磷酸核糖基酶

adenine phosphoribosyltransferase deficiency 腺嘌呤转磷酸核糖基酶缺乏

adenitis [ˌædi'naitis] 腺炎
  cervical a. 颈淋巴结炎
  phlegmonous a. 蜂窝织炎性腺炎

Adenium [ə'diːniəm] 箭毒胶属

aden(o)- (Gr. *adēn*, gen. *adenos* gland) 腺

adenoacanthoma [ˌædinəuˌækənˈθəumə] (*adeno-* + *acanth-* + *-oma*) 腺棘皮癌

adenoameloblastoma [ˌædinəuəˌmeləublæsˈtəumə] 腺性成釉细胞瘤

adenoangiosarcoma [ˌædinəuˌændʒiəusɑːˈkəumə] 腺血管肉瘤

adenoblast [ˈædinəuˌblæst] (*adeno-* + Gr. *blastos* germ) 成腺细胞

adenocarcinoma [ˌædinəuˌkɑːsiˈnəumə] 腺癌

 acinar a. 腺泡状腺癌

 acinic cell a., acinous a. 腺泡状腺癌

 alveolar a. 小腺泡状腺癌

 bronchioalveolar a., bronchioloalveolar a. 小腺泡状腺癌

 bronchogenic a. 支气管源性腺癌

 clear cell a. 明细胞腺癌

 ductal a. of the prostate 前列腺管状腺癌

 endometrial a. 子宫内膜腺癌

 follicular a. 滤泡状腺癌

 gastric a. 胃腺癌

 a. of kidney 肾腺癌,肾细胞癌

 a. of the lung 肺腺癌

 mucinous a. 粘蛋白腺癌

 papillary a., polypoid a. 乳头状腺癌

 polymorphous low-grade a. 多形低分化腺癌

 a. of the prostate 前列腺腺癌

 renal a. 肾腺癌

 a. of the stomach 胃腺癌

 terminal duct a. 末端管腺癌

 urachal a. 脐尿管腺癌

adenocele [ˈædinəˌsiːl] (*adeno-* + *-cele*¹) 腺囊肿

adenocellulitis [ˌædinəuˌseljuˈlaitis] 腺蜂窝织炎

adenochondroma [ˌædinəukɒnˈdrəumə] (*adeno-* + Gr. *chondros* cartilage + *-oma* tumor) 腺软骨瘤

adenocyst [ˈædinəsist] (*adeno-* + Gr. *kystis* cyst) 腺囊肿

adenocystoma [ˌædinəusisˈtəumə] 腺囊瘤

 papillary a. lymphomatosum 乳头状淋巴性腺囊瘤

adenocyte [ˈædinəsait] (*adeno-* + Gr. *kytos* hollow vessel) 腺细胞

adenodynia [ˌædinəuˈdiniə] (*adeno-* + Gr. *odynē* pain + *-ia*) 腺痛

adenoepithelioma [ˌædinəuˌepiˌθiːliˈəumə] (*adeno-* + *epithelioma*) 腺上皮瘤

adenofibroma [ˌædinəufaiˈbrəumə] 腺纤维瘤

 a. edematodes 水肿怀腺纤维瘤

adenofibrosis [ˌædinəufaiˈbrəusis] 腺纤维化

adenogenous [ˌædiˈnɒdʒinəs] (*adeno-* + Gr. *gennan* to produce) 腺源的

adenographic [ˌædinəuˈgræfik] 腺放射照相术的

adenography [ˌædiˈnɒgrəfi] (*adeno-* + Gr. *graphein* to write) 腺放射照相术

adenohypersthenia [ˌædinəuˌhaipəsˈθiːniə] (*adeno-* + Gr. *hyper* over + *sthenos* strength) 腺官能过度

adenohypophyseal [ˌædinəuˌhaipəuˈfiziəl] 腺性垂体的

adenohypophysectomy [ˌædinəuhaiˌpɒfiˈsektəmi] 腺垂体切除术

adenohypophysial [ˌædinəuˌhaipəuˈfiziəl] 腺性垂体的

adenohypophysis [ˌædinəuhaiˈpɒfisis] (*adeno-* + *hypophysis*) 腺垂体前叶

adenoid [ˈædinɔid] (*aden-* + Gr. *eidos* form) ❶ 腺样的; ❷ 腺样增殖体; ❸ 腺样增殖体的

adenoidectomy [ˌædinɔiˈdektəmi] (*adenoid* + Gr. *ektomē* excision) 增殖腺切除术

adenoidism [ˈædinɔidizəm] 增殖腺病

adenoiditis [ˌædinɔiˈdaitis] 增殖腺炎

adenoleiomyofibroma [ˌædinəˌlaiəuˌmaiəufaiˈbrəumə] 腺平滑肌纤维瘤

adenolipoma [ˌædinəuliˈpəumə] 腺脂瘤

adenologaditis [ˌædinəuˌlɒgəˈdaitis] (*adeno-* + Gr. *logades* whites of the eyes + *-itis*) ❶ 新生儿眼炎; ❷ 眼结膜腺炎

adenolymphitis [ˌædinəulimˈfaitis] 淋巴腺炎,淋巴结炎

adenolymphocele [ˌædinəuˈlimfəsiːl] (*adeno-* + *lymphocele*) 淋巴结囊肿

adenolymphoma [ˌædinəulimˈfəumə] (*adeno-* + *lymphoma*) 腺淋巴瘤

adenoma [ˌædiˈnəumə] (*adeno-* + *-oma*) 腺瘤

 acidophilic a. 嗜酸性腺瘤

 acidophil stem-cell a. 嗜酸性干细胞腺瘤

ACTH-secreting a. 促肾上腺皮质激素分泌腺瘤
a. of the adrenal cortex, adrenocortical a. 肾上腺皮质腺瘤
aldosterone-producing a., aldosterone-secreting a. 醛固酮腺瘤
alpha subunit a. α-亚单位腺瘤
a. alveolare 泡状腺瘤
basal cell a. 基底细胞腺瘤
basophil a., basophilic a. 嗜碱性腺瘤
bile duct a. 胆管腺瘤
bronchial a's 支气管腺瘤
canalicular a. 基底细胞腺瘤
carcinoid a. of bronchus 支气管类癌腺瘤
carcinoma ex pleomorphic a. 唾液腺癌
chief cell a. 细胞腺癌
chromophobe a., chromophobic a. 拒染性腺瘤
colloid a. 胶质腺瘤
cortical a's 皮质腺瘤
corticotrope a., corticotrope cell a. 促肾上腺皮质激素分泌细胞腺瘤
corticotroph a., corticotroph cell a. 促肾上腺皮质激素分泌细胞腺瘤
cortisol-producing a. 皮质醇生成腺瘤
embryonal a. 胚性腺瘤
endocrine-active a. 内分泌亢进腺瘤
endocrine-inactive a. 内分泌抑制腺瘤
eosinophil a., eosinophilic a. 嗜酸性腺瘤
fetal a. 胎性腺瘤
a. fibrosum 纤维腺瘤
follicular a. 滤泡性腺瘤
functional a., functioning a. 功能性腺瘤
gastric a. 胃腺瘤
a. gelatinosum 胶样腺瘤
glycoprotein a., glycoprotein hormone a. 糖蛋白腺瘤,糖蛋白激素腺瘤
gonadotrope a., gonadotroph a., gonadotroph cell a. 促性腺细胞腺瘤,促性腺细胞腺瘤
growth hormone cell a. 生长激素细胞腺瘤
growth hormone-secreting a. 生长激素分泌腺瘤
hepatocellular a. 肝细胞腺瘤

Hürthle cell a. 许尔特细胞瘤
hyperfunctional a., hyperfunctioning a. 机能亢进性腺瘤
islet cell a. 胰岛腺瘤
a's of kidney 肾腺瘤
lactotrope a., lactotroph a. 催乳素腺瘤
langerhansian a. 朗格罕氏细胞腺瘤
liver cell a. 肝细胞腺瘤
macrofollicular a. 大滤泡腺瘤
mammosomatotroph a. 促乳房生长腺瘤
microfollicular a. 微滤泡腺瘤
mixed-cell a: 混合细胞腺瘤
mixed somatotroph-lactotroph a. 促生长素和催乳素混合腺瘤
monomorphic a. 单形腺瘤
mucinous a. 粘蛋白腺瘤
nephrogenic a. 肾原性腺瘤
nonfunctional a., nonfunctioning a. 非功能性腺瘤
nonsecreting a., nonsecretory a. 无分泌腺瘤
null-cell a. 无细胞腺瘤
oncocytic a. ①瘤细胞腺瘤;②许特尔细胞腺瘤
a. ovarii testiculare 卵巢男性细胞腺瘤
oxyphilic a., oxyphilic granular cell a. 嗜酸粒细胞腺瘤
papillary cystic a. 乳头状囊腺瘤
Pick's testicular a., Pick's tubular a. 皮克氏睾丸腺瘤,皮克氏管状腺瘤
pituitary a. 垂体腺瘤
pleomorphic a. 多形性腺瘤
pleomorphic a., malignant 恶性多形性腺瘤
plurihormonal a. 多激素腺瘤
prolactin cell a., prolactin-secreting a. 催乳细胞腺瘤,催乳素分泌腺瘤
sebaceous a. 皮脂腺瘤
a. sebaceum ①普林格耳型;②巴尔泽型
somatotrope a., somatotroph a. 生长激素腺瘤
thyroid stimulating hormone-secreting a. 甲状腺刺激素分泌腺瘤
thyrotrope a., thyrotroph a., thyrotroph cell a. 甲状腺腺瘤
trabecular a. 柱状腺瘤
TSH-secreting a. 促甲状腺激素分泌腺

瘤
trabecular-tubular a. 柱-管状腺瘤
tubular a. 管状瘤腺
  a. tubulare testiculare ovarii 卵巢睾丸状小管瘤
  villous a. 绒毛状腺瘤
adenomalacia [ˌædinəuməˈleiʃiə] (*adeno-* + Gr. *malakia* softness) 腺软化
adenomatoid [ˌædiˈnəumətɔid] 腺瘤样的
adenomatome [ˌædiˈnəumətəum] (*adenoma* + Gr. *tomē* a cutting) 腺瘤刀
adenomatosis [ˌædinəuməˈtəusis] 腺瘤病
  multiple endocrine a. 多发性内分泌腺瘤
  a. oris 口腔腺瘤
  pluriglandular a., polyendocrine a. 多腺性腺瘤
  pulmonary a. 肺腺瘤
adenomatous [ˌædəˈnɔmətəs] ❶ 腺瘤的；❷ 腺体小结增生的
adenomegaly [ˌædinəuˈmegəli] 腺肿大
adenomere [ˈædinəumiə] (*adeno-* + Gr. *meros* part) 腺节
adenomyofibroma [ˌædinəuˌmaiəfaiˈbrəumə] 腺肌纤维瘤
adenomyoma [ˌædinəumaiˈəumə] (*adeno-* + Gr. *mys* muscle + *-oma*) 腺肌瘤
adenomyomatosis [ˌædinəuˌmaiəməˈtəusis] 腺肌瘤病
adenomyomatous [ˌædinəumaiˈɔmətəs] 腺肌瘤的，腺肌瘤样的
adenomyometritis [ˌædinəuˌmaiəmeˈtraitis] 子宫腺肌炎
adenomyosarcoma [ˌædinəuˌmaiəsɑːˈkəumə] 腺肉瘤
  embryonal a. 胚性腺肉瘤
adenomyosis [ˌædinəumaiˈəusis] 子宫内膜异位
  a. externa 子宫外子宫内膜异位
  stromal a. 基质性子宫内膜异位
  a. tubae 输卵管子宫内膜异位
  a. uteri 子宫内膜异位
adenomyxoma [ˌædinəmikˈsəumə] 腺粘液瘤
adenoncus [ˌædiˈnɔŋkəs] (*adeno-* + Gr. *onkos* weight) 腺肿
adenoneural [ˌædinəuˈnjuərəl] 腺神经的
adenopathy [ˌædiˈnɔpəθi] (*adeno-* + Gr. *pathos* disease) 腺病

adenopharyngitis [ˌædinəuˌfærinˈdʒaitis] (*adeno-* + Gr. *pharynx* pharynx + *-itis*) 咽扁桃体炎
adenophlegmon [ˌædinəuˈflegmɔn] (*adeno-* + *phlegmon*) 蜂窝织炎性腺炎
adenophthalmia [ˌædinɔfˈθælmiə] (*adeno-* + Gr. *ophthalmos* eye + *-ia*) 睑板腺炎
adenophyma [ˌædinəuˈfimə] 炎性腺肿大
adenopituicyte [ˌædinəupiˈtjuisait] 腺垂体细胞
adenosarcoma [ˌædinəusɑːˈkəumə] 腺肉瘤
  embryonal a. 胚性腺肉瘤
adenosclerosis [ˌædinəuskliəˈrəusis] (*adeno-* + Gr. *sklērōsis* hardening) 腺硬化
adenosinase [ˌædiˈnəusineis] (*adenosine-ase*) 腺苷酶
adenosine [əˈdenəsi(ː)n] 腺苷
  cyclic a. monophosphate (cAMP) 环腺苷酸
  a. diphosphate (ADP) 二磷酸腺苷
  a. monophosphate (AMP) 一磷酸腺苷
  a. phosphate 磷酸腺苷
  a. triphosphate (ATP) 三磷酸腺苷
adenosine deaminase [əˈdenəsi(ː)n diˈæmineis] 腺苷脱氨酸
adenosine kinase [əˈdenəsi(ː)n ˈkineis] (EC 2.7.1.20) 腺苷激酶
adenosinetriphosphatase [əˌdiːnəsiːntraiˈfɔsfəteis] (EC 3.6.1.3) 三磷酸腺苷酶
adenosis [ˌædiˈnəusis] 腺病
  blunt duct a. 钝管乳腺病
  mammary sclerosing a., sclerosing a. of breast 乳房硬化腺病
  a. vaginae 阴道腺病
adenosyl [əˈdenəsil] 腺基
adenosylcobalamin [əˌdinəusilkəuˈbæləmin] 腺苷钴胺素
S-adenosylhomocysteine [əˌdenəsilhɔməˈsistiːn] S-腺苷高半胱氨酸
S-adenosylmethionine [əˌdenəsilmeˈθaiəniːn] S-腺苷基蛋氨酸
adenotome [ˈædinətəum] (*adeno-* + Gr. *tomē* cutting) 腺刀
adenotomy [ˌædiˈnɔtəmi] ❶ 腺解剖学；❷ 腺样增殖切除术
adenotonsillectomy [ˌædinəuˌtɔnsiˈlektəmi] 增殖腺扁桃体切除术

adenous ['ædinəs] 腺的
adenoviral [ˌædinəu'vaiərəl] 腺病毒的
Adenoviridae [ˌædinəu'viridiː] 腺病毒科
adenovirus [ˌædinəuˌvaiərəs] 腺病毒
  a's of birds 鸟腺病毒
  fowl a. 家禽腺病毒
  mammalian a's 乳腺病毒
adenyl ['ædinil] 腺嘌呤基
adenylate [ə'denileit] 腺嘌呤核苷酸
adenylate cyclase [ə'denileit 'saikleis] (EC 4.6.1.1) 腺苷酸环化酶
adenylate deaminase [ə'denileit di'æmineis] 腺苷酸脱氨酶
adenylate kinase [ə'denileit kaineis] (EC 2.7.4.3) 腺苷酸激酶
adenyl cyclase ['ædinil 'saikleis] 腺苷酸环化酶
adenylic acid [ˌædi'nilik] 腺贰一磷酸
adenylosuccinase [ˌædiniləu'sʌksineis] 腺苷酸琥珀酸裂解酶
adenylosuccinate [ˌædiniləu'sʌksineit] 腺苷酸琥珀酸
adenylosuccinate lyase [ˌædinilǝu'sʌksineitli'eis] (EC 4.3.2.2) 腺苷酸琥珀酸裂解酶
adenylosuccinate synthase [ˌædinilǝu'sʌksineit 'sinθeis] (EC 6.3.4.4) 腺苷酸琥珀酸合酶
adenylyl ['ædinilil] 腺嘌呤核苷酰基
adenylyl cyclase ['ædinilil 'saikleis] 腺苷酸环化酶
adenylyl transferase ['ædinilil 'trænsfəreis] 腺苷酰基转移酶
adeps ['ædeps] (gen. *adipis*) (L.) 豚脂,猪脂
  a. anserinus 鹅脂
  a. benzoinatus 安息香豚脂
  a. lanae 羊毛脂,无水羊毛脂
  a. lanae hydrosus 羊毛脂
  a. ovillus 羊脂
  a. porci 豚脂
  a. renis 肾脂肪囊
  a. suillus 豚脂
adequacy ['ædikwəsi] 适当,充足
  velopharyngeal a. 咽腭帆关闭良好
adermia [ə'dəːmiə] (*a* neg. + Gr. *derma* skin + *-ia*) 无皮
adermine [ə'dəːmiːn] 吡哆醇

adermogenesis [əˌdəːməu'dʒenəsis] (*a* neg. + Gr. *derma* skin + *genesis* production) 皮肤发育不全
adesmosis [əˌdəs'məusis] (Gr. *a* neg. + *desmos* band) 皮下结缔组织萎缩
Ad grat. acid. (L. *ad gratum aciditatem* 的缩写) 至适宜酸度
ADH ❶ (alcohol dehydrogenase 的缩写) 乙醇脱氢酶; ❷ (antidiuretic hormone 的缩写) 抗利尿激素
Adhatoda [æd'hætədə] 鸭嘴花属
adhere [əd'hiə] (L. *adhaerere*, to stick) 粘连,粘着
  immune a. 免疫性粘连作用
adherence [əd'hiərəns] 粘着,固执
  immune a. 免疫粘附
adhesin [əd'hezin] 粘连素
adhesio [əd'heziəu] (pl. *adhesiones*) (L. "clinging together") 连接带,连接体
  a. interthalamica (NA) 丘脑间粘合
adhesiolysis [ˌædhiːsiə'laisis] (*adhesion* + Gr. *lysis* disolution) 粘连物松解术
adhesion [əd'hiːʒən] (L. *adhaesio*, from *adhaerere* to stick to) ❶ 粘连,粘着物; ❷ 接合; ❸ 纤维带,纤维组织
  amniotic a's 羊膜粘连
  primary a. 原发性粘连
  secondary a. 继发性粘连
  sublabial a. 唇下粘连
  traumatic uterine a's 创伤性子宫粘连
adhesiotomy [ædˌhiːzi'ɔtəmi] 粘连切离术
adhesive [əd'hiːsiv] ❶ 粘连的,有粘性的; ❷ 粘合剂
  dental a. 牙科粘胶
  denture a. 义齿粘胶
adhesiveness [əd'hiːsivnis] 粘连性
  platelet a. 血小板粘连
Adhib. (L. *adhibendus* 的缩写) 应给予
adiadochocinesia [əˌdaiəˌdɔkəusai'niːzjə] 轮替运动不能
adiadochocinesis [ədaiəˌdɔkəusai'niːsis] 轮替运动不能
adiadochokinesia [əˌdaiəˌdɔkəukai'niːzjə] (*a-* + *diadochokinesia*) 轮替运动不能
adiadochokinesis [əˌdaiəˌdɔkəukai'niːsis] 轮替运动不能
adiadokokinesia [əˌdaiəˌdɔkəukai'niːzjə] 轮替运动不能

adiadokokinesis [əˌdaiəˌdokəukaiˈniːsis] 轮替运动不能

Adiantum [ˌædiˈæntəm] (*a* neg. + Gr. *dianein* to moisten) 铁线蕨属

adiaphoresis [əˌdaiəfəˈriːsis] (Gr. *a* neg. + *diaphorein* to perspire) 出汗不能,无汗

adiaphoria [əˌdaiəˈfɔːriə] (Gr. "indifference") 无反应,无活动

adiaspiromycosis [ˌeidaiəˌspaiərəumaiˈkəusis] 不育大孢子菌病

adiaspore [ˈædiəspɔː] 不育大孢子

adiastole [ˌədaiˈæstəli] (Gr. *a* neg. + *diastole*) 心舒张期缺乏

adiathermancy [əˌdaiəˈθəːmənsi] (*a* neg. + Gr. *dia* through + *thermansis* heating) 不透热,绝热

adicillin [ˌædiˈsilin] 青霉素 N,头孢菌素 N

Adie's pupil [ˈeidiz] (William John *Adie*. English neurologist, 1886-1935) 艾迪氏瞳孔

adiemorrhysis [əˌdaiəˈmɔrisis] (*a* neg. + Gr. *dia* through + *haima* blood + *rhysis* flow) 血液循环停止

adient [ˈædiənt] 趋近的

adipectomy [ˌædiˈpektəmi] (L. *adeps* + Gr. *ektomē* excision) 脂肪切除术

adiphenine hydrochloride [ˌædiˈfeniːn] 盐酸阿迪芬宁

adipic [əˈdipik] (L. *adeps* fat) 脂肪的

adip(o)- (L. *adeps*) 脂

adipocele [ˈædipəusiːl] (*adipo-* + Gr. *kēlē* hernia) 脂肪疝

adipocellular [ˌædipəuˈseljulə] 脂肪结缔组织的

adipoceratous [ˌædipəuˈserətəs] 尸蜡样的

adipocere [ˈædipəˌsiə] (*adipo-* + L. *cera* wax) 尸蜡

adipochrome [əˈdipəkrəum] 脂色质

adipocyte [ˈædipəusait] 脂细胞

adipofibroma [ˌædipəfaiˈbrəumə] 脂肪纤维瘤

adipogenesis [ˌædipəuˈdʒenəsis] (*adipo-* + *-genesis*) 脂肪形成

adipogenic [ˌædipəuˈdʒenik] 脂肪形成的

adipogenous [ˌædiˈpɔdʒinəs] 脂肪形成的

adipohepatic [ˌædipəuhiˈpætik] 肝脂肪变性的

adipoid [ˈædipɔid] (*adipo-* + Gr. *eidos* form) 类脂

adipokinesis [ˌædipəukaiˈniːsis] 脂肪移动

adipokinetic [ˌædipəukaiˈnetik] 脂肪移动的

adipokinin [ˌædipəuˈkainin] 脂肪氧化激素

adipolysis [ˌædiˈpɔlisis] (*adipo-* + *-lysis*) 脂肪水解

adipolytic [ˌædipəuˈlitik] 脂肪水解的

adipoma [ˌædipəuməu] 脂肪瘤

adipometer [ˌædiˈpɔmitə] 皮厚度计

adiponecrosis [ˌædipəuneˈkrəusis] 脂肪坏死

  a. subcutanea neonatorum 新生儿皮下脂肪坏死

adipopectic [ˌædipəuˈpektik] 积脂的

adipopexia [ˌædipəuˈpeksiə] 积脂

adipopexic [ˌædipəuˈpeksik] 积脂的

adipopexis [ˌædipəuˈpeksis] (*adipo-* + Gr. *pēxis* fixation) 积脂

adiposalgia [ˌædipəuˈsældʒiə] (*adipo-* + Gr. *algos* pain + *-ia*) 脂肪痛

adipose [ˈædipəus] (L. *adiposus* fatty) ❶ 脂肪的;❷ 脂细胞脂肪

adiposis [ˌædiˈpəusis] (L. *adeps* fat + *-osis*) ❶ 肥胖症;❷ 积脂病

  a. cerebralis 脑性肥胖症
  a. dolorosa 痛性肥胖症
  a. hepatica 脂肪肝
  a. tuberosa simplex 单纯结节性肥胖症
  a. universalis 全身性肥胖症

adipositas [ˌædiˈpɔsitəs] (L.) 肥胖症

  a. ex vacuo 肥胖性萎缩

adipositis [ˌædipəuˈsaitis] 脂肪织炎

adiposity [ˌædiˈpɔsiti] 肥胖

  cerebral a. 脑性肥胖症
  pituitary a. 垂体性肥胖症

adiposuria [ˌædipəuˈsjuəriə] (*adipo-* + *-uria*) 脂尿

adipsia [əˈdipsiə] (*a* neg. + Gr. *dipsa* thirst + *-ia*) 不渴症

aditus [ˈæditəs] (pl. *aditus*) (L. "approach") 入口,口

  a. ad antrum (NA) 乳突窦口
  a. laryngis (NA) 喉口
  a. orbitae (NA) 眶口

a. ad pelvem 骨盆入口

a. vaginae 阴道口

adjunct ['ædʒʌŋkt] 附加的, 附件

adjustment [ə'dʒʌstmənt] 适应, 调整, 调节

occlusal a. 调殆, 咬合调整

adjuvant ['ædʒuvənt] (L. *adjuvans* aiding) ❶ 辅助的; ❷ 辅药; ❸ 免疫反应的非特异性刺激物

A.65 佐剂 65

Freund's a. 弗朗德氏佐剂

mycobacterial a. 分支杆菌佐剂

adjuvanticity [ˌædʒuvən'tisiti] 佐剂性, 免疫佐剂性

ADL (activities of daily living 的缩写) 日常生活活力

Adler ['ɑːdlə] 阿德勒: 奥地利精神病学者

Adler's test ['ɑːdləz] (Oscar *Adler*, German physician, 1879-1932, and his brother Rudolph, 1882-1952) 阿德勒氏试验

ad lib. (L. *ad libitum* 的缩写) 随意, 任意

admedial [æd'miːdiəl] 近正中(面)的

admedian [æd'miːdiən] 近正中(面)的, 向(身体)中线的

adminicula [ˌædmi'nikjulə] (L.) 支座。*adminiculum* 的复数形式

adminiculum [ˌædmi'nikjuləm] (L.) (pl. *adminicula*) 支座

a. lineae albae (NA) 白线支座

admittance [əd'mitəns] 导纳

admov. (L. *admove*, *admoveatur* 的缩写) 加, 加入

ad nauseam [æd'nɔːsiəm] (L.) 至恶心为度

adnerval [æd'nəːvəl] ❶ 近神经的; ❷ 向神经的

adneural [æd'njuərəl] (*ad-* + Gr. *neuron* nerve) 近神经的

adnexa [æd'neksə] (L., pl.) 附件, 附器

a. mastoidea 乳突附器

a. oculi 眼附器

a. uteri 子宫附件

adnexal [æd'neksəl] 附件的

adnexectomy [ˌædnek'sektəmi] (*adnexa* + Gr. *ektomē* excision) 附件切除术

adnexitis [ˌædnek'saitis] 子宫附件炎

adnexogenesis [æd,neksəu'dʒenəsis] 附件发生

adnexopexy [æd'neksəuˌpeksi] 子宫附件固定术

adnexorganogenic [æd,neksɔːgənəu'dʒenik] 子宫附件源的

AdoCbl (adenosylcobalamin 的缩写) 腺苷钴胺素

adolescence [ˌædəu'lesəns] (L. *adolescentia*) 青春期

adolescent [ˌædəu'lesənt] ❶ 青春期的; ❷ 青少年的

adoral [æ'dɔːrəl] (L. *ad* near + *os*, *oris* mouth) 向口的, 近口的

ADP (adenosine diphosphate 的缩写) 二磷酸腺苷

Ad pond. om. (L. *ad pondus omnium* 的缩写) 至全部的重量

adosculation [æd,ɔskju'leiʃən] (L. *ad* to + *osculare* to kiss) 体外受精

adrenal [ə'driːnəl] (L. *ad* near + *ren* kidney) ❶ 近肾的; ❷ 肾上腺

Marchand's a's 马献德氏肾上腺

adrenalectomize [ə,driːnə'lektəmaiz] 切除肾上腺

adrenalectomy [ə,driːnə'lektəmi] (*adrenal* + Gr. *ektomē* excision) 肾上腺切除术

Adrenalin [ə'drenəlin] 肾上腺素

adrenaline [ə'drenəlin] 肾上腺素

a. acid tartrate 重酒石酸肾上腺素

adrenalinemia [ə'drenəli'niːmiə] 肾上腺素血症

adrenalinogenesis [æd,renəlinə'dʒenəsis] 肾上腺素生成

adrenalinuria [ə,drenəli'njuəriə] 肾上腺素尿

adrenalism [ə'drenəlizəm] 肾上腺机能病

adrenalitis [ə,drenə'laitis] 肾上腺炎

adrenalone [ə'drenələun] 肾上腺酮

adrenalopathy [ə,drenə'lɔpəθi] (*adrenal* + Gr. *pathos* disease) 肾上腺病

adrenalotropic [ə,drenələu'trɔpik] (*adrenal* + Gr. *tropos* a turning) ❶ 对肾上腺有特别亲和力的; ❷ 青春期肾上腺激素分泌增加

adrenarche [ˌædre'nɑːki] (*adrenal* + Gr. *archē* beginning) 肾上腺机能初现

adrenergic [ˌædre'nəːdʒik] ❶ 肾上腺素能

的；❷ 肾上腺素能药
adrenic [əˈdrenik] 肾上腺的
adrenin [əˈdriːnin] 肾上腺素
adrenine [əˈdriːnin] 肾上腺素
adrenitis [ˌædriˈnaitis] 肾上腺炎
adren(o)- (L. *ad* near + *ren* kidney) 肾上腺
adrenoceptive [əˌdrenəuˈseptiv] 肾上腺素能受体的
adrenoceptor [əˌdriːnəuˈseptə] 肾上腺素能受体
adrenochrome [əˈdriːnəukrəum] 肾上腺素红，肾上腺色素
adrenocortical [əˌdriːnəuˈkɔːtikəl] 肾上腺皮质的
adrenocorticohyperplasia [əˌdriːnəuˌkɔːtikəuˌhaipəˈpleisiə] 肾上腺皮质增生
adrenocorticoid [əˌdriːnəuˈkɔːtikɔid] 肾上腺皮质激素类
adrenocorticomimetic [æˌdriːnəuˌkɔːtikəumaiˈmetik] 类皮质激素的
adrenocorticotrophic [æˌdriːnəuˌkɔːtikəuˈtrɔfik] 促肾上腺皮质的
adrenocorticotrophin [æˌdriːnəuˌkɔːtikəuˈtrɔfin] 促肾上腺皮质激素
adrenocorticotropic [æˌdriːnəuˌkɔːtikəuˈtrɔpik] 促肾上腺皮质的
adrenocorticotropin [æˌdriːnəuˌkɔːtikəuˈtrɔpin] 促肾上腺皮质激素
adrenodoxin [əˌdrenəuˈdɔksin] 肾上腺皮质硫化铁蛋白
adrenogenic [əˌdrenəuˈdʒenik] 肾上腺原的
adrenogenous [ˌædreˈnɔdʒinəs] (*adreno-* + Gr. *gennan* to produce) 肾上腺原的
adrenogram [æˈdrenəgræm] 肾上腺X线片
adrenokinetic [æˌdrenəukaiˈnetik] (*adreno-* + Gr. *kinētikos* moving) 刺激肾上腺的
adrenoleukodystrophy [æˌdrenəuˌljukəuˈdistrəfi] 脑白质肾上腺萎缩症
adrenolutin [əˌdrenəuˈljuːtin] 肾上腺黄素
adrenolytic [ˌædrenəuˈlitik] (*adreno-* + Gr. *lysis* a loosening) 抗肾上腺素的
adrenomedullotropic [əˌdrenəuˌmedjuləuˈtrɔpik] 促肾上腺髓质的
adrenomegaly [æˌdrenəuˈmegəli] (*adreno-* + Gr. *megaleia* bigness) 肾上腺（肿）大
adrenomimetic [əˌdrenəumaiˈmetik] 类肾上腺素能作用的
adrenomyeloneuropathy [əˌdrenəuˌmaiələunjuˈrɔpəθi] 肾上腺脊髓神经病
adrenopathy [ˌædreˈnɔpəθi] (*adreno-* + Gr. *pathos* disease) 肾上腺病
adrenopause [æˈdrenəpɔːz] 肾上腺机能停滞
adrenoprival [æˈdrenəuˌpraivəl] 肾上腺缺失的
adrenoreceptor [əˌdrenəuriˈseptə] 肾上腺素能受体
Adrenosem [əˈdrenəsem] 安络血
adrenostatic [æˌdrenəuˈstætik] ❶ 抑制肾上腺作用的；❷ 肾上腺抑制剂
adrenosterone [ˌædreˈnəustərəun] 肾上腺雄甾酮
adrenotoxin [æˌdrenəuˈtɔksin] 肾上腺毒素
adrenotrophic [æˌdrenəuˈtrɔfik] (*adreno-* + Gr. *trophē* nutrition) 促肾上腺的
adrenotrophin [æˌdrenəuˈtrɔfin] 促肾上腺皮质激素
adrenotropic [æˌdrenəuˈtrɔpik] (*adreno-* + Gr. *tropos* a turning) 促肾上腺的
adrenotropin [æˌdrenəuˈtrɔpin] 促肾上腺皮质激素
Adriamycin [ˌeidriəˈmaisin] 阿霉素
Adrian of Cambridge [ˈædriən] 埃德里安
adromia [əˈdrəumiə] (*a* neg. + Gr. *dromos* a running + -*ia*) 肌神经传导缺乏
Adroyd [ˈædrɔid] 康复龙：羟次甲氢龙制剂的商品名
Adrucil [ˈædruːsil] 阿米色尔：氟尿嘧啶针剂的商品名
adrue [əˈdruːei] 节莎草
ADS (antidiuretic substance 的缩写) 抗利尿物质
Adson's test [ˈædsənz] (Alfred Washington *Adson*, American neurosurgeon, 1887-1951) 阿德森氏实验
adsorb [ædˈsɔːb] 吸附，吸引
adsorbate [ædˈsɔːbeit] 吸附物
adsorbent [ædˈsɔːbənt] ❶ 吸附的；❷ 吸附剂
adsorption [ædˈsɔːpʃən] (L. *ad* to + *sor-*

bere to suck) 吸附
agglutinin a. 凝集素吸附
immune a. 免疫吸附
adsternal [æd'stənəl] 向胸骨的,近胸骨的
adst. feb. (L. *adstante febre* 的缩写) 发热时
adterminal [æd'təminəl] (*ad-* + L. *terminus* end) 向末端的,离心的
adtorsion [æd'tɔːʃən] 内旋(眼)
adult [ə'dʌlt] (L. *adultus* grown up) ❶ 成人,成年; ❷ 成虫,成体
adulterant [ə'dʌltərənt] 掺杂物,掺假物,伪造品
adulteration [ə,dʌltə'reiʃən] 掺杂,掺假
adumbration [,ædʌm'breiʃən] ❶ 轮廓,草图; ❷ 阴影的产生
Adv. (L. *adversum* 的缩写) 对,抗
advance [əd'vɑːns] (Fr. *avancer*) 做徙前术
advancement [əd'vɑːnsmənt] 徙前术
capsular a. (眼球)囊徙前术
adventitia [,ædvən'tiʃiə] (L. *adventicious* from without) 外膜
adventitial [,ædvən'tiʃiəl] 外膜的
adventitious [,ædvən'tiʃiəs] (L. *ad* to + *venire* to come) ❶ 偶发的,后天的,获得的; ❷ 异位的
Ad 2 vic. (L. *ad duas vices* 的缩写) 加倍的
Advil ['ædvil] 艾德威:布洛芬制剂的商品名
adynamia [,ædai'neimiə] (*a* neg. + Gr. *dynamis* might + *-ia*) 动力缺失,无力
a. episodica hereditaria 遗传性周期性麻痹
adynamic [,ædai'næmik] 动力缺失的,无力的
ae- 参见以 *e-* 起始的词
Aeby's muscle ['eibiz] (Christopher Theodore Aeby, Swiss anatomist, 1835-1885) 埃比氏肌
aecium ['iːsiəm] (pl. *aecia*) (Gr. *aikia* injury) 霉菌子实
Aedes [ei'iːdiz] (Gr. *aēdēs* unpleasant) 伊蚊属
A. aegypti 埃及伊蚊
A. africanus 非洲伊蚊
A. albopictus 白纹伊蚊
A. atlanticus 大西洋伊蚊
A. canadensis 加拿大伊蚊
A. cinereus 灰色伊蚊
A. flavescens 黄色伊蚊
A. ingrami 英氏伊蚊
A. leucocelaenus 白星伊蚊
A. melanimon 黑色伊蚊
A. polynesiensis 波利尼西亚伊蚊
A. pseudoscutellaris 假鳞斑伊蚊
A. scapularis 肩胛伊蚊
A. simpsoni 辛氏伊蚊
A. sollicitans 烦扰伊蚊
A. spencerii 斯氏伊蚊
A. taeniorhynchus 带喙伊蚊
A. togoi 东乡伊蚊
A. triseriatus 三列伊蚊
A. varipalpus 变须伊蚊
aedoeocephalus [,iːdiə,sefələs] (Gr. *aidoia* genitals + *kephalē* head) 生殖器状头畸胎
Aeg. (L. *aeger*, *aegra* 的缩写) 病人
Aegyptianella [iː,dʒipʃiə'nelə] (named for *Egypt*, where the organism was first described in 1929) 埃及小体属
A. pullorum 雏埃及小体
aelurophobia [iː,luərəu'fəubiə] (Gr. *ailouros* cat + *phobia*) 猫恐怖
aeluropsis [iːluː'rɔpsis] (Gr. *aeluros* cat + *opsis* appearance) 斜眼,眼斜
AEP (auditory evoked potential 的缩写) 听觉诱发电位
aequator [iː'kweitə] (L. "equalizer") 赤道,中纬线
aequorin [iː'kwɔrin] 水母素
aer- 气,空气
aerated ['ɛəreitid] (L. *aeratus*) ❶ 充气的; ❷ 充二氧化碳的; ❸ 充氧的,氧合的
aeration [,ɛə'reiʃən] ❶ 换气; ❷ 充气,曝气
aeremia [,ɛə'riːmiə] (*aer-* + Gr. *haima* blood + *-ia*) ❶ 气泡栓塞,气栓; ❷ 减压病
aerendocardia [,ɛiə,rendəu'kɑːdiə] (Gr. *aer* air + *anaos* within + *kardia* heart) 心内含气症
aerenterectasia [,ɛiə,rentərek'teiziə] (Gr. *aer* air + *enteron* intestine + *ektasic* dis-

tension) 腹气胀

aeriferous [ˌɛəˈrifərəs] (*aer-* + L. *ferre* to bear) 带气的, 传气的

aero- (Gr. *aēr* air) 气, 空气

Aerobacter [ˌɛərəuˈbæktə] (*aero-* + Gr. *baktron* a rod) 气杆菌属
   A. **aerogenes** 产气气杆菌
   A. **cloacae** 阴沟气杆菌

aerobe [ˈɛəraub] (*aero-* + Gr. *bios* life) 需氧菌
   facultative a's 兼性需氧菌
   obligate a's 专性需氧菌

aerobia [ɛəˈrəubiə] 需氧菌。*aerobion* 的复数形式
   facutative a. 兼性需氧菌
   obligate a. 专性需氧菌

aerobic [ɛəˈrəubik] ❶ 氧存在的; ❷ 需氧生活的; ❸ 需气呼吸的; ❹ 机体适应耗氧量增加的

Aerobid [ˈɛərəubid] 爱诺比德

aerobiology [ˌɛərəubaiˈɔlədʒi] (*aero-* + *biology*) 空气生物学

aerobiosis [ˌɛərəubaiˈəusis] (*aero-* + Gr. *biosis* way of life) 需氧生活

aerobiotic [ˌɛərəubaiˈɔtik] 需氧生活的

aerocele [ˈɛərəusi:l] (*aero-* + Gr. *kēlē* tumor) 气肿
   epidural a. 硬膜外气肿
   intracranial a. 颅内气肿

Aerococcus [ˌɛərəuˈkɔkəs] 气球菌属
   A. **viridans** 绿色气球菌

aerocolia [ˌɛərəuˈkəuliə] (Gr. *ear* air + *colon*) 结肠积气

aerocolpos [ˌɛərəuˈkɔlpəs] (*aero-* + Gr. *kolpos* bosom or fold) 阴道积气

aerocystography [ˌɛərəusisˈtɔgrəfi] 膀胱充气造影术

aerocystoscope [ˌɛərəuˈsistəskəup] 充气膀胱镜

aerocystoscopy [ˌɛərəusisˈtɔskəpi] (*aero-* + Gr. *kystis* bladder + *skopein* to inspect) 充气膀胱镜检查

aerodermectasia [ˌɛərəudəmekˈteiziə] (*aero-* + Gr. *derma* skin + *ektasis* extension + *-ia*) 皮下气肿

aerodontalgia [ˌɛərəudɔnˈtældʒiə] (*aero-* + Gr. *odous* tooth + *algos* pain) 航空牙痛

aerodontia [ˌɛərəuˈdɔnʃiə] 高空牙科学

aerodontics [ˌɛərəuˈdɔntiks] 航空牙科学

aeroembolism [ˌɛərəuˈembəlizəm] 气栓

aeroemphysema [ˌɛərəuemfiˈsi:mə] 肺肿

aerogastria [ˌɛərəuˈgæstriə] 胃积气
   blocked a. 阻滞性胃积气

aerogel [ˈɛərəudʒel] 气凝胶(体)

aerogen [ˈɛərəudʒen] 产气菌

aerogenesis [ˌɛərəuˈdʒenəsis] (*aero-* + Gr. *genesis* production) 产气

aerogenic [ˌɛərəuˈdʒenik] 产气的

aerogenous [ɛəˈrɔdʒinəs] 产气的

aerogram [ˈɛərəugræm] (*aero-* + Gr. *gramma* mark) 充气造影片

aerohydropathy [ˌɛərəuhaiˈdrɔpəθi] (Gr. *aer* air + *kydor* water + *pathos* disease) 气水疗法

aerohydrotherapy [ˌɛərəuˌhaidrəuˈθerəpi] 气水疗法

aeromedicine [ˌɛərəuˈmedisin] 航空医学

Aeromonas [ˌɛərəuˈməunəs] (*aero-* + Gr. *monas* unit) 气单胞菌属
   A. **caviae** 豚鼠气单胞菌
   A. **hydrophila** 嗜水气单胞菌
   A. **sobia** 索比亚单胞菌

aero-odontalgia [ˌɛərəuˌɔdɔnˈtældʒiə] 航空牙痛

aero-odontodynia [ˌɛərəuˌɔdɔntəuˈdiniə] 航空牙痛

aero-otitis [ˌɛərəuəuˈtaitis] (*aero-* + *otitis*) 航空耳炎

aeropathy [ɛəˈrɔpəθi] (*aero-* + Gr. *pathos* disease) 航空病

aeroperitoneum [ˌɛərəuˌperiˈtəuniəm] (*aero-* + *peritoneum*) 腹膜腔积气, 气腹

aeroperitonia [ˌɛərəuˌperiˈtəuniə] 腹膜腔积气, 气腹

aerophagia [ˌɛərəuˈfeidʒiə] (*aero-* + Gr. *phagein* to eat) 吞气症异常

aerophagy [ɛəˈrɔfədʒi] 吞气症

aerophil [ˈɛərəufil] (*aero-* + Gr. *philein* to love) 嗜气菌

aerophilic [ˌɛərəuˈfilik] 嗜气的, 需气的

aerophilous [ɛəˈrɔfiləs] 嗜气的

aerophobia [ˌɛərəuˈfəubiə] (*aero-* + *phobia*) 气流恐怖

aeroplankton [ˌɛərəuˈplæŋktɔn] 气中生物

Aeroplast ['ɛərəuplæst] 艾诺浦拉斯

aeroplethysmograph [ˌɛərəuplə'θizməgrɑːf] (*aero-* + Gr. *plēthysmos* enlargement + *graphein* to record) 呼吸气量描记器

aeroporotomy [ˌɛərəupə'rɔtəmi] (Gr. *aero-* + *poros* passage + *tome* a cutting) 呼吸道切开术

aeroscope ['ɛərəˌskəup] 空气检查器

Aeroseb-Dex ['ɛərəuseb'deks] 埃拉色布-地塞:地塞米松制剂的商品名

Aeroseb HC ['ɛərəuseb] 埃拉色布 HC:氢化可的松制剂的商品名

aerosialophagy [ˌɛərəuˌsaiə'lɔfədʒi] 咽气涎癖

aerosinusitis [ˌɛərəuˌsainə'saitis] 航空鼻窦炎,飞行员鼻窦炎

aerosis [ɛə'rəusis] 产气

aerosol ['ɛərəusɔl] ❶ 气溶胶; ❷ 烟雾剂; ❸ 气雾剂

aerosolization [ˌɛərəuˌsɔli'zeiʃən] 雾化作用

Aerosporin [ˌɛərəu'spɔːrin] 艾诺斯波林:盐酸多粘菌素 B 制剂的商品名

aerostatics [ˌɛərəu'stætiks] (*aero-* + Gr. *statikos* causing to stand) 气体静力学

aerotaxis [ˌɛərəu'tæksis] (*aero-* + Gr. *taxis* arrangement) 向氧性,向气性

aerothermotherapy [ˌɛərəuˌθəːmə'θerəpi] (Gr. *aer* air + *therme* heat) 热气疗法

aerothorax [ˌɛərəu'θɔːræks] 气胸

aerotitis [ˌɛərəu'taitis] 航空耳炎

aerotolerant [ˌɛərəu'tɔːlərənt] 空气耐受

aerotonometer [ˌɛərəutə'nɔmitə] (*aero-* + Gr. *tonos* tension + *metron* measure) 气体张力计

aerotropism [ˌɛə'rɔtrəpizəm] (*aero-* + Gr. *tropos* a turning) 向气性

aerourethroscope [ˌɛərəujuə'riːθrəskəup] (*aero-* + *urethroscope*) 充气尿道镜

aerourethroscopy [ˌɛərəujuəri'θrɔskəpi] 充气尿道镜检查

aesculapian [ˌiːskju'leipiən] 医神艾斯库累普的,医学的,医术的

Aesculapius [ˌiːskju'leipiəs] (L. from Gr. *Asklēpios*) 艾斯库累普

aesculin ['eskjulin] 七叶甙

Aesculus ['eskjuləs] 七叶树属

aesthesi(o)- 感觉

aesthetic [iːs'θetik] 感觉的,美的,美容的

aesthetics [iːs'θetiks] 美学

aet. (L. *aetas* 的缩写) 年龄

Aëtius (or **Aetios**) **of Amida** (or **Antiochenus**) [ei'iːʃiəs] (502-575) 埃依神使

AF (atrial fibrillation 的缩写) 心房纤维性颤动

AFCR (American Federation for Clinical Research 的缩写) 美国临床研究联合会

afebrile [ei'febrail] 无热的,不发烧的

afetal [ə'fiːtəl] 无胎的

affect [ə'fekt] 情感,感情
  blunted a. 感情迟钝
  flat a. 情感贫乏

affection [ə'fekʃən] ❶ 感情,感觉; ❷ 疾病,病变
  celiac a. 粥状泻

affective [ə'fektiv] 感情的,情感的

affectivity [ˌæfek'tiviti] 感触性,易感性

affectomotor [əˌfektə'məutə] (*affect* + *motor*) 感情运动性的

afferent ['æfərənt] (L. *ad* to + *ferre* to carry) ❶ 传入的,输入的; ❷ 传导物

afferentia [ˌæfə'renʃiə] (L.) ❶ 输入管; ❷ 淋巴管(统称)

affinity [ə'finiti] (L. *affinitas* relationship) ❶ 亲和力; ❷ 化学亲和力; ❸ 免疫亲和力
  chemical a. 化学亲和力
  electron a. 电子亲和力

affixion [ə'fikʃən] (L. *offigere* to fasten) 粘连,粘着

afflux ['æflʌks] (L. *affluxus*, *affluxio*) 流动,流冲

affluxion [ə'flʌkʃən] 流动,流冲

AFib (atrial fibrillation 的缩写) 心房纤维性颤动

afibrinogenemia [əˌfaibrinədʒə'niːmiə] 无纤维蛋白原血症
  congenital a. 先天性无纤维蛋白原血症

AFL (atrial flutter 的缩写) 心房扑动

aflatoxicosis [ˌæfləˌtɔksi'kəusis] 黄曲霉毒素中毒

aflatoxin [ˌæflə'tɔksin] 黄曲霉毒素

AFO (ankle-foot orthosis 的缩写) 踝足支架

AFP (alpha-fetoprotein 的缩写) 甲胎蛋白

Afrin ['æfrin] 羟间唑啉

AFS (American Fertility Society 的缩写) 美

国生育协会
afterbirth ['ɑ:ftəbə:θ] 胞衣,胎盘胎膜
afterbrain ['ɑ:ftəbrein] 后脑
aftercare ['ɑ:ftəkɛə] 术后疗法
aftercataract [,ɑ:ftə'kætərækt] 继发性内障
aftercurrent ['ɑ:ftə,kʌrənt] 后电流
afterdepolarization [,ɑ:ftədi,poləraɪ'zeɪʃən] 后去极化
 delayed a.（DAD）延迟性后去极化
 early a.（EAD）早期后去极化
 late a. 晚期后去极化
afterdischarge [,ɑ:ftə'dɪstʃɑ:dʒ] 后放
aftergilding [,ɑ:ftə'gɪldɪŋ] 硬后镀金
afterimage ['ɑ:ftə,imidʒ] 后象
 negative a. 负后象
 positive a. 正后象
afterimpression [,ɑ:ftəim'preʃən] 后感觉
afterload ['ɑ:ftə,ləud] 后负荷
aftermovement [,ɑ:ftə'mu:vmənt] 后继性运动
afterpains ['ɑ:ftə,peinz] 产后痛
afterperception [,ɑ:ftəpə:'sepʃən] 后知觉
afterpotential [,ɑ:ftəpəu'tenʃəl] 后电位
 negative a. 负后电位
 positive a. 正后电位
aftersensation [,ɑ:ftəsen'seiʃən] 后感觉
aftertaste ['ɑ:ftə,teist] 后味,余味
aftertreatment [,ɑ:ftə'tri:tmənt] 术后治疗
aftervision [,ɑ:ftə'viʒən] 后视觉
aftosa [æf'təusə] 口蹄疫
afunction [ei'fʌŋkʃən] 机能缺失
AFX（atypical fibroxanthoma 的缩写）非典型纤维黄瘤
AG（atrial gallop 的缩写）心房性奔马律
Ag ❶（L. *argentum* 的符号）银；❷（*antigen* 的缩写）抗原
AGA（American Gastroenterological Association 的缩写）美国胃肠协会
agalactia [eigə'lækʃiə]（*a* neg. + Gr. *gala* milk + *-ia*）乳泌缺乏,无乳
 contagious a. 接触传染性无乳
agalactosis [ə,gælək'təusis] 乳泌缺乏,无乳
agalactosuria [ə,gælæktə'sjuəriə]（*a* neg. + *galactose* + *-uria*）无半乳糖尿
agalactous [eigə'læktəs] ❶ 止乳分泌的；❷ 不用母乳的,人工喂养的

agalorrhea [ə,gælə'riə]（*a* neg. + Gr. *gala* milk + *rhoia* flow）乳泌停止,无乳
agamete ['ægəmi:t]（*a* neg. + Gr. *gamos* marriage）无性生殖体
agammaglobulinemia [ei,gæməglɔbjuli'ni:miə]（*a* neg. + *gamma* globulin + *-emia*）血内丙种球蛋白缺乏
 Bruton's a. 布普顿氏丙种球蛋白缺乏症
 common variable a. 普通易变型丙种球蛋白缺乏症
 lymphopenic a. 淋巴细胞减少性丙种球蛋白缺乏症
 Swiss type a. 瑞士型丙种球蛋白缺乏症
 X-linked a., X-linked infantile a. X 链丙种球蛋白缺乏症
agam(o)-（Gr. *agamos* unmarried）无性的
agamogensis [,ægəmə'dʒenəsis]（Gr. *a* neg. + *gamos* marriage + *genesis* generation）❶ 私生；❷ 无性生殖
agamocytogeny [,ægəməusai'tɔdʒəni] 无性生殖期,裂殖生殖期
Agamofilaria [ə,gæməufai'lɛəriə] 缺母丝虫属
agamogenesis [,ægəmə'dʒenəsis]（*a* neg. + Gr. *gamos* marriage + *genesis* production）无性生殖期,裂殖生殖期
agamogenetic [,ægəməudʒə'netik] 无性生殖期,裂殖生殖
agamogony [,ægə'mɔgəni]（*a* neg. + Gr. *gamos* marriage + *gonos* offspring）无性生殖期,裂殖生殖期
Agamonema [,ægəməu'ni:mə] 缺母线虫属
agamont ['ægəmənt]（*a* neg. + Gr. *gamos* marriage + *on* being）裂殖体
agamous ['ægəməs] ❶ 无性的；❷ 隐性的
aganglionic [ei,gæŋgli'ɔnik] 无神经节的
aganglionosis [ei,gæŋgliə'nəusis]（*a* neg. + *ganglion* + *-osis*）神经节细胞缺乏症
agar ['ɑ:gɑ:]（Malay *agar-agar*）(NF) 琼脂,洋粉
agaric ['ægərik, ə'gærik]（Gr. *agarikon* a sort of tree fungus）❶ 落叶松蕈；❷ 火绒
 fly a. 捕蝇蕈
 larch a., purging a. 落叶松蕈
 surgeons' a. 外科用落叶松蕈
 white a. 白色落叶松蕈

Agaricaceae [ˌæɡæriˈkeisi:] 伞菌科
agaric acid [əˈɡærik] 松蕈酸
Agaricales [ˌæɡæriˈkeliz] 伞菌目
agaricic acid [ˌæɡəˈrisik] 松蕈酸
Agaricus [əˈɡærikəs] (Gr. *agarikon* a sort of tree fungus) 伞菌属,落叶松蕈属
   A. campestris 洋蘑菇
   A. muscarius 捕蝇蕈
agaster [əˈɡæstə] (Gr. *a* neg. + *gaster* stomach) 无胃畸胎
agastria [əˈɡæstriə] 无胃(畸形)
agastric [əˈɡæstrik] (*a* neg. + Gr. *gastēr* stomach) 无胃的,无消化道的
Agathinus of Sparta [ˌæɡəˈθinəs] (1st century A.D.) 艾格斯那斯
Agave [əˈɡeivi] (L; Gr. *agauē* noble) 龙舌兰属
AGCT (Army General Classification Test 的缩写) 军队综合分类试验
age [eidʒ] ❶ 年龄,时期; ❷ 智龄
   achievement a. 智力成就年龄
   anatomical a. 解剖学年龄
   Binet a. 比耐特智力年龄
   bone a. 骨龄
   chronological a. 时序年龄,实足年龄
   coital a. 交媾龄
   developmental a. 发育年龄
   emotional a. 感情成熟年龄
   fertilization a. 受精龄
   functional a. 机能年龄
   gestational a. 孕龄
   menstrual a. 月经龄
   mental a. 智力年龄
   physical a., physiological a. 生理年龄
   postovulatory a. 排卵后龄
agenesia [ˌeidʒəˈniziə] 发育不全,无生殖力
   a. corticalis 脑皮质发育不全
agenesis [eiˈdʒenəsis] (*a* neg. + Gr. *genesis* production) ❶ 发育不全; ❷ 无生殖力
   callosal a. 胼胝体发育不全
   gonadal a. 生殖腺发育不全
   nuclear a. 核发育不全
   ovarian a. 卵巢发育不全
   sacral a. 骶骨发育不全
agenitalism [əˈdʒenitəlizəm] 生殖腺机能缺失

agenosomia [əˌdʒenəˈsəumiə] 无生殖器,生殖器发育不全
agenosomus [əˌdʒenəˈsəuməs] (*a* neg. + Gr. *gennan* to beget + *sōma* body) 无生殖器畸胎
agent [ˈeidʒənt] 剂,物,动因
   activating a. 激活剂
   adrenergic blocking a. 肾上腺素能阻滞剂
   adrenergic neuron blocking a. 肾上腺素能神经元阻滞剂
   alkylating a. 烷化剂
   alpha-adrenergic blocking a. α-肾上腺素能阻滞剂
   beta-adrenergic blocking a. β-肾上腺素能阻滞剂
   blocking a. 阻滞剂
   caudalizing a. 尾侧激活剂
   chelating a. 络合剂
   cholinergic blocking a. 胆碱能阻滞剂
   clearing a. 清洁剂
   coupling a. 联结剂
   dorsalizing a. 胚胎激活素
   Eaton a. 肺炎支原体
   fixing a's 固定剂
   ganglionic blocking a. 神经节阻滞剂
   inotropic a. 增减收缩力剂
   levigating a. 研磨剂
   luting a. 密封剂
   mesodermalizing a. 中胚层形成剂
   metal complexing a. 金属络合剂
   neuromuscular blocking a. 神经肌肉阻滞剂
   neuromuscular blocking a., depolarizing 去极化神经肌肉阻滞剂
   neuromuscular blocking a., nondepolarizing 非去极化神经肌肉阻滞剂
   A. Orange 除莠剂,落叶剂
   Pittsburgh pneumonia a. 匹兹堡肺炎病原体
   progestational a's 促孕剂
   reducing a. 还原剂
   transforming a. 转化剂
   wetting a's 湿润剂
AGEPC (acetyl glyceryl ether phosphoryl choline 的缩写) 乙酰甘油醚磷酸胆碱
agerasia [ˌædʒəˈreiziə] (*a* neg. + Gr. *gēras* old age) 容颜不老,驻颜

ageusia [əˈgjuːziə] (*a* neg. + Gr. *geusis* taste) 味觉缺乏,失味症

ageusic [əˈgjuːsik] 味觉缺乏的,失味症的

ageustia [əˈgjuːstiə] 味觉缺乏,失味症

agger [ˈædʒə] (pl. *aggeres*) (L. "mound") 提,丘
  a. nasi (L. "ridge of the nose") 鼻嵴
  a. perpendicularis 垂直丘
  a. valvae venae 静脉瓣丘

aggeres [ˈædʒəriz] 提,丘

agglomerated [əˈglɔməreitid] (L. *agglomeratus*, from *ad* together + *glomus* mass) 团聚的,聚结的

agglutinable [əˈgluːtinəbl] 可凝集的

agglutinant [əˈgluːtinənt] (L. *agglutinans* gluing) ❶ 粘合的; ❷ 粘合剂

agglutination [əˌgluːtiˈneiʃən] (L. *agglutinatio*) ❶ 粘合; ❷ 愈合; ❸ 凝集
  acid a. 酸凝集
  bacteriogenic a. 细菌促成性凝集
  cold a. 冷凝集
  cross a. 交叉凝集
  group a. 类属凝集
  H a. 鞭毛凝集
  intravascular a. 血管内凝集
  O a. 菌体凝集
  passive a. 被动凝集
  platelet a. 血小板凝集
  salt a. 盐凝集
  spontaneous a. 自发凝集
  Vi a. 表面抗原凝体

agglutinative [əˈgluːtinətiv] 凝集的,粘合的

agglutinator [əˈgluːtiˌneitə] 凝集物,凝集素

agglutinin [əˈgluːtinin] 凝集类
  anti-Rh a. 抗 Rh 凝集素
  chief a. 主凝集素
  cold a. 冷凝集素
  complete a. 完全性凝集素
  cross a., cross-reacting a. 交叉凝集素, 交叉反应凝集素
  flagellar a. 鞭毛凝集素
  group a. 类属凝集素
  H a. 鞭毛凝集素
  immune a. 免疫凝集素
  incomplete a. 不完全性凝集素
  leukocyte a. 白细胞凝集素
  major a. 主凝集素
  MG a. MG 凝集素
  minor a. 副凝集素
  O a. 菌体凝集素
  partial a. 副凝集素
  platelet a. 血小板凝集素
  saline a. 盐水凝集素
  somatic a. 菌体凝集素
  T a. T 凝集素
  warm a. 温热凝集素

agglutinogen [əˈgluːtinədʒən] 凝集原

agglutinogenic [əˌgluːtinəˈdʒenik] 产生凝集素的

agglutinoid [əˈgluːtinɔid] (*agglutinin* + Gr. *eidos* likeness) 类凝集素,类凝素

agglutinophilic [əˌgluːtinəˈfilik] 易凝集的

agglutinum [əˈgluːtinəm] 细菌凝质

agglutogen [əˈgluːtədʒən] 凝集原,凝原

agglutogenic [əˌgluːtəˈdʒenik] 产生凝集素的

agglutometer [əˌgluːˈtɔmitə] (Gr. *metron* measure) 凝集试验器

aggred. feb. (L. *aggrediente febre* 的缩写) 热续升时

Aggregata [ˌægriˈgeitə] (L. *aggregare* to add to) 丛集球虫属

aggregate [ˈægrigeit] (L. *aggregatus*, from *ad* to + *grex* flock) ❶ 集合,聚集; ❷ 集合的,聚合的; ❸ 聚集物,凝集物

aggregation [ˌægriˈgeiʃən] ❶ 集合,凝集; ❷ 集合物,凝集物
  familial a. 家族性聚集,家族性集中
  platelet a. 血小板聚集

aggregometer [ˌægriˈgɔmitə] 集合度计

aggregometry [ˌægriˈgɔmitri] 集合度测定

aggressin [əˈgresin] 攻击素

aggression [əˈgreʃən] (L. *aggressus*, from *ad* to + *gradi* to step) 攻击

aging [ˈeidʒiŋ] 老化,衰老

agitation [ˌædʒiˈteiʃən] ❶ 激动,激越; ❷ 振荡

agitographia [ˌædʒitəuˈgræfiə] (L. *agitare* to hurry + Gr. *graphein* to write + *-ia*) 急躁性错写

agitolalia [ˌædʒitəuˈleiliə] (L. *agitare* to hurry + Gr. *lalein* to talk) 急躁性错语

agitophasia [ˌædʒitəuˈfeiziə] 急躁性错语

Agit. vas. (L. *agitato vase* 的缩写) 振摇

容器
Agkistrodon [ˌæɡ'kistrədən] (Gr. *ankistron* fishhook + *odous* tooth) 蝮蛇属
aglaucopsia [ˌəɡlɔː'kɔpsiə] (Gr. *a* neg. + *glaukos* green + *opsis* vision) 绿色盲
aglia ['æɡliə] (L.) 角膜斑, 眼斑
aglobulia [ˌæɡləʊ'bjuːliə] (Gr. *a* neg. + *globule*) 红血球减少
aglomerular [ˌæɡləʊ'merulə] 无肾小球的
aglossia [ə'ɡlɔsiə] (*a* neg. + Gr. *glōssa* tongue + *-ia*) 无舌
aglossostomia [əˌɡlɔsəʊ'stəʊmiə] (*a* neg. + Gr. *glōssa* tongue + *stoma* mouth + *-ia*) 无舌锁口畸形
aglossus [ə'ɡlɔsəs] 无舌畸胎
aglucon [ə'ɡluːkɔn] ❶ 配基,甙配基;❷ 糖苷配基
aglutition [ˌæɡluː'tiʃən] 吞咽不能
aglycemia [ˌæɡlai'siːmiə] (*a* neg. + *glyc-* + *-emia*) 血糖缺乏
aglycon [ə'ɡlaikəun] 配基,甙配基
aglycosuric [əˌɡlaikəʊ'sjuərik] 无糖尿的
agmatology [ˌæɡmə'tɔlədʒi] (Gr. *agmos* fracture + *logos* discourse) 骨折学,骨折论
agminated ['æɡmiˌneitid] (L. *agmen* a group) 集合的,聚集的
agnathia [æɡ'neiθiə] (*a* neg. + Gr. *gnathos* jaw + *-ia*) 无颌畸形
agnathous [æɡ'neiθəs] 无颌的
agnathus [æɡ'neiθəs] 无颌畸胎
agnea [æɡ'niə] 认识不能,失认
agnogenic [ˌæɡnəʊ'dʒenik] (Gr. *agnōs* unknown, obscure + *genesis* origin) 原因不明的
agnosia [æɡ'nəʊziə] (*a* neg. + Gr. *gnōsis* perception) 认识不能,失认
  acoustic a., auditory a. 听觉性认识不能
  body-image a. 体形认识不能
  face a., facial a. 面容失认
  finger a. 手指认识不能
  ideational a. 观念认识不能
  tactile a. 触觉性认识不能
  time a. 时间认识不能
  visual a. 视觉性认识不能
  visual-spatial a., visuospatial a. 空间感觉认识不能

-agogue (Gr. *agōgos* leading, inducing) 催, 利
agomphiasis [ˌæɡəm'faiəsis] (*a* neg. + Gr. *gomphios* molar + *-ia*) 无牙,缺牙
agomphious [ə'ɡɔmfiəs] 无牙的,缺牙的
agomphosis [ˌæɡəm'fəʊsis] 无牙,缺牙
agonad [ə'ɡɔnæd] (*a* neg. + *gonad*) ❶ 无生殖腺者;❷ 无生殖腺者的
agonadal [ə'ɡɔnədəl] 无生殖腺的
agonadism [ə'ɡəʊnədizəm] 无生殖腺,无性腺
agonal ['æɡənəl] 濒死的
agonist ['æɡənist] ❶ 主动肌;❷ 激动剂,兴奋剂
agony ['æɡəni] (Gr. *agōnia*) ❶ 剧痛;❷ 死亡挣扎
agoraphobia [ˌæɡərə'fəʊbiə] (Gr. *agora* marketplace + *phobia*) 广场恐怖,旷野恐怖
  a. without history of panic disorder (DSM-Ⅲ-R) 无恐怖障碍史的广场恐怖
agouti [ə'ɡuːti] ❶ 刺鼠;❷ 野灰色
-agra (Gr. *agra* catching, seizure) 急性疼痛发作
agraffe [ɑː'ɡrɑːf] (Fr.) 对合钳
agrammatica [ˌæɡrə'mætikə] 语法缺失
agrammatism [ei'ɡræmətizəm] (Gr. *a-grammatos* unlettered) 语法缺乏
agrammatologia [əˌɡræmətəʊ'lɔdʒiə] 语法缺乏
agranulocyte [ə'ɡrænjuləsait] 无粒白细胞
agranulocytopenia [əˌɡrænjuləˌsaitə'piːniə] 粒细胞缺乏症
agranulocytosis [əˌɡrænjuləʊsai'təʊsis] 粒细胞缺乏症
  infantile genetic a. 婴儿遗传性粒细胞缺乏症
  infectious feline a. 猫传染性粒细胞缺乏症
agranuloplastic [əˌɡrænjuləʊ'plæstik] (*a* neg. + *granule* + Gr. *plassein* to form) 只形成无粒细胞的,不形成粒细胞的
agranulosis [əˌɡrænju'ləusis] 粒细胞缺乏症
agraphia [ə'ɡræfiə] (*a* + Gr. *graphein* to write + *-ia*) 书写不能,失写
  absolute a. 绝对书写不能
  acoustic a. 听觉性书写不能

a. amnemonica 遗忘性书写不能
 a. atactica 绝对书写不能
 cerebral a. 大脑性书写不能
 jargon a. 呓语性书写不能
 literal a. 字母书写不能
 mental a. 精神性书写不能
 motor a. 运动性书写不能
 musical a. 音符书写不能
 optic a. 视觉性书写不能
 verbal a. 构词性书写不能

agraphic [ə'græfik] 书写不能的,失写的

agremia [ə'gri:miə] (Gr. *agra* seizure + *aema* blood) 痛风体质

Agriolimax [ˌægriə'laimæks] 野蛞蝓属
 A. laevis 光润蛞蝓

Agrobacterium [ˌægrəubæk'tiəriəm] (Gr. *agros* field + *bacterium*) 土壤杆菌属
 A. radiobacter 放射形土壤杆菌

Agrostemma githago [ˌægrə'stemə gi'θeigəu] 麦仙翁

agrypnode [ə'gripnəud] 醒态的,阻睡药

agrypnotic [ˌægrip'nɔtik] (Gr. *agrypnotikos*) 醒态的,阻睡药

AGS (American Geriatrics Society 的缩写) 美国老年医学协会

AGT (antiglobulin test 的缩写) 抗球蛋白试验

AGTH (adrenoglomerulotropin 的缩写) 促醛固酮激素

ague ['eigju:] (Fr. *aigu* sharp) ❶ 疟疾热; ❷ 寒战,发冷
 brassfounders' a. 黄铜铸工热病

AGV (aniline gentian violet 的缩写) 苯胺龙胆紫

agyria [ə'dʒaiəriə] (*a* neg. + Gr. *gyros* ring + *-ia*) 无脑回

agyric [ə'dʒairik] 无脑回的

ah (hyperopic astigmatism 的符号) 远视散光

AHA ❶ (American Heart Association 的缩写) 美国心脏协会;❷ (American Hospital Associaton 的缩写) 美国医院协会

ahaptoglobinemia [eiˌhæptəuˌgləubi'ni:miə] 缺亲血色蛋白血症

AHCPR (Agency for Health Care Policy and Research 的缩写) 健康保健政策研究社

AHF (antihemophilic factor 的缩写) 抗血友病因子

AHG (antihemophilic globulin 的缩写) 抗血友病球蛋白

AHP (Assistant House Physician 的缩写) 内科助理住院医师

AHS (Assistant House Surgeon 的缩写) 外科助理住院医生

Ahumada-del Castillo syndrome [ɑ:'mɑ:də del 'kæstiləu] (Juan Carlos *Ahumada*, Argentine physician, 20th century; E. B. *del Castillo*, Argentine physician, 20th century) 阿-德二氏综合征

A-hydroCort [ɑ:'haidrəkɔ:t] 氢考 A:氢化可的松琥珀酸钠盐制剂的商品名

AI ❶ (anaphylatoxin inhibitor 的缩写) 过敏毒素抑制剂;❷ (aortic incompetence 的缩写) 主动脉瓣关闭不全;❸ (aortic insufficiency 的缩写) 主动脉瓣关闭不全;❹ (apical impulse 的缩写) 心尖搏动;❺ (artificial insemination 的缩写) 人工授精

AIC (Association des Infirmières Canadiennes 的缩写) 加拿大医务所协会

Aicardi's syndrome [aikɑ:'diz] (J. *Aicardi*, French neurologist, 20th century) 艾卡地氏综合征

AICD (automatic implantable cardioverter-defibrillator 的缩写) 自动可植入复律除颤器

aichmophobia [ˌaikmə'fəubiə] (Gr. *aichmē* spearpoint + *phobia*) 刀锋恐怖

AID (donor insemination 的缩写) 供者人工授精

aid [eid] 帮助,助理,辅助
 first a. 急救
 hearing a. 助听器
 pharmaceutic a., pharmaceutical a. 调剂辅佐剂
 speech a. 助讲器
 speech a., prosthetic 助语假腭托

AIDS (acquired immunodeficiency syndrome 的缩写) 获得性免疫缺陷综合征,艾滋病

AIH ❶ (American Institute of Homeopathy 的缩写) 美国顺势疗法研究所;❷ (homologous insemination 的缩写) 同配授精

AIHA ❶ (American Industrial Hygiene Association 的缩写) 美国工业卫生协会;❷ (autoimmune hemolytic anemia 的缩写)

自体免疫溶血性贫血

AILD（angioimmunoblastic lymphadenopathy with dysproteinemia 的缩写）血管免疫母细胞性淋巴腺病伴血蛋白异常

ailment ['eilmənt] 疾病

ailurophobia [ˌaiˌljuərə'fəubiə]（Gr. *ailouros* cat + *phobia*）恐猫症

ainhum ['einhəm]（Port. from Yoruba *eyun* to saw）阿洪病,自发性断趾病

AIP（acute intermittent porphyria 的缩写）急性间歇性卟啉症

air [ɛə]（L. *aer*; Gr. *aēr*）气,空气
  alveolar a. 肺泡气
  liquid a. 液态空气,液化气
  residual a. 余气
  tidal a. 潮气
  venous alveolar a. 静脉肺泡气

airborne ['ɛəbɔːn] 空气传播的

Airbrasive ['ɛəbreisiv] ❶ 气磨器；❷ 磨损性切割粉

airsacculitis [ˌɛəsækjuː'laitis] 肺囊炎

airway ['ɛəwei] ❶ 气道；❷ 导气管
  esophageal obturator a. 食管充填导气管
  nasopharyngeal a. 鼻咽导气管
  oropharyngeal a. 口咽导气管

AIUM（American Institute of Ultrasound in Medicine 的缩写）美国医学超声研究所

Ajellomyces [ˌeidʒəlɒu'maisiz] 阿及罗微菌属

akaryocyte [ə'kæriəsait]（*a* neg. + Gr. *karyon* kernel + *kytos* hollow vessel）无核细胞

akaryomastigont [əˌkæriə'mæstigɔnt]（*a* neg. + *karyo-* + *mastigont*）无核鞭毛复体

akaryota [əˌkæri'əutə] 无核细胞

akaryote [ə'kæriəut]（*a* neg. + *Gr. karyon* kernel）无核细胞

akathisia [ˌækə'θiziə]（*a* neg. + Gr. *kathisis* a sitting down）静坐不能

AK-Dex 地塞米松磷酸钠盐制剂的商品名

akee ['æki:] 西非荔枝果

Åkerlund deformity ['ekəlʌnd]（Åke Olof Åkerlund, Swedish roentgenologist, 1885-1958）阿克隆德变形

akinesia [ˌækə'niziə]（*a* neg. + Gr. *kinēsis* motion + *-ia*）❶ 运动不能；❷ 暂时性肌麻痹
  a. algera 痛性运动不能
  O'Brien a. 奥布莱恩暂时性肌麻痹

akinesis [ˌəkai'ni:sis] 运动不能

akinesthesia [əˌkinis'θiziə] 运动感觉缺失

akinetic [ˌeikai'netik] ❶ 运动不能的；❷ 无丝分裂的

Akineton [ei'kinətɔn] 安克痉：二环己丙醇制剂的商品名

akiyami [ˌɑːki'jɑːmi] 七日热

aklomide ['æklɒmaid] α-氯-4-硝苯酰胺

aknephascopia [ˌæknefə'skəupiə]（*a* neg. + Gr. *knephas* twilight + *skopein* to view）黄昏盲

Akokanthera [ˌækəkæn'θiərə] 箭毒木属

akoria [ə'kɔriə] 贪食,不饱症

AK-Pred ['ækpred] 阿克普瑞德：强的松磷酸钠盐制剂的商品名

akrencephalon [ˌækren'sefələn] 终脑

Akrinol ['ækrinɔl] 阿克龙：吖啶琐辛制剂的商品名

akromegaly [ˌækrəu'megəli] 肢端肥大病

AK-Tate ['ækteit] 阿克特：强的松制剂的商品名

Akureyri disease [əˈkjuəreiri]（*Akureyri*, town in Iceland where more than 1000 cases occurred in 1948）阿库雷里病

Al（*aluminum* 的符号）铝

-al ❶（from *aldehyde*）有醛基存在；❷（L. *-alis* adjective-forming suffix）构成形容词和名词

ALA（δ-aminolevulinic acid 的缩写）δ-氨基酮戊酸

Ala 丙氨酸

ala ['eilə]（pl. *alae*）（L. "wing"）翼,翼膜
  a. auris 耳廓,耳翼
  a. cerebelli 中央小叶翼
  a. cristae galli (NA) 鸡冠翼
  a. ilii 髂骨翼
  alae lingulae cerebelli 小脑舌纽
  a. lobuli centralis (NA) 中央小叶翼
  a. magna ossis sphenoidalis, a. major ossis sphenoidalis (NA) 蝶骨大翼
  a. minor ossis sphenoidalis (NA) 蝶骨小翼
  a. nasi (NA) 鼻翼
  a. orbitalis 眶翼
  a. ossis ilii (NA), a. ossis ilium 髂骨翼
  a. parva ossis sphenoidalis 蝶骨小翼
  a. sacralis (NA), a. sacri, a. of sacrum

骶骨翼
a. temporalis ossis sphenoidalis 蝶骨大翼
a. vespertilionis 子宫阔韧带
a. of vomer., a. vomeris (NA) 犁骨翼
alacrima [əˈlækrimə] (*a* neg. + L. *lacrima* tear) 无泪
alactasia [ˌəlækˈteiziə] 乳糖吸收不良
alae [ˈeiliː] (L.) 翼,翼膜
Alagille syndrome [ɑːlɑːˈʒiːl] (Daniel *Alagille*, French pediatrician, born 1925) 阿拉吉尔氏综合征
Alajouanine's syndrome [ˌɑːlɑːʒuɑːˈniːnz] (Théophile *Alajouanine*, French neurologist, 1890-1980) 阿拉吉欧阿莱氏综合征
alamecin [ˌæləˈmesin] 阿来霉素
Åland eye disease [ˈɑːlənd ai] (Åland Islands, Finnish islands in the Beltic Sea, where it was first observed in the 1960's) 阿兰德眼病
Alangium lamarckii [əˈlændʒiəm ləˈmɑːkiː] 印度八角枫
alanine [ˈæləniːn] 丙氨酸
β-alanine [ˈæləniːn] β-丙氨酸一种
alanine aminotransferase [ˈæləniːn əˌminəuˈtrænsfəreis] 丙氨酸转氨酶
alanine-glyoxylate aminotransferase [ˈæləniːngliˈɔksileit əˌminəuˈtrænsfəreis] 丙氨酸-乙二醛转氨酶
alanine-glyoxylate transaminase [ˈæləniːngliˈɔksileittrænsˈæmineis] (EC 2.6.1.44) 丙氨酸-二醛转氨酶
β-alaninemia [ˌæləniˈniːmiə] β-丙氨酸血症
β-alanine-α-ketoglutarate transaminase [ˈæləniːnˌketəuˈgluːtəreittrænsˈæmineis] β-丙氨酸-α-酮戊二酸转氨酶
β-alanine-pyruvate aminotransferase [ˈæləniːn ˈpairuːveit əˌminəuˈtrænsfəreis] β-丙氨酸-丙酮酸氨基转移酶
β-alanine pyruvate transaminase [ˈæləniːn ˈpairuːveit trænsˈæmineis] β-丙氨酸-丙酮酸氨基酸
alanine transaminase [ˈæləniːn trænsˈæmineis] 丙氨酸转氨酶
β-alanine transaminase [ˈæləniːn trænsˈæmineis] β-丙氨酸转氨酶
Alanson's amputation [ˈælənsənz] (Edward *Alanson*, British surgeon, 1747-1823) 阿兰松氏切断术
alantin [əˈlæntin] 菊粉,土木香粉
alanyl [ˈæləniːl] 丙氨酰
alar [ˈeilə] (L. *alaris*) 翼的
ALAS (5-aminolevulinate synthase 的缩写) 氨乙酸丙酸合成酶
alastrim [əˈlæstrim] 乳白痘,类天花
alate [ˈeileit] (L. *alatus* winged) 有翼的
alba [ˈælbə] (gen., pl. *albae*) (L. feminine of *albus*) 白,白色
Albalon [ˈælbələn] 阿尔贝龙:盐酸蔡性啉制剂的商品名
Albamycin [ˈælbəˌmaisin] 新生霉素
Albarrán's gland [ˌælbɑːˈrænz] (Joaquín *Albarrán y Domínguez*, Cuban surgeon in Paris, 1860-1912) 阿尔巴兰氏腺
albedo [ælˈbiːdəu] (L.) 白色
a. retinae 视网膜水肿
Albee's operation [ˈælbiz] (Fred Houdlett *Albee*, U.S. Army surgeon, 1876-1945) 阿尔比氏手术
albendazole [ælˈbendəzəul] 丙硫咪唑
Albers-Schönberg disease [ˈɑːlbəz ˈʃənbəg] (Heinrich Ernst *Albers-Schönberg*, German radiologist, 1865-1921) 阿-尚氏病
Albert's diphtheria stain [ˈælbəts] (Henry *Albert*, American physician, 1878-1930) 阿尔伯特氏白喉杆菌染色
Albert's operation [ˈælbəts] (Eduard *Albert*, Austrian surgeon, 1841-1900) 阿尔伯特氏手术
albicans [ˈælbikənz] (gen. *albicantis*, pl. *albicantia*) (L., from *albus* white) 白色的
albiduria [ˌælbiˈdjuəriə] (L. *albidus* whitish + Gr. *ouron* urine + *-ia*) 乳糜尿
albidus [ˈælbidəs] (L. from *albus* white) 带白的
Albini's nodules [ælˈbiniz] (Giuseppe *Albini*, Italian phyciologist, 1827-1911) 阿尔比尼氏小结
albinisim [ˈælbinizəm] (Port. *albino*, from L. *albus* white + *-ism*) ❶白化病; ❷眼皮肤酪氨酸酶阴性白化病
a. I Ⅰ型白化病
a. II Ⅱ型白化病

 Amish a. 阿默西白化病
autosomal dominant oculocutaneous a. 眼皮常染色体显性白化病
brown a. 棕色白化病
complete imperfect a. 完全缺陷性白化病
complete perfect a. 完全无缺陷性白化病，眼皮酪氨酸酶阴性白化病
localized a. 局部白化病
ocular a (OA) 眼白化病
ocular a., autosomal recessive（AROA） 眼白化病常染色体隐性眼白化病
ocular a., Forsius-Erikssom type 福-埃二氏型眼白化病，福-埃二氏综合征
ocular a., Nettleship-Falls type 内特尔希普-福尔斯型，X连锁眼白化病
ocular a., X-linked（Nettleship）（XOAN） X染色体连锁的眼白化病
oculocutaneous a.（OCA） 眼皮白化病
partial a. 局部白化病
red a. 红色白化病
rufous a. 暗红色白化病
tyrosinase-negative（ty-neg）oculocutaneous a. 酪氨酸酶阴性眼皮白化病
tyrosinase-positive（ty-pos）oculocutaneous a. 酪氨酸酶阳性眼皮白化病
xanthous a. 黄色白化病
yellow mutant（ym）oculocutaneous a. 黄色突变眼皮白化病

albinismus [ˌælbɪˈnɪzməs]（L.）白化病
 a. circumscriptus 局部白化病
albino [ælˈbiːnəu] 白化病患者
albinoidism [ˌælbɪˈnɔɪdɪzəm]（*albinism* + *-oid* + *-ism*）❶不完全白化病；❷酪氨酸酶阳性眼皮白化病
 oculocutaneous a. 眼皮白化病
 punctate oculocutaneous a. 点状眼皮白化病
albinotic [ˌælbɪˈnɔtɪk] 白化病
albinuria [ˌælbɪˈnjuərɪə] 白尿
Albinus' muscle [ælˈbiːnəs]（Bernard Siegfried *Albinus*, German anatomist and surgeon in the Netherlands, 1697-1770）阿尔宾纳氏肌
Albrecht's bone [ˈɑːlbrekt]（Karl Martin Paul *Albrecht*, German anatomist, 1851-1894）阿耳布雷希特氏骨，耳底骨
Albright's hereditary osteodystrophy [ˈɔːlbraɪts]（Fuller *Albright*, American physician and endocrinologist, 1900-1969）奥耳布赖特氏遗传性骨营养不良
Albucasis [ˌælbuˈkeɪsɪs]（L., from Ar. Abū-L-Qāsim, 936-1013）艾尔布卡西斯
albuginea [ˌælbjuˈdʒɪnɪə]（L. from *albus* white）白膜
 a. oculi 巩膜
 a. ovarii 卵巢白膜
 a. penis 阴茎白膜
albugineotomy [ˌælbjuˌdʒɪnɪˈɔtəmɪ]（*albuginea* + Gr. *tomē* a cutting）睾丸白膜切开术
albugineous [ˌælbjuˈdʒɪnɪəs]（L. *albugineus*）白膜的
albuginitis [ˌælbjudʒɪˈnaɪtɪs] 白膜炎
albumen [ælˈbjuːmən]（L. from *albus* white）❶卵白；❷白蛋白
albumimeter [ˌælbjuˈmɪmɪtə] 白蛋白定量
albumin [ælˈbjuːmɪn]（*albumen* + *-in*）❶可渗性蛋白；❷血清白蛋白
 a. A 白蛋白A
 acid a. 酸白蛋白
 alkali a. 碱白蛋白
 blood a. 血清白蛋白
 derived a. 衍生蛋白
 egg a. 卵白蛋白
 a. human (USP) 人白蛋白
 iodinated I 125 serum a. 碘化血清白蛋白，I 125 白蛋白注射
 iodinatcl I 131 serum a. 碘化血清白蛋白 I 131 白蛋白注射
 native a. 自然白蛋白
 radioiodinated (^{125}I) serum a. (human) 放射性 125I 标记的人血清的蛋白
 radioiodinated (^{131}I) serum a. (human) 放射性 131I 标记的人血清的蛋白
 serum a. 血清白蛋白
 technetium Tc 99m aggregated a. 锝 Tc 99m 聚集白蛋白
 vegetable a. 植物白蛋白
Albuminar [ælˈbjuːmɪnə] 阿尔布米拉
albuminate [ælˈbjuːmɪneɪt] 朊
albuminaturia [ælˌbjuːmɪnəˈtjuərɪə] 变性蛋白尿
albuminemia [ælˌbjuːmɪˈniːmɪə] 白蛋白血症
albuminimeter [ælˌbjuːmɪˈnɪmɪtə]（*albumin* + *-meter*）白蛋白定量器

albuminimetry [æl,bjuːmiˈnimitri] 白蛋白定量法

albuminocholia [æl,bjuːminəuˈkəuliə] (*albumin* + Gr. *cholē* bile + *-ia*) 蛋白胆汁症

albuminocytological [æl,bjuːminəu,saitəˈlɔdʒikəl] 细胞蛋白学的

albuminoid [ælˈbjuːminɔid] (*albumin* + Gr. *eidos* form) ❶ 蛋白样的; ❷ 纤维蛋白; ❸ 硬蛋白

albuminolysin [æl,bjuːmiˈnɔlisin] (*albumin* + *lysin*) 蛋白溶素

albuminolysis [æl,bjuːmiˈnɔlisis] 白蛋白分解

albuminometer [æl,bjuːmiˈnɔmitə] 白蛋白定量器

albuminoptysis [æl,bjuːmiˈnɔptisis] (*albumin* + Gr. *ptyein* to spit) 白蛋白痰

albuminoreaction [æl,bjuːminəuriˈækʃən] 痰的蛋白反应

albuminorrhea [æl,bjuːminəuˈriə] (*albumin* + *-rrhea*) 白蛋白溢

albuminose [ælˈbjuːminəus] 蛋白胨

albuminosis [æl,bjuːmiˈnəusis] 蛋白增多症

albuminous [ælˈbjuːminəs] 白蛋白的

albuminuretic [æl,bjuːminjuəˈretik] (*albumin* + Gr. *ourētikos* diuretic) ❶ 引起蛋白尿的或蛋白尿的; ❷ 引起蛋白尿的物质

albuminuria [æl,bjuːmiˈnjuəriə] 蛋白尿
  Bamberger's hematogenic a. 班伯格氏血液性蛋白尿

albuminuric [æl,bjuːmiˈnjuərik] 蛋白尿的

albumoid [ˈælbjuːmɔid] ❶ 硬蛋白; ❷ 蛋白样的; ❸ 蛋白质

albumoscope [ælˈbjuːməskəup] (*albumin* + *-scope*) 蛋白尿测定器

albumose [ˈælbjuːməus] (*albumin*) 蛋白胨, 蛋白初产物
  Bence-Jones a. 本-琼二氏胨尿(多发性骨髓瘤)

albumosease [ˈælbjuːməuˌseis] (*albumose* + *-ase*) 蛋白胨酶

Albutein [ˈælbjutin] 阿尔布腾

albuterol [ælˈbjuːtərəl] (USP) 舒喘灵
  a. sulfate (USP) 硫酸舒喘灵

Alcaine [ˈælkein] 阿尔肯

Alcaligenes [ˌælkəˈlidʒiniːz] (Arabic *al-qualy* potash + Gr. *gennan* to produce) 产碱杆菌属

A. **denitrificans** 得利翠肯氏产碱杆菌属
A. **faecalis** 粪产碱杆菌
A. **odorans** 粪产碱杆菌

alcaptonuria [æl,kæptəuˈnjuəriə] 尿黑酸尿

alcaptonuric [æl,kæptəuˈnjuərik] 尿黑酸尿的

alclofenac [ælˈklɔfənæk] 烯氯苯乙酸

alclometasone dipropionate [ˌælkləuˈmetəsəun] (USP) 二丙酸烯氯麦特松

Alcmaeon of Crotona (c. 500 B.C.) [ælkˈmiən] 阿尔克麦恩

Alcock's canal [ˈælkɔks] (Benjamin *Alcock*, Irish professor of anatomy, born 1801, date of death unknown) 阿尔科克氏管

alcogel [ˈælkədʒil] 醇凝胶

alcohol [ˈælkəhɔl] (Arabic *al-kohl* powder of antimony) ❶ 醇; ❷ (USP) 酒精; ❸ 乙醇
  absolute a. 纯酒精
  amyl a. 戊醇
  amyl a., tertiary 叔戊醇
  aromatic a. 芳香醇
  azeotropic isopropyl a. (USP) 共沸异丙基醇
  benzyl a. (NF) 苯甲醇
  butyl a. (NF) 丁酸
  cetostearyl a. (NF) 鲸脂醇
  cetyl a. (NF) 鲸蜡醇, 十六醇
  dehydrated a. (USP) 无水醇
  denatured a. 变性醇
  deodorized a. 去味醇
  dihydric a. 二元醇
  diluted a. (NF) 稀醇
  ethyl a. 乙醇
  fatty a. 脂肪醇
  glyceryl a., glycyl a. 甘油
  grain a. 酒精, 乙醇
  isoamyl a. 异戊醇
  isopropyl a. (USP) 异丙醇
  isopropyl rubbing a. (USP)擦洗异丙醇
  lanolin a's (NF) 毛脂醇
  methyl a. 甲醇
  monohydric a. 一元醇
  nicotinyl a. 烟碱醇
  palmityl a. 鲸蜡醇, 十六醇
  pantothenyl a. ① 泛酰醇; ② 右旋泛酰醇
  phenethyl a., phenylethyl a. (USP) 苯乙醇

polyhydric a. 多聚醇
polyvinyl a. (USP) 聚乙烯醇
primary a. 伯醇
***n*- propyl a.** 正丙醇
rubbing a. 擦洗乙醇
secondary a. 仲醇
stearyl a. 硬脂酰醇
sugar a. 糖醇
tertiary a. 叔醇
tribromoethyl a. 三溴乙醇
trihydric a. 三元醇
unsaturated a. 烯醇,不饱和醇
wood a. 木醇,甲醇
wool a's 羊毛脂醇
alcohol dehydrogenase ['ælkəhɔl di'haidrədʒəneis] (EC 1. 1. 1. 1) 醇脱氢酶
alcohol dehydrogenase (NADP$^+$) ['ælkəhɔl di'haidrədʒəneis] (EC 1. 1. 1. 2) 醇脱氢酶
alcohol dehydrogenase (NAD(P)$^+$) ['ælkəhɔl di'haidrədʒəneis] (EC 1. 1. 1. 71) 醇脱氢酶
alcoholemia [ˌælkəhɔ'li:miə] 醇血症
alcoholic [ˌælkə'hɔlik] (L. *alcoholicus*) ❶ 醇的;❷ 嗜酒者
alcoholism ['ælkəhɔlizəm] 酒精中毒,醇中毒
alcoholization [ˌælkəhɔli'zeiʃən] 酒精疗法
alcoholize ['ælkəhɔlaiz] ❶ 用酒精治疗;❷ 醇化
alcoholometer [ˌælkəhɔ'lɔmitə] (*alcohol* + *meter*) 酒精比重计,醇定量器
alcoholuria [ˌælkəhɔ'ljuəriə] 醇尿
alcoholysis [ˌælkə'hɔlisis] (*alcohol* + *lysis*) 醇解
alcosol ['ælkəsɔl] 醇溶液
alcuronium chloride [ˌælkju:'rəuniəm] 氯化二烯丙托锡弗林
Aldactazide [æl'dæktəzaid] 爱得特塞
Aldactone [æl'dæktəun] 安体舒通
aldaric acid [æl'dærik] 糖二酸
aldehyde ['ældihaid] (*alcohol* + L. *de away from* + *hydrogen*) ❶ 醛;❷ 乙醛
formic a. 甲醛
glyceric a. 甘油醛
aldehyde dehydrogenase (NAD$^+$) ['ældihaid di'haidrədʒəneis] (EC 1. 2. 1. 3) 醛脱氢酶

aldehyde-lyase [ˌældihaid'laieis] (EC 4. 1. 2) 醛裂酶
aldehyde oxidase ['ældihaid 'ɔksideis] 醛氧化酶
aldehyde reductase ['ældihaid ri'dʌkteis] 醛还原酶
aldesleukin [ˌældəs'lju:kin] 亚磺白细胞素
aldin ['ældin] 醛基
Aldinamide [æl'dinəmaid] 阿尔地乐米德
alditol ['ælditɔl] 醛糖醇
aldobionic acid [ˌældəubai'ɔnik] ❶ 醛糖二糖酸;❷ 醛糖二糖醛酸
Aldochlor ['ældɔklə] 阿尔多克勒尔:甲基多巴的商品名
aldohexose [ˌældəu'heksəus] 己醛糖
aldolase ['ældəleis] ❶ 醛裂合酶;❷ 果糖-二磷酸醛缩酶
Aldomet ['ældəmet] 阿尔多默特
aldonic acid [æl'dɔnik] 糖醛酸
aldopentose [ˌældə'pentəus] 戊醛糖
Aldoril ['ældəril] 阿尔多瑞尔:甲基多巴与盐酸噻嗪制剂的商品名
aldose ['ældəus] 醛糖
aldose 1-epimerase [ˌældəus ə'pimərеis] (EC 5. 1. 3. 3) 醛糖 1-差向异构酶
aldose reductase ['ældəus ri'dʌkteis] 醛糖还原酶
aldosterone [æl'dɔstərəun] 醛固酮
aldosteronism [æl'dɔstərənizəm] 醛固酮增多症
primary a. 原发性醛固酮增多
pseudoprimary a. 假原发性醛固酮增多症
secondary a. 继发性醛固酮增多症
aldosteronogenesis [ælˌdɔsterˌəunəu'dʒenəsis] 醛固酮生成
aldosteronoma [ˌældəuˌsterəu'nəumə] 醛固酮瘤
aldosteronopenia [ˌældəustеˌrəunəu'pi:niə] 醛固酮减少症
aldosteronuria [ælˌdɔusterəu'njuəriə] 醛固酮尿
aldotetrose [ˌældəu'tetrəus] 丁醛糖
aldotriose [ˌældəu'traiəus] 丙醛糖
aldoxime [æl'dɔksaim] 醛糖
Aldrich syndrome ['ɔ:ldritʃ] (Robert A. *Aldrich*, American pediatrician, born 1917) 奥尔德里奇氏综合征

Aldrich-Mees lines [ˈɔːldritʃ meis] (C. J. *Aldrich*, American physician, early 20th century; R. A. *Mees*, Dutch scientist, 20th century) 奥-米二氏线

aldrin [ˈældrin] 阿尔德林;氯甲桥萘的衍行物

alecithal [əˈlesiθəl] (*a* neg. + Gr. *lekithos* yolk) 无卵黄的

Alectorobius talaje [əˌlektəˈrɔbiəs tæˈliə] 麦虱

aleukemia [ˌəljuːˈkiːmiə] (*a* neg. + Gr. *leukos* white + *haima* blood + *-ia*) ❶ 白细胞减少症；❷ 非白血性白血病

aleukemic [ˌəljuːˈkiːmik] 白细胞减少的

aleukemoid [əljuːˈkiːmɔid] (*aleukemia* + Gr. *eidos* likeness) 类似白血球缺乏症的

aleukia [əˈljuːkiə] (*a* neg. + Gr. *leukos* white + *-ia*) 白细胞缺乏症,血小板缺乏症

    alimentary toxic a. 肠道中毒性白细胞缺乏症

    a. hemorrhagica 出血性白细胞缺乏症,急性血小板减少症

aleukocytic [əˌljuːkəˈsitik] 无白细胞的

aleukocytosis [əˌljuːkəsaiˈtəusis] (*a* neg. + *leukocyte* + *-osis*) 白细胞减少

aleuriospore [əˈljuːriəspɔː] (Gr. *aleuron* flour + *spore*) 粉状孢子

aleurone [ˈæljuərəun] 糊粉粒,麦粉蛋白粒

aleuronoid [əˈljuərənɔid] 麦粉样的

Alexander's disease [æligˈzændəz] (W. Stewart *Alexander*, English pathologist, 20th century) 亚历山大氏病

Alexander's operation [æligˈzændəz] (William *Alexander*, English surgeon, 1844-1919) 亚历山大氏手术

Alexander-Adams operation [æligˈzændə ˈædəmz] (William *Alexander*; James Alexander *Adams*, Scottish gynecologist, 1857-1930) 亚-亚二氏手术

Alexander of Tralles [æligˈzændə] (C. 525-605) 亚历山大

alexia [əˈleksiə] (*a* neg. + Gr. *lexis* word + *-ia*) 失语症

    cortical a. 皮质性失读

    motor a. 运动性失读

    musical a. 读乐谱不能

    optical a. 视觉性失读,感觉性失读

    subcortical a. 皮质下性失读

alexic [əˈleksik] 失读的

alexin [əˈleksin] (Gr. *alexis* help) 补体,防御素

alexipharmac [əˌleksiˈfɑːmək] (Gr. *alexein* to ward off + *pharmakon* poison) 解毒药

alexithymia [əˌleksiˈθaimiə] (*a* neg. + Gr. *lexis* word + *thymos* mind + *-ia*) 失语症

alexocyte [əˈleksəsait] (Gr. *alexein* to ward off + *kytos* cell) 防御细胞

alexofixagen [əˌleksəuˈfiksədʒən] 补体结合抗原

aleydigism [əˈlaidigizəm] 莱迪希氏细胞(睾丸间质细胞)机能缺失

Alezzandrini's syndrome [ˌælitsænˈdriniz] (Arturo Alberto *Alezzandrini*, Argentine ophthalmologist, born 1932) 阿勒占勒里兄综合征

Alfenta [ælˈfentə] 阿尔芬特:盐酸阿尔芬太尼制剂的商品名

alfentanil hydrochloride [ælˈfentənil] 盐酸阿尔芬太尼

Alferon N [ˈælfərən] 阿尔芬龙 N

Alflorone [ˈælflɔːrəun] 阿尔弗洛龙

ALG (antilymphocyte globulin 的缩写) 抗淋巴细胞球蛋白

alga [ˈælɡə] 藻

algae [ˈældʒiː] (L., pl., "seaweeds") 藻类

    blue-green a. 兰绿藻

algal [ˈælɡəl] 藻类的

algaroba [ˌælɡəˈrəubə] (Ar. *al-kharrubah*) 长角豆

alge- 痛

algedonic [ˌældʒiˈdɔnik] (*alge-* + Gr. *hēdonē* pleasure) 欣快痛感的,痛觉快感的

algefacient [ˌældʒiˈfeiʃənt] (L. *algere* to be cold + *faciens* making) ❶ 清凉的；❷ 清凉剂

algeldrate [ælˈdʒeldreit] 水合氢氧化铝

algeoscopy [ˌældʒiˈɔskəpi] (Gr. *algos* pain + *skopein* to view) 压痛测定法

algesia [ælˈdʒiziə] ❶ 痛觉；❷ 痛觉过敏

algesic [ælˈdʒizik] ❶ 疼痛的；❷ 痛觉过

敏的
algesichronometer [ˌældʒiːzikrəˈnɒmitə] (*algesi-* + Gr. *chronos* time + *metron* measure) 痛觉时间计
algesimeter [ˌældʒiˈsimitə] (*algesi-* + Gr. *metron* measure) 痛觉计
    Björnström's a. 毕恩斯特勒姆氏痛觉计
    Boas' a. 博阿斯氏痛觉计
algesimetry [ˌældʒiˈsimitri] 痛觉测定法
algesi(o)- (Gr. *algēsis* sense of pain; Gr. *algos* pain) 痛
algesiogenic [ælˌdʒiziəˈdʒenik] (*algesi-* + Gr. *gennan* to produce) 产生疼痛的
algesiometer [ælˌdʒiziˈɒmitə] 痛觉计
algesthesia [ˌældʒisˈθiːziə] ❶ 痛觉;❷ 痛情绪
algesthesis [ˌældʒisˈθiːsis] (*algesi-* + Gr. *aisthesis* perception) ❶ 痛觉;❷ 痛情绪
algestone acetophenide [ælˈdʒestəun] 苯甲孕酮
algetic [ælˈdʒetik] ❶ 痛的;❷ 痛觉的状态
-algia (Gr. *algos* pain + *-ia*) 疼痛的状态
algicide [ˈældʒisaid] (*algae* + L. *caedere* to kill) 灭藻剂
algid [ˈældʒid] (L. *algidus*) 寒冷的,冷的
algin [ˈældʒin] 藻胶,藻素,海草素
alginate [ˈældʒineit] 藻酸盐
alginic acid [ælˈdʒinik] (NF) 藻酸
alginuresis [ˌældʒinjuˈriːsis] (Gr. *algos* pain + *ourēsis* urination) 痛性排尿
algi(o)- 痛
algiomotor [ˌældʒiəuˈməutə] 痛性运动的
algiomuscular [ˌældʒiəuˈmʌskjulə] 痛性肌活动的
algiovascular [ˌældʒiəuˈvæskjulə] 痛性血管活动的
alg(o)- 痛
algodystrophy [ˌælgəuˈdistrəfi] (*algo-* + *dystrophy*) 反射交感性营养不良
algogenesia [ˌælgəudʒiˈniːziə] (*algo-* + Gr. *gennan* to produce) 疼痛产生
algogenesis [ˌælgəuˈdʒenəsis] 疼痛产生
algogenic [ˌælgəuˈdʒenik] 产生疼痛的
algolagnia [ˌælgəuˈlægniə] (*algo-* + Gr. *lagneia* lust) 痛性性狂
    active a. 虐待狂
    passive a. 受虐狂
algometer [ælˈgɒmitə] (*algo-* + *-meter*) 痛觉计
    pressure a. 压痛计
algometry [ælˈgɒmitri] 痛觉测验法
algophobia [ˌælgəuˈfəubjə] (*algo-* + *phobia*) 疼痛恐怖
algopsychalia [ˌælgəusaiˈkeiljə] (*algo-* + Gr. *psychē* soul) 精神性头痛
algorithm [ˈælgəriðəm] 工作步骤,运算法则
algospasm [ˈælgəspæzəm] (*algo-* + *spasm*) 痛性痉挛
algovascular [ˌælgəuˈvæskjulə] 痛性血管活动的
Ali Abbas [ˈæli ˈæbɑːs] (L. *Haly Abbas*, from Ar. *Ali* ibn-al-*Abbās* al Majūsi, 930-994) 阿里·阿巴斯:波斯内科医生
aliasing [ˈæliəsiŋ] 假象
alicyclic [ˌæliˈsaiklik] 脂族性的
Alidase [ˈælideis] 透明质酸酶
alienation [ˌeiljəˈneiʃən] (L. *alienatio*, from *alienus* strange, foreign) ❶ 疏远;❷ 谵妄性精神错乱;❸ 情感性精神错乱
alienia [ˌæliˈiːniə] (*a* neg. + L. *lien* spleen) 无脾,脾缺失
alienist [ˈeiljənist] (Fr. *aliéniste*, from *aliéné* insane, from L. *alienatus* estranged) 精神病学家
aliflurane [ˌæliˈfluːrein] 阿列弗烷:吸入性麻醉剂
aliform [ˈælifɔːm] (L. *ala* wing + *forma* shape) 翼状的
alignment [əˈlainmənt] (Fr. *aligner* to put in a straight line) 成线法,成线排列
aliment [ˈælimənt] (L. *alimentum*) 营养品;食物
alimentary [ˌæliˈmentəri] 营养的;饮食的;消化器官的
alimentation [ˌælimenˈteiʃən] 营养法,饮食法
    artificial a. 人工营养法
    forced a. 强制营养法
    parenteral a. 肠外营养法
    rectal a. 直肠营养法
    total parenteral a. 肠道外全面营养法
alimentology [ˌælimenˈtɒlədʒi] 营养学
alimentotherapy [ˌælimentəˈθerəpi] 营养疗法
alinasal [ˌæliˈneizəl] 鼻翼的

alinement [ə'lainment] 成线法,成线排列
aliphatic [ˌæli'fætik] (Gr. *aleiphar*, *aleiphatos* oil) 油的,脂肪簇的
alipogenic [eiˌlipəu'dʒenik] 无脂,不产生脂肪的
alipotropic [ˌælipəu'trɔpik] 对脂肪代谢无影响的
aliquot ['ælikwɔt] (L. "some, several") 可分量
alisphenoid [ˌælis'fi:nɔid] (ala + sphenoid) ❶ 蝶骨大翼的; ❷ 翼蝶骨
alizarin [ə'lizərin] (Arabic *ala sara* extract) 茜素
 a. monosulfonate 磺酸茜素,茜素红
 a. No.6 紫色素,红紫素,1,2,4-三氢蒽醌
 a. red 茜素红
 a. yellow, a. yellow g 茜素黄
alizarinopurpurin [ˌæliˌzærinəu'pəpjuərin] 紫色素
alkalemia [ˌælkə'li:miə] (alkali + emia) 碱血症
alkalescence [ˌælkə'lesəns] 微碱性
alkalescent [ˌælkə'lesənt] 微碱性的
alkali ['ælkəlai] (Arabic *alqalīy* potash) 碱
 caustic a. 苛性碱
 fixed a. 固定碱
 volatile a. ① 挥发性碱,氨;② 氢氧化胺
alkalify [æl'kælifai] 碱化
Alkaligenes [ˌælkə'lidʒiniz] 产碱杆菌属
alkaligenous [ˌælkə'lidʒinəs] 生碱的,产碱的
alkalimeter [ˌælkə'limitə] (alkali + -meter) 碱定量计
alkalimetry [ˌælkə'limitri] 碱定量法
 Engel's a. 恩格尔氏血碱定量法
alkaline ['ælkəlain] (L. *alkalinus*) 碱性的
alkaline phosphatase ['ælkəlain 'fɔsfəteis] (EC 3.1.3.1) 碱性磷酸酶
 leukocyte a. p. (LAP) 白细胞碱性磷酸酶
alkalinity [ˌælkə'liniti] 碱度
alkalinization [ˌælkəlinai'zeiʃən] 碱化作用
alkalinize ['ælkəlinaiz] 碱化
alkalinuria [ˌælkəli'njuəriə] (alkaline + -uria) 碱性尿
alkalization [ˌælkəlai'zeiʃən] 碱化作用
alkalize ['ælkəlaiz] 碱化
alkalizer ['ælkəlaizə] 碱化剂
alkalogenic [ˌælkələu'dʒenik] 生碱性的
alkaloid ['ælkəlɔid] (alkali + -oid) 生物碱
 vinca a's 长毒药属生物碱
alkalometry [ˌælkə'lɔmitri] (alkaloid + -metry) 生物碱剂量规定
alkalosis [ˌælkə'ləusis] 碱中毒
 altitude a. 高空碱中毒
 compensated a. 代偿性碱中毒
 hypochloremic a. 低氯性碱中毒
 hypokalemic a. 低钾性碱中毒
 metabolic a. 代谢性碱中毒
 metabolic a., compensated 代偿性代谢性碱中毒
 respiratory a. 呼吸性碱中毒
 respiratory a., compensated 代偿性呼吸性碱中毒
alkalotic [ˌælkə'lɔtik] 碱中毒的
alkaluria [ˌælkə'ljuəriə] 碱尿
alkamine ['ælkəmin] 氨基醇
alkane ['ælkein] 烷属烃
alkanet ['ælkənit] 紫朱草(根)
alkannin ['ælkənin] 紫朱草素
alkaptonuria [ælˌkæptəu'njuəriə] (alkaptone + -uria) 尿黑酸尿
alkaptonuric [ælˌkæptə'njuərik] 尿黑酸尿的
alkatriene [ˌælkə'traii:n] 三烯烃
alkavervir [ˌælkə'və:və] 阿尔卡佛崖尔: 生物碱混合物
alkene ['ælki:n] 烯属烃
Alkeran [æl'kerən] 阿尔肯尔: 左旋溶肉瘤素制剂的商品名
alkyl ['ælkil] 烷基
 a. sulfonate 烷基硫化物
alkylamine [ˌælkilə'mi:n] 烷基胺
alkylate ['ælkileit] 烷基化
alkylation [ˌælki'leiʃən] 烷基化作用
alkylogen [æl'kilədʒən] 卤代烷
alkyne ['ælkain] 乙炔
ALL (acute lymphoblastic leukemia 的缩写) 急性成淋巴细胞白血病
allachesthesia [ˌælækis'θi:siə] (Gr. *allachē* elsewhere + *aisthēsis* perception + -ia) 异

allantiasis [ˌælən'taiəsis] (*allanto* + *-iasis*) 腊肠中毒

allant(o)- (Gr. *allas*, gen. *allantos* sausage) 腊肠,尿囊

allantochorion [əˌlæntəu'kɔːriən] 尿囊绒毛膜

allantogenesis [əˌlæntəu'dʒenəsis] 尿囊生成

allantoic [ˌælən'təuik] 尿囊的

allantoid [ə'læntɔid] (*allanto* + Gr. *eidos* form) ❶ 尿囊样的; ❷ 腊肠状的

allantoidean [ˌælən'tɔidiən] ❶ 尿囊的; ❷ 尿囊动物

allantoidoangiopagous [ˌælənˌtɔidəuˌændʒi'ɔpəgəs] (*allanto-* + Gr. *angeion* vessel + *pagos* thing fixed) 脐血管连胎的

allantoidoangiopagus [ˌælənˌtɔidəuˌændʒi'ɔpəgəs] 脐血管连胎

allantoin [ə'læntuin] 尿囊素

allantoinuria [əˌlæntɔuin'juəriə] 尿囊素尿

allantois [ə'læntəuis] (Gr. *allantos* sausage + *eidos* form) 尿囊

allantotoxicon [əˌlæntəu'tɔksikɔn] (Gr. *allas* sausage + *toxikon* poison) 尿囊毒质

allassotherapy [əˌlæsəu'θerəpi] (Gr. *allassein* to alter + *therapy*) 变质疗法

allel [ə'lel] 等位基因,对偶基因

allele [ə'liːl] (Gr. *allos* another) 等位基因
  multiple a's 多聚等位基因
  silent a. 隐性等位基因

allelic [ə'liːlik] 等位基因的,对偶基因的

allelism [ə'lelizəm] 等位性,对偶性

allel(o)- (Gr. *allēlōn* of one another) 对偶

allelochemics [əˌlilǝu'kemiks] 交互化学反应

allelotaxis [əˌliːlə'tæksis] (*allelo-* + Gr. *taxis* arrangement) 异源发生

allelotaxy [ə'liːliəˌtæksi] 异源发生

Allemann's syndrome ['æləmæn] (Richard *Allemann*, Swiss physician, 1893-1958) 艾里曼氏综合征

Allen's paradoxic law ['ælənz] (Frederick Madison *Allen*, American physician, 1879-1964) 艾伦氏反常定律处感觉

Allen's test ['ælənz] (Edgar Van Nuys *Allen*, American physician, 1900-1961) 艾伦氏反应

Allen-Doisy test ['ælin 'dɔisi] (Edgar V. *Allen*, American anatomist, 1892-1943; Edward Adelbert *Doisy*, American biochemist, 1893-1986) 艾-道二氏试验

allenthesis [ə'lenθisis] (Gr. *allos* other + *enthesis* insertion) 异物侵入,异物入体

allergen ['ælədʒən] (*allergy* + *-gen*) 变应原
  pollen a. 花粉反应原

allergenic [ˌælæ'dʒenik] 变应原,致敏的

allergic [ə'lǝdʒik] 变应性的

allergin ['ælədʒin] 变应原,过敏原

allergist ['ælədʒist] 变态反应学家

allergization [ˌælədʒai'zeiʃən] 变态化反应

allergize ['ælədʒaiz] 变态化,致敏

allergodermia [ˌæləgəu'dǝːmiə] (*allergy* + Gr. *derma* skin) 变应性皮病,过敏性皮病

allergoid ['ælǝgɔid] 类变应原

allergological [ˌæləgəu'lɔdʒikəl] 变应性学的

allergologist [ˌælə'gɔlədʒist] 变应性学家

allergology [ˌælə'gɔlədʒi] 变应性学

allergosis [ˌælə'gəusis] 变应性病

allergy ['ælədʒi] (Gr. *allos* other + *ergon* work) ❶ 变应性,变态反应; ❷ 变应医学
  atopic a. 特异性变态反应
  bacterial a. 细菌变应性
  bronchial a. 支气管变应性
  cold a. 寒冷变应性
  contact a. 接触变应性
  delayed a. 延迟变应性
  drug a. 药物变应性
  food a., gastrointestinal a. 食物过敏,胃肠道过敏
  hereditary a. 遗传变应性
  immediate a. 即刻变应性
  latent a. 潜伏变应性
  physical a. 物理性变应性
  pollen a. 花粉变应性,干草热
  polyvalent a. 多价变应性
  spontaneous a. 自发变应性

Allescheria boydii [ˌæləsˈkiəriə ˈbɔidiːi] 波伊德氏霉样真菌

allesthesia [ˌælisˈθiːziə] (Gr. *allos* other + *aisthēsis* perception + *-ia*) 异处感觉
  visual a. 异处视觉,错位幻觉

allethrin [ˈæliθrin] 丙烯除虫菌素

alliance [əˈlaiəns] 联盟,同盟,协议
  therapeutic a. 治疗协议
  working a. 联合工作

alligation [ˌæliˈgeiʃən] 合剂求值

Allis' sign [ˈælis] (Oscar Huntington Allis, American surgeon, 1836-1921) 艾利斯氏征

alliteration [əˌlitəˈreiʃən] (L. *ad* to + *litera* letter) 同音韵错误症

Allium [ˈæliəm] (L. "garlic") 葱属

all(o)- (Gr. *allos* other) 别,异常,障碍,倒错

alloalbumin [ˌæləlˈbjumin] 变种白蛋白

alloantibody [ˌæləuˈæntiˌbɔdi] 异种抗体

alloantigen [ˌæləuˈæntidʒən] 异种抗原

allobar [ˈæləbɑː] (*allo-* + Gr. *baros* weight) 同素异重体

allobarbital [ˌæləuˈbɑːbitəl] 阿洛巴比妥

allobiosis [ˌæləubaiˈəusis] (*allo-* + Gr. *bios* life) 反应性异常

allocentric [ˌæləuˈsentrik] 异我中心的

allocheiria [ˌæləuˈkairiə] 异侧感觉

allochesthesia [ˌæləukisˈθiːziə] 异处感觉

allochiral [ˌæləuˈkairəl] 异侧感觉的

allochiria [ˌæləuˈkairiə] (*allo-* + Gr. *cheir* hand + *-ia*) 异侧感觉

allochroic [ˌæləuˈkrəuik] 变色的

allochroism [ˌæləuˈkrəuizəm] (*allo-* + Gr. *chroa* color + *-ism*) 色变易,变色

allochromacy [ˌæləuˈkrɔməsi] 异色形成

allochromasia [ˌæləukrəuˈmeiziə] 变色 (皮肤、毛发)

allocolloid [ˌæləuˈkɔlɔid] (*allo-* + *colloid*) 同素异形胶体

allocortex [ˌæləuˈkɔːteks] (*allo-* + L. *cortex* bark, rind, shell) 不均皮质

Allodermanyssus [ˌæləudəːməˈnisəs] 异刺皮螨属

allocrine [ˈæləkrin] 异分泌的
  a. sanguineus 血异刺皮螨

allodesmism [ˌæləuˈdesmizəm] (*allo-* + Gr. *desmos* bond) 异质同晶异构现象

allodiploid [ˌæləuˈdiplɔid] (*allo-* + *diploid*) 异源二倍体

allodromy [əˈlɔdrəmi] (*allo-* + Gr. *dromos* running) 心节律障碍

allodynia [ˌæləuˈdiniə] (*allo-* + Gr. *odynē* pain) 异常性疼痛

alloeroticism [ˌæləueˈrɔtisizəm] 异体恋

alloerotism [ˈæləˈerətizəm] (*allo-* + *erotism*) 异体恋

alloesthesia [ˌæləuisˈθiːziə] 异处感觉

allogamy [əˈlɔgəmi] (*allo-* + Gr. *gamos* marriage) 异体受精;交叉受精

allogeneic [ˌæləudʒiˈneiik] ❶ 异体的; ❷ 同种异体的

allogenic [ˌæləuˈdʒenik] 同种异体的,异种的

allograft [ˈæləgrɑːft] 同种异体移植物

allogroup [ˈæləgruːp] 同种异组

alloimmune [ˌæləuiˈmjuːn] 同种异体免疫(反应)

alloisomerism [ˌæləuaiˈsɔmərizəm] 立体异构现象

allokeratoplasty [ˌæləuˈkerətəuˌplæsti] (*allo-* + *keratoplasty*) 异质角膜形成术

allokinesia [ˌæləukaiˈniːsiə] 对侧运动

allokinesis [ˌæləukaiˈniːsis] 被动运动,反射运动

allokinetic [ˌæləukaiˈnetik] (*allo-* + Gr. *kinēsis* movement) 被动运动的,反射运动的

allolactose [ˌæləuˈlæktəus] 异乳糖

allomerism [əˈlɔmərizəm] (*allo-* + Gr. *meros* part) 异质同形

allometric [ˌæləˈmetrik] (*allo-* + Gr. *metron* measure) 体形变异的

allometron [ˌæləuˈmetrɔn] (*allo-* + Gr. *metron* measure) 体形变异

allometry [əˈlɔmitri] 体形变异

Allomonas [ˌæləuˈmɔnəs] (*allo-* + Gr. *monas* unit, from *monos* single) 异单胞菌属

allomorphism [ˌæləuˈmɔːfizəm] (*allo-* + Gr. *morphē* form) 同质异晶现象

allonomous [əˈlɔnəməs] (*allo-* + Gr. *nomos* law) 受外部刺激节制的

allopath [ˈæləpæθ] 对抗疗法派

allopathic [ˌæləˈpæθik] 对抗疗法的

allopathist [æˈlɔpəθist] 对抗疗法派

allopathy [əˈlɔpəθi] (*allo-* + Gr. *pathos* disease) 对抗疗法

allophanamide [ˌæləfæˈnæmaid] 双缩脲

allophanate [ˌæləˈfæneit] 脲盐甲酸盐

allophanic acid [ˌæləˈfænik] 脲基甲酸

allophasis [əˈlɔfəsis] (*allo* + Gr. *phasis* speech) 语无伦次

allophenic [ˌæləuˈfi:nik] (*allo* + Gr. *phainein* to show) ❶ 依存表型的；❷ 嵌合体的

allophore [ˈæləfɔ:] 红色素细胞

allophthalmia [ˌæləfˈθælmiə] 斜眼，两眼异色

alloplasia [ˌæləuˈpleiziə] (*allo-* + Gr. *plasis* formation + *-ia*) 发育异常

alloplasmatic [ˌæləuplæzˈmætik] (*allo-* + Gr. *plassein* to form) 异质的

alloplast [ˈæləplæst] 异质移植物

alloplastic [ˌæləˈplæstik] (*allo-* + Gr. *plassein* to form) ❶ 异质成形的；❷ 异质移植物的

alloplasty [ˈæləplæsti] (*allo-* + *-plasty*) 变更性适应

allopregnane [ˌæləuˈpregnein] 别孕烷

allopregnanediol [ˌæləˌpregneinˈdaiəl] 别孕二醇

allopsychic [ˌæləuˈsaikik] (*allo-* + Gr. *psychē* soul) 外向精神的

allopurinol [ˌæləuˈpjuərinɔl] (USP) 吡唑嘧啶醇

allorhythmia [ˌæləuˈriðmiə] (*allo-* + Gr. *rhythmos* rhythm + *-ia*) 节律异常

allorhythmic [ˌæləˈriðmik] 节律异常的

all or none [ɔ:l ɔ: nʌn] ❶ 心肌全或无原则；❷ 心肌外全或无原则

allorphine [ˈæləfi:n] 丙烯基去甲吗啡

allose [ˈæləus] 阿洛糖

allosensitization [ˌæləuˌsensitaiˈzeiʃən] 同种致敏作用

allosome [ˈæləsəum] (*allo-* + Gr. *sōma* body) 异体，副染色体
  paired a. 双心体

allosteric [ˌæləuˈsterik] 立体异构的

allosterism [ˈæləsterizəm] 立体异构

allostery [ˌæləuˈsteri] 立体异构

allotherm [ˈæləθə:m] (*allo-* + Gr. *thermē* heat) 变温动物，冷血动物

allotope [ˈæləutəup] 异位

allotopia [ˌæləuˈtəupiə] 异位，错位

allotopic [ˌæləuˈtɔpik] 异位的

allotoxin [ˌæləuˈtɔksin] (*allo-* + *toxin*) 防异毒素

allotransplantation [ˌæləuˌtrænsplænˈteiʃən] (*allo-* + *transplantation*) 异体移植术

allotri(o)- (Gr. *allotrios* strange) 异

allotriodontia [əˌlɔtriəˈdɔnʃə] (*allotrio-* + Gr. *odous* tooth + *-ia*) ❶ 牙移植术；❷ 异位牙

allotriogeustia [əˌlɔtriəˈgu:stiə] (*allotrio-* + Gr. *geusis* taste + *-ia*) ❶ 味觉异常；❷ 异食癖

allotriolith [ˌæləˈtraiəliθ] (*allotrio-* + Gr. *lithos* stone) 异位结石，异质结石

allotriophagia [əˌlɔtriəuˈfeidʒiə] 嗜异癖，异食癖

allotriosmia [ˌæləutraiˈɔsmiə] 嗅觉异常，嗅觉倒错

allotrope [ˈælətrəup] 同素异形体

allotrophic [ˌæləˈtrɔfik] 营养异常的

allotropic [ˌæləˈtrɔpik] ❶ 同素异性的；❷ 外面精神的

allotropism [əˈlɔtrəpizəm] (*allo-* + Gr. *tropos* a turning) ❶ 同素异形现象；❷ 结构异向性

allotropy [əˈlɔtrəpi] 同素异形现象

allotype [ˈælətaip] 同种异型
  Am a's (for alpha chain marker) α 同种异型
  Gm a's (for gamma chain marker) γ 同种异型
  Inv a's κ 同种异型
  Km a's (for kappa chain marker) κ 同种异型
  Oz a. Oz 同种异型

allotypic [ˌæləˈtipik] 同种异型的

allotypy [ˌæləˈtaipi] (*allo* + Gr. *typos* type) 同种异型性

alloxan [ˈæləksən] 四氧嘧啶

alloxantin [ˌæləkˈsæntin] 双四氧嘧啶

alloxazine [əˈlɔksəzi:n] 咯嗪

alloy [ˈælɔi] (Fr. *aloyer* to mix metals) 合金
  amalgam a. 汞合金
  solid solution a. 固体溶液合金

alloyage [əˈlɔiidʒ] 合金法

allyl [ˈælil] (L. *allium* garlic + Gr. *hylē*

matter) 丙烯基
  a. chloride 氯丙烯
  a. isothiocyanate 异硫氢酸丙烯酯
allylamine [ˌæliˈlæmin] 丙烯胺
allylguaiacol [ˌælilˈgwaiəkɔl] 丁香酚,丙烯愈创木酚
allysine [ˈælisin] ε-醛基赖氨酸
almadrate sulfate [ˈælmədreit] 铝硫酸镁
Almeida's disease [ˈɑːlmeidəz] (Floriano Paulo de *Almeida*, Brazilian physician, born 1898) 阿尔梅达氏病
almond [ˈɑːmənd] (Fr. *amande*, from L. *amygdala* almond) 苦扁桃,苦巴旦杏
  bitter a. 苦扁桃,苦巴旦杏
almoner [ˈælmənə] 救济员
  hospital a. 医院救伤员
alochia [əˈloukiə] (L. *a* neg. + Gr. *lochia* lochia) 无恶露
Aloe [ˈæloui] (L. *alöe*, Gr. *aloë*) 芦荟属
aloe [ˈæləu] (USP) 芦荟
aloe-emodin [ˈæləu ˈemədin] 芦荟泻素
aloetic [ˌæləuˈetik] (L. *aloeticus*) 芦荟的
aloin [ˈælouin] 芦荟素,芦荟总甙
alopecia [ˌæləuˈpiːʃiə] (Gr. *alōpekia* a disease in which the hair falls out) 脱发,秃发
  androgenetic a., a. androgenetica 斑形脱发,雄激素性脱发
  a. areata 局限性脱发
  cicatricial a., a. cicatrisata 瘢痕性脱发
  a. circumscripta 局限性脱发
  congenital a., a. congenitalis 先天性脱发
  drug a., drug-induced a. 药物性脱发
  male pattern a. 男性型脱发
  moth-eaten a. 蚕食样脱发
  a. mucinosa 粘蛋白性脱发
  postpartum a. 产后脱发
  premature a. 早老性脱发
  pressure a. 压力性脱发
  psychogenic a. 精神性脱发
  radiation a., radiation-induced a. 放射性脱发
  a. seborrheica 皮脂溢性脱发
  stress a. 精神性脱发
  syphilitic a., a. syphilitica 梅毒性脱发
  a. totalis 全部脱发
  traction a. 牵引性脱发

  traumatic a. 损伤性脱发
  traumatic marginal a. 损伤边缘性脱发
  a. universalis 全身脱毛
  x-ray a. X射线脱发
alopecic [ˌæləuˈpiːsik] 脱发的,秃的
aloxiprin [əˈlɔksiprin] 阿洛泼林:氢氧化铝和阿斯匹林的多聚物
ALP (alkaline phosphatase 的缩写) 碱性磷酸盐
Alpers' disease [ˈælpəz] (Bernard Jacob *Alpers*, American neurologist, born 1900) 阿尔帕氏病
alpha [ˈælfə] (A, α) 阿尔法
alpha₁-antitrypsin [ˈælfə ˌæntiˈtripsin] α_1-抗胰蛋白酶
Alpha Chymar [ˈælfə ˈkaimə] α-胰凝乳蛋白酶
Alphadrol [ˈælfədrɔl] 阿尔法德洛尔:氟波尼松制剂的商品名
alpha-estradiol [ˌælfəˌiːstrəˈdaiɔl] α-雌二醇
alpha-fetoprotein (AFP) [ˌælfəˌfiːtəuˈprəutiːn] 甲胎蛋白
alpha globulin [ˌælfə ˈglɔbjulin] α-球蛋白
alpha-1,4-glucosidase deficiency [ˈælfə gluˈkəusideis] α-1,4-葡萄糖苷酶缺陷
Alphaherpesvirinae [ˌælfəhəˌpesviˈriniː] 单纯性疱疹样病毒
alpha-lobeline [ˌælfəˈlɔbilin] α-北美山梗菜碱
alphalytic [ˌælfəˈlitik] ❶ 抗肾上腺素能的; ❷ 抗肾上腺素药
alpha₂-macroglobulin [ˌmækrəuˈglɔubəlin] α_2-巨球蛋白
alphamimetic [ˌælfəmaiˈmetik] 拟肾上腺素能的
alpha-tocopherol [ˌælfətəˈkɔfərɔl] α-生育酚
Alphatrex [ˌælfəˈtreks] α-泰克斯:顺丁烯二盐酸制剂的商品名
Alphavirus [ˈælfəˌvaiərəs] (*alpha* the first letter of the Greek alphabet + *virus*) α-病毒属
alphavirus [ˈælfəˌvaiərəs] α-病毒
alphelasma [ˌælfəˈlæsmə] 白斑,白斑病
alphodermia [ˌælfəuˈdəːmiə] (Gr. *alphos* white + *derma* skin) 白化病
alphosis [ælˈfəusis] (Gr. *alphos* white) 白

化病
Alport's syndrome [ˈælpɔːt] (Arthur Cecil *Alport*, South African-born English physician, 1880－1959) 阿尔博特氏征
alprazolam [ælˈpreizələm] (USP) 阿普唑仑,三唑安定
alprenolol hydrochloride [ælˈprenələl] 盐酸心得舒
alprostadil [ælˈprɔstədil] (USP) 前列地尔
ALS ❶ (amyotrophic lateral sclerosis 的缩写)肌萎缩性脊髓索硬化; ❷ (antilymphocyte serum 的缩写)抗淋巴细胞血清
alseroxylon [ˌælsəˈrɔksilən] 蛇根混合碱
Alström's syndrome [ˈælstrəmz] (Carl Henry *Alström*, Swedish geneticist, born 1907) 阿尔斯宙默氏综合征
Alt. dieb. (L. *alternis diebus* 的缩写) 每隔一天,隔日
alteplase [ˈæltəpleis] 蛋白溶酶素
alter [ˈɔːltə] 阉割
alteregoism [ɔːltəˈriːɡɔizəm] 同病相怜症
alternans [ɔːlˈtəːnænz] (L. pres. part. of *alternare* to do by turns) 交替的,交替脉 (脉博力度交替)
　　cardiac a. 心脏交替(现象)
　　electrical a. 电交替
　　mechanical a. 机理性交替
　　pulsus a. 脉博交替
　　total a. 全交替
Alternaria [ˌɔːltəˈnɛəriə] 链格孢属
alternariatoxicosis [ˌɔːltəˌnæriətɔksiˈkəusis] 链格孢中毒
alternating [ˈɔːltəneitiŋ] 交替的
alternation [ˌɔːltəˈneiʃən] (L. *alternare* to do by turns) 交替,更替,更迭
　　a. of the heart 心脏交替
　　a. of generations 世代交替
althiazide [ælˈθiəzaid] 烯硫噻二嗪
Alt. hor. (L. *alternis horis* 的缩写)每隔二小时
Altmann's fluid [ˈæltmənz] (Richard *Altmann*, German histologist 1852-1900) 阿尔特曼氏液
Altmann-Gersh method [ˈæltmən ɡəʃ] (R. *Altmann*; Isidore *Gersh*, American anatomist, born 1907) 阿-格二氏法
Altracin [ælˈtreisin] 阿尔特瑞森:枯草杆菌肽锌制剂的商品名
altretamine [ælˈtretəmin] 阿草特胺:抗肿瘤药
altrose [ˈæltrəus] 阿卓糖
Alu-Cap [ˈælu kæp] 阿鲁-卡普:干燥氢化铝制剂的商品名
Aludrine [əˈljuːdrin] 阿路德林:异丙基去甲肾上腺素制剂的商品名
Aludrox [əˈludrɔks] 阿路德瑞克斯:氧化铝和氧化镁制剂的商品名
alum [ˈæləm] (L. *alumen*) ❶ 明矾; ❷ 二硫酸盐类; ❸ 二铝化合物
　　ammonium a. (USP) 铵明矾
　　burnt a. 干燥明矾
　　chrome a. 铬明矾
　　dried a. 干燥明矾
　　exsiccated a. 干燥明矾
　　iron a. 铁明矾
　　potassium a. 钾明矾
alumen [əˈljuːmin] (gen. *aluminis*) (L.) 明矾
　　a. exsiccatum 干燥明矾
alumina [əˈljuːminə] 氧化铝
aluminated [əˈljuːmineitid] 含明矾的
aluminium [ˌæljuːˈminiəm] (L.) 铝
Aluminoid [əˈljuːminɔid] 阿鲁明洛依德:氢氧化铝凝胶制剂的商品名
aluminosis [əˌljuːmiˈnəusis] 矾土肺
aluminum [əˈljuːminəm] 铝
　　a. acetate 醋酸铝
　　a. aminoacetate 乙酸铵铝
　　a. ammonium sulfate 硫酸氨铝
　　a. carbonate, basic 碱性碳酸铝
　　a. chlorhydrate, a. chlorohydrate 盐酸铝
　　a. chlorhydrex 水合氯化铝
　　a. chloride (USP) 氯化铝
　　a. glycinate 乙酸铵二氢氧化铝
　　a. hydrate 氢氧化铝
　　a. hydroxide 氢氧化铝
　　a. hydroxide, colloidal 氢氧化铝凝胶
　　a. monostearate (NF) 单硬脂酸铝
　　a. nicotinate 烟碱铝
　　a. oxide 氧化铝
　　a. penicillin 青霉素铝
　　a. phosphate 磷酸铝
　　a. potassium sulfate 钾明矾
　　a. subacetate 次醋酸铝

a. sulfate (USP) 硫酸铝

alundum [ə'lʌndəm] 钢铝石

Alupent ['ælupent] 阿鲁彭特:硫酸二羟基异丙氨基乙醇制剂的商品名

Alurate ['æljureit] 阿鲁瑞特:巴比妥制剂的商品名

Alu-Tab ['ælu tæb] 阿鲁-塔布:干燥氢化铝凝胶的商品名

Alv. adst (L. *alvo adstricta* 的缩写) 便秘

Alv. deject (L. *alvi dejectiones* 的缩写) 便通

alvei ['ælviai] (L.) 海马槽

alveobronchiolitis [ˌælviəuˌbrɔŋkiə'laitis] 支气管肺泡炎

alveoalgia [ˌælviəu'ældʒiə] (*alveolus* + *-algia*) 干槽症

alveolar [æl'viələ] (L. *alveolaris*) 牙槽的;小泡的

alveolate [æl'viəleit] 蜂窝状的,槽形的

alveolectomy [ˌælviə'lektəmi] (*alveolus* + Gr. *ektomē* excision) 部分牙槽切除术

alveoli [æl'viəlai] 牙槽,小泡

alveolitis [ˌælviə'laitis] 牙槽炎,小泡炎
　allergic a., extrinsic allergic a. 变态性小泡炎,超敏性肺炎
　fibrosing a. 纤维性肺泡炎
　a. sicca dolorosa 干槽症

alveol(o)- (L. *alveolus*) 牙槽,小泡

alveolocapillary [ælˌviələu'kæpiˌləri] 肺泡和毛细管的

alveoloclasia [ælˌviələu'kleiziə] (*alveolo-* + Gr. *klasis* breaking) 牙槽溃坏

alveolodental [ælˌviələu'dentəl] 牙槽牙的

alveololabial [ælˌviələu'leibiəl] 牙槽唇的

alveololabialis [ælˌviələuleibi'eilis] 颊肌

alveololingual [ælˌviələu'liŋgwəl] 牙槽舌的

alveolomerotomy [ælˌviələumi'rɔtəmi] (*alveolo-* + *mero-*[1] + *-tomy*) 牙槽部分切除术

alveolonasal [ælˌviələu'neizəl] 牙槽鼻的

alveolopalatal [ælˌviələu'pælətəl] 牙槽腭的

alveoloplasty [æl'viələuˌplæsti] (*alveolo-* + *-plasty*) 牙槽成形术
　interradicular a., intraseptal a. 根间牙槽成形术

alveolotomy [ˌælviəu'lɔtəmi] (*alveolo-* + *-tomy*) 牙槽切开术

alveolus [æl'viələs] (gen., pl. *alveoli*) (L. dim. of *alveus* hollow) 牙槽,肺泡,小泡
　dental a. 牙槽,齿槽
　alveoli dentales mandilbulae (NA) 下颌牙槽
　alveoli dentales maxillae 上颌牙槽
　alveoli pulmonis (NA) 肺泡
　alveoli pulmonum 肺泡

alveolysis [ˌælvi'ɔlisis] (*alveolus* + Gr. *lysis* dissolution) 牙周病

alverine citrate ['ælviriːn] 枸缘酸乙双苯丙胺

alveus ['ælviəs] (gen., pl. *alvei*) (L.) 槽,海马槽
　a. communis 椭圆囊
　a. hippocampi (NA), a. of hippocampus 海马柳

alvinolith ['ælvainəˌliθ] (L. *alvus* belly + Gr. *lithos* stone) 粪石,肠石

Alvodine ['ælvədin] 阿尔弗代:去痛定制剂的商品名

alvus ['ælvəs] (L. "abdomen") ❶ 腹脏; ❷ 腹
　a. adstricta 便秘

alymphia [ə'limfiə] (*a* neg. + L. *lympha* lymph) 淋巴液缺乏

alymphocytosis [əˌlimfəusai'təusis] (血内)淋巴细胞缺乏

alymphoplasia [əˌlimfəu'pleiziə] 淋巴组织发育不全
　thymic a. 胸腺淋巴组织发育不全

Alzheimer's disease ['ɔːltzhiməz] (Alois Alzheimer, German neurologist, 1864-1915) 阿尔海默氏病

AM (L. *artium magister* 的缩写) 艺术博士

Am (*americium* 的符号) 镅

am ❶ (*myopic astigmatism* 的符号) 近视散光; ❷ (*meter angle* 的符号) 米角; ❸ (*ametropia* 的符号) 屈光不正

AMA ❶ (Aerospace Medical Association 的缩写) 航空医学会; ❷ (American Medical Association 的缩写) 美国医学会; ❸ (Australian Medical Association 的缩写) 澳大利亚医学会

amacrinal [ˌæmə'krainəl] 无长突的

amacrine ['æməkriːn] (*a* neg. + Gr.

makros long + *is*, *inos* fiber) ❶ 无长突的; ❷ 无长突细胞
amalgam [ə'mælgəm] (Gr. *malagma* poultice or soft mass) 汞合金,汞齐
   dental a. 银汞合金
   retrograde a. 逆行合金
amalgamate [ə'mælgəmeit] 汞齐化
amalgamation [əˌmælgə'meiʃən] ❶ 汞齐化法; ❷ 研磨法
amalgamator [ə'mælgəmeitə] 汞合金调制器
Amanita [ˌæmə'naitə] (Gr. *amanitai* a sort of fungus) 鹅膏属
   A. muscaria 蛤蟆蕈
   A. phalloides 条蕈
Amanitaceae [ˌæmənai'teisi:] 伞形科
amanitine [ˌæmə'naitin] 鹅膏素
amanitotoxin [əˌmænitəu'tɔksin] 鹅膏毒素
amantadine hydrochloride [ə'mæntədi:n] (USP)盐酸金刚烷胺
Amaranthus [ˌæmæ'rænθəs] (L. from Gr. *amarantos* unfading) 苋属
amaranth ['æmərænθ] 苋紫
amarine ['æməri:n] (L. *amarus* bitter) 苦杏素
amaroid ['æmərɔid] 苦味质
amaroidal [ˌæmə'rɔidəl] 苦味质的
amasesis [ˌæmə'si:sis] (*a* neg. + Gr. *masēsis* chewing) 咀嚼不能
amastia [ə'mæstiə] (*a* neg. + Gr *mastos* breast) 无乳房畸形
amastigote [ə'mæstigəut] (*a* neg. + Gr. *mastix* whip) 无鞭毛体
amathophobia [əˌmæθə'fəubiə] (Gr. *amathos* sand + *phobia*) 飞尘恐怖
amatol ['æmətɔl] 阿马托尔:三硝基甲苯和硝酸铵的混合物
amatoxin [ˌæmə'tɔksin] 阿马毒素,条蕈类毒素
amaurosis [ˌæmɔː'rəusis] (L. from Gr. *amaurōsis* darkening) 黑蒙
   cat's eye a. 猫眼性黑蒙
   central a. 中枢性黑蒙
   a. centralis, cerebral a. 中枢性黑蒙
   a. congenita, a. congenita of Leber, congenital a. 先天性黑蒙
   diabetic a. 糖尿病性黑蒙
   a. fugax 一时性黑蒙
   intoxication a. 中毒性黑蒙
   Leber's congenital a. 先天性黑蒙
   a. partialis fugax 部分一时性黑蒙
   reflex a. 反射性黑蒙
   saburral a. 胃炎性黑蒙
   toxic a. 中毒性黑蒙
   uremic a. 尿毒性黑蒙
amaurotic [ˌæmɔː'rɔtik] 黑蒙的
amazia [ə'meiziə] (*a* neg. + Gr. *mazos* breast + *-ia*) 无乳腺(畸形)
amb- 两,复,双,两侧
ambenonium chloride [ˌæbi'nəuniəm] (USP) 阿苯胺
ambi- (L.) 两,复,双,两侧
ambidexterity [ˌæmbideks'teriti] 两手同利
ambidextrism [ˌæmbi'dekstrizəm] 两手同利
ambidextrous [ˌæmbi'dekstrəs] 两手同利的
ambient ['æmbiənt] (L. *ambire* to surround) 周围的,包围着的
ambilateral [ˌæmbi'lætərəl] (*ambi-* + L. *latus* side) 两侧的
ambilevosity [ˌæmbili'vɔsiti] 两手不利
ambilevous [ˌæmbi'li:vəs] (*ambi-* + L. *laevus* left-handed) 两手不利的
Ambilhar ['æmbilhɑː] 阿姆比尔哈尔:硝唑咪制剂的商品名
ambiopia [ˌæmbi'əupiə] (L.) 复视
ambisexual [ˌæmbi'sekʃjuəl] ❶ 两性的; ❷ 表现两性兴趣的
ambisinister [ˌæmbi'sinistə] (*ambi-* + L. *sinister* left) 两手不利的
ambivalence [æm'bivələns] (*ambi-* + L. *valentia* strength, power) 矛盾情感
ambivalent [æm'bivələnt] 矛盾情感的
ambiversion [ˌæmbi'və:ʒən] 中向人格
ambivert ['æmbivət] 中向人格者
ambly- (Gr. *amblys* dull) 钝,弱
amblyacousia [ˌæmbliə'ku:siə] (Gr. *amblys* dull + *akouein* to hear) 听觉迟钝
amblyaphia [ˌæmbli'eifiə] (*ambly-* + Gr. *haphē* touch + *-ia*) 触觉迟钝
amblychromasia [ˌæmblikrəu'meiziə] 弱染性
amblychromatic [ˌæmbikrəu'mætik] (*am-*

bly- + Gr. *chrōma color*) 弱染的
amblygeustia [ˌæmbliˈɡuːstiə] (*ambly-* + Gr. *geusis* taste + *-ia*) 味觉迟钝
amblykusis [ˌæmbliˈkuːsis] (ambly- + Gr. *akouein* to hear) 弱听
Amblyomma [ˌæmbliˈəumə] (*ambly-* + Gr. *omma* eye) 钝眼蜱属
   A. americanum 美洲钝眼蜱
   A. cajennense 卡延钝眼蜱
   A. hebraeum 希伯来钝眼蜱
   A. maculatum 斑点钝眼蜱
   A. ovale 卵园钝眼蜱
   A. tuberculatum 结节钝眼蜱
   A. variegatum 彩饰钝眼蜱
amblyope [ˈæmbliəup] 弱视者
amblyopia [ˌæmbliˈəupiə] (*ambly-* + *-opia*) 弱视
   alcoholic a. 醇毒性弱视
   arsenic a. 砷毒性弱视
   color a. 色弱视
   deficiency a. 缺陷性弱视
   hepatic a. 肝
   a. ex anopsia 废用性弱视
   nocturnal a. 夜发性弱视
   nutritional a. 营养性弱视
   quinine a. 奎宁毒性弱视
   reflex a. 反射性弱视
   strabismic a. 斜视性弱视
   tobacco a. 烟草性弱视
   toxic a. 中毒性弱视
   traumatic a. 外伤性弱视
   uremic a. 尿毒性弱视
amblyopiatrics [ˌæmbliˌəupiˈætriks] (*amblyopia* + Gr. *iatrikos* cure) 弱视治疗学
amblyoscope [ˈæmbliəˌskəup] (*amblyopia* + *-scope*) 弱视镜
   major a. 大型弱视镜
Amblystoma [æmˈblistəumə] 美西螈属
ambo [ˈæmbəu] 关节盂缘
ambo- (L. *ambo* both) 两, 复, 双, 两侧
amboceptor [ˌæmbəuˈseptə] (*ambo-* + L. *capere* to take) 介体
ambomycin [ˌæmbəuˈmaisin] 二霉素
ambon [ˈæmbɔn] 关节盂缘
ambosexual [ˌæmbəuˈsekʃjuəl] (*ambo-* + *sexual*) 两性的
Ambrosia [æmˈbrəuziə] (L., Gr. from Gr. *ambrotos* immortal) 豕草属
ambrosterol [æmˈbrɔstərəl] 豕草甾醇

ambruticin [ˌæmbruːˈtisin] 安布鲁星
ambulance [ˈæmbjuləns] (Fr.) 救护车
ambulant [ˈæmbjulənt] (L. *ambulans* walking) 能走动的
ambulation [ˌæmbjuˈleiʃən] 走动
ambulatory [ˈæmbjuləˌtəri] 能走动的
ambuphylline [æmˈbjufilin] 氨布茶碱
ambustion [æmˈbʌstʃən] 灼伤
Ambystoma [æmˈbistəmə] 美西螈属
amcinafal [æmˈsinəfəl] 安西法尔
amcinafide [æmˈsinəfaid] 安西菲特
amcinonide [æmˈsinəunaid] (USP) 安西缩松
amdinocillin [æmˈdinəuˌsilin] 甲亚胺青霉类
ameba [əˈmiːbə] (pl. *amebae*) (L. from Gr. *amoibē* change) 阿米巴, 变形虫
ameban [əˈmiːbən] 卡巴肿
amebiasis [ˌæmiˈbaiəsis] 阿米巴病
   a. cutis 皮肤阿米巴病
   hepatic a. 肝阿米巴病
   intestinal a. 肠阿米巴病
   pulmonary a. 肺阿米巴病
amebic [əˈmiːbik] 阿米巴的
amebicidal [əˌmiːbiˈsaidəl] 杀阿米巴的
amebicide [əˈmiːbisaid] (*ameba* + L. *caedere* to kill) 杀阿米巴药
amebiform [əˈmiːbifɔːm] 阿米巴样的
ameb(i)(o)- (L., from Gr. *amoibē* change) 阿米巴的
amebiosis [ˌæmibaiˈəusis] 阿米巴病
amebism [ˈæmibizəm] 阿米巴病
amebocyte [əˈmiːbəsait] (*ameba* + Gr. *kytos* hollow vessel) 阿米巴样细胞
ameboflagellate [əˌmiːbəuˈfleiɡəleit] (*amebo-* + *flagellate*) 阿米巴性鞭毛虫
ameboid [əˈmiːbɔid] (*ameba* + Gr. *eidos* form) 变形虫样的
ameboidism [əˈmiːbɔidizəm] 阿米巴样运动
ameboma [ˌæmiˈbəumə] 阿米巴瘤
amebula [əˈmiːbjulə] (dim. of *ameba*) ❶ 假孢子虫; ❷ 变形虫样孢子
ameburia [ˌæmiˈbjuəriə] (*ameba* + *-uria*) 阿米巴尿
amedalin hydrochloride [əˈmiːdəlin] 氨甲达林, 盐酸苯吲酮丙胺
ameiosis [ˌeimaiˈəusis] 非减数分裂

AMIL (Aero-Medical Equipment Laboratory 的缩写) 航空医学装备实验所

amelanosis [əˌmiləˈnəusis] (*a* neg. + *melanosis*) 外黑变病

amelia [əˈmiːliə] (*a* neg. + Gr *melos* limb + *-ia*) 无肢(畸形),先天缺乏后肢

amelification [əˌmelifiˈkeiʃən] (Old Fr. *amel* enamel + L. *facere* to make) 成釉作用

amelioration [əˌmiːljəˈreiʃən] (L. *ad* to + *melior* better) 改善,好转

amel(o)- (Middle English *amel* enamel, from Old Fr. *esmal*) 釉质

ameloblast [əˈmeləublæst] (Old Fr. *amel* enamel + Gr. *blastos* germ) 成釉细胞

ameloblastoma [əˌmeləublæsˈtəumə] (*ameloblast* + *-oma*) 成釉细胞瘤
 acanthomatous a. 棘皮釉细胞瘤
 basal cell a. 基细胞成釉细胞瘤
 cystic a. 囊性成釉细胞瘤,滤泡岛退化
 extraosseous a. 外骨性成釉细胞瘤
 follicular a. 滤泡性成釉细胞瘤
 granular cell a. 粒细胞性成釉细胞瘤
 malignant a. 恶性成釉细胞瘤
 melanotic a. 黑素性成釉细胞瘤
 multicystic a. 多囊性成釉细胞瘤
 peripheral a. 外周性成釉细胞瘤
 pigmented a. 色素性成釉细胞瘤
 pituitary a. 垂体性成釉细胞瘤
 plexiform a. 丛状成釉细胞瘤
 plexiform unicystic a. 丛状单囊性成釉细胞瘤
 solid a. 固体成釉细胞瘤
 unicystic a. 单囊性成釉细胞瘤

amelodentinal [ˌæmiləuˈdentinəl] 釉牙本质的

amelogenesis [ˌæmiləuˈdʒenəsis] (*amelo-* + *genesis*) 釉质发生
 a. imperfecta 釉质生长不全

amelogenic [ˌæmiləuˈdʒenik] 釉质发生的

amelogenin [ˌæmiləuˈdʒenin] 釉质素

amelus [ˈæmiləs] 无肢畸胎

Amen [ˈæmən] 安恩:醋酸甲羟孕酮制剂的商品名

amenia [əˈmiːniə] (*a* neg. + *menses* + *-ia*) 经闭,无月经

amenomania [ˌæmenəˈmeiniə] (L. *amoenus* agreeble + Gr. *mania* madness) 快乐性躁狂

amenorrhea [eiˌmenəˈriːə] (*a* neg. + Gr. *mēn* month + *rhoia* flow) 经闭,无月经
 dietary a. 饮食性经闭
 dysponderal a. 代谢性经闭
 hypothalamic a. 下丘脑性经闭
 lactation a. 哺乳性经闭
 nutritional a. 营养性经闭
 ovarian a. 卵巢性经闭
 physiologic a. 生理性经闭
 pituitary a. 垂体性经闭
 premenopausal a. 绝经前经闭
 primary a. 原发性经闭
 relative a. 月经减少
 secondary a. 继发性经闭
 traumatic a. 创伤性经闭

amenorrheal [eiˌmenəˈriəl] 经闭的

amensalism [eiˈmensəlizəm] 偏害共生,无害寄生

amentia [əˈmenʃiə] (L. *a* away + *mens* mind + *-ia*) 智力缺陷,精神发育不全,精神错乱

Americaine [əˈmerikein] 阿默瑞坎因:苯佐卡因制剂的商品名

American Type Culture Collection (ATCC) 美国标准培养物收集所

americium [ˌæməˈrisiəm] 镅

amerism [ˈæməˌrizəm] (*a* neg. + Gr. *meros* part) 不分节

ameristic [ˌæməˈristik] (*a* neg. + Gr. *meristos* divided) 不分节的

Ames test [ˈeimz] (Bruce Nathan *Ames*, American biochemist, born 1928) 爱默氏试验

ametabolon [ˌæməˈtæbələn] 不变态类

ametabolous [ˌæməˈtæbələs] 不变态类的

ametachromophil [ˌeimetəˈkrəuməfil] 正染色的

ametaneutrophil [ˌeimetəˈnjuːtrəfil] 正染色的

amethocaine hydrochloride [əˈmeθəkein] 盐酸丁卡因

amethopterin [ˌəmeˈθɔptərin] 氨甲喋呤

ametria [əˈmiːtriə] (*a* neg. + Gr. *mētra* uterus) 先天无子宫畸形

ametrohemia [ˌəmiːtrəuˈhiːmiə] (Gr. *a* neg. + *metra*, *haema* blood) 子宫血液缺乏

ametrometer [ˌæmiˈtrɔmitə] (*ametropia* + Gr. *metron* measure) 屈光不正测量器

ametropia [ˌæmiˈtrəupiə] (Gr. *ametros* disproportionate + *-opia*) 屈光不正
  axial a. 轴性屈光不正
  curvature a. 曲度性屈光不正
  index a. 指数性屈光不正
  position a. 位置性屈光不正
  refractive a. 折射性屈光不正

ametropic [ˌæmiˈtrɔpik] 屈光不正的

amfenac sodium [ˈæmfənæk] 氨基苯酰基乙酸钠

amfonelic acid [ˌæmfəˈnelik] 氨砜酸

Amh 近视混合散光

AMI（acute myocardial infarction 的缩写）急性心肌梗塞

amianthoid [ˌæmiˈænθɔid] (Gr. *amianthos* asbestos + *eidos* form) 石棉样的

amianthosis [ˌæmiænˈθəusis] (Gr. *amianthos* asbestos) 石绵沉着病

amibiarson [ˌæmibiːˈɑːsən] 卡巴胂

Amicar [ˈæmikɑː] 阿米卡

amichloral [ˌæmiˈklɔːrəl] 阿米氯醋

Amici's disk [əˈmitʃiz] (Giovanni Battista *Amici*, Italian physicist, 1786-1863) 阿米契氏盘

amicroscopic [əˌmaikrəˈskɔpik] 超显微镜的

amicula [əˈmikjulə] (L.) 外套；橄榄体

amiculum [əˈmikjuləm] (pl. *amicula*) ❶ 外套；❷ 橄榄体
  a. olivare (NA), **a. of olive** 橄榄体包膜

amidapsone [ˌæmiˈdæpsəun] 氨苯磺苯脲

amidase [ˈæmideis] ❶ (EC 3.5.1.4) 酰胺酶；❷ 酰胺水解酶

amide [ˈæmaid] (*ammonia* + *-ide*) 酰胺
  niacin a., **nicotinic acid a.** 烟酰胺，尼克酰胺

amidine [ˈæmidin] 脒

amidine-lyase [ˈæmidinˈlaieis] 脒裂解酰

amidino [ˌæmiˈdiːnəu] 脒基

amidinohydrolase [əˌmiːdinəuˈhaidrəuleis] (EC 3.5.3) 脒水解酶

amidinotransferase [ˌæmiˌdinəuˈtrænsfəreis] (EC 2.1.4) 脒基转移酶

amido- 酰氨基

amidoazotoluene [ˌæmidəuˌeizəˈtɔljuːin] 氨基偶氮甲苯

amidobenzene [ˌæmidəuˈbenziːn] 苯胺, 阿尼林

amidogen [əˈmidəudʒən] 氨基酰胺基

amidohydrolase [əˌmidəuˈhaidrəuleis] 氨基水解酶

amido-ligase [ˌæmidəuˈligeis] 氨基合成酶

amidophosphoribosyltransferase [əˌmidəuˌfɔsfəuˌribəusilˈtrænsfəreis] (EC 2.4.2.14) 氨基磷酸核糖转移酶

Amidostomum [ˌæmiˈdɔstəməm] 裂口线虫属
  A. anseris 鹅裂口线虫

amidoxime [ˌæmiˈdɔksaim] 氨肟

Amigen [ˈæmidʒən] 阿米根

amikacin [ˌæmiˈkɑːsin] (USP) 丁胺卡那霉素
  a. sulfate (USP) 硫酸丁胺卡那霉素

Amikin [ˈæmikin] 阿米金

amiloride hydrochloride [əˈmiləraid] (USP) 盐酸咪吡嗪

amimia [əˈmimiə] (*a* neg. + Gr. *mimos* mimic + *-ia*) 表情不能, 无表情
  amnesic a. 遗忘性表情不能

aminacrine hydrochloride [ˌæmiˈnækrin] 盐酸氨基吖啶

aminarsone [ˌæmiˈnɑːsəun] 卡巴胂

amination [ˌæmiˈneiʃən] 胺化作用

amine [ˈæmiːn] 胺
  biogenic a. 生物性胺
  methyl dimethoxy methyl phenyl ethyl a. 甲基二甲氧基苯基乙胺
  sympathomimetic a's 拟交感神经胺
  vasoactive a's 血管活性胺

amine-lyase [ˈæmiːnˈlaieis] 胺裂解酶

amine oxidase (copper-containing) [ˈæmiːn ˈɔksideis] 胺氧化酶（含铜）

amine oxidase (flavin-containing) [ˈæmiːn ˈɔksideis ˈflævinkən ˈteiniŋ] 胺氧化酶（含黄素）

aminergic [ˌæmiˈnəːdʒik] 胺激活的, 胺的, 分泌胺的

amino [ˈæminəu, əˈmiːnəu] 氨基

aminoacetic acid [ˌæminəuəˈsiːtik] 氨基乙酸

amino acid [əˈmiːnəu] 氨基酸
  α-a., a. α- 氨基酸
  ω-a., a. ω- 氨基酸

branched-chain a. a's 支链氨基酸
essential a. a's 基本氨基酸
nonessential a. a's 非基本氨基酸
amino-acid N-acetyltransferase [ə͵miːnəu͵ˈæsid ͵æsitilˈtrænsfəreis] 氨基酸-乙酰基转移酶
aminoacidemia [͵æminəu͵æsiˈdiːmiə] 氨基酸血症
aminoacidopathy [͵æminəu͵æsiˈdɔpəθi] 氨基酸缺陷症
D-amino-acid oxidase [əˈmiːnəu ˈæsid ˈɔksideis] (EC 1.4.3.3) D-氨基酸氧化酶
L-amino-acid oxidase [əˈmiːnəu ˈæsid ˈɔksideis] L-氨基酸氧化酶
aminoaciduria [͵æminəu͵æsiˈdjuəriə] 氨基酸尿
aminoacridine hydrochloride [͵æminəuˈækridiːn] 盐酸氨基吖啶
aminoacyl [͵æminəuˈæsil] 氨基酰基
  a. adenylate 腺嘌呤氨基酰基
  a. -tRNA 氨基酰-tRNA
aminoacylase [͵æminəuˈæsileis] (EC 3.5.1.14) 氨基酰化酶
aminoacyl-histidine dipeptidase [͵æminəuˈæsil ˈhistidiːn diˈpeptideis] 氨基酰-组氨酸二肽酶
aminoacyltransferase [͵æminəuˈæsilˈtrænsfəreis] (EC 2.3.2) 氨酰转移酶
aminoacyl-tRNA synthetase [ə͵minəuˈæsil ˈsinθeteis] 氨基酰-tRNA 合成酶
α-aminoadipate [͵æminəuəˈdipeit] α-氨基脂酰盐
2-aminoadipate transaminase [ə͵miːnəuˈdipeit trænsˈæmineis] (EC 2.6.1.39) 2-氨基脂酸盐转氨酶
α-aminoadipic acid [͵æminəuəˈdipik] α-氨基脂肪酸
α-aminoadipicaciduria [͵əminəuəˈdipik͵əsiˈdjuəriə] α-氨基脂肪酸尿
α-aminoadipic semialdehyde synthase [͵æminəuəˈdipik ͵semiˈældihaid ˈsinθeis] α-氨基脂肪酸半醛合成酶
p-aminoazobenzene [͵æminəu͵æzəuˈbenziːn] p-氨基偶氮苯
o-aminoazotoluene [ə͵miːnə͵æzəuˈtɔljuiːn] o-氨基偶氮甲苯
aminobenzene [͵æminəuˈbenziːn] 苯胺
aminobenzoate [͵æminəuˈbenzæeit] 氨基苯甲酸盐
  a. potassium (USP) 氨基苯甲酸钾
  a. sodium (USP) 氨基苯甲酸钠
p-aminobenzoic acid [͵æminəubenˈzəuik] (USP) p-氨基苯甲酸
p-aminobiphenyl [͵æminəubiˈfenil] p-氨基二酚
γ-aminobutyrate [͵æminəuˈbʌtireit] γ-氨基丁酸盐
4-aminobutyrate transaminase [͵æminəuˈbʌtireit trænsˈæmineis] (EC 2.6.1.19) 4-氨基丁酸
γ-aminobutyric acid (GABA) [͵æminəubʌˈtirik] γ-氨基丁酸
ε-aminocaproic acid [͵æminəukæˈprəuik] ε-氨基己酸
7-aminocephalosporanic acid [͵æminəu͵sefələuspɔːˈrænik] 7-氨基头孢酸
aminodinitrophenol [͵æminəudai͵naitrəuˈfiːnɔl] 氨基二硝基酚
p-aminodiphenyl [͵æminədiˈfenil] p-氨基二酚
aminoglutethimide [ə͵miːnəgluˈteθimaid] (USP) 氨基苯乙哌啶酮
aminoglycoside [͵æminəuˈglaikəusaid] 氨基糖甙
p-aminohippurate [͵æminəuˈhipjureit] p-氨基马尿酸盐
  p-a. sodium p-氨基马尿酸钠
p-aminohippuric acid (PAH, PAHA) [͵æminəuhiˈpjurik] p-氨基马尿酸
aminohydrolase [͵æminəuˈhaidrəleis] 氨基水解酶
aminohydroxybenzoic acid [ə͵miːnəhai͵drɔksibenˈzəuik] 氨羟苯甲酸
aminoisobutyrate [͵æminəu͵aisəuˈbʌtireit] 氨基异丁酸盐
β-aminoisobutyrate-pyruvate transaminase [ə͵miːnəu͵aisəˈbʌtireit ˈpaiəruveit trænsˈæmineis] β-氨基异丁酸-丙酮酸转氨酶
aminoisobutyric acid [͵æminəu͵aisəubəˈtirik] 氨基异丁酸
β-aminoisobutyricaciduria [͵æminəuaisəu͵bʌtiri͵kəsiˈdjuəriə] β-氨基异丁酸尿
aminolevulinate [͵æminəu͵levjuːˈlineit] 氨基乙酰丙酸盐
aminolevulinate dehydratase [ə͵miːnəu͵levjuˈlineit diˈhaidrəteis] 氨基乙酰丙

酸脱氢酶

5-aminolevulinate synthase [əˌmiːnəuˌlevjuˈlineit ˈsinθeis] (EC 2.3.1.37) 5-氨基乙酰丙酸合成酶

δ-aminolevulinic acid (ALA) [əˌmiːnəuˌlevjuˈlinik] δ-氨基乙酰丙酸

aminolysis [ˌæmiˈnɔlisis] (*amine* + Gr. *lysis* dissolution) 氨解作用

aminomethane [ˌæminəuˈmeθein] 甲胺

aminomethyl [ˌæminəuˈmeθil] 氨甲基

(*R*)-3-amino-2-methylpropionate-pyruvate transaminase [əˌmiːnəu-ˈmeθilˈprɔpiəneit-ˈpairuveit trænsˈæmineis] (EC 2.6.1.40) -3-氨基-2-甲基丙酸-丙酮酸转氨酶

aminometradine [ˌæminəuˈmetrədin] 氨尿嘧啶

aminometramide [ˌæminəuˈmetrəmaid] 氨尿嘧啶

aminonitrothiazole [ˌæminəuˌnaitrəˈθaiəzəul] 氨基硝基噻唑

6-aminopenicillanic acid [ˌæminəuˌpenisəˈlænik] 6-氨基青霉酸

aminopentamide sulfate [ˌæminəuˈpentəmid] 硫酸戊酰胺

aminopeptidase [ˌæminəuˈpeptideis] 氨基肽酶

***p*-aminophenol** [ˌæminəuˈfenəul] *p*-氨基酚

aminophylline [ˌæmiˈnɔfəlin] (USP) 氨茶碱

aminopterin [ˌæmiˈnɔptərin] 氨基喋呤

aminopurine [ˌæminəuˈpjuərin] 氨基嘌呤

aminoquinoline [ˌæminəuˈkwinəulin] 氨基喹啉

4-a's 4-氨基喹啉

8-a's 8-氨基喹啉

aminorex [əˈminəreks] 阿米雷司

aminosalicylate [əˌminəsəˈlisəleit] 氨基唑液酸盐

a. sodium (USP) 氨基唑液酸钠

aminosalicylic acid [ˌæminəusæliˈsilik] (USP) 氨基唑液酸

5-aminosalicylic acid (5-ASA) [əˌminəusæliˈsilik] 5-氨基唑液酸

***p*-aminosalicylic acid (PAS)** [əˌminəusæliˈsilik] *p*-氨基唑液酸

aminosidine sulfate [ˌæminəuˈsaidin] 盐酸巴龙霉素

aminosis [ˌæmiˈnəusis] 氨基酸过多症

Aminosol [əˈminəsɔl] 水解蛋白

aminosuria [ˌæminəuˈsjuəriə] (*amine* + *-uria*) 胺尿

Aminosyn [əˈminəsin] 阿米罗森

aminotoluene [ˌæminəuˈtɔljuin] 氨基甲苯

aminotransferase [ˌæminəuˈtrænsfəreis] 转氨酶

3-aminotriazole [ˌæminəuˈtraiəzəul] 3-氨基三唑

aminuria [ˌæmiˈnjuəriə] 胺尿

amiodarone [əˈmiədərəun] 乙胺碘呋酮

Amipaque [ˈæmipeik] 阿米伯克

amiphenazole hydrochloride [ˌæmiˈfenəzəul] 盐酸胺苯唑

amiquinsin hydrochloride [ˌæmiˈkwinsin] 盐酸二甲氧喹胺

amisometradine [ˌæmisəuˈmetrədin] 氨甲丁尿嘧啶

amithiozone [ˌæmiˈθiəzəun] 硫醋腙

amitosis [ˌæmiˈtəusis] (*a* neg. + Gr. *mitos* thread + *-osis*) 无丝分裂

amitotic [ˌæmiˈtɔtik] 无丝分裂的

amitriptyline hydrochloride [ˌæmiˈtriptilin] (USP) 盐酸阿密曲替林

amitrole [ˈæmitrəul] 氨基三唑

AML (acute myelogenous leukemia 的缩写) 急性骨髓性白血病

amlodipine besylate [æmˈlɔdipin] 氨氯地平

ammeter [ˈæmitə] (*ampere* + *-meter*) 安培计

Ammi [ˈæmi] 阿密属

A. majus (L.) 白芷

ammoaciduria [ˌæməˌæsiˈdjuəriə] 氨基酸尿

Ammon's fissure [ˈɑːmənz] (Friedrich August von *Ammon*, German ophthalmologist and pathologist, 1799-1861) 阿蒙氏裂

Ammon's horn [ˈɑːmənz] (*Ammon*, a ram-headed god of the Egyptians) 阿蒙氏角, 海马

ammonemia [ˌæməʊˈniːmiə] 氨血症

ammonia [əˈməuniə] (named from Jupiter *Ammon*, near whose temple in Libya it was formerly obtained) 氨

a. hemate 苏木红质氨

ammoniacal [ˌæməˈnaiəkəl] 氨的, 含氨的

ammonia-lyase [əˈməuniəˈlaieis] 氨裂解

酶
ammoniate [ə'mɔnieit] ❶ 氨结合的；❷ 氨结合产物
ammoniemia [əˌmɔni'i:miə] 氨血症
ammonification [əˌmɔnifi'keiʃən] 氨化
ammonium [ə'mɔniəm] 铵
  a. **alum** 铵明矾
  a. **bromide** 溴化铵
  a. **carbonate** (NF) 碳酸铵
  a. **chloride** (USP) 氯化铵
  a. **lactate** 乳酸铵
  a. **mandelate** 杏仁酸铵
  a. **molybdate** (USP) 钼酸铵
  a. **muriate** 氯化铵
  a. **oxalate** 草酸铵
  a. **phosphate** (NF) 磷酸铵
  a. **purpurate** 紫尿酸铵
  a. **tartrate** 酒石酸铵
ammoniuria [əˌmɔni'juəriə] 铵尿
ammonolysis [ˌæmə'nɔlisis] 氨解作用
ammonotelic [əˌmɔnə'telik] (*ammonia* + Gr. *telikos* belonging to the completion, or end) 排氨的
Ammospermophilus [ˌəməuspəː'mɔfiləs] 羚松鼠属
  A. **leucurus** 白尾羚松鼠
amnesia [æm'ni:ziə] (Gr. *amnēsia* forgetfulness) 遗忘症
  anterograde a. 顺行性遗忘
  circumscribed a. 局部遗忘
  continuous a. 连续性遗忘
  emotional a. 情感性遗忘
  episodic a. 插曲性遗忘
  generalized a. 全面遗忘
  infantile a. 幼儿期遗忘
  lacunar a. 空隙性遗忘
  localized a. 局限性遗忘
  organic a. 器官性遗忘
  postconcussional a. 后遗性遗忘
  posthypnotic a. 催眠后遗忘
  post-traumatic a. 创伤后遗忘
  psychogenic a. (DSM-Ⅲ-R) 精神性遗忘
  retrograde a. 逆行性遗忘
  selective a. 选择性遗忘
  tactile a. 触觉缺失
  transient global a. 暂时性全面遗忘
  traumatic a. 创伤性遗忘
  verbal a. 语言缺失
  visual a. 文字盲
amnesiac [æm'ni:siæk] 遗忘者
amnesic [æm'nesik] 遗忘的
amnestic [æm'nestik] ❶ 遗忘的；❷ 致忘的
Amnestrogen [æm'nestrədʒən] 混雌激素
amni(o)- (*amnion*) 羊膜
amniocele ['æmniəusi:l] 脐突出
amniocentesis [ˌæmniəusen'ti:sis] 羊膜穿刺术
amniochorial [ˌæmniəu'kɔriəl] 羊膜绒毛膜的
amnioclepsis [ˌæmniəu'klepsis] (*amnion* + Gr. *kleplein* to steal away) 羊水溢
amniocyte ['æmniəuˌsait] 羊膜细胞
amniogenesis [ˌæmniəu'dʒenəsis] (*amnio* + Gr. *genesis* formation) 羊膜形成
amniography [ˌæmni'ɔgrəfi] (*amnio* + Gr. *graphein* to record) 羊水造影术
amnioma [ˌæmni'əumə] (*amnion* + *oma* tumor) 羊膜瘤
amnion ['æmnjən] (Gr. "bowl", "membrane enveloping the fetus") 羊膜
  a. **nodosum** 结节性羊膜
amnionic [ˌæmni'ɔnik] 羊膜的
amnionitis [ˌæmniəu'naitis] 羊膜炎
Amnioplastin [ˌæmniəu'plæstin] 干羊膜
amniorhexis [ˌæmniəu'reksis] (*amnion* + Gr. *rhexis* rupture) 羊膜破裂
amniorrhea [ˌæmniəu'ri:ə] (*amnion* + Gr. *rhoia* flow) 羊水漏
amniorrhexis [ˌæmniəu'reksis] (*amnion* + Gr. *rhexis* rupture) 羊膜破裂
amnioscope ['æmniəuˌskəup] 羊膜镜
amnioscopy [ˌæmni'ɔskəpi] 羊膜镜检
Amniota [ˌæmni'əutə] 羊膜动物类
amniote ['æmniəut] 羊膜动物
amniotic [ˌæmni'ɔtik] 羊膜的
Amniotin [æm'naiətin] 安尼奥廷
amniotome ['æmniəˌtəum] (*amnion* + Gr. *tomē* a cutting) 羊膜穿破器
amniotomy [ˌæmni'ɔtəmi] (*amnion* + Gr. *tomē* a cutting) 羊膜切开术
amobarbital [ˌæməu'bɑ:bitəl] (USP) 异戊巴比妥
  a. **sodium** (USP) 异戊巴比妥钠
  a. **hydrochloride** (USP) 异戊巴比妥盐酸盐

amodiaquine [ˌæməˈdaiəkwin] (USP) 安酚喹

amoeb- (L., from Gr. *amoibē* change) 阿米巴,变形虫

Amoeba [əˈmiːbə] (L. from Gr. *amoibē* change) 阿米巴属,变形属
   A. **proteus** 变形阿米巴
   A. **verrucosa** 疣状核变形虫

amoeba [əˈmiːbə] 阿米巴,变形虫

Amoebida [əˈmiːbidə] 阿米巴目,变形目

Amoebotaenia [əˌmiːbəuˈtiːniə] 变形带(绦虫)属

amoebula [əˈmiːbjuːlə] (dim. of *amoeba*) 小阿米巴

amok [əˈmɔk] (Malay "furious attack") 杀人狂

amopyroquin hydrochloride [ˌæməuˈpirəkwin] 盐酸阿莫吡喹

amorph [əˈmɔːf] 无效等位基因

amorphia [əˈmɔːfiə] (*a* neg. + Gr. *morphē* form + *-ia*) 无定形(现象),非晶形(现象)

amorphism [əˈmɔːfizəm] 无定形(现象),非晶形(现象)

amorphosynthesis [əˌmɔːfəˈsinθəsis] (*a-* + *morpho-* + *synthesis*) 无形综合症

amorphous [əˈmɔːfəs] (*a* neg. + Gr. *morphē* form) ❶ 无定形的;❷ 原子无特定取向的;❸ 非晶形的

amorphus [əˈmɔːfəs] (*a* neg. + Gr. *morphē* form) 无定形畸胎

Amoss' sign [ˈæməs] (Harold Lindsay Amoss, American physician, 1886-1956) 阿莫斯氏征

amotio [əˈməuʃiəu] (gen. *amotinonis*) (pl. *amotiones*) (L., from *amovēre* to move away from) 移动;脱落
   a. **retinae** 视网膜脱离

amoxapine [əˈmɔksəpin] 氯哌氧䓬

amoxicillin [əˌmɔksiˈsilin] (USP) 阿莫西林,羟氨苄青霉素

Amoxil [əˈmɔksil] 阿莫西尔;阿莫西林制剂的商品名

AMP (adenosine monophosphate 的缩写) 腺苷一磷酸,腺苷酸
   3',5'-**AMP**, cyclic **AMP** 3',5'-腺苷酸,环腺苷酸

amp (*ampere* 的缩写) 安培

AMP deaminase [diˈæmineis] (EC 3.5.4.6) AMP 脱氨酶,腺苷-磷酸脱氨酶,腺苷酸脱氨酶

amperage [ˈæmpəridʒ] 安培度,电流量,电流强度

ampere [ˈæmpɛə] (André M. *Ampère*, 1775-1836) 安培

Amphedroxyn [ˌæmfəˈdrɔksin] 脱氧麻黄碱;甲苯丙胺制剂的商品名

amphetamine [æmˈfetəmin] 苯异丙胺,苯丙胺
   a. **aspartate** 磷酸苯异丙胺
   a. **sulfate** (USP) 苯异丙胺的硫酸盐

amph(i)- (Gr. *amphi* on both sides) ❶ 两边,两侧;❷ 周围,附近;❸ 双倍

amphiarkyochrome [ˌæmfiˈɑːkiəuˌkrəum] 网状染色细胞

amphiarthrodial [ˌæmfiɑːˈθrəudiəl] 微动关节的

amphiarthrosis [ˌæmfiɑːˈθrəusis] (*amphi-* + Gr. *arthrōsis* joint) 微动关节

amphiaster [ˈæmfiˌæstə] (*amphi-* + Gr. *astēr* star) 双星(体)

Amphibia [æmˈfibiə] (*amphi-* + Gr. *bios* life) 两栖纲

amphibious [æmˈfibiəs] 两栖的

amphiblastic [ˌæmfiˈblæstik] (*amphi-* + Gr. *blastos* germ) 两极囊胚的

amphiblastula [ˌæmfiˈblæstjulə] (*amphi-* + *blastula*) 两极囊胚

amphiblestritis [ˌæmfiblesˈtraitis] (Gr. *amphiblestron* + *-itis*) 视网膜炎

amphibolic [ˌæmfiˈbɔlik] ❶ 动摇的,不稳定的,预后未定的;❷ 双重代谢的

amphicentric [ˌæmfiˈsentrik] (*amphi-* + Gr. *kentron* center) 起止同源的

amphichroic [ˌæmfiˈkrəuik] (*amphi-* + Gr. *chrōma* color) 双变色的,两性反应的

amphichromatic [ˌæmfikrəuˈmætik] 双变色的,两性反应的

amphicreatinine [ˌæmfikriˈætinin] (*amphi-* + *creatinine*) 两性肌酸

amphicroic [ˌæmfiˈkrɔik] (*amphi-* + Gr. *krouein* to test) 双变色的,两性反应的

amphicyte [ˈæmfisait] (*amphi-* + Gr. *kytos* hollow vessel) 套细胞

amphicytula [ˌæmfiˈsitjulə] (*amphi-* + *cytula*) 受精卵,受精端黄卵

amphidiarthrosis [ˌæmfiˌdaiɑː'θrəusis] (*amphi-* + *diarthrosis*) 屈戍动关节

amphigastrula [ˌæmfi'gæstrulə] (*amphi-* + *gastrula*) 两极原肠胚

amphigenetic [ˌæmfidʒi'netik] 两性生殖的

amphigonadism [ˌæmfi'gɔnədizəm] 两性(生殖)腺共存，真两性畸形

amphigony [æm'figəni] 有性生殖

amphikaryon [ˌæmfi'kæriɔn] (*amphi-* + Gr. *karyon* kernel) 倍数核，二倍核

amphileukemic [ˌæmfilju:'ki:mik] (*amphi-* + *leukemic*) 两向性白血病的

Amphimerus [æm'fimərəs] 对体(吸虫)属

amphimorula [ˌæmfi'mɔrulə] (*amphi-* + *morula*) 两歧桑葚胚

amphinucleus [ˌæmfi'nju:kliəs] (*amphi-* + *nucleus*) 双质核，中心核，中央核

amphipath ['æmfipɑ:θ] 两歧性分子

amphipathic [ˌæmfi'pæθik] 两歧性分子的

amphipyrenin [ˌæmfi'pirənin] (*amphi-* + Gr. *pyrēn* stone of a fruit) (细胞)核膜质

amphiregulin [ˌæmfi'regjulin] 双向调节素

Amphistoma [æm'fistəmə] (*amphi-* + Gr. *stoma* mouth) 端盘(吸虫)属，双口吸虫属
  A. conicum 圆锥端盘吸虫
  A. hominis 人似腹盘吸虫
  A. watsoni 瓦生氏腹盘吸虫，瓦生氏瓦生吸虫

amphistome [æm'fistəum] 端盘吸虫

amphistomiasis [ˌæmfistəu'maiəsis] 端盘吸虫病，双口吸虫病

amphitene ['æmfiti:n] 偶线期

amphitheater [ˌæmfi'θiətə] 手术示教室，看台式教室

amphitrichous [æm'fitrikəs] (*amphi-* + Gr. *thrix* hair) 两端鞭毛的

amphitypy [æm'fitipi] 两型(状态)

ampho- (Gr. *amphō* both) 两，两者

amphochromatophil [ˌæmfəukrəu'mætəfil] ❶ 两(染)性细胞; ❷ 两染性的

amphochromophil [ˌæmfəukrəu'mɔfil] (*ampho-* + Gr. *chrōma* color + *philein* to love) ❶ 两(染)性细胞; ❷ 两染性的

amphocyte ['æmfəsait] 两染细胞

amphodiplopia [ˌæmfəudi'pləupiə] (*ampho-* + *diplopia*) 两眼复视

amphogenic [ˌæmfəu'dʒenik] (*ampho-* + Gr. *gennan* to produce) 两性生殖的

Amphojel ['æmfədʒəl] 安福杰尔:氢氧化铝凝胶制剂的商品名

ampholyte [ˌæmfəlait] (*ampho-* + *electrolyte*) 两性电解物

amphomycin [ˌæmfə'maisin] 双霉素

amphophil ['æmfəfil] ❶ 两染细胞; ❷ 两染性的

amphophile ['æmfəfail] 两染细胞

amphophilic [ˌæmfə'filik] (*ampho-* + Gr. *philein* to love) 两染性的
  a.-basophils 嗜碱性两染的
  gram-a. 革兰氏两染性的
  a.-oxyphil 嗜酸性两染的

amphophilous [æm'fɔfiləs] 两染性的

amphoric [æm'fɔrik] (L. *amphoricus*, from L. *amphora*, Gr. *amphoreus* jar) 空瓮性的

amphoricity [ˌæmfə'risiti] 空瓮性

amphoriloquy [ˌæmfə'riləkwi] (L. *amphora* jar + *loqui* to speak) 空瓮性语音

amphorophony [ˌæmfə'rɔfəni] (Gr. *amphoreus* jar + *phonē* voice) 空瓮性语音

amphoteric [ˌæmfə'terik] (Gr. *amphoteros* pertaining to both) 两性的，酸碱兼性的

amphotericin B [ˌæmfə'terisin] (USP) 两性霉素B

amphotericity [ˌæmfətə'risiti] 两性，酸碱兼性

amphoterism [æm'fəutərizəm] 两性，酸碱兼性

amphoterodiplopia [æmˌfɔtərəudi'pləupiə] (Gr. *amphoteros* both + *diplopia*) 两眼复视

amphoterous [æm'fɔtərəs] 两性的，酸碱兼性的

amphotony [æm'fɔtəni] (*ampho-* + Gr. *tonos* tension) 交感迷走神经过敏，交感神经过敏

ampicillin [ˌæmpi'silin] (USP) 氨苄青霉素
  a. sodium 氨苄青霉素钠

AMP kinase ['kaineis] 腺苷酸激酶

amplexation [ˌæmplekˈseiʃən] (L. *amplexus* embrace)(锁骨骨折)围合疗术
amplexus [æmˈpleksəs] (L.)抱合,拥抱
amplification [ˌæmplifiˈkeiʃən] (L. *amplificatio*)放大,扩大
　gene a. 基因扩增
　image a. 影像放大
amplifier [ˈæmplifaiə]放大器,扩大器
amplitude [ˈæmplitjuːd] (L. *amplus* full) ❶ 广大,充足,范围; ❷ 幅度,振幅
　a. of accommodation 调节幅度
　a. of convergence 会聚幅度
　peak a. 最大幅度
　peak-to-peak a. 偏离基线正向和负向的最大幅度之和
ampoule [ˈæmpuːl]安瓿
Amprol [ˈæmprɔl]安普罗林:安普罗铵制剂的商品名
amprolium [æmˈprɔliəm] (USP)安普罗铵
Amprovine [ˈæmprəuviːn]安普罗文:安普罗铵制剂的商品名
ampul [ˈæmpuːl]安瓿
ampule [ˈæmpuːl] (Fr. *ampoule*)安瓿
ampulla [æmˈpulə] (gen., pl. *ampullae*) (L. "*a jug*")壶腹
　anterior membranaceous a. 前膜壶腹
　a. canaliculi lacrimalis (NA) 泪管壶腹
　a. chyli 乳糜池
　a. ductus deferentis (NA) 输精管壶腹
　duodenal a., a. duodeni (NA) 十二指肠球部
　Henle's a. 亨勒氏壶腹
　hepatopancreatic a., a. hepatopancreatica (NA) 肝胰管壶腹
　a. of lacrimal canaliculus 泪管壶腹
　ampullae lactiferae 输乳管壶腹
　lateral membranaceous a. 外侧膜壶腹
　Lieberkühn's a. 利贝昆氏壶腹
　ampullae membranaceae (NA) 膜壶腹
　a. membranacea anterior (NA) 前膜壶腹
　a. membranacea lateralis (NA) 外膜壶腹
　a. membranacea posterior (NA) 后膜壶腹
　ampullae osseae (NÁ) 骨壶腹
　a. ossea anterior (NA) 前骨壶腹
　a. ossea lateralis (NA) 外骨壶腹
　a. ossea posterior (NA) 后骨壶腹
　phrenic a. (食管)膈壶腹
　posterior membranaceous a. 后腹壶腹
　rectal a., a. recti (NA) 直肠壶腹
　a. of Thoma 托马壶腹
　a. tubae uterinae (NA) 输卵管壶腹
　a. of uterine tube 输卵管壶腹
　a. of vas deferens 输精管壶腹
　a. of Vater 法特壶腹
ampullae [æmˈpuliː] (L.)壶腹
ampullar [æmˈpulə]壶腹的,壶腹状的
ampullary [ˈæmpuˌləri]壶腹(状)的
ampullate [æmˈpuleit]壶腹状的
ampullitis [ˌæmpuˈlaitis]壶腹炎
ampullula [æmˈpuljulə] (L.)小壶腹
amputation [ˌæmpjuːˈteiʃən] (L. *amputare* to cut off, or to prune)切除术,离断术
　above-knee (A-K) a. 膝上截肢
　Alanson's a. 兰森氏切断术
　Alouette's a. 阿路埃特氏切断术
　aperiosteal a. 除骨膜性切断术
　Béclard's a. 贝克拉尔氏切断术
　below-knee (B-K) a. 膝下截肢
　Bier's a. 比尔氏小腿切断术
　Bunge's a. 崩格氏切断术,除骨膜性切断术
　Callander's a. 卡冷德氏切断术
　Carden's a. 卡登氏切断术
　central a. 中央切断术
　chop a. 无瓣切断术
　Chopart's a. 肖帕尔氏切断术
　cinematic a., cineplastic a. 运动成形性切断术
　circular a. 环形切断术
　closed a. 瓣状切断术
　coat-sleeve a. 袖形切断术
　a. in contiguity 关节切断术,关节断离术
　a. in continuity 关节外切断术
　cutaneous a. 皮肤切断术
　Dieffenbach's a. 迪芬巴赫氏切断术
　double-flap a. 双瓣切断术
　Dupuytren's a. 肩关节切断术
　eccentric a. 偏心切断术
　elliptic a. 椭圆形切断术
　Farabeuf's a. 法腊布夫氏切断术

flap a. 瓣状切断术
flapless a. 无瓣切断术
forequarter a. 上肢切断术,肩胸间切断术
Gritti's a. 格里蒂氏切断术
Gritti-Stokes a. 格-斯二氏切断术
guillotine a. 斩断术
Guyon's a. 居永氏切断术
Hancock's a. 汉科克氏切断术
Hey's a. 海伊氏切断术
hindquarter a. 髂腹间切断术
interilioabdominal a., **interinnominoabdominal a.** 髂腹间切断术,髋腹间切断术
interpelviabdominal a. 盆腹间切断术,股盆部分切断术
interscapulothoracic a. 肩胸间切断术
Jaboulay's a. 雅布累氏切断术,股盆部分切断术
kineplastic a. 运动成形切断术
Kirk's a. 柯克氏切断术
Langenbeck's a. 朗根贝克氏切断术
Larrey's a. 拉雷氏切断术
Le Fort's a. 勒·福特氏切断术
linear a. 线形切断术
Lisfranc's a. 利斯弗朗氏切断术
Mackenzie's a. 麦肯齐氏切断术
Maisonneuve's a. 梅宗讷夫氏切断术
major a. 大切断术
Malgaigne's a. 马尔盖尼氏切断术
mediotarsal a. 跗中切断术
minor a. 小切断术
mixed a. 混合切断术
musculocutaneous a. 肌皮瓣切断术
oblique a. 斜切断术,斜向切断术
open a. 开放性切断术
osteoplastic a. 骨成形性切断术
oval a. 卵圆形切断术
periosteoplastic a. 骨膜成形性切断术
phalangophalangeal a. 指(趾)节间切断术
Pirogoff's a. 皮罗果夫氏切断术
pulp a. 牙髓切断术,牙髓切除术
racket a. 球拍形切断术
rectangular a. 长方形切断术
Ricard's a. 理查得氏切断术
root a. 根切断术,齿根切断术
spontaneous a. 自然切断术
Stokes's a. 斯托克斯氏切断术
subastragalar a. 距骨下切断术
subperiosteal a. 骨膜下切断术
Syme's a. 赛姆氏切断术
Teale's a. 蒂尔氏切断术
a. by transfixion 贯穿切断术
traumatic a. 外伤性切断术
Tripier's a. 特里皮埃氏足切断术
Vladimiroff-Mikulicz a. 弗-米二氏切断术

amputee [ˌæmpjuˈtiː] 被截肢者
AMRA(American Medical Record Association 的缩写)美国医学记录协会
amrinone [ˈæmrinəun] 氨联吡啶酮
AMRL(Aerospace Medical Research Laboratories 的缩写)宇宙医学研究实验室
AMS(American Meteorological Society 的缩写)美国气象学会
ams.(*am*ount of a *s*ubstance 的缩写)物质量
AMSA(American Medical Student Association 的缩写)美国医科学生协会
amsacrine [ˈæmsəkriːn] 安吖啶
Amsler's charts [ˈɑːmzləz](Marc *Amsler*, Swiss ophthalmologist, 1891-1968)阿姆斯勒氏表
Amsustain [ˈæmsəstein] 阿姆苏斯坦:右旋苯丙胺制剂的商品名
amu(atomic mass unit 的缩写)原子质量单位
amuck [əˈmʌk](Malay *amok*)❶ 杀人狂;❷(口语)疯狂的,狂乱的,无控制的
amusia [əˈmjuziə](Gr. *amousia* want of harmony)乐歌不能,失歌症
instrumental a. 奏乐器不能
sensory a. 感觉性乐歌不能
vocal motor a. 歌唱不能
Amussat's operation [ˌeɪmuˈsɑːz](Jean Zuléma *Amussat*, French surgeon, 1796-1856)艾姆撒兹氏手术
AMWA ❶(American Medical Women's Association 的缩写)美国女医务人员协会;❷(American Medical Writers' Association 的缩写)美国医学作家协会
amyasthenia [əˌmaiæsˈθiːniə] 肌无力,肌无力病
amychophobia [əˌmaikəuˈfəubiə](Gr. *amychē* a scratch + *phobia*)抓伤恐怖

amyctic [ə'miktik] 腐蚀性的,刺激性的
amyelencephalia [ə,maiəlensə'feiliə] (*a* neg. + Gr. *myelos* marrow + *enkephalos* brain + -*ia*) 无脑脊髓(畸形)
amyelencephalus [ə,maiəlen'sefələs] 无脑脊髓畸胎
amyelia [æmai'i:liə] (*a* neg. + Gr. *myelos* marrow + -*ia*) 无脊髓畸形
amyelic [,æmai'elik] 无脊髓的
amyelineuria [ə,maiəlin'juəriə] (Gr. *a* neg. + *myelos* marrow + *neuron* nerve + -ia) 脊髓神经麻痹
amyelinic [ə,maiə'linik] 无髓磷脂的
amyeloidemia [ə,maiəlɔi'di:miə] (Gr. *a* neg. + *myeloid* + *aema* blood) 血内骨髓细胞缺乏
amyelonic [ə,maiə'lɔnik] 无髓鞘的
amyelotrophy [,əmaiə'lɔtrəfi] (Gr. *a* neg. + *myelos* marrow + *trophe* nutrition) 脊髓萎缩
amyelus [ə'maiələs] 无脊髓畸胎
amygdala [ə'migdələ] (Gr. *amygdalē* almond) ❶ 苦扁桃,杏; ❷ 杏仁体
  a. accessoria, accessory a. 舌扁桃体
  a. amara 苦杏仁
amygdalic acid [ə'migdəlik] 杏仁酸
amygdalin [ə'migdəlin] 苦杏仁苷
amygdaline [ə'migdəlin] (L. *amygdalinus*) ❶ 杏形的,扁桃形的; ❷ 扁桃体的
amygdalitis [ə,migdə'laitis] 扁桃体炎
amygdal(o)- (Gr. *amygdalē* almond) 扁桃体,杏形结构
amygdaloid [ə'migdəlɔid] (*amygdalo-* + Gr. *eidos* form) 扁桃样的,杏仁样的
amygdalolith [ə'migdələ,liθ] (*amygdala* + Gr. *lithos* stone) 扁桃体石
amygdaloncus [ə,migdə'lɔŋkəs] (*amygdala* + Gr. *onkos* mass) ❶ 扁桃体肿大; ❷ 扁桃体瘤
amygdalopathy [ə,migdə'lɔpəθi] (*amygdala* + Gr. *pathos* disease) 扁桃体病
amygdalotomy [ə,migdə'lɔtəmi] 扁桃体切开术
amyl ['æmil] (Gr. *amylon* 淀粉) 戊基
  a. acetate 醋酸戊酯
  a. nitrite (USP) 亚硝酸(异)戊脂
amylaceous [,æmi'leiʃəs] (L. *amylaceus*) 淀粉的,含淀粉的,淀粉性的
amylase ['æmileis] 淀粉酶
  α-a. (EC 3.2.1.1) α-淀粉酶
  β-a. (EC 3.2.1.2) β-淀粉酶
amylasuria [,æmilei'sjuəriə] 淀粉酶尿
Amylcaine Hydrochloride [,æməl'kein] 盐酸戊卡因:纳帕因制剂的商标名
amylemia [,æmə'li:miə] (Gr. *amylon* starch + -*emia*) 淀粉血症
amylene ['æmili:n] 戊烯
  a. hydrate (NF) 水合戊烯
amylic [ə'milik] (L. *amylicus*) 戊基的
amylin ['æmilin] 支链淀粉
amylism ['æmilizəm] 戊醇中毒
amyl(o)- (Gr. *amylon* starch) 淀粉
amylobarbitone [,æmiləu'bɑ:bitəun] 戊巴比妥
amylodextrin [,æmiləu'dekstrin] 淀粉糊精
amylodyspepsia [,æmiləudis'pepsiə] (*amylo-* + *dyspepsia*) 淀粉消化不良
amylogenesis [,æmiləu'dʒenəsis] (*amylo-* + -*genesis*) 淀粉生成
amylogenic [,æmiləu'dʒenik] 生成淀粉的
amylo-1,6-glucosidase [,æmiləu glu'kəusideis] (EC 3.2.1.33) 淀粉-1,6-葡糖苷酶,脱支酶
amyloid ['æmilɔid] (*amylo-* + Gr. -*oid* form) ❶ 淀粉样的; ❷ (硫酸)胶化纤维素; ❸ 细胞外蛋白样物质
  a. A 淀粉样 A 蛋白
  a. L 淀粉样轻链蛋白
amyloidosis [,æmilɔi'dəusis] (*amyloid-* + -*osis*) 淀粉样变性
  AA a. 反应性系统性淀粉样变性
  a. of aging 老年性淀粉样变性
  AL a. 免疫细胞衍生性淀粉样变性
  cutaneous a. 皮肤淀粉样变性
  familial a. 家族性淀粉样变性
  hereditary a. 遗传性淀粉样变性
  hereditary neuropathic a. 遗传性神经病性淀粉样变性
  heredofamilial a. 家族遗传性淀粉样变性
  idiopathic a. 特发性淀粉样变性
  immunocyte-derived a. 免疫细胞衍生性淀粉样变性
  immunocytic a. 免疫细胞淀粉样变性
  lichen a. 苔藓样淀粉样变性

light chain-related a. 轻链相关性淀粉样变性
macular a. 斑疹性淀粉样变性
nodular a. 结节性淀性样变性
primary a. 原发性淀粉样变性
reactive systemic a. 反应性系统性淀粉样变性
renal a. 肾性淀粉样变性
secondary a. 继发性淀粉样变性
senile a. 老年性淀粉样变性

amylolysis [ˌæmiˈlɔlisis] (amylo- + -lysis) 淀粉分解

amylolytic [ˌæmiləˈlitik] 淀粉分解的,促进淀粉分解的

amylopectin [ˌæmiləuˈpektin] 支链淀粉,淀粉粒纤维素

amylopectinosis [ˌæmiləuˌpektiˈnəusis] 支链淀粉病

amylophagia [ˌæmiləuˈfeidʒiə] (amylo- + Gr. phagein to eat) 食淀粉癖

amyloplastic [ˌæmiləuˈplæstik] (amylo- + -plast) 造成淀粉的

amylorrhea [ˌæmiləˈriə] (amylo- + rrhea) 淀粉溢

amylose [ˈæmiləus] 直链淀粉

amylosis [ˌæmiˈləusis] 淀粉样变性

amylosuria [ˌæmiləuˈsjuəriə] 淀粉尿

amylo-1:4,1:6-transglucosidase [ˌæmiləuˌtrænsgluˈkəusideis] 淀粉-1:4,1:6-转葡糖苷酶

Amylsine Hydrochloride [ˈæməlsin] 盐酸阿米耳辛:纳帕因(naepaine)制剂的商品名

amylum [ˈæmiləm] (L.; Gr. amylon) 淀粉
  a. iodatum 碘化淀粉

amyluria [ˌæmiˈljuəriə] 淀粉尿

amyocardia [əˌmaiəuˈkɑːdiə] (Gr. a neg. + mys muscle + kardia heart) 心肌无力

amyoesthesia [əˌmaiəsˈθiːzjə] (a- + myo- + esthesia) 肌觉缺失症

amyoesthesis [əˌmaiəsˈθiːsis] (a- + myo- + Gr. aisthēsis sensation) 肌觉缺失

amyoplasia [əˌmaiəˈpleiziə] (a neg. + Gr. mys muscle + plassein to form) 肌发育不全
  a. congenita 先天性肌发育不全

amyostasia [əˌmaiəˈsteiziə] (a neg. + Gr. mys muscle + stasis a standing still) 肌静止不能,肌震颤

amyostatic [əˌmaiəˈstætik] 肌静止不能的,肌震颤

amyotaxia [əˌmaiəuˈtæksiə] (a neg. + mys muscle + taxis arrangement) 肌运动失调

amyotonia [əˌmaiəuˈtəuniə] (Gr. a neg. + mys muscle + tonos tension + -ia) 肌紧张缺失

amyotrophia [əˌmaiəˈtrəufiə] (a neg. + Gr. mys muscle + trophē nourishment + -ia) 肌萎缩
  neuralgic a. 神经痛性肌萎缩
  a. spinalis progressiva 进行性脊髓病性肌萎缩

amyotrophic [əˌmaiəˈtrəufik] 肌萎缩的

amyotrophy [ˌæmiˈɔtrəfi] 肌萎缩
  diabetic a. 糖尿病性肌萎缩
  neuralgic a. 神经痛性肌萎缩

amyous [ˈæmiəs] (a neg. + Gr. mys muscle) 无肌的

Amytal [ˈæmitəl] 阿米妥:异戊巴比妥制剂的商品名

amyxia [əˈmiksiə] (a neg. + Gr. myxa mucus + -ia) 粘液缺乏

amyxorrhea [əˌmiksəˈriə] (a neg. + Gr myxa mucus + rhoia flow) 粘液分泌缺乏

An ❶ 阳极; ❷ 阳极的

an- ❶ 否定前缀 a- 的另一形式,用于元音或 h 前; ❷ 前缀 ana- 的另一种形式,用在元音或 h 前面

ANA ❶ (American Nurses' Association 的缩写) 美国护士协会; ❷ (antinuclear antibodies 的缩写) 抗核抗体

ana [ˈænə] (Gr.) 各:通常写成 $\overline{aa}$

ana- (Gr. ana up, back, again) 向上,向后,再

anabasine [əˈnæbəsin] 新烟碱

Anabena [əˈnæbənə] 太湖念珠藻属

anabiosis [ˌænəbaiˈəusis] (Gr. anabiōsis a reviving) 复苏,回生

anabiotic [ˌænəbaiˈɔtik] 复苏的,回生的

anabolic [ˌænəˈbɔlik] 合成代谢的

anabolin [əˈnæbəlin] 合成代谢物

anabolism [əˈnæbəlizəm] (Gr. anabolē a throwing up) 组成代谢,合成代谢

anabolite [ə'næbəlait] 组成代谢产物,同化产物

anabrosis [ˌænə'brəusis] (Gr. "an eating up") 溃疡,侵蚀

anacatadidymus [ˌænəˌkætə'daidiməs] 中腰联胎

anacatesthesia [ˌænəˌkætis'θiːzjə] (ana- + Gr. *kata*- down + *esthesia*) 彷徨不安

anachoresis [ˌænəkə'riːsis] (Gr. *anachōrēsis* a retreating) 摄引作用,引菌作用,摄菌作用

anachoretic [ˌænəkə'retik] 摄引的,引菌的,摄菌的,摄菌作用引起的

anachoric [ˌænə'kɔrik] 摄引的,引菌的,摄菌的

anacidity [ˌænə'siditi] (*an* neg. + *acidity*) 酸缺乏

gastric a. 胃酸缺乏

anaclasis [ə'nækləsis] (Gr. *anaklasis* reflection) 光反射,光折射

anaclisis [ˌænə'klaisis] (ana- + Gr. *klinein* to lean) 情感依附

anaclitic [ˌænə'klitik] 斜倚的;情感依附的

anacmesis [æ'nækmisis] 成熟受阻

anacobra [ˌænə'kɔbrə] 灭活眼镜蛇毒

anacousia [ˌænə'kuːzjə] 全聋

anacrotic [ˌænə'krɔtik] 升线一波脉的

anacrotism [ə'nækrətizəm] (ana- + Gr. *krotos* beat + -ism) 升线一波脉

anacusis [ˌænə'kjuːsis] 全聋

anadenia [ˌænə'diːniə] (Gr. *an* neg. + *aden* gland) ❶ 腺缺失;❷ 腺宫能不足

anadicrotism [ˌænə'dikrətizəm] 升线二波脉

anadidymus [ˌænə'daidiməs] (ana- + Gr. *didymos* twin) 双下身联胎,上身联胎

anadipsia [ˌænə'dipsiə] (ana- + Gr. *dipsa* thirst + -*ia*) 剧渴

anadrenalism [ˌænə'driːnəlizəm] 肾上腺机能缺失

anadrenia [ˌænə'driːniə] 肾上腺机能缺失

Anadrol ['ænədrɔl] 康复龙;氧甲雄酮制剂的商品名

anaemia [ə'niːmiə] 贫血

anaerobe ['ænərəub] (*an* neg. + Gr. *aēr* air + *bios* life) 厌氧菌

facultative a's 兼性厌氧菌

obligate a's 专性厌氧菌

spore-forming a. 梭状芽胞杆菌

anaerobic [ˌænə'rɔbik] ❶ 缺氧的;❷ 厌氧的

anaerobiosis [ˌæneiərəubai'əusis] (*an* neg. + Gr. *aēr* air + *biosis* way of life) 厌氧生活,缺氧生活

anaerogenic [ˌæneiərəu'dʒenik] (*an* neg. + Gr. *aēr* air + *gennan* to produce) ❶ 不产气的,非产气的;❷ 抑制产生的

anaeroplasty [æ'neiərəuˌplæsti] (Gr. *an* neg. + *aēr* air + *plassein* to shape) 摒气疗法

anaesthesia [ˌænes'θiːzjə] ❶ 感觉缺失;❷ 麻醉,麻醉法

Anafranil [ə'næfrənil] 氯丙咪嗪:盐酸氯米帕明制剂的商品名

anagen ['ænədʒin] 毛发生长初期

Anagnostakis' operation [ɑːˌnɑːgnə'stɑːkiːs] (Andreas *Anagnostakis*, Greek ophthalmologist, 1826-1897) 阿纳诺斯塔基斯氏手术

anagoge [ˌænə'gəudʒi] 理想精神(内容)

anagogic [ˌænə'gɔdʒik] (ana- + Gr. *agogē* leading) 理想精神的

anagogy [ˌænə'gəudʒi] 理想精神(内容)

anagotoxic [əˌnægə'tɔksik] 抗毒素的,抗毒作用的

anakatadidymus [ˌænəˌkætə'daidiməs] (ana- + Gr. *kata* down + *didymos* twin) 中腰联胎

anakhre [æ'nækə] 根度病

anakmesis [æ'nækmisis] (*an* neg. + Gr. *akmēnos* full grown) 成熟受阻

anakusis [ˌænə'kjuːsis] (*an* neg. + Gr. *akouein* to hear) 全聋

anal ['einəl] (L. *analis*) 肛门的

analbuminemia [ænælˌbjuːmi'niːmiə] 缺白蛋白血

analepsia [ˌænə'lepsiə] (Gr. *analeptilos* restorative) 复原,壮身

analeptic [ˌænə'leptik] (Gr. *analepsis* a repairing) 兴奋药

analgesia [ˌænæl'dʒiːzjə] (*an* neg. + Gr. *algēsis* pain + -*ia*) ❶ 痛觉缺失;❷ 无痛法,止痛法

a. algera 痛区感觉缺失

audio a. 听觉止痛法

continuous epidural a. 持续硬膜外止痛法
epidural a. 硬膜外止痛法
infiltration a. 浸润止痛法
paretic a. 麻痹止痛法
relative a. 相对麻醉
surface a. 表面麻醉
analgesic [ˌænæl'dʒezik] ❶ 止痛的；❷ 痛觉迟钝的；❸ 止痛药，镇痛药
narcotic a. 麻醉镇痛药
nonsteroidal antiinflammatory a.（NSAIA）: 非类固醇抗炎镇痛药
opiate a. 阿片镇痛药
opioid a. 阿片镇痛药
analgetic [ˌænæl'dʒetik] 止痛的
analgia [æ'nældʒiə]（an- + Gr. -algia）痛觉缺失
analgic [æ'nældʒik] 痛觉缺失的，无痛感的
anality [æ'næliti] 肛念
anallergic [ˌænə'lədʒik] 非变应性的，非过敏性的
analog ['ænəlɔg]（shortening of analogue）❶ 模拟计算机的；❷ 类似器官，类似物
analogous [ə'næləgəs]（Gr. analogos according to a due ratio, conformable, proportionate）类似的，类同的
analogue ['ænəlɔg] ❶ 同功异质体，相似器官；❷ 类似体，类似物
folic acid a. 叶酸类似物
homologous a. 同系类似物
metabolic a. 代谢类似物
purine a. 嘌呤类似物
pyrimidine a. 嘧啶类似物
substrate a. 底物类似物
analogy [ə'nælədʒi]（Gr. analogia equality of ratios, proportion）类似，同功（器官）
analosis [ˌænə'ləusis]（Gr. "expenditure"）❶ 消耗；❷ 萎缩
analphalipoproteinemia [æˌnælfəˌlipəuˌprəuti:'ni:miə] ❶ 血(内)高密度(α)脂蛋白缺乏；❷ 缺 α-脂蛋白血(症)
analysand [ə'nælisænd] 精神分析对象
analysis [ə'næləsis]（pl. analyses）(ana- + Gr. lysis dissolution）❶ 分析，检验；❷ 精神分析，心理分析
activation a. 活化分析

bite a. 咬合分析
blood gas a. 血气分析
bradykinetic a. 活动照相分析
cephalometric a. 头测量分析
character a. 性格分析
chromatographic a. 色谱法，层析法
cluster a. 聚类抽样分析，套抽样分析
colorimetric a. 比色分析(法)
densimetric a. 比重分析
Downs's a. 唐氏分析
ego a. 自我分析
end-group a. 端基分析
gasometric a. 气体分析法
gravimetric a. 重量分析
group a. 集体分析
Northern blot a. 北污点分析
occlusal a. 咬合分析
organic a. 有机分析
proximate a. 近成分析
pulse-chase a. 脉冲跟踪分析
qualitative a., qualitive a. 定性分析
quantitative a., quantitive a. 定量分析
radiochemical a. 放射化学分析
regression a. 回归分析
sequential a. 序列分析
Southern blot a. 南污点分析
Southwestern blot a. 西南污点分析
spectroscopic a., spectrum a. 光谱分析，分光镜分析
transactional a. 相互影响分析
ultimate a. 终极分析，元素分析
a. of variance (ANOVA) 方差分析
vector a. 向量分析
volumetric a. 容量分析
Western blot a. 西污点分析
analysor ['ænəˌlaizə:] 分析器
analyst ['ænəlist] ❶ 分析者；❷ 精神分析家
analyte ['ænəlait] 分析物
analytic [ˌænə'litik] 分析的
analyzer ['ænəˌlaizə] ❶ 检偏振器；❷ 大脑皮层分析器；❸ 分析器
amino acid a. 氨基酸分析器
blood gas a. 血气分析器
breath a. 呼吸分析器
image a. 影像分析器
oxygen gas a. 氧气分析器
pulse height a. 脉冲高度分析器

voice a. 语声分析器

Aname ['ænəmi] 安纳米蜘蛛属

anamnesis [ˌænæm'niːsis] (Gr. *anamnēsis* a recalling) ❶ 记忆力; ❷ 既往病历; ❸ 免疫记忆

anamnestic [ˌænæm'nestik] 记忆的

Anamniota [ˌænæmni'əutə] (*an* priv. + Gr. *amnion*) 无羊膜动物类

anamniote [æn'æmniəut] 无羊膜动物

anamniotic [ˌænæni'ɔtik] (*an* neg. + *amnion*) 无羊膜的

anamorph ['ænəˌmɔːf] (*ana-* + *-morph*) 真菌的无性(半知)状态

anamorphosis [ˌænəmɔː'fəusis] (*ana-* + Gr. *morphē* form) 形态渐进

Ananase ['ænəneis] 菠萝酶: 菠菌蛋白酶制剂的商品名

ananastasia [ˌænənəs'teisiə] (Gr. *an* neg. + *anastasis* standing up) 起立不能

anancastic [ˌænæn'kæstik] (Gr. *anankastos* forced) 强迫性的

anandia [æ'nændiə] 语言不能, 失语症

anandria [æ'nændriə] (Gr. *an* neg. + *aner* man) 阳萎

anangioid [æ'nædʒiɔid] (*an* neg. + Gr. *angeion* vessel + *eidos* form) 似无血管的

anapepsia [ˌænə'pepsiə] 胃蛋白酶缺乏

anaphase ['ænəfeiz] (*ana-* + Gr. *phasis* phase) 后期

flabby a. 呆滞后期

anaphia [æ'neifiə] (*an-* + Gr. *haphē* touch + *-ia*) 触觉缺失

anaphoresis [ˌænəfə'riːsis] 阴离子电泳

anaphoria [ˌænə'fɔːriə] (*ana-* + Gr. *pherein* to bear + *-ia*) 上隐斜眼

anaphrodisiac [ˌænəfrə'diziæk] ❶ 制欲的; ❷ 制欲药

anaphylactic [ˌænəfə'læktik] 过敏性的

anaphylactogen [ˌænəfi'læktədʒən] 过敏原

anaphylactogenesis [ˌænəfiˌlæktəu'dʒenəsis] 过敏性发生

anaphylactogenic [ˌænəˌfilæktəu'dʒenik] 发生过敏性的

anaphylactoid [ˌænəfi'læktɔid] 过敏性样的

anaphylatoxin [ænəˌfilə'tɔksin] 过敏毒素

anaphylaxis [ˌænəfi'læksis] (*ana-* + Gr. *phylaxis* protection) 过敏反应, 过敏症

active a. 自动过敏性

aggregate a. 凝聚物过敏反应

antiserum a. 抗血清过敏反应

generalized a. 全身性过敏反应

inverse a. 反常过敏反应

local a. 局部过敏性, 局部过敏反应

passive a. 被动过敏反应

passive cutaneous a. (**PCA**) 被动皮肤过敏反应

reverse a. 逆转过敏反应

systemic a. 全身性过敏反应

anaphylotoxin [ˌænəˌfailə'tɔksin] 过敏毒素

anaplasia [ˌænə'pleiziə] (Gr. *ana* backward + *plassein* to form) 退行发育, 间变

Anaplasma [ˌænə'plæzmə] (Gr. *anaplasma* something without form) 无形体属

Anaplasmataceae [ˌænəˌplæzmə'teisiː] 无形体科

anaplasmodastat [ˌænəplæz'mɔdəstæt] 抗无形体药

anaplasmosis [ˌænəplæz'məusis] 无形体病

anaplastic [ˌænə'plæstik] (*ana-* + Gr. *plassein* to form) 未分化的, 退行发育的, 间变的

anaplerosis [ˌænəpli'rəusis] (Gr. "filling up, restoration") 补缺术

anaplerotic [ˌænəpli'rɔtik] (Gr. *anaplerosis* filling up, restoration) 补缺的

anapnometer [ˌænæp'nɔmitə] (Gr. *anapnoe* respiration + *metron* measure) 肺量计, 呼吸量计

anapnotherapy [ˌænæpnəu'θerəpi] (Gr. *anapnein* to inhale + *therapeia* treatment) 吸入疗法

anapophysis [ˌænə'pɔfisis] (*ana-* + Gr. *apophysis* process of a bone) 副突

Anaprox ['ænəprɔks] 阿诺普克斯: 萘普生钠制剂的商品名

anaptic [æ'næptik] 触觉缺失的

anarithmia [ˌænə'riθmiə] (*an-* + Gr. *arithmos* number) 计算不能

anarrhea [ˌænə'riə] (Gr. *ana-* up + *rhoea* flow) 上冲, 血液上冲

anarrhexis [ˌænə'reksis] (*ana-* + Gr. *rhēxis* fracture) 骨复折术

anarthria [æ'nɑːθriə] (*an* neg. + Gr.

arthroun to articulate + *-ia*) 言语讷吃, 口吃,音节不清

anasarca [ˌænəˈsɑːkə] (*ana-* + Gr. *sarx* flesh) 全身水肿,普遍性水肿

anasarcous [ˌænəˈsɑːkəs] 全身水肿的

anascitic [ˌænəˈsitik] 无腹水的

anasomia [ˌænəˈsəumiə] (Gr. *ana-* up + *soma* body) 肢躯粘着畸形

anastalsis [ˌænəˈstælsis] (Gr. *ana-* up + *stalsis* contraction) ❶ 逆蠕动; ❷ 收敛作用

anastasis [əˈnæstəsis] (Gr. "a setting up") ❶ 病后恢复; ❷ 体液上冲

anastigmatic [ˌænəstigˈmætik] ❶ 无散光的; ❷ 矫正散光的

anastomose [əˈnæstəməus] 吻合

anastomosis [əˌnæstəˈməusis] (pl. *anastomoses*) (Gr. *anastomōsis* opening, outlet) ❶ 吻合; ❷ 吻合术

antiperistaltic a. 逆蠕动吻合术
a. arteriolovenularis (NA) 小动脉小静脉吻合
a. arteriolovenularis glomeriformis 球形动静脉吻合
a. arteriolovenularis simplex 单纯性小动脉小静脉吻合
a. arteriovenosa 动静脉吻合
a. arteriovenosa glomeriformis (NA) 球形动静脉吻合
a. arteriovenosa simplex (NA) 单纯性动静脉吻合
arteriovenous a. 动静脉吻合
arteriovenous a., glomeriform 球形动静脉吻合
arteriovenous a., simple 单纯性动静脉吻合
arteriovenular a., glomeriform 球形动静脉吻合
arteriovenular a., simple 单纯性动静脉吻合
Braun's a. 布劳恩氏吻合术
Clado's a. 克拉多氏吻合术
crucial a. 十字形吻合
Galen's a. 盖仑氏吻合
Glenn a. 格勒恩吻合
heterocladic a. 异支吻合
homocladic a. 同支吻合
Hyrtl's a. 希尔特尔氏吻合
ileoanal a. 回肠肛门吻合术
ileorectal a. 回肠直肠吻合术
intestinal a. 肠吻合术
isoperistaltic a. 同向蠕动吻合术
portosystemic a. 门体静脉吻合
postcostal a. 肋后吻合
Potts a. 波特斯氏吻合
precapillary a. 毛细管前吻合
precostal a. 肋前吻合
pyeloileocutaneous a. 肾盂回肠皮肤吻合术
a. of Riolan 里奥郎氏吻合
Roux-en-Y a. 鲁氏Y形吻合术
stirrup a. 镫形吻合术
Sucquet-Hoyer a. 苏-奥二氏吻合
terminoterminal a. 端端吻合术
transureteroureteral a. 经输尿管两段吻合术
ureteroileocutaneous a. 输尿管回肠皮肤吻合术
ureteroureteral a. 输尿管两段吻合术,同侧输尿管吻合术
Waterston a. 沃特斯顿氏吻合术

anastomotic [əˌnæstəˈmɔtik] 吻合的

anastral [æˈnæstrəl] (*an* neg. + Gr. *astēr* star) 无星的,无星形体的

anat. ❶ 解剖学; ❷ 解剖学的

anatherapeusis [ˌænəˌθerəuˈpjuːsis] (Gr. *ana-* up + *therapeusis* cure) 增剂疗法

anathrepsis [ˌænəˈθrepsis] (Gr. "fresh growth") 肌肉重生

anatomic [ˌænəˈtɔmik] 解剖的,解剖学的

anatomical [ˌænəˈtɔmikəl] 解剖的,解剖学的

anatomicomedical [ˌænəˌtɔmikəuˈmedikəl] ❶ 医用解剖学的; ❷ 解剖学和医学的

anatomicopathological [ˌænəˌtɔmikəuˌpæθəˈlɔdʒikəl] 病理解剖学的

anatomicophysiological [ˌænəˌtɔmikəuˌfiziəˈlɔdʒikəl] 解剖生理学的

anatomicosurgical [ˌænəˌtɔmikəuˈsədʒikəl] ❶ 解剖学和外科学的; ❷ 外科解剖学的

anatomist [əˈnætəmist] 解剖学家

anatomy [əˈnætəmi] (*ana-* + Gr. *temnein* to cut) ❶ 解剖学; ❷ 解剖
applied a. 应用解剖学
artificial a. 模型解剖学,人工解剖学

artistic a. 美术解剖学,艺用解剖学
clastic a. 分层解剖学
clinical a. 临床解剖学
comparative a. 比较解剖学
corrosion a. 腐蚀解剖学
dental a. 牙体解剖学
descriptive a. 系统解剖学
developmental a. 发育解剖学,胚胎学
general a. 解剖学总论
gross a. 大体解剖学
histologic a. 组织解剖学
homologic a. 相关部位解剖学
macroscopic a. 大体解剖学
medical a. 医用解剖学
microscopic a., minute a. 显微解剖学,组织学
morbid a., pathological a. 病理解剖学
physiognomonic a. 表征解剖学,相法解剖学
physiological a. 机能解剖学,生理解剖学
plastic a. 模型解剖学
practical a. 实地解剖学,解剖学实习
radiological a. 放射解剖学,X线解剖学
regional a. 部位解剖学,局部解剖学
special a. 解剖学各论
surface a. 表面解剖学
surgical a. 外科解剖学
systematic a. 系统解剖学
topographic a. 局部解剖学,部位解剖学
transcendental a. 直观解剖学
veterinary a. 兽医解剖学
x-ray a. X线解剖学

anatopism [ə'nætəpizəm] (Gr. *ana*- backward + *topos* place) 失仪症
anatoxic [ˌænə'tɔksik] 类毒素的,变性毒素的
anatoxin [ˌænə'tɔksin] (*ana*- + *toxin*) 类毒素,变性毒素
 diphtheria a., a.-Ramon 白喉类毒素,类毒素
anatrophic [ˌænə'trɔfik] ❶ 治萎缩的,防萎缩的,防衰的; ❷ 防衰药
anatropia [ˌænə'trəupiə] (*ana*- + Gr. *trepein* to turn) 上隐斜眼
anatropic [ˌænə'trɔpik] 上隐斜眼的,上斜的
anavenin [ˌænə'venin] 灭活毒液

anazolene sodium [æ'næzəli:n] 考马斯蓝
Ancef ['ænsef] 头孢唑啉:头孢唑啉钠制剂的商品名
anchor ['æŋkə] 固位凹,锚凹
 endosteal implant a. 骨内膜植入固位凹
anchorage ['æŋkəridʒ] ❶ 脏腑固定术; ❷ 镶牙固定法; ❸ 锚基; ❹ 增殖细胞固定
 cervical a. 颈锚基
 compound a. 复合锚基
 extramaxillary a. 上颌骨外锚基
 extraoral a. 口外锚基
 intermaxillary a. 颌间锚基
 intraoral a. 口内锚基
 maxillomandibular a. 上下颌锚基
 multiple a. 多个锚基
 occipital a. 枕锚基
 reciprocal a. 交互锚基
 reinforced a. 增力锚基
 simple a. 单纯锚基
 stationary a. 固定锚基
anchyl(o)- ❶ 弯曲; ❷ 粘连
anchyloblepharon [ˌæŋkiləu'blefərɔn] 睑粘连
anchylops ['æŋkilɔps] 内眦脓肿
ancillary ['ænsiˌləri] (L. *ancillaris* relating to a maid servant) 辅助的,附属的
ancipital [æ'sipitəl] (L. *anceps* two headed) 二头的,二边的
Ancistrodon [æ'sistrədɔn] 蝮蛇属
ancistroid [æn'sistrɔid] (Gr. *ankistron* fishhook + -*oid*) 钩样的
Ancobon ['æŋkəbɔn] 安可本:5-氟胞嘧啶制剂的商品名
anconad ['æŋkənæd] (Gr. *ankōn* elbow + L. *ad* toward) 向肘,向鹰嘴
anconagra [ˌæŋkə'nægrə] (Gr. *ankōn* elbow + *agra* seizure) 肘痛风症
anconal ['æŋkənəl] 肘的
anconeal [æŋ'kəniəl] 肘的
anconitis [ˌæŋkə'naitis] 肘关节炎
anconoid [ˌæŋkənɔid] 肘样的,肘状的
ancrod ['æŋkrɔd] 蛇毒蛋白酶,蛇毒去纤维酶
ancyl(o)- ❶ 弯曲; ❷ 粘连
Ancylostoma [ˌænsi'lɔstəmə] (Gr. *ankylos* crooked + *stoma* mouth) 钩口(线虫)属
 A. americanum 美洲钩虫,美洲板口线

虫
A. braziliense 巴西钩口线虫,猫钩虫
A. caninum 犬钩口线虫,犬钩虫
A. ceylonicum 猫钩虫
A. duodenale 十二指肠钩口线虫,十二指肠钩虫

ancylostomatic [ˌænsiləustəuˈmætik] 钩虫性的

ancylostome [ænˈsiləstum] 钩虫,钩口线虫

ancylostomiasis [ˌænsiləstəˈmaiəsis] 钩(口线)虫病

Ancylostomidae [ˌænsiˌləuˈstəumidi:] 钩虫科

Ancylostomum [ˌænsiləuˈstəuməm] 钩虫属,钩(口线)虫属

ancyroid [ˈænsirɔid] (Gr. *ankyra* anchor + *oid*) 锚样的,钩样的

Andernach's ossicles [ˈɑ:ndənɑ:ks] (Johann Winther von *Andernach*, German physician, 1487-1574) 缝间骨

Anders' disease [ˈændəs] (James Meschter *Anders*, American physician, 1854-1936) 单纯结节性肥胖症

Andersch's ganglion [ˈændəʃiz] (Carolus Samuel *Andersch*, German anatomist, 1732-1777) 岩神经节

Andersen's disease [ˈændəsənz] (Dorothy Hansine *Andersen*, American pathologist, 1901-1963) 安德森氏病

Anderson splint [ˈændəsən] (Roger *Anderson*, American orthopedic surgeon, 1891-1971) 安德森夹

Andes disease [ˈændi:z] (*Andes* Mountains in Peru, where it was first observed) 安第斯病

Andira [ænˈdaiərə] 柯楂树属

Andrade's indicator [ænˈdrɑ:deiz] (Eduardo Penny *Andrade*, American bacteriologist, 1872-1906) 安德雷德氏指示剂

Andrade type familial amyloid polyneuropathy [ɑ:nˈdrɑ:də] (Corino M. *Andrade*, Portuguese physician, 20th century) 葡萄牙型家族性淀粉样变性多神经病

Andral's decubitus [ɑ:nˈdrɑ:lz] (Gabriel *Andral*, French physician, 1797-1876) 昂德腊尔氏卧位

andranatomy [ˌændrəˈnætəmi] (Gr. *aner* man + *anatomy*) ❶ 男体解剖学; ❷ 男体解剖

André Thomas sign [ˈɑ:ndrɑ:tɔˈmɑs] (*André* Antoine Henri *Thomas*, French neurologist, 1867-1963) 安德烈·托马斯征

Andresen appliance [ˈɑ:ndrəsən] (Viggo *Andresen*, Norwegian orthodontist, 1870-1950) 安德森器械

andr(o)- (Gr. *anēr*, *andros* man) 男性,雄性

androblastoma [ˌændrəuˈblæsˈtəumə] 塞尔托利细胞瘤,足细胞瘤(睾丸)

androcyte [ˈændrəsait] (*andro-* + Gr. *kytos* hollow vessel) 精子细胞

androdedotoxin [ˌændrəuˌdi:dəˈtɔksin] 杜鹃花毒素

androecium [ænˈdri:ʃiəm] 雄蕊

androgalactozemia [ˌændrəugəˌlæktəˈzi:miə] (*andro-* + Gr. *gala* milk + *zēmia* loss) 男子泌乳

androgen [ˈændrədʒən] (*andro-* + Gr. *gennan* to produce) 雄激素(类)
adrenal a's 肾上腺雄激素

androgenesis [ˌændrəˈdʒenəsis] (*andro-* + Gr. *genesis* production) 雄核发育

androgenic [ˌændrəˈdʒenik] 生男性征的,产生雄性征的

androgenicity [ˌændrəudʒiˈnisiti] 男化性能

androgenization [ˌændrədʒeniˈzeiʃən] 雄激素化

androgenized [ænˈdrɔdʒənaizd] 雄激素化的

androgenous [ænˈdrɔdʒənəs] (*andro-* + Gr. *gennan* to beget) 生男的,产雄的

androgone [ˈændrəgəun] (*andro-* + Gr. *gonos* seed) 生精细胞,精原细胞

androgyne [ˈændrədʒain] 男性假两性体

androgynism [ænˈdrɔdʒinizəm] 男性假两性畸形

androgynoid [ænˈdrɔdʒinɔid] ❶ 假两性体; ❷ 男性假两性畸形的

androgynous [ænˈdrɔdʒinəs] ❶ 男性假两性畸形的; ❷ 两性畸形的,雌雄同体的

androgyny [ænˈdrɔdʒini] ❶ 男性假两性体; ❷ 性别不明的

android [ˈændrɔid] (*andro-* + Gr. *eidos*

shape) 象男人的,男性样的
androidal [æn'drɔidəl] 男性样的
androlepsis [ˌændrəu'lepsis] (Gr. "a seizure of man") 受孕
andrology [æn'drɔlədʒi] (*andro-* + *-logy*) 男科学
Andromeda [æn'drɔmidə] (L.) 楝木属
andromedotoxin [æn'drɔmidə'tɔksin] (*Andromeda* + *toxin*) 楝木毒素
andromerogon [ˌændrə'merəgɔn] (*andro-* + Gr. *meros* part + *gonē* seed) 雄核卵片
andromerogone [ˌændrə'merəgəun] 雄核卵片
andromerogony [ˌændrəumə'rɔgəni] (*andro-* + Gr. *meros* a part + *gonos* procreation) 雄核卵片发育
andromimetic [ˌændrəumi'metik] (*andro-* + Gr. *mimētikos* imitating) 男子样的,生男性征的
andromorphous [ˌændrə'mɔ:fəs] (*andro-* + Gr. *morphē* form) 男性形态的,男形的
andropathy [æn'drɔpəθi] (*andro-* + Gr. *pathos* disease) 男性病
androphany [æn'drɔfəni] (Gr. *aner* man + *phanein* to appear) 女子像男
androphile ['ændrəfail] 嗜人血的(蚊)
androphilous [æn'drɔfiləs] 嗜人血的(蚊)
androstane ['ændrəstein] 雄甾烷
androstanediol [ˌændrə'steindiəl] 雄甾烷二醇
 a. glucuronide 雄甾烷二醇葡糖苷酸
androstene ['ændrəstin] 雄甾烯
androstenediol [ˌædrə'stindiəl] 雄甾烯二醇
androstenedione [ˌændrə'stindiəun] 雄甾烯二酮
androsterone [æn'drɔstərəu] 雄甾酮
-ane ❶ 饱和开链碳氢化合物; ❷ 有机化合物,其中羟基被氢取代
anecdotal [ˌænek'dəutəl] (Gr. *anekdotos* not published) 无对照的
anecdysis [æ'nekdisis] (*an* neg. + Gr. *ekdysis* a way out) 不脱皮期,脱皮间期
anechoic [ˌænə'kɔik] (*an* neg. + Gr. *ēchō* a returned sound + *-ic*) 无回声的,无反响的
anectasis [æ'nektəsis] (*an* neg. + Gr. *ek-tasis* distention) 先天性扩张不全,原发性肺不张
Anectine [æ'nektin] 琥珀(酰)胆碱:氯化琥珀胆碱制剂的商品名
Anel's probe [ɑ:'nelz] (Dominique *Anel*, French surgeon, 1679-1730) 阿内尔氏探针
anelectrotonic [ˌænəlektrə'tɔnik] 阳极紧张的
anelectrotonus [ˌænilek'trɔtənəs] (Gr. *ana* up + *electrotonus*) 阳极紧张
anemia [ə'ni:miə] (Gr. *an* neg. + *haima* blood + *-ia*) 贫血
 achrestic a. 失利用性贫血
 achylic a., a. achylica 缺铁性贫血
 acquired sideroachrestic a., acquired sideroblastic a. 获得性铁粒幼红细胞性贫血
 acute a. 急性贫血
 acute posthemorrhagic a. 急性出血后贫血
 anhematopoietic a., anhemopoietic a. 造血功能不良性贫血
 aplastic a. 再生障碍性贫血
 Arctic a. 极地贫血
 aregenerative a. 再生障碍性贫血
 autoimmune hemolytic a. (AIHA) 自身免疫性溶血性贫血
 Bartonella a. 巴尔通氏体性贫血
 Blackfan-Diamond a. 布-戴二氏贫血
 cameloid a. 椭圆形红细胞性贫血
 chlorotic a. 萎黄病,绿色贫血
 congenital aregenerative a. 先天性再生障碍性贫血
 congenital hemolytic a. 先天性溶血性贫血
 congenital hypoplastic a. 先天性再生不良性贫血
 congenital a. of newborn 新生儿先天性贫血,婴儿幼红血细胞增多病
 congenital nonspherocytic hemolytic a. 先天性非球形红细胞溶血性贫血
 congenital pernicious a. 先天性恶性贫血
 congenital sideroachrestic a. 先天性铁失利用性贫血
 Cooley's a. 库利氏贫血
 cow's milk a. 牛奶性贫血
 deficiency a. 营养缺乏性贫血
 Diamond-Blackfan a. 戴-布二氏贫血

dilution a. 稀释性贫血
dimorphic a. 二形性贫血
drug-induced immune hemolytic a. 药物诱发性免疫性溶血性贫血
elliptocytary a., elliptocytotic a. 椭圆形红细胞性贫血
equine infectious a. 马感染性贫血
Fanconi's a. 范可尼氏贫血
folic acid deficiency a. 叶酸缺乏性贫血
goat's milk a. 羊乳性贫血
ground itch a. 钩虫性贫血, 钩虫病
Heinz-body a's 海恩茨氏体贫血
hemolytic a. 溶血性贫血
hemorrhagic a. 出血性贫血
hereditary iron-loading a. 遗传性铁负荷贫血
hereditary sideroachrestic a. 遗传性铁失利用性贫血
hereditary sideroblastic a. 遗传性铁粒幼红细胞性贫血
hookworm a. 钩虫性贫血
hypochromic a. 低色素性贫血
hypochromic microcytic a. 低色素性小红细胞性贫血
a. hypochromica sideroachrestica hereditaria 遗传性铁失利用性低色素性贫血
hypoplastic a. 再生不良性贫血
immune hemolytic a., immunohemolytic a. 免疫性溶血性贫血
infectious a. of horses 马感染性贫血
infectious hemolytic a. 感染性溶血性贫血
intertropical a. 热带贫血, 钩虫病
iron deficiency a. 缺铁性贫血
juvenile pernicious a. 青少年恶性贫血
leukoerythroblastic a. 成白红细胞性贫血
macrocytic a. 大红细胞性贫血
Mediterranean a. 地中海贫血
megaloblastic a. 巨红细胞性贫血
megalocytic a. 巨红细胞性贫血
microangiopathic a., microangiopathic hemolytic a. 微血管病性贫血
microcytic a. 小红细胞性贫血
milk a. 牛乳性贫血
miners' a. 矿工贫血, 钩虫病
mountain a. 高山贫血
myelopathic a., myelophthisic a. 骨髓病性贫血
a. neonatorum 新生儿贫血
normochromic a. 正色性贫血
normocytic a. 正常红细胞性贫血
nutritional a. 营养性贫血
nutritional macrocytic a. 营养性大红细胞性贫血
osteosclerotic a. 骨硬化性贫血
pernicious a. 恶性贫血
physiologic a. 生理性贫血
polar a. 极地贫血
posthemorrhagic a. of newborn 新生儿出血后贫血
primary acquired sideroblastic a. 原发性获得性铁粒幼红细胞性贫血
pure red cell a. 纯红细胞性贫血
pyridoxine-responsive a. 吡哆醇有效性贫血
a. refractoria sideroblastica 顽固铁粒幼红细胞性贫血
refractory a. 顽固性贫血
refractory normoblastic a. 顽固幼红细胞性贫血
refractory sideroblastic a. 顽固铁粒幼红细胞性贫血
scorbutic a. 坏血病性贫血
sickle cell a. 镰状红细胞性贫血
sideroachrestic a. 铁失利用性贫血
sideroblastic a. 铁粒幼红细胞性贫血
sideropenic a. 缺铁性贫血
slaty a. 石板样贫血
spherocytic a. 球形红细胞性贫血
splenic a., a. splenetica 脾性贫血
spur-cell a. 刺状细胞性贫血
toxic hemolytic a. 毒性溶血性贫血
tropical a. 热带贫血
tropical macrocytic a. 热带大红细胞性贫血
X-linked sideroblastic a. 病因不明的铁粒幼红细胞性贫血
anemic [əˈniːmik] 贫血的
anem(o)- (Gr. *anemos* wind) 风
Anemone [əˈnemənɪ] 银莲花属
anemonin [əˈnemənin] 白头翁素
anemonism [əˈnemənɪzəm] 白头翁中毒
anemonol [əˈnemənɔl] 白头翁脑
anemophobia [ˌænɪmʊˈfəʊbɪə] (*anemo-*

+ *phobia*) 通风恐怖，畏风
anencephalia [ˌænensə'fæliə] 无脑（畸形）
anencephalic [ˌænensə'fælik] 无脑（畸形）的
anencephalous [ˌænen'sefələs] 无脑畸形胎
anencephalus [ˌænen'sefələs] 无脑儿
anencephaly [ˌænen'sefəli] (*an* neg. + Gr. *enkephalos* brain) 无脑（畸形）
anenterous [æ'nentərəs] (*an* neg. + Gr. *enteron* intestine) 无肠的
anephric [æ'nefrik] 无肾脏的
anephrogenesis [ˌeinefrəu'dʒenəsis] (*a* neg. + Gr. *nephros* kidney + *genesis*) 无肾畸形
anepiploic [ˌænepi'pləuik] 无网膜的
anepithymia [ˌænepi'θimiə] 食欲不振
anergia [æ'nɔːdʒiə] 无变应性，无力
anergic [æ'nɔːdʒik] (*an* neg. + Gr. *ergon* work) ❶ 无活动力的; ❷ 无力的; ❸ 无变应性的
anergy ['ænədʒi] ❶ 无力; ❷ 无变应性
negative a. 负无反应性
positive a. 正无反应性
aneroid ['ænərɔid] (*a* neg. + Gr. *nēros* liquid + *eidos* form) 无液的，不湿的
anerythroblepsia [ˌæniˌriθrəu'blepsiə] (Gr. *an* neg. + *erythros* red + *blepsis* vision) 红色盲
anerythroplasia [ˌæniˌriθrəu'pleiziə] (*an* neg. + Gr. *erythros* red + *plassein* to form + *-ia*) 红细胞发生不能
anerythroplastic [ˌæniˌriθrəu'plæstik] 红细胞发生不能的
anerythropoiesis [ˌæniˌriθrəupɔi'iːsis] (*an* neg. + *erythropoiesis*) 红细胞生成不足
anerythroregenerative [ˌæniˌriθrəuri'dʒenəreitiv] 红细胞再生不能的
anesis [æ'niːsis] (Gr. "remission") 缓和
anesthecinesia [æˌnisˌθiziˈniːzjə] (*an* neg. + Gr. ent + *-ia*) 感觉和运动能力缺失
anesthekinesia [æˌnisˌθiːkiˈniːzjə] 感觉和运动能力缺失
anesthesia [ˌænisˈθiːzjə] (*an* neg. + Gr. *aisthēsis* sensation) ❶ 感觉缺失; ❷ 麻醉
angiospastic a. 血管痉挛性感觉缺失
balanced a. 平衡麻醉
basal a. 基本麻醉，基础麻醉
Bier's local a. 比尔氏局部麻醉，静脉麻醉
block a. 阻滞麻醉
bulbar a. 延髓性感觉缺失
caudal 脊尾麻醉，骶管麻醉
closed circuit a. 紧闭(路)式麻醉
compression a. 压迫性感觉缺失
conduction a. 传导阻滞麻醉，区域麻醉
continuous epidural a. 持续硬膜外麻醉
crossed a. 交叉性感觉缺失
dissociated a., dissociation a. 分离性感觉缺失
a. dolorosa 痛性感觉缺失，痛性麻木
electric a. 电麻醉
endotracheal a. 气管内麻醉
epidural a. 硬膜外麻醉
facial a. 面(神经)麻木
frost a. 冷霜麻醉
gauntlet a. 手套式感觉缺失
general a. 全身麻醉
girdle a. 束带状感觉缺失
glove a. 手套式感觉缺失
gustatory a. 味觉缺失
high pressure a. 高压麻醉
hypnosis a. 催眠麻醉
hypotensive a. 低血压性麻醉
hypothermic a. 低温性麻醉
hysterical a. 癔病性感觉缺失
infiltration a. 浸润麻醉
inhalation a. 吸入麻醉
insufflation a. 吹入麻醉
intercostal a. 肋间神经阻滞麻醉
intrapulpal a. 牙髓内麻醉
intraspinal a. 椎管内麻醉
intravenous a. 静脉麻醉
intravenous regional a. 静脉内区域麻醉
local a. 局部麻醉
lumbar epidural a. 腰椎硬膜外麻醉
muscular a. 肌觉缺失
nausea a. 恶心感觉缺失
olfactory a. 嗅觉缺失
open a. 开放式麻醉
paraneural a. 神经周麻醉
paravertebral a. 椎旁麻醉
peridural a. 硬脊膜外麻醉
perineural a. 神经周麻醉
peripheral a. 末梢性感觉缺失

plexus a. 神经丛麻醉
pressure a. 加压麻醉
rectal a. 直肠麻醉
refrigeration a. 冷冻麻醉
regional a. 区域麻醉
sacral a. 骶(管)麻醉
saddle block a. 鞍状阻滞麻醉
segmental a. 分节性感觉缺失
semiclosed a. 半封闭麻醉
semiopen a. 半开放式麻醉
spinal a. ① 脊髓麻醉,脊椎麻醉；② 脊髓性感觉缺失
subarachnoid a. 蛛网膜下腔麻醉
surface a. 表面麻醉
surgical a. 外科麻醉
tactile a. 触觉缺失
thalamic hyperesthetic a. 丘脑感觉过敏性感觉缺失
thermal a. 温度觉缺失
topical a. 表面麻醉
transsacral a. 经骶麻醉
traumatic a. 外伤性感觉缺失
unilateral a. 偏身麻木、偏侧感觉缺失
visceral a. 内脏感觉缺失
anesthesiologist [ˌænisθiːziˈɔlədʒist] 麻醉学家,麻醉医师
anesthesiology [ˌænisθiːziˈɔlədʒi] (*anesthesia* + *-logy*) 麻醉学
anesthesiophore [ˌænisˈθiːziəfɔː] (*anesthesia* + Gr. *phoros* bearing) 麻醉基
anesthetic [ˌænisˈθetik] ❶ 麻醉的; ❷ 产生麻醉的; ❸ 麻醉剂
general a. 全身麻醉药
local a. 局部麻醉药
topical a. 表面麻醉药
anesthetist [æˈnisθətist] 麻醉师,麻醉员
anesthetization [æˌnisθətaiˈzeiʃən] 麻醉法
anesthetize [æˈnisθətaiz] 使麻醉
anestrum [æˈnestrəm] 动情间期
anestrus [æˈnestrəs] 动情间期
anethene [ˈæniθiːn] 茴萝烃,茴萝烯
anethole [ˈænəθoul] (NF) 茴香脑,对丙烯基苯甲醚
Anethum [əˈniːθəm] (L.; Gr. *anēthon*) 茴萝属
anetic [əˈnetik] 松弛的,弛缓的,缓和的
anetiological [æˌniːtiəˈlɔdʒikəl] (*an* neg. + *etiologic*) 非病因学的,病因不明的
anetoderma [ˌænitəˈdɜːmə] (Gr. *anetos* slack + *derma* skin) 皮肤松垂
Jadassohn's a., Jadassohn-Pellizari a. 雅达逊氏皮肤松垂,雅达逊-佩利萨利皮肤松垂
perifollicular a. 毛囊周围皮肤松垂
postinflammatory a. 炎症后皮肤松垂
Schweninger-Buzzi a. 施-巴二氏皮肤松垂
aneugamy [æˈnjuːgəmi] (*an-* neg. + Gr. *eu* well + *gamos* marriage) 非整倍配合
aneuploid [ˈænjuplɔid] (*an-* + *euploid*) ❶ 非整倍的; ❷ 非整倍体
aneuploidy [ˌænjuˈplɔidi] 非整倍性
aneurine [əˈnjuərin] (*an* neg. + Gr. *neuron* nerve) 硫胺
a. hydrochloride 盐酸硫胺,盐酸维生素 B_1
aneurogenic [æˌnjuərəˈdʒenik] 无神经源(性)的,无神经发生的
aneurysm [ˈænjuərizəm] (Gr. *aneurysma* a widening) 动脉瘤
abdominal a. 腹主动脉瘤
ampullary a. 壶腹状动脉瘤
aortic a. 主动脉瘤
aortic sinusal a. 主动脉窦动脉瘤
arterial a. 动脉瘤
arteriovenous a. 动静脉瘤
arteriovenous pulmonary a. 肺动静脉瘤
atherosclerotic a. 粥样硬化性动脉瘤
axillary a. 腋动脉瘤
bacterial a. 细菌性动脉瘤
berry a. 颅内小动脉瘤
brain a. 脑动脉瘤
cardiac a. 心动脉瘤
cerebral a. 脑动脉瘤
Charcot-Bouchard a. 夏-布二氏动脉瘤
cirsoid a. 蜿蜒状动脉瘤
compound a. 复合性动脉瘤
congenital cerebral a. 先天性脑动脉瘤
cylindroid a. 圆柱样动脉瘤
dissecting a. 壁间动脉瘤
ectatic a. 膨胀性动脉瘤
embolic a. 栓塞性动脉瘤
false a. 假动脉瘤
fusiform a. 梭形动脉瘤
hernial a. 疝性动脉瘤

infected a. 感染性动脉瘤
innominate a. 无名动脉瘤
intracranial a. 颅内动脉瘤
lateral a. 偏侧动脉瘤
miliary a. 粟粒动脉瘤
mycotic a. 细菌性动脉瘤
orbital a. 眼眶动脉瘤
Park's a. 帕克氏动脉瘤
pelvic a. 盆腔内动脉瘤
Pott's a. 波特氏动脉瘤
racemose a. 蜿蜒状动脉瘤
Rasmussen's a. 拉斯默森氏动脉瘤
renal a. 肾动脉瘤
Richet's a. 里歇氏动脉瘤
Rodrigues' a. 罗德里格氏动脉瘤
saccular a., sacculated a. 囊状动脉瘤
serpentine a. 匐行性动脉瘤
suprasellar a. 蝶鞍上动脉瘤
syphilitic a. 梅毒性动脉瘤
thoracic a. 胸腔动脉瘤
traumatic a. 外伤性动脉瘤
true a. 真性动脉瘤
tubular a. 管状动脉瘤
varicose a. 动静脉瘤，静脉曲张性动脉瘤
venous a. 静脉瘤
ventricular a. 心室动脉瘤
verminous a. 血寄生虫性动脉瘤
worm a. 血寄生虫性动脉瘤
aneurysmal [ˌænjuəˈrizməl] 动脉瘤的
aneurysmatic [ˌænjuəriz'mætik] 动脉瘤的
aneurysmectomy [ˌænjuəriz'mektəmi] (*aneurysm* + *-ectomy*) 动脉瘤切除术
aneurysmoplasty [ænjuə'rizməˌplæsti] (*a-neurysm* + Gr. *plassein* to form) 动脉瘤成形术
aneurysmorrhaphy [ˌænjuəriz'mɔrəfi] (*a-neurysm* + Gr. *rhaphē* suture) 动脉瘤缝术
aneurysmotomy [ˌænjuəriz'mɔtəmi] (*a-neurysm* + Gr. *tomē* cut) 动脉瘤切开术
ANF (antinuclear factor 的缩写) 抗核因子
angei- 血管
angeitis [ˌændʒi'aitis] (Gr. *angeion* vessel + *itis*) ❶ 血管炎；❷ 淋巴管炎
Angelica [æn'dʒelikə] (L., from Gr. *an-gelikos* angelic) 当归属，白芷属
Angelman's syndrome ['eidʒəlmənz] (Harry *Angelman*, British physician, 20th century) 安琪尔曼氏综合征
Angelucci's syndrome [ˌændʒi'lutʃiz] (Arnaldo *Angelucci*, Italian ophthalmologist, 1854-1934) 昂杰路契氏综合征
Anger camera ['æŋgə] (Hal Oscar *Anger*, American electrical engineer, born 1920) 安格尔照相机
Anghelescu's sign [ˌɑːndʒə'leskuːz] (Constantin *Anghelescu*, Romanian surgeon, 1869-1948) 安杰利斯库氏征
angialgia [ˌændʒi'ældʒiə] (*angi-* + Gr. *algos* pain + *-ia*) 血管痛
angiasthenia [ˌændʒiæ'θiːniə] (*angi-* + *a* neg. + Gr. *sthenos* strength + *-ia*) 血管无力
angiectasis [ˌændʒi'ektəsis] (*angi-* + Gr. *ektasis* dilatation) 血管扩张
angiectatic [ˌændʒiek'tætik] 血管扩张的
angiectomy [ˌændʒi'ektəmi] (*angi-* + Gr. *ektomē* excision) 血管切除术
angiemphraxis [ˌændʒiem'fræksis] (Gr. *angeion* + *emphraxis* obstruction) 血管阻塞
angiectopia [ˌændʒiek'təupiə] (*angi-* + Gr. *ek* out + Gr. *topos* place + *-ia*) 血管异位
angiitis [ˌændʒi'aitis] (pl. *angiitides*) (*angi-* + *-itis*) 血管炎；脉管炎
allergic granulomatous a. 变应性肉芽肿性血管炎
consecutive a. 连续性脉管炎
granulomatous a. of central nervous system, isolated a. of central nervous system 中枢神经系统肉芽肿性血管炎，中枢神经系统隔离性血管炎
leukocytoclastic a. 白细胞分裂性血管炎
necrotizing a. 坏死性脉管炎
visceral a. 内脏脉管炎
angina [æn'dʒainə] (L.) ❶ 咽峡炎；❷ 痉挛性、窒息性疼痛
abdominal a., a. abdominalis, a. abdominis 腹绞痛
a. acuta 急性咽峡炎
agranulocytic a. 粒细胞缺乏症
Bretonneau's a. 布雷童罗氏咽峡炎
a. catarrhalis 卡他性咽峡炎
a. cordis 心绞痛

a. cruris 间歇性跛行
a. decubitus 卧位心绞痛
a. dyspeptica 消化不良性绞痛
a. epiglottidea 会厌炎
exudative a. 渗出性咽炎
a. follicularis 滤泡性扁桃体炎
a. gangrenosa 坏疽性咽峡炎
hippocratic a. 咽后脓肿
hysteric a. 癔病性心绞痛
intestinal a. 肠绞痛
a. inversa 反向性心绞痛
lacunar a. 扁桃体炎
a. laryngea 喉炎
Ludwig's a. 路德维希氏咽峡炎
malignant a. 恶性咽峡炎
a. membranacea 膜性咽峡炎
neutropenic a. 粒细胞缺乏症
a. pectoris 心绞痛
Plaut's a., pseudomembranous a. 普劳特氏咽峡炎, 假膜性咽峡炎
preinfarction a. 心肌梗死前心绞痛
Prinzmetal's a. 普林兹默托尔氏心绞痛
a. rheumatica 风湿性咽峡炎
a. scarlatinosa 猩红热性咽峡炎
Schultz's a. 苏尔兹氏咽峡炎
a. simplex 单纯性咽峡炎
a. sine dolore 无痛性心绞痛
stable a. pectoris 稳定性心绞痛
a. tonsillaris 扁桃体周脓肿
a. trachealis 气管炎性咽峡炎
a. ulcerosa 溃疡性咽峡炎
unstable a., unstable a. pectoris 非稳定性心绞痛
variant a. pectoris 变异型心绞痛
Vincent's a. 奋森氏咽峡炎

anginal [æn'dʒainəl] ❶ 咽峡炎的, 咽痛的; ❷ 绞痛的

anginiform [æn'dʒinifɔːm] ❶ 咽峡炎样的; ❷ 绞痛样的

anginoid ['ændʒinɔid] ❶ 咽峡炎样的; ❷ 绞痛样的

anginophobia [ˌændʒinəu'fəubiə] (angina + phobia) 心绞痛恐怖

anginose ['ændʒinəus] ❶ 咽峡炎的; ❷ 绞痛的

anginous ['ændʒinəs] ❶ 咽峡炎的, 咽痛的; ❷ 绞痛的

angi(o)- (Gr. angeion vessel) (脉)管

angioaccess [ˌændʒiəu'ækses] 血管入口

angioasthenia [ˌændʒiəuæs'θiːniə] 血管无力

angioataxia [ˌændʒiəuə'tæksiə] (angio- + ataxia) 血管紧张失调

angioblast ['ændʒiəu'blæst] (angio- + Gr. blastos germ) ❶ 成血管组织; ❷ 成血管细胞

angioblastic [ˌændʒiəu'blæstik] 成血管细胞的

angioblastoma [ˌændʒiəublæs'təumə] ❶ 成血管细胞瘤; ❷ 成血管细胞性脑脊膜瘤

angiocardiogram [ˌændʒiəu'kɑːdiəugræm] 心血管照片

angiocardiography [ˌændʒiəuˌkɑːdi'ɔgrəfi] (angio- + Gr. cardiography) 心血管造影术

equilibrium radionuclide a. 平衡放射性核素心血管造影术
first pass radionuclide a. 首次经过放射性核素心血管造影术
gated equilibrium radionuclide a. 可控平衡放射性核素心血管造影术
radionuclide a. 放射性核素心血管造影

angiocardiokinetic [ˌændʒiəuˌkɑːdiəuki-'netik] (angio- + Gr. kardia heart + kinēsis motion) ❶ 心血管运动的; ❷ 心血管运动药

angiocarditis [ˌændʒiəukɑː'daitis] (angio- + cardio- + -itis) 血管心脏炎

angiocentric [ˌændʒiəu'sentrik] 血管病变的

angiocheiloscope [ˌændʒiəu'kiləskəup] (angio- + Gr. cheilos lip + skopein to view) 唇血管镜

angiocholecystitis [ˌændʒiəuˌkɔlisis'taitis] (angio- + Gr. chole bile + kystis bladder) 胆囊胆管炎

angiocholitis [ˌændʒiəukə'laitis] (angio- + Gr. chole bile + -itis) 胆管炎

Angio-Conray [ˌændʒiəu'kɔnrei] 异泛影酸钠: 碘酞酸钠制剂的商品名

angiocrine ['ændʒiəukrain] (angio- + endocrine) 内分泌性血管(舒缩)障碍的

angiocrinosis [ˌændʒiəukri'nəusis] 内分泌性血管(舒缩)障碍

angiocyst ['ændʒiəusist] (angio- + cyst)

成血管囊

angioderm ['ændʒiəudəm] 血管胚层

angiodermatitis [ˌændʒiəudəmə'taitis] (*angio- + dermatitis*) 皮肤血管炎
  disseminated pruritic a. 播散性瘙痒性皮肤血管炎

angiodiascopy [ˌændʒiəudi'æskəpi] (*angio- + Gr. dia* through + *skopein* to view) 肢血管透视法

angiodynia [ˌændʒiəu'diniə] (*angio- + Gr. odynē* pain + *-ia*) 血管痛

angiodysplasia [ˌændʒiəudis'pleiziə] 血管发育异常
  papular a. 丘疹性血管发育异常

angiodystrophia [ˌændʒiəudis'trɔfiə] (*angio- + dystrophy*) 血管营养障碍

angiodystrophy [ˌændʒiəu'distrəfi] 血管营养障碍

angioectatic [ˌændʒiəuek'tætik] 血管扩张的

angioedema [ˌændʒiəuə'di:mə] (*angio- + edema*) 血管(神经)性水肿
  hereditary a. 遗传性血管性水肿
  vibratory a. 振动性血管性水肿

angioedematous [ˌændʒiəui'di:mətəs] 血管性水肿的

angioelephantiasis [ˌændʒiəu,elifən'taiəsis] 血管象皮病

angioendothelioma [ˌændʒiəu,endəu,θi:li'əumə] 血管内皮瘤

angioendotheliomatosis [ˌændʒiəu,endəuˌθi:liəumə'təusis] (*angio- + endotheliomatosis*) 血管内皮瘤病
  systemic proliferating a. 系统性增生性血管内皮瘤病

angiofibroma [ˌændʒiəufai'brəumə] (*angioma + fibroma*) 血管纤维瘤
  juvenile nasopharyngeal a. 幼年鼻咽血管纤维瘤

angiofollicular [ˌændʒiəufɔ'likjulə] 血管滤泡的

angiogenesis [ˌændʒiəu'dʒenəsis] (*angio- + genesis*) 血管生成,血管发生
  tumor a. 肿瘤血管发生

angiogenic [ˌændʒiəu'dʒenik] ❶ 血管原(性)的; ❷ 生成血管的

angioglioma [ˌændʒiəuglai'əumə] 血管神经胶质瘤

angiogram ['ændʒiəu,græm] 血管造影照片

angiogranuloma [ˌændʒiəuˌgrænju:'ləumə] (*angio- + granuloma*) 血管肉芽肿

angiograph ['ændʒiəu,græf] (*angio- + Gr. graphein* to record) 血管造影照片

angiography [ˌændʒi'ɔgrəfi] (*angio- + Gr. graphein* to record) ❶ 血管造影术,血管照相术, ❷ 血管论著,血管学
  cerebral a. 脑血管造影术
  coronary a. 冠状动脉造影术
  intra-arterial digital subtraction a. 动脉注射数字减影血管造影
  intravenous digital subtraction a. 静脉注射数字减影血管造影
  pulmonary a. 肺血管造影

angiohemophilia [ˌændʒiəu,hi:mə'filiə] 血管性血友病

angiohyalinosis [ˌændʒiəu,haiəli'nəusis] (*angio- + hyalinosis*) 血管透明变性
  a. hemorrhagica 出血性血管透明变性

angiohypertonia [ˌændʒiəu,haipə:'təuniə] 血管紧张过度

angioid ['ændʒiɔid] (*angio- + Gr. edios* form) 血管样的

angioinvasive [ˌændʒiəuin'veisiv] 侵入血管壁的

angiokeratoditis [ˌændʒiəu,kərətɔi'daitis] (*angio- + Gr. kerao* cornea + *-itis* inflammation) 血管性角膜炎

angiokeratoma [ˌændʒiəu,kerə'təumə] (*angio- + keratoma*) 血管角质瘤,血管扩张性疣
  a. circumscriptum 局限性血管角质瘤
  a. corporis diffusum, diffuse a. 弥漫性体血管角质瘤
  a. of Fordyce 福代斯血管角质瘤
  a. of Mibelli 米贝利血管角质瘤
  a. of scrotum 阴囊血管角质瘤
  solitary a. 孤立性血管角质瘤(扩张性疣)

angiokeratosis [ˌændʒiəu,kerə'təusis] 血管角化病

angiokinesis [ˌændʒiəuki'ni:sis] (*angio- + Gr. kinēsis* movement) 血管舒缩,血管活动

angiokinetic [ˌændʒiəuki'netik] 血管运动的

angioleiomyoma [ˌændʒiəuˌliəumaiˈəumə] (*angio-* + *leiomyoma*) 血管平滑肌瘤

angioleucitis [ˌændʒiəuljuːˈsaitis] (*angio-* + Gr. *leukos* white + *-itis*) 淋巴管炎

angioleukitis [ˌændʒiəuljuːˈkaitis] 淋巴管炎

angiolipoleiomyoma [ˌændʒiəuˌlipəulaiəmaiˈəumə] (*angio-* + *lipo-* + *leiomyoma*) 血管脂肪平滑肌瘤

angiolipoma [ˌændʒiəuliˈpəumə] (*angio-* + *lipoma*) 血管脂(肪)瘤

angiolith [ˈændʒiəuˌliθ] (*angio-* + Gr. *lithos* stone) 血管石

angiologia [ˌændʒiəuˈlɔdʒiə] 脉管学

angiology [ˌændʒiˈɔlədʒi] (*angio-* + Gr. *logos* treatise) 脉管学,血管淋巴管学

angiolupoid [ˌændʒiəuˈljuːpoid] (*angio-* + *lupoid*) 毛细血管扩张性狼疮疹

angiolymphangioma [ˌændʒiəulimˌfændʒiˈəumə] 血管淋巴管瘤

angiolymphitis [ˌændʒiəulimˈfaitis] 淋巴管炎

angiolysis [ˌændʒiˈɔləsis] (*angio-* + Gr. *lysis* dissolution) 血管破坏

angioma [ˌændʒiˈəumə] (*angio-* + *-oma*) 血管瘤

  a. arteriale racemosum 葡萄状血管瘤
  arteriovenous a. of brain 脑动静脉血管瘤
  capillary a's 毛细血管(血管)瘤
  a. cavernosum, cavernous a. 海绵状血管瘤
  cherry a's 樱桃状血管瘤
  a. cutis 皮血管瘤,血管痣
  fissural a. 胚裂血管瘤
  hypertrophic a. 肥大性血管瘤
  a. lymphaticum 淋巴管瘤
  senile a's 老年性血管瘤
  a. serpiginosum 匐行性血管瘤
  spider a. 蛛状痣
  a. venosum racemosum 蔓状静脉瘤
  venous a. of brain 脑静脉血管瘤

angiomalacia [ˌændʒiəuməˈleiʃiə] (*angio-* + Gr. *malakia* softening) 血管软化

angiomatosis [ˌændʒiəuməˈtəusis] 血管瘤病,多发性血管瘤
  bacillary a. 杆菌性血管瘤病
  cerebroretinal a. 脑视网膜血管瘤病
  encephalofacial a., encephalotrigeminal a. 脑面血管瘤病
  hepatic a. 肝血管瘤病
  a. of retina 视网膜血管瘤病
  retinocerebral a. 视网膜脑血管瘤病

angiomatous [ˌændʒiˈɔmətəs] 血管瘤的,血管瘤性的

angiomegaly [ˌændʒiəuˈmegəli] (*angio-* + Gr. *megas* large) 血管增大,血管膨大

angiomyolipoma [ˌændʒiəuˌmaiəuliˈpəumə] (*angio-* + *myo-* + *lipoma*) 血管肌脂瘤

angiomyoma [ˌændʒiəumaiˈəumə] (*angio-* + *myoma*) 血管肌瘤

angiomyosarcoma [ˌændʒiəuˌmaiəusɑːˈkəumə] 血管肌肉瘤

angiomyopathy [ˌændʒiəumaiˈɔpəθi] (*angio-* + Gr. *mys* muscle + *pathos* disease) 血管肌病

angiomyxoma [ˌændʒiəumikˈsəumə] 血管粘液瘤

angionecrosis [ˌændʒiəuneˈkrəusis] (*angio-* + Gr. *nekros* dead + *-osis*) 血管(壁)坏死

angioneuralgia [ˌændʒiəunjuəˈrældʒiə] (*angio-* + *neuralgia*) 血管神经痛

angioneurectomy [ˌændʒiəunjuəˈrektəmi] (*angio-* + Gr. *neuron* nerve + *ektomē* excision) 血管神经切除术

angioneuropathic [ˌændʒiəunjuərəˈpæθik] 血管神经病的

angioneuropathy [ˌændʒiəunjuəˈrɔpəθi] (*angio-* + *neuropathy*) 血管神经病

angioneurotic [ˌændʒiəunjuəˈrɔtik] 血管神经病的

angioneurotomy [ˌændʒiəunjuəˈrɔtəmi] (*angio-* + Gr. *neuron* nerve + *tomē* cutting) 血管神经切断术

angiononoma [ˌændʒiəuˈnəumə] (*angio-* + Gr. *nomē* ulcer) 血管溃疡

angiopancreatitis [ˌændʒiəuˌpæŋkriəˈtaitis] 胰血管炎

angioparalysis [ˌændʒiəupəˈræləsis] (*angio-* + *paralysis*) 血管麻痹,血管舒缩麻痹

angioparesis [ˌændʒiəuˈpærisis] (*angio-* + *paresis*) 血管轻麻痹

angiopathology [ˌændʒiəupəˈθɔlədʒi] 血管

病理学

angiopathy [ˌændʒɪ'ɒpəθɪ] (angio- + Gr. pathos disease) 血管病

  cerebral amyloid a., congophilic a. 大脑血管淀粉样变性

angiophakomatosis [ˌændʒɪəʊˌfækəʊmə'təʊsɪs] (angio- + Gr. phakos lens + -oma) 囊肿性视网膜血管瘤病

angioplasty ['ændʒɪəʊˌplæstɪ] (angio- + -plasty) 血管成形术

  balloon a. 气囊血管成形术

  laser a., laser thermal a. 激光血管成形术,激光热量血管成形术

  percutaneous transluminal a. 经皮经管腔血管成形术

  transluminal coronary a. 经管腔冠状动脉血管成形术

angiopoiesis [ˌændʒɪəʊpɔɪ'iːsɪs] (angio- + Gr. poiein to make) 血管成形

angiopoietic [ˌændʒɪəʊpɔɪ'etɪk] 血管形成的

angiopressure ['ændʒɪəʊˌpreʃə] 血管压迫法

angioreticuloendothelioma [ˌændʒɪəʊreˌtɪkjuːləʊˌɪndəʊθɪlɪ'əʊmə] 血管网状内皮瘤

angioreticuloma [ˌændʒɪəʊreˌtɪkjuː'ləʊmə] 血管网状内皮瘤

angiorrhaphy [ˌændʒɪ'ɔːrəfɪ] (angio- + Gr. rhaphē suture) 血管缝术

  arteriovenous a. 动静脉缝(合)术

angiorrhexis [ˌændʒɪəʊ'reksɪs] (Gr. rhexis rupture) 血管破裂

angiosarcoma [ˌændʒɪəʊsɑː'kəʊmə] (angio- + sarcoma) 血管肉瘤

  hepatic a. 肝血管肉瘤

angiosclerosis [ˌændʒɪəʊsklɪə'rəʊsɪs] (angio- + sclerosis) 血管硬化

angiosclerotic [ˌændʒɪəʊsklɪə'rɒtɪk] 血管硬化的

angioscope ['ændʒɪəʊˌskəʊp] (angio- + -scope) 毛细血管显微镜

angioscopy [ˌændʒɪ'ɒskəpɪ] 毛细血管镜检查

angioscotoma [ˌændʒɪəʊskə'təʊmə] (angio- + scotoma) 血管暗点

angioscotometry [ˌændʒɪəʊskə'tɒmɪtrɪ] (angio- + scotoma + -metry) 血管暗点测量法

angiosialitis [ˌændʒɪəʊˌsɪə'laɪtɪs] (Gr. sialon saliva + -itis) 涎管炎

angiospasm ['ændʒɪəʊˌspæzəm] (angio- + Gr. spasmos spasm) 血管痉挛

angiospastic [ˌændʒɪəʊ'spæstɪk] 血管痉挛的

angiosperm [ˌændʒɪəʊ'spɜːm] (angio- + Gr. sperma seed) 被子植物

angiostenosis [ˌændʒɪəʊstɪ'nəʊsɪs] (angio- + stenosis) 血管狭窄

angiosteosis [ˌændʒɪəʊstɪ'əʊsɪs] (angio- + Gr. osteon bone) 血管钙化

angiosthenia [ˌændʒɪəs'θiːnɪə] (angio- + Gr. sthenos strength + -ia) 动脉压,血管张力

angiostomy [ˌændʒɪ'ɒstəmɪ] (angio- + Gr. stomoun to provide with an opening or mouth) 血管造口术

angiostrongyliasis [ˌændʒɪəʊˌstrɒndʒɪ'laɪəsɪs] 血管圆线虫病

Angiostrongylus [ˌændʒɪəʊ'strɒndʒɪləs] (Gr. angeion vessel + strongylos round) 血管圆线虫属

  A. cantonensis 广州血管圆线虫

  A. vasorum 血管圆线虫

angiostrophe [ˌændʒɪ'ɒstrəfɪ] (angio- + Gr. strophē a twist) 血管扭转术

angiostrophy [ˌændʒɪ'ɒstrəfɪ] 血管扭转术

angiotelectasis [ˌændʒɪəʊtɪ'lektəsɪs] (pl. angiotelectases) (angio- + Gr. telos end + ektasis dilatation) 毛细血管扩张,细动静脉扩张

angiotensin [ˌændʒɪəʊ'tensɪn] 血管紧张素

  a. Ⅰ 血管紧张素Ⅰ

  a. Ⅱ 血管紧张素Ⅱ

  a. Ⅲ 血管紧张素Ⅲ

  a. amide 血管紧张素酰胺

angiotensinase [ˌændʒɪəʊ'tensɪneɪs] 血管紧张素酶

angiotensin-converting enzyme [ˌændʒɪəʊ'tensɪn kən'vɜːtɪŋ 'enzaɪm] 血管紧张素转化酶

angiotensinogen [ˌændʒɪəʊten'sɪnədʒən] 血管紧张素原

angiotome ['ændʒɪəʊˌtəʊm] (angio- + Gr. tomē a cutting) 血管刀

angiotomy [ˌændʒɪ'ɒtəmɪ] (angio- + Gr. tomē a cutting) 血管(淋巴管)切开(切

断)术
angiotonia [ˌændʒiəuˈtəniə] 血管紧张
angiotonic [ˌændʒiəuˈtɔnik] (angio- + Gr. *tonos* tension) 血管紧张的
angiotonin [ˌændʒiəuˈtɔnin] 血管紧张素
angiotribe [ˈændʒiəuˌtraib] (angio- + Gr. *tribein* to crush) 血管压轧钳,血管压轧器
angiotripsy [ˈændʒiəuˌtripsi] 血管压轧术
angiotrophic [ˌændʒiəuˈtrɔfik] (angio- + Gr. *trophē* nutrition) 血管营养的
angitis [ænˈdʒaitis] 脉管炎
Angle's classification [ˈæŋɡəlz] (Edward Hartley *Angle*, American orthodontist, 1855-1930) 恩格尔氏分类
angle [ˈæŋɡəl] (L. *angulus*) 角
 a. of aberration 象差角,偏向角
 acromial a. 肩峰角
 acromial a. of scapula 肩胛骨外侧角
 alpha a. α角
 Alsberg's a. 阿尔斯伯格氏角(股骨)
 alveolar a. 牙槽角,齿槽角
 a. of anterior chamber of eye 眼前房角
 anterior a. of petrous portion of temporal bone 颞骨岩部前角
 a. of aperture 孔径角
 auriculo-occipital a. 耳枕角
 axial a. 轴角
 axial line a. 轴线角
 Baumann's a. 波曼氏角
 Bennett a. 贝内特角
 beta a. β角
 biorbital a. 眶间角
 Broca's a. 布罗卡氏角
 buccal a's 颊角
 cardiodiaphragmatic a. 心膈角
 cardiohepatic a. 心肝角
 cardiophrenic a. 心膈角
 carrying a. 臂外偏角
 cavity a's 洞角
 cavosurface a. 洞面角
 cephalic a. 头颅角
 cephalic-medullary a. 脑干角
 cephalometric a. 测颅角
 cerebellopontine a. 小脑脑桥角
 chi a. 卡角(X角)
 collodiaphyseal a. 颈干角
 condylar a. 髁角

 a. of convergence 会聚角,集合角
 a. of convexity 面凸角
 coronary a. 冠状缝角
 costal a. 肋角
 costophrenic a. 肋膈角
 costovertebral a. 肋椎角
 craniofacial a. 颅面角
 critical a. 临界角
 cusp a. 尖角
 cusp plane a. 尖平面角
 Daubenton's a. 多邦通氏角
 a. of declination 偏角,偏倾角
 a. of deviation 偏向角
 a. of direction 注视角
 distal a's 远中角
 Ebstein's a. 心肝角
 elevation a. 举角
 epigastric a. 腹上角,上腹角
 ethmocranial a. 筛颅角
 ethmoid a. 筛骨角
 external a. of border of tibia 胫骨骨间缘
 external a. of scapula 肩胛外侧角
 facial a. 颜面角
 filtration a. 滤角
 frontal a. of parietal bone 顶骨额角
 gamma a. γ角
 gonial a. 下颌角
 horizontal a. 水平角
 a. of incidence 入射角
 incisal a. 切角
 incisal guide a. 切导角
 incisal mandibular plane a. 下颌骨平面切角
 a. of inclination 倾斜角,骨盆斜度
 inferior a. of duodenum 十二指肠下曲
 inferior a. of parietal bone, anterior 顶骨前下角
 inferior a. of parietal bone, posterior 顶骨后下角
 inferior a. of scapula 肩胛下角
 infrasternal a. of thorax 胸骨下角
 inner a. of humerus 肱骨内侧缘
 internal a. of tibia 胫骨内侧缘
 iridial a., iridocorneal a., a. of iris 虹膜角,虹膜角膜角
 Jacquart's a. 眉棘角
 a. of jaw 下颌角
 kappa a. κ角

kyphotic a. 驼背角
labial a's 唇角
lambda a. λ角
lateral a. of border of tibia 胫骨骨间缘
lateral a. of eye 眼外角
lateral a. of humerus 肱骨外侧缘
lateral a. of scapula 肩胛骨外侧角
limiting a. 临界角
line a. 线角
lingual a's 舌角
Louis'a., Ludwig's a. 胸骨角
lumbosacral a. 腰骶角
a. of mandible, mandibular a. 下颌角
mastoid a. of parietal bone 顶骨乳突角
maxillary a. 上颌角
medial a. of eye 眼内角
medial a. of humerus 肱骨内侧缘
medial a. of scapula 肩胛骨上角
medial a. of tibia 胫骨内侧缘
mesial a's 近中角
metafacial a. 面后角
meter a. 米角
Mikulicz's a. 米库利奇氏角,偏角,偏倾角
minimum separabile a., minimum separable a. ①最小可分角;②最小视角
minimum visible a., minimum visual a. 最小视角
a. of mouth 口角
a. of Mulder 穆尔德氏角
nu a. υ角
occipital a. 枕角
occipital a. of parietal bone 顶骨枕角
ocular a's 眼角
olfactive a. 嗅角
olfactory a. 嗅角
ophryospinal a. 眉棘角
optic a. 视角
orofacial a. 口面角
parietal a. 顶角
parietal a. of sphenoid bone 蝶骨顶角
a. of pelvis 骨盆斜度
pelvivertebral a. 骨盆斜度
phrenopericardial a. 膈心包角
Pirogoff's a. 皮罗果夫氏角,静脉角
point a. 点角,立体角
a. of polarization 偏振角
posterior a. of petrous portion of temporal bone 颞骨岩部后角
principal a. 立角
a. of pubis 耻骨下角
Q a. Q角
Quatrefage's a. 顶角
Ranke's a. 兰克氏角
a. of reflection 反射角
refracting a. 折射棱角
a. of refraction 折射角
a. of rib 肋角
rolandic a., a. of Rolando 中央沟角
sacrovertebral a. 腰骶角
Serres' a. 塞尔氏角
sigma a. σ角
somatosplanchnic a. 壁脏层角
sphenoid a., sphenoidal a. ①蝶角;②顶骨蝶角
sphenoidal a. of parietal bone 顶骨蝶角
squint a. 斜视角
sternal a. 胸骨角
sternoclavicular a. 胸锁角
a. of sternum 胸骨角
subcostal a. 肋下角,肋角
subpubic a. 耻骨下角
subscapular a. 肩胛下角
substernal a. 胸骨下角
superior a. of duodenum 十二指肠上曲
superior a. of parietal bone, anterior 顶骨额角
superior a. of parietal bone, posterior 顶骨枕角
superior a. of petrous portion of temporal bone 颞骨岩部上角
superior a. of scapula 肩胛上角
a. of Sylvius 西耳维厄斯氏角
tentorial a. 幕角
tooth a's 牙角
Topinard's a. 托皮纳尔氏角,眉棘角
a. of torsion 扭转角
tuber a. 结节角
venous a. 静脉角
vertical a. 垂直角
vesicourethral a. 膀胱尿道角
vesicourethral a., anterior 膀胱尿道前角
vesicourethral a., posterior 膀胱尿道后角
a. of Virchow 魏尔啸氏角

visual a. 视角
Vogt's a. 伏格特氏角
Weisbach's a. 魏斯巴赫氏线
Welcker's a. 魏尔希尔氏角,顶骨蝶角
xiphoid a's 肋弓角
Y a. Y字角

anglicus sudor [ˈæŋglikəs ˈsjuːdə] 英国黑汗热

angor [ˈæŋgəː] (L. "a strangling") 绞痛
    a. animi 死亡恐怖
    a. ocularis 眼盲恐怖
    a. pectoris 心绞痛

angstrom [ˈæŋstrəm] 埃

Angström's law [ˈæŋstrəm] (Anders Jonas Angström, Swedish physicist, 1814-1874) 埃斯特雷姆氏定律

Anguillula [æŋˈgwiljulə] (L. "little eel") 鳗形线虫属
    A. aceti 醋鳗形线虫
    A. intestinalis, A. stercoralis 粪类圆线虫

Anguillulina putrefaciens [æŋˌgwiljuˈlainə ˌpjutrəˈfeiʃiənz] 腐败小鳗形虫

angular [ˈæŋgjulə] (L. angularis) 角的,有角的,角形的

angulation [ˌæŋgjuˈleiʃən] (L. angulatus bent) 成角

anguli [ˈæŋgjulai] (L.) 角

angulus [ˈæŋgjuləs] 角
    a. acromialis (NA) 肩峰角
    a. anterior pyramidis ossis temporalis 颞骨椎体前角
    a. costae (NA) 肋角
    a. frontalis ossis parietalis (NA) 顶骨额角,顶骨前上角
    a. infectiosus 传染性咽峡炎,传染性口角炎
    a. inferior scapulae (NA) 肩胛下角
    a. infrasternalis thoracis (NA) 肋弓角
    a. iridis, a. iridocornealis (NA) 虹膜角,虹膜角膜角
    a. lateralis scapulae (NA) 肩胛外侧角
    a. lateralis tibiae 胫骨骨间缘
    a. Ludovici 胸骨角
    a. mandibulae (NA) 下颌角
    a. mastoideus ossis parietalis (NA) 顶骨乳突角
    a. medialis scapulae 肩胛骨内侧角
    a. medialis tibiae 胫骨内侧缘
    a. occipitalis ossis parietalis (NA) 顶骨枕角
    a. oculi lateralis/medialis (NA) 外(内)眦,眼外(内)角
    a. oris (NA) 口角
    a. parietalis ossis sphenoidalis 蝶骨顶角
    a. posterior pyramidis ossis temporalis 颞骨椎体后角
    a. pubis 耻骨角
    a. sphenoidalis ossis parietalis (NA) 顶骨蝶角
    a. sternalis (NA) 胸骨角
    a. sterni (NA) 胸骨角
    a. of stomach (胃)角切迹
    a. subpubicus (NA) 耻骨下角,耻骨角
    a. superior pyramidis ossis temporalis 颞骨椎体上角
    a. superior scapulae (NA) 肩胛(骨)上角
    a. venosus 静脉角

anhalonine [ˌænhəˈləunin] 老头掌碱

Anhalonium lewinii [ˌænhəˈləuniəm ljuˈwinii] 威廉斯仙人球

anhaphia [ænˈheifiə] 触觉缺失

anhedonia [ˌænhiːˈdəuniə] (an neg. + Gr. hēdonē pleasure + -ia) 快感缺失,兴致缺乏

anhelation [ˌænheˈleiʃən] (L. anhelare to pant) 呼吸困难

anhematopoiesis [ænˌhemətəpoiˈisis] (Gr. an neg. + haema blood + poiein to make) 造血功能不足,无血生成

anhidrosis [ˌænhiˈdrəusis] (an neg. + Gr. hidrōs sweat + -osis) 无汗症
    thermogenic a. 生热无汗症

anhidrotic [ˌænhiˈdrɔtik] ❶ 无汗的,无汗症的; ❷ 止汗药

anhydrase [ænˈhaidreis] 脱水酶

anhydremia [ˌænhaiˈdriːmiə] (an neg. + Gr. hydōr water + -emia) 缺水血症

anhydride [ænˈhaidraid] (an neg. + Gr. hydōr water) 酐,脱水物
    acetic a. 醋酸酐
    acid a. 酸酐
    arsenious a. 亚砷酸酐
    chromic a. 铬酸酐
    mixed a. 混合酐

perosmic a. 锇酐

phthalic a. 酞酐

silicic a. 硅酐

sorbitol a. 山梨糖醇酐

sulfurous a. 亚硫酸酐

trimellitic a. (TMA)苯偏三酸酐,偏苯三酸酐

anhydrochloric [ˌænhaidrəuˈklɔrik] 无盐酸的

anhydrohydroxyprogesterone [ænˌhaidrəuhaiˈdrɔksiprəuˈdʒestərəun] 脱水羟基孕酮,孕烯炔醇酮,乙炔基睾丸酮

Anhydron [ænˈhaidrən] 安海得龙：环噻嗪制剂的商品名

anhydrosugar [ˌænhaidrəuˈʃugə] 脱水糖,去水糖

anhydrous [ænˈhaidrəs] (*an* neg. + Gr. *hydōr* water) 无水的

anhysteria [ˌænhisˈtiəriə] (Gr. *an* neg. + *hystera* uterus) 无子宫畸形

aniacinamidosis [əˌnaiəsiˌnæmaiˈdəusis] 烟酰胺缺乏病

aniacinosis [əˌnaiəsiˈnəusis] 烟酸缺乏病

Anichkov's (**Anitschkow's**) **myocyte** [əˈnitʃkɔfs] (Nikolai Nikolaevich *Anichkov*, Russian pathologist, 1885-1964) 安里奇科夫氏肌细胞

anicteric [ˌænikˈterik] 无黄疸的,没有黄疸的,与黄疸无关的

anidean [əˈnidiən] 无体形畸胎

anideus [əˈnidiəs] (*an* neg. + Gr. *idea* form) 无体形畸胎,不成形寄生胎畸胎
  embryonic a. 无体形畸胎

anidoxime [ˌæniˈdɔksim] 胺苯肟胺

anidrosis [ˌæniˈdrəusis] 无汗症

anidrotic [ˌæniˈdrɔtik] ❶ 止汗的；❷ 止汗药

anile [ˈeinail] (L. *anus*, old woman) ❶ 老妪样的；❷ 痴愚的

anileridine [ˌæniˈleridin] (USP) 氨苄哌替啶,氨苄度冷丁,对氨苯乙基去甲哌替啶
  a. hydrochloride (USP) 盐酸氨苄哌替啶

anilid [ˈænilid] 酰基苯胺

anilide [ˈænilaid] 酰基苯胺

aniline [ˈænilin] (Arabic *annil* indigo, *nīl* blue; L. *nil* indigo) 苯胺,阿尼林

anilingus [ˌæniˈliŋgwəs] (L. *anus* + *lingere* to lick) 吻肛,舔肛

anilinism [ˈænilinizəm] 苯胺中毒,阿尼林中毒

anilism [ˈænilizəm] 苯胺中毒,阿尼林中毒

anility [əˈniliti] (L. *anus*, old woman) ❶ 老妪状态,老妪型痴愚；❷ 衰老,老胡涂,年老昏馈

anilopam hydrochloride [ˈæniləpæm] 盐酸苯胺氢氧䓬

anil-quinoline [ˈænil ˈkwinəlin] 缩苯胺喹啉

anima [ˈænimə] (L. the animating spirit present in any animal) ❶ 精神,灵魂；❷ 有效成分；❸ 内在人格

animal [ˈæniməl] (L. *animalis*, from *anima* life, breath) ❶ 动物；❷ 动物的
  control a. 对照动物
  conventional a. 寻常动物
  decerebrate a. 去大脑动物,大脑切除动物
  experimental a. 实验动物
  Houssay a. 豪赛动物
  hyperphagic a. 摄食过量动物
  Long-Lukens a. 郎-卢二氏动物
  nuclein a. 核素(注射)动物
  slime a. 粘菌
  spinal a. 脊髓动物
  thalamic a. 丘脑动物

animalculist [ˌæniˈmælkjulist] 精源论者

animation [ˌæniˈmeiʃən] ❶ 生存,生活状态；❷ 生气勃勃,活泼
  suspended a. 生活暂停,假死

animism [ˈænimizəm] (L. *anima* soul) 灵气说,泛灵论

animus [ˈæniməs] (L. the rational part of the mind; intellect or motivations) ❶ 敌意；憎恶,仇恨；❷ 男性意像

anion [ˈæniən] (Gr. *ana* up + *iōn* going) 阴离子

anionic [ˌæniˈɔnik] 阴离子的

anionotropy [ˌæniəˈnɔtrəpi] (*anion* + Gr. *tropos* a turning) 阴离子移变(现象)

aniridia [ˌæniˈridiə] (*an* neg. + *iris*) 无虹膜

anisakiasis [ˌænisəˈkaiəsis] 异尖线虫病

Anisakis [ˌæniˈsækis] 异尖属

A. marina 海生异尖线虫
anisate ['æniseit] 茴香酸盐
anise ['ænis] (L. *anisum*) 洋茴香
 Chinese a., Indian a. 八角茴香
 star a. 八角茴香, 大茴香
aniseikonia [ˌænisai'kəuniə] (Gr. *anisous* unequal + *eikōn* image + *-ia*) 物像不等
aniseikonic [ˌænisai'kɔnik] 物像不等的
anisergy [æ'nisədʒi] (Gr. *anisos* unequal + *ergon* work) 诸处血压不等
anisic acid [ə'nisik] 茴香酸
o-anisidine [ə'nisidin] o-茴香胺
anisindione [ˌənisin'daiəun] 茴茚二酮
anis(o)- (Gr. *anisos* unequal, uneven) 不等, 不同, 不均参差
anisoaccommodation [æˌnaisəəˌkɔmə'deiʃən] 两眼调节参差
anisochromasia [æˌnaisəkrəu'meiziə] (*aniso-* + Gr. *chrōma* color) 着色不均
anisochromatic [æˌnaisəkrəu'mætik] (*aniso-* + Gr. *chrōma* color) 着色不均的
anisochromia [æˌnaisə'krəumiə] (*aniso-* + Gr. *chrōma* color + *-ia*) 色素不均
anisocoria [æˌnaisə'kɔriə] (*aniso-* + Gr. *korē* pupil + *-ia*) 瞳孔不均, 瞳孔不等
anisocytosis [æˌnaisəsai'təusis] (*aniso-* + Gr. *kytos* hollow vessel + *-osis*) 红细胞大小不均
anisodactylous [æˌnaisə'dæktiləs] (*aniso-* + Gr. *daktylos* finger) 指(趾)长短不均的
anisodactyly [æˌnaisə'dæktili] 指(趾)长短不均
anisodiametric [æˌnaisədaiə'metrik] 不等直径的
anisodont [æ'naisədɔnt] (*anis-* + Gr. *odous* tooth) ❶ 牙长短不齐者; ❷ 牙长短不齐动物
anisogamete [æˌnaisə'gæmi:t] 异形配子
anisogametic [æˌnaisəgə'metik] 异形配子的
anisogamous [ˌæni'sɔgəməs] 异配生殖的
anisogamy [ˌæni'sɔgəmi] (*aniso-* + Gr. *gamos* marriage) 异配生殖
anisoiconia [æˌnaisai'kəuniə] 物象不等
anisokaryosis [æˌnaisəˌkæri'əusis] (*aniso-* + Gr. *karyon* nucleus + *-osis*) 细胞核大小不均

Anisolobis [æˌnaisə'lɔbis] 斑蠖的一属, 蠼螋(地蜈蚣)
anisomastia [æˌnaisə'mæstiə] (*aniso-* + Gr. *mastos* breast + *-ia*) 乳房大小不等
anisomelia [æˌnaisə'mi:liə] (*aniso-* + Gr. *melos* limb + *-ia*) 对称肢体大小不等
anisomeric [æˌnaisə'merik] 非异构性的, 非同质异构物
anisometrope [æˌnaisə'metrəup] 屈光参差者
anisometropia [æˌnaisəmi'trəupiə] (*aniso-* + Gr. *metron* measure + *-opia*) 屈光参差
anisometropic [æˌnaisəmi'trɔpik] 屈光参差的
Anisomorpha [æˌnaisə'mɔ:fə] 竹节虫属
 A. buprestoides (双带)竹节虫
anisophoria [ˌænaisə'fɔ:riə] (*aniso-* + *phoria*) 垂直向隐斜视
anisopia [ˌænai'səupiə] (*aniso-* + Gr. *ōps* eye + *-ia*) 两眼视力不等
anisopiesis [æˌnaisəpai'i:sis] (*aniso-* + Gr. *piesis* pressure) 各部血压不等
anisopoikilocytosis [æˌnaisəˌpɔikiləusai'təusis] (大小)不均性红细胞异形(症)
anisosmotic [æˌnaisəus'mɔtik] 渗透压不等的
anisospore [æ'naisəspɔ:] (*aniso-* + Gr. *sporos* spore) ❶ 有性孢子; ❷ 异形孢子
anisosporous [ˌænai'sɔspərəs] ❶ 有性孢子的; ❷ 异形孢子的
anisosthenic [æˌnaisəs'θenik] (*aniso-* + Gr. *sthenos* strength) 力量不等的
anisotonic [æˌnaisə'tɔnik] ❶ 张力不等的; ❷ 不等渗的
anisotropal [ˌænai'sɔtrəpəl] ❶ 各向异性的; ❷ 双折射的
anisotropic [æˌnaisə'trɔpik] (*aniso-* + *tropic*) ❶ 各向异性的; ❷ 双折射的
anisotropine methylbromide [æˌnaisə'trəpin] 溴甲辛托品
anisotropy [ˌænai'sɔtrəpi] ❶ 各向异性; ❷ 双折特性
anistreplase [ænis'trepleis] 阿尼斯特布来斯
anisuria [ˌænai'sjuəriə] (*aniso-* + Gr. *ouron* urine + *-ia*) 尿量不等
anitrogenous [ˌænai'trɔdʒinəs] 非氮性的

Anitschkow [ə'nitʃkəf] 安里奇科夫氏细胞

ankle ['æŋkl] (A. S. *ancleōw*) ❶ 踝; ❷ 踝关节; ❸ 距骨
 cocked a. 球节部分脱位
 tailors' a. 裁缝踝

ankyl(o)- (Gr. *ankylos* bent or crooked) 弯曲,粘连

ankyloblepharon [ˌæŋkiləu'blefərən] (*ankylo-* + Gr. *blepharon* eyelid) 睑缘粘连
 a. filiforme adnatum 丝状睑缘粘连

ankylocheilia [ˌæŋkiləu'kailiə] (*ankylo-* + Gr. *cheilos* lip + *-ia*) 唇粘连

ankylocolpos [ˌæŋkiləu'kɔlpəs] (*ankylo-* + Gr. *kolpos* vagina) 阴道闭锁

ankylodactyly [ˌæŋkiləu'dæktili] (*ankylo-* + Gr. *daktylos* finger) 并指(趾)

ankyloglossia [ˌæŋkiləu'glɔsiə] (*ankylo-* + Gr. *glōssa* tongue + *-ia*) 舌系带短缩,结舌
 complete a. 完全性结舌,舌与口腔底部融合
 partial a. 部分性结舌,舌系带缩短
 a. superior 舌上腭粘连

ankylopoietic [ˌæŋkiləupɔi'etik] (*ankylo-* + Gr. *poiein* to make) 关节强硬的

Ankyloproglypha [ˌæŋkiləuprəu'glifə] 前牙类,沟牙类

ankylosed ['æŋkiləuzd] 关节强硬的

ankyloses [ˌæŋki'ləusiz] 关节强硬

ankylosis [ˌæŋki'ləusis] (pl. *ankyloses*) (Gr. *ankylōsis*) 关节强硬
 artificial a. 人为关节强硬术,关节固定术
 bony a. 骨质性关节强硬
 cricoarytenoid joint a. 环杓关节强硬
 extracapsular a. 关节囊外强硬
 false a. 假性关节强硬
 fibrous a. 假性关节强硬
 intracapsular a. 关节囊内强硬
 spurious a. 纤维性关节强硬
 stapedial a. 镫骨关节强硬
 true a. 真性关节强硬

Ankylostoma [ˌæŋki'lɔstəmə] 钩口(线虫)属

ankylostomiasis [ˌæŋkiˌlɔstə'maiəsis] 钩(口线)虫病

ankylotic [ˌæŋki'lɔtik] 关节强硬的

ankylotomy [ˌæŋki'lɔtəmi] (*ankylo-* + Gr. *tomē* cut) 舌系带切开术

ankylurethria [ˌæŋkiljuə'ri:θriə] (*ankylo-* + *urethra* + *-ia*) 尿道(粘连性)闭锁,尿道狭窄

ankyrin ['æŋkirin] 钩蛋白

ankyroid ['æŋkirɔid] 钩状的

anlage [ɑn'lɑ:gə] (pl. *anlagen*) (Ger. "a laying on") 始基,原基

anneal [ə'ni:l] ❶ 退火; ❷ 在炉子中使汞齐合金锭匀质化; ❸ 去气

annectent [ə'nektənt] (L. *annectens*) 连接的,接合的

annelid ['ænəlid] ❶ 环节动物; ❷ 环节动物的

Annelida [ə'nelidə] (Fr. *anneler* to arrange in rings, from L. *anellus* a little ring) 环节动物门

Annona [ə'nɔnə] 番荔枝属

annular ['ænjulə] (L. *annularis*) 环状的

annuli ['ænjulai] 环,环状结构。*annulus* 的所有格和复数形式

annuloaortic [ˌænjuləuə'ɔ:tik] (L. *annulus* ring + *aortic*) 主动脉和主动脉环的

annuloplasty [ˌænjulə'plæsti] (L. *annulus* ring + *-plasty*) 瓣膜成形术
 DeVega a. 地维加瓣膜成形术
 Kay a. 凯氏瓣膜成形术

annulorrhaphy [ˌænju'lɔrəfi] (L. *annulus* ring + Gr. *rhaphē* suture) 环缝术

annulus ['ænjuləs] (pl. *annuli*) (L., from *anus* ring) (NA) 环,环状结构
 a. abdominalis 腹股沟环
 a. abdominalis abdominis 深腹股沟环,腹股沟管腹环
 aortic a., aortic valve a. 主动脉环,主动脉瓣环
 atrioventricular annuli, atrioventricular valve annuli 心纤维环
 a. ciliaris 睫状环
 a. conjunctivae (NA)结膜环
 a. iridis major 虹膜大环
 a. iridis minor 虹膜小环
 mitral a., mitral valve a. 心纤维环
 a. of nuclear pore 核孔环
 a. ovalis 卵圆窗缘,卵圆环
 pulmonary a., pulmonary valve a. 肺环
 a. of spermatozoon 精子环

a. tendineus communis 总腱环
a. tendineus communis (Zinni) 总腱环
a. tracheae 气管环
tricuspid a., tricuspid valve a. 三尖瓣环
a. umbilicalis (NA) 脐环
a. urethralis 尿道环
Vieussens' a. 维尤森斯氏环：①卵圆窝缘；②锁骨下襻
Anocentor [ˌænə'sentə] 暗眼蜱属
A. nitens 明暗眼蜱
anochromasia [ˌænəkrəu'meiziə] ❶ 不染色性；❷ 色素不均
anociassociation [ə,nəusiə,səusi'eiʃən] (*a* neg. + L. *nocere* to injure + *association*) 创伤性休克防止法，外科休克防止法
anociated [ə'nəusi,eitid] 创伤性休克防止的
anociation [ə,nəusi'eiʃən] 创伤性休克防止法
anococcygeal [,einəukɔk'sidʒiəl] 肛门尾骨的
anodal ['ænədəl] 阳极的，正极的
anode ['ænəud] (Gr. *ana* up + *hodos* way) 阳极，正极
hooded a. 有罩阳极
rotating a. 旋转阳极
anoderm ['einədəm] 肛门上皮
anodmia [æ'nədmiə] (*an* neg. + Gr. *odmē* smell + -*ia*) 嗅觉缺失
anodontia [,ænəu'dɔnʃiə] (*an* neg. + Gr. *odous* tooth + -*ia*) 先天性无牙
partial a. 先天性部分无牙
total a. 先天性完全无牙
true a., a. vera 真性无牙
anodontism [,ænəu'dɔntizəm] 先天性无牙
anodyne ['ænəudain] (*an* neg. + Gr. *odynē* pain) ❶ 止痛的；❷ 止痛药
p- **anol** ['einɔl] 对丙烯基苯酚
anomalad [ə'nɔmələd] 形态缺陷
amniotic band a. 羊膜带形态缺陷
Robin's a. 罗宾氏缺陷
anomal(o)- (Gr. *anōmalos* irregular) 不规则，异常，反常
anomaloscope [ə'nɔmələ,skəup] (*anomalo-* + -*scope*) 色盲检查镜
anomalotrophy [ə,nɔmə'lɔtrəfi] (*anomalo-* + Gr. *trophē* nutrition) 营养异常
anomalous [ə'nɔmələs] (Gr. *anōmalos*) 异常的，不规则的
anomaly [ə'nɔməli] (Gr. *anōmalia*) 异常，反常
Alder's a., Alder's constitutional granulation a., Alder-Reilly a. 阿尔德尔氏异常
Aristotle's a. 亚里士多德氏异常
Axenfeld's a. 阿克森费尔德氏异常
Chédiak-Higashi a., Chédiak-Steinbrinck-Higashi a. 切-海二氏异常，切-斯-海三氏异常
chromosomal a., chromosome a. 染色体异常
developmental a. 发育异常
Ebstein's a. 爱布斯坦氏异常
Freund's a. 弗洛伊德氏异常
May-Hegglin a. 麦-荷二氏异常
Pelger's nuclear a., Pelger-Huët a. 伯尔格氏细胞核异常
Pelger-Huët nuclear a. 伯-许二氏核异常
Poland's a. 泼兰德氏异常
Rieger's a. 里吉尔氏异常
Uhl's a. 尤尔异常
Undritz a. 昂德瑞祠氏异常
anomer ['ænəmə] (Gr. *ana* up + *meros* part) 异头物
anomeric [,ænə'merik] 异头物的
anomia [ə'nəumiə] (*an-* + Gr. *anoma* name + -*ia*) 称名不能症
anonychia [,ænə'nikiə] (*an* neg. + Gr. *onyx* nail + -*ia*) 无甲畸形
anonymous [ə'nɔniməs] 无名的，隐名的
anoperineal [,einəupəri'ni:əl] 肛门会阴的
Anopheles [ə'nɔfiliz] (Gr. *anōphelēs* hurtful) 按蚊属
anophelicide [ə'nɔfilisaid] (*anopheles* + L. *caedere* to kill) 杀按蚊的
anophelifuge [ə'nɔfəlifjudʒ] (*anopheles* + L. *fugare* to put to flight) 驱按蚊的
anopheline [ə'nɔfili:n] 按蚊的
Anophelini [ə,nɔfi'li:nai] 按蚊族
anophelism [ə'nɔfilizəm] 蚊病，蚊害
anophoria [,ænəu'fɔ:riə] (Gr. *anō* upward + Gr. *pherein* to bear) 上隐斜视
anophthalmia [,ænɔf'θælmiə] (*an* neg. + Gr. *ophthalmos* eye) 无眼畸形
anophthalmos [,ænɔf'θælmɔs] 无眼球者，无眼畸形

anopia [æˈnəupiə] (Gr. an neg. + *ops* eye) ❶ 无眼畸形,无眼；❷ 视力缺失；❸ 上斜视

anoplasty [ˈeinəuˌplæsti] (L. *anus* anus + Gr. *plassein* to form) 肛门成形术

Anoplocephala [ˌænəpləuˈsefələ] (Gr. *anoplos* unarmed + Gr. *kephalē* head) 裸头绦虫属

Anoplocephalidae [ˌænəpləusiˈfælidi:] 裸头(绦虫)科

Anoplura [ˌænəˈpluərə] (Gr. *anoplos* unarmed + *oura* tail) 虱目

anorchia [æˈnɔːkiə] 无睾(畸形)

anorchid [æˈnɔːkid] (an neg. + Gr. *orchis* testis) 无睾者

anorchidic [ˌænɔːˈkidik] 无睾的

anorchidism [æˈnɔːkidizəm] 无睾(畸形)

anorchism [æˈnɔːkizəm] 无睾畸形

anorectal [ˌeinəuˈrektəl] 肛门直肠的

anorectic [ˌænɔːˈrektik] (Gr. *anorektos* without appetite for) ❶ 厌食的,无食欲的；❷ 食欲抑制剂

anorectitis [ˌeinəurekˈtaitis] 肛门直肠炎

anorectocolonic [ˌeinəuˌrektəukəˈlɔnik] 肛门直肠结肠的

anorectum [ˌeinəuˈrektəm] (*anus* + *rectum*) 肛门直肠部

anoretic [ˌænɔːˈretik] ❶ 厌食的；❷ 食欲抑制剂

anorexia [ˌænəuˈreksiə] (Gr. "want of appetite") 厌食,食欲缺乏
 a. nervosa (DSM-Ⅲ-R) 神经性厌食症

anorexiant [ˌænəuˈreksiənt] ❶ 减少食欲的；❷ 减食欲药

anorexic [ˌænəuˈreksik] ❶ 厌食的；❷ 减食欲药

anorexigenic [ˌænəureksiˈdʒenik] (*anorexia* + Gr. *gennan* to produce) ❶ 使厌食的,减少食欲的；❷ 减食欲药,控制食欲药

anorganic [ˌænɔːˈgænik] 无机的

anorgasmy [ænɔːˈgæzmi] (an neg. + *orgasm*) 性快感缺失

anorthography [ˌænɔːˈθɔgrəfi] (an- + Gr. *ortho-* + *-graphy*) 正确写字不能

anorthopia [ˌænɔːˈθəupiə] (an- + Gr. *ortho-* + *-opia*) ❶ 偏视；❷ 斜视

anorthoscope [æˈnɔːθəskəup] (an neg. + *ortho-* + *-scope*) 弱视镜

anoscope [ˈænəskəup] (*anus* + Gr. *skopein* to examine) 肛门镜

anoscopy [əˈnɔskəpi] 肛门镜检查

anosigmoidoscopic [ˌeinəusigˌmɔidəˈskɔpik] 肛门乙状结肠镜检查的

anosigmoidoscopy [ˌeinəuˌsigmɔiˈdɔskəpi] (*anus* + *sigmoid* + Gr. *skopein* to examine) 肛门乙状结肠镜检查法

anosmatic [ˌænɔzˈmætik] (an- + Gr. *osmasthai* to smell) 无嗅觉的,嗅觉迟钝的

anosmia [æˈnɔzmiə] (an neg. + Gr. *osmē* smell + *-ia*) 嗅觉缺失
 a. gustatoria 食物性嗅觉缺失
 preferential a. 口选择性嗅觉缺失
 a. respiratoria 鼻阻塞性嗅觉缺失

anosmic [æˈnɔzmik] 嗅觉缺失的

anosognosia [ˌænəusəˈnəuziə] (an neg. + Gr. *nosos* disease + *gnosis* knowledge + *-ia*) 疾病感缺失

anosphresia [ˌænəsˈfriziə] (an neg. + Gr. *osphrasis* sense of smell) 嗅觉缺失

anospinal [ˌeinəuˈspainəl] 肛门脊髓的

anosteoplasia [ænɔstiəuˈpleiziə] (an neg. + Gr. *osteon* bone + *plasis* formation + *-ia*) 骨发育不全

anostosis [ˌænɔsˈtəusis] (an neg. + Gr. *osteon* bone + *-osis*) 骨发育不全

anotia [æˈnəuʃiə] (an neg. + Gr. *ous* ear + *-ia*) 无耳畸形

anotropia [ˌænəuˈtrəupiə] (Gr. *anō* upward + *trepein* to turn) 上斜视

anotus [æˈnəutəs] (an neg. + Gr. *ous* ear) 无耳畸胎

ANOVA (analysis of variance 的缩写) 方差分析

anovaginal [ˌænəuˈvædʒinəl] 肛门阴道的

anovaria [ˌænəuˈvɛəriə] 无卵(畸形)

anovarianism [ˌænəuˈvɛəriənizəm] 无卵巢(畸形)

anovarism [æˈnəuvərizəm] (an neg. + *ovary*) 无卵巢(畸形)

anovesical [ˌeinəuˈvesikəl] (L. *anus* fundament + *vesica* bladder) 肛门膀胱的

anovular [æˈnɔvjulə] 不排卵的

anovulation [ˌænɔvjuˈleiʃən] 不排卵

anovulatory [æˈnɔvjuləˌtəri] 不排卵的

anovulomenorrhea [æˌnɔvjuləuˌmenəˈriə] 不排卵性月经,无卵月经

anoxemia [ˌænɒkˈsiːmiə] (*an-* + *ox-* + *-emia*) 缺氧血(症)

anoxia [æˈnɒksiə] 缺氧(症)
  altitude a. 高空缺氧症
  anemic a. 贫血性缺氧
  anoxic a. 缺氧性缺氧
  fulminating a. 暴发性缺氧
  histotoxic a. 组织中毒性缺氧
  myocardial a. 心肌缺氧
  a. neonatorum 新生儿缺氧
  stagnant a. 循环障碍性缺氧

anoxiate [əˈnɒksieit] 使缺氧

anoxic [əˈnɒksik] 缺氧的

ANS ❶ (anterior nasal spine 的缩写) 前鼻棘; ❷ (autonomic nervous system 的缩写) 自主神经系统

ansa [ˈænsə] (gen., pl. *ansae*) (L. "handle") 袢
  a. cervicalis (NA) 颈袢
  a. et fasciculus lenticulares 豆状袢和豆状束
  a. lenticularis 豆状袢
  a. nephroni (NA) 肾环
  ansae nervorum spinalium (NA) 脊神经袢
  a. peduncularis (NA) 脑脚袢
  a. subclavia (NA) 锁骨下袢
  a. of Vieussens 锁骨下袢
  a. vitellina 卵黄袢

ansae [ˈænsiː] (L.) 袢。*ansa* 的所有格和复数形式

Ansaid [ˈænsed] 安塞得: 氟洛芬制剂的商品名

ansate [ˈænseit] (L. *ansatus*, from *ansa* handle) ❶ 有柄的; ❷ 袢状的

Ansbacher unit [ˈɑːnsbɑːkə] (Stefan Ansbacher, German-American biologist, born 1905) 安斯巴赫单位

anserine [ˈænsərain] (L. *anser* goose) ❶ 鹅的; ❷ 鹅肌肽

anserinus [ˌænsəˈrinəs] (L., fr. *anser* goose) 鹅的, 象鹅的

ansiform [ˈænsifɔːm] 袢状的

Ansolysen [ˌænsəˈlaisən] 安血定: 重酒石酸戊双吡安制剂的商品名

Anspor [ˈænspɔː] 头孢雷定, 头孢环己烯: 环己烯胺头孢菌素制剂的商品名

ant. (anterior 的缩写) 前面的

ant- 对抗, 解, 抑制, 取消

Antabuse [ˈæntəbjuːz] 安塔布司, 双硫醒, 戒酒硫: 二硫化四乙基秋兰姆制剂的商品名

antacid [æntˈæsid] (*ant-* + L. *acidus* sour) ❶ 制酸的, 抗酸的, 解酸的; ❷ 制酸药, 解酸药

antagonism [ænˈtæɡənizəm] (Gr. *antagōnisma* struggle) 对抗作用, 拮抗作用
  bacterial a. 细菌拮抗作用, 细菌抑制作用
  metabolic a. 代谢性拮抗作用
  salt a. 盐类拮抗作用

antagonist [ænˈtæɡənist] (Gr. *antagōnistēs* an opponent) ❶ 拮抗肌, 对抗肌; ❷ 拮抗物(药), 对抗物(药); ❸ 对合牙
  aldosterone a. 醛固酮拮抗剂
  α-adrenergic a. α-肾上腺素能拮抗剂
  β-adrenergic a. β-肾上腺素能拮抗剂
  competitive a. 竞争性拮抗物
  enzyme a. 酶拮抗物
  folic acid a. 叶酸拮抗剂
  H_1 receptor a. H_1 受体拮抗剂
  H_2 receptor a. H_2 受体拮抗剂
  insulin a's 胰岛素拮抗物
  metabolic a. 抗代谢物
  narcotic a. 麻醉拮抗药
  sulfonamide a. 磺胺对抗药

antalgesic [ˌæntælˈdʒezik] ❶ 止痛的; ❷ 镇痛药

antalgic [ænˈtældʒik] ❶ 止痛的; ❷ 镇痛药

antalkaline [æntˈælkəlain] (*ant-* + *alkali*) ❶ 解碱的, 中和碱性的; ❷ 解碱药

antaphrodisiac [ˌæntæfrəˈdiziæk] ❶ 制性欲的; ❷ 制性欲药

antapoplectic [ˌæntæpəˈplektik] (*ant-* + Gr. *apoplēxia* apoplexy) 防止中风药

antarthritic [ˌæntɑːˈθritik] (*ant-* + Gr. *arthritikos* gouty) ❶ 抗关节炎的; ❷ 抗关节炎药

antasthenic [ˌæntæsˈθenik] (*ant-* + Gr. *astheneia* weakness) ❶ 减轻虚弱的, 恢复体力的; ❷ 减轻虚弱或恢复体力药

antasthmatic [ˌæntæsˈmætik] (*ant-* + Gr. *asthma* asthma) ❶ 止咳的, 镇咳的; ❷ 止咳药, 镇咳药

antatrophic [ˌæntəˈtrɒfik] 防萎缩的

antazoline [æn'tæzəli:n] 安嗒唑啉
  a. hydrochloride 盐酸安塔唑啉
  a. phosphate (USP)磷酸安塔唑啉
ante- (L. *ante* before) (在)前(时间或位置)
antebrachium [ˌænti'breikiəm] (*ante-* + L. *brachium* arm)(NA) 前臂
antecardium [ˌænti'kɑːdiəm] (*ante-* + Gr. *kardia* heart) 腹上部
antecedent [ˌænti'siːdənt] (L. *antecedere* to go before, precede) ❶ 先质,前体;❷ 先行的,前驱的
  plasma thromboplastin a. (PTA)凝血酶致活酶,凝血激酶
antecibum [ˌænti'saibəm] (L.) 饭前
antecubital [ˌænti'kjuːbitəl] 肘前的
antecurvature [ˌænti'kəːvətʃə] (*ante-* + L. *curvatura* bend) 轻微前屈,前弯
anteflect ['æntiflekt] 前屈
anteflexed ['æntiflekst] 前屈的
anteflexio [ˌænti'fleksiəu] (L.) 前屈
  a. uteri 子宫前屈
anteflexion [ˌænti'flekʃən] (*ante-* + L. *flexio* bend) 前屈
antegrade ['æntigreid] 顺行的,前进的
antelocation [ˌæntiləu'keiʃən] (*ante-* + L. *locatio* placement) 前移,前置
ante mortem ['ænti 'mɔːtəm] (L.) 死前
antenatal [ˌænti'neitəl] (*ante-* + L. *natus* born) 出生前的,在出生前所形成的
antenna [æn'tenə] (pl. *antennae*) 触角
Antepar ['æntipɑː] 安替保:枸橼酸和磷酸哌吡嗪制剂的商品名
antepartal [ˌænti'pɑːtəl] 分娩前的,产前的
ante partum ['ænti 'pɑːtəm] (L.) 分娩前,产前
antepartum [ˌænti'pɑːtəm] (L.) 分娩前的,产前的
antephase ['æntifeiz] 前期
antephialtic [ˌæntefi'æltik] (*ant-* + Gr. *ephialtēs* nightmare) 抗梦魇的,抗夜惊的
anteposition [ˌæntipə'ziʃən] 前位
anteprostate [ˌænti'prɔsteit] (*ante-* + *prostate*) 尿道球腺
anteprostatitis [ˌæntiprɔstə'taitis] 尿道球腺炎
antepyretic [ˌæntipai'retik] (*ante-* + *pyretic*) 发烧前的
Antergan ['æntəgən] 安特甘:苯沙明制剂的商品名
anteriad [æn'tiəriæd] 向前
anterior [æn'tiəriə] (L. "before"; neut. *anterius*) 前的
antero- (L. *anterior* before) 在前
anteroclusion [ˌæntərə'kluːʒən] 前咬合,下颌前突样牙
anteroexternal [ˌæntərəueks'təːnəl] 前外侧的
anterograde ['æntərəugreid] (*antero-* + L. *gredi* to go) 顺行的,前进的
anteroinferior [ˌæntərəuin'fiəriə] 前下的
anterointernal [ˌæntərəuin'təːnəl] 前内侧的
anterolateral [ˌæntərəu'lætərəl] 前外侧的
anteromedial [ˌæntərəu'miːdiəl] 前内侧的
anteromedian [ˌæntərəu'miːdiən] 前正中的
anteroposterior [ˌæntərəupɔs'tiəriə] 前后位的
anteroseptal [ˌæntərəu'septəl] (房室)隔前的
anterosuperior [ˌæntərəusjuː'piəriə] 前上的
anterotic [ˌænti'rɔtik] ❶ 制(性)欲的;❷ 制(性)欲药
anteroventral [ˌæntərəu'ventrəl] 前腹侧面的
anteversion [ˌænti'vəːʒən] (*ante-* + L. *versio* a turning) 前倾
anthelix ['ænθiliks] (*ant-* + Gr. *helix* coil)(NA) 对耳轮
anthelminthic [ˌænθel'minθik] ❶ 抗蠕虫的;❷ 蠕虫药
anthelmintic [ˌænθel'mintik] (*ant-* + Gr. *helmins* worm) ❶ 抗蠕虫的,驱蠕虫的;❷ (治)蠕虫药,驱肠虫药
anthelmycin [ˌænθəl'maisin] 抗蠕虫菌素
anthelotic [ˌænθi'lɔtik] (*ant-* + Gr. *hēlos* nail) ❶ 除鸡眼的,除胼胝的;❷ 胼胝药,鸡眼药
Anthemis ['ænθimis] (L.; Gr. *anthemis*) ❶黄春菊属;❷ 甘菊花头
anthemorrhagic [ˌænθemə'rædʒik] (*ant-* + *hemorrhage*) ❶ 止血的;❷ 止血药

anther ['ænθə:] (Gr. *anthēros* blooming) 花粉囊,花药

antheridium [ˌænθəˈridiəm] (pl. *antheridia*)(L. *anthera* medicine made from flowers + Gr. *idion* a diminutive ending) 藏精器

antherozoid [ˈænθərəˌzɔid] 游走体,游动精子

antherpetic [ˌænθəˈpetik] 治疱疹的

Anthomyia [ˈænθəˌmaijə] 花蝇属

Anthomyiidae [ˌænθəˈmaiədi] (Gr. *anthos* flower + *myia* fly) 花蝇科

Anthozoa [ˌænθəˈzəuə] (Gr. *anthos* flower + *zoia* animal) 珊瑚动物纲

anthracene [ˈænθrəsi:n] 蒽

anthracenedione [ˌænθrəsenˈdaiəun] 蒽二酮

anthracic [ænˈθræsik] 炭疽的,炭疽样的

anthrac(o)- (Gr. *anthrax* charcoal, carbuncle) 煤炭,痈

anthracoid [ˈænθrəkɔid] (*anthraco-* + Gr. *eidos* form) 炭疽样的,痈样的

anthracometer [ˌænθrəˈkɔmitə] (*anthraco-* + Gr. *metron* measure) 二氧化碳测量仪

anthraconecrosis [ˌænθrəkəunəˈkrəusis] (*anthraco-* + Gr. *nekrōsis* death) 组织的黑色干性坏死

anthracosilicosis [ˌænθrəkəusiliˈkəusis] (*anthraco-* + *silicon*) 炭末石末沉着病

anthracosis [ˌænθrəˈkəusis] (*anthraco-* + *-osis*) 炭末沉着病,炭肺
    a. linguae 黑舌病

anthracotherapy [ˌænθrəkəuˈθerəpi] (Gr. *anthrax* coal + *therapy*) 炭疗法

anthracotic [ˌænθrəˈkɔtik] 炭肺的,炭末沉着病的

anthracycline [ˌænθrəˈsaiklin] 蒽环类抗生素

Anthra-Derm [ˈænθrə də:m] 蒽林德:蒽林制剂的商品名

anthralin [ˈænθrəlin] (USP) 蒽林

anthranilate [ˌænθrəˈnaileit] 蒽酸的盐、阴离子或酯

anthraquinone [ˌænθrəˈkwinəun] 蒽醌

anthrarobin [ˌænθrəˈrəubin] (*anthracene* + *araroba*) 蒽三酚

anthrax [ˈænθræks] (Gr. "coal", "carbuncle") 炭疽
    agricultural a. 农业炭疽
    cerebral a. 脑炭疽
    cutaneous a. 皮肤炭疽
    gastrointestinal a. 胃肠炭疽
    industrial a. 工业炭疽
    inhalational a. 吸入性炭疽
    intestinal a. 肠炭疽
    malignant a. 恶性炭疽
    meningeal a. 脑膜炭疽
    pulmonary a. 肺炭疽
    symptomatic a. 气肿性炭疽,黑腿病

anthrop(o)- (Gr. *anthrōpos* man, human being) 人,人类

anthropobiology [ˌænθrəpəubaiˈɔlədʒi] 人类生物学

anthropocentric [ˌænθrəpəuˈsentrik] (*anthropo-* + Gr. *kentrikos* of or from the center) 人类中心的

anthropogeny [ˌænθrəˈpɔdʒini] (*anthropo-* + Gr. *gennan* to produce) 人类起源

anthropography [ˌænθrəˈpɔgrəfi] (*anthropo-* + Gr. *graphein* to write) 人类分布学

anthropoid [ˈænθrəpɔid] (*anthropo-* + Gr. *eidos* form) 类人的

Anthropoidea [ˌænθrəˈpɔidiə] 类人猿亚目

anthropokinetics [ˌænθrəpəukiˈnetiks] (*anthropo-* + Gr. *kinētikos* for putting in motion) 人类活动学

anthropology [ˌænθrəˈpɔlədʒi] (*anthropo-* + *-ology*) 人类学
    criminal a. 人类犯罪学
    cultural a. 人类文化学
    physical a. 人类体格学

anthropometer [ˌænθrəˈpɔmitə] 人体测量器

anthropometric [ˌænθrəpəˈmetrik] 人体测量器的

anthropometrist [ˌænθrəˈpɔmətrist] 人体测量学家

anthopometry [ˌænθrəˈpɔmitri] (*anthropo-* + Gr. *metron* measure) 人体测量(术)

anthropomorphism [ˌænθrəpəuˈmɔ:fizəm] (*anthropo-* + Gr. *morphē* form) 拟人说,人格化

anthroponomy [ˌænθrəˈpɔnəmi] (*anthro-*

po- + Gr. *nomos* law) 人类进化学
anthroponosis [ˌænθrəpəˈnəusis] (*anthropo-* + Gr. *nosos* disease) 人类病
anthropopathy [ˌænθrəˈpɔpəθi] (*anthropo-* + Gr. *pathos* suffering) 情感拟人类说
anthropophilic [ˌænθrəpəuˈfilik] (*anthropo-* + Gr. *philein* to love) 嗜人血的(蚊)
anthropophobia [ˌænθrəpəˈfəubiə] (*anthropo-* + *phobia*) 恐人群症
anthroposcopy [ˌænθrəˈpɔskəpi] (*anthropo-* + Gr. *skopein* to examine) 人类体型审定检查
anthropozoophilic [ˌænθrəpəuzəuəˈfilik] (*anthropo-* + Gr. *zōon* animal + *philein* to love) 嗜人兽血的
anthysteric [ˌænθisˈterik] 抗歇斯底里的
anti- (Gr. *anti* against) 对抗,解,抑制,取消
antiabortifacient [ˌæntiəˌbɔːtiˈfeiʃənt] 安胎药
antiadrenergic [ˌæntiədreˈnədʒik] ❶ 抗肾上腺素能的; ❷ 抗肾上腺素能药
antiagglutinin [ˌæntiəˈgluːtinin] 抗凝集素
antialbumin [ˌæntiˈælbjuːmin] 抗白蛋白
antiamebic [ˌætiəˈmiːbik] ❶ 抗阿米巴的; ❷ 杀阿米巴药
antianaphylaxis [ˌæntiænəfiˈlæksis] ❶ 抗过敏性; ❷ 脱敏
antiandrogen [ˌæntiˈændrədʒən] 抗雄激素(物质)
antianemic [ˌæntiəˈniːmik] ❶ 抗贫血的; ❷ 补血药
antianginal [ˌæntiænˈdʒainəl] ❶ 抗心绞痛的; ❷ 抗心绞痛药
antianopheline [ˌæntiəˈnɔfiliːn] 抗按蚊的
antiantibody [ˌæntiˈæntiˌbɔdi] 抗抗体
antiantitoxin [ˌæntiˌæntiˈtɔksin] 抗解毒素
antianxiety [ˌæntiæŋˈzaiəti] ❶ 抗焦虑的,减少焦虑的; ❷ 抗焦虑药
antiapoplectic [ˌæntiˌæpəˈplektik] 防止中风的
antiarin [ænˈtiərin] 见血封喉苷,弩箭子苷
Antiaris [ˌæntiˈɛəris] (Javanese *antiar*) 见血封喉属
antiarrhythmic [ˌæntiəˈriðmik] ❶ 抗心律失常的; ❷ 抗心律失常药
antiarthritic [ˌæntiɑːˈθritik] 抗关节炎的
antiasthmatic [ˌæntiæsˈmætik] 止喘药,平喘药
antiatherogenic [ˌæntiˌæθərəuˈdʒenik] 抗动脉粥样化的
antiautolysin [ˌæntiɔːˈtɔlisin] 抗自溶素
antibacterial [ˌæntibækˈtiəriəl] ❶ 抗细菌的,杀菌的; ❷ 抗菌药,抗菌物
antibechic [ˌæntiˈbekik] (*anti-* + Gr. *bēchikos* suffering from cough) ❶ 镇咳的; ❷ 镇咳药
antibiosis [ˌæntibaiˈəusis] (*anti-* + Gr. *bios* life) 抗生
antibiotic [ˌæntibaiˈɔtik] (*anti-* + Gr. *bios* life) ❶ 抗生的; ❷ 抗生素
  broad-spectrum a. 广谱抗生素
antibody [ˈæntiˌbɔdi] 抗体
  acetylcholine receptor a's 乙酰胆碱受体抗体
  anaphylactic a. 过敏抗体
  anti-acetylcholine receptor (anti-AChR) a's 抗乙酰胆碱受体抗体,抗 AChR 抗体
  anticardiolipin a. 抗心磷脂抗体
  anti-D a. 抗 D 抗体
  anti-DNA a. 抗 DNA 抗体
  antigliadin a's 抗麦胶蛋白抗体
  anti-glomerular basement membrane (anti-GBM) a's 抗肾小球基(底)膜抗体,抗 GEM 抗体
  anti-idiotype a. 抗个体基因型抗体
  anti-La a. 抗 La 抗体
  antimicrosomal a's 抗微粒体抗体
  antimitochondrial a's 抗线粒体抗体
  antineutrophil cytoplasmic a. 抗中性粒细胞胞浆抗体
  antinuclear a's (ANA) 抗核抗体
  antireceptor a's 抗受体抗体
  anti-Ro a. 抗 R_0 抗体
  anti-SS-A a. 抗 SS-A 抗体
  anti-SS-B a. 抗 SS-B 抗体
  antithyroglobulin a's 抗甲状腺球蛋白抗体
  antithyroid a's 抗甲状腺抗体
  auto-anti-idiotypic a's 自身抗个体基因型抗体
  antologous a. 自身抗体

bispecific a. 双重特异性抗体
blocking a. 封闭性抗体,抑制性抗体
cell-bound a., cell-fixed a. 细胞结合抗体,细胞固定抗体
cold a., cold-reactive a. 冷(型)抗体,冷反应性抗体
complement-fixing a. 补体结合性抗体
complete a. 完全抗体
cross-reacting a. 交叉反应抗体
cytophilic a. 嗜细胞抗体
cytotoxic a. 细胞毒性抗体
cytotropic a. 亲细胞抗体
duck virus hepatitis yolk a. 鸭病毒性肝炎卵黄抗体
Forssman a. 弗罗斯曼抗体
heteroclitic a. 异变抗体
heterocytotropic a. 变异种细胞抗体
heterogenetic a. 异种抗体
heterophil a., heterophile a. 嗜异性抗体
homocytotropic a. 亲细胞性抗体
hybrid a. 杂交抗体
immune a. 免疫抗体
incomplete a. 不完全抗体
indium-111 antimyosin a. 铟-111 抗肌球蛋白抗体
isophil a. 嗜同性抗体
mitochondrial a's 线粒体抗体
monoclonal a's 单克隆抗体
natural a's 天然抗体
neutralizing a. 中性化抗体
OKT3 monoclonal a. OKT3 单克隆抗体
panel-reactive a. (PRA) 组反应性抗体
P-K a's 扑-克二氏抗体
polyclonal a. 多克隆抗体
Prausnitz-Küstner a's 普-库二氏抗体
protective a. 保护性抗体
reaginic a. 反应素
Rh a's Rh 抗体
saline a. 盐水抗体
sensitizing a. 致敏抗体
thyroid colloidal a's 甲状腺胶体抗体
TSH-displacing a. (TDA) TSH-取代抗体
warm a, warm-reactive a. 温(型)抗体,温反应性抗体

antibrachium [ˌænti'breikiəm] 前臂
antibromic [ˌænti'brəumik] (*anti-* + Gr. *brōmos* smell) ❶ 除臭的,抗臭的; ❷ 除臭剂
anticachectic [ˌæntikə'kektik] ❶ 抗恶病质的; ❷ 抗恶病质药
anticalculous [ˌænti'kælkjuləs] 抗石的,防牙垢的
anticarcinogen [ˌæntikɑ:'sinədʒən] 抗癌药
anticarcinogenic [ˌæntikɑ:ˌsinə'dʒenik] 防癌的,抗癌的
anticardium [ˌænti'kɑ:diəm] (*anti-* + Gr. *kardia* heart) 腹上部
anticariogenic [ˌæntikɛəriəu'dʒenik] 抗龋的,防龋的
anticarious [ˌænti'kɛəriəs] 抗龋的,防龋的
anticatalyst [ˌænti'kætəlist] 反催化剂,抗催化剂
anticatalyzer [ˌænti'kætəlaizə] 反催化剂
anticathexis [ˌæntikə'θeksis] (*anti-* + *cathexis*) 相反注情,相反贯注
anticephalalgic [ˌæntisefə'lældʒik] 抗头痛的,防头痛的
anticholelithogenic [ˌæntiˌkəuliliθəu'dʒenik] ❶ 防胆石形成的; ❷ 防胆石形成药
anticholesteremic [ˌæntikəˌlestə'ri:mik] ❶ 抗胆甾醇血的; ❷ 抗胆甾醇血药
anticholesterolemic [ˌæntikəˌlestirə'lemik] ❶ 抗胆甾醇血的; ❷ 抗胆甾醇血药
anticholinergic [ˌæntikəuli'nɑ:dʒik] (*anti-* + *cholinergic*) ❶ 抗胆碱能的; ❷ 抗胆碱能药,副交感神经阻滞药
anticholinesterase [ˌæntikəuli'nestəreis] (*anti-* + *cholinesterase*) 抗胆碱酯酶
antichymosin [ˌænti'kaiməsin] 抗凝乳酶
anticipate [æn'tisipeit] (*ante-* + L. *capere* to take) ❶ 预测; ❷ 提前出现,先期发生
anticipation [ænˌtisi'peiʃən] 预测,期待,提前出现,早现遗传
anticlinal [ˌænti'klainəl] (*anti-* + Gr. *klinein* to slope) 对向倾斜的,倾向对侧的
anticnemion [ˌæntik'ni:miən] (*anti-* + Gr. *knēmē* leg) 胫
anticoagulant [ˌæntikəu'ægjulənt] ❶ 抗凝血的; ❷ 抗凝血药
  circulating a. 循环抗凝物
  lupus a. 狼疮抗凝物

anticoagulation [ˌæntikouˌægjuˈleiʃən] ❶ 抗凝血；❷ 抗凝血疗法

anticoagulative [ˌæntikouˈægjuˌleitiv] 防止凝血的，抗凝血的

anticoagulin [ˌæntikouˈægjulin] 抗凝血素

anticodon [ˌæntiˈkoudən] 反密码子

anticomplement [ˌæntiˈkɔmplimənt] 抗补体

anticomplementary [ˌæntiˌkɔmpliˈmentəri] 抗补体的

anticonceptive [ˌæntikənˈseptiv] ❶ 避孕的；❷ 避孕药

anticonvulsant [ˌæntikənˈvʌlsənt] ❶ 抗惊厥的；❷ 抗惊厥药，防惊厥药

anticonvulsive [ˌæntikənˈvʌlsiv] ❶ 抗惊厥的；❷ 抗惊厥药

anticrotin [ˌæntiˈkroutin] 抗巴豆毒素

anticurare [ˌæntikjuˈrɑːri] 抗箭毒素

anticus [ænˈtaikəs] (L.) 前的

anticytolysin [ˌæntisaiˈtɔlisin] 抗溶细胞素

anticytotoxin [ˌæntiˌsaitəuˈtɔksin] 抗细胞毒素

anti-D 抗 D 抗体

antidepressant [ˌæntidiˈpresənt] ❶ 抗抑郁的；❷ 抗抑郁药
  tetracyclic a. 四环抗抑郁药
  tricyclic a. 三环抗抑郁药

antidiabetic [ˌæntiˌdaiəˈbetik] ❶ 防糖尿病的，抗糖尿病的；❷ 抗糖尿病药

antidiabetogenic [ˌæntiˌdaiəˌbitəuˈdʒenik] ❶ 抗糖尿病发生的；❷ 抗糖尿病发生药

antidiarrheal [ˌæntiˌdaiəˈriːəl] ❶ 止泻的；❷ 止泻药

antidiarrheic [ˌæntiˌdaiəˈriːik] ❶ 止泻的；❷ 止泻药

antidiuresis [ˌæntiˌdaijuəˈriːsis] 制尿，抑制尿分泌

antidiuretic [ˌæntiˌdaijuəˈretik] ❶ 制尿的；❷ 制尿药，抗利尿药

antidotal [ˌæntiˈdoutəl] 解毒的

antidote [ˈæntidəut] (L. *antidotum*, from Gr. *anti* against + *didonai* to give) 解毒剂
  a. against arsenic 解砷毒剂
  chemical a. 化学解毒药
  Hall a. 何尔解毒药
  mechanical a. 机械性解毒药
  physiologic a. 生理性解毒药
  "universal" a. "万能"解毒药

antidotic [ˌæntiˈdɔtik] 解毒的

antidromic [ˌæntiˈdrɔmik] (Gr. *antidromein* to run in a contrary direction) 逆向的，逆行的

antidysenteric [ˌæntiˌdisənˈterik] ❶ 抗痢疾的；❷ 抗痢疾药

antidyskinetic [ˌæntidiskaiˈnetik] ❶ 抗运动障碍的；❷ 抗运动障碍药

antiedematous [ˌæntiiˈdemətəs] ❶ 消水肿的；❷ 消水肿药

antiedemic [ˌæntiiˈdemik] ❶ 消水肿的；❷ 消水肿药

antiemetic [ˌæntiiˈmetik] (*anti-* + Gr. *emetikos* inclined to vomit) ❶ 止吐的；❷ 止吐药

antienzyme [ˌæntiˈenzaim] 抗酶

antiepileptic [ˌæntiˌepiˈleptik] ❶ 抗癫痫的；❷ 镇癫痫药

antiepithelial [ˌæntiˌepiˈθiːliəl] 抗上皮的

antiestrogen [ˌæntiˈestrəudʒən] ❶ 抗雌激素的；❷ 抗雌激素药

antiestrogenic [ˌæntiˌestrəˈdʒenik] 抗雌激素的，抑制雌激素的

antifebrile [ˌæntiˈfiːbrail] ❶ 退热的；❷ 退热药

antifibrillatory [ˌæntiˈfaibriləˌtəri] ❶ 抗心脏纤维性颤动的，预防或制止心脏纤维颤动的；❷ 抗心脏纤维性颤动的，预防或制止心脏纤维性颤动的药物

antifibrinolysin [ˌæntiˌfaibriˈnɔlisin] 抗纤维蛋白溶酶

antifibrinolytic [ˌæntiˌfaibrinəˈlitik] 抗纤维蛋白溶解的

antifibrotic [ˌæntifaiˈbrɔtik] ❶ 使纤维化组织消退的；❷ 抗纤维化药

antifilarial [ˌæntifiˈlɛəriəl] ❶ 抗丝虫的；❷ 抗丝虫药

antiflatulent [ˌæntiˈflætjulənt] ❶ 抗(肠胃)气胀的；❷ 排气药，抗(肠胃)气胀药

antiflux [ˌæntiˈflʌks] 抗焊媒

antifol [ˈæntifəul] 叶酸拮抗剂

antifolate [ˌæntiˈfəuleit] 叶酸拮抗剂

antifungal [ˌæntiˈfʌŋgəl] ❶ 抗真菌的；❷ 抗真菌药

antigalactic [ˌæntigəˈlæktik] ❶ 制乳的；减少乳汁分泌的；❷ 制乳药

antigen [ˈæntidʒən] (*antibody* + Gr. *gennan* to produce) 抗原
  allogeneic a. 同种异体抗原
  Am a's Am 抗原
  Au a., **Australia a.** 澳大利亚抗原
  blood-group a's 血型抗原
  Boivin a. 布伊范氏抗原
  capsular a. 荚膜抗原
  carcinoembryonic a. (**CEA**) 癌胚抗原
  CD a. CD 抗原
  class Ⅰ a's Ⅰ类抗原
  class Ⅱ a's Ⅱ类抗原
  class Ⅲ a's Ⅲ类抗原
  common a. 共同抗原
  common acute lymphoblastic leukemia a. (**CALLA**) 急性成淋巴细胞性白血病共同抗原
  common leukocyte a's 白细胞共同抗原
  complete a. 完全抗原
  conjugated a. 结合型抗原
  cross-reacting a. 交叉反应抗原
  D a. D 抗原
  delta a. δ 抗原
  E a. E 抗原
  extractable nuclear a's (**ENA**) 可提(取)的)核抗原
  febrile a's 热病抗原
  flagellar a. H 抗原
  Forssman a. 弗斯曼抗原
  Frei a. 弗莱抗原
  Gm a's, Gm 抗原
  H a. H 抗原,鞭毛抗原
  H-2 a's H-2 抗原
  hepatitis a., **hepatitis-associated a.** (**HAA**) 肝炎抗原,肝炎相关抗原
  hepatitis B core a. (**HBcAg**) 乙型肝炎核心抗原
  hepatitis B e a. (**HBeAg**) 乙型肝炎 e 抗原
  hepatitis B surface a. (**HBsAg**) 乙型肝炎表面抗原
  heterogeneic a. 异种抗原
  heterogenetic a. 异种抗原
  heterologous a. 异种抗原
  heterophil a., **heterophile a.** 嗜异性抗原
  histocompatibility a's 组织相容性抗原
  histocompatibility a's, major 组织相容性主抗原,主要组织相容性抗原
  histocompatibility a's, minor 组织相容性次抗原,次要组织相容性抗原
  HLA a's (Human Leukocyte Antigens) HLA 抗原,人类白细胞抗原
  homologous a. 同种抗原
  H-Y a. H-Y 抗原
  i a., i 抗原
  I a. I 抗原
  Ia a. (*I* region-*a*ssociated) Ia 抗原
  lnv group a. lnv 组抗原
  isogeneic a. 同基因抗原,同源抗原
  isophile a. 同种抗原
  K a. (Ger. *Kapsel* capsule) K 抗原
  Km a's km 抗原
  Kveim a. 克莱姆抗原
  La a. La 抗原
  LD a's 淋巴细胞决定性抗原
  leukocyte function-associated a. 1 (**LFA-1**) 白细胞功能相关性抗原 1
  leukocyte function-associated a. 2 (**LFA-2**) 白细胞功能相关性抗原 2
  leukocyte function-related a. 3 (**LFA-3**) 白细胞功能相关性抗原 3
  Ly a's, **Lyt a's** Ly 抗原,Lyt 抗原
  Lyb a's Lyb 抗原
  lymphocyte-defined (**LD**) **a's** 淋巴细胞决定性抗原
  M a. M 抗原
  Mitsuda a. 光田抗原,麻疯菌素
  mumps skin test a. (**USP**) 腮腺炎皮肤实验抗原
  nuclear a's 核抗原
  O a. O 抗原
  oncofetal a. 瘤胎抗原
  organ-specific a. 器官特异性抗原
  Oz a. Oz 抗原
  pancreatic oncofetal a. (**POA**) 胰腺瘤胎抗原
  partial a. 部分抗原,半抗原
  platelet a. 血小板抗原
  pollen a. 花粉抗原
  Pr a. Pr 抗原
  private a's 稀有抗原
  prostate-specific a. (**PSA**) 前列腺特异性抗原
  public a's 常见抗原
  recall a. 回忆抗原
  RNP a. (*ribo nucleo protein*) RNP 抗原

Ro a. Ro 抗原
SD a's 血清决定性抗原
self-a. 自身抗原
sequestered a's 隐蔽抗原
sero-defined (SD) a's, serologically defined (SD) a's 血清(学检查)决定性抗原
serum hepatitis a., SH a. 血清肝炎抗原
shock a. 休克抗原
Sm a. (after a patient, Smith) Sm 抗原
somatic a's 菌体抗原
species-specific a's 种特异性抗原
SS-A a. SS-A 抗原
SS-B a. SS-b 抗原
T a. ①肿瘤抗原;② T 抗原;③ 红细胞 T 抗原
Tac a. Tac 抗原
T-dependent a. T 依赖性抗原
Thy 1 a., theta (θ) a. Thy 1 抗原,θ 抗原
T-independent a. T 不依赖性抗原
tissue-specific a. 组织特异型抗原
TL a. 胸яз白血病抗原
transplantation a's 移植抗原
tumor a. ①肿瘤抗原;②肿瘤特异性抗原
tumor-associated a. 肿瘤相关抗原
tumor-specific a. (TSA) 肿瘤特异性抗原
tumor-specific transplantation a. (TSTA) 肿瘤特异性移植抗原
VDRL a. (美国)性病研究所梅毒检查实验抗原
very late activation (VLA) a. 非常晚期激活抗原
Vi a. Vi 抗原
xenogeneic a. 异种抗原
antigenemia [ˌæntidʒi'ni:miə] (antigen + -emia) 抗原血症
antigenemic [ˌætidʒi'ni:mik] 抗原血症的
antigenic [ˌænti'dʒenik] 抗原的
antigenicity [ˌæntidʒi'nisiti] 抗原性
antiglobulin [ˌænti'globjulin] 抗球蛋白
antigoitrogenic [ˌæntiˌgɔitrəu'dʒenik] (anti- + goiter + Gr. gennan to produce) 抗甲状腺肿发生的
antigonadotropic [ˌæntiˌgɔnədəu'trɔpik] 抗促性腺激素的,抑制促性腺激素的

antigravity [ˌænti'græviti] 抗地球引力
antihallucinatory [ˌæntihə'lu:sinəˌtəri] 抗幻觉的,抑制幻觉的
anti-HBc 抗乙型肝炎核心抗原(HB$_c$Ag)的抗体
anti-HBs 抗乙型肝炎表面抗原(HB$_s$Ag)的抗体
antihelix [ˌænti'heliks] 对耳轮
antihelmintic [ˌæntihel'mintik] ❶ 驱虫的; ❷ 驱虫药
antihemagglutinin [ˌæntiˌhemə'glu:tinin] 抗血凝素
antihemolysin [ˌæntihi:'mɔlisin] 抗溶血素
antihemolytic [ˌæntiˌhi:mə'litik] 抗溶血(性)的
antihemophilic [ˌæntiˌhi:mə'filik] ❶ 抗血友病的; ❷ 抗血友病药
antihemorrhagic [ˌæntiˌhi:mə'rædʒik] ❶ 抗出血的; ❷ 抗出血药
antiheterolysin [ˌæntiˌhi:tə'rɔlisin] 抗异种溶素
antihistamine [ˌænti'histəmi(:)n] 抗组胺药
antihistaminic [ˌæntiˌhistə'minik] ❶ 抗组胺的; ❷ 抗组胺药
antihormone [ˌænti'hɔ:məun] 抗激素
antihypercholesterolemic [ˌæntiˌhaipə(:)kɔˌlestərə'li:mik] ❶ 抗高胆甾醇血的; ❷ 抗高胆甾醇血药
antihyperglycemic [ˌæntiˌhaipə(:)glai'si:mik] ❶ 抗高血糖的; ❷ 抗高血糖药
antihyperlipoproteinemic [ˌæntiˌhaipə(:)ˌlipəˌprəutei'ni:mik] ❶ 抗高脂蛋白血的; ❷ 抗高脂蛋白血药
antihypertensive [ˌæntiˌhaipə(:)'tensiv] ❶ 抗高血压的; ❷ 抗高血压药
antihypnotic [ˌæntihip'nɔtik] ❶ 抗眠的; ❷ 抗眠药
antihypotensive [ˌæntiˌhaipə'tensiv] ❶ 抗低血压的; ❷ 抗低血压药
antihysteric [ˌæntihis'terik] ❶ 抗癔病的; ❷ 抗癔病药
anti-icteric [ˌæntiik'terik] 治黄疸的
anti-idiotype [ˌænti'aidiəutaip] 抗个体基因型,抗个体遗传型
anti-infective [ˌæntiin'fektiv] ❶ 抗感染的; ❷ 抗感染药
anti-inflammatory [ˌæntiin'flæməˌtəri] ❶

抗炎的,消炎的;❷ 消炎药
anti-insulin [ˌænti'insjulin] 抗胰岛素
anti-isolysin [ˌæntiai'sɔlisin] 抗同种溶素
antikenotoxin [ˌæntiˌki:nəu'tɔksin] 抗疲劳毒素物;疲劳毒素抑制剂
antiketogen [ˌænti'ki:tədʒən] 抗生酮物质
antiketogenesis [ˌæntiˌki:təu'dʒenəsis] 抗生酮(作用)
antiketogenetic [ˌæntiˌki:təudʒi'netik] 抗生酮的
antiketogenic [ˌæntiˌki:təu'dʒenik] 抗生酮的
antiketoplastic [ˌæntiˌki:təu'plæstik] 抗生酮的
antileishmanial [ˌæntilaiʃ'meiniəl] ❶ 抗利什曼虫的;❷ 抗利什曼虫药
antileprotic [ˌæntilep'rɔtik] ❶ 抗麻疯的;❷ 抗麻风药
antilepsis [ˌænti'lepsis] (Gr. receiving in turn) 诱导疗法
antileukocidin [ˌæntilju:'kɔsidin] 抗杀白细胞素
antileukocytic [ˌæntiˌlju:kə'sitik] 破坏白细胞的,抗白细胞的
antileukotoxin [ˌæntilju:kə'tɔksin] 抗白细胞毒素
antilewisite [ˌænti'lju:(:)isait] 二巯基丙醇
antilipemic [ˌæntili'pi:mik] ❶ 抗血酯的;❷ 抗血脂药
antilipotropic [ˌæntiˌlipəu'trɔpik] 抗亲脂的
antilipotropism [ˌæntili'pɔtrəpizəm] 抗亲脂性
Antilirium [ˌænti'liriəm] 抗利来姆:水杨酸毒扁豆碱制剂的商品名
antilithic [ˌænti'liθik] (anti- + Gr. lithos stone) ❶ 防结石的;❷ 防结石药
antilysin [ˌænti'laisin] (anti- + lysin) 抗溶素
antilysis [ˌænti'laisis] 抗溶素作用
antilytic [ˌænti'laitik] 抗溶素作用的
antimalarial [ˌæntimə'lɛəriəl] ❶ 抗疟疾的;❷ 抗疟疾药
antimephitic [ˌæntime'fitik] 抗臭的
antimere ['æntimiə] (anti- + Gr. meros a part) 对称部
antimesenteric [ˌæntiˌmesən'terik] 系膜小肠对向部的,系膜小肠游离部的

antimetabolite [ˌæntime'tæbəlait] 抗代谢物
antimethemoglobinemic [ˌæntimeθimɔuˌgləubi'ni:mik] ❶ 抗正缺血红蛋白血(症)的;❷ 抗正缺血红蛋白血(症)药
antimetropia [ˌæntime'trəupiə] (anti- + metr- + -opia) 屈光参差
antimicrobial [ˌæntimai'krəubiəl] ❶ 抗微生物的,抗菌的;❷ 抗微生物药,抗菌药
antimineralocorticoid [ˌæntiˌminərələu'kɔ:tikɔid] 抗盐皮质激素药,抗矿质皮质激素物质
Antiminth ['æntimin θ] 抗虫灵:对羟萘酸噻嘧啶制剂的商品名
antimitotic [ˌæntimai'tɔtik] 抗有丝分裂的
antimongolism [ˌænti'mɔŋɡəlizəm] 反先天愚型
antimongoloid [ˌænti'mɔŋɡəlɔid] 反(相)先天愚型样的
antimonial [ˌænti'məunjəl] 锑的,含锑的
antimonic [ˌænti'mɔnik] 五价锑的
antimonic acid [ˌænti'mɔnik] (五价)锑酸
antimonid [ˌænti'məunid] 锑化物
antimonious [ˌænti'məuniəs] 三价锑的
antimonium [ˌænti'məuniəm] (gen., pl. antimonii) (L.) 锑
antimony ['æntiˌməni] 锑
  a. pentoxide 五氧化二锑
  a. potassium tartrate (USP) 酒石酸锑钾
  a. sodium dimercaptosuccinate 二巯基琥珀酸锑钠
  a. sodium tartrate (USP) 酒石酸锑钠
  tartrated a. 酒石锑酸钾
  a. trioxide 三氧化锑
antimonyl [æn'timəˌnil] 锑氧基
antimuscarinic [ˌæntiˌmʌskə'rinik] ❶ 抗毒蕈碱的;❷ 阻滞毒蕈碱多体的;❸ 抗毒蕈碱药
antimutagen [ˌænti'mju:tədʒən] 抗变剂,抗变物
antimyasthenic [ˌæntiˌmaiəs'θenik] ❶ 抗重症肌无力的;❷ 抗重症肌无力药
antimycobacterial [ˌæntiˌmaikəubæk'tiəriəl] ❶ 抗分支杆菌的;❷ 抗分支杆菌药
antimycotic [ˌæntimai'kɔtik] 抗真菌的

antinarcotic [ˌæntinɑːˈkɔtik] 抗麻醉的

antinatriuresis [ˌæntiˌneitrijuəˈriːsis] 尿钠排泄抑制,抗尿钠排泄

antinauseant [ˌæntiˈnɔːziənt] ❶ 止恶心的; ❷ 防晕药,止恶心药

antineoplastic [ˌæntiˌni(ː)əuˈplæstik] ❶ 抗肿瘤的; ❷ 抗肿瘤药

antinephritic [ˌæntineˈfritik] 抗肾炎的

antineuralgic [ˌæntinjuəˈrældʒik] 止神经痛的

antineuritic [ˌæntinjuəˈritik] 抗神经炎的

antineurotoxin [ˌæntiˌnjuərəˈtɔksin] 抗神经毒素

antineutrino [ˌæntinjuːˈtriːnəu] 反中微子

antineutron [ˌæntiˈnjuːtrɔn] 反中子

antiniad [ænˈtiniæd] 向额极,向对枕尖

antinial [ænˈtiniəl] 额极的,对枕尖的

antinion [ænˈtiniən] (*anti-* + Gr. *inion* occiput) 额极,对枕尖

antinociceptive [ˌæntiˌnəusaiˈseptiv] ❶ 镇痛的; ❷ 减少对痛刺激敏感性的

antinuclear [ˌæntiˈnjuːkliə] 抗细胞核的

antiodontalgic [ˌæntiɔdɔnˈtældʒik] 止牙痛的

antiopsonin [ˌæntiˈɔpsənin] 抗调理素

antiovulatory [ˌæntiˈəuvjulətəri] 抗排卵的

antioxidant [ˌæntiˈɔksidənt] 抗氧化剂,阻氧化剂

antioxidation [ˌæntiɔksiˈdeiʃən] 抗氧化作用

antioxygen [ˌæntiˈɔksidʒən] 抗氧化剂

antiparallel [ˌæntiˈpærəlel] 反向平行的

antiparalytic [ˌæntipærəˈlitik] (*anti-* + *paralysis*) 抗麻痹的

antiparasitic [ˌæntipærəˈsitik] ❶ 抗寄生物的; ❷ 抗寄生物药

antiparastata [ˌæntipəˈræstətə] (*anti-* + Gr. *parastatēs* testis) 尿道球腺

antiparasympathomimetic [ˌæntiˌpærəsimpæθəumiˈmetik] 抗拟副交感(神经)的

antiparkinsonian [ˌæntiˌpɑːkinˈsəuniən] ❶ 抗震颤麻痹的; ❷ 抗震颤麻痹药

antiparticle [ˌæntiˈpɑːtikəl] 反粒子

antipathogen [ˌæntiˈpæθədʒən] (*anti-* + *pathos* disease + *gennan* to produce) ❶ 抗病原的; ❷ 杀病原药

antipedicular [ˌæntipeˈdikjulə] ❶ 抗虱的,灭虱的; ❷ 抗虱剂

antipediculotic [ˌæntipeˌdikjuˈlɔtik] ❶ 抗虱的,灭虱的; ❷ 抗虱剂

antiperiodic [ˌæntiˌpiəriˈɔdik] 抗疟的

antiperistalsis [ˌæntiˌperiˈstælsis] 逆蠕动

antiperistaltic [ˌæntiˌperiˈstæltik] ❶ 逆蠕动的; ❷ 减少蠕动的; ❸ 减少蠕动药

antiperspirant [ˌæntiˈpəspirənt] ❶ 止汗的; ❷ 止汗剂

antiphagocytic [ˌæntifægəˈsitik] 抗吞噬作用的

antiphlogistic [ˌæntifləuˈdʒistik] ❶ 抗炎的,消炎的; ❷ 消炎药

antiphrynolysin [ˌæntifriˈnɔlisin] 抗蟾蜍溶血素

antiphthiriac [ˌæntiˈθiːriæk] 灭虱的

antiphthisic [ˌæntiˈtizik] 抗痨的,抗结核的

antiplasmin [ˌæntiˈplæzmin] 抗血浆素,抗纤维蛋白溶酶

α_2-a α_2 抗血浆素

antiplasmodial [ˌæntiplæzˈmɔndiəl] 杀疟原虫的

antiplastic [ˌæntiˈplæstik] (*anti-* + Gr. *plassein* to form) ❶ 妨碍愈合的; ❷ 抑制形成药

antiplatelet [ˌæntiˈpleitlit] 抗血小板的

antipneumococcal [ˌæntiˌnjuːməˈkɔkəl] 抗肺炎球菌的

antipneumococcic [ˌæntiˌnjuːməˈkɔksik] 抗肺炎球菌的

antipodagric [ˌæntipəˈdægrik] 抗痛风的

antipodal [ænˈtipədəl] ❶ 恰恰相反的; ❷ 对跖的,对掌的

antipode [ˈæntipəud] ❶ 相对性; ❷ 相对排列

antipolycythemic [ˌæntiˌpɔlisaiˈθemik] ❶ 抗红细胞增多症的; ❷ 抗红细胞增多症药

antiport [ˈæntipɔːt] 对输

antiposia [ˌæntiˈpəuziə] 厌饮

antiprecipitin [ˌæntipriˈsipitin] 抗沉淀素

antiprostate [ˌæntiˈprɔsteit] 尿道球腺

antiprotease [ˌæntiˈprəutieis] 抗蛋白酶

antiprothrombin [ˌæntiprəˈθrɔmbin] 抗凝血酶原

antiprotozoal [ˌæntiˌprəutəuˈzəuəl] ❶ 抗原生动物的; ❷ 抗原生动物药

antiprotozoan [ˌænti͵prəutəuˈzəuən] 抗原生的

antipruritic [ˌæntipruəˈritik] ❶ 止氧的,防氧的; ❷ 止痒药,防痒药

antipsoriatic [ˌænti͵sɔriˈætik] ❶ 治牛皮癣的; ❷ 治牛皮癣药

antipsychomotor [ˌænti͵saikəuˈməutə] 抑制精神运动的

antipsychotic [ˌæntisaiˈkɔtik] 抗精神病药

antiputrefactive [ˌænti͵pju:triˈfæktiv] 防腐的

antipyogenic [ˌænti͵paiəˈdʒenik] (*anti-* + Gr. *pyon* pus + *gennan* to produce) 防止化脓的

antipyresis [ˌæntipaiˈri:sis] (*anti-* + Gr. *pyressein* to have a fever) 退热疗法

antipyretic [ˌæntipaiˈretik] (*nati-* + Gr. *pyretos* fever) ❶ 退热的,解热的; ❷ 退热药,解热药

antipyrine [ˌænti͵paiərin] (USP) 安替比林: 一种吡唑镇痛药和退热药

antipyrotic [ˌæntipaiˈrɔtik] (*anti-* + Gr. *pyrōsis* a burning) ❶ 治灼伤的; ❷ 治灼伤剂

antiradiation [ˌæntireidiˈeiʃən] 抗辐射的,抗辐射性损伤

antirennin [ˌæntiˈrenin] (*anti-* + *rennin*) 抗凝乳酶

antiretroviral [ˌæntiˌretrəu͵vairəl] ❶ 抗后病毒的; ❷ 抗后病毒药

antirheumatic [ˌæntiru(:)ˈmætik] (*anti-* + *rheumatic*) ❶ 抗风湿病的; ❷ 抗风湿药

antiricin [ˌæntiˈraisin] 抗蓖麻毒蛋白

antirickettsial [ˌæntiˈketsiəl] ❶ 抗立克次体的; ❷ 抗立克次体药

antirobin [ˌæntiˈrəubin] 抗刺槐毒素

antisaluresis [ˌæntiˌsælju͵ri:sis] 尿盐排泄受抑制,抗尿钠排泄

antischistosomal [ˌænti͵ʃistəˈsəuməl] ❶ 抗血吸虫的; ❷ 抗血吸虫药

antiscorbutic [ˌæntiskɔ:ˈbju:tik] (*anti-* + *scorbutus*) 抗坏血病的

antisecretory [ˌæntisəˈkretəri] ❶ 抑制分泌的,减少分泌的; ❷ 抗分泌物

antisense [ˌæntiˈsens] 反义的

antisensitization [ˌænti͵sensitaiˈzeiʃən] 抗致敏作用

antisepsis [ˌæntiˈsepsis] (*anti-* + Gr. *sēpsis* putrefaction) 防腐(法),抗菌(法)
physiologic a. 生理性抗菌

antiseptic [ˌæntiˈseptik] ❶ 无菌的; ❷ 防腐的; ❸ 防腐剂,抗菌剂

antiserum [ˌæntiˈsiərəm] 抗血清
Erysipelothrix rhusiopathiae a. 猪丹毒丝菌抗血清,红斑丹毒丝菌抗血清

antisialagogue [ˌæntisaiˈæləgɔg] ❶ 止涎的; ❷ 止涎剂

antisialic [ˌæntisaiˈælik] (*anti-* + Gr. *sialon* saliva) ❶ 止涎的; ❷ 止涎剂

antisideric [ˌæntisiˈderik] (*anti-* + Gr. *sidēros* iron) 抗铁的,忌铁的

antisocial [ˌæntiˈsəuʃəl] 反社会的

antispasmodic [ˌæntispæzˈmɔdik] ❶ 镇痉的; ❷ 解痉药,镇痉药
biliary a. 胆道解痉药
bronchial a. 支气管解痉药

antispastic [ˌæntiˈspæstik] 镇痉的或镇痉药

antispermotoxin [ˌæntispə:məuˈtɔksin] 抗精子毒素

antistaphylococcic [ˌænti͵stæfiləuˈkɔksik] 抗葡萄球菌的

antistaphylohemolysin [ˌænti͵stæfiləuhi:ˈmɔlisin] 抗葡萄球菌(溶血)素

antistaphylolysin [ˌæntistæfiˈlɔlisin] 抗葡萄球菌(溶血)素

antisterility [ˌæntisteˈriliti] 抗不育的

Antistine [ænˈtistin] 安替司丁:安塔唑啉制剂的商品名

antistreptococcic [ˌænti͵streptəuˈkɔksik] ❶ 抗链球菌的; ❷ 抗链球菌药

antistreptokinase [ˌænti͵streptəuˈkineis] 抗链球菌激酶

antistreptolysin [ˌæntistrepˈtɔlisin] 抗链球菌溶血素

antisudoral [ˌæntiˈsju:dərəl] ❶ 止汗的; ❷ 止汗药

antisudorific [ˌæntiˌsju:dəˈrifik] (*anti-* + L. *sudor* sweat) ❶ 止汗的; ❷ 止汗药

antisympathetic [ˌænti͵simpəˈθetik] 抗交感的

antitemplate [ˌæntiˈtempleit] 抗丝裂质

antitetanic [ˌæntitiˈtænik] 抗破伤风的,防治破伤风的

antithenar [ˌæntiˈθi:nə] (*anti-* + Gr.

thenar palm, sole) 小鱼际

antithermic [ˌænti'θəːmik] (*anti-* + Gr. *thermē* heat) ❶ 退热的,解热的; ❷ 退热药,解热药

antithrombin [ˌænti'θrɔmbin] (*anti-* + *thrombin*) 抗凝血酶,抗纤维蛋白酶
   a. I 抗凝血酶 I
   a. III 抗凝血酶 III

antithromboplastin [ˌænti,θrɔmbəu'plæstin] 抗凝血酶致活酶,抗凝血激酶

antithrombotic [ˌænti'θrɔm'bɔtik] ❶ 抗血栓形成的; ❷ 抗血栓形成药

antithyroid [ˌænti'θairɔid] 抗甲状腺的

antithyrotoxic [ˌænti,θairəu'tɔksik] 抗甲状腺毒性的

antithyrotropic [ˌænti,θairəu'trɔpik] 抗促甲状腺激素的

antitonic [ˌænti'tɔnik] 抗紧张的

antitoxic [ˌænti'tɔksik] 抗毒的

antitoxigen [ˌænti'tɔksidʒən] 抗毒素原

antitoxin [ˌænti'tɔksin] 抗毒素
   botulinal a., botulinum a., botulinus a. 肉毒抗毒素
   botulism a. (USP) 肉毒抗毒素
   bovine a. 牛抗毒素
   Clostridium perfringens types C and D a. 产气荚膜梭菌 C 型、D 型抗毒素
   diphtheria a. (USP) 白喉抗毒素
   equine a. 马抗毒素
   gas gangrene a. 气性坏疽抗毒素
   tetanus a. (USP) 破伤风抗毒素
   tetanus and gas gangrene a's 破伤风和气性坏疽抗毒素

antitoxinogen [ˌæntitɔk'sinədʒən] (*antitoxin* + *-gen*) 抗毒素原

antitoxinum [ˌæntitɔk'sainəm] (L.) 抗毒素

antitragicus [ˌænti'trædʒikəs] 对耳屏肌

antitragus [ˌænti'treigəs] (*anti-* + *tragus*) (NA) 对耳屏

antitreponemal [ˌænti,trepə'niːməl] ❶ 抗密螺旋体的;❷ 抗密螺旋体药

antitrichomonal [ˌænti,trikə'məunəl] ❶ 抗毛滴虫的;❷ 抗毛滴虫药

antitrismus [ˌænti'trizməs] 张口痉挛

antitrope ['æntitrəup] (*anti-* + Gr. *trepein* to turn) 对称体

antitropic [ˌænti'trɔpik] ❶ 相似对称的; ❷ 相似而反向的

antitropin [ˌænti'trəupin] 抗调理素

antitrypanosomal [ˌæntitri,pænə'səuməl] ❶抗锥体虫的; ❷ 抗锥体虫药

α₁-antitrypsin [ˌænti'tripsin] α₁ 抗胰蛋白酶

antituberculin [ˌæntitju(ː)'bəːkjulin] 抗结核菌素

antituberculotic [ˌæntitju(ː)bəːkju'lɔtik] ❶ 抗结核的; ❷ 抗结核药

antituberculous [ˌæntitju(ː)'bəːkjuləs] 抗结核的

antitubulin [ˌænti'tju(ː)bjulin] 抗微管蛋白

antitumorigenic [ˌæntitjuːməri'dʒenik] 抗肿瘤发生的

antitussive [ˌænti'tʌsiv] ❶ 镇咳的; ❷ 镇咳药

antityphoid [ˌænti'taifɔid] 抗伤寒的

antiulcerative [ˌænti'ʌlsərətiv] ❶ 抗溃疡的; ❷ 抗溃疡药

antiuratic [ˌæntijuː'rætik] 抗尿酸盐的

antiurolithic [ˌæntijuːrə'liθik] ❶ 防尿结石形成的; ❷ 抗尿结石形成药物

antivaccinationist [ˌænti,væksiː'neiʃənist] 反对种痘者

antivenene [ˌænti,veː'niːn] (*anti-* + L. *venenum* poison) 抗动物毒素

antivenin [ˌænti'venin] (*anti-* + L. *venenum* poison) 抗动物毒素
   black widow spider a. 抗黑寡妇蜘蛛毒血清
   a. (Crotalidae) polyvalent (USP) 多价抗响尾蛇血清
   a. (Latrodectus mactans) (USP) 抗黑寡妇蜘蛛毒血清
   a. (Micrurus fulvius) (USP) 抗斑色蛇毒血清
   North American coral snake a. 抗斑色蛇毒血清
   polyvalent crotaline a. 多价抗响尾蛇毒血清

antivenom [ˌænti'venəm] 抗毒液血清

antivenomous [ˌænti'venəməs] 抗蛇毒的

Antivert ['æntivəːt] 按替弗特:盐酸氯苯甲嗪制剂的商品名

antiviral [ˌænti'vaiərəl] ❶ 抗病毒的; ❷ 抗病毒药

antivirotic [ˌæntiviˈrɒtik] ❶ 抗病毒的；❷ 抗病毒药

antivirus [ˌæntiˈvairəs] 细菌滤液

antivitamin [ˌæntiˈvaitəmin] 抗生素

antivivisection [ˌæntivivˈsekʃən] 反对活体解剖

antivivisectionist [ˌæntiˌviviˈsekʃənist] 反对活体解剖动物者

antixenic [ˌæntiˈzenik] (*anti-* + Gr. *xenos* strange or foreign) 异物反应的

antixerophthalmic [ˈæntiˌziərofˈθælmik] 抗干眼病的

antixerotic [ˌæntiziəˈrɒtik] 抗干燥症的

antodontalgic [ˌæntədənˈtældʒik] 止牙痛的

Anton's syndrome [ˈæntɒnz] (Gabriel *Anton*, German neuropsychiatrist, 1858-1933) 安通氏综合征

Anton-Babinski syndrome [ˈæntɒn bəˈbinski] (G. *Anton*; Joseph François Félix *Babinski*, French physician, 1857-1932) 安-巴二氏综合征

antophthalmic [ˌæntəfˈθælmik] 抗眼炎的

antorphine [ænˈtɔːfiːn] 丙烯去甲吗啡

antra [ˈæntrə] (L.) 窦,房。*antrum* 的复数形式

antracele [ˈæntrəsiːl] 上颌窦囊肿

antral [ˈæntrəl] 窦的

antrectomy [ænˈtrektəmi] (*antrum* + Gr. *ektomē* excision) 窦切除术

Antrenyl [ˈæntrənil] 安胃灵：溴化羟苯乙铵制剂的商品名

Antricola [ænˈtrikələ] 软蜱属

antritis [ænˈtraitis] 窦炎

antr(o)- (L. *antrum*) ❶ 窦; ❷ 上颌窦

antroatticotomy [ˌæntrəˌætiˈkɒtəmi] 鼓室隐窝切开术，上鼓室鼓窦切开术

antrobuccal [ˌæntrəˈbʌkəl] 窦颊的

antrocele [ˈæntrəsiːl] (*antro-* + Gr. *kēlē* tumor) 上颌窦积液

antroduodenectomy [ˌæntrəˌdjuːədiˈnektəmi] 胃窦与十二指肠切除术

antrodynia [ˌæntrəˈdiniə] (*antro-* + Gr. *odynē* pain) 窦部疼痛

antronalgia [ˌæntrəˈnældʒiə] (*antro-* + *-algia*) 上颌窦疼痛

antronasal [ˌæntrəˈneizəl] 上颌窦鼻的

antrophore [ˈæntrəfɔː] (*antro-* + Gr. *pherein* to bear) 安特罗弗尔

antrophose [ˈæntrəfəuz] (*antro-* + *phose*) 中枢性光幻觉

antropyloric [ˌæntrəpiˈlɒrik] 窦与幽门的

antroscope [ˈæntrəskəup] (*antro-* + Gr. *skopein* to examine) 上颌窦镜,窦透射器

antroscopy [ænˈtrɒskəpi] 上颌窦检查法

antrostomy [ænˈtrɒstəmi] (*antro-* + Gr. *stomoun* to provide with an opening, or mouth) 窦造口术,窦开窗术

antrotomy [ænˈtrɒtəmi] (*antro-* + Gr. *tomē* cut) 窦造口术,窦开窗术

antrotonia [ˌæntrəuˈtəuniə] 幽门窦张度

antrotympanic [ˌæntrətimˈpænik] 鼓室乳突窦的,鼓窦鼓室的

antrum [ˈæntrəm] (pl. *antrums* 或 *antra*) (L.; Gr. *antron* cave) 窦,房,室

　a. auris 外耳道

　cardiac a., a. cardiacum 贲门窦

　ethmoid a., a. ethmoidale 筛骨窦

　frontal a. 额窦

　gastric a. 胃幽门窦

　a. of Highmore, a. highmori 上颌窦

　mastoid a., a. mastoideum (NA) 鼓窦,鼓房,乳突窦

　a. maxillare, maxillary a. 上颌窦

　a. pylori, pyloric a., pyloricum (NA) 幽门窦

　tympanic a., a. tympanicum 乳突窦

　a. of Willis 胃幽门窦

Antrypol [ˈæntrəpɒl] 安垂普耳：苏拉明钠 (suramin sodium) 制剂的商品名

ANTU (alphanaphthyl thiourea 的缩写) 安妥,一萘硫眼,安毒鼠

Anturane [ˈæntjurein] 安土罗纳：苯磺唑酮制剂的商品名

Antyllus [ænˈtiləs] (2nd or 3rd century A.D.) 安替拉斯：古希腊著名外科医生

anuclear [æˈnjuːkliə] ❶ 无细胞核的; ❷ 无核的

anucleated [æˈnjuːkliˌeitid] 除核的,失核的

ANUG (acute necrotizing ulcerative gingivitis 的缩写) 急性坏死性溃疡性牙龈炎

anuloplasty [ˈænjuːlɔːˈplæsti] 瓣环成形术

anulus [ˈænjuːləs] (pl. *anuli*) (L. from *anus* ring) (NA) 环,环状,环状结构

　a. of conjunctiva, a. conjunctivae (NA) 结

膜环
  a. femoralis (NA) 股环
  a. fibrocartilagineus membranae tympani (NA) 纤维软骨环
anuli fibrosi cordis (NA) 心脏纤维环
  a. fibrosus disci intervertebralis (NA) 椎间盘纤维环
  a. inguinalis profundus (NA) 腹股沟深环
  a. inguinalis superficialis (NA) 腹股沟浅环,腹股沟皮环
  a. iridis major (NA) 虹膜大环
  a. iridis minor (NA) 虹膜小环
  a. lymphaticus cardiae (NA) 贲门淋巴环
  a. tendineus communis (NA) 总腱环
  tympanic a., a. tympanicus (NA) 鼓环
  a. umbilicalis (NA) 脐环
Anura [əˈnjuərə] 无尾目
anuran [əˈnjuərən] 无尾动物
anuresis [ˌænjuːˈriːsis] ❶ 尿潴留; ❷ 无尿
anuretic [ˌænjuːˈretik] 无尿的,尿闭的
anuria [æˈnjuəriə] (an neg. + -uria) 无尿(症)
  angioneurotic a. 血管神经性无尿
  calculous a. 肾盏性无尿
  obstructive a. 阻塞性无尿
  postrenal a. 肾后性无尿
  prerenal. a. 肾前性无尿
  renal a. 肾性无尿
  suppressive a. 抑制性无尿
anuric [æˈnjuːrik] 无尿的
anurous [æˈnjuərəs] (an neg. + Gr. oura tail) 无尾的
anus [ˈænəs] (pl. anus) (L. "ring","circle") 肛门
  artificial a. 人工肛门
  ectopic a. 肛门闭锁
  imperforate a. 肛门闭锁
  preternatural a. 肛门异位
  a. of Rusconi 胚孔
  a. vesicalis 膀胱肛门畸形
  a. vestibularis 前庭肛门(畸形)
  vulvovaginal a. 外阴阴道肛门畸形
anusitis [ˌænəˈsaitis] 肛门炎
anvil [ˈænvil] 砧骨
anxiety [æŋˈzaiəti] 不安,惊恐
  castration a. 去势焦虑
  free-floating a. 游离性焦虑
  separation a. 分离焦虑
anxiolytic [ˌæŋgzaiəˈlitik] ❶ 减轻焦虑的; ❷ 抗焦虑药
anydremia [ˌæniˈdriːmiə] 缺水症
AO ❶ (anodal opening 的缩写)阳极断电; ❷ (opening of the atrioventricular valves 的缩写)房室瓣张开
AOA ❶ (American Optometric Association 的缩写) 美国验光配镜业协会; ❷ (American Orthopsychiatric Association 的缩写) 美国行为精神病学协会; ❸ (American Osteopathic Association 的缩写) 美国矫形外科协会
AOMA (American Occupational Medical Association的缩写) 美国职业病学协会
aorta [eiˈɔːtə] (pl. aortas, aortae) (L.; Gr. aortē) 主动脉
  abdominal a. 腹主动脉
  a. abdominalis 腹主动脉
  a. ascendens 升主动脉
  ascending a. 主动脉上升段
  descending a. 降主动脉
  dextropositioned a. 主动脉骑跨
  overriding a. 骑跨主动脉
  palpable a. 易扪主动脉
  primitive a. 原主动脉
  a. sacrococcygea 骶尾主动脉
  a. thoracalis, thoracic a. 胸主动脉
  a. thoracica 胸主动脉
  ventral a. 腹侧主动脉
aortae [eiˈɔːtiː] (L.)主动脉。aorta 的复数形式
aortal [eiˈɔːtəl] 主动脉的
aortalgia [ˌeiɔːˈtældʒiə] (aorta + Gr. algos pain) 主动脉痛
aortarctia [ˌeiɔːˈtɑːkʃiə] (aorta + L. arctare to narrow) 主动脉狭窄
aortectasia [ˌeiɔːtekˈteiziə] (aorta + Gr. ektasis dilation)主动脉扩大
aortectomy [ˌeiɔːˈtektəmi] (aorta + Gr. ektomē excision) 主动脉部分切除(术)
aortic [eiˈɔːtik] 主动脉的
aorticomediastinal [eiˌɔːtikəˌmidiəˈstinəl] 主动脉与纵隔的
aorticopulmonary [eiˌɔːtikəˈpʌlmənəri]主动脉与肺动脉间的

aorticorenal [ei,ɔːtikə'riːnəl] 主动脉与肾的

aortitis [,eiɔː'taitis] (*aorta* + *-itis*) 主动脉炎
  Döhle-Heller a. 多-荷二氏主动脉炎
  luetic a. 梅毒性主动脉炎
  nummular a. 钱币性主动脉炎
  rheumatic a. 风湿性主动脉炎
  syphilitic a., a. syphilitica 梅毒性主动脉炎

aortobifemoral [ei,ɔːtəbi'femərəl] 主动脉股动脉的

aortocaval [ei,ɔːtə'kævəl] 主动脉下腔静脉的

aortocoronary [ei,ɔːtə'kɔrənəri] 主动脉冠状动脉的

aortoduodenal [ei,ɔːtədjuːə'diːnəl] 主动脉与十二指肠的

aortoenteric [ei,ɔːtæn'terik] 主动脉和消化道的

aortoesophageal [ei,ɔːtəi,sɔfə'dʒiəl] 主动脉和食管的

aortofemoral [ei,ɔːtə'femərəl] 主动脉和股动脉的

aortogastric [ei,ɔːtə'gæstrik] 主动脉和胃的

aortogram [ei'ɔːtəgræm] 主动脉造影X线片

aortography [,eiɔː'tɔgrəfi] (*aorta* + Gr. *graphein* to write) 主动脉造影术
  retrograde a. 逆行性主动脉造影
  translumbar a. 经腰部主动脉造影术

aortoiliac [ei,ɔːtɪ'iliæk] 主动脉和髂动脉的

aortolith [ei'ɔːtəliθ] (*aorta* + Gr. *lithos* stone) 主动脉石

aortomalacia [ei,ɔːtəuməˈleiʃiə] (*aorta* + Gr. *malakia* softening) 动脉软化

aortopathy [,eiɔː'tɔpəθi] (*aorta* + Gr. *pathos* disease) 主动脉病

aortoplasty [,eiɔːtə'plæsti] (*aorta* + *-plasty*) 主动脉重建,主动脉修复术

aortopulmonary [ei,ɔːtə'pʌlmənəri] 主动脉与肺动脉的

aortorrhaphy [,eiɔː'tɔrəfi] (*aorta* + Gr. *rhaphē* suture) 主动脉缝合术

aortosclerosis [ei,ɔːtəskləˈrəusis] 主动脉硬化

aortotomy [,eiɔː'tɔtəmi] (*aorta* + Gr. *tomē* a cutting) 主动脉切开术

AOS (anodal opening sound 的缩写) 阳极断电音

AOTA (American Occupational Therapy Association 的缩写) 美国职业病治疗协会

AP ❶ (action potential 的缩写) 作用深度; ❷ (angina pectoris 的缩写) 心绞痛; ❸ (anterior pituitary (gland) 的缩写) 脑垂体前叶; ❹ (anteroposterior 的缩写) 前后向的;前后位的; ❺ (arterial pressure 的缩写) 动脉压

ap- ❶ 远; ❷ 脱; ❸ 分离; ❹ 来自

APA ❶ (American Pharmaceutical Association 的缩写) 美国药学协会; ❷ (American Podiatric Association 的缩写) 美国足医协会; ❸ (American Psychiatric Association 的缩写) 美国精神病学协会; ❹ (American Psychological Association 的缩写) 美国心理学协会

apaconitine [,æpə'kɔnitiːn] (*ap-* + *aconitine*) 阿朴乌头碱

apallesthesia [ə,pæləs'θiːzjə] 振动觉缺失

Apamide ['æpəmaid] 醋氨酚

apancrea [ə'pænkriə] 无胰腺症

apancreatic [ə,pænkri'ætik] 无胰腺的

Apansporoblastina [,əpæn,spɔːrəblæs'tiːnə] (*a* neg. + *pansporoblast*) 无膜泛成孢子虫亚目

aparalytic [ə,pærə'litik] 无麻痹的

aparathyreosis [ə,pærəθiri'əusis] 甲状旁腺功能缺乏(症)

aparathyroidism [ə,pærə'θairɔidizəm] 甲状旁腺功能缺乏(症)

aparathyrosis [ə,pærəθi'rəusis] 甲状旁腺功能缺乏或缺失

aparthrosis [,æpɑː'θrəusis] (Gr. *aparthrōsis*) 动关节,滑膜关节

apathetic [,æpə'θetik] 无情感的,情感淡漠的

apathy ['æpəθi] (Gr. *apatheia*) 冷淡,无情感,情感淡漠

apatite ['æpətait] (Gr. *apatan* to deceive) 磷灰石

apazone ['æpəzəun] 炎爽痛

APB (atrial premature beat 的缩写) 房性早搏

APC (atrial premature complex 的缩写) 房

性早搏复征

APD (atrial premature depolarization 的缩写) 房性早极化

APE (anterior pituitary extract 的缩写) 垂体前叶提取物

apeidosis [ˌæpiˈdəusis] (ap- + Gr. eidos form) 形态渐失

apellous [əˈpeləs] (a neg. + L. pellis skin) ❶ 无皮的:无瘢痕形成(指伤口); ❷ 无包皮的

aperient [əˈpiriənt] (L. aperiens opening) 轻泻的,缓泻的

apepsia [əˈpepsiə] (Gr. a neg. + peptein digest) 不消化
  a. nervosa 神经性不消化

apepsinia [ˌəpepˈsiniə] (Gr. a neg. + pepsin) 胃蛋白缺失,胃液素缺乏

aperiodic [ˌæpiəriˈɔdik] 不定期的,非周期的,无定期发生的

aperistalsis [ˌæpəriˈstælsis] (a neg. + peristalsis) 无蠕动

aperitive [əˈperitiv] ❶ 开胃的,促进食欲的; ❷ 润肠药

Apert's disease [ɑːˈpeəz] (Eugène Apert, French pediatrician, 1868-1940) 阿佩尔氏病

Apert-Crouzon disease [ɑːˈpeə kruːˈzɔn] (E. Apert; Octave Crouzen, French neurologist, 1874-1938) 阿-克二氏病

apertognathia [əˌpəːtɔɡˈnæθiə] 开𬌗,无𬌗

apertometer [ˌæpəːˈtɔmitə] 物镜孔径计

apertura [ˌæpəːˈtjuːrə] (pl. aperturae) (L. from aperire to open) 口,孔
  a. externa aqueductus vestibuli (NA) 前庭导水管外口
  a. externa canaliculi cochleae (NA) 蜗小管外口,耳蜗小管外口
  a. inferior canaliculi tympanici 鼓室小管下口
  a. lateralis ventriculi quarti (NA) 第四脑室侧孔
  a. mediana ventriculi quarti (NA) 第四脑室正中孔
  a. nasalis anterior (NA) 鼻前孔
  a. pelvica inferior (NA) 骨盆下口
  a. pelvica superior (NA) 骨盆上口
  a. pelvis inferior (NA) 骨盆下口
  a. pelvis superior (NA) 骨盆上口
  a. piriformis (NA) 梨状孔
  a. sinus frontalis (NA) 额窦口
  a. sinus sphenoidalis (NA) 蝶窦口
  a. superior canaliculi tympanici 鼓小管上孔

aperturae superior et inferior fossae axillaris 腋窝上口及下口
  a. thoracis inferior (NA) 胸廓下口
  a. thoracis superior (NA) 胸廓上口
  a. tympnica canaliculi chordae tympani (NA) 鼓索小管鼓室孔,鼓索入口

aperturae [ˌæpəːˈtjuːriː] (L.) 口,孔。apertura 的复数形式

aperture [ˈæpətʃə] (L. apertura) ❶ 口,孔; ❷ 透光直径
  angle of a., angular a. 角孔径
  cloacal a. 泄殖孔
  external a. of aqueduct of vestibule 前庭导水管外口
  external a. of canaliculus of cochlea 蜗小管外口
  external a. of tympanic canaliculus 鼓小管外口
  a. of frontal sinus 额窦孔
  a. of glottis 声门孔
  inferior a. of minor pelvis 小骨盆下口
  inferior a. of thorax 胸廓下口
  inferior a. of tympanic canaliculus 鼓室小管下口
  internal a. of tympanic canaliculus 鼓室小管内口
  a. of larynx 喉孔
  lateral a. of fourth ventricle 第四脑室侧口
  a. of lens 孔径角,孔角,角孔
  median a. of fourth ventricle 第四脑室正中孔
  nasal a., anterior 梨状孔
  numerical a. 数值孔径
  orbital a. 眶孔
  piriform a. 梨状孔
  a. of sphenoid sinus 蝶窦孔
  spinal a. 脊孔,椎孔
  spurious a. of facial canal 面神经管假孔
  spurious a. of fallopian canal 面神经管假孔
  superior and inferior a's of axillary fossa 腋窝上、下口

superior a. of minor pelvis 小骨盆上口
superior a. of thorax 胸廓上口
superior a. of tympanic canaliculus 鼓小管上口
thoracic a., inferior 胸廓下口
thoracic a., superior 胸廓上口
tympanic a. of canaliculus of chorda tympani 鼓室小管鼓室口,鼓索入口

apex ['æpeks] (pl. *apexes* 或 *apices*) (L.) 顶,顶点
  a. of arytenoid cartilage 杓状软骨尖
  a. auriculae, a. auriculare (NA) 耳廓尖
  a. of bladder 膀胱顶
  a. capitis fibulae (NA) 腓骨(小)头尖
  cardiac a. 心尖
  a. cartilaginis arytenoideae (NA) 杓状软骨尖
  a. cordis (NA) 心尖
  a. cornus posterior medullae spinalis (NA) 脊髓后角尖
  a. cuspidis (NA) 牙尖
  darwinian a. 达尔文氏尖,耳廓尖
  a. of dorsal horn of spinal cord 脊髓背角尖
  a. of head of fibula 腓骨(小)头尖
  a. of heart 心尖
  a. linguae 舌尖
  a. lingualis (NA) 舌腱膜
  a. of lung 肺尖
  a. nasi (NA) 鼻尖
  a. ossis sacri (NA) 骶骨尖
  a. partis petrosae ossis temporalis (NA) 颞岩尖
  a. of patella, a. patelae (NA) 髌骨顶,髌尖
  a. of petrous portion of temporal bone 颞岩尖
  a. of posterior horn of spinal cord 脊髓后角尖
  a. prostatae (NA), a. of prostate gland 前列腺下尖
  a. pulmonalis (NA) 肺尖
  a. pulmonis (NA) 肺尖
  a. radicis dentis (NA), root a. 齿根尖
  a. of sacrum 骶尖
  a. of tongue 舌尖
  a. vesicae urinariae (NA) 膀胱顶
  a. vesicalis (NA) 膀胱顶

apexcardiogram [ˌæpeks'kɑːdiəgræm] 心尖心动图
apexcardiography [ˌæpeksˌkɑːdi'ɔgrəfi] 心尖搏动描记法
Apgar score (scale) ['æpgɑː] (Virginia Apgar, American anesthesiologist, 1909-1974) 阿普伽(新生儿)评分
APHA (American Public Health Association 的缩写) 美国公共卫生协会
APhA (American Pharmaceutical Association 的缩写) 美国医药协会
aphacia [ə'feiʃiə] 无晶状体(畸形)
aphacic [ə'fæsik] 无晶状体的
aphagia [ə'feidʒiə] (*a* neg. + *-phagia*) 吞咽不能
  a. algera 痛性吞咽不能
aphagopraxia [əˌfægə'præksiə] 吞咽不能,失咽症
aphakia [ə'feikiə] (*a* neg. + *phak-* + *-ia*) 无晶体,无晶体眼
aphakic [ə'fækik] 无晶状体的
aphalangia [ˌæfə'lændʒiə] (*a-* neg. + *phalanx* + *-ia*) 无指(趾)畸形
aphasia [ə'feiʒiə] (*a* neg. + Gr. *phasis* speech) 失语症
  acoustic a. 听觉性失语
  acquired epileptic a. 获得性癫痫性失语
  amnesic a., amnestic a. 遗忘性失语
  anomic a. 忘名性失语
  associative a. 联络性失语
  auditory a. 听觉性失语
  Broca's a. 布罗卡氏失语
  central a. 中枢性失语
  combined a. 联合性失语
  commissural a. 联络性失语症
  complete a. 完全性失语
  conduction a. 传导性失语
  expressive a. 表达性失语
  expressive-receptive a. 表达-感受性失语
  fluent a. 流畅性失语
  frontocortical a. 额皮质性失语,运动性失语
  functional a. 功能性失语
  gibberish a. 乱语性失语症,呓语性失语
  global a. 中枢性失语
  graphomotor a. 失写性失语
  impressive a. 感觉性失语

intellectual a. 智能性失语,真性失语
jargon a. 乱语性失语
Lichtheim's a. 里奇赛姆氏失语
mixed a. 混合性失语
motor a. 运动性失语
nominal a. 命名性失语
nonfluent a. 非流畅性失语
optic a. 视觉性失语
receptive a. 感觉性失语
semantic a. 语义性失语
sensory a. 感觉性失语
subcortical a. 皮质下性失语
syntactical a. 语法性失语
tactile a. 触觉性失语
temporoparietal a. 颞顶性失语
total a. 完全性失语
transcortical a. 跨皮质性失语
true a. 真性失语
verbal a. 词汇性失语
visual a. 视觉性失语
Wernicke's a. 威尔尼克氏失语

aphasiac [ə'feiziæk] 失语者
aphasic [ə'fæzik] ❶ 语言不能的; ❷ 失语者
aphasiology [əˌfæzi'ɔlədʒi] 失语症学
aphasmid [ə'fæzmid] (*a* neg. + *phasmid*) 无尾觉器线虫
Aphasmidia [əfæz'midiə] 无尾觉器亚纲
apheliotropism [ˌæfeli'ɔtrəpizəm] 背日性,远日性
aphemesthesia [ˌəfæmis'θizjə] (*a* neg. + Gr. *phēmē* voice + *aisthēsis* perception) 听读不能,语盲,语聋
aphephobia [ˌæfə'foubiə] (Gr. *haphē* touth + *phobia*) 恐触症
apheresis [ˌæfə'riːsis] (Gr. *aphairesis* removal) 分离性输血
aphonia [æ'founiə] (*a* neg. + Gr. *phōnē* vioce) 发音不能

a. clericorum 过用性失音
hysteric a. 癔病性失音,歇斯底里性失音
spastic a. 痉挛性失音

aphonic [æ'fɔnik] ❶ 失语的; ❷ 无音的
aphonogelia [ˌæfɔnə'dʒiːliə] (*a* neg. + Gr. *phōnē* voice + *gelōs* laughter) 大笑不能
aphoria [ə'fɔriə] (Gr. *a* neg. + *pherein* to bear) 不育症,不育

a. imperetia 厌恶性不育症
a. impotens 无能性不育症
a. incongrua 不遇合性不育症
a. paramenica 月经障碍性不育症

aphose ['eifəuz] (*a* neg. + Gr. *phōs* light) 影幻觉
aphosphagenic [æˌfɔsfə'dʒenik] 缺磷的,磷质缺乏的
aphosphorosis [æˌfɔsfə'rəusis] 缺磷症
aphostesthesia [ˌæfɔstis'θizjə] (*a* neg. + Gr. *phōs* light + *aisthēsis* perception) 视网膜光觉,减退
aphotic [ə'fɔtik] 无光的,完全黑暗的
aphrasia [ə'freiziə] (*a* neg. + Gr. *phrasis* utterance) 组句不能
aphrodisia [ˌæfrə'diziə] (Gr. *aphrodisia* sexual pleasures) 性欲亢进
aphrodisiac [ˌæfrə'diziæk] ❶ 性欲亢进; ❷ 引起性本能亢进的药物
aphronia [ə'frəuniə] (Gr. *a* neg. + *phronein* to understand) 辩别不能,辨解不能
aphtha ['æfθə] (pl. *aphthae*) (L., Gr. "thrush") 小溃疡

Bednar's aphthae 贝德纳氏口疮
contagious aphthae, epizootic aphthae 兽疫性口疮
epizootic aphthae 兽疫性口疮
Mikulicz's aphthae 米克里兹氏口疮
recurring scarring aphthae 复发性瘢痕形成性口疮

aphthae ['æfθiː] (L.) ❶ 小溃疡。*aphtha* 的复数形式; ❷ 复发性口疮性口炎
aphthoid ['æfθɔid] (Gr. *aphtha* thrush + *eidos* form) ❶ 口疮样的; ❷ 口疮样疹
aphthongia [æf'θɔndʒiə] (*a* neg. + Gr. *phthongos* sound) 肌痉挛性失语
aphthosis [æf'θəusis] 口疮病
aphthous ['æfθəs] 口疮的
Aphthovirus [æfθəˌvaiərəs] (Gr. *aphtha* thrush + *virus*) 口疮病毒
aphylactic [ˌæfə'læktik] 无防卫性的,无防御能力的
aphylaxis [ˌæfə'læksis] 无防御力
apical ['æpikəl] 尖的,尖端的
apicalis [ˌæpi'kælis] (L. from *apex*, gen. *apicis*, top) (NA) 位于尖端的

apicectomy [ˌæpiˈsektəmi] (*apic-* + *-ectomy*) 颞骨岩尖切除术

apices [ˈæpisiːz] (L.) 尖端。apex 的复数形式

apicitis [ˌæpiˈsaitis] (*apic-* + *-itis*) 尖炎

apic(o)- (L. *apex* top, summit) 尖,顶

apicoectomy [ˌæpikəˈektəmi] (*apico-* + *-ectomy*) 根尖切除术

Apicomplexa [ˌæpikəmˈpleksə] (*apico-* + *complex*) 顶复亚门

apicomplexan [ˌæpikəmˈpleksən] ❶ 顶虫; ❷ 顶复虫的

apicostomy [ˌæpiˈkɔstəmi] 根尖造口术

apicotomy [ˌæpiˈkɔtəmi] 颞岩尖穿刺术

APIM (Association Professionnelle Internationale des Médecins 的缩写) 国际专业医师协会

apiotherapy [ˌæpiəˈθerəpi] 蜂毒疗法

apiphobia [ˌæpiˈfəubiə] (L. *apis* bee + *phobia*) 蜂恐怖症

apisination [ˌæpisiˈneiʃən] (L. *apis* bee) 蜂中毒

apitoxin [ˌæpiˈtɔksin] 蜂毒素

apituitarism [ˌæpiˈtjuːitəˌrizəm] ❶ 垂体机能低下; ❷ 先天性无垂体

APL 人绒毛膜促性腺激素制剂的商品名

aplacental [ˌæpləˈsentəl] (*a* neg. + *placenta*) 无胎盘的

aplanatic [ˌæpləˈnætik] (*a* neg. + Gr. *planan* to wander) 消球差的,等光程的

aplanatism [əˈplænətizəm] 消球差

aplasia [əˈpleiziə] (*a* neg. + Gr. *plassein* to form) 组织或器官发育不全
  a. axialis extracorticalis congenita 先天性皮质外中轴发育不全
  a. cutis congenita 先天性皮肤发育不全
  hereditary retinal a. 先天性黑蒙
  nuclear a. 神经核发育不全
  pure red cell a. 单纯红细胞发育不全
  retinal a. 视网膜发育不全
  thymic a. 胸腺发育不全
  thymic-parathyroid a. 胸腺-甲状旁腺发育不全

aplastic [əˈplæstik] (*a* neg. + Gr. *plassein* to form) 发育不全的

Aplectana [əˈplektənə] 双刺蛲虫属

apleuria [əˈpluəriə] (*a* neg. + *pleur-* + *-ia*) 无肋

aplotomy [əˈplɔtəmi] 单纯切开术

apnea [ˈæpniə] (*a* neg. + Gr. *pnoia* breath) 呼吸停止,窒息
  central a., central sleep a. 中枢睡眠性呼吸停止
  deglutition a. 吞咽性呼吸暂停
  initial a. 初期窒息
  late a. 晚期窒息
  a. neonatorum 新生儿窒息
  obstructive a., obstructive sleep a. 阻塞性呼吸停止
  sleep a. 睡眠呼吸暂停
  traumatic a. 外伤性窒息

apneic [ˈæpniːik] 呼吸暂停的

apneumatosis [ˌæpnjuːməˈtəusis] (*a* neg. + Gr. *pneumatōsis* inflation) 先天性肺不张

apneumia [æpˈnjuːmiə] (*a* neg. + *pneumōn* lung) 先天性肺缺失

apneusis [æpˈnjuːsis] 长吸呼吸

apneustic [æpˈnjuːstik] 长吸呼吸的

apo- (Gr. *apo* from) ❶ 远; ❷ 脱; ❸ 分离; ❹ 来自

apoatropine [ˌæpəˈætrəpin] 阿朴阿托品,去水阿托品

apocamnosis [ˌæpəkæmˈnəusis] 疲劳症

apocenosis [ˌæpəsəˈnəusis] 排液,排脓

apochromat [ˌæpəkrəˈmæt] (*apo-* + *chromatic* aberration) 复消色差物镜

apochromatic [ˌæpəkrəˈmætik] 无消色差的

apocope [əˈpɔkəpi] (Gr. *apokopē*) 切断术,离断术

apocoptic [ˌæpəˈkɔptik] 切断的,离断的

apocrine [ˈæpəkrin] (Gr. *apokrinesthai* to be secreted) 顶泌的,顶浆分泌的

apocrinitis [ˌæpəkriˈnaitis] (*apo-* + Gr. *krinein* to separate) 顶泌腺炎

apocrustic [ˌæpəˈkrʌstik] ❶ 收敛的; ❷ 收敛药

apocynin [əˈpɔsinin] 加拿大麻素,夹竹桃麻素

Apocynum [əˈpɔsinəm] 茶叶花属

apodal [əˈpɔdəl] 无足的

Apodemus [ˌæpəˈdeməs] 姬鼠属
  A. sylvaticus 森林姬鼠

apodia [əˈpəudiə] (*a* neg. + *pod-* + *-ia*) 无足畸形

apoenzyme [ˌæpə'enzaim] 脱辅基酶蛋白，酶本体

apoferritin [ˌæpə'feritin] 去铁蛋白，本铁蛋白

apogamia [ˌæpə'geimiə] (*apo-* + Gr. *gamein* to wed) ❶ 单性生殖；❷ 分裂生殖

apokamnosis [ˌæpəkæm'nəusis] 疲劳症

apolar [ə'pəulə] (*a* neg. + Gr. *polos* pole) 无极性的，无突起的

apolegamic [ˌæpələ'gæmik] (Gr. *apolegein* to pick out + *gamos* marriage) 选择的

apolegamy [ˌæpə'legəmi] ❶ 选配；❷ 性选择

apolepsis [ˌæpəu'lepsis] (Gr. "a leaving off") 分泌受抑

apolipoprotein [ˌæpəˌlaipəu'prəuti:n] 脱脂脂蛋白，载脂蛋白

Apollonia [ˌæpə'ləuniə] 阿波罗尼亚：一位基督教的殉道者，牙医学的守护神

apomixia [ˌæpə'miksiə] (*apo-* + Gr. *mixis* a mingling) ❶ 单性生殖，无精生殖，无配子生殖；❷ 选配，性选择

apomorphine hydrochloride [ˌæpə'mɔ:fi:n] (USP) 盐酸阿朴吗啡

aponeurectomy [ˌæpənju'rektəmi] (*aponeurosis* + Gr. *ektomē* excision) 腱膜切除术

aponeurology [ˌæpənju'rɔlədʒi] (*aponeurosis* + *-logy*) 腱膜学

aponeurorrhaphy [ˌæpənju'rɔrəfi] (*aponeurosis* + Gr. *rhaphē* suture) 腱膜缝合术，腱膜修补术

aponeuroses [ˌæpənju'rəusiz] 腱膜。*aponeurosis* 的复数形式

aponeurosis [ˌæpənju'rəusis] (pl. *aponeuroses*) (Gr. *aponeurōsis*) (NA) 腱膜
  abdominal a. 腹腱膜
  bicipital a. 肱二头肌腱膜
  a. bicipitalis 肱二头肌腱膜
  clavicoracoaxillary a. 锁喙腋腱膜
  crural a. 小腿腱膜
  Denonvilliers' a. 登隆威尼尔斯氏腱膜
  epicranial a. 帽状腱膜
  falciform a. of rectus abdominis muscle 腹直肌镰状腱膜
  femoral a. 股腱膜
  gluteal a., a. glutealis (NA) 臀腱膜
  a. of insertion 止端腱膜
  intercostal aponeuroses, external 外侧肋间腱膜
  intercostal aponeuroses, internal 内侧肋间腱膜
  ischiorectal a. 盆膈下筋膜
  a. linguae (NA), lingual a. 舌腱膜
  a. musculi bicipitis brachii (NA) 肱二头肌腱膜
  a. of occipitofrontal muscle 额肌腱膜
  a. palatina (NA), palatine a. 腭腱膜
  palmar a., a. palmaris (NA) 掌腱膜
  pharyngeal a., a. pharyngis, pharyngobasilar a., a. pharyngobasilaris 咽腱膜，咽颅底腱膜
  plantar a., a. plantaris (NA) 足底腱膜
  Sibson's a. 色布森氏腱膜，椎胸膜韧带
  subscapular a. 肩胛下肌筋膜
  a. of superior surface of levator ani muscle 提肛肌上筋膜
  supraspinous a. 棘上筋膜
  temporal a. 颞筋膜
  vertebral a. 椎筋膜
  a. of Zinn 津氏小带，腱状小带

aponeurositis [ˌæpənjurə'saitis] (*aponeurosis* + *-itis*) 腱膜炎

aponeurotic [ˌæpənju'rɔtik] 腱膜的

aponeurotome [ˌæpə'njurətəum] 腱膜刀

aponeurotomy [ˌæpənju'rɔtəmi] (*aponeurosis* + Gr. *tomē* a cut) 腱膜切开术

aponia [ə'pəuniə] (Gr. *a* neg. + *ponos* toil, pain) ❶ 辛劳不能；❷ 无痛

Aponomma [ˌæpə'nɔmə] 热带爬行蜱属

apophlegmatic [ˌæpəfleg'mætik] ❶ 祛痰的；❷ 祛痰剂

apophylaxis [ˌæpəufi'læksis] (Gr. *apo* away from + *phylaxis* protection) 防御力减退

apophysary [ə'pɔfizəri] 骨突的

apophyseal [ə'pɔfisiəl, ˌæpə'fiziəl] 骨突的

apophyseopathy [ˌæpəfizi'ɔpəθi] (*apophysis* + Gr. *pathos* disease) 骨突病

apophyses [ə'pɔfisiz] 骨突。*apophysis* 的复数形式

apophysial [ə'pɔfisiəl, ˌæpə'fiziəl] 骨突的

apophysiary [ˌæpə'fiziˌəri] 骨突的

apophysis [ə'pɔfisis] (pl. *apophyses*) (Gr. "an offshoot") ❶ 骨突，突起；❷ 突起

anular a., a. anularis (NA) 椎突
basilar a. 枕骨底突
cerebral a., a. cerebri 松果体
genial a. 颏棘
a. of Ingrassia 蝶骨小翼
a. lenticularis incudis 砧骨豆状突
odontoid a. 齿状骨突
a. ossium 骨骺
pterygoid a. 翼突
a. of Rau, a. raviana, a. rawii 饶氏突
apophysitis [əˌpɒfiˈzaitis] 骨突炎
a. tibialis adolescentium 青春期胫骨骨突炎
Apophysomyces [ˌæpəˌfizəˈmaisiz] (*apophysis* (定义2) + Gr. *mykēs* fungus) 毛霉菌属
A. elegans 脂毛霉菌
apoplasmatic [ˌæpəplæzˈmætik] 无胞浆的,原胞质产生的
apoplectic [ˌæpəˈplektik] (Gr. *apoplēktikos*) 卒中的,中风的
apoplectiform [ˌæpəˈplektifɔːm] 类中风的
apoplectoid [ˌæpəˈplektɔid] 卒中样的,类中风的
apoplexia [ˌæpəˈpleksiə] (L.) 卒中,中风
a. uteri 子宫卒中
apoplexy [ˈæpəˌpleksi] (Gr. *apoplēxia*) ❶ 卒中发作; ❷ 卒出血
abdominal a. 腹部卒中
adrenal a. 肾上腺卒中
bulbar a. 延髓卒中
cerebellar a. 小脑卒中
cerebral a. 大脑卒中
delayed a. 延迟性卒中
embolic a. 栓塞性卒中
heat a. 中暑
neonatal a. 新生儿卒中
ovarian a. 卵巢卒中
pancreatic a. 胰腺卒中
parturient a. 分娩性卒中
pituitary a. 脑垂体卒中
placental a. 胎盘卒中
pontile a., pontine a. 延髓卒中
Raymond's a. 瑞蒙德氏中风
renal a. 肾卒中
spinal a. 脊髓卒中
thrombotic a. 血栓性中风
uteroplacental a. 子宫胎盘卒中

apoprotein [ˌæpəˈprəutiːn] 阿朴蛋白,脱辅基蛋白
apoptosis [ˌæpɒpˈtəusis] (Gr. "a falling off", from *apo* off + *ptosis* fall) ❶ 脱噬作用; ❷ 程序性细胞死亡
aporepressor [ˌæpəriˈpresə] 阻抑物原,阻遏蛋白
aporrhegma [ˌæpəuˈregmə] (Gr. *apo*- from + *rrhegma* breaking) ❶ 分解产物; ❷ 蛋白分解毒质
aporrhinosis [ˌæpəuriˈnəusis] (Gr. *apo*- from + *rhis* nose) 鼻液溢流
aposome [ˈæpəsəum] (*apo*- + Gr. *sōma* body) 胞质小体
apostasis [əˈpɒstəsis] (Gr.) 病情骤变
aposthia [əˈpɒsθiə] (*a* neg. + Gr. *posthē* foreskin + *-ia*) 无包皮,先天性无包皮畸形
apothecary [əˈpɒθəˌkəri] (Gr. *apothēkē* storehouse) 药剂师,药商
apothecium [ˌæpəˈθiːsiəm] 闭囊壳,囊果
apothesis [əˈpɒθisis] (Gr. "a putting back") 回复术,回复
a. funiculi umbilicalis 脐带回复术
apoxemena [ˌæpɒkˈsemenə] (Gr. *apoxein* to scrape) 齿根膜刮除物
apparatus [ˌæpəˈreitəs] (pl. *apparatus* 或 *apparatuses*) (L. from *ad* to + *parare* to make ready) 仪器,装置
Abbe-Zeiss a. 阿-泽二氏器
absorption a. 吸收器,吸气装置
Barcroft's a. 巴瑞拉夫特氏压力计
Beckmann's a. 贝克曼氏测量仪
biliary a. 胆器
branchial a. 腮器
Brown-Roberts-Wells a. 布-罗-威三氏仪
central a. 中心器
Charnley's a. 查恩雷氏器(仪)
chromidial a. 核外染色质
ciliary a. 睫状体
cytopharyngeal a. 胞咽器
a. derivatorius 转流器
Desault's a. 底索尔特器氏器
digestive a., a. digestorius (NA) 消化器
Golgi a. 高尔基体
a. of Goormaghtigh 古尔莫格台氏器(细胞),近肾小球细胞,球旁细胞
Haldane a. 哈尔丹氏器

Hodgen's a. 霍德根氏器
Jaquet's a. 贾奎特氏记录仪
juxtaglomerular a. 肾小球旁器，近血管球体
Kirschner's a. 克尔希勒尔氏骨牵引器
lacrimal a., a. lacrimalis (NA) 泪器
Leksell a. 勒克色尔仪
a. ligamentosus colli 盖膜器
masticatory a. 咀嚼器
parabasal a. 副基器
a. of Perroncito 佩隆色托氏器(螺旋)
pilosebaceous a. 毛囊皮脂腺器
a. respiratorius (NA), respiratory a. 呼吸器
Riechert-Mundinger a. 瑞查特-姆登格定向器
Sayre's a. 色瑞氏吊架
Soxhlet's a. 萨克索雷特氏回流萃取器
spindle a. 纺锤体
subneural a. 神经下器
sucker a. 吸器，吸盘
a. suspensorius lentis 晶状体悬器
Taylor's a. 特勒尔氏器
Tiselius a. 蒂色尼尔斯电流仪
Todd-Wells a. 吐-威二氏仪
a. urogenitalis (NA) 泌尿生殖器
vasomotor a. 血管舒缩器，血管运动装置
vestibular a. 前庭器
Waldenberg's a. 维尔登伯格氏装置
Wangensteen's a. 万根斯汀氏吸引器
Warburg a. 瓦伯格氏呼吸器
appendage [ə'pendidʒ] 附器，附件
atrial a., auricular a. 心耳
cecal a. 阑尾
a. of epididymis 副睾附件
epiploic a's 膜附件
a's of the eye 眼周附属器
a's of the fetus 胎儿附属物
fibrous a. of liver 肝纤维附件
ovarian a. 卵巢附件
a's of the skin 皮肤附件
testicular a., a. of the testis 睾丸附件
uterine a's 子宫附件
a. of ventricle of larynx 喉室附件
vermicular a. 阑尾
vesicular a's of epoöphoron 卵巢冠囊状附件

appendagitis [əˌpendə'dʒaitis] 附件炎
epiploic a. 肠脂垂炎
appendectomy [ˌæpen'dektəmi] 阑尾切除术
auricular a. 心耳切除术
appendical [ə'pendikəl] 阑尾的
appendiceal [ˌæpen'disiəl] 阑尾的
appendicectomy [əˌpendi'sektəmi] (appendix + Gr. ektomē excision) 阑尾切除术
appendices [ə'pendisiz] (L.) 阑尾。appendix 的复数形式
appendicitis [əˌpendi'saitis] 阑尾炎
actinomycotic a. 放线菌性阑尾炎
acute a. 急性阑尾炎
amebic a. 阿米巴性阑尾炎
chronic a. 慢性阑尾炎
a. by contiguity 接触性阑尾炎
foreign-body a. 异物性阑尾炎
fulminating a. 暴发性阑尾炎
gangrenous a. 坏疽性阑尾炎
helminthic a. 寄生虫性阑尾炎
left-sided a. ① 左位性阑尾炎，憩室炎；② 异位阑尾炎
lumbar a. 腰性阑尾炎
a. obliterans 闭塞阑尾炎
obstructive a. 梗阻性阑尾炎
perforating a., perforative a. 穿孔性阑尾炎
protective a. 闭塞性阑尾炎
purulent a. 化脓性阑尾炎
recurrent a. 复发性阑尾炎
relapsing a. 复发性阑尾炎
segmental a. 节段性阑尾炎
skip a. 跳跃性阑尾炎
stercoral a. 粪石性阑尾炎
subperitoneal a. 腹膜下阑尾炎
suppurative a. 化脓性阑尾炎
traumatic a. 外伤性阑尾炎
verminous a. 肠虫性阑尾炎
appendic(o)- (L. appendix, gen. appendicis) 附件；阑尾
appendicocecostomy [əˌpendikəusi'kɔstəmi] 阑尾盲肠造口吻合术
appendicocele [ə'pendikəˌsi:l] 阑尾疝
appendicoenterostomy [əˌpendiˌkəuentə'rɔstəmi] 阑尾小肠吻合术
appendicolithiasis [əˌpendiˌkəuli'θaiəsis]

(*appendix* + *lithiasis*)阑尾结石症
appendicolysis [əˌpendi'kɔlisis] (*appendix* + Gr. *lysis* dissolution)阑尾粘连松解术
appendicopathy [əˌpendi'kɔpəθi] (*appendix* + Gr. *pathos* disease)阑尾病
appendicostomy [əˌpendi'kɔstəmi] (*appendix* + Gr. *stomoun* to provide with an opening, or mouth)阑尾造口术
appendicular [ˌæpen'dikjulə] ❶ 阑尾的;❷ 附件的
appendix [ə'pendiks] (pl. *appendixes*, *appendices*)(L. from *appendere* to hang upon)附件,阑尾
  auricualr a. 心耳
  cecal a. 阑尾
  ensiform a. 剑突
  a. epididymidis (NA), a. of epididymis 附睾附件
  epiploic appendices, appendices epiploicae (NA) 肠脂垂
  a. fibrosa hepatis (NA), fibrous a. of liver 肝纤维附件
  Morgagni's a. 莫尔加尼氏附件
  omental appendices 肠脂垂
  appendices omentales 肠脂垂
  a. testis (NA) 睾丸附件
  a. of ventricle of larynx, a. ventriculi laryngis 喉室附件
  a. vermicularis, vermiform a. 阑尾
  a. vermiformis (NA) 阑尾
  appendices vesiculosae epoöphori 卵巢冠囊状附件
  appendices vesiculosae epoöphorontis (NA) 卵巢冠囊状附件
  xiphoid a. 剑突
appendolithiasis [əˌpendəuli'θaiəsis] 阑尾石病
appendotome [ə'pendətəum] (*appendix* + Gr. *tome* cut) 阑尾刀
apperception [ˌæpə'sepʃən] (L. *ad* to + *percipere* to perceive) 感知,欣赏
apperceptive [ˌæpə'septiv] 感知的,欣赏的
appersonation [ˌəpəsɔː'neiʃən] 自我(人格)变换
appersonification [ˌæpəsɔnifi'keiʃən] 自我(人格)变换(妄想)
appestat ['æpistæt] (*appetite* + *stat*) 食欲中枢
appetite ['æpitait] (L. *appetere* to desire) 食欲
appetition [ˌæpi'tiʃən] (L. *ad* toward + *petere* to seek) 欲望,渴望
appetitive [ə'petitiv] 渴望的,欲望的
applanation [ˌæplə'neiʃən] (L. *applanatio*) 扁平
applanometer [ˌæplə'nɔmitə] 眼压计
apple ['æpl] 苹果
  Adam's a. 喉结
  bitter a. 药西瓜瓤
  Indian a., May a. 普达非伦(根)
  thorn a. 曼陀罗
appliance [ə'plaiəns] 器,装置,矫正器
  Andresen a. 安德瑞森氏矫正器
  Begg a. 贝格氏细丝弓矫正器
  Bimler a. 比姆勒尔氏矫正器
  craniofacial a. 颅面器
  Crozat a. 克雷布特氏矫正器
  Denholz a. 登荷尔兹氏矫正器
  edgewise a. 矩形弓丝矫正器
  expansion plate a. 膨胀板矫正器
  extraoral a. 口外器
  fixed a. 固定矫正器
  Fränkel a. 功能性矫正器
  habit-breaking a. 破陋习矫正器
  Hawley a. 郝勒氏矫正器
  Jackson a. 杰克森氏矫正器
  Johnston twin wire a. 双线矫正器
  jumping-the-bite a. 跳-咬矫正器
  Kesling a. 克斯林氏矫正器
  Kingsley a. 金斯勒氏矫正器
  labiolingual a. 唇舌弓矫正器
  monoblock a. 功能性活动矫正器
  orthodontic a. 正牙装置
  permanent a. 固定矫正器
  prosthetic a. 假体装置
  removable a. 可摘矫正器
  ribbon arch a. 带状弓矫正器
  Schwarz a. 施瓦茨氏矫正器
  split plate a. 分裂板矫正器
  twin wire a. 双丝弓矫正器
  universal a. 通用矫正器
  Walker a. 沃尔克尔氏矫正器
applicator ['æpliˌkeitə] 涂药器,敷料器
  sonic a. 声头
appliqué [ˌæpli'kei] 依附型,依附体

apposition [ˌæpəˈziʃən] (L. *appositio*) 并置, 并列

apprehension [ˌæpriˈhenʃən] ❶ 理解, 领会; ❷ 焦虑, 惧怕

approach [əˈprəutʃ] 进路
  Risdon a. 瑞斯顿氏手术进路

approximal [əˈprɔksiməl] 邻接的, 相邻的

approximate [əˈprɔksimeit] ❶ 使互相接近; ❷ 相邻的

approximation [əˌprɔksiˈmeiʃən] 接近, 近似
  successive a. 成形, 近似

apractagnosia [əˌpræktægˈnəuziə] (*apractic* + *agnosia*) 操作不能

apractic [əˈpræktik] 失用的, 运用不能的

apramycin [ˌæprəˈmaisin] 阿泊拉霉素

apraxia [əˈpræksiə] (Gr. "a not acting" "want of success") 失用症, 运用不能
  akinetic a. 运动不能性失用
  amnestic a. 遗忘性运用不能
  Brun's a. of gait 布朗氏步法运用不能
  classic a. 典型性运用不能
  constructional a. 构造性运用不能
  dressing a. 穿衣不能
  ideational a. 感觉性失用
  ideokinetic a., ideomotor a. 观念运动性失用
  innervatory a. 运动性运用不能
  Liepmann's a. 利普曼氏失用, 运用不能
  motor a. 运动性应用不能
  sensory a. 感觉性失用
  transcortical a. 观念运动性失用

apraxic [əˈpræksik] 运用不能的, 失用的

Apresazide [əˈpresəzaid] 阿朴勒色赛德: 盐酸肼苯哒嗪及双氢氯噻嗪合剂的商品名

Apresoline [əˈpresəliːn] 阿朴色林: 肼苯哒嗪制剂的商品名

aprobarbital [ˌæprəˈbɑːbitəl] 烯丙异丙巴比妥

Aprocta [əˈprɔktə] 无疣丝虫属

aproctia [əˈprɔkʃiə] (*a* neg. + Gr. *prōktos* anus) 锁肛, 无肛

aprosexia [ˌæprəuˈseksiə] (Gr. *a* neg. + *prosechein* to heed) 注意不能, 注意力减退

aprosody [əˈprɔsədi] 语调缺失

aprosopia [ˌæprəˈsəupiə] (*a* neg. + Gr. *prosōpon* face) 无面畸形

aprosopus [əˈprɔsəpəs] 无面畸胎

aprotic [əˈprɔtik] 疏质子的

aprotinin [ˌæprəˈtinin] 抑肽酶

APS (American Physiological Society 的缩写) 美国生理学会

apselaphesia [ˌæpseləˈfiziə] (Gr. *a* neg. + *pselaphesis* touch) 触觉缺失

apsychia [æpˈsaikiə] (Gr. *a* neg. + *psyche* spirit) 晕厥, 人事不省

APTA (American Physical Therapy Association 的缩写) 美国理疗协会

apterous [ˈæptərəs] (*a* neg. + Gr. *pteron* wing) 无翅的

Apterygiformes [ˌæptəˌridʒəˈfɔːmiːz] 无翼鸟类

aptitude [ˈæptitjuːd] 资质, 才能

APTT, aPTT (activated partial thromboplastin time 的缩写) 激活部分凝血酶时间

aptyalia [ˌæptiˈeiliə] (*a* neg. + Gr. *ptyalizein* to spit) 唾液缺乏, 唾液缺失

APUD (*a*mine *p*recursor *u*ptake and *d*ecarboxylation 的缩写) 胺前体摄取脱羧细胞

apudoma [ˌæpəˈdəumə] 胺前体摄取脱羧细胞瘤

apulmonism [əˈpʌlmənizəm] (*a* neg. + *pulmo* lung) 无肺畸形

apus [ˈæpəs] (*a* neg. + Gr. *pous* foot) 无足畸形患者

apyetous [əˈpaiətəs] (*a* neg. + Gr. *pyon* pus) 无脓的, 非化脓性的

apyknomorphous [əˌpiknəˈmɔːfəs] (*a* neg. + Gr. *pyknos* compact + *morphē* form) ❶ 非固缩状的; ❷ 无可染色的致密的细胞成分的

apyogenic [ˌæpiəuˈdʒenik] 非脓源性的

apyous [eiˈpaiəs] (*a* neg. + Gr. *pyon* pus) 无脓的, 不化脓的

apyrene [ˈæpiriːn] (*a* neg. + Gr. *pyrēn* fruit stone, nucleus) 无核的, 无核质的

apyretic [ˌæpiˈretik] (*a* neg. + *pyretic*) 不发热的

apyrexia [ˌæpiˈreksiə] (*a* neg. + *pyrexia*) 无热期, 热歇期

apyrexial [ˌæpiˈreksiəl] 无热期的, 热歇期的

apyrogenic [əˌpairəˈdʒenik] (*a* neg. +

Gr. *pyr* fever + *gennan* to produce) 不产热的

AQ（achievement quotient 的缩写）能力商数，成绩商数

Aq.（L. *aqua*）水

Aq. dest.（L. *aqua destillata*）蒸馏水

Aq. pur.（L. *aqua pura*）纯水

Aq. tep.（L. *aqua tepida*）温水

aqua ['ækwə]（gen., pl. *aquae*）水
  a. **amnii** 羊水
  a. **aromatica** 芳香水
  a. **cinnamomi** 桂皮水
  a. **destillata** 蒸馏水
  a. **fortis** 硝酸溶液
  a. **hamamelidis** 北美金缕梅叶水
  a. **menthae piperitae** 薄荷水
  a. **oculi** 前房液
  a. **regia** 王水
  a. **rosae** 玫瑰水
  a. **rosae fortior** 浓玫瑰水

Aquacare ['ækwəkɛə] 阿奎卡雷：尿素制剂的商品名

aquae ['ækwi:]（L.）水。*aqua* 的复数形式

aquaeductus [ˌækwi'dʌktəs]（L.）输水管

Aqua MEPHYTON [ˌækwə'mefitən] 阿奎芬通：植物甲萘醌制剂的商品名

aquaphobia [ˌækwə'fəubiə]（*aqua-* + *phobia*）溺水恐怖

aquapuncture ['ækwəˌpʌŋktʃə]（L. *aqua* water + *puncture*）皮下注水

Aquatensen [ˌækwə'tensən] 阿奎泰森：甲氯噻嗪制剂的商品名

aquatic [ə'kwætik] 水栖的，水生的

aqueduct ['ækwədʌkt] 水管
  cerebral a. 中脑水管
  a. **of cochlea** 蜗小管
  a. **of Cotunnius** ① 前庭水管；② 蜗小管
  fallopian a., a. **of Fallopius** 面神经管
  a. **of mesencephalon** 中脑水管
  a. **of midbrain** 中脑水管
  a. **of Sylvius** 中脑水管
  ventricular a. 中脑水管
  a. **of vestibule** ① 前庭小管；② 内淋巴管

aqueductus [ˌækwə'dʌktəs]（gen., pl. *aqueductus*）（L. *aqua* water + *ductus* canal）（NA）水管
  a. **cerebri**（NA）中脑水管
  a. **cochleae**（NA）蜗小管
  a. **endolymphaticus** 内淋巴管
  a. **mesencephali**（NA）中脑水管
  a. **vestibuli**（NA）前庭水管

aqueous ['ækwiəs] ❶ 水的；由水制备的；❷ 眼房水

Aquex 阿奎克斯：氯哌酰胺制剂的商品名

aquiparous [æ'kwipərəs]（L. *aqua* water + *parere* to produce）生水的；水状分泌物的

aquula ['ækwulə]（L. "little stream"）耳迷路淋巴液
  a. **auditiva externa** 外淋巴
  a. **auditiva interna** 内淋巴

AR ❶（alarm reaction 的缩写）紧急反应；❷（aortic regurgitation 的缩写）主动脉返流；❸（artificial respiration 的缩写）人工呼吸

Ar（*argon* 的符号）氩

ara-A 阿糖腺苷

araban ['ærəbæn] 阿拉伯聚糖

arabic acid ['ærəbik] 阿拉伯酸

arabin ['ærəbin] 阿拉伯酸

arabinose [ə'ræbinəus] 阿拉伯糖，阿戊糖

arabinoside [ˌærə'binəsaid] 阿拉伯糖苷

arabinosis [əˌræbi'nəusis] 阿戊糖中毒

arabinosuria [əˌræbinəu'sjuəriə] 阿拉伯糖尿

arabinosylcytosine [əˌræbinəsəl'saitəsi:n] 阿拉伯糖胞苷

arabitol [ə'ræbitɔl] 阿拉伯醇

ara-C 阿拉伯糖胞苷

arachic acid [ə'rækik] 花生酸，二十（烷）酸

arachidate [ə'rækideit] 花生盐，花生酸盐，花生酸酯

arachidic [ˌærə'kidik]（L. *arachis* peanut）花生

arachidic acid [ˌærə'kidik] 花生酸，二十（烷）酸

arachidonate [əˌræki'dɔneit] 花生酸盐，花生酸酯，花生四烯酸

arachidonate 5-lipoxygenase [əˌræki'dɔneit li'pɔksidʒəneis]（EC 1.13.11.34）花生四烯酸 5-脂肪氧化酶

arachidonate 12-lipoxygenase [əˌræki'dɔneit li'pɒksidʒəneis] (EC 1.13.11.31) 花生四烯酸 12-脂肪氧化酶

arachidonate 15-lipoxygenase [əˌræki'dəneit li'pɒksidʒəneis] (EC 1.13.11.33) 花生四烯酸 15-脂肪氧化酶

arachidonic acid [əˌræki'dɒnik] 花生四烯酸,廿碳四烯酸

arachnephobia [əˌræknə'fəubiə] 蜘蛛恐怖

Arachnia [ə'ræknɪə] (Gr. *arachnion* a cobweb) 蛛网菌属
  A. propionica 丙酸蛛网菌

arachnid [ə'ræknid] 蜘蛛

Arachnida [ə'ræknidə] (Gr. *arachnē* spider) 蛛形纲

arachnidism [ə'ræknidizəm] 蛛毒中毒

arachnitis [ˌəræk'naitis] (*arachno-* + *-itis*) 蛛网膜炎

arachn(o)- (Gr. *arachnē* spider) 网膜;蜘蛛

arachnodactylia [əˌræknədæk'tiliə] 细长指(趾),蛛脚样指(趾)

arachnodactyly [əˌræknə'dæktəli] (*arachno* + Gr. *daktylos* finger) 细长指(趾),蛛脚样指(趾)
  contractural a., congenital (CCA) 先天性挛缩性蛛脚样指(趾)

arachnogastria [əˌræknə'gæstriə] (*arachno-* + Gr. *gastēr* stomach + *-ia*) 蛛状腹

arachnoid [ə'ræknɔid] ❶ 蛛网样的;❷ 蛛网膜的
  a. of brain, cranial a. 脑蛛网膜
  spinal a., a. of spinal cord 脊髓蛛网膜

arachnoidal [ˌəræk'nɔidəl] 蛛网膜的

arachnoidea [ˌəræk'nɔidiə] (pl. *arachnoideae*) (Gr. *arachnoidēs* like a cobweb) 蛛网膜
  a. encephali 脑蛛网膜
  a. spinalis 脊髓蛛网膜

arachnoidea mater [ˌæræk'nɔidiə 'mætə] (Gr. *arachnoidēs* like a cobweb + L. *mater* mother) 蛛网膜
  a. m. cranialis (NA) 脑蛛网膜
  a. m. encephali (AN) 脑蛛网膜
  a. m. spinalis (NA) 脊髓蛛网膜

arachnoidism [ə'ræknɔiˌdizəm] 蛛毒中毒

arachnoiditis [əˌræknɔi'daitis] (*arachnoid* + *-itis*) 蛛网膜炎
  chronic adhesive a. 慢性粘连性蛛网膜炎
  spinal a. 慢性粘连性脊髓蛛网膜炎

arachnolysin [ˌəræk'nɒlisin] (*arachno-* + *lysin*) 蛛毒溶血素

arachnophobia [əˌræknə'fəubiə] (*arachno-* + *phobia*) 蜘蛛恐惧

araiocardia [ˌæreiəu'kɑːdiə] (Gr. *araecs* thin + *kardia* heart) 心动徐缓

Aralen ['eirəlen] 爱罗来:氯喹制剂的商品名

aralkyl [ə'rælkəl] 芳烷基

Aramine ['ærəmin] 阿拉明:间羟基去甲麻黄碱制剂的商品名

Aran's law [ɑː'rɑːnz] (François Amilcar *Aran*, French physician, 1817-1861) 阿兰氏定律

Aran-Duchenne muscular atrophy [ɑː'rɑːn du'ʃen] (François Amilcar *Aran*, Guillaume Benjamin Amand *Duchenne*, French neurologist, 1806-1875) 阿-杜二氏肌萎缩

Araneae [ə'reinii:] 蜘蛛目

Araneida [ˌærə'niːidə] 蜘蛛目

araneism [ə'ræniizəm] 蛛毒中毒

Arantius' bodies [ə'rænʃiəs] (Julius Caesar *Arantius*, Italian anatomist and physician, 1530-1589) 阿兰歇尔斯氏体

araphia [ə'ræfiə] 神经管闭合不全

araroba [ˌærə'rəubə] (Brazilian) ❶ 柯桠木;❷ 柯桠粉

arbaprostil [ˌæbə'prɒstil] 甲基前列素 E₂

Arber ['ɑːbə] 阿尔博:瑞士微生物学家

arbor ['ɑːbə] (pl. *arbores*) (L.) 树状结构
  a. bronchialis (NA) 支气管树
  a. vitae ① 白扁柏;② 小脑活树
  a. vitae cerebelli (NA) 小脑活树
  a. vitae uteri 子宫活树

arboreal [ɑː'bɔːriəl] ❶ 树的;❷ 树上生活的

arbores [ɑː'bɔːriz] (L.) 树状结构。*arbor* 的复数形式

arborescent [ˌɑːbə'resənt] (L. *arborescens*) 树样分支的

arborization [ˌɑːbəri'zeiʃən] (树状)分支

arboroid ['ɑːbərɔid] (L. *arbor* a tree) 树样分支的

arborvirus ['ɑːbəˌvaiərəs] 树型病毒

arboviral [ˌɑːbəˈvaiərəl] 虫媒病毒的
arbovirus [ˈɑːbəˌvaiərəs] (from arthropod-*bor*ne + *virus*) 虫媒病毒
  group A a's 阿尔法病毒
  group B a's ① 黄热病毒属；② 黄热病毒
ARC ❶(American Red Cross 的缩写) 美国红十字会；❷(anomalous retinal correspondence 的缩写) 视网膜异常对应；❸(AIDS-related complex 的缩写) 艾滋病相关复合征
arc [ɑːk] (L. *arcus* bow) ❶ 弓；❷ 弧
  auricular a., binauricular a. 耳弧
  bregmatolambdoid a. 冠弓，顶弓
  carbon a. 碳弧
  mercury a. 汞弧
  nasobregmatic a. 鼻前囟弓
  naso-occipital a. 鼻枕弓
  neural a. 神经弧
  nuclear a. 晶状体涡
  reflex a. 反射弧
  sensorimotor a. 感觉运动弧
arcade [ɑːˈkeid] 连拱
  arterial a's 动脉弓
  Flint's a. 夫林特氏弓
Arcanobacterium [ɑːˌkeinəbækˈtiəriəm] (L. *arcanus* secret + *bacterium*) 分泌菌属
  A. haemolyticus 溶血性分泌菌属
arcate [ˈɑːkeit] 弓形的
Arcella [ɑːˈselə] (L. dim. of *arcus* box, chest) 表壳虫属
Arcellinida [ˌɑːsəˈlinidə] 表壳虫目
arch [ɑːtʃ] (L. *arcus* bow) 弓
  abdominothoracic a. 胸腹弓
  alveolar a. 牙槽弓
  anterior a. of atlas 寰椎前弓
  a. of aorta 主动脉弓
  aortic a's 主动脉弓
  arterial a's of kidney 肾动脉弓
  axillary a. 腋弓
  a. of azygos vein 奇静脉弓
  basal a. 基底弓
  branchial a's 鳃弓
  carpal a., anterior 腕掌侧弓
  carpal a., dorsal, carpal a., posterior 腕背侧弓
  cervical aortic a. 颈主动脉弓
  a's of Corti 柯替氏弓，螺旋柱弓
  costal a. 肋弓
  a. of cricoid cartilage 环状软骨弓
  crural a. 股弓
  crural a., deep 股深弓
  dental a. 牙弓
  dental a., inferior 下牙弓
  dental a., superior 上牙弓
  diaphragmatic a., external 外膈弓
  diaphragmatic a., internal 内膈弓
  digital venous a's 指静脉弓
  dorsal venous a. of foot 足背静脉弓
  double aortic a. 双主动脉弓
  epiphyseal a. 脑上体弓
  femoral a., superficial 股浅弓，腹股沟韧带
  fibrous a. of soleus muscle 比目鱼肌纤维弓
  a's of foot 跖弓
  glossopalatine a. 舌腭弓
  Haller's a's 荷勒尔氏弓
  hemal a. 椎体椎突肋胸弓
  hyoid a. 舌骨弓，第二鳃弓
  inguinal a. 腹股沟韧带
  jugular venous a. 颈静脉弓
  Langer's axillary a. 郎格氏腋弓
  lingual a. 舌弓
  lingual a., fixed 固定性舌弓
  lingual a., passive 被动性舌弓
  lingual a., stationary 固定性舌弓
  longitudinal a. of foot 足底纵弓
  lumbocostal a., external, of diaphragm 膈外侧弓状韧带
  lumbocostal a., internal of diaphragm 膈内侧弓状韧带
  lumbocostal a., lateral, of Haller 外侧腰肋弓
  lumbocostal a., medial, of Haller 内侧腰肋弓
  malar a. 颧弓
  mandibular a. ① 下颌弓，第一腮弓；② 下牙弓
  maxillary a. ① 硬腭弓；② 上牙弓
  nasal a. 鼻弓
  neural a. 神经弓
  neural a. of vertebra 椎骨神经弓
  open pubic a. 开放性耻骨弓
  oral a. 口弓
  orbital a. of frontal bone 额骨眶弓

palatal a. 硬腭弓
palatine a., anterior 前腭弓,舌腭弓
palatine a., posterior 后腭弓,咽腭弓
palatoglossal a. 舌腭弓
palatomaxillary a. 硬腭弓
palatopharyngeal a. 咽腭弓
palmar arterial a., deep 掌深动脉弓
palmar arterial a., superficial 掌浅动脉弓
palmar venous a., deep 掌深静脉弓
palmar venous a., superficial 掌浅静脉弓
palpebral a., inferior 下睑板弓
palpebral a., superior 上睑板弓
paraphyseal a. 旁突体弓
a. of pelvis 骨盆弓
pharyngeal a's 咽弓
pharyngoepiglottic a. 咽会厌弓
pharyngopalatine a. 咽腭弓
plantar a. 足底弓
plantar a., deep, plantar arterial a. 足底动脉弓
plantar venous a. 足底静脉弓
popliteal a. 腘弓
postaural a's 鳃弓
posterior a. of atlas 寰椎后弓
pubic a. 耻骨弓
pulmonary a's 肺动脉弓
residual a., residual dental a. 残余(牙)弓
ribbon a. 带弓
a. of ribs 肋弓
right aortic a. 右主动脉弓
Riolan's a. 瑞尔兰氏弓
Shenton's a. 申腾氏弓
subpubic a. 耻骨下弓
superciliary a. 眉弓
supraorbital a. of frontal bone 额骨眶上弓
tarsal a's 睑板弓
tendinous a. 腱弓
tendinous a. of diaphragm, external 外膈腱弓
tendinous a. of diaphragm, internal 内膈腱弓
tendinous a. of levator ani muscle 提肛肌腱弓
tendinous a. of lumbodorsal fascia 腰背筋膜腱弓
tendinous a. of pelvic fascia 盆筋膜腱弓
tendinous a. of soleus muscle 比目鱼肌腱弓
a. of thoracic duct 胸导管弓
thyrohyoid a. 甲状舌骨弓
transverse a. of foot 足底横弓
Treitz's a. 揣茨氏弓
venous a's kidney 肾静脉弓
a. of vertebra, vertebral a. 椎弓
visceral a's 鳃弓
volar venous a., deep 掌深静脉弓
volar venous a., superficial 掌浅静脉弓
V-shaped a. V形弓
Zimmermann's a. 策麦尔曼氏弓
zygomatic a. 颧弓

arch- ❶ 头,领导; ❷ 第一,初始,原始

archae(o)- ❶ 头,领导; ❷ 第一,初始,原始

archaeocerebellum [ˌɑːkiəserəˈbeləm] (archaeo- + L. cerebellum, dim. of cerebrum brain) (NA) 古小脑

archaeocortex [ˌɑːkiəˈkɔːteks] (archaeo- + L. cortex bark, rind, shell) (NA) 古皮层,旧皮质

archaeus [ɑːˈkiəs] 元气,活力

Archagathus [ɑːˈkæɡəθəs] 阿卡格色斯:公元前219年在罗马行医的第一位希腊医生

archaic [ɑːˈkeik] (Gr. archaios ancient) 古老的,原始的

archamphiaster [ɑːˈkæmfiˌæstə] (arch- + Gr. amphi around + astēr star) 原双星体

Archangelica [ˌɑːkænˈdʒelikə] (L. from Gr. archangelikos archangelic) 独活属

arche- ❶ 头,领导; ❷ 第一,初始,原始

archegonium [ˌɑːkəˈɡəuniəm] (arche- + Gr. gonos offspring) 雌器

archencephalon [ˌɑːkenˈsefələn] (arche- + Gr. enkephalos brain) 原脑

archenteron [ɑːˈkentərən] (arche- + Gr. enteron intestine) 原肠

archeo- ❶ 头,领导; ❷ 第一,初始,原始

archeocerebellum [ˌɑːkiəserəˈbeləm] (archeo- + L. cerebellum, dim. of cerebrum brain) (NA) 古小脑

archeocortex [ˌɑːkiəˈkɔːteks] (archeo- +

archespore ['ɑ:kəspɔ:] (*arche-* + Gr. *sporos* seed) 原孢子

archesporium [,ɑ:kə'spɔriəm] 原孢子

archetype ['ɑ:kətaip] (*arche-* + Gr. *typos* type) 原始型

archi- (Gr. *arche*, arch (*i*)-, related to *archē*, beginning, *archos* leader, *archein* to begin, to rule) ❶ 头,领导; ❷ 第一,初始,原始

archiater [,ɑ:ki'eitə] (Gr. *archiatros* chief physician) 主任医师

archiblast ['ɑ:kiblæst] (*archi-* + Gr. *blastos* germ) ❶ 卵质,卵浆; ❷ 主胚层

archiblastic [,ɑ:ki'blæstik] 主胚层的;卵质的

archicarp ['ɑ:kikɑ:p] 育胚器

archicerebellum [,ɑ:ki,serə'beləm] (*archi-* + *cerebellum*) 原小脑

archicortex [,ɑ:ki'kɔ:teks] 原皮层,旧皮层

archigastrula [,ɑ:ki'gæstrulə] (*archi-* + *gastrula*) 初原肠胚

Archigenes of Apamea [ɑ:'kidʒəniz] (c. 53 to c. 117) 阿克杰尼斯:希腊医生, Agathinus 的学生,受精气论影响的折衷主义者

archikaryon [,ɑ:ki'kæriən] (*archi-* + Gr. *karyon* kernel) 原始核,初核

archil ['ɑ:kil] 海石蕊紫

archimorula [,ɑ:ki'mɔ:rulə] (*archi-* + *morula*) 原始桑葚体

archinephron [,ɑ:ki'nefrɔn] (*archi-* + Gr. *nephros* kidney) 原肾

archipallial [,ɑ:ki'pæliəl] 古皮层的,旧皮质的

archipallium [,ɑ:ki'pæliəm] (*archi-* + L. *pallium* cloak) 古皮层,旧皮质

archiplasm ['ɑ:ki,plæzəm] (*archi-* + *plasm*) ❶ 原始浆; ❷ 受精卵浆

archispore ['ɑ:kispɔ:] 原孢子

archistome ['ɑ:kistəum] (*archi-* + Gr. *stoma* mouth) 胚孔

archistriatum [,ɑ:kistri'ætəm] (*archi-* + *striatum*) 原纹状体

architectonic [,ɑ:kitek'tɔnik] ❶ 构型的; ❷ 结构,构型

architis [ɑ:'kaitis] (Gr. *archos* anus + *-itis* inflammation) 肛炎,肛门炎

archocele ['ɑ:kəsi:l] (Gr. *archos* anus + *kele* hernia) 脱肛

archocystocolposyrinx [,ɑ:kəu,sistə,kɔlpə'sirinks] (Gr. *archos* anus + *kystis* bladder + *kolpos* vagina + *syrinx* fistula) 肛门膀胱阴道瘘

archoptoma [,ɑ:kəup'təumə] (Gr. *archos* anus + *ptoma* fall) 脱肛

archostenosis [,ɑ:kəusti'nəusis] (Gr. *archos* anus + *stenos* narrow) 肛门狭窄

arciform ['ɑ:sifɔ:m] (L. *arus* bow + *forma* shape) 弓形的,弓状的

arc-quadrant [ɑ:k'kwɔdrənt] 弓形导水管

arctation [ɑ:k'teiʃən] (L. *arctatio*) 孔道狭窄

arcual ['ɑ:kjuəl] (L. *arcualis*) 弓的

arcualia [,ɑ:kju'eiliə] 弓片

arcuate ['ɑ:kjueit] (L. *arcuatus* bow shaped) 弓形的,弓状排列的

arcuation [,ɑ:kju'eiʃən] (L. *arcuatio*) 曲线

arcus ['ɑ:kəs] (pl. *arcus*) (L. "a bow") 弓

a. **adiposus** 角膜弓
a. **alveolaris mandibulae** (NA) 下颌牙槽弓
a. **alveolaris maxillae** (NA) 上颌牙槽弓
a. **anterior atlantis** 寰椎前弓
a. **aortae** (NA) 主动脉弓
a. **cartilaginis cricoideae** (NA) 环状软骨弓
a. **corneae, a. cornealis** 角膜弓,老人环
a. **costalis** (NA), a. **costarum** 肋弓
a. **dentalis inferior** (NA) 下牙弓
a. **dentalis superior** (NA) 上牙弓
a. **dorsalis pedis** 足背动脉弓
a. **ductus thoracici** (NA) 胸廓弓
a. **glossopalatinus** 舌腭弓
a. **iliopectineus** (NA) 髂耻弓
a. **inguinalis** (NA) 腹股沟弓
a. **juvenilis** ① 角膜弓; ② 阿克森菲尔德变性
a. **lipoides corneae** 脂性角膜弓
a. **lipoides myringis** 脂性鼓膜弓
a. **lumbocostalis lateralis** 外侧腰肋弓
a. **lumbocostalis medialis** 内侧腰肋弓
a. **palatini** 软腭弓

a. palatoglossus (NA) 舌腭弓
a. palatopharyngeus (NA) 咽腭弓
a. palmaris profundus (NA) 掌深动脉弓
a. palmaris superficialis (NA) 掌浅动脉弓
a. palpebrales 睑板弓
a. palpebralis inferior (NA) 下睑板弓
a. palpebralis superior (NA) 上睑板弓
a. parieto-occipitalis 顶枕弓
a. pedis longitudinalis (NA) 足纵弓
a. pedis transversalis (NA) 足横弓
a. pharyngopalatinus 咽腭弓
a. plantaris 跖深弓
a. plantaris profundus (NA) 跖深弓, 足底深弓
a. posterior atlantis (NA) 寰椎后弓
a. pubicus (NA), a. pubis 耻骨弓
a. senilis 角膜弓
a. superciliaris (NA) 眉弓
a. tarseus inferior 下睑板弓
a. tarseus superior 上睑板弓
a. tendineus (NA) 腱弓
a. tendineus fasciae pelvis (NA) 盆筋膜腱弓
a. tendineus musculi levatoris ani (NA) 提肛肌腱弓
a. tendineus musculi solei (NA) 比目鱼肌腱弓
a. venae azygou (NA) 奇静脉弓
a. venosi digitales 指静脉弓
a. venosus dorsalis pedis (NA) 足背静脉弓
a. venosus juguli (NA) 颈静脉弓
a. venosus palmaris profundus (NA) 掌深静脉弓
a. venosus palmaris superficialis (NA) 掌浅静脉弓
a. venosus plantaris (NA) 足底静脉弓
a. vertebrae (NA) 椎弓
a. vertebralis 椎弓
a. volaris profundus 掌深弓
a. volaris superficialis 掌浅弓
a. volaris venosus profundus 掌深静脉弓
a. volaris venosus superficialis 掌浅静脉弓
a. zygomaticus (NA) 颧弓

ARD (acute respiratory disease 的缩写) 急性呼吸道疾病
ardor ['ɑːdə] (L.) 灼热
a. urinae 小便灼痛
area ['ɛəriə] (pl. areae 或 areas) (L.) 区, 区域
AI a. AI 区
AII a. AII 区
acoustic a's., a. acustica 听区, 前庭区
alisphenoid a. 蝶骨翼区
a. amygdaloidea anterior (NA) 杏仁前区
anterior amygdaloid a. 杏仁前区
aortic a. 主动脉区
association a's 联合区
auditory a's 听觉区, 前庭区
auditory association a. 听觉联合区
auditory receiving a's 听觉接收区
Bamberger's a. 邦伯格氏区
bare a. of liver 肝裸区
basal seat a. 基座区
B-dependent a. B 细胞依赖区
Betz cell a. 贝茨氏细胞区
brain a. 大脑区
Broca's motor speech a. 布罗卡氏运动语言区
Broca's parolfactory a. 布罗卡氏旁嗅区
Brodmann's a's 布罗德曼氏区
catchment a. 医疗区
a. centralis 中央区
cingulate a. 扣带区
a. cochleae (NA) 耳蜗区
cochlear a. of internal acoustic meatus 耳蜗区
Cohnheim's a's 柯海姆氏区
contact a. 接触区
a. contingens (NA) 接触区
cortical a. 皮质区
cribriform a. of renal papilla 肾乳头筛状区
a. cribrosa media 内筛区
a. cribrosa papillae renalis (NA) 肾乳头筛状区
a. cribrosa superior 上筛区
a. of critical definition 影像清晰区
denture-bearing a., denture foundation a., denture-supporting a. 托牙承托区
dermatomic a. 皮区

embryonic a. 胎盘
entorhinal a. 布罗德曼氏 28 区
eye a. 眼区
a. of facial nerve 面神经区
a's of Forel 弗瑞儿氏区
fusion a. 融合区
areae gastricae (NA) 胃区
germinal a., a. germinativa 胎盘
gustatory receiving a. 味觉接收区
hypoglossal a., a. hypoglossi 舌下区
hypophysiotrophic a. 腺垂体营养区
hypothalamic a's 下丘脑区
a. hypothalamica dorsalis (NA) 下丘脑背区
a. hypothalamica lateralis 下丘脑外侧区
impression a. 印模区
insular a. 岛区
intercondylar a's of tibia 胫骨髁间区
a. intercondylaris anterior tibiae (NA) 胫骨髁间前区
a. intercondylaris posterior tibiae (NA) 胫骨髁间后区
interglobular a's 小球间区
Kiesselbach's a. 几色尔巴赫氏区
Laimer-Haeckerman a. 雷-哈二氏区
language a. 语言区
Little's a. 力妥氏区
a. martegiani 视乳头玻璃体管起始区
a. medullovasculosa 血管肉芽样区
mesobranchial a. 鳃间区
mirror a. 镜面区
motor a. 运动区
motor speech a. 运动语言区
a. nervi facialis (NA) 面神经区
a. nuda hepatis (NA) 肝裸区
olfactory a. 嗅区
a. opaca 暗区
Panum's a's 潘勒姆氏区
parastriate a. 纹状体周区
parolfactory a. of Broca 布罗卡氏旁嗅区
a. pellucida 明区
periamygdaloid a. 杏仁岩周区
peristriate a. 纹状体旁区
piriform a. 梨状区
postcentral a. 中央后区
post dam a. 后堤区

posterior palatal seal a. 后腭封区
a. postrema 最后区
postrolandic a. 中央后区
precentral a. 中央前区
prefrontal a. 额前区
premotor a. 运动前区
preoptic a. ①视前区；②下丘脑前区
a. preoptica. (NA) 视前区
prepiriform a. 梨前区
pressure a. 压力区
pretectal a., a. pretectalis (NA) 顶盖前区
primary a's 主区
primary receptive a's 主要接受区
primary somatomotor a. 主要体运动区
projection a's 投射区
pyriform a. 梨状区
receptive a's 接受区
relief a. 缓冲区
rest a. 支托区
rolandic a. 兴奋运动区
rugae a. 皱褶区
SI a. 第一体感觉区
SII a. 第二体感觉区
saddle a. 鞍区
sensorimotor a. 感觉运动区
sensory a's 感觉区
sensory association a. 感觉联合区
septal a. 隔区
silent a. 静区
somatic sensory a., somatosensory a. 体觉区
somatosensory a., first, somatosensory a., primary 第一体觉区
somatosensory a., second, somatosensory a., secondary 第二体觉区
somesthetic a. 体觉区
stress-bearing a. 应力承受区
striate a. 纹状区
strip a. 狭长区
a. subcallosa (NA), subcallosal a. 胼胝下区
a. of superficial cardiac dullness 表面心浊音区
supplementary a's 辅区
supplementary motor a. 辅助运动区
supporting a. 支持区
suppressor a's 抑制区

taste receiving a. 味觉接受区
T-dependent a. T细胞依赖区
thymus-dependent a. 胸腺依赖区
thymus-independent a. 非胸腺依赖区
T-independent a. 非T细胞依赖区
trigger a. 引发区
vagus a. 迷走神经区
a. vasculosa 血管区
vestibular a. 前庭区
vestibular a., inferior, of internal acoustic meatus 内听道前庭下区
vestibular a., superior, of internal acoustic meatus 内听道前庭上区
a. vestibularis inferior (NA) 前庭下区
a. vestibularis superior (NA) 前庭上区
visual a. 视区
visual a., first 第一视区
visual a., second 第二视区
visual a., third 第三视区
visual association a's 视联合区
visual receiving a. 视觉接受区
visuopsychic a's 视觉心理区
visuosensory a. 视觉区
a. vitellina 卵黄区
vocal a. 声门区
watershed a. 分水岭区,流域区
Wernicke's second motor speech a. 维尼克氏第二运动语言区
areata [,æri'eitə] 簇状的
Areca ['ærikə] (L. East Indian) 槟榔属
areca ['ærikə] 槟榔子
arecoline [ə'rekəli:n] 槟榔碱
Aredia [ə'ridiə] 阿瑞地亚:丙氨磷酸二钠制剂的商品名
areflexia [,æri'fleksiə] (a neg. + reflex + -ia) 无反射
aregenerative [,æri'dʒenərətiv] 再生障碍的
arenaceous [,æri'neiʃəs] 沙状的,含砂的
Arenaviridae [ə,rinə'viridi:] 沙粒病毒科
Arenavirus [ə'rinə'vaiərəs] (L. arean sand + virus, from the granules that give the virions a sandy appearance) 沙粒病毒
arenavirus [ə'rinə'vaiərəs] 沙粒病毒
arenoid ['ærənoid] (L. arena sand + Gr. eidos form) 沙状的
areola [æ'riəulə] (pl. areolae) (L. dim. of area space) ❶ 小区,细隙; ❷ 晕

a. mammae (NA), a. of mammary gland 乳晕
a. of nipple 乳晕
a. papillaris 乳晕
second a. 妊娠乳晕,第二晕
umbilical a. 脐晕
areolae [ə'riəuli:] (L.) ❶ 小区,细隙; ❷ 晕。areola 的复数形式
areolar [ə'riəulə] ❶ 小区的; ❷ 晕的
areolitis [,æriəu'laitis] 乳晕炎
areometer [,æri'ɔmitə] (Gr. araios thin + metron measure) 液体比重计
areometric [,æriəu'metrik] 液体比重测定的
areometry [,æri'ɔmitri] 液体比重测定
Arey's rule ['ɛəriz] (Leslie Brainerd Arey, American anatomist, 1891-1988) 阿瑞氏定律
Arfonad ['ɑ:fənæd] 阿封拉德:樟脑碘酸三甲噻方制剂的商品名
Arg (arginine 的缩写) 精氨酸
arg. (L. argentum 的缩写) 银
argamblyopia [ɑ:gæmbli'əupiə] (Gr. argos idle + amblyopia) 废用性弱视
Argand burner [ɑ:'gɑ:] (Aimē Argand, Swiss physicist, 1755-1803) 阿甘德氏灯
Argas ['ɑ:gəs] 锐缘蜱属
A. americanus 美洲锐缘蜱
A. brumpti 非洲锐缘蜱
A. miniatus 微小锐缘蜱
A. persicus 波斯锐缘蜱
A. reflexus 鸽锐缘蜱
argasid ['ɑ:gəsid] ❶ 隐喙蜱; ❷ 锐喙蜱的
Argasidae [ɑ:'gæsidi:] 隐喙蜱科
argema ['ɑ:dʒəmə] 角膜缘溃疡
Argemona mexicana [ɑ:'dʒemənə ˌmeksi-'kɑ:nə] 蓟罂粟
argentaffin [ɑ:'dʒentəfin] (L. argentum silver + affinis having affinity for) 嗜银的
argentaffinoma [ˌɑ:dʒən,tæfi'nəumə] 嗜银细胞瘤
a. of bronchus 支气管嗜银细胞瘤
argentation [ˌɑ:dʒən'teiʃən] (L. argentum silver) 银染法,镀银
argentic [ɑ:'dʒentik] 含银的
argentum [ɑ:'dʒentəm] (gen. argenti) (L.) 银

argilla [ɑːˈdʒilə] 陶土,粘土

argillaceous [ˌɑːdʒiˈleiʃəs] 粘土的

arginase [ˈɑːdʒineis] (EC 3.5.3.1.) 精氨酸酶

arginase deficiency 精氨酸酶缺乏症

arginine [ˈɑːdʒiniːn] ❶ 精氨酸; ❷ (USP) 阿金宁
  a. glutamate 谷氨酸精氨酸
  a. hydrochloride (USP) 盐酸精氨酸
  a. monohydrochloride 单盐酸精氨酸

arginine carboxypeptidase [ˈɑːdʒiniːn kɑːˌbɔksiˈpeptideis] 精氨酸羧肽酶

argininemia [ˌɑːdʒiniˈniːmiə] 精氨酸血症

argininosuccinase [ˌɑːdʒininəˈsʌksineis] 精氨琥珀酸酶

argininosuccinase deficiency 精氨琥珀酸酶缺乏症

argininosuccinate [ˌɑːdʒininəˈsʌksineit] 精氨琥珀酸盐

argininosuccinate lyase [ˌɑːdʒininəˈsʌksineit ˈlieis] (EC 4.3.2.1) 精氨琥珀酸裂解酶

argininosuccinate synthase [ˌɑːdʒininəˈsʌksineit ˈsinθeis] (EC 6.3.4.5) 精氨琥珀酸合成酶

argininosuccinate synthase deficiency 精氨琥珀酸合成酶缺乏症

argininosuccinic acid [ˌɑːdʒininəsʌkˈsinik] 精氨琥珀酸

argininosuccinicacidemia [ˌɑːdʒininəˌsʌksinikæsiˈdiːmiə] 精氨琥珀酸血症

argininosuccinicaciduria [ˌɑːdʒininəsʌksinikæsiˈdjuəriə] ❶ 精氨琥珀酸尿症; ❷ 精氨琥珀酸向尿中的分泌

arginyl [ˈɑːdʒinəl] 精氨酰基

argipressin [ˌɑːdʒiˈpresin] 精氨加压素

argon [ˈɑːgɔn] (Gr. *argos* inert) 氩

Argyll Robertson pupil [ɑː-ˈdʒil ˈrɔbətsən] (Douglas Moray Cooper Lamb *Argyll Robertson*, Scottish physician, 1837-1909) 阿吉尔·罗伯特松氏瞳孔

argyremia [ˌɑːdʒəˈriːmiə] (Gr. *argyros* silver + *-emia*) 银血症

argyria [ɑːˈdʒaiəriə] 银质沉着病
  a. nasalis 鼻银质沉着病

argyriasis [ˌɑːdʒiˈraiəsis] 银质沉着病

argyric [ɑːˈdʒirik] 银的,银引起的;银质沉着病的

argyrism [ˈɑːdʒərizəm] 银质沉着病

Argyrol [ˈɑːdʒərɔl] 阿吉雷尔:弱银蛋白制剂的商品名

argyrophil [ˈɑːdʒərəfil] (Gr. *argyros* silver + *philein* to love) 嗜银的

argyrosis [ˌɑːdʒəˈrəusis] (Gr. *argyros* silver) 银质沉着病

arhigosis [ˌæriˈgəusis] (Gr. *a* neg. + *rhigos* cold) 冷觉缺失

arhinencephalia [ˌɑːrinˌensəˈfeiliə] (*a* neg. + *rhinencephalon*) 无嗅脑畸形

arhinia [əˈriniə] (*a* neg. + Gr. *rhis* nose + *-ia*) 无鼻畸形

Arias-Stella reaction [ˈɑːriəs ˈstelə] (Javier *Arias-Stella*, Peruvian pathologist, born 1924) 阿瑞斯·斯特拉氏反应

ariboflavinosis [æˌribəuˌflæviˈnəusis] (*a* neg. + *riboflavin* + *-osis*) 核黄素缺乏症

aril [ˈæril] (L. *arillus* dried grape) 假种皮

arildone [ˈærildəun] 苯己廖庚二酮

arillode [ˈæriləud] 类假种皮

aristin [əˈristin] 马兜铃素

Aristocort [əˈristəkɔːt] 阿雷斯特可特:去炎松制剂的商品名

Aristolochia [əˌristəˈləukiə] (L.; Gr. *aristos* best + *lochia* lochia) 马兜铃属

aristolochic acid [əˌristəˈlɔkik] 马兜铃酸

aristolochine [ˌærisˈtɔlətfiːn] 马兜铃碱

Aristospan [əˈristəspæn] 阿雷斯特斯潘:丙酮缩去炎松已酸酯制剂的商品名

Aristotle [ˈæriˌstɔtl] (384 – 322B.C.) 亚里斯多德:希腊哲学家,自然科学家。他的研究包括比较解剖学、生理学、胚胎学和行为学

Aristotle's anomaly [ˈæristɔtlz] (*Aristotle*) 亚里斯多德氏异常

arithmomania [əˌriθməˈmeiniə] (Gr. *arithmos* number + *mania*) 计数癖

Arizona [ˌæriˈzəunə] 亚利桑那属

Arlacel A [ˈɑːləsel] 山梨醇单油脂

Arlidin [ˈɑːlidin] 阿利定:盐酸丙酚胺制剂的商品名

Arlt's recess [ɑːlts] (Carl Ferdinand Ritter von *Arlt*, Austrian ophthalmologist, 1812-1887) 阿尔特氏隐窝

arm [ɑːm] (A.S. *earm*) 臂
  bar clasp a. 杆卡环臂

bird a. 鸟臂状臂
chromosome a. 染色体臂
circumferential clasp a. 环周卡状臂
glass a. 玻璃臂
golf a. 高尔夫臂
reciprocal a. 稳定臂
retention a., retentive a. 固位臂
stabilizing a. 稳定臂
armadillo [ˌɑːməˈdiləu] 犰狳
armamentarium [ˌɑːməmenˈtɛəriəm] (L.) 医疗设备
Armanni-Ebstein cells [ɑːˈmɑni ˈebstain] (Luciano *Armanni*, Italian pathologist, 1839-1903; Wilhelm *Ebstein*, German internist 1836-1912) 阿-埃二氏细胞
armarium [ɑːˈmɛəriəm] (L.) 医疗设备
armature [ˈɑːmətʃə] (L. *armatura* a defensive apparatus) ❶ 衔铁; ❷ 甲冑
Armigeres [ɑːˈmidʒiriz] 阿蚊属
A. obturbans 骚扰阿蚊
Armillifer [ɑːˈmilifə] 洞头虫属, 蛇舌状虫属
A. armillatus 腕带蛇舌状虫
A. moniliformis 串珠蛇舌状虫
armpit [ˈɑːmpit] 腋窝
Arnaldus de Villanova 阿罗德·维兰洛瓦
Arndt's law [ɑːnt] (Rudolf *Arndt*, German psychiatrist, 1853-1900) 昂特氏定律
Arneth count [ɑːˈnet] 昂斯氏计数
Arnica [ˈɑːnikə] (L.) 山金车属
arnica [ˈɑːnikə] 山金车的干花头
Arnold of Villanova, or Arnaldus de Villanova [ˈɑːnəld] (c. 1235-1312) 阿纳拉德:西班牙医生
Arnold's canal [ˈɑːnəldz] (Philipp Friedrich *Arnold*, German anatomist, 1803-1890) 阿罗兹氏管
Arnold-Chiari deformity [ˈɑːnəld kiˈɑːri] (Julius *Arnold*, German pathologist, 1835-1915; Hans *Chiari*, Austrian pathologist, 1851-1916) 阿-基二氏畸形
AROA (autosomal recessive ocular albinism 的缩写) 遗传性眼白化病
aroma [əˈrəumə] (Gr. *arōma* spice) 芳香气
aromatase [əˈrəməteis] 芳香酶反应
aromatic [ˌærəuˈmætik] (L. *aromaticus*, Gr. *arōmatikos*) ❶ 芳香的; ❷ 芳香剂

aromatic-L-amino-acid decarboxylase [ˌærəuˈmætik əˈminəu ˈæsid ˌdikɑːˈbɒksəleis] 芳香-L-氨基酸脱羧酶
aromatization [əˌrɔmətiˈzeiʃən] 芳香化
aromine [əˈrəumiːn] 尿芳香碱
arousal [əˈrauzəl] 觉醒
arprinocid [ɑːˈprinɔsid] 氯氟苄腺嘌呤
arrachement [ɑːrɑːʃˈmɔn] 拔除术, 摘除术
arrangement [əˈreindʒmənt] 排列, 布置
anterior tooth a. 前牙排列
tooth a. 牙齿排列
arrector [əˈrektə] (pl. *arrectores*) (L.) 立肌
a. pili (pl. *arrectores pilorum*) (L. "raisers of the hair") 立毛肌
arrectores [ˌærekˈtɔːriz] (L.) 立毛肌。*arrector* 的复数形式
arrest [əˈrest] 停止, 阻止
cardiac a. 心动停止, 心搏停止
deep transverse a. 深位横阻
developmental a. 发育停止
epiphyseal a. 骨骺生长中断
heart a. 心跳停止
maturation a. 成熟停止
sinus a. 窦性停搏
arrested [əˈrestid] 停止的, 阻止的
arrhaphia [əˈreifiə] (a neg. + -rhaphy) 神经管闭合不全
Arrhenius' equation [əˈreniəs] (Svante August *Arrhenius*, Swedish chemist, 1859-1927) 阿里纽斯氏方程, 阿里纽斯氏公式
arrheno- (Gr. *arrhēn* male) 男, 雄
arrhenoblastoma [əˌriːnəublæsˈtəumə] (*arrheno* + Gr. *blastos* germ + *-oma*) 男性细胞瘤, 男性卵巢
arrhenoma [ˌæriˈnəumə] (Gr. arrhēn male + -oma tumor) 男胚瘤, 卵巢男胚瘤
arrhigosis [ˌæriˈɡəusis] (a neg. + Gr. *rhigos* cold) 冷觉缺乏
arrhinencephalia [əˌrinənsəˈfeiliə] (a neg. + *rhinencephalon*) 无嗅脑畸形
arrhinia [əˈriniə] (a neg. + rhin- + -ia) 无鼻畸形
arrhythmia [əˈriðmiə] (a + neg. + Gr. *rhythmos* rhythm) 心律失常, 心律不齐
continuous a. 持续性心律失常, 永久性心律失常
juvenile a. 青年期窦性心律失常

nodal a. 结性心律失常
nonphasic a. 非阶段性心律失常
nonrespiratory sinus a. 非呼吸性心律失常
perpetual a. 持续性心律失常
phasic a. 阶段性心律失常
respiratory sinus a. 呼吸性心律失常
sinus a. 窦性心律失常
supraventricular a. 室上性心律失常
ventricular a. 室性心律失常

arrhythmic [ə'riðmik] (*a* neg + Gr *rhythmos* rhythm)❶ 心脏节律缺失；❷ 心律不齐

arrhythmogenesis [əˌriðməu'dʒenəsis] (*arrhythmia* + *genesis*)心律失常形成

arrhythmogenic [əˌriðməu'dʒenik] (*arrhythmia* + *-genic*)产生心律失常的,促进心律失常的

arrhythmokinesis [əˌriðməukai'ni:sis] (*arrhythmia* + *kinesis*)节律运动障碍

Arroyo's sign [ɑ:'rɔjəuz] (Carlos F. *Arroyo*, American physician, 1892-1928) 阿罗佑氏征,瞳孔反应迟钝

ARRS (American Roentgen Ray Society 的缩写)美国伦琴射线学会

arsambide [ɑ:'sæmbaid] 卡巴胂

arseniasis [ˌɑ:si'naiəsis] 慢性砷中毒

arsenic[1] ['ɑ:sənik] (L. *arsenicum*, *arsenium* 或 *arsenum*; from Gr. *arsēn* strong) 砷
  a. chloride 氯化砷
  a. disulfide 二硫化二砷,雄黄
  fuming liquid a. 烟雾液态砷
  red a. sulfide 二硫化二砷
  a. trichloride 三氯化砷
  a. trioxide 三氧化二砷,白砷
  a. trisulfide 三硫化二砷,雌黄
  white a. 白砷
  a. yellow 雌黄

arsenic[2] [ɑ:'sinik] 砷的

arsenic acid [ɑ:'si:nik] 砷酸

arsenical [ɑ:'senikəl] (L. *arsenicalis*) ❶ 含砷的；❷ 含砷的药物,含砷的化合物

arsenicalism [ɑ:'senikəlˌizəm] 慢性砷中毒

arsenide ['ɑ:sinaid] 砷化物

arsenious [ɑ:'si:njəs] 亚砷的,三价砷的

arsenism ['ɑ:siˌnizəm] 慢性砷中毒

arsenite ['ɑ:sinait] 亚砷酸盐

arseno- 偶基砷

arsenotherapy [ɑ:sinəu'θerəpi] (*arsenic* + Gr. *therapeia* treatment) 砷疗法

arsenous ['ɑ:sinəs] 亚砷的

arsenous acid ['ɑ:sinəs] 亚砷酸

arsine ['ɑ:si:n] 胂,三氢化砷

arsinic acid [ɑ:'sinik] 次胂酸

arsonic acid [ɑ:'sɔnik] 胂酸

arsonium [ɑ:'səuniəm] 氢化砷基

arsphenamine [ɑ:s'fenəmin] 胂凡拉明,六〇六

arsthinol ['ɑ:sθinəl] 胂硫醇

ART ❶ (Accredited Record Technician 的缩写) 合格的记录技术员; ❷ (automated reagin test 的缩写) 自动反应素试验

Artane ['ɑ:tein] 阿坦:三己芬迪制剂的商品名

artefact ['ɑ:tifækt] 人为,人工

Artemisia [ˌɑ:ti'miziə] (L; Gr. *artemisia* from *Artemis* Diana) 蒿属,苦艾属

arteralgia [ˌɑ:tə'rældʒiə] 动脉散射痛

arterectomy [ˌɑ:tə'rektəmi] 动脉切除术

arterenol [ˌɑ:tə'ri:nɔl] 去甲肾上腺素,动脉醇

arteria [ɑ:'tiəriə] (pl. *arteriae*) (L. Gr. *artēria*) (NA) 动脉
  a. acetabuli 闭孔动脉髋臼支
  a. adrenalis media 肾上腺中动脉
  arteriae alveolares superiores anteriores (NA) 上牙槽前动脉
  a. alveolaris inferior (NA) 下牙槽动脉
  a. alveolaris superior posterior (NA) 上牙槽后动脉
  a. angularis (NA) 内眦动脉
  a. anonyma 头臂动脉干,无名动脉
  a. aorta 主动脉
  a. appendicularis (NA) 阑尾动脉
  arteriae arciformes renis 肾弓状动脉
  a. arcuata pedis (NA) 足弓状动脉
  arteriae arcuatae renis (NA) 肾弓状动脉
  a. ascendens ileocolica 回结肠动脉升支
  a. auditiva interna 迷路动脉
  arteriae auriculares anteriores 耳前动脉
  a. auricularis posterior (NA) 耳后动脉
  a. auricularis profunda (NA) 耳深动脉
  a. axillaris (NA) 腋动脉
  arteriae azygoi vaginae 子宫动脉阴道支
  a. basilaris (NA) 基底动脉

a. brachialis (NA) 肱动脉
a. brachialis superficialis (NA) 肱浅动脉
arteriae bronchiales 支气管动脉
a. buccalis 颊动脉
a. buccinatoria 颊动脉
a. bulbi penis (NA) 阴茎球动脉
a. bulbi urethrae 尿道球动脉
a. bulbi vestibuli vaginae (NA) 前庭球动脉
a. caecalis anterior (NA) 盲肠前动脉
a. caecalis posterior (NA) 盲肠后动脉
a. callosomarginalis (NA) 胼胝缘回动脉
a. canalis pterygoidei (NA) 翼管动脉
arteriae capsulares (NA) 肾囊动脉
arteriae caroticotympanicae (NA) 颈鼓动脉
a. carotis communis (NA) 颈总动脉
a. carotis externa (NA) 颈外动脉
a. carotis interna (NA) 颈内动脉
a. caudae pancreatis (NA) 胰尾动脉
arteriae centrales anterolaterales (NA) 前外中央动脉
arteriae centrales anteromediales (NA) 前内中央动脉
arteriae centrales posterolaterales (NA) 后外中央动脉
arteriae centrales posteromediales (NA) 后内中央动脉
a. centralis brevis (NA) 中央短动脉
a. centralis longa (NA) 中央长动脉
a. centralis retinae (NA) 视网膜中央动脉
a. cerebelli inferior anterior 小脑前下动脉
a. cerebelli inferior posterior 小脑后下动脉
a. cerebelli superior (NA) 小脑上动脉
arteriae cerebrales (NA) 大脑动脉
a. cerebri anterior (NA) 大脑前动脉
a. cerebri media (NA) 大脑中动脉
a. cerebri posterior (NA) 大脑后动脉
a. cervicalis ascendens (NA) 颈升动脉
a. cervicalis profunda (NA) 颈深动脉
a. cervicalis superficialis 颈浅动脉
arteriae cervicovaginales 子宫颈阴道动脉

a. chorioidea 脉络膜前动脉
a. choroidea anterior (NA) 脉络膜前动脉
arteriae ciliares anteriores (NA) 睫前动脉
arteriae ciliares posteriores breves (NA) 睫状体后短动脉
arteriae ciliares posteriores longae (NA) 睫状体后长动脉
a. circumflexa anterior humeri (NA) 旋肱前动脉
a. circumflexa femoris lateralis (NA) 旋股外侧动脉
a. circumflexa femoris medialis (NA) 旋股内侧动脉
a. circumflexa humeri anterior 旋肱前动脉
a. circumflexa humeri posterior 旋肱后动脉
a. circumflexa ilium profunda (NA) 旋髂深动脉
a. circumflexa ilium superficialis (NA) 旋髂浅动脉
a. circumflexa posterior humeri (NA) 旋肱后动脉
a. circumflexa scapulae (NA) 旋肩胛动脉
a. clitoridis 阴蒂动脉
a. colica dextra (NA) 右结肠动脉
a. colica media (NA) 中结肠动脉
a. colica sinistra (NA) 左结肠动脉
a. collateralis media (NA) 中副动脉
a. collateralis radialis (NA) 桡侧副动脉
a. collateralis ulnaris inferior (NA) 尺侧下副动脉
a. collateralis ulnaris superior (NA) 尺侧上副动脉
a. comitans nervi ischiadici (NA) 坐骨神经伴行动脉
a. comitans nervi mediani (NA) 正中神经伴行动脉
a. comitans nervi sciatici 坐骨神经伴行动脉
a. communicans anterior cerebri (NA) 大脑前交通动脉
a. communicans posterior cerebri (NA) 大脑后交通动脉

arteriae conjunctivales anteriores (NA) 结膜前动脉
arteriae conjunctivales posteriores (NA) 结膜后动脉
a. coronaria (cordis) dextra 右冠状动脉
a. coronaria dextra (NA) 右冠状动脉
a. coronaria (cordis) sinistra 左冠状动脉
a. coronaria sinistra (NA) 左冠状动脉
a. cremasterica (NA) 睾提肌动脉
a. cystica (NA) 胆囊动脉
a. deferentialis 输精管动脉
a. descendens genicularis (NA) 膝最上动脉
arteriae digitales dorsales manus (NA) 指背动脉
arteriae digitales dorsales pedis (NA) 趾背动脉
arteriae digitales palmares communes (NA) 指掌侧总动脉
arteriae digitales palmares propriae (NA) 指掌侧固有动脉
arteriae digitales plantares communes (NA) 趾底总动脉
arteriae digitales plantares propriae (NA) 趾底固有动脉
arteriae digitales volares communes 趾底总动脉
arteriae digitales volares propriae 指掌侧固有动脉
a. dorsalis clitoridis (NA) 阴蒂背动脉
a. dorsalis nasi (NA) 鼻背动脉
a. dorsalis pedis (NA) 足背动脉
a. dorsalis penis (NA) 阴茎背动脉
a. dorsalis scapulae (NA) 旋肩胛动脉
a. ductus deferentis (NA) 输精管动脉
a. epigastrica inferior (NA) 腹壁下动脉
a. epigastrica superficialis (NA) 腹壁浅动脉
a. epigastrica superior (NA) 腹壁上动脉
arteriae episclerales (NA) 巩膜外动脉
a. ethmoidalis anterior (NA) 筛前动脉
a. ethmoidalis posterior (NA) 筛后动脉
a. facialis (NA) 面动脉
a. femoralis (NA) 股动脉
a. fibularis (NA) 腓动脉

a. frontalis 额动脉
a. frontobasalis lateralis (NA) 外侧前基底动脉
a. frontobasalis medialis (NA) 内侧前基底动脉
arteriae gastricae breves (NA) 胃短动脉
a. gastrica dextra (NA) 胃右动脉
a. gastrica posterior (NA) 胃后动脉
a. gastrica sinistra (NA) 胃左动脉
a. gastroduodenalis (NA) 胃十二指肠动脉
a. gastroepiploica dextra 胃网膜右动脉
a. gastroepiploica sinistra 胃网膜左动脉
a. gastro-omentalis dextra (NA) 胃网膜右动脉
a. gastro-omentalis sinistra (NA) 胃网膜左动脉
a. genus descendens 膝最上动脉
a. genus inferior lateralis 膝下外动脉
a. genus inferior medialis 膝下内动脉
a. genus media 膝中动脉
a. genus superior lateralis 膝上外动脉
a. genus superior medialis 膝上内动脉
a. glutea inferior, a. glutealis inferior (NA) 臀下动脉
a. glutea superior, a. glutealis superior (NA) 臀上动脉
a. gyri angularis (NA) 角回动脉
a. haemorrhoidalis inferior 直肠下动脉
a. haemorrhoidalis media 直肠中动脉
a. haemorrhoidalis superior 直肠上动脉
arteriae helicinae penis (NA) 阴茎螺旋动脉
a. hepatica 肝总动脉
a. hepatica communis (NA) 肝总动脉
a. hepatica propria (NA) 肝固有动脉
a. hyaloidea (NA) 玻璃体动脉
a. hypogastrica 髂内动脉
a. hypophysialis inferior (NA) 垂体下动脉
a. hypophysialis superior (NA) 垂体上动脉
arteriae ileae 回肠动脉
arteriae ilei (NA) 回肠动脉
a. ileocolica (NA) 回结肠动脉
a. iliaca communis (NA) 髂总动脉
a. iliaca externa (NA) 髂外动脉
a. iliaca interna (NA) 髂内动脉

- a. iliolumbalis (NA) 髂腰动脉
- a. inferior anterior cerebelli (NA) 小脑前下动脉
- a. inferior lateralis genus (NA) 膝外下动脉
- a. inferior medialis genus (NA) 膝中下动脉
- a. inferior posterior cerebelli (NA) 小脑后下动脉
- a. infraorbitalis (NA) 眶下动脉
- a. innominata 无名动脉
- arteriae insulares (NA) 脑岛动脉
- arteriae intercostales posteriores (NA) 九对肋间后动脉(Ⅲ~Ⅺ)
- a. intercostalis posterior prima (NA) 第一肋间后动脉
- a. intercostalis posterior secunda (NA) 第二肋间后动脉
- a. intercostalis suprema (NA) 最上肋间动脉
- arteriae interlobares renis (NA) 肾叶间动脉
- arteriae interlobulares hepatis (NA) 肝叶间动脉
- arteriae interlobulares renis (NA) 肾小叶间动脉
- a. intermesenterica 腹膜间动脉
- a. interossea anterior (NA) 骨间前动脉
- a. interossea communis (NA) 骨间总动脉
- a. interossea dorsalis 骨间后动脉
- a. interossea posterior (NA) 骨间后动脉
- a. interossea recurrens (NA) 骨间返动脉
- a. interossea volaris 骨间前动脉
- arteriae intestinales 肠动脉
- arteriae jejunales (NA) 空肠动脉
- arteriae labiales anteriores vulvae 阴唇前动脉
- a. labialis inferior (NA) 下唇动脉
- arteriae labiales posteriores vulvae 阴唇后动脉
- a. labialis superior (NA) 上唇动脉
- a. labyrinthi, a. labyrinthina (NA) 迷路动脉
- a. lacrimalis (NA) 泪腺动脉
- a. laryngea inferior (NA) 喉下动脉
- a. laryngea superior (NA) 喉上动脉
- a. lienalis 脾动脉
- a. ligamenti teretis uteri (NA) 子宫圆韧带动脉
- a. lingualis (NA) 舌动脉
- a. lobi caudati (NA) 尾叶动脉
- arteriae lumbales (NA) 腰动脉
- a. lumbalis ima (NA) 腰最下动脉
- a. lusoria 锁骨下畸形动脉
- a. malleolaris anterior lateralis (NA) 外踝前动脉
- a. malleolaris anterior medialis (NA) 内踝前动脉
- a. mammaria interna 胸廓内动脉
- a. marginalis coli (NA) 结肠边缘动脉
- a. masseterica (NA) 咬肌动脉
- a. maxillaris (NA) 上颌动脉
- a. maxillaris externa 面动脉
- a. maxillaris interna 上颌动脉
- a. maxima Galeni 主动脉
- a. media genus (NA) 膝中动脉
- a. mediana 正中动脉
- arteriae mediastinales anteriorres 纵隔前动脉
- arteriae membri inferioris (NA) 腰下动脉
- arteriae membri superioris (NA) 腰上动脉
- a. meningea anterior 脑膜前动脉
- a. meningea media (NA) 脑膜中动脉
- a. meningea posterior (NA) 脑膜后动脉
- a. mentalis 颏动脉
- arteriae mesencephalicae (NA) 中脑动脉
- a. mesenterica inferior (NA) 肠系膜下动脉
- a. mesenterica superior (NA) 肠系膜上动脉
- arteriae metacarpales dorsales (NA), arteriae metacarpeae dorsales 掌背动脉
- arteriae metacarpales palmares (NA), arteriae metacarpeae palmares 掌心动脉
- arteriae metatarsales dorsales (NA), arteriae metatarseae dorsales 跖背动脉
- arteriae metatarsales plantares (NA), arteriae metatarseae plantares 跖底动脉
- arteriae musculares arteriae lacrimalis (NA) 泪腺动脉肌肉支

a. musculophrenica (NA) 肌膈动脉
arteriae nasales posteriores laterales (NA) 鼻后外侧动脉
a. nasi externa 鼻背动脉
a. nutricia 滋养动脉
arteriae nutriciae femoris 股骨滋养动脉
a. nutricia fibulae 腓骨滋养动脉
arteriae nutriciae humeri (NA) 肱骨滋养动脉
a. nutricia tibiae 胫骨滋养动脉
a. nutricia tibialis 胫骨滋养动脉
a. nutriens (NA) 滋养动脉
arteriae nutrientes femoris (NA) 股骨滋养动脉
a. nutriens fibulae (NA) 腓骨滋养动脉
arteriae nutrientes humeri 肱骨滋养动脉
a. nutriens tibiae, a. nutriens tibialis (NA) 胫骨滋养动脉
a. obturatoria (NA) 闭孔动脉
a. obturatoria accessoria (NA) 副闭孔动脉
a. occipitalis (NA) 枕动脉
a. occipitalis lateralis (NA) 枕外动脉
a. occipitalis medialis (NA) 枕中动脉
a. ophthalmica (NA) 眼动脉
a. ovarica (NA) 卵巢动脉
a. palatina ascendens (NA) 腭升动脉
a. palatina descendens (NA) 腭降动脉
a. palatina major (NA) 腭大动脉
arteriae palatinae minores (NA) 腭小动脉
arteriae palpebrales laterales (NA) 睑外侧动脉
arteriae palpebrales mediales (NA) 睑内侧动脉
a. pancreatica dorsalis (NA) 胰背动脉
a. pancreatica inferior (NA) 胰下动脉
a. pancreatica magna (NA) 胰大动脉
arteriae pancreaticoduodenales inferiores (NA) 胰十二指肠下动脉
a. pancreaticoduodenalis superior anterior (NA) 胰十二指肠前上动脉
a. pancreaticoduodenalis superior posterior (NA) 胰十二指肠后上动脉
a. paracentralis (NA) 旁中央动脉
arteriae parietales anterior et posterior (NA) 前后顶动脉
a. parieto-occipitalis (NA) 顶枕动脉

arteriae perforantes (NA) 穿动脉
a. pericallosa 胼胝周动脉
a. pericardiacophrenica (NA) 心包膈动脉
a. perinealis (NA) 会阴动脉
a. perinei 会阴动脉
arteriae perirenales 肾周动脉
a. peronea 腓动脉
a. pharyngea ascendens (NA) 咽升动脉
arteriae phrenicae inferiores (NA) 膈下动脉
arteriae phrenicae superiores (NA) 膈上动脉
a. plantaris lateralis (NA) 足底外侧动脉
a. plantaris medialis (NA) 足底内侧动脉
a. plantaris profundus (NA) 足底深动脉
arteriae pontis (NA) 脑桥动脉
a. poplitea (NA) 腘动脉
a. precunealis (NA) 楔叶前动脉
a. prepancreatica (NA) 前胰动脉
a. princeps pollicis (NA) 拇指主动脉
a. profunda brachii (NA) 肱深动脉
a. profunda clitoridis (NA) 阴蒂深动脉
a. profunda femoris (NA) 股深动脉
a. profunda linguae (NA) 舌深动脉
a. profunda penis (NA) 阴茎深动脉
arteriae pudendae externae (NA) 阴部外动脉
a. pudenda interna 阴部内动脉
a. pulmonalis 肺动脉
a. pulmonalis dextra (NA) 右肺动脉
a. pulmonalis sinistra (NA) 左肺动脉
a. radialis (NA) 桡动脉
a. radialis indicis (NA) 食指桡侧动脉
a. rectalis inferior (NA) 直肠下动脉
a. rectalis media (NA) 直肠中动脉
a. rectalis superior (NA) 直肠上动脉
a. recurrens 返动脉
a. recurrens radialis (NA) 桡侧返动脉
a. recurrens tibialis anterior (NA) 胫前返动脉
a. recurrens tibialis posterior (NA) 胫后返动脉
a. recurrens ulnaris (NA) 尺侧返动脉
arteriae recurrentes ulnares 尺侧返动脉

arteriae renales (NA) 肾动脉群
a. renalis (NA) 肾动脉
arteriae renis 肾动脉
arteriae retroduodenales (NA) 十二指肠后动脉
arteriae sacrales laterales (NA) 骶外侧动脉
a. sacralis lateralis 骶外侧动脉
a. sacralis media 骶正中动脉
a. sacralis mediana (NA) 骶正中动脉
a. scapularis descendens 肩胛降动脉
a. scapularis dorsalis ①肩胛背动脉;②深支颈横动脉
arteriae scrotales anteriores 阴囊前动脉
arteriae scrotales posteriores 阴囊后动脉
a. segmenti anterioris (NA) 肝右叶前段动脉
a. segmenti anterioris inferioris (NA) 肾脏前下段动脉
a. segmenti anterioris superioris (NA) 肾脏前上段动脉
a. segmenti inferioris (NA) 肾下段动脉
a. segmenti lateralis (NA) 左肝外侧段动脉
a. segmenti medialis (NA) 左肝内侧段动脉
a. segmenti posterioris (NA) 后段动脉
a. segmenti superioris (NA) 肾上段动脉
arteriae sigmoideae (NA) 乙状结肠动脉
a. spermatica externa 精索外动脉
a. sphenopalatina (NA) 蝶腭动脉
a. spinalis anterior (NA) 脊髓前动脉
a. spinalis posterior 脊髓后动脉
a. splenica (NA) 脾动脉
a. sternocleidomastoidea 胸锁乳突肌动脉
a. stylomastoidea (NA) 茎乳突动脉
a. subclavia (NA) 锁骨下动脉
a. subcostalis (NA) 肋下动脉
a. sublingualis (NA) 舌下动脉
a. submentalis (NA) 颏下动脉
a. subscapularis (NA) 肩胛下动脉
a. sulci centralis (NA) 中央沟动脉
a. sulci postcentralis (NA) 中央沟后动脉
a. sulci precentralis (NA) 中央沟前动脉

a. superior lateralis genus (NA) 膝上外动脉
a. superior medialis genus (NA) 膝上内动脉
a. supraduodenalis (NA) 十二指肠上动脉
a. supraorbitalis (NA) 眶上动脉
arteriae suprarenales superiores (NA) 肾上腺上动脉
a. suprarenalis inferior (NA) 肾上腺下动脉
a. suprarenalis media (NA) 肾上腺中动脉
a. suprascapularis (NA) 肩胛上动脉
a. supratrochlearis (NA) 滑车上动脉
arteriae surales (NA) 腓肠动脉
arteriae tarsales mediales (NA), **arteriae tarseae mediales** (NA) 跗内侧动脉
a. tarsalis lateralis (NA), **a. tarsea lateralis** 跗外侧动脉
a. temporalis anterior (NA) 颞前动脉
a. temporalis media arteriae temporalis superficialis (NA) 颞浅动脉的颞中动脉
a. temporalis media partis insularis anteriae cerebri mediae (NA) 大脑中动脉岛部的颞中动脉
a. temporalis posterior (NA) 颞后动脉
a. temporalis profunda anterior (NA) 颞前深动脉
a. temporalis profunda posterior (NA) 颞后深动脉
a. temporalis superficialis (NA) 颞浅动脉
a. testicularis (NA) 睾丸动脉
arteriae thalamostriatae anterolaterales (NA) 丘脑纹状体前外侧动脉
arteriae thalamostriatae anteromediales (NA) 丘脑纹状体前中动脉
a. thoracica interna (NA) 胸廓内动脉
a. thoracica lateralis (NA) 胸廓外动脉
a. thoracica suprema (NA) 胸最上动脉
a. thoraco-acromialis (NA) 胸肩峰动脉
a. thoracodorsalis (NA) 胸背动脉
arteriae thymicae 胸腺动脉
a. thyreoidea ima 甲状腺最下动脉
a. thyreoidea inferior 甲状腺下动脉
a. thyreoidea superior 甲状腺上动脉

a. **thyroidea ima** (NA) 甲状腺最下动脉
a. **thyroidea inferior** (NA) 甲状腺下动脉
a. **thyroidea superior** (NA) 甲状腺上动脉
a. **tibialis anterior** (NA) 胫前动脉
a. **tibialis posterior** (NA) 胫后动脉
a. **transversa cervicis** (NA) 颈横动脉
a. **transversa colli** 颈横动脉
a. **transversa facialis** 面横动脉
a. **transversa faciei** (NA) 面横动脉
a. **transversa scapulae** 肩胛上动脉
a. **tympanica anterior** (NA) 鼓室前动脉
a. **tympanica inferior** 鼓室下动脉
a. **tympanica posterior** (NA) 鼓室后动脉
a. **tympanica superior** (NA) 鼓室上动脉
a. **ulnaris** (NA) 尺动脉
a. **umbilicalis** (NA) 脐动脉
a. **urethralis** (NA) 尿道动脉
a. **uterina** (NA) 子宫动脉
a. **vaginalis** (NA) 阴道动脉
a. **vertebralis** (NA) 椎动脉
arteriae vesicales superiores (NA) 膀胱上动脉
a. **vesicalis inferior** (NA) 膀胱下动脉
a. **volaris indicis radialis** 食指桡掌侧动脉
a. **zygomatico-orbitalis** (NA) 颧眶动脉

arteriae [ɑː'tiəriiː] (L.) 动脉。*arteria* 的复数形式
arterial [ɑː'tiəriəl] 动脉的
arteriectasia [ɑːˌtəriek'teiziə] 动脉扩张
arteriectasis [ˌɑːtəri'ektəsis] (*artery* + Gr. *ektasis* dilatation) 动脉扩张
arteriectomy [ˌɑːtəri'ektəmi] (*artery* + Gr. *ektomē* excision) 动脉部分切除术
arteriectopia [ɑːˌtəriek'təupiə] (*artery* + Gr. *ektopos* out of place) 动脉异位
arteri(o)- (L. *arteria*) 动脉
arteriocapillary [ɑːˌtiəriə'kæpiˌləri] 动脉毛细管的
arteriochalasis [ɑːˌtiəriəukə'leisis] (*arteria* + Gr. *chalasis* slackening) 动脉弛缓
arteriodiastasis [ɑːˌtiəriəudai'æstəsis] (Gr. *diastasis* seperation) 动脉分离
arteriodilating [ɑːˌtiəriə'daileitiŋ] 动脉扩张的

arteriogenesis [ɑːˌtiəriəu'dʒenəsis] (*artery* + Gr. *genesis* production) 动脉形成
arteriogram [ɑː'tiəriəgræm] (*artery* + Gr. *gramma* a writing) 动脉造影照相
arteriograph [ɑː'tiəriəgrɑːf] 动脉影像
arteriography [ɑːˌtiəri'ɔgrəfi] (*artery* + *graphy*) 动脉造影术
  catheter a. 动脉导管造影
  coronary a. 冠状动脉造影
  selective a. 选择性动脉造影术
arteriola [ɑːˌtiəri'əulə] (pl. *arteriolae*) (L. dim. of *arteria*) 小动脉
  a. **glomerularis afferens** (NA) 肾小球输入小动脉
  a. **glomerularis efferens** 肾小球输出小动脉
  a. **macularis inferior** (NA) 黄斑下小动脉
  a. **macularis superior** (NA) 黄斑上小动脉
  a. **medialis retinae** (NA) 视网膜中小动脉
  a. **nasalis retinae inferior** (NA) 视网膜鼻侧下小动脉
  a. **nasalis retinae superior** (NA) 视网膜鼻侧上小动脉
  arteriolae rectae renis (NA) 肾直小动脉
  arteriolae rectae spuriae 肾直小动脉
  arteriolae rectae verae 肾直小动脉
  a. **temporalis retinae inferior** (NA) 视网膜颞侧下小动脉
  a. **temporalis retinae superior** (NA) 视网膜颞侧上小动脉
arteriolae [ɑːˌtiəri'əuliː] (L.) 小动脉
arteriolar [ɑːˌtiəri'əulə] 小动脉的
arteriole [ɑː'tiəriəul] (L. *arteriola*) 小动脉支
  afferent a. of glomerulus 肾小球输入动脉
  efferent a. of glomerulus 肾小球输出动脉
  ellipsoid a's 鞘动脉
  Isaacs-Ludwig a. 肾输入小动脉旁支
  macular a., inferior 黄斑下小动脉
  macular a., superior 黄斑上小动脉
  medial a. of retina 视网膜鼻侧小动脉
  nasal a. of retina, inferior 视网膜鼻侧

下小动脉
nasal a. of retina, superior 视网膜鼻侧上小动脉
postglomerular a. 肾小球输出动脉
precapillary a's 毛细血管前小动脉
preglomerular a. 肾小球输入小动脉
sheathed a's 鞘动脉
straight a's of kidney 肾直小动脉
straight a's of kidney, false 假肾直小动脉
straight a's of kidney, true 真肾直小动脉
temporal a. of retina, inferior 视网膜颞侧下小动脉
temporal a. of retina, superior 视网膜颞侧上小动脉

arteriolith [ɑːˈtiəriəˌliθ] (*artery* + Gr. *lithos* stone) 动脉结石

arteriolitis [ɑːˌtiəriəˈlaitis] 动脉炎

arteriology [ɑːˌtiəriˈɔlədʒi] (*artery* + *-logy*) 动脉学

arteriolonecrosis [ɑːˌtiəriˌəuləuneˈkrəusis] 小动脉坏死

arteriolopathy [ɑːˌtiəriəuˈlɔpəθi] 动脉病

arteriolosclerosis [ɑːˌtiəriˌəuləuskliəˈrəusis] 小动脉硬化

arteriolosclerotic [ɑːˌtiəriˌəuləuskliˈrɔtik] 小动脉硬化的

arteriomotor [ɑːˌtiəriəuˈməutə] 动脉运动的

arteriomyomatosis [ɑːˌtiəriəuˌmaiəuməˈtəusis] 动脉肌瘤病

arterionecrosis [ɑːˌtiəriəuneˈkrəusis] 动脉坏死

arteriopathy [ɑːˌtiəriˈɔpəθi] (*artery* + Gr. *pathos* disease) 动脉病
hypertensive a. 高血压性动脉病

arterioperissia [ɑːˌtiəriəupeˈrisiə] (Gr. *perissos* excessive) 动脉发育过度

arteriophlebotomy [ɑːˌtiəriəufliˈbɔtəmi] (*arteria* + *phlebotomy*) 动静脉切开术

arterioplasty [ɑːˈtiəriəuˌplæsti] (*artery* + Gr. *plassein* to form) 动脉成形术,动脉修补术

arteriopressor [ɑːˌtiəriəuˈpresə] 提高动脉血压的

arteriorenal [ɑːˌtiəriəuˈriːnəl] 肾动脉的

arteriorrhaphy [ɑːˌtiəriˈɔrəfi] (*artery* + Gr. *rhaphē* suture) 动脉修补术

arteriorrhexis [ɑːˌtiəriəuˈreksis] (*artery* + Gr. *rhēxis* rupture) 动脉破裂

arteriosclerosis [ɑːˌtiəriəuskliəˈrəusis] (*arterio-* + *sclerosis*) 动脉硬化
cerebral a. 脑动脉硬化
coronary a. 冠状动脉硬化
hyaline a. 玻璃样硬化
hypertensive a. 高血压性动脉硬化
infantile a. 婴儿动脉硬化
intimal a. 动脉内膜硬化
medial a. 中动脉硬化
Mönckeberg's a. 蒙克伯格氏动脉硬化
a. obliterans 闭锁性动脉硬化
peripheral a. 周围动脉硬化
presenile a. 老年前期性动脉硬化
senile a. 老年性动脉硬化

arteriosclerotic [ɑːˌtiəriəuskliəˈrɔtik] 动脉硬化的

arteriosity [ɑːˌtiəriˈɔsiti] 动脉性

arteriospasm [ɑːˈtiəriəˌspæzəm] 动脉痉挛

arteriospastic [ɑːˌtiəriəˈspæstik] 动脉痉挛的

arteriostenosis [ɑːˌtiəriəstiˈnəusis] (*artery* + Gr. *stenos* narrow) 动脉狭窄

arteriosteogenesis [ɑːˌtiəriˌɔstiəuˈdʒenəsis] (*artery* + Gr. *osteon* bone + *gennan* to produce) 动脉钙化

arteriostosis [ɑːˌtiəriɔsˈtəusis] (*artery* + Gr. *osteon* bone + *-osis*) 动脉骨化

arteriostrepsis [ɑːˌtiəriəuˈstrepsis] (*artery* + Gr. *streptos* twisted) 动脉扭转术(止血)

arteriosympathectomy [ɑːˌtiəriəuˌsimpəˈθektəmi] 动脉交感神经切除术

arteriotomy [ɑːˌtiəriˈɔtəmi] (*artery* + Gr. *tomē* cut) 动脉切开术

arteriotony [ɑːˌtiəriˈɔtəni] (*artery* + Gr. *tonos* tension) 动脉内血压;血压

arterious [ɑːˈtiəriəs] 动脉的

arteriovenous [ɑːˌtiəriəuˈviːnəs] 动静脉;动静脉的

arteritides [ˌɑːtəˈritidiz] 动脉炎。*arteritis* 的复数形式

arteritis [ˌɑːtəˈraitis] (pl. *arteritides*) (*artery* + *-itis*) 动脉炎
brachiocephalic a., a. brachiocephalica 肱骨头动脉炎,高安氏动脉炎

coronary a. 冠状动脉炎
cranial a. 颞动脉炎
aortic arch a. 主动脉弓动脉炎，高安氏动脉炎
equine viral a. 马病毒性动脉炎
giant cell a. 巨细胞性动脉炎
granulomatous a. 巨细胞性动脉炎
Horton's a. 巨细胞性动脉炎
infantile a. 婴幼儿动脉炎
localized visceral a. 局限性内脏动脉炎
necrotizing a. 结节性动脉周炎
a. obliterans 闭塞性动脉炎
rheumatic a. 风湿性动脉炎
syphilitic a. 梅毒性动脉炎
Takayasu's a. 高安氏动脉炎
temporal a. 巨细胞性动脉炎
tuberculous a. 结核性动脉炎
a. umbilicalis 新生儿脐动脉炎

Arterivirus [ɑːtəri'vaiərəs] (*arteritis* + *virus*) 动脉炎病毒

artery ['ɑːtəri] (L. *arteria*; Gr. *artēria*, from *aēr* air + *tērein* to keep, because the arteries were supposed by the ancients to contain air, or from Gr. *aeirein* to lift or attach) 动脉

accompanying a. of ischiadic nerve 坐骨神经伴行动脉
accompanying a. of median nerve 正中神经伴行动脉
acetabular a. ① 旋股内动脉髋臼支；② 闭孔动脉髋臼支
a's of Adamkiewicz 阿当凯维奇氏动脉，椎动脉脊髓支
adipose a's of kidney 肾动脉肾囊支
adrenal a., middle 肾上腺中动脉
afferent a. of glomerulus 肾小球输入动脉
alveolar a., inferior 下牙槽动脉
alveolar a's, superior, anterior 上牙槽前动脉
alveolar a. superior, posterior 上牙槽后动脉
anastomotic atrial a. 心房吻合动脉
angular a. 内眦动脉
a. of angular gyrus 脑回内眦动脉
appendicular a. 阑尾动脉
arcuate a. of foot 足弓状动脉
arcuate a's of kidney 肾弓状动脉

articular a., proper, of little head of fibula 腓骨小头关节固有动脉
atrial anastomotic a. 心房吻合动脉
atrioventricular nodal a. 房室结动脉
auditory a., internal 迷路动脉
auricular a's, anterior 耳前动脉
auricular a., deep 耳深动脉
auricular a., left 耳左动脉
auricular a., posterior 耳后动脉
auricular a. right 耳右动脉
axillary a. 腋动脉
azygos a's of vagina 阴道动脉
basilar a. 基底动脉
brachial a. 肱动脉
brachial a., deep 肱深动脉
brachial a., superficial 肱浅动脉
brachiocephalic a. 肱骨头动脉
bronchial a's 支气管动脉
bronchial a's, anterior 支气管前动脉
buccal a. 颊动脉
buccinator a. 颊肌动脉
bulbourethral a. 阴茎球动脉
a. of bulb of penis 阴茎球动脉
a. of bulb of vestibule of vagina 阴道前庭球动脉
capsular a., inferior 膝下动脉
capsular a., middle 膝中动脉
caroticotympanic a's 颈鼓动脉
carotid a., common 颈总动脉
carotid a., external 颈外动脉
carotid a., internal 颈内动脉
caudal a. 尾动脉
cecal a., anterior 盲肠前动脉
cecal a., posterior 盲肠后动脉
central a's, anterolateral 视网膜中央动脉前侧支
central a's anteromedial 视网膜中央动脉中间支
central a's posterolateral 视网膜中央动脉后侧支
central a. of retina 视网膜中央动脉
central a's of spleen 脾中央动脉
a. of central sulcus 视网膜中央沟动脉
cephalic a. 头侧动脉
cerebellar a., inferior, anterior 小脑前下动脉
cerebellar a., inferior, posterior 小脑后下动脉

cerebellar a., superior 小脑上动脉
cerebral a's 大脑动脉
cerebral a., anterior 大脑前动脉
a. of cerebral hemorrhage 大脑出血动脉
cerebral a., middle 大脑中动脉
cerebral a., posterior 大脑后动脉
a's of cerebrum 大脑动脉
cervical a., ascending 颈升动脉
cervical a., deep 颈深动脉
cervical a., descending, deep 颈深降动脉
cervical a., superficial 颈横动脉浅支
cervical a., transverse 颈横动脉
choroid a., anterior, choroidal a., anterior 脉络膜前动脉
ciliary a's, anterior 睫状前动脉
ciliary a's, long 睫状长动脉
ciliary a's, posterior, long 虹膜动脉
ciliary a's, posterior, short 睫状后短动脉
ciliary a's, short 睫状短动脉
circumflex a. 旋动脉
circumflex a., deep, internal 旋深内动脉
circumflex a., femoral, lateral 旋股外侧动脉
circumflex a., femoral, medial 旋股内侧动脉
circumflex a., humeral, anterior 旋股前动脉
circumflex a., humeral, posterior 旋股后动脉
circumflex a., iliac, deep 旋髂深动脉
circumflex a. iliac, superficial 旋髂浅动脉
circumflex a. of scapula 旋肩胛动脉
a. of clitoris, deep 阴蒂深动脉
a. of clitoris, dorsal 阴蒂背动脉
coccygeal a. 尾骨动脉
cochlear a. 迷路动脉
Cohnheim's a. 柯海姆氏动脉
colic a., left 结肠左动脉
colic a., middle 结肠中动脉
colic a., right 结肠右动脉
colic a., right, inferior 结肠右下动脉
colic a., superior, accessory 结肠中动脉
collateral a., middle 中副动脉

collateral a., radial 桡侧副动脉
collateral a., ulnar, inferior 尺侧下副动脉
collateral a., ulnar, superior 尺侧上副动脉
communicating a., anterior, of cerebrum 大脑前交通动脉
communicating a., posterior, of cerebrum 大脑后交通动脉
conal a. 锥体动脉
conducting a's 传导动脉
conjunctival a's, anterior 结膜前动脉
conjunctival a's, posterior 结膜后动脉
conus a., left 锥体左动脉
conus a., right, conus a., third 锥体右动脉
copper-wire a's 铜线动脉
cork-screw a's 瓶塞钻状动脉
coronary a. of heart, left 左冠状动脉
coronary a. of heart, right 右冠状动脉
coronary a. of stomach, right 胃右动脉
coronary a. of stomach, left 胃左动脉
cremasteric a. 提睾肌动脉
cricothyroid a. 环甲动脉
cystic a. 胆囊动脉
deferential a. 输精管动脉
deltoid a. 三角肌动脉
dental a's, anterior 齿前动脉
dental a., inferior 齿下动脉
dental a., posterior 齿后动脉
diaphragmatic a's 膈动脉
diaphragmatic a's, superior 膈上动脉
digital a's, collateral 背侧副动脉
digital a's of foot, dorsal 趾背动脉
digital a's of hand, dorsal 指背动脉
digital a's, palmar, common 指掌侧总动脉
digital a's, palmar, proper 指掌侧固有动脉
digital a's, plantar, common 趾底总动脉
digital a's plantar, proper 趾底固有动脉
digital a's, volar, common 掌(趾)背总动脉
digital a's, volar, proper 掌(趾)背固有动脉
distributing a's 分布动脉
dorsal a. of clitoris 阴蒂背动脉
dorsal a. of foot 足背动脉

dorsal a. of nose 鼻背动脉
dorsal a. of penis 阴茎背动脉
a. of ductus deferens 输精管动脉
duodenal a's 胰十二指肠下动脉
efferent a. of glomerulus 肾小球输出动脉
elastic a's 弹性动脉
emulgent a. 肾动脉
end a. 末梢动脉
epigastric a., external 腹壁外动脉
epigastric a., inferior 腹壁下动脉
epigastric a., superficial 腹壁浅动脉
epigastric a., superior 腹壁上动脉
episcleral a's 巩膜外动脉
esophageal a's, inferior 食道下动脉
ethmoidal a., anterior 筛前动脉
ethmoidal a., posterior 筛后动脉
facial a. ①面动脉；② 颈外动脉
facial a., deep 面深动脉
facial a., transverse 面横动脉
fallopian a. 子宫动脉
femoral a. 股动脉
femoral a., common 股总动脉
femoral a., deep 股深动脉
femoral a., superficial 股浅动脉
fibular a. 腓动脉
a. of foot, dorsal 足背动脉
frontal a. 额动脉
frontobasal a., lateral 额基底外动脉
funicular a. 索动脉
gastric a., left 胃左动脉
gastric a., left inferior 胃左下动脉
gastric a., posterior 胃后动脉
gastric a., right 胃右动脉
gastric a., right inferior 胃右下动脉
gastric a's, short 胃短动脉
gastroduodenal a. 胃十二指肠动脉
gastroepiploic a., left 胃网膜左动脉
gastroepiploic a., right 胃网膜右动脉
gastro-omental a., left 胃网膜左动脉
gastro-omental a., right 胃网膜右动脉
genicular a., descending 膝降动脉
genicular a. inferior, lateral 膝外下动脉
genicular a. inferior, medial 膝内下动脉
genicular a., middle 膝中动脉
genicular a., superior, lateral 膝外上动脉
genicular a., superior, medial 膝内上动脉

a. of glomerulus 肾小球动脉
gluteal a., inferior 臀下动脉
gluteal a., superior 臀上动脉
hardening of a's 动脉硬化
helicine a's 螺旋动脉
hemorrhoidal a., inferior 直肠下动脉
hemorrhoidal a., middle 直肠中动脉
hemorrhoidal a., superior 直肠上动脉
hepatic a., common 肝总动脉
hepatic a., proper 肝固有动脉
hyaloid a. 玻璃体动脉
a's of hybrid type 杂种动脉
hyoid a. 舌骨动脉
hypogastric a. 髂内动脉
hypophysial a., inferior 垂体下动脉
hypophysial a., superior 垂体上动脉
ileal a's 回肠动脉
ileocolic a. 回结肠动脉
ileocolic a., ascending 升结肠动脉
iliac a., anterior 髂前动脉
iliac a., common 髂总动脉
iliac a., external 髂外动脉
iliac a., internal 髂内动脉
iliac a., small 髂小动脉
iliolumbar a. 髂腰动脉
infracostal a. 肋下动脉
infraorbital a. 眶下动脉
inguinal a's 腹股沟动脉
innominate a. 无名动脉
insular a's 胰岛动脉
intercostal a's, anterior 肋间前动脉
intercostal a., first posterior 第一肋间后动脉
intercostal a., highest 最高肋间动脉
intercostal a's, posterior 肋间后动脉
intercostal a., second posterior 第二肋间后动脉
intercostal a., superior 肋间上动脉
interlobar a's of kidney 肾叶间动脉
interlobular a's of kidney 肾小叶间动脉
interlobular a's of liver 肝叶间动脉
intermediate atrial a., left 房中动脉左支
intermediate atrial a., right 房中动脉右支
intermetacarpal a's, palmar 掌骨间动脉
interosseous a., anterior 骨间掌侧动脉

interosseous a., common 骨间总动脉
interosseous a., dorsal, of forearm 前臂骨间背侧动脉
interosseous a., posterior, of forearm 前臂骨间背侧动脉
interosseous a., recurrent 骨间返动脉
interosseous a., volar 骨间掌侧动脉
intersegmental a's 节间动脉
interventricular a., anterior 室间前动脉
interventricular septal a's, anterior 室间隔前动脉
interventricular septal a's, posterior 室间隔后动脉
intestinal a's 小肠动脉
jejunal a's 空肠动脉
labial a's, anterior, of vulva 阴唇前动脉
labial a., inferior 下唇动脉
labial a's, posterior, of vulva 阴唇后动脉
labial a., superior 上唇动脉
a. of labyrinth, labyrinthine a. 迷路动脉
lacrimal a. 泪腺动脉
laryngeal a., inferior 喉下动脉
laryngeal a., superior 喉上动脉
left anterior descending coronary a. 冠状动脉左前降支
lenticulostriate a. 豆状核纹状体动脉
lingual a. 舌动脉
lingual a., deep 舌深动脉
a's of lower limb 下肢动脉
lumbar a's 腰动脉
lumbar a., fifth, lumbar a., lowest 第五腰动脉, 腰最下动脉
malleolar a., anterior, lateral 外踝前动脉
malleolar a., anterior, medial 内踝前动脉
malleolar a., posterior, lateral 外踝后动脉
malleolar a., posterior, medial 内踝后动脉
mammary a., external 胸廓外动脉
mammary a., internal 胸廓内动脉
mandibular a. 下颌动脉
marginal a., left 左缘动脉
marginal a., right 右缘动脉
marginal a. of colon, marginal a. of Drummond 结肠界限动脉
masseteric a. 咬肌动脉
mastoid a's 乳突动脉
maxillary a. 上颌动脉
maxillary a., external 面动脉
maxillary a., internal 上颌动脉
medial a. of foot, superficial 足正中动脉浅支
medial frontobasal a. 前基底正中动脉
median a. 正中动脉
mediastinal a's, anterior 纵隔前动脉
mediastinal a's, posterior 纵隔后动脉
medullary a. 滋养动脉
meningeal a., accessory 脑膜副动脉
menineal a., anterior 脑膜前动脉
meningeal a., middle 脑膜中动脉
meningeal a., posterior ①脑膜后动脉；② 椎动脉脑膜支
mental a. 颏动脉
mesencephalic a's 中脑动脉
mesenteric a., inferior 肠系膜下动脉
mesenteric a., superior 肠系膜上动脉
metacarpal a's, dorsal 掌背动脉
metacarpal a's, palmar 掌心动脉
metacarpal a's, ulnar 掌尺侧动脉
metacarpal a. volar, deep 掌心深动脉
metatarsal a's, dorsal 跖背动脉
metatarsal a's, plantar 跖底动脉
a's of mixed type 混合动脉
a's of Mueller 苗勒氏动脉
muscular a's 分布动脉
musculophrenic a. 肌膈动脉
mylohyoid a. 下颌舌骨动脉
myomastoid a. 乳突肌动脉
nasal a., dorsal, nasal a., external 鼻背动脉, 鼻外动脉
nasal a's, lateral posterior 鼻后外侧动脉
nasopalatine a. 鼻腭动脉
Neubauer's a. 诺伊博尔氏动脉
nodal a. 结动脉
a. of nose, dorsal 鼻背动脉
nutrient a. 滋养动脉
nutrient a's of femur 股骨滋养动脉
nutrient a. of fibula 腓骨滋养动脉
nutrient a's of humerus 肱骨滋养动脉
nutrient a's of kidney 肾滋养动脉
nutrient a. of tibia 胫骨滋养动脉
obturator a. 闭孔动脉

obturator a., accessory 闭孔副动脉
occipital a. 枕动脉
occipital a., lateral 枕外侧动脉
occipital a., middle 枕中央动脉
ophthalmic a. 眼动脉
ovarian a. 卵巢动脉
palatine a., ascending 腭升动脉
palatine a., descending 腭降动脉
palatine a., greater 腭大动脉
palatine a's, lesser 腭小动脉
palpebral a's, lateral 睑外侧动脉
palpebral a's, medial 睑内侧动脉
pancreatic a., dorsal 胰背动脉
pancreatic a., great 胰大动脉
pancreatic a., inferior 胰下动脉
pancreaticoduodenal a., anterior superior 胰十二指肠前上动脉
pancreaticoduodenal a's, inferior 胰十二指肠下动脉
pancreaticoduodenal a., posterior superior 胰十二指肠后上动脉
paracentral a. 旁中央动脉
parietal a's, anterior and posterior 前后壁动脉
pelvic a., posterior 骨盆后动脉
a. of penis, deep 阴茎深动脉
a. of penis, dorsal 阴茎背动脉
perforating a's 穿动脉
pericallosal a. 胼胝体周围动脉
pericardiac a's, posterior 心包后动脉
pericardiacophrenic a. 心包膈动脉
perineal a. 会阴动脉
peroneal a., perforating 腓穿动脉
pharyngeal a., ascending 咽升动脉
phrenic a's, great 膈下动脉
phrenic a's, inferior 膈下动脉
phrenic a's, superior 膈上动脉
plantar a., deep 足底深动脉
plantar a., external 足底外侧动脉
plantar a., lateral 足底外侧动脉
plantar a., medial 足底内侧动脉
pontine a's 脑桥动脉
popliteal a. 腘动脉
a. of postcentral sulcus 后中央沟动脉
posterior descending coronary a. 冠状动脉后降支
a. of precentral sulcus 前中央沟动脉
precuneal a. 楔叶前动脉

prepancreatic a. 胰前动脉
principal a. of thumb 拇主动脉
pterygoid a's 翼状动脉
a. of pterygoid canal 翼状管动脉
pubic a. 耻骨动脉
pudendal a's, external 阴部外动脉
pudendal a., internal 阴部内动脉
pulmonary a. 肺动脉
pulmonary a., left 肺左动脉
pulmonary a., right 肺右动脉
a. of the pulp 髓动脉
pyloric a. 幽门动脉
quadriceps a. of femur 股四头肌动脉
radial a. 桡动脉
radial a., collateral 副桡动脉
radial a. of index finger 食指桡侧动脉
radial a., volar, of index finger 食指桡侧掌动脉
radiate a's of kidney 肾小叶间动脉
radicular a's 椎动脉脊髓支
ranine a. 舌深动脉
rectal a., inferior 直肠下动脉
rectal a., middle 直肠中动脉
rectal a., superior 直肠上动脉
recurrent a. 返动脉
recurrent a., radial 桡侧返动脉
recurrent a., tibial, anterior 胫前返动脉
recurrent a., tibial, posterior 胫后返动脉
recurrent a., ulnar 尺侧返动脉
renal a. 肾动脉
renal a's 肾动脉
retrocostal a. 肋后动脉
retroduodenal a's 十二指肠后动脉
revehent a. 肾小球输出血管
a. of round ligament of uterus 子宫圆韧带动脉
sacral a's, lateral 骶外侧动脉
sacral a., median 骶正中动脉
sacrococcygeal a. 骶正中动脉
scapular a., descending 肩胛降动脉
scapular a., dorsal ①肩胛背动脉;②颈横动脉支
scapular a., transverse 肩胛横动脉
sciatic a. 坐骨动脉
scrotal a's, anterior 阴囊前动脉
scrotal a's, posterior 阴囊后动脉

segmental a., anterior 肝后动脉前段
segmental a., anterior inferior 肾动脉的前下段
segmental a., anterior superior 肾动脉的前上段
segmental a., inferior 肾下段动脉
segmental a., lateral 肝左动脉外侧段
segmental a., medial 肝左动脉内侧段
segmental a., posterior 肝右动脉后段
segmental a., superior 肾上段动脉
septal a's, anterior 室间隔后右冠状动脉室间隔支
septal a's, posterior 室间隔后右冠状动脉室间隔支
sheathed a's 鞘动脉
short central a. 中央短动脉
sigmoid a's 乙状结肠动脉
sinoatrial nodal a., sinuatrial nodal a., sinus node a. 窦房结动脉
spermatic a., external 精索外动脉
spermatic a., internal 精索内动脉
sphenopalatine a. 蝶腭动脉
spinal a's 脊髓动脉
spinal a., anterior 脊髓前动脉
spinal a., posterior 脊髓后动脉
splenic a. 脾动脉
sternal a's, posterior 胸骨后动脉
sternocleidomastoid a. 胸锁乳突肌动脉
sternocleidomastoid a., superior 胸锁乳突肌上动脉
straight a's of kidney 肾直动脉
striate a's 纹状动脉
striate a's, lateral 外侧纹状动脉
striate a's, medial 内侧纹状动脉
stylomastoid a. 茎乳突动脉
subclavian a. 锁骨下动脉
subcostal a. ① 肋下动脉；② 肋外动脉胸廓内支
sublingual a. 舌下动脉
submental a. 颏下动脉
subscapular a. 肩胛下动脉
supraduodenal a. 十二指肠上动脉
supraorbital a. 眶上动脉
suprarenal a., aortic 肾上腺中动脉
suprarenal a., inferior 肾上腺下动脉
suprarenal a., middle 肾上腺中动脉
suprarenal a's, superior 肾上腺上动脉
suprascapular a. 肩胛上动脉

supratrochlear a. 滑车上动脉
sural a's 腓肠动脉
sylvian a. 大脑中动脉
tarsal a., lateral 跗外侧动脉
tarsal a., medial 跗内侧动脉
temporal a., anterior 颞前动脉
temporal a's, deep 颞深动脉
temporal a., deep, anterior 颞前深动脉
temporal a., deep, posterior 颞后深动脉
temporal a., middle ① 颞中动脉颞浅支；② 大脑中动脉颞内脑岛部
temporal a., posterior 颞后动脉
temporal a., superficial 颞浅动脉
terminal a. 末端动脉
testicular a. 睾丸动脉
thalamostriate a's, anterolateral 前外侧中央动脉
thalmostriate a's, anteromedial 前内侧中央动脉
thoracic a., highest 胸最上动脉
thoracic a., internal 胸廓内动脉
thoracic a., lateral 胸廓外动脉
thoracicoacromial a. 胸肩峰动脉
thoracodorsal a. 胸背动脉
thymic a's 胸腺动脉
thyroid a., inferior 甲状腺下动脉
thyroid a., inferior, of Cruveihier 甲状腺上动脉环甲支
thyroid a., lowest 甲状腺下动脉
thyroid a., superior 甲状腺上动脉
tibial a., anterior 胫前动脉
tibial a., posterior 胫后动脉
a. of tongue, dorsal 舌背动脉
tonsillar a. 扁桃体动脉
transverse cervical a. 颈横动脉
transverse a. of face 面横动脉
transverse a. of neck 颈横动脉
tubo-ovarian a. 卵巢动脉
tympanic a., anterior 鼓室前动脉
tympanic a., inferior 鼓室下动脉
tympanic a., posterior 鼓室后动脉
tympanic a., superior 鼓室上动脉
ulnar a. 尺动脉
ulnar collateral a., inferior 尺侧下副动脉
ulnar collateral a., superior 尺侧上副动脉
umbilical a. 脐动脉

a's of upper limb 上肢动脉
urethral a. 尿道动脉
uterine a. 子宫动脉
uterine a., aortic 卵巢动脉
vaginal a. 阴道动脉
venous a's 肺静脉
vermiform a. 阑尾动脉
vertebral a. 椎动脉
vesical a., inferior 膀胱下动脉
vesical a's, superior 膀胱上动脉
vestibular a's 前庭动脉
vidian a. 翼管动脉
a. of Zinn 津氏中央动脉
zygomatico-orbital a. 颧眶动脉

arthral [ˈɑːθrəl] 关节
arthralgia [ɑːˈθrældʒiə] (*arthr-* + *-algia*.) 关节痛
    a. saturnina 铅中毒性关节痛
arthralgic [ɑːˈθrældʒik] 关节痛的
arthrectomy [ɑːˈθrektəmi] (*arthr-* + Gr. *ektomē* excision) 关节切除术
arthredema [ˌɑːθriˈdiːmə] (*arthron* + *edema*) 关节水肿
arthrempyesis [ˌɑːθrempaiˈiːsis] (*arthr-* + Gr. *empyēsis* suppuration) 关节化脓
arthresthesia [ˌɑːθrisˈθiːzjə] (*arthr-* + Gr. *aisthēsis* perception) 关节感觉
arthritic [ɑːˈθritik] ❶ 关节炎的；❷ 关节炎患者
arthritide [ˈɑːθritaid] 关节炎(性)皮疹
arthritides [ɑːˈθritidiz] 关节炎。*arthritis* 的复数形式
arthritis [ɑːˈθraitis] (pl. *arthritides*) (Gr. *arthron* joint + *-itis*) 关节炎
    acute a. 急性关节炎
    acute gouty a. 急性痛风性关节炎
    acute rheumatic a. 风湿热
    acute suppurative a. 关节化脓性炎症
    bacterial a. 感染性关节炎
    Bekhterev's a. 贝克特瑞夫氏关节炎
    chronic inflammatory a. 慢性炎症性关节炎
    chronic villous a. 慢性绒毛膜关节炎
    climactic a. 更年期关节炎
    cricoarytenoid a. 环杓骨关节炎
    crystal-induced a. 水晶沉积样关节炎
    a. deformans 变形关节炎
    degenerative a. 变性关节炎
    exudative a. 渗出性关节炎
    fungal a., a. fungosa 霉菌性关节炎
    gonococcal a., gonorrheal a. 淋球菌关节炎
    gouty a. 痛风性关节炎
    hemophilic a. 出血性关节炎
    hypertrophic a. 肥大性关节炎
    infectious a. 感染性关节炎
    Jaccoud's a. 雅库氏关节炎
    juvenile a., juvenile chronic a. 青年期类风湿性关节炎
    Lyme a. 兰姆氏关节炎
    menopausal a. 停经关节炎
    a. mutilans 毁形关节炎
    mycotic a. 霉菌性关节炎
    navicular a. 舟骨关节炎(马)
    neuropathic a. 神经原性关节炎
    proliferative a. 增殖性关节炎
    psoriatic a. 牛皮癣关节炎
    rheumatoid a. 类风湿性关节炎
    rheumatoid a., juvenile 儿童类风湿性关节炎
    septic a. 细菌性关节炎
    a. sicca 干性关节炎
    suppurative a. 细菌性关节炎
    syphilitic a. 梅毒性关节炎
    tuberculous a. 结核性关节炎
    uratic a. 痛风性关节炎
    a. urethritica 尿道性关节炎
    venereal a. 性病性关节炎
    vertebral a. 脊椎关节炎
    viral a. 感染性关节炎
arthr(o)- (Gr. *arthron* joint) 关节
Arthrobotrys [ˌɑːθrəˈbɒtris] 线虫捕捉菌属
arthrocele [ˈɑːθrəsiːl] (*arthro-* + Gr. *kēlē* tumor) 关节肿大
arthrocentesis [ˌɑːθrəusenˈtiːsis] 关节穿刺
arthrochalasis [ˌɑːθrəuˈkæləsis] (*arthro-* + Gr. *chalasis* relaxation) 关节松弛
    a. multiplex cogenita 先天性多发性关节松弛症,埃-当二氏综合征
arthrochondritis [ˌɑːθrəukɒnˈdraitis] (*arthro-* + *chondritis*) 关节软骨炎
arthroclasia [ˌɑːθrəuˈkleiziə] (*arthro-* + Gr. *klaein* to break) 关节活动术
arthroclisis [ˌɑːθrəuˈklaisis] 关节强直
Arthroderma [ˌɑːθrəuˈdɜːmə] 子囊菌属
arthrodesia [ˌɑːθrəuˈdiːziə] 关节固定术

arthrodesis [ˌɑːθrəuˈdiːsis] (*arthro-* + Gr. *desis* binding) 关节固定术
　Moberg a. 莫伯格氏关节固定术
　triple a. 三联关节固定术
arthrodia [ɑːˈθrəudiə] (Gr. *arthrōdia* a particular kind of articulation) 滑动关节
arthrodial [ɑːˈθrəudiəl] 滑动关节的
arthrodynia [ˌɑːθrəuˈdiniə] (*arthro-* + *odynē* pain) 关节痛
arthrodysplasia [ˌɑːθrədisˈpleiziə] (*arthro-* + *dysplasia*) 关节发育不良
arthroempyesis [ˌɑːθrəuˌempaiˈisis] (*arthro-* + Gr. *empyēsis* suppuration) 关节化脓
arthroendoscopy [ˌɑːθrəuenˈdɔskəpi] 关节内窥镜检查
arthroereisis [ˌɑːθrəuiˈraisis] (*arthro-* + Gr. *ereisis* a raising up) 关节制动术
arthrogenous [ɑːˈθrədʒinəs] (*arthro-* + Gr. *gennan* to produce) 成关节的
arthrogram [ˈɑːθrəgræm] 关节 X 线造影片
arthrography [ɑːˈθrɔgrəfi] (*arthro-* + Gr. *graphein* to write) 关节造影术
　air a. 关节充气造影术
arthrogryposis [ˌɑːθrəugriˈpəusis] (*arthro-* + Gr. *gryposis* a crooking) ❶关节弯曲；❷破伤风状痉挛
　congenital multiple a., a. multiplex congenita 先天性多发性关节弯曲
arthrokatadysis [ˌɑːθrəukəˈtædisis] (*arthro-* + Gr. *katadysis* a falling down) 关节内陷
arthrokleisis [ˌɑːθrəuˈklaisis] (*arthro-* + Gr. *kleisis* closure) 关节强直
arthrolith [ˈɑːθrəuliθ] (*arthro-* + Gr. *lithos* stone) 关节石
arthrolithiasis [ˌɑːθrəuliˈθaiəsis] 关节石病
arthrologia [ˌɑːθrəˈlɔdʒiə] 关节学
arthrology [ɑːˈθrɔlədʒi] (*arthro-* + *-logy*) 关节学
arthrolysis [ɑːˈθrɔlisis] (*arthro-* + Gr. *lysis* dissolution) 关节松解术
arthromeningitis [ˌɑːθrəuˌmeninˈdʒaitis] (*arthro-* + Gr. *mēninx* membrane + *-itis*) 滑膜炎
arthrometer [ɑːˈθrɔmitə] (*arthro-* + Gr. *metron* measure) 关节动度计
arthrometry [ɑːˈθrɔmitri] 关节动度测量法

arthroncus [ɑːˈθrɔŋkəs] (*arthro-* + Gr. *onkos* mass) 关节肿大
arthroneuralgia [ˌɑːθrəunjuəˈrældʒiə] (*arthro-* + *neuralgia*) 关节神经痛
arthro-onychodysplasia [ˌɑːθrəuˌɔnikəudisˈpleiziə] 关节指甲发育不良
arthro-ophthalmopathy [ˌɑːθrəuˌɔfθælˈmɔpəθi] 关节-眼病
　hereditary progressive a. 遗传性进行性关节-眼病
Arthropan [ˈɑːθrəupæn] 阿斯容潘：水杨酸胆碱制剂的商品名
arthropathia [ˌɑːθrəuˈpæθiə] (L.) 关节病
　a. ovaripriva 绝经期关节炎
　a. psoriatica 牛皮癣性关节病
arthropathic [ˌɑːθrəuˈpæθik] 关节病的
arthropathology [ˌɑːθrəupəˈθɔlədʒi] (*arthro-* + *pathology*) 关节病理学
arthropathy [ɑːˈθrɔpəθi] (*arthro-* + Gr. *pathos* disease) 关节病
　Charcot's a. 夏科氏关节病
　chondrocalcific a. 软骨钙化性关节病
　inflammatory a. 炎症性关节病
　neurogenic a. 神经原性关节病
　neuropathic a. 神经病性关节病
　osteopulmonary a. 肺性骨关节病
　psoriatic a. 牛皮癣性关节病
　pyrophosphate a. 焦磷酸盐性关节病
　static a. 平衡不良性关节病
　syphilitic a. 梅毒性关节病
　tabetic a. 脊髓痨关节病
arthrophyma [ˌɑːθrəuˈfaimə] (*arthro-* + Gr. *phyma* swelling) 关节肿大
arthrophyte [ˈɑːθrəfait] (*arthro-* + Gr. *phyton* plant) 关节小体
arthroplastic [ˌɑːθrəuˈplæstik] 关节成形的
arthroplasty [ˈɑːθrəuˌplæsti] (*arthro-* + Gr. *plassein* to form) 关节成形术
　Austin Moore a. 奥斯汀摩尔氏关节成形术
　Charnley's hip a. 查恩理氏髋关节成形术
　interposition a. 插补性关节成形术
　intracapsular temporomandibular joint a. 囊内颞下颌关节成形术
　Thompson a. 汤普生氏关节成形术
arthropneumography [ˌɑːθrənjuˈmɔgrəfi]

关节充气造影术

arthropneumoradiography [ˌɑːθrəˌnjuːməˌreidiˈɔɡrəfi] (arthro- + Gr. pneuma air + radiography) 关节充气造影术

arthropod [ˈɑːθrəpɔd] 节肢动物

Arthropoda [ɑːˈθrɔpədə] (arthro- + Gr. pous foot) 节肢动物门

arthropodan [ɑːˈθrɔpədən] 节肢动物的

arthropodic [ɑːˈθrəuˈpɔudik] 节肢动物的

arthropodous [ɑːˈθrɔpədəs] 节肢动物的

arthropyosis [ˌɑːθrəupaiˈəusis] (arthro- + Gr. pyōsis suppuration) 关节化脓

arthrorheumatism [ɑːˈθrəuˈruːmətizəm] 关节风湿病

arthrorisis [ɑːθrəuˈraisis] 关节制动术

arthrorrhagia [ɑːθrəuˈreidʒiə] (Gr. rhagia a bursting forth) 关节出血

arthroscintigram [ˌɑːθrəuˈsintigræm] 关节闪烁扫描图

arthroscintigraphy [ˌɑːθrəusinˈtigrəfi] 关节闪烁扫描术

arthrosclerosis [ˌɑːθrəuskliəˈrəusis] (arthro- + sklērōsis hardening) 关节硬化

arthroscope [ˈɑːθrəskəup] (arthro- + Gr. skopein to examine) 关节镜

arthroscopy [ɑːˈθrɔskəpi] 关节镜检查

arthrosis [ɑːˈθrəusis] ❶ (Gr. arthrōsis a jointing) 关节；❷ (arthro- + -osis) 关节病

a. deformans 变形性关节病

arthrospore [ˈɑːθrəspɔː] (arthro- + Gr. sporos seed) 分节孢子

arthrosteitis [ɑːˌθrɔstiˈaitis] (arthro- + Gr. osteon bone + -itis) 关节骨炎

arthrostomy [ɑːˈθrɔstəmi] (arthro- + Gr. stomoun to provide with a mouth, or opening) 关节造口术

arthrosynovitis [ɑːˌθrəuˌsinəˈvaitis] (arthro- + synovitis) 关节滑膜炎

arthrotome [ˈɑːθrətəum] (arthro- + Gr. tomē cut) 关节刀

arthrotomy [ɑːˈθrɔtəmi] (arthro- + Gr. tomē cut) 关节切开术

arthrotrauma [ˌɑːθrəuˈtrɔːmə] (Gr. arthron- + trauma injury) 关节外伤

arthrotropic [ˌɑːθrəuˈtrɔpik] (arthro- + Gr. tropos a turning) 亲关节的

arthroxesis [ɑːˈθrɔksəsis] (arthro- + Gr. xesis scraping) 关节面刮除术

Arthus reaction [ɑːˈtuːs] (Nicolas-Maurice Arthus, French physiologist, **1862-1945**) 阿图斯氏反应

article [ˈɑːtikl] (L. articulus a little joint) 关节，节

articular [ɑːˈtikjulə] (L. articularis) 关节的

articulare [ɑːˌtikjuˈlɛəri] 下颌关节突点

articulate [ɑːˈtikjulit] (L. articulatus jointed) ❶ 由关节分开或联结的；❷ 发音分节的；❸ (关节)联结或分离；❹ 假牙整列

articulated [ɑːˈtikjuˌleitid] 关节联结的

articulatio [ɑːˌtikjuˈleifiəu] (pl. articulationes) (L.) 关节

a. **acromioclavicularis** (NA) 肩锁关节

a. **atlanto-axialis lateralis** (NA) 寰枢外侧关节

a. **atlanto-axialis mediana** (NA) 寰枢正中关节

a. **atlantoepistrophica** 寰枢关节

a. **atlanto-occipitalis** (NA) 寰枕关节

a. **bicondylaris** (NA) 双髁关节

a. **calcaneocuboidea** (NA) 跟骰关节

a. **capitis costae** 肋小头关节

a. **capitis costalis** 肋小头关节

a. **capitis humeri** 肩关节

articulationes capitulorum costarum 肋小头关节

articulationes carpi (NA) 腕关节

articulationes carpometacarpales (NA), **articulationes carpometacarpeae** 腕掌关节

a. **carpometacarpalis pollicis** (NA), a. **carpometacarpea pollicis** 拇指腕掌关节

articulationes cartilagineae (NA) 软骨联合

articulationes cinguli membri inferioris 下肢带关节

articulationes cinguli membri superioris (NA) 上肢带关节

articulationes cinguli pectoralis (NA) 肩胛带关节

a. **cochlearis** 蜗状关节

a. **complexa** 复关节

a. **composita** (NA) 复关节

a. condylaris 髁状关节
a. condylaris inversa 反向髁状关节
articulationes costochondrales (NA) 肋软骨关节
a. costotransversaria (NA) 肋横突关节
articulationes costovertebrales (NA) 肋椎关节
a. cotylica 杵臼关节
a. coxae (NA) 髋关节
a. crico-arytenoidea (NA) 环杓关节
a. cricothyroidea (NA) 环甲关节
a. crurotalaris 踝关节
a. cubitalis 肘关节
a. cubiti (NA) 肘关节
a. cuneocuboidea (NA) 楔骰关节
a. cuneonavicularis (NA) 楔舟关节
a. dentoalveolaris 牙槽关节
a. ellipsoidea (NA) 椭圆关节
articulationes fibrosae (NA) 纤维性关节
a. genualis 膝关节
a. genus (NA) 膝关节
a. glenohumeralis 肩关节
a. humeri (NA) 肩关节
a. humeroradialis (NA) 肱桡关节
a. humero-ulnaris (NA) 肱尺关节
a. iliofemoralis 髋关节
a. incudomallearis (NA) 砧锤关节
a. incudomalleolaris 砧锤关节
a. incudostapedialis (NA) 砧镫关节
articulationes intercarpales (NA), articulationes intercarpeae 腕骨间关节
articulationes interchondrales (NA) 软骨间关节
articulationes intercuneiformes (NA) 楔状骨间关节
articulationes intermetacarpales (NA), articulationes intermetacarpeae 掌骨间关节
articulationes intermetatarsales (NA), articulationes intermetatarseae 跖骨间关节
articulationes interphalangeales manus (NA), articulationes interphalangeae manus 指骨间关节
articulationes interphalangeales pedis (NA), articulationes interphalangeae pedis 趾骨间关节
articulationes intertarseae (NA) 跗骨间关节
a. lumbosacralis (NA) 腰骶关节
a. mandibularis 下颌关节
articulationes manus (NA) 手关节
a. mediocarpalis (NA), a. mediocarpea 腕中关节
articulationes membri inferioris (NA) 下肢关节
articulationes membri superioris (NA) 上肢关节
articulationes metacarpophalangeales (NA), articulationes metacarpophalangeae 掌指关节
articulationes metatarsophalangeales (NA), articulationes metatarsophalangeae 跖趾关节
articulationes ossiculorum auditoriorum (NA) 听骨关节
a. ossis pisiformis (NA) 豌豆骨关节
a. ovoidalis 卵状关节
articulationes pedis (NA) 足关节
a. plana (NA) 平面关节
a. radiocarpalis (NA), a. radiocarpea 桡腕关节
a. radio-ulnaris 桡尺关节
a. radio-ulnaris distalis (NA) 远侧桡尺关节
a. radio-ulnaris proximalis (NA) 近侧桡尺关节
a. sacrococcygea (NA) 骶尾关节
a. sacro-iliaca (NA) 骶髂关节
a. sellaris (NA) 鞍状关节
a. simplex (NA) 单关节
a. sphaeroidea 球窝关节
a. spheroidea (NA) 球窝关节
a. sternoclavicularis (NA) 胸锁关节
articulationes sternocostales (NA) 胸肋关节
a. subtalaris (NA) 距跟关节
articulationes synoviales (NA) 滑膜关节
articulationes synoviales cranii (NA) 颅骨滑膜关节
a. talocalcanea 距跟关节
a. talocalcaneonavicularis (NA) 距跟舟关节
a. talocruralis (NA) 踝关节
a. talonavicularis 距舟关节
a. tarsi transversa (NA) 跗横关节

articulationes tarsometatarsales (NA), articulationes tarsometatarseae 跗跖关节
a. temporomandibularis (NA) 颞下颌关节
articulationes thoracis (NA) 胸廓关节
a. tibiofibularis 胫腓关节；①(NA)上胫腓关节；②下胫腓连接
a. trochoidea (NA) 车轴关节
articulationes vertebrales (NA) 椎骨关节
articulationes zygapophysiales (NA) 椎骨关节突关节
articulation [ɑːˌtikjuˈleiʃən] (L. articulatio) ❶ 关节；❷ 分节发音；❸ 咬合关系；❹ 排牙
acromioclavicular a. 肩锁关节
articulator a. 殆架关节
atlantoaxial a., lateral 寰枢外侧关节
atlantoaxial a., medial 寰枢内侧关节
atlantoepistrophic a. 寰枢关节
atlanto-occipital a. 寰枕关节
a's of auditory ossicles 听骨关节
balanced a. 平衡咬合
ball-and-socket a. 球窝关节
bicondylar a. 双髁关节
brachiocarpal a. 桡腕关节
brachioradial a. 肱桡关节
brachioulnar a. 肱尺关节
calcaneocuboid a. 跟骰关节
capitular a. 肋小头关节
carpal a's ① 腕关节；② 腕骨关节
carpometacarpal a's 腕掌关节
carpometacarpal a., first, carpometacarpal a. of thumb 拇指腕掌关节
chondrosternal a's 胸肋关节
Chopart's a. 跗横关节
composite a. 复关节
compound a. 复关节
condylar a. 髁状关节
confluent a. 融合音节
costocentral a. 肋小头关节
costosternal a's 胸肋关节
costotransverse a. 肋横突关节
costovertebral a's 肋椎关节
coxofemoral a. of Buisson 髋关节
craniovertebral a. 寰枕关节
cricoarytenoid a. 环杓关节
cricothyroid a. 环甲关节

crurotalar a. 踝关节
cubital a. 肘关节
cubitoradial a., inferior 远侧桡尺关节
cubitoradial a., superior 近侧桡尺关节
cuneocuboid a. 楔骰关节
cuneonavicular a. 楔舟关节
dentoalveolar a. 牙槽关节
a's of digits of foot 趾骨间关节
a's of digits of hand 指骨间关节
a. of elbow 肘关节
ellipsoidal a. 椭圆关节
femoral a. 髋关节
fibrous a's 纤维性关节
glenohumeral a. 肩关节
gliding a. 平面关节
a's of hand 手关节
a. of head of humerus 肩关节
a. of head of rib 肋小头关节
a. of hip 髋关节
humeroradial a. 肱桡关节
humeroulnar a. 肱尺关节
a. of humerus 肩关节
iliofemoral a. 髋关节
iliosacral a. 骶髂关节
incudomalleolar a. 砧锤关节
incudostapedial a. 砧镫关节
intercarpal a's 腕骨间关节
interchondral a's 软骨间关节
intercostal a's 肋间关节
intercuneiform a's 楔骨间关节
intermetacarpal a's 掌骨间关节
intermetatarsal a's 跖骨间关节
interphalangeal a's of fingers 指间关节
interphalangeal a's of foot 趾间关节
interphalangeal a's of hand 指间关节
interphalangeal a's of toes 趾间关节
intertarsal a's 跗骨间关节
a. of knee 膝关节
laryngeal a's 喉部关节
lumbosacral a. 腰骶关节
mandibular a. 下颌关节
manubriosternal a. 胸骨柄联合
maxillary a. 颞下颌关节
mediocarpal a. 腕骨间关节
a's of metacarpal bones 掌骨间关节
metacarpocarpal a's 腕掌关节
metacarpophalangeal a's 掌指关节
a's of metatarsal bones 跖骨间关节

metatarsophalangeal a's 跖趾关节
occipito-atlantal a., occipital a. 寰枕关节
ovoid a. 鞍状关节
patellofemoral a. 髌股关节
petrooccipital a. 岩枕关节
phalangeal a's 指(趾)间关节
a. of pisiform bone 腕豆骨关节
pisocuneiform a. 腕豆骨关节
pivot a. 车轴关节
plane a. 平面关节
a. of pubis 耻骨联合
radiocarpal a. 桡腕关节
radioulnar a. 桡尺韧带联合
radioulnar a., distal, radioulnar a., inferior 远侧桡尺关节
radioulnr a., proximal, radioulnar a., superior 远侧桡尺关节
sacrococcygeal a. 骶尾关节
sacroiliac a. 骶髂关节
saddle a. 鞍状关节
scapuloclavicular a. 肩锁关节
a. of shoulder 肩关节
simple a. 单关节
spheroidal a. 球窝关节
sternoclavicular a. 胸锁关节
sternocostal a's 胸肋关节
subtalar a. 距跟关节
synovial a's 滑膜关节
synovial a's of cranium 颅骨滑膜关节
talocalcaneonavicular a. 距跟舟关节
talocrural a. 踝关节
talonavicular a. 距舟关节
tarsometatarsal a's 跗跖关节
temporomandibular a. 颞下颌关节
temporomaxillary a. 颞下颌关节
a's of thorax 胸廓关节
tibiofibular a. 胫腓关节
a' of toes 足趾关节
transverse tarsal a. 跗横关节
trochoidal a. 车轴关节
a. of tubercle of rib 肋横突关节
zygapophyseal a's 椎骨关节突关节
articulationes [ɑːˌtikjuːˌleifiˈəuniːz] (L.) 关节。articulatio 的复数形式
articulator [ɑːˈtikjuːleitə] ❶ 联接器；❷ 牙咬合架
 adjustable a. ①可调式𬌗架；②𬌗架可调度
 dental a. 𬌗架
articulatory [ɑːˈtikjuˌlətəri] 言语的
articulo [ɑːˈtikjuləu] (L., ablative of articulus) 危急关头
 a. mortis 濒死
articulus [ɑːˈtikjuləs] (pl. articuli) (L.) 关节
artifact [ˈɑːtifækt] (L. ars art + factum made) 人工产物，人为现象
 aliasing a. (影像学)伪影
 wraparound a. (影像学)伪影
artifactitious [ˌɑːtifækˈtiʃəs] 人工产物的，人为现象的
artificial [ˌɑːtiˈfiʃəl] (L. ars art + facere to make) 人工的
Artiodactyla [ˌɑːtiəuˈdæktilə] (Gr. artios even + daktylos finger) 偶蹄目
artiodactylous [ˌɑːtiəuˈdæktiləs] 偶蹄类的
Artyfechinostomum [ˌɑːtiˌfekiˈnɔstəməm] 刺口吸虫属
 A. sufrartyfex 多棘刺口吸虫
ARVO (Association for Research in Vision and Ophthalmology 的缩写) 视觉及眼科学研究协会
aryepiglottic [ˌæriˌepigˈlɔtik] 构会厌的
aryepiglotticus [ˌæriˌepiˈglɔtikəs] 构会厌肌
aryepiglottidean [ˌæriˌepigləˈtidiən] 构会厌的
aryl- 芳香基
arylamine [ˌæriləˈmiːn] 芳香胺
arylarsonic acid [ˌæriluːˈsɔnik] 芳香基砷酸
arylesterase [ˌæriˈlestəreis] (EC 3.1.1.2) 芳香基酯酶
arylformamidase [ˌærilfɔːˈmæmideis] (EC 3.5.1.9) 芳香基甲酰胺酶
arylsulfatase [ˌærilˈsʌlfəteis] (EC 3.1.6.1) 芳香基硫酸酯酶
 a. A 芳香基硫酸酯酶 A
 a. B 芳香基硫酸酯酶 B
 a. C 芳香基硫酸酯酶 C
arylsulfatase A deficiency 芳香基硫酸酯酶 A 缺乏症
arylsulfatase B deficiency [ˌærilˈsʌlfəteis] 芳香基硫酸酯酶 B 缺乏症
arytenoepiglottic [ˌæriˌtinəuˌepiˈglɔtik

(Gr. *arytaina* ladle + *epiglottis*) 杓会厌的

arytenoid [ˌæriˈtiːnɔid] (Gr. *arytaina* ladle + *eidos* form) 杓状的

arytenoidectomy [ˌæriˌtiːnɔiˈdektəmi] (*arytenoid* + Gr. *ektomē* excision) 杓状软骨切除术

arytenoideus [ˌæritiˈnɔidiəs] (L.) 杓肌

arytenoiditis [æˌritinɔiˈdaitis] 杓状软骨炎,杓肌炎

arytenoidopexy [ˌæritiˈnɔidəˌpeksi] (*arytenoid* + Gr. *pēxis* fixation) 杓状软骨固定术,杓肌固定术

AS ❶ (aortic stenosis 的缩写) 主动脉狭窄; ❷ (arteriosclerosis 的缩写) 动脉硬化

A. S. (L. *auris sinistra* 的缩写) 左耳

As ❶ (*arsenic* 的符号) 砷; ❷ (*astigmatism* 的缩写) 散光

ASA ❶ (American Society of Anesthesiologists 的缩写) 美国麻醉学家协会; ❷ (American Standards Association 的缩写) 美国标准协会; ❸ (American Surgical Association 的缩写) 美国外科协会; ❹ (acetylsalicylic acid 的缩写) 乙酰水杨酸; ❺ (argininosuccinic acid 的缩写) 精氨琥珀酸

asacria [əˈseikriə] 骶骨缺失

asafetida [ˌæsəˈfetidə] 阿魏

A.S.A.I.O. (American Society for Artificial Internal Organs 的缩写) 美国人造体内器官学会

asaphia [əˈseifiə] (Gr. *asapheia*) 语音不清

asaron [ˈæsərɔn] 细辛脑

Asarum [ˈæsərəm] (Gr. *asaron*) 细辛属

ASAS (American Society of Abdominal Surgeons 的缩写) 美国腹部外科协会

ASAT (aspartate aminotransferase 的缩写) 天冬氨酸转氨酶

ASB (American Society of Bacteriologists 的缩写) 美国细菌学家协会

asbestiform [æzˈbestifɔːm] 石棉样的

asbestos [æsˈbestəs] (Gr. *asbestos* unquenchable) 石棉
  amphibole a. 闪石石棉
  chrysotile a. 温石棉
  crocidolite a. 青石棉
  serpentine a. 蛇纹岩石棉

asbestosis [ˌæsbesˈtəusis] (*asbestos* + *-osis*) 石棉沉着病

Asbron G [ˈæzbrɔn] 阿斯布隆 G: 茶碱甘氨酸和愈创木酚甘油醚制剂的商品名

A-scan A 型扫描

ascariasis [ˌæskəˈraiəsis] (*ascaris* + *-iasis*) 蛔虫病

ascaricidal [æsˌkæriˈsaidəl] 杀蛔虫的

ascaricide [æsˈkærisaid] (Gr. *askaris* ascaris + L. *caedere* to kill) 驱蛔虫药

ascarid [ˈæskərid] 蛔虫

ascarides [æsˈkæridiz] 蛔虫 *ascaris* 的复数形式

Ascaridia [ˌæskəˈridiə] 蛔虫属
  A. galli 鸡蛔虫
  A. lineata 线状蛔虫

ascaridiasis [ˌæskəriˈdaiəsis] 蛔虫病

Ascaridoidea [ˌæskəriˈdɔidiə] 蛔虫总科

ascaridosis [ˌæskəriˈdəusis] 蛔虫病

ascariosis [æsˌkæriˈausis] 蛔虫病

Ascaris [ˈæskəris] (L.; Gr. *askaris*) 蛔虫属
  A. alata, A. canis 犬蛔虫
  A. equi, A. equorum 马蛔虫
  A. lumbricoides 蛔虫
  A. marginata 犬猫蛔虫
  A. megalocephala 马蛔虫
  A. ovis 羊蛔虫
  A. suis, A. suilla, A. suum 猪蛔虫
  A. vermicularis 蛲虫
  A. vitulorum 牛新蛔虫

ascaris [ˈæskəris] (pl. *ascarides*) 蛔虫

Ascarops [ˈæskərɔps] 绦虫属
  A. strongylina 猪绦虫

ascending [əˈsendiŋ] 上行的

ascertainment [ˌæsəˈteinmənt] 查证法
  complete a. 完全查证法
  incomplete a. 不完全查证法
  multiple a. 复合性查证法
  single a. 简单查证法
  truncate a. 分段查证法

ASCH (American Society of Clinical Hypnosis 的缩写) 美国临床催眠协会

Asch's forceps [ˈɑːʃəs] (Morris Joseph *Asch*, American laryngologist, 1833-1902) 阿希氏钳

aschelminth [ˈɑːskəlminθ] 袋虫

Aschelminthes [ˌɑːskəlˈminθiːz] 袋虫动物门

Ascher's negative glass-rod phenomenon [ˈɑːʃəz] (Karl Wolfgang *Ascher*, Czech-born American ophthalmologist, **1887-1971**) 阿歇尔氏阴性玻璃棒现象

Ascherson's membrane [ˈɑːʃəsnz] (Ferdinand Moritz *Ascherson*, German physician, **1798-1879**) 阿歇尔森氏乳脂球膜

Aschheim-Zondek hormone [ˈɑːʃaimˈtsɔndək] (Selmar *Aschheim*, German gynecologist, **1878-1965**; Bernhardt *Zondek*, German gynecologist, **1891-1966**) 阿-宋二氏激素

Aschner's reflex [ˈɑːʃnəz] (Bernhard *Aschner*, Austrian gynecologist, **1883-1960**) 阿施内氏反射

Aschoff's bodies [ˈɑːʃɔfs] (Karl Albert Ludwig *Aschoff*, German pathologist, **1866-1942**) 阿孝夫氏小体

Aschoff-Tawara node [ˈɑːʃɔf tɑːˈwɑːrɑː] (K. A. L. *Aschoff*; K. Sunao *Tawara*, Japanese pathologist, **1873-1938**) 阿-田原二氏结

ASCI (American Society for Clinical Investigation 的缩写) 美国临床检验协会

asci [ˈæsai] 子囊。ascus 的复数形式

ascites [əˈsaitiːz] (L.; Gr. *askitēs*, from *askos* bag) 腹水
 a. adiposus 脂性腹水
 bile a. 胆汁性腹水
 bloody a. 血性腹水
 chyliform a., a. chylosus, chylous a. 乳糜性腹水
 exudative a. 渗出性腹水
 fatty a. 脂肪性腹水
 hemorrhagic a. 血性腹水
 hydremic a. 稀血性腹水
 milky a. 脂性腹水
 a. praecox 早发性腹水
 preagonal a. 濒死性腹水
 pseudochylous a. 假乳糜性腹水
 transudative a. 漏出性腹水

ascitic [əˈsitik] 腹水的

ascitogenous [ˌæsiˈtɔdʒinəs] 产生腹水的

Asclepiades of Bithynia [ˌæsklɪˈpaiədiːz] (124 to c. 40 B.C.) 艾斯克利皮迪兹：一名出生于比提尼亚的希腊名医

Asclepias [æsˈkliːpiəs] (L.) 马利筋属

asclepion [æsˈkliːpiən] (pl. *asclepia*) (Gr. *Asklēpieion* temple of Asklepios (Aesculapius)) 医神庙：古希腊治病神庙之一，最著名的在 Cos, *Epidaurus*, *Cnidus* 及 *Pergamos*

ASCLT (American Society of Clinical Laboratory Technicians 的缩写) 美国临床实验技师学会

ASCO ❶ (American Society of Clinical Oncology 的缩写) 美国临床肿瘤学会；❷ (American Society of Contemporary Ophthalmology 的缩写) 美国现代眼科学会

Ascobolaceae [ˌæskəbəˈleisiː] 粪盘菌科

Ascobolus [æsˈkɔbələs] (*Ascus* + Gr. *bolus* a throw) 粪盘菌属

ascocarp [ˈæskəkɑːp] (Gr. *askos* bag + *karpos* fruit) 囊果

ascogonium [ˌæskəˈɡəuniəm] 育胚器

ascomycete [ˌæskəuˈmaisiti] 子囊菌

Ascomycetes [ˌæskəumaiˈsiːtiz] 子囊菌纲

ascomycetous [ˌæskəumaiˈsiːtəs] 子囊菌纲的

Ascomycotina [ˌæskəumaikəuˈtinə] (Gr. *askos* bag + *mykēs* fungus) 子囊菌亚门

ascorbate [æsˈkɔːbeit] 抗坏血酸盐

ascorbemia [ˌæskɔːˈbiːmiə] 抗坏血酸血症

ascorbic acid [əsˈkɔːbik] ❶ 维生素 C; ❷ (USP) 抗坏血酸液

ascorburia [ˌæskɔːˈbjuəriə] 抗坏血酸尿

ascorbyl palmitate [əˈskɔːbəl] (NF) 棕榈酸抗坏血酯

ascospore [ˈæskəspɔː] (Gr. *askos* bag + *sporos* seed) 子囊孢子

ASCP (American Society of Clinical Pathologist 的缩写) 美国临床病理学家协会

ascus [ˈæskəs] (pl. *asci*) (Gr. *askos* a bag) 子囊

ASCVD (arteriosclerotic cardiovascular disease 的缩写) 动脉粥样硬化性心血管病

-ase 酶

asecretory [æˈsiːkrətəri] 无分泌的

Aselli's pancreas [əˈseliːz] (Gasparo *Aselli* (or Gaspare Asellio, or Gaspar Asellius), Italian anatomist, **1581-1626**) 埃斯利氏胰

asemasia [ˌæsiˈmeiziə] (*a-* + Gr. *sēmasia* the giving of a signal) 意示不能

asemia [əˈsiːmiə] (*a* neg. + Gr. *sēma* sign + -*ia*) 示意不能

Asendin [əˈsendin] 阿森丁：氯哌氧制剂的商品名

asepsis [eiˈsepsis] (*a* neg. + Gr. *sēpesthai* to decay) ❶ 无菌法; ❷ 防腐

aseptic [eiˈseptik] (*a* neg. + Gr. *sēpsis* decay) 无菌的
    a. -antiseptic 无菌-防腐的

asepticism [eiˈseptisizəm] 无菌外科学说

asetake [ˌæsiˈtæki] 毒荨

asexual [eiˈsekʃuəl] 无性的

asexuality [eiˌsekʃuˈæliti] 性欲缺乏

asexualization [eiˌsekʃuæliˈzeiʃən] 阉割，割除睾丸或卵巢

ASF 苯胺硫甲醛树脂

ASGE (American Society for Gastrointestinal Endoscopy 的缩写) 美国胃肠镜学会

ASH ❶ (American Society of Hematology 的缩写) 美国血液学学会; ❷ (asymmetrical septal hypertrophy 的缩写) 不对称性间断性肥大

ash [æʃ] ❶ 灰烬; ❷ 梣

ASHA ❶ (American School Health Association 的缩写) 美国学校卫生协会; ❷ (American Speech and Hearing Association 的缩写) 美国语言及听力协会

ASHD (arteriosclerotic heart disease 的缩写) 动脉硬化性心脏病

Asherman's syndrome [ˈæʃəmənz] (Joseph G. *Asherman*, Czechoslovakian-born physician in Israel, born 1889) 阿西门氏综合征

Asherson's syndrome [ˈæʃəsənz] (Nehemiah *Asherson*, English physician, born 1897) 阿席森氏综合征

ASHP (American Society of Hospital Pharmacists 的缩写) 美国医院药剂师协会

asialia [ˌeisaiˈeiliə] (*a* neg. + Gr. *scialon* spittle) 唾液分泌缺乏

asialo [æˈsaiələu] (*a* neg. + *sialo*) 缺乏唾液酸基的

asiaticoside [ˌeiʒiˈætikəsaid] 积雪草苷

asiderosis [ˌæsidəˈrəusis] (*a* neg. + Gr. *sidēros* iron) 铁缺乏症

ASII (American Science Information Institute 的缩写) 美国科学信息研究所

ASIM (American Society of Internal Medicine 的缩写) 美国内科学会

Asimina [əˈsiminə] (L., from its Algonkian name) 泡泡树属

asiminine [əˈsiminin] 泡泡树碱

-asis (Gr.) 状态, 过程

asitia [əˈsifiə] (*a* neg. + Gr. *sitos* food) 厌食

Askin's tumor [ˈæskinz] (Frederic Barton *Askin*, American pathologist, 20th century) 阿斯肯氏肿瘤

Asklepios [æsˈkliːpiəs] (Gr. *Asklēpios* son of Apollo and Coronis, tutelary god of medicine) 艾斯库累普

ASL (antistreptolysin 的缩写) 抗链激酶

ASM (American Society for Microbiology 的缩写) 美国微生物学学会

ASN (American Society of Nephrology 的缩写) 美国肾病学学会

Asn (asparagine 的缩写) 天门冬酰胺

ASO (arteriosclerosis obliterans 的缩写) 闭塞性动脉硬化

asoma [eiˈsəumə] (pl. *asomata*) (*a* neg. + Gr. *sōma body*) 无躯干畸胎

asomatognosia [əˌsəumətɔgˈnəuziə] 躯体认识不能

asomatophyte [eiˈsəumətəfait] (*a* neg. + Gr. *sōma* body + *phyton* plant) 无体植物

asonia [əˈsəuniə] (Gr. + *sonus* sound) 听音不能, 聋

Asopia [əˈsəupiə] 谷粉蛾属

ASP (American Society of Parasitologists 的缩写) 美国寄生虫学家协会

Asp (aspartic acid 的缩写) 天门冬氨酸

aspalasoma [ˌæspæləˈsəumə] (Gr. *aspalax* the mole + *sōma* body)) 田鼠体畸胎

asparaginase [æsˈpærədʒinˌeis] (EC 3.5.1.1) 天门冬酰胺酶

asparagine [æsˈpærədʒi(ː)n] (Gr. *asparagos* asparagus) 天门冬酰胺

asparaginyl [æsˈpærəˌdʒinəl] 天门冬酰基

aspartame [æsˈpɑːteim] (NF) 天门冬氨酰

aspartate [æsˈpɑːteit] 天门冬氨酰盐, 天门冬氨酸根

aspartate aminotransferase [æsˈpɑːteit əˌminəuˈtrænsfəreis] 天门冬氨酸氨基转移酶

aspartate carbamoyltransferase [æsˈpɑː-

teit ˌkɑːbəmoʊl'trænsfəreis] (EC 2.1.3.2) 天门冬氨酸转氨甲酰酶

aspartate transaminase [əs'pɑːteit træns-'æmineis] (EC 2.6.1.1) 天门冬氨酸氨基转移酶

aspartate transcarbamoylase [əs'pɑːteit ˌtrænskɑː'bæməuleis] 天门冬氨酸转氨甲酰酶

asparthione [əs'pɑːθaiˌəun] 天门冬胱甘肽

aspartic acid [əs'pɑːtik] 天门冬氨酸

aspartic endopeptidase [əs'pɑːtik ˌendəu-'peptideis] (EC 3.4.23) 天门冬氨酸肽链内切酶

aspartocin [əs'pɑːtəsin] 天冬菌素

aspartyl [əs'pɑːtəl] 天门冬氨酸

aspartylglucosamine [əsˌpɑːtəlglu'kəusəˌmiːn] 天门冬酰胺氨基葡萄糖

aspartylglucosaminidase [əsˌpɑːtəlgluˌkəusə'minideis] 天门冬酰胺氨基葡萄糖酶

aspartylglucosaminuria [əsˌpɑːtəlˌglukəuˌsəmi'njuəriə] 天门冬酰氨酸葡萄糖胺尿症

aspartylglycosaminidase [əsˌpɑːtəlˌglikəusə'minideis] 天门冬酰胺氨基葡糖苷酶

aspartylglycosaminuria [əsˌpɑːtəlˌglikəuˌsəmi'njuəriə] 天门冬酰氨葡糖胺尿症

aspecific [ˌæspi'sifik] 非特异性的

aspect ['æspekt] (L. *aspectus*, from *aspicere* to look toward) ❶ 方面；❷ 外观外貌

dorsal a. 背面
ventral a. 腹面

Asperger's syndrome ['æspəgəs] (Hans Asperger, Austrian psychiatrist, 20th century) 阿斯帕格氏综合征

aspergillar [ˌæspə'dʒilə] 曲霉的

aspergilli [ˌæspə'dʒilai] 曲霉。*aspergillus* 的复数形式

aspergillic acid [ˌæspə'dʒilik] 曲霉酸

aspergillin [ˌæspə'dʒilin] 曲霉素

aspergilloma [ˌæspədʒi'ləumə] 曲霉肿

aspergillomycosis [ˌæspəˌdʒiləumai'kəusis] 曲霉病

aspergillosis [ˌæspədʒi'ləusis] 曲霉病
aural a. 耳曲霉病
bronchopneumonic a. 肺部曲霉病
pulmonary a. 肺曲霉病

aspergillotoxicosis [ˌæspəˌdʒiləuˌtɔksi'kəusis] 曲霉毒病

Aspergillus [ˌæspə'dʒiləs] (L. *aspergere* to scatter) 曲霉属
A. auricularis 耳曲霉
A. barbae 须曲霉
A. clavatus 棒曲霉
A. cookei 粘液样曲霉
A. fisherii 费希尔曲霉
A. flavus 黄曲霉
A. fumigatus 烟曲霉
A. giganteus 巨曲霉
A. glaucus 灰绿曲霉
A. gliocladium 胶性曲霉
A. mucoroides 粘液样曲霉
A. nidulans 构巢曲霉
A. niger 黑曲霉
A. ochraceus 赭曲霉
A. parasiticus 寄生曲霉
A. repens 匍匐曲霉
A. terreus 土曲霉
A. versicolor 花斑曲霉

aspergillus [ˌæspə'dʒiləs] (pl. *aspergilli*) 曲霉

aspergillustoxicosis [ˌæspəˌdʒiləsˌtɔksi'kəusis] 曲霉毒病

aspermatism [ə'spəːmətizəm] 无精，精液缺乏

aspermatogenesis [əˌspəːmætəu'dʒenəsis] 精子生成缺乏

aspermia [ə'spəːmiə] (*a*. neg. + Gr. *sperma* seed + -*ia*) 无精，精液缺乏

ASPET (American Society for Pharmacology and Experimental Therapeutics 的缩写) 美国药理与实验治疗协会

asphalgesia [ˌæsfəl'dʒiːziə] (Gr. *asphi* their own + *algesis* pain) 触物感伤痛症

asphyctic [æs'fiktik] 窒息的

asphyctous [æs'fiktəs] 窒息的

asphygmia [æs'figmiə] 脉搏消失，无脉

asphyxia [æs'fiksiə] (Gr. "a stopping of the pulse") 窒息
birth a. 产期窒息
blue a. 青紫窒息
a. cyanotica 发绀性窒息
fetal a. 胎儿窒息
a. livida 青紫窒息
local a. 局部窒息

a. neonatorum 新生儿窒息
a. pallida 苍白窒息
perinatal a. 产期窒息
secondary a. 继发性窒息
traumatic a. 外伤性窒息
white a. 苍白窒息

asphyxial [æs'fiksiəl] 窒息的
asphyxiant [æs'fiksiənt] 窒息剂
asphyxiate [æs'fiksieit] 使窒息
asphyxiation [æs,fiksi'eiʃən] 窒息
Aspidium [æs'pidiəm] (L.; Gr. *aspidion* little shield) 叉蕨属
aspidium [æs'pidiəm] 绵马
aspirate ['æspəreit] ❶ 抽吸; ❷ 抽吸物; ❸ 啸音
aspiration [,æspə'reiʃən] (L. *ad* to + *spirare* to breathe) ❶ 抽吸; ❷ 抽吸术
  fine-needle a. 细针抽吸
  meconium a. 胎粪吸入
  vacuum a. 真空抽吸
aspirator [,æspə'reitə] 吸引器
aspirin ['æspərin] (USP) 阿斯匹林
asplenia [ei'spli:niə] 无脾
  functional a. 功能性无脾
asplenic [ei'splenik] 无脾的
asporogenic [,æspɔ:rə'dʒenik] (*a* neg. + *sporogenic*) 不产生孢子的
asporogenous [,æspə'rɔdʒinəs] 不产生孢子的
asporous [ə'spɔ:rəs] (*a* neg. + Gr. *sporos* seed) 无孢子的
ASRT (American Society of Radiologic Technologists 的缩写) 美国放射学技术专家协会
ASS (anterior superior spine 的缩写) 前上棘
assay ['æsei] 测定
  biological a. 生物测定
  blastogenesis a. 胚细胞样转变测定
  cell-mediated lympholysis (CML) a. 细胞介导淋巴细胞溶解测定
  CH_{50} a. CH_{50} 测定
  competitive protein-binding a. 竞争蛋白质结合测定
  complement a. hemolytic, complement a., total, complement a., whole 溶血补体测定,补体总量测定
  EAC rosette a. EAC 玫瑰花结测定
  electrophoretic mobility shift a. 移动电泳测定
  enzyme-linked immunosorbent a. 酶联免疫吸附测定
  E rosette a. E 玫瑰花结测定
  four-point a. 四点测定(法)
  gel retardation a. 凝胶阻滞测定
  hemagglutination inhibition (HI, HAI) a. 血细胞凝集抑制测定
  hemolytic plaque a. 溶血空斑测定
  immune a. 免疫测定
  immune adherence hemagglutination a. (IAHA) 免疫粘连血凝测定
  immunoradiometric a. 免疫放射测定
  Jerne plaque a. 热讷氏空斑测定
  lymphoctye proliferation a. 淋巴细胞增生测定
  microbiological a. 微生物学测定
  microcytotoxicity a. 微量细胞毒性测定
  microhemagglutination a.-Treponema pallidum (MHA-TP) 梅素螺旋体微量血凝测定
  mixed lymphocyte culture (MLC) a. 混合淋巴细胞培养测定
  radioligand a. 放射配体测定
  radioreceptor a. 放射受体测定
  Raji cell a. 茹吉细胞测定
  stem cell a. 干细胞测定
  Treponema pallidum hemagglutination a. (TPHA) 梅素螺旋体血凝测定
assessment [ə'sesmənt] 评价
  functional a. 功能评价
Assézat's triangle [ɑsei'zɑ:ts] (Jules *Assézat*, French anthropologist, 1832-1876) 阿希扎氏三角
assident ['æsidənt] 附属的,随伴的
assimilable [ə'siməlibl] 能同化的
assimilation [ə,simi'leiʃən] (L. *assimilatio*, from *ad* to + *similare* to make like) ❶ 合成; ❷ 同化
assistant [ə'sistənt] 助手,辅助的
  physician a., physician's a. 助理医师
Assmann's focus (**tuberculous infiltrate**) ['ɑ:smænz] (Herbert *Assmann*, German internist, 1882-1950) 阿斯曼氏病灶(结核浸润灶)
association [ə,sousi'eiʃən] (L. *associatio*, from *ad* to + *socius* a fellow) ❶ 联合; ❷

配对；❸ 综合；❹ 联想
    clang a. 声音联想
    dream a's 忆梦联想
    free a. 自由联想
assortment [ə'sɔːtmənt] 配例
AST (aspartate transaminase 的缩写) 天门冬氨酸氨基转移酶
Ast. (astigmatism 的缩写) 散光
astasia [æ'steiziə] (*a* neg. + Gr. *stasis* stand) 起立不能
    a.-abasia 立行不能
astatic [æ'stætik] 起立不能的
astatine ['æstətiːn] (Gr. *astatos* unstable) 砹
asteatodes [ˌæstiə'təudiz] 皮脂缺乏症
asteatosis [ˌæstiə'təusis] (*a* neg. + Gr. *stear* tallow + *-osis*) 皮脂缺乏症
astemizole [ə'stemizəul] 阿斯特米措尔：用于治疗慢性荨麻疹和季节性变应性鼻炎
aster ['æstə] (L.; Gr. *astēr* star) 星体
    sperm a. 精星体
astereocognosy [əˌstiəriə'kɔgnəsi] 实体感觉缺失
astereognosis [əˌstiəriəg'nəusis] (*a-* + Gr. *stereo-* + *gnōsis*) 实体感觉缺失
asterion [æs'tiəriən] (pl. *asteria*) (Gr. "starred") (NA) 星点
asterixis [ˌæstə'riksis] (*a* neg. + Gr. *stērixis* a fixed position) 扑翼性震颤
asternal [ei'stəːnəl] ❶ 不连胸骨的；❷ 无胸骨的
asternia [ə'stəːniə] (*a* neg. + Gr. *sternon* sternum + *-ia*) 无胸骨
asteroid ['æstərɔid] (Gr. *astēr* star + *eidos* form) 星样的
Asterol ['æstərɔl] 双胺噻唑：二氢氯化双胺噻唑制剂的商品名
Asth. (asthenopia 的缩写) 眼疲劳
asthenia [æs'θiːnjə] (Gr. *asthenēs* without strength + *-ia*) 无力，虚弱
    myalgic a. 肌痛性衰弱
    neurocirculatory a. 神经性循环衰弱
    periodic a. 周期性衰弱
    tropical anhidrotic a. 热带无汗性衰竭
asthenic [æs'θenik] 无力的，虚弱的
asthen(o)- (Gr. *asthenēs* weak, from *a-* neg. + *sthenos* strength) 无力，虚弱

asthenobiosis [ˌæsˌθiːnəubai'əusis] (*asthenia* + Gr. *bios* life + *-osis*) 不活动生活
asthenocoria [ˌæsˌθiːnəu'kɔːriə] (*asthenia* + Gr. *korē* pupil + *-ia*) 瞳孔反应迟钝
asthenope ['æsθənəup] 眼疲劳患者
asthenopia [ˌæsθi'nəupiə] (*asthenia* + *-opia*) 眼疲劳
    accommodative a. 调节性眼疲劳
    hysterical a. 癔病性眼疲劳
    muscular a. 眼肌性眼疲劳
    nervous a. ① 癔病性眼疲劳；② 神经性眼疲劳
    tarsal a. 睑性眼疲劳
asthenopic [ˌæsθi'nɔpik] 眼疲劳的
asthenospermia [ˌæsθinəu'spəːmiə] (*asthenia* + Gr. *sperma* seed + *-ia*) 精子活力不足
asthenoxia [ˌæsθə'nɔksiə] (*asthenia* + *oxygen*) 氧化力不足
asthma ['æzmə] (Gr. *asthma* panting) 气喘
    abdominal a. 腹性气喘
    allergic a. 变应性哮喘
    alveolar a. 肺泡性气喘
    atopic a. 变应性气喘
    bacterial a. 细菌性气喘
    bronchial a. 支气管性气喘
    bronchitic a. 支气管性气喘
    cardiac a. 心病性气喘
    cat a. 猫源性气喘
    catarrhal a. 卡他性气喘
    a. convulsivum 支气管性气喘
    cotton-dust a. 棉屑性气喘
    cutaneous a. 皮肤性气喘
    diisocyanate a. 异氰酸盐性气喘
    dust a. 尘埃性气喘
    Elsner's a. 埃耳斯内氏气喘
    emphysematous a. 气肿性气喘
    essential a. 特发性气喘
    extrinsic a. 外因性气喘
    food a. 食物性气喘
    grinders' a. 研磨工气喘
    Heberden's a. 希伯登性气喘
    horse a. 马源性气喘
    humid a. 湿性气喘
    infective a. 感染性气喘
    intrinsic a. 内因性气喘
    isocyanate a. 异氰酸盐性气喘

Kopp's a. 科普氏气喘
Millar's a. 米粒氏气喘
millers' a. 研磨工气喘
miner's a. 矿工气喘
nasal a. 鼻性气喘
nervous a. 神经性气喘
pollen a. 花粉性气喘
potters' a. 陶工喘息
reflex a. 反射学性气喘
Rostan's a. 诺斯坦氏气喘
spasmodic a. 痉挛性气喘
steam-fitters' a. 汽管装配工气喘
stone a. 支气管结石性气喘
stripper's a. 剥毛皮工气喘
symptomatic a. 症状性气喘
thymic a. 胸腺性气喘
true a. 真性气喘
Wichmann's a. 维希曼氏气喘

asthmatic [æz'mætik] (L. *asthmaticus*) 气喘的

asthmatiform [æz'mætifɔːm] 气喘样的

asthmogenic [ˌæzmə'dʒenik] ❶ 气喘原的;❷ 放喘物

Astiban ['æstibæn] 阿斯蒂斑：二巯基琥珀酸锑钠制剂的商品名

astigmagraph [ə'stigməgrɑːf] (*astigmatism* + *-graph*) 散光描记器

astigmatic [ˌæstig'mætik] 散光的

astigmatism [æ'stigmətizəm] (*a-* neg. + Gr. *stigma* point) 散光
 acquired a. 后天性散光
 a. against the rule 反规则性散光
 compound a. 复性散光
 congenital a. 先天性散光
 corneal a. 角膜性散光
 direct a. 循规性散光
 hypermetropic a., hyperopic a. 远视散光
 hypermetropic a., compound, hyperopic a., compound 复性远视散光
 hyperopic a., simple 单纯性远视散光
 inverse a. 反规则性散光
 irregular a. 不规则散光
 lenticular a. 晶状体性散光
 mixed a. 混合散光
 myopic a. 近视散光
 myopic a., compound 复性近视散光
 myopic a., simple 单纯性近视散光
 oblique a. 斜轴散光
 physiological a. 生理性散光
 regular a. 规则散光
 a. with the rule 循规性散光

astigmatometer [ˌæstigmə'tɔmitə] (*astigmatism* + *-meter*) 散光计

astigmatometry [ˌæstigmə'tɔmitri] (*astigmatism* + *-metry*) 散光测量法

astigmatoscope [ˌæstig'mætəskəup] (*astigmatism* + Gr. *skopein* to inspect) 散光镜

astigmatoscopy [ˌæstigmə'tɔskəpi] 散光镜检查

astigmia [ə'stigmiə] (*a-* neg. + Gr. *stigma* a point + *ia*) 散光

astigmic [ə'stigmik] 散光的

astigmometer [ˌæstig'mɔmitə] 散光计

astigmometry [ˌæstig'mɔmitri] 散光测量法

astigmoscope [ə'stigməskəup] 散光镜

astigmoscopy [ˌæstig'mɔskəpi] 散光镜检查

astomatous [æs'tɔmətəs] (*a* neg. + Gr. *stoma* mouth) 无口的

astomia [ə'stəumiə] (*a* neg. + Gr. *stoma* mouth) 无口

astomus [ə'stəuməs] 无口畸胎

Astrafer ['æstrəfə] 阿斯特拉弗尔：右旋糖酐铁制剂的商品名

astragalar [æs'trægələ] 距骨的

astragalectomy [ˌæstrægə'lektəmi] (*astragalus* + Gr. *ektomē* excision) 距骨切除术

astragalocalcanean [æsˌtrægələukæl'keiniən] 距跟的

astragalocrural [æsˌtrægələu'kruərəl] 距骨小腿的

astragaloscaphoid [æsˌtrægələu'skæfɔid] 距舟的

astragalotibial [æsˌtrægələu'tibiəl] 距胫的

Astragalus [æs'trægələs] 黄芪属

astragalus [æs'trægələs] (L.; Gr. *astragalos* ball of the ankle joint or dice) 距骨

astral ['æstrəl] 星体的

astraphobia [ˌæstrə'fəubiə] (Gr. *astrapē* lightning + *phobia*) 闪电恐怖

astrapophobia [ˌæstrəpəu'fəubiə] 闪电恐怖

astriction [ə'strikʃən] (L. *astringere* to

constrict) 收敛作用
astringent [ə'strindʒənt] (L. *astringens*, from *ad* to + *stringere* to bind) ❶ 收敛的; ❷ 收敛剂
astro- (Gr. *astron* star) 星,星形
astroblast ['æstrəublæst] (*astro-* + Gr. *blastos* germ) 星母细胞
astroblastoma [ˌæstrəublæs'təumə] 星母细胞瘤
astrocele ['æstrəusi:l] 星球腔
astrocinetic [ˌæstrəusai'netik] 星球移动的
astrocoele ['æstrəusi:l] (*astro-* + Gr. *koilos* hollow) 星球腔
astrocyte ['æstrəsait] (*astro-* + Gr. *kytos* hollow vessel) 星形细胞
 fibrillary a's, fibrous a's 纤维性星形细胞
 gemistocytic a. 原浆性星形细胞
 plasmatofibrous a's 浆纤维性星状细胞
 protoplasmic a's 原浆性星形细胞
astrocytoma [ˌæstrəusai'təumə] 星形细胞瘤
 anaplastic a. 退行发育性星形细胞瘤
 cerebellar a. 小脑星形细胞瘤
 diffuse cerebellar a. 弥散性小脑星形细胞瘤
 a. fibrillare, fibrillary a. 纤维性星形细胞瘤
 gemistocytic a. 原浆性纤维细胞瘤
 Grade Ⅰ a's Ⅰ级星形细胞瘤
 Grade Ⅱ a's Ⅱ级星形细胞瘤
 Grade Ⅲ a's Ⅲ级星形细胞瘤
 Grade Ⅳ a's Ⅳ级星形细胞瘤
 juvenile pilocytic a. 儿童纤维状细胞性星形细胞瘤
 malignant a. 恶性星形细胞瘤
 pilocytic a. 纤维状细胞性星形细胞瘤
 piloid a. ① 纤维状细胞性星形细胞瘤; ② 极性成胶质细胞瘤
 protoplasmic a., a. protoplasmaticum 原浆性星形细胞瘤
astrocytosis [ˌæstrəusai'təusis] 星形细胞增多症
astroglia [æs'trɔgliə] (*astro-* + *neuroglia*) ❶ 星形细胞; ❷ 星形神经胶质
astrokinetic [ˌæstrəuki'netik] (*astro-* + Gr. *kinēsis* motion) 中心体移动的

astrophorous [æs'trɔfərəs] (*astro-* + Gr. *phoros* bearing) 星状突的
astropyle ['æstrəpail] (*astro-* + Gr. *pylē* gate) 星口
astrosphere ['æstrəsfiə] (*astro-* + Gr. *sphaira* sphere) ❶ 摄引球; ❷ 星体
astrostatic [ˌæstrəu'stætik] (*astro-* + Gr. *statikos* standing) 星体静止的
Astrovirus ['æstrəˌvaiərəs] (*astro-* + *virus*) 星形病毒
astrovirus ['æstrəˌvaiərəs] 星形病毒
asulfurosis [əˌsʌlfə'rəusis] 硫缺乏症
asyllabia [ˌeisi'leibiə] 缀字不能
asylum [ə'sailəm] (L.) 养育院
asymbolia [əsim'bəuliə] (*a* neg. + Gr. *symbolon* symbol + *-ia*) ❶ 说示不能; ❷ 示意不能
 pain a. 示痛不能
asymboly [ə'simbəli] 说示不能
asymmetrical [ˌæsi'metrikəl] 不对称的
asymmetry [æ'simitri] (*a* neg. + Gr. *symmetria* symmetry) 不对称
 chromatic a. 两眼虹膜异色
 encephalic a. 脑不对称
asymphytous [ə'simfitəs] 分离的
asymptomatic [ˌæsimptə'mætik] 无症状的
asynapsis [ˌæsi'næpsis] (*a* neg. + Gr. *synapsis* conjunction) 不联会
asynchronism [eiˈsiŋkrənizəm] (*a* neg. + *synchronism*) 不同时性, 协调障碍
asynchrony [ei'siŋkrəni] 不同时性
asynclitism [ə'siŋklitizəm] (*a* neg. + *synclitism*) ❶ 头盆倾势不均; ❷ 异期成熟
 anterior a. 前头盆倾势不均
 posterior a. 后头盆倾势不均
asyndesis [ə'sindisis] (*a* neg. + Gr. *syn* together + *desis* binding) 思想连贯不能
asynechia [ˌeisi'nekiə] (*a* neg. + Gr. *synecheia* continuity) 不连续
asynergia [ˌeisi'nə:dʒiə] 协调不能
asynergic [ˌeisi'nə:dʒik] 协调不能的
asynergy [ei'sinədʒi] (*a* neg. + Gr. *synergia* cooperation) 协同不能
asynovia [ˌeisi'nəuviə] 滑液缺乏
asyntaxia [ˌeisin'tæksiə] (Gr. "want of arrangement") 不闭
 a. dorsalis 神经沟不闭
asystole [ə'sistəli] (*a* neg. + *systole*) 心搏

asystolia [əsisˈtəuliə] 心搏停止
asystolic [əsisˈtɔlik] 心搏停止的
AT（atrial tachycardia 的缩写）心房性心动过速
At（astatine 的符号）砹
ATA（alimentary toxic aleukia 的缩写）营养性毒性白细胞减少症
Atabrine [ˈætəbriːn] 阿的平：盐酸奎钠克林制剂的商品名
atactic [əˈtæktik]（Gr. *ataktos* irregular）共济失调的
atactiform [əˈtæktifɔːm] 共济失调样的
ataractic [ˌætəˈræktik]（Gr. *ataraktos* without disturbance; quiet）❶心气和平的；❷安定剂
Atarax [ˈætəræks] 安太乐：盐酸羟嗪制剂的商品名
ataraxia [ˌætəˈræksiə]（Gr. "impassiveness", "calmness"）心气和平，心神安定
ataraxic [ˌætəˈræksik] 心气和平的，安定剂
ataraxy [ˌætəˈræksi] 心气和平，心神安定
atavic [ˈætəvik] 返祖性的
atavism [ˈætəvizəm]（L. *atavus* grandfather）隔代遗传
atavistic [ˌætəˈvistik] 隔代遗传的
ataxia [əˈtæksiə]（Gr. from *a* negative + *taxis* order）共济失调
 acute a. 急性共济失调
 acute cerebellar a. 急性小脑性共济失调
 Bruns' frontal a. 布郎氏额叶性共济失调
 cerebellar a. 小脑性共济失调
 cerebral a. 大脑性共济失调
 enzootic a. 羊羔蹒跚病
 Ferguson-Critchley a. 福-克二氏共济失调
 Friedreich's a. 弗里德里希氏共济失调
 frontal a. 额叶性共济失调
 hereditary a. 遗传性共济失调
 hysterical a. 癔病性共济失调
 intrapsychic a. 内心性协调不能
 kinetic a. 运动性共济失调
 locomotor a. 运动性共济失调
 Menzel's a. 门泽尔氏共济失调
 motor a. 运动性共济失调
 ocular a. 眼球震颤
 Sanger Brown a. 桑格·布朗氏共济失调
 sensory a. 感觉性共济失调
 spinal a. 脊髓性共济失调
 spinocerebellar a. 脊髓小脑性共济失调
 a.-telangiectasia 毛细血管扩张性共济失调
 thermal a. 体温失调
 truncal a. 躯干性共济失调
ataxiagram [əˈtæksiəgræm]（*ataxia* + Gr. *gramma* a writing）共济失调描记图
ataxiagraph [əˈtæksiəgrɑːf]（*ataxia* + Gr. *graphein* to write）共济失调描记仪
ataxiameter [əˌtæksiˈæmitə]（*ataxia* + *-meter*）共济失调记录仪
ataxiaphasia [əˌtæksiəˈfeiziə]（*ataxia* + Gr. *-aphasia*）组句不能
ataxic [əˈtæksik] 共济失调的
ataxiophemia [əˌtæksiəˈfiːmiə] 言语共济失调
ataxiophobia [əˌtæksiəˈfəubiə] 失调恐怖
ataxophemia [əˌtæksəˈfiːmiə]（Gr. *ataxia* disorder + *phēmē* speech）言语共济失调
ataxophobia [əˌtæksəˈfəubiə]（Gr. *ataxia* disorder + *phobia*）失调恐怖
ataxy [əˈtæksi] 共济失调
ATCC（American Type Culture Collection 的缩写）美国标准菌库
-ate ❶产物；❷酸根，酸盐或酯
atelectasis [ˌætiˈlektəsis]（Gr. *atelēs* imperfect + *ektasis* expansion）肺膨胀不全，肺不张
 absorption a., acquired a. 吸收性肺膨胀不全，后天性肺不张
 compression a. 压迫性肺不张
 congenital a. 先天性肺不张
 initial a. 原发性肺不张
 lobar a. 肺叶不张
 lobular a. 肺小叶不张
 obstructive a. 阻塞性肺不张
 patchy a. 小叶性肺不张
 primary a. 原发性肺不张
 relaxation a. 相关性肺不张
 resorption a. 吸收性肺不张
 secondary a. ① 继发性肺不张；② 吸收性肺不张
 segmental a. 肺叶性肺不张
 tympanic membrane a. 鼓室膜不张
atelectatic [ˌætilekˈtætik] 膨胀不全的

atelencephalia [əˌtelensiˈfeiliə] (Gr. *ateleia* incompleteness + *enkephalos* brain + -*ia*) 脑发育不全

atelia [əˈtiːliə] (Gr. *ateleia* incompleteness) 发育不全

ateliotic [əˌtiːliˈɔtik] 发育不全的

atel(o)- (Gr. *atelēs* incomplete) 发育不全

atelocardia [ˌætiləuˈkɑːdiə] (atelo- + Gr. *kardia* heart) 心发育不全

atelocephalous [ˌætiləuˈsefələs] (atelo- + Gr. *kephalē* head) 头发育不全的

atelocephaly [ˌætiləuˈsefəli] 颅骨发育缺陷

atelocheilia [ˌætiləuˈkailiə] (atelo- + *cheilos* lip + -*ia*) 唇发育不全

atelocheiria [ˌætiləuˈkaiəriə] (atelo- + Gr. *cheir* hand + -*ia*) 手发育不全

ateloencephalia [ˌætiləuˌensəˈfeiliə] 脑发育不全

ateloglossia [ˌætiləuˈglɔsiə] (atelo- + Gr. *glōssa* tongue + -*ia*) 舌发育不全

atelognathia [ˌætilɔgˈneiθiə] (atelo- + Gr. *gnathos* jaw + -*ia*) 颌发育不全

atelomyelia [ˌætiləuˈmeiliə] 脊髓发育不全

atelopidtoxin [ˌætiləupidˈtɔksin] 斑足蟾毒

atelopodia [ˌætiləuˈpəudiə] (atelo- + Gr. *pous* foot + -*ia*) 足发育不全

ateloprosopia [ˌætiləuprəˈsəupiə] (atelo- + Gr. *prosōpon* face + -*ia*) 面发育不全

atelorachidia [ˌætiləurəˈkidiə] (atelo- + Gr. *rhachis* spine + -*ia*) 脊柱发育不全

atelostomia [ˌætiləuˈstəumiə] (atelo- + Gr. *stoma* mouth + -*ia*) 口发育不全

atenolol [əˈtenəlɔl] 氨酰心安

ATG (antithymocyte globulin 的缩写) 抗胸腺细胞球蛋白

athalposis [ˌæθælˈpəusis] (Gr. *a* neg. + *thalpos* warmth) 温觉缺失

athelia [əˈθiːliə] (*a* neg. + Gr. *thēlē* nipple + -*ia*) 无乳头

Athenaeus [ˌæθəˈniəs] 阿色勒尔斯：希腊医师

atherectomy [ˌæθəˈrektəmi] (ather- + ectomy) 粥样硬化切除术

athermancy [əˈθəːmənsi] 不透热性

athermanous [əˈθəːmənəs] (*a* neg. + Gr. *thermē* heat) 不透热的

athermic [əˈθəːmik] (*a* neg. + Gr. *thermē* heat) 不发热的

athermosystaltic [əˌθəːməusisˈtæltik] (*a* neg. + Gr. *thermē* heat + Gr. *systaltikos* drawing together) 无温度性收缩的

ather(o)- (Gr. *athērē* gruel) 脂肪变性，动脉粥样化

atheroembolism [ˌæθərəuˈembəlizəm] 动脉粥样化栓塞

atheroembolus [ˌæθərəuˈembələs] (pl. *atheroemboli*) 粥样硬化栓子

atherogenesis [ˌæθərəuˈdʒenəsis] 动脉粥样化形成

atherogenic [ˌæθərəuˈdʒenik] 致动脉粥样化的

atheroma [ˌæθəˈrəumə] (Gr. *athērē* gruel + -*oma*) 动脉粥样化

atheromatosis [ˌæθərəuməˈtəusis] 动脉粥样化病

atheromatous [ˌæθəˈrɔmətəs] 动脉粥样化的

atherosclerosis [ˌæθərəuskliəˈrəusis] 动脉粥样硬化

　a. **obliterans** 闭塞性动脉硬化

athetoid [ˈæθitɔid] (Gr. *athetos* not fixed + *eidos* form) 手足徐动症样的

athetosic [ˌæθiˈtɔsik] 手足徐动症的

athetosis [ˌæθiˈtəusis] (Gr. *athetos* not fixed + -*osis*) 手足徐动症，指痉病

　double a., double congenital a. 双手徐动症，双手先天性徐动症

　pupillary a. 瞳孔痉挛，虹膜震颤

athetotic [ˌæθiˈtɔtik] 手足徐动症的

athiaminosis [əˌθaiəmiˈnəusis] 硫胺缺乏病

athrepsia [əˈθrepsiə] (*a* neg. + Gr. *threpsis* nutrition) ❶ 消瘦；❷ 营养不良

athrepsy [əˈθrepsi] 营养不足

athreptic [əˈθreptik] 营养不足的

athrocytosis [ˌæθrəsaiˈtəusis] 细胞摄物作用

athrophagocytosis [ˌæθrəuˌfægəsaiˈtəusis] 非营养性吞噬作用

athymia [əˈθaimiə] (Gr. "lack of spirit") (*obs*.) ❶ 人事不省；❷ (*a*- neg. + *thymus*) 无胸腺

athymism [əˈθaimizəm] 无胸腺，胸腺机能缺失

athymismus [ˌeiθaiˈmizməs] 无胸腺的
athyrea [əˈθairiə] ❶ 甲状腺机能低下; ❷ 甲状腺缺失
athyreosis [əˌθaiəriˈəusis] (*a* neg. + *thyreoid* thyroid + -*osis*) 无甲状腺症, 甲状腺机能缺失
athyreotic [əˌθaiəriˈɔtik] 甲状腺机能缺失的
athyria [əˈθairiə] ❶ 无甲状腺症; ❷ 甲状腺机能低下
athyroidemia [əˌθaiərɔiˈdi:miə] (*a* neg. + *thyroid* + Gr. *haima* blood + -*ia*) 无甲状腺血症
athyroidism [əˈθairɔidizəm] 甲状腺机能低下
athyroidosis [əˌθairɔiˈdəusis] 甲状腺机能低下
athyrosis [ˌeiθaiˈrəusis] ❶ 甲状腺机能低下; ❷ 无甲状腺
athyrotic [ˌeiθaiˈrɔtik] 甲状腺机能低下的, 无甲状腺的
Athysanus [əˈθisənəs] 北非吸血蝇
Ativan [ˈætivæn] 阿蒂凡; 氯羟去甲安定制剂的商品名
ATL (adult T-cell leukemia/lymphoma 的缩写) 成人 T 细胞白血病淋巴瘤
atlant(o)- (Gr. *atlas*, gen. *atlantos*) 寰椎
atlantad [ætˈlæntæd] 向寰椎
atlantal [ætˈlæntəl] 寰椎的
atlantoaxial [ætˌlæntəuˈæksiəl] 寰枢椎的
atlantodidymus [ætˌlæntəuˈdaidiməs] 寰椎联胎
atlantomastoid [ætˌlæntəuˈmæstɔid] 寰椎乳突的
atlanto-odontoid [ˌætlænˈtəu ɔˈdɔntɔid] 寰椎齿样的
atlas [ˈætləs] (Gr. *Atlas* the Greek god who bears up the pillars of Heaven) ❶ (NA) 寰椎; ❷ 图谱
  stereotactic a. 实体图谱
atloaxoid [ˌætləuˈæksɔid] 寰枢椎的
atlodidymus [ˌætləuˈdaidiməs] (*atlas* + Gr. *didymos* twin) 寰椎联胎
atloido-occipital [ætˈlɔidəukˌsipitəl] 寰枕的
atm (atmosphere 的缩写) 大气, 气压
atm(o)- (Gr. *atmos* steam or vapor) 蒸气, 气体

atmograph [ˈætməgrɑːf] (*atmo-* + Gr. *graphein* to record) 呼吸描记器
atmolysis [ætˈmɔlisis] (*atmo-* + Gr. *lysis* loosing) ❶ 微孔分气法; ❷ 有机组织蒸气分解法
atmometer [ætˈmɔmitə] (*atmo-* + Gr. *metron* measure) 水蒸气计
atmosphere [ˈætməsfiə] (*atmo-* + Gr. *sphaira* sphere) ❶ 大气层; ❷ 大气压
atmospheric [ˌætməsˈferik] 大气层的
atmotherapy [ˌætməˈθerəpi] (*atmo-* + Gr. *therapeia* treatment) 呼吸疗法
ATN (tyrosinase-negative (ty-neg) oculocutaneous albinism 的缩写) 酪氨碳酶缺乏性眼皮白化病
at. no. (atomic number 的缩写) 原子序数
atocia [əˈtəusiə] (*a* neg. + Gr. *tokos* brith) ❶ 未经产; ❷ 女性不育
atolide [ˈætəlaid] 阿托尔特: 其化学名为胺苯酰甲苯胺的一种解痉药
atom [ˈætəm] (Gr. *atomos* indivisible; *a-* + *tomos* from *temnein* to cut) 原子
  activated a. ① 离子化原子; ② 激活原子
  asymmetric carbon a. 不对称碳原子
  Bohr a. 玻尔氏原子
  excited a. 激活原子
  ionized a. 离子化原子
  nuclear a. 核型原子
  recoil a., rest a. 反冲原子
  Rutherford a. 腊瑟福德原子
  stripped a. 被剥原子
  tagged a. 标识原子
atomic [əˈtɔmik] 原子的
atomization [ˌætəmaiˈzeiʃən] 喷雾
atomizer [ˈætəmaizə] 喷雾器
atonia [æˈtəuniə] 张力缺乏
  choreatic a. 舞蹈病性肌弛缓
atonic [æˈtɔnik] 张力缺乏的
atonicity [ˌætəˈnisiti] 张力缺乏性
atony [ˈætəni] (L. *atonia*, from *a* neg. + Gr. *tonos* tension) 张力缺乏
  primary ureteral a. 原发性输尿管扩张
atopen [ˈætəpən] 特异反应原
atopic [əˈtɔpik] (*a* neg. + Gr. *topos* place) ❶ 异位的; ❷ 特异反应性的, 特异反应原的

atopognosia [əˌtɔpɔg'nəuziə] (*a* neg. + Gr. *topos* place + *gnōsis* knowledge + *-ia*) 位置觉缺失

atopognosis [əˌtɔpəg'nəusis] 位置觉缺失

atopy ['ætəpi] (Gr. *atopos* out of place) 特异反应性

atoxic [ə'tɔksik] (*a* neg. + Gr. *toxikon* poison) 无毒的

atoxigenic [əˌtɔksi'dʒenik] 不产生毒素的

ATP (adenosine triphosphate 的缩写) 三磷酸腺苷

ATPase (adenosinetriphosphatase 的缩写) 三磷酸腺苷酶

ATP citrate lyase ['sitreit 'laieis] ATP 柠檬酸裂合酶

ATP synthase ['sinθeis] ATP 合成酶

Atractaspis [əˌtræk'tæspis] 穴蝰蛇属

atracurium besylate [ætrə'kjuəriəm] 埃曲寇林

atransferrinemia [eiˌtrænsfəri'ni:miə] 血铁转运蛋白缺乏症

atraumatic [eitrɔ:'mætik] (*a* neg. + Gr. *traumatikos* of or for wounds) 无创伤的

Atrax ['eitræks] 澳毒蜘蛛属

atrepsy ['ætrepsi] (*a* neg. + Gr. *threpsis* nutrition) 消瘦

atreptic [ə'treptik] 营养不良的

atresia [ə'tri:ziə] (*a* neg. + Gr. *trēsis* a hole + *-ia*) 闭锁
    anal a., **a. ani** 肛门闭锁
    aortic a. 主动脉闭锁
    aural a. 耳闭锁
    biliary a. 胆管闭锁
    choanal a. 后鼻孔闭锁
    duodenal a. 十二指肠闭锁
    esophageal a. 食道闭锁
    follicular a., **a. folliculi** 卵胞闭锁
    intestinal a. 消化道闭锁
    a. iridis 瞳孔闭锁
    mitral a. 僧帽瓣闭锁
    prepyloric a. 幽门前闭锁
    pulmonary a. 肺动脉闭锁
    tricuspid a. 三尖瓣闭锁

atresic [ə'trizik] 闭锁的

atretic [ə'tretik] (Gr. *atrētos* not perforated) 闭锁的

atret(o)- (Gr. *atrētos* not perforated) 无孔,闭锁,不通

atretoblepharia [əˌtri:təubli'feəriə] (*atreto-* + Gr. *blepharon* eyelid + *-ia*) 睑球粘连, 睑闭锁

atretocephalus [əˌtri:təu'sefələs] (*atreto-* + Gr. *kephalē* head) 头部孔窍闭锁畸胎

atretocormus [əˌtri:təu'kɔ:məs] (*atreto-* + Gr. *kormos* trunk) 躯干孔窍闭锁畸形

atretocystia [əˌtri:təu'sistiə] (*atreto-* + Gr. *kystis* bladder + *-ia*) 膀胱闭锁

atretogastria [əˌtri:təu'gæstriə] (*atreto-* + Gr. *gastēr* stomach + *-ia*) 胃门闭锁

atretolemia [əˌtri:təu'li:miə] (*atreto-* + Gr. *laimos* gullet + *-ia*) 喉闭锁,食管闭锁

atretometria [əˌtri:təu'mi:triə] (*atreto-* + Gr. *mētra* uterus + *-ia*) 子宫闭锁

atretopsia [əˌtri:'tɔpsiə] 瞳孔闭锁

atretorrhinia [əˌtri:təu'riniə] (*atreto-* + Gr. *rhis* nose + *-ia*) 鼻孔闭锁

atretostomia [əˌtri:təu'stəumiə] (*atreto-* + Gr. *stoma* mouth + *-ia*) 口闭锁

atreturethria [əˌtri:tju'ri:θriə] (*atreto-* + Gr. *ourēthra* urethra + *-ia*) 尿道闭锁

atria ['ɑ:triə, 'eitriə] (L.) 房,前房。*atrium* 的复数形式

atrial ['ɑ:triəl, 'eitriəl] 房的,前房的

atrichosis [ˌætri'kəusis] 毛发缺乏,无鞭毛

atrichous [ə'trikəs] (*a* neg. + Gr. *thrix* hair) ❶ 无鞭毛的; ❷ 无毛发的

atri(o)- (L. *atrium*) 心房

atriocommissuropexy [ˌeitriəuˌkɔmi'sjuərəˌpeksi] (*atrio-* + *commissure* + *-pexy*) 二尖瓣固定术

atriohisian [ˌeitriəu'hisiən] 心房希氏束的

atriomegaly [ˌeitriəu'megəli] (*atrio-* + *-megaly*) 心房扩大

atrionector [ˌeitriəu'nektə] (*artio-* + L. *nector* connector) 窦房结

atriopeptin [ˌeitriəu'peptin] 心钠素,心房肽

atrioseptopexy [ˌeitriəuˌseptə'peksi] (*atrio-* + *septum* + *pexy*) 房间隔修补术

atrioseptoplasty [ˌeitriəuˌseptə'plæsti] (*atrio-* + *septum* + *plasty*) 房间隔成形术

atriotomy [ˌeitri'ɔtəmi] (*atrio-* + *-tomy*) 心房切开术

atrioventricular [ˌeitriəuven'trikjulə] 房室的

atrioventricularis communis [ˌeitriəuventrikjuˈlæris kəˈmjuːnis] 房室共通
atriplicism [əˈtriplisizəm] 滨藜中毒
atrium [ˈɑːtriəm, ˈeitriəm] (pl. *atria*) (L.; Gr. *atrion* hall) 房, 前方
   common a. 公共心房
   a. cordis (NA) 心房
   a. dexter/sinister cordis (NA) 右/左心房
   a. dextrum (NA) 右心房
   a. glottidis, a. of glottis 喉前庭
   a. laryngis, a. of larynx 喉前庭
   left a. 左心房
   a. meatus medii (NA) 中鼻道前房
   right a. 右心房
   a. sinistrum (NA) 左心房
   a. vaginae 阴道前庭
Atromid-S [ˈætrəmid] 冠心平, 安妥明: 氯苯丁酯制剂的商品名
Atropa [ˈætrəpə] (Gr. *Atrapos* "undeviating", one of the Fates) 颠茄属
atrophedema [ˌætrɔfiˈdiːmə] 萎缩性水肿
atrophia [əˈtrəufiə] (L.; Gr., from *a* neg. + Gr. *trophē* nourishment) 萎缩
   a. bulborum hereditaria 遗传性眼球萎缩
   a. choroideae et retinae 脉络膜视网膜萎缩
   a. cutis 皮萎缩
   a. cutis senilis 老年性皮萎缩
   a. dolorosa 痛性眼球萎缩
   a. maculosa 皮斑点状萎缩, 皮松垂
   a. musculorum lipomatosa 脂肪沉着性肌萎缩
   a. senilis 老年萎缩
   a. testiculi 睾丸萎缩
atrophic [əˈtrɔfik] 萎缩的
atrophie [ɑːtrəˈfiː] (Fr.) 萎缩
   a. blanche [blɑːnʃ] (Fr. "white atrophy") 白色萎缩
   a. noire [nwɑː] (Fr. "black atrophy") 黑色萎缩
atrophied [ˈætrəfiːd] 萎缩的
atroph(o)- (Gr. *atrophia* want of nourishment) 萎缩的
atrophoderma [ˌætrəfəˈdəːmə] 皮萎缩
   a. biotripticum 老年皮萎缩
   idiopathic a. of Pasini and Pierini 帕-皮二氏特发性皮萎缩
   a. maculatum 斑状皮萎缩
   a. neuriticum 神经性皮萎缩
   a. of Pasini and Pierini 帕-皮二氏皮萎缩
   a. reticulatum symmetricum faciei 面部对称性网状皮萎缩
   a. senile 老年皮萎缩
   a. vermicularis 蠕虫样皮萎缩
atrophodermatosis [ˌætrɔfəˌdəːməˈtəusis] 皮萎缩病
atrophodermia [ˌætrəfəˈdəːmiə] (*a-* + *tropho-* + *derm-* + *-ia*) 皮萎缩
   a. vermiculata 蠕虫样皮萎缩
atrophy [ˈætrəfi] (L.; Gr. *atrophia*) ❶萎缩; ❷萎缩病变
   acute yellow a. 急性黄色萎缩
   Aran-Duchenne muscular a. 阿-杜二氏肌萎缩
   arthritic a. 关节周肌萎缩
   black a. 黑色萎缩
   blue a. 蓝色萎缩
   bone a. 骨萎缩
   brown a. 褐色萎缩
   Charcot-Marie a., Charcot-Marie-Tooth a. 夏-马二氏肌萎缩, 夏-马-图三氏肌萎缩
   circumscribed cerebral a. 局限性脑萎缩
   compensatory a. 代偿性萎缩
   compression a. 压迫性萎缩
   concentric a. 同心性萎缩
   correlated a. 关连性萎缩
   corticostriatospinal a. 皮质纹状体脊髓萎缩
   Cruveilhier's a. 克律韦利埃氏萎缩
   degenerative a. 变性萎缩
   Dejerine-Sottas a. 杜-斯二氏萎缩, 进行性肥大性神经病
   Dejerine-Thomas a. 杜-托二氏萎缩, 橄榄体小脑桥脑萎缩
   denervated muscle a. 失神经性肌萎缩
   dentatorubral a. 齿状核红核萎缩
   a. of disuse 废用性萎缩
   Duchenne-Aran muscular a. 杜-阿二氏肌萎缩
   eccentric a. 偏心性萎缩
   Eichhorst's a. 以克豪士特萎缩
   endocrine a. 内分泌性萎缩

endometrial a. 子宫内膜萎缩
Erb's a. 尔搏氏萎缩：① 杜歇氏肌性营养不良；② 肌——带肌性营养不良
exhaustion a. 衰竭性萎缩
facial a. 面萎缩，进行性单侧面萎缩
facioscapulohumeral muscular a. 面肩臂萎缩
fatty a. 脂性萎缩
Fazio-Londe a. 法-降二氏萎缩
gastric a. 胃萎缩
granular a. of kindney 肾颗粒状萎缩
gray a. 灰色萎缩
gyrate a. of choroid and retina 脉络膜视网膜螺旋状萎缩
healed yellow a. 愈合性黄色萎缩
hemifacial a. 一侧面萎缩
hemilingual a. 一侧舌萎缩
hereditary optic a. 遗传性视神经萎缩
Hoffmann's a. 霍夫曼氏萎缩
Hunt's a. 亨特氏萎缩
idiopathic muscular a. 特发性肌萎缩
infantile a. 婴儿萎缩
infantile spinal muscular a. 婴儿脊髓病性肌萎缩
inflammatory a. 炎性萎缩
interstitial a. 间质性萎缩
a. of iris, essential, 进行性虹膜萎缩
ischemic muscular a. 肌缺血性萎缩
juvenile muscular a., juvenile spinal muscular a. 幼年型肌萎缩，幼年型脊髓病性肌萎缩
lactation a. 哺乳期子宫萎缩
Landouzy-Dejerine a. 郎-代二氏萎缩
leaping a. 手肩型肌萎缩
Leber's hereditary optic a., Leber's optic a. 利伯氏遗传性视神经萎缩，利伯氏视神经萎缩
linear a. 线粒萎缩
lobar a. 脑叶萎缩
macular a. 斑状萎缩
multiple system a. 多发性系统萎缩
muscular a. 肌萎缩
myelopathic muscular a. 脊髓病性肌萎缩
myopathic a. 肌病性萎缩
neural a. 神经病性肌萎缩
neuritic muscular a. 神经性肌萎缩
neuropathic a. 神经病性肌萎缩

neurotrophic a. 神经营养性肌萎缩
numeric a. 数减性萎缩
olivopontocerebellar a. 橄榄体小脑脑桥萎缩
optic a. 视神经萎缩
optic a., primary 视神经盘原发性萎缩
optic a., secondary 继发性视神经盘萎缩
pallidal a. 苍白球萎缩，青少年震颤麻痹
Parrot's a. of the newborn 新生儿帕乐特氏萎缩
pathologic a. 病理性萎缩
periodontal a. 牙周萎缩
peroneal a., peroneal muscular a. 腓肌型肌萎缩
physiologic a. 生理性萎缩
pigmentary a. 色素性萎缩
postmenopausal a. 绝经后萎缩
post-traumatic a. of bone 创伤性骨萎缩
pressure a. 压迫性萎缩
progressive choroidal a. 进行性脉络膜萎缩
progressive muscular a. 进行性肌萎缩
progressive neural muscular a., progressive neuromuscular a. 进行性神经性肌萎缩
progressive spinal muscular a. 进行性脊髓病性肌萎缩
progressive unilateral facial a. 进行性偏侧面萎缩
proximal spinal muscular a. 近侧脊髓病性肌萎缩
pseudohypertrophic muscular a. 假肥大性肌萎缩
pulp a. 牙髓萎缩
red a. 红色萎缩
rheumatic a. 风湿性肌萎缩
segmental sensory dissociation with brachial muscular a. 臂部节段性感觉运动分离症
senile a. 老年萎缩
senile a. of skin 老年性皮萎缩
serous a. 浆液性萎缩
simple a. 单纯萎缩
spinal muscular a. 脊髓病性肌萎缩
subacute a. of liver, subchronic a. of liver 亚急性肝萎缩
Sudeck's a. 祖德克氏萎缩

Tooth's a. 图斯氏萎缩
toxic a. 中毒性萎缩
trophoneurotic a. 营养神经性萎缩
unilateral facial a. 偏侧面萎缩
vascular a. 脉管性萎缩
Vulpian's a. 伍耳皮安氏萎缩
Werdnig-Hoffmann spinal muscular a. 沃-霍二氏萎缩
white a. 白色萎缩
yellow a. 急性黄色萎缩
Zimmerlin's a. 支莫林氏萎缩

atropine [ˈætrəpiːn] (USP) 阿托品
  a. methonitrate, a. methylnitrate 硝酸甲基阿托品
  a. oxide hydrochloride 氧化盐酸阿托品
  a. sulfate (USP) 硫酸阿托品

atropinic [ˌætrəˈpinik] 阿托品的
atropinism [ˈætrəpinizəm] 阿托品中毒
atropinization [ˌætrəupinaiˈzeiʃən] 阿托品化
atropism [ˈætrəpizəm] 阿托品中毒
Atropisol [ˈætrəpisɔl] 阿托品硫酸盐
ATS ❶ (American Thoracic Society 的缩写) 美国胸部疾病协会; ❷ (antitetanic serum 的缩写) 抗破伤风血清
ATSDR (Agency for Toxic Substances and Diseases Registry 的缩写) 毒物及疾病登记部

attachment [əˈtætʃmənt] ❶ 固定,附着; ❷ 固位体
  edgewise a. 附边
  epithelial a. (of Gottlieb) (戈特利希氏) 上皮附着
  extracoronal a. 冠外附着
  friction a., internal a. 磨擦附着,内附着
  intracoronal a. 冠内附着
  key-and-keyway a., parallel a. 平行附着
  orthodontic a. 正牙附着
  precision a. 精确附着
  semiprecision a. 半精确附着
  slotted a. 槽沟附着

attack [əˈtæk] 发作
  Adams-Stokes a. 亚-斯二氏发作
  anxiety a. 焦虑发作
  drop a. 跌倒发作
  panic a. 焦虑发作
  Stokes-Adams a. 斯-亚二氏发作
  transient ischemic a. (TIA) 一过性发作
  vagal a. 迷走神经性发作
  vasovagal a. 血管迷走神经性发作

attapulgite [ˌætəˈpʌldʒait] (*Attapulgus*, a town in Georgia near which it is found) 阿塔朴尔盖特
  activated a. (USP) 活性阿塔朴尔盖特

attar [ˈætə] (Persian "essence") 挥发油,油精
  a. of roses 玫瑰油

attention [əˈtenʃən] ❶ 注意; ❷ 反应
attenuant [əˈtenjuənt] ❶ 稀释的; ❷ 稀释剂
attenuate [əˈtenjueit] (L. *attenuare* to thin) ❶ 稀释; ❷ 衰减,减毒
attenuation [əˌtenjuˈeiʃən] (L. *attenuatio*, from *ad* to + *tenuis* thin) ❶ 稀释; ❷ 减毒; ❸ 衰减
Attenuvax [əˈtenjuvɑːks] 麻疹活疫苗
attic [ˈætik] (L. *atticus*) 鼓室上隐窝
atticoantrotomy [ˌætikəuænˈtrɔtəmi] 鼓窦隐窝切开术
atticomastoid [ˌætikəuˈmæstɔid] 鼓室上隐窝乳突的
atticotomy [ˌætiˈkɔtəmi] (*attic* + Gr. *temnein* to cut) 鼓室上隐窝切开术
  transmeatal a. 经耳道鼓室上隐窝切开术

attitude [ˈætitjuːd] (L. *attitudo* posture) ❶ 姿态,体态; ❷ 态度
  a. of combat (Fr. *attitude de combat*) 格斗姿势
  discobolus a. 掷铁饼姿势
  forced a. 强迫姿势
  military a. 军人姿势

atto- (Danish *atten* eighteen) 阿托:剂量单位,表示与其构成的词的单位为 10^{-18}

attractant [əˈtræktənt] (L. *attrahere* to draw toward) 诱引剂
attraction [əˈtrækʃən] (L. *attractus* past participle of *attrahere* to draw together) ❶ 吸引; ❷ 高位倾向,上升咬合异常
  a. of affinity 亲和性吸引
  capillary a. 毛细管吸引
  chemical a. 化学吸引
  electric a. 电吸引
  magnetic a. 磁吸引

attrition [əˈtriʃən] (L. *attritio* a rubbing

against) 磨耗
at vol (atomic volume 的缩写) 原子体积
At wt (atomic weight 的缩写) 原子重量
atypia [ei'tipiə] 非典型
  koilocytotic a. 凹细胞性非典型
atypical [ə'tipikəl] (*a neg.* + Gr. *typos* type or model) 非规则的;不标准的;不典型的
atypism [ei'tipizəm] 非典型
AU ❶ (L. *aures unitas* 的缩写) 双耳; ❷ (L. *auris uterque* 的缩写) 每耳
Au ❶ (L. *aurum* 的符号) 金; ❷ (Australian antigen 的缩写) 澳大利亚抗原
AUA (American Urological Association 的缩写) 美国泌尿学学会
Au-antigenemia [ˌæntidʒi'niːmiə] 澳大利亚抗原血症
Aub-Dubois table [ɔːbdjuː'bɔis] (Joseph Charles *Aub*, American physician, 1890-1973; Eugene Floyd *Dubois*, American physician, 1882-1959) 欧-杜二氏表
Auberger blood group [ɔːbeə'ʒei] (from the name of French patient in whose blood the antigen was first reported in 1961) 澳伯格氏血型
Aubert's phenomenon [əu'bəːts] (Hermann *Aubert*, German physiologist, 1826-1892) 奥伯特氏现象
Auchmeromyia [ˌɔːkmerə'maijə] 煤蝇属
  A. luteola 黄煤蝇
audile ['ɔːdail] 听力的
audi(o)- (L. *audire* to hear) 听
audioanalgesia [ˌɔːdiəuˌænæl'dʒiːzjə] 听觉止痛
audiogenic [ˌɔːdiəu'dʒenik] 音源的
audiogram ['ɔːdiəugræm] (L. *audire* to hear + Gr. *gramma* a writing) 听力图
  cortical a. 脑皮质听力图
audiologist [ɔːdi'ɔlədʒist] 听力学家
audiology [ɔːdi'ɔlədʒi] (L. *audire* to hear + *-logy*) 听力学
audiometer [ˌɔːdi'ɔmitə] (L. *audire* to hear + Gr. *metron* measure) 听力计
  evoked potential a. 诱发电听力计
audiometric [ˌɔːdiəu'metrik] 听力检测的
audiometrician [ˌɔːdiəumi'triʃən] 听力测量师
audiometry [ˌɔːdi'ɔmitri] 听力测验法
  Békésy a. 伯克斯氏听力检测
  cortical a. 脑皮质听力检测
  electrocochleographic a. 耳蜗电听力检测
  electrodermal a. 皮电听力检测
  localization a. 声源性听力测验
  pure tone a. 纯音听力检测
  speech a. 语音听力检测
audition [ɔː'diʃən] (L. *auditio*) 听,听力
  chromatic a. 闻声觉色
  gustatory a. 闻声觉味
auditive ['ɔːditiv] 听型学习者
auditognosis [ˌɔːditɔg'nəusis] (L. *auditio* hearing + Gr. *gnōsis* knowledge) 听觉
auditory ['ɔːditəri] (L. *auditorius*) 听觉的
auditus ['ɔːditəs] (L. "hearing") ❶ 听; ❷ 听力
Audouin's microsporon [ɔːduː'wænz] (Jean-Victor *Audouin*, French physician, 1797-1841) 奥杜安氏小孢子菌
Auenbrugger's sign [ˌɔen'brugəz] (Leopold Joseph Elder von *Auenbrugger*, Austrian physician, 1722-1809) 奥恩布鲁格氏征
Auer bodies ['auə] (John *Auer*, American physician, 1875-1948) 奥尔氏体
Auerbach's ganglion ['auəbɑːks] (Leopold *Auerbach*, German anatomist, 1828-1897) 奥厄巴赫氏神经节
Aufrecht's sign ['aufreʃts] (Emanual *Aufrecht*, German physician, 1844-1933) 奥夫雷希特氏征
Augmentin [ɔːg'mentin] 奥格门汀:阿莫西林和棒化钾制剂的商品名
augmentor [ɔːg'mentə] ❶ 增进的,增加的; ❷ 促进素
augnathus [ɔːg'neiθəs] (Gr. *au* again + *gnathos* jaw) 双下颌畸胎
Aujeszky's disease [ɔː'jeskiz] (Aladár *Aujeszky*, Hungarian physician, 1869-1933) 奥耶斯基氏病
AUL (acute undifferentiated leukemia 的缩写) 急性未分化性白血症
aula ['ɔːlə] (L.; Gr. *aulē* hall) 红晕
aura ['ɔːrə] (pl. *aurae*) (L. "breath") 先兆
  a. asthmatica 气喘先兆
  auditory a. 听觉先兆

electric a. 电击样先兆
epigastric a. 上腹部先兆
epileptic a. 癫痫先兆
a. hysterica 癔病先兆
intellectual a. 梦样先兆
kinesthetic a. ① 运动觉先兆；② 病灶性运动发作
migraine a. 偏头痛先兆
migraine a. without headache 非头痛性先兆
motor a. 运动先兆
reminiscent a. 梦样先兆
vertiginous a. 眩晕先兆
Aurafair ['ɔːrəfeə] 奥瑞费尔：安替比林和苯唑卡因制剂的商品名
aural ['ɔːrəl] ❶ (L. *auris*) 耳的；❷ (L. *aura*) 先兆的
Auralgan [ɔː'rælgæn] 奥腊耳甘：安替氏林和苯唑卡因制剂的商品名
auramine O [ɔː'mərːnɔː əu] 金胺 O
auranofin [ɔː'rænəfin] 醋硫葡金
aurantia [ɔː'rænʃiə] 金橙黄
Aurelia [ɔː'riːliə] 海月水母属
Aureobasidium [ˌɔːriəbə'sidiəm] 短梗霉属
A. pullulans 出芽短梗霉菌
aureolin [ɔː'riəlin] 钴黄
Aureomycin [ˌɔːriə'maisin] 金霉素
aures ['ɔːriz] (L.) 耳。*auris* 的复数形式
auri- (L. *auris* ear) 耳
auriasis [ɔː'raiəsis] 金质沉着病
auric ['ɔːrik] 金的
auricle ['ɔːrikl] (L. *auricula*) ❶ 耳廓；❷ 心耳；❸ 心房
cervical a. 颈部耳状附件
left a. of heart 左心耳
right a. of heart 右心耳
auricula [ɔː'rikjulə] (pl. *auriculae*) (L. dim. of *auris*) ❶ (NA)耳廓；❷ 心耳；❸ 心房
atrial a., a. atrialis (NA) 心耳
a. atrii dextri 右心耳
a. atrii sinistri 左心耳
a. dextra (NA) 右心耳
a. sinistra (NA) 左心耳
auricular [ɔː'rikjulə] 心耳的，耳的，心房的
auriculare [ɔːˌrikjuː'lɛəri] (L. *auricularis* pertaining to the ear) 耳道点

auricularis [ɔːˌrikjuː'lɛəris] (L.) 耳的，心耳的
auriculocranial [ɔːrikjuləu'kreiniəl] 耳颅的
auriculotemporal [ɔːˌrikjuləu'tempərəl] 耳颞的
auriculotherapy [ɔːˌrikjuləu'θerəpi] 耳疗
auriculoventricular [ɔːrikjuləuven'trikjulə] 房室的
aurid ['ɔːrid] (L. *aurum* gold) 金剂疹
auriform ['ɔːrifɔːm] 耳状的
aurin ['ɔːrin] 蔷薇色酸，玫红酸
aurinarium [ˌɔːri'nɛəriəm] 耳栓剂
aurinasal [ˌɔːri'neizəl] 耳鼻的
auripigment [ˌɔːri'pigmənt] 雌黄
auris ['ɔːris] (pl. *aures*) (L.) (NA) 耳
a. externa (NA) 外耳
a. interna (NA) 内耳
a. media (NA) 中耳
auriscope ['ɔːriskəup] (L. *auris* ear + Gr. *skopein* to examine) 耳镜
aurist ['ɔːrist] 耳科学家
auristics [ɔː'ristiks] (L. *auris* ear) 耳科学
aurochromoderma [ˌɔːrəˌkrəumə'dəːmə] (L. *aurum* gold + Gr. *chrōma* color + Gr. *derma* skin) 金剂性皮肤变色
aurotherapy [ˌɔːrəu'θerəpi] 金疗法
aurothioglucose [ˌɔːrəuˌθaiə'gluːkəus] (USP) 硫代葡萄糖金
aurothiomalate disodium [ɔːrəuˌθaiə'meileit] 硫金苹果酸二钠
aurum ['ɔːrəm] (L.) 金
auscult [ɔːs'kʌlt] 听诊
ausculate ['ɔːskəlteit] (L. *auscultare* to listen to) 听诊
auscultation [ˌɔːskəl'teiʃən] 听诊法
direct a., immediate a. 直接听诊法
Korányi's a. 科兰伊氏听诊法
mediate a. 间接听诊法
obstetric a. 产科听诊
auscultatory [ɔːs'kʌltətəri] 听诊的
auscultoplectrum [ɔːsˌkʌltəu'plektrəm] 叩听诊器
auscultoscope [ɔːs'kʌltəskəup] 扩音听诊器
Austin Flint murmur ['ɔːstin flint] (*Austin Flint*, American physiologist,

1812-1886）奥斯汀·弗林特氏杂音

Austin Moore arthroplasty ['ɔ:stin mu:ə] (*Austin* Talley *Moore*, American orthopedic surgeon, 1899-1963) 奥·摩尔关节成形术

Australorbis [,ɔ:strə'lɔ:bis] 澳捲螺属

autacoid ['ɔ:tækɔid] (*aut-* + Gr. *akos* remedy) 自体有效物质

autechoscope [ɔ:'tekəskəup] (*aut-* + Gr. *ēchos* sound + Gr. *skopein* to examine) 自检听诊器

autecic [ɔ:'ti:sik] 同种寄生的，终身寄生的

autecious [ɔ:'ti:ʃəs] 同种寄生的，终身寄生的

autecology [,ɔ:ti'kɔlədʒi] (*aut-* + *ecology*) 个体生态学

autemesia [,ɔ:ti'mi:ziə] (*aut-* + Gr. *emesis* vomiting) 自发性呕吐

autism ['ɔ:tizəm] (Gr. *autos* self + *-ism*) ❶ 孤独癖；❷ 孤独症

early infantile a., infantile a. 幼儿孤独症

autistic [ɔ:'tistik] 孤独癖的

aut(o)- (Gr. *autos* self) 自己,身体,自动,自发

autoactivation [,ɔ:təu,ækti'veiʃən] 自体活动

autoagglutination [,ɔ:təuə,glu:ti'neiʃən] 自体凝集

autoagglutinin [,ɔ:təuə'glu:tinin] 自体凝集素

autoallergic [,ɔ:təuə'lədʒik] 自体变应的

autoallergy [,ɔ:təu'ælədʒi] 自体变应性

autoamputation [,ɔ:təu,æmpju'teiʃən] 自断离

autoanalysis [,ɔ:təuə'næləsis] 自我分析

autoanamnesis [,ɔ:təu,ænæm'ni:sis] 自诉病史

autoantibody [,ɔ:təu'ænti,bɔdi] 自体抗体

antineutrophil cytoplasmic a. 抗中性白细胞胞浆抗体

autoanticomplement [,ɔ:təu,ænti'kɔmplimənt] 自体抗补体

autoantigen [,ɔ:təu'æntidʒən] 自身抗原

autoantisepsis [,ɔ:təu,ænti'sepsis] 自体灭菌

autoantitoxin [,ɔ:təu,ænti'tɔksin] (*auto-* + *antitoxin*) 自体抗毒素

autoaudible [,ɔ:təu'ɔ:dəbl] 可自听的（心音）

autobiotic [,ɔ:təubai'ɔtik] 自体生质,自生素

autobody [,ɔ:'təbɔdi] 自聚体

autocatalysis [,ɔ:təukə'tæləsis] 自动催化

autocatalyst [,ɔ:təu'kætəlist] 自动催化剂

autocatalytic [,ɔ:təukætə'litik] 自动催化的

autocatharsis [,ɔ:təukə'θɑ:sis] 自我宣泄

autocatheterism [,ɔ:təu,kæθitərizəm] (*auto-* + *catheterism*) 自插导管

autocholecystectomy [,ɔ:təu,kəulisis'tektəmi] (*auto-* + *cholecystectomy*) 胆囊自动切除

autochthonous [ɔ:'tɔkθənəs] (Gr. *autochthōn* sprung from the land itself) ❶ 本处发生的；❷ 自体移植的

autocinesis [,ɔ:təusai'ni:sis] (*auto-* + Gr. *kinēsis* motion) 自体动作,随意动作

autoclasis [ɔ:'tɔkləsis] (*auto-* + Gr. *klasis* breaking) 自裂

autoclave [,ɔ:təkleiv] (*auto-* + L. *clavis* key) 高压灭菌器

Autoclip ['ɔ:təklip] 自动关闭夹

autocrine ['ɔ:təkrin] 自分泌

autocystoplasty [,ɔ:təu'sistə,plæsti] 自体移植膀胱成形术

autocytolysin [,ɔ:təusai'tɔlisin] 自溶素

autocytolysis [,ɔ:təusai'tɔlisis] 自体溶解,自溶

autocytolytic [,ɔ:təu,saitəu'litik] 自溶的

autocytotoxin [,ɔ:təu,saitəu'tɔksin] 自体细胞毒素

autodermic [,ɔ:təu'də:mik] (*auto-* + Gr. *derma* skin) 自体皮的

autodigestion [,ɔ:təudi'dʒestʃən] 自体消化,自溶

autodrainage [,ɔ:təu'dreinidʒ] 自体导液法

autoecholalia [,ɔ:təu,ekə'leiliə] (*auto-* + *echolalia*) 重复自语

autoecic [ɔ:'ti:sik] (*auto-* + Gr. *oikos* house) 同种寄生的,终身寄生的

autoecious [ɔ:'ti:ʃəs] (*auto-* + Gr. *oikos* house) 同种寄生的,终身寄生的

autoeczematization [,ɔ:təuek,zemətai'zeiʃən] 自体湿疹化

autoerotic [ˌɔːtəʊiˈrɔtik] 自体性欲的

autoeroticism [ˌɔːtəʊiˈrɔtisizəm] 自体性欲

autoerotism [ˌɔːtəʊˈerətizəm] 自体性欲

autoerythrophagocytosis [ˌɔːtəʊiˌriθrəʊˌfægəsaiˈtəʊsis] (*auto* + *erythrocyte* + *phagocytosis*) 自体红细胞吞噬症

autofluorescence [ˌɔːtəʊfluəˈresəns] 自体荧光

autofluoroscope [ˌɔːtəʊˈfluərəskəup] 自体荧光镜

autofundoscope [ˌɔːtəʊˈfʌndəskəup] (*auto-* + *fundus* + *-scope*) 自检眼底镜

autofundoscopy [ˌɔːtəʊfʌnˈdɔskəpi] 自检眼底镜检查

autogamous [ɔːˈtɔɡəməs] 自体受精的

autogamy [ɔːˈtɔɡəmi] (*auto-* + Gr. *gamos* marriage) ❶ 自体受精；❷ 有性生殖的一种特殊情况,配子姊妹细胞由单一细胞分裂所致

autogeneic [ˌɔːtəʊdʒiˈniːik] 自体的,自身的,自身移植物的

autogenesis [ˌɔːtəʊˈdʒenəsis] (*auto-* + Gr. *genesis* production) ❶ 自生,单性生殖；❷ 生物自主

autogenetic [ˌɔːtəʊdʒiˈnetik] 自生的,单性生殖的

autogenous [ɔːˈtɔdʒənəs] (*auto-* + *genesis*) 自体的,自身的

autograft [ˈɔːtəɡrɑːft] 自体移植物

autografting [ˌɔːtəˈɡrɑːftiŋ] 自体移植法

autogram [ˈɔːtəɡræm] (*auto-* + Gr. *gramma* mark) 压印,皮痕

autohemagglutination [ˌɔːtəˌheməˌɡluːtiˈneiʃən] 自体血细胞凝集(作用),自身血凝反应

autohemagglutinin [ˌɔːtəˌheməˈɡluːtinin] 自体血细胞凝集素,自身血凝素

autohemolysin [ˌɔːteˈheməlisin] 自体溶血素,血溶血素

autohemolysis [ˌɔːteˈheməlisis] 自血溶解,自身溶血

autohemolytic [ˌɔːtəˌhiməˈlitik] 自血溶解的,自身溶血的

autohemotherapy [ˌɔːtəhiːməʊˈθerəpi] (*auto-* + Gr. *haima* blood + *therapeia* treatment) 自血疗法,自体血液疗法

autohemotransfusion [ˌɔːtəhiːməʊtrænsˈfjuːʒən] 自体输血

autohistoradiograph [ˌɔːtəhistəʊˈreidiəɡrɑːf] 自体(组织)放射照片

autohormonoclasis [ˌɔːtəhɔːmɔːnəʊˈnɔkləsis] (*auto-* + *hormone* + Gr. *klasis* destruction) 自体内分泌素破坏

autohypnosis [ˌɔːtəhipˈnəusis] 自我催眠

autohypnotic [ˌɔːtəhipˈnɔtik] 自我催眠的

autoimmune [ˌɔːtəiˈmjuːn] 自体(身)免疫的

autoimmunity [ˌɔːtəiˈmjuːniti] 自体免疫(性)

autoimmunization [ˌɔːtəˌimjunaiˈzeiʃən] 自体免疫(法)

autoinfection [ˌɔːtəinˈfekʃən] (*auto-* + *infection*) 自体感染,自体传染

autoinfusion [ˌɔːtəinˈfjuːʒən] (*auto-* + *infusion*) 自体聚血,自血输注

autoinoculable [ˌɔːtəiˈnɔkjuləbl] (*auto-* + *inoculable*) 能自体接种的

autoinoculation [ˌɔːtəiˌnɔkjuˈleiʃən] (*auto-* + *inoculation*) 自体接种

autointerference [ˌɔːtəˌintəˈfiərəns] 自体干扰

autoisolysin [ˌɔːtəaiˈsɔlisin] 自体同种溶素,自身同族溶素

autokeratoplasty [ˌɔːtəʊˈkerətəʊˌplæsti] 自体角膜移植术

autokinesis [ˌɔːtəʊkaiˈniːsis] (*auto-* + Gr. *kinesis* motion) 自体动作,随意运动 **visible light a.** 可视光自体动作

autokinetic [ˌɔːtəkiˈnetik] 自体动作的,随意运动的

autolavage [ɔːtələˈvɑːʒ] (*auto-* + *lavage*) 自(己)灌洗(胃)

autolesion [ˌɔːtəˈliːʒən] 自伤

autoleukoagglutinin [ˌɔːtəluːkəˈɡluːtinin] 自体白细胞凝集素

autologous [ɔːˈtɔləɡəs] (*auto-* + Gr. *logos* relation) 自体的,自身的,自体固有的

autolysate [ɔːˈtɔliseit] 自溶产物

autolysin [ɔːˈtɔlisin] 自溶素

autolysis [ɔːˈtɔlisis] (*auto-* + Gr. *lysis* dissolution) 自体溶解,自溶 **postmortem a.** 死后自溶

autolysosome [ˌɔːtəˈlisəsəum] 自体溶酶体

autolytic [ˌɔːtəˈlitik] 自溶的

autolyze [ˈɔːtəlaiz] 使自溶

automatic [ˌɔːtə'mætik] (Gr. *automatos* self-acting) ❶ 自动的；❷ 自行运动的，自行调节的

automaticity [ˌɔːtəmə'tisiti] ❶ 自动性；❷ 自动作用

triggered a. 触发自动作用

automatism [ɔː'tɒmətizəm] (Gr. *automatismos* self-action) 自动症

ambulatory a. 觉醒游行症，逍遥自动症

command a. 从命自动症，催眠后暗示性自动症

automatograph [ˌɔːtəʊ'mætəɡrɑːf] (Gr. *automatismos* self-action + *graphein* to write) 自动性运动描记器

Automeris io [ɔː'tɒməris 'aiəu] 巨斑刺蛾

automixis [ˌɔːtə'miksis] (*auto-* + Gr. *mixis* mixture) 自体受精

automysophobia [ˌɔːtəʊˌmaisə'fəʊbjə] (*auto-* + *mysophobia*) 自体不洁恐怖，自秽恐怖

autonephrectomy [ˌɔːtəʊnə'frektəmi] *auto-* + Gr. *nephros* kidney + Gr. *ektomē* excision) 输尿管梗阻性肾萎缩，肾自切除

autonephrotoxin [ˌɔːtəʊˌnefrəʊ'tɒksin] 自体肾毒素

autonomic [ˌɔːtəʊ'nɒmik] 自主的，自律的

autonomotropic [ˌɔːtəʊnəmə'trɒpik] (*autonomic* + Gr. *tropos* a turning) 亲植物神经系统的，亲自主神经系统

autonomous [ɔː'tɒnəməs] 自主的，自律的

autonomy [ɔː'tɒnəmi] (*auto-* + Gr. *nomos* law) 自主性，自律性

auto-ophthalmoscope [ˌɔːtəʊf'θælməskəup] (*auto-* + *ophthalmoscope*) 自检眼镜

auto-ophthalmoscopy [ˌɔːtəʊf'θælˌmɒskəpi] 自检眼镜检查术

auto-oxidation [ˌɔːtəʊˌɒksi'deiʃən] 自动氧化(作用)

auto-oxidizable [ˌɔːtəʊˌɒksi'daizəbl] 能自动氧化(作用)的

autopathography [ˌɔːtəpə'θɒɡrəfi] (*auto-* + Gr. *pathos* disease + *graphein* to write) 自病记录

autophagia [ˌɔːtəʊ'feidʒiə] (*auto-* + Gr. *phagein* to eat + *-ia*) ❶ 自食己肉；❷ 自体消耗；❸ 自吞噬

autophagosome [ˌɔːtəʊ'fæɡəsəum] (*auto-* + *phagosome*) 自体吞噬体，自噬体

autophagy [ɔː'tɒfədʒi] ❶ 自吞噬；❷ 自食己肉

autopharmacologic [ˌɔːtəˌfɑːməkə'lɒdʒik] 自体药理学的

autopharmacology [ˌɔːtəʊˌfɑːmə'kɒlədʒi] 自体药理学

autophobia [ˌɔːtəʊ'fəʊbjə] (*auto-* + *phobia*) 孤独恐怖

autophonometry [ˌɔːtəʊfəʊ'nɒmitri] (*auto-* + Gr. *phōne* voice + *metron* measure) 音叉振动自感测验法

autophthalmoscope [ˌɔːtɒf'θælməskəup] 自检眼镜

autophyte ['ɔːtəfait] (*auto-* + Gr. *phyton* plant) 自养植物

autoplast ['ɔːtəplæst] 自体(身)移植物

autoplastic [ˌɔːtəʊ'plæstik] 自体移植的，自体成形术的

autoplasty ['ɔːtəʊˌplæsti] (*auto-* + *-plasty*) ❶ 自体移植术，自体成形术；❷ 自体适应性

peritoneal a. 腹膜成形术

autopodium [ˌɔːtəʊ'pəudiəm] 肢身

autopoisonous [ˌɔːtəʊ'pɔizənəs] 自体中毒性的

autopolymer [ˌɔːtəʊ'pɒlimə] 自动聚合物，自聚物

autopolymerization [ˌɔːtəʊˌpɒliˌmerai'zeiʃən] 自动聚合(作用)

autoproteolysis [ˌɔːtəʊˌprəuti'ɒlisis] 自体溶解，自溶

autoprothrombin [ˌɔːtəʊprə'θrɒmbin] 自体前凝血酶，自体凝血酶尿

a. Ⅰ 自体凝血酶原 Ⅰ

a. Ⅱ 自体凝血酶原 Ⅱ

a. C. 自体凝血酶原 C

autoprotolysis [ˌɔːtəʊprə'tɒlisis] 质子自递(作用)

autopsy ['ɔːtəpsi] (*auto-* + Gr. *opsis* view) 尸体解剖，尸体剖验

autopsychic [ˌɔːtəʊ'saikik] (*auto-* + Gr. *psychē* soul) 自我意识的，自觉的

autoradiogram [ˌɔːtəʊ'reidiəɡræm] 自体放射(造影)照片，放射自显影照片

autoradiograph [ˌɔːtəʊ'reidiəɡrɑːf] 自体放射性造影照片，放射自显影照片

autoradiography [ˌɔːtəʊˌreidi'ɒɡrəfi] 自体放射照相术，放射自显影术

autoregulation [ˌɔːtəuˌregjuˈleiʃən] 自动调节, 自体调节, 自身调节
 heterometric a. 异量性自我调节, 异量性自动调节
 homeometric a. 等量性自我调节
autoreinfusion [ˌɔːtəuˌriːinˈfjuːʒən] 自体输血, 自体再注入
autosensitization [ˌɔːtəuˌsensitaiˈzeiʃən] 自体致敏作用, 自体过敏化, 自身致敏
 erythrocyte a. 红细胞自身致敏作用
autosensitized [ˌɔːtəuˈsensitaizd] 自体(身)致敏的
autosepticemia [ˌɔːtəuˌseptiˈsiːmiə] 自体败血病
autoserotherapy [ˌɔːtəuˌsiərəˈθerəpi] 自体血清疗法
autoserous [ˌɔːtəuˈsiərəs] 自体血清的
autoserum [ˌɔːtəuˈsiərəm] (*auto-* + *serum*) 自体血清
autosexing [ˌɔːtəuˈseksiŋ] 性别自体鉴别, 性别自动鉴定
autosite [ˈɔːtəsait] (*auto-* + Gr. *sitos* food) 联胎自养体
autositic [ˌɔːtəuˈsitik] 联胎自养体的
autosmia [ɔːˈtɔsmiə] (*auto-* + Gr. *osmē* smell) 自嗅, 自辨体臭
autosomal [ˌɔːtəˈsəuməl] 常染色体的
autosomatognosis [ˌɔːtəˌsəmətɔgˈnəusis] (*auto-* + Gr. *sōma* body + *gnosis* recognition) 断肢存在幻觉
autosomatognostic [ˌɔːtəˌsəmətɔgˈnɔstik] 断肢存在幻觉的
autosome [ˈɔːtəsəum] (*auto-* + Gr. *sōma* body) ❶ 常染色体; ❷ 自体吞噬体
autospermotoxin [ˌɔːtəuˌspəːməˈtɔksin] 自体(身)精子毒素
autosplenectomy [ˌɔːtəuspliˈnektəmi] 自体脾切除
autospray [ˈɔːtəsprei] 自用(身)喷雾器
autostimulation [ˌɔːtəuˌstimjuˈleiʃən] 自体刺激作用
autosuggestibility [ˌɔːtəusəˌdʒestiˈbiliti] 自我暗示性
autosuggestion [ˌɔːtəusəˈdʒestʃən] (*auto-* + *suggestion*) 自我暗示
autosynthesis [ˌɔːtəuˈsinθisis] 自我合成
autotemnous [ˌɔːtəuˈtemnəs] (*auto-* + Gr. *temnein* to cut) 自切的, 自分的

autotherapy [ˌɔːtəuˈθerəpi] (*auto-* + Gr. *therapeia* treatment) ❶ 自愈; ❷ 自疗; ❸ 自体液疗法
autothromboagglutinin [ˌɔːtəˌθrɔmbəuəˈgluːtinin] 血小板自(身)凝(集)素
autotomographic [ˌɔːtəuˌtɔməˈgræfik] 体动 X 线体层照相的
autotomography [ˌɔːtəuˈtɔməgrəfi] 体动 X 线体层照相术
autotomy [ɔːˈtɔtəmi] (*auto-* + Gr. *tomē* cut) ❶ 自身分裂; ❷ 自断, 自切
autotopagnosia [ˌɔːtəuˌtɔpægˈnəuziə] (*auto-* + Gr. *topos* place + *agnosia*) 自体部位觉缺失, 自体部位失认
autotransfusion [ˌɔːtəuˈtrænsˌfjuːʒən] 自体输血, 自体再注入
 intraoperative a. 术中自体输血
 postoperative a. 术后自体输血
autotransplant [ˌɔːtəuˈtrænsplɑːnt] 自体移植物
autotransplantation [ˌɔːtəuˌtrænsplɑːnˈteiʃən] 自体移植(法)
autotrepanation [ˌɔːtəuˌtrepəˈneiʃən] 颅侵蚀
autotroph [ˈɔːtətrɔf] 自营生物
 facultative a. 兼性自营菌
 obligate a. 专性自营菌
autotrophic [ˌɔːtəuˈtrɔfik] (*auto-* + Gr. *trophē* nutrition) 自营的
autotrophy [ɔːˈtɔtrəfi] 自营
autovaccination [ˌɔːtəuˌvæksiˈneiʃən] ❶ 自体疫苗接种疗法; ❷ 自体接种
autovaccine [ˌɔːtəuˈvæksiːn] 自体(身)疫(菌)苗
autovaccinia [ˌɔːtəuvækˈsiniə] (*auto-* + *vaccinia*) 自体种痘
autovaccinotherapy [ˌɔːtəuˌvæksinəuˈθerəpi] 自体疫苗接种疗法
autoxidation [ˌɔːtɔksiˈdeiʃən] 自动氧化(作用)
autozygous [ˌɔːtəuˈzaigəs] 自系纯合的
auxanogram [ɔːkˈsænəgræm] (细菌)发育培养象
auxanographic [ˌɔːksænəuˈgræfik] (细菌)发育培养的
auxanography [ˌɔːksænˈɔgrəfi] (Gr. *auxanein* to increase + *graphein* to write) (细菌)发育培养检查法

auxesis [ɔːk'siːsis] (Gr. *auxēsis*) 细胞增大性生长

auxetic [ɔːk'setik] (Gr. *auxētikos* growing) ❶ 增大的,发育的; ❷ 发育剂

auxiliary [ɔːg'ziljəri] (L. *auxiliaris*) ❶ 辅助的; ❷ 辅助物
torquing a. 扭转辅助线

auxiliomotor [ɔːkˌsiliəʊ'məʊtə] 辅助运动的,促进运动的

auxilytic [ˌɔːksi'litik] (Gr. *auxein* to increase + *lysis*) 促溶解的

auxin ['ɔːksin] (Gr. *auxē* increase) 苗长素,植物生长激素

auxiometer [ˌɔːksi'ɔmitə] (Gr. *auxein* to increase + *metron* measure) 透镜放大率计

aux(o)- (Gr. *auxē* increase) 发育,促进,增加,加速

auxoaction [ˌɔːksəʊ'ækʃən] 促进作用

auxocardia [ˌɔːksəʊ'kɑːdiə] (*auxo-* + Gr. *kardia* heart) 心舒张,心扩张

auxochrome ['ɔːksəkrəʊm] (*auxo-* + Gr. *chrōma* color) 助色团

auxochromous [ˌɔːksə'krəʊməs] 助色的,助色团的

auxocyte ['ɔːksəsait] (*auxo-* + Gr. *kytos* hollow vessel) 性母细胞

auxodrome ['ɔːksədrəʊm] (Gr. *auxē* growth + *dromos* a course) 生长曲线

auxoflore ['ɔːksəflɔː] 助荧光物

auxoflur ['ɔːksəfluə] 助荧光物

auxogluc ['ɔːksəgluk] (*auxo-* + Gr. *glykys* sweet) 致甜基,助甜团

auxometer [ɔːk'sɔmitə] 透镜放大率计

auxometric [ˌɔːksə'metrik] 透镜放大率的;测力的

auxometry [ɔːk'sɔmitri] (Gr. *auxein* increase + *metry*) 生长率测量(法)

auxospireme [ˌɔːksəʊ'spaiəriːm] 联会染色质段

auxotonic [ˌɔːksəʊ'tɔnik] (*auxo-* + Gr. *tonos* tension) 增加紧张的

auxotox ['ɔːksətɔks] 成毒基

auxotroph ['ɔːksətrɔf] 营养缺陷型

auxotrophic [ˌɔːksə'trɔfik] (*auxo-* + Gr. *trophē* nutrition) 营养缺陷的

auxotype ['ɔːksətaip] (*auxo-* + *type*) 生长型,营养型

AV, A-V ❶ (artrioventricular 的缩写) 房室的; ❷ (arteriovenous 的缩写) 动静脉的

Av ❶ (average 的缩写) 平均; ❷ (avoirdupois 的缩写) 常衡

avalvular [ə'vælvjulə] 无瓣的

avascular [ə'væskjulə] (*a* neg. + *vascular*) 无血管的

avascularization [əˌvæskjulərai'zeiʃən] 驱血法

Avellis's syndrome [ə'veliz] (Georg Avellis, German laryngologist, 1864-1916) 阿维利兹氏综合征

Avena [ə'viːnə] (L.) 燕麦属

avenin [ə'viːnin] 燕麦蛋白

avenolith [ə'viːnəliθ] (L. *avena* oats + Gr. *lithos* stone) 燕麦性肠结石,燕麦石

Aventyl [ə'ventəl] 去甲替林:盐酸去甲替米替林制剂的商品名

Avenzoar [ˌævən'zəʊə] (from Ar. Abū Marwan Abdal-Malik *ibn* Abū al-Ala *Zuhr*, c. 1091 to c. 1162) 阿斐邹尔

averaging ['ævəridʒiŋ] ❶ 平均; ❷ 平均法
signal a. 信号平均法

avermectin [ˌævə'mektin] 阿佛默克丁

Averroes [ə'verəiz] (L. from Ar. Abul-Walīd Muhammad ibn-Ah-mad Ibn-Muhammad *ibn-Rushd*, 1126-1198) 阿佛亩斯:一位著名的西班牙阿拉伯哲学家及医师

aversive [ə'vəːsiv] 厌恶的,有害的,有毒的

Avertin [ə'vəːtin] 阿佛丁:三溴乙醇制剂的商品名

Aviadenovirus [ˌævi'ædənəˌvaiərəs] (L. *avis* bird + *adenovirus*) 鸟腺病毒

avian ['eiviən] (L. *avis* bird) 鸟的

Avicenna [ˌævi'sinə] (L., from Ar. Abū Ali al-Husayn ibn Abdallah *ibn Sinā*, 979-1037) 阿维塞拉:著名的阿拉伯医师和东方的哲学家

avidin ['ævidin] 抗生物素蛋白,卵白素

avidity [ə'viditi] 亲和力,爱力,亲和势

avifauna [ˌeivi'fɔːnə] 鸟区系

Avipoxvirus ['ævi,pɔksvaiərəs] (L. *avis* brid + *poxvirus*) 鸟痘病毒

avipoxvirus ['eivi,pɔksvaiərəs] 鸟痘病毒

avirulence [ei'virulens] 无毒力

avirulent [ei'virulənt] 无毒力的,无毒性的

avitaminosis [ei‚vaitəmi'nəusis] 维生素缺乏病,营养缺乏(病)

avitaminotic [ei‚vaitəmi'nɔtik] 维生素缺乏病的,营养缺乏(病)的

avivement [ɑ:vi:v'mɒŋ] (Fr.) 再新术

Avlosulfon [‚ævləu'sʌlfɔn] 爱夫罗撒芬:氨苯砜制剂的商品名

AVMA (American Veterinary Medical Association 的缩写) 美国兽医学会

AVN (atrioventricular node 的缩写) 房室结

Avogadro's law [ɑ:vɔ'gɑ:drəuz] (Amedeo *Avogadro*, Italian physicist, 1776-1856) 阿弗加德氏定律

avogram ['ævəgræm] 10^{-24} 克

avoidance [ə'vɔidəns] 回避,避免

avoidant [ə'vɔidənt] ❶ 回避的,避开的; ❷ 反调整的

avoirdupois [‚ævədə'pɔiz] 常衡

avoparcin [‚ævə'pɑ:sin] 阿伏霉素

AVP (arginine vasopressin 的缩写) 阿金氨基酸增压素

AVRT (atrioventricular reciprocating tachycardia 的缩写) 房室交互性心动过速

avulsion [ə'vʌlʃən] (L. *avulsio*, from *a-* away + *vellere* to pull) 撕脱法,抽出术 **nerve a.** 神经抽出术

awu (atomic weight unit 的缩写) 原子量单位

ax. (axis 的缩写) 轴

Axelrod ['ɑ:ksəlrɔd] 阿克色尔罗德:美国生化和药理学家

Axenfeld's anomaly ['æksənfelts] (Theodor *Axenfeld*, German ophthalmologist, 1867-1930) 阿克森费尔德氏异常

axenic [ei'zenik] (*a* neg. + Gr. *xenos* a guestfriend, stranger) 无外来污染的

axes ['æksiz] (L.) 轴。*axis* 的复数形式

axial ['æksiəl] 轴的

axialis [‚æksi'æilis] (L., from *axis*) 轴的

axiation [‚æksi'eifən] 轴心化

Axid ['æksid] 埃克斯德:尼沙素丁制剂的商品名

axifugal [æk'sifju:gəl] (L. *axis* axis + *fugere* to flee) 远心的,离心的

axilemma [‚æksai'lemə] (*axis* + Gr. *lemma* husk) 轴索鞘,轴索膜

axilla [æk'silə] (gen., pl. *axilla*) (L.) 腋,腋窝

axillary ['æksi‚ləri] 腋的,腋窝的

axillobifemoral [‚æksiləubi'femərəl] 腋动脉和双股动脉的

axillofemoral [‚æksiləu'femərəl] 腋股动脉的

axillopopliteal [æk‚siləpɔp'litiəl] 腋腘动脉的

axi(o)- (L. *axis*) 轴

axiobuccal [‚æksiə'bʌkəl] 牙轴颊的,牙轴颊壁形成的

axiobuccocervical [‚æksiə‚bʌkə'sə:vikəl] 轴颊颈的

axiobuccogingival [‚æksiə‚bʌkə'dʒindʒivəl] 轴颊龈的

axiobuccolingual [‚æksiə‚bʌkə'liŋgwəl] 轴颊舌的

axiocervical [‚æksiə'sə:vikəl] 轴颈的

axiodistal [‚æksiə'distəl] 牙轴远侧壁的

axiodistocervical [‚æksiə‚distə'sə:vikəl] 轴远中颈的

axiodistogingival [‚æksiə‚distə'dʒindʒivəl] 轴远(中)龈的

axiodistoincisal [‚æksiə‚distəin'saizəl] 轴远(中)切缘的

axiodisto-occlusal [‚æksiə‚distəə'klu:zəl] 轴远中咬合的,轴舌殆的

axiogingival [‚æksiə'dʒindʒivəl] 轴龈的

axioincisal [‚æksiəin'saizəl] 轴切的

axiolabial [‚æksiə'leibjəl] 轴唇的

axiolabiogingival [‚æksiə‚leibiə'dʒindʒivəl] 轴唇龈的

axiolabiolingual [‚æksiə‚leibiə'liŋgwəl] 轴唇舌的

axiolingual [‚æksiə'liŋgwəl] 轴舌的

axiolinguocervical [‚æksiə‚liŋgwə'sə:vikəl] 轴舌颈的

axiolinguogingival [‚æksiə‚liŋgwə'dʒindʒivəl] 轴舌龈的

axiolinguo-occlusal [‚æksiə‚liŋgwəə'klu:zəl] 轴舌咬合的

axiomesial [‚æksiə'mi:ziəl] 轴近中的

axiomesiocervical [‚æksiə‚mi:ziə'sə:vikəl] 轴近中颈的

axiomesiodistal [‚æksiə‚mi:ziə'distəl] 轴近中远侧面的

axiomesiogingival [‚æksiə‚mi:ziə'dʒindʒivəl]轴近中龈的

axiomesioincisal [ˌæksiəˌmiziəin'saizəl]轴近中切的

axiomesio-occlusal [ˌæksiəˌmiziəo'kluzəl]牙轴近中𬌗的

axio-occlusal [ˌæksiəo'kluzəl]牙轴𬌗的

axiopodium [ˌæksiə'pəudiəm]轴伪足

axiopulpal [ˌæksiə'pʌlpəl]轴髓的

axipetal [æk'sipitəl] (L. *axis* axis + *petere* to seek)向心的,求心的

axis [ˈæksis] (pl. *axes*) (L.; Gr. *axōn* axle) ❶ 轴,轴线; ❷ (NA)枢椎; ❸ 数轴

 basibregmatic a. 基底冠矢轴,颅最高点
 basicranial a. 基底颅轴
 basifacial a. 面基轴
 binauricular a. 耳间轴
 a. bulbi externus (NA)眼外轴
 a. bulbi internus (NA)眼内轴
 celiac a. 腹腔轴
 cell a. 细胞轴
 cephalocaudal a. 头尾轴
 condylar a. 颌髁轴
 costocervical, arterial a. 肋颈轴
 craniofacial a. 颅面轴
 dorsoventral a. 背腹轴
 Downs Y a. 当斯氏 Y 轴
 electrical a. of heart 心电轴
 embryonic a. 胚轴
 external a. of eye 眼外轴
 facial a. 面轴
 frontal a. 额轴
 a. of heart 心轴
 hinge a. 下颌轴、铰链轴、髁轴、两下颌髁状突间的一条假想连线,下颌骨能绕其旋转而没有平移运动
 internal a. of eye 眼内轴
 a. of lens, a. lentis (NA)晶体轴
 long a. of body 体长轴
 mandibular a. 下颌轴,铰链轴
 a. oculi externa 眼外轴
 a. oculi interna 眼内轴
 opening a. 开放轴
 optic a. ① 视轴;② 光轴;③透镜光轴
 a. optica 视轴
 optical a., 视轴
 a. opticus (NA) 视轴
 a. pelvis (NA), **a. of pelvis** 骨盆轴
 a. of preparation 矫牙器轴
 principal a. 主轴,光轴
 pupillary a. 瞳孔轴
 renal a. 肾轴
 renin-aldosterone a., renin-angiotensin a. 肾素-血管紧张素-醛固酮系统
 sagittal a. of eye 眼矢状轴
 secondary a. 副轴,第二轴
 thoracic a. 胸肩峰动脉
 thyroid a. 甲状颈干
 vertical a. of eye 眼垂直轴
 visual a. 视轴
 Y a. Y 轴

ax(o)- (Gr. *axōn* axle, axis) 轴体,轴突

axoaxonic [ˌæksæk'sɔnik] (*axo-* + *axon*) 轴轴突触的

axodendritic [ˌæksəden'dritik] (*axo-* + Gr. *dendron* tree) 轴树突触的

axofugal [æk'sɔfjuːgəl] 远心的,离心的

axograph [ˈæksəgrɑːf] 图轴描记器(记纹鼓)

axoid [ˈæksɔid] 枢椎的,第二颈椎的;轴的

axoidean [æk'sɔidiən] 轴的;枢椎的

axolemma [ˌæksə'lemə] (*axo-* + Gr. *eilēma* sheath) 轴突膜

axolotl [ˈæksəlɔtl] 美西螈(幼体)

axolysis [æk'sɔlisis] (*axo-* + Gr. *lysis* dissolution) 神经轴分解

axometer [æk'sɔmitə] (*axis* + *-meter*) (眼镜)轴测仪

axon [ˈæksɔn] (Gr. *axōn* axle, axis) ❶ 轴突; ❷ 体轴
 fusimotor a's 肌梭运动神经纤维轴突
 giant a. 巨轴突
 myelinated a. 有髓鞘轴突
 naked a. 裸露轴突,无髓鞘轴突
 unmyelinated a. 无髓鞘轴突

axonal [ˈæksɔnəl] 轴突的,影响轴突的

axonapraxia [ˌæksənə'præksiə] 神经失用症

axone [ˈæksəun] 体轴;轴突

axoneme [ˈæksəniːm] (*axo-* + Gr. *nēma* thread) ❶ 基因丝; ❷ 鞭毛轴丝

axonometer [ˌæksə'nɔmitə] 镜轴计(圆柱)

axonopathy [ˌæksə'nɔpθi] (*axon* + *-pathy*) 轴突病

distal a. 末梢型轴突病
proximal a. 中央型轴突病
axonotmesis [ˌæksɔnɔt'misis] (*axo-* + Gr. *tmēsis* a cutting apart) 轴突断伤
axopetal [æk'sɔpətəl] 向心的,求心的
axophage ['æksəfeidʒ] (*axo-* + Gr. *phagein* to eat) 噬髓鞘细胞
axoplasm ['æksəplæzəm] (*axo-* + Gr. *plasma* plasma) 轴浆,轴质,轴突的细胞浆
axoplasmic [ˌæksə'plæsmik] 轴质的,轴浆的
axopodia [ˌæksə'pəudiə] 轴伪足。*axopodium* 的复数形式
axopodium [ˌæksə'pəudiəm] (pl. *axopodia*)(*axo-* + Gr. *pous* foot) 轴伪足
axosomatic [ˌæksəsə'mætik] (*axo-* + Gr. *sōma* body) 两体的(突触)
axostyle ['æksəstail] (*axo-* + Gr. *stylos* pillar) 轴柱,伪足轴
axotomy [æk'sɔtəmi] 轴突横切(术),轴突离断(术)
ayapana [ɑːjə'pɑːnə] 三脉佩兰叶
Ayer's test [ɛə] (James Bourne *Ayer*, American neurologist, 1882-1963) 埃尔氏试验
Ayer-Tobey test [ɛə'tɔbi] (J. B. *Ayer*; George L. *Tobey* Jr., American otolaryngologist, 1881-1947) 埃-脱二氏试验
Ayerza's disease [ɑː'jeisɑz] (Abel *Ayerza*, Argentine physician, 1861-1918) 埃尔沙病
Az (azote 的缩写) 氮
azabon ['æzəbɔn] 氮磺苯胺
azacitidine [ˌæzə'sitidin] 5-氮杂胞苷
azaclorzine hydrochloride [ˌæzə'klɔːzin] 盐酸氮氯嗪
azacosterol hydrochloride [ˌaizə'kɔstərɔl] 盐酸二氮胆甾醇
Azactam [ə'zæktæm] 埃扎可坦:氨噻酸草胺菌素(aztreonam)制剂的商品名
azacyclonol [ˌeizə'saikləˌnɔl] 氮杂环醇,二苯哌啶甲醇
5-azacytidine [ˌeizə'sitidain] 氮胞苷,5-氮杂胞苷
azaguanine [ˌæzə'gwænin] 氮鸟嘌呤,8-氮杂鸟嘌呤
azanidazole [ˌeizə'nidəzəul] 嘧烯硝唑
azapetine phosphate [ˌeizə'petiːn] 磷酸烯丙双苯氮草
azapropazone [ˌeizə'prɔpəzəun] 发爽痛
azaribine [ˌeizə'ribiːn] 三乙酰氮尿苷
azatadine maleate [ə'zætədin] (USP) 马来酸哌吡庚啶
azathioprine [ˌeizə'θaiəpriːn] (USP) 硫唑嘌呤
a. sodium (USP) 硫唑嘌呤钠盐
azedarach [ə'zedəræk] 苦楝皮
azelaic acid [ˌæzə'leiik] 壬二酸杜鹃花酸
azeotropic [ˌeiziə'trɔpik] 共沸的,恒沸的
azeotropy [ˌeizi'ɔtrəpi] (*a* neg. + Gr. *zein* to boil + *tropē* a turn, or turning) 共沸性
azid ['æzid] 叠氮化物
3'-azido-3'-deoxythymidine [ˌæziˌdɔdiˌɔksi'θimidiːn] 3-叠氮-3-脱氧胸苷
azidothymidine [ˌæzidəu'θimidiːn] 叠氮胸(腺嘧啶脱氧核)苷
azipramine [ə'ziprəmiːn] 苄胺吲草
aziridine [ə'zairidin] 乙烯亚胺
Azlin ['æzlin] 爱斯林:氧咪苄青霉素钠制剂的商品名
azlocillin [ˌæzləu'silin] 氧咪苄青霉素
sterile a. sodium (USP) 氧咪苄青霉素钠盐
Azmacort ['æzməkɔːt] 阿慈马可尔特:氟羟泼尼龙制剂的商品名
azo- 偶氮基
azobenzene [ˌæzəu'benziːn] (*azote* + *benzene*) 偶氮苯
azobilirubin [ˌæzəu'bilirubin] 偶氮胆红素
azocarmine [ˌæzəu'kɑːmin] 偶氮卡红,偶氮胭脂红
azoic [ə'zəuik] (*a* neg. + Gr. *zōe* life) 叠氮酸
azole ['æzəul] ❶ 氮二烯五环; ❷ 吡咯
Azolid ['æzəlid] 保泰松:二苯丁唑酮制剂的商品名
azolitmin [ˌæzəu'litmin] 石蕊精,石蕊素
Azomonas [ˌæzəu'məunəs] (Fr. *azote* nitrogen + Gr. *monas* unit) 氮单胞菌属
azomycin [ˌæzəu'maisin] 氮霉素
azoospermatism [eiˌzəuə'spəːmətizəm] 精子缺乏;精子活力缺乏
azoospermia [eiˌzəuə'spəːmiə] (*a* neg. + *zoosperm*) 精子缺乏,精子活力缺乏
azopigment [ˌeizəu'pigmənt] 偶氮色素

azoprotein [ˌæzə'prəuti:n] 偶氮蛋白
Azorean disease [ə'zɔriən] (*Azores* Islands, because it occurs in families of Portuguese-Azorean descent) 亚速尔病
azosulfamide [ˌæzəu'sʌlfəmaid] 偶氮磺酰胺,新百浪多息
azote ['æzəut] (Fr., from *a* neg. + Gr. *zōe* life) 氮;仅在法国使用
azotemia [ˌæzəu'ti:miə] (*azote* + Gr. *haima* blood + *-ia*) 氮血症
　extrarenal a. 肾外性氮血症
　postrenal a. 肾后性氮血症
　prerenal a. 肾前性氮血症
　renal a. 肾性氮血症
azotemic [ˌæzəu'temik] 氮血症的
azothermia [ˌæzəu'θɔ:miə] (*azote* + *therme* heat) 氮血热
Azotobacter [ə'zəutə'bæktə] (Fr. *azote* nitrogen + Gr. *baktron* a rod) 固氮菌属
Azotobacteraceae [əˌzəutəˌbæktə'reisii:] 固氮菌科
azotometer [ˌæzə'tɔmitə] (*azote* + Gr. *metron* measure) 氮定量器
Azotomonas [əˌzəutə'məunəs] 固氮单胞菌属
azotomycin [ə'zəutə'maisin] 含氮霉素
azotorrhea [ˌæzəutə'ri:ə] (*azote* + *-rrhea*) 氮溢
azoturia [ˌæzə'tjuəriə] (*azote* + *-uria*) 氮尿(症)
azoturic [ˌæzə'tjuərik] 氮尿的
azoxy [æ'zɔksi] 氧化偶氮化合物
azoxybenzene [æˌzɔksi'benzi:n] 氧化偶氮苯
AZQ (diaziquone 的缩写) 环胺醚醌
AZT 叠氮胸甙
aztreonam ['æztriənæm] (USP) 氮噻酸单胺菌素
Azulfidine [ei'zʌlfidi:n] 杨柳氮磺胺吡啶;水杨酸偶氮磺吡啶制剂的商品名
azure ['æʒə] 天蓝,天青
　a. Ⅰ 天蓝 Ⅰ
　a. Ⅱ 天蓝 Ⅱ
　a. A. 天蓝 A
　a. B. 天蓝 B
　a. C. 天蓝 C
　methylene a. 三甲基硫紫
azuresin [ˌæʒəu'rezin] 天青树脂,天蓝树脂
azurophil [æ'ʒuərəfil] (*azure* + Gr. *philein* to love) 嗜苯胺蓝的,嗜苯胺蓝体
azurophile ['æʒurəfail] ❶ 嗜苯胺蓝细胞;❷ 嗜苯胺蓝的
azurophilia [ˌæʒurə'filiə] 嗜苯胺蓝性
azurophilic [ˌæʒurə'filik] ❶ 嗜苯胺蓝的;❷ 嗜苯胺蓝性的
azygoesophageal [ˌæzigəuiˌsɔfə'dʒiəl] 奇静脉食管的
azygogram ['æzigəgræm] 奇静脉 X 线照片
azygography [ˌæzi'gɔgrəfi] 奇静脉 X 线照相术
azygomediastinal [ˌæzigəˌmediə'stainəl] 奇静脉纵隔的
azygos ['æzigəs] (*a* neg. + Gr. *zygon* yoke or pair) ❶ 奇数的;❷ 不成对的
azygosperm [ə'zaigəspə:m] (*a* neg. + Gr. *zygon* yoke or pair + *sperma* seed) 非接合子
azygospore [ə'zaigəˌspɔ:] (*a* neg. + Gr. *zygon* yoke or pair + *sporos* seed) 非接合子
azygous ['æzigəs] ❶ 无配偶的;❷ 奇数的
azymia [ə'zaimiə] (Gr. *a* neg. + *zyme* ferment) 酶缺乏

B

B ❶ (*bel* 的符号) 贝(尔); ❷ (*boron* 的符号) 硼

B (*magnetic flux density* 的符号) 磁通量

b ❶ (*barn* 的符号) 靶(恩); ❷ (*born* 的符号) 生产; ❸ (*base* 的符号) 碱基

β ❶ 第二个希腊字母; ❷ (*β chain of hemoglobin* 的符号) 血红蛋白 *β* 链

β- 前缀: ❶ 从相邻主要功能基起始的第二个碳原子; ❷ 光子活性物的特殊旋光构象; ❸ 环外原子或其团的定向; ❹ 一种在蛋白电泳中出现的 *β* 带(可分为 $β_1$ 和 $β_2$ 带)的血浆蛋白; ❺ 一系列相关化合物中的一种,特指立体异构、同分异构、聚合或同素异形体; ❻ 一组相关实体中的一种

BA (Bachelor of Arts 的缩写) 文学学士

Ba (*barium* 的符号) 钡

Baastrup's disease ['bɑːstrups] (Christian Ingerslev *Baastrup*, Danish physician, 1885-1950) 巴斯特鲁普氏病

Babbitt metal ['bæbit] (Isaac *Babbitt*, American inventor, 1799-1862) 巴比特金属

Babcock's operation ['bæbkɔks] (William Wayne *Babcock*, American surgeon, 1872-1963) 巴希科克氏手术

Babes' tubercles ['bɑːbeiz] (Victor *Babeș*, Romanian bacteriologist, 1854-1926) 巴伯希氏结节

Babès-Ernst granules ['bɑːbeiz ənst] (Victor *Babeș*; Paul *Ernst*, Swiss pathologist, 1859-1937) 巴-爱二氏颗粒

Babesia [bəˈbiziə] (Victor *Babeș*) 巴贝虫属

B. **argentina** 阿根廷巴贝虫
B. **bigemina** 二联巴贝虫
B. **bovis** 牛巴贝虫
B. **caballi** 马巴贝虫
B. **canis** 犬巴贝虫
B. **cati** 猫巴贝虫
B. **divergens** 散在性巴贝虫
B. **equi** 马巴贝虫
B. **felis** 猫科动物巴贝虫
B. **gibsoni** 吉布森巴贝虫
B. **herpailuri** 獭猫巴贝虫
B. **major** 大巴贝虫
B. **microti** 果氏巴贝虫
B. **motasi** 莫氏巴贝虫
B. **ovis** 绵羊巴贝虫
B. **pantherae** 豹巴贝虫
B. **perroncitoi** 柏氏巴贝虫
B. **trautmanni** 陶氏巴贝虫
B. **vogeli** 伏氏巴贝虫

babesiasis [ˌbæbəˈzaiəsis] ❶ 巴贝虫感染; ❷ 巴贝虫病

Babesiella [bəˌbiziˈelə] 巴贝虫属

babesiosis [bəˌbiziˈəusis] 巴贝虫病
bovine b. 牛巴贝虫病
canine b. 犬巴贝虫病
equine b. 马巴贝虫病
feline b. 猫巴贝虫病
ovine b. 绵羊巴贝虫病
porcine b. 猪巴贝虫病
swine b. 猪巴贝虫病

Babinski's phenomenon [bəˈbinskiz] (Joseph François Félix *Babinski*, French physician, 1857-1932) 巴宾斯基现象

Babinski-Fröhlich syndrome [bəˈbinski ˈfrøːliʃ] (J. F. F. *Babinski*, Alfred *Fröhli-ch*, Austrian-born neurologist in United States, 1871-1953) 巴-弗二氏综合征,肥胖性生殖器退化

Babinski-Nageotte syndrome [bəˈbinski nɑːˈʒɔt] (J. F. F. *Babinski*; Jean *Nageotte*, Paris pathologist, 1866-1948) 巴-拉二氏综合征

Babinski-Vaquez syndrome [bəˈbinski vɑːˈkei] (J. F. F. *Babinski*; Louis Henri *Vaquez*, French physician, 1860-1936) 巴-瓦二氏综合征

baby [ˈbeibi] 婴儿
  blue b. 婴儿紫绀
  collodion b. 火棉胶婴儿
bacampicillin hydrochloride [bəˌkæmpiˈsilin] (USP) 盐酸氨苄青霉素碳酯
baccate [ˈbækeit] 浆果样的
Baccelli's sign [bəˈtʃeliːz] (Guido *Baccelli*, Italian physician, 1832-1916) 巴切利氏征
bacchia [ˈbækiə] (L. *Bacchus* god of wine) 酒渣鼻
bacciform [ˈbæksifɔːm] (L. *bacca* berry + *forma* shape) 浆果状的
Bachmann's bundle [ˈbɑːkmənz] (Jean George *Bachmann*, American physiologist, 1877-1959) 巴克曼氏束
Baciguent [ˈbæsigwənt] 巴塞昆特：杆菌肽制剂的商品名
Bacillaceae [ˌbæsiˈleisiiː] 芽胞杆菌科
bacillary [ˈbæsiləri] 杆菌性的
bacille [bɑːˈsiːl] (Fr.) 杆菌
  b. Calmette-Guérin (BCG) 卡介菌
bacillemia [ˌbæsiˈliːmiə] (*bacillus* + Gr. *haima* blood) 杆菌血症
bacilli [bəˈsilai] (L.) 杆菌。*bacillus* 的复数形式
bacilli- (L. *bacillus*) 杆菌
bacillicidal [ˌbəsiˈlisidəl] (*bacillus* + L. *caedere* to kill) 杀杆菌的
bacillicide [bəˈsilisaid] 杀杆菌药
bacilliculture [bəˈsiliˌkʌltʃə] 杆菌培养
bacilliferous [ˌbæsiˈlifərəs] 带有杆菌的
bacilliform [bəˈsilifɔːm] (*bacillus* + L. *forma* form) 杆菌状，杆状
bacilligenic [ˌbæsiliˈdʒenik] 杆菌原的，杆菌性的
bacillin [bəˈsilin] 杆菌素
bacill(o)- 杆菌
bacilliparous [ˌbæsiliˈpærəs] (*bacillus* + L. *parere* to produce) 生产杆菌的
bacillogenous [ˌbæsiləˈdʒiːnəs] 杆菌原的，杆菌性的
bacillophobia [ˌbæsiləˈfəubiə] (*bacillus* + Gr. *phobos* fear) 细菌恐怖
bacilloscopy [ˌbæsiˈlɔskəpi] (*bacillus* + Gr. *skopein* to examine) 杆菌检视法
bacillosis [ˌbæsiˈləusis] 杆菌病
bacilluria [ˌbæsiˈljuəriə] (*bacillus* + *-uria*) 杆菌尿

Bacillus [bəˈsiləs] (L. "little rod") 杆菌属，芽胞杆菌属
  B. aerogenes capsulatus 产气荚膜杆菌
  B. alvei 蜂房杆菌
  B. anthracis 炭疽杆菌
  B. botulinus 肉毒杆菌
  B. brevis 短杆菌
  B. bronchisepticus 败血性支气管杆菌
  B. cereus 蜡样芽胞杆菌
  B. coli 大肠杆菌
  B. dysenteriae 痢疾杆菌
  B. enteritidis 肠毒杆菌
  B. faecalis alcaligenes 粪产碱杆菌
  B. fragilis 脆弱杆菌
  B. fusiformis 梭状杆菌
  B. larvae 幼虫芽胞杆菌
  B. leprae 麻风杆菌
  B. mallei 鼻疽杆菌
  B. megaterium 巨大芽胞杆菌
  B. necrophorus 坏死杆菌
  B. oedematiens 水肿杆菌
  B. oedematis maligni NO. II II号恶性水肿杆菌
  B. pneumoniae 肺炎杆菌，肺炎克雷白杆菌
  B. polymyxa 多粘芽胞杆菌
  B. pseudomallei 假鼻疽杆菌
  B. pyocyaneus 绿脓杆菌
  B. stearothermophilus 嗜热脂肪芽胞杆菌
  B. subtilis 枯草杆菌
  B. tetani 破伤风杆菌
  B. typhi, B. typhosus 伤寒杆菌
  B. welchii 产气荚膜杆菌
bacillus [bəˈsiləs] (pl. *bacilli*) (L.) 杆菌
  anthrax b. 炭疽杆菌
  Bang's b. 邦氏杆菌
  Battey b. 巴蒂杆菌
  Boas-Oppler b. 布-欧二氏杆菌
  Bordet-Gengou b. 博-金二氏杆菌
  butter b. 乳酪杆菌
  Calmette-Guérin b. 卡-介菌
  coliform bacilli 大肠杆菌类
  colon b. 大肠杆菌
  DF-2 b. DF-2 杆菌
  diphtheria b. 白喉杆菌
  Döderlein's b. 堆德尔莱氏杆菌

Ducrey's b. 杜克雷氏杆菌
dysentery bacilli 痢疾杆菌类
enteric b. 肠道杆菌
Escherich's b. 埃希氏杆菌
Flexner's b. 弗勒克森尔氏杆菌
Friedländer's b. 弗瑞德兰德尔氏杆菌
Frisch b. 弗里希杆菌
fusiform b. 梭形杆菌
Gärtner's b. 格尔特纳氏杆菌
Ghon-Sachs b. 龚-沙二氏杆菌
glanders b. 马鼻疽杆菌
Hansen's b. 汉森氏杆菌
Hofmann's b. 霍夫曼氏杆菌
hog cholera b. 猪霍乱杆菌
Johne's b. 姜尼氏杆菌
Klebs-Löffler b. 克-科二氏杆菌
Koch's b. 柯何氏杆菌
Koch-Weeks b. 柯-维二氏杆菌
legionnaire's b. 内吉欧勒瑞氏杆菌
lepra b., leprosy b. 麻风杆菌
Morax-Axenfeld b. 摩-阿二氏杆菌
Morgan's b. 摩根氏杆菌
Newcastle-Manchester b. 新城痢疾杆菌,福氏痢疾杆菌 VI 型
paracolon bacilli 副大肠杆菌
Pfeiffer's b. 芬弗尔氏杆菌
Preisz-Nocard b. 普-洛二氏杆菌
rhinoscleroma b. 鼻硬结杆菌
Schmitz's b. 史密兹氏杆菌,志贺痢疾杆菌 II 型
Schmorl's b. 史摩尔氏杆菌
Shiga b. 希加杆菌,志贺痢疾杆菌 I 型
smegma b. 包皮垢杆菌
Sonne-Duval b. 松-都二氏杆菌
Stanley b. 斯坦利杆菌
Strong's b. 斯特朗氏杆菌,福氏痢疾杆菌
swine rotlauf b. 猪丹毒杆菌
tetanus b. 破伤风杆菌
timothy b. 草分支杆菌
tubercle b. 结核杆菌
typhoid b. 伤寒杆菌
vole b. 野鼠分支杆菌
Weeks' b. 威克斯氏杆菌
Welch's b. 威尔希氏杆菌
Whitmore's b. 维特摩尔氏杆菌
bacitracin [ˌbæsiˈtreisin] (USP) 杆菌肽
　b. zinc (USP) 杆菌肽锌盐

back [bæk] 背,背部
　angry b. 愤怒背,兴奋性皮肤综合征
　flat b. 板样背
　functional b. 功能性腰背痛
　hollow b. 空背
　hump b., hunch b. 驼背
　poker b. 变形性脊柱炎
　saddle b. 鞍背
backalgia [bækˈældʒiə] 损伤性背痛
backbone [ˈbækbəun] 脊柱
backcross [ˈbækkrɔs] 回交
　double b. 双点回交
backflow [ˈbækfləu] ❶ 回流; ❷ 反胃
　pyelovenous b. 肾盂静脉反流
backing [ˈbækiŋ] 牙背
backknee [ˈbækni:] 膝反屈
back-raking [bækˈreikiŋ] 肛掏粪
backscatter [ˈbækskætə] 反向散射
backwardness [ˈbækwədnis] 精神发育落后,精神迟钝
baclofen [ˈbækləuˌfen] (USP) 巴克诺芬: γ-氨基丁酸的类似物
BACOP 一种癌化疗方案
Bact. (无芽胞)杆菌属
-bacter (L. *bacterium*) 细菌
bacteremia [ˌbæktəˈri:miə] (Gr. *baktērion* little rod + *emia*) 菌血症
Bacteria [bækˈtiəriə] 细菌纲
bacteria [bækˈtiəriə] (L.) 细菌。*bacterium* 的复数形式
Bacteriaceae [ˌbæktiriˈeisii:] 杆菌科
bacterial [bækˈtiəriəl] 细菌的
bactericholia [ˌbæktiəriˈkəuliə] (*bacteria* + Gr. *chole* bile) (细)菌胆(汁)症
bactericidal [bækˌtiəriˈsaidəl] (*bacterium* + L. *caedere* to kill) 杀菌的
bactericide [bækˈtiərisaid] 杀菌剂
　specific b. 溶菌素
bactericidin [bækˌtiəriˈsidin] 杀菌素
bacterid [ˈbæktərid] (Gr. *baktērion* little rod + -*id*) 细菌疹
　pustular b. 脓疱性细菌疹
bacteriemia [ˌbæktiəriˈi:miə] (*bacteria* + Gr. *aema* blood) 菌血症
bacteriform [bækˈtiərifɔ:m] 细菌状的
bacterin [ˈbæktərin] 菌苗
　Bordetella bronchiseptica b. 支气管炎菌苗

Clostridium chauvoei-septicum b.-t. 鸣疽-败血梭菌死菌苗类毒素

Clostridium haemolyticum b. 溶血梭菌菌苗

Erysipelothrix rhusiopathiae b. 猪丹毒丝菌菌苗,红斑丹毒丝菌菌苗

Haemophilus paragallinarum b. 鸡嗜血杆菌菌苗

Leptospira canicola-grippotyphosa-harjoic-terohaemorrhagiae-pomona b. 犬-感冒伤寒-哈佳出血性黄疸-波蒙纳钩端螺旋体菌苗

P. multocida b. 出血败血性巴斯德菌菌苗

Pasturella haemolytica-multocida b. 溶血-出血败血性巴斯德菌菌苗

Salmonella dublin-typhimurium b. 都布林-鼠伤寒沙门氏菌菌苗

Staphylococcus aureus b. 金黄色葡萄球菌菌苗

Streptococcus equi b. 马肠链球菌菌苗

Vibrio fetus b. 胎儿弧菌菌苗

bacterination [bæk,tiəri'neiʃən] ❶ 菌苗接种; ❷ 菌苗治疗

bacterine ['bæktərin] 菌苗,疫苗

bacterinia [,bækti'riniə] 菌苗病,菌苗反应

bacterio-agglutinin [bæk,tiəriəuə'glu:tinin] 细菌凝集素

bacterin-toxoid ['bæktərin'tɔksɔid] 菌苗类毒素

Clostridium botulinum type C b.-t. C型肉毒梭菌菌苗类毒素

Clostridium chauvoei-septicum b.-t. 肖氏及败毒梭菌菌苗类毒素

Clostridium novyi-sordelli b.-t. 诺氏及索氏梭菌菌苗类毒素

Clostridium perfringens b.-t. 产气荚膜梭菌菌苗类毒素

bacteri(o)- (L. *bacterium*) 细菌

bacteriochlorophyll [bæk,tiəriə'klɔrəfil] 细菌叶绿素

bacteriocidin [bæk,tiəriə'sidin] 杀菌素

bacteriocin [bæk'tiəriəsin] 细菌素

bacteriocinogen [bæk,tiəriə'sinədʒen] 细菌素原

bacteriocinogenic [bæk,tiəriə,sinə'dʒenik] 产生细菌素的

bacterioclasis [bæk,tiəri'ɔkləsis] (*bacteria* + Gr. *klasis* breaking) 裂菌作用

bacterio-erythrin [bæk,tiəriəu'eriθrin] 菌红素

bacteriofluorescin [bæk,tiəriəufluə'resin] 细菌荧光素

bacteriogenic [bæk,tiəriə'dʒenik] 细菌性的

bacteriogenous [bæk,tiəri'ɔdʒinəs] 细菌性的

bacteriohemagglutinin [bæk,tiəriəu,hemə'glu:tinin] 细菌性血细胞凝集素

bacteriohemolysin [bæk,tiəriəuhi'mɔlisin] 细菌溶血素

bacterioid [bæk'tiəriɔid] (Gr. *baktērion* little rod + *eidos* form) ❶ 细菌样的; ❷ 细菌样的结构

bacteriologic [bæk,tiəriə'lɔdʒik] 细菌学的

bacteriological [bæk,tiəriə'lɔdʒikəl] 细菌学的

bacteriologist [bæk,tiəri'ɔlədʒist] 细菌学家

bacteriology [bæk,tiəri'ɔlədʒi] (*bacteria* + *-logy*) 细菌学

clinical diagnostic b. 临床诊断细菌学
medical b. 医学细菌学
pathological b. 病理细菌学
public health b. 公共卫生细菌学
sanitary b. 卫生细菌学
systematic b. 系统细菌学

bacteriolysant [bæk,tiəri'ɔlisənt] 溶菌剂

bacteriolysin [bæk,tiəri'ɔlisin] 溶菌素

bacteriolysis [bæk,tiəri'ɔlisis] (*bacteria* + Gr. *lysis* dissolution) 溶菌作用

bacteriolytic [bæk,tiəriə'litik] 溶菌的

Bacterionema [bæk,tiəriə'ni:mə] (*bacterium* + Gr. *nēma* thread) 丝杆菌属

B. matruchotii 马氏丝杆菌

bacterio-opsonin [bæk,tiəriəuɔp'səunin] 细菌调理素

bacteriopathology [bæk,tiəriəupə'θɔlədʒi] 细菌病理学

bacteriopexia [bæk,tiəriəu'peksiə] 定菌作用

bacteriopexy [bæk,tiəriəu'peksi] 定菌作用,细菌固定

bacteriophage [bæk'tiəriəufeidʒ] (*bacteri-*

a + Gr. *phagein* to eat) 噬菌体
temperate b. 温性噬菌体
bacteriophagia [bækˌtiəriəu'feidʒiə] 噬菌现象
bacteriophagic [bækˌtiəriəu'feidʒik] 噬菌的
bacteriophagology [bækˌtiəriəufə'gɔlədʒi] 噬菌体学
bacteriophagy [bækˌtiəri'ɔfədʒi] 噬菌现象
bacteriophobia [bæˌtiəriəu'fəubiə] 细菌恐怖
bacteriophytoma [bækˌtiəriəufai'təumə] 细菌性瘤
bacterioplasmin [bækˌtiəriəu'plæzmin] 细菌胞浆素
bacterioprecipitin [bækˌtiəriəupri'sipitin] 细菌沉淀素
bacterioprotein [bækˌtiəriəu'prəutiːn] 细菌蛋白
bacteriopsonic [bækˌtiəriɔp'sɔnik] 调理细菌作用的
bacteriopsonin [bækˌtiəri'ɔpsɔnin] 细菌调理素
bacteriopurpurin [bækˌtiəriəu'pəːpjurin] (*bacteria* + L. *purpur* purple) 菌紫素
bacteriorhodopsin [bækˌtiəriərə'dɔpsin] (*bacteria* + Gr. *rhodon* rose + *opsis* vision) 菌视紫素
bacterioscopy [ˌbæktiəri'ɔskəpi] (Gr. *skopein* to inspect) 细菌镜检查
bacteriosis [bækˌtiəri'əusis] 细菌病
bacteriosolvent [bækˌtiəriəu'sɔlvənt] ❶ 溶菌的；❷ 溶菌剂
bacteriospermia [bækˌtiəriəu'spəːmiə] 菌精症
bacteriostasis [bækˌtiəri'ɔstəsis] (*bacteria* + Gr. *stasis* stoppage) 制菌作用
bacteriostat [bæk'tiəriəstæt] 制菌剂
bacteriostatic [bækˌtiəriə'stætik] ❶ 制菌的；❷ 制菌剂
bacteriotherapy [bækˌtiəriə'θerəpi] (*bacteria* + *therapy*) 细菌疗法
bacteriotoxemia [bækˌtiəriətɔk'siːmiə] 细菌毒血症
bacteriotoxic [bækˌtiəriə'tɔksik] ❶ 毒害细菌的；❷ 细菌毒素的
bacteriotoxin [bækˌtiəriə'tɔksin] (*bacteria* + *toxin*) 细菌毒素

bacteriotropic [bækˌtiəriə'trɔpik] (*bacteria* + Gr. *tropos* a turning) 亲菌的, 调理细菌的
bacteriotropin [bækˌtiəri'ɔtrəpin] 细菌调理素
bacteriotrypsin [bækˌtiəriəu'tripsin] 细菌胰蛋白酶
bacteritic [ˌbæktə'ritik] 细菌性的
Bacterium [bæk'tiəriəm] (L.; Gr. *baktērion* little rod) 无芽胞杆菌属
　B. actinomycetem comitans 伴放线放线杆菌
　B. aerogenes 产气杆菌
　B. aeruginosum 绿脓杆菌
　B. cholerae suis 猪霍乱(沙门)杆菌
　B. cloacae 阴沟气杆菌
　B. coli, B. coli commune 大肠杆菌
　B. dysenteriae 痢疾杆菌
　B. pestis 鼠疫杆菌
　B. sonnei 宋内痢疾(志贺)杆菌
　B. tularense 野兔杆菌
bacterium [ˌbæk'tiəriəm] (pl. *bacteria*) (L.; Gr. *baktērion* little rod) 细菌, 杆菌
　acid-fast b. 抗酸菌
　autotrophic b. 自养菌
　beaded b. 异染菌
　bifid b. 双叉杆菌
　blue-green b. 蓝绿杆菌
　chemoautotrophic b. 化学自养菌
　chemoheterotrophic b. 化学异养菌
　chromo b., chromogenic b. 产色菌
　coliform b. 大肠杆菌群
　coryneform bacteria ① 棒形菌类；② 棒状杆菌
　Dar es Salaam b. 达雷斯萨拉姆杆菌
　denitrifying b. 除氮菌, 反硝化菌
　gram-negative b. 革兰氏阴性菌
　gram-positive b. 革兰氏阳性菌
　hemophilic b. 嗜血菌
　heterotrophic b. 异养性菌
　higher bacteria 高等菌
　hydrogen b. 氢细菌
　iron b. 铁细菌
　lysogenic b. 溶源菌
　mesophilic b. 嗜常温菌
　nitrifying b. 硝化菌
　nodule bacteria 根瘤菌
　nonsulfur b., purple 紫非硫菌

parasitic b. 寄生菌
pathogenic b. 病原菌
photoautotrophic b. 光合自养菌
photoheterotrophic b. 光合异养菌
photosynthetic b. 光合菌
phototrophic bacteria 光营养菌
psychrophilic b. 嗜冷菌
purple b. 紫色细菌
pyogenic b. 化脓菌
pyrogenetic b. 致热菌,热源菌
rough b. 粗糙菌
saprophytic b. 腐物寄生菌
smooth b. 光滑菌
sulfur b. 硫菌
sulfur b., purple 紫硫菌
thermophilic b. 嗜热菌
toxigenic b., toxinogenic b. 产素菌
water b. 水细菌
bacteriuria [bæk‚tiəri'ju:əriə] (*bacteria* + *-uria*) 菌尿
bacteriuric [bæk‚tiəri'jurik] 菌尿的
bacteroid ['bæktərɔid] (*bacteria* + Gr. *eidos* form) ❶ 似杆菌的；❷ 拟杆菌
Bacteroidaceae [‚bæktərɔi'deisii:] 拟杆菌科,类杆菌科
Bacteroideae [‚bæktə'rɔidii:] 拟杆菌族,类杆菌族
Bacteroides [‚bæktə'rɔidiz] (Gr. *baktērion* little rod + Gr. *eidos* form) 拟杆菌属,类杆菌属
B. asaccharolyticus 非酵解拟杆菌
B. bivius 双道拟杆菌
B. capillosus 多毛拟杆菌
B. clostridiiformis 梭状拟杆菌
B. corrodens 啃独拟杆菌
B. disiens 狄氏拟杆菌
B. distasonis 吉氏拟杆菌
B. eggerthii 埃氏拟杆菌
B. fragilis 脆弱拟杆菌
B. funduliformis 漏斗形拟杆菌
B. gingivalis 牙龈拟杆菌
B. intermedius 中间拟杆菌
B. melaninogenicus 产黑素拟杆菌
B. melaninogenicus subsp. asaccharolyticus 产黑素拟杆菌非降糖亚种
B. melaninogenicus subsp. intermedius 产黑素拟杆菌中间型亚种
B. melaninogenicus subsp. melaninogenicus 产黑素拟杆菌产黑素亚种
B. nodosus 节瘤拟杆菌
B. ochraceus 黄褐拟杆菌
B. oralis 口腔拟杆菌
B. ovatus 卵形拟杆菌
B. pneumosintes 侵肺拟杆菌
B. praeacutus 锐利拟杆菌
B. putredinis 腐败拟杆菌
B. ruminicola 栖瘤胃拟杆菌
B. ruminicola subsp. brevis 栖瘤胃拟杆菌短亚种
B. ruminicola subsp. ruminicola 栖瘤胃拟杆菌瘤胃亚种
B. splanchnicus 内脏拟杆菌
B. thetaiotaomicron 多形拟杆菌
B. uniformis 单形拟杆菌
B. ureolyticus 解尿素拟杆菌
B. vulgatus 普通拟杆菌
bacteroides [‚bæktə'rɔidiz] 类杆菌
bacteroidosis [‚bæktərɔi'dəusis] 拟杆菌病
bacteruria [‚bæktiə'juəriə] 菌尿
Bactocill ['bæktəsil] 巴克托色尔:苯甲异噁唑青霉素钠盐制剂的商品名
Bactroban ['bæktrəbən] 巴克特诺班:莫比洛欣制剂的商品名
baculiform ['bækjulifɔ:m] (L. *baculum* rod + *forma* form) 杆状的
baculum ['bækjuləm] (L. "a stick, staff") 阴茎骨
badge [bædʒ] 照射量测定软片
Baelz's disease ['beiltzəz] (Erwin von Baelz, German physician, 1849-1913) 贝尔兹氏病
BAEP (brainstem auditory evoked potential 的缩写) 脑干听觉诱发电位
Baer's cavity ['beiəz] (Karl Ernst von Baer (Ber), Estonian anatomist, 1792-1876) 贝尔氏腔
Baerensprung's erythrasma ['beirənsprʌŋz] (Friedrich Wilhelm Felix von Baerensprung, German physician, 1822-1864) 贝伦斯朴朗氏红癣
Bäfverstedt's syndrome ['beifəsteits] (Bo Erik *Bäfverstedt*, Swedish physician, born 1905) 贝费尔斯德特氏综合征,皮肤淋巴细胞瘤
bag [bæg] 囊,袋
Bunyan b. 邦扬氏袋

colostomy b. 结肠造瘘袋
Douglas b. 道格拉斯氏气袋
Hagner b. 哈格勒袋
ice b. 冰袋
ileostomy b. 回肠造瘘袋
micturition b. 排尿袋
nuclear b. 核袋
Perry b. 佩雷袋
Petersen's b. 佩特尔森氏袋
Pilcher b. 皮尔切尔袋
Politzer's b. 泼尼泽尔氏袋
testicular b. 阴囊
b. of waters 羊水囊,羊膜囊
Whitmore b. 维特摩尔袋

bagasscosis [ˌbægəsˈkəusis] 蔗尘沉着病,蔗尘肺

bagassosis [ˌbægəˈsəusis] 蔗尘肺

Baillarger's bands [baijɑːˈʒeiz] (Jules Gabriel François *Baillarger*, French psychiatrist, 1809-1890) 释亚耶氏带

Bainbridge reflex [ˈbeinbridʒ] (Francis Arthur *Bainbridge*, English physiologist, 1874-1921) 本布瑞吉反射

bake [beik] 烘,烤,焙

Baker's cyst [ˈbeikəz] (William Morrant *Baker*, British surgeon, 1839-1896) 贝克尔氏囊

Baker's velum [ˈbeikəz] (Henry A. *Baker*, American surgeon, 1848-1934) 贝克尔氏帆

BAL (*British antilewisite*) 二巯基丙醇

balance [ˈbæləns] ❶ 天平; ❷ 平衡
  acid-base b. 酸碱平衡
  analytical b. 分析天平
  calcium b. 钙平衡
  fluid b. 体液平衡
  genic b. 基因平衡
  microchemical b. 微量化学天平
  nitrogen b. 氮平衡
  occlusal b. 殆平衡
  semimicro b. 半微量天平
  torsion b. ① 扭力天平; ② 扭转静电计
  water b. 体液平衡

balanic [bəˈlænik] ❶ 阴茎头的,龟头的; ❷ 阴蒂头的

balanism [ˈbælənizm] (Gr. *balanos* acorn pessary) 子宫托疗法,栓剂疗法

balanitis [ˌbæləˈnaitis] (*balano-* + *-itis*) 龟头炎,阴茎头炎
  amebic b. 阿米巴性龟头炎
  b. circinata 环状龟头炎
  b. circumscripta plasmacellularis 浆细胞性局限性龟头炎
  b. diabetica 糖尿性龟头炎
  erosive b. 糜烂性龟头炎
  Follmann's b. 弗欧尔曼氏龟头炎
  b. gangraenosa, gangrenous b. 坏疽性龟头炎
  phagedenic b. 坏疽性龟头炎
  plasma cell b., b. plasmacellularis 浆细胞性龟头炎
  b. xerotica obliterans 干燥闭塞性龟头炎

balan(o)- (Gr. *balanos* acorn) 阴茎头,阴蒂头

balanoblennorrhea [ˌbælənəuˌbleneˈriə] (*balano-* + Gr. *blennos* + *rhoia* flow) 淋病性龟头炎

balanocele [ˈbælənəsiːl] (*balano-* + Gr. *kēlē* hernia) 龟头膨出

balanoplasty [ˈbælənəˌplæsti] (*balano-* + Gr. *plassein* to form) 龟头成形术

balanoposthitis [ˌbælənəupɔsˈθaitis] (*balano-* + Gr. *posthē* prepuce + *-itis*) 龟头包皮炎
  chronic circumscribed plasmocytic b., b. chronica circumscripta plasmocellularis 慢性局限性浆细胞性龟头包皮炎
  enzootic b. 地方性兽病龟头包皮炎
  specific gangrenous and ulcerative b. 特异性坏疽性溃疡性龟头包皮炎

balanoposthomycosis [ˌbælənəupɔsθəmaiˈkəusis] 坏疽性龟头炎

balanopreputial [ˌbælənəupriˈpuːʃəl] 龟头包皮的

balanorrhagia [ˌbælənəuˈreidʒiə] (*balano-* + Gr. *rhēgnynai* to break) 龟头脓溢

balanorrhea [ˌbælənəuˈriə] (Gr. *rhoea* flow) 龟头脓溢

balantidiasis [ˌbælæntiˈdaiəsis] 肠袋虫病,纤毛虫病

balantidiosis [ˌbæləntidiˈəusis] 肠袋虫病

Balantidium [ˌbælənˈtidiəm] (Gr. *balantidion* little bag) 肠袋虫属,纤毛虫属
  B. coli 结肠肠袋虫
  B. suis 猪肠袋虫

balantidosis [ˌbælənti'dəusis] 肠袋虫病

balanus ['bælənəs] 阴茎头,龟头

Balbiani's body [ba:'lbi'a:ni:z] (Edouard Gérard *Balbiani*, French embryologist, 1823-1899) 巴尔比安尼氏体

balbucinate [bæl'bju:ʃineit] (L. *balbutire* to stammer) 口吃

balbuties [bæl'bju:ʃiəz] 口吃

baldness ['bɔ:ldnis] 秃发,脱发
　common b. 雄性脱发
　male pattern b. 男性型脱发

Baldy's operation ['bɔ:ldiz] (John Montgomery *Baldy*; American gynecologist, 1860-1934) 波尔迪氏手术

Baldy-Webster operation ['bɔ:ldi 'webstə] (John Montgomery *Baldy*; John Clarence *Webster*, American gynecologist, 1863-1950) 波-维二氏手术

Balint syndrome [ba:'li:nt] (Rezsoe *Balint*, Hungarian neurologist and psychiatrist, 1874-1929) 巴林特综合征

Balkan frame ['bɔ:lkən] (*Balkan* countries, where first used) 巴尔干架

Ball's valve ['bɔ:lz] (Sir Charles Bent *Ball*, Irish surgeon, 1851-1916) 波尔氏瓣

ball [bɔ:l] 球状小体,球状团块
　chondrin b. 软骨胶球
　fatty b. of Bichat 比查特氏颊脂垫,吸垫
　food b. 植物粪石
　fungus b. 曲霉肿
　hair b. 毛球,毛团,毛粪石(胃肠内)
　Marchi b's 马奇氏小球
　oat hair b. 燕麦毛团,胃毛团
　pleural fibrin b's 胸膜纤维素球
　wool b. 羊毛团

Ballance's sign ['bælənsiz] (Sir Charles Alfred *Ballance*, English surgeon, 1857-1936) 巴伦斯氏征

Baller-Gerold syndrome ['ba:lə 'geirəuld] (Friedrich *Baller*, German physician, 20th century; M. *Gerold*, German physician, 20th century) 波-吉二氏综合征

Ballet's disease [ba:'leits] (Gilbert *Ballet*, French nerrologist, 1853-1916) 巴莱氏病,眼外肌麻痹

Ballet's sign [ba:'leiz] (Louis Gilbert *Ballet*, French neurologist, 1853-1916) 巴雷氏征

Ballingall's disease ['bæliŋgɔlz] (Sir George *Ballingall*, British surgeon, 1780-1855) 巴林格耳氏病

ballism ['bælizəm] 颤搐,投掷(症),挥舞(症)

ballismus [bə'lizməs] (Gr. *ballismos* a jumping about, dancing) 挥舞症,投掷症

ballistic [bə'listik] ❶ 肌肉痉挛的,颤搐的; ❷ 投掷物的

ballistics [bə'listiks] (Gr. *ballein* to throw) 弹道学
　wound b. 创伤弹道学

ballistocardiogram [bəˌlistəu'ka:diəugræm] 心冲击描记图

ballistocardiograph [bəˌlistəu'ka:diəugra:f] 心冲击描记器

ballistocardiography [bəˌlistəuˌka:di'ɔgrəfi] 心冲击描记法

ballistophobia [bəˌlistəu'fəubiə] (Gr. *ballein* to hurl + *phobos* fear) 枪声恐怖

balloon [bə'lu:n] ❶ 气球,气囊; ❷ 充胀
　Shea-Anthony antral b. 谢-安二氏窦囊
　sinus b. 窦囊

ballooning [bə'lu:niŋ] 充气疗法

ballotable [bə'lɔtəbl] 可冲击触诊的

ballottement [bə'lɔtmənt] (Fr. "a tossing about") 冲击触诊法
　abdominal b., indirect b. 腹部冲击触诊法,间接冲击触诊法
　renal b. 肾脏冲击触诊法

balm [ba:m] (Fr. *baume*) ❶ 香膏; ❷ 香峰草; ❸ 麦加香胶; ❹ 香脂
　blue b. 香峰花属
　b. of Gilead ① 麦加香胶; ② 白壳杨芽; ③ 麦加香脂
　lemon b. 香峰叶
　mountain b. 北美圣草,散塔草
　sweet b. 香峰草

Balme's cough [ba:lmz] (Paul Jean *Balme*, French physician, born 1857) 巴姆氏咳嗽

balneotherapy [ˌbælniəu'θerəpi] (L. *balneum* bath + Gr. *therapeia* treatment) 浴疗法

Balnetar ['bælnəta:] 巴尔能塔:煤焦油制剂的商品名

Baló's disease [bæ'ləuz] (Jozsef Matthius *Baló*, Hungarian physician, born 1895)

白洛氏病

balsam ['bɔːlsəm] (L. *balsamum*; Gr. *balsamon*) 香油,香脂,香胶
 Canada b. 加拿大树胶
 b. of Gilead 麦加香脂
 Holland b. 荷兰香脂,杜松焦油
 Mecca b. 麦加香脂
 b. of Peru, peruvian b. 秘鲁香脂,秘鲁树胶
 St. Thomas' b. 圣·托马斯香脂
 silver b. 银香胶
 tolu b. (USP) 妥鲁香脂,妥鲁香胶
 Turlington's b., Wade's b. 复方安息香酊

Balsamodendron [ˌbɔːlsəmə'dendrɔn] (L.; Gr. *balsamon* balsam + *dendron* tree) 没药属

Balser's fatty necrosis ['bɑːlzəz] (Wilhelm August *Balser*, German physician, died 1892) 巴尔泽氏脂肪坏死

Baltimore ['bɔːltimɔː] 巴尔蒂莫尔

Bamberger's albuminuria ['bɑːmbəgəz] (Heinrich von *Bamberger*, Austrian physician, 1822-1888) 邦贝格尔氏蛋白尿

Bamberger-Marie disease ['bɑːmbəgə: mɑː'riː] (Eugen *Bamberger*, Austrian physician, 1858-1921; Pierre *Marie*, French physician, 1853-1940) 邦-玛二氏病

bambermycins [ˌbɑːmbə'maisinz] 巴波霉素

bamnidazole [bæm'nidəzuel] 班硝唑

BAN (British Approved Name 的缩写) 英国药典名称

Bancroft's filariasis ['bænkrɔfts] (Joseph *Bancroft*, English physician in Australia, 1836-1894) 班克罗夫特氏丝虫病

bancroftosis [ˌbænkrɔf'təusis] 班克罗夫特氏丝虫病

band [bænd] 带,束,环
 A b. A带
 absorption b's 吸收光带,吸收(光)谱带
 amniotic b. 羊膜索
 anchor b. 锚圈
 anogenital b. 肛生殖索
 anterior b. of colon 结肠前带
 atrioventricular b. 房室束,希氏束
 axis b. 原条
 b's of Baillarger 贝拉格带
 b. of Broca, Broca's diagonal b. 布罗卡氏区(带),布罗卡氏斜角区(带)
 Büngner's b's 邦格勒尔氏带
 C b., C-b. C带
 chromosome b. 染色体带
 Clado's b. 克拉多氏带,卵巢悬韧带
 clamp b. 夹圈
 b's of colon, longitudinal 结肠带,结肠纵肌纤维带
 contoured b. 牙形托圈,牙形带环
 contraction b. 收缩带
 coronary b. 冠状带
 dentate b. 齿状带,齿状回
 diagonal b. of Broca 布罗卡氏斜带
 elastic b. 弹性带
 free b. of colon 结肠独立带
 furrowed b. 有沟带
 G b. G-b. G带
 b. of Gennari 吉拉瑞条
 Giacomini's b. 盖尔柯姆尼氏带
 H b. H带
 Harris' b. 哈里斯氏带,肝十二指肠韧带
 Henle's b. 亨勒氏带,腹股沟镰
 His' b. 希斯囊
 b's of Hunter and Schreger 汉特和希瑞格带
 I b. I带
 iliotibial b. 髂胫带
 Ladd's b's 拉德氏带
 Lane's b's 勒恩氏带
 limbic b's 边缘带
 M b. M带
 Maissiat's b. 迈西亚特氏带,髂胫带
 Matas' b. 马塔斯氏带
 matrix b. 模型带环
 Meckel's b. 默克尔氏带
 mesocolic b. 结肠系膜带
 moderator b. 节制带(左心室),中隔边缘小柱
 molar b. 磨牙带环
 oligoclonal b's 少团带
 omental b. 网膜带
 orthodontic b. 正牙带环
 Parham b. 帕哈姆氏带
 perioplic b. 骨质缘带
 periosteal b. 骨膜带
 phonatory b's 声带,发音带
 Q b., Q-b. Q带

b. of Reil 瑞尔氏带
retention b. 十二指肠提肌
b's of Schreger 席瑞格氏带
Simonart's b. 西蒙拉蒂氏带
Soret b. 索瑞特氏带
Vicq d'Azyr's b. 微克·底·阿沙氏带
Z b. Z带
zonular b. 髋关节轮匝肌带
bandage [ˈbændidʒ] 绷带
　Ace b. 布织绷带
　adhesive b. (USP) 粘附绷带
　Barton's b. 巴同氏绷带
　Borsch's b. 波希氏绷带
　Buller's b. 布勒尔氏绷带
　capeline b. 帽式绷带
　circular b. 环状绷带
　compression b. 压迫绷带
　crucial b. 十字绷带, T形绷带
　demigauntlet b. 半手套式绷带
　Desault's b. 德索尔特氏绷带
　elastic b. 弹性绷带
　Esmarch's b. 伊斯马赫氏绷带
　figure-of-8 b. 8字绷带
　four-tailed b. 四头绷带
　gauntlet b. 手套式绷带
　gauze b. (USP) 纱布绷带
　Gibney b. 吉布里绷带
　hammock b. 吊床式绷带
　immobilizing b. 固定绷带, 止动绷带
　many-tailed b. 多头绷带
　Martin's b. 马丁氏绷带
　oblique b. 斜绷带
　plaster b. 石膏绷带
　pressure b. 压迫绷带
　recurrent b. 回反绷带
　reversed b. 螺旋反折绷带
　roller b. 成卷绷带
　scultetus b. 木瓦氏绷带
　spica b. 人字形绷带
　spiral b. 螺旋绷带
　spiral reverse b. 螺旋反折绷带
　suspensory b. 悬带绷带
　T b. 丁字形绷带
　triangular b. 三角巾, 三角绷带
　Velpeau's b. 维尔皮尤氏绷带
　Y b. Y字形绷带
bandaletta [ˌbædəˈletə] (L. from Fr. dim. of *bande* bond, tie, link) ❶ 小绷带; ❷ 小带状解剖结构
　b. diagonalis (Broca) 布罗卡氏带
bandelette [ˌbændəˈlet] (Fr., dim. of *bande* band) 小绷带
bandicoot [ˈbændikuːt] (Teluga *bantikoku*) 袋狸
banding [ˈbændiŋ] ❶ 绑扎; ❷ 显带技术
　C b., C-b., centromeric b. C带显带技术, 着丝粒带显带技术
　chromosome b. 染色体显带技术
　G b., G-b., Giemsa b. G带显带技术, 吉姆萨显带技术
　high-resolution b. 高分辨率显带技术
　prophase b. 前期显带技术
　pulmonary artery b. 肺动脉绑扎
　Q b., Q-b., quinacrine b. Q带显带技术, 奎吖因显带技术
　R b., R-b., reverse b. R带显带技术, 反带显带技术
　tooth b. 牙绑扎术
Bandl's ring [ˈbɑːndlz] (Ludwig *Bandl*, German obstetrician in Austria, 1842-1892) 邦德尔氏环, 子宫病理收缩环
bandpass [ˈbændpɑːs] 滤频
bandwidth [ˈbændwidθ] 带宽(度)
bane [bein] 毒物, 毒药
　leopard's b., wolf's b. 山金车, 狼毒
banewort [ˈbeinwɔːt] 颠茄叶
Bang's bacillus [ˈbæŋz] (Bernhard Laurits Frederik *Bang*, Danish physician, 1848-1932) 班氏杆菌
bang [bæŋ] 大麻
banian [ˈbæniən] 榕树, 孟加拉榕
banisterine [bæˈnistəriːn] 南美卡皮根碱, 骆驼蓬碱
bank [bæŋk] 库
Bannister's disease [ˈbænistəz] (Henry Martyn *Bannister*, American physician, 1844-1920) 班李斯特氏病, 血管神经性水肿
Bannwarth's syndrome [ˈbɑːnvɑːts] (Alfred *Bannwarth*, German neurologist, 1903-1970) 班瓦茨氏综合征
Banthine [ˈbænθin] 本辛: 溴化乙胺太林 (methantheline bromide) 制剂的商品名
Banti's disease [ˈbɑːntiz] (Guido *Banti*, Italian pathologist, 1852-1925) 班蒂氏病
Banting [ˈbæntiŋ] 班丁: Sir Frederick

Grant, 1891～1941，加拿大医师

Baptisia [bæp'tiziə]（L.; Gr. *baptizein* to dip in or under water）灰叶属，野靛属
  B. leucantha 野靛

baptorrhea [ˌbæptəu'riːə]（Gr. *baptos* infected + *rheein* to flow）病液漏

baptothecorrhea [ˌbæptəuθi'kɔːriə]（Gr. *baptos* infected + *theke* vagina + *rheein* to flow）阴道液漏，妇女淋病

bapturethrorrhea [ˌbæptjuəˌriːθrə'riːə]（Gr. *baptos* infected + *urethra* + *rheein* to flow）尿道液漏，男子淋病

Bar's incision [bɑːz]（Paul *Bar*, French obstetrician, 1853-1945）巴氏切口

bar [bɑː] ❶ 巴；❷ 连接杆，杆；❸ 跗骨联合；❹ 马牙龈上部；❺ 马蹄壁
  arch b. 弓状连接杆
  b. of bladder 输尿管襞
  chromatoid b. 浓染体
  connector b. 连接杆
  Dolder b. 多尔德尔连接杆
  Erich arch b. 伊瑞克弓形连接杆
  hyoid b's 舌骨板(第二腮弓，舌骨弓)
  Kazanjian T b. 卡赞健 T 形杆
  Kennedy b. ① 肯尼迪杆；② 连环扣
  labial b. 唇连接杆
  lingual b. 舌连接杆
  median b. 正中嵴
  Mercier's b. 麦尔西尔氏嵴
  occlusal rest b. 支殆托连接杆
  palatal b. 颚连接杆
  Passavant's b. 帕索凡特隆起
  sternal b. 胸骨嵴
  tarsal b. 跗骨嵴
  terminal b's 上皮栏

baragnosis [ˌbærəg'nəusis]（*baro-* + Gr. *gnōsis* knowledge）压觉缺失

Baralyme ['bærəlaim] 白洛兰姆：氢氧化枸橼钡的商品名

Bárány ['bɑːrəni] 巴腊尼：Robert, 1876～1936，在瑞典的奥地利医师

Bárány's symptom ['bɑːrəniz]（Robert *Bárány*）巴腊尼氏症状

barba ['bɑːbə]（L. "the beard"）(NA) 胡须

barbaloin ['bɑːbələin] 芦荟甙

barbaralalia [ˌbɑːbərə'leiliə] 异国语言涩滞

barbasco [bɑː'bæskəu] 巴巴可鱼毒草

Barbased ['bɑːbəsed] 巴巴塞得：丁基巴比妥钠制剂的商品名

barbeiro [bɑː'beirəu]（Port.）六锥蝽

Barber's psoriasis ['bɑːbəz]（Harold Wordsworth *Barber*, English dermatologist, 1886-1955）巴布尔氏银屑，局限性脓疱性牛皮癣

barbery ['bɑːbəri] 刺檗

barbital ['bɑːbitəl] 巴比妥
  b. sodium 巴比妥钠

barbitone ['bɑːbitəun] 巴比妥

barbiturate [bɑː'bitʃərət] 巴比妥酸盐

barbituric acid [bɑːbi'tjurik] 巴比妥酸

barbiturism [bɑː'bitjurizm] 巴比妥中毒

barbotage [ˌbɑːbəu'tɑːʒ]（Fr. *barboter* to dabble）抽液加药注射法

barbula ['bɑːbjulə]（L.）稀须，须少
  b. hirci ① 腋毛；② 耳毛

Barcoo disease [bɑː'kuː]（*Barcoo*, a river in South Australia）巴尔库病

Barcroft's apparatus ['bɑːkrɔfts]（Sir Joseph *Barcroft*, British physiologist, 1872-1947）巴克罗夫特氏仪器

Bard's sign ['bɑːdz]（Louis *Bard*, French physician, 1857-1930）巴尔德氏征

Bardet-Biedl syndrome [bɑː'dei 'biːdəl]（Georges *Bardet*, French physician, born 1885; Artur *Biedl*, Austrian physician, 1869-1933）巴-比二氏综合征

baresthesia [ˌbæris'θiːʒiə]（Gr. *baros* weight + *esthesia*）压觉，重觉

baresthesiometer [ˌbærəsˌθiːzi'ɔmitə]（Gr. *baros* weight + *aisthēsis* perception + *metron* measure）压觉计，压力计

bariatrics [ˌbæri'ætriks]（*bar-* + *-iatrics*）超体重学

baritosis [ˌbæri'təusis] 钡尘沉着病，钡尘肺

barium ['bæriəm]（gen. *barii*）（L.; Gr. *baros* weight）钡
  b. hydrate, b. hydroxide 氢氧化钡
  b. oxide 氧化钡，重土
  b. sulfate 硫酸钡

bark [bɑːk]（L. *cortex*）树皮
  bearberry b. 波希鼠李皮
  bitter b. 澳洲鸡骨常山皮，英鸭脚树皮
  buck-thorn b. 带朗鼠李皮

calisaya b. 黄金鸡纳皮,金鸡纳皮
casca b. 非洲围涎树皮
chittem b. 波希鼠李皮
cinchona b. 金鸡纳皮
cramp b. 雪球荚树皮
dita b. 印度鸡骨常山皮,迪塔皮
dogwood b. 波希鼠李皮
elm b. 赤榆皮,美榆皮
Jesuit's b. 金鸡纳皮
Mancona b. 非洲围涎树皮
Persian b. 波希鼠李皮
Peruvian b. 秘鲁皮,金鸡纳皮
Purshiana b. 波希鼠李皮
quillay b. 皂树皮
sacred b. 波希鼠李皮
soap b., soap tree b. 皂树皮
white oak b. 白橡皮
wild black cherry b. 野黑樱皮
Barkan's operation ['bɑːkənz] (Otto *Barkan*, American ophthalmologist, 1887-1958) 巴坎氏手术,前房角切开术
Barkow's ligament ['bɑːkəuz] (Hans Karl L. *Barkow*, German anatomist, 1798-1873) 巴高氏韧带
Barlow's disease ['bɑːləuz] (Sir Thomas *Barlow*, British physician, 1845-1945) 巴洛氏病,婴儿坏血病
Barlow syndrome ['bɑːləu] (John Brereton *Barlow*, South African cardiologist, born 1924) 巴洛综合征
barn [bɑːn] (jocular "big as a barn") 靶
Barnes' curve [bɑːnz] (Robert *Barnes*, English obstetrician, 1817-1907) 巴恩斯氏曲线
bar(o)- (Gr. *baros* weight) 重量,压力
baroagnosis [ˌbærəuæg'nəusis] 压觉缺失,失辨重能
baroceptor [ˌbærəu'septə] 压力感受器
barognosis [ˌbærəug'nəusis] (baro- + Gr. *gnōsis* knowledge) 压觉,辨重能
barograph ['bærəgræf] (baro- + *graphein* to record) 气压描记器
baro-otitis [ˌbærəəu'taitis] 气压耳炎
b. media 气压中耳炎,航空中耳炎
baropacer [ˌbærə'peisə] 血压调节器
barophilic [ˌbærə'filik] (baro- + Gr. *philein* to love) 嗜压的
baroreceptor [ˌbærəri'septə] 压力感受器
baroreflex ['bærəˌrifleks] 压力感受反射
baroscope ['bærəskəup] (baro- + Gr. *skopein* to examine) 脲定量器
barosinusitis [ˌbærəˌsainə'saitis] 气压鼻窦炎,航空鼻窦炎
barospirator [ˌbærə'spireitə] (baro- + L. *spirare* to breathe) 变压呼吸器
barotaxis [ˌbærə'tæksis] (baro- + Gr. *taxis* arrangement) 向压性
barotitis [ˌbærə'taitis] 气压耳炎
b. media 气压中耳炎,航空中耳炎
barotrauma [ˌbærə'trɔːmə] (baro- + Gr. *trauma* wound) 气压伤
otitic b. 航空中耳炎
sinus b. 航空鼻窦炎,飞行员鼻窦炎
barotropism [bɑː'rɔtrəpizəm] (baro- + Gr. *tropos* a turning) 向压性
Barr body [bɑː] (Murray Llewellyn *Barr*, Canadian anatomist, born 1908) 巴尔氏体,性染色体
Barraquer's disease [bɑːrɑː'keəz] (José Luis Antonio Roviralta *Barraquer*, Spanish physician, 1855-1928) 巴斯魁耳氏病,部分性脂肪营养不良
Barraquer's method [bɑːrɑː'keəz] (Ignacio *Barraquer*, Spanish ophthalmologist, 1884-1965) 巴斯魁耳氏法
Barraquer-Simons syndrome [bɑːrɑː'keə 'simənz] (J. A. R. *Barraquer*; Arthur *Simons*, German physician, born 1879) 巴-西二氏综合征,部分性脂肪营养不良
Barré's sign [bɑː'reiz] (Jean Alexander *Barré*, French neurologist, 1880-1971) 巴雷氏征
Barré-Guillain syndrome [bɑː'rei 'gijæ] (Jean Alexandre *Barré*; Georges *Guillain*, French neurologist 1876-1951) 巴-格二氏综合征,急性感染性多神经炎
barren ['bærən] 不育,不孕
Barrett's epithelium ['bærits] (Norman Rupert *Barrett*, English surgeon, 1903-1979) 巴雷特氏上皮
barrier ['bæriə] 障,屏障,障壁,垒
blood-air b., blood-gas b. 血气屏障
blood-aqueous b. 血-房水屏障
blood-brain b., blood-cerebral b. 血脑屏障
blood-cerebrospinal fluid b. 血脑脊液屏

障
blood-testis b. 血睾屏障
blood-thymus b. 血胸腺屏障
filtration b. 滤过屏障
gastric mucosal b. 胃粘膜屏障
hematoencephalic b. 血脑屏障
histohematic connective tissue b. 血液结缔组织屏障
placental b. 胎盘屏障
protective b. 保护屏障
protective b's, primary 初级保护屏障
protective b's, secondary 二级保护屏障
radiation b. 放射屏障

barsati [bɑːˈsæti] (Hindi "of the rainy season") ❶ 皮肤柔线虫病; ❷ 马癌病

Bart's syndrome [bɑːtz] (Bruce Joseph *Bart*, American dermatologist, born 1936) 巴特氏综合征

Barth's hernia [bɑːts] (Jean Baptiste Philippe *Barth*, French physician, 1806-1877) 巴尔特氏疝

Barthel index [bɑːˈtel] (D. W. *Barthel*, American physiatrist, 20th century) 巴塞尔指数

Bartholin's duct [ˈbɑːtəulinz] (Caspar Thomèson *Bartholin*, Jr., Danish anatomist, 1655-1738) 巴多林氏管

bartholinitis [ˌbɑːtəuliˈnaitis] 巴多林氏管腺炎

Barton's bandage [ˈbɑːtənz] (John Rhea *Barton*, American surgeon, 1794-1871) 巴尔通氏绷带

Bartonella [ˌbɑːtəˈnelə] (A. L. *Barton*, Peruvian physician, 1871-1950) 巴尔通氏体属
B. bacilliformis 杆菌状巴尔通氏体

Bartonellaceae [ˌbɑːtənəˈleisiː] 巴尔通氏体科

bartonelliasis [ˌbɑːtəunəˈlaiəsis] 巴尔通氏体病, 卡里翁氏病

bartonellosis [ˌbɑːtəneˈləusis] 巴尔通氏体病, 卡里翁氏病

Bartter's syndrome [ˈbɑːtəz] (Frederic Crosby *Bartter*, American internist, 1914-1983) 巴特尔氏综合征

baruria [bɑːˈruəriə] (Gr. *baros* weight + *ouron* urine + -*ia*) 高比重尿

bary- (Gr. *barys* heavy) ❶ 重的, 沉重; ❷ 困难

baryacusia [ˌbæriəˈkjuːʃiə] (Gr. "hardness" of hearing) 重听, 微声, 听觉迟钝

barye [ˈbæri] 微巴, 巴列

baryencephalia [ˌbæriensiˈfeiliə] (*bary-* + Gr. *enkephalos* brain) 精神迟钝

baryesthesia [ˌbæriisˈθiːʒiə] 压觉, 重觉

baryglossia [ˌbæriˈglɔsiə] (*bary-* + Gr. *glossa* tongue) 言语涩滞

barylalia [ˌbæriˈleiliə] (*bary-* + Gr. *lalia* speech) 言语不清

barymastia [ˌbæriˈmæʃiə] (*bary-* + Gr. *mastos* breast) 乳房增大

baryodmia [ˌbæriˈɔdmiə] (*bary-* + Gr. *odme* odor) 嗅觉迟钝

baryodynia [ˌbæriəuˈdiniə] (*bary-* + Gr. *odyne* pain) 剧痛

baryphonia [ˌbæriˈfəuniə] (*bary-* + Gr. *phōnē* voice + -*ia*) 语声涩滞

baryta [bəˈraitə] 钡化合物

barytosis [ˌbæriˈtəusis] 钡尘沉着病, 钡尘肺

basad [ˈbeisæd] 向基底的

basal [ˈbeisəl] ❶ 基底的; ❷ 基础的

basalis [beiˈsælis] (L., from Gr. *basis* base) ❶ 基底的, 基础的; ❷ (NA) 向基底的, 近基底的

basaloid [ˈbeisəlɔid] 皮肤基底细胞样的

basaloma [ˌbæsəˈləumə] 基底细胞癌

basculation [ˌbæskjuˈleiʃən] (Fr. *basculer* to swing) ❶ 后倾子宫悬吊术; ❷ 心弹摆运动

bascule [ˈbæskjuːl] (Fr. "seesaw") 平衡装置
cecal b. 盲肠翼

base [beis] (L.; Gr. *basis*) ❶ 基底, 基部; ❷ 基质, 基; ❸ 碱; ❹ 基托, 基板(牙); ❺ 核苷酸; ❻ 碱基对
acidifiable b. 可酸化碱
acrylic resin b. 丙烯酸树脂基托
apical b. 牙基
b. of brain 大脑底
buffer b. 缓冲碱
cement b. 粘固粉基托
conjugate b. 共轭碱
b. of cranium 颅底
denture b. 牙列基托
denture b., tinted 有色牙列基托

b. of dorsal horn of spinal cord 脊髓背角基部
film b. 胶片基
b. of heart 心底
hexone b's 组蛋白碱,二氨基酸
histone b's 组蛋白碱,二氨基酸
Lewis b. 路易斯碱
b. of lung 肺底
metal b. 金属基托
nitrogenous b. 含氮碱基
b. of nose 鼻底
ointment b. 软膏基质
plastic b. 塑料基托
b. of posterior horn of spinal cord 脊髓后角基部
b. of prostate 前列腺基底部
purine b's 嘌呤碱
pyrimidine b's 嘧啶碱
record b. 底板,支承板,试用基板(牙)
shellac b's 石蜡基托
b. of skull 颅底
b. of stapes 镫骨底
temporary b. 暂基托,试用基板(牙)
tinted denture b. 有色牙列基托
tooth-borne b. 牙支持基板
trial b. 试基托,试用基板(牙)
xanthine b's 黄嘌呤

basedoid ['bæzədɔid] 类巴塞多氏病,假性毒性甲状腺肿

Basedow's disease ['bɑ:zədəuz] (Karl Adolf von *Basedow*, German physician, 1799-1854) 巴塞多氏病

basedowiform [ˌbæzəˈdəuifɔːm] 类巴塞多氏病的

baseline ['beislain] 基线

baseplate ['beispleit] ❶ 试用基板,试基托,暂基托;❷ 支承板
stabilized b. 稳定基托,稳定基板

bases ['beisiz] (L.) 基底,底。*basis* 的复数形式

bas-fond [bɑːˈfɔːn] (Fr.) 底部

basial ['beisiəl] 颅底点的

basialis [ˌbeisiˈælis] (L.) 基底的,底的

basialveolar [ˌbeisiælˈviələ] 颅底牙槽的

basiarachnitis [ˌbeisiəræk'naitis] (*basi-* + Gr. *arachne* spider + *itis*) 颅底蛛网膜炎

basiarachnoiditis [ˌbeisiəˌræknɔiˈdaitis] (*basi-* + *arachnoid* + *itis*) 颅底蛛网膜炎

basiator [ˌbeisi'eitə] 口轮匝肌,吻肌

basic ['beisik] ❶ 基本的;❷ 盐基的,碱的

basicaryoplastin [ˌbeisiˌkæriəuˌplæstin] (*basi-* + Gr. *karyon* kernel + *plassein* to form) 嗜碱副染色质

basichromatin [ˌbeisiˈkrəmətin] 嗜碱染色质

basichromiole [beisi'krəmiəul] (*basophil* + *chromiole*) 嗜碱染色微粒

basicity [bəˈsisiti] ❶ 基本;❷ 碱度

basicranial [ˌbeisiˈkreiniəl] (*basi-* + Gr. *kranion* cranium) 颅底的

basicytoparaplastin [ˌbeisiˌsaitəˌpærəˈplæstin] 嗜碱胞浆副网质

basidia [bəˈsidiə] 担子,分生孢子。*basidium* 的复数形式

basidigital [ˌbeisiˈdidʒitəl] 指(趾)根的

Basidiobolaceae [bəˌsidiəbəˈleisii:] 蛙粪霉科

Basidiobolus [bəˌsidi'ɔbələs] (*basidium* + Gr. *bolos* a throw) 蛙粪霉属
B. haptosporus 固孢蛙粪霉
B. meristosporus 裂孢蛙粪霉
B. ranarum 蛙粪霉,固孢蛙粪霉

basidiocarp [bəˈsidiəkɑːp] (*basidium* + Gr. *karpos* fruit) 担子果

basidiomycete [bəˌsidiəˈmaisi:t] 担子菌

Basidiomycetes [bəˌsidiəmaiˈsi:ti:s] 担子菌纲

basidiomycetous [bəˌsidiəmaiˈsetəs] 担子菌纲的

Basidiomycotina [bəˌsidiəmaikəˈtinə] (*basidium* + Gr. *mykēs* fungus) 担子菌亚门

basidiospore [bəˈsidiəspɔ:] 担子孢子

basidium [bəˈsidiəm] (pl. *basidia*) (Gr. *basis* base) ❶ 担子;❷ (*obs.*) 分生孢子

basifacial [bæsiˈfeiʃəl] (L. *basis* base + *facies* face) 面基的,面下部的

basigenous [bəˈsidʒənəs] 生盐基的

basihyal [ˌbeisiˈhaiəl] 舌骨体

basihyoid [ˌbeisiˈhaiɔid] 舌骨体

basilad [ˈbæsiləd] 向底的,底面的

basilar ['bæsilə] (L. *basilaris*, from *basis* base) 基底的

basilaris [ˌbæsi'læris] (L., from Gr. *basis* base) 基底的
  b. **cranii** 颅底
basilateral [ˌbæsi'lætərəl] 基侧的
basilemma [ˌbæsi'lemə] (*basi-* + Gr. *lemma* husk) 基膜
basilic [bə'silik] (L. *basilicus*; Gr. *basilikos* royal) 贵要的，重要的
basilobregmatic [ˌbæsiləubreg'mætik] 颅底前囟的
basiloma [ˌbæsi'ləumə] 基底细胞癌
basilomental [ˌbæsilə'mentəl] 颅底颏的
basilysis [bə'silisis] 碎颅术
basilyst ['bæsilist] 碎颅器
basin ['beisin] ❶ 第三脑室；❷ 骨盆
basinasial [ˌbæsi'neiziəl] 颅底鼻根的
basio- 底，基底
basi(o)- (Gr. *basis*) 底，基底，碱
basioccipital [ˌbæsiɔk'sipitəl] 枕骨底部的
basioglossus [ˌbæsiə'glɔsəs] (*basio-* + Gr. *glōssa* tongue) 舌骨舌肌舌骨部
basion ['bæsiən] (Gr. *basis* base) (NA) 颅底点
basiotic [ˌbæsi'ɔtik] (*basi-* + Gr. *ous* ear) 耳底骨(胎)
basiotribe ['beisiəˌtraib] (*basio-* + Gr. *tribein* to crush) 碎颅器
basiotripsy [ˌbeisiə'tripsi] 碎颅术
basiparachromatin [ˌbæsiˌpærə'krɔmətin] 嗜碱副染色质
basiparaplastin [ˌbæsiˌpærə'plæstin] 嗜碱副网质
basipetal [bə'sipitəl] (*basi-* + L. *petere* to seek) 向基的，向基发生的(如孢子)
basiphilic [ˌbæsi'filik] 嗜碱(染色)的
basirhinal [ˌbæsi'rainəl] (*basi-* + Gr. *rhis* nose) 脑底鼻的
basis ['beisis] (pl. *bases*) (L.; Gr.) 基底，底
  b. **cartilaginis arytenoideae** (NA) 构状软骨底
  b. **cochleae** (NA) 蜗底
  b. **cordis** (NA) 心底
  b. **cornus dorsalis medullae spinalis** (NA) 脊髓后角底
  b. **cornus posterioris medullae spinalis** (NA) 脊髓后角底
  b. **cranii externa** (NA) 颅底外面
  b. **cranii interna** (NA) 颅底内面
  b. **glandulae suprarenalis** 肾上腺底
  b. **mandibulae** (NA) 下颌底
  b. **metacarpalis** (NA) 掌骨底
  b. **metatarsalis** (NA) 跖骨底
  b. **modioli** (NA) 蜗轴底
  b. **nasi** 鼻底
  b. **ossis metacarpalis** 掌骨底
  b. **ossis metatarsalis** 跖骨底
  b. **ossis sacri** (NA) 骶骨底
  b. **patellae** (NA) 髌底
  b. **pedunculi cerebri** (NA) 大脑脚底
  b. **phalangis digitorum manus** (NA) 指骨底
  b. **phalangis digitorum pedis** (NA) 趾骨底
  b. **prostatae** (NA) 前列腺底
  b. **pulmonis** (NA) 肺底
  b. **pulmonalis** (NA) 肺底
  b. **pyramidis renalis** (NA) (肾)锥体底
  b. **scapulae** 肩胛(骨)底
  b. **stapedis** (NA) 镫骨底
basisphenoid [ˌbæsi'sfinɔid] 蝶底骨
basitemporal [ˌbæsi'tempərəl] (*basi-* + *temporal*) 颞骨底部的
basivertebral [ˌbæsi'vətibrəl] (*basi-* + L. *vertebra* joint) 椎骨体的
basket ['bɑːskit] ❶ 篮状细胞；❷ 篮状结构
  cytopharyngeal b. 胞咽篮
  fiber b's 纤维篮
Basle Nomina Anatomica ['bɑːzl 'nɔminə ænə'tɔmikə] 巴塞尔解剖学名词
bas(o)- ❶ 底，基底；❷ 碱
basocyte ['beisəsait] 嗜碱细胞
basocytopenia [ˌbeisəuˌsaitə'piːniə] 嗜碱白血球减少
basocytosis [ˌbeisəusai'təusis] 嗜碱白血球增多
basoerythrocyte [beisəui'riθrəsait] 嗜碱红血球
basoerythrocytosis [ˌbeisəuiˌriθrəsai'təusis] 嗜碱红血球增多
basograph ['bæsəgrɑːf] (Gr. *basis* a walking + *graphein* to write) 步态描记器
basolateral [ˌbeisə'lætərəl] 基侧的
basometachromophil [ˌbæsəˌmetə'krɔmfil] (*basic* + Gr. *meta* beyond + *chrōma* color

+ *philein* to love) 嗜喊异染性的
Basommatophora [ˌbæsəmə'tɔfərə] 基眼目
basophil ['bæsəfil] (Gr. *basis* base + *philein* to love) ❶ 嗜碱的；❷ 嗜碱性粒细胞；❸ 腺垂体嗜碱细胞
　beta b. 促甲状腺细胞(垂体前叶)
　Crooke-Russell b's 克鲁克氏嗜碱细胞
　delta b. 促性腺细胞
basophile ['bæsəfail] 嗜碱的
basophilia [ˌbæsə'filiə] ❶ 未成熟红细胞嗜碱性；❷ 嗜碱性红细胞增多症；❸ 嗜碱性白细胞增多症
basophilic [bæsə'filik] 嗜碱(染色)的
basophilism [bə'sɔfilizəm] 嗜碱细胞增多
　Cushing's b., pituitary b. 垂体嗜碱细胞增多，柯兴氏综合征
basophilous [bæ'sɔfiləs] 嗜碱(染色)的
basoplasm ['bæsəˌplæzəm] 嗜碱胞质
Bassen-Kornzweig syndrome ['beisən 'kɔːntzwaig] (Frank Albert *Bassen*, American physician, born 1903; Abraham Leon *Kornzweig*, American physician, born 1900) 巴-克二氏综合征，β 脂蛋白血缺乏症
Basset's operation [bɑː'seiz] (Antoine *Basset*, French surgeon, 1882-1951) 巴塞氏手术
Bassini's operation [bə'siniːz] (Edoardo *Bassini*, Italian surgeon, 1847-1924) 巴西尼氏手术
bassorin ['bæsɔrin] 黄蓍胶素, 巴索林
basswood ['bæswud] 美椴木
bastard ['bæstəd] (Old Fr.) ❶ 私生子；❷ 私生的；❸ 假的
Bastedo's rule [bæs'tiːdəuz] (Walter Arthur *Bastedo*, American physician, 1873-1952) 巴斯特窦氏规则
Bastian-Bruns law ['bæstʃən bruːnz] (Henry Charlton *Bastian*, English neurologist, 1837-1915; Ludwig *Bruns*, German neurologist, 1858-1916) 巴-布二氏定律
bath [bɑːθ] ❶ 浴剂；❷ 沐浴；❸ 浴器
　acid b. 酸性浴
　air b. 空气浴
　alcohol b. 酒精浴
　alkaline b. 碱性浴
　bubble b. 泡沫水浴, 水泡浴
　cabinet b. (热气)室浴
　cold b. 冷水浴
　colloid b. 胶体浴
　continuous b. 流水浴
　contrast b. 冷热交替浴
　cool b. 凉浴
　douche b. 喷射浴
　drip-sheet b. 湿单浴
　emollient b. 润滑浴
　foam b. 泡沫浴
　full b. 全浸浴
　half b. 半身浴
　hip b. 坐浴
　hot b. 热水浴
　hot-air b. 热气浴
　hyperthermal b. 高温浴
　immersion b. 浸浴
　kinetotherapeutic b. (水下)体操浴
　light b. 光浴
　lukewarm b. 温水浴
　medicated b. 药浴
　needle b. 针状喷浴
　oatmeal b. 燕麦浴
　paraffin b. 石蜡浴
　sand b. 沙浴
　sauna b. 芬兰(式)浴
　sedative b. 镇静性浴
　sheet b. 温单浴
　sitz b. 坐浴
　sponge b. 擦浴
　sweat b. 发汗浴
　tepid b. 微温浴
　vapor b. 蒸气浴
　warm b. 温浴
　water b. 水浴
　wax b. 石蜡浴
　whirlpool b. 游(水)浴
bathesthesia [ˌbɑːθis'θiziə] (*bath-* + *esthesia*) 深部感觉
bathmism ['bæθmizm] 生长力
bathmotropic [ˌbæθmə'trɔpik] (Gr. *bathmos* threshold + *tropos* a turning) 变阈性的
　negatively b. 负变阈性的
　positively b. 正变阈性的
bathmotropism [bæθ'mɔtrəpizəm] 变阈性, 变阈作用
bath(o)- 深, 底
bathochrome ['bæθəkrəum] 向红团

bathochromy [ˌbæθəˈkrɒmi] 向红团作用，向红

bathoflore [ˈbæθəflɔː] (batho- + fluorescence) 减荧光物

bathomorphic [ˌbæθəˈmɔːfik] ❶ 凹眼的；❷ 近视眼的

bathophobia [ˌbæθəˈfəubiə] 深渊恐怖

bathorhodopsin [ˌbæθərəˈdɒpsin] 深视紫红质

bathrocephaly [ˌbæθrəˈsefəli] (Gr. bathron a step + kephalē head) 梯形头

bathy- (Gr. bathys deep, bathos depth) 深，底

bathyanesthesia [ˌbæθiˌænisˈθiːziə] (bathy- + anesthesia) 深部感觉缺失

bathycardia [ˌbæθiˈkɑːdiə] (bathy- + cardia) 低位心

bathycentesis [ˌbæθisenˈtiːsis] 深穿刺法

bathyesthesia [ˌbæθiəsˈθiːʒiə] (bathy- + Gr. aisthēsis perception) 深部感觉

bathygastria [ˌbæθiˈgæstriə] 低位胃，胃下垂

bathyhyperesthesia [ˌbæθiˌhaipərəsˈθiːʒiə] (bathy- + hyperesthesia) 深部感觉过敏

bathyhypesthesia [ˌbæθiˌhaipisˈθiːʒiə] (bathy- + hypesthesia) 深部感觉迟钝

bathymetry [bæˈθimitri] 深度测定法

bathypnea [ˌbæθipˈniə] (bathy- + Gr. pnoia breath) 深呼吸

bathystixis [bæθiˈstiksis] (bathys deep + stixis puncture) 深穿刺法

BATO 8- 羟基喹啉锆的硼酸化合物

batonet [bætəˈnet] 假染色体

batophobia [ˌbætəˈfəubiə] (Gr. batos height + phobos fear) 望高恐怖

batrachocephalus [ˌbætrəkəˈsefələs] (Gr. batrachos frog + kephale head) 蛙头畸胎

batrachoid [ˈbætrəkɔid] 蛙头的

batrachoplasty [ˈbætrəkəˌplæsti] (Gr. batrachos frog + plassein to form) 虾蟆肿造形术

batracin [ˈbætrəsin] (Gr. batrachos frog) 虾蟆毒

Batson's plexus [ˈbætsənz] (Oscar Vivian Batson, American otolaryngologist, 1894-1979) 巴特森氏丛

Batten disease [ˈbætən] (Frederick Eustace Batten, English ophthalmologist, 1865-1918) 巴通病，家族黑蒙性白痴(幼年型)

Batten-Mayou disease [ˈbætən mɑːˈjuː] (F. E. Batten; Marmaduke Stephen Mayou, English ophthalmologist, 1876-1934) 巴-麦二氏病，家族黑蒙性白痴(幼年型)

battery [ˈbætəri] ❶ 电池；❷ 一套

Battey bacilli [ˈbæti] (Battey, a tuberculosis hospital in Rome, Georgia, where many strains of these mycobacteria were first recognized) 巴蒂杆菌

batteyin [ˈbætiin] (Battey bacillus) 巴蒂杆菌素

Battle's incision [ˈbætəlz] (William Henry Battle, English surgeon, 1855-1936) 巴特耳氏切口

Battle-Jalaguier-Kammerer incision [ˈbætəl dʒɑːlɑːgiˈei ˈkæmərə] (William Henry Battle; Adolphe Jalaguier, French surgeon, 1853-1924; Frederic Kammerer, American surgeon, 1856-1928) 巴特耳氏切口

Baudelocque's diameter [bɔːdəˈləuks] (Jean Louis Baudelocque, French obstetrician, 1746-1810) 鲍德洛克氏径

Bauhin's gland [bɔːˈæz] (Gaspard (Caspar) Bauhin, Swiss anatomist, 1560-1624) 鲍安氏腺

Baumé's scale [bɔːˈmeiz] (Antoine Baumé, French chemist, 1728-1804) 博梅氏比重标

bay [bei] 凹入处，隐窝
lacrimal b. 泪湖

Bayes' theorem [beiz] (Thomas Bayes, English mathematician, 1702-1761) 贝茨定理

Bayle's disease [beilz] (Antoine Laurent Jesse Bayle, French physician, 1799-1858) 贝尔氏病，麻痹性痴呆

Bayle's granulations [beilz] (Gaspard Laurent Bayle, French physician, 1774-1816) 贝耳氏肉芽

Bazex's syndrome [bɑːˈzeksəz] (J. Bazex, French physician, 20th century) 巴热克斯氏综合征

Bazin's disease [bəˈzæz] (Antoine Pierre Ernest Bazin, French dermatologist, 1807-1878) 巴赞氏病

BBB ❶ (blood-brain barrier 的缩写) 血脑屏障; ❷ (bundle branch block 的缩写) 束支性传导阻滞

BBBB (bilateral bundle branch block 的缩写) 双侧束支性传导阻滞

BBT (basal body temperature 的缩写) 基础体温

$\beta_1 C, \beta_1 C$ 补体 C3

BCAA (branched chain amino acid 的缩写) 分枝链氨基酸

B-CAVe 在肿瘤化疗中使用的博莱霉素,环己亚硝脲和长春新碱的联合制剂

BCDF (B cell differentiation factors 的缩写) B 细胞分化因子

BCF (basophil chemotactic factor 的缩写) 嗜碱性粒细胞趋化因子

BCG ❶ (bacille Calmette-Guérin 的缩写) 卡-介(二氏杆)菌; ❷ (bicolor guaiac test 的缩写) 双色愈创木脂试验(检脑脊液); ❸ (ballistocardiogram 的缩写) 心冲击(描记)图

BCGF (B cell growth factors 的缩写) B 细胞生长因子

BCNU 卡氮芥

b.d. (L. *bis di'e* 的缩写) 每日两次

BDA (British Dental Association 的缩写) 英国牙科协会

Bdella ['delə] (Gr. "leech") 蚲属
  B. cardinalis 水蛭,鼻蛭虫

bdellium ['deliəm] (L.; Gr. *bdellion*) 伪没药,非洲香胶

Bdellovibrio [ˌdelə'vaibriə] (Gr. *bdella* leech + *vibrio*) 水蛭弧菌属

bdellovibrio [ˌdelə'vaibriə] 水蛭弧菌属

bdelygmia [de'ligmiə] (Gr.) 恶心,嫌恶食物

B-DNA B 型右手螺旋 DNA

BDS (Bachelor of Dental Surgery 的缩写) 牙外科学学士

BDSc (Bachelor of Dental Science 的缩写) 牙科学学士

Be (*beryllium* 的符号) 铍

$\beta_1 E, \beta_1 E$ 补体 C4

bead [bi:d] 珠
  rachitic b's 佝偻病性串性

beaded ['bi:did] 串珠状的

Beadle ['bi:dəl] 毕德尔:美国生化学家

beaker ['bi:kə] 烧杯

Beale's ganglion cells [bi:lz] (Lionel Smith *Beale*, British physician, 1828-1906) 比耳氏神经节细胞

Beals' syndrome [bi:lz] (Rodney Kenneth *Beals*, American orthopedic surgeon, born 1931) 比耳氏综合征,先天性挛缩性细长指(趾)

beam [bi:m] ❶ 束,柱; ❷ 梁架
  cantilever b. 悬臂梁架
  continuous b. 连续性梁架
  primary b. 初级 X 线束
  restrained b. 受约梁架
  simple b. 普通梁架
  useful b. 初级 X 线束

beamtherapy [bi:mθerəpi] 光线疗法

bean [bi:n] 豆
  broad b. 蚕豆
  Calabar b. 卡拉巴豆,毒扁豆
  castor b. 蓖麻子
  jequirity b. 相思树,相思子
  ordeal b. 毒扁豆
  St. Ignatius' b. 吕宋豆,解热豆

beard [biəd] 须,口髭

Beard's disease [biədz] (George Miller *Beard*, American psychiatrist, 1839-1883) 皮亚特氏病,神经衰弱
  central b. 中心支承

bearing ['beəriŋ] 支承,支撑物

bearing down ['beəriŋ daun] ❶ 下坠感(盆腔内); ❷ 分娩时屏气

Bearn-Kunkel syndrome [bəːn 'kʌŋkəl] (Alexander Gordon *Bearn*, English-born American physician, 1923-1983; Henry George *Kunkel*, American physician, born 1916) 比-克二氏综合征,狼疮性肝炎

Bearn-Kunkel-Slater syndrome [bəːn 'kʌŋkəl 'slætə] (A. G. *Bearn*; H. G. *Kunkel*; Robert James *Slater*, Canadian-born American pediatrician, born 1923) 比-克-斯三氏综合征,狼疮性肝炎

bearwood ['beəwud] 波希鼠李皮

beat [bi:t] 搏动
  apex b. 心尖搏动
  atrial premature b. (APB) 房性早搏
  atrioventricular (AV) junctional escape b. 房室交接性逸搏
  atrioventricular (AV) junctional prema-

ture b. 房室交接性早搏
capture b's 夺获搏动
ciliary b. 纤毛搏动
dropped b. 脱漏搏动,脉搏短绌,间歇脉
echo b. 交互搏动
ectopic b. 异位搏动,起源于非窦房结的心脏搏动
escape b., escaped b. 逸搏
forced b. 强迫搏动,刺激性期外收缩
fusion b. 融合搏动
heart b. 心搏
interpolated b. 间位性搏动
interpolated ventricular premature b. 间位性室性早搏
junctional escape b. 交接性逸搏
junctional premature b. 交接性早搏
postectopic b. 后异位搏动
premature b. 过早收缩,期外收缩,额外收缩,早搏
pseudofusion b. 假融合搏动
reciprocal b. 交互搏动
reentrant b. 折返搏动
retrograde b. 逆行搏动
ventricular escape b. 室性逸搏
ventricular premature b. (VPB) 室性早搏

Beau's lines [bəuz] (Joseph Honoré Simon *Beau*, French physician, 1806-1865) 博氏线

Beauveria [bɔː'viəriə] 白僵菌属

becanthone hydrochloride [bə'kænθəun] 盐酸胺甲噻吨酮

bechic ['bekik] (L. *bechicus*, from Gr. *bēx* cough) 咳嗽的

Bechterew 别赫捷列夫

Beck's disease [beks] (E. V. *Beck* (or *Bek*), Russian physician, early 20th century) 贝克氏病,大骨节病,卡-白二氏病

Beck's gastrostomy [beks] (Carl *Beck*, American surgeon, 1856-1911) 贝克氏胃造口术

Beck's triad [beks] (Claude Schaeffer *Beck*, American surgeon, 1894-1971) 贝克氏三征

Becker's nevus ['bekəz] (Samuel William *Becker*, American physician, born 1924) 贝克尔氏痣

Becker's phenomenon ['bekəz] (Otto Heinrich Enoch *Becker*, German oculist, 1828-1890) 贝克尔氏现象

Becker's sign ['bekəz] (Otto Heinrich Enoch *Becker*, German ophthalmologist, 1828-1890) 贝克尔氏征

Beckmann's apparatus ['bekmɑːnz] (Ernst Otto *Beckmann*, German chemist, 1853-1923) 贝克曼氏仪器

Beckwith's syndrome ['bekwiθs] (John Bruce *Beckwith*, American pediatric pathologist, born 1933) 贝克威斯氏综合征

Beckwith-Wiedemann syndrome ['bekwiθ vidəmæn] (J. B. *Beckwith*; Hans Rudolf *Wiedemann*, German pediatrician, born 1915) 贝-维二氏综合征

Béclard's amputation [bei'klɑːz] (Pierre Augustin *Béclard*, French anatomist, 1785-1825) 贝克拉尔氏切断术

beclomethasone dipropionate [ˌbeklə'meðəsəun] (USP) 二丙酸氯地米松

Beclovent ['bekləvent] 贝科乐特:二丙酸氯地米松制剂的商品名

Beconase ['bekəneiz] 贝科纳思:二丙酸氯地米松制剂的商品名

becquerel [bekə'rel] (Antoine Henri *Becquerel*, French physicist, 1852-1908; cowinner, with M. S. Curie and P. Curie. of the Nobel Prize in physics for 1903 for studies in spontaneous radioactivity) 伯克勒耳

bed [bed] ❶ 支持组织或结构; ❷ 褥,床
air b. 气褥
capillary b. 毛细血管床
CircOlectric b. 旋乐可
fracture b. 骨折床
Gatch b. 活动靠背床
hydrostatic b. 水褥
metabolic b. 代谢测定床
nail b. 甲床
Sanders b. 山德斯氏摇床
sawdust b. 锯屑床
vascular b. 血管床
water b. 水褥

bedbug ['bedbʌɡ] 臭虫

Bednar's aphthae ['bednɑːz] (Alois *Bednar*, Austrian physician, 1816-1888) 贝德纳尔氏口疮

bedpan [ˈbedpæn] 便盆

Bedsonia [bedˈsɔniə] 衣原体属，贝宗(氏)体属

bedsore [ˈbedsɔː] 褥疮

Beer's law [biəz] (August *Beer*, German physicist, 1825-1863) 比尔氏定律

Beer's operation [biəz] (Georg Joseph *Beer*, Austrian ophthalmologist, 1763-1821) 比尔氏手术

beerwort [ˈbiəwət] 麦芽汁

beeswax [ˈbiːzwæks] 蜂蜡
 bleached b. 白(蜂)蜡
 unbleached b. 黄(蜂)蜡

Beevor's sign [ˈbiːvəz] (Charles Edward *Beevor*, British neurologist, 1854-1908) 比佛氏征

Begg's appliance [begz] (Peter Raymond *Begg*, Australian orthodontist, born 1898) 贝格氏矫正器

begma [ˈbegmə] (Gr. *bēgma* phlegm) ❶ 咳嗽；❷ 咳出物

Béguez César disease [ˈbeigeis ˈseisɑː] (Antonio *Béguez César*, Cuban pediatrician, 20th century) 贝洛斯·萨萨尔氏病

behavior [biˈheivjə] 行为
 automatic b. 自动症，自动行为
 invariable b. 固定性活动
 operant b. 工作行为
 respondent b. 响应行为
 variable b. 可变性活动

behaviorism [biˈheivjərizəm] 行为主义

behaviorist [biˈheivjərist] 行为主义者

Behçet's syndrome [ˈbetʃits] (Halushi *Behçet*, Turkish dermatologist, 1889-1948) 贝切特氏综合征

behenate [biˈheneit] 二十二烷酸盐

behenic acid [biˈhenik] 辣木子油酸，二十二烷酸

Behr's disease [beəz] (Carl *Behr*, German ophthalmologist, 1874-1943) 贝尔氏病

Behring [ˈbeəriŋ] 贝林格：德国生理学家和细菌学家

Behring's law [ˈbeəriŋz] (Emil Adolf von *Behring*) 贝林格氏定律

BEI (butanol-extractable iodine 的缩写) 丁醇可提取碘

Beigel's disease [ˈbigəlz] (Hermann *Beigel*, German physician, 1830-1879) 拜格耳氏病，(热带)毛孢子菌病

bejel [ˈbidʒil] (Ar. *bajlah*) 非性病性梅毒

Békésy [ˈbeikeiʃi] 贝克塞：出生于匈牙利的美国生理学家

Békésy audiometry [ˈbeikeiʃi] (Georg von *Békésy*) 贝克塞氏听力测定法

Bekhterev's (Bechterew's) layer [bekˈtiəjevz] (Vladimir Mikhailovich *Bekhterev*, Russian neurologist, 1857-1927) 别赫捷列夫氏层

Bekhterev-Mendel reflex [bekˈtiəjev ˈmendəl] (V. M. *Bekhterev*; Kurt *Mendel*, German neurologist, 1874-1946) 别-孟二氏反射

bel [bel] (Alexander Graham *Bell*, American inventor, 1847-1922) 贝(耳)

belching [ˈbeltʃiŋ] 嗳气

belemnoid [bəˈlemnɔid] (Gr. *belemnon* dart + *eidos* form) ❶ 刺状的；❷ 茎突

Bell's muscle [belz] (John *Bell*, Scottish surgeon and anatomist, 1763-1820) 贝耳氏肌

Bell's nerve [belz] (Sir Charles *Bell*, Scottish physiologist in London, 1774-1842) 贝耳氏神经

belladonna [ˌbeləˈdɔnə] (Ital. "fair lady") 颠茄

belladonnine [ˌbeləˈdɔniːn] 颠茄次碱，异衍阿托品

Bellini's ducts [biˈliniz] (Lorenzo *Bellini*, Italian anatomist, 1643-1704) 贝利尼氏管(小管)

belly [ˈbeli] ❶ 腹；❷ 肌腹
 anterior b. of digastric muscle 二腹肌前肌
 drum b. 鼓腹
 frontal b. of occipitofrontal muscle 枕额肌前群
 occipital b. of occipitofrontal muscle 枕额肌枕肌
 posterior b. of digastric muscle 二腹肌后肌
 prune b. 杏梅腹
 wooden b. 木腹，腹部僵硬

belonephobia [ˌbeləniˈfəubiə] (Gr. *belonē* needle + *phobia*) 尖物恐怖

belonoid [ˈbelənɔid] (Gr. *belonē* needle + *-oid*) ❶ 针形的；❷ 茎突

belonoskiascopy [ˌbelənɔski'æskəpi] (Gr. *belonē* needle + *skia* shadow + -*scopy*) 针形检影法

beloxamide [bi'lɔksəmaid] 贝洛胺,苄氧苯丙基乙酰胺

Belsey Mark IV operation ['belsi] (Ronald Herbert Robert *Belsey*, English surgeon, 20th century) 贝尔色标志 IV 手术

Benacerraf [benəsə'rɑːf] 贝那捷纳夫:委内瑞拉出生的美国病理学家

benactyzine hydrochloride [bi'næktiziːn] 盐酸苯乃静,盐酸胃复康

Benadryl ['benədril] 苯海拉明:盐酸苯乃静制剂的商品名

benapryzine hydrochloride [benə'praiziːn] 盐酸苯醇酸胺乙酯

benazepril hydrochloride [bi'næzəpril] 盐酸苯泽普利

Bence Jones protein [bensdʒəunz] (Henry *Bence Jones*, English physician, 1814-1873) 本斯·琼斯氏蛋白

bend [bend] 曲,弯
  first order b's 第一步弯曲
  head b. 头曲
  neck b. 颈曲
  second order b's 第二步弯曲
  third order b's 第三步弯曲
  V b's V 型弯曲
  varolian b. 瓦罗利乌斯氏曲(胚)

bendazac ['bendəzæk] 苄呵酸

Bender Visual-Motor Gestalt test ['bendə] (Lauretta *Bender*, American psychiatrist, 1897-1987) 本德尔氏视觉运动完形心理学测试

bendrofluazide [ˌbendrə'fluəzaid] 苄氟噻(嗪)

bendroflumethiazide [ˌbendrəˌflumə'θaiəzaid] 苄氟噻(嗪)

bends [bendz] 减压病

Bendylate ['bendəleit] 本德来特:盐酸苯海拉明制剂的商品名

bene ['benei] (L.) 佳适

beneceptor ['benəseptə] (L. *bene* well + *ceptor*) 良性感受器

Beneckea [bi'nekiə] 贝内克氏菌属

Benedict's solution ['benədikts] (Stanley Rossiter *Benedict*, Amercian physiological chemist, 1884-1936) 本尼迪特氏溶液

Benedikt's syndrome ['benədikts] (Moritz *Benedikt*, Austrian physician, 1835-1920) 本尼迪特氏综合征

Benemid ['benimid] 本尼米德:丙磺舒 (probenecid) 制剂的商品名

benign [bi'nain] (L. *benignus*) 良性的,不复发的,易恢复的

Benisone ['benisəun] 本尼松:苯甲酸倍他米松制剂的商品名

benjamin ['bendʒəmin] 安息香

Bennett's fracture ['binəts] (Edward Hallaran *Bennett*, Irish surgeon, 1837-1907) 贝奈特氏骨折

Benoquin ['benəkwin] 对苄氧酚:氢醌苄醚制剂的商品名

benoxaprofen [biˌnɔksə'prɔfin] 苯噁丙酸

benoxinate hydrochloride [bi'nɔksineit] (USP) 盐酸本诺克西纳特

Benoxyl [bi'nɔksil] 比洛克索尔:过氧化苯酰制剂的商品名

benserazide [ben'serəzaid] 羟苄丝肼

Benson's disease ['bensənz] (Alfred Hugh *Benson*, Irish ophthalmologist, 1852-1912) 本逊氏病,星形玻璃体炎

bentazepam [ben'tæzəpæm] 苯噻氮䓬

benthos ['benθəs] (Gr. *benthos* bottom of the sea) 海底生物

bentiromide [ben'tirəmaid] 胺桂苯酸

bentonite ['bentənait] (Fort *Benton*, Montana, after which the geological formation where it was found was named) (USP) 皂粘土,皂土

Bentyl ['bentil] 双环胺:盐酸双环胺制剂的商品名

benzaldehyde [ben'zældəhaid] (NF) 苯甲醛

benzalin ['benzəlin] 苯胺黑

benzalkonium chloride [ˌbenzæl'kəuniəm] (NF) 氯苄烷胺,洁尔灭

benzamine ['benzəmiːn] 苯扎明,优卡因

benzanthracene [ben'zænθrəsiːn] 苯并蒽

benzazoline hydrochloride [ben'zæzəliːn] 盐酸苄咪唑啉,盐酸托拉佐林

benzbromarone [benz'brɔmərəun] 苯溴香豆酮

benzcurine iodide [benzˈkuriːn] 碘化苯库林,弛肌磺

Benzedrex ['benzədreks] 苯色德瑞克斯:

环己丙甲胺吸入剂商品名
benzene ['benzi:n] 苯
  dimethyl b. 二甲苯
  b. hexachloride 六氯化苯,六氯环己烷,六六六
  methyl b. 甲苯
1,2-benzenedicarboxylic acid [ˌbenzi:ndiˌkɑ:bɔk'silik] 1,2-苯双羟酸
benzenemethanol [ˌbenzi:n'meθənɔl] 苯甲醇
benzenoid ['benzənɔid] 苯环型的
benzestrofol [ben'zestrɔfəul] 苯甲酸雌二醇
benzethonium chloride [ˌbenzə'θəuniəm] (USP) 氯化苄乙氧铵
benzhexol hydrochloride [benz'heksɔl] 盐酸苯海索,盐酸三己芬迪
benzhydramine hydrochloride [benz'haidrəmi:n] 盐酸苯海拉明,二苯甲氧二甲基乙胺
benzidine ['benzidi:n] 联苯胺
benzilonium bromide [ˌbenzi'ləuniəm] 苯洛溴铵
benzimidazole [ˌbenzi'midəzɔl] 苯并咪唑,间二氮苄茚
benzin ['benzin] (L. *benzinum*) 石油精,苯精,气油
benzine ['benzi:n] (L. *benzinum*) 石油精,苯精,气油
  petroleum b., purified b. 石油精,纯石油精
benzoate ['benzəueit] 苯甲酸盐,苯甲酸酯
benzoated ['benzəueitid] 含苯甲酸的
benzocaine ['benzəukein] (USP) 苯佐卡因,氨基苯甲酸乙酯
benzodiazepine [ˌbenzəudai'æzəpi:n] 苯并二氮䓬类
benzodioxan [ˌbenzədi'ɔksən] 苯并二噁烷
benzogynestryl [ˌbenzəgi'nestril] 苯甲酸雌二醇
benzoic acid [ben'zəuik] (USP) 苯甲酸
benzoic aldehyde [ben'zəuik] 苯甲醛
benzoin ['benzəuin] ❶ (USP) 安息香;❷ 苯甲酰苯基甲醇
benzol ['benzɔl] 苯
benzolism ['benzəlizəm] 苯中毒
benzonatate [ben'zɔnəteit] (USP) 退嗽,对丁氨苯甲酸甲氧聚乙烯氧基乙酯
benzononatine [benˌzɔnə'neiti:n] 退嗽
benzopurpurine [ˌbenzəu'pə:pjurin] 苯并红紫
  b. 4B 苯并红紫 4B, 棉红 4B
1,2-benzopyran [ˌbenzəu'paiəræn] 1,2-苯并吡喃
benzo(a)pyrene [ˌbenzəu'paiəri:n] 苯并芘
benzopyrronium bromide [ˌbenzəpi'rəuniəm] 溴苯吡咯宁:抗胆碱能药
benzoquinone [ˌbenzə'kwinəun] ❶ 苯醌;❷ 苯醌类化合物
benzotherapy [ˌbenzə'θerəpi] 苯疗法
benzothiadiazide [ˌbenzəˌθiə'daiəzaid] 苯并噻二嗪
benzothiadiazine [ˌbenzəˌθiə'daiəzi:n] 苯并噻二嗪
benzoxiquine [ben'zɔksikwin] 苯甲酸 8-喹啉醇:一种消毒药
benzoyl ['benzɔil] 苯甲酰基,苯酰基
  b. peroxide, b. peroxide, hydrous (USP) 过氧化苯甲酰
benzoylecgonine [ˌbenzɔil'ekgɔni:n] 苯甲酰爱冈宁
benzoylglycine [ˌbenzɔil'glisi:n] 马尿酸
benzoylpas calcium [ˌbenzəu'ilpæz] 苯酰胺水杨酸钙
benzoylphenylcarbinol [ˌbenzɔilˌfinil'kɑ:binɔl] 苯甲酰苯基甲醇
benzphetamine hydrochloride [benz'fetəmi:n] 盐酸苯甲苯丙胺
benzpiperylon [ˌbenzpi'perilən] 苄哌吡酮
3,4-benzpyrene [benz'paiəri:n] 3,4-苯并芘
benzpyrinium bromide [ˌbenzpai'riniəm] 溴化苄吡啶宁,溴化-1-苄基-3-(二甲氨基甲酰氧)吡啶
benzpyrrole [benz'pairəul] 吲哚
benzquinamide hydrochloride [benz'kwinəmaid] 盐酸苯喹酰胺
benzthiazide [benz'θaiəzaid] (USP) 苄噻嗪:一种利尿剂
benztropine mesylate ['benztrəpi:n] (USP) 甲磺酸苄托品:有抗胆碱能、抗组胺和局部麻醉作用
benzurestat [ben'zu:rəstæt] 4-氯-N-苯甲酰胺:一种尿素酶抑制剂

benzydroflumethiazide [ben͵zidrəflumi-ˈθaiəzaid] 苄氟噻(嗪)
benzyl [ˈbenzil] 苄基,苯甲基
  b. benzoate (USP) 苯甲苄酯
  b. bromide 溴化苄
  b. carbinol 苄甲醇,苯乙醇
benzylidene [benˈzilidiːn] 苯亚甲基
p-**benzyloxyphenol** [͵benziˈlɔksiˈfiːnɔl] 对苄氧酚
benzylpenicillin [͵benzil͵peniˈsilin] 苄青霉素,青霉素 G
  b. potassium 青霉素 G 钾
  b. procaine 普鲁卡因青霉素 G
  b. sodium 青霉素 G 钠
benzylpenicilloyl polylysine [͵benzil͵peniˈsilɔil poliˈlisin] 苄青霉噻唑酰聚赖氨酸:一种皮肤试验抗原,用以估计机体对青霉素的过敏性
bephenium hydroxynaphthoate [biˈfiniəm hai͵drɔksiˈnæfθoueit] 羟萘酸苄酚宁:为驱肠内线虫蛲虫药
Bérard's ligament [beiˈrɑːz] (Auguste *Bérard*, French surgeon, 1802-1846) 贝腊尔氏韧带
Béraud's valve [beiˈrɔːz] (Bruno Jean Jacques *Béraud*, French surgeon, 1823-1865) 贝罗氏瓣
berberine [ˈbəːbəriːn] 小檗碱,黄连素:可作抗疟药、驱风剂和退热药
Berberis [ˈbəːbəris] (L.) 小檗属
bereavement [biˈriːvmənt] 哀丧
Bereitschaftspotential [bə͵raitʃɑːftspəˈtenʃəl] (Ger.) 预备性潜能
bergamot [ˈbəgəmɔt] (L. *bergamium*) ❶ 佛手柑,香柑;❷ 薄荷
Berger's disease [bəˈʒɛəz] (Jean *Berger*, French nephrologist, 20th century) 贝尔格尔氏病,IgA 肾小球性肾炎
Berger's operation [ˈbəʒɛəz] (Paul *Berger*, French surgeon, 1845-1908) 贝尔惹尔氏手术
Berger rhythm [ˈbəɡə] (Hans *Berger*, German neurologist, 1873-1941) 贝格尔氏节律,α-节律
Berger's sign [ˈbəɡəz] (Emil *Berger*, Austrian ophthalmologist, 1855-1926) 贝格尔氏征
Bergey's classification [ˈbəɡiz] (David Hendricks *Bergey*, American bacteriologist, 1860-1937) 贝尔格氏分类(法)
Bergman's sign [ˈbəɡmənz] (Harry *Bergman*, American urologist, born 1912) 贝格曼氏征
Bergmann's cells [ˈbəɡmænz] (Gottlieb Heinrich *Bergmann*, German physician, 1781-1861) 贝格曼氏细胞
Bergonié-Tribondeau law [bɛəɡɔˈnjei tribɔːnˈdəu] (Jean Alban *Bergonié*, French physician, 1857-1925;Louis *Tribondeau*, French naval physician, 1872-1918) 贝-特二氏定律
Bergström [ˈbəːkstrəm] 贝克斯托姆:瑞典生物化学家
beriberi [͵beriˈberi] (Singhalese, "I cannot", signifying that the person is too ill to do anything) 脚气病
  atrophic b. 萎缩性脚气病,干性(麻痹性)脚气病
  cerebral b. 脑性脚气病
  dry b. 干性脚气病,麻痹性脚气病
  infantile b. 婴儿脚气病
  paralytic b. 麻痹性脚气病,干性脚气病
  wet b. 湿性脚气病
beriberic [͵beriˈberik] 脚气病的
Berke operation [bəːk] (Raynold N. *Berke*, American ophthalmologist, born 1901) 贝基氏手术
berkelium [ˈbəːkliəm] (named for *Berkeley*, California, where it was produced) 锫
Berlin's disease [bəːˈlinz] (Rudolf *Berlin*, German oculist, 1833-1897) 柏林氏病
Bernard's duct [bəˈnɑːz] (Claude *Bernard*, French physiologist, 1813-1878) 伯纳尔氏管
Bernard-Horner syndrome [bəˈnɑː ˈhɔːnə] (Claude *Bernard*; Johann Friedrich *Horner*, Swiss ophthalmologist, 1831-1886) 伯-霍二氏综合征
Bernard-Soulier disease [bəˈnɑːd suːˈljei] (Jean Alfred *Bernard*, French hematologist, born 1907; Jean-Pierre *Soulier*, French hematologist, born 1915) 贝-苏二氏病
Bernays' sponge [ˈbəːneiz] (Augustus Charles *Bernays*, American surgeon,

1854-1907) 伯内氏海绵

Bernhardt's disease ['bənhɑːts] (Martin *Bernhardt*, German neurologist, 1844-1915) 伯恩哈特氏病

Bernhardt-Roth disease ['bənhɑːt rəut] (Martin *Bernhardt*; Vladimir Karlovich *Roth*, Russian neurologist, 1848-1916) 伯-罗二氏病

Bernheim's syndrome ['bənhaimz] (P. *Bernheim*, French physician, early 20th century) 伯恩海姆氏综合征

Bernoulli distribution [bə'nuːli] (Jakob *Bernoulli*, Swiss mathematician, 1654-1705) 伯努利分布

berry ['beri] 浆果
  bear b. 熊果(叶)
  buckthorn b. 泻鼠李(果)
  fish b. 印防己(实)
  horse nettle b. 美洲野茄果
  Indian b. 印防己(实)

Berry's ligament ['beriz] (Sir James *Berry*, Canadian surgeon, 1860-1946) 贝里氏韧带,甲状腺外侧韧带

Berthelot reaction [beətə'lɔ] (Pierre Eugène Marcellin *Berthelot*, French chemist, 1827-1907) 勃赛洛特氏反应

Bertiella [ˌbəti'elə] 伯特(绦虫)属
  B. satyri, B. studeri 萨(提尔)氏伯特绦虫

bertielliasis [ˌbətiə'laiəsis] 伯特绦虫病

Bertin's bone [beə'tæz] (Exupère Joseph *Bertin*, French anatomist, 1712-1781) 贝坦氏骨

Bertolotti's syndrome [beətə'lɔtiz] (Mario *Bertolotti*, Italian physician, born 1876) 贝托洛蒂氏综合征

Berubigen [be'rubidʒən] 贝努比金:维生素 B_{12} 制剂的商品名

berylliosis [bəˌrili'əusis] (*beryllium* + -*osis*) 铍中毒

beryllium [bə'riliəm] (Gr. *bēryllos* beryl) 铍

besiclometer [ˌbesi'klɔmitə] (Fr. *besides* spectacles + -*meter*) (眼)镜架宽度计

Besnier's prurigo [bei'njeiz] (Ernest *Besnier*, Paris dermatologist, 1831-1909) 贝尼埃氏痒疹

Besnier-Boeck disease [bei'njei bek] (Ernest *Besnier*; Caesar P. M. *Boeck*, Norwegian dermatologist and syphilologist, 1845-1917) 贝-伯二氏病,肉样瘤

Besnoitia [bes'nɔitiə] 贝诺虫属
  B. bennetti 马球孢子虫
  B. besnoiti ① 牛球孢子虫;② 亲内脏球孢子虫
  B. darlingi 蜥蜴类的球孢子虫
  B. jellisoni 啮齿类的球孢子虫
  B. tarandi 驯鹿球孢子虫

besnoitiosis [besˌnɔiti'əusis] 贝诺虫病

Best [best] 贝斯特:Charles Herbert, 加拿大生理学家

Best's disease [bests] (Franz *Best*, German ophthalmologist, 1878-1920) 贝斯特氏病,先天性(视网膜)黄斑变性

bestiality [besti'æliti] (L. *bestia* beast) 兽性,兽奸

besylate ['besileit] 苯磺酸盐

Beta ['beitə] (L.) 甜菜属

beta ['beitə] (B. β) β第二个希腊字母

Betabacterium [ˌbetəbæk'tiəriəm] (L. *beta* beet + Gr. *baktērion* little rod) 异型乳杆菌亚属

betacarotene [ˌbeitə'kærətiːn] β-胡萝卜素

Beta-Chlor ['beitəklɔː] β-克尔:氯化甜菜碱制剂的商品名

beta-cholestanol [ˌbeitəkə'lestənɔl] β-胆甾烷醇

betacism ['beitəsizəm] (*beta*) β音过多

Betadine ['beitədiːn] 比塔定:聚烯吡酮碘制剂的商品名

beta-estradiol [ˌbeitəestrə'daiɔl] β-雌二醇

beta globulin [ˌbeitə'glɔbjulin] β-球蛋白
  pregnancy-specific b.g. 妊娠特异性β-球蛋白

Betaherpesvirinae ['beitəhəːpizvi'riniː] Ⅱ型单纯疱疹病毒

betahistine hydrochloride [ˌbeitə'histin] 盐酸倍他他组啶

betaine ['beitain] 甜菜碱
  b. hydrochloride (USP) 盐酸甜菜碱

Betalin ['beitəlin] 比塔林

beta-lysin [ˌbeitə'laisin] (so-called to distinguish it from antibodies, "alpha lysins") β-溶菌素

betamethasone [ˌbeitə'meθəsəun] (USP) 倍他米松,9α-氟-16β-甲波尼松龙

b. acetate (USP) 乙酸倍他米松

b. benzoate (USP) 倍他米松 17-苯甲酸酯

b. dipropionate (USP) 二丙酸倍他米松

b. sodium phosphate (USP) 倍他米松磷酸钠

b. valerate (USP) 戊酸倍他米松

betamicin sulfate [ˌbeitəˈmaisin] 硫酸倍地霉素

beta₂-microglobulin [ˌbeitəˌmaikrəˈglɔbjulin] β_2 微球蛋白

betanaphthol [ˌbeitəˈnæfθɔl] β-萘酚

beta-naphtholsulfonic acid [ˌbeitəˌnæfθɔːlsʌlˈfɔnik] β-萘酚三磺酸

betanaphthyl [ˌbeitəˈnæfθil] β-萘基

b. benzoate 苯甲酸 β-萘酯

b. salicylate 水杨酸 β-萘酯,比妥耳

betanin [ˈbiːtənin] 甜菜红

Betapace [ˈbeitəˌpeis] 比塔配斯:盐酸甲磺胺心定制剂的商品名

Betapar [ˈbeitəpɑː] 比塔帕:甲基强的松制剂的商品名

Betapen-VK [ˈbeitəpen] 比塔喷-VK:青霉素 V 钾盐制剂的商品名

Betaprone [ˈbeitəprəun] 比塔佩隆:丙炔内酯制剂的商品名

betapropiolactone [ˌbeitəˌprɔpiəˈlæktəun] 羟丙酸 β-内酯

betaquinine [ˌbeitəˈkwiniːn] β-奎宁,奎尼丁

Betatrex [ˌbeitəˈtreks] 比塔特雷克斯:倍他米松戊酸盐制剂的商品名

betatron [ˈbeitətrɔn] 电子回旋加速器

Beta-Val [ˈbeitəvæl] 比塔瓦尔:倍他米松戊酸盐制剂的商品名

Betaxin [biˈtæksin] 比塔克辛:盐酸硫胺素(维生素 B_1)制剂的商品名

betaxolol hydrochloride [biˈtæksəlɔl] 盐酸倍他洛尔

betazole hydrochloride [ˈbeitəzəul] 盐酸氨乙吡唑

bête [bet] (Fr.) 兽,牲畜

b. rouge [ruːʒ] (Fr. "red beast") 红恙螨

betel [ˈbiːtəl] (Tamil *vettilei*) 蒌叶

b. nut 槟榔子

bethanechol chloride [biˈθænikɔl] (USP) 氯化氨基甲酰甲基胆碱

bethanidine sulfate [biˈθænidiːn] 硫酸苄二甲胍

Bethea's sign [biˈθiəz] (Oscar Walter *Bethea*, American physician, 1878-1963) 比塞氏征

Betoptic [biˈtɔptik] 倍他心安:盐酸倍他洛尔制剂的商品名

Betula [ˈbetjulə] (L.) 桦属(树)

B. alba 白桦

B. lenta 黑桦

Betz's cells [ˈbetzəs] (Vladimir Aleksandrovich *Betz*, Russian anatomist, 1834-1894) 贝茨氏细胞

BeV, Bev 10^9 电子伏特

Bevan's incision [ˈbivənz] (Arthur Dean *Bevan*, American surgeon, 1861-1943) 比万氏切口

bevel [ˈbevəl] ❶ 斜面;❷ 倾斜

Bevidox [ˈbevidɔks] 贝维达克斯:维生素 B_{12} 溶液的商品名

bezoar [ˈbizɔː] (Farsi *pādzohr* antidote to poison) 粪石

Bezold's abscess [ˈbeitsɔlts] (Friedri-ch *Bezold*, German otologist, 1842-1908) 贝佐耳德氏脓肿

Bezold's ganglion [ˈbeitsɔlts] (Albert von *Bezold*, German physiologist, 1836-1868) 贝佐耳德氏神经节

Bezold-Jarisch reflex [ˈbeitsəlt ˈjɑːriʃ] (A. von *Bezold*; Adolf *Jarisch*, Austrian dermatologist, 1850-1902) 贝-杰二氏反射

BF (blastogenic factor 的缩写) 淋巴细胞发生因子

β1F, β_1F 补体 C5

BFP (biologic false-positive 的缩写) 生物学假阳性

BFU-E (burst-forming unit-erythroid 的缩写) 爆裂样红细胞生成单位

β1H, β_1H H 因子

BHA (butylated hydroxyanisole 的缩写) 丁酸羟茴香醚

bhang [bæŋ] (Hindi) 大麻

BHCDA (Bureau of Health Care Delivery and Assistance 的缩写) 健康关怀推广与援助局

BHPR (Bureau of Health Professions 的缩写) 健康专业局

BHRD (Bureau of Health Resources Development 的缩写) 健康资源发展局

BHT (butylated hydroxytoluene 的缩写) 丁基化羟基甲苯

Bi (*bismuth* 的符号) 铋

bi- (L. *bi-*, from *bis* twice) 二，两，双

bi-acromial [baiə'krəumiəl] 两峰间的

Bial's reagent ['biəlz] (Manfred *Bial*, German physician, 1870-1908) 比阿耳氏试剂

bialamicol hydrochloride [ˌbiə'læmikəl] 盐酸卡马风

biallylamicol [biˌælə'læmikəl] 盐酸卡马风

Bianchi's nodules [bi'ɑːŋkiːz] (Giovanni Battista *Bianchi*, Italian anatomist, 1681-1761) 比昂基氏小结

biarticular [ˌbaiɑː'tikjulə] 两关节的

biarticulate [ˌbaiɑː'tikjuleit] 两关节的

bias ['baiəs] ❶ 系统误差；❷ 偏性，偏差
　conservative b. 守性偏倚

biasteric [ˌbaiəs'terik] 双星体的

biauricular [ˌbaiɔː'rikjulə] 两耳的，双耳的

Biaxin [bi'æksin] 比阿克森：克红霉素制剂的商品名

Bib. (L. *bibe* 的缩写) 饮

bib [bib] 红细胞碎片

bibasic [bi'bæsik] 双碱的，二元的

bibeveled [bai'bevəld] 双斜面的

Bibliofilm ['bibliəfilm] 图书缩影胶片

bibliomania [ˌbaibliəu'meiniə] (Gr. *biblion* book + *mania* madness) 书籍狂

bibliophobia [ˌbaibliəu'fəubiə] (Gr. *biblion* book + *phobos* fear) 书籍恐怖

bibliotherapy [ˌbaibliəu'θerəpi] (Gr. *biblion* book + *therapeia* treatment) 读书疗法，阅读疗法

bibulous ['baibjuləs] (L. *bibulus*, from *bibere* to drink) ❶ 吸水剂；❷ 吸水的

bicameral [bai'kæmərəl] (*bi-* + L. *camera* chamber) 两室的，二室的

bicapsular [bai'kæpsjulə] (*bi-* two + L. *capsula* a capsule) 二囊的

bicaptate [bai'kæpteit] 有两头的

bicarbonate [bai'kɑːbəneit] 碳酸氢盐，重碳酸盐
　blood b. 血液重碳酸盐
　plasma b. 血浆重碳酸盐
　b. of soda 碳酸氢钠，重碳酸钠
　standard b. 标准碳酸氢盐

bicarbonatemia [baiˌkɑːbəni'timiə] 重碳酸盐血

bicaudal [bai'kɔːdəl] (*bi-* + L. *cauda* tail)) 双尾的

bicaudate [bai'kɔːdeit] 双尾的

bicellular [bai'seljulə] 两细胞的

bicephalus [bai'sefələs] 双头畸胎

biceps ['baiseps] (*bi-* + L. *caput* head) 二头肌
　b. brachii, b. femoris 肱二头肌，股二头肌

Bichat's fissure [bi'ʃɑːtz] (Marie François Xavier *Bichat*, French anatomist and physiologist, 1771-1802, founder of scientific histology and pathological anatomy) 比沙氏裂

bichloride [bai'klɔːraid] 二氯化物

bichromate [bai'krəumeit] 重铬酸盐

bicilliate [bai'silieit] 有两纤毛的

Bicillin ['bisilin] 比西林：苄星青霉素 G 制剂的商品名

bicinctus [bai'siŋktəs] 有两带的

bicipital [bai'sipitəl] ❶ 二头的；❷ 二头肌的

Bickerstaff's migraine ['bikəstɑːfs] (Edwin Robert *Bickerstaff*, British physician, born 1920) 别克斯达夫氏偏头痛，基底偏头痛

BiCNU ['biknuː] 双 CNU：亚硝基脲氮芥制剂的商品名

bicollis [bai'kɔlis] (L. from *bi-* + *collum* neck) 双颈的

biconcave [ˌbaikɔn'keiv] (*bi-* + L. *concavus* hollow) 双凹(形)的

biconvex [ˌbaikɔn'veks] 双凸形的

bicornate [bai'kɔːneit] 双角的

bicornuate [bai'kɔːnjueit] (*bi-* + L. *cornutus* horned) 双角的

bicorporate [bai'kɔːpəreit] (*bi-* + L. *corpus* body) 双体的，双身的

bicrescentic [ˌbaikri'sentik] 有二个隆起的

bicruiral [bai'kruərəl] 两腿的

bicuculline [bai'kjuːkəliːn] 荷包牡丹碱

bicuspid [bai'kʌspid] (*bi-* + L. *cuspis* point) ❶ 二尖的；❷ 二尖瓣；❸ 双尖牙

unconjugated b. 未结合胆红素
bilirubinate [ˌbiliˈrubineit] 胆红素盐
bilirubinemia [ˌbiliˌrubiˈniːmiə] 胆红素血症
bilirubinic [ˌbiliruˈbinik] 胆红素的
bilirubin UDPglucuronyltransferase [ˌbiliˈrubin gluˈkjurənilˌtrænsfəreis] 胆红素尿苷二磷酸葡萄糖醛酸转移酶
bilirubinuria [ˌbiliˌrubiˈnjuəriə] 胆红素尿
bilis [ˈbilis] (L.) 胆汁
　b. bovina, b. bubata 牛胆汁
bilitherapy [ˌbiliˈθerəpi] 胆汁疗法
biliuria [ˌbiliˈjuəriə] (bili- + -uria) 胆汁尿
biliverdin [ˌbiliˈvəːdin] (bili- + L. viridis green) 胆绿素
biliverdinate [ˌbiliˈvəːdineit] 胆绿素盐
biliverdin reductase [ˌbiliˈvəːdin riˈdʌkteis] (EC 1.3.1.24) 胆绿原还原酶
bilixanthin [ˌbiligˈzænθin] (bili- + Gr. xanthos yellow) 胆黄素
bilixanthine [ˌbiligˈzænθiːn] (bili- + Gr. xanthos yellow) 胆黄素
Billroth's cords [ˈbilrəuts] (Christian Albert Theodor Billroth, German surgeon in Austria, 1829-1894) 比罗特氏索
bilobate [baiˈləubeit] (bi- + L. lobus lobe) 二叶的
bilobular [baiˈləbjulə] 二小叶的
bilobulate [baiˈləbjuleit] 二小叶的
bilocular [baiˈləkjulə] (bi- + L. loculus cell) 双房的, 二格的
biloculate [baiˈləkjuleit] 双房的, 二格的
biloma [biˈləumə] (腹腔) 胆汁囊肿
bilophodont [baiˈləfədɒnt] (bi- + Gr. lophos ridge + odous tooth) 两脊形牙的
Biltricide [ˈbiltrisaid] 比尔特雷赛德: 吡喹酮制剂的商品名
Bimana [ˈbaimənə] (bi- + L. manus hand) 二手目 (动物)
bimanual [baiˈmænjuəl] (bi- + L. manualis of the hand) 双手的
bimastoid [baiˈmæstɔid] 两乳突的
bimaxillary [baiˈmæksiləri] 两上颌的, 两颌的
bimembral [baiˈmembrəl] (L. bis two + membrum member) 两肢的, 两节的

Bimler's appliance [ˈbimləz] (H.P. Bimler, German orthodontist, 20th century) 比姆靳氏矫正器
bimodal [baiˈməudəl] 双峰的
bimolecular [ˌbaiməˈlekjulə] 两分子的
bimuscular [baiˈmʌskjulə] 两肌的, 有两肌的
bin- 二, 两, 双
binangle [baiˈnæŋgəl] 双角器
binary [ˈbainəri] (L. binarius of two) ❶ 二均分的, 二等分的; ❷ 二元的
binaural [baiˈnɔːrəl] (L. bini two + auris ear) 两耳的
binauricular [ˌbainɔːˈrikjulə] (L. bini two + auricula little ear) ❶ 两耳廓的; ❷ 两耳心的
bind [baind] ❶ 束, 缚, 包扎; ❷ 化学结合; ❸ 困境
　double b. 矛盾性支配, 对立性牵制
Binda's sign [ˈbindəz] (Luigi Binda, Italian physician, early 20th century) 宾达氏征
binder [ˈbaində] 腹带
binegative [baiˈnegətiv] 二阴 (电荷) 的
Binet's test [biˈneits] (Alfred Binet, French psychologist, 1857-1911) 比内氏测验
Binet-Simon test [biˈnei siˈmɔ] (Alfred Binet; Théodore Simon, French physician, 1873-1961) 比-西二氏测验
Bing's test [biŋz] (Albert Bing, German otologist, 1844-1922) 宾恩氏耳内试验
Bing-Neel syndrome [biŋniːl] (Jens Bing, Danish physician, born 1906; Axel Valdemar Neel, Danish physician, 1878-1952) 宾-尼氏综合征
biniramycin [baiˌniərəˈmaisin] 二硝霉素
binocular [baiˈnɒkjulə] (L. bini two + oculus eye) ❶ 双眼的; ❷ 双目镜
binomial [baiˈnəumiəl] (bi- + L. nomen name) ❶ 双名的; ❷ 二项 (式) 的
binophthalmoscope [bainɔfˈθælməskəup] (L. bini two + ophthalmoscope) 双眼检眼镜
binoscope [ˈbainəskəup] (L. bini two + -scope) 双眼单视镜
binotic [baiˈnɔtik] (L. bini two + Gr. ous ear) 两耳的
binovular [baiˈnɔvjulə] (L. bini two +

ovum an egg) 双卵性的
Binswanger's disease [ˈbinswæŋgəz] (Otto *Binswanger*, German neurologist, 1852-1929) 宾斯万格氏病
binuclear [baiˈnjukliə] (*bi-* + L. *nucleus* nut) 双核的
binucleate [baiˈnjuklieit] 双核的
binucleation [ˌbainjukliˈeiʃən] 双核形成
binucleolate [bainjuˈkliəleit] (*bi-* + L. *nucleolus*) 双核仁的
bio- (Gr. *bios* life) 生命,生物,生
bioacoustics [ˌbaiəuəˈkuːstiks] 生物声学
bioactive [ˌbaiəuˈæktiv] 生物活性的
bioaeration [ˌbaiəuəˈreiʃən] 生物曝气法
bioamine [ˈbaiəuəˌmiːn] 生物源性胺
bioaminergic [ˌbaiəuˌæmiˈnɔːdʒik] 生物胺能神经元的
bioassay [ˌbaiəuˈæsei] (*bio-* + *assay*) 生物鉴定
bioastronautics [ˌbaiəuˌæstrəˈnɔːtiks] 生物天文学
bioavailability [ˌbaiəuəˌveiləˈbiliti] 生物有效性,生物有效率
biocatalyst [ˌbaiəuˈkætəlist] 生物催化剂,酶
biocenosis [ˌbaiəusiˈnəusis] (*bio-* + Gr. *koinos* common) 生物群落
biocenotic [ˌbaiəusiˈnɔtik] 生物群落的
biochemistry [ˌbaiəuˈkemistri] (*bio-* + *chemistry*) 生物化学
biochemorphic [ˌbaiəukiˈmɔːfik] 形态生物化学的
biochemorphology [ˌbaiəukimɔːˈfɔlədʒi] 形态生物化学
biocidal [ˌbaiəuˈsaidəl] 杀生物的
biocide [ˈbaiəusaid] 杀生物试剂
bioclimatics [ˌbaiəuklaiˈmætiks] 生物气象学
bioclimatologist [ˌbaiəuˌklimeˈtɔlədʒist] 生物气象学家
bioclimatology [ˌbaiəuˌklimeˈtɔlədʒi] (*bio-* + *climatology*) 生物气象学
biocoenosis [ˌbaiəusiˈnəusis] 生物群落
biocolloid [ˌbaiəuˈkɔlɔid] (*bio-* + *colloid*) 生物胶体
biocompatibility [ˌbaiəukəmˌpætəˈbiliti] 生物相容性
biocompatible [ˌbaiəukəmˈpætəbl] 生物适宜的
biocybernetics [ˌbaiəuˌsaibəˈnetiks] 生物控制论
biocycle [ˌbaiəuˈsaikl] (*bio-* + Gr. *kyklos* cycle) 生活环,生活周期
biocytin [ˌbaiəuˈsaitin] 生物胞素,生物素赖氨酸
biocytoculture [ˌbaiəuˌsaitəuˈkʌltʃə] (*bio-* + Gr. *kytos* cell + *culture*) 活细胞培养
biod [ˈbaiəud] (Gr. *bios* life) ❶ 生命力; ❷ 生气
biodegradable [ˌbaiəudiˈgreidəbl] 易发生生物降解的
biodegradation [ˌbaiəuˌdegrəˈdeiʃən] 生物降解作用,生物递解作用
biodetritus [ˌbaiəudeˈtritəs] 生物碎屑,生物腐质
biodynamics [ˌbaiəudaiˈnæmiks] (*bio-* + Gr. *dynamis* might) 生物动态学,生物力学
bioelectricity [ˌbaiəuˌilekˈtrisiti] 生物电
bioelectronics [ˌbaiəuˌilekˈtrɔniks] 生物电子学
bioelement [ˌbaiəuˈelimənt] 生物元素
bioenergetics [ˌbaiəuˌenəˈdʒetiks] 生物能量学
bioequivalence [ˌbaiəuˈkwivələns] 生物等值
bioequivalent [ˌbaiəuˈkwivələnt] 生物等值的(药物)
bioethics [ˌbaiəuˈeθiks] 生物伦理学
biofeedback [ˌbaiəuˈfiːdbæk] 生物反馈
　alpha b. α-生物反馈
bioflavonoid [ˌbaiəuˈflævənɔid] 生物黄酮类
biogenesis [ˌbaiəuˈdʒenəsis] (*bio-* + Gr. *genesis* origin) ❶ 生物发生,生物起源; ❷重演,再演
biogenetic [ˌbaiəudʒiˈnetik] 生物发生的,生物起源的
biogenic [ˌbaiəuˈdʒenik] 生物源性的
biogenous [baiˈɔdʒinəs] 生命产生的,产生生命的
biogeography [ˌbaiəudʒiˈɔgrəfi] 生物地理学
biohazard [ˈbaiəuˌhæzəd] 生物危害
biohydraulic [ˌbaiəuhaiˈdrɔːlik] (*bio-* + Gr. *hydōr* water) 生物水力学的

bioimplant [ˌbaiəu'implɑ:nt] 生物移植物
bioincompatible [ˌbaiəuˌinkəm'pætəbl] 生物不适宜的
biokinetics [ˌbaiəuki'netiks] (*bio-* + Gr. *kinētikos* of or for putting in motion) 生物运动学
biologic [baiəu'lɔdʒik] 生物学的
biological [baiəu'lɔdʒikəl] 生物学的
biologicals [ˌbaiəu'lɔdʒikəls] 生物制品, 生物制剂
biologist [bai'ɔlədʒist] 生物学家
biology [bai'ɔlədʒi] (*bio-* + *-logy*) 生物学
  molecular b. 分子生物学
  radiation b. 放射生物学
bioluminescence [ˌbaiəulju:mi'nesəns] 生物发光
biolysis [bai'ɔlisis] 生物分解
biolytic [baiəu'litik] (*bio-* + Gr. *lytikos* loosening) ❶ 生物分解的; ❷ 破坏生物的
biomagnetism [ˌbaiəu'mægnitizm] 动物磁力
biomass ['baiəumæs] 生物量
biomaterial [ˌbaiəumə'tiəriəl] 生物材料
biomathematics [ˌbaiəuˌmæθə'mætiks] (*bio-* + *mathematics*) 生物数学
biome ['baiəum] (Gr. *bios* life + *-ome* (*-oma*) mass) 生物群落
biomechanics [ˌbaiəumi'kæniks] (*bio-* + *mechanics*) 生物力学, 生物机械学
  dental b. 牙生物力学, 牙生物机械学
biomedical [ˌbaiəu'medikəl] 生物医学的
biomedicine [ˌbaiəu'medisin] 生物医学
biomembrane [ˌbaiəu'membrein] 生物膜
biomembranous [ˌbaiəu'membrənəs] 生物膜的
biometeorologist ['baiəuˌmi:tjə'rɔlədʒist] 生物气象学家
biometeorology [ˌbaiəuˌmi:tjə'rɔlədʒi] (*bio-* + Gr. *meteōros* raised from off the ground + *logos* treatise) 生物气象学
biometer [bai'ɔmitə] (*bio-* + Gr. *metron* measure) 活组织二氧化碳测定仪
biometrician [ˌbaiəumi'triʃən] 生物统计学家
biometrics [ˌbaiəu'metriks] 生物统计学
biometry [bai'ɔmitri] (*bio-* + Gr. *metron* measure) ❶ 生物统计学; ❷ 寿命预测

biomicroscope [ˌbaiəu'maikrəskəup] 活组织显微镜
  slit-lamp b. 裂隙灯显微镜
biomicroscopy [ˌbaiəumai'krɔskəpi] (*bio-* + *microscopy*) ❶ 活组织显微镜检查; ❷ 裂隙灯和角膜显微镜检查角膜和晶体
biomodulation [ˌbaiəumɔdju'leiʃən] 生物调节
biomodulator [ˌbaiəumɔdju:leitə] 生物调节剂
biomolecule [ˌbaiəu'mɔlikju:l] 生质分子, 生物分子
biomone ['baiəuməun] 生质粒
biomore ['baiəumɔ:] 生质器
biomotor [ˌbaiəu'məutə] 人工呼吸器
Biomphalaria [baiˌɔmfə'lɛəriə] 澳洲扁卷螺
biomutation [ˌbaiəumju'teiʃən] 生物突变
bion ['baiɔn] (Gr. *bioun* a living being) 生物个体
bionecrosis [ˌbaiəuni'krəusis] 渐进性坏死
bionics [bai'ɔniks] 仿生学
bionomics [bai'ɔnəmiks] (*bio-* + Gr. *nomos* law) 个体生态学
bionomy [bai'ɔnəmi] (*bio-* + Gr. *nomos* law) 生命规律学
bionosis [baiəu'nəusis] (*bio-* + Gr. *nosos* disease) 生物性病
bionucleonics [ˌbaiəuˌnju:kli'ɔniks] 生物核子学
bioosmotic [ˌbaiəuɔz'mɔtik] (*bio-* + *osmotic*) 生物渗透的
biophagism [bai'ɔfədʒizəm] (*bio-* + Gr. *phagein* to eat) 食生物作用
biophagous [bai'ɔfəgəs] 食生物的
biophagy [bai'ɔfədʒi] 食生物作用
biophilia [ˌbaiəu'filiə] (*bio-* + *philein* to love) 生物自卫(本能)
biophore ['baiəufɔ:] (*bio-* + Gr. *pherein* to bear) 初浆粒, 初粒
biophoric [ˌbaiəu'fɔrik] 生原体的, 初浆粒的
biophotometer [ˌbaiəufəu'tɔmitə] (*bio-* + *photo-* + *-meter*) 光度适应计
biophylaxis [ˌbaiəufi'læksis] (*bio-* + Gr. *phylax* guard) 生物防御
biophysical [ˌbaiəu'fizikəl] 生物物理的

biophysics [baiəu'fiziks] (*bio-* + *physics*) 生物物理学
    dental b. 牙生物物理学
biophysiography [ˌbaiəufizi'ɔgrəfi] (*bio-* + *physiography*) 记载生物学
biophysiology [ˌbaiəufizi'ɔlədʒi] (*bio-* + Gr. *physis* nature + *-logy*) 生物生理学
bioplasia [baiəu'pleiʒə] (*bio-* + Gr. *plassein* to form) 储能生长
bioplasm ['baiəuplæzəm] (*bio-* + Gr. *plasma* anything molded) ❶ 原生质；❷ 胞质中的重要部分
bioplasmic [baiəu'plæzmik] 原生质的
bioplasminogen [ˌbaiəuplæz'minədʒən] (bioplasmin + Gr. *gen* to produce) 原生质素原
bioplast ['baiəuplæst] ❶ 原生质体；❷ 细胞
biopoiesis [ˌbaiəupɔi'iːsis] (*bio-* + Gr. *poiein* to made) 生命自生
biopolymer [ˌbaiəu'pɔlimə] 生体聚合物，生物聚合物
bioprosthesis [ˌbaiəuprɔs'θiːsis] (*bio-* + *prosthesis*) 生物修补术,生物修复术
biopsy ['baiəpsi] (*bio-* + Gr. *opsis* vision) 活组织检查
    aspiration b. 针吸活组织检查
    bite b. 咬取活组织检查
    brush b. 刷取活组织检查
    chorionic villus b. 绒毛膜绒毛活组织检查
    cone b. 锥形活组织检查
    core b., core needle b. 中心(针吸)活组织检查
    cytological b. 细胞活组织检查
    endomyocardial b. 心内膜活组织检查
    endoscopic b. 内窥镜活组织检查
    excisional b. 整块活组织检查
    exploratory b. 试探性活组织检查
    fine-needle aspiration b. 细针针吸活组织检查
    incisional b. 切取活组织检查
    needle b. 针吸活组织检查
    percutaneous b. 经皮活组织检查
    punch b. 钻取活组织检查
    shave b. 刮取活组织检查
    stereotactic b. (脑)立体定位活组织检查
    sternal b. 胸骨(髓)活组织检查
    surface b. 表面活组织检查
    transbronchial lung b. 纤支镜肺活组织检查
biopsychic [ˌbaiəu'saikik] 生物心理的
biopsychology [ˌbaiəusai'kɔlədʒi] 生物心理学,精神生物学
biopterin [bai'ɔptərin] 生物蝶呤
bioptic [bai'ɔptik] 活组织检查的
bioptome ['baiɔptəum] 活组织切片机
biopyoculture [ˌbaiəupiəu'kʌltʃə] (*bio-* + Gr. *pyon* pus + *culture*) 脓细胞培养
bioradiography [ˌbaiəureidi'ɔgrəfi] (*bio-* + *radiography*) 生物 X 线摄影术
biorational [ˌbaiəu'reiʃənəl] 基于生物规律的
biorbital [bai'ɔːbitəl] 二眶的,双眼眶的
bioreversible [ˌbaiəuri'vəːsibəl] 生物可循环的
biorgan ['baiɔgən] 生理器官
biorheology [ˌbaiəuri'ɔlədʒi] 生物流变学
biorhythm ['baiəuriðəm] 生物节律
bioscience [ˌbaiəu'saiəns] 生物科学
bioscope ['baiəuskəup] (*bio-* + Gr. *skopein* to view) 生死检定器
bioscopy [bai'ɔskəpi] 生死检定法
biosis [bai'əusis] (Gr. *bios* life) 生命,活力
biosmosis [baiəus'məusis] 生物渗透
biospectrometry [ˌbaiəuspek'trɔmitri] 活组织分光度测量术
biospectroscopy [ˌbaiəuspek'trɔskəpi] 活组织分光镜检查
biosphere ['baiɔsfiə] ❶ 生物圈；❷ 生物层
biostatics [ˌbaiəu'stætiks] (*bio-* + Gr. *statikos* causing to stand) 生物机能结构学
biostatistician [ˌbaiəuˌsteitis'tiʃən] 生物统计学家
biostatistics [ˌbaiəustə'tistiks] 生物统计学
biostereometrics [ˌbaiəustiəriəu'metriks] 生物体积测定法
biosynthesis [ˌbaiəu'sinθəsis] 生物合成
biosynthetic [ˌbaiəusin'θetik] 生物合成的
Biot's respiration [biː'əuz] (Camille *Biot*, French physician, born 1878) 比奥氏呼吸
biota [bai'əutə] (Gr. *bios* life) 生物区,生

物系

biotaxis [ˌbaiəu'tæksis] (*bio-* + Gr. *taxis* arrangement) 活细胞趋性

biotaxy [ˌbaiəu'tæksi] ❶ 活细胞趋性；❷ 生物分类学

biotelemetry [ˌbaiəute'lemitri] 生体遥测法

biotherapy [ˌbaiəu'θerəpi] (*bio-* + *-therapy*) 制剂疗法, 生物疗法

biothesiometer [ˌbaiəuˌθizi'ɔmitə] 振动阈值测定仪

biotic [bai'ɔtik] ❶ 生命的, 生物的；❷ 生物区的, 生物系的

biotics [bai'ɔtiks] (Gr. *biōtikos* living) 生命学

biotin ['baiəutin] 生物素, 维生素 H, 辅酶 R

biotinidase [ˌbaiəu'tinideis] (EC 3.5.1.12) 生物素水解酶

biotinyl [ˌbaiəu'tainil] 生物素基

biotinylation [ˌbaiəutini'leiʃən] 生物素化

biotomy [bai'ɔtəmi] (*bio-* + Gr. *tomē* a cutting) ❶ 生物解剖学；❷ 活体解剖学

biotoxication [ˌbaiəuˌtɔksi'keiʃən] 生物毒素中毒

biotoxicology [ˌbaiəuˌtɔksi'kɔlədʒi] (*bio-* + Gr. *toxikon* poison + *-logy*) 生物毒素学

biotoxin [ˌbaiəu'tɔksin] 生体毒素

biotransformation [ˌbaiəuˌtræsfə'meiʃən] 生物转化

biotrepy [bai'ɔtrəpi] 生物化学反应学

biotripsis [ˌbaiəu'tripsis] (*bio-* + Gr. *tripsis* rubbing) 皮肤耗损

biotropism [bai'ɔtrəpizm] (*bio-* + Gr. *trope* a turning) 生物抵抗力减退

biotype ['baiəutaip] ❶ 生物属型；❷ 细菌种变异株

biotypology [ˌbaiəutai'pɔlədʒi] 生物属型学

biovular [bai'ɔvjulə] 双卵性的

biparasitic [ˌbaipærə'sitik] 重寄生的

biparental [ˌbaipə'rentəl] 双亲的

biparietal [ˌbaipə'raiətəl] 二顶骨的

biparous ['baipərəs] (*bi-* + L. *parere* to produce) 产双卵的, 产双胎的

bipartite [bai'pɔ:tait] (L. *bipartitus*) 两分的, 两个的

biped ['baiped] (*bi-* + L. *pes* foot) ❶ 两足的；❷ 二足动物

bipedal ['baipədəl] (*bi-* + L. *pes* foot) 两足的

bipenniform [bai'penifɔ:m] 二回羽状的

biperforate [bai'pə:fəreit] (*bi-* + L. *perforatus* bored through) 二孔的

biperiden [bai'peridən] (USP) 安克痉
  b. **hydrochloride** (USP) 盐酸安克痉
  b. **lactate** (USP) 乳酸安克痉

biphenamine hydrochloride [bai'fenəmin] 盐酸联苯胺

biphenyl [bai'fi:nil] 联苯
  polychlorinated b. (PCB) 多氯化联苯

p-**biphenylamine** [baiˌfi:nə'læmi:n] *P*-氨基联苯

bipolar [bai'pəulə] ❶ 两极的, 双极的；❷ 双极神经细胞；❸ 细菌的染色限于两极的；❹ 既有狂躁又有抑郁发作的情感性精神病

bipositive [bai'pɔzitiv] 二正(原子)价的

bipotential [ˌbaipəu'tenʃəl] 双潜力的

bipotentiality [ˌbaipəuˌtenʃi'æliti] (*bi-* + L. *potentia* power) 两种潜力
  b. **of the gonad** 生殖腺两性潜能

bipubiotomy [ˌbaipju:bi'ɔtəmi] (L. *bis* double + *pubes* + Gr. *temnein* to cut) 耻骨二重切开术

bipunctate [bai'pʌŋkteit] (L. *bis* two + *punctum* point) 两点的

bipus ['baipəs] (*bi-* + Gr. *pous* foot) 两足的, 双足的

biramous [bai'reiməs] (*bi-* + L. *ramus* branch) 二支的

Bird's formula [bə:dz] (Golding *Bird*, English physician, 1814-1854) 伯尔德氏公式

Bird's sign [bə:dz] (Samuel Dougan *Bird*, Australian physician, 1832-1904) 伯尔德氏征

birefractive [ˌbairi'fræktiv] 双折射的

birefringence [ˌbairi'frindʒəns] 双折射
  crystalline b. 晶体双折射
  flow b. 流动双折射
  form b. 形状双折射
  intrinsic b. 内禀双折射, 晶体双折射
  strain b. 应变双折射
  streaming b. 流动双折射

birefringent [ˌbairiˈfrindʒənt] (*bi-* + L. *refringere* to break up) 双折射的

birhinia [baiˈriniə] (L. *bis* two + Gr. *rhis* nose) 双鼻畸形

birimose [ˈbiriməus] (L. *bis* two + *rima* cleft) 有双个裂的

Birkett's hernia [ˈbəːkets] (John *Birkett*, English surgeon, 1815-1904) 伯基特氏疝, 滑膜突出

Birnaviridae [ˌbəːnəviridiː] 双段双链 RNA 病毒科

Birnavirus [ˈbəːnəˌvaiərəs] (*bis*egmented *RNA* + *virus*) 双段双链 RNA 病毒属

birth [bəːθ] 生产, 分娩
    complete b. 完全分娩
    cross b. 横产, 横位产
    dead b. 死产
    head b. 头位产
    multiple b. 多胎产
    post-term b. 过期产, 逾期产
    premature b. 早产

birthmark [ˈbəːθmɑːk] 胎记, 胎痣

bis- (L. *bis* twice) 二, 两个, 两次, 双

bisacodyl [bisəˈkəudil] (USP) 双醋苯啶
    b. tannex 鞣酸双醋苯啶

bisacromial [ˌbisəˈkrəumiəl] 二肩峰的

bisaxillary [bisˈæksiləri] 两腋的

bis(chloromethyl) ether [bisˌklɔrəˈmeθəlˈeðə] 二(2-氯乙基)醚

Bischoff's myelotomy [ˈbiʃɔfs] (W. *Bischoff*, German neurosurgeon, 20th century) 比绍夫氏脊髓切开术

biscuit [ˈbiskit] 瓷饼, 瓷面
    hard b. 硬瓷饼, 硬瓷面
    medium b. 中性瓷面
    soft b. 软烤瓷饼, 软瓷面

biscuiting [ˈbiskitiŋ] 瓷饼形成, 瓷面形成

bisection [baiˈsekʃən] (*bi-* + L. *sectio* a cut) 对切, 两断

biseptate [baiˈsepteit] (*bi-* + L. *septum* partition) 两分隔的

bisexual [baiˈsekʃuəl] (*bi-* + L. *sexus* sex) ❶两性的; ❷两性征的个体

bisexuality [baiˌsekʃuˈæliti] ❶雌雄同体, 两性畸形, 半阴阳; ❷显示两性性征的; ❸兼有同性恋和异性恋; ❹具有两性心理

bisferious [bisˈfiəriəs] (*bis-* + L. *ferire* to beat) 两次搏动的

Bishop [ˈbiʃəp] 毕晓普: John Michael, 美国微生物学与免疫学家

Bishop's sphygmoscope [ˈbiʃəps] (Louis Faugères *Bishop*, American physician, 1864-1941) 毕晓普氏脉搏检视器

bishydroxycoumarin [ˌbiʃaiˌdrɔksiˈkuːmərin] 双羟基香豆素

bisiliac [baiˈsiliæk] (L. *bis* twice + *iliac*) 二髂嵴的, 二髂嵴上对应两点的

bis in die [bis in ˈdiːei] (L.) 一日两次

bisischiadic [ˌbisisˈkaiədik] 两坐骨的

bismuth [ˈbizməθ] (L. *bismuthum*) 铋
    b. carbonate, basic 碱式碳酸铋, 次碳酸铋
    b. glycoloylarsanilate 对 α-羟乙酰氨基苯胂酸铋
    b. magma 铋乳
    b. oxyiodide 碘氧化铋
    b. subcarbonate 次碳酸铋
    b. subgallate (USP) 次没食子酸铋, 代马妥
    b. subnitrate (USP) 次硝酸铋
    b. subsalicylate 次水杨酸铋, 碱式水杨酸铋

bismuthia [bizˈmʌθiə] 铋线

bismuthism [ˈbizməθizəm] 铋中毒

bismuthosis [ˌbizməˈθəusis] 铋中毒

bisobrin lactate [ˈbaisəbrin] 甲氧西喹乳酸盐

1, 3-bisphosphoglycerate [ˌbisfəusfəˈgliːsəreit] 1,3-二磷酸甘油酸

bisphosphoglycerate mutase [ˌbisfəusfəˈgliːsəreit ˈmjuːteis] (EC 5.4.2.4) 二磷酸甘油酸变位酶

bisphosphoglycerate phosphatase [ˌbisfəusfəˈgliːsəreit ˈfɔsfəteis] (EC 3.1.3.13) 二磷酸甘油酸磷酸酶

bisphosphoglyceric acid [ˌbisfəsfəgliˈserik] 二磷酸甘油酸

bisphosphoglyceromutase [bisˌfəusfəglaisərəˈmjuːteis] 二磷酸甘油酸变位酶

bispore [ˈbaispɔː] 双孢子

bisque [ˈbisk] (Fr.) 瓷饼, 瓷面(牙)
    high b., low b., medium b. 硬瓷面, 软瓷面, 中性瓷面

bistephanic [ˌbaistiˈfænik] 二冠状点的

Biston betularia [ˈbistən bitjuˈleəriə] 桦尺

蟆

bistoury ['bisturi] (Fr. *bistouri*) 细长刀

bistratal [bai'streitəl] (*bi-* + L. *stratum* layer) 双层的

bisulfate [bai'sʌlfeit] 重硫酸盐,硫酸氢盐

bisulfide [bai'sʌlfaid] 二硫化物

bisulfite [bai'sʌlfait] 重亚硫酸盐

bitartrate [bi'tɑːtreit] 酒石酸氢盐,重酒石酸盐

bite [bait] ❶ 殆,咬合; ❷ 咬力; ❸ 印模; ❹ 咬面; ❺ 咬伤; ❻ 一口食物
   balanced b. 平衡咬合,平衡殆
   check b. 正殆法,正咬合法
   closed b. 紧殆,闭式咬合
   cross b. 反殆,反咬合
   deep b. 紧殆
   edge-to-edge b., end-to-end b. 对切殆
   open b. 开殆
   over b. 覆殆
   scissors b. 剪殆反殆
   underhung b. 下超殆
   wax b. 蜡殆法
   X-b. X形错殆,交叉咬合

bite-block ['baitblɔk] 殆堤,殆缘

bitegage ['baitgeidʒ] 殆尺

bitelock ['baitlɔk] 殆锁,咬合锁

bitemporal [bai'tempərəl] 双颞的

biteplane ['baitplein] 殆平面

biteplate ['baitpleit] 殆板

biterminal [bai'tə:minəl] 双端钮的

bite-wing ['baitwiŋ] 殆翼片

bithionol [bai'θaiənɔl] 硫双二氯酚

Bithynia [bi'θainiə] 豆螺属

Bitis ['baitis] 蝰属

bitolterol [bai'tɔltərɔl] 双甲苯苄醇

Bitot's spots [bi'təuts] (Pierre A. *Bitot*, French physician, 1822-1888) 比利氏斑

bitrochanteric [ˌbaitrəkæn'terik] 二转子的

bitropic [bai'trɔpik] (L. *bis* two + Gr. *trope* a turning) 亲两种的

bitter ['bitə] ❶ 苦的; ❷ (pl.) 苦味药
   aromatic b's 芳香苦味药

bitters ['bitəz] 苦味药酒

Bittner virus ['bitnə] (John Joseph *Bittner*, American pathologist, 1904-1961) 比特纳病毒

Bittorf's reaction ['bitɔfs] (Alexander *Bittorf*, German physician, 1876-1949) 比托夫氏反应

bituminosis [ˌbitjumi'nəusis] 沥青末肺,沥青末沉着病

biurate ['baijureit] 重尿酸盐

biuret ['baijuret] (L. *bis* twice + *urea*) 双缩脲,缩二脲

bivalence ['bivələns] (*bi-* + L. *valens* powerful) 二价

bivalent ['bivələnt] ❶ 二价的; ❷ 二价染色体

bivalve ['baivɑːlv] (*bi-* + L. *valva* valve) 两瓣的,两片的,两壳的

Bivalvia [bai'vælviə] (*bi-* + L. *valva* valve + *-ia*) 双壳纲,斧足类

Bivalvulida [ˌbaivæl'vʌlidə] (*bi-* + *valve*) 双壳目

biventer [bai'ventə] (*bi-* + L. *venter* belly) 二腹肌
   b. cervicis 颈二腹肌,头棘肌

biventral [bai'ventrəl] ❶ 二腹的; ❷ 二腹肌

biventricular [ˌbaivən'trikjulə] 两心室的

bivitelline [ˌbaivi'telin] 双卵黄的

bixin ['biksin] (L. *Bixa* a plant genus) 红木素,胭脂树橙

bizygomatic [ˌbaizigəu'mætik] (*bi-* + Gr. *zygōma* zygoma) 两颧的

Bjerrum's scotoma ['bjerumz] (Jannik Petersen *Bjerrum*, Danish ophthalmologist, 1851-1920) 布耶鲁姆氏盲点

Bjerrum's screen ['bjerumz] (J. *Bjerrum*, Danish ophthalmologist, 1827-1892) 布耶鲁姆氏屏,正切暗点计屏

Björnstad's syndrome ['bjɔːnstædz] (R. *Björnstad*, Swedish dermatologist, 20th century) 布耶昂斯塔德氏综合征

Bk (*berkelium* 的符号) 锫

BKV BK 病毒

Black ['blæk] 布莱克: Sir James Whyte, 英国药理学家

black [blæk] ❶ 黑色的; ❷ 黑色
   animal b., bone-b. 动物炭,骨炭
   fat b. HB 硬черный,苏丹黑
   indulin b. 苯胺黑
   ivory b. 象牙炭,动物炭
   lamp b. 油烟,煤烟
   Paris b. 巴黎炭,动物炭

solvent b. 3 溶剂黑3,苏丹黑

Blackfan-Diamond anemia [ˈblækfæn ˈdaiəmənd] (Kenneth D. *Blackfan*, American pediatrician, 1883-1941; Louis Klein *Diamond*, American pediatrician, born 1902) 布-戴二氏贫血

black haw [blæk hɔː] 黑山楂,樱叶荚蒾

blackhead [ˈblækhed] ❶ 黑头粉刺; ❷ 黑冠病

blackleg [ˈblækleg] 黑腿病,气肿性炭疽

blackout [ˈblækaut] 一时性黑蒙
  alcoholic b. 酒精黑视

blackquarter [blækˈkwɔːtə] 黑腿病,气肿性炭疽

blacksnake [ˈblæksneik] ❶ 黑蛇; ❷ 大蟒游蛇

blacktongue [ˈblæktʌŋ] 黑舌病

bladder [ˈblædə] (L. *vesica, cystis*; Gr. *kystis*) 囊
  allantoic b. 尿囊
  atonic b. 弛缓性膀胱,无张力性膀胱
  atonic neurogenic b. 神经原性弛缓性膀胱
  automatic b. 自动性膀胱
  autonomic b. 自主性膀胱
  autonomous b. 自主性膀胱
  chyle b. 乳糜池
  cord b. 脊髓病性膀胱
  denervated b. 去神经性膀胱
  double b. 双膀胱
  fasciculated b. 条束化膀胱,肉柱性膀胱
  gall b. 胆囊
  irritable b. 膀胱过敏,刺激性膀胱
  motor paralytic b. 运动麻痹性膀胱
  nervous b. 神经性膀胱
  neurogenic b. 神经原性膀胱
  nonreflex b. 无反射性膀胱
  paralytic b. 麻痹性膀胱
  reflex b. 反射性膀胱
  sacculated b. 多囊状膀胱
  sensory paralytic b. 感觉麻痹性膀胱
  spastic b. 痉挛性膀胱
  string b. 弦张性膀胱
  tabetic b. 脊髓痨性膀胱
  uninhibited neurogenic b. 神经原性无抑制膀胱
  urinary b. 膀胱

Blainville's ears [blæˈviːlz] (Henri Marie Ducrotay de *Blainville*, French zoologist, 1777-1850) 布兰维尔氏耳

Blake's disk [bleiks] (Clarence John *Blake*, American otologist, 1843-1919) 布莱克氏盘

Blalock-Hanlon operation [ˈblælɔk ˈhænlən] (Alfred *Blalock*, American surgeon, 1899-1964; C. Rollins *Hanlon*, American surgeon, born 1915) 布-汉二氏手术

Blalock-Taussig operation [ˈblælɔk ˈtɔsig] (Alfred *Blalock*; Helen Brooke *Taussig*, American pediatrician, 1898-1986) 布-陶二氏手术

Blancophor [ˈblæŋkəfɔː] 布兰克氟:光学增光剂的商品名

bland [blænd] (L. *blandus*) 温和的,减轻疼痛的

Blandin's glands [blɑːˈdez] (Philippe Frédéric *Blandin*, French surgeon, 1798-1849) 布朗丹氏腺

Blandin and Nuhn's glands [blɑːˈde njunz] (P. F. *Blandin*; Anton *Nuhn*, German anatomist, 1814-1889) 布-努二氏腺,舌尖腺

blankophore [ˈblæŋkəfɔː] 荧光增光剂

Blasius duct [ˈblæsiəz] (Gerhard *Blasius* (Blaes), Dutch anatomist, 1625-1692) 布拉西乌斯氏管,腮腺管

Blaskovics operation [ˈblæskəvitz] (Laszlo de Blaskovics, Hungarian ophthalmologist, 1869-1938) 布拉斯科维兹氏手术

blast¹ [blæst] (Gr. *blastos* germ) 胚细胞

blast² [blæst] (A.S. *blaest*, blast) 气浪,冲击波

blastation [blæsˈteiʃən] 胚浆演变

blastema [blæsˈtiːmə] (Gr. *blastēma* shoot) 胚基,芽基

blastemic [blæsˈtiːmik] 胚基的,芽基的

blasticle [ˈblæstikl] 卵黄核,胚核

blastid [ˈblæstid] 胚痕

blastide [ˈblæstaid] 胚痕

blastidium [blæsˈtidiəm] (Gr. *blastos* germ) 内芽胚

blastin [ˈblæstin] 胚素,促细胞增生素

blast(o)- (Gr. *blastos* shoot, germ) 胚芽,芽

blastocardia [ˌblæstəuˈkɑːdiə] (*blasto-* + Gr. *kardia* heart) 胚仁,胚点

blastocele ['blæstəsi:l] 囊胚腔,分裂腔

blastocelic [ˌblæstə'selik] 囊胚腔的,分裂腔的

blastocelis [ˌblæstəu'selis] (*blasto-* + Gr. *kelis* spot) 胚仁,胚点

blastochyle ['blæstəkail] (*blasto-* + Gr. *chylos* juice) 囊胚腔液

blastocoele ['blæstəsi:l] (*blasto-* + Gr. *koilos* hollow) 囊胚腔,分裂腔

blastocoelic [ˌblæstə'sel ik] 囊胚腔的

Blastocrithidia [ˌblæstəkri'θaidiə] (*blasto-* + Gr. *krithē* barleycorn) 麦粒状原虫

blastocyst ['blæstəsist] (*blasto-* + Gr. *kystis* bladder) 胚泡,胚囊

Blastocystis [ˌblæstə'sistis] 酵母菌属
　B. **hominis** 人酵母菌

blastocyte ['blæstəsait] (*blasto-* + Gr. *kytos* hollow vessel) 胚细胞

blastoderm ['blæstədə:m] (*blasto-* + Gr. *derma* skin) 胚盘,胚层
　bilaminar b. 二层胚盘
　embryonic b. 胎部胚盘
　extraembryonic b. 膜部胚盘
　trilaminar b. 三层胚盘

blastodermal [ˌblæstə'də:məl] 胚盘的,胚层的

blastodermic [ˌblæstə'də:mik] 胚盘的,胚层的

blastodisc ['blæstədisk] (*blasto-* + Gr. *diskos* disk) 胚盘

blastogenesis [ˌblæstə'dʒenəsis] ❶ 芽生; ❷ 种质遗传;❸ 胚细胞样转变

blastogenetic [ˌblæstədʒə'netik] ❶ 胚源的;❷ 芽生的;❸ 种质遗传;❹ 胚细胞样转变的

blastogenic [ˌblæstə'dʒenik] ❶ 胚源的;❷ 芽生的;❸ 种质遗传;❹ 胚细胞样转变的

blastogeny [blæs'tɔdʒəni] (*blasto-* + Gr. *genesis* production) 种质演变

blastokinin [ˌblæstə'kinin] 胚泡激肽

blastolysis [blæs'tɔlisis] (*blasto-* + Gr. *lysis* dissolution) 种质破坏,种质破裂

blastolytic [ˌblæstə'litik] 种质破坏的

blastoma [blæs'təumə] (pl. *blastomas* 或 *blastomata*) (*blasto-* + *-oma*) 胚细胞瘤
　pulmonary b. 肺胚细胞瘤

blastomatoid [blæs'təmətɔid] (*blastoma* + Gr. *eidos* form) 胚细胞瘤样的

blastomatous [blæs'tɔmətəs] 胚细胞瘤的

blastomere ['blæstəmiə] (*blasto-* + Gr. *meros* a part) (分)裂球

blastomerotomy [ˌblæstəmiə'rɔtəmi] (*blastomere* + Gr. *tomē* a cut) (分)裂球分离

blastomogenic [ˌblæstəmə'dʒenik] 生肿瘤的

blastomogenous [ˌblæstə'mɔdʒənəs] 生肿瘤的

Blastomyces [ˌblæstə'maisi:z] (*blasto-* + Gr. *mykēs* fungus) 芽生菌属
　B. **brasiliensis** 巴西芽生菌
　B. **dermatitidis** 皮炎芽生菌

blastomyces [ˌblæstə'maisi:z] (pl. *blastomycetes*) 芽生菌

blastomycete [ˌblæstə'maisi:t] ❶ 芽生菌; ❷ 酵母样微生物

Blastomycetes [ˌblæstəmai'si:ti:z] 芽生菌

blastomycin [ˌblæstə'maisin] 芽生菌素

blastomycosis [ˌblæstəmai'kəusis] ❶ 芽生菌病;❷ 酵母样菌病
　Brazilian b. 巴西芽生菌病,类球孢子菌病
　cutaneous b. 皮肤芽生菌病
　European b. 欧洲芽生菌病
　keloidal b. 瘢痕瘤性芽生菌病
　North American b. 北美芽生菌病
　South American b. 南美芽生菌病,类球孢子菌病
　systemic b. 全身性芽生菌病

blastoneuropore [ˌblæstə'njurəpɔ:] (*blasto-* + Gr. *neuron* nerve + *poros* opening) 胚神经孔

blastophthoria [ˌblæstɔf'θɔ:riə] (*blasto-* + Gr. *phthora* corruption) 胚细胞变性

blastophthoric [ˌblæstɔf'θɔ:rik] 胚细胞变性的

blastophyllum [ˌblæstə'failəm] (*blasto-* + Gr. *phyllon* leaf) 胚层

blastophyly [ˌblæs'tɔfəli] (*blasto-* + Gr. *phylē* tribe) 种族史

blastopore ['blæstəpɔ:] (*blasto-* + Gr. *poros* opening) 胚孔

blastosphere ['blæstəsfiə] (*blasto-* + Gr. *sphaira* sphere) 囊胚,囊胚泡

blastospore [ˌblæstəspɔ:] (*blasto-* + *spore*) 芽生孢子

blastostroma [ˌblæstə'strəumə] 囊胚基质
blastotomy [ˌblæs'tɔtəmi] (分)裂球分离
blastozooid [ˌblæstə'zəuɔid] (*blasto-* + Gr. *zōoeidēs* like an animal) 芽生体
blastula ['blæstjulə] (pl. *blastulae*)(L.) 囊胚,囊胚泡
blastulae ['blæstjuliː] (L.) 囊胚,囊胚泡。*blastula* 的复数形式
blastular ['blæstjulə] 囊胚的,囊胚泡的
blastulation [ˌblæstju'leiʃən] 囊胚形成,囊胚泡形成
Blatin's sign [blɑː'tinz] (Marc *Blatin*, French physician, 1878-1943) 布拉丁氏征
Blatta ['blætə] 蟑属
BLB mask (Walter Meredith *Boothby*, American medical researcher, 1880-1953; William R. *Lovelace*, American surgeon, 1907-1965; Arthur H. *Bulbulian*, Turkish-born Amerian medical researcher, born 1900) BLB 面罩
bleaching ['bliːtʃiŋ] 漂白
  coronal b. 牙冠漂白
bleb [bleb] 疱疹,大疱
bleeder ['bliːdə] ❶ 易出血者;❷ 手术切开的大血管
bleeding ['bliːdiŋ] ❶ 出血;❷ 放血
  dysfunctional uterine b. 功能性子宫出血
  implantation b. 卵植入期出血
  occult b. 潜出血
  summer b. 夏季出血,寄生性皮出血
blennadenitis [ˌblenədə'naitis] (*blenn-* + Gr. *adēn* gland + *-itis*) 粘液腺炎
blennemesis [ble'neməsis] (*blenn-* + Gr. *emesis* vomiting) 粘液呕吐
blennisthmia [ble'nisθmiə] (*blenna* + *isthmia* throat) 咽卡他
blenn(o)- (Gr. *blenna* mucus) 粘液
blennocystitis [ˌblenəˌsis'taitis] (*blonno-* + Gr. *kystis* bladder + *-itis*) 膀胱粘膜炎
blennogenic [blenə'dʒenik] (*blenno-* + Gr. *gennan* to produce) 生粘液的
blennogenous [ble'nɔdʒənəs] 生粘液的
blennoid ['blenɔid] (*blenn-* + Gr. *eidos* form) 粘液样的
blennoma [ble'nəumə] (*blenno-* + *oma* tumor) ❶ 粘液性息肉;❷ 粘液瘤
blennometritis [ˌblenəumi'traitis] (*blenno-* + Gr. *metra* uterus + *-itis*) 子宫粘膜炎
blennometrorrhea [ˌblenəuˌmiːtrə'riə] 子宫淋病
blennophthalmia [ˌblenɔf'θælmiə] (*blenno-* + Gr. *ophthalmos* eye) 卡他性结核膜炎
blennoptysis [ble'nɔptisis] (*blenno-* + Gr. *ptysis* a spitting) 粘液性痰
blennorrhagia [ˌblenə'reidʒiə] (*blenno-* + Gr. *rhēgnynai* to break forth) ❶ 粘液溢出;❷ 淋病
blennorrhagic [ˌblenə'reidʒik] 粘液溢出的,淋病的
blennorrhea [ˌblenə'riə] (*blenno-* + Gr. *rhoia* flow) ❶ 脓溢;❷ 淋病
  inclusion b. 包涵体脓溢
  b. neonatorum 新生儿眼脓溢
  Stoerk's b. 施特尔克氏脓溢,肥厚性脓性卡他
blennorrheal [ˌblenə'riəl] 脓溢的,淋病的
blennorrhinia [ˌblenə'riniə] (*blenno-* + Gr. *rhis* nose) 鼻卡他
blennostasis [ˌble'nɔstəsis] (*blenno-* + Gr. *stasis* standing) 粘液制止法
blennostatic [ˌblenə'stætik] (*blenno-* + Gr. *histanai* to halt) ❶ 粘液制止的;❷ 抑制粘液的
blennothorax [blenə'θɔːræks] (*blenno-* + Gr. *thōrax* chest) 粘液胸
blennurethria [blenjuə'riθriə] (*blenno-* + *urethra*) 尿道脓漏,尿道淋病
blennuria [ble'njuəriə] (*blenn-* + *-uria*) 粘液尿
Blenoxane [ble'nɔksein] 布兰诺克塞:硫酸博莱霉素制剂的商品名
bleomycin [ˌbliə'maisin] 博莱霉素,争光霉素
  b. sulfate 硫酸博莱霉素
Bleph [blef] 布莱氟:磺胺酰胺钠制剂的商品名
blepharadenitis [ˌblefəˌrædə'naitis] (*blephar-* + Gr. *adēn* gland + *-itis*) 睑板腺炎
blepharal ['blefərəl] 眼睑的
blepharectomy [ˌblefə'rektəmi] (*blephar-* + *ectomy*) 睑切除术
blepharelosis [ˌblefəri'ləusis] (*blephar-* + Gr. *eilein* to roll) 睑内翻
blepharism ['blefərizəm] (L. *blepharismus*, from Gr. *blepharizein* to wink) 睑

痉挛,连续瞬目
blepharitis [ˌblefəˈraitis] (blephar- + -itis) 睑炎
  b. angularis 睑角炎
  b. ciliaris, b. marginalis 睑缘炎
  nonulcerative b. 非溃疡性睑炎
  seborrheic b. 皮脂溢性睑炎,非溃疡性睑炎
  b. squamosa 鳞屑性睑炎
  squamous seborrheic b. 鳞屑脂溢性睑炎,非溃疡性睑炎
  b. ulcerosa 溃疡性睑炎
blephar(o)- (Gr. blepharon eyelid) 眼睑,睫
blepharoadenitis [ˌblefərouˌædəˈnaitis] 睑板腺炎
blepharoadenoma [ˌblefərouˌædəˈnoumə] 睑腺瘤
blepharoatheroma [ˌblefərouˌæθəˈroumə] 睑粉瘤
blepharoblennorrhea [ˌblefərəˌbleaˈriə] 睑脓溢
blepharocarcinoma [ˌblefərəˌkɑːsiˈnoumə] 睑癌
blepharochalasis [ˌblefərouˈkæləsis] (blepharo- + Gr. chalasis relaxation) 睑皮松垂(症)
blepharochromidrosis [ˌblefərəukrɔmiˈdrousis] (blepharo- + Gr. chrōma color + Gr. hidrōs sweat + -osis) 睑汗着色症,睑色汗症
blepharoclesis [blefərəˈklisis] 睑口封闭
blepharoclonus [ˌblefəˈrɔklənəs] (blepharo- + clonus) 睑阵挛
blepharoconjunctivitis [ˌblefərəkəndʒʌŋktiˈvaitis] 睑结膜炎
Blepharocorynthina [ˌblefərəˌkɔrinˈθainə] (blepharo- + Gr. koryntheus basket) 无纤毛口虫
blepharodiastasis [ˌblefərədiˈæstəsis] (blepharo- + Gr. diastasis separation) 睑裂扩大
blepharoncus [ˌblefəˈrɔŋkəs] (blepharo- + Gr. onkos bulk, mass) 睑瘤
blepharopachynsis [ˌblefərəpəˈkinsis] (blepharo- + Gr. pachynsis thickening) 睑肥厚
blepharophimosis [ˌblefərəfiˈmousis] (blepharo- + Gr. phimōsis a muzzling) 睑裂狭小
blepharoplast [ˈblefərəplæst] (blepharo- + Gr. plassein to form) 生毛体,毛基体
blepharoplasty [blefərəˈplæsti] 睑成形术
blepharoplegia [ˌblefərəˈpliːdʒiə] (blepharo- + Gr. plēgē stroke) 睑瘫痪,睑麻痹
blepharoptosis [ˌblefərəpˈtousis] (blepharo- + Gr. ptōsis a fall) (上)睑下垂
blepharopyorrhea [ˌblefərəˌpaiəˈriə] (blepharo- + Gr. pyon pus + rhoia flow) 睑脓溢
blepharorrhaphy [ˌblefəˈrɔrəfi] (blepharo- + -rrhaphy) 睑缝合术
blepharospasm [ˈblefərəspæzəm] (blepharo- + spasm) 睑痉挛
  essential b. 自发性睑痉挛
  symptomatic b. 症状性睑痉挛
blepharosphincterectomy [ˌblefərəˌsfiŋktəˈrektəmi] (blepharo- + sphincter + ectomy) 睑括约肌切除术
blepharostat [ˈblefəroustæt] (blepharo- + Gr. histanai to cause to stand) 开睑器,睑牵开器
blepharostenosis [ˌblefərəstəˈnousis] 睑裂狭窄
blepharosynechia [ˌblefərəsiˈniːkiə] (blepharo- + Gr. synecheia a holding together) 睑粘连
blepharotomy [ˌblefəˈrɔtəmi] (blepharo- + -tomy) 睑切开术
Blessig's cysts [ˈblesigz] (Robert Blessig, German physician, 1830-1878) 布勒锡希氏囊
blind [blaind] (A.S. blind) 盲的,失明的
blindgut [ˈblaindgʌt] 盲肠
blindness [ˈblaindnis] 盲
  amnesic color b. 遗忘性色盲
  blue b. 蓝色盲
  blue-yellow b. 蓝黄色盲
  Bright's b. 布赖特氏盲
  color b., complete, color b., total 色盲,全色盲
  concussion b. 震荡性盲
  cortical b. 皮层性盲
  cortical psychic b. 皮层性精神盲
  day b. 昼盲(症)
  eclipse b. 日蚀性盲

electric-light b. 电光性盲
flight b. 飞行性盲
functional b. 功能性盲
green b. 绿色盲
hysterical b. 癔病性盲,功能性盲
legal b. 法定盲:法律判定的失明;美国大多数州规定
letter b. 字盲
moon b. 月光盲
music b. 乐谱盲,读乐谱不能
night b. 夜盲
object b. 物体盲,视觉性失认
psychic b. 精神性盲,视觉性失认
red b. 红色盲
red-green b. 红绿色盲
river b. 河盲
snow b. 雪盲
taste b. 味盲
text b. 文字盲,失读症
total b. 全盲
twilight b. 黄昏盲
word b. 文字盲,失读症
yellow b. 黄色盲

blister ['blistə] (L. *vesicula*) (水)疱
blood b. 血疱
fever b. 热病性疱疹
water b. 水疱

bloat [bləut] ❶ 胃气胀,盲肠气胀;❷ 幼兔气胀病

Blocadren ['blɔkədren] 布罗克德仑:马来酸噻吗心安 (timolol maleate) 制剂的商品名

Bloch [blɔk] 布洛克: Konrad Emil, 德国出生的美藉生物化学家

Bloch-Sulzberger syndrome [blɔk 'sʌlzbəɡə] (Bruno *Bloch*, Swiss dermatologist, 1878-1933; Marion Baldur *Sulzberger*, American dermatologist 1895-1983) 布-苏二氏综合征,色素失调症

block [blɔk] ❶ 阻滞,阻断,阻塞;❷ 区域麻醉
adrenergic b. 肾上腺素能阻滞
air b. 空气阻滞
alveolar-capillary b. 肺泡-毛细血管阻滞
ankle b. 踝阻滞
anodal b. 阴极传导阻滞
anterior fascicular b. 前束阻滞,左前束单侧阻滞
atrioventricular (AV) b. 房室传导阻滞
2:1 AV b. 第二度房室传导阻滞
Bier b. 比尔阻滞
bifascicular b. 双束传导阻滞
bilateral bundle branch b. (BBBB) 双侧束支传导阻滞
brachial plexus b. 臂丛阻滞
bundle branch b. (BBB) 束支传导阻滞
caudal b. 骶管阻滞
cervical plexus b. 颈丛阻滞
comparator b. 比色架
complete atrioventricular b. 完全性房室传导阻滞,第三度房室传导阻滞
complete heart b. 完全性心传导阻滞,第三度心传导阻滞
conduction b. 传导阻滞
congenital complete heart b. 先天性完全性心传导阻滞
cryogenic b. 低温阻滞
depolarization b. 除极化阻滞
dynamic b. 脊髓蛛网膜下(腔)阻滞
ear b. 咽鼓管阻塞
elbow b. 肘阻滞
entrance b. 入口阻滞
epidural b. 硬(脊)膜外阻滞
exit b. 出口阻滞
fascicular b. 束传导阻滞
femoral b. 股骨阻滞
field b. 区域阻滞
first degree atrioventricular b. 第一度房室传导阻滞
first degree heart b. 第一度心传导阻滞
heart b. 心传导阻滞
high grade atrioventricular b. 高级房室传导阻滞
incomplete heart b. 不完全性心传导阻滞
intercostal b., intercostal nerve b. 肋间(神经)阻滞
interventricular b. 心室间传导阻滞,束支传导阻滞
intra-Hisian b., intrahisian b. 希斯束内传导阻滞
intranasal b. 鼻内阻滞
intraspinal b. 脊柱内阻滞,蛛网膜下阻滞
intravenous (IV) b. 静脉内阻滞,比尔阻滞

intraventricular b. 心室内传导阻滞
left anterior fascicular b. 左前上束传导阻滞,左前束单侧阻滞
left bundle branch b. (LBBB) 左束支传导阻滞
left posterior fascicular b. 左后下束传导阻滞,左后束单侧阻滞
lumbar plexus b. 腰丛阻滞
mental b. 思维阻断
metabolic b. 代谢阻滞
methadone b. 美沙酮阻断
Mobitz type Ⅰ b. 莫氏Ⅰ型阻滞,文氏传导阻滞
Mobitz type Ⅱ b. 莫氏Ⅱ型阻滞
motor point b. 运动点阻滞
nerve b. 神经传导阻滞
neurolyctic b. 神经松解阻断,神经松解术
paracervical b. 子宫颈旁阻滞
paraneural b. 神经旁阻滞
parasacral b. 骶旁阻滞
paravertebral b. 脊柱旁阻滞
partial heart b. 部分性心传导阻滞,第二度心传导阻滞
periinfarction b. 梗死部周围性传导阻滞
perineural b. 神经周围阻滞
phenol b. ① 酚神经松解术；② 酚运动点阻滞
phenol motor point b. 酚运动点阻滞
posterior fascicular b. 后束传导阻滞,左后束单侧阻滞
presacral b. 骶前阻滞
right bundle branch b. (RBBB) 右束支传导阻滞
sacral b. 骶管阻滞
saddle b. 鞍状阻滞
second degree atrioventricular b. 第二度房室传导阻滞
second degree heart b. 第二度心传导阻滞
sinoatrial b., sinoatrial exit b. 窦房性传导阻滞,窦房性出口传导阻滞
sinus b. ① 鼻窦阻滞；② 窦房性传导阻滞
sinus exit b. 窦房性出口传导阻滞
spinal b. 脊髓阻滞
spinal subarachnoid b. 脊髓蛛网膜下(腔)阻滞
splanchnic b. 内脏神经阻滞
stellate b. 星状神经节阻滞
subarachnoid b. 蛛网膜下腔阻滞
sympathetic b. 交感神经阻滞
third degree atrioventricular b. 第三度房室传导阻滞
third degree heart b. 第三度心传导阻滞
transsacral b. 经骶阻滞,骶管麻醉
trifascicular b. 三束传导阻滞
tubal b. 管阻滞,咽鼓管阻塞
unifascicular b. 单束传导阻滞
uterosacral b. 宫颈旁阻滞
vagal b., vagus nerve b. 迷走神经阻滞
ventricular b. 脑室梗阻
Wenckebach b. 文氏传导阻滞
wrist b. 腕阻滞

blockade [blɔ'keid] ❶ 受体阻滞；❷ 阻断,阻滞
adrenergic b. 肾上腺素能阻断
adrenergic neuron b. 肾上腺素能神经元阻滞
alpha-adrenergic b., alpha-b. α-肾上腺素能阻断
beta-adrenergic b., beta-b. β-肾上腺素能阻断
cholinergic b. 胆碱能阻断
narcotic b. 麻醉药阻断
neuromuscular b. 神经肌肉阻滞
renal b. 肾阻塞
virus b. 病毒干扰

blockage ['blɔkeidʒ] 阻断,阻塞,阻滞
tendon b. 腱固定(术)

Blockain ['blɔkein] 布罗开：盐酸丙氧卡因制剂的商品名

blocker ['blɔkə] 阻滞剂,阻滞物,阻断药
α-b. α-受体阻断药
β-b. β-受体阻断药
calcium channel b. 钙通道阻断药
calcium entry b. 钙入口阻断药,钙通道阻断药
potassium channel b. 钾通道阻断药
sodium channel b. 钠通道阻断药

blocking ['blɔkiŋ] ❶ (神经)传导阻滞；❷ 思维中断,思维丧失；❸ 封固
adrenergic b. 肾上腺素能阻滞
thought b. 思维中断,思维丧失

blockout ['blɔkaut] (倒凹)勾画修整

Blocq's disease [blɔks] (Paul Oscar *Blocq*,

French physician, 1860-1896）布劳克氏病,立行不能

blood [blʌd] (L. *sanguis*, cruor; Gr. *haima*) 血,血液
　arterial b. 动脉血
　cord b. 脐带血
　defibrinated b. 去纤维蛋白血
　laky b. 已溶血
　occult b. 隐血
　peripheral b. ① 周围血;② 体循环血液
　sludged b. 凝血块
　venous b. 静脉血
　whole b. 全血
blood bank [blʌd bæŋk] 血库
blood group [blʌd grup] ❶ 血型(狭义);❷ 血型(广义)
　ABO b. g. ABO 血型
　Auberger b. g. 澳伯格血型
　Cartwright b. b. 卡特莱特血型
　Diego b. g. 地也哥血型
　Dombrock b. g. 道布洛克血型
　Duffy b. g. 杜非血型
　higt frequency b. g. 高频率血型
　Ⅰ b. g. Ⅰ 血型
　Kell b. g. 凯尔血型
　Kidd b. g. 济德血型
　Lewis b. g. 路易斯血型
　low frequency b. g. 低频率血型
　Lutheran b. g. 卢瑟朗血型
　MNSs b. g. MNSs 血型
　P b. g. P 血型
　Rh b. g. Rh 血型
bloodless ['blʌdlis] 失血的,贫血的,无血的
blood plasma [blʌd 'plæzmə] 血浆
blood pressure [blʌd 'preʃə] 血压
blood root ['blʌd ruːt] 血根
blood serum [blʌd 'siərəm] 血清
　glycerin b. s. 甘油血清
　Löffler's b. s. 吕弗勒氏琼脂
blood stream ['blʌd striːm] 血流
bloodstream ['blʌdstriːm] 血流
blood type [blʌd taip] 血型
Bloom's syndrome [bluːmz] (David *Bloom*, American dermatologist, born 1892) 布洛姆氏综合征
bloom ['bluːm] 菌绒
blot [blɔt] 渗开

blotch [blɔtʃ] 污斑,污点
blotting ['blɔtiŋ] 吸掉,渗开
Blount's brace [blʌnts] (Walter Putnam *Blount*, American orthopedic surgeon, born 1900) 布朗特氏支架,胫骨固定架
blowpipe ['bləupaip] 吹管
blue [bluː] ❶ 蓝色; ❷ 蓝色的; ❸ 蓝
　alcian b. 生染蓝
　alizarin b. 茜素蓝
　alkali b. 碱性蓝
　aniline b. 阿尼林蓝
　aniline b., W.S. 水溶性阿尼林蓝
　anthracene b. 蒽蓝,茜素蓝
　azidine b., 3 B. 锥(虫)蓝 3B,台盼蓝
　benzamine b., 3 B. 苯胺蓝 3B,台盼蓝
　benzo b. 苯并蓝,台盼蓝
　Berlin b. 柏林蓝,普鲁士蓝
　Borrel's b. 包柔氏蓝
　brilliant b., c. 煌蓝,亮蓝,煌焦油蓝
　brilliant cresyl b. 煌焦油蓝,亮甲酚蓝
　bromchlorphenol b. 溴氯酚蓝
　bromophenol b. 溴酚蓝
　bromothymol b. 溴麝香草酚蓝
　china b. 中国蓝,阿尼林蓝
　chlorazol b., 3 B. 氯唑蓝 3B,氯氮毒蓝 3B,台盼蓝
　Congo b., 3 B 刚果蓝 3B,台盼蓝
　cresyl b., 2 R.N. or B. B.S. 亮甲酚蓝,煌焦油蓝
　cyanol b. 三苯甲烷蓝
　diamine b. 双胺蓝,台盼蓝
　dianil b., H. 3G. 双苯胺蓝,台盼蓝
　Evans b. 伊文思蓝
　Helvetia b. 甲基蓝
　indigo b. 靛蓝
　indigo b., soluble 可溶性靛蓝,靛青二磺酸钠
　indophenol b. 靛酚蓝
　isamine b. 衣胺蓝,碱性蓝
　Kühne's methylene b. 屈内氏甲烯蓝,屈内氏亚甲蓝
　leukomethylene b. 无色亚甲蓝,亚甲白蓝
　Löffler's methylene b. 吕弗勒氏亚甲蓝
　marine b. 海军蓝,阿尼林蓝
　methylene b. (USP) 亚甲蓝,美蓝
　methylene b.O 亚甲蓝 O,甲苯胺蓝
　naphthamine b., 3 B.X. 萘胺蓝,台盼蓝

Niagara b., 3 B 尼亚加拉蓝 3B,台盼蓝
Nile b., A., Nile b. sulfate 尼罗蓝 A,硫酸尼罗蓝
polychrome methylene b. 多色亚甲蓝,多色美蓝
Prussian b. 普鲁士蓝
pyrrole b. 吡咯蓝
quinaldine b. 喹纳丁蓝
soluble b., 3 M. or 2 R. 可溶性蓝 3M,可溶性蓝 2R,阿尼林蓝
spirit b. 酒精蓝
Swiss b. 瑞士蓝,亚甲蓝
thymol b. 麝香草酚蓝
toluidine b., toluidine b. O 甲苯胺蓝,甲苯胺蓝 O
trypan b. 台盼蓝
Victoria b. 维多利亚蓝
b. vitriol 蓝矾,硫酸铜
water b. 水蓝,阿尼林蓝
bluensomycin [ˌbluənsə'maisin] 布鲁霉素
bluestone ['bluːstəun] 胆矾,硫酸铜
bluetongue ['bluːtʌŋ] 蓝舌病
Blumberg ['blʌmbəːg] 布拉姆伯格:美国医师
Blumberg's sign ['blʌmbəːgz] (Jacob Moritz *Blumberg*, surgeon and gynecologist in Berlin, and later in London,1873-1955) 布卢姆伯格氏征
Blumenau's nucleus ['bluːmənauz] (Leonid Wassiljewitsch *Blumenau*, Russian neurologist, 1862-1932) 布路门奥氏核
Blumenbach's clivus ['bluːmənbɑːks] (Johann Friederich *Blumenbach*, German physiologist 1752-1840) 布卢门巴赫氏斜坡
blunthook ['blʌnthuk] 钝钩
blur [bləː] 模糊,浑浊
spectacle b. 镜片模糊
blush [blʌʃ] 脸红
BMA (British Medical Association 的缩写) 英国医学协会
BMI (body mass index 的缩写) 体质量指数
BMR (basal metabolic rate 的缩写) 基础代谢率
BMS (Bachelor of Medical Science 的缩写) 医学士
BNA (*Basle Nomina Anatomica* 的缩写) 巴塞尔解剖学名词

BOA (British Orthopaedic Association 的缩写) 英国矫形外科协会
board [bɔːd] ❶ 板;❷ 委员会
angle b. 投射角板
bed b. 床板
Boas' algesimeter ['bəuəs] (Ismar Isidor *Boas*, German physician, 1858-1938) 博亚斯氏痛觉计
Boas-Oppler bacillus ['bəuəs 'ɔplə] (I. I. *Boas*; Bruno *Oppler*, German physician, 19th century) 博亚斯-奥普勒氏杆菌
Bobath method ['bəubəθ] (Berta and Karel *Bobath*, German physical therapists in England, 20th century) 博巴斯法
bobbing ['bɔbiŋ] 跳动
ocular b. 眼跳
Bochdalek's duct ['bɔkdələks] (Vincent Alexander *Bochdalek*, Czech anatomist, 1801-1883) 博赫达勒克氏孔
Bock's ganglion [bɔks] (August Carl *Bock*, German anatomist, 1782-1833) 博克氏神经节
Bockhart's impetigo ['bɔkhɑːts] (Max *Bockhart*, German physician, 1883-1921) 博克哈特氏脓疱病
Bodansky unit [bɔ'dænski] (Aaron *Bodansky*, American biochemist, 1887-1961) 博丹斯基单位
bodenplatte [ˌbɔdən'plɑːtə] (Ger.) 神经管底板
body ['bɔdi] ❶ 躯体;❷ 尸体;❸ 主体;❹ 实体,物体
acetone b's 酮体
adipose b., pre-epiglottic 会厌前脂肪体
adipose b. of cheek 颊脂肪体
adipose b. of ischioanal fossa 坐骨直肠窝脂体
adipose b. of orbit (眼)眶脂体
adrenal b. 肾上腺
Amato b's 阿马多氏体
amygdaloid b. 扁桃体
amylaceous b's, amyloid b's 淀粉样体
anococcygeal b. 肛尾韧带
aortic b's 主动脉球,主动脉旁体
apical b. 顶体
b's of Arantius 阿朗希乌斯氏体
asbestos b's, asbestosis b's 石棉小体,石棉沉着病小体

Aschoff b's 阿孝夫氏小体
asteroid b. 星状体
Auer b's 奥尔氏体
Babès-Ernst b. 巴-恩二氏板小体,异染颗粒
Balbiani's b. 巴比阿尼体,卵黄核
Balfour b's 巴佛尔氏体,鸡埃及焦虫
bamboo b's 竹节状小体,石棉沉着病小体
Barr b. 巴氏小体,性染色质
basal b. 基体
Bence Jones b's 本斯·琼斯氏小体,本斯·琼斯氏蛋白
Bollinger's b's 博林格尔氏小体
Borrel b's 包柔氏包涵体
Bracht-Wächter b's 布-韦二氏小体
brassy b. 黄铜色小体
"bull's eye" b. 牛眼小体,血小板密集小体
Cabot's ring b's 卡伯特氏环状体
Call-Exner b's 卡-埃二氏小体
cancer b's 癌小体,普利默氏体
carotid b. 颈动脉球
cavernous b. of clitoris 阴蒂海绵体
cavernous b. of penis 阴茎海绵体
cell b. 细胞体
central b. 中心体
central fibrous b. of heart 心脏纤维性中心体
b. of cerebellum 小脑体
chromaffin b. 嗜铬体,副神经节
chromatin b. 核染质体
chromatinic b. 核染质体
chromatoid b. ①拟染色体;②致密拟染色团
chromophilous b's 嗜染体,尼斯耳小体
ciliary b. 睫状体
coccoid x b's 鹦鹉热小体
coccygeal b. 尾骨球
colostrum b's 初乳小体
Councilman's b's 康西耳曼氏体
Cowdry type Ⅰ inclusion b's 考氏Ⅰ型包涵体
crystalloid b. 晶样体
cytoid b's 胞样体
Deetjen's b's 德特烟氏小体,血小板
demilune b. 半月体,无色细胞
dense b. ①致密体;②血小板致密体

Döhle's b's, Döhle's inclusion b's 窦勒氏包涵体
Donné's b's 多内氏体,初乳小体
Donovan's b. 杜诺凡氏体,肉芽肿荚膜杆菌
Dutcher b. 达彻尔体
elementary b. ①血小板;②包涵体
Elschnig's b's 埃耳施尼希氏体
embryoid b's 胚胎样体
epithelial b. 甲状旁腺
ferruginous b's 铁锈色体
fibrin b's of pleura 胸膜纤维蛋白体
foreign b. 异物,外物
b. of fornix 穹窿体
fruiting b. 子实体
fuchsin b's 品红小体,鲁塞尔氏体
b. of gallbladder 胆囊体
Gamna-Favre b's 伽马-法符雷氏包涵体
gastric b. 胃体
geniculate b. 膝状体,内侧膝状体
Giannuzzi's b's 贾努齐氏小体,贾努齐氏新月形腺
glomus b. 球腺,球形动静脉吻合术
Golgi b. 高尔基体
Guarnieri's b's 爪尼埃里氏小体
habenular b. 缰核
Halberstaedter-Prowazek b's 哈-普二氏小体,沙眼小体
Harting's b's 哈廷氏小体
Hassall's b's 哈索尔氏小体
Hassall-Henle b's 哈-亨二氏小体
Heinz b's, Heinz-Ehrlich b's 海-欧二氏小体
Hensen's b. 亨森小体
Herring b's 赫林氏体
b. of Highmore 海默尔氏体,睾丸纵隔
Howell-Jolly b's 豪-若二氏体
hyaline b's 透明体,脉络膜小疣
hyaloid b. 玻璃体
immune b. 免疫体
inclusion b's 包涵体
infrapatellar fatty b. 髌下脂肪体
infundibular b. 漏斗体,垂体后叶
inner b's 内含体
intermediate b. of Flemming 弗来明中间体
interrenal b. 肾间体
Jaworski b's 雅沃尔斯基小体

Joest's b's 耶斯特氏体
Jolly's b's 若利氏体,豪-若二氏体
jugulotympanic b. 颈静脉球体,鼓体
juxtarestiform b. 附蝇状体
ketone b's 酮体
Kurloff's b's 库尔洛夫氏体
Lafora's b's 拉福拉体
Lallemand's b's, Lallemand-Trousseau b's 拉勒曼德氏体,拉-特二氏体,本斯·琼斯圆柱体
L.C.L. b's L. C. L. 小体
Leishman-Donovan b. 利-杜二氏体,黑热病小体
Levinthal-Coles-Lillie b's 莱-考-利三氏体
Lewy b's 列维氏体
Lieutaud's b. 膀胱三角
Lindner's initial b's 林德氏原生小体
Lipschütz b's 利普许茨氏小体
Lostorfer's b's 洛斯托弗氏体
Luschka's b. 尾骨球
Luys' b. 吕伊斯氏体,丘脑下部核
lyssa b's 狂犬病体
Mallory's b's 马洛里氏小体
malpighian b's of kidney 肾小体
malpighian b's of spleen 脾淋巴结小体
mamillary b., mammillary b. 乳头体
Marchal b's 马卡尔氏小体
Masson b's 马逊氏小体
medullary b. of cerebellum 小脑髓体
medullary b. of vermis 小脑蚓部髓质,小脑活树
melon-seed b's 瓜子形体
metachromatic b's 异染小体
Michaelis-Gutmann b's 米-古二氏体
mitochondrial b. 线粒体
molluscum b's 软疣小体
Mooser b's 莫塞尔氏小体
Mott b's 莫特氏小体
multilamellar b. 多层小体
multivesicular b. 多泡小体
Negri b's 内格里氏小体
Neill-Mooser b. 尼-穆二氏体
nemaline b's 纤维性体
nigroid b. 黑色样小体
Nissl b's 尼斯耳氏小体
Nothnagel's b's 诺特纳格耳氏小体
nothreshold b's 无阈物质

Odland b. 奥德兰德氏体,角蛋白体
Oken's b. 奥肯氏体,中肾
olivary b. 橄榄体
oryzoid b's 米粒样小体
pacchionian b's 帕基奥尼氏体,蛛网膜粒
pampiniform b. 卵巢冠
Pappenheimer b's 帕彭海姆体
para-aortic b's 主动脉旁体
parabasal b. 副基体
paranuclear b. 中心体
paraphyseal b. (脑)旁突体
pararenal b., pararenal fatty b. 肾旁体,肾旁脂肪体
paraterminal b. 旁终板体,胼胝下回
parathyroid b. 甲状旁腺
parietal b. 顶骨体,松果眼
parolivary b's 副橄榄核
Paschen b's 帕兴氏小体
pearly b's 上皮珠
perineal b. 会阴体,会阴中央结
pheochrome b. 嗜铬体,副神经节
Pick b's 皮克小体
pineal b. ① 松果体;② 松果眼
pituitary b. 垂体
platelet dense b. 血小板致密体
Plimmer's b's 普利默尔小体
polar b's 极体
postbranchial b's 鳃后体,后鳃体
presegmenting b's 裂殖前体
Prowazek's b's 普罗瓦泽克氏小体
Prowazek-Greeff b's 普-格二氏小体,沙眼小体
psammoma b. 沙(粒)瘤小体
purine b's 嘌呤体
pyknotic b's 致密小体
quadrigeminal b's 四叠体
Reilly b's 雷利氏体
Renaut's b's 雷诺氏体
residual b. ① 溶酶后体;② 残体
residual b. of Regnaud 雷诺得氏残体
restiform b. 绳状体,小脑下脚
b. of Retzius 雷济厄斯氏体
rice b's 米粒样小体
Ross's b's 罗斯氏小体
Russell b's 鲁塞尔氏小体
sand b's 沙状小体
Sandström's b's 甲状旁腺
Schaumann's b's 绍曼氏体

Schmorl b. 施莫耳体
semilunar b's 半月形体,贾努齐氏新月形体
spongy b. of male urethra 尿道海绵体
spongy b. of penis 阴茎海绵体
Stieda b. 施蒂达小体
b. of stomach 胃体
striate b. 纹状体
supracardial b's 心上嗜铬体,主动脉副神经节
suprarenal b. 肾上腺
Symington's b. 薛明顿氏体,肛尾韧带
telobranchial b's 后鳃体
threshold b's (有)阈物质
thyroid b. 甲状腺
tigroid b's 虎斑小体
Todd b's 托德氏体
Torres-Teixeira b's 托-泰二氏小体
trachoma b's 沙眼小体
trapezoid b. 斜方体
Trousseau-Lallemand b's 特-拉二氏体, 本斯·琼斯圆柱体
tympanic b. 鼓体
ultimobranchial b's 后鳃体
vagal b's 迷走神经体,主动脉副神经节
vermiform b's 蠕虫样小体
Verocay b's 维罗凯氏体
vertebral b. 椎骨体
vitelline b. 卵黄体
vitreous b. 玻璃体
Weibel-Palade b's 韦-帕二氏体
Winkler's b. 温克勒氏体
wolffian b. 午非氏体,中肾
yellow b. of ovary 卵巢黄体
zebra b. 斑马体
Zuckerkandl's b's 祖克坎德耳氏体,主动脉副神经节
body rocking ['bɔdi 'rɔkiŋ] 身体摇摆
body snatching ['bɔdi 'snætʃiŋ] 盗尸
Boeck's disease [bɔ:ks] (Caesar P. M. *Boeck*, Norwegian dermatologist and syphilologist, 1845-1917) 博氏病
Boerhaave's syndrome ['buəhɑ:vi:z] (Hermann *Boerhaave*, Dutch physician, 1668-1738) 伯哈维氏综合征
Boettcher ['bøtʃə] 伯特歇尔
Bogros' space [bəug'rəuz] (Annet Jean *Bogros*, French anatomist, 1786-1823) 博格罗氏间隙
Bohr effect [bɔ:] (Christian *Bohr*, Danish physiologist, 1855-1911) 伯尔效应
Bohun upas ['bɔhən 'ʌpəs] 见血封喉
boil [bɔil] 疖
　　Aleppo b., Bagdad b., Biskra b. 东方疖,旧大陆皮肤利什曼病
　　blind b. 盲疖,无头疖
　　Delhi b. 德里疖,旧大陆皮肤利什曼病
　　gum b. 龈脓肿,龈疖
　　Jericho b., Oriental b. 东方疖,旧大陆皮肤利什曼病
　　shoe b. 肘水囊瘤(马),帽状射
Bol (L.) (*bolus* 的缩写) 大丸剂,团
bolasterone [bə'læstərəun] 7-α,17-二甲睾酮
boldenone undecylenate ['bəuldənəun] 十一碳烯酸去甲睾酮
boldine [bɔl'di:n] 波耳丁,波耳多贰
boldo ['bɔldəu] (L. *boldus*, *boldoa*) 波耳多叶(茎)
boldoa ['bɔldəuə] (L.) 波耳多叶(茎)
bolenol ['bɔlenəl] 乙雌异烯醇
Boletus [bə'li:təs] (L.; Gr. *bōlitēs*) 牛肝菌属
　　B. satanas 魔牛肝菌
Bolk's retardation theory [bɔlks] (Louis *Bolk*, Dutch anatomist, 1866-1930) 博尔克发育停滞学说
Bollinger's bodies ['bɔliŋgæz] (Otto *Bollinger*, German pathologist, 1843-1909) 博林格尔小体
bolometer [bə'lɔmitə] (Gr. *bolē* a throw, a ray + *meter*) 放射热测定计,辐射热计
bolus ['bɔləs] (L.; Gr. *bolos* lump) ❶食团,(大)药丸; ❷集合药团; ❸散射体
　　b. alba 白陶土
　　alimentary b. 食团
bomb [bɔm] (辐射)炮
bombesin ['bɔmbəsin] 本贝辛,韩蛙皮素
bombykol ['bɔmbikəl] 蚕蛾醇
Bombyx mori ['bɔmbiks 'mɔri] 家蚕
bond [bɔnd] ❶键; ❷价标
　　coordinate covalent b. 配位共价键,配价键
　　covalent b. 共价键
　　disulfide b. 双硫键

energy rich b. 高能键
glycosidic b's 糖苷键
high energy b. 高能键
high energy phosphate b. 高能磷酸键
high energy sulfur b. 高能硫键
hydrogen b. 氢键
hydrophobic b. 疏水键
ionic b. 离子键
pair b. 成对连合
peptide b. 肽键
Van der Waals b. 凡·德·威尔斯键
bonding [bondiŋ] 粘合,结合
  tooth b. 牙粘合术
bone [boun] (L. *os*; Gr. *osteony*) 骨
  accessory b. 附骨
  acetabular b. 髋臼
  acromial b. 肩峰
  alar b. 蝶骨
  Albers-Schönberg marble b's 阿耳伯斯-肖堡大理石骨,骨硬化病
  Albrecht's b. 耳底骨
  alisphenoid b. 蝶翼骨,蝶骨大翼
  alveolar b. 牙槽骨
  ankle b. 距骨
  astragaloid 距骨
  astragaloscaphoid b. 距舟骨
  back b. 脊柱
  basal b. 基骨
  basihyal b. 舌骨体
  basilar b. 枕底骨
  basioccipital b. 枕底骨
  basiotic b. 耳底骨
  basisphenoid b. 蝶底骨
  Bertin's b. 贝坦氏骨,蝶骨甲
  breast b. 胸骨
  bregmatic b. 前囟骨,顶骨
  brittle b's 脆骨症,成骨不全
  bundle b. 纤维束骨
  calcaneal b. 跟骨
  calf b. 腓骨
  cancellated b., cancellous b. 松质骨
  cannon b. 炮骨
  capitate b. 头状骨
  carpal b's 腕骨
  carpal b., central 腕中央骨
  carpal b., first 第一腕骨,大多角骨
  carpal b., fourth 第四腕骨,钩骨
  carpal b., great 大腕骨,头状骨
  carpal b., intermediate 中间腕骨,月骨
  carpal b., radial 桡侧腕骨,手舟骨
  carpal b., second 第二腕骨,小多角骨
  carpal b., third 第三腕骨,头状骨
  carpal b., ulnar 尺侧腕骨,三角骨
  cartilage b. 软骨(成)骨
  cavalry b. 骑马者骨
  central b. 中央骨
  chalky b's 白垩状骨,骨硬化病
  cheek b. 颧骨
  chevron b. V形骨
  coccygeal b. 尾骨
  coffin b. 蹄骨
  collar b. 锁骨
  compact b. 密质骨
  coronary b. 髎骨
  cortical b. 骨密质
  costal b. 肋骨
  cranial b's, b's of cranium 颅骨
  cribriform b. 筛骨
  cuboid b. 骰骨
  cuneiform b. of carpus 腕楔形骨,三角骨
  cuneiform b., external 外侧楔骨
  cuneiform b., first 第一楔骨,内侧楔骨
  cuneiform b., intermediate 中间楔骨
  cuneiform b., internal 内侧楔骨
  cuneiform b., lateral 外侧楔骨
  cuneiform b., medial 内侧楔骨
  cuneiform b., middle, cuneiform b., second 中间楔骨,第二楔骨
  cuneiform b., third 第三楔骨,外侧楔骨
  dermal b. 皮内骨
  b's of digits of foot 趾骨
  b's of digits of hand 指骨
  ear b's 听小骨
  ectethmoid b's 筛骨侧块
  ectocuneiform b. 外侧楔骨
  endochondral b. 软骨成骨
  entocuneiform b. 内侧楔骨
  epactal b's 缝间骨
  epactal b., proper 固有缝间骨,顶间骨
  ethmoid b. 筛骨
  exercise b. 运动性骨化
  exoccipital b. 枕外骨
  b's of face, facial b's 面骨
  femoral b. 股骨
  fibular b. 腓骨

b's of fingers 指骨
flank b. 髂骨
flat b. 扁骨
frontal b. 额骨
funny b. 肱骨内髁
hamate b. 钩骨
haunch b. 髋骨
heel b. 跟骨
hip b. 髋骨
humeral b. 肱骨
hyoid b. 舌骨
iliac b. 髂骨
incarial b. 顶间骨
incisive b. 切牙骨
innominate b. 无名骨,髋骨
intermediate b. 月骨
interparietal b. 顶间骨
intrachondrial b. 软骨内骨
irregular b. 不规则骨
ischial b. 坐骨
ivory b's 象牙样骨,骨硬化病
jaw b., lower 下颌骨
jaw b., upper 上颌骨
jugal b. 颧骨
lacrimal b. 泪骨
lamellated b. 板(层)骨
lenticular b. of hand, lentiform b. 豌豆骨
lingual b. 舌骨
long b. 长骨
lunate b. 月骨
malar b. 颧骨
marble b's 大理石样骨,骨硬化病
mastoid b. 颞骨乳突部
maxillary b. 上颌骨
maxillary b., inferior 下颌骨
maxillary b., superior 上颌骨
maxilloturbinal b. 下鼻甲
membrane b. 膜(成)骨
mesocuneiform b. 中间楔骨
metacarpal b's 掌骨
metacarpal b., middle, metacarpal b., third 中间掌骨,第三掌骨
metatarsal b's 跖骨
multangular b., accessory 副多角骨,中央骨
multangular b., larger 大多角骨
multangular b., smaller 小多角骨

nasal b. 鼻骨
navicular b. of foot 足舟骨
navicular b. of hand 手舟骨
nonlamellated b. 非板(层)骨,编织骨
occipital b. 枕骨
odontoid b. 牙样骨,牙轴
orbital b. 颧骨
orbitosphenoidal b. 眶蝶骨,蝶骨小翼
palate b. 腭骨
palatine b. 腭骨
parietal b. 顶骨
pastern b. 骹骨
pedal b. 蹄骨
pelvic b. 髋骨
periosteal b. 膜化骨
petrosal b., petrous b. 颞骨岩部
phalangeal b's of foot 趾骨
phalangeal b's of hand 指骨
Pirie's b. 距舟骨
pisiform b. 豌豆骨
pneumatic b. 含气骨
postsphenoidal b. 蝶骨后部
postulnar b. 豌豆骨
prefrontal b. 额骨鼻部
prefrontal b. of von Bardeleben 上颌骨额突
preinterparietal b. 前顶间骨
premaxillary b. 切牙骨
presphenoidal b. 前蝶骨
primitive b. 原骨,初骨,编织骨
pterygoid b. 翼状骨
pubic b. 耻骨
pyramidal b. 三角骨
radial b. 桡骨
replacement b. 软骨(成)骨
resurrection b. 骶骨
rider's b. 骑马者骨
Riolan's b's 里奥朗氏骨
rudimentary b. 残遗骨
sacral b. 骶骨
scaphoid b. of foot 足舟骨
scaphoid b. of hand 手舟骨
scapular b. 肩胛骨
semilunar b. 半月骨,月骨
sesamoid b's 籽骨
sesamoid b's of foot 足籽骨
sesamoid b's of hand 手籽骨
shin b. 胫骨

short b. 短骨
b's of skull 颅骨
solid b. 密质骨
sphenoid b. 蝶骨
sphenoturbinal b. 蝶骨甲
splint b's 小掌骨
spoke b. 桡骨
spongy b. 松质骨
spongy b., inferior 下鼻甲
spongy b., superior 上鼻甲
squamo-occipital b. 鳞枕骨
squamous b. 颞骨鳞部
stifle b. 后膝骨,髌骨(马)
stirrup b. 镫骨
substitution b. 软骨(成)骨
supernumerary b. 附加骨,额外骨
suprainterparietal b. 上顶间骨
supraoccipital b. 枕上骨
suprapharyngeal b. 蝶骨
suprasternal b's 胸上骨
sutural b's 缝间骨
tarsal b's 跗骨
tarsal b., first 第一跗骨,内侧楔骨
tarsal b., second 第二跗骨,中间楔骨
tarsal b., third 第三跗骨,外侧楔骨
temporal b. 颞骨
thigh b. 股骨
thoracic b's 胸骨
b's of toes 趾骨
tongue b. 舌骨
trapezium b. 大多角骨
trapezium b., lesser 小多角骨
trapezium b. of Lyser 小多角骨
trapezoid b. 小多角骨
trapezoid b. of Henle 蝶骨翼突
trapezoid b. of Lyser 大多角骨
triangular b. 三角骨
triangular b. of tarsus 跗三角骨
triquetral b. 三角骨
turbinate b., highest 最上鼻甲
turbinate b., inferior 下鼻甲
turbinate b., middle 中鼻甲
turbinate b., superior 上鼻甲
turbinate b., supreme 最上鼻甲
tympanic b. 颞骨鼓部
ulnar b. 尺骨
unciform b., uncinate b. 钩骨
vesalian b. 第五跖骨粗隆

vomer b. 犁骨
whettle b's 胸椎
wormian b's 缝间骨
woven b. 编织骨
xiphoid b. 胸骨
zygomatic b. 颧骨
bonelet ['bəunlit] 小骨
Bonhoeffer's symptom ['bɔnhəfəz] (Karl *Bonhoeffer*, German psychiatrist, 1868-1948) 博恩霍弗尔氏症
Bonine ['bəuni:n] 博宁:盐酸氯苯甲嗪制剂的商品名
Bonnet's capsule [bɔ'neiz] (Amédée *Bonnet*, French surgeon, 1802-1858) 邦内氏囊
Bonwill crown ['bɔnwil] (William Gibson Arlington *Bonwill*, American dentist, 1833-1899) 邦威尔冠
book-lung ['buklʌŋ] 书肺
Böök's syndrome [beiks] (Jan Arvid *Böök*, Swedish geneticist, born 1915) 布克氏综合征
boomslang ['bu:mslæŋ] 南非树蛇
Boophilus [bə'ɔfiləs] (Gr. *bous* ox + *philein* to love) 牛蜱属,方头蜱属
Booponus [bə'ɔpənəs] (Gr. *bous* ox + *ponos* pain) 牛螫蝇属
booster ['bu:stə] 加强剂量
boot [bu:t] 靴
De Lorme b. 四头肌靴
Gibney's b. 吉布尼靴
quadriceps b. 四头肌靴
Unna's b. 乌纳氏靴
Unna's paste b. 乌纳氏糊靴
bootstrap ['bu:tstræp] 引导法
boracic acid [bə'ræsik] 硼酸
borate ['bɔ:reit] 硼酸盐
borated ['bɔ:reitid] 含硼酸的,含硼砂的
borax ['bɔ:ræks] (L. from Arabic; Farsi *būrah*) 硼砂
borborygmus [,bɔ:bə'rigməs] (pl. *borborygmi*) (L.) 腹鸣
border ['bɔ:də] 界线,边缘,边面
b. of acetabulum 髋臼缘
alveolar b. of mandible 下颌齿槽弓
alveolar b. of maxilla 上颌齿槽弓
brush b. 刷状缘
denture b. 义齿基托边缘

external b. of tibia 胫骨外侧面
inferior b. of heart 心上缘
inferior b. of mandible 下颌底
orbital b. of sphenoid bone 蝶骨大翼眶面
b. of oval fossa 卵圆窝缘
posterior b. of petrous portion of temporal bone 颞骨岩部后角
posterointernal b. of fibula 腓骨内侧嵴
striated b. 纹状缘
superior b. of patella 髌底
superior b. of petrous portion of temporal bone 颞骨岩部上角
vermilion b. 唇红缘

borderline ['bɔːdəlain] 边缘,临界

Bordet [bɔːˈdei] 博代：Jules Jean Baptiste Vincent,比利时细菌学和血清学家

Bordet-Gengou agar [bɔːˈdei ʒɑŋ ˈguː] (J. J. B. V. *Bordet*; Octave *Gengou*, French bacteriologist, 1875-1957) 博代-让古琼脂

Bordetella [ˌbɔːdəˈtelə] (Jules Jean Baptiste Vincent *Bordet*) 博代(杆)菌属
 B. bronchiseptica 支气管败血性博代氏杆菌
 B. parapertussis 副百日咳博代氏杆菌
 B. pertussis 百日咳博代氏杆菌

boric acid [ˈbɔːrik] (NF) 硼酸
borism [ˈbɔːrizəm] 硼中毒

Börjeson's syndrome [ˈbɔːjəsʌnz] (Mats Gunnar *Börjeson*, Swedish physician, born 1922) 博杰逊氏综合征

Börjeson-Forssman-Lehmann syndrome [ˈbɔːjəsʌn ˈfɔːsmæn ˈleimæn] (M. G. *Börjeson*; Hans Axel *Forssman*, Swedish physician, born 1912; Orla *Lehmann*, Swedish physician, born 1927) 博-福-雷三氏综合征

Borna disease [ˈbɔːnə] (*Borna*, a district in Germany where an epidemic occurred) 博尔纳病,疯狂病

Bornholm disease [ˈbɔːnhɔlm] (*Bornholm*, island in Denmark where some of the first documental cases occurred) 博恩霍尔摩病,流行性胸膜痛

boron [ˈbɔːrən] (L. *borium*) 硼
 b. carbide 碳化硼

Borrel bodies [bɔˈrel] (Amédée *Borrel*, French bacteriologist, 1867-1936) 包柔氏包涵体

Borrelia [bəˈreliə] (after Amédée *Borrel*) 包柔氏螺旋体属,疏螺旋体属
 B. anserina 鹅疏螺旋体
 B. berbera 伯贝拉疏螺旋体,回归热螺旋体
 B. buccalis 颊疏螺旋体
 B. burgdorferi 博氏疏螺旋体,慢性萎缩性肢皮炎
 B. carteri 卡氏疏螺旋体,回归热螺旋体
 B. caucasica 高加索疏螺旋体
 B. crocidurae 麝鼩疏螺旋体
 B. dipodilli 矫跳鼠疏螺旋体
 B. duttonii 达顿氏疏螺旋体
 B. hermsii 赫姆斯疏螺旋体
 B. hispanica 西斑牙疏螺旋体
 B. kochii 郭霍氏疏螺旋体,达顿氏疏螺旋体
 B. latyschewii 拉氏疏螺旋体
 B. mazzottii 马氏疏螺旋体
 B. merionesi 跳鼠疏螺旋体
 B. microti 田鼠疏螺旋体
 B. neotropicalis 委内瑞拉疏螺旋体
 B. novyi 诺维氏疏螺旋体,回归热螺旋体
 B. obermeyeri 奥伯迈尔氏疏螺旋体,回归热螺旋体
 B. parkeri 帕克氏疏螺旋体
 B. persica 波斯疏螺旋体
 B. recurrentis 回归热螺旋体
 B. theileri 色勒氏疏螺旋体
 B. turicatae 特氏疏螺旋体
 B. venezuelensis 委内瑞拉疏螺旋体
 B. vincentii 奋森氏疏螺旋体

borreliosis [bəˌreliˈəusis] 包柔氏螺旋体病,疏螺旋体病
 Lyme b. 兰姆氏包柔氏螺旋体病

Borsieri's sign [ˌbɔːsiˈeriz] (Giovanni Battista *Borsieri* de Kanilfeld, Italian physician, 1725-1785) 博西埃里征

Bose's hook [ˈbɔsəz] (Heinrich *Bose*, German surgeon, 1840-1900) 博塞钩

boss [bɔs] 圆凸,隆起
 parietal b's 顶骨隆起

bosselated [ˈbɔsəleitid] (Fr. *bosseler*) 有圆凸的

bosselation [ˌbɔsəˈleiʃən] ❶ 小圆凸; ❷ 圆凸形成

Bostock's catarrh ['bɔstɔks] (John *Bostock*, English physician, 1773-1846) 博斯托克卡他,枯草热

Boston's sign ['bɔstənz] (L. Napoleon *Boston*, American physician, 1871-1931) 博斯顿氏征

bot [bɔt] 肤蝇幼虫
　sheep nose b. 羊鼻狂蝇幼虫

Botallo's duct [bɔ'tɑ:ləuz] (Leonardo *Botallo*, Italian surgeon in Paris, 1530-1600) 博塔罗氏管

botanic [bəu'tænik] ❶ 植物(界)的；❷ 植物学的

botany ['bɔtəni] (L. *botanica* from Gr. *botanē* herb) 植物学
　medical b. 医用植物学

botfly ['bɔtflai] 肤蝇

bothridium [bɔ'ridiəm] 吸叶

bothriocephaliasis [ˌbɔθriəˌsefə'laiəsis] 裂头绦虫病

Bothriocephalus [ˌbɔθriə'sefələs] (Gr. *bothrion* pit + *kephalē* head) 裂头绦虫属

bothrium ['bɔθriəm] (Gr. *bothrion* pit) 吸沟,吸槽

bothropic [bɔθ'rɔpik] 具窍腹蛇的

Bothrops ['bɔθrɔps] (Gr. *bothros* pit + *ōps* eye) 具窍腹蛇属

botogenin [bɔtə'dʒenin] 薯吉宁,薯苷配基

botryoid ['bɔtriɔid] (Gr. *botrys* bunch of grapes + *eidos* form) 葡萄簇状的

botryomycosis [ˌbɔtriəmai'kəusis] (Gr. *botrys* bunch of grapes + *mykēs* fungus + *-osis*) 葡萄状菌病

botryomycotic [ˌbɔtriəmai'kɔtik] 葡萄状菌病的

botrytimycosis [bəˌtritimai'kəusis] 葡萄孢霉菌病

Botrytis [bɔ'traitis] 葡萄孢属
　B. bassiana 蚕白僵病葡萄孢
　B. tenella 柔弱葡萄孢

bots [bɔts] 肤蝇蛆病

Böttcher's cells ['bətʃəz] (Arthur *Böttcher*, German anatomist, 1831-1889) 伯特歇尔氏细胞

bottle ['bɔtl] 瓶
　Castaneda b. 卡斯卡涅达氏瓶
　Spritz b. 斯普里兹氏洗瓶
　wash b. 洗瓶
　Woulfe's b. 沃尔夫氏瓶

botuliform ['bɔtʃulifɔ:m] (L. *botulus* sausage + *forma* shape) 腊肠状的

botulin ['bɔtʃulin] (L. *botulus* sausage) 肉毒杆菌毒素

botulinal [ˌbɔtʃu'linəl] 肉毒杆菌的,肉毒杆菌毒素的

botulinogenic [ˌbɔtʃuˌlinə'dʒenik] (*botulin* + Gr. *gennan* to produce) 产生肉毒杆菌毒素的,含有肉毒杆菌毒素的

botulism ['bɔtʃulizəm] (L. *botulus* sausage) 肉毒中毒
　infant b. 婴儿型肉毒中毒
　wound b. 伤口型肉毒中毒

botulismotoxin [ˌbɔtʃuˌlizmə'tɔksin] 肉毒杆菌毒素

Bouchard's coefficient [bu'ʃɑ:z] (Charles Jacques *Bouchard*, French physician, 1837-1915) 布夏尔氏系数

Bouchardat's test [buʃɑ:'dɑ:tz] (Apollinaire *Bouchardat*, French chemist, 1806-1886) 布夏达氏试验

Bouchut's respiration [bu:'ʃu:tz] (Jean Antoine Eugène *Bouchut*, French physician, 1818-1891) 布舒氏呼吸

bougie [buː'ʒiː] (Fr. "wax candle") 探条,栓剂
　b. à boule [ɑː'buːl] (Fr.) 球头探条
　acorn-tipped b. 橡子头探条
　bulbous b. 球头探条
　caustic b. 烧灼探条
　conic b. 锥形探条
　cylindrical b. 圆柱状探条
　dilating b. 扩张探条
　elastic b. 弹性探条
　elbowed b. 肘形探条
　filiform b. 丝状探条
　fusiform b. 梭形探条
　Hurst's b's 荷斯特探条
　Maloney b's 马洛尼探条
　olive-tipped b. 球头探条
　rosary b. 念珠探条
　wax-tipped b. 蜡端探条
　whip b. 鞭形探条

bougienage [ˌbuːʒiː'nɑːʒ] 探条扩张术

Bouillaud's disease [buːi'ʒəuz] (Jean Baptiste *Bouillaud*, French physician, 1796-

bouillon

1881)布优氏病
bouillon [buːˈjɔː] 肉汤
Bouin's fluid [buːˈez] (Pol André *Bouin*, French anatomist, 1870-1962) 布安液
boulimia [bəˈlimiə] 贪食,食欲亢进
bound [baund] ❶ 受限的,被束缚的,非游离的;❷(化学)结合的
bouquet [buːˈkei] (Fr.) 花束,丛
Bourgery's ligament [buəʒəˈriːz] (Marc Jean *Bourgery*, French anatomist and surgeon, 1797-1849) 布尔热内氏韧带,腘斜韧带
Bourneville's disease [buənˈviːlz] (Désiré-Magloire *Bourneville*, French neurologist, 1840-1909) 布尔内维耶氏病,节结性(脑)硬化
Bourneville-Pringle syndrome [buənˈvil ˈpriŋgl] (D.-M. *Bourneville*; John James *Pringle*, British dermatologist, 1855-1922) 布-普二氏综合征,节结性硬化
bout [baut] 发作
bouton [buːˈtɑːn] (Fr. "button") 疖,小结
  b. de passage, b. en passant 非终纽
  synaptic b. 突触小结终纽,终纽
  b. terminal 终纽
boutonneuse [buːtəˈnuːz] (Fr. "pimply") 南欧斑疹热
Bouveret's syndrome [buːvəˈreiz] (Léon *Bouveret*, French physician, 1850-1929) 布佛雷氏综合征
Bovet [ˈbɔvet] 鲍维特:Daniel,瑞士出生的意大利药理学家
Bovimyces pleuropneumoniae [ˌbɔviˈmaisiz ˌpluərənjuˈmɔuniː] 胸膜肺炎牛丝菌
bovine [ˈbɔvain] (L. *bos*, *bovis* ox, bullock, cow) 牛的
bovovaccination [ˌbɔuvəuˌvæksiˈneiʃən] 牛结核菌苗接种法
bovovaccine [ˌbɔuvəuˈvæksiːn] 牛用结核菌苗
bow [bəu] (A. S. *boga* bow, arch) 弓,弓(性)物
  Logan b. 洛根氏弓
Bowditch's law [ˈbɔditʃəz] (Henry Pickering *Bowditch*, American physiologist, 1840-1911) 鲍迪奇氏定律
bowel [ˈbauəl] (Fr. *boyau*) 肠

Bowen's disease [ˈbauənz] (John Templeton *Bowen*, American dermatologist, 1857-1941) 鲍恩氏病
bowenoid [ˈbəuənɔid] 退行发育的,间变的
bowie [ˈbəui] 猎刀样腿(病)
bowl [bəul] (A. S. *bolla*) 碗
  mastoid b., mastoidectomy b. 乳突碗,乳突切除碗
bowleg [ˈbəuleg] 弓形腿,膝内翻
  nonrachitic b. 非佝偻病性弓形腿
Bowman's capsule [ˈbəmənz] (Sir William *Bowman*, English physician, 1816-1892) 鲍曼氏囊
box [bɔks] 盒,箱
  anatomical snuff-b., anatomist's snuff-b. 鼻烟窝
  CAAT b. CAAT 框
  GC b. GC 框
  Goldberg-Hogness b., Hogness b. 赫尼斯氏框
  Hogness b. 赫尼斯氏框
  Skinner b. 斯金纳箱
  TATA b. TATA 框
  Yerkes discrimination b. 耶基斯辨别箱
boxing [ˈbɔksiŋ] 围模
box-note [ˈbɔksnəut] 空匣音
Boyce's sign [ˈbɔisəz] (Frederick Fitzherbert *Boyce*, American physician, born 1903) 波依斯氏征
Boyer's bursa [bɔiˈeiz] (Alexis de *Boyer*, French surgeon, 1757-1833) 布瓦埃尼粘液囊
Boyle's law [bɔilz] (Robert *Boyle*, English physicist, 1627-1691) 波义耳定律
Bozeman's operation [ˈbəuzmənz] (Nathan *Bozeman*, American surgeon, 1825-1905) 博兹曼氏手术
Bozzolo's sign [bɔtˈsɔləuz] (Camillo *Bozzolo*, Italian physician, 1845-1920) 博佐洛氏征
BP ❶ (*blood pressure* 的缩写) 血压;❷ (*British Pharmacopoeia* 的缩写) 英国医典
bp ❶ (*base pair* 的缩写) 碱基对;❷ (*boiling point* 的缩写) 沸点
BPA (*British Paediatric Association* 的缩写) 英国儿科学会

B Ph (British Pharmacopoeia 的缩写) 英国药典

BPIG (bacterial polysaccharide immune globulin 的缩写) 细菌多糖免疫球蛋白

Bq (*becquerel* 的缩写) 贝克瑞尔

Br (*bromine* 的符号) 溴

brace [breis] ❶ 梏具；❷ 支架；❸ (pl.) 矫正器
  back b. 背甲,脊柱矫正器
  Blount b. 布朗特氏支架
  chairback b. 椅背支架
  collar b. 颈支架,颈矫正架
  Fisher b. 费希尔氏支架
  Goldthwait b. 戈德思韦氏支架
  Jewett b. 朱厄特支架
  Jones b. 琼斯支架
  Knight b. 耐特氏支架
  leg b. 腿支架,膝-踝-足矫正器
  long leg b. 长腿支架
  McKee b. 麦基支架
  Milwaukee b. 米尔沃基氏支架
  neck b. 颈支架
  Taylor b. 泰勒氏支架

bracelet ['breislit] ❶ 腕带,手镯；❷ (pl.) 腕纹
  Nageotte's b's 纳热奥特腕带

brachia ['breikiə] (L.) 臂。*brachium* 的复数形式

brachial ['breikiəl] (L. *brachialis*, from *brachium* arm) 臂的,肱的

brachialgia [ˌbræki'ældʒiə] (Gr. *brachiōn* arm + *-algia*) 臂痛
  b. statica paresthetica 睡眠性感觉过敏性臂痛

brachiation [ˌbræki'eiʃən] (L. *brachium* + *-ation* suffix implying action) 臂力摆荡

brachiform ['breikifɔːm] 臂状的

brachi(o)- (L. *brachium*, q.v.) 臂

brachiocephalic [ˌbrəkiəsə'fælik] (Gr. *brachiōn* arm + *kephalē* head) 头臂的

brachiocrural [ˌbrækiə'kruərəl] (L. *brachium* arm + *crus* leg) 臂腿的

brachiocubital [ˌbrækiə'kjuːbitəl] (L. *brachium* arm + *cubitus* elbow) 臂肘的

brachiocyllosis [ˌbrækiəsə'ləusis] (Gr. *brachiōn* arm + *kyllōsis* a crooking) 臂弯曲

brachiocyrtosis [ˌbrækiəsə'təusis] (Gr. *brachiōn* arm + *kyrtos* bent) 臂弯曲

brachiofaciolingual [ˌbrækiəˌfeiʃiə'liŋgwəl] 臂面舌的

brachiogram ['brækiəugræm] 臂脉图

brachiostrophosis [ˌbrækiəustrə'fəusis] (Gr. *strephein* to turn) 臂扭转,臂歪扭

brachiotomy [ˌbreiki'ɔtəmi] 臂切开术,臂切除术

brachiplex ['breikipleks] 臂神经丛

brachium ['brækiəm] (pl. *brachia*) (L.; Gr. *brachiōn*) (NA) ❶ 臂；❷ 臂状物
  b. of caudal colliculus, b. colliculi caudalis 下丘臂,四叠体下臂
  b. collculi inferioris (NA) 四叠体下臂,下丘臂
  b. colliculi rostralis 四叠体上臂,上丘臂
  b. colliculi superioris (NA) 四叠体上臂,上丘臂
  b. of inferior colliculus 四叠体下臂,下丘臂
  b. opticum 视臂,四叠体上臂
  b. pontis 脑桥臂,小脑中脚
  b. of rostral colliculus 四叠体上臂,上丘臂
  b. of superior colliculus 四叠体上臂,上丘臂

Brachmann-deLange syndrome ['brɑːkmən dei'lɑːŋgə] (W. *Brachmann*, German physician, early 20th century; Cornelia *de Lange*, Dutch pediatrician, 1871-1950) 布-得二氏综合征

Bracht's maneuver [brɔkts] (Erich Franz Eugen *Bracht*, German gynecologist and obstetrician, born 1882) 布腊赫特氏手法

Bracht-Wächter lesion [brɔkt 'vektə] (E. F. E. *Bracht*; Hermann Julius Gustav *Wächter*, German physician, born 1878) 布-瓦二氏病变

brachy- (Gr. *brachys* short) 短

brachybasia [ˌbræki'beiziə] (*brachy* + Gr. *basis* walking) 短步,小步

brachycephalia [ˌbrækisə'feiliə] 短头(畸形)

brachycephalic [ˌbrækisə'fælik] 短头的

brachycephalism [ˌbræki'sefəlizəm] 短头(畸形)

brachycephalous [ˌbræki'sefələs] 短头的
brachycephaly [ˌbræki'sefəli] (brachy- + Gr. *kephalē* head) 短头
brachycheilia [ˌbræki'kailiə] (brachy- + Gr. *cheilos* lip + -ia) 短唇
brachychily [brə'kaikili] 短唇
brachychronic [ˌbræki'krɔnik] 急性的,急促的
brachycnemic [ˌbræki'niːmik] 短小腿的,短胫的
brachycranial [ˌbræki'kreiniəl] 短颅的
brachycranic [ˌbræki'krænik] (brachy- + L.; Gr. *kranion* skull) 短颅的
brachydactyly [ˌbræki'dæktili] (brachy- + Gr. *daktylos* finger) 指(趾)过短
brachyesophagus [ˌbrækiə'sɔfəgəs] (brachy- + *esophagus*) 食管过短
brachyfacial [ˌbræki'feiʃiəl] (brachy- + *facial*) 短面的
brachyglossal [ˌbræki'glɔsəl] (Gr. *glossa* tongue) 短舌的
brachygnathia [ˌbrækig'næθiə] (brachy- + Gr. *gnathos* jaw + -ia) 短颌
brachygnathous [bræ'kignəθəs] 短颌的
brachykerkic [ˌbræki'kəːkik] (brachy- + Gr. *kerkis* radius) 短前臂的
brachyknemic [ˌbræki'niːmik] (brachy- + Gr. *knēmē* shin) 短小腿的
brachymetacarpalism [ˌbrækiˌmetə'kɑːpəlizəm] 掌骨过短
brachymetacarpia [ˌbrækiˌmetə'kɑːpiə] (brachy- + *metacarpus* + -ia) 掌骨过短
brachymetapody [ˌbrækimə'tæpədi] (brachy- + meta- + pod- + -ia) 掌(跖)骨过短
brachymetatarsia [ˌbrækiˌmetə'tɑːsiə] (brachy- + *metatarsus* + -ia) 跖骨过短
brachymorphic [ˌbræki'mɔːfik] (brachy- + Gr. *morphē* form) 短形的,矮型的
brachyphalangia [ˌbrækifə'lændʒiə] (brachy- + *phalanx*) 指(趾)骨过短
brachyskelous [ˌbræki'skiːləs] (brachy- + Gr. *skelos* leg) 短腿的
brachystaphyline [ˌbræki'stæfilin] (brachy- + Gr. *staphylē* uvula) 短腭的
brachystasis [brə'kistəsis] (brachy- + *stasis*) 肌肉短滞
brachytherapy [ˌbræki'θerəpi] 近距(放射)疗法
brachytypical [ˌbræki'tipikəl] 短形的,矮型的
brachyuranic [ˌbrækiju:'rænik] 短牙槽的
bracing ['breisiŋ] ❶ 支撑;❷ 支柱;❸ 咀嚼耐力
bracken ['brækən] 羊齿,欧洲蕨
bracket ['brækit] ❶ 托架;❷ 正牙科托架
bract [brækt] 苞片,托叶
Bradbury-Eggleston syndrome ['brædbəri 'eglestən] (Samuel *Bradbury*, American physician, 1883-1947; Cary *Eggleston*, American physician, 1884-1966) 布-艾二氏综合征
bradesthesia [ˌbrædis'θiziə] 感觉徐缓
Bradford frame ['brædfəd] (Edward Hickling *Bradford*, American orthopedic surgeon, 1848-1926) 布莱德福架
Bradley's disease ['brædliz] (W. H. *Bradley*, British physician, 20th century) 布莱德雷氏病
bradshot ['brædʃɔt] 羊快疫,羊炭疽
bradsot ['brædsɔt] 羊快疫,羊炭疽
brady- (Gr. *bradys* slow) 缓慢,迟钝
bradyacusia [ˌbrædiə'kjuːsiə] (brady- + Gr. *akouein* to hear) 听觉迟钝
bradyarrhythmia [ˌbrædiə'riθmiə] (brady- + *arrhythmia*) 心律过缓,心动异常缓慢
bradyarthria [ˌbrædi'ɑːθriə] (brady- + Gr. *arthroun* to utter distinctly) 言语过慢
bradyauxesis [ˌbrædiɔːk'siːsis] (brady- + Gr. *auxēsis* increase) 部分发育缓慢
Bradybaena [ˌbrædi'biːnə] 巴蜗牛属
bradybolism [ˌbrædi'bɔlizm] (brady- + Gr. *ballein* to throw) 射精徐缓
bradycardia [ˌbrædi'kɑːdiə] (brady- + Gr. *kardia* heart) 心动过缓,心搏徐缓
  Branham's b. 布兰汉氏心搏徐缓
  central b. 中枢性心搏徐缓
  essential b. 自发性心搏徐缓
  fetal b. 胎儿心搏徐缓
  nodal b. 结性心搏徐缓
  postinfective b. 传染病后心搏徐缓
  sinoatrial b. 窦房结性心搏徐缓,窦性心搏徐缓
  sinus b. (SB) 窦性心搏徐缓

vagal b. 迷走神经性心搏徐缓

bradycardiac [ˌbrædiˈkɑːdiæk] ❶ 心动过缓的；❷ 减慢心率药

bradycinesia [brædisiˈniziə] 运动过慢，身心反应迟钝

bradycrotic [ˌbrædiˈkrɔtik] (*brady-* + Gr. *krotos* pulsation) 脉搏过缓的

bradydiastalsis [ˌbrædiˌdaiəˈstælsis] 蠕动徐缓

bradydiastole [ˌbrædidaiˈæstəli] (*brady-* + *diastole*) 舒张期延长

bradydysrhythmia [ˌbrædidisˈriθmiə] (*brady-* + *dysrhythmia*) 心动过缓，心搏徐缓

bradyecoia [ˌbrædiiˈkɔiə] (Gr. *bradyēkoos* slow of hearing) 重听，部分聋

bradyesthesia [ˌbrædiisˈθiziə] (*brady-* + Gr. *aisthēsis* perception) 感觉过慢，感觉迟钝

bradygenesis [ˌbrædiˈdʒenəsis] (*brady-* + *genesis*) 发育过慢

bradyglossia [ˌbrædiˈglɔsiə] (Gr. *bradyglōssos* slow of speech) 言语过慢

bradykinesia [ˌbrædikaiˈniziə] (*brady-* + Gr. *kinēsis* movement) ❶ 运动过慢；❷ 身心反应迟钝

bradykinetic [ˌbrædikaiˈnetik] (*brady-* + Gr. *kinēsis* motion) ❶ 运动过慢的；❷ 慢动

bradykinin [ˌbrædiˈkinin] (*brady-* + Gr. *kinein* to move) 缓激肽

bradylalia [ˌbrædiˈleiliə] (*brady-* + Gr. *lalein* to talk) 言语过慢

bradylexia [ˌbrædiˈleksiə] (*brady-* + Gr. *lexis* word) 阅读过慢

bradylogia [ˌbrædiˈlɔdʒiə] (*brady-* + *log-* + *-ia*) 言语过慢

bradymenorrhea [ˌbrædiˌmenəˈriːə] 经期延长

bradypepsia [ˌbrædiˈpepsiə] (Gr. *pepsis* digestion) 消化徐缓

bradyphagia [ˌbrædiˈfeidʒiə] (*brady-* + Gr. *phagein* to eat) 慢食癖

bradyphasia [ˌbrædiˈfeiziə] (*brady-* + Gr. *phasis* speech) 言语过慢

bradyphrasia [ˌbrædiˈfreiziə] (*brady-* + Gr. *phrasis* utterance + *-ia*) ❶ 言语过慢；❷ 智力迟钝

bradyphrenia [ˌbrædiˈfriːniə] (*brady-* + *phren-* + *-ia*) 智力迟钝

bradypnea [ˌbrædiˈniːə] (*brady-* + Gr. *pnoia* breath) 呼吸过慢

bradypragia [ˌbrædiˈpreidʒiə] (*brady-* + Gr. *prattein* to act) 动作过慢

bradypsychia [ˌbrædiˈsaikiə] (Gr. *psyche* mind, soul) 精神迟钝

bradyrhythmia [ˌbrædiˈriθmiə] (*brady-* + Gr. *rhythmos* rhythm + *-ia*) 心动过缓

bradyspermatism [ˌbrædiˈspəːmətizəm] (*brady-* + Gr. *sperma* semen) 射精过慢

bradysphygmia [ˌbrædiˈsfigmiə] (*brady-* + Gr. *sphygmos* pulse) 心搏过缓

bradystalsis [ˌbrædiˈstælsis] (*brady-* + (*peri-*)*-stalsis*) 蠕动过慢

bradytachycardia [ˌbrædiˌtækiˈkɑːdiə] (*brady-* + *tachy-* + Gr. *kardia* heart) 心搏快慢交替

bradyteleokinesis [ˌbræditeliəkaiˈniːsis] (*brady-* + Gr. *telein* to complete + *kinēsis* movement) 运动终末过慢

bradytocia [ˌbrædiˈtəusiə] (*brady-* + Gr. *tokos* birth) 分娩延缓，滞产

bradytrophia [ˌbrædiˈtrɔfiə] 营养作用过慢

bradytrophic [ˌbrædiˈtrɔfik] (*brady-* + Gr. *trophē* nutrition) 营养作用缓慢的

bradyuria [ˌbrædiˈjuəriə] (*brady-* + Gr. *ouron* urine) 排尿过慢

bradyzoite [ˌbrædiˈzəuait] (*brady-* + *zōon* animal) 慢殖子

Bragard's sign [ˈbrɑːgɑːds] (Karl *Bragard*, German orthopedist, 20th century) 布拉加尔氏征

braidism [ˈbreidizəm] (after James *Braid*) 催眠术，催眠状态

braille [breil] (Louis *Braille*, a French teacher of the blind, 1809-1852) 盲人点字法

Brain's reflex [breinz] (Walter Russell *Brain*, English neurologist, 1895-1966) 布雷恩氏反射

brain [brein] (Anglo-Saxon *braegen*) 脑
olfactory b. 嗅脑
respirator b. 呼吸器脑
split b. 分裂脑
smell b. 嗅脑

water b. 蹒跚病
wet b. 脑水肿
brain stem ['brein stem] 脑干
brainwashing ['breinwɔʃiŋ] 洗脑
bran [·bræn] 麸,糠
branch [brɑːntʃ] 分支
    anterior b. of axillary nerve 腋神经前支
    bundle b. 房室束支
    articular b. of deep fibular nerve 腓深神经关节支
    b. to coracobrachialis 喙肱束
    interosseous b's of lateral terminal branch of deep fibular nerve 腓深神经外侧终支骨间支
    interosseous b. of medial terminal branch of deep fibular nerve 腓深神经内侧终支骨间支
    left bundle b. 左束支,左脚房室束
    muscular b's of axillary nerve 腋神经肌支
    muscular b's of deep fibular nerve 腓深肌支
    posterior b's of axillary nerve 腋神经后支
    pulmonary b's of vagus nerve, anterior 迷走神经肺前支
    pulmonary b's of vagus nerve, posterior 迷走神经肺后支
    right bundle b. 右束支,右脚房室束
    b's to sternocleidomastoid 胸锁乳突体
    terminal b. of deep fibular nerve, lateral 腓深神经外侧终支
    terminal b. of deep fibular nerve, medial 腓深神经
branched-chain-amino-acid transaminase [bræntʃt tʃein ə'miːnə 'æsid træns'æmineis] (EC 2.6.1.42) 支链氨基酸转氨酶
branched-chain α-keto acid dehydrogenase [bræntʃt tʃein 'kiːtəu 'æsid di'haidrə dʒeneis] 支链 α 酮酸脱氢酶
brancher enzyme ['bræntʃə 'enzaim] 分支酶
brancher enzyme deficiency 分支酶缺乏
branchia ['bræŋkiə] (Gr. *branchia* gills) 鳃
branchial ['bræŋkiəl] 鳃的,鳃样的
branching enzyme ['brænʃiŋ 'enzaim] 分支酶
branchiogenic [ˌbræŋkiə'dʒenik] 成鳃(弓)的
branchiogenous [ˌbræŋki'ɔdʒənəs] (*branchia* + Gr. *gennan* to produce) 鳃原的
branchioma [ˌbræŋki'əumə] 鳃原瘤
branchiomere ['bræŋkiəmiə] 鳃节
branchiomeric [ˌbræŋkiə'merik] 鳃节的, 鳃弓的
branchiomerism [ˌbræŋki'ɔmərizəm] (*branchia-* + Gr. *meros* part) 鳃分节
Branchiostoma [ˌbræŋkiə'stəumə] (*branchia-* + Gr. *stoma* mouth) 文昌鱼属,蛞蝓
Brandt-Andrews maneuver [brænt 'ændruːz] (Thure *Brandt*, Swedish obstetrician and gynecologist, 1819-1895; Henry Russell *Andrews*, English obstetrician and gynecologist, 1871-1942) 布-安二氏手法
Branham's sign ['brænhəmz] (H. H. *Branham*, American surgeon, 19th century) 布兰汉姆氏征
Branhamella [ˌbrænhə'melə] (Sara Elizabeth *Branham*, American bacteriologist) 布兰汉氏球菌属,莫拉克斯氏菌属
    B. catarrhalis 卡他性布兰汉氏球菌
brash [bræʃ] 胃灼热,返酸
    water b. 胃灼热
    weaning b. 断奶腹泻
Brassica ['bræsikə] (L.) 芥属,芸苔属
Braun's anastomosis [braunz] (Heinrich *Braun*, German surgeon, 1847-1911) 布劳恩氏吻合术
Braun's canal [braunz] (Carl Ritter *Braun* von Fernwald, Austrian obstetrician, 1822-1891) 布劳恩氏管,神经肠管
Braunwald's sign ['braunwɔːldz] (Eugene *Braunwald*, American cardiologist, born 1929) 布劳恩瓦特氏征
Bravais-jacksonian epilepsy [brɑː'vei dʒæk'sɔniən] (Louis François *Bravais*, French physician, early 19th century; John Hughlings *Jackson*, English neurologist, 1835-1911) 布-杰二氏癫痫
brawn [brɔːn] 肌肉
brawny ['brɔːni] ❶ 肉的;❷ 倔强的
Braxton Hicks contraction ['brækstən hiks] (John *Braxton Hicks*, English gy-

braxy ['bræksi] 羊快疫,羊炭疽

brayera [brə'jerə] 苦苏花

brazilin [brə'zilin] 巴西灵,巴西木素

breadth [bredθ] 宽度
  b. of accommodation 调视范围,调视限度
  bizygomatic b. 两颧宽度

break [breik] ❶ 中断; ❷ 断路
  chromatid b. 染色单体断裂

breast [brest] 前胸,乳房
  caked b. 乳汁潴留性乳腺炎
  chicken b. 鸡胸
  Cooper's irritable b. 库柏氏乳腺过敏
  funnel b. 漏斗(状)胸
  pigeon b. 鸡胸
  proemial b. 先兆性乳腺病
  shoemakers' b. 鞋工胸
  shotty b. 弹丸状乳腺
  thrush b. 鹅口疮状心白斑

breast-feeding ['brest 'fi:diŋ] 人乳哺育

breath [breθ] (L. *spiritus halitus*) 呼吸
  bad b. 口臭
  lead b. 铅中毒口臭
  liver b. 肝病口臭

breathing ['bri:ðiŋ] 呼吸
  Biot's b. 比奥式呼吸
  bronchial b. 支气管呼吸音
  frog b., glossopharyngeal b. 蛙式呼吸,舌咽式呼吸
  intermittent positive pressure b. 间歇性正压呼吸
  periodic b. 周期性呼吸,陈-施二氏呼吸

bredouillement [ˌbridwi'mɔ:] 语词缺落

breech [bri:tʃ] 臀

bregma ['bregmə] (Gr. "front of the head") (NA) 前囟

bregmatic [breg'mætik] 前囟的

bregmatodymia [ˌbregmətə'dimiə] (*bregma* + Gr. *didymos* twin + *-ia*) 前囟联胎畸形

Brehmer's treatment ['breiməz] (Hermann *Brehmer*, German physician, 1826-1889) 布雷默氏疗法

brei [brai] (Ger. "pulp") 糊浆

Breisky's disease ['braiski:z] (August *Breisky*, Czechoslovakian gynecologist, 1832-1889) 布雷斯基氏病

bremsstrahlung ['bremstrɑ:lʌŋ] (Ger. "braking radiation") 轫致放射

Brennemann's syndrome ['brenəmənz] (Joseph *Brennemann*, American pediatrician, 1872-1944) 布伦尼曼氏综合征

Brenner tumor ['brenə] (Fritz *Brenner*, German pathologist, born 1877) 布莱纳氏瘤

brenz- (Ger.) 焦,焦性

brephic ['brefik] (Gr. *brephos* embryo) 胚胎期的,发育初期的

breph(o)- (Gr. *brephos* embryo, newborn infant) 胚胎,胎儿,新生儿

brephoplastic [ˌbrefə'plæstik] (*brepho-* + Gr. *plassein* to form) 胚胎期形成的

brephopolysarcia [ˌbrefəpɔli'sɑ:siə] (Gr. *brephos* infant + *trophe* nutrition) 婴儿营养的

brephotrophic [ˌbrefə'trɔfik] (*brepho-* + Gr. *trophē* nutrition) 婴儿营养的

brephyhydrocephalus [ˌbrefiˌhaidrə'sefələs] (Gr. *brephos* infant + *hydrocephalus*) 婴儿脑水肿

Breschet's canals [brə'ʃeiz] (Gilbert *Breschet*, French anatomist, 1783-1845) 布雷斯切氏管

Brescia-Cimino fistula ['breʃiə si'mi:nəu] (Michael J. *Brescia*, American nephrologist, born 1933; James E. *Cimino*, American nephrologist, born 1928) 布-西氏瘘管

Brethaire ['breθɛə] 普莱赛:硫酸特普他林制剂的商品名

Brethine ['breθi:n] 普莱汀:硫酸特普他林制剂的商品名

Bretonneau's angina [bretə'nəuz] (Pierre Fidèle *Bretonneau*, French physician, 1778-1862) 布雷东纽氏咽峡炎

Bretylate ['bretileit] 普莱地莱特:溴苄铵制剂的商品名

bretylium tosylate [brə'tiliəm] 溴苄铵,溴苄乙铵

Bretylol ['bretiləul] 普莱地罗:溴苄铵制剂的商品名

Breus' mole [brɔiz] (Karl *Breus*, Austrian obstetrician, 1852-1914) 布罗伊斯胎块

brevi- (L. *brevis* short) 短

Brevibacterium [ˌbrevibæk'tiəriəm] (*brevi-* + Gr. *baktērion* little rod) 短杆菌属，短颈细菌属

Brevibloc ['breviblɔk] 普莱威布罗克：一种盐酸盐制剂的商品名

brevicollis [ˌbrevi'kɔlis] (*brevi-* + L. *collum* neck) 短颈

breviflexor [ˌbrevi'fleksə] (*brevi-* + L. *flexor* bender) 短屈肌

brevilineal [ˌbrevi'liniəl] 短形的，矮型的

breviradiate [ˌbrevi'reidieit] 短突的

Brevital ['brevitəl] 普莱威特：甲己巴比妥钠制剂的商品名

Brewer's infarcts ['bruəz] (George Emerson *Brewer*, American surgeon, 1861-1939) 布鲁尔氏梗塞

Bricanyl ['brikənəl] 布利克诺：硫酸特普他林制剂的商品名

Bricker's operation ['brikəz] (Eugene M. *Bricker*, American surgeon, born 1908) 布里克氏手术

Brickner's sign ['briknəz] (Richard Max *Brickner*, American neurologist, 1896-1959) 布里克纳氏征

brickpox [brik'pɔks] 猪丹毒

bridge [bridʒ] ❶ 桥；❷ 齿桥；❸ 跗骨结合；❹ 胞间桥
  arteriolovenular b. 小动静脉桥
  cantilever b. 悬臂，单端固定桥
  cell b's 胞间桥
  conjugative b. 轭合桥
  cytoplasmic b. ① 胞质桥，胞浆桥；② 胞间桥
  dentin b. 牙质桥
  disulfide b. 二硫键
  extension b. 延伸桥
  fixed b. 固定桥
  fixed-fixed b. 固定-固定桥
  fixed-movable b. 固定-活动桥
  fixed b. with rigid connectors 不动连接体固定桥
  fixed b. with rigid and nonrigid connectors 可动和不可动连接固定桥
  intercellular b. 胞间桥
  b. of the nose 鼻梁，鼻背
  protoplasmic b. 原生质桥
  removable b. 活动桥
  salt b. ① 盐桥；② 盐键
  stationary b. 固定桥
  tarsal b. 跗骨结合
  ureteric b. 输尿管桥，贝尔肌

bridgework ['bridʒwə:k] 桥托
  fixed b. 固定桥托
  removable b. 可摘桥托

bridle ['braidl] ❶ 系带；❷ 约束丝

bridou [bri'du:] 口角炎，传染性口角炎

Bright's disease [braits] (Richard *Bright*, English physician, 1789-1858) 布赖特氏病

brightic ['braitik] ❶ 肾小球性肾炎的；❷ 肾小球性肾炎患者

brightism ['braitizəm] 肾炎

Brill's disease [brilz] (Nathan Edwin *Brill*, American physician, 1860-1925) 布里耳氏病，布-辛二氏病

Brill-Symmers disease [bril 'saiməz] (Nathan Edwin *Brill*; Douglas Symmers, American physician, 1879-1952) 布-西二氏病，巨滤泡性淋巴病

Brill-Zinsser disease [bril 'zinsə] (Nathan Edwin *Brill*; Hans *Zinsser*, American bacteriologist, 1878-1940) 布-辛二氏病

brim [brim] 真骨盆入口缘，骨盆上口

Brinell hardness number [bri'nel] (Johann August *Brinell*, Swedish engineer, 1849-1925) 布里尼耳氏硬度值

brinolase ['brinəleis] 米曲纤溶酶，米曲溶纤维蛋白酶

Brinton's disease ['brintənz] (William *Brinton*, English physician, 1823-1867) 布林顿氏病，皮革状胃

Brion-Kayser disease [bri'ɔn keizə] (Albert *Brion*, German physician, born 1874; Heinrich *Kayser*, German physician, 1876-1940) 布-凯二氏病，甲种副伤寒

Briquet's syndrome [bri'keiz] (Paul *Briquet*, French physician, 1796-1881) 布里凯氏综合征

brisement [briz'mənt] (Fr. "crushing") 折断，裂断
  b. forcé 强力裂断法

Brissaud's dwarf [bri'sɔz] (Edouard *Brissaud*, French physician, 1852-1909) 布里索氏侏儒

Brissaud-Marie syndrome [bri'sɔ: mɑ:'ri]

Brissaud-Sicard syndrome [bri'sɔː si'kɑː] (Edouard *Brissaud*; Jean Athanase *Sicard*, French neurologist, 1872-1929) 布-西二氏综合征

Bristowe's syndrome ['bristəuz] (John Syer *Bristowe*, British physician, 1827-1895) 布-西二氏综合征

broach [brəutʃ] ❶髓针；❷倒钩拔髓针；❸根管针
  barbed b. 倒钩拔髓针
  pathfinder b. 根管探针
  root canal b. 根管针
  smooth b. 平滑髓针,根管探针

Broadbent's sign ['brɔdbents] (Sir William Henry *Broadbent*, English physician, 1835-1907) 布罗德本特氏征

Broca's amnesia [brɔ'kɑːz] (Pierre Paul *Broca*, French anatomist, anthropologist, and surgeon, 1824-1880) 布罗卡氏语言遗忘

Brock's infundibulectomy [brɔks] (Sir Russell Claude *Brock*, British surgeon, born 1903) 布罗克氏动脉圆锥切除术

Brockenbrough's sign ['brɔkənbrəuz] (Edwin C. *Brockenbrough*, American surgeon, born 1930) 布罗布沃氏征

Brödel's white line ['brɔdəlz] (Max *Brödel*, American medical artist, 1870-1941) 布勒德尔白线

Broder's index ['brɔdəz] (Albert Compton *Broders*, American pathologist, 1885-1964) 布罗德氏指数

Brodie's abscess ['brɔdiːz] (Sir Benjamin Collins *Brodie*, English surgeon, 1783-1862) 布罗第氏脓肿

Brodie's ligament ['brɔdiːz] (C. Gordon *Brodie*, British anatomist, 1786-1818) 布罗第氏韧带,肱骨横韧带

Brodmann's areas ['brɔdmænz] (Korbinian *Brodmann*, German neurologist, 1868-1918) 布劳德曼氏区

Broesike's fossa ['brəzikiz] (Gustav *Broesike*, German anatomist, late 19th century) 布罗斯克氏隐窝

brofoxine [brɔ'fɔksiːn] 溴苯恶嗪酮

bromated ['brɔmeitid] 溴化的,含溴的
bromatherapy [ˌbrɔməˈθerəpi] 饮食疗法
bromatology [ˌbrɔməˈtɔlədʒi] (Gr. *brōma* food + -*logy*) 饮食学,食品学
bromatotherapy [ˌbrɔmətəˈθerəpi] (Gr. *brōma* food + *therapeia* treatment) 饮食疗法
bromatotoxin [ˌbrɔmətəˈtɔksin] (Gr. *brōma* food + *toxin*) 食物毒素
bromatotoxismus [ˌbrɔmətətɔkˈsisməs] (Gr. *brōma* food + *toxin*) 食物毒素
bromatoxism [ˌbrɔməˈtɔksizəm] (Gr. *brōma* food + *toxikon* poison) 食物中毒
bromazepam [brɔ'mæzəpæm] 溴安定
bromelain ['brɔməlein] 菠萝蛋白酶
bromelin [brə'melin] 菠萝蛋白酶
bromethol [brə'meθɔl] 三溴乙醇
bromhexine hydrochloride [brɔm'heksiːn] 盐酸溴苄环己铵,必消痰,心嗽平
bromhidrosis [ˌbrɔmiˈdrəusis] (Gr. *brōmos* stench + *hidrōs* sweat) 臭汗,腋臭
bromic ['brɔmik] 溴的,含溴的,五价溴的
bromide ['brɔmaid] 溴化物
bromidrosis [ˌbrɔmiˈdrəusis] 臭汗,腋臭
brominated ['brɔmineitid] 含溴的,溴化的,加溴的
bromine ['brɔmin] (L. *bromium*, *brominium*, *bromum*; Gr. *brōmos* stench) 溴
brominism ['brɔminizəm] 溴中毒
brominized ['brɔminaizd] 含溴的,溴化物,加溴的
bromism ['brɔmizəm] (*bromide* + *-ism*) 溴中毒
bromization [ˌbrɔmiˈzeiʃən] ❶溴化作用,溴处理；❷使用大剂量溴化物
bromized ['brɔmaizd] 溴化的
brom(o)- (Gr. *brōmos* stench) ❶臭味；❷溴
bromochlorotrifluoroethane [ˌbrɔməˌklɔrətriˌfluərˈiːθein] 溴氯三氟乙烷,氟烷
bromocriptine mesylate [ˌbrɔməˈkriptiːn] (USP) 甲磺酰溴可汀
5-bromodeoxyuridine [ˌbrɔmədiəksiˈjuridin] 5-溴脱氧尿核苷
bromoderma [ˌbrɔməˈdəːmə] (*bromine* + Gr. *derma* skin) 溴疹
bromodiphenhydramine hydrochloride

[brəməˈdifənˈhaidrəmiːn] (USP) 盐酸溴苯海拉明, 盐酸溴苯醇胺

bromoiodism [ˌbroməˈaiədizəm] 溴碘中毒

bromomania [ˌbroməˈmeiniə] (*bromo-* + *mania*) (*obs.*) 嗜溴剂癖

bromomenorrhea [ˌbroməmenəˈriə] (Gr. *brōmos* stench + *mēn* month + *rhoia* flow) 臭(性月)经

bromopnea [brəˈməpniə, ˌbroməˈniə] (Gr. *brōmos* stench + *pnoia* breath) 口臭

5-bromouracil [ˌbroməˈjuərəsil] 5-溴尿嘧啶

bromoxanide [brəˈmoksənaid] 溴氟硝柳胺

bromperidol [bromˈpiəridol] 溴哌醇

brompheniramine [ˌbromfəˈnirəmiːn] 溴苯吡胺, 溴抗感明

b. maleate (USP) 马来酸溴苯吡胺

bromphenol [broumˈfiːnol] 溴(代苯)酚

Bromsulphalein [bromˈsʌlfəliːn] 磺溴酞钠:磺溴酞钠制剂的商品名

bromum [ˈbroməm] (L.) 溴

bromurated [ˈbromjureitid] 含溴的, 含溴盐的, 溴化的

bromuret [ˈbromjurit] 溴化物

bronchadenitis [ˌbroŋkædəˈnaitis] (Gr. *bronchia* bronchia + *adēn* gland + *-itis*) 支气管淋巴结炎

broncheopyra [ˌbroŋkiəˈpairə] 窒息性咳嗽

bronchi [ˈbroŋkai] (L.) 支气管

bronchia [ˈbroŋkiə] (L.) 小支气管. *bronchium* 的复数形式

bronchiadenoscirrhus [ˌbroŋkiəˌdenəˈsəːrəs] (*bronchus* + Gr. *aden*, gland + *skirros* hard) 支气管淋巴腺硬癌

bronchial [ˈbroŋkiəl] (L. *bronchialis*) 支气管的

bronchiarctia [ˌbroŋkiˈɑːkʃiə] (*bronchus* + L. *arctare* to constrict) 支气管狭窄

bronchiectasia [ˌbroŋkiikˈteiziə] 支气管扩张

bronchiectasic [ˌbroŋkiikˈtæzik] 支气管扩张的

bronchiectasis [ˌbroŋkiˈektəsis] (*bronchus* + Gr. *ektasis* dilatation) 支气管扩张

capillary b. 细支气管扩张

cystic b. 囊状支气管扩张

dry b. 干性支气管扩张

follicular b. 滤泡性支气管扩张

bronchiectatic [ˌbroŋkiikˈtætik] 支气管扩张的

bronchiloquy [broŋˈkiləkwi] (*bronchus* + L. *loqui* to speak) 支气管语音

bronchiocele [ˈbroŋkiəsiːl] (*bronchiole* + Gr. *kēlē* tumor) 细支气管扩张

bronchiogenic [ˌbroŋkiəuˈdʒenik] 支气管原的

bronchiole [ˈbroŋkiəul] (L. *bronchiolus*) 细支气管

alveolar b. 肺泡细支气管, 呼吸细支气管

lobular b. 小叶细支气管

respiratory b. 呼吸细支气管

terminal b. 终末细支气管

bronchiolectasis [ˌbroŋkiəˈlektəsis] (*bronchiole* + Gr. *ektasis* dilatation) 细支气管扩张

bronchioli [broŋˈkaiəlai] (L.) 细支气管. *bronchiolus* 的所有格和复数形式

bronchiolitis [ˌbroŋkiəˈlaitis] 细支气管炎

b. exudativa (Curschmann) 渗出性细支气管炎

b. fibrosa obliterans 闭塞性纤维性细支气管炎

b. obliterans 闭塞性细支气管炎

vesicular b. 肺泡性细支气管炎, 支气管肺炎

bronchiolus [broŋˈkaiələs] (pl. *bronchioli*) (L.) (NA) 细支气管

bronchioli respiratorii (NA) 呼吸细支气管

bronchiospasm [ˈbroŋkiəspæzəm] 支气管痉挛

bronchiostenosis [ˌbroŋkiəstəˈnəusis] 支气管狭窄

bronchismus [broŋˈkismərs] 支气管痉挛

bronchitic [broŋˈkaitik] (L. *bronchiticus*) 支气管炎的

bronchitis [broŋˈkaitis] (*bronchus* + *-itis*) 支气管炎

acute b. 急性支气管炎

acute laryngotracheal b. 急性喉气管支气管炎

arachidic b. 花生仁吸入性支气管炎

capillary b. 细支气管炎,支气管肺炎
Castellani's b. 卡斯太拉尼氏支气管炎,支气管螺旋体病
catarrhal b. 卡他性支气管炎
cheesy b. 干酪性支气管炎
chronic b. 慢性支气管炎
croupous b. 格鲁布性支气管炎
dry b. 干性支气管炎
ether b. 乙醚性支气管炎
exudative b. 渗出性支气管炎,格鲁布性支气管炎
fibrinous b. 纤维蛋白性支气管炎,格鲁布性支气管炎
hemorrhagic b. 出血性支气管炎,支气管螺旋体病
infectious asthmatic b. 传染性哮喘性支气管炎
infectious avian b. 传染性家禽支气管炎
mechanic b. 机械性支气管炎
membranous b. 假膜性支气管炎,格鲁布性支气管炎
b. obliterans 闭塞性支气管炎
phthinoid b. 结核性支气管炎
plastic b. 格鲁布性支气管炎
productive b. 增生性支气管炎
pseudomembranous b. 假膜性支气管炎,格鲁布性支气管炎
putrid b. 腐败性支气管炎
secondary b. 继发性支气管炎
staphylococcus b. 葡萄球菌性支气管炎
streptococcal b. 链球菌性支气管炎
suffocative b. 窒息性支气管炎
vesicular b. 肺泡性支气管炎
bronchium ['brɔŋkiəm] (pl. *bronchia*) (L.) 小支气管
bronch(o)- (L. *bronchus*, q.v.) 支气管
bronchoadenitis [ˌbrɔŋkəˌædə'naitis] 支气管淋巴结炎
bronchoalveolar [ˌbrɔŋkæl'viələ] 支气管肺泡的
bronchoalveolitis [ˌbrɔŋkəˌælviə'laitis] 支气管肺泡炎
bronchoaspergillosis [ˌbrɔŋkəˌæspədʒi'ləusis] 支气管曲霉病
bronchoblastomycosis [ˌbrɔŋkəˌblæstəmai'kəusis] 支气管芽生菌病,肺芽生菌病
bronchoblennorrhea [ˌbrɔŋkəˌblenə'riə] 支气管脓溢

bronchocandidiasis [ˌbrɔŋkəˌkændi'daiəsis] 支气管念珠菌病
bronchocavernous [ˌbrɔŋkə'kævənəs] 支气管空洞的
bronchocele ['brɔŋkəsiːl] (*bronchus* + Gr. *kēlē* tumor) 支气管囊肿
bronchocephalitis [ˌbrɔŋkəuˌsefə'laitis] 支气管脑炎
bronchoconstriction [ˌbrɔŋkəkən'strikʃən] 支气管狭窄
bronchoconstrictor [ˌbrɔŋkəkən'striktə] ❶ 支气管狭窄的;❷ 支气管收缩药
bronchodilatation [ˌbrɔŋkədilə'teiʃən] 支气管扩张
bronchodilation [ˌbrɔŋkədi'leiʃən] 支气管扩张
bronchodilator [ˌbrɔŋkə'daileitə] ❶ 支气管扩张的;❷ 支气管扩张药
bronchoegophony [ˌbrɔŋkiə'gɔfəni] 支气管羊音
bronchoesophageal [ˌbrɔŋkəuəˌsɔfə'dʒiəl] 支气管食管的
bronchoesophagology [ˌbrɔŋkəuəˌsɔfə'gɔlədʒi] 支气管食管病学
bronchoesophagoscopy [ˌbrɔŋkəuəˌsɔfə'gɔskəpi] 支气管食管镜检查
bronchofiberscope [ˌbrɔŋkə'faibəskəup] 支气管纤维镜
bronchofiberscopy [ˌbrɔŋkəfai'bəskəpi] 支气管纤维镜检查
bronchogenic [brɔŋkə'dʒenik] 支气管原的
bronchogram ['rɔŋkəgræm] 支气管造影摄片
air b. 支气管含气显影
bronchographic [ˌbrɔŋkə'græfik] 支气管造影术的
bronchography [brɔŋ'kɔgrəfi] (*bronchus* + Gr. *graphein* to write) 支气管造影术
broncholith ['brɔŋkəliθ] (*bronchus* + Gr. *lithos* stone) 支气管(结)石,肺石
broncholithiasis [ˌbrɔŋkəli'θaiəsis] 支气管结石病
bronchologic [ˌbrɔŋkə'lɔdʒik] 支气管病学的
bronchology [brɔŋ'kɔlədʒi] 支气管病学
bronchomalacia [ˌbrɔŋkəmə'leiʃiə] 支气管软化

bronchomoniliasis [ˌbrɒŋkoumənɪˈlaɪəsɪs] 支气管念珠菌病

bronchomotor [ˌbrɒŋkəˈmoutə] 支气管舒缩的

bronchomucotropic [ˌbrɒŋkəˌmjukəˈtrɒpik] 促支气管分泌的

bronchomycosis [ˌbrɒŋkəmaiˈkəusis] (*bronchus* + Gr. *mykēs* fungus) 支气管菌病, 支气管霉菌病

bronchonocardiosis [ˌbrɒŋkənəˌkɑːdiˈəusis] 支气管诺卡放线菌病

bronchopancreatic [ˌbrɒŋkəˌpænkriˈætik] 支气管胰腺的

bronchopathy [brɒŋˈkɒpəθi] (*bronchus* + Gr. *pathos* disease) 支气管病

bronchophony [brɒŋˈkɒfəni] (*bronchus* + Gr. *phōnē* voice) 支气管(语)音
  pectoriloquous b. 胸语性支气管音
  sniffling b. 鼻塞支气管音
  whispered b. 耳语支气管音

bronchoplasty [ˈbrɒŋkəplæsti] (*bronchus* + Gr. *plassein* to mold) 支气管成形术

bronchoplegia [ˌbrɒŋkəˈpliːdʒiə] 支气管麻痹

bronchopleural [ˌbrɒŋkəˈpluərəl] 支气管胸膜的

bronchopleuropneumonia [ˌbrɒŋkəˌpluərənjuːˈməuniə] 支气管胸膜肺炎

bronchopneumonia [ˌbrɒŋkənjuːˈməuniə] (*bronchus* + *pneumonia*) 支气管肺炎, 小叶性肺炎
  postoperative b. 术后支气管肺炎
  subacute b. 亚急性支气管肺炎
  virus b. 病毒性支气管肺炎

bronchopneumonic [ˌbrɒŋkənjuːˈmɒnik] 支气管肺炎的

bronchopneumonitis [ˌbrɒŋkənjuːməˈnaitis] 支气管肺炎

bronchopneumopathy [ˌbrɒŋkənjuːˈmɒpəθi] 支气管肺病

bronchopulmonary [ˌbrɒŋkəˈpʌlmənəri] 支气管肺的

bronchoradiography [ˌbrɒŋkəreidiˈɒgrəfi] 支气管 X 线照相术, 支气管 X 线造影术

bronchorrhagia [ˌbrɒŋkəˈreidʒiə] (*bronchus* + Gr. *rhēgnynai* to burst forth) 支气管出血

bronchorrhaphy [brɒŋˈkɒrəfi] (*bronchus* + Gr. *rhaphē* suture) 支气管缝合术

bronchorrhea [ˌbrɒŋkəˈriə] (*bronchus* + Gr. *rhoia* flow) 支气管粘液溢

bronchoscope [ˈbrɒŋkəskəup] 支气管镜
  fiberoptic b. 纤维支气管镜

bronchoscopic [ˌbrɒŋkəˈskɒpik] 支气管镜检查的, 支气管镜的

bronchoscopy [brɒŋˈkɒskəpi] (*bronchus* + Gr. *skopein* to examine) 支气管镜检查
  fiberoptic b. 纤维支气管镜检查

bronchosinusitis [ˌbrɒŋkəˌsinəˈsaitis] 支气管鼻窦炎

bronchospasm [ˈbrɒŋkəspæzəm] 支气管痉挛

bronchospirochetosis [ˌbrɒŋkəˌspriəkiˈtəusis] 支气管(肺)螺旋体病

bronchospirography [ˌbrɒŋkəspiˈrɒgrəfi] 支气管肺量描记法

bronchospirometer [ˌbrɒŋkəspiˈrɒmitə] 支气管肺量计

bronchospirometry [ˌbrɒŋkəspiˈrɒmitri] 支气管肺量测量法
  differential b. 对比支气管肺活量测定法

bronchostaxis [ˌbrɒŋkəˈstæksis] 支气管出血

bronchostenosis [ˌbrɒŋkəstəˈnəusis] (*bronchus* + Gr. *stenōsis* a narrowing) 支气管狭窄

bronchostomy [brɒŋˈkɒstəmi] (*bronchus* + Gr. *stomoun* to provide with a mouth, or opening) 支气管造口术

bronchotome [ˈbrɒŋkətəum] 支气管刀

bronchotomy [brɒŋˈkɒtəmi] (*bronchus* + Gr. *tomē* a cutting) 支气管切开术

bronchotracheal [ˌbrɒŋkəˈtreikiəl] 支气管气管的

bronchotyphoid [ˌbrɒŋkəuˈtaifɔid] 支气管型伤寒

bronchotyphus [ˌbrɒŋkəuˈtaifəs] 支气管型斑疹伤寒

bronchovesicular [ˌbrɒŋkəveˈsikjulə] 支气管肺泡的

bronchus [ˈbrɒŋkəs] (pl. *bronchi*) (L.; Gr. *bronchos* windpipe) (NA) 支气管
  apical b. 肺尖(段)支气管
  cardiac b. 肺底心段支气管
  eparterial b. 动脉上支气管

hyparterial bronchi 动脉下支气管
lingular b., inferior 肺舌叶下支气管
lingular b., superior 肺舌叶上支气管
lobar bronchi, bronchi lobares (NA) 肺叶支气管
primary bronchi, right and left 左右主支气管
bronchi principales dexter/sinister (NA) 左/右初级支气管
secondary bronchi 次级支气管
segmental b., anterior 肺前段支气管
segmental b., anterior basal 肺底前段支气管
segmental b., apical 肺尖(段)支气管
segmental b., apicoposterior 肺炎后段支气管
segmental bronchi, bronchi segmentales (NA) 肺段支气管
segmental b., cardiac 肺底心段支气管
segmental b., lateral 肺外侧段支气管
segmental b., lateral basal 肺底外侧段支气管
segmental b., medial 肺内侧段支气管
segmental b., medial basal 肺底内侧段支气管
segmental b., posterior 肺后段支气管
segmental b., posterior basal 肺底后段支气管
segmental b., superior 肺上段支气管
stem b. 支气管干
tracheal b. 气管延续性(额外)支气管
brontophobia [ˌbrɔntəˈfəubiə] (Gr. *brontē* thunder + *phobia*) 雷电恐怖症
Brooke's disease [bruks] (Henry Ambrose Grundy *Brooke*, English dermatologist, 1854-1919) 布鲁克氏病
Brophy's operation [ˈbrɔfiz] (Truman William *Brophy*, American oral surgeon, 1848-1928) 布罗菲氏手术
brosse [brɔs] (Fr. *brush*) 花粉刷,花粉梳
broth [brɔθ] ❶ 肉(菜)汤;❷ 液体培养基
brow [brau] 额
    olympian b., olympic b. 凸额
Brown [braun] 布朗:Michael Stuart,美国医师
brown [braun] 棕色,褐色
    aniline b., Bismarck b. 苯胺棕,俾斯麦棕
    Manchester b., phenylene b. 曼彻斯特棕,次酚基棕
    Bismark b. R R 俾斯麦棕
    Bismark b. Y Y 俾斯麦棕
Brown-Roberts-Wells apparatus [braun ˈrɔbəts welz] (R. A. *Brown*, American neurosurgeon, 20th century; T. S. *Roberts*, American neurosurgeon, 20th century; T. H. *Wells*, Jr., American neurosurgeon, 20th century) 布-罗-韦三氏器械
Brown-Symmers disease [braun ˈsaiməz] (Charles Leonard *Brown*, American physician, 1899-1959; Douglas *Symmers*, American physician, 1879-1952) 布-西二氏病
Browne operation [braun] (Sir Denis *Browne*, Australian surgeon, 20th century) 布朗氏手术
brownian movement [ˈbrauniən] (Robert *Brown*, English botanist, 1773-1858) 布朗运动
Browning's vein [ˈbrauniŋz] (William *Browning*, American anatomist, 1855-1941) 布朗宁氏静脉
Brown-Séquard's paralysis [ˈbruːn seiˈkɑːz] (Charles Edouard *Brown-Séquard*, French physiologist, 1817-1894) 布朗·塞卡尔氏麻痹
Broxolin [ˈbrɔksəlin] 布罗克赛林:甘铋脒(甘茱脒铋)制剂的商品名
B.R.S. (British Roentgen Society 的缩写) 英国放射学会
Bruce's tract [ˈbruːsəz] (Alexander *Bruce*, Scottish anatomist, 1854-1911) 布鲁斯氏束,隔缘束
Brucella [bruˈselə] (Sir David *Bruce*, English physician, 1855-1931) 布鲁氏(杆)菌属
    B. abortus 流产布鲁氏杆菌
    B. bronchiseptica 支气管败血性布鲁氏杆菌
    B. canis 犬布鲁氏杆菌
    B. melitensis 马耳他布鲁氏杆菌
    B. neotomae 林鼠布鲁氏杆菌
    B. ovis 羊布鲁氏杆菌
    B. rangiferi tarandi 猪布鲁氏杆菌
    B. suis 猪布鲁氏杆菌
    B. tularensis 兔热布鲁氏杆菌

brucella [bru'selɑ:] 布鲁氏菌
Brucellaceae [,brusə'leisii:] 布鲁氏菌科
brucellar [bru'selə] 布鲁氏杆菌属的
brucellin [bru'selin] 布鲁氏杆菌素
brucellosis [,brusə'ləusis] 布鲁氏菌病
Bruch's glands [bruks] (Karl Wilhelm Ludwig *Bruch*, German anatomist, 1819-1884) 布鲁赫氏腺
brucine ['brusi:n] (from *Brucea*, a genus of shrubs named for J. *Bruce*, Scottish explorer, 1730-1794) 番木鳖碱,二甲氧基马钱子碱
Bruck's disease [bruks] (Alfred *Bruck*, German physician, late 19th century) 布鲁克氏病
Brücke's lines ['bri:kiz] (Ernst Wilhelm von *Brücke*, Austrian physiologist, 1819-1892) 布吕克氏带
Brudzinski's sign [bru'dʒinskiz] (Józef *Brudzinski*, Polish physician, 1874-1917) 布鲁金斯基征
Brueghel's syndrome ['bru:gəlz] (Pieter *Brueghel* the Elder, Flemish painter, 1525-1569, whose painting *De Gaper* shows a person with this syndrome) 布鲁热氏综合征,迈热氏综合征
Brugia ['brudʒiə] 布鲁格(丝虫)属
  B. malayi 马来布鲁格丝虫
  B. pahangi 帕汉基丝虫
bruise [bru:z] ❶ 青肿; ❷ 挫伤
  stone b. 石伤
bruissement [brwi:sə'mɔ:] (Fr.) 猫喘样震颤
bruit [bru:t] (Fr.) (杂)音
  b. d'airain ['dɑ:ræ] (Fr. "sound of brass") 金属音,青铜音
  aneurysmal b. 动脉瘤杂音
  b. de bois [də'bwɑ:] (Fr, "sound of wood") 木音
  b. de canon [dəkɑ:'nɔ:] (Fr. "sound of cannon") 大炮音
  b. de clapotement [dəklɑ:pəut'mɔ:] (Fr. "sound of rippling") 击水音
  b. de claquement [dəklɑ:k'mɔ:] (Fr. "sound of clapping") 拍打音
  b. de craquement [dəkrɑ:k'mɔ:] (Fr. "sound of crackling") 爆裂音
  b. de cuir neuf [dəkwiə'nju:f] (Fr. "sound of new leather") 磨革音
  b. de diable [dədi'ɑ:bl] (Fr. "humming top") 静脉唔音
  b. de drapeau [dədrɑ:'pəu] (Fr. "sound of a flag") 飘旗音
  false b. 假杂音
  b. de froissement [dəfrwɑs'mɔ:] (Fr. "sound of clashing") 碰撞音
  b. de frolement [dəfrɔl'mɔ:] (Fr. "sound of rustling") 轻擦音
  b. de frottement [dəfrɔt'mɔ:] (Fr. "sound of friction") 摩擦音
  b. de galop [dəgɑ:'lɔp] (Fr.) 奔马心音,奔马律
  b. de grelot [dəgrə'lɔ] (Fr. "sound of a rattle") 拨浪鼓音
  b. de lime [də'li:m] (Fr. "sound of a file") 锉音
  b. de moulin [dəmu:'læ] (Fr. "sound of a mill") 水车音
  b. de parchemin [dəpɑ:ʃ'mæ] (Fr. "sound of parchment") 羊皮纸擦音
  b. de piaulement [dəpjɔl'mɔ:] (Fr "sound of whining") 唏嘘音
  b. placentaire [,plɑsɔn'teə] (Fr. "placental sound") 胎盘(杂)音
  b. de pot fêlé [dəpɔfe'lei] (Fr. "cracked-potsound") 破壶音
  b. de rape [dərɑ:p] (Fr. "sound of a grater") 锉磨音
  b. de rappel [dərɑ:'pel] (Fr. "sound of a drum beating to arms") 击鼓音
  Roger's b., b. de Roger [dərɔ'ʒei] 罗杰氏杂音
  b. de scie [dəsi] (Fr. "sound of a saw") 锯木音
  b. skodique [skɔ'di:k] 斯叩达氏叩响
  b. de soufflet [dəsu:'flei] (Fr. "sound of a bellows") 风箱音
  systolic b. 收缩期杂音
  b. de tabourka [dətɑ:'buəkɑ:] (Fr. "sound of a drum") 金属音
  b. de tambour [dətɑ:m'buə] (Fr. "sound of a drum") 鼓音
  Verstraeten's b. 肝下界杂音
Brunati's sign [bru'nɑ:tiz] (M. *Brunati*, Italian physician, 20th century) 布鲁纳提氏征

Brunn's membrane [brʌnz] (Albert von *Brunn*, German anatomist, 1849-1895) 布龙氏膜

Brunner's glands ['brʌnəz] (Johann Conrad *Brunner*, Swiss anatomist, 1653-1727) 布伦内氏腺,十二指肠腺

Bruns' frontal ataxia [brʌnz] (Ludwig *Bruns*, German neurologist, 1858-1916) 布伦斯氏额叶性运动失调

Brunschwig's operation ['brʌnʃwigz] (Alexander *Brunschwig*, American surgeon, 1901-1969) 布伦茨威格氏手术,胰十二指肠切除术

Brunsting's syndrome ['brʌnstiŋz] (Louis A. *Brunsting*, Sr., American dermatologist, born 1900) 布朗斯汀氏综合征

brush [brʌʃ] 刷(子)
  Haidinger's b. 海丁格氏刷形象
  Ruffini's b. 鲁菲尼氏器
  stomach b. 胃刷

Brushfield's spots ['brʌʃfi:ldz] (Thomas *Brushfield*, English physician, 1858-1937) 布拉什菲尔德氏斑

Brushfield-Wyatt syndrome ['brʌʃfi:ld waiət] (Thomas *Brushfield*; W. *Wyatt*, British physician, 20th century) 布-韦二氏综合征

Bruton's agammaglobulinemia ['bru:tənz] (Ogden C *Bruton*, American pediatrician, born 1908) 布卢顿氏血 γ-球蛋白缺乏症

brux [brʌks] 磨牙

bruxism ['brʌksizəm] (Gr. *brychein* to gnash the teeth) 夜间磨牙,磨牙症
  centric b. 正中磨牙症

bruxomania [ˌbrʌksə'meiniə] (Gr. *brychein* + *mania*) 磨牙癖

Bryant's line ['braiənts] (Sir Thomas *Bryant*, English surgeon, 1828-1914) 布赖恩特氏线

Bryce-Teacher ovum [brais 'ti:tʃə] (Thomas Hastie *Bryce*, Scottish anatomist 1862-1946, John Hammond *Teacher*, Scottish pathologist, 1869-1930) 布-蒂二氏卵

Bryobia [brai'əubiə] 苔螨属
  B. praetiosa 苜蓿苔螨

bryonia [brai'əuniə] (L.; Gr. *bryōnia*) 泻根

B.S. ❶ (Bachelor of Surgery 的缩写) 外科学士; ❷ (Bachelor of Science 的缩写) 理学士; ❸ (breath sounds 的缩写) 呼吸音; ❹ (blood sugar 的缩写) 血糖

BSA (body surface area 的缩写) 体表面积

B-scan B 型扫描

BSP (Bromsulphalein 的缩写) 磺溴酞钠,四溴酚酞磺酸钠

BTU, BThU (British thermal unit 的缩写) 英国热量单位

bubo ['bjubəu] (L. from Gr. *boubōn* groin) 腹股沟淋巴结炎,横痃
  bullet b. 初期梅毒性腹股沟淋巴结炎
  chancroidal b. 软下疳性腹股沟淋巴结炎
  climatic b. 性病淋巴肉芽肿,腹股沟淋巴肉芽肿
  malignant b. 恶性腹股沟淋巴结炎
  primary b. 原发性腹股沟淋巴结炎
  syphilitic b. 梅毒性腹股沟淋巴结炎
  tropical b. 热带腹股沟淋巴结炎,性病淋巴肉芽肿
  virulent b. 急性腹股沟淋巴结炎,软下疳性腹股沟淋巴结炎

bubon [bju'bɔn] (Fr.) 腹股沟淋巴结炎,横痃
  b. d'emblée [dɑ:m'blei] (Fr. "at the first onset") 原发性腹股沟淋巴结炎

bubonic [bju'bɔnik] (L. *bubonicus*) 腹股沟淋巴结炎的,横痃的

bubonocele [bju'bɔnəsi:l] (Gr. *boubōn* groin + *kēlē* tumor) 腹股沟突出

bubononcus [bju'bɔnəukəs] 腹股沟瘤

bubonulus [bju'bɔnjuləs] (L. "a small bubo") 阴茎背小结

bucainide maleate [bju'keinaid] 马来酸己哌丁苄胺

bucardia [bju'kɑ:diə] (Gr. *bous* ox + *cardia*) 巨心,牛心症

bucca ['bjukə] (L.) (NA) 颊
  b. cavi oris (NA) 口颊

buccal ['bjukəl] (L. *buccalis*, from *bucca* cheek) 面颊的

buccally ['bjukəli] 向颊地

buccinator ['bʌksineitə] (L. "*trumpeter*") 颊肌

bucc(o)- (L. *bucca* cheek) 颊

buccoaxial [ˌbʌkə'æksiəl] 颊轴的

buccoaxiocervical [ˌbʌkəˌæksiə'sə:vikəl]

buccoaxiogingival 颊轴颈的
buccoaxiogingival [ˌbʌkəˌæksiə'dʒindʒivəl] 颊轴龈的
buccocervical [ˌbʌkə'sə:vikəl] 颊颈的
buccoclusal [ˌbʌkə'klu:səl] ❶ 颊𬌗的；❷ 颊𬌗面的
buccoclusion [ˌbʌkə'klu:ʒən] 颊𬌗
buccodistal [ˌbʌkə'distəl] 颊(侧)远中的
buccogingival [ˌbʌkə'dʒindʒivəl] 颊龈的
buccoglossopharyngitis [ˌbʌkəˌglɔsəˌfærin'dʒaitis] 颊舌咽炎
  b. sicca 干性颊舌咽炎
buccolabial [ˌbʌkə'leibiəl] 颊唇的
buccolingual [ˌbʌkə'liŋgwəl] 颊舌的
buccolingually [ˌbʌkə'liŋgwəli] 自颊向舌地
buccomaxillary [ˌbʌkə'mæksiləri] 颊上颌的
buccomesial [ˌbʌkə'mi:ziəl] 颊(侧)近中的
bucco-occlusal [ˌbʌkəuə'klu:zəl] 颊𬌗面的
buccopharyngeal [ˌbʌkəfə'rindʒiəl] 颊咽的
buccoplacement ['bʌkəpleismənt] 颊向移位
buccopulpal [ˌbʌkə'pʌlpəl] 颊髓的
buccostomy [bʌ'kɔstəmi] 颊造口术
buccoversion [ˌbʌkə'və:ʒən] 颊向位
Bucephalus [bʌ'sefələs] 牛头(吸虫)
  B. papillosus 乳头牛头吸虫
Buck's extension [bʌks] (Gurdon *Buck*, American surgeon, 1807-1877) 布克氏牵伸法
buckeye ['bʌkai] 七叶树
Buckley's syndrome ['bʌkliz] (Rebecca H. *Buckley*, American physician, born 1933) 巴克利氏综合征,高免疫球蛋白血 E 综合征
buckling ['bʌkliŋ] 皱曲
  scleral b. 巩膜扣带术
buckthorn ['bʌkθɔ:n] 弗朗鼠李(皮)
buclizine hydrochloride ['bʌkliziːn] 盐酸氯苯丁嗪,安其敏
bucrylate ['bʌkrəleit] 氰丙烯酸异丁酯
bud [bʌd] 芽
  bronchial b. 支气管芽
  end b. 终蕾
  gustatory b. 味蕾
  limb b. 肢芽
  liver b. 肝芽
  lung b. 肺芽
  metanephric b. 后肾芽,输尿管芽
  periosteal b. 骨膜芽
  tail b. ① 尾芽;③ 终蕾
  taste b. 味蕾
  tongue b., median 中舌芽,无对结节
  tooth b. 牙芽
  ureteric b. 输尿管芽
  b. of urethra 尿道球
  vascular b. 血管芽
  wing b. 翼芽
Budd-Chiari syndrome [ˌbʌd ki'ɑ:ri] (George *Budd*, English physician, 1808-1882; Hans *Chiari*, Austrian pathologist, 1851-1916) 巴-希二氏综合征
budding ['bʌdiŋ] 芽生,出芽
Budge's center ['budgiz] (Julius Ludwig *Budge*, German physiologist, 1811-1888) 布格氏中枢
budgerigar ['bʌdʒəriɡɑ:] (Australian name) 澳洲长尾小鹦鹉
budgie ['bʌdʒi:] (Australian name) 澳洲长尾小鹦鹉
Budin's joint [bu'dæz] (Pierre-Constant *Budin*, Paris gynecologist, 1846-1907) 布丹氏关节
BUDR (5-bromodeoxyuridine 的缩写) 5-溴脱氧尿核苷
Buerger's disease ['bə:ɡəz] (Leo *Buerger*, American physician, 1879-1943) 伯格氏病
Buergi's theory ['bjugiz] (Emil *Buergi*, Swiss pharmacologist, born 1872) 伯吉氏学说
buffer ['bʌfə] 缓冲剂
  bicarbonate b. 碳酸氢盐缓冲剂
  cacodylate b. 二甲砷酸盐缓冲液
  phosphate b. 磷酸盐缓冲剂
  protein b. 蛋白缓冲剂
  TRIS b. 三羟甲氨基甲烷缓冲液
  veronal b. 维罗那缓冲液
buffering ['bʌfəriŋ] 缓冲(作用)
  secondary b. 继发缓冲(作用),次级缓冲(作用)
bufilcon A [bʌ'filkən] 巴费尔科

bufin [ˈbjufin] 蟾腮腺素

Bufo [ˈbjufəu] (L. "toad") 蟾蜍属

buformin [bjuˈfɔːmin] 丁双胍

bufotalin [ˌbjufəˈtælin] 蟾蜍他灵,蟾毒配基 B(乙酸)酯

bufotenin [ˌbjuˈfɔtənin] 蟾蜍色胺

bufotherapy [ˌbjufəˈθerəpi] (L. *bufo* toad + *therapy*) 蟾蜍疗法

bufotoxin [ˌbjufəˈtɔksin] 蟾蜍毒素

bug [bʌg] 昆虫
  assassin b. 猎蝽
  barley b. 麦蝽
  blister b. 斑蝥
  blue b. 波斯钝缘蜱
  cone-nose b. 锥蝽
  croton b. 德国小蠊
  harvest b. 秋螨,秋恙螨
  hematophagous b. 吸血昆虫
  kissing b. 猎蝽
  Malay b. 马来蝽,菜末蝽
  miana b., Mianeh b. 波斯锐缘蜱
  red b. 沙螨,秋蝉,秋恙螨
  wheat b. 谷螨,袋腹蒲螨

Buhl's disease [buːlz] (Ludwig von *Buhl*, German pathologist, 1816-1880) 布尔氏病

buiatrics [ˌbjuiˈætriks] (Gr. *bous* ox, cow + *iatrikos* surgery, medicine) 牛病疗法

bukardia [bjuˈkɑːdiə] 牛心症

bulb [bʌlb] (L. *bulbus*; Gr. *bolbos*) 球
  b. of aorta 主动脉球
  auditory b. 听球
  b. of corpus spongiosum 海绵球体,尿道球
  duodenal b. 十二指肠球,十二指肠冠
  end b. 终球
  end b. of Held 海尔德氏终球
  end b. of Krause 克劳泽氏终球,球状小体
  b. of eye 眼球
  b. of hair 毛球
  b. of heart 心球
  b. of jugular vein, inferior 颈静脉下球
  b. of jugular vein, superior 颈静脉上球
  b. of Krause, Krause's end b. 克劳泽氏球,克劳泽氏终球
  b. of occipital horn of lateral ventricle 侧脑室后角球
  olfactory b. 嗅球
  onion b. 洋葱球
  b. of ovary 卵巢静脉丛
  b. of penis 尿道球
  b. of posterior horn of lateral ventricle 侧脑室后角球
  Rouget's b. 鲁热氏球,卵巢静脉丛
  sinovaginal b. 窦阴道球
  terminal b. of Krause 克劳泽氏终球,球状小体
  b. of urethra 尿道球
  vaginal b. 阴道芽
  b. of vestibule of vagina, vestibulovaginal b. 阴道前庭球

bulbar [ˈbʌlbə] ❶球的;❷延髓的

bulbi [ˈbʌlbai] (L.)球。*bulbus* 的所有格和复数

bulbiform [ˈbʌlbifɔːm] 球状的

bulbitis [bʌlˈbaitis] 尿道球炎

bulboatrial [ˌbʌlbəˈeitriəl] 心球和心房的

bulbocapnine [ˌbʌlbəˈkæpniːn] 褐鳞碱,紫堇碱

bulbocavernosus [ˌbʌlbəˌkævəˈnɔsəs] 球海绵体肌

bulbogastrone [ˌbʌlbəˈgæstrəun] 球抑胃素

bulboid [ˈbʌlbɔid] 球状的

bulbonuclear [ˌbʌlbəuˈnjuːkliə] 延髓与其诸核的

bulbopetal [ˌbʌlbəuˈpetəl] (*bulb* + L. *petere* to seek) 向延髓的

bulbopontine [ˌbʌlbəˈpɔntain] 延髓脑桥的

bulbospiral [ˌbʌlbəˈspairəl] 球螺旋的

bulbospongiosus [ˌbʌlbəˌspɔndʒiˈɔsəs] 球海绵体肌

bulbourethral [ˌbʌlbəujuˈriːθrəl] 尿道球的

bulbous [ˈbʌlbəs] 球的,球状的

bulbus [ˈbʌlbəs] (gen., pl. *bulbi*) (L.) ❶球;❷延髓
  b. aortae (NA) 主动脉球
  b. arteriosus 动脉球,心球
  b. caroticus 颈动脉窦
  b. cordis 心球
  b. cornus occipitalis ventriculi lateralis (NA) 侧脑室枕角球
  b. cornus posterioris ventriculi lateralis 侧脑室后角球

b. corporis spongiosi 尿道球
b. inferior venae jugularis (NA) 颈静脉下球
b. oculi (NA) 眼球
b. olfactorius (NA) 嗅球
b. penis (NA) 尿道球
b. pili (NA) 毛球
b. superior venae jugularis (NA) 颈静脉上球
b. urethrae 尿道球
b. venae jugularis inferior 颈静脉下球
b. venae jugularis superior 颈静脉上球
b. vestibuli vaginae (NA) 阴道前庭球

bulesis [bjuˈliːsis] (Gr. *boulēsis*) 意志,意志活动

bulge [bʌldʒ] ❶ 膨出；❷ 膨出部

bulimia [bjuˈlimiə] (L.; Gr. *bous* ox + *limos* hunger) ❶ 贪食症；❷ (*obs.*) 食欲过盛
b. nervosa (DSM-ⅢR) 神经性贪食症

bulimic [bjuˈlimik] 贪食症的,食欲过盛的

Buliminae [bjuˈlimini:] 拟锥螺亚科

Bulimus [bjuˈliməs] (豆)螺属
B. fuchsianus 莲馨螺
B. leachii 巨豆螺

Bulinus [bjuˈlinəs] 泡螺属

bulkage [ˈbʌlkeidʒ] 充肠物

Bull. (L. *bulliat* 的缩写) 使煮沸

bulla [ˈbʌlə] (pl. *pullae*) (L.) ❶ 大(水)疱；❷ 大疱
emphysematous b. 肺气肿大疱
ethmoid b. 筛骨泡
b. ethmoidalis cavi nasi (NA) 鼻腔筛泡
b. ethmoidalis ossis ethmoidalis (NA) 筛骨筛泡
b. mastoidea 乳突泡
b. ossea 耳骨泡

bullae [ˈbʌliː] 大(水)疱,大疱。*bulla* 的复数形式

bullate [ˈbʌleit] (L. *bullatus*) ❶ 有大疱的；❷ 吹张的

bullation [bəˈleiʃən] (L. *bullatio*) ❶ 大疱形成；❷ 吹张状态

Buller's shield [ˈbʌləz] (Frank *Buller*, Canadian ophthalmologic surgeon, 1844-1905) 布勒氏罩

bullneck [ˈbʌlnek] 牛颈

bullosis [bʌˈləusis] 大疱生成
diabetic b. 糖尿病性大疱生成

bullous [ˈbʌləs] 大疱的

bumblefoot [ˈbʌmblfut] 禽掌炎

bumetanide [bʌˈmetənaid] (USP) 丁苯氧酸

Bumex [ˈbjumeks] 普麦西：丁苯氧酸制剂的商品名

Buminate [ˈbjumineit] 普米纳特：人白蛋白制剂的商品名

Bumke's pupil [ˈbuːmkiz] (Oswald Conrad Edward *Bumke*, German neurologist, 1877-1950) 布姆克氏瞳孔

bumps [bʌmps] 结节性红斑

BUN (blood urea nitrogen 的缩写) 血尿素氮

bunamidine hydrochloride [bəˈnæmidiːn] 盐酸丁萘醚

bundle [ˈbʌndl] 束
aberrant b's 迷行束
atrioventricular b., AV b. 房室束,希斯束
Bachmann's b. 巴克曼氏束,心耳间横肌束
comb b. 梳状束,黑纹状束
common b. 房室束干
hair b. 毛束
Helweg's b. 黑尔维西氏束,橄榄背髓束
b. of His 希斯束
Kent's b. 肯特氏束
Kent-His b. 肯-希二氏束,希斯束
longitudinal medial b. 内侧纵束
medial forebrain b. 前脑内侧束
Meynert's b. 迈内特氏束
Monakow's b. 莫纳科夫氏束,红核脊髓束
muscle b. 肌束
olivocochlear b. of Rasmussen 橄榄耳蜗束
b. of Oort 奥特束,橄榄耳蜗束
papillomacular b's 乳头黄斑束
posterior longitudinal b. 内侧纵束
b. of Rasmussen 拉斯穆森氏束,橄榄耳蜗束
Schütz's b. 舒尔策氏束,后纵束
solitary b. 孤束,呼吸束
b. of Stanley Kent 斯坦雷·肯特束,希斯束

thalamomamillary b. 乳头丘脑束
Thorel's b. 拉雷耳氏束
transverse b's of palmar aponeurosis 掌腱膜横束
Türck's b. 颞(叶脑)桥束
Weissmann's b. 魏斯曼氏束
bundle branch ['bʌndl bræntʃ] 束支
bungarotoxin [ˌbʌŋɡərə'tɔksin] 金环蛇毒
Bungarus ['bʌŋɡərəs] 金环蛇属
Bunge's amputation ['bungəz] (Richard *Bunge*, German surgeon, born 1870) 崩格氏切断术,除骨膜性切断术
bungeye ['bʌnɡai] 眼蝇蛆属
Büngner's bands ['biŋnəz] (Otto von *Büngner*, German neurologist, 1858-1905) 宾格内氏带
bunion ['bʌnjən] (L. *bunio*; Gr. *bounion* turnip) 𧿹囊肿
tailor's b. 小趾囊炎
bunionectomy [ˌbʌnjən'ektəmi] (*bunion* + Gr. *ektomē* excision) 𧿹囊肿切除术
bunionette [ˌbʌnjə'net] 小趾囊炎
Bunnell's suture [bə'nelz] (Sterling *Bunnell*, American surgeon, 1882-1957) 邦内尔氏缝术
bunodont ['bʌnədɔnt] (Gr. *bounos* hill + *odous* tooth) 丘牙型
bunolol hydrochloride ['bʌnəlɔl] 盐酸丁萘酮心安
bunolophodont [ˌbʌnə'lɔfədɔnt] (Gr. *bounos* hill + *lophos* ridge + *odous* tooth) 丘嵴牙型
bunoselenodont [ˌbʌnəsə'li:nədɔnt] (Gr. *bounos* hill + *selēnē* moon + *odous* tooth) 丘月牙型
Bunostomum [ˌbʌnə'stɔməm] 仰口(线虫)属
Bunsen burner ['bʌnsən] (Robert Wilhelm Eberhard *Bunsen*, German chemist, 1811-1899) 本生灯
Bunyaviridae [ˌbʌnjə'viridi:] 班亚病毒科
Bunyavirus [ˌbʌnjə'vaiərəs] (*Bunyamwera*, town in Uganda where the type species was isolated) 班亚病毒
buphthalmia [bʌf'θælmiə] ❶ 牛眼; ❷ 眼积水
buphthalmos [bʌf'θælməs] (Gr. *bous* ox + *ophthalmos* eye) ❶ 牛眼; ❷ 眼积水;

❸ 婴儿青光眼
bupicomide [bə'pikəmaid] 丁哌啶酰胺
bupivacaine hydrochloride [bə'pivəkein] (USP) 盐酸丁哌卡因
buprenorphine hydrochloride [ˌbʌprə'nɔ:fi:n] 盐酸叔丁啡
bupropion hydrochloride [bə'prəpiən] 盐酸丁氨苯丙酮
bur [bə:] ❶ 牙钻; ❷ 钻
burbulence ['bə:bjuləns] 胀气
Burdach's cuneate fasciculus ['buədɑ:ks] (Karl Friedrich *Burdach*, German physiologist, 1776-1847) 布尔达赫氏楔束
buret [bju'ret] 滴定管,量管
burette [bju'ret] 滴定管,量管
Bürger-Grütz syndrome ['biəɡə ɡri:tz] (Max *Bürger*, German physician, born 1885; Otto *Grütz*, German physician, 20th century) 布-古二氏综合征,家族性高脂蛋白血Ⅰ型
Burghart's symptom ['buəɡɑ:ts] (Hans Gerny *Burghart*, German physician, 1862-1932) 布格哈特氏症状
burimamide [bə'riməmaid] 咪丁硫胺
Burkitt's lymphoma ['bə:kits] (Denis Parsons *Burkitt*, English surgeon in Uganda, born 1911) 伯基特氏淋巴瘤
burn [bə:n] 灼伤,烧伤
brush b. 擦伤
chemical b. 化学灼伤
contact b. 触电灼伤
electric b., electrical b. 电灼伤
flash b. 闪光灼伤
friction b. 擦伤
radiation b. 辐射灼伤
sun b. 阳光灼伤
thermal b. 热灼伤
x-ray b. X线灼伤
burner ['bə:nə] 灯头,燃烧器
Argand b. 阿干德氏灯
Bunsen b. 本生氏灯
Burnet [bə'net] 伯耐特: Sir Frank Macfarlane, 澳大利亚医师和病毒学家
Burnett's disinfecting fluid [bə'nets] (Sir William *Burnett*, Scottish surgeon, 1779-1861) 伯纳特氏清毒液
Burnett's syndrome [bə'nets] (Charles Hoyt *Burnett*, American physician, 1913-1967)

伯纳特氏综合征
burnisher ['bɜːnɪʃə] 磨光器
burnishing ['bɜːnɪʃɪŋ] ❶ 磨光；❷ 镀光
Burns' ligament [bɜːnz] (Allan *Burns*, Scottish anatomist, 1781-1813) 伯恩斯氏韧带
Burow's operation ['buːrɔvz] (Karl August *Burow*, German surgeon, 1809-1874) 布罗夫氏手术
burr [bɜː] 钻
bursa ['bɜːsə] (pl. *bursae*) (L.; Gr. "a wine skin") 囊,粘液囊
  b. of Achilles (tendon) 阿基里斯(腱)囊,跟腱囊
  acromial b. 肩峰囊,三角肌下囊
  adventitious b. 摩擦囊,偶发性粘液囊
  anconeal b. 肘囊,鹰嘴皮下囊
  anconeal b. of triceps muscle 三头肌肘囊,肱三头肌腱下囊
  b. anserina (NA), anserine b. 鹅趾囊
  bicipital b., bicipitofibular b. 股二头肌囊,股二头肌腓骨囊
  bicipitoradial b., b. bicipitoradialis (NA) 肱二头肌桡骨囊
  Boyer's b. 舌骨下囊
  Brodie's b. 布罗迪氏囊,腓肠肌内侧囊
  calcaneal b. 跟腱囊
  calcaneal b., subcutaneous 跟皮下囊
  b. of calcaneal tendon 跟腱囊
  Calori's b. 卡洛里氏囊,气管主动脉囊
  b. copulatrix 交合囊
  coracobrachial b. 喙肱肌囊
  coracoid b. 喙囊,肩胛下肌腱下囊
  b. cubitalis interossea (NA), cubitoradial b. 肘骨间囊,肘桡骨囊
  deltoid b. 三角肌囊,肩峰下囊
  b. equivalent 囊等同物
  b. of Fabricius 腔上囊
  fibular b. 腓骨囊,股二头肌下腱囊
  Fleischmann's b. 弗莱希曼氏水囊瘤
  b. of flexor carpi radialis muscle 桡侧腕屈肌囊,桡侧腕屈肌腱滑液鞘
  gastrocnemiosemimembranous b. 腓肠半膜肌囊
  genual b., anterior 膝前囊,鹅趾囊
  genual b., external inferior 膝外下囊,股二头肌下腱囊
  genual bursae, internal superior 膝内上囊,缝匠肌腱下囊
  genual b., posterior 膝后囊,半膜肌囊
  bursae glutaeofemorales 臀肌股骨囊,臀肌间囊
  gluteal b. 臀大肌囊
  gluteal intermuscular bursae 臀肌间囊
  gluteofascial bursae 臀筋膜囊,臀肌间囊
  gluteofemoral bursae 臀肌股骨囊,臀肌间囊
  gluteotuberosal b. 臀肌结节囊,臀大肌坐骨囊
  His b. 希斯氏囊
  humeral b. 肱骨囊
  hyoid b. 舌骨囊,喉结皮下囊
  iliac b., subtendinous, b. iliaca subtendinea 髂腱下囊
  b. iliopectinea (NA), iliopectineal b. 髂耻囊
  b. of iliopsoas muscle 髂腰肌囊,髂腱下囊
  inferior b. of biceps femoris muscle 股二头肌下囊,股二头肌下腱囊
  infracardiac b. 心下囊
  infracondyloid b., external 外踝下囊,腘下隐窝
  infragenual b. 膝下囊,髌下深囊
  infrahyoid b., b. infrahyoidea (NA) 舌骨下囊
  infrapatellar b. 髌下囊,髌前腱下囊
  infrapatellar b., deep 髌下深囊
  infrapatellar b., subcutaneous 髌下皮下囊
  infrapatellar b., superficial inferior 髌下浅下囊,胫骨粗隆皮下囊
  b. infrapatellaris profunda (NA) 髌下深囊
  b. infrapatellaris subcutanea 髌下皮下囊
  bursae intermusculares musculorum gluteorum (NA) 臀肌间囊
  interosseous cubital b. 肘骨间囊
  intertubercular b. 结节间囊,结节间滑液鞘
  b. intratendinea olecrani (NA) 鹰嘴腱内囊
  ischiadic b. 坐骨囊,闭孔内肌坐骨囊
  b. ischiadica musculi glutei maximi (NA) 臀大肌坐骨囊

b. ischiadica musculi obturatorii interni 闭孔内肌坐骨囊

ischial b. of gluteus maximus muscle 臀大肌坐骨囊

ischial b. of obturator internus muscle 闭孔内肌坐骨囊

lateral b. of gastrocnemius muscle 腓肠肌外侧囊,腓肠肌外侧头腱下囊

b. of latissimus dorsi muscle 背阔肌囊,背阔肌腱下囊

Luschka's b. 路施卡氏囊,咽扁桃体囊

medial b. of gastrocnemius muscle 腓肠肌内侧囊,腓肠肌内侧头腱下囊

Monro's b. 门罗氏囊,鹰嘴腱内囊

b. mucosa 粘液囊,滑囊

b. mucosa submuscularis 肌下粘液囊,肌下滑膜囊

mucous b. 粘液囊,滑囊

multilocular b. 多腔囊

b. musculi bicipitis femoris inferior 股二头肌下囊,股二头肌下腱下囊

b. musculi bicipitis femoris superior (NA) 股二头肌上囊

b. musculi coracobrachialis (NA) 喙肱肌囊

b. musculi extensoris carpi radialis brevis 桡侧腕短伸肌囊

b. musculi gastrocnemii lateralis 腓肠肌外侧囊

b. musculi gastrocnemii medialis 腓肠肌内侧囊,腓肠肌外侧头腱下囊

b. musculi infraspinati 冈下肌囊,冈下肌腱下囊

b. musculi latissimi dorsi 背阔肌囊,背阔肌腱下囊

b. musculi obturatoris interni 闭孔内肌囊

b. musculi piriformis (NA) 梨状肌囊

b. musculi poplitei 腘肌囊,腘下隐窝

b. musculi sartorii propria 缝匠肌固有囊

b. quadratus semimembranosi (NA) 半膜肌囊

b. musculi sternohyoidei 胸骨舌骨肌囊

b. musculi subscapularis 肩胛下肌囊,肩胛下肌腱下囊

b. musculi tensoris veli palati (NA) 腭帆张肌囊

b. musculi teretis majoris 大圆肌囊,大圆肌腱下囊

b. musculi thyreohyoidei 甲状舌骨肌囊

b. of olecranon 鹰嘴囊,鹰嘴皮下囊

omental b., b. omentalis (NA) 网膜囊

ovarian b., b. ovarica 卵巢囊

patellar b., deep 髌骨深囊,髌前腱下囊

patellar b., middle 髌骨中囊,髌前筋膜下囊

patellar b., prespinous 髌骨棘前囊,胫骨粗隆皮下囊

patellar b., subcutaneous 髌骨皮下囊,髌前皮下囊

peroneal b., common 腓骨总囊,腓骨肌总滑液鞘

b. pharyngea (NA), pharyngeal b. 咽囊

b. of piriform muscle 梨状肌囊

popliteal b., b. of popliteal muscle 腘囊,腘肌囊

postcalcaneal b. 跟骨后囊,跟皮下囊

postcalcaneal b., deep 跟后深囊,跟腱囊

postgenual b., external 膝后外侧囊,腓肠肌外侧头腱下囊

b. praepatellaris subcutanea 髌前皮下囊

b. praepatellaris subfascialis 髌前筋膜下囊

b. praepatellaris subtendinea 髌前腱下囊

prepatellar b., middle 髌前中囊,髌前筋膜下囊

prepatellar b., subcutaneous 髌前皮下囊

prepatellar b., subfascial 髌前筋膜下囊

prepatellar b., subtendinous 髌前腱下囊

bursae prepatellares 髌骨前囊

b. prepatellaris profunda, b. prepatellaris subaponeurotica 髌前深囊,髌前腱膜下囊,髌前腱下囊

pretibial b. 胫骨前囊,胫骨粗隆皮下囊

bursae propriae musculi sartorii 缝匠肌固有囊,缝匠肌腱下囊

pyriform b. 梨状肌囊

b. of quadratus femoris muscle 股方肌囊,髂肌腱下囊

retrocondyloid b. 髁后囊,半膜肌囊

retroepicondyloid b., lateral, deep 外上髁后深囊,腓肠肌外侧头腱下囊

retrohyoid b., b. retrohyoidea (NA) 舌骨后囊

retromammary b. 乳腺后囊
sciatic b. of gluteus maximus muscle 臀大肌坐骨囊
sciatic b. of obturator internus muscle 闭孔内肌坐骨囊
b. sciatica musculi glutei maximi 臀大肌坐骨囊
b. sciatica musculi obturatorii interni (NA) 闭孔内肌坐骨囊
semimembranosogastrocnemial b., semimembranous b. 半膜腓肠肌囊,半膜肌囊
semitendinous b. 半腱肌囊,股二头肌上囊
sternohyoid b., b. sternohyoidea 胸骨舌骨肌囊
subachilleal b. 跟腱下囊,跟腱囊
subacromial b., b. subacromialis (NA) 肩峰下囊
subcalcaneal b. 跟骨下囊,跟皮下囊
subclavian b. 锁骨下囊
subcoracoid b. 喙突下囊
subcrural b. 髌上囊
b. subcutanea (NA), subcutaneous b., subcutaneous synovial b. 皮下囊,皮下滑膜囊
b. subcutanea acromialis (NA) 肩峰皮下囊
b. subcutanea calcanea (NA) 跟皮下囊
b. subcutanea infrapatellaris 髌下皮下囊
b. subcutanea malleoli lateralis (NA) 外踝皮下囊
b. subcutanea malleoli medialis (NA) 内踝皮下囊
b. subcutanea olecrani (NA) 鹰嘴皮下囊
b. subcutanea prepatellaris (NA) 髌前皮下囊
b. subcutanea prominentiae laryngealis (NA) 喉结皮下囊
b. subcutanea tuberositatis tibiae (NA) 胫骨粗隆皮下囊
subcutaneous acromial b. 肩峰皮下囊
subcutaneous b. of lateral malleolus 外踝皮下囊
subcutaneous b. of medial malleolus 内踝皮下囊
subcutaneous b. of olecranon 鹰嘴皮下囊
subcutaneous b. of prominence of larynx 喉结皮下囊
subcutaneous b. of tuberosity of tibia 胫骨粗隆皮下囊
subdeltoid b., b. subdeltoidea (NA) 三角肌下囊
subfascial b., subfascial synovial b. 筋膜下囊,筋膜下滑膜囊
b. subfascialis (NA) 筋膜下囊
b. subfascialis prepatellaris (NA) 髌前筋膜下囊
subhyoid b. 舌骨下囊,喉结皮下囊
subiliac b. 髂下囊
subligamentous b. 韧带下囊,髌下深囊
submuscular b., submuscular synovial b. 肌下囊,肌下滑膜囊
b. submuscularis (NA) 肌下囊
subpatellar b. 髌下囊
b. subtendinea (NA) 腱下囊
b. subtendinea iliaca (NA) 髂腱下囊
b. subtendinea musculi bicipitis femoris inferior (NA) 肌二头肌下腱下囊
b. subtendinea musculi gastrocnemii lateralis (NA) 腓肠肌外侧头腱下囊
b. subtendinea musculi gastrocnemii medialis (NA) 腓肠肌内侧腱下囊
b. subtendinea musculi infraspinati (NA) 冈下肌腱下囊
b. subtendinea musculi latissimi dorsi 脊阔肌腱下囊
b. subtendinea musculi obturatorii interni (NA) 闭孔内肌腱下囊
bursae subtendineae musculi sartorii (NA) 缝匠肌腱下囊
b. subtendinea musculi subscapulaisris (NA) 肩胛下肌腱下囊
b. subtendinea musculi teretis majoris (NA) 大圆肌腱下囊
b. subtendinea musculi tibialis anterioris (NA) 胫骨前肌腱下囊
b. subtendinea musculi tibialis posterioris (NA) 胫骨后肌腱下囊
b. subtendinea musculi trapezii (NA) 斜方肌腱下囊
b. subtendinea musculi tricipitis brachii (NA), b. subtendinea olecrani 肱三头肌腱下囊,鹰嘴腱下囊

b. **subtendinea prepatellaris** (NA) 髌前腱下囊
subtendinous b. of anterior tibial muscle 胫骨前肌腱下囊
subtendinous b. of biceps femoris muscle, inferior 股二头肌下腱下囊
subtendinous b. of infraspinatus muscle 冈下肌腱下囊
subtendinous b. of internal obturator muscle 闭孔内肌腱下囊
subtendinous b. of lateral head of gastrocnemius muscle 腓肠肌外侧头腱下囊
subtendinous b. of medial head of gastrocnemius muscle 腓肠肌内侧头腱下囊
subtendinous b. of obturator internus muscle 闭孔内肌腱下囊
subtendinous b. of posterior tibial muscle 胫骨后肌腱下囊
subtendinous bursae of sartorius muscle 缝匠肌腱下囊
subtendinous b. of subscapularis muscle 肩胛下肌腱下囊
subtendinous b., subtendinous synovial b. 腱下囊,腱下滑膜囊
subtendinous b. of teres major muscle 大圆肌腱下囊
superficial b. of knee 膝浅囊,髌下皮下囊
superficial b. of olecranon 鹰嘴浅囊,鹰嘴皮下囊
superior b. of biceps femoris muscle 股二头肌浅囊,肌二头肌上囊
supernumerary b. 附加囊,偶尔性粘液囊
supra-anconeal b., intratendinous 肘上腱内囊,鹰嘴腱内囊
supracondyloid b., internal, supracondyloid b., medial 内髁上囊,腓肠肌内侧头腱下囊
supragenual b., suprapatellar b. 膝上囊,髌上囊
b. **suprapatellaris** (NA) 髌上囊
synovial b. 滑膜囊
synovial b. of trochlea 滑车滑膜囊,上斜方肌腱滑囊
b. **synovialis** (NA) 滑膜囊

b. **synovialis subcutanea** 皮下滑膜囊
b. **synovialis subfascialis** 筋膜下滑膜囊
b. **synovialis submuscularis** 肌下滑膜囊
b. **synovialis subtendinea** 腱下滑膜囊
b. **tendinis Achillis** 腱囊,跟腱囊
b. **tendinis calcanei** (NA) 跟腱囊
b. **of tendon of Achilles** 腱囊,跟腱囊
b. **of tensor veli palatini muscle** 腭帆张肌腱囊
b. **of testes** 阴囊
thyrohyoid b. 甲状舌骨肌囊,喉结皮下囊
thyrohyoid b., anterior 甲状舌骨肌前囊
Tornwaldt's b. 托伦瓦尔特氏囊,咽囊
trochanteric b., subcutaneous 大转子皮下囊
trochanteric b. of gluteus maximus muscle 臀大肌转子囊
trochanteric bursae of gluteus medius muscle 臀大肌转子囊
trochanteric b. of gluteus minimus muscle 臀小肌转子囊
b. **trochanterica musculi glutei maximi** (NA) 臀大肌转子囊
bursae trochantericae musculi glutei medii (NA) 臀中肌转子囊
b. **trochanterica musculi glutei minimi** (NA) 臀小肌转子囊
b. **trochanterica subcutanea** (NA) 大转子皮下囊
trochlear synovial b. 滑车滑膜囊,上斜肌腱滑膜囊
tuberoischiadic b. 坐骨结节囊,闭孔内肌坐骨囊
ulnoradial b. 尺桡骨囊,肘骨间囊
vesicular b., iliopubic 髂耻囊
vesicular b. of sternohyoideus muscle 甲状舌骨肌囊

bursae ['bə:si:] (L.) 囊,粘液囊。*bursa* 的所有格和复数形式
bursal ['bə:səl] (L. *bursalis*) 囊的,粘液囊的
bursalogy [bə:'sælədʒi] (*bursa* + *-logy*) 粘液囊学
Bursata [bə:'seitə] 交尾囊类
bursatti [bə:'seiti] (Hindi *barsati* of the rainy season) ❶ 夏疮(马); ❷ 皮肤丽线虫蚴病

bursautee [bəːˈsɔːti] (Hindi *barsati* of the rainy season) ❶ 夏疮（马）；❷ 皮肤丽线虫蚴病

bursectomy [bəːˈsektəmi] (*bursa* + Gr. *ektomē* excision) 粘液囊切除术

bursitis [bəˈsaitis] 滑囊炎,粘液囊炎
　Achilles b. 腱囊炎,跟腱囊炎
　adhesive b. 粘连性滑囊炎
　calcific b. 钙化性滑囊炎
　ischiogluteal b. 臀大肌坐骨囊炎
　olecranon b. 鹰嘴囊炎
　omental b. 网膜囊炎
　pharyngeal b. 咽囊炎
　popliteal b. 腘囊炎
　prepatellar b. 髌前囊炎
　radiohumeral b. 桡肱骨囊炎,网球肘
　retrocalcaneal b. 跟后囊炎,跟腱痛
　scapulohumeral b. 肩胛肱骨囊炎,钙化性腱炎
　subacromial b. 肩峰下囊炎
　subdeltoid b. 三角肌下囊炎
　superficial calcaneal b. 跟浅囊炎,跟腱囊炎
　Thornwaldt's b., Tornwaldt's b. 松沃尔特氏囊炎,托伦瓦尔特氏囊炎

bursolith [ˈbəːsəliθ] (*bursa* + Gr. *lithos* stone) 粘液囊石

bursopathy [bəːˈsɔpəθi] (*bursa* + Gr. *pathos* disease) 粘液囊病

bursotomy [bəˈsɔtəmi] (*bursa* + Gr. *tomē* a cutting) 粘液囊切开术

burst [bəːst] ❶ 突然发作；❷ 正弦波
　metabolic b. 突发性代谢
　respiratory b. 突发性呼吸

Burton's line [ˈbəːtənz] (Henry *Burton*, British physician, 1799-1849) 伯顿氏线

Buruli ulcer [ˈburəli] (*Buruli* district in Uganda, where a large number of cases have occurred) 伯鲁利溃疡

Buschke's disease [ˈbuːʃkəz] (Abraham *Buschke*, German dermatologist, 1868-1943) 布什科氏病

Buschke-Löwenstein tumor [ˌbuːʃkə ˈləːvənstain] (Abraham *Buschke*; Ludwig W. *Löwenstein*, German-born American physician, 1885-1959) 伯-吕二氏瘤

Buschke-Ollendorff syndrome [ˌbuːʃkə ˈɔlindɔːf] (Abraham *Buschke*; Helene *Ollendorff*, German dermatologist, 20th century) 伯-欧二氏综合征,播散性豆状皮肤纤维瘤病

Buselmeier shunt [ˈbuːsəlmaiə] (T. J. *Buselmeier*, American nephrologist, 20th century) 伯色梅尔氏分流术

bushmaster [ˈbuʃmɑːstə] 丛林王

BuSpar [ˈbuspɑː] 普斯帕：盐酸丁螺旋酮制剂的商品名

buspirone hydrochloride [bəsˈpairəun] 盐酸丁螺旋酮

Busquet's disease [busˈkeiz] (Paul *Busquet*, French physician, 1866-1930) 布斯凯氏病

Buss disease [bʌs] (*Buss*, name of farmer whose animals were first observed with the disease) 布斯病

Busse-Buschke disease [ˈbusə ˈbuʃkə] (Otto Emil Franz Ulrich *Busse*, German physician, 1867-1922; Abraham *Buschke*, German dermatologist 1868-1943) 布斯-布什科二氏病,隐球菌病

busulfan [bəˈsʌlfæn] (USP) 白消安,二甲磺酸丁二醇二脂

But. (L. *butyrum* 的缩写) 酪,奶油

butabarbital [bjutəˈbɑːbitəl] (USP) 布塔巴比妥
　b. sodium (USP) 布塔巴比妥钠

butacaine sulfate [ˈbjutəkein] 硫酸布大卡因,硫酸丁基卡因

butaclamol hydrochloride [ˌbjutəˈklæmɔl] 盐酸丁克吗

butadiazamide [ˌbjutədaiˈæzəmaid] 丁二唑酰胺

Butalan [ˈbjutəlæn] 普他兰：布塔巴比妥钠制剂的商品名

butalbital [bjuˈtælbitəl] (USP) 异丁巴比妥

butamben [bjuˈtæmbən] (USP) 布坦本,氨基苯甲酸丁酯
　b. picrate 苦叶酸氨基苯甲酸丁酯

butamirate citrate [ˌbjutəˈmaireit] 枸橼酸丁胺酯

butamisole hydrochloride [bjuˈtæmisəul] 盐酸丁咪唑

butamoxane hydrochloride [bjutəˈmɔksein] 盐酸丁氨恶烷

butane [ˈbjuːtein] (NF) 丁烷

normal b. 正丁烷
butanoic acid [ˌbjutəˈnəuik] 丁酸
butaperazine [bjutəˈpiərəziːn] 丁酰拉嗪
　b. maleate 马来酸丁酰拉嗪
Butazolidin [ˌbjutəˈzɔlidin] 保泰松：苯基丁氮酮制剂的商品名
Butcher's saw [ˈbutʃəz] (Richard George Herbert *Butcher*, Irish surgeon, 1819-1891) 布彻氏锯
Butesin [ˈbjutəsin] 布特新：氨基苯甲酸丁酯制剂的商品名
butethal [ˈbjutəθəl] 布特萨，正丁巴比妥
butethamine hydrochloride [bjuˈteθəmiːn] 盐酸布特撒明，莫诺卡因
Buthus [ˈbjuːθəs] 钳蝎属
　B. carolinianus 卡罗莱纳蝎
　B. quinquestriatus 五纹钳蝎
Buticaps [ˈbjuːtikæps] 普提卡普：布塔巴比妥钠制剂的商品名
butirosin sulfate [bjuˈtairəsin] 硫酸丁酰苷菌素，硫酸丁胺菌素
Butisol sodium [ˈbjutisɔl] 布的索钠：布塔巴比妥钠制剂的商品名
butoconazole nitrate [ˌbjutəˈkɔnəzəul] 硝酸丁基伴唑
butonate [ˈbjuːtəneit] 丁酯磷，敌百虫丁酸酯
butoprozine hydrochloride [ˌbjutəˈprəuziːn] 盐酸丁丙吲嗪
butopyronoxyl [ˌbjutəˌpirəˈnɔksəl] 丁基三甲苯基化氧
butorphanol [bjuˈtɔːfənɔl] 丁啡喃
　b. tartrate (USP) 酒石酸丁啡喃
butoxamine hydrochloride [bjuˈtɔksəmiːn] 盐酸丁氧胺
butriptyline hydrochloride [bjuˈtriptəliːn] 盐酸丁替林
Bütschli's nuclear spindle [ˈbjuːtʃliz] (Otto *Bütschli*, German zoologist, 1848-1920) 贝奇利氏核纺锤体
butt [bʌt] 抵触，碰撞，对接
butter [ˈbʌtə] (L. *butyrum*; Gr. *boutyron*) 酪，奶油，乳脂
　b. of arsenic 三氯化砷
　cacao b., cocoa b. (NF) 可可脂
　b. of tin 氯化锡；四氯化锡
　b. of zinc 氯化锌
butterfat [ˈbʌtəfæt] 乳脂

butterfly [ˈbʌtəflai] ❶ 蝶形粘带；❷ 蝶状皮疹
Buttiauxella [ˌbjutiɔːkˈselə] 布替肠杆菌
buttock [ˈbʌtək] 臀
button [ˈbʌtən] 钮
　bromide b. 溴疖，溴疣
　dog b. 马钱子，番木鳖
　iodide b. 碘疖，碘疣
　Jaboulay b. 雅布雷氏钮
　mescal b's 龙舌兰花片
　Murphy's b. 墨菲氏钮
　peritoneal b. 腹膜钮
　quaker b. 马钱子，番木鳖
　skin b. 皮肤钮
　terminal b. 终钮，突触小结
buttonhole [ˈbʌtənhəul] 钮孔
　mitral b. 二尖瓣钮孔状狭窄
butyl [ˈbʌtil] 丁基
　b. acetate 乙酸丁酯
　b. aminobenzoate 氨基苯甲酸丁酯
　b. formate 甲酸丁酯
butylated hydroxyanisole (BHA) [ˈbjutəleitid haiˌdrɔksiˈænisəul] (NF) 丁羟基茴香醚
butylated hydroxytoluene (BHT) [ˈbjutəleitid haiˌdrɔksiˈtɔljuiːn] (NF) 丁羟基甲苯
butylene [ˈbjuːtəliːn] 丁烯
butylparaben [ˌbʌtilˈpærəbən] (NF) 尼泊金丁酯，对羟基苯甲酸丁酯
Butyn [ˈbʌtin] 巴汀：硫酸布大卡因制剂的商品名
butyr(o)- (L. *butyrum* butter) 酪，奶油，丁酸
butyraceous [ˌbjutiˈreiʃəs] 含酪的，酪状的
butyrate [ˈbjutireit] 丁酸盐
butyrate-CoA ligase [ˈbjutireit kəuˈei ˈligeis] (EC 6.2.1.2.) 丁酸-辅酶 A 连接酶
butyric acid [bjuˈtirik ˈæsid] ❶ 四碳羧酸；❷ 正丁酸
butyrin [ˈbjutirin] 酪脂，三丁酸甘油酸
butyrine [ˈbjutiriːn] α-氨基丁酸
Butyrivibrio [bjuˌtiriˈvibriəu] (L. *butyricus* butyric + *vibrio*) 丁酸弧菌属
butyroid [ˈbjutirɔid] (*butyr-* + Gr. *eidos* form) 酪状的
butyromel [bjuˈtairəməl] 酪蜜
butyrophenone [ˌbjutərəˈfiːnəun] 丁酰苯

butyrous ['bjutirəs] 酪样的
butyryl ['bjutiril] 正丁酸基
butyryl CoA synthetase ['bjutiril kəu'ei 'sinθəteis] 丁酸辅酶 A 合成酶
BVAD (biventricular assist device 的缩写) 两心室辅助装置
bypass ['baipɑːs] 分路,旁路,分流术
   aortobifemoral b. 主动脉双侧股动脉分流术
   aortocoronary b. 主动脉冠状动脉分流术
   aortofemoral b. 主动脉股动脉分流术
   aortofemoral b., thoracic 胸主动脉股动脉分流术
   aortoiliac b. 主动脉髂动脉分流术
   aortorenal b. 主动脉肾动脉分流术
   axillobifemoral b. 腋动脉两股动脉分流术
   axillofemoral b. 腋动脉股动脉分流术
   axillopopliteal b. 腋动脉腘动脉分流术
   cardiopulmonary b. 心肺分流术
   coronary b., coronary artery b. 冠状动脉分流术
   extra-anatomic b. 解剖外分流术
   extracranial/intracranial (EC/IC) b. 颅外改道术
   femorofemoral b. 股动脉分流术
   femorofemoropopliteal b. 股股动脉腘动脉分流术
   femoropopliteal b. 股动脉腘动脉分流术
   gastric b. 胃改道术
   intestinal b. 肠改道术
   jejunal b., jejunoileal b. 空肠改道术,空肠回肠改道术
   left heart b. 左心分流术
   partial b. 部分分流术
   partial ileal b. 部分回肠改道术
   right heart b. 右心转流术
by-product ['bai'prɔdəkt] 副产品
byssaceous [bi'seiʃəs] (Gr. *byssox* flax) 丝状的
byssinosis [ˌbisi'nəusis] (Gr. *byssos* flax + *-osis*) 棉尘肺
byssinotic [ˌbisi'nɔtik] ❶ 棉尘肺的;❷ 棉尘肺患者
byssocausis [ˌbisə'kɔːsis] (Gr. *byssos* flax + *kausis* burning) (艾)灸术
byssoid ['bisɔid] (Gr. *byssos* flax + *eidos* form) 伞丝状的
byssus ['bisəs] (pl. *byssuses* 或 *byssi*) (L. from Gr. *byssos* flax) 绒布,棉绒,棉花
bystander ['baistændə] 旁观者
   innocent b. 无辜受殃者,无辜株连
Bythnia ['biθniə] 豆螺属
Bywater's syndrome ['baiwɔtəz] (Eric George Lapthorn *Bywaters*, British physician, born 1910) 拜沃特氏综合征

C

C ❶(*canine* 的符号)犬齿的;❷(*carbon* 的符号)碳;❸(*large calorie* 的符号)大卡;❹(*cathode* 的符号)阴极;❺(*cervical vertebrae* 的符号)颈椎;❻(*clonus* 的符号)阵挛;❼(*closure* 的符号)闭合;❽(*color sense* 的符号)色觉;❾(*complement* 的符号)补体;❿(*compliance* 的符号)顺应性;⓫(*contraction* 的符号)收缩;⓬(*coulomb* 的符号)库仑;⓭(*cylinder* 的符号)圆柱;⓮(*cytidine* 的符号)胞嘧啶核苷;⓯(*cytosine* 的符号)胞嘧啶;⓰(*cylindrical lens* 的符号)柱面透镜

C. (L. *congius* 的符号)加仑

C ❶(*capacitance* 的符号)电容;❷(*clearance* 的符号)廓清率;❸(*heat capacity* 的符号)热容量

C_H 恒定区

C_L 恒定区

℃ (*degree Celsius* 的符号)摄氏温度标

c ❶(*small calorie* 的符号)小卡;❷(*contact* 的符号)接触;❸(*centi-* 的符号)百分之一,一百

c. ❶(L. *cibus* 的符号)食物;❷(L. *cum* 的符号)和……一起,具有,用,以,因为,既然

c ❶(*molar concentration* 的符号)克分子浓度;❷(*specific heat capacity* 的符号)比热容量;❸ 真空中光速

c̄ (L. *cum* 的符号)和……一起,具有,带有,用,以,由于,因为,既然

χ 希腊语字母表的第二十二个字母

$χ^2$ 卡方

CA ❶(*chronological age* 的缩写)年代学的年龄;❷(*croup-associated* 的缩写)与哮吼有关的(病毒);❸(*cardiac arrest* 的缩写)心脏停搏;❹(*coronary artery* 的缩写)冠状动脉

Ca (*calcium* 的符号)钙

CA_2 细胞第二抗原

Ca^{2+}-ATPase [eiti:'pi:eis] 钙离子 ATP 水解酶

CABG (*coronary artery bypass graft* 的缩写)冠状动脉分流术的血管移植物

Cabot's ring bodies ['kɑ:bəts] (Richard Clarke *Cabot*, American physician, 1868-1939) 卡波特氏环状体

cabufocon A [ˌkæbju'fəukən] 醋酸丁酸纤维素

cacao [kə'keiəu] ❶ 可可;❷ 可可树;❸ 可可豆

cacation [kə'keiʃən] 排粪

cacatory ['kækətəri] 严重腹泻的

Cacchi-Ricci disease ['kɑ:ki 'ritʃi] (Roberto *Cacchi*, Italian physician, 20th century; Vincenzo *Ricci*, Italian physician, 20th century) 卡-里二氏病,海绵肾

cachectic [kə'kektik] 恶病质的

cachectin [kə'kektin] 恶病质素

cachelcoma [kə'kelkəmə] 恶性溃疡

cachet [kə'ʃei] (Fr.) 扁(形胶)囊剂

cachexia [kə'keksiə] (*cac-* + Gr. *hexis* habit + *-ia*) 恶病质

   cancerous c. 癌性恶病质

   cardiac c. 心脏性恶病质

   c. exophthalmica 突眼性(甲状腺肿)恶病质

   fluoric c. 氟中毒恶病质

   hypophysial c. 垂体性恶病质

   c. hypophysiopriva 垂体(功能)缺失性恶病质

   malarial c. 疟疾恶病质

   c. mercurialis 汞毒恶病质

   pituitary c. 垂体性恶病质

   saturnine c. 铅毒恶病质

   c. suprarenalis 肾上腺性恶病质

   uremic c. 尿毒病性恶病质

cachexy [kə'keksi] 恶病质

cachinnation [ˌkæki'neiʃən] (L. *cachinnare* to laugh aloud) 癔病狂笑,痴笑,歇斯底里

性狂笑
cac(o)- (Gr. *kakos* bad) 恶,有病
cacocholia [ˌkækəˈkəuliə] (*caco-* + Gr. *chole* bile) 胆汁不良
cacochroia [ˌkækəˈkrɔiə] (*caco-* + Gr. *chroea* color) 面色不良,皮色不佳
cacochylia [ˌkækəˈkiliə] (*caco-* + Gr. *chylos* juice) 消化不良,消化障碍
cacochymia [ˌkækəˈkiːmiə] (*caco-* + Gr. *chymos* chyme) 体液不良
cacocnemia [ˌkækəkˈniːmiə] (*caco-* + Gr. *kneme* leg) 腿不良,腿过细
cacocolpia [ˌkækəˈkɔlpiə] (*caco-* + Gr. *kolpos* vagina) 阴道病,阴道坏疽
cacodemonomania [ˌkækəˌdemənəˈmeiniə] 魔附妄想
cacodes [ˈkækəudis] (Gr. "ill smelling") 恶臭
cacodyl [ˈkækədəl] (*caco-* + Gr. *ozein* to smell + *hyle* matter) 二甲胂
   c. **cyanide** 二甲胂腈
   c. **hydride** 二甲胂基氢
cacodylate [ˈkækədileit] 二甲基胂酸盐
cacodylic acid [ˌkækəˈdilik] 卡可基酸,二甲基胂酸
cacoethic [ˌkækəˈeθik] (*caco-* + Gr. *ēthos* the manners and habits of an individual or a group) 不良的,恶性的
cacogalactia [ˌkækəgəˈlækʃiə] (*caco-* + Gr. *gala* milk) 乳汁不良
cacogenesis [ˌkækəˈdʒenəsis] (*caco-* + Gr. *genesis* production) 结构异常,畸形劣生
cacogeusia [ˌkækəˈdʒuːsiə] (*caco-* + Gr. *geusis* taste + *-ia*) 恶味
cacomelia [ˌkækəˈmiːliə] (*caco-* + Gr. *melos* limb) 肢畸形
caconychia [ˌkækəˈnikiə] (*caco-* + Gr. *onyx* nail) 爪甲病,爪甲不良
cacopathy [ˌkækəˈpæθi] 恶病
cacoplastic [ˌkækəˈplæstik] (*caco-* + Gr. *plastikos* forming) 成形不良的,结构不良的
cacopragia [ˌkækəˈprædʒiə] (*caco-* + Gr. *pragein* to do) 官能异常
cacorhythmic [ˌkækəˈriðmik] (*caco-* + Gr. *rhythmos* rhythm) 节律不齐的
cacosmia [kəˈkɔzmiə] (*caco-* + Gr. *osme* smell + *-ia*) 恶臭,恶臭幻觉

cacothenic [ˌkækəˈθenik] 种族衰退的
cacothenics [ˌkækəˈθeniks] (Gr. *kakothēnein* to be in a bad state) 种族衰退论
cacotrophy [kəˈkɔtrəfi] (*caco-* + Gr. *trophē* nourishment) ❶ 营养不良; ❷ 营养障碍或失调
CAD (coronary artery disease 的缩写) 冠状动脉疾病
cadaver [kəˈdævə] (L., from *cadere*, to fall, to perish) 尸体
cadaveric [kəˈdævərik] 尸体的
cadaverine [kəˈdævərin] (L. *cadaver* corpse) 尸胺
cadaverous [kəˈdævərəs] 尸体样的
caddis [ˈkædis] 毛翅蝇
cadherin [kædˈhiərin] 钙粘附因子
cadmiosis [ˌkædmiˈəusis] 镉尘肺
cadmium [ˈkædmiəm] (Gr. *kadmia* earth) 镉
   c. **bromide** 溴化镉
caduca [kəˈduːkə] 蜕膜
caduceus [kəˈduːʃəs] (L., from Doric Gr. *karykeion*, herald's staff) 医神杖
caducous [kəˈduːkəs] (L. *cadere* to fall) 脱落的
cae- 参见以 *ce-* 开头的单词
caecum [ˈsiːkəm] (L.) ❶ 盲管,盲端,盲囊; ❷ (NA) 盲肠
   cupular c. of cochlear duct, c. cupulare ductus cochlearis (NA) 蜗管顶盲端
   vestibular c. of cochlear duct, c. vestibulare ductus cochlearis (NA) 蜗管前庭盲端
caecus [ˈsiːkəs] (L. "blind") 盲囊
   c. **minor ventriculi** 胃贲门部
Caedibacter [ˌsiːdiˈbæktə] (L. *caedes* slaughter + Gr. *baktron* a rod) 脱节菌
caen(o)- 新
caeruleus [səˈruːliəs] (L. "dark blue", "azure", probably from *caelum* sky) 蓝色的,蔚蓝色的,天蓝色的
caesarean [səˈzɛəriən] 剖腹产术
caesium [ˈsiːziəm] 铯
caffeine [kəˈfiːn] (Ger. *Kaffein*, from *Kaffee* coffee) (USP) 咖啡因
   c. **benzoate** 苯甲酸咖啡因
   c. **citrate, citrated c.** 枸橼酸咖啡因

c. and sodium benzoate 苯甲酸钠咖啡因
caffeinism ['kæfiˌnizəm] 咖啡因中毒
Caffey's disease ['kæfiz] (John *Caffey*, American pediatrician, 1895-1978) 卡菲氏病，婴儿骨外层肥厚病
cage [keidʒ] 箱,笼,护架,支架
　population c. 群体饲育箱
　thoracic c. 胸廓
CAH (congenital adrenal hyperplasia 的缩写) 肾上腺(性)性征综合征，肾上腺性征异常
cain(o)- 新
cainotophobia [ˌkainəutəˈfəubiə] (Gr. *kainotes* novelty + *phobos* fear) 陌生恐怖，新事物恐怖
Cajal's cells [kɑːˈhɑːlz] (Santiago Ramón y *Cajal*, Spanish physician and histologist, 1852-1934) 卡哈尔氏细胞
cajeputol ['kædʒipətəl] 白千层脑,桉树脑,桉油精
Cal 大卡(千卡)
cal 小卡
calage [kɑːˈlɑːʒ] (Fr.) 垫身防晕船法
calamine ['kæləmain] (USP) 炉甘石
calamus ['kæləməs] (L.) ❶ 芦苇样结构； ❷ 白菖及其离香根茎
　c. scriptorius 写翮
Calan ['kælən] 开仑：盐酸戊脉安制剂的商品名
calcaneal [kælˈkæniəl] 跟骨的
calcanean [kælˈkæniən] 跟骨的
calcaneitis [kælˌkæniˈaitis] 跟骨炎
calcane(o)- (L. *calcaneus*) 跟骨
calcaneoapophysitis [kælˌkæniəəˌpɒfiˈzaitis] 跟骨突炎
calcaneoastragaloid [kælˌkæniəəˈstrægəlɔid] 跟距的
calcaneocavus [kælˌkæniəˈkævəs] 仰趾畸足
calcaneocuboid [kælˌkæniəˈkjubɔid] 跟骰的
calcaneodynia [kælˌkæniəˈdiniə] 跟痛
calcaneofibular [kælˌkæniəˈfibjulə] 跟腓的
calcaneonavicular [kælˌkæniənəˈvikjulə] 跟舟的
calcaneoplantar [kælˌkæniəˈplæntə] 跟跖的

calcaneoscaphoid [kælˌkæniəˈskæfɔid] 跟舟的
calcaneotibial [kælˌkæniəˈtibiəl] 跟胫的
calcaneovalgocavus [kælˌkæniəˌvælgəˈkævəs] 仰趾外翻(弓形足)
calcaneum [kælˈkæniəm] (pl. *calcanea*) (L.) 跟骨
calcaneus [kælˈkæniəs] (pl. *calcanei*) (L.) ❶ (NA) 跟骨；❷ 仰趾骨
calcanodynia [ˌkælkənəˈdiniə] 跟痛
calcar ['kælkə] (L. "spur") 距
　c. avis (NA) 禽距
　c. femorale 股骨(颈)距
　c. pedis 足跟
calcarea [kælˈkɛəriə] (L.) 石灰
　c. chlorata 氧化石灰,漂白粉
　c. hydrica 石灰水
　c. phosphorica 磷化石灰
　c. usta 生石灰,氧化钙
calcareous [kælˈkɛəriəs] (L. *calcarius*) ❶ 石灰质的,钙质的,含有石灰的,含钙的；❷ 白垩的
calcarine ['kælkərain] (L. *calcarinus* spur-shaped) ❶ 距状的；❷ 距的
calcariuria [kælˌkæriˈjuəriə] (L. *calcarius* containing lime + *-uria*) 石灰盐尿,钙盐尿
calcaroid ['kælkərɔid] 钙样的,钙样外观
calcemia [kælˈsiːmiə] (*calcium* + *-emia*) 高钙血症
calci- (L. *calx*, gen. *calcis* lime) 钙,钙盐
calcibilia [ˌkælsiˈbiliə] 钙胆汁
Calcibind ['kælsibaind] 卡尔斯丙特：磷酸纤维钠制剂的商品名
calcic ['kælsik] 石灰,钙的
calcicosilicosis [ˌkælsikəˌsiliˈkəusis] 钙硅尘肺,钙硅沉着病
calcicosis [ˌkælsiˈkəusis] (L. *calx* lime) 灰石肺,灰石沉着病
calcidiol [ˌkælsiˈdaiɔl] 25-羟胆骨化醇,骨化二醇
calcifames [kælˈsifəmiz] 缺钙症
calcifediol [ˌkælsifəˈdaiɔl] ❶ 25-羟胆骨化醇；❷ (USP) 25-羟胆骨化醇制剂
Calciferol [kælˈsifərɔl] 卡尔斯福罗尔：麦角骨化(甾)醇制剂的商品名
calciferol [kælˈsifərəl] 卡尔斯胆醇
calcific [kælˈsifik] 石灰化的,钙化的

calcification [ˌkælsifiˈkeiʃən] (*calcium* + L. *facere* to make) 钙化
  dystrophic c. 营养不良性钙化
  metastatic c. 转移性钙化
  Mönckeberg's c. 门克伯格氏钙化

calcigerous [kælˈsidʒərəs] (*calcium* + L. *gerere* to bear) 含钙的

Calcijex [ˈkælsidʒeks] 钙治捷:25-羟胆骨化醇制剂的商品名

Calcimar [ˈkælsimə] 凯思莫:鲑鱼降钙素制剂的商品名

calcimeter [kælˈsimitə] (*calcium* + *-meter*) 钙定量器

calcination [ˌkælsiˈneiʃən] (L. *calcinare* to char) 煅烧,灰化

calcine [ˈkælsin] 煅烧,灰化

calcinosis [ˌkælsiˈnəusis] 钙质沉着症
  c. circumscripta 局限性钙质沉着
  c. cutis 皮内钙质沉着
  c. interstitialis 间质性钙质沉着
  c. intervertebralis 椎间盘钙质沉着
  tumoral c. 瘤样钙质沉着
  c. universalis 普通性钙质沉着

calciokinesis [ˌkælsiəkiˈniːsis] 钙动用

calciokinetic [ˌkælsiəkiˈnetik] 激钙的

calciorrhachia [ˌkælsiəˈreikiə] (*calcium* + Gr. *rhachis* spine + *-ia*) 含钙脊液

calcipectic [ˌkælsiˈpektik] 固定钙的

calcipenia [ˌkælsiˈpiːniə] (*calcium* + Gr. *penia* poverty) 钙缺乏

calcipenic [ˌkælsiˈpiːnik] 钙缺乏的

calcipexic [ˌkælsiˈpeksik] 固定钙的,钙质被固定的

calcipexis [ˌkælsiˈpeksis] 钙固定

calcipexy [ˈkælsiˌpeksi] (*calcium* + Gr. *pēxis* fixation) 钙固定

calciphilia [ˌkælsiˈfiliə] (*calcium* + Gr. *philein* to love) 嗜钙性

calciphylactic [ˌkælsifəˈlæktik] 钙化防御的

calciphylaxis [ˌkælsifəˈlæksis] 钙化防御
  systemic c. 全身性钙化防御
  topical c. 局部性钙化防御

calciprivia [ˌkælsiˈpriviə] (*calcium* + L. *privus* without + *-ia*) 钙缺乏

calciprivic [ˌkælsiˈprivik] 缺钙的

calcipyelitis [ˌkælsipiəˈlaitis] 结石性肾盂炎

calcitonin [ˌkælsiˈtɒnin] 降钙素

calcitriol [ˌkælsiˈtraiɒl] ❶ 1,25-二羟胆骨化醇;❷ 1,25-二羟胆骨化醇制剂

calcium [ˈkælsiəm] (L. *calx* lime) 钙
  c. acetate (USP) 乙酸钙
  c. benzamidosalicylate 苯酰胺水杨酸钙
  c. carbimide ①氰氨化钙;②枸橼酸氰氨化钙
  c. carbimide, citrated 枸橼酸氰氨化钙
  c. carbonate 碳酸钙
  c. carbonate, precipitated (USP) 沉淀碳酸钙
  c. caseinate 酪蛋白钙
  c. chloride (USP) 氯化钙
  c. cyanamide 氰氨化钙
  c. cyclamate 环己(基)氨基磺钙酸
  c. disodium edathamil, c. disodium edetate 依地酸二钠钙
  C. Disodium Versenate 依地酸二钠钙制剂的商品名
  c. EDTA 依地酸二钠
  c. fluoride 氟化钙
  c. glubionate 葡乳醛酸钙
  c. gluconate (USP) 葡萄糖酸钙
  c. hydroxide (USP) 氢氧化钙
  c. lactate (USP) 乳酸钙
  c. levulinate (USP) 块茎糖酸钙,β-乙酰丙酸钙
  c. oxalate 草酸钙
  c. oxide 氧化钙
  c. pantothenate (USP) 泛酸钙
  c. pantothenate, racemic (USP) 消旋泛酸钙
  c. phosphate 磷酸钙
  c. phosphate, dibasic (USP) 二价磷酸钙,磷酸氢钙
  c. polycarbophil (USP) 多羧钙
  c. propionate 丙酸钙
  c. pyrophosphate 焦磷酸钙
  radioactive c. 放射性钙
  c. stearate (NF) 硬脂酸钙
  c. sulfate (NF) 硫酸钙
  tribasic c. phosphate 三价磷酸钙,三碱基磷酸钙
  c. trisodium pentetate 五乙酸三钠钙,促排灵

calciumedetate sodium [ˌkælsiəˈmiːditeit] 依地酸二钠钙

calciuria [ˌkælsi'juəriə] 钙尿
calc(o)- 钙，钙盐
calcoglobulin [ˌkælkə'gləbjulin] 钙球蛋白
calcophorous [ˌkælkə'fɔrəs] (L. *calx* lime + Gr. *pherein* to bear) 含石灰的
calcospherite [ˌkælkə'sfiərait] 钙球
calculary ['kælkjuˌləri] (L. *calculus* stone) 石的
calculi ['kælkjulai] 结石。*calculus* 的复数形式
calculifragous [ˌkælkjuli'frægəs] (L. *calculus* stone + *fragere* to break) 碎石的
calculogenesis [ˌkælkjulə'dʒenəsis] 结石形成
calculosis [ˌkælkju'ləusis] 结石病
calculous ['kælkjuləs] 结石的，石性的
calculus ['kælkjuləs] (pl. *calculi*) (L. "pebble") 结石，石
  alternating c. 分层石
  alvine c. 粪石
  articular c. 关节石
  biliary calculi 胆石
  bronchial c. 支气管结石
  calcium oxalate c. 草酸钙结石
  cholesterol c. 胆固醇结石
  combination c. 混合结石
  cystine c. 胱氨酸结石
  decubitus c. 久卧结石
  dental c. 牙垢，牙结石
  encysted c. 被囊性结石
  fibrin c. 纤维蛋白结石
  fusible c. 可熔性结石
  gastric c. 胃石
  gonecystic c. 精囊石
  hemic c. 血性结石
  hemp seed c. 大麻子样结石
  hepatic c. 肝石
  indigo c. 尿靛石
  intestinal c. 肠石
  joint c. 关节结石
  lacrimal c. 泪石
  lacteal c. 乳石
  lung c. 肺石
  mammary c. 乳石，乳腺管石
  matrix c. 基质结石
  metabolic c. 代谢性结石
  mulberry c. 桑葚状结石
  nasal c. 鼻石
  nephritic c. 肾石
  oxalate c. 草酸钙结石
  pancreatic c. 胰石
  phosphate c., phosphatic c. 磷酸盐结石
  pocketed c. 被囊性石
  preputial c. 包皮垢石
  prostatic c. 前列腺石
  renal c. 肾石
  renal c., primary 原发性肾石
  renal c., secondary 继发性肾石
  salivary c. ①涎石；②龈上积石
  serumal c. 血清性牙垢，龈下结石
  shellac c. 虫胶漆结石
  spermatic c. 精囊石
  staghorn c. 鹿角样结石
  stomachic c. 胃石
  struvite c. 鸟粪石结石
  subgingival c. 龈下结石
  submorphous c. 亚晶形结石
  supragingival c. 龈上结石
  tonsillar c. 扁桃体石
  urate c. 尿酸盐结石
  urethral c. 尿道石
  uric acid c. 尿酸石
  urinary c. 尿石
  urostealith c. 尿脂石
  uterine c. 子宫石
  vesical c. 膀胱石
  vesicoprostatic c. 膀胱前列腺石
  xanthic c. 黄嘌呤石

Caldani's ligameat [kæl'dɑːniz] (Leopoldo Marcantonio *Caldani*, Italian anatomist, 1725-1813) 卡尔达尼韧带

Caldwell's position ['kɔldwelz] (Eugene Wilson *Caldwell*, American radiologist, 1870-1918) 考德威尔氏体位

Caldwell-Luc operation ['kɔldwel luk] (George W. *Caldwell*, American physician, 1834-1918; Henri *Luc*, French laryngologist, 1855-1925) 考-路二氏手术

Caldwell-Moloy classification ['kɔldwel mə'lɔi] (William Edgar *Caldwell*, American obstetrician; Howard Carman *Moloy*, Canadian obstetrician, 1903-1953) 考-莫二氏分类

Calef. ❶ (L. *calefactus* 的缩写) 温的；❷ (L. *calefac* 的缩写) 加温

calefacient [ˌkæləˈfeiʃənt] (L. *calidus* warm + *facere* to make) ❶ 加温的；❷ 发暖药

Calendula [kəˈlendjulə] (L.) 金盏花属

calf [kɑ:f] (L. *sura*) 腓肠

caliber [ˈkælibə] (Fr. *calibre* the bore of a gun) 管径, 口径

calibration [ˌkæliˈbreiʃən] ❶ 校准；❷ 管径测量

caliceal [ˌkæliˈsiəl] 盏的

calicectasis [ˌkæliˈsektəsis] 肾盏扩张

calicectomy [ˌkæliˈsektəmi] 肾盏切除术

calices [ˈkælisiz] (L.) 盏。*calix* 的复数形式

calicine [ˈkælisi:n] 盏的, 盏状的, 杯状的

Caliciviridae [kəˌlisiˈviridi:] 杯状病毒科, 萼状病毒科

Calicivirus [kəˈlisiˌvaiərəs] (L. *celix*, gen. *calicis* cup + *virus*) 杯状病毒属, 萼状病毒属

calicivirus [kəˈlisiˌvaiərəs] 杯状病毒
 feline c's 猫杯状病毒

caliculi [kəˈlikjulai] ❶ 小杯(的)；❷ 杯状器官(的)。*caliculus* 的复数形式

caliculus [kəˈlikjuləs] (pl. *calculi*) (L., dim. of *calix*) ❶ 小杯；❷ 杯状器官
 c. gustatorius (NA) 味蕾
 c. ophthalmicus (NA) 视杯

caliectasis [ˌkæliˈektəsis] (*calix* + Gr. *ektasis* dilatation) 肾盏扩张

caliectomy [ˌkæliˈektəmi] (*calix* + Gr. *ektomē* excision) 肾盏切除术

californium [ˌkæliˈfɔ:niəm] (named from *California* (University and state), where it was first produced) 锎

calipers [ˈkælipəz] (from *caliber*) 双脚规, 测径器
 skinfold c. 皮肤皱折测径器

calisthenics [ˌkælisˈθeniks] (Gr. *kalos* beautiful + *sthenos* strength) 健美体操

calix [ˈkæliks] (pl. *calices*) (L.)(NA) 盏
 renal calices 肾盏
 renal calices, greater 肾大盏
 renal calices, major 肾大盏
 renal calices, minor 肾小盏
 calices renales (NA) 肾盏
 calices renales majores (NA) 肾大盏
 calices renales minores (NA) 肾小盏

CALLA (common acute lymphoblastic leukemia antigen 的缩写) 常见的急性淋巴母细胞白血病抗原

Callander's amputation [ˈkæləndəz] (C. Latimer *Callander*, American surgeon, 1892-1947) 卡兰德氏断术

Calleja's islands (islets) [kɑ:lˈjɑ:z] (Julián *Calleja* y Sánchez, Spanish anatomist, 1836-1913) 卡耶哈氏岛

Calliphora [kəˈlifərə] (Gr. *kallos* beauty + *phoros* bearing) 丽蝇属
 C. vomitoria 反吐丽蝇

Calliphoridae [ˌkæliˈfɔridi:] 丽蝇科

Callison's fluid [ˈkælisənz] (James S. *Callison*, American physician, born 1873) 卡利森氏液

Callitroga [ˌkæliˈtrɔgə] 锥蝇属

callosal [kəˈləusəl] 胼胝体的

callositas [kəˈlɔsitəs] (L.) 胼胝

callosity [kəˈlɔsiti] (L. *callositas*, from *callus*) 胼胝

callosomarginal [kəˌlɔsəˈmɑ:dʒinəl] 胼胝体额上回的, 扣缘带上回的

callosotomy [ˌkæləˈsɔtəmi] 胼胝体切除术

callosum [kəˈlɔsəm] 胼胝体

callous [ˈkæləs] 硬的, 似胼胝体的

callus [ˈkæləs] (L.) ❶ 胼胝；❷ 骨痂；❸ 愈痂
 bony c. 骨痂
 central c. 中央骨痂
 definitive c. 永久骨痂
 ensheathing c. 鞘性骨痂
 external c. 外骨痂
 inner c. 内骨痂
 intermediate c. 中间骨痂
 internal c., medullary c., myelogenous c. 内骨痂, 骨髓骨痂, 骨髓原性骨痂
 permanent c. 永久骨痂
 provisional c., temporary c. 暂时骨痂

calmant [ˈkælmənt] 镇静药, 定心药

calmative [ˈkælmətiv] ❶ 镇静的, 抑制兴奋的；❷ 镇静药, 抑制兴奋药

Calmette's test [kælˈmets] (Albert Léon Charles *Calmette*, French bacteriologist, 1863-1933) 卡尔默蒂氏试验

Calmette-Guérin bacillus [kælˈmet geiˈrei] (A. L. C. *Calmette*; Camille *Guérin*, French bacteriologist, 1872-1961) 卡-格

二氏杆菌

calmodulin [kæl'mɔdjulin] 调钙蛋白,钙调节蛋白

Calobata [kə'lɔbətə] 躁蝇属

calomel ['kæləmel] (L. *calomelas*, Gr. *kalos* fair + *melas* black) 甘汞
 vegetable c. 鬼臼根

calor ['kælə] (L.) 发热,灼热
 c. febrilis 发热
 c. fervens 高热
 c. innatus 本体热
 c. internus 内热
 c. mordax, c. mordicans 灼热

caloradiance [ˌkælə'reidiəns] 热辐射(线)

calorescence [ˌkælə'resəns] 发光射线,热光

Calori's bursa [kɑː'lɔriz] (Luigi *Calori*, Italian anatomist, 1807-1896) 卡洛里氏囊

calori- (L. *calor*, gen. *caloris* heat) 热

caloric [kə'lɔrik] ❶ 热的;❷ 卡(路里)的

caloricity [ˌkælə'risiti] 生热力

calorie ['kæləriː] (Fr; L. *calor* heat) 卡(路里)
 gram c. 克卡,小卡
 IT c., International Table c. 国际表卡
 large c. 大卡
 mean c. 平均卡
 small c. 小卡
 standard c. 标准卡
 thermochemical c. 热化学卡

calorifacient [kəˌlɔri'feiʃənt] (L. *calor* heat + *facere* to make) 生热的,产热的

calorific [ˌkælə'rifik] (L. *calor* heat + *facere* to make) 生热的,产热的

calorigenetic [kəˌlɔridʒə'netik] 产生热量或能量的,增加热量或能量产生的,增加耗氧量的

calorigenic [kəˌlɔri'dʒenik] (L. *calor* heat + Gr. *gennan* to produce) 产生热量或能量的,增加热量或能量产生的,增加耗氧量的

calorimeter [ˌkælə'rimitə] (L. *calor* heat + Gr. *metron* measure) 测热计,热量计
 bomb c. 弹式测热计
 compensating c. 补偿式测热计
 respiration c. 呼吸热量计

calorimetric [kɑːˌlɔri'metrik] 测热的,测热法的

calorimetry [ˌkælə'rimitri] (L. *calor* heat + Gr. *metron* measure) 测热法
 direct c. 直接测量法
 indirect c. 间接测量法

caloriscope [kə'lɔriskəup] 热量器

caloritropic [kəˌlɔri'trɔpik] (L. *calor* heat + Gr. *tropos* a turning) 向热的

calory ['kæləri] 卡(路里)

Calot's triangle [kɑː'lɔz] (Jean-Francois *Calot*, French surgeon, 1861-1944) 卡洛氏三角

calotte [kə'lɔt] (Fr. "cap") ❶ 小帽;❷ 眼球帽状切状

calsequestrin [ˌkælsi'kwestrin] (*cal*cium + *sequester* + *-in* a chemical suffix) 肌集钙蛋白

calvaria [kæl'vɛəriə] (L.) (NA) 颅盖

calvarial [kæl'vɛəriəl] 颅盖的

calvarium [kæl'vɛəriəm] 颅盖

Calvé-Perthes disease ['kælvei 'pɜːtis] (Jacques *Calvé*, French orthopedist, 1875-1954;Georg Clemens *Perthes*, German surgeon, 1869-1927) 卡-佩二氏病,股骨小头骨骺的骨软骨病

Calvin cycle ['kælvin] (Melvin *Calvin*, American chemist, born 1911, winner of the Nobel prize in chemistry for 1961 for development of techniques to determine the chemical reactions of plant carbon dioxide assimilation) 卡尔文循环

calvities [kæl'viʃiːz] (L.) 秃,脱发

calx [kɑːlks] (L.) ❶ 白垩;❷ (NA)跟;❸ 煅余物;❹ 石灰,氧化钙,生石灰,苛性石灰
 c. chlorata, c. chlorinata 含氯石灰,漂白粉

calyceal [ˌkæli'siəl] 盏的,萼的

calycectasis [ˌkæli'sektəsis] 肾盏扩张

calycectomy [ˌkæli'sektəmi] 肾盏切除术

calyces ['kælisiːz] 盏。*calyx* 的复数形式

calycine ['kælisin] 盏的,杯的

calycle ['kælikl] ❶ 小杯;❷ 杯状器官

calyculus [kə'likjuləs] (gen. 和 pl. *calyculi*)(L. dim. of Gr. *kalyx* cup of a flower) ❶ 小杯,萼;❷ 杯状器官,萼状器官

Calymmatobacterium [kəˌlimətəbæk'tiəriəm] (Gr. *kalymma* a hood or veil +

bacterium) 鞘杆菌属
c. granulomatis 肉芽肿鞘杆菌

calyx ['kæliks] (pl. *calyces*) (Gr. *kalyx* cup of a flower) 盏,杯
calyces renales 肾盏
calyces renales majores 肾大盏
calyces renales minores 肾小盏

CAM (cell adhesion molecules 的缩写)细胞粘着分子

Camallanus [ˌkæməˈleinəs] 驼形线虫属

Cambaroides [ˌkæmbəˈrɔidiz] 蝲蛄属

cambendazole [kæmˈbendəzəul] 噻苯咪唑酯

cambium [ˈkæmbiəm] (L. "exchange") ❶ 新生层; ❷ 形成层

camelpox [ˈkæməlpɔks] 骆驼痘

camera [ˈkæmərə] (pl. *cameras* 或 *camerae*) (L. "chamber") ❶ 盒,房,隔室; ❷ 室,暗室
Anger c. 闪烁照相机
c. anterior bulbi (NA) 眼前房
gamma c. 闪烁照相机
c. lucida 投影描绘器
c. obscura 暗箱
c. oculi 眼房
c. oculi anterior 眼前房
c. oculi posterior 眼后房
c. posterior bulbi (NA) 眼后房
recording c. 记录照相机,光转筒记录器
scintillation c. 闪烁照相机
c. vitreal bulbi (NA) 眼玻璃体腔

camerae [ˈkæməriː] (L.) ❶ 盒,房,隔室; ❷ 室,照相机,暗箱。*camera* 的复数形式

Camerer's law [ˈkæmərəz] (Johann Friedrich Wilhelm *Camerer*, German pediatrician, 1842-1910) 凯麦勒氏定律

camisole [ˈkæmisəul] (Fr. "dressing gown") 约束衣

Cammann's stethoscope [ˈkæmənz] (George Philip *Cammann*, American physician, 1804-1863) 凯曼氏听诊器

Camoquin [ˈkæməkwin] 凯莫喹: 盐酸氢酚喹制剂的商品名

cAMP 3′:5′-环磷酸腺苷,环腺苷酸

Campbell's ligament [ˈkæmbəlz] (William Francis *Campbell*, American surgeon, 1867-1926) 坎贝尔氏韧带

cAMP-dependent protein kinase [diˈpendənt ˈprəutiːn ˈkineis] 环腺苷酸依赖型蛋白激酶

campeachy [kæmˈpiːtʃi] 苏木精,苏木紫

campechy [kæmˈpiːtʃi] 苏木精

Camper's fascia [ˈkæmpəz] (Pieter *Camper*, Dutch physician, 1722-1789) 坎伯氏筋膜

camphene [kæmˈfiːn] 樟脑烃,樟烯

camphor [ˈkæmfə] (L. *camphora*; Gr. *kamphora*) ❶ 樟脑; ❷ 樟脑样化合物
anise c. 茴香脑
peppermint c. 欧薄荷脑
synthetic c. 合成樟脑
thyme c. 麝香草酚樟脑,麝香草脑

camphora [kæmˈfɔrə] (L.) 樟脑

camphoraceous [ˌkæmfəˈreiʃəs] 樟脑样的,似樟脑的

camphorated [ˌkæmfəˈreitid] (L. *camphoratus*) 含樟脑的,樟脑酊的

camphorism [ˈkæmfərizəm] 樟脑中毒

campimeter [kæmˈpimitə] (L. *campus* field + -meter) 平面视野计

campimetry [kæmˈpimitri] 平面视野计检查法

campospasm [ˈkæmpəspæzəm] (Gr. *kampē* a bending + *spasm*) 躯干前屈症,驼背

campotomy [kæmˈpɔtəmi] (L. *campi* fields (of Forel) + Gr. *tomē* a cutting) 佛罗瑞尔区切开术

camptocormia [ˌkæmptəˈkɔːmiə] (Gr. *kamptos* bent + *kormos* trunk + -*ia*) 躯干前屈症,驼背

camptocormy [ˌkæmptəˈkɔːmi] 躯干前屈症,驼背

camptodactylia [ˌkæmptədækˈtiliə] 屈曲指

camptodactylism [ˌkæmptəˈdæktəlizəm] 屈曲指

camptodactyly [ˌkæmptəˈdæktili] (Gr. *kamptos* bent + *daktylos* finger) 屈曲指

camptomelia [ˌkæmptəˈmiːliə] (Gr. *kamptos* bent + *melos* limb + -*ia*) 弯肢

camptomelic [ˌkæmptəˈmelik] 弯肢的

camptospasm [ˈkæmptəspæzəm] 躯干前屈症,驼背

Campylobacter [ˌkæmpiləˈbæktə] (Gr. *kampylos* curved + *baktron* a rod) 弯曲

杆菌属
C. cinaedi 淫乱弯曲杆菌
C. coli 结肠弯曲杆菌
C. fecalis 粪弯曲杆菌
C. fennelliae 同性恋弯曲杆菌
C. fetus 胚胎弯曲杆菌
C. fetus subsp. fetus 胚胎弯曲杆菌胚胎亚种
C. fetus subsp. intestinalis 胚胎弯曲杆菌肠亚种
C. fetus subsp. jejuni 胚胎弯曲杆菌空肠亚种
C. fetus subsp. veneralis 胚胎弯曲杆菌性病亚种
C. hyointestinalis 猪肠弯曲杆菌
C. jejuni 空肠弯曲杆菌
C. pylori 幽门弯曲杆菌
C. sputorum 唾液弯曲杆菌
C. sputorum subsp. bubulus 唾液弯曲杆菌牛亚种
C. sputorum subsp. mucosalis 唾液弯曲杆菌粘膜亚种
C. sputorum subsp. sputorum 唾液弯曲杆菌唾液亚种

campylobacteriosis [ˌkæmpiləbækˌtiəriˈəusis] 弯曲杆菌病
bovine genital c. 牛生殖道弯曲杆菌病
ovine genital c. 绵羊生殖道弯曲杆菌病

camsylate [ˈkæmsəleit] 磺酸樟脑

Camurati-Engelmann disease [kɑːmjuˈrɑːti ˈeŋɡəlmæn] (Mario *Camurati*, Italian physician, 1896-1948; Guido *Engelmann*, Czechoslovakian surgeon, 20th century) 卡-恩二氏病,骨干发育不良病

Canada-Cronkhite syndrome [ˈkænədə ˈkrɔŋkait] (Wilma Jeanne *Canada*, American radiologist, 20th century; Leonard W. *Cronkhite*, Jr., American internist, born 1919) 卡-克二氏综合征

canal [kəˈnæl] 管,道
abdominal c. 腹股沟管
accessory palatine c's 副腭管
adductor c. 收肌管
Alcock's c. 阿尔考克氏管,阴部管
alimentary c. 消化管
alisphenoid c. 翼蝶骨管
alveolar c's 牙槽管
alveolar c., anterior; alveolar c. of maxilla; alveolar c., posterior 前牙槽管,上颌牙槽管,后牙槽管
anal c. 肛管
c. of Arantius 静脉导管
archenteric c. 神经肠管
archinephric c. 前肾管
Arnold's c. 阿诺尔德氏管
arterial c. 动脉导管
atrioventricular c. 房室管
auditory c., external 外耳道
auditory c., internal 内耳道
basipharyngeal c. 颅底咽管,犁鞘管
biliary c's, interlobular 小叶间胆管
biliary c's, intralobular 胆小管
birth c. 产道
blastoporic c. 胚孔管,神经肠管
bony c's of ear 骨性半规管
Braun's c. 神经肠管,布朗氏管
Breschet's c's 板障管,布雷斯基特氏管
calciferous c's 钙化管
caroticotympanic c's 颈鼓小管
carotid c. 颈动脉管
carpal c. 腕管
c's of cartilage 软骨管
central c. of modiolus 蜗轴纵管
central c. of spinal cord 脊髓中央管
central c. of Stilling, central c. of vitreous 斯蒂尔林中央管,玻璃体管
cerebrospinal c. 脑脊髓管
cervical c. of uterus 子宫颈管
chordal c. 脊索管
c. of chorda tympani 鼓索小管
ciliary c's 睫状管,虹膜角膜角隙
Civinini's c. 鼓索小管,西维尼尼氏管
Cloquet's c. 玻璃体管,克劳克氏管
cochlear c. 耳蜗管
common atrioventricular c. 总房室管
condylar c., condyloid c. 髁管
condyloid c., anterior 髁前管,舌下神经管
connecting c. 弓形集合管
c. of Corti 螺旋管,柯替管
c. of Cotunnius 前庭小管,科塔尼斯管
craniopharyneal c. 颅咽管
crural c. 股管
crural c. of Henle 亨利管,收肌管
c. of Cuvier 卡维尔管,静脉导管
dental c., inferior 下牙槽管,下颌管

dental c's, posterior ① 上颌牙槽管；② 上颌牙槽孔
dentinal c's 牙小管
digestive c. 消化管
diploic c's 板障管
Dorello's c. 多瑞乐氏管
entodermal c. 内胚层管,原肠管,原始消化管
c. of epididymis 附睾管
ethmoid c., anterior 前筛管,眶颅管
ethmoid c., posterior 后筛管,眶筛管,后筛孔
eustachian c. 尤斯塔恰尼管,咽鼓管
eustachian c., osseous 骨性咽鼓管
facial c., c. for facial nerve 面神经管
fallopian c. 法洛皮亚尼管,面神经管
femoral c. 股管
Ferrein's c. 费蓝氏管,泪河
flexor c. 腕管
ganglionic c. 螺旋神经节管
Gartner's c. 加特内氏管,卵巢冠纵管
gastric c. 胃管
genital c. 生殖管
gubernacular c's 切牙引带管
c. of Guidi 吉蒂管,翼管
Guyon's c. 居永氏管
gynecophoral c., gynecophorous c. 抱雌沟
hair c. 毛管
Hannover's c. 汉诺佛氏管腔
haversian c. 哈弗管
hemal c. 脉弧管
Henle's c's 亨利氏袢,细尿管袢
Hensen's c. 汉森氏管,连合管
c's of Hering 赫林管,细胆管
hernial c. 疝管
Hirschfeld's c's 赫希菲尔德氏管,牙间管,齿间管
His c. 希斯管,甲状舌管
Holmgren-Golgi c's 霍姆格伦-高尔基管,胞浆内小管
c. of Hovius 霍维斯管
Huguier's c. 休吉尔氏管,鼓索小管
Hunter's c. 亨特氏管,收肌管
Huschke's c. 胡施克氏管,鼓环管
hyaloid c. 玻璃体管
hypoglossal c. 舌下神经管
iliac c. 髂肌管,肌腔管

incisive c. 切牙管
infraorbital c. 眶下管
inguinal c. 腹股沟管
intercellular c's 细胞间小管,界面管
interdental c's 牙间管
interfacial c's 界面管
intersacral c's 骶骨椎间管(孔)
intestinal c. 肠管,肠
intracytoplasmic c's 胞浆内小管,霍姆格伦-高尔基管
Jacobson's c., c. for Jacobson's nerve 鼓室小管
Kovalevsky's c. 科瓦雷夫斯基氏管,神经肠管
lacrimal c. 鼻泪管
Laurer's c. 劳拉氏管
longitudinal c's of modiolus 蜗轴纵管
Löwenberg's c. 勒文贝格氏管,蜗管
mandibular c. 下颌管
maxillary c., superior 上上颌管,蝶骨圆孔
medullary c. ① 骨髓腔；② 椎管
c's of modiolus 蜗轴螺旋管
Müller's c. 穆勒氏管,中肾旁管
musculotubal c. 肌咽鼓管
nasal c., nasolacrimal c. 鼻泪管
nasopalatine c. 鼻腭管,切牙管
neural c. 神经管,椎管
neurenteric c. (of Kovalevsky) 科瓦雷夫斯基神经肠管
notochordal c. 脊索管
c. of Nuck 努克管,腹膜鞘突
nutrient c. of bone 骨滋养管
obstetric c. 产道
obturator c. 闭孔管
obturator c. of pubic bone 耻骨闭孔管,耻骨闭孔沟
c. of Oken 奥肯管,中肾管
olfactory c. 嗅管
omphalomesenteric c. 脐肠系膜管
optic c. 视神经管
orbital c's 眶管,筛孔
orbital c., anterior internal 前内眶管,前筛孔
orbital c., posterior internal 后内眶管,后筛孔
palatine c's, accessory 副腭管,腭小管
palatine c., anterior ① 切牙管；② 切牙

palatine c's, lesser, palatine c's, posterior 腭小管,腭后管
palatomaxillary c. ① 腭大管;② 腭大孔
palatovaginal c. 腭鞘管
paraurethral c's of male urethra 男性尿道旁管
parturient c. 产道
pelvic c. 小骨盆腔
perivascular c. 血管周隙
persistent common atrioventricular c. 房室总管存留
Petit's c. 佩蒂氏小带间隙,悬器隙
pharyngeal c. 咽管,腭鞘管
plasmatic c. 营养管
pleural c. 胸管
portal c. 门管
pterygoid c. 翼管
pterygopalatine c. ① 腭大管;② 腭鞘管
pudendal c. 阴部管
pulmoaortic c. 肺动脉主动脉管,动脉导管
pulp c. 牙髓管,牙根管
pyloric c. 幽门管
c's of Recklinghausen 雷克林豪森管
recurrent c. 返回管,翼管
Reichert's c. 赖克特氏管,连合管
c's of Rivinus 里维纳斯管,舌下小管
root c., root c. of tooth 牙根管
root c., accessory 副牙根管
Rosenthal's c. 罗森塔尔氏管,蜗轴螺旋管
sacculocochlear c. 球囊耳蜗管
sacculoutricular c. 椭圆囊球囊管
sacral c. 骶管
Santorini's c. 桑托里尼氏管,副胰管
Schlemm's c. 施莱姆氏管
scleral c., scleroticochoroidal c. 巩膜管,巩膜脉络膜管
semicircular c's 半规管
semicircular c., anterior 前半规管
semicircular c., horizontal 水平半规管,外半规管
semicircular c., lateral 外半规管
semicircular c's, membranous 膜性半规管
semicircular c., posterior 后半规管
seminal c. 细精管
serous c. 浆液管
sheathing c. 鞘管,腹膜鞘突
Sondermann's c's 桑德曼氏管
spermatic c. 精索管
sphenopalatine c. ① 腭鞘管;② 腭大管
sphenopharyngeal c. 翼咽管,腭鞘管
spinal c. 脊髓管,脊髓中央管
spiral c. of cochlea (耳)蜗螺旋管
spiral c. of modiolus 蜗轴螺旋管
spiroid c. 面神经管
c. of Steno, Stensen's c. 史汤森氏管,腮腺管
c. of Stilling 斯蒂尔林管,玻璃体管
c. of stomach 胃管
subsartorial c. 收肌管
Sucquet-Hoyer c. 苏-霍二氏管,苏-霍二氏吻合
supraciliary c. 眉管
supraoptic c. 视束上管
supraorbital c. 眶上管,额切迹
tarsal c. 跗骨管,跗骨窦
c. for tensor tympani muscle 鼓膜张肌管,鼓膜张肌半管
Theile's c. 泰勒管,心包横窦
Tourtual's c. 托图尔管,腭大管
tubal c. 咽鼓管半管
tubotympanic c. 咽鼓管,鼓室管
tympanic c. of cochlea 耳蜗鼓室管,鼓阶
umbilical c. 脐管
urogenital c's 尿生殖窦
uterine c. 子宫管,子腔宫
uterocervical c. 子宫颈管
utriculosaccular c. 椭圆球囊管
vaginal c. 阴道腔,阴道内间隙
Van Hoorne's c. 范·霍恩氏管,胸导管
ventricular c. 胃道,胃管
Verneuil's c's 弗诺伊尔氏管
vertebral c. 椎管
vestibular c. 前庭管,前庭阶
vidian c. 翼管
Volkmann's c's 沃克曼氏管
vomerine c. 犁骨管,颅底咽管,犁骨鞘膜管
vomerobasilar c., lateral inferior 下外侧犁骨颅底管,下外犁底管,腭骨鞘膜管
vomerobasilar c., lateral superior 上外侧犁骨颅底管,上外犁底管,犁鞘膜管

vomerorostral c. 犁嘴管
vomerovaginal c. 犁鞘管
vulvar c. 阴道前庭
vulvouterine c. 阴道腔
c. of Wirsung 沃松管,胰管
zygomaticofacial c. 颧管,颧面管,颧面孔
zygomaticotemporal c. 颧颞管,颧颞孔

canales [kəˈnɑːliz](L.)管,道。*canalis* 的复数形式

canalicular [ˌkænəˈlikjulə] 小管的,小管样的

canaliculi [ˌkænəˈlikjulai](L.) 小管,小道。*canaliculus* 的复数形式

canaliculitis [ˌkænəˌlikjuˈlaitis](L. *canaliculus*, from *canalis* channel + *-itis* inflammation) 泪管炎

canaliculization [ˌkænəˌlikjuliˈzeiʃən] 小管形成

canaliculorhinostomy [ˌkænəˌlikjulərinəˈstəmi] 泪管泪囊造口术

canaliculus [ˌkænəˈlikjuləs](pl. *canaliculi*)(L. dim. of *canalis*)(NA) 小管
apical c. 顶小管
bile canaliculi, biliary canaliculi 胆小管
bone canaliculi 骨小管
caroticotympanic canaliculi, canaliculi caroticotympanici (NA) 颈鼓小管
c. of chorda tympani, c. chordae tympani (NA) 鼓索小管
c. of cochlea, c. cochleae (NA) 蜗小管
dental canaliculi, canaliculi dentales (NA) 牙小管
haversian c. 哈弗氏小管
incisor c. 切牙管
innominate c., c. innominatus ① 岩小神经沟;② 静脉孔
c. innominatus of Arnold 阿诺德无名管,岩孔
intercellular c. 细胞间小管
intracellular canaliculi of parietal cells 壁细胞细胞内分泌小管
c. lacrimalis (NA) 泪小管
c. laqueiformis 细尿管祥
mastoid c., mastoid c. for Arnold's nerve 乳突(部)小管
c. mastoideus (NA) 乳突(部)小管
c. petrosus, petrous c. 岩小管,岩小神经沟
pseudobile c. 假胆小管
secretory c. 分泌小管
tympanic c., tympanic c. for Jacobson's nerve 鼓室小管,鼓室雅各布森神经小管
c. tympanicus (NA) 鼓室小管

canalis [kəˈnɑːlis](pl. *canales*)(L.) (NA) 管,道
c. adductorius (NA) 内收肌管
c. alimentarius (NA) 消化管
canales alveolares 牙槽管
canales alveolares maxillae (NA) 上颌牙槽管
c. analis (NA) 肛管
c. basipharyngeus 颅底咽管
c. caroticus (NA) 颈动脉管
c. carpalis 腕管
c. carpi (NA) 腕管
c. centralis medullae spinalis (NA) 脊髓中央管
c. cervicis uteri (NA) 子宫颈管
c. chordae tympani 鼓索小管
c. condylaris (NA) 髁管
c. condyloideus 髁管
canales diploici (NA) 板障管
c. facialis (NA), **facialis (Fallopii)** 面神经管
c. femoralis (NA) 股管
c. gastricus (NA) 胃管,胃道
c. hyaloideus (NA) 玻璃体管
c. hypoglossalis (NA) 舌下神经管
c. incisivus (NA) 切牙管
c. infraorbitalis (NA) 眶下管
c. inguinalis (NA) 腹股沟管
canales longitudinales modioli (NA) 蜗轴纵管
c. mandibulae (NA) 下颌管
c. musculotubarius (NA) 肌咽鼓管
c. nasolacrimalis (NA) 鼻泪管
c. nutricius ossis, c. nutriens ossis (NA) 滋养管
c. obturatorius (NA) 闭孔管
c. opticus (NA) 视神经管
canales palatini 腭管,腭小管
c. palatinus major (NA) 腭大管
canales palatini minores (NA) 腭小管
c. palatovaginalis (NA) 腭鞘管

canales paraurethrales urethrae masculinae 男性尿道旁管
c. pharyngeus 咽管
c. pterygoideus (NA) 翼管
c. pterygopalatinus 翼腭管
c. pudendalis (NA) 阴部管
c. pyloricus 幽门管
c. radicis dentis (NA) 牙根管
c. reuniens 连合管
c. sacralis (NA) 骶管
c. semicircularis anterior (NA) 前骨半规管
c. semicircularis lateralis (NA) 外骨半规管
canales semicirculares ossei (NA) 骨半规管
c. semicircularis posterior (NA) 后骨半规管
c. semicircularis superior 上骨半规管
c. spinalis 椎管
c. spiralis cochleae (NA) 蜗螺旋管
c. spiralis modioli (NA) 蜗轴螺旋管
c. subsartorialis 收肌管
c. ventricularis 胃管,胃道
c. ventriculi 胃道,胃管
c. vertebralis (NA) 椎管
c. vomerorostralis (NA) 犁喙管
c. vomerovaginalis (NA) 犁鞘管

canalization [ˌkænəlaiˈzeiʃən] ❶ 成管；❷ 造管术；❸ 穿通；❹ 新径路形成
canaloplasty [ˈkænələˌplæsti] 管道成形术
canarypox [kəˈnæripɔks] 金丝雀痘
Canavalia [ˌkænəˈveiliə] 刀豆属
canavalin [ˌkænəˈvælin] 刀豆素,刀豆抗菌素
Canavan's disease [ˈkænəvænz] (Myrtelle May *Canavan*, American neurologist, 1879-1953) 卡纳万氏病
Canavan-van Bogaert-Bertrand disease [ˈkænəvən vænˈbɔɡət bəˈtrɑːn] (M. M. *Canavan*; Ludo *van Bogaert*, Belgian neurologist, born 1897; Ivan Georges *Bertrand*, French neurologist, 1863-1965) 卡-博-伯三氏病
cancellated [ˈkænsəˌleitid] 网状的,网状结构的
cancelli [kænˈselai] (L.) 网状骨质
cancellous [kænˈseləs] 网状的,网样结构的,海绵状结构的
cancellus [kænˈseləs] (pl. *cancelli*) (L. "a lattice") (NA) 网状骨质,骨状结构
cancer [ˈkænsə] (L. "crab, malignant tumor") 恶性瘤,癌瘤,癌
c. à deux (Fr. "cancer in two") 配偶癌
aniline c. 苯胺癌
betel c. 槟榔癌,萎叶性颊癌
buyo cheek c. (Philippine *buyo*, betel) 萎叶性颊癌
cerebriform c. 脑样癌,髓样癌
chimney-sweeps' c. 煤烟癌,烟囱清扫工癌
clay pipe c. 烟管癌
colloid c. 胶样癌,粘液癌
contact c. 接触性癌
cystic c. 囊状癌
dendritic c. 乳头状瘤,乳头状癌
duct c. 管癌
dye workers' c. 染工(膀胱)癌
encephaloid c. 脑样癌,髓样癌
c. en cuirasse 铠甲状癌
endometrial c. 子宫内膜癌
endothelial c. 内皮癌,内皮瘤
epithelial c. 上皮癌,癌
glandular c. 腺癌
c. in situ 原位癌
kang c., kangri c. 热炕癌,火炉癌
latent c. 潜在癌
medullary c. 髓样癌
melanotic c. 黑色素癌,恶性黑色素瘤
mule-spinners' c. 纺织工癌
non-small cell lung c. 非小细胞性肺癌
occult c. 隐性癌
paraffin c. 石蜡(工)癌
pitch workers' c. 沥青工癌
scar c. 瘢痕癌
schistosomal bladder c. 血吸虫性膀胱癌
scirrhous c. 硬癌
small-cell lung c. 小细胞性肺癌
soft c. 软癌,髓样癌
soot c. 煤烟癌,烟囱清扫工癌
spindle cell c. 梭形细胞癌
swamp c. 沼泽癌
tar c. 煤焦油癌,柏油癌
tubular c. 管癌
cancerate [ˈkænsərit] 变癌的,发展成癌的

canceration [ˌkænsəˈreiʃən] 变癌,癌化
canceremia [ˌkænsəˈriːmiə] 癌细胞血症
cancericidal [ˌkænsəriˈsaidəl] (*cancer* + L. *caedere* to kill) 灭癌的
cancerigenic [ˌkænsəriˈdʒenik] 癌原性的,致癌的
cancerocidal [ˌkænsərəˈsaidəl] 灭癌的
cancerogenic [ˌkænsərəˈdʒenik] 癌原性的,致癌的
cancerophobia [ˌkænsərəˈfəubiə] 癌病恐怖(症)
cancerous [ˈkænsərəs] 癌的,癌性的
cancerphobia [ˌkænsəˈfəubiə] 癌病恐怖(症)
cancriform [ˈkæŋkrifɔːm] 癌样的,似癌的
cancroid [ˈkæŋkrɔid] (L. *cancer*, gen. *cancri*, crab, malignant tumor + *-oid*) 癌样的,似癌的
cancrology [kæŋˈkrɔlədʒi] (*cancer* + Gr. *logos* science) 癌学
cancrum [ˈkæŋkrəm] (L.) (坏疽性)溃疡
 c. nasi 鼻坏疽
 c. oris 走马疳,坏疽性口炎
 c. pudendi 外阴溃疡
candela [kænˈdelə] (L. *candēla* candle) 堪(德拉),烛光
Candeptin [kænˈdeptin] 凯代普汀:杀念珠菌素制剂的商品名
candicidin [ˌkændiˈsidin] (USP) 杀念珠菌素
Candida [ˈkændidə] (L. *candidus* glowing white) 念珠菌属,假丝酵母属
 C. albicans 白色念珠菌
 C. mesenterica 管道念珠菌
 C. parapsilosis 近平滑念珠菌
 C. tropicalis 热带念珠菌
 C. vini 酸酒含珠菌
candidal [ˈkændidəl] 念珠菌属,念珠菌属引起的
candidemia [ˌkændiˈdiːmiə] 念珠菌血(症)
candidiasis [ˌkændiˈdaiəsis] 念珠菌病
 acute pseudomembranous c. 急性假膜性念珠菌病,鹅口疮
 atrophic c. 萎缩性念珠菌病
 chronic mucocutaneous c. 慢性粘膜皮肤性念珠菌病
 cutaneous c. 皮(肤)念珠菌病

 endocardial c. 心内膜念珠菌病
candidid [ˈkændidid] 念珠菌疹
candidin [ˈkændidin] 制念珠菌素
candidosis [ˌkændiˈdəusis] 念珠菌病
candiduria [ˌkændiˈdjuəriə] 念珠菌尿
candle [ˈkændl] ❶ 蜡烛; ❷ 滤柱,滤棒; ❸ 烛光,堪(德拉)
 foot c. 英寸烛光
 meter c. 米烛光,勒(克司)
 new c., standard c. 新烛光,标准烛光,堪(德拉)
cane [kein] 手杖,拐杖
 adjustable c. 可调手杖
 English c. 英国手杖
 quadripod c. 四脚手杖
 quadruped c. 四脚手杖
 tripod c. 三脚手杖
canescent [kəˈnesənt] (L. *canus* gray) ❶ 变得灰白的; ❷ 有灰白毛的
canine [ˈkænain] (L. *canis* a dog, hound) ❶ 犬的; ❷ 犬牙
caninus [kəˈnainəs] 尖牙肌,口角提肌
canities [kəˈniʃiiːz] (L.) 灰发(症)
canker [ˈkæŋkə] ❶ 溃疡; ❷ 马蹄癌; ❸ (犬,猫)外耳道炎
canna [ˈkænə] (L.) 芦苇,手杖
 c. major 胫骨
 c. minor 腓骨
cannabidiol [kəˈnæbiˈdaiəl] 大麻二酚
cannabinoid [kəˈnæbinɔid] 大麻素
cannabinol [kəˈnæbinɔl] 大麻酚
cannabis [ˈkænəbis] (Gr. *kannabis* hemp) 大麻
Cannizzaro's reaction [ˌkæniˈtsɑːrəuz] (Stanislao *Cannizzaro*, Italian chemist, 1826-1910) 康尼扎罗氏反应
Cannon's ring [ˈkænənz] (Walter Bradford *Cannon*, American physiologist, 1871-1945) 坎农氏环
Cannon-Bard theory [ˈkænən bɑːd] (W. B. *Cannon*; Philip *Bard*, American psychologist, 1898-1977) 坎-巴二氏理论,急救理论
cannula [ˈkænjulə] (L. dim. of *canna* "reed") 套管,插管
 perfusion c. 灌注管
 washout c. 冲洗套管
cannulate [ˈkænjuleit] 插套管

cannulation [ˌkænjuˈleiʃən] 套管插入术
canon [ˈkænən] (L. "rule") 规范
canrenoate potassium [kænˈrenəeit] 坎利酸钾,烯睾丙酸钾
canrenone [kænˈrenəun] 坎利酸内酯,烯睾丙内酯
cant [kænt] 斜面,斜角
  c. of mandible 下颌斜角
canthal [ˈkænθəl] 眦的,眼角的
canthariasis [ˌkænθəˈraiəsis] (Gr. *kantharos* beetle) 斑蝥虫病,甲虫病
cantharidal [kænˈθæridəl] 含斑蝥的,斑蝥制的,含芫青的
cantharidate [kænˈθærideit] 斑蝥酸盐
cantharides [kænˈθæridiz] (L.) 斑蝥,芫青
cantharidic acid [ˌkænθəˈridik] 斑蝥酸
cantharidin [kænˈθæridin] 斑蝥素,芫青素
cantharidism [kænˈθæridizəm] 斑蝥中毒
Cantharis [ˈkænθəris] (L.; Gr. *kantharos* beetle) 斑蝥属,芫青属
  C. vesicatoria 西班牙绿芫青
canthectomy [kænˈθektəmi] (*canth-* + *-ectomy*) 眦切除术
canthi [ˈkænθai] (L.) 眦,眼角。*canthus* 的复数形式
canthitis [kænˈθaitis] 眦炎
canth(o)- (Gr. *kanthos*) 眦的,眼角的
cantholysis [kænˈθɔlisis] (*cantho-* + *lysis*) 眦切开术
canthoplasty [ˈkænθəplæsti] (*cantho-* + Gr. *plassein* to form) 眦成形术
canthorrhaphy [kænˈθɔrəfi] (*cantho-* + *-rrhaphy*) 眦缝合术
canthotomy [kænˈθɔtəmi] (*cantho-* + *-tomy*) 眦切开术
canthus [ˈkænθəs] (pl. *canthi*) (L.; Gr. *kanthos*) 眦,眼角
  inner c., nasal c. 内眦,鼻侧眦
  outer c., temporal c. 外眦,颞侧眦
Cantil [ˈkæntil] 胃适宁:溴美喷酯或溴化甲哌佐酯制剂的商品名
Cantor tube [ˈkæntə] (Meyer O. *Cantor*, American physician, born 1907) 坎特尔管
cantus galli [ˈkæntəs gælai] (L. "cock-crowing") 鸣喘性喉痉挛

canula [ˈkænjulə] 套管,插管
CAP (College of American Pathologists 的缩写) 美国病理医师学会
Cap. (L. *capiat* 的缩写) 取服
cap [kæp] ❶ 帽,冠,套,罩,髓盖; ❷ 人造冠
  acrosomal c. 顶体
  bishop's c. 十二指肠冠
  5'c 5帽
  cradle c. 乳痂
  duodenal c. 十二指肠冠
  dutch c. 阴道隔
  enamel c. 釉帽
  germinal c. 釉帽
  head c. 顶体
  head c., anterior 顶体
  knee c. 髌,膝盖骨
  metanephric c's 后肾帽
  phrygian c. 倒圆锥形帽
  polar c. 极帽
  postnuclear c. 核后盖,后帽
  pyloric c. 十二指肠冠
  root c. 根盖
  skull c. 颅盖
  c. of Zinn 津帽
capacitance [kəˈpæsitəns] ❶ 电容; ❷ 电荷电压比
  membrane c. 膜电容
capacitation [kəˌpæsiˈteiʃən] 获能
capacitor [kəˈpæsitə] 电容器
capacity [kəˈpæsiti] (L. *capacitas*, from *capere* to take) ❶ 收容力,包容力,吸收力; ❷ 容量,容积; ❸ 电容; ❹ 智能
  cranial c. 颅容积,颅容量
  diffusing c., diffusion c. 弥散量
  forced vital c. (FVC) 用力肺活量
  functional residual c. 有效余气量,功能余气量
  heat c. 热容量
  inspiratory c. 深吸气量
  maximal breathing c. 最大通气量
  maximal tubular excretory c. 肾小管最大排泄量
  molar heat c. 克分子热容
  respiratory c. 呼吸容量
  specific heat c. 比热容
  thermal c. 热容量
  total lung c. 肺总气量

virus neutralizing c. 病毒中和能量
vital c. (VC) 肺活量

Capastat ['kæpəstæt] 卷须霉素:硫酸卷须霉素制剂的商品名

CAPD (continuous ambulatory peritoneal dialysis 的缩写) 持续不卧床腹膜透析

capelet ['kæpilit] (L. *capelletum*) 马踝肿,马肘肿

capeline ['kæpilain] (Fr.) 帽式绷带,裹颅双头带

Capgras syndrome [kæp'grɑː] (Jean Marie Joseph *Capgras*, French psychiatrist, 1873-1950) 卡普格拉综合征

capillarectasia [ˌkæpiˌlərik'teiziə] (*capillary* + Gr. *ektasis* distention) 毛细血管扩张

Capillaria [ˌkæpi'lɛəriə] 毛细线虫属
   C. **contorta** 扭转毛细线虫
   C. **hepatica** 肝毛细线虫
   C. **philippinensis** 菲律宾毛细线虫

capillariasis [ˌkæpilə'raiəsis] 毛细线虫病

capillarimeter [ˌkæpilə'rimitə] (L. *capillus* hair + *metrum* measure) 毛细管径计

capillariomotor [ˌkæpiˌləriə'məutə] 毛细管运动的

capillarioscopy [ˌkæpiˌləri'ɔskəpi] 毛细管显微镜检查

capillaritis [ˌkæpilə'raitis] 毛细管炎

capillarity [ˌkæpi'læriti] 毛细作用,毛细现象

capillaropathy [ˌkæpilə'rɔpəθi] (*capillary* + Gr. *pathos* disease) 毛细管病

capillaroscopy [ˌkæpilə'rɔskəpi] (*capillary* + Gr. *skopein* to examine) 毛细管显微镜检查

capillary ['kæpiˌləri] (L. *capillaris* hair-like) ❶ 毛的,毛样的;❷ 毛细血管;❸ 毛细淋巴管
   arterial c's 动脉毛细血管
   bile c's ① 胆小管;② 毛细胆管
   continuous c's 连续性毛细血管
   erythrocytic c's 红细胞性毛细血管
   fenestrated c's 有孔毛细血管
   glomerular c. 肾小球毛细血管
   lymph c., lymphatic c. 毛细淋巴管
   Meigs' c's 梅格斯毛细血管
   secretory c's 分泌小管
   sheathed c's 鞘毛细血管,鞘动脉
   sinusoidal c. 窦状隙毛细管
   venous c's 毛细血管后微静脉

capilli [kə'pilai] (L.) 毛,毛发。*capillus* 的复数形式

capillitium [ˌkæpi'lifiəm] (L. "head of hair") 孢丝

capillomotor [ˌkæpilə'məutə] 毛细血管运动的

capillus [kə'piləs] (pl. *capilli*)(L.) 毛,发

capistration [ˌkæpi'streiʃən] (L. *capistratus* masked) 包茎

capita ['kæpitə] (L.) 头。*caput* 的复数形式

capital ['kæpitəl] ❶ 首要的,最重要的,涉及生命危险的;❷ 股骨头的

capitate ['kæpiteit] (L. *caput* head) 头状的

capitation [ˌkæpi'teiʃən] 接人计算,按人收费,年费

capitatum [ˌkæpi'teitəm] (L. "having a head") 头状骨

capitellum [ˌkæpi'teləm] (L. dim. of *caput* head) 肱骨头

capitonnage [ˌkæpitə'nɑːʒ] (Fr.) 囊腔闭合术

capitopedal [ˌkæpitə'pedəl] 头足的

Capitrol ['kæpitrɔl] 凯丕特罗:二氯羟喹制剂的商品名

capitula [kə'pitjulə] (L.) 小头。*capitulum* 的复数形式

capitular [kə'pitjulə] 小头的

capitulum [kə'pitjuləm] (pl. *capitula*) (L. dim of *caput*) ❶ 小头;❷ 球状的,球的
   c. **costae** 肋骨小头,肋骨头
   c. **fibulae** 腓骨小头,腓骨头
   c. **humeri** (NA), c. **of humerus** 肱骨小头
   c. **mallei** 锤骨头
   c. (**processus condyloidei**) **mandibulae** 下颌小头(髁突)
   c. **radii** 桡骨小头
   c. **stapedis** 镫骨小头
   c. **ulnea** 尺骨小头

Caplan's syndrome ['kæplənz] (Anthony *Caplan*, British physician, 1907-1976) 卡普兰氏综合征

capneic ['kæpniik] (Gr. *kapnos* smoke) 适二氧化碳的

capn(o)- (Gr. *kapnos* smoke) 烟的,煤烟状的

Capnocytophaga [ˌkæpnɔsi'tɔfəgə] (*capno-* + Gr. *kytos* cell + *phagein* to eat) 嗜二氧化碳噬细胞菌属

    C. canimorsus 犬源性嗜二氧化碳噬细胞菌属

capnogram ['kæpnəgræm] 二氧化碳浓度图

capnograph ['kæpnəgrɑːf] (*capno-* + *-graph*) 二氧化碳浓度监测仪

capnography [kæp'nɔgrəfi] (*capno-* + *-graphy*) 二氧化碳浓度监测法

capnohepatography [ˌkæpnəˌhepə'tɔgrəfi] 二氧化碳肝造影术

capnometer [kæp'nɔmitə] 二氧化碳分压测压计

capnomery [kæp'nɔmitri] 二氧化碳分压测量

capnophilic [ˌkæpnə'filik] (Gr. *kapnos* smoke + *philein* to love) 嗜二氧化碳的

capobenate sodium [ˌkæpə'beneit] 克冠酸钠

capobenic acid [ˌkæpə'benik] 克冠酸

capon ['kæpən] 阉鸡

caponize ['kæpənaiz] 阉(割)

capotement [ˌkɑ:pɔt'mɔŋ] (Fr.) 胃振水声

Capoten ['kæpətən] 凯普汀:巯甲丙脯酸制剂的商品名

Capozide ['kæpəzaid] 凯普赛得:巯甲丙脯酸和双氢克塞的联合制剂的商品名

cappie ['kæpi:] 薄颅骨

capping ['kæpiŋ] ❶ 覆盖; ❷ 成帽; ❸ 盖牙

    pulp c. 盖(牙)髓术

caprate ['kæpreit] 癸酸盐,十碳酸盐

capreolary ['kæpriəˌlɔri] 卷曲的

capreolate ['kæpriəleit] 卷曲的,卷须状的

capreomycin [ˌkæpriə'maisin] 卷须霉素,缠霉素

    c. sulfate, sterile (USP) 无菌硫酸卷须霉素

capric acid ['kæprik] 癸酸

caprillic [kə'prilik] (L. *caper* goat) 山羊样的

capriloquism [kə'prilə,kwizəm] (L. *caper* goat + *loqui* to speak) 羊音

caprine ['kæprin] (L. *caper* goat) ❶ 羊的; ❷ 正亮氨酸

Capripoxvirus ['kæpriˌpɔksvaiərəs] (L. *caper*, gen. *capri* goat + *poxvirus*) 山羊痘病毒属

caprizant ['kæprizənt] (L. *caprizans*, from *caper* a goat) (脉搏)羊跳式的

caproate ['kæprəeit] 己酸盐

caproic acid [kə'prɔik] 己酸

caproyl [kæp'rɔil] 己酰基

caprylate ['kæprileit] 辛酸盐

caprylic acid [kə'prilik] 辛酸

caprylin ['kæprilin] 辛酸甘油酯

capsaicin [kæp'sæisin] 辣椒辣素

Capsicum ['kæpsikəm] (L.) 辣椒属

capsicum ['kæpsikəm] 辣椒

capsid ['kæpsid] (L. *capsa* a box) 核壳,体壳,衣壳

capsitis [kæp'saitis] 晶状体囊炎

capsomer ['kæpsəmə] (L. *capsa* a box + Gr. *meros* part) 壳粒

capsomere ['kæpsəmiə] 壳粒

capsotomy [kæp'sɔtəmi] 囊切开术,晶状体囊切开术

Capsul. (L. *capsula* 的缩写) 囊,被膜

capsula ['kæpsjulə] (pl. *capsulae*) (L. "a small box") (NA) 囊,被膜

    c. adiposa 脂肪囊

    c. adiposa renis (NA) 肾脂肪囊

    c. articularis (NA) 关节囊

    c. articularis acromioclavicularis (NA) 肩锁关节囊

    c. articularis articulationis tarsi transversae (NA) 跗横关节囊

    c. articularis articulationis temporomandibularis (NA) 颞颌关节囊,颞下颌关节囊

    c. articularis articulationum vertebrarum (NA) 椎关节囊

    c. articularis atlantoaxialis lateralis (NA) 寰枢外侧关节囊

    capsulae articulares atlantoepistrophicae 寰枢关节囊

    c. articularis atlantooccipitalis (NA) 寰枕关节囊

    c. articularis calcaneocuboidea (NA) 跟骰关节囊

c. articularis capitis costae (NA) 肋骨头关节囊
capsulae articulares capituli costae 肋小头关节囊
capsulae articulares carpometacarpeae (NA) 腕掌关节囊
c. articularis carpometacarpea pollicis (NA) 拇指腕掌关节囊
c. articularis costotransversaria (NA) 肋横突关节囊
c. articularis coxae (NA) 髋关节囊
c. articularis crico-arytenoidea (NA) 环杓关节囊
c. articularis cricothyroidea (NA) 环甲关节囊
c. articularis cubiti (NA) 肘关节囊
capsulae articulares digitorum manus 指关节囊
capsulae articulares digitorum pedis 趾关节囊
c. articulares genus (NA) 膝关节囊
c. articulares humeri (NA) 肩关节囊
capsulae articulares intermetacarpeae (NA) 掌骨间关节囊
capsulae articulares intermetatarseae (NA) 跖骨间关节囊
capsulae articulares interphalangearum manus (NA) 指骨间关节囊
capsulae articulares interphalangearum pedis (NA) 趾骨间关节囊
c. articularis mandibulae 下颌关节囊, 颞颌关节囊
c. articularis manus (NA) 手关节囊
capsulae articulares metacarpophalangeae (NA) 掌指关节囊
capsulae articulares metatarsophalangeae (NA) 跖趾关节囊
c. articularis ossis pisiformis (NA) 豌豆骨关节囊
c. articularis radioulnaris distalis (NA) 桡尺远侧关节囊
c. articularis sternoclavicularis (NA) 胸锁关节囊
c. articularis sternocostalis (NA) 胸肋关节囊
c. articularis talocalcanea (NA) 距跟关节囊
c. articularis talocruralis (NA) 距跟小腿关节囊
c. articularis talonavicularis 距舟关节囊
capsulae articulares tarsometatarseae (NA) 跗跖关节囊
c. articularis tibiofibularis (NA) 胫腓关节囊
c. bulbi 眼球囊,眼球筋膜
c. externa (NA) 外囊
c. extrema (NA) 端囊,最外囊
c. fibrosa 纤维囊
c. fibrosa glandulae thyroideae (NA) 甲状腺纤维囊
c. fibrosa (Glissoni), c. fibrosa hepatis 格利森尼纤维囊,肝纤维囊
c. fibrosa perivascularis (NA) 血管周围纤维囊
c. fibrosa renis (NA) 肾纤维囊
c. ganglii (NA) 神经节囊
c. ganglionica 神经节囊
c. glandulae thyroideae 甲状腺囊,甲状腺纤维囊
c. glomeruli (NA) 肾小球囊
c. interna (NA) 内囊
c. lentis (NA) 晶状体囊
c. nuclei dentati 齿状核囊
capsulae nuclei lentiformis 豆状核囊
c. pancreatis 胰腺被膜
c. prostatica (NA) 前列腺包膜
capsulae renis 肾囊
c. serosa lienis 脾被膜
c. tonsillaris (NA) 扁桃体被膜
capsulae ['kæpsjuli:] (L.) 囊,被膜。*capsula* 的复数形式
capsular ['kæpsjulə] 囊的,被膜的
capsulation [ˌkæpsju'leiʃən] 装胶囊
capsule ['kæpsjul] (L. *capsula* a little box) ❶ 胶囊; ❷ 囊,被膜
adherent c. 粘着囊
adipose c. 脂肪囊
adrenal c. 肾上腺
adrenal c's, accessory 副肾上腺
c. of ankle joint 踝关节囊
articular c. 关节囊
articular c., fibrous 纤维关节囊,关节囊纤维膜
auditory c. 耳被囊,听囊(胚)
bacterial c. 细菌荚膜
biopsy c. 活(组织)检(查)管

Bonnet's c. 邦尼特氏囊,眼球囊
Bowman's c. 鲍曼氏囊,肾小球囊
brood c's 育囊,雏囊
cartilage c. 软骨囊
central c. 中央囊
Crosby c. 克罗斯比活(组织)检(查)管
crystalline c. 晶状体囊
external c. 外囊
extreme c. 末端囊
fatty c. of kidney 肾脂肪囊
fibrous c. 纤维囊
fibrous c. of corpora cavernosa of penis 阴茎海绵体白膜
fibrous c. of graafian follicle 卵泡膜外膜
fibrous c. of kidney 肾纤维囊
fibrous c. of liver 肝纤维囊,血管周纤维囊
fibrous c. of spleen 脾纤维囊,脾被膜
fibrous c. of testis 睾丸白膜
fibrous c. of thyroid gland 甲状腺被膜
c. of ganglion 神经节被膜
Gerota's c. 杰罗塔氏筋膜,肾筋膜
Glisson's c. 格利森氏囊,肝纤维囊
glomerular c., c. of glomerulus 肾小球囊
c. of heart 心包
hepatobiliary c. 肝胆管囊,血管周纤维囊
internal c. 内囊
joint c. 关节囊
c. of lens 晶状体囊
malpighian c. 肾小球囊
Müller c., müllerian c. 米勒囊,肾小球囊
ocular c. 眼球囊
optic c. 眼泡囊
otic c. 耳囊
c. of pancreas 胰腺被膜
pelvioprostatic c. 前列腺筋膜
perinephric c. 肾周囊,肾筋膜
periotic c. 耳周囊
polar c. ①极囊;②极帽
c. of prostate 前列腺被膜,前列腺囊
c. of radiocarpal joint 手关节囊
radiotelemetering c. 遥测囊
renal c. 肾囊
serous c. of spleen 脾浆膜囊
sodium iodide ^{131}Ic's 碘^{131}碘化钠胶囊
c. of subtalar joint 距骨下关节囊

suprarenal c. 肾上腺
synovial c. 滑液囊,关节囊
telemetering c. 遥测囊
Tenon's c. 特诺恩囊,眼球筋膜,眼球囊
tonsillar c. 扁桃体被膜
triasyn B c's 三种维生素 B 胶囊
capsulectomy [ˌkæpsjuˈlektəmi] (capsule + -ectomy)囊切除术
renal c. 肾被膜剥除术
capsulitis [ˌkæpsjuˈlaitis] 囊炎
adhesive c. 粘连性囊炎
hepatic c. 肝被膜炎,肝周炎
capsulolenticular [ˌkæpsjuləlenˈtikjulə] 晶状体基质的,晶状体囊的
capsuloplasty [ˈkæpsjuləˌplæsti] (capsule + Gr. plassein to form)关节囊成形术
capsulorrhaphy [ˌkæpsjuˈlɔrəfi] (capsule + Gr. raphē suture)囊缝合术
capsulorrhexis [ˌkæpsjuləˈreksis] (capsule + -rhexis)囊切开术
capsulotome [kæpˈsjulətəum] (capsule + -tome)晶状体囊刀
capsulotomy [ˌkæpsjuˈlɔtəmi] (capsule + -tomy)囊切开术
renal c. 肾被膜切开术
captamine hydrochloride [ˈkæptəmi:n] 盐酸二甲氨乙硫醇
captodiame hydrochloride [ˌkæptəˈdaieim] 盐酸丁硫二苯胺
captodiamine hydrochloride [ˌkæptəˈdaiəmi:n] 盐酸丁硫二苯胺
captopril [ˈkæptəpril] 巯甲丙脯酸,甲巯丙脯酸
capture [ˈkæptʃə] ❶ 捕获,赢得,控制;❷ 俘获
atrial c. 心房俘获
electron c. 电子俘获
ventricular c. 心室俘获
capuride [ˈkæpjuraid] 乙甲戊酰脲
caput [ˈkæpət] (pl. capita) (L. "head") (NA)头
  c. angulare musculi quadrati labii superioris 提上唇肌内眦头
  c. breve musculi bicipitis brachii (NA) 肱二头肌短头
  c. breve musculi bicipitis femoris (NA) 股二头肌短头
  c. cornus dorsalis medullae spinalis (NA)

脊髓后角头
c. cornus posterioris medullae spinalis 脊髓后角头
c. costae (NA) 肋骨头
c. distortum 斜颈,捩颈
c. epididymidis (NA) 附睾头
c. femoris (NA) 股骨头
c. fibulae (NA) 腓骨头
c. fibulare (NA) 腓骨头
c. gallinaginis (L. "woodcock's head") 精阜
c. humerale 肱骨头
c. humerale musculi flexoris carpi ulnaris (NA) 尺侧腕屈肌肱头
c. humerale musculi flexoris digitorum sublimis 浅屈肌肱头
c. humerale musculi pronatoris teretis (NA) 旋前圆肌肱头
c. humeri (NA) 肱骨头
c. humero-ulnare musculi flexoris digitorum superficialis (NA) 浅屈肌肱尺头
c. infraorbitale musculi quadrati labii superioris 上唇方肌眶下头
c. laterale musculi gastrocnemii (NA) 腓肠肌外侧头
c. laterale musculi tricipitis brachii (NA) 肱三头肌外侧头
c. lienis 脾头
c. longum musculi bicipitis brachii (NA) 肱二头肌长头
c. longum musculi bicipitis femoris (NA) 股二头肌长头
c. longum musculi tricipitis brachii (NA) 肱三头肌长头
c. mallei (NA) 锤骨头
c. mandibulae (NA) 下颌头
c. mediale musculi gastrocnemii (NA) 腓肠肌内侧头
c. mediale musculi tricipitis brachii (NA) 肱三头肌内侧头
c. medusae 梅杜沙氏头
c. metacarpale (NA) 掌骨头
c. metatarsalis (NA) 跖骨头
c. musculi (NA) 肌头
c. natiforme 臀形头
c. nuclei caudati (NA) 尾状核头
c. obliquum musculi adductoris hallucis (NA) 跚收肌斜头
c. obliquum musculi adductoris pollicis (NA) 拇收肌斜头
c. ossis metacarpalis 掌骨头
c. ossis metatarsalis 跖骨头
c. pancreatis (NA) 胰头
c. penis 阴茎头,龟头
c. phalangis digitorum manus (NA) 指骨头
c. phalangis digitorum pedis (NA) 趾骨头
c. planum 平头
c. progeneum 颌凸
c. quadratum 方平,方颅
c. radiale 桡骨头
c. radiale musculi flexoris digitorum superfialis (NA) 浅屈肌桡骨头
c. radii (NA) 桡骨头
c. rectum musculi recti femoris (NA) 股直肌直头,股直肌前头
c. reflexum musculi recti femoris (NA) 股直肌反折头,股直肌后头
c. stapedis (NA) 镫骨头
c. succedaneum 先锋头
c. talare 距骨头
c. tali (NA) 距骨头
c. transversum musculi adductoris hallucis (NA) 跚收肌横头
c. transversum musculi adductoris pollicis (NA) 拇收肌横头
c. ulnae (NA) 尺骨头
c. ulnare musculi flexoris carpi ulnaris (NA) 尺侧腕屈肌尺骨头
c. ulnare musculi pronatoris teretis (NA) 旋前圆肌尺头
c. zygomaticum musculi quadrati labii superioris 提上唇肌颧头

CAR (Canadian Association of Radiologists 的缩写) 加拿大放射科医师协会

Carabelli cusp [kɑːrəˈbeli] (Georg *Carabelli*, Hungarian dentist in Vienna, 1787-1842) 卡腊贝利尖

Carafate [ˈkærəfeit] 胃溃宁:硫糖铝制剂的商品名

caramel [ˈkærəməl] (NF) 焦糖

caramiphen [kəˈræmifən] 咳美芬,氮环戊酯
    c. edisylate, c. ethanedisulfonate 乙二磺酸咳美芬

c. hydrochloride 盐酸咳美芬
carat ['kærət] ❶ 开；❷ 克拉
caraway ['kærəwei]（Ar. *karawyā*, from Gr. *karon*）藏茴香，芫蒿
carbachol ['kɑ:bəkɔl]（USP）卡巴胆碱
carbadox ['kɑ:bədɔks] 卡巴多司
carbamate ['kɑ:bəmeit] 氨（基）甲酸酯
carbamazepine [,kɑ:bə'mæzəpi:n]（USP）卡马西平，氨甲酰苯䓬
carbamic acid [kɑ:'bæmik] 氨基甲酸
　c. peroxide（USP）过氧化氨基甲酸
carbamide ['kɑ:bəmaid] 脲，尿素
carbaminohemoglobin [kɑ:,bæminə,hemə'glɔbin] 氨（基）甲酰血红蛋白
carbamoyl [kɑ:'bæmɔil] 氨甲酰基
carbamoylaspartate [kɑ:,bæmɔilæs'pɑ:teit] 氨甲酰天门冬氨酸
carbamoylation [kɑ:,bæmɔi'leiʃən] 氨甲酰基转移
carbamoyl-phosphate synthase (ammonia) [kɑ:'bæmɔil'fɔsfeit 'sinθeis ə'məuniə]（EC 6.3.4.16）氨甲酰磷酸合成酶（氨）
carbamoyl phosphate synthetase (CPS) [kɑ:'bæmɔil 'fɔsfeit 'sinθəteis] ❶ 氨甲酰磷酸合成酶（氨）；❷ 氨甲酰磷酸合成酶（谷酰胺水解）
carbamoyl phosphate synthetase (CPS) deficiency 氨甲酰磷酸合成酶缺乏症
carbamoyl-phosphate synthase (glutamine-hydrolyzing) [kɑ:'bæmɔil'fɔsfeit 'sinθeis 'glu:təmin'haidrəlaiziŋ]（EC 6.3.5.5）氨基酰磷酸（谷酰胺水解）
carbamoyltransferase [kɑ:'bæmɔil'trænsfəreis] 氨基甲酰转移酶
carbamyl ['kɑ:bəmil] 氨甲酰基
carbamylation [kɑ:,bæmi'leiʃən] 氨甲酰基转移
carbamylcholine chloride [,kɑ:bəmil'kɔli:n 'klɔraid] 氯化氨甲酰胆碱，卡巴可
carbantel lauryl sulfate ['kɑ:bəntil 'lɔril 'sʌlfeit] 十二烷基硫酸氯苯甲氨脲
carbaril ['kɑ:bəril] 胺甲萘，甲氨甲酸萘酯
carbarsone [kɑ:'bɑ:səun] 卡巴胂，对尿基苯胂酸
carbaryl ['kɑ:bəril] 胺甲萘，对尿基苯胂酸

carbazide ['kɑ:bəzaid] 卡巴肼，二肼羰
carbazochrome salicylate [kɑ:'bæzəkrəum] 安特诺新，安络血
carbazocine [kɑ:'bæzəsi:n] 卡巴佐辛：镇痛药
carbazotate [kɑ:'bæzəteit] 苦味酸盐
carbenicillin [,kɑ:bəni'silin] 羧苄青霉素
　c. disodium（USP）羧苄青霉素二钠
　c. indanyl sodium（USP）羧茚青霉素钠
　c. phenyl sodium 羧苄苯青霉素钠
　c. potassium 羧苄青霉素钾
　c. sodium 羧苄青霉素钠，羧苄青霉素二钠
carbenoxolone sodium [,kɑ:bə'nɔksələun] 氢琥珀酸甘草次酸钠，生胃酮
carbetapentane [,kɑ:betə'pentein] 枸环戊酯，托可拉斯，咳必清
carbethyl salicylate ['kɑ:beθil] 柳碳乙酯
carbhemoglobin [,kɑ:bhemə'glɔbin] 碳酸血红蛋白
carbide ['kɑ:baid] 碳化物
　metallic c. 金属碳化物
carbidopa [,kɑ:bi'dɔpə]（USP）卡比多巴，甲基多巴肼
carbimazole [kɑ:'biməzəul] 甲亢平
carbinol ['kɑ:binɔl] ❶ 原醇，甲醇；❷ 烃基原醇
　acetylmethyl c. 乙酰甲基原醇
　dimethyl c. 二甲基原醇，异丙醇
carbinoxamine [,kɑ:bi'nɔksəmi:n] 氯苯吡醇胺
　c. maleate（USP）氯苯吡醇胺，马来酸吡氯苄氧胺
carbo ['kɑ:bəu]（L.）碳，木碳
　c. activatus 活性碳
　c. animalis 动物碳，骨炭
　c. animalis purificatus 精制动物碳
Carbocaine ['kɑ:bəkein] 卡波卡因：盐酸卡波卡因制剂的商品名
carbocholine [,kɑ:bə'kɔli:n] 氨甲酰胆碱
carbocromen hydrochloride [,kɑ:bə'krəmi:n] 盐酸乙胺苯豆素
carbocyclic [,kɑ:bə'saiklik] 碳环的
carbocysteine [,kɑ:bə'sisti:n] 羧甲半胱氨酸
carbodiimide [,kɑ:bədi'aimaid] 碳化二亚胺
carbogaseous [,kɑ:bə'gæsiəs] 含二氧化碳

气的
carbogen ['kɑ:bədʒən] 卡波金
carbohemia [,kɑ:bə'hi:miə] (*carbon* dioxide + Gr. *haima* blood + *-ia*) 碳酸血(症),二氧化碳血(症)
carbohemoglobin [,kɑ:bə,hi:mə'gləbin] 碳酸血红蛋白
carbohydrase [,kɑ:bə'haidreis] 碳水化物酶
carbohydrate [,kɑ:bə'haidreit] 碳水化物,糖类
  reserve c's 贮存糖类
carbohydraturia [,kɑ:bə,haidri'tjuəriə] 糖类尿,糖尿
carbohydrogenic [,kɑ:bə,haidrə'dʒenik] 生糖的
carbolate ['kɑ:bəleit] ❶ 石炭酸盐; ❷ 加石炭酸
carbolfuchsin [,kɑ:bəl'fjuksin] 石炭酸品红液
carbolic acid [kɑ:'bɔlik] 石炭酸
carbolism ['kɑ:bəlizəm] 石炭酸中毒
carbolize ['kɑ:bəlaiz] 加石炭酸,石炭酸处理
carboluria [,kɑ:bə'ljuəriə] (*carbolic* acid + *-uria*) 石炭酸尿,酸尿
carbolxylene [,kɑ:bəl'zaili:n] 石炭酸二甲苯混合液
carbomer ['kɑ:bəmə] 卡波姆
carbon ['kɑ:bən] (L. *carbo*, coal, charcoal) ❶ 碳; ❷ 碳精电极
  ^{13}C 碳^{13}
  ^{14}C 碳^{14}
  c. dioxide 二氧化碳
  c. disulfide 二硫化碳
  c. monoxide 一氧化碳
  c. oxysulfide 氧硫化碳
  radioactive c. 放射性碳
  c. tetrachloride (·NF) 四氯化碳
carbonate ['kɑ:bəneit] 碳酸盐
carbonate dehydratase ['kɑ:bəneit di'haidrəteis] (EC 4.2.1.1.) 碳酸盐脱水酶
carbonemia [,kɑ:bə'ni:miə] 碳酸血(症),一氧化碳血(症)
carbonic acid [kɑ:'bɔnik] 碳酸
carbonic anhydrase [kɑ:'bɔnik æn'haidreis] 碳酸酐酶
carbonize ['kɑ:bənaiz] 碳化
carbonuria [,kɑ:bə'njuəriə] (*carbon* + Gr. *ouron* urine + *-ia*) 碳酸尿(症)
  dysoxidative c. 氧化不足性碳酸尿(症)
carbonyl ['kɑ:bənil] (*carbon* + Gr. *hylē* matter) 羰基,碳酰
carboplatin ['kɑ:bəplætin] 碳化铂
carboprost ['kɑ:bəprɔst] 卡波前列素
  c. methyl 卡波前列素甲酯
  c. tromethamine 氯丁甲醇,缓血酸胺
Carborundum [,kɑ:bə'rʌndəm] 金刚沙
Carbowax ['kɑ:bəwæks] 碳蜡
γ-carboxyglutamate [kɑ:,bɔksi'glutəmeit] γ-羧基谷氨酸盐
γ-carboxyglutamic acid [kɑ:,bɔksiglu'tæmik] γ-羧基谷氨酸
carboxyhemoglobin [kɑ:,bɔksi'hi:mə'gləbin] 碳氧血红蛋白,羰络血红蛋白
carboxyhemoglobinemia [kɑ:,bɔksi,hi:mə,gləbi'ni:miə] 碳氧血红蛋白血(症),一氧化碳中毒
carboxyl [kɑ:'bɔksil] 羟基
carboxylase [kɑ:'bɔksileis] 羧化酶,羧酶
  amino acid c. 氨基酸羧酶
  multiple c. deficiency 多发性羧酶缺乏症
carboxylate [kɑ:'bɔksileit] 羧酸盐
carboxylation [kɑ:,bɔksi'leiʃən] 羧化
carboxylesterase [kɑ:,bɔksi'lestəreis] (EC 3.1.1.1) 羧酸酯酶,羧酸酯水解酶
carboxyltransferase [kɑ:,bɔksil'trænsfəreis] (EC 2.1.3) 羧基转移酶
carboxy-lyase [kɑ:'bɔksi'lieis] (EC 4.1.1) 羧基裂解酶,羧基裂合酶
carboxymethylcellulose sodium [kɑ:,bɔksi,meθil'seljuləus] (USP) 羧甲基纤维素钠
carboxymyoglobin [kɑ:'bɔksi,maiə'gləbin] 一氧化碳肌红蛋白
carboxypeptidase [kɑ:,bɔksi'peptideis] (EC 3.4.15-18) 羧肽酶
carboxypeptidase A [kɑ:,bɔksi'peptideis] (EC 3.4.17.1) 羧基肽酶 A
carboxypeptidase B [kɑ:,bɔksi'peptideis] (EC 3.4.17.2) 羧基肽酶 B
  lysosomal c. B 半胱氨酸型羧肽酶,溶酶体羧酰酶 B
carbromal [kɑ:'brɔməl] 阿大林,二乙溴乙

酰脲
carbuncle ['kɑːbʌŋkl] (L. *carbunculus* little coal) 痈
  malignant c. 恶性痈,炭疽
  renal c. 肾痈
carbuncular [kɑːˈbʌŋkjulə] 痈的,痈性的
carbunculoid [kɑːˈbʌŋkjuloid] 似痈的,痈样的
carbunculosis [kɑːˌbʌŋkjuˈləusis] 痈病
carbutamide [kɑːˈbʌtəmaid] 氨磺丁脲
carbuterol hydrochloride [kɑːˈbʌtərɔl] 盐酸尿喘宁
carcass ['kɑːkəs] (Fr. *carcasse*) 尸体
Carcassonne's ligament [kɑːkɑːˈsʌnz] (Bernard Gauderic *Carcassonne*, French surgeon, 18th century) 卡尔卡逊氏韧带
carcinemia [ˌkɑːsiˈniːmiə] (*carcin-* + *-emia*) 癌性恶病质
carcin(o)- (Gr. *karkinos* a crab) 癌的
carcinoembryonic [ˌkɑːsinəˌembriˈɔnik] (*carcino-* + *embryonic*) 癌胚的
carcinogen [kɑːˈsinədʒən] 致癌物(质)
  epigenetic c. 渐成性(后生性)致癌物(质)
  genotoxic c. 基因性致癌物(质)
carcinogenesis [ˌkɑːsinəˈdʒenəsis] (*carcino-* + *genesis* production) 致癌作用,癌发生
carcinogenic [ˌkɑːsinəˈdʒenik] ❶ 致癌的;❷ 与致癌物质有关的,癌原的
carcinogenicity [ˌkɑːsinədʒəˈnisiti] 致癌力
carcinoid ['kɑːsinɔid] 类癌
  bronchial c., c. of bronchus 支气管类癌
carcinolysin [ˌkɑːsiˈnɔlisin] (*carcinoma* + Gr. *lysis* dissolution) 溶癌素
carcinolysis [ˌkɑːsiˈnɔlisis] 癌细胞溶解
carcinolytic [ˌkɑːsinəˈlitik] (*carcinoma* + Gr. *lytikos* destroying) 溶癌的
carcinoma [ˌkɑːsiˈnəumə] (pl. *carcinomas* 或 *carcinomata*) (Gr. *karknōma* from *karkinos* crab, cancer) 癌
  acinar c., acinic cell c., acinous c. 腺泡癌
  adenocystic c. 囊性腺样癌
  adenoid cystic c. 囊性腺样癌
  adenoid squamous cell c. 腺样鳞状细胞癌
  c. adenomatosum 腺癌

  adenosquamous c. ① 腺样鳞状细胞癌;② 支气管源性腺样鳞状细胞癌
  adnexal c. 附件癌
  c. of adrenal cortex, adrenocortical c. 肾上腺皮质癌
  aldosterone-producing c., aldosterone-secreting c. 醛固酮分泌性癌
  alveolar c. 细支气管肺泡癌,细支气管癌,肺泡细胞癌
  alveolar cell c. 细支管肺管细胞癌,细支气管癌,肺泡细胞癌
  ameloblastic c. 成釉细胞癌
  anaplastic c. of thyroid gland 甲状腺退行性癌
  apocrine c. ① 顶(浆分)泌腺癌;② 顶(浆分)泌性乳腺癌
  basal cell c. 基底细胞癌
  basal cell c., alveolar 肺泡基底细胞癌
  basal cell c., comedo 粉刺性基底细胞癌
  basal cell c., cystic 囊样基底细胞癌
  basal cell c., morphea-like 瘢痕型基底细胞癌
  basal cell c., multicentric 多中心型基底细胞癌
  basal cell c., nodulo-ulcerative 结节-溃疡基底细胞癌
  basal cell c., pigmented 色素型基底细胞癌
  basal cell c., sclerosing 瘢痕型基底细胞癌
  basal cell c., superficial 红斑样型基底细胞癌
  basaloid c. 类基底细胞癌
  basosquamous cell c. 基底鳞状(上皮)细胞癌
  bile duct c. ① 胆管癌;② 胆管细胞癌
  bile duct c., extrahepatic 胆管细胞癌
  bile duct c., intrahepatic 胆管癌
  bilharzial c. 血吸虫癌
  bronchioalveolar c., bronchiolar c. 细支气管肺泡癌,细支气管癌,肺泡细胞癌
  bronchioloalveolar c. 细支气管肺泡癌,细支气管癌,肺泡细胞癌
  bronchogenic c. 支气管癌,肺癌
  cerebriform c. 髓样癌
  cholangiocellular c. 胆管细胞癌
  chorionic c. 绒毛膜癌
  choroid plexus c. 脉络丛癌

clear cell c. ① 中肾瘤；② 肾细胞癌
colloid c. 胶样癌，粘液癌
comedo c. 粉刺癌
corpus c., c. of corpus uteri 子宫体癌
cortisol-producing c. 产氢化可的松癌
cribriform c. ① 囊性腺样癌；② 输乳管囊性腺样癌
cylindrical c., cylindrical cell c. 柱状细胞癌
duct c., ductal c. 管癌
ductal c. in situ (DCIS) 原位性管癌
ductal c. of the prostate 前列腺管癌
eccrine c. 外分泌腺癌
embryonal c. 胚胎性癌
c. en cuirasse 铠甲状癌
endometrial c., c. of endometrium 子宫内膜癌
epidermoid c. 表皮样癌
c. ex mixed tumor 多形性腺癌，混合性癌
c. ex pleomorphic adenoma 多形性腺癌
exophytic c. 外植癌
fibrolamellar c. 纤维板块型肝癌
c. fibrosum 硬癌
follicular c. 滤泡样癌
gastric c. 胃癌
gelatiniform c., gelatinous c. 胶样癌，粘液癌
giant cell c. 巨细胞癌
giant cell c. of thyroid gland 甲状腺巨细胞癌
c. gigantocellulare 巨细胞癌
glandular c. 腺癌
granulosa cell c. 粒层细胞癌
hepatocellular c. 肝细胞癌
Hürthle cell c. 许特尔细胞癌
hypernephroid c. 肾上腺样癌，肾细胞癌
infantile embryonal c. 幼稚型胚胎性癌，卵黄囊性癌
infiltrating lobular c. 浸润性小叶癌
inflammatory c. of the breast 乳房炎性癌
c. in situ 原位癌
intraductal c. ① 管道上皮癌；② 管道原位癌
intraepidermal c. 表皮内癌
intraepithelial c. 原位癌，上皮内癌
invasive lobular c. 浸润性小叶癌

juvenile embryonal c. 幼稚型胚胎性癌，卵黄囊瘤
Kulchitzky-cell c. 库尔契茨基细胞癌
large cell c. 大细胞癌
leptomeningeal c. 软脑(脊)膜癌
lobular c. ① 终末管道癌；② 小叶癌
lobular c. in situ (LCIS) 小叶原位癌
lymphoepithelial c. 淋巴上皮癌
c. medullare, medullary c. 髓样癌
medullary c. of thyroid gland 甲状腺的髓样癌
medullary thyroid c. 髓样甲状腺癌
melanotic c. 黑色素癌
meningeal c. 脑(脊)膜癌
Merkel cell c. 默克尔胞癌
metatypical cell c. 变型性细胞癌，嗜碱性鳞状细胞癌
micropapillary c. 微乳头状癌
c. molle 软癌，髓样癌
mucinous c. 粘液癌
c. muciparum 粘液癌
c. mucoepidermoid c. 粘液表皮样癌
c. mucosum, mucous c. 粘液癌
nasopharyngeal c. 鼻咽癌
neuroendocrine c. of the skin 皮肤神经内分泌腺癌，默克尔细胞癌
noninfiltrating c. 原位癌
non-small cell c., non-small cell lung c. (NSCLC) 非小细胞性癌，非小细胞性肺癌
oat cell c. 燕麦细胞癌
c. ossificans, osteoid c. 骨化性癌
Paget's c. 佩吉特氏癌
papillary c. 乳头状癌
papillary c. of thyroid gland 甲状腺乳头状癌
preinvasive c. 原位癌
prickle cell c. 棘细胞癌，鳞状细胞癌
primary intraosseous c. 原发性骨内癌
renal c. 肾细胞癌
scar c. 瘢痕癌
schistosomal bladder c. 血吸虫性膀胱癌
schneiderian c. 施奈德癌
scirrhous c. 硬癌
sebaceous c. 皮脂癌
signet-ring cell c. 印戒细胞癌
c. simplex 单纯癌
small cell c., small cell lung c. (SCLC)

小细胞肺癌
spindle cell c. 梭形细胞癌
c. spongiosum 髓性癌
squamous c., squamous cell c. ① 鳞状细胞癌；② 皮肤鳞状细胞癌；③ 肺的鳞状细胞癌
terminal duct c. 终末管癌
trabecular c. of the skin 默克尔细胞癌
transitional cell c. 移行细胞癌
tubular c. ① 小管癌；② 乳腺小管癌
undifferentiated c. of thyroid gland 甲状腺细胞未分化性癌,退行性甲状腺癌
uterine corpus c. 子宫体癌
verrucous c. 疣状癌
villous c., c. villosum 绒毛状癌
yolk sac c. 卵黄囊癌
carcinomata [ˌkɑːsiˈnɔmətə] 癌。carcinoma 的复数形式
carcinomatoid [ˌkɑːsiˈnɔmətɔid] 似癌的,癌样的
carcinomatophobia [ˌkɑːsiˌnɔmətəˈfəubiə] 癌恐怖症
carcinomatosis [ˌkɑːsinɔməˈtəusis] 癌病
leptomeningeal c. 软脑(脊)膜癌
meningeal c. 脑(脊)膜癌
carcinomatous [ˌkɑːsiˈnɔmətəs] 癌的,恶性的
carcinomectomy [ˌkɑːsinəˈmektəmi] 癌切除术
carcinophilia [ˌkɑːsinəˈfiliə] 亲癌性
carcinophilic [ˌkɑːsinəˈfilik] 亲癌组织的
carcinophobia [ˌkɑːsinəˈfəubiə] (carcinoma + phobia) 癌恐怖症
carcinosarcoma [ˌkɑːsinəsɑːˈkəumə] (carcinoma + sarcoma) 癌肉瘤
embryonal c. 胚胎型癌肉瘤,维尔姆斯瘤
carcinosis [ˌkɑːsiˈnəusis] ❶多发性癌,癌病；❷癌
acute c. 急性癌病
miliary c. 粟粒性癌病
c. pleurae 胸膜癌病
carcinostatic [ˌkɑːsinəˈstætik] 制癌的
cardamom [ˈkɑːdəməm] (L. cardamomum; Gr. kardamōmon) 豆蔻,小豆蔻
Cardarelli's sign [kɑːdɑːˈreliz] (Antonio Cardarelli, Italian physician, 1831-1927) 卡达雷利氏征

cardelmycin [ˌkɑːdilˈmaisin] 新土霉素
Carden's amputation [ˈkɑːdənz] (Henry Douglas Carden, English surgeon, died 1872) 卡登氏切断术
Cardene [ˈkɑːdiːn] 卡丁：盐酸硝吡胺甲酯制剂的商品名
cardia [ˈkɑːdiə] (Gr. kardia heart) ❶ 心口；❷ 胃贲门部
cardiac [ˈkɑːdiæk] (L. cardiacus, from Gr. kardiakos) ❶ 心的；❷ 强心药,恢复药；❸ 心脏疾病患者；❹ 贲门的
cardialgia [ˌkɑːdiˈældʒiə] (cardi-¹ + -algia) 心痛
cardiameter [ˌkɑːdiˈæmitə] 贲门位置测定器
cardiamorphia [ˌkɑːdiəˈmɔːfiə] 心脏畸形
cardianesthesia [ˌkɑːdiˌænisˈθiːziə] 心感觉缺失
cardiasthenia [ˌkɑːdiæsˈθiːniə] (Gr. kardia heart + asteneia weakness) 心无力,心神经衰弱
cardiasthma [ˌkɑːdiˈæsmə] 心原性气喘
cardiataxia [ˌkɑːdiəˈtæksiə] 心共济不能,心运动失调
cardiectasis [ˌkɑːdiˈektəsis] (cardi-¹ + Gr. ektasis dilatation) 心扩张
cardiectomized [ˌkɑːdiˈektəmaizd] 心脏切除的
cardiectomy [ˌkɑːdiˈektəmi] (cardi-² + -ectomy) 贲门切除术
Cardilate [ˈkɑːdileit] 卡地赖特：四硝赤醇制剂的商品名
cardinal [ˈkɑːdinəl] (L. cardinalis, from cardo a hinge) 主要的
cardi(o)- (Gr. kardia heart) ❶ 心的；❷ 胃贲门部的
cardioaccelerator [ˌkɑːdiæk'seləreitə] ❶ 加速心动的；❷ 心动加速药
cardioactive [ˌkɑːdiəˈæktiv] 作用于心脏的
cardioangiography [ˌkɑːdiəændʒiˈɔgrəfi] 心血管造影术
cardioangiology [ˌkɑːdiəændʒiˈɔlədʒi] (cardio-¹ + angio- + -logy) 心血管学
Cardiobacterium [ˌkɑːdiəbækˈtiəriəm] (cardio-¹ + bacterium) 心杆菌属
c. hominis 人心杆菌
cardiocairograph [ˌkɑːdiəˈkirəgrɑːf] (car-

*dio-*¹ + Gr. *kairos* time + *-graph*）心选择性照相

cardiocele ['kɑːdiəsiːl]（*cardio-*¹ + *-cele*）心突出

cardiocentesis [ˌkɑːdiəsen'tiːsis]（*cardio-*¹ + *-centesis*）心穿刺术

cardiochalasia [ˌkɑːdiəkə'leiziə]（*cardio-*² + Gr. *chalasis* relaxation + *-ia*）贲门松弛

cardiocinetic [ˌkɑːdiəsi'netik] ❶ 促心动的；❷ 强心药

cardiocirrhosis [ˌkɑːdiəsi'rəusis] 心性肝硬变

cardioclasis [ˌkɑːdi'ɔklæsis]（*cardio-* + Gr. *klasis* rupture）心脏破裂

cardiocyte ['kɑːdiəsait]（*cardio-*¹ + *-cyte*）肌细胞

cardiodemia [ˌkɑːdiə'diːmiə]（*cardio-* + Gr. *demos* fat）脂肪心

cardiodilatin [ˌkɑːdiəu'dailətin]（*cardio-*¹ + *dilation*）心扩张素

cardiodilator [ˌkɑːdiə'dileitə] 贲门扩张器

cardiodiosis [ˌkɑːdiədai'əusis] 贲门扩张术

cardiodynamics [ˌkɑːdiədai'næmiks]（*cardio-*¹ + *dynamics*）心脏动力学

cardiodynia [ˌkɑːdiə'diniə]（*cardio-*¹ + Gr. *odynē* pain）心痛

cardioesophageal [ˌkɑːdiəuə,sɔfə'dʒiəl] 贲门食管的

cardiogenesis [ˌkɑːdiə'dʒenəsis]（*cardio-*¹ + *genesis*）心脏发生

cardiogenic [ˌkɑːdiə'dʒenik]（*cardio-*¹ + Gr. *gennan* to produce）❶ 心原性的；❷ 心脏发生的

Cardiografin [ˌkɑːdiə'græfin] 卡迪克罗酚：泛影葡胺的商品名

cardiogram ['kɑːdiəgræm]（*cardio-*¹ + *-gram*）心动图，心动描记曲线
　apex c. 心尖搏动图
　esophageal c. 食管心动图
　precordial c. 动态心动图
　vector c. 心电向量图

cardiograph ['kɑːdiəgrɑːf]（*cardio-*¹ + *-graph*）心动描记器

cardiographic [ˌkɑːdiə'græfik] 心动描记的

cardiography [ˌkɑːdi'ɔgrəfi]（*cardio-*¹ + *-graphy*）心动描记术
　ultrasonic c. 超声心动描记术，心回波描记术

cardiohepatic [ˌkɑːdiəhə'pætik] 心肝的

cardiohepatomegaly [ˌkɑːdiə,hepətə'megəli] 心肝肿大

cardioid ['kɑːdiɔid] 心状的，心形的

cardioinhabitor [ˌkɑːdiəin'hibitə] 心动抑制药

cardioinhabitory [ˌkɑːdiəin'hibitəri] 心动抑制的

cardiokinetic [ˌkɑːdiəki'netik] ❶ 促心动的；❷ 强心药

cardiokymographic [ˌkɑːdiə,kiməu'græfik] 心动描记术的

cardiokymography [ˌkɑːdiəki'mɔgrəfi] 心动描记术

cardiolipin [ˌkɑːdiə'lipin]（*cardio-*¹ + Gr. *lipos* fat）心肌磷脂，心脂质

cardiologist [ˌkɑːdi'ɔlədʒist] 心脏病学家

cardiology [ˌkɑːdi'ɔlədʒi]（*cardio-*¹ + *-logy*）心脏（病）学
　invasive c. 侵入性心脏（病）学

cardiolysis [ˌkɑːdi'ɔlisis]（*cardio-*¹ + *lysis*）心松解术

cardiomalacia [ˌkɑːdiəmə'leiʃiə]（*cardio-*¹ + *malacia*）心肌软化

cardiomegalia [ˌkɑːdiəu'megəli] 心脏肥大
　c. glycogenica diffusa 糖原缺乏性心肥大

cardiomegaly [ˌkɑːdi'əuməgəli]（*cardio-*¹ + *-megaly*）心脏肥大

cardiomelanosis [ˌkɑːdiə,melə'nəusis] 心脏变黑

cardiometer [ˌkɑːdi'ɔmitə]（*cardio-*¹ + *-meter*）心力测量器，心力计

cardiometry [ˌkɑːdi'ɔmitri]（*cardio-*¹ + *-metry*）心力测量法

cardiomotility [ˌkɑːdiəmə'tiliti]（*cardio-* + *motility*）心脏活动，心脏移动

cardiomyoliposis [ˌkɑːdiə,maiəli'pəusis]（*cardio-*¹ + *myo-* + *lipos* fat）心肌脂变

cardiomyopathy [ˌkɑːdiəmai'ɔpəθi]（*cardio-*¹ + *myopathy*）心肌病
　alcoholic c. 酒精中毒性心肌病
　beer-drinkers' c. 啤酒中毒性心肌病
　congestive c. 充血性心肌病

dilated c. 充血性心肌病
hypertrophic c. (HCM) 肥大性心肌病
hypertrophic obstructive c. (HOCM) 肥厚性梗塞性心肌病
idiopathic c. 原发性心肌病
infectious c. 感染性心肌病
infiltrative c. 浸润性心肌病
ischemic c. 缺血性心肌病
obliterative c. 闭塞性心肌病
obstructive hypertrophic c. 肥大阻塞性心肌病
peripartum c. 围产期心肌病
postpartum c. 围产期心肌病
primary c. 原发性心肌病
restrictive c. 限制性心肌病
right ventricular c. 右心室心肌病
secondary c. 继发性心肌病
toxic c. 毒性心肌病

cardiomyotomy [ˌkɑːdiəmaiˈɔtəmi] (cardio-² + myo- + -tomy) 贲门肌切开术

cardionatrin [ˌkɑːdiəˈnætrin] (cardio-¹ + L. natrium sodium) 心钠素

cardionecrosis [ˌkɑːdiəneˈkrəusis] 心脏坏死

cardionector [ˌkɑːdiəˈnektə] (cardio-¹ + L. nector joiner) 心传导系统

cardionephric [ˌkɑːdiəˈnefrik] 心肾的

cardioneural [ˌkɑːdiəˈnjuərəl] 心神经的

cardiopathic [ˌkɑːdiəˈpæθik] 心脏病的

cardiopathy [ˌkɑːdiˈɔpəθi] (cardio-¹ + -pathy) 心脏病
　infarctoid c. 类梗塞性心脏病

cardiopericardiopexy [ˌkɑːdiəˌperiˈkɑːdiəˌpeksi] (cardio-¹ + pericardium + -pexy) 心心包固定术

cardiopericarditis [ˌkɑːdiəˌperikɑːˈdaitis] (cardio-¹ + pericarditis) 心心包炎

cardiophobia [ˌkɑːdiəˈfəubiə] (cardio-¹ + phobia) 心脏病恐怖症

cardiophonogram [ˌkɑːdiəˈfəunəɡræm] (Gr. phone voice + gramma mark) 心音描记波

cardiophrenia [ˌkɑːdiəˈfriːniə] 心血管神经衰弱

cardioplasty [ˈkɑːdiəˌplæsti] (cardio-(2) + Gr. plassein to form) 贲门成形术

cardioplegia [ˌkɑːdiəˈpliːdʒiə] (cardio-¹ + Gr. plēgē stroke + -ia) 心麻痹,心瘫痪

cardioplegic [ˌkɑːdiəˈpliːdʒik] 心脏麻痹的

cardiopneumatic [ˌkɑːdiənjuˈmætik] (cardio-¹ + pneumatic) 心肺的

cardioptosia [ˌkɑːdiəpˈtəusiə] 心脏下垂

cardioptosis [ˌkɑːdiˈɔptəsis] (cardio-¹ + Gr. ptōsis falling) 心脏下垂

cardiopulmonary [ˌkɑːdiəˈpʌlmənəri] 心肺的

cardiopyloric [ˌkɑːdiəpiˈlɔrik] 贲门幽门的

Cardioquin [ˈkɑːdiəkwin] 卡丁奎:奎尼丁聚半乳糖醛酸盐制剂的商品名

cardiorenal [ˌkɑːdiəˈriːnəl] 心肾的

cardiorrhaphy [ˌkɑːdiˈɔrəfi] (cardio-¹ + -rrhaphy) 心肌缝合术

cardiorrhexis [ˌkɑːdiəˈreksis] (cardio-¹ + Gr. rhēxis rupture) 心破裂

cardiosclerosis [ˌkɑːdiəsklɔˈrəusis] (cardio-¹ + sclerosis) 心硬化

cardioselective [ˌkɑːdiəsəˈlektiv] 心选择性的

cardiospasm [ˈkɑːdiəˌspæzəm] 贲门痉挛,食管弛缓不能

cardiosphygmogram [ˌkɑːdiəˈsfiɡməɡræm] 心动脉搏图

cardiosplenopexy [ˌkɑːdiəˈspliːnəˌpeksi] 心脾固定术

cardiosurgery [ˌkɑːdiəˈsəːdʒəri] 心脏外科学

cardiotachometer [ˌkɑːdiətəˈkɔmitə] (cardio- + tacho- + -meter) 心动计计数,心率计

cardiotachometry [ˌkɑːdiətəˈkɔmitri] (cardio-¹ + tacho- + -metry) 心动计数法,心率测量法

Cardiotec [ˈkɑːdiətek] 卡丁泰克:一种⁹⁹ᵐ锝制剂的商品名

cardiotherapy [ˌkɑːdiəˈθerəpi] (cardio-¹ + therapy) 心脏病疗法

cardiothyrotoxicosis [ˌkɑːdiəˌθairəˌtɔksiˈkəusis] 心甲状腺中毒症

cardiotocograph [ˌkɑːdiəˈtɔkəɡrɑːf] 心分娩力描记器

cardiotocography [ˌkɑːdiətəˈkɔɡrəfi] (cardio-¹ + toco- + -graphy) 心分娩力描记法

cardiotokography [ˌkɑːdiətəˈkɔɡrəfi] 心分娩力描记法

cardiotomy [ˌkɑːdiˈɔtəmi] (*cardio-* + *-tomy*) ❶ 心切开术; ❷ 贲门切开术

cardiotonic [ˌkɑːdiəˈtɔnik] ❶ 强心的; ❷ 强心剂

cardiotopography [ˌkɑːdiətəˈpɔgrəfi] 心脏局部解剖学

cardiotopometry [ˌkɑːdiətəˈpɔmitri] (*cardio-*¹ + *topo-* + *-metry*) 心浊音区测定法

cardiotoxic [ˌkɑːdiəˈtɔksik] 心脏中毒的

cardiovalvular [ˌkɑːdiəˈvælvjulə] 心瓣膜的

cardiovalvulitis [ˌkɑːdiəˌvælvjuˈlaitis] (*cardio-*¹ + *valvulitis*) 心瓣膜炎

cardiovalvulotome [ˌkɑːdiəˈvælvjulətəum] (*cardio-*¹ + L. *valvula* valve + Gr. *tomē* cut) 心瓣刀

cardiovalvulotomy [ˌkɑːdiəˌvælvjuˈlɔtəmi] (*cardio-*¹ + L. *valvula* valve + *-tomy*) 心瓣切开术,心瓣膜分离术

cardiovascular [ˌkɑːdiəˈvæskjulə] 心血管的

cardiovascular-renal [ˌkɑːdiəˈvæskjuləˈriːnəl] 心血管肾的

cardiovasology [ˌkɑːdiəvəˈsɔlədʒi] 心血管学

cardioversion [ˈkɑːdiəuˌvəːʒən] 心律转变,复律

cardioverter [ˈkɑːdiəuˌvəːtə] 心律转变器,复律器
　　automatic implantable c.-defibrillator 植入性自动复律器-去纤颤器

Cardiovirus [ˈkɑːdiəˌvaiərəs] (*cardio-*¹ + *virus*) 心病毒属

carditis [kɑːˈdaitis] (*cardi-*¹ + *-itis*) 心炎
　　Lyme c. 莱姆病性心炎
　　rheumatic c. 风湿性心炎
　　streptococcal c. 链球菌性心炎
　　verrucous c. 疣性心炎

Cardizem [ˈkɑːdizem] 卡地赞姆:盐酸氮草酮制剂的商品名

care [kɛə] (A.S. *caru* anxiety) 护理
　　coronary c. 冠心病护理
　　critical c. 特级护理
　　intensive c. 特级护理
　　primary c. 初级医疗
　　respiratory c. ① 心肺疾病保健;② 心肺疾病的医疗服务
　　secondary c. 二级医疗
　　tertiary c. 三级医疗

carfecillin sodium [kɑːfəˈsilin] 羧苄青霉素苯酯钠

carfentanil citrate [kɑːˈfentənil] 枸橼酸双苯哌酯

caricous [ˈkærikəs] (L. *carica* fig) 无花果状的,象无花果的

caries [ˈkæriz] (L. "rottenness") ❶ 骨疡,骨疽; ❷ 龋齿
　　backward c. 内向性龋齿
　　cemental c. 牙骨质龋
　　central c. 中心性骨疽
　　dental c. 龋牙
　　dental c., primary 原发性龋齿
　　dental c., secondary 继发性龋牙
　　dentinal c. 牙质龋
　　dry c. 干性骨疽
　　enamel c. 釉质龋
　　internal c. 内向龋
　　lateral c. 侧延龋
　　necrotic c. 坏死性龋
　　pit c. 窝沟龋
　　c. sicca 干性骨疽
　　spinal c. 脊柱骨疽

carina [kəˈrinə] (pl. *carinae*) (L. "keel") 隆凸,隆凸状结构
　　c. fornicis 穹窿隆凸
　　c. of trachea, c. tracheae (NA) 气管杈隆凸
　　urethral c. of vagina, c. urethralis vaginae (NA) 阴道尿道隆凸

carinae [kəˈrini] (L.) 隆凸,隆凸状结构。*carina* 的复数形式

carinate [ˈkærineit] (L. *carina* a keel) 隆凸的,船骨状的

carination [ˌkæriˈneiʃən] 嵴状,船骨状

carindacillin sodium [ˌkærindəˈsilin] 羧茚青霉素钠

cariogenesis [ˌkæriəˈdʒenəsis] 龋发生

cariogenic [ˌkæriəˈdʒenik] (*caries* + Gr. *gennan* to produce) 生龋的

cariogenicity [ˌkæriədʒəˈnisiti] 生龋性,龋原性

cariology [ˌkæriˈɔlədʒi] (*caries-* + *-logy*) 龋牙学

cariosity [ˌkæriˈɔsiti] 龋蚀性

carious [ˈkæriəs] (L. *cariosus*) 龋的

carisoprodol [ˌkærisəˈprɔdəl] 卡立普多,

肌安宁

Carleton's spots ['kɑːltənz]（Bukk G. Carleton, American physician, 1856-1914）卡尔顿氏斑

carmalum [kɑːˈmæləm] 卡红明矾染液

Carman's sign [ˈkɑːmənz]（Russel Daniel Carman, American physician, 1875-1926）卡门氏征

Carman-Kirklin sign [ˈkɑːmən ˈkəːklin]（R. D. Carman; Byrl Raymond Kirklin, American radiologist, 1888-1957）卡-柯二氏征,半月征

carmantadine [kɑːˈmæntədiːn] 卡孟他定:抗震颤麻痹药

carminative [kɑːˈminətiv]（L. carminare to card, to cleanse, from carmen, a card for wool）❶ 驱风的,排气的;❷ 驱风(止痛)剂

carmine [ˈkɑːmin] 卡红,胭脂红
   alizarin c. 茜素卡红,茜红
   indigo c. 靛胭脂
   lithium c. 锂卡红
   Schneider's c. 施奈德氏胭脂红

carminic acid [kɑːˈminik] 胭脂红酸,卡红酸

carminophil [kɑːˈminəfil]（carmine + Gr. philein to love）❶ 嗜卡红的;❷ 嗜卡红细胞,嗜卡红体;❸ α 细胞

carminum [kɑːˈmainəm] 胭脂红

carmustine [kɑːˈmʌstiːn] 卡氮芥

carneous [ˈkɑːniəs]（L. carneus, from caro flesh）肉的,肉柱的

Carnett's sign [kɑːˈnets]（J. B. Carnett, American physician, 20th century）卡内特氏征

carnidazole [kɑːˈnidəzəul] 卡硝唑

carnification [ˌkɑːnifiˈkeiʃən]（L. caro flesh + facere to make）肉质化

carnitine [ˈkɑːnitiːn] 肉毒碱

carnitine acyltransferase [ˈkɑːnitiːn ˌəsilˈtrænsfəreis] 肉毒碱棕榈酰转移酶

carnitine O-palmitoyltransferase [ˈkɑːnitiːn ˌpɑːlmiˌtɔilˈtrænsfəreis]（EC 2.3.1.21）肉毒碱棕榈酰转移酶

carnitine palmityltransferase deficiency [ˈkɑːnitiːn ˌpɑːlmitilˈtrænsfəreis] 肉毒碱棕榈酰转移酶缺乏症

Carnivora [kɑːˈnivərə]（L. caro flesh + vorare to devour）食肉目

carnivore [ˈkɑːnivɔː] 食肉动物

carnivorous [kɑːˈnivərəs] 食肉的

carnosinase [ˈkɑːnəsineis] 肌肽酶
   serum c. deficiency 血清肌肽酶缺乏症

carnosine [ˈkɑːnəsiːn] 肌肽

carnosinemia [ˌkɑːnəsiˈniːmiə] ❶ 肌肽血;❷ 血清肌肽酶缺乏症

carnosinuria [ˌkɑːnəsiˈnjuəriə] 肌肽尿

carnosity [kɑːˈnɔsiti]（L. carnositas fleshiness）赘肉

carnutine [kɑːˈnjutin] 卡纽丁:见于肌肉组织中的尸碱

Caroli's disease [kɑːrɔˈliːz]（Jacques Caroli, French physician, born 1902）卡洛里氏病

carotene [ˈkærətiːn]（L. carota carrot）胡萝卜素
   beta c. β-胡萝卜素

β-carotene 15, 15′-dioxygenase [ˈkærətiːn daiˈɔksidʒəneis]（EC 1.13.11.21）β-胡萝卜素 15,15′-二氧化酶

carotenemia [ˌkærətəˈniːmiə] 胡萝卜素血症

carotenoid [kəˈrɔtənɔid] ❶ 胡萝卜素类;❷ 黄色的
   provitamin A c's 前维生素 A, 胡萝卜素

carotenosis [ˌkærətəˈnəusis] 胡萝卜素色素沉着

caroticotympanic [kəˌrɔtikətimˈpænik] 颈鼓的

carotid [kəˈrɔtid]（Gr. karōtis from karos deep sleep）颈总动脉的

carotidynia [ˌkəˌrɔtiˈdiniə]（contracted form from carotid + -odynia）颈动脉痛

carotis [kəˈrɔtis] 颈动脉
   c. communis 颈总动脉
   c. externa 颈外动脉
   c. interna 颈内动脉

caroxazone [kəˈrɔksəzəun] 卡罗沙酮

carp [kɑːp] 真菌的子实体

carpagra [ˈkɑːpəgrə] 腕猝痛,腕神经痛

carpal [ˈkɑːpəl]（L. carpalis）腕的

carpale [kɑːˈpeili] 腕骨

carpectomy [kɑːˈpektəmi]（carpus + Gr. ektomē excision）腕骨切除术

carpel [ˈkɑːpəl] 心皮

Carpenter's syndrome [ˈkɑːpəntəz]（George

Carpenter, British physician, 1859-1910) 卡朋特氏综合征,尖头并指(趾)畸形Ⅱ型

carphenazine maleate [kɑː'fenəziːn] (USP) 马来酸咔吩那嗪

carphologia [ˌkɑːfəˈlɔdʒiə] 捉空摸床

carphology [kɑːˈfɔlədʒi] (Gr. *karphologein* to pick bits of wool off a person's coat) 摸空症,捉空摸床

carpitis [kɑːˈpaitis] 腕关节炎

carpocarpal [ˌkɑːpəˈkɑːpəl] 腕腕的

Carpoglyphus [ˌkɑːpəˈglifəs] 果螨属
C. passularum 干果虫

carpogonium [ˌkɑːpəˈgəuniəm] 育胚器

carpokyphosis [ˌkɑːpəkaiˈfəusis] (*carpo-* + Gr. *kyphosis* humpbacked) 腕后弯,腕反屈

carpometacarpal [ˌkɑːpəˌmetəˈkɑːpəl] 腕掌的

carpopedal [ˌkɑːpəˈpedəl] (*carpus* + L. *pes*, *pedalis* foot) 腕足的

carpophalangeal [ˌkɑːpəfəˈlændʒiəl] 腕指的

carpoptosis [ˌkɑːpəpˈtəusis] (*carpus* + *ptosis*) 腕下垂,手垂症

carpospore [ˈkɑːpəspɔː] 累孢子

carprofen [kɑːˈprɔfən] 氯咔唑丙酸

Carpue's operation [ˈkɑː-pjuz] (Joseph Constantine *Carpue*, English surgeon, 1764-1846) 卡尔普氏手术

carpus [ˈkɑːpəs] (L., from Gr. *karpos*) 腕关节
c. curvus 曲腕畸形

Carr-Price test [kɑː prais] (Francis Howard *Carr*, British chemist, 1874-1969; E. A. *Price*, English biochemist, 20th century) 卡-普二氏试验

carrageen [ˈkærəgiːn] 角叉菜,爱兰苔

carrageenan [ˌkærəˈgiːnən] 角叉菜胶,爱兰苔胶

Carrel's method [kɑːˈrelz] (Alexis *Carrel*) 卡莱尔氏法

Carrel-Dakin fluid [kɑːˈrel ˈdækin] (Alexis *Carrel*; Henry Drysdale *Dakin*, English chemist in United States, 1880-1952) 卡-达二氏液

carrier [ˈkæriə] ❶ 带菌者,病原携带者;❷ 电子载体;❸ 输送器;❹ 基因携带者;❺ 载体蛋白;❻ (半抗原)载体

amalgam c. 汞合金输送器
electron c. 电子载体
foil c. 持箔器
gametocyte c. 带配子体者
lentulo paste c. 根管糊剂螺旋形输送器
paste c. 根管糊剂螺旋形输送器

carrier-free [ˈkæriəfriː] 无载体的,不含载体的

Carrión's disease [kɑːriˈɔnz] (Daniel A. *Carrión*, 1850-1885, Peruvian physician who inoculated himself and died of the disease) 卡里翁氏病,巴尔通体病

carrot [ˈkærət] (L. *carota*) 胡萝卜

cart [kɑːt] 手推车
crash c. 救护车,救生车
dressing c. 敷料车
resuscitation c. 救护车,救生车

cartazolate [kɑːˈtæzəleit] 卡它唑酯

carteolol hydrochloride [ˈkɑːtiəlɔl] 盐酸喹酮心安

carthamin [ˈkɑːθəmin] 红花素

cartilage [ˈkɑːtilidʒ] (L. *cartilago*) 软骨
accessory c's of nose ① 鼻副软骨;② 鼻翼小软骨
c. of acoustic meatus 外耳道软骨
alar c., greater 鼻翼大软骨
alar c's, lesser 鼻翼小软骨
anular c. 环状软骨
aortic c. 主动脉软骨
arthrodial c. 关节软骨
articular c. 关节软骨
arytenoid c. 杓状软骨
c. of auditory tube 咽鼓管软骨
c. of auricle, auricular c. 耳廓软骨
branchial c. 鳃软骨
calcified c. 钙化软骨
cariniform c. 龙骨状软骨
cellular c. 细胞软骨
ciliary c's 睑板
circumferential c. 关节盂唇,盂缘
conchal c. 耳廓软骨
connecting c. 连接软骨
corniculate c. 小角软骨
costal c. 肋软骨
costal c., interarticular 胸肋关节内韧带
cricoid c. 环状软骨
cuneiform c. 楔状软骨
dentinal c. 牙质架

diarthrodial c. 关节软骨
elastic c. 弹性软骨
ensiform c. 剑突
epactal c's 鼻副软骨
epiglottic c. 会厌软骨
epiphyseal c. 骨骺软骨
eustachian c. 咽鼓管软骨
falciform c's 关节半月板
floating c. 浮游软骨
gingival c. 牙龈软骨
guttural c. 杓状软骨
hyaline c. 透明软骨
inferior c. of nose 翼大软骨
innominate c. 环状软骨
interarticular c. ① 后纵韧带；② 关节盘
interarticular c. of little head of rib 肋头关节内韧带
interosseous c. 连接软骨
intervertebral c's 椎间盘
intrathyroid c. 甲状内软骨
investing c. 关节软骨
Jacobson's c. 犁鼻软骨，雅布森氏软骨
laryngeal c's 喉软骨
laryngeal c. of Luschka 卢施卡软骨，声韧带籽软骨
lateral c's 侧软骨
lateral c. of nose 鼻外侧软骨，鼻背板
lower lateral c. 鼻翼大软骨
Luschka's c. 卢施卡软骨，声韧带籽软骨
mandibular c. 第一鳃弓软骨
meatal c. 外耳道软骨
Meckel's c. 梅克尔氏软骨
minor c's of nose 鼻副软骨
mucronate c. 胸骨剑突
nasal c's 鼻软骨
nasal c's, accessory ① 鼻副软骨；② 鼻翼小软骨
nasal c., inferior, nasal c., inferior lateral 鼻翼大软骨
nasal c., lateral 鼻外侧软骨，鼻骨板
nasal c., lower lateral 鼻翼大软骨
nasal c., superior, nasal c., superior lateral 鼻外侧软骨，鼻骨板
nasal c., upper lateral 鼻外侧软骨，鼻骨板
c. of nasal septum 鼻中隔软骨，鼻隔板
c's of nose 鼻软骨
obducent c. 关节软骨

ossifying c. 骨化软骨
palpebral c's 睑板
parachordal c's 索旁软骨
parenchymatous c. 实质软骨，细胞软骨
periotic c. 耳周软骨
permanent c. 永久性软骨
posterior cricoarytenoid c. 环杓后韧带
precursory c. 骨化软骨，暂时性软骨
pulmonary c. 肺软骨
pyramidal c. 杓状软骨
quadrilateral c. 鼻外侧软骨，鼻骨板
Reichert's c's 赖歇特氏软骨，舌弓软骨
reticular c. 弹性软骨
Santorini's c. 桑托里尼氏软骨，小角状软骨
scutiform c. 甲状软骨
semilunar c. of knee joint, external 膝关节外侧半月板
semilunar c. of knee joint, internal 膝关节内侧半月板
septal c. of nose 鼻中隔软骨，鼻隔板
sesamoid c. of larynx 麦粒软骨
sesamoid c's of nose 鼻副软骨
sesamoid c. of vocal ligament 声韧带籽软骨
sigmoid c's 关节半月板
slipping rib c. 松脱的肋软骨
sternal c. 肋软骨
stratified c. 纤维软骨
subvomerine c's 犁鼻软骨
supra-arytenoid c. 小角状软骨
tarsal c's 睑板
temporary c. 暂时性软骨
tendon c. 腱软骨
thyroid c. 甲状软骨
tip c. 鼻翼大软骨
tracheal c's 气管软骨
triangular c. of nose 鼻外侧软骨，鼻背板
triquetral c., triquetrous c. ① 杓状软骨；② 桡尺远侧关节的关节盘
triticeal c., triticeous c. 麦粒软骨
tubal c. 咽鼓管软骨
tympanomandibular c. 鼓室下颌软骨，第一鳃弓软骨
upper lateral c. 鼻外侧软骨，鼻骨板
vomeronasal c. 犁鼻软骨
Weitbrecht's c. 韦布雷赫特氏软骨，肩

锁关节盘
Wrisberg's c. 里斯贝格氏软骨,楔状软骨
xiphoid c. 胸骨剑突
Y c. Y形软骨
yellow c. 弹性软骨
cartilagin ['kɑːtileidʒin] 软骨素原
cartilagines [ˌkɑːtiˈlædʒiniːz] (L.) 软骨素原。cartilago 的复数形式
cartilaginification [ˌkɑːtiləˌdʒinifiˈkeiʃən] 软骨化
cartilaginiform [ˌkɑːtiləˈdʒinifɔːm] 软骨样的
cartilaginoid [ˌkɑːtiˈlædʒinɔid] 软骨样的
cartilaginous [ˌkɑːtiˈlædʒinəs] 软骨的,软骨性的
cartilago [ˌkɑːtiˈlɑːgəu] (pl. *cartilagines*) (L.) 软骨
 c. alaris major (NA) 翼大软骨
 cartilagines alares minores (NA) 翼小骨
 c. articularis (NA) 关节软骨
 cartilagines et articulationes laryngeales (NA) 喉软骨及关节
 c. arytenoidea (NA) 杓状软骨
 c. auriculae, c. auricularis (NA) 耳廓软骨
 c. corniculata (NA) 小角状软骨
 c. corniculata (Santorini) 小角状软骨
 c. costalis (NA) 肋软骨
 c. cricoidea (NA) 环状软骨
 c. cuneiformis (NA) 楔状软骨
 c. cuneiformis (Wrisbergi) 楔状软骨
 c. ensiformis 剑突
 c. epiglottica (NA) 会厌软骨
 c. epiphysialis (NA) 骺软骨
 cartilagines falcatae 关节半月板
 c. jacobsoni 犁鼻软骨
 cartilagines laryngeales 喉软骨
 c. meatus acustici (NA) 外耳道软骨
 cartilagines nasales 鼻软骨
 cartilagines nasales accessoriae (NA) 鼻副软骨
 cartilagines nasi (NA) 鼻软骨
 c. nasi lateralis 鼻外侧软骨
 c. santorini 小角状软骨
 c. septi nasi (NA) 鼻中隔软骨
 c. sesamoidea laryngis, Luschka 卢施卡喉籽软骨,声韧带籽软骨
 c. sesamoidea ligamenti vocalis (NA) 声韧带籽软骨
 cartilagines sesamoideae nasi 鼻副软骨
 c. thyroidea (NA) 甲状软骨
 cartilagines tracheales (NA) 气管软骨
 c. triquetra ①杓状软骨;②楗尺远端关节的关节盘
 c. triticea (NA) 麦粒软骨
 c. tubae audioriae (NA) 咽鼓管软骨
 c. vomeronasalis (NA) 犁鼻软骨
 c. vomeronasalis (Jacobsoni) 犁鼻软骨
 c. wrisbergi 里斯贝格软骨,楔状软骨
cartilagotropic [ˌkɑːtiˌlægəˈtrɔpik] (L. *cartilago* cartilage + Gr. *tropos* a turning) 亲软骨的
carubicin hydrochloride [kəˈruːbisin] 盐酸洋红霉素
caruncle [ˈkærəŋkl] 小阜,肉阜
 amniotic c's 羊膜小阜,羊膜肉阜
 hymenal c's 处女膜痕
 lacrimal c. 泪阜
 major c. of Santorini 十二指肠乳头
 Morgagni's c., morgagnian c. 莫尔加尼氏小阜,前列腺中叶
 myrtiform c's 处女膜痕
 sublingual c. 舌下肉阜
 urethral c. 尿道肉阜
caruncula [kəˈrʌŋkjulə] (pl. *carunculae*) (L. dim of *caro* flesh) (NA) 小阜,肉阜
 carunculae hymenales (NA) 处女膜痕
 c. lacrimalis (NA) 泪阜
 carunculae myrtiformes 处女膜痕
 c. salivaris 舌下肉阜
 c. sublingualis (NA) 舌下肉阜
carunculae [kəˈrʌŋkjuliː] (L.) 阜,肉阜。*caruncula* 的复数形式
Carus' curve [ˈkɑːrəs] (Karl Gustav *Carus*, German obstetrician, 1789-1869) 卡鲁斯氏曲线
Carvallo's sign [kɑːˈvɑːjɔz] (J. M. Rivero *Carvallo*, Mexican cardiologist, 20th century) 卡瓦尔洛氏征
carver [ˈkɑːvə] 雕刻器
carvone [ˈkɑːvəun] 香芹酮
cary(o)- (Gr. *karyon* nucleus, nut) 核
caryochrome [ˈkæriəkrəum] (*caryo-* + -*chrome*) 核染色细胞

caryocinesis [ˌkæriəusiˈniːsis] 间接分裂，丝状分裂

caryoclasis [ˌkæriˈɔkləsis] 核破裂

Caryophanon [ˌkæriˈɔfənɔn] (*caryo-* + Gr. *phanus* bright) 显核菌属

caryophil [ˈkæriəfil] 嗜噻嗪胺染料的

Carysomyia [ˌkærisəˈmaijə] 金蝇属

carzenide [ˈkɑːzənaid] 对氨磺酰苯酸

Casal's necklace [kəˈsɑːlz] (Gaspar *Casal*, Spanish physician, 1679-1759) 颈蜀黍红疹

casanthranol [kəˈsænθrənɔl] 鼠李蒽酚

cascade [kɑːsˈkeid] 串联, 级联
   electron c. 电子串联

cascara [kɑːsˈkærə] (Sp.) 皮
   c. amarga (Sp. "bitter bark") 苦树皮
   c. sagrada (Sp. "sacred bark") (USP) 波希鼠李皮

case [keis] ❶ 病案，病例; ❷ 盒
   borderline c. 疑似病例，非典型病例
   index c. 索引病例，先证者
   trial c. 实验病例

caseation [ˌkæsiˈeifən] (L. *caseus* cheese) ❶ 干酪化; ❷ 干酪性坏死

casebook [ˈkeisbuk] 病案簿

case history [keisˈhistəri] 病史

casein [ˈkæsiːn] (L. *caseus* cheese) 酪蛋白
   c.-calcium 酪蛋白钙
   c.-sodium 酪蛋白钠

caseinate [ˈkæsiəneit] ❶ 酪蛋白盐; ❷ 酪蛋白合金

caseinogen [kəˈsiːnədʒən] (*casein* + Gr. *gennan* to produce) 酪蛋白原

caseinogenate [ˌkæsiˈnɔdʒəneit] 酪蛋白原酸盐

caseogenous [ˌkæsiˈɔdʒinəs] 引起干酪化的

caseous [ˈkeisiəs] 干酪样的

caseum [ˈkeisiəm] (L. "cheese") 酪状碎屑

caseworm [ˈkeiswəːm] 棘球绦虫

Casoni's intradermal test [kəˈsɔniz] (Tommaso *Casoni*, Italian physician, 1880-1933) 卡索尼氏皮内试验

cassava [kəˈsɑːvə] (Sp. *casabe*) 木薯

Casselberry's position [ˈkæsəlberiz] (William Evans *Casselberry*, American laryngologist, 1858-1916) 卡斯耳伯里氏位置

Casser's fontanelle [ˈkɑːsəz] (Giulio *Casserio*, Italian anatomist, c. 1552-1616) 卡塞氏囟门

casserian [kəˈsiəriən] 卡塞的

cassette [kəˈset] (Fr. "a little box") ❶ 贮片盒; ❷ 胶卷盒, 磁带盒

Cassia [ˈkæsiə] (L.; Gr. *kasia*) 山扁豆属

cast [kɑːst] ❶ 管型; ❷ 塑造; ❸ 铸造; ❹ 硬质的敷料; ❺ 牙模; ❻ 斜视, 斜眼
   bacterial c. 细菌管型
   blood c. 血细胞管型
   coma c. 昏迷(兆)管型
   decidual c. 脱膜管型
   dental c. 牙模
   diagnostic c. 诊断模
   epithelial c. 上皮管型
   false c. 假管型
   fatty c. 脂肪管型
   fibrinous c. 纤维蛋白管型
   gnathostatic c. 颌测定模
   granular c. 粒性管型
   hair c. ① 毛团; ② (常用复数)发赘
   hanging c. 悬挂石膏夹
   hemoglobin c. 血红蛋白管型
   hyaline c. 透明管型
   investment c. 围模, 耐火性模型
   Külz's c. 屈耳茨氏圆柱
   leukocyte c. 白细胞管型
   master c. 主模型
   mucous c. 粘液管型,圆柱状体
   preextraction c., preoperative c. 处理前模型, 诊断模
   pus c. 脓球管型
   red cell c. 红细胞管型
   refractory c. 耐火性模型
   renal c. 肾性管型, 肾小管管型
   spiral c. 螺旋(状)管型
   spurious c., spurious tube c. 假管型
   study c. 诊断模
   tube c. 肾小管管型
   urate c. 尿酸盐管型
   urinary c. 尿管型, 尿圆柱
   waxy c. 蜡样管型

Castanea [kæsˈteiniə] (L.; Gr. *kastanea*) 栗属

Castellani's bronchitis [kɑːsteˈlɑːniz] (Marquis Aldo *Castellani*, Italian physician,1879-1971)卡斯太拉尼氏支气管炎

Castellani-Low symptom [kɑːste'lɑːni ləu] (Aldo *Castellani*; George 'Carmichael *Low*, British physician, 1872-1952)卡-劳二氏症状

casting ['kɑːstiŋ] ❶ 铸件,铸造法,熔铸法; ❷ 铸造; ❸ 铸造物; ❹ 牙模铸件
centrifugal c. 离心铸造
vacuum c. 真空铸造

Castle's intrinsic factor ['kæsəlz] (William Bosworth *Castle*, American physician, 1897-1990)卡斯尔氏内因子

castrate ['kæstreit] ❶ 阉割; ❷ 去生殖腺者,阉者

castration [kɑːs'treiʃən] (L. *castratio*)阉,阉割
female c. 女性阉,卵巢切除
male c. 男性阉,睾丸切除
parasitic c. 寄生虫性阉

castroid ['kæstrɔid]类阉者,类无睾者

casualty ['kæʒjuəlti] ❶ 事故,意外伤害; ❷ 失踪者

casuistics [ˌkæʒju'istiks]病案讨论

CAT (computerized axial tomography 的缩写)计算机(轴位)X线体层照相术

cata- (Gr. *kata* down)下,低,在下,反对,随同,非常

catabasial [ˌkætə'beiʒiəl] (*cata-* + *basion*)颅底点低的

catabasis [kə'tæbəsis] (*cata-* + Gr. *bainein* to go)缓解期

catabatic [ˌkætə'bætik]缓解的,减轻的

catabiosis [ˌkætəbai'əusis] (Gr. *katabiosis* a passing life)细胞衰老变性

catabiotic [ˌkætəbai'ɔtik] ❶ 细胞衰老变性的; ❷ 消耗能量的

catabolic [ˌkætə'bɔlik]分解代谢的,异化的

catabolism [kə'tæbəlizəm] (Gr. *katabolē* a throwing down)分解代谢,异化(作用)
antibody c. 抗体分解代谢

catabolite [kə'tæbəlait]分解代谢产物,异化产物

catabolize [kə'tæbəlaiz]使分解代谢

catacrotic [ˌkætə'krɔtik]降线一波脉的

catacrotism [kə'tækrətizəm] (*cata-* + Gr. *krotos* beat)降线一波脉现象

catadicrotic [ˌkætədai'krɔtik]降线二波脉的

catadicrotism [ˌkætə'dikrətizəm] (*cata-* + Gr. *dis* twice + *krotos* beat)降线二波脉现象

catadidymus [ˌkætə'daidiməs]下身联胎,双上身联胎

catadioptric [ˌkætədai'ɔptrik]折反射的,反射折射的

catagen ['kætədʒən]毛发生长中期

catagenesis [ˌkætə'dʒenəsis] (*cata-* + Gr. *genesis* production)退化

catagenetic [ˌkætədʒə'netik]退化的

catagmatic [ˌkætəg'mætik] (Gr. *katagma* fracture)促骨折愈合的

catalase ['kætəleis] (EC 1.11.1.6)过氧化氢酶,触酶

catalepsy ['kætəˌlepsi] (Gr. *katalēpsis*)僵住症

cataleptic [ˌkætə'leptik] ❶ 僵住的; ❷ 僵住患者

cataleptiform [ˌkætə'leptifɔːm]僵住样的

cataleptoid [ˌkætə'leptɔid]僵住样的

catalogia [ˌkætə'lɔdʒiə]重复言语,重言症

catalysis [kə'tælisis] (Gr. *katalysis* dissolution)催化(作用)
contact c., heterogeneous c. 接触催化(作用)
surface c. 表面催化(作用)

catalyst ['kætəlist]催化剂
negative c. 负催化剂

catalytic [ˌkætə'litik] (Gr. *katalyein* to dissolve)催化的

catalyzation [ˌkætəlai'zeiʃən]催化作用

catalyzator [ˌkætələ'zeitə]催化剂

catalyze ['kætəlaiz]催化

catalyzer [ˌkætə'laizə]催化剂

catamenia [ˌkætə'miːniə] (Gr. *katamēnia*)月经

catamenial [ˌkætə'miːniəl]月经的

catamenogenic [ˌkætəˌmiːnə'dʒenik]促月经的

catamnesis [ˌkætəm'niːsis]诊后病历

catamnestic [ˌkætəm'nestik]诊后病历的

catapasm ['kætəpæzəm] (Gr. *katapasma*)扑粉

cataphasia [ˌkætə'feiziə] (*cata-* + Gr. *phasis* speech)刻板言语,重复言语

cataphora [kəˈtæfərə] (Gr. *kataphora*) 嗜睡样昏迷,可暂醒的昏迷

cataphoresis [ˌkætəfəˈriːsɪs] (*cata-* + Gr. *phorēsis* bearing) 阳离子电泳

cataphoretic [ˌkætəfəˈretɪk] 阳离子电泳的

cataphoria [ˌkætəˈfɔːrɪə] (*cata-* + Gr. *pherein* to bear) 下隐斜视

cataphoric [ˌkætəˈfɔrɪk] 下隐斜视的

cataphylaxis [ˌkætəfəˈlæksɪs] (*cata-* + Gr. *phylaxis* a guarding) 机体防卫力毁灭

cataplasia [ˌkætəˈpleɪzɪə] (*cata-* + Gr. *plassein* to form) 组织退化,返祖性组织变态

cataplasis [kəˈtæplәsɪs] 组织退化,返祖性组织变态

cataplasm [ˈkætəˌplæzəm] (L. *cataplasma*; Gr. *kataplasma*) 泥毡剂,泥敷剂
kaolin c. 白陶土泥毡剂

cataplasma [ˈkætəˌplæzmə] (L. ; Gr. *kataplasma*) 泥毡剂,泥敷剂
c. fermenti 酵素毡剂
c. kaolini 白陶土泥毡剂,白陶土敷剂

cataplectic [ˌkætəˈplektɪk] ❶ 猝倒的; ❷ 暴发的

cataplexis [ˈkætəˌpleksɪs] (Gr.) 猝倒

cataplexy [ˈkætəˌpleksɪ] 猝倒

catapophysis [ˌkætəˈpɒfɪsɪs] ❶ 骨突; ❷ 脑髓突起

Catapres [ˈkætəpres] 凯特普乐思:盐酸可乐宁制剂的商品名

cataract [ˈkætərækt] (L. *cataracta*, from Gr. *katarraktēs* waterfall, floodgate, portcullis) 内障,白内障
after-c. 复发性内障
aminoaciduria c. 氨基酸尿内障
atopic c. 变应性内障
axial fusiform c. 轴性纺锤状内障
black c. 黑色内障
blue c., blue dot c. ① 蓝色内障,蓝色点状内障; ② 花冠状内障
brown c., brunescent c. 棕色内障
calcareous c. 白垩状内障
capsular c. 囊性内障
cerulean c. ① 蓝色内障;② 花冠状内障
complete c. 完全内障
complicated c. 并发性内障
congenital c. ① 先天性内障; ② 发育性内障
contusion c. 挫伤性内障
coralliform c. 珊瑚状内障
coronary c. ① 花冠状内障; ② 蓝色内障
cortical c. ① 皮质性内障; ② 楔状内障
cuneiform c. 楔状内障
cupuliform c. 圆顶内障
dermatogenic c. 皮源性内障
developmental c. 发育性内障
diabetic c. 糖尿病内障
duplication c. 重复内障
electric c. 电击内障
embryonal nuclear c. 胎核性内障
embryopathic c. 胚胎病性内障
evolutionary c. 发育性白内障
galactosemic c. 半乳糖血症性内障
glassblowers' c. 玻璃工人内障
glaucomatous c. 青光眼性内障
heat c. 热辐射内障
heterochromic c. 虹膜异色性内障
hypermature c. 过熟内障
hypocalcemic c. 低钙血症性内障
immature c., incipient c. 未熟内障,初期内障
intumescent c. 肿胀期内障
juvenile c. 幼年性内障
lamellar c. 板层内障
mature c. 成熟内障
membranous c. 膜性内障
metabolic c. 代谢性内障
morgagnian c. 莫尔加尼氏内障
nuclear c. ① 胎核性内障; ② 老年核性硬化内障
nutritional deficiency c. 营养缺乏性内障
overripe c. 过熟内障
polar c. 极性内障
postinflammatory c. 炎症后内障
c's of prematurity 早产儿内障
presenile c. 早老性内障
primary c. 原发性内障
punctate c. 点状内障
pyramidal c. 锥形内障
radiation c. 放射性内障
ringform congenital c. 先天性环状内障
ripe c. 成熟内障
rubella c. 风疹性内障
secondary c. 继发性内障

senile c. 老年性内障
senile nuclear sclerotic c. 老年性硬化内障
snowflake c., snowstorm c. 雪花状内障
Soemmering's ring c. 塞梅林氏环形内障
spindle c. 纺锤状内障
subcapsular c. 囊下内障
sunflower c. 葵花状内障
supranuclear c. 核上性内障
sutural c. 接缝部内隙
syndermatotic c. 皮肤源性内障
thermal c. 热射性内障
total c. 完全内障
toxic c. 中毒性内障
traumatic c. 外伤性内障
zonular c. 板层内障

cataracta [ˌkætəˈræktə] (L.) 内障,白内障
c. brunescens 褐色内障
c. caerulea 蓝色内障
c. centralis pulverulenta 中心性粉状内障
c. complicata 并发性内障
c. nigra 黑色内障

cataractogenic [ˌkætəˌræktəˈdʒenik] 引起白内障的,致白内障的

cataractous [ˌkætəˈræktəs] 白内障性的,患有内障的

cataria [kəˈtɛəriə] (L. "catnip") 猫夹草

catarrh [kəˈtɑː] (L. *catarrhus*, from Gr. *katarrhein* to flow down) 卡他,粘膜炎
atrophic c. 萎缩性鼻卡他
autumnal c. 秋季卡他,枯草热
Bostock's c. 博斯托克氏卡他,枯草热
hypertrophic c. 肥大性卡他
Laënnec's c. 拉埃奈克氏卡他
malignant c. of cattle 牛恶性卡他
postnasal c. 慢性鼻咽炎
sinus c. 窦卡他
suffocative c. 窒息性卡他,哮喘
vernal c. 春季性卡他

catarrhal [kəˈtɑːrəl] 卡他性的

Catarrhina [ˌkætəˈrainə] (*cata-* + Gr. *rhis* nose) 狭鼻炎

catarrhine [ˈkætərain] 狭鼻类的

catastaltic [ˌkætəˈstæltik] (Gr. *katastaltikos*) ❶ 抑制的,遏制的; ❷ 抑制剂

catastate [ˈkætəsteit] (Gr. *kata* down + *statos* causing to stand) ❶ 分解代谢产物,异化产物; ❷ 分解代谢后状态

catathermometer [ˌkætəθəːˈmɔmitə] 干湿球温度计

catathymia [ˌkætəˈθaimiə] 下意识感情动因,带强烈情感的情绪

catathymic [ˌkætəˈθaimik] 下意识感情动因的,感情迸发的,感情浮现的

catatonia [ˌkætəˈtəuniə] (*cata-* + Gr. *tonos* tension + *-ia*) 紧张症

catatonic [ˌkætəˈtɔnik] ❶ 紧张症的; ❷ 紧张型精神分裂症患者

catatricrotic [ˌkætətraiˈkrɔtik] 降线三波脉的,有降线三波脉特征的

catatricrotism [ˌkætəˈtraikrətizəm] (*cata-* + Gr. *treis* three + *krotos* beat) 降线三波脉

catavertebral [ˌkætəˈvəːtəbrəl] 椎旁的

catechin [ˈkætəkin] 儿茶素,儿茶酸

catechol [ˈkætəkɔl] ❶ 儿茶酚; ❷ 焦儿茶酚,邻苯二酚

catecholamine [ˌkætəˈkɔləmiːn] 儿茶酚胺,邻茶二酚胺

catecholaminergic [ˌkætəkɔˌləmiˈnəːdʒik] 儿茶酚胺能的

catechol *O*-methyltransferase [ˌkætəkɔl ˌmeθilˈtrænsfəreis] (EC 2.1.1.6) 儿茶酚转甲酶

catechol oxidase [ˌkætəkɔl ˈɔksideis] (EC 1.10.3.1) 儿茶酚氧化酶

catechu [ˈkætəku] ❶ 儿茶; ❷ 棕儿茶
pale c. 棕儿茶

catechuic acid [ˌkætəˈkuik] 儿茶酸

catelectrotonus [ˌkætəlekˈtrɔtənəs] (*cata-* + *electrotonus*) 阴极电紧张

Catenabacterium [ˌkætənəbækˈtiəriəm] (L. *catena* chain + *bacterium*) 链状细菌属

catenating [ˈkætəneitiŋ] (L. *catena* a chain) 链接的

catenoid [ˈkætənɔid] (L. *catena* chain) 链状的

catenulate [kəˈtenjuleit] 链状的

catgut [ˈkætgʌt] 肠线
chromic c., chromicized c. 铬肠线
I.K.I. c. 碘化钾肠线
iodine c. 碘肠线
iodochromic c. 碘铬肠线

silverized c. 银肠线
Cath. (L. *catharticus* 的缩写) 泻药, 泻剂
Catha [ˈkæθə] 卡他属
 C. edulis 阿拉伯茶树
cathaeresis [kəˈθiərəsis] 轻作用
catharometer [ˌkæθəˈrɔmitə] 导热析气计
catharsis [kəˈθɑːsis] (Gr. *katharsis* a cleansing) ❶ 导泻, 泻法; ❷ 发泄, 渲泻
cathartic [kəˈθɑːtik] (Gr. *kathartikos*) ❶ 导泻的; ❷ 泻剂; ❸ 渲泄的
 bulk c. 增便泻剂
 lubricant c. 润滑泻剂
 saline c. 盐水泻剂
 stimulant c. 刺激性泻剂
cathectic [kəˈθektik] 精神贯注的, 聚精会神的
cathemoglobin [ˌkæθeməˈglɔbin] 变性高铁血红蛋白
cathepsin [kəˈθepsin] 组织蛋白酶
 c. B (EC 3.4.22.1) 组织蛋白酶 B
 c. B_1 组织蛋白酶 B_1
 c. B_2 组织蛋白酶 B_2
 c. C 组织蛋白酶 C
 c. D (EC 3.4.23.5) 组织蛋白酶 D
 c. G (EC 3.4.21.20) 组织蛋白酶 G
 c. H (EC 3.4.22.16) 组织蛋白酶 H
 c. L (EC 3.4.22.15) 组织蛋白酶 L
catheiresis [kəˈθiərəsis] (Gr. *kathairesis* a reduction) ❶ 虚弱; ❷ 轻作用
catheretic [ˌkæθəˈretik] ❶ 轻腐蚀性的; ❷ 虚弱的, 衰竭的
catheter [ˈkæθətə] (Gr. *kathetēr*) 导管
 acorn-tipped c. 橡子头导管
 Amplatz coronary c. 安普拉茨氏冠状导管
 angiographic c. 血管造影导管
 atherectomy c. (动脉)粥样硬化切除导管
 balloon c. 气球导管
 bicoudate c., c. bicoudé 双弯导管
 Braasch bulb c. 布拉希氏小球导管
 Brockenbrough transseptal c. 布罗肯伯勒氏经中隔导管
 cardiac c. 心导管
 cardiac c.-microphone 心传音导管
 Castillo c. 卡斯蒂洛导管
 central venous c. 中央静脉导管
 closed end-hole c. 封闭顶端孔导管
 conical c. 圆锥形导管
 c. coudé 单弯导管, 弯头导管
 Cournand c. 库尔南氏导管
 DeLee c. 德利导管
 c. à demeure 留置导尿管
 de Pezzer c. 蕈头导管
 double-current c. 双腔导管
 Drew-Smythe c. 德-斯二氏导管
 elbowed c. 单弯导管, 弯头导管
 electrode c. 电极导管
 end-hole c. 顶端孔导管
 eustachian c. 咽鼓管导管
 female c. 女导尿管
 filiform-tipped c. 丝状尖顶导管
 fluid-filled c. 充液导管
 Foley c. 弗莱氏导管
 Garceau c. 圆锥形导管
 Gensini coronary c. 杰西尼冠状导管
 Gouley's c. 古利氏导管
 Gruentzig balloon c. 格林齐希氏气球导管
 indwelling c. 留置导管
 Judkins coronary c. 贾金斯冠状导管
 Judkins pigtail left ventriculography c. 贾金斯猪尾状左心室造影导管
 left coronary c. 左冠状导管
 Malecot c. 马莱科导管
 manometer-tipped c. 血压计导管
 multipurpose c. 多用途导管
 Nélaton's c. 内拉能氏导管
 olive-tip c. 橄榄状导管
 pacing c. 起搏导管
 Pezzer's c. 蕈头导管
 Phillip's c. 丝状导管
 pigtail c. 猪尾状导管
 preformed c. 预制导管
 prostatic c. 前列腺导尿管
 right coronary c. 右冠状导管
 Robinson c. 罗宾森导管
 self-retaining c. 自留导尿管, 潴留导尿管
 snare c. 勒除器导管
 Sones coronary c. 索恩氏冠状导管
 spiral-tip c. 螺旋形导管
 Swan-Ganz c. 斯-甘二导管
 Tenckhoff c. 滕克霍夫导管
 thermodilution c. 热稀释导管
 toposcopic c. 局部定位性导管

tracheal c. 气管导管
two-way c. 双腔导管
vertebrated c. 分节导管
whistle-tip c. 笛口样导管
winged c. 翼状导管

catheterization [ˌkæθətərai'zeiʃən] 导管插入(术)
  cardiac c. 心导管插入术
  hepatic vein c. 肝静脉导管插入术
  retrograde c. 逆行导管插入术
  retrourethral c. 逆行导尿管插入术
  transseptal c. 经中隔导管插入术

catheterize ['kæθətəraiz] 插入导管
catheterostat [kə'θetərəstæt] 导管保持器
cathetometer [ˌkæθə'tɔmitə] 高差计
cathexis [kə'θeksis] (Gr. *kathexis*) 精神专注, 聚精会神, 情感贯注
cathisophobia [ˌkæθisə'fəubiə] (Gr. *kathizein* to sit down + *phoein* to be affrighted by + *-ia*) 静坐恐怖, 静坐不能
cathode ['kæθəud] (Gr. *kata* down + *hodos* way) ❶ 电极; ❷ 负极, 阴极
cathodic [kə'θɔdik] 阴极的, 负极的
catholicon [kə'θɔlikən] (Gr. *katholikos* general) 万灵药
catholyte ['kæθəlait] 阴极电解质
Cathomycin ['kæθəˌmaisin] 凯泽霉素
cathypnosis [ˌkæθip'nəusis] (Gr. "a falling asleep") 睡眠病
cation ['keitiən] (Gr. *kata* down + *iōn* going) 阳离子
cationic [ˌkæti'ɔnik] 阳离子的
cationogen [ˌkæti'ɔnədʒən] 阳离子发生物
catlin ['kætlin] 两刃切断刀
catling ['kætliŋ] 两刃切断刀
catoptric [kə'tɔptrik] (Gr. *katoptrikos* in a mirror) 反射的
catoptrics [kə'tɔptriks] 反射光学
catoptroscope [kə'tɔptrəskəup] (Gr. *katoptron* mirror + *-scope*) 返光检查器
catoteric [ˌkætə'terik] 泻药
Ca²⁺-transporting ATPase [træns'pɔ:tiŋ eiti:'pi:eis] (EC 3.6.1.38) 钙转三磷酸腺甙酶
cauda ['kɔ:də] (pl. *caudae*) (L.) (NA) 尾, 尾状物
  c. epididymidis (NA) 附睾尾
  c. equina (NA) 马尾
  c. helicis (NA) 车轮尾
  c. nuclei caudati (NA) 尾状核尾
  c. pancreatis (NA) 胰腺尾

caudad ['kɔ:dæd] 向尾的
caudae ['kɔ:di:] (L.) 尾, 尾状物。*cauda* 的所有格和复数形式
caudal ['kɔ:dəl] ❶ 尾的; ❷ 尾侧的
caudalis [kɔ:'dælis] ❶ 尾的, 身体下端的
caudalward ['kɔ:dəlwəd] 向尾端的, 远离头部的
caudate ['kɔ:deit] (L. *caudatus*) 有尾的
caudatolenticular [kɔ:ˌdeitəlen'tikjulə] 尾状核与豆状核的
caudectomy [kɔ:'dektəmi] 尾切除术
caudocephalad [ˌkɔ:də'sefələd] (L. *cauda* tail + Gr. *kephalē* head + L. *ad* toward) ❶ 从尾向头; ❷ 兼向尾侧及头侧
caul [kɔ:l] 胎头羊膜
Caulobacter [ˌkɔ:lə'bæktə] (Gr. *kaulos* stalk + *baktron* a rod) 柄杆菌属
cauloplegia [ˌkɔ:ləu'pli:dʒiə] (Gr. *kaulos* stalk + *plege* stroke) 阴茎麻痹
caumesthesia [ˌkɔ:məs'θi:ziə] (Gr. *kauma* burn + *aisthēsis* perception) 触冷感热
causal ['kɔ:zəl] 原因的
causalgia [kɔ:'zældʒiə] (Gr. *kausos* heat + *-algia*) 灼痛
causative ['kɔ:zətiv] 原因的, 成因的
cause [kɔ:z] (L. *causa*) 原因
  constitutional c. 全身性原因, 体质性原因
  c. of death 死亡原因
  exciting c. 激发原因, 直接原因
  immediate c. 直接原因, 即刻原因
  local c. 局部原因
  precipitating c. 直接原因
  predisposing c. 素因
  primary c. 原发性原因, 主因
  proximate c. 近因
  remote c. 远因, 诱因
  secondary c. 继发性原因, 辅因
  specific c. 特殊原因
  ultimate c. 远因

caustic ['kɔ:stik] (L. *causticus*; Gr. *kaustikos*) ❶ 腐蚀的; ❷ 有腐蚀味的; ❸ 苛性药, 腐蚀剂
  Churchill's iodine c. 邱吉尔氏碘腐蚀剂
  Filhos's c. 菲耳斯氏腐蚀剂

Landolfi's c. 兰多耳菲氏腐蚀剂
Lugol's c. 卢戈耳氏腐蚀剂
lunar c. 银丹,硝酸银
mitigated c. 弱银丹,弱硝酸银
Plunket's c. 普隆克特氏腐蚀剂
Rousselot's c. 鲁斯洛氏腐蚀剂
Vienna c. 维也纳腐蚀剂,钾石灰
zinc c. 锌腐蚀剂

causticize ['kɔːstisaiz] 腐蚀

cauterant ['kɔːtərənt] ❶ 腐蚀剂; ❷ 腐蚀的

cauterization [ˌkɔːtərai'zeiʃən] 烙术,烧灼术,腐蚀术

cautery ['kɔːtəri] ❶ 腐蚀术,烧灼术,烙术; ❷ 腐蚀剂,烧灼器
 actual c. 火烙术
 chemical c. 化学烙术
 cold c. 冻烙术
 electric c., galvanic c. 电烙器
 gas c. 喷气烙术
 potential c. 腐蚀剂烙术
 virtual c. 腐蚀剂烙术

cava ['kɑːvə] (L.) ❶ 腔,空间。cavum 的复数形式; ❷ 腔静脉

caval ['kævəl] 腔静脉的

cavascope ['kævəskəup] (L. cavum hollow + Gr. skopein to examine) 窥腔镜,映腔镜

CAVB (complete atrioventricular block 的缩写) 完全房室传导阻滞

cave [keiv] 小腔
 Meckel's c. 美克耳氏腔,三叉神经腔

caveola [ˌkævi'əulə] (pl. caveolae) (L.) 小凹,小腔

cavern ['kævən] ❶ 病理性腔洞; ❷ 腔,空洞
 c's of corpora cavernosa of penis 阴茎海绵体腔
 c's of corpus spongiosum 海绵体腔
 Schnabel's c's 施纳贝耳氏腔

caverna [kə'vəːnə] (pl. cavernae) (L.) (NA) 腔,空洞,盂
 cavernae corporis spongiosi (NA) 海绵体腔
 cavernae corporum cavernosorum penis (NA) 阴茎海绵体腔

caverniloquy [ˌkævə'niləkwi] (L. caverna cavity + loqui to speak) 空洞语音

cavernitis [ˌkævə'naitis] 阴茎海绵体炎
 fibrous c. 纤维性海绵体炎

cavernosa [ˌkævə'nəusə] (L.) 海绵体。cavernosum 的复数形式

cavernoscope ['kævənəskəup] 空腔镜

cavernoscopy [ˌkævə'nɔskəpi] 空腔镜检查

cavernositis [ˌkævənə'saitis] 阴茎海绵体炎

cavernostomy [ˌkævə'nɔstəmi] 空腔造口术

cavernous ['kævənəs] (L. cavernosus) 空洞的

Cavia ['kæviə] 豚鼠属
 C. cobaya 豚鼠,天竺鼠,荷兰猪

cavilla [kə'vilə] 蝶骨

cavitary ['kæviˌtəri] ❶ 腔的,空洞的; ❷ 腔肠虫

cavitas ['kævitəs] (pl. cavitates) (L. from cavus hollow) (NA) 腔,空洞,盂
 c. abdominalis 腹腔
 c. articularis (NA) 关节腔
 c. conchae, c. conchalis (NA) 耳甲腔
 c. coronalis (NA) 牙冠腔
 c. cranii (NA) 颅腔
 c. dentis (NA) 牙髓腔
 c. epiduralis 硬膜外腔
 c. glenoidalis (NA) 肩关节盂,肩白
 c. infraglottica (NA) 声门下腔
 c. laryngis (NA) 喉腔
 c. laryngea intermedia (NA) 中喉腔
 c. medullaris (NA) 骨髓腔
 c. nasalis 鼻腔
 c. nasi (NA) 鼻腔
 c. orbitale 眶,眼窝
 c. oris (NA) 口腔
 c. oris externa 口腔前庭
 c. oris propria (NA) 固有口腔
 c. pelvica 盆腔
 c. pelvis 盆腔
 c. pericardialis (NA) 心包腔
 c. peritonealis (NA) 腹膜腔
 c. pharyngis (NA) 咽腔
 c. pleuralis (NA) 胸膜腔
 c. pulparis 牙髓腔
 c. septi pellucidi 透明隔腔
 c. subarachnoidea, c. subarachnoidealis 蛛网膜下腔

c. thoracica 胸腔
  c. thoracis (NA) 胸腔
  c. trigeminale 三叉神经腔
  c. trigeminalis (NA) 三叉神经腔
  c. tympanica (NA) 鼓室腔
  c. uteri (NA) 子宫腔
cavitates [ˌkæviˈtætiz] 腔,空洞,盂。*cavitas* 的复数形式
cavitation [ˌkæviˈteiʃən] ❶ 成洞,成腔; ❷ 腔,空洞,盂
cavitis [kəˈvaitis] 腔静脉炎
cavity [ˈkæviti] (L. *cavitas*) ❶ 腔,空洞,盂; ❷ 龋洞; ❸ 备填洞
  abdominal c. 腹腔
  absorption c. 吸收腔
  alveolar c's 牙槽腔
  amniotic c. 羊膜腔
  articular c. 关节腔
  Baer's c. 贝尔氏腔,囊胚腔
  body c. 体腔
  buccal c. ① 口腔前庭; ② 颊面龋洞; ③ 口腔; ④ 口前房
  cleavage c. 分裂腔,囊胚腔
  complex c. 复杂龋洞,多面洞
  compound c. 复合龋洞
  c. of concha 耳甲腔
  cotyloid c. 髋臼
  cranial c. 颅腔
  dental c. ① 牙龋洞; ② 牙髓腔
  distal c. 远中龋洞
  epidural c. 硬膜外腔
  faucial c. 咽腔
  fibrotic c's 纤维空洞
  fissure c. 裂龋洞
  gastrovascular c. 腔肠
  glandular c. 腺腔
  glenoid c. 关节盂
  head c. 头腔
  hemal c. 血腔
  incisal c. 切缘龋洞
  infraglottic c. 声门下腔
  ischioanal c., ischiorectal c. 坐骨直肠窝
  labial c. 唇面龋洞
  laryngeal c. 喉腔
  laryngeal c., intermediate 中喉腔
  laryngopharyngeal c. 喉咽腔
  lingual c. 舌面龋洞
  lymph c's 淋巴腔
  marrow c. 骨髓腔
  mastoid c. 乳突腔
  Meckel's c. 美克耳氏腔,三叉神经腔
  mediastinal c., anterior 纵隔前腔
  mediastinal c., middle 纵隔中腔
  mediastinal c., posterior 纵隔后腔
  mediastinal c., superior 纵隔上腔
  medullary c. 内髓腔
  mesial c. 近中面龋洞
  nasal c. 鼻腔
  nerve c. 髓腔
  occlusal c. 面龋洞
  oral c. 口腔
  oral c., external 口腔前庭
  oral c., proper 固有口腔
  orbital c. 眶,眼窝
  pectoral c. 胸腔
  pelvic c. (骨)盆腔
  pericardial c. 心包腔
  peritoneal c., peritoneal c., greater 腹膜腔,大腹膜腔
  peritoneal c., lesser 小腹膜腔,网膜囊
  pharyngeal c. 咽腔
  pharyngolaryngeal c. 咽喉腔
  pharyngonasal c. 鼻咽腔
  pharyngo-oral c. 口咽腔
  pit c. 点龋
  pleural c. 胸膜腔
  pleuroperitoneal c. 胸膜腹膜腔
  popliteal c. 腘窝
  prepared c. 备填洞,制备洞
  proximal c. 邻面龋洞
  pulp c. 牙髓腔
  rectoischiadic c. 坐骨直肠窝
  Retzius's c. 雷济厄斯氏腔,耻骨后隙
  Rosenmüller's c. 罗森苗勒氏窝,咽隐窝
  segmentation c. 分裂腔,囊胚腔
  c. of septum pellucidum 透明隔腔
  serous c. 浆膜腔
  sigmoid c. of radius 桡骨乙状窝,桡尺骨切迹
  sigmoid c. of ulna, greater 尺骨大乙状窝,尺骨滑车切迹
  sigmoid c. of ulna, lesser 尺骨小乙状窝,桡尺骨切迹
  simple c. 简单洞,单纯龋洞
  somatic c. 体腔
  somite c. 肌节腔

splanchnic c. 内脏腔
subarachnoid c. 蛛网膜下腔
subdural c. 硬膜下腔
tension c's 张力腔
thoracic c. 胸腔
trigeminal c. 三叉神经腔
tympanic c. 鼓室,中耳
uterine c. 子宫腔
visceral c. 内脏腔
yolk c. 卵黄囊

cavography [kəˈvɔgrəfi] 腔静脉放射线照相术

cavosurface [ˈkævəˌsəːfis] 洞面

cavovalgus [ˌkævəˈvælgəs] 空凹外翻足

cavovarus [ˌkævəˈvɛərəs] 空凹内翻足

cavum [ˈkævəm] (pl. *cava*) 腔,空洞
   c. conchalis 耳甲腔
   c. epidurale 硬膜外腔
   c. oris externum 口腔前庭
   c. psalterii 第六脑室
   c. rectoischiadicum 坐骨直肠窝
   c. septi pellucidi (NA)透明隔腔
   c. subarachnoideum 蛛网膜下腔
   c. trigeminale 三叉神经腔

cavus [ˈkævəs] (L. "hollow") 弓形足

cavy [ˈkævi] 豚鼠

Caytine [ˈkeitiːn] 凯汀:盐酸胡椒喘制剂的商品名

CB (L. *Chirurgiae Baccalaureus* 的缩写) 外科学士

cbc (complete blood count 的缩写) 全部血细胞计数

CBF (cerebral blood flow 的缩写) 脑血流量

CBG (corticosteroid-binding globulin 的缩写) 结合皮质类固醇球蛋白

C3b INA (C3b inactivator 的缩写)(补体)C3b(的)灭活因子

Cbl (cobalamin 的缩写) 钴胺

CBS (chronic brain syndrome 的缩写) 慢性脑病综合征

CC (chief complaint 的缩写) 主诉

CC 914 对脲苯基双(羧甲基硫醇)砷

CC 1037 对脲苯基双(2-羧基苯硫醇)砷

cc (*cubic centimeter* 的符号) 立方厘米

CCA (congenital contractural arachnodactyly 的缩写) 先天性挛缩性细长指(趾)

CCAT (conglutinating complement absorption test 的缩写) 胶固补体吸收试验

CCF (crystal-induced chemotactic factor 的缩写) 晶体诱导趋化因子

CCK (cholecystokinin 的缩写) 胆囊收缩素

CCK-179 双氢麦角毒碱合剂

c cm (*cubic centimeter* 的符号) 立方厘米

CCNU 罗氮芥,环乙亚硝脲

CCPD (continuous cycling peritoneal dialysis 的缩写)持续周期性腹膜透析

CCU (critical care unit 的缩写) 危症监护病房

CD ❶ (cadaveric donor 的缩写)供尸者; ❷ (conjugata diagonalis 的缩写)骨盆入口对角径; ❸ (curative dose 的缩写)治愈量; ❹ (cluster designation 的缩写)编组名称

CD$_{50}$ (median curative dose 的缩写) 半数治愈量

Cd ❶ (*cadmium* 的符号)镉; ❷ (*caudal* 或 *coccygeal* 的缩写)尾的,尾骨的

cd (candela 的缩写) 堪,堪德拉

CDC (Center for Disease Control and Prevention 的缩写) 疾病控制中心

CDC/AIDS 疾病控制中心/艾滋病

cdf (cumulative distribution function 的缩写) 累积分布函数

cDNA (complementary DNA 或 copy DNA 的缩写)互补 DNA, 复制 DNA

CDP (cytidine diphosphate 的缩写)二磷酸胞苷,胞苷二磷酸,胞二磷

CDPdiacylglycerol [daiˌæsilˈglisərəl] CDP 二酰(基)甘油

CDPdiacylglycerol-inositol 3-phosphatidyltransferase [daiˌæsilˈglisərəliˈnɔsitɔl ˌfɔsfəˌtaidəlˈtrænsfəreis] (EC 2.7.8.11) CDP 二酰(基)甘油-肌醇 3 磷脂酰基转移酶

Ce (*cerium* 的符号) 铈

CEA (carcinoembryonic antigen 的缩写) 癌胚抗原

ceasmic [siˈæsmik] (Gr. *keasma* chip) 裂开的

cebocephalus [ˌsibəˈsefələs] 猴头畸胎

cebocephaly [ˌsibəˈsefəli] (Gr. *kebos* monkey + *kephalē* head) 猴头畸形

ceca [ˈsiːkə] (L.) 盲肠,盲端。*cecum* 的复数形式

cecal [ˈsiːkəl] (L. *caecalis*) ❶ 盲端的; ❷

盲肠的
cecectomy [si'sektəmi] (*cecum* + Gr. *ektomē* excision)盲肠切除术
Cecil's operation ['si:səlz] (Arthar Bond *Cecil*, American surgeon, 1885-1967)塞西尔手术
cecitis [si'saitis] 盲肠炎
Ceclor ['si:klɔ:] 氯头孢菌素,氯头孢立新,头孢氯
cec(o)- (L. *cecum*) 盲肠,盲管
cecocele ['si:kəsi:l] 盲肠疝
cecocentral [ˌsikə'sentrəl] 中心着点的
cecocolic [ˌsikə'kɔlik] 盲肠结肠的
cecocolon [ˌsikə'kɔlən] 盲结肠
cecocolopexy [ˌsi:kə'kəuləˌpeksi] 盲肠升结肠固定术
cecocolostomy [ˌsikəkə'lɔstəmi] 盲肠结肠吻合术
cecofixation [ˌsikəfik'seiʃən] 盲肠固定术
cecoileostomy [ˌsikəˌili'ɔstəmi] (*cecum* + *ileum* + Gr. *stomoun* to provide with a mouth, or opening) 盲肠回肠吻合术
Cecon ['si:kɔn] 维生素 C
cecopexy ['si:kəˌpeksi] (*cecum* + Gr. *pēxis* fixation)盲肠固定术
cecoplication [ˌsikəpli'keiʃən] (*cecum* + L. *plica* fold)盲肠折叠术
cecorrhaphy [si'kɔrəfi] (*cecum* + Gr. *rhaphē* suture)盲肠缝合术
cecosigmoidostomy [ˌsikəˌsigmɔi'dɔstəmi] 盲肠乙状结肠吻合术
cecostomy [si'kɔstəmi] (*cecum* + Gr. *stomoun* to provide with a mouth, or opening)❶ 盲肠造口术；❷ 盲肠人工开口
cecotomy [si'kɔtəmi] (*cecum* + Gr. *tomē* a cutting)盲肠切开术
cecum ['si:kəm] (L. *caecum* blind, blind gut)❶ 盲囊,盲管；❷ 盲肠
    gastric ceca 胃盲囊
    high c. 高位盲肠
    mobile c., c. mobile 移动盲肠
Cedecea [si'di:siə] (named for Centers for Disease Control, Atlanta, Georgia) 斯地斯尔肠杆菌
Cedilanid [ˌsidi'lænid] 毛花甙 C,西地兰
Cedilanid-D [ˌsidi'lænid] 西地兰-D:去乙酰毛花甙 C 制剂的商品名
Cediopsylla [ˌsidiə'sailə] 蚤属

CeeNU 斯思尤:环己亚硝脲制剂的商品名
cefaclor ['sefəklɔ:] 头孢氧,氯头孢菌素,氯氨苄头孢菌素
cefadroxil [ˌsefə'drɔksil] (USP)头孢羟氨苄,羟苄甙头孢菌素
Cefadyl ['sefədil] 赛福帝:头孢吡硫钠制剂的商品名
cefamandole [ˌsefə'mændəul] 头孢羟唑,头孢羟苄四唑,羟唑头孢菌素,羟苄四唑头孢菌素
    c. nafate 头孢羟唑钠甲酸酯,羟唑头孢菌素钠甲酸酯
cefaparole ['sefəpəˌrəul] 头孢哌罗,氨羟苄噻二唑头孢菌素
cefatrizine [ˌsefə'trizi:n] 头孢三嗪,羟胺唑头孢菌素,氨苄苄三唑硫甲头孢菌素
cefazaflur sodium [sə'fæzəflə:] 头孢氟唑钠,氟戊头孢菌素钠,氟硫四唑头孢菌素钠,三氟唑头孢菌素钠,氟硫头孢菌素钠
cefazolin [sə'fæzəlin] 头孢唑啉,唑啉头孢菌素,头孢菌素 V
    c. sodium 头孢唑啉钠,唑啉头孢菌素钠,头孢菌素钠 V
cefixime [sə'fiksi:m] 头孢克肟
Cefizox ['sefizɔks] 思福克斯:头孢去甲噻肟钠制剂的商品名
Cefobid ['sefəbid] 赛福必得:头孢哌酮钠制剂的商品名
cefonicid sodium [sə'fɔnisid] 头孢尼西,羟苄磺唑头孢菌素
cefoperazone sodium [ˌsefəp'ɛərəzəun] 氨哌羟苯唑头孢菌素钠
ceforanide [se'fɔrənaid] 头孢苄胺四唑,氨甲苯头孢菌素,氨苄唑头怨菌素,氨苄四唑头孢菌素
Cefotan ['sefətæn] 赛福泰:头孢双硫唑甲氧二钠制剂的商品名
cefotaxime [ˌsefə'tæksi:m] 头孢氨噻,噻肟酯头孢菌素,氨噻头孢菌素
    c. sodium (USP)头孢氨噻钠,噻肟酯头孢菌素钠,氨噻头孢菌素钠
cefotetan ['sefətitæn] 头孢双硫唑甲氧
cefoxitin [sə'fɔksitin] 头孢噻吩,噻吩甲氧头孢菌素,头孢甲氧霉素,甲氧噻吩头孢菌素
    c. sodium (USP) 头孢噻吩单钠盐
cefpodoxime proxetil [ˌsefpə'dɔksi:m 'prɔksətil] 头孢氨噻酯

ceftazidime ['seftəzi,di:m] 头孢噻甲羧肟

Ceftin ['seftin] 西福辛:头孢呋新脂制剂的商品名

ceftizoxime sodium [,sefti'zɔksi:m] (USP)头孢去甲噻肟钠

ceftriaxone sodium [,seftri'æksəun] 头孢三嗪噻肟钠

cefuroxime [,sefə'rɔksi:m] 头孢氨呋肟
  c. axetil 头孢氨呋肟脂
  c. sodium 头孢呋肟钠

Cegka's sign ['tʃegkɑ:z] (Josephus Joannes Cegka, Czech physician,1812-1862)查卡征

Cel (Celsius 的缩写) 摄氏(温度)

cel [sel] 速度的单位

celarium [sə'lɛəriəm] 体腔膜,间皮

Celbenin ['selbənin] 赛本宁:甲氧苯青霉素钠制剂的商品名

-cele¹(Gr. kēlē hernia) 肿瘤,肿胀

-cele²(Gr. koilia cavity) 腔,空洞

celenteron [sə'lentərən] ❶ 原肠; ❷ 腔肠

Celestone [sə'lestəun] 赛乐思通:倍他米松制剂的商品名

celiac ['si:liæk] (Gr. koilia belly) 腹的,腹腔的

celiectomy [,sili'ektəmi] (celi- + Gr. ektomē excision) 腹部器官切除术

celi(o)- (Gr. koilia belly) 腹部

celiocentesis [,siliəsen'ti:sis] (celio- + Gr. kentesis puncture) 腹部穿刺术

celiocolpotomy [,siliəkɔl'pɔtəmi] (celio- + Gr. kolpos vagina + tomē a cutting) 阴道式剖腹切开术

celioenterotomy [,siliə,entə'rɔtəmi] (celio- + enterotomy) 剖腹肠切开术

celiogastrotomy [,siliəgæs'trɔtəmi] (celio- + gastrotomy) 剖腹胃切开术

celiohysterectomy [,siliə,histə'rektəmi] (celio- + hysterectomy) 剖腹子宫切除术

celiolymph [siliəu'limf] 脑室液,脑脊髓液

celioma [,sili'əumə] (celio- + -oma) 腹瘤

celiomyitis [,siliə'maitis] 腹肌炎

celiomyodynia [,siliə,maiə'diniə] 腹肌痛

celiomyomectomy [,siliə,maiə'mektəmi] (celio- + myomectomy) 剖腹肌(瘤)切开术

celiomyomotomy [,siliə,maiə'mɔtəmi] (celio- + myomotomy) 剖腹肌瘤切除术

celiomyositis [,siliə,maiə'saitis] (celio- + myositis) 腹肌炎

celioparacentesis [,siliə,pærəsen'ti:sis] (celio- + paracentesis) 腹腔穿刺术

celiopathy [,sili'ɔpəθi] (celio- + Gr. pathos disease) 腹部病

celiorrhaphy [,sili'ɔrəfi] (celio- + Gr. rhaphē suture) 腹壁缝合术

celiosalpingectomy [,siliə,sælpin'dʒektəmi] (celio- + salpingectomy) 剖腹输卵管切除术

celiosalpingotomy [,siliə,sælpin'gɔtəmi] 剖腹输卵管切开术

celioschisis [,siliəs'kaisis] 裂腹畸形

celioscope ['siliəskəup] (celio- + Gr. skopein to examine) 腹腔镜

celioscopy [,sili'ɔskəpi] 腹腔镜检查

celiosite ['siliəu,sait] 腹部寄生物

celiotomy [,sili'ɔtəmi] (celio- + Gr. tomē a cutting) 剖腹术
  vaginal c. 阴道式剖腹术
  ventral c. 腹式剖腹术

celitis [si'laitis] 腹内器官炎,内脏炎

cell [sel] (L. cella compartment) ❶ 细胞; ❷ 小房,小堂
  A c. ① A 细胞,α 细胞; ② 无长突(神经)细胞
  Abbe-Zeiss counting c. 阿-蔡二氏计数池(血细胞计数器)
  absorptive c., intestinal 肠吸收细胞
  accessory c's 辅助细胞
  acid c's 壁细胞,泌酸细胞
  acidophilic c. 嗜酸细胞
  acinar c., acinic c., acinous c. 腺泡细胞
  acoustic hair c. (听器)毛细胞
  adipose c. 脂肪细胞
  adventitial c's 外膜细胞,周皮细胞
  agger nasi c's 鼻丘小房
  air c. 气泡
  albuminous c. 白蛋白细胞,浆液细胞
  algoid c's 藻样细胞
  alpha c's α 细胞
  alveolar c. 肺泡(上皮)细胞
  alveolar c's, type Ⅰ Ⅰ型肺泡细胞
  alveolar c's, type Ⅱ Ⅱ型肺泡细胞
  Alzheimer's c's 阿耳茨默氏细胞

amacrine c's 无长突细胞
ameboid c. 变形细胞
amine precursor uptake and decarboxylation c's 胺前体摄取与脱羧细胞
amphophilic c. 两染细胞
Anichkov's (Anitschkow's) c. 阿尼奇科夫氏肌细胞
anterior horn c's 前角细胞
antigen-presenting c's 抗原呈递细胞
antigen-reactive c's 抗原反应细胞
antigen-sensitive c's 抗原敏感细胞
antipodal c's 反足细胞
apocrine c's 顶(浆)分泌细胞
apolar c. 无极细胞
APUD (amine precursor uptake and decarboxylation system) c's 胺前体摄取与脱羟细胞
argentaffin c's 亲银细胞
argyrophilic c's 嗜银细胞
Arias-Stella c's 阿-斯二氏细胞
Armanni-Ebstein c's 阿-埃二氏细胞
Aschoff c. 阿考夫氏细胞
auditory c's 听细胞
automatic c. 自主细胞
B c's ① B细胞；② B淋巴细胞
balloon c's 气球样细胞
band c. 杆状核细胞
basal c. 基底细胞
basal granular c's 基底粒细胞
basket c. ① 篮状细胞；② 肌上皮细胞
basophilic c. 嗜碱性细胞
beaker c. 杯状细胞
Beale's ganglion c's 比耳氏神经节细胞
Bergmann's c's 贝格曼氏细胞
berry c. 浆果样细胞
beta c's β细胞
Betz's c's 贝茨氏细胞，巨锥体细胞
bipolar c. 双极细胞
bipolar retinal c's 视网膜双极细胞
bladder c's 囊细胞
blast c. 胚细胞
blood c's 血细胞
bone c. 骨细胞
border c's ① 边缘细胞；② 壁细胞
Böttcher's c's 伯特舍氏细胞
breviradiate c's 短突神经胶质细胞
bristle c's 毛细胞
bronchic c. 肺泡

brood c. 母细胞
burr c. 钝锯齿状红细胞
C c's ① 滤泡旁细胞；② 胰岛中的细胞；③ 嫌色细胞
Cajal c. 卡哈耳氏细胞
caliciform c. 杯状细胞
cameloid c. 椭圆形红细胞
capsule c. 被膜细胞，套细胞
cartilage c's 软骨细胞
Caspersson type B c's 卡斯珀森氏B细胞
castration c's 阉割细胞
caterpillar c. 履带型细胞
caudate c's 尾状细胞，彗星细胞
caveolated c's 多吞饮小管细胞
cement c. 牙骨质细胞
central c. 中央细胞
centroacinar c's 泡心细胞
chalice c. 杯状细胞
chief c's ① 主细胞；② 松果体细胞；③ 甲状旁腺细胞；④ 副神经节嗜铬细胞；⑤ 嫌色细胞
Chinese hamster ovary (CHO) c's 中国仓鼠卵巢细胞
CHO c's 中国仓鼠卵巢细胞
chromaffin c's 嗜铬细胞
chromophobe c's, chromophobic c's 嫌色细胞
ciliated c. 纤毛细胞
Clara c's 克莱尔氏细胞
Clarke's c's 克拉克氏细胞
Claudius' c's 克劳迪厄斯氏细胞
clear c's 明细胞，亮细胞
cleavage c. 卵裂细胞
cleaved c. 分裂细胞
clump c's 团块细胞
collenchyma c's 厚角细胞
columnar c. 柱状细胞
commissural c's 连合细胞，异侧(连合)细胞
committed c. 定型细胞，定向细胞
compound granule c. 小神经胶质细胞
cone c. 圆锥细胞，视锥
connective tissue c's 结缔组织细胞
contractile fiber c's 可收缩纤维细胞，平滑肌细胞
contrasuppressor c's 抗抑制细胞
corneal c. 角膜细胞
c's of Corti 柯替氏细胞，柯替氏器细胞

corticotrope c., corticotroph c. 促肾上腺皮质激素细胞
corticotroph-lipotroph c. 促肾上腺皮质激素-促脂素细胞
counting c. 计数池
cover c. 盖细胞
crescent c's 新月细胞，半月细胞
cribrate c. 筛细胞
Crooke's c's 克鲁克氏细胞
cuboid c. 立方细胞
Custer c's 卡斯特氏细胞
cylindric c. 柱状细胞
cytotoxic T c's 细胞毒性T细胞，细胞毒性T淋巴细胞
D c's D细胞，三角形细胞，丁细胞
daughter c. 子细胞
Davidoff's c's 达维多夫氏细胞
decidual c's 蜕膜细胞
Deiters' c's 代特氏细胞
delta c's 三角形细胞，丁细胞，D细胞
demilune c's 新月细胞，半月细胞
dendritic c's 树突状细胞，滤泡树突细胞
dendritic c's, follicular 滤泡树状细胞
dentin c. 成牙质细胞
dome c's 圆顶细胞
Dorothy Reed c's 道乐赛·李德氏细胞
Downey c's 唐尼氏细胞
dust c's 尘细胞，肺胞巨噬细胞
effector c. 效应细胞
electrochemical c. 电化学电池
electrolytic c. 电解电池
elementary c's, embryonic c's 原细胞，胚性细胞，分裂球
emigrated c. 渗出细胞
enamel c. 成釉细胞
encasing c. 盖细胞
endocrine c's of gut 肠内泌细胞，基粒细胞
endothelioid c's 内皮样细胞
enterochromaffin c's 肠嗜铬细胞
ependymal c's 室管膜细胞
epidermic c's 表皮细胞
epithelial c's 上皮细胞
epithelioid c's 上皮样细胞
erythroid c's 红系细胞
ethmoidal c's 骨筛窦
eukaryotic c. 真核细胞
excitable c. 可兴奋细胞

F c. F细胞
Fañanás' c. 范纳纳氏细胞
fat c. 脂肪细胞
fat-storing c's of liver 肝贮脂细胞
fatty granule c. 脂肪颗粒细胞
Ferrata's c. 费拉塔氏细胞，成血细胞
fiber c. 纤维细胞
flagellate c. 鞭毛细胞
floor c's 底细胞
foam c's 泡沫细胞
follicle c's, follicular c's 滤泡细胞
follicular center c. 滤泡中心细胞
follicular center c., large cleaved 大的分裂滤泡中心细胞
follicular center c., large noncleaved 大的非分裂滤泡中心细胞
follicular center c., small cleaved 小的分裂滤泡中心细胞
follicular center c., small noncleaved 小的非分裂滤泡中心细胞
follicular epithelial c's 滤泡上皮细胞
foot c's 足细胞
foreign body giant c's 异物巨细胞
formative c. 胚性细胞
fusiform c. 梭状细胞
G c's G细胞，胃泌素细胞
galvanic c. 直流电池，原电池
gametoid c's 配子样细胞
gamma c's of hypophysis 脑垂体γ细胞，嫌色细胞
ganglion c. 神经节细胞
Gaucher's c. 高歇氏细胞
Gegenbaur's c. 格根包尔氏细胞，成骨细胞
germ c's 生殖细胞，胚细胞
germ c., primordial 原始生殖细胞
germinal c. 生发细胞
ghost c. ①形骸细胞；②血影细胞
c's of Giannuzzi 贾努齐氏细胞，半月细胞
giant c. 巨细胞
giant pyramidal c's 巨锥体细胞
Gierke's c's 吉尔克氏细胞
gitter c. 小胶质细胞
Gley's c's 格累氏细胞
glial c's 神经胶质细胞
glitter c's 闪光细胞
globoid c. 球样细胞

glomerular c. 颈动脉球细胞
glomus c. 球细胞
goblet c. 杯状细胞
Golgi's c's 高尔基氏细胞
gonadotroph c., gonadotropic c. 促性腺细胞
Goormaghtigh c's 古马夫提夫氏细胞,肾小球旁细胞,近血管球细胞,球旁细胞
granular c. 颗粒细胞
granule c's 颗粒细胞
granulosa c's 粒层细胞
granulosa-lutein c's 粒层黄体细胞
grape c. 葡萄状细胞
gustatory c's 味细胞
H c. 水平细胞
hair c's 毛细胞
hairy c. 毛(样)细胞
Hammar's myoid c's 哈马尔氏肌样细胞
heart-disease c's, heart-failure c's, heart-lesion c's 心力衰竭细胞
hecatomeral c's 双侧联合细胞
heckle c. 棘细胞
Heidenhain's c's 海登海因氏细胞
HeLa c's 赫拉细胞
helmet c. 盔状细胞
helper c's 辅助细胞
Hensen's c's 亨森氏细胞
hepatic c's 肝细胞
heteromeral c's, heteromeric c's 异侧联合细胞,两侧细胞,连合细胞
hilus c's 卵巢门细胞
Hodgkin's c's 何杰金氏细胞
Hofbauer's c's 霍夫包尔氏细胞
homozygous typing c's (HTC) 纯合子分型细胞
horizontal c. 水平细胞
horizontal c. of Cajal 卡哈尔氏水平细胞
horizontal c. of retina 视网膜水平细胞
horn c's 角细胞
Hortega c. 霍特加氏细胞,小神经胶质(细胞)
Hürthle c's 许特耳氏细胞
hyperchromatic c. 深染细胞
I-c. I 细胞
immunologically competent c. 免疫活性细胞,免疫细胞
incasing c. 包装细胞

indifferent c. 平凡细胞
inflammatory c. 炎症细胞
initial c's 胚细胞,生殖细胞
integrator c's 整合细胞,中间神经元
intercalary c's 闰细胞
intercapillary c's 毛细血管间细胞,系膜细胞
interdental c's 牙间细胞
interdigitating c's 交错突细胞
interfollicular c's 滤泡间细胞
interstitial c's 间质细胞
islet c's 胰岛细胞
juvenile c. 幼稚白细胞,晚髓粒细胞
juxtaglomerular c's 近血管球细胞,肾小球旁细胞
K c's ① 杀伤细胞；② 泌抑胃肽细胞
karyochrome c. 核染色细胞
killer c's ① 杀伤细胞；② 细胞毒性 I 淋巴细胞
killer T c's T 杀伤细胞
Kulchitsky's c's 库尔契茨基氏细胞
Kupffer's c's 枯否氏细胞
L.c's L 细胞
lacrimoethmoid c's 泪筛小房
lactotroph c., lactotropic c. 催乳激素分泌细胞
lacunar c. 陷窝细胞
LAK c's 淋巴因子活化杀伤细胞
Langerhans' c's 郎格罕氏细胞
Langhans' c's 郎罕氏细胞
Langhans' giant c's 郎罕氏巨细胞
large cleaved c. 大的分裂细胞
large granule c's 大颗粒细胞
large noncleaved c., large uncleaved c. 大的非分裂细胞
LE c. 红斑狼疮细胞
Leishman's chrome c's 利会曼氏色素细胞
lepra c. 麻风病细胞
Leydig's c's 莱迪希氏细胞,间质细胞
light c's 亮细胞,明细胞,滤泡旁细胞
littoral c's 衬细胞
liver c's 肝细胞
luteal c's, lutein c's 黄体细胞
lymph c. 淋巴细胞
lymphadenoma c's 淋巴(组织)瘤细胞
lymphoid c's 淋巴样细胞
lymphokine-activated killer c's 淋巴因子

激活杀伤细胞
malpighian c. 角质形成细胞
Marchand's c. 外膜细胞
marginal c's 缘细胞,半月细胞
marrow c. 骨髓细胞
Martinotti's c's 马尔提诺蒂氏细胞
mast c. 肥大细胞
mastoid c's 乳突小房
matrix c's 基层细胞
Mauthner's c. 毛特钠氏细胞
megaspore mother c. 大孢子母细胞
memory c's 记忆细胞
Merkel c. 美克耳氏细胞
Merkel-Ranvier c's 美-郎二氏细胞,成黑色素细胞
Merkel tactile c. 美克耳氏触觉细胞
mesangial c's 系膜细胞,球内系膜细胞
mesenchymal c's 间充质细胞
mesothelial c's 间皮细胞
metallophil c's 嗜金属细胞
Meynert's c's 迈内特氏细胞
microglia c., microglial c. 小神经胶质细胞
microspore mother c. 小孢子母细胞
migratory c's 游走细胞
Mikulicz's c's 米库利奇细胞,鼻硬结病细胞
mitral c's 僧帽细胞
Mooser c. 莫塞尔氏细胞
morular c. 桑椹细胞,浆果样浆细胞
mossy c. 苔藓细胞
mother c. 母细胞
motor c. 运动神经细胞
Mott c. 莫特细胞
mouth c's 口咽细胞
mucoalbuminous c's, mucoserous c's 粘浆液细胞
mucous c's 粘液细胞
mucous neck c's (胃腺)颈粘液细胞
mulberry c. ① 桑葚形浆细胞;② 黄体退化细胞
c's of Müller 苗勒氏细胞
muscle c. 肌细胞
myeloid c. 骨髓细胞
myeloma c. 骨髓瘤细胞
myoepithelial c's 肌上皮细胞
myoepithelioid c's 肌上皮样细胞
myoid c's 肌样细胞

myointimal c. 肌内膜细胞
Nageotte's c's 纳热奥特氏细胞
natural killer c's 天然杀伤细胞
nerve c. 神经细胞
neuroendocrine c's 神经内分泌细胞
neuroepithelial c's 神经上皮细胞,神经胶质细胞
neuroglia c's, neuroglial c's 神经胶质细胞
neuromuscular c. 神经肌细胞
neurosecretory c. 神经分泌细胞
neutrophilic c. 中性细胞
nevus c. 痣细胞
niche c. 隔细胞
Nieman-Pick c's 尼-皮二氏细胞
NK c's 天然杀伤细胞
noble c's 分化细胞
nodal c's 结细胞
noncleaved c. 非分裂细胞
normal c. 正常细胞
nucleated c. 有核细胞
nucleated red c., nucleated red blood c. 有核红细胞
null c's 无标志细胞,裸细胞
nurse c's, nursing c's 哺育细胞,支持细胞
oat c's, oat-shaped c's 燕麦形细胞
olfactory c's, olfactory receptor c's 嗅细胞
osseous c. 骨细胞
osteoprogenitor c's 骨祖细胞
owl's eye c's 肾脱屑上皮细胞
oxyntic c's 泌酸细胞,壁细胞
oxyphil c's, oxyphilic c's 嗜酸性细胞
P c's P细胞
pacemaker c. 起搏细胞
packed red blood c's 浓集人类红细胞
Paget's c., pagetoid c. 佩吉特氏细胞,佩吉特样细胞
palatine c's 腭细胞
palisade c's 栅栏细胞
Paneth's c's 帕内特氏细胞
parafollicular c's 滤泡旁细胞
paraluteal c's, paralutein c's 泡膜黄体细胞
parenchymal hepatic c's, parenchymal liver c's 肝实质细胞,肝细胞
parent c. 母细胞

parietal c's 壁细胞
pathologic c. 病理性细胞
pavement c's 扁平细胞
peg c's 闩细胞
peptic c's 胃酶细胞
pericapillary c's 毛细血管周细胞
periglomerular c's 球旁细胞
perithelial c. 周皮细胞,外膜细胞
peritubular contractile c's 管周收缩细胞,肌样细胞
perivascular c's 血管周细胞
pessary c. 子宫托形红细胞
phalangeal c's 指(状)细胞
pheochrome c's 嗜铬细胞
photoautotrophic c's 光合自养细胞
photoreceptor c's 感光细胞,视细胞
physaliferous c's, physaliphorous c's 空泡细胞
Pick c's 皮克氏细胞
pigment c. 色素细胞
pillar c's 柱细胞
pineal c. 松果体细胞
plasma c's 浆细胞
pneumatic c's 气小房
polar c's 极体
polychromatic c's, polychromatophil c's 多染性细胞
polyhedral c. 多面形细胞
polyplastic c. 多塑性细胞
pre-B c's 前B淋巴细胞
prefollicle c's 前滤泡细胞
pregnancy c. 妊娠细胞
pre-T c. 前T细胞
prickle c. 棘细胞
primary c. 原电池
primitive granulosa c's 前滤泡细胞,原粒层细胞
primitive wandering c. 原始游走细胞
primordial germ c's 原生殖细胞
principal c's 主细胞
prokaryotic c. 原核细胞,无真核细胞
prolactin c. 催化激素细胞
pulmonary epithelial c's 肺上皮细胞
pulpar c's 脾髓细胞
Purkinje's c's 浦肯野氏细胞
pyramidal c. 锥体细胞
radial c's of Müller 苗勒氏辐射细胞
Raji c's 拉吉氏细胞

red c., red blood c. 红细胞
red blood c's (USP) 红细胞
Reed c's, Reed-Sternberyg c's 李德氏细胞,李-斯二氏细胞
Renshaw c's 伦肖细胞
reserve c's 补充细胞
residential c. 居留细胞
resting c. 休止细胞
resting wandering c. 休止游走细胞,破折细胞
reticular c's 网状细胞
reticuloendothelial c. 网状内皮细胞
reticulum c. 网状细胞
rhagiocrine c. 含胶体(空泡)细胞,组织细胞,巨噬细胞
Rieder's c. 里德尔氏细胞
rod c's ① 视杆细胞;② 小神经胶质细胞;③ 衬细胞
Rohon-Beard c's 罗-比二氏细胞
Rolando's c's 罗朗多氏细胞
root c's 根细胞
Rouget c. 鲁惹氏细胞
round c. 圆形细胞
Sala's c's 萨拉氏细胞
sarcogenic c's 肌原细胞
satellite c's 卫星细胞
scavenger c. 清扫细胞
Schultze's c's 舒尔茨氏细胞,嗅细胞
Schwann c. 许旺氏细胞
sclerenchyma c's 厚壁组织细胞
segmented c. 分叶核细胞
seminal c's 精小管上皮细胞
sensitized c. 致敏细胞
sensory c. 感觉细胞
sentinel c's 近肾小球细胞,血管球旁细胞
septal c. 中隔细胞,肺细胞
serous c. 浆液细胞
Sertoli's c's 塞尔托利氏细胞,足细胞,支持细胞,滋养细胞
sexual c's 性细胞,生殖细胞
Sézary c. 西萨利细胞
shadow c. 血影细胞
sickle c. 镰状红细胞
signet-ring c. 印(指)环(状)细胞
silver c's 亲银细胞
skeletogenous c. 成骨细胞
small cleaved c. 小的分裂细胞

small granule c's 小颗粒细胞
small noncleaved c., small uncleaved c. 未分裂小细胞
smudge c's 破碎细胞
solitary c's of Meynert 迈内特氏孤独细胞
somatic c's 体细胞,体质细胞
somatostatin c's 生长抑素细胞
somatotropic c. 促生长细胞
sperm c. 精子
spermatogenic c's 精原细胞,生精细胞
spermatogonial c. 精原细胞
sphenoid c's 蝶窦
spider c. ①星形细胞;② 蛛形细胞
spindle c. 梭形细胞
spur c. 棘突红细胞
squamous c. 扁平细胞,鳞状上皮细胞
stab c. 杆状核细胞
staff c. 杆状核细胞,带状核细胞
star c's 星状空泡细胞
stave c's 衬里细胞
stellate c. 星形细胞
stem c. 干细胞
Sternberg's giant c's, Sternberg-Reed c's 斯特恩伯格氏巨细胞
stipple c. 有粒红细胞
supporting c's 支持细胞
suppressor c's 抑制细胞
sustentacular c's 支持细胞
sympathicotrophic c's 成交感神经性细胞
sympathochromaffin c's 成交感嗜铬性细胞
syncytial c. 合体细胞
synovial c's 滑膜细胞
T c's T 细胞,T 淋巴细胞
tactile c. 触细胞,触觉小体
tadpole c's 蝌蚪形细胞
target c. ① 靶形红细胞;② 靶细胞
tart c. 包心细胞,双核细胞
taste c's 味觉细胞,味细胞
tautomeral c's 同侧细胞
tegmental c's 被盖细胞
tendon c's 腱细胞
Tγ c's Tγ 细胞
theca c's 卵泡膜细胞,膜黄体细胞
theca-lutein c's 泡膜黄体细胞
Thoma-Zeiss counting c. 托-蔡二氏计数池

thyroidectomy c's 甲状腺切除细胞
thyrotroph c., thyrotropic c. 促甲状腺细胞
Tμ c's Tμ 细胞
totipotential c. 全(潜)能细胞
touch c. 触细胞
Touton giant c. 托通氏巨细胞
transitional c's 过渡细胞
trophochrome c's 亲铬性细胞
tubal air c's 咽鼓管含气小房
tufted c. 笔毛细胞,刷状细胞
Türk's c. 提尔克氏细胞
tympanic c's 鼓室小房
type Ⅰ c's Ⅰ型肺泡细胞
type Ⅱ c's Ⅱ型肺泡细胞
Tzanck c. 赞克细胞
ultimobranchial c's 滤泡旁细胞
vacuolated c. 空泡细胞
vasofactive c's, vasoformative c's 成血管细胞
veil c's, veiled c's 褶皱细胞,面纱细胞
ventricular c. 室细胞
veto c's 否决细胞
Vignal's c's 维尼阿耳尔氏细胞
Virchow c's 魏尔啸氏细胞,麻风细胞
visual c's 视细胞
voltaic c. 伏特电池
von Kupffer's c's 枯否氏细胞
wandering c's 游走细胞
Warthin-Finkeldey c's 瓦-芬二氏细胞
wasserhelle c's (Ger.) 明细胞
water-clear c. 明细胞
Wedl c's 韦德尔氏细胞
white c., white blood c. 白细胞
wing c's 翼细胞
xanthoma c. 黄瘤细胞,泡沫细胞
Zander's c's 赞德氏细胞,囊细胞
zymogenic c's 泌酶细胞
cella ['selə] (L.) (gen., pl. cellae) (NA) 小房,小室
cellaburate ['seləbjureit] 乙酸丁酸纤维素
cellae ['seli:] (L.) 小房,小室。cella 的所有格与复数形式
Cellase 1000 ['seleis] 纤维二糖酶 1000
Cellfalcicula [ˌselfəl'sikjulə] 镰状纤维菌属
Cellia ['seliə] (Angelo Celli, Italian physician, 1857-1914) 按蚊属

cellicolous [sə'likələs] (L. *cella* cell + *colere* to dwell) 居留细胞内的

celliferous [sə'lifərəs] 生细胞的

celliform ['selifɔːm] 细胞样的

cellifugal [sə'lifjugəl] 离细胞的

cellipetal [sə'lipətəl] 向细胞的

cellobiose [ˌselə'baiəus] 纤维二糖

cellobiuronic acid [ˌseləˌbaiju'rɔnik] 纤维二糖醛

celloidin [sə'lɔidin] 火棉液, 棉胶

cellophane ['seləfein] 透明纸, 赛璐玢

cellula ['seljulə] (pl. *cellulae*) (L. dim. of *cella*) ❶ 小细胞; ❷ 细胞

cellulae ethmoidales (NA) 筛窦

cellulae lentis 晶状体纤维

cellulae mastoideae (NA) 乳突细胞

cellulae pneumaticae tubae auditivae (NA) 咽鼓管含气小房

cellulae pneumaticae tubariae 咽鼓管含气小房

cellulae tympanicae (NA) 鼓室小房

cellulae ['seljuliː] (L.) 小房, 小室。*cellula* 的复数形式

cellular ['seljulə] 细胞的

cellularity [ˌselju'læriti] 细胞构成

cellulase ['seljuleis] (EC 3.2.1.4) 纤维素酶

cellule ['seljuːl] (L. *cellula*) 小细胞

c. claire 明细胞

cellulicidal [ˌselju'lisidəl] (L. *cellula* cellule + *caedere* to kill) 杀细胞的

cellulifugal [ˌselju'lifəgəl] (L. *cellula* cellule + *fugere* to flee) 离细胞的

cellulipetal [ˌselju'lipətəl] (L. *cellula* cellule + *petere* to seek) 向细胞的

cellulitis [ˌselju'laitis] (*cellule* + *-itis*) 蜂窝织炎

anaerobic c. 厌氧菌性蜂窝织炎

clostridial anaerobic c. 梭(状芽胞杆)菌性厌氧性蜂窝织炎

dissecting c. of scalp 头皮层间蜂窝织炎

facial c. 面部蜂窝织炎

finger c. 指头蜂窝织炎, 瘭疽

gangrenous c. 坏疽性蜂窝织炎

indurated c. 硬结性蜂窝织炎

necrotizing c. 坏死性蜂窝织炎

nonclostridial anaerobic c. 非梭(状芽胞杆)菌性厌氧性蜂窝织炎

orbital c. 眼眶蜂窝织炎

pelvic c. 盆腔蜂窝织炎

periurethral c. 尿道蜂窝织炎

phlegmonous c. 蜂窝织炎

ulcerative c. 溃疡性蜂窝织炎

cellulofibrous [ˌseljulə'faibrəs] 细胞与纤维的

celluloneuritis [ˌseljuləˌnjuə'raitis] 神经细胞炎

cellulose ['seljuləus] 纤维素

absorbable c. 可吸收纤维素, 氧化纤维素

c. acetate phthalate (NF) 邻苯二甲酸乙酸纤维素

hydroxyethyl c. (NF) 羟乙基纤维素

hydroxypropyl c. (NF) 羟丙基纤维素

microcrystalline c. (NF) 微晶纤维素

oxidized c. (USP) 氧化纤维素

c. sodium phosphate (USP) 磷酸钠纤维素

tetranitrate c. 四硝酸纤维素

cellulosic acid [ˌselju'lɔsik] 纤维质酸

cellulosity [ˌselju'lɔsiti] 细胞构成

cellulotoxic [ˌseljulə'tɔksik] 细胞毒的

cellulous ['seljuləs] 细胞性的

cel(o) ❶ (Gr. *kēlē* tumor) 肿瘤, 肿胀; ❷ (Gr. *koilos* hollow) 腔, 穴, 孔; ❸ (Gr. *koilia* belly) 腹, 腹腔

celom ['seləm] 体腔

celomic [si'lɔmik] 体腔的

celophlebitis [ˌsiləflə'baitis] (*celo-*(2) + *phlebitis*) 腔静脉炎

celoschisis [si'lɔskisis] (*celo-*(2) + *schisis* cleft) 腹裂

celoscope ['seləskəup] 体腔镜

celoscopy [sə'lɔskəpi] 体腔镜检查

celosomia [ˌsilə'səumiə] (*celo-*(1) + Gr. *sōma* body) 露脏畸形

celosomus [ˌsilə'səuməs] 露脏畸胎

celothel ['siləθel] 体腔上皮, 间皮

celothelium [ˌsilə'θiːliəm] 间皮

celotomy [si'lɔtəmi] 疝切开术

celozoic [ˌsilə'zəuik] (*celo-*(2) + *zōon* animal) 体腔寄生的

Celsius scale ['selsiəs] (Anders *Celsius*, Swedish astronomer, 1701-1744) 摄氏温标

cement [sə'ment] (L. *cementum*) ❶ 粘固

粉；❷ 填料；❸ 牙骨质
calcium hydroxide c. 氢氧化钙粘固粉，氢氧化钙水门汀
dental c. 牙粘固粉
glass ionomer c. 玻璃离聚物粘固粉
intercellular c. 细胞间胶质
muscle c. 肌胶质
polycarboxylate c. 多羧化物粘固粉，多羧化物水门汀
resin c. 树脂粘固粉，树脂水门汀
root canal c. 根管粘固粉，根管水门汀
silicate c. 硅粘固粉
silicophosphate c. 硅磷酸盐粘固粉
zinc oxide-eugenol c. 氧化锌-丁香酚粘固粉，氧化锌-丁香酚水门汀
zinc phosphate c. 磷酸锌粘固粉
cementation [ˌsemən'teiʃən] 粘固(作用)
cementicle [si'mentikl] 牙骨小体，牙骨质疣
  adherent c., attached c. 连结性牙骨小体
  free c., interstitial c. 游离性牙骨小体，间质性牙骨小体
cementification [siˌmentifi'keiʃən] 牙骨质形成
cementin [sə'mentin] 粘合质
cementitis [ˌsimən'taitis] 牙骨质炎
cement(o)- (L. *cementum*) 牙骨质
cementoblast [sə'mentəblæst] (*cementum* + *blast*) 成牙骨质细胞
cementoblastoma [səˌmentəblæs'təumə] 成直骨质细胞瘤
cementoclasia [səˌmentə'kleiziə] (*cementum* + Gr. *klasis* breaking + *-ia*) 牙骨质破坏
cementoclast [sə'mentəklæst] (*cementum* + Gr. *klasis* a breaking) 破牙骨质细胞
cementocyte [sə'mentəsait] (*cementum* + *-cyte*) 牙骨质细胞
cementogenesis [səˌmentə'dʒenəsis] (*cementum* + Gr. *genesis* formation) 牙骨质发生
cementoid [sə'mentɔid] (*cement* + *-oid*) 类牙骨质
cementoma [ˌsemən'təumə] 牙骨质瘤
  gigantiform c. 巨形牙骨质瘤
  true c. 真性牙骨质瘤
cementopathia [səˌmentə'pæθiə] 牙槽脓溢，牙周病
cementoperiostitis [səˌmentəˌperiəs'taitis] 牙骨质膜炎，牙周炎
cementosis [ˌsemən'təusis] 牙骨质增生
cementum [sə'mentəm] (L.)(NA) 牙骨质
  acellular c. 无细胞牙骨质
  afibrillar c. 无原纤维牙骨质
  cellular c. 细胞牙骨质
  uncalcified c. 未钙化牙骨质
cenadelphus [ˌsinə'delfəs] (Gr. *koinos* common + *adelphos* brother) 完全对称性双畸胎
cenesthesia [ˌsinis'θiziə] (Gr. *koinos* common + *esthesia*) 普通感觉，存在感觉
cenesthesic [ˌsinis'θesik] 普通感觉的
cenesthesiopathy [ˌsinisˌθizi'ɔpəθi] (*cenesthesia* + *-pathy*) 紊乱
cenesthetic [ˌsinis'θetik] 普通感觉的
cenesthopathy [ˌsinis'θɔpəθi] 体觉违和，全身违和
cen(o)- ❶ (Gr. *kainos* new, fresh) 新。也写作 *cain(o)-* 和 *kain(o)-*；❷ (Gr. *kenos* empty) 空。也写作 *caen(o)-* 和 *kein(o)-*；❸ 共同特性或特征。也写作 *coen(o)-*, *coin(o)-*, *koin(o)-*
cenobium [sə'nəbiəm] (Gr. *koinobios* living in communion with others) 菌团
cenocyte ['sinəsait] 多核体
cenogenesis [ˌsinə'dʒenəsis] (*ceno-*(1) + Gr. *genesis* production) 新性发生
cenopsychic [ˌsinə'saikik] (*ceno-*(1) + Gr. *psychē* soul) 精神新发展的
cenosis [sə'nəusis] (Gr. *kenōsis* an emptying, or emptiness) 病理排泄
cenosite ['sinəsait] 半自由寄生物
cenotic [sə'nɔtik] 病理排泄的
cenotype ['sinətaip] (*ceno-*(3) + *type*) 共通型，初型
censor ['sensə] 潜意识抑制力
censorship ['sensəʃip] 潜意识抑制作用
center ['sentə] (Gr. *kentron*; L. *centrum*) ❶ 中心，中央；❷ 中枢
  accelerating c. 加速中枢
  anospinal c's 肛脊中枢
  apneustic c. 呼吸中枢
  auditopsychic c. 认音中枢
  Broca's c. 布卡氏中枢，言语中枢

Budge's c. 布奇氏中枢
cardioaccelerating c. 心加速中枢,加速中枢
cardioinhibitory c. 心抑制中枢
cardiovascular control c's 心血管控制中枢
cell c. 细胞中心,中心体
chiral c. 手性中心
c's of chondrification 软骨化中心,软骨形成中心
ciliospinal c. 脊髓散瞳中枢,睫脊中枢
community mental health c. (CMHC)社区精神卫生中心
coordination c. 协调中枢
coughing c. 咳嗽中枢
defecation c. 排粪中枢
deglutition c. 吞咽中枢
dentary c. 下颌骨化中心
C's for Disease Control and Prevention (CDC) 疾病预防与控制中心
ejaculation c. 射精中枢
epiotic c. 乳突骨化中心
erection c. 勃起中枢,射精中枢
eupraxic c. 协同动作中枢
feeding c. 进食中枢
Flemming c. 生发中心
genital c., genitospinal c. 脊髓生殖中枢
germinal c. 生发中心
glossokinesthetic c. 舌运动中枢
health c. ① 卫生院; ② 卫教中心
heat-regulating c's 体温调节中枢
hunger c. 饥饿中枢
Kerckring's c. 克尔克林氏中心
kinetic c. 受精卵中心球
Kronecker's c. 克罗内克尔氏中枢,心抑制中枢
Lumsden's c. 拉姆斯登氏中枢,呼吸调节中枢
medullary c. 延髓中枢
medullary c. of cerebellum 脑髓中枢
medullary respiratory c. 延髓呼吸中枢
micturition c. 排尿中枢
nerve c. 神经中区
optic c. 光心
ossification c. 骨化中心
ossification c., primary 初级骨化中心
ossification c., secondary 次级骨化中心
panting c. 呼吸加速中枢
phrenic c. (膈)中心腱
pneumotaxic c. 呼吸调节中枢
polypneic c. 呼吸加速中枢
pteriotic c. 翼耳中心
reaction c. 反应中心,生发中心
rectovesical c. 脊髓直肠膀胱反射中枢
reflex c. 反射中枢
respiratory c's 呼吸中枢
rotation c. 转动中心
satiety c. 饱食中心
semioval c. 半卵圆中心
sensory c's 感觉中枢
sex-behavior c. 性行为中枢
sphenotic c. 蝶骨骨化中心
splenial c. 下颌内板骨化中心
sudorific c. 发汗中枢
swallowing c. 吞咽中枢
sweat c. 发汗中枢
tendinous c. (膈)中心腱
thermoregulatory c's 体温调节中枢
thirst c. 渴感中枢
vasoconstrictor c. 血管收缩中枢
vasodilator c. 血管舒张中枢
vasomotor c's 血管舒缩中枢,血管运动中枢
vesical c., vesicospinal c. 膀胱中枢,排尿中枢
vomiting c. 呕吐中枢
word c., auditory 听词中枢
centesimal [sen'tesiməl] (L. *centesimus* hundredth) 百分之一的
centesis [sen'ti:sis] (Gr. *kentēsis*) 穿刺术
-centesis 穿孔的,穿刺术的
centi- (L. *centum* one hundred) ❶ 厘, 百分; ❷ 一百
centigrade ['sentigreid] (L. *centum* hundred + *gradus* a step) 百分度的
centigray ['sentigrei] 厘戈瑞
centiliter ['senti,itə] 厘升
centimeter ['senti,mi:tə] (Fr. *centimetre*) 厘米
cubic c. 立方厘米
centimorgan [,senti'mɔ:gən] 厘摩
centipede ['sentipi:d] 蜈蚣
centipoise ['sentipɔiz] 厘泊
centistoke ['sentistəuk] 厘渡
centiunit [,senti'ju:nit] 百分单位
centra ['sentrə] (L.) ❶ 中心; ❷ 椎体;

❸中枢。centrum 的复数形式
centrad ['sentræd] ❶ (centr- + -ad) 向中心;❷ (L. centum hundred + radian) 厘弧度
centrage ['sentreidʒ] (折射)中心线
central ['sentrəl] ❶中央的,中心的;❷中枢的
centralis [sen'trælis] (NA) 中心结构
centraphose ['sentrəfəuz] 中枢性暗觉
centration [sen'treiʃən] 定心作用
Centrax ['sentræks] 沙特罗斯:环丙安定制剂的商品名
centraxonial [,sentræk'sɒniəl] 中轴的
centre ['sentə] ❶ 中心,中央;❷ 中枢
centrencephalic [,sentrensə'fælik] 胸中心的
centri- (L. centrum center, from Gr. kentron sharp point) ❶ 中心,中央;❷ 中枢
centric ['sentrik] ❶ 中心的,中枢的;❷ 中心
  power c. 力量中心
  true c. 正中心,准中心
centriciput [sen'trisipət] (center + L. caput head) 头上面中部,位于枕部与前顶之间
centrifugal [sen'trifəgəl] (center + L. fugere to flee) 离心的,离中的,离大脑皮质的,传出的,输出的
centrifugate [sen'trifəgeit] 离心分离物
centrifugation [sen,trifju'geiʃən] 离心分离,离心(法)
  density gradient c. 密度梯度离心
  differential c. 并异离心,鉴别离心
  isopyknic c. 等密度离心
centrifuge ['sentrifjuːdʒ] (centri- + -fuge) ❶ 离心机;❷ 离心
  microscope c. 显微镜离心机
centrilobular [,sentri'lɔbjulə] 小叶中心的
centriole ['sentriəul] 中心粒
  anterior c. 前中心粒,近侧中心粒
  distal c. 远侧中心粒
  posterior c. 后中心粒,远侧中心粒
  proximal c. 近侧中心粒
  ring c. 环形中心粒
centripetal [sen'tripitəl] (center + L. petere to seek) 向心的,向中的,向大脑皮质的,传入的,输入的
centr(o)- ❶ 中心,中央;❷ 中枢

centroblast ['sentrəblæst] (centro- + -blast) 成中心细胞
centrocecal [,sentrə'siːkəl] 中心盲点的
Centrocestus [,sentrə'siːstəs] 棘带(吸虫)属
  C. cuspidatus 尖端棘带吸虫
centrocyte ['sentrəsait] (centro- + -cyte) 中心细胞
centrodesmose [,sentrə'desməus] 中性体联丝
centrodesmus [,sentrə'desməs] 中性体联丝
centrodorsal [,sentrə'dɔːsəl] 背部中央的,背中的
centrokinesia [,sentrəki'niːsiə] (center + Gr. kinesis movement) 中枢性运动
centrolecithal [,sentrə'lesiθəl] (centro- + Gr. lekithos yolk) 卵黄居中的,中黄的
centrolobular [,sentrə'lɔbjulə] 小叶中心的
centromere ['sentrəmiə] (centro- + Gr. meros part) 着丝粒
centromeric [,sentrə'merik] 着丝粒的
centronucleus [,sentrə'njuːkliəs] 中心核,中央核,双质核
centro-osteosclerosis [,sentrəˌɒstiəskləˈrəusis] 骨髓腔骨化
centrophenoxine [,sentrəfe'nɔksiːn] 氯酯醒,遗尿丁
centrophose ['sentrəfəuz] 中枢性光幻觉
centroplasm ['sentrəplæzəm] 中心质,中心浆
centroplast ['sentrəplæst] 中心质体
centrosclerosis [,sentrəskləˈrəusis] (center + osteosclerosis) 骨髓腔骨化
centrosome ['sentrəsəum] (centro- + Gr. sōma body) 中心体;细胞中心
centrosphere ['sentrəsfiə] (centro- + Gr. sphaira sphere) ❶ 中心球;❷ 中心体
centrum ['sentrəm] (pl. centra) (L., Gr. kentron) ❶ (NA) 中心;❷ 椎体
  c. ossificationis (NA) 骨化中心
  c. ossificationis primarium (NA) 初级骨化中心
  c. ossificationis secundarium (NA) 次级骨化中心
  c. semiovale 半卵圆中心
  c. tendineum (NA), c. tendineum (di-

aphragmatis)(膈)中心腱
c. tendineum perinei (NA) 会阴中心腱
Centruroides [ˌsentruˈrɔidiːz] 刺尾蝎属
Cenurus [səˈnjuərəs] 多头(绦虫)蚴属
C. cerebralis 脑多头(绦虫)蚴
CEP (congenital erythropoietic porphyria 的缩写) 先天性红细胞生成性卟啉症
cephacetrile sodium [ˈsefəsəˌtrail] 头孢赛曲钠,头孢菌素四钠,氰甲基头孢菌素钠,氰乙酰头孢菌素钠
Cephaelis [sefəˈelis] 吐根属
cephalad [ˈsefəlæd] (Gr. *kephalē* head) 向头侧
cephalalgia [ˌsefəˈlældʒiə] (Gr. *kephlalgia*) 头痛
histamine c. 组胺性头痛
pharyngotympanic c. 咽鼓室炎性头痛
quadrantal c. 象限头痛
cephaledema [ˌsefələˈdiːmə] (cephal- + Gr. *oidēma* swelling) 头水肿
cephalemia [ˌsefəˈliːmiə] (cephal- + Gr. *aema* blood) 头充血
cephalexin [ˌsefəˈleksin] (USP) 先锋霉素IV,头孢菌IV,头孢力新
cephalgia [səˈfældʒiə] 头痛
cephalhematocele [ˌsefəlheˈmætəsiːl] (cephal- + hemato- + -cele[1]) 头血囊肿
Stromeyer's c. 施特罗麦耶氏头血囊肿
cephalhematoma [ˌsefəlˌhiːməˈtəumə] (cephal- + hematoma) 头血肿
c. deformans 畸形性头血肿
cephalhydrocele [ˌsefəlˈhaidrəsiːl] (cephal- + hydrocele) 头水囊肿
c. traumatica 创伤性头水囊肿
cephalic [səˈfælik] (L. *cephalicus*; Gr. *kephalikos*) 头的,头侧的
cephalin [ˈsefəlin] 脑磷脂
cephalization [ˌsefəlaiˈzeiʃən] (Gr. *kephalē* head) 头部优势发育
cephal(o)- (Gr. *kephalē* head) 头
cephalocathartic [ˌsefələkəˈθɑːtik] (cephalo- + Gr. *kathartikos* purgative) ❶ 清脑的; ❷ 清脑药
cephalocaudad [ˌsefələˈkɔːdəd] ❶ 从头至尾; ❷ 向头尾端
cephalocaudal [ˌsefələˈkɔːdəl] (cephalo- + L. *cauda* tail) 从头至尾的
cephalocele [ˈsefələsiːl] (cephalo- + cele[1]) 脑膨出
orbital c. 眶部脑膨出
cephalocentesis [ˌsefələsenˈtiːsis] (cephalo- + -centesis) 头颅穿刺术
cephalocercal [ˌsefələˈsəːkəl] 从头至尾的
cephalochord [ˈsefələkɔːd] (cephalo- + Gr. *chordē* cord) 头索
Cephalochordata [ˌsefələkɔːˈdeitə] 头索动物亚门
cephalochordate [ˌsefələˈkɔːdeit] 头索动物
cephalocyst [ˈsefələsist] 头囊
cephalodactyly [ˌsefələˈdæktili] (cephalo- + Gr. *daktylos* a finger or toe) 头指(趾)畸形
Vogt's c. 伏格特氏头指(趾)畸形
cephalodiprosopus [ˌsefələdiˈprɔsəpəs] (cephalo- + Gr. *di* twice + *prosopus* face) 头部寄生胎
cephalodymia [ˌsefələˈdimiə] 头部联胎畸形
cephalodymus [ˌsefəˈlɔdiməs] (cephalo- + Gr. *didymos* twin) 头部联胎
cephalodynia [ˌsefələˈdiniə] (cephal- + -odynia) 头痛
cephalogenesis [ˌsefələˈdʒenəsis] (cephalo- + Gr. *gennan* to produce) 头部形成
cephaloglycin [ˌsefələˈglisin] 先锋毒素III,头孢菌素III,头孢甘酸
cephalogram [ˈsefələgræm] (cephalo- + -gram) 测颅X线照片
cephalography [ˌsefəˈlɔgrəfi] (cephalo- + -graphy) 测颅术
cephalogyric [ˌsefələˈdʒirik] (cephalo- + Gr. *gyros* a turn) 头旋的
cephalohematocele [ˌsefələheˈmætəsiːl] 头血囊肿的
cephalohematoma [ˌsefələˌhiːməˈtəumə] 头血肿
cephaloid [ˈsefələid] 头状的
cephalology [ˌsefəˈlɔlədʒi] 测颅学,头颅测定术
cephalomelus [ˌsefəˈlɔmiləs] (cephalo- + Gr. *melos* limb) 头部寄生肢畸胎
cephalomenia [ˌsefələˈminiə] (cephalo- + Gr. *mēn* month) 头部倒经
cephalometer [ˌsefəˈlɔmitə] (cephalo- + Gr. *metron* measure) 头测量器,测颅器

cephalometry [ˌsefəˈlɔmitri] 头测量法,测颅法
  fetal c. 胎头测量法
cephalomotor [ˌsefələˈməutə] (*cephalo-* + L. *motus* motion) 头运动的
Cephalomyia [ˌsefələˈmaijə] 狂蝇属
cephalomyitis [ˌsefələˈmaitis] (*cephalo-* + Gr. *mys* muscle + *-itis*) 头肌炎
cephalonia [ˌsefəˈləniə] 巨头症
cenhalopagus [ˌsefəˈlɔpəgəs] 头部联胎,颅部联胎
cephalopathy [ˌsefəˈlɔpəθi] (*cephalo-* + Gr. *pathos* disease) 头(部)病
cephalopelvic [ˌsefələˈpelvik] 胎儿骨盆的
cephalopelvimetry [ˌsefələpelˈvimitri] 胎头骨盆测量术
cephalopharyngeus [ˌsefələfəˈrindʒiəs] 咽上缩肌
cephaloplegia [ˌsefələˈpliːdʒiə] (*cephalo-* + Gr. *plēgē* stroke) 头肌肌麻痹,头面肌瘫痪
Cephalopoda [ˌsefəˈlɔpədə] (*cephalo-* + Gr. *pous* foot) 头足纲
cephalorhachidian [ˌsefələrəˈkidiən] (*obs.*) 头脊柱的
cephaloridine [ˌsefəˈlɔridiːn] 头孢噻啶,头孢菌素Ⅱ,先锋霉素Ⅱ
cephaloscope [ˈsefələskəup] 头听诊器
cephaloscopy [ˌsefəˈlɔskəpi] 头听诊法
cephalosporin [ˌsefələˈspɔrin] 先锋霉素,头孢菌素
  c. C 头孢菌素 C
  first-generation c's 第一代头孢菌素
  c. N 头孢菌素 N,氨羟丁青霉素
  c. P 头孢菌素 P
  second-generation c's 第二代头孢菌素
  third-generation c's 第三代头孢菌素
cephalosporinase [ˌsefələˈspɔrineis] 头孢菌素酶
cephalosporiosis [ˌsefələspɔriˈəusis] 头孢霉感染
Cephalosporium [ˌsefələˈspɔriəm] (*cephalo-* + Gr. *sporos* seed) 头孢霉
  C. falciforme 镰形头孢霉
  C. granulomatis 肉芽头孢霉
cephalostat [ˈsefələstæt] 头固定器
cephalostyle [ˈsefələstail] 脊索颅端
cephalotetanus [ˌsefələˈtetənəs] (*cephalo-* + *tetanus*) 头部破伤风,大脑破伤风
cephalothin [səˈfæləθin] 噻孢霉素,先锋霉素Ⅰ,头孢菌素Ⅰ,头孢金素
  c. sodium (USP) 头孢菌素钠
cephalothoracic [ˌsefələθəˈræsik] 头(与)胸廓的
cephalothoracopagus [ˌsefələˌθɔrəˈkɔpəgəs] 头胸联胎
  c. disymmetros 对称性头胸联胎
  c. monosymmetros 非对称性头胸联胎
cephalotome [ˈsefələtəum] 胎头刀
cephalotomy [ˌsefəˈlɔtəmi] (*cephalo-* + Gr. *temnein* to cut) ❶ 胎头切开术,穿颅术;❷ 胎头解剖
cephalotractor [ˌsefələˈtræktə] 胎头牵引器,产钳
cephalotribe [ˈsefələtraib] 碎头器
cephalotridymus [ˌsefələˈtridiməs] 三头联胎
cephalotripsy [ˌsefələˈtripsi] 碎头术
cephalotropic [ˌsefələˈtrɔpik] (*cephalo-* + Gr. *tropos* a turning) 向脑的
cephamycin [sefəˈmaisin] 头霉素
cephapirin [ˌsefəˈpirin] 头孢吡硫,吡啶头孢菌素
  c. sodium 头孢吡硫钠
cephradine [ˈsefrədiːn] (USP) 头孢雷定,环己烯胺头孢菌素
cera [ˈsiːrə] (L.) 蜂蜡,蜡
  c. alba 白(蜂)蜡
  c. flava 黄(蜂)蜡
ceraceous [səˈreiʃəs] (L. *cera* wax) 蜡状的
ceramic [səˈræmik] ❶ 陶瓷的;❷ 陶瓷制品;❸ 金属氧化物
  castable c. 浇注陶瓷
  glass c. 玻璃陶瓷
  metal c. 金属陶瓷
ceramics [səˈræmiks] (Gr. *keramos* potters' clay) ❶ 陶瓷学;❷ 陶器
  dental c. 牙科陶瓷学
ceramidase [səˈræmideis] (EC 3.5.1.23) 神经酰胺酶
ceramidase deficiency 神经酰胺酶缺乏症
ceramide [ˈserəmaid] 神经酰胺
  c. trihexoside 神经酰胺三己糖苷
ceramide cholinephosphotransferase [ˈserəmaid ˌkɔlinˌfɔsfəˈtrænsfəreis] (EC 2.7.8.

3)神经酰胺磷酸胆碱转移酶
ceramide trihexosidase ['serəmaid ˌtri-hek'sɔsideis] 神经酰胺三己糖苷酶
ceramide trihexosidase deficiency 神经酰胺三己糖苷酶缺乏症
cerasine ['serəsain] 黄光油溶红
cerasus ['serəsəs] (L.) 樱桃,樱桃树
cerate ['sereit] (L. *ceratum*, from *cera* wax) 蜡膏,蜡剂
  simple c. 单蜡膏
  Turner's c. 特纳氏蜡膏,炉甘石软膏
ceratectomy [ˌserə'tektəmi] 角膜切除术
ceratin ['serətin] 角蛋白
Ceratium [sə'reiʃiəm] (Gr. *keration*, dim. of *keras* horn) 角甲藻虫属
cerat(o)- ❶角质;❷角膜
ceratocricoid [ˌserətə'krikɔid] 后角环状软骨的,环甲关节的
ceratocricoideus [ˌserətɔkri'kɔidiəs] 角环肌
ceratohyal [ˌserətə'haiəl] 舌骨小角的
ceratopharyngeus [ˌserətɔfə'rindʒiəs] 大角咽肌
Ceratophyllus [ˌserə'tɔfələs] (Gr. *keras* horn + *phyllon* leaf) 角叶蚤属
  C. acutus 山角叶蚤,山穿手蚤
  C. fasciatus 具带角叶蚤,具带病蚤
  C. gallinae 鸡角叶蚤,鸡蚤
  C. idahoensis 爱达荷角叶蚤,爱达荷山蚤
  C. montanus 山角叶蚤,山穿手蚤
  C. punjabensis 旁遮普角叶蚤
  C. silantiewi 斯氏角叶蚤,斯氏山蚤
  C. tesquorum 黄鼠角叶蚤
ceratoplasty [ˌserətə'plæsti] 角膜造形术,角膜修补术
Ceratopogonidae [ˌserətəpə'gɔnidi:] 蠓科
ceratum [sə'reitəm] (L.) 蜡膏,蜡剂
cerberin, cerberine ['sə:bərin] 海芒果苷,海芒果毒素
cercaria [sə:'kɛəriə] (pl. *cercariae*) (Gr. *kerkos* tail) 尾蚴
cercaricidal [sə:ˌkæri'saidəl] 杀尾蚴的
cercarienhullenreaktion [sə:ˌkæriənˌhʌlənri'ækʃən] 曼氏血吸虫反应
cerclage [sə:'klɑ:ʒ] (Fr. "an encircling") 环扎术
cerc(o)- (Gr. *kerkos* tail) 尾,尾状结构

cercocystis [ˌsə:kə'sistis] 小似囊尾蚴
cercoid ['sə:kɔid] 似尾蚴
cercopithecoid [ˌsə:kə'piθəkɔid] 猕猴
Cercopithecoidea [ˌsə:kəˌpiθə'kɔidiə] 猴总科
Cercosphaera addisoni [ˌsə:kə'sfiərə ˌædi-'sɔni] 阿氏小孢子菌,奥氏小孢子菌;头癣小孢子菌
Cercospora apii [sə:'kɔspərə 'æpii] 芹菜尾孢霉
Cercosporalla vexans [ˌsə:kɔspə'rælə 'veksənz] (皮肤)鞭毛孢子菌
cercus ['sə:kəs] (pl. *cerci*) (L., from Gr. *kerkos* tail) 尾突,尾须
cerea flexibilitas ['siəriəˌfleksi'bilitəs] (L. "waxy flexibility") 蜡样屈曲
cereal ['siəriəl] (L. *cerealis*) ❶谷类的;❷谷类
cerebella [ˌserə'belə] (L.) 小脑
cerebellar [ˌserə'belə] 小脑的
cerebellifugal [ˌserəbe'lifəgəl] (*cerebellum* + L. *fugere* to flee) 离小脑的,小脑传出的
cerebellipetal [ˌserəbe'lipətəl] (*cerebellum* + L. *petere* to seek) 向小脑的,传入小脑的
cerebellitis [ˌserəbe'laitis] 小脑炎
cerebell(o)- (L. *cerebellum*) 小脑
cerebellofugal [ˌserəbe'lɔfəgəl] 离小脑的,小脑传出的
cerebello-olivary [ˌserəˌbelə'ɔlivəri] 小脑-橄榄体的
cerebellopontile [ˌserəˌbelə'pɔnti:l] 小脑脑桥的
cerebellopontine [ˌserəˌbelə'pɔnti:n] 小脑脑桥的
cerebellorubral [ˌserəˌbelə'ru:brəl] 小脑红核的
cerebellorubrospinal [ˌserəˌbelə ˌru:brə'spainəl] 小脑红核脊髓的
cerebellospinal [ˌserəˌbelə'spainəl] 小脑脊髓的
cerebellum [ˌserə'beləm] (L. dim. of *cerebrum* brain) (NA) 小脑
cerebra [sə'rebrə] (L.) 大脑
cerebral [sə'rebrəl] 大脑的
cerebralgia [ˌserə'brædʒiə] 头痛
cerebration [ˌserə'breiʃən] (L. *cerebratio*)

大脑活动,思维,精神活动
cerebriform [səˈrebrifɔːm] (L. *cerebrum* brain + *forma* form) 脑形的
cerebrifugal [ˌserəˈbrifəɡəl] (*cerebrum* + L. *fugere* to flee) 离(大)脑的,(大)脑传出的
cerebripetal [ˌserəˈbripətəl] (*cerebrum* + L. *petere* to seek) 向(大)脑的,传入(大)脑的
cerebritis [ˌseriˈbraitis] 大脑炎,脑炎
　　local c. 局部性大脑炎
　　saturnine c. 铅毒性脑炎
cerebr(o)- (L. *cerebrum*) 大脑
cerebrocardiac [ˌserəbrəˈkɑːdiæk] (*cerebro-* + L. *cardia* heart) 大脑心脏的
cerebrocerebellar [ˌserəbrəˌserəˈbelə] 大脑小脑的
cerebrocuprein [ˌserəbrəˈkjuːpriːn] 脑铜蛋白,超氧物歧化酶
cerebroid [ˈserəbrɔid] 脑质样的
cerebrology [ˌserəˈbrɔlədʒi] (*cerebro-* + *-logy*) 脑学
cerebroma [ˌserəˈbrəumə] (*cerebro-* + *-oma* tumor) 脑质瘤
cerebromacular [ˌserəbrəˈmækjulə] 脑黄斑的
cerebromalacia [ˌserəbrəməˈleiʃə] (*cerebro-* + *malacia*) 脑软化
cerebromeningeal [ˌserəbrəməˈnindʒiəl] 脑脑膜的
cerebromeningitis [ˌserəbrəˌmeninˈdʒaitis] 脑脑膜炎
cerebrometer [ˌseriˈbrɔmitə] 脑搏动描记器,脑搏动计
cerebronic acid [ˌserəˈbrɔnik] 脑酮酸,羟脑苷脂酸
cerebro-ocular [ˌserəbrəˈɔkjulə] 脑(与)眼的
cerebropathia [ˌserəbrəˈpæθiə] (L.) 脑病
　　c. psychica toxemica 精神中毒性脑病
cerebropathy [ˌserəˈbrɔpəθi] (*cerebro-* + *-pathy*) 脑病
cerebrophysiology [ˌserəbrəˌfiziˈɔlədʒi] 大脑生理学
cerebropontile [ˌserəbrəˈpɔntail] 大脑脑桥的
cerebrorachidian [ˌserəbrɔrəˈkidiən] 脑脊髓的
cerebrosclerosis [ˌserəbrɔskləˈrəusis] (*cerebro-* + *sclerosis*) 脑硬化
cerebroside [ˈserəbrəsaid] 脑苷脂类
　　c. sulfate 脑苷脂硫酸盐
cerebroside sulfatase [ˈserəbrəsaid ˈsʌlfəteis] (EC 3.1.6.8) 脑苷脂硫酸酶
cerebrosidosis [ˌserəbrɔsiˈdəusis] 脑苷脂(沉积)病
cerebrosis [ˌserəˈbrəusis] (大)脑病
cerebrospinal [ˌserəbrəˈspainəl] 脑脊髓的
cerebrospinant [ˌserəbrəˈspainənt] 脑脊髓药
cerebrostomy [ˌserəˈbrɔstəmi] (*cerebr-* + *-ostomy*) 脑切开(造口)术
cerebrotendinous [ˌserəbrəˈtendinəs] 脑腱的
cerebrotomy [ˌserəˈbrɔtəmi] (*cerebr-* + *-otomy*) 脑切开术
cerebrotonia [ˌserəbrəˈtəuniə] (*cerebro-* + *ton-* + *-ia*) 大脑紧张型,精神抑制型
cerebrovascular [ˌserəbrəˈvæskjulə] 脑血管的
cerebrum [ˈserəbrəm] (L.) 大脑
cerecloth [ˈsiəriklɔθ] 蜡布
Cerenkov radiation [ˈtʃerəŋkɔf] (Pavel Aleksandrovich *Cherenkov* 或 *Cerenkov*, Russian physicist, 1904-1990) 契连科夫氏辐射
cereoli [siˈriəlai] 药制杆剂,烛剂。*cereolus* 的复数形式
cereolus [siˈriələs] (pl. *cereoli*) (L. dim. of *cereus* wax taper) 药制杆剂,烛剂
Cerithidia [ˌseriˈθaidiə] 拟蟹守螺属
　　C. cingulata 环带拟蟹守螺
cerium [ˈsiəriəm] (L.) 铈
cermet [ˈsəːmit] (*cera*mic *met*al) 合金陶瓷,金属陶瓷
ceroplasty [ˈserəˌplæsti] (L. *cera* wax + Gr. *plassein* to mold) 蜡成形术,蜡型术
certifiable [ˌsəːtiˈfaiəbl] 法定的
certificate [səˈtifikit] 证书,证明书
　　c. of birth 生产证书,出生证书
　　c. of health 健康证书
　　c. of sickness 疾病证书
cerulean [səˈruːliən] (L. *caeruleus*) 蓝色的,天蓝色的
cerulein [səˈruːliin] 蛙皮素
ceruleus [səˈruːliəs] 蓝色的,天蓝色的,蔚

ceruloplasmin [sə,ru:lə'plæzmin] 血浆铜蓝蛋白

cerumen [sə'ru:min] (L. from *cera* wax) 耵聍, 耳垢
  impacted c. 嵌塞性耵聍
  inspissated c. 干耵聍

ceruminal [sə'ru:minəl] 耵聍的

ceruminolysis [sə,rumi'nɔlisis] 耵聍溶解

ceruminolytic [sə,ruminə'litik] ❶ 耵聍溶解的; ❷ 耵聍溶解药

ceruminoma [sə,rumi'nəumə] 耵聍腺瘤

ceruminosis [sə,rumi'nəusis] 耵聍分泌过多

ceruminous [sə'ru:minəs] 耵聍的

ceruse ['seru:s] (L. *cerussa*) 铅白, 碱性碳酸铅, 碳酸铅白

cervical ['sə:vikəl] (L. *cervicalis*, from *cervix* neck) 颈的

cervicalis [,sə:vi'keilis] (L.) 颈的

cervicectomy [,sə:vi'sektəmi] 子宫颈切除术

cervicitis [,sə:vi'saitis] 子宫颈炎
  granulomatous c. 肉芽肿性子宫颈炎
  traumatic c. 创伤性子宫颈炎

cervicoaxillary [,sə:vikə'æksiləri] 颈腋的

cervicobrachial [,sə:vikə'breikil] 颈臂的

cervicobrachialgia [,sə:vikə,breiki'ældʒiə] 颈臂痛

cervicobuccal [,sə:vikə'bʌkl] 颈颊的

cervicocolpitis [,sə:vikəkɔl'paitis] 子宫颈阴道炎
  c. emphysematosa 气肿性子宫颈阴道炎

cervicodorsal [,sə:vikə'dɔ:sl] 颈背的

cervicodynia [,sə:vikə'diniə] (*cervix* + Gr. *odyne* pain) 颈痛

cervicofacial [,sə:vikə'feiʃl] 颈颜面的

cervicolabial [,sə:vikə'leibil] 颈唇的

cervicolingual [,sə:vikə'liŋgwl] 颈舌的

cervico-occipital [,sə:vikəɔk'sipitl] 颈枕的

cervicoplasty ['sə:vikə,plæsti] (*cervix* + Gr. *plassein* to form) 颈成形术

cervicoscapular [,sə:vikə'skæpjulə] 颈肩胛的

cervicothoracic [,sə:vikəθɔ'ræsik] 颈胸(廓)的

cervicovaginitis [,sə:vikə,vædʒi'naitis] 子宫颈阴道炎

cervicovesical [,sə:vikə'vesikəl] 子宫颈膀胱的

Cervilaxin [,sə:vi'læksin] 松弛肽

cervix ['sə:viks] (pl. *cervices*) (L.) 颈
  c. of axon 轴索颈
  c. columnae posterioris medullae spinalis 脊髓后柱颈
  c. cornus dorsalis medullae spinalis (NA) 脊髓背角颈
  c. dentis (NA) 牙颈
  c. glandis 阴茎颈
  incompetent c. 子宫颈闭锁不全
  c. mallei 锤骨颈
  tapiroid c. 长唇子宫颈
  c. uteri 子宫颈
  c. vesicae (NA) 膀胱颈

ces (central excitatory state 的缩写) 中枢兴奋状态

cesarean [sə'zɛəriən] (L. *caesus*, from *caedere* to cut) 剖腹产术

CESD (cholesteryl ester storage disease 的缩写) 胆固醇酯贮积病

cesium ['si:ziəm] (L. *caesium*, from *caesius* blue) 铯

Cestan's syndrome [ses'tɑ:nz] (Raymond J. *Cestan*, French neurologist, 1872-1934) 塞斯汤氏综合征

Cestan-Chenais syndrome [sæs'tɑ:n ʃə'nɑ:] (Raymond *Cestan*; Louis *Chenais*, French physician, 1827-1950) 塞-舍二氏综合征

Cestan-Raymond syndrome [sæs'tɑ:n rei'mɔn] (Raymond *Cestan*; Fulgence *Raymond*, French neurologist, 1844-1910) 塞-雷二氏综合征

cesticidal [,sesti'saidəl] 杀绦虫的

Cestoda [səs'təudə] 多节绦虫亚纲

Cestodaria [,sestə'dɛəriə] 单节亚纲

cestode ['sestəud] ❶ 绦虫, 扁虫; ❷ 似绦虫的

cestodiasis [,sestə'daiəsis] 绦虫病

cestodology [,sestə'dɔlədʒi] 绦虫学

cestoid ['sestɔid] (Gr. *kestos* girdle + *eidos* form) 似绦虫的

Cestoidea [ses'tɔidiə] 绦虫纲

cetaben sodium ['si:təbən] 4-十六烷基氨基苯甲酸钠

cetaceum [sə'teisiəm] 鲸蜡

cetalkonium chloride [sətæl'kɔniəm] 氯化十六烷基二甲苄铵

cetanol ['si:tənɔl] 鲸蜡醇,十六(烷)醇

cetiedil citrate [sə'taiədil] 枸橼酸环己噻草酯

cetocycline hydrochloride [ˌsetə'saikli:n] 盐酸四环林

cetrimide ['setrimaid] 溴化十六烷三甲铵

cetrimonium bromide [ˌsetri'məuniəm] 溴化十六烷基三甲铵

cetyl ['si:til] 鲸蜡基,十六(烷)基

cetylpyridinium chloride [ˌsetil,piri'diniəm] (USP)氯化十六烷基吡啶

cetyltrimethylammonum bromide [ˌsetil-trai,meθilə'məuniəm] 溴化十六烷基三甲铵

cevitamic acid [sevi'tæmik] 维生素C

Ceylancyclostoma [ˌsilænsi'klɔstəmə] 锡兰钩口线虫属,锡兰钩虫属

ceyssatite ['seisətait] (Ceyssat, a village of France) 赛萨白土

CF ❶(carbolfuchsin 的缩写)石炭酸品红液;❷(cardiac failure 的缩写)心力衰竭;❸(Christmas factor 的缩写)(凝血)第九因子;❹(citrovorum factor 的缩写)嗜橙菌因子,亚叶酸,甲酰四氢叶酸

Cf (californium 的符号) 锎

cf (L. confer 的缩写) 参见;比较

cff (critical fusion frequency (flicker fusion threshold) 的缩写) 临界融合频率

CFT (complement-fixation test 的缩写)补体结合试验

CFU (colony-forming unit 定义2 的缩写)集落形成单位

CFU-C (colony-forming unit culture 的缩写)培养基集落形成单位

CFU-E (colony-forming unit-erythroid 的缩写)红细胞系集落形成单位

CFU-S (colony-forming unit-spleen 的缩写)脾脏集落形成单位

CG 西齐:吲哚花青绿制剂的商品名

CGD (chronic granulomatous disease 的缩写)慢性肉芽肿性疾病

cGMP (cyclic guanosine monophosphate 的缩写)环-磷酸鸟苷

CGS, cgs (centimeter-gram-second system 的缩写) 厘米-克-秒制

cGy (centigray 的缩写) 厘戈瑞

CH (crown-heel 的缩写) 顶踵长度(胎长)

CH50, CH$_{50}$ 50%补体溶血单位(测定)

Chabertia [ʃɑː'bətiə] 夏氏线虫属
  C. ovina 绵羊夏氏线虫

Chaddock's reflex ['tʃɑːdəks] (Charles Gilbert Chaddock, American neurologist, 1861-1936) 查多克氏反射

chafe [tʃeif] (磨擦)刺激皮肤

Chagas' disease ['ʃɑːgəs] (Carlos Chagas, Brazilian physician, 1879-1934)南美洲锥虫病,恰加斯氏病,南美洲锥虫病

Chagas-Cruz disease ['ʃɑːgəs kruz] (Carlos Chagas; Oswaldo Cruz, Brazilian physician, 1872-1917) 恰-克二氏病

Chagasia [tʃə'geisiə] (Carlos Chagas) 恰氏蚊亚属

chagasic [tʃə'geisik] 南美锥虫病的

chagoma [tʃə'gəumə] 南美洲锥虫结节

Chailletia [keii'li:ʃiə] 毒鼠子属
  C. cymosa 南非的一种毒鼠子,含有毒物氟乙酸
  D. toxicaria 毒裂瓣花

chain [tʃein] 链
  branched c. 支链
  closed c. 闭链
  electron transport c. 电子传递链
  food c. 食物链
  H c., heavy c. 重链
  J c. (for "joining") 连接链,J链
  kappa c. K链,κ链
  L c. 轻链
  lambda c. γ链
  lateral c. 侧链
  light c. 轻链
  nuclear c. 核链
  open c. 开链
  polypeptide c. 多肽链
  respiratory c. 呼吸链
  side c. 侧链
  sympathetic c. 交感神经干

chalasia [kə'leiziə] (Gr. chalasis relaxation) 松弛,弛缓

chalaza [kə'leizə] (Gr. "lump") 卵带

chalazia [kə'leiziə] (Gr.) 睑板腺囊肿,霰粒肿。chalazion 的复数形式

chalazion [kə'leiziən] (pl. chalazia 或 chalazions) (Gr. "small lump") 睑板腺囊

chalazodermia [kəˌlæzə'dəːmiə] 皮肤松垂
肿,霰粒肿
chalcitis [kæl'saitis] 黄铜屑眼炎
chalcosis [kæl'kəusis] (Gr. *chalkos* copper) 铜屑沉着病
   c. corneae 角膜铜屑沉着病
chalicosis [ˌkæli'kəusis] (Gr. *chalix* gravel) 石末肺,石末沉着病
chalk [tʃɔːk] (L. *calx*) 天然碳酸钙
   French c. 滑石,硅酸镁
   precipitated c. 沉淀碳酸钙
   prepared c. 白垩
chalkitis [kæl'kaitis] (Gr. *chalkos* brass) 黄铜眼炎
challenge ['tʃæləndʒ] ❶激发;❷激发免疫反应
chalone ['kæləun] (Gr. *chalan* to relax) 抑素
chalonic [kə'lɔnik] 抑素的
chalybeate [kə'libieit] (L. *chalybs*; Gr. *chalyps* steel) ❶含铁的;❷铁剂,含铁物
chamaecephalic [ˌkæmisə'fælik] 扁头的
chamaecephaly [ˌkæmi'sefəli] (Gr. *chamai* low + *kephalē* head) 扁头(畸形)
chamaeprosopic [ˌkæməprə'sɔpik] 扁脸的
chamaeprosopy [ˌkæmə'prɔsəpi] (Gr. *chamai* low + *prosōpon* face) 扁脸
chamber ['tʃeimbə] (L. *camera*; Gr, *kamara*) 房,室,腔
   Abbe-Zeiss counting c. 阿-蔡二氏计数池
   acoustic c. 隔音室,听力测验室
   air-equivalent ionization c. 空气等效电离室
   altitude c. 高空模拟室
   anterior c. of eye (眼)前房
   aqueous c. 眼房
   Boyden c. 波伊登氏室
   counting c. 计数池
   diffusion c. 扩散盒
   c's of eye 眼房
   Finn c. 芬思氏室
   free-air ionization c. 自由空气电离室
   Haldane c. 霍尔登密封室
   c's of the heart 心腔
   hyperbaric c. 高压舱
   ionizaton c. 电离室
   lethal c. 致死室
   posterior c. of eye (眼)后房
   pulp c. 髓室,髓腔
   relief c. 缓冲腔
   Storm Van Leeuwen c. 斯托姆·范勒文氏室
   thimble c. 顶针形电离室
   Thoma-Zeiss counting c. 托-蔡二氏计数池
   tissue-equivalent ionization c. 组织等效电离室
   vitreous c. 玻璃体腔
   Zappert's c. 扎佩特氏计数池
Chamberlen forceps ['tʃeimbələn] (Peter Chamberlen, English obstetrician, 1560-1631) 钱伯伦氏产钳
chamecephalic [ˌkæməsə'fælik] 扁头的
chamecephaly [ˌkæmə'sefəli] 扁头(畸形)
chameprosopic [ˌkæməprə'sɔpik] 扁脸的
chameprosopy [ˌkæmə'prɔsəpi] 扁脸
Chance fracture [tʃɑːns] (G. Q. Chance, British radiologist, 20th century) 钱斯氏骨折
chancre ['ʃæŋkə] (Fr. for "canker", a destructive sore, from L. *cancer* crab) 下疳,初疮
   hard c., hunterian c. 硬下疳
   mixed c. 混合性下疳
   monorecidive c. 再发性下疳
   c. redux 再发性下疳
   soft c. 软下疳
   true c. 硬下疳
   tuberculous c. 结核性初疮
chancriform ['ʃæŋkrifɔːm] 下疳样的
chancroid ['ʃæŋkrɔid] (*chancre* + Gr. *eidos* form) 软下疳
   phagedenic c. 崩蚀性软下疳
   serpiginous c. 匐行性软下疳
chancroidal [ʃæŋ'krɔidəl] 软下疳的
chancrous ['ʃæŋkrəs] 下疳的
change [tʃeindʒ] 变化,改变
   Armanni-Ebstein c. 阿-埃二氏病变
   Crooke's c's, Crooke-Russell c's 克鲁氏变性,克-鲁二氏变性
   fatty c. 脂肪变性
   harlequin color c. 小丑样颜色改变
channel ['tʃænəl] (L. *canalis* a water pipe) ❶管,沟;❷蛋白质通道
   acetylcholine c. 乙酰胆碱通道
   blood c's 血管道

calcium c. 钙通道
calcium-sodium c. 钙钠通道
central c. 中心管
fast c. 快速通道
gated c. 闸门通道
ligand-gated c. 配体闸门通道
lymph c's 淋巴隙
perineural c. 神经周淋巴隙
potassium c. 钾通道
protein c. 蛋白质通道
slow c. 慢速通道
sodium c. 钠通道
thoroughfare c. 末端小动静脉间通路
voltage-gated c. 电压闸门通道

Chantemesse' reaction [ʃɑːnt'mes] (André *Chantemesse*, French bacteriologist, 1851-1919) 尚特梅斯氏反应

Chaoborus [ˌkeiəˈbɔrəs] 幽蚊科
  C. lacustris 湖幽蚊

Chaos chaos [ˈkeiəs ˈkeiəs] 大变形虫

Chaoul therapy [ʃaul] (Henri *Chaoul*, Lebanese radiologist in Germany, 1887-1964) 沙乌耳氏(X线)疗法

chapped [tʃæpt] 皲裂的

Chaput's operation [ʃɑːˈpjuz] (Henri *Chaput*, French surgeon, 1857-1919) 夏浦氏手术

character [ˈkærɪktə] (Gr. *charaktēr* an engraved or impressed mark or stamp) 性格,特性,性状
  acquired c. 获得(性)特性
  imvic c's 大肠菌分类特征
  primary sex c's 第一性征
  secondary sex c's 第二性征,副性征

characteristic [ˌkærɪktəˈrɪstɪk] ❶ 特性,特征;❷ 特性的,特征的,特有的,特异的
  demand c's 需求特性

characterology [ˌkærɪktəˈrɔlədʒi] 性格论,性格学

charas [ˈtʃæræs] 大麻树脂

charbon [ʃɑːˈbɔn] (Fr. "coal") 炭疽
  c. symptomatique 症状性炭疽,气肿性炭疽,黑腿病

charcoal [ˈtʃɑːkəul] 炭,木炭
  activated c. (USP) 活性炭
  animal c. 动物炭,骨炭,象牙炭,巴黎骨炭
  purified animal c. 精制动物炭

Charcot's arthropathy [ʃɑːˈkɔz] (Jean Martin *Charcot*, French neurologist, 1825-1893) 夏科氏关节病

Charcot-Bouchard aneurysm [ʃɑːˈkɔ buːˈʃɑː] (J. M. *Charcot*; Charles Jacques *Bouchard*, French physician, 1837-1886) 夏-布二氏动脉瘤

Charcot-Leyden crystals [ʃɑːˈkɔ ˈliːdən] (J. M. *Charcot*; Ernst Victor von *Leyden*, German physician, 1832-1910) 夏-莱二氏晶体

Charcot-Marie atrophy [ʃɑːˈkɔ mɑːˈriː] (J. M. *Charcot*; Pierre *Marie*, French physician, 1853-1940) 夏-马二氏萎缩

Charcot-Marie-Tooth disease [ʃɑːˈkɔ mɑːˈriː tuːθ] (J. M. *Charcot*; Pierre *Marie*; Howard Henry *Tooth*, English physician, 1856-1925) 夏-马-图三氏病

Charcot-Weiss-Baker syndrome [ʃɑːˈkɔ wais ˈbeikə] (J. M. *Charcot*; Soma *Weiss*, American physician, 1898-1942; James Porter *Baker*, *American physician* born 1902) 夏-魏-巴三氏综合征,颈动脉窦综合征

charge [tʃɑːdʒ] 电荷,充电,带电

charlatan [ˈʃɑːlətən] (Fr.) 庸医

charlatanism [ˈʃɑːlətənˌizəm] 江湖医术

charlatanry [ˈʃɑːlətənri] 江湖医术

Charles' Law [ʃɑːlz] (Jacques Alexandre César *Charles*; French physicist, 1746-1823) 查理氏定律

charley horse [ˈtʃɑːli hɔːs] 四头肌僵痛

Charlin's syndrome [ˈtʃɑːlinz] (Carlos *Charlin*, Chilean ophthalmologist, 1886-1945) 查瑞氏综合征

Charnley's hip arthroplasty [tʃɑːtinz] (Sir John *Charnley*, British orthopedic surgeon, born 1911) 查尼氏髋关节成形术

Charrière scale [ˌtʃɑːriˈeə] (Joseph Frédéric Benoit *Charrière*, Swiss-born instrument maker in France, 1803-1876) 夏里埃尔氏尺度制

Chart. (L. *charta* 的缩写) 纸

chart [tʃɑːt] ❶ 图表;❷ 图示
  alignment c. 列线(算)图,列线图解
  Amsler's c's 阿姆斯勒氏图
  Guibor's c. 圭博尔氏图

reading c. 近视力图,近视力表
Reuss' color c's 罗伊斯氏色觉检查图
Snellen's c. 斯内伦氏视力表

charta ['kɑːtə] (pl. *chartae*) (L., Gr. *chartēs*) ❶ 纸剂; ❷ 药纸

chartaceous [kɑːˈteiʃəs] 纸状的

chartula [ˈkɑːtjulə] (pl. *chartulae*) (L., dim. of *charta* paper) 分散剂,纸剂

chasma [ˈkæzmə] (Gr. "a cleft") 呵欠,裂开

chasmatoplasson [kæzˈmætəˌplæsən] (Gr. *chasma* a yawning + *plasson*) 无核胞浆膨胀

chasmus [ˈkæzməs] (L., from Gr. *chasma* a cleft) 呵欠

Chassaignac's tubercle [ˌʃɑːsənˈjɑːks] (Charles Marie Édouard *Chassaignac*, French surgeon, 1804-1879) 夏桑亚克氏结节,颈动脉结节(第四颈椎)

chaude-pisse [ʃɔːdpiːs] (Fr.) 尿灼热

Chauffard's syndrome [ʃɔːˈfɑː] (Anatole Marie Emile *Chauffard*, French physician, 1855-1932) 肖法尔氏综合征

Chauffard-Still syndrome [ʃɔːˈfɑː stil] (Anatole Marie Emile *Chauffard*; Sir George Frederick *Still*, English physician, 1868-1941) 肖-斯二氏综合征

ChB (L. *Chirurgiae Baccalaureus* 的缩写) 外科学士

CHD ❶ (congenital heart disease 的缩写) 先天性心脏; ❷ (coronary heart disease 的缩写) 冠状动脉性心脏病,冠心病

ChD (L. *Chirurgiae Doctor* 的缩写) 外科博士

ChE (cholinesterase 的缩写) 胆碱酯酶

check-bite [ˈtʃekbait] 正殆法,殆校正法

checkerboard [ˈtʃekəbɔːd] 棋盘,方格图案

Chédiak-Higashi syndrome [ˈtʃeidiæk hiˈgɑːʃi] (Moisés *Chédiak*, Cuban physician, 20th century; Otakata *Higashi*, Japanese physician, 20th century) 切-希二氏综合征

Chédiak-Steinbrinck-Higashi anomaly [ˈtʃeidiæk ˈʃtainbriŋk hiˈgɑːʃi] (M. *Chédiak*; W. *Steinbrinck*, German physician, 20th century; O. *Higashi*) 切-斯-希三氏异常

cheek [tʃiːk] 面颊
cleft c. 颊裂(畸形)

cheesy [ˈtʃiːzi] 干酪样的

cheilectomy [kaiˈlektəmi] (*cheil-* + Gr. *ektomē* excision) ❶ 唇切除术; ❷ 凿骨术

cheilectropion [ˌkailekˈtrɔpiən] (*cheil-* + *ectropion*) 唇外翻

cheilitis [kaiˈlaitis] (*cheil-* + *-itis*) 唇炎
actinic c. 光化性唇炎
angular c. 口角炎
apostematous c. 脓肿性唇炎
commissural c. 连合部唇炎
c. exfoliativa 剥脱性唇炎
c. glandularis 腺性唇炎
c. glandularis apostematosa 脓肿性腺性唇炎
c. granulomatosa 肉芽肿性唇炎
impetiginous c. 脓疮性唇炎
migrating c. 传染性口角炎
solar c. 日光性唇炎
c. venenata 化学性唇炎

cheil(o)- (Gr. *cheilos* lip) 唇,缘

cheiloangioscopy [ˌkailəˈændʒiˈɔkəpi] (*cheilo-* + Gr. *angeion* vessel + *skopein* to examine) 唇血管镜检查

cheilocarcinoma [ˌkailəkɑːsiˈnəumə] 唇癌

cheilognathopalatoschisis [ˌkailəˌnæθəˌpæləˈtɔskisis] 唇颌腭裂(畸形)

cheilognathoprosopschisis [ˌkailəˌnæθəˌprɔsəˈpɔskisis] (*cheilo-* + Gr. *gnathos* jaw + *prosōpon* face + *schisis* cleft) 唇全面面裂(畸形)

cheilognathoschisis [ˌkailənəˈθɔskisis] (*cheilo-* + Gr. *gnathos* jaw + *schisis* cleft) 唇颌裂

cheilognathouranoschisis [ˌkailəˌnæθəˌjuːrəˈnɔskisis] (*cheilo-* + Gr. *gnathos* jaw + *ouranos* palate + *schisis* cleft) 唇颌腭裂(畸形)

cheilophagia [ˌkailəˈfeidʒiə] (*cheilo-* + Gr. *phagein* to eat) 啮唇裂癖

cheiloplasty [ˈkailəˌplæsti] (*cheilo-* + Gr. *plassein* to form) 唇成形术

cheilorrhaphy [kaiˈlɔrəfi] (*cheilo-* + Gr. *rhaphē* suture) 唇缝术

cheiloschisis [kaiˈlɔskisis] (*cheilo-* + Gr. *schisis* cleft) 唇裂(畸形),兔唇

cheilosis [kaiˈləusis] (*cheil-* + *-osis*) 唇干

cheilostomatoplasty [ˌkailəstə'mætəˌplæsti] (cheilo- + Gr. stoma mouth + plassein to form) 唇口成形术

cheilotomy [kai'lɔtəmi] (cheilo- + Gr. tomē a cutting) 口唇切开术

Cheiracanthium [ˌkairə'kænθiəm] 毒蜘蛛属

Cheiracanthus [ˌkairə'kænθəs] 颚口(线虫)属

cheiragra [kai'rægrə] (cheir- + Gr. agra seizure) 手痛风

cheiralgia [kai'rældʒiə] 手痛
c. paresthetica 感觉异常性手痛

cheirarthritis [ˌkairɑː'θraitis] (cheir- + arthritis) 手关节炎

cheir(o)- (Gr. cheir hand) 手

cheirocinesthesia [ˌkairəˌsinəs'θizia] 手运动觉

cheirokinesthesia [ˌkairəˌkinəs'θizia] 手运动觉

cheirokinesthetic [ˌkairəˌkinəs'θetik] 手运动觉的

cheirology [kai'rɔlədʒi] 手语

cheriomegaly [ˌkairə'megəli] 巨手

cheiroplasty ['kairəˌplæsti] (cheiro- + Gr. plassein to form) 手成形术

cheiropodalgia [ˌkairəpə'dældʒiə] (cheiro- + Gr. pous foot + algos pain) 手足痛

cheiropompholyx [ˌkairə'pɔmfəliks] (cheiro- + Gr. pompholyx a bubble)(掌跖)汗疱

cheiroscope ['kairəskəup] (cheiro- + -scope) 手导镜,斜视手矫器,手实体镜

cheirospasm ['kairəˌspæzəm] (cheiro- + Gr. spasmos spasm) 手(肌)痉挛

chelate ['keleit] (Gr. chēlē claw) 螯合

chelation [ke'leiʃən] 螯合(作用)

chelicera [ke'lisərə] (pl. chelicerae) (Gr. chēlē claw + keras horn) 螯肢

cheloid ['kelɔid] 瘢痕瘤,瘢痕疙瘩

cheloma [ke'ləumə] 瘢痕瘤,瘢痕疙瘩

chelonian [ke'ləuniən] (Gr. chelōnē tortoise) 海龟类的,龟科的

chemabrasion [ˌkeimə'breiʒən] 化学脱皮法,化学整平法

chemexfoliation [ˌkeimeksˌfəli'eiʃən] 化学脱皮法,化学整平法

chemi- 化学,化学物质

chemiatric [ˌkemi'ætrik] 化学医学派的

chemiatry ['kemiətri] 化学医学派

chemical ['kemikəl] ❶化学的;❷化学药品,化学制剂

chemic(o)- 化学,化学物质

chemicobiological [ˌkemikəˌbaiə'lɔdʒikəl] 化学生物学的,生物化学的

chemicocautery [ˌkemikə'kɔːtəri] 化学烙术

chemicogenesis [ˌkemikə'dʒenəsis] (chemistry + Gr. genesis production) 化学发生

chemicophysical [ˌkemikə'fizikəl] 化学物理的,物理化学的

chemicophysiologic [ˌkemikəˌfizə'lɔdʒik] 化学生理学的,生理化学的

chemiluminescence [ˌkemiˌljumi'nesəns] 化学发光

chemiosmosis [ˌkemiɔs'məusis] 化学渗透作用

chemiosmotic [ˌkemiɔs'mɔtik] 化学渗透的

chemiotaxis [ˌkemiə'tæksis] 趋化性

chemiotherapy [ˌkemiə'θerəpi] 化学疗法,化学治疗

chemism ['kemizəm] 反应(反应)历程,化学机理,化学作用

chemisorption [ˌkemi'sɔːpʃən] 化学吸附(作用)

chemist ['kemist] ❶化学家,化学师;❷药剂师(英国)

chemistry ['kemistri] (Gr. chēmeia) 化学
analytical c. 分析化学
applied c. 应用化学
biological c. 生物化学
colloid c. 胶体化学
ecological c. 生态化学
forensic c. 法(医)化学
industrial c. 工业化学
inorganic c. 无机化学
medical c. 医化学
metabolic c. 代谢化学,生物化学
mineral c. 矿质化学,无机化学
organic c. 有机化学
pharmaceutical c. 药物化学
physical c. 物理化学
physiological c. 生理化学,生物化学
structural c. 结构化学

surface c. 表面化学
synthetic c. 合成化学,综合化学

chem(o)- (Gr. *chēmeia* alchemy) 化学,化学物质

chemoattractant [ˌkeməuəˈtræktənt] 化学吸引剂

chemoautotroph [ˌkeməˈɔːtətrɔf] 化学自养菌

chemoautotrophic [ˌkeməuˌɔːtəˈtrɔfik] (*chemo-* + Gr. *trophē* nutrition) 化学自养的

chemobiotic [ˌkeməbaiˈɔtik] 化学抗生素

chemocautery [ˌkeməˈkɔːtəri] 化学烙术

chemocephalia [ˌkeməsəˈfeiliə] 扁头

chemocephaly [ˌkeməˈsefəli] 扁头

chemoceptor [ˈkeməseptə] 化学感受器,化学受体

chemocoagulation [ˌkeməkəˌæɡjuˈleiʃən] 化学凝固法

chemodectoma [ˌkemədekˈtəumə] (*chemo-* + *dektos* to be received or accepted + *-oma*) 化学感受器瘤

chemodifferentiation [ˌkeməˌdifərənʃiˈeiʃən] 化学分析

chemodynesis [ˌkeməˈdainəsis] 化学性胞质流动

chemoheterotroph [ˌkeməˈhetərətrɔf] 化学异养菌

chemoheterotrophic [ˌkeməˌhetərəˈtrɔfik] 化学异养的

chemohormonal [ˌkeməhɔːˈmɔnəl] 化学激素

chemoimmunology [ˌkeməimjuˈnɔlədʒi] 化学免疫学

chemokinesis [ˌkeməkiˈnisis] (*chemo-* + Gr. *kinēsis* motion) 化学增活现象,化学激活作用

chemokinetic [ˌkeməkiˈnetik] 化学增活的,化学激活的

chemolithotroph [ˌkeməˈliθətrɔf] 无机化能营养菌

chemolitrothophic [ˌkeməˌliθəˈtrɔfik] 无机化能营养的

chemoluminescence [ˌkeməˌljumiˈnesəns] 化学发光

chemolysis [keˈmɔlisis] (*chemo-* + *-lysis*) 化学溶解,化学分解

chemomorphosis [ˌkeməmɔːˈfəusis] (*chemo-* + Gr. *morphē* form) 化学诱变,化学性变态

chemonucleolysis [ˌkeməˌnjukliˈɔlisis] (*chemo-* + *nucleo-* + *lysis*) 髓核化学溶解法

chemo-organotroph [ˌkeməˈɔːɡənəˌtrɔf] 有机化能营养菌

chemo-organotrophic [ˌkeməˌɔːɡənəˈtrɔfik] 有机化能营养的

chemopallidectomy [ˌkeməˌpæliˈdektəmi] (*chemo-* + *pallidum* + *-ectomy*) 苍白球化学破坏术

chemopallidothalamectomy [ˌkeməˌpælidəˌθæləˈmektəmi] 苍白球丘脑化学破坏术

chemopharmacodynamic [ˌkeməˌfɑːməkəʊdaiˈnæmik] 药理化学的

chemophysiology [ˌkemiˌfiziˈɔlədʒi] 生理化学,生物化学

chemoprophylaxis [ˌkeməˌprɔfəˈlæksis] (*chemo-* + Gr. *prophylax* an advance guard) 化学预防
primary c. 初级化学预防
secondary c. 次级化学预防

chemopsychiatry [ˌkeməsiˈkaiətri] 精神药理学

chemoradiotherapy [ˌkeməˌreidiəˈθerəpi] (*chemo-* + *radiotherapy*) 化学放疗法,化学放射治疗

chemoreception [ˌkeməriˈsepʃən] (*chemo-* + L. *receptio*, from *recipere* to receive) 化学感受(作用)

chemoreceptor [ˌkeməriˈseptə] 化学感受器

chemoresistance [ˌkeməriˈzistəns] 化学抵抗力

chemosensitive [ˌkeməˈsensitiv] 化学敏感的

chemosensory [ˌkeməˈsensəri] 化学感觉的

chemoserotherapy [ˌkeməˌserəˈθerəpi] 化学血清疗法,血清化学疗法

chemosis [kiˈməusis] (Gr. *chēmōsis*) 球结膜水肿

chemosmosis [ˌkeməsˈməusis] 化学渗透作用

chemosmotic [ˌkeməsˈmɔtik] 化学渗透的

chemosorption [ˌkeməˈsɔːpʃən] 化学吸附

(作用)

chemosphere ['keməsfiə] 臭氧层,光化(大气)层

chemostat ['keməstæt] 化学(环境)恒定器,恒化器

chemosterilant [ˌkemə'sterilənt] 化学绝育剂

chemosurgery [ˌkemə'səːdʒəri] 化学外科
    Mohs' c. 莫斯氏化学外科

chemosynthesis [ˌkemə'sinθəsis] (*chemo-* + Gr. *synthesis* putting together)化学合成

chemosynthetic [ˌkemǝsin'θetik] 化学合成的

chemotactic [ˌkemə'tæktik] 趋化性的

chemotaxin [ˌkemə'tæksin] 化学趋向素,化学吸引素

chemotaxis [ˌkemə'tæksis] (*chemo-* + Gr. *taxis* arrangement) 趋化性

chemothalamectomy [ˌkeməˌθæləˈmektəmi] 丘脑化学破坏术

chemotherapeutic [ˌkeməˌθerə'pjuːtik] 化学治疗的

chemotherapeutics [ˌkeməˌθerə'pjuːtiks] 化学疗法,化学治疗

chemotherapy [ˌkemə'θerəpi] 化学疗法,化学治疗
    adjuvant c. 辅助化学疗法
    combination c. 联合化学疗法
    induction c. 诱导化学疗法
    neoadjuvant c. 新辅助化学疗法
    preoperative c., presurgical c. 手术前化学疗法
    primary c. 初级化学疗法
    regional c. 局部化学疗法

chemotic [ki'mɔtik] ❶ 球结膜水肿的;❷ 促球结膜淋巴生成剂

chemotroph ['kemətrɔf] 化学营养生物,化学合成生物

chemotrophic [ˌkemə'trɔfik] 化学营养的

chemotropic [ˌkemə'trɔpik] 向化性的

chemotropism [ki'mɔtrəpizəm] (*chemo-* + Gr. *tropos* a turning)向化性

chemurgy ['kemə:dʒi] (*chemo-* + Gr. *ergon* work) 农艺化学

Chenix ['kiniks] 科尼克斯:鹅脱氧胆酸制剂的商品名

chenodeoxycholate [ˌkenədiˌɔksi'kɔleit] 鹅脱氧胆酸盐

chenodeoxycholic acid [ˌkenədiˌɔksi'kɔlik] 鹅脱氧胆酸

chenodeoxycholylglycine [ˌkenədiˌɔksikɔ-lil'glisiːn] 鹅脱氧胆酰甘氨酸

chenodeoxycholyltaurine [ˌkenədiˌɔksi-ˌkɔlil'tɔːriːn] 鹅脱氧胆酰磺酸

chenodiol [ˌkenə'daiəl] 鹅二醇

Chenopodium [ˌkenə'pəudiəm] 藜属

cherry ['tʃeri] (L. *cerasus*) 樱桃
    choke c. 野樱桃
    rum c. (黑)野樱(树)
    wild c. ①(黑)野樱(树);② 黑野樱树皮

cherubism ['tʃerəbizəm] (*cherub* + *-ism*) 颌骨增大症

chest [tʃest] 胸,胸廓
    alar c. 翼状胸
    barrel c. 桶状胸
    blast c. 爆炸性肺震荡
    cobbler's c. 鞋匠胸
    flail c. 连枷胸
    flat c. 扁平胸
    foveated c. 漏斗(状)胸
    funnel c. 漏斗(状)胸
    keeled c. 鸡胸
    paralytic c. 麻痹胸
    phthinoid c. 痨型胸
    pigeon c. 鸡胸
    pterygoid c. 翼状胸,扁平胸
    tetrahedron c. 菱形胸(鸡胸)

chestnut ['tʃestnʌt] ❶ 栗;❷ 马前肢内侧及跗内侧远端的角质块
    horse c. 马栗树

Cheyletiella [ˌtʃeilətiˈelə] 姬螯螨属
    C. blakei 布氏姬螯螨
    C. parasitovorax 寄食姬螯螨
    C. yasguri 牙氏姬螯螨

Cheyne's nystagmus ['tʃeinz] (John *Cheyne*, Scottish physician, 1777-1836) 陈氏眼球震颤

Cheyne-Stokes nystagmus [tʃein stəuks] (John *Cheyne*; William *Stokes*, Irish physician, 1804-1878)陈-施二氏眼球震颤

CHF (congestive heart failure 的缩写)充血性心力衰竭

chi [ki] (X, χ) 希腊语第 22 个字母

Chiari's network [ki'ɑːriz] (Hans *Chiari*,

Austrian pathologist, 1851-1916) 希阿里氏网

Chiari-Arnold syndrome [ki'ɑːri 'ɑːnəld] (Hans *Chiari*; Julius *Arnold*, German pathologist, 1835-1915) 希-阿里二氏综合征

Chiari-Frommel syndrome [ki'ɑːri 'frɔməl] (Johann Baptist *Chiari*, German obstetrician, 1817-1854; Richard Julius Ernst *Frommel*, German gynecologist, 1854-1912) 希-弗二氏综合征

chiasm ['kiæzəm] (L., Gr. *chiasma*) 交叉
   c. of digits of hand 指腱交叉
   optic c. 视交叉
   tendinous c. of flexor digitorum sublimis muscle 指腱交叉

chiasma [ki'æzmə] (pl. *chiasmata*) (L., Gr. a cross, crosspiece; from the shape of the letter *chi*, X) 交叉
   c. opticum (NA) 视交叉
   c. tendinum digitorum manus (NA) 手指腱交叉

chiasmal [ki'æzməl] 交叉的
chiasmata [ki'æzmətə] (L.) 交叉
chiasmatic [kiæz'mætik] 交叉的
chiasmatypy [ki'æzməˌtipi] (Gr. *chiasma* a crossing + *type*) 交换(染色体)
chiasmic [ki'æzmik] 交叉的
chiasmometer [ˌkiəz'mɔmitə] 视轴偏歪测量器
chiastometer [ˌkiəz'tɔmitə] (Gr. *chiastos* crossed + *metron* measure) 视轴偏歪测量器
Chiba needle ['tʃiːbə] (*Chiba* University in Japan, where it was developed) 千叶针
chickenpox ['tʃikənpɔks] 水痘
chick-pea ['tʃikpiː] 鹰嘴豆
Chievitz's layer ['tʃiːvitsəz] (Johan Henrik *Chievitz*, Danish anatomist, 1850-1901) 契维茨氏层(视杯)
chigger ['tʃigə] 恙螨,沙螨,沙虫,恙虫
chigo [tʃigəu] 沙蚤,穿皮潜蚤
chigoe ['tʃigəu] 沙蚤,穿皮潜蚤
chikungunya [ˌtʃikən'gʌnjə] (Swahili "that which bends up") 切昆贡亚热
Chilaiditi's sign [kilɑː'diːtiz] (Demetrios *Chilaiditi*, Austrian physician, born 1883) 卡拉兹氏征

chilblain ['tʃilblein] (L. *pernio*) 冻疮
child [tʃaild] 儿童
   preschool c. 学龄前儿童
   school c. 学龄儿童
childbirth ['tʃaildbəːθ] 分娩,生产
childhood ['tʃaildhud] 儿童期
chilitis [ki'laitis] 唇炎
chill [tʃil] 寒栗,发抖
   brass c., brazier's c. 铸工热,金属烟热
   creeping c. 寒冷感
   shaking c. 恶寒战栗
   spelter c's 锌中毒性寒战
   urethral c. 排尿寒战
   zinc c. 锌中毒性寒战
chil(o)- 唇
Chilognatha [ki'lɔgnəθə] 唇颚目
chilomastigiasis [ˌkiləˌmæsti'gaiəsis] 唇鞭毛虫病
Chilomastix [ˌkilə'mæstiks] (*chilo-* + Gr. *mastix* whip) 唇鞭毛虫属
chilomastixiasis [ˌkiləˌmæstik'saiəsis] 唇鞭毛虫病
Chilopoda [ki'lɔpədə] (Gr. *cheilos* lip + *pous* foot) 唇足纲
chimaera [ki'miːrə] 嵌合体
chimera [ki'merə] (Gr. *chimaira* a mythological fire-spouting monster with a lion's head, goat's body, and serpent's tail) 嵌合体
   heterologous c. 异源嵌合体
   homologous c. 同种嵌合体
   isologous c. 同源嵌合体
   radiation c. 放射性嵌合体
chimerism [ki'miərizəm] 嵌合性
chimpanzee [tʃimpæn'ziː] (Kongo *chimpenzi* 或 *kimpenzi*) 黑猩猩
chin [tʃin] 颏
   galoche c. [gɑː'lɔʃ] (Fr. "galosh") 凸颏
chinacrine ['kinəkriːn] 奎纳克林,阿的平
chincap ['tʃinkæp] 颏帽
chionablepsia [ˌkiənə'blepsiə] (Gr. *chiōn* snow + *ablepsia* blindness) 雪盲
chip [tʃip] 碎片
   bone c's 骨碎片
Chiracanthium [ˌkirə'kænθiəm] 红螯蛛属
chiral ['kairəl] 表现偏光的,手性的

chirality [ki'ræliti] (Gr. *cheir* hand) 手征,手性

chir(o)- (Gr. *cheir* hand) 手

chirobrachialgia [ˌkirəˌbræki'ældʒiə] 手臂麻痛

chirognostic [ˌkirɒg'nɒstik] 能辨别左右的

chiromegaly [ˌkirə'megəli] 巨手

Chironomidae [ˌkirə'nɒmidi:] 摇蚊科

Chironomus [ki'rɒnəməs] 摇蚊属

chiroplasty ['kirəˌplæsti] 手成形术

chiropodalgia [ˌkirəpə'dældʒiə] 手足痛

chiropodical [ˌkirə'pɒdikəl] 手足医术

chiropodist [ki'rɒpədist] 治鸡眼者,足医

chiropody [ki'rɒpədi] 手足医术

chiropractic [ˌkirə'præktik] (*chiro-* + Gr. *prassein* to do) 按摩疗法

chiropractor [ˌkirə'præktə] 按摩技士,手治疗师

chiropraxis [ˌkirə'præksis] 按摩疗法

chiroscope ['kirəskəup] 手导镜,斜视手矫器,手实体镜

chirospasm ['kirəspæzəm] 书写痉挛,电报员痉挛

chisel ['tʃisəl] 凿子,錾子
   periodontal c. 牙周凿

chi-squared ['kiskwɛəd] 卡方,X^2

chitin ['kaitin] (Gr. *chitōn* tunic) 壳质,甲壳质

chitinous ['kaitinəs] 壳质的

chitobiose [ˌkitə'baiəus] 壳二糖

chitosan ['kitəsən] 壳聚糖

chiufa [tʃi'ju:fə] 坏疽性直肠结肠炎

CHL (crown-heel length 的缩写) 顶踵长度

chlamydemia [ˌklæmi'di:miə] 衣原体血(症)

Chlamydia [klə'midiə] (Gr. *chlamys* cloak) 衣原体属
   C. pneumoniae 肺炎衣原体
   C. psittaci 鹦鹉热衣原体
   C. trachomatis 沙眼衣原体

chlamydia [klə'midiə] (pl. *chlamydiae*) 衣原体属

Chlamydiaceae [kləˌmidi'eisii:] 衣原体科

chlamydiae [klə'midii:] 衣原体属。*chlamydia* 的复数形式

chlamydial [klə'midiəl] 衣原体的

Chlamydiales [klə'midieili:z] 衣原体目

chlamydiosis [kləˌmidi'əusis] 衣原体病

chlamydospore ['klæmidəˌspɔ:] (Gr. *chla-mys* cloak + *spore*) 原膜孢子

Chlamydozoaceae [ˌklæmiˌdɔzə'eisii:] 衣原体科

Chlamydozoon [ˌklæmidə'zəuən] 衣原体属

chloasma [klɒ'æzmə] (Gr. *chloazein* to be green) 褐黄斑

chlophedianol hydrochloride [ˌklɒfə'daiənɒl] 盐酸氯苯达诺,盐酸敌退咳

chloracetic acid [ˌklɒrə'setik] 氯乙酸

chloracne [klɒ'rækni] 氯痤疮

chloral ['klɒrəl] (*chlorine* + -*al*) ❶氯醛,三氯乙醛;❷水合氯醛
   c. betaine 氯醛甜菜碱
   c. hydrate (USP) 水合氯醛

chloralism ['klɒrəlizəm] 氯醛瘾

chloralization [ˌklɒrəlai'zeiʃən] ❶氯醛瘾;❷包醛麻醉

chloralose ['klɒrələus] 氯醛糖,氯醛缩葡萄糖

chlorambucil [klɒ'ræmbəsil] (USP) 苯丁酸氮芥,瘤可宁

chloramine-T ['klɒrəmi:n] 氯胺T,氯阿明T

chloramphenicol [ˌklɒrəm'fenikɒl] (USP)氯霉素
   c. palmitate (USP) 棕榈酸氯霉素,无味氯霉素
   c. sodium succinate 丁二酸钠氯霉素

chlorate ['klɒreit] 氯酸盐

chlorazanil hydrochloride [klɒ'ræzənil] 盐酸氯拉扎尼

chlorbutol [klɒ'butɒl] 氯丁醇,三氯叔丁醇

chlorcyclizine hydrochloride [klɒ'saiklizi:n] 盐酸氯环利嗪

chlordan ['klɒ:dæn] 氯丹

chlordane ['klɒ:dein] 氯丹

chlordantoin [klɒ'dæntɔin] 氯登妥因

chlordecone ['klɒ:dəkəun] 十氯酮

chlordiazepoxide [ˌklɒdiˌæzə'pɒksaid] (USP)氯氮䓬,利眠宁,甲氨二氮䓬
   c. hydrochloride (USP) 盐酸氯氮䓬,盐酸利眠宁

chlordimorine hydrochloride [klɒ'diməri:n] 盐酸氯地吗啉

Chlorella [klɒ'relə] 小球藻属

chlorellin [klɔ'relin] 绿藻素,小球藻素

chloremia [klɔ'ri:miə] (Gr. *chlōros* green + *-emia*) ❶萎黄病,绿色贫血,萎黄病贫血; ❷氯血症

chlorenchyma [klɔ'renkimə] 绿色组织

Chloresium [klɔ'reziəm] 水溶性叶绿素

chloretic [klɔ'retik] 利胆药

Chloretone ['klɔrətəun] 克罗里通:三氯叔丁醇制剂的商品名

chlorguanide [klɔ'gwɑ:naid] 氯胍,白东君

chlorhexidine [klɔ'heksidi:n] 洗必泰,双氯苯双胍展烷
  c. acetate 醋酸洗必泰
  c. gluconate 葡萄糖洗必泰
  c. hydrochloride 盐酸洗必泰

chlorhistechia [,klɔhis'tekiə] (*chloride* + Gr. *histos* tissue + *echein* to hold + *-ia*) 组织内氯(化物)过多

chlorhydria [klɔ'haidriə] (胃内)盐酸过多,胃酸过多症

chloric ['klɔrik] 氯的

chloric acid ['klɔrik] 氯酸

chloride ['klɔraid] 氯化物
  acid c. 酰基氯
  chromic c. (USP) 氯化铬
  cupric c. (USP) 氯化铜
  ferric c. 氯化铁
  mercuric c. 氯化汞,升汞,二氯化汞
  mercurous c. 氯化亚汞,甘汞
  stannous c. 氯化亚锡
  thallous c. Tl 201 氧化亚201铊

chloridimeter [,klɔri'dimitə] (*chloride* + *-meter*) 氯化物定量器

chloridimetry [,klɔri'dimitri] 氯化物定量法

chloridion [,klɔri'daiən] 氯离子

chloridometer [,klɔri'dɔmitə] 氯化物定量器

chloridorrhea [,klɔri'dɔ:riə] 高氯性腹泻
  familial c. 家族性高氯性腹泻

chloriduria [,klɔri'djuəriə] 氯尿(症)

chlorinated ['klɔrineitid] 含氯的,氯化的,加氯的

chlorine ['klɔri:n] (L. *chlorum* 或 *chlorinum*, from Gr. *chlōros* green) 氯
  c. dioxide 二氧化氯

chloriodized [klɔ'raiədaizd] 含氯碘的

chlorisondamine chloride [,klɔri'sɔndəmin] 松达氯铵,氯化氯异吲哚铵

chlorite ['klɔrait] 亚氯酸盐

chlormadinone acetate [klɔ'mædinəun] 醋酸氯地孕酮

chlormerodrin [klɔ'merədrin] 氯汞君
  c. Hg 197 氯汞君汞 197
  c. Hg 203 氯汞君汞 203

chlormethazanone [,klɔme'θæzənəun] 芬那露,氯美乍酮

chlormezanone [klɔ'mezənəun] 芬那露,氯美乍酮

chlor(o)- (Gr. *chlōros* green) ❶绿; ❷氯

chloroacetaldehyde [,klɔrəˌæse'tældihaid] 氯乙醛

chloroacetic acid [,klɔrəuə'setik] 氯醋酸,氯乙酸

chloroazodin [,klɔrə'æzədin] 氯阿唑丁,氯化偶氮胍

Chlorobacterium [,klɔrəbæk'tiəriəm] (*chloro-* + *bacterium*) 绿杆菌属,绿硫杆菌属

chlorobrightism [,klɔrə'braitizəm] 萎黄病性肾炎

chlorobutanol [,klɔrə'bju:tənɔl] (NF) 三氯叔丁醇,氯丁醇

Chlorochromatium [,klɔrəkrə'meifiəm] (*chloro-* + Gr. *chroma* color) 染绿菌属

chloroethane [,klɔrə'eθein] 氯乙烷

chloroethylene [,klɔrə'eθəli:n] 氯乙烯
  c. oxide 氧化氯乙烯

chloroform ['klɔrəfɔm] 氯仿
  acetone c. 三氯叔丁醇,氯丁醇

chloroformism [,klɔrəfɔ:mizəm] ❶氯仿(慢性)中毒; ❷氯仿麻醉

chloroformization [,klɔrəˌfɔ:mi'zeifən] 氯仿麻醉

chloroguanide hydrochloride [,klɔrə'gwɑ:naid] 盐酸氯胍,盐酸瓜那托

chlorolabe ['klɔrəleib] (*chloro-* + Gr. *lambanein* to take) 视绿素

chloroleukemia [,klɔrəlju:'ki:miə] 绿色白血病

chloroma [klɔ'rəumə] (*chlor-* + *-oma*) 绿色(肉)瘤,绿色癌

***p*-chloromercuribenzoate** [,klɔrəˌmə:kjuri'benzəeit] 对氯汞基苯甲酸盐

chloromethapyriline citrate [klɔrəˌmeθə'pirili:n] 枸橼酸氯吡林,枸橼酸氯森

chlorometry [klɔˈrɔmitri] 氯定量法
chloromonad [ˌklɔrəˈməunæd] (*chloro-* + Gr. *monas* unit, from *monos* single)绿滴虫
Chloromycetin [ˌklɔrəmaiˈsiːtin] 克罗里麦西汀:氯霉素制剂的商品名
chloronaphthalene [ˌklɔrəˈnæfθəliːn] 氯萘
chlorophane [ˈklɔrəfein] (*chloro-* + Gr. *phainein* to show)视网膜绿色素
p-**chlorophenol** [ˌklɔrəˈfiːnɔl] 对氯苯酚
chlorophyll [ˈklɔrəfil] (*chloro-* + Gr. *phyllon* leaf)叶绿素
chlorophyllin [ˈklɔrəfəlin] 水溶性叶绿素
 c. **copper complex** 水溶性叶绿素铜络合物
chloropia [klɔˈrəupiə] 绿视症
Chloropidae [klɔˈrɔpidiː] 黄潜蝇科
chloroplast [ˈklɔrəplæst] (*chloro-* + Gr. *plastos* formed) 叶绿粒
chloroplastid [ˌklɔrəˈplæstid] 叶绿粒
chloroprivic [ˌklɔrəˈprivik] (*chlorine* + L. *privare* to deprive)氯化物缺失的,缺氯的
chloroprocaine hydrochloride [ˌklɔrəˈprɔkein] (USP) 盐酸氯普鲁卡因
chloropropylene oxide [ˌklɔrəˈprɔpəliːn] 氧化氯丙烯
chloropsia [klɔˈrɔpsiə] (*chloro-* + *-opsia*) 绿视症
Chloroptic [klɔˈrɔptik] 科罗地克:氯霉素制剂的商品名
chloroquine [ˈklɔrəkwin] (USP) 氯喹
 c. **hydrochloride** 盐酸氯喹
 c. **phosphate** (USP) 磷酸氯喹
chlorosis [klɔˈrəusis] 萎黄病,绿色贫血,萎黄病贫血
Chlorostigma [ˌklɔrəˈstigmə] 萝藦属
chlorostigmine [ˌklɔrəˈstigmiːn] 绿蕊萝藦碱,塔西草碱
chlorothen citrate [ˈklɔrəθən] 枸橼酸氯森
chlorothenium citrate [ˌklɔrəˈθiːniəm] 枸橼酸氯森
chlorothiazide [ˌklɔrəˈθaiəzaid] (USP) 氯噻嗪,克尿塞
 c. **sodium** (USP) 氯噻嗪钠
chlorothymol [ˌklɔrəˈθaimɔl] 氯百里酚,氯麝香草脑

chlorotrianisene [ˌklɔrətraiˈænisiːn] 氯烯雌醚
chlorous [ˈklɔrəs] 亚氯的
chlorous acid [ˈklɔrəs] 亚氯酸
chlorovinyldichloroarsine [ˌklɔrəˌvainilˌdaiˌklɔrəˈɑːsin] 氯乙烯基二氯胂,路易士毒气
chloroxine [klɔˈrɔksiːn] 氟诺星
chloroxylenol [ˌklɔrəˈzailənɔl] 氯二甲苯酚
chlorphenesin [klɔːˈfenəsin] 氯苯甘油醚
 c. **carbamate** 氯苯甘油氨酯
chlorpheniramine [ˌklɔːfəˈnirəmiːn] 氯苯那敏,氯非尼腊明,氯苯吡胺
 c. **maleate** (USP) 扑尔敏,马来酸氯苯那敏
chlorphenoxamine hydrochloride [ˌklɔːfeˈnɔksəmiːn] 盐酸氯苯沙明
chlorphentermine hydrochloride [klɔːˈfentəmiːn] 盐酸对氯苯丁胺
chlorpromazine [klɔːˈprɔməziːn] (USP) 氯丙嗪,氯普马嗪
 c. **hydrochloride** 盐酸氯丙嗪,盐酸氯普马嗪
chlorpropamide [klɔːˈprɔpəmaid] (USP) 氯磺丙脲
chlorprophenpyridamine [ˌklɔːprəfənpiˈridəmiːn] 氯苯那敏,氯非尼腊明,氯苯吡胺
chlorprothixene [ˌklɔːprəˈθiksiːn] (USP) 泰尔登
 c. **hydrochloride** 盐酸泰尔登
 c. **lactate and hydrochloride** 乳酸盐酸泰尔登
chlorquinaldol [klɔːˈkwinældɔl] 氯喹那多
chlortetracycline [ˌklɔːtetrəˈsaikliːn] 金霉素,氯四环素
 c. **hydrochloride** (USP) 盐酸金霉素
chlorthalidone [klɔːˈθælidəun] (USP) 氯噻酮
Chlor-Trimeton [klɔːˈtrimətən] 氯屈米通
chlorum [ˈklɔːrəm] (gen. *chlori*) (L.) 氯
chloruresis [ˌklɔːrəˈriːsis] (*chloride* + Gr. *ourein* to urinate) 尿氯排泄
chloruretic [ˌklɔːrəˈretik] ❶(促)尿氯排泄的;❷ 促尿氯排泄药
chloruria [klɔːˈruəriə] (*chloride* + Gr.

ouron urine + *-ia*) 氯尿(症)

chlorzoxazone [klɔ'zɔksəsəun] 氯唑沙宗

ChM (L. *Chirurgiae Magister* 的缩写)外科学硕士

CHO (Chinese hamster ovary 的缩写)中国仓鼠卵巢细胞

choana ['kɔənə] (pl. *choanae*) (L.; Gr. *choanē* funnel) ❶ 漏斗；❷ (pl.) (NA) 鼻后孔
  primary c. 初鼻后孔,原始鼻后孔
  secondary c. 次鼻后孔

choanae ['kɔəni:] (L.) ❶ 漏斗；❷ (NA) 鼻后孔

choanal ['kɔənəl] ❶漏斗的；❷鼻后孔的

choan(o)- (L.; Gr. *choanē* funnel) 漏斗,漏斗样结构

choanoid ['kɔənɔid] (Gr. *choanē* funnel + *eidos* form) 漏斗状的

choanocyte ['kɔənəsait] (*choano-* + Gr. *kytos* hollow vessel) 领细胞,襟细胞

choanomastigote [ˌkɔuənə'mæstigəut] (*choano-* + Gr. *mastix* whip) 领鞭毛体

Choanotaenia [kəuˌænə'ti:niə] (Gr. *choanē* funnel + *taenia* 定义2) 领绦虫属
  C. infundibulum 漏斗状领绦虫

choke [tʃəuk] ❶ 气哽,气阻；❷ (pl.) 哽塞
  thoracic c. 食管(胸段)梗阻
  water c. 吸水性气哽

cholagogic [ˌkɔlə'gɔdʒik] 利胆的

cholagogue ['kɔləgɔg] (*chol-* + Gr. *agōgos* leading) 利胆药

cholaic acid [kəu'leiik] 牛磺胆酸

Cholan-DH ['kɔlən] 考兰 DH:脱氢胆酸制剂的商品名

cholaneresis [ˌkɔlə'nerəsis] 胆酸类物质排出增多

cholangeitis [kəˌlændʒi'aitis] 胆管炎

cholangiectasis [kəˌlændʒi'ektəsis] 胆管扩张

cholangi(o)- (*chol-* + *angi(o)-*) 胆管

cholangioadenoma [kəuˌlændʒiəˌædə'nəumə] 胆管腺瘤

cholangiocarcinoma [kəuˌlændʒiəˌkɑ:si'nəumə] 胆管癌,胆管细胞癌

cholangiocholecystocholedochectomy [kəuˌlændʒiəˌkɔliˌsistəˌkɔlidə'kektəmi] 肝胆道切除术

cholangioenterostomy [kəuˌlændʒiəˌentə'rɔstəmi] (*chol-* + Gr. *angeion* vessel + *enteron* intestine + *stomoun* to provide with an opening, or mouth) 胆管小肠吻合术

cholangiogastrostomy [kəuˌlændʒiəgæs'trɔstəmi] (*chol-* + Gr. *angeion* vessel + *gastēr* stomach + *stomoun* to provide with an opening, or mouth) 胆管胃吻合术

cholangiogram [kəu'lændʒiəgræm] 胆管造影照片

cholangiography [kəuˌlændʒi'ɔgrəfi] (*chol-* + Gr. *angeion* vessel + *graphein* to write) 胆管造影术
  fine needle transhepatic c. (FNTC) 细针头经肝(穿刺)胆管造影术
  operative c. 手术中胆管造影术
  treanshepatic c. 经肝(穿刺)胆管造影术
  transjugular c. 经颈静脉胆管造影术

cholangiohepatitis [kəuˌlændʒiəˌhepə'taitis] 胆管肝炎

cholangiohepatoma [kəuˌlændʒiəˌhepə'təumə] 胆管肝细胞瘤

cholangiojejunostomy [kəuˌlændʒiəˌdʒədʒu'nɔstəmi] 胆管空肠吻合术
  intrahepatic c. 肝内胆管空肠吻合术

cholangiolar [ˌkɔlæn'dʒiələ] 胆小管的

cholangiole [kəu'lændʒiəul] (*chol-* + Gr. *angeion* vessel + *-ole* diminutive suffix) 毛细胆管

cholangiolitis [kəuˌlændʒiə'laitis] 胆小管炎

cholangioma [kəuˌlændʒi'əumə] (*chol-* + *angi-* + *-oma*) 胆管瘤,胆管细胞瘤

cholangiopancreatography [kəuˌlændʒiəˌpæŋkriə'tɔgrəfi] 胆管胰造影术
  endoscopic retrograde c. (ERCP) 内窥镜下逆行性胆管胰造影术

cholangiosarcoma [kəuˌlændʒiəsɑ:'kəumə] (*chol-* + *angio-* + *sarcoma*) 胆管肉瘤
  hilar c. 门胆管肉瘤
  peripheral c. 外周胆管肉瘤

cholangiostomy [ˌkɔlæn'dʒiəstəmi] (*chol-* + Gr. *angeion* vessel + *stomoun* to provide with an opening, or mouth) 胆管造口术

cholangiotomy [ˌkɔlændʒi'ɔtəmi] (chol- + Gr. *angeion* vessel + *tomē* a cutting) 胆管切开术

cholangitis [ˌkɔlæn'dʒaitis] (chol- + Gr. *angeion* vessel + *-itis*) 胆管炎
  chronic nonsuppurative destructive c. 慢性非化脓性破坏性胆管炎
  c. lenta 慢性感染性胆管炎
  primary sclerosing c. 原发性硬化性胆管炎
  progressive nonsuppurative c. 进行性非化脓性胆管炎

cholanic acid [kə'lænik] 胆(甾)烷酸

cholanopoiesis [ˌkɔlənəpɔi'i:sis] 胆酸盐生成

cholanopoietic [ˌkɔlənəpɔi'etik] ❶促胆酸盐生成的; ❷促胆酸盐生成药

cholanthrene [kə'lænθri:n] 胆蒽

cholate ['kɔleit] 胆酸盐, 胆酸阴离子, 胆酸酯

chole- 胆汁

cholebilirubin [ˌkɔliˌbili'ru:bin] 直(接反)应胆红素

cholecalciferol [ˌkɔlikæl'sifərɔl] ❶胆骨化醇, 胆钙化醇; ❷(USP) 维生素 D₃

cholechromopoiesis [ˌkɔliˌkrɔməpɔi'i:sis] 胆色素生成

cholecyanin [ˌkɔli'saiənin] 胆青素, 胆蓝素

cholecyst ['kɔlisist] (chole- + Gr. *kystis* bladder) 胆囊

cholecystagogic [ˌkɔliˌsistə'gɔdʒik] 促胆囊排空的, 排胆的

cholecystagogue [ˌkɔli'sistəgɔg] 利胆药, 排胆药

cholecystalgia [ˌkɔlisis'tældʒiə] (cholecyst + *-algia*) ❶胆绞痛; ❷胆囊痛

cholecystatony [ˌkɔlisis'tætəni] 胆囊弛缓

cholecystectasia [ˌkɔlisistek'teiziə] (cholecyst + Gr. *ektasis* distention) 胆囊扩张

cholecystectomy [ˌkɔlisis'tektəmi] (cholecyst + Gr. *ektomē* excision) 胆囊切除术

cholecystenteric [ˌkɔliˌsisten'terik] 胆囊小肠的

cholecystenteroanastomosis [ˌkɔlisisˌtentərɔiˌnɔstə'məusis] 胆囊小肠吻合术

cholecystenterorrhaphy [ˌkɔlisisˌtentə'rɔrəfi] 胆囊小肠缝术

cholecystenterostomy [ˌkɔlisisˌtentə'rɔstəmi] (cholecyst + Gr. *enteron* bowel + *stomoun* to provide with an opening, or mouth) 胆囊小肠吻合术

cholecystgastrostomy [ˌkɔlisistgæs'trɔstəmi] 胆囊胃吻合术

cholecystic [ˌkɔli'sistik] 胆囊的

cholecystis [ˌkɔli'sistis] (Gr. *chole* bile, gall + *kystis* bladder) 胆囊

cholecystitis [ˌkɔlisis'taitis] (cholecyst- + *-itis*) 胆囊炎
  acute c. 急性胆囊炎
  chronic c. 慢性胆囊炎
  c. emphysematosa 气肿性胆囊炎
  emphysematous c. 气肿性胆囊炎
  follicular c. 滤泡性胆囊炎
  gaseous c. 气肿性胆囊炎
  c. glandularis proliferans 腺样增生性胆囊炎

cholecystnephrostomy [ˌkɔliˌsistnə'frɔstəmi] 胆囊肾盂吻合术

cholecystocholangiogram [ˌkɔliˌsistəkə'lændʒiəgræm] 胆囊胆管造影照片

cholecystocolonic [ˌkɔliˌsistəkə'lɔnik] 胆囊结肠的

cholecystocolostomy [ˌkɔliˌsistəkə'lɔstəmi] 胆囊结肠吻合术

cholecystocolotomy [ˌkɔliˌsistəkə'lɔtəmi] 胆囊结肠切开术

cholecystoduodenal [ˌkɔlisistəˌdjuə'di:nəl] 胆囊十二指肠的

cholecystoduodenostomy [ˌkɔliˌsistəˌdjuədə'nɔstəmi] 胆囊十二指肠吻合术

cholecystoenterostomy [ˌkɔliˌsistəˌentə'rɔstəmi] 胆囊小肠吻合术

cholecystogastric [ˌkɔliˌsistə'gæstrik] 胆囊胃的

cholecystogastrostomy [ˌkɔliˌsistəgæs'trɔstəmi] 胆囊胃吻合术

cholecystogogic [ˌkɔliˌsistə'gɔdʒik] 促胆囊收缩的

cholecystogram [ˌkɔli'sistəgræm] 胆囊照片

cholecystography [ˌkɔlisis'tɔgrəfi] (cholecyst + Gr. *graphein* to write) 胆囊造影术

cholecystoileostomy [ˌkɔliˌsistəˌili'ɔstəmi] 胆囊回肠吻合术

cholecystointestinal [ˌkɔliˌsistəin'testinəl] 胆囊小肠的

cholecystojejunostomy [ˌkɔliˌsistəˌdʒidʒu'nɔstəmi] 胆囊空肠吻合术

cholecystokinetic [ˌkɔliˌsistəki'netik] 促胆囊收缩的

cholecystokinin (CCK) [ˌkɔliˌsistə'kinin] (*cholecyst* + Gr. *kinein* to move) 缩胆囊素

cholecystolithiasis [ˌkɔliˌsistəli'θaiəsis] (*cholecyst* + *lithiasis*) 胆囊结石病

cholecystolithotripsy [ˌkɔliˌsistə'liθəˌtripsi] (*cholecyst* + *lithotripsy*) 胆囊碎石术

cholecystonephrostomy [ˌkɔliˌsistənə'frɔstəmi] 胆囊肾盂吻合术

cholecystopathy [ˌkɔlisis'tɔpəθi] (*cholecyst* + Gr. *pathos* disease) 胆囊病

cholecystopexy [ˌkɔli'sistəˌpeksi] (*cholecyst* + Gr. *pēxis* fixation) 胆囊固定术

cholecystoptosis [ˌkɔliˌsistəp'təusis] (*cholecyst* + Gr. *ptosis* fall) 胆囊下垂

cholecystopyelostomy [ˌkɔliˌsistəˌpaiə'lɔstəmi] 胆囊肾盂吻合术

cholecystorrhaphy [ˌkɔlisis'tɔrəfi] (*cholecyst* + Gr. *rhaphē* suture) 胆囊缝术

cholecystosis [ˌkɔlisis'təusis] 胆囊病
  hyperplastic c. 增生性胆囊病
  percutaneous c. 经皮胆石摘除

cholecystotomy [ˌkɔlisis'tɔtəmi] (*cholecyst* + Gr. *tomē* a cutting) 胆囊切开术

choledochal [kɔ'ledəkəl] 胆总管的

choledochectomy [ˌkɔlidə'kektəmi] (*choleodchus* + Gr. *ektomē* excision) 胆总管部分切除术

choledochendysis [ˌkɔlidə'kendisis] (*choledochus* + Gr. *endysis* entrance) 胆总管切开术

choledochitis [ˌkɔlidə'kaitis] 胆总管炎

choledoch(o)- (*choledochus*) 胆总管的

choledochocele [kɔ'ledəkəsi:l] 胆总管囊肿

choledochocholedochostomy [kɔˌledəkəˌkɔlədə'kɔstəmi] 胆总管对口吻合术

choledochoduodenostomy [kɔˌledəkəˌdjuədə'nɔstəmi] 胆总管十二指肠吻合术

choledochoenterostomy [kɔˌledəkəˌentə'rɔstəmi] 胆总管小肠吻合术

choledochogastrostomy [kɔˌledəkəgæs'trɔstəmi] 胆总管胃吻合术

choledochogram [kə'ledəkəgræm] 胆总管造影照片

choledochography [kəˌledə'kɔgrəfi] (*choledochus* + Gr. *graphein* to write) 胆总管造影术

choledochohepatostomy [kəˌledəkəˌhepə'tɔstəmi] 胆总管肝管吻合术

choledochoileostomy [kəˌledəkɔili'ɔstəmi] 胆总管回肠吻合术

choledochojejunostomy [kəˌledəkɔdʒədʒu'nɔstəmi] 胆总管空肠吻合术

choledocholith [kə'ledəkəliθ] 胆总管石

choledocholithiasis [kəˌledəkɔli'θaisis] 胆总管石病

choledocholithotomy [kəˌledəkɔli'θɔtəmi] 胆总管石切除术

choledocholithotripsy [kəˌledəkɔ'liθəˌtripsi] 胆总管碎石术

choledochoplasty [kəˌledəkə'plæsti] 胆总管成形术

choledochorrhaphy [kəˌledə'kɔrəfi] (*choledochus* + Gr. *rhaphē* suture) 胆总管缝术

choledochoscope [kə'ledəkəskəup] 胆总管(窥)镜

choledochostomy [kəˌledə'kɔstəmi] (*choledochus* + Gr. *stomoun* to provide with an opening, or mouth) 胆总管造口术

choledochotomy [kəˌledə'kɔtəmi] (*choledochus* + Gr. *tomē* a cutting) 胆总管切开术

choledochus [kə'ledəkəs] (*chole-* + Gr. *dochos* receptacle) 胆总管

Choledyl ['kɔlədil] 考罗地: 胆茶碱制剂的商品名

choleglobin [ˌkɔli'glɔbin] 胆珠蛋白, 胆绿蛋白

cholehematin [ˌkɔli'hemətin] 胆紫素

choleic [kəu'li:ik] 胆的

choleic acid [kəu'li:ik] 胆酸

cholelith ['kɔliliθ] (*chole-* + Gr. *lithos* stone) 胆石

cholelithiasis [ˌkɔlili'θaiəsis] (*chole-* + *lithiasis*) 胆石病

cholelithic [ˌkɔli'liθik] 胆石的

cholelithotomy [ˌkɔlili'θɔtəmi] 胆石切除术

cholelithotripsy [ˌkɔli'liθətripsi] (*cholelith* + Gr. *tribein* to crush) 碎胆石术

cholelithotrity [ˌkɔlili'ɔtriti] 碎胆石术

cholemesis [kə'lemәsis] (*chole-* + Gr. *emein* to vomit) 呕胆

cholemia [kə'liːmiә] (*chole-* + Gr. *haima* blood + *-ia*) 胆血症
　familial c., **Gilbert c.** 家庭性胆血症,先天性胆血症,吉尔伯特胆血症

cholemic [kə'lemik] 胆血症的

cholemimetry [ˌkɔli'mimitri] 胆色素定量法

choleperitoneum [ˌkɔliˌperitə'niәm] (*chole-* + *peritoneum*) 胆汁性腹膜炎

choleperitonitis [ˌkɔliˌperitə'naitis] 胆汁性腹膜炎

cholepoiesis [ˌkɔlipoi'iːsis] ❶胆汁生成; ❷胆汁(酸)盐生成

cholepoietic [ˌkɔlipoi'etik] (*chole-* + Gr. *poiein* to make) 胆汁生成的

choleprasin [ˌkɔli'præsin] 胆翠质

cholera ['kɔlәrә] (Gr., from *cholē* bile) 霍乱
　Asiatic c. 亚洲霍乱,流行性霍乱,印度霍乱
　dry c. 暴发性霍乱,干性霍乱
　fowl c. 禽霍乱
　c. gallinarium 禽霍乱
　hog c. 猪霍乱
　c. morbus 假霍乱,欧洲霍乱
　pancreatic c. 胰性霍乱
　c. sicca 干性霍乱,暴发性霍乱
　summer c. 夏季吐泻,假霍乱

choleragen [ˈkɔlәrәdʒən] 霍乱原,霍乱肠毒素

choleraic [ˌkɔlә'reiik] 霍乱的

choleraphage ['kɔlәrәfeidʒ] 霍乱(弧菌)噬菌体

choleresis [kə'lerәsis] (*chole-* + Gr. *hairesis* a taking) 胆汁分泌

choleretic [ˌkɔlә'retik] ❶促胆汁分泌的; ❷利胆药

choleria [kə'liәriә] 胆汁质

choleric ['kɔlәrik] (Gr. *cholerikos*, form *chole* bile) 胆汁质的

choleriform [kə'lerifɔːm] 霍乱样的

cholerigenic [ˌkɔlәri'dʒenik] 引起霍乱的

cholerigenous [ˌkɔlә'ridʒәnәs] 引起霍乱的

choleroid ['kɔlәrɔid] (Gr. *cholera* + *eidos* form) 霍乱样的

cholescintigram [ˌkɔli'sintigræm] 胆管闪烁图

cholescintigraphy [ˌkɔlisin'tigrәfi] 胆管闪烁显象,胆管闪烁扫描

cholestane ['kɔlәstein] 胆甾烷

cholestanetriol [kəˌlestein'traiәl] 胆石(甾)烷三醇

cholestanetriol 26-monooxygenase [kəˌlestein'traiәl mɔnə'ɔksәdʒəneis] (EC 1.14.13.15) 胆石烷三醇26-单加氧酶

cholestanol [kə'lestәnɔl] 胆甾烷醇
　beta-c β-胆甾烷醇

cholestasia [ˌkɔli'steiziә] 胆汁郁积,胆汁阻塞

cholestasis [ˌkɔli'stæsis] (*chole-* + Gr. *stasis* stoppage) 胆汁郁积,胆汁阻塞

cholestatic [ˌkɔli'stætik] 胆汁郁积的,胆汁阻塞的

cholesteatoma [ˌkɔliˌstiә'tәumә] (*chole-* + *steatoma*) 胆脂瘤,珠光瘤
　congenital c. 先天性胆脂瘤,表皮样瘤
　intracranial c. 颅内胆脂瘤
　c. tympani 鼓室胆脂瘤

cholesteatomatous [ˌkɔliˌstiә'tɔmәtәs] 胆脂瘤的

cholesteatosis [ˌkɔliˌstiә'tәusis] 胆固醇沉着性变性

cholesterin [kə'lestәrin] 胆固醇,胆甾醇

cholesterogenesis [kəˌlestәrә'dʒenәsis] (*cholesterol* + *-genesis*) 胆固醇产生

cholesterohistechia [kəˌlestәrәhis'tekiә] (*cholesterol* + Gr. *histos* tissue + *echein* to hold + *-ia*) 组织胆固醇沉着

cholesterohydrothorax [kəˌlestәrәuˌhaidrә'θɔːræks] 胆固醇性水胸

cholesterol [kə'lestәrɔl] (*chole-* + *sterol*) 胆固醇,胆甾醇

cholesterol acyltransferase [kə'lestәrɔlˌәsil'trænsfәreis] 胆甾醇酰(基)转移酶

cholesterol desmolase [kә'lestәrɔl 'dezmәleis] 胆固醇碳链(裂解)酶

cholesterol desmolase deficiency 胆固醇碳链(裂解)酶缺乏

cholesterolemia [kәˌlestәrә'liːmiә] 胆固醇血(症),血胆固醇过多

cholesteroleresis [kəˌlestərəˈlerəsis] 胆汁内胆固醇增多

cholesterol esterase [kəˈlestərəl ˈestəreis] 胆固醇酯酶

cholesterolestersturz [kəˌlestərəˈlestəstuəts] (Ger.) 血内胆固醇减少

cholesterol monooxygenase (side-chain-cleaving) [kəˈlestərəl ˌmɔnəˈɔksədʒəneis said tʃein ˈkliːviŋ] (EC 1.14.15.6)（裂解侧链的）胆固醇单加氧酶

cholesterolopoiesis [kəˌlestəˌrɔlpɔiˈiːsis] (*cholesterol* + *-poiesis*) 胆固醇生成

cholesterolosis [kəˌlestərəˈləusis] 胆固醇沉着（病）

cholesterol sulfatase [kəˈlestərəl ˈsʌlfəteis] 胆固醇硫酸酯酶

cholesteroluria [kəˌlestərəˈljuəriə] 胆固醇尿

cholesterosis [kəˌlestəˈrəusis] 胆固醇沉着（病）

　　extracellular c. 细胞外胆固醇沉着

cholesteryl [kəˈlestəril] 胆甾醇基

choletelin [kəˈletəlin] (*chole-* + Gr. *telos* end) 胆黄素

choletherapy [ˌkɔliˈθerəpi] (*chole-* + *therapy*) 胆汁疗法

choleuria [ˌkɔliˈjuəriə] (*chole-* + *-uria*) 胆汁尿

choleverdin [ˌkɔliˈvəːdin] 胆青素, 胆蓝素, 胆绿素

cholic acid [ˈkɔlik] 胆酸

choline [ˈkɔliːn] 胆碱

　　acetyl glyceryl ether phosphoryl c. 乙酰甘油醚磷酰胆碱

　　c. magnesium trisalicylate 三水杨酸胆碱镁

　　c. salicylate 水杨酸胆碱

　　c. theophyllinate 胆茶碱, 茶碱胆碱

choline acetylase [ˈkɔliːn əˈsetəleiz] 胆碱乙酰化酶

choline O-acetyltransferase [ˈkɔliːn ˌæsətiːlˈtrænsfəreis] (EC 2.3.1.6) 胆碱O-转乙酰（基）酶

choline esterase Ⅰ [ˈkɔliːn ˈestəreis] 胆碱酯酶Ⅰ型

choline esterase Ⅱ (unspecific) [ˈkɔliːn ˈestəreis ˌʌnspeˈsifik] 胆碱酯酶Ⅱ型（非特异的）

cholinergic [ˌkɔliˈnəːdʒik] ❶胆碱能的; ❷胆碱能药

cholinesterase [ˌkɔliˈnestəreis] (EC 3.1.1.8) 胆碱酯酶

　　serum c. (SChE) 血清胆碱酯酶

　　true c. 真胆碱酯酶

cholinoceptive [ˌkɔlinəˈseptiv] 胆碱能受体的

cholinoceptor [ˌkɔlinəˈseptə] 胆碱能受体

cholinolytic [ˌkɔlinəˈlitik] ❶抗胆碱（作用）的, 胆碱阻滞的; ❷ 抗胆碱药, 胆碱阻滞药

cholinomimetic [ˌkɔlinəmiˈmetik] 类胆碱（作用）的, 拟胆碱（作用）的

chol(o)- (Gr. *cholē* bile) 胆汁

cholochrome [ˈkɔləkrəum] (*cholo-* + Gr. *chrōma* color) 胆红素

cholocyanin [ˌkɔləˈsaiənin] (*cholo-* + Gr. *kyanos* blue) 胆青素, 胆蓝素

chologenetic [ˌkɔlədʒəˈnetik] (*cholo-* + Gr. *gennan* to produce) 生胆汁的

Chlografin [ˌkɔləˈgræfin] 考罗格兰芬: 胆道造影剂胆影酸制剂的商品名

cholohematin [ˌkɔləˈhemətin] 胆紫素

cholohemothorax [ˌkɔləheməˈθɔːræks] (*cholo-* + Gr. *haima* blood + *thōrax* chest) 胆血胸

chololith [ˈkɔləliθ] 胆石

chololithiasis [ˌkɔləliˈθaiəsis] 胆石病

chololithic [ˌkɔləˈliθik] 胆石的

cholopoiesis [ˌkɔləpɔiˈiːsis] 胆汁生成

cholothorax [ˌkɔləˈθɔːræks] (*cholo-* + Gr. *thōrax* chest) 胆汁胸

Choloxin [kəˈlɔksin] 克罗克新: 右旋甲状腺素钠制剂的商品名

choluria [kɔˈljuəriə] (*chol-* + *-uria*) 胆汁尿

choluric [kɔˈljurik] 胆汁尿的

Cholybar [ˈkɔlibɑː] 科利巴: 消胆胺制剂的商品名

cholylglycine [ˌkɔlilˈglaisiːn] 胆酰甘氨酸

cholyltaurine [ˌkɔlilˈtɔːriːn] 胆酰牛磺酸

Chondodendron [ˌkɔndəˈdendrɔn] 南美防己属

　　C. tomentosum 南美防己

chondral [ˈkɔndrəl] 软骨的

chondralgia [kɔnˈdrældʒiə] 软骨痛

chondralloplasia [ˌkɔndrələˈpleiziə] (*chondr-*

+ *allo-* + *-plasia* enchondromatosis) 软骨发育异常,软骨发育不全

chondrectomy [kɔnˈdrektəmi] (*chondr-* + Gr. *ektomē* excision) 软骨切除术

chondric [ˈkɔndrik] 软骨的

Chondrichthyes [kɔnˈdrikθiːz] (Gr. *chondros* cartilage + *ichthys* fish) 软骨鱼

chondrification [ˌkɔndrifiˈkeiʃən] (*chondri-* + L. *facere* to make) 软骨化,软骨形成

Chondrina [kɔnˈdrainə] 软蛹螺属

chondri(o)- (Gr. *chondrion* granule) 颗粒

chondriome [ˈkɔndriəum] 线粒体系

chondriosome [ˈkɔndriəsəum] (*chondrio-* + Gr. *sōma* body) 线粒体

chondritis [kɔnˈdraitis] (*chondr-* + *-itis*) 软骨炎

   costal c. 肋软骨炎

   c. intervertebralis calcanea 椎间盘钙质沉着

chondr(o)- (Gr. *chondros* cartilage) 软骨

chondroangioma [ˌkɔndrəænˈdʒiˈəumə] (*chondro-* + *angioma*) 软骨血管瘤

chondroblast [ˈkɔndrəblæst] (*chondro-* + Gr. *blastos* germ) 成软骨细胞

chondroblastoma [ˌkɔndrəblæsˈtəumə] (*chondroblast* + *-oma*) 成软骨细胞瘤

   benign c. 良性成软骨细胞瘤

chondrocalcinosis [ˌkɔndrəˌkælsiˈnəusis] (*chondro-* + L. *calx* lime + *-osis*) 软骨钙质沉着病

chondroclast [ˈkɔndrəklæst] (*chondro-* + *clast*) 破软骨细胞

Chondrococcus [ˌkɔndrəˈkɔkəs] (*chondro-* + Gr. *kokkos* berry) 软骨球菌属,粒球粘细菌属

chondrocostal [ˌkɔndrəˈkɔstəl] (*chondro-* + L. *costa* rib) 肋与胸软骨的

chondrocranium [ˌkɔndrəˈkreiniəm] (*chondro-* + *cranium*) (NA) 软骨颅

chondrocyte [ˈkɔndrəsait] (*chondro-* + *-cyte*) 软骨细胞

   isogenous c's 同源软骨细胞

chondrodermatitis [ˌkɔndrəˌdəməˈtaitis] 软骨皮炎

   c. nodularis chronica helicis 慢性结节性耳轮软骨皮炎

chondrodynia [ˌkɔndrəˈdiniə] (*chondr-* + *-odynia*) 软骨痛

chondrodysplasia [ˌkɔndrədisˈpleiziə] (*chondro-* + *dysplasia*) 软骨发育异常,软骨发育不良

   hereditary deforming c. 遗传畸形性软骨发育不良

   metaphyseal c. 干骺端软骨发育不良

   c. punctata 点状软骨发育异常

chondrodystrophia [ˌkɔndrədisˈtrɔfiə] (*chondro-* + *dys-* + Gr. *trophē* nutrition) 脂肪软骨营养不良

   c. calcificans congenita, c. congenita punctata, c. fetalis calcificans 点状骨骺发育不良

chondrodystrophy [ˌkɔndrəˈdistrəfi] 软骨营养障碍

   hyperplastic c. 增生性软骨营养障碍

   hypoplastic c. 发育不全性软骨营养障碍

   hypoplastic fetal c. 胎儿发育不全性软骨营养障碍,点状骨骺发育不良

   c. malacia 软化性软骨营养障碍

chondroendothelioma [ˌkɔndrəˌendəθiliˈəumə] (*chondro-* + *endothelioma*) 软骨内皮瘤

chondroepiphyseal [ˌkɔndrəˌepiˈfiziəl] 软骨骺的

chondroepiphysitis [ˌkɔndrəˌepifiˈzaitis] 软骨骺炎

chondrofibroma [ˌkɔndrəfaiˈbrəumə] (*chondroma* + *fibroma*) 软骨纤维瘤

chondrogenesis [ˌkɔndrəˈdʒenəsis] (*chondro-* + *-genesis*) 软骨形成

chondrogenic [ˌkɔndrəˈdʒenik] 软骨形成的

chondroglossus [ˌkɔndrəˈglɔsəs] 小角舌肌

chondrography [kɔnˈdrɔgrəfi] (*chondro-* + *-graphy*) 软骨论

chondroid [ˈkɔndrɔid] ❶软骨样的; ❷透明软骨

chondroitic [ˌkɔndrəˈitik] 软骨的

chondroitin sulfate [kɔnˈdrɔitin] 硫酸软骨素

chondroitinuria [kɔnˌdrɔitiˈnjuəriə] 软骨素尿

chondrolipoma [ˌkɔndrəliˈpəumə] (*chondro-* + *lip-* + *-oma*) 软骨脂瘤

chondrology [kɔnˈdrɔlədʒi] (*chondro-* + *-logy*) 软骨学

chondrolysis [kɔn'drɔlisis] (*chondro-* + Gr. *lysis* dissolution) 软骨溶解

chondroma [kɔn'drəumə] (pl. *chondromas*, *chondromata*) (*chondr-* + *-oma*) 软骨瘤
  joint c. 关节软骨瘤
  juxtacortical c. 近皮层软骨瘤
  periosteal c. 骨膜性软骨瘤
  synovial c. 滑膜性软骨瘤
  true c. 真性软骨瘤

chondromalacia [ˌkɔndrəmə'leiʃiə] (*chondro-* + Gr. *malakia* softness) 软骨软化
  c. fetalis 胎儿软骨软化
  c. patellae 髌骨软骨软化

chondromatosis [ˌkɔndrəmə'təusis] 软骨瘤病
  synovial c. 滑膜性软骨瘤病

chondromatous [kɔn'drəmətəs] 软骨的

chondromere ['kɔndrəmiə] (*chondro-* + Gr. *meros* part) 软骨节

chondrometaplasia [ˌkɔndrəˌmetə'pleiziə] 软骨化生,软骨组织变形
  synovial c. 滑膜性软骨化生
  tenosynovial c. 腱鞘滑膜性软骨化生

chondromitome [ˌkɔndrə'maitəum] (*chondro-* + Gr. *mitos* thread) 副核

chondromucin [ˌkɔndrə'mjusin] 软骨粘蛋白

chondromucoid [ˌkɔndrə'mjukɔid] 软骨粘蛋白

chondromucoprotein [ˌkɔndrəˌmjukə'prəutiːn] 软骨粘蛋白质

chondromyoma [ˌkɔndrəmai'əumə] (*chondro-* + *myoma*) 软骨肌瘤

chondromyxoma [ˌkɔndrəmaik'səumə] 软骨粘液瘤

chondromyxosarcoma [ˌkɔndrəˌmaiksəsɑː'kəumə] (*chondro-* + *myxo-* + *sarcoma*) 软骨粘液肉瘤

chondronecrosis [ˌkɔndrənə'krəusis] 软骨坏死

chondro-osseous [ˌkɔndrə'ɔsiəs] 软骨与骨的

chondropathia [ˌkɔndrə'pæθiə] 软骨病
  c. tuberosa 结节状软骨病

chondropathology [ˌkɔndrəpə'θɔlədʒi] 软骨病理学

chondropathy [kɔn'drɔpəθi] (*chondro-* + *-pathy*) 软骨病

chondrophyte ['kɔndrəfait] (*chondro-* + Gr. *phyton* a growth) 软骨疣

chondroplasia [ˌkɔndrə'pleiziə] 软骨生成
  c. punctata 点状骨骺发育不良

chondroplast ['kɔndrəplæst] (*chondro-* + Gr. *plassein* to form) 成软骨细胞

chondroplastic [ˌkɔndrə'plæstik] 软骨成形术

chondroplasty ['kɔndrəˌplæsti] (*chondro-* + *-plasty*) 软骨成形术

chondroporosis [ˌkɔndrəpə'rəusis] (*chondro-* + Gr. *poros* a passage) 软骨疏松

chondrosamine [kɔn'drɔsəmiːn] 软骨糖胺,氨基半乳糖

chondrosarcoma [ˌkɔndrəsɑː'kəumə] (*chondro-* + *sarcoma*) 软骨肉瘤
  central c. 内生软骨肉瘤
  clear cell c. 明细胞软骨肉瘤
  dedifferentiated c. 间变软骨肉瘤
  juxtacortical c. 近皮层软骨肉瘤
  mesenchymal c. 间质软骨肉瘤
  myxoid c. 粘液样软骨细胞
  periosteal c. 骨膜性软骨肉瘤
  peripheral c. 外周性软骨肉瘤

chondrosarcomatosis [ˌkɔndrəsɑːˌkəmə'təusis] 软骨肉瘤病

chondrosarcomatous [ˌkɔndrəsɑː'kəmətəs] 软骨肉瘤的

chondroseptum [ˌkɔndrə'septəm] (*chondro-* + *septum*) 鼻中隔软骨部

chondrosin ['kɔndrəsin] 软骨胶素

chondrosis [kɔn'drəusis] (Gr. *chondros* cartilage) 软骨形成

chondroskeleton [ˌkɔndrə'skelitən] 软骨骼

chondrosteoma [kɔnˌdrɔsti'əumə] 软骨骨瘤,骨软骨瘤

chondrosternal [ˌkɔndrə'stənəl] 肋软骨胸骨的

chondrosternoplasty [ˌkɔndrəˌstənə'plæsti] 漏斗胸矫正术,肋软骨胸骨成形术

chondrotome ['kɔndrətəum] 软骨刀

chondrotomy [kɔn'drɔtəmi] (*chondro-* + Gr. *temnein* to cut) 软骨切开术

chondrotrophic [ˌkɔndrə'trɔfik] (*chondro-* + Gr. *trophē* nutrition) 软骨营养的

chondroxiphoid [ˌkɔndrə'zaifɔid] (*chon-*

dro- + *xiphoid*) 剑突的

chondrus ['kɔndrəs] 角叉菜,爱兰苔

chonechondrosternon [ˌkɔniˌkɔndrə'stəː-nən] 漏斗(状)胸

Chopart's amputation [ʃɔ'paːz] (François *Chopart*, French surgeon, 1743-1795) 肖帕尔氏切断术

chorangioma [kɔˌrændʒi'əumə] 绒(毛)膜血管瘤

chord [kɔːd] 索,带

condyle c. 髁轴

chorda ['kɔːdə] (pl. *chordae*) (L., from Gr. *chordē* cord) (NA) 索,带

c. dorsalis 脊索

c. gubernaculum 索引带

c. magna 跟腱

c. obliqua membranae interosseae antebrachii (NA) 前臂骨间膜斜索

c. spermatica 精索

chordae tendineae cordis (NA) 腱索

c. tympani (NA) 鼓索

c. umbilicalis 脐带

c. vocalis 声带,声襞,声韧带

chordae ['kɔːdiː] (L.) 索,带

chordal ['kɔːdəl] 索的

chorda-mesoderm [ˌkɔːdə'mesədəːm] 脊索中胚层

Chordata [kɔː'deitə] (L. *chordatus* having a cord) 脊索门,脊索动物门

chordate ['kɔːdeit] 脊索动物

chordectomy [kɔ'dektəmi] (*chordo-* + Gr. *ektomē* excision) 声带切除术

chordee ['kɔːdiː] (Fr. *cordée* corded) 痛性阴茎勃起

chorditis [kɔː'daitis] ❶声带炎;❷精索炎

c. cantorum 歌者声带炎

c. fibrinosa 纤维蛋白性声带炎

c. nodosa 结节性声带炎

c. tuberosa 结节性声带炎

c. vocalis 声带炎

c. vocalis inferior 慢性声门下喉炎

chord(o)- (L. *chorda*) 索,带

chordoblastoma [ˌkɔːdəblæs'təumə] (*chordo-* + *blast* + *-oma*) 成脊索细胞瘤

chordocarcinoma [ˌkɔːdəˌkɑːsi'nəumə] 脊索瘤

chordoepithelioma [ˌkɔːdəˌepi'θeli'əumə] 脊索上皮瘤,脊索瘤

chordoid ['kɔːdɔid] 脊索状的

chordoma [kɔː'dəumə] (*chord-* + *-oma*) 脊索瘤

chordopexy ['kɔːdəˌpeksi] 声带固定术

chordopoxvirinae [ˌkɔːdəˌpɔksvi'rainiː] 脊索动物的痘病毒亚科

chordosarcoma [ˌkɔːdɔːsɑː'kəumə] 脊索瘤,脊索肉瘤

chordoskeleton [ˌkɔːdə'skelitən] (*chordo-* + *skeleton*) 脊索骨骼

chordotomy [kɔː'dɔtəmi] (*chordo-* + *-tomy*) 脊髓(前侧柱)切断术

chorea ['kɔːriə] (L.; Gr. *choreia* dance) 舞蹈病

acute c. 急性舞蹈病

chronic c., chronic progressive hereditary c. 慢性舞蹈病,慢性进行性遗传性舞蹈病

chronic progressive nonhereditary c. 慢性进行性非遗传性舞蹈病,老年性舞蹈病

c. cordis 心脏型舞蹈病

dancing c. 跳跃性舞蹈病

degenerative c. 变性舞蹈病,慢性舞蹈病

c. dimidiata 偏身舞蹈病

Dubini's c. 杜比尼氏舞蹈病

electric c. 电击样舞蹈病

fibrillary c. 肌阵挛

c. gravidarum 妊娠性舞蹈病

hemilateral c. 偏身舞蹈病

hereditary c. 遗传性舞蹈病

Huntington's c. 杭延顿氏舞蹈病,慢性舞蹈病

hyoscine c. 莨菪碱中毒性舞蹈病

hysterical c. 癔病性舞蹈病

juvenile c. (小)舞蹈病

methodic c. 节律性舞蹈病

mimetic c. 摹仿性舞蹈病

c. minor 小舞蹈病

c. nocturna 夜发性舞蹈病,睡时舞蹈病

c. nutans 点头性舞蹈病

one-sided c. 偏身舞蹈病

paralytic c. 瘫痪性舞蹈

posthemiplegic c. 偏瘫后舞蹈病,手足徐动症,指痉病

saltatory c. 跳跃性舞蹈病

senile c. 老年性舞蹈病

simple c. 舞蹈病

Sydenham's c. 西登哈姆氏舞蹈病,舞蹈病

choreal ['kɔːriəl] 舞蹈病的

choreic [kə'riːik] 舞蹈病的

choreiform [kə'riːifɔːm] (*chorea* + L. *forma* form) 舞蹈病样的

choreoacanthocytosis [ˌkɔriəəˌkænθəsai'təusis] (*choreo-* + *acanthocytosis*) 棘红细胞增多性舞蹈病

choreoathetoid [ˌkɔriə'æθətɔid] 舞蹈病手足徐动症样的

choreoathetosis [ˌkɔriəˌæθə'təusis] 舞蹈手足徐动症

    familial paroxysmal c. 家族性舞蹈手足徐动症

    paroxysmal c. 阵发性舞蹈手足徐动症

    paroxysmal kinesigenic c. 阵发性运动源性舞蹈手足徐动症

choreoid ['kɔriɔid] 舞蹈病样的

choreomania [ˌkɔriəu'meiniə] 舞蹈狂

choreophrasia [ˌkɔriəu'freiziə] 片语重复症

chorial ['kɔːriəl] 绒(毛)膜的

chori(o)- (Gr. *chorion* membrane) 绒(毛)膜

chorioadenoma [ˌkɔriəˌædə'nəumə] (*chorio-* + *adenoma*) 绒(毛)膜腺瘤,恶性葡萄胎

    c. destruens 绒毛膜腺瘤,恶性葡萄胎

chorioallantoic [ˌkɔriˌælən'tɔik] 绒(毛)膜尿囊的

chorioallantois [ˌkɔriə'læntɔis] 绒(毛)膜尿囊

chorioamnionitis [ˌkɔriəˌæminə'naitis] 绒(毛)膜羊膜炎

chorioangiofibroma [ˌkɔriəˌændʒiəfai'brəumə] 绒(毛)膜血管纤维瘤

chorioangioma [ˌkɔriəˌændʒi'əumə] 绒(毛)膜血管瘤

chorioblastoma [ˌkɔriəblæs'təumə] 成绒(毛)膜细胞瘤,绒(毛)膜瘤,绒(毛)膜(上皮)瘤

chorioblastosis [ˌkɔriəblæs'təusis] 绒(毛)膜增殖

choriocapillaris [ˌkɔriəˌkæpi'læris] 脉络膜血管层,脉络膜毛细血管层

choriocarcinoma [ˌkɔriəˌkɑːsi'nəumə] (*chorio-* + *carcinoma*) 绒(毛)膜癌

choriocele ['kɔriəsiːl] (*chorio-* + *-cele*) 脉络膜膨出

chorioepithelioma [ˌkɔriəˌepiˌθeli'əumə] 绒(毛)膜瘤,绒(毛)膜上皮瘤

    c. malignum 绒(毛)膜癌

choriogenesis [ˌkɔriə'dʒenəsis] (*chorio-* + *-genesis*) 绒(毛)膜发生

chorioid ['kɔriɔid] 脉络膜

chorioidea [ˌkɔri'ɔidiə] 脉络膜

chorioid(o)- 脉络膜

chorioma [ˌkɔri'əumə] (*chori-* + *-oma*) ❶绒(毛)膜瘤;❷绒(毛)膜上皮瘤

choriomammotropin [ˌkɔriəˌmæməu'trɔpin] 绒(毛)膜催乳素

choriomeningitis [ˌkɔriəˌmeninˈdʒaitis] 脉络丛脑膜炎

    lymphocytic c. 淋巴细胞性脉络丛脑膜炎

chorion ['kɔːriən] (Gr. "membrane") ❶绒毛膜;❷绒膜;❸子宫内膜基质;❹卵壳

    c. frondosum 丛密绒(毛)膜

    c. laeve 平滑绒(毛)膜

    primitive c. 原绒(毛)膜

    shaggy c. 丛密绒(毛)膜

    villous c. 丛密绒毛膜

chorionepithelioma [ˌkɔriənˌepiˌθeli'əumə] 绒(毛)膜上皮瘤

chorionic [ˌkɔri'ɔnik] 绒(毛)膜上的

chorioplacental [ˌkɔriəplə'sentəl] 绒(毛)膜胎盘的

Chorioptes [ˌkɔri'ɔptiːz] 皮螨属

chorioretinal [ˌkɔriə'retinəl] 脉络膜视网膜的

chorioretinitis [ˌkɔriəˌreti'naitis] (*chorio-* + *retinitis*) 脉络膜视网膜炎

    c. sclopetaria 震荡性、非穿透性眼球损伤

    toxoplasmic c. 弓形体脉络膜视网膜炎

chorioretinopathy [ˌkɔriəˌreti'nɔpəθi] (*chorio-* + *retinopathy*) 脉络膜视网膜病

chorista [kɔ'ristɑː] (Gr. *chōristos* separated) 原基异位性发育异常

choristoblastoma [kɔˌristəblæs'təumə] (Gr. *chōristos* separated + *blast* + *-oma*) 成迷芽细胞瘤,迷芽瘤

choristoma [ˌkɔris'təumə] (Gr. *chōristos* separated + *-oma*) 迷芽瘤

choroid ['kɔrɔid] (*chori-* + *-oid*) ❶ 脉络膜；❷ 绒毛膜样的，真皮样的
choroidal [kə'rɔidəl] 脉络膜的
choroidea [kə'rɔidiə] (NA) 脉络膜
choroidectomy [,kɔrɔi'dektəmi] 脉络膜切除术
choroideremia [,kɔrɔidə'ri:miə] (*choroid* + Gr. *erēmia* destitution) 无脉络膜
choroiditis [,kɔrɔi'daitis] (*choroid* + *-itis*) 脉络膜炎
 acute diffuse serous c. 急性弥漫性浆液性脉络膜炎
 anterior c. 前脉络膜炎
 areolar c., areolar central c. 晕轮状脉络膜炎，晕轮状中心性脉络膜炎
 central c. 中心性脉络膜炎
 diffuse c. 弥漫性脉络膜炎
 disseminated c. 播散性脉络膜炎
 Doyne's familial honeycombed c. 多英氏家族性蜂窝脉络膜炎
 exudative c. 渗出性脉络膜炎
 focal c. 局限性脉络膜炎
 Förster's c. 弗斯特氏脉络膜炎
 c. guttata senilis 老年性点状脉络膜炎
 juxtapapillary c. 近乳头脉络膜炎
 macular c. 黄斑脉络膜炎
 metastatic c. 转移性脉络膜炎
 senile macular exudative c. 老年性黄斑渗出性脉络膜炎
 c. serosa 青光膜
 suppurative c. 化脓性脉络膜炎
 Tay's c. 泰氏脉络膜炎，老年性点状脉络膜炎
choroidocyclitis [kɔ,rɔidəsik'laitis] 脉络膜睫状体炎
choroidoiritis [kɔ,rɔidɔi'raitis] 脉络膜虹膜炎
choroidopathy [,kɔrɔi'dɔpəθi] (*choroid* + *-pathy*) 脉络膜病
choroidoretinitis [kɔ,rɔidə,reti'naitis] 脉络膜视网膜炎
chorology [kəu'rɔlədʒi] (Gr. *choros* a place + *-logos* science) 生物分布学
choromania [,kɔrəu'meiniə] 舞蹈狂
choronosology [,kɔrənə'sɔlədʒi] 疾病分布学,疾病地域学,地域病理学
Chotzen's syndrome ['kɔtzənz] (F *Chotzen*, German psychiatrist, 20th century) 乔岑氏综合征
Christ-Siemens-Touraine syndrome [krist 'si:mənztureīn] (Josef *Christ*, German dermatologist, 1871-1948; Hermann Werner *Siemens*, German dermatologist, 1891-1969; Henri *Touraine*, French dermatologist, 1883-1961) 克-西-图三氏综合征,无汗性外胚层发育不良
Christensen-Krabbe disease ['kristən sən 'krɑ:bə] (Erna *Christensen*, Danish pathologist, 1906-1967; Knud Haraldsen *Krabbe*, Danish neurologist, 1885-1961) 克-克二氏病
Christian's disease ['kris-tʃənz] (Henry Asbury *Christian*, American physician, 1876-1951) 克里斯琴氏病,慢性特发性黄瘤病
Christian-Weber disease ['krisʃən 'webə] (H. A. *Christian*; Frederick Parkes *Weber*, British physician, 1863-1962) 克-韦二氏病,复发性发热性结节性非化脓性脂膜炎
Christison's formula ['kristisənz] (Sir Robert *Christison*, Scottish physician, 1797-1882) 克里斯提森氏公式
Christmas disease ['krisməs] (Stephen *Christmas*, 20th century Englishman, the first patient with the disease who was studied in detail) 克里斯马氏病
chromaffin [krɔ'mæfin] (*chromium-* + L. *affinis* having affinity for) 嗜铬的
chromaffinity [,krɔmə'finiti] 嗜铬性
chromaffinoma [krə,mæfi'nəumə] 嗜铬细胞瘤,副神经节瘤
 medullary c. 嗜铬细胞瘤,副神经节瘤
chromaffinopathy [krə,mæfi'nɔpəθi] (*chromaffin* + Gr. *pathos* disease) 嗜铬器官病
chromaphil ['krɔməfil] (*chrom-* + Gr. *philein* to love) 嗜铬的
chromargentaffin [,krɔmɑ:'dʒentəfin] (*chromium* + L. *argentum* silver + L. *affinis* having affinity for) 嗜铬及嗜银的
chromate ['krɔmeit] ❶ 铬酸盐；❷ 铬酸盐作用
chromatic [krə'mætik] ❶ 色的,易染的；❷ 染色质的
chromatid ['krɔmətid] 染色单体
 nonsister c's 非姐妹染色体

sister c's 姐妹染色单体
chromatin ['krəmətin] (Gr. *chrōma* color) 染色质
 nucleolar-associated c., nucleolus-associated c. 核仁相关染色质
 sex c. 性染色质
chromatinic [ˌkrəmə'tinik] 染色质的
chromatin-negative [ˌkrəmətin'negətiv] 染色质阴性
chromatin-posivive [ˌkrəmətin'pɔzitiv] 染色质阳性
chromatism ['krəmətizəm] 异常着色
chromatize ['krəmətaiz] 加铬,铬处理
chromat(o)- (Gr. *chrōma*, gen. *chrōmatos* color) ❶ 色; ❷ 染色质
chromatoblast [krə'mætəblæst] (*chromato-* + Gr. *blastos* germ) 成色素细胞
chromatocinesis [ˌkrəmətəsi'nisis] 染色质移动
chromatogenous [ˌkrəmə'tɔdʒinəs] (*chromato-* + Gr. *gennan* to produce) 产色的
chromatogram [krə'mætəgræm] (*chromato-* + *gram*) 色谱图
chromatograph [krə'mætəgrɑːf] ❶ 色谱仪; ❷ 色谱分析
chromatographic [ˌkrəmətə'græfik] 色谱(分析)的,色谱法的,色谱仪的
chromatography [ˌkrəmə'tɔgrəfi] 色谱法
 adsorption c. 吸附色谱法
 affinity c. 亲和色谱法
 column c. 柱色谱(法)
 gas c.(GC) 气相色谱(法)
 gas-liquid c. (GLC) 气液色谱(法)
 gas-solid c. (GSC) 气固色谱(法)
 gel-filtration c., gel-permeation c. 凝胶过滤色谱(法),凝胶渗透色谱(法),排阻色谱(法)
 high-performance liquid c., high-pressure liquit c. (HPLC)高效液相色谱(法),高压液相色谱(法)
 ion-exchange c. 离子交换色谱法
 liquid-liquid c.液液色谱(法),分配色谱(法)
 molecular exclusion c., molecular sieve c. 分子筛色谱(法),排阻色谱(法)
 paper c. 纸色谱(法)
 partition c. 分配色谱(法)
 thin-layer c. (TLC) 薄层色谱(法)

chromatoid ['krəmətɔid] 拟染色体
chromatokinesis [ˌkrəmətɔki'nisis] (*chromatin* + Gr. *kinēsis* movement) 染色质移动
chromatology [ˌkrəmə'tɔlədʒi] (*chromato-* + *-logy*) 色彩学
chromatolysis [ˌkrəmə'tɔləsis] (*chromato-* + Gr. *lysis* dissolution) 染色质溶解
chromatometer [ˌkrəmə'tɔmitə] (*chromato-* + *-meter*) 色觉仪,比色仪
chromatopectic [ˌkrəmətə'pektik] 色素固定的
chromatopexis [ˌkrəmətə'peksis] 色素固定
chromatophagus [ˌkrəmətə'fəgəs] (*chromato-* + Gr. *phagein* to devour) 噬色素
chromatophil ['krəmətəfil] 嗜染细胞,易染成分
chromatophile ['krəmətəfail] ❶ 嗜染细胞,易染成分; ❷ 嗜染的,易染
chromatophilia [ˌkrəmətə'filiə] (*chromato-* + Gr. *philein* to love + *-ia*) 嗜染性,易染性
chromatophilic [ˌkrəmətə'filik] 嗜染的,易染的
chromatophilous [ˌkrəmə'tɔfiləs] 嗜染的,易染的
chromatophobia [ˌkrəmətə'fəubiə] 颜色恐怖
chromatophore [krə'mætəfɔː] (*chromato-* + *-phore*) 色素细胞
chromatophoroma [ˌkrəmətəfə'rəumə] 色素细胞瘤
chromatophorotropic [ˌkrəmətəˌfɔrə'trɔpik] 向色素细胞的
chromatoplasm ['krəmətəˌplæzəm] 色素质
chromatoplast ['krəmətəplæst] 色素体,成色素细胞
chromatopsia [ˌkrəmə'tɔpsiə] (*chromato-* + *-opsia*) ❶ 色觉症; ❷ 部分色盲
chromatoptometer [ˌkrəmətɔp'tɔmitə] 色觉仪,比色仪
chromatoptometry [ˌkrəmətɔp'tɔmitri] 色觉检查
chromatoscope [krə'mætəskəup] (*chromato-* + *-scope*) 色觉检查仪
chromatoscopy [ˌkrəmə'tɔskəpi] (*chro-*

mato- + -scopy) ❶ 色觉检查;❷ 尿色检查法

chromatosis [ˌkrɔməˈtəusis] 异常着色,色素沉着

chroamtoskiameter [ˌkrɔmətəskaiˈæmitə] (*chromato-* + *skia-* + *-meter*) 色觉仪

chromatotaxis [ˌkrɔmətəˈtæksis] (*chromatin* + Gr. *taxis* arrangement) 趋染色质性

chromatotropism [ˌkrɔməˈtɔtrəpizəm] (*chromato-* + Gr. *tropos* a turning) 向色性,亲色性

chromaturia [ˌkrɔməˈtjuəriə] (*chromato-* + *-uria*) 色素尿

-chrome (Gr. *chroma* color) 色

1,2-chromene [ˈkrɔmiːn] 1,2-色烯,1,2-苯并吡喃

chromesthesia [ˌkrɔmisˈθiːziə] (*chrom-* + Gr. *aisthēsis* perception) 色联觉,连带色觉,假色觉

chromhidrosis [ˌkrɔmiˈdrəusis] (*chrom-* + Gr. *hidrōs* sweat) 色汗症

chromic acid [ˈkrɔmik] 铬酸

chromicize [ˈkrɔmisaiz] 铬化,铬处理

chromidrosis [ˌkrɔmiˈdrəusis] 色汗症

chromium [ˈkrɔmiəm] (L.; Gr. *chrōma* color) 铬

　c. 51 铬 51
　c. trioxide 三氧化铬

chrom(o)- (Gr. *chrōma* color) 色

Chromobacterium [ˌkrɔməbækˈtiəriəm] (*chromo-* + *bacterium*) 色(素)杆菌属
　C. violaceum 青紫色素杆菌

chromoblast [ˈkrɔməblæst] (*chromo-* + Gr. *blastos* germ) 成色素细胞

chromoblastomycosis [ˌkrɔməˌblæstəmaiˈkəusis] (*chromo-* + *blasto-* + *mycosis*) 着色真菌病,黄色酵母菌病

chromocenter [ˈkrɔməˌsentə] (*chromo-* + *center* 定义 1) ❶ 核体;❷ 染色中心

chromocholoscopy [ˌkrɔməkəˈlɔskəpi] (*chromo-* + *cholo-* + *-scopy*) 排色(素)检胆法

chromoclastogenic [ˌkrɔməˌklæstəˈdʒenik] 染色体诱裂的

chromocystoscopy [ˌkrɔməsisˈtɔskəpi] (*chromo-* + *cystoscopy*) (尿)染色膀胱镜检

chromocyte [ˈkrɔməsait] (*chromo-* + Gr. *kytos* hollow vessel) 色素细胞

chromodacryorrhea [ˌkrɔməˌdækriəˈriːə] (*chromo-* + *dacryo-* + *-rrhea*) 血泪症

chromodiagnosis [ˌkrɔməˌdaiəɡˈnəusis] (*chromo-* + *diagnosis*) ❶ 色泽诊断;❷ 色素(排泄)诊断法;❸ 有色玻片诊断

chromoflavine [ˌkrɔməˈfleivin] 吖啶黄

chromogen [ˈkrɔmədʒən] ❶ 色原;❷ 产色(细菌)微生物
　Porter-Silber c's 波特-希尔伯二氏色原

chromogene [ˈkrɔmədʒiːn] (*chromo* some + *gene*) 染色体基因

chromogenesis [ˌkrɔməˈdʒenəsis] (*chromo-* + *genesis*) 色素生成

chromogenic [ˌkrɔməˈdʒenik] 产色的

chromogranin [ˌkrɔməˈɡrænin] 嗜铬粒蛋白

chromoisomerism [ˌkrɔməaiˈsɔmərizəm] (*chromo-* + *isomerism*) 异色异构(现象)

chromolipoid [ˌkrɔməˈlipɔid] 脂色素

chromoma [krəˈməumə] 色素细胞癌,恶性黑色素瘤

chromomere [ˈkrɔməmiə] (*chromo-* + Gr. *meros* part) ❶ 染色粒;❷ 血小板染色部

chromometer [krəˈmɔmitə] ❶ 色觉仪;❷ 比色计

chrommomycosis [ˌkrɔməmaiˈkəusis] 着色真菌病,黄色酵母菌病

chromonar hydrochloride [ˈkrɔmənə] 盐酸延通心

chromone [ˈkrɔməun] (Gr. *chrōma* color) 色酮,对氧萘酮

chromonema [ˌkrɔməˈniːmə] (pl. *chromonemata*) (*chromo-* + Gr. *nēma* thread) 染色线,染色体丝

chromonemal [ˌkrɔməˈniːməl] 染色线的,染色体丝的

chromonemata [ˌkrɔməˈniːmətə] 染色线。*chromonema* 的复数形式

chromoneme [ˈkrɔməniːm] 染色线,染色体丝

chromonucleic acid [ˌkrɔmənjuˈkliːik] 染色质核酸

chromoparic [krɔməˈpærik] (*chromo-* + L. *parere* to produce) 产色的

chromopectic [ˌkrɔməˈpektik] 色素固定

的

chromopexic [ˌkrəməˈpeksik] 色素固定的

chromopexy [ˈkrəməpeksi] (*chromo-* + Gr. *pēxis* fixation) 色素固定

chromophage [ˈkrəməfeidʒ] (*chromo-* + Gr. *phagein* to eat) 噬色素细胞

chromophane [ˈkrəməfein] (*chromo-* + Gr. *phainein* to show) 视色素(质)

chromophil [ˈkrəməfil] (*chromo-* + Gr. *philein* to love) 嗜染细胞,易染细胞

chromophile [ˈkrəməfail] ❶ 易染细胞,嗜染细胞;❷ 易染的,嗜染的

chromophilic [krəməˈfilik] 嗜染的,易染的

chromophilous [krəˈmɔfiləs] 嗜染的,易染的

chromophobe [ˈkrəməfəub] (*chromo-* + Gr. *phobein* to be affrighted by) 嫌色细胞,难染细胞,拒染细胞

chromophobia [ˌkrəməˈfəubiə] 难染性,嫌色性

chromophore [ˈkrəməfɔː] 色基,生色团,发色团

chromophoric [ˌkrəməˈfɔːrik] (*chromo-* + Gr. *pherein* to bear) ❶ 发色的;❷ 生色团的,发色团的

chromophorous [krəˈmɔfərəs] 发色的,生色团的

chromophose [ˈkrəməfəus] (*chromo-* + *phose*) 色幻视

chromophototherapy [ˌkrəməˌfəutəuˈθerəpi] (*chromo-* + *photo-* + *therapy*) 色光疗法,光谱疗法

chromoplasm [ˈkrəməplæzəm] (*chromo-* + Gr. *plasma* something formed) 易染质(浆),易染色质(浆)

chromoplast [ˈkrəməplæst] 有色体,有色粒

chromoplastid [ˌkrəməˈplæstid] (*chromo-* + *plastid*) 有色粒,有色体

chromoprotein [ˌkrəməˈprəutiːn] (*chromo-* + *protein*) 色蛋白,有色蛋白

chromopsia [krəˈmɔpsiə] ❶ 色幻视;❷ 部分色盲

chromoptometer [ˌkrəmɔpˈtɔmitə] ❶ 色觉仪;❷ 比色计

chromoradiometer [ˌkrəməˌreidiˈɔmitə] (*chromo-* + L. *radius* ray + Gr. *metron* measure) 验色 X 光线透力计

chromoretinography [ˌkrəməˌretiˈnɔɡrəfi] (*chromo-* + *retina* + *-graphy*) 视网膜彩色照相术

chromorhinorrhea [ˌkrəməˌrinəuˈriːə] (*chromo-* + Gr. *rhis* nose + Gr. *rhoia* a flow) 有色鼻液溢

chromosantonin [ˌkrəməˈsæntənin] 黄色山道年,有色山道年

chromoscope [ˈkrəməskəup] 色觉检查仪

chromoscopy [krəˈmɔskəpi] ❶ 色觉检查;❷ 尿色检查法

chromosomal [ˌkrəməˈsəuməl] 染色体的

chromosome [ˈkrəməsəum] (*chromo-* + Gr. *sōma* body) 染色体

  accessory c's 副染色体,性染色体
  acentric c. 无着丝点(粒)染色体
  acrocentric c. 近端着丝点染色体
  B. c. 副染色体
  bivalent c. 二价染色体
  daughter c's 子染色体
  dicentric c. 双着丝点染色体
  gametic c. 配子染色体
  giant c's 巨型染色体
  heterotypical c's 异向染色体
  homologous c's 同源染色体,对应染色体
  lampbrush c's 刷型染色体
  m-c. 线粒体染色体,小染色体
  metacentric c. 中央着丝点染色体
  mitochondrial c. 线粒体染色体
  nucleolar c's 核仁染色体
  odd c's 奇染色体,性染色体
  Ph^1 c., Philadelphia c. Ph^{1}染色体,费城染色体
  polytene c's 多线染色体
  ring c. 环形染色体
  sex c's 性染色体
  small c. 小染色体
  somatic c. 体细胞染色体
  submetacentric c. 亚中央着丝点染色体
  supernumerary c. 超数染色体
  telocentric c. 远端着丝点染色体
  W c's W 染色体,Z 染色体
  X c. X 染色体
  Y c. Y 染色体
  yeast artificial c. (YAC)酵母菌人工染色体

Z c's Z 染色体
chromosomin [krə'məsəmin] 染色体蛋白
chromospermism [ˌkrəmə'spəːmizəm] (*chromo-* + *sperm*) 精液着色
chromotherapy [ˌkrəmə'θerəpi] (*chromo-* + *therapy*) 色光疗法, 光谱疗法
chromotoxic [ˌkrəmə'tɔksik] (*chromo-* + Gr. *toxikon* poison) 损害血红蛋白, 破坏血红蛋白的
chromotrichia [ˌkrəmə'trikiə] (*chromo-* + Gr. *thrix* hair + *-ia*) 毛发着色(症)
chromotrichial [ˌkrəmə'trikiəl] 毛发着色的
chromotropic [ˌkrəmə'trɔpik] (*chromo-* + Gr. *tropikos* turning) 向色的, 亲色的
chromoureteroscopy [ˌkrəməjuˌriːtə'rɔskəpi] 染色输尿管镜检查
chromourinography [ˌkrəməˌjuri'nɔɡrəfi] 染色尿检法
chronaxie ['krɔnæksi] 时值
chronaximeter [ˌkrɔnæk'simitə] 时值计
chronaxy ['krɔnæksi] (*chron-* + Gr. *axios* fit) 时值
chronic ['krɔnik] (L. *chronicus*, from Gr. *chronos* time) 长期的, 慢性的
chronicity [krə'nisiti] 长期, 慢性
chroniosepsis [ˌkrɔniə'sepsis] 慢性脓毒症
chron(o)- (Gr. *chronos* time) 时间
chronobiologic [ˌkrɔnəˌbaiə'lɔdʒik] 生物钟学的, 时间生物学的
chronobiological [ˌkrɔnəˌbaiə'lɔdʒikəl] 生物钟学的, 时间生物学的
chronobiologist [ˌkrɔnəbai'ɔlədʒist] 生物钟学家
chronobiology [ˌkrɔnəbai'ɔlədʒi] (*chrono-* + Gr. *bios* life + *-logy*) 生物钟学, 时间生物学
chronognosis [ˌkrɔnəɡ'nəusis] (*chrono-* + Gr. *gnōsis* knowledge) 时觉
chronograph ['krɔnəɡrɑːf] (*chrono-* + Gr. *graphein* to write) 记时计, 秒表
chronometry [krə'nɔmitri] (*chrono-* + Gr. *metrein* to measure) 记时法
   mental c. 精神记时法
chronophobia [ˌkrɔnə'fəubiə] (*chrono-* + *phobia*) 恐时症
chronophotograph [ˌkrɔnə'fəutəuɡrɑːf] (*chrono-* + *photograph*) 连续照相片

chronoscope ['krɔnəskəup] (*chrono-* + Gr. *skopein* to examine) 计时计, 瞬时计
chronosphygmograph [ˌkrɔnə'sfiɡməɡrɑːf] 脉搏记时描记器
chronotaraxis [ˌkrɔnətə'ræksis] (*chrono-* + Gr. *taraxis* confusion) 定时不能
chronotropic [ˌkrɔnə'trɔpik] (*chrono-* + Gr. *tropikos* turning) 变时(性)的
chronotropism [krə'nɔtrəpizəm] 变时现象
chrotoplast ['krɔtəplæst] (Gr. *chrōs* skin + *plassein* to form) (表)皮细胞
chrysalis ['krisəlis] (L.) 蛹
chrysarobin [ˌkrisə'rɔbin] 柯桠素, 驱虫豆素
chrysazin ['krisəzin] 柯嗪, 1,8-二羟蒽醌
chrysene ['krisiːn] 䓛
chrysiasis [kri'saiəsis] (*chrys-* + *-iasis*) ❶ 金质沉着病; ❷ 金沉着性皮变色
chrys(o)- (Gr. *chrysos* gold) 金
chrysoderma [ˌkrisə'dəːmə] (*chryso-* + *derma*) 金沉着性皮变色
chrysomonad [ˌkrisə'məunæd] (*chryso-* + Gr. *monas* unit, from *monos* single) 金滴虫原虫
Chrysomonadida [ˌkrisəmə'nædidə] (*chryso-* + Gr. *monas* unit, from *monos* single) 金滴虫目
Chrysomyia [ˌkrisə'maiiə] (*chryso-* + Gr. *myia* fly) 金蝇属
   C. albiceps 白头金蝇
   C. bezziana 倍赞氏金蝇
   C. macellaria 腐败金蝇, 腐败锥蝇
chrysophoresis [ˌkrisəfə'riːsis] 金渗入
Chrysops ['krisɔps] (*chryso-* + Gr. *ōps* eye) 斑虻属
   C. cecutiens 盲斑虻
   C. dimidiata 分斑虻
   C. discalis 中室斑虻
   C. silacea 静斑虻
Chrysosporium [ˌkrisə'spɔriəm] 金孢属
chrysotherapy [ˌkrisə'θerəpi] (*chryso-* + *therapy*) 金疗法
chrysotile ['krisətail] 纤蛇纹石(温石棉)
Chrysozona [ˌkrisə'zəunə] (*chryso-* + Gr. *zōnē* girdle) 麻翅虻属
CHS 胆碱脂酶
chthonophagia [ˌθɔnə'feidʒiə] (Gr.

chthōn earth + *phagein* to eat) 食土癖

chthonophagy [θɔ'nɔfədʒi] 食土癖

Churg-Strauss syndrome [tʃəɡstrɔs] (Jacob *Churg*, American pathologist, born 1910; Lotte *Strauss*, American pathologist, born 1913) 邱-斯二氏综合征,变应性肉芽肿性脉管炎

churus ['tʃʌrəs] 大麻树脂

Chvostek's sign ['kvɔstəks] (Franz *Chvostek*, Austrian surgeon, 1835-1884) 沃斯特克氏征

Chvostek-Weiss sign ['kvɔstək wais] (Franz *Chvostek*; Nathan *Weiss*, Austrian physician, 1851-1883) 沃-魏二氏征

chylaceous [kai'leisiəs] 乳糜性的

chylangioma [ˌkilændʒi'əumə] (*chyle* + *angioma*) 乳糜管瘤

chylaqueous [ki'leikwiəs] (*chyle* + L. *aqua* water) 乳糜水样的

chyle [kail] (L. *chylus* juice) 乳糜

chylectasia [ˌkailek'teiziə] (*chyle* + Gr. *ektasis* dilatation) 乳糜管扩张

chylemia [kai'li:miə] 乳糜血(症)

chylifacient [ˌkaili'feiʃənt] 形成乳糜的

chylifaction [ˌkaili'fækʃən] (*chyle* + L. *facere* to make) 乳糜形成

chylifactive [ˌkaili'fæktiv] (*chyle* + L. *facere* to make) 形成乳糜的

chyliferous [kai'lifərəs] (*chyle* + L. *ferre* to bear) ❶ 形成乳糜的;❷ 输送乳糜的

chylification [ˌkailifi'keiʃən] (*chyle* + L. *facere* to make) 乳糜生(形)成

chyliform ['kailifɔ:m] 乳糜样的

chylocele ['kailəsi:l] (*chyle* + Gr. *kēlē* tumor) 乳糜样水囊肿,睾丸鞘膜乳糜囊肿

　parasitic c. 寄生虫性阴囊乳糜水囊肿,阴囊象皮病

chylocyst ['kailəsist] (*chyle* + Gr. *kystis* bladder) 乳糜池

chyloderma [ˌkailə'də:mə] (*chyle* + Gr. *derma* skin) 阴囊象皮病,阴囊淋巴管扩张,阴囊淋巴肿,丝虫性象皮病

chyloid ['kailɔid] 乳糜样的

chylodochium [ˌkailə'dɔtʃiəm] (*chyle* + Gr. *docheion* receptacle) 乳糜池

chylology [kai'lɔlədʒi] 乳糜学

chylomediastinum [ˌkailəˌmediəs'tinəm] 纵隔乳糜症

chylomicrograph [ˌkailə'maikrəɡrɑ:f] 乳糜微粒图

chylomicron [ˌkailə'maikrən] (*chylo-* + Gr. *mikros* small) 乳糜微粒

chylomicronemia [ˌkailəˌmaikrə'ni:miə] 乳糜微粒血症

chylopericarditis [ˌkailəˌperikɑ:'daitis] (*chyle* + *pericarditis*) 乳糜性心包炎

chylopericardium [ˌkailəˌperi'kɑ:diəm] (*chyle* + *pericardium*) 乳糜心包,乳糜性心包积液

chyloperitoneum [ˌkailəˌperitə'ni:əm] 乳糜性水腹

chylophoric [ˌkailə'fɔrik] (*chyle* + Gr. *phoros* bearing) 带乳糜的,输送乳糜的

chylopleura [ˌkailə'pluərə] 乳糜胸,乳糜性水胸

chylopneumothorax [ˌkailəˌnjuːməˈθɔːræks] 乳糜气胸

chylopoiesis [ˌkailəpɔi'i:sis] (*chyle* + Gr. *poiēsis* formation) 乳糜生成,乳糜形成

chylopoietic [ˌkailəpɔi'etik] 乳糜形成的

chylorrhea [ˌkailə'ri:ə] ❶ 乳糜溢;❷ 乳糜性腹泻

chylosis [kai'lausis] 乳糜化(作用)

chylothorax [ˌkailə'θɔːræks] (*chyle* + Gr. *thōrax* chest) 乳糜胸,乳糜性水胸

chylous ['kailəs] 乳糜的

chyluria [kai'ljuriə] (*chyle* + Gr. *ouron* urine + *-ia*) 乳糜尿症

chylus ['kailəs] (L. *juice*) (NA) 乳糜

Chymar ['kaimə] 凯莫:糜蛋白酶制剂的商品名

chymase ['kaimeis] (EC 3.4.21.39) 胃促胰酶

chyme [kaim] (Gr. *chymos* juice) 食糜

Chymex ['kaimeks] 开麦克思:胺桂苯酸制剂的商品名

chymiferous [ˌkaimə'ferəs] 产生食糜的

chymification [ˌkaimifi'keiʃən] (*chyme* + L. *facere* to make) 食糜生成

chymopapain [ˌkaiməpə'pein] (EC 3.4.22.6) 木瓜凝乳蛋白酶

chymorrhea [ˌkaimə'ri:ə] (*chyme* + Gr. *rhoia* flow) 食糜溢

chymosin ['kaiməsin] (EC 3.4.23.4)

凝乳酶

chymosinogen [ˌkaiməˈsinədʒən] 凝乳酶原

chymotrypsin [ˌkaiməˈtripsin] ❶ (EC 3.4.21.1) 糜蛋白酶,胰凝乳蛋白酶; ❷ (USP) 牛胰糜蛋白酶

chymotrypsinogen [ˌkaimətripˈsinədʒən] 糜蛋白酶原,胰凝乳蛋白酶原

chymous [ˈkaiməs] 食糜的

chymus [ˈkaiməs] 食糜

CI ❶ (cardiac index 的缩写) 心脏(输出)指数; ❷ (color index 的缩写) 血色指数; ❸ (Colour Index 的缩写) 染料索引(书名)

Ci 居里

Ciaccio's glands [ˈtʃɑːtʃɔz] (Giuseppe Vincenzo *Ciaccio*, Italian anatomist, 1824-1901) 恰乔氏腺

Ciaccio's method [ˈtʃɑːtʃɔz] (Carmelo *Ciaccio*, Italian pathologist, 1877-1956) 恰乔氏法

cib. (L. *cibus* 的缩写) 食物

cibarian [siˈbɛəriən] (L. *cibus* food) 食物的

cibisotome [siˈbisətəum] 晶体囊刀

cibophobia [ˌsaibəuˈfəubiə] (L. *cibus* food + Gr. *phobos* fear) 摄食恐怖,厌食症

cicatrectomy [ˌsikəˈtrektəmi] 瘢痕切除术

cicatrices [siˈkætrisiz, ˌsikəˈtrisiz] 瘢痕。*cicatrix* 的复数形式

cicatricial [ˌsikəˈtriʃəl] 瘢痕的

cicatricose [ˈsikəˌtrikəus] 有瘢的,有疤的

cicatricotomy [ˌsikətriˈkɔtəmi] (*cicatrix* + Gr. *tomē* a cutting) 瘢痕切开术

cicatrix [siˈkætriks, ˈsikətriks] (pl. *cicatrices*) (L.) 瘢痕
  filtering c. 过滤性瘢痕,漏液瘢痕
  hypertrophic c. 肥大性瘢痕
  vicious c. 不良瘢痕,恶性瘢痕

cicatrizant [siˈkætrizənt] 结瘢剂

cicatrization [ˌsikətriˈzeiʃən] 瘢痕形成,结瘢

cicatrize [ˈsikətraiz] 结瘢

ciclafrine hydrochloride [ˈsikləfriːn] 盐酸环拉福林,盐酸螺环酚

ciclopirox olamine [ˌsikləˈpiərɔks] 环吡司乙醇胺

cicloprofen [ˌsikləˈprɔfən] 环洛芬

Cicuta [ˈsikjutə] 毒芹属
  C. maculata L. 毒(水)芹
  C. virosa 毒芹

cicutoxin [ˌsikjuˈtɔksin] 毒芹毒素

-cide (L. *-cida*., from *caedere* to kill) 杀

Cidex [ˈsideks] 西戴克思:戊二醛制剂的商品名

CIE (counterimmunoelectrophoresis 的缩写) 对流免疫电泳

CIF (clonal inhibitory factor 的缩写) 克隆抑因子

ciguatera [ˌsigwəˈterə] (Sp. (orig. Taino) *cigua* a poisonous snail + *-era* Sp. noun suffix) 鱼肉中毒

ciguatoxin [ˌsigwəˈtɔksin] 鱼肉毒素

CIH (Certificate in Industrial Health 的缩写) 工业保健证书

Ci-hr (curie-hour 的缩写) 居里小时

cilia [ˈsiliə] (L.) ❶ 睫; ❷ 纤毛。*cilium* 的复数形式

ciliaris [ˌsiliˈɛəris] (L., from *cilium*) 睫状肌

ciliariscope [ˌsiliˈæriskəup] (*ciliary* + *-scope*) 睫区镜

ciliarotomy [ˌsiliəˈrɔtəmi] (*ciliary* + *-tomy*) 睫状体切开术

ciliary [ˈsiliəri] (L. *ciliaris*, from *cilium*) 睫状的,睫的

Ciliata [ˌsiliˈeitə] 纤毛纲

ciliate [ˈsilieit] ❶ 有纤毛的; ❷ 纤毛虫

ciliated [ˈsilieitid] 具纤毛的

ciliectomy [ˌsiliˈektəmi] (*cili-* + *-ectomy*) ❶ 睫状体切除术; ❷ 睑缘切除术

ciliogenesis [ˌsiliəˈdʒenəsis] (*cilio-* + *genesis*) 纤毛形成,纤毛发生

Ciliophora [ˌsiliˈɔfərə] (*cilio-* + Gr. *phoros* bearing) 纤毛门

ciliophoran [ˌsiliˈɔfərən] 纤毛虫

cilioretinal [ˌsiliəˈretinəl] 睫状体视网膜的

cilioscleral [ˌsiliəˈskliərəl] 睫状体巩膜的

ciliospinal [ˌsiliəˈspainəl] (*cilio-* + *spinal*) 睫状体脊髓的

ciliotomy [ˌsiliˈɔtəmi] (*cilio-* + *-tomy*) 睫状神经切断术

cilium [ˈsiliəm] (pl. *cilia*) (L.) ❶ 睫; ❷ (pl.) (NA) 睫毛; ❸ 纤毛
  olfactory cilia 嗅毛

cillo ['siləu] 痉挛性睑抽动
Cillobacterium [ˌsiləubæk'tiəriəm] 乳酸杆菌属
cillosis [si'ləusis] (L. from Fr. *ciller* to wink + *-osis*) 痉挛性睑抽动
cimbia ['simbiə] (L.) 大脑脚横束
cimetidine [si'metidi:n] 甲脒咪胍,西咪替丁
   c. hydrochloride 盐酸西咪替丁
Cimex ['saimeks] (L. "bug") 臭虫属
   C. boueti 卜氏臭虫
   C. hemipterus 热带臭虫
   C. lectularius 温带臭虫
   C. pilosellus 蝠臭虫
   C. pipistrella 小蝠臭虫
   C. rotundatus 热带臭虫
cimex ['saimeks] (pl. *cimices*) (L.) 臭虫
cimices ['saimisi:z] 臭虫。*cimex* 的复数形式
cimicid ['saimisid] 臭虫的
Cimicidae [si'misidi:] 臭虫科
Cimicifuga [ˌsimi'sifjugə] (L. *cimex* bug + *fugare* to put to flight) 升麻属
cimicosis [ˌsimi'kəusis] 臭虫痒症
CIN (cervical intraepithelial neoplasia 的缩写) 宫颈上皮内瘤
cinching ['sintʃiŋ] (Sp. *cincha* girdle) 眼肌折叠术
Cinchona [sin'kəunə] (named from a countess of *Chinchon*) 金鸡纳树属
cinchona [sin'kəunə] 金鸡纳(树)皮
cinchonidine [sin'kɔnidin] 辛可尼丁,异辛可宁碱,异脱甲氧基奎宁碱
cinchonine ['sinkəni:n] (L. *cinchonina*) 辛可宁,脱甲基氧奎宁碱
cinchoninic acid [ˌsinkə'ninik] 辛可宁酸
cinchonism ['sinkənizəm] 金鸡纳中毒
cinclisis ['sinklisis] (Gr. *kinklisis* a wagging) ❶ 急速眨眼;❷ 呼吸迫促
cine- (Gr. *kinēsis* movement) 运动,活动
cineangiocardiography [ˌsinəˌændʒiəˌkɑ:di'ɔgrəfi] (*cine-* + *angiocardiography*) 心血管荧光电影照相术
   radionuclide c. 放射性核素心血管荧光电影照相术
cineangiograph [ˌsinə'ændʒiəɡrɑ:f] 血管荧光电影照相机
cineangiography [ˌsinəˌændʒi'ɔgrəfi] (*cine-* + *angiography*) 血管荧光电影照相术
   radionuclide c. 放射性核素血管荧光电影照相术
cinedensigraphy [ˌsinədən'sigrəfi] 运动密度测定法
cinefluorography [ˌsinəˌfluə'rɔgrəfi] 荧光电影照相术,X线活动间接照相术
cinematics [ˌsinə'mætiks] 运动学
cinematization [ˌsinəˌmæti'zeiʃən] 运动成形切断术
cinematography [ˌsinəmə'tɔgrəfi] 电影照相术,X线电影照相术
cinematoradiography [ˌsinəmətəˌreidi'ɔgrəfi] X线电影照相术
cinemicrography [ˌsinəmai'krɔgrəfi] 显微电影照相术
   time-lapse c. 低速显微电影照相术
cineol ['siniəl] 桉树脑,桉油醇
cinepazet maleate [ˌsinə'pæzət] 马来酸肉桂哌乙酯
cinephlebography [ˌsinəflə'bɔgrəfi] 静脉X线电影照相术
cineplastics [ˌsinə'plæstiks] 运动成形切断术
cineplasty ['sinə'plæsti] 运动成形切断术
cineradiofluorography [ˌsinəˌreidiəfluə'rɔgrəfi] X线电影照相术
cineradiography [ˌsinəˌreidi'ɔgrəfi] X线电影照相术
cinerea [si'niəriə] (L. *cinereus* ashen hued) 灰质
cinereal [si'niəriəl] 灰质的
cineritious [ˌsinə'riʃəs] (L. *cineritius*) 灰色
cinesalgia [ˌsinə'sældʒiə] (Gr. *kinēsis* motion + *-algia*) 动作性(肌)痛,肌动痛
cinesi- 运动
cinet(o)- 运动
cineurography [ˌsinəju'rɔgrəfi] 尿路X线电影照相术
cingestol [sin'dʒestɔl] 异快诺
cingula ['siŋgjulə] (L.) 带。*cingulum* 的复数形式
cingulate ['siŋgjuleit] 带的
cingule ['siŋgju:l] 带,扣带
cingulectomy [ˌsiŋgju'lektəmi] 扣带回切除术
cingulotomy [ˌsiŋgju'lɔtəmi] 扣带回切开

术
cingulum ['siŋgjuləm] (pl. *cingula*) (L. "girdle") ❶ (NA)带；❷ (NA)扣带；❸ 舌面隆突
   c. membri inferioris (NA) 下肢带
   c. membri superioris (NA) 上肢带
   c. pectorale 上肢带
   c. pelvicum 下肢带
cingulumotomy [ˌsiŋgjulə'mɔtəmi] 扣带回切开术
C1 INH (C1 inhibitor 的缩写) C1 抑制因子
cinnamaldehyde [ˌsinə'mældəhaid] 桂皮醛，肉桂醛
cinnamene ['sinəmi:n] 桂皮烯，苯乙烯
cinnamic acid [si'næmik] 肉桂酸，苯丙烯酸
cinnamol ['sinəmɔl] 桂皮烯，苯乙烯
Cinnamomum [ˌsinə'məuməm] 樟属
cinnamon ['sinəmən] (Gr. *kinnamon*, from Hebrew *quinnāmōn*) 桂皮，肉桂
cinnarizine [si'nærizi:n] 桂利嗪，脑益嗪
cinnopentazone [ˌsinə'pentəzəun] 辛喷他酮
cinology [si'nɔlədʒi] 运动学
cinometer [si'nɔmitə] 运动测量器
cinoplasm ['sinəplæzəm] 动质，动浆
cinoxacin [si'nɔksəsin] 西诺沙星
cinoxate [si'nɔkseit] 西诺沙酯
cinromide ['sinrəmaid] 桂溴胺
cintazone ['sintəzəun] 辛喷他酮
cionectomy [ˌsiə'nektəmi] (Gr. *kiōn* uvula + *ektomē* excision) 悬雍垂切除术
Cionella [ˌsiə'nelə] 果螺属
Cionellidae [ˌsiə'nelidi:] 累螺科
cionitis [siə'naitis] (Gr. *kiōn* uvula + *-itis*) 悬雍垂炎
cionoptosis [ˌsiənɔp'təusis] (Gr. *kiōn* uvula + Gr. *ptōsis* a falling) 悬雍垂过长
cionorrhaphy [ˌsiə'nɔrəfi] 悬雍垂缝术
cionotome ['siənətəum] (Gr. *kiōn* uvula + *tomē* a cutting) 悬雍垂切刀
cionotomy [ˌsiə'nɔtəmi] (Gr. *kiōn* uvula + *tomē* a cutting) 悬雍垂部分切除术
Cipro ['siprə] 希普尔: 盐酸环丙氟沙星制剂的商品名
ciprocinonide [ˌsiprə'sinənaid] 肤轻松环丙酯，环丙缩松
ciprofibrate [ˌsiprə'faibreit] 环丙贝特

ciprofloxacin [ˌsiprə'flɔksəsin] 环丙氟沙星，环丙氟哌酸
   c. hydrochloride 盐酸环丙氟沙星
circadian [ˌsə:'keidiən] (L. *circa* about + *dies* a day) 昼夜的，约一日的，约 24 小时(节律、周期)
circannual [sə:'kænjuəl] (L. *circa* about + *annus* year) 近似一年的(节律)
circellus [sə:'seləs] (L., dim. of *circulus*) 小环，环
circinate ['sə:sineit] 环状的，环形的
circle ['sə:kl] (L. *circulus*) 环，圈
   arterial c. 动脉环
   arterial c. of iris, greater 虹膜动脉大环
   arterial c. of iris, lesser 虹膜动脉小环
   arterial c. of Willis 大脑动脉环
   Berry's c's 贝里氏立体视力表
   c. of Carus 卡勒斯曲线，骨盆轴曲线
   c. of confusion 模糊圈
   defensive c. 防御环
   c. of dispersion, c. of dissipation 分散圈
   c. of Haller 视神经血管环
   c. of Hovius 虹膜静脉环
   Huguier's c. 于吉埃氏环
   c. of iris, greater 虹膜大环
   c. of iris, lesser 虹膜小环
   Latham's c. 累瑟姆氏圈
   Minsky's c's 明斯基氏环
   Robinson's c. 罗宾森氏动脉环
   vascular c. 血管环
   vascular c. of optic nerve 视神经血管环
   Vieth-Müller c. 菲斯-米勒环
   c. of Willis 大脑动脉环
   c. of Zinn 视神经血管环
circlet ['sə:klit] 小环
circling ['sə:kliŋ] 环状运动
circuit ['sə:kət] (L. *circuitus*) 电流回路，电路
   gate c. 门电路
   macroreentrant c. 大重入回路
   microreentrant c. 小重入回路
   open c. 断路
   Papez c. 帕佩兹回路
   reentrant c. 重入回路
   reflex c. 反射路
   reverberating c. 反射回路
   short c. ① 短路；② 肠梗阻

circular ['səːkjulə] (L. *circularis*) 环状的,循环的

circulation [ˌsəːkju'leiʃən] (L. *circulatio*) 循环
　allantoic c. 尿囊循环
　assisted c. 辅助循环
　collateral c. 侧支循环
　compensatory c. 侧支循环
　coronary c. 冠状循环
　cross c. 交叉循环
　derivative c. 动静脉吻合
　enterohepatic c. (胆盐)肝肠循环
　extracorporeal c. 体外循环
　fetal c. 胎循环
　first c. 原始循环
　fourth c. 第四循环
　greater c. 大循环,体循环
　hypophysioportal c. 垂体门脉循环
　intervillous c. 绒毛间循环
　lesser c. 小循环,肺循环
　lymph c. 淋巴循环
　omphalomesenteric c. 卵黄区循环
　persistent fetal c. 持续性胎循环
　placental c. 胎盘循环,胎循环
　portal c. 门脉循环
　portoumbilical c. 门静脉循环
　primitive c. 原始循环,初始循环
　pulmonary c. 肺循环
　sinusoidal c. 血窦循环
　systemic c. 体循环,大循环
　thebesian c. 心最小静脉循环
　umbilical c. 尿囊循环
　vitelline c. 卵黄区循环

circulatory ['səːkjuləˌtəri] 循环的

circulus ['səːkjuləs] (pl. *circuli*) (L. "a ring") 环,圈,回路
　c. arteriosus (NA) 动脉环
　c. arteriosus cerebri (NA) 大脑动脉环
　c. arteriosus iridis major (NA) 虹膜大动脉环
　c. arteriosus iridis minor (NA) 巩膜小动脉环
　c. arteriosus (Willisi) 大脑动脉环
　c. articularis vasculosus (NA) 关节血管网
　c. umbilicalis 脐动脉丛
　c. vasculosus (NA) 动脉环
　c. vasculosus nervi optici (NA) 视神经血管环
　c. venosus halleri 乳晕静脉环,乳晕静脉丛
　c. willisii 大脑动脉环

circum- (L.) 周围,环

circumanal [ˌsəːkəm'ænəl] 肛门周(围)的

circumarticular [ˌsəːkəmɑː'tikjulə] 关节周(围)的

circumaxillary [ˌsəːkəm'æksiˌləri] 腋周(围)的

circumbulbar [ˌsəːkəm'bʌlbə] 眼球周(围)的

circumcallosal [ˌsəːkəmkə'ləusəl] 胼胝体周(围)的

circumcise ['səːkəmsaiz] (施行)环切(术)

circumcision [ˌsəːkəm'siʒən] (L. *circumcisio* a cutting around) 包皮环切术
　female c. 女子环切术
　pharaonic c. 锁阴术
　Sunna c. 阴蒂切开术

circumcorneal [ˌsəːkəm'kɔːniəl] 角膜周(围)的

circumcrescent [ˌsəːkəm'kresənt] (*circum-* + L. *crescere* to grow) 环形生长的

circumduction [ˌsəːkəm'dʌkʃən] (L. *circumducere* to draw around) 环形运动

circumference [sə'kʌmfərəns] (*circum-* + L. *ferre* to bear) 周缘,环状面
　articular c. 形状关节面
　midarm c., mid upper arm c. 中臂环状面

circumferentia [səːˌkʌmfə'renʃiə] (L.) 周缘,环状面
　c. articularis 环状关节面
　c. articularis capitis ulnae (NA) 尺骨小头环状关节面
　c. articularis capituli ulnae 尺骨小头环状关节面
　c. articularis radii (NA) 桡骨环状关节面

circumferential [ˌsəːkəmfə'renʃiəl] 周缘的,环状面的

circumflex ['səːkəmfleks] (L. *circumflexus* bent about) 卷曲的,旋绕的

circumflexus [ˌsəːkəm'fleksəs] (L.) 卷曲的,旋绕的

circumgemmal [ˌsəːkəm'dʒeməl] (*circum-* + L. *gemma* bud) 芽周的

circumgyration [ˌsəːkəmdʒaiˈreiʃən] ❶ 旋转；❷ 眩晕

circuminsular [ˌsəːkəmˈinsjulə] (*circum-* + L. *insula* island) 脑岛周(围)的

circumintestinal [ˌsəːkəminˈtestinəl] 肠周(围)的

circumlental [ˌsəːkəmˈlentəl] 晶体周(围)的

circumnuclear [ˌsəːkəmˈnjuːkliə] 核周(围)的，围核的

circumocular [ˌsəːkəmˈɔkjulə] 眼周的

circumoral [ˌsəːkəmˈɔrəl] (*circum-* + L. *os, oris* mouth) 口周的

circumorbital [ˌsəːkəmˈɔːbitəl] 眶周的

circumpapillary [ˌsəkəmpəˈpiləri] 乳头周围的

circumpolarization [ˌsəːkəmˌpoləriˈzeiʃən] (*circum-* + *polarization*) 圆偏振(光)

circumrenal [ˌsəːkəmˈriːnəl] (*circum-* + L. *ren* kidney) 肾周(围)的

circumscribed [ˈsəːkəmskraibd] (*circum-* + L. *scribere* to write) 局限的

circumscriptus [ˌsəːkəmˈskriptəs] (L.) 局限的

circumstantiality [ˌsəːkəmˌstænʃiˈæliti] 琐谈症

Circumstraint [ˈsəːkəmstreint] 环状固定器

circumtonsillar [ˌsəːkəmˈtɔnsilə] 扁桃体周围的

circumtractor [ˌsəːkəmˈtræktə] 环形牵引器

circumvallate [ˌsəːkəmˈvæleit] (*circum-* + L. *vallare* to wall) 围绕的，轮廓状的

circumvascular [ˌsəːkəmˈvæskjulə] (*circum-* + L. *vasculum* vessel) 血管周(围)的

circumventricular [ˌsəːkəmvenˈtrikjulə] (脑)室周(围)的

circumvolute [ˌsəːkəmˈvɔljuːt] (*circum-* + L. *volutus* rolled) 卷，缠绕

circumvolutio [ˌsəːkəmvəˈljuːʃiəu] 包绕，脑回

　c. cristata 穹隆回

cirrhogenous [siˈrɔdʒinəs] 致硬化的

cirrhonosus [siˈrɔnəsəs] (Gr. *kirrhos* orange yellow + *nosos* disease) 胸腹膜黄变病

cirrhosis [siˈrəusis] (Gr. *kirrhos* orange-yellow) 肝硬变

　acholangic biliary c. 无胆管性胆汁性肝硬变

　acute juvenile c. 急性少年肝硬变，慢性活动性肝炎

　alcoholic c. 酒精性肝硬变

　atrophic c. 萎缩性肝硬变

　bacterial c. 细菌性肝硬变

　billiary c. 胆汁性肝硬变

　biliary c. of children 儿童胆汁性肝硬变

　calculus c. 胆石性肝硬变

　cardiac c. 心病性肝硬变

　Charcot's c. 夏科氏肝硬变，原发性胆汁性肝硬变

　congestive c. 充血性肝硬变

　Cruveilhier-Baumgarten c. 克-包二氏肝硬变

　decompensated c. 代偿失调性肝硬变

　fatty c. 脂肪性肝硬变

　Indian childhood c. 印度儿童肝硬变

　Laënnec's c. 拉埃内克肝硬变，萎缩性门脉性肝硬变

　c. of liver 肝硬变

　c. of lung 肺硬变，间质性肺炎

　macronodular c. 大结节性肝硬变

　malarial c. 疟疾性肝硬变

　metabolic c. 代谢性肝硬变

　multilobular c. 多小叶性肝硬变

　periportal c. 门脉周性肝硬变

　pigment c., pigmentary c. 色素性肝硬变

　pipe stem c. 门脉周性肝硬变

　portal c. 门脉性肝硬变

　posthepatitic c. 肝炎后肝硬变

　postnecrotic c. 坏死后肝硬变

　primary biliary c. 原发性胆汁性肝硬变

　pulmonary c. 肺硬变，间质性肺炎

　secondary biliary c. 继发性胆汁性肝硬变

　stasis c. 郁滞性肝硬变

　syphilitic c. 梅毒性肝硬变

　Todd's c. 托德氏肝硬变，肥大性肝硬变

　toxic c. 中毒性肝硬变

　unilobular c. 单小叶性肝硬变

　vascular c. 血管性肝硬变

cirrhotic [siˈrɔtik] 硬变的

cirri [ˈsəːri] 棘毛，雄茎，刚毛，蔓足，腕

cirrus 丝,触须。cirrus 的复数形式

cirrus ['sə:rəs] (pl. *cirri*) (L. "curl") 棘毛,雄茎,刚毛,蔓足,腕丝,触须

cirsectomy [sə:'sektəmi] (Gr. *kirsos* varix + *ektomē* excision) 曲张静脉切除术

cirsenchysis [sə:'senkisis] (Gr. *kirsos* varix + *enchysis* injection) 曲张静脉注射法

cirs(o)- (Gr. *kirsos* varix) 静脉曲张,曲张静脉

cirsocele ['sə:səsi:l] (*cirso-* + Gr. *kēlē* tumor) 精索静脉曲张

cirsodesis [sə:'sodəsis] (*cirso-* + Gr. *desis* ligation) 曲张静脉扎术

cirsoid ['sə:sɔid] (*cirso-* + Gr. *eidos* form) 曲张的,曲张样的

cirsomphalos [sə:'sɔmfələs] (*cirso-* + *omphalos* navel) 脐周静脉曲张

cirsophthalmia [ˌsə:sɔf'θælmiə] (*cirso-* + Gr. *ophthalmos* eye) 结扎静脉曲张

cirsotome ['sə:sətəum] (*cirso-* + Gr. *tomē* a cutting) 曲张静脉(切开)刀

cirsotomy [sə:'sɔtəmi] (*cirso-* + Gr. *temnein* to cut) 曲张静脉切开术

cis [sis] (L. "on the side") ❶同侧,近侧; ❷顺式

cis- 同侧,近侧

cisclomiphene [sis'klɔmifi:n] 顺氯米芬

cisplatin ['sisplætin] (USP) 顺铂

cissa ['sisə] (Gr. *kissa*, var. of *kitta*) 异食癖

Cissampelos [si'sæmpələs] (Gr. *kissos* ivy + *ampelos* vine) 锡生藤属

cistern ['sistən] 池
  ambient c. 环池
  basal c. (脑)脚间池,底池
  cerebellomedullary c. 小脑延髓池
  c. of chiasma, chiasmatic c. 交叉池
  c. of fossa of Sylvius 大脑外侧窝池
  great c. 小脑延髓池
  interpeduncular c. (脑)脚间池
  c. of lateral fossa of cerebrum 大脑外侧窝池
  c. of Pecquet 乳糜池
  pontine c. 脑桥池
  posterior c. 小脑延髓池
  subarachnoidal c's 蛛网膜下池
  terminal c's 终池

cisterna [sis'tə:nə] (pl. *cisternae*) (L.) (NA) 池
  c. ambiens 环池
  c. basalis 底池
  c. cerebellomedullaris (NA) 小脑延髓池
  c. chiasmatica (NA) 交叉池
  c. chiastmatis 交叉池
  c. chyli (NA) 乳糜池
  c. fossae lateralis cerebri (NA) 大脑外侧窝池
  c. fossae Sylvii 大脑外侧窝池
  c. interpeduncularis (NA) (脑)脚间池
  c. magna (NA) 小脑延髓池
  c. mesencephalicum 环池
  perinuclear c. 核周隙
  c. pontis 脑桥池
  c. retrothalamica 丘脑后池
  cisternae subarachnoideales (NA) 蛛网膜下池
  subsarcolemmal cisternae 肉膜下池
  c. venae magnae cerebri 大脑大静脉池

cisternae [sis'tə:ni:] (L.) 池

cisternal [sis'tə:nəl] 池的

cisternographic [ˌsistənə'græfik] 脑池造影术的

cisternography [ˌsistə'nɔgrəfi] 脑池造影术
  air c. 气体脑池造影术
  metrizamide c. 甲泛葡胺脑室造影术
  radionuclide c. 放射性核素脑室造影术

cistron ['sistrən] (L. *cis* on this side + *trans* on the other side + Gr. *on* neuter ending) 顺反子

Citanest ['sitənest] 辛特乃斯特:盐酸丙胺卡因制剂的商品名

Citelli's syndrome [tʃi'teliz] (Salvatore *Citelli*, Italian laryngologist, 1875 – 1947) 契太利氏综合征

Citellus [si'teləs] 黄鼠属

citrate ['sitreit] 枸橼酸盐,柠檬酸盐
  cupric c. 枸橼酸铜
  ferric c. 枸橼酸铁
  c. phosphate dextrose 枸橼酸盐磷酸盐右旋糖
  c. phosphate dextrose adenine (CPDA-1) 枸橼酸盐磷酸盐右旋糖腺苷

citrate condensing enzyme ['sitreit kɔn'densiŋ 'enzaim] 枸橼酸浓缩酶

citrated ['sitreitid] 含枸橼酸的
citrate (*si*)-**synthase** ['sitreit'sinθeis] (EC 4. 1. 3. 7) 枸橼酸合酶
citreoviridin [ˌsitriə'viridin] 黄绿青霉素
citric acid ['sitrik] 枸橼酸,柠檬酸
Citrobacter [ˌsitrə'bæktə] (L. *citrus* lemon + Gr. *baktron* a rod) 柠檬酸细菌属
　　C. **amalonaticus** 一种柠檬酸杆菌
　　C. **diversus** 一种柠檬酸杆菌
　　C. **freundii** 弗氏柠檬酸菌
　　C. **intermedius** 中间柠檬酸杆菌
Citromyces [ˌsitrə'maisiːz] (*citric* acid + Gr. *mykes* fungus) 柠檬酸霉菌属
citron ['sitrən] (L. *citrus*) 枸橼
citronella [ˌsitrə'nelə] 香茅,雄刈萱
citrophosphate [ˌsitrə'fɔsfeit] 枸橼磷酸盐
citrulline [si'trulin] 瓜氨酸,氨基甲酰鸟氨酸
citrullinemia [siˌtruli'niːmiə] ❶ 精氨酸琥珀酸合成酶缺乏症;❷ 瓜氨酸血症
citrullinuria [siˌtruli'njuəriə] ❶ 精氨酸琥珀酸合成酶缺乏;❷ 瓜氨酸尿
Citrus ['sitrəs] (L.) 柑桔属
citta ['sitə] (Gr. *kitta*) 异味癖
cittosis [si'təusis] 异味癖
Civatte's poikiloderma [si'vɑːts] (Achille *Civatte*, French dermatologist, 1877-1956) 西瓦特氏皮肤异色病
Civinini's ligament [ˌtʃivi'niniz] (Filippo *Civinini*, Italian anatomist, 1805-1844) 契维尼尼氏韧带
CK (creatine kinase 缩写) 肌酸激酶
Cl (*chlorine* 的符号) 氯
cladiosis [ˌklædi'əusis] 屠宰工人帚霉病,树胶肿淋巴管炎
Clado's anastomosis ['klɑːdəuz] (Spiro *Clado*, French gynecologist, 1862-1920) 克拉多氏吻合
Cladorchis watsoni [klə'dɔːkis wɑːt'sɔni] 瓦生氏瓦生吸虫
cladosporiosis [ˌklædəˌspɔri'əusis] 分支孢子菌病
Cladosporium [ˌklædə'spɔriəm] (Gr. *klados* branch + *spores* seed) 分支孢子菌属
　　C. **bantianum** 毛状支孢
　　C. **carrionii** 卡氏支孢
　　C. **mansonii** 曼森氏支孢
　　C. **trichoides** 毛状支孢
　　C. **werneckii** 魏氏支孢
Cladothricheae [ˌklædə'θraitʃiə] 分枝丝菌科
Cladothrix ['klædəθriks] (Gr. *klados* branch + *thrix* hair) 分支丝菌属
clairvoyance [klɛə'vɔiəns] (Fr.) 千里眼,神视
clamoxyquin hydrochloride [klə'mɔksikwin] 盐酸氯胺羟喹
clamp [klæmp] ❶ 夹子;❷ 夹具
　　Cope's c. 柯普氏结肠夹(钳)
　　cotton roll rubber dam c. 棉卷橡皮障夹
　　Crile's c. 克里耳氏血管夹(钳)
　　Doyen's c. 杜瓦扬氏肠炎夹(钳)
　　Gant's c. 甘特氏夹,直接痔夹(钳)
　　gingival c. 龈夹
　　Goldblatt's c. 戈德布拉特氏(钳)夹,肾动脉夹
　　Joseph's c. 约瑟夫氏夹
　　Martel's c. 马特耳氏结肠夹(钳)
　　Mikulicz's c. 米库利奇氏结肠夹(钳)
　　patch c. 板(片)夹
　　Payr c. 派尔胃夹
　　pedicle c. 蒂夹
　　Potts' c. 波茨氏夹
　　Rankin c. 兰金氏三叶结肠夹
　　rubber dam c. 橡皮障夹
　　Sehrt's c. 西尔特氏夹
　　voltage c. 电压夹
　　Willett c. 威勒特氏产钳,持头夹
　　Yellen c. 耶伦包皮环切夹
clamping ['klæmpiŋ] 钳夹固定
　　euglycemic c. 血糖正常固定法
clang [klæŋ] 音质,音响
clanging ['klæŋiŋ] 声音代词语
clap [klæp] 淋病
clapotage [ˌklæpə'tɑːʒ] 振荡音
clapotement [klɑːpɔt'mɔŋ] (Fr.) 振荡音
claquement [klɑːk'mɔŋ] (Fr.) 掌拍按摩法或毕剥声
　　c. d'ouverture 开瓣锐音
Clara cells ['klɑːrɑː] (Max *Clara*, Austrian anatomist, born 1899) 克拉细胞
clarificant [klæ'rifikənt] 澄清剂
clarification [ˌklærifi'keiʃən] (L. *clarus* clear + *facere* to make) 澄清(作用)
clarify ['klærifai] (L. *clarificare* to ren-

der clear)使澄清
clarithromycin [kləˌriθrə'maisin] 甲基红霉素
Clark-Collip method [klɑːk 'kɔlip] (Earl Perry *Clark*, American biochemist, born 1892; James Bertram *Collip*, Canadian biochemist, 1892-1965) 克-科二氏法
Clarke's cells [klɑːks] (Jacob Augustus Lockhart *Clarke*, English anatomist and physician, 1817-1880) 克拉克氏细胞
Clarke-Hadfield syndrome [klɑːku 'hædfiːld] (Cecil *Clarke*, British physician, 20th century; Geoffrey *Hadfield*, British physician, 1899-1968) 克-哈二氏综合征
clasmatocyte [klæz'mætəsait] (Gr. *klasma* a piece broken off + *kytos* hollow vessel)) 破折细胞, 崩解细胞, 类单核吞噬细胞
clasmatocytosis [klæzˌmætəsai'təusis] 破折细胞增多
clasmatosis [ˌklæzmə'təusis] (Gr. *klasma* a piece broken off) 细胞破碎
clasp [klæsp] 卡环
  Adam's c. 亚当氏卡环
  arrow c., arrowhead c. 箭头卡环
  bar c. 闩状卡环
  circumferential c. 环状卡环
  continuous c., continuous lingual c. 连续卡环, 连续舌侧卡环
  Crozat c. 克罗扎卡环
class [klɑːs] ❶ 纲; ❷ 等级, 类别
classic ['klæsik] 标准的, 典型的
classification [ˌklæsifi'keiʃən] 分类
  adansonian c. 数值分类法
  Angle's c. 安琪儿氏分类法
  Arneth's c. 阿尔内斯分类法
  Bergey's c. 伯吉氏分类法
  Borrmann's c. 博尔曼氏分类法
  Broders' c. 布罗德斯氏分级
  Caldwell-Moloy c. 考-莫二氏分类法
  Chicago c. 芝加哥分类法
  Denver c. 丹佛分类法
  Dukes' c. 杜克丝氏分类法
  FIGO c. 国际妇产科联合会分类法
  Frankel C. 弗兰克尔分类法
  Fredrickson and Lees c. 弗雷德里克森及李氏分类
  French-American-British (FAB) c. 法、美、英分类法
  Gell and Coombs c. 盖尔-库姆斯二氏分类法
  Janský's c. 杨斯基氏分类法
  Kauffman-White c. 考-怀二氏分类法
  Keith-Wagener-Barker c. 基-瓦-巴三氏分类法
  Kennedy c. 肯尼迪分类法
  Kiel C. 基尔分类法
  Lancefield C. 兰斯菲尔德分类法
  Lennert's C. 兰纳特氏分类法
  Lukes-Collins C. 卢-柯二氏分类法
  Lund-Browder c. 伦-布二氏分类法
  McNeer c. 迈克尔分类法
  Migula's c. 米古拉氏细菌分类法
  Moss' c. 莫斯分类
  New York Heart Association (NYHA) c. 纽约心脏学会分类法
  numerical c. 数值分类法
  Paris c. 巴黎分类法
  Rappaport C. 拉帕波特分类法
  Runyon c. 鲁尼恩分类法
  Rye C. 拉伊分类法
  Skinner c. 斯金纳分类法
-clast (Gr. *-klastēs* breaker, from *klan* to break) 破裂, 破碎
clastic ['klæstik] (Gr. *klastos* broken) ❶ 分裂的; ❷ 分解
clastogenic [ˌklæstə'dʒenik] (Gr. *klastos* broken + *-genic*) 诱裂的
clastothrix ['klæstəθriks] (Gr. *klastos* broken + *thrix* hair) 结节性脆发病, 发结节病
clathrate ['klæθreit] (L. *clathare* to provide with a lattice) ❶ 格子形的, 笼形的; ❷ 笼形化合物
clathrin ['klæθrin] 包涵素
Clathrocystis [ˌklæθrə'sistis] (Gr. *klathra* lattice + *kystis* cyst) 厚被球藻属
Claude's hyperkinesis sign [kləudz] (Henri *Claude*, French psychiatrist, 1869-1945) 克洛德运动增强征
claudicant ['klɔːdikənt] 跛行的, 间歇性跛行患者(引伸意)
claudication [ˌklɔːdi'keiʃən] (L. *claudicatio*) 跛行
  intermittent c. 间歇性跛行

jaw c. 间歇性咀嚼不能
neurogenic c. 神经性跛行
venous c. 静脉性跛行
claudicatory ['klɔːdikei‚təri] 跛行的
Claudius' cells ['klɔːdiəs] （Friedrich Matthias *Claudius*, German anatomist, 1822-1896）克劳迪乌斯氏细胞
claustra ['klɔːstrə] （L.）屏状核。*claustrum* 的复数形式
claustral ['klɔːstrəl] 屏状核的
claustrophilia [‚klɔːstrə'filiə] 幽居癖
claustrophobia [‚klɔːstrə'fəubiə] （L. *claudere* to shut + *phobia*）幽闭恐怖
claustrum ['klɔːstrəm] (pl. *claustra*) (L. "a barrier")(NA) 屏状核
clausura [klɔː'sjuərə] (L. "closure")闭锁（畸形），无孔，不通
clava ['klævə](L. "stick")棒状体,薄束核结节
clavacin ['klævəsin] 棒曲霉素
claval ['klævəl] 棒状体的
clavate ['klæveit] (L. *clavatus* club) 棒状体,棒状的
Claviceps ['klæviseps] (L. *clava* club + *caput* head) 麦角菌属
Clavicipitaceae [‚klævi‚sipi'teisiː] 麦角科
clavicipitales [‚klævi‚sipi'teiliːz] 麦角目
clavicle ['klævikl] 锁骨
clavicotomy [‚klævi'kɔtəmi] (*clavicle* + Gr. *tomē* a cutting) 锁骨切断术
clavicula [klə'vikjulə] (L. dim. of *clavis* key) (NA)锁骨
clavicular [klə'vikjulə] 锁骨的
claviculus [klə'vikjuləs] (pl. *claviculi*) (L. dim. of *clavus* nail) 钉合纤维
claviformin [‚klævi'fɔːmin] 棒曲霉素
clavipectoral [‚klævi'pektərəl] (L. *clavis* clavicle + *pectus* breast) 胸锁的
clavipes ['klævipəs] (L. *clave* club + *pes* foot) 棒状足
clavulanate potassium ['klævjulə‚neit] 棒酸钾
clavus ['klævəs] (pl. *clavi*) (L. "nail") 钉胼,鸡眼
  c. durus 硬鸡眼,硬钉胼
  c. hystericus 癔病性钉脑痛,歇斯底里性钉脑痛
  c. mollis 软鸡眼,软钉胼
  c. secalinus 麦角
clawfoot ['klɔːfut] 爪形足,弓形足
clawhand ['klɔːhænd] 爪形手
clay [klei] 土,粘土
  China c. 瓷土,粘土
clazolam ['klæzəlæm] 克拉唑仑,异喹氮草
clear [kliə] ❶ 清除,澄清；❷ 廓清
clearance ['kliərəns] ❶ 清除,澄清；❷ 清除率,廓清率；❸ 间隙
  p-**aminohippurate c.** 对氨基马尿酸清除率
  creatinine c. 肌酐廓清率
  free water c. 游离水清除率
  hepatic c. 肝脏清除
  immune c. 免疫清除
  interocclusal c. 体止殆间隙
  inulin c. 菊粉廓清率
  mucociliary c. 粘液纤毛清除
  occlusal c. 殆间隙
  osmolal c. 重量渗克分子清除率
  plasma iron c. 血浆铁清除率
  renal c. 肾脏清除率
  total body c. 机体总清除率
  urea c. 尿素清除率
clearer ['kliərə] 澄清剂,透明剂
cleavage ['kliːveidʒ] 卵裂
  accessory c. 副裂
  adequal c. 近等裂
  complete c. 全裂
  determinate c. 定裂
  discoidal c. 盘(状)卵裂
  equal c. 等裂
  equatorial c. 中纬(卵)裂
  holoblastic c. 全裂
  incomplete c. 部分分裂,不全(卵)裂
  indeterminate c. 不定裂
  latitudinal c. 纬线裂
  meridional c. 经线裂
  meroblastic c. 不全(卵)裂
  partial c. 不全(卵)裂
  radial c. 辐射状卵裂
  spiral c. 旋裂
  superficial c. 表面(卵)裂
  total c. 全裂
  unequal c. 不等裂
cleft [kleft] ❶ 裂,裂口；❷沟裂
  anal c. 肛裂,臀裂

branchial c. ① 鳃裂；② 鳃沟
cervical c's 宫颈皱褶
cholesterol c. 胆甾醇裂隙，胆固醇裂隙
clunial c. 肛裂，臀裂
corneal c. 角膜裂
facial c. ① 面裂；② 各型面裂
facial c., lateral 面侧裂
facial c., oblique 面斜裂
facial c., transverse 面横裂，颊横裂，巨口
genital c. 生殖裂
gingival c. 龈裂
gluteal c. 臀裂
hyobranchial c. 舌鳃裂
hyoid c. 舌裂
hyomandibular c. 舌颌裂
interdental c. 牙间裂
Lanterman's c's 兰特曼氏切迹
Larrey's c. 拉雷氏裂，胸骨三角
Maurer's c's 莫勒氏小点
natal c. 臀裂
posthyoidean c. 舌鳃裂
primary synaptic c. 原发性突触槽（沟）
Schmidt-Lanterman c's 施-兰二氏切迹（髓鞘）
secondary synaptic c's 继发性突触槽（沟）
Stillman's c. 斯蒂尔曼裂
subneural c's 神经下槽（沟）
synaptic c. ① 突触间隙；② 突触槽（沟）
visceral c's 鳃裂
vulval c. 外阴裂
clegs [klegz] 虻类
cleidagra [klai'dægrə] (*cleid-* + Gr. *agra* seizure) 锁骨痛风
cleidal ['klaidəl] 锁骨的
cleidarthritis [ˌklaidɑ:'θraitis] (*cleid-* + Gr. *arthron* joint) 锁骨关节炎
cleid(o)- (Gr. *kleis*, gen. *kleidos*, key, clavicle) 锁骨
cleidocostal [ˌklaidə'kɔstəl] 锁骨肋骨的
cleidocranial [ˌklaidə'kreiniəl] (*cleido-* + Gr. *kranion* head) 锁骨颅的
cleidoic [klai'dɔik] (Gr. *kleidouchos* holding the keys) 闭锁的
cleidomastoid [ˌklaidə'mæstɔid] 锁骨乳突的
cleidotomy [klai'dɔtəmi] (*cleido-* + Gr. *tomē* a cutting) 锁骨切断术

cleisagra [klai'sægrə] 锁骨痛风
cleistothecium [ˌklaistə'θi:siəm] (Gr. *kleisis* closure + *thēkē* case) 闭囊壳
clemastine ['kli:məsti:n] 氯马斯丁
　c. fumarate 富马酸氯马斯丁
Clematis ['klemətis] (Gr. *klēmatis*) 铁线连属
clemizole ['klemizəul] 克立咪唑，氯苄咪唑
　c. hydrochoride 盐酸克立咪唑
　c. penicillin 立克咪唑青霉素
clenching ['klentʃiŋ] 磨牙癖
Cleocin ['kli:əsin] 克利新：克林霉素制剂的商品名
cleoid ['kli:ɔid] (Middle English *cle* claw + *-oid*) 爪状挖匙
Clethrionomys [ˌkleθri'ɔnəmis] 岸鼩属
　C. glariolus 出血热岸鼩
click [klik] 卡嗒音
　ejection c's 射血卡嗒音，喷射卡嗒音
　midsystolic c. （心脏）收缩中期卡嗒音
　mitral c. 二尖瓣卡嗒音
　nonejection systolic c. 非射血性收缩卡嗒音
　Ortolani's c. 奥尔托朗尼卡嗒音
　systolic c's 收缩期卡嗒音
clicking ['klikiŋ] 弹响，碎裂声
clidinium bromide [kli'diniəm] (USP) 溴环二苯脂
clid(o)- 锁骨
climacteric [kli'mæktərik] (Gr. *klimaktēr* rung of ladder, critical point in human life)) 更年期
climacterium [ˌklimæk'tiəriəm] 更年期
　c. praecox 早发更年期
climatology [ˌklaimə'tɔlədʒi] (Gr. *klima* the supposed slope of the earth from the equator to the pole + *logos* treatise) 气候学
　medical c. 医学气象学
climatotherapeutics [ˌklaimətəˌθerə'pju:tiks] 气候疗法
climatotherapy [ˌklaimətə'θerəpi] (*climate* + Gr. *therapeia* treatment) 气候疗法
climax ['klaimæks] (Gr. *klimax* a ladder, staircase) ❶ 极期；❷ 性高潮
climograph ['klaiməgrɑ:f] (*climate* + Gr. *graphein* to write) 气候对（人体）影响图
clinarthrosis [ˌklinɑ:'θrəusis] (Gr.

klinein to bend + *arthrōsis* a jointing) 关节骨偏斜,关节(骨)错列

clindamycin [ˌklində'maisin] 氯洁霉素,克林达霉素,氯林可霉素

c. **hydrochloride** (USP) 盐酸氯洁霉素,盐酸氯林可霉素

c. **palmitate hydrochloride** (USP) 盐酸氯洁霉素棕榈酸酯

c. **phosphate** (USP) 氯洁霉素磷酸酯

cline [klain] (Gr. *klinein* to slope) 生态群,梯度种

clinic ['klinik] (Gr. *klinikos* pertaining to a bed) ❶ 诊所;❷ 临床(讲解)
  ambulant c. 门诊部
  dry c. 无病例临床讲解

clinical ['klinikəl] 临床的,临证的

clinician [kli'niʃən] 临床医师,临床教师
  nurse c. 临床护士

clinicogenetic [ˌklinikədʒə'netik] 临床遗传的

clinicopathologic [ˌklinikəˌpæθə'lɔdʒik] 临床病理(学)的

Clinistix ['klinistiks] 尿糖检查条

Clinitest ['klinitest] 尿糖检查片

clinocephalism [ˌklinə'sefəlizəm] 鞍形头

clinocephaly [ˌklinə'sefəli] (Gr. *klinein* to bend + *kephalē* head) 鞍形头

clinodactylism [ˌklinə'dæktəlizəm] 指(趾)弯曲

clinodactyly [ˌklinə'dæktəli] (Gr. *klinein* to bend + *daktylos* finger) 指(趾)弯曲

clinography [kli'nɔɡrəfi] (Gr. *klinē* bed + *graphein* to write) 临床记录

clinoid ['klinɔid] (Gr. *klinē* bed + *eidos* form) 床形的,像床的

clinology [kli'nɔlədʒi] (Gr. *klinein* to recline + -*logy*) 动物退化学

Clinoril ['klinɔril] 克利那尔:苏灵大制剂的商品名

clinostatic [ˌklinə'stætik] 卧位的

clinostatism ['klinəˌstætizəm] (Gr. *klinē* bed + *stasis* position) 卧位

clinotherapy [ˌklinə'θerəpi] 卧床(治)养

clioquinol [ˌkliə'kwinɔl] (USP) 氯碘羟喹

clioxanide [kli'ɔksənaid] 氯碘柳苯胺

CLIP (corticotropin-like intermediate lobe peptide 的缩写) 促肾上腺皮质激素样中叶肽

clip [klip] 小夹

cliprofen [kli'prɔfən] 克利洛芬,氯噻托酸

cliseometer [ˌklisi'ɔmitə] (Gr. *klisis* inclination + *metron* measure) 骨盆斜度计

Clistin ['klistin] 克利斯汀:氯苯吡醇胺制剂的商品名

clitellum [kli'teləm] (L. *clitellae* packsaddle) 环带,生殖带

clition ['klitiən] (Gr. *kleitys* slope, clivus) 斜坡前中点

Clitocybe ['klitəksibi] 杯伞属

clitocybine [ˌklitə'saibin] 杯伞菌素

clitoral ['klitərəl, kli'tɔrəl] 阴蒂的

clitoralgia [ˌklitə'rældʒiə] 阴蒂痛

clitorectomy [ˌklitə'rektəmi] 阴蒂切除术

clitoridauxe ['klitəriˌdɔksi] (*clitoris* + Gr. *auxe* increase) 阴蒂肥大

clitoridean [ˌklitə'ridiən] 阴蒂的

clitoridectomy [ˌklitəri'dektəmi] (*clitoris* + Gr. *ektomē* excision) 阴蒂切除术

clitoriditis [ˌklitəri'daitis] 阴蒂炎

clitoridotomy [ˌklitəri'dɔtəmi] (*clitoris* + Gr. *tomē* cut) 阴蒂切开术

clitorimegaly [ˌklitəri'meɡəli] (*clitoris* + Gr. *megalē* great) 阴蒂肥大

clitoris ['klitəris, kli'tɔris] (Gr. *kleitoris*) 阴蒂

clitorism ['klitərizəm] ❶ 阴蒂肥大;❷ 阴蒂异常勃起

clitoritis [ˌklitə'raitis] 阴蒂炎

clitoromegaly [ˌklitərə'meɡəli] 阴蒂肥大

clitoroplasty ['klitərəˌplæsti] 阴蒂成形术

clitorotomy [ˌklitə'rɔtəmi] (*clitoris* + Gr. *tomē* a cut) 阴蒂切开术

clival ['klivəl] 斜坡的

clivography [kli'vɔɡrəfi] 斜坡照相术

clivus ['klivəs] (L. "slope") (NA) 斜坡
  basilar c., c. basilaris 枕骨斜坡
  Blumenbach's c., c. blumenbachii 蝶骨斜坡
  c. **monticuli** 小脑山坡,小脑山丘
  c. **ossis occipitalis** (NA) 枕骨斜坡
  c. **ossis sphenoidalis** 蝶骨斜坡

clo [kləu] 克漏:一种测量单位,为人体普通日常衣着提供的绝热

cloaca [klə'eikə] (pl. *cloacae*) (L.

"drain")❶ 泄殖器;❷ 穴肛;❸ 骨瘘
congenital c. 先天性泄殖腔
ectodermal c. 外胚层性泄殖腔
entodermal c. 内胚层性泄殖腔
persistent c. 残留性泄殖腔
cloacal [klə'ækəl] 泄殖腔的
cloacitis [ˌkləuə'saitis] 泄殖腔炎
cloacogenic [ˌkləuəkə'dʒenik] 泄殖腔源的
clobetasol propionate [klə'betəsɔl] 戊酮可白特索
clock [klɔk] 钟
biological c. 生物钟
clocortolone [klə'kɔ:tələun] 氯可托龙,氯氟吐龙
clodanolene [klə'dænəli:n] 氯达诺林,氯糖海因
clodazon hydrochloride ['klɔdəzəun] 盐酸氯达酮
clodronic acid [klə'drɔnik] 氯甲双磷酸
clofazimine [klə'fæzimi:n] 氯法齐明,氯苯吩嗪,克风敏
clofenamic acid [ˌkləfə'næmik] 二氯灭酸
clofibrate [klə'faibreit] (USP)祛脂乙酯,安妥明
clogestone acetate [klə'dʒestəun] 醋酸氯孕酮,乙酰孕地酮
clomacran phosphate ['klɔməkrən] 磷酸氯马克仑
Clomid ['klɔmid] 克罗米德:枸橼酸氯芪酚胺制剂的商品名
clomiphene citrate ['klɔmifi:n] (USP) 枸橼酸氯芪酚胺
clomipramine hydrochoride [klə'mi-prəmi:n] 盐酸氯丙咪嗪
clonal ['klɔnəl] 无性(繁殖)系的,克隆的
clonality [klə'næliti] 无性系形成能力
clonazepam [klə'næzəpæm] (USP) 氯硝安定
clone [kləun] (Gr. *klōn* young shoot or twig) ❶ 无性(繁殖)系,克隆,纯系;❷ 建立无性繁殖系
forbidden c. 禁忌无性(繁殖)
clonic ['klɔnik] (Gr. *klonos* turmoil) 阵挛性的
clonicity [klə'nisiti] 阵挛性
clonicotonic [ˌklɔnikə'tɔnik] 阵挛紧张的
clonidine hydrochloride ['klɔnidi:n]

(USP) 盐酸可乐定,盐酸氯压定,盐酸血压得平
cloning ['kləuniŋ] 克隆形成
DNA c. DNA 克隆形成
clonism ['klɔnizəm] (Gr. *klonos* turmoil) 连续阵挛
clonismus [klə'nizməs] 连续阵挛
clonixeril [klə'niksəril] 氯尼舒林,氯胺烟酸
clonixin [klə'niksin] 氯尼舍辛,氯胺烟酸
clonogenic [ˌklɔnə'dʒenik] (*clone* + Gr. *gennan* to produce) 形成无性系的
Clonopin ['klɔnəpin] 克罗纳品:氯硝安定制剂的商品名
clonorchiasis [ˌklɔnə'kaiəsis] 支睾吸虫病
clonorchiosis [klə,nɔ:ki'əusis] 支睾吸虫病
Clonorchis sinensis [klə'nɔ:kis si'nensis] (Gr. *klōn* branch + *orchis* testicle) 华支睾吸虫
clonospasm ['klɔnə,spæzəm] (Gr. *klonos* turmoil + *spasmos* spasm) 阵发痉挛
clonotype ['klɔnətaip] (*clone* + *type*) 克隆型
clonus ['klɔnəs] (Gr. *klonos* turmoil) 阵挛
ankle c. 踝阵挛,足阵挛
foot c. 踝阵挛,足阵挛
patellar c. 膝阵挛
wrist c. 腕阵挛
clopamide [klə'pæmaid] 氯哌酰胺
clopenthixol [ˌklɔpən'θiksɔl] 氯哌噻吨
clopidol ['klɔpidɔl] 氯吡多
clopimozide [klə'piməzaid] 氯哌唑酮
clopirac ['klɔpiræk] 氯苯吡咯酸
cloprednol [klə'prednɔl] 氯地氢可松,氯波尼醇
cloprostenol [klə'prɔstənɔl] 氯前列烯醇
Cloquet's canal [klə'keiz] (Jules Germain *Cloquet*, French surgeon, 1790-1883) 克洛凯氏管
Cloquet's ganglion [klə'keiz] (Hippolyte *Cloquet*, French anatomist, 1787-1840) 克洛凯氏神经节
clorazepate dipotassium [klə'ræzəpeit] (USP) 二钾氯氮䓬
clorazepic acid [ˌklɔrə'zepik] 氯氮䓬酸
clorexolone [klə'reksələun] 氯环吲酮,氯

索隆
cloroperone hydrochloride [ˌklɔrə-ˈperəun] 盐酸氯哌隆
clorophene [ˈklɔrəfiːn] 氯苯酚
Clorpactin XCB [klɔˈpæktin] 克罗派克汀;羟氯生制剂的商品名
clorprenaline hydrochloride [klɔˈprenəliːn] 盐酸氯喘,盐酸邻氯喘息定
clortermine hydrochloride [klɔˈtəːmiːn] 盐酸邻氯苯丁胺
closantel [ˈklɔsəntəl] 氯生太,氯氰柳胺
closiramine aceturate [klɔˈsiərəmiːn] 乙酰甘氨酸氯西拉敏
clostridia [klɔsˈtridiə] (L.) 梭状芽胞杆菌。*clostridium* 的复数形式
clostridial [klɔsˈtridiəl] 梭状芽胞杆菌的
Clostridium [klɔsˈtridiəm] (Gr. *klōstēr* spindle) 梭状芽胞杆菌属
  C. **acetobutylicum** 醋酪酸梭状芽胞杆菌
  C. **agni** β型产气荚膜(梭状芽胞)杆菌
  C. **bifermentans** 双酶梭状芽胞杆菌
  C. **botulinum** 肉毒梭状芽胞杆菌,肉毒杆菌
  C. **butyricum** 酪酸梭状芽胞杆菌
  C. **cadaveris** 尸腐梭状芽胞杆菌
  C. **chauvoei** 鸣疽梭状芽胞杆菌
  C. **clostridiiforme** 梭菌样梭状芽胞杆菌
  C. **difficile** 艰难梭状芽胞杆菌
  C. **feseri** 鸣疽梭状芽胞杆菌
  C. **haemolyticum** 溶血梭状芽胞杆菌
  C. **histolyticum** 溶组织梭状芽胞杆菌
  C. **innocuum** 无害梭状芽胞杆菌
  C. **kluyveri** 克氏梭状芽胞杆菌
  C. **limosum** 泥渣梭状芽胞杆菌
  C. **novyi** 诺维氏梭状芽胞肝菌
  C. **oedematiens** 水肿梭状芽胞杆菌
  C. **ovitoxicus** 绵羊毒梭状芽胞杆菌
  C. **paludis** 魏氏C型梭状芽胞杆菌
  C. **parabotulinum equi** 马副肉毒梭状芽胞杆菌
  C. **parabotulinus** 副肉毒梭状芽胞杆菌
  C. **paraputrificum** 副腐败梭状芽胞杆菌
  C. **pasteurianum** 巴斯德氏(固氮)梭状芽胞杆菌
  C. **pastorianum** 巴斯德氏(固氮)梭状芽胞杆菌
  C. **perfringens** 产气荚膜梭状芽胞杆菌
  C. **ramosum** 多枝梭状芽胞杆菌
  C. **septicum** 败血梭状芽胞杆菌
  C. **sordellii** 污泥梭状芽胞杆菌,双酶梭状芽胞杆菌
  C. **sphenoides** 楔形梭状芽胞杆菌
  C. **sporogenes** 产芽胞梭状芽胞杆菌
  C. **subterminale** 近端梭状芽胞杆菌
  C. **tertium** 第三梭状芽胞杆菌
  C. **tetani** 破伤风梭状芽胞杆菌,破伤风杆菌
  C. **welchii** 魏氏梭状芽胞杆菌
clostridium [klɔsˈtridiəm] (pl. *clostridia*) 梭状芽胞杆菌
closure [ˈklɔuʒə] 闭合,关闭
  flask c. 型盒闭合
  flask c., final 型盒最后闭合
  flask c., trial 型盒初步闭合
  velopharyngeal c. 腭咽闭合
closylate [ˈklɔsileit] (USAN) 对氯苯磺酸盐
clot [klɔt] 凝块
  agonal c., agony c. 濒死期心脏内血块
  antemortem c. 死前血块
  blood c. 血块
  chicken fat c. 鸡脂状血块
  currant jelly c. 果酱状血块
  distal c. 远侧血块
  external c. 血管外血块
  heart c. 心内血块,心脏血栓
  internal c. 血管内血块,血栓
  laminated c. 层状血块
  marantic c. 消耗性血块,衰弱性血栓
  passive c. 被动性血块
  plastic c. 成形性血块
  postmortem c. 死后血块
  proximal c. 近侧血块
  spider-web c. 蛛网状凝块
  stratified c. 层状血块,层状血栓
  washed c., white c. 冲积性血块,白色血块,白色血栓
clothiapine [kləˈθaiəpiːn] 氯噻平
clotrimazole [kləˈtriməzəul] (USP) 克霉唑,抗真菌 I
clouding [ˈklaudiŋ] 混浊,模糊
  c. of consciousness 意识混浊
Cloudman's melanoma S91 [ˈklaudmənz] (Arthur Mosher *Cloudman*, American zoologist, born 1901) 克劳德曼黑(素)瘤 S91

Clough-Richter syndrome [kləu 'riktə] (Mildred Clark *Clough*, American hematologist, born 1888; Ina M. *Richter*, American hematologist, born 1885) 克-里二氏综合征

Clouston's syndrome ['klaustənz] (H. R. *Clouston*, Canadian physician, 20th century) 克劳斯顿氏综合征

clove [kləuv] (L. *clavus* a nail or spike) 丁香,丁子香,鸡舌香

cloxacillin sodium [ˌklɔksə'silin] (USP) 氯唑西林钠,邻氯青霉素钠,邻氯苯甲异恶唑青霉素钠

cloxyquin ['klɔksikwin] 氯羟喹

clozapine ['klɔzəpiːn] 氯氮平

clubbing ['klʌbiŋ] 杵状变

clubfoot ['klʌbfut] 畸形足

clubhand ['klʌbhænd] 畸形手
   radial c. 桡侧畸形手
   ulnar c. 尺侧畸形手

clump [klʌmp] 凝块

clumping ['klʌmpiŋ] 团集,凝集

cluneal ['kluːniəl] 臀的

clunial ['kluːniəl] 臀的

clunis ['kluːnis] (pl. *clunes*)(L.) 臀

clupanodonic acid [kluːˌpænə'dɔnik] 鳁鱼酸

clupeine ['kluːpiːin] (L. *clupea* herring) 鲱精蛋白

cluttering ['klʌtəriŋ] 言语急促

Clutton's joint ['klʌtənz] (Henry Hugh *Clutton*, English surgeon, 1850-1909) 克拉顿氏关节

clysis ['klaisis] (Gr. *klysis*) ❶ 补液法; ❷ 补液剂

clysma ['klaizmə] (pl. *clysmata*) (Gr. *klysma*) ❶ 灌肠法; ❷ 灌肠剂

Clysodrast ['klaisədræst] 比沙可啶:鞣酸双醋苯啶制剂的商品名

clyster ['klaistə] (Gr. *klystēr* a syringe) ❶ 灌肠法; ❷ 灌肠剂

clysterize ['klistəraiz] (L. *clysterizare*; Gr. *klystēr*) 施行灌肠

clytocybine [ˌklitə'saibin] 杯伞菌素

CM (L. *Chirurgiae Magister* 的缩写) 外科硕士

Cm (*curium* 的符号) 锔

cM (*centimorgan* 的符号) 厘摩根

cm (*centimeter* 的符号) 厘米

cm² (*square centimeter* 的符号) 平方厘米

cm³ (*cubic centimeter* 的符号) 立方厘米

CMA ❶ (Canadian Medical Association 的缩写) 加拿大医学会; ❷ (Certified Medical Assistant 的缩写) 有证书的医师助理

CMAP (compound muscle action potential 的缩写) 复合肌动作电位

CMD (cerebromacular degeneration 的缩写) 大脑黄斑变性

CMHC (community mental health center 的缩写) 社区心理卫生中心

cm H₂O 厘米水柱:压力单位

CMI (cell-mediated immunity 的缩写) 细胞免疫

CML (cell-mediated lympholysis 的缩写) 细胞介导性淋巴溶解

c mm (*cubic millimeter* 的符号) 立方毫米

CMP (cytidine monophosphate 的缩写) 一磷酸胞苷

CMR (cerebral metabolic rate 的缩写) 大脑代谢率

cms (L. *cras mane sumendus* 的缩写) 明晨服用

CMT ❶ (Certified Medical Transcriptionist 的缩写) 有证书的医学翻译; ❷ (California Mastitis Test 的缩写) 加利福尼亚乳腺炎试验

CMV (cytomegalovirus 的符号) 巨细胞病毒

CN (L. *cras nocte* 的缩写) 明晚

CNA (Canadian Nurses' Association 的缩写) 加拿大护士协会

CN-Cbl (*cyanocobalamin* 的符号) 氰钴胺,维生素 B₁₂

cnemial [·'niːmiəl] 胫的

Cnemidocoptes [ˌnimidə'kɔptiz] 脚螨属

cnemis ['niːmis] ❶ 小腿; ❷ 胫,胫骨

cnemitis [niː'maitis] 胫骨炎

cnemoscoliosis [ˌniːməˌskɔli'əusis] (Gr. *knēmē* leg + *skoliōsis* crookedness) 腿侧弯

cnicin ['naisin] 苔藓素

Cnidaria [ni'dɛəriə] (Gr. *kindē* a nettle) 刺胞动物门

cnidarian [ni'dɛəriən] ❶ 刺胞动物门的; ❷ 刺胞动物

Cnidian ['nidiən] 尼达斯学派

cnid(o)- (Gr. *knidē* a nettle) 荨麻,荨麻样结构

cnidoblast ['nidəblæst] (*cnido-* + *blast*) 刺细胞

cnidocil ['nidəsil] (*cni*do- + *cil*ium) 刺丝囊突,刺针

Cnidospora [ˌnidə'spɔːrə] (*cnido-* + *spore*) 丝孢子虫亚门

Cnidosporidia [ˌnidəspɔ'ridiə] 丝孢子虫纲

CNM (Certified Nurse-Midwife 的缩写) 有证书的助产士

CNS (central nervous system 的缩写) 中枢神经系统

c.n.s. (L. *cras nocte sumendus* 的缩写)明晚服用

CNV (contingent negative variation 的缩写) 偶然阴性变异

CO (cardiac output 的缩写) 心脏输出(量)

Co❶(*cobalt* 的符号)钴;❷(*coccygeal* 的符号) 尾骨

co- 同一,合并

COA (Canadian Orthopaedic Association 的缩写) 加拿大矫形外科学会

CoA (coenzyme A 的缩写) 辅酶 A

coacervate [kəu'æsəveit] (L. *coacervatus* heaped up) 凝聚层

coacervation [kəuˌæsə'veiʃən] 凝聚

Coactin [kəu'æktin] 考可丁;脒西林制剂的商品名

coadaptation [kəuˌædæp'teiʃən] (*co-* + L. *adaptare* to adapt) 相互适应

coadunation [kəuˌædju'neiʃən] (L. *co-* together + *ad* to + *unus* one) 联合

coadunition [kəuˌædju'niʃən] 联合

coagglutination [ˌkəuəˌgluːti'neiʃən] 协同凝集(反应)

coagula [kəu'ægjulə] (L.) 凝块,血块。*coagulum* 的复数形式

coagulability [kəuˌægjulə'biliti] 凝固性

coagulable [kəu'ægjuləbl] 可凝固的

coagulant [kəu'ægjulənt] (L. *coagulans*) ❶ 促凝的;❷ 促凝药,凝血药

coagulase [kəu'ægjuleis] 凝固酶,促凝酶

coagulate [kəu'ægjuleit] (L. *coagulare*) ❶ 使凝固;❷ 凝固

coagulation [kəuˌægju'leiʃən] (L. *coagulatio*) ❶ (血)凝固;❷ 凝结;❸ 凝固

blood c. 血凝固

diffuse intravascular c., disseminated intravascular c. (DIC) 弥漫性血管内凝固

electric c. 电凝固

massive c. 脑脊液凝固

coagulative [kəu'ægjuleitiv] 可凝固的,促凝固的,凝固性的

coagulator [kəuˌægju'leitə] 凝固器

coagulin [kəu'ægjulin] ❶凝血素;❷凝血活素

coagulogram [kəu'ægjuləgræm] 凝血(谱)象

coagulopathy [kəuˌægju'lɔpəθi] 凝血病

consumption c. 消耗性凝血病

coagulotomy [kəuˌægju'lɔtəmi] 凝切术

coagulum [kəu'ægjuləm] (pl. *coagula*) (L.) 凝块,血块

closing c. 封闭性凝块

coalescence [ˌkəuə'lesəns] (L. *coalescere* to grow together) 并合,融合,连合

coalition [ˌkəuə'liʃən] (L. *coalescere* to grow together) 结合,联合,融合

calcaneocuboid c. 跟骨骰骨融合

calcaneonavicular c. 跟骨舟状骨融合

cubonavicular c. 骰骨舟状骨融合

naviculocuneiform c. 舟状骨楔状骨融合

talocalcaneal c. 距骨跟骨融合

talonavicular c. 距骨舟状骨融合

tarsal c. 跗骨融合

coapt [kəu'æpt] (L. *coaptare*) 接合

coarctate [kəu'ɑːkteit] (L. *coarctare* to straighten or tighten) ❶ 紧压;❷ 压合,缩小

coarctation [ˌkəuɑːk'teiʃən] (L. *coarctatio*, from *cum* together + *arctare* to make tight) 缩窄

c. of aorta 主动脉缩窄

c. of aorta, adult type 成人型主动脉狭窄

c. of aorta, infantile type 婴儿型主动脉缩窄

reversed c. 反向(主动脉)缩窄

coarctotomy [ˌkəuɑːk'tɔtəmi] 狭窄切开术

coarticulation [ˌkəuɑːˌtikju'leiʃən] (L. *con* together + *articulare* to join) 不动关节

CoA-SH (coenzyme A. 的符号) 辅酶 A

coat [kəut] (L. *cotta* tunic) ❶ 衣,膜,层; ❷ 衣壳,外壳
  adventitial c. 外膜
  adventitious c. of uterine tube 输卵管外膜
  albugineous c. 白膜
  buffy c. 血沉棕黄层
  cremasteric c. of testis 提睾肌
  dartos c. 肉膜
  external c. of capsule of graafian follicle 卵泡囊外膜
  external c. of esophagus 食管外膜
  external c. of ureter 输尿管外膜
  external c. of vessels 血管外膜
  external c. of viscera 内脏外膜
  extraneous c. 胞外膜
  fibrous c. 纤维层,纤维膜
  fibrous c. of corpus cavernosum of penis 阴茎海绵体白膜
  fibrous c. of eye 眼球外膜
  fibrous c. of ovary 卵泡膜
  fibrous c. of testis 睾丸白膜
  internal c. of capsule of graafian follicle 卵泡内膜
  internal c. of pharynx of Luschka 咽粘膜下组织
  mucous c. 粘膜
  mucous c. of tympanic cavity 鼓室粘膜
  muscular c. 肌层
  pharyngobasilar c. 咽颅底筋膜,咽颅底板
  proper c. 固有膜
  proper c. of corium, proper c. of dermis 真皮内层
  proper c. of pharynx 咽粘膜下组织
  proper c. of testis 睾丸白膜
  sclerotic c. 巩膜
  serous c. 浆膜
  submucous c. 粘膜下层
  subserous c. 浆膜下组织
  uveal c. 葡萄膜
  vaginal c. of testis 睾丸鞘膜
  vascular c. of eyeball 葡萄膜
  vascular c. of pharynx 咽粘膜下层
  vascular c. of stomach 胃粘膜下组织
  vascular c. of viscera 粘膜下组织
  villous c. of small intestine 小肠粘膜
  white c. 白膜

CoA-transferase ['kəuei'trænsfəreis] (EC 2.8.3) 辅酶 A 转移酶
Coats' disease [kəuts] (George *Coats*, English ophthalmologist, 1876-1915) 科茨氏病
cobalamin [kəu'bæləmin] ❶ 钴胺素; ❷ 钴胺素类
cob(l)alamin adenosyltransferase [kəu'bæləmin ə,dinəusəl'trænsfəreis] (EC 2.5.1.17) 钴胺素腺苷转移酶
cobalamin reductase [kəu'bæləmin ri'dʌkteis] 钴胺素还原酶
cobalophilin [,kəbə'ləfilin] R 蛋白
cobalt ['kəubɔːlt] (L. *cobaltum*) 钴
  c. 60 钴 60
  c. salipyrine 撒利比林钴
cobaltosis [,kəubɔːl'təusis] 钴尘肺
cobaltous [kəu'bɔːltəs] (正)钴的
cobamide ['kɔbəmaid] 钴胺酰胺
cobra ['kɔbrə] (Port. *cobra de capello* snake with a hood, from L. *coluber* snake) 眼镜蛇
  Asian c. 亚洲眼镜蛇
  black-necked c. 黑颈眼镜蛇
  Egyptian c. 埃及眼镜蛇
  Indian c. 印度眼镜蛇
  king c. 眼镜王蛇
  spitting c. 喷液眼镜蛇
cobraism ['kɔbraizəm] 眼镜蛇毒中毒
cobralysin [kəu'brælisin] 眼镜蛇毒溶血素
COBS (*cesarean-obtained barrier-sustained* 的缩写) 剖腹取出并隔离培育
COC (*calcifying odontogenic cyst* 的缩写) 钙化牙源性囊肿
coca ['kəukə] 古柯
cocaine [kəu'kein] (USP) 可卡因,古柯碱
  c. hydrochloride (USP) 盐酸可卡因
cocainist ['kəukeinist] 可卡因瘾者,可卡因慢性中毒者
cocainization [,kəukeini'zeiʃən] 可卡因化
cocainize ['kəukənaiz] 使可卡因化
cocarcinogen [,kəukɑː'sinədʒən] 辅致癌物质
cocarcinogenesis [kəu,kɑːsinə'dʒenəsis] 辅致癌作用,助致癌作用
coccal ['kəukəl] 球菌的
coccerin ['kɔksərin] 胭脂虫蜡,胭脂红

cocci ['kɔksai] (L.) 球菌。*coccus* 的复数形式

Coccidia [kɔk'sidiə] (Gr. *kokkos* berry) 球虫亚纲

coccidia [kɔk'sidiə] 球虫类。*coccidium* 的复数形式

coccidial [kɔk'sidiəl] 球虫的

coccidian [kɔk'sidiən] ❶ 球虫的；❷ 球虫

coccidioidal [kɔk,sidi'ɔidəl] 球孢子菌的

Coccidioides [kɔk,sidi'ɔidiːz] 球孢子菌属

coccidioidin [kɔk,sidi'ɔidin] (USP) 球孢子菌素

coccidioidoma [kɔk,sidiɔi'dəumə] 球孢子菌瘤

coccidioidomycosis [kɔk,sidi,ɔidəmai'kəusis] 球孢子菌病
 primary extrapulmonary c. 原发性肺外球孢子菌病
 progressive c. 进行性球孢子菌病

coccidioidosis [kɔk,sidiɔi'dəusis] 球孢子菌病

coccidiosis [,kɔksidi'əusis] 球虫病

coccidiostat [kɔk'sidiəstæt] 抗球虫药

coccidiostatic [kɔk,sidiə'stætik] ❶ 抑制球虫生长的；❷ 抑制球虫生长药

Coccidium [kɔk'sidiəm] (L.; dim. of Gr. *kokkos* berry) 球虫属
 C. bigeminum 双孢子球虫，二联等孢子球虫
 C. tenellum 鸡艾美球虫

coccidium [kɔk'sidiəm] (pl. *coccidia*) 球虫

coccigenic [,kɔksi'dʒenik] 球菌源性的

coccillana [,kɔksi'jɑːnə] 南美祛痰楝皮，柯西拉那楝皮

coccinella [,kɔksi'nelə] 胭脂虫

coccinellin [,kɔksi'nelin] (L. *coccinellinum*) 胭脂红，卡红

cocco- (Gr. *kokkos* berry) 形似浆果

coccobacillary [,kɔkə'bæsi,ləri] 球杆菌的

coccobacilli [,kɔkəbə'silai] 球杆菌。*coccobacillus* 的复数形式

Coccobacillus [,kɔkəbə'siləs] (*cocco-* + L. *bacillus* little rod) 球杆菌属，星球菌属

coccobacillus [,kɔkəbə'siləs] (pl. *coccobacilli*) 球杆菌，星球菌

coccobacteria [,kɔkəbæk'tiəriə] (Gr. *kokkos* berry + *baktērion* rod) 球菌

coccode ['kɔkəud] 球状小粒，粒状体

coccogenic [,kɔkə'dʒenik] 球菌源性的

coccogenous [kə'kɔdʒənəs] (*coccus* + Gr. *gennan* producē) 球菌源的

coccoid ['kɔkɔid] 球菌样的

Coccus ['kɔkəs] (L.; Gr. *kokkos* berry) 胭脂虫属

coccus ['kɔkəs] (pl. *cocci*) (L.) 球菌

coccyalgia [,kɔksi'ældʒiə] 尾骨痛

coccycephalus [,kɔksi'sefələs] (Gr. *kokkyx* cuckoo + *kephalē* head) 喙形头畸胎

coccydynia [,kɔksi'diniə] 尾骨痛

coccygalgia [,kɔksi'gældʒiə] 尾骨痛

coccygeal [kɔk'sidʒiəl] 尾骨的

coccygectomy [,kɔksi'dʒektəmi] (*coccyx* + Gr. *ektomē* excision) 尾骨切除术

coccygerector [,kɔksidʒə'rektə] 伸尾肌，立尾肌

coccygeus [kɔk'sidʒiəs] (L.) 尾骨的

coccygodynia [,kɔksigə'diniə] (*coccyx* + Gr. *odynē* pain) 尾骨痛

coccygotomy [,kɔksi'gɔtəmi] (*coccyx* + Gr. *tomē* a cutting) 尾骨切开术

coccyodynia [,kɔksiə'diniə] 尾骨痛

coccyx ['kɔksiks] (Gr. *kokkyx* cuckoo, whose bill it is said to resemble) (NA) 尾骨

Cochicella [,kɔki'selə] 蜗牛的一属

cochineal [,kɔki'niːl] 胭脂虫

cochl. (L. *cochleare* 的缩写) 匙，一匙量

cochl. amp. (L. *cochleare amplum* 的缩写) 一满匙量

cochl. mag. (L. *cochleare magnum* 的缩写) 一大匙量

cochl. med. (L. *cochleare medium* 的缩写) 一中匙量

cochl. parv. (L. *cochleare parvum* 的缩写) 一茶匙量

cochlea ['kɔkliə] (L. "snail shell") ❶ 蜗；❷ (NA) 耳蜗
 membranous c. 蜗管
 Mondini's c. 蒙迪尼氏蜗

cochlear ['kɔkliə] 耳蜗的

Cochlearia [,kɔkli'εəriə] (L.) 辣根属

cochleariform [,kɔkli'æriˌfɔːm] (L. *cochleare* spoon + *form*) 匙形的

cochleitis [,kɔkli'aitis] 耳蜗炎

cochleosacculotomy [ˌkɔkliəˌsækju'lɔtəmi] 蜗囊切开术

cochleotopic [ˌkɔkliə'tɔpik] 听觉通路，脑听觉区

cochleovestibular [ˌkɔkliəves'tibjulə] 耳蜗前庭的

Cochliomyia [ˌkɔkliə'maijə] (Gr. *kochlias* snail with a spiral shell + *myia* fly) 锥蝇属
  C. **americana** 美洲锥蝇
  C. **bezziana** 倍氏锥蝇
  C. **hominivorax** 嗜人锥蝇，锥形蛆蝇

cochlitis [kɔk'laitis] 耳蜗炎

cocillana [ˌkousi'jɑnə] 南美祛痰楝皮

Cockayne's syndrome [kɔ'keinz] (Edward Alfred *Cockayne*, English physician, 1880-1956) 科凯恩氏综合征

cockroach ['kɔkrəutʃ] 蟑螂

cocktail ['kɔkteil] 鸡尾酒，混合剂
  lytic c. 冬眠合剂
  McConckey c. 麦克康基混合剂
  Philadelphia c. 费城鸡尾酒
  Rivers's c. 里维耶混合剂，里维耶鸡尾酒

cocoa ['koukou] 可可粉

coconscious [kəu'kɔnʃəs] 并(存)意识的，副意识的

cocontraction [ˌkəukən'trækʃən] 协同收缩

coconut ['kəukənʌt] 椰子(实)

Coct. (L. *coctio* 的缩写) 煮沸

coction ['kɔkʃən] (L. *coctio*, a cooking) ❶ 煮沸过程; ❷ 消化

coctoantigen [ˌkɔktə'æntidʒən] 加热抗原

coctoimmunogen [ˌkɔktəi'mju:nədʒən] 加热免疫原

coctolabile [ˌkɔktə'leibil] (L. *coctus* cooked + *labilis* perishable) 不耐煮沸的，不耐热的

coctoprecipitin [ˌkɔktəpri'sipitin] (L. *coctus* cooked + *precipitin*) 热沉淀素

coctoprotein [ˌkɔktə'prəuti:n] 加热蛋白

coctostabile [ˌkɔktə'steibil] (L. *coctus* cooked + *stabilis* resisting) 耐煮沸的，耐热的

coctostable [ˌkɔktə'steibl] 耐煮沸的，耐热的

coculine ['kɔkjulin] 汉防己碱

cocultivation [ˌkɔkəlti'veiʃən] 细胞混合培养

code [kəud] (L. *codex* something written) ❶ 守则，规则，法则; ❷ 密码，符号
  degeneracy of c. 密码的简并性
  genetic c. 遗传密码
  triplet c. 三联密码

codeine ['kəudi:n] (L. *codeina*) (USP) 可待因
  c. phosphate (USP) 磷酸可待因
  c. sulfate (USP) 硫酸可待因

codex ['kɔdeks] (pl. *codices*) (L.) 药方集，药典

Codman's sign ['kɔdmənz] (Ernest Amory *Codman*, American surgeon, 1869-1940) 科德曼氏征

codominance [kəu'dɔminəns] 同等优势，等显性

codominant [kəu'dɔminənt] 同等优势的，等显性的

codon ['kɔdən] 密码子
  chain-initiation c's 肽链起始密码子
  chain-termination c's 肽链终止密码子
  nonsense c's 无义密码子

coe- 共同，共存，协同

coefficient [ˌkəui'fiʃənt] 系数，参数
  absorption c. 吸收系数
  activity c. 活性系数
  binomial c. 二项式指数
  biological c. 生物学系数
  Bouchard's c. 布沙尔氏系数
  Bunsen c. 本森系数
  Chick-Martin c. 奇克-马丁二氏指数
  confidence c. 可信系数
  correlation c. 相关系数
  creatinine c. 肌酐系数
  cryoscopic c. 冰点降低系数
  c. of demineralization 矿盐滤除率(系数)
  dilution c. 稀释系数
  distribution c. 分配系数
  extinction c. 消退系数
  Falta's c. 法尔塔系数
  Haines's c. 海恩斯氏系数
  Häser's c. 哈泽尔氏系数
  Hill c. 希尔系数
  homogeneity c. 均匀系数
  hygienic laboratory c. 卫生化验指数

c. of inbreeding 同系交配系数,近亲交配系数
Kendall's rank correlation c. 肯德尔氏秩相关系数
Lancet c. 朗斯特系数
lethal c. 致死系数
linear absorption c. 线性吸收系数
linear attenuation c. 线性衰减系数
Loebisch's c. 勒必斯契氏系数
Long's c. 朗氏系数
Maillard's c. 迈拉德氏系数
mass absorption c. 质量吸收系数
mass attenuation c. 质量衰减系数
molar absorption c., molar extinction c. 摩尔吸收系数,摩尔消除系数
olfactory c. 嗅觉系数
osmotic c. 渗透系数
c. of partage 醚溶酸系数
partition c. 分配系数,分布系数
Pearson's correlation c. 皮尔逊相关系数
phenol c. 石碳酸系数,苯酚系数
product-moment correlation c. 积矩相关系数
rank correlation c. 秩相关系数
c. of relationship 关系系数
Rideal-Walker c. 里迪尔-沃克系数
sample correlation c. 样本相关系数
sedimentation c. 沉降系数
selection c. 选择系数
solubility c. 可溶性系数
Spearman's rank correlation c. 斯皮尔曼秩相关系数
temperature c. 温度系数
c. of thermal conductivity 热传导系数
c. of thermal expansion 热膨胀系数
Trapp's c. 特拉普氏系数
urohemolytic c. 尿溶血系数
urotoxic c. 尿毒性系数
c. of variation (CV) 变异系数
velocity c. 速率系数
c. of viscosity 粘滞系数
volume c. 容积系数
coelarium [si'lεəriəm] (L. from Gr. *koilos* a hollow) 体腔膜,间皮,体腔上皮
-coele (Gr. *koilia* cavity) 腔,空间,穴,孔
Coelenterata [ˌsiˌlentə'reitə] (Gr. *koilos* hollow + *enteron* intestine) 腔肠动物门
coelenterate [si'lentəreit] ❶ 腔肠动物的;❷ 腔肠动物;❸ 腔肠动物和栉水母动物的总称
coelenteron [si'lentərən] ❶ 原肠,原腔;❷ 胃血管腔
coeliac ['siliæk] 腹的,腹腔的
coeliothel [si'liəθəl] 胚腔上皮,体腔上皮
coel(o)- (Gr. *koilos* hollow) 腔,腹,腹腔。有时拼作 *cel(o)-*
coeloblastula [ˌsiləˈblæstjulə] (*coelo-* + Gr. *blastos* germ) 有腔囊胚
coelom ['si:ləm] (Gr. *koilōma*) 体腔
  extraembryonic c. 胚外体腔
coeloma [si'ləumə] 体腔
coelomate ['si:ləmeit] ❶ 有腔的;❷ 真腔肠动物
coelomic [si'lɔmik] 体腔的
coelomyarian [ˌsiləmai'εəriən] 体腔肌
coelosomy [ˌsilə'sɔmi] 露脏畸形
coelothel ['si:ləθəl] (Gr. *koilos* hollow + *thēlē* nipple) 体腔上皮,间皮
coen(o)- 共同特征
coenesthesia [ˌsinis'θizjə] 生存感觉,存在感觉
coenocyte ['si:nəsait] (*coen(o)-* + *-cyte*) 多核
coenocytic [ˌsinə'sitik] 多核的
coenuriasis [ˌsi:nju'raiəsis] 多头(绦虫)蚴病
coenurosis [ˌsinju'rəusis] 多头(绦虫)蚴病
Coenurus [si'njurəs] (Gr. *koinos* common + *oura* tail) 多头(绦虫)蚴属
  C. cerebralis 脑多头(绦虫)蚴
coenurus [si'njurəs] 多头(绦虫)蚴
coenzyme [kəu'enzaim] 辅酶
  c. A 辅酶 A
  c. B_{12} 辅酶 B_{12}
  c. Q 辅酶 Q
coeruleus [si'ru:liəs] (L.) 青的,蓝色的
coeur [kə:] (Fr.) 心脏
  c. en sabot [ɔn sɑ:'bɔ:] 靴形心
cofactor ['kəufæktə] 辅因子
  platelet c. Ⅰ 血小板辅酶因子Ⅰ
  platelet c. Ⅱ 血小板辅酶因子Ⅱ
coffee ['kɔfi] (Ar. *al-qahwah*) 咖啡,咖啡豆
Coffin-Lowry syndrome ['kɔfin 'ləuri] (George S. *Coffin*, American pediatrician, born 1923; R. Brian *Lowry*, Irish-

born Canadian physician, 20th century) 科-劳二氏综合征

Coffin-Siris syndrome ['kɔfin 'siris] (G. S. *Coffin*; Evelyn *Siris*, American radiologist, born 1914) 科-西二氏综合征

Cogan's oculomotor apraxia ['kɔgənz] (David Glendenning *Cogan*, American ophthalmologist, 1908-1993) 科根氏眼球运动不能

cogener ['kɔdgʒənə] 协同肌

Cogentin [kəu'dʒentin] 可赞汀:甲磺酸苄托品制剂的商品名

Cognex ['kɔgneks] 科格奈克斯:塔克林即四氢氧基吖啶制剂的商品名

cognition [kɔg'nifən] (L. *cognitio*, from *cognoscere* to know) 认识,认知

cognitive ['kɔgnitiv] 识别的,认识的

cohesion [kəu'hi:ʒən] (L. *cohaesio*, from *con* together + *haerere* to stick) 内聚力,内聚性

cohesive [kəu'hi:siv] 内聚的

Cohn's solution [kəunz] (Ferdinand Julius *Cohn*, German bacteriologist, 1828-1898) 科恩氏溶液

Cohnheim's areas ['kəunhaimz] (Julius Friedrich *Cohnheim*, German pathologist, 1839-1884) 科恩海姆氏区

cohoba [kə'hɔbə] 柯呼拉

cohobation [,kɔhə'beiʃən] 回流蒸馏,重复蒸馏

cohort ['kɔhɔ:t] (L. *cohors* one of the ten units making up a Roman legion) ❶ 队列, 同期组,群;❷ 股

cohosh [kə'hɔʃ] 升麻类药草

coil [kɔil] (Old Fr. *collier*, form L. *colligere* to gather together) 线圈,螺旋,旋管
  random c. 不规则螺旋

coin(o)- 共同特征或特性

coinosite ['kɔinəsait] (Gr. *koinos* common + *sitos* food) 半自由寄生物

coisogeneic [kəu,aisədʒə'ni:ik] 同类系的, 近交系动物的

coisogenic [kəu,aisə'dʒenik] 同基因异系

coital ['kɔitəl] 性交的,交媾的

coition [kəu'iʃən] 性交,交媾

coitophobia [,kɔitə'fəubiə] (*coitus* + *phobia*) 交媾恐怖

coitus ['kɔitəs] (L. *coitio* a coming together, meeting) 性交,交媾
  c. incompletus, c. interruptus 不完全性交,中断式性交
  c. reservatus 含蓄性交,保留交媾

Col. (L. *cola* 的缩写) 过滤

col [kɔl] (Fr., from L. *collum* neck) 小凹

col- 合,同

Colace ['kəuleis] 科雷斯:磺琥辛脂钠制剂的商品名

colalgia [kə'lældʒiə] (*colon* + Gr. *algos* pain) 结肠痛

colamine ['kɔləmin] 氨(基)乙醇,胆胺,单乙醇胺

Colan SR ['kɔlæn] 科兰:盐酸异博定制剂的商品名

colaspase [kə'læspeis] 左旋门冬酰胺醇

Colat. (L. *colatus* 的缩写) 滤过的

colation [kə'leiʃən] (L. *colatio*) ❶ 滤过; ❷ 滤液

colatorium [,kɔlə'tɔriəm] (pl. *colatoria*) (L. from *colare* to strain) 滤过器,筛网

colature ['kɔlətʃə] (L. *colatura*, from *colare* to strain) 滤液

ColBENEMID [kɔl'benəmid] 对二丙磺酰胺苯甲酸:丙磺舒和秋水仙碱制剂的商品名

colchicine ['kɔltʃisi:n] (USP) 秋水仙碱, 秋水仙素

Colchicum ['kɔltʃikəm] 秋水仙属

cold [kəuld] ❶ 冷;❷ 普通感冒(伤风); ❸ 低温
  allergic c. 过敏性伤风
  common c. 普通感冒
  June c. 六月伤风
  rose c. 玫瑰伤风

coldsore ['kəuldsɔ:] 唇疱疹

Cole's sign [kəulz] (Lewis Gregory *Cole*, American roentgenologist, 1874-1954) 科尔氏征

colectasia [,kɔlek'tæsiə] 结肠扩张

colectomy [kə'lektəmi] (*colon* + Gr. *ektomē* excision) 结肠切除术

cole(o)- (Gr. *koleos* sheath) 阴道,鞘膜

Coleoptera [,kɔli'ɔptərə] (*coleo-* + Gr. *pteron* wing) 鞘翅目

coleoptosis [,kɔliəu'təusis] 阴道脱垂

coleorhexis [ˌkɔliəu'reksis] 阴道破裂
coles ['kɔliːz] (Gr. *kōlē*) 阴茎
  c. **femininus** 阴蒂
Colesiota [kəˌlesi'outə] (J. D. W. A. *Coles*) 科尔斯氏小体属
Colestid [kə'lestid] 可兰思地：盐酸降脂 2 号树脂制剂的商品名
colestipol hydrochloride [kə'lestipɔl] (USP) 盐酸降脂 2 号树脂
Colet. (L. *coletur* 的缩写) 滤过
colibacillemia [ˌkɔlibæsi'liːmiə] 大肠杆菌血症
colibacillosis [ˌkɔlibæsi'ləusis] 大肠杆菌病
  enteric c. 小肠性大肠杆菌病
  c. **gravidarum** 妊娠期大肠杆菌病
colibacilluria [ˌkɔliˌbæsi'ljuəriə] 大肠杆菌尿
colibacillus [ˌkɔlibə'siləs] 大肠杆菌
colic ['kɔlik] (Gr. *kōlikos*) ❶ 结肠的; ❷ 急腹痛, 绞痛
  appendicular c. 阑尾绞痛
  biliary c. 胆绞痛
  bilious c. 吐胆汁性绞痛
  copper c. 铜绞痛
  Devonshire c. 铅绞痛
  endemic c. 地方性绞痛
  flatulent c. 气绞痛, 气鼓, 鼓胀
  gallstone c. 胆石绞痛
  gastric c. 胃绞痛
  hepatic c. 肝绞痛
  infantile c. 婴儿腹痛
  intestinal c. 肠绞痛
  lead c. 铅绞痛
  menstrual c. 痛经, 经期绞痛
  nephric c. 肾绞痛
  ovarian c. 卵巢绞痛
  painters' c. 油漆工绞痛, 铅绞痛
  pancreatic c. 胰绞痛
  Poitou c. 铅绞痛
  renal c. 肾绞痛
  sand c. 砂粒绞痛
  saturnine c. 铅绞痛
  stercoral c. 便秘绞痛
  tubal c. 输卵管绞痛
  ureteral c. 输尿管绞痛
  uterine c. 子宫绞痛
  vermicular c. 阑尾绞痛
  verminous c. 蠕虫性绞痛
  wind c. 气绞痛
  worm c. 蠕虫性绞痛
  zinc c. 锌绞痛
colica ['kɔlikə] (L.) ❶ 绞痛, 急腹痛; ❷ 结肠的
  c. **pictonum** 铅绞痛
colicin ['kɔlisin] (*coli* (from *Escherichia coli*) + *-cin* (adapted from L. *caedere* to kill)) 大肠杆菌素
colicinogen [kɔli'sinədʒən] 大肠杆菌素原
colicinogenic [kɔliˌsinə'dʒenik] 产大肠杆菌素的
colicinogeny [ˌkɔlisi'nɔdʒəni] 大肠杆菌素生成
colicky ['kɔliki] 腹痛的, 绞痛的
colicoplegia [ˌkɔlikə'pliːdʒiə] (Gr. *kōlikos* colic + *plēgē* stroke) 绞痛麻痹
colicystitis [ˌkɔlisis'taitis] 大肠杆菌性膀胱炎
colicystopyelitis [ˌkɔlisistəˌpaiə'laitis] (*colon* + Gr. *kystis* bladder + *pyelos* pelvis) 大肠杆菌性膀胱肾盂炎
coliform ['kɔlifɔːm] (L. *colum* a sieve) 大肠菌类
colinearity [ˌkɔliniˈæriti] 线性对应
colipase [kəu'lipeis] 共脂肪酶
coliphage ['kɔlifeidʒ] 大肠杆菌噬菌体
coliplication [ˌkɔlipli'keiʃən] 结肠折术
colipuncture ['kɔliˌpʌŋktʃə] 结肠穿刺术
colistimethate sodium [kəˌlisti'meθeit] 粘菌素甲磺酸五钠
colistin [kə'listin] 多粘菌素 E, 抗敌素, 粘菌素
  c. **sulfate** (USP) 硫酸多粘菌素 E
colitides [kə'litidiːz] 结肠炎
colitis [kə'laitis] 结肠炎
  amebic c. 阿米巴结肠炎
  antibiotic-associated c. 抗生素性结肠炎
  balantidial c. 小袋虫性结肠炎
  cathartic c. 导泻性结肠炎
  collagenous c. 胶原性结肠炎
  Crohn's c. 克隆氏结肠炎
  c. **cystica profunda** 深层囊性结肠炎
  c. **cystica superficialis** 浅层囊性结肠炎
  diversion c. 分流结肠炎
  granulomatous c. 肉芽肿性结肠炎

c. gravis 溃疡性结肠炎
　irradiation c. 放射性结肠炎
　ischemic c. 缺血性结肠炎
　microscopic c. 微小性结肠炎
　mucous c. 粘液性结肠炎
　c. polyposa 息肉状结肠炎
　pseudomembranous c. 假膜性结肠炎
　radiation c. 放射结肠炎
　regional c., segmental c. 节段性结肠炎
　transmural c. 透壁性结肠炎
　c. ulcerativa, ulcerative c. 溃疡性结肠炎
colitose ['kɔlitəus] 大肠菌糖
colitoxemia [ˌkɔlitɔk'si:miə] 大肠杆菌毒血症
colitoxicosis [ˌkɔliˌtɔksi'kəusis] 大肠杆菌毒素中毒
colitoxin [ˌkɔli'tɔksin] 大肠杆菌毒素
coliuria [ˌkɔli'juəriə] 大肠杆菌尿
colla ['kɔlə] (L.) 颈。*collum* 的复数形式
collacin ['kɔləsin] 胶质素
collagen ['kɔlədʒən] (Gr. *kolla* glue + *gennan* to produce) 胶原
collagenase [kə'lædʒəneis] 胶原酶
　Clostridium histolyticum c. 溶组织梭菌胶原酶
　interstitial c. (EC 3.4.24.7) 间质胶原酶
　microbial c. (EC 3.4.24.3) 微生物胶原酶
　vertebrate c. 脊椎动物胶原酶
collagenation [kəˌlædʒə'neiʃən] 胶原生成
collagenic [ˌkɔlə'dʒenik] ❶ 胶原的；❷ 产生胶原的
collagenitis [kəˌlædʒə'naitis] 胶原炎
collagenoblast [kə'lædʒənəblæst] 成胶原细胞
collagenocyte [kə'lædʒənəsait] 胶原细胞
collagenogenic [ˌkɔlədʒənə'dʒenik] 产胶原的，形成胶原(纤维)的
collagenolysis [ˌkɔlədʒə'nɔlisis] 胶原溶解，胶原消化
collagenolytic [kəˌlædʒinə'litik] 溶胶原的
collagenosis [kəˌlædʒi'nəusis] 胶原性疾病
collagenous [kə'lædʒinəs] 胶原的，产胶原的
collapse [kə'læps] (L. *collapsus*) ❶ 虚脱；❷ 萎陷
　circulatory c. 循环性虚脱，休克
　c. of the lung 肺萎陷
　massive c. 大块萎陷
collar ['kɔlə] 衣领，颈圈
　Casal's c. 卡萨尔氏颈圈，蜀黍红疹颈圈
　cervical c. 子宫颈矫正法
　c. of pearls 颈部梅毒性白斑病
　periosteal bone c. 骨领
　Philadelphia c. 费城子宫颈矫正术
　Spanish c. 箝顿包茎
　c. of Stokes 颈圈状水肿
　venereal c., c. of Venus 颈部梅毒性白斑病
collarette [ˌkɔlə'ret] ❶ 蜀黍红疹颈圈；❷ 角状线
collastin [kə'læstin] 胶质素
collateral [kə'lætərəl] (L. *con* together + *latus* side) ❶ 继发的，附属的，伴随的，间接的，副的；❷ 侧支
　Schaffer c's 谢弗侧突
collemia [kə'lemiə] (Gr. *kolla* glue + *haima* blood + *-ia*) 胶血症
Colles' fascia ['kɔliz] (Abraham *Colles*, Irish surgeon, 1773-1843) 科利斯氏筋膜
Collet's syndrome [kɔ'leiz] (Frédéric Justin *Collet*, French laryngologist, born 1870) 科雷氏综合征
Collet-Sicard syndrome [kɔ'lei 'sikɑ:] (F. J. *Collet*; Jean Athanase *Sicard*, French neurologist, 1872-1929) 科-西二氏综合征
colliculectomy [kɔˌlikju'lektəmi] (*colliculus* + Gr. *ektomē* excision) 精阜切除术
colliculi [kɔ'likjulai] (L.) 精阜炎。*colliculus* 的所有格及复数形式
colliculitis [kɔˌlikju'laitis] 精阜炎
colliculus [kɔ'likjuləs] (pl. *colliculi*) (L.) 丘，小阜
　c. of arytenoid cartilage 杓状软骨突
　bulbar c. 尿道球丘
　c. cartilaginis arytenoideae (NA) 杓状软骨突
　caudal c., c. caudalis 下丘
　c. caudatus 尾状核
　cervical c. of female urethra (of Barkow) 女性尿道膀胱颈小阜，巴考氏膀胱颈

小阜
facial c., c. facialis (NA) 面神经丘,面丘
inferior c., c. inferior (NA) 正丘(四叠体)
rostral c., c. rostralis 上丘
seminal c., c. seminalis (NA) 精阜
superior c., c. superior (NA) 上丘(四叠体)

colligative ['kɔli,geitiv] 依数(性)的

collimation [,kɔli'meiʃən] ❶ 使光线保持平行; ❷ 校准光线

collimator [,kɔli'meitə] 准直管,准直仪,平行光管

Collip unit ['kɔlip] (James Bertram Collip, Canadian biochemist, 1892-1965) 科利普单位

colliquation [,kɔli'kweiʃən] (L. *con* together + *liquare* to melt) 组织液化变性
ballooning c. 肿大性液化
reticulating c. 肉状液化

colliquative [kɔ'likwətiv] (L. *con* together + *liquare* to melt) ❶ 多液的; ❷ 组织液化

collision [kɔ'liʒən] 碰撞,冲突

collochemistry [,kɔlə'kemistri] 胶体化学

collodiaphyseal [,kɔlə,daiə'fiziəl] (L. *collum* neck + *diaphysis*) 股骨颈干的

collodion [kə'ləudiən] (L. *collodium*, from Gr. *kollōdēs* glutinous) (USP) 火棉胶
c. elastique 弹性火棉胶
salicylic acid c. (USP) 水杨酸火棉胶

colloid ['kɔlɔid] (Gr. *kollōdēs* glutinous S) ❶ 胶体的,胶状的; ❷ 胶体,胶质
antimony trisulfide c. 三硫化二锑 (Sb_2S_3)胶
association c. 联合胶体
bovine c. 胶固素,粘合素
dispersion c. 分散胶体
emulsion c. 乳胶体
hydrophilic c. 亲水胶体
hydrophobic c. 疏水胶体
irreversible c. 不可逆性胶体
lyophilic c. 亲液胶体
lyophobic c. 疏液胶体
lyotropic c. 亲液胶体
protective c. 保护胶体
reversible c. 可逆性胶体
stable c. 可逆性胶体
stannous sulfur c. 亚锡硫胶体
suspension c. 悬胶体
thyroid c. 甲状腺胶体

colloidal [kə'lɔidəl]胶体的,胶状的,胶样的

colloidin [kə'lɔidin]胶(体)变(性)质,胶体素

colloidophagy [,kɔlɔi'dɔfədʒi] (*colloid* + Gr. *phagein* to eat) 胶体吞噬

colloma [kə'ləumə] (Gr. *kolla* glue + *-oma* tumor) 胶状癌

collum ['kɔləm] (pl. *colla*) (L.) (NA) ❶ 颈; ❷ 颈状结构
c. anatomicum humeri (NA) 肱骨解剖颈
c. chirurgicum humeri (NA) 肱骨外科颈
c. costae (NA) 肋骨颈
c. dentis 牙颈,齿颈
c. distortum 斜颈
c. folliculi pili 毛囊颈
c. glandis penis (NA) 阴茎颈
c. mallei (NA) 锤骨颈
c. mandibulae (NA) 下颌颈
c. ossis femoris (NA) 股骨颈
c. processus condyloidei mandibulae 下颌髁状突颈
c. radii (NA) 桡骨颈
c. scapulae (NA) 肩胛骨颈
c. tali (NA) 距骨颈
c. valgum 髋外翻
c. vesicae biliaris (NA) 胆囊颈
C. vesicae felleae 胆囊颈

collunaria [,kɔlju'nɛəriə] (L.) 洗鼻剂。*collunarium* 的复数形式

collunarium [,kɔlju'nɛəriəm] (L.) (pl. *collunaria*) 洗鼻剂

Collut. [,kɔljut] (L. *collutorium* 的缩写) 漱口剂

collutoria [,kɔlju'tɔriə] (L.) 漱口剂。*collutorium* 的复数形式

collutorium [,kɔlju'tɔriəm] (pl. *collutoria*) (L.) 漱口剂

collutory ['kɔlju,təri] (L. *collutorium*) 漱口剂,漱口液

Collyr. (L. *collyrium* 的缩写) 洗眼剂

collyria [kəˈliriə] (L.) 洗眼剂,洗眼液。*collyrium* 的复数形式

Collyriculum [ˌkɔliˈrikjuləm] 瘤吸虫属
  C. faba 鸟瘤吸虫

collyrium [kəˈliəriəm] (pl. *collyria*) (L.; Gr. *kollyrion* eye salve) 洗眼剂,洗眼液

coloboma [ˌkɔləˈbəumə] (pl. *colobomas* 或 *colobomata*) (L.; Gr. *kolobōma* defect, from *koloboun* to mutilate) 缺损
  atypical c's 非典型缺损
  bridge c. 桥形缺损
  c. of choroid 脉络膜缺损
  c. of ciliary body 睫状体缺损
  complete c. 完全缺损
  Fuchs' c. 富克斯氏脉络膜缺损
  c. of fundus 眼底缺损
  c. iridis, c. of iris 虹膜缺损
  c. of lens, c. lentis 晶状体缺损
  c. lobuli 耳垂裂
  c. of optic disk, c. of optic nerve 视神经缺损,视神经乳头缺损
  c. at optic nerve entrance 视神经入口缺损
  c. palpebrale 睑缺损
  peripapillary c. 视乳头周围缺损
  c. of retina, c. retinae 视网膜缺损
  retinochoroidal c. 视网膜脉络膜缺损
  typical c. 典型缺损
  c. of vitreous 玻璃体缺损

cococecostomy [ˌkɔləsiˈkɔstəmi] (*colon* + *cecum* + Gr. *stomoun* to provide with an opening, or mouth) 结肠盲肠吻合术

colocentesis [ˌkɔləsenˈtiːsis] (*colon* + Gr. *kentēsis* puncture) 结肠穿刺术

colocholecystostomy [ˌkɔləˌkɔlisisˈtɔstəmi] 结肠胆囊吻合术

coloclysis [ˌkɔləˈklisis] (*colon* + Gr. *klysis* a drenching) 结肠灌洗,灌肠

coloclyster [ˌkɔləˈklistə] 结肠灌洗,灌肠

colocolostomy [ˌkɔləkəˈlɔstəmi] (*colon* + *colostomy*) 结肠结肠吻合术

colocutaneous [ˌkɔləkjuˈteiniəs] 结肠皮肤的,结肠皮肤交通的

colocynth [ˈkɔləsinθ] (L. *colocynthis*; Gr. *kolokynthē*) 药西瓜瓤

colocynthidism [ˌkɔləˈsinθidizəm] 药西瓜中毒

colocynthin [ˌkɔləˈsinθin] 药西瓜瓤酯

colocynthis [ˌkɔləˈsinθis] (gen. *colocynthidis*) (L.) 药西瓜瓤

colodyspepsia [ˌkɔlədisˈpepsiə] 结肠性消化不良

coloenteritis [ˌkɔləˌentəˈraitis] (*colon* + *enteritis*) 小肠结肠炎

colofixation [ˌkɔləfikˈseiʃən] 结肠固定术

Cologel [ˈkɔlədʒəl] 科乐基;甲基纤维素的商品名

colohepatopexy [ˌkɔləˈhepətəˌpeksi] (*colon* + Gr. *hēpar* liver + *pēxis* fixation) 结肠肝固定术

coloileal [ˌkɔləˈiliəl] 结肠回肠的

cololysis [kəˈlɔləsis] (*colon* + Gr. *lysis* dissolution) 结肠松解术

colometrometer [ˌkɔləməˈtrɔmitə] 结肠活动测量器

colon [ˈkɔlən] (L.; Gr. *kolon*) (NA) 结肠
  c. ascendens (NA), **ascending c.** 升结肠
  c. descendens (NA), **descending c.** 降结肠
  giant c. 巨结肠
  iliac c. 髂部结肠
  irritable c. 过敏性结肠,激惹性结肠,结肠过敏
  lead-pipe c. 结肠强直,铅管状结肠
  left c. 左结肠
  pelvic c. 盆部结肠
  right c. 右结肠
  sigmoid c., c. sigmoideum (NA) 乙状结肠
  spastic c. 痉挛性结肠
  transverse c., c. transversum (NA) 横结肠

colonalgia [ˌkɔləˈnældʒiə] (*colon* + *-algia*) 结肠痛

colonic [kəˈlɔnik] 结肠的

colonitis [ˌkɔləˈnaitis] 结肠炎

colonization [ˌkɔlənaiˈzeiʃən] ❶ 移生,移地发育;❷ 微生物植入和生长

Colonna's operation [kəˈlɔnɑːz] (Paul Colonna, American orthopedic surgeon, 1892-1966) 科洛纳氏手术

colonometer [ˌkɔliˈnɔmitə] (Gr. *colony* + Gr. *metron* measure) 菌落计数器

colonopathy [ˌkɔləˈnɔpəθi] (colon + -pathy) 结肠病

colonorrhagia [ˌkɔlənəˈreidʒiə] 结肠出血

colonoscope [kəˈlɔnəskəup] (colon + Gr. skopein to examine) 结肠镜

colonoscopy [ˌkɔləˈnɔskəpi] 结肠镜检查

colony [ˈkɔləni] (L. colonia) 菌(集)落, 菌丛
  checker c. 棋盘菌落
  D c. 侏儒菌落
  daisy-head c. 雏菊花头菌落
  daughter c. 子菌落
  dwarf c. 侏儒菌落
  gregaloid c. 簇聚集落
  H c. (Hauch) H 菌落
  M c. 粘稠菌落
  motile c. 运动菌落
  mucoid c. 粘稠菌落
  O c. (ohne Hauch) O 菌落
  R c., rough c. R 型菌落,粗糙型菌落
  S c. 光滑型菌落
  satellite c. 卫星菌落
  smooth c. 光滑型菌落

colopathy [kəˈlɔpəθi] 结肠病

colopexia [ˌkɔləˈpeksiə] 结肠固定术

colopexotomy [ˌkɔləpekˈsɔtəmi] (colon + Gr. pēxis fixation + tomē a cutting) 结肠固定切开术

colopexy [ˈkɔləˌpeksi] (colon + Gr. pēxis fixation) 结肠固定术

colophony [kəˈlɔfəni] (L. colophonia; Gr. Kolophōn (Colophon) a city of Asia Minor) 松香,透明松香

coloplication [ˌkɔləpliˈkeiʃən] (colon + L. plica fold) 结肠折术

coloproctectomy [ˌkɔləprɔkˈtektəmi] 结肠直肠切除术

coloproctitis [ˌkɔləprɔkˈtaitis] 结肠直肠炎

coloproctostomy [ˌkɔləprɔkˈtɔstəmi] (colon + Gr. prōktos anus + stomoun to provide with an opening, or mouth) 结肠直肠吻合术

coloptosis [ˌkɔləpˈtəusis] (colon + Gr. ptōsis fall) 结肠下垂

colopuncture [ˈkɔləˌpʌŋktʃə] 结肠穿刺术

Color. (L. coloretur 的缩写) 着色

color [ˈkʌlə] (L. color, colos) 色,颜色
  complementary c's 补色
  confusion c's 混淆色
  contrast c. 反衬色
  incidental c. 后遗色觉,视后残像
  metameric c's 条件等色
  Munsell's c's 芒塞尔氏色
  primary c's 原色
  pseudoisochromatic c's 假同色
  pure c. 纯色
  saturation c. 饱和色

coloration [ˌkʌləˈreiʃən] 着色,显色
  protective c. 保护色
  warning c. 警戒色

colorectal [ˌkɔləˈrektəl] 结肠直肠的

colorectitis [ˌkɔlərekˈtaitis] 结肠直肠炎

colorectostomy [ˌkɔlərekˈtɔstəmi] (colon + rectum + Gr. stomoun to provide with an opening, or mouth) 结肠直肠吻合术

colorectum [ˌkɔləˈrektəm] 结肠直肠

colorimeter [ˌkʌləˈrimitə] (color + Gr. metron measure) 比色计
  Duboscq's c. 杜博斯克氏比色计
  titration c. 滴定比色计

colorrhaphy [kəˈlɔrəfi] (colon + Gr. rhaphē suture) 结肠缝合术

colorrhea [ˌkɔləˈriːə] 结肠粘液溢

coloscope [ˈkɔləskəup] 结肠镜

coloscopy [kəˈlɔskəpi] 结肠镜检查

colosigmoidostomy [ˌkɔləˌsigmɔiˈdɔstəmi] 结肠乙状结肠吻合术

colostomy [kəˈlɔstəmi] (colon + Gr. stomoun to provide with an opening, or mouth) 结肠造口术
  dry c. 干性结肠造口术
  Hartmann's c. 哈持曼氏结肠造口术
  ileotransverse c. 回肠横结肠吻合术
  Mikulicz c. 米库利奇结肠造口术
  wet c. 湿性结肠造口术

colostric [kəˈlɔstrik] 初乳的

colostrorrhea [kəˌlɔstrəˈriːə] (L. colostrum + Gr. rhoia flow) 初乳溢

colostrous [kəˈlɔstrəs] (L. colostrosus) 初乳的

colostrum [kəˈlɔstrəm] (L.) 初乳
  c. gravidarum 妊娠初乳
  c. puerperarum 产褥初乳

colotomy [kəˈlɔtəmi] (colo- + Gr. tomē a cutting) 结肠切开术

colovaginal [ˌkɔləˈvædʒinəl] 结肠阴道的，结肠阴道瘘的

colovesical [ˌkɔləˈvesikəl] 结肠膀胱的，结肠膀胱瘘的

colpalgia [kɔlˈpældʒiə] (*colp-* + *-algia*) 阴道痛

colpatresia [ˌkɔlpəˈtriziə] (*colp-* + *atresia*) 阴道闭锁

colpectasia [ˌkɔlpekˈteiziə] (*colp-* + Gr. *ektasis* distention + *-ia*) 阴道扩张

colpectasis [kɔlˈpektəsis] 阴道扩张

colpectomy [kɔlˈpektəmi] (*colp-* + Gr. *ektomē* excision) 阴道切除术

colpeurysis [kɔlˈpjurisis] (*colp-* + Gr. *eurynein* to dilate) 阴道扩张袋

colpismus [kɔlˈpizməs] (Gr. *kolpos* vagina) 阴道痉挛

colpitis [kɔlˈpaitis] (*colpo-* + *-itis*) 阴道炎
 c. **emphysematosa, emphysematous c.** 气肿性阴道炎
 c. **mycotica** 霉菌性阴道炎，真菌性阴道炎

colp(o)- (Gr. *kolpos* vagina) 阴道

colpocele [ˈkɔlpəsiːl] (*colpo-* + Gr. *kēlē* hernia) 阴道疝，阴道脱垂

colpoceliocentesis [ˌkɔlpəˌseliəsenˈtiːsis] 经阴道腹腔穿刺术

colpoceliotomy [ˌkɔlpəˌseliˈɔtəmi] (*colpo-* + Gr. *koilia* belly + *tomē* a cutting) 阴道式剖腹术

colpocleisis [ˌkɔlpəˈklaisis] (*colpo-* + Gr. *kleisis* closure) 阴道闭合术

colpocystitis [ˌkɔlpəsisˈtaitis] (*colpo-* + *cyst* + *-itis*) 阴道膀胱炎

colpocystocele [ˌkɔlpəˈsistəsiːl] (*colpo-* + *cyst* + *kēlē* hernia) 阴道内膀胱膨出

colpocystotomy [ˌkɔlpəsisˈtɔtəmi] (*colpo-* + *cyst* + *tomē* cutting) 阴道膀胱切开术

colpocystoureterocystotomy [ˌkɔlpəˌsistəjuˌritərəsisˈtɔtəmi] (*colpo-* + *cyst* + *ourētēr* ureter + *cystotomy*) 阴道膀胱壁切开输尿管口露出术

colpocytogram [ˌkɔlpəˈsaitəgræm] 阴道涂片细胞谱

colpocytology [ˌkɔlpəsaiˈtɔlədʒi] 阴道细胞学

Colpodida [kɔlˈpɔdidə] (Gr. *kolpos* a bosom or fold) 肾形虫目

colpodynia [ˌkɔlpəˈdiniə] (*colpo-* + Gr. *odynē* pain) 阴道痛

colpohyperplasia [ˌkɔlpəˌhaipəˈpleiziə] (*colpo-* + *hyperplasia*) 阴道粘膜增生
 c. **cystica** 囊肿性阴道粘膜增生
 c. **emphysematosa** 气肿性阴道粘膜增生

colpomicroscope [ˌkɔlpəˈmaikrəskəup] 阴道显微镜

colpomicroscopic [ˌkɔlpəˌmaikrəˈskɔpik] 阴道显微镜的，阴道显微镜检查的

colpomicroscopy [ˌkɔlpəmaiˈkrɔskəpi] 阴道显微镜检查法

colpomyomectomy [ˌkɔlpəˌmaiəˈmektəmi] (*colpo-* + *myomectomy*) 阴道子宫肌瘤切除术

colpoperineoplasty [ˌkɔlpəˌperiˈniəˌplæsti] (*colpo-* + Gr. *perinaion* perineum + *plassein* to form) 阴道会阴成形术

colpoperineorrhaphy [ˌkɔlpəˌperiniˈɔrəfi] (*colpo-* + Gr. *perinaion* perineum + *rhaphē* suture) 阴道会阴缝合术

colpopexy [ˈkɔlpəˌpeksi] (*colpo-* + Gr. *pēxis* fixation) 阴道固定术

colpoplasty [ˈkɔlpəˌplæsti] (*colpo-* + Gr. *plassein* to shape) 阴道成形术

colpopoiesis [ˌkɔlpəupɔiˈiːsis] (*colpo-* + Gr. *poiein* to make) 阴道成形术

colpopolypus [ˌkɔlpəˈpɔlipəs] 阴道息肉

colpoptosis [ˌkɔlpəˈtəusis] (*colpo-* + Gr. *ptōsis* prolapse) 阴道下垂

colporectopexy [ˌkɔlpəˈrektəˌpeksi] (*colpo-* + *rectum* + Gr. *pēxis* fixation) 阴道直肠固定术

colporrhagia [ˌkɔlpəˈreidʒiə] (*colpo-* + Gr. *rhēgnynai* to burst out) 阴道出血

colporrhaphy [kɔlˈpɔrəfi] (*colpo-* + Gr. *rhaphē* suture) ❶ 阴道缝术；❷ 阴道重造术

colporrhea [ˌkɔlpəˈriːə] 阴道粘液溢，白带

colporrhexis [ˌkɔlpəˈreksis] (*colpo-* + Gr. *rhēxis* rupture) 阴道破裂，阴道裂伤

colposcope [ˈkɔlpəskəup] (*colpo-* + Gr. *skopein* to examine) 阴道镜

colposcopic [ˌkɔlpəˈskɔpik] 阴道镜检查的，阴道镜的

colposcopy [kɔlˈpɔskəpi] 阴道镜检查

colpospasm [ˈkɔlpəspæzəm] (*colpo-* + Gr. *spasmos* spasm) 阴道痉挛

colpostat ['kɔlpəstæt] (*colpo-* + Gr. *statos* standing) 阴道插物维持器

colpostenosis [ˌkɔlpəstə'nəusis] (*colpo-* + Gr. *stenōsis* stricture) 阴道狭窄

colpostenotomy [ˌkɔlpəstə'nɔtəmi] (*colpo-* + Gr. *stenōsis* stricture + *tomē* a cutting) 阴道狭窄切开术

colpotomy [kɔl'pɔtəmi] (*colpo-* + Gr. *tomē* a cutting) 阴道切开术
 posterior c. 后穹窿切开术,子宫直肠陷凹切开术

colpoureterocystotomy [ˌkɔlpəjuˌritərəsis'tɔtəmi] (*colpo-* + *ureter* + *cystotomy*) 阴道膀胱输尿管切开术

colpoureterotomy [ˌkɔlpəjuˌritə'rɔtəmi] 阴道输尿管切开术

colpoxerosis [ˌkɔlpɔzi'rəusis] (*colpo-* + Gr. *xēros* dry) 阴道干燥

colterol mesylate ['kɔltərɔl] 甲磺酸叔丁肾上腺素

Coluber ['kɔljubə] 游蛇属

colubrid ['kɔljubrid] ❶ 游蛇; ❷ 游蛇科的

Colubridae [kə'ljubridi:] (L. *coluber* serpent) 游蛇科

columella [ˌkɔlju'melə] (pl. *columellae*) (L. "small column", dim. of *columna* column) ❶ 小柱;❷ 孢子囊柄
 c. cochleae 蜗轴,耳蜗轴
 c. nasi 鼻小柱

columellae [ˌkɔlju'meli:] (L.) 小柱。*columella* 的所有格和复数形式

columellate [ˌkɔlju'meleit] 有小柱的

column ['kɔləm] (L. *columna*) 柱,索
 c's of abdominal ring 腹股沟管皮下环脚
 anal c's 肛柱
 anterior c. of fauces 咽峡前柱
 anterior c. of spinal cord 脊髓前柱
 anterolateral c. 前外侧柱(脊髓)
 autonomic c. of spinal cord 脊髓自主柱
 c's of Bertin 贝坦氏柱
 c. of Burdach 布尔达赫束,楔束
 Clarke's c. 克拉克氏柱,背核
 dorsal c. 背柱
 dorsal funicular c., dorsal gray c. 背侧灰柱
 dorsal c. of spinal cord 脊髓背侧柱
 enamel c's 釉质柱
 c's of folds of tongue 舌皱柱
 fornix c., c. of fornix 穹窿柱
 fractionating c. 分馏柱
 fundamental c. 固有束
 c. of Goll 戈尔柱薄束
 Gowers' c. 高尔斯氏,脊髓小脑前束
 gray c's 灰柱
 gray c. of spinal cord, anterior 脊髓前灰柱
 gray c. of spinal cord, lateral 脊髓侧灰柱
 gray c. of spinal cord, posterior 脊髓后灰柱
 interomediolateral c. of spinal cord 脊髓中间外侧柱
 c. of Kölliker 克利科氏柱,肌柱,肌原纤维
 lateral c. of spinal cord 脊髓侧灰柱
 c. of Lissauer 里撒尔束,背外侧束
 c's of Morgagni 肛柱
 c. of nose 鼻柱,鼻中隔
 positive c. 阳极区
 posterior c. of fauces 咽峡后柱
 posterior c. of spinal cord 脊髓后柱
 posteromedian c. of medulla oblongata 延髓后内柱,延髓薄束
 posteromedian c. of spinal cord 脊髓后内柱,脊髓薄束
 Rathke's c's 腊特克氏柱
 rectal c's 肛柱,直肠柱
 renal c's of Bertin 布尔特肾柱,肾柱
 c's of rugae of vagina 阴道皱褶柱
 c. of Sertoli 塞尔托利细胞柱
 spinal c. 脊柱
 c. of Spitzka and Lissauer 背外侧束
 Stilling's c. 胸核
 striomotor c. 横纹肌运动束
 thoracic c. 胸核
 Türck's c. 提克尔氏柱
 c's of vagina 阴道柱
 ventral c. of spinal cord 脊髓前柱
 vertebral c. 脊柱
 white c's of spinal cord 脊髓白柱

columna [kə'ljumnə] (pl. *columnae*) (L.) (NA) 柱
 columnae anales (NA), **columnae ani** 肛柱,直肠柱
 c. anterior medullae spinalis (NA) 脊髓

前束

c. autonomica medullae spinalis 脊髓自主神经柱

columnae bertini 肾柱

c. dorsalis medullae spinalis 脊髓背侧柱

c. fornicis (NA) 穹窿柱

columnae griseae (NA) 灰柱

c. interomediolateralis medullae spinalis (NA) 脊髓中间外侧柱

c. lateralis medullae spinalis (NA) 侧柱

c. nasi 鼻柱,鼻中隔

c. posterior medullae spinalis (NA) 脊髓后柱

columnae rectales (Morgagnii) 直肠柱,肛柱

columnae renales (NA) 肾柱

columnae renales (Bertini) 肾柱

c. rugarum anterior vaginae (NA) 阴道前褶柱

c. rugarum posterior vaginae (NA) 阴道后褶柱

columnae rugarum vaginae (NA) 阴道褶柱

c. thoracica (NA) 胸核

c. ventralis medullae spinalis 脊髓后侧柱

c. vertebralis (NA) 脊柱

columnae [kəˈljumni:] (L.) 柱。columna 的复数形式

columnella [ˌkɔləˈnelə] (L.) 小柱

columnization [ˌkɔləmniˈzeiʃən] 棉塞支托法

Coly-Mycin M [ˈkɔliˌmaisin] 粘菌素 M:多粘菌素 E 甲甲磺酸钠制剂的商品名

Coly-Mycin S [ˈkɔliˌmaisin] 粘菌素 S,硫酸多粘菌素 E:硫酸抗敌素制剂的商品名

colypeptic [ˌkɔliˈpeptik] 抑制消化的,调整消化的

com- 同,合

coma [ˈkəumə] (L.; Gr. kōma) ❶ 昏迷；❷ 斜射球面象差

agrypnodal c. 醒态昏迷,睁眼昏迷

alcoholic c. 醇毒性昏迷

alpha c. α 昏迷

diabetic c. 糖尿病昏迷

hepatic c., c. hepaticum 肝昏迷

hyperosmolar nonketotic c. 高渗性非酮症性昏迷

irreversible c. 不可逆性昏迷,脑死亡

Kussmaul's c. 库斯毛尔氏昏迷

metabolic c. 代射性昏迷

c. somnolentium 嗜睡性昏迷

uremic c. 尿毒症昏迷

c. vigil 睁眼昏迷,醒状昏迷

comatose [ˈkɔmətəus] 昏迷的

Combipres [ˈkɔmbipres] 康贝拉斯:盐酸可乐定制剂的商品名

combustion [kəmˈbʌstʃən] (L. combustio) 燃烧

comedo [ˈkɔmədəu] (pl. comedones) 粉刺,黑头粉刺

closed c. 闭合性粉刺

open c. 开放性粉刺

comedocarcinoma [kəˌmedəˌkɑːsiˈnəumə] (comedo + carcinoma) 粉刺性癌

comedogenic [ˌkɔmədəˈdʒenik] 产生粉刺的,引起粉刺的

comedomastitis [ˌkɔmədəmæsˈtaitis] 乳管扩张

comes [ˈkɔmiz] (pl. comites) (L. "companion") 伴行血管,并行血管

comfimeter [kʌmˈfimitə] 空气冷却力计

comfortization [ˌkʌmfətiˈzeiʃən] 使舒适

comites [ˈkɔmitiz] 伴行血管,并行血管

commensal [kəˈmensəl] (com- + mensa table) 共生的,共栖的

commensalism [kəˈmensəlizəm] 共栖,共生生活

comminuted [ˈkɔminjutid] (com- + L. minuere to diminish) 捣碎的,粉碎的

comminution [ˌkɔmiˈnjuʃən] (L. comminutio) 捣碎,粉碎,粉碎状

Commiphora [kəˈmifərə] 没药属

commissura [ˌkɔmiˈsjuərə] (pl. commissurae) (L. "a joining together") (NA) 连合

c. alba anterior / posterior medullae spinalis (NA) 脊髓白质前/后连合

c. anterior alba medullae spinalis 脊髓白质前连合

c. anterior cerebri (NA) 大脑前连合

c. bulborum (前庭)球连合

c. colliculorum caudalium 下(尾侧)丘连合

c. colliculorum inferiorum (NA) 下丘连合
c. colliculorum rostralium 上丘连合
c. colliculorum superiorum (NA) 上丘连合
c. epithalamica (NA) 上丘脑连合
c. fornicis (NA) 穹窿连合,海马连合
c. grisea anterior/posterior medullae spinalis (NA) 脊髓前侧/后侧灰质连合
c. habenularis 缰连合
c. habenularum (NA) 缰连合
c. labiorum anterior (NA) 阴唇前连合
c. labiorum oris (NA) 唇连合,口角
c. labiorum posterior (NA) 阴唇后连合
c. labiorum pudendi 阴唇连合
c. magna cerebri 胼胝体
c. olivarum 橄榄连合
c. palpebrarum lateralis 睑外侧连合,外眦
c. palpebralis lateralis /medialis (NA) 睑外侧/内侧连合
c. palpebrarum medialis 睑内侧连合,内眦
c. palpebrarum nasalis 睑内侧连合,内眦
c. palpebrarum temporalis 睑外侧连合,外眦
c. posterior cerebri 大脑后连合
c. rostralis cerebri 大脑前连合
c. supraoptica dorsalis (NA) 视上背侧连合
c. supraoptica ventralis (NA) 视上腹侧连合

commissurae [ˌkɔmiˈsjuəriː] (L.) 连合。*commissura* 的所有格和复数形式

commissural [kɔˈmisjuərəl] 连合的

commissure [ˈkɔmisjuə] 连合
anterior/posterior c. of spinal cord 脊髓前/后连合
c. of bulbs of vestibule of vagina 阴道前庭球连合
c. of caudal colliculi 下(尾侧)丘连合
cerebral c., posterior 大脑后连合
c. of cerebrum, rostral 大脑前(嘴侧)连合
c. of epithalamus 上丘脑连合
c. of fornix 穹窿连合,海马连合

Ganser's c. 甘塞氏连合
gray c. 灰质连合
gray c. of spinal cord 脊髓灰质连合
Gudden's c. 弓状连合,下连合
c. of habenulae, habenular c. 缰连合
hippocampal c. 海马连合,穹窿连合
c. of inferior colliculi 下丘连合
c. of labia anterior 阴唇前连合
c. of labia, posterior 阴唇后连合
laryngeal c. 喉连合
lateral c. of eyelids, lateral palpebral c. 睑外侧连合,外眦
c. of lips of mouth 唇连合,口角
medial c. of eyelids 睑内侧连合,内眦
Meynert's c. 梅纳特氏连合
c. of rostral colliculi 下丘连合
c. of superior colliculi 上丘连合
supraoptic c's 视上连合
supraoptic c., dorsal 视上背侧连合
supraoptic c., ventral 视上腹侧连合
white c. of spinal cord 脊髓白质连合
white c. of spinal cord, anterior/posterior 脊髓白质前/后连合

commissurorrhaphy [ˌkɔmisjuˈrɔrəfi] (*commissure* + Gr. *rhaphē* a seam) 连合部缝合术

commissurotomy [ˌkɔmiʃəˈrɔtəmi] (*commissure* + *-tomy*) 连合部切开术

commitment [kəˈmitmənt] 院禁

commotio [kəˈməuʃiəu] (L. "disturbance") 震荡,震荡性休克
c. cerebri 脑震荡,脑震伤
c. retinae 视网膜震荡
c. spinalis 脊椎震荡

communicable [kəˈmjuːnikəbl] 传染的,传播的

communicans [kəˈmjuːnikænz] 交通

communis [kəˈmjuːnis] (L.) ❶ 普通的; ❷ (NA) 多分支结构

community [kəˈmjuːniti] 团体,群体;社区,社会
biotic c. 生物群体
climax c. 演替顶极群落
seral c. 演替系列群落
therapeutic c. 集体治疗

Comolli's sign [kəˈmɔliz] (Antonio *Comolli*, Italian pathologist, born 1879) 科莫利氏征

Comp. (L. *compositus* 的缩写)复合的,复方的

compact [kəm'pækt] 致密的,紧密的,紧密

compaction [kəm'pækʃən] ❶ 双胎紧贴; ❷ 桑葚胚

compages [kəm'peidʒiz] (L.) 综合结构
  c. thoracis (NA) 胸廓

comparascope [kəm'pærəskəup] 对片对比显微镜

comparator ['kɔmpəreitə] 比较器,比值器,比色器

compartment [kəm'pɑ:tmənt] 隔间,隔室,分隔空间
  muscular c. 肌腔隙
  vascular c. 血管腔隙

compartmentalization [kəm,pɑ:tməntəli'zeiʃən] 区域化,间隔化

compartmentation [,kɔmpɑ:tmən'teiʃən] 区域化,间隔化

compatibility [kəmpæti'biliti] (L. *compatibilis* accordant) 相容性,适合性,可配伍性

compatible [kəm'pætibl] 适合的,相容的,可配伍的

Compazine ['kɔmpəzi:n] 康坡嗪(氯吡嗪):马来酸叶哌氯丙嗪制剂的商品名

compensation [,kɔmpen'seiʃən] 代偿
  dosage c. 剂量补偿

compensatory [kəm'pensə,təri] 代偿的,补偿的

competence ['kɔmpitəns] 能力,活性
  embryonic c. 胚胎反应能力
  immunologic c. 免疫活性

competition [,kɔmpi'tiʃən] 竞争
  antigenic c. 抗原竞争

complaint [kəm'pleint] 陈述,症状,疾病,不适
  chief c. 主诉
  summer c. 假霍乱,欧洲霍乱

complement ['kɔmplimənt] 补体

complemental [,kɔmpli'mentəl] 补偿的,补充的

complementary [,kɔmpli'mentəri] (L. *complere* to fill) 补偿的,补充的,附属的

complementation [,kɔmplimen'teiʃən] (L. *complēre* to fill out or up) 互补作用
  interallelic c. 基因内互补

  intercistronic c., intergenic c. 顺反子间互补
  intracistronic c., intragenic c. 顺反子内互补

completion [kəm'pliʃən] 补体结合

complex ['kɔmpleks] (L. *complexus* woven together, encompassing) ❶ 复(合)体,复合物,复征,综合征; ❷ 情结; ❸ 复合波
  adrenochrome monosemicarbazone sodium salicylate c. 肾上腺色素缩脲水杨酶钠
  AIDS dementia c. 艾滋病性痴呆综合征
  AIDS-related c. (ARC) 艾滋病相关复征
  amniotic band disruption c. 羊膜索破裂综合征
  amygdaloid c. 杏仁体
  amyotrophic lateral sclerosis-parkinsonism-dementia c. 肌萎缩性侧索硬化-帕金森神经机能障碍-痴呆复合症
  anomalous c. 异常复合波
  antigen-antibody c. 抗原抗体复合物
  apical c. 顶端复合体
  atrial c. 心房复合波
  atrial premature c. (APC) 心房期前复合波
  atrioventricular (AV) junctional escape c. 房室连结处逸搏综合征
  atrioventricular (AV) junctional premature c. 房室连结处期前复合波
  avian leukosis c. 家禽白细胞组织增生综合征
  basal c. of choroid 脉络膜基底层
  branched-chain α-keto acid dehydrogenase c. 分支链 α-酮酸脱氢酶复合物
  calcarine c. 禽距
  castration c. 阉割情结
  EAHF c. 湿疹,哮喘和枯草热复征
  Eisenmenger's c. 爱森门格尔氏复征
  Electra c. 恋父情结
  factor IX c. (USP) 第九因子复合物
  Ghon c. 原发综合征
  glucoamylase c. 葡萄糖淀粉酶复合物
  β-glycosidase c. β-糖苷酶复合物
  Golgi c. 高尔基复合体
  H-2 c. 鼠的主要组织相容性复合体
  hapten-carrier c. 半抗原载体复合物成

的抗原
HLA c. HLA复合体
immune c. 免疫复合物
inclusion c's 包涵体复合物
inferiority c. 自卑情结
interpolated ventricular premature c. 插入性心室期前复合波
jumped process c. 脊柱关节突脱位
junctional c. 连接复合体
junctional premature c. 房室连结处期前复合波
K c. K复合波
α-keto acid dehydrogenase c. α-酮酸脱氢酶复合物
α-ketoglutarate dehydrogenase c. α-酮戊二酸脱氢酶复合体
lactase-phlorhizin hydrolase c. β-糖苷酶复合物
LCM c. LCM复合物
Lutembacher's c. 路特姆巴赫氏综合征
major histocompatibility c. (MHC) 主要组织相容性复合体
membrane attack c. (MAC) 膜蔟击复合体
Meyenburg's c's 胆道错构瘤
oculomoter nuclear c. 动眼神经核综合征
Oedipus c. 恋母情结
perihypoglossal c., perihypoglossal nuclear c. 舌下神经核周围复合体
pore c. 核孔复合体
primary c. 原发综合征
primary inoculation c., primary tuberculous c. 原发性结核性复征
pyruvate dehydrogenase c. 丙酮盐脱氢酶复合体
QRS c. QRS复合波
QS c. QS复合波
Ranke c. 兰可综合征
sicca c. 干燥复征
stomatitis-pneumoenteritis c. 口炎-肺肠炎综合征
sucrase-isomaltase c. 蔗糖酶-异麦芽糖酶复合体
symptom c. 综合征
synaptonemal c. 偶线期复合物
Tacaribe c. 塔卡里布病毒组
ureterotrigonal c. 膀胱输尿管三角

urobilin c. 尿胆素络合物
ventricular c. 心室复合波
ventricular premature c. (VPC) 心室期前复合波
complexion [kəm'plekʃən] (L. *complexio* combination) 面容,面色
complexus [kəm'pleksəs] (L. "encompassing") 复(合)体
  c. basalis choroideae (NA) 脉络膜覆膜
compliance [kəm'plaiəns] 依从,顺从,顺应性
complicated ['kɔmpli‚keitid] (L. *complicare* to infold) 合并的,并发的
complication [‚kɔmpli'keiʃən] (L. *complicatio* from *cum* together + *plicare* to fold) 合并症,并发病
Compocillin-VK [‚kɔmpə'silin] 复合VK:青霉素V钾制剂的商品名
component [kəm'pəunənt] 成分,组元
  anterior c. 胎向前动力
  complement c's, c's of complement 补体成分
  group-specific c. 种群特异性成分
  M c. (Myeloma 或 Macroglobulinemia) M成分
  plasma thromboplastin c. (PTC) 血浆凝血激活酶成分
  secretory c. (SC) 分泌片
  somatic motor c. 躯体运动组元
  somatic sensory c. 躯体感觉组元
  splanchnic motor c. 内脏运动组元
  splanchnic sensory c. 内脏感觉组元
  visceral motor c. 内脏运动组元
  visceral sensory c. 内脏感觉组元
compos mentis ['kɔmpəs 'mentis] (L.) 精神健全
compound ['kɔmpaund] (L. *componere* to place together) ❶ 复合物,化合物;❷ 杂合子
  acyclic c. 开链化合物,无环化合物
  addition c. 加成化合物
  aliphatic c. 脂肪族化合物
  APC c. 复方APC制剂
  aromatic c. 芳香族化合物
  benzene c's 苯化合物,芳香族化合物
  benzoin tincture c. 复方安息香酊
  binary c. 二元化合物
  clathrate c's 笼形(化合)物

closed-chain c. 闭链化合物
condensation c. 缩合物
cyclic c. 环状化合物
diazo c. 偶氮化合物
endothermic c. 吸热性化合物
energy rich c's 高能化合物
Grignard c. 格里格纳德化合物
heterocyclic c. 杂环化合物
high energy c's 高能化合物
Hurler-Scheie c. 赫-斯二氏综合型
inorganic c. 无机化合物
isocyclic c. 纯环化合物，碳环化合物
low energy c's 低能化合物
nonpolar c's 非极性化合物
occlusion c's 笼形化合物
open-chain c. 开链化合物
organic c. 有机化合物
organometallic c. 有机金属化合物
polar c's 极性化合物
quaternary c. 四元化合物
quaternary ammonium c. 季铵化合物
ring c. 环状化合物
saturated c. 饱和化合物
substitution c. 替代化合物
ternary c., **tertiary c.** 三元化合物
unsaturated c. 不饱和化合物
compress ['kɔmpres] (L. *compressus*) 敷布，压布
compressibility [kɔm,presi'biliti] 压缩性，压缩系数
compression [kəm'preʃən] (L. *compressio* from *comprimere* to squeeze together) ❶ 压迫，压缩；❷ 发育期缩短
　c. of the brain 脑受压
　cardiac c. 心脏压迫
　cerebral c. 脑受压
　digital c. 指压法
　instrumental c. 器械压迫(止血)法
　nerve c. 神经压迫
　spinal c., **spinal cord c.** 脊髓压迫
compressor [kəm'presə] (L.) 压迫器
　Deschamps' c. 迪氏凯姆斯压迫器
　c. naris 鼻肌横部
　Sehrt's c. 塞尔特氏钳
　shot c. 缝珠镊，压缩钳
　c. vaginae 阴道括约肌，(女性)球海绵体肌
compressorium [,kɔmpre'sɔriəm] (L. pl. *compressoria*) 压迫装置
Compton effect ['kɔmptən] (Arthur Holly Compton, American physicist, 1892-1962; winner of the Nobel prize in physics for 1927) 康普顿效应
compulsion [kəm'pʌlʃən] ❶ 强迫性冲动；❷ 强迫行为，强迫症
　repetition c. 强迫性重复行为，潜意识强迫性重复
compulsive [kəm'pʌlsiv] ❶ 强迫的；❷ 强迫症的，强迫行为的
con- (L., from *cum* with) 同，合
ConA [kɔn'ei] 刀豆球蛋白 A
conalbumin [,kɔnəl'bjumin] 伴白蛋白
conation [kə'neiʃən] 意志，意图，意欲
conative ['kɔnətiv] 意志的，意图的
conavanine [,kɔnə'vænin] 豆氨酸
c-onc (*c*ellular *onc*ogene 的缩写) 宿主内原致肿瘤基因被激活而产生致瘤性
concanavalin A [,kɔnkə'nævəlin] (L. *con* with + *canavalin*) 刀豆球蛋白 A
concassation [,kɔnkə'seiʃən] 捣碎，摇碎
concatenate [kən'kætəneit] (L. *con-* together + *catena* chain) 链状结合的，连结的
concatenation [kən,kætə'neiʃən] 链状结合，连结
Concato's disease [kɔn'kɑːtɔz] (Luigi Maria Concato, Italian physician, 1825-1882) 康卡托氏病
concave ['kɔnkeiv] (L. *cocavus*) 凹的，凹面的
concavity [kɔn'kæviti] (L. *concavitas*, from *con-* together + *cavus* hollow) 凹，凹面
concavoconcave [kɔn,kævə'kɔnkeiv] 双凹的，对凹的
concavoconvex [kɔn,kævə'kɔnveks] 凹凸的
conceive [kən'siːv] ❶ 受孕；❷ 接受，构思，拥有
concentrate ['kɔnsentreit] (L. *con-* together + *centrum* center) ❶ 集中，聚集；❷ 浓缩；❸ 浓缩剂(物)
　benzylpenicilloyl polylysine c. (USP) 苯甲基青霉噻唑酰-聚赖氨酸浓缩溶液
　lactulose c. (USP) 果糖浓缩剂
　liver c. 肝浓缩剂

plant protease c. 植物蛋白酶浓缩剂
vitamin c. 浓缩维生素
concentration [ˌkɔnsenˈtreiʃən] (L. *concentratio*) ❶浓缩；❷浓度
 hydrogen ion c. 氢离子浓度
 ionic c. 离子浓度
 limiting isorrheic c. (LIC) 最大(水)平衡浓度
 mass c. 质量浓度
 maximum cell (MC) **c.** 最高生长密度浓度
 maximum urinary c. (MUC) 最高尿浓度
 minimal alveolar c. (MAC) 最小肺泡浓度
 minimal bactericidal c. (MBC) 最小杀菌浓度
 minimal inhibitory c. (MIC) 最低抑菌浓度
 minimal isorrheic c. (MIC) 最低(水)平衡浓度
 minimal lethal c. (MLC) 最小致死浓度
 molar c. 克分子浓度
concentric [kənˈsentrik] (L. *concentricus*, from *con-* together + *centrum* center) 同心的,向心的,同轴的
concept [ˈkɔnsept] 概念,观念
conception [kənˈsepʃən] (L. *conceptio*) ❶妊娠,受孕,受精；❷概念,观念,思想
conceptive [kənˈseptiv] ❶能受孕的；❷概念的,观念上的
conceptus [kənˈseptəs] (L.) 孕体
concha [ˈkɔŋkə] (pl. *conchae*) (L.; Gr. *konchē*) 甲
 c. of auricle, c. auriculae, c. auricularis (NA) 耳甲,耳廓
 c. bullosa 泡状鼻甲
 c. of cranium 颅盖
 ethmoidal c., inferior 下鼻甲
 ethmoidal c., superior 上鼻甲
 ethmoidal c., supreme 最上鼻甲
 inferior nasal c. 下鼻甲
 inferior turbinate c. 下鼻甲
 middle nasal c. 中鼻甲
 c. nasalis inferior (NA) 下鼻甲
 c. nasalis media (NA) 中鼻甲
 c. nasalis superior (NA) 上鼻甲
 c. nasalis suprema (NA) 最上鼻甲
 nasoturbinal c. 鼻甲的
 sphenoidal c. ①蝶骨甲；② 蝶骨小翼
 c. sphenoidalis (NA) 蝶骨甲
 superior nasal c. 上鼻甲
conchae [ˈkɔŋkiː] (L.) 甲,蛤壳。*concha* 的复数形式
conchiform [ˈkɔŋkifɔːm] (L. *concha* shell + *forma* shape) 甲壳形的
conchiolin [kɔŋˈkaiəlin] (Gr. *konchē* shell) 贝壳蛋白
conchiolinosteomyelitis [kɔŋˌkaiəliˌnɔstiəˌmaiəˈlaitis] 珍珠I骨髓炎
conchitis [kɔŋˈkaitis] 鼻甲炎
conchoidal [kɔŋˈkɔidəl] 甲壳状的,甲壳形的
conchoscope [ˈkɔŋkəskəup] (Gr. *konchē* shell + Gr. *skopein* to examine) 鼻(腔)镜
conchotome [ˈkɔŋkətəum] (Gr. *konchē* shell + *tomē* a cutting) 鼻甲刀
conchotomy [kɔŋˈkɔtəmi] 鼻甲切除术
Concis. (L. *concisus* 的缩写) 割切,切割伤
conclination [ˌkɔŋkliˈneiʃən] 两眼内旋
concoction [kənˈkɔkʃən] (L. *concoctio*) ❶加热合剂；❷消化过程
concomitant [kənˈkɔmitənt] (L. *concomitans*, from *cum* together + *comes* companion) 伴行的,伴发的,副的
concordance [kənˈkɔːdəns] (L. *concordare* to agree) 和谐,一致性,协调
concordant [kənˈkɔːdənt] 一致的,协调的
concrement [ˈkɔnkrəmənt] (L. *concrementum*) 凝结物,凝结体,结石
concrescence [kənˈkresəns] (L. *con-* together + *crescere* to grow) ❶结合；❷增殖；❸结合牙
concretio [kənˈkriːʃiəu] (L.) 凝结物,结石,粘连,凝结
 c. cordis, c. pericardii 心包粘连
concretion [kənˈkreʃən] (L. *concretio*, from *cum* together + *crescere* to grow) ❶结石；❷粘连；❸凝结
 alvine c. 粪石,胃肠结石
 calculus c. 关节结合
 preputial c. 包皮垢结石
 prostatic c's 前列腺凝结体
 tophic c. 痛风石

concubitus [kən'kjubitəs] 交合,交媾
concupiscence [kən'kjupisəns] 性欲,色欲
concurrent [kən'kʌrənt] 同时的,合并的
concussion [kən'kʌʃən] (L. *concussio*) 震荡,震伤
 abdominal c., **hydraulic** 潜水性腹震伤
 air c. 空气震荡
 c. of the brain 脑震荡
 c. of the labyrinth 迷路震荡
 pulmonary c. 肺震伤
 c. of the retina 视网膜震荡
 c. of the spinal cord 脊髓震荡
condensability [kənˌdensə'biliti] 凝结性
condensation [ˌkɔndən'seiʃən] (L. *condensare* to pack close together) ❶ 缩合,凝聚;❷ 凝缩;❸ 精神凝缩;❹ 冷凝
condenser [kən'densə] (L. *condensare* to make thick, press close together) ❶ 冷凝器,冷凝管;❷ 聚光器;❸ 电容器;❹ 充填器
 Abbe's c. 阿比氏聚光器
 automatic c. 机械充填器
 back-action c. 回力充填器
 cardioid c. 心形聚光器
 darkfield c. 暗视野聚光器
 foot c. 足形充填器
 gold c. 金充填器
 mechanical c. 机械充填器
 paraboloid c. 抛物面聚光器
 reverse c. 反向充填器
condition [kən'diʃən] 条件,训练
conditioning [kən'diʃəniŋ] ❶ 条件反射,条件形成;❷ 健体
 aversive c. 厌恶性条件形成
 classical c. 经典性条件反射
 instrumental c. 操作式条件反射
 operant c. 操作式条件反射
 pavlovian c. 条件反射
 respondent c. 反应性条件反射
condom ['kɔndəm] (L. *condus* a receptacle; according to some authorities a corruption of *Condon*, the inventor) 阴茎套,避孕套
conductance [kən'dʌktəns] 传导力,电导,导电性
 airway c. 气道交换阻力
conduction [kən'dʌkʃən] (L. *conductio*) 传导

 aberrant c. 异常传导
 aerial c. 空气传导
 aerotympanal c. 空气传导
 air c. 空气传导
 anomalous c. 异常传导
 anterograde c. 顺行传导
 antidromic c. 逆向传导
 avalanche c. 雪崩状传导
 bone c. 骨传导
 concealed c. 隐性传导
 concealed retrograde c. 隐性逆行性传
 cranial c. 骨传导
 decremental c. 递减性传导
 delayed c. 传导迟延
 ephaptic c. 假突轴传导
 osteotympanic c. 骨传导
 retrograde c. 逆行传导
 saltatory c. 跳跃式传导
 synaptic c. 突触传导
 tissue c. 组织传导
 ventriculoatrial c. 室房传导
 volume c. 容量传导
conductivity [ˌkɔndʌk'tiviti] 传导性,导电率
condutor [kən'dʌktə] (L.) ❶ 导体;❷ (外科用)有槽探针
conduit ['kɔndjuit] 导管,管道
 ileal c. 回肠通道
conduplicato corpore [kən,djupli'keitəu 'kɔːpɔri] (L. "with the body doubled up") (胎儿)自动旋出
condurangin [ˌkɔndju'ræŋgin] 康德郎皮甙,南美牛奶菜皮甙
condurango [ˌkɔndju'ræŋgəu] (Spanish American) 康德郎树皮,南美牛奶菜皮
condylar ['kɔndilə] 髁的
condylarthrosis [ˌkɔndilɑː'θrəusis] (*condyle* + Gr. *arthrōsis* joint) 髁状关节
condyle ['kɔndail] (L. *condylus*; Gr. *kondylos* knuckle) 髁
 extensor c. of humerus 肱骨外上髁
 external c. of femur 股骨外侧髁
 external c. of humerus 肱骨外上髁
 external c. of tibia 胫骨外侧髁
 fibular c. of femur 股骨外侧髁
 flexor c. of humerus 肱骨内上髁
 c. of humerus 肱骨髁
 internal c. of femur 股骨内侧髁

internal c. of humerus 肱骨内上髁
internal c. of tibia 胫骨内侧髁
lateral c. of femur 股骨外侧髁
lateral c. of humerus 肱骨外上髁
lateral c. of tibia 胫骨外侧髁
c. of mandible 下颌骨髁突
medial c. of femur 股骨内侧髁
medial c. of humerus 肱骨内上髁
medial c. of tibia 胫骨内侧髁
occipital c. 枕骨髁
radial c. of humerus 肱骨外上髁
c. of scapula 肩胛骨外侧角
tibial c. of femur 股骨内侧髁
ulnar c. of humerus 肱骨内上髁
condylectomy [ˌkɔndiˈlektəmi] (*condyle* + Gr. *ektomē* excision) 髁切除术
congyli [ˈkɔndilai] (L.) 髁。*condylus* 的所有格和复数形式
condylicus [kɔnˈdilikəs] 髁的
condylion [kɔnˈdiliən] (Gr. *kondylion* knob) 髁状突外点
condyloid [ˈkɔndiloid] (*condyle* + Gr. *eidos* form) 髁状的
condyloma [ˌkɔndiˈləumə] (pl. *condylomata*) (Gr. *kondylōma*, knuckle or knob) ❶ 性病湿疣，尖锐湿疣; ❷ 梅毒湿疣，扁头湿疣; ❸ 皮肤增生
  c. acuminatum 尖锐湿疣，性病湿疣
  flat c. 扁头湿疣，梅毒湿疣
  giant c. 巨尖锐湿疣
  c. latum 扁头湿疣，梅毒湿疣
  pointed c. 尖锐湿疣
condylomata [ˌkɔndiˈlɔmətə] (L.) 湿疣
condylomatoid [ˌkɔndiˈbictəmcl'ipncki.] 湿疣样的
condylomatosis [ˌkɔndiˌlɔməˈtəusis] 湿疣病
condylomatous [ˌkɔndiˈlɔmətəs] 湿疣的，湿疣性的
condylotomy [ˌkɔndiˈlɔtəmi] (Gr. *kondylos* condyle + *temnein* to cut) 髁切开术，髁切断术
condylus [ˈkɔndiləs] (pl. *condyli*) (L.; Gr. *kondylos* knuckle) (NA) 髁
  c. humeri (NA) 肱骨髁
  c. lateralis femoris (NA) 股骨外则髁
  c. lateralis humeri 肱骨外上髁
  c. lateralis tibiae (NA) 胫骨外侧髁
  c. medialis femoris (NA) 股骨内侧髁
  c. medialis humeri 肱骨内上髁
  c. medialis tibiae (NA) 胫骨内侧髁
  c. occipitalis (NA) 枕骨髁
  c. tibialis femoris 股骨内侧髁
cone [kəun] (Gr. *kōnos*; L. *conus*) 锥,圆锥,锥体
  acrosomal c. 顶体圆锥
  antipodal c. 反极锥
  arterial c. 动脉圆锥
  attraction c. 受精锥
  bifurcation c. 分歧锥
  cerebellar pressure c. 小脑压迫圆锥
  Dunham's c's 杜汉姆氏三角影
  ectoplacental c. 绒(毛)膜锥
  elastic c. 弹性圆锥
  ether c. 乙醚锥
  fertilization c. 受精锥
  growth c. 生长锥
  gutta-percha c. 马来乳胶圆锥,古塔波胶圆锥
  Haller's c's 哈勒氏圆锥
  implantation c. 轴(突)丘
  c. of light 光锥
  long c. 长锥
  medullary c. 脊髓圆锥
  ocular c. 视锥
  Politzer's c. 波利泽氏锥
  pressure c. 压迫圆锥
  primitive c. 原锥,肾锥体
  retinal c. 视锥,视锥细胞
  sarcoplasmic c. 肌浆锥
  short c. 短锥
  silver c. 银锥
  twin c's 双锥(体)
  Tyndall c. 廷德尔锥
  ureteral c. 输尿管圆锥部
  visual c. ① 视锥; ② 视锥细胞
cone-nose [ˈkəunnəus] 猪蝽
conexus [kəˈneksəs] (pl. *conexus*) (L. "connection," from *conectere* to join together) 连接
  c. intertendineus 腱间结合
confabulation [kɔnˌfæbjuˈleiʃən] 虚谈症,虚构症
confection [kənˈfekʃən] (L. *confectio*) 糖膏(剂)
  c. of senna 番泻叶糖膏剂

confertus [kənˈfəːtəs] (L.) 融合的,汇合的

confidentiality [ˌkɔnfiˌdenʃiˈæliti] 机密性

configuration [kənˌfigjuˈreiʃən] 构型
  cis c. 顺式构型
  trans c. 反式构型

confinement [kənˈfainmənt] 拘束,坐褥,临盆

conflict [ˈkɔnflikt] 冲突,矛盾,心理冲突
  approach-approach c. 接近-接近冲突
  approach-avoidance c. 接近-回避冲突
  avoidance-avoidance c. 回避-回避冲突
  extrapsychic c. 心理外冲突
  intrapersonal c. 心理内冲突
  intrapsychic c. 心理内冲突

confluence [ˈkɔnfluəns] (L. *confluens* running together) 汇合,融合
  c. of sinuses 窦汇

confluens [ˈkɔnfluəns] (L., from *confluere* to run together) 融合,汇合
  c. sinuum (NA) 窦汇

confluent [ˈkɔnfluənt] (L. *confluens* running together) 融合的,连合的

confocal [kənˈfəukəl] 同焦点的

conformation [ˌkɔnfəˈmeiʃən] 结构,构型,构象

conformer [kənˈfɔːmə] ❶ 构象异构体;❷ 结膜穹隆保形物

confounder [kənˈfaundə] 混淆数

confrication [ˌkɔnfriˈkeiʃən] (L. *confricatio*) 磨碎,捣细

confrontation [ˌkɔnfrənˈteiʃən] (L. *con-* together + *frons* face) 讨诊法

confusion [kənˈfjuːʒən] 精神混乱,精神错乱

confusional [kənˈfjuːʒənəl] 精神错乱的

cong. (L. *congius* 的缩写) 加仑

congelation [ˌkɔndʒəˈleiʃən] (L. *congelatio*) ❶ 冻伤,冻疮;❷ 凝冻,冻结

congener [ˈkɔndʒənə] (L. *con-* together + *genus* race) ❶ 协同肌;❷ 同源

congeneric [ˌkɔndʒəˈnerik] 同属的,同源的

congenerous [kənˈdʒenərəs] (L. *con-* together + *genus* race) 协同的,同源的

congenic [kənˈdʒenik] (*con-* + L. *genus* race, kind) 同基因异系的,异系同基因的

congenital [kənˈdʒenitəl] (L. *congenitus* born together) 先天的,天生的,生来俱有的

congested [kənˈdʒestid] 充血的

congestin [kənˈdʒestin] 海葵毒(素)

congestion [kənˈdʒestʃən] (L. *congestio*, from *congerere* to heap together) 充血
  active c. 自动充血
  functional c. 功能性充血
  hypostatic c. 沉积性充血
  neurotonic c. 神经牵伸性充血
  passive c. 被动充血,瘀血
  physiologic c. 生理性充血
  pulmonary c. 肺充血
  venous c. 静脉充血

congestive [kənˈdʒestiv] 充血的

congius [ˈkɔndʒiəs] (L.) 加仑。缩写为 C. 或 cong.

conglobate [ˈkɔnɡləbeit] (L. *conglobatus*) 成团的,成块的

conglobation [ˌkɔnɡləˈbeiʃən] 成团,成块

conglomerate [kənˈɡlɔməreit] (L. *con-* together + *glomerare* to heap) 堆积的

conglutin [kənˈɡluːtin] 蓝豆蛋白,羽扁豆球蛋白

conglutinant [kənˈɡluːtinənt] (L. *conglutinare* to glue together) ❶ 粘合的,粘合剂;❷ 促进伤口愈合

conglutinatio [kənˌɡluːtiˈneiʃiəu] (L. *conglutinare* to glue together) 粘合,粘着
  c. orificii externi 子宫颈外口粘合

conglutination [kənˌɡluːtiˈneiʃən] ❶ 凝集;❷ 组织间的异常粘连

conglutinin [kənˈɡluːtinin] 共凝集素,胶固素,粘合素
  immune c. 免疫凝集素

conglutinogen [kənˈɡluːtinədʒən] 人凝集原,胶固素原

congressus [kənˈɡresəs] (L. "a coming together") 性交,交媾

coni [ˈkɔnai] (L.) 圆锥,锥体。*conus* 的所有格和复数形式

conic [ˈkɔnik] 圆锥形的

conical [ˈkɔnikəl] 圆锥形的

conidia [kəˈnidiə] (L.) 分生孢子。*conidium* 的复数形式

conidial [kəˈnidiəl] 分生孢子的

Conidiobolus [kəˌnidiˈɔbələs] (*conidium*

+ Gr. *bolos* a throw) 耳霉属
C. **coronatus** 冠状耳霉
C. **incongruus** 耳霉种霉菌

conidioma [kəˌnidiˈəumə] (pl. *conidiomata*) 分生瘤

conidiophore [kəˈnidiəfɔː] (L. *conidium* + Gr. *phoros* bearing) 分生孢子柄

Conidiosporales [kəˌnidiəspəˈræliz] 分生孢子菌属

conidiospore [kəˈnidiəspɔː] (Gr. *konidion* a particle of dust + *spore*) 分生孢子

conidium [kəˈnidiəm] (pl. *conidia*) 分生孢子

coniine [ˈkɔniːn] 欧毒芹碱

coniofibrosis [ˌkɔniəfaiˈbrəusis] (Gr. *konis* dust + *fibrosis*) 肺尘性纤维变性,纤维性肺病

coniology [ˌkɔniˈɔlədʒi] (Gr. *konis* dust + *-logy*) 尘埃学

coniolymphstasis [ˌkɔniəˈlimfstəsis] 淋巴阻塞性尘肺

coniometer [ˌkɔniˈɔmitə] 尘埃计

coniophage [ˈkɔniəfeidʒ] (Gr. *konis* dust + *phagein* to eat) 噬尘细胞

coniosis [ˌkɔniˈəusis] (Gr. *konis* dust) 粉尘病,尘埃沉着病

Coniosporium [ˌkɔniəˈspɔriəm] 梨孢(霉)属

coniosporosis [ˌkɔniəspɔˈrəusis] 梨孢霉病

coniotomy [ˌkɔniˈɔtəmi] 喉弹力圆锥切开术(气管切开术)

coniotoxicosis [ˌkɔniəˌtɔksiˈkəusis] 肺尘中毒症

Conium [kəˈniəm] (L.; Gr. *kōneion*) 欧毒芹病,霉菌属
C. **maculatum** 欧毒芹,斑毒茴

conization [ˌkɔniˈzeiʃən] 锥形切除术
cold c. 冷冻锥形切除术
laser c. 激光锥形切除术

conjoined [kənˈdʒɔind] 结合的,联合的

conjugal [ˈkɔndʒuːgəl] (L. *con-* together + *jugum* a yoke) 婚姻的,夫妇的

conjugant [ˈkɔndʒugənt] 接合体

conjugata [ˌkɔndʒuˈgeitə] ❶ (骨分)直径; ❷ 正中直径(真直径)
c. **anatomica** 解剖学直径,真直径
c. **diagonalis** 对角径
c. **vera** 解剖学直径,真直径

c. **vera obstetrica** 产科直径

conjugate [ˈkɔndʒugeit] (L. *conjugatus* yoked together) ❶ 直径; ❷ (骨盆)直径; ❸ 轭合物
anatomic c. 解剖学直径,真直径
diagonal c. 对角径
external c. 外直径
internal c. 内直径
obstetric c. 产科直径
true c. 真直径

conjugation [ˌkɔndʒuˈgeiʃən] (L. *conjugatio* a blending) ❶ 结合; ❷ 接合(生殖); ❸ 结合反应

conjunctiva [kənˈdʒʌŋktivə] (pl. *conjunctivae*) (L.) 结膜

conjunctival [kəˈdʒʌŋktivəl] 结膜的

conjunctiviplasty [kənˈdʒʌŋktiviˌplæsti] 结膜成形术

conjunctivitis [kənˌdʒʌŋktiˈvaitis] 结膜炎
actinic c. 光化性结膜炎
acute catarrhal c. 急性卡他性结膜炎
acute contagious c., acute epidemic c. 急性触染性结膜炎,急性流行性结膜炎
acute hemorrhagic c. 急性出血性结膜炎
allergic c., anaphylactic c. 过敏性结膜炎,枯草热
angular c. 眦结膜炎
arc-flash c. 电光性结膜炎
atopic c. 特应性结膜炎
atropine c. 阿托品结膜炎
blennorrheal c. 淋病性结膜炎
c. nodosa, nodular c. 结节性结膜炎
calcareous c. 结膜结合,结石性结膜炎
catarrhal c. 卡他性结膜炎
chemical c. 化学性结膜炎
chronic catarrhal c. 慢性卡他性结膜炎
croupous c. 格鲁布性结膜炎,假膜性结膜炎
diphtheritic c. 白喉性结膜炎
diplobacillary c. 双杆菌性结膜炎
eczematous c. 泡性结膜炎,湿疹性结膜炎
Egyptian c. 埃及结膜炎
epidemic c. 流行性结膜炎
follicular c. 滤泡性结膜炎
gonococcal c., gonorrheal c. 淋菌性结膜炎

granular c. 颗粒性结膜炎
inclusion c. 包涵体结膜炎
infantile purulent c. 婴儿脓性结膜炎
Koch-Weeks c. 科-威二氏眼炎
larval c. 结膜蛆病,蛆结膜炎
lithiasis c. 结石性结膜炎
c. medicamentosa 药物性结膜炎
membranous c. 膜性结膜炎
meningococcus c. 脑膜炎双球菌性结膜炎
molluscum c. 软疣性结膜炎
Morax-Axenfeld c. 双杆菌结膜炎,莫-阿二氏结膜炎
mucopurulent c. 粘液脓性结膜炎
necrotic infectious c. 感染坏死性结膜炎
Parinaud's c. 结膜纤毛菌病,帕里诺夫氏结膜炎
Pascheff's c. 帕舍夫氏结膜炎
c. petrificans 结石性结膜炎
phlyctenular c. 泡性结膜炎
prairie c. 白点状慢性结膜炎
pseudomembranous c. 假膜性结膜炎
purulent c. 化脓性结膜炎
scrofular c. 瘰疬性结膜炎,泡性结膜炎
shipyard c. 流行性角结膜炎,船坞结膜炎
simple c., simple acute c. 单纯性结膜炎,单纯性急性结膜炎
spring c. 春季(卡他性)结膜炎
swimming pool c. 游泳池结膜炎
trachomatous c. 颗粒性结膜炎,沙眼
tularemic c. 土拉菌性结膜炎
uratic c. 尿酸盐沉着性结膜炎
vaccinial c. 疫苗性结膜炎
vernal c. 春季结膜炎
welder's c. 电焊工结膜炎,电光性眼炎
Widmark's c. 威德马克氏结膜炎
conjunctivodacryocystostomy [kən‚dʒʌŋktivəˌdækriəsis'tɔstəmi] 结膜泪囊吻合术
conjunctivoma [kən‚dʒʌŋkti'vəumə] 结膜瘤
conjunctivoplasty [kən'dʒʌŋktivəˌplæsti] (*conjunctiva* + Gr. *plassein* to form) 结膜成形术
conjunctivorhinostomy [kən‚dʒʌŋktivəri-'nɔstəmi] 结膜鼻腔吻合术
Conn's syndrome [kɔnz] (Jerome W. *Conn*, American internist, born 1907) 康恩氏综合征
connatal [kən'nætəl] 产时发生的,生来的,先天的
connection [kə'nekʃən] ❶ 连接,接合,联系;❷ 连接体,连接物
clamp c. 钳形连接
intertendinous c. 腱结合
connector [kə'nektə] 连接体
major c. 大连接体
minor c. 小连接体
saddle c. 鞍状连接杆
Connell's suture ['kɔnelz] (Frnak Gregory *Connell*, American surgeon, 1875-1968) 康奈尔氏缝
connexon [kə'neksɔn] 连接子
connexus [kə'neksəs] (pl. *connexus*) (L., variant of *conexus*) 结合质
c. intertendineus (NA) 腱结合
c. interthalamicus 丘脑间结合
cono- (Gr. *kōnos* cone) 圆锥,圆锥形结构
conoid ['kɔnɔid] (Gr. *kōnoeidēs*) ❶ 锥形的,类锥形的;❷ 锥形体
Sturm's c. 斯图姆氏类圆锥体
conomyoidin [‚kɔnəmai'ɔidin] (*cone* + *myoid*) 视网膜锥体原生质
conophthalmus [‚kɔnəf'θælməs] (*cono-* + *ophthalmus*) 角膜葡萄肿
Conopodina [‚kɔnəpə'dinə] (Gr. *kōnos* cone) 锥足亚目
Conorhinus [‚kɔnə'rainəs] (*cono-* + Gr. *rhis* nose) 锥蝽属
conquinine [kɔn'kwinin] 康奎宁,奎尼丁
Conradi's disease [kɔn-'rɑ:diz] (Erich *Conradi*, German physician, 20th century) 康拉迪病
Conradi's line [kɔn'rɑ:diz] (Andreas Christian *Conradi*, Norwegian physician, 1809-1869) 康拉迪氏线
Conradi-Hünermann syndrome [kɔn'rɑ:di 'hjunəmæn] (E. *Conradi*; Carl *Hünermann*, German physician, 20th century) 康-惠二氏综合征
Conray ['kɔnrei] 康瑞:碘酞葡胺制剂的商品名
Cons. (L. *conserva* 的缩写) 保存
consanguineous [‚kɔnsæn'gwiniəs] 血亲的,同血缘的
consanguinity [‚kɔnsæn'gwiniti] (L. *con-*

sanguinitas）血亲，同血缘

conscience ['kɔnʃəns] 良心，道德心理

conscious ['kɔnʃəs] (L. *conscius* aware) ❶ 有意识的,清醒的；❷ 意识思维

consciousness ['kɔnʃəsnis] (有)意识,清醒
　colon c. 结肠意识

consensual [kən'senʃjuəl] 同感的,交感的

conservative [kən'sə:vətiv] (L. *conservare* to preserve) 保存的,防腐的,保守的

conserve ['kɔnsə:v] (L. *conserva*) 糖剂, 糖膏剂

consistency [kən'sistənsi] 一致性,稳定性
　c. of an estimator 一致优点计量

consolidant [kən'sɔlidənt] (L. *consolidare* to make firm) ❶ 促伤口愈合的,收创的；❷ 愈合剂

consolidation [kənˌsɔli'deiʃən] (L. *consolidatio*) 实变

consolute ['kɔnsəljut] 完合可混合的

consonation [ˌkɔnsə'neiʃən] 谐和

conspecific [ˌkɔnspe'sifik] ❶ 同种的；❷ 同种的一员

constancy ['kɔnstənsi] 恒定状态
　cell c. 细胞恒定状态

constant ['kɔnstənt] (L. *constans* standing together) ❶ 不断的,不变的；❷ 常数
　absorption c. 吸收常数
　acid dissociation c. 酸电离常数
　Avogadro's c. 阿伏伽德罗氏常数
　base dissociation c. 碱电离常数
　binding c. 结合常数
　Boltzmann's c. 波尔兹曼氏常数
　decay c. 蜕变常数
　disintegration c. 蜕变常数
　dissociation c. 离解常数,电离常数
　equilibrium c. 平衡常数
　Faraday's c. 法拉第常数
　gas c. 气体常数
　gravitational c., c. of gravitation 引力常数
　ionization c. 离解常数,电离常数
　Lapicque's c. 拉皮克氏常数
　Michaelis c. 米氏常数
　Newtonian c. of gravitation 牛顿引力常数
　Planck's c., quantum c. 普朗克氏常数,量子常数

　radioactive c. 放射性常数
　rate c. 速度常数,速率常数
　sedimentation c. 沉降系数
　solubility product c. (物化)溶度积常数
　velocity c. (反应)速度常数

constipated ['kɔnstiˌpeitid] 便秘的

constipation [ˌkɔnsti'peiʃən] (L. *constipatio* a crowding together) 便秘
　atonic c. 无力性便秘
　gastrojejunal c. 胃空肠性便秘
　proctogenous c. 直肠性便秘
　spastic c. 痉挛性便秘

constitution [ˌkɔnsti'tju:ʃən] (L. *constitutio*) ❶ 体质,素质；❷ 构型
　lymphatic c. 淋巴性体质

constitutional [ˌkɔnsti'tju:ʃənəl] ❶ 全身的；❷ 体质的,素质的

constitutive [kən'sti'tju:tiv] 组成的,基本的,要素的

constriction [kən'strikʃən] (L. *con-* together + *stringere* to draw) 狭窄,缩窄
　duodenopyloric c. 十二指肠幽门狭窄
　primary c. 主缢痕,着丝点
　secondary c. 主缢痕,二级缢痕

constrictive [kən'striktiv] 狭窄的,缩窄的

constrictor [kən'striktə] (L.) 缩窄器,缩肌
　c. isthmi faucium 舌腭肌
　c. naris 鼻肌横部
　c. urethrae 尿道膜部括约肌
　c. vaginae 阴道括约肌,球海绵体肌（女）

constructive [kən'strʌktiv] 构成的,构造的,合成代谢的

consult [kən'sʌlt] (L. *consultus*) 会诊,咨询

consultant [kən'sʌltənt] (L. *consultare* to counsel) 会诊医生,顾问医生

consultation [ˌkɔnsʌl'teiʃən] (L. *consultatio*) 会诊,商量

consumption [kən'sʌmpʃən] (L. *consumptio* a wasting) ❶ 消费,消耗；❷ 消耗性疾病

consumptive [kən'sʌmptiv] ❶ 消耗性的；❷ (*obs.*) 肺结核病患者

Cont (L. *contusus* 的缩写) 挫伤的

contact ['kɔntækt] (L. *contactus* a touching together) ❶ 接触；❷ (传染病)接触

人;❸ 接触物
  balancing c. 平衡接触
  complete c. 全邻面接触
  deflective c. 偏斜接触
  direct c., immediate c. 直接接触
  indirect c. 间接接触
  initial c. 初接触
  mediate c. 间接接触
  occlusal c. 𬌗面接触
  occlusal c., deflective 偏侧𬌗面接触
  occlusal c., initial 最初𬌗面接触
  occlusal c., interceptive 阻隔性咬合接触
  premature c. 早咬合接触
  proximal c., proximate c. 邻面接触
  weak c. 弱接触
  working c. 工作咬合,咬合关系
contactant [kən'tæktənt] 接触物
contactologist [ˌkɔntæk'tɔlədʒist] 隐形镜技师
contactology [ˌkɔntæk'tɔlədʒi] 隐形镜学
contagion [kən'tædʒən] (L. contagio contact, infection) ❶ (接触)传染;❷ 传染病
  psychic c. 心理传染
contagiosity [kənˌtædʒi'ɔsiti] 接触传染性
contagious [kən'teidʒiəs] (L. contagiosus) 接触传染的
contagium [kən'tædʒiəm] 传染病毒
contaminant [kən'tæminənt] 污染物
contamination [kənˌtæmi'neiʃən] (L. contaminatio, from con together + tangere to touch) ❶ 污染;❷ 沾污;❸ 放射性污染
contemplative ['kɔntempleitiv] 意淫者
content ['kɔntent] 内容,内含物
  latent c. 潜隐内容
  manifest c. 梦情显义
contiguity [ˌkɔnti'gjuiti] (L. contiguus in contact) 接触,接近
contiguous [kən'tigjuəs] (L. contiguus) 接触的,接近的
Contin. (L. continuetur 的缩写) 使其继续
continence ['kɔntinəns] (L. continentia) 节制,节欲
  fecal c. 排便节制
  urinary c. 排尿节制

continent ['kɔntinənt] 节制的,节欲的
continued [kən'tinjud] 连续的,不断的
continuity [ˌkɔnti'njuiti] (L. continuitas, uninterrupted succession) 连续性,持续性
continuous [kən'tinjuəs] (L. continuus) 连续的,持续的
contour ['kɔntuə] (Fr.) ❶ 外形,轮廓;❷ 成形,塑型
  height of c. (牙)外形高度
contoured ['kɔntuəd] 波状外形的,波状轮廓的
contouring [kən'tuəriŋ] 外形修复
  occlusal c. 𬌗面外形修复
contra- (L. contra against) 反对,相反
contra-angle [ˌkɔntrə'æŋgl] 反角
contra-aperture [ˌkɔtrə'æpətʃə] (contra- + L. apertura opening) 对口
contraception [ˌkɔntrə'sepʃən] 避孕,节育
  intrauterine c. 子宫内避孕
contraceptive [ˌkɔntrə'septiv] ❶ 避孕的;❷ 避孕剂,避孕器
  barrier c. 屏障避孕器
  chemical c. 化学避孕剂
  intrauterine c. 子宫内避孕器
  oral c. 口服避孕药
contract [kən'trækt] (L. contractus, from contrahere to draw together) ❶ 收缩,缩短;❷ 获得,招致
contractile [vən'træktail] (L. con- together + trahere to draw) 收缩的
contractility [ˌkɔntræk'tiliti] 收缩性,收缩力
  cardiac c. 心肌收缩性
  galvanic c. 电流收缩性
  idiomuscular c. 肌自身收缩性
  neuromuscular c. 神经肌肉收缩性
contraction [kən'trækʃən] (L. contractus drawn together) ❶ 收缩;❷ 挛缩;❸ 牙弓内缩
  atrial premature c. 心房性期前收缩
  atrioventricular (AV) junctional premature c. 房室连结区期前收缩
  automatic ventricular c. 心室自动收缩
  Braxton Hicks c's 布拉克斯顿·希克氏收缩
  carpopedal c. 手足挛缩
  cicatricial c. 瘢痕收缩
  clonic c. 阵挛性反缩

concentric c. 同心收缩
Dupuytren's c. 杜普伊特伦氏挛缩,掌挛缩病
eccentric c. 离心收缩
escaped ventricular c. 心室自动收缩
fibrillary c's (原)纤维性收缩
hourglass c. 葫芦状收缩
idiomuscular c. 肌自身收缩
isometric c. 等长收缩
isotonic c. 等张收缩
isovolumetric c., isovolumic c. 等容量性收缩
junctional premature c. 连结区期前收缩
lengthening c. 伸长收缩
myotatic c. 肌伸张性收缩
palmar c. 掌挛缩病
paradoxical c. 被动收缩
postural c. 体位性收缩,姿势性收缩
premature c. 过早收缩,期前收缩
segmentation c. 节段性收缩
shortening c. 缩短性收缩
tetanic c. 强直性收缩
tonic c. 强直性收缩,紧张性收缩
twitch c. 单收缩,骤然收缩
uterine c. 子宫收缩,宫缩
ventricular premature c. 心室性期前收缩
wound c. 伤口收合,伤口缩合

contracture [kən'træktʃə] (L. *contractura*) 挛缩
Dupuytren's c. 杜普伊特伦氏挛缩
ischemic c. 缺血性肌挛缩
organic c. 器质性挛缩
postpoliomyelitic c. 脊髓灰质炎后挛缩
Volkmann's c. 福耳克曼氏挛缩

contrafissure [ˌkɔntrə'fiʃə] 对裂
contraincision [ˌkɔntrein'siʒən] 对口切开
contraindicant [ˌkɔntrə'indikənt] 禁忌的
contraindication [ˌkɔntrəˌindi'keiʃən] 禁忌证
contrainsular [ˌkɔntrə'insjulə] 抑胰岛素分泌的
contralateral [ˌkɔntrə'lætərəl] (*contra*- + L. *latus* side) 对侧的
contraparetic [ˌkɔntrəpə'retik] 抗轻瘫的,抗轻瘫剂
contrasexual [ˌkɔntrə'sekʃjuəl] 异性的
contrast ['kɔntræst] (L. *contra* against + *stare* to stand) 对照,对比,对比度
film c. X 线(照)片对比
high c. 高对比度
long-scale c., low c. 低对比度
short-scale c. 高对比度
subject c. 受照者对比度

contrastimulant [ˌkɔntrə'stimjulənt] (*contra*- + *stimulant*) ❶ 抗兴奋的;❷ 抗兴奋剂
contrastimulism [ˌkɔntrə'stimjulizəm] 抗刺激法,抗兴奋疗法
contrastimulus [ˌkɔntrə'stimjuləs] (*contra*- + *stimulus*) 抗刺激药
contrecoup [ˌkɔntrə'ku:] (Fr. "counterblow") 对侧伤,对侧外伤
contrectation [ˌkɔntrek'teiʃən] (L. *contrectare* to handle) 接触异性欲
Cont. rem. (L. *continuetur remedium* 的缩写) 继续使用此药
control [kən'trəul] (Fr. *contrôle* a register) ❶ 控制;❷ 对照;❸ 对(照)组
aversive c. 厌恶控制
birth c. 节育,避孕
feedback c. 反馈控制
idiodynamic c. 肌营养神经控制
motor c. 运动控制
negative c. 负控制
positive c. 正控制
reflex c. 反射控制
Schick test c. (USP) 希克试验对照剂
sex c. 性别控制
stimulus c. 刺激控制
tonic c. 肌紧张控制
vestibuloequilibratory c. 前庭平衡控制
volitional c., voluntary c. 随意控制

Controlled Substances Act 药物控制条例
contund [kən'tʌnd] (L. *contundere*) 挫伤,碰伤
contuse [kən'tju:z] 挫伤
contusion [kən'tju:ʒən] (L. *contusio*, from *contundere* to bruise) 挫伤
brain c. 脑挫伤
contrecoup c. 对侧挫伤
myocardial c. 心肌挫伤
c. of spinal cord 脊髓挫伤

contusive [kən'tju:siv] 挫伤的,产生挫伤的
conular ['kɔnjulə] 圆锥形的

Conus [ˈkɔnəs] 芋螺属

conus [ˈkɔnəs] (pl. *coni*) (L.; Gr. *kōnos*) ❶ 圆锥,锥体; ❷ 后葡萄肿
 c. arteriosus (NA) 动脉圆锥
 distraction c. 视神经乳头颞侧弧形斑
 c. elasticus (NA) (喉)弹性圆锥
 coni epididymidis (NA) 附睾小叶
 c. medullaris (NA) 脊髓圆锥
 myopic c. 近视性圆锥,眼后葡萄肿
 supertraction c. 视神经乳头鼻侧弧形斑
 c. terminalis 脊髓圆锥
 coni vasculosi 附睾小叶

convalescence [ˌkɔnvəˈlesəns] (L. *convalescere* to become strong) 恢复(期),康复(期)

convalescent [ˌkɔnvəˈlesənt] ❶ 恢复(期)的; ❷ 恢复期病人

convection [kənˈvekʃən] (L. *convectio*, from *convehere* to convey) 对流

convergence [kənˈvəːdʒəns] (L. *convergere* to lean together) ❶ 进化上指无关门类的相似结构或机体的进化过程; ❷ 会聚,集合; ❸ 辐辏
 accommodative c. 适应性会聚
 amplitude of c. 会聚幅度
 far point of c. 远会聚点
 fusional c. 融合会聚
 multimodal c. 多形式会聚
 near point of c. 近会聚点
 negative c. 负会聚,负集合
 positive c. 正会聚,正集合
 proximal c. 近会聚
 tonic c. 张力会聚

convergent [kənˈvəːdʒənt] (*con-* + *vergere* to incline) 会聚的,集合的

convergiometer [kənˌvəːdʒiˈɔmitə] (*convergence* 定义 3 + *-meter*) 隐斜计

Converse method [ˈkɔnvəːs] (John Marquis *Converse*, American plastic surgeon, 1909-1981) 康威斯法

conversion [kənˈvəːʒən] (*con-* + *versio* turning) 转换

convertase [kənˈvəːteis] 转换酶,转化酶
 C3 c. C3 转化酶
 C3 proactivator c. (C3PAase) C3 前活化剂
 C5 c. C5 转化酶

convertin [kənˈvəːtin] 转化素,转化因子

convex [kɔnˈveks] (L. *convexus*) 凸的,凸面的

convexity [kɔnˈveksiti] (L. *convexitas*) ❶ 凸面,凸面形; ❷ 凸,隆凸

convexobasia [kɔnˌveksəˈbeiziə] (*convex* + *base* of the skull) 颅骨隆凸畸形

convexoconcave [kɔnˌveksəˈkɔnkeiv] 凸凹的

convexoconvex [kɔnˌveksəˈkɔnveks] 双凸的,对凸的

convoluted [ˌkɔnvəˈljuːtid] (L. *convolutus*) 卷曲的,回旋的

convolution [ˌkɔnvəˈljuːʃən] (L. *convolutus* rolled together) 卷曲,回旋;回,脑回
 Broca's c. 左额下回,布罗卡氏回
 c's of cerebrum 脑回
 Heschl's c's 颞横回
 occipitotemporal c. 枕颞回,梭状回
 Zuckerkandl's c. 胼胝下回,朱克坎德尔回

convolutional [ˌkɔnvəˈluːʃənəl] 卷曲的,回旋的,回的,脑回的

convolutionary [ˌkɔnvəˈluːʃənəri] 卷曲的;脑回的

convulsant [kənˈvʌlsənt] ❶ 惊厥的; ❷ 惊厥剂

convulsibility [kənˌvʌlsiˈbiliti] 惊厥性

convulsion [kənˈvʌlʃən] (L. *convulsio*, from *convellere* to pull together) ❶ 惊厥,抽搐; ❷ 癫痫发作
 central c. 中枢性惊厥
 clonic c. 阵挛性惊厥
 crowing c. 喘鸣性喉痉挛
 essential c. 中枢性惊厥
 febrile c's 发热性惊厥
 hysterical c., hysteroid c. 癔病性惊厥
 local c. 局限性惊厥,局限性抽搐
 mimetic c., mimic c. 面肌痉挛,面肌抽搐
 puerperal c. 子痫,产惊
 salaam c's 点头状痉挛
 tetanic c. 强直性惊厥
 tonic c. 强直性惊厥
 uremic c. 尿毒症惊厥

convulsivant [kənˈvʌlsivənt] 惊厥剂

convulsive [kənˈvʌlsiv] 惊厥的

Cooley's anemia [ˈkuːliz] (Thomas Benton *Cooley*, American pediatrician, 1871-

1945）库利氏贫血

Coolidge tube ['ku:lidʒ]（William David *Coolidge*, American physicist, 1873-1977）库利吉氏管

cooling ['ku:liŋ] 冷却，降温

Coombs' test [ku:mz]（Robert Royston Amos *Coombs*, British immunologist, born 1921）库姆斯氏试验

Cooper's breast ['ku:pəz]（Sir Astley Paston *Cooper*, English surgeon, 1768-1841）库柏氏胸

cooperativity [kəuˌɔpərə'tiviti] 协同效应
  negative c. 负协同效应
  positive c. 正协同效应

Cooperia [ku:'piəriə] 古柏线虫属
  C. oncophora, C. pectinata, C. punctata 肿孔古柏线虫，篦形古柏线虫，点状古柏线虫

cooperid ['ku:pərid] 古柏线虫

Coopernail's sign ['ku:pəneilz]（George Peter *Coopernail*, American physician, 1876-1962）库柏内耳氏征

coordinate [kəu'ɔ:dineit] 坐标

coordination [kəuˌɔ:di'neiʃən] 协调，协同作用，协调功能，共济

coossification [kəuˌɔsifi'keiʃən] 共同骨化（作用），协同骨化（作用）

coossify [kəu'ɔsifai] 协同骨化，共同骨化

COP COP 方案：包括环磷酰胺、长春新碱及泼尼松的癌化学治疗方案

copal [kəu'pɔ:l]（Mex.）硬树脂，柯巴脂

coparaffinate [kəu'pærəˌfineit] 科帕腊芬内特，共索帕尔

COP-BLAM COP-BLAM 方案：包括环磷酰胺、长春新碱、泼尼松、博莱霉素、阿霉素及甲基苄肼的恶性肿瘤化学治疗方案

COPD（chronic obstructive pulmonary disease 的缩写）慢性阻塞性肺病

Cope's sign [kəups]（Sir Vincent *Cope*, English surgeon, 1881-1974）柯普氏征

cope [kəup] ❶ 铸造型盒盖；❷ 齿冠

copepod ['kɔpəpɔd]（Gr. *kōpē* oar + *pous* foot）桡足虫

Copepoda [kəu'pepədə]（Gr. *kōpē* oar + *pous* foot）桡足亚纲

Copernicia [ˌkɔpə'niʃiə] 杯形花属

cophosis [kə'fəusis] 重听

coping ['kəupiŋ] 全冠

transfer c. 转铸全冠换

copiopia [ˌkɔpi'əupiə]（Gr. *kopos* fatigue + *-opia*）眼疲劳

Copolymer 1 [kəu'pɔlimə] 合成多肽

copolymer [kəu'pɔlimə] 异分子聚合物

copper ['kɔpə]（L. *cuprum*; Gr. *Kypros*）铜
  c. citrate 枸橼酸铜
  c. sulfate 硫酸铜

copperas ['kɔpərəs] 绿矾

copperhead ['kɔpəhed] ❶ 铜头蛇；❷ 一种剧毒的眼镜蛇

copracrasia [ˌkɔprə'kreisiə]（Gr. *kopros* dung + *akrasia* want of self control）大便失禁，肛门失禁

copragogue ['kɔprəgɔg]（Gr. *kopros* dung + *agōgos* leading）泻药

coprecipitin [ˌkɔpri'sipitin] 共沉淀素，联合沉淀素

copremesis [kɔp'reməsis]（Gr. *kopros* dung + *emesis* vomiting）呕粪，吐粪

coprine ['kɔpri:n] 鬼伞菌素

Coprinus atramentarius [kə'prainəs ˌætrəmen'tɛəriəs] 鬼伞菌素

copr(o)-（Gr. *kopros* dung）粪

coproantibody [ˌkɔprə'æntiˌbɔdi] 粪抗体

Coprococcus [ˌkɔprə'kɔkəs]（*copro-* + Gr. *kokkos* berry）粪球菌属

coprodaeum [ˌkɔprə'di:əm]（*copro-* + Gr. *hodiaos* on the way）粪道，排粪道

coprodeum [ˌkɔprə'di:əm]（*copro-* + Gr. *hodiaos* on the way）粪道，排粪道

coprolagnia [ˌkɔprə'lægniə]（*copro-* + *lagneia* lust）粪性色情，排粪性性兴奋

coprolalia [ˌkɔprə'læliə]（*copro-* + Gr. *lalia* babble）秽语症，秽亵言语

coprolith ['kɔprəliθ]（*copro-* + Gr. *lithos* a stone）粪石

coprology [kɔp'rɔlədʒi]（*copro-* + *-logy*）粪便学

coproma [kɔp'rəumə]（*copro-* + *-oma*）粪结，粪瘤（肠内结粪）

Copromastix [ˌkɔprə'mæstiks] 粪鞭毛虫属
  C. prowazeki 普氏粪鞭毛虫

coprophagia [ˌkɔprə'feidʒiə] 嗜粪癖，食粪症

coprophagous [kɔp'rɔfəgəs] 食粪的

coprophagy [kɔp'rɔfədʒi]（*copro-* + Gr.

phagein to eat) 食粪癖
coprophil ['kɔprəfil] 嗜污菌
coprophile ['kɔprəfail] ❶ 嗜污菌; ❷ 嗜污的
coprophilia [ˌkɔprə'filiə] (*copro-* + Gr. *philia* affection) 嗜粪癖
coprophilic [ˌkɔprə'filik] ❶ 嗜粪癖的; ❷ 嗜粪的
coprophilous [kɔp'rɔfiləs] 嗜粪癖的,嗜粪的
coprophobia [ˌkɔprə'fəubiə] (*copro-* + *phobia*) 粪便恐怖症,排便恐怖症
coprophrasia [ˌkɔprə'freiziə] 秽语症,秽亵言语
coproporphyria [ˌkɔprəpɔː'fairiə] 粪卟啉症
    erythropoietic c. 红细胞生成性粪卟啉症
    hereditary c. (HCP) 遗传性粪卟啉症
coproporphyrin [ˌkɔprə'pɔːfərin] 粪卟啉
coproporphyrinogen [ˌkɔprəˌpɔːfi'rinədʒən] 粪卟啉原
coproporphyrinogen oxidase [ˌkɔprəˌpɔːfi'rinədʒən 'ɔksideis] (EC 1.3.3.3) 粪卟啉原氧化酶
coproporphyrinuria [ˌkɔprəˌpɔːfiri'njuəriə] 粪卟啉尿
coprostanol [kɔp'rɔstənɔl] 粪甾烷醇,粪甾醇
coprostasis [kɔp'rɔstəsis] (*copro-* + Gr. *stasis* stoppage) 便结,粪结
coprosterol [kɔp'rɔstərɔl] 粪甾醇,粪甾烷醇
coprozoa [ˌkɔprə'zəuə] (*copro-* + Gr. *zōon* animal) 粪内寄生动物
coprozoic [ˌkɔprə'zəuik] 粪中寄生的,见于粪中的
Coptis ['kɔptis] (L.) 黄连属
    C. chinensis 黄连
copula ['kɔpjulə] (L.) ❶ 介体,连接结构; ❷ (舌) 联体
    c. linguae (舌) 联体
copulation [ˌkɔpju'leiʃən] (L. *copulatio*) 交媾,性交
Coq. (L. *coque* 的缩写) 煮沸
Coq. in s. a. (L. *coque in sufficiente aqua* 的缩写) 用足量水煮沸
Coq. s. a. (L. *coque secundum artem* 的缩写) 适当煮沸
coquille [kə'kiːl] (Fr. "shell") 有色眼镜罩
Coquillettidia [kəuˌkwilə'tidiə] 科魁里迪加蚊属
cor [kɔː] (gen. *cordis*) (L.) (NA) 心, 心脏
    c. adiposum 脂肪心
    c. biloculare 二腔心
    c. bovinum (L. "ox heart") 巨心,牛心症
    c. dextrum 右心
    c. pulmonale, acute 急性肺源性心脏病
    c. pulmonale, chronic 慢性肺源性心脏病
    c. sinistrum 左心
    c. taurinum 牛心症,巨心
    c. triatriatum 三房心
    c. triloculare 三腔心
    c. triloculare biatriatum 三腔二房心
    c. triloculare biventriculare 三腔二室心
cor- 同,合
coracidia [ˌkɔrə'sidiə] (L.) 钩球蚴,颤毛蚴。*coracidium* 的复数形式
coracidium [ˌkɔrə'sidiəm] (pl. *coracidia*) (L.) 钩球蚴,颤毛蚴
coraco- 喙突,喙
coracoacromial [ˌkɔrəˌkəuə'krəumiəl] 喙突肩峰的,喙肩的
coracobrachialis [ˌkɔrəkəuˌbreiki'eilis] 喙肱肌
coracoclavicular [ˌkɔrəkəuklə'vikjulə] 喙突锁骨的,喙锁的
coracohumeral [ˌkɔrəkəu'hjumərəl] 喙突肱骨的,喙肱的
coracoid ['kɔrəkɔid] (Gr. *korakoeidēs* crowlike) ❶ 喙状的; ❷ 喙突
coracoiditis [ˌkɔrəkɔi'daitis] 喙突炎
coracoradialis [ˌkɔrəkəˌreidi'eilis] 肱二头肌短头
coracoulnaris [ˌkɔrəkəʌl'næris] 肱二头肌腱膜
coralliform [kəu'rælifɔːm] (L. *corallum* coral + *forma* shape) 珊瑚状的,似珊瑚样分枝的
corallin ['kɔrəlin] 珊瑚精,攻红酸
    yellow c. 攻红酸钠
coralloid ['kɔrəlɔid] 珊瑚状的

corasthma [kɔ'ræzmə] 枯草热
Corbus' disease ['kɔ:bəs] (Budd Clarke *Corbus*, American urologist, 1876-1954) 科巴斯氏病
cord [kɔ:d] (L. *chorda*; Gr. *chordē* string) 索,带
 Bergmann'c's 听髓纹
 Billroth's c's 红髓索(脾)
 dental c. 牙索
 enamel c. 釉索,釉质隔
 genital c. 生殖索
 gubernacular c. 睾丸引带
 hepatic c's 肝细胞索
 lateral c. of brachial plexus 臂丛外侧束
 lymph c's 淋巴结髓索
 medial c. of brachial plexus 臂丛内侧束
 medullary c's ①髓索;② 网索
 nephrogenic c. 生肾索
 oblique c. of elbow joint 肘关节斜索
 ovigerous c's 生卵索
 Pflüger's c's 普弗吕格氏卵索,卵巢管
 posterior c. of brachial plexus 臂丛后束
 red pulp c's 红髓索,脾索
 rete c's 网索
 scirrhous c. 硬癌束
 sex c's 性索
 sexual c's 生殖索
 spermatic c. 精索
 spinal c. 脊髓
 splenic c's 脾索,红髓索
 testis c's 睾丸索
 tethered c. 脊髓栓系
 umbilical c. 脐带
 vocal c., false 假声带,室襞
 vocal c., true 真声带,声襞
 Weitbrecht's c. 魏特布雷希特尔索,桡骨环韧带
 Willis' c's 上矢状窦横索
cordal ['kɔ:dəl] 索的,带的
Cordarone ['kɔ:dərəun] 康得罗:乙胺磺呋酮制剂的商品名
cordate ['kɔ:deit] (L. *cor* heart) 心形的
cordectomy [kɔ:'dektəmi] (*cord* + Gr. *ektomē* excision) 索带切除术
cordial ['kɔ:diəl] (L. *cordialis*) 香酒
cordiale [kɔ:di'æli] (L.) 香酒
cordiform ['kɔ:difɔ:m] (L. *cor* heart + *forma* form) 心形的

corditis [kɔ:'daitis] 精索炎
cordocentesis [,kɔ:dəsen'ti:sis] 脐静脉穿刺术
cordopexy ['kɔ:dəpeksi] (*cord* + Gr. *pēxis* fixation) 声带固定术
cordotomy [kɔ:'dɔtəmi] ❶ 声索切除术; ❷ 脊髓丘脑外侧束切断术,脊髓前侧柱切断术
 open c. 开放性脊髓前侧柱切断术
 percutaneous c. 经皮脊髓前侧柱切断术
Cordran ['kɔ:dræn] 康德兰:丙酮缩氟氢羟龙制剂的商品名
Cordyceps ['kɔ:diseps] 冬虫夏草属
 C. sinensis 冬虫夏草
Cordylobia [,kɔ:də'ləubiə] 瘤蝇属
 C. anthropophaga 嗜人瘤蝇
core [kɔ:] ❶ 核,核心; ❷ 铁芯; ❸ 病毒核; ❹ 铸模核
 cast c. 铸模核
core- (Gr. *korē* pupil) 瞳孔
coreclisis [,kɔrə'klaisis] (*core-* + Gr. *kleisis* closure) 瞳孔闭合,虹膜嵌顿术
corectasis [kɔ'rektəsis] (*core-* + Gr. *ektasis* a dilatation) 瞳孔扩大,瞳孔散大
corectome [kɔ'rektəum] (*core-* + Gr. *tomē* a cutting) 虹膜刀
corectomedialysis [kəu,rektə,mi:di'æləsis] (*core-* + *ectomy* + *dialysis*) 人造瞳孔术,假瞳孔术,造瞳术
corectomy [kə'rektəmi] (*cor-* + *ectomy*) 虹膜切除术
corectopia [,kɔrek'təupiə] (*core-* + *ectopia*) 瞳孔异位
coredialysis [,kɔrədai'æləsis] (*core-* + *dialysis*) 虹膜根部分离术
corediastasis [,kɔrədai'æstəsis] (*core-* + Gr. *diastasis* distention) 瞳孔扩大
coregonin [kɔ'regənin] 白鳟精蛋白
corelysis [kə'relisis] (*core-* + *lysis*) 虹膜后粘连分离术
coremorphosis [,kɔrəmɔ:'fəusis] (*core-* + *morphosis*) 瞳孔形成
corenclisis [,kɔren'klaisis] (*core-* + Gr. *enkleiein* to inclose) 瞳孔嵌顿术
coreometer [,kɔri'ɔmitə] (*core-* + *-meter*) 瞳孔计
coreometry [,kɔri'ɔmitri] 瞳孔测量法
coreoplasty ['kɔriə,plæsti] (*core-* + *-plas-*

corepressor [ˌkɔriˈpresə] 辅阻遏物
corestenoma [ˌkɔristəˈnəumə] (core- + Gr. *stenōma* contraction) 瞳孔狭窄
    c. congenitum 先天性瞳孔部分狭窄
Corethra [kəˈreθrə] 短嘴蚊属
coretomedialysis [ˌkɔriˌtɔmidaiˈælisis] 假瞳术,造瞳术
coretomy [kɔˈretəmi] 虹膜切开术
Corgard [ˈkɔːgɑːd] 科佳得：萘羟心安制剂的商品名
Cori [ˈkɔri] 柯里：美籍医师、生物化学家,因发现糖原变成乳酸的催化转化过程,于1947年获诺贝尔医学生理学奖
Cori cycle [ˈkɔri] (Carl F. *Cori* and Gerty T.R. *Cori*) 柯里循环
coriaceous [ˌkɔriˈeifəs] (L. *corium* leather) 革样的,粗糙的
coriamyrtin [ˌkɔriəˈməːtin] 马桑甙
coriander [ˌkɔriˈændə] (Gr. *koriandron*, variant of *koriannon*) 芫荽,胡荽
Coriaria [ˌkɔriˈεəriə] 马桑属
corium [ˈkɔriəm] (L. "hide")(NA) 真皮
corm [kɔːm] (L. *cormus*) 球茎
Cormack [ˈkɔːmæk] 考迈克：美籍物理学家因研制电子计算机断层摄影术(CT),于1979年共获诺贝尔医学生理学奖
cormethasone acetate [kɔːˈmeθəsəun] 醋酸三氟米松
corn [kɔːn] (L. *cornu* horn) ❶ 鸡眼；❷ 谷物；❸ 钉胼；❹ 狗脚掌上局限性的过度角化区
    hard c. 硬鸡眼
    soft c. 软鸡眼
cornea [ˈkɔːniə] (L. *corneus* horny)(NA) 角膜
    conical c. 圆锥形角膜
    c. farinata 角膜粉样变性
    flat c. 扁平角膜
    c. globosa 球形角膜
    c. guttata 角膜点状变性
    c. opaca 巩膜
    c. plana 扁平角膜
    c. verticillata 角膜涡状营养不良
corneal [ˈkɔːniəl] (L. *cornealis*) 角膜的
corneitis [ˌkɔːniˈaitis] 角膜炎
corneoblepharon [ˌkɔːniəˈblefərən] (*cornea* + Gr. *blepharon* eyelid) 角膜睑粘连
corneocyte [ˈkɔːniəsait] 角化细胞
corneoiritis [ˌkɔːniəiˈraitis] 角膜虹膜炎
corneosclera [ˌkɔːniəˈskliərə] 角巩膜
corneoscleral [ˌkɔːniəˈskliərəl] 角膜巩膜的
corneous [ˈkɔːniəs] (L. *corneus*) ❶ 角样的；❷ 角质的
corner [ˈkɔːnə] 侧切牙
Corner-Allen test [ˈkɔːnə ˈælən] (George Washington *Corner*, American anatomist, 1889-1981; Willard Myron *Allen*, American gynecologist, born 1904) 康-艾二氏试验
Cornet's forceps [ˈkɔːnets] (Georg *Cornet*, German bacteriologist, 1858-1915) 科纳特氏钳
corneum [ˈkɔːniəm] (L. "horny") 角质层
corniculate [kɔːˈnikjuleit] 小角状的
corniculum [kɔːˈnikjuləm] (L. dim. of *cornu*) 小角
cornification [ˌkɔːnifiˈkeiʃən] (L. *cornu* horn + *facere* to make) ❶ 角质化；❷ 复层鳞状上皮化
cornified [ˈkɔːnifaid] 角质化
cornoid [ˈkɔːnɔid] (L. *cornu* horn + *-oid*) 角样的
cornu [ˈkɔːnju] (pl. *cornua*)(L. "horn") 角
    c. Ammonis (L. "horn of Ammon") 海马
    c. anterius medullae spinalis (NA) 脊髓前角
    c. anterius ventriculi lateralis 侧脑室前角
    cornua cartilaginis thyroideae 甲状软骨角
    c. coccygeale 尾骨角
    c. coccygeum (NA), c. coccyx 尾骨角
    c. cutaneum 皮角
    c. dorsale medullae spinalis 脊髓背角
    ethmoid c. 中鼻甲
    c. frontale ventriculi lateralis (NA) 侧脑室额角
    c. inferius cartilaginis thyroideae (NA) 甲状软骨下角
    c. inferius marginis falciformis (NA) 镰状缘下角

c. inferius ventriculi lateralis 侧脑室下角

c. laterale medullae spinalis（NA）脊髓侧角

c. majus ossis hyoidei（NA）舌骨大角

c. minus ossis hyoidei（NA）舌骨小角

c. occipitale ventriculi lateralis（NA）侧脑室枕角

cornua ossis hyoidei 舌骨角

c. posterius medullae spinalis（NA）脊髓后角

c. posterius ventriculi lateralis 侧脑室后角

sacral c., c. sacrale（NA）骶骨角

cornua of spinal cord 脊髓角

c. superius cartilaginis thyroideae（NA）甲状软骨上角

c. superius marginis falciformis（NA）镰状缘上角

c. temporale ventriculi lateralis（NA）侧脑室颞角

c. uteri dextrum/sinistrum（NA），**c. uterinum dextrum/sinistrum** 子宫右/左角

c. ventrale medullae spinalis 脊髓腹角

cornua ['kɔːnjuə]（L.）角。cornu 的复数形式

cornual ['kɔːnjuəl] 角的，角状突起的

cornuate ['kɔːnjueit] 角的，角状突起的

cornucommissural [ˌkɔːnjukə'misjurəl] 角的，角连合的

cor(o)- 瞳孔

corodiastasis [ˌkɔrədai'æstəsis] 瞳孔扩大

corolla [kə'rəulə]（L. "little crown"）花冠

corona [kə'rəunə]（pl. coronas 或 coronae）（L.; Gr. korōnē）冠

c. ciliaris（NA）睫状冠，皱部

c. clinica（NA）临床冠

dental c., c. dentis（NA）牙冠

c. glandis penis（NA），**c. of glans penis** 阴茎头冠

c. radiata ①（NA）辐射冠；② 放射冠

c. veneris 额（发缘）梅毒疹，梅素冠

Zinn's c. 津氏冠，视神经血管环

coronad ['kɔrənæd] 向头冠，向冠

coronae [kə'rɔniː]（L.）冠。corona 的所有格与复数形式

coronal [kə'rɔnəl]（L. coronalis）❶ 头冠的，冠的；❷ 冠向的

coronale [ˌkɔrə'næliː]❶ 冠状缝（额径端）点；❷ 额骨

coronalis [ˌkɔrə'nælis]（L.）（NA）冠的

coronaritis [ˌkɔrənə'raitis] 冠状动脉炎

coronary ['kɔrəˌnəri]（L. corona; Gr. korōnē）冠状的

Coronaviridae [kəˌrɔnə'viridiː] 冠状病毒科，日冕形病毒科

Coronavirus [kəˌrɔnəˌvaiərəs]（L. corona crown + virus, from the appearance of the virions on electron micrographs）冠状病毒属，日冕形病毒属

coronavirus [kəˌrɔnəˌvaiərəs] 冠状病毒，日冕形病毒

corone [kə'rɔni]（L.; Gr. korōnē anything hooked or curved）下颌冠状突

coroner ['kɔrənə] 验尸官

coronet ['kɔrənet] 马蹄冠

coronion [kə'rɔniən] 冠状突尖

coronitis [ˌkɔrə'naitis] 冠状垫炎

coronoid ['kɔrənɔid]（Gr. korōnē anything hooked or curved, a kind of crown + -oid）❶ 喙状的；❷ 冠状的

coronoidectomy [ˌkɔrənɔi'dektəmi]（下颌）冠状突切除术

coronoidotomy [ˌkɔrənɔi'dɔtəmi]（下颌）冠状突切除术

coroparelcysis [ˌkɔrəpə'relsəsis]（coro- + Gr. parelkein to draw aside）瞳孔旁移术

corophthisis [ˌkɔrəf'θaisis] 瞳孔痨，痨性瞳孔缩小

coroplasty ['kɔrəˌplæsti] 瞳孔成形术，造瞳术

coroscopy [kə'rɔskəpi]（coro- + Gr. skopein to examine）瞳孔检影法，视网膜影法

corotomy [kə'rɔtəmi] 虹膜切开术

corpora ['kɔːpərə]（L.）体。corpus 的复数形式

corporal ['kɔːpərəl] 体的

corporeal [kɔː'pɔriəl] 体的

corporic [kɔː'pɔrik]（L. corpus body）体的

corps [kɔː]（Fr., from L. corpus）❶ 队，团；❷ 体，物体

medical c. 军医团(队)，医疗队

c. ronds 圆形小体,圆形双边细胞
corpse [kɔːps] (L. *corpus* body) 尸体
corpulency ['kɔːpjuːlensi] (L. *corpulentia*) 肥胖
corpus ['kɔːpəs] (pl. *corpora*) (gen. *corporis*) (L. "body") ❶体;❷ 用作解剖学名称时指整个机体,亦指解剖部位、结构或器官的主要部分
c. adiposum buccae (NA) 颊脂体
c. adiposum fossae ischioanalis (NA), c. adiposum fossae ischiorectalis 坐骨直肠窝脂体
c. adiposum infrapatellare (NA) 髌下脂体
c. adiposum orbitae (NA) 眶脂体
c. adiposum pararenale (NA) 肾旁脂肪体
c. adiposum pre-epiglotticum (NA) 会厌前脂体
c. albicans (pl. *corpora albicantia*) (NA) 白体
c. alienum 异物
corpora allata 咽侧体
c. amygdaloideum (NA) 杏仁核
corpora amylacea (L. "starchy bodies") 淀粉样体
corpora atretica 闭锁卵泡
corpora bigemina 二叠体,四叠体
c. calcanei 跟骨体
c. callosum (NA) 胼胝体
c. cavernosum clitoridis dextrum/sinistrum (NA) 右/左阴蒂海绵体
c. cavernosum penis (NA) 阴茎海绵体
c. cavernosum urethrae virilis 男尿道海绵体
c. cerebelli (NA) 小脑体
c. ciliare (NA), c. ciliaris 睫状体
c. claviculae (NA) 锁骨体
c. claviculare 锁骨体
c. clitoridis (NA) 阴蒂体
c. coccygeum 尾骨球
c. costae (NA) 肋骨体
c. epididymidis (NA) 附睾体
c. fibrosum 纤维体,白体
c. fibulae (NA) 腓骨体
c. fimbriatum hippocampi 海马散
c. fornicis (NA) 穹窿体
c. gastricum (NA) 胃体

c. geniculatum laterale (NA) 外侧膝状体
c. geniculatum mediale (NA) 内侧膝状体
c. glandulae bulbourethralis 尿道球腺
c. glandulae sudoriferae (NA) 汗腺体
c. glandulare prostatae 前列腺
c. hemorrhagicum 红体,(出)血体
c. Highmori, c. highmorianum 睾丸纵隔
c. humeri (NA) 肱骨体
c. incudis (NA) 砧骨体
c. linguae (NA) 舌体
c. luteum (pl. *corpora lutea*) (L. "yellow body") (NA) 黄体
corpora lutea atretica 闭锁卵泡,闭锁黄体
c. mamillare (NA) 乳头体
c. mammae (NA) 乳房体
c. mandibulae (NA) 下颌(骨)体
c. maxillae (NA) 上颌骨体
c. medullare cerebelli (NA) 小脑髓体
c. metacarpale (NA) 掌骨体
c. nuclei caudati (NA) 尾状核体
c. of Oken 奥肯体,中肾
corpora oryzoidea 米粒样小体
c. ossis hyoidei (NA) 舌骨体
c. ossis ilii (NA), c. ossis ilium 髂骨体
c. ossis ischii (NA) 坐骨体
c. ossis metacarpalis 掌骨体
c. ossis metatarsalis 跖骨体
c. ossis pubis (NA) 耻骨体
c. ossis sphenoidalis (NA) 蝶骨体
c. pampiniforme 卵巢冠
c. pancreatis (NA) 胰(腺)体
corpora para-aortica (NA) 主动脉旁体
c. penis (NA) 阴茎体
c. perinealis 会阴体,会阴中心腱
c. phalangis digitorum manus (NA) 指骨体
c. phalangis digitorum pedis (NA) 趾骨体
c. pineale (NA) 松果体,松果腺
corpora quadrigemina 四叠体
c. radii (NA) 桡骨体
c. restiforme 绳状体,小脑下脚
corpora santoriana 小角状软骨
c. sphenoidale 蝶骨体

- c. spongiosum penis (NA) 阴茎海绵体
- c. sterni (NA) 胸骨体
- c. striatum (pl. *corpora striata*) (NA) 纹状体
- c. subthalamicum 丘脑底部，丘脑下核
- c. tali (NA) 距骨体
- c. tibiae (NA) 胫骨体
- c. tibiale 胫骨体
- c. trapezoideum (NA) 斜方体
- c. triticeum 麦粒软骨
- c. ulnae (NA) 尺骨体
- c. unguis (NA) 甲体
- c. uteri (NA) 子宫体
- c. ventriculare 胃体
- c. ventriculi 胃体
- corpora versicolorata 淀粉样体
- c. vertebrae (NA) 椎体
- c. vertebrale 椎体
- c. vesicae biliaris (NA) 胆囊体
- c. vesicae felleae 胆囊体
- c. vesicae urinariae (NA) 膀胱体
- c. vitreum (NA) 玻璃体
- c. Wolffi 沃尔菲体中肾

corpuscallosotomy ['kɔːpəskælə'sɒtəmɪ] (*corpus callosum* + -otomy) 胼胝体切开术

corpus callostotomy ['kɔːpəs kælə'sɒtəmɪ] (*corpus callosum* + -otomy) 胼胝体切开术

corpuscle ['kɔːpəsl] 小体，细胞
- amylaceous c's, amyloid c's 淀粉样体
- articular c. 关节内(触觉)小体
- axile c., axis c. 轴小体
- blood c's 血细胞
- blood c., red 红细胞
- blood c., white 白细胞
- bone c. 骨细胞
- bridge c. 桥粒
- bulboid c. 球状小体
- cartilage c. 软骨细胞
- chorea c's 舞蹈病小体
- chromophil c's 嗜染小体
- chyle c. 乳糜小体
- colloid c's 胶状小体，淀粉样体
- colostrum c's 初乳小体，初乳细胞
- compound granular c. 复合颗粒体
- concentric c's 胸腺小体
- corneal c's 角膜小体
- Dogiel's c. 多纪耳氏小体
- Donné's c's 初乳小体
- dust c's 血尘
- genital c. 生殖器神经小体
- Gierke's c's 吉尔克氏小体
- Gluge's c's 格路格氏小体
- Golgi's c. 高尔基氏肌腱小体，腱梭
- Golgi-Mazzoni c's 高-马氏小体
- Grandry's., Grandry-Merkel c. 格朗德里氏小体，格-默二氏小体
- Guarnieri's c's 格瓦尔尼里氏小体
- Hassall's c's 哈塞耳氏小体，胸腺小体
- Herbst's c's 赫伯斯特氏小体
- Jaworski's c's 雅沃尔斯基氏小体
- Krause's c's 克劳泽氏小体，球状小体
- lamellar c., lamellated c. 环层小体
- Leber's c's 利伯氏小体，胸腺小体
- lingual c. 舌小体
- lymph c's 淋巴小体
- lymphoid c's 淋巴样细胞
- malpighian c's of kidney 肾小体
- malpighian c's of spleen 脾小结
- Mazzoni's c. 马佐尼氏小体，触觉小体
- meconium c's 胎粪小体
- Meissner's c's 麦斯纳氏小体，触觉小体
- Merkel's c. 默克尔氏小体
- mucous c's 粘液小体
- Norris' c's 失血红细胞
- pacchionian c's 蛛网粒
- Pacini's c., pacinian c. 帕西尼氏小体，环层小体
- paciniform c's 帕西尼状小体
- Paschen's c's 帕中氏小体
- pessary c. 子宫托形红细胞
- pus c. 脓细胞
- Rainey's c. 雷尼氏小体
- red c. 红细胞
- renal c's 肾小体
- reticulated c's 网织红细胞
- Röhl's marginal c's 娄耳氏边缘小体
- Ruffini's c. 鲁菲尼氏小体
- salivary c. 唾液小体，涎细胞
- Schwalbe's c. 施瓦耳贝氏小体，味蕾
- splenic c's 脾小结
- tactile c. 触觉小体
- taste c. 味觉小体，味细胞
- tendon c's 腱细胞
- terminal nerve c. 神经末梢小体

thymus c's 胸腺小体
Timofeew's c. 提莫费夫氏小体
touch c. 触觉小体
Toynbee's c's 角膜小体
Tröltsch' c's 勒寒奇氏小体
typhic c's 伤寒细胞
Valentin's c's 瓦伦汀氏小体
Vater's c., Vater-Pacini c. 法特氏小体，瓦-帕二氏小体，环层小体
Virchow's c's 角膜小体
Weber's c. 前列腺囊
white c. 白细胞
corpuscula [kɔːˈpʌskjulə] (L.) 小体,细胞
corpuscular [kɔːˈpʌskjulə] 小体的,细胞的
corpusculum [kɔːˈpʌskjuləm] (pl. *corpuscula*) (L. dim of *corpus*) 小体,细胞
  c. articulare 关节小体
  c. bulboideum (NA) 球状小体
  c. genitale 生殖器神经小体
  c. lamellosum (NA) 环层小体
  c. nervosum terminale (NA) 神经末梢小体
  corpuscula renis (NA) 肾小体
  c. tactus (NA) 触觉小体
  c. triticeum 麦粒软骨
correction [kəˈrekʃən] (L. *correctio* straightening out; amendment) ❶ 矫正,改正；❷ 调整,校正
corrector [kəˈrektə] 样正器,矫正器
  function c. 牙功能矫正器
correlation [ˌkɔriˈleiʃən] 相关
correspondence [ˌkɔrisˈpɔndəns] (L. *correspondēre* to answer, to correspond) 对应,相对
  anomalous retinal c. 视网膜对应异常
  normal retinal c. 视网膜对应正常
  retinal c. 视网膜对应
Corrigan's disease [ˈkɔrigənz] (Sir Dominic John *Corrigan*, Irish physician, 1802-1880) 科里根氏病
corrigent [ˈkɔridʒənt] (L. *corrigens* correcting) ❶ 矫正的,(使)缓和的；❷ 矫味剂,矫正剂
corrin [ˈkɔrin] 柯啉环
corrinoid [ˈkɔrinɔid] 柯啉类
corrosion [kəˈrəuʒən] (L. *corrosio*) 腐蚀(作用)
corrosive [kəˈrəusiv] (L. *con* with + *rodere* to gnaw) ❶ 腐蚀的；❷ 腐蚀剂
corrugator [ˈkɔrəˌgeitə] (L. *con* together + *ruga* wrinkle) ❶ 皱眉；❷ 皱眉肌
corset [ˈkɔːset] 围腰胸衣
Cort. (L. *cortex* 的缩写) 皮层,树皮
Cortate [ˈkɔːteit] 科泰特：醋酸去氧皮质酮制剂的商品名
Cort-Dome [ˈkɔːtdəum] 科得姆：氢化可的松制剂的商品名
Cortef [ˈkɔːtef] 科得夫：氢化可的松制剂的商品名
Cortenema [kɔːˈtenəmə] 科得那姆：氢化可的松制剂的商品名
cortex [ˈkɔːteks] (Gen. *corticis*) (pl. *cortices*) (L. "bark, rind, shell") ❶ 树皮,果皮；❷ (NA) 皮质,皮层
  adrenal c. 肾上腺皮质
  agranular c. 无颗粒细胞皮质层
  cerebellar c., c. cerebellaris (NA) 小脑皮质
  c. cerebelli, c. of cerebellum 小脑皮质
  cerebral c., c. cerebralis (NA) 大脑皮质
  c. cerebri, c. of cerebrum 大脑皮质
  c. glandulae suprarenalis (NA) 肾上腺皮质
  granular c. 粒状皮层
  heterotypical c. 异型皮层
  homotypical c. 同型皮层
  c. of kidney 肾皮质
  c. lentis (NA) 晶状体皮质
  motor c. 运动皮质
  c. nodi lymphatici (NA) 淋巴结皮质
  nonolfactory c. 非嗅皮质,新皮质
  olfactory c. 嗅皮层
  c. ovarii (NA), c. of ovary 卵巢皮质
  piriform c. 梨状皮质
  provisional c. 临时皮质
  renal c., c. renis (NA) 肾皮质
  somesthetic c. 体觉皮质,中央后区
  striate c. 纹状皮质,视皮质
  tertiary c. 第三皮质,胸腺依赖区
  c. thymi, c. of thymus 胸腺皮质
  visual c. 视皮质
Corti's arch [ˈkɔːtiz] (Alfonso *Corti*, Italian anatomist, 1822-1888) 柯替氏弓

cortical ['kɔːtikəl] (L. *corticalis*) ❶ 皮质的,皮层的; ❷ (树)皮的

corticalosteotomy [ˌkɔːtikəˌlɔsti'ɔtəmi] 经皮质切骨术

corticate ['kɔːtikeit] ❶ 有皮质的; ❷ 有(树)皮的

corticectomy [ˌkɔːti'sektəmi] 皮质切除术

cortices ['kɔːtisiz] (L.) ❶ 皮质,皮层; ❷ 树皮。cortex 的复数形式

corticifugal [ˌkɔːti'sifəgəl] (*cortex* + L. *fugere* to flee) 离皮质的,离皮层的

corticipetal [ˌkɔːti'sipətəl] (*cortex* + L. *petere* to seek) 向皮质的,向皮层的

cortic(o)- (L. *cortex*) 皮质

corticoadrenal [ˌkɔːtikəə'driːnəl] 肾上腺皮质的

corticoafferent [ˌkɔːtikəu'æfərənt] 传入皮质(层)的

corticoautonomic [ˌkɔːtikəˌɔːtə'nɔmik] 皮质自主的,皮层自主的

corticobulbar [ˌkɔːtikə'bʌlbə] (脑)皮质延髓的

corticocancellous [ˌkɔːtikə'kænsələs] 皮质网状骨质的

corticodiencephalic [ˌkɔːtikəˌdaiensə'fælik] 皮质间脑的

corticoefferent [ˌkɔːtikəu'efərənt] 皮质传出的

corticofugal [ˌkɔːti'kɔfjugəl] 离皮质的,离皮层的

corticoid ['kɔːtikɔid] (肾上腺)皮质激素类

corticolipotrope [ˌkɔːtikə'lipətrəup] 促(肾上腺)皮质激素分泌细胞

corticomesencephalic [ˌkɔːtikəˌmesənsə'fælik] 皮质中脑的

coticopeduncular [ˌkɔːtikəpə'dʌŋkjulə] 皮质大脑脚的

corticopetal [ˌkɔːti'kɔpitəl] 向皮质的,向皮层的

corticopleuritis [ˌkɔːtikəplju'raitis] 肺脏层胸膜炎

corticopontine [ˌkɔːtikə'pɔntain] 皮质脑桥的

corticospinal [ˌkɔːtikə'spainəl] 大脑脊髓的

corticosteriod [ˌkɔːtikə'steroid] (肾上腺)皮质类固醇

corticosterone [ˌkɔːti'kɔstərəun] 皮质酮

corticosterone methyl oxidase [ˌkɔːti'kɔstərəun 'meθil 'ɔksideis] 皮质酮甲基氧化酶

corticosterone methyl oxidase deficiency 皮质酮甲基氧化酶缺乏症

corticosterone 18-monooxygenase [ˌkɔːti'kɔstərəun ˌmɔnəʊ'ɔksidʒəneis] (EC 1.14.15.5) 皮质酮 18-单氧酶

corticotensin [ˌkɔːtikə'tensin] 皮质加压素

corticothalamic [ˌkɔːtikəθə'læmik] 皮质丘脑的

corticotrope ['kɔːtikətrəup] 促(肾上腺)皮质激素分泌细胞

corticotroph ['kɔːtikətrɔf] 促(肾小腺)皮质激素分泌细胞

corticotrophic [ˌkɔːtikə'trɔfik] 促肾上腺皮质的

corticotroph-lipotroph ['kɔːtikətrɔf'lipətrɔf] 促肾上腺皮质-脂细胞

corticotrophin [ˌkɔːtikə'trɔfin] 促肾上腺皮质激素

corticotropic [ˌkɔːtikə'trɔpik] 促肾上腺皮质的

corticotropin [ˌkɔːtikə'trɔpin] 促肾上腺皮质激素

Cortifair ['kɔːtifɛə] 科地泛:氢化可的松制剂的商品名

cortilymph ['kɔːtilimf] (organ of *Corti* + *lymph*) 柯替淋巴

cortin ['kɔːtin] 肾上腺皮质浸液

Cortinarius [ˌkɔːti'nɛəriəs] 线膜(菌)属

cortisol ['kɔːtisɔl] 可的索,皮质醇,氢化可的松

cortisone ['kɔːtisəun] 考的松,可的松,去氢皮质酮

c. acetate (USP) 醋酸可的松

cortivazol [kɔː'tivəzɔl] 可的发唑

Cortone ['kɔːtəun] 科德恩:醋酸可的松制剂的商品名

Cortril ['kɔːtril] 科特利尔:氢化可的松制剂的商品名

Cortrophin [kɔː'trɔfin] 科特罗粉:促(肾上腺)皮质激素制剂的商品名

Cortrosyn ['kɔːtrəsin] 科特罗新:合成促(肾上腺)皮质激素制剂的商品名

corundum [kə'rʌndəm] 刚玉

coruscation [ˌkɔrəs'keiʃən] 闪光感

Corvisart's disease [ˌkɔːviˈsɑːz] (Baron Jean Nicolas *Corvisart* des Marets, French physician, personal physician to Napoleon, 1755-1821) 科维扎卡氏病

corydaline [kəˈridəliːn] 紫堇碱,延胡索碱

corydalis [kəˈridəlis] (L. from Gr. *korys* helmet) 紫堇,延胡索

corymbiform [kəˈrimbifɔːm] (Gr. *korymbos* the cluster of ivy flower + *form*) 伞房花形的

corymbose [ˈkɔrimbəus] 伞房花形的

corynebacteria [kəˌrinibækˈtiəriə] 棒状杆菌。corynebacterium 的复数形式

Corynebacteriaceae [kəˌrinibækˌtiəriˈæsiiː] 棒状杆菌科

Corynebacterium [kəˌrinibækˈtiəriəm] (Gr. *korynē* club + *bacterium*) 棒状杆菌属

  C. acnes 粉刺棒状杆菌
  C. diphtheriae 白喉杆菌,白喉杆菌
  C. diphtheroides 类白喉棒状杆菌
  C. equi 马棒状杆菌
  C. genitalium 生殖器棒状杆菌
  C. granulosum 粒状棒状杆菌,粒状丙酸杆菌
  C. haemolyticum 溶血棒状杆菌
  C. hofmannii 哈氏棒状杆菌,假白喉棒状杆菌
  C. infantisepticum 婴儿败血症棒状杆菌,单核细胞性李司忒菌
  C. kutscheri 库氏棒状杆菌
  C. minutissimum 微小棒状杆菌
  C. murisepticum 鼠败血症棒状杆菌
  C. necrophorum 坏疽热棒状杆菌,犊白喉杆菌
  C. ovis 绵羊棒状杆菌,假结核棒状杆菌
  C. parvulum 单核细胞性李司忒菌
  C. parvum 粉刺丙酸菌
  C. pseudodiphtheriticum 假白喉棒状杆菌
  C. pseudotuberculosis 假结核棒状杆菌
  C. pyogenes 化脓棒状杆菌
  C. renale 肾棒状杆菌
  C. tenuis 纤弱杆菌
  C. ulcerans 溃疡棒状杆菌
  C. vesiculare 泡囊棒样状杆菌
  C. xerosis 干燥棒状杆菌

corynebacterium [kəˌrinibækˈtiəriəm] (pl. *corynebacteria*)(Gr. *korynē* club + *bacterium*) 棒状杆菌

  group JK c. JK型棒状杆菌
  group 3 c. 3型棒状杆菌,迟缓真细菌

Coryneform [kəˈrinəfɔːm] 棒状细菌

coryneform [kəˈrinəfɔːm] (Gr. *korynē* club + L. *forma*) 棒状杆菌的

corytuberine [ˌkɔriˈtjuːbəriːn] 紫堇块茎碱

coryza [kəˈraizə] (L.; Gr. *koryza*) 鼻卡他,鼻炎

  allergic c. 过敏性鼻炎,枯草热
  c. foetida 臭鼻症
  infectious avian c. 传染性禽鼻炎
  c. oedematosa 水肿性鼻卡他

COS (Canadian Ophthalmological Society 的缩写) 加拿大眼科学会

cosensitize [kəuˈsensitaiz] 共同敏感,多敏感

Cosmegen [ˈkɔsmədʒən] 考斯米根：放线菌素D制剂的商品名

cosmesis [kɔzˈmiːsis] (Gr. *kosmēsis* an arranging or adorning) ❶ 美容；❷ 整容

cosmetic [kɔzˈmetik] (Gr. *kosmētikos*) ❶ 美容的,整容的；❷ 美容剂(品)

cosmetology [ˌkɔzməˈtɔlədʒi] ❶ 摄生学；❷ 美容学

cosmid [ˈkɔzmid] (*co*hesive end *si*to + plas*mid*) 粘粒

costa [ˈkɔstə] (pl. *costae*)(L. "rib") ❶ 肋(骨)；❷ 缘,边

  c. cervicalis (NA) 颈肋
  costae fluctuantes 浮肋
  costae fluitantes (NA) 浮肋
  c. prima (NA) 第一肋
  costae spuriae (NA) 假肋,弓肋
  costae verae (NA) 真肋,椎胸肋

costae [ˈkɔstiː] (L.) 肋。*costalis* 的所有格和复数形式

costal [ˈkɔstəl] (L. *costalis*) 肋的

costalgia [kɔsˈtældʒiə] (*costa* + -*algia*) 肋痛

costalis [kɔsˈtælis] (L.) 肋的

costatectomy [ˌkɔstəˈtektəmi] 肋骨切除术

costectomy [kɔsˈtektəmi] (*costa* + Gr. *ektomē* excision) 肋骨切除术

Costen's syndrome [ˈkɔstənz] (James Bray *Costen*, American otolaryngologist, 1895-

1962)考斯特兹氏综合征

costicartilage [ˌkɔstiˈkɑːtileidʒ] (*costa* + *cartilage*) 肋软骨

costicervical [ˌkɔstiˈsəːvikəl] 肋颈的

costiferous [kɔsˈtifərəs] (*costa* + L. *ferre* to carry) 有肋的

costiform [ˈkɔstifɔːm] 肋状的

costispinal [ˌkɔstiˈspainəl] 肋(脊)椎的

costive [ˈkɔstiv] ❶ 便秘的；致便秘的；❷ 肠蠕动抑制剂

costiveness [ˈkɔstivnis] 便秘

cost(o)- (L. *costa* rib) 肋

costocentral [ˌkɔstəˈsentrəl] 肋骨(与)椎体的

costocervicalis [ˌkɔstəˌsəːviˈkælis] (*costo-* + *cervicalis*) 颈髂肋肌

costochondral [ˌkɔstəˈkɔndrəl] 肋骨(肋)软骨的

costoclavicular [ˌkɔstəkləˈvikjulə] 肋锁的

costocoracoid [ˌkɔstəˈkɔrəkɔid] 肋喙突的

costogenic [ˌkɔstəˈdʒenik] (*costo-* + Gr. *gennan* to produce) 肋骨性的

costohumeral [ˌkɔstəˈhjumərəl] 肋肱的

costoinferior [ˌkɔstəinˈfiəriə] 下肋的

costophrenic [ˌkɔstəˈfrenik] 肋膈的

costopleural [ˌkɔstəˈpluərəl] 肋胸膜的

costoscapular [ˌkɔstəˈskæpjulə] 肋骨肩胛的

costoscapularis [ˌkɔstəˌskæpjuˈlæris] 前锯肌

costosternal [ˌkɔstəˈstəːnəl] 肋胸(骨)的

costosternoplasty [ˌkɔstəˈstəːnəˌplæsti] 肋骨胸骨成形术，漏斗胸成形术

costosuperior [ˌkɔstəsjuˈpiəriə] 上肋的

costotome [ˈkɔstətəum] (*costo-* + Gr. *temnein* to cut) 肋骨刀，断肋器

costotomy [kɔsˈtɔtəmi] (*costo-* + Gr. *tomē* a cut) 肋骨(肋软骨)切开术

costotransverse [ˌkɔstətrænsˈvəːs] 肋(椎骨)横突的

costotransversectomy [ˌkɔstəˌtrænsvəˈsektəmi] 肋骨椎骨横突切除术

costovertebral [ˌkɔstəˈvəːtibrəl] 肋椎的

costoxiphoid [ˌkɔstəˈzaifɔid] 肋剑突的

cosyntropin [ˌkɔsinˈtrɔpin] $α^{1-24}$-促肾上腺皮质激素

Cotard's syndrome [kəˈtɑːz] (Jules *Cotard*, French neurologist, 1840-1887) 科塔德氏综合征

Cotazym [ˈkɔtəzaim] 科他赞姆：胰脂酶制剂的商品名

cothromboplastin [kəˌθrɔmbəˈplæstin] 辅凝血致活酶，辅促凝血酶原激酶

cotinine [ˈkɔtinin] 可铁宁
  c. **fumarate** 延胡索酸可铁宁

cotransfection [ˌkɔtrænsˈfekʃən] 同时传染

cotransport [kəuˈtrænspɔːt] 同时运输

Cotrel-Dubousset instrumentation [kəˈtrel dubuˈsei] (Y. *Cotrel*, French orthopedic surgeon, 20th century; J. *Dubousset*, French orthopedic surgeon, 20th century) 科-杜二氏器械操作法

co-trimoxazole [ˌkəutriˈmɔksəzəul] 增效磺胺甲基异噁唑，复方增效磺胺

Cotte's operation [kɔts] (Gaston *Cotte*, French surgeon, 1879-1951) 科特氏手术

Cotting's operation [ˈkɔtiŋz] (Benjamin Eddy *Cotting*, American surgeon, 1812-1898) 科特氏手术

cotton [ˈkɔtən] (Ar. *al-qoton* 或 *al-qutn*) 棉，棉花
  absorbable c. 氧化纤维素
  absorbent c. 脱脂棉，吸水棉
  purified c. (USP) 精制棉
  salicylated c. 水杨酸棉
  styptic c. 止血棉

cottonpox [ˈkɔtənpɔks] 乳白痘，类天花

cotton-wool [ˈkɔtənwuːl] ❶ 原棉；❷ 脱脂棉

Cotugno's disease [kəˈtuːnjɔz] (Domenico Felice Antonio *Cotugno*, Italian anatomist, 1736-1822) 考通杨兹工氏病，坐骨神经痛

Cotunnius' aqueduct [kəˈtʌniəs] (Domenico *Cotugno* (*Cotunnius*)) 科图尼约氏水管

coturnism [kəˈtjuənizəm] 鹑肉中毒症

co-twin [kəuˈtwin] 双胎

cotyle [ˈkɔtili] ❶ 髋臼；❷ 腹吸盘

cotyledon [ˌkɔtiˈledən] (Gr. *kotylēdōn*) ❶ 子叶；❷ 绒毛叶

cotyledontoxin [ˌkɔtiˌledənˈtɔksin] 瓦松毒素

cotylogonimus [ˌkɔtiləˈgɔnimes] (Gr. *kotylē* cup + *gonimos* productive) 异形吸虫属

cotyloid ['kɔtilɔid] (Gr. *kotyloeides* cup shaped) ❶ 杯状的；❷ 髋臼的
cotylopubic [ˌkɔtilə'pju:bik] 髋臼耻骨的
cotylosacral [ˌkɔtilə'sækrəl] 髋臼骶骨的
cotype ['kəutaip] 共模标本
couch grass [kautʃ grɑ:s] 茅草，偃麦草
cough [kɔf] (L. *tussis*) 咳嗽
  aneurysmal c. 动脉瘤性咳
  Balme's c. 巴姆氏咳，鼻咽咳
  barking c. 犬吠样咳
  compression c. 压迫性咳
  dog c. 犬咳，压迫性咳
  dry c. 干咳
  ear c. 耳性咳
  extrapulmonary c. 肺外性咳
  hacking c. 频咳
  mechanical c. 机械性咳
  Morton's c. 莫顿氏咳
  privet c. 水蜡咳
  productive c. 排痰性咳
  reflex c. 反射性咳
  stomach c. 胃病性咳
  Sydenham's c. 西德纳姆氏咳
  tea taster's c. 品茶员咳
  trigeminal c. 三叉神经性咳
  wet c. 湿咳
  whooping c. 百日咳
  winter c. 冬季咳
coulomb ['ku:lɔm] (after Charles Augustin de *Coulomb*, French physicist, 1736-1806) 库仑
Coumadin ['ku:mədin] 香豆定：苄丙酮香豆素制剂的商品名
coumamycin [ˌku:mə'maisin] 香豆霉素
coumaric acid ['ku:mərik] 香豆酸
coumarin ['ku:mərin] ❶ 香豆素；❷ 类香豆素
coumermycin [ˌku:mə'maisin] 香豆霉素
Councilman's bodies ['kaunsilmənz] (William Thomas *Councilman*, American pathologist, 1854-1933) 康斯尔曼氏体
count [kaunt] (L. *computare* to reckon) 计数
  Addis c. 艾蒂斯计数
  Arneth c. 阿奈斯计数
  blood c. 血细胞计数
  complete blood c. 全血计数
  differential c. 白细胞分类计数
  direct platelet c. 血小板直接计数
  filament-nonfilament c. 白细胞分核计数
  indirect platelet c. 血小板间接计数
  neutrophil lobe c. 中性粒细胞分叶计数
counter ['kauntə] 计数器
  Coulter c. 库尔特计数器
  Geiger c., Geiger-Müller c. 盖格计数器，盖-米二氏计数器
  proportional c. 正比计数器
  scintillation c. 闪烁计数器
counterbalance [ˌkauntə'bæləns] 等衡，抗衡
  renal c. 肾代偿性平衡
countercurrent ['kauntəˌkʌrənt] 逆流，对流，反流
counterelectrophoresis [ˌkauntəriˌlektrəfə'ri:sis] 对流免疫电泳
counterextension [ˌkauntəriks'tenʃən] 对抗牵引术
counterimmunoelectrophoresis [ˌkauntəˌimjunəiˌlektrəfə'ri:sis] 对流免疫电泳
counterincision [ˌkauntəin'siʒən] 对口切开
counterinvestment [ˌkauntəin'vestmənt] 相反贯注
counterirritant [ˌkauntə'iritənt] ❶ 抗刺激的；❷ 抗刺激剂
counterirritation [ˌkauntəiri'teiʃən] 对抗刺激(作用)
counteropening [ˌkauntə'əupəniŋ] 对口切开
counterphobia [ˌkauntə'fəubiə] 反恐怖症
counterphobic [ˌkauntə'fəubik] 反恐惧的，反恐惧症的
counterpoison ['kauntəˌpɔizən] 抗毒剂
counterpulsation [ˌkauntəpʌl'seiʃən] 对抗搏动法，反搏法
  intra-aortic balloon (IAB) c. 主动脉内气球反搏
counterpuncture [ˌkauntə'pʌŋktʃə] 对口穿刺术
countershock ['kauntəʃɔk] 对抗性电震法，对抗休克法
counterstain ['kauntəstein] 复染剂，对比染色
countertraction [ˌkauntə'trækʃən] 对抗牵引
countertransference [ˌkauntətræns'fe-

rəns] 反转移法,反移情作用

countertransport [ˌkauntəˈtrænspɔːt] 反向运输

    sodium-lithium c. 钠-锂反向运送

coup [kuː] (Fr.) 发作,打击

    c. de fouet [dəˈfwei] (Fr. "stroke of the whip") 蹠肌断裂

    c. de sabre, en c. de sabre [kuːdə ˈsɑːb, ɑːn kuː də ˈsɑːb] (Fr. "saber stroke") 类军刀伤

    c. de soleil [də sɔˈlei] 日射病,中暑

    c. sur coup [suˈkuː] ("blow on blow") 小量短间隔服药法

couple [ˈkʌpl] (L. *copula* a bond) ❶ 力偶;❷ 电偶

couplet [ˈkʌplit] 对

coupling [ˈkʌpliŋ] ❶ 配对,联结,偶联;❷ 联律

    excitation-contraction c. 兴奋-收缩偶联

    fixed c. 固定间距联律

    variable c. 可变联律

Cournand [kuəˈnɑːn] 库尔南:法国出生的美国生理学家,获 1956 年诺贝尔医学生理学奖

Courvoisier's law [kuəˌvwɑːziˈeiz] (Ludwig Georg *Courvoisier*, Swiss surgeon, 1843-1918) 库尔瓦泽尔氏定律

Courvoisier-Terrier syndrome [kuəˌvwɑːziˈei teˈjei] (L. G. *Courvoisier*; Louis Félix *Terrier*, French surgeon, 1837-1908) 库-特二氏综合征

Coutard's method [kuːˈtɑz] (Henri *Coutard*, French radiologist in United States, 1876-1950) 库塔德氏法

Couvelaire uterus [ˌkuvəˈlɛə] (Alexandre *Couvelaire*, French obstetrician, 1873-1948) 库沃拉尔子宫

couvercle [ˈkuːvəkəl] (Fr.) 血管外凝血块

covalence [kɔˈveiləns] 共价

covalent [ˈkɔvələnt] 共价的

covariance [kɔˈvɛəriəns] (*co-* + *variance*) 协方差

covariate [kɔˈvɛəriət] 协变量

cover [ˈkʌvə] 保护

coverglass [ˈkʌvəglɑːs] 盖(玻)片

coverslip [ˈkʌvəslip] 盖(玻)片

cowage [ˈkəueidʒ] ❶ 黎豆;❷ 黎豆荚毛

Cowden disease [ˈkaudən] (*Cowden*, the family name of the first reported case) 考登病

Cowdria [ˈkaudriə] (Edmund Vincent *Cowdry*, American anatomist and zoologist, 1888-1975) 考德里体属

    C. ruminantium 反刍动物考德里体

Cowen's sign [ˈkauənz] (J. P. *Cowen*, American ophthalmologist, 20th century) 考恩氏征

cowl [kaul] ❶ 胎头羊膜;❷ 大网膜

Cowper's gland [ˈkaupəz] (William *Cowper*, English surgeon, 1666-1709) 库珀氏腺

cowperitis [ˌkaupəˈraitis] 考珀腺炎,尿道球腺炎

cowpox [ˈkaupɔks] 牛痘

Cox proportional hazards model [kɔks] (David Roxbee *Cox*, British statistician, born 1924) 柯克斯比例风险模型

coxa [ˈkɔksə] (L.) (NA) ❶ 髋;❷ 髋关节

    c. adducta, c. flexa 髋内翻

    c. magna 髋膨大

    c. plana 扁平髋

    c. valga 髋外翻

    c. vara 髋内翻

    c. vara luxans 脱臼性髋内翻

coxal [ˈkɔksəl] 髋的

coxalgia [kɔkˈsældʒiə] (L. *coxa* hip + *-algia*) ❶ 髋关节(结核)病;❷ 髋痛

coxarthria [kɔkˈsɑːθriə] 髋关节炎

coxarthritis [ˌkɔksɑːˈθraitis] 髋关节炎

coxarthrocace [kɔksɑːˈθrɔkəsi] 髋关节真菌病

coxarthropathy [ˌkɔksɑːˈθrɔpəθi] (L. *coxa* hip + Gr. *arthron* joint + *pathos* disease) 髋关节病

coxarthrosis [ˌkɔksɑːˈθrəusis] 髋关节变性病,髋关节骨关节炎

Coxiella [ˌkɔksiˈelə] (Herald Rae *Cox*, American bacteriologist, born 1907) 柯克斯体属

    C. burnetii 伯纳特柯克斯体

coxitis [kɔkˈsaitis] 髋关节炎

    c. fugax 暂时性(良性)髋关节炎

    senile c. 老年性髋关节炎

coxodynia [ˌkɔksəˈdiniə] 髋痛

coxofemoral [ˌkɔksəˈfemərəl] (L. *coxa* hip + *femur* thigh) 髋股的

coxotuberculosis [ˌkɔksətjuˌbəːkjuˈləusis] (L. *coxa* hip + *tuberculosis*) 髋关节结核(病)

coxsackievirus [kɔkˈsækiˌvaiərəs] 柯萨奇病毒

coyotillo [kɔiəˈtijə] (Mexican Spanish "little coyote") 山狗矮毒木

CP ❶ (chemically pure 的缩写) 化学纯; ❷ (candle power 的缩写) 烛光

cp (*centipoise* 的符号) 厘泊 (粘度单位)

C3PA C3 前活化因子

C3PAase C3 前活化因子转化酶

CPC (clinicopathological conference 的缩写) 临床病理讨论会

CPD (citrate phosphate dextrose 的缩写) 枸橼酸-磷酸-葡萄糖

CPDA-1 (citrate phosphate dextrose adenine 的缩写) 枸橼酸-磷酸-葡萄糖-腺嘌呤

CPDD (calcium pyrophosphate deposition disease 的缩写) 焦磷酸钙沉积病

C Ped (Certified Pedorthist 的缩写) 有证书的矫形鞋制造者

CPH (Certificate in Public Health 的缩写) 公共卫生证书

CPK (creatine phosphokinase 的缩写) 肌酸磷酸激酶

cpm (counts per minute 的缩写) 计数/分

CPPD (calcium pyrophosphate dihydrate 的缩写) 二氢焦磷酸钙

CPR (cadiopulmonary resuscitation 的缩写) 心肺复苏(术)

CPS (carbamoyl phosphate synthetase 的缩写) 甲氨酰磷酸合成酶

CPS Ⅰ (carbamoyl phosphate synthetase Ⅰ 的缩写) Ⅰ型甲氨酰磷酸合成酶

CPS Ⅱ (carbamoyl phosphate synthetase Ⅱ 的缩写) Ⅱ型甲氨酰磷酸合成酶

cps (cycles per second 的缩写) 周(波)/秒

CR ❶ (conditioned response 的缩写) 条件反射(反应); ❷ (crown-rump 的缩写) 顶臀长

CR3 (complement receptor type 3 的缩写) Ⅲ型补体受体

Cr (*chromium* 的符号) 铬

crab [kræb] 阴虱

crack [kræk] 裂缝,断裂,裂
　sand c. 沙裂,马蹄底层裂

crackle [ˈkrækl] 捻发音
　pleural c's 胸膜捻发音

cradle [ˈkreidəl] 支架
　electric c., heat c. 光电温床,加热温床
　ice c. 冰床罩

Crafts' test [krɑːfts] (Leo Melville *Crafts*, American neurologist, 1863-1938) 克拉夫茨氏测试

Craigia [ˈkreidʒiə] (Charles Franklin *Craig*, U.S. Army surgeon, 1872-1950) 副变形虫属

craigiasis [kreiˈgaiəsis] 副变形虫病

Cramer's splint [ˈkrɑːməz] (Friedrich *Cramer*, German surgeon, 1847-1903) 克拉默氏夹

cramp [kræmp] 痛性痉挛
　accessory c. 副神经痉挛
　heat c. 中暑性痉挛
　recumbency c's 躺卧性痉挛
　stoker's c. 司炉工痉挛
　writers' c. 书写痉挛

Crampton's muscle [ˈkræmptənz] (Sir Philip *Crampton*, Irish surgeon, 1777-1858) 克兰顿氏肌

Crampton's test [ˈkreimptənz] (Charles Ward *Crampton*, American physician, 1877-1964) 克兰顿氏试验

craniad [ˈkreiniæd] (L. *cranium* head + *ad* toward) 向颅,向颅的方向

cranial [ˈkreiniəl] (L. *cranialis*) 颅的,颅侧的

cranialis [ˌkreiniˈælis] (L.) 颅的,身体上端的

craniamphitomy [ˌkreiniəmˈfitəmi] (*cranium* + Gr. *amphi* around + *tomē* a cutting) 颅周切开术

Craniata [ˌkreiniˈeitə] 有头类

craniectomy [ˌkreiniˈektəmi] (*cranium* + Gr. *ektomē* excision) 颅骨切除术

crani(o)- (L. *cranium*) 颅,颅骨

cranioacromial [ˌkreiniəˈkrəmiəl] 颅肩峰的

cranioaural [ˌkreiniəˈɔːrəl] 颅耳的

craniobuccal [ˌkreiniəˈbʌkəl] 颅颊的

craniocele [ˈkreiniəsiːl] (*cranio-* + *-cele*¹) 脑膨出

craniocerebral [ˌkreiniəˈrebrəl] 颅与脑的

cranioclasty [ˈkreiniəˌklæsti] 碎颅术

craniodidymus [ˌkreiniˈdidiməs] (*cranio-* + Gr. *didymos* twin) 对头畸胎

craniofacial [ˌkreiniəˈfeiʃəl] 颅面的

craniofenestria [ˌkreiniəfiˈnestriə] (*cranio-* + L. *fenestra* an opening) 颅顶骨多孔(畸形)

craniognomy [kreiniˈɔgnəmi] (*cranio-* + Gr. *gnōmōn* an interpreter or judge) 颅形学

craniograph [ˈkreiniəgrɑːf] (*cranio-* + Gr. *graphein* to write) 颅形描记器

craniography [ˌkreiniˈɔgrəfi] 颅形学

craniolacunia [ˌkreiniələˈkjuːniə] (*cranio-* + L. *lacuna* a hollow + *-ia*) 颅顶骨内面凹陷

craniology [ˌkreiniˈɔlədʒi] (*cranio-* + *-logy*) 颅骨学

craniomalacia [ˌkreiniəməˈleiʃə] (*cranio-* + Gr. *malakia* softness) 颅骨软化

craniomeningocele [ˌkreiniəməˈningəsiːl] 颅部脑膜膨出

craniometer [ˌkreiniˈɔmitə] (*cranio-* + Gr. *metron* measure) 颅测量器

craniometric [ˌkreiniˈɔmitrik] (*cranio-* + Gr. *metrein* to measure) 颅测量法(术)

craniopagus [ˌkreiniˈɔpəgəs] (*cranio-* + Gr. *pagos* a thing fixed) 颅部联胎
　c. **occipitalis** 枕颅联胎
　c. **parasiticus** 颅部寄生头联胎
　c. **parietalis** 顶颅联胎

craniopathy [ˌkreiniˈɔpəθi] (*cranio-* + Gr. *pathos* disease) 颅病
　metabolic c. 代谢性颅病

craniopharyngeal [ˌkreiniəfəˈrindʒiəl] 颅咽的

craniopharyngioma [ˌkreiniəfəˌrindʒiˈəumə] 颅咽管瘤

craniophore [ˈkræniəfɔː] (*cranio-* + Gr. *phoros* bearing) 颅位保持器

cranioplasty [ˈkreiniəˌplæsti] (*cranio-* + Gr. *plassein* to mold) 颅成形术

craniopuncture [ˈkreiniəˌpʌŋktʃə] (*cranio-* + *puncture*) 颅穿刺术

craniorachischisis [ˌkreiniərəˈkiskisis] (*cranio-* + Gr. *rhachis* spine + *schisis* fissure) 颅脊柱裂(畸形)

craniosacral [ˌkreiniəˈsækrəl] ❶颅骶的; ❷副交感神经的

cranioschisis [ˌkreiniˈɔskisis] (*cranio-* + Gr. *schisis* fissure) 颅裂(畸形)

craniosclerosis [ˌkreiniəskləˈrəusis] (*cranio-* + Gr. *skleros* hard) 颅骨硬化

craniospinal [ˌkreiniəˈspainəl] 颅脊柱的

craniostenosis [ˌkreiniəstəˈnəusis] (*cranio-* + Gr. *stenōsis* narrowing) 颅狭小

craniostosis [ˌkreiniəsˈtəusis] (先天性)颅缝骨化

craniosynostosis [ˌkreiniəˌsinəsˈtəusis] (*cranio-* + *syn-* + Gr. *osteon* bone) 颅缝骨接合,颅缝早闭

craniotabes [ˌkreiniəˈteibiz] (*cranio-* + L. *tabes* a wasting) 颅骨软化

craniotome [ˈkreiniətəum] (*cranio-* + Gr. *tomē* a cutting) 开颅器

craniotomy [ˌkreiniˈɔtəmi] (*cranio-* + *tomē* a cut) 颅骨切开术

craniotopography [ˌkreiniətəˈpɔgrəfi] (*cranio-* + *topography*) 颅脑局部解剖学

craniotrypesis [ˌkreiniətraiˈpiːsis] (*cranio-* + Gr. *trypēsis* a piercing) 颅骨环锯术

craniotympanic [ˌkreiniətimˈpænik] 颅鼓室的

cranitis [kreiˈnaitis] 颅骨炎

cranium [ˈkreiniəm] (pl. *crania*) (L., from Gr. *kranion* the upper part of the head) (NA) 颅
　c. **bifidum** 颅裂(畸形)
　c. **bifidum occultum** 隐性颅裂
　cerebral c., c. cerebrale 脑颅
　visceral c., c. viscerale 面骨

crank [kræŋk] ❶病人; ❷幻想家,畸人

crapulent [ˈkræpjulənt] (L. *crapulentus* drunken) 酗酒的,暴饮暴食的

craseology [krəˈsɔlədʒi] ❶气质论,体质论; ❷液体混合论

crassamentum [ˌkræsəˈmentəm] (L.) 凝块,血块

Crast. (L. *crastinus* 的缩写) 明日

crater [ˈkreitə] 火山口,喷火口

crateriform [krəˈterifɔːm] (L. *crater* bowl + *forma* shape) 杯状的,火山口状的

craterization [ˌkrætəriˈzeiʃən] 火山口状切除

cravat [krəˈvæt] (Fr. *cravate*) 三角巾绷带

craw-craw [ˈkrɔːkrɔː] 科罗病,盘尾丝虫病

crazing ['kreiziŋ] 牙面裂纹
cream [kri:m] ❶ 乳膏,霜; ❷ 制药中指水包油或油包水的半固体乳剂
   cold c. 冷霜,冷膏
   dienestrol c. (USP) 己二烯雌酚乳膏
   leukocytic c. 白细胞层,血沉黄层
   Moynihan's c. 莫伊尼汉氏乳膏
   c. of tartar 酒石
Creamalin ['kri:məlin] 克利姆林:氢氧化铝凝胶制剂的商品名
crease [kri:s] 褶痕,皱褶(解剖学名词)
   ear lobe c. 耳垂褶
   flexion c., palmar c. 掌褶,屈褶
   simian c. 猿褶
creasote ['kriəsəut] 木馏油,杂酚油
creatine ['kriətin] (Gr. *kreas* flesh) 肌酸
   c. phosphate 磷酸肌酸
creatine kinase ['kriətin 'kineis] (EC 2.7.3.2) 肌酸激酶
creatinemia [ˌkriəti'ni:miə] 肌酸血(症)
creatine phosphokinase ['kriətin ˌfɔsfə'kineis] 肌酸磷酸激酶
creatinine [kri'ætinin] 肌酐
creatinuria [kriˌæti'njuəriə] 肌酸尿
creatorrhea [ˌkriətə'ri:ə] (Gr. *kreas* flesh + *rhoia* flow) 肉质下泄
creatotoxism [ˌkriətə'tɔksizəm] 肉中毒
creatoxicon [kriə'tɔksikən] 肉毒质
creatoxin [ˌkriə'tɔksin] 肉毒素,尸碱
crebruria [kri'bruriə] 小便频繁,排尿频繁
crèche [kreʃ] (Fr.) (日托)托儿所
Credé's method [krə'deiz] (Karl Sigmund Franz *Credé*, German gynecologist, 1819-1892) 克雷毛氏法
creep [kri:p] ❶ 蠕变; ❷ 塑性变形
CREG (cross-reactive group 的缩写) 交叉反应型(组)
cremaster [kri'mɑ:stə] (L.; Gr. *kremasthai* to suspend) 提睾肌
   internal c. of Henle 内提睾肌
cremasteric [ˌkrimæs'terik] 提睾肌的
cremation [kri'meiʃən] (L. *crematio* a burning) 火葬
crematorium [ˌkremə'tɔ:riəm] 火葬场
cremor ['kri:mə] (L.) ❶ 乳油,乳皮; ❷ 乳膏
   c. tartari ("cream of tartar") 酒石,酒石酸氢钾

crena ['kri:nə] (pl. *crenae*) (L. "notch," from *crenare* to split) ❶ 裂,裂隙; ❷ 切迹
   c. ani (NA) 肛裂
   c. clunium 臀裂
   c. cordis 心切迹,前室间沟
crenate ['kri:neit] (L. *crenatus*) 钝锯齿形的,扇形的;切迹状的,有小裂口的(叶缘)
crenated [krə'neitid] 钝锯齿形的,切迹状的
crenation [krə'neiʃən] 红细胞皱缩
crenilabrin [kreni'læbrin] 青鲈精蛋白
crenocyte ['krenəsait] 皱缩红细胞
crenocytosis [ˌkrenəsai'təusis] 皱缩红细胞症
crenulation [ˌkrenju'leiʃən] (红细胞)皱缩
creophagism [kri'ɔfədʒizəm] (Gr. *kreas* flesh + *phagein* to eat) 肉食
creophagy [kri'ɔfədʒi] 肉食
creosol ['kriəsɔl] (*creosote* + L. *oleum* oil) 甲氧甲酚,木溜油酚
creosote ['kriəsəut] 木溜油,杂酚油
   c. carbonate 碳酯木馏油
creotoxin [ˌkriə'tɔksin] 肉毒素
creotoxism [ˌkriə'tɔksizəm] 肉中毒
crepitant ['krepitənt] (L. *crepitare* to rattle) 劈啪响的,爆裂声的
crepitation [ˌkrepi'teiʃən] (L. *crepitare* to crackle) ❶ 捻发音; ❷ 骨擦声
crepitus ['krepitəs] (L.) ❶ 肠排气,屁; ❷ 啤轧音; ❸ 捻发音
   articular c. 关节啤轧音
   bony c. 骨啤轧音,骨摩擦音
   false c. 假啤轧音,关节啤轧音
   c. indux (肺炎)渐重期啤轧水泡音,(肺炎)渐重期捻发音
   joint c. 关节啤轧音
   c. redux (肺炎)消退期捻发音
   silken c. 丝绸样啤轧音
crepuscular [kri'pʌskjulə] (L. *crepusculum* twilight) 黄昏的,朦胧的
crescent ['kresənt] (L. *crescens*) ❶ 新月形的; ❷ 新月形结构
   articular c. 关节半月板
   epithelial c. 上皮新月体

c's of Giannuzzi 新月形腺细胞
glomerular c. 肾小球半月体
gray c. 灰质新月体
malarial c's 疟原虫半月体
myopic c. 眼后葡萄肿,近视性圆锥
sublingual c. 舌下新月体
crescentic [kri'sentik] 新月形的
cresol ['kresɔl] 甲酚,煤酚
cresolphthalein [ˌkresɔl'θælein] 甲酚酞
cresorcin [kri'sɔːsin] 2,7-二甲基萤光黄
cresorcinol [kri'sɔːsinɔl] 2,7-二甲基萤光黄
cresoxydiol [kiˌsɔksi'daiɔl] 哢酚生,甲苯丙醇
cresoxypropanediol [kriˌsɔksiprə'peindiəl] 哢酚生,甲苯丙醇
crest [krest] (L. *crista*) 嵴,突出物,突出结构
　acoustic c. 听嵴,壶腹嵴
　acusticofacial c. 听面神经嵴
　ampullar c., ampullary c. 壶腹嵴
　anterior c. of fibula 腓前嵴
　anterior c. of tibia 胫前嵴
　arcuate c. of arytenoid cartilage 构状软骨弓形嵴
　basilar c. 基底嵴
　basilar c. of occipital bone 枕骨基底嵴
　buccinator c. 颊肌嵴
　cerebral c's of cranial bone 颅骨大脑嵴
　c. of cochlear window 蜗窗嵴
　conchal c. of maxilla 上颌骨鼻甲嵴
　conchal c. of palatine bone 腭骨鼻甲嵴
　deltoid c. 三角嵴,肱骨三角肌粗隆
　dental c. 齿嵴
　ethmoid c. of maxilla 上颌骨鼻甲嵴
　ethmoid c. of palatine bone 腭骨筛骨嵴
　femoral c. 股骨嵴
　fimbriated c. 伞嵴
　frontal c., external 外额嵴
　frontal c., internal 内额嵴
　gingival c. 龈嵴
　glandular c. of larynx 喉腺嵴
　gluteal c. 臀嵴
　c. of greater tubercle of humerus 肱骨大结节嵴
　c. of hypotrochanteric fossa 股骨臀肌粗隆
　iliac c. 髂嵴
　iliopectineal c. of iliac bone (髂骨)髂耻嵴
　iliopectineal c. of pelvis 骨盆髂耻线
　iliopectineal c. of pubis 耻骨髂耻线
　c. of ilium 髂嵴
　infratemporal c. 颞下嵴
　infundibuloventricular c. 漏斗室嵴
　inguinal c. 腹股沟嵴
　interosseous c. of fibula 腓骨骨间嵴
　interosseous c. of radius 桡骨骨间嵴
　interosseous c. of tibia 胫骨骨间嵴
　interosseous c. of ulna 尺骨骨间嵴
　intertrochanteric c. 转子间嵴
　intertrochanteric c., anterior 前转子间嵴
　jugular c. of greater wing of sphenoid bone 大翼颧缘
　lacrimal c., anterior 泪前嵴
　lacrimal c., posterior 泪后嵴
　c. of larger tubercle 大结节嵴
　lateral c. of fibula 腓骨外侧嵴
　c. of lesser tubercle 小结节嵴
　c. of little head of rib 肋骨小头嵴
　malar c. of greater wing of sphenoid bone 蝶骨大翼颧嵴
　c. of matrix of nail 甲床嵴
　medial c. of fibula 腓骨内侧嵴
　mental c., external 外颏嵴
　mitochondrial c's 线粒体嵴
　nasal c. of maxilla 上颌骨鼻嵴
　nasal c. of palatine bone 腭骨鼻嵴
　c. of neck of rib 肋颈嵴
　neural c. 神经管嵴
　obturator c. (anterior) (前)闭孔嵴
　occipital c., external 枕外嵴
　occipital c., internal 枕内嵴
　orbital c. 眶嵴
　palatine c., c. of palatine bone 腭嵴
　pectineal c. of femur 股骨耻骨嵴
　pharyngeal c. of occipital bone 枕骨咽嵴,咽结节
　pubic c., c. of pubis 耻骨嵴
　radial c. 桡骨嵴,桡骨骨间缘
　rough c. of femur 股骨粗线
　sacral c. 骶嵴
　sacral c., articular 骶关节嵴
　sacral c., external 骶外侧嵴
　sacral c., intermediate 骶中间嵴

sacral c., lateral 骶外侧嵴
sacral c., medial 骶中嵴
seminal c., 精阜
c. of smaller tubercle 小结节嵴
sphenoidal c. 蝶骨嵴
spinal c. of Rauber 脊椎棘突
c. of spinous processes of sacrum 骶中嵴
spiral c. 螺旋嵴
spiral c. of cochlea 耳蜗螺旋嵴
supinator c., c. of supinator muscle 旋后肌嵴
supracondylar c. of humerus, lateral 肱骨外侧髁上嵴
supracondylar c. of humerus, medial 肱骨内侧髁上嵴
supramastoid c. 乳突上嵴
supraventricular c. 室上嵴
temporal c. of frontal bone 额骨颞嵴
terminal c. of right atrium 右心房界嵴
tribial c. 胫骨嵴
transverse c. of internal auditory meatus 内耳道横嵴
trigeminal c. 三叉神经嵴
turbinal c. of maxilla, inferior 上颌骨鼻甲嵴
turbinal c. of maxilla, superior 上颌骨筛骨嵴
turbinal c. of palatine bone, inferior 腭骨鼻甲嵴
turbinal c. of palatine bone, superior 腭骨筛骨嵴
ulnar c. 尺骨嵴
urethral c., female 女性尿道嵴
urethral c., male 男性尿道嵴
c. of vestibule 前庭嵴
zygomatic c. of greater wing of sphenoid bone 大翼颧缘

crestomycin sulfate [ˌkrestə'maisin] 硫酸巴龙霉素

cresylic acid [kri'silik] 甲苯基酸,混合甲苯酚

cretin ['kretin] (Fr.) 克汀病者

cretinism ['kretinizəm] 克汀病,呆小病
athyreotic c. 甲状腺机能缺失性克汀病
endemic c. 地方性克汀病
goitrous c. 甲状腺肿克汀病
spontaneous c, sporadic c. 自发性克汀病,散发性克汀病

sporadic goitrous c. 散发性甲状腺肿克汀病
sporadic nongoitrous c. 散发性非甲状腺肿克汀病,甲状腺机能缺失性克汀病

cretinistic [ˌkreti'nistik] 克汀病的
cretinoid ['kretinɔid] ❶ 像克汀病(患克汀病的)者的;❷ 克汀病样的
cretinous ['kretinəs] 患克汀病的
Creutzfeldt-Jakob disease ['krɔtsfelt 'jɑ:kəup] (Hans Gerhard *Greutzfeldt*, German psychiatrist, 1885-1964; Alfons Maria *Jakob*, German psychiatrist, 1884-1931) 克-雅二氏病
crevice ['krevis] (Fr. *crever* to split) 缝,纵,裂
gingival c. 龈缝,龈下隙
crevicular [krə'vikjulə] 缝的
CRH (corticotropin-releasing hormone 的缩写) 促皮质素释放激素
crib [krib] ❶ 槽;❷ 正牙器之活动抗基;❸ 阻断怪癖正牙器
clinical c. 婴儿栏床
Jackson c. 杰克森正牙器
cribbing ['kribiŋ] 马咬秣槽
cribra ['kribrə] (L.) 筛骨筛板
cribral ['kribrəl] (筛骨)筛板的,筛状结构的
cribrate ['kribreit] (L. *cribratus*) 筛状的,多孔的
cribration [krib'reiʃən] ❶ 多孔性;❷ 过筛
cribriform ['kribrifɔ:m] (*cribrum* + L. *forma* form) 筛状的,多孔的
cribrum ['kribrəm] (pl. *cribra*) (L. "sieve") (筛骨)筛板
cribra orbitalia of Welcker 威克尔眶筛
Cricetulus [kri'setjuləs] 田鼠属
Cricetus [kri'si:təs] 田鼠属
Crichton-Browne's sign ['kriktənbraunz] (Sir James *Crichton-Browne*, Scottish physician, 1840-1938) 克雷顿-布朗氏征
Crick [krik] 克里科:英国生物学家,获1962年诺贝尔医学生理学奖
cricoarytenoid [ˌkrikəˌɑ:ri'ti:nɔid] 环杓软骨的
cricoid ['krikɔid] (Gr. *krikos* ring + *eidos* form) ❶ 环状的;❷ 环状软骨
cricoidectomy [ˌkrikɔi'dektəmi] 环状软骨

切除术

cricoidynia [ˌkrikɔiˈdainiə] (Gr. *krikos* ring + *odyne* pain) 环状软骨痛

cricopharyngeal [ˌkrikəfəˈrindʒiəl] 环咽的

cricothyreotomy [ˌkrikəθairiˈɔtəmi] (Gr. *krikos* ring + *thyreos* shield + *tome* a cutting) 环甲软骨切开术

cricothyroid [ˌkrikəˈθairɔid] 环甲软骨的

cricothyroidotomy [ˌkrikəˌθairɔiˈdɔtəmi] 环甲膜切开术

cricothyrotomy [ˌkrikəθaiˈrɔtəmi] 环甲膜切开术

cricotomy [kriˈkɔtəmi] (Gr. *krikos* ring + *tome* a cutting) 环状软骨切开术

cricotracheotomy [ˌkrikəˌtreikiˈɔtəmi] 环状软骨气管切开术

Crigler-Najjar syndrome [ˈkriglə ˈnɑːdʒɑː] (John Fielding *Crigler*, Jr., American pediatrician, born 1919; Victor Assad *Najjar*, Lebanese-born American microbiologist, born 1914) 克-纳二氏综合征

criminology [ˌkrimiˈnɔlədʒi] (L. *crimen* crime + *-logy*) 犯罪学

criminosis [ˌkrimiˈnəusis] 犯罪精神病

crines [ˈkriniz] (L.) 毛,发

crinis [ˈkrinis] (L.) (pl. *crines*) 毛,发

crinophagy [kriˈnɔfədʒi] (Gr. *krinein* to separate + *phagein* to eat) 胞内分泌吞噬

crinosity [kriˈnɔsiti] 多毛,多发

cripple [kripl] 跛者,残疾者,残废者

Crinum [ˈkrinəm] 文殊兰属

crisis [ˈkraisis] (pl. *crises*) (L. Gr. *krisis*) ❶ 疾病好坏的转折点; ❷ 危象

   addisonian c., adrenal c. 阿狄生病危象,肾上腺皮质危象
   anaphylactoid c. 类过敏性危象
   aplastic c. 再生障碍性危象
   blast c. 原始细胞危象
   bronchial c. 支气管危象
   cardiac c. 心危象
   catathymic c. 激情危象
   celiac c. 腹危象,粥样泻危象
   cholinergic c. 胆碱能危象
   clitoris c. 阴蒂危象
   deglobulinization c. 去球蛋白危象
   Dietl's c. 狄亚特危象
   false c. 假(热度)骤退,假极期
   febrile c. 热危象
   gastric c. 胃危象
   genital c. of newborn 新生儿生殖器危象
   glaucomatocyclitic c. 青光眼睫状体炎危象
   hemolytic c. 溶血危象
   hepatic c. 肝危象
   hypertensive c. 高血压危象
   identity c. (个人)同一性危机
   intestinal c. 肠危象
   laryngeal c. 喉危象
   myasthenic c. 肌无力危象
   nefast c. 实验性螺旋体病危象
   nephralgic c. 肾痛危象
   ocular c. 眼危象
   oculogyric c. 动眼神经危象
   parkinsonian c. 帕金森病危象
   Pel's crises 皮尔危象
   pharyngeal c. 咽危象
   rectal c. 直肠危象
   renal c. 肾危象
   salt-depletion c. 缺盐危象,缺盐综合征
   salt-losing c. 失盐危象
   tabetic c. 脊髓痨危象
   thoracic c. 胸危象
   thyroid c., thyrotoxic c. 甲状腺中毒危象
   vaso-occlusive c. 血管闭塞危象
   vesical c. 膀胱危象

crispation [krisˈpeiʃən] (L. *crispare* to curl) 卷缩,短缩

crista [ˈkristə] (pl. *cristae*) (L.) (NA) 嵴

   c. acustica 壶腹嵴
   c. ampullaris (NA) 壶腹嵴
   c. anterior fibulae 腓骨前嵴,腓骨前缘
   c. anterior tibiae 胫骨前嵴,胫骨前缘
   c. arcuata cartilaginis arytenoideae (NA) 构状软骨弓形嵴
   c. basilaris ductus cochlearis (NA) 蜗管基底嵴
   c. buccinatoria 颊肌嵴
   c. capitis costae (NA), c. capituli costae 肋骨小头嵴
   c. colli costae (NA) 肋颈嵴
   c. conchalis maxillae (NA) 上颌骨鼻甲嵴

c. **conchalis ossis palatini** (NA) 腭骨鼻甲嵴
cristae cutis (NA) 皮嵴
c. **dividens** 分嵴, 卵圆孔缘
c. **ethmoidalis maxillae** (NA) 上颌骨筛骨嵴
c. **ethmoidalis ossis palatini** (NA) 腭骨筛骨嵴
c. **falciformis** 横嵴
c. **femoris** 股骨嵴, 股骨粗隆
c. **fenestrae cochleae** (NA) 蜗窗嵴
c. **frontalis** (NA) 额嵴
c. **galli** (NA) 鸡冠
c. **helicis** 耳轮嵴, 耳轮脚
c. **iliaca** (NA), c. **ilii** 髂嵴
c. **infratemporalis** (NA) 颞下嵴
c. **interossea fibulae** 腓骨骨间嵴(缘)
c. **interossea radii** 桡骨骨间嵴(缘)
c. **interossea tibiae** 胫骨骨间嵴(缘)
c. **interossea ulnae** 尺骨骨间嵴(缘)
c. **intertrochanterica** (NA) 转子间嵴
c. **lacrimalis anterior** (NA) 泪前嵴
c. **lacrimalis posterior** (NA) 泪后嵴
c. **lateralis fibulae** 腓骨外侧嵴(缘)
c. **marginalis** (NA) 边缘嵴
c. **matricis unguis** (NA) 甲床嵴
c. **medialis fibulae** (NA) 腓骨内侧嵴
mitochondrial cristae, cristae mitochondriales 线粒体嵴
c. **musculi supinatoris** (NA) 旋后肌嵴
c. **nasalis maxillae** (NA) 上颌骨鼻嵴
c. **nasalis ossis palatini** (NA) 腭骨鼻嵴
c. **obturatoria** (NA) 闭孔嵴
c. **occipitalis externa** (NA) 枕外嵴
c. **occipitalis interna** (NA) 枕内嵴
c. **palatina** (NA) 腭嵴
c. **pubica** (NA) 耻骨嵴
cristae sacrales articulares 骶关节嵴
c. **sacralis intermedia** (NA) 骶中嵴
c. **sacralis lateralis** (NA) 骶外侧嵴
c. **sacralis media, c. sacralis mediana** (NA) 骶中嵴
c. **sphenoidalis** (NA) 蝶骨嵴
c. **spiralis** 螺旋嵴
c. **spiralis cochleae** (NA) 耳蜗螺旋嵴
c. **supracondylaris lateralis humeri** (NA) 肱骨外侧髁上嵴
c. **supracondylaris medialis humeri** (NA) 肱骨内侧髁上嵴
c. **supramastoidea** (NA) 乳突上嵴
c. **supraventricularis** (NA) 室上嵴
c. **temporalis** 颞嵴
c. **temporalis mandibulae** (NA) 下颌骨颞嵴
c. **terminalis atrii dextri** (NA) 右心房界嵴
c. **transversa** (NA) 横嵴
c. **transversalis** (NA) (牙)横嵴
c. **triangularis** (NA) 三角嵴
c. **tuberculi majoris** (NA) 大结节嵴
c. **tuberculi minoris** (NA) 小结节嵴
c. **tympanica** 鼓嵴
c. **ulnae** 尺骨嵴
c. **urethralis femininae** (NA) 女性尿道嵴
c. **urethralis masculinae** (NA) 男性尿道嵴
c. **urethralis muliebris** 女性尿道嵴
c. **urethralis virilis** 男性尿道嵴
c. **vestibuli** (NA) 前庭嵴
cristae ['kristi:] (L.) 嵴。crista 的复数形式
cristal ['kristəl] 嵴的
cristobalite [kris'tɔbəlait] 白硅石
criterion [krai'tiəriən] (Gr. *kritērion* a means for judging) 标准
crith [kriθ] (Gr. *krithē* barleycorn, the smallest weight) 克瑞; 气体重量单位
Crithidia [kri'θaidiə] (Gr. *krithē* barleycorn) 短膜虫属
crithidia [kri'θaidiə] ❶ 短膜虫; ❷ 表鞭毛虫
crithidial [kri'θaidiəl] ❶ 短膜虫属的; ❷ 短膜虫属某些锥虫之形态发育的阶段
critical ['kritikəl] ❶ 危象的, 危象性的; ❷ 疾病的或其他有死亡危险的病理状况; ❸ 临界的
CRI (crown-rump length 的缩写) (婴儿)臀上躯干长度
CRM (cross-reacting material 的缩写) 交叉反应物质
CRNA (Certified Registered Nurse Anesthetist 的缩写) 有证注册护士麻醉师
cRNA (complementary RNA 的缩写) 互补核糖核酸
crocein [krəu'sein] 藏花精

crocidismus [ˌkrɔsi'dizməs] (Gr. *krokē* a tuft of wool) 摸索,摸空,捉空摸床

crocidolite [krə'sidəlait] (矿)青石棉

crofilcon A [krə'filkən] 聚酰胺光学纤维 A

Crohn's disease [krəunz] (Burrill Bernard *Crohn*, American physician, 1884-1983) 克朗氏病

cromoglycate [ˌkrəmə'glikeit] 色甘酸盐

cromoglycic acid [ˌkrəmə'glisik] (BAN) 色甘酸

cromolyn ['krɔməlin] 色甘酸
  c. sodium (USP) 色甘酸钠

Cronin method ['krɔnin] (Thomas Dillon *Cronin*, American plastic surgeon, born 1906) 克朗尼方法

Cronkhite-Canada syndrome ['krɔŋkit 'kænədə] (Leonard Wolsey *Cronkhite*, Jr., American internist, born 1919; Wilma Jeanne *Canada*, American radiologist, 20th century) 克-伽二氏综合征

Crooke's changes [kruks] (Arthur Carleton *Crooke*, British pathologist, born 1905) 哥鲁克变化

Crookes' space [kruks] (Sir William *Crookes*, English physicist, 1832-1919) 哥鲁克斯间隙

crop [krɔp] 嗉囊

cropropamide [krə'prɔpəmaid] 巴酰丙酰胺

Cross syndrome [krɔs] (Harold Eugene *Cross*, American physician, born 1937) 克劳斯综合征

Cross-Mckusick-Breen syndrome [krɔs mə'kjusik bri:n] (H. E. *Cross*; Victor Almon *Mckusick*, American genticist, born 1921; William *Breen*, American physician, born 1930) 克-麦-布三氏综合征

cross [krɔs] ❶ 十字,十字形;❷ 杂种,杂交
  phage c. ① 噬菌体杂种;② 噬菌体杂交体
  Ranvier's c's 郎飞十字
  silver c's 银十字
  two-factor c. 二因子杂交
  yellow c. 黄十字

crossbite ['krɔsbait] 反,反咬合
  anterior c. 前反
  buccal c. 颊反
  lingual c. 舌反
  posterior c. 后反
  scissors-bite c., telescoping c. 剪式反,套叠式反

crossbreeding ['krɔsbri:diŋ] 杂交繁育

cross-bridges [krɔs'bridʒiz] 横桥,交联桥

crossed [krɔst] 交叉的,十字形的

cross-eye ['krɔsai] 内斜视

crossfoot ['krɔsfut] 内翻足

crossing over ['krɔsiŋ 'əuvə] 交换

crossmatch ['krɔsmætʃ] ❶ 交叉配血;❷ 器官移植前交叉配型,HLA 配型

crossmatching [krɔs'mætʃiŋ] 交叉配血

crossover ['krɔsəuvə] ❶ 交换;❷ 交叉型,交叉组

cross-reactivation [ˌkrɔsriːækti'veiʃən] 交叉再活化

cross-reactivity [ˌkrɔsriæk'tiviti] 交叉反应度

cross-resistance [ˌkrɔsri'zistəns] 交叉耐药性

cross-sensitization [krɔsˌsensiti'zeiʃən] 交叉致敏作用

crosstalk ['krɔstɔːk] (仪器的)交叉感知

crossway ['krɔswei] ❶ 交叉路;❷ 交叉

crotalid ['krɔtəlid] ❶ 颊窝毒蛇;❷ 响尾蛇科的

Crotalidae [krə'tælidiː] 颊窝毒蛇,响属蛇

crotaline ['krɔtəlin] 颊窝毒蛇,响属蛇的

crotalism ['krɔtəlizəm] 野百合病

crotalotoxin [ˌkrɔtələ'tɔksin] 响尾蛇毒素

Crotalus ['krɔtələs] (L. from Gr. *krotalon* rattle) 响尾蛇属

crotamine ['krɔtəmin] 响尾蛇胺

crotamiton [ˌkrɔtə'maitən] (USP) 克罗他米通,优乐散

crotaphion [krə'tæfiən] (Gr. *krotaphos* the temple) 蝶骨大翼尖点

crotethamide [krɔ'teθəmaid] 巴酰乙酰胺

crotin ['krɔtin] 巴豆毒素

Croton ['krɔtən] (L.; Gr. *krotōn* tick) 巴豆属

crotonic acid [krə'tɔnik] 巴豆酸

crotonism ['krɔtənizəm] 巴豆中毒

crotoxin [krɔ'tɔksin] 响尾蛇毒素

croup [kru:p] 格鲁布,哮吼
  catarrhal c. 卡他性格鲁布

diphtheritic c. 白喉性哮吼
false c. 假性格鲁布,喘鸣性喉痉挛
  membranous c., pseudomembranous c. 膜性格鲁布,假膜性格鲁布
  spasmodic c. 痉挛性格鲁布,喘鸣性喉痉挛

croupous ['kru:pəs] ❶ 格鲁布性的;❷ 有格鲁布样渗出物的

croupy ['kru:pi] 格鲁布性的,哮吼性的

Crouzon's disease [kru:'zɔnz] (Octave Crouzon, French neurologist, 1874-1938) 哥鲁丛病

Crow-Fukase syndrome [krəu fu:'ka:si] (R. S. Crow, Brithish physician, 20th century; Masaichi Fukase, Japanese physician, 20th century) 克-福二氏综合征

crowding ['kraudiŋ] 牙列拥挤

crown ['kraun] (L. corona) ❶ 冠;❷ 人造牙冠
  anatomical c. 解剖性冠
  artificial c. 人造冠
  basket c. 篮冠
  bell c. 钟状冠
  Bonwill c. 鲍威尔冠,桩冠
  cap c. 帽冠
  celluloid c. 赛璐珞冠
  ciiliary c. 睫状冠
  clinical c. 临床冠
  collar c. 颈圈冠
  complete c. 全冠
  dental c. 牙冠
  dowel c. 桩冠
  extra-alveolar c. 牙槽外冠
  full c., full veneer c. 全冠,全罩冠
  half-cap c. 半帽冠
  jacket c. 甲冠
  open-face c. 露面冠,半帽冠
  overlay c. 高嵌冠
  physiological c. 生理性冠
  pinledge c. 牙棚钉冠
  Richmond c. 颈圈冠
  shell c. 壳冠,帽冠
  three-quarter c. 四分之三冠,部分罩冠
  veneer c., complete 全罩冠,开面冠
  veneer c., full 全罩冠,全冠
  veneer c., partial 部分罩冠,四分之三罩冠
  veneered c. 罩冠
  window c. 开面冠,罩冠

crowning ['krauniŋ] 胎儿头出露(分娩)

Crozat appliance ['krɔzæt] (George B. Crozat, American dentist, born 1876) 克罗扎特矫正器

crozat ['krɔzæt] (G. B. Crozat) 克罗扎特矫正器

CRP (C-reactive protein 的缩写) C 反应蛋白

CRS (Chinese restaurant syndrome 的缩写) 中国餐馆综合征

cruces ['kru:siz] (L.) 十字,十字形。crux 的复数形式

crucial ['kru:ʃəl] (L. crucialis) 严重的,严格的,决断的

cruciate ['kru:ʃieit] 十字形的

crucible ['kru:sibl] 坩埚

cruciform ['kru:sifɔ:m] (crux + L. forma form) 十字形的

crude [kru:d] (L. crudus raw) ❶ 生的;❷ 粗制的

crufomate ['kru:fəmeit] 克芦磷脂

cruor ['kruə:] (pl. cruores) (L.) 血块

crura ['kru:rə] 小腿,脚。crus 的复数形式

crural ['kru:rəl] 小腿的,小腿样结构的

crureus kru'riəs 股间肌

crus [krʌs] (pl. crura) (L.)(NA) ❶ 小腿;❷ 脚
  c. I 上半月叶(小脑的一部分)
  c. II 下半月叶(小脑的一部分)
  ampullary crura of semicircular duct 半规管壶腹脚
  ampullary osseous crura 壶腹脚骨
  anterior c. of anterior inguinal ring 腹股沟皮下环内侧脚
  anterior c. of internal capsule 内囊前脚
  anterior c. of stapes 镫骨前脚
  c. anterius capsulae internae (NA) 内囊前脚
  c. anterius stapedis (NA) 镫骨前脚
  crura anthelicis (NA), **crura of anthelix** 对耳轮脚
  c. breve incudis (NA) 砧骨短脚
  c. cerebri ① 大脑脚;② 大脑脚底
  c. clitoridis (NA), **c. of clitoris** 阴蒂脚
  common membranous c. of semicircular duct 半规管膜总脚

common osseous c. 骨半规管总脚
c. commune canalis semicircularis 骨半规管总脚
c. dextrum diaphragmatis (NA) 膈肌右脚
c. dextrum fasciculi atrioventricularis (NA) 房室束右脚,房室束右支
crura of diaphragm, crura diaphragmatis 膈(肌)脚
c. of diaphragm, left 膈肌左脚
c. of diaphragm, right 膈肌右脚
external c. of anterior inguinal ring 腹股沟管皮下环外侧脚
c. fornicis (NA), c. of fornix 穹窿脚
c. glandis clitoridis 阴蒂系带
c. helicis (NA), c. of helix 耳轮脚
c. inferius annuli inguinalis subcutanei 腹股沟管皮下环外侧脚
internal c. of anterior inguinal ring 腹股沟管皮下环内侧脚
internal c. of greater alar cartilage 鼻翼大软骨内侧脚
lateral c. of greater alar cartilage 鼻翼大软骨外侧脚
lateral c. of superficial inguinal ring 腹股沟管皮下环外侧脚
c. laterale anuli inguinalis superficialis (NA) 腹股沟管皮下环外侧脚
c. laterale cartilaginis alaris majoris (NA) 鼻翼大软骨外侧脚
long c. of incus 砧骨长脚
c. longum incudis (NA) 砧骨长脚
medial c. of external inguinal ring 腹股沟反转韧带
medial c. of greater alar cartilage 鼻翼大软骨内侧脚
medial c. of superficial inguinal ring 腹股沟管皮下环内侧脚
c. mediale annuli inguinalis superficialis (NA) 腹股沟管皮下环内侧脚
c. mediale cartilaginis alaris majoris (NA) 鼻翼大软骨内侧脚
crura membranacea (NA) 膜(迷路)脚
crura membranacea ampullaria ductus semicirculares (NA) 半规管膜(迷路)壶腹脚
c. membranaceum commune ductus semicircularis (NA) 半规管膜(迷路)总脚
c. membranaceum simplex ductus semicircularis (NA) 半规管膜(迷路)单脚
membranous crura 膜(迷路)脚
crura ossea (NA) 骨半规管脚
crura ossea ampullaria (NA) 骨壶腹脚
osseous crura 骨半规管脚
c. osseum commune (NA) 骨半规管总脚
c. osseum simplex (NA) 骨半规管单脚
c. penis (NA), c. of penis 阴茎海绵体脚
posterior c. of anterior inguinal ring 腹股沟管皮下环外侧脚
posterior c. of internal capsule 内囊后脚
posterior c. of stapes 镫骨后脚
c. posterius capsulae internae (NA) 内囊后脚
c. posterius stapedis (NA) 镫骨后脚
short c. of incus 砧骨短脚
simple membranous c. of semicircular duct 半规管膜(迷路)单脚
simple osseous c. 骨半规管单脚
c. simplex canalis semicircularis 骨半规管单脚
c. sinistrum diaphragmatis (NA) 膈肌左脚
c. sinistrum fasciculi atrioventricularis (NA) 房室束左脚
superior c. of cerebellum 小脑上脚
superior c. of subcutaneous inguinal ring 腹股沟管皮下环内侧脚
c. superius annuli inguinalis subcutanei 腹股沟管皮下环内侧脚
crust [krʌst] (L. *crusta*) 痂,壳
milk c. 乳痂
crusta ['krustɑ] (pl. *crustae*) (L.) 痂,壳
c. lactea 乳痂
Crustacea [krəs'teiʃiə] (L. from *crusta* shell) 甲壳纲
crustaceorubin [krəsˌteiʃiə'ru:bin] 甲壳红素
crustae ['krʌsti:] (L.) 痂的,壳的
crustosus [krəs'təusəs] (L.) 结痂的
crutch [krʌtʃ] 拐杖,支架
axillary c. 腋下拐杖
Canadian c. 加拿大拐杖
forearm c. 上臂拐杖
Lofstrand c. 洛弗氏拐杖
triceps c. 三头拐杖

Crutchfield tongs ['krʌtʃfiːld] (William Gayle *Crutchfield*, American neurosurgeon, born 1900) 克鲁兹弗尔德钳

Cruveilhier's atrophy [kruːveilˈjeiz] (Jean *Cruveilhier*, French pathologist, 1791-1874) 克鲁弗黑尔氏萎缩

Cruveilhier-Baumgarten syndrome [kruːveilˈjei ˈbɔːmɡɑːtən] (Jean *Cruveilhier*; Paul Clemens von *Baumgarten*, German pathologist, 1848-1928) 克-鲍二氏综合征

crux [krʌks] (pl. *cruces*) (NA) 十字
  c. of heart 心十字,房室交叉
  cruces pilorum (NA) 毛十字

cry [krai] ❶ 喊声; ❷ 喊叫,发出喊声; ❸ 哭泣
  arthritic c., articular c. 关节病夜叫
  cephalic c. 新生儿尖叫
  epileptic c. 癫痫性喊叫
  joint c. 关节病夜叫
  night c. (关节病)夜叫

cryalgesia [ˌkraiəlˈdʒiːziə] (*cryo-* + Gr. *algēsis* pain) 冷痛觉

cryanesthesia [ˌkraiænisˈθiːziə] (*cryo-* + *anesthesia*) 冷觉过敏

Cryer's elevator [ˈkraiəz] (Matthew Henry *Cryer*, American surgeon, 1840-1921) 克里厄牙挺(三角牙根挺)

cryesthesia [ˌkraiəsˈθiːziə] (*cryo-* + Gr. *aisthēsis* perception) 冷觉过敏

crym(o)- (Gr. *krymos* frost) 冷,寒冷

crymodynia [ˌkraiməˈdainiə] (*crymo-* + Gr. *odynē* pain) 痛

crymophilic [ˌkraiməˈfilik] 嗜冷的

crymophylactic [ˌkraiməfəˈlæktik] 抗冷的

crymotherapy [ˌkraiməˈθerəpi] 冷冻疗法

cry(o)- (Gr. *kryos* cold) 冷,冻,低温

cryoablation [ˌkraiəæbˈleiʃən] (*cryo-* + *ablation*) 冷切除

cryoanalgesia [ˌkraiəænəlˈdʒiːziə] 冷止痛

cryoanesthesia [ˌkraiəænisˈθiːziə] (*cryo-* + *anesthesia*) 冷冻麻醉

cryobank [ˈkraiəbæŋk] 冷库

cryobiology [ˌkraiəbaiˈɔlədʒi] (*cryo-* + Gr. *bios* life + *-logy*) 低温生物学

cryocardioplegia [ˌkraiəˌkɑːdiəˈpliːdʒiə] (*cryo-* + *cardioplegia*) 低温心脏停止法

cryocautery [ˌkraiəˈkɔːtəri] (*cryo-* + *cautery*) ❶ 冷灼法,冻烙术; ❷ 冷烙器

cryoextraction [ˌkraiəiksˈtrækʃən] 冷冻(内障)摘出术

cryoextractor [ˌkraiəiksˈtræktə] (*cryo-* + *extractor*) 冷冻(内障)摘出器

cryofibrinogen [ˌkraiəfaiˈbrinədʒən] (*cryo-* + *fibrinogen*) 冷沉(淀)纤维蛋白原

cryogammaglobulin [ˌkraiəˌɡæməˈɡlɔbjulin] 冷沉淀 γ 球蛋白,冷沉淀球蛋白

cryogen [ˈkraiədʒən] (*cryo-* + Gr. *gennan* to produce) 冷冻剂

cryogenic [ˌkraiəˈdʒenik] 致冷的

cryoglobulin [ˌkraiəˈɡlɔbjulin] 冷沉淀球蛋白

cryoglobulinemia [ˌkraiəˌɡlɔbjuliˈniːmiə] 冷沉(淀)球蛋白血症

cryohydrate [ˌkraiəˈhaidreit] (*cryo-* + *hydrate*) 冰盐

cryohypophysectomy [ˌkraiəˌhaipɔfiˈzektəmi] 垂体冷凝破坏法

cryometer [kraiˈɔmitə] (*cryo-* + *meter*) 低温计

cryopathy [kraiˈɔpəθi] (*cryo-* + Gr. *pathos* disease) 寒冷病

cryophile [ˈkraiəfail] (*cryo-* + Gr. *philein* love) 嗜寒生物

cryophilic [ˌkraiəˈfilik] (*cryo-* + Gr. *philein* to love) 嗜冷的

cryophylactic [ˌkraiəfəˈlæktik] (*cryo-* + Gr. *phylaxis* a guarding) 抗冷的,耐寒的(指细菌)

cryoprecipitability [ˌkraiəpriˌsipitəˈbiliti] 冷沉淀性

cryoprecipitate [ˌkraiəpriˈsipiteit] (*cryo-* + *precipitate*) 冷沉淀物

cryoprecipitation [ˌkraiəpriˌsipiˈteiʃən] 冷沉淀(作用)

cryopreservation [ˌkraiəˌpresəˈveiʃən] (*cryo-* + *preservation*) 低温贮藏

cryoprobe [ˈkraiəprəub] 冷冻探子

cryoprotective [ˌkraiəprəˈtektiv] 冷冻防护的

cryoprotein [ˌkraiəˈprəutiːn] (*cryo-* + *protein*) 冷沉蛋白

cryoscope [ˈkraiəskəup] 冰点测定器

cryoscopical [ˌkraiəˈskɔpikəl] 冰点测定法的

cryoscopy [kraiˈɔskəpi] (*cryo-* + Gr.

skopein to examine)(溶液)冰点测定法

cryostat ['kraiəstæt] (*cryo-* + Gr. *histanai* to halt) ❶ 低温控制器；❷ 恒冷切片机

cryosurgery [ˌkriəˈsəːdʒəri] 低温外科,冷冻破坏法

cryothalamectomy [ˌkriəθæləˈmektəmi] 丘脑冷冻切除术

cryothalamiotomy [ˌkriəθæləˈmətəmi] 丘脑冷冻切除术

cryotherapy [ˌkriəˈθerəpi] (*cryo-* + Gr. *therapeia* treatment) 低温疗法

cryotolerant [ˌkriəˈtɔlərənt] 耐冷的

crypt [kript] (L. *crypta*, from Gr. *kryptos* hidden) 隐窝,小囊

  anal c's 肛门陷凹,肛窦

  bony c. 牙槽骨窝

  dental c. 牙囊

  enamel c. 釉囊

  c's of Fuchs 肛膜隐窝,福克斯隐窝

  c's of Haller 包皮腺,赫勒腺

  c's of iris 虹膜隐窝

  c's of Lieberkühn 肠腺

  c's of Littre 包皮腺

  Luschka's c's 卢西卡隐窝

  c. of Morgagni 莫伽哥尼隐窝:① 尿道舟状窝;② 肛窦

  mucous c's of duodenum 十二指肠腺

  odoriferous c's of prepuce 包皮腺

  c's of palatine tonsil 腭扁桃体隐窝小窝

  c's of pharyngeal tonsil 咽扁桃体隐窝小窝

  synovial c. 滑膜憩室

  c's of tongue 舌滤泡隐凹

  tonsillar c's 咽扁桃体隐窝

  tonsillar c's of palatine tonsil 腭扁桃体隐窝

  tonsillar c's of pharyngeal tonsil 咽扁桃体隐窝

  tooth c. 牙窝

  c's of Tyson 泰森隐窝,包皮腺

crypta ['kriptə] (pl. *cryptae*) (L.) (NA) ❶ 隐窝,小囊；❷ 滤泡,腺管

  cryptae mucosae 粘液腺

  cryptae mucosae duodeni 十二指肠腺

  cryptae odoriferae, cryptae praeputiales 包皮腺

  cryptae tonsillares tonsillae palatinae (NA) 腭扁桃体隐窝

  cryptae tonsillares tonsillae pharyngeae (NA) 咽扁桃体隐窝

  cryptae urethrae muliebris 女性尿道腺

cryptae ['kripti:] (L.) ❶ 隐窝,小囊；❷ 滤泡,腺管。*crypta* 的所属格和复数形式

cryptanamnesia [ˌkriptænəmˈniːziə] 潜在记忆

cryptectomy [kripˈtektəmi] (*crypt-* + Gr. *ektomē* excision) 隐窝切除术

cryptenamine [kripˈtenəmain] 绿藜安藜全碱

  c. acetates 醋酸绿藜安

  c. tannates 鞣酸绿藜安

cryptesthesia [ˌkriptəsˈθiːziə] (*crypt-* + Gr. *aisthēsis* perception) ❶ 潜在感觉；❷ 千里眼,神视

cryptic ['kriptik] (Gr. *kryptikos* hidden) 隐蔽的,潜在的

cryptitis [kripˈtaitis] 隐窝炎

  anal c. 肛窦炎

crypt(o)- (Gr. *kryptos* hidden) ❶ 隐藏的,潜在的；❷ 隐窝

cryptocephalus [ˌkriptəˈsefələs] (*crypto-* + Gr. *kephalē* head) 隐头畸胎

Cryptococcaceae [ˌkriptəkəˈkeisiː] 隐球菌科

cryptococcosis [ˌkriptəkəˈkəusis] 隐球菌病

Cryptococcus [ˌkriptəˈkɔkəs] (*crypto-* + Gr. *kokkos* berry) 隐球菌属

  C. histolyticus 溶组织隐球菌

  C. hominis 人类隐球菌

  C. meningitidis 脑膜炎隐球菌

  C. neoformans 新型隐球菌

cryptocrystalline [ˌkriptəˈkristəliːn] (*crypto-* + *crystalline*) 隐晶体的

Cryptocystis trichodectis [ˌkriptəˈsistis ˌtrikəˈdektis] 犬似囊尾蚴

cryptodeterminant [ˌkriptədiˈtəːminənt] 隐蔽决定簇,隐定子

cryptodidymus [ˌkriptəˈdaidiməs] (*crypto-* + Gr. *didymos* twin) 隐联胎,胎内胎

cryptoempyema [ˌkriptəempaiˈiːmə] (*crypto-* + *empyema*) 隐性脓胸

cryptogam ['kriptəgæm] (*crypto-* + Gr. *gamos* marriage) 隐花植物

cryptogenetic [ˌkriptədʒəˈnetik] 隐原性的

cryptogenic [ˌkriptəˈdʒenik] (*crypto-* + Gr. *gennan* to produce) 隐原性的,原因不明的

cryptoglioma [ˌkriptəglaiˈəumə] 隐神经胶质瘤

cryptoleukemia [ˌkriptəljuˈki:miə] 隐白血病

cryptolith [ˈkriptəliθ] (*crypto-* + Gr. *lithos* stone) 隐窝结石

cryptomenorrhea [ˌkriptəˌmenəˈriə] (*crypto-* + *menorrhea*) 隐经

cryptomere [ˈkriptəmiə] (*crypto-* + Gr. *meros* part) 隐窝状,囊状

cryptomerorachischisis [ˌkriptəˌmirərəˈkiskisis] (*crypto-* + Gr. *meros* part + *rhachis* spine + *schisis* cleavage) 隐性脊柱裂

cryptomnesia [ˌkriptəmˈni:ziə] (*crypto-* + Gr. *mnasthai* to be mindful) 潜在记忆

cryptomnesic [ˌkriptəmˈni:sik] 潜在记忆的

cryptoneurous [ˌkriptəˈnju:rəs] (*crypto-* + Gr. *neuron* nerve) 无明显神经系统的,隐性神经系统的

cryptophthalmia [ˌkriptofˈθælmiə] 隐眼(畸形)

cryptophthalmos [ˌkriptofˈθælməs] (*crypto-* + Gr. *ophthalmos* eye) 隐眼(畸形)

cryptophthalmus [ˌkriptofˈθælməs] 隐眼(畸形)

cryptopine [ˈkriptəpin] (*crypto-* + Gr. *opion* opium) 克利多平:一种生物碱

cryptoplasmic [ˌkriptəˈplæzmik] 隐状的

cryptopodia [ˌkriptəˈpəudiə] (*crypto-* + Gr. *pous* foot) 隐足病,足肿病

cryptopyic [ˌkriptəˈpaiik] (*crypto-* + Gr. *pyon* pus) 隐脓的

cryptorchid [kripˈtɔ:kid] (*crypto-* + Gr. *orchis* testis) ❶ 隐睾病的;❷ 隐睾者

cryptorchidectomy [ˌkriptɔ:kiˈdektəmi] (*cryptorchid* + Gr. *ektomē* excision) 隐睾切除术

cryptorchidism [kripˈtɔ:kidizəm] 隐睾病

cryptorchidopexy [kripˌtɔ:kidəˈpeksi] 隐睾固定术

cryptorchidy [kripˈtɔ:kidi] 隐睾病

cryptorchism [kripˈtɔ:kizəm] 隐睾病

cryptoscope [ˈkriptəskəup] (*crypto-* + Gr. *skopein* to examine) 荧光镜

Satvioni's c 赛特凡尼氏荧光镜

cryptoscopy [kripˈtɔskəpi] 荧光镜透视检查

cryptosporidiosis [ˌkriptəspɔˌridiˈəusis] 隐孢子虫病

Cryptosporidium [ˌkriptəspɔˈridiəm] (*crypto-* + *spore*) 隐孢子虫属

Cryptostroma [ˌkriptəˈstrəumə] (*crypto-* + Gr. *strōma* anything spread out for lying on) 隐子座菌属

C. corticale 皮质隐子座菌

cryptotia [kripˈtəuʃiə] 隐耳(畸形)

cryptotoxic [ˌkriptəˈtɔksik] (*crypto-* + *toxic*) 隐毒的

cryptoxanthin [ˌkriptəˈzænθin] 隐黄素

cryptozoite [ˌkriptəˈzəuait] (*crypto-* + Gr. *zōon* animal) 隐潜体

cryptozygous [kripˈtɔzəgəs] (*crypto-* + Gr. *zygon* yoke) 隐颧的

Crys. (crystal 的缩写) 结晶,晶体

crystal [ˈkristəl] (Gr. *krystallos* ice) 晶体,结晶

  asthma c's 气喘晶体

  blood c's 血晶

  Böttcher's c's 鲍契尔结晶

  calcium pyrophosphate dihydrate (CPPD) c's 焦磷酸钙盐二水化合物晶体

  Charcot-Leyden c's 查-雷二氏晶体

  coffin lid c's 棺盖状晶体

  CPPD c's 焦磷酸钙盐二水化合物晶体

  dumbbell c's 哑铃形晶体

  ear c. 耳石

  hedgehog c's 尿酸铵结晶

  hydroxyapatite c. 羟磷灰石晶体

  knife rest c's 刀架状晶体

  liquid c's 液晶

  Lubarsch's c's 卢巴斯结晶

  c's of Reinke 雷恩克结晶

  rock c 水晶,石英

  scintillation c. 闪烁结晶

  Teichmann's c's 特斯曼结晶

  thorn-apple c's 尿酸铵结晶

  Virchows c's 斐尔科结晶,胆红素结晶

  whetstone c's 砥石结晶

crystalbumin [ˌkristəlˈbjumin] (血清)晶白蛋白

crystalin [krisˈtælin] 晶状体蛋白,眼晶体

蛋白

crystalline [ˈkristəli:n] 结晶的,晶状的,透明的

crystallization [ˌkristəliˈzeiʃən] 结晶(作用)
  fern-leaf c. 蕨叶状结晶

crystallography [ˌkristəˈlɔgrəfi] (*crystal* + Gr. *graphein* to write) 结晶学
  x-ray c. X线晶体照相术

crystalloid [ˈkristəlɔid] (*crystal* + Gr. *eidos* form) ❶ 类晶体的;❷ 非胶体物质
  Charcot-Böttcher c's 查-鲍二氏类晶体
  c's of Reinke 雷恩克类晶体

crystalluria [ˌkristəˈljuəriə] 结晶尿症

Crysticillin [ˌkristiˈsailin] 晶体卡因:普鲁卡因青霉素G的商品名

Crystodigin [ˌkristəˈdidʒin] 晶体洋地黄制剂之商品名

CS ❶ (cesarean section 的缩写) 剖腹产;❷ (conditioned stimulus 的缩写) 条件刺激;❸ (coronary sinus 的缩写) 冠状窦

Cs (*cesium* 的符号) 铯

CSAA (Child Study Association of America 的缩写) 美国儿童研究协会

CSC (coup sur coup 的缩写) 短间隔小剂量用药

CSF ❶ (cerebrospinal fluid 的缩写) 脑脊(髓)液;❷ (colony-stimulating factor 的缩写) 集落刺激因子
  CSF-1 巨噬细胞集落刺激因子

CSGBI (Cardiac Society of Great Britain and Ireland 的缩写) 大不列颠及爱尔兰心脏学会

CSM (cerebrospinal meningitis 的缩写) 脑脊膜炎

CST (contraction stress test 的缩写) 应激收缩实验

CT (computed tomography 的缩写) 计算机 X线断层摄影

CTA (Canadian Tuberculosis Association 的缩写) 加拿大结核病协会

CTBA (cetrimonium bromide 的缩写) 溴化十六烷基三甲胺

cteinophyte [ˈtinəfait] (Gr. *kteinein* to kill + *phyton* plant) 有害寄生菌

cteno- (Gr. *kteis*, gen. *ktenos* comb) 栉或栉状结构

Ctenocephalides [ˌtiːnəsəˈfælidiz] (*cteno-* + Gr. *kephalē* head + *eidos* form, shape) 栉头蚤属
  C. canis 犬栉头蚤
  C. felis 猫栉头蚤

Ctenophora [teˈnɔfərə] (*cteno-* + Gr. *pherein* to bear) 栉水母门

ctenophore [ˈtenəfɔː] ❶ 栉水母的;❷ 栉水母

Ctenophthalmus [tenɔfˈθælməs] (*cteno-* + Gr. *ophthalmos* eye) 栉眼蚤属
  C. agrytes 欧洲鼠栉眼蚤

Ctenus [ˈtiːnəs] 栉蜘蛛属

C-terminal [ˈtəːminəl] C-末端,羧基末端

Ctesias of Cnidus [ˈtiːsiəs] 提西尔斯:公元前5世纪希腊医师和历史学家,与希波克拉底(Hippocrates)同时代

CTL ❶ (cytotoxic lymphocytes 的缩写) 细胞毒性淋巴细胞;❷ (cytotoxic T lymphocytes 的缩写) 细胞毒性T淋巴细胞

CTP (cytidine triphosphate 的缩写) 胞苷三磷酸,三磷酸胞嘧啶核苷

CTP synthase [ˈsinθeis] (EC 6.3.4.2) 胞苷三磷酸合酶

Cu (L. *cuprum* 的符号) 铜

cubeb (L. *cubeba*; Arabic *kabāba*) 荜澄茄

cubebism [ˈkjuːbəbizəm] 荜澄茄中毒

cubicle [ˈkjuːbikəl] 小隔间

cubital [ˈkjuːbitəl] ❶ 肘的;❷ 尺骨的,前臂的

cubitalis [ˌkjubiˈtælis] (L.) 肘的,尺骨的,前臂的

cubitocarpal [ˌkjubitəˈkɑːpəl] 尺腕的

cubitoradial [ˌkjubitəˈreidiəl] 尺桡的

cubitus [ˈkjuːbitəs] (L.) ❶ (NA) 肘,肘关节;❷ 前臂;❸ 尺骨
  c. valgus 肘外翻
  c. varus 肘内翻

cuboid [ˈkjuːbɔid] (Gr. *kyboeidēs*) ❶ 骰状的;❷ 骰骨

cuboidal [kjuˈbɔidəl] 骰状的

cu cm (cubic centimeter 的缩写) 立方厘米

cucoline [ˈkjuːkəliːn] 汉防己碱

cucullaris [ˌkjukəˈlæris] (L. *cucullus* hood) 斜方肌

cucumber [ˈkjuːkəmbə] (L. *cucumis*) 黄瓜,胡瓜
  bitter c. 苦瓜

Cucumis [ˈkjuːkəmis] 黄瓜属

cucurbitol [kjuˈkəːbitəl] 西瓜子甾醇
cudbear [ˈkʌdbɛə] 地衣紫
cudding [ˈkʌdiŋ] 吐草症
cuff [kʌf] 套
　musculotendinous c. 肌腱套
　rotator c. 回旋套
cuffing [ˈkʌfiŋ] 成套
Cuignet's method [kwiːˈnjeiz] (Ferdinand Louis Joseph *Cuignet*, French ophthalmologist, 19th century) 奎尼耳氏法
cuirass [kwiˈrɑːs] (Fr. *cuirasse* breastplate) 护胸甲
　tabetic c. 脊髓痨性护胸甲状麻木
Cuj (L. *cujus* 的缩写) 其中
cul-de-sac [ˌkjuldəˈsɑːk] (Fr.) 盲管, 陷凹
　conjunctival c. 结膜穹窿
　Douglas'c. 道格拉斯陷凹
culdocentesis [ˌkʌldəsenˈtiːsis] (*cul-de-sac* + *centesis*) 后穹窿穿刺术
culdoscope [ˈkʌldəskəup] 陷凹镜, 后穹窿镜
culdoscopy [kəlˈdɔskəpi] 陷凹镜检查, 后穹窿镜检查
culdotomy [kəlˈdɔtəmi] (*cul-de-sac* + Gr. *tomē* a cutting) 直肠子宫陷凹切开术
Culex [ˈkʌleks] (L. "gnat") 库蚊属
culicicide [kjuˈlisisaid] 杀蚊剂
Culicidae [kjuˈlisidiː] 蚊科
culicidal [ˌkjuliˈsaidəl] 杀蚊的, 灭蚊的
culicide [ˈkjuːlisaid] (L. *culex* gnat + *caedere* to kill) 杀蚊剂
culicifuge [kjuˈlisifjuːdʒ] (L. *cules* gnat 蚊 + *fugare* put to flight) 驱蚊剂
Culicinae [kjuliˈsiniː] 蚊亚科
culicine [ˈkjuːlisin, ˈkjuːlisain] ❶ 库蚊; ❷ 库蚊属的
Culicini [ˌkjuliˈsini] 库蚊族
Culicoides [ˌkjuliˈkɔidiz] 库蠓属
Culiseta [ˌkjuliˈsiːtə] 脉毛蚊属
　C. inorata 卡奇谷病毒之传播媒介
　C. melanura 黑尿蚊属
Cullen's sign [ˈkʌlənz] (Thomas Stephen *Cullen*, American surgeon, 1868-1953) 库伦征
culling [ˈkʌliŋ] 选除, 剔除
culmen [ˈkʌlmən] (pl. *culmina*) (L.) ❶ 极期, 山顶; ❷ 小脑山顶
　c. cerebelli (NA), **c. of cerebellum** 小脑山顶
　c. of left lung, c. pulmonis sinistri 左肺顶
　c. monticuli 小脑山顶
culmina [ˈkʌlminə] (L.) ❶ 山顶; ❷ 小脑山顶。*culmen* 的复数形式
Culp-De Weerd ureteropelvioplasty [kʌlp dəˈwiːəd] (Ormond Skinner *Culp*, American surgeon, 1910-1977; James Henry *De Weerd*, American surgeon, born 1914) 库普-德·威尔德输尿管肾盂成形术
cult [kʌlt] 拜神驱病术, 巫术
cultivation [ˌkʌltiˈveiʃən] (L. *cultivatio*) 培养
culturable [ˈkʌltʃərəbl] 可培养的
cultural [ˈkʌltʃərəl] 培养的
culture [ˈkʌltʃə] (L. *cultura*) ❶ 培养; ❷ 培养物
　asynchronous c. 不同步培养
　attenuated c. 减毒培养
　cell c. 细胞培养
　chorioallantoic c. 绒毛膜尿囊培养
　continuous flow c. 连续流动培养
　direct c. 直接培养
　enrichment c. 增菌培养
　hanging-block c. 悬块培养
　hanging-drop c. 悬滴培养
　mixed c. 混合培养
　mixed lymphocyte c. (MLC) 混合淋巴细胞培养
　needle c. 针刺培养
　plate c. 平皿培养
　primary c. 初级培养, 原代培养
　pure c. 纯培养(物)
　radioisotopic c. 放射性同位素培养
　roll-tube c. 旋管培养
　secondary c. 继代培养物
　selective c. 选择性培养
　sensitized c. 致敏培养
　shake c. 震荡培养
　slant c. 斜面培养
　slope c. 斜面培养
　stab c. 针刺培养
　stock c. 存贮培养
　streak c. 划线培养
　subculture c. 次代培养培养物
　suspension c. 悬浮培养

synchronized c. 同步化培养物
tissue c. 组织培养
cu mm（cubic millimeter 的缩写）立方毫米
cumulative ['kju:mələtiv]（L. *cumulus* heap）积累的,积蓄的
cumuli ['kju:mjulai]（L.）丘。*cumulus* 所属格和复数形式
cumulus ['kju:mjuləs]（pl. *cumuli*）（L.）丘
   c. oophorus（NA）,**ovarian c.**,**c. ovaricus** 卵丘
cuneal ['kju:nil] 楔状的
cuneate ['kju:nieit]（L. *cuneus* wedge）楔状的
cunei ['kju:niai]（L.）楔叶。*cuneus* 的所属格和复数形式
cuneiform [kju'ni:ifɔ:m]（L. *cuneus* wedge + *forma* form）楔状的
cuneocuboid [ˌkjuniə'kju:bɔid] 楔骰的
cuneohysterectomy [ˌkjuniəhistə'rektəmi] 楔形子宫切除术
cuneonavicular [ˌkjuniənə'vikjulə] 楔舟的
cuneoscaphoid [ˌkjuniə'skæfɔid] 楔舟的
cuneus ['kju:niəs]（pl. *cunei*）（L. "wedge"）（NA）楔叶
cuniculi [kju'nikjulai]（L.）隧道。*cuniculus* 的所属格和复数形式
cuniculus [kju'nikjuləs]（pl. *cuniculi*）（L. "rabbit", "rabbit burrow"）隧道
cunnilinctus [ˌkʌni'liŋktəs] 舔阴
cunnilingus [ˌkʌni'liŋgəs]（L. *cunnus* vulva + *lingere* to lick）舔阴
Cunninghamella [ˌkʌniŋhæ'melə] 毛霉菌
Cunninghamellaceae [ˌkʌniŋhæmə'leisii:] 毛霉菌目真菌
cunnus ['kʌnəs]（L.）女阴,外阴
cup [kʌp] ❶（吸）杯; ❷ 杯状部分,杯状结构
   Diogenes' c. 狄金斯掌杯(手掌凹)
   dry c. 干吸杯
   glaucomatous c. 青光眼杯
   ocular c.,**ophthalmic c.** 视杯
   optic c. ① 生理凹; ② 视杯
   physiologic c. 生理凹
   wet c. 湿吸杯
cupola ['kju:pələ] 顶

cupped [kʌpt] 杯状的
cupping ['kʌpiŋ] ❶ 杯吸法; ❷ 杯状陷凹形成
   pathologic c. 病理凹
cupremia [kju'pri:miə]（L. *cuprum* copper + *-emia*）铜血症
cuprescent [kju'prisənt] 铜状的,似铜的
cupric ['kju:prik] 二价铜的
Cuprimine ['kʌprimi:n] 卡普利敏
cuprimyxin [ˌkʌpri'miksin] 铜迈克星,堆囊粘菌素铜
cupriuria [ˌkjupri'juəriə] 铜尿
cuprophane ['kjuprəfein] 卡普罗粉
cuprous ['kju:prəs] 亚铜的
cupruresis [ˌkjupru'ri:sis]（L. *cuprum* copper + *-uresis*）排铜尿
cupruretic [ˌkjupru'retik]（L. *cuprum* copper + Gr. *ourētikos* promoting urine）排铜尿的
cupula ['kju:pjulə]（pl. *cupulae*）（L.）顶
   c. of ampullary crest 壶腹嵴顶
   c. of cochlea,**c. cochleae**（NA）蜗顶
   c. cristae ampullaris（NA）壶腹嵴顶
   c. of pleura,**c. pleurae**（NA）,**c. pleuralis** 胸膜顶
cupulae ['kju:pjuli:]（L.）顶。*cupula* 的所属格和复数形式
cupulogram ['kju:pələgræm] 嵴帽敏度图,嵴帽图
cupulolithiasis [ˌkjupələli'θaiəsis]（嵴）顶结石症
cupulometry [ˌkjupə'lɔmitri] 嵴帽敏度测量(法)
curable ['kjurəbl] 可愈的,可治愈的
curare [kju'rɛəri] 箭毒
curari [kju'rɛəri] 箭毒
curariform [kju'rɛərifɔ:m] 箭毒样的
curarimimetic [kjuˌrɛərimi'metik] 箭毒作用的
curarization [ˌkjurɛəri'zeiʃən] 箭毒化
curative ['kju:rətiv]（L. *curare* to take care of）治愈的,治疗的,促进恢复的
curb [kə:b] 马后足硬瘤
curcumin ['kə:kjumin] 姜黄色素
cure [kjuə]（L. *curatio*, from *cura* care）❶ 治疗; ❷ 治愈; ❸ 疗法; ❹ 疗效; ❺ 产品保藏; ❻ 硬化; ❼ 聚合
cure-all ['kjurɔ:l] 万能药

curet [kjuˈret] (Fr. *curette* scraper) ❶ 刮匙；❷ 刮除术
  Hartmann's c. 哈特曼刮匙
curettage [ˌkjuriˈtɑːʒ] (Fr.) 刮除术
  apical c. 牙根周刮除术
  gingival c. 龈刮除术
  medical c. 药物刮宫
  periapical c. 牙根周刮除术
  subgingival c. 龈下刮除术
  suction c. (子宫)吸刮术
  surgical c. 外科刮除术
  ultrasonic c. 超声刮除术
  vacuum c. 真空吸刮术
curette [kjuˈret] (Fr.) 刮匙
curettement [kjuˈretmənt] 刮除术
  physiologic c. 生理性刮除
Curie [kjuˈriː] 居里夫人：巴黎的波兰化学家和物理学家，1867～1934。因研究天然放射性而与 Pierre Curie 和 Henri Becquerel 共同获得 1903 年诺贝尔物理学奖。又因发现并分离镭获得 1911 年诺贝尔化学奖
Curie [kjuˈriː] 居里：Pierre，法国化学家和物理学家，1859～1906，获得 1903 年诺贝尔物理学奖
Curie's law [kjuˈriz] (Pierre *Curie*) 居里定律
curie-hour [ˈkjuːriːˈauə] 居里小时
curietherapy [ˌkjuriˈθerəpi] 放射疗法
curing [ˈkjuəriŋ] 硬化处理
  denture c. 托牙硬化处理
curioscopy [ˌkjuriˈɔskəpi] 核辐射检查法
curium [ˈkjuːriəm] (Pierre 和 Marie *Curie*) 锔
curling [ˈkəːliŋ] 卷曲
Currarino's triad [ˌkərəˈrinəz] (Guido *Currarino*, Italian-born American radiologist, born 1920) 克拉雷诺三联征
current [ˈkʌrənt] (L. *currens* running) ❶ 流；❷ 电流
  action c. 动作电流
  alternating c. 交流电
  ascending c. 上行电流，向心电流
  axial c. 轴流
  centrifugal c. 离心电流
  centripetal c. 向心电流
  coagulating c. 凝固电流
  d'Arsonval c. 阿桑维尔电流
  demarcation c. 损伤电流
  descending c. 下行电流
  diastolic c. of injury 舒张(期)的损伤电流
  direct c. 直流电
  electric c. 电流
  electrotonic c. 紧张电流
  fulguration c. 闪耀电流
  galvanic c. 流电电流
  high-frequency c. 高频电流
  induced c. 感应电流
  c. of injury 损伤电流
  nerve-action c. 神经动作电流
  pacemaker c. 起搏器电流
  saturation c. 饱和电流
  sinusoidal c. 正弦电流
  systolic c. of injury 收缩(期)损伤电流
curricula [kəˈrikjulə] (L.) 课程,学程。*curriculum* 的复数形式
curriculum [kəˈrikjuləm] (pl. *curricula*) (L.) 课程,学程
Curschmann's spiral [ˈkuːʃmænz] (Heinrich *Curschmann*, German physician, 1846-1910) 克斯曼螺旋物
curse [kəːs] 诅咒,灾祸,困扰
  Ondine's c. 欧旦呼吸困扰,原发肺换气不足
Curschmann-Batten-Steinert syndrome [ˈkuːʃmæn ˈbætən ˈʃtainət] (Hans *Curs-chmann*, German physician, 1875-1950; Frederick Eustace *Batten*, British ophthalmologist, 1865-1918; Hans *Steinert*, German physician, early 20th century) 克-贝-斯三氏综合征
Curtius' syndrome [ˈkəːtiəs] (Friedrich *Curtius*, German internist, born 1896) 科特斯综合征
curvatura [ˌkəːvəˈtjuərə] (pl. *curvaturae*) (L.) (NA) 弯,曲
  c. gastrica major (NA) 胃大弯
  c. gastrica minor (NA) 胃小弯
  c. ventricularis major 胃大弯
  c. ventricularis minor 胃小弯
curvature [ˈkəːvətʃə] (L. *curvatura*) 弯,曲
  compensating c. 代偿性弯曲
  greater gastric c., **greater c. of stomach** 胃大弯

lesser gastric c., lesser c. of stomach 胃小弯
occlusal c. 咬合曲线
Pott's c. 坡特氏弯曲,脊柱角状弯曲
Spee's c., c. of Spee 斯比曲线,牙列面曲线
spinal c. 脊柱弯曲
curve [kə:v] (L. *curvum*) 曲线,曲面
  alignment c. 排列曲线,整列曲张
  anti-Monson c. 反蒙森曲线
  audibility c. 听度曲线
  Barnes' c. 巴那斯曲线
  bell-shaped c. 钟形曲线
  Bragg c. 布拉格曲线
  buccal c. 颊侧曲线
  cardiac output c. 心输出曲线
  c. of Carus 卡鲁斯曲线
  compensating c. 补偿曲线,代偿曲线
  Damoiseau's c. 达摩梭曲线
  dental c. 牙列曲线
  dissociation c., oxygen 氧离解曲线
  dose-effect c. 剂量-效应曲线
  dose-frequency c. 剂量-频率曲线
  dose-intensity c. 剂量-强度曲线
  dose-response c. 剂量-反应曲线
  dromedary c. 驼峰曲线
  dye dilution c. 染料稀释曲线
  c. of Ellis and Garland 艾-加二氏曲线
  Frank-Starling c. 弗-斯二氏曲线
  Garland's c. 加兰德曲线
  Gaussian c. 高斯曲线,常态分布曲线
  growth c. 生长曲线
  Harrison's c. 哈利生曲线
  indicator dilution c. 指示剂稀释曲线
  isodose c's 等量曲线
  Kaplan-Meier survival c. 卡-梅二氏存活曲线
  labial c. 唇侧曲线
  Monson c. 蒙森曲线
  normal c., normal c. of distribution 常态分布曲线
  c. of occlusion 牙列曲线,咬合曲线
  oxygen dissociation c, oxygen-hemoglobin dissociation c., oxyhemoglobin dissociation c. 氧解离曲线
  Price-Jones c. 普-琼二氏曲线
  pulse c. 脉搏曲线
  regression c. 回归曲线
  reverse c. 反向曲线
  Spee c., c. of Spee 斯比曲线
  Starling c. 斯达林曲线
  strength-duration c. 力量-耐力曲线
  survival c. 存活曲线
  temperature c. 温度曲线
  tension c's 张力曲线
  thermal dilution c., thermodilution c. 热量稀释曲线
  venous return c. 静脉回流曲线
  ventricular function c. 心室功能曲线
  visibility c. 可见度曲线
  Wunderlich's a. 伍德里西曲线
Curvularia [ˌkəvjuˈlɛəriə] 曲腔菌
  C. lunata 月状曲腔菌
cuscamidine [kəsˈkæmidi:n] 卡斯凯米丁：一种金鸡纳生物碱
cuscamine [kəsˈkæmi:n] 卡斯凯明：一种金鸡纳生物碱
Cushing's disease [ˈku:ʃiŋz] (Harvey Williams *Cushing*, American surgeon, 1869-1939) 库兴氏病
Cushing's suture [ˈku:ʃiŋz] (Hayward W. *Cushing*, American surgeon, 1854-1934) 库兴氏缝合
Cushing-Rokitansky ulcer [ˈku:ʃin ˌrɔki-ˈtɑ:nski] (Harvey W. *Cushing*; Karl, Freiherr von *Rokitansky*, Austrian pathologist, 1804-1878) 库-罗二氏溃疡
cushingoid [ˈku:ʃiŋgɔid] 类库兴氏综合征
cushion [ˈkuʃən] 垫
  coronary c. 冠状垫
  digital c. 趾垫
  endocardial c's 心内膜垫
  c. of epiglottis ① 会厌软骨茎；② 会厌结节
  eustachian c., c. of eustachian orifice 咽鼓管圆枕
  intimal c's 内膜垫
  Passavant's c. 巴斯万特隆起
  plantar c. 跖垫
  sucking c. 吸垫,颊脂垫
cusp [kʌsp] (L. *cuspis* point) 尖
  anterior c. of mitral valve 左房室瓣前尖
  anterior c. of pulmonary valve 肺动脉瓣前尖,肺动脉前半月瓣
  anterior c. of tricuspid valve 右房室瓣前尖

c's of aortic valve 主动脉瓣尖
Carabelli c. 卡拉贝里结节
commissural c's 连合尖
dental c. 牙尖
infundibular c. of tricuspid valve 三尖瓣漏斗尖
left c. of aortic valve 主动脉瓣左尖
left c. of pulmonary valve 肺动脉瓣左尖
marginal c. of tricuspid valve 三尖瓣边缘尖
medial c. of tricuspid valve 三尖瓣中尖
posterior c. of aortic valve 主动脉瓣后尖
posterior c of mitral valve 二尖瓣后尖
posterior c. of tricuspid valve 三尖瓣后尖
c's of pulmonary valve 肺动脉瓣尖
right c. of aortic valve 主动脉瓣右尖
right c. of pulmonary valve 肺动脉瓣右尖
semilunar c. 半月形尖
semilunar c's of aortic valve 主动脉瓣半月形尖
semilunar c's of pulmonary valve 肺动脉瓣半月形尖
septal c. of tricuspid valve 三尖瓣隔侧尖

cuspid ['kʌspid] ❶ 尖(端)的；❷ 尖牙
cuspidate ['kʌspideit] (L. *cuspidatus*) 有尖的
cuspides ['kʌspidiz] (L.) ❶ 尖；❷ 牙尖。*cuspis* 的复数形式
cuspis ['kʌspis] (pl. *cuspides*) (L.) ❶ 尖；❷ 牙尖
  c. anterior valvae atrioventricularis dextrae (NA) 右房室瓣前尖
  c. anterior valvae atrioventricularis sinistrae (NA) 左房室瓣前尖
  cuspides commisurales (NA) 连合尖
  c. coronae 冠状尖
  c. dentalis 牙尖
  c. posterior valvae atrioventricularis dextrae (NA) 右房室瓣后尖
  c. posterior valvae atrioventricularis sinistrae (NA) 左房室瓣后尖
  c. septalis valvae atrioventricularis dextrae (NA) 右房室瓣隔侧尖
cut [kʌt] 切口
  quarter c. 四分之一切口
cutaneous [kju'teiniəs] (L. *cutis* skin) 皮肤的
cutdown ['kʌtdaun] 切开
Cuterebra [,kjutə'rebrə] 黄蝇属
Cuterebridae [,kjuti'rebridi:] 黄蝇科
cuticle ['kʌtikl] (L. *cuticula*, from *cutis* skin) ❶ 表皮；❷ 甲上皮
  dental c. 牙护膜
  enamel c. 釉护膜
  primary c. 原发性釉护膜
  c. of root sheath 毛根鞘小皮
  secondary c. 继发性釉护膜
cuticolor [,kjuti'kʌlə] 肤色的,与皮肤同色的
cuticula [kju'tikjulə] (pl. *cuticulae*) (L. "little skin") 角质层
  c. dentis (NA) 牙护膜
cuticulae [kju'tikjuli:] (L.) 角质层
cutidure ['kju:tidjuə] 冠状垫
cutiduris [,kjuti'dju:ris] 冠状垫
cutin ['kʌtin] (L. *cutis* skin) 角质素
cutireaction (L. *cutis* skin + *reaction*) 皮肤反应
  von Pirquet c. 冯·皮尔科特反应
cutis ['kjutis] (L.) (NA) 皮肤
  c. anserina 鸡皮
  c. hyperelastica 弹性过度性皮肤
  c. laxa 皮肤松垂
  c. marmorata 大理石色皮
  c. rhomboidalis nuchae 颈部菱形皮
  c. verticis gyrata 头皮松垂,回状头皮
cuvette [kju'vet] (Fr. dim. of *cuve* vat or tub) 小杯
Cuvier's canal [,kjuvi'eiz] (Georges Léopold Chrétin Frédéric Dagobert, Baron *Cuvier*, French naturalist, 1769-1832) 库威尔管
CV ❶ (cardiovascular 的缩写) 心血管的；❷ (coefficient of variation 的缩写) 变异系数
C. V. ❶ (L. *cras vespere* 的缩写) 明晚；❷ (L. *conjugata vera* 的缩写) 骨盆入口真直径
CVA ❶ (costovertebral angle 的缩写) 肋椎角；❷ (cerebrovascular accident 的缩写) 脑血管意外；❸ (cardiovascular accident 的缩写) 心血管意外
CVP ❶ (central venous pressure 的缩写) 中心静脉压；❷ CVP 化疗方案

CVS ❶（cardiovascular system 的缩写）心血管系统；❷（chorionic villus sampling 的缩写）绒毛膜绒毛抽样

CX（circumflex artery 的缩写）弓形动脉

Cx ❶（cervix 的缩写）颈；❷（convex 的缩写）凸（面）的

Cy（cyanogen 的符号）氰

cyanamide [sai'ænəmaid] ❶ 氰酰胺 N≡C—NH₂；❷ 尿素酐；❸ 氰酰胺钙

cyanhematin [ˌsiæn'hi:mətin] 氰化高铁血红素

cyanhemoglobin [ˌsiæn'hi:məgləbin] 氰血红蛋白

cyanide ['saiənaid] 氰化物

cyanmethemoglobin [ˌsiænˌmethi:mə'gləbin] 氰化正铁血红蛋白

cyanmetmyoglobin [ˌsiænmetˌmaiə'gləbin] 氰化正铁肌球蛋白

cyan(o)- (Gr. *kyanos* blue) ❶ 蓝,青紫,绀；❷ 氰

cyanoalcohol [ˌsiənə'ælkəhɔl] 氰醇

Cyanobacteria [ˌsiənəbæk'tiəriə] (*cyano-* + *bacteria*) 蓝藻目

cyanocobalamin [ˌsiəˌnəukə'bæləmin] 氰钴酸
　c. Co 57 放射标记为 ⁵⁷Co 的钴胺素
　c. Co 58 放射标记为 ⁵⁸Co 的钴胺素
　c. Co 60 放射标记为 ⁶⁰Co 的钴胺素

cyanocrystallin [ˌsiənə'kristəlin] 蓝晶质

cyanoform [si'ænəfɔ:m] 氰仿

cyanogen [si'ænədʒən] (*cyano-* + Gr. *gennan* to produce) ❶ 氰根 CN⁻；❷ 氰
　c. bromide 溴化氰
　c. chloride 氯化氰

cyanogenesis [ˌsiənə'dʒenəsis] (*cyano-* + Gr. *genesis* production) 生氰作用

cyanogenetic [ˌsiənədʒə'netik] 生氰的

cyanohydrin [ˌsiənə'haidrin] 氰醇

cyanolabe ['saiənəleib] (*cyano-* + Gr. *lambanein* to take) 感蓝色素

cyanopathy [ˌsiə'nɔpəθi] 发绀病

cyanophil [si'ænəfil] ❶ 嗜蓝的；❷ 嗜蓝细胞

cyanophilous [ˌsiə'nɔfiləs] (*cyano-* + Gr. *philein* to love) 嗜蓝的

cyanophoric [ˌsiənə'fɔrik] 产氢氰酸的

cyanophose ['saiənəfəuz] (*cyano-* + Gr. *phōs* light) 蓝光幻视

Cyanophyceae [ˌsiənə'faisi:] (*cyano-* + Gr. *phykos* seaweed) 蓝藻目

cyanopsia [ˌsiə'nɔpsiə] (*cyano-* + -*opsia*) 蓝视（症）

cyanopsin [ˌsiə'nɔpsin] (*cyano-* + Gr. *opsis* vision) 视蓝质

cyanose ['saiənəus] (Fr.) 发绀,青紫

cyanosed ['saiənəuzd] 发绀的,青紫的

cyanosis [ˌsiə'nəusis] (Gr. *kyanos* blue) 发绀,青紫
　autotoxic c. 自身中毒性发绀
　central c. 中央性发绀
　enterogenous c. 肠原性发绀
　false c. 假性发绀
　hereditary methemoglobinemic c. 遗传性正铁血红蛋白性发绀
　c. lienis 脾性发绀
　peripheral c. 外周性发绀
　pulmonary c. 肺性发绀
　c. retinae 视网膜发绀
　shunt c. 短路性发绀
　tardive c. 迟发性发绀

cyanotic [ˌsiə'nɔtik] 发绀的,青紫的

cyantin [sai'æntin] 赛安汀：呋喃妥芙制剂的商品名

cyanuria [ˌsiə'njuəriə] 蓝色尿,青色尿

cyanuric acid [ˌsiə'njurik] 氰尿酸

cyanurin [ˌsiə'njuərin] (*cyan-* + Gr. *ouron* urine) 尿靛蓝

Cyath. (L. *cyathus* 的缩写) 一杯

cybernetics [ˌsibə'netiks] (Gr. *kybernētēs* helmsman) 控制论

CYC (cyclophosphamide 的缩写) 环磷酰胺

cycad ['saikæd] 棕榈

Cycas ['saikəs] 棕榈

cycasin ['saikəsin] 苏铁苷

cyclacillin [ˌsaiklə'silin] 环青霉素,氨环己西林

Cyclaine ['saiklein] 赛克林：盐酸己卡因制剂的商品名

cyclamate ['saikləmeit] 环己氨磺酸盐

Cyclamen ['saikləmən] (L.) 仙客来属

cyclamic acid [si'klæmik] 环己氨磺酸

cyclamin ['saikləmin] 仙客来苷

Cyclamycin ['saikləˌmaisin] 环霉素

cyclandelate [si'klændəleit] 环扁桃酯

cyclarthrodial [ˌsiklɑ:'θrɔdiəl] 车轴关节的

cyclarthrosis [ˌsiklɑː'θrəusis] (Gr. *kyklos* circle + *arthrosis*) 车轴关节
cyclase ['saikleis] 环化酶
cyclazocine [ˌsaiklə'zəusiːn] 环佐辛
cycle ['saikl] (Gr. *kyklos* circle) 周期,循环
  aberrant c. 迷行循环
  anovulatory c. 无排卵周期
  asexual c. 无性生殖周期
  biliary c. 胆汁循环
  Calvin c. 卡尔文氏循环
  carbon c. 碳循环
  cardiac c. 心搏周期
  cell c. 细胞周期
  chewing c. 咀嚼周期
  citrate-pyruvate c. 柠檬酸-丙酮酸循环
  citric acid c. 柠檬酸循环
  Cori c. 柯里氏循环
  cytoplasmic c. 胞质环
  endogenous c. 内生环
  estrous c. 动情周期
  exogenous c. 外生环
  forced c. 强迫周期
  futile c. 无效循环
  gait c. 步态周期
  gastric c. 胃周期
  genesial c. 生殖周期
  glucose-lactate c. 葡萄糖-乳酸盐循环
  γ-glutamyl c. γ-谷氨酰基循环
  glyoxylate c. 乙醛酸循环
  gonotrophic c. 生殖成熟周期
  hair c. 毛发周期
  Hodgkin c. 何杰金氏循环
  isohydric c. 等氢离子周期
  Krebs c. 克雷布氏循环,三羧酸循环
  Krebs-Henseleit c. 克-亨二氏循环,尿素循环
  life c. 生活周期
  mammary c. 乳腺周期
  masticating c., masticatory c. 咀嚼周期
  menstrual c. 月经周期
  mosquito c. 蚊体内生周期
  nitrogen c. 氮循环
  oogenetic c. 卵发生周期
  ornithine c. 尿素循环
  ovarian c. 卵巢周期
  reproductive c. 生殖周期
  restored c. 复原周期
  returning c. 返回周期
  Schiff's biliary c. 希夫氏胆酸盐循环
  schizogenic c., schizogenous c. 裂殖周期
  sex c., sexual c. 性周期
  sporogenic c., sporogenous c. 孢子生殖周期
  substrate c. 无效循环
  tricarboxylic acid c. 三羧酸循环
  urea c. 尿素循环
  uterine c. 子宫周期
  visual c. 视循环
cyclectomy [sik'lektəmi] (Gr. *kyklos* circle, ciliary body + *ectomy*) ❶睫状体切除术;❷睑缘切除术
cyclencephalus [ˌsiklen'sefələs] (Gr. *kyklos* circle + *enkephalos* brain) 并脑畸胎
cyclic ['saiklik] (Gr. *kyklikos*) 周期的,循环的,环的
cyclic AMP 环腺苷酸
cyclic-AMP-dependent protein kinase ['saiklik di'pendənt 'prəutiːn 'kineis] 环腺苷酸依赖性蛋白激酶
cyclic GMP 环鸟苷酸
3',5'-cyclic-GMP phosphodiesterase ['saiklik ˌfɔsfədi'estəreis] (EC 3.1.4.35) 3',5'-环鸟苷酸磷酸二酯酶
cyclicotomy [ˌsikli'kɔtəmi] 睫状肌切开术
cyclindole [si'klindəul] 胺氢咔唑
cyclitis [sik'laitis] (Gr. *kyklos* ciliary body + *-itis*) 睫状体炎
  heterochromic c. 异色性睫状体炎
  plastic c. 成形性睫状体炎
  pure c. 单纯睫状体炎
  purulent c. 化脓性睫状体炎
  serous c. 浆液性睫状体炎
cyclizine ['saikliziːn] (USP) 赛克利嗪
  c. hydrochloride (USP) 盐酸赛克利嗪
  c. lactate 乳酸赛克利嗪
cycl(o)- (Gr. *kyklos* circle) 圆形,循环
cyclobarbital [ˌsiklə'bɑːbitəl] 环巴比妥
  c. calcium 环巴比妥钙
cyclobendazole [ˌsiklə'bendəzəul] 环苯达唑
cyclobenzaprine hydrochloride [ˌsiklə'benzəpriːn] (USP) 盐酸环苯扎林,盐酸胺苯环庚烯
cyclocephalus [ˌsiklə'sefələs] (*cyclo-* + Gr. *kephalē* head) 并脑独眼畸胎

cycloceratitis [ˌsikləˌserə'taitis] 睫状体角膜炎

cyclochoroiditis [ˌsikləˌkɔrɔi'daitis] (*cyclo-* + *choroid*) 睫状体脉络膜炎

Cyclocort ['saikləkɔːt] 环考特：安西缩松制剂的商品名

cyclocryotherapy [ˌsikləˌkriə'θerəpi] (*cyclo-* + *cryotherapy*) 睫状体冷冻疗法

cyclocumarol [siklə'kjuːmərɔl] 环香豆素

cyclodamia [ˌsiklə'deimiə] (*cyclo-* + Gr. *damazein* to subdue) 眼调节受抑

cyclodialysis [ˌsikləˈdaiˈæləsis] (*cyclo-* + *dialysis*) 睫状体分离术

cyclodiathermy [ˌsiklə'daiəθəmi] (*cyclo-* + *diathermy*) 睫状体透热凝固术

cycloduction [ˌsiklə'dʌkʃən] (*cyclo-* + *duction*) 眼球旋转

cycloelectrolysis [ˌsikləˌilek'trɔləsis] (*cyclo-* + *electrolysis*) 睫状体电解术

cyclogeny [si'klɔdʒəni] (*cyclo-* + Gr. *gennan* to produce) 发育周期

cycloguanide embonate [ˌsiklə'gwɑːnaid] 双羟萘酸环氯胍

cycloguanil pamoate [ˌsiklə'gwɑːnil] 双羟萘酸环氯胍

Cyclogyl ['saiklədʒil] 赛克罗奇：盐酸环戊通制剂的商品名

cyclohexane [ˌsiklə'heksein] 环己烷

cyclohexanehexol [ˌsikləˌheksein'heksɔl] 肌醇，环己六醇

cyclohexanesulfamic acid [ˌsikləˌhekseinsʌl'fæmik] 环己氨磺酸

cyclohexanol [ˌsiklə'heksənɔl] 环己醇

cycloheximide [ˌsiklə'heksimaid] 放线菌酮

cycloid ['saiklɔid] 循环性人格的，循环情感性的

cycloisomerase [ˌsiklɔi'sɔmereis] 环异构酶

cyclokeratitis [ˌsikləˌkerə'taitis] (*cyclo-* + *keratitis*) 睫状体角膜炎

cycloligase [ˌsiklə'ligeis] (EC 6.3.3) 环连接酶

cyclomastopathy [ˌsikləmæs'tɔpəθi] (*cyclo-* + Gr. *mastos* breast + *pathos* disease) 乳腺增生病

cyclooxygenase [ˌsiklə'ɔksədʒəneis] 环氧合酶

cyclopentane [ˌsiklə'pentein] 环戊烷

cyclopentanoperhydrophenanthrene [ˌsikləˌpentənəpəˌhaidrəfə'nænθriːn] 环戊烷多氢烯菲

cyclopentanophenanthrene [ˌsikləpenˌtænəfə'nænθriːn] 环戊烯菲

cyclopenthiazide [ˌsikləpen'θaiəzaid] 环戊氯噻嗪

cyclopentolate hydrochloride [ˌsiklə'pentəleit] (USP) 盐酸环戊通

cyclophenazine hydrochloride [ˌsiklə'fenəziːn] 盐酸环吩嗪

cyclophoria [ˌsiklə'fɔriə] (*cyclo-* + *phoria*) 旋转隐斜视
　　accommodative c. 调节性旋转隐斜视
　　minus c. 内旋转隐斜视
　　plus c. 外旋转隐斜视

cyclophorometer [ˌsikləfə'rɔmitə] (*cyclophoria* + *-meter*) 旋转隐斜视计

cyclophosphamide [ˌsiklə'fɔsfəmaid] (USP) 环磷酰胺

Cyclophyllidea [ˌsikləfi'lidiə] 圆叶目

cyclopia [si'klɔpiə] (Gr. *kyklos* circle + *ōpo* eye + *-ia*) 独眼畸形

cycloplegia [ˌsiklə'pliːdʒiə] (*cyclo-* + Gr. *plēgē* stroke) 睫状肌麻痹，调节麻痹

cycloplegic [ˌsiklə'pledʒik] ❶ 睫状肌麻痹的，❷ 睫状肌麻痹剂

cyclopropane [ˌsiklə'prɔpein] 环丙烷

cyclopropanone hydrate [ˌsiklə'prɔpənəun 'haidreit] 单氢环丙烷

Cyclops ['saiklɔps] 剑水蚤属

cyclops ['saiklɔps] (Gr. *kyklōps* one of a race of one-eyed giants) 独眼畸形
　　c. hypognathus 下颌不全独眼畸胎

cyclorotary [ˌsiklə'rɔtəri] 扭转的

cyclorotation [ˌsiklərə'teiʃən] 扭转

cycloscope ['saikləskəup] ❶视野计；❷旋转速率计

cycloserine [ˌsiklə'seriːn] (USP) 环丝氨酸

cyclosis [si'kləusis] (Gr. *kyklōsis* a surrounding, enclosing) 胞质环流，原生质流动

cyclospasm ['saikləspæzəm] 调节痉挛

Cyclospasmol [ˌsiklə'spæzmɔl] 环扁桃酯

cyclosporin A [ˌsiklə'spɔrin] 环胞霉素 A

cyclosporine [ˌsiklə'spɔriːn] (USP) 环胞

cyclostat ['saikləstæt] 动物旋转瓶

cyclotate ['saikləteit] 双环辛烯酸盐

cyclothiazide [ˌsiklə'θaiəzaid] 环噻嗪

cyclothyme ['saikləθaim] 循环性气质者

cyclothymia [ˌsiklə'θaimiə] (*cyclo-* + Gr. *thymos* mind)(DSM-Ⅲ-R)循环性气质

cyclothymiac [ˌsiklə'θimiæk] 循环性气质的

cyclothymic [ˌsiklə'θimik] 循环性气质的

cyclothymosis [ˌsaikləθai'məusis] 循环性精神病

cyclotol ['saiklətɔl] 多羟环己烷

cyclotome ['saiklətəum] (*cyclo-* + *-tome*) 睫状肌刀

cyclotomy [si'klɔtəmi] (*cyclo-* + *-tomy*) 睫状肌切开术

cyclotron ['saiklətrɔn] 回旋加速器

cyclotropia [ˌsiklə'trɔpiə] (*cyclo-* + *tropia*) 旋转斜视

cycrimine hydrochloride ['saikrimi:n] 赛克立明

Cycrin ['saikrin] 塞克林:甲羟孕酮制剂的商品名

cyesedema [saiˌi:si'di:mə] 妊娠水肿

cyesiognosis [saiˌi:siəug'nəusis] 妊娠诊断

cyesiology [saiˌi:si'ɔlədʒi] 妊娠学

cyesis [sai'i:sis] (Gr. *kyēsis*) 妊娠

cyestein [sai'esti:n] 孕尿膜

cyesthein [sai'esθi:n] 孕尿膜

cyl ❶ (*cylinder* 的缩写) 圆柱; ❷ (*cylindrical lens* 的缩写) 透镜

cylicotomy [ˌsili'kɔtəmi] 睫状肌切开术

cylinder ['silində] (Gr. *kylindros* a roller) ❶ 圆柱管型; ❷ 圆柱透镜
  axis c. 体轴
  Bence Jones c's 本斯·琼斯氏圆柱体
  crossed c's 两个正交圆柱透镜
  Külz's c. 屈尔茨氏圆柱,昏迷管型
  Leydig's c's 莱迪希氏圆柱体
  Ruffini's c. 鲁菲尼氏圆柱体
  terminal c. 终柱
  urinary c. 尿管型

cylindrarthrosis [ˌsilindrɑ:'θrəusis] (*cylinder* + Gr. *arthrōsis* joint) 柱状关节

cylindrical [sə'lindrikəl] 圆柱状的

cylindriform [sə'lindrifɔ:m] 圆柱状的

cylindrocellular [ˌsilindrə'seljulə] 圆柱细胞的

cylindroid ['silindrɔid] (Gr. *kylindroeyidēs* cylindrical) ❶ 圆柱状的; ❷ 圆柱状体

cylindroma [ˌsilin'drəumə] (*cylinder* + *-oma*) ❶ 圆柱瘤; ❷ 腺样囊性癌

cylindromatous [ˌsilin'drɔmətəs] 圆柱瘤的,腺样囊性癌的

cylindrosarcoma [siˌlindrəsɑ:'kəumə] 圆柱肉瘤

Cylindrothorax [səˌlindrə'θɔ:ræks] 柱胸属
  C. melanocephala 黑头斑蝥

cylindruria [ˌsilin'druəriə] (Gr. *kylindros* cylinder + *ouron* urine + *-ia*) 管型尿,圆柱尿

cylite ['silait] 溴化苄

cyllopodia [ˌsiləu'pəudiə] 畸足,足内翻

cyllosis [sə'lausis] (Gr. *kyllōsis*) 畸形足

cyllosoma [ˌsilə'səumə] (Gr. *kyllos* lame + *sōma* body) 下侧腹露脏下肢不全畸胎

cyllosomus [ˌsilə'sɔməs] 下侧腹露脏下肢不全畸胎

cyllum ['siləm] 膝外翻

cymarose ['saimərəus] 磁麻糖

cymba ['simbə] (pl. *cymbae*) (L., from Gr. *kymbē*) 舟状物
  c. conchae auriculae, c. conchalis auriculae (NA) 耳甲艇

cymbiform ['simbifɔ:m] (L. *cymba* boat + *form*) 舟状的

cymb(o)- (Gr. *kymbē* boat) 舟形

cymbocephalia [ˌsimbəsə'feiliə] 舟状头(畸形)

cymbocephalic [ˌsimbəsə'fælik] (*cymbo-* + Gr. *kephalē* head) 舟状头(畸形)的

cymbocephalous [ˌsimbə'sefələs] 舟状头(畸形)的

cymbocephaly [ˌsimbə'sefəli] 舟状头(畸形)的

cyme [saim] 聚缴花序

cymograph ['simərɑ:f] 记波器

cymose ['saiməus] 聚缴花的

cynanche [sə'nɑŋki] (*cyn-* + Gr. *anchein* to choke) 锁喉,咽峡炎
  c. maligna 坏疽性咽峡炎
  c. tonsillaris 扁桃体周脓肿

cynanthropy [sə'nænθrəpi] (*cyn-* + Gr. *anthrōpos* man) 变犬妄想

cynic ['sinik] (Gr. *kynikos*) 似犬的,犬的

cyn(o)- (Gr. *kyōn* dog) 犬,似犬的

cynocephalic [,sinəsə'fælik] (*cyno-* + Gr. *kephalē* head) 狗头状的

cynodont ['sinədɔnt] (*cyno-* + Gr. *odous* tooth) 尖牙,犬齿

cynomolgus [,sinə'mɔlgəs] 猕猴属之猴,尤指实验研究用的一种猴

Cynomyia [,sinə'maijə] 蓝蝇属

Cynomys ['sinəmis] 草原犬属

cynophobia [,sinə'fəubiə] (*cyno-* + *phobia*) 犬恐怖

cyogenic [,siə'dʒenik] (Gr. *kyos* fetus + *gennan* to produce) 致孕的

Cyon's experiment ['siɔnz] (Elie de *Cyon* (Il'ia Faddeevich Tsion), Russian physiologist, 1842-1912) 齐翁氏实验

cyophoria [,siə'fɔriə] (Gr. *kyos* fetus + *phoros* bearing) 妊娠

cyophoric [,siə'fɔrik] 适于怀孕的

cyopin ['siəpin] (Gr. *kyanos* blue + *pyon* pus) 绿脓色素

cyotrophy [si'ɔtrəfi] (Gr. *kyos* fetus + *trophē* nutrition) 胎儿营养

Cyperus [si'perəs] (L.; Gr. *kypeiros* rush) 莎草属

cyph(o)- 脊柱凸,驼背

cypionate ['sipiəneit] 环戊烷丙酸盐

cypothrin ['sipəθrin] 螺茚扁腈酯

cyprazepam [si'præzəpæm] 环丙利眠宁

cyprinin ['siprinin] 鲤精蛋白甲

cyproheptadine hydrochloride [,siprə'heptədi:n] (USP) 盐酸赛庚定

cyproquinate [,siprə'kwineit] 环丙喹酯

cyproterone acetate [si'prɔtərəun] 醋酸环丙氯地孕酮

Cyriax's syndrome ['siriæksiz] (Edward F. *Cyriax*, British orthopedic surgeon, early 20th century) 西里亚克斯氏综合征

cyrto- (Gr. *kyrtos* bent) 弯曲

cyrtograph ['sə:təugrɑ:f] (*cyrto-* + Gr. *graphein* to write) 胸动描记器

cyrtoid ['saiətɔid] 驼背状的,隆起的

cyrtometer [sə:'tɔmitə] 曲面测量计,曲度计

cyrtosis [sə:'təusis] (Gr. *kyrtōsis*) ❶ 驼背,脊柱后凸; ❷ 骨弯曲

Cys (cysteine 的缩写) 半胱氨酸

Cys-Cys 胱氨酸

cyst [sist] (Gr. *kystis* sac, bladder) ❶ 囊肿; ❷ 包囊

adventitious c. 异物周围囊肿
allantoic c. 脐尿管囊肿
alveolar c's 肺泡囊肿
alveolar hydatid c. 泡状棘球囊
amnionic c. 羊膜囊
aneurysmal bone c. 动脉瘤样骨囊肿
angioblastic c. 成血管细胞囊肿
apical c. 根尖囊肿
arachnoid c. 蛛网膜囊肿
atheromatous c. 表皮囊肿
Baker's c. 贝克氏囊肿
Blessig's c's 布累西格氏囊肿
blue dome c. 蓝顶囊肿
Boyer's c. 布瓦埃氏囊肿
branchial c., branchial cleft c., branchiogenetic c., branchiogenous c. 鳃裂囊肿
bronchial c. 支气管囊肿
bronchogenic c. 支气管囊肿
bronchopulmonary c. 支气管肺囊肿
bursal c. 粘液性囊肿
cervical c. 颈部先天性囊肿
cervical lymphoepithelial c. 颈部淋巴上皮囊肿
chocolate c. 巧克力样囊肿
choledochal c. 先天性胆总管囊肿
choledochus c. 胆总管囊肿
chyle c. 乳糜囊肿
colloid c. 胶样囊肿
compound c. 多房性囊肿
corpus luteum c. 黄体囊肿
craniobuccal c. 颅颊囊肿
daughter c. 子囊
dental c. 牙囊肿
dentigerous c. 含牙囊肿
dermoid c. ①皮样囊肿; ②卵巢良性畸胎瘤
dilatation c. 扩张性囊肿
distention c. 膨胀性囊肿
echinococcus c. 棘球囊肿,刺球蚴
endometrial c. ①子宫内膜异位囊肿; ②子宫内膜瘤
endothelial c. 内皮囊肿
enteric c., enterogenous c. 肠囊肿
ependymal c. 室管膜囊肿

epidermal c. 表皮囊肿
epidermal inclusion c. 表皮包涵囊肿
epidermoid c. ① 表皮囊肿；② 表皮肿瘤
epithelial c. ① 上皮囊肿；② 表皮囊肿
eruption c. 萌芽囊肿
extravasation c. 单房性骨囊肿
exudation c. 渗出液囊肿
false c. 假囊肿
fissural c. 裂囊肿
follicular c. ① 毛囊囊肿；② 滤泡囊肿
ganglionic c. 腱鞘囊肿
Gartner's c., Gartner's duct c., gartnerian c. 加特内氏囊肿
gas c. 含气囊肿
gingival c. 龈囊肿
globulomaxillary c. 球颌突囊肿
granddaughter c. 孙囊
hemorrhagic c. 出血性囊肿
heterotopic oral gastrointestinal c. 异位口腔胃肠囊肿
hydatid c. 棘球(蚴)囊
implantation c. 植入性囊肿
incisive canal c. 切牙管囊肿
inclusion c. 包涵囊肿
intraepithelial c's 上皮内囊肿
intraluminal c's 管腔内囊肿
intrapituitary c's 垂体内囊肿
involution c. 进化性囊肿
Iwanoff's c's 伊万诺夫氏囊肿
keratinizing c., keratinous c. 角化囊肿
lacteal c. 乳腺囊肿
lateral periodontal c. 侧牙周囊肿
leptomeningeal c. 柔脑膜囊肿
lutein c. 黄体囊肿
lymphoepithelial c. 淋巴上皮囊肿
median anterior maxillary c. 上颌前正中囊肿
median mandibular c. 下颌正中囊肿
median palatal c. 腭中囊肿
meibomian c. 睑板腺囊肿
mesenteric c. 肠系膜囊肿
milk c. 乳汁囊肿
morgagnian c. 莫尔加尼氏囊
mother c. 母囊
mucous c. 粘液囊肿
multilocular c. 多房性囊肿
myxoid c. 粘液样囊肿

Naboth's c's, nabothian c's 纳博特氏囊肿
nasoalveolar c., nasolabial c. 鼻唇囊肿
nasopalatine duct c. 鼻腭管囊肿
necrotic c. 坏死(物)囊肿
neural c. 神经系统囊肿
neurenteric c. 神经管原肠囊肿
nevoid c. 痣样囊肿
odontogenic c. 牙原囊肿
oil c. 油脂囊肿
omental c's 网膜囊肿
oophoritic c. 卵巢囊肿
osseous hydatid c's 骨棘球囊
pancreatic c. 胰腺囊肿
paranephric c. 肾旁囊肿
parapyelitic c's 肾盂周炎囊肿
parasitic c. 寄生虫囊
parovarian c. 卵巢冠囊肿
pearl c. 珍珠状囊肿
periapical c. 牙根尖周囊肿
pericardial c. 心包囊肿
perineurial c. 神经周囊肿
periodontal c. 牙周囊肿
pilar c. 毛发囊肿
piliferous c., pilonidal c. 藏毛囊肿, 毛窝瘘
placental c. 胎盘囊肿
porencephalic c. 脑穿通性囊肿
preauricular c., congenital 先天性耳前囊肿
primordial c. 原基囊肿
proliferating trichilemmal c. 增生性毛膜囊肿
pseudomucinous c. 假性粘液囊肿
pyelogenic renal c. 肾盏囊肿
radicular c. 牙根(端)囊肿
residual c. 残余囊肿
retention c. 潴留囊肿
Sampson's c. 桑普生氏囊肿, 巧克力样囊肿
sarcosporidian c. 内孢子虫囊
sebaceous c. 皮脂囊肿
secondary c. 子囊
secretory c. 分泌液潴留囊肿
seminal c. 精液囊肿
serous c. 浆液囊肿
simple bone c. 单房性骨囊肿
soapsuds c's 肥皂液样囊肿

solitary bone c. 单房性骨囊肿
springwater c. 心包囊肿
sterile c. 不育囊
subchondral c. 软骨下囊肿
sublingual c. 舌下囊肿
subsynovial c. 滑膜下囊肿
suprasellar c. 蝶鞍上囊肿
synovial c. 滑囊囊肿
Tarlov c. 神经周囊肿
tarry c. 柏油样囊肿
tarsal c. 睑板腺囊肿
thecal c. 腱鞘囊肿
theca-lutein c. 卵泡膜黄体囊肿
thymic c's 胸膜囊肿
thyroglossal c., thyrolingual c. 甲状舌管囊肿
tissue c. 组织囊肿
Tornwaldt's c. 托伦瓦耳特氏囊肿
traumatic bone c. 损伤性骨囊肿
trichilemmal c. 毛发囊肿
true c. 真性囊肿
tubular c. 管囊肿
umbilical c. 脐囊肿
unicameral c. 单房性囊肿
unicameral bone c. 单房性骨囊肿
unilocular c. 单房性囊肿
urachal c. 脐尿管囊肿
urinary c. 尿囊肿
vitellointestinal c. 卵黄管囊肿
wolffian c. 午非氏管囊肿，中肾管囊肿
cystadenocarcinoma [sis,tædənə,kɑːsi-'nəumə] (*cyst-* + *adenocarcinoma*) 囊腺癌
mucinous c. 粘液性囊腺瘤
papillary c. 乳头状囊腺瘤
pseudomucinous c. 假粘液性囊腺瘤
serous c. 浆液性囊腺瘤
cystadenoma [,sistædə'nəumə] (*cyst-* + *adenoma*) 囊腺瘤
apocrine c. 泌离囊腺瘤
bile duct c. 胆道腺瘤
mucinous c. 粘液性囊腺瘤
papillary c. ①乳头状囊瘤；②乳腺瘤
papillary c. lymphomatosum 乳头状淋巴性囊腺瘤
papillary c. of thyroid 乳头状甲状腺囊腺瘤
pseudomucinous c. 假粘液性囊腺瘤

serous c. 浆液性囊腺瘤
cystalgia [sis'tældʒiə] (*cyst-* + *-algia*) 膀胱痛
γ-cystathionase [,sistə'θaiəneis] 胱硫醚 γ-裂解酶
cystathionine [,sistə'θaiəniːn] 胱硫醚
cystathionine γ-lyase [,sistə'θaiəniːn 'lieis] (EC 4.4.1.1) 胱硫醚 γ-裂解酶
cystathionine β-synthase [,sistə'θaiəniːn 'sinθeis] (EC 4.2.1.22) 胱硫醚 β-合成酶
cystathionine β-synthase deficiency 胱硫醚 β-合成酶缺乏症
cystathioninuria [,sistə,θaiəni'njuəriə] 胱硫醚尿
cystatrophia [,sistə'trɔfiə] (*cyst-* + Gr. *atrophia* atrophy) 膀胱萎缩
cystauchenitis [,sistɔːkə'naitis] (*cyst-* + Gr. *auchēn* neck + *-itis*) 膀胱颈炎
cystauchenotomy [,sistɔːkə'nɔtəmi] (*cyst-* + Gr. *auchēn* neck + *tomē* cut) 膀胱颈切开术
cysteamine ['sistiə,miːn] 半胱胺
cystectasia [,sistek'teiziə] (*cyst-* + Gr. *ektasis* dilatation) 膀胱扩张术
cystectasy [sis'tektəsi] 膀胱扩张术
cystectomy [sis'tektəmi] (*cyst-* + Gr. *ektomē* excision) ❶囊切除术；❷膀胱切除术
cysteic acid [sis'tiːik] 磺基丙氨酸
cysteine [sis'tiːin] 半胱氨酸
c. hydrochloride 盐酸半胱氨酸
cysteine endopeptidase [sis'tiːin ,endə'peptideis] (EC 3.4.22) 半胱氨酸肽链内切酶
cysteine-type carboxypeptidase ['sistiːintaip kɑː,bɔksi'peptideis] 半胱氨酸型羧肽酶酸
cysteinyl ['sistiːnil] 半胱氨酰
cystelcosis [,sistel'kəusis] (*cyst-* + Gr. *helkōsis* ulceration) 膀胱溃疡
cystencephalus [,sistən'sefələs] (*cyst-* + Gr. *enkephalos* brain) 囊性脑畸胎
cysterethism [sis'terəθizəm] (*cyst-* + Gr. *erethismos* irritation) 膀胱过敏
cysthypersarcosis [,sist,haipəsɑː'kəusis] (*cyst-* + Gr. *hyper* over + *sarkōsis* growth of flesh) 膀胱肌肥厚
cysti- 囊肿，膀胱
cystic ['sistik] (Gr. *kystis* bladder) ❶囊的；❷膀胱的，胆囊的

cysticerci [ˌsisti'səːsi] 囊尾蚴。cysticercus 的复数形式

cysticercoid [ˌsisti'səːkɔid] 似囊尾蚴

cysticercosis [ˌsistisəː'kəusis] 囊尾蚴病

Cysticercus [ˌsisti'səːkəs] (Gr. *kystis* bladder + *kerkos* tail) 囊尾蚴属
  C. **bovis** 牛囊尾蚴
  C. **cellulosae** 猪囊尾蚴
  C. **ovis** 羊囊尾蚴
  C. **tenuicollis** 细颈囊尾蚴

cysticercus [ˌsisti'səːkəs] (pl. *cysticerci*) 囊尾蚴

cysticolithectomy [ˌsistiˌkɔli'θektəmi] (Gr. *kystis* bladder + *lithos* stone + *ektomē* excision) 胆囊管切开取石术

cysticolithotripsy [ˌsistikə'liθətripsi] 胆囊管碎石术

cysticorrhaphy [ˌsisti'kɔrəfi] (*cystic* duct + *rhaphē* suture) 胆囊管缝术

cysticotomy [ˌsisti'kɔtəmi] (*cystic* duct + Gr. *tomē* a cutting) 胆囊管切开术

cystides ['sistidiːz] 囊,囊肿。cystis 的复数形式

cystid(o)- 囊,囊肿,膀胱

cystidoceliotomy [ˌsistidəˌseli'ɔtəmi] 剖腹膀胱切开术

cystidolaparotomy [ˌsistidəˌlæpə'rɔtəmi] (*cystido-* + *laparotomy*) 剖腹膀胱切开术

cystidotrachelotomy [ˌsistidəˌtræki'lɔtəmi] (*cystido-* + Gr. *trachēlos* neck + *tomē* a cutting) 膀胱颈切开术

cystiferous [sis'tifərəs] 含囊的

cystiform ['sistifɔːm] (*cysti-* + L. *forma* form) 囊状的

cystigerous [sis'tidʒərəs] (*cysti-* + L. *gerere* to bear) 含囊的

cystine ['sistiːn] 胱氨酸

cystinemia [ˌsisti'niːmiə] 胱氨酸血症

cystinosis [ˌsisti'nəusis] 胱氨酸病

cystinuria [ˌsisti'njuəriə] 胱氨酸尿

cystinuric [ˌsisti'njuərik] 胱氨酸尿的

cystipathy [ˌsisti'pəθi] 膀胱病

cystirrhagia [ˌsisti'reidʒiə] 膀胱出血

cystirrhea [ˌsisti'riːə] 膀胱粘液溢,膀胱卡他

cystis ['sistis] (pl. *cystides*) (Gr. *kystis*) 囊,囊肿

  c. **fellea** 胆囊

cystistaxis [ˌsisti'stæksis] (*cysti-* + Gr. *staxis* dripping) 膀胱渗血

cystitis [sis'taitis] 膀胱炎
  allergic c. 变应性膀胱炎
  bacterial c. 细菌性膀胱炎
  catarrhal c., acute 急性卡他性膀胱炎
  c. **colli** 膀胱颈炎
  croupous c. 白喉性膀胱炎
  cystic c., c. cystica 囊肿性膀胱炎
  diphtheritic c. 白喉性膀胱炎
  c. **emphysematosa** 气肿性膀胱炎
  eosinophilic c. 嗜酸细胞性膀胱炎
  exfoliative c. 剥脱性膀胱炎
  c. **follicularis** 滤泡性膀胱炎
  c. **glandularis** 腺性膀胱炎
  incrusted c. 结痂性膀胱炎
  interstitial c., chronic 慢性间质性膀胱炎
  mechanical c. 机械刺激性膀胱炎
  panmural c. 慢性间质性膀胱炎
  c. **papillomatosa** 乳头瘤性膀胱炎
  c. **senilis feminarum** 老年女性膀胱炎
  submucous c. 粘膜下膀胱炎

cystitome ['sistitəum] (*cysti-* + *-tome*) 晶状体囊刀

cystitomy [sis'titəmi] (*cysti-* + *-tomy*) 晶状体囊切开术

cyst(o)- (Gr. *kystis* a sac or bladder) (pl. *kystides*) 囊,囊肿,膀胱

cystoadenoma [ˌsistəˌædə'nəumə] 囊腺瘤

cystoblast ['sistəblæst] (*cysto-* + Gr. *blastos* germ) 囊层

cystocele ['sistəsiːl] (*cysto-* + Gr. *kēlē* hernia) 膀胱膨出

cystochrome ['sistəkrəum] (*cysto-* + Gr. *chrōma* color) 尿着色合剂

cystochromoscopy [ˌsistəkrə'mɔskəpi] 尿染色膀胱镜检查

cystocolostomy [ˌsistəkə'lɔstəmi] (*cysto-* + *colostomy*) 膀胱结肠口吻合术

cystodiaphanoscopy [ˌsistəˌdiəfə'nɔskəpi] (*cysto-* + *diaphanoscopy*) 膀胱透照检查

cystoduodenostomy [ˌsistəˌdjuədi'nɔstəmi] 囊十二指肠造口吻合术

cystodynia [ˌsistə'diniə] (*cysto-* + Gr. *odynē* pain) 膀胱痛

cystoelytroplasty [ˌsistəi'litrəplæsti] (*cys-*

cystoenterocele [ˌsɪstə'entərəsiːl] 膀胱肠疝

cystoepiplocele [ˌsɪstəɪ'pɪpləsiːl] 膀胱网膜疝

cystoepithelioma [ˌsɪstəˌepɪθɪlɪ'əumə] 囊上皮瘤

cystofibroma [ˌsɪstəfaɪ'brəumə] 囊性纤维瘤

cystogastrostomy [ˌsɪstəgæs'trɔstəmɪ] 囊肿胃吻合引流术

cystogram ['sɪstəgræm] 膀胱X线照片

cystography [sɪs'tɔgrəfɪ] (*cysto-* + Gr. *graphein* to write) 膀胱造影术
  delayed c. 延时膀胱造影术
  voiding c. 排尿膀胱造影术

cystohemia [ˌsɪstə'hiːmɪə] 膀胱充血

cystoid ['sɪstɔɪd] (*cysto-* + Gr. *eidos* form) ❶ 囊样的; ❷ 类囊肿

cystojejunostomy [ˌsɪstədʒɪdʒu'nɔstəmɪ] 囊空肠造口吻合术

cystolith ['sɪstəlɪθ] (*cysto-* + *lithos* stone) 膀胱结石

cystolithectomy [ˌsɪstəlɪ'θektəmɪ] (*cysto-* + Gr. *lithos* stone + *ektomē* excision) 膀胱结石切除术

cystolithiasis [ˌsɪstəlɪ'θaɪəsɪs] (*cysto-* + Gr. *lithos* stone) 膀胱结石病

cystolithic [ˌsɪstə'lɪθɪk] 膀胱结石的

cystolithotomy [ˌsɪstəlɪ'θɔtəmɪ] 膀胱结石切除术

cystoma [sɪs'təumə] (*cysto-* + *-oma*) 囊瘤
  c. serosum simplex 单纯性浆液性囊瘤 (卵巢)

cystomatitis [ˌsɪstəmə'taɪtɪs] 囊瘤炎

cystomatous [sɪs'tɔmətəs] 囊瘤的

cystometer [sɪs'tɔmɪtə] (*cysto-* + Gr. *metron* measure) 膀胱内压测量器

cystometrogram [ˌsɪstə'metrəgræm] 膀胱内压图

cystometrography [ˌsɪstəmə'trɔgrəfɪ] 膀胱内压描记法

cystometry [sɪs'tɔmɪtrɪ] 膀胱内压测量法

cystomorphous [ˌsɪstə'mɔːfəs] (*cysto-* + Gr. *morphē* from) 囊形的

cystonephrosis [ˌsɪstənə'frəusɪs] (*cysto-* + Gr. *nephros* kidney) 肾囊状肿大

cystoneuralgia [ˌsɪstənju'rældʒɪə] (*cysto-* + *neuralgia*) 膀胱神经痛

cystoparalysis [ˌsɪstəpə'rælɪsɪs] 膀胱麻痹

cystopexy ['sɪstəpeksɪ] (*cysto-* + Gr. *pēxis* fixation) 膀胱固定术

cystophlegmatic [ˌsɪstəfleg'mætɪk] 膀胱粘液的

cystophorous [sɪs'tɔfərəs] (*cysto-* + Gr. *phoros* bearing) 含囊的

cystophotography [ˌsɪstəfə'tɔgrəfɪ] 膀胱内照相术

cystophthisis [sɪs'tɔfθɪsɪs] (*cysto-* + Gr. *phthisis* consumption) 膀胱结核

cystoplasty ['sɪstəplæstɪ] (*cysto-* + Gr. *plassein* to mold) 膀胱成形术
  augmentation c. 膀胱扩大成形术

cystoplegia [ˌsɪstə'pliːdʒɪə] (*cysto-* + Gr. *plēgē* stroke) 膀胱麻痹

cystoproctostomy [ˌsɪstəprəuk'təustəmɪ] (*cysto-* + Gr. *proktos* rectum + *stomoun* to provide with an opening, or mouth) 膀胱直肠造口吻合术

cystoptosis [ˌsɪstəp'təusɪs] (*cysto-* + Gr. *ptōsis* a falling) 膀胱下垂

cystopyelitis [ˌsɪstəˌpaɪə'laɪtɪs] 膀胱肾盂炎

cystopyelography [ˌsɪstəˌpaɪə'lɔgrəfɪ] 膀胱肾盂造影术

cystopyelonephritis [ˌsɪstəˌpaɪələnə'fraɪtɪs] (*cysto-* + Gr. *pyelos* pelvis + *nephros* kidney + *-itis*) 膀胱肾盂肾炎

cystoradiography [ˌsɪstəˌreɪdɪ'ɔgrəfɪ] (*cysto-* + *radiography*) 膀胱造影术

cystorectostomy [ˌsɪstərek'tɔstəmɪ] 膀胱直肠造口吻合术

cystorrhagia [ˌsɪstə'reɪdʒɪə] (*cysto-* + Gr. *rhēgnynai* to burst forth) 膀胱出血

cystorrhaphy [sɪs'tɔrəfɪ] (*cysto-* + Gr. *rhaphē* suture) 膀胱缝术

cystorrhea [ˌsɪstə'rɪə] (*cysto-* + Gr. *rhoia* flow) 膀胱粘液溢

cystorrhexis [ˌsɪstə'reksɪs] 膀胱破裂

cystosarcoma [ˌsɪstəsɑː'kəumə] 囊性肉瘤
  c. phyllodes 叶状囊性肉瘤

cystoschisis [sɪs'tɔskɪsɪs] (*cysto-* + Gr. *schisis* fissure) 膀胱裂

cystosclerosis [ˌsɪstəsklə'rəusɪs] 囊肿硬化

cystoscope ['sɪstəskəup] (*cysto-* + Gr. *skopein* to examine) 膀胱镜

cystoscopic [ˌsistə'skɔpik] 膀胱镜检查的
cystoscopy [sis'tɔskəpi] 膀胱镜检查
cystose ['sistəus] 像囊的
cystospasm ['sistəspæzəm] (*cysto-* + Gr. *spasmos* spasm) 膀胱痉挛
cystospastic [ˌsistə'pæstik] 膀胱痉挛的
Cystospaz ['sistəspæz] 希斯特斯巴兹：莨菪碱制剂的商品名
cystospermitis [ˌsistəspə'maitis] (*cysto-* + Gr. *sperma* semen) 精囊炎
cystostaxis [ˌsistə'stæksis] 膀胱渗血
cystostomy [sis'tɔstəmi] (*cysto-* + Gr. *stoma* opening) 膀胱造口术
　　tubeless c. 无管膀胱造口术
cystotome ['sistətəum] (*cysto-* + *-tome*) ❶ 膀胱刀；❷ 晶状体囊刀
cystotomy [sis'tɔtimi] 膀胱切开术
　　suprapubic c. 耻骨上膀胱切开术
cystotrachelotomy [ˌsistəˌtræki'lɔtəmi] (*cysto-* + Gr. *trachēlos* neck + *tomē* a cut) 膀胱颈切开术
cystoureteritis [ˌsistəjuˌritə'raitis] 膀胱输尿管炎
cystoureterogram [ˌsistəju'retərəgræm] 膀胱输尿管造影照片
cystoureteropyelitis [ˌsistəjuˌritərəˌpiə'laitis] 膀胱输尿管肾盂炎
cystoureteropyelonephyritis [ˌsistəjuˌritərəˌpiələnə'fraitis] 膀胱输尿管肾盂肾炎
cystourethritis [ˌsistəjuri'θraitis] 膀胱尿道炎
cystourethrocele [ˌsistəju'reθrəsi:l] 膀胱尿道脱垂
cystourethrogram [ˌsistəju'reθrəgræm] 膀胱尿道造影照片
cystourethrography [ˌsistəjuri'θrɔgrəfi] 膀胱尿道照相术
　　chain c. 链标膀胱尿道照相术
　　voiding c. 排尿膀胱尿道照相术
cystourethroscope [ˌsistəju'reθrəskəup] 膀胱尿道镜
cystous ['sistəs] ❶ 囊的；❷ 含囊的
cystyl ['sistil] 胱氨酰
Cytadren ['saitədrən] 塞特准：氨基苯乙哌啶酮制剂的商品名
cytapheresis [ˌsaitəfə'ri:sis] (*cyt-* + Gr. *aphairesis* removal) 细胞单采法
cytarabine [si'tærəbi:n] (USP) 阿糖胞苷

cytarme [si'tɑ:mi] (Gr. *kytos* cell + *armē* union) 分裂球变扁
cytase ['saiteis] 细胞溶解酶
cytaster ['sitæstə] (Gr. *kytos* hollow vessel + *astēr* star) 细胞星体
Cytauxzoon [ˌsitɔ:k'zəuən] (*cyt-* + *aux-* + Gr. *zōon* animal) 胞质虫
　　C. felis 猫属胞质虫
cytauxzoonosis [ˌsitɔ:kˌzəuə'nəusis] 胞质虫病
-cyte (Gr. *kytos* hollow vessel) 细胞
Cytellin [si'telin] 麦固醇：谷甾醇制剂的商品名
cytemia [sai'ti:miə] 异种细胞血症
cythemolysis [ˌsiθə'mɔlisis] 血细胞溶解
cytheromania [ˌsiθərə'meiniə] (Gr. *Kythereia* Venus + *mania* madness) 慕男狂, 女子色情狂
cytidine ['sitidi:n] 胞(核)嘧啶核苷
　　c. diphosphate (CDP) 二磷酸胞苷
　　c. monophosphate (CMP) 一磷酸胞苷
　　c. triphosphate (CTP) 三磷酸胞苷
cytidine deaminase ['sitidi:n di'æmineis] (EC 3.5.4.5) 胞(嘧啶核)苷脱氨酸
cytidylate [ˌsiti'dileit] 胞(嘧啶核)苷酸 (离解形式)
cytidylate kinase [ˌsiti'dileit 'kineis] (EC 2.7.4.14) 胞(嘧啶核)苷酸激酶
cytidylic acid [ˌsiti'dilik] 胞(嘧啶核)苷酸
cytidylyl [ˌsiti'dilil] 胞(嘧啶核)苷酰
cytisine ['sitisin] (Gr. *kytisos* laburnum) 金雀化碱, 野靛碱
cytisism ['sitisizəm] 金雀花中毒
Cytisus ['sitisəs] 金雀花属
cyt(o)- (Gr. *kytos* hollow vessel) 细胞
cytoanalyzer [ˌsitə'ænəlaizə] 细胞分析仪
cytoarchitectonic [ˌsitəɑ:kitek'tɔnik] ❶ 细胞结构学的；❷ 细胞结构的
cytoarchitectonics [ˌsitəɑ:kitek'tɔniks] ❶ 细胞结构；❷ 细胞结构学
cytoarchitectural [ˌsitəɑ:ki'tektʃərəl] 细胞结构的
cytoarchitecture [ˌsitə'ɑ:kitektʃə] 细胞结构
cytobiology [ˌsitəbai'ɔlədʒi] (*cyto-* + *biology*) 细胞生物学
cytobiotaxis [ˌsitəbaiə'tæksis] (*cyto-* + Gr. *bios* life + *taxis* arrangement) 细胞

互应性

cytocannibalism [ˌsitəˈkænibælizəm] 细胞互噬

cytocentrum [ˌsitəˈsentrəm] (*cyto-* + Gr. *kentron* center) 中心体,中心粒

cytocerastic [ˌsitəsəˈræstik] 细胞发育的

cytochalasin [ˌsitəˈkæləsin] 细胞松弛素
c. B 细胞松弛素 B

cytochemism [ˌsitəˈkemizəm] (*cyto-* + *chemism*) 细胞化学作用

cytochemistry [ˌsitəˈkemistri] (*cyto-* + *chemistry*) 细胞化学

cytochrome [ˈsaitəkrəum] (*cyto-* + Gr. *chrōma* color) 细胞色素

cytochrome oxidase [ˈsaitəkrəum ˈɔksideis] 细胞色素氧化酶

cytochrome-c oxidase [ˈsaitəkrəum ˈɔksideis] (EC 1.9.3.1) 细胞色素 C 氧化酶

cytochrome-c oxidase deficiency 细胞色素 C 氧化酶缺乏

cytochrome-b_5 reductase [ˈsaitəkrəum riˈdʌkteis] (EC 1.6.2.2) 细胞色素 b_5 还原酶

cytochylema [ˌsitəkaiˈliːmə] (*cyto-* + Gr. *chylos* juice) 细胞浆,透明质

cytocidal [ˌsitəˈsaidəl] 杀细胞的

cytocide [ˈsaitəsaid] (*cyto-* + L. *caedere* to kill) 杀细胞药

cytocinesis [ˌsitəsiˈniːsis] 胞质分裂

cytoclasis [siˈtɔkləsis] (*cyto-* + Gr. *klasis* a breaking) 细胞破碎

cytoclastic [ˌsitəˈklæstik] ❶ 细胞破碎的; ❷ 引起细胞破碎的

cytoclesis [ˌsitəˈkliːsis] (*cyto* + Gr. *klēsis* a call) 细胞互应性

cytocletic [ˌsitəˈkletik] 细胞互应性的

cytocuprein [ˌsitəˈkjupriːn] 超氧化物歧化酶

cytode [ˈsaitəud] (*cyto-* + Gr. *eidos* form) 无核细胞

cytodendrite [ˌsitəˈdendrait] (*cyto-* + *dendrite*) 胞体树突

cytodesma [ˌsitəˈdezmə] (*cyto-* + Gr. *desma* band) 细胞桥

cytodiagnostic [ˌsitəˌdaiəgˈnɔstik] 细胞诊断的

cytodieresis [ˌsitədaiˈerəsis] (*cyto-* + Gr. *diairesis* division) 细胞分裂

cytodifferentiation [ˌsitəˌdifəˈrenʃiˈeiʃən] 细胞分化

cytodistal [ˌsitəˈdistəl] (*cyto-* + *distal*) 远离细胞的

cytoflav [ˈsaitəflæv] 核黄素磷酸脂

cytogene [ˈsaitədʒiːn] 细胞质基因

cytogenesis [ˌsitəˈdʒenəsis] (*cyto-* + Gr. *genesis* origin) 细胞发生

cytogenetical [ˌsitədʒəˈnetikəl] 细胞遗传学的

cytogeneticist [ˌsitədʒəˈnetisist] 细胞遗传学家

cytogenetics [ˌsitədʒəˈnetiks] 细胞遗传学
clinical c. 临床细胞遗传学

cytogenic [ˌsitəˈdʒenik] ❶ 细胞发生的; ❷ 形成或产生细胞的

cytogenous [siˈtɔdʒənəs] (*cyto-* + Gr. *gennan* to produce) 产生细胞的

cytogeny [siˈtɔdʒəni] ❶ 细胞发生; ❷ 细胞谱系

cytoglobin [ˌsitəˈɡləubin] 细胞球蛋白

cytoglomerator [ˌsitəˈɡlɔməreitə] 血细胞团集器

cytoglucopenia [ˌsitəˌɡluːkəˈpiːniə] (血)细胞糖份过少

cytoglycopenia [ˌsitəˌɡlaikəˈpiːniə] (*cyto-* + *glucose* + Gr. *penia* poverty) 细胞糖份过少

cytogony [siˈtɔɡəni] (*cyto-* + Gr. *gonos* seed) 细胞性繁殖

cytohistogenesis [ˌsitəˌhistəˈdʒenəsis] (*cyto-* + Gr. *histos* web + *genesis* formation) 细胞(组织)发生

cytohistologic [ˌsitəˌhistəˈlɔdʒik] 细胞组织学的

cytohistology [ˌsitəhisˈtɔlədʒi] 细胞组织学

cytohormone [ˌsitəˈhɔːməun] (*cyto-* + *hormone*) 细胞激素

cytohyaloplasm [ˌsitəˈhailəplæzəm] (*cyto-* + Gr. *hyalos* crystal + *plasma* plasm) 细胞透明质

cytoid [ˈsaitɔid] (*cyto-* + Gr. *eidos* form) 细胞状的

cytokalipenia [ˌsitəˌkæliˈpiːniə] (*cyto-* + L. *kalium* potassium + Gr. *penia* poverty) 细胞钾缺乏

cytokerastic [ˌsitəkəˈræstik] (*cyto-* + Gr. *kerastos* mixed) 细胞发育的

cytokine ['saitəkain] (*cyto-* + Gr. *kinēsis* movement) 细胞活素

cytokinesis [ˌsaitəki'niːsis] (*cyto-* + Gr. *kinēsis* motion) 胞质分裂，胞质变动

cytokinin [ˌsaitə'kinin] 细胞激肽

cytolergy [si'tɔlədʒi] 细胞活动

cytologic [ˌsaitə'lɔdʒik] 细胞学的

cytologist [si'tɔlədʒist] 细胞学家

cytology [si'tɔlədʒi] (*cyto-* + *-logy*) 细胞学

   aspiration biopsy c. (ABC) 针吸活组织检查细胞学

   exfoliative c. 脱落细胞学

cytolymph ['saitəlimf] (*cyto-* + *lymph*) 细胞浆, 透明质

cytolysate [si'tɔləseit] 细胞溶解液

   blood c. 血细胞溶解液

cytolysin [si'tɔlisin] 细胞溶素

cytolysis [si'tɔləsis] (*cyto-* + Gr. *lysis* dissolution) 细胞溶解

   immune c. 免疫细胞溶解

cytolysosome [ˌsaitə'laisəsəum] 细胞溶酶体

cytolytic [ˌsaitə'litik] 细胞溶解的

cytoma [si'təumə] 细胞瘤

cytomachia [ˌsaitə'mækiə] 细胞抗争

cytomegalic [ˌsaitəme'gælik] 巨细胞的

cytomegaloviruria [ˌsaitəˌmegələvi'ruəriə] 巨细胞病毒尿

Cytomegalovirus [ˌsaitə'megələvaiərəs] (*cyto-* + *megalo-* + *virus* from the appearance of infected cells) 巨细胞病毒

cytomegalovirus [ˌsaitə'megələvaiərəs] 巨细胞病毒

Cytomel ['saitəməl] 塞特莫尔：三碘甲腺原氨酸钠制剂的商品名

cytomere ['saitəmiə] (*cyto-* + Gr. *meros* part) 裂殖子胚

cytometaplasia [ˌsaitəˌmetə'pleiziə] (*cyto-* + Gr. *metaplasis* change) 细胞变异

cytometer [si'tɔmitə] (*cyto-* + *-meter*) 血细胞计数器

   flow c. 流量细胞计数器

cytometry [si'tɔmitri] 血细胞计数

   flow c. 流量血细胞计数法

cytomicrosome [ˌsaitə'maikrəusəm] 细胞浆微粒

cytomitome [ˌsaitə'maitəum] (*cyto-* + Gr. *mitos* thread) 胞质网丝

cytomorphology [ˌsaitəmɔː'fɔlədʒi] 细胞形态学

cytomorphosis [ˌsaitəmɔː'fəusis] (*cyto-* + Gr. *morphōsis* a shaping) 细胞变形

cyton ['saitən] 神经元细胞体

cytonecrosis [ˌsaitənə'krəusis] 细胞坏死

cytopathic [ˌsaitə'pæθik] 细胞病变的

cytopathogenesis [ˌsaitəˌpæθə'dʒenəsis] 细胞病变发生

cytopathogenetic [ˌsaitəˌpæθədʒə'netik] 细胞病变发生的

cytopathogenic [ˌsaitəˌpæθə'dʒenik] 致细胞病变的

cytopathogenicity [ˌsaitəˌpæθədʒə'nisiti] 致细胞变性

cytopathologic [ˌsaitəˌpæθə'lɔdʒik] 细胞病理学的

cytopathological [ˌsaitəˌpæθə'lɔdʒikəl] 细胞病理学的

cytopathologist [ˌsaitəpə'θɔlədʒist] 细胞病理学家

cytopathology [ˌsaitəpə'θɔlədʒi] (*cyto-* + Gr. *pathos* disease + *-logy*) 细胞病理学

cytopenia [ˌsaitə'piːniə] (*cyto-* + Gr. *penia* poverty) 血细胞减少

Cytophaga [si'tɔfəgə] 噬细胞菌科

cytophagocytosis [ˌsaitəˌfægəsai'təusis] 细胞吞噬作用

cytophagous [si'tɔfəgəs] (*cyto-* + Gr. *phagein* to eat) 吞噬细胞的

cytophagy [si'tɔfədʒi] 细胞吞噬作用

cytopharynx [ˌsaitə'færiŋks] (*cyto-* + *pharynx*) 胞咽

cytophil ['saitəfil] 嗜细胞体

cytophilic [ˌsaitə'filik] (*cyto-* + *philein* to love) 嗜细胞的

cytophotometer [ˌsaitəfə'tɔmitə] 细胞光度计

cytophotometric [ˌsaitəˌfɔtə'metrik] 细胞光度测定的

cytophotometry [ˌsaitəfə'tɔmitri] 细胞光度测定

cytophylactic [ˌsaitəfə'læktik] 细胞防御的

cytophylaxis [ˌsaitəfə'læksis] (*cyto-* + Gr. *phylaxis* a guarding) ❶ 细胞防御；❷ 细胞活性增强

cytophyletic [ˌsaitəfə'letik] (*cyto-* + Gr.

phylē a tribe) 细胞谱系的
cytophysics [ˌsitə'fiziks] 细胞物理学
cytophysiology [ˌsitəˌfizi'ɔlədʒi] (*cyto-* + *physiology*) 细胞生理学
cytopigment [ˌsitə'pigmənt] 细胞色素
cytopipette [ˌsitəpi'pet] 细胞吸管
cytoplasm ['saitəplæzəm] (*cyto-* + Gr. *plasma* plasm) 细胞质
cytoplasmic [ˌsitə'plæzmik] 胞质的
cytoplast ['saitəplæst] 胞质体,无核细胞
cytoproct ['saitəprɔkt] (*cyto-* + Gr. *prōktos* anus) 胞肛
cytoproximal [ˌsitə'prɔksiməl] (*cyto-* + *proximal*) 近细胞的
cytopyge [ˌsitə'pidʒi] (*cyto-* + *pygē* rump) 胞肛
cytoreductive [ˌsitərə'dʌktiv] 细胞减数的
cytoreticulum [ˌsitərə'tikjuləm] (*cyto-* + L. *reticulum* network) 胞质网
cytorrhyctes [ˌsitə'riktiːz] (*cyto-* + Gr. *oryssein* to dig) 细胞包涵体
Cytosar-U ['saitəsɑː] 塞特沙-U:阿糖胞苷制剂的商品名
cytoscopy [si'tɔskəpi] (*cyto-* + Gr. *skopein* to examine) 细胞检查
cytosiderin [ˌsitə'sidərin] 细胞铁质
cytosine ['saitəsiːn] 胞嘧啶
  c. arabinoside 阿糖胞苷
cytosine deaminase ['saitəsiːn di'æmineis] (EC 3.5.4.1) 胞嘧啶脱氨酶
cytoskeletal [ˌsitə'skelitəl] 细胞支架的
cytoskeleton [ˌsitə'skelitən] 细胞支架
cytosol ['saitəsɔl] 细胞溶质,胞液
cytosol aminopeptidase ['saitəsɔl əˌmiːmə'peptideis] 胞液氨基肽酶
cytosolic [ˌsitə'sɔlik] 细胞溶质的
cytosome ['saitəsəum] (*cyto-* + Gr. *sōma* body)❶细胞体;❷ 多片层体
cytospongium [ˌsitə'spɔndʒiəm] (*cyto-* + Gr. *spongos* sponge) 细胞海绵质
cytost ['saitəst] (Gr. *kytos* hollow vessel) 细胞损伤毒素
cytostasis [si'tɔstəsis] (*cyto-* + Gr. *stasis* halt) 白细胞淤积
cytostatic [ˌsitə'stætik] (*cyto-* + Gr. *statikos* bringing to a standstill)❶ 细胞生长繁殖抑制的;❷ 细胞生长繁殖抑制剂
cytostome ['saitəstəum] (*cyto-* + *stoma* mouth)细胞口
cytostromatic [ˌsitəstrə'mætik] (*cyto-* + *stroma*) 细胞基质的
cytotactic [ˌsitə'tæktik] 细胞趋化性的
cytotaxigen [ˌsitə'tæksidʒən] 细胞趋化素原
cytotaxin [ˌsitə'tæksin] 细胞趋化素
cytotaxis [ˌsitə'tæksis] (*cyto-* + Gr. *taxis* arrangement) 细胞吸引,细胞趋化性
Cytotec ['sitətik] 塞特泰克:前列腺素地耳制剂的商品名
cytotherapy [ˌsitə'θerəpi] 细胞疗法
cytothesis [si'tɔθəsis] (*cyto-* + Gr. *thesis* placing) 细胞机能恢复
cytotoxic [ˌsitə'tɔksik] 细胞毒素的
cytotoxicity [ˌsitətɔk'sisiti] 细胞毒性
  antibody-dependent cell-mediated c., **antibody-dependent cellular c.** (ADCC) 抗体依赖细胞介导性细胞毒性
cytotoxin [ˌsitə'tɔksin] (*cyto-* + *toxin*) 细胞毒素
cytotrophoblast [ˌsitə'trɔfəblæst] (*cyto-* + Gr. *trophē* nutrition + *blastos* germ) 细胞滋养层
cytotrophy [ˌsitə'trɔufi] 细胞营养
cytotropic [ˌsitə'trɔpik] (*cyto-* + Gr. *tropos* a turning) 趋细胞的,亲细胞的
cytotropism [si'tɔtrəpizəm] ❶ 细胞应激运动;❷趋细胞性,亲细胞性
Cytovene ['sitəviːn] 塞特文:羟甲基无环鸟苷钠制剂的商品名
Cytoxan [si'tɔksən] 癌得星:环磷酰胺制剂的商品名
cytozoic [ˌsitə'zəuik] 细胞内寄生的
cytozyme ['saitəzaim] 凝血致活酶,凝血激酶
cyturia [si'tjuəriə] (*cyt-* + *-uria*) 细胞尿症
Czermak's spaces (**lines**) ['tʃemɑːks] (Johann Nepomuk *Czermak*, Czech physician, 1828-1873) 策马克氏间隙(线),球间隙
Czerny's suture ['tʃeniːz] (Vincenz *Czerny*, Czech surgeon in Germany, 1842-1916) 切尔尼氏缝术
Czerny-Lembert suture ['tʃeni lɑː'beə] (Vincenz *Czerny*; Antoine *Lembert*, French surgeon, 1802-1851) 切-拉二氏缝术

D

D ❶ (*diffusing capacity* 的符号) 弥散量; ❷ (*dalton* 的符号) 道尔顿; ❸ (*deciduous* 的符号) 脱落的; ❹ (*density* 的符号) 密度; ❺ (*deuterium* 的符号) 氘,重氢; ❻ (*died* 的符号) 已死的; ❼ (*diopter* 的符号) 屈光度; ❽ (*distal* 的符号) 远侧的,远中的; ❾ (*dorsal vertebrae* 的符号) 背脊椎 (D1-D12); ❿ (*dose* 的符号) 量,剂量; ⓫ (*duration* 的符号) 延续时间; ⓬ (*dwarf* 的符号) 侏儒菌落; ⓭ (*decimal reduction time* 的符号) 十进制折合时间

D. ❶ (L. *dosis* 的缩写) 量,剂量; ❷ (*da* 的缩写) 给; ❸ (*detur* 的缩写) 须给予; ❹ (*dexter* 的缩写) 右

2,4-D (2,4-dichlorophenoxyacetic acid 的缩写) 24 滴,二四滴,2,4-二氯苯氧乙酸

D₃₇ 将生存率(例如细胞的)减至 e^{-1} 或 0.37所必需的剂量

D_L 肺弥散量

D- (化学前缀)(小的大写字母 D)对映体即镜像构型为L-的相对构型

d ❶ (*day* 的符号)天; ❷ (*deci-* 的符号) 十分之一; ❸ (*deoxyribose* 的符号) 脱氧核糖

d. ❶ (L. *da* 的缩写)给予; ❷ (L. *detur* 的缩写) 需给予; ❸ (L. *dexter* 的缩写) 右; ❹ (L. *dosis* 的缩写) 量,剂量

d ❶ (density 的符号)密度; ❷ (diameter 的符号) 直径

d- (*dextro* 的缩写) 右的,顺时针方向

Δ ❶ (希腊字母 delta 的大写); ❷ (增量的符号,如:ΔG)

Δ- 碳链中双键的位置

δ ❶ Δ 希腊语字母表第四个字母。同delta; ❷ IgD 重链和血红蛋白 δ 链的符号

δ- ❶ 第四:从临近主要功能基开始的链上的第四个碳; ❷ 一系列相关的本质或化合物中的一个

DA ❶ (*developmental age* 的缩写) 发育年龄; ❷ (*diphenylchlorarsine* 的缩写) 二苯氯胂

Da (*dalton* 的缩写) 道尔顿

da- (*deka-* 的符号) 米制

Daboia [dəˈbɔiə] 大蒲蛇属
  D. russelli 鲁氏大蒲蛇

DAC (decitabine 的缩写) 丁他并

dacarbazine [dəˈkɑːbəˌziːn] 氮烯米(唑)胺

Da Costa's syndrome [də ˈkɑːstəz] (Jacob Mendes *DaCosta*, American physician, 1833-1900) 阿考斯塔氏综合征

Dacron [ˈdeikrɔn] 涤纶

dacryadenalgia [ˌdeikriˌædəˈnældʒiə] 泪腺痛

dacryagogatresia [ˌdeikriəˌɡɔɡəˈtriziə] (*dacry-* + Gr. *agōgos* leading + *atresia*) 泪管闭锁,泪管关闭

dacryagogic [ˌdækriəˈɡɔdʒik] ❶催泪的; ❷泪液通道的

dacryagogue [ˈdækriəɡɔɡ] (Gr. *dacry-* leading) ❶引泪的; ❷催泪剂

dacrycystalgia [ˌdeikrisisˈtældʒiə] 泪囊痛

dacrycystitis [ˌdeikrisisˈtaitis] 泪囊炎

dacryelcosis [ˌdeikriəlˈkəusis] 泪器溃疡

dacrygelosis [ˌdeikridʒiˈləusis] (Gr. *gelos* laughter) 哭笑交并,啼笑

dacry(o)- (Gr. *dakryon* tear) 泪

dacryoadenalgia [ˌdeikriəˌædəˈnældʒiə] (*dacryo* + *aden-* + *-algia*) 泪腺痛

dacryoadenectomy [ˌdeikriəˌædəˈnektəmi] (*dacryo* + *aden-* + *ectomy*) 泪腺切除术

dacryoadenitis [ˌdeikriəˌædəˈnaitis] 泪腺炎

dacryoblennorrhea [ˌdeikriəˌblenəˈriə] (*dacryo* + *blennorrhea*) 泪管粘液溢

dacryocanaliculitis [ˌdeikriəˌkænəˌlikjuˈlaitis] 泪管炎

dacryocele [ˈdeikriəˌsiːl] 泪囊突出

dacryocyst [ˈdeikriəˌsist] (*dacryo* + *cyst*)

泪囊

dacryocystalgia [ˌdeikriəsis'tældʒiə] (*dacryocyst* + *-algia*) 泪囊痛

dacryocystectasia [ˌdeikriəˌsistek'teiziə] (*dacryocyst* + *ectasia*) 泪囊扩张

dacryocystectomy [ˌdeikriəsis'tektəmi] (*dacryocyst* + *ectomy*) 泪囊切除术

dacryocystis [ˌdeikriə'sistis] (*dacryo* + *cystis*) 泪囊

dacryocystitis [ˌdeikriəsis'taitis] 泪囊炎

dacryocystitome [ˌdeikriə'sistitəum] (*dacryocyst* + *-tome*) 泪囊刀

dacryocystoblennorrhea [ˌdeikriəˌsistəblenə'riə] (*dacryocyst* + *blennorrhea*) 泪囊粘液溢

dacryocystocele [ˌdeikriə'sistəsi:l] (*dacryocyst* + *-cele*) 泪囊突出

dacryocystoptosis [ˌdeikriəˌsistəp'təusis] (*dacryocyst* + *ptosis*) 泪囊脱垂,泪囊下垂

dacryocystorhinostenosis [ˌdeikriəˌsistəˌrinəstə'nəusis] 鼻泪管狭窄

dacryocystorhinostomy [ˌdeikriəˌsistəri'nɔstəmi] (*dacryocyst* + *rhino* + *-stomy*) 泪囊鼻腔造口术

dacryocystorhinotomy [ˌdeikriəˌsistəri'nɔtəmi] (*dacryocyst* + *rhino* + *-tomy*) 泪囊鼻腔造孔术

dacryocystostenosis [ˌdeikriəˌsistəstə'nəusis] 泪囊狭窄

dacryocystostomy [ˌdeikriəsis'tɔstəmi] (*dacryocyst* + *-stomy*) 泪囊造口术

dacryocystotome [ˌdeikriə'sistətəum] 泪囊刀

dacryocystotomy [ˌdeikriəsis'tɔtəmi] (*dacryocyst* + *-tomy*) 泪囊切开术

dacryogenic [ˌdeikriə'dʒenik] (*dacryo* + *-genic*) 催泪的

dacryohelcosis [ˌdeikriəhel'kəusis] (*dacryo* + *-helcosis*) 泪器溃疡

dacryohemorrhea [ˌdeikriəˌhemə'riə] (*dacryo* + *hemo* + *-rrhea*) 血泪溢

dacryolin [ˌdeik'riəlin] 泪蛋白

dacryolith ['deikriəliθ] (*dacryo* + Gr. *lithos* stone) 泪腺石

dacryolithiasis [ˌdeikriəli'θaiəsis] (*dacryo-* + *lithiasis*) 泪石病

dacryoma [ˌdeikri'əumə] 泪管瘤

dacryon ['deikriən] (Gr. *dakryon* tear) 泪点

dacryops ['deikriɔps] (*dacry-* + Gr. *ōps* eye) ❶泪眼；❷泪管积液

dacryoptosis [ˌdeikriəu'ptəusis] (Gr. *ptosis* fall) 泪囊脱垂

dacryopyorrhea [ˌdeikriəˌpaiə'riə] (*dacryo-* + *pyorrhea*) 脓泪溢

dacryopyosis [ˌdeikriəpai'əusis] (*dacryo* + *pyosis*) 泪器化脓

dacryorhinocystotomy [ˌdeikriəˌrinəsis'tɔtəmi] 泪囊鼻腔造孔术

dacryorrhea [ˌdeikriə'riə] (*dacryo-* + *-rrhea*) 流泪,泪溢

dacryoscintigraphy [ˌdeikriəsin'tigrəfi] 泪管闪烁摄影

dacryosinusitis [ˌdeikriəˌsinə'saitis] 筛窦泪管炎

dacryosolenitis [ˌdeikriˌɔsələ'naitis] (*dacryo-* + Gr. *sōlēn* duct + *-itis*) 泪管炎

dacryostenosis [ˌdeikriəstə'nəusis] (*dacryo-* + *stenosis*) 泪管狭窄

dacryosyrinx [ˌdeikri'sirinks] (*dacryo-* + Gr. *syrinx* tube) ❶泪管；❷泪管瘘；❸泪管注射器

DACT (dactinomycin 的缩写) 放线菌素 D,更生霉素

Dactil ['deiktil] 待可替尔:盐酸哌立度酯制剂的商品名

dactinomycin [ˌdeiktinə'maisin] (USP) 放射菌素 D

dactyl ['dæktil] (Gr. *daktylos* a finger) 指,趾

dactylar ['dæktailə] 指的,趾的

dactylate ['dæktəleit] 指状的

dactyledema [ˌdæktilə'di:mə] 指(趾)水肿

dactylion [dæk'tiliən] 并指(趾)

dactylitis [ˌdækti'laitis] (*dactyl-* + *itis*) 指(趾)炎

dactyl(o)- (Gr. *daktylos* finger) 与指有关的

dactylocampsodynia [ˌdæktiləˌkæmpsə'diniə] (*dactylo-* + Gr. *kampsis* bend + *odynē* pain) 手指弯曲疼痛

dactylogram [dæk'tiləgræm] (*dactylo-* + Gr. *gramma* mark) 指印,指纹

dactylography [ˌdækti'lɔgrəfi] (*dactylo-* + Gr. *graphein* to write) 指纹学

dactylogryposis [ˌdæktiləgri'pəusis] (*dactylo-*

+ Gr. *grypōsis* a hooking) 弯指(趾)
dactyloid ['dæktiloid] (Gr. *daktylos* finger + *eidos* likeness) 似指的,指状的
dactylology [ˌdækti'lɔlədʒi] (*dactylo-* + Gr. *logos* discourse) 手语
dactylolysis [ˌdækti'lɔlisis] (*dactylo-* + Gr. *lysis* a loosening) 指(趾)脱落,截指(趾)
  d. spontanea 自发性指(趾)脱落
dactylomegaly [ˌdæktilə'megəli] (*dactylo-* + Gr. *megaleia* largeness) 巨指(趾)
dactylophasia [ˌdæktilə'feiziə] (*dactylo-* + Gr. *phasia* speech) 手语
dactyloscopy [ˌdækti'lɔskəpi] (*dactylo-* + Gr. *skopein* to examine) 指纹鉴定法
Dactylosoma [ˌdæktilə'səumə] (*dactylo-* + Gr. *soma* body) 指状虫属
dactylospasm [ˌdæktiləspæzəm] (*dactylo-* + Gr. *spasmos* spasm) 指(趾)痉挛
dactylus ['dæktiləs] (Gr. *daktylos* finger) 指(趾)
dactylosymphysis [ˌdæktiləu'simfisis] (Gr. *syn* together + *phyein* to grow) 并指畸形,并指
dactylotheca [ˌdæktilə'θi:kə] (Gr. *theke* a case) 指套
DAD (delayed afterdepolarization 的缩写) 延缓的后去极化
DADDS (diacetyl diaminodiphenylsulfone 的缩写) 二乙酰氨苯砜
dADP (deoxyadenosine diphosphate 的缩写) 脱氧二磷酸腺苷
Dagenan ['dægənən] 大健风
dahlia ['dɑ:ljə] 大丽菊紫
  d. B. 大丽菊紫 B
dahlin ['dɑ:lin] 菊粉
Dakin's fluid ['dɑ:kinz] (Henry Drysdale *Dakin*, English chemist in the United States, 1880-1952) 达金氏液,次氯酸钠稀溶液
Dakin-Carrel method ['dɑ:kin kæ'rel] (H. D. *Dakin*; Alexis *Carrel*, French surgeon, 1873-1944) 达-卡二氏方法
dakryon ['dækriɔn] 泪点
Dalalone ['dæləlɔun] 待乐龙
Dale [deil] 戴尔: Sir Henry Hallett, 英国生理学家与药理学家, 1875~1968
Dale's reaction [deilz] (Sir Henry Hallett *Dale*) 戴尔氏反应
daledalin tosylate [də'ledəlin] 甲苯磺酸苯吲丙胺
Dalmane ['dɑ:lmein] 达尔美因
Dalrymple's disease ['dɔ:lrimpəlz] (John *Dalrymple*, English oculist, 1804-1852) 达尔林普尔氏病
Dalton's law ['dɔ:ltənz] (John *Dalton*, English chemist and physicist 1766-1844) 道尔顿定律
Dalton-Henry law ['dɔ:ltə'nhenri] (John *Dalton*; Joseph *Henry*, American physicist, 1797-1878) 道-亨二氏定律
dalton ['dɔ:ltən] 道尔顿
daltonism ['dɔ:ltənizəm] (John *Dalton*) 色盲
Dam [dɑm] 丹姆: Carl Peter Henrik, 丹麦生物化学家, 1895~1976
dam [dæm] 障,橡皮障
  rubber d. 橡皮障
Damalinia [ˌdæmə'liniə] 畜虱属
D'Amato's sign [dɑ'mɑ:təuz] (Luigi *D'Amato*, Italian physician, early 20th century) 达马托征
damiana [dɑmi'ɑ:nə] 特纳草
dammar ['dæmə] 达玛脂
Damoiseau's curve [dɑ:mwɑ:'zəuz] (Louis Hyacinthe Céleste *Damoiseau*, French physician, 1815-1890) 达莫瓦索氏线
dAMP (deoxyadenosine monophosphate 的缩写) 脱氧腺苷酸
damp [dæmp] 矿坑毒气
  after-d 爆炸后毒气
  black d., choke d. 黑坑气,窒息毒气
  cold d. 冷毒气
  fire d. 引火毒气
  white d. 白色雾气
damping ['dæmpiŋ] 阻尼,衰减,减辐
danazol ['dænəzɔl] (USP) 达那唑
Danbolt-Closs syndrome ['dɑ:nbɔlt klɔs] (Niels Christian *Danbolt*, Norwegian dermatologist, born 1900; Karl *Closs*·Swedish physician, 20th century) 丹-克二氏综合征
dance [dæns] 舞蹈
  brachial d. 肱动脉搏动过度
  hilar d. 肺门舞蹈
  hilus d. 肺门舞蹈
  St. Anthony's d., St. Guy's d., St

John's d., St. Vitus'd. 舞蹈病,小舞蹈病

D and C (dilatation and curettage 的缩写) 扩张子宫颈及刮宫

dander ['dændə] 毛皮垢屑,羽毛垢屑

dandruff ['dændrəf] ❶ 头垢,头皮屑;❷ 头皮脂溢性皮炎

Dandy's operation ['dændiːz] (Walter Edward *Dandy*, American surgeon, 1886-1946) 丹迪氏手术

Dandy-Walker syndrome ['dændi 'wɔːkə] (W. E. *Dandy*; Arthur Earl *Walker*, American surgeon, born 1907) 丹-沃二氏综合征

Dane particle [dein] (Davicl M.S. *Dane*, British virologist, 20th century) 戴恩氏微粒

Danilone ['dænilaun] 待尼龙

Danlos' syndrome [daːn'lɔs] (Henri Alexandre *Danlos*, French dermatologist 1844-1912) 当洛斯综合征

DANS (5-dimethylamino-1-naphthalenesulfonic acid 的缩写) 二甲基氨基萘-5-磺酰

dansyl chloride ['dænsil] (the acyl chloride of DANS) 氯化酰

danthron ['dænθrɔn] 二羟蒽醌

Dantrium ['dæntriəm] 丹纯姆:硝苯呋海因钠制剂的商品名

dantrolene sodium ['dæntrəliːn] 硝苯呋海因钠

Danysz's phenomenon ['dɑːniʃəz] (Jan *Danysz*, Polish pathologist in France, 1860-1928) 尼什氏现象

Daphne ['dæfni] (Gr. *daphnē* bay tree) 瑞香属

daphnetin [dæf'netin] 白瑞香素

Daphnia ['dæfniə] 水蚤属

daphnin ['dæfnin] 白瑞香苷

daphnism ['dæfnizəm] 欧瑞香中毒

dapsone ['dæpsəun] (USP) 氨苯砜

Daranide ['dærənaid] 二氯磺胺

Daraprim ['dærəprim] 达拉普瑞姆

Darbid ['daːbid] 异普胺

Dar es Salaam bacterium [dɑːres səˈlɑːm] (*Dar es Salaam*, now capital of Tanzania) 达累斯萨拉姆菌

Daricon ['dærikɔn] 达瑞康

Darier's disease [daːri'eiz] (Jean Ferdinant *Darier*, French dermatologist, 1856-1938) 达里埃氏病

Darier-Roussy sarcoid [daːri'ei ruː'siː] (J. F. *Darier*; Gustave *Roussy*, French pathologist and neurologist, 1874-1948) 达-鲁二氏类肉瘤

Darier-White disease [daːri'ei hwait] (J. F. *Darier*; James Clarke *White*, American dermatologist, 1833-1916) 达-怀二氏病,毛囊角化病

Darkshevich's nucleus [daːk'ʃeivitʃiz] (Liverij Osipovich *Darkshevich*, Russian neurologist, 1858-1925) 达克谢维奇氏核

Darling's disease ['daːliŋz] (Samuel Taylor *Darling*, American physician, 1872-1925) 达林氏病,组织胞浆菌病

darnel ['daːnil] 黑麦草

d'Arsonval current [daːsɔnˈvɑːl] (Jacques A. *d'Arsonval*, French physicist, 1851-1940) 达松伐氏电流

Dartal ['daːtəl] 达特尔

dartoic [daːˈtɔik] 肉膜状的

dartoid [daːˈtɔid] 类肉膜的

dartos ['daːtɔs] (Gr. "flayed") ❶ 肌肉膜;❷ 肉膜

Darvon ['daːvɔn] 达旺

darwinism ['daːwinizəm] (Charles Robert *Darwin*, English naturalist, 1809-1882) 达尔文主义

dasetherapy ['dæsi'θerəpi] (Gr. *dasos* forest) 森林疗法

dasymeter [dəˈsimitə] 密度测定器

data ['deitə] (L.) 资料,论(数)据:*datum* 的复数形式

   censored d. 审查资料

dATP (deoxyadenosine triphosphate 的缩写) 脱氧腺苷三磷酸

Datura [dəˈtjuərə] 曼陀罗属

   D. metel 白曼陀罗

daturine [dəˈtjuərin] 曼陀罗碱

daturism [dəˈtjuərizəm] 曼陀罗中毒

Daubenton's angle [dɔːbənˈtɔnz] (Louis Jean Marie *Daubenton*, French physician and naturalist, 1716-1800) 多邦通氏角

daughter ['dɔːtə] ❶ 子体;❷ 子细胞

daunomycin [dɔːnəˈmaisin] 红比霉素,正定霉素

daunorubicin [ˌdɔːnəˈruːbisin] 红比霉素，正定霉素
d. hydrochloride 盐酸红比霉素，盐酸正定霉素
daunosamine [dɔːˈnɔsəmiːn] 六碳氨糖
Dausset [dɔːˈsei] 多塞: Jean Baptiste Gabriel，法国医生，1916 年生
Davainea [dəˈveiniə] (Casimir Joseph *Davainea*, French physician, 1812-1882) 戴氏绦虫属，斧钩绦虫属
  ▶ **D. proglottina** 舌形斧钩条虫
Davaineidae [ˌdævəˈniːidiː] 戴文氏绦虫科
David's disease [dɑːˈviːdz] (Jean Piere *David*, French surgeon, 1737-1784) 戴维氏病
Davidoff's (Davidov's) cells [ˈdævidɔfs] (M. von *Davidoff*, German histologist, died 1904) 达维多夫氏细胞
Davidsohn differential absorption test [ˈdævidsən] (Israel Davidoshn, American pathologist, 1895-1979) 戴维逊氏鉴别吸收试验
Davidsohn's sign [ˈdævidsənz] (Hermann *Davidsohn*, German physician, 1842-1911) 戴维逊氏征
Daviel's operation [dɑːˈviːelz] (Jacques *Daviel*, French oculist, 1696-1762) 达维耳氏手术
Davis graft [ˈdævis] (John Staige *Davis*, American surgeon, 1872-1946) 戴维斯氏移植皮片
Dawbarn's sign [ˈdɔːbɑːnz] (Robert Hugh Mackay *Dawbarn*, American surgeon, 1860-1915) 道巴恩氏征
dazadrol maleate [ˈdæzədrɔl] 马来酸苯唑吡醇
dB, db (decibel 的缩写) 分贝
DBA (dibenzanthracene 的缩写) 二苯蒽
DBI 降糖灵
DC ❶ (direct current 的缩写) 直流电；❷ (Doctor of Chiropractic 的缩写) 按摩医生
D & C (dilatation and curettage 的缩写) 扩张子宫及刮宫
dC (deoxycytidine 的缩写) 脱氧胞苷
DCA (desoxycorticosterone acetate 的缩写) 醋酸脱氧皮质酮
DCc (double concave 的缩写) 双凹的
dCDP (deoxycytidine diphosphate 的缩写) 二磷酸脱氧胞苷
DCF (direct centrifugal flotation 的缩写) 直接离心浮选法
DCH (Diploma in Child Health 的缩写) 儿童保健学位证书
DCI (dichloroisoproterenol 的缩写) 二氯异丙肾上腺素
DCIS (ductal carcinoma in situ 的缩写) 管癌
dCMP (deoxycytidine monophosphate 的缩写) 一磷酸脱氧胞苷
dCMP deaminase [diˈæmineis] (EC 3.5.4.12) 磷酸脱氧胞苷脱氨基酶
DCOG (Diploma of the College Obstetricians and Gynaecologists 的缩写) 妇产科学会证书(英)
dCTP (deoxycytidine triphosphate 的缩写) 三磷酸脱氧胞苷
DCx (double convex 的缩写) 双凸的
d.d (L. *detur ad* 的缩写) 给予
DDAVP 去氨加压素(desmopressin)制剂的商品名
DDD 二氯二苯二氯乙烷
o, p-DDD 邻对二氯苯二氯乙烷
DDP, cis-DDP 顺氯氨铂
DDS ❶ (diaminodiphenylsulfone 的缩写) 二氨二苯砜, 氨苯砜；❷ (Doctor of Dental Surgery 的缩写) 口腔外科博士
DDSc (Doctor of Dental Science 的缩写) 牙科博士
DDT (dichlorodiphenyltrichloroethane 的缩写) 二氯二苯三氯乙烷, 滴滴涕
de- (L. *de*, away from, down from) 去, 离, 脱, 除
deacetylanatoside C [diˌæsətiləˈnætəsaid] 脱乙酰丙种毛花洋地黄甙
deacidification [ˌdiəˌsidifikeiʃən] 去酸(作用), 脱酸(作用)
deactivation [diˌæktiˈveiʃən] 灭(去)活性(作用)
deacylase [diˈæsəleis] 脱酰酶
dead [ded] ❶ 死的；❷ 失去感觉的
deaf [def] 聋的
deafferentation [diˌæfərənˈteiʃən] 传入神经阻滞
deaf-mute [defmjuːt] 聋哑者
deaf-mutism [defˈmjuːtizəm] 聋哑症

deafness ['defnis] 聋症
- acoustic trauma d. 听觉损伤性聋
- Alexander's d. 亚历山大氏聋
- bass d. 低音聋
- boilermakers' d. 锅炉制造工聋
- central d. 中枢性聋
- conduction d. 传导性聋
- cortical d. 皮质性聋
- functional d. 机能性聋
- hysterical d. 癔病性聋
- labyrinthine d. 迷路性聋
- malarial d. 疟疾性聋
- Michel's d. 米歇尔氏聋
- midbrain d. 中脑性聋
- Mondini's d. 蒙蒂尼氏聋
- music d. 音乐聋
- nerve d., neural d. 神经性聋
- organic d. 器质性聋
- pagetoid d. 变形性骨炎性聋
- paradoxic d. 听觉倒错性聋
- perceptive d. 感受性聋
- postlingual d. 学语后聋
- prelingual d. 学语前聋
- Scheibe's d. 沙伊伯氏聋
- sensorineural d. 感觉神经性聋
- tone d. 音乐聋
- toxic d. 中毒性聋
- vascular d. 血管性聋
- word d. 辨语聋

dealbation [,diəl'beiʃən] 漂白
dealcoholization [di,ælkəhɔli'zeiʃən] 脱醇(作用)
deallergization [di,ælədʒi'zeiʃən] 脱变(态反)应作用,脱过敏
deambulation [di:,æmbju'leiʃən] (L. *deambulare* to walk) 步行,行走,轻运动
deamidase [di'æmideis] 脱酰胺酶,酰胺酶
deamidation [di,æmi'deiʃən] 脱酰胺(作用)
deamidization [di,æmidi'zeiʃən] 脱酰胺(作用)
deaminase [di'æmineis] 脱氨(基)酶
deamination [di,æmi'neiʃən] 脱氨(基)作用
deaminization [di,æmini'zeiʃən] 脱氨基作用
Deaner ['di:nə] 地纳

deanol acetamidobenzoate ['diənɔl ,æsi-,tæmidə'benzəeit] 乙酰氨基苯甲酸二甲氨乙醇
deaquation [,diə'kweiʃən] (L. *de* from + *aqua* water) 脱水(作用)
dearterialization [,diɑ:,tiəriəli'zeiʃən] 供血中断
dearticulation [,diɑ:,tikju'leiʃən] 脱位
death [deθ] 死亡
- apparent d. 外观死亡
- black d. 黑死病,腺鼠疫
- brain d. 脑死亡
- cell d. 细胞死亡
- cerebral d. 脑死亡
- cot d., crib d. 卧床死亡
- fetal d. 胎死
- fetal d., early 早期胎死
- fetal d., intermediate 中期胎死
- fetal d., late 晚期胎死
- functional d. 功能性死亡
- genetic d. 遗传死亡
- liver d. 肝性死亡
- local d. 局部死亡
- molecular d. 分子死亡
- programmed cell d. 预定性细胞死亡
- somatic d. 整体死亡
- sudden cardiac d. 突发性心脏病死亡
- voodoo d. 巫术死亡

Deaver's incision ['di:vəz] (John Blair *Deaver*, American surgeon, 1855-1931) 迪维尔氏切口
debanding [di'bændiŋ] 去带环
Debaryomyces [,dibɑ:riə'maisiz] 隐球菌属
- D. hansenii 汉森氏隐球菌
- D. hominis, D. neoformans 新型隐球菌

debilitant [di'bilitənt] (L. *debilitare* to weaken) ❶使衰弱的;❷镇静药
debility [di'biliti] 虚弱,无力
débouchement [deibuʃ'mɔŋ] (Fr.) 开口
Débove's treatment [dei'bovz] (Georges Maurice *Débove*, French physician, 1845-1920) 德博夫氏疗法
debrancher enzyme [di'brɑ:ntʃə 'enzaim] ❶脱支酶;❷异淀粉酶
debrancher enzyme deficiency 脱支酶缺乏(症),异淀粉酶缺乏(症)
debranching enzyme [di'brɑ:ntʃiŋ 'enzaim]

❶脱支酶；❷异淀粉酶
Debré's phenomenon [də'breiz]（Robert *Debré*, French pediatrician and bacteriologist, 1882-1978）德布雷氏现象
Debré-Sémélaigne syndrome [də'brei seimei'lenjə]（Robert *Debré*; Geoges *Sémélaigne*, French pediatrician, 20th century）德-赛二氏综合征
débride [dei'briːd] 清创
debridement [deibriːd'mən]（Fr.）清创术
  enzymatic d. 酶清创术
  surgical d. 外科清创术
debris [də'bri] 碎屑
Debrisan [de'brisən] 得布瑞森
debrisoquin sulfate [deb'risəkwin] 硫酸异喹胍
Deb. spis.（L. *debita spissitudine* 的缩写）按适当稠度
debt [det] 债
  oxygen d. 氧债
debulking [di'bʌlkiŋ] 去除主体
Dec.（L. *decanta* 的缩写）倾泻，倾析
deca-（Gr. *deka* ten）十
Decaderm ['dekədəːm] 地可得恩
Decadron ['dekədrən] 地塞米松
Deca-Durabolin [ˌdekəˌdjuərə'bɔlin] 长效多乐宝灵
Decaject ['dekədʒekt] 待可介可特
decalcification [diˌkælsifi'keiʃən] ❶脱钙作用；❷除石灰质（过程）
decalcify [di'kælsifai]（*de-* + L. *calx* lime）❶脱钙；❷除石灰质
decamethonium [ˌdekəmə'θəuniəm] 十烃季铵，十甲季铵
  d. bromide 十烃溴铵
  d. iodide 十烃碘铵
decane ['dekein] 癸烷，十碳烷
decannulation [diˌkænju'leiʃən] 除套管
decantation [ˌdikæn'teiʃən]（*de-* + L. *canthus* tire of a wheel）倾泻（法），倾析
decapeptide [ˌdekə'peptaid] 十肽
Decapeptyl [ˌdekə'peptil] 十肽基
decapitation [diˌkæpi'teiʃən]（*de-* + L. *ca-put* head）断头术
decapitator [di'kæpiˌteitə] 断头器
Decapoda [dikə'pəudə]（Gr. *deka* ten + *pous* foot）十足目
Decapryn ['dekəprin] 狄卡吡啶

decapsulation [diˌkæpsju'leiʃən] 被膜剥除术
decarboxylase [ˌdikɑː'bɔksileis] 脱羧酶
decarboxylation [ˌdikɑːˌbɔksi'leiʃən] 脱羧（作用）
Decaspray ['dekəsprei] 待可斯贝
decavitamin [ˌdekə'vaitəmin] 十维他
decay [di'kei]（*de* + L. *cadere* to fall）❶腐化，腐烂；❷衰变，蜕变
  beta d. β(质点)衰变
  free induction d. 自由感应衰变
  radioactive d. 放射性衰变
  tone d. （阈）音调衰减
decedent [di'sedənt] 死者
deceleration [diˌselə'reiʃən] 减速
  early d. 早期心率下降
  late d. 晚期心率下降
  variable d's 可变性（心率）下降
decenter [di'sentə]（*de-* + *center*）偏心
decentration [ˌdisen'treiʃən] 偏心（现象）
deceration [ˌdesə'reiʃən]（*de-* + L. *cera* wax）脱蜡法
decerebellation [diˌserəbe'leiʃən] 去小脑，小脑切除术
decerebrate [di'serəbreit] ❶去脑，切除大脑；❷去脑动物；❸去脑样病人
decerebration [diˌserə'breiʃən]（*de-* + *cerebrum*）去脑（法），大脑切除（法）
decerebrize [di'serəbraiz] 去脑，去大脑
dechloridation [diˌklɔri'deiʃən] ❶脱氯，除氯；❷除盐
dechloruration [diˌklɔru'reiʃən] 减尿氯（作用）
decholesterolization [ˌdikəˌlestərɔli'zeiʃən] 除胆固醇(作用)
Decholin ['dekəlin] 脱氢胆酸
deci-（L. *decem* ten）十分之一
decibel ['desibəl] 分贝
decidua [di'sidjuə]（L. from *deciduus* falling off）蜕膜
  basal d., d. basalis（NA）基蜕膜
  capsular d., d. capsularis（NA）包蜕膜
  menstrual d., d. menstrualis 经期蜕膜
  parietal d., d. parietalis（NA）壁蜕膜，真蜕膜
  reflex d., d. reflexa 反折蜕膜，包蜕膜
  d. serotina 基蜕膜
  d. subchorialis 绒毛膜下蜕膜

true d. 壁蜕膜,真蜕膜
d. tuberosa papulosa 节状蜕膜
d. vera 壁蜕膜,真蜕膜
decidual [di'sidjuəl] 蜕膜的
deciduate [di'sidjueit] 蜕膜性的
deciduitis [di,sidju'aitis] 蜕膜炎
deciduoma [di,sidju'əumə] (*decidua* + *-oma*) 蜕膜瘤
Loeb's d. 洛伯氏蜕膜瘤
d. malignum 恶性蜕膜瘤
deciduomatosis [di,sidjuəmə'təusis] 蜕膜异常形成
deciduosis [di,sidju'əusis] 蜕膜病
deciduosarcoma [di,sidjuəusa:'kəumə] 蜕膜肉瘤,恶性蜕膜瘤
deciduous [di'sidjuəs] (L. *deciduus*, from *decidere* to fall off) 脱落的
decile ['desail] (L. *decem* ten + *-ile* (by analogy with *quartile*) 十分位值,十分位数
deciliter ['desi,li:tə] 分升
decipara [di'sipərə] (L. *decem* ten + *parere* to produce) 十产妇
decitabine (DAC) [di'sitə,bi:n] 丁他并
deckplatte ['dekplɑ:tə] (Ger.) 顶板
declination [,dekli'neiʃən] (L. *declinare* to decline) 偏差,偏角,偏转
declinator ['deklineitə] (脑膜)牵开器
decline [di'klain] ❶减退期;❷ 衰退
declive [di'klaiv] (Fr. *déclive*, L. *declivis*) (NA) 小脑山坡
declivis [di'klaivis] (L.) 小脑山坡
Declomycin ['deklə,maisin] 去甲四环素
decoagulant [,dekə'ægjulənt] ❶脱凝血质的;❷ 脱凝血质剂
Decoct. (L. *decoctum* 的缩写) 煎剂
decoction [di'kɔkʃən] (L. *decoctum*, from *de* down + *coquere* to boil) ❶煮沸;❷ 煎剂
decollation [,dekə'leiʃən] (*de-* + L. *collum* neck) 断头术,头截断术
decoloration [dikʌlə'reiʃən] ❶ 脱色;漂白;❷ 失色,褪色
decolorize [di'kʌləraiz] 脱色,漂白
decompensation [di,kɔmpən'seiʃən] ❶ 代偿不足;❷ 防御机能失偿
decomplementize [di'kɔmplə,mentaiz] 去补体

decomposition [,dikɔmpə'ziʃən] (*de-* + L. *componere* to put together) 分解,腐解,腐败
anaerobic d. 无氧分解
d. of movement 动作分解
decompression [,dikəm'preʃən] ❶ 减压,解压;❷ 减压术;❸ 外科减压术
abdominal d. 腹腔减压
cardiac d. 心减压术
cerebral d. 脑减压术
explosive d. 暴发性减压
d. of heart 心减压术
microvascular d. 显微外科减压术
nerve d. 神经减压术
d. of pericardium 心包减压术
d. of spinal cord 脊髓减压术
suboccipital d. 枕下减压术
subtemporal d. 颞下减压术
deconditioning [,dikən'diʃəniŋ] 除适应(作用),去适应(作用)
decongestant [,dikən'dʒestənt] ❶ 减轻充血的,消除肿胀的;❷ 减充血消肿胀之制剂
decongestive [,dikən'dʒestiv] 减轻充血的
decontamination [,dikən,tæmi'neiʃən] 去污染(作用)
decoquinate [dikə'kwineit] 抑球虫剂
decortication [di,kɔ:ti'keiʃən] (*de-* + L. *cortex* bark) ❶ 剥外皮,去皮;❷ 皮质剥除术,去皮质术
chemical d., enzymatic d. 化学去皮质法,酶去皮质法
d. of lung 脑膜外纤维层剥除术
renal d. 肾被膜剥除术
decrement ['dekrəmənt] (L. *decrementum*) ❶ 减退,减少;❷ 疾病减退期
decrepitate [di'krepiteit] ❶ 烧爆;❷ 热爆
decrepitation [di,krepi'teiʃən] 烧爆(作用),烧爆声
decrudescence [,dikru'desəns] 减退
decrustation [,dekrəs'teiʃən] 脱痂,痂皮脱落
dectaflur ['dektəfluə] 氢氟酸十八烯胺
Decub. (L. *decubitus* 的缩写) 卧位,卧
decubation [,di:kju'beiʃən] (L. *de* away + *cubare* to lie) 潜离期
decubital [di'kju:bitəl] 褥疮的
decubitus [di'kju:bitəs] (pl. *decubitus*)

(L. "a lying down") ❶ 卧,卧位; ❷ 褥疮
Andral's d. 昂德腊耳氏卧位
dorsal d. 仰卧位
lateral d. 侧卧位
ventral d. 腹卧位,伏卧位
decumbin [di'kʌmbin] 斜卧菌素
decurrent [di'kʌrənt] (L. *decurrere* to run down) 向下的
decurtation [ˌdiːkəː'teiʃən] (L. *decurtare* to curtail) 切短,缩短
decussate [di'kʌseit] (L. *decussare* to cross in the form of an X) ❶ 交叉,以X形交叉; ❷ X形交叉的
decussatio [ˌdekə'seiʃiəu] (pl. *decussationes*) (L.) 交叉
  d. lemniscorum medialium (NA) 内侧丘系交叉
  d. motoria 锥体交叉
  d. nervorum trochlearis, d. nervorum trochlearium (NA) 滑车神经交叉
  d. pedunculorum cerebellarium cranialium 小脑上脚交叉
  d. pedunculorum cerebellarium superiorum (NA) 小脑上脚交叉
  d. pyramidalis anterior motoria 锥体交叉
  d. pyramidum (NA) 锥体交叉
  d. sensoria 丘系交叉
decussationes tegmentales 被盖交叉
  decussationes tegmenti (NA), decussationes tegmentorum 被盖交叉
  d. trochlearis 滑车神经交叉
decussation [ˌdekə'seiʃən] 交叉
  d. of cranial cerebellar peduncles 小脑上脚交叉
dorsal tegmental d. 被盖后交叉
Forel's d. 被盖前交叉
fountain d. of Meynert 被盖后交叉
d. of medial lemnisci 丘系交叉
motor d. 锥体交叉
pyramidal d., d. of pyramids 锥体交叉
rubrospinal d. 红核脊髓交叉,被盖前交叉
d. of superior cerebellar peduncles 小脑上脚交叉
tectospinal d. 顶盖脊髓束交叉,被盖后交叉

tegmental d's, d's of tegmentum 被盖交叉
trochlear d., d. of trochlear nerves 滑车神经交叉
ventral tegmental d. 被盖前交叉
decussationes [ˌdekəˌseiʃi'əuniːz] (L.) 交叉。*decussatio* 的复数形式
dedentition [ˌdiden'tiʃən] (*de-* + L. *dens* tooth) 脱牙
dedifferentiation [diˈdifəˌrenʃi'eiʃən] ❶ 退行发育,间变(指组织); ❷ 解除分化(指条件反射)
de d. in d. (L. *de die in diem* 的缩写) 天天,逐日
dedolation [ˌdidəˈleiʃən] 斜切开除去薄皮片
deep [diːp] 深的
de-epicardialization [diˌepiˌkɑːdiˌəliˈzeiʃən] 去心包作用
deet [diːt] 二乙甲苯酰胺
Deetjen's bodies ['deitjənz] (Hermann *Deetjen*, German physician, 1867-1915) 迪特西氏血小板
DEF 乳牙龋数符号
defatigation [diˌfætiˈgeiʃən] 过劳,疲劳
defatted [diˈfætid] 脱脂的
defaunate [diˈfɔːneit] (*de-* + L. *fauna* animal life) 除虫,灭虫
defecation [ˌdefəˈkeiʃən] (L. *defaecare* to deprive of dregs) ❶ 澄清; ❷ 排便
fragmentary d. 断续性多次排便
defecography [ˌdefəˈkɔgrəfi] (*defecation* + *-graphy*) 排粪摄影
defect [diˈfekt] 缺损,缺陷
acquired d. 后天缺损
aortic septal d. 主动脉中隔缺损
aorticopulmonary septal d. 主动脉肺动脉中隔缺损
atrial septal d's, artioseptal d's 房中隔缺损
birth d. 先天缺损,先天缺陷
congenital d. 先天缺损
cortical d. 皮质缺陷
ectodermal d., congenital 先天性外胚层缺陷
endocardial cushion d's 心内膜垫缺陷
fibrous cortical d. 纤维性皮层缺损
filling d. 充盈缺损

genetic d. 遗传缺陷
metaphyseal fibrous d. 干骺端纤维缺损
neural tube d. 神经管缺陷
ostium primum d. 原中隔孔缺损
ostium secundum d. 卵圆孔缺损
polytropic field d. 多嗜区缺损
retention d. 记忆缺损
salt-losing d. 失盐缺陷
septal d. 中隔缺陷
ventricular septal d. 室中隔缺损
defective [di'fektiv] ❶ 缺损的,不完全的;❷ 有缺点者,不健全者
defemination [di͵femi'neiʃən] ❶ 女态缺失;❷ 妇女性感缺失
defeminization [di͵femini'zeiʃən] 失女性态,女态脱失
defense [di'fens] 防御
　character d. 性格防御
　insanity d. 精神病防御
　muscular d. 肌性防御
deferens ['defərənz] (L.) 输精管
deferent ['defərənt] (L. *deferens* carrying away) 输出的,输送的
deferentectomy [͵defərən'tektəmi] 输精管切除术
deferential [͵defə'renʃəl] 输精管的
deferentitis [͵defərən'taitis] 输精管炎
deferoxamine [difə'rɔksəmi:n] 去铁胺
　d. hydrochloride 盐酸去铁胺
　d. mesylate (USP) 甲磺酸去铁胺
defervescence [͵defə'vesəns] (L. *defervescere* to cease boiling) 退热
defervescent [͵defə'vesənt] ❶ 退热的;❷ 退热药
defibrillation [di͵faibri'leiʃən] 去纤颤
defibrillator [di͵faibri'leitə] 去纤颤器,除纤颤器
　automatic implantable cardioverter-d. 自动可植入式复律去纤颤器
defibrinated [di'faibrineitid] 去纤维蛋白的
defibrination [di͵faibri'neiʃən] 去纤维蛋白法
defibrinogenation [͵difai͵brinədʒə'neiʃən] 诱导去纤维蛋白法
deficiency [di'fiʃənsi] 缺乏,不足
　brancher d. 糖原贮积病Ⅳ型
　debrancher d. 糖原贮积病Ⅲ型
　disaccharidase d. 二糖酶缺乏
　familial apolipoprotein C-Ⅱ (apo C-Ⅱ) 家族性载脂蛋白 C-Ⅱ缺乏
　familial high-density lipoprotein (HDL) d. 家族性高密度脂蛋白缺乏
　familial lipoprotein d. 家族性脂蛋白缺乏
　17-hydroxylase d. 17-羟化酶不足
　IgA d., isolated, IgA d., selective 选择性免疫球蛋白 A 缺乏
　immune d. 免疫缺陷
　leukocyte adhesion d. 白细胞粘性缺乏
　leukocyte G6PD d. 白细胞 6-磷酸葡萄糖脱氢酶缺乏
　mental d. 智能缺陷,低能
　molybdenum cofactor d. 钼辅因子缺乏
　multiple acyl CoA dehydrogenation d. (MADD) 多酰基辅酶 A 脱氢缺乏
　oxygen d. 氧不足
　sucrase-α-dextrinase d., intestinal 小肠蔗糖酶-α-糊精酶缺乏
　sucrase-isomaltase d., congenital 先天性蔗糖酶异麦芽酶缺乏
　vitamin d. 维生素缺乏
deficit ['defisit] 短缺
　oxygen d. 缺氧
　pulse d. 脉搏短绌
　reversible ischemic neurologic d. (RIND) 可逆性局部缺血性神经学短缺
　saturation d. 饱和短缺
Definate ['defineit] 待非内特:多库酯钠制剂的商品名
definition [͵defi'neiʃən] 定界,定义
definitive [di'finitiv] 确定的,决定的,最终的
deflection [di'flekʃən] (L. *deflectere* to turn away) ❶ 偏向,偏离;❷ 偏波,复合波(心电图)
　H d., His bundle d. 希氏束偏离,房室束偏离
　intrinsic d. 内偏转,非体位偏转
　intrinsicoid d. 内偏转样的
defloration [͵deflə'reiʃən] (L. *defloratio*) 处女膜破裂
deflorescence [͵deflə'resəns] 皮疹消退
defluvium [di'fluviəm] (L. from *defluere* to flow down) ❶ 流下;❷ 脱落
　postpartum d. 产后脱落

d. unguium 无甲,脱甲
defluxio [di'flʌksiə] (L. from *defluere* flow down) 脱落,流下
defluxion [di'flʌkʃən] (L. *defluxio*) ❶ 突然消失;❷ 大量排出;❸ 脱落
deformability [di,fɔ:mə'biliti] 可变形性
deformation [,difə'meiʃən] (L. *deformatio* a disfiguring) ❶ 变形,畸形;❷ 变形性
deforming [di'fɔ:miŋ] 使变形的,致畸形的
deformity [di'fɔ:miti] 变形,畸形
　Akerlund d. 阿克隆德氏变形
　Arnold-Chiari d. 阿-希二氏畸形
　boutonnière d. 钮孔状变形
　buttonhole d. 钮孔状变形
　crossbar d. 横杆变形
　Dandy-Walker d. 丹-沃二氏畸形
　gun stock d. 枪托形变形,肘内翻
　Ilfeld-Holder d. 伊-霍二氏畸形
　lobster-claw d. 虾螯状畸形
　Madelung's d. 马德隆氏畸形
　recurvatum d. 反屈变形
　reduction d. 短缺畸形
　rocker-bottom d. 凸底变形
　rolled edge d. 卷边变形
　seal-fin d. 海豹鳍状变形
　silver fork d. 银叉样变形
　split-foot d. 缺趾畸形
　split-hand d. 缺指畸形
　Sprengel's d. 施普伦格氏畸形
　swan-neck d. 鹅颈畸形
　thumb-in-palm d. 拇指内收畸形
　ulnar drift d. 尺侧偏移变形
　Velpeau's d. 维耳波氏变形,银叉样变形
　Volkmann's d. 福耳克曼氏畸形
defundation [,difʌn'deiʃən] 子宫底切除术
defundectomy [,difʌn'dektəmi] 子宫底切除术
defurfuration [di,fə:fə'reiʃən] (L. *de* away + *furfur* bran) 脱屑,落屑
Deg ❶ 变性,退化;❷ 度,程度
degassing [di'gæsiŋ] ❶ 除气,脱气,解毒气;❷ 挥发异物
degeneracy [di'dʒenərəsi] ❶ 退化,变质之状态;❷ 退化,变质之过程;❸ 遗传密码兼并

d. of code, code d. 兼并密码
degenerate [di'dʒenəreit] ❶ 退化;❷ 变性的,变质的;❸ 败落者
degeneratio [di,dʒenə'reiʃiəu] (L.) 变性,退化,变质
　d. micans 闪光变性(神经胶质)
degeneration [di,dʒenə'reiʃən] (L. *degeneratio*) 变性,退化,变质
　adipose d. 脂肪变性
　adiposogenital d. 肥胖性生殖器退化
　Alzheimer's neurofibrillary d. 阿耳茨海默氏神经纤维变性
　angiolithic d. 血管石变性,血管壁钙化
　Armanni-Ebstein d. 阿-埃二氏变性
　ascending d. 上行性变性
　atheromatous d. 动脉粥样变性
　atrophic pulp d. 牙髓萎缩变性
　axonal d. 轴索变性:① 轴索反应;② 华勒氏变性
　basic d., basophilic d. 嗜碱性变性
　black d. of brain 大脑黑变病
　blastophthoric d. 胚种变性,胚细胞变性
　calcareous d. 石灰变性,干酪化
　caseous d. 干酪变性,干酪化,干酪性坏死
　cerebromacular d.(CMD), cerebroretinal d. 大脑黄斑变性,大脑视网膜变性
　cheesy d. 干酪样变性
　colloid d. 胶样变性
　colloid d. of choroid 脉络膜胶样变性
　comma d. 束间束变性
　congenital macular d. 先天性(视网膜)黄斑变性
　corticostriatal-spinal d. 皮质纹状体-脊髓变性
　Crooke's hyaline d. 克鲁克氏透明变性
　cystic d. 囊性变性
　cystoid d. 囊样变性
　descending d. 下行性变性
　disciform macular d. 盘状黄斑变性
　Doyne's familial colloid d., Doyne's honeycomb d. 多英氏家族性胶样变性,多英氏蜂窝状变性
　dystrophic d. 营养不良性变性
　earthy d. 石灰变性
　elastoid d. 弹力组织变性
　familial colloid d. 家族性胶样变性

fascicular d. 肌束变性
fatty d. 脂肪变性
fibrinous d. 纤维蛋白变性
fibroid d. 纤维样变性
fibrous d. 纤维变性,纤维化
gelatiniform d. 胶样变性
glassy d. 透明变性,玻璃样变性
glistening d. 闪光变性
glycogenic d. 糖原变性
Gombault's d. 贡博氏变性
granulovascular d. 粒状空泡变性
gray d. 灰色变性
hematohyaloid d. 血栓玻璃样变性
hepatolenticular d. 肝豆状核变性
Holmes's d. 霍姆斯氏变性
Horn's d. 霍恩氏变性
hyaline d. 透明变性,玻璃样变性
hydropic d. 水肿样变性
lattice d. of retina 网膜点阵变性
lipoidal d. 类脂变性
macular d. 黄斑变性
macular disciform d. 盘状黄斑变性
Mönckeberg's d. 门克伯格氏变性
mucinoid d. 类粘蛋白变性
mucinous d. 粘液样变性
mucoid d. 粘液样变性
mucous d. 粘液样变性
myelinic d. 髓磷脂变性
myxomatous d. 粘液性变性
Nissl d. 尼斯耳氏变性
olivopontocerebellar d. 橄榄体脑桥小脑变性
pallidal d. 苍白球变性
pigmental d., pigmentary d. 色素变性
primary progressive cerebellar d. 原发性进行性小脑变性
red d. 红色变性
retrograde d. 退行性变性
rim d. 边缘变性
Rosenthal's d. 罗森塔尔氏变性
sclerotic d. 硬化变性
secondary d. 继发性变性
senile d. 老年性变性
senile disciform d. 老年盘状变性
senile exudative macular d. 老年渗出性黄斑变性
spongy d. of central nervous system, spongy d. of white matter 中枢神经系统海绵状变性,白质海绵状变性
Stargardt's macular d. 斯达卡茨氏黄斑变性
striatonigral d. 纹黑突变性
subacute combined d. of spinal cord 亚急性脊髓混合变性
tapetoretinal d. 视网膜色素层变性
trabecular d. 小梁状变性
transneuronal d. 传递性神经元变性
traumatic d. 外伤性变性
Türck's d. 提尔克氏变性
uratic d. 尿酸盐性变性
vacuolar d. 空泡变性
Virchow's d. 魏尔啸氏变性
vitelliform d. of Best, vitelliform macular d., vitel-line macular d. 贝斯特氏卵黄形变性,卵黄形黄斑变性
vitreous d. 玻璃样变性
wallerian d. 华勒氏变性
Wilson's d. 威尔逊氏变性
Zenker's d. 岑克尔氏变性

degenerative [di'dʒenərətiv] 变性的,退化的,变质的

degerm [di'dʒə:m] 去细菌,消毒

degloving [di'glʌviŋ] 去颈套

Deglut. (L. *deglutiatur* 的缩写) 吞服

deglutible [di'glutibl] 可吞咽的

deglutition [ˌdiglu'tiʃən] (L. *deglutitio*) 吞咽

deglutitive [di'glu:titiv] 吞咽的

deglutitory [di'glu:tiˌtəri] 吞咽的,促进吞咽的

Degos' disease [də'gɒz] (Robert *Degos*, French dermatologist, born 1904) 德格斯氏病

degradation [ˌdigrə'deiʃən] 降解

degranulation [diˌgrænju'leiʃən] 去粒,失粒

degree [di'gri:] ❶ 学位; ❷ 度; ❸ 度
d's of freedom 自由度
prism d. 棱镜度

degrowth [di'grəuθ] 降低生长

degustation [ˌdegə'steiʃən] (L. *degustatio*) 尝味,味觉功能

dehematize [di'heməˌtaiz] (L. *de* away + *haema* blood) 除血,去血

dehepatized [di'hepəˌtaizd] 去肝的

dehiscence [di'hisəns] (L. *dehiscere* to

gape) 裂开
   root d. 根裂开
   wound d. 创口裂开
   Zuckerkandl's d's 筛骨眶板裂开
dehumidifier [ˌdihjuˈmidifaiə] 除湿器
dehydrant [diˈhaidrənt] ❶ 脱水的；❷ 脱水剂
dehydrase [diˈhaidreis] 脱氢酶
dehydratase [diˈhaidrəteis] 脱水酶
dehydrate [diˈhaidreit] 脱水，去水
dehydration [ˌdihaiˈdreiʃən] (L. *de* away + Gr. *hydōr* water) 脱水(作用)
   absolute d. 绝对性失水
   hypernatremic d. 高钠血性失血
   relative d. 相对性失水
   voluntary d. 自愿失水
dehydroandrosterone [diˌhaidræenˈdrɔstərəun] 脱氢雄酮
dehydroascorbic acid [diˌhaidrəˈskɔ:bik] 脱氢抗坏血酸
dehydrobilirubin [diˌhaiˈdrəbiliˈru:bin] 脱氢胆红素，胆绿素
dehydrocholaneresis [diˌhaidrəˈkɔləˈnerəsis] 脱氢胆酸过多
dehydrocholate [diˌhaidrəˈkɔleit] 脱氢胆酸盐
7-dehydrocholesterol [diˌhaidrəkəˈlestərɔl] 7-脱氢胆固醇
   7-d., activated 活化 7-脱氢胆固醇
dehydrocholic acid [diˌhaidrəˈkɔlik] (USP) 脱氢胆酸
11-dehydrocorticosterone [diˌhaidrəˌkɔ:tiˈkɔstərəun] 11-脱氢皮质酮
dehydrocorydaline [diˌhaidrəkəˈridəli:n] 脱氢紫堇碱
dehydroemetine [diˌhaidrəˈemətiːn] 脱氢吐根碱
dehydroepiandrosteroe [diˌhaidrəˌepiænˈdrɔstərəun] 脱氢表雄酮
dehydrogenase [diˈhaidrəˌdʒəneis] 脱氢酶
dehydrogenate [diˈhaidrədʒəneit] 脱氢
dehydrogenation [diˌhaidrədʒəˈneiʃən] 脱氢(作用)
dehydroisoandrosterone [diˌhaidrəˌisæenˈdrɔstərəun] 脱氢异雄酮
dehydromorphine [diˌhaidrəˈmɔ:fiːn] 脱氢吗啡，氧化吗啡
dehydropeptidase II [diˌhaidrəˈpeptideis] 脱氢肽酶II
dehydroretinol [diˌhaidrəˈretinɔl] 脱氢喘叮醇
dehypnotize [diˈhaipnətaiz] 解除催眠
deiodination [diˌaiədiˈneiʃən] 脱碘(作用)
deionization [diˌaiəniˈzeiʃən] 去离子(作用)，消电离(作用)
deiteral [ˈdaitərəl] 代特氏核的
Deiters' cells [ˈdaitəz] (Otto Friedrich Karl *Deiters* German anatomist, 1834-1863) 代特氏细胞
déjà entendu [deiˈʒɑ: ˌɔntəˈdju:] (Fr. "already heard") 似曾听闻症
déjà éprouvé [deiˈʒɑ: ˌeipruˈvei] (Fr. "already tested") 似曾实践症
déjà fait [deiˈʒɑ: fei] (Fr. "already done") 似曾发生症
déjà pensé [deiˈʒɑ: pɔnˈsei] (Fr. "already thought") 似曾想症
déjà raconté [deiˈʒɑ: rɑːkɔnˈtei] (Fr. "already told") 似曾讲述过
déjà vécu [deiˈʒɑ: veiˈkju:] (Fr. "already lived") 似曾经历症
déjà voulu [deiˈʒɑ: vuːˈlju:] (Fr. "already desired") 似曾希冀症
déjà vu [deiˈʒɑ: ˈvju:] (Fr. "already seen") 似曾相识症
Dejean's syndrome [dəˈʒɑ:nz] (M. C. *Dejean*, French physician, 20th century) 代热氏综合征
dejection [diˈdʒekʃən] (L. *dejectio*) 沮丧
Dejerine's disease [deiʒəˈriːnz] (Joseph Jules *Dejerine*, French neurologist, 1849-1917) 代热林氏病
Dejerine-Klumpke paralysis [deiʒəˈrenˈklumpki] (Augusta *Dejerine-Klumpke*, French neurologist, 1859-1927) 代-克二氏麻痹
Dejerine-Landouzy dystrophy [deiʒəˈriːn lænduˈziː] (J. J. *Dejerine*; Louis Theophile Joseph *Landouzy*, French physician, 1845-1917) 代-兰二氏营养不良
Dejerine-Lichtheim phenomenon [deiˈʒəˈriːn ˈliktaim] (J. J. *Dejerine*; Ludwig *Lichtheim*, German physician, 1845-1928) 代-利二氏现象
Dejerine-Roussy syndrome [deiʒəˈriːn ruːˈsiː] (J. J. *Dejerine*; Gustav *Roussy*, French

pathologist, 1874-1948) 代-罗二氏综合征
Dejerine-Sottas atrophy [deiʒəˈriːn sɔˈtɑːz] (J. J. *Dejerine*; Jules *Sottas*, French neurologist, 1866-1943) 代-索二氏萎缩
Dejerine-Thomas syndrome [deiˈʒəˈriːm tɔ ˈmɑːs] (J. J. *Dejerine*; André Antoine Henri *Thomas*, French neurologist, 1867-1943) 代-托二氏综合征
deka- (Gr. *deka* ten) 十
de la Camp's sign [də lɑː ˈkɑːmps] (O. *de la Camp*, French physician, early 20th century) 德拉康氏征
delacrimation [diˌlækriˈmeiʃən] (L. *delacrimatio* weeping) 多泪,流泪过多
delactation [ˌdilækˈteiʃən] ❶ 断乳；❷ 泌乳停止
Delafield's fluid [ˈdeləfiːldz] (Francis *Delafield*, American pathologist, 1841-1915) 德拉菲尔德氏液
Delalutin [ˌdeləˈluːtin] 复方长效黄体酮
delamination [diˌlæmiˈneiʃən] (L. *de* apart + *lamina* plate) 分层,离层
de Lange's syndrome [deiˈlɑːŋəz] (Cornelia *de Lange*, Dutch pediatrician, 1871-1950) 德兰吉氏综合征
Delatestryl [ˌdeləˈtestrəl] 代乐睾酮
delayed-release [diˈleid riˈliːs] 延迟释放(药性)
Delbet's sign [delˈbeiz] (Pierre *Delbet*, French surgeon, 1861-1957) 德耳氏征
del Castillo's syndrome [del kɑːsˈtijəz] (E. B. *del Castillo*, Argentine physician, 20th century) 德尔凯斯蒂罗氏综合征
Delbrück [ˈdelbrik] 德尔布鲁克
de-lead [diˈled] 除铅
De Lee catheter [deˈliː] (Joseph Bolivar *De Lee*, American obstetrician and gynecologist, 1869-1942) 德·李氏管
De Lee-Hillis stethoscope [dəˈliː ˈhilis] (J. B. *De Lee*; David S. *Hullis*, American obstetrician and gynecologist, 1873-1942) 德·李-黑二氏听诊器
Delestrogen [dəˈlestrədʒən] 得来睾酮
deleterious [ˌdiləˈtiəriəs] (Gr. *dēlētērios*) 有害的
deletion [diˈliːʃən] (L. *deletio* destruction) 缺失

antigenic d. 抗原决定簇缺失
delimitation [diˌlimiˈteiʃən] (*de-* + L. *limitare* to limit) 立界,定界,限定
delinquent [diˈliŋkwənt] ❶ 失职的；❷ 犯罪者
juvenile d. 少年犯
deliquescence [ˌdeliˈkwesəns] (L. *deliquescere* to grow moist) 潮解
deliquescent [ˌdeliˈkwesənt] 可潮解的
deliria [dəˈliəriə] (L.) 谵妄,发狂,妄想。*delirium* 的复数形式
deliriant [dəˈliəriənt] ❶ 致谵妄的；❷ 致谵妄药；❸ 谵妄者
delirifacient [dəˌliriˈfeiʃənt] (L. *delirium* + *facere* to make) ❶ 致谵妄的；❷ 致谵妄药
delirious [diˈliəriəs] 谵妄的,发狂的,妄想的
delirium [diˈliəriəm] (pl. *deliria*) (*de-* + L. *lira* furrow or track) (DSM-Ⅲ-R) 谵妄,发狂,妄想
  acute d. 急性谵妄
  alcohol withdrawal d. (DSM-Ⅲ-R) 酒精脱瘾性谵妄
  febrile d. 热病谵妄
  low d. 迟钝谵妄
  postcardiotomy d. 心脏切开术后谵妄
  senile d. 老年性谵妄
  toxic d. 中毒性谵妄
  traumatic d. 外伤性谵妄
  d. tremens 震颤性谵妄
delitescence [ˌdiliˈtesəns] (L. *delitescere* to lie hidden) ❶ 骤退,突然消退；❷ 潜伏期
deliver [diˈlivə] (Fr., from L. *deliberare* to set free) ❶ 分娩,助产；❷ 除去
delivery [diˈlivəri] ❶ 分娩,生产；❷ 除去
  abdominal d. 剖腹产
  breech d. 臀位分娩
  forceps d. 产钳分娩
  forceps d., high 高位产钳分娩
  forceps d., low 低位产钳分娩
  forceps d., outlet 阴道口产钳分娩
  midforceps d. 中位产钳分娩
  postmature d. 过期分娩
  postmortem d. 死后分娩
  premature d. 早产

spontaneous d. 自动分娩
vaginal d. 阴道分娩
dell [del] 小凹,浅窝
delle ['delə] 染色后红细胞中央的清晰区域
dellen ['delən] (Ger. "dents") 陷凹
delling ['delɪŋ] 小凹形成
delmadinone acetate [del'mædɪnəʊn] 去氢氯地孕酮
Delmege's sign [del'meʒəz] (Jean Alfred Delmege, French physician, 20th century) 德耳梅季氏征
delomorphic [ˌdilə'mɔːfɪk] 显形的
delomorphous [ˌdilə'mɔːfəs] (Gr. dēlos evident + morphē form) 显形的
delousing [diː'laʊsɪŋ] 灭虱
Delphian node ['delfɪən] (Delphi, a town in ancient Greece) 特尔斐结节
delphine ['delfiːn] 翠雀碱
delphinine ['delfɪniːn] 翠雀碱
Delphinium [del'fɪnɪəm] (L.) 翠雀(草)属
delphinoidine [ˌdelfɪ'nɔɪdiːn] 翠雀次碱
delphisine ['delfɪsiːn] 异翠雀碱
delta ['deltə] (Δ, δ) ❶ 希腊字母表的第四个字母δ; ❷ 三角,三角形区
  d. mesoscapulae 肩胛冈三角
Delta-Cortef ['deltəˌkɔːtəf] 丁种可特夫
Deltasone ['deltəˌsəʊn] 代尔特松
deltoid ['deltɔɪd] (L. deltoides triangular) 三角形的
Deltra ['deltrə] 代尔特洛
delusion [dɪ'luːʒən] (L. delusio, from de from + ludus a game) 妄想
  d. of being controlled, d. of control 受控妄想
  bizarre d. 怪异妄想
  depressive d. 抑郁性妄想
  encapsulated d. 封闭妄想
  expansive d. 夸大妄想
  fragmentary d's 不连贯妄想
  d. of grandeur, grandiose d. 夸大妄想
  d. of misidentification 误认妄想
  mood-congruent d. 心境协调妄想
  mood-incongruent d. 心境不协调妄想
  d. of negation, nihilistic d. 否认妄想,虚无妄想
  paranoid d's 妄想狂
  d. of persecution, persecutory d. 受迫害妄想
  d. of poverty 贫穷妄想
  d. of reference 关系妄想,牵涉妄想
  somatic d. 器官变异妄想
  systematized d's 系统性妄想
delusional [dɪ'luːʒənəl] 妄想的
Delvinal ['delvɪnəl] 迪尔维奈
Demansia [dɪ'mænsɪə] 褐眼镜蛇属
demarcation [ˌdiːmɑː'keɪʃən] (L. demarcar to limit) 分界,划界
  surface d. 表面分界
Demarquay's sign [dɪmɑː'keɪz] (Jean Nicholas Demarquay, French surgeon, 1814-1875) 德马凯氏征
demasculinization [diːˌmæskjʊˌlɪnɪ'zeɪʃən] 男性征丧失
Dematiaceae [dɪˌmætɪ'eɪsɪiː] 暗色孢科
dematiaceous [dɪˌmætɪ'eɪʃəs] 暗色孢科真菌的
Dematium [dɪ'meɪʃɪəm] 暗色孢属
deme [diːm] (Gr. demos common people) 同类群
demecarium [ˌdeməˈkɛərɪəm] 癸二胺苯脂
  d. bromide (USP) 溴癸二胺苯酯,地美溴铵
demeclocycline [ˌdeməklə'saɪkliːn] (USP) 脱甲金霉素,脱甲氯四环素
  d. hydrochloride (USP) 脱甲金霉素盐酸盐
demedication [diːˌmedɪ'keɪʃən] 除药法
demented [dɪ'mentɪd] 痴呆的
dementia [dɪ'menʃɪə] (de- + L. mens mind) (DSM-Ⅲ-R) 痴呆
  alcoholic d. 酒毒性痴呆
  Alzheimer's d. 阿耳茨海默氏痴呆
  arteriosclerotic d. 动脉硬化性痴呆
  Binswanger's d. 宾斯万格氏痴呆
  boxer's d. 拳击员痴呆
  dialysis d. 透析性痴呆
  epileptic d. 癫痫性痴呆
  multi-infarct d. (DSM Ⅲ-R) 多梗塞性痴呆
  myoclonic d., d. myoclonica 肌阵挛性痴呆,智力衰退伴肌阵挛
  paralytic d., d. paralytica 麻痹性痴呆
  posttraumatic d. 外伤后痴呆
  d. praecox (obs.) 精神分裂症

presenile d. 早老性痴呆
primary degenerative d. of the Alzheimer type (DSM Ⅲ-R) 阿耳茨海默氏型原发性退变性痴呆
d. pugilistica 拳击员痴呆
senile d. 老年性痴呆
subcortical d. 皮质下性痴呆
toxic d. 中毒性痴呆
vascular d. 血管性痴呆

Demerol ['demərol] 杜冷丁
demethylation [di͵meθi'leiʃən] 去甲基(作用)
demethylchlortetracycline [di͵meθilklɔ͵tetrə'saikli:n] 去甲金霉素,去甲氯四环素
demi- (Fr. *demi* half, from L. *dimidius*) 半
Demianoff's sign [͵demiɑ:'nɔfs] (G. S. *Demianoff*, French physician, 20th century) 德米阿诺夫氏征
demibain ['demibein] (Fr.) 半身浴,坐浴
demifacet [͵demi'fæsit] 半面
  inferior d. for head of rib 肋骨下凹,肋骨头下半关节面
  superior d. for head of rib 肋骨上凹,肋骨头上半关节面
demigauntlet [͵demi'gɔ:ntlit] 半手套式绷带
demilune ['demilju:n] ❶ 半月体,新月; ❷ 新月形的
  d's of Giannuzzi, d's of Heidenhain 贾努齐氏新月形腺细胞,海登海因氏新月细胞
demimonstrosity [͵demimɔn'strɔsiti] 半畸形
demineralization [di͵minərəli'zeiʃən] 去矿质(作用),失矿质(作用)
demipenniform [͵demi'penifɔ:m] 半羽形的
Demi-Regroton [͵demi'regrətən] 地米-来格酮
Democritus of Abdera [di'mɔkritəs] (c. 460-c. 370 B.C.) 德谟克利特
demodectic [demə'dektik] 脂螨的,蠕形螨的
Demodex ['demədeks] (Gr. *demos* fat + *dex* worm) 脂螨属,蠕形螨属
  D. bovis 牛脂螨
  D. canis 犬脂螨
  D. capri 山羊脂螨
  D. cati 猫脂螨
  D. criceti 仓鼠脂螨
  D. equi 马脂螨
  D. folliculorum 毛囊脂螨
  D. ovis 绵羊脂螨
  D. phylloides 猪脂螨
Demodicidae [͵demə'disidi:] 脂螨科,蠕形螨科
demodicidosis [͵demədisi'dəusis] 脂螨病,蠕形螨病
demodicosis [͵demədi'kəusis] ❶ 脂螨性兽疥癣; ❷ 脂螨病
demogram ['demə græm] 人口统计图
demography [di'mɔgrəfi] (Gr. *demos* people + *-graphy*) 人口学,人口统计学
  dynamic d. 动态人口学
  static d. 静态人口学
demoniac [di'məuniæk] ❶ 狂乱的; ❷ 着魔精神错乱的
demonophobia [͵dimɔnə'fəubiə] (Gr. *daimōn* demon + *phobia*) 魔鬼恐怖
demonstrator ['demən͵streitə] (L.) 示教者
De Morgan's spots [də'mɔ:gənz] (Campbell *De Morgan*, English physician, 1811-1876) 德摩根氏斑
demorphinization [di͵mɔ:fini'zeiʃən] 吗啡脱瘾法
de Morsier's syndrome [dəmɔ:si'eiz] (Georges *de Morsier*, Swiss neurologist, 20th century) 德莫斯尔氏综合征
demoxepam [di'mɔksəpæm] 去甲氧氯安定
demucosation [di͵mjukə'seiʃən] 粘膜剥离术
demulcent [di'mʌlsənt] ❶ 缓和的,润和的,减轻刺激的; ❷ 缓和药,润药
de Musset 德谬塞
de Mussey's point [də'mju:seiz] (Noel Francois Odon Guéneau *de Mussey*, French physician, 1813-1885) 德米西氏点
demustardization [di͵mʌstədi'zeiʃən] ❶ 除芥子气; ❷ 解芥子毒气法
demutization [di͵mjuti'zeiʃən] (*de-* + L. *mutus* mute) 聋哑教练法
demyelinate [di͵maiə'lineit] 脱髓鞘
demyelination [di͵maiəli'neiʃən] 脱髓鞘

(作用)

segmental d. 分节脱髓鞘

demyelinization [diˌmaiəliniˈzeiʃən] 脱髓鞘(作用)

denarcotize [diˈnɑːkətaiz] 脱麻醉药

denasality [ˌdinəˈzæliti] 鼻音过少

denatality [ˌdinəˈtæliti] 出生率降低

denatonium benzoate [ˌdenəˈtəniəm] (NF) 苯酸苄铵酰胺

denaturant [diˈnætʃərənt] 变性剂

denaturation [diˌnætʃəˈreiʃən] 变性(作用)

protein d. 蛋白变性

denatured [diˈneitʃəd] 变性的

dendraxon [denˈdræksən] 短轴索细胞

dendric [ˈdendrik] 树状的,树突的

Dendrid [ˈdendrid] 碘苷

dendriform [ˈdendrifɔːm] 分枝的,树状的

dendrite [ˈdendrait] (Gr. *dendron* tree) 树突

apical d. 尖端树突

dendritic [denˈdritik] 树状的,树突的

dendr(o)- (Gr. *dendron* tree) 树,树突

Dendroaspis [dendrəˈæspis] 树眼镜蛇属

dendrodendritic [ˌdendrədenˈdritik] 两个神经元树突间的突触的

dendrodochiotoxicosis [denˌdrɔdəkiəˌtɔksiˈkəusis] 毒性半知真菌中毒

Dendrodochium [denˈdrɔdəkiəm] 半知菌属

dendroid [ˈdendrɔid] (Gr. *dendron* tree + *eidos* form) 树枝状的

dendron [ˈdendrɔn] (Gr.) 树突

dendrophagocytosis [ˌdendrəˌfægəsaiˈtəusis] (吞)噬胞突作用

denervate [diˈnəːveit] 去神经

denervation [ˌdinəːˈveiʃən] 去神经(法),除神经支配(法)

dengue [ˈdeŋg] (Sp.) 登革热

hemorrhagic d. 出血性登革热

denial [diˈnaiəl] 否定,否认

denidation [ˌdeniˈdeiʃən] (*de-* + L. *nidus* nest) 经期子宫内膜脱落

Denis Browne splint [ˈdenis braun] (Sir *Denis* John *Browne*, Australian-born English pediatric surgeon, 1892-1967) 丹尼斯·布朗氏夹板

Denisonia [ˌdeniˈsəuniə] 铜头蛇属

denitrification [diˌnitrifiˈkeiʃən] 脱氮(作用)

denitrifier [diˈnaitrifaiə] 脱氮菌

denitrify [diˈnaitrifai] 脱氮

denitrogenation [diˌnitrədʒəˈneiʃən] 除氮法

Denman's spontaneous evolution [ˈdenmənz] (Thomas *Denman*, English obstetrician, 1733-1815) 登曼氏自然旋出

Dennie's sign [ˈdeniz] (Charles Clayton *Dennie*, American dermatologist, 1883-1971) 丹尼氏征

Dennie-Marfan syndrome [ˈdeniː mɑːfei] (C. C. *Dennie*; Antoine Bernard Jean *Marfan*, French pediatrician, 1858-1947) 丹-马二氏综合征

Denny-Brown's sensory neuropathy (sensory radicular neuropathy) [ˈdeni braun] (Derek Ernest *Denny-Brown*, New Zealand-born neurologist in Great Britain and United States, 1901-1981) 丹尼-布朗氏感觉神经病(感觉根神经病)

denofungin [ˌdenəˈfʌndʒin] 地努真菌素

Denonvilliers' aponeurosis [dinɔːˈvijeiz] (Charles Pierre *Denonvilliers*, French surgeon, 1808-1872) 德农维利叶氏腱膜

dens [dens] (pl. *dentes*) (L.) 牙齿

dentes acustici (NA) 听牙,听齿

dentes acuti 切牙,门齿

d. axis (NA) 枢椎齿突

dentes canini (NA) 尖牙,犬齿

dentes de Chiaie 牙釉质斑,牙氟中毒

dentes decidui (NA) 乳牙

d. epistrophei 枢椎齿突

dentes incisivi (NA) 切牙,门齿

d. in dente 牙中牙

d. invaginatus 牙中牙

dentes molares (NA) 磨牙,白齿

dentes permanentes (NA) 恒牙

dentes premolares (NA) 前磨牙

d. sapientiae 智牙,智齿,第三磨牙

d. serotinus (NA) 智牙,智齿

densimeter [denˈsimitə] (液体)密度计

densitometer [ˌdensiˈtɔmitə] (L. *densus* dense + *-meter*) ❶(液体)密度计;❷暗度计;❸光密度计

gas d. 气体密度计

densitometry [ˌdensiˈtɔmitri] 密度测定

法,光密度分析术,显像测密术
density ['densiti] (L. *densus* dense) ❶ 密度;❷ 物质密度;❸ 电密度;❹ 暗度;❺ 密度函数
   arciform d. 弓形致密
   background d. 本底密度
   fiber d. 纤维密度
   inherent d. 固有密度
   ionization d. 电离密度
   optical d. (**OD**) 光密度,吸光度
densography [den'sɔɡrəfi] 密度描记法
dentagra [den'teigrə] (*dent-* + Gr. *agra* seizure) ❶ 拔牙钳;❷ 牙痛
dental ['dentəl] (L. *dentalis*) ❶ 牙的,齿的;❷ 齿音字母,齿音
dentalgia [den'tældʒiə] (*dent-* + *-algia*) 牙痛
dentata [den'teitə] 枢椎
dentate ['denteit] (L. *dentatus*) 有齿的,齿状的
dentatothalamic [den͵tætəθə'læmik] 齿状核-丘脑的
dentatum [den'teitəm] (L. "toothed") 齿状核
dentes ['denti:z] (L.) 牙齿。*dens* 的复数形式
denti- 牙,齿
dentia ['denʃiə] (L.) 出牙,牙列
   d. praecox 早出牙,乳牙早出
   d. tarda 迟出牙
dentibuccal [͵denti'bʌkəl] 牙颊的
denticle ['dentikl] (L. *denticulus* a little tooth) ❶ 小牙;❷ 髓石
   adherent d., attached d. 附着髓石
   embedded d. 包藏性髓石
   false d. 假髓石
   free d. 游离髓石
   interstitial d. 组织间隙小牙
   true d. 真髓石
denticulated [den'tikjuleitid] (L. *denticulatus*) 有小牙的
dentification [͵dentifi'keiʃən] 牙质形成
dentiform ['dentifɔ:m] 齿状的,牙形的
dentifrice ['dentifrais] (L. *dentifricium*) 洁牙剂
dentigerous [den'tidʒərəs] (*denti-* + L. *gerere* to carry) 含牙的
dentilabial [͵denti'leibiəl] (*denti-* + L. *labium* lip) 牙唇的
dentilingual [͵denti'liŋgwəl] (*denti-* + L. *lingua* tongue) 牙舌的
dentimeter [den'timitə] (*denti-* + Gr. *metron* measure) 牙测量器
dentin ['dentin] (L. *dens* tooth) 牙(本)质
   adventitious d. 次生牙质
   calcified d. 钙化牙质
   circumpulpal d. 髓周牙质
   cover d. 罩牙质
   functional d. 功能性牙质
   hereditary opalescent d. 遗传性乳光牙质
   interglobular d. 球间牙质
   irregular d. 不规则牙质
   mantle d. 罩牙质
   opalescent d. 乳光牙质
   primary d. 初生牙质
   reparative d. 弥补性牙质
   sclerotic d. 硬化牙质
   secondary d. 次生牙质
   secondary irregular d. 次生不规则牙质
   secondary regular d. 次生规则性牙质
   tertiary d. 弥补性牙质
   transparent d. 透明牙质
dentinal ['dentinəl] 牙(本)质的
dentine ['denti:n] 牙(本)质
dentinification ['dentinifi'keiʃən] (L. *facere* to make) 牙质形成
dentinoblast ['dentinəblæst] (*dentin* + *blast*) 成牙(本)质细胞
dentinogenesis [͵dentinə'dʒenəsis] (*dentin* + *genesis*) 牙(本)质生成
   d. imperfecta 牙质生长不全
dentinogenic [͵dentinə'dʒenik] 牙(本)质生成的
dentinoid ['dentinɔid] ❶ 牙(本)质样的;❷ 前期牙(本)质,原牙(本)质
dentinoma [͵denti'nəumə] 牙(本)质瘤
dentinosteoid [͵denti'nɔstiɔid] 牙质骨质瘤
dentinum [den'tinəm] (NA) 牙(本)质
dentiparous [den'tipərəs] 成牙的
dentist ['dentist] 牙医师
dentistry ['dentistri] ❶ 牙科;❷ 牙科技术;❸ 牙科职业的总称
   cosmetic d., esthetic d. 整(美)容牙科
   forensic d. 牙法医学

geriatric d. 老年牙科
legal d. 牙法医学
operative d. 牙外科
pediatric d. 儿童牙科
preventive d. 预防牙科
prosthetic d. 牙修复学,假牙修复术
psychosomatic d. 身心牙科学
restorative d. 牙修复学
dentition [den'tiʃən] (L. *dentitio*) 牙列
　artificial d. 人工(假)牙列
　deciduous d. 乳牙列
　delayed d. 出牙迟延
　first d. 乳牙列
　mixed d. 混合牙列
　natural d. 天然牙列
　permanent d. 恒牙列
　precocious d. 出牙过早
　predeciduous d. 乳牙前出牙
　premature d. 早熟牙列
　primary d. 乳牙列
　retarded d. 出牙迟延
　secondary d. 恒牙列
　temporary d. 乳牙列
　transitional d. 混合牙列
dent(o)- (L. *dens* tooth) 牙,齿
dentoalveolar [ˌdentəæl'viələ] 牙槽的
dentoalveolitis [ˌdentəˌælviə'laitis] 牙槽炎
dentofacial [ˌdentə'feiʃəl] 牙面的
dentography [den'tɔgrəfi] 牙符记法
dentoid ['dentɔid] 齿状的,牙形的,似牙的
dentolegal [ˌdentə'liːgəl] 牙法医学的
dentoma [den'təumə] 牙(本)质瘤
dentomechanical [ˌdentəmi'kænikəl] 牙科机械学的
dentonomy [den'tɔnəmi] (*dent-* + Gr. *onoma* name) 牙科学名词,牙科命名法
dentosurgical [ˌdentə'səːdʒikəl] 牙外科的
dentotropic [ˌdentə'trɔpik] 亲牙的,向牙的
dentulous ['dentjuləs] 有天然牙的
denture ['dentʃə] (Fr., from L. *dens* tooth) 托牙,假
　clasp d. 卡环托牙
　complete d. 全口托牙
　conditioning d. 调试托牙
　full d. 全口托牙
　immediate d., immediate-insertion d. 即时托牙
　implant d. 栽植托牙
　interim d. 临时托牙
　overlay d. 覆盖托牙
　partial d. 部分托牙
　partial d., distal extension 部分托牙
　partial d., fixed 固定部分托牙
　partial d., removable 可摘式部分托牙
　partial d., unilateral 单侧部分托牙
　provisional d. 临时托牙
　telescopic d. 套叠托牙
　temporary d. 临时托牙
　transitional d. 过度托牙
　trial d. 试用托牙
denturism ['dentʃərizəm] 假牙业
denturist ['dentʃərist] 假牙技师
Denucé's ligament [dənjuː'seiz] (Jean Henri Maurice *Denucé*, French physician, 1859-1924) 德努塞韧带
denucleated [di'njuːkliˌeitid] 去核的,除核的
denudation [ˌdinjuː'deiʃən] (L. *denudare* to make bare) 剥露,剥脱
denutrition [ˌdinjuː'triʃən] 营养缺乏
deodorant [di'ɔdərənt] (L. *de* from + *odorare* to perfume) ❶除臭的;❷除臭剂,解臭剂
deodorize [di'ɔdəˌraiz] (L. *de* from + *odor* odor) 除臭
deodorizer [di'ɔdəˌraizə] 除臭剂
deontology [ˌdiɔn'tɔlədʒi] (Gr. *deonta* things that ought to be done + *-logy*) 职责学,义务学
deoppilant [di'ɔpilənt] 疏通的
deoppilation [diˌɔpi'leiʃən] (L. *de* away + *oppilatio* obstruction) 疏通
deorsumduction [diˌɔːsəm'dʌkʃən] 下转(眼)
deorsumvergence [diˌɔːsəm'vəːdʒəns] 下转(眼)
deorsumversion [diˌɔːsəm'vəːʃən] 下转(眼)
deossification [diˌɔsifi'keiʃən] (L. *de* from + *os* bone + *facere* to make) 除骨质
deoxidation [diˌɔksi'deiʃən] (L. *de* from + *oxygen*) 脱氧(作用),去氧(作用)
deoxidize [di'ɔksidaiz] 脱氧,去氧
deoxy- 脱氧,去氧
deoxyadenosine [diˌɔksiə'denəusiːn] 脱氧

腺苷
- d. diphosphate (dADP) 脱氧腺苷二磷酸
- d. monophosphate (dAMP) 脱氧腺苷磷酸
- d. triphosphate (dATP) 脱氧腺苷三磷酸

deoxyadenosyl [di,ɔksiə'denəusil] 脱氧腺苷基

deoxyadenosylcobalamin [di,ɔksiə,denəusəlkəu'bæləmin] 脱氧腺苷钴胺素

deoxyadenylate [di,ɔksiə'denəleit] 脱氧腺苷酸

deoxyadenylic acid [di,ɔksi,ædə'nilik] 脱氧腺苷酸

deoxyadenylyl [di,ɔksi,ædə'nilil] 脱氧腺苷酰

deoxycholaneresis [di,ɔksi,kəulə'nerəsis] (胆汁中)脱氧胆酸排出增多

deoxycholate [di,ɔksi'kɔleit] 脱氧胆酸

deoxycholic acid [di,ɔksi'kɔlik] 脱氧胆酸

deoxycholylglycine [di,ɔksi,kəulə'glaisi:n] 脱氧胆酸甘氨酸

deoxycholyltaurine [di,ɔksi,kəulə'tɔ:ri:n] 脱氧胆酰牛磺酸

11-deoxycorticosterone (DOC) [di,ɔksi,kɔ:ti'kɔstərəun] 11-脱氧皮质酮

11-deoxycortisol [di,ɔksi'kɔ:tisɔl] 11-脱氧氢化可的松

deoxycytidine [di,ɔksi'saitidi:n] 脱氧胞苷
- d. diphosphate (dCDP) 脱氧胞苷二磷酸
- d. monophosphate (dCMP) 脱氧胞苷磷酸
- d. triphosphate (dCTP) 脱氧胞苷三磷酸

deoxycytidylate [di,ɔksisaiti'dileit] 脱氧胞苷酸

deoxycytidylic acid [di,ɔksi,siti'dilik] 脱氧胞苷酸

deoxycytidylyl [di,ɔksi,siti'dilɔl] 脱氧胞苷酰

deoxygenation [di,ɔksidʒi'neiʃən] 脱氧(作用), 去氧(作用)

2-deoxy-D-glucose [di,ɔksidi:'glu:kəus] 2-脱氧-D-葡萄糖

deoxyguanosine [di,ɔksi'gwɑ:nəsi:n] 脱氧鸟苷
- d. diphosphate (dGDP) 脱氧鸟苷二磷酸
- d. monophosphate (dGMP) 脱氧鸟苷磷酸
- d. triphosphate (dGTP) 脱氧鸟苷三磷酸

deoxyguanylate [di,ɔksi'gwɑ:nəleit] 脱氧鸟苷酸

deoxyguanylic acid [di,ɔksigwɑ:'nilik] 脱氧鸟苷酸

deoxyguanylyl [di,ɔksigwɑ:'nilɔl] 脱氧鸟苷酰

deoxyhemoglobin [di,ɔksi,hi:məu'gləubin] 脱氧血红蛋白

deoxyhexose [di,ɔksi'heksəus] 脱氧己糖

deoxypentose [di,ɔksi'pentəus] 脱氧戊糖

deoxyribonuclease [di,ɔksi,raibəu'nju:klieis] 脱氧核糖核酸酶
- d. Ⅰ (DNase Ⅰ)(EC 3.1.21.) 脱氧核糖核酸酶Ⅰ
- d. Ⅱ (DNase Ⅱ)(EC 3.1.22.1) 脱氧核糖核酸酶Ⅱ

deoxyribonucleic acid [di,ɔksi,raibəunju:'kli:ik] 脱氧核糖核酸(DNA)

deoxyribonucleoprotein [di,ɔksi,raibəu,nju:kliəu'prəuti:n] 脱氧核糖核蛋白

deoxyribonucleoside [di,ɔksi,raibəu'nju:kliəsaid] 脱氧核糖核苷

deoxyribonucleotide [di,ɔksi,raibəu'nju:kliətaid] 脱氧核糖核苷酸

deoxyribose [di,ɔksi'raibəus] 脱氧核糖

deoxyribovirus [di,ɔksi'raibəu,vairəs] 脱氧核糖病毒

deoxythymidine [di,ɔksi'θaimidi:n] 脱氧胸苷
- d. diphosphate (dTDP) 脱氧胸苷二磷酸
- d. monophosphate (dTMP) 脱氧胸苷磷酸
- d. triphosphate (dTTP) 脱氧胸苷三磷酸

deoxythymidylate [di,ɔksi'θaimi'dileit] 脱氧胸苷酸

deoxythymidylic acid [di,ɔksi,θaimi'dilik] 脱氧胸苷酸

deoxythymidylyl [di,ɔksi,θaimi'dilɔl] 脱氧胸苷酰

deoxyuridine [di,ɔksi'juəridi:n] 脱氧尿苷

d. monophosphate（dUMP）脱氧尿苷-磷酸

d. triphosphate（dUTP）脱氧尿苷三磷酸

deoxyuridylate [di:ˌɒksiˌjuəri'dileit] 脱氧尿苷酸

deoxyuridylic acid [diˌɒksiˌjuəri'dilik] 脱氧尿苷酸

Dep.（L. *depuratus* 的缩写）纯化的,精制的

Depakene ['depəki:n] 德帕基恩:丙戊酸制剂的商品名

Depakote ['depəkəut] 德帕科特:丙戊酸钠制剂的商品名

Depen ['di:pen] 德彭:青霉胺制剂的商品名

dependence [di'pendəns] 依赖(瘾,癖)
　psychoactive substance d.（DSM-Ⅲ-R）精神活性物质依赖
　substance d. 物质依赖

dependency [di'pendənsi] 依赖性

dependent [di'pendənt] ❶ 依赖,依赖性的;❷ 悬垂的,下垂的

Dependovirus [də'pendəuˌvaiərəs]（L. *dependere* to depend on + *virus*）德佩多氏病毒

depepsinized [di'pepsinaizd] 除胃蛋白酶(作用)的;胃液中胃蛋白酶失活的

depersonalization [diˌpə:sənəlai'zeiʃən] 人格解体

de Pezzer catheter [dəpə'zei]（Oscar Michel Benvenuto *de Pezzer*, French surgeon, 1853-1917）德佩泽氏导管

dephosphorylation [diˌfɒsfərai'leiʃən] 脱磷酸(作用)

depigmentation [diˌpigmen'teiʃən] 除色素,失色素,特指黑色素

depilate ['depileit]（L. *de* away + *pilus* hair）脱毛(发),除毛(发)

depilation [ˌdepi'leiʃən] 脱毛(发)法,拔毛(发)术

depilatory [di'piləˌtəri]（L. *de* from + *pilus* hair）❶ 脱毛(发)的;❷ 脱毛(发)剂

deplasmolysis [ˌdiplæz'mɒləsis] 质壁分离复原

deplasmolyze [di'plæzməlaiz] 使质壁分离复原

deplete [di'pli:t]（L. *deplere* to empty）弄空,排除,卸去,造成衰竭状态

depletion [di'pli:ʃən]（L. *deplere* to empty）❶ 排空(动作),排空(方法),减液,放血;❷ 衰竭(状态)
　plasma d. 血浆除去法,去血浆法

depolarization [diˌpəulərai'zeiʃən]（L. *de* from + *polus* pole）❶ 去极化;❷ 消偏(振)
　atrial premature d.（APD）心房过早消偏振
　ventricular premature d.（VPD）心室过早消偏振

depolarize [di'pəuləraiz] 去极化,消偏(振)

depolarizer [di'pəuləˌraizə] ❶ 去极化剂;❷ 降低横跨生物膜电压的物质;❸ 肌肉弛缓药

depolymerization [diˌpɒliməai'zeiʃən] 解聚(合作用)

depolymerize [di'pɒliməraiz] 解聚(合)

Depo-Medrol [ˌdepəu'medrəl] 德普-梅德尔

Depo-Provera [ˌdepəu prəu'vi:rə] 德普-普罗维拉

deposit [di'pɒzit]（L. *de* down + *ponere* to place）❶ 沉积物,沉淀(物);❷ 沉着的;❸ 牙垢
　tooth d. 牙垢

depot ['depəuˌ'di:pəu]（Fr. *dépôt* from L. *depositum* to place）仓库
　fat d. 脂肪贮存处

Depo-Testosterone [ˌdepəutes'tɒstərəun] 环戊丙酸睾酮

depravation [ˌdeprə'veiʃən]（L. *depravare* to vitiate; *de* down + *pravus* bad）恶化,变坏

L-deprenyl ['di:prənəl] 右旋去异戊烯

depressant [di'presənt] ❶ 抑制的;❷ 抑制药
　cardiac d. 心抑制药

depressed [di'prest] 抑郁的

depression [di'preʃən]（L. *depremere* to press down）❶ 凹,窝,向下或向内移位;❷ 阻抑,压低;❸ 抑郁(症)
　agitated d. 激越性抑郁(症)
　anaclitic d. 依恋性抑郁(症)
　congenital chondrosternal d. 先天性肋软骨胸骨性凹陷

endogenous d. 内因性抑郁(症)
freezing point d. 冰点降低
involutional d. 更年期忧郁(症)
Leão's spreading d. 利奥氏延续性降低
major d. (DSMⅢ-R)重度抑郁(症)
neurotic d. 神经官能性抑郁(症),神经症性抑郁(症)
otic d. 听凹
pacchionian d's 帕基奥尼氏凹陷,颗粒小凹
postactivation d. 后活化(作用)降低,后激活(作用)减低
precordial d. 心窝,胸口
psychotic d. 精神病性抑郁(症)
pterygoid d. 翼凹
radial d. 桡骨窝(肱骨)
reactive d. 反应性抑郁(症)
retarded d. 运动阻抑性抑郁(症)
situational d. 情境性抑郁(症)
spreading d. 延续性降低
supratrochlear d. 滑车上凹
tooth d. 牙内突
ventricular d. 心室凹

depressive [di'presiv] ❶ 抑郁的；❷ 阻抑的,压低的
depressomotor [di͵presə'məutə] (L. *deprimere* to press down + *motor* mover) ❶ 抑制运动；❷ 运动抑制剂
depressor [di'presə] (L. *from deprimere* to press down) ❶ 降肌；❷ 抑制剂；❸ 压器,压板
  d. anguli oris 三角肌,口角降肌
  d. epiglottidis 会厌降肌
  d. labii inferioris 下唇方肌
  tongue d. 压舌板
deprimens oculi ['deprimənz'ɔkjulai] (L.) 眼下直肌
deprivation [͵depri'veiʃən] (L. *de* from + *privare* to remove) 丧失,剥夺,缺乏
  emotional d. 情感剥夺
  maternal d. 母爱剥夺
  sensory d. 感觉剥夺
  thought d. 思维剥夺
deprostil [də'prɔstil] 羟甲氧前列腺烷酸
deproteinization [di͵prəutinai'zeiʃən] 脱蛋白(作用),除蛋白(作用)
depside ['depsaid] 缩酚酸类
depth [depθ] 深度

focal d., d. of focus 焦点深度,焦深
depula ['depjulə] (L. from Gr. *depas* goblet) 初原肠胚
depurant ['depjurənt] ❶ 纯化的,净化的；❷ 纯化剂,净化剂
depurate ['depjureit] (L. *depurare* to purify) 净化,精制,纯化
depuration [͵depju'reiʃən] 净化(作用),纯化(作用)
depurative ['depju͵reitiv] 纯化的,净化的
depurator ['depju͵reitə] 净化剂,纯化剂
de Quervain's disease [dəkweə'veinz] (Fritz *de Quervain*, Swiss physician, 1868-1940) 德奎尔万氏病
deradelphus [͵derə'delfəs] (*der-* + Gr. *adelphos* brother) 并头联胎
deradenitis [͵derædi'naitis] (*dere* neck + *aden* gland + *itis* inflammation) 颈淋巴腺炎
deradenoncus [deræ di'nɔŋkəs] (*dere* neck + *aden* gland + *onkos* mass) 颈淋巴腺肿大
deranencephalia [de͵rænensi'feiliə] (*der-* + *an* neg. + Gr. *enkephalos* brain) 无脑有颈畸形
derangement [di'reindʒmənt] ❶ (精神)错乱；❷ 紊乱
  Hey's internal d. 海伊氏膝关节不全脱位
Dercum's disease ['də:kʌmz] (Francis Xavier *Dercum*, American physician, 1856-1931) 德尔肯氏病,痛性肥胖症
derealization [di͵riəlai'zeiʃən] 现实感丧失
dereism [di:'ri:izəm] (L. *de* away + *res* thing) 空想癖
dereistic [͵diri'istik] 空想癖(性)的
derencephalocele [͵derensi'fæləsi:l] (*derencephalus* + *-cele*) 颈椎脑突出
derencephalus [͵deren'sefələs] (*der-* + Gr. *enkephalos* brain) 颈脑畸胎
derepression [͵diri'preʃən] 脱抑制(作用),去抑制(作用),除抑制(作用)
Derifil ['derifil] 德里菲尔
derivant ['derivənt] 衍化物
derivative [di'rivətiv] 衍化物
  hematoporphyrin d. 血卟啉衍生物
-derm (Gr. *derma* skin) 皮肤,胚层

derma ['də:mə] (Gr.) 皮肤,皮(通常特指真皮)

derma- 皮,皮肤

dermabrader [,də:mə'breidə] 擦皮器

dermabrasion [,də:mə'breiʃən] 擦皮诊,皮肤摩擦术

Dermacentor [,də:mə'sentə] (derma- + Gr. kentein to prick, stab) 革蜱属
  D. albipictus 棕色蜱
  D. andersoni 安(德逊)氏革蜱
  D. halli 黄棕色蜱
  D. hunteri 棕色蜱
  D. marginatus 边缘革蜱
  D. nitens 明暗眼蜱
  D. nuttallii 纲(塔耳)氏革蜱
  D. occidentalis 西方革蜱
  D. parumapertus 浅红棕色蜱
  D. reticulatus 网纹革蜱
  D. sylvarum 森林革蜱
  D. variabilis 变异革蜱
  D. venustus 安(德逊)氏革蜱

Dermacentroxenus [,də:mə,sentrɔk'si:nəs] (Dermacentor + Gr. xenos a guest-friend) 革蜱立克次体
  D. rickettsi 立氏立克次体
  D. typhi 地方性斑疹伤寒立克次体

dermad ['də:mæd] 向皮肤

dermalaxia [,də:mə'læksiə] (Gr. derma skin + malaxia softness) 皮肤软化

dermalgia [də:'mældʒiə] 皮痛

dermal ['də:məl] ❶ 皮的,真皮的;❷ 皮肤的

dermamyiasis [,də:məmai'aiəsis] (derma- + myiasis) 皮肤蝇蛆病

Dermanyssidae [,də:mə'nisidi:] 皮刺螨科

Dermanyssus [,də:mə'nisəs] (derma- + Gr. nyssein to prick) 皮刺螨属
  D. gallinae 鸡皮刺螨

dermaskeleton [,də:mə'skelitən] 外骨骼

dermatalgia [,də:mə'tældʒiə] 皮痛

dermatan sulfate ['də:mətæn] 硫酸皮肤素

dermatatrophia [,də:mətə'trəufiə] 皮肤萎缩

dermatergosis [,də:mətə:'gəusis] 职业性皮肤病

dermathemia [də:mət'hi:miə] 皮肤充血

dermatic [də:'mætik] 皮肤的

dermatitides [,də:mə'titidi:z] 皮炎。dermatitis 的复数形式

dermatitis [,də:mə'taitis] (pl. dermatitides) (dermato- + -itis) 皮炎
actinic d. 光化性皮炎,光激性皮炎
allergic d. ① 特应性皮炎,变应性湿疹; ② 变应性接触性皮炎
allergic contact d. 变应性接触性皮炎
ammonia d. 氨皮炎
d. artefacta 人为性皮炎
ashy d. 灰色皮炎
atopic d. 特应性皮炎,变应性湿疹
berlock d., berloque d. [bə'lɔk] (Fr. berloque, Ger. Berlocke pendant) 伯洛克皮炎,香料皮炎
brown-tail moth d. 褐尾蠹皮炎
d. bullosa striata pratensis 草地皮炎
d. calorica 热激性皮炎
caterpillar d. 毛虫皮炎
cercarial d. 尾蚴性皮炎
contact d. 接触性皮炎
contagious pustular d. 触染性脓疮性皮炎
cosmetic d. 化妆品皮炎
dhobie mark d. 比拉万醇皮炎,洗衣员癣
diaper d. 尿布皮炎
eczematous d. 湿疹性皮炎
d. exfoliativa 剥脱性皮炎
d. exfoliativa neonatorum 新生儿剥脱性皮炎
exfoliative d. 剥脱性皮炎
exudative discoid and lichenoid d. 渗虫性盘状苔藓样皮炎
factitial d. 人为性皮炎
d. gangrenosa infantum 婴儿坏疽性皮炎
grass d. 草地皮炎
d. herpetiformis 疱疹样皮炎
d. hiemalis 冬令皮炎
industrial d. 工业性皮炎
infectious eczematous d. 传染性湿疹样皮炎
insect d. 昆虫皮炎
irritant d. 刺激性皮炎
Jacquet's d. 尿布皮炎
livedoid d. 青斑状皮炎
marine d. 海水皮炎

meadow d., meadow-grass d. 草地皮炎
d. medicamentosa 药物皮炎
moth d. 昆虫皮炎
napkin d. 尿布皮炎
nummular eczematous d. 钱币形湿疹性皮炎
occupational d. 职业性皮炎
onion mite d. 洋葱螨皮炎
d. papillaris capillitii 发部乳头状皮炎, 瘢痕瘤性皮囊炎
perfume d. 香料皮炎
periocular d. 眼周皮炎
perioral d. 口周皮炎
photoallergic contact d. 光变应性接触性皮炎
photocontact d. 光接触性皮炎
phototoxic d. 光毒性皮炎
phytophototoxic d. 植物性光毒性皮炎
pigmented purpuric lichenoid d. 着色紫癜性苔藓样皮炎
poison ivy d., poison oak d., poison sumac d. 毒漆藤皮炎
precancerous d. 癌前皮炎
primary irritant d. 原发性刺激性皮炎
radiation d. 放射性皮炎
rat-mite d. 鼠螨皮炎
d. repens 匐行性皮炎
rhus d. 漆树皮炎
roentgen-ray d. X 线皮炎
sabra d. 仙人掌皮炎
schistosome d. 血吸虫皮炎
seborrheic d., d. seborrheica (皮)脂溢性皮炎
stasis d. 停滞性皮炎
d. striata pratensis bullosa 草地皮炎
swimmer's d. 游泳者皮炎, 血吸虫皮炎
uncinarial d. 钩虫皮炎
d. vegetans 增殖性皮炎
d. venenata 毒性皮炎
verminous d. 冠丝虫皮炎
vesicular d. 水疱皮炎
x-ray d. x 线皮炎
dermat(o)- (Gr. *derma*, gen. *dermatos* skin) 皮,皮肤
dermatoarthritis [ˌdəːmətəuɑːˈθraitis] (*dermato-* + *arthritis*) 皮肤病关节炎
　lipid d., lipoid d. 脂样皮肤病关节炎
dermatoautoplasty [dəːmətəuˈɔːtːplæsti] (*dermato-* + Gr. *autos* self + *plassein* to mold) 自皮成形术
Dermatobia [ˌdəːməˈtəubiə] (*dermato-* + Gr. *bios* life) 皮蝇属
　D. hominis 人皮蝇
dermatobiasis [ˌdəːmətəuˈbaiəsis] 皮蝇(蛆)病
dermatocele [ˈdəːmətəˌsiːl] 皮肤松垂
dermatocellulitis [ˌdəːmətəˌseljuˈlaitis] 皮下结缔组织炎,蜂窝织炎
dermatochalasi [ˌdəːmətəuˈkælæsis] (*dermato-* + Gr. *chalasthai* to become slack) 皮肤松垂
dermatochalazia [ˌdəːmətəukəˈleiziə] 皮肤松垂
dermatoconiosis [ˌdəːmətəˌkəuniˈəusis] (Gr. *konia* dust) 皮肤尘埃病,尘埃性皮肤病
dermatoconjunctivitis [ˌdəːmətəukənˌdʒʌŋktiˈvaitis] 结膜皮肤炎
dermatocyst [ˈdəːmətəsist] 皮肤囊肿
dermatodynia [ˌdəːmətəˈdiniə] 皮痛
dermatodyschroia [dəːmətədisˈkrəuiə] (*chroia* color) 皮色异常;皮肤变色
dermatodysplasia [ˌdəːmətəudisˈpleiziə] (*dermato-* + *dysplasia*) 皮肤发育不良
dermatofibroma [ˌdəːmətəufaiˈbrəumə] (*dermato-* + *fibroma*) 皮肤纤维瘤
　d. protuberans 隆凸性皮肤纤维瘤
dermatofibrosarcoma [ˌdəːmətəuˌfaibrəusɑːˈkəumə] (*dermato-* + *fibrosarcoma*) 皮肤纤维肉瘤
　d. protuberans 隆凸性皮肤纤维肉瘤
dermatofibrosis [ˌdəːmətəufaiˈbrəusis] 皮肤纤维变性,皮肤纤维化
　d. lenticularis disseminata 播散性豆状皮肤纤维化
dermatoglyphics [ˌdəːmətəuˈglifiks] (*dermato-* + Gr. *glyphein* to carve) 皮纹学
dermatographic [ˌdəːmətəuˈgræfik] 划皮现象的,皮肤划纹症的
dermatographism [ˌdəːməˈtɔgrəfizəm] 划皮现象,皮肤划纹症
　black d. 黑色划皮现象
　white d. 白色划皮现象
dermatoheteroplasty [ˌdəːmətəuˈhetərəˌplæsti] (*dermato-* + Gr. *heteros* other + *plassein* to form) 异种皮肤移植
dermatologic [ˌdəːmətəuˈlɔdʒik] 皮肤病学

的,皮肤病的
dermatological [ˌdəːmətəuˈlɔdʒikəl] 皮肤病学的,皮肤病的
dermatologist [ˌdəːməˈtɔlədʒist] 皮肤病学家,皮肤病医师
dermatology [ˌdəːməˈtɔlədʒi] 皮肤病学
dermatolysis [ˌdəːməˈtɔlisis] (*dermato-* + Gr. *lysis* loosening) 皮肤松垂
  d. palpebrarum 睑皮松垂(症)
dermatoma [dəːməˈtəumə] 皮肤瘤
dermatome [ˈdəːmətəum] (*derma-* + *-tome*) ❶ 植皮刀,皮刀;❷ 皮区;❸ 皮板,生皮节
  Brown d. 布朗氏植皮刀
  Castroviejo d. 卡斯特罗维齐民植皮刀
  Padgett d. 帕吉特氏植皮刀
  Reese d. 里斯氏植皮刀
dermatomegaly [ˌdəːmətəuˈmegəli] 皮肤松垂
dermatomere [ˈdəːmətəmiə] (*dermato-* + Gr. *meros* part) 皮(肤)节(胚)
dermatomic [ˌdəːməˈtɔmik] 皮区的
dermatomyces [ˌdəːmətəuˈmaisiːz] 皮真菌,皮霉菌
dermatomycosis [ˌdəːmətəumaiˈkəusis] (*dermato-* + Gr. *mykes* fungus) 皮真菌病,皮霉菌病,癣
dermatomyiasis [ˌdəːmətəumaiˈaiəsis] (*dermato-* + *myiasis*) 皮肤蝇蛆病
dermatomyoma [ˌdəːmətəumaiˈəumə] (*dermato-* + *myoma*) 皮肤(平滑)肌病
dermatomyositis [ˌdəːmətəumaiəˈsaitis] (*dermato-* + *myositis*) 皮肤肌炎
dermatoneurology [ˌdəːmətəunjuəˈrɔlədʒi] (*dermato-* + Gr. *neuron* nerve + *-logy*) 皮肤神经学
dermatoneurosis [ˌdəːmətəunjuəˈrəusis] 皮肤神经病
dermatoophthalmitis [ˌdəːmətəuˌɔfθælˈmaitis] 皮肤眼炎
dermatopathic [ˌdəːməˈpæθik] 皮肤病的
dermatopathology [ˌdəːmətəupəˈθɔlədʒi] 皮肤(微观解剖)病理学
dermatopathy [ˌdəːməˈtɔpəθi] (*dermato-* + Gr. *pathos* disease) 皮肤病
Dermatophagoides [ˌdəːməˌtɔfəˈɡɔidiːz] 表皮螨属,尘螨属
  D. pteronyssinus 屋尘螨

  D. scheremetewskyi 谢勒米图斯伊氏表皮螨
dermatopharmacology [ˌdəːmətəuˌfɑːməˈkɔlədʒi] 皮肤药理学
Dermatophilaceae [ˌdəːmətəufiˈleisiiː] 嗜皮菌科,潜蚤科
dermatophiliasis [ˌdəːmətəufiˈlaiəsis] 潜蚤病
dermatophilosis [ˌdəːmətəufaiˈləusis] 潜蚤病
Dermatophilus [ˌdəːməˈtɔfiləs] (*dermato-* + Gr. *philos* loving) ❶ 嗜皮菌属;❷ 潜蚤属
  D. congolensis 刚果嗜皮菌
  D. penetrans 穿皮潜蚤,沙蚤
dermatophobia [ˌdəːmətəˈfəubiə] 皮肤病恐惧症
dermatophyte [ˈdəːmətəˌfait] (*dermato-* + Gr. *phyton* plant) 皮真菌,皮霉菌
dermatophytid [ˌdəːməˈtɔfitid] (*dermatophyte* + *-ia*) 皮真菌疹
dermatophytosis [ˌdəːmətəufaiˈtəusis] (*dermatophyte* + *-osis*) 皮真菌病
dermatoplastic [ˌdəːmətəˈplæstik] 皮成形的,植皮的
dermatoplasty [ˈdəːmətəˌplæsti] (*dermato-* + Gr. *plassein* to form) 皮成形术,植皮术
dermatopolyneuritis [ˌdəːmətəuˌpɔlinjuəˈraitis] 皮肤多神经炎,肢痛症,红皮水肿性多神经病
dermatorrhagia [ˌdəːmətəuˈreidʒiə] 皮肤出血
  d. parasitica 寄生性皮肤出血
dermatorrhea [ˌdəːmətəuˈriːə] (Gr. *rhoea* a flowing) 皮肤分泌旺盛
dermatorrhexis [ˌdəːmɑːtəuˈreksis] (*dermato-* + Gr. *rhēxis* a breaking) 皮肤毛细管破裂
dermatosclerosis [ˌdəːmətəuskliəˈrəusis] (*dermato-* + Gr. *sklērōsis* hardening) 硬皮病
dermatoscopy [ˌdəːməˈtɔskəpi] (Gr. *skopein* to view) ❶ 皮肤检视法;❷ 皮肤毛细血管镜检法
dermatosis [ˌdəːməˈtəusis] (pl. *dermatoses*) (*dermat-* + *-osis*) 皮肤病
  acute febrile neutrophilic d. 急性热性嗜

中性白细胞皮肤病
ashy d. of Ramirez 拉米雷兹氏灰色皮肤病
Bowen's precancerous d. 鲍恩氏癌前皮肤病
d. cenicienta 持久性皮肤变色红斑
chick nutritional d. 鸡营养性皮肤病
dermatolytic bullous d. 营养不良性大疱性表皮松垂
industrial d. 工业皮肤病, 职业性皮炎
lichenoid d. 苔藓样皮肤病
d. papulosa nigra 黑色丘疹性皮肤病
precancerous d. 癌前皮肤病
progressive pigmentary d. 进行性着色皮肤病
Schamberg's d., Schamberg's progressive pigmented purpuric d. 山伯格氏皮肤病, 进行性着色紫癜皮肤病
subcorneal pustular d. 角质层下脓疱皮肤病
transient acantholytic d. 短暂性棘层松角皮肤病
d. vegetans 猪增生性皮肤病
dermatosome ['dɜ:mətə,səum] (*dermato-* + Gr. *sōma* body) 中纬板小体
dermatosparaxis [,dɜ:mətəuspəˈræksis] (*dermato-* + Gr. *sparaxis, sparagmos* a tearing) 皮肤脆裂症
dermatotherapy [,dɜ:mətəuˈθerəpi] (*dermato-* + Gr. *therapeia* treatment) 皮肤病疗法
dermatotome ['dɜ:mətətəum] ❶切皮器, 皮刀; ❷皮节, 皮片
dermatotomy [,dɜ:məˈtɔtəmi] 皮肤解剖学
dermatotropic [,dɜ:mətəuˈtrɔpik] (*dermato-* + Gr. *tropos*, turning toward or affecting) 亲皮的, 向皮的
dermatoxerasia [,dɜ:mətəziˈreiziə] (Gr. *xcrasis* dryness) 皮肤干燥
dermatozoiasis [,dɜ:mətəuzəuˈaiəsis] 皮肤寄生虫病
dermatrophia [dɜ:məˈtrəufiə] 皮肤萎缩
dermectasia [,dɜ:mekˈteisiə] 皮肤松垂
dermatozoon [,dɜ:mətəuˈzəuən] (*dermato-* + Gr. *zōon* animal) 皮肤寄生虫
dermatozoonosis [,dɜ:mətəu,zəuəuˈnəusis] (*dermato-* + Gr. *zōon* animal + *nosos* disease) 皮肤寄生虫病

dermenchysis [dɜ:ˈmenkisis] (*derma-* + Gr. *enchysis* pouring in) 皮下投药法
dermexanthesis [,dɜ:mek,zænˈθi:sis] 发疹
dermic ['dɜ:mik] 皮肤的, 皮的
dermis ['dɜ:mis] (Gr. *derma* skin, hide) (NA)真皮
derm(o)- 皮, 皮肤
dermoblast ['dɜ:məblæst] (*dermo-* + Gr. *blastos* germ) 成皮细胞
dermocyma [,dɜ:məˈsaimə] (*dermo-* + Gr. *kyma* fetus) 皮下寄生胎
dermocymus [,dɜ:məˈsaiməs] 皮下寄生胎
dermographism [dɜ:ˈmɔgrəfizəm] 划皮现象, 皮肤划纹症
dermohygrometer [,dɜ:məhaiˈgrɔmitə] 皮肤湿度计
dermoid ['dɜ:mɔid] (*derm-* + *-oid*) ❶皮样的, 皮状的; ❷皮样囊肿
 corneal d. 角膜皮样囊肿
dermoidectomy [,dɜ:mɔiˈdektəmi] (*dermoid* + *-ectomy*) 皮样囊肿切除术
dermolipectomy [,dɜ:məliˈpektəmi] (*dermo-* + *lipectomy*) 皮肤或皮脂切除术
dermolipoma [,dɜ:məliˈpəumə] 皮脂脂瘤
dermology [dɜ:ˈmɔlədʒi] 皮肤病学, 皮肤学
dermolysis [dɜ:ˈmɔlisis] 皮肤溶解
dermometer [dɜ:ˈmɔmitə] 皮肤电阻计
dermometry [dɜ:ˈmɔmitri] (*dermo-* + Gr. *metron* measure) 皮肤电阻测量法
dermomycosis [,dɜ:mə,maiˈkəusis] 皮真菌病, 皮霉菌病
dermomyotome [,dɜ:məˈmaiətəum] (*dermo-* + *myo-* + *-tome*) 生皮肌节
dermoneurosis [,dɜ:məunjuəˈrəusis] 皮肤神经官能病
dermonosology [,dɜ:mənəˈsɔlədʒi] ❶皮肤病分类学; ❷皮肤病学
dermoneurotropic [,dɜ:mə,njuərəˈtrɔpik] 向皮肤神经的
dermopathic [,dɜ:məˈpæθik] 皮肤病的
dermopathy [dɜ:ˈmɔpəθi] (*dermo-* + *pathy*) 皮肤病
 diabetic d. 糖尿病性皮肤病
 infiltrative d. 浸润性皮肤病
dermophlebitis [,dɜ:məufliˈbaitis] 皮静脉炎
dermophyte ['dɜ:məfait] 皮真菌, 皮霉菌

dermoplasty ['dɜːməˌplæsti] 皮成形术,植皮术

dermoreaction [ˌdɜːməriˈækʃən] 皮肤反应

dermoskeleton [ˌdɜːməˈskelitən] 外骨骼

dermostosis [ˌdɜːməusˈtəusis] 皮内骨化

dermosynovitis [ˌdɜːməsinəˈvaitis] (*dermo-* + *synovitis*) 皮肤粘液囊炎,皮肤腱鞘炎

dermotomy [dɜːˈmɔtəmi] 皮肤解剖学

dermotoxin [ˌdɜːməˈtɔksin] 皮肤坏死毒素

dermotropic [ˌdɜːməˈtrɔpik] 亲皮的,向皮的

dermovaccine [ˌdɜːməˈvæksin] 皮肤疫苗

dermovascular [ˌdɜːməˈvæskjulə] (*dermo-* + *vas* vessel) 皮肤血管的

der(o)- (Gr. *derē* neck) 颈

derodidymus [ˌderəˈdidiməs] 双头畸胎

derrengadera [ˌderengɑːˈderə] (Sp. "crookedness"或 "lameness") 马锥虫病

derrengue [deˈrengə] (Sp. from *derrengar* to dislocate the hip) 牛瘫病

derriengue [ˌderiˈengə] (Sp. from *derrengar* to dislocate the hip) 狂牛病

derris ['deris] 鱼藤属

DES (diethylstilbestrol 的缩写) 已烯雌酚

desalination [ˌdiːseiliˈneiʃən] (L. *de* from + *sal* salt) 脱盐(作用),去盐(作用)

desalivation [diːsæliˈveiʃən] 除涎,除唾液

desamido-NAD⁺ [disəˈmiːdəu] 脱酰胺基辅酶 Ⅰ 的氧化型

De Sanctis-Cacchione syndrome [de ˈsæŋktis ˌkækiˈəuni] (Carlo *De Sanctis*, Italian psychiatrist, born 1888; Aldo *Cacchione*, Italian psychiatrist, 20th centruy) 德-卡二氏综合征

desanimania [ˌdesæniˈmeiniə] (L. *des* off + *animus* mind + *mannia* madness) 精神错乱

desaturase [diːˈsætʃəreis] 去饱和酸

desaturation [diːˌsætʃəˈreiʃən] 去饱和(作用)

Desault's bandage [dəˈsəuz] (Pierre Joseph *Desault*, French surgeon, 1744-1795) 戴佐氏绷带

Descartes' law [deˈkɑːts] (René *Descartes*, French mathematician and philosopher, 1596-1650) 笛卡尔氏定律

Descemet's membrane [desəˈmeiz] (Jean *Descement*, French anatomist, 1732-1810) 德斯密氏膜,角膜后弹性层

descemetitis [ˌdesemeˈtaitis] 德斯密氏膜炎,后弹性层炎

descemetocele [ˌdesiˈmetəsiːl] (*Descemet's membrane* + *-cele*) 德斯密氏膜突出,后弹性层突出

descendens [diˈsendənz] (L.) (NA) 下降的,降的

d. cervicalis, d. cervicis 舌下神经降支

descending [diˈsendiŋ] (L. *descendere* to go down) 下行的,降的

descensus [diˈsensəs] (pl. *descensus*) (L.) 下垂,下降

d. testis (NA) 睾丸下降

d. uteri 子宫脱垂

descent [diˈsent] (L. *descendere* to go down) 下降,下行

x d. X 波下降

y d. Y 波下降

Deschamps' compressor [dæˈʃɑz] (Joseph François Louis *Deschamps*, French surgeon, 1740-1824) 德尚氏压迫器

descinolone acetonide [deˈsinələun] 丙酮-21-脱氧去炎松,丙酮-21-脱氧氟羟泼尼松龙,丙酮-21-脱氧氟羟强的松龙

desensitization [diːˌsensitaiˈzeiʃən] 脱敏(感)作用,脱过敏法

systematic d. 系统脱敏疗法

desensitize [diːˈsensitaiz] ❶ 除去感觉;❷ 脱敏(感)

deserpidine [diːˈsəːpidiːn] 脱甲氧利血平

desexualize [diːˈseksjuəlaiz] 除去性征,阉割

Desferal ['desfərəl] 待恩佛洛

desferrioxamine [desˌferiˈɔksəmiːn] 去铁胺

desflurane [desˈfluːrein] 脱氧烷

deshydremia [ˌdeshaiˈdriːmiə] (L. *de* from + Gr. *hydōr* water + *haima* blood + *-ia*) 浓缩血

desiccant ['desikənt] ❶ 干燥的;❷ 干燥剂

desiccate ['desikeit] (L. *desiccare* to dry up) 使干燥

desiccation [ˌdesiˈkeiʃən] 干燥(作用),干燥法

electric d. 电干燥法
desiccative ['desiˌkeitiv] 干燥的
desiccator ['desiˌkeitə] 干燥器
desipramine hydrochloride [de'siprəmiːn] (USP) 盐酸脱甲丙咪嗪
-desis (Gr. *desis* "a binding together") 固定,固定术
Desjardins' point [dei'ʒɑːdænz] (Abel *Desjardins*, French surgeon, early 20th century) 代雅丹氏点,胰腺头点
deslanoside [des'lænəsaid] 脱乙酰基毛花洋地黄甙 C
desmalgia [des'mældʒiə] (*desmo-* + *-algia*) 韧带痛
desmectasis [des'mektəsis] (*desmo-* + Gr. *ektasis* stretching) 韧带伸展
desmepithelium [desˌmepi'θiːljəm] (*desmo-* + *epithelium*) 中胚叶上皮层
desmid ['desmid] 鼓藻
desmin ['dezmin] 支架蛋白
desmiognathus [ˌdesmiə'næθəs] (Gr. *desmios* binding + *gnathos* jaw) 下颌(颈)部寄生头畸胎
desmitis [des'maitis] (*desmo-* + *-itis*) 韧带炎
desm(o)- (Gr. *desmo* band, ligament) 带,韧带,纤维
desmocranium [ˌdezməu'kreiniəm] (*desmo-* + *cranium*) 颅胚
desmocyte ['dezməsait] (*desmo-* + *-cyte*) 成纤维细胞
desmocytoma [ˌdezməsai'təumə] 成纤维细胞瘤
desmodontium [ˌdezmə'dɔnʃiəm] (*desmo-* + Gr. *odous* tooth) (NA) 牙周韧带
desmodynia [ˌdezmə'diniə] (*desm-* + *-odynia*) 韧带痛
desmogenous [dez'mɔdʒinəs] (*desmo-* + *-genous*) 韧带原(性的)
desmography [dez'mɔgrəfi] (*desmo-* + *-graphy*) 韧带学
desmohemoblast [ˌdezmə'hiːməblæst] (*desmo-* + *hemo-* + *-blast*) 间(充)质
desmoid ['dezmɔid] (*desm-* + *-oid*) ❶ 纤维性的,纤维样的;❷ 硬纤维瘤
 periosteal d. 骨膜硬纤维瘤
desmolase ['dezməleis] 碳链(裂解)酶
 17,20-d. 17α-羟原酮醛缩酶
 20,22-d. 胆固醇单加氧酶(侧链裂解)
desmology [dez'mɔlədʒi] (*desmo-* + *-logy*) ❶ 韧带学;❷ 绷带学
desmoma [dez'məumə] (*desm-* + *-oma*) 硬纤维病
desmon ['desməun] 介体
desmopathy [dez'mɔpəθi] (*desmo-* + *-pathy*) 韧带病
desmoplasia [ˌdezmə'pleiʒiə] 结缔组织生成
desmoplastic [ˌdezmə'plæstik] (*desmo-* + Gr. *plassein* to form) 促结缔组织增生的,引起粘连的
desmopressin acetate [ˌdezmə'presin] 去氨加压素乙酸盐
desmopyknosis [ˌdezməupik'nəusis] (Gr. *pyknosis* condensation) 圆韧带缩短术
desmorrhexis [ˌdezmə'reksis] (*desmo-* + Gr. *rhēxis* rupture) 韧带破裂
desmose ['dezməus] (Gr. *desmos* band, ligament) 连接纤维
desmosine ['dezməsain] 锁链(赖氨)素
desmosis [dez'məusis] (*desm-* + *-osis*) 结缔组织病
desmosome ['dezməsəum] (*desmo-* + *-some*) 桥粒
 belt d. 带桥粒,带粘连
 half d. 半桥粒
 spot d. 斑桥粒
desmosterol [dez'mɔstərɔl] 24-脱氢胆固醇
desmotomy [dez'mɔtəmi] (*desmo-* + *-tomy*) 韧带切开术
desmotropism [dez'mɔtrəpizəm] 稳变异构(现象)
desoleolecithin [deˌsəuliəu'lesiθin] 脱油酸卵磷脂
desomorphine [ˌdesə'mɔːfin] 二氢脱氧吗啡
desonide ['desənaid] 丙缩羟强龙
desorb [di'sɔːb] (使)解除吸附
desorption [di'sɔːpʃən] 解吸附作用,解吸附状态
DesOwen [de'səuwən] 德索温
desoximetasone [deˌsɔksi'metəsəun] (USP) 脱氧米松
desoxy- 脱氧
desoxycorticosterone [desˌɔksiˌkɔːti'kɔstə-

rəun] 脱氧皮质(甾)酮

desoxymorphine [ˌdesɔksi'mɔːfin] 脱氧吗啡

Desoxyn [de'sɔksən] 待索克森

desoxyphenobarbital [deˌsɔksiˌfiːnəˈbɑːbitæl] 脱氧苯巴比妥,扑痫酮

despeciate [diːˈspiːʃieit] 经受种特性丧失

despeciation [diːspiːʃiˈeiʃən] 种特性丧失

despecification [deˌspesifiˈkeiʃən] 脱种特异性作用

d'Espine's sign [deˈspiːnz] (Adolphe *d'Espine*, French physician, 1846-1930) 德斯平征

despumation [ˌdespjuˈmeiʃən] (L. *de* away + *spuma* froth) 除沫(法),除渣(法)

desquamation [ˌdeskwəˈmeiʃən] (L. *de* from + *squama* scale) 脱屑,脱皮

furfuraceous d. 糠样脱屑

lamellar d. of the newborn 新生儿片状脱屑

desquamative [ˈdeskwɑːmətiv] 脱屑的,脱皮的

desquamatory [ˈdeskwɑːmətəri] 脱屑的,脱皮的

desternalization [diːˌstəːnæliˈzeiʃən] 除胸骨术

dest. ❶ (L. *destilla* 的缩写) 蒸馏; ❷ (*destillatus* 的缩写) 蒸馏的

destil. (L. *destilla* 的缩写) 蒸馏

desudation [ˌdesjuˈdeiʃən] (L. *de* away + *sudare* to sweat) ❶ 剧汗,出汗过多; ❷ 自痱

desulfhydrase [ˌdisʌlfˈhaidreis] 脱硫基酶

Desulfobulbus [diːˌsʌlfəuˈbʌlbəs] (*de-* + *sulfo-* + L. *bulbus* onion) 脱硫球菌属

Desulfococcus [diːˌsʌlfəuˈkɔkəs] (*de-* + *sulfo-* + *coccus*) 脱硫球菌属

Desulfomonas [diːˌsʌlfəˈməunəs] (*de-* + *sulfo-* + Gr. *monas* unit, from *monos* single) 脱硫单胞菌属

Desulfotomaculum [diːˌsʌlfəutəˈmækjuləm] (*de-* + *sulfo-* + L. *tomaculum* sausage) 脱硫肠状菌属

Desulfovibrio [diːˌsʌlfəuˈvibriəu] (*de-* + *sulfo-* + *vibrio*) 脱硫弧菌属

desulfurase [diˈsʌlfəreis] 脱硫酶

desumvergence [ˌdiːsʌmˈvəːdʒəns] (L. *desursum* from above + *vergere* to turn) 眼下转

Desyrel [ˈdesirəl] 德赛雷尔

DET (diethyltryptamine 的缩写) 二乙色胺

Det. (L. *detur* 的缩写) 给予

detachment [diˈtætʃmənt] (Fr. *détacher* to unfasten; to separate) 分开,分离,脱离

d. of retina, retinal d. 视网膜脱离

detector [diˈtektə] 检验器,指示器,探测器

lie d. 测谎器,多种波动描记器

radiation d. 辐射探测器

detelectasis [diːtəˈlektəsis] (L. *de* negative + Gr. *telos* end + *ektasis* dilatation) 膨胀不能,萎陷

deterenol hydrochloride [diˈtəːrənɔl] 盐酸3-脱羟异丙肾上腺素

detergent [diˈtəːdʒənt] (L. *detergere* to cleanse) ❶ 去污的; ❷ 去污剂,去垢剂

deterioration [diˌtiəriəˈreiʃən] 恶化,退化

determinant [diˈtəːminənt] (L. *determinare* to bound, limit, or fix) 定子,因子,决定簇,决定因簇

antigenic d. 抗原决定簇

hidden d. 隐蔽决定簇

immunogenic d. 免疫原决定簇

sequential d. 顺序决定簇

determination [diːtəːmiˈneiʃən] 决定,测定

embryonic d. 胚胎决定

sex d. 性别决定

determiner [diˈtəːminə] 决定簇,决定因素

determinism [diˈtəːminizəm] 决定论

psychic d. 精神决定论

dethyroidism [diˈθairɔidizm] 甲状腺缺失

dethyroidize [diˈθairɔidaiz] 除甲状腺机能,去甲状腺机能

de Toni-Fanconi syndrome [dəˈtɔni fænkɔni] (Giovanni *De Toni*, Italian pediatrician, 1896-1973; Guido *Fanconi*, Swiss physician, 1892-1979) 德托-范二氏综合征

Det. in dup., Det. in 2 plo. (L. *detur in duplo* 的缩写) 给予两倍

detorsion [diˈtɔːʃən] ❶ 扭转矫正法; ❷ 扭转不全

detoxicate [diˈtɔksikeit] 解毒,去毒

detoxication [diːtɔksiˈkeiʃən] 解毒(作用),去毒(作用)

detoxfication [diˌtɔksifi'keiʃən] ❶ 解毒(作用),去毒(作用);❷ 脱瘾疗法
　metabolic d. 代谢性解毒
detoxify [di'tɔksifai] 解毒,去毒
detrition [di'triʃən] (L. *de* away + *terere* to wear) 磨耗
detritivorous [ˌditri'tivərəs] 食腐质的
detritus [di'traitəs] (L. *from deterere* to rub away) 腐质,碎屑
detruncation [ˌdiˌtrʌŋ'keiʃən] (L. *de* off + *truncus* trunk) 断头术
detrusion [di'truːʒən] (L. *detrudere* to drive) 压出,迫出
detrusor [di'truːsə] (L. from *detrudere* to push down) ❶ (NA)逼肌;❷ 压出器
　d. urinae 逼尿肌,耻骨膀胱肌
D. et s. (L. *detur et signetur* 的缩写)给予并标记
detubation [ˌditju'beiʃən] 除管法
detumescence [ˌdiːtju'mesns] (L. *de* down + *tumescere* to swell) 退肿,消肿
Deursil [di'juːsil] 德厄西尔
deutan ['djuːtən] ❶ 绿色觉异常的,绿色盲的;❷ 绿色觉异常者,绿色盲者
deuteranomal [ˌdjutərə'nɔməl] 绿色弱视者
deuteranomalous [ˌdjutərə'nɔmələs] 绿色弱视的
deuteranomaly [ˌdjutərə'nɔməli] (*deuter-* + *anomaly*) 绿色弱视
deuteranope [ˌdjutərə'nəup] 绿色盲者
deuteranopia [ˌdjutərə'nəupiə] (*deuter-* + *an-* + *-opia*) 绿色盲,第二型色盲
deuteranopic [ˌdjutərə'nɔpik] 绿色盲的,第二型失盲的
deuteranopsia [ˌdjutərə'nɔpsiə] 绿色盲,第二型失盲
deuterate ['djuːtəreit] 氘化
deuterion [djuː'tiːriɔn] 氘核,重氢核
deuterium [djuː'tiəriəm] (Gr. *deuteros* second) 氘,重氢
　d. oxide 氧化氘,重水
deuter(o)- (Gr. *deuteros* se-cond) 第二,次,亚
deuteroconidium [ˌdjutərəukə'nidiəm] (*deutero-* + *conidium*) 半分生孢子
deuterofat ['djuːtərəfæt] 氘(化)脂
deuterohemin ['djuːtərəu'himin] 次氯血红素
deuteromycete [ˌdjutərəu'maisiːt] 不全菌,半知菌
Deuteromycetes [ˌdjutərəu'maisitiːz] 半知真纲,不全菌纲
Deuteromycota [ˌdjutərəumai'kəutə] 不全菌纲
Deuteromycotina [ˌdjutərəuˌmaikə'tainə] 不全菌亚门
deuteromyosinose [ˌdjuːtərəmai'ɔsinəus] 次(亚)肌蛋白胨
deuteron ['djuːtərɔn] 氘核,重氢核
deuteropathic [ˌdjuːtərə'pæθik] 继发病的
deuteropathy [ˌdjutə'rɔpəθi] (*deutero-* + Gr. *pathos* disease) 继发病
deuteropine [ˌdjutə'rəupin] 鸦片次碱
deuteroplasm ['djuːtərəˌplæzəm] (*deutero-* + Gr. *plasma* something formed) 滋养质,副浆
deuteroporphyrin [ˌdjuːtərə'pɔːfirin] 次卟啉
deuteroproteose [ˌdjuːtərə'prəutiəus] 次蛋白胨
deuterosome ['djuːtərəˌsəum] (*deutero-* + Gr. *sōma* body) 次胞质体
deuterostome ['djuːtərəˌstəum] 后口动物
Deuterostomia [ˌdjutərə'stəumiə] (*deutero-* + Gr. *stoma* mouth + *-ia*) 后口动物
deuterotocia [ˌdjutərə'təusiə] (*deutero-* + Gr. *tokos* birth) 产两性弧雌生殖
deuterotoxin [ˌdjuːtərə'tɔksin] 次强亲和毒素
deuterotoky [ˌdjutə'rɔtəki] 产两性弧雌生殖
deuthyalosome [ˌdjuθai'æləsəum] (Gr. *deuteros* second + *hyalos* glass + *sōma* body) 成熟卵核
deutipara [djuː'tipərə] (Gr. *deuteros* second + L. *parere* to bear) 二产妇
deut(o)- 第二,次,亚
deuton ['djuːtɔn] 氘核,重氢核
deutonephron [ˌdjuːtəu'nefrɔn] (*deuto-* + Gr. *nephros* kidney) 中肾
deutoplasm ['djuːtəˌplæzm] 滋养质,副浆
deutoplasmolysis [ˌdjutəplæz'mɔlisis] 滋养质溶解,滋养质破坏
Deutschländer's disease ['dɔitʃləndə] (Karl Ernst Wilhelm *Deutschländer*, German sur-

geon 1872-1942）多伊奇兰德氏病
DEV（duck embryo rabies vaccine 的缩写）鸭胚狂犬病疫菌
devascularization [di͵væskjuləraiˈzeiʃən] 血供应阻断,血行阻断
Devegan [ˈdevigən] 德维根
development [diˈveləpmənt] 发育
　arrested d. 发育停顿
　cognitive d. 认识发育
　mosaic d. 镶嵌式发育
　postnatal d. 产后发育
　prenatal d. 产前发育
　psychosexual d. 性生理发育
　psychosocial d. 社会心理发育
　regulative d. 规律性发育
developmental [di͵veləpˈmentəl] 发育的
deviant [ˈdiːviət]（L. *deviare* to turn aside）❶ 偏离标准的;❷ 偏离标准者,不正常者
　sexual d. 性欲不正常者
deviation [͵diviˈeiʃən]（L. *deviare* to turn aside）❶ 偏差,偏向;❷ 偏斜,斜视;❸ 离差
　animal d. 动物诱离法
　axis d. 轴偏向
　complement d. 补体偏向
　conjugate d. 同向偏斜
　Hering-Hellebrand d. 赫-里二氏偏斜
　immune d. 免疫偏向
　latent d. 隐斜视
　d. to the left 偏左
　left axis d. (LAD)轴左偏
　manifest d. 斜视,斜眼
　minimum d. 最小偏向
　primary d. 原偏斜
　d. to the right 偏右
　radial d. 桡骨偏斜
　right axis d. (RAD)轴右偏
　sample standard d. 样本标准(离)差
　secondary d. 副偏斜
　sexual d. 性欲倒错
　skew d. (眼球)反侧偏斜
　squint d. 斜视角
　standard d. 标准(离)差
　strabismic d. 斜视偏向
　ulnar d. 尺骨偏斜
Devic's disease [dəˈviːks]（Eugène *Devic*, French physician, 1869-1930）德维克氏病,视神经脑脊髓病
device [diˈvais] 装置,器
　biventricular assist d. (BVAD)两心室辅助装置
　central-bearing d. 中支器
　central-bearing tracing d. 中支描记器
　contraceptive d. 避孕器
　intrauterine d. (IUD)子宫内避孕器
　left ventricular assist d. (LVAD)左心室辅助装置
　right ventricular assist d. (RVAD)右心室辅助装置
　ventricular assist d. (VAD)心室辅助装置
deviometer [͵diviˈɔmitə] 斜视计,偏向计
devisceration [di͵visəˈreiʃən]（L. *de* away + *viscus* viscus）去脏术,脏器切除术
devitalization [di͵vaitəlaiˈzeiʃən] 失活,去生机
　pulp d. 牙髓失活
devitalize [diˈvaitəlaiz]（L. *de* from + *vita* life）使失活,去生机
devitrification [͵diːvitrifiˈkeiʃən]（*de-* + *vitrification*）透明消失
devolution [͵diːvəˈljuːʃən]（L. *de* down + *volvere* to roll）❶ 退化;❷ 异化
Dew's sign [djuːz]（Sir Harold Robert *Dew*, Australian physician, 1891-1962）迪尤氏征
dewatered [diˈwɔːtəd] 脱水的,去水的
dewclaw [ˈdjuːklɔː] 悬蹄,假蹄
dewlap [ˈdjuːlæp] 垂肉
deworming [diˈwəːmiŋ] 除蠕虫
Dexacen [ˈdeksəsen] 德克塞森
dexamethasone [͵deksəˈmeθəsəun] (USP) 地塞米松,氟甲强的松龙
　d. acetate (USP) 醋酸地塞米松
　d. sodium phosphate (USP) 磷酸钠地塞米松
dexamisole [dekˈsæmisəul] 右旋四咪唑
Dexasone [ˈdeksəsəun] 德克塞索恩
dexbrompheniramine [͵deksbrəumfəniˈræmin] 右旋溴苯吡胺
　d. maleate (USP) 顺丁烯二酸右旋溴苯吡胺
dexclamol hydrochloride [ˈdeksklæməl] 盐酸环庚吡喹醇
Dexedrine [ˈdeksədriːn] 德克塞德里恩：

硫酸右旋苯异丙胺制剂的商品名
dexetimide [dek'setimaid] 右旋苄哌苯哌酮
deximafen [dek'siməfən] 苯双咪唑
dexiocardia [ˌdeksiəu'kɑːdiə] 右位心
dexiotropic [ˌdeksiəu'trɔːpik] (Gr. *dexios* on the right + *tropos* a turning) 右旋的
Dexon ['deksɔn] 聚乙交酯纤维
Dexone ['deksəun] 德克索恩:一种地塞米松制剂的商品名
dexpanthenol [deks'pænθinɔl] 右(旋)泛酰醇
dexpropranolol hydrochloride [ˌdekaprə'prænəlɔl] 盐酸右旋心得安
dexter ['dekstə] (L.) 右的,右侧者
dextrad ['dekstræd] 向右,向右侧
dextral ['dekstrəl] ❶ 右的,右利的;❷ 右利手者
dextrality [deks'træliti] (L. *dexter* right) 右利,善用右侧器官
dextran ['dekstrən] 葡聚糖,右旋糖酐
dextranomer [deks'trænəmə] 聚糖酐
dextrates ['dekstreits] 葡萄糖结合剂
dextraural [deks'trɔːrəl] (L. *dexter* right + *anuris* ear) 右利耳的,善用右耳的
dextriferron [ˌdekstri'ferɔn] 糊精铁
dextrin ['dekstrin] (L. *dexter* right) 糊精
  limit d. 局限性糊精
dextrinase ['dekstrineis] 糊精酶
α-dextrinase ['dekstrineis] α-糊精酶
dextrinate ['dekstrineit] 糊精化
dextrinize ['dekstrinaiz] 糊精化
dextrinosis [ˌdekstri'nəusis] 糊精聚集症,糖原贮积病,糖原病
  limit d. 局限性糊精聚集病,糖原贮积病 Ⅲ型
dextrinuria [ˌdekstri'njuəriə] 糊精尿
dextr(o)- (L. *dexter* right) ❶ 右;❷ 右旋
dextroamphetamine [ˌdekstrəuæm'fetəmiːn] 右旋苯异丙胺
  d. sulfate (USP) 硫酸右旋苯异丙胺
dextrocardia [ˌdekstrəu'kɑːdiə] (*dextro-* + *cardia*) 右位心
  isolated d. 孤立性右位心
  mirror-image d. 镜像右位心
  secondary d. 继发性右位心
dextrocerebral [ˌdekstrəu'seribrəl] (*dextro-* + *cerebrum*) 右脑的,右脑优势的
dextroclination [ˌdekstrəukli'neiʃən] (*dextro-* + L. *clinatus* leaning) 右旋眼
dextrocompound [ˌdekstrəu'kɔmpaund] 右旋物
dextrocular [deks'trɔkjulə] 右利眼的,善用右眼的
dextrocularity [ˌdekstrɔkju'læriti] (L. *dexter* right + *oculus* eye) 右利眼,善用右眼
dextrocycloduction [ˌdekstrəuˌsaikləu'dʌkʃən] 右旋眼
dextroduction [ˌdekstrəu'dʌkʃən] (*dextro-* + *duction*) 右转眼
dextrogastria [ˌdekstrəu'gæstriə] (L. *dexter* right + Gr. *gastēr* stomach) 右位胃
dextrogram ['dekstrəgræm] 右描记波
dextrogyral [ˌdekstrəu'dʒaiərəl] (L. *dexter* right + *gyrare* to turn) 右旋的
dextrogyration [ˌdekstrəudʒaiə'reiʃən] (*dextro-* + *gyration*) 右旋
dextromanual [ˌdekstrəu'mænjuəl] (L. *dextro-* + *manus* hand) 右利手的,善用右手的
dextromenthol [ˌdekstrəu'menθɔl] 右旋薄荷脑
dextromethorphan [ˌdekstrəu'meθəfən] (USP) 右甲吗南,右旋甲氧甲基吗啡喃
  d. hydrobromide (USP) 氢溴酸右甲吗南,氢溴酸右旋甲氧甲基吗啡喃
  d. polistirex 复合右甲吗南,复合右旋甲氧甲基吗啡喃
dextropedal [deks'trɔpedəl] (L. *dextro-* + *pes* foot) 右利足的,善用右足的
dextroposition [ˌdekstrəupə'ziʃən] 右移位
dextropropoxyphene [ˌdekstrəuprə'pɔksifiːn] 右旋丙氧吩,丙氧吩
dextrorotary [ˌdekstrəu'rəutəri] 右旋的
dextrorotatory [ˌdekstrəu'rəutətəri] (L. *dexter* right + *rotare* to turn) 右旋的
dextrose ['dekstrəus] 葡萄糖,右旋糖
dextrosinistral [ˌdekstrəu'sinistrəl] (L. *dextro-* + *sinister* left) ❶ 自右至左的;❷ 左右同利者
Dextrostix ['dekstrəustiks] 血糖检查试纸
dextrosuria [ˌdekstrəu'sjuəriə] 葡萄糖尿,右旋糖尿
dextrothyroxine sodium [ˌdekstrəuθai'rɔuk-

sin] 右旋甲状腺素钠
dextrotorsion [ˌdekstrəu'tɔːʃən] 右旋(眼)
dextrotropic [ˌdekstrəu'trɔpik] (L. *dexter* right + Gr. *tropos* a turning) 右转的
dextroversion [ˌdekstrəu'vəːʃən] (*dextro-* + *version*) ❶ 右转,右视,尤指眼睛向右运动; ❷ 右倾
dextroverted [ˌdekstrəu'vəːtid] 右转的
dezocine ['diːzəsin] 氮甲苯环葵醇
DF-2 嗜二氧化碳噬细胞菌
DFDT (difluoro-diphenyl-trichloroethane 的缩写) 二氟二苯三氯乙烷
DFP (diisopropyl flurophosphate 的缩写) 氟磷酸二异丙酯,二异丙氟磷
dG (deoxyguanosine 的缩写) 脱氧鸟苷
dg (decigram 的缩写) 分克
dGDP (deoxyguanosine diphosphate 的缩写) 二磷酸脱氧鸟苷
dGMP (deoxyguanosine monophosphate 的缩写) 一磷酸脱氧鸟苷
dGTP (deoxyguanosine triphosphate 的缩写) 三磷酸脱氧鸟苷
DH (delayed hypersensitivity 的缩写) 迟发型超敏反应
DHE 45 二氢麦角胺 45
DHEA (dehydroepiandrosterone 的缩写) 脱氢表雄甾酮
d'Herelle phenomenon [dəˈrel] (Félix Hubert *d'Herelle*, Canadian bacteriologist in France, 1873-1949) 代列尔现象
DHF ❶ (dihydrofolate 的缩写) 双氢叶酸盐; ❷ (dihydrofolic acid 缩写) 双氢叶酸
DHFR (dihydrofolate reductase 的缩写) 双氢叶酸盐还原酶
DHg (Doctor of Hygiene 的缩写) 卫生学博士
DHT (dihydrotestosterone 的缩写) 双氢睾酮
DHPG (3,4-dihydroxyphenylglycol 的缩写) 3,4-双氢苯乙二醇
dhurrin ['djurin] 蜀黍氰苷
DHy (Doctor of Hygiene 的缩写) 卫生学博士
Di- (Gr. *dis* twice) 二,两,双
dia- (Gr. *dia* through) 通过,透过,间,分离,横过,完全地
DiaBeta [daiə'beitə] 迪亚贝塔
diabetes [ˌdaiə'biːtiz] (Gr. *diabetes* a syphon, from *dia* through + *bainein* to go) 糖尿病,多尿症

adult-onset d. 成年型糖尿病,非胰岛素依赖性糖尿病
alloxan d. 四氧嘧啶糖尿病
brittle d. 脆弱型糖尿病
bronze d., bronzed d. 青铜色糖尿病,血色素沉着(症)
chemical d. 化学性糖尿病
gestational d. 妊娠糖尿病
growth-onset d. 生长期糖尿病
d. insipidus, central 中枢性尿崩症
d. insipidus, nephrogenic 肾原性尿崩症
d. insipidus, pituitary 垂体性尿崩症
insulin-dependent d. (IDD) 胰岛素依赖性糖尿病
juvenile d., juvenile-onset d. 青少年糖尿病
ketosis-prone d. 趋酮症性糖尿病
ketosis-resistant d. 抗酮症性糖尿病
latent d. 隐性糖尿病
lipoatrophic d. 脂肪缺乏性糖尿病
malnutrition-related d. mellitus (MRDM) 与营养不良有关的糖尿病
maturity-onset d. 成年型糖尿病
maturity-onset d. of youth (MODM) 青春晚期糖尿病
d. mellitus (DM) 糖尿病
non-insulin-dependent d. (NIDD) 非胰岛素依赖性糖尿病
preclinical d. 临床前期糖尿病
puncture d. 穿刺性糖尿病
renal d. 肾性糖尿病
steroid d., steroidogenic d. 类固醇糖尿病
subclinical d. 亚临床糖尿病
thiazide d. 噻嗪性糖尿病
tropical d., tropical pancreatic d. 热带糖尿病,热带胰性糖尿病
Type Ⅰ d. Ⅰ型糖尿病
Type Ⅱ d. Ⅱ型糖尿病
diabetic [ˌdaiə'betik] ❶ 糖尿病的,受糖尿病影响的; ❷ 糖尿病患者
diabetid [ˌdaiə'biːtid] 糖尿病疹
diabetogenic [ˌdaiəˌbetəu'dʒenik] (*diabetes* + Gr. *gennan* to produce) 致糖尿病的
diabetogenous [ˌdaiəbi'tɔdʒinəs] 糖尿病

(原)性的
diabetograph [daiə'bi:təgrɑ:f] (*diabetes* + *-graph*) 尿糖计
diabetometer [ˌdaiəbi'tɔmitə] (*diabetes* + *-meter*) 旋光尿糖计
Diabinese [dai'æbini:s] 待比尼斯
diabrosis [ˌdaiə'brəusis] (*dia-* + Gr. *brōsis* eating) ❶ 溃破,腐蚀; ❷ 穿孔性溃疡
diabrotic [ˌdaiə'brɔtik] (Gr. *diabrōtikos*) ❶ 溃破的,腐蚀的; ❷ 腐蚀剂
diacele ['daiəsi:l] (Gr. *dia* between + *koele* hollow) 第三脑室
diacetate [dai'æsiteit] 乙酰乙酸盐,二醋酸盐
diacetemia [ˌdaiæsi'ti:miə] 乙酰乙酸血
diacetic acid [ˌdaiə'si:tik] 乙酰乙酸
diacetonuria [daiˌæsitəu'njuəriə] 乙酰乙酸尿
diaceturia [ˌdaiæsi'tjuəriə] 乙酰乙酸尿
diacetyl [dai'æsitil] 二乙酰,双乙酰,丁二酮
 d. peroxide 过氧化二乙酰
diacetylmorphine [ˌdaiəˌsi:til'mɔ:fi:n] 地乙酰吗啡,海洛因
Diachlorus [daiə'klɔrəs] 细虻属
diachorema [ˌdaiəkə'ri:mə] (Gr. *diachōrēma*) 排泄物,粪便
diachoresis [daiəkə'ri:sis] 排粪
diacid [dai'æsid] (Gr. *dis* twice + *acid*) 二酸
diaclasis [dai'æklisis] (*dia-* + Gr. *klasis* fracture) 折骨术
diacope ['daiəkəup] (Gr. *dia* through + *kope* cut) 深创伤,重伤
diacrinous [dai'ækrinəs] (Gr. *diakrinein* to separate) 单纯分泌的,透泌的
diacrisis [dai'ækrisis] (Gr. *diakrisis* separation) ❶ 诊断; ❷ 分泌异常; ❸ 窘迫郁泄
diacritic [daiə'kritik] (*dia-* + Gr. *krinein* to judge) 辨别的,诊断的
diactinic [ˌdaiæk'tinik] 透(过)光化线的
diactinism [dai'æktinizəm] (*dia-* + Gr. *aktis* ray) 光化线透性
diacylglycerol [daiˌæsəl'glisərɔl] 二酰基甘油
diacylglycerol O-acyltransferase [daiˌæsəl'glisərɔl æsəl'trænsfəreis] (EC 2.3.1.20) 二酰基甘油正酰基转移酶
diacylglycerol kinase [daiˌæsəl'glisərɔl 'kaineis] (EC 2.7.1.107) 二酰基甘油激酶
diadochocinesia [daiˌædəkəusai'ni:ziə] 轮替运动
diadochokinesia [daiˌædəkəukai'ni:ziə] (Gr. *diadocha* in succession + *-kinesis* + *-ia*) 轮替运动
diadochokinesis [daiˌædəkəukai'ni:sis] 轮替运动
diadochokinetic [daiˌædəkəukai'netik] 轮替运动的
Diadol ['daiədɔl] 迪亚多尔
diagnose ['daiəgnəus] 诊断
diagnosis [ˌdaiəg'nəusis] (*dia-* + Gr. *gnōsis* knowledge) 诊断
 biological d. 生物学诊断
 clinical d. 临床诊断
 cytohistologic d. 细胞组织学诊断
 cytologic d. 细胞学诊断
 differential d. 鉴别诊断
 direct d. 直接诊断
 d. by exclusion 排除诊断
 d. ex juvantibus 治疗诊断
 laboratory d. 实验室诊断
 niveau d. (Fr. "level diagnosis") 定位诊断
 pathologic d. 病理诊断
 physical d. 物理诊断
 provocative d. 激发诊断
 serum d. 血清诊断
diagnostic [daiəg'nɔstik] 诊断的
diagnosticate [daiəg'nɔstikeit] 诊断
diagnostician [ˌdaiəgnɔs'tiʃən] 诊断医师,诊断专家
diagnostics [ˌdaiəg'nɔstiks] 诊断学
diagram ['daiəgræm] 图,线图
 ladder d. 梯形图
 scatter d. 点图
 vector d. 向量图
 Wiggers d. 威格恩图
diagrammatic [ˌdaiəgrə'mætik] 图式的,图解的
diagraph ['daiəgrɑ:f] (*dia-* + Gr. *graphein* to write) 描界器
diakinesis [ˌdaiəkai'ni:sis] (*dia-* + Gr.

kinēsis motion) 终变期

dial ['daiəl] (L. *dialis* daily, from *dies* day) 刻度盘,标度
  astigmatic d. 散光盘表

Dialister [,daiə'listə] 小杆菌属
  D. pneumosintes 害肺小杆菌

diallyl [dai'ælil] ❶ 二丙烯基;❷ 碳水化合物液

diallylbisnortoxiferin dichloride [dai,æləlbisnɔ'tɔksifərin] 二丙烯基正箭毒碱

Dialog ['daiəlɔg] 迪亚洛格

Dialume ['daiəlju:m] 迪亚卢姆

dialysance [,daiə'laisəns] (*dialysis* + *-ance* suffix denoting action or process) 透析率

dialysate [dai'æliseit] 透析液

dialysis [dai'ælisis] (*dia-* + *-lysis*) 透析,渗析
  continuous ambulatory peritoneal d. (CAPD) 持续不卧床的腹膜透析
  continuous cycling peritoneal d. (CCPD) 持续循环的腹膜透析
  cross d. 交叉透析
  equilibrium d. 平衡透析
  intermittent peritoneal d. (IPD) 间断性腹膜
  lymph d. 淋巴透析
  peritoneal d. 腹膜透析

dialyzable [daiə'laizəbl] 可透析的,可渗析的

dialyzed ['daiəlaizd] 透析了的

dialyzer ['daiə,laizə] 透析器,透析膜

Diamanus [,daiə'meinəs] 穿手蚤属
  D. montanus 山穿手蚤

diameter [dai'æmitə] 直径,径
  anteroposterior d. 前后径
  anterotransverse d. (of the cranium) (颅)前横径,颞间经
  Baudelocque's d. 鲍德洛克氏径
  biischial d. 坐骨结节间径
  biparietal d. 顶骨间径
  bisacromial d. 肩峰间径
  bisiliac d. 髂间径
  bispinous d. 坐骨棘间径
  bitemporal d. 颞间径
  buccolingual d. 颊舌径
  cervicobregmatic d. 颈前囟径
  coccygeopubic d. 尾耻径
  d. conjugata pelvis (NA) 骨盆结合径
  conjugate d. ① (骨盆)直径;② 骨盆结合径
  conjugate d., anatomic 解剖学直径,(骨盆)真直径
  conjugate d., diagonal 对角径
  conjugate d., external (骨盆)外直径
  conjugate d. internal (骨盆)内直径,真直径
  conjugate d., obstetric 产科直径
  conjugate d. of pelvis ① 骨盆结合径;② 骨盆直径
  conjugate d., true (骨盆)真直径
  cranial d's 颅径
  craniometric d. 测颅径
  frontomental d. 额颏径
  fronto-occipital d. 额枕径
  intercristal d. 髂嵴间径
  intertuberal d. 结节间径
  longitudinal d., inferior 下纵径
  mento-occipital d. 颏枕径
  mentoparietal d. 颏顶径
  d. obliqua pelvis (NA), oblique diameter of pelvis 骨盆斜径
  occipitofrontal d. 枕额径
  occipitomental d. 枕颏径
  parietal d. 顶骨间径
  pelvic d. 骨盆径
  posterotransverse d. 后横径,顶骨间径
  pubosacral d. 真直径
  pubotuberous d. 耻结节径
  sacropubic d. 骶耻径
  sagittal d. 矢状径
  suboccipitobregmatic d. 枕下前囟径
  temporal d. 颞间径
  d. transversa pelvis (NA) 骨盆横径
  transverse d. 横径
  transverse d. of pelvis 骨盆横径
  transverse d. of pelvic outlet 骨盆下口横径
  vertebromammary d. 椎骨乳房径
  vertical d. 垂直径

diamide [dai'æmid] (L. *di* two + *amide*) ❶ 二酰胺;❷ 肼,联氨

diamidine [dai'æmidi:n] 地脒,联脒

diamido- 二氨基

diamine ['daiəmi:n] (L. *di* two + *amine*) ❶ 二胺,二氨基;❷ 硫酸肼

diamine oxidase ['daiə,mi:n'ɔksideis] 二胺氧化酶

diaminoacridine [daiæ,minəu'ækridin] 二氨基吖啶,普鲁黄

p-diaminodiphenyl [dai,æminəudai'fenil] 对氨苯,对二氨二苯

diaminodiphenylsulfone [dai,æminəudai,fenil'sʌlfəun] 氨苯砜,二氨二苯砜

diacetyl d. 二乙酰氨苯砜

diaminuria [dai,æmi'njuəriə] 二胺尿

diamniotic [dai,æmini'ɔtik] 双羊膜腔的

Diamond-Blackfan syndrome ['daiəmənd 'blækfən] (Louis Klein *Diamond*, U.S. pediatrician, born 1902; Kenneth D. *Blackfan*, U.S. pediatrician, 1883-1941) 戴-布二氏综合征

diamonds ['daiəməndz] 荨麻疹样丹毒

diamorphine [daiə'mɔ:fi:n] 二乙酰吗啡,海洛因

diamorphosis [,daiəmɔ:'fəusis] 正型发育

Diamox ['daiəmɔks] 迪亚莫克斯

diamthazole dihydrochloride [dai'æmθə-zəul] 盐酸双胺噻唑

Dianabol [dai'ænəbɔl] 大力补

dianhydroantiarigenin [,daiæn,haidrə,æn-'tiəri,dʒenin] 双脱水见血封喉甙配基

dianoetic [,daiənəu'etik] (*dia-* + Gr. *nous* mind) 智力的,推理的

diantebrachia [,daiænti'breikiə] 双前臂畸形

diapamide [dai'æpəmaid] 氯氨磺苯脲铵

Diaparene [dai'æpəri:n] 迪安帕里恩

diapause ['daiəpɔz] (*dia-* + Gr. *pausis* pause) 滞育,停育

diapedesis [,daiəpə'di:sis] (*dia-* + Gr. *pēdan* to leap) 血细胞渗出

diapedetic [,daiəpə'detik] 血细胞渗出的

diaphane ['daiəfein] (Gr. *diaphanēs* transparent) 透照灯

diaphaneity [,daiəfə'ni:iti] 透明性,透明(度)

diaphanography [,daiæfə'nɔgrəfi] 透照摄影

diaphanometer [dai,æfə'nɔmitə] (Gr. *diaphanēs* transparent + *-meter*) 透明度计

diaphanometry [dai,æfə'nɔmitri] 透明度测定法

diaphanoscope [dai'æfənə,skəup] (Gr. *diaphanēs* transparent + *skopein* to examine) (电光)透照镜

diaphanoscopy [dai,æfə'nɔskəpi] (电光)透照检查

diaphemetric ['daiəfə'metrik] (*dia-* + Gr. *haphē* touch + *metron* measure) 测量触觉的

diaphorase [dai'æfəreis] 黄递酶

diaphoresis [,daiəfə'ri:sis] (Gr. *diaphorēsis*) 出汗,发汗

diaphoretic [,daiəfə'retik] (Gr. *diaphorēlikos*) ❶ 发汗的;❷ 发汗剂

diaphragm ['daiəfræm] ❶ 膈;❷ 膈板,隔膜;❸ 光阑;❹ 避孕隔膜
  accessory d. 副膈,尿生殖膈
  contraceptive d. 避孕隔膜,子宫帽
  epithelial d. 上皮膈
  d. of mouth 口膈,下颌舌骨肌
  oral d. 口膈,下颌舌骨肌
  pelvic d., d. of pelvis 盆膈
  polyarcuate d. 多弓形光阑
  Potter-Bucky d. 波-布二氏 X 线滤器
  respiratory d. 呼吸膈
  secondary d. 尿生殖膈
  d. of sella turcica 鞍膈
  thoracic d. 胸膈
  urogenital d. 尿生殖膈
  vaginal d. 阴道膈膜

diaphragma [,daiə'frægmə] (pl. *diaphragmata*) (Gr. "a partition-wall, barrier") ❶ 膈;❷ 膈膜
  d. oris 口膈,下颌舌骨肌
  d. pelvis (NA)盆膈
  d. sellae (NA)鞍膈
  d. thoraco-abdominale 胸腹膈
  d. urogenitale 尿生殖膈

diaphragmalgia [,daiəfræg'mældʒiə] (*diaphragm* + Gr. *algos* pain + *-ia*) 膈痛

diaphragmata [daiə'frægmətə] (Gr.) 膈膜。*diaphragma* 的复数形式

diaphragmatic [,daiəfræg'mætik] 膈的

diaphragmatitis [,daiə,frægmə'taitis] 膈炎

diaphragmatocele [,daiəfræg'mætəsi:l] (*diaphragm* + Gr. *kēlē* hernia) 膈疝

diaphragmitis [,daiəfræg'maitis] 膈炎

diaphragmodynia [,daiə,frægməu'diniə] (*diaphragm* + Gr. *odynē* pain) 膈痛

diaphysary [dai'æfisəri] 骨干的
diaphyseal [ˌdaiə'fiziəl] 骨干的
diaphysectomy [ˌdaiəfi'zektəmi] (*diaphysis* + Gr. *ektomē* excision) 骨干切除术
diaphyses [dai'æfisiːz] (Gr.) 骨干。*diaphysis* 的复数形式
diaphysial [ˌdaiə'fiziəl] 骨干的
diaphysis [dai'æfisis] (pl. *diaphyses*) (Gr. "the point of separation between stalk and branch") ❶ (NA) 骨干；❷ 长骨
diaphysitis [ˌdaiəfi'zaitis] 骨干炎
  tuberculous d. 结核性骨干炎
Diapid ['daiəpid] 迪亚皮德
diapiresis [ˌdaiəpai'riːsis] (Gr. *diapeirein* to drive through) 血细胞渗出
diaplacental [ˌdaiəplə'sentl] 经由胎盘的
diaplasis [dai'æpləsis] 复位,回复
diaplex ['daiəpleks] (Gr. *dia* between + *plexus* network) 第三脑室脉络丝
diapophysis [ˌdaiə'pofisis] (*dia-* + Gr. *apophysis* outgrowth) (雄骨) 横突关节面
Diaptomus [dai'æptəməs] 镖水蚤属
diapyesis [ˌdaiəpai'iːsis] 化脓
diapyetic [ˌdaiəpai'etik] 化脓的
diarrhea [ˌdaiə'riːə] (*dia-* + Gr. *rhein* to flow) 腹泻
  bovine virus d. 牛病毒性腹泻
  cachectic d. 恶病质腹泻
  choleraic d. 霍乱样腹泻
  chronic bacillary d. 慢性(杆菌性)腹泻
  d. chylosa 乳糜性腹泻
  congenital chloride d. 先天性氯化物性腹泻
  dientameba d. 双核阿米巴性腹泻
  dysenteric d. 痢疾样腹泻
  enteral d. 肠性腹泻
  epidemic d. of newborn 新生儿流行性腹泻
  familial chloride d. 家族性氯化物腹泻
  fermental d., fermentative d. 发酵性腹泻
  flagellate d. 鞭毛虫性腹泻
  gastrogenic d. 胃原性腹泻
  hill d. 高山性腹泻
  infantile d. 幼儿腹泻,夏季腹泻
  inflammatory d. (肠)炎性腹泻
  irritative d. 刺激性腹泻
  lienteric d. 消化不良性腹泻
  mechanical d. 机械性腹泻,门静脉阻塞性腹泻
  morning d. 晨(起腹)泻
  mucous d. 粘液性腹泻
  neonatal d. 新生儿(流行性)腹泻
  osmotic d. 渗透性腹泻
  d. pancreatica 胰性腹泻
  pancreatogenous fatty d. 胰原性脂性腹泻
  paradoxical d. 积粪性腹泻
  parenteral d. 肠外性腹泻
  putrefactive d. 腐败性腹泻
  secretory d. 分泌性腹泻
  serous d. 浆液性腹泻
  stercoral d. 积粪性腹泻
  summer d. 夏季腹泻
  toxigenic d. 产毒素性腹泻
  traveler's d. 旅行性腹泻
  tropical d. 热带腹泻,口炎性腹泻,脂肪痢
  tubercular d. 结核性腹泻
  virus d. 病毒性腹泻
  watery d. 水泻,浆液性腹泻
  white d. ① 白色泻；② 鸡白痢
diarrheal [ˌdaiə'riəl] 腹泻的
diarrheic [ˌdaiə'riːik] 腹泻的
diarrheogenic [ˌdaiəˌriəu'dʒenik] (*diarrhea* + Gr. *gennan* to produce) 致腹泻的
diarthric [dai'ɑːθrik] (*di-* + Gr. *arthron* a joint) 两关节的
diarthrodial [ˌdaiɑː'θrəudiəl] 动关节性的
diarthroses [ˌdaiɑː'θrəusiːz] 动关节。*diarthrosis* 的复数形式
diarthrosis [ˌdaiɑː'θrəusis] (pl. *diarthroses*) (Gr. *diarthrōsis* a movable articulation) 动关节,滑膜关节
  d. rotatoria 旋动关节
diarticular [ˌdaiɑː'tikjulə] 两关节的
diaschisis [dai'æskisis] (*dia-* + Gr. *schizein* to split) 神经机能联系丧失
diascope ['daiəskəup] (*dia-* + Gr. *skopein* to examine) 透皮玻片,透照片
diascopy [dai'æskəpi] ❶ 玻片压诊法；❷ 透照法
diaspironecrobiosis [daiˌæspaiərəunekrəu bai'əusis] (*dia-* + Gr. *speirein* to sow +

necrobiosis）播散性渐进性坏死

diaspironecrosis [dai͵æspaiərəune'krəusis] 播散性坏死

diastalsis [͵daiə'stælsis]（*dia* through + *stalsis* contraction）间波蠕动

diastase ['daiəsteis] 淀粉酶

diastasic [͵daiəs'tæsik] 淀粉酶的，分解淀粉的

diastasis [dai'æstəsis]（Gr. "separation"）❶ 脱离，分离；❷ 心舒张后期
  iris d. 虹膜（根部）脱离
  d. recti abdominis 腹直肌分离

diastasuria [͵daiəstei'sjuəriə] 淀粉酶尿

diastatic [͵daiə'stætik] ❶ 淀粉酶的；❷ 分解淀粉的

diastem ['daiəstem] 间隙，裂，纵裂

diastema [͵daiəs'ti:mə]（pl. *diastemata*）（Gr. *diastēma* an interval）❶ 间隙，裂，❷（NA)空隙；❸ 狭带
  anterior d. 前间隙

diastemata [͵daiə'stemətə]（Gr.）间隙，裂，纵裂。*diastema* 的复数形式

diastematocrania [͵daiə͵stemətəu'kreinjə]（Gr. *diastēma* an interval + *kranion* cranium）颅纵裂

diastematognathia（Gk. *gnathos* jaw）颌裂

diastematometria（Gk. *metra* womb）子宫纵裂

diastematomyelia [͵daiə͵stemətəumai'i:liə]（Gr. *diastēma* an interval + *myelos* marrow + *-ia*）脊髓纵裂

diastematopyelia [͵daiə͵stemətəupai'i:liə]（Gr. *diastēma* an interral + *pyelos* pelvis）骨盆纵裂

diaster [dai'æstə]（*di-* two + Gr. *astēr* star）双星(体)

diastereoisomer [͵daiə͵steriəu'aisəmə] 非对映(立体)异构物

diastereoisomeric [͵daiə͵steriəu͵aisəu'merik] 非对映异构的

diastereoisomerism [͵daiə͵steriəuai'səmərizəm] 非对映(立体)异构(现象)

diastereomer [͵daiə'steri͵əumə] 非对映体

Diastix ['daiəstiks] 迪亚斯蒂克斯

diastole [dai'æstəul]（Gr. *diastolē* a drawing asunder; expansion）心舒张(期)

diastolic [͵daiə'stɔlik] 舒张(期)的

diastomyelia [dai͵æstəumai'i:liə] 脊髓纵裂

diastrophic [͵daiə'strɔfik]（Gr. *diastrephein* distortion）弯曲变形的

diataxia [͵daiə'tæksiə]（*di-* two + *ataxia*）两侧共济失调
  cerebral d., d. cerebralis infantilis 脑性两侧共济失调

diathermal [͵daiə'θə͵məl] 透热的

diathermic [͵daiə'θə͵mik] 透热的

diathermy ['daiə͵θə͵mi]（*dia-* + Gr. *thermē* heat）透热法
  medical d. 内科透热法
  microwave d. 微波透热法
  short wave d. 短波透热法
  surgical d. 外科透热法
  ultrashort wave d. 超短波透热法
  ultrasound d. 超声波透热法

diathesis [dai'æθisis]（Gr. "arrangement, disposition"）素质
  gouty d. 痛风素质，关节炎体质
  hemorrhagic d. 出血素质

diathetic [͵daiə'θetik] 素质的

diatom ['daiətəm] 硅藻，矽藻

diatomaceous [͵daiətəu'mæʃəs] 硅藻(土)的

diatomic [͵daiə'tɔmik]（*di-* + *atom*）❶ 二原子的；❷ 二价的；❸ 硅藻的

diatrizoate [͵daiətrai'zəueit] 泛影酸盐
  d. meglumine (USP) 泛影葡胺
  d. sodium (USP) 泛影酸钠

diatrizoic acid [͵daiətrai'zəuik] (USP) 泛影酸

diauchenos [dai'ɔ:kinəs] 双颈双头畸胎

diauxic [dai'ɔ:ksik] 二阶段生长的，两峰生长的

diauxie [dai'ɔ:ksi]（*di-* + Gr. *auxein* to increase in size）二阶段生长，两峰生长

diaveridine [͵daiə'veridi:n] 二氨黎芦嘧啶

diaxon [dai'ækson]（*di-* + *axon*）二轴突细胞

diazepam [dai'æzipæm] (USP) 安定，苯甲二氮䓬

diazine [dai'æzi:n] 二氮(杂)苯

diaziquone (AZQ) [dai'æzi͵kwəun] 地斯可纳

diazo- [dai'æzəu] 重氮基 —N=N—

diazobenzene [dai͵æzəu'benzi:n] 重氮苯

diazobenzenesulfonic acid [ˌdaiˌæzəuˈbenziːnsʌlˈfɔnik] 重氮苯磺酸

diazoma [ˌdaiəˈzəumə] (Gr. *diazōma* that which is put round) 膈, 膈膜

diazomethane [daiˌæzəuˈmeθein] 重氮甲烷

diazonal [ˌdaiəˈzəunəl] ❶ 横过两区的; ❷ 暗带的

diazone [ˈdaiəzəun] 暗带

diazosulfobenzol [daiˌæzəuˌsʌlfəuˈbenzɔl] 重氮磺苯

diazotization [daiˌæzətaiˈzeiʃən] 重氮化(作用)

diazotize [daiˈæzətaiz] 重氮化

diazoxide [ˌdaiəˈzɔksaid] (USP) 氯甲苯噻嗪

dibasic [daiˈbeisik] (*di-* + Gr. *basis* base) 二元的, 二价的

Dibenamine [daiˈbenəmin] 地苯那明, 双苄胺

dibenzanthracene [ˌdaibenˈzænθrəsin] 二苯蒽

dibenzazepine [daibenˈzæzəpin] 二苯阿嗪吡丁

dibenzepin hydrochloride [daiˈbenzəpin] 盐酸二苯草

dibenzocycloheptadiene [daiˌbenzəˌsaikləuˌheptəˈdaien] 二苯并环糖二烯

dibenzothiazine [daiˌbenzəˈθaiəziːn] 吩噻嗪

dibenzoxazepine [daiˌbenzəkˈsæzəpiːn] 二苯并噁嗪吡丁

dibenzoxepin [daiˌbenˈzɔksəpin] 肟替林

dibenzoxepine [daibenˈzɔksəpiːn] 肟替林

dibenzylchlorethamine [ˌdaibenzilkləˈreθəmiːn] 双苄氯乙胺

Dibenzyline [daiˈbenziliːn] 苯苄胺, 酚苄明

diblastula [daiˈblæstjulə] (*di-* + *blastula*) 二叶性囊胚

dibothriocephaliasis [daiˌbɔθriəuˌsefəˈlaiəsis] 裂头绦虫病

Dibothriocephalus [daiˌbɔθriəuˈsefələs] (*di-* + Gr. *bothrion* pit + *kephalē* head) 裂头属

dibrachia [daiˈbreikiə] (*di-* + Gr. *brachion* arm) 复臂(畸形)

dibrachius [daiˈbreikiəs] 二臂联胎

dibromide [daiˈbrəumaid] 二溴化物

dibromochloropropane [daiˌbrəuməˌklɔrəˈprəupein] 二溴氯丙烷

dibromodulcitol [daiˌbrəuməˈdʌlsitəl] 二溴串乳糖醇

1,2-dibromoethane [daiˌbrəuməˈeθein] 1,2-溴乙烷

dibromoketone [daiˌbrəuməˈkiːtəun] 二溴丁酮

dibromsalan [daiˈbrɔmsəlæn] 二溴柳苯胺, 双溴沙仑

dibucaine [ˈdaibjukein] (USP) 狄布卡因
  d. hydrochloride (USP) 盐酸狄布卡因

Dibuline [ˈdaibjuliːn] 双丁氨酯

dibutoline sulfate [daiˈbjuːtəliːn] 硫酸双丁氨酯

dibutyl [daiˈbjuːtil] 二丁基

DIC (disseminated intravascular coagulation 的缩写) 播散性血管内凝血

dicacodyl [daiˈkækədail] 四甲二胂, 双二甲胂

dicalcic [daiˈkælsik] 二钙的

dicalcium phosphate [daiˈkælsiəm] 磷酸二钙

dicarbonate [daiˈkɑːbəneit] 碳酸氢盐

dicarboxylicaciduria [ˌdaikɑːbɔkˌsilikˌæsiˈdjuəriə] 二羟基酸尿

dicelous [daiˈsiːləs] (*di-* + Gr. *koilos* hollow) ❶ 双凹的; ❷ 有两腔的

dicentric [daiˈsentrik] (*di-* + *center*) 具双着丝粒的

dicephalous [daiˈsefələs] 双头(畸形)的

dicephalus [daiˈsefələs] (*di-* + Gr. *kephalē* head) 双头畸胎
  d. dipus dibrachius 二臂二足双头畸胎
  d. dipus tetrabrachius 四臂二腿双头畸胎
  d. dipus tribrachius 三臂二腿双头畸胎
  d. dipygus 躯干部联胎
  d. parasiticus 双头寄生胎
  d. tripus tribrachius 三臂三腿双头畸胎

dicephaly [daiˈsefəli] 双头(畸形)

dicheilia [daiˈkailiə] 复唇(畸形)

dicheiria [daiˈkaiəriə] (*di-* + Gr. *cheir* hand) 复手(畸形)

dicheirus [daiˈkaiərəs] 复手(畸形)者

dichlordioxydiamidoarsenobenzol [ˌdaiˌklɔːdaiˌɔksidaiˌæmidəuˌɑːsinəuˈbenzɔl] 二氯

二氧二氨联肼苯,肼凡纳明

dichloride [dai'klɔ:raid] 二氯化物
  carbonic d. 碳氯化物

***o*-dichlorobenzene** [dai,klɔ:rə'benzi:n] 邻二氨苯

3,3-dichlorobenzidine [dai,klɔ:rə'benzidi:n] 3,3-二氯联苯胺

dichlorodiethyl sulfide [dai,klɔ:rəudai-'eθil] 二氯二乙硫醚

dichlorodifluoromethane [dai,klɔ:rəudai-,fluərəu'meθein] (NF) 二氯二氟甲烷,氟利昂

1,1-dichloroethane [dai,klɔ:rəu'eθein] 1,1-二氯乙烷

1,2-dichloroethane [dai,klɔ:rəu'eθein] 1,2-二氯乙烷

dichloroisoproterenol [dai,klɔ:rəu,aisəuprə'terinəl] 二氨异丙肾上腺素

dichlorophen [dai'klɔ:rəufən] 双氯酚

2,4-dichlorophenoxyacetic acid [dai,klɔ:rəufə,nɔksiə'si:tik] 2,4-滴,2,4-二氯苯氧乙酸

dichlorotetrafluoroethane [dai,klɔ:rəu,tetrə'fluərəu'eθein] (NF)二氯四氟乙烷

dichlorphenamide [,daiklɔ:'fenəmaid] (USP) 二氯苯二磺胺

dichlorvos [dai'klɔ:vɔs] 敌敌畏

dichogeny [dai'kɔdʒəni] (Gr. *dicha* in two + *gennan* to produce) 两向发育

dichorial [dai'kɔ:riəl] 双绒(毛)膜的

dichorionic [,daikɔ:ri'ɔnik] 双绒(毛)膜的

dichotomization [dai,kɔtəmai'zeiʃən] 二分(一分为二),二(分)叉,二歧

dichotomy [dai'kɔtəmi] (Gr. *dicha* in two + *tomē* a cutting) 二分(一分为二),二(分)叉,二歧

dichroic [dai'krəuik] 二向色性的

dichroine [dai'krəui:n] 黄常山碱

dichroism ['daikrəuizəm] (*di-* + Gr. *chroa* color) 二向色性

dichromasy [dai'krəuməsi] (*di-* + Gr. *chrōma* color) 二色视,二色性色盲

dichromat ['daikrəumət] 二色视者

dichromate [dai'krəumeit] 重铬酸盐

dichromatic [daikrəu'mætik] 二色视的

dichromatism [dai'krəumətizəm] ❶ 二色性;❷ 二色视,二色性色盲

dichromatopsia [,daikrəumə'tɔpsiə] 二色视,二色性色盲

dichromic [dai'krɔmik] 二色性的

dichromophil [dai'krɔməfil] 两染性的

dichromophilism [,daikrəu'mɔfilizəm] 两染性

Dick test [dik] (George Frederick *Dick*, 1881-1967, and Gladys Rowena Henry *Dick*, 1881-1963, American physician) 狄克试验

diclidostosis [,diklidəs'təusis] (Gr. *diklis* double door + *osteon* bone + *-osis*) 静脉瓣骨化

diclofenac sodium [dai'klɔufənæk] 二氯胺苯乙酸钠

dicloralurea [,daiklɔ'ræl'juəriə] 双氯醛脲

dicloxacillin sodium [dai,klɔksə'silin] (USP) 双氯青霉素钠

Dicodid [dai'kɔdid] 地可待

dicoelous [dai'si:ləs] (*di-* + Gr. *koilos* hollow) ❶双凹的;❷ 有两腔的

dicotyledon [dai,kɔtə'li:dən] (Gr. *dis* twice + *kotylēdon* a cup-shaped hollow) 双子叶植物

dicoumarin [dai'ku:mərin] 双香豆素

dicroceliasis [,daikrəusə'laiəsis] 双腔吸虫病

Dicrocoelium [,dikrəu'si:liəm] (Gr. *dikroos* forked + *koilia* bowel) 双腔吸虫属
  D. dendriticum 分支双腔吸虫,枪状双腔吸虫
  D. hospes 牛双腔吸虫
  D. lanceolatum 枪状双腔吸虫,分支双腔吸虫
  D. macrostomum 巨口双腔吸虫

dicrotic [dai'krɔtik] (Gr. *dikrotos* double beating) 二液(脉)的,重搏(脉)的

dicrotism ['daikrətizəm] 二波脉(现象),重搏脉(现象)

dicty(o)- (Gr. *diktyon* net) 网,网状结构

Dictyocaulus [,diktiə'kɔ:ləs] (*dictyo-* + Gr. *kaulos* stalk) 网尾(线虫)属
  D. filaria 丝圆线虫
  D. viviparus 小圆线虫

dictyokinesis [,diktiəukai'ni:sis] (*dictyo-* + *kinesis*) 高尔基体分裂,网体分裂

dictyoma [,dikti'əumə] (*dicty-* + *-oma*) 视网膜胚瘤

dictyosome ['diktiəsəum] (*dictyo-* + Gr.

soma body) 高尔基体，网体

dictyotene ['diktiəti:n] (*dictyo-* + *-tene*) 核网期

dicumarol [dai'ku:mərɔl] (USP) 双香豆素

Dicurin [dai'kju:rin] 迪汞林

dicyclic [dai'saiklik] 双环的，双周期的

dicyclomine hydrochloride [dai'saikləmi:n] (USP) 盐酸双环胺

dicysteine [ˌdaisis'ti:n] 胱氨酸

didactic [dai'dæktik] (Gr. *didaktikos*) 教导的

didactylism [dai'dæktilizəm] (*di-* + Gr. *daktylos* finger) 两指(趾)畸形

didactylous [dai'dæktiləs] 两指(趾)畸形的

didelphia [dai'delfiə] (*di-* + Gr. *delphys* uterus) 双子宫

didelphic [dai'delfik] 双子宫的

Didelphis [dai'delfis] + Gr. *delphys* uterus) 负鼠属

2´,3´-dideoxyadenosine [ˌdaidi:ˌɔksiə'denəusi:n] 2´3´-二去氧腺苷

2´,3´-dideoxycytidine [ˌdaidi:ˌɔksi'saitidin] 2´,3´-二去氧胞(嘧啶核)苷

2´,3´-dideoxyinosine [ˌdaidi:ˌɔksi'inəsi:n] 2´,3´-二去氧次黄(嘌呤核)苷

dideoxynucleoside [ˌdaidi:ˌɔksi'nju:kliəˌsaid] 二去氧核苷

didermoma [daidə'məumə] (*di-* + *derm-* + *-oma*) 双胚叶(畸胎)病

Didrex ['daidreks] 迪德雷克斯

Didronel [di'drəunəl] 迪德鲁纳尔

didymalgia [ˌdidi'mældʒiə] 睾丸痛

didymitis [ˌdidi'maitis] 睾丸炎

didymodynia [ˌdidimə'dainiə] 睾丸痛

didymous ['didiməs] 双的，双生的

didymus ['didiməs] (Gr. *didymos* double, twofold, twain) ❶ 睾丸；❷ 联胎

die [dai] ❶ 代型，模；❷ 复制阳模
　amalgam d. 汞合金代型
　electroformed d. 电镀代型
　electroplated d. 电镀代型
　plated d. 电镀代型
　waxing d. 蜡模代型

Dieb. alt. (L. *diebus alternis* 的缩写) 隔日

Dieb. tert. (L. *diebus tertiis* 的缩写) 二日(每三日)

diechoscope [dai'ekəskəup] (*di* + Gr. *ēchō* echo + *skopein* to examine) 两音听诊器

diecious [dai'eʃəs] (*di* + Gr. *oikos* house) 雌雄异体的

Dieffenbach's operation ['di:fənbɑ:ks] (Johann Friedrich *Dieffenbach*, German surgeon, 1792-1847) 迪芬巴克斯氏手术

Diego blood group [di'egəu] (from the name of the Venezuelan family) 地亚哥血型

dieldrin [dai'eldrin] 氧桥氯甲桥萘

dielectric [ˌdaiə'lektrik] ❶ 介电的，绝缘的；❷ 介电质

dielectrolysis [ˌdaiəlek'trɔləsis] (Gr. *dia* through + *electrolysis*) 电解渗入法

diembryony [dai'embriəni] (*di-* + *embryon* embryo) 双胎生成

diencephalic [ˌdaiənsə'fælik] 间脑的

diencephalohypophysical [ˌdaiənˌsefələhaipə'fiziəl] 间脑垂体的

diencephalon [ˌdaiən'sefələn] (*dia-* + Gr. *enkephalos* brain) 间脑

-diene 二烯

diener ['di:nə] (Ger. "man-servant") 实验室勤杂员

dienestrol [ˌdaiən'estrəl] (USP) 双烯雌酚

Dientamoeba [ˌdaiəntə'mi:bə] (*di-* + *ent* + *ameba*) 双核阿米巴属

dieresis [dai'erəsis] (Gr. *diairesis* a taking) 分离

diesophagus [ˌdaiə'sɔfəgəs] 双食管

diester [dai'estə] 二酯

diestrum [dai'estrəm] 间情期

diestrus [dai'estrəs] 间情期
　gestational d. 妊娠间情期
　lactational d. 授乳间情期

diet ['daiət] (Gr. *diaita* way of living) 饮食
　absolute d. 禁食，绝食
　acid-ash d. 酸化饮食
　adequate d. 适当饮食
　alkali-ash d. 碱化饮食
　balanced d. 均衡饮食
　basal d. 基础饮食
　basic d. 碱性饮食
　elemental d. 要素饮食

elimination d. 排除饮食
Feingold d. 凡高尔德氏饮食
Giordano-Giovannetti d. 济-济二氏饮食
gluten-free d. 无麸质饮食
gouty d. 痛风饮食
high calorie d. 高热量饮食
high fat d. 高脂饮食
high fiber d. 高纤维饮食
high protein d. 高蛋白饮食
Kampner's d. 坎普纳氏饮食
ketogenic d. 生酮饮食
light d. 易消化饮食
low calorie d. 低热量饮食
low fat d. 低脂饮食
low oxalate d. 少草酸盐饮食
low purine d. 低嘌呤饮食
low residue d. 少渣饮食
low salt d. 低盐饮食
Moro-Heisler d. 婴儿腹泻饮食
optimal d. 最适饮食
protein-sparing d. 蛋白质节约饮食
provocative d. 激发性饮食
purine-free d. 无嘌呤饮食
rice d. 米食
salt-free d. 无盐饮食
Schemm d. 斯盖姆氏饮食
Schmidt d. 施密特氏饮食
Schmidt-Strassburger d. 施-斯二氏饮食
Sippy d. 西皮氏饮食
smooth d. 细食
subsistence d. 生存饮食
Taylor's d. 泰勒氏饮食
dietary ['daiətəri] 食谱
dietetic [ˌdaiə'tetik] (Gr. *diaitētikos*) 饮食的
dietetics [ˌdaiə'tetiks] 饮食学,营养学
diethanolamine [ˌdaiəθə'nɔləmiːn] 二乙醇胺
diethazine hydrochloride [dai'eθəziːn] 地撒嗪盐酸盐
diethylcarbamazine [daiˌeθil'kɑː'bæməziːn] 二乙碳酰嗪
diethylenediamine [daiˌeθiliːn'daiəmiːn] 二乙烯二胺
1,4 diethylene dioxide [dai'eθəliːn dai'ɔksaid] 1,4-二乙烯化(二)氧
diethylenetriamine pentaacetic acid [dai'eθi-liːn'traiəmiːn ˌpentəə'setik] 二亚乙基三胺五乙酸
diethyl ether [dai'eθil 'eθə] 乙醚
diethylpropion hydrochloride [daiˌeθil'prəpiən] (USP) 盐酸二乙胺苯酮
diethylstilbestrol (DES) [daiˌeθilstil'bestrɔl] (USP) 己烯雌酚
  d. diphosphate (USP) 二磷酸己烯雌酚
  d. dipropionate 二丙酸己烯雌酚
diethyltoluamide [daiˌeθiltə'ljuəmaid] (USP) 间苯甲酰二乙胺
diethyltryptamine [daiˌeθil'triptəmiːn] 二乙色胺
dietitian [ˌdaiə'tiʃən] 饮食学家,营养医师
Dietl's crisis ['diːtlz] (Jósef *Dietl*, Polish physician, 1804-1878) 迪特兹氏危象
dietotherapy [ˌdaiətə'θerəpi] 饮食疗法
dietotoxic [ˌdaiətə'tɔksik] 具有食物毒性的
dietotoxicity [ˌdaiətətɔk'sisiti] 食物毒性
Dieulafoy's triad [djuːlɑː'fwɑːz] (Georges *Dieulafoy*, French physician, 1839-1911) 杜拉法兹氏三联症
difenoxamide hydrochloride [ˌdifə'nɔksəmaid] 盐酸氰苯哌酰胺
difenoxin [ˌdifə'nɔksin] 氰苯哌酸
difference ['difərəns] 差异
  arteriovenous (AV) oxygen d. 动静脉氧差异
differential [ˌdifə'renʃəl] (L. *differre* to carry apart) 差别的,差异的
differentiate [ˌdifə'renʃieit] ❶ 鉴别; ❷ 分化
differentiation [ˌdifəˌrenʃi'eiʃən] ❶鉴别; ❷ 分化;❸ 歧化
  correlative d. 相关分化
  dependent d. 相关分化
  functional d. 机能分化
  invisible d. 不可见分化
  regional d. 局部分化
  self d. 自身分化
diffluence ['difluəns] 液化,溶化
diffluent ['difluənt] (L. *diffluere* to flow off) 易溶,易流动,液化的,暂时的
Diff-Quik ['difkwik] 迪芙-维克
diffraction [di'frækʃən] (L. *dis-* apart + *frangere* to break) 衍射,绕射
  x-ray d. X 线衍射
diffusate [di'fjuːzeit] 弥散物

diffuse [di'fju:s] (L. *dis* apart + *fundere* to pour) ❶ 弥散的，扩散的；❷ 使弥散，使扩散

diffusibility [di,fju:zə'biliti] 扩散性，扩散率

diffusible [di'fju:zibl] 可扩散的

diffusiometer [di,fju:zi'ɔmitə] 扩散率测定仪

diffusion [di'fju:ʒən] ❶ 扩散，弥散；❷ 透析；❸ 免疫扩散
  double d. 双扩散
  double d. in one dimension 一维双向扩散
  double d. in two dimensions 二维双向扩散
  exchange d. 交换扩散
  facilitated d. 易化扩散
  free d. 自由扩散
  gel d. 凝胶扩散
  impeded d. 障碍扩散
  single d. 单向扩散
  single radial d. 单向放射扩散

diflorasone diacetate [dai'flɔrəsəun] (USP) 双醋二氟松

difluanine hydrochloride [dai'fluəni:n] 盐酸二氟宁

diflucortolone valerate [,diflu'kɔ:tələun] 二氢米松戊酸盐

diflumidone sodium [dai'flu:midəun] 二氟米酮钠

diflunisal [di'flu:nisəl] 二氟苯水杨酸

difluprednate [,diflu'predneit] 醋丁二氟龙

diftalone ['diftələun] 双酞嗪酮

Dig. (L. *digeratur* 的缩写) 消化之

digallic acid [dai'gælik] 鞣酸，双棓酸

digametic [,digə'metik] ❶ 二性配子的；❷ 异型配子的

digastric [dai'gæstrik] (*di-* + Gr. *gaster* belly) ❶ 二腹的；❷ 二腹肌

digenesis [di'dʒenəsis] 世代交替

digenetic [,didʒə'netik] (*di-* + Gr. *genesis* generation) 复殖的

DiGeorge's syndrome [di'dʒɔ:dʒəz] (Angelo Mari *DiGeorge*, American pediatrician, born 1921) 迪乔治氏综合征

digest [dai'dʒest] (L. *digerere* to digest) ❶消化；❷浸渍(药)

digestant [dai'dʒestənt] ❶ 帮助或刺激消化的；❷ 助消化剂

digestibility [di,dʒestə'biliti] 可消化性，消化度

digestible [dai'dʒestibl] 可消化的

digestion [dai'dʒestʃən] (L. *digestio*, from *dis-* apart + *gerere* to carry) ❶ 消化；❷ 蒸煮
  artificial d. 人工消化
  biliary d. 胆汁消化
  gastric d. 胃消化
  gastrointestinal d. 胃肠消化
  intercellular d. 细胞间消化
  intestinal c. 肠消化
  intracellular d. 细胞内消化
  lipolytic d. 解脂消化
  pancreatic d. 胰消化
  parenteral d. 胃肠外消化
  peptic d. 胃消化
  primary d. 第一度消化
  salivary d. 唾液消化
  sludge d. 活性污泥(消化)法

digestive [dai'dʒestiv] ❶ 消化的；❷ 助消化剂

Digibind ['didʒibaind] 洋地邦

digit ['didʒit] (L. *digitus*) 指或趾

digital ['didʒitəl] ❶ 指的，用指完成的；❷ 似指纹的；❸ 有关数值法或散离变量的

digitalin [,didʒi'tælin] ❶ 纯洋地黄苷；❷ 从叶或种子中提取的几类洋地黄苷中任意一类

Digitaline Nativelle [,didʒi'tæli:n ,næti'vel] 洋地黄苷纳提维尔

Digitalis [,didʒi'tælis] (L. from *digitus* finger, because of the finger-like leaves of the corolla of its flowers) 洋地黄属

digitalis [,didʒi'tælis] ❶ (USP) 洋地黄；❷ 洋地黄苷，强心苷；❸ (NA) 指形结构
  d. leaf 洋地黄叶
  powdered. (USP) prepared d. 洋地黄粉剂，洋地黄制剂

digitalization [,didʒitəli'zeiʃən] 洋地黄化

digitaloid ['didʒitəlɔid] 洋地黄样的

digitate ['didʒiteit] 指状的

digitatio [,didʒi'teiʃiəu] (pl. *digitationes*) (L.) 指状突
  digitationes hippocampi 海马脚

digitation [ˌdidʒi'teiʃən] ❶ 指状突；❷ 手术再造功能指(趾)

digitationes [ˌdidʒiˌteiʃi'əuniz] (L.) 指状突起。digitatio 的复数形式

digiti ['didʒitai] (L.) 指, 趾。digitus 的复数形式

digitiform ['didʒitifɔ:m] 与指相似的, 指状的

digitigrade ['didʒitigreid] (L. digitus finger or toe + gradi to walk) 趾行

digitonin [ˌdidʒi'tɔnin] (USP) 洋地黄毒甙

digitoplantar [ˌdidʒitə'plæntə] (L. digitus finger or toe + planta sole) 趾跖的

digitoxigenin [ˌdidʒiˌtɔksi'dʒenin] 洋地黄皂甙配基

digitoxin [ˌdidʒi'tɔksin] (USP) 洋地黄毒甙

digitoxose [ˌdidʒi'tɔksəus] 洋地黄糖

digitus ['didʒitəs] (pl. digiti) (L.) 指, 趾
   d. **anularis** (NA) 环指
   d. **hippocraticus** 杵状指
   d. **malleus** 槌状指
   digiti manus (NA) 指, 手指
   d. **medius** (NA) 中指, 第三指
   d. **minimus manus** (NA) 小指, 第五指
   d. **minimus pedis** (NA) 小趾, 第五趾
   d. **mortuus** (L. "dead finger") 死指
   digiti pedis (NA) 足趾
   d. **postminimus** 副生小指(趾), 赘生指趾
   d. **primus** (I) **manus** 拇指
   d. **primus** (I) **pedis** 跚趾
   d. **quartus** (IV) **manus** 无名指
   d. **quartus** (IV) **pedis** (NA) 第四趾
   d. **quintus** (V) **manus** 小指
   d. **quintus** (V) **pedis** 小趾
   d. **secundus** (II) **manus** 食指
   d. **secundus** (II) **pedis** (NA) 第二趾
   d. **tertius** (III) **manus** 中指
   d. **tertius** (III) **pedis** (NA) 中趾
   d. **valgus** 指外翻
   d. **varus** 指内翻

diglossia [di'glɔsiə] (di + Gr. glossa tongue) 双舌

diglyceride [di'glisəraid] 甘油二脂

diglyceride acyltransferase [di'glisəraid ˌæsil'trænsfəreis] 甘油二脂转酰酶

diglyceride kinase [di'glisəraid 'kineis] 甘油二脂磷酸根转移酶

dignathus [dig'næθəs] (di- + Gr. gnathos jaw) 双颌畸胎

digoxigenin [diˌdʒɔksi'dʒenin] 洋地黄毒甙

digoxin [di'dʒɔksin] (USP) 异羟基洋地黄毒甙, 地高辛

Digramma brauni [di'græmə'brɔ:ni] 双线绦虫

Di Guglielmo's disease [digu'ljelmɔz] (Giovanni Di Guglielmo, Italian hematologist, 1886-1961) ❶ 地·古迪埃莫兹氏病；❷ 红白血病

diheterozygote [diˌhetərə'zaigəut] (di- + heterozygote) 二因子杂合子

dihexyverine hydrochloride [ˌdiheksi'verin] 盐酸联环己哌乙酯

dihomocinchonine [diˌhɔmə'sinkənin] 二后莫辛可宁

dihybrid [di'haibrid] 二因子杂合体

dihydrate [di'haidreit] (di- + Gr. hydor water) ❶ 二羟化物；❷ 二水化物

dihydrated [di'haidreitid] 双水合的

dihydric [di'haidrik] 双氢的

dihydrobiopterin [diˌhaidrəbi'ɔptərin] 二氢生物蝶呤

dihydrobiopterin synthetase deficiency [diˌhaidrəbi'ɔptərin 'sinθəteis] 二氢生物蝶呤合成酶缺乏症

dihydrocholesterol [diˌhaidrɔkə'lestərɔl] 二氢胆固醇

dihydrocodeine [diˌhaidrə'kɔdi:n] 双氢可待因

dihydrocodeinone bitartrate [diˌhaidrə'kɔdinəun] 重酒石酸二氢可待因酮

dihydrodiethylstilbestrol [diˌhaidrɔdiˌeθilstil'bestrɔl] 己雌酚, 二氢二乙基二羟醇

dihydroergocornine [diˌhaidrəˌəgɔ'kɔ:nin] 二氢麦角科尔宁

dihydroergocristine [diˌhaidrəˌəgɔ'kristin] 二氢麦角克烈斯汀碱

dihydroergocryptine [diˌhaidrəˌəgɔ'kriptin] 二氢麦角隐亭

dihydroergotamine mesylate [diˌhaidrɔə'gɔtəmi:n] (USP) 二氢麦角胺甲磺酸盐

dihydrofolate [diˌhaidrə'fɔleit] 二氢叶酸

dihydrofolate reductase [diˌhaidrə'fɔleit ri

ˈdʌkteis] (EC1.5.1.3) 二氢叶酸还原酶

dihydrofolic acid [diˌhaidrəˈfɔlik] 二氢叶酸

dihydroindolone [diˌhaidrəˈindələun] 二氢吲哚酮

dihydrol [diˈhaidrəl] 二聚水

dihydrolipoamide [diˌhaidrəˌlipəˈæmaid] 二氢硫辛酰胺

dihydrolipoamide S-acetyltransferase [diˌhaidrəˌlipəˈæmaid ˌəsitiːlˈtrænsfəreis] (EC 2.3.1.12) S-二氢硫辛酰胺乙酰基转移酶

dihydrolipoamide acyltransferase [diˌhaidrəˌlipəˈæmaid ˌæsilˈtrænsfəreis] 二氢硫辛酰胺转酰酶

dihydrolipoamide dehydrogenase [diˌhaidrəˌlipəˈæmaid diˈhaidrədʒəneis] (EC 1.8.1.4) 二氢硫辛酰胺脱氢酶

dihydrolipoamide S-succinyltransferase [diˌhaidrəˌlipəˈæmaid sʌksinəlˈtrænsfəreis] (EC 2.3.1.6) S-二氢硫辛酰胺琥珀酰转移酶

dihydrolipoyl [diˌhaidrəˈlipɔil] 二氢硫辛酰胺

dihydrolipoyltransacetylase [diˌhaidrəˌlipɔilˌtrænsəˈsetəleis] 二氢硫辛酰胺转乙酰酶

dihydrolutidine [diˌhaidrəˈluːtidiːn] 二氢路提丁

dihydromorphinone hydrochloride [diˌhaidrəˈmɔːfinəun] 二氢吗啡酮

dihydroorotase [diˌhaidrəˈɔrəteis] (EC3.5.2.3) 二氢乳清酸酶

dihydroorotate [diˌhaidrəˈɔrəteit] 环合的氨甲酰基天冬氨盐

dihydropteridine reductase [diˌhaidrəˈteridiːn riˈdʌkteis] (EC1.6.99.7) 二氢蝶啶还原酶

dihydropyrimidine dehydrogenase (NADP) [diˌhaidrəpəˈrimidiːn diˈhaidrədʒəneis] (EC1.3.1.2) 二氢硫辛酰胺脱氢酶

dihydrostreptomycin [diˌhaidrəˌstreptəˈmaisin] 双氢链霉素
  d. sulfate 双氢链霉素硫酸盐

dihydrotachysterol [diˌhaidrətæˈkistərɔl] (USP) 二氢速甾醇

dihydrotestosterone [diˌhaidrətesˈtɔstərəun] 二氢睾酮

dihydrouracil dehydrogenase (NADP$^+$) [diˌhaidrəˈjuərəsil diˈhaidrədʒəneis] 二氢尿嘧啶脱氢酶

dihydroxy [dihaiˈdrɔksi] 二羟(基)

dihydroxyacetone [ˌdihaiˌdrɔksiˈæsitəun] 二羟丙酮
  d. phosphate 磷酸二羟丙酮

2,8-dihydroxyadenine [ˌdihaiˌdrɔksiˈædəniːn] 2,8-二羟基嘌呤

dihydroxyaluminum [ˌdihaiˌdrɔksiəˈljuːminəm] 二羟化铝
  d. aminoacetate (USP) 氨基乙酸二羟化铝
  d. sodium carbonate (UPS) 二羟化铝碳酸钠

dihydroxycholecalciferol [ˌdihaiˌdrɔksiˌkɔlikælˈsifərɔl] 二羟胆钙化醇
  1,25-d. 1,25-二羟胆钙化醇
  24,25-d. 24,25-二羟胆钙化醇

dihydroxyfluorane [ˌdihaiˌdrɔksiˈfluərein] 荧光素

3,4-dihydroxyphenylalanine [ˌdihaiˌdrɔksiˌfeniˈlæləniːn] 3,4-二羟基苯丙氨酸

1,25-dihydroxyvitamin D [ˌdihaiˌdrɔksiˈvaitəmin] 二羟胆钙化醇

dihydroxyvitamin D$_3$ [ˌdihaiˌdrɔksiˈvaitəmin] 二羟基维生素 D$_3$
  1,25-d.D$_3$ 二羟胆钙化醇
  24,25-d.D$_3$ 二羟维生素 D$_3$

dihysteria [ˌdihisˈtiəriə] (di- + Gr. hystera uterus + -ia) 双子宫

diiodide [diˈaiədaid] 二碘化物

diiodohydroxyquin [ˌdiaiˌɔdəhaiˈdrɔksikwin] 二碘羟基喹啉

3,5-diiodothyronine [ˌdiaiˌɔdəˈθairəniːn] 3,5-二碘酪氨酸

diiodotyrosine [ˌdiaiˌɔdəˈtairəsiːn] 二碘酪氨酸

diisocyanate [diˌaisəˈsaiəneit] 二异氰酸

diisopropyl fluorophosphate [diˌaisəˈprɔpil ˌfluərəˈfɔsfeit] (DFP) 氟磷酸二异丙酯

Dikaryomycota [diˌkæriəmaiˈkəutə] 双核霉菌

dikaryon [diˈkæriən] (di- + Gr. karyon kernel) 双核,双核型,双核体

dikaryote [diˈkæriəut] 双核型细胞

dikaryotic [ˌdikæriˈɔtik] 双核型的,双核细胞的

diketone [di'ketəun] 二酮
diketopiperazine [diˌketəpi'perəzi:n] 二酮派嗪,环缩二氨酸
diktyoma [ˌdikti'əumə] 视网膜胚瘤
dikwakwadi [ˌdikwæk'wædi] 头皮白痂病
dil. (L. *dilue* 的缩写) 稀释,溶解
dilaceration [diˌlæsə'reiʃən] (L. *dilaceratio*) ❶撕裂,撕除;❷撕裂弯曲牙,裂痕
Dilacor ['diləkɔ:] 的乐可
Dilantin [di'læntin] 大仑丁
dilatancy [di'leitənsi] 膨胀性,胀流性,触稠性,扩容性
dilatant [di'leitənt] 膨胀的,胀流的,触稠的,扩容的
dilatation [ˌdilə'teiʃən] ❶扩张;❷扩张术
　digital d. 指扩张术
　gastric d. 胃扩张术
　d. of the heart 心脏扩张
　idiopathic d. 特发性扩张
　post-stenotic d. 狭窄后扩张
　prognathic d., prognathion d. 幽门端扩张
　d. of the stomach 胃扩张
dilatator [ˌdilə'teitə] (L) ❶扩张肌,扩张物;❷(NA)肌肉扩张器
dilation [di'leiʃən] ❶扩张术;❷扩张
dilate [dai'leit] (L. *dilatare* to expand) 扩张,舒张
　digital d. 指扩张术
dilator [di'leitə] ❶(NA)扩张肌;❷扩张器
　anal d. 肛门扩张器
　Einhorn's d. 恩鸿氏扩张器
　Hegar's d's 黑哥氏扩张器
　Kollmann's d. 考曼氏扩张器
　laryngeal d. 喉扩张器
　d. naris 鼻翼部
　pneumatic d. 气体扩张器
　Starck d. 斯达克氏扩张器
Dilaudid [di'lɔ:did] 地劳迪德
dilecanus [ˌdilə'kænəs] (*di-* + Gr. *lekanē* a dish) 双臀畸胎
Dilepididae [ˌdilə'pididi:] 囊宫科
diltiazem hydrochloride [dil'taiəzəm] 盐酸硫氮䓬酮
Diluc. (L. *diluculo* 的缩写) 黎明时
diluent ['diljuənt] (L. *diluere* to wash) ❶稀释;❷稀释剂
dilut. (L. *dilutus* 的缩写) 稀释

dilute [dai'lju:t] (L. *diluere* to wash away) ❶稀释;❷稀释的
dilution [di'lju:ʃən] ❶稀释;❷稀释药;❸稀释法
　doubling d. 二倍稀释
　nitrogen d. 氮稀释
　serial d. 系列稀释法,连续稀释法
dim. (L. *dimidius* 的缩写) 半,二分之一
Dimastigamoeba [diˌmæstigə'mi:bə] 纳归虫属
dimefadane [di'mefədein] 二甲苯茚满胺
dimefilcon A [diməˈfilkən] 地莫费尔康 A
dimefline hydrochloride [di'mefli:n] 盐酸回苏灵
dimeglumine [di'megljumi:n] 二葡甲胺盐
dimelia [di'mi:liə] (*di-* + Gr. *melos* limb) 复肢
dimelus [di'mi:ləs] 复肢畸胎
dimenhydrinate [ˌdimən'haidrineit] (USP) 晕海宁
dimension [dai'menʃən] 尺度
　vertical d. 垂直距离
　vertical d., contact, vertical d., occlusal, 接触垂直距离,殆垂直距离
　vertical d., postural 位置垂直距离
　vertical d., rest 休止垂直距离
dimensionless [dai'menʃənlis] 无因次,无维,无量纲
dimer ['daimə] 二聚体
　thymine d. 胸腺嘧啶二聚体
dimercaprol [ˌdimə'kæprɔl] (USP) 二疏基丙醇
dimeric ['dimərik] 二聚体的
dimerous ['dimərəs] (*di-* + Gr. *meros* part) 由两部分组成的
dimetallic [ˌdimə'tælik] 二原子金属的
Dimetane ['dimətein] 迪莫亭
dimethicone [di'meθikəun] 二甲聚硅氧烷
　d. 350 二甲聚硅氧烷 350
　activated d. 活化二甲聚硅氧烷
dimethindene maleate [ˌdimə'θindi:n] 吡啶茚胺马来酸盐
dimethisoquin hydrochloride [ˌdimə'θaisəkwin] 盐酸二甲异喹
dimethisterone [ˌdimə'θistərəun] 二甲基甾酮
dimethoxanate hydrochloride [ˌdimə'θɔksəneit] 盐酸咳舒

2,5-dimethoxy-4-methylamphetamine [ˌdiməˌθɔksi ˌmeˌilæm'fetəmiːn] 2,5-二甲氧基-4-甲基苯丙胺

3,4-dimethoxyphenylethylamine [ˌdiməˌθɔksiˌfenilˌeθi'læmiːn] 3,4-二甲氧基苯乙胺

dimethylamine [diˌmeθi'læmiːn] 二甲胺

p-dimethylaminoazobenzene [diˌmeθiləˌmiːnəˌæzə'benziːn] 甲基黄,对二甲氨基偶氮苯

dimethylaminopropionitrile（DMAPN） [diˌmeθiləˌmiːnəˌprəpiə'naitrail] 二甲氨丙腈

Dimethylane [di'meθəlein] 丙恶烷

dimethylarsine [diˌmeθi'lɑːsiːn] 二甲胂

dimethylarsinic acid [diˌmeθilɑː'sinik] 二甲次胂酸,卡可基酸

7,12-dimethylbenz(a)anthracene [diˌmeθilbenˌzænθrəsiːn] 7,12-二甲基苯并蒽

dimethylbenzene [diˌmeθil'benziːn] 二甲苯

5,6-dimethylbenzimidazole [ˌdimeθilˌbenzi'midæzəul] 5,6-二甲(苯)并咪唑

dimethylcarbamyl chloride [diˌmeθil'kɑːbəmil] 盐酸二甲基氨基甲酰

dimethyl carbate [di'meθil 'kɑːbeit] 二甲卡贝

dimethylcarbinol [diˌmeθil'kɑːbinɔl] 异丙醇

dimethylethylpyrrole [diˌmeθilˌeθil'pirəul] 二甲基乙基吡咯

N,N-dimethylglycine [diˌmeθil'glisiːn] N,N-二甲基甘氨酸

dimethylglycine dehydrogenase [diˌmeθil'glisiːn di'haidrədʒəneis]（EC1.5.99.2）二甲基甘氨酸脱氢酶

dimethylketone [diˌmeθil'kiːtəun] 丙酮

dimethylnitrosamine [diˌmeθilˌnai'trɔsəmiːn] 二甲基亚硝酸

dimethylphenanthrene [diˌmeθilfə'nænθriːn] 二甲菲

dimethyl phthalate [di'meθil 'θæleit] 邻苯二甲酸二甲酯

dimethyl sulfate [di'meθil 'sʌlfeit] 硫酸二甲酯

dimethyl sulfoxide [di'meθil səl'fɔksaid] 二甲基亚砜

dimethyltryptamine [diˌmeθil'triptəmiːn] 二甲色胺

dimetria [dai'miːtriə]（Gr. *dis* double + *metra* womb) 双子宫畸形

diminution [ˌdimiˈnjuːʃən] 减少

Dimmer's keratitis ['diməz]（Friedrich *Dimmer*, Austrian ophthalmologist, 1855-1926) 迪莫氏角膜炎,钱币状角膜炎

Dimocillin [diməˈsilin] 地莫仙

dimorphic [di'mɔːfik] 二形的

dimorphism [di'mɔːfizəm]（*di-* + Gr. *morphē* form) 二形性
physical d. 物理二形性
sexual d. 二性形态

dimorphobiotic [diˌmɔːfəbai'ɔtik]（*di-* + Gr. *morphē* form + *biōsis* life) 二性生物的

dimorphous [di'mɔːfəs]（*di-* + Gr. *morphē* form) 二形的

dimoxamine hydrochloride [di'mɔksəmiːn] 盐酸地莫沙明

dimoxyline phosphate [di'mɔksəliːn] 磷酸甲基罂粟碱

dimple ['dimpl] 浅凹,颊窝
Fuchs' d's 福茨氏浅凹,角膜凹
postanal d. 尾小凹

dimpling ['dimpliŋ] 小凹形成

dineric [di'nerik]（*di-* + Gr. *nēros* liquid) 二媒液的

dinitrate [di'naitreit] 二硝酸盐

dinitrated [di'naitreitid] 二硝基化的

dinitroaminophenol [diˌnaitrəˌæminə'fiːnɔl] 二硝基氨基酚

dinitrobenzene [diˌnaitrə'benziːn] 二硝基苯

dinitrochlorobenzene [diˌnaitrəˌklɔrə'benziːn] 二硝基氯苯

dinitroocresol [diˌnaitrə'kriːsɔl] 二硝基甲酚

dinitrofluorobenzene [diˌnaitrəˌfluərə'benziːn] 二硝基氟苯

dinitrogen [di'naitrədʒən] 二氮
d. monoxide 一氧化二氮

dinitrophenol [diˌnaitrə'fiːnɔl] 二硝基酚

dinitroresorcinol [diˌnaitrəri'sɔːsinɔl] 二硝基间苯二酚

dinitrotoluene [diˌnaitrə'tɔljuiːn] 二硝基(甲)苯

Dinobdella [ˌdinɔb'delə] 恐蛭属

Dinoflagellata [ˌdinəˌflædʒiˈleitə] （Gr. *dinos* whirl + L. *flagellum* whip）腰鞭毛目

dinoflagellate [ˌdinəˈflædʒileit] 腰鞭毛虫

Dinoflagellida [ˌdinəfləˈdʒelidə] （Gr. *dinos* + L. *flagellum* whip）腰鞭毛目

dinogunellin [ˌdinəˈgʌnəlin] 鳁毒蛋白

dinoprost [ˈdinəprəust] 前列腺素 $F_{2\alpha}$

    d. trometanol 前列腺素 $F_{2\alpha}$ 缓血酸胺盐

    d. tromethamine 前列腺素 $F_{2\alpha}$ 缓血酸胺盐

dinoprostone [ˌdinəˈprəstəun] 前列腺素 E_2

D. in p. aeq. （L. *divide in partes aequales* 的缩写）分为等分

dinsed [ˈdinsəd] 定磺胺

dinucleotide [diˈnjuːkliətaid] 二核苷酸

Diocles of Carystus [ˈdaiəkliz] （4th century B. C.）代克利斯，希腊医生及解剖学家，亚里士多德的同时代人及学生，是教条主义学派的创始人

diocoele [ˈdaiəsiːl] （*di-* + Gr. *kolios* hollow）间脑腔，第三脑室

Dioctophyma [diˌɔktəˈfaimə] 膨结线虫属

    D. renale 肾膨结线虫

Dioctophymoidea [diˌɔktəˌfiˈmɔidiə] 膨结总科

dioctyl calcium sulfosuccinate [diˈɔktil] 硫酰丁二酸二辛钙，丁二酸二辛基磺酸钙

dioctyl sodium sulfosuccinate [diˈɔktil] 硫酰丁二酸二辛钠，丁二酸二辛基磺酸钠

Diodon [ˈdaiədɔn] 刺鲀属

Diodoquin [ˌdaiəˈdɔkwin] 双碘喹啉

dioecious [ˌdaiəˈeʃəs] 雌雄异体的

diolamine [daiˈɔləmiːn] （USAN diethanolamine 的缩写形式）二乙醇胺

Dioloxol [ˌdaiəˈlɔksɔl] 地洛克索

Dionosil [daiˈɔnəsil] 丙碘酮

diopsimeter [ˌdaiəpˈsimitə] （*dia-* Gr. *opsis* sight + *-meter*）视野计

diopter [daiˈɔptə] （Gr. *dioptra* optical instrument for measuring angles）屈光度

    prism d. 棱镜屈光度

dioptometer [ˌdaiəpˈtɔmitə] （*dioptric* + *-meter*）屈光计

dioptometry [ˌdaiəpˈtɔmitri] 屈光测量

dioptoscopy [ˌdaiəpˈtɔskəpi] （*dioptric* + *-scopy*）屈光测量法

dioptre [daiˈɔptə] 屈光度

dioptric [daiˈɔptrik] 屈光的，折射的

dioptrics [daiˈɔptriks] 屈光学

dioptrometer [ˌdaiəpˈtrɔmitə] 屈光计

dioptrometry [ˌdaiəpˈtrɔmitri] 屈光测量

dioptroscopy [ˌdaiəpˈtrɔskəpi] 屈光测量法

dioptry [ˈdaiəptri] 屈光度

diorthosis [ˌdaiɔːˈθəusis] （Gr. *dia* throughout + *orthoein* to straighten）矫正术，整复术

dioscin [daiˈɔskin] 薯蓣素

Dioscorea [ˌdaiəsˈkɔːriə] 薯蓣属

    D. mexicana 墨西哥薯蓣

Dioscorides of Anazarbos [ˌdaiəˈskɔːridiːz] （lst century A. D.）戴斯科利迪兹

diose [ˈdaiəus] 乙糖

diosgenin [daiˈɔsdʒenin] 薯蓣皂甙元

diosmosis [daiɔzˈməusis] 渗透

diovulatory [daiˈɔvjulətəri] 排双卵的

dioxane [daiˈɔksein] 二噁烷 1,4-二氧六环

dioxide [daiˈɔksaid] 二氧化物

dioxin [daiˈɔksin] 二噁英

dioxybenzone [daiˌɔksiˈbenzəun] （USP）二羟苯酮

dioxygen [daiˈɔksədʒən] 二氧，分子氧

dioxygenase [daiˈɔksədʒəneis] 二氧酶

dioxyline phosphate [daiˈɔksəliːn] 磷酸二氧林

Dipaxin [daiˈpæksin] 迪派克星

dipentene [daiˈpentiːn] 二戊烯

Dipentum [daiˈpentəm] 地盘腾

dipeptidase [daiˈpeptideis] （EC3. 4. 13）二肽酶

dipeptide [daiˈpeptaid] 二肽

dipeptidyl carboxypeptidase Ⅰ [daiˌpeptidil kɑːˌbɔksiˈpeptideis] 二肽羧肽酶Ⅰ

dipeptidylpeptidase [daiˌpeptidilˈpeptideis] （EC3. 4. 14）二肽酶

dipeptidyl, peptidase Ⅰ [daiˌpeptidil ˈpeptideis] （EC3. 4. 14. 1）二肽（基）肽酶Ⅰ

diperodon [daiˈpiərədɔn] （USP）狄珀洛东

    d. hydrochloride 盐酸狄珀洛东

Dipetalonema [diˌpetələˈniːmə] 棘唇线虫属
　D. perstans 常现棘唇线虫
　D. reconditum 隐现棘唇线虫
　D. streptocerca 链尾棘唇线虫
dipetalonemiasis [diˌpetəlɔniˈmaiəsis] 棘唇线虫病
diphallia [daiˈfeiliə] (*di-* + Gr. *phallos* penis) 双阴茎畸形
diphallus [daiˈfæləs] 双阴茎
diphasic [daiˈfeizik] (*di-* + Gr. *phasis* phase) 二相性的
diphebuzol [diˈfebjuzɔl] 保泰松
diphemanil methylsulfate [diˈfemənil] (USP) 甲磺酸二苯甲哌
diphenadione [diˌfenəˈdaiəun] 二苯乙酰茚满二酮
diphenhydramine [ˌdifənˈhaidrəmiːn] 苯海拉明
　d. citrate (USP) 苯海拉明枸橼酸盐
　d. hydrochloride (USP) 盐酸苯海拉明
diphenidol [diˈfenidɔl] 二苯哌啶丁醇
　d. hydrochloride 盐酸二苯哌啶丁醇
　d. pamoate 双羟萘酸二苯哌啶丁醇
diphenol oxidase [diˈfiːnɔl ˈɔksideis] 脱酚氧化酶
diphenoxylate hydrochloride [ˌdifəˈnɔksəleit] (USP) 盐酸氰苯哌酯
diphenyl [diˈfiːnəl] (USP) 二苯基,联苯
diphenylamine [diˌfeniˈlæmiːn] 二苯胺
diphenylamine chlorarsine [diˈfenilæminˌklɔˈrɑːsin] 二苯胺二甲胂基氯
diphenylaminoazobenzene [diˌfenilˌæmiˌnəuəzəˈbenziːn] 二苯氨(基)偶氮苯
diphenylbutylpiperidine [diˌfenilˌbjutilpiˈperidiːn] 二苯基丁基哌啶
diphenylchlorarsine [diˌfeniklɔˈrɑːsin] 二苯氯胂
diphenyldiimide [diˌfenilˈdaiimaid] 二苯基偶氮
diphenylhydantoin [diˌfenilhaiˈdæntɔin] 二苯乙内酰脲(大仑丁)
diphenylnitrosamine [diˌfenilnaiˈtrɔsəmiːn] 二苯基亚硝酸
diphenylpyraline hydrochloride [diˌfenilˈpirəliːn] 盐酸哌啶醇胺
diphonia [diˈfəuniə] (*di-* + Gr. *phōnē* voice) 复音症

diphosgene [daiˈfɔsdʒiːn] 双光气
diphosphatidylglycerol [ˌdifɔsfəˌtidilˈglisərɔl] 双磷脂酰甘油
2,3-diphosphoglycerate [diˌfɔsfəˈglisəreit] 2,3-二磷酸甘油
diphosphonate [diˈfɔsfəneit] 二磷酸
　methylene d. (MDP) 亚甲基双磷酸
diphosphonic acid [ˌdifɔsˈfɔnik] 二磷酸
diphosphopyridine nucleotide (DPN) [diˌfɔsfəˈpiridiːn] 二磷酸吡啶核苷酸
diphosphotransferase [diˌfɔsfəˈtrænsfəreis] (EC 2.7.6) 二磷酸转移酶
diphtheria [difˈθiəriə] (Gr. *diphthera* leather + *-ia*) 白喉
　avian d. 禽白喉
　Bretonneau's d. 布莱东尼氏白喉
　calf d. 牛白喉
　cutaneous d. 皮肤白喉
　faucial d. 咽白喉
　fowl d. 禽白喉
　laryngeal d., laryngeotracheal d. 喉白喉,喉气管白喉
　malignant d. 恶性白喉
　nasal d. 鼻白喉
　nasopharyngeal d. 鼻咽白喉
　pharyngeal d. 咽白喉
　umbilical d. 脐带白喉
diphtherial [difˈθiəriəl] 白喉的
diphtheric [difˈθerik] 白喉的
diphtherin [ˈdifθərin] 白喉毒素
diphtheritic [ˌdifθəˈritik] 白喉的
diphtheroid [ˈdifθərɔid] ❶ 白喉样的,白喉杆菌样的;❷ 非白喉棒状杆菌;❸ 假白喉;❹ 为丙酸杆菌属中的微生物的旧称
diphtherotoxin [ˌdifθərəˈtɔksin] 白喉毒素
diphthongia [difˈθɔndʒiə] (*di-* + Gr. *phthongos* sound) 复音·
Diphylets [ˈdifilits] 迪菲利斯
diphyllobothriasis [diˌfiləbəˈθraiəsis] 裂头绦虫病
Diphyllobothriidae [diˌfiləbəˈθriidiː] 裂头科
Diphyllobothrium [diˌfiləˈbəuθriəm] (*di-* + Gr. *phyllon* leaf + *bothrion* pit) 裂头属
　D. cordatum 心形裂头绦虫
　D. erinacei 猬裂头绦虫

Beck's d. 贝克氏病,卡-贝二氏病
Béguez César d. 贝给·色卡病,席-希二氏综合症
Behcet's d. 贝赛特氏病
Behr's d. 贝尔氏病,成人视网膜黄斑变性
Beigel's d. 拜格尔氏病,热带毛孢子菌病
Bekhterev's d. 贝克特莱夫氏病,类风湿性脊椎炎
Benson's d. 本逊氏病,星形玻璃体变性
Berger's d. 贝格氏病,IgA肾小球肾炎
Berlin's d. 柏林氏病,视网膜震荡
Bernard-Soulier d. 伯-索二氏病
Bernhardt's d., Bernhardt-Roth d. 伯恩哈特氏病,伯-罗二氏病,感觉异常性股痛
Besnier-Boeck d. 白-博二氏病,结节病
Best's d. 白斯特氏病,先天性黄斑变性
Bettlach May d. 贝特拉赫·梅病
Biedl's d. 比德尔氏病
Bielschowsky-Jansky d. 比-江二氏病,婴儿后期黑朦性痴呆
Bilderbeck's d. 比尔德贝克氏病,肢痛病
Billroth's d. 比罗特氏病,创伤性脑膜突出
Binswanger's d. 宾斯万格氏病
black d. 黑病
Blocq's d. 布劳克氏病,立行不能
Blount d. 布朗特氏病,弓形腿
blue d. 洛矶山斑疹热
blue nose d. 青鼻病
Boeck's d. 博克氏病,结节病
border d. of sheep 羊边境病
Borna d. 博纳氏病
Bornholm d. 流行性胸膜痛
Bostock's d. 博斯托克氏病,枯草热
bottom d. 洼地病,野百合中毒(马)
Bouchard's d. 布夏尔氏病
Bouchet-Gsell d. 布谢氏病,猪倌病毒性脑膜炎
Bourneville's d. 布尔纳维氏病,结节性硬化
Bowen's d. 博温氏病
Bradley's d. 布莱德雷氏病
Breisky's d. 布赖斯基氏病
Bretonneau's d. 布雷托诺氏病,白喉
Bright's d. 布赖特氏病

Brill's d. 布里尔氏病,布-辛二氏病
Brill-Symmers d. 布-西二氏病,结节性淋巴瘤
Brill-Zinsser d. 布-辛二氏病
Brinton's d. 布林顿氏病,皮革状胃
Brion-Kayser d. 布-凯二氏病,副伤寒
brisket d. 兽胸病
broad beta d. 宽β脂蛋白病
Brodie's d. 布罗迪氏病
bronzed d. 青铜式皮病,阿迪森氏病
Brown-Symmers d. 布-西二氏病
Bruck's d. 布鲁克氏病
Bruton's d. 布鲁顿氏病
Budd-Chiari d. 巴-齐二氏病
Buerger's d. 伯格氏病,闭塞性血栓血管炎
Buhl's d. 布耳氏病
Buschke's d. 布施克氏病,隐球菌病
bush d. 丛林病
Busquet's d. 布斯凯氏病
Buss d. 巴斯氏病
Busse-Buschke d. 布-布二氏病,隐球菌病
Cacchi-Ricci d. 海绵肾
Caffey's d. 卡菲氏病,婴儿骨外层肥厚病
caisson d. 潜水员病
calcium hydroxyapatite deposition d. 羟磷灰钙沉着病
calcium pyrophosphate deposition d.(CPDD) 焦磷酸钙沉着病
California d. 加利福尼亚病,球孢子菌病
caloric d. 高温病
Calvé-Perthes d. 卡-佩二氏病
Camurati-Engelmann d. 加-恩二氏病,骨干发育不良
Canavan's d., Canavan-van Bogaert-Bertrand d. 卡纳文氏病,卡纳文-文博盖-伯坦德氏病
canine parvovirus d. 犬小DNA病毒病
Carolis d. 卡洛利氏病
Carrión's d. 卡里翁氏病,巴通氏体病
Castellani's d. 卡斯太拉尼氏病,支气管螺旋体病
cat-scratch d. 猫抓病
Cavare's d. 卡魏尔氏病,家族周期性瘫痪

celiac d. 乳糜泻
central core d. 肌肉中心核病
Chagas' d., Chagas-Cruz d. 恰加斯氏病,恰-库二氏病
Charcot's d. 夏科氏病,神经原性关节病
Charcot-Marie-Tooth d. 夏-马-图三氏病
cheese handler's d., cheese washer's d. 奶酪经营者病
Chester's d. 切斯特氏病
Chiari's d. 希阿里氏病,巴-希二氏综合征
Chiari-Frommel d. 希-福二氏病
Chicago d. 芝加哥病,北美芽生菌病
cholesteryl ester storage d. (CESD) 胆固醇酯沉积病
Christensen-Krabbe d. 克-库二氏病
Christian's d. 克里斯琴氏
Christian-Weber d. 克-韦二氏病
Christmas d. 克里斯马斯病,凝血因子Ⅸ缺乏
chronic granulomatous d. (CGD), chronic granulomatous d. of childhood 慢性肉芽肿病;儿童慢性肉芽肿病
chronic obstructive pulmonary d. (COPD) 肺慢性阻塞性疾病
chronic respiratory d. of poultry 家禽慢性呼吸系统病
circling d. 李斯特菌病
climatic d. 气候病
coast d. 牛羊缺钴病
Coats' d. 寇茨氏病
cold agglutinin d. 冷凝集素病
collagen d. 胶原病
comb d. 鸡冠癣病
combined immunodeficiency d. 联合免疫缺陷病
combined system d. 联合系统病
communicable d. 传染病
complicating d. 并发症
compressed-air d. 压缩空气病
Concato's d. 康卡托氏病
Conor and Bruch's d. 康-布二氏病,南欧斑疹热
Conradi's d. 康莱迪氏病
constitutional d. 体质病
contagious d. 接触传染病
Cooley's d. 库利氏病
Corbus' d. 科巴斯氏病,坏疽性龟头炎
Cori's d. 考利氏病,糖原贮积病(Ⅲ型)
cork handler's d. 软木塞经营者病
cornstalk d. 玉米杆病
coronary artery d. (CAD) 冠状动脉病
coronary heart d. (CHD) 冠状动脉心脏病
corridor d. 科立多病
Corrigan's d. 科里根氏病,主动脉瓣关闭不全
Corvisart's d. 科维扎尔氏病
Cotugno's d. 考杜诺氏病,坐骨神经痛
covering d. 马类性病,马类锥虫病
Cowden d. 考顿氏病
CPPD 焦磷酸钙晶体沉着病
crazy d. 疯狂病
crazy chick d. ① 鸟类脑软化;② 鸟类脑脊髓炎
creeping d. 颚口线虫蚴病
Creutzfeldt-Jakob d. 科-雅二氏病
Crigler-Najjar d. 科-纳二氏病
Crohn's d. 克罗恩氏病
Crouzon's d. 克鲁宗氏病,颅骨面骨发育不全
Cruveilhier's d. 克律韦利埃氏病,脊髓肌肉萎缩
Cushing's d. 库兴氏病
cystic d. of breast 乳腺囊性病
cystic d. of kidney, acquired 获得性肾囊性病
cystic d. of lung 肺囊性病
cysticercus d. 囊尾蚴病
cystine d., cystine storage d. 胱氨酸贮积病
cytomegalic inclusion d. 巨细胞包涵体病
Czerny's d. 茨尔尼氏病
Daae's d. 德氏病
Dalrymple's d. 达尔林普尔氏病,睫状体角膜炎
Darier's d., Darier-White d. 达里埃氏病,达-怀二氏病,毛囊角化病
Darling's d. 达林氏病,组织胞浆菌病
David's d. 戴维氏病
deficiency d. 营养缺乏病
degenerative joint d. 关节变性病,骨关节炎
Degos' d. 地高氏病,恶性丘疹病
Dejerine's d., Dejerine-Sottas d. 代热林

氏病,代-道二氏病,进行性肥大性间质性神经病
demyelinating d. 脱髓鞘病
dense deposit d. Ⅱ型膜性增生性肾小球性肾炎
deprivation d. 营养缺乏病
de Quervain's d. 奎尔万氏病,疼痛性腱鞘炎
Dercum's d. 痛性肥胖症
dermopathic herpesvirus d. 疱疹病毒性皮肤病
Deutschländer's d. 多伊奇兰德氏病
Devic's d. 德维克氏病,视神经脑脊髓病
diamond-skin d. 轻型猪丹毒
Di Guglielmo's d. 迪·古格里埃默氏病
disappearing bone d. 骨消失病
diverticular d. 憩室病
Döhle d. 窦勒氏病,梅毒性主动脉炎
Down's d. 当氏病
drug d. 药物病
Dubini's d. 杜比尼氏病
Dubois' d. 杜布瓦尔病
Duchenne's d. 杜兴氏病
Duchenne-Aran d. 杜-阿二氏病,脊髓病性肌萎缩
Duchenne-Griesinger d. 杜-格二氏病,假性肥大性肌萎缩
Duhring's d. 杜林氏病,疱疹性皮炎
Dukes' d. 杜克氏病,儿童轻型发热病
Duncan's d. 伴性淋巴增生综合征
Durand-Nicolas-Favre d. 杜-尼-法三氏病,性病淋巴肉芽肿
Durante's d. 杜朗特氏病,骨脆病
Duroziez's d. 杜罗济埃氏病,先天性二尖瓣狭窄
Eales d. 伊尔斯氏病
Ebola d., Ebola virus d. 艾博拉病毒性疾病
Ebstein's d. 爱布斯坦氏病
echinococcus d. 包虫病,棘球蚴病
Economo's d. 埃科诺莫氏病,昏睡性脑炎
Edsall's d. 艾德塞尔氏病,中暑性痉挛
elevator d. 谷物仓库工人尘肺
endemic d. 地方病
end-stage renal d. 末期肾病
Engelmann's d. 骨干发育不全
Engel-Recklinghausen d. 恩-雷二氏病,囊状纤维性骨炎
English d. 佝偻病
English sweating d. 英国黑汗病
enzootic d. 地方性动物病
eosinophilic endomyocardial d. 嗜酸性心内膜心肌病
epidemic d. 流行病
epizootic d. 流行性动物病
Epstein's d. 爱泼斯坦氏病,假白喉
Erb's d. 欧勃氏病,进行性肌营养不良
Erb-Charcot d. 欧-夏二氏病,痉挛性截瘫
Erb-Goldflam d. 欧-兰二氏病,重症肌无力
Eulenburg's d. 尤兰柏格氏病,先天性肌强直
extensor process d. 锥突部骨炎
extrapyramidal d. 锥体外束病
Fabry's d. 法布里氏病
Fahr-Volhard d. 法-沃二氏病,恶性肾硬化
Fanconi's d. 凡考尼氏病
Farber's d. 法勃氏病
fat-deficiency d. 脂肪缺乏病
Fauchard d. 福夏尔氏病,边缘性牙周炎
Favre-Durand-Nicolas d. 性病淋巴肉芽肿
Fazio-Londe d. 儿童进行性延髓性麻痹
Feer's d. 费尔氏病
Fenwick's d. 芬维克氏病
fibrocystic d., fibrocystic d. of breast 乳腺纤维囊性病
fibrocystic d. of the pancreas 胰腺纤维囊性病
Fiedler's d. 费德勒氏病
fifth. d. 第五病。传染性红斑
Filatov's d. 费莱托夫氏病,传染性单核细胞增多症
Filatov-Dukes d. 费-杜二氏病
file-cutters' d. 锉刀工病
fish eye d. 鱼眼病
fish-slime d. 鱼粘质病
Flajani's d. 突眼性甲状腺肿
Flatau-Schilder d. 弗-谢二氏病
flax-dresser's d. 亚麻工人病
Flegel's d. 弗莱格尔氏病
Fleischner's d. 费莱舍内氏病
flint d. 石末沉着病

floating beta d. 浮动 β 脂蛋白病,家族性异常 β 脂蛋白血症
fluke d. 吸虫病,吸虫感染
focal d. 局灶性病
Følling d. 费林氏病,苯丙酮酸尿病
foot-and-mouth d. 口蹄疫
foot process d. 足突病
Forbes' d. 弗伯氏病
Fordyce's d. 福代斯氏病
Forestier d. 福莱斯第尔氏病
Förster's d. 弗斯特氏病
Fournier's d. 富尼埃氏病
fourth d. 第四病,猝发疹
fourth venereal d. 第四性病
Fox-Fordyce d. 福-福二氏病
Francis' d. 土拉菌病,兔热病
Frei's d. 弗莱氏病,性病性淋巴肉芽肿
Freiberg's d. 弗莱伯格氏病,第二跖骨骨软骨炎
Friedländer's d. 弗里德兰德氏病,闭塞性动脉内膜炎
Friedreich's d. 弗里德莱希氏病,多发性肌阵挛
Frommel's d. 弗罗麦尔氏病
functional d. 机能病,官能病
functional cardiovascular d. 官能性心血管病
Gaisböck's d. 盖斯伯克氏病,高血压性红细胞增多症
gamma chain d. γ 链病
Gamna's d. 加姆纳氏病,铁质沉着性脾肉芽肿病
Gamstorp's d. 甘姆斯多普氏病,家族性周期性麻痹 II
Gandy-Nanta d. 甘-南二氏病,铁质沉着性脾大
gannister d. 硅末沉着病
Garré's d. 加雷氏病,硬化性非化脓性骨髓炎
gastroesophageal reflux d. (GERD) 胃食道回流病
Gaucher's d. 高歇尔氏病
Gee's d., Gee-Herter d., Gee-Herter-Heubner d. 幼儿乳糜泻,非热带性口炎性腹泻
Gee-Thaysen d. 济-塞二氏病
genetic d. 遗传性疾病
Gerhardt's d. 格哈特氏病

Gerlier's d. 热利埃氏病
Gerstmann-Sträussler d., Gerstmann-Sträussler-Sche-inker d. 格-斯二氏病,格-斯-茨三氏病
gestational trophoblastic d. 妊娠滋养层病
giant platelet d. 巨血小板病
Gibney's d. 吉布尼氏病
Gilbert's d. 吉尔伯特氏病,家族性非溶血性黄疸
Gilchrist's d. 吉尔克里斯特氏病,北美芽生菌病
Gilles de la Tourette's d. 图雷特氏病
Glanzmann's d. 格兰茨曼氏病
Glasser's d. 格拉斯氏病
glycogen storage d. 糖原贮积病
Goldflam's d., Goldflam-Erb d. 戈德弗莱姆氏病,戈-欧二氏病。重症肌无力
Goldstein's d. 戈耳茨坦氏病
Gorham's d. 骨消失病
graft-versus-host (GVH) d. 移植物抗宿主病
Graves' d. 格雷夫斯氏病
greasy pig d. 多脂猪病
Greenfield's d. 婴儿脑白质变性
grinder's d. 磨工病
Gross d. 格罗斯氏病
guinea worm d. 麦地那龙线虫病
Guinon's d. 吉农氏病
Gull's d. 加尔氏病
Gumboro d. 甘博罗氏病,传染性囊病
Günther's d. 甘切尔氏病
Habermann's d. 哈伯曼氏病
Haff d. 哈夫病
Haglund's d. 黑格隆德氏病
Hagner's d. 哈格纳氏病
Hailey-Hailey d. 黑利氏病
hairy shaker d. 羊边境病
Hallervorden-Spatz d. 哈-斯二氏病
Hamman's d. 黑曼氏病
Hammond's d. 哈孟德氏病
Hand's d. 汉德氏病
hand-foot-and-mouth d. 手足口病
Hand-Schüller-Christian d. 汉-许-克三氏病
Hansen's d. 汉森氏病,麻风
d. of the Hapsburgs 汉普斯伯格病,血友病

Harada's d. 哈拉达氏病
hard metal d. 硬金属病
hard pad d. 硬肉趾病
Hartnup d. 哈特纳普氏病
Hashimoto's d. 桥本病
heart d. 心脏病
heartwater d. 牛羊水心胸病,牛羊水胸病
heavy chain d's 重链病
Heberden's d. 希伯登氏病
Hebra's d. 黑布腊氏病,渗出性多形性红斑
Heerfordt's d. 黑福特氏病
Heine-Medin d. 海-梅二氏病
Heller-Döhle d. 海-窦二氏,梅毒性主动脉炎病
helminthic d. 蠕虫病
hemoglobin d. 血红蛋白病
hemoglobin C-thalassemia d. 血红蛋白C型地中海贫血
hemoglobin E-thalassemia d. 血红蛋白E型地中海贫血
hemolytic d. of newborn 新生儿溶血性贫血
hemorrhagic d. of the newborn 新生儿出血热
Henderson-Jones d. 汉-琼二氏病
hepatic veno-occlusive d. 肝静脉闭塞病
hepatolenticular d. 肝豆状核病
hepatorenal glycogen storage d. 肝肾糖原贮积病
hereditary d. 遗传性疾病
heredodegenerative d. 遗传性变性病
Herlitz's d. 赫利兹氏病
Hers' d. 赫斯氏病
Herter's d., Herter-Heubner d. 赫特氏病,赫-霍二氏病
Heubner's d. 梅毒性大脑动脉内膜炎
Heubner-Herter d. 霍-赫二氏病
hip-joint d. 髋关节病
Hippel's d. 希培尔氏病
Hippel-Lindau d. 布-林二氏病
Hirschsprung's d. 赫希施普龙氏病
His d., His-Werner d. 希斯病,希-瓦二氏病
hock d. 骨短粗病
Hodgkin's d. 何杰金氏病
Hodgkin's d., lymphocyte depletion type 去淋巴细胞型何杰金氏病
Hodgkin's d., lymphocyte predominance type 淋巴细胞为主型何杰金氏病
Hodgkin's d., mixed cellularity type 混合细胞型何杰金氏病
Hodgkin's d., nodular sclerosis type 结节硬化型何杰金氏病
Hodgson's d. 霍季森氏病
Hoffa's d. 霍法氏病
holoendemic d. 全地方性疾病
hoof-and-mouth d. 口蹄病
hookworm d. 钩虫病
Horton's d. 霍顿氏病
Huchard's d. 于夏氏病
hunger d., hungry d. 饥饿病
Hunt's d. 亨特氏病
Huntington's d. 亨廷顿氏病
Hurler's d. 赫勒氏病
Hutchinson's d. 赫秦生氏病
Hutchinson-Gilford d. 郝-吉二氏病
Hutinel's d. 于廷内耳氏病
hyaline membrane d. 透明膜病
hydatid d. 囊虫病,棘球蚴病
hydatid d., alveolar 泡状棘球蚴病
hydatid d., unilocular 单房棘球蚴病
hydrocephaloid d. 脑积水样病
hyperendemic d. 高度地方性疾病
hypophosphatemic bone d 血磷酸过少骨病
hypopigmentation-immunodeficiency d. 低色素性免疫缺乏症
Iceland d. 冰岛病
I-cell d. I细胞病
idiopathic d. 特发病
immune-complex d's 免疫复体病
immunodeficiency d. 免疫缺乏病
immunoproliferative small intestine d. 免疫增生性小肠病
inborn lysosomal d's 先天性溶酶体病
inclusion d. 包涵体病
infantile celiac d. 婴儿乳糜泻
infectious d. 传染病
infectious bursal d. 传染性囊病
inflammatory bowel d. 炎症性肠病
inherited d. 遗传病
intercurrent d. 间发病
interstitial d. 间质病
interstitial lung d. 间质性肺病

iron storage d. 铁贮积病
Isambert's d. 伊桑贝尔氏病
ischemic bowel d. 局部缺血性肠病
ischemic heart d. (IHD) 局部缺血性心脏病
island d. 海岛病
Isle of Wight d. 蜜蜂双翅瘫痪病
Jaffe-Lichtenstein d. 雅-利二氏病
Jakob's d., Jakob-Creutzfeldt d. 雅各布氏病,雅-科二氏病
Janet's d. 热耐氏病,精神衰弱
Jansen's d. 健森氏病,干骨后端骨发育不全
Jansky-Bielschowsky d. 健-毕二氏病
Jensen's d. 真森氏病,近视乳头性视网膜脉络膜炎
Johne's d. 约内氏病
Johnson-Stevens d. 约-斯二氏病
Joseph d. 约瑟夫氏病
jumping d. 跳跃病
juvenile Paget d. 青少年培盖氏病
Kaiserstuhl d. 凯泽斯杜病
Kaschin-Beck d., Kaschin-Bek d., Kashin-Beck d. 卡-贝二氏病,大骨节病
Kashin-Bek d. 大骨节病,柳子病
Katayama d. 片山病
Keshan d. 克山病
Kienböck's d. 金伯克氏病
Kimberley horse d. 金伯利马病
Kimura's d. 金木拉病
kinky hair d. 孟克氏综合征
Kinnier Wilson d. 威尔逊氏病
Kirkland's d. 柯克兰氏病
kissing d. 传染性单核细胞增多症
Klebs' d. 克雷伯氏病,血管球性肾炎
Klemperer's d. 克伦珀勒氏病,班替氏病,脾性贫血
knight's d. 骑士病
Köhler's bone d. 科勒氏骨病
Köhler's second d. 科勒氏第二跖骨病
Köhler-Pellegrini-Stieda d. 科-佩-施三氏病,膝内、外侧韧带硬化
Koshevnikoff's (Koschewnikow's, Kozhevnikov's) d. 持续性不全癫痫
Krabbe's d. 克腊伯氏病
Krishaber's d. 克里萨贝尔病
Kufs'd. 库福氏病
Kuhnt-Junius d. 库-朱二氏病,盘状黄斑变性
Kümmell's d. 坎梅耳氏病,创伤性脊椎病,脊椎受压骨折
Kümmell-Verneuil d. 坎-韦二氏病
Kussmaul's d., Kussmaul-Maier d. 库斯毛尔病,结节性多动脉炎
Kyasanur Forest d. 夸赛纳森林病
Kyrle's d. 基尔氏病
Laënnec's d. 拉埃奈克氏病
Lafora's d. 拉福拉氏音乐性癫痫
Lancereaux-Mathieu d. 朗-马二氏病,外尔氏综合症,钩端螺旋体性黄疸
Landouzy's d. 朗都齐氏病,外尔氏综合症
Lane's d. 累恩氏病,慢性肠停滞
Larsen's d., Larsen-Johansson d. 拉-约二氏病
Lauber's d. 劳伯氏病,眼底白点病
laughing d. 发笑病
Leber's d. ① 利伯氏病,家族遗传性球后视神经炎;② 利伯氏黑蒙
Legal's d. 累加尔氏病,咽鼓室炎性头痛
Legg's d., Legg-Calvé d., Legg-Calvé-Perthes d., Legg-Calvé-Waldenström d. 幼年变形性骨软骨炎
legionnaires' d. 军团病
Leigh d. 亚急性致坏死脑脊髓病
Leiner's d. 婴儿脱屑性红皮病
Lenègre's d. 由原发性传导系统退化引起的获得性心传导完全阻滞
Leriche's d. 勒里施氏病,外伤急性骨萎缩
Letterer-Siwe d. 累-赛二氏病,非类脂组织细胞增多
Lev's d. 莱福氏病
Lewandowsky-Lutz d. 莱-卢二氏病
Leyden's d. 莱登氏病,周期性呕吐
Libman-Sacks d. 利-萨二氏病,疣状心内膜炎
Lichtheim's d. 利什么特海姆氏病,亚急性脊髓混合变性
Lindau's d., Lindau-von Hippel d. 林道氏病,林-希二氏病
lipid storage d. 脂沉积症
Lipschütz's d. 急性外阴溃疡视网膜血管瘤病
Little's d. 李特尔氏病,痉挛性双瘫
Lobo's d. 洛伯氏病,瘢痕瘤性芽生菌病

Lobstein's d. 洛布斯坦氏病,骨脆症,成骨不全
local d. 局部病
loco d. 洛苛草中毒
Lorain's d. 洛蓝氏病,垂体性幼稚型
Lowe's d. 洛伊氏病,眼脑肾综合征
L-S d. 累-赛二氏病
Luft's d. 拉福特氏病
lumpy skin d. 凹凸皮肤病
lung fluke d. 肺吸血病
lunger d. ① 肺腺瘤病; ② 非典型的间质性肺炎
Lutz-Splendore-Almeida d. 卢-普-艾三氏病
Lyell's d. 里艾尔氏病,毒性上皮坏死
Lyme d. 莱姆病
lymphocystic d. of fish 鱼淋巴囊病
lymphoproliferative d's 淋巴组织增生病
lymphoreticular d's 淋巴网状内皮细胞病
lysosomal storage d. 溶酶体沉积症
McArdle's d. 糖原贮积病 Ⅴ 型
Machado-Joseph d. 马-约二氏病,亚速尔氏病
MacLean-Maxwell d. 麦-马二氏病,跟骨痛(跟骨后部慢性肿大)
Madelung's d. 美德朗氏病
Majocchi's d. 马约基氏病,毛细扩张性环状紫癜
Malassez's d. 马拉色氏病,睾丸囊肿
Malibu d. 马里布病,色佛氏小结
Manson's d. 曼森氏病
maple bark d., maple bark stripper's d. 枫树皮病,枫树剥皮工人病
maple syrup urine d. (MSUD) 枫糖浆尿病
Marburg d., Marburg virus d. 马堡病,马堡病毒病
Marchiafava-Bignami d. 马-比二氏病,胼胝体变性
Marchiafava-Micheli d. 马-米二氏病,阵发性夜间血红蛋白尿
Marek's d. 马莱克氏病,鸟类淋巴瘤病
margarine d. 人造奶油病
Marie-Bamberger d. 马-巴二氏病,肥大性肺性骨关节病
Marie-Strümpell d. 马-施二氏病,关节强硬性脊椎炎

Marie-Tooth d. 马-土二氏病,进行性神经性肌萎缩
Marion's d. 马里松氏病
Marsh's d. 马希氏病,突眼性甲状腺肿
Martin's d. 马丁氏病,过劳性足骨膜关节炎
Medin's d. 梅丁氏病
Mediterranean d. 地中海病
medullary cystic d. 家族性幼年肾结核
Meige's d. 遗传性下肢水肿
Meleda d. 梅勒达病,家族性掌跖角过度
Ménétrier's d. 巨大肥厚性胃炎
Meniere's d. 美尼尔氏病
mental d. 精神病
Merzbacher-Pelizaeus d. 梅-佩二氏病,家族性脑中叶硬化
metabolic d. 代谢病
metazoan d. 复细胞动物病
Meyer's d. 梅耶氏病
Meyer-Betz d. 梅-贝二氏病
microdrepanocytic d. 镰状细胞库利氏贫血
Mikulicz's d. 米库里茨氏病
Miller's d. 米勒氏病
Milroy's d. 米耳罗伊氏病,遗传性下肢水肿
Milton's d. 米尔顿氏病
Minamata d. 米那马达病
minimal change d. 最少变化病
Minor's d. 麦那氏病
Mitchell's d. 麦彻尔氏病
mixed connective tissue d. 混合性结缔组织病
Möbius' d. 默比厄斯氏病,周期性偏头痛兼眼肌麻痹
Moeller-Barlow d. 默-巴二氏病,婴儿出血性骨病,佝偻病骨膜下水肿
molecular d. 分子病
Molten's d. 莫尔顿氏病
Mondor's d. 蒙得尔氏病
Monge's d. 芒格氏病,慢性高山病
Morquio's d. 莫尔基奥氏病
Morquio-Ullrich d. 莫-优二氏病
Morton's d. 莫顿氏病
Moschcowitz's d. 莫斯科维茨氏病,血栓形成性血小板减少性紫癜
motor neuron d. 运动神经元病
motor system d. 运动神经元病

mountain d. 高山病
moyamoya d. 脑局部缺血
Mozer's d. 莫泽氏病,成人脊髓硬化
Mucha's d., Mucha-Habermann d. 急性苔藓样脊髓炎
mu chain d. 链病
mucosal d. 粘膜病
mule-spinner's d. 纺纱工病
Münchmeyer's d. 木契米耶尔氏病
Murray Valley d. 墨利谷病
mushroom picker's d., mushroom worker's d. 采蘑工病
mushy chick d. 脐炎(马)
myeloproliferative d's 骨髓增殖症
Nairobi d. 内罗毕病
nanukayami d. 七日热
navicular d. 舟状骨病(马)
Newcastle d. 新城病
new duck d. 鸟类膜炎(鸭)
Nicolas-Favre d. 尼-法二氏病,性病性淋巴肉芽肿,腹股沟淋巴肉芽肿
Niemann-Pick d., Niemann-Pick d. 尼曼氏病,尼-皮二氏病,类脂肪组织增多病
nil d. 零变心病
nodule d., nodular worm d. 结节线虫病
Norrie's d. 诺利氏病
Norum-Gjone d. 卵磷脂胆甾醇酰转移酶缺失
nosema d. 小孢子虫病
notifiable d. 法定传染病,可报导的传染病
Novy's rat d. 诺维氏鼠病
oasthouse urine d. 蛋氨酸吸收障碍综合征
obstructive small airways d. 阻塞性支气管病
occupational d. 职业病
Oguchi's d. 小口氏病(日本先天性夜盲症)
Ohara's d. 大原氏病,日本兔热病
oid-oid d. (from discoid 和 lichenoid) 渗出性盘状苔藓样皮炎
Ollier's d. 奥利埃氏病,软骨发育异常
Ondiri d. 传染性瘀点热(牛)
Opitz's d. 血栓静脉炎性脾大
organic d. 器质性病
Oriental lung fluke d. 肺吸虫病
Ormond's d. 腹膜后纤维变性

Osgood-Schlatter d. 奥-施二氏病,胫骨粗隆骨软骨病
Osler's d. 奥斯勒氏病
Osler-Vaquez d. 奥-伐二氏病
Osler-Weber-Rendu d. 奥-韦-伦三氏病,遗传性出血毛细管扩张
Otto's d. 髋骨关节炎性突出
overeating d. 髓样肾病
Owren's d. 奥伦氏病,副血友病
ox-warble d. 牛肤蝇病
Paas's d. 帕阿氏病
Paget's d. 帕杰特氏病
Paget's d., extramammary 帕杰特氏病(乳外型)
Panner's d. 潘那氏病
parenchymatous d. 主质病,器官实质病
Parkinson's d. 帕金森氏病,震颤麻痹
parrot d. 鹦鹉热
Parrot's d. 派拉特氏病
Parry's d. 帕里氏病,突眼性甲状腺肿
Patella's d. 派特拉氏病
Payr's d. 派尔氏病
pearl d. 牛结核病(牛腹膜及肠系膜结核)
pearl-worker's d. 珍珠工病(珍珠工骨髓炎)
Pel-Ebstein d. 佩-埃二氏病
Pelizaeus-Merzbacher d. 佩-梅二氏病,家族性脑中叶硬化
Pellegrini's d., Pellegrini-Stieda d. 佩莱格利尼氏病
pelvic inflammatory d. 宫颈炎性疾病
periodic d. 周期性疾病
periodontal d. 牙周病
Perrin-Ferraton d. 派-弗二氏病
Perthes' d. 佩特兹氏病,骨骺骨软骨病
Peyronie's d. 佩罗尼氏病,纤维性海绵体炎,塑型阴茎
Pfeiffer's d. 佩佛氏病
Phocas' d. 福卡氏病
phytanic acid storage d. 植烷酸贮积病
Pick's d. ①(Arnold Pick) A. 皮克氏病,脑叶萎缩;②(Ludwig Pick) 尼-皮二氏病,类脂组织细胞增多病
Pictou d. 肝硬变(马、牛)
pink d. 红皮水肿性多发性神经病
plaster-of-Paris d. 石膏病
Plummer's d. 普拉莫氏病

pneumatic hammer d. 汽锤工病
policeman's d. 警察病
polycystic kidney d., polycystic d of kidneys 多囊肿肾病
polycystic ovary d. 多囊肿卵巢病
polycystic renal d. 多囊肿肾病
polyendocrine autoimmune d. 多内分泌腺自动免疫病
polyhedral d's 多边形病
Pompe's d. 旁姆普氏病
Poncet's d. 蓬塞氏病,结核性风湿病
Portuguese-Azorean d. 葡萄牙-亚速尔病,亚速尔病
Posadas-Wernicke d. 旁-沃二氏病
Pott's d. 波特氏病,脊椎结核病
pregnancy d. 妊娠毒血症(母羊)
Preiser's d. 普赖泽氏病
primary electrical d. 原发性心脏病
Pringle's d. 普林格尔氏病,皮脂腺腺瘤
Profichet's d. 普罗菲歇氏病
pullorum d. 鸡白痢
pulpy kidney d. 髓样肾病
pulseless d. 无脉病
Purtscher's d. 普尔夏氏病,外伤性血管性视网膜病
Pyle's d. 派尔氏病
pyramidal d. 锥突部骨炎(马)
Quervain's d. 昆尔万氏病
Quincke's d. 昆克氏病,血管神经性水肿
ragpicker's d., ragsorter's d. 织毯工病
railroad d. 铁路病
rat-bite d. 鼠咬热
Raynaud's d. 雷诺氏病
Recklinghausen's d. 雷克林豪森氏病
Recklinghausen's d of bone 雷克林豪森骨病
Recklinghausen-Applebaum d. 雷-阿二氏病,血色素沉着症
redwater d. 杆菌性血红蛋白尿
Reed-Hodgkin d. 何杰金氏病,淋巴肉芽肿
Refsum's d. 雷弗素姆氏病,持续性胃液分泌过多
Reiter's d. 莱特尔氏病
remnant removal d. 家族性血β-脂蛋白异常
Rendu-Osler-Weber d. 伦-奥-伟三氏病,遗传性鼻衄伴有出血性毛细血管扩张

reportable d. 可报导的传染病,法定传染病
rheumatic heart d. 风湿性心脏病
rheumatoid. 类风湿病
Ribas-Torres d. 里-托二氏病,类天花
rice d. 稻米病,脚气病
Riedel's d. 雷德尔氏病
Riga-Fede d. 雷-派二氏病
Riggs' d. 里格斯氏病,牙槽脓溢
Ritter's d. 雷特氏病
Robles' d. 罗堡氏病
Roger's d. 罗惹氏病,先天性心室间隔缺损
rolling d. 鼠滚转病
Romberg's d. 罗姆伯格氏病
Romney Marsh d. 羊肠毒血症
rose d. 猪丹毒
Rossbach's d. 罗斯巴赫氏病,急性黄色肝萎缩
Rot's d., Rot-Bernhardt d. 罗特氏病,罗-伯二氏病
Roth's d., Roth-Bernhardt d. 罗-伯二氏病,感觉异常性股痛
Rougnon-Heberden d. 鲁-希二氏病,心绞痛
round heart d. 圆心病
runt d. 移植抗宿主疾病
Rust's d. 鲁斯特氏病
Ruysch's d. 鲁伊施氏病,巨结肠
saccharine d. 似糖病
Sachs' d. 黑蒙性家族性白痴
sacroiliac d. 骶髂关节结核
salivary gland d. 涎腺病
Salla d. 赛勒氏病
Sanders' d. 山德氏病,流行性角膜结膜炎
Sandhoff's d. 桑德霍夫氏病
sandworm d. 游走性幼虫病
San Joaquin Valley d. 圣乔瓦氏病
Saunders' d. 桑德斯氏病,婴儿胃肠病
Schamberg's d. 山姆伯格氏病
Schanz's d. 山茨氏病,外伤性跟腱炎
Schaumann's d. 乔曼氏病
Scheuermann's d. 舒尔曼氏病
Schilder's d. 谢尔德氏病,弥漫性轴周性脑炎
Schimmelbusch's d. 席梅尔布施氏病,增生性乳腺炎

Schlatter's d. Schlatter-Osgood d. 施莱特氏病,施-奥二氏病,胫骨粗隆骨软骨病
Schmorl's d. 施莫尔氏病
Scholz's d. 休尔兹氏病,家族性脱髓鞘性脑病
Schönlein's d. 舍恩莱因氏病
Schüller's d. 许累氏病
Schüller-Christian d. 许-克二氏病,汉德氏病,慢性特发性黄瘤病
Schultz's d. 舒耳次氏病,粒细胞缺乏症
Schwediauer's d. 跟骨粘液囊炎
secondary d. 继发病
Seitelberger's d. 希特尔伯格氏病,婴儿神经轴索营养障碍
self-limited d. 自限性病
Selter's d. 希尔特氏病
senecio d. 千里光病,千里光属植物中毒
septic d. 脓毒病
serum d. 血清病
Sever's d. 塞弗氏病
severe combined immunodeficiency d. (SCID) 严重结合性免疫缺乏性疾病
sexually transmitted d. 性传播疾病
Shaver's d. 谢弗氏病
shimamushi d. 恙虫病
shuttlemaker's d. 制梭工病
sickle-cell d. 镰状细胞病
sickle cell-hemoglobin C d. 镰状红细胞血红蛋白C病
sickle cell-hemoglobin D d. 镰状红细胞血红蛋白D病
sickle cell-thalassemia d. 镰状红细胞地中海贫血,小镰状红细胞病,血红蛋白S地中海贫血
silo filler's d. 青贮饲料病
Simmonds' d. 西蒙兹氏病,垂体性恶病质
Simons' d. 西蒙斯氏病,进行性脂肪营养不良
Sinding-Larsen d, Sinding-Larsen-Johansson d. 辛-拉二氏病,辛-拉-乔三氏病;髌骨下极副骨化中心形成
sixth d. 第六病,猝发疹,杜克氏疹热病
Sjögren's d. 斯耶格伦氏病
Skevas-Zerfus d. 斯-塞二氏病
sleeping d. 发作性催眠,昏睡症
sleepy foal d. 驹昏睡病

small airways d. 慢性阻塞性支气管炎
Smith-Strang d. 斯-斯二氏病,蛋氨酸吸收障碍综合征
Sneddon-Wilkinson d. 斯-魏二氏病
specific d. 特异病
specific heart muscle d. 特异性心肌病
Spencer's d. 斯宾塞氏病,急性传染性胃肠炎
Spielmeyer-Vogt d. 斯-沃家族黑蒙性白痴
sponge-diver's d. 海绵潜水员病
Stargardt's d. 斯塔夏茨氏病
startle d. 恐吓病
Steinert's d. 斯梯那特氏病,营养不良性肌强直
sterility d. 不育症
Sternberg's d. 施特恩伯格氏病,结核性假白血病
Sticker's d. 施替柯氏病,传染性红斑
Stieda's d. 施提达氏病,膝内、外侧韧带骨化
stiff lamb d. 僵羔病(羊羔)
Still's d. 斯地尔氏病,青少年类风湿性关节炎
storage d. 贮积病
storage pool d. 贮积池病
structural d. 结构性病
Strümpell's d. 施特吕姆佩耳氏病
Strümpell-Leichtenstern d. 施-林二氏病,出血性脑炎
Strümpell-Marie d. 施-马二氏病,阵发关节强直性脊椎炎
Stuttgart d. 施塔特格特病,无黄疸型钩端螺旋体病
Sudeck's d. 祖德克氏病,外伤性急性骨萎缩
Sutton's d. ①(R.L. Sutton, Sr.)萨顿氏病(a)晕痣;(b)复发坏死性粘膜腺周炎。②(R.L. Sutton, Jr.)裂隙性肉芽肿
Swediaur's (Schwediauer's) d. 施威迪氏病,跟骨粘液囊炎
sweet clover d. 香草木樨中毒,动物的凝血酶原过低症
Swift's d., Swift-Feer d. 斯维夫特氏病,红皮水肿性多神经病
swineherd's d. 猪饲养员病毒性脑膜炎
Sylvest's d. 施尔万斯特氏病,流行性脑

膜痛
Symmers's d. 西默斯氏病,滤泡性淋巴瘤
systemic d. 系统病
Takahara's d. 他可哈拉病
Takayasu's d. 高安氏病
Talfan d. 塔尔凡病,传染性脑脊髓炎(猪)
Talma's d. 塔耳马氏病,后天性肌强直
Tangier d. 唐吉尔病
Tarui's d. 塔瑞氏病,糖原贮积疾病(Ⅶ型)
Tay's d. 泰氏病
Tay-Sachs d. (TSD) 泰-沙二氏病,家族黑蒙性白痴
teart d. in cattle 下泻疾病(牛)
Teschen d. 猪病毒性脑炎
Theiler's d. 泰累尔氏病,鼠脊髓灰质炎,鼠脑脊髓炎
Thiemann's d. 替曼氏病,家族性指骨骺无血管坏死
Thomsen's d. 托姆生氏病,先天性肌强直
Thomson's d. 汤姆森氏病,先天性皮肤异色病
thyrocardiac d. 甲状腺毒性心脏病
thyrotoxic heart d. 甲状腺毒性心脏病
Tietze's d. 泰茨氏病,肋软骨炎
Tillaux's d. 提奥氏病,乳房囊病
Tommaselli's d. 托马塞利氏病
Tooth's d. 图斯氏病,进行性神经性肌萎缩
Tornwaldt's (Thornwaldt's) d. 汤恩沃特氏病
Traum d. 卓姆氏病,猪波状热,猪布鲁氏菌病
Trevor's d. 特里弗氏病半肢后骺发育不良
trophoblastic d. 妊娠滋养层瘤形成
tsutsugamushi d. 恙虫病
tubotympanic d. 咽鼓管鼓管病
tungsten carbide d. 硬金属病
tunnel d. 隧道病,压缩空气病
twin-lamb d. 羊双胞病
twist d. 旋转病
Tyzzer's d. 泰泽氏病,日本小鼠肝炎
Tzaneen d. 泰赞尼病
Underwood's d. 安德伍德氏病,新生儿硬化病
Unna-Thost d. 安-托二氏病,弥漫性掌跖角化病
Unverricht's d., Univerricht-Lundborg d. 翁韦里希特氏病,翁-伦二氏病,肌阵挛性癫痫
Urbach-Wiethe d. 乌-韦二氏病,皮肤粘膜类脂蛋白沉积症
uremic bone d. 肾性骨营养不良
vagabonds' d., vagrants' d. 寄生性黑皮病
van Buren's d. 梵·布朗氏病,佩罗尼氏病
van den Bergh's d. 梵·登·伯格氏病,肠性发绀
Vaquez'd., Vaquez-Osler d. 瓦凯氏病,红细胞增多症
veld d., veldt d. 牛羊水胸病
venereal d. 性病
veno-occlusive d. of the liver 肝静脉闭塞病
vent d. 家兔回线螺旋体病
Verneuil's d. 韦尔讷伊尔病,梅毒性粘液囊病
Verse's d. 韦斯氏病,椎间盘钙质沉着
vibration d. 振动病
vinyl chloride d. 氯乙烯病
Vogt-Spielmeyer d. 沃-斯二氏病,家族黑蒙性白痴(少年型)
Volkmann's d. 福尔克曼氏畸形,先天性胫跗关节脱位
Voltolini's d. 伏尔托利尼氏病,急性化脓性内耳炎
von Economo's d. 嗜眠性脑炎
von Gierke's d. (冯)吉尔克氏病,糖原贮积病(Ⅰ型)
von Hippel's d. (冯)林培尔氏病,视网膜血管瘤病
von Hippel-Lindau d. (冯)林-希二氏病,视网膜血管瘤病
von Recklinghausen's d. (冯)雷克林霍曾氏病,多发性神经纤维瘤
von Willebrand's d. (冯)韦尔布兰德病
Vrolik's d. 伏罗里克氏病,成骨不全(Ⅱ型)隐性形式
Waldenström's d. 瓦尔登斯特伦氏病,骺骨软骨病
walk-about d. 野百合病(马)

Wartenberg's d. 华滕伯格氏病,手感觉异常性神经痛
wasting d. 消耗病
Weber's d. 韦伯氏病
Weber-Christian d. 韦-克二氏病,结节性非化脓性脂膜炎
Wegner's d. 韦格内氏病
Weil's d. 韦尔氏病
Weir Mitchell's d. 韦尔·米切尔氏病,红斑性肢痛病
Werdnig-Hoffmann d. 韦-霍二氏病
Werlhof's d. 韦尔霍夫氏病,出血性紫癜
Werner-His d. 沃-希二氏病,战壕热
Werner-Schultz d. 韦-舒二氏病,粒性白细胞缺乏症
Wernicke's d. 韦尼克氏病
Wesselsbron d. 韦赛尔斯布朗病
Westphal-Strümpell d. 韦-楚二氏病,肝豆状核变性
wheat weevil d. 骨软化
Whipple's d. 惠普尔氏病,肠原性脂肪代谢障碍
whirling d. 旋转病
white heifer d. 白母牛病
white muscle d. 白肌病
white-spot d. ① 苔藓样硬化;② 皮肤白点病
Whitmore's d. 惠特莫尔氏病,类鼻疽
Whytt's d. 怀特氏病
Wilson's d. 威尔逊氏病
Winckel's d. 温克耳氏病,流行性血红蛋白尿
Winiwarter-Buerger d. 血栓闭塞性脉管炎
Winkler's d. 慢性结节性耳轮软骨皮炎
Winton d. 肝硬变(牛、马)
Witkop's d., Witkop-Von Sallmann d. 惠特考普氏病,惠-塞二氏病,遗传性良性上皮内角化不良
Wolman's d. 乌尔曼氏病
woolsorters' d. 拣毛工病,恶性炭疽
Woringer-Kolopp d. 乌-考二氏病,变形性骨炎样网状细胞增多
x d. X 病
X-linked lymphoproliferative d. 伴 X 性染色体淋巴组织增生症
Zahorsky's d. 扎荷斯基发病,猝发疹
Ziehen-Oppenheim d. 自-奥二氏病,变形性肌张力障碍
disengagement [ˌdisənˈgeidʒmənt] (分娩时)解脱
disequilibrium [ˌdisikwiˈlibriəm] ❶ 平衡不稳;❷ 情感不平衡
linkage d. 连接平衡不稳
disesthesia [ˌdisəsˈθiːziə] 感觉迟钝
disgerminoma [disˌdʒəːmiˈnəumə] 无性细胞瘤
disgregation [ˌdisgriˈgeiʃən] (L. *disgregare* to seperate) 分散,分离
dish [diʃ] 皿,碟
culture d. 平浅皿
dappen d. 浅凹皿
evaporating d. 蒸发皿
Petri d. 贝替氏培养皿
Stender d. 施藤德氏皿
disharmony [disˈhɑːməni] 不和谐,失谐,失调
occlusal d. 殆失调,咬合失调
disinfect [ˌdisinˈfekt] (*dis-* + L. *inficere* to corrupt) 消毒
disinfectant [ˌdisinˈfektənt] ❶ 消毒的;❷ 消毒剂
coal-tar d. 煤焦油消毒剂,木溜油
disinfection [ˌdisinˈfekʃən] 消毒(过程)
terminal d. 终末消毒,终结消毒
disinfestation [ˌdisinfesˈteiʃən] 灭病媒(法),灭昆虫(法)
disinhibition [ˌdisinhiˈbiʃən] ❶ 抑制解除;❷ 脱抑制
disinomenine [ˌdisiˈnomənin] 双青藤碱
disinsected [ˌdisinˈsektid] 无昆虫的
disinsection [ˌdisinˈsekʃən] 灭(昆)虫法
disinsectization [ˌdisinˌsektiˈzeiʃən] 灭(昆)虫法
disinsector [ˌdisinˈsektə] 杀(昆)虫器
disinsertion [ˌdisinˈsəːʃən] ❶ 腱断裂;❷ 视网膜剥离
disintegrant [disˈintigrənt] 分解剂
disintegration [ˈdisˌintiˈgreiʃən] (*dis-* + L. *integer* entire) ❶ 分解,分裂;❷ 崩溃
radioactive d. 放射性元素蜕变
Disipal [ˈdisipəl] 的息巴:盐酸邻甲基苯海拉明制剂的商品名
disintoxication [ˌdisintɔksiˈkeiʃən] 解毒,脱毒

disinvagination [ˌdisinˌvædʒi'neiʃən] (L. *dis* negative + *in* in + *vagina* a sheath) 套迭解除法

disjoint [dis'dʒɔint] 使关节分离

disjunction [dis'dʒʌŋkʃən] ❶ 关节分离; ❷ 离开

craniofacial d. 颅面关节分离

disk [disk] (L. *discus* quit, from Gr. *diskos*) 盘,板,圆片

A d. A 盘
abrasive d. 研磨盘
Amici's d. 阿米克氏盘
anangioid d. 无血管视乳头
anisotropic d., anisotropous d. Q 盘,横盘,暗板
articular d. ①纤维软骨垫; ②关节半月板
Bardeen's primitive d. 巴登氏原板
Blake's d. 布雷克氏盘,鼓室纸
blastodermic d. 胚层板,胚盘板
blood d. 血小板
Bowman's d's 鲍曼氏肌盘
Carborundum d. 硅碳沙磨片,金刚沙磨片
choked d. 视神经乳头水肿
ciliary d. 睫状盘
cloth d. 布质磨盘
contained d. 包含盘
cupped d. 视乳头杯,视乳头环状凹陷
cutting d. 磨片,磨盘
cuttlefish d. 乌贼磨盘
dental d. 牙科切盘
diamond d. 金刚石磨盘
ectodermal d. 外胚层盘
embryonic d. 胚盘
emery d. 刚沙磨盘(片)
Engelmann's d. 恩格耳曼氏板,H 盘
epiphyseal d. 骺软骨盘
extruded d. 突出髓核
gelatin d. 明胶磨盘(眼用)
germinal d. 胚盘
growth d. 生长盘
Hensen's d. 亨森氏盘,横纹肌盘,H 盘
herniated d. 椎间盘突出
I d. I 盘,横纹肌明板
interarticular d. 关节间盘
intercalated d's 间板,闰盘
intermediate d. Z 盘,间板

interpubic d. 耻骨间板
intervertebral d's 椎间盘
intra-articular d's 关节内盘
isotropic d., J d. 明板(横纹肌),I 盘
Merkel's d. 美克耳氏小体
micrometer d. 测微盘
Newton's d. 牛顿氏色盘(七色盘)
noncontained d. 未包含盘
optic d. 视乳头盘,视神经乳头
Placido's d. 普拉西多氏盘,角膜镜
polishing d. 磨光盘(片)
proligerous d. (载)卵丘
protruded d. 突出盘
Q d. Q 盘,横盘,暗板
Ranvier's tactile d's 朗飞氏触觉盘
Rekoss d. 雷科斯氏盘
ruptured d. 椎间盘突出
sandpaper d. 沙纸片(盘)
sequestered d. 分离盘
slipped d. 椎间盘突出(俗称)
stenopeic d. 裂隙盘
stroboscopic d. 动态镜盘,旋转盘片
tactile d. 触小板
thin d. 薄盘
transverse d. 横盘,暗板,A 盘

diskectomy [dis'kektəmi] 椎间盘切除术
diskiform ['diskifɔ:m] 盘状的
diskitis [dis'kaitis] 盘炎症
disk(o)- (Gr. *diskos* disk) 盘,盘状
diskogram ['diskəgræm] 椎间盘放射照片
diskography [dis'kɔgrəfi] 脊椎放射照相
dislocatio [ˌdisləu'keiʃiəu] (L.) 错位
 d. erecta 手臂垂直
dislocation [ˌdisləu'keiʃən] 错位
 Bell-Dally d. 贝-戴二氏脱位,非外伤性寰椎脱位
 closed d. 无创脱位
 complete d. 完全脱位
 complicated d. 并发脱位
 compound d. 复合脱位
 congenital d. 先天脱位
 consecutive d. 接连性脱位
 divergent d. 分开性脱位
 fracture d. 骨折脱位
 habitual d. 习惯性脱位
 incomplete d. 不完全脱位
 intrauterine d. 子宫内脱位
 Kienböck's d. 金伯克氏脱位

d. of the lens 晶状体错位
Lisfranc's d. 利斯弗朗氏脱位,跗跖关节脱位
Monteggia's d. 蒙特吉亚氏脱位,股骨脱位
Nélaton's d. 内拉通氏脱位
old d. 陈旧脱位
open d. 开放脱位
partial d. 不完全脱位
pathologic d. 病理性脱位
primitive d. 初期脱位,原脱位
recent d. 新脱位
simple d. 单纯脱位
Smith's d. 史密斯氏脱位
subastragalar d. 距骨下脱位
subspinous d. 棘突下脱位
traumatic d. 创伤性脱位
dismemberment [disˈmembənt] 肢体(部分)切断
dismutation [ˌdismjuːˈteiʃən] 歧化(作用)
disocclude [ˌdisəˈkluːd] 使无牙合,使无咬合
disodium [diˈsəudiəm] 二钠
disomus [diˈsəuməs] (di- + Gr. *sōma* body) 双躯干畸体
disopyramide [ˌdisəˈpirəmaid] 达舒平,双异丙吡胺
　d. phosphate (USP) 磷酸双异丙吡胺
disorder [disˈɔːdə] 病症,机能紊乱,障碍
　adjustment d. (DSM-III-R) 调整障碍
　affective d's 情感性精神病,躁狂抑郁性精神病
　amnestic d. (DSM-III-R) 遗忘症
　anxiety d's (DSM-III-R) 忧虑症
　anxiety d's of childhood or adolescence (DSM-III-R) 童年或青春期忧虑症
　attention-deficit hyperactivity d. (DSM-III-R) 注意力缺乏多动症
　autistic d. (DSM-III-R) 孤独症
　avoidant d. of childhood or adolescence (DSM-III-R) 童年或青春期回避症
　behavior d. 行为障碍
　bipolar d. ①(DSM-III-R) 两极症;②(复)两极症以及(躁郁)循环性气质
　body dysmorphic d. (DSM-III-R) 身体变形症
　character d. 人格疾病
　collagen d. 胶原症
　conduct d. (DSM-III-R) 行为障碍

d. of consciousness 意识障碍
conversion d. (DSM-III-R) 转化症
cyclothymic d. 躁忧性气质
delusional d. 妄想症
delusional (paranoid) d. (DSM-III-R) 妄想症
depersonalization d. (DSM-III-R) 自我丧失症
developmental d's (DSM-III-R) 发育性症,发育性无能症
dissociative d's (DSM-III-R) 癔病神经症,分裂型精神病
dream anxiety d. (DSM-III-R) 梦忧症
dysthymic d. 精神抑郁症,胸腺机能障碍
eating d. 进食症
emotional d. 情感性障碍
factitious d. (DSM-III-R) 假病症
female sexual arousal d. (DSM-III-R) 女性性唤起障碍
generalized anxiety d. (DSM-III-R) 普遍化焦虑症
genetic d. 遗传性症
habit d. 刻板症
hypersomnia d. (DSM-III-R) 睡眠障碍
hypoactive sexual desire d. (DSM-III-R) 性欲低下症
identity d. (DSM-III-R) 本体障碍
immunodeficiency d. 免疫缺陷症
impulse control d's 冲动控制障碍
insomnia d. 失眠症
induced psychotic d. 诱发性精神病
intermittent explosive d. 间歇性爆发症
isolated explosive d. 孤立爆发症
late luteal phase dysphoric d. 后黄体期烦躁症
LDL-receptor d. LDL-受体病,家族性血胆甾醇过多
lymphoproliferative d's 淋巴增殖症
lymphoreticular d's 淋巴网状组织系统疾病
major affective d's 主要情绪障碍
male erectile d. 男性性功能障碍
manic-depressive d. 躁狂抑郁症
mendelian d. 孟德尔病
mental d. 精神病
monogenic d. 单基因症
mood d's 情绪症

multifactorial d. 多因病
multiple personality d. 多人格症
myeloproliferative d's 骨髓增殖症
nightmare d. 梦忧症
obsessive-compulsive d.（DSM-Ⅲ-R）强迫人格症
obsessive-compulsive personality d.（DSM-Ⅲ-R）强迫观念与行为人格症
organic anxiety d. 器质性焦虑症
organic mental d. 器质性精神病
organic personality d. 器质性人格病
overanxious d. 过度焦虑症
panic d. 恐慌症
panic d. without agoraphobia（DSM-III-R）无旷野恐怖性恐慌症
paranoid d. 妄想型症
personality d's 人格症
pervasive developmental d's（DSM-III-R）蔓延性发育型障碍
plasma cell d's 血浆细胞症
post-traumatic stress d.（DSM-III-R）创伤后应激症
psychoactive substance-induced organic mental d's（DSM-III-R）精神作用性物质诱发器质精神症
psychoactive substance use d's（DSM-III-R）精神作用型物质使用症
psychogenic pain d. 精神性疼痛症
psychophysiologic d. 精神生理症
psychosexual d's 性心理症
psychosomatic d. 身心疾病
psychotic d.（DSM-III-R）精神病症
rumination d. of infancy 婴儿期反刍症
shizoaffective d.（DSM-III-R）分裂情感型症
schizophreniform d.（DSM-III-R）精神分裂症样症
seasonal mood d. 季节性情绪症,冬季抑郁症
separation anxiety d.（DSM-III-R）隔离性焦虑症
sexual d's（DSM-III-R）性障碍
shared paranoid d. 诱发性精神病
single-gene d. 单基因症,孟德尔氏病
sleep d's（DSM-III-R）睡眠障碍
sleep terror d.（DSM-III-R）睡眠惊吓障碍
sleep-wake schedule d.（DSM-III-R）睡眠清醒节奏障碍
sleepwalking d.（DSM-III-R）梦游症
somatization d.（DSM-III-R）躯体化症
somatoform d's（DSM-III-R）躯体型症
somatoform pain d.（DSM-III-R）躯体型疼痛症
substance use d's 物质使用障碍
unipolar d's 单极症

disorganization [disˌɔːgənaiˈzeiʃən] 结构破坏
disorientation [disˌɔːrienˈteiʃən] 定向力障碍,定向力消失
　spatial d. 空间定向力障碍
disoxidation [ˌdisɔksiˈdeiʃən] 脱氧(作用)
dispar [ˈdispɑː] (L.) 不相等的,不相称的
disparasitized [disˈpærəsitaizd] 无寄生物的
disparate [ˈdispəreit] (L. *disparatus*, *dispar* unequal) 不相等的,不相称的
disparity [disˈpæriti] 差异,不等
dispensary [disˈpensəri] (L. *dispensarium*, from *dispensare* to dispense) ❶ 防治所; ❷ 药房
dispensatory [disˈpensətəri] (L. *dispensatorium*) 处方集
　D. of the United States of America 美国处方集
dispense [disˈpens] (L. *dispensare*, *dis-* out + *pensare* to weigh) 调剂,配方
dispermy [ˈdaispəːmi] 双精受精
dispersate [ˈdispəseit] 分散质
disperse [disˈpəːs] (L. *dis-* apart + *spargere* to scatter) 分散的,弥散的
dispersible [disˈpəːsibəl] 可分散的
dispersion [disˈpəːʒən] (L. *dispersio*) ❶ 分散作用; ❷ 弥散(作用); ❸ 胶体溶液
　colloid d. 胶体溶液,胶粒分散
　molecular d. 分子分散体
　temporal d. 时间性分散
dispersity [disˈpəːsiti] 分散(程)度,分散性
dispersoid [disˈpəːsoid] 分散胶体
dispert [ˈdispəːt] 干浸制剂
Dispholidus [disˈfɔlidəs] 多鳞蛇属
　D. typus 多鳞蛇属
dispira [diˈspairə] (*di-* + Gr. *speira* coil) 双纽(期)
dispireme [diˈspairem, diˈspairiːm] (*di-* +

Gr. *speirēma* coil) 双纽
displaceability [dis͵pleisə'biliti] （可）移位性
displacement [dis'pleismənt] ❶ 移位；❷ 渗漏；❸ （心理学）移精；❹ （牙）移位；❺ （化学）置换（反应）
  character d. 特性移位
  condylar d. 髁移位
  fetal d. 胎移位
  fish-hook d. 鱼钩状移位（胃）
  gallbladder d. 游动胆囊
  tissue d. 组织移位
dispore ['daispɔː] 双孢子
disporous ['daispərəs] 双孢子的
disposition [͵dispə'ziʃən] 素因
disproportion [͵disprə'pɔːʃən] 不（相）称
  cephalopelvic d. 头盆不称
disruption [dis'rʌpʃən]（L. *diruptio* a bursting apart）破裂
disruptive [dis'rʌptiv] 破裂的
Disse's spaces ['disəz] 迪塞氏间隙，肝淋巴间隙
dissect [di'sekt, dai'sekt]（L. *dissecare* to cut up）解剖，剖割
dissection [di'sekʃən]（L. *dissectio*）❶ 解剖；❷ 切片
  aortic d. 主动脉裂
  blunt d. 钝器解剖法
  sharp d. 锐器解剖法
dissector [di'sektə] ❶ 解剖者；❷ 解剖指导书
disseminated [di͵semi'neitid]（L. *dis-* apart + *seminare* to sow）散布的，播散的
dissemination [di͵semi'neiʃən] 播散，散布
dissepiment [di'sepimənt] 隔膜，分开
dissimilate [di'simileit]（L. *dis-* neg. + *similare* to make alike）异化
dissimilation [di͵simi'leiʃən] 异化（作用）
dissociable [di'səuʃiəbl] 易离解的；可离解的
dissociation [di'səuʃi'eiʃən]（L. *dis-*neg. + *sociatio* union）❶ 分离；❷ 离解；❸ 分离；❹ （精神）分裂
  albuminocytologic d. 脑脊液蛋白细胞分离
  atrial d. 房分离
  atrioventricular (AV) d. 房室分离
  bacterial d. 细菌变异
  electromechanical d. 电机械分离
  interference d., interference atrioventricular d. 干扰分离，干扰房室分离
  isorhythmic atrioventricular d. 异节率性房室分离
  microbic d. 细菌变异
  syringomyelic d. 脊髓空洞症性感觉分离
  tabetic d. 脊髓痨性感觉分离
dissogeny [di'sɔdʒəni]（Gr. *dissos* twofold + *gennan* to produce）两度性熟（幼虫期及成虫期两次性成熟）
dissolution [͵disə'luːʃən]（L. *dissolvere* to dissolve）❶ 溶解（作用）；❷ （化学）分解；❸ 液化；❹ 松解（法）；❺ 死亡
dissolve [di'zɔlv] 溶解
dissolvent [di'zɔlvənt] ❶ 溶媒；❷ 溶化药；❸ 溶剂
dissonance [di'sɔnəns] 不谐和
  cognitive d. 认知性不谐和
Dist.（L. *distilla* 的缩写）蒸馏
distad ['distæd] 向远侧
distal ['distəl]（L. *distans* distant）远侧的；（牙）远中的
distalis [dis'tælis] 远的
distally ['distæli] 向远处
distance ['distəns] 距离
  angular d. 角距，视角距离
  focal d. 焦点距离，焦距
  infinite d. 无限远距离
  interarch d. ① 颌弓间距离；② 颌嵴间距
  interocclusal d. 上下牙间咬合距离
  interocular d. 瞳孔间距，瞳孔距离
  interpediculate d. 椎弓根间距离
  interridge d. 颌嵴间距离
  map d. 图距
  source-skin d. 皮肤焦点距离
  target-skin d. 皮肤焦点距离
  working d. 资用距离
distemper [dis'tempə] 瘟热（动物传染病）
  canine d. 犬瘟热
  cat d. 猫瘟热，猫粒细胞缺乏症
  colt d. 腺疫，传染性卡他
distemperoid [dis'tempərɔid] 犬瘟热减弱病毒
distensibility [dis͵tensi'biliti] ❶ 膨胀性；❷ 扩张
distention [dis'tenʃən] 膨胀，扩张

distichia [dis'tikiə] 双行睫
distichiasis [ˌdisti'kiəsis] (Gr. *distichia* double line) 二列的
distil [dis'til] (L. *destillare*; *de* from + *stillare* to drop) 蒸馏
distill [dis'til] (L. *destillare*; *de* from + *stillare* to drop) 蒸馏
distillate ['distileit] 蒸馏物
distilation [ˌdisti'leiʃən] 蒸馏(法)
　destructive d., dry d. 分解蒸馏,干馏
　fractional d. 分馏
　molecular d. 分子蒸馏
　vacuum d. 真空蒸馏
distoaxiogingival [ˌdistəˌæksiə'dʒindʒivəl] ❶ 远轴龈的; ❷ 轴远龈的
distoaxioincisal [ˌdistəˌæksiəin'saizəl] 远轴切的
distoaxio-occlusal [ˌdistəˌæksiəə'klu:zəl] 远轴𬌗的
distobuccal [ˌdistə'bʌkəl] 远中颊的
distobucco-occlusal [ˌdistəˌbʌkəə'klu:zəl] 远中颊𬌗的
distobuccopulpal [ˌdistəˌbʌkə'pʌlpəl] 远中颊髓的
distocervical [ˌdistə'sə:vikəl] ❶ 远中颈的; ❷ 轴龈的
distocia [dis'təuʃiə] (Gr. *dis-* twice + *tokos* birth) 双胎分娩;双产
distoclination [ˌdistəkli'neiʃən] 远中偏斜牙
distoclusal [ˌdistə'klu:zəl] 远中𬌗的
distoclusion [ˌdistə'klu:ʒən] 远中𬌗的
distogingival [ˌdistə'dʒindʒivəl] 远中龈的
distolabial [ˌdistə'leibiəl] 远中唇的
distolabioincisal [ˌdistəˌleibiəin'saizəl] 远中唇切的
distolingual [ˌdistə'liŋgwəl] 远中舌的
distolinguoincisal [ˌdistəˌliŋgwəin'saizəl] 远中舌切的
distolinguopulpal [ˌdistəˌliŋgwə'pʌlpəl] 远中舌髓的
Distoma [dis'təumə] (*di-* + Gr. *stoma* mouth) 双盘吸虫属,双口吸虫属
distomia [dis'təumiə] 双口(畸形)
distomiasis [ˌdistə'maiəsis] 双盘吸虫病
　pulmonary d. 肺吸虫病
distomolar [ˌdistə'məulə] 远中磨牙
distomus [dis'təuməs] (*di-* + Gr. *stoma* mouth) 双口畸胎
disto-occlusal [ˌdistəə'klu:zəl] 远中𬌗的
disto-occlusion [ˌdistəə'klu:ʒən] 远中𬌗的
distoplacement [ˌdistə'pleismənt] 远中移位
distopulpal [ˌdistə'pʌlpəl] 远中髓的
distopulpolabial [ˌdistəˌpʌlpə'leibiəl] 远髓唇的
distopulpolingual [ˌdistəuˌpʌlpə'liŋgwəl] 远中髓舌的
distortion [dis'tɔ:ʃən] (L. *dis-* apart + *torsio* a twisting) ❶ 扭转; ❷ 乖癖; ❸ (光学或放射学中形象)变形
　parataxic d. 互补性歪曲
distortor [dis'tɔ:tə] 扭转者
　d. oris 口角提肌,颧肌
distoversion [ˌdistə'və:ʒən] 远中转位
distractibility [ˌdistrækti'biliti] 注意力分散
distraction [dis'trækʃən] (L. *distrahere* to draw apart) ❶ 注意力分散; ❷ 无韧带破裂; ❸ 内脱位; ❹ 分开术; ❺ 牙弓过宽
distress [dis'tres] (L. *distringere* to draw apart) 痛苦,困苦
　idiopathic respiratory d. of newborn 原发性新生儿呼吸窘迫症
distribution [ˌdistri'bju:ʃən] (L. *distributio*) ❶ 分布; ❷ 概率分布
　Bernoulli d. 伯诺利氏分布
　binomial d. 二项分配
　chi-squared d. X^2 分布
　density d. 概率密度函数
　dose d. 剂量分布
　F-d. F 分布
　frequency d. 概率密度函数
　gaussian d. 高斯分布
　normal d. 正态分布
　Poisson d. 布阿逊氏分布
　probability d. 概率分布
　standard normal d. 标准正态分布
　t-d. 字母 *t* 分布
districhiasis [ˌdistri'kaiəsis] (Gr. *dis* double + Gr. *thrix* hair + *-iasis*) 双毛(症)
distrix ['distriks] (Gr. *double* + Gr. *thrix* hair) 发端分裂
disturbance [dis'tə:bəns] 障碍,失调,紊乱
　emotional d. 情感障碍

sexual orientation d. 性定向障碍
transient situational d. 急性紧张反应
disubstituted [daiˈsʌbstitjutid] 二取代的
disulfate [daiˈsʌlfeit] 重硫酸盐
disulfide [daiˈsʌlfaid] 二硫化物
disulfide isomerase [daiˈsʌlfaid aiˈsɔməreis] 蛋白质二硫化异构酶
disulfiram [daiˈsʌlfirəm] (USP) 四乙秋兰姆化二硫, 戒酒硫
disvolution [disvəˈljuːʃən] (L. *dis-* apart + *volveve* to roll down) ❶退化；❷变性
disvulnerability [disˌvʌlnərəˈbiliti] (L. *dis* negative *vulnerare* to wound) 损伤恢复性
dithiazanine iodide [ˌdiθiˈæzəniːn] 碘二噻扎宁, 碘二苯噻宁
dithio [daiˈθaiə] 二硫
dithiol [daiˈθaiəl] 二巯基化物
dithranol [ˈdaiθrænɔl] 二羟基蒽酚
Ditropan [ˈdaitrəpən] 地托潘
Ditropenotus aureoviridis [ˌdaitrəpəˈnɔtəs ˌɔːriəˈviridis] 袋形虱螨
Dittel's operation [ˈditəlz] (Leopold Ritter von *Dittel*, Vienna urologist, 1815-1898) 迪特尔兹氏手术
Dittrich's plugs [ˈditriks] (Franz *Dittrich*, German pathologist, 1815-1859) 迪特瑞克斯氏栓
Ditylenchus [ditəˈlenkəs] 双垫刃属
D. dipsaci 川续断科线虫
Diucardin [ˌdaijuˈkɑːdin] 利尿卡丁
Diulo [ˈdaijuləu] 迪优洛
Diupres [ˈdaijuprəs] 代优普洛斯
diurea [ˌdaijuˈriə] 双脲, 环二脲, 尿嗪
diureide [daiˈjuriaid] 二酰脲
diurese [ˌdaijuˈriːs] 利尿
diureses [ˌdaijuˈriːsiz] 利尿, 多尿。*diuresis* 的复数形式
diuresis [ˌdaijuˈriːsis] (pl. *diureses*)(Gr. *diourein* to urinate, to pass in urine) 利尿, 多尿
osmotic d. 渗透性利尿
diuretic [ˌdaijuˈretik] (Gr. *diourētikos* promoting urine) ❶ 利尿的；❷ 利尿剂
high-ceiling d's 祥利尿剂
loop d's 祥利尿剂
mercurial d's 汞利尿剂
osmotic d. 渗压性利尿剂
potassium sparing d's 钾少量利尿剂
thiazide d. 噻嗪利尿剂
diuria [diˈjuəriə] (L. *dies* day + *urine*) 昼夜尿频
Diuril [daiˈjuːril] 克尿素
diurnal [daiˈəːnəl] (L. *dies* bay) ❶ 昼现的；❷ 昼间的
diurnule [daiˈəːnjuːl] (L. *diurnus* daily) 一日药剂
Diutensin [ˌdaijuˈtensin] 迪由泰森；泰欣
Div. (L. *divide*, divide 的缩写) 分离, 划分, 分开
divagation [ˌdaivəˈgeiʃən] 思维散乱, 语无伦次
divalent [daiˈveilənt] (Gr. *di-* twice + *valence*) 二价的
divalproex sodium [daiˈvælprɔeks] 二丙戊酸钠
divarication [daiˌværiˈkeiʃən] 分离
divergence [daiˈvəːdʒəns] 散开, 分散
negative vertical d. (-V.D.) 负垂直偏斜
positive vertical d. (+V.D.) 正垂直偏斜
divergent [daiˈvəːdʒənt] (L. *divergens*; *dis-* apart + *vergere* to tend) 散开的, 偏斜的
diversine [daiˈvəːsiːn] 无定形青藤碱
diversion [daiˈvəːʒən] 转向
antigenic d. 抗原转向
diverticula [ˌdaivəˈtikjulə] (L.) 憩室
diverticular [ˌdaivəˈtikjulə] 憩室的, 膨部的
diverticularization [ˌdaivəˌtikjuləraiˈzeiʃən] 憩室形成
diverticulectomy [ˌdaivəˌtikjuˈlektəmi] (*diverticulum* + Gr. *ektomē*) 憩室切除术
diverticulitis [ˌdaivəˌtikjuˈlaitis] 憩室炎
diverticulogram [ˌdaivəˈtikjuləgræm] (*diverticulum* + Gr. *gramma* mark) 憩室(X线)造影
diverticulopexy [ˌdaivəˈtikjuləpeksi] 憩室固定术
diverticulosis [ˌdaivəˌtikjuˈləusis] (肠)憩室病
diverticulum [ˌdaivəˈtikjuləm] (pl. *diverticula*)(L. *divertere* to turn aside) 憩室, 膨部, 支囊

acquired d. 后天性憩室
allantoic d. 尿囊憩室(胎生期)
diverticula ampullae ductus deferentis (NA) 输精管壶腹膨部
caliceal d., calyceal d. 肾盏憩室
cervical d. 颈部憩室
diverticula of colon, colonic diverticula 结肠憩室
false d. 假憩室
functional d. 功能性憩室
ganglion d. 腱鞘滑膜憩室
Ganser's d. 甘塞氏憩室,乙状结肠多发性内压性憩室
Graser's d. 格雷泽氏憩室,乙状结肠曲假憩室
Heister's d. 海斯特氏憩室,颈外静脉窦
hepatic d. 肝憩室(胎生期)
d. ilei verum 美克尔氏憩室
intestinal d. 肠憩室
Kirchner's d. 基尔希内氏憩室,咽鼓管憩室
laryngeal d. 喉憩室
Meckel's d. 美克尔氏憩室,卵黄管的遗迹
Nuck's d. 努克氏憩室,腹膜鞘状突
pancreatic diverticula 胰腺憩室
Pertik's d. 佩尔提克氏憩室,过深的咽隐窝
pharyngoesophageal d. 咽食管憩室
pituitary d. 垂体憩室,腊特克氏憩室
pressure d., pulsion d. 内压性憩室(食管)
Rokitansky's d. 罗基坦斯基氏憩室,食管牵引形憩室
supradiaphragmatic d. 膈上憩室(食管)
synovial d. 滑膜憩室
thyroid d. 甲状腺憩室
diverticula of trachea, tracheal diverticula 气管憩室
traction d. (外)牵引性憩室(食管)
vesical d. 膀胱憩室
Zenker's d. 岑克尔氏憩室,食管内压性憩室
divicine [daiˈvaisiːn] 蚕豆嘧啶
divi-divi[ˌdiviˈdivi] 南美云实荚
divinylbenzene [daiˌvainəlˈbenziːn] 二乙烯苯
divisio [daiˈviziəu] (pl. *divisiones*) (L.)
❶ 分裂；❷ 大结构的一部分
divisiones anteriores et posteriores truncorum plexus brachialis (NA) 臂丛干的前后两部分,臂丛上、中、下三干中每一干分成的部分
division [diˈviʒən] (L. *dividere* to separate) ❶ 分裂；❷ 大结构的部分；❸ (植物)门
anterior and posterior d's of trunks of brachial plexus 臂丛干的前后部分
anterior d's of trunks of brachial plexus 臂丛干的前部分
cell d. 细胞分裂
cell d., direct 细胞直接分裂
cell d., indirect 细胞间接分裂
craniosacral d. 颅骶部,副交感神经系统
dorsal d's of trunks of brachial plexus 臂丛干的后部分
equational d. 第二次减数分裂
maturation d. 成熟分裂
posterior d's of trunks of brachial plexus 臂丛神经干后部分
reduction d. 减数分裂
thoracicolumbar d., thoracolumbar d. 胸腰部交感神经系统
d's of trunks of brachial plexus 臂丛干部分
ventral d's of trunks of brachial plexus 臂丛干的前部分
divisiones [diˌviziˈɔniːz] (L.) 分裂,大结构的一部分。*divisio* 的复数形式
divulse [diˈvʌls] 扯裂
divulsion [diˈvʌlʃən] (L. *dis-* apart + *vellere* to pluck) 扯裂
divulsor [diˈvʌlsə] 尿道扩张器
dizygotic [ˌdaizaiˈgɔtik] 两合子的
dizygous [daiˈzigəs] 两合子的
dizziness [ˈdizinis] 头晕,头昏
dl- 消旋,外消旋
DLE (discoid lupus erythematosus 的缩写) 红斑狼疮
DM ❶ (diabetes mellitus 的缩写)糖尿病；❷ (diphenlamine chlorasine 的缩写)氯化二苯胺肼,二苯胺氯肼
DMAPN (dimethylaminopropionitrile 的缩写) 二甲氨基丙腈
DMBA (7,12-dimethylbenz(a)anthracene 的缩写)7,12 二甲苯炭疽菌素

DMD (Doctor of Dental Medicine 的缩写) 牙医学博士

DMF 恒牙龋总数率

DMFO (eflornithine 的缩写) 鸟氨酸抑制剂

DMPE (3,4-dimethoxyphenylethylamine 的缩写) 3,4 二甲氧基苯基乙胺

DMRD (Diploma in Medical Radio-Diagnosis (British) 的缩写)(英国)医学放射诊断证书

DMRT (Diploma in Medical Radio-Therapy (British) 的缩写)(英国)医学放射治疗证书

DMSO (dimethyl sulfoxide 的缩写) 二甲亚砜

DMT (dimethyltryptamine 的缩写) 二甲色胺

DN (dibucane number 的缩写) 狄布卡因数

DNA (deoxyribonucleic acid 的缩写) 脱氧核糖核酸

  B-DNA B 脱氧核糖核酸

  complementary DNA, copy DNA(cDNA) 补偿脱氧核糖核酸,复制脱氧核糖核酸

  mitochondrial DNA (mtDNA) 线粒体脱氧核糖核酸

  nuclear DNA (nDNA) 核脱氧核糖核酸

  recombinant DNA 重组合脱氧核糖核酸

  repetitive DNA 复制脱氧核糖核酸

  satellite DNA 卫星脱氧核糖核酸

  single copy DNA (scDNA) 单复制脱氧核糖核酸

  spacer DNA 间隔脱氧核糖核酸

  Z-DNA 脱氧核糖核酸

DNA-directed DNA polymerase [diˈrektid pəˈliməreis] 脱氧核糖核酸指导的脱氧核糖核酸聚合酶

DNA-directed RNA polymerase [diˈrektid pəˈliməreis] 脱氧核糖核酸指导的核糖核酸聚合酶

DNA gyrasse [ˈdʒiəreis] 脱氧核糖核酸局部异构体(三磷酸腺苷水解)

DNA ligase (ATP) [ˈliɡeis] 脱氧核糖核酸合成酶(三磷酸腺苷)

DNA nucleotidylexotransferase [ˌnjuːkliəˌtaidələksəˈtrænsfəreis] (EC 2.7.7.31) 脱氧核糖核酸核苷酸外移转酶

DNA nucleotidyltransferase [ˌnjuːkliəˌtaidəlˈtrænsfəreis] 脱氧核糖核酸核苷酸基转移酶

DNA polymerase [pəˈliməreis] ❶ 脱氧核糖核酸转移核苷酸酶;❷ 脱氧核糖核酸指导的脱氧核糖核酸聚合酶

DNase (deoxyribonuclease 的缩写) 脱氧核糖核酸酶

DNA topoisomerase [təˌpɔiˈsɔməreis] (EC 5.99.1.2) 脱氧核糖核酸局部异构体

DNA topoisomerase (ATP-hydrolyzing) [təˌpɔiˈsɔməreis ˈhaidrəlaiziŋ](EC 5.99.1.3) 脱氧核糖核酸局部异构体(三磷酸腺苷水解)

DNB ❶ (dinitrobenzene 的缩写) 二硝基苯;❷ (Diplomate of the National Board (of Medical Examiners) 的缩写) 国家医学考官委员会证书

DNCB (dinitrochlorobenzene 的缩写) 二硝基氯苯

DNFB (dinitroflurobenzene 的缩写) 二硝基氟苯

DNOC (dinitro-o-cresol 的缩写) 二硝基邻甲酚

DNR (do not resuscitate 的缩写) 不抢救

DO (Doctor of Osteopathy 的缩写) 骨病医生

DOA (dead on arrival 的缩写) 到达即亡

Dobie's globule [ˈdəubiz] (William Murray *Dobie*, English physician, 1825-1915) 窦比氏小体

dobutamine [dəˈbjuːtəmin] 多巴酚丁胺

  d. hydrochloride 盐酸多巴酚丁胺

DOC 脱氧皮质酮

Doca [ˈdɔkə] 道可

Dochmius duodenalis [ˈdɔkmiəs djuədəˈnælis] 十二指肠钩虫

Docibin [ˈdɔsibin] 多喜宾:维生素 B_{12} 晶体制剂的商品名

dock [dɔk] 剪短

doconazole [dəˈkɔnəzəul] 多炕吡咯

docosahexaenoic acid [ˌdɔkɔsəˌheksəˈnɔik] 廿二碳六烯酸

doctor [ˈdɔktə] ❶ 医师;❷ 博士

doctrine [ˈdɔktrin] 学说

  Arrhenius' d. 阿莱尼斯氏学说

  Monro-Kellie d. 蒙-凯二氏学说

  neuron d. 神经元学说

docusate [ˈdɔkjuseit] 阴离子表面活性剂

  d. calcium (USP) 钙阴离子表面活性剂

d. potassium (USP) 钾阴离子表面活性剂
d. sodium (USP) 钠阴离子表面活性剂
dodecenoyl-CoA Δ-isomerase [ˌdɔdəsə'nəu-əlkəu'eiai'sɔməreis] 辅酶 A Δ-异构酶
Döderlein's bacillus ['dəudə:lainz] (Albert Siegmund Gustav *Döderlein*, German obstetrician and gynecologist, 1860-1941) 德得来因氏杆菌
Dogiel's corpuscles ['dəugielz] (Alexander Stanis-lavovich *Dogiel*, Russian histologist, 1852-1922) 窦吉尔兹氏小体
dogma ['dɔgmə] 教条
Dogmatist ['dɔgmətist] 教条派者
Döhle's disease ['dəuli:z] (Karl Gottfried Paul *Döhle*, German pathologist, 1855-1928) 窦利氏病
Döhle-Heller aortitis ['dəuli 'helə] (K. G. P. *Döhle*; Arnold Ludwig Gotthilf *Heller*, German pathologist, 1840-1913) 窦-黑二氏主动脉炎,梅毒性主动脉炎
doigt [dwa:] 指,趾
d. mort (Fr.) 死指
Doisy ['dɔisi] 多西:Edward Adelbert,美国生物化学家,1893~1986
dol [dɔl] (L. *dolor* pain) 痛单位
dolabrate [dɔ'læbreit] (L. *dolabra* ax) 斧形的
dolabriform [dɔ'læbrifɔ:m] 斧形的
dolich (o)- (Gr. *dolichos* long) 长
dolichocephalia [ˌdɔliˌkɔsə'feiliə] 长头
dolichocephalic [ˌdɔlikɔsə'feilik] (*dolicho-* + Gr. *kephalé* head) 长头的
dolichocephalous [ˌdɔlikə'sefələs] 长头的
dolichocephalism [ˌdɔlikə'sefəlizm] 长头
dolichocephaly [ˌdɔlikə'sefəli] 长头
dolichocolon [ˌdɔlikə'kɔlən] (*dolicho-* + *colon*) 长结肠
dolichocranial [ˌdɔlikə'kreiniəl] 长头的
dolichoderus [ˌdɔlikə'diərəs] (*dolicho-* + Gr. *dere* neck) 长颈者
dolichofacial [ˌdɔlikə'feiʃəl] 长面的
dolichogastry [ˌdɔlikə'gæstri] (Gr. *gaster* stomach) 长胃
dolichohieric [ˌdɔlikə'hiərik] 长骶骨的
dolichokerkic [ˌdɔlikə'kə:kik] 长前臂的
dolichoknemic [ˌdɔlikə'nemik] 长腿的
dolichomorphic [ˌdɔlikə'mɔ:fik] (*dolicho-* + Gr. *morphē* form) 长形的
dolichopellic [ˌdɔlikə'pelik] (*dolicho-* + Gr. *pella* bowl) 长骨盆的
dolichopelvic [ˌdɔlikə'pelvik] 长骨盆的
dolichoprosopic [ˌdɔliˌkɔprə'sɔpik] 长面的
dolichostenomelia [ˌdɔlikə,stenə'mi:liə] (*dolicho-* + Gr. *stenos* marrow + *melos* limb) 细长指(趾),蜘蛛脚样指(趾)
Döllinger's tendinous ring ['dəuliŋəz] (Johann Ignaz Josef *Döllinger*, German physiologist, 1770-1841) 窦林格氏腱环
Dolobid ['dɔləbid] 多洛比得
Dolophine [dɔləfi:n] 多洛芬
dolor ['dəulə] (pl. *dolores*) (L.) 痛
d. capitis 头痛
d. coxae 髋痛
dolores [dəu'lɔriz] (L.) 痛。*dolor* 的复数形式
dolorific [ˌdəulə'rifik] 生痛的
dolorimeter [ˌdəulə'rimitə] 测痛计
dolorimetry [ˌdəulə'rimitri] (L. *dolor* pain + Gr. *metrein* to measure) 疼痛测量法
dolorogenic [dəˌlɔ:rə'dʒenik] 生痛的
DOM (2,5-dimethoxy-4-methylamphetamine 的缩写) 2,5-二甲氧基-4-甲基苯异丙胺
Domagk ['dɔmaik] 多迈克:Gerhard Johannes Paul,德国内科医师,生物化学家,1895~1964
domain [dəu'mein] 范围,区
immunoglobulin d's 免疫球蛋白区
kringle d. 可里格尔区
domazoline fumarate [dɔmə'zəuli:n] 富马酸多马唑林
Dombrock blood group ['dɔmbrək] 多姆布罗克血型
Domeboro ['dɔmbərəu] 多保罗
domiciliary [ˌdɔmi'sailiəri] (L. *domus* house) 家庭的,家用的
dominance ['dɔminəns] (L. *dominari* to govern) 优性的,显性的
cerebral d. (单侧)大脑优势
incomplete d. 不完全显性
lateral d. 单侧性优势
ocular d. 眼优势
one-sided d. 单侧性优势
partial d. 不完全显性

dorminant ['dɔminənt] ❶ 决定性的；❷ 显性的；❸ 优性的

domiphen bromide ['dɔmifən] 溴化十二烷基二甲胺

domperidone [dɔm'peridəun] 多缓斯酮

Donath-Landsteiner test ['dɔnɑːt 'lændstinə] (Julius *Donath*, Austrian immunologist, 1870-1950; Karl *Landsteiner*, Austrian physician in United States, 1868-1843) 多-兰二氏试验

donaxine [dəu'næksiːn] 芦竹碱

Donders' glaucoma ['dɔndəz] (Franciscus Cornelius *Donders*, Dutch physician and ophthalmologist, 1818-1889) 当德氏青光眼

Donec alv. sol. fuerit (L.) (*donec alvus soluta fuerit* 的缩写) 直至通便

donee [dəu'niː] 受体

Don Juanism [dɔn'wɑːnizəm] 男性性欲过盛

Donnan's equilibrium ['dɔnənz] (Frederick George *Donnan*, English chemist, 1870-1956) 道南氏平衡

Donné's corpuscles [dəu'neiz] (Alfred *Donné*, French bacteriologist, 1801-1906) 唐纳氏小体

Donohue's syndrome ['dɔnəhuːz] (William Leslie *Donohue*, Canadian physician, born 1906) 矮妖精貌综合征

donor ['dəunə] ❶ 供血者；❷ 供体
F d. F供体
general d. 全适供者
hydrogen d. 氢供体
universal d. 全适供血者, 万能供血者

Donovan bodies ['dɔnəvæn] (Charles *Donovan*, Irish physician, 1863-1951) ❶ 肉芽肿荚膜杆菌；❷ 黑热病小体

Donovania granulomatis [dɔnə'veiniə ˌgrænju'ləumətis] (Charles *Donovan*) 肉芽肿荚膜杆菌

donovanosis [ˌdɔnəvə'nəusis] 腹股沟肉芽肿, 性病肉芽肿

dopa ['dəupə] 多巴, 二羟苯基丙氨酸

dopamantine [ˌdəupə'mæntiːn] 多巴明丁

dopamine ['dəupəmiːn] 多巴胺, 羟酪胺
d. hydrochloride 盐酸多巴胺

dopamine β-hydroxylase [ˌdəupəmiːn hai'drɔksəleis] 多巴胺β-单氧合酶

dopamine β-monooxygenase [ˌdəupəmiːn ˌmɔnəu'ɔksədʒəneis] 多巴胺β-单氧合酶

dopaminergic [ˌdəupəmi'nədʒik] 多巴胺能的

dopaquinone [ˌdəupə'kwinəun] 多巴醌

Dopar ['dəupə] 多巴

Doppler ['dɔplə] 多普勒
color D. 彩色多普勒

Doppler effect ['dɔplə] (Christian Johann *Doppler*, Austrian physicist and mathematician, 1803-1853) 多普勒效应

Dopram ['dəuprəm] 多普拉姆

Doral ['dɔːrəl] 多眠氏

dorastine hydrochloride ['dɔːrəstiːn] 盐酸多来四丁

Dorello's canal [dəu'reləuz] (Primo *Dorello*, Italian anatomist, born 1872) 多来道斯氏管

Dorendorf's sign ['dɔːrəndɔːf] (Hans *Dorendorf*, German physician, 1866-1953) 多兰道夫氏征

Doriden ['dɔridən] 道力顿导眠能

dormancy ['dɔːmansi] (L. *dormire* to sleep) ❶ 休眠, 不活动；❷ 蛰伏

dormant ['dɔːmənt] (L. *dormire* to sleep) 休眠, 不活动, 静止

dormifacient [ˌdɔːmi'feiʃənt] (L. *dormire* to sleep + *facere* to make) 促睡眠的, 催眠的

Dornavac ['dɔːnəvæk] 多那维克

dorsa ['dɔːsə] (L.) 背。*dorsum* 的复数形式

dorsad ['dɔːsæd] 向背面, 向背侧

dorsal ['dɔːsəl] (L. *dorsalis*, from *dorsum* back) ❶ 背的；❷ 背侧的

dorsalgia [dɔː'sældʒiə] (*dorsum* + *-algia*) 背痛

dorsalis [dɔː'sælis] (L.) 背的；(NA) 背侧。

dorsi- 背, 背侧

dorsicornu [ˌdɔːsi'kɔːnju] (L. *cornu* horn) (脊髓) 后角

dorsiduct ['dɔːsidəkt] (*dorsi-* + L. *ducere* to draw) 引向背侧

dorsiflexion [ˌdɔːsi'flekʃən] (*dorsi-* + *flexion*) 背(侧)屈

dorsimesal [ˌdɔːsi'mesəl] 背中线的

dorsispinal [ˌdɔːsi'spainəl] 脊柱背侧的

dors(o)- (L. *dorsum* back) 背,背侧

dorsoanterior [ˌdɔːsɔænˈtiəriə] (胎位)背向前的

dorsocephalad [ˌdɔːsəˈsefəlæd] (*dorso-* + Gr. *kephalē* head) 向头后

dorsodynia [ˌdɔːsəˈdiniə] 背痛

dorsointercostal [ˌdɔːsəˌintəˈkɔstəl] 背肋间的

dorsolateral [ˌdɔːsəˈlætərəl] 背外侧的

dorsolumber [ˌdɔːsəˈlʌmbə] 背腰的

dorsomedian [ˌdɔːsəˈmiːdiən] 背中线

dorsomesial [ˌdɔːsəˈmiːsiəl] 背中线的

dorsonasal [ˌdɔːsəˈneisəl] 鼻梁的,鼻背的

dorsonuchal [ˌdɔːsəˈnjuːkəl] 项背的

dorsoposterior [ˌdɔːsəpɔsˈtiəriə] (胎位)背向后的

dorsoradial [ˌdɔːsəˈreidiəl] 手背桡侧的

dorsoscapular [ˌdɔːsəˈskæpjulə] 肩胛背侧的

dosoventrad [ˌdɔːsəˈventrəd] (*dorso-* + *venter* belly) 由背向腹

dorsoventral [ˌdɔːsəˈventrəl] ❶ 背腹侧的；❷ 后前位的

dorsum [ˈdɔːsəm] (pl. *dorsa*) (L.) (NA) ❶ 背；❷ 后部
  d. of foot 足背
  d. of hand 手背
  d. linguae (NA) 舌背
  d. manus (NA) 手背
  d. nasi (NA), d. of nose 鼻梁,鼻背
  d. pedis 足背
  d. penis (NA), d. of penis 阴茎背
  d. of scapula 肩胛背面
  d. scapulae 肩胛背面
  d. sellae (NA) 鞍背
  d. of testis 睾丸背,睾丸后缘
  d. of tongue 舌背

dosage [ˈdəuseidʒ] 剂量

dose [dəus] (Gr. *dosis* a giving) ❶ 剂量；❷ 量
  absorbed d. 吸收量
  air d. 空气量
  average d. 平均量
  booster d. 激发剂量
  cumulative d., cumulative radiation d. 累积剂量
  curative d. 治愈剂量
  curative d., median 半数治愈量
  daily d. 一日量
  depth d. 深度剂量
  divided d. 均分剂量
  doubling d. (放射生物学)加倍剂量
  effective d. 有效剂量
  effective d., median 半数有效量
  epilating d. 脱毛剂量
  erythema d. 红斑量
  exit d. 出口量,射线经过身体射出的量
  exposure d. 接触量
  fatal d. 致死量
  fractional d., fractionated d. 均分量
  immunizing d., median 半数免疫量
  infective d. 感染量
  infective d., median 半数感染量
  integral d., integral absorbed d. (放射疗法)总吸收量
  L+d., L+ d. 致死限量
  L0 d., L_0 d. (同 limes nul 或 zero d.) 无毒限量
  lethal d. 致死量
  lethal d., median 半数致死量
  lethal d., minimum (MLD) ①(毒性物质的)最小致死量；②(白喉毒素的)最小致死量
  Lf d. 絮凝量
  limes nul d., limes zero d. (白喉毒素)无毒限量
  Lr d. 皮肤红肿量
  maintenance d. 维持量
  maximum d. 最大量,极量
  median tissue culture infective d. 半数组织培养感染量
  minimal d., minimum d. 最小有效量
  optimal d., optimum d. 最适量
  organ tolerance d. (射线的)器官耐受量
  permissible d. (电离辐射的)容许量
  permissible d., maximum (电离辐射的)最大容许量
  priming d. 初始剂量
  radiation absorbed d. 辐射吸收量
  reacting d. 反应量
  sensitizing d. 致敏量
  skin d. (SD) ①皮肤表面射线的空气量；②皮肤的吸收量
  therapeutic d. 治疗剂量
  threshold d. 阈量
  threshold erythema d. 阈红斑量

tissue d. 组织量
tolerance d. 可耐受量
toxic d. 中毒量
volume d. 体积量,总量
dosimeter [dəu'simitə] 放射量计
dosimetric [ˌdɔsi'metrik] 剂量测定法的
dosimetrist [dəu'simətrist] (放射)剂量测定者
dosimetry [dəu'simitri] (Gr. *dosis* dose + *metron* measure) 剂量测定法
biological d. 生物剂量测定法
physical d. 物理剂量测定法
dosis ['dəusis] (L., Gr. "a giving") 剂量
d. curativa 治愈量
d. efficax 有效量,治愈量
d. refracta 均分量
d. tolerata 可耐受量
dossier ['dɔsiə] (Fr.) 病历册表,病历夹
dot [dɔt] 小点或斑
Gunn's d's 格恩氏小点
Marcus Gunn's d's 格恩氏小点
Maurer's d's 毛雷尔氏小点
Mittendorf's d. 米顿道夫氏小点
Schüffner's d's 薛夫讷氏小点
Trantas's 特兰塔斯氏点
dotage ['dəutidʒ] 老年性痴呆
Dothideales [ˌdɔˌθidi'eiliːz] (Gr. *dothiën* a boil) 座囊菌目
dothiepin hydrochloride [ˌdɔ'θaiəpin] 盐酸二苯噻庚英
double blind ['dʌbl blaind] 双盲的
doublet ['dʌblit] (middle English, from old Fr. *double*) ❶ 双合透镜;❷ 双倍排出物
Wollaston's d. 沃拉斯顿氏双合透镜
douche [duːʃ] (Fr.) 冲洗,灌洗,冲洗法
air d. 灌气法
Douglas bag ['dʌɡləs] (Clande Gordon Douglas, English physiologist, 1882-1963) 道格拉斯氏袋,直肠袋
Douglas's septum ['dʌɡləs] (James Douglas, Scottish anatomist in London, 1675-1742) 道格拉斯氏隔,直肠隔(胎)
douglascele ['dʌɡləsiːl] 阴道后壁膨出
douglasitis [ˌdʌɡlə'saitis] 道格拉斯氏陷凹炎(直肠子宫陷凹炎)
dourine [du'riːn] 马类性病,马类锥虫病
dowel ['dauəl] 桩,钉

Down syndrome [daun] (John Langdon Haydon *Down*, English physician, 1828-1896) 道氏综合征
down [daun] 胎毛,毳,柔毛
Downs' analysis [daunz] (W. B. *Downs*, American orthodontist, 1899-1966) 道斯氏分析
downstream ['daunstriːm] 下游
doxacurium chloride [ˌdɔksə'kjuəriəm] 氯化多沙铐
doxapram hydrochloride ['dɔksəpræm] (USP) 盐酸吗啉吡咯酮
doxaprost ['dɔksəprɔst] 羟甲氧前列腺烯酸
doxazosin mesylate [dɔk'sæzəsin] 甲磺酸多沙唑嗪
doxepin hydrochloride ['dɔksəpin] (USP) 多虑平
Doxinate ['dɔksineit] 多克西尼特
doxorubicin [ˌdɔksə'ruːbisin] 阿霉素
d. hydrochloride (USP) 盐酸阿霉素
doxycycline [ˌdɔksi'saikliːn] (USP) 强力霉素
d. calcium 强力霉素钙
d. hyclate (USP), d. hydrochloride 盐酸强力霉素
Doxy-II ['dɔksi] 去氧土霉素
doxylamine succinate [dɔk'siləmiːn] (USP) 丁二抗敏安
Doyen's clamp [dwɑː'jɑz] (Eugène Louis *Doyen*, French surgeon, 1859-1916) 杜瓦杨氏肠夹(钳)
Doyne's familial honeycombed choroiditis [dɔinz] (Robert Walter *Doyne*, English ophthalmologist, 1857-1916) 多英氏脉络膜炎
DP ❶ (L. *directione propria* 的缩写) 适当指标;❷ (Doctor of Pharmacy 的缩写) 药学博士;❸ (Doctor of Podiatry 的缩写) 足医学士
DPH (Diploma in Public Health 的缩写) 公共卫生毕业证书
DPM ❶ (Diploma in Psychological Medicine 的缩写) 心理医学毕业证书;❷ (Doctor of Podiatric Medicine 的缩写) 足医学博士
DPN (diphosphopyridine nucleotide 的缩写) 二磷酸吡啶核甙酸

DPT (diphtheria-pertussis-tetanus (vaccine) 的缩写) 白喉-百日咳-破伤风三联疫苗

DR (reaction of degeneration 的缩写) 变性反应

dr (dram 的缩写) 英钱, 打兰

drachm [dræm] (Gr. *drachmē*) 英钱, 打兰

dracontiasis [ˌdrækən'taiəsis] (Gr. *drakontion* (little dragon) tapeworm) 龙丝虫病, 麦地那虫病

dracuncular [drə'kʌŋkjulə] 龙丝虫(麦地那虫)的, 龙丝虫病的

dracunculiasis [drəˌkʌŋkju'laiəsis] 龙丝虫病, 麦地那虫病

Dracunculoidea [drəˌkʌŋkju'lɔidiə] 龙线虫总科

dracunculosis [drəˌkɔŋkju'ləusis] 龙丝虫病

Dracunculus [drə'kʌŋkjuləs] (L. "little dragon") 龙丝属, 麦地那虫属, 几内亚线属
  D. medinensis 麦地那丝虫; 几内亚线虫

draft [drɑːft] 顿服剂, 饮剂
  black d. 黑色顿服剂, 复方番泻叶浸剂

drag [dræg] 型合底, 牙横盘

dragée [drɑː'ʒei] (Fr. "sugar-plum") 糖衣丸剂

drain [drein] 引流管, 引流物
  cigarette d. 烟卷式引流管
  controlled d. 控制引流, 纱布引流
  Mikulicz d. 米库利奇氏引流
  Penrose d. 彭罗斯氏引流管
  stab wound d. (侧创)引流
  sump d. 深坑引流管
  sump-Penrose d. 深坑彭罗斯氏引流管

drainage ['dreinidʒ] 引流, 导液
  basal d. 底(部)蛛网膜下腔引流法
  button d. 钮管引流法
  capillary d. 毛细管引流法
  closed d. 关(密)闭式引流法
  continuous suction d. 持续吸引引流法
  open d. 开放式引流法
  percutaneous d. 经皮引流术
  postural d. 体位引流法
  suction d. 吸引引流法
  through d. 贯穿引流法
  tidal d. 潮式引流法
  Wangensteen d. 旺根斯滕式引流法

dram [dræm] 英钱
  fluid d. 液量英钱

Dramamine ['dræməmiːn] 卓马敏

Drash syndrome [dræʃ] (Allan Lee *Drash*, American pediatrician, born 1931) 得莱施氏综合征

drastic ['dræstik] (Gr. *drastikos* effective) ❶ 剧烈的; 猛烈的; ❷ 重泻药, 剧泻药

draught [drɑːft] 饮剂, 顿服剂

dream [driːm] 梦
  day d. 白日梦
  wet d. 梦遗

drench [drentʃ] 兽用顿服药

Drepanidotaenia [ˌdrepənidə'tiːniə] 镰带绦虫属

drepanocyte ['drepənəsait] (Gr. *drepanē* sickle + *kytos* cell) 镰状红细胞

drepanocytemia [ˌdrepənɔsi'tiːmiə] 镰状红细胞征

drepanocytic [ˌdrepənə'sitik] 镰状红细胞的

drepanocytosis [ˌdrepənɔsi'təusis] 镰状红细胞病

Dresbach's syndrome ['dresbɑːks] (Melvin *Dresbach*, American physician, 1874-1946) 德雷斯巴赫氏综合征

dresser ['dresə] 敷裹员

dressing ['dresiŋ] 敷料
  adhesive absorbent d. 粘性吸收性敷料
  antiseptic d. 抗菌敷料
  bolus d. 束缚敷料
  cocoon d. 茧式敷料
  cross d. 易装癣
  dry d. 干敷料
  fixed d. 固定敷裹
  occlusive d. 封闭敷裹
  pressure d. 加压敷裹
  protective d. 保护敷料
  stent d. 塑模敷料
  tie-over d. 束缚敷料

Dressler's syndrome ['dresləz] (William *Dressler*, Polish-born American physician, 1890-1969) 德雷斯勒氏综合症

Dreyer and Bennett hypothesis ['draiə 'benit] (William J. *Dreyer*, American immunologist, born 1928; Joe Clande *Bennett*, American rheumatologist, born 1933) 德-贝二氏假设

DRG (diagnosis-related group 的缩写) 诊断相关组

drift [drift] (A. S. *drifan* to drive) ❶ 漂移(离); ❷ 机变,漂变
   antigenic d. 抗原性连续变异,抗原性漂离
   genetic d. 遗传漂变,遗传连续变异
   physiologic d. 生理性牙齿移动
   radial d. 桡骨连续变异
   random genetic d. 随机性遗传漂变
   ulnar d. 尺骨连续变异

drill [dril] 钻,锥
   cannulated d. 管状钻

drilling ['driliŋ] 钻孔

drinidene ['drinidi:n] 氨甲茚酮

drink [driŋk] 饮
   sham d. 假饮

Drinker respirator ['driŋkə] (Philip Drinker, American public health engineer, 1894-1972) 德林克氏人工呼吸器

drip [drip] 点滴
   intravenous d. 静脉滴注法
   nasal d. 滴鼻法
   postnasal d. 后鼻滴流

Drisdol ['drizdɔl] 对斯多

Drithocreme ['driθəkri:m] 得索克雷姆

Dritho-Scalp ['driθəskælp] 得索-斯卡普

drive [draiv] 动力
   aggressive d. 死亡本能
   sexual d. 生命本能

drivenness ['drivənnis] 活动过强
   organic d. 器官的机能亢进

driving ['draiviŋ] 驱使波
   photic d. 畏光波

drobuline ['drɔbjuli:n] 丙胺苯丁醇

drocarbil [drə'kɑ:bil] 多卡比

drocinonide [drə'sinənaid] 丙缩氢炎松,丙酮缩四氢去炎松

drocode ['drɔkəud] 二氢可待因

drom(o)- (Gr. *dromos* a course, race) 传导,跑,加速

dromograph ['drɔməgrɑ:f] (*dromo-* + Gr. *graphein* to record) 血流速度描记器

dromostanolone propionate [ˌdrɔmə'stænələun] 丙酸甲雄烷酮

dromotropic [ˌdrɔmə'trɔpik] 影响传导的

dromotropism [drə'mɔtrəpizəm] (Gr. *dromos* a course + *tropē* a turn, turning) 变导性
   negative d. 负变导性
   positive d. 正变导性

dronabinol [drə'næbinɔl] (USP) 屈大麻酚,$\triangle^9$ 一四氢大麻酚

Droncit ['drɔnsit] 环吡异喹酮

drop [drɔp] (L. *gutta*) ❶ 滴,量滴; ❷ 下降,下落
   ear d's 滴耳剂
   enamel d. 釉珠,釉质瘤
   eye d's 滴眼剂
   foot d. 足下垂
   nose d's 滴鼻剂
   d. phalangette 末节指(趾)下垂
   wrist d. 腕下垂

dropacism ['drɔpəsizəm] (Gr. *drōpax* plaster) 硬膏脱毛法

droperidol [drə'peridɔl] (USP) 达哌啶醇

droplet ['drɔplit] 飞沫

dropper ['drɔpə] 滴管

dropping ['drɔpiŋ] 跛行步态

dropsical ['drɔpsikəl] 水肿的

dropsy ['drɔpsi] (L. *hydrops*, from Gr. *hydōr* water) 水肿,积水
   abdominal d. 腹水
   d. of amnion 羊水过多
   articular d. 关节积水
   d. of belly 腹水
   d. of chest 胸水
   cutaneous d. 皮下水肿
   epidemic d. 流行性水肿
   famine d. 营养不良水肿
   nutritional d. 营养不良水肿
   peritoneal d. 腹水
   salpingian d. 输卵管积水
   war d. 战时水肿
   wet d. 脚气病

Drosophila [drə'sɔfilə] (Gr. *drosos* dew + *philein* to love) 果蝇属
   D. melanogaster 黑腹果蝇

drosopterin [drə'sɔptərin] 果蝇蝶呤

drostanolone propionate [drə'stænələun] 丙酸甲雄烷酮

drowning ['drauniŋ] 溺水,淹死
   near d. 近淹溺
   secondary d. 继发性溺溺、迟发性溺死

droxacin sodium ['drɔksəsin] 氧呋喹酸钠

droxifilcon A [ˌdrɔksi'filkən] 多可西费康 A

DrPH (Doctor of Public Health 的缩写) 公共卫生学博士

drug [drʌg] ❶ 药, 药物; ❷ 麻醉药
  antagonistic d. 对抗药, 拮抗药
  crude d. 生药
  designer d. 滥用药
  mind-altering d. 迷幻药
  nonsteroidal antiinflammatory d. (NSAID) 非类固醇抗炎药
  orphan d. 孤儿药

drug-fast ['drʌgfɑːst] 抗药性
druggist ['drʌgist] 药剂师
drug-resistant ['drʌgriˌzistənt] 抗药性
drum [drʌm] 鼓膜
drumhead ['drʌmhed] 鼓膜
Drummond's sign ['drʌməndz] (Sir David *Drummond*, English physician, 1852-1932) 德拉蒙德氏征
drumstick ['drʌmstik] 鼓槌状核小叶
drunkenness ['drʌŋkənnis] 醉酒, 酒醉
  sleep d. 睡醉
drupe [druːp] (L. *drupa* an overripe olive) 核果
drusen ['druːzən] (Ger. "bumps") ❶ 脉络膜小疣; ❷ 放线菌块
DSC (Doctor of Surgical Chiropody 的缩写) 足外科博士
dsDNA (double-stranded DNA 的缩写) 双链脱氧核糖核酸
dsRNA (double-stranded RNA 的缩写) 双链核糖核酸
DT (diphtheria and tetanus toxoids 的缩写) 白喉类毒素和破伤风类毒素 (儿科用)
Dt (duration tetany 的缩写) 通电期间强直
dT (deoxythymidine 的缩写) 脱氧胸腺嘧啶核苷
DTaP (diphtheria and tetanus toxoids and acellular pertussis vaccine 的缩写) 白喉、破伤风类毒素和无细胞百日咳疫苗
D. T. D. (L. "*datur talis dosis*" 的缩写) 给此剂量
dTDP (deoxythymidine diphosphate 的缩写) 脱氧胸苷二磷酸
DTH (delayed type hypersensitivity 的缩写) 延迟性过敏
DTIC, Dtic (dacarbazine 的缩写) 氮烯咪胺
DTIC-Dome [dəum] 甲氮咪胺
dTMP (deoxythymidine monophosphate 的缩写) 脱氧胸苷单磷酸 (胸苷酸)
dTMP kinase ['kineis] (EC 2.7.4.9) dTMP 激酶
DTP (diphtheria and tetanus toxoids and pertussis 的缩写) 白喉、破伤风类毒素和百日咳疫苗
DTPA (pentetic acid 的缩写) 三胺五乙酸
dTTP (deoxythymidine triphosphate 的缩写) 脱氧胸苷三磷酸
dU (deoxyuridine 的缩写) 脱氧尿苷
dualism ['djuːəlizəm] (L. *duo* two) ❶ 认为血细胞由二种不同的干细胞组成的理论; ❷ 认为人是由二种独立系统组成的理论
Duane's syndrome [dweinz] (Alexander *Duane*, American ophthalmologist, 1858-1926) 杜安氏综合征
duazomycin [duːˈæzəˌmaisin] 偶氮霉素
  d. B 偶氮霉素 B
  d. C 偶氮霉素 C
Dubin-Johnson syndrome ['duːbin 'dʒɔnsən] (Isidore Nathan *Dubin*, American pathologist, 1913-1981; Frank B. *Johnson*, American pathologist, born 1919) 杜-约二氏综合征
Dubin-Sprinz syndrome ['duːbin sprints] (I. N. *Dubin*; Helmuth *Sprinz*, German-born American pathologist, born 1911) 杜-斯二氏综合征
Dubini's chorea [duːˈbiniz] (A-ugelo *Dubini*, Italian physician, 1813-1902) 杜比尼氏舞蹈
Dubois' abscess [duːˈbwɑːz] (Paul *Dubois*, French obstetrician, 1795-1871) 杜布瓦氏脓肿
Duboisia [duːˈbɔisiə] 澳洲毒茄属
Duboscq colorimeter [duːˈbɔsk] (Louis Jules *Duboscq*, French optician, 1817-1866) 杜博斯克氏比色汁
Dubreuil-Chambardel's syndrome [duːbruːˈiː ʃɑːmbɑːˈdelz] (Louis *Dubreuil-Chambardel*, French dentist, 1879-1927) 杜尚氏综合征
Duchenne's disease [duːˈʃenz] (Guillaume Benjamin Amand *Duchenne*, French neurologist, 1806-1875) 迪歇纳氏病
Duchenne-Aran muscular atrophy [duːˈʃen ɑːˈrɑː] (G. B. A. *Duchenne*; Francois Amil-

car *Aran*, French physician, 1817-1861) 迪-阿二氏肌萎缩

Duchenne-Erb paralysis [duːˈʃen ɛəb] (G. B. A. *Duchenne*; Wilhelm Heinrich *Erb*, German internist, 1840-1921) 迪-欧二氏麻痹

Duchenne-Griesinger disease [duːˈʃen ˈɡriːsiŋə] (G. B. A. *Duchenne*; Wilhelm *Griesinger*, German neurologist 1817-1868) 迪-格二氏病,迪-歇纳氏肌营养不良症

Duchenne-Landouzy dystrophy [duːˈʃen lɑːŋduːˈzi] (G. B. A. *Duchenne*; Louis Théophile Joseph *Landouzy*, French physician, 1845-1917) 杜-兰二氏营养不良,面肩肱型肌营养不良

Duckworth's phenomenon [ˈdʌkwəθs] (Sir Dyce *Duckworth*, British physician, 1840-1928) 达克沃思氏现象

Ducobee [ˈduːkəbiː] 氰钴胺

Ducrey's bacillus [duːˈkreiz] (Augusto *Ducrey*, Italian dermatologist, 1860-1940) 杜克雷氏杆菌,杜克雷氏嗜血杆菌

duct [dʌkt] (L. *ductus*, from *ducere* to draw or lead) 管,输送管道
　aberrant d. 迷管
　acoustic d. 外耳道
　adipose d. 脂肪囊管
　alimentary d. 胸导管
　allantoic d. 尿囊柄
　alveolar d's 肺泡小管
　d. of Arantius 静脉导管
　archinephric d. 前肾管,原肾管
　arterial d. 动脉导管
　Bartholin's d. 巴多林氏管,舌下腺大管
　Bellini's d. 见利尼氏管,乳头管
　Bernard's d. 伯纳尔氏管,胰副管
　bile d. 胆管
　bile d., common 胆总管
　bile d's, interlobular 小叶间胆管
　biliary d. ①胆管；②胆总管
　Blasius' d. 腮腺管
　Bochdalek's d. 甲状舌管
　d. of Botallo 动脉导管
　branchial d's 鳃管
　canalicular d's 输乳管
　cervical d. 颈管
　choledochous d. 胆总管
　chyliferous d. 胸导管
　cloacal d. 泄殖腔管
　cochlear d. ①蜗管；②蜗螺旋管
　collecting d. 收集管,肾收集管
　common bile d. 胆总管
　cortical collecting d. 皮质集合管
　cowperian d. 尿道球腺管
　craniopharyngeal d. 颅咽管,垂体管
　d's of Cuvier 居维叶氏管
　cystic d. 胆囊管
　deferent d. 输精管
　efferent d. 输出管
　ejaculatory d. 射精管
　endolymphatic d. 内淋巴管
　d. of epididymis 附睾管
　d. of epoöphoron, d. of epoöphoron, longitudinal 卵巢冠纵管
　excretory d. 排泄管
　excretory d. of seminal vesicle 精囊排泄管
　excretory d. of testis 输精管
　frontonasal d. 额鼻管
　galactophorous d's 输乳管
　gall d. 胆管
　d. of gallbladder 胆囊管
　gasserian d. 副中肾管
　genital d. 生殖管
　Guérin's d's 盖兰氏管,女尿道旁管
　guttural d. 咽鼓管
　Haller's aberrant d. 哈勒氏迷管,附睾迷管
　Hensen's d. 亨森氏管,连合管
　hepatic d., common 肝总管
　hepatic d., left 肝左管
　hepatic d., right 肝右管
　hepaticopancreatic d. 胰管
　hepatocystic d. 胆总管
　d. of His 甲状舌管
　hypophyseal d. 垂体管
　incisive d., incisor d. 切牙管
　intercalated d. 闰管
　interlobular d's 小叶间管
　lacrimal d. 泪小管
　lacrimonasal d. 鼻泪管
　lactiferous d's 输乳管
　Leydig's d. 莱迪希氏管,中肾管
　lingual d. 舌管
　Luschka's d's 路施卡氏管,胆囊腺管

lymphatic d's 淋巴管
lymphatic d., left 胸导管
lymphatic d., right 右淋巴导管
mammary d's, mammillary d's 输乳管
medullary collecting d. 髓集合管
mesonephric d. 中肾管
metanephric d. 后肾管,输尿管
milk d's 输乳管
d. of Müller, müllerian d. 苗勒氏管,副中肾管
nasal d. 鼻泪管
nasofrontal d. 鼻额管
nasolacrimal d. 鼻泪管
nasopharyngeal d. 鼻咽管
nephric d. 输尿管
omphalomesenteric d. 卵黄管、卵黄柄
ovarian d. 输卵管
pancreatic d. 胰管
pancreatic d., accessory, pancreatic d., minor 副胰管
papillary d. 乳头管
paramesonephric d's of female urethra 副中肾管
paraurethral d's of female urethra 女尿道旁管
paraurethral d's of male urethra 男尿道旁管
parotid d. 腮腺管
d. of Pecquet 胸导管
perilymphatic d. 外淋巴管
primordial d. 中肾旁管
pronephric d. 前肾管
d's of prostate gland, prostatic d's 前列腺管
Rathke's d. 腊特克氏管,前列腺小囊管
Reichel's cloacal d. 赖黑尔氏管
renal d. 输尿管
d's of Rivinus 舌下腺小管
Rokitansky-Aschoff d's 罗-阿氏管
sacculoutricular d. 椭圆球囊管
salivary d's 涎腺导管
d. of Santorini 桑托里尼氏管,胰副管
Schüller's d's 许累尔氏管,女尿道旁腺管
secretory d. 分泌管
semicircular d's 半规管
semicircular d., anterior 上半规管
semicircular d., lateral 外半规管
semicircular d., posterior 后半规管
semicircular d., superior 上半规管
seminal d's 输精管
d. of seminal vesicle 精囊排泄管
Skene's d's 斯基思氏管,女尿道旁管
spermatic d. 输精管
d. of Steno, Stensen's d. 腮腺管
sublingual d's 舌下腺管
sublingual d., major 舌下腺大管
sublingual d's, minor 舌下腺小管
submandibular d., submaxillary d. of Wharton 下颌(下)腺管
sudoriferous d., sweat d. 汗腺管
tear d's 泪腺管
testicular d. 输精管
thoracic d. 胸导管
thoracic d., right 右淋巴导管
thyroglossal d., thyrolingual d. 甲状舌管
umbilical d. 脐管,卵黄柄
urogenital d's 尿(生)殖管
utriculosaccular d. 椭圆球囊管
d. of Vater 甲状舌管
vitelline d., vitellointestinal d. 脐管,卵黄柄
Walther's d's 瓦尔特氏管,舌下腺小管
Wharton's d. 华顿氏管,下颌腺管
d. of Wirsung 维尔松氏管,胰管
d. of Wolff, wolffian d. 午非氏管,中肾管

ductal ['dʌktəl] 管的,导管的
ductile ['dʌktail] (L. *ductilis*, from *ducere* to draw, to lead) 延伸性的
ductility [ˌdʌk'tiliti] 延性,展延性
duction ['dʌkʃən] (L. *ductio*, from *ducere* to lead) 转向
ductless ['dʌktlis] 无管的
ductule ['dʌktju:l] 小管
 aberrant d's 迷管
 aberrant d., inferior (附睾)下迷小管
 aberrant d., superior (附睾)上迷小管
 alveolar d's 腺泡小管
 bile d's, biliary d's ①胆小管 ②胆管毛细胞管
 efferent d's of testis 睾丸输出小管
 excretory d's of lacrimal gland 泪腺排出小管
 interlobular d's 小叶间小管

d's of prostate 前列腺小管
transverse d's of epoöphoron 附卵巢横小管
ductulus [ˈdʌktələs] (gen., pl. *ductuli*) (L.) (NA) 小管
  d. aberrans inferior (NA) (附睾) 下迷小管
  d. aberrans superior (NA) (附睾) 上迷小管
  ductuli aberrantes (NA) (附睾) 迷管
  ductuli alveolares (NA) 腺泡小管
  ductuli biliferi (NA) 胆小管
  ductuli efferentes testis (NA) 睾丸输出小管
  ductuli excretorii glandulae lacrimalis (NA) 泪腺排泄小管
  ductuli interlobulares (NA) 小叶间小管
  ductuli prostatici (NA) 前列腺小管
  ductuli transversi epoöphori 附卵巢横小管
  ductuli transversi epoöphorontis (NA) 附卵巢横管
ductus [ˈdʌktəs] (pl. *ductus*) (L.) (NA) 管, 导管
  d. aberrans 迷管, 上迷管
  d. aberrans halleri 哈勒氏迷管, 附睾迷管
  d. Arantii 静脉导管
  d. arteriosus (NA) 动脉导管
  d. biliaris (NA) 胆总管
  d. biliferi 胆小管
  d. choledochus (NA) 胆总管
  d. cochlearis (NA) 蜗管
  d. cuvieri 居维叶氏管
  d. cysticus (NA) 胆囊管
  d. deferens (NA) 输精管
  d. deferens vestigialis (NA) 输精管残端
  d. ejaculatorius (NA) 射精管
  d. endolymphaticus (NA) 内淋巴管
  d. epididymidis (NA) 附睾管
  d. epoöphori longitudinalis 附卵巢纵管
  d. epoöphorontis longitudinalis (NA) 附卵巢纵管
  d. excretorius vesiculae seminalis (NA) 精囊排泄管
  d. glandulae bulbo-urethralis (NA) 尿道球腺管
  d. hepaticus communis (NA) 肝总管
  d. hepaticus dexter (NA) 肝右管
  d. hepaticus sinister (NA) 肝左管
  d. incisivus (NA) 切牙管
  d. interlobulares 小叶间管
  d. lacrimales 泪小管
  d. lactiferi (NA) 输乳管
  d. lingualis 舌管
  d. lobi caudati dexter (NA) 肝尾状叶右管
  d. lobi caudati sinister (NA) 肝尾状叶左管
  d. lymphatici (NA) 淋巴管
  d. lymphaticus dexter (NA) 右淋巴导管
  d. mesonephricus (NA) 中肾管
  d. muelleri 副中肾管
  d. nasolacrimalis (NA) 鼻泪管
  d. pancreaticus (NA) 胰管
  d. pancreaticus accessorius (NA) 副胰管
  d. papillaris (NA) 乳头管, 肾直小管
  d. paramesonephricus 中肾旁管
  d. para-urethrales urethrae femininae (NA) 女性尿道旁管
  d. para-urethrales urethrae masculinae (NA) 男性尿道旁管
  d. parotideus (NA) 腮腺管
patent d. arteriosus (PDA) 动脉导管未闭导管
  d. perilymphatici, d. perilymphaticus 外淋巴管
  d. prostatici 前列腺管
  d. reuniens (NA) 连合管
  d. semicirculares (NA) 半规管
  d. semicircularis anterior (NA) 上半规管
  d. semicircularis lateralis (NA) 外半规管
  d. semicircularis posterior (NA) 后半规管
  d. semicircularis superior 上半规管
  d. spermaticus 输精管
  d. sublingualis major (NA) 舌下腺大管
  d. sublinguales minores (NA) 舌下腺小管
  d. submandibularis (NA), d. submaxillaris (Whartoni) 下颌下腺管
  d. sudoriferus (NA) 汗腺管

d. **thoracicus** (NA) 胸导管
d. **thoracicus dexter** (NA) 右淋巴导管
d. **thyroglossalis** (NA) 甲状舌管
d. **utriculosaccularis** (NA) 椭圆囊管
d. **venosus** (NA) 静脉导管
d. **Wolffi** 中肾管

Duffy blood group ['dʌfi] (from the name of the patient in whose blood the antigen was first reported in 1950) 杜非血型

Dugas' test [du:'ɡɑ:z] (Louis Alexander *Dugas*, American physician, 1806-1884) 杜加斯氏试验

Duhot's line [du:'ɔz] (Robert *Duhot*, Belgian urologist and dermatologist, late 19th century) 杜霍氏线

Duhring's disease ['du:riŋz] (Louis Adolphus *Duhring*, American dermatologist, 1845-1913) 杜林氏病,疱疹样皮炎

Dührssen's incisions ['disənz] (Alfred *Dührssen*, German gynecologist, 1862-1933) 迪尔森氏切口

duipara [dju'ipərə] (L. *duo* two + *parere* to bring forth) 再孕妇

Duke's method [dju:ks] (William Waddell *Duke*, American pathologist, 1882-1946) 杜柯氏法

Dukes' classification [dju:ks] (Cuthbert Esquire *Dukes*, English pothologist, 1890-1977) 杜可氏分类

Dukes' disease [dju:ks] (Clement *Dukes*, English physician, 1845-1925) 杜克氏病

Dulbecco [ˌdul'bekəu] 杜拜克:Renato,生于意大利的美国生物学家,1914年出生

dulcitol ['dʌlsitɔl] (L. *dulcis* sweet) 半乳糖醇

dull [dʌl] 浊音的

dullness ['dʌlnis] 浊音
 Gerhardt's d. 格哈特氏浊音
 Grocco's triangular d. 格罗科氏三角区浊音
 shifting d. 移动性浊音
 tympanitic d. 鼓性浊音

dumb [dʌm] 哑的,不能说话的

dumbbell ['dʌmbel] 哑铃状物质
 d's of Schäfer 谢菲尔氏小体

dumbness ['dʌmnis] (L. *surditas*) 哑(症)

dummy [dʌmi] ❶ 安慰剂;❷ 修复体,桥体

dUMP (deoxyuridine monophosphate 的缩写) 脱氧尿苷一磷酸

dumping ['dʌmpiŋ] 倾倒

Duncan disease ['dʌŋkən] (*Duncan*, the original kindred in which the disease was described) 邓肯氏病

Duncan's folds ['dʌŋkənz] (James Matthews *Duncan*, British gynecologist, 1826-1890) 邓肯氏襞

Dunfermline scale ['dʌnfə:mlain] (*Dunfermline*, Scotland, where the scheme was devised) 登弗姆林营养指标

Dunham's fans ['dʌnəmz] (Henry Kennon *Dunham*, American physician, 1872-1944) 登纳姆氏扇形

duodenal [ˌdjuə'di:nəl] 十二指肠的

duodenectomy [ˌdjuədə'nektəmi] (*duodenum* + Gr. *ektomē* excision) 十二指肠切除术

duodenitis [ˌdjuədə'naitis] 十二指肠炎

duoden (o)- (L. *duodenum*) 十二指肠

duodenocholangeitis [ˌdjuə'dinəkəˌlændʒi'aitis] 十二指肠胆管炎

duodenocholecystostomy [ˌdjuəˌdinəˌkɔli:sis'tɔstəmi] 十二指肠胆囊造口吻合术

duodenocholedochotomy [ˌdjuəˌdinəˌkɔledə'kɔtəmi] 十二指肠胆总管切开术

duodenocolic [ˌdjuəˌdinə'kɔlik] 十二指肠结肠的

duodenocystostomy [ˌdjuəˌdinəsis'tɔstəmi] (*duodeno* + Gr. *kystis* bladder + *stomoun* to provide with an opening or mouth) 十二指肠胆囊造口吻合术

duodenoduodenostomy [ˌdjuəˌdinəˌdjuədə'nɔstəmi] 十二指肠与十二指肠吻合术

duodenoenterostomy [ˌdjuəˌdinəentə'rɔstəmi] 十二指肠小肠造口吻合术

duodenogram [djuə'di:nəɡræm] 十二指肠 X 线照片

duodenohepatic [djuəˌdinəhə'pætik] 十二指肠肝的

duodenoileostomy [ˌdjuəˌdinəˌili'ɔstəmi] 十二指肠回肠造口吻合术

duodenojejunostomy [ˌdjuəˌdinədʒədʒu'nɔstəmi] 十二指肠空肠造口吻合术

duodenolysis [ˌdjuədə'nɔlisis] 十二指肠松解术

duodenopancreatectomy [ˌdjuəˌdinəˌpænkriə'tektəmi] 胰十二指肠切除术

duodenorrhaphy [ˌdjuədə'nɔrəfi] (*duodeno-* + Gr. *rhaphē* suture) 十二指肠缝合术

duodenoscope [ˌdjuə'di:nəskəup] 十二指肠镜

duodenoscopy [ˌdjuədə'nɔskəpi] (*duodeno-* + Gr. *skopein* to examine) 十二指肠镜检查

duodenostomy [ˌdjuədə'nɔstəmi] (*duodeno-* + Gr. *stomoun* to provide with an opening or mouth) 十二指肠造口术

duodenotomy [ˌdjuədə'nɔtəmi] (*duodeno-* + Gr. *tomē* a cutting) 十二指肠切开术

duodenum [ˌdjuə'di:nəm] (L. *duodeni* twelve at a time) (NA) 十二指肠

duoparental [ˌdjuəpə'rentəl] (L. *duo* two + *parens* parent) 双亲的

Duphalac ['djufələk] 多法拉克

Duphaston [dju'fæstən] 多法斯酮

Duplay's operation [dju'pleiz] (Simon Emanuel *Duplay*, French surgeon, 1836-1924) 杜普累氏手术

duplication [ˌdjupli'keiʃən] (L. *duplicatio* doubling) 重迭

   incomplete d. of spinal cord 脊髓纵裂

duplicitas [dju'plisitəs] (L.) 并胎,双畸胎,联胎

   d. anterior 双上身联胎

   d. asymmetros 非对称联胎,大小体联胎

   d. completa 完全联胎

   d. cruciata 并头联胎

   d. incompleta 不完全联胎

   d. inferior 双下身联胎,上身联胎

   d. media 中部联胎

   d. parallela 侧联畸胎

   d. posterior 双下身联胎,上身联胎

   d. superior 双上身联胎,下身联胎

   d. symmetros 对称性联胎

dupp [dʌp] 杜普

Dupuy-Dutemps' operation [dju'pwi dju'tɑ:] (Louis *Dupuy-Dutemps*, Paris ophthalmologist, 1871-1946) 杜-杜氏手术

Dupuytren's contracture [djupwi'trɔz] (Baron Guillaume *Dupuytren*, French surgeon, 1777-1835) 杜普伊特伦氏挛缩

dura ['dju:rə] (L. "hard") 硬膜

Durabolin [dju'ræbəlin] 多乐宝林

Duracillin [ˌdjurə'silin] 杜拉西林

Duragesic [ˌdjurə'dʒezik] 杜拉杰西克

dural ['djurəl] 硬膜的

dura mater ['djurə'meitə] (L. "hard mother") 硬膜

   d. m. of brain, d. m. cranialis (NA) 硬脑膜

   d. m. encephali 硬脑膜

   d. m. of spinal cord, d. m. spinalis (NA) 硬脊膜

Duranest ['djurənest] 杜拉耐斯

Duran-Reynals' permeability factor [dju'rɑ:n rei'nɑ:lz] (Francisco *Duran-Reynals*, American bacteriologist, 1899-1958) 杜朗-瑞纳尔氏渗透因子,透明质酸酶

Durante's disease [dju'rɑ:nts] (Gustave *Durante*, French physician, 1865-1934) 杜朗特氏病,成骨不全

durapatite [djurə'pætait] 多拉帕泰

duraplasty ['djurəplæsti] (*dura* mater + Gr. *plassein* to form) 硬脑(脊)膜成形术,脑膜移植

duration [dju'reiʃən] (L. *durare* to last or remain) ❶ 一段时间; ❷ 一个波长所耗时间

Dürck's nodes [də:ks] (Hermann Ludwig Friedrich Franz *Dürck*, German pathologist, 1869-1941) 迪尔克氏结

Dur. dolor. (L. *durante dolore* 的缩写) 疼痛持续时

Duret's lesion [dju'reiz] (Henri *Duret*, French neurological surgeon, 1849-1921) 杜雷氏损害

Durham rule ['djurəm] (*Durham*, surname of an American felon judged to be criminally insane in 1954) 杜尔姆规律

Durham's tube ['djurəmz] (1. Arthur Edward *Durham*, English surgeon, 1834-1895. 2. Herbert Edward *Durham*, English bacteriologist, 1866-1945) 达拉姆氏管

Duricef ['djurisif] 多瑞赛福:头孢羟氨苄制剂的商品名

duroarachnitis [ˌdjurəˌærək'naitis] 硬膜蛛网膜炎

Duroziez's disease [djuˌrɔzi'eiz] (Paul Louis *Duroziez*, French physician, 1826-

1897) 杜罗济埃氏病
dust [dʌst] 尘埃,灰尘
  blood d. (of Müller) 血生
  chromatin d. 核染质屑
dust-borne ['dʌst,bɔːn] 尘埃传播的
Dutcher body ['dʌtʃə] (Thomas F. *Dutcher*, American pathologist, born 1923) 杜彻小体
dUTP (deoxyuridine triphosphate 的缩写) 脱氧尿苷三磷酸盐
dUTP pyrophosphatase [pirə'fɔsfəteis] dUTP 焦磷酸酶
Dutton's relapsing fever ['dʌtənz] (Joseph Everett *Dutton*, English physician, 1877-1905) 达顿氏回归热
Duttonella [,dʌtə'nelə] (J. Everett *Dutton*) 达顿锥虫亚属
Duval's nucleus [dju'vɑːlz] (Mathias Marie *Duval*, French anatomist, 1844-1907) 杜瓦耳氏核
Duve [djuːv] 杜福: Christian René de, 生于英国的比利时细胞学家, 1917 年生
Duverney's foramen [djuvə'neiz] (Joseph Guichard *Duverney*, French anatomist, 1648-1730) 杜佛内氏孔
dv (double vibrations 的缩写) 双振动测定
DVA (Department of Veterans Affairs 的缩写) 退伍军人事务部
DVM (Doctor of Veterinary Medicine 的缩写) 兽医学博士
dwale [dweil] 颠茄叶
dwarf [dwɔːf] 矮人, 侏儒
  achondroplastic d. 软骨发育不全性侏儒
  Amsterdam d. 阿姆斯特丹侏儒
  asexual d. 性机能缺乏性侏儒
  ateliotic d. 发育不全性侏儒
  bird-headed d., bird-headed d. of Seckel 鸟头侏儒, 塞克尔氏鸟头侏儒
  Brissaud's d. 布里索得氏侏儒
  cretin d. 愚侏病性侏儒, 克汀病性侏儒
  diastrophic d. 畸形侏儒
  geleophysic d. 猫体侏儒
  hypophysial d. 垂体性侏儒
  hypothyroid d. 甲状腺机能减退性侏儒
  infantile d. 幼稚型侏儒
  Laron d. 莱昂氏侏儒
  Lévi-Lorain d. 雷-罗二氏侏儒, 垂体性侏儒
  micromelic d. 肢端纤细性侏儒
  nanocephalic d. 鸟头侏儒
  normal d. 正常侏儒
  physiologic d. 正常侏儒
  pituitary d. 垂体性侏儒
  primordial d., pure d. 正常侏儒
  rachitic d. 佝偻病性侏儒
  renal d. 肾性侏儒
  rhizomelic d. 肢根性侏儒
  Russell d. 罗索氏侏儒
  Seckel's bird-headed d. 塞克尔氏鸟头侏儒
  sexual d. 性发育正常侏儒
  Silver d. 西佛氏侏儒
  thanatophoric d. 致死性侏儒
  true d. 正常侏儒
dwarfism ['dwɔːfizəm] 侏儒症, 侏儒状态, 矮小
  deprivation d. 剥夺性侏儒
  hypophysial d. 垂体性侏儒症
  Lorain-Lévi d. 垂体性侏儒症
  pituitary d. 垂体性侏儒症
  Robinow d. 罗宾诺氏侏儒症
  Russell d., Russell-Silver d. 罗索氏侏儒症, 罗-西二氏侏儒症
  Silver-Russell d. 西-罗二氏侏儒症
  Walt Disney d. 沃特·迪斯尼氏侏儒症
Dwyer instrumentation ['dwaiə] (Allen Frederick *Dwyer*, American orthopedic surgeon, 1920-1925) 帝威尔器械用法
Dy (*dysprosium* 的符号) 镝
dyad ['daiəd] (Gr. *dyas* the number two, from *dyo* two) 二分体
dyaster ['daiəstə] 双星体
Dyazide ['daiəzaid] 待自得
Dyclone ['daikləun] 迪可龙
dyclonine hydrochloride ['daikləniːn] 盐酸达克罗宁
dydrogesterone [,daidrə'dʒestərəun] 去氢孕酮
dye [dai] 染料, 染剂
  acid d., acidic d. 酸性染剂
  amphoteric d. 两性染剂
  anionic d. 酸性染剂
  azo d. 偶氮染剂
  basic d. 碱性染剂
  cationic d. 碱性染剂
  metachromatic d. 异染性染剂
  orthochromatic d. 正染性染剂

vital d. 活体染剂
dying-back ['daiiŋ bæk] 向心性坏死
Dymelor ['daiməlɔ:] 迪莫乐
dyn 达因
DynaCirc ['dainəsə:k] 异脉顺缓释胶囊
dynactinometer [ˌdaiˌnækti'nɔmitə] (Gr. *dynamis* power + ray + *metron* a measure) 光力计, 光度计
dynameter [dai'næmitə] 肌力计, 量力器
dynamic [dai'næmik] (Gr. *dynamis* power) 动力的
dynamics [dai'næmiks] 动力学
dynam(o)- (Gr. *dynamis* power) 力, 动力
dynamogenesis [ˌdainəmə'dʒenəsis] (*dynamo-* + *genesis*) 动力发生
dynamogenic [ˌdainəmə'dʒenik] (*dynamo-* + *-genic*) 动力发生的
dynamogeny [ˌdainə'mɔdʒəni] 动力发生
dynamograph [dai'næməgrɑ:f] (*dynamo-* + Gr. *graphein* to write) 肌力描写器
dynamometer [ˌdainə'mɔmitə] (*dynamo-* + Gr. *metron* measure) 肌力计
   grip d. 握力测量计
   squeeze d. 握力测量计
dynamopathic [ˌdainæmə'pæθik] (*dynamo-* + Gr. *pathos* disease) 影响机能的, 机能性的
dynamophore [dai'næməfɔ:] (*dynamo-* + Gr. *phoros* carrying) 供能(食)物
dynamoscope [dai'næməskəup] (*dynamo-* + Gr. *skopein* to examine) 动力测量器
dynamoscopy [ˌdainə'mɔskəpi] 动力测量法
Dynapen ['dainəpen] 地那邦
dyne [dain] 达因
dynein ['daini:n] (Gr. *dynamis* power) 纤维蛋白
dynein ATPase ['daini:n] (EC 3.6, 1.33) 纤维蛋白 ATP 水解活动
dynorphin [dai'nɔ:fin] (*dynamo-* + *morphine*) 强啡肽
dyphylline ['daifəlin] (USP) 双羟丙茶碱
Dyrenium [dai'reniəm] 三氨喋啶
dys- (Gr. *dys-*) 困难的, 疼痛的, 不良, 紊乱的, 异常的
dysacousia [ˌdisə'ku:ziə] (*dys-* + Gr. *akousis* hearing + *-ia*) 听觉不良
dysacousis [ˌdisə'ku:sis] 听觉不良

dysacousma [ˌdisə'ku:zmə] 听觉不良
dysacusis [ˌdisə'ku:sis] (*dys-* + Gr. *akousis* hearing) ❶ 听觉不良; ❷ 对某种声音感到不适的情况
dysadaptation [ˌdisədæp'teiʃən] 眼调节障碍, 眼调节不良
dysadrenalism [ˌdisæd'ri:nəlizəm] 肾上腺机能障碍
dysallilognathia [disˌælilɔg'næθiə] 上下颌骨不相称
dysanagnosia [ˌdisænəg'nəuziə] 诵读困难
dysantigraphia [ˌdisænti'græfiə] 抄写障碍
dysaphia [dis'æfiə] (*dys-* + Gr. *haphē* touch) 触觉障碍, 触觉倒错
dysaptation [ˌdisæp'teiʃən] 眼调节障碍, 眼调节不良
dysarteriotony [disɑ:ˌtiəri'ɔtəni] (*dys-* + Gr. *artēria* artery + *tonos* tension) 血压异常
dysarthria [dis'ɑ:θriə] (*dys-* + Gr. *arthroun* to utter distinctly + *-ia*) 构音障碍
   ataxic d. 共济失调性构音障碍
dysarthric [dis'ɑ:θrik] 构音障碍的
dysarthrosis [ˌdisɑ:'θrəusis] (*dys-* + Gr. *arthrōsis* joint) ❶ 关节变形; ❷ 构音障碍
dysautonomia [ˌdisɔ:tə'nəumiə] (*dys-* + Gr. *autonomia* autonomy) 自主神经机能障碍
   familial d. 家族性自主神经机能异常
dysbarism ['disbərizəm] 气压病
dysbasia [dis'beiziə] (*dys-* + Gr. *basis* step) 步行困难
   d. lordotica progressiva 进行性脊柱前凸性步行困难, 变形性肌张力障碍
dysbetalipoproteinemia [disˌbetəˌlipəˌprəuti'ni:miə] ❶ 血 β 脂蛋白异常症; ❷ 家族性血 β 脂蛋白异常症
   familial d. 家族性 β 脂蛋白障碍症
dysbolism ['disbəlizəm] (*dys-* + *metabolism*) 代谢障碍
dyscalculia [ˌdiskæl'kjuliə] 计算障碍
dyscephaly [di'sefəli] 颅面骨畸形
   mandibulo-oculofacial d. 下颌眼面骨畸形
dyschesia [dis'ki:siə] 大便困难
dyschezia [dis'ki:ziə] (*dys-* + Gr. *chezein*

to go to stool + *-ia*) 大便困难

dyschiasia [diski'eiziə] 定位觉障碍

dyschiria [dis'kairiə] (*dys-* + Gr. *cheir* hand + *-ia*) 左右感觉障碍

dyscholia [dis'kəuliə] (*dys-* + Gr. *cholē* bile + *-ia*) 胆汁障碍

dyschondroplasia [ˌdiskəndrə'pleiziə] (*dys-* + *chondroplasia*) ❶ 软骨发育不良,软骨发育异常;❷ 以前是包括软骨发育不良和外生骨疣的通称

dyschondrosteosis [ˌdiskənˌdrɔsti'əusis] 软骨发育不良

dyschromasia [ˌdiskrə'meiziə] 色觉障碍

dyschromatopsia [disˌkrɔmə'tɔpsiə] (*dys-* + Gr. *chrōma* color + *-opsia*) 色觉障碍

dyschromia [dis'krəumiə] (*dys-* + Gr. *chrōma* color) 皮肤变色

dyschronism [dis'krɔnizəm] (*dys-* + Gr. *chronos* time) 定时障碍

dyschylia [dis'kailiə] 乳糜障碍

dyscinesia [disi'niziə] 运动障碍

dyscoimesis [ˌdiskɔi'misis] 睡眠困难

dyscontrol [ˌdiskən'trəul] 控制障碍
　episodic d. 控制障碍症

dyscoria [dis'kɔriə] (*dys-* + Gr. *korē* pupil) 瞳孔变异,瞳孔异常

dyscorticism [dis'kɔːtisizəm] 肾上腺皮质机能异常

dyscrasia [dis'kreiziə] (Gr. *dyskrasia* bad temperament) 体液不调,恶液质
　blood d. 血不调
　plasma cell d's 浆细胞病

dyscrasic [dis'kreisik] 体液不调的,恶液质的

dyscratic [dis'krætik] (Gr. *dyskratos*) 体液不调的,恶液质的

dysdiadochocinesia [ˌdisdaiˌædəˌkɔsi'niːziə] 轮替运动障碍

dysdiadochokinesia [ˌdisdaiˌædəˌkɔki'niːziə] (*dys-* + *diadochokinesia*) 轮替运动障碍

dysdiadochokinetic [ˌdisdaiˌædəkɔki'netik] 轮替运动障碍的

dysdiemorrhysis [ˌdisdaii'mɔːfisis] (Gr. *dis*, through + *aema* blood + *rhysis* flow) 毛细血管循环迟缓

dysdipsia [dis'dipsiə] (*dys-* + Gr. *dipsa* thirst) 饮水困难

dysecoia [ˌdisə'kɔiə] 听觉不良

dysembryoma [disˌembri'əumə] 畸胎瘤

dysembryoplasia [disˌembriə'pleiziə] (*dys-* + Gr. *embryon* embryo + *plasis* formation + *-ia*) 胚胎期发育不良

dysemia [diː'siːmiə] ❶ 血液循环障碍;❷ 血液坏变

dysencephalia splanchnocystica [disˌensə'feiliə ˌsplæŋknə'sistikə] 美克耳氏综合症

dysendocrinia [disˌendəu'kriniə] 内分泌障碍

dysendocriniasis [disˌendəukri'naiəsis] 内分泌障碍

dysenteric [ˌdisen'terik] 痢疾的

dysenteriform [ˌdisen'terifɔːm] 类痢疾的

dysentery ['disenˌtəri] (L. *dysenteria*, from Gr. *dys-* + *enteron* intestine) 痢疾
　amebic d. 阿米巴(性)痢疾
　bacillary d. 杆菌性痢疾
　balantidial d. 小袋虫性痢疾
　bilharzial d. 血吸虫(性)痢疾
　catarrhal d. 卡他性痢疾
　chronic d. of cattle 牛慢性痢疾
　ciliary d., ciliate d. 纤毛虫(性)痢疾
　epidemic d. 流行性痢疾
　flagellate d. 鞭毛虫(性)痢疾
　Flexner's d. 暴发型痢疾
　institutional d. 团体(性)痢疾
　Japanese d. 杆菌性痢疾
　lamb d. 羊痢疾
　malarial d. 疟疾(性)痢疾
　malignant d. 恶性痢疾
　protozoal d. 原虫(性)痢疾
　schistosomal d. 血吸虫(性)痢疾
　scorbutic d. 坏血病性痢疾
　Sonne d. 宋氏菌痢
　spirillar d. 螺(旋)菌性痢疾
　sporadic d. 散发性痢疾
　swine d. 猪痢疾
　viral d. 病毒性痢疾
　winter d. 冬季痢疾

dysequilibrium [ˌdisikwi'libriəm] ❶ 平衡感觉紊乱;❷ 平衡状态失调

dysergasia [ˌdisəː'geisiə] (Gr. *ergon* work) 脑控制(机能)不良

dysergia [dis'əːdʒiə] (*dys-* + Gr. *ergon* work) 传出性共济失调

dysesthesia [ˌdisesˈθiːziə] (*dys-* + *esthesia*) ❶ 感觉迟钝；❷ 触物感痛
 auditory d. 听觉不良, 听音不适

dysesthetic [ˌdisesˈθetik] ❶ 感觉迟钝的；❷ 触物感痛的

dysfunction [disˈfʌŋkʃən] 机能障碍, 机能不良
 constitutional hepatic d. 体质性肝机能不良
 familial autonomic d. 家族性自主神经机能异常
 minimal brain d. 最低度脑机能障碍
 myofascial pain d. 肌筋膜痛性机能障碍, 颞颌关节紊乱综合症
 sexual d. (DSM-Ⅲ-R) 性机能障碍
 d. of uterus 子宫无力

dysgalactia [ˌdisɡəˈlæktiə] (*dys-* + Gr. *gala* milk) 泌乳障碍

dysgammaglobulinemia [disˌɡæməɡlɔbjuliˈniːmiə] 血中丙种球蛋白异常

dysgenesia [ˌdisdʒəˈniːziə] (*dys-* + Gr. *gennan* to generate + *-ia*) 生殖能力障碍

dysgenesis [disˈdʒenəsis] 发育不全
 epiphyseal d. 骨骺发育不全
 gonadal d. 性腺发育不全
 mixed gonadal d. 混合型性腺发育不全
 pure gonadal d. 单纯性腺发育不全
 reticular d. 网状发育不全
 seminiferous tubule d. 精细管发育不全

dysgenic [disˈdʒenik] 种族退化的

dysgenics [disˈdʒeniks] (*dys-* + Gr. *gennan* to produce) 种族退化学, 劣生学

dysgenitalism [disˈdʒenitəlizəm] 生殖器发育障碍

dysgenopathy [ˌdisdʒeˈnɔpəθi] (Gr. *gennan* to produce + *pathos* disease) 身体发育异常

dysgerminoma [ˌdisdʒəmiˈnəumə] (*dys-* + *germ* + *-oma*) 无性细胞瘤

dysgeusia [disˈɡuːziə] (*dys-* + Gr. *geusis* taste + *-ia*) 味觉障碍

dysglobulinemia [disˌɡlɔbjuliˈniːmiə] (*dys-* + *globulin* + Gr. *haima* blood + *-ia*) 血球蛋白异常

dysglycemia [ˌdisɡlaiˈsiːmiə] (*dys-* + *glyc-* + *-emia*) 血糖代谢障碍

dysgnathia [disˈnæθiə] (*dys-* + *gnath-* + *-ia*) 上下颌发育异常

dysgnathic [disˈnæθik] (*dys-* + Gr. *gnathos* jaw) 上下颌异常的

dysgnosia [disˈnəuziə] (Gr. *dysgnōsia* difficulty of knowing) 智力障碍

dysgonesis [ˌdisɡəuˈnisis] (*dys-* + Gr. *gonē* seed) 生殖器机能障碍

dysgonic [disˈɡɔnik] (*dys-* + Gr. *gonē* seed) 生长不良的

dysgrammatism [disɡˈræmətizəm] 语言困难

dysgraphia [disˈɡræfiə] (*dys-* + Gr. *graphein* to write + *-ia*) 书写困难

dyshematopoiesis [disˌheməˌtɔpɔiˈiːsis] 造血机能不全

dyshematopoietic [disˌheməˌtɔpɔiˈetik] 造血(机能)不全的

dyshemopoiesis [disˌheməpɔiˈiːsis] 造血机能不全

dyshemopoietic [disˌheməpɔiˈetik] 造血(机能)不全的

dyshepatia [disheˈpeiʃiə] (*dys-* + Gr. *hēpar* liver) 肝机能障碍
 lipogenic d. 脂原性肝机能障碍

dyshesion [disˈhiːʒən] (*dys-* + L. *haesio*, from *haerere* to stick) ❶ 细胞粘着障碍; ❷ 细胞间内聚力丧失

dyshidrosis [dishaiˈdrəusis] (*dys-* + Gr. *hidrōsis* a sweating) ❶ 汗疱; ❷ 出汗障碍

dyshydrosis [dishaiˈdrəusis] ❶ (掌跖)汗疱; ❷ 出汗障碍

dyshypophysism [dishaiˈpɔfisizəm] 垂体功能障碍

dysidrosis [disiˈdrəusis] 汗疱, 出汗障碍

dysinsulinosis [disˌinsjuliˈnəusis] 胰岛功能障碍

dysjunction [disˈdʒʌŋkʃən] 染色体分离

dyskaryosis [disˌkæriˈəusis] 核异常

dyskaryotic [ˌdiskæriˈɔtik] (*dys-* + Gr. *karyon* nucleus) 核异常的

dyskeratoma [disˌkerəˈtəumə] (*dys-* + *keratoma*) 角化不良瘤
 warty d. 疣角化不良瘤

dyskeratosis [disˌkerəˈtəusis] 角化不良
 d. congenita, congenital d. 先天性角化不良
 hereditary benign intraepithelial d. 遗传性良性上皮内角化不良

isolated d. follicularis 疣角化不良瘤
dyskeratotic [ˌdiskerəˈtɔtik] 角化不良的
dyskinesia [ˌdiskiˈniːziə] (Gr. *dyskinēsia* difficulty of moving) 运动障碍
  biliary d. 胆囊运动障碍
  d. intermittens 间歇性运动障碍
  orofacial d. 面部运动障碍
  primary ciliary d. 原发性眼睫运动障碍
  tardive d. 迟发性运动障碍
  withdrawal-emergent d. (随意性)运动障碍
dyskinetic [ˌdiskiˈnetik] 运动障碍的
dyskoimesis [ˌdiskɔiˈmiːsis] (*dys-* + Gr. *koimēsis* sleeping) 睡眠困难
dyslalia [disˈleiliə] (*dys-* + Gr. *lalein* to talk + *-ia*) 构音困难,出语困难,口吃
dyslexia [disˈleksiə] (*dys-* + Gr. *lexis* diction) 诵读困难
dyslipidosis [ˌdislipiˈdəusis] 脂肪代谢障碍
dyslipoidosis [disˌlipɔiˈdəusis] 脂肪代谢障碍
dyslipoproteinemia [disˌlipəˌprəutiˈniːmiə] 异常脂蛋白血(症)
dyslochia [disˈləukiə] (*dys-* + Gr. *lochia* lochia) 恶露障碍
dyslogia [disˈləudʒiə] (*dys-* + Gr. *logos* understanding) 推断障碍
dysmature [ˌdisməˈtʃuə] 发育失调的
dysmaturity [dismərˈtʃuːriti] ❶ 成熟障碍; ❷ 成熟障碍现象
  pulmonary d. 肺成熟障碍
dysmegalopsia [disˌmegəˈlɔpsiə] (*dys-* + Gr. *megas* big + *-opsia*) 视物显大症
dysmelia [disˈmiːliə] (*dys-* + Gr. *melos* limb + *-ia*) 肢畸形
dysmenorrhea [ˌdismenəˈriːə] (*dys-* + Gr. *mēn* month + *rhein* to flow) 痛经
  acquired d. 继发性痛经
  congestive d. 充血性痛经
  essential d. 自发性痛经,原发性痛经
  inflammatory d. 炎症性痛经
  d. intermenstrualis 经间痛经
  mechanical d. 机械性痛经
  membranous d. 膜性痛经
  obstructive d. 梗阻性痛经
  ovarian d. 卵巢性痛经
  primary d. 原发性痛经
  secondary d. 继发性痛经
  spasmodic d. 痉挛性痛经
  tubal d. 输卵管性痛经
  uterine d. 子宫性痛经
dysmetabolism [ˌdisməˈtæbəlizəm] (新陈)代谢障碍
dysmetria [disˈmiːtriə] (*dys-* + Gr. *metron* measure) 辨距不良,辨距障碍
  ocular d. 眼辨距障碍
dysmetropsia [ˌdisməˈtrɔpsiə] (*dys-* + Gr. *metron* measure + *-opsia*) 视物(大小)不称症
dysmimia [disˈmaimiə] (*dys-* + Gr. *mimia* imitation) 表情障碍
dysmnesia [disˈniːziə] (*dys-* + Gr. *mnēmē* memory) 记忆障碍
dysmnesic [disˈniːzik] 记忆障碍的
dysmorphic [disˈmɔːfik] ❶ 同质异形的; ❷ 异形的; ❸ 畸形的
dysmorphism [disˈmɔːfizəm] (*dys-* + Gr. *morphē* form) ❶ 同质异形(现象); ❷ 异形; ❸ 畸形
dysmorphologist [ˌdismɔːˈfɔlədʒist] 畸形学家
dysmorphology [ˌdismɔːˈfɔlədʒi] (*dys-* + *morpho-* + *-logy*) 畸形学
dysmorphophobia [disˌmɔːfəˈfəubiə] 畸形恐怖
dysmorphopsia [ˌdismɔːˈfɔpsiə] (Gr. *dysmorphos* deformed + *-opsia*) 曲影症,视物变形症
dysmorphosis [ˌdismɔːˈfəusis] (Gr. *dysmorphos* deformed) 畸形,变形
dysmyotonia [ˌdismaiəˈtəuniə] (*dys-* + *myotonia*) 肌张力障碍
dysneuria [disˈnjuəriə] 神经机能障碍
dysnomia [disˈnəumiə] (*dys-* + Gr. *onoma* name) 死因不明
dysodia [disˈɔdiə] 臭气
dysodontiasis [ˌdisədɔnˈtaiəsis] (*dys-* + *odonto-* + *-iasis*) 出牙不良,出牙困难
dysontogenesis [ˌdisəntəˈdʒenəsis] (*dys-* + *ontogenesis*) 个体发育不良
dysontogenetic [ˌdisəntədʒəˈnetik] 个体发育不良的
dysopia [disˈəupiə] (*dys-* + *-opia*) 视觉障碍,视觉缺陷
  d. algera 痛性视觉障碍
dysopsia [disˈɔpsiə] 视觉障碍,视觉缺陷

dysorexia [ˌdisəˈreksiə] (*dys-* + Gr. *orexis* appetite) 食欲障碍

dysorganoplasia [disˌɔːgənəˈpleisiə] (*dys-* + Gr. *organon* organ + *plasis* formation) 器官发育障碍

dysoria [disˈɔriə] (*dys-* + Gr. *oros* serum) 血管渗透性障碍

dysoric [disˈɔrik] 血管渗透障碍的

dysosmia [disˈɔzmiə] (*dys-* + Gr. *osmē* smell) 嗅觉障碍;嗅觉失真

dysosteogenesis [disˌɔstiəˈdʒenəsis] 骨发育不全,骨发育障碍

dysostosis [ˌdisɔsˈtəusis] (*dys-* + Gr. *osteon* bone) 骨发育障碍,骨发育不全,成骨不全,骨化不全
  cleidocranial d. 锁骨颅骨发育不全
  craniofacial d. 颅面发育不全
  d. enchondralis epiphysaria 骨骺端软骨性骨发育不全
  mandibulofacial d. 下颌面骨发育不全
  metaphyseal d. 干骺端成骨不全
  d. multiplex 复合性骨发育不良,指全身骨骼广泛性呈现粘多糖贮积病
  Nager's acrofacial d. 内哲氏肢体面骨发育不全
  orodigitofacial d. 口指面骨发育不全
  postaxial acrofacial d. 轴后肢体面骨发育不全,米勒氏综合症

dysoxidative [disˈɔksideitiv] 氧化障碍的,氧化不足的

dysoxidizable [disˈɔksidaizəbl] 难氧化的

dyspareunia [ˌdispəˈruːniə] (Gr. *dyspareunos* badly mated) 交媾困难

dyspepsia [disˈpepsiə] (*dys-* + Gr. *peptein* to digest) 消化不良
  acid d. 酸性消化不良
  appendicular d., appendix d. 阑尾炎性消化不良
  catarrhal d. 卡他性消化不良
  chichiko d. 米粉性消化不良
  cholelithic d. 胆石性消化不良
  colon d. 结肠性消化不良
  fermentative d. 发酵性消化不良
  flatulent d. 胃积气性消化不良
  gastric d. 胃消化不良
  intestinal d. 肠消化不良

dyspeptic [disˈpeptik] 消化不良的

dysperistalsis [disˌperiˈstælsis] (*dys-* + *peristalsis*) 蠕动障碍

dysphagia [disˈfeidʒiə] (*dys-* + Gr. *phagein* to eat) 咽下困难
  contractile ring d. 收缩环性咽下困难
  d. inflammatoria 炎症性咽下困难
  d. lusoria 食管受压性咽下困难
  d. nervosa 神经性咽下困难
  d. paralytica 麻痹性咽下困难
  sideropenic d. 缺铁性咽下困难
  d. spastica 痉挛性咽下困难
  vallecular d. 食物存积性咽下困难
  d. valsalviana 舌骨大角脱臼性咽下困难

dysphagy [ˈdisfədʒi] 咽下困难

dysphasia [disˈfeiziə] (*dys-* + Gr. *phasis* speech) 言语困难

dysphemia [disˈfiːmiə] (*dys-* + Gr. *phēmē* speech + *-ia*) 口秘,讷吃

dysphonia [disˈfəuniə] (*dys-* + Gr. *phōnē* voice) 发音困难
  d. clericorum 过用性发声困难,慢性咽喉炎性发声困难
  dysplastic d. 发育不全性发音困难
  d. plicae ventricularis 假声带性发音困难
  d. puberum 青春期发育困难,青春期声变
  spasmodic d., spastic d., d. spastica 痉挛性发声困难

dysphonic [disˈfɔnik] 发音困难的

dysphoretic [ˌdisfəˈretik] ❶ 烦躁不安的,焦虑的;❷ 产生不安的

dysphoria [disˈfɔriə] (Gr. "excessive pain, anguish, agitation") 烦躁不安,坐立不定,不适

dysphoriant [disˈfɔriənt] ❶ 产生烦躁不安的;❷ 不安剂

dysphoric [disˈfɔrik] 烦躁不安的,焦虑的

dysphrasia [disˈfreiziə] (*dys-* + Gr. *phrasis* speech + *-ia*) 难语症,言语困难

dysphylaxia [ˌdisfiˈlæksiə] (*dys-* + Gr. *phylaxis* watching) 早醒性失眠

dyspigmentation [disˌpigmənˈteiʃən] 色素沉着异常

dysplasia [disˈpleiziə] (*dys-* + Gr. *plassein* to form) 发育异常,发育不良
  anhidrotic ectodermal d. 先天性外胚层缺陷

anteroposterior facial d. 前后(颜)面发育异常
arrhythmogenic right ventricular d. 右心室节律不齐性发育异常
arteriohepatic d. 肝动脉发育不良
bronchopulmonary d. 支气管肺发育不良
cervical d., d. of cervix 宫颈发育异常
chondroectodermal d. 软骨外胚层发育不良
cleidocranial d. 锁颅发育不全
craniocarpotarsal d. 颅腕跖骨发育不全
craniodiaphyseal d. 颅骨骨干发育异常
craniometaphyseal d. 颅干骺端发育异常
cretinoid d. 愚侏病样发育不全
dental d. 牙发育异常
dentinal d. 牙(本质)发育异常
dentoalveolar d. 牙槽发育不全
diaphyseal d. 骨干发育异常
ectodermal d's 外胚层发育不良
ectodermal d., anhidrotic, 无汗性外胚叶发育不全
ectodermal d., hidrotic 多汗性外胚叶发育不全
ectodermal d., hypohidrotic 少汗性外胚叶发育不全
encephalo-ophthalmic d. 脑性眼球发育不全
epiphyseal d. 骨骺发育异常
d. epiphysealis hemimelica 半肢畸形骨骺发育异常
d. epiphysealis multiplex 多发性骨骺发育异常
d. epiphysealis punctata 点状骨骺发育不良
faciogenital d. 面生殖发育异常
familial white folded mucosal d. 家族性白色粘膜襞发育异常
fibromuscular d. 纤维肌发育异常,动脉壁肌层发育不良,纤维变性
fibrous d. (of bone) (骨)纤维性结构不良
fibrous d. of jaw 颌骨纤维性结构不良
florid osseous d. 红骨性发育不良
frontonasal d. 额鼻发育不良,面中部发育畸形
hereditary bone d. 遗传性骨发育不良
d. linguofacialis 口指面骨发育不全
metaphyseal d. 干骺端发育不良
multiple epiphyseal d. 多发性骨骺发育异常
oculoauricular d., oculoauriculovertebral (OAV) d. 眼耳椎骨发育不全
oculodentodigital (ODD) d., oculodento-osseous d. (ODOD) 眼齿指发育不全
ophthalmomandibulomelic d. 眼下颌肢发育不全
periapical cemental d. 根尖周牙骨质发育不良
progressive diaphyseal d. 进行性骨干发育异常
retinal d. ① 视网膜发育不全;② 先天性黑蒙;③ Krause 氏综合征和 Patau 氏综合征的同义词或有这两种综合征明显特征者
septo-optic d. 鼻眼发育畸形
spondyloepiphyseal d. 脊椎骨骺发育不全
spondylothoracic d. 脊柱发育畸形
Streeter's d. 斯特垂特氏发育异常
thanatophoric d. 发育不全性侏儒,均匀性骨发育不全
thymic d. 胸腺发育不全
ureteral neuromuscular d. 巨输尿管
dysplastic [dis'plæstik] 发育异常的,发育不良的
dyspnea ['dispniə] (Gr. *dyspnoia* difficulty of breathing) 呼吸困难
cardiac d. 心(脏)性呼吸困难
exertional d. 运动性呼吸困难
expiratory d. 呼气性呼吸困难
functional d. 功能性呼吸困难
inspiratory d. 吸气性呼吸困难
nocturnal d. 夜间呼吸困难
nonexpansional d. 胸廓扩张不能性呼吸困难
orthostatic d. 直立性呼吸困难
paroxysmal nocturnal d. 阵发性夜间呼吸困难
renal d. 肾性呼吸困难
sighing d. 叹息性呼吸困难
dyspneic [disp'ni:ik] 呼吸困难的
dyspoiesis [ˌdispɔi'i:sis] 生成障碍
dysponderal [dis'pɒndərəl] (*dys-* + L. *pondus* weight) 重量异常的
dysponesis [ˌdispə'ni:sis] (*dys-* + Gr.

dyspragia [dis'prædʒiə] (Gr. *dyspragia* ill luck) *ponēsis* toil, exertion) 皮质运动区活动障碍

dyspragia [dis'prædʒiə] (Gr. *dyspragia* ill luck) 动时感痛,机能性疼痛

  d. intermittens angiosclerotica intestinalis 间歇性血管硬化性肠痉挛痛

dyspraxia [dis'præksiə] (Gr. *dyspraxia* ill luck) 运动障碍

dysprosium [dis'prɔsiəm] 镝

dysprosody [dis'prɔsədi] (*dys-* + *prosody*) 言语声律障碍

dysproteinemia [ˌdisˌprəuti'ni:miə] (*dys-* + *protein* + *-emia*) ❶ 血内蛋白异常; ❷ 血内蛋白异常综合症

dysraphia [dis'ræfiə] (*dys-* + Gr. *raphē* seam) 闭合不全

dysraphism ['disrəfizəm] (*dys-* + Gr. *raphē* seam) 闭合不全

dysreflexia [ˌdisri'fleksiə] 反射异常

  autonomic d. 自主(神经)性反射异常

dysrhaphia [dis'ræfiə] 神经管闭合不全

dysrhythmia [dis'riθmiə] (*dys-* + Gr. *rhythmos* rhythm + *-ia*) ❶ 节律障碍; ❷ 心脏节律异常

  cerebral d. 脑电波节律障碍

  electroencephalographic d. 脑电波节律障碍

  esophageal d. 食管节律障碍

dyssebacea [ˌdissi'beisiə] 皮脂障碍症

dyssebacia [ˌdisə'beisiə] (*dys-* + *sebum*) 皮脂障碍症

dyssomnia [dis'sɔmniə] (*dys-* + L. *somnus* sleep) (DSM-Ⅲ-R) 睡眠障碍

dysspermia [dis'spə:miə] (*dys-* + Gr. *sperma* seed + *-ia*) 精液异常,精子异常

dysstasia [dis'steisiə] (*dys-* + Gr. *stasis* standing) 站立困难

dysstatic [dis'stætik] 站立困难的

dyssymbolia [ˌdissim'bəuliə] 构思障碍

dyssymboly [dis'simbəli] 构思障碍

dyssymmetry [dis'simitri] 不对称,偏位

dyssynergia [ˌdissi'nə:dʒiə] (*dys-* + Gr. *synergia* cooperation) 协同失调,协调困难

  biliary d. 胆系失调

  d. cerebellaris myoclonica 肌阵挛性小脑协同失调

  d. cerebellaris progressiva 进行性小脑协同失调

  detrusor-sphincter d. 逼肌-括约肌协同失调症

dyssystole [di'sistəli] 心收缩异常

dystasia [dis'teiziə] (*dys-* + (*s*)*tasis*) 站立困难,起立困难

  hereditary areflexic d., Roussy-Lévy hereditary areflexic d. 遗传性无反射站立困难,罗-雷二氏遗传性无反射站立困难

dystaxia [dis'tæksiə] (*dys-* + Gr. *taxis* arrangement) 随意运动控制困难,部分性共济失调

dystectia [dis'teksiə] (*dys-* + L. *tectum* roof) 神经管闭合不全

dysteleology [ˌdisˌtili'ɔlədʒi] ❶ 无用器官学,残存器官学; ❷ 无用

dysthymia [dis'θaimiə] (*dys-* Gr. *thymos* mind) (DSMⅢ-R) 精神抑郁症

dysthymic [dis'θaimik] 压抑的

dysthyreosis [disˌθairi'əusis] 甲状腺机能障碍

dysthyroid [dis'θairɔid] 甲状腺机能障碍的

dysthyroidal [ˌdisθi'rɔidəl] 甲状腺机能障碍的

dysthyroidism [dis'θairɔidizəm] 甲状腺机能障碍

dystimbria [dis'timbriə] 音色不良

dystithia [dis'taiθiə] (*dys-* + Gr. *tithēnē* a nurse + *-ia*) 哺乳困难

dystocia [dis'təuʃiə] (*dys-* + Gr. *tokos* birth) 难产

  cervical d. 宫口梗阻性难产

  constriction ring d., contraction ring d., 收缩环性难产

  fetal d. 胎原性难产

  maternal d. 母原性难产

  placental d. 胎盘难产

dystonia [dis'təuniə] (*dys-* + Gr. *tonos*) 张力障碍

  d. deformans progressiva 变形性肌张力障碍

  d. lenticularis 豆状核性肌张力障碍

  d. musculorum deformans 变形性肌张力障碍

  oromandibular d. 颌肌张力障碍

  tardive d. 迟发性肌张力障碍

torsion d., 变形性肌张力障碍
dystonic [dis'tɔnik] 张力障碍的
dystopia [dis'təupiə] (*dys-* + Gr. *topos* place)异位,错位,器官位置失常
dystopic [dis'tɔpik] 异位的,错位的
dystopy ['distəpi] 异位,错位
dystrophia [dis'trɔfiə] (L.)营养不良,营养障碍
 d. adiposa corneae 角膜的原发性脂肪变性
 d. adiposogenitalis 肥胖性生殖器退化
 d. brevicollis 短颈性营养不良
 d. endothelialis corneae 角膜内皮营养不良
 d. epithelialis corneae 角膜上皮营养不良
 d. mediana canaliformis 指甲营养障碍,指甲中部营养障碍
 d. mesodermalis cogenita hyperplastica, 先天性中胚叶增生性营养不良
 d. myotonica, 萎缩性肌强直病
 d. unguium, 指(趾)甲营养不良
 d. ungius mediana canaliformis 管状指甲中部营养不良
dystrophic [dis'trɔfik] 营养不良的,营养障碍的
dystrophin ['distrəfin] 营养不良物质
dystrophoneurosis [dis,trɔfənju'rəusis] ❶营养不良性神经紊乱;❷ 神经紊乱引起的营养障碍
dystrophy ['distrəfi] 营养不良,营养障碍
 adiposogenital d. 肥胖性生殖器退化,脑性肥胖症
 Albright's d. 阿尔布赖特氏营养障碍
 asphyxiating thoracic d. (ATD),窒息性胸腔营养不良
 Becker's muscular d., Becker type muscular d., 贝克尔氏肌营养不良
 Best's macular d., 白斯特氏肌营养不良征
 Biber-Haab-Dimmer d., 比-哈-迪三氏营养不良,网络式营养不良
 corneal d., 角膜营养不良
 craniocarpotarsal d., 颅腕跗营养不良
 Dejerine-Landouzy d., 迪-兰二氏营养不良,面肩胛臂肌群营养不良症
 distal muscular d., 远侧肌营养不良
 Duchenne's d 迪歇纳氏肌营养不良征
 Duchenne's muscular d., Duchenne type muscular d., 迪歇纳氏肌营养不良,迪歇纳氏型肌营养不良
 Duchenne-Landouzy d. 迪-兰二氏型肌营养不良,面肩臂肌营养不良
 Emery-Dreifuss muscular d., 艾-得二氏肌营养不良
 Erb's d., Erb's muscular d., ① 迪歇纳氏型肌营养不良;② 肢-带状肌营养不良
 facioscapulohumeral muscular d., 面肩胛臂肌群营养不良
 familial osseous d., 家族性骨营养不良
 Fuchs' d., 福茨氏营养不良,角膜上皮营养不良
 Fukuyama type congenital muscular d., 富科亚马型先天性肌营养不良
 Gowers'muscular d., 高尔斯氏型肌营养不良
 granular corneal d. (Groenouw's type I) 颗粒性角膜营养不良(古艾诺氏 I 型)
 Groenouw's type I corneal d., 古艾诺氏 I 型角膜营养不良
 Groenouw's type II corneal d., 古艾诺氏 II 型角膜营养不良,斑状角膜营养不良
 hereditary vitelliform d., 遗传性卵黄样营养不良
 infantile neuroaxonal d. 婴儿神经轴索营养不良
 Landouzy d., Landouzy-Dejerine d., Landouzy-Dejerine muscular d., 兰道济氏营养不良,兰-迪二氏营养不良,兰-迪二氏肌营养不良
 lattice d. (of cornea), 角膜网状营养不良
 Leyden-Möbius muscular d., 雷-穆二氏肌营养不良
 limb-girdle muscular d., 肢带肌营养不良
 macular corneal d. (Groenouw's type II),斑状角膜营养不良(古艾诺氏 II 型)
 muscular d., 肌营养不良
 myotonic d., 肌强直性营养不良
 oculocerebrorenal d. 眼脑肾营养不良
 oculopharyngeal d., oculopharyngeal muscular d. 眼-咽营养不良,眼-咽部肌群营

养不良

pelvifemoral muscular d. 骨盆股骨肌肉营养不良

progressive muscular d. 进行性营养不良,肌营养不良

progressive tapetochoroidal d., 进行性脉络膜毯层营养不良

pseudohypertrophic muscular d., 假性肌肥大性营养不良

reflex sympathetic d., 交感反射性营养不良

Salzmann's nodular corneal d., 塞尔兹曼氏结节性角膜营养不良

scapulohumeral muscular d., 肩胛肱骨肌营养不良,上肢带状肌营养不良,主要累及肩胛带

scapuloperoneal muscular d. 肩胛腓骨肌群营养不良

Simmerlin's d. 西莫林氏营养不良,肢带肌营养不良

tapetochoroidal d., 脉络膜毯层营养不良,脉络膜缺失症

thoracic-pelvic-phalangeal d. 胸-盆-指(脂)骨发育不良

wound d., 创伤后营养不良

dystrypsia [dis'tripsiə] (*dys-* + *trypsin* + *-ia*) 胰蛋白酶(分泌)障碍

dysuresia [ˌdisjuˈriːʒiə] 排尿困难

dysuria [dis'juəriə] (*dys-* + Gr. *ouron* urine + *-ia*) 排尿困难

spastic d., 痉挛性排尿困难

dysuriac [disˈjuəriək] 排尿困难者

dysuric [dis'juːrik] 排尿困难的

dysvitaminosis [disˌvaitəmiˈnəusis] 维生素失调症

dyszoospermia [diszuːˈspəːmiə] (*dys-* + *zoospermia*) 精子形成障碍

E

E ❶ (*emmetropia* 的符号) 屈光正常, 正视眼; ❷ (*enzyme* 的缩写) 酶; ❸ (*exa-* 的符号) 艾(可萨)

E ❶ (*elastance* 的符号) 倒电容(值); ❷ (*energy* 的符号) 能量; ❸ (*expectancy* 的符号) 期待; ❹ (*electromotive force* 的符号) 电动势; ❺ (*illumination* 的符号) 发光, 照度; ❻ (*electric intensity* 的符号) 电流强度; ❼ (*redox potential* 的符号) 氧化还原电势

E- (Ger. *entgegen* opposite) 立体描写器

E_1 (estrone 的符号) 雌酮

E_2 (estradiol 的符号) 雌二醇

E_3 (estriol 的符号) 雌三醇

E_4 (estetrol 的符号) 雌四醇

E_h (*redox potential* 的符号) 氧化还原电位

E^o (standard reduction potential 的符号) 标准还原电位

e (*electron* 的符号) 电子, 自然对数根

e- (L. *e* out of, away from) 离开, 没有, 在外

e 电荷的一个电子单位的符号

e^+ (*positron* 的符号) 正电子, 阳电子

e^- (*electron* 的符号) 负电子, 阴电子

ε ❶ (epsilon 的符号) 希腊字母第五个字母; ❷ (*molar absorptivity* 的符号) 克分子吸收系数; ❸ IgE 的重链; 血红蛋白的 ε 链

ε- 前缀, 表示: ❶ 从主功能团附近开始的链上的第五个碳原子; ❷ 一系列相关的实体或化合物中的一个

η ❶ (eta 的符号) 希腊字母第七个字母; ❷ (*absolute viscosity* 的符号) 绝对粘度

EAC ❶ (*erythrocyte* 的符号) 红细胞; ❷ (*antibody* 的符号) 抗体; ❸ (*complement* 的符号) 补体

EACA (epsilon-aminocaproic acid 的缩写) 氨基乙酸

EAD (early afterdepolarization 的缩写) 去极化后早期

ead. (L. *eadem* 的缩写) 同样

EAE (experimental allergic encephalomyelitis 的缩写) 实验性变应性脑脊髓炎

EAHF (*eczema*, *asthma*, *hay fever* 的缩写) 湿疹, 气喘, 枯草热

Eales' disease [i:lz] (Henry *Eales*, British physician, 1852-1913) 伊尔氏病

EAP (epiallopregnanolone 的缩写) 表异孕烷醇酮

Ea. R. (Ger. *Entartungs-Reaktion* 的缩写) 变性反应

ear [iə] (L. *auris*; Gr. *ous*) 耳
  acute e. 急性卡他性中耳炎
  aviator's e. 航空性中耳炎
  Aztec e. 无耳垂(畸形)
  bat e. 横位耳甲
  beach e. 海水浴耳病
  Blainville e's 布兰维尔氏耳
  Cagot e. 无耳垂(畸形)
  cat's e. 猫耳
  cauliflower e. 皱缩耳, 拳击耳
  cup e. 杯状耳
  Darwin's e. 达尔文氏耳
  diabetic e. 糖尿病性乳突炎
  external e. 外耳
  glue e. 胶耳
  hairy e's 毛耳, 耳廓多毛症
  Hong Kong e. 香港耳
  hot weather e. 湿热耳
  inner e., internal e. 内耳
  lop e. 横位耳甲
  middle e. 中耳
  Morel e. 莫瑞尔氏耳
  Mozart e. 莫扎特氏耳
  outer e. 外耳
  prizefighter e. 皱缩耳, 拳击耳
  satyr e. 尖耳轮耳
  scroll e. 卷耳

Singapore e. 新加坡耳
swimmer's e. 游泳者耳病
tank e. 游泳耳病
tropical e. 热带耳病
Wildermuth's e. 威尔德莫兹氏耳

earache [ˈiəreik] 耳痛
eardrum [ˈiədrʌm] 鼓膜
ear-minded [iəˈmaindid] 听性记忆的
earth [əːθ] ❶ 土,土地;❷ 矿物
　alkaline e. 碱土
　diatomaceous e. 硅藻土
　fuller's e. 漂白土
　infusorial e. 硅藻土
　siliceous e., purified (NF) 纯化硅藻土
earth-eating [əːθˈiːtiŋ] 食土癖
earwax [ˈiəwæks] 耵聍,耳垢
Easton's syrup [ˈiːstənz] (John Alexander *Easton*, English physician, 1807-1865) 伊斯登氏糖浆
Eaton-Lambert syndrome [ˈiːtən ˈlæmbət] (Lealdes Mckendree *Eaton*, American neurologist, 1905-1958; Edward H. *Lambert*, American physiologist, born 1915) 伊-兰二氏综合征
EB (elementary body 的缩写) ❶ 血小板;❷ 原生小体
Eberth's lines [ˈeibəts] (Karl Joseph *Eberth*, German pathologist, 1835-1926) 艾伯兹氏线
Eberthella [ˌebəˈθelə] (K. J. *Eberth*) 埃伯特菌属
eberthemia [ˌeibəˈθiːmiə] (*Eberth's bacillus* + Gr. *aema* blood) 伤寒菌血症
eberthian [ˈeibəθiən] 伤寒菌的
EBL (enzootic bovine leukosis 的缩写) 地方性兽病血清造血细胞组织增生
Ebner's gland [ˈebnəz] (Victor *Ebner* von Rofenstein, Austrian histologist, 1842-1925) 艾伯纳氏腺
Ebola virus [ˈebələ] (*Ebola* River in northern Zaïre, where the disease was first observed in 1976) 艾博拉病毒
ebonation [ˌebəˈneiʃən] (L. *e* out + *bone*) 碎骨片清除法
ébranlement [eibrɑːnləˈmɔŋ] (Fr.) 扭除(息肉)
ebriecation [ˌebriˈkeiʃən] (L. *bebrietas* drunkenness) 酒狂

ebrietas [iːˈbraiətəs] 醉酒,酒精中毒
ebriety [iˈbraiəti] ❶ 酒醉,醉酒;❷ 酒癖
Ebstein's angle [ˈebstainz] (Wilhelm *Ebstein*, German physician, 1836-1912) 爱泼斯坦氏角
ebullition [ˌebjuˈliʃən] (L. *ebullire* to boil) ❶ 沸;❷ 沸腾
ebur [ˈebə] (L.) 象牙
　e. dentis 牙质,牙本质
eburnation [ˌebəˈneiʃən] (L. *ebur* ivory) ❶ 骨质象牙化;❷ 牙质象牙化
　e. of dentin 牙(本)质象牙化
eburneous [iˈbəːniəs] 象牙样的
eburnitis [ˌebəˈnaitis] (L. *eburnus* of ivory + -*itis*) 牙釉质密固
EBV (Epstein-Barr virus 的缩写) 艾-巴二氏病毒
EC (*Enzyme Commission* 的缩写) 酶学委员会
écarteur [eikɑːˈtəː] (Fr.) 牵开器
ecaudate [iˈkɔːdeit] (L. *e* without + *cauda* tail) 无尾的
ecbloma [ekˈbləumə] (Gr. *ek* out + *ballein* to cast) ❶ 流产;❷ 流产儿
ecbolic [ekˈbɔlik] (Gr. *ekbolikos* throwing out) ❶ 催产的;❷ 产剂
ecbolium [ekˈbəliəm] (Gr. *ek* out + *ballein* to throw) ❶ 流产;❷ 流产儿
ecbovirus [ˈekbəvaiərəs] (from *e*nteric *c*ytopathic *b*ovine *o*rphan + *virus*) 牛肠道细胞病变孤病毒,牛肠道孤病毒,ECBO病毒
eccentric [ekˈsentrik] ❶ 偏心的,离心的;❷ 偏僻的
eccentrochondroplasia [ikˌsentrəˌkɔndrəˈpleiziə] 离心性软骨发育不良,离心性骨软骨发育不全
eccentroosteochondrodysplasia [ikˌsentrəˌɔstiəˌkɔndrədisˈpleiziə] (Gr. *ekkentros* from the center + *osteon* bone + *chondros* cartilage + *dys-* + *plassein* to form) 离心性骨软骨发育不良
eccentropiesis [ekˌsentrəupaiˈiːsis] (*eccentric* + Gr. *piesis* a pressing) 向外压法
ecchondroma [ekənˈdrəumə] (pl. *ecchondromas*, *ecchondromata*) (Gr. *ek* out + *chondroma*) 外生软骨瘤
ecchondrosis [ˌekənˈdrəusis] 外生软骨瘤

ecchondrotome [ə'kɔndrətəum] (Gr. *ek* out + *chondros* cartilage + *tomē* a cutting) 软骨刀

ecchymoma [,eki'məumə] 瘀血肿,皮下血肿

ecchymosed ['ekiməuzd] 有瘀斑的,成瘀斑的

ecchymoses [,eki'məsiz] (Gr.) 瘀斑。*ecchymosis* 的复数形式

ecchymosis [,eki'məusis] (pl. *ecchymoses*) (Gr. *ekchymōsis*) 瘀斑
cadaveric e's 尸斑

ecchymotic [,eki'mɔtik] 瘀斑的

Eccles ['ekiz] 艾克莱斯：Sir John Carew, 澳大利亚生理学家

ecclisis [ek'lisis] (Gr. *ekklinein* to turn aside) ❶ 脱位,骨片脱位; ❷ 嫌恶

eccoprosis [,ekə'prəusis] (Gr. *ek* out + *kopros* feces) 轻泻,排粪

eccoprotic [,ekə'prɔtik] ❶ 轻泻的; ❷ 轻泻药

eccorthatic [,ekɔ:'θætik] (Gr. *ek* out + *korthus* a heap) 排粪的,泻的

eccrine ['ekrin] 外分泌物

eccrinology [,ekri'nɔlədʒi] (Gr. *ekkrinein* to secrete + *logos* science) 分泌学

eccrisis ['ekrisis] (Gr. *ek* out + *krisis* separation) 排泄

eccritic [ek'ritik] (Gr. *ekkritikos*) ❶ 促排泄的; ❷ 排泄剂

eccyesis [,eksi'i:sis] (Gr. *ek* out + *kyēsis* pregnancy) 异位妊娠,宫外孕

ecdemic [ek'demik] (Gr. *ekdēmos* gone on a journey) 非地方性的,外地的,外来的

ecderon ['ekdərɔn] (Gr. *ek* out + *deros* skin) 外皮,表皮

ecdovirus ['ekdə,vaiərəs] (from *enteric cytopathic dog orphan + virus*) 狗肠道细胞病变孤病毒

ecdysiasm [ek'disiæzəm] (Gr. *ekdyein* to strip off one's clothes) 脱衣裤

ecdysis ['ekdisis] (Gr. *ekdysis* a getting out) 蜕皮

ecdysone [ek'daisəun] (Gr. *edkysis* a getting out) 蜕皮松

ECF ❶ (extracellular fulid 的缩写) 细胞外液; ❷ (eosinophil chemotactic factor of 的缩写) 嗜酸细胞趋化因子; ❸ (extended care facility 的缩写) 延伸护理设施

ECF-A (eosinophil chemotactic factor of anaphylaxis) 过敏性嗜酸细胞趋化因子

ECG (electrocardiogram 的缩写) 心电图

ecgonine ['ekgəunin] 爱冈宁
e. methyl ester 芽子碱甲酯

echeosis [,eki'əusis] (Gr. *eche* loud sound) 噪音性神经机能病

echidnase [i'kidneis] (Gr. *echidna* viper + *-ase*) 蛇毒致炎酶

echidnin [i'kidnin] (Gr. *echidna* viper) 蝰(蛇)毒素

Echidnophaga [,ekid'nɔfəgə] 冠蚤属
E. gallinacea 禽冠蚤

echidnotoxin [i,kidnə'tɔksin] 蜂(蛇)毒素

echidnovaccine [i,kidnə'væksi:n] (Gr. *echidna* viper + *vaccine*) 抗蛇毒疫苗

echinate ['ekineit] 猬棘状的,小棘状的

echin(o)- (Gr. *echinos* hedgehog) 棘,刺

Echinochasmus [i,kinə'kæzməs] (*echino-* + Gr. *chasma* open mouth) 棘隙吸虫属
E. perfoliatus 叶形棘隙吸虫

echinochrome [i'kinəkrəum] 海胆色素

echinococciasis [i,kinəkɔk'saiəsis] 棘球蚴病,包虫病

echinococcosis [i,kinəkə'kəusis] 棘球蚴病,包虫病

echinococcotomy [i,kinəkə'kɔtəmi] (*echinococcus* + Gr. *tomē* a cutting) 棘球囊切开术

Echinococcus [i,kinə'kɔkəs] (*echino-* + Gr. *kokkos* berry) 棘球属
E. alveolaris 多房棘球绦虫
E. granulosus 细粒棘球绦虫
E. multilocularis 多房棘球条虫

echinococcus [i,kinə'kɔkəs] (pl. *echinococci*) 棘球绦虫

echinocyte [i'kinəsait] (*echino-* + Gr. *kytos* hollow vessel) 棘红细胞,钝锯齿状红细胞

echinoderm [i'kinədə:m] 棘皮动物

Echinodermata [i,kinə'də:mətə] (*echino-* + Gr. *derma* skin) 棘皮动物门

Echinolaelaps [i,kinə'li:læps] 棘厉螨属
E. echidninus 毒棘厉螨

echinophthalmia [i,kinəf'θælmiə] (*echino-* + *ophthalmia*) 倒睫性眼睑炎,睫毛性眼睑炎

Echinorhynchus [i,kinə'riŋkəs] (*echino-*

+ Gr. *rhynchos* beak) 棘吻虫属
 E. gigas, E. hominis 猪巨吻棘头虫
 E. moniliformis 念珠棘吻虫
echinosis [ˌekiˈnəusis] (Gr. *echinos* hedgehog + *-osis*) 红细胞皱缩
Echinostoma [ˌekiˈnɔstəmə] (*echino-* + Gr. *stoma* mouth) 棘口吸虫属
echinostomiasis [eˌkinəustəˈmaiəsis] 棘口吸虫病
echinulate [eˈkinjuleit] (L. *echinus* hedgehog) 小棘状的
Echis [ˈekis] 小蝰属
echma [ˈekmə] (Gr. "a stopage") 阻塞, 停塞
echmasis [ekˈmesis] (Gr. *echmazein* to hinder) 阻塞, 阻塞病
echo [ˈekəu] (Gr. *ēchō* a returned sound) 回声, 回波, 重复
 amphoric e. 空瓮性回声
 metallic e. 金属性回声
 spin e. 自旋回波
echoacousia [ˌekəuəˈkuːziə] (*echo* + Gr. *akousis* hearing + *-ia*) 回声感觉
echocardiogram [ˌekəuˈkɑːdiəɡræm] 超声心动图
echocardiography [ˌekəuˌkɑːdiˈɔɡrəfi] 超声心动描记术
 color Doppler e. 彩色杜普勒超声心动描记术
 continuous wave Doppler e. 连续波杜普勒超声心动描记术
 contrast e. 对比超声心动描记术
 Doppler e. 杜普勒超声心动描记术
 M-mode e. M式超声心动描记术
 pulsed wave Doppler e. 脉冲波杜普勒超声心动描记术
 transesophageal e. (TEE) 经食管超声心动描记术
 two-dimensional e. 平面超声心动描记术
echoencephalogram [ˌekəinˈsefələɡræm] 脑回波图
echoencephalograph [ˌekəinˈsefələɡræf] 脑回波描记器
echoencephalography [ˌekəinˈsefələɡrəfi] 脑回波(声)检查法
echogenic [ˌekəuˈdʒenik] 发生回波的
echogenicity [ˌekəudʒeˈnisiti] 发生回波
echogram [ˈekəuɡræm] 回波描记图

echographia [ˌekəuˈɡræfiə] (*echo* + *graph-* + *-ia*) 模仿书写
echography [əˈkɔɡrəfi] (超声)回波描记术
echokinesis [ˌekəukiˈnisis] (*echo* + Gr. *kinesis* motion) 模仿运动
echolalia [ˌekəuˈleiliə] (*echo* + Gr. *lalia* speech babble) 模仿言语
echolalus [ˌekəuˈleiləs] 模仿言语者
echolucent [ˌekəuˈluːsənt] 无回音区
echomatism [əˈkɔmətizəm] (*echo* + Gr. *matizein* to strive to do) 模仿行动
echometer [eˈkɔmitə] (Gr. *echo* sound + *metron* a measure) 听诊器
echomimia [ˌekəuˈmaimiə] (*echo* + Gr. *mimia* imitation) 模仿表情
echomotism [ˈekəumətizəm] (*echo* + L. *motio* movement) 模仿动作
echopathy [əˈkɔpəθi] (*echo* + Gr. *pathos* disease) 病态模仿
echophonocardiography [ˌekəuˌfɔnəˌkɑːdiˈɔɡrəfi] 超声心音检查法
echophony [eˈkɔfəni] (*echo* + Gr. *phōne* voice) 胸内回声
echophotony [ˌekəuˈfɔtəni] (*echo* + Gr. *phōs* light + *tonos* tone) 声色联觉
echophrasia [ˌekəuˈfreiziə] 模仿言语
echopraxia [ˌekəuˈpræksiə] (*echo* + Gr. *praxia* action, from *prassein* to perform) 模仿行动
echopraxis [ˌekəuˈpræksis] 模仿行动
echo-ranging [ˌekəuˈreindʒiŋ] 回声定位
echoscope [ˈekəskəup] ❶ 听诊器; ❷ 模仿镜
echothiophate iodide [ˌekəuˈθaiəfeit] (USP) 二乙氧磷酰硫胆碱磺化物
echovirus [ˈekəuˌvaiərəs] (*enteric cytopathic human orphan + virus*) 埃可病毒
 e. 28 埃可28病毒
ECI (electrocerebral inactivity 的缩写) 脑电不活跃
eciomania [ˌekiəuˈmeiniə] (Gr. *ockos* home + *mania* madness) 搅家狂
Eck's fistula [eks] (Nicolai Vladimirovich Eck, Russian physiologist, 1847-1908) 埃克氏瘘管
Ecker's fissure [ˈekəz] (Alexander Ecker, German anatomist, 1816-1887) 埃克尔

氏裂
Ecker's fluid ['ekəz] (Enrique E. *Ecker*, American bacteriologist, 1887-1966) 埃克尔氏液
Eclabron ['ekləbrɔn] 爱可拉本：瓜锡林制剂的商品名
eclampsia [ə'klæmpsiə] (Gr. *eklampein* to shine forth) 子痫
 puerperal e. 产惊，子痫
 uremic e. 尿毒(症性)惊厥
eclamptic [ə'klæmptik] 惊厥的，子痫的
eclamptogenic [i,klæmptə'dʒenik] 致惊厥的
eclectic [ə'klektik] (Gr. *eklektikos* selecting) 折衷(主义)医学的
eclecticism [ə'klektisizəm] 折衷(主义)医学
eclipse [e'klips] 隐蔽期
ECM (extracellular matrix 的缩写) 细胞外基质
ecmnesia [ek'niːʒiə] (Gr. *ek* out of + *mnēmē* memory) 近事遗忘
ECMO (extracorporeal membrane oxygenation 的缩写) 体外膜氧合
ecmovirus [,ekmou'vaiərəs] (from *e*nteric *c*ytopathic *m*onkey *o*rphan + *virus*) 猿肠道孤病毒
ecogenetics [,ekəudʒə'netiks] 生态遗传学
ecologist [e'kɔlədʒist] 生态学家
ecology [e'kɔlədʒi] (Gr. *oikos* house + *-logy*) 生态学
 human e. 人类生态学
econazole nitrate [ə'kɔnəzəul] 硝酸氯苯甲氧咪唑
Economo's disease [e'kɔnəməuz] (Constantin von *Economo*, Austrian neurologist, 1876-1931) 埃科诺莫氏病
economy [i'kɔnəmi] (Gr. *oikos* house + *nomos* law) 经济
 token e. 奖惩券制度
ecoparasite [,iːkəu'pærəsait] (Gr. *oekos* home + *parasite*) 定居寄生物
ecophobia [,iːkəu'fəubiə] (Gr. *oekos* house + *phobos* fear) 家室恐怖
ecophony [i'kɔfəni] (*echo* + Gr. *phone* sound) 胸内回声
écorché [,eikɔː'ʃei] (Fr.) 肌肉部位图
ecosite ['iːkəsait] 定居寄生物
ecostate [e'kɔsteit] (L. *e* without + *costa* rib) 无肋骨的
ecosystem [,ekəu'sistəm] 生态系
ecotaxis [,ekəu'tæksis] (Gr. *oikos* house + *taxis* arrangement) 生态趋向性
ecotone ['ekətəun] 交错群落
Ecotrin ['ekəutrin] 爱可特灵：阿斯匹林制剂的商品名
ecotropic [,ekəu'trɔpik] (Gr. *oikos* house + *-tropic*) 病毒性的
écouvillon [ei,kuːviˈjɔː] (Fr.) 擦洗刷
écouvillonage [ə,kuːvijɔːˈnɑːʒ] (Fr.) 擦洗术
ecphoria [ek'fɔriə] (Gr. *ekphoros* to be made known + *-ia*) 兴奋痕迹复现
ecphractic [ek'fræktik] (Gr. *ekphraktikos* removing obstruction) ❶ 去除阻塞的，通导的；❷ 通导药
ecphrenia [ek'freniə] (Gr. *ek* out + *phren* mind) ❶ 精神错乱，精神病；❷ 妄想
ecphyadectomy [,ekfaiə'dektəmi] (Gr. *ekphyas* appendage + *ektome* to excision) ❶ 阑尾切除术；❷ 附件切除术
ecphyaditis [,ekfaiə'daitis] (Gr. *ekphyas* appendage + *-itis*) 阑尾炎
ecphylactic [,ekfai'læktik] 无防卫力的
ecphylaxis [,ekfai'læksis] (Gr. *ek* out of + *phylaxis* protection) 无防卫力
ecphyma [ek'faimə] (Gr. *ek* out + *phyma* growth) ❶ 肉疣；❷ 隆凸
 e. globulus 球状肉疣，球状红结症
ecphysesis [,ekfi'sesis] (*ek* out + *physaein* to flow) 呼吸急促
ecptoma [ekp'təumə] (Gr. *ek* out + *ptein* to fall) 落下，下垂
ecpyesis [,ekpai'iːsis] (Gr. *ek* out + *ptein* to suppurate) ❶ 化脓，脓肿；❷ 脓疱
écrasement [eikreiz'mɔŋ] (Fr.) 绞勒
écraseur [eikrɑːˈzəː] (Fr. "crusher") 绞勒器
ECS (electrocerebral silence 的缩写) 电惊厥休克，电休克
ecsomatics [,eksə'mætiks] (Gr. *ek* out + *sōma* body) 体液检验学
ecsovirus [,eksəu'vaiərəs] (from *e*nteric *c*ytopathic *s*wine *o*rphan + *virus*) 猪肠道病毒

ecstasy ['ekstəsi] (Gr. *ekstasis*) 入迷
ecstatic [ek'stætik] 入迷的
ecstrophy ['ekstrəfi] (Gr. *ekstrephein* to turn inside out) 外翻
ECT (electroconvulsive therapy 的缩写) 电惊厥疗法
ectacolia [‚ektə'kɔliə] 结肠部分扩张
ectad ['ektæd] (Gr. *ektos* without) 向外
ectal ['ektəl] (Gr. *ektos* without) 外的,外表的
ectasia [ek'teiʒiə] (Gr. *ektasis* dilatation + -ia) 扩张
   alveolar e. 肺泡扩张,肺泡气肿
   annuloaortic e. 主动脉环扩张
   corneal e. 角膜扩张,角膜突出
   diffuse arterial e. 蜿蜒状动脉瘤
   hypostatic e. 坠积性(血管)扩张
   mammary duct e. 乳腺管扩张
   papillary e. 局限性毛细管扩张
   scleral e. 巩膜扩张
   tubular e. 肾小管扩张
ectasis ['ektəsis] 扩张,膨胀
ectasy ['ektəsi] 扩张,膨胀
ectatic [ek'tætik] 扩张的,膨胀的
ectental [ek'tentəl] (Gr. *ektos* without + *entos* within) 外(及)内胚层的
ecterograph ['ektərəgra:f] (Gr. *ektos* outside + *graphein* to write) 肠运动描记器
ectethmoid [ek'teθmɔid] (Gr. *ektos* without + *ethmoid*) 筛骨侧块,筛骨外侧部
ecthyma [ek'θaimə] (Gr. *ekthyma*) 深脓疮,臁疮
   contagious e. 羊痘疮
   e. gangrenosum 坏疽性深脓疮
ecthymiform [ek'θaimifɔ:m] 深脓疮样的
ecthyreosis [ek‚θairi'əusis] ❶ 甲状腺缺失; ❷ 甲状腺机能缺失
ectillotic [‚ekti'lɔtik] (Gr. *ek* out + *tillein* to pluck) ❶ 脱毛(发)的; ❷ 脱毛(发)剂
ectiris [ek'tairis] 虹膜外层
ect(o)- (Gr. *ektos* outside) 外
ectoantigen [‚ektə'æntədʒən] 菌表抗原,体外抗原
ectobatic [‚ektəu'bætik] (*ecto-* + Gr. *baenein* to go) 输出的
ectobiology [‚ektəbai'ɔlədʒi] 表面生物学
ectoblast ['ektəblæst] (*ecto-* + Gr. *blastos* germ) ❶ 外胚层; ❷ 外膜
ectocardia [‚ektə'ka:diə] (*ecto-* + Gr. *kardia* heart) 异位心
ectocentral [‚ektəu'sentrəl] 近中央的
ectocervical [‚ektə'sə:vikəl] 外子宫颈的
ectocervix [‚ektə'sə:viks] 外子宫颈
ectochoroidea [‚ektəukə'rɔidiə] 脉络膜外层
ectocinerea [‚ektəusi'niːriə] 脑灰质
ectocnemial [‚ektək'niːmiəl] (*ecto-* + Gr. *kneme* leg) 小腿外面的,腓骨外面的
ectocolon [‚ektə'kɔlən] (Gr. *ektasis* dilatation + *kolon* colon) 结肠扩张
ectocolostomy [‚ektəukə'lɔstəmi] (*ecto-* + *colostomy*) 剖腹结肠造口术
ectocommensal [‚ektəkə'mensəl] 外共生体,外共栖体
ectocondyle [‚ektə'kɔndail] 外侧髁
ectocornea [‚ektəu'kɔ:niə] 角膜外层
ectocuneiform [‚ektəkju'niːifɔːm] 外侧楔骨,第三楔骨
ectocyst ['ektəusist] 外囊(棘球蚴)
ectocytic [‚ektə'sitik] (*ecto-* + Gr. *kytos* hollow vessel) 细胞外的
ectoderm ['ektədə:m] (*ecto-* + Gr. *derma* skin) 外胚层
   amniotic e. 羊膜外胚层
   basal e. 底外胚层
   blastodermic e. 胚盘外胚层
   chorionic e. 绒(毛)膜外胚层,滋养层
   extraembryonic e. 胚外胎膜外胚层
   neural e. 神经外胚层
   primitive e. 胚盘外胚层
ectodermal [‚ektə'də:məl] (*ecto-* + Gr. *derma* skin) 外胚层的
ectodermatosis [‚ektə‚də:mə'təusis] 外胚层形成异常,外胚层增殖
ectodermic [‚ektə'də:mik] 外胚层的
ectodermoidal [‚ektədə:'mɔidəl] 外胚层样的
ectodermosis [‚ektədə:'məusis] 外胚层形成异常,外胚层增殖
   e. erosiva pluriorificialis 多形糜烂性红斑,斯-约二氏综合征
ectoentad [‚ektə'entæd] 由外向内
ectoenzyme [‚ektə'enzaim] 胞外酶,外酶
ectogenic [‚ektə'dʒenik] 外原性的
ectogenous [ek'tɔdʒənəs] (*ecto-* + Gr.

gennan to produce) 外生的

ectoglia [ek'tɔgliə] (*ecto-* + Gr. *glia* glue) 外(神经)胶质

ectoglobular [ˌektəu'glɔbjulə] (*ecto-* + *globule*) 血细胞外的

ectogluteus [ˌektəuglu'ti:əs] (NA) 臀大肌

ectogony [ek'tɔgəni] 孕势

ectohormone [ˌektə'hɔ:məun] 外激素

ectokelostomy [ˌektəuki'lɔstəmi] (*ecto-* + Gr. *kele* hernia + *stoma* mouth) 疝囊造口术

ectolaryngeal [ˌektələ'rindʒiəl] 喉外的

ectolecithal [ˌektə'lesiθəl] (*ecto-* + Gr. *lekithos* yolk) 外黄的

ectolysis [ek'tɔlisis] (*ecto-* plasm + *lysis*) 外(胞)浆溶解

ectomarginal [ˌektəu'mɑ:dʒinəl] 近边缘及外面的

ectomere ['ektəmiə] (*ecto-* + Gr. *meros* part) 成外胚层裂球

ectomesenchyme [ˌektə'mesenkaim] 外间(充)质

ectomesoblast [ˌektə'mesəblæst] 外(胚层原)中胚层

-ectomize 切除

ectomorph ['ektəmɔ:f] 外胚层体层者

ectomorphic [ˌektə'mɔ:fik] 外胚层体型的

ectomorphy ['ektəmɔ:fi] (*ectoderm* + Gr. *morphē* form) 外胚层体型

ectomy ['ektəmi] (Gr. *ektomē*) 切除术

-ectomy (Gr. *ektomē* excision, from *ektemnein* to cut out) 切除

ectonuclear [ˌektə'nju:kliə] 核外的

ectopagus [ek'tɔpəgəs] (*ecto-* + Gr. *pagos* something fixed) 胸侧联胎畸胎

ectoparasite [ˌektə'pærəsait] (*ecto-* + *parasite*) 外寄生物

ectope ['ektəp] 异位

ectopectoralis [ˌektəˌpektə'rælis] 胸大肌

ectoperitoneal [ˌektəˌperitə'niəl] 腹膜外(面)的

ectoperitonitis [ˌektəˌperitə'naitis] (*ecto-* + *peritonitis*) 腹膜外层炎

ectophyte ['ektəfait] (*ecto-* + Gr. *phyton* plant) 外寄生菌,外皮寄生植物

ectopia [ek'təupiə] (Gr. *ektopos* displaced + *-ia*) 异位

  e. **cloacae** 泄殖肛外翻

  e. **cordis** 心异位

  e. **cordis, pectoral** 胸壁心异位

  e. **cordis abdominalis** 腹腔心异位

  crossed renal e. 越界性肾异位

  e. **lentis** 晶体异位

  e. **pupillae congenita** 先天性瞳孔异位

  renal e., e. **renis** 肾异位

  e. **testis** 睾丸异位

  e. **vesicae** 膀胱外翻

ectopism ['ektəpizm] 异位

ectopic [ek'tɔpik] ❶ 异位的; ❷ 离位的; ❸ 起源于异常部位或不正常组织的

ectoplacenta [ˌektəplə'sentə] (*ecto-* + Gr. *placenta* cake) 外胎盘

ectoplasm ['ektəplæzəm] (*ecto-* + Gr. *plasma* a thing formed) 外(胞)浆,外质

ectoplasmatic [ˌektəplæz'mætik] 外(胞)浆的

ectoplast ['ektəplæst] 外浆膜,外质膜

ectoplastic [ˌektə'plæstik] (*ecto-* + Gr. *plassein* to shape) 外形成性的

ectopotomy [ˌektəu'pɔtəmi] (*ectopia* + Gr. *temnein* to cut) 异位胎切除术

ectopterygoid [ˌektə'terigɔid] 翼外肌

ectopy ['ektəpi] 异位

ectorbital [ek'tɔ:bitəl] (*ecto-* + *orital*) 眶外侧的

ectoretina [ˌektəu'retinə] (*ecto-* + *retina*) 视网膜外层

ectosac ['ektəsæk] (*ecto-* + Gr. *sakkos* a sac) 外膜,外囊(卵)

ectosarc ['ektəsɑ:k] (*ecto-* + Gr. *sarx* flesh) 原虫外膜

ectoscopy [ek'tɔskəpi] (*ecto-* + Gr. *skopein* to examine) 外表检视法

ectosite ['ektəusait] 外寄生物

ectoskeleton [ˌektə'skelitən] 外骨骼

ectosphere ['ektəsfiə] (中心)球外层

ectosteal [ek'tɔstiəl] 骨外(面)的

ectostosis [ˌektə'stəusis] (*ecto-* + Gr. *ostosis*) 软骨膜下骨化

ectosymbiont [ˌektə'simbiənt] 外共生生物

ectothalamus [ˌektəu'θæləməs] 丘脑外层

ectotherm ['ektəθə:m] (*ecto-* + Gr. *thermē* heat) ❶ 冷血动物; ❷ 变温动物

ectothermic [ˌektə'θə:mik] ❶ 冷血的; ❷ 冷血的,变温的

ectothermy [ˌektə'θə:mi] ❶ 温度变化适

应性；❷ 变温性
ectothrix ['ektəθriks] (ecto- + Gr. thrix hair) 毛外癣菌
Ectotrichophyton [,ektətri'kɔfitən] (ecto- + Gr. thrix hair + phyton plant) 发外发癣菌属
ectotxemia [,ektəutɔk'si:miə] 外因性毒血症
ectotoxin [,ektəu'tɔksin] 外毒素
ectotrochanter [,ektəutrə'tʃæntə] (the greater trochauter) 大圆隆
ectozoa [,ektə'zəuə] (Gr.) 体表寄生虫。ectozoon 的复数形式
ectozoal [,ektə'zəuəl] 体表寄生虫的
ectozoon [,ektə'zun] (pl. ectozoa) (ecto- + Gr. zōon animal) 体表寄生虫
ectr(o)- (Gr. ektrōsis miscarriage) 先天性某部分缺失
ectrodactylia [,ektrədæk'tailiə] 缺指(趾)(畸形)
ectrodactylism [,ektrə'dæktəlizəm] 缺指(趾)(畸形)
ectrodactyly [,ektrə'dæktili] (ectro- + daktylos finger) 缺指(趾)(畸形)
ectrogenic [,ektrə'dʒenik] 先天性缺损的
ectrogeny [ek'trɔdʒəni] (ectro- + gennan to produce) 先天缺损
ectroma [ek'trəumə] 流产
ectromelia [,ektrə'mi:liə] (ectro- + Gr. melos limb + -ia) (先天性)缺肢畸形
  infectious e. 传染性缺肢畸形
ectromelic [,ektrə'melik] (先天性)缺肢畸形的
ectromelus [ek'trɔmələs] (ectros- + melos limb) (先天性)缺肢畸形者
ectrometacarpia [,ektrə,metə'kɑ:piə] (ectro- + metacarpus + -ia) (先天性)缺跖骨(畸形)
ectrometatarsia [,ektrə,metə'tɑ:siə] (ectro- + metatarsus + -ia) (先天性)缺跖骨(畸形)
ectrophalangia [,ektrəfə'lændʒiə] (先天性)缺指(趾)骨(畸形)
ectropia [ek'trəupiə] 外翻
ectropic [ek'trɔpik] 外翻的
ectropion [ek'trɔpiən] (Gr. "an everted eyelid"; ektropē a turning aside) 外翻
  atonic e. 张力缺乏性外翻
  cervical e. 宫颈外翻
  cicatricial e. 瘢痕性外翻
  flaccid e. 弛缓性下睑外翻
  e. luxurians 肉瘤性(睑)外翻,结膜肥厚性睑外翻
  paralytic e. 麻痹性睑外翻
  e. of pigment layer 色素层外翻
  e. sarcomatosum 肉瘤性(睑)外翻,结膜肥厚性睑外翻
  senile e. 老年性睑外翻
  spastic e. 痉挛性(睑)外翻
  e. uveae 眼色素层外翻
ectropionize [ek'trɔpiənaiz] 使外翻
ectropium [ek'trɔpiəm] 外翻
ectropodism [ek'trɔpədizm] (Gr. ektroma abortion + pous foot) 缺足(畸形)
ectrosis [ek'trəusis] (Gr. ektrōsis) ❶ 流产；❷ 顿挫,顿挫疗法
ectrosyndactylia [,ektrəsindæk'tailiə] 并指(趾)缺指(趾)(畸形)
ectrosyndactyly [,ektrəsin'dæktili] (ectro- + syn together + daktylos finger) 并指(趾)缺指(趾)(畸形)
ectrotic [ek'trɔtik] ❶ 流产的；❷ 顿挫的
ectylotic [,ekti'lɔtik] (Gr. ek out + tylos callus) ❶ 消疣剂；❷ 消疣的
ectylurea [,ektəlju'riə] 乙基巴豆酰脲
ectype [ek'taip] 异常型(体质)
ectypia [ek'taipiə] 体质型异常
eczema ['ekzəmə] (Gr. ekzein to boil out) 湿疹
  allergic e., atopic e. 变应性湿疹
  asteatotic e. 干性湿疹
  e. craquelé (Fr. "marred with cracks") 干性湿疹
  dyshidrotic e. 干疮
  facial e. of ruminants 反刍动物面部湿疹
  flexural e. 屈部湿疹
  e. herpeticum 疱疹性湿疹
  infantile e. 婴儿湿疹
  e. intertrigo 擦烂性湿疹
  nummular e. 钱币状湿疹
  seborrheic e. 脂溢性湿疹
  e. vaccinatum 疫苗性湿疹
  xerotic e. 干性湿疹
eczematid [ek'zemətid] 湿疹样疹
eczematization [ek,zemətiˈzeiʃən] 湿疹化

eczematogenic [ek͵zemətə'dʒenik] 引起湿疹的

eczematoid [ek'zemətɔid] 湿疹样的

eczematosis [ek͵zəmə'təusis] 湿疹病

eczematous [ek'zemətəs] 湿疹的，湿疹性的

eczemogenous [͵ekzemə'dʒinəs] (*eczema* + Gr. *gennan* to produce) 引起湿疹的

ED ❶ (erythema dose 的缩写) 红斑量；**❷** (effective dose 的缩写) 有效量

ED₅₀ (median effective dose 的缩写) 半数有效量

edathamil [ə'dæθəmil] 依地酸,乙二胺四乙酸
   calcium disodium e. 乙二胺四乙酸钙二钠,乙地酸钙二钠
   e. disodium 乙二胺四乙酸二钠,依地酸二钠

Eddowes' syndrome ['edəuz] (Alfred *Eddowes*, British physician, 1850-1946) 埃窦氏综合征,成骨不全 I 型

edea [i'di:ə] (Gr. *aedoea* the geaitals) 生殖器

edeatrophia [͵edi'trəufiə] (*edea* + Gr. *atrophia* a wasting) 生殖器萎缩

edeauxe ['ediɔksi] (*edea* + Gr. *auxe* increase) 生殖器肿大

Edebohls' position ['edəbɔlz] (George Michael *Edebohls*, New York surgeon, 1853-1908) 埃德伯希氏卧位

Edecrin [ə'dekrin] 依他尼酸：利尿酸制剂的商品名

edeitis [͵idi'aitis] (*edea* + Gr. *itis* inflammation) 生殖器炎

Edelman ['edəlmæn] 艾戴尔曼：Gerald Maurice,美国生物学家

edema [i'di:mə] (Gr. *oidēma* swelling) 水肿
   alimentary e. 营养不良性水肿
   angioneurotic e. 血管神经性水肿
   Berlin's e. 柏林氏水肿,视网膜水肿
   brain e. 脑水肿
   brown e. 棕色水肿
   e. bullosum vesicae 膀胱大疱性水肿
   Calabar e. 卡拉巴尔水肿,罗阿丝虫性水肿,移动性(水)肿
   e. calidum 炎性水肿
   cardiac e. 心病性水肿
   cerebral e. 脑水肿
   circumscribed e. 血管神经性水肿
   cytotoxic e. 细胞毒性水肿
   dependent e. 坠积性水肿
   famine e. 营养不良性水肿
   e. frigidum 非炎性水肿
   e. fugax 暂时性水肿,倏忽水肿
   gaseous e. 气性水肿
   giant e. 巨大水肿,血管神经性水肿
   hepatic e. 肝病性水肿
   hereditary angioneurotic e. (HANE) 遗传性(局部)水肿
   high-altitude pulmonary e. 高空性肺水肿
   hunger e. 营养不良性水肿
   hydremic e. 稀血性水肿
   idiopathic e. 特发性水肿
   inflammatory e. 炎性水肿
   insulin e. 胰岛素性水肿
   interstitial e. 间隙性水肿
   invisible e. (隐性)无形水肿
   e. of lung 肺水肿
   lymphatic e. 淋巴管性水肿
   malignant e. ① 皮肤炭疽；② 炎性水肿；③ 羊块疫
   Milroy's e. 米耳罗伊氏水肿,遗传性(局部)水肿
   Milton's e. 米尔顿氏水肿,血管神经性水肿
   mucous e. 粘液性水肿
   e. neonatorum 新生儿水肿
   nephrotic e. 肾病性水肿
   noninflammatory e. 非炎性水肿
   nonpitting e. 非指压性水肿,非压凹性水肿
   nutritional e. 营养不良性水肿
   paroxysmal pulmonary e. 阵发性肺水肿
   passive e. 被动性水肿,被动冲血
   periodic e. 周期性水肿
   periretinal e. 浆液性中心性视网膜炎
   pitting e. 指压性水肿,压凹性水肿
   placental e. 胎盘水肿
   prehepatic e. 肝病前期水肿
   pulmonary e. 肺水肿
   purulent e. 化脓性水肿
   Quincke's e. 昆克氏水肿,血管神经性水肿
   renal e. 肾性水肿

rheumatismal e. 风湿性水肿
salt e. 食盐性水肿,摄盐过多性水肿
solid e. 实性水肿,粘液性水肿
solid e. of lungs 肺实性水肿
terminal e. 临终时水肿,末期水肿
toxic e. 中毒性水肿
vasogenic e. 血管性水肿
venous e. 静脉性水肿
vernal e. of lung 春季肺水肿
war e. 战时水肿,营良性不良水肿
edemagen [ə'di:mədʒən] 致水肿原
edemania [idi'meiniə](Gr. *aedoea* genitals + *mania* madness) 色情狂
edematigenous [ˌədemə'tidʒinəs] 致水肿的
edematization [əˌdeməti'zeiʃən] 水肿形成
edematogenic [əˌdemətə'dʒenik] 致水肿的
edematoscheocele [ˌedimətəs'kiəusil] (*edema* + Gr. *oscheon* serotum + *kele* hernia) 水肿性阴囊疝
edematous [ə'demətəs] 水肿的
Edentata [ˌedən'teitə] 贫齿目
edentate [e'denteit] 无牙的
edentation [ˌeden'teiʃən] (L. *e* neg. + *dens* tooth) 无齿,缺齿
edentia [e'denʃiə] (L. *e* without + *dens* tooth) 无牙
edentulate [e'dentjuleit] 无牙的
edentulous [e'dentjuləs] 无牙的
edeodynia [ˌedi'diniə] (*edea* + Gr. *odyme* pain) 生殖器痛
edeography [ˌedi'ɔgræfi] (*edea* + Gr. *graphein* to record) 生殖器论
edeology [ˌedi'ɔlədʒi] (*edea* + Gr. *logos* science) 生殖器学
edeomania [ˌediəu'mæniə] (*edea* + Gr. *mania* madness) 色情狂
edeoptosis [ˌediəp'təusis] (*edea* + Gr. *ptosis* a falling) 生殖器脱垂
edeoscopy [ˌi:di'ɔskɔpi] (*edea* + Gr. *skopein* to view) 生殖器检查
edeotomy [ˌi:di'ɔtəmi](*edea* + Gr. *tome* a cutting) 生殖器解剖学,生殖器解剖
edestin [i'destin] 麻仁球蛋白
edetate [ˈedəteit] 依地酸盐
　e. calcium disodium (USP), calcium disodium e. 依地酸钙二钠,乙烯二胺四乙酸钙二钠
　e. disodium (USP), disodium e. 依地酸二钠
　e. sodium 依地酸钠
　e. trisodium 依地酸三钠
edetic acid [ə'detik] 乙二胺四乙酸,依地酸
edge [edʒ] 边缘,缘
　cutting e. 刀刃,刀口
　denture e. 牙缘
　incisal e. 切缘
edge-strength [edʒ streŋθ] 边缘韧力
edible ['edibl] (L. *edibilis*) 可食的
Edinger's nucleus ['ediŋəz] (Ludwig *Edinger*, German neurologist, 1855-1918) 埃丁格氏核
Edinger-Westphal nucleus ['ediŋə 'vestfɑːl] (L. *Edinger*; Carl Friedrich Otto *Westphal*, German neurologist, 1833-1890) 埃-韦二氏核
edipism ['edipizəm] (from *Oedipus*, King of Thebes) 眼自伤
edisylate [ə'disəleit] 乙二磺酸盐
EDR ❶ (effective direct radiation 的缩写)有效直接放射; ❷ (electrodermal response 的缩写)皮肤电反应
EDRF (endothelium-derived relaxing factor 的缩写) 内皮产生的舒张因子
edrophonium chloride [ˌedrə'fəniəm] (USP) 艾亩酚
Edsall's disease ['edsəlz] (David Linn *Edsall*, American physician, 1869-1945) 艾德塞尔氏病,中暑性痉挛
EDTA ❶ (ethylenediaminetetraacetic acid 的缩写)乙二胺四乙酸,乙底酸; ❷ (European Dialysis and Transplant Association 的缩写)欧洲透析和移植协会
educable ['edjukəbl] 可教育的,能够受教育的
eduction [i'dʌkʃən] (L. *e(ex)* from + *ducere* to lead) 引出
edulcorant [i'dʌlkərənt] 甜剂
edulcorate [i'dʌlkəreit] 使甜
EDV (end-diastolic volume 的缩写) 舒张末量
Edwards' syndrome ['edwədz] (J. H. *Edwards*, British physician, 20th century) 爱德华氏综合征,18 三体综合征

Edwardsiella [edˌwɔːdsiˈelə] (Philip R. *Edwards*, American bacteriologist, 1901-1966) 爱德华菌属
  E. hoshinae 豪斯纳爱德华菌
  E. ictaluri 鲇鱼爱德华菌
  E. tarda 迟钝爱德华菌
Edwardsielleae [edˌwɔːdsiˈeliiː] 爱德华菌族
EEE (eastern equine encephalomyelitis 的缩写) 东部马脑脊髓炎
EEG (electroencephalogram 的缩写) 脑电图
eelworm [ˈiːlwəːm] 线虫
EENT (eye-ear-nose-throat 的缩写) 眼耳鼻喉
EERP (extended endocardial resection procedure 的缩写) 心内膜伸展切除法
EFA (essential fatty acids 的缩写) 必需脂肪酸
E-Ferol [iːˈferɔl] 依弗乐：维生素 E 静脉注射制剂的商品名
effacement [əˈfeismənt] 消失
effect [iˈfekt] 效应, 作用
  additive e. 相加作用(药效)
  anachoretic e. 摄引作用
  Anrep e. 安莱普氏效应
  Bayliss e. 贝利斯氏效应
  Blinks e's 布林克氏效应
  Bohr e. 博尔氏效应
  Bruce e. 布鲁斯氏效应
  calorigenic e. 热量产生效应
  clasp-knife e. 折刀式效应
  Compton e. 康普顿氏效应
  contrary e. 反效应
  Crabtree e. 克莱伯特里效应
  cumulative e. 累积效应
  Danysz e. 丹尼什效应
  Deelman e. 迪耳曼效应
  Doppler e. 多普勒效应
  Emerson e. 爱默生效应
  experimenter e's 实验者效应
  Fahraeus-Lindqvist e. 法-林效应
  Haldane e. 霍尔丹效应
  Hallberg e. 霍尔伯格效应
  Hallwachs e. 哈尔反克效应
  heel e. 跟效应
  isomorphic e. 同型异质效应
  McCollough e. 麦克罗基效应
  Mierzejewski e. 米尔泽耶夫斯基效应
  Nagler e. 纳格勒氏效应
  Orbeli e. 奥尔别利效应
  Pasteur e. 巴斯德斯效应
  photechic e. 光照效应
  photoelectric e. 光电效应
  placebo e. 安慰作用
  position e. 位置影响
  pressure e. 施压效应
  Purkinje e. 珀克金杰效应
  Raman e. 喇曼效应
  Russell e. 鲁塞尔效应
  side e. 副作用
  Somogyi e. 索蒙基伊效应
  Soret e. 索雷效应
  specific dynamic e. 特殊动力作用
  Staub-Traugott e. 施-特效应
  thermic e. 特殊动力作用
  Tyndall e. 廷德尔效应
  Whitten e. 惠顿效应
  Wolff-Chaikoff e. 沃-查效应
  Zeeman e. 济曼效应
effectiveness [iˈfektivnis] ❶ 作用, 效应; ❷ 灵验
  relative biological e. 相对生物效率
effector [iˈfektə] ❶ 效应器; ❷ 效应器官
  allosteric e. 变相效应体
effeminacy [iˈfeminəsi] 男子女化, 女化病
effemination [iˌfemiˈneiʃən] 女性化
efferent [ˈefərənt] (L. *ex* out + *ferre* to bear) ❶ 传出的, 输出的; ❷ 传导体
efferential [ˌefəˈrenʃəl] ❶ 传出的, 输出的; ❷ 传导体
effervescent [ˌefəˈvesənt] (L. *effervescens*) 起泡的, 泡腾的
efficacy [ˈefikəsi] (L. *efficax* effectual) ❶ 灵验; ❷ 疗效
efficiency [iˈfiʃənsi] ❶ 效力, 效率; ❷ 有效系数
effleurage [efluˈrɑːʒ] (Fr.) 摩擦法
efflorescence [ˌefləˈresəns] (L. *efflorescentia*) 皮疹, 皮肤损害
efflorescent [ˌefləˈresənt] (L. *efflorescere* to bloom) 风化的
effluent [ˈefluənt] (L. *effluere* to flow out) 溢出物, 坑水
effluve [iˈfluːv] 介流
effluvium [iˈfluːviəm] (pl. *effluvia*) (L. "a flowing out") ❶ 脱发; ❷ 泄出, 排出

anagen e. 再生期脱发
telluric e. 地气
telogen e. 静止期脱发
efflux [i'flʌks] (L. "an outflow") ❶ 溢出物；❷ 流产
effraction [i'frækʃən] 破裂，衰弱
effracture [i'fræktʃə] ❶ 颅骨折；❷ 裂开
effumability [ˌefjuməˈbiliti] (L. *ex* out + *fumus* smoke) 易发挥性
effuse [i'fjuːz] (L. *effusus*, from *ex* out + *fundere* to pour) ❶ 弥散；❷ 渗散, 流出
effusion [i'fjuːʒən] (L. *effusio* a pouring out) ❶ 渗漏；❷ 渗出物
  hemorrhagic e. 血性渗漏液
  pericardial e. 心包渗漏，心包(腔)积液
  pleural e. 胸膜渗漏，胸膜(腔)积液
eflornithine hydrochloride [efˈlɔːniθiːn] 抗鸟氨酸盐酸盐
Efudex [ˈefjudeks] 爱夫代克斯：尿嘧啶制剂的商品名
egagropilus [ˌegəˈgrɔpiləs] (Gr. *aigagros* wild goat + *pilos* felt) 毛团，毛块
EGD (esophagogastroduodenoscopy 的缩写) 食管胃十二指肠镜检查
egersis [i'dʒɜːsis] (Gr.) 警醒，不眠
egertic [i'dʒɜːtik] (Gr. *egeirein* to awaken) 催醒的
egesta [i'dʒestə] (L. *e* out + *gerere* to bear) 排泄物
egestion [i'dʒestʃən] 排泄
egg [eg] (L. *ovum*) ❶ 卵；❷ 卵母细胞；❸ 雌生殖细胞
Eggers' plate [ˈegəz] (George William Nordholtz Eggers, American orthopedic surgeon, 1896-1963) 埃格氏板
Eggleston's method [ˈiːglstənz] (Cary Eggleston, New York physician, 1884-1966) 伊哥斯通氏法
egilops [ˈedʒilɔps] (Gr. *aix* goat + *ōps* eye) 内眦脓肿穿破
eglandulous [i'glændjuləs] (L. *e* without + *glandula* glandule) 无腺的
ego [ˈegəu] (L. "I") 自我
ego-alien [ˌegəuˈeiljən] 自我矛盾的
egobronchophony [ˌegəubrɔŋˈkɔfəni] (Gr. *aix* goat + *bronchophony*) 支气管羊音
egocentric [ˌegəuˈsentrik] (L. *ego* I + *centric*) 自我中心的，自负的，利己的
ego-dystonic [ˌegəudisˈtɔnik] 自我矛盾的
ego-ideal [ˈegəuˈaidiəl] 自我观念
egoism [ˈegəuizəm] 自我主义，利己主义
egomania [ˌegəuˈmeiniə] (Gr. *egō* I + *mania* madness) 利己狂，自尊癖
egophony [eˈgɔfəni] (Gr. *aix* goat + *phōnē* voice) 支气管(羊)音
ego-syntonic [ˌegəusinˈtɔnik] 自我协调的
egotism [ˈegəutizəm] 自负，自私，利己主义
egotropic [ˌegəuˈtrɔpik] (Gr. *egō* I + *tropos* a turning) 自我中心的
egregorsis [ˌigrəˈgɔːsis] (Gr. *egeirein* to wake) 熟睡不能，酣睡不能
EGTA (egtazic acid 的缩写) 四羧酸脂酸
egtazic acid [eg'tæzik] 四羧酸酯酸
EHBF (estimated hepatic blood flow 的缩写) 肝血流估量
EHDP ❶ (ethane-1-hydroxy-1 的缩写) 羟乙(烷基)；❷ (1-diphosphonate 的缩写) 二磷酸
Ehlers-Danlos syndrome [ˈeləz dænˈlɔs] (Edvard Ehlers, Danish dermatologist, 1863-1937; Heri Alexandre Danlos, French dermatologist, 1844-1912) 埃-当二氏综合征
Ehrenritter's ganglion [ˌɛərənˈritəz] (Johann Ehrenritter, Austrian anatomist, 18th century) 埃伦里特氏神经节，舌咽神经上节
Ehrlich [ˈɛəlik] 阿利克：Paul, 德国内科医生，细菌学家
Ehrlich's reaction [ˈɛəliks] (Paul Ehrlich) 欧利希氏反应
Ehrlich-Heinz granules [ˈɛəlik haints] (Paul Ehrlich; Robert Heinz, German pathologist, 1865-1924) 欧-赫二氏粒
Ehrlichia [ɛəˈlikiə] (Paul Ehrlich) 艾希体属
  E. canis 犬艾希体
  E. sennetsu 寒尼苏艾希体
Ehrlichieae [ˌɛəliˈkaiiː] 艾希体族
ehrlichiosis [ˌɛəlikiˈəusis] 艾希热病
  canine e. 犬牙艾希热病
EIA (enzyme immunoassay 的缩写) 酶免疫测定(法)
Eichhorst's atrophy [ˈaikhɔːsts] (Hermann

Ludwig *Eichhorst*, German physician in Switzerland, 1849-1921) 艾克霍斯特氏萎缩

Eicken's method ['aikənz] (Carl Otto Von *Eicken*, German laryngologist and otologist, 1873-1960) 艾根氏法

eiconometer [ˌaikə'nɔmitə] 影像计，物像计

eicosanoate [aiˌkɔsə'nɔeit] 廿(烷)酸盐

eicosanoic acid [ˌaikɔsə'nɔik] 廿(烷)酸

eicosanoid [ai'kɔsənɔid] 廿(烷)类

eicosapentaenoic acid [aiˌkɔsəˌpentəi'nɔik] 廿(烷)五烯酸

eidetic [ai'detik] (Gr. *eidos* that which is seen; form or shape) 旧事物重见力的

eidogen ['aidədʒən] (Gr. *eidos* form + *genesthai* produced) (器官)变形质(胚)

eidoptometry [ˌaidəp'tɔmətri] (Gr. *eidos* form + *opto-* + *-metry*) 视形测定法

eigon ['aigɔn] 碘蛋白

Eijkman ['aikmæn] 伊克曼：Christiaan, 荷兰生理学家

Eikenella [ˌaikə'nelə] (M. *Eiken*) 埃肯菌素

eikonic [ai'kɔnik] (Gr. *eikon* image) 影像的

eikonometer [ˌaikə'nɔmitə] (Gr. *eikōn* image + *-metry*) 影像计，物像计

eilema [i'lemə] (Gr. *eilein* to twist) ❶ 腹绞痛；❷ 肠扭结

eiloid ['ailɔid] (Gr. *eilein* to roll up + *eidos* form) 蟠管状的，线圈形的

Eimeria [ai'meriə] (Gustav Heinrich Theodor *Eimer*, German zoologist, 1843-1898) 艾美球虫属

Eimeriina [ˌaimə'riːinə] 艾美球虫亚目

Einhorn's saccharimeter ['ainhɔːnz] (Max *Einhorn*, Russian-born American physician, 1862-1953) 艾因霍恩氏糖定量器

einsteinium [ain'stainiəm] (Albert *Einstein*, theoretical physicist, 1879-1955; winner of the Nobel prize for physics in 1921) 锿

Einthoven ['aintəvən] 艾因托文：Willem, 荷兰生理学家

Einthoven's galvanometer ['aintəvənz] (W. *Einthoven*) 艾因托文氏电流计

eisanthema [ai'sænθəmə] (Gr. *eis* into + *anthein* to bloom) 粘膜疹

Eisenia [ai'siːniə] 爱胜蚓属

Eisenmenger's complex ['aisən,mengəz] (Victor *Eisenmenger*, German physician, 1864-1932) 爱森门格氏复合征

eisodic [ai'sɔdik] (Gr. *eis* into + *hodos* way) 输入的，传入的，向心的

eispnea ['ispniə] (Gr. *eispnoe* a breathing into) 吸气

EIT (erythrocyte iron turnover 的缩写) 红细胞铁更新

ejaculate [i'dʒækjuleit] ❶ 射出；❷ 射精

ejaculatio [iˌdʒækju'leiʃiəu] (L.) 射精
  e. deficiens 不全射精，射精障碍
  e. praecox 射精过早，早泄
  e. retardata 射精迟缓

ejaculation [iˌdʒækju'leiʃən] (L. *ejaculatio*) 射出，射精
  premature e. 早泄
  retrograde e. 逆射精

ejaculator [i'dʒækjuleitə] (L.) 射出者，喷射器
  e. seminis 球海绵体肌，尿道括约肌

ejaculatory [i'dʒækjulətəri] (L. *ejaculatorius*) 射精的

ejaculum [i'dʒækjuləm] 精液

ejecta [i'dʒektə] (L., pl.; from *e* out + *jacere* to cast) 排出物

ejection [i'dʒekʃən] (L. *ejectus* past part. of *eicere* to cast out) ❶ 排出，射出；❷ 排出物；❸ 射血期
  milk e. 喷乳

ejector [i'dʒektə] ❶ 放射器；❷ 剔出器，排除器

Ejusd. (L. *ejusdem* 的缩写) 同样

eka- (Sanskrit, "one" or "first") 准

Ekbom syndrome ['ekbɔm] (Karl Axel *Ekbom*, Swedish neurologist, born 1907) 艾克伯母氏综合征

EKG (electrocardiogram 的缩写) 心电图

ekiri [i'kiri] 疫痢

Ekman's syndrome ['ekmænz] (Olof Jacob *Ekman*, Swedish physician, 1764-1839) 艾克曼氏综合征，成骨不全 I 型

Ekman-Lobstein syndrome ['ekmæn 'lɔbstain] (O. J. *Ekman*; Johann Friedrich Georg Christian *Lobstein*, German physi-

cian, 1777-1835）艾-洛氏综合征,成骨不全 I 型
EKY（electrokymogram 的缩写）电记波照片；心电记波图
elaborate [i'læbəreit] 加工
elaboration [i,læbə'reiʃən] ❶ 加工；❷ 意匠作用
elacin ['eləsin] 变性弹力蛋白
elae(o)- 油
elaeomyenchysis [,eliəumai'enkisis] 油剂肌内注射疗法
elaidate [,elə'aideit] 反油酸盐,反油酸脂,反油酸阴离子
elaidic acid [,elə'aidik] 反油酸,反十八碳烯-9-酸
elai(o)- 油
elaioma [elei'əumə] 油肿
elaiometer [,elei'ɔmitə] 油度计,油比重计
elaiopathy [,i:li'ɔpəθi]（Gr. *elaion* oil + *pathos* disease）脂肪性(水)肿病,脂质浮肿病
elaioplast [i'leiəplæst]（Gr. *elaion* oil + *plassein* to form）成油体
elantrine ['eləntri:n] 甲丙二苯草
elapid ['eləpid] ❶ 眼镜蛇；❷ 眼镜蛇的
Elapidae [i'læpidi:] 眼镜蛇科
Elaps ['elæps] 珊瑚毒蛇属
elasmobranch [i'læsməbræŋk]（Gr. *elasmos* plate + L. *branchia* gill）❶ 板鳃类鱼；❷ 板鳃类的
elassosis [,elə'səusis]（Gr. *elasson* smaller, less）小型有丝分裂
elastance [i'læstəns] 弹回性,弹回率
elastase [i'læsteis]（胰）弹性(硬)蛋白酶
elastic [i'læstik]（L. *elasticus*）❶ 弹性的；❷ 弹性带
  intermaxillary e. 颌间弹性带
  intramaxillary e. 颌内弹性带
  vertical e. 垂直弹性带
elastica [i'læstikə]（L.）弹性组织
elasticin [i'læstisin] 弹性硬蛋白
elastinase [i'læstineis] 弹性硬蛋白酶
elasticity [,ilæs'tisiti] 弹性
  physical e. of muscle 肌肉物理弹性
  physiologic e. of muscle 肌肉生理弹性
  total e. of muscle 肌肉总弹性
elastin [i'læstin] 弹性硬蛋白
elast(o)-（L. *elasticus*, from late Gr. *elastos*, beaten, ductile, from Gr. *elaunein* to beat out）弹性
elastofibroma [i,læstəfai'brəumə]（*elasto-* + *fibroma*）弹力纤维瘤
elastogel [i'læstədʒel] 弹性凝胶
elastoid [i'læstɔid] 弹性样物质
elastoidosis [i,læstɔi'dəusis] 弹性样组织变性
  nodular e. 结节性弹性样组织变性
elastolysis [,ilæs'tɔlisis]（*elasto-* + *-lysis*）弹性组织离解(消化)
  generalized e. 全身皮肤松垂
  perifollicular e. 毛囊周围弹性组织离解
  postinflammatory e. 炎症后弹性组织离解
elastolytic [i,læstə'litik]（*elasto-* + *-lytic*）促弹性组织离解的
elastoma [,ilæs'təumə]（*elast-* + *-oma*）弹性(组织)瘤
elastomer [i'læstəmə:] 合成橡胶
elastometer [,ilæs'tɔmitə]（*elasto-* + *-meter*）弹性组织测定器
elastometry [,ilæs'tɔmitri]（*elasto-* + *-metry*）弹性测定法
elastomucin [i,læstəu'mju:sin] 弹性(组织)粘蛋白
elastopathy [,ilæs'tɔpəθi]（*elasto-* + *-pathy*）弹性组织(缺乏)病
Elastoplast [i'læstəplæst] 弹性绷带
elastorrhexis [i,læstə'reksis]（*elasto-* + *-rrhexis*）弹性组织(纤维)破裂
elastose [i'læstəus] 弹性蛋白胨
elastosis [,ilæs'təusis] ❶ 弹性组织变性；❷ 真皮结缔组织变性改变；❸ 皮肤结缔组织病变
  actinic e. 光化弹性组织变性
  nodular e. of Favre and Racouchot 法-雷氏结节性弹性组织变性
  e. perforans serpiginosa, perforating e. 匐行穿孔性弹性组织变性
  senile e. ① 老年性皮肤萎缩；② 光化弹性组织变性
  solar e. 日光性弹性组织变性
elastotic [,ilæs'tɔtik] ❶ 弹性组织变性的；❷ 弹性纤维状
elater ['elətə] 弹丝
elaterin [i'lætərin] 喷瓜素,西洋苦瓜
elation [i'leiʃən] 得意(洋洋),高兴

Elavil ['eləvil] 依拉维:盐酸阿米替林制剂的商品名
elbow ['elbəu] (L. *cubitus*) ❶ 肘；❷ 肘状物
 baseball pitchers' e. 垒球投手肘
 capped e. 帽状肘,肘水囊瘤
 dropped e. 下垂肘
 golfer's e. 高尔夫球员肘
 little leaguer's e. 小球队员肘
 miners' e. 矿工肘,矿工鹰嘴粘液囊炎
 nursemaids' e. 护士肘
 pulled e. 牵曳肘
 tennis e. 网球手肘
elcosis [el'kəusis] 溃疡形成
Eldadryl ['eldədril] 爱达得尔:盐酸苯海拉明制剂的商品名
Eldepryl ['eldəpril] 爱得普尔:盐酸立司吉林制剂的商品名
elder ['eldə] 接骨木
Eldodram ['eldədræm] 爱得传:茶苯醇胺制剂的商品名
Eldopaque ['eldəpeik] 爱得帕克:氢醌制剂的商品名
Eldoquin ['eldəkwin] 爱得奎因:氢醌制剂的商品名
elective [i'lektiv] ❶ 选择的；❷ 选择性的
Electra complex [i'lektrə] (*Electra*, character in Greek legend who incited her brother to kill her mother and stepfather for having murdered their father) 恋父情结
electro- (Gr. *ēlektron* amber, because an electric charge can be produced in amber by rubbing) 电
electroacupuncture [iˌlektrəˌækju'pʌŋktʃə] 电针术
electroaffinity [iˌlektrəə'finiti] 电亲(和)力
electroanalgesia [iˌlektrəˌænəl'dʒiːʒiə] 电止痛法
electroanalysis [iˌlektrəə'næləsis] 电解分析
electroanesthesia [iˌlektrəˌænəs'θiːʒiə] 电麻醉
electroaugmentation [iˌlektrəˌɔːgmən'teiʃən] 电起搏法
electrobiology [iˌlektrəbai'ɔlədʒi] (*electro-* + *biology*) 电生物学
electrobioscopy [iˌlektrəbai'ɔskəpi] (*electro-* + Gr. *bios* life + *skopein* to examine) 电鉴定生死法
electroblot [i'lektrəblɔt] 电斑
electrocapillarity [iˌlektrəuˌkæpi'læriti] 电化毛细管作用
electrocardiogram [iˌlektrə'kɑːdiəgræm] (*electro-* + *cardiogram*) 心电图
 esophageal e. 食管心电图
 intracardiac e. 心内心电图
 scalar e. 梯级心电图
electrocardiograph [iˌlektrə'kɑːdiəgrɑːf] 心电描记器
electrocardiography [iˌlektrəˌkɑːdi'ɔgrəfi] (*electro-* + *cardio-* + *-graphy*) 心电描记法
 intracavitary e. 腔内心电描记法
 12-lead e. 12导程心电描记法
 precordial e. 胸前心电描记法
electrocardiophonogram [iˌlektrəuˌkɑːdiəu'fəunəgræm] 心音电图
electrocardioscopy [iˌlektrəˌkɑːdi'ɔskəpi] (*electro-* + Gr. *kardia* heart + *skopein* to examine) 心电图示波法,心电(阴极射线)示波检查
electrocatalysis [iˌlektrəkə'tælisis] 电催化(作用)
electrocautery [iˌlektrə'kɔːtəri] 电烙术,电烙器
electrochemistry [iˌlektrə'kemistri] 电化学
electrocholecystectomy [iˌlektrəuˌkɔlisis'tektəmi] 电刀胆囊切除术
electrocholecystocausis [iˌlektrəuˌkɔliˌsistə'kɔːsis] 胆囊电烙
electrochromatography [iˌlektrəukrəmə'tɔgrəfi] 电色谱法
electrocision [iˌlektrəu'siʒən] 电切除
electrocoagulation [iˌlektrəkəˌægju'leiʃən] 电凝法
electrocochleogram [iˌlektrə'kɔkliəgræm] (耳)蜗电(流)图
electrocochleograph [iˌlektrə'kɔkliəgrɑːf] (耳)蜗电(流)描记器
electrocochleographic [iˌlektrəˌkɔklɪə'græfik] (耳)蜗电(流)描记的
electrocochleography [iˌlektrəˌkɔkli'ɔgrə-

fi] (耳)蜗电(流)描记法

electrocontractility [i‚lektrə‚kɔntræk'tiliti] 电(刺激)收缩性

electroconvulsive [i‚lektrəkən'vʌlsiv] 电惊厥的

electrocorticogram [i‚lektrə'kɔ:tikəgræm] 表层脑电图

electrocorticography [i‚lektrə‚kɔ:ti'kɔgrəfi] 皮层脑电描记法

electrocryptectomy [i‚lektrəukrip'tektəmi] 扁桃体隐窝电烙术

electrocution [i‚lektrə'kʌʃən] 电(死)刑,(触)电死

electrocystoscope [i‚lektrəu'sistəskəup] 电光膀胱镜

electrocystography [i‚lektrəsis'tɔgrəfi] 膀胱电位描记法

electrode [i'lektrəud] (Gr. ēlektron amber + hodos way) ❶ 电极; ❷ 电疗器; ❸ 电针,电盘
  active e. 作用电极、有效电极、疗用电极
  bifilar needle e. 双丝针电极
  bipolar needle e. 双极针状电极
  bipolar stimulating e. 双极刺激电极
  calomel e. 甘汞电极
  coaxial needle e. 同轴针状电极
  concentric needle e. 同心针状电极
  earth e. 地极
  esophageal e., esophageal pill e. 食管电极,食管丸状电极
  exploring e. 探查电极
  ground e. 地极
  indifferent e. 无效电极,弥散电极
  monopolar needle e. 单极针状电极
  monopolar stimulating e. 单极刺激电极
  multilead e. 多导程电极
  needle e. 针电极
  patch e. 斑状电极
  pill e. 丸状电极
  recording e. 描记电极
  reference e. 对照电极
  scalp e. 头皮电极
  single fiber needle e. 单纤维针状电极
  stimulating e. 刺激电位
  surface e. 皮表电极

electrodermal [i‚lektrə'də:məl] 电皮的

electrodermatome [i‚lektrə'də:mətəum] 电皮刀

electrodesiccation [i‚lektrə‚desi'keiʃən] 电干燥法

electrodiagnosis [i‚lektrə‚daiəg'nəusis] 电(刺激反应)诊断法

electrodiagnostics [i‚lektrə‚daiəg'nɔstiks] 电诊断学

electrodialysis [i‚lektrədai'ælisis] 电透析,电渗析

electrodialyzer [i‚lektrə‚daiə'laizə] 电透析器,电渗析器

electrodiaphake [i‚lektrədai'æfək] (electro- + dia- + Gr. phakos lentil) 晶状体透热摘出器

electrodiaphane [i‚lektrə'daiəfein] (electro- + Gr. diaphainein to show through) (电光)透照镜

electrodiaphany [i‚lektrəudai'æfəni] (电光)透照检查

electrodiaphanoscope [i‚lektrədai'æfənəskəup] (电光)透照检查

electroencephalogram (EEG) [i‚lektrəen'sefələgræm] 脑电图
  flat e., isoelectric e. 平坦脑电图,等电位脑电图

electroencephalograph [i‚lektrəen'sefələgrɑ:f] 脑电描记器

electroencephalography [i‚lektrəen‚sefə'lɔgrəfi] 脑电描记法

electroencephaloscope [i‚lektrəen'sefələskəup] 脑电镜,脑电显示器

electroendosmosis [i‚lektrə‚endɔs'məusis] 电渗

electroexcision [i‚lektrəek'siʒən] 电切除

electrofluoroscopy [i‚lektrəufluə'rɔskəpi] 心电描记透视检查,透视式心电描记法

electrofocusing [i‚lektrə'fəukəsiŋ] 电聚焦,电调焦

electrogastrogram [i‚lektrə'gæstrəgræm] 胃(动)电(流)图

electrogastrograph [i‚lektrə'gæstrəgrɑ:f] 胃(动)电(流)描记器

electrogastrography [i‚lektrəgæs'trɔgrəfi] 胃电描记法

electrogenic [i‚lektrə'dʒenik] (electro- + -genic) 电发生的

electrogoniometer [i‚lektrə‚gɔni'ɔmitə] 电测角计,电角度计

electrogram [i'lektrəgræm] (electro- +

-gram) 电描记图
   atrial e. 房电描记图
   coronary sinus (CS) e. 冠状窦电描记图
   esophageal e. 食管电描记图
   high right atrial (HRA) e. 右心房上电描记图
   His bundle e. (HBE) 希氏束电描记图
   intra-atrial e. 房内电描记图
   intracardiac e. 心内电描记图
   right ventricular e. 右心室电描记图
   right ventricular apical e. 右心室尖电描记图
   sinus node e. 窦房结电描记图
electrograph [i'lektrəgrɑːf] 电描记图,X线照片
electrography [ˌilek'trɔgrəfi] (electro- + -graphy) 电描记法
electrogustometry [iˌlektrəgʌs'tɔmitri] 电味觉测定法
electrohemostasis [iˌlektrəhe'mɔstəsis] (electro- + hemostasis) 电止血法
electrohysterogram [iˌlektrə'histərəgræm] 子宫(收缩)电(流)图
electrohysterography [iˌlektrəˌhistə'rɔgrəfi] 子宫(收缩)电(流)描记法
electroimmunodiffusion [iˌlektrəˌimjunədi'fjuːʒən] 电免疫扩散(法)
electrokymogram [iˌlektrə'kaiməgræm] 电记波照片,心电记波图
electrokymograph [iˌlektrə'kaiməgrɑːf] 电记波照相器
electrokymography [iˌlektrəkai'mɔgrəfi] 电记波照相术
electrolepsy [i'lektrəulepsi] (electro- + epilepsy) 电击样舞蹈病
electrolithotrity [iˌlektrəli'θɔtriti] 电碎石术
electrolysis [ˌilek'trɔlisis] (electro- + Gr. lysis dissolution) 电解(作用)
electrolyte [i'lektrəlait] (electro- + Gr. lytos that may be dissolved) 电解物,电解质
   amphoteric e. 两性电解质
   colloidal e. 胶性电解质
electrolytic [iˌlektrə'litik] 电解的
electrolyzable [iˌlektrə'laizəbl] 可电解的
electromagnet [iˌlektrə'mægnet] 电磁铁,电磁体

electromagnetic [iˌlektrəmæg'netik] 电磁的
electromagnetism [iˌlektrə'mægnətizəm] ❶ 电磁; ❷ 电磁学
electromanometer [iˌlektrəmæ'nɔmitə] 电测压计
electro-massage [iˌlektrəumæ'sɑːʒ] 电按摩法
electro-medication [iˌlektrəuˌmedi'keiʃən] 电用药法
electrometer [ˌilek'trɔmitə] (electro- + Gr. metron measure) 静电计,静电测量器
electrometrogram [iˌlektrə'metrəgræm] (electro- + Gr. mētra uterus + gramma mark) 子宫肌电图器,子宫收缩电(描记)器
electrometry [iˌlektrɔmitri] 量电法
electromigratory [iˌlektrə'maigrətəri] 电适移的
electromotive [iˌlektrə'məutiv] 电动的
electromyogram [iˌlektrə'maiəgræm] 肌电图
electromyograph [iˌlektrə'maiəgrɑːf] 肌电描记器
electromyography (EMG) [iˌlektrəmai'ɔgrəfi] (electro- + myography) 肌电描记法
   single fiber e. (SFEMG) 单纤维肌电描记法
   ureteral e. 输尿管肌电描记法
electron [i'lektrən] (Gr. ēlektron amber, because an electric charge can be produced in amber by rubbing) 电子
   emission e. 发射电子
   free e. 自由电子
   valence e. 价电子
electronarcosis [iˌlektrənɑː'kəusis] 电(流)麻醉
electron-dense [i'lektrəndens] 电子致密的
electronegative [iˌlektrə'negətiv] 阴电性的,负电性的
electronegativity [iˌlektrəˌnegə'tiviti] 阴电性,负电性
electroneurography [iˌlektrənju'rɔgrəfi] 神经电(流)描记术
electroneurolysis [iˌlektrənju'rɔlisis] (elec-

tro- + neuro- + -lysis）电针神经松解术
electroneuromyography [i‚lektrə‚njurə- mai'ɔgrəfi] 神经肌电描记法
electronic [‚ilek'trɔnik] 电子的
electronics [‚ilek'trɔniks] 电子学
electron-microscopic [i'lektrənmaikrə- 'skɔpik] 电子显微镜下可见的
electron-microscopical [i'lektrən‚maikrə- 'skɔpikəl] 电子显微镜下可见的
electronograph [‚ilek'trɔnəgra:f] 电子显微照片
electron transfer flavoprotein: ubiquinone oxidoreductase [i'lektrən 'trænsfə: flævə'prəuti:n ju'bikwənəun ‚ɔksidɔri'dʌkteis] 电子转移黄素蛋白
electronystagmogram [i‚lektrənis'tægməgræm] 眼震电流描记图
electronystagmograph [i‚lektrənis'tægməgra:f] 眼震电流描记器
electronystagmography [i‚lektrə‚nistæg'mɔgrəfi] 眼震电流描记法
electro-oculogram [i‚lektrə'ɔkjuləgræm] 眼电（流）图
electro-oculography [i‚lektrə‚ɔkju'lɔgrəfi] 眼电（流）图描记法
electro-olfactogram [i‚lektrəɔl'fæktəgræm] 嗅电流图
electro-osmosis [i‚lektrə‚ɔs'məusis] 电渗
electroparacentesis [i‚lektrə‚pærəsen'ti:sis] 前房电穿刺
electropathology [i‚lektrəpə'θɔlədʒi] (electro- + Gr. pathos disease + -logy) 电病理学
electropherogram [i‚lektrə'ferəgræm] 电泳图（谱）
electrophile [i'lektrəfail] 亲电子物质
electrophilic [i‚lektrə'filik] 亲电子的
electrophobia [i‚lektrəu'fəubiə] 电恐怖
electrophonoide [i‚lektrəu‚fəunɔid] 电助听训练器
electrophoregram [i‚lektrə'fɔrəgræm] 电泳图（谱）
electrophoresis [i‚lektrəfə'ri:sis] (electro- + Gr. phoros bearing + -esis) 电泳
  agarose gel e. 琼脂糖凝胶电泳
  cellulose acetate e. 乙酸纤维素电泳
  counter e. 对流电泳
  disc e. （圆）盘电泳
  gel e. 凝胶电泳
  moving boundary e. 活动界线电泳
  paper e. 纸电泳
  polyacrylamide gel e. （PAGE）聚丙烯酰胺凝胶电泳
  pulsed-field e. 脉冲场地电泳
  SDS-polyacrylamide gel e. （SDS-PAGE）SDS-聚丙烯酰胺凝胶电泳
  starch gel e. 淀粉凝胶电泳
  two-dimensional gel e. 双向凝胶电泳
  zone e. 区带电泳
electrophoretic [i‚lektrəfə'retik] 电泳的
electrophoretogram [i‚lektrəfə'retəgræm] 电泳图（谱）
electrophorus [‚ilek'trɔfərəs] (electro- + Gr. phoros bearing) 起电盘
electrophotography [i‚lektrəufə'tɔgrəfi] 电照相术
electrophotometer [i‚lektrəfə'tɔmitə] 光电比色计
electrophototherapy [i‚lektrəu‚fəutə'θerəpi] 电光疗法
electrophysiologic [i‚lektrə‚fiziə'lɔdʒik] 电生理学的
electrophysiology [i‚lektrə‚fizi'ɔlədʒi] ❶ 电生理学；❷ 电生理学
  cardiac e., clinical cardiac e. 心电生理学，临床心电生理学
electroplating [i‚lektrə'pleitiŋ] 电镀
electroplexy [i'lektrəpleksi] (electro- + Gr. plēgē stroke) 电休克
electroporation [i‚lektrəpə'reiʃən] 电穿孔
electropositive [i‚lektrə'pɔzitiv] (electro- + positive) 电阳性的，正电性的
electro-prognosis [i‚lektrəuprɔg'nəusis] 电预后法
electro-puncture [i‚lektrəu'pʌŋktʃə] 电针术
electro-pyrexia [i‚lektrəupai'reksiə] 电发热法
electroradiology [i‚lektrəu‚reidi'ɔlədʒi] 电放射学
electroradiometer [i‚lektrə‚reidi'ɔmitə] 放射测量计
electroresection [i‚lektrəri'sekʃən] 电切除术
electroretinogram [i‚lektrə'retinəgræm] 视网膜电（流）图
electroretinograph [i‚lektrə'retinəgra:f]

视网膜电(流)描记器
electroretinography [iˌlektrəˌreti'nɔgrəfi] 视网膜电(流)描记法
electrosalivogram [iˌlektrəsə'livəgræm] (*electro-* + *saliva* + *-gram*) 涎腺电(流)图
electroscission [iˌlektrə'siʒən] 电切除术
electroscope [i'lektrəskəup] (*electro-* + Gr. *skopein* to examine) 静电测量器, 验电器
electrosection [iˌlektrə'sekʃən] 电切除术
electroselenium [iˌlektrəsə'li:niəm] 胶体硒
electroshock [i'lektrəʃɔk] 电休克
electroskiagraphy [iˌlektrəuskai'ægrəfi] X线照相术
electrosleep [i'lektrəsli:p] 电睡眠, 电疗睡眠
electrosol [i'lektrəsɔl] 金属电胶液
electrosome [i'lektrəsəum] 化学线粒体
electrospectrogram [iˌlektrə'spektrəgræm] 电光谱图
electrospectrography [iˌlektrəspek'trɔgrəfi] 电光谱图描记法
electrospinogram [iˌlektrə'spinəgræm] 脊髓电(流)图
electrostatic [iˌlektrə'stætik] 静电的
electrostenolysis [iˌlektrəstə'nɔlisis] 膜孔电析
electrostethograph [iˌlektrəu'steθəgra:f] 心电音描记器
electrostimulation [iˌlektrəˌstimju'leiʃən] 电刺激
electrostriatogram [iˌlektrəstri'eitəgræm] 纹状电(流)图
electrosurgery [iˌlektrə'sə:dʒəri] 电外科
electrosynthesis [iˌlektrə'sinθəsis] 电合成
electrotaxis [iˌlektrə'tæksis] (*electro-* + Gr. *taxis* arrangement) 趋电性
electrothanasia [iˌlektrəθəˈneiʒiə] (*electro-* + Gr. *thanotos* death) 电触死
electrotherapist [iˌlektrə'θerəpist] 电疗学家
electrotherapy [iˌlektrə'θerəpi] 电疗法, 电疗学
　　cerebral e. (CET) 大脑电疗
electrotherm [i'lektrəθə:m] (*electro-* + Gr. *thermē* heat) 电热器

electrotome [i'lektrətəum] (*electro-* + Gr. *tomē* a cut) 电刀
electrotomy [ilek'trɔtəmi] 电切术
electrotonic [iˌlektrə'tɔnik] ❶ 电紧张的; ❷ 电扩散的
electrotonus [ilek'trɔtənəs] 电紧张
electrotropism [ˌilek'trɔtrəpizəm] (*electro-* + Gr. *tropos* a turning, change) 向电性
　　negative e. 阴性向电性
　　positive e. 阳性向电性
electroultrafiltration [iˌlektrəˌʌltrəfil'treiʃən] 电超过滤
electroureterogram [iˌlektrəju:'retərəgræm] 输尿管电(流)图
electroureterography [iˌlektrəju:retə'rɔgrəfi] 输尿管电(流)描记法
electrovagogram [iˌlektrə'vægəugræm] 迷走神经电(流)图
electrovalence [iˌlektrə'veiləns] ❶ 电价; ❷ 电价键
electrovalent [iˌlektrə'veilənt] 电价的, 电价键的
electrovection [iˌlektrəu'vekʃən] 电导入法
electroversion [iˌlektrə'və:ʒən] (心)电复律
electrovert [i'lektrəvə:t] 电复律
electuary [i'lektjuəri] (L. *electuarium* from *e* out + *legere* to select) (十)药糖剂
　　e. of senna 番泻叶糖剂
eledoisin [eli'dɔisin] 章鱼素
eleidin [el'eidin] 角母蛋白
element ['elimənt] (L. *elementum*) ❶ 要素, 成分; ❷ 元素
　　anatomic e. 解剖成分, 形态成分
　　appendicular e's 附成分
　　electronegative e. 阴性元素, 负电性元素
　　electropositive e. 阳电性元素, 正电性元素
　　F e. F 因子成分
　　formed e's (of the blood) (血液)有形成分
　　labile e. 不稳定成分
　　morphological e. 形态成分
　　radioactive e. 放射性元素
　　rare earth e's 稀土元素

sarcous e. 肌成分
stable e. ① 稳定元素；② 稳定成分
tissue e. 组织成分
trace e's 微量元素
tracer e's 示踪元素
transcalifornium e's 锎后元素,超锎元素
transuranic e's, transuranium e's 铀后元素,超铀元素
elementary [ˌeliˈmentəri] 元素的
ele(o)- (Gr. *elaion* oil) 油
eleoma [ˌeliˈəumə] (*eleo-* + *-oma*) 油肿
eleometer [ˌeliˈɔmitə] (*eleo-* + Gr. *metron* measure) 油度计,油比重计
eleopathy [ˌeliˈɔpəθi] 脂肪性(水)肿病,脂质浮肿病
eleoplast [elˈiəplæst] (*eleo-* + Gr. *plastos* formed) 成油体,含油体
eleopten (*eleo-* + Gr. *ptēnos* volatile) 油萜,挥发油精
eleosaccharum [ˌeliəˈsækərəm] (pl. *eleosacchara*) (Gr. *elaion* oil + *sakcharon* sugar) 油糖剂
eleotherapy [ˌeliəˈθerəpi] (*eleo-* + *therapy*) 油疗法
elephantiasic [ˌeliˌfæntiˈæsik] 象皮病的
elephantiasis [ˌelifənˈtaiəsis] (Gr. *elephas* elephant + *-iasis*) ❶ 象皮病；❷ 肥大,增厚
  e. chirurgica 外科象皮病,外科水肿
  congenital e. 先天象皮病
  e. gingivae 龈象皮病
  lymphangiectatic e. 淋巴管扩张性象皮病
  e. neuromatosa 神经瘤性象皮病
  nevoid e. 痣样象皮病,淋巴管扩张性象皮病
  e. nostras 慢性链球菌性淋巴水肿
  e. oculi 眼象皮病
  e. scroti 阴囊象皮病
elephantoid [ˌeliˈfæntɔid] 象皮病样的
Elettaria cardamomum [ˌeliˈtæriəˌkɑːdəˈməuməm] 小豆蔻
eleutheromania [iˌljuːθərəˈmeiniə] (Gr. *eletheria* freedom) 自由狂
elevation [ˌeliˈveiʃən] 隆凸
  tactile e's 触觉隆凸,触觉小球
elevator [ˈeliveitə] (L. *elevare* to lift) 牙挺,起子

angular e. 角挺
apical e. 根尖挺
cross bar e. 横杆挺
Cryer e. 克里厄氏牙挺,三角牙根挺
dental e. 牙挺
malar e. 颧骨挺
periosteum e. 骨膜起子,骨膜分离器
root e. (牙)根挺
screw e. 螺旋起子
straight e. 直挺
T-bar e. T 杆挺
wedge e. 楔挺
eliminant [iˈliminənt] ❶ 排除的,排泄的；❷ 排除剂
elimination [iˌlimiˈneiʃən] (L. *e* out + *limen* threshold) ❶ 排除；❷ 删除,除去
  immune e. 免疫清除,免疫排除
elinguation [iːliŋˈgweiʃən] (L. *e* off + *lingua* tongue) 舌切除术
elinin [ˈelinin] 红细胞脂蛋白,红血球脂蛋白
Elion [ˈeliən] 艾尔恩:Gertrude Belle,美国药理学家
Elipten [iˈliptən] 爱利普顿:氨基苯乙哌啶酮制剂的商品名
ELISA [iˈlisə] (*Enzyme-Linked ImmunoSorbent Assay* 的缩写) 酶联免疫吸附试验
elixir [iˈliksə] (L., from Arabic) 酏剂
  aromatic e. (NF) 芳香酏
  aromatic e., red 红芳香酏
  benzaldehyde e., compound (USP) 复方苯甲酸酏
  gentian e., glycerinated 甘油龙胆酏
  high-alcoholic e. 高醇酏
  iso-alcoholic e. 等醇酏
  low-alcoholic e. 低醇酏
  pepsin e., lactated 乳酸胃蛋白酶酏剂
  terpin hydrate and codeine e. (USP) 水合萜二醇-可待因酏剂
  terpin hydrate and dextromethorphan hydrobromide e. (USP) 水合萜二醇氢溴化右甲吗南酏剂
Elixophyllin [iˌliksəˈfilin] 厄利克非林:茶碱制剂的商品名
elkodermatosis [ˌelkəuˌdəːməˈtəusis] (Gr. *elkos* ulcer + *derma* skin + *nosos* disease) 溃疡性皮病
elkoplasty [ˈelkəuˌplæsti] 溃疡成形术

Elkosin [ˈelkəsin] 厄耳科辛：磺胺二甲异嘧啶制剂的商品名

elkosis [elˈkəusis] 溃疡，溃疡形成

Elliot's operation [ˈeliəts] (Col. Robert Henry *Elliot*, English ophthalmologist in India, 1864-1936) 艾洛特氏手术

Elliot's position [ˈeliəts] (John Wheelock *Elliot*, American surgeon, 1852-1925) 艾洛特氏体位

Elliot's sign [ˈeliəts] (George T. *Elliot*, American dermatologist, 1851-1935) 艾洛特氏征

ellipsin [iˈlipsin] 细胞不溶质

ellipsoid [iˈlipsoid] (Gr. *ellipēs* (*kyklos*), defective (circle) + *-oid*) ❶ 椭圆体；❷ 椭圆细胞团；❸ 眼嗜酸区

elliptocytary [iˌliptəˈsitəri] 椭圆形红细胞的

elliptocyte [iˈliptəsait] 椭圆形红细胞

elliptocytosis [iˌliptəsiˈtəusis] 椭圆形红细胞症

elliptocytotic [iˌliptəsiˈtɔtik] 椭圆形红细胞的

Ellis' line [ˈelis] (Calvin *Ellis*, American physician, 1826-1883) 艾利斯氏线

Ellis-Garland line [ˈelis ˈgɑːlənd] (Calvin *Ellis*; George Minot *Garland*, American physician, 1848-1926) 艾-格二氏线

Ellis-van Creveld Syndrome [ˈelis væn ˈkriːveld] (Richard White Bernhard *Ellis*, Scottish pediatrician, 1902-1966; Simon *van Creveld*, Dutch pediatrician, 1894-1971) 艾-克二氏综合征

Elocon [ˈeləkən] 爱乐康：莫米他松糠酸盐制剂的商品名

Eloesser flap [eˈlesə] (Leo *Eloesser*, American surgeon, 1881-1976) 艾洛舍皮瓣

elongation [ˌilɔŋˈgeiʃən] ❶ 拉长；❷ 伸长；❸ 指放射照片异常

Elorine [ˈelərɪːn] 艾洛林：氯甲开马君制剂的商品名

Elsberg's test [ˈelsbəgz] (Charles Albert *Elsberg*, New York surgeon, 1871-1948) 埃耳斯伯格氏试验

Elschnig's bodies [ˈelʃnigz] (Anton Philipp *Elschnig*, Austrian ophthalmologist, 1863-1939) 埃耳施尼希氏体

Elsner's asthma [ˈelsnəz] (Christoph Friedrich *Elsner*, German physician, 1749-1820) 埃耳斯纳氏气喘，心绞痛

Elspar [ˈelspɑː] 爱斯巴：L-天冬酰胺酶制剂的商品名

eluate [ˈeljueit] 洗脱物

elucaine [iˈljuːkein] 爱鲁卡因

eluent [iˈljuːənt] 洗脱剂

elution [iˈljuːʃən] (L. *e* out + *luere* to wash) 洗脱

　membrane e. 膜洗脱

elutriation [iˌljuːtriˈeiʃən] (L. *elutriare* to wash out) 淘析法

Ely's test [ˈelaiz] (Leonard Wheeler *Ely*, American orthopedic surgeon, 1868-1944) 伊利氏试验

elytritis [ˌeliˈtraitis] (Gr. *elytron* vagina + *itis* inflammation) 阴道炎

elytr(o)- (Gr. *elytron* a covering, sheath) 阴道，鞘

elytrocele [ˈelitrəsiːl] (*elytro-* + Gr. *kele* hernia) 阴道疝

elytroceliotomy [ˌelitrəˌsiːliˈɔtəmi] 阴道式剖腹术

elytroclasia [ˌelitrəˈkleiʒiə] 阴道破裂

elytroplasty [ˈelitrəˌplæsti] (Gr. *plassein* to form) 阴道成形术

elytroptosis [ˌelitrəpˈtəusis] (Gr. *ptosis* a falling) 阴道脱垂

elytrorrhaphy [ˌeliˈtrɔrəfi] (Gr. *rhaphe* a seam) 阴道缝合术

elytrorrhea [ˌelitrəˈriːə] (Gr. *rhoea* a flow) 阴道粘液溢

elytrostenosis [ˌelitrəstiˈnəusis] (Gr. *stenos* narrow) 阴道狭窄

elytrotome [ˈelitrətəum] (*elytro-* + Gr. *tome* a cutting) 阴道刀

elytrotomy [ˌeliˈtrɔtəmi] 阴道切开术

Em (*emmetropia* 的缩写) 屈光正常，正视

emaciation [iˌmæʃiˈeiʃən] (L. *emaciare* to make lean) 消瘦

emaculation [iˌmækjuˈleiʃən] (L. *e* out + *macula* spot) 除斑术

emailloid [eˈmeilɔid] (Fr. *email* enamel + Gr. *eidos* likeness) ❶ 牙釉质瘤；❷ 釉样的

eman [ˈemən] 唉曼

emanation [ˌeməˈneiʃən] (L. *e* out + *manare* to flow) 放出物，臭气

actinium e. 锕射气
thorium e. 钍射气
emanator ['emə,neitə] 射气投置器
emancipation [i,mænsi'peiʃən] (L. *emancipare* to release, give up) 解放
emasculation [i,mæskju'leiʃən] (L. *emasculare* to castrate) 阉
embalming [em'bɑːmiŋ] 尸体防腐法
embarrass [em'bærəs] 窘迫,阻塞
embarrassment [im'bærəsmənt] 窘迫
  cardiac e. 心力窘迫
  respiratory e. 呼吸窘迫
Embden ester ['emdən] (Gustav Georg *Embden*, German biochemist, 1874-1933) 艾伯顿氏脂
Embden-Meyerhof pathway ['emdən 'maiəhɔf] (G. G. *Embden*; Otto Fritz *Meyerhof*, German physiologist, 1884-1951) 艾-迈二氏路径
Embden-Meyerhof-Parnas pathway ['emdən 'maiəhɔf 'pɑːnɑːs] (G.G. *Embden*; O. F. *Meyerhof*; Jakub Karol *Parnas*, Polish biochemist, 1884-1949) 艾-迈-帕三氏路径
embedding [im'bediŋ] 包埋
Embelia [im'biːliə] 信筒子属
  E. ribes, E. robusta 信筒子
emboitement [embwɑːt'mɔŋ] (Fr. "encasement") 套装(学说)
embolalia [,embə'leiliə] 插语症
embole ['embəli] (Gr. *embolē* a throwing in) ❶ 关节复位; ❷ (囊胚)套入
embolectomy [,embə'lektəmi] (*embolus* + Gr. *ektomē* excision) 栓子切除术
embolemia [,embəu'liːmiə] (*embolus* + Gr. *aema* blood) 栓子血症
emboli ['embəli] (L.) 栓子,小脑栓状核。*embolus* 的复数形式
embolia [em'bəuliə] 栓子
embolic [em'bɔlik] 栓子的
emboliform [em'bɔlifɔːm] ❶ 楔形的; ❷ 栓子状的
embolism ['embəlizəm] (L. *embolismus* from Gr. *en* in + *ballein* to throw) 栓塞
  air e. 空气栓塞
  amniotic fluid e. 羊水栓塞
  bacillary e. 杆菌栓塞
  bland e. 非脓毒性栓塞
  bone marrow e. 骨髓栓塞
  capillary e. 毛细血管栓塞
  cerebral e. 脑动脉栓塞
  coronary e. 冠状动脉栓塞
  crossed e. 交叉性栓塞
  direct e. 顺行栓塞
  fat e. 脂(肪)栓塞
  infective e. 感染性栓塞
  lymph e. lymphogenous e. 淋巴管栓塞
  miliary e. 粟粒状栓塞
  multiple e. 多发性栓塞
  oil e. 脂肪栓塞
  pantaloon e. 鞍栓
  paradoxical e. 反常栓塞,交叉性栓塞
  pulmonary e. 肺栓塞
  retinal e. 视网膜栓塞
  saddle e. 鞍栓
  spinal e. 脊髓栓塞
  trichinous e. 旋毛虫栓塞
  tumor e. 肿瘤栓塞
  venous e. 静脉栓塞
embolization [,embəli'zeiʃən] ❶ 栓化; ❷ 栓子形成
embolalia [,embə'leiliə] (Gr. *emballein* to insert + *lalia* babble) 插语症
embolomycotic [,embələmi'kɔtik] 感染性栓子的
embolophrasia [,embələ'freiziə] (Gr. *emballein* to insert + *phrasis* utterance) 插语症
embolus ['embələs] (pl. *emboli*) (Gr. *embolos* plug) ❶ 栓子; ❷ 小脑栓状核
  air e. 气栓
  cancer e. 癌细胞栓子
  cellular e. 细胞栓子
  fat e. 脂肪栓子
  foam e. 泡沫栓子
  obturating e. 阻塞性栓子
  riding e., saddle e., straddling e. 血管分叉口栓子,鞍栓
emboly ['embəli] (Gr. *embolē* a throwing in) (囊胚)套入
embouchement [embuːʃ'mɔŋ] (Fr.) 血管汇入
embrasure [em'breiʒə] 楔状隙
  buccal e. 颊侧楔状隙
  incisal e. 殆侧楔状隙
  interdental e. 牙间楔状隙

labial e. 唇侧楔状隙
lingual e. 舌侧楔状隙
occlusal e. 殆侧楔状隙
embrocation [ˌembrəˈkeiʃən] (L. *embrocatio*) ❶ 擦法；❷ 擦剂
embryectomy [ˌembriˈektəmi] (*embryo* + Gr. *ektomē* excision) 胎切除术
embryo [ˈembriəu] 胚，胚胎
　hexacanth e. 六钩蚴
　Janošík's e. 佳诺希克氏胚
　presomite e. 体节前胚
　previllous e. 绒毛前胚
　somite e. 体节胚
　Spee's e. 施佩氏胚
embryoblast [ˈembriəblæst] (*embryo* + Gr. *blastos* germ) 成胚区
embryocardia [ˌembriəuˈkɑːdiə] (*embryo* + Gr. *kardia* heart) 胎样心音
embryochemical [ˌembriauˈkemikəl] 胚胎化学的
embryoctony [ˌembriˈɔktəni] (*embryo* + Gr. *kteinein* to kill) 碎胎术
embryogenesis [ˌembriəˈdʒenəsis] (*embryo* + *genesis*) 胚胎发生
embryogenetic [ˌembriədʒəˈnetik] 胚胎发生的
embryogenic [ˌembriəˈdʒenik] ❶ 胚胎发育的；❷ 产生胚胎的
embryogeny [ˌembriˈɔdʒəni] (*embryo* + Gr. *gennan* to produce) 胚胎发生
embryograph [ˈembriəgrɑːf] (*embryo* + Gr. *graphein* to write) 胚胎扫描器
embryography [ˌembriˈɔgrəfi] (*embryo* + Gr. *graphein* to write) ❶ 胚胎论，胚胎描述；❷ 胚胎描记法
embryoid [ˈembriɔid] (*embryo* + Gr. *eidos* form) 胚胎样的
embryoism [ˈembriəizəm] 胚胎状态
embryolemma [ˌembriəuˈlemə] (Gr. *lemma* husk) 胎膜
embryologist [ˌembriˈɔlədʒist] 胚胎学家
embryology [ˌembriˈɔlədʒi] (*embryo* + *-logy*) 胚胎学
　causal e. 实验胚胎学
　comparative e. 比较胚胎学
　descriptive e. 记述胚胎学
　experimental e. 实验胚胎学
embryoma [ˌembriˈəumə] 胚组织瘤
　e. of kidney 肾胚胎瘤
embryomorphous [ˌembriəˈmɔːfəs] (*embryo* + Gr. *morphē* form) 胚胎形的
embryon [ˈembriən] 胚胎，胎儿
embryonal [ˈembriənəl] 胚胎的
embryonate [ˈembriəneit] ❶ 胚胎的；❷ 含胚的；❸ 受孕的
embryonic [ˌembriˈɔnik] 胚胎的
embryoniform [ˌembriˈɔnifɔːm] 胚胎样的
embryonism [ˈembriənizəm] 胚胎状态
embryonization [ˌembriˌɔniˈzeiʃən] 胚胎化
embryonoid [ˈembriənɔid] 胚胎样的
embryony [ˈembriəni] 胚胎形成
embryopathia [ˌembriəuˈpæθiə] 胚胎病
embryopathology [ˌembriəpəˈθɔlədʒi] 胚胎病理学
embryopathy [ˌembriˈɔpəθi] (*embryo* + Gr. *pathos* disease) 胚胎病
　rubella e. 风疹性胚胎畸形
embryophore [ˈembriəfɔː] 内卵壳
embryoplastic [ˌembriəˈplæstik] (*embryo* + Gr. *plassein* to shape) 胚胎形成的
embryoscope [ˈembriəskəup] (*embryo* + Gr. *skopein* to examine) 胚胎发育观察器
embryotocia [ˌembriəuˈtəusiə] (*embryo* + Gr. *tokos* birth) 流产，早产
embryotome [ˈembriətəum] 碎胎刀
embryotomy [ˌembriˈɔtəmi] (*embryo* + Gr. *tomē* a cutting) ❶ 碎胎术；❷ 将胚胎和胎儿解剖
embryotoxon [ˌembriəˈtɔksən] 青年(角膜)弓，青年环
　anterior e. (角膜)前胚胎环
　posterior e. (角膜)后胚胎环
embryotroph [ˈembriətrɔf] (*embryo* + Gr. *trophē* nourishment) 胎体营养物
embryotrophy [ˌembriˈɔtrəfi] (*embryo* + *-trophy*) 胎体营养
embryulcia [ˌembriˈʌlsiə] (*embryo* + Gr. *elkein* to draw) 钳胎术
embryulcus [ˌembriˈʌlkəs] 牵胎钩
EMC (encephalomyocarditis (virus) 的缩写) 脑心肌炎(病毒)
Emcyt [ˈemsait] 安姆西特：雌二醇氮芥制剂的商品名
emedullate [iˈmedjuleit] (L. *e* out +

medulla marrow) 去髓
emeiocytosis [ˌemiəsiˈtəusis] 细胞分泌
emergence [iˈməːdʒəns] 复苏
emergency [iˈməːdʒənsi] (L. *emergere* to raise up) 紧急,急症,意外
emergent [iˈməːdʒənt] ❶ 紧急的,意外的; ❷ 通过连续发展阶段出现的,如突然进化
Emery-Dreifuss muscular dystrophy [ˈeməri ˈdraifəs] (Alan Eglin Heathcote *Emery*, British geneticist, born 1928; F. E. *Dreifuss*, British physician, 20th century) 艾-迪氏肌营养不良
emery [ˈeməri] 金刚砂
emesia [əˈmiːʒiə] 呕吐
emesis [ˈeməsis] (Gr. *emein* to vomit) 呕吐
    e. gravidarum 孕吐
emetatrophia [ˌemətəˈtrɔfiə] (Gr. *emetos* vomiting + *atrophia* atrophy) 吐瘦
Emete-con [əˈmetəkɔn] 晕可平:盐酸苯喹酰胺制剂的商品名
emetic [əˈmetik] (Gr. *emetikos*; L. *emeticus*) ❶ 催吐; ❷ 催吐剂
    central e. 中枢性呕吐药
    direct e. 直接催吐药
    indirect e. 间接催吐药
    mechanical e. 机械性催吐药
    systemic e. 系统催吐剂
emeticology [iˌmetiˈkɔlədʒi] 催吐学,催吐药物学
emetine [ˈemətiːn] 依米丁,吐根碱
    e. and bismuth iodide 碘化铋吐根碱
    e. hydrochloride (USP) 盐酸吐根碱
emetocathartic [ˌemətəkəˈθɑːtik] ❶ 催吐和导泻; ❷ 吐泻药
emetology [ˌeməˈtɔlədʒi] 催吐学,催吐药物学
emetomania [ˌemitəˈmeiniə] (Gr. *emetos* vomitting + *mania* madness) 呕吐癖
emetomorphine [ˌemitəˈmɔːfiːn] 阿朴吗啡
emetophobia [ˌemitəˈfəubiə] (Gr. *emetos* vomitting + *phobos* fear) 呕吐恐怖
EMF (*electromotive force* 的缩写) 电动势
EMG (*electromyogram* 的缩写) 肌电图
-emia (Gr. *haima* blood + *-ia*) 血症
emictory [iˈmiktəri] (L. *e* out + *mingere* to void urine) ❶ 利尿的; ❷ 利尿药

emigration [ˌemiˈɡreiʃən] (L. *e* out + *migrare* to wander) 血细胞渗出
emilium tosylate [əˈmiliəm] 甲氧苄胺
Eminase [ˈemineis] 安敏酶:阿尼斯布来斯药的商品名
eminence [ˈeminəns] 隆起,隆凸
    antithenar e. 小鱼际
    arcuate e. 弓状隆起
    articular e. of temporal bone 颞骨关节结节
    bicipital e. 二头肌结节,桡骨粗隆
    canine e. 尖牙隆凸
    capitate e. 头状隆凸,肱骨小头
    e. of cartilage of Santorini 桑托里尼软骨隆凸,小角结节
    caudate e. of liver 肝尾状突
    coccygeal e. 骶角
    cochlear e. of sacral bone 骶骨岬
    collateral e. of lateral ventricle 侧脑室侧副隆起
    e. of concha 耳甲隆起
    cruciate e., cruciform e. of occipital bone (枕骨)十字隆起
    cuneiform e. of head of rib 肋头嵴
    deltoid e. 三角肌粗隆
    facial e. of eminentia teres 面神经丘
    frontal e. 额结节
    genital e. 生殖隆起
    gluteal e. of femur 股骨臀肌粗隆
    e. of humerus 肱骨头
    hypobranchial e. 舌联桁
    hypoglossal e. 舌下隆起
    hypothenar e. 小鱼际隆起
    iliopectineal e., iliopubic e. 髂耻隆起
    intercondylar e., intercondyloid e., intermediate e. 髁间隆起
    jugular e. 颈静脉结节
    maxillary e. 乳头体
    medial e. of rhomboid fossa 菱形窝内侧隆起
    median e. (下丘脑)正中隆起
    nasal e. 鼻隆起
    oblique e. of cuboid bone 骰骨粗隆
    occipital e. 枕隆起
    olivary e. of sphenoid bone 蝶鞍结节
    orbital e. of zygomatic bone 颧骨结节
    parietal e. 顶结节
    postchiasmatic e. 视交叉后隆起

postfundibular e. 视神经后隆起
pyramidal e. 锥隆起
radial e. of wrist 腕桡侧隆起
e. of scapha 耳舟隆起
e. of superior semicircular canal 前半规管隆凸,弓状隆起
terete e. 菱形窝内侧隆起
thenar e. 鱼际
thyroid e. 喉结
triangular e., e. of triangular fossa of auricle 耳三角窝隆起
trigeminal e. 三叉神经隆起
e. of triquetral fossa 耳三角窝隆凸
trochlear e. 肱骨滑车
ulnar e. of wrist 腕尺侧隆起

eminentia [ˌemiˈnenʃiə] (pl. *eminentiae*) (L.) (NA) 隆凸,隆起
 e. arcuata (NA) 弓状隆起
 e. articularis ossis temporalis 颞骨关节结节
 e. capitata 肱骨小头
 e. carpi radialis 腕桡侧隆起
 e. carpi ulnaris 腕尺侧隆起
 e. collateralis ventriculi lateralis (NA) 侧脑室侧副隆起
 e. conchae (NA) 耳甲隆起
 e. cruciata 十字隆起
 e. cruciformis (NA) 十字隆起
 e. fallopii 面神经管凸
 e. fossae triangularis auriculae (NA) 耳三角窝隆起
 e. frontalis 额结节
 e. hypothenaris 小鱼际
 e. iliopectinea 髂耻隆起
 e. iliopubica (NA) 髂耻隆起
 e. intercondylaris (NA), e. intercondyloidea, e. intermedia 髁间隆起
 e. jugularis 颈静脉结节
 e. lateralis cartilaginis cricoideae 环状软骨外侧结节
 e. maxillare 上颌结节
 e. maxillaris 上颌结节
 e. medialis fossae rhomboideae (NA) 菱形窝内侧隆起
 e. orbitalis ossis zygomatici (NA) 颧骨眶隆凸
 e. papillaris 锥隆起
 e. pyramidalis (NA) 锥隆凸
 e. scaphae (NA) 耳舟隆起
 e. styloidea 茎状隆起
 e. symphysis 颏隆凸
 e. teres 菱形窝内侧隆起
 e. thenaris 鱼际
 e. triangularis 耳三角窝隆起

emiocytosis [ˌimiəsiˈtəusis] 细胞分泌,细胞物质排出

emissarium [ˌimiˈsəriəm] (pl. *emissaria*) (L.) 导血管
 e. condyloideum 髁导血管
 e. mastoideum 乳突导管
 e. occipitale 枕导血管
 e. parietale 顶导血管

emissary [ˈemisəri] (L. *emissarium* drain) 导血管

emission [iˈmiʃən] (L. *emissio*, a sending out) ❶ 发射,发出;❷ 遗精,排精
 nocturnal e. 梦遗
 thermionic e. 热离子发射

emissivity [ˌimiˈsiviti] 发射率

EMIT [iˈmit] (*Enzyme-Multiplied Immunoassay Technique* 的缩写) 酶放大免疫测定法

emmenagogic [iˌmenəˈɡɔdʒik] 通经的

emmenagogue [iˈmenəɡɔɡ] (Gr. *emmēna* menses + *agōgos* leading) ❶ 通经药;❷ 通经法
 direct e. 直接通经药
 indirect e. 间接通经药

emmenia [əˈmiːniə] (Gr. *emmēna*) 月经

emmenic [əˈmiːnik] 月经的

emmeniopathy [əˌmeniˈɔpəθi] (Gr. *emmēnios* menses + *pathos* disease) 月经病

emmenology [ˌeməˈnɔlədʒi] (Gr. *emmēna* menses + *-logy*) 月经学

Emmet's operation [ˈemɔts] (Thomas Addis *Emmet*, American gynecologist, 1828-1919) 艾莫特氏手术

emmetrope [ˈemətrəup] 正视者

emmetropia [ˌeməˈtrəupiə] (Gr. *emmetros* in proper measure + *-opia*) 屈光正常,正视眼

emmetropic [ˌeməˈtrɔpik] 屈光正常的,正视眼的

Emmonsia [əˈmɔnsiə] 单孢子囊菌目

emodin [ˈemədin] (from *Rheum emodi*, a Himalayan rhubarb) 泻素,大黄素

emollient [i'mɔliənt] (L. *emolliens* softening, from *e* out + *mollis* soft) ❶ 润滑的；❷ 润滑药

emotiometabolic [iˌməuʃiəumə'tæbəlik] (*emotion*; *metabolic*) 情绪性代谢的

emotiomotor [iˌməuʃiəu'məutə] 情绪性活动的

emotiomuscular [iˌməuʃiəu'mʌskjulə] 情绪性肌肉活动的

emotion [i'məuʃən] (L. *emovere* to disturb) 情绪，情感

emotional [i'məuʃənəl] 情绪的

emotiovascular [iˌməuʃiəu'væskjulə] 情绪性血管变化的

emotive [i'məutiv] 情绪的，动感情的

emotivity [iˌməu'tiviti] 感触性，易感性

Emp. (L. *emplastrum* 的缩写) 硬膏剂，贴膏剂

empacho [im'pɑːtʃəu] 慢性消化不良

empasma [im'pæzmə] (Gr. *en* in + *passein* to sprinkle) 撒布散剂

empathema [ˌempə'θiːmə] 发情

empathic [im'pæθik] 移情的，入神的，神入的

empathize ['empəθaiz] 移情

empathy ['empəθi] (Gr. *en* into + *pathos* feeling) 移情

Empedocles [em'pedəkliz] (c. 493-c. 433B.C.) 爱姆派德克利斯

emphlysis ['emflisis] (Gr. *en* in + *phlysis* eruption) 结痂疹，疱疹

emphractic [im'fræktik] (Gr. *emphraktein* to obstruct) ❶ 闭塞毛孔的；❷ 毛孔闭塞药

emphraxis [im'fræksis] (Gr.) 闭塞，阻塞

emphysatheraphy [ˌemfizə'θerəpi] (Gr. *emphysan* to inflate + *theraphy*) 注气疗法

emphysema [ˌemfi'siːmə] (Gr. "an inflation") 气肿，肺气肿
 alveolar e. 肺泡性气肿
 alveolar duct e. 肺泡管性气肿
 atrophic e. 萎缩性肺气肿
 bullous e. 大泡性气肿
 centriacinar e., centrilobular e. 中央腺泡性肺气肿，中央小叶性肺气肿
 chronic hypertrophic e. 慢性肥大性气肿

 compensating e., compensatory e. 代偿性肺气肿
 cutaneous e. 皮下气肿
 cystic e. 囊肿性肺气肿
 diffuse e. 弥漫性气肿
 ectatic e. 扩张性肺气肿
 false e. 假性气肿
 focal-dust e. 局灶尘埃性气肿
 gangrenous e. 坏疽性气肿
 generalized e. 广泛性肺气肿
 glass blower's e. 吹玻璃工肺气肿
 hypoplastic e. 发育不全性肺气肿
 idiopathic unilobar e. 特发性单性肺气肿
 interlobular e. 肺叶间气肿
 interstitial e. 间质性肺气肿
 intestinal e. 肠气肿
 lobar e. 肺叶气肿
 lobar e., infantile 婴儿肺叶气肿
 e. of lungs 肺气肿
 mediastinal e. 纵隔气肿
 obstructive e. 阻塞性肺气肿
 obstructive e., localized 局限性阻塞性肺气肿
 panacinar e., panlobular e. 全肺泡性气肿，全叶肺气肿
 paracicatricial e. 瘢痕旁气肿
 paraseptal e. 隔旁气肿
 pulmonary e. 肺气肿
 pulmonary e. of cattle, acute 急性牛肺气肿
 pulmonary interstitial e. (PIE) 肺间质性肺气肿
 senile e. 老年性肺气肿
 skeletal e. 假性气肿
 small-lunged e. 萎缩性肺气肿
 subcutaneous e. 皮下气肿
 surgical e. 外科性气肿
 traumatic e. 外伤性气肿
 unilateral e. 单侧气肿
 vesicular e. 肺泡性气肿

emphysematous [ˌemfə'siːmətəs] 气肿的

Empiric [im'pirik] (Gr. *empeirikos* experienced) 经验医学派

empiric [im'pirik] ❶ 经验主义的；❷ 经验主义者

empirical [im'pirikəl] 经验的

empiricism [im'pirisizəm] ❶ 经验疗法；

❷ 信经验者；❸ 江湖医生
emplastic [im'plæstik] (Gr. *emplastikos* stopping up) ❶ 粘胶状的；❷ 便秘药
emplastration [,emplæs'treiʃən] 硬膏敷贴
emplastrum [im'plæstrəm] (L.; Gr. *emplastron*) 硬膏剂，贴膏剂
emporiatrics [im,pɔri'ætriks] (Gr. *emporos* one who goes on shipboard as a passenger + *iatrikē* medicine) 旅行医学
emprosthotonos [,emprɔs'θɔtənəs] 前弓反张
emprosthotonus [,emprɔs'θɔtənəs] 前弓反张
emprosthozygosis [,emprɔsi,θɔuzai'gɔusis] (Gr. *emprosthen* forward + *zygoyn* to join) 前身部联胎
emptysis ['emptəsis] (Gr.) 咯血
empyema [,empai'i:mə] (Gr. *empyema*) ❶ 积脓；❷ 脓胸
　e. articuli 关节积脓，急性化脓性滑膜炎
　e. benignum 良性脓胸
　e. of the chest 脓胸
　e. of gallbladder 胆囊积脓
　interlobar e. 叶间脓胸
　latent e. 潜伏性脓胸
　loculated e. 分房性脓胸
　mastoid e. 乳突积脓
　metapneumonic e. 肺炎后脓胸
　e. necessitatis 自溃性脓胸
　e. of pericardium 心包积脓，脓性心包炎
　pneumococcal e. 肺炎球菌性脓胸
　pulsating e. 搏动性脓胸
　putrid e. 腐败性脓胸
　streptococcal e. 链球菌性脓胸
　synpneumonic e. 肺炎期脓胸
　thoracic e. 脓胸，脓性胸膜炎
　tuberculous e. 结核性脓胸
empyemic [,empai'emik] 脓胸的
empyesis [,empai'i:sis] (Gr. *empyēsis* suppuration) ❶ 眼前房积脓；❷ 脓疱，脓疱疹
empyocele ['empaiəsi:l] (Gr. *empyein* to suppurate + *kēlē* tumor) 脐脓肿
empyreuma [,empai'ru:mə] (Gr. *empyreuma* a live coal) 烧焦臭(味)
empyreumatic [em,pairu'mætik] 烧焦臭的

EMS (Emergency Medical Service 的缩写) 急救医疗服务
emul. (L. *emulsum* 的缩写) 乳剂
emulgent [i'mʌldʒənt] (L. *emulgere* to milk 或 drain out) ❶ 泄出的；❷ 泄出血管；❸ 利泄药
emulsification [i,mʌlsifi'keiʃən] (*emulsion* + L. *facere* to make) 乳化(作用)
emulsifier [i'mʌlsifaiə] 乳化剂
emulsify [i'mʌlsifai] 乳化
emulsion [i'mʌlʃən] (L. *emulsio*, *emulsum*) 乳剂，乳胶液，乳状液
　hexachlorophene cleansing e. (USP) 六氯酚清洁乳剂
　kerosene e. 煤油乳剂
　liquid petrolatum e. 液状石蜡乳剂
　mineral oil e. (USP) 矿物油乳剂
　photographic e. 照相乳胶，照相乳剂
emulsive [i'mʌlsiv] ❶ 乳化的；❷ 能乳化的；❸ 加压出油的
emulsoid [i'mʌlsɔid] 乳胶体
emulsum [i'mʌlsəm] (pl. *emulsa*) (L.) 乳剂
emunctory [i'mʌŋktəri] (L. *emungere* to cleanse) ❶ 排泄的，净化的；❷ 排泄管，排泄器
emundation [,i:mʌn'deiʃən] (L. *emundare* to cleanse) 纯化(药物)
emusculate [i'mʌskjuleit] (L. *e* out + *musculus* muscle) 无肌的
E-Mycin [i'maisin] 无味红霉素；红霉素制剂的商品名
emydin ['emidin] (Gr. *emys* tortoise) 龟卵蛋白
emylcamate [i'milkəmeit] 氨甲酸叔己酯
ENA (extractable nuclear antigens 的缩写) 可提取的核抗原
enalapril [ə'næləpril] 埃那拉普利尔
enalaprilat [ə'næləprilət] 埃那拉普利尔制剂
enamel [ə'næməl] (O. F. *esmail*) ❶ 釉质；❷ 任何硬、平、光滑的外层或釉样表面；❸ 牙釉质
　curled e. 曲形釉质
　dental e. 牙釉质
　dwarfed e. 薄釉质
　gnarled e. 螺状釉质

hereditary brown e. 遗传性棕色釉质,釉质生长不全
hypoplastic e. 牙釉质发育不全
mottled e. 斑釉
nanoid e. 薄釉质
straight e. 直形釉质

enameloblast [ə'næmələblæst] 成釉细胞
enameloblastoma [ə,næmələblæs'təumə] 成釉细胞瘤
enameloma [,næmə'ləumə] (*enamel* + *-oma*) 釉质瘤
enamelum [ə'næmələm] (NA)釉质
enanthate [ə'nænθeit] ❶ 庚酸的阴离子型;❷ 庚酸盐
enanthem [,inæn'θi:m] 粘膜疹
enanthema [,inæn'θi:mə] (pl. *enanthemas*, *enanthemata*) (Gr. *en* in + *anthema* a blossoming) 粘膜疹
enanthematous [,inæn'θemətəs] 粘膜疹的
enanthesis [,enæn'θi:sis] (Gr. *en* in + *anthein* to bloom) 内病性皮疹
enanthic acid [ə'nænθrəup] 庚酸
enanthrope [e'nænθrəup] (Gr. *en* in + *anthropos* man) 疾病内因,体内病因
enantiobiosis [e,næntiəbai'əusis] (Gr. *enantios* opposite + *bios* life) 对抗生活,拮抗共生
enantiomer [i'næntiəumə] 镜像体,对映(结构)体
enantiomerism [i,nænti'ɔmərizəm] (Gr. *enantios* opposite + *meros* part) 镜像异构现象
enantiomorph [i'næntiəmɔ:f] 镜像体,对映(结构)体
enantiomorphic [i,næntiə'mɔ:fik] 镜像体的
enantiomorphism [i,næntiə'mɔ:fizəm] 镜像异构现象
enantiopathy [e,nænti'ɔpəθi] (Gr. *enantios* + *pathos* disease) ❶ 对抗病;❷ 对抗疗法
enarthritis [,inɑ:'θraitis] 杵臼关节炎
enarthrodial [,inɑ:'θrɔdiəl] 杵臼关节的
enarthrosis [,inɑ:'θrəusis] (Gr. *en* in + *arthrosis* joint) 杵臼关节
enarthrum [,inɑ:'θrəm] (Gr. *en* in + *arthron* a joint) 关节内异物
enblastoma [,enblæs'təumə] 胚细胞瘤

en bloc [ɑ:n 'blɔk] (Fr.) 整块
encainide hydrochloride [en'keinaid] 盐酸哌茴苯胺
encanthis [en'kænθis] (Gr. *en* in + *kanthos* the angle of the eye) 内眦瘤
encapsulated [en'kæpsjuleitid] (Gr. *en* in + L. *capsula* a little box) 包在荚膜内的,(被)包围的,有(胶)囊包着的
encapsulation [en'kæpsju'leiʃən] ❶ 包围;❷ 包围过程
encapsuled [en'kæpsjuld] 包在荚膜内的
encarditis [,enkɑ:'daitis] 心内膜炎
encatarrhaphy [,enkə'tærəfi] (Gr. *enkatarrhaptein* to sew in) 埋藏缝术
encelialgia [,ensili'ældʒiə] (Gr. *en* in + *koilia* belly + *-algia* pain) 内脏痛
enceliitis [en,sili'aitis] (Gr. *en* in + *koilia* belly + *-itis*) 腹内器官炎,内脏炎
encelitis [,ensi'laitis] 腹内器官炎,内脏炎
encephalalgia [en,sefə'lældʒiə] (*encephal-* + *-algia*) 头痛
encephalasthenia [en,sefəlæs'θi:niə] 脑衰弱
encephalatrophy [en,sefə'lætrəfi] (*encephalo-* + *atrophy*) 脑萎缩
encephalauxe [en,sefə'lɔ:ksi] (*encephal-* + Gr. *auxē* increase) 脑肥大
encephaledema [en,sefəli'di:mə] 脑水肿
encephalemia [en,sefə'li:miə] 脑充血
encephalic [,ensi'fælik] ❶ 脑的;❷ 颅内的
encephalin [en'sefəlin] 脑磷脂
encephalion [en'sefəliən] (dim of Gr. *enkephalos* brain) 小脑
encephalitic [en,sefə'litik] 脑炎的
encephalitides [en,sefə'litidiz] (Gr.) 脑炎。encephalitis 的复数形式
encephalitis [en,sefə'laitis] (pl. *encephalitides*)(*encephalo-* + *-itis*) 脑炎,大脑炎
e. A 甲型脑炎,昏睡性脑炎
acute disseminated e. 急性播散性脑炎,传染病后脑炎
acute necrotizing e. 急性坏死性脑炎
Australian X e. 澳大利亚X脑炎
e. B 乙型脑炎
benign myalgic e. 良性肌痛性脑炎
Binswanger's e. 宾斯万格氏脑炎,慢性皮质下脑炎

bovine e. 奶牛脑炎
buffalo e. 水牛脑炎
e. C 丙型脑炎
California e. 加利福尼亚脑炎
Central European e. 中欧脑炎
chronic subcortical e. 慢性皮质下脑炎
cytomegalovirus e. 巨细胞病毒性脑炎
Dawson' e. 道森氏脑炎
eastern equine e. 东方马脑炎
Economo's e. 伊克诺莫氏脑炎,昏睡性脑炎
enzootic e. of horses 地方性马脑炎
epidemic e., e. epidemica 流行性脑炎
equine e. ①马脑炎;②博纳病
forest-spring e. 蜱传脑炎
fox e. 狐类脑炎
hemorrhagic e. 出血性脑炎
herpes e., herpes simplex e., herpetic e. 疱疹脑炎,单纯性疱疹脑炎,疱疹性脑炎
HIV e. 人类免疫缺损病毒性脑炎
Ilheus e. 巴西脑炎
influenzal e. 流感脑炎
Japanese e., Japanese B e. 日本脑炎,日本乙型脑炎
La Crosse e. 十字病毒性脑炎
lead e. 铅毒性脑炎
Leichtenstern's e. 雷克坦斯坦氏脑炎
lethargic e., e. lethargica 昏睡性脑炎,嗜眠性脑炎
Murray Valley e. 澳洲墨莱溪谷脑炎
e. periaxialis concentrica 同心性轴周性脑炎
e. periaxialis diffusa 弥漫性轴周性脑炎
postinfectious e., postvaccinal e. 传染后脑炎,种痘后脑炎
Powassan e. 帕尔森脑炎
purulent e., pyogenic e. 脓性脑炎
Russian autumnal e. 俄罗斯秋季脑炎
Russian endemic e., Rusian forest-spring e. 俄罗斯地方性脑炎,苏联森林春季脑炎
Russian spring-summer e. 俄罗斯春夏型脑炎
Russian tick-borne e., Russian vernal e. 俄罗斯蜱传脑炎,春季脑炎
St. Louis e. 圣路易脑炎
Schilder's e. 库尔德氏脑炎

Semliki Forest e. 塞姆利基河森林脑炎
Strümpell-Leichtenstern e. 斯-雷二氏脑炎
subacute inclusion body e. 亚急性包涵体脑炎
e. subcorticalis chronica 慢性皮质下脑炎
summer e. 夏季脑炎
suppurative e. 化脓性脑炎
tick-borne e. 蜱传播性脑炎
toxoplasmic e. 弓形体脑炎
van Bogaert's e. 凡·博盖氏脑炎
vernal e., vernoestival e. 春季脑炎,春夏季脑炎
Vienna e. 维也纳脑炎
von Economo's e. 伊克诺莫氏脑炎
western equine e. 西方马脑炎
West Nile e. 西尼罗河脑炎
woodcutter's e. 伐木者脑炎

encephalitogen [enˌsefəˈlitədʒən] 致脑炎因子

encephalitogenic [enˌsefəlitəˈdʒenik] (*encephalitis* + Gr. *gennan* to produce) 致脑炎的

Encephalitozoon [enˌsefælitəˈzəuən] (*encephal-* + Gr. *zōon* animal) 脑胞内原虫属,脑炎微孢子虫属
  E. cuniculi 家兔脑胞内原虫

encephalitozoonosis [enˌsefælitəzəuəˈnəusis] (*encephal-* + *zoonosis*) 脑胞内原虫病

encephalization [enˌsefəliˈzeiʃən] 脑形成

encephal(o)- (L. *encephalon*) 脑

encephalocele [enˈsefələsi:l] (*encephalo-* + *cele*[1]) 脑突出,脑膨出
  basal e. 基底部脑膨出
  frontal e. 额部脑膨出
  occipital e. 枕部脑膨出

encephaloclastic [enˌsefələˈklæstik] (*encephalo-* + Gr. *klastos* broken) 破坏脑的

encephalocystocele [enˌsefələˈsistəsi:l] (*encephalo-* + *cysto* + *-cele*[1]) 积水性脑膨出

encephalodialysis [enˌsefələdaiˈæləsis] (*encephalo-* + Gr. *dialysis* loosening) 脑软化,脑松软

encephalodysplasia [enˌsefələdisˈpleiziə] 脑发育异常

encephalography [enˌsefəˈlɔgrəfi] (*encepha-*

lo- + Gr. *graphein* to write) 脑照相术

encephalohemia [enˌsefəlә'hi:miә] 脑充血

encephaloid [en'sefɔlɔid] (*encephalo-* + *-oid*) ❶ 脑样的；❷ 髓样癌

encephalolith [en'sefәlɔliθ] (*encephalo-* + Gr. *lithos* stone) 脑石

encephaloma [enˌsefә'ləumә] ❶ 脑瘤，脑水肿；❷ 髓样癌

encephalomalacia [enˌsefәləmә'leiʃiә] (*encephalo* + Gr. *malakia* softness) 脑软化

　avian e. 鸟脑软化

encephalomeningitis [enˌsefәlәˌmenin'dʒaitis] (*encephalo* + *meningitis*) 脑脑膜炎

encephalomeningocele [enˌsefәlәmә'ningәsi:l] 脑脑膜膨出

encephalomeningopathy [enˌsefәlәˌmenin'gɔpәθi] 脑脑膜病

encephalomere [en'sefәlәmiә] (*encephalo-* + Gr. *meros* part) 脑节

encephalometer [enˌsefә'lɔmitә] (*cephalo-* + Gr. *metron* measure) 脑域测定器

encephalomyelitis [enˌsefәlәˌmaiә'laitis] 脑脊髓炎

　acute disseminated e. 急性播散性脑脊髓炎

　acute necrotizing hemorrhagic e. 急性出血坏死性脑脊髓炎

　avian e. 鸟脑脊髓炎

　benign myalgic e. 良性肌痛性脑脊髓炎

　bovine e. 小牛脑脊髓炎

　eastern equine e. (EEE) 东部马脑脊髓炎

　equine e. 马脑脊髓炎

　experimental allergic e. (EAE) 实验性过敏性脑脊髓炎

　infectious porcine e. 传染性猪脑脊髓炎

　Mengo e. 门戈脑脊髓炎

　mouse e., murine e. 鼠脑脊髓炎

　porcine e. 猪脑脊髓炎

　postinfectious e., postvaccinal e. 传染后脑脊髓炎，种痘后脑脊髓炎

　sporadic bovine e. 散发性牛脑脊髓炎

　Theiler's mouse e. 塞勒氏鼠脑脊髓炎

　toxoplasmic e. 弓浆虫脑脊髓炎

　Venezuelan equine e. (VEE) 委内瑞拉脑脊髓炎

　viral e., virus e. 病毒性脑脊髓炎

　western equine e. (WEE) 西部马脑脊髓炎

encephalomyelocele [enˌsefәlә'maiәlәsi:l] (*encephalo-* + *myelo-* + *-cele*[1]) 脑脊髓膨出

encephalomyeloneuropathy [enˌsefәlәˌmaiәlәnju'rɔpәθi] 脑脊髓神经病

encephalomyelopathy [enˌsefәlәmaiәl'ɔpәθi] (*encephalo-* + *myelopathy*) 脑脊髓病

　postinfection e. 传染后脑脊髓病

　postvaccinial e. 种痘后脑脊髓病

　subacute necrotizing e. 亚急性坏死性脑脊髓病

encephalomyeloradiculitis [enˌsefәlәˌmaiәlɔrәˌdikju'laitis] 脑脊髓脊神经根炎

encephalomyeloradiculopathy [enˌsefәlәˌmaiәlɔrәˌdikju'lɔpәθi] 脑脊髓脊神经根病

encephalomyocarditis [enˌsefәlәˌmaiәkɑ:'daitis] 脑心肌炎

encephalon [en'sefәlәn] (L. from Gr. *enkead*) (*NA*) 脑

encephalonarcosis [enˌsefәlәnɑ:'kәusis] (*encephalo-* + Gr. *narkē* stupor) 脑病性木僵

encephaloncus [enˌsefә'lɔnkәs] 脑瘤

encephalopathia [enˌsefәlәu'pæθiә] 脑病

encephalopathic [enˌsefәlә'pæθik] 脑病的

encephalopathy [enˌsefә'lɔpәθi] (*encephalo-* + *-pathy*) 脑病

　AIDS e. 获得性免疫缺陷综合征性脑病

　biliary e. 胆汁性脑病

　bilirubin e. 胆红素脑病

　boxer's e., boxer's traumatic e. 拳击师脑病，拳击师创伤性脑病

　demyelinating e. 脱髓鞘性脑病

　dialysis e. 透析性脑病

　hepatic e. 肝性脑病

　HIV e., HIV-related e. 人类免疫缺陷毒性脑病，人类免疫缺陷病毒相关性脑病

　hypernatremic e. 血钠过多性脑病

　hypertensive e. 高血压脑病

　hypoglycemic e. 低血糖脑病

　hypoxic-ischemic e. 低氧缺血性脑病

　lead e. 铅中毒性脑病

　metabolic e. 代谢性脑病

　mink e. 水貂脑病

mitochondrial e. 线粒体性脑病

myoclonic e. of childhood 儿童肌阵挛性脑病

portal-systemic e., portasystemic e. 门体分流性脑病

progressive dialysis e. 进行性透析性脑病

progressive subcortical e. 进行性皮质下脑病

punch-drunk e. 拳击醉酒样脑病

saturnine e. 铅毒性脑病

spongiform e. 海绵状脑病

subacute necrotizing e. 亚急性坏死性脑病

subacute spongiform e. 亚急性海绵状脑病

subcortical arteriosclerotic e. 皮质下动脉硬化性脑病

transmissible spongiform e., transmissible spongiform virus e. 传递性海绵状脑病，传递性病毒性海绵状脑病

traumatic e. 创伤性脑病

uremic e. 尿毒症性脑病

Wernicke's. e. 韦尼克脑病

encephalophyma [enˌsefəlou'faimə] 脑瘤

encephalopsy [en'sefəˌlɔpsi] (encephalo- + Gr. opsis vision) 脑视

encephalopuncture [enˌsefələ'pʌŋktʃə] 脑穿刺术

encephalopyosis [enˌsefələpai'əusis] (encephalo- + Gr. pyōsis suppuration) 脑脓肿

encephalorachidian [enˌsefələrə'kaidiən] (encephalo- + Gr. rhachis spine) 脑脊髓的

encephaloradiculitis [enˌsefələrəˌdikju'laitis] 脑脊神经根炎

encephalorrhagia [enˌsefələ'reidʒiə] (encephalo- + Gr. rhēgnynai to burst out) 脑出血

pericapillary e. 毛细血管周性脑出血

encephalosclerosis [enˌsefələskli'rəusis] (encephalo- + Gr. sklērōsis hardness) 脑硬化

encephaloscope [en'sefələskəup] 窥脑器，窥脑镜

encephaloscopy [enˌsefə'lɔskəpi] (encephalo- + Gr. skopein to examine) 脑检视法，窥脑术

encephalosepsis [enˌsefələ'sepsis] (encephalo- + Gr. sēpsis decay) 脑坏疽

encephalosis [enˌsefə'ləusis] 器质性脑病

encephalospinal [enˌsefələ'spainəl] 脑脊髓的

encephalothlipsis [enˌsefələ'θlipsis] (encephalo- + Gr. thlipsis pressure) 脑受压

encephalotome [en'sefələtəum] 脑刀

encephalotomy [enˌsefə'lɔtəmi] 切脑术

enchondral [en'kɔndrəl] 软骨内的

enchondroma [ˌenkɔn'drəumə] (Gr. en in + chondroma) 内生软骨瘤

multiple congenital e's 多发性先天性内生软骨瘤

enchondromatosis [enˌkɔndrəmə'təusis] 内生软骨瘤病

multiple e., skeletal e. 多发性内生软骨瘤病，骨性内生软骨瘤病

enchondromatous [ˌenkɔn'drɔmətəs] 内生软骨瘤的

enchondrosarcoma [enˌkɔndrəsɑː'kəumə] 内生软骨肉瘤

enchondrosis [ˌenkɔn'drəusis] ❶ 软骨疣；❷ 内生软骨瘤

enchylema [ˌenkai'liːmə] (Gr. en in + chylos juice) 内质浆，透明质

enchyma ['enkəmə] (Gr. en in + chymos juice) 内液，组织形成液

enclave ['enkleiv, ɑːn'klɑːv] (Fr.) 被包围物

enclomiphene [en'klɔmifiːn] 恩氯米芬，顺氯芪酚胺

encolpism [en'kɔlpizəm] (Gr. en in + kolpos vagina) 阴道投药法

encolpitis [ˌenkɔl'paitis] (Gr. en in + kolpos vagina) 阴道内膜炎

encopresis [enkə'priːsis] 大便失禁

encranial [en'kreiniəl] 颅内头

encranius [en'kreiniəs] (Gr. en in + kranion skull) 颅内联胎畸胎

encyesis [ˌensai'iːsis] (Gr. en in + kyēsis pregnancy) 子宫内孕，正常子宫孕

encyopyelitis [enˌsaiəˌpaiə'laitis] (encyesis + pyelitis) 妊娠性肾盂炎

encysted [en'sistid] (Gr. en in + kystis sac, bladder) 包绕的，被囊的

encystment [en'sistmənt] 包囊形成，被囊状态

endadelphos [ˌendəˈdelfəs] (end- + Gr. adelphos brother) 体内联胎畸胎, 隐联胎, 胎内胎

endangiitis [enˌdændʒiˈaitis] 血管内膜炎

endangium [enˈdændʒiəm] (end- + Gr. angeion vessel) 血管内膜

endaortic [ˌendeiˈɔːtik] 主动脉内的

endaortitis [ˌendeiɔːˈtaitis] 主动脉内膜炎
   bacterial e. 细菌性主动脉内膜炎

endarterectomy [enˌdɑːtəˈrektəmi] 动脉内膜切除术
   carotid e. 颈动脉内膜切除术
   gas e. 气体动脉内膜切除术
   vertebral e. 椎动脉内膜切除术

endarterial [ˌendɑːˈtəriəl] 动脉内的

endarteritis [enˌdɑːtəˈraitis] (end- + Gr. artēria artery + -itis) 动脉内膜炎
   Heubner's e. 胡布纳氏动脉内膜炎
   e. obliterans 闭塞性动脉内膜炎
   e. proliferans 增殖性动脉内膜炎

endarterium [ˌendɑːˈtəriəm] (end- + Gr. artēria artery) 动脉内膜

endarteropathy [ˈendɑːtərəupəθi] 动脉内膜病
   digital e. 指(趾)动脉内膜病

end-artery [enˈdɑːtəri] 终动脉

endaural [enˈdɔːrəl] 耳内的

endaxoneuron [ˌendæksəuˈnjuərən] (Gr. cndos within + axoneuron) 中间神经元, 脊髓内神经元

endbrain [ˈendbrein] 端脑, 终脑

end-brush [ˈendbrʌʃ] 终树突

end-bud [ˈendbʌd] 终球, 尾芽

end-bulb [ˈendbʌlb] 终球

endchondral [endˈkɔndrəl] 软骨内的

endeictic [enˈdaiktik] (Gr. endeixis a pointing out) 症状的

endemia [enˈdiːmiə] 地方病

endemial [enˈdiːmiəl] 地方性的, 地方病的

endemic [enˈdemik] (Gr. endēmos dwelling in a place) ① 地方性的; ② 地方病的

endemicity [ˌendiˈmisiti] ❶ 地方性; ❷ 地方流行性

endemiology [enˌdiːmiˈɔlədʒi] (endemic + Gr. logos science) 地方病学

endemy [ˈendemi] 地方病

endemoepidemic [ˌendəməˌepiˈdemik] 地方性流行的

endepidermis [ˌendepiˈdəmis] 上皮, 内表皮

endergic [enˈdəːdʒik] (end- + Gr. ergon work) 吸能的

endergonic [ˌendəˈɡɔnik] (end- + Gr. ergon work) 吸收能量的, 吸能的

endermism [ˈendəmizm] 皮肤用药法

endermosis [ˌendəˈməusis] ❶ 皮肤用药法; ❷ 粘膜疱

enderon [ˈendərɔn] (Gr. en in + deros skin) 外被深层

enderonic [ˌendəˈrɔnik] 外被深层的

Enders [ˈendəz] 恩德斯: John Franklin 美国微生物学家

end-foot [ˈendfut] 终足

ending [ˈendiŋ] ❶ 末梢, 终末; ❷ 神经末梢
   annulospiral e's 环螺末梢
   club e. of Bartelmez 巴特尔迈兹氏棒节形末梢
   encapsulated nerve e. 神经末梢小体
   epilemmal e's 膜性神经末梢
   flower-spray e's 花枝状末梢
   free nerve e. 游离神经末梢
   grape e's 葡萄状神经末梢
   nerve e's 神经末梢
   nonencapsulated nerve e. 无包囊神经末梢
   primary e's 初级神经末梢
   Ruffini's e. 卢非尼氏末梢
   secondary e's 次级神经末梢

end-nuclei [endˈnjuklai] 终核

end(o)- (Gr. endon within) 内

endoabdominal [ˌendəæbˈdɔminəl] 腹内的

endoamylase [ˌendəˈæməleis] 内淀粉酶

endoaneurysmorrhaphy [ˌendəˌænjurizˈmɔrəfi] (endo- + Gr. aneurysma aneurysm + rhaphē suture) 动脉瘤内缝术

endoangiitis [ˌendəuændʒiˈaitis] 血管内膜炎

endoaortitis [ˌendəueiɔːˈtaitis] 主动脉内膜炎

endoappendicitis [ˌendəuəˌpendiˈsaitis] 阑尾粘膜炎

endoarteritis [ˌendəuɑːtəˈraitis] 动脉内膜炎

endoauscultation [ˌendəuˌɔːskəlˈteiʃən] 内听诊

endobacillary [ˌendəuˈbæsiləri] 杆菌内的

endobiotic [ˌendəbaiˈɔtik] (*endo-* + Gr. *biōsis* living) 组织内寄生的

endoblast [ˈendəublæst] (*endo-* + Gr. *blastos* germ) 内胚层

endoblastic [ˌendəuˈblæstik] 内胚层的

endobronchitis [ˌendəbrɔŋˈkaitis] 支气管粘膜炎

endocardial [ˌendəˈkɑːdiəl] (*endo-* + Gr. *kardia* heart) 心内的, 心内膜的

endocardiopathy [ˌendəˌkɑːdiˈɔpəθi] (*endocardium* + *-pathy*) 心内膜病

endocarditic [ˌendəkɑːˈdaitik] 心内膜炎的

endocarditis [ˌendəkɑːˈdaitis] (*endocardium* + *-itis*) 心内膜炎

　acute bacterial e. (ABE) 急性细菌性心内膜炎

　atypical verrucous e. 非典型赘疣性心内膜炎

　bacterial e. 细胞性心内膜炎

　e. benigna 良性心内膜炎

　e. chordalis 腱索性心内膜炎

　constrictive e. 缩窄性心内膜炎

　fungal e. 真菌性心内膜炎

　infectious e., infective e. 传染性心内膜炎

　e. lenta 亚急性细菌性心内膜炎

　Libman-Sacks e. 里-塞二氏心内膜炎

　Löffler's e., Löffler's parietal fibroplastic e. 卢夫勒氏心内膜炎, 室壁纤维增殖性心内膜炎

　malignant e. 恶性心内膜炎

　marantic e. 消耗性心内膜炎, 非细菌性栓塞性心内膜炎

　mural e. 壁性心内膜炎

　mycotic e. 真菌性心内膜炎

　native valve e. 天然瓣膜心内膜炎

　nonbacterial thrombotic e. (NBTE) 非细菌性栓塞性心内膜炎

　nonbacterial verrucous e. 非细菌性赘疣状心内膜炎

　parietal e. 壁性心内膜炎

　prosthetic valve e. 人造瓣膜(置换术后)心内膜炎

　rheumatic e. 风湿(病)性心内膜炎

　rickettsial e. 立克次体心内膜炎

　right-side e. 右心内膜炎

　septic e. 脓毒性心内膜炎

　staphylococcal e. 葡萄球菌性心内膜炎

　streptococcal e. 链球菌性心内膜炎

　subacute bacterial e. (SBE) 亚急性细菌性心内膜炎

　syphilitic e. 梅毒性心内膜炎

　tuberculous e. 结核性心内膜炎

　ulcerative e. 溃疡性心内膜炎

　valvular e. 瓣膜性心内膜炎

　vegetative e., verrucous e. 增殖性心内膜炎, 赘疣性心内膜炎

　viridans e. 草绿色链球菌心内膜炎

endocardium [ˌendəˈkɑːdiəm] (*endo-* + Gr. *kardia* heart) 心内膜

endoceliac [ˌendəˈsiːliæk] (*endo-* + Gr. *koilia* cavity) 体腔内的

endocellular [ˌendəˈseljulə] 细胞内的

endocervical [ˌendəˈsəːvikəl] 子宫颈内的

endocervicitis [ˌendəˌsəːviˈsaitis] (*endo-* + L. *cervix* neck) 子宫颈内膜炎

endocervix [ˌendəˈsəːviks] ❶ 子宫颈内膜; ❷ 子宫颈口区

endochondral [ˌendəˈkɔndrəl] 软骨内的

endochorion [ˌendəˈkɔriən] (*endo-* + Gr. *chorion* chorion) 绒(毛)膜内层

endochrome [ˈendəkrəum] (*endo-* + Gr. *chrōma* color) (细)胞内染色质

endocolitis [ˌendəkəˈlaitis] 结肠粘膜炎

endocolpitis [ˌendəukɔlˈpaitis] (*endo-* + Gr. *kolpos* vagina + *-itis*) 阴道粘膜炎

endocommensal [ˌendəkəˈmensəl] 内共生体

endocomplement [ˌendəuˈkɔmplimənt] (红细胞)内补体

endoconidiotoxicosis [ˌendəkəˌnidiəˌtɔksiˈkəusis] 内分生孢菌中毒症

endocorpuscular [ˌendəkɔːˈpʌskjulə] 小体内的

endocranial [ˌendəˈkreiniəl] 颅内的

endocraniosis [ˌendəˌkreiniˈəusis] 颅内骨肥大

endocranitis [ˌendəkrəˈnaitis] 硬脑膜炎, 硬脑膜外层炎

endocranium [ˌendəˈkreiniəm] (*endo-* + Gr. *kranion* skull) 硬脑膜

endocrinasthenia [ˌendəuˌkrinæsˈθiːniə]

(*endocrine* + *asthenia*) 内分泌(机能)衰弱,内分泌衰弱

endocrine ['endəkrain] (*endo-* + Gr. *krinein* to separate) ❶ 内分泌的; ❷ 激素的,内分泌物的

endocrinid [endəu'krinid] 内分泌疹,内分泌性皮病

endocrinism [en'dɔkrinism] 内分泌病

endocrinium [endə'kriniəm] 内分泌系统

endocrinologist [endəkri'nɔlədʒist] 内分泌学家

endocrinology [endəkri'nɔlədʒi] (*endocrine* + *-logy*) 内分泌学

endocrinopathic [endəkrinə'pæθik] 内分泌病的

endocrinopathy [endəkri'nɔpəθi] (*endocrine* + Gr. *pathos* disease) 内分泌病

endocrinosis [endəkri'nəusis] 内分泌病

endocrinosity [endəukri'nɔsiti] 内分泌(状态)

endocrinotherapy [endəkrinə'θerəpi] 内分泌疗法,激素疗法

endocuticle [endə'kjutikəl] (*endo-* + L. *cuticula*) 内表皮

endocyclic [endə'saiklik] 内环的,桥环的

endocyma [endəu'saimə] (*endo-* + Gr. *kyma* fetus) 胎内寄生胎

endocyst ['endəsist] 内囊

endocystitis [endəsis'taitis] 膀胱粘膜炎

endocyte ['endəusait] (*endo-* + Gr. *kytos* hollow vessel) 细胞内含物

endocytosis [endəsai'təusis] (*endo-* + Gr. *kytos* hollow vessel) 内吞入胞

endodeoxyribonuclease [endədiɔksiribə'njuklieis] (EC 3,1,21-25) 脱氧核糖核酸内切酶

endoderm ['endədə:m] (*endo-* + Gr. *derma* skin) 内胚层

endodermal [endə'də:məl] 内胚层的

Endodermophyton [endədə:'mɔfitən] (*endo-* + Gr. *derma* skin + *phyton* a growth) 皮内癣菌属

endodiascope [endə'daiəskəup] 体腔X线管

endodiascopy [endədai'æskəpi] (*endo-* + Gr. *dia* through + *skopein* to examine) 体腔X线检验

endodontia [endəu'dɔnʃiə] 牙髓病学

endodontics [endə'dɔntiks] (*end-* + *odont-* + *-ics*) 牙髓病学

endodontist [endə'dɔntist] 牙髓病学家

endodontium [endə'dɔnʃiəm] 牙髓

endodontologist [endədɔn'tɔlədʒist] 牙髓病学家

endodontology [endədɔn'tɔlədʒi] (*end-* + *odont-* + *-logy*) 牙髓病学

endodyogeny [endədai'ɔdʒəni] 内芽性增殖

endoectothrix [endə'ektəθriks] 发内外癣菌

endoenteritis [endəentə'raitis] 肠粘膜炎

endoenzyme [endə'enzaim] 细胞内酶

endoepidermal [endəepi'də:məl] 表皮内的

endoepithelial [endəepi'θi:liəl] 上皮内的

endoergic [endə'ə:dʒik] 吸收自出能的

endoesophagitis [endəuisɔfə'dʒaitis] 食管粘膜炎

endoexoteric [endəeksə'terik] (*endo-* + Gr. *exōterikos* pertaining to the outside) 内外因的

endofaradism [endə'færədizəm] 内部感应电疗法,体腔感应电疗法

endogalvanism [endə'gælvənizəm] 体腔直流电疗法

endogamous [en'dɔgəməs] ❶ 同族结婚的; ❷ 同系受精的

endogamy [en'dɔgəmi] (*endo-* + Gr. *gamos* marriage) ❶ 同宗受精,同系交配; ❷ 同族结婚

endogastric [endə'gæstrik] 胃内的

endogastritis [erdəgæs'traitis] 胃粘膜炎

endogenesis [endəu'dʒenəsis] (*endo-* + Gr. *genesis* production) 内生性形成,内生

endogenetic [endədʒə'netik] 内生的,内源的

endogenic [endə'dʒenik] 内生的

endogenote [endə'dʒenəut] 内基因子

endogenous [en'dɔdʒənəs] (*endo-* + Gr. *gennan* to produce) ❶ 内生的; ❷ 发源于生物体内的,起因于生物体内的

endogermination [endəugə:mi'neiʃən] 内生发芽

endoglobar [endə'glɔbə] 血细胞内的

endoglobular [endə'glɔbjulə] 血细胞内的

endognathion [ˌendəˈnæθiən] (*endo-* + Gr. *gnathos* jaw) 内颌骨

endogonidium [ˌendəgəuˈnidiəm] 细胞内分生孢子

endoherniorrhaphy [ˌendəˌhəːniˈɔrəfi] 疝内缝术，疝内修补术

endointoxication [ˌendəinˌtɔksiˈkeiʃən] 内源性中毒，自体中毒

endolabyrinthitis [ˌendəˌlæbirinˈθaitis] 膜迷路炎，迷路内膜炎

endolaryngeal [ˌendələˈrindʒiəl] (*endo-* + Gr. *larynx*) 喉内的

endolarynx [ˌendəˈlæriŋks] 喉内，喉腔

endolemma [ˌendəuˈlemə] (Gr. *lemma* hark, husk) 神经鞘

endolymph [ˈendəlimf] (*endo-* + *lymph*) 内淋巴

endolympha [ˌendəˈlimfə] (NA)内淋巴

endolymphatic [ˌendəlimˈfætik] 内淋巴的

endolysin [enˈdɔlisin] (*endo-* + *lysin*) (细胞)内溶素

endolysis [enˈdɔlisis] (*endo-* + Gr. *lysis* dissolution) 胞浆溶解作用

endomastoiditis [ˌendəˌmæstɔiˈdaitis] 乳突内(膜)炎

endomesoderm [ˌendəˈmesədəːm] (*endo-* + Gr. *mesos* middle + *derma* skin) 内(胚层)原中胚层

endometrectomy [ˌendəumiˈtrektəmi] (*endometrium* + Gr. *ektome* excision) 子宫内膜切除术

endometria [ˌendəˈmiːtriə] (Gr.) 子宫内膜。*endometrium* 的复数形式

endometrial [ˌendəˈmiːtriəl] 子宫内膜的

endometrioid [ˌendəˈmetriɔid] 子宫内膜样的

endometrioma [ˌendəˌmetriˈəumə] 子宫内膜瘤，子宫腺肌瘤

endometriosis [ˌendəˌmetriˈəusis] (*endometrium* + *-osis*) 子宫内膜异位
　e. externa 子宫外子宫内膜异位
　e. interna 子宫内子宫内膜异位，子宫肌腺病
　ovarian e., e. ovarii 卵巢子宫内膜异位
　stromal e. 基质子宫内膜异位
　e. vesicae 膀胱子宫内膜异位

endometriotic [ˌendəˌmetriˈɔtik] 子宫内膜异位的

endometritis [ˌendəmeˈtraitis] (*endometrium* + *-itis*) 子宫内膜炎
　bacteriotoxic e. 细菌毒性子宫内膜炎
　decidual e. 蜕膜性子宫内膜炎
　exfoliative e. 剥脱性子宫内膜炎
　glandular e. 腺性子宫内膜炎
　membranous e. 膜性子宫内膜炎
　puerperal e. 产后子宫内膜炎
　syncytial e. 合胞体性子宫内膜炎
　tuberculous e. 结核性子宫内膜炎

endometrium [ˌendəˈmetriəm] (pl. *endometria*) (*endo-* + Gr. *metra* uterus) 子宫内膜
　Swiss-cheese e. 瑞士干酪样子宫内膜

endometrorrhagia [ˌendəuˌmiːtrəuˈreidʒiə] 子宫出血，血崩

endometry [enˈdɔmitri] (*endo-* + Gr. *metron* measure) 内腔容积测定法

endomitosis [ˌendəmaiˈtəusis] 核内有丝分裂

endomitotic [ˌendəmaiˈtɔtik] 核内有丝分裂的

endomixis [ˌendəuˈmiksis] 内融合

endomorph [ˈendəmɔːf] 内胚层体型者

endomorphic [ˌendəˈmɔːfik] 内胚层体型的

endomorphy [ˈendəmɔːfi] (*endoderm* + Gr. *morphē* form) 内胚层体型

Endomyces [ˌendəˈmaisiz] (*endo-* + Gr. *mykēs* fungus) 内孢霉属
　E. albicans 白色念珠菌

Endomycetales [ˌendəˌmaisəˈteiliːz] 内孢霉目

endomyocardial [ˌendəˌmaiəˈkɑːdiəl] 心肌(心)内膜的

endomyocarditis [ˌendəˌmaiəkɑːˈdaitis] (*endo-* + *myocarditis*) 心肌(心)内膜炎

endomysium [ˌendəˈmaisiəm] (*endo-* + Gr. *mys* muscle) 肌内膜

endonasal [ˌendəˈneizəl] 鼻内的

endonephritis [ˌendəuniˈfraitis] (*endo-* + Gr. *nephros* kidney + *-itis* inflammation) 肾盂炎

endoneural [ˌendəˈnjuərəl] 神经内的

endoneurial [ˌendəˈnjuəriəl] 神经内膜的

endoneuritis [ˌendənjuˈraitis] 神经内膜炎

endoneurium [ˌendəˈnjuəriəm] (*endo-* + Gr. *neuron* nerve) (NA) 神经内膜

endoneurolysis [ˌendənjuˈrɔlisis] (endo- + Gr. neuron nerve + lysis dissolution) 神经内松解术, 神经纤维松解法

endonuclear [ˌendəˈnjukliə] 细胞核内的

endonuclease [ˌendəˈnjuklieis] 核酸内切酶
　restriction e. 限制性核酸内切酶

endonucleolus [ˌendənjuˈkliːələs] 核仁内小体

endoparasite [ˌendəˈpærəsait] (endo- + parasite) 内寄生物

endopelvic [ˌendəˈpelvik] 骨盆内的

endopeptidase [ˌendəˈpeptaideis] (EC 3.4.21-24, 3.4.99) 肽链内切酶

endoperiarteritis [ˌendəuˌperiɑːtəˈraitis] (endo- + Gr. peri around + arteritis) 动脉内外膜炎

endopericardial [ˌendəˌperiˈkɑːdiəl] 心内膜心包的

endopericarditis [ˌendəˌperikɑːˈdaitis] (endo- + pericarditis) 心内膜心包炎

endoperimyocarditis [ˌendəˌperiˌmaiəkɑːˈdaitis] (endo- + peri- + myocarditis) 心内膜心包肌炎, 全心炎

endoperineuritis [ˌendəˌperinjuˈraitis] 神经束膜内膜炎

endoperitoneal [ˌendəˌperitəˈniːəl] 腹膜内的

endoperitonitis [ˌendəˌperitəˈnaitis] 腹膜内层炎, 腹膜浆层炎

endoperoxide [ˌendəpəˈrɔksaid] 内超氧化物

endoperoxide-D-isomerase [ˌendəpəˈrɔksaidaiˈsɔməreis] D-内超氧化物异构酶

endoperoxide-E-isomerase [ˌendəpəˈrɔksaidaiˈsɔməreis] E-内超氧化物异构酶

endoperoxide reductase [ˌendəpəˈrɔksaidriˈdʌkteis] 内超氧化物还原酶

endophasia [ˌendəuˈfeiziə] 无声复语

endophlebitis [ˌendəfləˈbaitis] (endo- + Gr. phleps vein + -itis) 静脉内膜炎
　e. hepatica obliterans 闭塞性肝静脉内膜炎
　proliferative e. 增生性静脉内膜炎, 静脉硬化

endophthalmitis [ˌendɔfθəlˈmaitis] (end- + ophthalmitis) 眼内炎
　phacoanaphylactic e. 晶状体蛋白过敏性眼内炎

endophylaxination [ˌendəufiˌlæksiˈneiʃən] 内防御力, 自体抗毒作用

endophyte [ˈendəfait] (endo- + Gr. phyton plant) 内寄生菌

endophytic [ˌendəˈfitik] (endo- + Gr. phyein to grow) ❶ 内寄生菌的; ❷ 内部生长的

endoplasm [ˈendəplæzəm] (endo- + Gr. plasma something formed) 内质, 内(胞)浆

endoplasmic [ˌendəˈplæsmik] 内质的, 内(胞)浆的

endoplast [ˈendəplæst] (Gr. plastos formed) 内质体

endoplastic [ˌendəuˈplæstik] 内形成性的

endopolyploid [ˌendəˈpɔliploid] 内多倍体

endopolyploidy [ˌendəˈpɔliˈploidi] (endo- + polyploidy) ❶ 核内有丝分裂; ❷ 内多倍体; ❸ 内源多倍体

endopredator [ˌendəˈpredeitə] 内捕食者

endoprosthesis [ˌendəprɔsˈθiːsis] (endo- + prosthesis) 内置管术, 内置管引流

endoradiography [ˌendəˌreidiˈɔgrəfi] 体腔X线照相术, 体腔造影术

endoradiosonde [ˌendəˌreidiəˈsɔnd] 体内放射性探头

endoreduplication [ˌendəriˌdjupliˈkeiʃən] 核内复制

end-organ [endˈɔːgən] 终器

endorhinitis [ˌendəriˈnaitis] (endo- + Gr. rhis nose) 鼻粘膜炎

endoribonuclease [ˌendəˌribəˈnjuklieis] (EC 3.1.26-27) 核糖核酸内切酶

endorphin [enˈdɔːfin] (endogenous + morphine) 内啡肽

endosalpingiosis [ˌendəusælpindʒiˈəusis] 输卵管子宫内膜异位

endosalpingitis [ˌendəˌsælpinˈdʒaitis] (endosalpinx + -itis) 输卵管内膜炎

endosalpingoma [ˌendəˌsælpinˈgəumə] 输卵管内膜瘤

endosalpinx [ˌendəˈsælpiŋks] (endo- + Gr. salpinx tube) 输卵管内膜

endosarc [ˈendəsɑːk] 内质, 内(胞)浆

endoscope [ˈendəskəup] (endo- + Gr. skopein to examine) 内窥镜, 内腔镜

endoscopic [ˌendəˈskɔpik] 内窥镜检查的

endoscopy [en'dɔskəpi] 内窥镜检查
  peroral e. 经口内窥镜检查
  transcolonic e. 经结肠内窥镜检查
endosecretory [ˌendə'sekrətəri] (*endo-* + *secretory*) 内分泌的,内分泌物的
endosepsis [ˌendə'sepsis] 内因败血病
endosite ['endəsait] 内寄生物
endoskeleton [ˌendə'skelitən] (*endo-* + Gr. *skeleton*) 内骨骼
endosmometer [ˌendɔs'mɔmitə] (*endosmosis-* + Gr. *metron* measure) 内渗压测定器
endosmosis [ˌendɔs'məusis] (*endo-* + Gr. *ōsmos* impulsion) 内渗
endosmotic [ˌendɔs'mɔtik] 内渗性的
endosome ['endəsəum] (*endo-* + Gr. *soma* body) 核内体
endosperm ['endəspəːm] (内)胚乳
endospore ['endəspɔː] (*endo-* + Gr. *sporos* seed) 内生孢子
endosporium [ˌendə'spɔriəm] 内孢子膜
endosteal [en'dɔstiəl] 骨内(膜)的
endosteitis [enˌdɔsti'aitis] 骨内(膜)炎
endosteoma [enˌdɔsti'əumə] (*endo-* + *oste-* + *-oma*) 骨髓腔肿瘤,内生骨瘤,中心性骨瘤
endostethoscope [ˌendə'steθəskəup] 食管内听心器
endosteum [en'dɔstiəm] (*endo-* + Gr. *osteon* bone) (NA) 骨内膜
endostitis [ˌendɔs'taitis] 骨内膜炎
endostoma [ˌendɔs'təumə] 骨髓腔肿瘤,骨内生瘤,中心性骨瘤
endostosis [ˌendɔs'təusis] (*endo-* + Gr. *osteom* bone) 内生骨疣
endosymbiont [ˌendə'simbiənt] (*endo-* + *symbiont*) 内共生体,细胞内共生生物
endosymbiosis [ˌendəˌsimbi'əusis] 内共生现象
endotendineum [ˌendətən'diniəm] (*endo-* + L. *tendo*, *tendines*, after Gr. *tenōn*) 腱内膜
endotenon [ˌendə'tenən] (*endo-* + Gr. *tenōn* tendon) 腱内膜
endothelia [ˌendə'θiːliə] (Gr.) 内皮. *endothelium* 的复数形式
endothelial [ˌendə'θiːliəl] 内皮的
endothelialization [ˌendəθiːliəliˈzeiʃən] 内皮化
endotheliitis [ˌendəθili'aitis] 内皮炎
endothelin [ˌendə'θiːlin] 内皮素
endothelioblastoma [ˌendəˌθiliəblæs'təumə] (*endothelium* + Gr. *blastos* germ + *-oma*) 成内皮细胞瘤
endotheliochorial [ˌendəˌθiliə'kɔriəl] (*endothelium* + *chorion*) 内皮(细胞)绒(毛)膜的
endotheliocyte [ˌendə'θiliəsait] (*endothelia* + Gr. *kytos* hollow vessel) 内皮细胞
endotheliocytosis [ˌendəuˌθiːliəusai'təusis] 内皮细胞增多
endothelioid [ˌendə'θiːlioid] 内皮样的
endotheliolysin [ˌendəˌθili'ɔlisin] 内皮溶素
endotheliolytic [ˌendəˌθiliə'litik] 溶内皮的,内皮(细胞)分解的
endothelioma [ˌendəˌθili'əumə] (*endothelium* + *-oma*) 内皮瘤
  e. angiomatosum 血管内皮瘤
  dural e. 硬脑(脊)膜内皮瘤
  perithelial e. 周皮内皮瘤
endotheliomatosis [ˌendəˌθiliəmə'təusis] 内皮瘤病
endotheliomyoma [ˌendəuˌθiːliəumai'əumə] 内皮肌瘤
endothelio-myxoma [ˌendəuˌθiːliəumik'səumə] 内皮粘液瘤
endotheliosarcoma [ˌendəˌθiliəsɑː'kəumə] 内皮肉瘤
endotheliosis [ˌendəˌθili'əusis] 内皮增生
  glomerular capillary e. 肾小球毛细血管内皮增生
endotheliotoxin [ˌendəˌθiliə'tɔksin] 内皮毒素
endothelium [ˌendə'θiːliəm] (pl. *endothelia*) (NA) (*endo-* + Gr. *thēlē* nipple) 内皮
  anterior e. of cornea, e. anterius corneae 角膜前内皮
  e. camerae anterioris bulbi 眼前房内皮
  corneal e., e. corneale 角膜内皮
  extraembryonic e. 胚体外内皮
endotherm ['endəθəːm] (*endo-* + Gr. *thermē* heat) ❶ 温血动物；❷ 温血的
endothermal [ˌendə'θəːməl] 温血动物的,恒温的

endothermic [ˌendə'θəːmik] ❶ 吸热的,收热的; ❷ 温血动物的; ❸ 温血的,恒温的

endothermy [ˌendə'θəːmi] (endo- + Gr. thermē heat) ❶ 透热法,高频电透热法; ❷ 伴有内热产生的体温调节; ❸ 恒温性

endothoracic [ˌendəθəˈræsik] 胸内的

endothrix ['endəθriks] (endo- + Gr. thrix hair) 发内癣菌,毛内癣菌

endotome [ˌendəʊ'təʊm] (Gr. temnein to cut) 胎儿断头剪

endotoscope [en'dəʊtəskəʊp] (Gr. ous ear + skopein to view) 耳(内)镜

endotoxemia [ˌendətɔk'siːmiə] 内毒素血症

endotoxicosis [ˌendəʊˌtɔksiˈkəʊsis] 内因性中素

endotoxin [ˌendə'tɔksin] 内毒素

endotoxoid [ˌendəʊ'tɔksɔid] 类内毒素

endotracheal [ˌendə'treikiəl] (endo- + trachea) ❶ 气管内的; ❷ 经气管腔的

endotracheitis [ˌendəˌtræki'aitis] 气管内膜炎,气管粘膜炎

endotrachelitis [ˌendəˌtrækiˈlaitis] (endo- + Gr. trachēlos neck) 子宫颈内膜炎

endourethral [ˌendəju'reθrəl] 尿道内的

endourology [ˌendəju'rɔlədʒi] (endo- + urology) 内泌尿学

endouterine [ˌendə'juːtərin] 子宫内的

endovaccination [ˌendəˌvæksi'neiʃən] (endo- + vaccination) 内服菌苗法

endovasculitis [ˌendəˌvæskju'laitis] (endo- + L. vasculum vessel) 血管内膜炎

endovenitis [ˌendəvi'naitis] 静脉内膜炎

endovenous [ˌendə'viːnəs] 静脉内的

Endoxan [en'dɔksən] 癌得星:环磷酰胺制剂的商品名

endozoite [ˌendə'zəʊait] 内殖子

end plate, end-plate [end pleit] 终板
　motor e. p. 运动终板

end-pleasure ['endpleʒə] 终期性乐

end point [end point] 终点

end product [end 'prɔdʌkt] 终产物

Endrate ['endreit] 安地特:依地酸二钠制剂的商品名

endrin ['endrin] 异狄氏剂

endrysone ['endrisəʊn] 甲地松

end-tidal [end'taidəl] ❶ 潮气量末; ❷ 潮气量末的

Enduron ['endjurən] 安度龙:甲氯噻嗪制剂的商品名

Enduronyl [en'djuərənəl] 安都奥内:甲氯噻嗪与利血平制剂的商品名

endyma ['endimə] (NA) 室管膜

-ene 烯

enema ['enəmə] (pl. enemas 或 enemata) (Gr.) 灌肠法,灌肠剂
　barium e. 钡灌肠
　blind e. 肛管排气法,导肠气法
　contrast e. 对比灌肠
　double contrast e. 双对比灌肠
　Fleet e. 快速灌肠剂
　hydrocortisone e. (USP) 氢化可的松灌肠剂
　small bowel e. 小肠灌肠剂
　soapsuds e. 肥皂水灌肠剂
　sodium phosphate and biphosphate e., sodium phosphate e. (USP) 磷酸钠与磷酸氢钠灌肠剂,磷酸钠灌肠剂
　theophylline olamine e. (USP) 茶碱乙醇胺灌肠剂

enemator ['eniˌmeitə] 灌肠器

energetics [ˌenə'dʒetiks] 能量学

energid ['enədʒid] 活质体

energizer ['enədʒaizə] ❶ 兴奋剂; ❷ 激发器,增能器; ❸ 渗碳加速器
　psychic e. (colloq.) 心理兴奋剂

energometer [ˌenə'gɔmitə] 脉能测量器

energy ['enədʒi] (Gr. energeia) 能(量)
　activation e. 活化能,激活能
　atomic e. 原子能
　binding e. 结合能
　chemical e. 化学能
　free e., Gibbs free e. (G) 自由能,吉布斯自由能
　kinetic e. 动能
　nuclear e. 核能
　potential e. 位能,势能
　radiant e. 放射能,辐射能

enervate ['enəːveit] (L. enervere to make weak) 使衰弱

enervation [ˌenə'veiʃən] (L. enervatio, from ex out + nervus nerve) ❶ 神经无力; ❷ 神经切除

enflagellation [enˌflædʒi'leiʃən] 鞭毛形成

enflurane ['enfluːrein] (USP) 安氟醚
ENG (electronystagmography 的缩写) 眼震电流描记法
engagement [in'geidʒmənt] 衔接
engastrius [in'gæstriəs] (Gr. *en* in + *gastēr* belly) 腹内附胎
Engel's alkalimetry ['eŋgəlz] (Rodolphe Charles *Engel*, German chemist, 1850-1916) 恩格尔氏血碱定量法
Engel-Recklinghausen disease ['eŋgəl 'rekliŋ'hauzən] (Gerhard *Engel*, German physician, 19th century; Friedrich Daniel von *Recklinghausen*, German pathologist, 1833-1910) 蒽-莱二氏病
Engelmann's disease ['eŋgəlmænz] (Guido *Engelmann*, Austrian surgeon, born 1876) 恩格曼氏病
Engelmann's disk ['eŋgəlmænz] (Theodor Wilhelm *Engelmann*, German physiologist, 1843-1909) 恩格曼氏盘
Engen orthosis ['eŋgən] (Thorkild Jensen *Engen*, American prosthetist, born 1924) 安根氏矫正法
engine ['endʒin] 机器,引擎
  dental e. 钻牙机
englobe [en'gləub] 摄入,吞噬
engorged [in'gɔdʒd] 充盈的
engorgement [in'gɔdʒmənt] ❶ 充血; ❷ 肿胀
engraftment [in'grɑːftmənt] 骨髓移植中移植物成功生长
engram ['engræm] (Gr. *en* in + *gramma* mark) 兴奋痕迹,印迹
engraphia [in'græfiə] 兴奋留迹
enhancement [in'hɑnsmənt] 促进作用,增强作用
  edge e. 边缘增强作用
enhancer [in'hɑnsə] 增强子
Enhydrina [,inhai'drainə] 海蛇的一属
  E. schistosa 一种有毒海蛇
Enkaid ['inkeid] 安开得:盐酸恩卡胺制剂的商品名
enkatarrhaphy [,inkə'tærəfi] 埋藏缝术
enkephalin [in'kefəlin] 脑啡肽
enkephalinergic [in,kefəli'nədʒik] 脑啡肽能的
enlargement [in'lɑːdʒmənt] ❶ 扩大; ❷ (解剖)增大,膨大
  atrial e. 心房扩张,心房肥大
  cardiac e. 心脏扩张,心脏肥大
  cervical e. 颈部膨大
  gingival e. 龈增厚
  e. of heart 心脏扩张,心脏肥大
  lumbar e., lumbosacral e. 腰部膨大
  tympanic e. 鼓室隆起
enniatin [ini'eitin] 恩镰孢菌素
enol ['inəl] (contraction from ethyl*en*e + alcoh*ol*) 烯醇
enolase ['enəleis] 烯醇化酶
  neuron-specific e. 神经元特异性烯醇化酶
enomania [,iːnəu'meiniə] (Gr. *oenos* wine + *mania* madness) ❶ 震颤谵妄; ❷ 酒毒性谵妄,间发性酒狂
enophthalmos [,enɔf'θælməs] (Gr. *en* in + *ophthalmos* eye) 眼球内陷
enophthalmus [,enɔf'θælməs] 眼球内陷
enorganic [,enə'gænik] 机体固有的
enosimania [,enɔsi'meiniə] 恐怖狂
enostosis [,enɔs'təusis] (Gr. *en* in + *osteon* bone + *-osis*) 内生骨疣
Enovid [i'nɔvid] 安诺维得:炔雌醇甲醚与异炔诺酮制剂的商品名
enoyl CoA ['inɔil kəu'ei] 烯酰辅酶A
enoyl CoA isomerase ['inɔil kəu'ei ai'sɔməreis] 烯酰辅酶A异构酶
enoyl coenzyme A ['inɔil kəu'enzaim] 烯酰辅酶A
enoyl-CoA hydratase ['inɔil kəu'ei 'haidrəteis] (EC 4.2.1.17) 烯(脂)酰辅酶A水合酶
en plaque [ɑːn 'plɑːk] (Fr.) 斑块状,板片状
enrichment [in'ritʃmənt] 强化营养,强化食品,增菌法
Enroth's sign ['enrɔts] (Emil Emanuel *Enroth*, Finnish physician, 1879-1953) 恩罗斯氏征
ensiform ['ensifɔːm] (L. *ensis* sword + *forma* form) 剑形的
ensisternum [,ensis'tənəm] (L. *ensis* sword + *sternum*) 剑突
ensomphalus [in'sɔmfələs] (Gr. *en* in + *sōma* a body + *omphalos* navel) 双脐畸胎
enstrophe ['enstrəfi] 内翻

ENT (ear, nose and throat 的缩写) 耳鼻喉
entad ['entæd] 向心,向内
ental ['entəl] (Gr. *entos* within) 内的,中央的
entamebiasis [,entəmi'baiəsis] 内阿米巴病
Entamoeba [,entə'mi:bə] (*ent-* + *ameba*) 内阿米巴属,内变形虫属
   E. **buccalis** 颊内阿米巴
   E. **coli** 结肠内阿米巴
   E. **gingivalis** 龈内阿米巴
   E. **hartmanni** 哈特曼内阿米巴
   E. **histolytica** 溶组织内阿米巴
   E. **invadens** 侵袭性内阿米巴
   E. **polecki** 波氏内阿米巴
entamoebiasis [,entəmi'baiəsis] 内阿米巴病,内变形虫病
entanglement [in'tæŋglmənt] 精神错乱
entasis ['entəsis] (Gr. *entasis* a straining) 紧张性痉挛
entepicondyle [,entepi'kɔndail] 内上髁
enteque [in'teikei] (Sp.) 慢性出血性败血病
enteraden [in'terədən] (*enter-* + Gr. *adēn* gland) 肠腺
enteradenitis [,entə,rædə'naitis] (*enteraden* + *-itis*) 肠腺炎
enteral ['entərəl] (Gr. *enteron* intestine) 小肠内的
enteralgia [,entə'rældʒiə] (*enter-* + *-algia*) 肠痛,肠神经痛
enteramine [,entə'ræmi:n] (*obs.*) 五羟色胺
enterectasis [,entə'rektəsis] (*enter-* + Gr. *ektasis* extension) 肠扩张
enterectomy [,entə'rektəmi] (*enter-* + Gr. *ektomē* excision) 肠切除术
enterelcosis [,entərel'kəusis] (Gr. *elkosis* ulceration) 肠溃疡
enteremia [,entə'ri:miə] (*entero-* + Gr. *aema* blood) 肠充血
enteremphraxis [,entərem'fræksis] (*entero-* + Gr. *emphraxis* stoppage) 肠闭塞,肠阻塞
enterepiplocele [,entərə'piplǝsi:l] 肠内膜疝,肠网膜突出
enteric [in'terik] (Gr. *enterikos* intestinal) (小)肠的

enteric-coated [in'terik'kəutid] 包有肠溶衣的
enteritis [,entə'raitis] (*enter-* + *-itis*) 肠炎
   cat e. 猫肠炎
   choleriform e. 霍乱样肠炎
   chronic cicatrizing e. 慢性瘢痕性肠炎
   e. cystica chronica 慢性囊肿性肠炎
   diphtheritic e. 假膜性肠炎,假膜溃疡性肠炎
   duck virus e. 鸭病毒肠炎
   feline e. 猫肠炎
   e. gravis 重型肠炎
   infectious feline e. 传染性猫肠炎
   mink viral e. 水貂病毒性肠炎
   mucous e. 粘液性肠炎
   e. necroticans 坏死性肠炎
   e. nodularis 结节性肠炎,淋巴结性肠炎
   phlegmonous e. 脓性蜂窝织炎性肠炎
   e. polyposa 息肉性肠炎
   protozoan e. 原虫性肠炎
   pseudomembranous e. 假膜性肠炎
   radiation e. 放射性肠炎
   regional e., segmental e. 局限性肠炎,节段性肠炎
   specific feline e. 特异性猫肠炎
   streptococcus e. 链球菌性肠炎
   terminal e. 末端肠炎
   tuberculous e. 结核性肠炎
enter(o)- (Gr. *enteron* intestine) 肠(的)
enteroanastomosis [,entərəǝ,næsti'məusis] 肠吻合术
entero-apokleisis [,entərə,æpəu'klaisis] (Gr. *apokleisis* a shutting off) 肠旷置术
Enterobacter [,entərə'bæktə] (*entero-* + Gr. *baktron* a rod) 肠杆菌属
   E. **aerogenes** 产气肠杆菌
   E. **agglomerans** 聚团肠杆菌
   E. **amnigenus** 栖水肠杆菌
   E. **cloacae** 阴沟肠杆菌
   E. **gergoviae** 一种赖氨酸脱羟酶阳性的肠杆菌
   E. **hafnia** 肠杆菌
   E. **intermedium** 中间肠杆菌
   E. **sakazakii** 阪崎肠杆菌
Enterobacteriaceae [,entərəbæk,tiri'eisii:] 肠杆菌科
enterobiasis [,entərə'baiəsis] 蛲虫病

enterobiliary [ˌentərə'biliəri] 肠和胆道的
Enterobius [ˌentə'rɔbiəs] (*entero-* + Gr. *bios* life) 蛲虫属
　E. **vermicularis** 蛲虫
enterobrosis [ˌentərə'brəusis] (Gr. *brosis* an eating) 肠穿孔
enterocele ['entərəsi:l] (*entero-* + *-cele¹*) ❶ 肠疝; ❷ 阴道后疝
enterocentesis [ˌentərəsen'ti:sis] (*entero-* + Gr. *kentēsis* puncture) 肠穿刺(术)
enterocholecystostomy [ˌentərəˌkɔlisis'tɔstəmi] (*entero-* + Gr. *cholē* bile + *kystis* bladder + *stoma* mouth) 小肠胆囊吻合术
enterocholecystotomy [ˌentərəˌkɔlisis'tɔtəmi] (*entero-* + *cholecystotomy*) 肠胆囊切开术
enterocinesia [ˌentərəsi'niziə] (*entero-* + Gr. *kinēsis* motion) 肠动,肠蠕动
enterocinetic [ˌentərəsi'netik] 蠕动的,促肠动的
enterocleisis [ˌentərə'klaisis] (*entero-* + Gr. *kleisis* closure) ❶ 肠缝合; ❷ 肠闭塞
　omental e. 肠穿孔网膜覆盖术
enteroclysis [ˌentə'rɔkləsis] (*entero-* + Gr. *klysis* a drenching) ❶ 灌肠(法); ❷ 肠造影法
enteroclyster [ˌentərə'klistə] ❶ 灌肠; ❷ 灌肠剂
enterococcemia [ˌentərəkɔk'si:miə] (*enterococcus* + Gr. *haima* blood + *-ia*) 肠球菌血症
Enterococcus [ˌentərə'kɔkəs] (*entero-* + *coccus*) 肠球菌属
　E. **avium** 鸟肠球菌
　E. **faecalis** 粪肠球菌
　E. **faecium** 肠球菌
enterococcus [ˌentərə'kɔkəs] (pl. *enterococci*) 肠球菌
enterocoel ['entərəsi:l] 肠体腔
enterocoele [ˌentərə'si:li] (*entero-* + Gr. *koilia* belly) 肠体腔
enterocoelom [ˌentərə'si:ləm] 肠体腔
enterocoelomate [ˌentərə'si:lɔmeit] ❶ 有肠体腔的; ❷ 肠体腔动物
enterocolectomy [ˌentərəkɔ'lektəmi] 小肠结肠切除术

enterocolitis [ˌentərəkə'laitis] (*entero-* + *colitis*) 小肠结肠炎
　antibiotic-associated e. 抗生素性小肠结肠炎
　hemorrhagic e. 出血性小肠结肠炎
　necrotizing e. 坏死性小肠结肠炎
　pseudomembranous e. 假膜性小肠结肠炎
　regional e. 局限性小肠结肠炎
enterocolostomy [ˌentərəkə'lɔstəmi] (*entero-* + Gr. *kolon* colon + *stomoun* to provide with an opening, or mouth) 小肠结肠吻合术
enterocrinin [ˌentə'rɔkrinin] 促肠液激素
enterocutaneous [ˌentərəkju'teiniəs] 肠皮肤的
enterocyst ['entərəsist] (*entero-* + *cyst*) 肠囊肿
enterocystocele [ˌentərə'sistəsi:l] (*entero-* + *cysto-* + *-cele*) 肠膀胱疝
enterocystoma [ˌentərə'sistəumə] (*entero-* + *cyst* + *-oma*) 肠囊瘤
enterocyte ['entərəsait] 肠上皮细胞
enterodialysis [ˌenntə,rəudai'ælisis] 肠粘连松解术
enterodynia [ˌentərə'dainiə] (*entero-* + Gr. *odynē* pain) 肠痛
enteroenterostomy [ˌentərə,entə'rɔstəmi] 肠肠吻合术
enteroepiplocele [ˌentərəi'pipləsi:l] (*entero-* + Gr. *epiploon* omentum + *-cele*) 网膜疝,肠网膜突出
enterogastric [ˌentərəi'gæstrik] 肠胃的
enterogastritis [ˌentərəgæs'traitis] (*entero-* + Gr. *gastēr* stomach + *-itis*) 肠胃炎
enterogastrocele [ˌentərə'gæstrəsi:l] 肠胃疝
enterogastrone [ˌentərə'gæstrəun] (*entero-* + *gastro-* + chalone) 肠抑胃素
enterogenous [ˌentə'rɔdʒənəs] (*entero-* + Gr. *gennan* to produce) ❶ 由原前肠来的; ❷ 源于小肠内的
enteroglucagon [ˌentərə'glu:kəgən] (*entero-* + *glucagon*) 肠高血糖素
enterogram ['entərəgræm] 肠动(描记)图
enterograph ['entərəgrɑ:f] (*entero-* + Gr. *graphein* to write) 肠动描记器

enterography [ˌentəˈrɔgrəfi] ❶ 肠动描记法；❷ 肠描记术

enterohepatitis [ˌentərəˌhepəˈtaitis]（entero- + Gr. hēpar liver + -itis）❶ 肠肝炎；❷ 火鸡(的)组织滴虫病

enterohepatocele [ˌentərəˈhepətəsi:l] 肠肝脐疝

enterohydrocele [ˌentərəˈhaidrəsi:l]（entero- + hydrocele）阴囊积水疝

enteroidea [ˌentəˈrɔidiə] 肠热病

enterointestinal [ˌentərəinˈtestinəl]（entero- + intestine）肠肠的

enterokinase [ˌentərəˈkineis] 肠激酶，肠致活酶

enterokinesia [ˌentərəkiˈniːʒiə] 肠动，肠蠕动

enterokinetic [ˌentərəkiˈnetik] 蠕动的，促肠动的

enterokinin [ˌentərəˈkinin] 肠动素，肠激肽

enterolith [ˈentərəliθ]（entero- + Gr. lithos stone）肠石

enterolithiasis [ˌentərəliˈθiɑːsis]（entero- + lithiasis）肠石病

enterology [ˌentəˈrɔlədʒi]（entero- + -logy）肠病学，胃肠病学

enterolysis [ˌentəˈrɔlisis]（entero- + Gr. lysis dissolution）肠粘连松解术

enteromalacia [ˌentərəməˈleiʃiə]（Gr. malakia softening）肠软化

enteromegalia [ˌentərəməˈgeiliə] 巨肠

enteromegaly [ˌentərəˈmegəli]（entero- + Gr. megaleia bigness）巨肠

enteromenia [ˌentərəˈmiːniə]（entero- + Gr. men month）肠代偿月经，肠倒经

enteromere [ˈentərəmiə]（entero- + Gr. meros part）肠节

enteromerocele [ˌentərəˈmerəsi:l]（entero- + Gr. mēros thigh + -cele¹）股疝

enterometer [ˌentəˈrɔmitə]（entero- + Gr. metrou measure）小肠腔测量器

Enteromonadina [ˌentərəˌmɔnəˈdainə] 肠滴虫亚目

Enteromonas [ˌentərəˈmɔunəs]（entero- + Gr. monas unit, from monos single）肠滴虫属

enteromycodermitis [ˌentərəˌmaikədəˈmaitis]（entero- + Gr. myxa mucus + derma skin）肠粘膜炎

enteromycosis [ˌentərəmaiˈkəusis]（entero- + Gr. mykēs fungus + -osis）肠(真)菌病

e. **bacteriacea** 细菌性肠菌病

enteromyiasis [ˌentərəmaiˈaiəsis]（entero- + Gr. myia fly）肠蛆病

enteron [ˈentərən]（Gr.）肠，消化道

enteroneuritis [ˌentərənjuˈraitis] 肠神经炎

enteronitis [ˌentərəˈnaitis] 肠炎

entero-oxyntin [ˌentərəˈɔksintin] 肠泌酸激素

enteroparesis [ˌentərəpəˈriːsis]（entero- + Gr. paresis relaxation）肠弛缓，肠轻瘫

enteropathogen [ˌentərəˈpæθədʒən] 肠病原(体)

enteropathogenesis [ˌentərəˌpæθəˈdʒenəsis] 肠发病机理

enteropathogenic [ˌentərəˌpæθəˈdʒenik] 肠病原的

enteropathy [ˌentəˈrɔpəθi]（entero- + Gr. pathos illness）肠病

gluten e. 麸质肠病，非热带性口炎性腹泻

protein-losing e. 失蛋白性肠病

enteropeptidase [ˌentərəˈpeptideis]（EC 3.4.21.9）肠肽酶

enteropexia [ˌentərəˈpeksiə]（Gr. pexis fixation）肠固定术

enteropexy [ˈentərəpeksi]（entero- + Gr. pēxis fixation）肠固定术

enterophthisis [ˌentərəˈθaisis]（Gr. phthisis a wasting）肠结核

enteroplasty [ˈentərəplæsti]（entero- + Gr. plassein to mold）肠成形术

enteroplegia [ˌentərəˈpledʒiə]（entero- + Gr. plēgē stroke）肠麻痹，肠瘫

enteroproctia [ˌentərəˈprɔkʃiə]（Gr. proktos anus）人工肛门

enteroptosia [ˌentərəpˈtəusiə] 肠下垂

enteroptosis [ˌentərəpˈtəusis]（Gr. ptosis a falling）肠下垂

enteroptychia [ˌentərəˈtaikiə]（entero- + Gr. ptychē a fold）肠折术

enteroptychy [ˌentərəˈtaiki] 肠折术

enterorenal [ˌentərəˈriːnəl] 肠肾的

enterorrhagia [ˌentərəˈreidʒiə]（entero- +

Gr. *rhēgnynai* to burst forth) 肠出血
enterorrhaphy [ˌentəˈrɔrəfi] (*entero-* + Gr. *rhaphē* suture) 肠缝术
circular e. 肠环形缝术
enterorrhea [ˌentərəˈriːə] 腹泻
enterorrhexis [ˌentərəˈreksis] (*entero-* + Gr. *rhēxis* rupture) 肠破裂
enterosarcocele [ˌentərəˈsɑːkəsiːl] (*entero-* + Gr. *sayx* flesh + *kele* hernia) 阴囊肉瘤疝
enteroscope [ˈentərəskəup] (*entero-* + Gr. *skopein* to examine) 肠(窥)镜
enterosepsis [ˌentərəˈsepsis] (*entero-* + Gr. *sēpsis* putrefaction) 肠脓毒病
entrosite [ˈentərəsait] 肠寄生物
enterospasm [ˈentərəspæzəm] (*entero-* + Gr. *spasmos* spasm) 肠痉挛
enterostasis [ˌentərəˈsteisis] (*entero-* + Gr. *stasis* stoppage) 肠郁滞
enterostaxis [ˌentərəˈstæksis] (*entero-* + Gr. *staxis* dripping) 肠渗血
enterostenosis [ˌentərəstəˈnəusis] (*entero-* + Gr. *stenōsis* contraction) 肠狭窄
enterostomal [ˌentərəˈstɔməl] 肠造口术的
enterostomy [ˌentəˈrɔstəmi] (*entero-* + Gr. *stomoun* to provide with an opening, or mouth) 肠造口术
gun-barrel e. 双管形肠造口术
enterotome [ˈentərətəum] (*entero-* + Gr. *tomē* a cutting) 肠刀
enterotomy [ˌentəˈrɔtəmi] (*entero* + Gr. *tomē* a cutting) 肠切开术
enterotoxemia [ˌentərətɔkˈsiːmiə] 肠(原)性毒血症,肠毒素血症
hemorrhagic e. 出血性肠(原)性毒血症
infectious e. of sheep 绵羊传染性肠(原)性毒血症
enterotoxication [ˌentərəˌtɔksiˈkeiʃən] 肠原性中毒
enterotoxigenic [ˌentərəˌtɔksiˈdʒenik] 肠毒性的,趋肠粘膜毒性的
enterotoxin [ˌentərəˈtɔksin] (*entero-* + L. *toxicum* poison) 肠毒素
cholera e. 霍乱肠毒素
enterotoxism [ˌentərəˈtɔksizm] 肠原(性)中毒
enterotribe [ˌentərəˈtraib] (Gr. *tribein* to crush) 夹肠器
enterotropic [ˌentərəˈtrɔpik] (*entero-* + Gr. *tropos* a turing) 向肠的
enterotyphus [ˌentərəˈtaifəs] 伤寒
enterovaginal [ˌentərəˈvædʒinəl] 肠阴道的
enterovenous [ˌentərəˈviːnəs] 肠静脉的
enterovesical [ˌentərəˈvesikəl] 肠膀胱的
Entero-Vioform [ˌentərəˈvaiəfɔːm] 肠用慰欧仿:碘氯羟喹啉制剂的商品名
enteroviral [ˌentərəˈvirəl] 肠病毒的
Enterovirus [ˈentərəvirəs] (*entero-* + *virus*) 肠病毒属
enterovirus [ˈentərəvirəs] 肠病毒
bovine e. 牛肠病毒
porcine e. 猪肠病毒
simian e. 猴肠病毒
enterozoic [ˌentərəˈzəuik] 肠寄生虫的
enterozoon [ˌentərəˈzəuən] (pl. *enterozoa*)(*entero-* + Gr. *zōon* animal) 肠寄生虫
enteruria [ˌentəˈruriə] (*entero-* + Gr. *ouron* urine + *-ia*) 粪尿症
enthalpy [ˈenθəlpi] (Gr. *en* within + *thalpein* to warm) 焓,热函
enthesis [enˈθiːsis] (Gr. "a putting in; insertion") ❶ 填补法; ❷ 起止点
enthesitis [ˌenθəˈsaitis] 起止点炎
enthesopathy [ˌenθəˈsɔpəθi] 起止点病
enthetic [enˈθetik] (Gr. *enthetikos* fit for implanting) ❶ 填补的; ❷ 外来的
enthetobiosis [inˌθetəbaiˈəusis] (Gr. *enthesis* a putting in + *biōsis* way of life) 生命延续法
enthlasis [ˈenθləsis] (Gr. "a dent caused by pressure") 颅骨骨折内陷
entire [inˈtaiə] 边缘光滑的
entiris [inˈtairis] (*ent-* + *iris*) 虹膜后色素层
entity [ˈentiti] (L. *ens* being) 实体,实在,本质
ent(o)- (Gr. *entos* inside) 内,在内
entoblast [ˈentəblæst] (*ento-* + Gr. *blastos* germ) 内胚层
entochondrostosis [ˌentəˌkɔndrɔsˈtəusis] (*ento-* + Gr. *chondros* cartilage + *osteon* bone) 软骨内成骨
entochoroidea [ˌentəkəˈrɔidiə] (眼)脉络膜内层

entocnemial [ˌentɔk'niːmiəl] 胫骨内侧的
entocondyle [ˌentəu'kɔndail] 内髁
entocornea [ˌentə'kɔːniə] (ento- + cornea) 后弹性层(角膜)
entocranial [ˌentəu'kreiniəl] 颅内的
entocuneiform [ˌentəkju'niːifɔːm] 内侧楔骨
entocyte ['entəsait] (ento- + Gr. kytos hollow vessel) 细胞内含物
entoderm ['entədəːm] (ento- + Gr. derma skin) 内胚层
    primitive e. 原始内胚层
    yolk-sac e. 卵黄囊内胚层
entodermal [ˌentə'dəːməl] 内胚层的
entodermic [ˌentə'dəːmik] 内胚层的
Entodiniomorphida [ˌentədiniə'mɔːfidə] (ento- + Gr. dinos a whirling + morphē form) 内毛目
entoectad [ˌentə'ektæd] (ento- + Gr. ektos without) 由内向外
entogastric [ˌentəu'gæstrik] 胃内的
entomarginal [ˌentəu'mɑːdʒinəl] 近边缘及内侧的
entome ['entəm] (Gr. en in + tome cutting) 尿道内刀
entomere ['entəmiə] (ento- + Gr. meros part) 内胚层裂球
entomesoderm [ˌentə'mesədəːm] 内中胚层
entomiasis [ˌentə'maiəsis] (Gr. entomon insect) 昆虫病
entomion [in'təmiən] (Gr. entomē notch) 乳突凸
entom(o)- (Gr. entomon insect) 昆虫的
Entomobrya [ˌentəmə'braiə] 跳虫属
entomogenous [ˌentə'mɔdʒənəs] (entomo- + Gr. gennan to produce) ❶ 得自昆虫的; ❷ 生长于昆虫体内的
entomologist [ˌentə'mɔlədʒist] 昆虫学家
entomology [ˌentə'mɔlədʒi] (entomo- + -logy) 昆虫学
    medical e. 医(学)昆虫学
Entomophthora [ˌentə'mɔfθərə] (entomo- + Gr. phthora destruction, death) 蝇疫霉属, 虫霉属
    E. coronata 冠虫霉
Entomophthoraceae [ˌentəˌmɔfθə'reisiː] 蝇疫霉科, 虫霉科

Entomophthorales [ˌentəˌmɔfθə'ræliz] 蝇疫霉目, 虫霉目
entomophthoromycosis [ˌentəˌmɔfθərɔmi'kəusis] 蝇疫霉病, 虫霉病
    e. basidiobolae 长蛙粪霉菌性虫霉病
    e. conidiobolae 分支粪霉菌性虫霉病
entophthalmia [ˌentɔf'θælmiə] 眼内炎
entophyte ['entəfait] (ento- + Gr. phyton plant) 内寄生菌, 植物内寄生菌
entopic [in'tɔpik] (Gr. en in + topos place) 正(常)位(置)的
entoplasm ['entəplæzəm] (ento- + Gr. plasma something formed) 内质, 内(胞)浆
entoplastic [ˌentəu'plæstik] (ento- + Gr. plastikos formative) 内形成性的
entoptic [in'tɔptik] (ent- + optic) 内视的
entoptoscope [in'tɔptəskəup] 眼内媒质镜, 眼内填质镜
entoptoscopy [ˌentəp'tɔskəpi] (ent- + opto- + -scopy) 眼内媒质检查, 眼内填质镜检查
entoretina [ˌentə'retinə] (ento- + retina) 视网膜内部(神经部)
entorganism [en'tɔːgənizəm] (ento- + organism) 内寄生物
entorhinal [ˌentə'rainəl] 内鼻
entorrhagia [ˌentəu'reidʒiə] (Gr. rhegnynae to burst forth) 内出血
entosarc ['entəsɑːk] (ento- + Gr. sarx flesh) 内质, 内(胞)浆
entosthoblast [en'tɔsθəblæst] (Gr. entosthe from within + blastos germ) 核仁小体
entostosis [ˌentɔs'təusis] (ento- + Gr. osteon bone) 内生骨疣
entotympanic [ˌentətim'pænik] 鼓室内的
entozoa [ˌentə'zəuə] (Gr.) 内寄生虫。entozoon 的复数形式
entozoal [ˌentə'zəuəl] 内寄生虫的
entozoon [ˌentə'zəuən] (pl. entozoa) (ento- + Gr. zōon animal) 内寄生虫
entrain [in'trein] 起搏, 定搏
entrainment [in'treinmənt] 起搏术, 定搏术
entrapment [in'træpmənt] 压迫
entropion [in'trəpiən] (Gr. en in + tropein to turn) 内翻
    cicatricial e. 瘢痕性睑内翻

spastic e. 痉挛性睑内翻
e. uveae 色素膜内翻
entropionize [in'trəpiənaiz] 使(睑)内翻,内翻
entropium [in'trɔpiəm] 内翻
entropy ['intrəpi] (Gr. *entropē* a turning inward) ❶ 熵；❷ 衰退
entwicklungsmechanik [ˌintwikˌlʌŋsmə'kænik] (Ger. "developmental mechanics") 实验胚胎学
entypy ['intipi] (Gr. *entypē* pattern) 反向(胚层)
enucleate [i'njuklieit] (L. *enucleare*) 剜出,摘出
enucleated [i'njuklieitid] 剜出,摘出
enucleation [iˌnjukli'eiʃən] (L. *e* out + *nucleus* kernel) 剜出术,摘出术
enuresis [ˌinju'riːsis] (Gr. *enourein* to void urine) 遗尿
enuretic [ˌinju'retik] ❶ 遗尿的；❷ 遗尿剂；❸ 遗尿者
envelope ['enviləup] (Old Fr. *enveloper* to wrap up) 包膜
　cell e. 细胞被膜
　egg e. 卵膜
　nuclear e. 核膜
envenomation [inˌvinə'meiʃən] 螫刺毒作用,注毒(液)作用
environment [in'vaiərənmənt] (Fr. *environner* to surround, to encircle) 环境
envy ['envi] 妒忌,羡慕
　penis e. 阴茎妒忌
Enzactin [in'zæktin] 恩扎可丁：三乙甘油酯制剂的商品名
enzootic [ˌenzə'ɔtik] (Gr. *en* in + *zōon* animal) 地方性兽病的,地方性兽病
Enzopride ['enzəpraid] 恩唑普来得辅酶A制剂的商品名
enzygotic [ˌenzi'gɔtik] 同卵性的
enzymatic [ˌenzi'mætik] 酶的
enzyme ['enzaim] (Gr. *en* in + *zymē* leaven) 酶
　adaptive e. 诱导酶,适应酶
　allosteric e. 变构酶
　brancher e., branching e. 分支酶
　constitutive e. 组成酶
　cryptic e. 隐蔽酶
　debrancher e., debranching e. 脱支酶
　extracellular e. 细胞外酶
　fat-splitting e. 脂解酶
　hydrolytic e. 水解酶
　induced e., inducible e. 诱导酶
　intracellular e. 细胞内酶
　proteolytic e. 蛋白水解酶
　receptor-destroying e. (RDE) 受体破坏酶
　redox e. 氧化还原酶
　repressible e. (可)阻抑酶
　respiratory e. 呼吸酶
　restriction e. 限制酶
　yellow e's 黄酶
Enzyme Commission (EC) 国际酶委员会
enzymic [in'zimik] 酶的
enzymology [ˌenzi'mɔlədʒi] 酶学
enzymopathy [ˌenzi'mɔpəθi] 酶病
　lysosomal e. 溶酶体酶病,溶酶体储存病
enzymosis [ˌenzai'məusis] 酶性发酵
EOG (electro-olfactogram 的缩写) 嗅电图
eonism ['iːənizm] 易装癖
eopsia [i'ɔpsiə] (Gr. *eos* dawn + *opsis* vision) 暮视(症)
eosin ['iəsin] (Gr. *ēōs* dawn) 曙红,伊红
　e. B, e. I bluish 曙红B,带蓝曙红I
　ethyl e. 乙曙红
　water-soluble e., e. W or W S, yellowish e., e. Y 水溶曙红W,曙红Y,带黄曙红
eosinocyte [ˌiə'sinəsait] 嗜酸(性)细胞
eosinopenia [ˌiəsinə'piːniə] (*eosinophil* + Gr. *penia* poverty) 嗜酸(白)细胞减少
eosinophil [ˌiə'sinəfil] (*eosin* + Gr. *philein* to love) 嗜酸性细胞,嗜酸性结构,嗜酸性成分
eosinophile [ˌiə'sinəfail] ❶ 嗜酸性细胞；❷ 嗜曙红的,嗜酸性的
eosinophilia [ˌiəˌsinə'filiə] (*eosin* + Gr. *philein* to love) ❶ 嗜酸细胞增多；❷ 嗜酸性,嗜曙红性
　Löffler's e. 吕弗勒氏嗜酸细胞增多
　pulmonary infiltration e. 肺嗜酸细胞增多性浸润
　tropical e., tropical pulmonary e. 热带嗜酸细胞增多,热带肺嗜酸细胞增多
eosinophilic [ˌiəˌsinə'filik] 嗜曙红的,嗜酸性的
eosinophilopoietin [ˌiəˌsinəˌfilə'pɔietin] 嗜酸细胞生成素

eosinophilosis [ˌiəˌsinəfiˈləusis] 嗜酸细胞增多

eosinophilotactic [ˌiəˌsinəˌfiləˈtæktik] 嗜酸细胞趋化的,对嗜酸细胞有吸引力的

eosinophilous [ˌiəsiˈnɔfiləs] 嗜酸性的

eosinophiluria [ˌiəˌsinəfiˈlʌriə] 嗜酸细胞尿(症)

eosinotactic [ˌiəˌsinəˈtæktik] (*eosinophil* + Gr. *taktikos* regulating) 嗜酸细胞趋化的,对嗜酸细胞表现影响的

eosolate [iˈɔsəleit] 木溜磺酸盐

eosophobia [ˌiˌəusaiˈfəubiə] (Gr. *eos* dawn + *phobos* fear) 黎明恐怖

EP (evoked potential 的缩写) 诱发电位

ep- 上,旁,表

epacmastic [ˌipækˈmæstik] 增进期的,增长期的

epacme [iˈpækmi] (Gr. *epakmazein* to come to its height) 增进期,增长期

epactal [iˈpæktəl] (Gr. *epaktos* brought in) ❶ 多余的,额外的; ❷ 缝间骨

epallobiosis [ˌipæləbaiˈəusis] (*epi-* + Gr. *allo-* other + *biōsis* way of life) 体外生命支持法

eparsalgia [ˌipɑːˈsældʒiə] (Gr. *epairein* to life + *-algia*) 过劳病,劳损病

eparterial [ˌipɑːˈtiriəl] (Gr. *epi* upon + *artēria* artery) 动脉上的

epauxesiectomy [ˌepɔːkˌsiːziˈektəmi] (Gr. *epeuxesis* increase + *ektome* an cutting out) 新生物切除术

epaxial [iˈpæksiəl] (Gr. *epi* upon + *axis*) 轴上的

epencephalon [ˌepenˈsefələn] (Gr. *epi* upon + *enkephalos* brain) 后脑

ependopathy [ˌipenˈdɔpəθi] 室管膜病

ependyma [iˈpendimə] (Gr. *ependyma* upper garment) (NA) 室管膜

ependymal [iˈpendiməl] 室管膜的

ependymitis [ˌipendiˈmaitis] 室管膜炎

ependymoblast [iˈpendiməblæst] 成室管膜细胞

ependymoblastoma [ˌipendiməblæsˈtəumə] 成室管膜细胞瘤

ependymocyte [iˈpendiməsait] (Gr. *ependyma* + Gr. *kytos* hollow vessel) 室管膜细胞

ependymocytoma [ˌipendiməusiˈtəumə] 室管膜瘤,室管膜细胞瘤

ependymoma [ˌipendiˈməumə] 室管膜瘤,室管膜细胞瘤

ependymopathy [ˌipendiˈmɔpəθi] 室管膜病

Eperythrozoon [ˌepəˌriθrəˈzəuən] (*epi-* + *erythros-* + Gr. *zoon* animal) 血虫体属,附红细胞体属

eperythrozoonosis [ˌepəˌriθrəˌzəuəˈnəusis] 血虫体病,附红细胞体病

ephapse [iˈfæps] (Gr. *ephapsis* a touching) 假突触

ephaptic [iˈfæptik] 假突触的

epharmony [ipˈhɑːməni] (环境)协调发育

ephebiatrics [ˌiˌfebiˈætriks] (Gr. *ephēbos* one arrived at puberty + *iatrikē* surgery, medicine) 青年期学

ephebogenesis [ˌefibəˈdʒenisis] (Gr. *ephēbos* puberty + *genesis*) 青春期身体变化

ephebology [ˌefiˈbɔlədʒi] 青春期学

Ephedra [iˈfedrə] (Gr. *epi* upon + *hedra* seat) 麻黄属

ephedrine [iˈfedrin, ˈefədrin] (USP) 麻黄碱,麻黄素
  e. **hydrochloride** (USP) 盐酸麻黄碱
  e. **sulfate** (USP) 硫酸麻黄碱
  e. **tannate** 鞣酸麻黄碱

ephelides [iˈfelidiːz] (Gr.) 雀斑。*ephelis* 的复数形式

ephelis [iˈfelis] (pl. *ephelides*) (Gr. *ephēlis*) 雀斑

ephemera [iˈfemərə] (Gr. *ephēmeros* short-lived) 暂时状态,暂时事物

ephemeral [iˈfemərəl] 短命的,暂时的

Ephemerida [ˌefəˈmeridə] 蜉蝣目

Ephemeroptera [ˌiˌfeməˈrɔptərə] (Gr. *ephemeros* short-lived + *pteron* wing) 襀翅目

ephidrosis [ˌefiˈdrəusis] (Gr. *epi* upon + *hidrosis* sweating) ❶ 中等量出汗; ❷ 局部多汗(症)

ephippium [epˈhipiəm] (Gr. *epi* upon + *hippos* horse) 蝶鞍

Ephynal [ˈefənəl] 埃非纳耳:维生素 E 制剂的商品名

epi- (Gr. *epi* on) 上,旁,表

epiallopregnanolone [ˌepiˌæləpregˈnænələun] 表异孕烷醇酮

epiandrosterone [ˌepiænˈdrɔstərəun] 表雄

(甾)酮

epiblast ['epiblæst] (*epi-* + Gr. *blastos* germ) ❶ 上胚盘；❷ 外胚层；❸ 上胚层

epiblastic [ˌepi'blæstik] 外胚层的

epiblepharon [ˌepi'blefərən] (*epi-* + Gr. *blepharon* eyelid) 睑赘皮

epibole [i'pibəli] 外包

epiboly [i'pibəli] (Gr. *epibolē* cover) 外包

epibulbar [ˌepi'bʌlbə] 眼球上的

epicanthal [ˌepi'kænθəl] ❶ 内眦赘皮的；❷ 眼眦上的

epicanthic [ˌepi'kænθik] ❶ 内眦赘皮的；❷ 眼眦上的

epicanthine [ˌepi'kænθain] 内眦赘皮的

epicanthus [ˌepi'kænθəs] (*epi-* + *canthus*) 内眦赘皮

epicarcinogen [ˌepikɑː'sinədʒən] 致癌物

epicardia [ˌepi'kɑːdiə] 食管腹部,贲门上部

epicardial [ˌepi'kɑːdiəl] ❶ 心外膜的,心包脏层的；❷ 贲门上部的

epicardiectomy [ˌepiˌkɑːdi'ektəmi] (*epicardium* + *-ectomy*) 心外膜切除术

epicardiolysis [ˌepikɑːdi'ɔlisis] (*epicardium* + Gr. *lysis* dissolution) 心外膜松解术

epicardium [ˌepi'kɑːdiəm] (*epi-* + Gr. *kardia* heart) 心外膜

epicauma [ˌepi'kɔːmə] (*epi-* + Gr. *kauma* a burn) 角膜斑

Epicauta [ˌepi'kɔːtə] (豆)芜青属

epicentral [ˌepi'sentrəl] 椎(骨)体上的

epichlorohydrin [ˌepiˌklɔrə'haidrin] 表氯醇

epichordal [ˌepi'kɔːdəl] 脊索上的

epichorion [ˌepi'kɔːriən] (*epi-* + *chorion*) 包蜕膜

epichrosis [ˌepi'krəusis] 皮肤变色

epicillin [epi'silin] 依匹西林,环烯氨甲青霉素,双氢氨苄青霉素

epicoele ['episi:l] 第四脑室,上室

epicoeloma [ˌepisiː'ləumə] 上体腔

epicolic [ˌepi'kɔlik] (*epi-* + *colon*) 结肠上的,结肠外的

epicomus [i'pikəməs] (*epi-* + Gr. *komē* hair) 头顶寄生畸胎

epicondylalgia [ˌepiˌkɔndi'lældʒiə] (*epicondyle* + *-algia*) 上髁痛

epicondyle [ˌepi'kɔndail] (*epi-* + Gr. *kondylos* condyle) 上髁
 external e. of femur 股骨外上髁
 external e. of humerus 肱骨外上髁
 internal e. of femur 股骨内上髁
 internal e. of humerus 肱骨内上髁
 lateral e. of femur 股骨外上髁
 lateral e. of humerus 肱骨外上髁
 medial e. of femur 股骨内上髁
 medial e. of humerus 肱骨内上髁

epicondyli [ˌepi'kɔndəli] (L.) 上髁。*epicondylus* 的复数形式

epicondylian [ˌepikɔn'diliən] 上髁的

epicondylic [epikɔn'dilik] 上髁的

epicondylitis [ˌepiˌkɔndə'laitis] 上髁炎
 external humeral e., radiohumeral e. 肱骨外上髁炎,桡肱粘液囊炎

epicondylus [ˌepi'kɔndiləs] (pl. *epicondyli*) (NA) 上髁
 e. lateralis femoris (NA) 股骨外上髁
 e. lateralis humeri (NA) 肱骨外上髁
 e. medialis femoris (NA) 股骨内上髁
 e. medialis humeri (NA) 肱骨内上髁

epicoracoid [ˌepi'kɔrəkɔid] 喙突上的

epicorneascleritis [ˌepiˌkɔniəskli'raitis] 角巩膜表层炎

epicostal [ˌepi'kɔstəl] (*epi-* + L. *costa* rib) 肋(骨)上的

epicotyl [ˌepi'kɔtil] 上胚轴

epicranium [ˌepi'kreinjəm] (*epi-* + Gr. *kranion* skull) 头被,头皮

epicranius [ˌepi'kreiniəs] (NA) 颅顶肌

epicrisis [ˌepi'kraisis] (*epi-* + *crisis*) ❶ 第二次骤退,再聚退；❷ 病案讨论

epicritic [ˌepi'kritik] (Gr. *epikrisis* determination) (精)细觉的

epicuticle [ˌepi'kjutikəl] (*epi-* + L. *cuticula*) 上表皮,上护膜

epicystitis [ˌepisis'taitis] (*epi-* + Gr. *kystis* bladder) 膀胱上组织炎

epicystotomy [ˌepisis'tɔtəmi] (*epi-* + Gr. *kystis* bladder + *tomē* a cutting) 耻骨上膀胱切开术

epicyte ['episait] (*epi-* + *cyte*) ❶ 细胞膜；❷ 上皮细胞

epicytoma [ˌepisai'təumə] (*epicyte* + Gr. *-oma* tumor) 上皮瘤,上皮癌

epidemic [ˌepi'demik] (Gr. *epidēmios* prevalent) (流行病)流行,流行性的

epidemicity [ˌepidəˈmisiti] 流行性
epidemiography [ˌepiˌdemiˈɔgrəfi] (*epidemic* + Gr. *graphein* to write) 流行病记叙，流行病志
epidemiologist [ˌepiˌdemiˈɔlədʒist] 流行病学家
epidemiology [ˌepiˌdemiˈɔlədʒi] (*epidemic* + *-logy*) 流行病学
epidemiophobia [ˌepiˌdiːmiəˈfəubiə] 疫病恐怖
epiderm [ˈepidəːm] 表皮
epidermal [ˌepiˈdəːməl] ❶ 表皮的；❷ 皮样的
epidermatic [ˌepidəːˈmætik] 表皮的
epidermatitis [ˌepidəːməˈtaitis] 表皮炎
epidermatoid [ˌepiˈdəːmətɔid] (*epidermis* + Gr. *eidos* likeness) 表皮样的
epidermatoplasty [ˌepidəːˈmætəplæsti] (*epidermis* + Gr. *plassein* to form) 表皮形成术
epidermic [ˌepiˈdəːmik] 表皮的
epidermicula [ˌepidəːˈmikjulə] 表小皮
epidermidalization [ˌepidəːmidæliˈzeiʃən] 表皮化
epidermides [ˌepiˈdəːmidiːz] (Gr.) 表皮。*epidermis* 的复数形式
epidermidolysis [ˌepidəːmiˈdɔlisis] (*epidermis* + Gr. *lysis* a loosening) 表皮松解
epidermidosis [ˌepidəːmiˈdəusis] 表皮病
epidermis [ˌepiˈdəːmis] (pl. *epidermides*) (*epi-* + Gr. *derma* skin) (NA) 表皮
epidermitis [ˌepidəːˈmaitis] 表皮炎
epidermization [ˌepidəːmiˈzeiʃən] ❶ 表皮形成；❷ 皮肤移植
epidermodysplasia [ˌepidəːmədisˈpleiʃiə] 表皮发育不良
  e. verruciformis 症状表皮发育不良
epidermoid [ˌepiˈdəːmɔid] ❶ 表皮样的；❷ 表皮样囊；❸ 表皮样瘤
epidermoidoma [ˌepidəːmɔiˈdəumə] 表皮样瘤
epidermolysin [ˌepidəːˈmɔlisin] 脱叶霉素
epidermolysis [ˌepidəːˈmɔlisis] (*epidermis* + Gr. *lysis* dissolution) 表皮松解
  e. bullosa 大疱性表皮松解
  e. bullosa, acquired; e. bullosa acquisita 后天性大疱性表皮松解
  e. bullosa dystrophica 营养不良性大疱性表皮松解
  e. bullosa dystrophica, albopapuloid 白丘疹样营养不良性大疱性表皮松解
  e. bullosa dystrophica, dominant 显性营养不良性大疱性表皮松解
  e. bullosa dystrophica, dysplastic 发育不良性营养不良性大疱性表皮松解
  e. bullosa dystrophica, hyperplastic 增生性营养不良性大疱性表皮松解
  e. bullosa dystrophica, polydysplastic 多种发育不良性营养不良性大疱性表皮松解
  e. bullosa dystrophica, recessive 隐性营养不良性大疱性表皮松解
  e. bullosa hereditaria 遗传性大疱性表皮松解
  e. bullosa, junctional 结合性大疱性表皮松解
  e. bullosa letalis 致死性大疱性表皮松解
  e. bullosa simplex 单纯性大疱性表皮松解
  e. bullosa simplex, generalized 全身性单纯性大疱性表皮松解
  e. bullosa simplex, localized 局限性单纯性大疱性表皮松解
  toxic bullous e. 中毒性大疱性表皮松解
epidermolytic [ˌepidəːməˈlitik] 表皮松解的
epidermomycosis [ˌepidəːməmaiˈkəusis] 表皮霉菌病
epidermophytid [ˌepidəːˈmɔfitid] 表皮癣菌疹
epidermophytin [ˌepidəːˈmɔfitin] 表皮癣菌素
Epidermophyton [ˌepidəːˈmɔfitən] (*epidermis* + Gr. *phyton* plant) 表皮癣菌属
  E. floccosum 絮状表皮癣菌
epidermophytosis [ˌepidəːməfaiˈtəusis] 表皮癣(菌病)
epidiascope [ˌepiˈdaiəskəup] (*epi-* + Gr. *dia* through + *skopein* to view) 两射投影灯
epididymal [ˌepiˈdaidiməl] 附睾的
epididymectomy [ˌepiˌdaidiˈmektəmi] (*epididymis* + *-ectomy*) 附睾切除术
epididymis [ˌepiˈdaidimis] (pl. *epididymides*) (*epi-* + Gr. *didymos* testis)

(NA) 附睾
epididymitis [ˌepiˌdaidi'maitis] 附睾炎
  spermatogenic e. 精(子)性附睾炎
epididymodeferentectomy [ˌepiˌdaidimə-ˌdefərən'tektəmi] 附睾输精管切除术
epididymodeferential [ˌepiˌdaidimə,defə-'renʃəl] 附睾输精管的
epididymo-orchitis [ˌepiˌdaidimɔː:'kaitis] 附睾睾丸炎
epididymotomy [ˌepiˌdaidi'mɔtəmi] (*epididymis* + Gr. *tomē* a cut) 附睾切开术
epididymovasectomy [ˌepiˌdaidimɔvə'sektəmi] 附睾输精管切除术
epididymovasostomy [ˌepiˌdaidimɔvə'sɔstəmi] (*epididymo-* + *vas* vessel + Gr. *stomoun* to provide with an opening, or mouth) 输精管附睾吻合术
epidural [ˌepi'djuərəl] 硬膜外的
epidurography [ˌepidju'rɔgrəfi] 硬膜外造影术
epiestriol [ˌepi'estriɔl] 表雌三醇
epifascial [ˌepi'feiʃəl] 筋膜上的
epifolliculitis [ˌepifəˌlikju'laitis] 毛囊炎
epigaster [ˌepi'gæstə] (*epi-* + Gr. *gastēr* belly) 后肠
epigastralgia [ˌepigæs'trældʒiə] (*epigastrium* + *-algia*) 上腹部痛
epigastric [ˌepi'gæstrik] (*epi-* + Gr. *gastēr* belly) 上腹部的
epigastriocele [ˌepi'gæstriəuˌsiːl] (*epigastrium* + Gr. *kele* hernia) 上腹疝
epigastrium [ˌepi'gæstriəm] (Gr. *epigastrion*) 上腹部
epigastrius [ˌepi'gæstriəs] (*epi-* + Gr. *gastēr* belly) 上腹部寄生畸胎
epigastrocele [ˌepi'gæstrəsiːl] (*epigastrium* + Gr. *kēlē* hernia) 上腹疝
epigenesis [ˌepi'dʒenəsis] (*epi-* + *genesis*) 渐成说
epigenetic [ˌepidʒə'netik] ❶渐成说的；❷非变形的
epigenetics [ˌepidʒə'netiks] 实验胚胎学
epiglottectomy [ˌepiglɔ'tektəmi] 会厌切除术
epiglottic [ˌepi'glɔtik] 会厌的
epiglottidean [ˌepiglɔ'tidiən] 会厌的
epiglottidectomy [ˌepiˌglɔti'dektəmi] (*epiglottis* + Gr. *ektomē* excision) 会厌切除术
epiglottiditis [ˌepiˌglɔti'daitis] 会厌炎
epiglottis [ˌepi'glɔtis] (*epi-* + Gr. *glōttis* glottis) (NA) 会厌
epiglottitis [ˌepiglɔ'taitis] 会厌炎
epignathous [i'pignəθəs] 上颌寄生胎的
epignathus [i'pignəθəs] (*epi-* + Gr. *gnathos* jaw) 上颌寄生胎
epigonal [i'pigənəl] (*epi-* + Gr. *gonē* seed) 性腺上的
epihydrinaldehyde [ˌepiˌhaidri'nældəhaid] 1,2-丙醚丙醛
epihyoid [ˌepi'haiɔid] 舌骨上的
epilamellar [ˌepilə'melə] 基膜上的
epilate ['epileit] 脱毛(发), 拔毛(发)
epilation [ˌepi'leiʃən] (L. *e* out + *pilus* hair) 脱毛(发)法
epilemma [ˌepi'lemə] (*epi-* + Gr. *lemma* scale) 神经内膜
epilemmal [ˌepi'lemə] 神经内膜的
epilepsia [ˌepi'lepsiə] (L.; Gr. *epilēpsia*) 癫痫
  e. partialis continua 持续性不全癫痫
epilepsy ['epilepsi] (Gr. *epilēpsia* seizure) 癫痫
  abdominal e. 腹性癫痫
  absence e. 失神性癫痫
  acquired e. 后天性癫痫
  activated e. 诱发性癫痫
  audiogenic e. 听原性癫痫
  Baltic myoclonic e. 巴尔蒂克氏肌阵挛性癫痫
  benign e. with centrotemporal spikes, benign rolandic e., benign e. with rolandic spikes 良性运动性癫痫, 良性癫痫伴中颞波峰, 良性癫痫伴运动性波峰
  Bravais-jacksonian e. 布-杰二氏癫痫
  chronic focal e. 慢性局灶性癫痫
  cortical e. 皮质性癫痫
  cryptogenic e. 隐原性癫痫
  diurnal e. 昼发性癫痫
  essential e. 原发性癫痫
  focal e. 局灶性癫痫
  gelastic e. 痴笑性癫痫
  generalized e. 全身性癫痫
  generalized flexion e. 全身性屈曲癫痫
  grand mal e. 癫痫大发作

haut mal e. 癫痫大发作
hysterical e. 癔病性癫痫
idiopathic e. 特发性癫痫
jacksonian e. 杰克逊氏癫痫
juvenile myoclonic e. 少年期肌阵挛性癫痫
Koshevnikoff's (Koschewnikow's, Kozhevnikov's) e. 科谢夫尼科夫氏癫痫
Lafora's myoclonic e. 拉福拉氏肌阵挛性癫痫
larval e. 隐性癫痫
late e. 迟发性癫痫
latent e. 隐性癫痫
localized e. 局限性癫痫
major e. 癫痫大发作
matutinal e. 晨发癫痫
menstrual e. 经期癫痫
minor e. 癫痫小发作
minor focal e. 局灶性癫痫小发作
musicogenic e. 音乐性癫痫
myoclonic e., myoclonus. 肌阵挛性癫痫
nocturnal e. 夜发性癫痫
organic e. 器质性癫痫
partial e. 局限性癫痫
petit mal e. 癫痫小发作
photic e., photogenic e. 光原性癫痫
physiologic e. 生理性癫痫
post-traumatic e. 外伤后癫痫
procursive e. 前奔性癫痫
progressive familiar myoclonic e. 进行性家族性肌阵挛性癫痫
psychic e., psychomotor e. 精神运动性癫痫
reflex e. 反射性癫痫
rolandic e. 运动性癫痫
rotatory e. 旋转性癫痫
sensory e. ① 感觉性癫痫；② 反射性癫痫
somatosensory e. 躯体感觉性癫痫
symptomatic e. 症状性癫痫
tardy e. 迟发性癫痫
temporal lobe e. 颞叶性癫痫
traumatic e. 外伤后癫痫
uncinate e. 钩状回性癫痫
vertiginous e. 眩晕性癫痫
visual e. 视觉性癫痫
epileptic [ˌepiˈleptik] (Gr. epilēptikos) ❶ 癫痫的；❷ 癫痫患者
epileptiform [ˌepiˈleptifɔːm] (Gr. epilēptikos + (L.) forma shape) ❶ 癫痫样的；❷ 严重发作的，突然发作的
epileptogenesis [ˌepiˌleptəˈdʒenəsis] 癫痫发生
epileptogenic [ˌepileptəˈdʒenik] (epilepsy + Gr. gennan to produce) 引起癫痫的，致癫痫的
epileptogenous [ˌepilepˈtɔdʒinəs] 引起癫痫的，致癫痫的
epileptoid [ˈepiˈleptɔid] 癫痫样的
epileptologist [ˌepilepˈtɔlədʒist] 癫痫学家
epileptology [ˌepilepˈtɔlədʒi] 癫痫学
epiloia [ˌepiˈlɔiə] 结节性(脑)硬化
epimandibular [ˌepimænˈdibjulə] (epi- + L. mandibulum jaw) 下颌上的
epimastigote [ˌepiˈmæstigəut] (epi- + Gr. mastix whip) 上鞭毛体
epimenorrhagia [ˌepiˌmenəˈreidʒiə] 月经过频过多
epimenorrhea [ˌepiˌmenəˈriːə] 月经过频
epimer [ˈepimə] 表异构体，差向(立体)异构体
epimerase [iˈpimərˌeis] 表异构酶，差向异构酶
epimere [ˈepimiə] (epi- + Gr. meros a part) (中胚层)背段
epimerite [ˌepiˈmiərait] 中胚层节
epimerization [iˌpiməriˈzeiʃən] 表异构(作用)，差向异构化(作用)
epimestrol [ˌepiˈmestrɔl] 雌三醇甲醚
epimorphic [ˌepiˈmɔːfik] 割处再生的
epimorphosis [ˌepimɔːˈfəusis] (epi- + Gr. morphē form) 割处再生
Epimys [ˈepimis] (epi- + Gr. mys mouse) 鼠属
epimysiotomy [ˌepiˌmaisiˈɔtəmi] (epimysium + -tomy) 肾上腺切除术
epimysium [ˌepiˈmaisiəm] (epi- + Gr. mys muscle) (NA) 肌外膜，外肌束膜
Epinal [ˈepinəl] 爱比耐尔：环硼肾上腺素制剂的商品名
epinasty [ˈepiˌnæsti] (epi- + Gr. nastos pressed close) 上偏生长
epinephral [ˌepiˈnefrəl] (epi- + Gr. nephros kidney) ❶ 肾之上的；❷ 肾上腺
epinephrectomy [ˌepiniˈfrektəmi] (epine-

phral + *aktome* a cutting out) 肾上腺切除术

epinephrine [ˌepiˈnefrin] 肾上腺素
e. bitartrate (USP) 重酒石酸肾上腺素
epinephrinemia [ˌepiˌnefriˈniːmiə] 肾上腺素血症
epinephritis [ˌepineˈfraitis] (*epi-* + Gr. *nephros* kidney + *-itis*) 肾上腺炎
epinephroma [ˌepiniˈfrəumə] 肾上腺样瘤
epinephros [ˌepiˈnefrəs] (*epi-* + Gr. *nephros* kidney) 肾上腺
epinephryl borate [ˌepiˈnefrəl] 环硼肾上腺素
epineural [ˌepiˈnjuərəl] 神经弓上的
epineurial [ˌepiˈnjuəriəl] 神经外膜的
epineurium [ˌepiˈnjuəriəm] (*epi-* + Gr. *neuron* nerve) (NA) 神经外膜
epinosis [ˌepiˈnəusis] 继发性精神病态
epionychium [ˌepiəuˈnikiəm] (指)甲上皮
epiorchium [ˌepiˈɔːkiəm] 睾丸外膜
epiotic [ˌepiˈɔtik] (*epi-* + Gr. *ous* ear) 耳上的
epipastic [ˌepiˈpæstik] (*epi-* + Gr. *passein* to sprinkle) ❶ 撒布的;❷ 撒布粉
epipharyngeal [ˌepifəˈrindʒiəl] 咽上部的
epipharyngitis [ˌepiˌfærinˈdʒaitis] 咽上部炎
epipharynx [ˌepiˈfæriŋks] 咽上部
epiphenomenon [ˌepifˈnɔminən] (*epi-* + Gr. *phainomenon*) 副现象
epiphora [iˈpifərə] (Gr. *epiphora* sudden burst) 泪溢
epiphylaxis [ˌepifiˈlæksis] (*epi-* + Gr. *phylaxis* guard) 加强预防作用
epiphyseal [ˌepiˈfiziəl] 骺的
epiphyseodesis [ˌepiˌfiziˈɔdəsis] 骺骨干固定术
epiphyses [iˈpifəsiːz] (Gr.) 骺。*epiphysis* 的复数形式
epiphysial [ˌepiˈfiziəl] 骺的
epiphysiodesis [ˌepiˌfiziˈɔdəsis] (*epiphysis* + Gr. *desis* a binding) 骺骨干固定术
epiphysioid [ˌepiˈfiziɔid] 骺样的
epiphysiolysis [ˌepiˌfiziˈɔləsis] (*epiphysis* + Gr. *lysis* loosening) 骺脱离
epiphysiometer [ˌepiˌfiziˈɔmitə] 骺测量尺
epiphysiopathy [ˌepiˌfiziˈɔpəθi] (*epiphysis* + Gr. *pathos* disease) ❶ 松果体病;❷ 骨骺病
epiphysis [iˈpifəsis] (pl. *epiphyses*) (Gr. "an ongrowth; excrescence") (NA) 骺
annular epiphyses 环形骺
capital e. 首骺
e. cerebri 松果体
slipped e. 脱落骺
stippled epiphyses 点状骺
epiphysitis [iˌpifəˈsaitis] 骺炎
e. juvenilis 少年期骺炎
vertebral e. 椎骨骺炎
epiphyte [ˈepifait] (*epi-* + Gr. *phyton* plant) ❶ 附生植物;❷ 体表寄生菌
epiphytic [ˌepiˈfitik] ❶ 附生植物的;❷ 体表寄生菌的
epipia [ˌepiˈpaiə] (*epi-* + *pia*) 软膜
epipial [ˌepiˈpaiəl] ❶ 软膜上的;❷ 有关软膜的
epipleural [ˌepiˈpluərəl] 胸膜的,椎骨侧突的
epiplexus [ˌepiˈpleksəs] (NA)第四脑室脉络丛
epipl(o)- (Gr. *epiploon* omentum) 网膜
epiplocele [iˈpipləsiːl] (*epiplo-* + *-cele¹*) 网膜疝
epiploectomy [iˌpipləˈektəmi] (*epiplo-* + Gr. *ektomē* excision) 网膜切除术
epiploenterocele [iˌpipləˈentərəsiːl] (*epiplo-* + *entero-* + *-cele¹*) 网膜肠疝
epiploic [ˌepiˈplɔik] 网膜的
epiploitis [iˌpipləˈaitis] 网膜炎
epiplomerocele [iˌpipləˈmerəsiːl] (*epiplo-* + *mero-²* + *-cele¹*) 网膜股疝
epiplomphalocele [ˌepiplɔmˈfæləsiːl] (*epiplo-* + *omphalo-* + *-cele¹*) 网膜脐疝
epiploon [iˈpiplɔən] (Gr.) 网膜
great e. 大网膜
lesser e. 小网膜
epiplopexy [iˈpipləpeksi] (*epiplo-* + Gr. *pēxis* fixation) 网膜固定术
epiploplasty [iˈpipləplæsti] (*epiplo-* + Gr. *plassein* to form) 网膜成形术
epiplorrhaphy [ˌepipˈlɔrəfi] (*epiplo-* + Gr. *rhaphē* suture) 网膜缝术
epiplosarcomphalocele [iˌpipləuˌsɑːkɔmˈfæləsiːl] 网膜肉芽脐疝
epiploscheocele [ˌepipˈlɔskiəsiːl] (*epiplo-* + *oscheo-* + *-cele¹*) 网膜阴囊疝

epipygus [ˌepi'paigəs] 骶肢畸胎，臀部寄生肢畸胎

epipyramis [ˌepi'pirəmis] 上椎骨，上三角骨

epirizole [i'piərizəul] 甲嘧啶唑

epirotulian [ˌepirə'tjuliən] (*epi*- + L. *rotula* patella) 髌上的

epirubicin [ˌepi'ru:bisin] 表阿霉素

episclera [ˌepi'skliərə] 巩膜外层

episcleral [ˌepi'skliərəl] ❶ 巩膜上的; ❷ 巩膜外层的

episcleritis [ˌepiskliə'raitis] 巩膜外层炎
  e. partialis fugax 游走性部分性巩膜外层炎

episclerotitis [ˌepiˌskliərə'taitis] 巩膜外层炎

episcope ['episkəup] (Gr. *epi* upon + *kopein* to view) 投影器

episi(o)- (Gr. *epision* pubic region) 阴部，外阴

episioclisia [iˌpiziəu'klaisiə] (*episio* + Gr. *kleisis* closure) 闭阴术

episioperineoplasty [iˌpiziəˌperi'niəplæsti] (*episio*- + *perineum* + Gr. *plassein* to form) 外阴会阴成形术

episioperineorrhaphy [iˌpiziəˌperini'ɔrəfi] 外阴会阴缝术

episioplasty [i'piziəplæsti] (*episio*- + Gr. *plassein* to shape) 外阴成形术

episiorrhaphy [iˌpizi'ɔrəfi] (*episio*- + Gr. *rhaphē* suture) 外阴缝术

episiostenosis [iˌpiziəstə'nəusis] (*episio*- + Gr. *stenōsis* contraction) 外阴狭窄

episiotomy [iˌpizi'ɔtəmi] (*episio*- + Gr. *tomē* a cutting) 外阴切开术

episode ['episəud] 发作，偶发事件
  acute schizophrenic e. 急性精神分裂症发作
  hypomanic e. 轻躁狂发作
  major depressive e. (DSM-Ⅲ-R) 严重抑郁发作
  manic e. (DSM-Ⅲ-R) 躁狂发作
  psycholeptic e. 致病性精神创伤

episome ['episəum] 附加体，附着体

epispadia [ˌepi'speidiə] 尿道上裂

epispadiac [ˌepi'spædiæk] 尿道上裂的

epispadial [ˌepi'speidiəl] 尿道上裂的

epispadias [ˌepi'speidiəs] (*epi*- + Gr. *spadōn* a rent) 尿道上裂
  balanic e., **balanitic e.** 阴茎头尿道上裂
  clitoric e. 阴蒂尿道上裂
  complete e. 完全性尿道上裂
  glandular e. 龟头尿道上裂
  incomplete e. 不完全性尿道上裂
  penile e. 阴茎尿道上裂
  penopubic e. 阴茎耻骨性尿道上裂
  subsymphyseal e. 连接下尿道上裂

epispinal [ˌepi'spainəl] 脊髓上的，脊柱上的

episplenitis [ˌepisplə'naitis] (*epi*- + Gr. *splēn* spleen + *-itis*) 脾被膜炎

epistasis [i'pistəsis] (*epi*- + Gr. *stasis* a standing) ❶ 排泄制止; ❷ 尿浮膜; ❸ 上位(遗传)

epistasy [i'pistəsi] 上位遗传

epistatic [ˌepi'stætik] ❶ 上位(遗传)的; ❷ 叠加

epistaxis [ˌepi'stæksis] (Gr.) 鼻出血
  Gull's renal e. 加耳氏肾出血

epistemology [ˌepistə'mɔlədʒi] (Gr. *epistēmē* knowledge + *-logy*) 认识论

episternal [ˌepi'stənəl] ❶ 胸骨上的; ❷ 上胸骨的

episternum [ˌepi'stənəm] (*epi*- + Gr. *sternon* sternum) 上胸骨

episthotonos [ˌepis'θɔtənəs] 前弓反张

epistropheus [ˌepi'strɔfiəs] (Gr. "the pivot") 第二颈椎

epitarsus [ˌepi'tɑ:səs] (*epi*- + *tarsus*) 结膜前垂，先天翼状胬肉

epitaxy [ˌepi'tæksi] (晶体)定向附生，外延

epitela [ˌepi'telə] (*epi*- + L. *tela* web) 前髓帆组织

epitendineum [ˌepitən'diniəm] 腱纤维鞘，腱鞘

epitenon [ˌepi'tenən] (*epi*- + Gr. *tenōn* tendon) 腱外衣，腱外膜

epithalamic [ˌepiθə'læmik] ❶ 丘脑上的; ❷ 上丘脑的

epithalamus [ˌepi'θæləməs] (NA) 丘脑上部，上丘脑

epithalaxia [ˌepiθə'læksiə] (*epithelium* + Gr. *allaxis* exchange) 上皮脱屑

epithelia [ˌepi'θi:liə] 上皮。*epithelium* 的复数形式

epithelial [ˌepi'θi:liəl] 上皮的

epithelialization [ˌepiˌθiliəliˈzeiʃən] 上皮形成

epithelialize [ˌepiˈθiliəlaiz] 上皮形成

epitheliitis [ˌepiˌθiliˈaitis] 上皮炎

epitheli(o)- (L. *epithelium*) 上皮

epithelioblastoma [ˌepiˌθi:liəublæsˈtəumə] 上皮细胞瘤

epitheliochorial [ˌepiˌθiliəˈkɔriəl] (*epithelium* + *chorion*) 上皮绒(毛)膜的

epitheliofibril [ˌepiˈθi:liəfaibril] 上皮原纤维

epitheliogenetic [ˌepiˌθiliədʒəˈnetik] (*epithelio-* + Gr. *gennan* to produce) 上皮增殖的

epitheliogenic [ˌepiˌθiliəˈdʒenik] 上皮形成的

epithelioglandular [ˌepiˈθiliəˈglændjulə] 腺上皮(细胞)的

epithelioid [ˌepiˈθi:liɔid] 上皮样的

epitheliolysin [ˌepiˌθiliˈɔlisin] 溶上皮素

epitheliolysis [ˌepiˌθiliˈɔlisis] (*epithelio-* + Gr. *lysis* dissolution) 上皮溶解

epitheliolytic [ˌepiˌθiliəˈlitik] 溶上皮的

epithelioma [ˌepiˌθiliˈəumə] (*epithelium* + *-oma*) ❶上皮瘤；❷癌
　e. adenoides cysticum 囊状腺样上皮瘤
　basal cell e. 基底细胞癌
　benign calcifying e. 良性钙化上皮癌
　calcified e., calcifying e., calcifying e. of Malherbe 钙化上皮瘤
　chorionic e. 绒(毛)膜上皮瘤
　diffuse e. 弥漫性上皮瘤
　Ferguson Smith e. 福格逊·史密斯氏上皮瘤
　Malherbe's calcifying e. 马耳荷比氏钙化上皮瘤
　malignant e. 恶性上皮瘤
　multiple self-healing squamous e. 多发性自愈性鳞状上皮瘤
　sebaceous e. 皮脂上皮瘤
　self-healing squamous e. 自愈性鳞状上皮瘤

epitheliomatosis [ˌepiˌθiliəməˈtəusis] 上皮瘤病

epitheliomatous [ˌepiˌθiliˈɔmətəs] 上皮瘤的

epitheliomuscular [ˌepiˌθiliəˈmʌskjulə] 上皮肌的

epitheliosis [ˌepiˌθi:liˈəusis] 上皮增殖
　e. desquamativa conjunctivae 脱屑性结膜上皮增殖

epitheliotoxin [ˌepiˌθiliəˈtɔksin] 杀上皮细胞毒素

epithelite [ˌepiˈθi:lait] 上皮瘢痕

epithelium [ˌepiˈθi:liəm] (pl. *epithelia*) (*epi-* + Gr. *thēlē* nipple) (NA) 上皮
　e. anterius cornea (NA), anterior e. of cornea 角膜前上皮
　Barrett's e. 巴雷特氏上皮
　capsular e. 囊上皮
　ciliated e. 纤毛上皮
　columnar e. 柱状上皮
　e. corneae, corneal e. 角膜上皮
　cubical e., cuboidal e. 立方上皮
　e. ductus semicircularis 半规管上皮
　enamel e. 釉上皮
　false e. 假上皮
　germinal e. 生殖上皮
　gingival e. 牙龈上皮
　glandular e. 腺上皮
　glomerular e. (肾)小球上皮
　junctional e. 结合上皮
　laminated e. 复层上皮
　e. of lens, e. lentis (NA) 晶状体上皮
　mesenchymal e. 间(充)质上皮
　e. mucosae (NA) 粘膜上皮
　olfactory e. 嗅上皮
　pavement e. 扁平上皮
　pigmentary e., pigmented e. 色素上皮
　pigmented e. of iris, e. pigmentosum iridis (NA) 虹膜色素上皮
　posterior e. of cornea, e. posterius corneae (NA) 角膜后上皮
　protective e. 保护上皮
　pseudostratified e. 假复层上皮
　pyramidal e. 锥体上皮
　respiratory e. 呼吸上皮
　rod e. 杆状上皮
　seminiferous e. 生精上皮
　sense e., sensory e. 感觉上皮
　simple e. 单层上皮
　squamous e. 扁平上皮，鳞状上皮
　stratified e. 复层上皮
　subcapsular e. ①被囊下上皮；②晶状体上皮
　sulcal e., sulcular e. 沟上皮

tessellated e. 单层鳞状上皮
transitional e. 变移上皮
epithelization [ˌepiˌθili'zeiʃən] 上皮形成
epithelize [ˌepi'θi:laiz] 生上皮
epithem ['epiθem] (Gr. *epithema* poultice) ❶ 泥罨剂; ❷ 涂剂
epithesis [i'piθəsis] (Gr. "a laying on") ❶ 矫正术; ❷ 夹板
epithiazide [ˌepi'θaiəzaid] 氟硫噻嗪
epitonic [ˌepi'tɔnik] (Gr. *epitonos* strained) 异常紧张的
epitope ['epitəup] 抗原决定部位, 抗原决定簇
epitoxoid [ˌepi'tɔksɔid] 弱亲和类毒素
epitoxonoid [ˌepi'tɔksənɔid] 最弱亲和类毒素
Epitrate ['epitreit] 爱比对特:重酒石酸肾上腺素制剂的商品名
epitrichium [ˌepi'trikiəm] (*epi-* + *trichion* hair) 皮上层
epitriquetrum [ˌepitri'kwi:trəm] 上三角
epitrochlea [ˌepi'trɔkliə] (*epi-* + Gr. *trochilia*, L. *trochlea* pulley) 肱骨内上髁
epituberculosis [ˌepitjuˌbəkju'ləusis] 浸润型(上部)肺结核
epiturbinate [ˌepi'tə:bineit] 鼻甲软组织, 鼻甲外组织
epitympanic [ˌepitim'pænik] ❶ 鼓室上的; ❷ 鼓室上隐窝的
epitympanum [ˌepi'timpənəm] 鼓室上隐窝
epitype ['epitaip] 表位型
epityphlitis [ˌepitif'laitis] (*epi-* + Gr. *typhlon* cecum + *-itis*) ❶ 阑尾炎; ❷ 盲肠旁炎
epityphlon [ˌepi'taiflən] (*epi-* + Gr. *typhlon* cecum) 阑尾
epivaginitis [ˌepiˌvædʒi'naitis] 外阴道炎
epizoa [ˌepi'zəuə] (Gr.) 体表寄生虫。*epizoon* 的复数形式
epizoic [ˌepi'zəuik] 体表寄生虫的
epizoicide [ˌepi'zəuisaid] (*epizoon* + L. *caedere* to kill) 杀体表寄生虫剂
epizoology [ˌepizəu'ɔlədʒi] (*epizoon* + Gr. *logos* science) 动物流行病学, 兽疫学
epizoon [ˌepi'zəun] (pl. *epizoa*)(*epi-* + Gr. *zōon* animal) 体表寄生虫

epizoonosis [ˌepiˌzəuə'nəusis] 体表寄生虫病
epizootic [ˌepizəu'ɔtik] ❶ 兽疫流行的; ❷ 兽疫
epizootiology [ˌepizəuˌɔti'ɔlədʒi] 兽疫学
épluchage [ˌeiplu'ʃɑ:ʒ] (Fr. "cleaning", "picking") 扩创术, 清创术
epoetin [i'pɔitin] 怡泼定
Epogen ['epədʒən] 怡泼律:怡泼定α制剂的商品名
epontic [i'pɔntik] 表面生长的
eponychia [ˌepəu'nikiə] 甲床脓炎, 甲床化脓
eponychium [ˌepə'nikiəm] (*epi-* + Gr. *onyx* nail) ❶ (NA)(指)甲上皮; ❷ 角质上皮
epoophorectomy [ˌepəˌɔfə'rektəmi] (*epi-* + Gr. *ōophoron* ovary + *ektomē* excision) 卵巢冠切除术
epoöphoron [ˌepə'ɔfərən] (*epi-* + Gr. *ōophoron* ovary)(NA) 卵巢冠
epoprostenol [ˌepə'prɔstənɔl] 环氧二羟基前列腺二烯酸, 前列腺环素
epornithology [epˌɔ:ni'θɔlədʒi] 鸟类流行病学
epornitic [ˌepɔ:'nitik] (*epi-* + Gr. *ornis* bird) ❶ 禽疫流行的; ❷ 禽疫
epostoma [ˌepəu'stəumə] (Gr. *epi* upon + *osteon* bone) 外生骨疣
epoxide [i'pɔksaid] 环氧化物
epoxy [i'pɔksi] 环氧化物
epoxytropine tropate [iˌpɔksi'trɔpi:n 'trəpeit] 环氧托品托坡酸盐,甲基东莨菪碱
EPP (erythrohepatic 或 erythropoietic protoporphyria 的缩写) 红细胞肝性原卟啉症
Eppy 爱怡皮:环硼肾上腺素制剂的商品名
EPR (electrophrenic respiration 的缩写) 电膈呼吸
Eprolin ['eprəlin] 埃普鲁林:一种维生素E制剂的商品名
epsilon ['epsilən] (E, ε) 希腊字母表中第五个字母
EPSP (excitatory postsynaptic potential 的缩写) 兴奋性突触后电位
Epstein's disease ['epstainz] (Alois *Epstein*, Czech pediatrician, 1849-1918) 爱泼斯坦氏病
Epstein's nephrosis ['epstai-nz] (Albert

Arthur *Epstein*, New York physician, 1880-1965) 爱泼斯坦氏肾变病

Epstein-Barr virus [ˈepstain ˈbɑː] (Michael Anthony *Epstein*, English physician, born 1921; Yvonne M. *Barr*, English virologist, 20th century) 爱-巴二氏病毒

eptatretin [ˌeptəˈtriːtin] 粘育鳗毒

epulides [iˈpjuːlidiz] (Gr.) 龈瘤。*epulis* 的复数形式

epulis [iˈpjuːlis] (pl. *epulides*) (Gr. *e-poulis* gumboil) ❶ 龈瘤；❷ 末梢骨化性纤维瘤
    congenital e. 先天性龈瘤
    e. fibromatosa 纤维瘤性龈瘤
    e. fissurata 缝龈瘤
    giant cell e., e. gigantocellularis 巨细胞龈瘤
    e. granulomatosa 肉芽肿性龈瘤
    e. of newborn 齿龈纤维瘤

epulofibroma [ˌepjuˌlɔfiˈbrəumə] 齿龈纤维瘤

epuloid [ˈepjulɔid] 龈瘤样的

epulosis [ˌepjuˈləusis] (Gr. *epoulōsis*) 瘢痕形成，结瘢

epulotic [ˌepjuˈlɔtik] (Gr. *epoulōtikos*) 促进瘢痕形成的

Equanil [ˈekwənil] 一奎尼尔；氨甲丙二脂制剂的商品名

equate [iˈkweit] ❶ 使相等；❷ 色混合力

equation [iˈkweiʃən] (L. *aequatio*, from *aequare* to make equal) 方程式，等式，反应式
    Arrhenius e. 阿里纽斯氏公式
    chemical e. 化学反应方程式
    Harden and Young e. 哈-扬二氏反应方程式
    Henderson-Hasselbalch e. 汉-哈二氏方程式
    Hill e. 希耳氏方程式
    Lineweaver-Burk e. 拉-波二氏方程式
    Michaelis-Menten e. 米-曼二氏方程式
    Nernst e. 内伦斯特氏方程式
    Poiseuille's e. 普瓦泽伊氏方程式
    Ussing e. 尤斯因氏方程式

equator [iˈkweitə] (L. *aequator* equalizer) 赤道,中纬线
    e. bulbi oculi (NA) 眼球中纬线
    e. of cell 细胞中纬线
    e. of crystalline lens 晶体状中纬线
    e. of eyeball 眼球中纬线
    e. of lens, e. lentis (NA) 晶体中纬线，晶体的圆形外围线，其前后表面在此相接

equatorial [ˌekwəˈtɔriəl] 中纬线的

equiaxial [ˌekwiˈæksiəl] 等长轴的

equicaloric [ˌekwikəˈlɔrik] 等卡(热)的

Equidae [ˈekwidiː] (L. *equus* horse) 马科

equilateral [ˌekwiˈlætərəl] 等边的

equilibration [iˌkwiliˈbreiʃən] 平衡，均势
    mandibular e. 下颌平衡，下颌均势
    occlusal e. 平衡

equilibrator [iˌkwiliˈbreitə] 平衡器

equilibrium [ˌekwiˈlibriəm] (L. *aequus* equal + *libra* balance) ❶ 平衡；❷ 身体体位平衡
    acid-base e. 酸碱平衡
    body e. 身体平衡
    carbon e. 碳平衡
    Donnan's e. 道南氏平衡
    dynamic e. 动力平衡
    fluid e. 液体平衡
    genetic e. 遗传平衡
    Gibbs-Donnan e. 吉-道二氏平衡
    Hardy-Weinberg e. 阿-温二氏平衡
    linkage e. 连锁平衡
    nitrogen e., nitrogenous e. 氮平衡
    nutritive e. 营养平衡
    physiologic e. 生理平衡
    protein e. 蛋白质平衡
    radioactive e. 放射平衡
    water e. 水平衡

equilin [ˈekwilin] 马烯雌酮

equimolar [ˌekwiˈməulə] 等克分子的

equimolecular [ˌekwiməˈlekjulə] 等分子的

equination [ˌiːkwiˈneiʃən] (L. *equinus* of a horse) 马痘接种

equine [ˈekwain] (L. *equus* a horse) 马的

equinophobia [ˌiːkwinəˈfəubiə] (L. *equinus* relating to horses + *phobia*) 恐马病

equinovalgus [ˌiːkwinəˈvælgəs] 马蹄外翻足

equinovarus [ˌiːkwinəˈvɛərəs] 马蹄内翻足

equinus [iˈkwinəs] 马蹄足

equipotential [ˌekwipəˈtenʃəl] (L. *aequus*

equal + *potentia* ability, power) 等势,等位

equipotentiality [ˌekwipəˌtenʃi'æliti] 等势性,等位性

equisetosis [ˌekwisə'təusis] 问荆中毒

equisetum [ˌekwi'siːtəm] 问荆

equivalence [i'kwivələns] ❶ 等值,等量; ❷ 免疫学上指可使抗原抗体最大限度结合并产生沉淀或凝聚的抗原与抗体的浓度比

equivalent [i'kwivələnt] (L. *aequivalens* from *aequus* equal + *valere* to be worth) ❶ 相等的,等值的; ❷ 化学当量; ❸ 替代症

  alpha-tocopherol e. α-生育酚当量
  aluminum e. 铝当量
  combustion e. 燃烧当量
  concrete e. 混凝土当量
  dose e. 剂量当量
  endosmotic e. 内渗当量
  gold e. 金当量
  gram e. 克当量
  isodynamic e. 等热当量
  Joule's e. 焦耳当量
  lead e. 铅当量
  lethal e. 致死当量
  migraine e. 偏头痛替代症
  neutralization e. 中和当量
  protein e. 蛋白当量
  psychic e. 精神性等位发作
  retinol e. (**RE**) 视黄醇当量,维生素A醇当量
  starch e. 淀粉当量
  toxic e. 毒性当量
  ventilation e. 通气当量
  water e. 水当量

equulosis [ˌekwə'ləusis] (L. *equulus* a foal + *-osis*) 马驹病

Equus ['ekwəs] 马属

ER ❶ (endoplasmic reticulum 的缩写) 内质网; ❷ (estrogen receptor 的缩写) 雌激素受体

Er (*erbium* 的符号) 铒

erabutoxin [iˌræbju'tɔksin] 伊罗布毒素

erasion [i'reiʃən] (L. *e* out + *radere* to scrape) 刮术

Erasistratus [ˌerə'sistrətəs] (c. 300 to c. 250 B.C.) 埃拉西斯特拉塔:希腊医生

Eratyrus [ˌerə'taiərəs] 尔太锥蝽属

Erb's spastic paraplegia [əːbz] (Wilhelm Heinrich *Erb*, German neurologist, 1840-1921) 欧勃氏痉挛性截瘫

Erb-Charcot disease [əːb ʃɑː'kəu] (W. H. *Erb*; Jean Martin *Charcot*, French neurologist, 1825-1893) 欧-夏二氏病

Erb-Duchenne paralysis [əːb duː'ʃen] (W. H. *Erb*; Guillaume Benjamin Amand *Duchenne*, French neurologist, 1806-1875) 欧-杜二氏麻痹

Erb-Goldflam disease [əːb 'ɡlɔtflɑːm] (W. H. *Erb*; Samuel V. *Goldflam*, Polish neurologist, 1852-1932) 欧-戈二氏病

Erben's reflex ['əːbənz] (Siegmund *Erben*, Austrian neurologist, born 1863) 埃尔本氏反射

ERBF (effective renal blood flow 的缩写) 有效肾血流量

erbium ['əːbiəm] 铒

ERCP (endoscopic retrograde cholangiopancreatography 的缩写) 内窥镜下逆行性胆囊胰造影术

erectile [i'rektail] 能勃起的

erection [i'rekʃən] (L. *erectio*) 勃起,竖起

erector [i'rektə] (L.) (NA) 勃起肌,竖立肌

eredosome [i'redəsəum] 非晶性血红蛋白

eremacausis [ˌerəmə'kɔːsis] (Gr. *ērema* gently + *kausis* burning) 缓慢氧化,缓燃,腐烂

eremiophobia [ˌerimiəu'fəubiə] (Gr. *erema* still + *phobos* fear) 孤独恐怖,单身恐怖

eremophobia [ˌerəmə'fəubiə] (Gr. *erēmos* solitary + *phobia*) 孤独恐怖

erepsin [i'repsin] (Gr. *ereipein* to destroy) 肠肽酶

  e. endocellular (细胞) 内肠肽酶

erethin ['eriθin] (Gr. *erethezein* to irritate) 兴奋素(结核菌素毒质)

erethism ['eriθizm] (Gr. *erethismos* irritation) 兴奋盛,兴奋增强

erethisophrenia [ˌeriˌθizəu'friːniə] (Gr. *erethizein* to irritate + *phren* mind) 精神兴奋过度

Erethmapodites [iˌreθmə'pɔditiz] 埃雷托

ereuth(o)- (Gr. *ereuthos* redness) 红
曼蚊
ereuthophobia [,erəθə'fəubiə] (Gr. *ereuthos* redness + *phobos* fear) 赧颜恐怖
ereuthosis [,erə'θəusis] (Gr. *ereuthos* redness) 赧颜症,羞红症
ERG (electroretinogram 的缩写) (视)网膜电(流)图
erg [ə:g] (Gr. *ergon* work) 尔格
ergamine ['ə:gəmin] (*ergot* + *amine*) 麦角胺,组胺
Ergamisol [ə:'gæmisɔl] 爱盖米索:一种盐酸左旋四咪唑和5-氟尿嘧啶制剂的商品名
ergasia [ə:'geiʃə] (Gr. "work") (精神)整体机能
ergasidermatosis [,ə:geisi,dəmə'təusis] (Gr. *ergasia* work + *derma* skin) 职业皮肤病
ergasiology [,ə:geisi'ɔlədʒi] (*ergasia* + *-logy*) 客观精神生物学
ergasiomania [ə:,geisiəu'meiniə] (Gr. *ergasia* work + *mania* madness) 工作癖
ergasiophobia [ə:,geisiəu'fəubiə] (Gr. *ergasia* + *phobos* fear) 工作恐怖
ergasthenia [,ə:gæs'θiniə] (Gr. *ergon* work + *asthenia*) 过劳性衰弱
ergastoplasm [ə:'gæstəplæzəm] (*ergasia* + *plasm*) 颗粒性内质网
erg(o)- (Gr. *ergon* work) 工作,力,动力
ergobasine [,ə:gəu'bæsin] 麦角巴辛,麦角新碱
ergocalciferol [,ə:gəukæl'sifərɔl] (USP) 麦角骨化醇
ergodynamograph [,ə:gəudai'næməgra:f] (*ergo-* + *dynamo-* + *-graph*) 肌动力描记器
ergoesthesiograph [,ə:gəues'θi:ziəgra:f] (*ergo-* + *esthesio-* + *-graph*) 肌动感觉描记器
ergogenic [,ə:gəu'dʒenik] (*ergo-* + Gr. *gennan* to produce) 生力的,机能亢进的
ergogram ['ə:gəugræm] (*ergo-* + Gr. *gramma* a mark) 测力图
ergograph ['ə:gəugra:f] (*ergo-* + Gr. *graphein* to record) 测力器,肌(动)力描记器

    Mosso's e. 莫索氏测力器,莫索氏肌力描记器

ergographic [,ə:gəu'græfik] 测力器的,肌力描记的
ergoloid mesylates ['ə:gəulɔid] (USP) 麦角甲磺酸盐
ergomania [,ə:gəu'meiniə] 工作癖
Ergomar ['ə:gəuma:] 爱高麻:酒石酸麦角胺制剂的商品名
ergometer [ə:'gɔmitə] (*ergo-* + *-meter*) 测力器,肌力计

    bicycle e. 自行车测力计

ergometrine [,ə:gəu'metrin] 麦角新碱
ergon ['ə:gɔn] 尔冈
ergonomics [,ə:gəu'nɔmiks] (*ergo-* + Gr. *nomos* law) 人体功率学
ergonovine [,ə:gəu'nɔvin] 麦角新碱

    e. maleate (USP) 马来酸麦角新碱

ergophobia [,ə:gəu'fəubiə] (Gr. *ergon* work + *phobos* fear) 工作恐怖
ergoplasm ['ə:gəu,plæzəm] 颗粒性内质网
ergosome ['ə:gəsəum] 多核糖体
egostat ['ə:gəustæt] 练肌器
ergosterol [ə:'gɔstərɔl] 麦角固醇,麦角甾醇

    activated e., irradiated e. 活性麦角甾醇,照射麦角甾醇,照射麦角固醇

ergostetrine [,ə:gəu'stetrin] 麦角新碱
ergot ['ə:gɔt] (Fr.; L. *ergota*) ❶ 麦角; ❷ 距毛角质
ergotamine [ə:'gɔtəmin] 麦角胺

    e. tartrate (USP) 酒石酸麦角胺

ergotaminine [,ə:gəu'tæmini:n] 麦角异胺
ergotherapy [,ə:gəu'θerəpi] (*ergo-* + Gr. *therapeia* treatment) 运动疗法
ergothioneine [,ə:gəu,θaiə'ni:in] 麦角硫因
ergotin ['ə:gətin] 麦角浸液
ergotinine [ə:'gɔtinin] 麦角异毒碱
ergotism ['ə:gətizəm] 麦角中毒
ergotized ['ə:gətaizd] 麦角中毒的
ergotocine [,ə:gə'təusi:n] 麦角托辛,麦角新碱
ergotoxicosis [,ə:gətɔksi'kəusis] 麦角中毒
ergotoxine [,ə:gəu'tɔksi:n] 麦角毒碱
Ergotrate ['ə:gəutreit] 麦角对特:马来酸麦角新碱制剂的商品名
ergusia [ə:'dʒu:ziə] 细胞迁移素
Erichsen's sign ['eriksənz] (Sir John Eric *Erichsen*, English surgeon, 1818-1896) 埃里克森氏征
Eriodictyon [,eriə'diktiən] (Gr. *erion* wool

+ *diktyon* net) 圣草苷,散塔草属
 E. **californicum** 加利福尼亚圣草
eriodictyon [ˌeriəˈdiktiən] 圣草,散塔草
eriometer [ˌeriˈɔmitə] 微粒直径测定器
eriometry [ˌeriˈɔmitri] 微粒直径测定法
erisiphake [iˈrisifeik] 晶状体吸盘
Eristalis [iˈristəlis] 蜂蝇属
 E. **tenax** (绒)蜂蝇
Erlanger [ˈəːlæŋgə] 埃朗根:E. Joseph, 美国生理学家
Erlenmeyer flask [ˈəːlənmaiə] (Emil Richard August Carl *Erlenmeyer*, German chemist, 1825-1909) 埃伦迈厄氏烧瓶
Erni's sign [ˈəːniz] (H. *Erni*, Swiss physician, 1859-1937) 埃尔尼氏征
erode [iˈrəud] 侵蚀, 腐蚀
erogenous [iˈrɔdʒənəs] 动欲的, 催情的, 性感的
eromania [ˌiərəuˈmeiniə] (Gr. *eros* love + *mania* madness) 色情狂
erotomania [ˌirɔtəuˈmeinjə] 色情狂
erose [iˈrəus] (L., *erodere* to eat away) 蛀蚀状的, 啮蚀状的, 不整齐的
erosio [iˈrəusiəu] (L. from *erodere* to eat away) 糜烂
 e. **interdigitalis blastomycetica** 芽生菌性指间糜烂
erosion [iˈrəuʒən] (L. *erosio*, from *erodere* to eat out) 侵蚀, 腐蚀
erosive [iˈrəusiv] ❶ 侵蚀的, 腐蚀的; ❷ 腐蚀剂
erotic [iˈrɔtik] (Gr. erōtikos) 性欲的, 色情的, 情欲的
eroticism [iˈrɔtisizəm] 色情, 好色
eroticize [iˈrɔtisaiz] 性欲化, 色情化
eroticomania [iˌrɔtikəˈmeiniə] 色情狂
erotism [ˈerətizəm] 性本能, 性欲
 anal e. 肛欲
 oral e. 口欲
erotize [ˈerətaiz] 色情化
erot(o)- (Gr. *erōs* sexual desire) 性欲
erotogenesis [iˌrɔtəˈdʒenəsis] 性欲形成, 性欲产生
erotogenic [iˌrɔtəˈdʒenik] (*eroto-* + Gr. *gennan* to produce) 产生性欲的
erotology [ˌirəuˈtɔlədʒi] 性爱学
erotomania [iˌrɔtəˈmeiniə] (*eroto-* + *mania* madness) 色情狂

erotopath [iˈrəutəpæθ] 性欲异常者
erotophobia [iˌrɔtəˈfəubiə] (*eroto-* + *phobia*) 性欲恐怖
erotopsychopathy [iˌrəutəusaiˈkɔpəθi] (Gr. *eros* love + *psyche* mind + *pathos* disease) 性欲性精神变态
ERP (endocardial resection procedure 的缩写) 心内膜切除程序
ERPF (effective renal plasma flow 的缩写) 有效肾血浆流量
erratic [iˈrætik] (L. *errare* to wander) ❶ 游走的; ❷ 偏执的
errhine [ˈerain] (Gr. *en* in + *rhis* nose) ❶ 促鼻液的; ❷ 促鼻液剂
error [ˈerə] ❶ 结构或功能缺陷; ❷ 误差
 inborn e. **of metabolism** 先天性代谢缺陷
 random e. 随机误差
 standard e. 标准误差
 systematic e. 系统误差
 Type Ⅰ e. 第一类误差
 Type Ⅱ e. 第二类误差
Ertron [ˈəːtrɔn] 阿醇:麦角骨化醇(维生素 D_2)制剂的商品名
erubescenec [ˌeruːˈbesns] (L. *erubescentia* blushing) 皮肤潮红
erucic acid [iˈruːsik] 芥酸
eructatio [iˌrʌkˈtæʃiəu] 嗳气
eructation [irʌkˈteiʃən] (L. *eructatio*) 嗳气
eruption [iˈrʌpʃən] (L. *eruptio* a breaking out) ❶ 长出, 萌出; ❷ 疹
 active e. 自动长出
 continuous e. 持续长出
 creeping e. 匐行疹
 delayed e. 迟出牙
 drug e. 药疹
 fixed e. 固定疹
 fixed drug e. 固定药疹
 Kaposi's varicelliform e. 卡波济氏水痘样疹
 passive e. 被动长出
 polymorphous light e. 多形性日光疹
 seabather's e. 海浴疹
 serum e. 血清疹
 surgical e. 手术长出
 tooth e. 出牙
eruptive [iˈrʌptiv] ❶ 疹的; ❷ 长出的, 萌出的

ERV (expiratory reserve volume 的缩写) 呼气储备量, 补呼气量
Erwinia [ə'winiə] (*Erwin* F. Smith, American bacteriologist, 1854-1927) 欧文氏菌属
  E. amylovora 解淀粉欧文氏菌
  E. carotovora 胡萝卜软腐欧文氏菌
  E. herbicola 草生欧文氏菌
Erwinieae [ˌə:wi'nii:] 欧文氏菌族
erysipelas [ˌerə'sipələs] (Gr. *erythros* red + *pella* skin) 丹毒
  coast e. (Sp. *erisipela de la costa*) 海滨丹毒
  gangrenous e. 坏疽性丹毒
  e. grave internum 内部重丹毒
  malignant e. 恶性丹毒
  necrotizing e. 坏死性丹毒素
  swine e. 猪丹毒
erysipelatous [ˌerəsi'pelətəs] 丹毒的
erysipeloid [ˌerə'sipəloid] (*erysipelas* + *-oid*) ❶ 渔民病; ❷ 类丹毒
Erysipelothrix [ˌerəˈsipələθriks] (*erysipelas* + Gr. *thrix* hair) 丹毒丝菌属
  E. insidiosa 诡谲丹毒丝菌
  E. rhusiopathiae 猪丹毒丹毒丝菌或红斑丹毒丝菌
erysipelotoxin [ˌerəˌsipələ'toksin] 丹毒毒素
Erysiphaceae [iˌrisi'feisii:] 白粉菌科
erysiphake [i'risifeik] (Gr. *erysis* a drawing + *phakos* lentil) 晶状体吸盘
Erysiphales [iˌrisi'fæliz] 白粉菌目
Erysiphe [i'risifi] 白粉菌属
erythema [ˌerə'θi:mə] (Gr. *erythēma* flush upon the skin) 红斑
  e. annulare ① 环形红斑; ② 风湿性边缘性红斑
  e. annulare centrifugum 离心性环形红斑
  e. annulare rheumaticum 风湿性环形红斑
  e. arthriticum epidemicum 流行性关节红斑
  e. caloricum 温度性红斑
  e. chromicum figuratum melanodermicum 持久性变色红斑
  e. chronicum migrans 慢性游走性红斑
  e. circinatum, e. circinatum rheumaticum 环状红斑, 风湿性环状红斑
  cold e. 冷红斑
  diaper e. 尿布红斑
  e. dyschromicum perstans 持久性变色红斑
  e. elevatum diutinum 持久隆起性红斑
  epidemic e. 流行性红斑
  epidemic arthritic e. 流行性关节炎性红斑
  figurate e., e. figuratum 回状红斑
  e. figuratum perstans 持久性回状红斑
  e. fugax 暂时红斑
  gyrate e., e. gyratum 回状红斑, 多形性红斑
  e. gyratum perstans 持久性回状红斑
  e. gyratum repens 匐行性回状红斑
  e. ab igne 灼热性红斑
  e. induratum 硬红斑
  e. infectiosum 传染性红斑
  e. iris 环形红斑
  Jacquet's e. 杰克特氏红斑
  e. marginatum 边缘性红斑
  e. marginatum rheumaticum 风湿性边缘性红斑
  e. migrans 游走性红斑
  e. multiforme 多形红斑
  e. multiforme majus, 重型多型红斑, 史-约二氏综合征
  e. multiforme minus 轻型多形红斑
  necrolytic migratory e. 坏死性游走性红斑
  e. necroticans 坏死性红斑
  e. nodosum 结节性红斑
  e. nodosum leprosum 麻风结节性红斑
  e. nodosum migrans 游走性结节性红斑
  palmar e., e palmare 掌红斑
  e. pernio 冻疮红斑
  e. streptogenes 白糠疹
  toxic e., e. toxicum 中毒性红斑
  e. toxicum neonatorum 新生儿中毒性红斑
erythematoid [ˌeriθəˈmætɔid] (*erythema* + Gr. *eidos* form) 红斑状的
erythematous [ˌerəˈθi:mətəs] 红斑的
erythemogenic [ˌeriˌθiməˈdʒenik] 引起红斑的
erythermalgia [ˌeriθə:ˈmældʒiə] 红斑性肢痛病
erythralgia [ˌerəˈθrældʒiə] (*erythro-* +

-algia) 红斑性肢痛病

erythrasma [ˌerəˈθræzmə] 红癣

erythremia [ˌerəˈθriːmiə] (erythro- + Gr. haima blood) 红细胞增多症

erythremomelalgia [iˌriθrəməməˈlældʒiə] (Gr. erythrēma redness + melos limb + -algia) 红斑性肢痛病

Erythrina [ˌerəˈθrainə] 刺桐属

erythrism [iˈriθrizəm] 红须发

erythristic [ˌerəˈθristik] 红须发的

erythritol [iˈriθritəl] 赤藓糖醇

erythrityl [iˈriθritil] 赤藓醇基
   e. tetranitrate 硝酸赤藓醇

erythr(o)- (Gr. erythros red) 红色的, 红细胞的

erythroblast [iˈriθrəblæst] (erythro- + Gr. blastos germ) 成红细胞, 有核红细胞
   acidophilic e. 嗜酸性幼红细胞
   basophilic e. 早幼红细胞, 嗜碱性幼红细胞
   early e. 早幼红细胞
   eosinophilic e. 嗜酸性幼红细胞, 晚幼红细胞
   intermediate e. 中幼红细胞
   definitive e's 次级幼红细胞, 成熟红细胞
   late e. 晚幼红细胞
   orthochromatic e. 晚幼红细胞, 嗜酸性幼红细胞
   oxyphilic e. 嗜酸性幼红细胞
   polychromatic e. 多染性幼红细胞, 中幼红细胞
   primitive e's 原始幼红细胞

erythroblastemia [iˌriθrəblæsˈtiːmiə] ❶ 幼红细胞血症; ❷ 幼红细胞增多症

erythroblastic [iˌriθrəˈblæstik] 幼红细胞的

erythroblastoma [iˌriθrəblæsˈtəumə] 幼红细胞瘤

erythroblastomatosis [iˌriθrəˌblæstəməˈtəusis] 幼红细胞瘤病

erythroblastopenia [iˌriθrəˌblæstəˈpiːniə] 幼红细胞减少症

erythroblastosis [iˌriθrəblæsˈtəusis] ❶ 幼红细胞增多病; ❷ 红白血病
   e. fetalis, e. neonatorum 胎儿幼红细胞增多病, 新生儿幼红细胞增多病

erythroblastotic [iˌriθrəblæsˈtɔtik] 幼红细胞增多的

erythrocatalysis [iˌriθrəkəˈtælisis] 红细胞溶解

erythrochromia [iˌriθrəˈkrəumiə] (erythro- + Gr. chrōma color) 脊(髓)液血色症

Erythrocin [iˈriθrəsin] 红霉素: 红霉素制剂的商品名

erythroclasis [ˌerəˈθrɔkləsis] (erythro- + Gr. klasis a breaking) 红细胞破碎

erythroclast [iˈriθrəklæst] (erythro- + Gr. klastos broken) 破碎红细胞

erythroclastic [iˌriθrəˈklæstik] 红细胞破碎的

erythroconte [iˈriθrəkaunt] (Gr. konte red) 红细胞杆状小体

erythrocruorin [iˌriθrəˈkruərin] 无脊椎动物血红蛋白

erythrocuprein [iˌriθrəˈkjuːpriːn] 红细胞铜蛋白, 超氧物歧化酶

erythrocyanosis [iˌriθrəˌsaiəˈnəusis] (erythro- + cyanosis) 绀红皮病

erythrocytapheresis [iˌriθrəˌsaitəfəˈriːsis] (erythrocyte + Gr. aphairesis removal) 红细胞提取法

erythrocyte [iˈriθrəsait] (erythro- + Gr. kytos hollow vessel) 红细胞
   achromic e. 无色红细胞
   basophilic e. 嗜碱性红细胞
   burr e. 锯齿形红细胞
   crenated e. 皱缩红细胞
   hypochromic e. 低色素红细胞
   immature e. 未成熟红细胞
   "Mexican hat" e. "墨西哥帽状"红细胞
   normochromic e. 正常血色素红细胞
   nucleated e. 有核红细胞
   orthochromatic e. 正染性红细胞
   polychromatic e., polychromatophilic e. 多染性红细胞
   target e. 靶红细胞

erythrocythemia [iˌriθrəsaiˈθiːmiə] 红细胞增多症

erythrocytic [iˌriθrəˈsitik] ❶ 红细胞的; ❷ 红细胞系的

erythrocytin [iˌriθrəuˈsaitin] 红血球素

erythrocytoblast [iˌriθrəˈsaitəblæst] 幼红细胞

erythrocytolysin [iˌriθrəsaiˈtɔlisin] 红细胞

溶解素,溶血素

erythrocytolysis [iˌriθrəsaiˈtɔlisis] (*erythrocyte* + Gr. *lysis* dissolution) 红细胞溶解

erythrocytometer [iˌriθrəsaiˈtɔmitə] (*erythrocyte* + Gr. *metron* measure) 红细胞计数器

erythrocytometry [iˌriθrəsaiˈtɔmitri] 红细胞计数法

erythrocyto-opsonin [iˌriθrəˌsaitəɔpˈsəunin] (*erythrocyte* + *opsonin*) 红细胞调理素

erythrocytopenia [iˌriθrəˌsaitəˈpiːniə] 红细胞减少

erythrocytophagous [iˌriθrəsaiˈtɔfəgəs] 噬红细胞的

erythrocytophagy [iˌriθrəsaiˈtɔfədʒi] (*erythrocyte* + Gr. *phagein* to devour) 吞噬红细胞现象

erythrocytopoiesis [iˌriθrəˌsaitəpɔiˈiːsis] 红细胞生成

erythrocytorrhexis [iˌriθrəˌsaitəˈreksis] (*erythrocyte* + Gr. *rhēxis* rending) 红细胞破碎

erythrocytoschisis [iˌriθrəsaiˈtɔskisis] (*erythrocyte* + Gr. *schisis* division) 红细胞分裂

erythrocytosis [iˌriθrəsaiˈtəusis] 红细胞增多

  leukemic e. 白血病样红细胞增多,巨脾性红细胞增多

  stress e. 应激性红细胞增多

erythrocytotropic [iˌriθrəuˌsaitəuˈtrɔpik] (*erythrocyte* + Gr. *trope* a turning) 向红细胞的

erythrocyturia [iˌriθrəsaiˈtjuəriə] 红细胞尿,血尿

erythrodegenerative [iˌriθrədiˈdʒenərətiv] 红细胞变性的

erythroderma [iˌriθrəˈdəːmə] (*erythro-* + Gr. *derma* skin) 红皮病

  congenital ichthyosiform e., bullous 先天性大疱性鱼鳞癣样红皮病

  congenital ichthyosiform e., nonbullous 先天性非大疱性鱼鳞癣样红皮病

  e. desquamativum 脱屑性红皮病

  e. psoriaticum 银屑病性红皮病

  Sézary e. 塞泽里红皮病

erythrodermatitis [iˌriθrəuˌdəːməˈtaitis] 红色皮炎,红皮炎

erythrodermia [iˌriθrəˈdəːmiə] 红皮病

erythrodextrin [iˌriθrəˈdekstrin] 显红糊精

erythrodontia [iˌriθrəˈdɔnʃiə] (*erythro-* + Gr. *odous* tooth) 红牙

erythroedema [iˌriθrəuiˈdiːmə] 红皮水肿病

erythrogen [iˈriθrədʒən] 病胆血色质

erythrogenesis [iˌriθrəˈdʒenəsis] 红细胞发生

  e. imperfecta 不全性红细胞发生,先天性再生不良性贫血

erythrogenic [iˌriθrəˈdʒenik] (*erythro-* + Gr. *gennan* to produce) ❶ 红细胞发生的; ❷ 产生红色感觉的; ❸ 产生或引发红斑的

erythroid [ˈeriˈθrɔid] ❶ 红色的,微红色的; ❷ 形成红细胞的

β-erythroidine [iˈriθrɔidin] β-刺桐丁

erythrokatalysis [iˌriθrəkəˈtælisis] (*erythro-* + Gr. *katalysis* dissolution) 红细胞溶解

erythrokeratodermia [iˌriθrəˌkerətəˈdəːmiə] 红角皮病,皮肤红色角化病

  e. variabilis 变异性红角皮病

erythrokinetics [iˌriθrəki'netiks] (*erythrocyte* + Gr. *kinētikos* of or for putting in motion) 红细胞动力学

erythrol [ˈeriθrɔl] 赤藓醇

  e. tetranitrate 硝酸赤藓醇,赤藓醇四硝酸酯

erythrolabe [iˈriθrəleib] (*erythro-* + Gr. *lambanein* to take) 感红色素

erythrolein [ˌerəˈθrɔliːn] 石蕊红素

erythroleukemia [iˌriθrəljuˈkiːmiə] 红白血病

  acute e. 急性红白血病

erythroleukoblastosis [iˌriθrəˈljukəblæstəusis] 幼红白血病增多症,新生儿重黄疸

erythroleukosis [iˌriθrəljuˈkəusis] ❶ 红细胞黄铜色变; ❷ (禽类)幼红细胞增多病

erythroleukothrombocythemia [iˌriθrəˌljukəθrɔmbəsaiˈθiːmiə] 全血初细胞增生,幼红白细胞血小板增生

erythrolitmin [iˌriθrəˈlitmin] 结晶性石蕊红素

erythrolysin [ˌerəˈθrɔlisin] 红细胞溶解素,溶血素

erythrolysis [ˌerəˈθrɔlisis] 红细胞溶解

erythromania [iˌriθrəuˈmeiniə] (*erythro-* + Gr. *mania* madness) 赧颜症

erythromelalgia [iˌriθrəmeˈlældʒiə] (*erythro-* + Gr. *melos* limb + *-algia*) 红斑性肢痛病

    e. of the head 红斑性头痛

erythromelia [iˌriθrəuˈmiːliə] (*erythro-* + Gr. *melos* limb) 红肢病

erythrometer [ˌerəˈθrɔmitə] (*erythro-* + *-meter*) ❶ 红度计；❷ 红细胞计数器

erythrometry [ˌerəˈθrɔmitri] ❶ 红度测量法；❷ 红细胞计数法

erythromycin [iˌriθrəˈmaisin] (USP) 红霉素

    e. B 红霉素 B

    e. estolate (USP) 无味红霉素

    e. ethylcarbonate 红霉素碳酸乙酯

    e. ethylsuccinate (USP) 红霉素乙基琥珀酸酯

    e. gluceptate (USP) 葡庚糖酸红霉素

    e. lactobionate (USP) 乳糖酸红霉素

    e. propionate 红霉素丙酸酯

    e. propionate lauryl sulfate 红霉素丙酸酯月桂基硫酸盐

    e. stearate (USP) 红霉素硬脂酸酯

erythromyeloblastosis [iˌriθrəˌmaiələblæsˈtəusis] 红细胞成髓细胞血症

erythron [ˈerəθrən] (Gr. *erythros* red) 红细胞系

erythroneocytosis [iˌriθrəˌniəsaiˈtəusis] (*erythro-* + Gr. *neos* new + *kytos* hollow vessel) 幼稚红细胞血症

erythronoclastic [iˌriθrənəˈklæstik] 溶红血细胞系的

erythroparasite [iˌriθrəˈpærəsait] 红细胞寄生物

erythropathy [ˌeriˈθrɔpəθi] (*erythrocyte* + Gr. *pathos* disease) 红血球病

erythropenia [iˌriθrəˈpiːniə] (*erythro-* + Gr. *penia* poverty) 红细胞减少

erythrophage [iˈriθrəfeidʒ] (*erythro-* + Gr. *phagein* to eat) 噬红细胞

erythrophagia [iˌriθrəˈfeidʒiə] 噬红细胞现象

erythrophagocytosis [iˌriθrəˌfægəsaiˈtəusis] 噬红细胞作用

erythrophagous [ˌeriˈθrɔfəgəs] 噬红细胞的

erythrophil [iˈriθrəfil] (*erythro-* + Gr. *philein* to love) ❶ 红染细胞；❷ 嗜红色的

erythrophilous [ˌeriˈθrɔfiləs] 嗜红色的

Erythrophloeum [iˌriθrəˈfliːəm] (*erythro-* + Gr. *phloios* bark) 围涎树属

erythrophobia [iˌriθrəˈfəubiə] (*erythro-* + *phobia*) ❶ 红色恐怖；❷ 赧颜恐怖

erythrophobic [iˌriθrəˈfɔbik] 疏红性的

erythrophore [iˈriθrəfɔː] (*erythro-* + Gr. *phoros* bearing) 红色素细胞

erythrophose [iˈriθrəfəuz] (*erythro-* + Gr. *phōs* light) 红色幻视，红光幻视

erythrophthisis [iˌriθrəuˈθaisis] (*erythro-* + Gr. *phthisis* wasting) 红细胞消耗症，红细胞痨

erythrophyll [iˈriθrəfil] (*erythro-* + Gr. *phyllon* leaf) 叶红素

erythropia [ˌerəˈθrɔpiə] 红视症

erythroplakia [iˌriθrəˈpleikiə] (*erythro-* + Gr. *plax* plate + *-ia*) 粘膜红斑病

    speckled e. 星点性粘膜红斑

erythroplasia [iˌriθrəˈpleiziə] 增殖性红斑

    e. of Queyrat 凯拉特型增殖性红斑病

    Zoon's e. 佐思氏增殖性红斑

erythroplastid [iˌriθrəˈplæstid] 无核红细胞

erythropoiesis [iˌriθrəpɔiˈiːsis] (*erythro-* + Gr. *poiēsis* making) 红细胞生成

erythropoietic [iˌriθrəpɔiˈetik] 红细胞生成的

erythropoietin [iˌriθrəˈpɔiətin] 红细胞生成素

    recombinant human e. (r-HuEPO) 重组人类红细胞生成素

erythroprosopalgia [iˌriθrəˌprɔsəˈpældʒiə] (*erythro-* + Gr. *prosōpon* face + *-algia*) 红斑性面痛

erythropsia [ˌerəˈθrɔpsiə] (*erythro-* + *-opsia*) 红视症

erythropsin [ˌerəˈθrɔpsin] (*erythro-* + Gr. *opsis* vision) 视紫红质

erythropyknosis [iˌriθrəpikˈnəusis] (*erythro-* + *pyknosis*) 红细胞固缩

erythrorrhexis [iˌriθrəˈreksis] (*erythro-* + Gr. *rhēxis* rupture) 红细胞浆进出，红细胞破碎

erythrose [i'riθrəus] 赤藓糖

érythrose [eiri'θrəuz] (Fr.) 皮肤红变,造红细胞组织增生

　é. péribuccale pigmentaire of Brocq 布罗克颊颏口周皮肤红变

erythrosedimentation [i,riθrə,sedimen'teiʃən] 红细胞沉降(率),血沉

erythrosin [i'riθrəsin] 藻红,真曙红

erythrosine sodium [i'riθrəsi:n] 赤藓红钠,四碘荧光素钠

erythrosinophil [i,riθrəu'sinəfil] (*erythrosin* + Gr. *philein* to love) 嗜藻红的

erythrosis [,erə'θrəusis] ❶ 皮肤红变; ❷ 造红细胞组织增生

erythrostasis [i,riθrə'stæsis] 红细胞郁积

erythrothioneine [i,riθrə'θaiənin] 麦角硫因,硫组氨酸甲基内盐

erythrotoxin [i,riθrəu'tɔksin] 红细胞毒素

erythrulose [i'riθruləus] 赤藓酮糖

erythruria [,eriθ'juəriə] (*erythro-* + *-uria*) 红尿症

Es (*einsteinium* 的符号) 锿

escape [is'keip] 脱逸
　aldosterone e. 醛固酮脱逸
　atrioventricular junctional e. 房室结性逸搏
　nodal e. (房室)结性逸搏
　vagal e. 迷走神经性脱逸
　ventricular e. 室性逸搏

eschar ['eskɑ:] (Gr. *eschara* scab) ❶ 焦痂; ❷ 黑斑

escharodermitis [,eskərə'dəmitis] (*eschar* + Gr. *derma* skin + *-itis* inflammation) 焦痂性皮炎

escharosis [,eskə'rəusis] 结痂

escharotic [,eskə'rɔtik] (Gr. *escharōtikos*) ❶ 腐蚀性的,苛性的; ❷ 腐蚀药,苛性药

escharotomy [,eskə'rɔtəmi] 焦痂切除术

Escherich's bacillus ['eʃəriks] (Theodor *Escherich*, German physician, 1857-1911) 埃希氏杆菌

Escherichia [,eʃə'rikiə] (T. *Escherich*) 埃希氏菌属
　E. aurescens 金色埃希氏菌
　E. blattae 蠊属埃希氏菌
　E. coli 大肠埃希氏菌,大肠杆菌
　E. fergusonii 福氏埃希氏菌
　E. freundii 弗氏埃希氏菌
　E. hermanii 黑氏埃希氏菌
　E. intermedia 中间型埃希氏菌
　E. vulneris 瓦内瑞斯型埃希氏菌

Escherichieae [,eʃə'rikii:] 埃希菌族

eschomelia [,eskəu'meliə] (Gr. *eschaetos* worst + *melos* limb) 肢不全畸形

eschrolalia [,eskrəu'leiliə] (Gr. *aeschros* shameful + *lalia* speech) 秽亵言语

eschromythesis [,eskrəumi'θisis] (Gr. *aeschros* base + *mythizein* to utter) 秽语症,秽亵言语

Eschscholtzia [i'ʃɔltsiə] 花菱草属

escin ['eskin] 七叶树(溶血)皂角素

Escobar syndrome [eskə'bɑ:] (Victor *Escobar*, American dentist, 20th century) 埃斯科巴氏综合征

escorcin [es'kɔ:sin] 二氢七叶甙原

esculapian [,eskju'leipiən] ❶ 医神艾斯库累普的; ❷ 医学的; ❸ 医生

esculent ['eskjulənt] 可食的

esculin ['eskjulin] (L. *aesculus* horse-chestnut) 七叶甙

escutcheon [is'kjutʃən] (L. *scutum* a shield) 盾式分布

eseptate [i'septeit] 无(中)隔的

eserine ['esərin] (*esere*, an African name of the Calabar bean) 依色林,毒扁豆碱

E.S.F (erythropoietic stimulating factor 的缩写) 红细胞生成刺激因子

Esidrix ['esidriks] 爱西得克:双氢氯噻嗪制剂的商品名

Esimil ['esimil] 爱西米尔:含双氢氯噻嗪的胍乙啶单一硫酸盐制剂的商品名

-esis (Gr.) 作用,过程,情况

Eskabarb ['eskəbɑ:b] 爱斯卡巴布:苯巴比妥制剂的商品名

Eskadiazine [,eskə'daiəzin] 爱斯卡地辛:磺胺嘧啶制剂的商品名

Eskalith ['eskəliθ] 爱斯卡和斯:碳酸锂制剂的商品名

Esmarch's bandage ['esmɑ:ks] (Johann Friedrich August von *Esmarch*, German surgeon, 1823-1908) 埃斯马赫氏绷带

esmarch ['esmɑ:k] 埃斯马赫氏绷带

esmolol hydrochloride ['esmələl] 盐酸艾司洛尔

eso- (Gr. *esō* inward) 在内,向内

esocataphoria [ˌesəˌkætəˈfɔriə] (*eso-* + *cataphoria*) 内下隐斜视

esocine [ˈesəsiːn] 鲵精蛋白

esodeviation [ˌesəˌdeviˈeiʃən] ❶ 内斜视；❷ 内隐斜视

esoethmoiditis [ˌesəˌeθmɔiˈdaitis] (*eso-* + *ethmoiditis*) 筛窦炎

esogastritis [ˌesəgæsˈtraitis] (*eso-* + *gastritis*) 胃粘膜炎

esohyperphoria [ˌesəuˌhaipəˈfəuriə] (Gr. *eso* inward + *hyper* over + *phoros* a tending) 内上隐斜视，上内隐斜视

esophagalgia [iˌsɔfəˈgældʒiə] (*esophagus* + *-algia*) 食管痛

esophageal [iˌsɔfəˈdʒiəl] 食管的

esophagectasia [iˌsɔfədʒekˈteisiə] (*esophagus* + Gr. *ektasis* distention + *-ia*) 食管扩张

esophagectasis [iˌsɔfəˈdʒektəsis] 食管扩张

esophagectomy [iˌsɔfəˈdʒektəmi] (*esophagus* + Gr. *ektomē* excision) 食管切除术

esophagectopy [iˌsɔfəˈdʒektəpi] 食管异位

esophagism [iˈsɔfədʒizəm] 食管痉挛

esophagismus [iˌsɔfəˈdʒizməs] 食管痉挛

esophagitis [iˌsɔfəˈdʒaitis] (*esophagus* + *-itis*) 食管炎

Candida e. 念珠菌食管炎
chronic peptic e. 慢性消化性食管炎
e. dissecans superficialis 表层脱落性食管炎
fungal e. 真菌食管炎
pill e. 丸剂食管炎
reflux e. 回流性食管炎
viral e. 病毒性食管炎

esophago- [iˌsɔfəgəu] (Gr. *oesophagos* gullet) 食管

esophagobronchial [iˌsɔfəgəuˈbrɔŋkiəl] 食管支气管的

esophagocardiomyotomy [iˌsɔfəgəuˌkɑːdiəˈmaiˈɔtəmi] 食管贲门肌切开术

esophagocele [iˈsɔfəgəusiːl] (*esophagus* + Gr. *kēlē* hernia) ❶ 食管异常扩张；❷ 食管疝

esophagocologastrostomy [iˌsɔfəgəuˌkɔləgæsˈtrɔstəmi] 食管结肠胃吻合术

esophagocoloplasty [iˌsɔfəgəuˈkɔləplæsti] 食管结肠成形术

esophagoduodenostomy [iˌsɔfəgəuˌdjuədiˈnɔstəmi] 食管十二指肠吻合术

esophagodynia [iˌsɔfəgəuˈdainiə] (*esophagus* + Gr. *odynē* pain) 食管痛

esophagoectasis [iˌsɔfədʒəuekˈtæsis] 食管扩张

esophagoenterostomy [iˌsɔfəgəuˌentəˈrɔstəmi] (*esophagus* + Gr. *enteron* intestine + *stomoun* to provide with an opening, or mouth) 食管肠吻合术

esophagoesophagostomy [iˌsɔfəgɔiˌsɔfiˈgɔstəmi] 食管食管吻合术

esophagofundopexy [iˌsɔfəgəuˌfʌndəˈpeksi] 食管胃底固定术

esophagogastrectomy [iˌsɔfəgəugæsˈtrektəmi] 食管胃切除术

esophagogastric [iˌsɔfəgəuˈgæstrik] 食管和胃的

esophagogastroanastomosis [iˌsɔfəgəuˌgæstrəəˌnæstəˈməusis] 食管胃吻合术

esophagogastroduodenoscopy (EGD) [iˌsɔfəgəuˌgæstrəˌdjuədiˈnɔskəpi] 食管胃十二指肠内窥镜检查

esophagogastromyotomy [iˌsɔfəgəuˌgæstrəˈmaiˈɔtəmi] 食管胃肌层切开术

esophagogastroplasty [iˌsɔfəgəuˈgæstrəplæsti] 食管胃成形术

esophagogastroscopy [iˌsɔfəgəugæsˈtrɔskəpi] (*esophagus* + Gr. *gastēr* stomach + *skopein* to examine) 食管胃镜检查

esophagogastrostomy [iˌsɔfəgəugæsˈtrɔstəmi] (*esophagus* + Gr. *gastēr* stomach + *stomoun* to provide with an opening, or mouth) 食管胃吻合术

esophagogram [iˈsɔfəgəugræm] 食管X线照片

esophagography [iˌsɔfəˈgɔgrəfi] 食管X线照相术

esophagojejunogastrostomosis [iˌsɔfəgəudʒəˌdʒunəˌgæstrəstəˈməusis] 食管空肠吻合术

esophagojejunogastrostomy [iˌsɔfəgəudʒəˌdʒunəgæsˈtrɔstəmi] 食管空肠胃吻合术

esophagojejunoplasty [iˌsɔfəgəudʒəˈdʒunəplæsti] 食管空肠成形术

esophagojejunostomy [iˌsɔfəgəuˌdʒidʒuˈnɔstəmi] 食管空肠吻合术

esophagolaryngectomy [iˌsɔfəgəuˌlæriŋˈdʒektəmi] 食管喉头切除术

esophagology [iˌsɔfə'gɔlədʒi] 食管病学
esophagomalacia [iˌsɔfəgəmə'leiʃə] (*esophagus* + Gr. *malakia* softness) 食管软化症
esophagometer [iˌsɔfə'gɔmitə] (*esophagus* + Gr. *metron* a measure) 测食管器
esophagomycosis [iˌsɔfəgɔmai'kəusis] (*esophagus* + Gr. *mykēs* fungus) 食管真菌病
esophagomyotomy [iˌsɔfəgɔmai'ɔtəmi] 食管肌层切开术
Heller's e. 赫勒氏食管肌层切开术
esophagopathy [iˌsɔfə'gɔpəθi] 食管病
esophagopharynx [iˌsɔfəgəu'færiŋks] 咽下部
esophagoplasty [i'sɔfəgəuplæsti] (*esophagus* + Gr. *plassein* to form) 食管成形术
esophagoplegia [iˌsɔfəgəu'pli:dʒiə] (*esophagus* + Gr. *plege* a stroke) 食管瘫痪
esophagoplication [iˌsɔfəgəupli'keiʃən] 食管壁折术
esophagoptosis [iˌsɔfəgɔp'təusis] (*esophagus* + Gr. *ptōsis* falling) 食管下垂, 食管脱垂
esophagorespiratory [iˌsɔfəgɔrə'spirətəri] 食管气道的
esophagorrhagia [iˌsɔfəgəu'reidʒiə] (Gr. *rhegnynae* to burst forth) 食管出血
esophagorrhea [iˌsɔfəgəu'ri:ə] (Gr. *rhein* to flow) 食管溢液
esophagosalivation [iˌsɔfəgəuˌsæli'veiʃən] 食管性多涎
esophagoscope [i'sɔfəgəskəup] (*esophagus* + Gr. *skopein* to examine) 食管镜
esophagoscopy [iˌsɔfə'gɔskəpi] 食管镜检查
esophagospasm [i'sɔfəgɔspæzm] (*esophagus* + *spasm*) 食管痉挛
esophagostenosis [iˌsɔfəgəstə'nəusis] (*esophagus* + Gr. *stenōsis* constriction) 食管狭窄
esophagostoma [ˌesɔfə'gɔstəmə] (*esophagus* + Gr. *stoma* mouth) 食管造瘘口
esophagostomiasis [iˌsɔfəgəustə'maiəsis] 结节线虫病
esophagostomy [iˌsɔfə'gɔstəmi] (*esophagus* + Gr. *stomoun* to provide with an opening, or mouth) 食管造口术
esophagotome [i'sɔfəgətəum] 食管刀
esophagotomy [iˌsɔfə'gɔtəmi] (*esophagus* + Gr. *tomē* a cutting) 食管切开术
esophagotracheal [iˌsɔfəgə'trækiəl] 食管气管的
esophagram [i'sɔfəgræm] 食管X线照片
esophagus [i'sɔfəgəs] (Gr. *oisophagos*, from *oisein* to carry + *phagēma* food) (NA) 食管
Barrett's e. 巴雷特氏食管
nutcracker e. 瘪嘴食管
esophoria [ˌesə'fɔriə] (*eso-* + *phoria*) 内隐斜视
esophoric [ˌesə'fɔrik] 内隐斜视的
esophoris [i'sɔfəris] (Gr. *eso* inward + *phoros* tending) 内转隐斜视
esophylaxis [ˌesəufi'læksis] (Gr. *eso* within + *phylaxis*) 内卫性
esosphenoiditis [ˌesəˌsfinɔi'daitis] (*eso-* + *sphenoid* + *-itis*) 蝶骨骨髓炎
esoteric [ˌesəu'terik] (Gr. *esoteros* within) ❶ 体内的; ❷ 内部的, 隐的
esotoxin [ˌesəu'tɔksin] 内毒素
esotropia [ˌesə'trɔpiə] (*eso-* + *tropia*) 内斜视
esotropic [ˌesə'trɔpik] 内斜视的
ESP (extrasensory perception 的缩写) 非感觉性知觉
esponja [is'pɔndʒə] 夏疮(马), 皮肤丽线蚴病
esproquin hydrochloride ['esprəkwin] 盐酸乙硫酰氕喹
espundia [is'pʌndiə] (Port. "sponge") 美洲利什曼病, 鼻咽粘膜利什曼病
esquillectomy [ˌeskwi'lektəmi] (Fr. *esquille* fragment + Gr. *ektomē* excision) 碎骨片清除术
ESR (erythrocyte sedimentation rate 的缩写) 红细胞沉降率
ESRD (end-stage renal disease 的缩写) 肾病末期
essence ['esəns] (L. *essentia* quality or being) ❶ 生物要素; ❷ 露, 香精剂
e. of peppermint 薄荷露, 洋薄荷酯
essentia [i'senʃiə] (L.) ❶ 生物要素; ❷ 露, 香精剂
essential [i'senʃəl] (L. *essentialis*) ❶ 必需的, 本质的, 基本的; ❷ 特发的, 自发的, 原发的; ❸ 必不可少的
Esser's graft ['esəz] (Johannes Fredericus

Samuel *Esser*, Dutch surgeon, 1877-1946) 埃瑟尔氏移植物

EST (electric shock therapy 或 electroshock therapy 的缩写) 电休克疗法

ester ['estə] 酯
   cholesteryl e. 胆固醇酯
   Cori e. 科利氏酯
   Embden e. 埃姆登氏酯
   Harden-Young e. 哈-杨二氏酯
   Neuberg e. 纽伯格氏酯
   Robison e. 罗比森氏酯

esterapenia [ˌestərə'piːniə] (*esterase* + Gr. *penia* poverty) 血胆碱酯酶缺乏

esterase ['estəreis] ❶ 酯酶;❷ 酶
   C1 e. C1 酯酶

esterification [esˌterifi'keiʃən] 酯化(作用)

esterify [is'terifai] 酯化

esterize ['estəraiz] 酯化

esterolysis [ˌestə'rɔlisis] (*ester* + Gr. *lysis* dissolution) 酯水解(作用)

esterolytic [ˌestərə'litik] 酯水解的

Estes' operation ['estiz] (William Lawrence Estes, Jr., American surgeon, 1885-1940) 埃斯蒂斯氏手术

estetrol ['estətrɔl] 雌三烯四醇

esthematology [ˌesθimə'tɔlədʒi] (Gr. *aisthēma* sensation + *-logy*) 感觉学,感官学

esthesia [is'θiːʒiə] (Gr. *aisthēsis* perception) 感觉,知觉

esthesic [is'θesik] 感觉的

esthesi(o)- (Gr. *aisthēsis* perception, sensation) 感觉,知觉

esthesioblast [is'θiziəblæst] (*esthesio-* + Gr. *blastos* germ) 成神经节细胞

esthesiodermia [esˌiːziəu'dəmiə] (Gr. *aesthesis* sensation + *derma* skin) 皮肤感觉障碍

esthesiodic [isˌθizi'ɔdik] 感觉传导的

esthesiogenic [isˌθiziə'dʒenik] 发生感觉的

esthesiography [esˌθizi'ɔɡrəfi] (Gr. *aesthesis* + *graphein* to write) 感觉描记法

esthesiology [isˌθizi'ɔlədʒi] (*esthesio-* + *-logy*) 感觉学

esthesiomania [esˌθiziəu'meiniə] 感觉倒错狂

esthesiometer [isˌθizi'ɔmitə] (*esthesio-* + Gr. *metron* measure) 触觉测量器

esthesiometry [esˌθizi'ɔmitri] 触觉测量法

esthesioneure [is'θiziənjuə] (*esthesio-* + Gr. *neuron* nerve) 感觉神经元

esthesioneuroblastoma [isˌθiziəˌnjurəblæs'təumə] 成嗅神经细胞癌,嗅神经母细胞瘤

esthesioneurosis [isˌθiziəunjuə'rəusis] (Gr. *aesthesis* sensation + *neurosis*) 感觉性神经病

esthesiophysiology [isˌθiziəˌfizi'ɔlədʒi] 感觉(器官)生理学

esthesodic [ˌisθə'zɔdik] (*esthesio-* + Gr. *hodos* path) 感觉传导的

esthetic [is'θetik] (Gr. *aisthēsis* sensation) ❶ 感觉的;❷ 美的,美容的

esthetics [is'θetiks] 美学

estimate ['estimeit] (L. *aestimare* to value, to estimate) ❶ 估计;❷ 估计量,估计值;❸ 评估
   biased e. 有偏估计
   consistent e. 相容估计(值),一致估计(值)的
   interval e. 区间估计
   maximum likelihood e. 最大可能性估计
   point e. 点估计(值)
   product-limit e. 乘积极限估计
   unbiased e. 无偏估计(值)

estimator ['estimeitə] 估计量,估计值

Estinyl ['estinil] 爱斯丁尼尔;乙炔雌二醇制剂的商品名

estival ['estivəl] (L. *aestivus*, from *aestas* summer) 夏令的,夏季的

estivation [ˌesti'veiʃən] (L. *aestivus*, from *aestas* summer) 夏蛰

estivoautumnal [ˌestivɔː'tʌmnəl] ❶ 夏秋的;❷ 夏秋季节病

Estlander's operation ['estlændəz] (Jakob August Estlander, Finnish surgeon, 1831-1881) 埃斯特兰德氏手术

estolate ['estəleit] (USAN) (propionate lauryl sulfate 的缩写) 丙酸酯十二烷硫酸盐

estradiol [ˌestrə'daiəl, es'treidiəl] (USP) 雌二醇
   e. benzoate 苯甲酸雌二醇
   e. cypionate (USP) 环戊丙酸雌二醇
   e. dipropionate 双丙酸雌二醇
   e. enanthate 庚酸雌二醇

ethinyl e. (USP) 炔雌醇
e. undecylate 十一酸雌二醇
e. valerate (USP) 戊酸雌二醇酯
Estrace ['estreis] 爱斯特斯：一种雌二醇制剂的商品名
Estraderm ['estrədə:m] 爱斯特得：一种雌二醇制剂的商品名
estramustine phosphate [ˌestrəˈmʌstiːn] 雌氮芥磷酸盐，雌二醇氮芥磷酸盐
estrane ['estrein] 雌烷
Estraval ['estrəvəl] 爱斯特佛：戊酸雌二醇制剂的商品名
estrazinol hydrobromide [isˈtræzinɔl] 氢溴酸炔雌嗪醚
estrenol ['estrənɔl] 雌烯醇
estriasis [isˈtraiəsis] 狂蝇蛆病
Estridae ['estridiː] 狂蝇科
estrin ['estrin] 雌激素
estrinization [ˌestriniˈzeiʃən] 动情期化
estriol ['estriəl] 雌三醇
estrofurate [estrəˈfjuəreit] 雌呋喃
estrogen ['estrədʒən] 雌激素
 conjugated e's (USP) 结合雌激素
 esterified e's (USP) 酯化雌激素
estrogenic [estrəˈdʒenik] ❶ 动情的，动情期的；❷ 雌激素的
estrogenicity [ˌestrɔdʒəˈnisiti] 动情性能，动情力
estrogenous [esˈtrɔdʒənəs] ❶ 雌激素的；❷ 由雌激素或其作用产生的
estrone ['estrəun] 雌(甾)酮
estrophilin [estrəˈfilin] 雌激素受体蛋白
estropipate ['estrəpipeit] (USP) 硫酸雌酮哌嗪
estrostilben [ˌestrəˈstilbən] 己烯雌酚
estrous ['estrəs] 动情期的
estrual ['estruəl] 动情期的
estruation [ˌestruˈeiʃən] 动情期
Estrugenone [ˌestruˈdʒenən] 雌酮：雌酮制剂的商品名
estrum ['estrəm] 动情期
estrus ['estrəs] (L. *oestrus* gadfly; Gr. *oistros* anything that drives mad, any vehement desire) 动情期
e.s.u. (electrostatic unit 的缩写) 静电单位
ESV (end-systolic volume 的缩写) 收缩期末容积

esylate ['esileit] (USAN) (ethanesulfonate 的缩写) 乙磺酸酯
Et 乙基
eta [eitə] (H. η) 希腊第7字母
etafedrine hydrochloride [ˌeitəˈfedriːn] 盐酸乙基麻黄碱
etafilcon A [ˌeitəˈfilkən] 爱他非尔康
Etamon ['eitəmən] 伊塔蒙：氯化四乙胺制剂的商品名
état [eiˈtɑː] (Fr.) 状态
 é. criblé [kriˈblei] 筛状脑
 é. lacunaire [lɑkuːˈneə] (脑)陷凹状态
 é. mammelonné [mɑmelunˈei] 乳头状态
 é. marbré [mɑːˈbrei] 大理石状态
etazolate hydrochloride [iˈtæzəleit] 盐酸依他唑酯
etching ['etʃiŋ] (Old High Ger. *ezzen* to eat) 蚀刻
 acid e. 酸蚀剂
Eternod's sinus [eitəˈnəuz] (Auguste Francois Charles *Eternod*, Swiss histologist, 1854-1932) 埃特诺氏窦
eterobarb [iˈtiːrəbɑːb] 依特比妥，双甲醚苯比妥
ETF (electron transfer flavoprotein 的缩写) 电子转移黄素蛋白
ethacrynate sodium [ˌeθəˈkrineit] (USP) 利尿酸钠，依他尼酸钠
ethacrynic acid [eθəˈkrinik] (USP) 利尿酸，依他尼酸
ethambutol hydrochloride [iˈθæmbətɔl] (USP) 盐酸乙胺丁醇
ethamivan [iˈθæmivæn] 香草(酰)二乙胺
ethamsylate [iˈθæmsileit] 止血敏
ethanal ['eθənəl] 乙醛
ethane ['eθein] 乙烷
ethanedial [ˌeθeinˈdaiəl] 乙二醛
ethanoic acid [ˌeθəˈnəuik] 乙酸
ethanol ['eθənɔl] 乙醇，醇，酒精
ethanolamine [ˌeθəˈnɔləmiːn] 氨基乙醇
ethanolism ['eθənəlizəm] 醇中毒，乙醇性低血糖
ethaverine hydrochloride [ˌetəˈveriːn] 盐酸依沙佛林，盐酸乙基罂粟碱
ethchlorvynol [eθˈklɔːvənɔl] (USP) 乙氯维诺，乙氯戊烯炔醇
ethene [eˈθiːn] 次乙基

ethenoid ['eθənɔid] 乙烯型的
etheogenesis [ˌiːθiəuˈdʒenəsis] (Gr. *etheos* bachelor + *genesis* production) 孤雌生殖
ether ['eθə] (L. *aether*, Gr. *aithēr* "the upper and purer air") ❶ 醚；❷ (USP) 乙醚
　anesthetic e. 麻醉醚，二乙基醚
　petroleum e. 石油醚
　thio e. 硫醚
ethereal [iˈθiriəl] ❶ 乙醚的，醚制的，含醚的，似醚的；❷ 挥发性的
etherification [ˌeθərifiˈkeiʃən] 醚化（作用）
etherin ['iːθərin] 醚浸出菌素
etherism ['iːθərizm] 醚癖
etherization [ˌeθəriˈzeiʃən] 醚麻醉
etherize ['eθəraiz] 醚麻醉
etherobacillin [ˌiːθərəubəˈsilin] 醚浸出菌素
etheromania [ˌiːθərəuˈmeiniə] (*ether* + Gr. *mania* madness) 醚癖
etherometer [ˌiːθəˈrɔmitə] (*ether* + Gr. *metron* measure) 乙醚滴定器
ethical ['eθikəl] ❶ 伦理的；❷ 道德的
ethics ['eθiks] (Gr. *ēthos* the manner and habits of man or of animals) ❶ 伦理；❷ 伦理学
　clinical e. 临床伦理学
　medical e. 医学伦理学
ethidium [iˈθidiəm] 乙锭，乙啡啶
ethinamate [iˈθinəmeit] (USP) 炔己蚁胺，瓦尔米
ethinyl ['eθinil] 乙炔基
　e. estradiol 乙炔基雌二醇
ethionamide [ˌiˌθaiəˈnæmaid] (USP) 乙硫异烟胺
ethionine [iˈθaiənːn] 乙(基)硫氨酸
ethiopification [ˌeθiˌɔpifiˈkeiʃən] (Gr. *aetheiops* an Aethiopian + L. *facere* to make) 金属沉着性皮肤黑变
ethisterone [iˈθistərəun] 炔孕酮，乙炔睾酮，妊娠素
ethmocarditis [ˌeθməukɑːˈdaitis] (Gr. *ethmos* sieve + *kardia* heart + *-itis* inflammation) 心结缔织炎
ethmocephalus [ˌeθməˈsefələs] (Gr. *ēthmos* sieve + *kephalē* head) 头发育不全畸胎
ethmocranial [ˌeθməuˈkreiniəl] (ethmoid + L. *cranium* skull) 筛颅(骨)的
ethmofrontal [ˌeθməˈfrʌntəl] 筛额的
ethmoid ['eθmɔid] (Gr. *ēthmos* sieve + *eidos* form) 筛状的
ethmoidal [eθˈmɔidəl] 筛骨的
ethmoidectomy [ˌeθmɔiˈdektəmi] (ethmoid + Gr. *ektomē* excision) 筛骨切开术，筛窦开放术
ethmoiditis [ˌeθmɔiˈdaitis] 筛骨炎
ethmoidotomy [ˌeθmɔiˈdɔtəmi] 筛窦切开术，筛窦开放术
ethmolacrimal [ˌeθməˈlækriməl] 筛泪的
ethmomaxillary [ˌeθməˈmæksiləri] 筛上颌的
ethmonasal [ˌeθməˈneizəl] 筛鼻骨的
ethmopalatal [ˌeθməˈpælitil] 筛腭的
ethmosphenoid [ˌeθməˈsfiːnɔid] 筛蝶的
ethmoturbinal [ˌeθməˈtəːbinəl] 筛鼻甲的，上中鼻甲的
ethmovomerine [ˌeθməˈvɔmeriːn] 筛梨的
ethnic ['eθnik] (Gr. *ethnikos* of a nation; national) 人种的
ethnics ['eθniks] (Gr. *ethnikos* of a nation; national) 人种学
ethnobiology [ˌeθnəbaiˈɔlədʒi] 人种生物学
ethnography [eθˈnɔgrəfi] (Gr. *ethnos* race + *graphein* to write) 人种志
ethnology [eθˈnɔlədʒi] (Gr. *ethnos* race + *-logy*) 人种学
ethoglucid [ˌeθəˈglusid] 乙环氧啶，聚乙双环氧，依托格鲁
ethoheptazine citrate [ˌeθəˈheptəziːn] 枸橼酸依索庚嗪，枸橼酸氢氮乙酯
ethohexadiol [ˌeθəˌheksəˈdaiəl] 乙基己二醇，驱蚊醇
ethological [ˌeθəˈlɔdʒikəl] 个体生态学
ethologist [iˈθɔlədʒist] 个体生态学家
ethology [iˈθɔlədʒi] (Gr. *ēthos* the manners and habits of man, or animals + *-logy*) 个体生态学
ethomoxane hydrochloride [ˌeθəˈmɔksein] 盐酸乙氧莫生，盐酸乙氧胺噁烷
ethonam nitrate ['eθənəm] 硝酸萘唑酸酯
ethopropazine hydrochloride [ˌeθəˈprɔpəziːn] (USP) 盐酸普罗吩胺，盐酸二乙异丙嗪
ethosuximide [ˌeθəˈsʌksimaid] (USP) 乙

琥胺

ethotoin [i'θɔtəin] 乙基苯妥英

ethoxazene hydrochloride [i,eθɔksə'ziːn] 盐酸依托沙秦,盐酸乙氧二氨偶氮苯

ethoxzolamide [,eθɔks'zɔləmaid] 依索唑胺,乙氧苯唑胺

Ethrane ['eθrein] 伊斯林:安氟醚制剂的商品名

Ethril ['eθril] 伊斯瑞尔:硬脂酸红霉素制剂的商品名

ethybenztropine [,eθəbenz'trɔpiːn] 乙苄托品

ethyl ['eθil] (ether + Gr. hylē matter) 乙基
  e. acetate (NF) 乙酸乙酯
  e. aminobenzoate 氨基苯甲酸乙酯,苯佐卡因
  e. biscoumacetate 双香豆乙酸乙酯
  e. butyrate 丁酸乙酯
  e. chloride (USP) 氯乙烷
  e. cyanide 乙基氰,氰乙烷,丙腈
  e. dibunate 双丁萘磺乙酯
  e. ether 乙醚
  e. mercaptan 乙硫醇
  e. oleate (NF) 油酸乙酯
  e. orange 乙橙

ethylaldehyde [,eθil'ældəhaid] 乙醛

ethylamine [,eθil'æmin] 乙胺

ethylate ['eθileit] 乙醇盐

ethylation [,eθi'leiʃən] 乙基合并

ethylcellulose [,eθil'seljuləus] (NF) 乙基纤维素

ethylene ['eθiliːn] 乙烯
  e. dibromide 二溴乙烯
  e. dichloride 二氯乙烯
  e. glycol 乙烯乙二醇
  e. oxide 氧化乙烯

ethylenediamine [,eθiliːn'daiəmiːn] (USP) 乙二胺

ethylenediaminetetraacetate [,eθiliːn,daiə-miːntetrə'æsəteit] 乙二胺四乙酸(EDTA)盐,依地酸盐

ethylenediaminetetraacetic acid [,eθiliːn-'daiəmiːntetrəi'setik] EDTA,乙二胺四乙酸

ethyleneimine [,eθi'liːnimiːn] 乙烯亚胺,氮丙啶

ethylenimine [,eθi'lenimiːn] 乙烯亚胺,氮丙啶

ethylestrenol [,eθi'lestrənɔl] 乙基孕醇,乙基雌烯醇

ethylic [i'θilik] 乙基的

ethylidene ['eθilidiːn] 亚乙基,乙叉
  e. chloride 1,1-二氯乙烷

ethylism ['eθilizəm] 乙醇中毒

ethylization [,eθilai'zeiʃən] 乙基化(作用)

ethylmalonic-adipicaciduria [,eθilmə'lɔni-k i,dipikæsi'djuəriə] 戊二酸尿(Ⅱ型)

ethylmorphine hydrochloride [,eθil'mɔː-fiːn] 盐酸乙基吗啡

ethylnoradrenaline [,eθilnɔrə'drenəlin] 乙诺那林,乙基去甲肾上腺素

ethylnorepinephrine hydrochloride [,e-θilnɔ,repi'nefrin] (USP) 盐酸乙基去甲肾上腺素

ethylnorsuprarenin [,eθilnɔː,sjuprə'renin] 乙基去甲肾上腺素

ethylparaben [,eθil'pærəbən] (NF) 羟苯乙酯,尼泊金乙酯

ethylphenylhydantoin [,eθil,fenilhai'dæn-tɔin] 苯乙妥英,乙基苯妥因

ethylstibamine [,eθil'stibəmiːn] 乙脒胺,新脒生

ethynodiol diacetate [i,θainə'daiəl] (USP) 双醋炔诺醇

ethynyl ['eθinil] 乙炔基

etidocaine hydrochloride [i'tidəkein] 盐酸依替卡因

etidronate [eti'drɔneit] 羟乙二磷酸

etidronic acid [eti'drɔnik] 羟乙磷酸

etiocholanolone [,etiəkə'lænələun] 本胆烷醇酮

etiogenic [,etiə'dʒenik] (Gr. aitia cause + gennan to produce) 成因的,原因的

etiolation [,etiə'leiʃən] (Fr. étioler to blanch) 黄化现象,萎黄现象

etiologic [,etiə'lɔdʒik] 病因学的,病原学的

etiological [,etiə'lɔdʒikəl] 病因学的,病原学的

etiology [,eti'ɔlədʒi] (Gr. aitia cause + -logy) 病因学,病原学

etiopathology [,etəpə'θɔlədʒi] 疾病发生学

etioporphyrin [,etiə'pɔːfərin] 原卟啉

etiotropic [,etiə'trɔpik] (Gr. aitia cause + tropos turning) 针对病因的

ET-NANB (enterically transmitted non-A, non-B hepatitis 的缩写) 肠道传播非甲非乙型肝炎

etodolic acid [etə'dɔlik] 依托度酸

etofenamate [etə'fenəmeit] 依托非那酯

etoformin hydrochloride [ˌetə'fɔ:min] 盐酸依托双胍,盐酸乙双胍

etomidate [i'tɔmideit] 依托咪酯

etoposide [ˌetə'pɔsaid] 鬼臼乙叉苷,表鬼白毒吡喃葡糖苷

etozolin [ˌetə'zəulin] 乙氧唑啉

etretinate [i'tretinait] 全反视黄酸盐

etronhysterectomy [ˌi:trəuˌhistə'rektəmi] (Gr. *etron* hypogastrium + *hysterectomy*) 小腹式子宫切除术

etrotomy [i'trɔtəmi] (Gr. *etron* hypogastrium + *tome* a cut) 下腹切开术

Eu (*europium* 的符号) 铕

eu- (Gr. *eu* well) 优,真,佳,易,正常

euadrenocorticism [ˌjuəˌdrenə'kɔ:tisizəm] 肾上腺皮质机能正常

euangiotic [ju'ændʒi'ɔtik] (*eu-* + Gr. *angeion* vessel) 血管丰富的

eubacteria [jubæk'tiəriə] 真细菌

Eubacteriales [ˌjubækˌtiəri'eiliz] 真细菌目

Eubacterium [jubæk'tiəriəm] (*eu-* + Gr. *baktērion* small rod) 真细菌属
  E. **alactolyticum** 非解乳真细菌属
  E. **lentum** 迟缓真细菌
  E. **limosum** 嗜食真细菌

eubacterium [jubæk'tiəriəm] (pl. *eubacteria*) 真细菌

eubiotics [ˌjubai'ɔtiks] (*eu-* + Gr. *bios* life) 摄生学

eubolism ['ju:bəlizm] (Gr. *eu* well + *ballein* to throw) 代谢正常

eucaine ['ju:kein] 优卡因,三甲基苯甲酸哌啶

eucalyptol [ˌjukə'liptəl] 桉油精,桉树脑

Eucalyptus [ˌjukə'liptəs] (*eu-* + Gr. *kalyptos* covered) 桉树属

eucapnia [ju'kæpniə] (*eu-* + Gr. *kapnos* smoke) 血碳正常

eucaryon [ju'kæriən] 真核,真核生物

eucaryosis [ˌjukæri'əusis] 真核形成

Eucaryotae [juˌkæri'ɔti:] (*eu-* + Gr. *karyon* nucleus) 真核生物界

eucaryote [ju'kæriəut] 真核生物

eucaryotic [ˌjukæri'ɔtik] 真核的,真核生物的

eucatropine hydrochloride [ju'kætrəpi:n] (USP) 盐酸优加托品

Eucestoda [jusəs'təudə] 真绦虫类

euchlorhydria [ˌjuklɔ'haidriə] (*eu-* + *chlorhydric acid*) 胃液盐酸正常

eucholia [ju'kɔliə] (*eu-* + Gr. *cholē* bile) 胆汁正常

euchromatic [jukrə'mætik] 常染色质的

euchromatin [ju'krɔmətin] (*eu-* + *chromatin*) 常染色质

euchromatopsy [ju'krɔmətɔpsi] (*eu-* + *chromat-* + *-opsia*) 色觉正常

euchromosome [ju'krəuməsəum] 常染色体

euchylia [ju'kailiə] (*eu-* + Gr. *chylos* chyle) 乳糜正常

Eucoccidiida [juˌkɔksi'daiidə] (*eu-* + Gr. *kokkos* berry) 真球虫目

eucoelom [ju'si:ləm] (*eu-* + *coelom*) 体腔

Eucoelomata [ˌjusilə'meitə] 体腔动物门

eucoelomate [ju'seləmeit] 体腔动物

eucolloid [ju'kɔlɔid] 真胶体,大粒胶体

eucrasia [ju'kreʃə] (*eu-* + Gr. *krasis* mixture) 体质健全,体质正常

eudiemorrhysis [ˌjudaiə'mɔrəsis] (*eu-* + Gr. *dia* through + *haima* blood + *rhysis* flow) 毛细血管血行正常

eudiometer [ˌjudi'ɔmitə] (Gr. *eudia* fine weather + *metron* measure) 空气纯度测定仪

eudiometry [ˌju:di'ɔmitri] 空气纯度测定法

eudipsia [ju'dipsiə] (*eu-* + *dipsa* thirst + *-ia*) 正常渴感

euergasia [ˌju:ə'geisiə] (*eu-* + *ergasia*) 脑力正常

euesthesia [ˌju:es'θi:ziə] (Gr. *eu* well + *aesthesis* sensation) 感觉正常

Euflagellata [juˌflædʒi'leitə] (*eu-* + L. *flagellum* whip) 真鞭毛虫纲

euflavine [ju'flævin] 中性吖啶黄

eugamy ['jugəmi] (Gr. *eu* well + *gamos* marriage) 整倍配合

eugenesis [ju:'dʒenəsis] (Gr. *eu* well + *genesis* generation) 生育力

eugenetics [ˌjuːdʒeˈnetiks] 优生学
Eugenia [juˈdʒiːniə]（Prince *Eugene* of Savoy, French-born Austrian general, 1663-1736）丁子香属，番樱桃属
  E. caryophyllus 核叶丁子香
eugenic acid [juˈdʒenik] 丁香酸，丁香酚
eugenicist [juˈdʒenisist] 优生学家
eugenics [juˈdʒeniks]（*eu-* + Gr. *gennan* to generate）优生学
  negative e. 消极优生学
  positive e. 积极优生学
eugenism [ˈjuːdʒenizm] 优生论
eugenist [juˈdʒenist] 优生学家
eugenol [ˈjudʒɜnɔl]（USP）丁香酚，丁子香酚
euglenid [juˈglenid] 眼虫
Euglenida [juˈglenidə] 眼虫目
euglenoid [juˈglenɔid] 眼虫的
euglobulin [juˈglɔbjulin] 优球蛋白
euglycemia [ˌjugliˈsiːmiə] 血糖正常
euglycemic [ˌjugliˈsemik] 血糖正常的
eugnathia [juˈnæθiə]（*eu-* + *gnath-* + *-ia*）上下颌正常
eugnathic [juˈnæθik]（*eu-* + Gr. *gnathos* jaw）上下颌正常的
eugnosia [juˈnəusiə]（*eu-* + Gr. *gnōsis* perception）感觉正常，知觉正常
eugnostic [juˈnɔstik] 感觉正常的，知觉正常的
eugonic [juˈgɔnik]（*eu-* + Gr. *gonē* seed）生长旺盛的
euhydration [juhaiˈdreiʃən] 水合正常，含水度正常
eukaryon [juˈkæriən]（*eu-* + Gr. *karyon* nucleus）❶ 真核；❷ 真核生物
eukaryosis [ˌjukæriˈəusis]（*eu-* + Gr. *karyon* nucleus + *-osis*）真核形成
Eukaryotae [ˌjuːkæriˈəutiː] 真核生物界
eukaryote [juˈkæriəut]（*eu-* + Gr. *karyon* nucleus）真核生物
eukaryotic [ˌjukæriˈɔtik] 真核的，真核生物的，真核形成的
eukeratin [juˈkerətin] 真角蛋白
eukinesia [ˌjukiˈniːʒiə]（Gr. *eu* well + *kinēsis* movement + *-ia*）运动正常，动作正常
eukinesis [ˌjukiˈniːsis] 运动正常，动作正常
eukinetic [ˌjukiˈnetik] 运动正常的
eulaminate [juˈlæmineit] 层数正常的
Eulenburg's disease [ˈɔilənbəgz]（Albert *Eulenburg*, German neurologist, 1840-1917）尤兰柏格氏病，先天性强直性肌阵挛病
Euler [ˈɔilə] 尤拉：Ulf Svante von，瑞典生理学家
Eulexin [juˈleksin] 优莱辛：氟硝丁酰胺制剂的商品名
eumenorrhea [ˌjumənəˈriːə]（*eu-* + Gr. *mēn* menses + *rhoia* flow）月经正常
eumetria [juˈmiːtriə]（Gr. "good measure", "good proportion"）神经冲动正常
eumorphics [juˈmɔːfiks]（Gr. *eu* well + *morphē* from）正形术
eumorphism [juˈmɔːfizəm]（*eu-* + Gr. *morphē* form）形态正常
Eumycetes [ˌjumaiˈsiːtiz] 真菌门
eumycetoma [ˌjumaisiˈtəumə]（*eu-* + *mycetoma*）足分支菌病
Eumycophyta [juˌmaikəˈfaitə] 真菌门
Eumycota [ˌjumaiˈkəutə]（*eu-* + Gr. *mykēs* fungus）真菌门
eunoia [juˈnɔiə]（Gr. *eu* well + *nous* mind）精神正常
eunuch [ˈjuːnʌk]（Gr. *eunouchos* a castrated person）去睾者，阉人
eunuchism [ˈjuːnʌkizəm]（Gr. *eunouchismos* castration）阉病，无睾症
  pituitary e. 垂体性无睾症
eunuchoid [ˈjuːnəkɔid]（Gr. *eunouchoeidēs*）类无睾者，类阉人
eunuchoidism [ˈjuːnəkɔidizəm] 类无睾症
  female e. 女性类无睾症
  hypergonadotropic e. 促性腺激素分泌亢进性类无睾症
  hypogonadotropic e. 促性腺激素分泌不足性类无睾症
euosmia [juˈɔzmiə]（*eu-* + Gr. *osmē* smell）❶ 嗅觉正常；❷ 欣快气味
eupancreatism [juˈpæŋkriətizəm] 胰腺机能正常
Eupatorium [ˌjupəˈtɔriəm] 佩兰属
eupepsia [juˈpepsiə]（*eu-* + Gr. *pepsis* digestion + *-ia*）消化正常
eupepsy [ˈjuːpepsi] 消化正常

eupeptic [ju'peptik] 消化正常的
euperistalsis [ju,peri'stælsis] 蠕动正常
Euphorbia [ju'fɔːbiə] 大戟属
euphoretic ['jufə'retik] ❶ 精神欣快的; ❷ 欣快剂
euphoria [ju'fɔːriə] (Gr. "the power of bearing easily") 精神愉快, 欣快
euphoriant [ju'fɔriənt] ① 精神愉快的; ② 欣快剂
euphoric [ju'fɔrik] 精神愉快的, 欣快的
euphorigenic [ju,fɔri'dʒenik] 引起欣快的, 有助于产生欣快感的
euphoristic [,jufə'ristik] 引起欣快的
euphoropsia [,juːfɔː'rɔpsiə] (*euphoria* + Gr. *opsis* vision) 视觉舒适
euphylline [ju'filiːn] 氨茶碱
euplastic [ju'plæstik] (*eu-* + Gr. *plastikos* plastic) 易机化的, 适于组织形成的
euploid ['juːplɔid] (*eu-* + *-ploid*) 整倍体
euploidy [ju'plɔidi] 整倍性
eupnea [jup'niːə] (*eu-* + Gr. *pnein* to breathe) 呼吸正常, 平静呼吸
eupneic [jup'niːik] 呼吸正常的, 平静呼吸的
eupractic [ju'præktik] 协同动作正常的
eupraxia [ju'præksiə] (Gr. *eupraxin* success, from *eu* well + *prassein* to do) 协同动作正常
eupraxic [ju'præksik] ❶ 机能正常的; ❷ 协同动作正常的
Euproctis [ju'prɔktis] 蠹属
　E. chrysorrhoea (phaeorrhoea) 褐尾蠹
eupyrene [juˈpaiəriːn] 有正常核的
eupyrexia [,jupi'reksiə] 微热
eupyrous ['juːpirəs] 有正常核的
Eurax ['juːræks] 优乐散: 克罗他米通制剂的商品名
Euresol ['jurəsɔl] 优雷沙: 乙酸雷琐辛制剂的商品名
eurhythmia [ju'riθmiə] (Gr. "harmony") 发育均衡
euroblepharon [,juːrəu'blefərɔn] (Gr. *eurys* broad + *blepharon* lid) 阔睑
eurodontia [,juərəuˈdɔnʃiə] (Gr. *euros* decay + *odous* tooth) 龋(牙)
europium [ju'rɔpiəm] 铕
europrocephalus [,juːrəuprəˈsefələs] (Gr. *eurys* broad + *pro* in front + *kephale*) 前

阔头者
Eurotiaceae [juˌrɔʃi'eisiiː] 麴科, 散囊菌科
Eurotiales [juˌrɔʃi'eiliːz] 麴霉目, 散囊菌目
Eurotium [juˈrəuʃiəm] (Gr. *euros* mold) 曲霉菌属
　E. malignum 恶性曲霉菌
　E. repens 熟物曲霉菌
eury- (Gr. *eurys* wide) 阔, 扩张
eurycephalic [ˌjurisəˈfælik] (*eury-* + Gr. *kephale* head) 阔头的
eurycranial [ˌjuriˈkreiniəl] (*eury-* + Gr. *kranian* upper part of the head) 阔头的
eurygnathic [ˌjurigˈnæθik] 阔颌的
eurygnathism [ju'rignəθizəm] (*eury-* + Gr. *gnathos* jaw) 阔颌
euryon ['juəriən] (Gr. *eurys* wide) 颅阔点
euryopia [ˌjuriˈəupiə] (*eury-* + *-opia*) 阔眼裂
Eurypelma [ˌjuriˈpelmə] 毒(蜘)蛛属
　E. hentzii 美洲毒蛛
eurythermal [ˌjuriˈθəːməl] (*eury-* + Gr. *therme* heat) 泛温生长的, 阔温域的
eurythermic [ˌjuriˈθəːmik] (*eury-* + Gr. *therme* heat) 泛温生长的, 阔温域的
eurythmia [ju'riðmiə] 脉搏整齐
euscope ['juːskəup] (Gr. *eu* well, good + *skopein* to view) 映象显微镜, 显微镜映象器
Euscorpius [juˈskɔːpiəs] 真蝎属
　E. italicus 意大利真蝎
eusemia [ju'siːmiə] (Gr. *eu* well + *sema* sign) 佳兆, 预后良好
Eusimulium [ˌjusiˈmjuliəm] 真蚋属
eusitia [ju'sitiə] (*eu-* + Gr. *sitos* food) 食欲正常
eusplanchnia [ju'splæŋkniə] (Gr. *eu* well + *splanchna* viscera + *-ia*) 内脏正常
eusplenia [ju'spleniə] 脾机能正常
eustachian [ju'stækiən] (named after Bartolommeo Eustachio (L. *Eustachius*), Italian anatomist, 1524-1574) 尤斯泰基
eustachitis [ˌjustəˈkaitis] 咽鼓管炎
eustachium [ju'stækiəm] 咽鼓管
eusthenia [ju'sθeniə] (*eu-* + Gr. *sthenos* strength) 体力正常, 强壮
eusthenuria [ˌjusθəˈnjuəriə] (*eu-* + Gr. *sthenos* strength + *-uria*) 正渗尿, 尿浓

缩正常
Eustrongylus [juˈstrɔndʒələs] 真圆虫属
E. gigas 肾膨结线虫
eusystole [juˈsistəli] (*eu-* + *systole*) 心收缩正常
eusystolic [ˌjusisˈtɔlik] 心收缩正常的
Eutamias [juˈtæmiəs] 金花鼠
eutectic [juˈtektik] (Gr. *eutēktos* easily melted or dissolved) 易熔的, 低共熔的
eutelegenesis [ˌjuːteliˈdʒenəsis] (Gr. *eu* well + *telos* end + *genesis* production) 育种人工受精法
eutelolecithal [ˌjuːteləˈlesiθəl] (*eu-* + *telolecithal*) 端黄卵的
eutexia [juˈteksiə] ❶ 稳定结合性, 稳定状态; ❷ 低共熔性
euthanasia [ˌjuːθəˈneiziə] (*eu-* + Gr. *thanatos* death) ❶ 安然去世; ❷ 安死术, 安乐死
eutherapeutic [ˌjuːθəriˈpjutik] (*eu-* + *therapeutic*) 疗效良好的
Eutheria [juˈθiəriə] (*eu-* + Gr. *thērion* beast, animal) 真兽亚纲
eutherian [juˈθiəriən] 真兽亚纲动物
euthermic [juˈθəːmik] (Gr. *euthermos* very warm) 适温的, 增温的
Euthroid [ˈjuːθrɔid] 优舒洛德: 复方甲状腺素制剂的商品名
euthymism [juˈθaimizəm] 胸腺机能正常
Euthyneura [ˌjuːθəˈnjuərə] 真神经亚纲
euthyphoria [ˌjuːθiˈfəuriə] (Gr. *euthys* straight + *pherein* to bear) 直视
euthyroid [juˈθairɔid] 甲状腺机能正常的
euthyroidism [juˈθairɔidizəm] 甲状腺机能正常
eutocia [juˈtəusiə] (Gr. *eutokia*) 顺产, 正常分娩
Eutonyl [ˈjuːtənil] 优降宁, 优降灵: 盐酸巴吉林制剂的商品名
eutopic [juˈtɔpik] (*eu-* + Gr. *topos* place) 正位的
Eutriatoma [ˌjuːtriˈætəmə] 真锥蝽属
eutrichosis [ˌjuːtraiˈkəusis] (Gr. *eu* well + *thrix* hair) 毛发发育正常
Eutrombicula [ˌjuːtrɔmˈbikjulə] 真恙螨亚属
   E. alfreddugèsi 阿氏真恙螨
   E. splendens 华丽真恙螨

Eutron [ˈjuːtrən] 优特龙: 优降灵和甲氯噻嗪制剂的商品名
eutrophia [juˈtrəufiə] (*eu-* + Gr. *trophē* nourishment + *-ia*) 营养正常, 营养良好
eutrophic [juˈtrɔfik] 营养良好的
eutrophication [ˌjuːtrɔfiˈkeiʃən] 营养性生长过度
euvolia [juˈvɔliə] 水量正常, 液量正常
eV, ev (electron volt 的缩写) 电子伏
evacuant [iˈvækjuənt] (L. *evacuans* making empty) ❶ 排泄的, 排空的; ❷ 排空药
evacuation [iˌvækjuˈeiʃən] (L. *evacuatio*, from *e* out + *vacuus* empty) ❶ 排空, 排泄; ❷ 粪便, 肠道排出物
evacuator [iˈvækjuˌeitə] 排出器
evagination [iˌvædʒiˈneiʃən] 凸出, 外突
   optic e. 视外突, 眼泡
evanescent [ˌevəˈnesənt] (L. *evanescere* to vanish away) 易消散的, 挥发性的
Evans' syndrome [ˈevənz] (Robert Sherman *Evans*, American physician, born 1912) 伊万斯氏综合征
evaporation [iˌvæpəˈreiʃən] (L. *e* out + *vaporare* to steam) 蒸发
evasion [iˈveiʒən] 规避
eventration [ˌivenˈtreiʃən] (L. *eventratio* disembowelment, from *e* out + *venter* belly) ❶ 腹脏突出; ❷ 腹脏除去法
   diaphragmatic e. 膈突出
   umbilical e. 脐突出
Eversbusch's operation [ˈeivəzbuʃz] (Oskar *Eversbusch*, German ophthalmologist, 1853-1912) 埃弗斯布施氏手术
eversion [iˈvəːʒən] (L. *eversio*) ❶ 外翻; ❷ 外转
evert [iˈvəːt] (L. *e* out + *vertere* to turn) 外翻, 向外翻转 (如足或眼睑)
evertor [iˈvəːtə] 外翻肌
Evex [ˈevəks] 伊弗克斯: 酯化雌激素制剂的商品名
évidement [eividˈmɔŋ] (Fr.) 挖除术
évideur [eiviˈdəː] (Fr.) 挖除器
evil [ˈiːvəl] 病, 病变
   poll e. 头项病
   quarter e. 黑腿病, 气肿性炭疽
eviration [ˌeviˈreiʃən] (L. *e* out + *vir* man) ❶ 去势, 女性化; ❷ 变女妄想

evisceration [iˌvisəˈreiʃən] (*ex-* + *viscus*) ❶ 外置术；❷ 去脏术；❸ 眼球内容摘除术

evisceroneurotomy [iˌvisərəˌnjuəˈrɔtəmi] 眼内容剜出视神经切断术

evocation [ˌevəuˈkeiʃən] 启发作用

evocator [ˈevəukeitə] 启发物，形态形成的

evolution [ˌevəˈluːʃən] (L. *evolutio*, from *e* out + *volvere* to roll) ❶ 展开；❷ 进化，演化；❸ 先成说，预成说
  bathmic e. 直向进化
  convergent e. 集中进化
  Denman's spontaneous e. 登曼氏式自然旋出
  determinate e. 直向进化，定向进化
  emergent e. 突然进化
  organic e. 生物进化
  orthogenic e. 直向进化
  parallel e. 平行进化
  saltatory e. 飞跃进化

evulsio [iˈvʌlsiəu] (L. from *evellere* to pull out) 撕去，撕脱

evulsion [iˈvʌlʃən] (L. *evolsio*) 撕去，强力抽出

Ewart's sign [iˈwəːts] (William *Ewart*, English physician, 1848-1929) 尤尔特氏征

Ewing's tumor [ˈjuiŋz] (James *Ewing*, American pathologist, 1866-1943) 尤因氏瘤

Ewingella [ˌjuiŋˈelə] (W. H. *Ewing*, American bacteriologist) 尤因菌属

ex- (L. *ex* out of, away from) 离开，无，外

exa- 艾（可萨）

exacerbation [igˌzæsəˈbeiʃən] (*ex-* + L. *acerbus* harsh) 加剧

exairesis [ikˈseirəsis] (Gr. "a taking out") 切除术

exaltation [ˌigzɔːlˈteiʃən] 极度兴奋

examination [igˌzæmiˈneiʃən] (L. *examinare*) 检查，观察
  double-contrast e. 双重对比检查

exania [ikˈseiniə] (*ex-* + L. *anus*) 脱肛

exanimation [igˌzæniˈmeiʃən] 晕厥，昏迷

exanthem [igˈzænθəm] (Gr. *exanthēma*) ❶ 疹，皮疹；❷ 疹病
  Boston e. 波士顿疹
  e. subitum 幼儿急疹

exanthema [ˌigzænˈθiːmə] (pl. *exanthemas, exanthemata*) (Gr. *exanthēma*) 疹，疹病
  benign coital e. 良性性疹
  equine coital e. 马性疹
  e. subitum 幼儿急疹
  vesicular e. 疱疹病

exanthemata [ˌigzænˈθiːmitə] (Gr.) 疹，疹病。*exanthema* 的复数形式

exanthematous [ˌigzænˈθiːmətəs] 疹的，发疹的

exanthesis [eksænˈθiːsis] (Gr. "a blossoming") ❶ 发疹；❷ 疹病

exanthrope [ˈeksænθrəup] (*ex-* + Gr. *anthrōpos* man) 疾病外因，体外病因

exanthropia [ˌeksænˈθrəupiə] (Gr. *ex* out + *anthrops* man) 嫌人症，远人症

exanthropic [ˌiksænˈθrɔpik] 疾病外因的，体外病因的

exarthrima [ˌeksɑːˈθriːmə] (Gr. *ex* out + *arthron* joint) 关节脱位

exarticulation [ˌiksɑːˌtikjuˈleiʃən] (*ex-* + L. *articulus* joint) 关节切断术，关节离断术

excalation [ˌikskəˈleiʃən] 部分缺失

excarnation [ˌikskɑːˈneiʃən] (*ex-* + L. *caro, carnis* flesh) 修切标本

excavatio [ˌikskəˈveiʃiəu] (pl. *excavationes*) (L., from *ex* out + *cavus* hollow) 陷凹
  e. disci (NA) 视盘陷凹
  e. papillae nervi optici 视神经乳头陷凹
  e. recto-uterina (NA) 直肠子宫陷凹
  e. rectovesicalis (NA) 直肠膀胱陷凹
  e. vesico-uterina (NA) 膀胱子宫陷凹

excavation [ˌikskəˈveiʃən] (L. *excavatio*) ❶ 挖除；❷ 陷凹
  atrophic e. 萎缩性陷凹
  dental e. 龋质挖除
  glaucomatous e. 青光眼性陷凹
  ischiorectal e. 坐骨直肠窝
  e. of optic disk, physiologic e. 视神经乳头陷凹，生理性陷凹
  rectoischiadic e. 坐骨直肠窝
  rectouterine e. 直肠子宫陷凹
  rectovesical e. 直肠膀胱陷凹
  vesicouterine e. 膀胱子宫陷凹

excavationes [ˌikskəˌveiʃi'əuniz] (L.) 陷凹。excavatio 的复数形式

excavator ['ekskəveitə] ❶ 挖器；❷ 勺，半圆凿
  dental e. 牙挖器
  hatchet e. 斧形挖器
  spoon e. 匙形挖器

excementosis [ekˌsiːmen'təusis] (L. *ex* out + *cement*) 牙骨质增生

excerebration [ˌikserə'breiʃən] (*ex-* + L. *cerebrum* brain) 大脑切除

excernent [ik'səːnənt] (L. *excernere* to sift, to separate) 排泄的

excess [ik'ses] 过度,超量
  antibody e. 抗体过剩
  antigen e. 抗原过剩
  base e. 碱过剩

exchange [iks'tʃeindʒ] 交换,取代
  plasma e. 血浆置换
  sister chromatid e. 姊妹染色单体交换

exchanger [iks'tʃeindʒə] 交换器
  heat e. 热交换器

excipient [ik'sipiənt] (L. *excipiens*, from *ex* out + *capere* to take) 赋形剂

excise [ik'saiz] 切除

excision [ik'siʒən] (L. *excisio*, from *ex* out + *caedere* to out) 切除术
  intracapsular e. 囊内切除术
  marginal e. 边缘切除术
  radical e. 根治切除术
  wide e. 宽切除术

excitability [ikˌsaitə'biliti] ❶ 应激性,兴奋性；❷ 刺激感受性

excitable [ik'saitəbl] (L. *excitabilis*) 应激的,可兴奋的

excitant [ik'saitənt] 兴奋剂,刺激剂

excitation [ˌiksai'teiʃən] (L. *excitatio* from *ex* out + *citare* to call) 刺激
  direct e. 直接刺激
  indirect e. 间接刺激
  reentrant e. 折返刺激

excitatory [ik'saitətəri] 兴奋性的,刺激性的

excitoanabolic [ikˌsaitəˌænə'bɔlik] 促合成代谢的

excitocatabolic [ikˌsaitəˌkætə'bɔlik] 促分解代谢的

excitoglandular [ikˌsaitə'glændjulə] 促腺体的,促腺体分泌的

excitometabolic [ikˌsaitəˌmetə'bɔlik] 促代谢的

excitomotor [ikˌsaitə'məutə] ❶ 促运动的,兴奋运动的；❷ 激动剂

excitomuscular [ikˌsaitə'mʌskjulə] 兴奋肌肉(活动)的

excitor [ik'saitə] 刺激神经

excitosecretory [ikˌsaitəsi'kriːtəri] 兴奋分泌的,促分泌的

excitotoxin [ikˌsaitə'tɔksin] 刺激毒性

excitovascular [ikˌsaitə'væskjulə] 兴奋血管的

exclave ['ekskleiv] (*ex-* + L. *clavis* key, by analogy with *enclave*) 内脏游离部

exclusion [iks'kluːʒən] (L. *exclusio*, from *ex* out + *claudere* to shut) ❶ 排除,排斥；❷ 分离术
  allelic e. 等位排除
  competitive e. 竞争性排除

excochleation [iksˌkɔkli'eiʃən] (*ex-* + L. *cochlea* spoon) 刮除术

exconjugant [iksˈkɔndʒugənt] (*ex-* + L. *conjugare* to join) 结合后体

excoriation [iksˌkɔri'eiʃən] (L. *excoriare* to flay, from *ex* out + *corium* skin) 表皮脱落
  neurotic e. 神经性表皮脱落

excrement ['ekskrəmənt] (L. *excrementum*, from *ex* out + *cernere* to sift, to separate) 粪便

excrementitious [ˌekskrəmen'tiʃəs] 粪便的

excrescence [iks'kresəns] (*ex-* + L. *crescere* to grow) 赘生物,赘疣
  fungating e., fungous e. 蕈样赘生物,脐肉芽肿
  Lambl's e's 兰伯氏赘生物

excrescent [iks'kresənt] 赘生物的,赘疣样的

excreta [iks'kriːtə] (L.)(pl.) 排泄物

excrete [iks'kriːt] (L. *excernere*) 排泄,排除

excretin [iks'kriːtin] 粪素

excretion [iks'kriːʃən] (L. *excretio*) ❶ 排泄；❷ 排泄物
  pseudouridine e. 假尿(嘧啶核)苷排泄

excretory ['ekskrətəri] 排泄的

excurrent [iks'kʌrənt] ❶ 排泄的；❷ 传出的

excursion [iks'kə:ʒən] (L. *excurrere* to run out from) 移动,离轨,逸出
　lateral e. 侧移动
　protrusive e. 前移动
　retrusive e. 后移动

excursive [iks'kə:siv] 移动性的,有移动特征的

excurvation [,ekskə:'veiʃən] (L. *ex* out + *curvare* to curve) 外弯

excyclophoria [ik,saiklə'fəriə] (*ex-* + *cyclophoria*) 外旋转隐斜视

excyclotropia [ik,saiklə'trəpiə] (*ex-* + *cyclotropia*) 外斜转斜视

excystation [,eksis'teiʃən] 脱囊

exdermoptosis [,eks,də:mə'təusis] (Gr. *ex* out + *derma* skin + *ptosis* a falling) 皮脂腺肥大

exemia [ig'si:miə] (*ex-* + Gr. *haima* blood + *-ia*) 浓缩血(症)

exencephalia [,iksensə'feiliə] 露脑(畸形)

exencephalon [,iksen'sefələn] 露脑畸胎

exencephalous [,iksen'sefələs] 露脑(畸形)的

exencephalus [,iksen'sefələs] (*ex-* + Gr. *enkephalos* brain) 露脑畸胎

exencephaly [,iksen'sefəli] (*ex-* + Gr. *enkephalos* brain) 露脑畸形

exenteration [ik,sentə'reiʃən] (*ex-* + Gr. *enteron* bowel) 去脏术,脏器除去术
　pelvic e. 盆腔脏器除去术
　pelvic e., anterior 前盆腔脏器除去术
　pelvic e., posterior 后盆腔脏器除去术
　pelvic e., total 全盆腔脏器除去术

exenterative [ik'sentərətiv] 去脏术的

exenteritis [ik,sentə'raitis] 肠腹膜炎,肠浆膜炎

exercise ['eksəsaiz] 操练,运动
　active e. 主动运动
　active assisted e. 主动助力运动
　aerobic e. 有氧运动
　breathing e's 呼吸运动
　corrective e. 矫形体操
　endurance e. 耐力运动
　flexion back e's 屈背运动
　free e. 自由操练,主动运动
　Frenkel's e's 弗兰克尔氏运动
　isokinetic e. 等动运动
　isometric e. 等长运动
　isotonic e. 等张运动
　muscle-setting e. 肌静态操练,原位运动
　passive e. 被动运动
　progressive resistance e., progressive resistive e. 渐进阻力运动法
　range of motion e. 全范围运动法
　relaxation e. 放松运动
　resistance e. 阻力运动法
　resistive e. 阻力运动法
　static e. 原位运动
　therapeutic e. 医疗体操
　underwater e. 水中运动
　Williams' e's, Williams' flexion e's 威廉姆斯氏(屈背)运动

exeresis [ik'serəsis] (Gr. *exairesis* a taking out) 切除术,外科切除

exergic [ig'sə:dʒik] (*ex-* + Gr. *ergon* work) 放能的

exergonic [,eksə'gɒnik] (*ex(o)-* + Gr. *ergon* work) 放能的,能量释放的

exesion [ig'zi:ʒən] (L. *exedere* to eat out) 腐蚀

exfetation [,eksfi'teiʃən] (*ex-* + L. *fetus*) 宫外孕

exflagellation [iks,flædʒə'leiʃən] (*ex-* + L. *flagellum*) 小配子形成

exfoliatin [iks,fɒli'eitin] (*ex-* + L. *folium* leaf) 脱叶菌素

exfoliatio [iks,fɒli'eiʃiəu] (L. from *ex* away from + *folium* leaf) 表皮脱落,鳞片样脱皮
　e. areata linguae 地图样舌

exfoliation [iks,fɒli'eiʃən] (L. *exfoliatio*) 表皮脱落,鳞片样脱皮
　lamellar e. of newborn 新生儿表皮层样脱落

exfoliative [iks'fɒliətiv] 表皮脱落的,鳞片样脱皮的

exhalation [,ikshə'leiʃən] (L. *exhalatio*, from *ex* out + *halare* to breathe) ❶ 排出水气；❷ 排出物；❸ 呼气

exhale ['eksheil] (*ex-* + L. *halare* to breathe) ❶ 呼出；❷ 呼出水气

exhauster [ig'zɔ:stə] (L. *exhaurive* to pour out) 软内障取出器

exhaustion [ig'zɔ:stʃən] (*ex-* + L. *haurire*

to drain) ❶ 衰竭；❷ 枯竭
combat e. 战斗衰竭
heat e. 中暑衰竭
postactivation e., posttetanic e. 活化后衰竭，强直后衰竭

Exhib. (L. *exhibeatur* 的缩写) 须给予
exhibition [ˌigziˈbiʃən] 投药，用药
exhibitionism [ˌigziˈbiʃənizəm] (DSM-Ⅲ-R) 露阴欲，露阴狂
exhibitionist [ˌigziˈbiʃənist] 露阴欲者，露阴狂者
exhilarant [egˈzilərənt] (L. *exhilare* to cheer) ❶ 使欢乐的；❷ 致欢乐剂，提神剂
exhumation [ˌigzuˈmeiʃən] (*ex-* + L. *humus* earth) 尸体发掘
exitus [ˈegsitəs] (pl. *exitus*)(L. "a going out") ❶ 死亡；❷ 出口
e. pelvis 骨盆下口
Exna [ˈeksnə] 爱克斯纳：苄硫噻嗪制剂的商品名
Exner's plexus [ˈeksnəz] (Siegmund *Exner*, Austrian physiologist, 1846-1926) 埃克斯纳氏丛
exo- (Gr. *exō* outside) 外，向外
exoamylase [ˌeksəˈæmileis] 外淀粉酶
exoantigen [ˌeksəˈæntidʒən] 菌表抗原，体外抗原
exocardia [ˌeksəˈkɑːdiə] 异位心
exocardial [ˌeksəˈkɑːdiəl] 心外的
exocarditis [ˌeksəukɑːˈdaitis] (*exo-* + Gr. *kardia* + *-itis* inflammation) ❶ 心脏外面炎；❷ 心包炎
exocarp [ˈeksəkɑːp] 外果皮
exocataphoria [ˌeksəˌkætəˈfɔriə] (*exo-* + *cataphoria*) 外下隐斜视
exocele [ˈeksəsiːl] 外腔、胚外体腔
exocellular [ˌeksəˈseljulə] 细胞外的
exocervix [ˌeksəˈsəːviks] 外宫颈
exochorion [ˌeksəˈkɔriən] 绒毛膜外层
exocoelom [ˌeksəˈseləm] (*exo-* + *coelom*) 外体腔，胚外体腔
exocoeloma [ˌeksəsiˈləumə] 外体腔，胚外体腔
exocolitis [ˌeksəkəˈlaitis] (*exo-* + *colitis*) 结肠腹膜炎
exocrine [ˈeksəkrin] (*exo-* + Gr. *krinein* to separate) ❶ 外分泌；❷ 外分泌腺，外分泌物
exocrinology [ˌeksəkriˈnɔlədʒi] 外分泌学
exocrinosity [ˌeksəkriˈnɔsiti] 外分泌(性)
exocuticle [ˌeksəˈkjutikl] (*exo-* + L. *cuticula*) 外角皮
exocyclic [ˌeksəˈsaiklik] 环外的
exocystis [ˌeksəuˈsistis] (*exo-* + Gr. *kystis* bladder) 异位膀胱
exocytosis [ˌeksəsaiˈtəusis] ❶ 胞吐作用；❷ 炎细胞外渗，白细胞凝聚
exodeoxyribonuclease [ˌeksəˌdiˌɔksiˌribəˈnjuklieis] (EC 3.1.11) 外脱氧核糖核酸酶
exodeviation [ˌeksəˌdeviˈeiʃən] ❶ 外隐斜视；❷ 外斜视
exodontia [ˌeksəˈdɔnʃiə] 拔牙学
exodontics [ˌeksəˈdɔntiks] 拔牙学
exodontist [ˌeksəˈdɔntist] 拔牙医生
exodontology [ˌeksəudɔnˈtɔlədʒi] 拔牙学
exoenzyme [ˌeksəˈenzaim] 胞外酶，外酶
exoergic [ˌeksəˈəːdʒik] 放能的
exoerythrocytic [ˌeksəiˌriθrəˈsitik] 红细胞外的
exogamy [ikˈsɔgəmi] (*exo-* + Gr. *gamos* marriage) 异系配合，异系交配
exogastric [ˌeksəˈgæstrik] 胃外膜的
exogastritis [ˌeksəgæsˈtraitis] 胃外膜炎，胃浆膜炎
exogastrula [ˌeksəˈgæstrulə] (*exo-* + *gastrula*) 外原肠胚
exogastrulation [ˌeksəˌgæstruˈleiʃən] 外原肠胚形成
exogenetic [ˌeksədʒəˈnetik] (*exo-* + Gr. *gennan* to produce) 外原的，外生的
exogenic [ˌeksəˈdʒenik] 外原的，外生的
exogenote [ekˈsɔdʒənəut] 外基因子
exogenous [ekˈsɔdʒənəs] (*exo-* + Gr. *gennan* to produce) 外源的，外生的
exognathia [ˌeksɔgˈnæθiə] 凸颌
exognathion [ˌeksɔgˈnæθiən] (*exo-* + *gnathos* jaw) 上颌骨牙槽突
exognathism [ˌeksəuˈneiθizm] 凸颌
exohemophylaxis [ˌeksəuˌhiːməfiˈlæksis] (*exo-* + Gr. *haima* blood + *phylaxis* guarding) 抽血注射预防(反应)法
exomphalos [ekˈsɔmfələs] (*ex-* + Gr. *omphalos* navel) 先天性脐疝
exomysium [ˌeksəˈmaisiəm] 肌束膜

exon ['eksən] 外星子

exonuclease [,eksə'nju:klieis]（EC 3.1.11.16）外核酸酶

exopathic [,eksə'pæθik] 外因病的

exopathy [ik'sɔpəθi]（*exo-* + Gr. *pathos* disease）外因病

exopeptidase [,eksə'peptideis]（EC 3.4.11-19）肽链外切酶

exophalmometry [,eksɔfæl'mɔmitri] 眼球凸出度测量术

Exophiala [,eksə'faiələ] 分支孢子菌属
E. werneckii 魏氏分支孢子菌属

exophoria [,eksə'fɔriə]（*exo-* + *phoria*）外隐斜视

exophoric [,eksə'fɔrik] 外隐斜视的

exophthalmic [,eksɔf'θælmik] 眼球突出的

exophthalmogenic [,eksɔf,θælmə'dʒenik] 引起眼球突出的，致突眼的

exophthalmometer [,eksɔfθæl'mɔmitə] 突眼计，眼球突出测量器

exophthalmometric [,eksɔf,θælmə'metrik] 眼球突出测量法的

exophthalmometry [,eksɔfθæl'mɔmitri]（*exophthalmos* + *-metry*）眼球突出测量法

exophthalmos [,eksɔf'θælməs]（*ex-* + Gr. *ophthalmos* eye）眼球突出
endocrine e. 内分泌眼球突出
malignant e. 恶性突眼症
pulsating e. 搏动性眼球突出
thyrotoxic e. 甲状腺毒性眼球突出
thyrotropic e. 促甲状腺激素性眼球突出

exophthalmus [,eksɔf'θælməs] 眼球突出

exophylaxis [,eksɔufi'læksis]（*exo-* + Gr. *phylaxis* guard）外卫性

exophytic [,eksə'faitik]（*exo-* + Gr. *phyein* to grow）外部生长的

exoplasm ['eksəplæzəm] 外质，外浆

exopneumopexy [,eksəu'nju:mə,peksi]（*exo-* + Gr. *pneumon* lung + *pexis* fixation）肺外固定术

exorbitism [eg'sɔ:bitizəm] 眼球突出

exoribonuclease [,eksəribə'nju:klieis]（EC 3.1.13-19）外核糖核酸酶

exosepsis [,eksə'sepsis]（*ex-* + Gr. *sēpsis* decay）外源性脓毒症

exoserosis [,eksəsi'rəusis] 血清渗出

exo-α-sialidase [,eksəsi'ælideis]（EC 3.2.1.18）外-α-唾液酸酶

exoskeleton [,eksə'skelitən]（*exo-* + *skeleton*）外骨骼

exosmometer [,eksɔs'mɔmitə]（*exosmosis* + Gr. *metron* measure）外渗测定器

exosmose ['eksɔsməus] 外渗

exosmosis [,eksɔs'məusis]（*ex-* + Gr. *ōsmos* impulsion）外渗

exosplenopexy [,eksəu'spli:nə,peksi]（*exo-* + Gr. *splen* spleen + *pexis* fixation）脾外固定术

exospore ['eksəpɔ:] 外孢子

exosporium [,eksə'spɔriəm] 外孢子膜

exostosectomy [,ik,sɔstə'sektəmi] 外生骨疣切除术

exostosis [,eksɔs'təusis]（*ex-* + Gr. *osteon* bone + *-osis*）外生骨疣
e. bursata 被囊外生骨疣
e. cartilaginea 软骨性外生骨疣
hereditary multiple exostoses 遗传性多发性外生骨疣
ivory e. 象牙质样外生骨疣
multiple exostoses, multiple cartilaginous exostoses, multiple osteocartilaginous exostoses 多发性(骨软骨)外生骨疣
osteocartilaginous e. 骨软骨外生骨疣
subungual e. 指(趾)甲下外生骨疣

exostotic [,eksɔs'tɔtik] 外生骨疣的

exoteric [,eksə'terik]（Gr. *exōterikos* outer）❶体外的；❷外源的

exothelioma [,eksəu,θi:li'əumə] 脑(脊)膜瘤

exothermal [,eksə'θə:məl] 放热的

exothermic [,eksə'θə:mik]（*exo-* + Gr. *thermē* heat）放热的

exothymopexy [,eksəu'θaimə,peksi]（*exo-* + *thymus* + Gr. *pexis* fixation）胸腺外固定术

exotic [ig'zɔtik] 外来的，非本地的

exotospore [ek'sɔutəspɔ:]（Gr. *exotikos* outward + *sporos* seed）子孢子体

exotoxic [,eksə'tɔksik]（*exo-* + *toxic*）外毒素

exotoxin [,eksə'tɔksin]（*exo-* + *toxin*）外毒素
streptococcal pyrogenic e. 链球菌致热外毒素

exotropia [,eksə'trɔpiə]（*exo-* + *tropia*）

外斜视,散开性斜视

exotropic [ˌeksəˈtrɔpik] 外斜视的

expander [ikˈspændə] (L. *expandere* to spread out) 膨胀器,膨胀剂

 plasma volume e. 血浆容积膨胀剂,血浆增容剂

 subperiosteal tissue e. (STE) 骨膜下组织膨胀器

expansion [ikˈspænʃən] (L. *expandere* to spread out) ❶ 扩张,扩大; ❷ 膨胀

 e. of the arch 牙弓扩张
 clonal e. 克隆扩张,无性系扩张
 cubical e. 容积膨胀
 hygroscopic e. 吸湿性膨胀
 maxillary e. 上颌弓扩张
 setting e. 凝固膨胀
 thermal e. 热膨胀
 wax e. 蜡型膨胀

expansiveness [ikˈspænsivnis] 夸张性

expectancy [ikˈspektənsi] 预期
 life e. 预期寿命

expectorant [ikˈspektərənt] (*ex-* + L. *pectus* breast) ❶ 祛痰的; ❷ 祛痰药
 liquefying e. 稀释祛痰药
 stimulant e. 刺激性祛痰药

expectoration [ikˌspektəˈreiʃən] ❶ 咳出; ❷ 痰

expellent [ikˈspelənt] (L. *expellere* to drive out) ❶ 排除的,排毒的; ❷ 排毒剂

experiment [ikˈsperimənt] (L. *experimentum* "proof from experience") 实验
 bulbocapnine e. 褐鳞碱实验
 check e. 校核实验
 control e. 对照实验
 crucial e. 决定性实验
 Cyon's e. 齐翁氏实验
 defect e. 缺损实验
 Goltz's e. 果耳茨氏实验
 Küss's e. 屈斯氏实验
 Mariotte's e. 马里奥特氏实验
 Müller's e. 穆勒氏实验
 Nussbaum's e. 努斯包姆氏实验
 Scheiner's e. 谢纳氏实验(眼调节试验)
 Stensen's e. 斯坦森氏实验
 Toynbee's e. 托因比氏实验
 Valsalva's e. 瓦尔萨尔瓦氏实验

expirate [ˈekspireit] 呼气

expiration [ˈekspiˈreiʃən] (*ex-* + L. *spirare* to breathe) ❶ 呼(气); ❷ 断气,死亡

expiratory [ikˈspairətəri] 呼(气)的

expire [ikˈspaiə] ❶ 呼出; ❷ 死亡,终止

explant ❶ [iksˈplɑnt] 移出,移植; ❷ [ˈeksplɑnt] 移出物,移植物

explode [ikˈspləud] (L. *explodere*, from *ex* out + *plaudere* to clap the hands) ❶ 爆炸; ❷ 爆发

exploration [ˌiksplɔˈreiʃən] (L. *exploratio*, from *ex* out + *plorare* to cry out) 探察

exploratory [ikˈsplɔrətəri] (L. *exploratorius*) 探察的,调查的

explorer [ikˈsplɔrə] ❶ 探察器; ❷ 探针

explosion [ikˈsplɔʒən] (L. *explosio*) ❶ 爆炸; ❷ 爆发

explosive [ikˈsplɔsiv] 爆炸的,爆发的

exponent [ikˈspəunənt] 指数

exponential [ˌikspəˈnenʃəl] 指数的,幂的

exposure [ikˈspəuʒə] (L. *exponere* to put out) 暴露,曝露,曝光
 acute e. 急性照射
 air e. 空气照射
 chronic e. 慢性照射

expressate [ikˈspreseit] 压出物

expression [ikˈspreʃən] (L. *expressio*) ❶ 面容,表情; ❷ 压出(法)

expressivity [ˌikspreˈsiviti] 表现度
 variable e. 可变表现度

expulsion [ˌeksˈpʌlʃən] (L. *expellere* to drive out) 逼出
 e. of fetus 胎逼出

expulsive [ikˈspʌlsiv] (*ex-* + *pellere* to drive) 逼出的,趋于排出的

exsanguinate [ikˈsæŋgwineit] (*ex-* + L. *sanguis* blood) ❶ 去血,放血; ❷ 无血的,贫血的

exsanguination [ikˌsæŋgwiˈneiʃən] 去血,失血

exsanguine [ikˈsæŋgwin] 无血的

exsanguinotransfusion [ikˈsæŋgwinətrænsˈfjuːʒən] 交换输血(法)

exsect [ikˈsekt] 切除

exsection [ikˈsekʃən] 切除术

exsector [ikˈsektə] 切除刀

exsiccant [ikˈsikənt] ❶ 干燥的; ❷ 干燥剂

exsiccate ['eksikeit] (L. *exsiccare*, from *ex* out + *siccus* dry) 使干燥,使脱水
exsiccation [ˌeksi'keiʃən] 干燥法
exsorption [ik'sɔːpʃən] 外吸渗
exstrophy ['ekstrəfi] (*ex*- + Gr. *strephein* to turn oneself) 外翻
   e. of the bladder 膀胱外翻
   e. of cloaca, cloacal e. 泄殖腔外翻
exsufflation [ˌeksə'fleiʃən] (*ex*- + L. *sufflatio* a blowing up) 排气
exsufflator [ˌeksə'fleitə] 排气器
ext. (extract 的缩写) ❶ 提取; ❷ 浸膏,浸出物
extended-release [ik'stendid ri'liːs] 延缓释放,缓释
extender [ik'stendə] (*ex*- + L. *tendere* to stretch) 扩张物,延展物
   artificial plasma e. 人造血浆膨胀剂
extensibility [iksˌtensi'biliti] 伸展性
extension [ik'stenʃən] (L. *extensio*) ❶ 牵伸术; ❷ 伸展
   Buck's e. 布克氏牵伸术
   nail e. 导针牵引术
   e. per contiguitatem 邻接性蔓延
   e. per continuitatem 连续性蔓延
   e. per saltam 转移,迁徙
   ridge e. 牙槽嵴加高
extensometer [ˌeksten'sɔmitə] (L. *extensus* extension + *metrum* measure) 伸长计,伸展计
extensor [ik'stensə] (L.)(NA) 伸肌
extenuation [eksˌtenjuei'ʃən] (L. *ex* out + *tenuis* thin) ❶ 减轻,减量; ❷ 细小,消瘦
exterior [ik'stiəriə] (L.) 外的
exteriorize [ik'stiəriəraiz] ❶ 赋予外形,具体化; ❷ 外向化; ❸ 外置术
extern ['ekstəːn] 实习医学生
external [ik'stəːnəl] (L. *externus* outside) 外的
externalia [ˌekstə'neiliə] 外生殖器
externalization [ikˌstəːnəlai'zeiʃən] 外向化
externe ['ekstəːn] 实习医学生
externus [ik'stəːnəs] 外的
exteroceptive [ˌekstərə'septiv] 外感受性
exteroceptor [ˌekstərə'septə] 外感受器
exterofection [ˌekstərə'fekʃən] 外反应作用
exterogestate [ˌekstərə'dʒesteit] ❶ 子宫外发育的; ❷ 子宫外孕胎
extima ['extimə] (L.) 外膜
extinction [ik'stiŋkʃən] 消退
extine ['ekstin] 外壁(孢子),外膜(花粉)
extinguish [ik'stiŋgwiʃ] (L. *extinguere*) 消灭
extirpation [ˌekstə'peiʃən] (L. *extirpare* to root out, from *ex* out + *stirps* root) 摘除
   dental pulp e. 牙髓摘除
extirpator [ˌekstə'peitə] 摘除器
extorsion [ik'stɔːʃən] (*ex*- + *torsion*) 眼外转
extortor [iks'tɔːtə] (L. *extorquēre* to twist outward) ❶ 外转物; ❷ 外转肌
extra- (L. *extra* outside) 外,在外,额外
extra-adrenal [ˌekstrəæ'driːnəl] 肾上腺外的
extra-anatomic [ˌekstrəˌænə'tɔmik] 解剖学外的
extra-anthropic [ˌekstræen'θrɔpik] 疾病外因的,体外病因的
extra-articular [ˌekstrəɑː'tikjulə] (*extra*- + L. *articulus* joint) 关节外的
extrabronchial [ˌekstrə'brɔŋkiəl] 支气管外的
extrabuccal [ˌekstrə'bʌkəl] 口腔外的,颊外的
extrabulbar [ˌekstrə'bʌlbə] 球外的
extracapsular [ˌekstrə'kæpsjulə] 囊外的
extracardial [ˌekstrə'kɑːdiəl] 心外的
extracarpal [ˌekstrə'kɑːpəl] 腕外的
extracellular [ˌekstrə'seljulə] 细胞外的
extracerebral [ˌekstrə'serəbrəl] 脑外的
extracorporal [ˌekstrə'kɔːpərəl] 体外的
extracorporeal [ˌekstrəkɔː'pɔːriəl] (*extra*- + L. *corpus* body) 体外的
extracorpuscular [ˌekstrəkɔː'pʌskjulə] 小体外的,细胞外的
extracorticospinal [ˌekstrəˌkɔːtikə'spainəl] 皮质脊髓束外的
extracranial [ˌekstrə'kreiniəl] 颅外的
extract ['ekstrækt] (L. *extractum*) 浸膏,浸出物
   allergic e. 变应原浸出物
   belladonna e. (USP) 颠茄浸膏

cascara sagrada e. (USP) 波希鼠李浸膏
cell-free e. 无细胞浸剂
chondodendron tomentosum e. 美洲管箭毒浸膏
chondrus e. 鹿角菜浸膏
compound e. 复方浸膏
dry e. 干浸膏
glycyrrhiza e. 甘草浸膏
glycyrrhiza e., pure 纯甘草浸膏
henbane e. 莨菪浸膏
hyoscyamus e. 莨菪浸膏
Irish moss e. 爱尔兰苔浸膏
licorice root e. 甘草浸膏
licorice root e., pure 纯甘草浸膏
liver e. 肝浸膏
liver e., liquid 肝流浸膏
e. of male fern 绵马浸膏
malt e. 麦芽浸膏
ox bile e. 牛胆汁浸膏
oxgall e., powdered 粉状牛胆汁浸膏
pilular e. 丸状浸膏
poison ivy e. 毒葛浸膏
poison ivy e., alum precipitated 明矾沉淀毒葛浸膏
poison oak e. 橳叶毒葛浸膏
pollen e. 花粉浸膏
powdered e. 粉状浸膏
Rhamnus purshiana e. 波希鼠李浸膏
semiliquid e. 半流浸膏
solid e. 固态浸膏
trichinella e. 旋毛虫浸膏
yeast e. 酵母浸出物,酵母膏
extraction [ik'strækʃən] (L. ex out + trahere to draw) ❶ 拔出,抽出; ❷ 浸出,提取法; ❸ 拔牙
breech e. 臀位取胎术
breech e., partial 部分臀位取胎术
breech e., total 完全臀位取胎术
cataract e. 内障摘出术
cataract e., extracapsular 囊外内障摘出术
cataract e. intracapsular 囊内内障摘出术
flap e. 瓣状内障摘出术
progressive e. 渐进拔牙术
selected e. 选择拔牙术
serial e. 系列拔牙术
tooth e. 拔牙

extractive [ik'stræktiv] 提取物,浸出物
extractor [ik'stræktə] 拔出器,取出器
basket e. 网式拔出器
vacuum e. 真空拔出器
extractum [iks'træktəm] (gen. extracti, pl. extracta) (L. from ex out + trahere to draw) 浸膏,浸出物
e. fellis bovis 牛胆汁浸膏
e. hepatis 肝浸膏
extracystic [ˌekstrə'sistik] 囊外的,膀胱外的
extradural [ˌekstrə'djuərəl] 硬膜外的
extraembryonic [ˌekstrəˌembri'ɔnik] 胚外的
extraepiphyseal [ˌekstrəˌepi'fiziəl] 骺外的
extragenital [ˌekstrə'dʒenitəl] 生殖器外的
extrahepatic [ˌekstrəhə'pætik] 肝外的
extraligamentous [ˌekstrəˌligə'mentəs] 韧带外的
extramalleolus [ˌekstrəmæ'liələs] 外踝
extramastoiditis [ˌekstrəˌmæstɔi'daitis] 乳突周炎
extramedullary [ˌekstrə'medjuləri] 髓外的
extrameningeal [ˌekstrəmə'nindʒiəl] 脑(脊)膜外的
extramural [ˌekstrə'mjuərəl] (L. extra + murus wall) 壁外的
extraneous [ek'streiniəs] (L. extraneus external) 体外的
extranuclear [ˌekstrə'njuːkliə] 细胞核外的
extraocular [ˌekstrə'ɔkjulə] 眼外的
extraosseous [ˌekstrə'ɔusiəs] 骨外的
extrapancreatic [ˌekstrəˌpænkri'ætik] 胰腺外的
extraparenchymal [ˌekstrəpə'renkiməl] 实质外的
extrapelvic [ˌekstrə'pelvik] (骨)盆外的,(肾)盂外的
extrapericardial [ˌekstrəˌperi'kɑːdiəl] 心包外的
extraperineal [ˌekstrəˌperi'niəl] 会阴外的
extraperiosteal [ˌekstrəˌperi'ɔstiəl] 骨膜外的
extraperitoneal [ˌekstrəˌperitə'niəl] 腹膜外的
extraplacental [ˌekstrəplə'sentəl] 胎盘外

extraplantar [ˌekstrə'plɑːntə] 足底外的，跖外的

extrapleural [ˌekstrə'pluərəl] 胸膜外的

extrapolation [ikˌstræpə'leiʃən] 推断，外推法

extraprostatic [ˌekstrəprɒs'tætik] 前列腺外的

extraprostatitis [ˌekstrəˌprɒstə'taitis] 前列腺周炎

extrapsychic [ˌekstrə'saikik] 心理外的，精神外的

extrapulmonary [ˌekstrə'pʌlmənəri] 肺外的

extrapyramidal [ˌekstrəpi'ræmidəl] 锥体束外的

extrarectus [ˌekstrə'rektəs] 眼外直肌

extraserous [ˌekstrə'serəs] 浆膜腔外的

extrasomatic [ˌekstrəsəu'mætik] 体外的

extrastimulus [ˌekstrə'stimjuləs] 外刺激

extrasuprarenal [ˌekstrəˌsjuprə'riːnəl] 肾上腺外的

extrasystole [ˌekstrə'sistəli] 期外收缩，过早收缩
  atrial e. 房性期外收缩
  atrioventricular (AV) e. (房室)结性期外收缩
  infranodal e. 结下性期外收缩
  interpolated e. 插入(性)期外收缩
  junctional e. 结性期外收缩
  nodal e. 结性期外收缩
  retrograde e. 逆行性期外收缩
  ventricular e. 室性期外收缩

extrathoracic [ˌekstrəθɔː'ræsik] 胸腔外的

extratracheal [ˌekstrə'trækiəl] 气管外的

extratubal [ekstrə'tjuːbəl] 管外的

extratympanic [ˌekstrətim'pænik] 鼓室外的

extrauterine [ˌekstrə'juːtərin] 子宫外的

extravaginal [ˌekstrə'vædʒinəl] 阴道外的，鞘外的

extravasation [ikˌstrævə'seiʃən] (*extra-* + L. *vas* vessel) ❶ 外渗；❷ 外渗作用；❸ 外渗物
  punctiform e. 点状外渗

extravascular [ˌekstrə'væskjulə] 血管外的

extraventricular [ˌekstrəven'trikjulə] 室外的

extraversion [ˌekstrə'vɜːʒən] ❶ 牙弓宽阔；❷ 外向，外倾

extravert ['ekstrəvɜːt] (性格)外向者

extremital [ik'strimitəl] 末端的，远侧的，肢的

extremitas [ik'strimitəs] (pl. *extremitates*) (L.) ❶ (NA)端；❷ 肢
  e. acromialis claviculae (NA) 锁骨肩峰端
  e. anterior lienis 脾前端
  e. anterior splenis (NA) 脾前端
  e. inferior 下肢
  e. inferior lienis 脾下端
  e. inferior renis (NA) 肾下端
  e. inferior testis (NA) 睾丸下端
  e. posterior lienis 脾后端
  e. posterior splenis (NA) 脾后端
  e. sternalis claviculae (NA) 锁骨胸骨端
  e. superior 上肢
  e. superior lienis 脾上端
  e. superior renis (NA) 肾上端
  e. superior testis (NA) 睾丸上端
  e. tubalis ovarii (卵巢)输卵管端
  e. tubaria ovarii (卵巢)输卵管端
  e. uterina ovarii (NA) (卵巢)子宫端

extremitates [ikˌstrimi'tætiz](L.) 端，肢。*extremitas* 的复数形式

extremity [ik'strimiti] ❶ 端；❷ 肢
  cartilaginous e. of rib 肋软骨
  external e. of clavicle 锁骨外侧端
  fimbriated e. of fallopian tube 输卵管伞端，卵巢伞
  internal e. of clavicle 锁骨内侧端
  lower e. 下肢
  pelvic e. of ovary 卵巢子宫端
  proximal e. of phalanx of finger 指骨近端，指骨底
  proximal e. of phalanx of toe 趾骨近端，趾骨底
  scapular e. of clavicle 锁骨肩峰端
  upper e. 上肢
  uterine e. of ovary 卵巢子宫端

extrinsic [ik'strinsik] (L. *extrinsecus* situated on the outside) 外部的，外源的

extro- (L. *extra* outside) 向外，在外

extrogastrulation [ˌekstrəgæstru'leiʃən] 肠胚外翻畸形

extrophia [ik'strɔfiə] 外翻
extrophy ['ekstrəfi] 外翻
extrospection [ˌekstrəu'spekʃən] (*extra-* + L. *specpare* to look) 自窥癖
extroversion [ˌekstrə'və:ʒən] (L. *extroversio*, from *extra* outside + *vertere* to turn) ❶ 外翻；❷ 外倾,外向；❸ 牙弓宽阔
extrovert ['ekstrəvə:t] 外倾(性格)者
extrude [iks'tru:d] ❶ 推出,挤出；❷ 压出,挤占；❸ 挤占
extrudoclusion [eksˌtru:də'klu:ʒən] 上超𬌗,上超咬合
extrusion [ik'stru:ʒən] ❶ 凸出,挤出,逐出；❷ 挤压；❸ 延伸正牙术
　disk e. 椎间盘突出
extubate [iks'tju:beit] (*ex-* + L. *tuba* tube) 拔管
extubation [ˌikstju'beiʃən] 拔管(法)
exuberant [ig'zu:bərənt] (L. *exuberare* to be very fruitful) 生长过多的,高度增生的
exudate ['eksjudeit] (L. *exsudare* to sweat out) 渗出物,渗出液
　cotton-wool e's 棉絮状渗出物
exudation [ˌeksju'deiʃən] ❶ 渗出(作用)；❷ 渗出物,渗出液
exudative [ik'sjudətiv] 渗出性的
exulcerans [ik'sʌlsərənz] (L.) 形成溃疡的
exulceratio [ikˌsʌlsə'reiʃiəu] (L.) 溃疡
　e. simplex 浅表性溃疡,单纯性溃疡
exumbilication [ˌeksəmˌbili'keiʃən] (*ex-* + *umbilicus*) ❶ 脐突出；❷ 脐疝
exuviation [ikˌsjuvi'eiʃən] (L. *exuere* to divest oneself of) 脱落
ex vivo [eks 'vivəu] 在活体外
eye [ai] (L. *oculus*; Gr. *opthalmos*) 眼
　aphakic e. 无晶状体眼
　artificial e. 假眼,人工眼
　black e. 黑眼
　blear e. 边缘性眼睑炎,睑缘炎
　cinema e. 电影眼
　compound e. 复眼
　crab e. 蟹眼
　crossed e's 内斜眼
　cystic e. 囊状眼
　dark-adapted e. 暗适应眼
　deviating e. 偏斜眼
　epiphyseal e. 顶眼,松果眼
　exciting e. 刺激眼
　fixating e. 注视眼
　following e. 伴随眼
　hop e. 蛇麻草眼
　Klieg e. 电影(性)眼,电光眼
　light-adapted e. 光适应眼
　median e. 正中眼
　monochromatic e. 单色觉眼
　parietal e. 顶眼
　pineal e. 松果眼
　pink e. 红眼,急性结膜炎
　primary e. 原发眼
　pseudophakic e. 假晶状体眼
　reduced e. 模型眼
　schematic e. ① 标准眼图；② 眼模型
　secondary e. 继发眼
　shipyard e. 船坞眼
　Snellen's reform e. 施奈伦氏假眼
　squinting e. 斜视眼
　sympathizing e. 交感眼
　wall e. ① 角膜白斑；② 外斜视,散开性斜视
eyeball ['aibɔ:l] 眼球
eyebrow ['aibrau] ❶ 眉；❷ 眉毛
eyecup ['aikʌp] ❶ 洗眼杯；❷ 视神经乳头凹陷；❸ 视杯
eyeglass ['aigla:s] 镜片
eyeground ['aigraund] 眼底
eyelash ['ailæʃ] 睫毛
eyelet ['ailit] 眼孔
eyelid ['ailid] 睑
　third e. 第三眼睑,瞬膜
eyeminded ['aimaindid] 视觉记忆的
eyepiece ['aipi:s] 目镜
　comparison e. 比较目镜
　compensating e. 补偿目镜
　demonstration e. 示教目镜
　high-eyepoint e. 高眼点目镜
　huygenian e. 惠根氏目镜
　negative e. 负目镜
　positive e. 正目镜
　Ramsden's e. 腊姆斯登氏目镜
　widefield e. 阔视野目镜
eyepoint ['aipoint] 出射点
eyespot ['aispɔt] 眼点
eyestrain ['aistrein] 眼疲劳

F

F ❶ (*fluorine* 的符号)氟；❷ (*farad* 的符号)法拉第(电容单位)；❸ (*fertility* 的符号)生育力；❹ (*visual field* 的符号)视野；❺ (*formula* 的符号)公式；❻ (*French* 的符号)法兰西制

F. (L. *fiat* 的符号)做成

F ❶ (*farady* 的符号)法拉第；❷ (*force* 的符号)力；❸ (*gilbert* 的符号)吉伯(微动势单位)

F_1 (*first filial generation* 的符号)第一子代

F_2 (*second filial generation* 的符号)第二子代

°F (*degree Fahrenheit* 的符号)华氏温度

f ❶ (*femto-* 的符号)毫微微(10^{-15})；❷ (*focal length* 的符号)焦距

f (*frequency* 定义2的符号)频率

FA ❶ (fatty acid 的缩写)脂肪酸；❷ (fluorescent antibody 的缩写)荧光抗体

F. and R. (force and rhythm 的缩写)力量与韵律

FAB (French-American-British 的缩写)法-美-英

Fab (*f*ragment, *a*ntigen-*b*inding)抗原结合片断

  digoxin immune Fab (ovine) 地高辛免疫抗原结合片断(来自羊)

F(ab')$_2$ F(ab')$_2$ 片断

fabella [fə'belə] (pl. *fabellae*, L. "little bean")腓肠豆

fabellae [fə'beli:] (L.)豆状体。*fabella*的复数形式

Faber's syndrome ['fɑ:bəz] (Knud Helge Faber, Danish physician, 1862-1956)法伯尔氏综合征,低色性贫血

Fabiana imbricata ['fæbiənə]皮契茄

fabism ['fæbizəm] (L. *faba* bean)蚕豆病

fabrication [ˌfæbri'keiʃən]虚谈症

Fabricius [fə'brisiəs] (ab Aquapendente)法布里齐奥：意大利解剖学家和外科医师

Fabricius' bursa [fə'brisiəs] (H. *Fabricius*)法布里齐奥氏囊

Fabry's disease ['fɑ:briz] (Johannes *Fabry*, German dermatologist, 1860-1930)法布里氏病.

fabulation [ˌfæbju'leiʃən]虚谈症

Facb (*f*ragment, *a*ntigen-and-*c*omplement-*b*inding 的缩写)抗原和补体结合片断

FACD (Fellow of the American College of Dentists 的缩写)美国牙科医师学会会员

face [feis] (L. *facies*) ❶ 面；❷ 任何显露的表面和外表

  adenoid f. 增殖腺面容
  bovine f. 牛面
  brandy f. 酒渣鼻,酒鼻
  cleft f. 巨口,颊横裂
  cow f. 牛面
  dish f., dished f. 盘形面,舟状面
  frog f. 蛙面
  hippocratic f. 死相
  mask f. 面具,假面
  mask-like f. 假面状面容
  moon f., moon-shaped f. 月样圆面容

face-bow ['feisbəu]面弓

  adjustable axis f.-b. 可调轴式面弓
  kinematic f.-b. 运动弓面弓

faceometer [feis'ɔmitə]面直径测量器

facet ['fæsit] (Fr. *facette*)小平面,小面

  articular f. 关节面
  articular f. of atlas, circular 寰椎齿突凹
  articular f. of atlas, inferior 寰椎下关节面
  articular f. of atlas, superior 寰椎上关节凹
  articular f. of axis, anterior 寰椎前关面
  articular f's for rib cartilages 胸骨肋切迹

f. of calcaneus, posterior, medial 跟骨中距关节面
clavicular f. 胸骨锁骨切迹
costal f., anterior, costal f., inferior 肋结节关节面
costal f., posterior, costal f., superior ① 肋头关节面；② 肋头关节凹
costal f's of sternum 胸骨肋切迹
costal f. of vertebra, superior 上肋凹
lateral f's of sternum 胸骨肋切迹
locked f's of spine 脊柱关节突脱位
malleolar f. of tibia, internal 胫骨内踝关节面
squatting f. 蹲踞小面
f. for tubercle of rib 横窦肋凹
facetectomy [ˌfæsəˈtektəmi] (facet + -ectomy) 椎骨关节面切除术
facette [fɑːˈset] (Fr.) 小平面，小面
facial [ˈfeiʃəl] (L. facialis, from facies face) ❶ 面的；❷ 牙前庭面的
-facient (L. faciens, present participle of facere to do, to make) 生，做，使变成
facies [ˈfeiʃiːz] (pl. facies) (L.) ❶ 面；❷ 面容
f. abdominalis 腹病面容
adenoid f. 增殖腺面容
antebrachial f., anterior 前臂前区
antebrachial f., posterior 前臂后区
f. antebrachialis anterior 前臂前面，前臂前区
f. antebrachialis posterior 前臂后面，前臂后区
f. anterior cordis 心脏前面
f. anterior corneae (NA) 角膜前面
f. anterior criris (NA) 腿之前面
f. anterior dentium premolarium et molarium 前磨牙和磨牙前面
f. anterior femoris (NA) 大腿前面或腹面
f. anterior glandulae suprarenalis (NA) 肾上腺前面
f. anterior iridis (NA) 虹膜前面
f. anterior lateralis humeri (NA) 肱骨前外侧面
f. anterior lentis 晶状体前面
f. anterior maxillae (NA) 上颌骨前面
f. anterior medialis humeri (NA) 肱骨前内侧面
f. anterior palpebralis (NA), **f. anterior palpebrarum** 睑前面
f. anterior pancreatis (NA) 胰前面
f. anterior partis petrosae ossis temporalis (NA) 颞骨岩部前面
f. anterior patellae (NA) 髌骨前面
f. anterior prostatae (NA) 前列腺前面
f. anterior pyramidis ossis temporalis 颞骨锥体前面
f. anterior radii (NA) 桡骨前面
f. anterior renis (NA) 肾前面
f. anterior scapulae (NA) 肩胛骨肋面
f. anterior ulnae (NA) 尺骨前面
f. anterolateralis cartilaginis arytenoideae (NA) 杓状软骨前外侧面
f. anterolateralis humeri (NA) 肱骨前外侧面
f. anteromedialis humeri (NA) 肱骨前内侧面
f. approximalis dentis (NA) 牙接触面
f. articularis acromialis claviculae (NA) 锁骨肩峰关节面
f. articularis acromialis scapulae 肩胛骨肩峰关节面
f. articularis acromii scapulae (NA) 肩胛骨肩峰关节面
f. articularis anterior axis (NA) 枢椎前关节面
f. articularis anterior calcanei 跟骨前关节面
f. articularis anterior epistrophei 枢椎前关节面
f. articularis arytenoidea cartilaginis cricoideae (NA) 环状软骨杓关节面
f. articularis calcanea anterior tali (NA) 距骨前跟关节面
f. articularis calcanea media tali (NA) 距骨中跟关节面
f. articularis calcanea posterior tali (NA) 距骨后跟关节面
f. articularis capitis costae (NA) 肋头关节面
f. articularis capitis fibulae (NA) 腓骨头关节面
f. articularis capituli costae 肋头关节面
f. articularis capituli fibulae 腓骨头关节面
f. articularis carpalis radii (NA) 桡骨

腕关节面
f. articularis carpi radii 桡骨腕关节面
f. articularis cartilaginis arytenoidea (NA) 杓状软骨关节面
f. articularis cuboidea calcanei (NA) 跟骨骰关节面
f. articularis fibularis tibiae (NA) 胫骨腓关节面
f. articularis fossae mandibularis 颞骨关节面
f. articulares inferiores atlantis 寰椎下关节面
f. articularis inferior tibiae (NA) 胫骨下关节面
f. articulares inferiores vertebrarum 椎骨下关节面
f. articularis malleolaris tibiae (NA) 胫骨内踝关节面
f. articularis malleoli fibulae (NA) 腓骨外踝关节面
f. articularis media calcanei 跟骨中距关节面
f. articularis navicularis tali (NA) 距骨舟关节面
f. articularis ossium (NA) 骨关节面
f. articularis ossis temporalis (NA) 颞骨关节面
f. articularis patellae (NA) 髌骨关节面
f. articularis posterior axis (NA) 枢椎后关节面
f. articularis sternalis claviculae (NA) 锁骨胸骨关节面
f. articularis superior tibiae (NA) 胫骨上关节面
f. articularis talaris anterior calcanei (NA) 跟骨前距关节面
f. articularis talaris media calcanei (NA) 跟骨中距关节面
f. articularis talaris posterior calcanei (NA) 跟骨后距关节面
f. articularis thyroidea cartilaginis cricoideae (NA) 环甲关节面
f. articularis tuberculi costae (NA) 肋结节关节面
f. auricularis ossis ilium (NA), f. auricularis ossis ilii (NA) 髂骨耳状面
f. auricularis ossis sacri (NA) 骶骨耳状面

f. bovina (L. "cow face") 牛面
brachial f., anterior 臂前面
brachial f., posterior 臂后面
f. brachialis anterior 臂前面
f. brachialis posterior 臂后面
f. buccalis dentis (NA) 牙颊面
f. cerebralis alae magnae, f. cerebralis alae majoris (NA) 大翼大脑面
f. cerebralis ossis frontalis 额骨大脑面
f. cerebralis ossis parietalis 顶骨大脑面
f. cerebralis squamae temporalis, f. cerebralis partis squamosae ossis temporalis (NA) 颞骨鳞部大脑面窝的外侧壁
f. colica lienis 脾结肠面
f. colica splenis (NA) 脾结肠面
f. contactus dentis 牙接触面
f. costalis pulmonis (NA) 肺肋面
f. costalis scapulae (NA) 肩胛骨肋面
f. cruralis anterior 小腿前面
f. cruralis posterior 小腿后面
cubital f., anterior 肘前面
cubital f., posterior 肘后面
f. cubitalis anterior 肘前面
f. cubitalis posterior 肘后面
f. diaphragmatica cordis (NA) 心膈面
f. diaphragmatica lienis (NA) 脾膈面
f. diaphragmatica pulmonis (NA) 肺膈面
f. diaphragmatica splenis (NA) 脾膈面
f. digitales 指（趾）面
f. digitales dorsales manus (NA) 指背面
f. digitales dorsales pedis (NA) 趾背面
f. digitales fibulares pedis 趾腓侧面
f. digitales laterales manus 指外侧面
f. digitales laterales pedis 趾外侧面
f. digitales mediales manus 手指内侧面
f. digitales mediales pedis 足趾内侧面
f. digitales palmares manus 手指掌面
f. digitales plantares pedis (NA) 足趾跖面
f. digitales radiales manus 手指桡侧面
f. digitales tibiales pedis 足趾胫面
f. digitales ulnares manus 手指尺侧面
f. digitales ventrales manus (NA) 手指腹侧面
f. digitales ventrales pedis 足趾跖面
f. distalis dentis (NA) 牙远中面

- f. dolorosa 痛苦面容
- f. dorsalis ossis sacri (NA) 骶骨背侧面
- f. dorsalis radii 桡骨背侧面
- f. dorsalis scapulae 肩胛骨背侧面
- f. dorsalis ulnae 尺骨背侧面
- f. externa ossis frontalis (NA) 额骨外面
- f. externa ossis parietalis (NA) 顶骨外面
- f. facialis dentis 牙前庭面
- f. femoralis anterior 股前面
- f. femoralis posterior 股后面
- f. frontalis ossis frontalis 额骨额面
- f. gastrica lienis 脾胃面
- f. gastrica splenis (NA) 脾胃面
- f. glutea ossis ilii, f. glutealis ossis ilii (NA) 髂骨臀面
- f. hepatica 肝病面容
- f. hippocratica 死相
- Hutchinson's f. 郝秦生氏面容
- f. inferior cerebri 大脑下面
- f. inferior cordis 心脏下面
- f. inferior hemispherii cerebelli (NA) 小脑半球下面
- f. inferior hemispherii cerebri (NA) 大脑半球下面
- f. inferior hepatis 肝下面
- f. inferior linguae (NA) 舌下面
- f. inferior pancreatis (NA) 胰下面
- f. inferior partis petrosae ossis temporalis (NA), f. inferior pyramidis ossis temporalis 颞骨岩部下面，颞骨锥体下面
- f. inferolateralis prostatae (NA) 前列腺下外侧面
- f. infratemporalis maxillae (NA) 上颌骨颞下面
- f. interlobaris pulmonis (NA) 肺叶间面
- f. interna ossis frontalis (NA) 额骨内面
- f. interna ossis parietalis (NA) 顶骨内面
- f. intervertebralis (NA) 椎间面
- f. intestinalis uteri (NA) 子宫肠面
- f. labialis dentis 牙唇面
- f. lateralis dentium incisivorum et caninorum 切牙及尖牙外侧面
- f. lateralis fibulae (NA) 腓骨外侧面
- f. lateralis ossis zygomatici (NA) 颧骨外侧面
- f. lateralis ovarii (NA) 卵巢外侧面
- f. lateralis radii (NA) 桡骨外侧面
- f. lateralis testis (NA) 睾丸外侧面
- f. lateralis tibiae (NA) 胫骨外侧面
- leonine f., f. leontina (L. "lion's face") 狮面
- f. lingualis dentis (NA) 牙舌面
- f. lunata acetabuli (NA) 髋臼月状面
- f. malaris ossis zygomatici 颧骨颊面
- f. malleolaris lateralis tali (NA) 距骨外踝关节面
- f. malleolaris medialis tali (NA) 距骨内踝关节面
- Marshall Hall's f. 马歇尔·霍尔氏面容
- f. masticatoria dentis ① 牙𬌗面；② 功能咬合面
- f. maxillaris alae majoris (NA) 大翼上颌面
- f. maxillaris laminae perpendicularis ossis palatini (NA), f. maxillaris partis perpendicularis ossis palatini 腭骨垂直板上颌面
- f. medialis cartilaginis arytenoideae (NA) 杓状软骨内侧面
- f. medialis cerebri (NA) 大脑内侧面
- f. medialis dentium incisivorum et caninorum 切牙及尖牙内侧面
- f. medialis fibulae (NA) 腓骨内侧面
- f. medialis hemispherii cerebri (NA) 大脑半球内侧面
- f. medialis ovarii (NA) 卵巢内侧面
- f. medialis pulmonis 肺内侧面
- f. medialis testis (NA) 睾丸内侧面
- f. medialis tibiae (NA) 胫骨内侧面
- f. medialis ulnae (NA) 尺骨内侧面
- f. mediastinalis pulmonis (NA) 肺纵隔面
- f. mesialis dentis (NA) 牙近中面
- mitral f., mitrotricuspid f. 二尖瓣病面容，二尖瓣三尖瓣病面容
- moon f. 月面，满月脸
- myasthenic f. 肌无力面容
- myopathic f. 肌病性面容
- f. nasalis laminae horizontalis ossis palatini (NA) 腭骨水平板鼻面
- f. nasalis laminae perpendicularis ossis palatini (NA) 腭骨垂直板鼻面

f. nasalis maxillae（NA）上颌骨鼻面
f. nasalis partis horizontalis ossis palatini 腭骨水平部鼻面
f. nasalis partis perpendicularis ossis palatini 腭骨垂直部鼻面
f. occlusalis dentis（NA）牙𬌗面,牙咬合面
f. orbitalis alae magnae, f. orbitalis alae majoris（NA）大翼眶面
f. orbitalis maxillae（NA）上颌骨眶面
f. orbitalis ossis frontalis（NA）额骨眶面
f. orbitalis ossis zygomatici（NA）颧骨眶面
f. palatalis dentis（NA）腭面
f. palatina laminae horizontalis ossis palatini（NA）, f. palatina partis horizontalis ossis palatini 腭骨水平板腭面
f. parietalis ossis parietalis 顶骨顶面
Parkinson's f., parkinsonian f. 帕金森氏面容
f. patellaris femoris 股骨髌面
f. pelvica ossis sacri（NA）, f. pelvina ossis sacri 骶骨盆面
f. poplitea femoris（NA）股骨腘面
f. posterior cartilaginis arytenoideae（NA）杓状软骨后面
f. posterior corneae（NA）角膜后面
f. posterior dentium premolarium et molarium 前磨牙及磨牙后面
f. posterior fibulae（NA）腓骨后面
f. posterior glandulae suprarenalis（NA）肾上腺后面
f. posterior hepatis 肝后面
f. posterior humeri（NA）肱骨后面
f. posterior iridis（NA）虹膜后面
f. posterior lentis（NA）晶状体后面
f. posterior palpebralis（NA）, f. posterior palpebrarum 睑后面
f. posterior pancreatis（NA）胰后面
f. posterior partis petrosae ossis temporalis（NA）颞骨岩部后面
f. posterior prostatae（NA）前列腺后面
f. posterior pyramidis ossis temporalis 颞骨锥体后面
f. posterior radii（NA）桡骨后面
f. posterior renis（NA）肾后面
f. posterior scapulae（NA）肩胛骨后面
f. posterior tibiae（NA）胫骨后面
f. posterior ulnae（NA）尺骨后面
Potter f. 波特氏面容
f. pulmonalis cordis（NA）心肺面
f. renalis glandulae suprarenalis（NA）肾上腺肾面
f. renalis lienis 脾肾面
f. renalis splenis（NA）脾肾面
f. sacropelvina ossis ilii（NA）髂骨骶盆面
f. scaphoidea 盘形面
f. sphenomaxillaris alae magnae 大翼上颌面
f. sternocostalis cordis（NA）心胸肋面
f. superior hemispherii cerebelli 小脑半球上面
f. superior hepatis 肝上面
f. superior trochleae tali（NA）距骨滑车上面
f. superolateralis cerebri, f. superolateralis hemispherii cerebri（NA）大脑半球上外侧面
f. symphyseos ossis pubis, f. symphysialis（NA）耻骨联合面
f. temporalis alae magnae, f. temporalis alae majoris（NA）大翼颞面
f. temporalis ossis frontalis（NA）额骨颞面
f. temporalis ossis zygomatici（NA）颧骨颞面
f. temporalis partis squamosae（NA）, f. temporalis squamae temporalis 鳞部颞面
f. urethralis penis（NA）阴茎尿道面
f. ventralis scapulae 肩胛骨肋面
f. vesicalis uteri（NA）子宫膀胱面
f. vestibularis dentis（NA）牙前庭面
f. visceralis hepatis（NA）肝内脏面
f. visceralis lienis 脾内脏面
f. visceralis splenis（NA）脾内脏面
f. volaris radii 桡骨掌侧面
f. volaris ulnae 尺骨掌侧面
facilitation [fəˌsiliˈteiʃən]（L. *facilis* easy）❶ 容易化,助长；❷ 接通(作用)
proprioceptive neuromuscular f. 本体感受神经肌肉接通
postactivation f., posttetanic f. 激活后接通,破伤风后接通

Wedensky f. 韦登斯基接通
facilitative [fə'sili,teitiv] 促进的,助长的
facing ['feisiŋ] 假牙面,牙面
faci(o)- (L. *facies* face) 面
faciobrachial [,feiʃiə'breikiəl] (*facio-* + Gr. *brachiōn* arm) 面臂的
faciocephalalgia [,feiʃiə,sefə'lældʒiə] (*facio-* + Gr. *kephalē* head + *-algia*) 面颈神经痛
faciocervical [,feiʃiə'səːvikəl] (*facio-* + L. *cervix* neck) 面颈的
faciolingual [,feiʃiə'liŋgwəl] (*facio-* + L. *lingua* tongue) 面舌的
facioplasty [,feiʃiə'plæsti] (*facio-* + Gr. *plassein* to form) 面成形术
facioplegia [,feiʃiə'pledʒiə] (*facio-* + Gr. *plēgē* stroke) 面神经麻痹
facioscapulohumeral [,feiʃiə,skæpjulə'hjuːmərəl] 面肩臂的
faciostenosis [,feiʃiəstə'nəusis] 面狭窄
FACOG (Fellow of the American college of Obstetricians and Gynecologists 的缩写) 美国妇产科医师学会会员
FACP (Fellow of the American College of Physicians 的缩写) 美国内科医师学会会员
FACR (Fellow of the American College of Radiology 的缩写) 美国放射科学会会员
FACS ❶ (fluorescence-activated cell sorter 的缩写) 荧光活性细胞分选机;❷ (Fellow of the American College of Surgeons 的缩写) 美国外科医师学会会员
FACSM (Fellow of the American College of Sports Medicine 的缩写) 美国运动医学会会员
F-actin F-肌动蛋白
factitial [fæk'tiʃəl] 人造的;无意产生的
factitious [fæk'tiʃəs] (L. *factitiosus*) 人工的;非天然的
factor ['fæktə] (L. "maker") 因子,因素,要素
f. Ⅰ (凝血) 第一因子
f. Ⅱ (凝血) 第二因子
f. Ⅲ (凝血) 第三因子
f. Ⅳ (凝血) 第四因子
f. Ⅴ (凝血) 第五因子
f. Ⅵ (凝血) 第六因子
f. Ⅶ (凝血) 第七因子
f. Ⅷ (凝血) 第八因子
f. Ⅸ (凝血) 第九因子
f. Ⅹ (凝血) 第十因子
f. Ⅺ (凝血) 第十一因子
f. Ⅻ (凝血) 第十二因子
f. ⅩⅢ (凝血) 第十三因子
f. A A因子
accelerator f. 加速因子
activation f. 致活因子
age f. 年龄因子
alpha f. 甲因素,α因素
anabolismpromoting f. 合成促进因素
angiogenesis f. 血管生成因子
animal protein f. 动物蛋白质因素
antiachromotrichia f. 抗灰发因素;泛酸
antiacrodynia f. 抗肢端痛因子,维乙六素
antialopecia f. 纤维糖醇,肌醇
antianemia f. 抗贫血因子,抗恶性贫血因子
antianemia, for chicks f. 鸡抗贫血因子
antiblack tongue f. 抗舌黑因素;菸草酸
anticanities, antidermatitis f. of chicks f. 抗白发因素;鸡抗皮炎因素;泛酸
anti-canities f. 抗白发因素,对氢安息香酸
antidermatites, of rat f. 鼠抗皮炎因子,抗皮炎素,维乙六素
antidermatitis f. 抗皮炎因子,抗皮炎素,维乙六素
antidermatitis, of chicks f. 鸡抗皮炎因子,泛酸
anti-egg-white f. 抗卵白因子,生物素
antigen-specific T-cell heper f. 抗原特异性T细胞辅助因子
antigen-specific T-cell suppressor f. 抗原特异性T细胞抑制因子
antigray hair f. 抗灰发素;泛酸
antihemophilic f. ① 抗血友病因子;② (USP) 抗血友病因子制剂
antihemophilic f., human 人体抗血友病因子制剂
antihemophilic f. A 抗血友病因子A
antihemophilic f. B 抗血友病因子B
antihemophilic f. C 抗血友病因子C
antihemophilic f. (porcine) 抗血友病因子(猪)
antihemorrhagic f. 抗流血因素,维生素

antineuritic f. 抗神经炎因素, 维乙一素; 硫胺素
antinuclear f. (ANF) 抗核因子
antipellagra f. 抗玉蜀黍疹因子, 菸草素酸
anti-pernicious anemia f. 抗恶性贫血因素, 维生素 B_{12}
antirachitic f. 抗佝偻病因素, 维生素 D
antiscorbutic f. 抗坏血病因素; 抗坏血酸; 维生素 C
antisterility f. 抗不孕症因素, 维生素 E
antistiffness f. 抗强直因素
antixerophthalmia antixerotic f. 抗眼干燥病因素, 抗干燥病因素, 维生素 A
atrial natriuretic f. (ANF) 房内促尿钠排泄因子
autocrine growth f. 自分泌生长因子
f. B B 因子
basophil chemotactic f. (BCF) 嗜碱细胞趋化因子
B cell differentiation f's (BCDF) B 细胞分化因子
B cell growth f's (BCGF) B 细胞生长因子
blastogenic f. (BF) 胚源性因子
B lymphocyte stimulatory f's (BSF) B 淋巴细胞刺激因子
bone f. 骨因素
Bx f. Bx 因素对氨息香酸
C f. C 因子
CAMP f. CAMP 因子
Castle's f. 卡士耳氏因子, 抗贫血因子
Castle's intrinsic f. 内因子
chemotactic f. 趋化因子
chick antidermatitis f. 鸡抗皮炎因素, 泛酸
chick antipellagra 鸡抗糙皮病因素, 泛酸
chick growth f. S 鸡生长因子 S
Christmas f. 克里斯马斯因子
chromotrichial f. 毛发着色因素, 对氨安息香酸
citrovorum f. 柠胶因子
clonal inhibitory f., cloning inhibitory f. (CIF) 克隆抑制因子
C3 nephritic f. (C3 NeF) C3 肾炎因子
coagulation f's 凝血因子
factor Ⅰ (凝血) 第一因子
factor Ⅱ (凝血) 第二因子
factor Ⅲ (凝血) 第三因子
factor Ⅳ (凝血) 第四因子
factor Ⅴ (凝血) 第五因子
factor Ⅵ (凝血) 第六因子
factor Ⅶ (凝血) 第七因子
factor Ⅷ (凝血) 第八因子, 抗血友病因子 (AHF)
factor Ⅸ (凝血) 第九因子
factor Ⅹ (凝血) 第十因子, 斯图尔特因子
factor Ⅺ (凝血) 第十一因子, 血浆凝血 (酶) 致活酶先质 (PTA)
factor Ⅻ (凝血) 第十二因子, 海泽曼氏因子
factor ⅩⅢ (凝血) 第十三因子, 纤维蛋白稳定因子 (FSF)
platelet factor 1 血小板因子 1
platelet factor 2 血小板因子 2
platelet factor 3 血小板因子 3
platelet factor 4 血小板因子 4
colony-stimulating f's 集落生成刺激因子
conglutinogen activating f. (KAF) 胶固素原活化因子
contact f. 接触因子
cord f. 索状因子
cryoprecipitated antihemophilic f. (USP) 冷沉淀抗血友病因子
crystal-induced chemotactic f. (CCF) 结晶诱发趋化因子
Curling f. 科林氏因子
f. D D 因子
decay-activating f. (DAF) 腐蚀激活因子
determining f. 决定因素, 因子
diabetogenic f. 致糖尿病因子
diffusion f. 扩散因子
Duran-Reynals f. 杜-雷尔二氏因子
elongation f. 延长因子
eluate f. 洗出因素, 抗皮炎素, 维生素 B_6
endothelial-derived relaxant f., endothelium-derived relaxing f. (EDRF) 内皮衍生松弛因子
eosinophil chemotactic f. (ECF) 嗜酸细胞趋化因子
eosinophil chemotactic f. of anaphylaxis (ECF-A) 过敏反应性嗜酸细胞趋化因子

epidermal growth f. 表皮生长因子
erythropoietic stimulating f.（ESF）促红细胞生成因子
extrinsic f. （造血）外因子
F(fertility) f. F因子,生育因子
fermentation L. casei f. 发酵乳杆菌干酪因素；叶酸
fibrin stabilizing f. 纤维蛋白稳定因子
fibroblast growth f's 成纤维细胞生长因子
filtrate f. 滤液因子,泛酸
galactopoietic f. 产乳因素；激乳素
glass f. 玻璃因子
glucose tolerance f. 葡萄糖耐量因子
granulocyte colony-stimulating f.（GCSF）粒细胞集落生成刺激因子
granulocyte-macrophage colony-stimulating f.（GM-CSF）粒细胞-巨噬细胞集落生成刺激因子
growth f. 生长因子
growth inhibitory f's 生长抑制因子
f. H H因子
Hageman f.（HF）海泽曼氏因子
hematopoietic growth f's 造血生长因子
high-molecular-weight neutrophil chemotactic f.（HMW-NCF）高分子量中性白细胞趋化因子
histamine releasing f. 组胺释放因子
hydrazine-sensitive f.（HSF）肼敏感因子
hyperglycemic-glycogenolytic f. 高血糖性糖原分解因子
f. Ⅰ（凝血）第一因子
immunoglobulin-binding f.（IBF）免疫球蛋白结合因子
inhibiting f's 抑制因子
initiation f. 起始因子
insulin-like growth f's（IGF）胰岛素样生长因子
intensity f. 强度因素
intrinsic f. （造血）内因子
labile f. 不稳定因子
Lactobacillus casei f. 干酪乳杆菌因素,叶酸
Lactobacillus lactis Dorner f. 多讷氏乳酸乳杆菌因子,维生素 B_{12}
lactogenic f. 产乳因素；激乳素
Laki-Lorand f. 拉-罗二氏因子

LE f. LE因子,红斑狼疮因子
leukocyte inhibitory f.（LIF）白细胞抑制因子
leukocytosis-promoting f. 促进白血球增多因素
leukopenic f. 白血球减少因素
liver filtrate f. 肝滤液因子,泛酸
LLD f. LLD因子,维生素 B_{12}
lymph node permeability f.（LNPF）淋巴结渗透因子
lymphocyte activating f. 淋巴细胞激活因子
lymphocyte blastogenic f.（BF）淋巴细胞原始化因子
lymphocyte mitogenic f.（LMF）淋巴细胞促有丝分裂因子
lymphocyte transforming f.（LTF）淋巴细胞转化因子
lysogenic f. 溶解因素,噬菌体
macrophage-activating f.（MAF）巨噬细胞活化因子
macrophage chemotactic f.（MCF）巨噬细胞趋化因子
macrophage colony-stimulating f.（M-CSF）巨噬细胞集落生成刺激因子
macrophage-derived growth f. 巨噬细胞源生长因子
macrophage growth f.（MGF）巨噬细胞生长因子
macrophage inhibitory f., migration inhibiting f.（MIF）巨噬细胞（移动）抑制因子
maturation f. 细胞成熟因子
milk f. 牛乳因素；鼠乳癌因素
mitogenic f. 促有丝分裂因子
mouse antialopecia f. 鼠抗秃因素；环己六醇；肌醇；纤维醇
mouse mammary tumor f. 鼠乳癌因素
multiple f's f. 多发因素
müllerian regression f., müllerian duct inhibitory f. 谬勒（管）退化因子,谬勒（管）抑制因子
multiple f's 多因子
myocardial depressant f.（MDF）心肌抑制因子
N f. N因子
Nebenthau f. 内本滔因子,羟乙亚氨基
necrotizing f. 坏死因子

nerve growth f. 神经生长因子
neutrophil chemotactic f. (NCF) 中性白细胞趋化因子
norite eluate f. 叶酸
osteoclast activating f. (OAF) 破骨细胞活化因子
f. P P因子,备解素
pellagra-preventive f. 抗糙皮病因子
platelet f's 血小板因子
platelet activating f. (PAF) 血小板活化因子
platelet-derived growth f. 血小板源生长因子
P.-P. f. P.P 因子,抗糙皮病因子
prolactin inhibiting f. (PIF) 催乳激素抑制因子
prolactin releasing f's (PRF) 催乳素释放因子
proliferation inhibitory f. (PIF) 增生抑制因子
prothrombokinase f. 凝血酶原激酶
Prower f. 普劳威尔氏因子
R f. R 质粒
rat acrodynia f. 鼠肢端痛因素;抗皮炎素;维乙六素
recruitment f. 募集因子
reducing f. 还原因素;抗坏血酸;维丙素
releasing f. 释放因子
releasing f's 释放因子
resistance-inducing f. 抗药性诱发因子
resistance transfer f. (RTF) 抗药性转移因子
restropic f. 亲网状内皮系因素
Rh f., Rhesus f. Rh 因子,猕因子
rheumatoid f. (RF) 类风湿因子
risk f. 危险因子
S f. S 因素,生物素,维辛素
sex f. 性因子
Simon's septic f. 西蒙氏败血因子
skin reactive f. (SRF) 皮肤反应因子
SLR f. SLR 因素;叶酸
specific macrophage arming f. (SMAF) 特异性巨噬细胞武装因子
spreading f. 扩散因子
stable f. 稳定因子
Streptococcus lactis R f. 乳链球菌 R 因素;叶酸
Stuart f., Stuart-Prower f. 斯图尔特因子,斯-普二氏因子
T-cell growth f. T 细胞生长因子
tissue f. 组织因子
transfer f. (TF) 转移因子
transforming growth f. (TGF) 变异生长因子
Trapp's f. 特拉普氏因子
tumor-angiogenesis f. 肿瘤-血管生成因子
tumor necrosis f. (TNF) 肿瘤坏死因子
V f. V 因子
von Willebrand's f. 冯·维尔布朗特氏因子
W f. W 因素;生物素 R 辅酵素
Y f. 抗皮炎因素 Y 因子
yeast casei f. 酵母干酪乳杆菌因素;叶酸
Ⅹ f. Ⅹ 因子
yeaste luate f. 酵母洗出因素;抗皮炎素;维六素
yeast filtrate f. 酵母滤液因子,泛酸
Factrel [ˈfæktrəl] 法克特尔
facultative [ˈfækəlˌteitiv] ❶ 任意的,可选择的；❷ 兼性的
  f. aerobic 兼性需氧的
  f. anaerobic 兼性厌氧的
  f. hyperopia 兼性远视
  f. parasite 兼性活物寄生物,通性寄生物
  f. saprophyte 兼性死物寄生物
faculty [ˈfækəlti] ❶ 能力；❷（大学）教工
  fusion f. 融合能力
  medical f. 大学医科,医学院
FAD (flavin adenine dinucleotide 的缩写) 黄素腺嘌呤二核苷酸
FADH$_2$ 黄素腺嘌呤二核苷酸 (flavin adenine dinucleotide) 的还原形式
fading [ˈfeidiŋ] 幼犬衰竭病
fae- 参见以 fe- 开头的词
fag [fæg] 衰竭疲惫
Faget's sign [fəˈdʒez] (Jean charles Faget, French physician, 1818-1884) 法盖氏征
fagopyrism [fəˈgɔpirizəm] (L. fagopyrum buckwheat) 荞麦中毒
Fahr. (Fahrenheit's scale 的缩写) 华氏表
Fahraeus's test [fəˈreəs] (Robin Fahraeus, Swedish pathologist, born 1888) 法利伍氏试验

Fahrenheit scale ['færənhait] (Gabriel Daniel *Fahrenheit*, German physicist, 1686-1736) 华氏温标
failure ['feiljə] 衰竭
  acute congestive heart f. 急性充血性心力衰竭
  backward heart f. 后向性心力衰竭
  cardiac f. 心力衰竭
  congestive heart f. (CHF) 充血性心力衰竭
  diastolic heart f. 舒张性心力衰竭
  forward heart f. 前向性心力衰竭
  heart f. 心力衰竭
  high-output heart f. 高输出性心力衰竭
  kidney f. 肾衰竭
  left-sided heart f., left ventricular f. 左心室衰竭
  low-output heart f. 低输出性心力衰竭
  of mind f. 失神
  of strength f. 衰弱,衰竭
  renal f. 肾衰竭
  respiratory f. 呼吸衰竭
  right-sided heart f., right ventricular f. 右心室衰竭
  systolic heart f. 收缩性心力衰竭
faint [feint] 晕厥
fainting ['feintiŋ] 昏倒,发昏
  f. sickness 昏倒病
faith-cure ['feiθkjuə] 信仰疗法
Fajersztajn's crossed sciatic sign [fɑːʒiə'stainz] (Jean *Fajersztajn*, French neurologist, early 20th century) 法捷采尼氏坐骨神经征
falcadina [fælkə'diːnə] 法耳卡德纳(欧洲南部伊斯的利亚地方病,以多发性乳头状瘤为其特征)
falcate ['fælkeit] 镰形的,镰状的
falces ['fælsiz] (L.) 镰。*falx* 的复数形式
falcial ['fælʃəl] 镰的
falcicula ['fælsikjulə] 小脑镰
falciform ['fælsifɔːm] (L. *falx* sickle + *forma* form) 镰形的,镰状的
  f. ligament 镰状韧带
  f. process 镰突
falcular ['fælkjulə] (L. *falx* sickle) 镰形的,镰状的
fallacia [fə'leiʃiə] 错觉;幻觉

  f. auditoria 听错觉;错听
  f. optica 视错觉;错视
fallectomy [fə'lektəmi] 输卵管切除术
falling ['fɔːliŋ] 下垂,跌倒
  f. sikness 跌倒病,癫痫
  f. of the womb 子宫脱垂,子宫下垂
fallopian aqueduct [fə'lɔpiən] (Gabriele *Fallopio*, Italian anatomist, pupil of Vesalius 1523-1562) 法娄皮欧氏水管
Fallopian aqueduct or canal [fə'ləupiən] 罗彪氏导管,面神经管
  f. gestation, tubal gestation 法罗彪氏妊娠,输卵管妊娠
  f. hiatus 法罗彪氏裂孔,面神经管裂孔
  f. ligament 法罗彪氏韧带
  f. muscle; m. pyramidalis 法罗彪氏肌,锥肌
  f. tube 法罗彪氏管,输卵管
  f. valve 回吉瓣
fallostomy [fə'lɔstəmi] 输卵管造口术
Fallot's pentalogy [fə'ləuz] (Étienne-Louis Arthur *Fallot*, French physician, 1850-1911) 法洛氏五联症
false [fɔːls] (L. *falsus* deceptive) 假的,伪的
  f. aneurysm 假动脉瘤
  f. ankylosis 假性关节粘连
  f. image 假像
  f. joint 假关节
  f. membrane 伪膜,假膜
  f. pains 假阵痛
  f. passage 假路,岐路
  f. pelvis 假骨盆,大骨盆
  f. ribs 假肋
false-negative ['fɔːls'negətiv] 假阴性
false-positive ['fɔːls'pɔzitiv] 假阳性
  biologic f.p. (BFP) 生物学假阳性
falsetto [fɔl'setəu] 假声;尖声
falsification [,fɔːlsifi'keiʃən] 伪造
  retrospective f. 回忆性伪造
Falta's coefficient ['fɑːltəz] (Wilhelm *Falta*, Czech physician in Austria, 1875-1950) 法尔塔氏系数
falx [fælks] (pl. *falces*) (L. "sickle") 镰
  aponeurotic f., f. aponeurotica 腹股沟镰
  f. cerebelli (NA), **f. of cerebellum** 小脑镰

f. cerebri (NA), **f. of cerebrum** 大脑镰
inguinal f., **f. inguinalis** (NA) 腹股沟镰
ligamentous f., **f. ligamentosa** 镰突
f. septi 隔镰

famelic [fə'milik] (L. *fames* hunger) ❶ 剧饥的；❷ 消除饥饿的，消饥的
famelica [fə'milikə] (L. *famelicas* hungry) 饥馑热，回归热
fames ['fæmiz] (L.) 饥饿
familial [fə'miliəl] (L. *familia* family) 家族性
family ['fæmili] ❶ 家族，家属；❷ 科
systematic f. 系科
famine dropsy [ˌfæmin'drɔpsi] 饥饿水肿
famine fever ['fæmin 'fi:və] 饥馑热，回归热
famotidine [fə'mɔtidain] 法莫替丁
famotine hydrochloride ['fæməti:n] 盐酸氯苯氢异喹
fan [fæn] 扇
Fanconi syndrome [fɑ:n'kɔni] (Guido *Fanconi*, Swiss pediatrician, 1892-1979) 范康尼氏综合征
F and R (force and rhythm (of pulse) 的缩写) 脉搏力和节律
fang [fæŋ] 尖牙、毒牙
Fannia ['fæniə] 厕蝇属
F. canicularis 黄腹厕蝇
F. scalaris 灰腹厕蝇
fantascope ['fæntəskəup] (*fantasy* + Gr. *skopein* to examine) 视网膜检影法
fantasy ['fæntəsi] (Gr. *phantasia* imagination; the power by which an object is made apparent to the mind) 幻想，白日梦
fantridone hydrochloride ['fæntridəun] 盐酸胺丙菲啶酮
FAPHA (Fellow of the American Public Health Association 的缩写) 美国公共卫生学会会员
Farabeuf's amputation [ˌfɑ:rə'bu:fs] (Louis Hubert *Farabeuf*, French surgeon, 1841-1910) 法腊布夫氏切断术
farad ['færəd] (Michael *Faraday*) 法拉
Faraday's constant ['færədeiz] (Michael *Faraday*, English physicist, 1791-1867) 法拉第氏常数
faraday ['færədei] (M. *Faraday*) 法拉第

faradic [fə'rædik] 感应电的
faradimeter [ˌfærə'dimitə] (*farad* + -*meter*) 感应电流计
faradipuncture [ˌfærədi'pʌŋktʃə] 应电流穿刺
faradism ['færədizəm] ❶ 感应电流；❷ 快速交变感应电流；❸ 感应电疗法
surging f. 浪涌式感应电
faradization [ˌfærədi'zeiʃən] 感应电疗法
faradize ['færədaiz] 使用应电，使用感应电
faradocontractility [ˌfærədəuˌkɔntræk'tiliti] 应电流收缩性
faradopalpation [ˌfærədəupæl'peiʃən] 应电触诊法；静电触诊法
Farber's disease ['fɑ:bəz] (Sidney *Farber*, American pediatrician, 1903-1973) 法伯氏病
Farber-Uzman syndrome ['fɑ:bə 'u:zmən] (S. *Farber*, Lahut *Uzman*, American physician, 20th century) 法-乌二氏综合征
farcy ['fɑ:si] 马皮疽，慢性鼻疽
button f. 结节状马皮疽
cattle f. 牛慢性鼻疽
water, f. 水鼻疽
Japanese f., **Neapolitan f.** 日本马皮疽，那不勒斯马皮疽
f. pipes 淋巴管马皮疽
farina [fə'ri:nə] (L. "meal") ❶ 谷粉，淀粉；❷ 花粉
f. avena 燕麦片
f. tritici 小麦粉
farinaceous [ˌfæri'neiʃəs] ❶ 谷粉的；❷ 含淀粉的
farinometer [ˌfæri'nɔmitə] 淀粉测量计
Farr's law [fɑz] (William *Farr*, English medical statistician, 1807-1883) 法尔氏定律
Farre's tubercles [fɑz] (John Richard *Farre*, English physician, 1775-1862) 法尔氏结节
Farre's white line [fɑz] (Arthur *Farre*, British obstetrician, 1811-1887) 法尔氏白线
farsighted ['fɑ:saitid] 远视的
farsightedness [fɑ:'saitidnis] 远视
fasc. (L. *fasciculus* 的缩写) 束

fascia [ˈfæʃiə] (pl. *fasciae*) (L. "band") (NA) 筋膜
  abdominal f., internal f. 腹横筋膜
  Abernethy's f. 髂筋膜
  f. adherens 粘合膜,接着面
  alar f. 腋筋膜
  anal f. 盆膈下筋膜
  anoscrotal f. 浅会阴筋膜
  antebrachial f., f. antebrachii (NA) 前臂筋膜
  aponeurotic f. 深筋膜
  f. of arm 臂筋膜
  f. axillaris (NA), axillary f. 腋筋膜
  bicipital f. 肱二头肌腱膜
  brachial f. 臂筋膜
  f. brachialis 臂筋膜
  f. brachii (NA) 臂筋膜
  buccinator f., f. buccopharyngea (NA), buccopharyngeal f., f. buccopharyngealis (NA) 颊筋膜,颊咽筋膜
  Buck's f. 巴克氏筋膜
  bulbar f., f. bulbi (Tenoni) 眼球筋膜,眼球囊
  f. of Camper 坎帕氏筋膜
  cervical f. 颈筋膜
  cervical f., deep 颈筋膜深层
  f. cervicalis (NA) 颈筋膜
  clavipectoral f., f. clavipectoralis (NA) 锁胸筋膜
  f. clitoridis (NA), f. of clitoris 阴蒂筋膜
  Cloquet's f. 克洛盖氏隔
  Colles' f. 科利斯氏筋膜
  f. colli 颈筋膜
  fasciae of colon 结肠筋膜,结肠带
  Cooper's f. 库柏氏筋膜
  coracoclavicular f., f. coracoclavicularis, coracocostal f., 喙锁筋膜
  cremasteric f., f. cremasterica (NA) 提睾筋膜
  cribriform f. ①(卵圆窝)筛状板;② 股环隔
  f. cribrosa (NA) 筛状板
  crural f., f. cruris (NA) 小腿筋膜
  Cruveilhier's f. 克鲁维耶尔氏筋膜,会阴浅筋膜
  dartos f. of scrotum 阴囊肉膜
  deep f. 深筋膜
  deep f. of arm 臂筋膜
  deep f. of back 胸腰筋膜
  deep f. of forearm 前臂筋膜
  deep f. of perineum 深会阴筋膜
  deep f. of thigh 阔筋膜
  deltoid f., f. deltoidea (NA) 三角肌筋膜
  Denonvilliers' f. 德侬维耶尔氏筋膜
  f. diaphragmatis pelvis inferior (NA) 盆膈下筋膜
  f. diaphragmatis pelvis superior (NA) 盆膈上筋膜
  f. diaphragmatis urogenitalis inferior 尿生殖膈下筋膜
  f. diaphragmatis urogenitalis superior 尿生殖膈上筋膜
  dorsal f., deep 胸腰筋膜
  dorsal f. of foot 足背筋膜
  dorsal f. of hand, f. dorsalis manus (NA) 手背筋膜
  f. dorsalis pedis (NA) 足背筋膜
  endoabdominal f. 腹横筋膜
  endopelvic f., f. endopelvina 盆内筋膜
  endothoracic f., f. endothoracica (NA) 胸内筋膜
  external intercostal f. 胸廓筋膜
  extraperitoneal f., f. extraperitonealis (NA) 腹膜外筋膜
  extrapleural f. 胸膜外筋膜
  femoral f. 阔筋膜
  fibroareolar f. 浅筋膜
  f. of forearm 前臂筋膜
  fusion f. 融合筋膜
  f. of Gerota, Gerota's f. 杰洛塔氏筋膜
  hypogastric f. 盆筋膜
  iliac f. ① 髂筋膜;② 髂耻弓
  f. iliaca (NA) 髂筋膜
  f. iliopectinea, iliopectineal f. 髂耻弓
  infundibuliform f. 漏斗状筋膜,精索内筋膜
  intercolumnar f. ① 提睾筋膜;② 脚间纤维
  ischiorectal f. 尿生殖膈下筋膜
  f. lata femoris (NA) 阔筋膜
  f. of leg 小腿筋膜
  longitudinal f., anterior 前纵韧带
  longitudinal f., posterior 后纵韧带
  lumbodorsal f., f. lumbodorsalis 腰背筋

膜,胸腰筋膜
masseteric f., f. masseterica (NA) 咬肌筋膜
muscular fasciae of eye, fasciae musculares bulbi (NA), fasciae musculares occuli, 眼肌筋膜
f. of nape 项筋膜
f. of neck 颈筋膜
f. nuchae (NA), nuchal f. 项筋膜
f. nuchalis 项筋膜
obturator f., f. obturatoria (NA) 闭孔筋膜
orbital fasciae, fasciae orbitales (NA) 眶筋膜
palmar f. 掌腱膜
palpebral f., f. palpebralis 眶隔
parietal f. of pelvis 盆筋膜壁层
parotid f., f. parotidea (NA) 腮腺筋膜
f. parotideomasseterica 腮腺咬肌筋膜
f. pectinea, pectineal f. 耻骨筋膜
pectoral f., f. pectoralis (NA) 胸肌筋膜
pelvic f. 盆筋膜
pelvic f., parietal 盆筋膜壁层
pelvic f., visceral 盆筋膜脏层
f. pelvica parietalis 盆筋膜壁层
pelviprostatic f. 前列腺筋膜
f. pelvis (NA) 盆筋膜
f. pelvis parietalis (NA) 盆腔筋膜壁层
f. pelvis visceralis (NA) 盆筋膜脏层
f. penis profunda (NA) 深阴茎筋膜
f. penis superficialis (NA) 浅阴茎筋膜
perineal f., deep 深会阴筋膜
perineal f., middle 中会阴筋膜
perineal f., superficial 浅会阴筋膜
f. perinei superficialis (NA) 浅会阴筋膜
peritoneoperineal f., f. peritoneoperinealis (NA) 腹膜会阴筋膜
pharyngobasilar f., f. pharyngobasilaris (NA) 咽颅底筋膜
phrenicopleural f., f. phrenicopleuralis (NA) 膈胸膜筋膜
plantar f. 跖腱膜
pretracheal f. 颈筋膜气管前层
prevertebral f., f. prevertebralis 椎前筋膜
f. profunda (NA) 深筋膜

proper f. of neck, f. propria colli 颈固有筋膜
f. propria cooperi 精索内筋膜
f. prostatae (NA), f. of prostate 前列腺精索
rectal f. 直肠筋膜,盆膈上筋膜
rectoabdominal f. 腹直肌鞘
rectovesical f. 直肠膀胱筋膜,盆膈上筋膜
renal f., f. renalis (NA) 肾筋膜,肾囊
Richet's f. 里歇氏筋膜
scalene f. 椎胸膜韧带
Scarpa's f. 斯卡帕氏筋膜
semilunar f. 肱二头肌腱膜
Sibson's f. 西布逊氏腱膜,胸膜上膜
spermatic f., external 精索外筋膜
spermatic f., internal 精索内筋膜
f. spermatica externa (NA) 精索外筋膜
f. spermatica interna (NA) 精索内筋膜
subperitoneal f., f. subperitonealis 腹膜下筋膜
superficial f. ①浅筋膜;②皮下组织
superficial f. of perineum 浅会阴筋膜
f. superficialis (NA) 浅筋膜
f. superficialis perinei 浅会阴筋膜
f. of Tarin 塔兰氏筋膜,齿状回
temporal f., f. temporalis (lamina profunda et lamina superficialis) (NA) 颞筋膜(深层和浅层)
f. of Tenon 特农氏囊,眼球筋膜
f. of thigh 股阔筋膜
thoracic f., f. thoracica (NA) 胸筋膜
f. thoracolumbalis (NA), thoracolumbar f. 胸腰筋膜
thyrolaryngeal f. 甲喉筋膜
f. transversalis (NA), transverse f. (腹)横筋膜
triangular f. of abdomen 腹股沟反转韧带
triangular f. of Macalister 锥状肌
triangular f. of Quain 奎因氏三角筋膜,腹股沟反转韧带
Tyrrell's f. 提勒耳氏筋膜,直肠膀胱膈
f. of urogenital diaphragm, inferior 尿生殖膈下筋膜
f. of urogenital diaphragm, superior 尿生殖膈上筋膜
f. of urogenital trigone 尿生殖膈

visceral f. of pelvis 盆筋膜脏层
volar f. 掌腱膜
fasciae ['fæʃii:] (L.) 筋膜。*fascia* 的复数形式
fasciagram ['fæʃiəgræm] 筋膜 X 光摄影片
fasciagraphy [,fæʃi'ægrəfi] (*fascia* + Gr. *graphein* to write) 筋膜 X 光摄影术
fascial ['feiʃiəl] 筋膜的
fasciaplasty ['fæʃiə,plæsti] (*fascia* + Gr. *plassein* to form) 筋膜成形术
fasciation [,fæʃi'eiʃən] (L. *fascia* bandage) 绷带术,绷法
fascicle ['fæsikl] 束
   fornicate f. 穹隆术
   gyral f. 脑回束,联合纤维
fascicular [fə'sikjulə] ❶ 束的 ❷ 成束的
fasciculated [fə'sikjuleitid] 成束的
fasciculation [fə,sikju'leiʃən] ❶ 成束;❷ (肌纤维)自发性收缩
   contraction f's (肌纤维)自发性收缩
fasciculi [fə'sikjulai] (L.) 束。*fasciculus* 的复数形式
fasciculoventricular [fə,sikjuləven'trikjulə] (L. *fasciculus* bundle + *ventricle*) 心室束
fasciculus [fə'sikjuləs] (pl. *fasciculi*) (L. dim. of *fascis* bundle) 束
   f. aberrans of Monakow 莫纳科夫氏束,红核脊髓束
   f. arcuatus 大脑上纵束
   f. atrioventricularis (NA) 房室束
   f. of Burdach 布尔达赫氏束,楔束
   cuneate f. of Burdach 脊髓楔束
   cuneate f. of medulla oblongata 延髓楔束
   cuneate f. of spinal cord 脊髓楔束
   f. cuneatus medullae oblongatae (NA) 延髓楔束
   f. cuneatus medullae spinalis (NA) 脊髓楔束
   dorsolateral f., f. dorsolateralis 背外侧束
   f. exilis 流放束,细长束
   fibrous f. of biceps muscle 肱二头肌腱膜
   f. of Foville 福维耳氏束
   fronto-occipital f. 额枕束,上纵束
   f. of Goll 果耳氏束,脊髓薄束
   Gowers'f. 高尔斯氏束,脊髓小脑前束
   f. gracilis medullae oblongatae (NA) 延髓薄束
   f. gracilis medullae spinalis (NA) 脊髓薄束
   interfascicular f., f. interfascicularis (NA) 束间束
   intersegmental fasciculi of spinal cord, anterior 脊髓节间前束,脊髓前(腹侧)固有束
   intersegmental fasciculi of spinal cord, dorsal 脊髓节间背束,脊髓后(背侧)固有束
   intersegmental fasciculi of spinal cord, lateral 脊髓节间侧束,脊髓外侧固有束
   intersegmental fasciculi of spinal cord, posterior 脊髓节间后束,脊髓后(背侧)固有束
   intersegmental fasciculi of spinal cord, ventral 脊髓节间腹侧束,脊髓前(腹侧)固有束
   lateral f. of brachial plexus 臂丛外侧束
   f. lateralis plexus brachialis (NA) 臂丛外侧束
   lenticular f., f. lenticularis 豆状束
   longitudinal f., dorsal 背侧纵束
   longitudinal f., medial 内侧纵束
   longitudinal f., posterior 后侧纵束
   longitudinal f. of cerebrum, inferior 大脑下纵束
   longitudinal f. of cerebrum, superior 大脑上纵束
   longitudinal fasciculi of colon 结肠带
   longitudinal fasciculi of cruciform ligament 寰椎十字韧带纵束
   longitudinal f. medulla oblongata, medial 内侧纵束
   f. longitudinalis dorsalis 背侧纵束
   f. longitudinalis inferior cerebri (NA) 大脑下纵束
   fasciculi longitudinales ligamenti cruciformis atlantis (NA) 寰椎十字韧带纵束
   f. longitudinalis medialis (NA) 内侧纵束
   **f. longitudinalis medialis medullae ob-

longatae 延髓内侧纵束
f. longitudinalis medialis pontis 脑桥内侧纵束
f. longitudinalis posterior (NA) 背侧纵束
f. longitudinalis superior cerebri (NA) 大脑上纵束
maculary f. 黄斑束
mamillotegmental f., f. mamillotegmentalis (NA) 乳头被盖束
mamillothalamic f., f. mamillothalamicus (NA) 乳头丘脑束
medial f. of brachial plexus 臂丛内侧束
medial prosencephalic f. 前脑内侧束
medial telencephalic f. 端脑内侧束
f. medialis plexus brachialis (NA) 臂丛内侧束
Meynert's f. 迈内特氏束,缰核脚间束
f. of middle cerebellar peduncle, deep 中脑深部脚束
f. of middle cerebellar peduncle, inferior 中脑下脚束
f. of middle cerebellar peduncle, superior 中脑上脚束
Monakow's f. 莫纳科夫氏束,红核脊髓束
f. occipitofrontalis inferior 枕额下束
f. occipitofrontalis superior 枕额上束
olivocochlear f. 橄榄耳蜗束
f. parieto-occipitopontinus (NA) 脑桥顶枕束
perforating f. 穿孔纤维
posterior f. of brachial plexus 臂丛后束
f. posterior plexus brachialis (NA) 臂丛后束
fasciculi proprii anteriores medullae spinalis (NA) 脊髓前固有束
fasciculi proprii dorsales medullae spinalis 脊髓背侧固有束
fasciculi proprii laterales medullae spinales (NA) 脊髓侧固有束
fasciculi proprii posteriores medullae spinalis (NA) 脊髓后固有束
fasciculi proprii ventrales medullae spinalis 脊髓腹侧固有束
f. prosencephalicus medialis (NA) 前脑内侧束,前脑束
pyramidal f. of medulla oblongata 延髓锥体束
f. pyramidalis medullae oblongatae (NA) 延髓锥体束
f. retroflexus 后屈束
Schütz's f. 许茨氏束,背侧纵束
f. semilunaris 半月束,束中束
septomarginal f., f. septomarginalis (NA) 膈缘束
solitary f. (延髓)孤束
subcallosal f., f. subcallosus (NA) 胼胝体下束
subthalamic f., f. subthalamicus (NA) 丘脑下束
sulcomarginal f., f. sulcomarginalis (NA) 沟缘束
f. telencephalicus medialis 端脑内侧束
thalamic f., f. thalamicus (NA) 丘脑束
thalamomamillary f. 乳头丘脑束
fasciculi transversi aponeurosis palmaris (NA) 掌腱膜横束
fasciculi transversi aponeurosis plantaris (NA) 跖腱膜横束
f. of Türck 提尔克氏束
unciform f., uncinate f., f. uncinatus (NA) 钩束
f. of Vicq d'Azyr 乳头丘脑束

fasciectomy [ˌfæsi'ektəmi] (*fascia* + Gr. *ektomē* excision) 筋膜切除术

fasciitis [ˌfæsi'aitis] 筋膜炎
eosinophilic f. 嗜酸细胞增多性筋膜炎
exudative calcifying f. 渗出钙化性筋膜炎
intravascular f. 血管内筋膜炎
necrotizing f. 坏死性筋膜炎
nodular f. 结节性筋膜炎
perirenal f. 肾周筋膜炎
proliferative f. 增生性筋膜炎
pseudosarcomatous f. 假肉瘤性筋膜炎

fascination [ˌfæsi'neiʃən] (L. *fascinatio* a bewitching) ❶ 魔力,迷人;❷ 受迷状态,催眠状态

fasciodesis [ˌfæsi'ɔdəsis] (L. *fascia* + Gr. *desis* binding) 筋膜固定术

Fasciola [fə'saiələ] (L. *fasciola* a band) 片吸虫属
F. cervi 鹿片吸虫
F. gigantica 大片吸虫
F. hepatica 肝片吸虫

F. heterophyes 异形片吸虫
F. magna 大拟片吸虫
fasciola [fə'saiələ] (pl. *fasciolae*) (L. dim. of *fascia*) ❶ 小片,小束; ❷ 小绷带
f. cinerea, f. cinerea cinguli 束状回
fasciolae [fɑː'saiəli:] (L.) ❶ 小片,小束。*fasciola* 的复数形式; ❷ 小绷带
fasciolar [fə'saiələ] ❶ 小片的,小束的; ❷ 小绷带的
Fascioletta [ˌfæsiə'letə] 棘口吸虫属
F. iliocana 伊族棘口吸虫
fascioliasis [ˌfæsiə'laiəsis] 片吸虫病
Fascioloides [ˌfæsiə'lɔidiz] 拟片吸虫属
F. magna 大拟片吸虫
fasciolopsiasis [ˌfæsiələp'saiəsis] 姜片虫病
Fasciolopsis [ˌfæsiə'lɔpsis] (*fasciola* + Gr. *opsis* appearance) 姜片虫属
F. buski 布斯克氏姜片虫
fascioplasty ['fæʃiəˌplæsti] 筋膜成形术
fasciorrhaphy [ˌfæʃi'ɔrəfi] (*fascia* + Gr. *rhaphē* suture) 筋膜缝术
fasciotomy [ˌfæʃi'ɔtəmi] (*fascia* + Gr. *temnein* to cut) 筋膜切开术
fascitis [fə'saitis] 筋膜炎
fast [fɑːst] (A. S. *faest* firm; *faestan* to abstain from food) ❶ 不动的,不变的; ❷ 禁食
acid- f. 抗酸性
drug- f. 抗药性
serum- f. 抗血清性
fastidious [fɑːs'tidiəs] 需复杂营养的
fastidium [fɑːs'tidiəm] (L.) 厌食(症)
f. cibi 厌食(症)
f. potus 厌饮(症)
fastigatum [ˌfɑːsti'geitəm] (L.) 尖的,尖锐的;削尖,磨尖
fastigial [fɑːs'tidʒiəl] 顶的,尖顶的;极度的,顶点的
fastigium [fɑːs'tidʒiəm] (L. "gable end") ❶ 顶,尖顶; ❷ 极度,顶点
fastness ['fɑːstnis] 抗拒性
fat [fæt] ❶ 脂肪(组织); ❷ 酯
bound f. 结合脂肪,隐性脂肪
brown f. 棕脂组织
chyle f. 乳糜脂,乳化脂肪
corpse f. 尸脂,尸蜡
fetal f. 胎儿脂肪
grave f. 尸脂,尸蜡
masked f. 隐性脂肪,结合肠肪
milk f. 乳(内)脂
molecular f. 分子脂肪
moruloid f., mulberry f. 棕脂组织
neutral f. 中性脂肪
paranephric f., pararenal f. 肾旁脂肪(体)
perinephric f., perirenal f. 肾周围脂肪,肾脂肪囊
polyunsaturated f. 多不饱和脂肪
saturated f. 饱和脂肪
unsaturated f. 不饱和脂肪
wool f. 羊毛脂
wool f., hydrous 含水羊毛脂
wool f., refined 精制羊毛脂
fatal ['feitəl] 致死的,致命的
fate [feit] (L. *fatum* what is ordained by the gods) ❶ 命运; ❷ 结局
prospective f. 预期命运
fatigability [ˌfætigə'biliti] 易疲(劳)性
fatigue [fə'tiːg] (Fr.; L. *fatigatio*) 疲劳
battle f. 战斗疲劳
combat f. 战斗疲劳
pseudocombat f. 假性战斗疲劳
stimulation f. 刺激性疲劳
fat-soluble [fæt'sɔljubl] A 脂溶性维甲素,维甲素
fat-solvent [fæt'sɔlvənt] 脂溶媒,溶脂剂
fat-splitting [fæt'splitiŋ] ❶ 脂肪分解; ❷ 解脂肪的
fatty ['fæti] 脂肪的
fatty acid ['fæti] 脂肪酸
essential f. a. 必需脂肪酸
free f. a's (FFA) 游离脂肪酸
monounsaturated f. a's 不饱和单脂肪酸
n-3 f. a's ω-3 脂肪酸
nonesterified f. a's (NEFA) 非酯化脂肪酸
ω-3 f. a's, omega-3 f. a's ω-3 脂肪酸
ω-6 f. a's, omega-6 f. a's ω-6 脂肪酸
polyunsaturated f. a's 多不饱和脂肪酸,多烯脂肪酸
saturated f. a's 饱和脂肪酸
unsaturated f. a's 不饱和脂肪酸
fatty-acid synthase ['fæti'æsid 'sinθeis] (EC 2. 3. 1. 85) 脂肪酸合酶
fatty acid thiokinase ['fæti 'æsid ˌθaiə-

'kineis] 脂肪酸硫激酶

fauces ['fɔːsiz] (L., pl. of *faux* "a gorge, narrow pass") (NA) 咽门

Fauchard's disease [fɔː'ʃɑz] (Pierre *Fauchard*, French dentist, 1678-1761) 福夏尔氏病,牙周炎

faucial ['fɔːʃəl] 咽门的

faucitis [fɔː'saitis] 咽门炎

Faught's sphygmomanometer [fɔts] (Francis Ashley *Faught*, American chemist, 20th century) 福特氏血压计

fauna ['fɔːnə] (L. *Faunus* mythical deity of herdsmen) 动物区系

fauvel's granules [fe'velz] (Sulpice Antoine *Fauvel*, French Physician, 1813-1884) 福费耳氏粒,支气管周脓肿

fava ['fivə] 蚕豆

favaginous [ˌfævə'dʒiniəs] (L. *favus* honey-comb) ❶ 蜂窝状的; ❷ 黄癣状的

faveolar [fə'viələ] 小凹的

faveolate [fə'viəleit] (L. *faveolus*, from *favus* honeycomb) 蜂窝状的

faveoli [fə'viəlai] (L.) 小凹;小凹的。*faveolus* 的复数形式

faveolus [fə'viələs] (pl. *faveoli*) (L.) 小凹

favid ['fævid] 黄癣疹

favism ['fævisəm] (Italian *fava* bean) 蚕豆病

favoso-areolate ['feivəsə'ɛərəleit] 蜂窝小区状的

Favre-Durand-Nicolas disease ['fɑːvrə djuː'rɑː nikə'lɑː] (Maurice Jules *Favre*, French physician, 1876-1954; J. *Durand*, French physician, 20th century; Joseph *Nicolas*, French physician, 1868-1960) 法-杜-尼三氏病

Favre-Racouchot nodular elastosis ['fɑːvrə rɑːkuː'ʃəu] (Maurice Jules *Favre*, French physician, 1876-1954; Jean *Racouchot*, French physician, born 1908) 法-雷二氏结节性弹性组织变性

favus ['fævəs] (L. "honeycomb") 黄癣,毛囊癣

  f. of fowl 家禽黄癣

  f. herpetiformis 疱疹样黄癣

  mouse f. 鼠黄癣

  f. murium 鼠黄癣

Fazio-Londe atrophy ['fɑːziəu ləund] (E. *Fazio*, Italian physician, 1849-1902; P. F. L. *Londe*, French neurologist, 1864-1944) 法-隆二氏萎缩

Fc (*f*ragment, *c*rystallizable 的缩写) Fc 片段

Fc′ Fc′片段

fCi (femtocurie 的缩写) 飞居里,毫微微居里

Fd Fd 片断

FDA ❶ (fronto-dextra anterior 的缩写) 右额前位(胎位); ❷ (Food and Drug Administration 的缩写) 食品与药物管理局

FDI (*Fédération Dentaire Internationale* 的缩写) 国际牙科学会

FDP ❶ (fibrin degradation products or fibrinogen degradation products 的缩写) 纤维蛋白降解产物或纤维蛋白原降解产物; ❷ (fronto-dextra posterior 的缩写) 右额后位(胎位)

FDT (fronto-dextra transversa 的缩写) 右额横位(胎位)

F-duction [ef'dʌkʃən] F 因子传导

F-dUMP (5-fluorodeoxyuridine monophosphate 的缩写) 5-氟脱氧尿核苷一磷酸盐

FE_Na (excreted fraction of filtered sodium 的缩写) 过滤钠排泄部分

Fe (*iron* 的符号) (L. *ferrum*) 铁

fear [fiə] 恐惧,畏惧

febantel ['febəntəl] 苯硫氨酯,非班太

Febdur. (L. *febre durante* 的缩写) 发热期间

feb. ricant ['febrikənt] 致热的

febricide ['febrisaid] (*febris* + L. *caedere* to kill) ❶ 退热的; ❷ 退热药

febricity [fə'brisiti] 发热,热病,热性

febricula [fə'brikjulə] (L.) 轻热

febrifacient [ˌfebri'feiʃənt] (*febris* + L. *facere* to make) 发热的,致热的

febrific [fə'brifik] 发热的,致热的

febrifugal [fə'brifəgəl] (*febris* + L. *fugare* to put to flight) 退热的,解热的

febrifuge ['febrifjuːdʒ] 退热药,解热药

febrifugine [fə'brifjudʒiːn] 退热碱,黄常山碱乙,常山碱

febrile ['febril] (L. *febrilis*) 热性的,发热的

febriphobia [ˌfebri'fəubiə] 热性恐怖症

febris ['febris] (L.) 发热，热
  f. melitensis 地中海热，波状热，布鲁氏杆菌病
  f. acmastica 极期热，稽留热
  f. acuta 急性热，寒热
  f. bullosa 天疱疮
  f. catarrhalis 流行性感冒，卡他热病
  f. enterica 肠热病，伤寒
  f. famelica 饥馑热，回归热
  f. hungarica 匈牙利热，斑疹伤寒
  f. lactea 产乳热
  f. rubra 猩红热
fecal ['fekəl] 粪便的
fecalith ['fekəliθ] (*feces* + Gr. *lithos* stone) 粪石
fecaloid ['fekəlɔid] 粪样的
fecaloma [,fekə'ləumə] (*feces* + *-oma*) 粪结，粪瘤(肠内结粪)
fecaluria [,fekə'ljuəriə] (*feces* + Gr. *ouron* urine + *-ia*) 粪尿(症)
feces ['fesiz] (L. *faeces*, pl. of *faex* refuse) 粪便
fecula ['fekjulə] (L. *faecula* lees, dregs) ❶ 渣滓；❷ 淀粉
feculent ['fekjulənt] (L. *faeculentus*) ❶ 有渣的；❷ 粪便的
fecundate ['fekəndeit] (L. *fecundare* to fertilize) 使受孕，使受精
fecundatio [,fekən'deiʃiəu] (L., from *fecundare* to fertilize) 受孕，受精
  f. ab extra 体外受精
fecundation [,fekən'deiʃən] (L. *fecundatio*) 受精，受孕
  artificial f. 人工受孕，人工受精
fecundity [fə'kʌnditi] (L. *fecunditas*) 生殖力
Federici's sign [fedə'ritʃiz] (Cesare *Federici*, Italian physician, 1838-1892) 费德里契氏征
feeblemindedness [,fibəl'maindidnis] 低能，智力低弱
feedback ['fi:dbæk] 反馈
  alpha f. α- 反馈
  negative f. 负反馈
  positive f. 正反馈
feedforward [fi:d'fɔ:wəd] 前馈
feeding ['fi:diŋ] 喂养，饲，哺
  artificial f. 人工喂养

  breast f. 母乳喂养，乳房哺法
  extrabuccal f. 口外喂养
  Finkelstein's f. 芬克耳斯坦氏哺法，减乳糖哺法
  forced f., forcible f. 强制喂养
  sham f. 假饲
Feer's disease [fiəz] (Emil *Feer*, Swiss pediatrician, 1864-1955) 费尔氏病，红皮水肿性多神经病
fee-splitting [fi:'splitiŋ] 收费分成
feet [fi:t] ❶ 足；❷ 英尺
Fehling's solution ['feiliŋz] (Hermann Christian von *Fehling*, German chemist, 1812-1885) 费林氏溶液
fel [fel] (L. "bile") 胆汁
  f. bovis 牛胆汁
  f. bovis purificatum, f. tauri purificatum 精制牛胆汁
Felderstruktur [,feldə'ʃtrʌktə] (Ger.) 肌丝结构
Felicola [feli'kəulə] 猫羽虱属
feline ['felain] (L. *feles* cat) 猫的
Felix-Weil reaction ['feliks vail] (Arthur *Felix*, Polish-born bacteriologist, 1887-1956; Edmund *Weil*, Austrian physician in Czechoslovakia, 1880-1922) 费-魏二氏反应
fellatio [fi'leiʃiəu] (L. *fellare*, to suck) 口淫
felodipine [fi'lədipin] 钙通道阻滞剂
felon ['felən] 瘭疽，指头脓炎
Felsules ['felsəlz] 非色斯
Felton's phenomenon ['feltənz] (Lloyd D. *Felton*, American physician, 1885-1953) 费尔顿氏现象
feltwork ['feltwə:k] 纤维网
  Kaes' f. 卡斯氏纤维网
Felty's syndrome ['feltiz] (Augustus Roi *Felty*, American physician, 1895-1963) 费耳提氏综合征
female ['fi:meil] (L. *femella* young woman) ❶ 女性，女子，雌性生物；❷ 女性的，雌性的
feminine ['feminin] 女性的，雌性的
femininity [,femi'niniti] 女子本性，女性，女子气
feminism ['feminizəm] 男子女征
  mammary f. 男子女性型乳房

feminization [ˌfeminaiˈzeiʃən] ❶女性化；❷男子女征
　testicular f. 睾丸女性化，睾丸雌化
feminizing [ˈfemiˌnaiziŋ] 使女性化(指男子)
Feminone [ˈfeminəun] 弗咪诺
feminonucleus [ˌfeminəuˈnjuːkliəs] 雌性原核
Fem. intern. (L. *femoribus internus* 的缩写) 大腿内侧
Femogen [ˈfeməgən] 弗莫原
femora [ˈfemərə] (L.) ❶ 股骨；❷ 股。*femur* 的复数形式
femoral [ˈfemərəl] (L. *femoralis*) ❶ 股骨的；❷ 股的
femoro-articular [ˌfemərəɑːˈtikjulə] 与股骨成关节的
femorocele [ˈfemərəˌsiːl] (L. *femur* thigh + Gr. *kēlē* hernia) 股疝
femorofemoral [ˌfemərəuˈfemərəl] 股动脉的
femorofemoropopliteal [ˌfemərəuˌfemərəpɔpˈlitiəl] 左右侧股动脉和腘动脉
femoroiliac [ˌfemərəuˈiliæk] 股髂的
femoropopliteal [ˌfemərəupɔpˈlitiəl] 股腘动脉的
femorotibial [ˌfemərəuˈtibiəl] 股胫的
Femstat [ˈfemstæt] 弗姆斯特特
femto- (Danish *femten* fifteen) 飞姆托
femtocurie [ˌfemtəˈkjuəri] 飞居里，毫微微居里
femur [ˈfiːmə] (pl. *femora*, *femurs*) (L.) ❶ (NA)股骨；❷ 股
fenalamide [fiˈnæləmaid] 非那拉胺，苯丙酰胺脂
fenamate [ˈfenəmeit] 止痛剂，抗炎药
fenbendazole [fənˈbendəzəul] 芬苯哒唑，苯硫哒唑：驱蠕虫药
fenbufen [fənˈbʌfən] 苯酮酸，联苯丁酮酸：抗炎药
fenclofenac [fənˈklɔufinæk] 芬氯酸，二氯苯氧苯乙酸：抗炎药
fenclonine [ˈfenkləniːn] 芬克洛宁，氯苯丙氨酸：5-羟色胺抑制药
fenclorac [fənˈklɔræk] 氯环苯乙酸：抗炎药
fender fracture [ˈfendə ˈfræktʃə] 防御器骨折

fendosal [ˈfendəsəl] 芬多沙，苯吲柳酸：抗炎药
fenestra [fiˈnestrə] (pl. *fenestrae*) (L. "window") 窗
　f. of cochlea, f. cochleae (NA) 蜗窗
　f. nov-ovalis (人造)卵圆形窗
　f. ovalis 卵圆窗
　f. rotunda 圆窗
　f. vestibuli (NA) 前庭窗
fenestrae [fiˈnestriː] (L.) 窗。*fenestra* 的复数形式
fenestrate [fiˈnestreit] 穿孔，开窗
fenestrated [fiˈnestreitid] (L. *fenestratus*) 有孔的，有窗的
fenestration [ˌfenisˈtreiʃən] (L. *fenestratus* furnished with windows) ❶ 穿通，穿孔；❷ 开窗术
　alveolar plate f. 牙槽板穿孔
　aorticopulmonary f. 主动脉肺动脉穿孔
　apical f. 顶部穿孔
fenestrel [fiˈnestrəl] 苯雌酸
fenethylline hydrochloride [fiˈneθiliːn] 盐酸苯丙氨乙茶碱：中枢神经系统兴奋剂
fenfluramine hydrochloride [finˈflurəmiːn] 盐酸氟苯丙胺：肾上腺素能药
fenisorex [fiˈnisɔureks] 苯异色满胺
fenmetozole hydrochloride [finˈmetəzəul] 盐酸氯苯氧甲唑：抗抑郁和麻醉拮抗药
fenobam [ˈfenəbəm] 氯苯咪脲
fenoprofen calcium [ˌfenəˈprəufən] (USP) 苯氧苯丙酸钙：一种非类固醇类抗炎药
fenoterol [ˌfenəˈtiərəl] 酚丙喘宁，酚间羟异丙肾上腺素，芬忒醇：支气管扩张药
fenpipalone [finˈpipələun] 苯吡恶二酮
fenspiride hydrochloride [finˈspiːraid] 盐酸克喘螺癸酮，盐酸螺癸酮喘通，盐酸苯螺旋酮：抗肾上腺素能化合物
fentanyl citrate [ˈfentənəl] (USP) 枸橼酸芬太尼：哌啶的麻醉止痛衍化物
fenticlor [ˈfentiklɔː] 硫双对氯酚：局部抗感染药
fenugreek [ˈfenjugriːk] (L. *faenum graecum* Greek hay) 胡芦巴
Fenwick's disease [ˈfenwiks] (Samuel Fenwick, English physician, 1821-1902)

芬威克氏病

Feosol ['fi:əsɔl] 费奥索:硫酸亚铁制剂的商品名

feral ['ferəl] (L. *feralis*) 凶猛的,野生的,致命的,未驯服的

ferdelance [,feədə'lɑ:s] (Fr. "lance head") 枪蝰,矛头蛇

Féréol's nodes [,ferə'ɔlz] (Louis Henri Felix *Féréol*, French Physician, 1825～1891) 耳氏结(风湿病性皮下小结)

Fergon ['fə:gɔn] 佛共:葡萄糖酸亚铁制剂的商品名

Ferguson Smith epithelioma ['fəgə,sənsmiθ] (John *Ferguson Smith*, British physician, 1888-1978) 福格逊·史密斯上皮瘤

Fergusson's incision ['fə:gəsənz] (Sir William *Fergusson*, British surgeon, 1808-1877) 福格逊氏切口

Fer-In-Sol ['fə:insəl] 弗印苏拉:硫酸亚铁制剂的商品名

ferment [fə'ment] (L. *fermentum* leaven) 使发酵

fermentation [,fə:mən'teiʃən] 发酵(作用)
　heterolactic f. 杂乳酸发酵
　homolactic f. 纯乳酸发酵
　mixed acid f. 混合酸发酵
　stormy f. 汹涌发酵

fermentemia [,fə:men'ti:miə] (ferment + Gr. *aema* blood) 酵素血,酶血

fermentogen [fə:'mentədʒən] (ferment + Gr. *gennan* to produce) 酵素元,前酵素

fermentoid [fə'mentɔid] (ferment + Gr. *eidos* likeness) 类酵素

fermentum [fə:'mentəm] (L. "ferment") 酵母菌,酿母菌

fermium ['fə:miəm] (Enrico *Fermi*, 意大利物理学家, 1901-1954; winner of the Nobel prize for physics in 1938) 镄

ferning ['fə:niŋ] 蕨样变(现象) 生育,产生

-ferous(L. *ferre* to bear) 生育,产生

ferralia [fə'ræliə] 铁剂。*ferralium* 的复数形式

Ferrata's cell [fi'rætəz] (Adolfo *Ferrata*, Italian physician, 1880-1946) 费拉塔氏细胞,成血细胞

ferrated ['fereitid] 含铁的

ferredoxin [,feri'dɔksin] 铁氧化还原蛋白

Ferrein's canal [fə'reiz] (Antoine *Ferrein*, French physician, 1693-1769) 费蓝氏管

ferri ['feri] (L. gen. of *ferrum*) 铁

ferri-albuminic [,feriælbju'minik] 含铁与白蛋白的

ferribacterium [,feribæk'tiəriəm] 铁杆菌

ferric ['ferik] (L. *ferrum*) 高铁(基)的
　f. fructose 果糖铁
　f. oxide, red, 红氧化铁,赤色氧化铁
　f. oxide, yellow 黄色氧化铁

ferriheme ['ferihi:m] 高铁血红素

ferritin ['feritin] 铁蛋白

ferrochelatase [,ferəu'keləteis] (EC 4.99.1.1) 亚铁络合酶

ferrocholinate [,ferəu'kəulineit] 枸橼酸铁胆碱

ferroflocculation [,ferəuflɔkju'leiʃən] 铁絮状反应

ferroheme ['ferəhi:m] 亚铁血红素

ferrokinetic [,ferəukai'netik] 铁动力学的

ferrokinetics [,ferəukai'netiks] 铁动力学,铁动态,铁循环

Ferrolip ['ferəulip] 弗罗利普:枸橼酸铁胆碱制剂的商品名

ferroprotein [,ferəu'prəuti:n] 铁蛋白

ferrosoferric [,fərəusə'ferik] 亚铁高铁的

ferrotherapy [,ferəu'θerəpi] (*ferrum* + *therapy*) 铁剂疗法

ferrous ['ferəs] 亚铁的,二价铁的
　f. fumarate (USP) 富马铁
　f. gluconate (USP) 葡萄糖酸(亚)铁
　f. sulfate (USP) 硫酸亚铁

ferroxidase [fi'rɔksi:deis] (EC 1.16.3.1) ❶亚铁氧化酶;❷ EC 血浆铜蓝蛋白(*ceruloplasmin*)的名称

ferruginated [,fərʌdʒi'neitid] 铁性的

ferruginous [fə'ru:dʒinəs] (L. *ferruginosus*; *ferrugo* iron rust) ❶含铁的:含铁或铁锈的;含铁物的;❷铁锈色的

ferrum ['ferəm] (L.) 铁

Ferry-Porter law ['feri 'pɔ:tə] (Ervin Sidney *Ferry*, American physicist, 1868-1956; Thomas Cunningham *Porter*, English scientist, late 19th century) 费-波二氏定律

fertile ['fə:til] (L. *fertilis*) 能生育的

fertility [fə:'tiliti] ❶生育力;❷人口出生

率
fertilization [ˌfəːtilaiˈzeiʃən] 受精,授精
　　cross f. 异体受精
　　external f. 体外受精
　　internal f. 体内受精
　　in vitro f. 体外受精
fertilizin [ˌfəːtiˈlaizin] 受精素
ferula [ˈferulə] 阿魏属
Ferv. (L. *fervens* 的缩写)煮沸的,沸腾的
fervescence [fəːˈvesəns] (L. *fervescere* to become hot) 发热,体温升高
FES (functional electrical stimulation 的缩写)功能性电刺激
fescue [ˈfeskjuː] ❶ 羊茅草,酥油草;❷ 羊茅病
Fesotyme [ˈfesəutaim] 弗瑟替姆:硫酸亚铁制剂的商标名
fester [ˈfestə] 浅表化脓
festinant [ˈfestinənt] 加速的;慌张的
festination [ˌfestiˈneiʃən] (L. *festinatio*) 慌张步态
festoon [fesˈtuːn] 突彩,龈缘弯肿
　　gingival f. 牙龈突彩
　　McCall's f. 麦考氏龈缘弯肿
fetal [ˈfiːtəl] 胎的,胎儿的
fetalism [ˈfiːtəlizəm] 胎型
fetalization [ˌfiːtəlaiˈzeiʃən] 胎型
fetation [fiːˈteiʃən] ❶ 胎儿发育;❷ 妊娠,(受)孕
feticide [ˈfiːtisaid] (*fetus* + L. *caedere* to kill) 杀胎,堕胎
fetid [ˈfetid] (L. *foetidus*) 恶臭的
fetish [ˈfetiʃ, ˈfiːtiʃ] (Fr. *fétiche*, from Port. *feitico* charm, sorcery) ❶ 拜物;❷ 恋物对象
fetishism [ˈfetiʃizəm] ❶ 拜物教;❷ (DSM-Ⅲ-R)恋物癖
　　transvestic f. (DSM-Ⅲ-R)易装癖
fetishist [ˈfetiʃist] 恋物癖者
fetlock [ˈfetlɔk] 距毛,球节
fetlow [ˈfetləu] 蹄冠炎
fetography [fiːˈtɔɡrəfi] (*fetus* + Gr. *graphein* to write) 胎儿X线照相术
fetology [fiːˈtɔlədʒi] 胎儿学
fetometry [fiːˈtɔmitri] (*fetus* + Gr. *metron* measure) 胎儿测量法
　　roentgen f. 胎头X线测量法

fetoplacental [ˌfiːtəupləˈsentəl] 胎儿胎盘的
α-fetoprotein [ˌfiːtəuˈprəutiːn] α-胎儿球蛋白,甲胎球蛋白
fetor [ˈfiːtə] (L.) 臭气,恶臭
　　f. ex ore 口臭
　　f. hepaticus 肝病性口臭
　　f. oris 口臭
fetoscope [ˈfiːtəskəup] ❶ 胎心听诊器;❷ 胎儿镜
fetoscopic [ˌfiːtəˈskɔpik] 胎儿镜检查的
fetoscopy [fiːˈtɔskəpi] 胎儿镜检查
fetoxylate hydrochloride [fiˈtɔksəleit] 盐酸四苯氧脂
fetuin [ˈfiːtjuin] 胎球蛋白
fetus [ˈfiːtəs] (L.) 胎,胎儿
　　f. acardiacus 无心畸胎
　　f. amorphus 不成形无心寄生胎畸胎
　　calcified f. 胎儿石化,石胎
　　f. compressus 压扁胎,薄纸样胎
　　harlequin f. 斑色胎,先天性鱼鳞癣胎儿
　　f. in fetu 胎内胎
　　mummified f. 木乃伊化胎儿,干瘪胎儿
　　paper-doll f., papyraceous f. 薄纸样胎
　　f. papyraceus 薄纸样胎
　　parasitic f. 寄生胎
　　f. sanguinolentis 浸软死胎,血样胎
　　sireniform f. 并腿畸胎
Feuerstein-Mims syndrome [ˈfɔiəstain ˈmimz] (Richard C. *Feuerstein*, American physician, 20th century; Leroy C. *Mims*, American physician, 20th century) 弗-米二氏综合征
Feulgen reaction [ˈfɔilɡən] (Robert *Feulgen*, German physiologic chemist, 1884-1955) 福伊耳根氏反应
FEV (forced expiratory volume 的缩写) 用力呼气量
fever [ˈfiːvə] (L. *febris*) ❶ 发热,热;❷ 热病
　　Aden f. 登革热
　　adynamic f. 无力性发热,虚热,衰弱性发热
　　African coast f. 非州罗得西亚热,牛二联巴贝虫病
　　African swine f. 非洲猪瘟病
　　African tick f. 非洲蜱传热,非洲回归热
　　aphthous f. 口疮热,口蹄疫

Argentine hemorrhagic f., **Argentinian hemorrhagic f.** 阿根廷出血热
artificial f. 人工发热
aseptic f. 无菌性热
asthenic f. 虚热,无力性发热,衰弱性发热
Australian Q f. 澳洲寇热
autumn f. ① 七日热;② 沼地热,泥土热
biliary f. of dogs 犬胆汁热,犬巴贝虫病
biliary f. of horses 马胆汁热,马巴贝虫病
bilious f. of cattle 牛胆汁热
black f. ① 洛矶山斑疹热;② 黑热病
blackwater f. 黑水热,黑尿热,血红蛋白尿热
blue f. 洛矶山斑疹热
Bolivian hemorrhagic f. 玻利维亚出血热
boutonneuse f. 南欧斑疹热
bovine epizootic f. 牛兽疫流行热
bovine infectious petechial f. 牛传染性瘀斑热
brassfounder's f. 黄铜铸工热
Brazilian purpuric f. 巴西紫热
Brazilian spotted f. 巴西斑疹热
breakbone f. 登革热
Bullis f. 布利斯军营热
Bwamba f. 布汪巴热
cachectic f., **cachexial f.** 恶病质热
camp f. 斑疹伤寒
cane-field f. 蔗田热
canicola f. 犬钩端螺旋体病
carbuncular f. 痈性热
cat-scratch f. 猫抓热
central f. 中枢性热
cerebrospinal f. 流行性脑脊膜炎
Charcot's f. 夏科氏热
childbed f. 产褥热
Choix f. 北墨西哥斑疹热
Colombian tick f. 哥伦比亚蜱传斑疹热
Colorado tick f. 科罗拉多蜱传热
Congolian red f. 刚果红色热
continued f. 稽留热
continuous f. 持续热
cotton-mill f. 棉纺热,棉屑沉着病
Crimean-Congo hemorrhagic f. 克里米亚-刚果出血热
dandy f. 登革热
deer fly f. 兔热病

dehydration f. ① 新生儿脱水热;② 脱水热
dengue f. 登革热
dengue hemorrhagic f. 登革出血热
desert f. 球孢子菌病
digestive f. 消化热
drug f. 药物热
Dumdum f. 黑热病
Dutton's relapsing f. 达顿氏回归热
East Coast f. 非洲罗得西亚热,牛二联巴贝虫病
Ebola hemorrhagic f. 埃博拉出血热
elephantoid f. 象皮病样热
enteric f. 伤寒
entericoid f. 伤寒样热
ephemeral f. 短暂热
ephemeral f. of cattle 牛短暂热
epidemic hemorrhagic f. 流行性出血热
equine biliary f. 马胆汁热
eruptive f. 发疹热
essential f. 特发性热
exanthematous f. 发疹热
familial Mediterranean f. 家族性地中海热
Far East hemorrhagic f. 流行性出血热
fatigue f. 疲劳热
field f. ① 田野热,收割热;② 沼地热,泥土热
five-day f. 五日热,战壕热
fog f. 再生牧草热
Fort Bragg f. 胫骨前皮炎热
foundryman's f. 铸工热,金属烟雾热
glandular f. 腺热,传染性单核白细胞增多症
grain f. 谷物热
Hankow f. 汉口热
harvest f. 收割热,田野热
Hasami f. 日本秋季型钩端螺旋体病
Haverhill f. 哈佛希耳热,流行性关节红斑
hay f. 枯草热,花草气喘,花粉病
hay f., **nonseasonal**, **hay f.**, **perennial** 非季节性枯草热,长年性枯草热
hectic f. 潮热,痨病热
hemoglobinuric f. 血红蛋白尿热,黑水热,黑尿热
hemorrhagic f's 出血性热
hemorrhagic f. with renal syndrome 肾综

合征性出血热
herpetic f. 疱疹热,卡他热
humidifier f. 增湿器热
inanition f. 新生儿脱水热
intermittent f. 间歇热
intermittent hepatic f. 肝病性间歇热
inundation f. 洪水热,恙虫病
island f. 岛热,恙虫病
jail f. 斑疹伤寒
Japanese flood f., Japanese river f. 恙虫病,洪水热
jungle f. 丛林热
jungle yellow f. 丛林黄热病
Junin f. 胡宁热
Katayama f. 片山钉螺热
Kedani f. 恙虫病
Kew Gardens spotted f. 立克次氏体痘(疹热)
Kinkiang f. 日本血吸虫病
Korean hemorrhagic f. 朝鲜出血热
Korin f. 流行性出血热
land f. 陆地热,河床热
Lassa f. 拉沙热
lechuguilla f. 植物中毒热
Lone Star f. 独星蜱传热,布利斯军营热(一种立克次氏体病)
lung f. 肺炎
malarial f. 疟疾
Malta f. 马耳他热
Marburg hemorrhagic f. 马伯革出血热
Marseilles f. 马赛热
marsh f. 沼泽热
Mediterranean f. 地中海热
Mediterranean Coast f. 地中海沿岸热
metal fume f. 金属烟雾热,铸工热
Meuse f. 战壕热
milk f. ① 生乳热;② 地方性牛乳热;③ 轻性产褥热
Mossman f. 澳洲钩端螺旋体病
mountain tick f. 高山蜱传热
mud f. ① 沼地热,泥土热;② 马病
Murchison-Pel-Ebstein f. 莫-佩-埃氏热
nanukayami f. 七日热
nine-mile f. 九里热,寇热
Omsk hemorrhagic f. 鄂木斯克出血热
Oroya f. 奥罗亚热
Pahvant Valley f. 兔热病,土拉菌病
pappataci f. 白蛉热,三日热

paratyphoid f. 副伤寒
parenteric f. 类伤寒
parrot f. 鹦鹉热
parturient f. 产褥热
Pel-Ebstein f. 佩-埃二氏热
periodic f. 周期热
Pfeiffer's glandular f. 发否氏腺热,传染性单核细胞增多症
pharyngoconjunctival f. 咽结膜热
Philippine hemorrhagic f. 菲律宾出血热
phlebotomus f. 白蛉热
pinta f. 品他热
pneumonic f. 肺炎
polymer fume f. 聚合物烟雾热
Pomona f. 澳洲钩端螺旋体病
Pontiac f. 疙蒂亚克热
pretibial f. 胫骨前皮疹热
prison f. 监狱热,斑疹伤寒
protein f. 蛋白反应热
puerperal f. 产褥热
pulmonary f. 肺炎
Q f. 寇热,Q热
quartan f. 三日热,三日疟,四日两头疟
quintan f. 五日热,战壕热
quotidian f. 每日热
rabbit f. 兔热病
rat-bite f. 鼠咬热
recurrent f. ① 回归热;② 阵发性回归热
red-water f. 牛二联巴贝虫病
relapsing f. 回归热
remittent f. 弛张热
rheumatic f. 风湿性热
Rhodesian f., Rhodesian redwater f., Rhodesian tick f. 罗得西亚热
rice-field f. 稻田热
Rift Valley f. 裂谷热
Rocky Mountain spotted f. 洛矶山斑疹热
rose f. 玫瑰热,蔷薇热
salt f. 食盐热
sandfly f. 白蛉热
San Joaquin f. 圣华金河热
scarlet f. 猩红热
Schottmüller's f. 斯哥特姆勒氏热
Sennetsu f. 塞乃图氏热
septic f. 脓毒性热
seven-day f. 七日热。① 类登革热;②

良性钩端螺旋体病;③ 钩端螺旋体病
sheep f. 牛羊水胸病
shin bone f. 胫骨热,战壕热
ship f. 船热,斑疹伤寒
shipping f. 航运热,牛败血病
shoddy f. 旧毛绒热
Sindbis f. 辛德毕斯热
slime f. 粘土热
Songo f. 流行性出血热
South African tickbite f. 南非蜱咬热
spelter's f. 锌铸工热
spirillum f. 螺菌热,回归热
splenic f. 脾热
spotted f. 斑疹热
sthenic f. 实热,强壮性发热
stockyards f. 牧场热,牛败血病
swamp f. ① 沼地热,泥土热;② 马感染性贫血;③ 疟疾
swine f. 猪霍乱
tertian f. 间日疟
Texas f., Texas cattle f. 得克萨斯热,牛梨浆虫病
Texas tick f. 得克萨斯蜱热
Thai hemorrhagic f. 泰国出血热
therapeutic f. 治疗性发热,发热疗法
thermic f. 中暑性热,日射病,中暑
three-day f. 三日热
threshing f. 打谷热
tick f. 蜱热
Tobia f. 类洛矶山热
trench f. 战壕热,五日热
tsutsugamushi f. 恙虫病
typhoid f. 伤寒
typhomalarial f. 伤寒型疟疾
typhus f. 斑疹伤寒
undulant f. 波状热
urethral f., urinary f. 尿道热,尿路热
uveoparotid f. 眼色素层腮腺炎黑福特氏病
valley f. 溪谷热
viral hemorrhagic f's 病毒性出血热
war f. 斑疹伤寒
West Nile f. 西尼罗河热
Whitmore's f. 惠特莫尔氏热,类鼻疽
Wolhynia f. 战壕热
Yangtze Valley f. 扬子江流域热
yellow f. 黄热病
zinc fume f. 锌烟雾热

Fèvre-Languepin syndrome ['fevrə 'læŋgəpæ] (Marcel Paul Louis Edmond Fèvre, French physician, born 1897, Anne Languepin, French pediatrician, born 20th century) 费-朗二氏综合征
fexism ['feksizm] 矮呆病
FFA (free fatty acids 的缩写) 游离脂肪酸
FFT (flicker fusion threshold 的缩写) 闪变熔阈
F.h. (L. fiat haustus 的缩写) 制成顿服剂
FIA (fluoroimmunoassay 的缩写) 荧光免疫测定
FIAC (Fellow of the International Academy of Cytology 的缩写) 国际细胞学研究院会员
fiat ['faiət] (pl. fiánt) (L.) 制成,做成. 符号 F.
fiber ['faibə] 纤维
　A f's A 类神经纤维
　accelerating f's, accelerator f's (心)加速纤维
　accessory f's 副纤维
　A delta f's A 类△纤维
　adrenergic f's 肾上腺素能纤维
　afferent f's, afferent nerve f's 传入纤维
　alpha f's α 纤维(神经)
　alveolar f's 牙槽纤维
　alveolar crest f's 牙槽嵴纤维
　amygdalofugal f's 离杏仁状纤维
　anastomosing f's, anastomotic f's 吻合纤维
　apical f's 根尖纤维
　archiform f's 脚间纤维
　arcuate f's 弓状纤维
　arcuate f's, anterior external (前腹侧)外弓状纤维
　arcuate f's, dorsal external 后(背侧)外弓状纤维
　arcuate f's, internal 内弓状纤维
　arcuate f's, long 长弓状纤维
　arcuate f's, posterior external 后(背侧)外弓状纤维
　arcuate f's, short 短弓状纤维
　arcuate f's, ventral external 前(腹侧)外弓状纤维
　arcuate f's of cerebrum 大脑弓状纤维
　argentaffin f's, argentophil f's, argen-

tophilic f's 嗜银纤维
association f's, association nerve f's 联络纤维
association f's, long 长联络纤维
association f's, short 短联络纤维
astral f. 星丝
augmentor f's (心)加速纤维
auxiliary f's 副纤维
axial f. 轴索
B f's B类纤维(神经)
bag f. 囊纤维
basilar f's 基底纤维
Bergmann's f's 贝格曼氏纤维
beta f's β-纤维(神经)
bone f's 骨纤维
Brücke's f's 布吕克氏纤维
bulbospiral f's 球螺旋纤维(心肌内)
Burdach's f's 布尔达赫氏纤维
C f's C类纤维(神经)
cardiac accelerator f's 心加速纤维
cardiac depressor f's 心降压纤维
cardiac pressor f's 心增压纤维
cemental f's 牙骨质纤维
cementoalveolar f's 牙骨质牙槽纤维
cerebellovestibular f's 小脑前庭纤维
cerebrospinal f's 脑脊髓纤维
chain f. 链纤维
chief f's 主纤维
cholinergic f's 胆碱能纤维
chromatic f. 染色质线
chromosomal f's 染色体丝,牵引丝
cilioequatorial f's 睫状中纬线纤维
cilioposterocapsular f's 睫状后囊纤维
circular f's 环状纤维
circular f's of ciliary muscle 睫状肌环纤维
circular f's of eardrum 鼓室环状纤维
climbing f's, clinging f's 攀缘纤维
collagen f's, collagenic f's 胶原纤维
collagenous f's 胶原纤维,白纤维
collateral f's of Winslow 温斯娄侧副纤维
commissural f's, commissural nerve f's 连合纤维
cone f. 锥纤维
continuous f's 连续丝
Corti's f's 柯蒂氏纤维
corticobulbar f's, corticonuclear f's 皮质延髓纤维(束)
corticopontine f's 皮质脑桥纤维
corticoreticular f's 皮质网状纤维
corticorubral f's 皮质红核纤维
corticospinal f's 皮质脊髓纤维
corticostriate f's 皮质纹状体纤维
corticothalamic f's 皮质丘脑纤维
dark f's 暗纤维
decussating f's 交叉纤维
dentatorubral f's 齿状红核纤维
dentatothalamic f's 齿状丘脑纤维
dentinal f. 牙质纤维
dentinogenic f's 生牙质纤维
depressor f's 降压纤维
dietary f. 食物纤维
Edinger's f's 埃丁格氏纤维
efferent f's, efferent nerve f's 传出纤维
elastic f's 弹性纤维
endogenous f's 内生性纤维
exogenous f's 外生性纤维
extraciliary f's 毛丛外纤维(小脑)
extrafusal f's 梭外纤维
fasciculoventricular f's 心室束纤维
forklike f's 叉状纤维
frontopontine f's 额脑桥纤维
fusimotor f's 肌梭运动纤维
gamma f's γ纤维
geniculostriate f's 膝纹纤维
Gerdy's f's 惹迪氏纤维
gingival f's 龈纤维
gingivodental f's 龈牙纤维
Goll's f's 果耳氏纤维
Gottstein's f's 果特斯坦氏纤维
Gratiolet's radiating f's 格腊提奥累氏视辐射纤维
gray f's 灰纤维
hair f. 毛纤维
half-spindle f's 半纺锤丝
Henle's f's 汉勒氏纤维
Herxheimer's f's 赫克斯海默氏纤维
heterodesmotic f's 异连纤维
homodesmotic f's 同连纤维
horizontal f's 水平纤维
impulse-conducting f's 兴奋传导纤维
interciliary f's 睫状突间纤维
intercolumnar f's 脚间纤维
intercrural f's 脚间纤维
internuncial f's 联络纤维

intersegmental f's 节间纤维
interzonal f's 带间纤维
intrafusal f's 梭内纤维
intrasegmental f's 节内纤维
James f's 詹姆斯纤维
Korff f's 科尔夫氏纤维
lattice f's 网状纤维
f's of lens 晶状体纤维
light f's 明纤维
longitudinal f's of ciliary muscle 睫状肌纵纤维
longitudinal f's of pons 脑桥纵纤维
Luschka's f's 路旋卡氏纤维
macular f's 斑(点)纤维
Mahaim f's 马海姆氏纤维
main f's 主纤维
mantle f. 套丝
Mauthner's f. 毛特讷氏纤维
medullated f's, medullated nerve f's 有髓神经纤维
meridional f's of ciliary muscle 睫状肌经线纤维
Monakow's f's 莫纳科夫氏纤维
moss f's, mossy f's 苔状纤维
motor f. 运动纤维
Müller's f's 苗勒氏纤维
muscle f. 肌纤维
muscle f's, fast twitch 快颤搐肌纤维
muscle f's, intermediate 中间型肌纤维
muscle f's, red 红肌纤维
muscle f's, slow twitch 慢颤搐肌纤维
muscle f's, type Ⅰ Ⅰ型肌纤维
muscle f's, type Ⅱ Ⅱ型肌纤维
muscle f's, white 白肌纤维
myelinated f's, myelinated nerve f's 有髓神经纤维
nerve f. 神经纤维
neuroglial f. 神经胶质纤维
nigrostriate f's 黑质纹状体纤维
nodoventricular f's 有结心室纤维
nonmedullated f's, nonmedullated nerve f's 无髓神经纤维
nuclear bag f. 核带纤维
nuclear chain f. 核链纤维
oblique f's 斜纤维
oblique f's of ciliary muscle 睫状肌斜纤维
oblique f's of stomach, oblique gastric f's 胃斜纤维
occipitopontine f's 枕叶脑桥纤维
odontogenic f's 生牙质纤维
olivocerebellar f's 橄榄小脑纤维
orbiculoanterocapsular f's 环状前囊纤维
orbiculociliary f's 环状睫状体纤维
orbiculoposterocapsular f's 环状后囊纤维
osteocollagenous f's 骨胶原纤维
osteogenetic f's 生骨纤维
osteogenic f's 成骨纤维
oxytalan f. 耐酸纤维
pallidofugal f's 离苍白球纤维
parallel f's 平行纤维
paraventricular f's 旁室纤维
parietotemporopontine f's 顶颞桥纤维
perforating f's (夏皮氏)穿通纤维
periventricular f's 室周纤维
pilomotor f's 立毛纤维
pontocerebellar f's 脑桥小脑纤维
postcommissural f's 后连合纤维
postganglionic f's, postganglionic nerve f's 节后纤维
precollagenous f's 前胶原纤维
preganglionic f's, preganglionic nerve f's 节前纤维
pressor f's 增压(神经)纤维
principal f's 主纤维
projection f's, projection nerve f's 投射纤维
Prussak's f's 普鲁萨克氏纤维
Purkinje f's 浦肯野氏纤维
radial f's of ciliary muscle 睫状肌辐射纤维
radiating f's of anterior chondrosternal ligaments 前肋软骨胸骨辐射韧带
radiating f's of eardrum 鼓室辐射纤维
radicular f's 根纤维
ragged red f's 异构红纤维
Rasmussen's nerve f's 腊斯默森氏神经纤维
Reissner's f. 赖斯纳氏纤维
f's of Remak 雷马克氏纤维
reticular f's 网状纤维
retinothalamic projection f's 视网膜丘脑投射纤维
Retzius' f's 雷济厄斯氏纤维
Ritter's f. 里特尔氏纤维

rod f. 杆纤维
Rosenthal f's 罗森塔尔纤维
Sappey's f's 萨佩氏纤维
Sharpey's f's 夏皮氏纤维
sinospiral f's, sinuspiral f's 窦螺旋纤维
somatic f's 躯体纤维
somatic afferent f's 躯体传入纤维
somatic efferent f's 躯体传出纤维
somatic nerve f's 躯体神经纤维
sphincter f's of ciliary muscle 睫状肌括约肌纤维
spindle f's 纺锤丝
Stilling's 施提林氏纤维
f's of stria terminalis 终纹纤维
striatonigral f's 纹状黑质纤维
sudomotor f's 催汗纤维
supraoptic f's 视上纤维
sustentacular f's 支柱纤维
T f. T形纤维
tangential f's, tangential nerve f's 正切（神经）纤维
temporopontine f's 颞叶脑桥纤维
tendril f's 攀缘纤维
terminal conducting f's of Purkinje 浦肯野终末传导纤维
thalamocortical f's 丘脑皮质纤维
thalamoparietal f's 丘脑顶叶纤维
Tomes f. 托姆斯氏纤维
traction f's 牵引丝
transseptal f's 横贯纤维
transverse f's of pons 脑桥横纤维
trigeminothalamic f's 三叉神经丘脑纤维
ultraterminal f. 超终板纤维
unmyelinated f's, unmyelinated nerve f's 无髓神经纤维
varicose f's 念珠状（神经）纤维
vasomotor f's 血管舒缩纤维
visceral f's 内脏纤维
visceral afferent f's 内脏传入纤维
visceral efferent f's 内脏传出纤维
visceral nerve f's 内脏神经纤维
von Monakow's f's 莫纳科夫氏纤维
Weissmann's f's 魏斯曼氏纤维
white f's 白纤维
yellow f's 黄纤维
zonular f's 小带纤维
fibercolonoscope [ˌfaibəkə'ləunəskəup] 结肠纤维镜

Fibercon ['faibəkən] 发博肯
fibergastroscope [ˌfaibə'gæstrəskəup] 胃纤维镜
fiber-illuminated ['faibəi'luːmineitid] 纤维照明的
fiberoptic [ˌfaibə'rɔptik] 纤维光学的
fiberoptics [ˌfaibə'rɔptiks] 纤维光学
fiberscope ['faibəskəup] 纤维镜
Fibiger ['fibigə] 费比格尔: Johannes Andreas Grib, 丹麦病理学家
fibra ['faibrə] (pl. fibrae) (L.) (NA) 纤维
　fibrae annulares 环状纤维
　fibrae arcuatae cerebri 大脑弓状纤维
　fibrae arcuatae externae anteriores (NA) 前外弓状纤维
　fibrae arcuatae externae dorsales 后外弓状纤维
　fibrae arcuatae externae posteriores (NA) 后外弓状纤维
　fibrae arcuatae externae ventrales 腹外弓状纤维
　fibrae arcuatae internae (NA) 内弓状纤维
　fibrae circulares musculi ciliaris (NA) 睫状肌环形纤维
　fibrae corticonucleares (NA) 皮质核纤维
　fibrae corticopontinae (NA) 皮质脑桥纤维
　fibrae corticoreticulares (NA) 皮质网状纤维
　fibrae corticorubrales (NA) 皮质红核束
　fibrae corticospinales (NA) 皮质脊髓束
　fibrae corticothalamicae (NA) 皮质丘脑束
　fibrae dentatorubrales (NA) 齿状红核束
　fibrae frontopontinae (NA) 额桥神经纤维
　fibrae intercrurales (NA) 脚间纤维
　fibrae lentis 晶状体纤维
　fibrae longitudinales musculi ciliaris 睫状肌经线纤维
　fibrae meridionales musculi ciliaris 睫状肌经线纤维
　fibrae obliquae gastricae (NA) 胃斜纤维
　fibrae obliquae ventriculi 胃斜纤维
　fibrae paraventriculares (NA) 室旁纤维

fibrae parietotemporopontinae (NA) 顶颞脑桥纤维

fibrae periventriculares (NA) 室周纤维

fibrae pontis longitudinales (NA) 脑桥纵纤维

fibrae pontis profundae 脑桥深纤维

fibrae pontis superficiales 脑桥浅纤维

fibrae pontis transversae (NA) 脑桥横纤维

fibrae pontocerebellares (NA) 脑桥小脑纤维

fibrae radiales musculi ciliaris (NA) 睫状肌放射状纤维

fibrae striae terminalis (NA) 终纹纤维

fibrae supraoptica (NA) 视上纤维

fibrae temporopontinae (NA) 颞叶脑桥纤维

fibrae thalamoparietales (NA) 顶叶丘脑纤维

fibrae zonulares (NA) 小带纤维

fibrae ['faibriː] (L.) 纤维。*fibra* 的复数形式

fibralbumin [ˌfaibræl'bjuːmin] 球蛋白

fibre ['faibə] 纤维

fibric acid ['faibrik] 神经纤维酸

fibriform ['faibrifɔːm] 纤维状的

fibril ['faibril] (L. *fibrilla*) 原纤维,纤丝
  anchoring f. 固定原纤维
  border f's 肌胶丝
  collagen f's 胶原纤维
  dentinal f's 牙质原纤维
  Dirck's f's 迪尔克氏原纤维
  fibroglia f's 纤维胶质原纤维
  muscle f., muscular f. 肌原纤维
  nerve f. 神经原纤维
  side f. of Golgi 高尔基氏侧原纤维
  Tomes f. 托姆斯氏纤维

fibrilla [fai'brilə] (pl. *fibrillae*) (L. dim. of *fibra*) 原纤维,纤丝

fibrillae [fai'brili] (L.) 原纤维,纤丝。*fibrilla* 的复数形式

fibrillar ['faibrilə] 原纤维的,纤丝的

fibrillary ['faibriləri] 原纤维的,纤丝的

fibrillated ['faibriˌleitid] 原纤维的,原纤维组成的

fibrillation [ˌfaibri'leiʃən] ❶ 原纤维形成;❷ 纤维性颤动;❸ 原纤维变性
  atrial f. 心房纤维性颤动

ventricular f. 心室纤维性颤动

Fibrillenstruktur [fiːˌbrilən'ʃtrʌktə] (Ger.) 原纤维结构

fibrilloblast ['faiˌbriləblæst] (*fibril* + Gr. *blastos* germ) 成牙质细胞

fibrillogenesis [ˌfaiˌbriləu'dʒenəsis] 原纤维形成

fibrillolysis [ˌfaibril'ɔlisis] 原纤维溶解

fibrillolytic [ˌfaibrilə'litik] 溶解原纤维的

fibrin ['faibrin] 纤维蛋白
  gluten f. 麸纤维蛋白
  Henle's f. 汉勒氏纤维蛋白
  myosin f. 肌凝蛋白纤维素
  stroma f. 血小板基质纤维蛋白
  vegetable f. 植物纤维蛋白

fibrinase ['faibrineis] 凝血因子Ⅷ,纤维蛋白稳定因子

fibrination [ˌfaibri'neiʃən] 纤维素生成过多

fibrinocellular [ˌfaibrinəu'seljulə] 纤维蛋白细胞的

fibrinogen [fai'brinədʒən] (*fibrin* + Gr. *gennan* to produce) 纤维蛋白原

fibrinogenase [ˌfaibri'nɔdʒəneis] (*fibrinogen* + *-ase*) 纤维蛋白原酶

fibrinogenemia [faiˌbrinɔdʒə'niːmiə] 纤维蛋白原血症

fibrinogenesis [ˌfaibrinəu'dʒenəsis] 纤维蛋白形成

fibrinogenic [ˌfaibrinə'dʒenik] 产生纤维蛋白的

fibrinogenolysis [ˌfaibrinəudʒi'nɔləsis] (*fibrinogen* + Gr. *lysis* dissolution) 纤维蛋白原溶解(作用)

fibrinogenolytic [ˌfaibrinəuˌdʒenə'litik] 溶解纤维蛋白原的

fibrinogenopenia [faiˌbrinəuˌdʒenə'piːniə] 纤维蛋白原减少

fibrinogenopenic [faiˌbrinəuˌdʒenə'piːnik] 纤维蛋白原减少的

fibrinogenous [ˌfaibri'nɔdʒinəs] 纤维蛋白原的,产生纤维蛋白的

fibrinoid ['faibrinɔid] (*fibrin* + Gr. *eidos* form) ❶ 类纤维蛋白;❷ 纤维蛋白样的

fibrinokinase [ˌfaibrinəu'kiːneis] 纤维蛋白活化铵

fibrinolysin [ˌfaibri'nɔlisin] 纤维蛋白溶酶

fibrinolysis [ˌfaibriˈnɔlisis] (*fibrin* + Gr. *lysis* dissolution) 纤维蛋白溶解(作用)

fibrinolytic [ˌfaibrinəuˈlitik] 溶解纤维蛋白的

fibrinopenia [ˌfaibrinəuˈpiːniə] (*fibrin* + Gr. *penia* poverty) 纤维蛋白减少

fibrinopeptide [ˌfaibrinəuˈpeptaid] 纤维蛋白肽

fibrinoplastic [ˌfaibrinəuˈplæstik] 副球蛋白,血清球蛋白

fibrinoplastin [ˌfaibrinəuˈplæstin] 副球蛋白,血清球蛋白

fibrinoplatelet [ˌfaibrinəuˈpleitlit] 血小板纤维蛋白的

fibrinopurulent [ˌfaibrinəuˈpjuəruːlənt] 脓性纤维蛋白的

fibrinorrhea [ˌfaibrinəˈriːə] 纤维蛋白溢出

fibrinoscopy [faibriˈnəskəpi] (*fibrin* + Gr. *skopein* to examine) 纤维质消化检查

fibrinose [ˈfaibrinəus] 纤维蛋白

fibrinosis [ˌfaibriˈnəusis] 纤维蛋白过多

fibrinous [ˈfaibrinəs] 纤维蛋白的

fibrinuria [ˌfaibriˈnjuəriə] 纤维蛋白尿

fibr(o)- (L. *fibra* fiber) 纤维

fibroadenoma [ˌfaibrəuˌædiˈnəumə] 纤维腺瘤
　giant f. of the breast 乳腺巨大纤维腺瘤
　intracanalicular f. 小管内纤维腺瘤
　pericanalicular f. 小管周纤维腺瘤

fibroadenosis [ˌfaibrəuˌædiˈnəusis] 纤维囊性乳腺病

fibroadipose [ˌfaibrəuˈædipəus] 纤维脂肪性的

fibroangioma [ˌfaibrəuˌændʒiˈəumə] (*fibro-* + *angioma*) 纤维血管瘤
　nasopharyngeal f. 鼻咽纤维血管瘤

fibroareolar [ˌfaibrəuəˈriələ] (*fibro-* + L. *areola*) 纤维蜂窝性的,纤维蜂窝组织的

fibroatrophy [ˌfaibrəuˈætrəfi] 萎缩纤维化

fibroblast [ˈfaibrəublæst] (*fibro-* + Gr. *blastos* germ) ❶ 成纤维细胞,纤维细胞;❷ 成胶原细胞
　pericryptal f's 腺周成纤维细胞

fibroblastic [ˌfaibrəuˈblæstik] ❶ 成纤维细胞的;❷ 纤维形成的

fibroblastoma [ˌfaibrəublæsˈtəumə] (*fibroblast* + *-oma*) 成纤维细胞瘤
　perineural f. 神经周围成纤维细胞瘤

fibrobronchitis [ˌfaibrəubrɔŋˈkaitis] 纤维蛋白性支气管炎

fibrocalcific [ˌfaibrəukælˈsifik] 纤维钙化的

fibrocarcinoma [ˌfaibrəuˌkɑːsiˈnəumə] 纤维癌,硬癌

fibrocartilage [ˌfaibrəuˈkɑːtilidʒ] 纤维软骨
　basal f. 基底纤维软骨
　basilar f. 蝶枕软骨结合
　circumferential f. 关节盂缘,盂缘
　connecting f. 骨间纤维软骨
　cotyloid f. 髋臼关节盂缘,髋臼唇
　elastic f. 弹性纤维软骨,纤维弹力软骨
　interarticular f. 关节间纤维软骨
　intervertebral f's 椎间盘
　semilunar f's 关节半月板
　spongy f. 骨间纤维软骨
　stratiform f. 层状纤维软骨
　white f. 白纤维软骨
　yellow f. 黄纤维软骨

fibrocartilagines [ˌfaibrəuˌkɑːtiˈlædʒiniːz] (L.) 纤维软骨。*fibrocartilago* 的复数形式

fibrocartilaginous [ˌfaibrəuˌkɑːtiˈlædʒinəs] 纤维软骨的

fibrocartilago [ˌfaibrəuˌkɑːtiˈlɑːgəu] (pl. *fibrocartilagines*)(L.)(NA) 纤维软骨
　f. basalis 基底纤维软骨
　f. basilaris 蝶枕软骨结合
　fibrocartilagines intervertebrales 椎间盘
　f. navicularis 舟骨纤维软骨

fibrocaseous [ˌfaibrəuˈkeiʃəs] 纤维干酪性的

fibrocellular [ˌfaibrəuˈseljulə] 纤维与细胞的

fibrochondritis [ˌfaibrəukɔnˈdraitis] (*fibro-* + *chondritis*) 纤维软骨炎

fibrochondroma [ˌfaibrəukɔnˈdrəumə] 纤维软骨瘤

fibrocollagenous [ˌfaibrəukəˈlædʒənəs] 纤维胶原(性)的

fibroconnective [ˌfaibrəukəˈnektiv] 纤维性及结缔纤维性的

fibrocyst [ˈfaibrəsist] (*fibro-* + Gr. *kystis*

fibrocystic cyst) 囊肿性纤维瘤, 纤维囊肿
fibrocystic [ˌfaibrəu'sistik] 纤维囊性的
fibrocystoid [ˌfaibrəu'sistɔid] (*fibrocyst* + Gr. *eidos* likeness) 类纤维囊肿
fibrocystoma [ˌfaibrəusis'təumə] (*fibro-* + *cystoma*) 纤维囊瘤
fibrocyte ['faibrəusait] (*fibro-* + Gr. *kytos* hollow vessel) 纤维细胞, 成纤维细胞
fibrocytogenesis [ˌfaibrəuˌsaitəu'dʒenəsis] (*fibrocyte* + Gr. *genesis* production) 结缔组织纤维发生
fibrodysplasia [ˌfaibrəudis'pleiziə] 纤维发育不良
  f. ossificans progressiva 进行性骨化性纤维发育不良
fibroelastic [ˌfaibrəui'læstik] 纤维弹性组织的
fibroelastosis [ˌfaibrəuˌilæs'təusis] 纤维弹性组织增生
  endocardial f. 心内膜弹性纤维组织增生症
  primary endocardial f. 原发性心内膜弹性纤维组织增生症
fibroenchondroma [ˌfaibrəuˌenkɔn'drəumə] (*fibro-* + *enchondroma*) 纤维软骨瘤
fibroepithelioma [ˌfaibrəuˌepiˌθi:li'əumə] 纤维上皮瘤
  premalignant f. 癌前纤维上皮瘤
fibrofascitis [ˌfaibrəufə'saitis] 纤维筋膜炎
fibrofatty [ˌfaibrəu'fæti] 纤维脂肪性的
fibrofibrous [ˌfaibrəu'faibrəs] 连结纤维的
fibrofolliculoma [ˌfaibrəufəˌlikju'ləumə] (*fibro-* + *folliculus* + *-oma*) 纤维卵泡瘤
fibrogenesis [ˌfaibrəu'dʒenəsis] (*fibro-* + *genesis*) 纤维发生
  f. imperfecta ossium 骨不完全性纤维发生
fibrogenic [ˌfaibrəu'dʒenik] 纤维发生的
fibroglia [fai'brɔgliə] (*fibro-* + Gr. *glia* glue) 纤维胶质
fibroglioma [ˌfaibrəuglai'əumə] (*fibroma* + *glioma*) 纤维胶质瘤
fibrohemorrhagic [ˌfaibrəuˌhemə'reidʒik] 纤维蛋白性出血性的
fibrohistiocytic [ˌfaibrəuˌhistiəu'sitik] 纤维组织细胞的
fibroid ['faibrɔid] (*fibr-* + *-oid*) ❶ 纤维样的; ❷ 纤维瘤; ❸ 平滑肌瘤; ❹ 子宫肌瘤
fibroidectomy [ˌfaibrɔi'dektəmi] (*fibroid* + *-ectomy*) 子宫纤维瘤切除术
fibroin [fai'brəuin] 丝蛋白
fibrolamellar [ˌfaibrəulə'melə] 纤维板的
fibrolipoma [ˌfaibrəuli'pəumə] (*fibro-* + *-lipoma*) 纤维脂瘤
fibrolipomatous [ˌfaibrəuli'pɔmətəs] 纤维脂瘤的
fibrolymphoangioblastoma [ˌfaibrəuˌlimfəuˌændʒiəublæs'təumə] 纤维淋巴血管母细胞瘤
fibrolysin ['faibrəlisin] (*fibro-* + Gr. *lyein* to loose) 溶瘢素
fibroma [fai'brəumə] (pl. *fibromas*, *fibromata*) (*fibr-* + *-oma*) 纤维瘤
  ameloblastic f. 成釉细胞纤维瘤
  f. cavernosum 海绵状纤维瘤
  cementifying f. 成牙骨质细胞纤维瘤
  cemento-ossifying f. 牙骨质-骨化纤维瘤
  chondromyxoid f. 软骨粘液样纤维瘤
  cutaneous f. 皮纤维瘤
  cystic f. 囊变性纤维瘤, 囊性纤维瘤
  desmoplastic f. 促结缔组织增生纤维瘤
  f. durum 硬性纤维瘤
  hard f. 硬性纤维瘤
  intracanalicular f. 小管内纤维瘤
  juvenile nasopharyngeal f. 青少年鼻咽部纤维瘤
  f. molle 软性纤维
  f. molluscum 纤维软疣
  f. myxomatodes 粘液纤维瘤
  nonossifying f., nonosteogenic f. 非成骨细胞瘤
  odontogenic f. 牙原纤维瘤
  odontogenic f., peripheral 末梢牙原纤维瘤
  ossifying f., ossifying f. of bone 骨化纤维瘤
  ossifying f., peripheral 周围骨化纤维瘤
  parasitic f. 寄生性纤维瘤
  f. pendulum 悬垂纤维瘤, 有蒂纤维瘤
  perifollicular f. 滤泡周纤维瘤
  periungual f. 甲周纤维瘤
  rabbit f. 兔纤维瘤

recurrent digital f. of childhood 儿童指（趾）纤维瘤病
Shope f. 休普氏纤维瘤
soft f. 软性纤维瘤
telangiectatic f. 血管纤维瘤
f. thecocellulare xanthomatodes 黄瘤样泡膜细胞性纤维瘤
f. xanthoma 黄纤维瘤,纤维黄瘤

fibromatogenic [fiˌbrəumətəu'dʒenik] 产生纤维瘤的
fibromatoid [fai'brəumətɔid] 纤维瘤样的
fibromatosis [ˌfaibrəumə'təusis] (pl. *fibromatoses*) 纤维瘤病
aggressive f. 侵犯性纤维瘤病
f. colli 颈纤维瘤病
congenital generalized f. 先天性全身性纤维瘤病
f. gingivae, gingival f. 龈纤维瘤病
infantile digital f. 婴儿指（趾）纤维瘤病
palmar f. 掌腱膜纤维瘤病
plantar f. 跖腱膜纤维瘤病
subcutaneous pseudosarcomatous f. 皮下假肉瘤样纤维瘤病
f. ventriculi 胃纤维瘤病,皮革状胃

fibromatous [fai'brɔmətəs] 纤维瘤的
fibromectomy [ˌfaibrəu'mektəmi] (*fibroma* + *-ectomy*) ❶ 纤维瘤切除术；❷ 子宫纤维瘤切除术
fibromembranous [ˌfaibrəu'membrənəs] 纤维膜性的
fibromucous [ˌfaibrəu'mjuːkəs] 纤维织性及粘液性的
fibromuscular [ˌfaibrəu'mʌskjulə] 纤维肌性的
fibromyitis [ˌfaibrəumai'aitis] (*fibro-* + Gr. *mys* muscle + *-itis*) 纤维性肌炎
fibromyoma [ˌfaibrəumai'əumə] (*fibro-* + *myoma*) 纤维肌瘤
f. uteri 子宫平滑肌纤维瘤
fibromyomectomy [ˌfaibrəuˌmaiəu'mektəmi] 纤维肌瘤切除术
fibromyositis [ˌfaibrəumaiəu'saitis] (*fibro-* + Gr. *mys* muscle + *-itis*) 纤维肌炎
nodular f. 结节性纤维肌炎
fibromyotomy [ˌfaibrəumai'ɔtəmi] 纤维肌瘤切断术
fibromyxoma [ˌfaibrəumik'səumə] 纤维粘液瘤

fibromyxosarcoma [ˌfaibrəuˌmiksəusɑː'kəumə] (*fibro-* + *myxo-* + *sarcoma*) 纤维粘液肉瘤
fibronectin [ˌfaibrəu'nektin] (*fibro-* + L. *nexus* a connecting) 纤维结合素
fibroneuroma [ˌfaibrəunjuə'rəumə] 纤维神经瘤
fibronuclear [ˌfaibrəu'njuːkliə] 纤维核的
fibro-odontoma [ˌfaibrəuˌɔdɔn'təumə] (*fibro-* + *odont-* + *-oma*) 纤维牙瘤
ameloblastic f. 成釉细胞纤维牙瘤
fibro-osteoma [ˌfaibrəuˌɔstiː'əumə] (*fibroma* + *osteoma*) 纤维骨瘤,骨纤维瘤
fibropapilloma [ˌfaibrəuˌpæpi'ləumə] 纤维乳头瘤
fibropenia [ˌfaibrəu'piːniə] (Gr. *penia* poverty) 纤维蛋白减少
fibropericarditis [ˌfaibrəuˌperikɑː'daitis] 纤维素性心包炎
fibropituicyte [ˌfaibrəupi'tjuːisait] 纤维垂体后叶细胞
fibroplasia [ˌfaibrəu'pleiʃə] 纤维组织形成
retrolental f. (**RLF**) 晶状体后纤维组织形成,特里氏综合征
fibroplastic [ˌfaibrəu'plæstik] (*fibro-* + Gr. *plassein* to form) 纤维组织形成的
fibroplastin [ˌfaibrəu'plæstin] 副球蛋白
fibroplate [ˈfaibrəupleit] 关节间纤维软骨
fibropolypus [ˌfaibrəu'pɔlipəs] 纤维息肉
fibropurulent [ˌfaibrəu'pjuərulənt] 纤维脓性的
fibroreticulate [ˌfaibrəuri'tikjuleit] 纤维网的
fibrosarcoma [ˌfaibrəusɑː'kəumə] (*fibro-* + *sarcoma*) 纤维肉瘤
ameloblastic f. 成釉细胞纤维肉瘤
odontogenic f. 牙原纤维肉瘤
fibrosclerosis [ˌfaibrəusklə'rəusis] 纤维硬化
multifocal f. 多灶性纤维硬化
fibrose [ˈfaibrəus] ❶ 纤维组织形成；❷ 纤维性的
fibroserous [ˌfaibrəu'siərəs] 纤维浆液性的
fibrosis [fai'brəusis] 纤维变性,纤维化
African endomyocardial f. 心肌心内膜纤维变性
congenital hepatic f. 先天性肝纤维变性

cystic f., **cystic f. of the pancreas** 胰囊性纤维变性
diatomite f. 硅藻土纤维变性
diffuse interstitial pulmonary f. 弥漫性间质性肺纤维化
endomyocardial f. 心肌心内膜纤维变性
graphite f. 石墨纤维变性
idiopathic pulmonary f. 特发性肺纤维变性
idiopathic retroperitoneal f. 特发性腹膜后纤维变性
mediastinal f. 纵隔纤维变性
neoplastic f. 增生性纤维变性
nodular subepidermal f. 结节性表皮下纤维变性
panmural f. of the bladder 全膀胱壁纤维变性
periureteric f. 输尿管周纤维变性
postfibrinous f. 纤维蛋白形成后纤维变性
proliferative f. 增生性纤维变性
pulmonary f. 肺纤维化
replacement f. 替代性纤维变性
retroperitoneal f. 腹膜后纤维变性
root sleeve f. 神经根袖套样纤维变性
fibrositis [ˌfaibrəuˈsaitis] (*fibrous tissue* + *-itis*) 纤维织炎,肌风湿病
fibrothorax [ˌfaibrəuˈθɔːræks] 纤维胸
fibrotic [faiˈbrɔtik] 纤维变性的
fibrotuberculosis [ˌfibrəutjuˌbəkjuˈləusis] 纤维性结核病;纤维样瘘病
fibrous [ˈfaibrəs] 纤维性的
fibrovascular [ˌfaibrəuˈvæskjulə] 纤维血管的
fibroxanthoma [ˌfaibrəuzænˈθəumə] (*fibro-* + *xanthoma*) 纤维黄瘤
atypical f. (**AFX**) 非典型纤维黄瘤
fibroxanthosarcoma [ˌfaibrəuˌzænθəusɑːˈkəumə] (*fibro-* + *xanthosarcoma*) 纤维黄肉瘤
fibula [ˈfibjulə] (L. "buckle") (NA) 腓骨
fibular [ˈfibjuləː] 腓骨的,腓侧的
fibulation [ˌfibjuˈleiʃən] 阴部扣锁法
fibularis [ˌfibjuˈlɛəris] (NA) 腓骨的,腓侧的
fibulocalcaneal [ˌfibjuləukælˈkeiniəl] 腓跟的
ficain [ˈfaikein] (EC 3.4.22.3.) 无花果蛋白酶
FICD (Fellow of the International College of Dentists 的缩写) 国际牙科学会(特别)会员
ficiform [ˈfaisifɔːm] (L. *ficus* fig + *forma* shape) 无花果状的
ficin [ˈfisin] 无花果蛋白酶
Fick's first law of diffusion [fiks] (Adolph Eugen *Fick*, German physiologist, 1829-1901) 菲克氏扩散第一定律
ficosis [faiˈkəusis] 须疮
FICS (Fellow of the International College of Surgeons 的缩写) 国际外科学会会员
Ficus [ˈfaikəs] (L. "fig") 榕属
fidicinales [faiˌdisiˈneiliːz] (pl., from L. *fidicen*, *fidicinis*, a player on the harp) 蚓状肌
Fiedler's disease [ˈfiːdləz] (Carl Ludwig Alfred *Fiedler*, German physician, 1835-1921) 菲德勒氏病
field [fiːld] ❶ 区,野,场;❷ 邻域,范围;❸ 生成区
auditory f. 听区
Cohnheim's f's 孔海姆氏区
dark-f. 暗视野
electric f. 电场
electromagnetic f. 电磁场
extended f. 延长区
eye f. 视区
f. of fixation 固定视野
Flechsig's f. 弗累西格氏区
f's of Forel, Forel's f's 福雷耳氏区
frontal eye f. 额视区
gamma f. γ线辐射场
f. H, f. H of Forel H 区
f. H$_1$, f. H$_1$ of Forel H$_1$ 区
f. H$_2$, f. H$_2$ of Forel H$_2$ 区
high-power f. 高倍视野
individuation f. 个体形成区
inverted Y f. 颠倒 Y 区
involved f. 累及区
low-power f. 低倍视野
magnetic f. 磁场
mantle f. 外套区
f. of a microscope 显微镜视野
morphogenetic f. 形态生成区
myelinogenetic f. 髓鞘生成区
occipital eye f. 枕视区

para-aortic f. 副主动脉区
penumbra f. 半影区
prerubral f. 红核前丘
primary nail f. 原甲区(胚胎)
surplus f. 剩余视野
tegmental f. 盖区
f. of vision 视野
f. of vision, cribriform 筛形视野
visual f. 视野
Wernicke's f. 韦尼克氏区

Fiessinger-Leroy-Reiter syndrome [ˈfiːsɪŋə ləˈrɔ ˈraɪtə] (Noël Armand *Fiessinger*, French physician, 1881-1946; Emile *Leroy*, French physician, born 1873; Hans Conrad *Reiter*, German physician, 1881-1969) 费-勒-莱三氏综合征

fièvre [fiːˈevrə] (Fr.) 发热,热
f. boutonneuse 南欧斑疹热

fig [fig] 无花果

FIGLU (formiminoglutamic acid 的缩写) 亚胺甲基谷氨酸

FIGO (Fédération Internationale de Gynécologie et d'Obstétrique 的缩写) 国际妇产科联合会

figuratum [ˌfigjuˈreɪtəm] (L.) 带花纹的,有图案的

figure [ˈfɪɡə(r)] (L. *figura*, from *fingere* to hape or form) ❶ 图形,图像;❷ 数字
fortification f's (偏头痛)闪烁幻像
Minkowski's f. 明科夫斯基氏值
mitotic f's 有丝分裂像
Purkinje's f's 浦肯野氏影像
Stifel's f. 斯提费耳氏图形(检眼盲点)
Zöllner's f's 泽尔纳氏图形

figwart [ˈfigwɔːt] 无花果形疣,尖形疣
figwort [ˈfigwət] 玄参类植物,玄参

fila [ˈfilə] (L.) 丝。*filum* 的复数形式
filaceous [fiːˈleɪʃəs] 丝状的,丝性的
filament [ˈfɪləmənt] (L. *filamentum*, from *filum* thread) 丝,丝极
acrosomal f. 顶体丝
actin f. 肌动蛋白丝
axial f. 轴丝
desmin f's 纤维丝
glial f's 神经胶质丝
intermediate f's 中间丝
keratin f's 角蛋白丝
linin f. 核丝
lymphatic anchoring f's 淋巴固定丝
meningeal f., f. of meninges 脑脊膜丝
muscle f. 肌丝
myosin f. 肌浆球蛋白丝
polar injecting f. 极注射丝
root f's of spinal nerves 脊神经根丝
spermatic f. 精子丝
spinal f. 脊髓终丝
terminal f. ① 终丝,末丝;② 尾段,末段
terminal f., dural, terminal f., external 硬脑(脊)膜终丝,外终丝
terminal f., internal, terminal f., pial 软脑(脊)膜终丝,内终丝
terminal f. of spinal dura mater 硬脊膜终丝
thick f's 粗丝
thin f's 细丝
vimentin f's 维蒙亭丝

filamenta [ˌfiləˈmentə] (L.) 丝,丝极。*filamentum* 的复数形式

filamentation [ˌfiləmənˈteɪʃən] 成丝作用,成丝
filamentous [ˌfiləˈmentəs] 丝状的,丝性的
filamentum [ˌfiləˈmentəm] (pl. *filamenta*) (L.) 丝,丝极
filamin [ˈfiləmin] 肌动蛋白粘合蛋白
filar [ˈfiːlə] (L. *filum* thread) 丝状的,丝性的

Filaria [fiˈlɛərɪə] (L. *filum* thread) 丝虫属
F. bancrofti 斑(克罗夫特)氏丝虫
F. conjunctivae 结膜丝虫
F. demarquayi 奥(扎尔德)氏曼森线虫
F. diurna 昼现幼丝虫
F. equina 马丝虫
F. immitis 犬恶丝虫
F. juncea 奥(扎尔德)氏曼森线虫
F. Loa 罗阿丝虫
F. medinensis 麦地那龙线虫
F. nocturna 夜现幼丝虫
F. ozzardi 奥(扎尔德)氏曼森线虫
F. palpebralis 结膜吸吮线虫
F. perstans 常现棘唇(线)虫
F. recondita 难现棘唇(线)虫
F. sanguinis-hominis 人血丝虫,斑(克罗夫特)氏吴第线虫
F. volvulus 旋盘尾丝虫

filaria [fiˈlɛərɪə] (pl. *filariae*) (L. *filum*

thread) 丝虫
Bancroft's f. 斑(克罗夫特)氏丝虫
Brug's f. 马来丝虫
filariae [fiˈlæriiː] (L.) 丝虫
filarial [fiˈlɛəriəl] 丝虫的
filariasis [ˌfiləˈriəsis] 丝虫病
Bancroft's f., f. bancrofti, bancroftian f. 斑(克罗夫特)氏丝虫病,夜现幼丝虫病
Brug's f., brugian f., Malayan f., f. malayi 马来丝虫病
occult f. 隐匿性丝虫病
Ozzard's f. 奥氏丝虫病
filaricidal [fiˌlɛriˈsaidəl] (*filaria* + L. *caedere* to kill) 杀丝虫的
filaricide [fiˈlɛərisaid] 杀丝虫药
filariform [fiˈlɛrifɔːm] 丝状的,丝虫状的
Filarioidea [fiˌlɛriˈɔidiə] 丝虫目
Filatov's (Filatow's) disease [fiˈlɑːtɔvz] (Nils Fedorovich *Filatov*, Russian pediatrician, 1847-1902) 费拉托夫氏病
Filatov-Dukes disease [fiˈlɑːtəf djuːks] (Nils Fedorovich *Filatov*; Clement *Dukes*, English physician, 1845-1902) 费-杜二氏病
Fildes enrichment agar [ˈfildəz] (Sir Paul Gordon *Fildes*, English bacteriologist, 1882-1971) 法尔兹增菌琼脂
file [fail] 锉
endodontic f. 牙髓锉
root canal f. 根管锉
filgrastim [filˈgræstim] 人体粒细胞菌落刺激因子
filicin [ˈfilisin] 绵马酸
filiform [ˈfilifɔːm] (L. *filum* thread + *forma* form) ❶ 线形的; ❷ 线形探条
filigree [ˈfiligriː] 银丝网
f. implantation 银丝网植入法
filioma [ˌfiliˈəumə] 巩膜纤维瘤
filioparental [ˌfiliəupəˈrentəl] 嗣亲的
filipin [ˈfilipin] 菲里平
Filipovitch's (Filipowicz's) sign [ˌfiliˈpəuvitfiz] (Casimir *Filipovitch*, Polish physician, 19th century) 费利波维奇氏征
filipuncture [ˈfilipʌŋktʃə] (L. *filum* thread + *puncture* puncture) 穿丝法
filix [ˈfiliks] (pl. *filices*)(L.) 绵马
f. mas 雄绵马

fillet [ˈfilit] ❶ 袢; ❷ 丘系
filling [ˈfiliŋ] ❶ (充)填料; ❷ 充填
complex f. 复杂充填
composite f. 复合填料
compound f. 复(面)洞充填
direct f. 直接充填
direct resin f. 塑胶直接充填
ditched f. 成沟充填
indirect f. 间接充填
permanent f. 永久充填,恒充填
retrograde f. 逆行(充)填料
reverse f. 倒充填(法)
root canal f. ① 根管(充)填料; ② 根管充填
root-end f. 根端充填
temporary f. 暂时(充)填料
treatment f. 治疗充填
film [film] ❶ 薄膜,膜; ❷ 软片,胶片
bite-wing f. 殆翼片,咬合翼片
fixed blood f. 固定血膜
gelatin f., absorbable (USP) 吸水明胶片
lateral jaw f. 颌骨侧位照片
occlusal f. 殆片,咬合片
periapical f. 尖周片
plain f. 平片,素片
spot f. 点片
sulfa f. 磺胺薄膜
x-ary f. X线胶片
film badge [film bædʒ] 胶片剂量计
filopodia [ˌfailəˈpəudiə] (L.) 丝状假足。*filopodium* 的复数形式
filopodium [ˌfailəˈpəudiəm] (pl. *filopodia*)(L. *filum* thread + Gr. *pous* foot) 丝状假足
filopressure [ˈfailəˌpreʃə] (L. *filum* thread + *pressura* pressure) 线压法
filovaricosis [ˌfailəˌværiˈkəusis] 神经轴突曲张
Filoviridae [ˌfailəˈviridiː] 马伯格和埃博拉病毒
Filovirus [ˈfailəˌvairəs](L. *filum* thread + *virus*) 马伯格-埃博拉属病毒
filter [ˈfiltə] (L. *filtrum*) ❶ 滤器; ❷ 滤光片
collodion f. 火棉胶滤器
Hemming f. 亨明氏滤器
intermittent sand f. 间歇沙滤池

Kimray-Greenfield f. 基姆雷-格林菲尔德氏滤器
mechanical f. 机械过滤池
membrane f. 膜滤器
Millipore f. 密滤膜公司滤器
Mobin-Uddin f. 莫-尤二氏滤器
percolating f. 滴滤池
roughing f., scrubbing f. 粗滤池
sintered glass f. 多孔玻璃滤池
slow sand f. 慢沙滤池
sprinkling f. 喷滤池
trickling f. 滴滤池
umbrella f. 伞滤器
Wood's f. 伍德氏滤器

filterable ['filtərəbl] 可滤过的
filtrable ['filtrəbəl] 可滤过的
filtrate ['filtreit] 滤液
  glomerular f. 肾小球滤
filtration [fil'treiʃən] ❶ 过滤,滤过; ❷ 滤光作用
  gel f. 凝胶过滤
filtrum ['filtrəm] (L. "felt") 滤器
filtrum ventriculi ['filtrəm ven'trikjuli] (L.) 喉室沟
filum ['filəm] (pl. *fila*) (L.) (NA) 丝
  fila anastomotica nervi acustici 听神经吻合丝
  f. coronarium 冠状丝(心)
  f. durae matris spinale 硬脊膜终丝
  fila radicularia nervorum spinalium (NA) 脊神经根丝
  f. spinale 终丝
  f. terminale (NA) 终丝
  f. terminale durale 外终丝
  f. terminale externum (NA) 外终丝
  f. terminale internum (NA) 内终丝
  f. terminale piale 软脑(脊)膜终丝
fimbria ['fimbriə] (L. *fimbriae* (pl.) a fringe) ❶ 伞;❷ 菌毛,伞毛,纤毛
  f. hippocampi (NA) 海马伞
  ovarian f., f. ovarica (NA) 卵巢伞
  fimbriae of tongue 伞襞
  fimbriae tubae uterinae (NA), **fimbriae of uterine tube** 输卵管伞
Fimbriaria [ˌfimbri'εəriə] 绦缘(绦虫)属
  F. fasciolaris 片形绦缘绦虫
fimbriated ['fimbriˌeitid] (L. *fimbriatus*) 伞状的
fimbriation [ˌfimbri'eiʃən] 伞形成,有伞
fimbriatum [ˌfimbri'eitəm] (L.) 伞状的
fimbrin ['fimbrin] 肌动蛋白粘合蛋白
fimbriocele ['fimbriəˌsi:l] (*fimbria* + Gr. *kēlē* hernia) 输卵管伞突出
finasteride [fi'næstəraid] 5d-还原酶抑制剂
finder ['faində] 寻觅器,探示器
finding ['faindiŋ] 所见,发现
finger ['fiŋɡə] 指
  baseball f. 垒球指
  blubber f. 海豹状指
  bolster f's 枕垫指
  clubbed f. 杵状指
  dead f. 死指
  drop f. 槌状指
  drumstick f. 杵状指
  first f. 拇指
  giant f. 巨指
  hammer f. 槌状指
  hippocratic f's 希波克拉底氏指
  index f. 示指,食指
  lock f. 固定指,指活动障碍
  Madonna f's 纤细指
  mallet f. 槌状指
  ring f. 环指,无名指
  seal f. 海豹状指
  snapping f. 板机状指,弹响指
  spider f. 蜘蛛状指
  spring f. 弹跳指
  trigger f. 板机状指,弹响指
  tulip f's 小慈菇指
  waxy f. 蜡指
  webbed f. 蹼指
  white f. 苍白指
  zinc f. 锌指
fingeragnosia [ˌfiŋɡəræɡ'nəusiə] (*finger* + *agnosia*) 手指认识不能
fingernail ['fiŋɡəneil] 指甲
fingerprint ['fiŋɡəprint] ❶ 指印,指纹; ❷ 肽链图谱,指纹法
fingerprinting [ˌfiŋɡə'printiŋ] 指纹法,指纹术,酶解图谱法
Finkelstein's feeding ['fiŋkəlstainz] (Heinrich *Finkelstein*, German pediatrician, 1865-1942) 芬克耳斯坦氏喂养
Finkler-Prior spirillum ['fiŋklə 'praiə] (Dittmar *Finkler*, German bacteriologist)

芬-普二氏螺菌,变形弧菌

Finney's pyloroplasty ['finiz] (John Miller Turpin *Finney*, American surgeon, 1863-1942) 芬尼氏幽门成形术

Finochietto's stirrup [fiˌnəuki'etəuz] (Enrique *Finochietto*, Argentine surgeon, 1881-1948) 菲诺切托氏牵引镫

Finsen ['finsən] 芬森:Niels Ryberg, 丹麦医师

fire [faiə] 发热,炎症

 St. Anthony's f. 圣安东尼热

firing ['faiəriŋ] ❶ 熔结;❷ 神经冲动的开始

Firmacutes [faiə'mækjutiz] 硬壁菌门

Firmibacteria [ˌfaiəmibæk'tiəriə] (L. *firmus* strong + *bacteria*) 硬壁菌纲

Firmicutes [faiə'mikjutiz] (L. *firmus* strong + *cutis* skin) 硬壁菌门

firpene ['faiəpi:n] 枞油萜,松油萜,松油烃,蒎烯

first aid [fəst eid] 急救

Fischer's sign ['fiʃəz] (Louis *Fischer*, American pediatrician, 1864-1945) 费希尔氏征

Fishberg concentration test ['fiʃbəg] (Arthur Maurice *Fishberg*, American physician, 1898-1992) 费希伯格氏浓缩试验

Fisher's exact test ['fiʃəz] (Ronald Aylmer *Fisher*, British statistician, 1890-1962) 费希尔氏精确试验

fishpox ['fiʃpɔks] 鱼痘

fissile ['fisil] 可裂的

fission ['fiʃən] (L. *fissio*) ❶ 分裂;❷ 裂殖

 binary f. 二分裂
 celluar f. 细胞分裂
 multiple f. 多分裂
 nuclear f. (原子)核裂变

fissionable ['fiʃənəbl] 可分裂的

fissipara [ˌfisi'pærə] (L. *fissus* cleft + *parere* to produce) 裂殖生物

fissiparism [fi'sipərizm] 裂殖法

fissiparity [fisi'pæriti] 裂殖法

fissiparous [fi'sipərəs] (L. *fissus* cleft + *parere* to produce) 裂殖的

fissula ['fisjulə] (L. dim. of *fissura*) 小裂

 f. ante fenestram 窗前小裂

fissura [fi'sjuərə] (pl. *fissurae*)(L. from *findere* to split)(NA) 裂,裂隙,裂纹

 f. in ano 肛门裂
 f. antitragohelicina (NA)对耳屏耳轮裂
 f. auris congenita 先天性耳裂

fissurae cerebelli (NA) 小脑裂,小脑沟

 f. choroidea (NA) 脉络膜裂
 f. dorsolateralis cerebelli 小脑背外侧裂
 f. horizontalis cerebelli (NA) 小脑水平裂,小脑水平沟
 f. horizontalis pulmonis dextri (NA) 右肺水平裂
 f. ligamenti teretis (NA) 肝固韧带裂
 f. ligamenti venosi (NA) 静脉韧带裂
 f. longitudinalis cerebralis (NA), **f. longitudinalis cerebri** 大脑纵裂
 f. mediana anterior medullae oblongatae (NA)延髓前正中裂
 f. mediana anterior medullae spinalis (NA) 脊髓前正中裂
 f. mediana ventralis medullae oblongatae 延髓腹侧正中裂
 f. mediana ventralis medullae spinalis 脊髓腹侧正中裂
 f. obliqua pulmonis (NA)肺斜裂
 f. orbitalis inferior (NA) 眶下裂
 f. orbitalis superior (NA)眶上裂
 f. petro-occipitalis (NA) 岩枕裂
 f. petrosquamosa (NA)岩鳞裂
 f. petrotympanica (NA)岩鼓裂
 f. posterolateralis cerebelli (NA)小脑后外侧裂
 f. prima cerebelli (NA)小脑原裂
 f. pterygoidea 翼切迹
 f. pterygomaxillaris (NA) 翼上颌裂
 f. secunda cerebelli (NA) 小脑次裂
 f. spheno-occipitalis (NA) 蝶枕裂
 f. sphenopetrosa (NA) 蝶岩裂
 f. transversa cerebralis (NA), **f. transversa cerebri** 大脑横裂
 f. tympanomastoidea (NA) 鼓乳裂
 f. tympanosquamosa (NA) 鼓鳞裂

fissurae [fi'sjuəri:] (L.) 裂,裂隙,裂纹。*fissura* 的复数形式

fissural ['fiʃjurəl] 裂的

fissure ['fiʃə] (L. *fissura*) ❶ 裂,裂隙;❷ 裂纹

 abdominal f. 腹壁裂

adoccipital f. 附枕裂
Ammon's f. 阿蒙氏裂
amygdaline 杏仁裂
anal f., f. in ano 肛门裂
angular f. 蝶岩裂
antitragohelicine f. 对耳屏耳轮裂
f. of aqueduct of vestibule 前庭小管内口
f. of auricle, posterior 对耳屏耳轮裂
auricular f. of temporal bone 鼓乳裂
basilar f. 蝶枕裂
basisylvian f. 大脑侧裂
f. of Bichat 比沙氏裂,端脑间脑裂
branchial f's 鳃裂
Broca's f. 布罗卡氏裂
Burdach's f. 布尔达赫氏裂,脑岛岛盖间裂
calcarine f. 距状沟,距状裂
callosal f. 胼胝体沟
callosomarginal f. 扣带沟
central f. 中央沟,罗朗多氏裂
cerebral f's, f's of cerebrum 大脑沟
cerebral f., great transverse, cerebral f., transverse 大脑横裂
choroid f. ① 脉络(膜)裂;② 脉络裂
collateral f. 侧副沟,侧副裂
corneal f. 角膜裂
craniofacial f. 颅面裂
dentate f. 海马裂
dorsolateral f. of cerebellum 小脑后外侧裂
f. of ductus venosus 静脉导管窝
Ecker's f. 埃克尔氏裂,枕横沟
enamel f. 牙釉质裂纹
entorbital f. 内眶裂
glaserian f. 岩鼓裂
f. of glottis 声门裂
great cerebral f., great f. of cerebrum 大脑横裂
great horizontal f. 小脑水平沟
great transverse f. of cerebrum 大脑横裂
hippocampal f., f. of hippocampus 海马裂
horizontal f. of cerebellum 小脑水平沟
horizontal f. of right lung 右肺水平裂
inferofrontal f. 额下沟
interparietal f. 顶间沟
intratonsillar f. 扁桃体上窝

lacrimal f. 泪滑泪沟
lateral f. of cerebrum 大脑外侧沟
f. for ligamentum teres 肝圆韧带裂
f. for ligamentum venosum 静脉韧带裂
longitudinal f. 纵裂:① 大脑纵裂;② 网膜带
longitudinal f. of cerebellum 小脑纵裂
longitudinal cerebral f., longitudinal f. of cerebrum 大脑纵裂
mandibular f's 下颌裂
maxillary f. 上颌裂
median f., anterior 前正中裂
median f., posterior 后正中沟
median f. of medulla oblongata, anterior, 延髓前正中裂
median f. of medulla oblongata, dorsal, 延髓脊正中沟
median f. of medulla oblongata, posterior, 延髓后正中沟
median f. of medulla oblongata, ventral 延髓前正中沟
median f. of spinal cord, anterior 脊髓前正中裂
median f. of spinal cord, dorsal 脊髓后正中沟
median f. of spinal cord, posterior 脊髓后正中沟
median f. of spinal cord, ventral 脊髓前正中裂
f. of Monro 丘脑下部沟,下丘脑沟
oblique f. of lung 肺斜裂
occipitosphenoidal f. 蝶枕裂
optic f. 脉络裂
oral f. 口裂
orbital f., inferior 眶下裂
orbital f., superior 眶上裂
f. of palpebrae, palpebral f. 睑裂
Pansch's f. 潘奇氏裂
parietooccipital f. 顶枕裂
parietosphenoid f. 顶蝶裂
petrobasilar f. 岩枕裂
petromastoid f. 鼓乳裂
petro-occipital f. 岩枕裂
petrosal f., superficial 岩大神经管裂孔
petrosphenoidal f. 蝶岩裂
petrosquamosal f., petrosquamous f. 岩鳞裂隙
petrotympanic f. 岩鼓裂

portal f. 肝门
postcentral f. ① 中央后沟;② 中央后裂
postclival f. 斜坡后裂
posterior superior f. 斜坡后裂
posterolateral f. of cerebellum 小脑后外侧裂
postlingual f. 舌后裂
postlunate f. 月状后沟
postpyramidal f. 锥后裂
precentral f. 中央前沟
preclival f. 斜坡前裂
precuneal f. 楔叶前沟
prepyramidal f. 锥前裂
presylvian f. 前水平支
primary f. 原裂
pterygoid f. 翼切迹
pterygomaxillary f. 翼上颌裂
pterygopalatine f. 翼腭裂
pterygopalatine f. of palatine bone 腭骨腭大沟
pterygotympanic f. 岩鼓裂
pudendal f., f. of pudendum 外阴裂
retrocuticular f. 护膜后裂
retrotonsillar f. 扁桃体后裂
f. of Rolando 罗朗多氏裂,中央沟
f. of round ligament 圆韧带裂
sagittal f. of liver 肝左矢状裂
Santorini's f's 桑托里尼氏裂,外耳道软骨切迹
Schwalbe's f. 施瓦耳贝氏裂
secondary f. (小脑)次裂
spheno-occipital f. 蝶枕裂
sphenopetrosal f. 蝶岩裂
squamotympanic f. 鳞鼓裂
subfrontal f. (脑)额下沟
subtemporal f. 颞下裂
superfrontal f. 额上沟
supertemporal f. 颞上沟
sylvian f., f. of Sylvius 西耳危厄斯氏裂,大脑(外)侧裂
transtemporal f. 颞横裂
transverse f. 横裂
transverse f. of cerebrum 大脑横裂
transverse f. of cerebrum, great, 大脑横裂
transverse occipital f. 枕横沟
tympanic f. 岩鼓裂
tympanomastoid f. 鼓乳裂

tympanosquamous f. ① 鼓鳞裂;② 岩鼓裂
umbilical f. 脐(侧)裂
f. of the venous ligament 静脉韧带裂
f. of the vestibule 前庭裂
zygal f. 轭合裂
zygomaticosphenoid f. 颧蝶裂
fistula ['fistjulə] (pl. *fistulas* 或 *fistulae*) (L. "pipe") 瘘,瘘管
abdominal f. 腹瘘
amphibolic f. 胆囊瘘
anal f., f. in ano 肛(门)瘘
aortocaval f. 主动脉腔静脉瘘
aortoenteric f. 主动脉肠瘘
arteriovenous f. 动静脉瘘
f. auris congenita 耳轮小凹,耳凹,先天性耳前瘘
biliary f. 胆瘘
f. bimucosa 完全性内瘘,双口内瘘
blind f. 单口瘘
branchial f. 鳃瘘
Brescia-Cimino f. 血液透析用动静脉瘘
carotid cavernous 颈动脉海绵窦瘘
cerebrospinal fluid f. 脑脊髓瘘
cervical f. ① 颈瘘;② 子宫颈瘘
f. cervicovaginalis laqueatica 子宫颈阴道瘘
f. cibalis 食管
f. colli congenita 先天性颈瘘
colonic f. 结肠瘘
complete f. 完全性瘘,双口瘘
f. corneae 角膜瘘
coronary arteriovenous f. 冠状动静脉瘘
coronary artery f. 冠状动脉瘘
craniosinus f. 鼻脑脊液瘘
Eck's f. 埃克氏瘘
Eck's f. in reverse 埃克氏逆瘘
external f. 外瘘
fecal f. 粪瘘
gastric f. 胃瘘
gastrocolic f. 胃结肠瘘
hepatic f. 肝瘘
horseshoe f. 马蹄形瘘
incomplete f. 单口瘘,不完全瘘
internal f. 内瘘
intestinal f. 肠瘘
lacrimal f. 泪瘘
lymphatic f., f. lymphatica, 淋巴瘘

Mann-Bollman f. 曼-博二氏瘘
parietal f. 体壁瘘
pharyngeal f. 咽瘘
pilonidal f. 藏毛瘘
preauricular f., congenital 先天性耳廓前瘘
pulmonary f. 肺瘘
pulmonary arteriovenous f. 肺动静脉瘘
rectovaginal f. 直肠阴道瘘
rectovesical f. 直肠膀胱瘘
salivary f. 唾液瘘
spermatic f. 精液瘘
stercoral f. 粪瘘
submental f. 颏下瘘
Thiry's f. 锡里氏肠瘘
Thiry-Vella f. 锡里-维拉二氏瘘
thoracic f. 胸壁瘘
tracheal f. 气管瘘
umbilical f. 脐瘘
urachal f. 脐尿管瘘
urinary f. 尿瘘
Vella's f. 维拉氏瘘
vesical f. 膀胱瘘
vesicovaginal f. 膀胱阴道瘘
fistulae ['fistjuli:] (L.) 瘘,瘘管。*fistula* 的复数形式
fistular ['fistjulə] (L.) 瘘的,有瘘的
fistulate ['fistjuleit] (L.) 瘘的,有瘘的
fistulatome ['fistjulə,təum] (*fistula* + Gr. *temnein* to cut) 瘘管刀
fistulectomy [,fistju'lektəmi] (*fistula* + Gr. *ektomē* excision) 瘘管切除术
fistulization [,fistjulai'zeiʃən] ❶ 成瘘;❷ 造口术,造瘘术
fistuloenterostomy [,fistjuləu,entə'rɔstəmi] 胆瘘小肠造口术
fistulotomy [,fistju'lɔtəmi] 瘘管切开术
fistulous ['fistjuləs] (L. *fistulosus*) 瘘的,瘘管的
fit [fit] ❶ 发作;❷ 适合
FITC (fluorescein isothiocyanate 的缩写) 异硫氰酸荧光素
fitness ['fitnis] 适合性,适应性
Fitz-Hugh-Curtis syndrome ['fitʃhju: 'kətis] (Thomas *Fitz-Hugh* Jr., American physician, 1894-1963; Arthur H. *Curtis*, American gynecologist, 1881-1955) 菲-柯二氏综合征

fix [fiks] 固定,缚紧
fixation [fik'seiʃən] (L. *fixatio*) ❶ 固定法,固定术;❷ 结合,固定;❸ 固结,固恋;❹ 标本固定;❺ 凝视,注视;❻ 定影
autotrophic f. 自养固定
bifoveal f., binocular f. 双眼注视
Bovin f. 博氏固定
carbon dioxide f. 二氧化碳固定
complement f., f. of complement 补体结合
elastic band f. 弹性绷带固定术
external pin f. 外钉固定术
external pin f., biphase 二相性外钉固定术
internal f., intraosseous f. 骨内固定
maxillomandibular f. 上下颌骨固定术
nasomandibular f. 鼻下颌骨固定术
nitrogen f. 氮固定,定氮作用
ossicular f. 小骨固定术
skeletal f. 骨固定术
fixative ['fiksətiv] 固定液
glutaraldehyde f. 戊二醛固定剂
Kaiserling's f. 凯泽林氏固定液
Maximow's f. 马克西莫夫固定液
Zenker's f. 岑克尔氏固定液
Zenker-formol f. 岑克尔氏甲醛固定液
fixator ['fikseitə] 介体
fixing ['fiksiŋ] 固定,固定法
f. solution 固定液
Fl. (fluid 的缩写) 液,液体
FLA (fronto-laeva anterior 的缩写) 左额前位(胎位)
F.l.a. (L. *fiat lege artis* 的缩写) 按常规做
flabellate ['flæbileit] (L. *flabellum* a fan) 扇形的
Flabellina [,flæbə'linə] (L. *flabellum* fan) 扇阿米巴属
flaccid ['flæksid] (L. *flaccidus*) 弛缓的
flacherie [flæ'ʃri:] (Fr.) 蚕软化病
Flack's node [flæks] (Martin William *Flack*, British physiologist, 1882-1931) 弗勒克氏结
flagella [flə'dʒelə] (L.) 鞭毛(原虫),鞭节(昆虫)。*flagellum* 的复数形式
flagellantism ['flædʒələn,tizəm] 性施虐狂和受虐狂
flagellar [flə'dʒelə] 鞭毛的

Flagellata [ˌflædʒəˈleitə] 鞭毛虫纲

flagellate [ˈflædʒəleit] ❶ 鞭毛虫；❷ 任何鞭毛亚门的原虫；❸ 有鞭毛的；❹ 形成鞭毛
　animal-like f. 类动物鞭毛虫
　plantlike f. 类植物鞭毛虫

flagellation [ˌflædʒəˈleiʃən] ❶ 性施虐狂和受虐狂；❷ 鞭毛突出

flagelliform [fləˈdʒelifɔːm] (L. *flagellum* whip + *forma* shape) 鞭毛状的

flagellin [fləˈdʒelin] 鞭毛蛋白

flagellosis [ˌflædʒəˈləusis] 鞭毛虫病

flagellospore [fləˈdʒeləspɔː] 鞭毛孢子

flagellula [fləˈdʒəluːlə] 鞭毛孢子

flagellum [fləˈdʒeləm] (pl. *flagella*) (L. "whip") 鞭毛

Flagyl [ˈflædʒil] 灭滴灵:灭滴灵制剂的商品名

flail [fleil] 连枷

Flajani's disease [fləˈdʒɑːniz] (Giuseppe *Flajani*, Italian surgeon, 1741-1808) 弗拉亚尼氏病

flame [fleim] ❶ 火焰；❷ 火焰灭菌

flange [flændʒ] 翼
　buccal f. 颊侧突缘
　denture f. 托牙突缘
　labial f. 唇侧突缘
　lingual f. 舌侧突缘

flank [flæŋk] 肋腹, 腰窝

flap [flæp] ❶ 皮片,皮瓣；❷ 扑动
　Abbe f. 阿贝氏瓣
　advancement f. 前移瓣
　bilobed f. 二叶瓣
　bipedicle f. 二蒂瓣
　bone f. 骨瓣
　cross-arm f. 交叉臂瓣
　cross-leg f. 交叉腿瓣
　delayed transfer f. 迟延转移瓣
　direct transfer f. 直接转移瓣
　distant f. 远距离瓣
　double pedicle f. 双蒂瓣
　Eloesser f. 埃洛舍氏瓣
　envelope f. 信封瓣
　Estlander f. 埃斯特兰德氏瓣
　free f. 游离瓣
　French f. 法国式瓣
　gauntlet f. 蒂状瓣
　Gillies' f. 吉利斯氏瓣
　immediate transfer f. 直接移植瓣
　Indian f. 印度式瓣
　interpolated f. 移植瓣
　island f. 岛状瓣
　Italian f. 意大利式瓣
　jump f. 迁移瓣
　Langenbeck's pedicle mucoperiosteal f. 伦根伯克氏蒂状粘膜骨膜瓣
　lingual tongue f. 舌舌瓣
　liver f. 扑翼样震颤
　local f. 就近瓣
　mucoperiosteal f. 粘膜骨膜瓣
　musculocutaneous f., mycocutaneous f. 肌皮瓣
　pedicle f. 蒂状瓣
　rope f. 管状瓣
　rotation f. 旋转瓣
　skin f. 皮瓣
　sliding f. 滑动瓣
　tube f., tubed pedicle f. 管状瓣
　tunnel f. 管状瓣
　von Langenbeck's bipedicle mucoperiosteal f. 冯·伦根伯克氏二蒂粘膜骨膜瓣
　V-Y f. V-Y 字形瓣
　Widman f., modified 魏德曼氏改良瓣
　Z-f. Z 形瓣
　Zimany's bilobed f. 济默尼氏二叶瓣

flaps [flæps] 马唇肿垂

flare [fleə] ❶ 潮红；❷ 发红；❸ 突发

flarimeter [fleəˈrimitə] 气急测验器

flash [flæʃ] 铸模溢出物

flash-method [flæʃˈmeθəd] 闪时消毒法

flask [flæsk] ❶ 烧瓶,瓶；❷ 型盒；❸ 装型盒,做模
　casting f. 铸造型盒
　crown f. 牙冠型
　denture f. 牙模盘
　Erlenmeyer f. 埃伦迈厄氏烧瓶,锥形瓶
　refractory f. 耐火型盒
　volumetric f. 量瓶

flasking [ˈflæskiŋ] 装型盒

flat [flæt] ❶ 平的,平板状的；❷ 实音的；❸ 降半音的
　optical f. 光学玻璃板

Flatau's law [ˈflɑːtəuz] (Edward *Flatau*, Polish neurologist, 1869-1932) 弗拉托氏定律

Flatau-Schilder disease [ˈflɑːtəu ˈʃildə]

(Edward *Flatau*; Paul Ferdinand *Schilder*, German-born American psychiatrist, 1886-1940) 弗-谢二氏病

flatfoot ['flætfut] 扁平足,平足
  rocker-bottom f. 摇椅底足
  spastic f. 痉挛性扁平足

flatness ['flætnis] 实音

flatulence ['flætjuləns] (L. *flatulentia*) (肠胃)气胀

flatulent ['flætjulənt] (L. *flatulentus*) 气胀的

flatus [flætəs] (L. "a blowing") ❶ 肠胃气;❷ 屁
  f. vaginalis 阴道气响

flatworm ['flætwəːm] 扁虫

flavanone ['flævənən] 黄烷酮

flavectomy [flə'vektəmi] (L. *flavus* yellow + Gr. *ektomē* excision) 黄韧带切除术

flavedo [flə'viːdou] (L. "yellowness") ❶ 黄色;❷ 黄疸

flavescent [flə'vesənt] (L. *flavescere* to become gold colored) 淡黄色的

flavin ['fleivin] (L. *flavus* yellow) 黄素
  f. adenine dinucleotide (FAD) 核黄素二磷酸腺苷酯,黄素腺嘌呤二核苷酸
  f. mononucleotide (FMN) 核黄素 5′-磷酸酯

flavin monooxygenase ['fleivin ˌmɔnəu-'ɔksidʒineis] 黄素单氧合酶

flavism ['fleivizm] 黄发特征

Flaviviridae [ˌfleivi'viridiː] B族虫媒病毒

Flavivirus ['fleiviˌvaiərəs] (L. *flavus* yellow + *virus*) 黄热病毒

flavivirus ['fleiviˌvaiərəs] B族虫媒病毒

flav(o)- (L. *flavus* yellow) 黄,黄色

Flavobacterium [ˌfleivəubæk'tiəriəm] (L. *flavus* yellow + Gr. *baktērion* little rod) 产黄菌属
  F. breve 短产黄菌
  F. meningosepticum, 脑膜脓毒产黄菌
  F. odoratum 芳香产黄菌

flavoenzyme [ˌfleivə'enzaim] 黄素酶

flavonoid ['fleivənɔid] 黄酮类,黄酮类复合物

flavoprotein [ˌfleivəu'prəutiːn] 黄素蛋白

flavor ['fleivə] ❶ 味,滋味,香味;❷ 香料

flavoxanthin [ˌfleivəu'zænθin] 毛茛黄素

flavoxate hydrochloride [flei'vɔkseit] 盐酸黄酮哌酯

Flaxedil ['flæksədil] 弛肌碘

flaxseed ['flæksiːd] 亚麻子

flazalone ['fleizələun] 氟苯哌酮

fld(fluid 的缩写) 液体,液

fl dr (fluid dram 的缩写) 液量英钱

flea [fliː] 蚤
  Asiatic rat f. 印鼠客蚤
  burrowing f. 穿皮潜蚤
  cat f. 猫蚤
  cavy f. 洞蚤
  chigoe f. 沙蚤
  common f. 普通蚤
  common rat f. 鼠蚤
  dog f. 犬蚤
  European mouse f. 欧洲鼹蚤
  European rat f. 欧洲鼠蚤,具带病蚤
  human f. 人蚤
  Indian rat f. 印度鼠蚤
  jigger f. 沙蚤
  mouse f. 鼠蚤
  sand f. 沙蚤
  squirrel f. 松鼠蚤
  sticktight f. 吸着蚤
  suslik f. 俄国松鼠蚤
  tropical rat f. 热带鼠蚤

fleabane ['fliːbein] 蓬草

flea-bite ['fliːbait] 蚤咬

flecainide acetate [fli'keinaid] 氟卡胺乙酸盐

Flechsig's cuticulum ['fleksigz] (Paul Emil *Flechsig*, German neurologist, 1847-1929) 弗累西格氏表皮

fleck ['flek] 斑点,微粒
  tobacco f's, 香烟色斑点

fleckfieber [flek'fiːbə] (Ger.) 流行性斑疹伤寒

fleckmilz ['flekmilts] (Ger.) 斑点脾

flection ['flekʃən] 弯曲

fleece [fliːs] 神经纤维网
  f. of Stilling, 施提林氏毛丛

Flegel's disease ['fleigəlz] (Heinz *Flegel*, German physician, born 1923) 弗雷戈尔兹氏病,持久性豆状角化过度

Fleischner's disease ['fleiʃnəz] (Felix *Fleischner*, Austrian-born American radiologist, 1893-1969) 弗莱格尔氏病

Flemming's center ['flemiŋz] (Walther *Flemming*, German anatomist, 1843-1905) 弗莱明氏中心

flesh [fleʃ] (A. S. *flaesc*) ❶肉;❷ 皮
  goose f. 鸡皮疙瘩
  proud f. 赘肉

fletazepam [flə'tæzəpæm] 四氟二氮草

fletcherism ['fletʃərizəm] (Horace *Fletcher*, American dietitian, 1849-1919) 弗来奇氏进食法

fleurette [fluə'ret] (Fr. "small flower") 花状细胞

flex [fleks] (L. *flexus* bent) 屈

Flexeril ['fleksəril] 弗来瑞尔:盐酸环苯扎林制剂的商品名

flexibilitas [ˌfleksi'bilitəs] (L.) 屈曲性
  f. cerea 蜡样屈曲

flexibility [ˌfleksi'biliti] (L. *flexibilitas*) 屈曲性
  waxy f. 蜡样屈曲

flexible ['fleksibl] (L. *flexibilis*, *flexilis*) 能屈的

flexile ['fleksil] 能屈的

flexion ['flekʃən] (L. *flexio*) 屈,屈曲

Flexner's bacillus ['fleksnəz] (Simon *Flexner*, American pathologist, 1863-1946) 弗累克斯纳氏杆菌

Flexner-Wintersteiner rosette ['fleksnə 'vintəˌstinə] (Simon *Flexner*; Hugo *Wintersteiner*, Austrian ophthalmologist, 1865-1918) 弗-温二氏玫瑰花结

flexor ['fleksə] (L.) (NA) 屈肌
  f. retinaculum 尺腕掌侧韧带

flexorplasty ['fleksəˌplæsti] 屈肌成形术

flexuose ['fleksjuəs] 曲的,波状的

flexuous ['fleksjuəs] (L. *flectere* bend)❶屈的;❷锯齿状的

flexura [flek'ʃuərə] (pl. *flexurae*) (L.) 曲
  f. coli dextra (NA) 结肠右曲
  f. coli sinistra (NA) 结肠左曲
  f. duodeni inferior (NA) 十二指肠下曲
  f. duodeni superior (NA) 十二指肠上曲
  f. duodenojejunalis (NA) 十二指肠空肠曲
  f. hepatica coli, 结肠肝曲
  f. lienalis coli 结肠脾曲
  f. perinealis recti (NA)直肠会阴曲
  f. sacralis recti (NA) 直肠骶曲

flexurae [flek'ʃuəri:] (L.) 曲。*flexura* 的复数形式

flexural [ˌflek'ʃuərəl] 曲的

flexure ['flekʃə] 曲
  basicranial f. 颅底曲
  caudal f. 尾曲
  cephalic f. 头曲
  cerebral f. 大脑曲
  cervical f. 颈曲
  cranial f. 颅曲
  dorsal f. 背曲
  duodenojejunal f. 十二指肠空肠曲
  hepatic f. of colon 结肠肝曲
  inferior f. of duodenum 十二指肠下曲
  left f. of colon 结肠左曲
  lumbar f. 腰曲
  mesencephalic f. 中脑曲
  nuchal f. 颈曲
  perineal f. of rectum 直肠会阴曲
  pontine f. 脑桥曲
  right f. of colon, 结肠右曲
  sacral f. 骶曲
  sacral f. of rectum 直肠骶曲
  sigmoid f. 乙状结肠曲
  splenic f. of colon 结肠脾曲
  reading f. 阅读曲
  superior f. of duodenum 十二指肠上曲

flicker ['flikə] (A.S. *flicorian* to flutter) 闪烁光

flight of ideas [flait əv ai'diəz] 思维奔逸,意念飘忽

Flint's arcade [flints] (Austin *Flint*, Jr., American physiologist, 1836-1915) 弗林特氏连拱

Flint's murmur [flints] (Austin *Flint*, American physician 1812-1886) 弗林特氏杂音

floaters ['fləutəz] 悬浮物,飘浮物

floccilegium [ˌfloksi'li:dʒiəm] (L. *floccus* flock of wool + *legere* to pick out) 捉空摸状

floccillation [ˌfloksi'leiʃən] (L. *floccilatio*) 摸空,捉空摸床

floccose ['flokəus] (L. *floccosus* full of flocks of wool) 柔毛状的,絮状的

floccular ['flokjulə] 絮片的,绒球的

flocculation [ˌflokju'leiʃən] 絮凝作用,絮

结作用,絮状沉淀法
floccule ['flɔkju:l] 絮片,絮状物
toxoid-antitoxin f. 类毒素抗毒素絮状物
flocculent ['flɔkjulənt] 含絮状物的
flocculoreaction [ˌflɔkjuləri'ækʃən] 凝絮反应
flocculus ['flɔkjuləs] (pl. *flocculi*) (L. "*tuft*") ❶ 絮片,絮状的;❷ (NA)绒球
  accessory f. 副绒球
floctafenine [ˌflɔktə'fenain] 苯甲酸
Flood's ligament [flʌdz] (Valentine *Flood*, Irish surgeon, 1800-1847) 弗勒德氏韧带
flooding ['flʌdiŋ] 以恐治恐法
floor [flɔ:] 空腔器官或其它间隙的下部内面
  f. of fourth ventricle 第四脑室底
  f. of lateral ventricle 侧脑室底
  f. orbit 眶下壁
  f. of pelvis 骨盆底
  f. of third ventricle 第三脑室底
Flor. (flores 的缩写) 花朵
flora ['flɔrə] (L. *Flora*, the goddess of flowers) ❶ 植物区系,植物丛;❷ 菌丛
  intestinal f. 肠内菌丛
  resident f. 驻留菌丛
florantyrone [flɔ'ræntirəun] 荧蒽丁酮酸
Floraquin ['flɔrəkwin] 弗诺喹啉:二碘喹啉制剂的商品名
flores ['flɔriz] (L. pl. of *flos* flower) ❶ 花;❷ 升华制剂
  f. benzoini 安息香花
  f. sulfuris 升华硫
Florey ['flɔri] 弗劳瑞
florid ['flɔrid] (L. *floridus* blossoming) ❶ 盛开的;❷ 鲜红的
Floridin ['flɔridin] 根皮苷:漂白土制剂的商品名
Florinef ['flɔrinef] 弗瑞乃夫:醋酸氟氢可的松制剂的商品名
Florone ['flɔrəun] 氟诺松:双醋氟松制剂的商品名
Floropryl ['flɔrəpril] 氟诺普尔:异氟磷制剂的商品名
flos [flɔs] (L. "*a flower*") (pl. flores) 花
flow [fləu] 流
  blood f. 血流:① 循环系统内血液的流动;② 循环率

effective renal blood f. (ERBF)有效肾血流量
effective renal plasma f. (ERPF)有效肾血浆流量
gene f. 基因流动
maximum midexpiratory f. 最大平均呼气量
renal plasma f. (RPF)肾血浆流量
Flower's index ['flauəz] (Sir William Henry *Flower*, British zoologist, 1831-1899) 弗劳尔氏指数
flowers ['flauəz] ❶ 花;❷ 升华制剂
  f. of arsenic 砷华
  f. of benzoin 安息香华
  f. of camphor 升华樟脑
  pyrethrum f's 除虫菊花
  f. of sulfur 升华硫
flowers [flauəz] 华,月经
flowmeter ['fləumitə] 流量计,流速计
  blood f. 血流速计
  electromagnetic f. 电磁流量计
floxacillin [ˌflɔksə'silin] 氟氯青霉素,氟氯苯唑青霉素,氟氯苯甲异恶唑青霉素
Floxin ['flɔksin] 氟氯仙:氟氯克辛制剂的商品名
floxuridine [flɔk'sjuəridi:n] 氟(尿)苷
fl oz (fluidounce 的缩写) 液量盎司,液量英两
FLP (fronto-laeva posterior 的缩写) 左额后(胎位)
FLT (fronto-laeva transversa 的缩写) 左额横(胎位)
flu [flu:] (*influenza* 的俗称)流行性感冒,流感
  trimellitic anhydride (TMA) **f.** 偏苯三酸酐流感
fluazacort [flu'æzəkɔt] 氟恶米松
flubendazole [flu'bendəzəul] 氟苯达唑
flucindole [flu'sindəul] 氟胺氢咔唑
flucloronide [flu'klɔrənaid] 氟二氯松
flucloxacillin [fluˌklɔksə'silin] 氟氯青霉素,氟氯苯唑青霉素,氟氯苯甲异恶唑青霉素
fluconazole [flu'kɔnəzəul] 氟康唑
Flucort ['flukət] 肤轻松:二氟美松制剂的商品名
flucrylate ['flukrileit] 氟氰丙烯脂,2-氰丙烯酸三氟异丙酯

flucticuli [flʌk'tikjulai] (L., pl. of *flucticulus* wavelet) 波痕,波纹(存在于第三脑室之侧壁)

fluctuant ['flʌktʃuənt] ❶ 变动的; ❷ 波动的

fluctuation [,flʌktʃu'eiʃən] (L. *fluctuatio*) ❶ 变动; ❷ 波动

flucytosine [flu'saitəu,si:n] (USP) 氟胞嘧啶

fludalanine [flu'dæləni:n] 氟氯丙氨酸;抗菌药

Fludara [flu'dɛərə] 氟达那:氟达那苷制剂的商品名

fludarabine phosphate [flu'dɛərəbi:n] 磷酸氟达拉滨

fludazonium chloride [,fludə'zəuniəm] 氯氟哒唑

fludorex ['fludəriks] 氟苯甲氧胺

fludrocortisone acetate [fludrəu'kɔtisəun] (USP) 醋酸氟氢可的松

flufenamic acid [flufə'næmik] 氟灭酸

flufenisal [flu'fenisəl] 氟苯沙醇,氟苯乙酸水杨酸

flügelplatte [,flegəl'plɑːtə] 翼板

fluid ['fluid] (L. *fluidus*) ❶ 液体或燃料; ❷ 液体,液
  allantoic f. 尿囊液
  Altmann's f. 阿尔特曼氏液
  amniotic f. 羊水
  ascitic f. 腹水
  bleaching f. 漂白粉液
  Bouin's f. 布安氏液
  Callison's f. 卡利森氏液
  Carrel-Dakin f. 卡-达二氏液
  cerebrospinal f. (CSF) 脑脊液
  chlorpalladium f. 氯化钯(脱钙)液
  Condy's f. 康迪氏液
  Dakin's f. 达金氏溶液
  decalcifying f. 脱钙液
  Delafield's f. 德拉菲尔德氏液
  Ecker's f. 艾克氏液
  extracellular f. 细胞外液
  Flemming's fixing f. 弗来明氏固定液
  follicular f. 滤泡液,卵泡液
  formol-Müller f. 苗勒氏甲醛液
  Helly's f. 海利氏液
  interstitial f. (细胞)间质液
  intracellular f. 细胞内液
  Kaiserling's f. 凯泽林氏液
  labyrinthine f. 外淋巴
  Lang's f. 兰格氏液
  Locke's f. 洛克氏液
  Müller's f. 苗勒氏液
  Parker's f. 帕克氏液
  pericardial f. 心包液
  Piazza's f. 皮阿扎氏凝血液
  Rees and Ecker diluting f. 里-艾二氏稀释液
  Scarpa's f. 斯卡帕氏液
  Schaudinn's f. 绍丁氏液
  seminal f. 精液
  serous f. 浆液
  synovial f. 滑液
  Tellyesniczky's f. 特列斯尼茨基氏液
  Thoma's f. 托马氏液
  tissue f. 组织液
  Toison's f. 托伊森氏液
  transcellular f. 细胞透过液
  ventricular f. 脑室液
  Waldeyer's f. 瓦耳代尔氏液
  Wickersheimer's f. 维克海默氏液
  Zenker's f. 岑克尔氏液

fluidextract [,fluid'ekstrækt] 流浸膏
  aromatic cascara f. (USP) 芳草波希鼠李流浸膏
  cascara sagrada f. (USP) 波希鼠李流浸膏
  eriodictyon f. 圣草流浸膏
  glycyrrhiza f. 甘草流浸膏
  senna f. (USP) 番泻叶流浸膏

fluidglyceratum [,fluidgli'serətəm] 甘油流膏

fluidism ['fluidizm] 液体病理学

fluidounce [fluid'auns] 液量英两,液量盎司

fluidrachm [,flui'dræm] 液量英钱

fluidram [,flui'dræm] 液量英钱

fluke [fluːk] 吸虫
  blood f. 血吸虫
  intestinal f's 肠吸虫
  liver f's 肝吸虫
  lung f. 肺吸虫

flumazenil ['fluməˌzenil] 氟马西尼

flumen ['flumən] (pl. *flumina*) (L.) 流,波
  flumina pilorum (NA) 毛浪,毛流

flumequine ['flumǝkwin] 氟甲喹
flumerin ['fluːmǝrin] 汞萤光素
flumethasone [fluːmeθǝˌsǝun] 氟甲松
   f. pivalate (USP) 氟甲松新戊酸盐
flumethiazide [ˌflumǝ'θaiǝzaid] 氟噻嗪，三氟噻嗪
flumina ['flumǝnǝ] (L.) 流，波。flumen 的复数形式
flumizole ['flumizǝul] 氟咪唑；消炎药
flumoxonide [fluˈmɔksǝnaid] 氟甲氧缩松，双甲氧肤轻松
flunarizine hydrochloride [fluˈnærizi:n] 盐酸氟桂嗪，盐酸氟苯桂嗪
flunidazole [fluˈnidǝzǝul] 氟硝哒唑
flunisolide [fluˈnisǝˌlaid] (USP) 氟尼缩松
flunitrazepam [ˌfluniˈtræzǝpæm] 氟硝安定
flunixin [fluˈniksin] 氟胺烟酸
   f. meglumine 氟胺烟酸葡胺
fluocinolone acetonide [ˌfluǝˈsinǝlǝn] (USP) 氟轻松，肤轻松
fluocinonide [ˌfluǝˈsinǝnaid] (USP) 醋酸肤轻松，氟轻松醋酸酯
fluocortin butyl [ˌfluǝˈkɔːtin] 氟可丁，氟考丁酯
Fluogen ['fluǝdʒǝn] 福真：流感病毒疫苗制剂的商品名
Fluonid ['fluǝnid] 肤轻松：氟松轻制剂的商品名
fluor ['fluǝ] (L. "a flow") 排出物
   f. albus 白带
fluorane ['fluǝrein] 荧烷
fluorescein [fluǝˈresin] 荧光素，荧光黄
   f. isothiocyanate (FTTC) 异硫氰酸酯荧光素
   sodium f. (USP), **soluble f.** 荧光素钠，可溶性荧光素
fluoresceinuria [fluǝˌresǝˈnjuǝriǝ] 荧光素尿
fluorescence [fluǝˈresǝns] (first observed in fluorspar) 荧光
   secondary f. 继发性荧光
fluorescent [fluǝˈresǝnt] 荧光的
fluorescin [ˌfluǝˈresin] 氟化荧光素
fluoridation ['fluǝriˈdeiʃǝn] 氟化(作用)，加氟作用
fluoride ['fluǝraid] 氟化物
   stannous f. (USP) 氟化亚锡
fluoridization [ˌfluǝriˈdeiziʃǝn] ❶ 氟物应用；❷ 氟化作用
fluorimeter [ˌfluǝˈrimitǝ] 荧光计
fluorimetry [fluǝˈrimitri] X线测定法，透视定位法，荧光测定法
fluorine ['fluǝri:n] (from fluorspar, from which it is derived) 氟
fluoroacetate [ˌfluǝrǝuˈæsiteit] 氟醋酸盐
fluoroacetic acid [ˌfluǝrǝuǝˈsetik] 氟醋酸
fluorochrome ['fluǝrǝkrǝum] 荧光色素，荧光染料
fluorocyte ['fluǝrǝsait] 荧光细胞
fluoroform [fluˈɔrǝfɔːm] 氟仿
fluorography [fluǝˈrɔgrǝfi] 荧光 X 线照相术
fluoroimmunoassay ['fluǝrǝˌimjunǝuˌæsei] 荧光免疫分析
fluorometer [fluǝˈrɔmitǝ] ❶ X线量计；❷ 透视定位器；❸ 荧光计
fluorometholone [ˌfluǝrǝˈmeθǝlǝun] (USP) 氟甲孕松，氟甲松龙，氟甲脱氧泼尼松龙
fluorometry [fluǝˈrɔmitri] ❶ X线测量法；❷ 透视定位法；❸ 荧光测定法
fluoronephelometer [ˌfluǝrǝˌnefǝˈlɔmitǝ] 荧光比浊计
Fluor-Op ['fluǝrɔp] 氟罗澳普：氟甲松龙制剂的商品名
p-fluorophenylalanine [ˌfluǝrǝˌfiːnǝlˈælǝniːn] 对氟苯丙氨酸
fluorophosphate [ˌfluǝrǝˈfɔsfeit] 氟磷酸
   diisopropyl f. 氟磷酸二异丙酯，二异丙基氟磷酸
fluorophotometry [ˌfluǝrǝufǝuˈtɔmitri] 荧光光度测定法
   vitreous f. 玻璃体荧光光度测定法
Fluoroplex ['fluǝrǝˌpleks] 氟普莱克斯
fluororadiography [ˌfluǝrǝˌreidiˈɔgrǝfi] 荧光 X 线照相术
fluoroscope ['fluǝrǝskǝup] (fluorescence + Gr. skopein to examine) 荧光屏，荧光镜
   biplane f. 双面荧光屏
fluoroscopical [ˌfluǝrǝˈskɔpikǝl] 荧光屏检查的，荧光镜透视检查的，X线透视检查的
fluoroscopy [fluǝˈrɔskǝpi] 荧光屏检查，荧光镜透视检查，X线透视检查
fluorosilicate [ˌfluǝrǝˈsilikeit] 氟硅酸盐，

硅氟化物
fluorosis [ˌfluəˈrəusis] 慢性氟中毒,斑釉
  dental f. 牙氟中毒
  endemic f., chronic 慢性地方性氟中毒
fluorouracil [ˌfluərəˈjurəˌsil] (USP) 氟尿嘧啶,5-氟尿嘧啶
Fluorum [ˈfluərəm] 氟
Fluosol [ˈfluəsɔl] 氟溶胶:一种冷冻过氟化学血液代用品的商品名
Fluothane [ˈfluəθein] 氟烷:三氟溴氯乙烷制剂的商品名
fluotracen hydrochloride [ˌfluəˈtreisən] 盐酸氟恩丙胺:安定药和抗抑郁药
fluoxetine [fluˈɔksitiːn] 氟苯氧丙胺:抗抑郁药
fluoxetine hydrochloride [fluˈɔksitiːn] 盐酸氟苯氧丙胺
fluoxymesterone [fluˌɔksiˈmestərəun] (USP) 氟羟甲睾酮
flupenthixol [ˌflupenˈθiksəl] 三氟噻吨,羟哌氟丙硫
flupentixol [ˌflupenˈtiksəl] 三氟噻吨:三氟噻吨的国际非专利药名
fluperamide [fluˈperəmaid] 氟哌醇胺
fluphenazine [fluˈfenəziːn] 氟非那嗪,羟哌氟丙嗪
  f. decanoate 氟非那嗪癸酸酯
  f. enanthate (USP) 氟非那嗪庚酸酯
  f. hydrochloride (USP) 盐酸氟非那嗪
fluprednisolone [ˌfluprednˈnisələun] 氟强的松龙
  f. valerate 氟强的松龙戊酸酯
fluprostenol sodium [fluˈprɔstənəl] 前列氟醇钠
fluquazone [ˈflukwəzəun] 苯氟喹酮
flurandrenolide [ˌfluərənˈdrenəlaid] (USP) 氟氢缩松,丙酮缩氟氢羟龙
flurazepam hydrochloride [fluˈræzəpæm] (USP) 盐酸氟胺安定
flurbiprofen [fluəˈbiprəfən] 氟联苯丙酸
Fluress [fluəˈris] 福来斯:盐酸丁氧普鲁卡因和间苯二酚肽钠的商品名
Flurobate [ˈfluərəbeit] 倍氟美松:苯甲酸倍他米松制剂的商品名
flurogestone acetate [ˌfluərəˈdʒestəun] 醋酸氟羟孕酮
flurothyl [ˈflurəθəl] 三氟乙醚,双三氟乙基醚

flush [flʌʃ] 潮红
  atropine f. 阿托品潮红
  breast f. 乳房潮红
  carcinoid f. 类癌潮红
  hectic f. 痨病性潮红
  histamine f. 组氨潮红
  mahogany f. 红木色潮红
  malar f. 颧颊潮红
fluspiperone [fluˈspipərəun] 氟螺哌酮
fluspirilene [fluˈspiərilin] 氟斯必灵
flutamide [ˈflutəmaid] 氟硝丁酰胺
flutiazin [fluˈtaiəzin] 氟羟嗪
flutter [ˈflʌtə] 扑动
  atrial f. 心房扑动
  diaphragmatic f. 膈扑动
  impure f. 不纯扑动
  mediastinal f. 纵隔扑动
  pure f. 整齐扑动
  ventricular f. (**VFI**) 心室扑动
flutter-fibrillation [ˈflʌtəˌfaibriˈleiʃən] 扑动-纤颤
flux [flʌks] (L. *fluxus*) ❶ 流出,溢出; ❷ 熔剂,焊媒
  celiac f. 食糜泻
  ceramic f. 陶瓷熔剂
  ionic f. 离子通量
  luminous f. 光通量
  menstrual f. 月经
  neutral f. 中性焊媒
  oxidizing f. 氧化性焊媒
  reducing f. 还原性焊媒
fluxion [ˈflʌkʃən] 流动,流出,溢出
fly [flai] 蝇
  black f. 黑蝇
  blackbottle f. 黑花蝇
  bloodsucking f's 吸血蝇类
  blow f. 丽蝇
  bluebottle f. 丽蝇
  bot f. 肤蝇
  caddis f. 毛翅蝇
  cheese f. 酪蝇
  deer f. 斑虻
  drone f. (雄)蜂蝇
  dung f. 粪蝇
  eye f. 眼蝇
  face f. 秋家蝇
  filth f. 家蝇
  flesh f. 麻蝇,肉蝇

fruit f. 果蝇
gad f. 虻
green-bottle f. 绿蝇
heel f. 皮下蝇
horn f. 角蝇
horse f. 马蝇(虻)
house f. 普通家蝇
hover f's 食蚜蝇
lake f. 湖蝇
latrine f. 灰腹厕蝇
mango f., mangrove f. 斑虻
moth f. 蛾蝇,尾蠓
nose f., nostril f. 羊狂蝇
owl f. 枭蝇
ox-warble f. 牛皮蝇
phlebotomus f. 白蛉
pomace f. 果蝇
Russian f. 斑蝥
sand f. 白蛉
screw-worm f. 锥蝇,旋丽蝇
Seroot f. 二带虻
snipe f. 鹬虻
soldier f. 水虻
Spanish f. 斑蝥,欧芫菁
stable f. 厩螫蝇
tick f. 虱蝇
tsetse f. 采采蝇
tumbu f. 嗜人瘤蝇
warble f. 肤蝇,皮蝇

Flynn-Aird syndrome [flin ɛəd] (P. *Flynn*, American physician, 20th century; R. B. *Aird*, American physician, 20th century) 弗-艾二氏综合征
F.M. (L. *fiat mistura* 的缩写) 制成合剂
Fm (*fermium* 的符号) 镄
FML 氟甲松龙:氟甲松龙制剂的商品名
FMN (flavin mononucleotide 的缩写) 黄素单核苷酸
FMN adenylyltransferase [ˌædəˌnəlil-ˈtrænsfəreis] (EC 2.7.7.2) 黄素单核苷酸腺嘌呤核苷酰基转移酶
FMNH₂ 黄素单核苷酸(FMN)的还原形式
FNH (focal nodular hyperplasia 的缩写) 病灶性小结增生
FNTC (fine needle transhepatic cholangiography 的缩写) 细针肝穿刺胆管造影术
focal [fəukəl] ❶ 焦点的;❷ 病灶的,灶的

foci [ˈfəusai] (L.) ❶ 焦点,聚光点;❷ 病灶;❸ 疫源地。*focus* 的复数形式
focil [ˈfəusil] (L. *fusillus*, a little spindle) ❶ 前臂骨;❷ 小腿骨
focile [ˈfəsili] (L. *fusillus*, a little spindle) ❶ 前臂骨;❷ 小腿骨
focimeter [fəˈsimitə] (*focus* + *-meter*) 焦点计
focus [ˈfəukəs] (pl. *foci*) (L. "fireplace") ❶ 焦点,聚光点;❷ 病灶
  aplanatic f. 无球面像差焦点
  Assmann f. 阿斯漫氏病灶
  conjugate f. 共轭焦点
  epileptogenic f. 致癫痫病灶
  epileptogenic f., secondary 继发性致癫痫病灶
  Ghon f. 戈恩氏病灶
  mirror f. 镜像病灶
  principal foci 主焦点
  real f. 实焦点
  Simon's foci 西门氏病灶
  virtual f. 虚焦点
focusing [ˈfəukəsiŋ] 聚焦
  isoelectric f. 等电点聚焦法
fodrin [ˈfəudrin] 膜收缩蛋白
foe- 参见以 *fe* 开始的词
foetor [ˈfiːtə] (L. *foetor* stench) 臭气
foetus [ˈfiːtəs] (L. *foetus* offspring) 胎儿
fog [fɔg] 雾
  mental f. 意识模糊
fogging [ˈfɔgiŋ] 雾视法
fogo [ˈfɔgəu] (Port. "fire") 火肤病:巴西的一种皮肤病名
  f. selvagem (Port. "wild fire") 巴西天疱疮
foil [fɔil] 箔,叶
  gold f. 金箔
  gold f., cohesive 粘性金箔
  mat f. 团金箔
  platinum f. 铂箔,白金箔
  tin f. 锡箔
Foix syndrome [fwɑː] (Charles *Foix*, French neurologist, 1882-1927) 富瓦氏综合征
Foix-Alajouanine syndrome [fwɑː ɑːlɑːʒuɑːˈniːn] (Charles *Foix*; Théophile *Alajouanine*, French neurologist, 1890-1980) 富-阿二氏综合征

Fol. (L. *folia* 的缩写) 叶
folacin [ˈfəulǝsin] 叶酸
folate [ˈfǝuleit] 叶酸盐
   f. polyglutamate 叶酸盐多谷氨酸
fold [fǝuld] 襞,褶
   alar f's 翼状襞
   amniotic f. 羊膜褶
   aryepiglottic f. 构状会厌襞
   aryepiglottic f. of Collier 柯立尔氏构状会厌襞
   axillary f. 腋襞
   axillary f., anterior 腋前襞
   axillary f., posterior 腋后襞
   Brachet's mesolateral f. 布列奇特氏侧肠系膜褶
   bulboventricular f. 球室襞
   caval f. 腔静脉褶
   cecal f's 盲肠襞
   cholecystoduodenocolic f. 胆囊十二指肠结肠襞
   ciliary f's 睫状褶
   circular f's, circular f's of Kerckring 环状褶
   conjunctival f. 结膜褶
   costocolic f. 膈结肠襞
   Douglas' f. ① 直肠子宫襞；② 腹直肌鞘弓状线
   Duncan's f's 邓肯氏襞,子宫腹膜襞
   duodenojejunal f. 十二指肠空肠襞
   duodenomesocolic f. 十二指肠结肠系膜襞
   epicanthal f., epicanthine f. 内眦赘皮
   epigastric f. 上腹动脉襞
   falciform f. of fascia lata 阔筋膜镰缘
   fimbriated f. 伞襞
   gastric f's 胃襞
   gastropancreatic f., left 左胃胰襞
   gastropancreatic f., right 右胃胰襞
   genital f. 生殖褶
   glossoepiglottic f's 舌会厌襞
   glossoepiglottic f., lateral 舌会厌外侧襞
   glossoepiglottic f., median 舌会厌正中襞
   gluteal f. 臀沟
   Guérin's f. 盖兰氏襞
   Hasner's f. 哈斯讷氏襞,鼻泪管襞
   head f. 头褶
   Heister's f. 螺旋瓣
   Hensing's f. 汉星氏褶
   hepatopancreatic f. 肝胰襞
   horizontal f's of rectum 直肠水平襞
   ileocecal f. 回盲襞
   ileocolic f. 回结肠襞
   incudal f. 砧骨褶
   inferior duodenal f. 十二指肠下襞
   interarticular f. of hip 髋关节内襞
   interarytenoid f. 构状软骨间襞
   interdigital f. 指(趾)间襞
   interureteric f. 输尿管间襞
   iridial f's 虹膜襞
   Jonnesco's f., Juvara's f. 江内斯科氏褶,贾瓦拉氏褶,脏壁腹膜褶
   Kerckring's f's (of small intestine) 克尔克林氏(小肠)襞,环状襞
   Kohlrausch's f's 科尔劳斯氏褶
   lacrimal f. 鼻泪管襞
   f's of large intestine 大肠半月襞
   longitudinal f. of duodenum 十二指肠纵襞
   mallear f. of mucous coat of tympanic cavity, anterior 鼓室粘膜锤骨前襞
   mallear f. of mucous coat of tympanic cavity, posterior 鼓室粘膜锤骨后襞
   mallear f. of tympanic membrane, anterior 鼓膜锤骨前襞
   mallear f. of tympanic memebrane, posterior 鼓膜锤骨后襞
   mammary f. 乳腺褶
   Marshall's f. 马歇尔氏褶,左腔静脉褶
   medullary f. 髓皱襞
   mesolateral f. 侧肠系膜褶
   mesonephric f. 中肾褶
   mesouterine f. 子宫系膜襞
   mucobuccal f. 颊粘膜襞
   mucolabial f. 唇粘膜襞
   mucosal f. 粘膜襞
   mucosobuccal f. 颊粘膜襞
   mucous f. 粘膜襞
   mucous f's of rectum 直肠粘膜襞
   nail f. 甲褶
   nasopharyngeal f. 鼻咽襞
   Nélaton's f. 内拉通氏襞
   neural f. 神经褶
   opercular f. 盖皱襞
   palatine f's, palatine f's, transverse 腭横褶

palmate f's 棕榈状褶
palpebral f. 睑皱襞
palpebronasal f. 睑鼻褶
pancreaticogastric f., left 左胰胃襞
paraduodenal f. 十二指肠旁襞
parietocolic f. 体壁结肠襞
parietoperitoneal f. 体壁腹膜褶
pharyngoepiglottic f. 咽会厌褶
primitive f. 原褶
Rathke's f's 腊特克氏褶
rectal f's 直肠襞
rectouterine f. 直肠子宫襞
rectovaginal f. 直肠阴道襞
rectovesical f. 直肠膀胱襞
retrotarsal f. 结合膜襞
Rindfleisch's f's 林德弗来斯氏褶
sacrogenital f. 骶生殖襞
salpingopalatine f. 咽鼓管腭襞
salpingopharyngeal f. 咽鼓管咽襞
Schultze's f. 舒尔策氏褶
semilunar f. 半月襞
semilunar f's of colon 结肠半月襞
semilunar f. of conjunctiva 结膜半月襞
semilunar f. of transversalis fascia 横筋膜半月襞
serosal f., serous f. 浆膜襞
sigmoid f's of colon 乙状结肠襞
skin f. 皮肤褶
spiral f. 螺旋襞
spiral f. of cystic duct 胆囊管螺旋襞
stapedial f. 镫骨襞
sublingual f. 舌下襞
superior duodenal f. 十二指肠上襞
synovial f. 滑膜褶
synovial f. infrapatellar 髌下滑膜褶
synovial f. of hip 髋(关节)滑膜襞
synovial f., mediopatellar 髌中滑膜襞
synovial f., patellar 髌下滑膜襞
synovial f., suprapatellar 髌上滑膜襞
tail f. 尾褶
transverse f's of rectum 直肠横襞
Treves' f. 特里维斯氏襞
triangular f. 三角襞
tubal f's of uterine tube 输卵管管襞
umbilical f., lateral 脐外侧襞
umbilical f., medial 脐内侧襞
umbilical f., median, umbilical f., middle 脐正中襞
urogenital f. 尿生殖道褶
vaginal f's 阴道皱褶
vascular cecal f. 盲肠血管襞
ventricular f. 室襞
vesical f., transverse 膀胱横襞
vestibular f. 前庭襞
vestigial f. of Marshall 左腔静脉褶
villous f's of stomach 胃绒毛襞
vocal f. 声襞,声带
vocal f. false 假声带

Folex ['fəuliks] 脱叶亚鳞:氨基甲叶酸制剂的商品名

Foley catheter ['fəuli] (Frederic Eugene Basil *Foley*, American urologist, 1891-1966) 弗雷氏导管

folia ['fəuliə] 叶。*folium* 的复数形式

foliaceous [ˌfɔli'eifəs] (L. *folia* leaves) 叶状

folian ['fəuliən] 弗烈斯氏突的

folic acid ['fɔlik] ❶ 叶酸;❷ (USP)叶酸制剂

folie [fɔ'li:] (Fr.) 精神错乱,精神病
 f. à deux 感应性精神病,二联性精神病
 f. du doute 多疑癖,怀疑性精神病
 f. du pourquoi 问难癖,怀疑性精神病
 f. gémellaire 孪生性精神病
 f. raisonnante 妄想性精神病

Folin's method ['fɔlinz] (Otto Knut Olof *Folin*, American physiologic chemist, 1867-1934) 福林氏法

folinic acid [fəu'linik] 亚乙酸,甲酰四氢叶酸

follitropin ['fɔlitrəpin] 促卵泡成熟激素

folium ['fəuliəm] (pl. *folia*) (L. "leaf") (NA) 叶
 folia cerebelli (NA), **folia of cerebellum** 小脑叶
 lingual f. 叶状乳头
 f. vermis (NA) 蚓叶

Folius' muscle ['fəuliəs] (Caecilius *Folius*, Italian anatomist, 1615-1660) 福利厄斯氏肌

follicle ['fɔlikəl] ❶ 滤泡,小囊;❷ 淋巴小结
 aggregated f's 淋巴集结,集合淋巴滤泡
 aggregated f's of vermiform appendix 阑尾集合淋巴滤泡
 antral f's 囊状卵泡

atretic f. 闭锁卵泡
dental f. 牙囊
Fleischmann's f. 弗莱希曼氏滤泡
gastric f's ① 胃腺滤泡；② 胃淋巴小结
graafian f's 格雷夫氏泡，囊状卵泡
hair f. 毛囊
intestinal f's 肠腺（滤泡）
lenticular f's 胃淋巴小结
Lieberkühn's f's 利贝昆氏腺
lingual f's 舌滤泡
lymph f., lymphatic f. 淋巴小结
lymph f's of stomach 胃淋巴滤泡
lymphatic f's, aggregated, of Peyer 皮埃尔氏淋巴集结
lymphatic f's, laryngeal 喉淋巴滤泡
lymphatic f's of large intestine, solitary 大肠孤立淋巴滤泡
lymphatic f's of tongue 舌淋巴滤泡
Montgomery's f's 蒙哥马利氏滤泡
mucous f's, nasal 鼻粘膜滤泡，鼻腺
Naboth's f's, nabothian f's 纳博特氏滤泡，子宫颈腺囊肿
ovarian f. 卵（巢滤）泡
ovarian f's, primary 初级卵泡
ovarian f's, vesicular 囊状卵泡
primordial f. 原始卵泡
sebaceous f. 皮脂腺
secondary f's 次级卵泡
solitary f's 孤立淋巴滤泡
f. of Stannius 斯坦尼乌斯氏滤泡
thyroid f's, f's of thyroid gland 甲状腺滤泡
f's of tongue 舌滤泡
tooth f. 牙囊
unilaminar f. 单层滤泡

folliclis [ˈfɔliklis] 丘疹坏死性皮结核
follicular [fəˈlikjulə] (L. *follicularis*) ❶ 滤泡的，小囊的；❷ 淋巴小结的；❸ 卵泡的
folliculi [fəˈlikjuli] (L.) 滤泡，卵泡。*folliculus* 的复数形式
folliculin [fəˈlikjulin] 卵胞素，卵胞内泌素
folliculitis [fəˌlikjuˈlaitis] ❶ 滤泡炎；❷ 毛囊炎
　f. abscedens et suffodiens 穿掘脓肿性毛囊（周）炎
　agminate f. 集合性毛囊炎
　f. barbae 须疮
　f. decalvans 脱发性毛囊炎
　eosinophilic pustular f. 嗜酸性脓疮毛囊炎
　f. gonorrhoeica 淋病性滤泡炎，尿道腺炎
　gram-negative f. 革兰氏阴性（杆菌）毛囊炎
　keloidal f., f. keloidalis 瘢瘤性毛囊炎
　f. nares perforans 穿破性鼻腔毛囊炎
　f. ulerythematosa reticulata 网状红斑萎缩性毛囊炎
　f. varioliformis 痘样痤疮

folliculoma [fəˌlikjuˈləumə] (*folliculus* + -*oma*) 卵泡瘤
　f. lipidique 脂质细胞卵泡瘤
folliculose [fəˈlikjuləus] 多滤泡的
folliculosis [fəˌlikjuˈləusis] 滤泡增殖，淋巴滤泡增殖
folliculostatin [fəˌlikjuləˈstætin] 卵泡激素抑素
folliculus [fəˈlikjuləs] (pl. *folliculi*) (L., dim. of *follis* a leather bag) (NA) ❶ 滤泡，小囊；❷ 卵泡
folliculi glandulae thyroideae 甲状腺滤泡
folliculi linguales (NA) 舌滤泡
f. lymphaticus 淋巴滤泡
folliculi lymphatici aggregati (NA) 淋巴集结
folliculi lymphatici aggregati appendicis vermiformis (NA) 阑尾淋巴集结
folliculi lymphatici gastrici (NA) 胃淋巴滤泡
folliculi lymphatici laryngei (NA) 喉淋巴滤泡
folliculi lymphatici lienales 脾淋巴滤泡
folliculi lymphatici recti (NA) 直肠淋巴滤泡
folliculi lymphatici solitarii intestini crassi (NA) 大肠孤立淋巴滤泡
folliculi lymphatici solitarii intestini tenuis (NA) 小肠孤立淋巴滤泡
folliculi lymphatici splenici (NA) 脾淋巴滤泡
folliculi oophori primarii 初级卵泡
folliculi oophori vesiculosi (Graafi) 格雷夫氏囊状卵泡
folliculi ovarici primarii (NA) 初级卵泡

folliculi ovarici vesiculosi（NA）囊状卵泡
f. pili（NA）毛囊
following ['fɔləuiŋ] 跟踪,随动
Follutein ['fɔljutin] 福留提因:绒毛膜促性腺激素制剂商品名
Foltz's valve ['foultsəz]（Jean Charles Eugène *Foltz*, French ophthalmologist, 1822-1876）福耳兹氏瓣
Folvite ['fɔlvait] 福怀特:叶酸制剂的商品名
fomentation [,fəumən'teiʃən]（L. *fomentatio*; *fomentum*, a poultice）❶ 热敷,热罨;❷ 罨剂
fomes ['fəumiz]（pl. *fomites*）（L. "tinder"）污染物
fomite ['fəumait] 污染物
fomites ['fəumitiz] 污染物。*fomes* 的复数形式
fonazine mesylate ['fəunizin] 甲磺酸胺磺异丙嗪,甲磺酸磺酰异丙嗪
Fonsecaea [fɔnsi'siə]（O. da *Fonsecaea*, Brazilian physician, 20th century）产色芽生菌属
Fontan procedure [fɔn'tæn]（Francois Maurice *Fontan*, French heart surgeon, born 1929）丰塔纳氏手术
Fontana's markings [fɔn'tɑːnəz]（Felice *Fontana*, Italian naturalist and physiologist, 1730-1805）丰塔纳压条纹
fontanel [,fɔntə'nel] 囟,囟门
fontanelle [,fɔntə'nel]（Fr., dim. of *fontaine* spring, filter）囟,囟门
 anterior f. 前囟
 anterolateral f. 前外侧囟
 bregmatic f. 前囟
 Casser's f., casserian f., Casserio's f. 卡塞氏囟门,乳突囟
 cranial f's 颅囟,囟
 frontal f. 额囟
 Gerdy's f., 惹迪氏囟,矢囟
 mastoid f. 乳突囟
 occipital f., posterior f. 枕囟,后囟
 posterolateral f., posterotemporal f. 后外侧囟,颞后囟
 quadrangular f. 四角囟
 sagittal f. 矢囟
 sphenoidal f. 蝶囟
 triangular f. 三角囟
fonticuli [fɔn'tikjulai]（L.）囟,囟门
fonticulus [fɔn'tikjuləs]（pl. *fonticuli*）（L., dim. of *fons* fountain）（NA）囟,囟门
 f. anterior（NA）前囟
 f. anterolateralis（NA）前外侧囟
 fonticuli cranii（NA）囟,颅囟
 f. frontalis (major) 额囟
 f. gutturis 喉囟
 f. major 大囟
 f. mastoideus（NA）乳突囟
 f. minor 小囟
 f. occipitalis, f. posterior（NA）枕囟,后囟
 f. posterolateralis（NA）后外侧囟
 f. sphenoidalis（NA）蝶囟
food [fuːd] ❶ 食品;❷ 食粮;❸ 营养品
 isodynamic f's 等热量食品
foot [fut]（L. *pes*; form A. S. *fōt*）❶ 足,脚;❷ 足状物;❸ 呎,英尺
 athlete's f. 脚癣,运动员脚病,皮真菌病
 broad f. 阔足,阔跖足
 burning feet ① 灼热足;② 果帕兰氏综合症
 buttress f. 支撑足,锥突部骨炎
 Charcot's f. 夏科氏足
 cleft f. 足裂,裂足
 club f. 畸形足
 contracted f. 挛缩足(马)
 crooked f. 跛足
 dangle f., drop f. 下垂足
 end f., end-f. 终足
 fescue f. 羊茅足
 flat f. 扁平足,平足
 forced f. 强行足,行军足
 Friedreich's f. 弗里德赖希氏足
 Hong Kong f. 香港脚,脚癣
 immersion f. 浸泡足
 immersion f., tropical 热带浸泡足
 Madura f. 足分支菌病
 march f. 行军足
 Morand's f. 莫朗氏足
 Morton's f. 摩顿氏足
 mossy f. 苔状足疣
 pericapillary end f. 毛细血管周末足
 perivascular f. 血管周足
 pricked f. 刺痛足

red f. 红足
reel f. 畸形足
rocker-bottom f. ① 先天性凸状外翻足；② 马蹄内翻足
sag f. 弓下陷足
spatula f. 铲形足
spread f. 阔足,阔跖
strawberry rot f. 草莓样腐蹄症
sucker f. 吸足,吸盘
tabetic f. 脊髓痨足
taut f. 马蹄状足
trench f. 战壕足
weak f. 柔弱足
foot-candle ['fut,kændl] 呎烛光
footdrop ['futdrɔp] 足下垂
foot lambert [fut 'læmbət] 呎朗伯,英呎朗伯
footling ['futliŋ] ❶ 小足；❷ 足在前的
footplate ['futpleit] 镫骨底
foot-pound [fut'paund] 呎磅,英呎磅
footprinting ['futprintiŋ] 足迹法
forage [fɔ'rɑːdʒ] 饲料
foramen [fɔ'reimən] (pl. *foramina*) (L.) 孔
　accessory f. 副根管孔
　alveolar foramina of maxilla, foramina alveolaria maxillae (NA) 上颌骨牙槽孔
　aortic f. 主动脉裂孔
　apical f. of root of tooth 牙根尖孔
　apical f. of tooth, f. apicis dentis 牙根尖孔
　f. apicis radicis dentis (NA) 牙根尖孔
　auditory f., external 外耳道
　auditory f., internal 内耳门
　f. of Bochdalek 博赫达勒克氏孔
　f. caecum linguae (NA) 舌盲孔凹陷
　f. caecum medullae oblongatae 延髓盲孔
　f. caecum ossis frontalis (NA) 额骨盲孔
　f. caecum posterius, f. caecum of Vicq d'Azyr 延髓盲孔,维克达济尔氏孔
　caroticotympanic foramina 颈鼓小管
　carotid f. 颈动脉孔
　cecal f., f. cecum of frontal bone 额骨盲孔
　f. cecum linguae (NA) 舌盲孔
　f. cecum ossis frontalis (NA) 额骨盲孔
　f. cecum of tongue 舌盲孔
　condyloid f., anterior 髁前孔,舌下神经管
　condyloid f., posterior 髁后孔,髁管
　conjugate f. 接合孔
　f. costotransversarium (NA), costotransverse f. 肋横突孔
　cotyloid f. 髋臼孔
　cribroethmoid f. 筛骨孔
　foramina cribrosa ossis ethmoidalis 筛骨筛孔
　dental foramina 齿孔
　f. diaphragmatis (sellae) 膈孔(蝶鞍)
　Duverney's f. 杜维勒氏网膜孔
　emissary f. 导血管孔
　epiploic f., f. epiploicum (NA) 网膜孔
　esophageal f. 食管裂孔
　ethmoidal f., anterior 筛前孔
　ethmoidal f., posterior 筛后孔
　ethmoidal foramina 筛孔
　foramina ethmoidalia (NA) 筛孔
　f. of Fallopio 法娄皮欧氏孔,岩大神经管裂孔
　Ferrein's f. 费兰氏孔,岩大神经管裂孔
　frontal f., f. frontale (NA) 额孔
　frontoethmoidal f. 额筛孔
　glandular foramina of Littre 利特雷氏腺孔,尿道陷窝(女)
　glandular f. of Morgagni, glandular f. of tongue 莫尔加尼氏孔,舌盲孔
　great f. 枕骨大孔
　Hartigan's f. 哈蒂根氏孔,腰椎横突孔
　Huschke's f. 胡施克氏孔
　incisive f., f. incisivum (NA) 切牙孔,门齿孔
　incisor f., median 正中门齿孔
　infraorbital f., f. infraorbitale (NA) 眶下孔
　infrapiriform f. 梨状肌孔
　innominate f. 无名孔,岩浅小神经管内口
　intersacral foramina 骶骨椎间孔
　interventricular f., f. interventriculare (NA) 室间孔
　intervertebral f., f. intervertebrale (NA) 椎间孔
　intervertebral foramina of sacrum, foramina intervertebralia ossis sacri (NA) 骶骨椎间孔

ischiadic f., greater 坐骨大孔
ischiadic f., lesser 坐骨小孔
f. ischiadicum majus (NA) 坐骨大孔
f. ischiadicum minus (NA) 坐骨小孔
ischiopubic f. 坐耻孔,闭孔
jugular f., f. jugulare (NA) 颈静脉孔
f. of Key and Retzius 基-雷二氏孔,第四脑室外侧孔
lacerate f., anterior 前破裂孔
lacerate f., middle 中破裂孔
lacerate f. posterior 后破裂孔
f. lacerum (NA) 破裂孔
f. lacerum anterius 前破裂孔
f. lacerum medium 中破裂孔
f. lacerum posterius 后破裂孔
lateral f. 外侧孔
left f., inferior 左下孔
left f., superior 左上孔
f. of Luschka 路施卡氏孔,第四脑室外侧孔
f. of Magendie 马让迪氏孔,第四脑室正中孔
f. magnum (NA) 大孔
malar f. 颧骨孔
f. mandibulae (NA), f. mandibulare 下颌孔
mastoid f., f. mastoideum (NA) 乳突孔
maxillary f. 上颌孔
maxillary f., anterior 上颌前孔
maxillary f., inferior 上颌下孔
maxillary f., internal, maxillary f., posterior 上颌内孔,上颌后孔
maxillary f., superior 上颌上孔
medullary f. 髓孔
meibomian f. 门博敏安氏孔
mental f., f. mentale (NA) 颏孔
f. of Monro 门罗氏孔
Morand's f. 莫朗氏孔
Morgagni's f., morgagnian f. 莫尔加尼氏孔
nasal foramina, foramina nasalia (NA) 鼻骨孔
foramina nervosa laminae spiralis 螺旋板缘神经孔
foramina nervosa limbus laminae spiralis (NA) 螺旋板缘神经孔
neural f. 神经孔
f. nutricium, f. nutriens (NA), nutrient f. 滋养孔
obturator f., f. obturatum (NA) 闭孔
f. obturatorium 闭孔
occipital f., great, occipital f., inferior 枕骨大孔
f. occipitale magnum 枕骨大孔
olfactory f. 嗅神经孔
omental f., f. omentale (NA) 网膜孔
optic f. of sclera 巩膜视神经孔
optic f. of sphenoid bone, f. opticum ossis sphenoidalis 蝶骨视神经孔,视神经管
orbitomalar f. 颧眶孔
oval f. of fetus 胎儿卵圆孔
oval f. of hip bone 髋骨卵圆孔,闭孔
oval f. of sphenoid bone 蝶骨卵圆孔
f. ovale basis cranii (NA) 颅底卵圆孔
f. ovale cordis (NA) 心卵圆孔
f. ovale ossis sphenoidalis 蝶骨卵圆孔
f. of Pacchioni, pacchionian f. 帕基奥尼氏孔,蝶鞍膈孔
palatine foramina, accessory 副腭孔
palatine f., anterior 腭前孔
palatine f., greater 腭大孔
palatine foramina, lesser 腭小孔
palatine f., posterior 腭后孔
foramina of palatine tonsil 腭扁桃体小窝
f. palatinum majus (NA) 腭大孔
foramina palatina minora (NA) 腭小孔
foramina papillaria renis (NA), papillary foramina of kidney 肾乳头孔
parietal f., f. parietale (NA) 顶骨孔
f. petrosum (NA) 岩孔
pleuroperitoneal f. ①胸腹膜孔,胸腹膜裂孔；②胸肋三角
f. processus transversi 横突孔
pterygopalatine f. 翼腭孔
pulpal f. 齿髓孔,(牙根)尖孔
quadrate f. 方孔
f. radicis dentis (牙)根孔
Retzius' f. 雷济尼斯氏孔,第四脑室外侧孔
right f. 右孔
rivinian f., Rivinus' f. 里维纳斯氏孔,鼓切迹
root f. (牙)根尖孔
f. rotundum ossis sphenoidalis (NA) 蝶骨圆孔

sacral foramina, anterior 骶前孔
sacral foramina, dorsal 骶背侧孔
sacral foramina, internal 骶内侧孔
sacral foramina, posterior 骶后孔
sacral foramina, ventral 骶腹侧孔
f. of sacral canal 骶管孔
foramina sacralia anteriora (NA) 骶前孔
foramina sacralia dorsalia 骶背侧孔
foramina sacralia pelvica 骶骨盆孔
foramina sacralia pelvina 骶骨盆孔
foramina sacralia posteriora (NA) 骶后孔
foramina sacralia ventralia 骶腹侧孔
sacrosciatic f., great 骶坐大孔
sacrosciatic f., small 骶坐小孔
f. of saphenous vein 隐静脉孔
Scarpa's f. 斯卡帕氏孔
Schwalbe's f. 施瓦耳贝氏孔,延髓盲孔
sciatic f., greater 坐骨大孔
sciatic f., lesser 坐骨小孔
f. sciaticum majus (NA) 坐骨大孔
f. sciaticum minus (NA) 坐骨小孔
f. singulare (NA) 单孔
foramina of smallest veins of heart 心最小静脉孔
sphenopalatine f. ① 蝶腭孔;② 腭大孔
f. sphenopalatinum (NA) 蝶腭孔
sphenotic f. 蝶骨
spinal f., f. of spinal cord 脊孔,脊索孔
f. spinosum (NA), spinous f. 棘孔
Spöndel's f. 斯蓬德利氏孔
f. of Stensen 斯滕森氏孔
stylomastoid f., f. stylomastoideum (NA) 茎乳孔
suborbital f. 眶下孔
supraorbital f., f. supraorbitale (NA), f. supraorbitalis 眶上孔
suprapiriform f. 梨状肌上孔
temporomalar f. 颞颧孔
thebesian foramina 塞比斯氏孔,心最小静脉孔
thyroid f. ① 甲状软骨孔;② 闭孔
f. thyroideum (NA) 甲状软骨翼孔
tonsillar foramina 扁桃体孔
f. transversarium (NA) 横突孔
vena caval f., f. venae cavae (NA) 腔静脉孔
foramina venarum minimarum atrii dextri (NA) 心最小静脉孔
f. venosum (NA) 静脉孔
venous f. ① 腔静脉孔;② 静脉孔
vertebral f. 椎孔
f. vertebrale (NA) 椎孔
vertebroarterial f., f. vertebroarteriale 椎骨动脉孔
f. Vesalii, f. of Vesalius 韦萨留斯氏孔,静脉孔
f. of Vicq d'Azyr 维克达济尔氏孔,延髓盲孔
Vieussens' foramina 维厄桑氏孔,心最小静脉孔
Weitbrecht's f. 魏特布雷希特氏孔
f. of Winslow 温斯娄氏孔
zygomatic f., anterior, zygomatic f., external, zygomatic f., facial 颧前孔,颧外侧孔,颧面孔
zygomatic f., inferior, zygomatic f., internal, of Arnold 阿诺德氏孔,颧下孔,颧内孔,颧面孔
zygomatic f., internal, of Meckel 颧内侧孔,麦克尔氏孔
zygomatic f., orbital 颧眶孔
zygomatic f., posterior 颧后孔
zygomatic f., superior 颧上孔
zygomatic f., temporal 颧颞孔
zygomaticofacial f., f. zygomaticofaciale (NA) 颧面孔
zygomatico-orbital f., f. zygomatico-orbitale (NA) 颧眶孔
zygomaticotemporal f., f. zygomaticotemporale (NA) 颧颞孔
foramina [fəˈræminə] (L.) 孔。foramen 的复数形式
foraminiferan [fəˌræmiˈnifərən] 有孔虫
Foraminiferida [fəˌræminiˈferidə] (foramen + L. ferre to bear) 有孔虫目
foraminiferous [fəˌræmiˈnifərəs] (foramen + L. ferre to bear) ❶ 有孔的;❷ 有孔虫的
foraminotomy [fəˌræmiˈnɔtəmi] (foramina + Gr. tomē a cutting) 椎间孔切开术
foraminulum [ˌfɔrəˈminjuləm] (pl. foraminula) (L.) 小孔
Forane [ˈfɔrein] 氟林:异氟烷制剂的商品名
foration [fəuˈreiʃən] (L. forare to bore)

环锯术

Forbes' disease [fɔːbz] (Gilbert Burnett *Forbes*, American pediatrician, born 1915) 弗比兹氏病

Forbes-Albright syndrome [fɔbz 'ɔːlbrait] (Anne Poppenheimer *Forbes*, American physician, 1911-1992; Fuller *Albright*, American physician, 1900-1969) 福-阿二氏综合征

force [fɔːs] (L. *fortis* strong) 力
  bite f. 咬力
  catabolic f. 食物分解热力
  chewing f. 咀嚼力
  electromotive f. 电动势
  extraoral f. 口外力
  field f's 区力
  masticatory f. 咀嚼力
  occlusal f. 咬合力
  reciprocal f. 交互力
  reserve f. 潜力,保存力
  rest f. 安静力
  van der Waals f's 范德威尔斯氏力
  vital f. 活力

forceps ['fɔseps] (L.) ❶ 钳,镊;❷ 钳状体
  alligator f. 短吻鳄钳
  Allis f. 艾利斯氏钳
  f. anterior 前钳
  artery f. 动脉钳
  Asch f. 阿希氏钳
  axis-traction f. 循轴牵引钳
  Bailey-Williamson f. 白-威二氏产钳
  Barton f. 巴耳通氏产钳
  bayonet f. 枪刺样钳
  bulldog f. 扣镊
  bullet f. 子弹钳
  capsule f. 晶状体囊镊
  chalazion f. 睑板钳
  Chamberlen f. 钱伯伦氏产钳
  clamp f. ① 夹钳;② 橡(皮)障夹钳
  clip f. 小夹钳
  Cornet's f. 科内特氏钳
  DeLee f. 德李氏产钳
  dental f. 牙钳
  disk f. 巩膜钻板镊
  dressing f. 敷料钳
  ear f. 耳镊
  Elliot f. 埃利奥特氏钳
  epilating f. 拔发镊
  extracting f. 牙钳,拔牙钳
  fixation f. 固定镊
  f. frontalis (NA) 胼胝体额钳
  galea f. 头皮钳
  Garrison's f. 加雷森氏产钳
  Haig Ferguson f. 海格弗格森氏产钳
  Hawks-Dennen f. 郝-丹二氏产钳
  hemostatic f. 止血钳
  high f. 高位钳
  Kazanjian f. 卡扎涅氏钳
  Kielland's f., Kjelland's f. 基耶兰德氏钳
  Kocher f. 柯赫尔氏钳
  Koeberlé's f. 克尔贝勒氏止血钳
  Laufe's f. 劳菲氏钳
  Levret's f. 利夫雷氏产钳
  lithotomy f. 取石钳
  low f. 低位钳
  Löwenberg's f. 勒文伯格氏钳
  Luikart f. 路卡特氏产钳
  f. major 胼胝体辐射线枕部
  McKenzie f. 麦肯齐氏钳
  mid f. 中位钳
  f. minor 小钳
  mosquito f. 蚊式(止血)钳
  mouse-tooth f. 鼠牙钳
  obstetrical f. 产钳
  f. occipitalis (NA) 胼胝体枕部
  Péan's f. 佩昂氏钳
  Piper f. 派珀尔氏钳
  point f. 尖头钳
  f. posterior 后钳
  rongeur f. 修骨钳,咬骨钳
  rubber dam f., rubber dam clamp f. 橡(皮)障夹钳
  sequestrum f. 死骨钳
  Simpson's f. 辛普森氏产钳
  speculum f. 窥器钳
  suture f. 缝线钳
  Tarnier's f. 塔尼埃氏产钳
  tenaculum f. 单爪钳
  thumb f. 按捏摄
  tissue f. 组织镊
  torsion f. 扭转钳
  Tucker-Mclean f. 塔-麦二氏产钳
  volsella f., vulsellum f. 双爪钳
  Walsham f's 沃尔沙姆氏钳

Willett f. 威勒特氏钳,头皮钳
forcipal ['fɔːsipəl] 钳的
forcipate ['fɔːsipeit] 钳形的
Forcipomyia [ˌfɔːsipə'maijə] 铗蠓属
forcipressure ['fɔːsiˌpreʃə] 钳压法
Fordyce's disease ['fɔːdaisiz] (John Addison *Fordyce*, New York dermatologist, 1858-1925) 福代斯氏病
fore [fɔː] ❶ 前部;❷ 前的
forearm ['fɔːrɑːm] 前臂
forebrain ['fɔːbrein] 前脑
foreconscious [fɔː'kɔnʃəs] 前意识的
forefinger ['fɔːˌfiŋgə] 食指,示指
forefoot ['fɔːfut] ❶ 前肢;❷ 足前段
foregilding ['fɔːˌgildiŋ] (神经组织)盐处理
foregut ['fɔːgʌt] 前肠
forehead ['fɔrid] 额
foreign ['fɔːrin] 外来的,异质的
forekidney [fɔː'kidni] 前肾
Forel's commissure [fɔ'relz] (Auguste Henri *Forel*, Swiss psychiatrist, 1848-1931) 福雷尔氏连合
foremilk ['fɔːmilk] 初乳
forensic [fɔ'renzik] (L. *forēnsis* relating to a market place or forum) 法医的,法庭的
foreplay ['fɔːplei] 前期爱抚
fore-pleasure ['fɔːˌpleʒə] 前期性乐
foreskin ['fɔːskin] 包皮
  hooded f. 头巾状包皮
Forestier's disease [ˌfɔuristi'eiz] (Jacques *Forestier*, French neurologist, born 1890) 弗里斯特氏病
foretop ['fɔtɔp] 额鬃
forewaters ['fɔːˌwɔːtəz] 前羊水
Forhistal [fə'histəl] 吡啶茚胺马来酸二甲茚啶制剂的商品名
fork [fɔːk] 叉
  replication f. 复制叉
  tuning f. 音叉
form [fɔːm] (L. *forma*) ❶ 形状,形态;❷ 在分类学中,是加于门类上的前缀,加此前缀的门类由不存在或未知性期的微生物组成
  accolé f. 依附型,依附体
  appliqué f. 依附型,依附体
  arch f. 牙弓型
  band f's 带(状核)型

involution f's 退化型
juvenile f. 晚幼粒细胞
L-f. L 型
racemic f. 消旋式
retention f. 固定型
ring f. 环型
spherical f. of occlusion 殆球型
tooth f. 齿型
young f. 晚幼粒细胞
Formad's kidney ['fɔːmædz] (Henry F. *Formad*, American physician, 1847-1892) 福马德氏肾
formaldehyde [fə'mældəhaid] 甲醛
formaldehyde dehydrogenase (glutathione) [fɔ'mældəhaid di'haidrədʒəneis ˌglutə'θaiən] (EC 1.2.1.1.) 甲醛脱氢酶
formaldehydogenic [fəˌmældəˌhaidə'dʒenik] 甲醛原的,生甲醛的
formalin ['fɔːməlin] 福尔马林,甲醛溶液
formalinize ['fɔːməlinaiz] 用甲醛处理
formamidase [fə'mæmideis] ❶ (EC 3.5.1.49)甲酰胺酶;❷ 芳基甲酰胺酶
formamide ['fɔːməmaid] 甲酰胺
formamidoxim [fəˌmæmi'dɔksim] 氨基甲肟
formant ['fɔːmənt] 共振语
formate ['fɔːmeit] 甲酸盐
formate dehydrogenase ['fɔmeit di'haidrədʒəneis] (EC 1.2.1.2)甲酸脱氢酶
formate-tetrahydrofolate ligase ['fɔːmeitˌtetrəˌhaidrə'fɔːleit 'ligeis] (EC 6.3.4.3) 甲酸-四氢叶酸连接酶
formatio [fɔː'meiʃiəu] (pl. *formationes*) (L.) (NA) 结构
  f. reticularis medullae oblongatae (NA) 延髓网状结构
  f. reticularis medullae spinalis (NA) 脊髓网状结构
  f. reticularis mesencephali (NA), **f. reticularis pedunculi cerebri** 中脑网状结构
  f. reticularis pontis (NA) 脑桥网状结构
formation [fɔː'meiʃən] ❶ 形成;❷ 结构
  coffin f. 柩(状)结构
  compromise f. 协调构成
  Gothic arch f. 哥特氏弓结构
  hippocampal f. 海马结构
  palisade f. 栅栏结构

reaction f. 反应构成
reticular f. ① 网状结构；② 脑干的网状结构
reticular f. of brain stem 脑干网状结构
reticular f. of spinal cord 脊髓网状结构
rouleaux f. 钱串形成
formationes [fɔːmeiʃi'əuniz] (L.) ❶ 形成；❷ 结构。formatio 的复数形式
formative ['fɔːmətiv] 形成的,结构的
formazan ['fɔːməzən] 甲䐶
formboard ['fɔːmbɔːd] 形状板
form-class [fɔːmklɑːs] 形态纲
forme [fɔːm] (pl. formes) (Fr.) 形状,形态
  f. fruste (pl. formes frustes) (Fr. "defaced") 顿挫形
  f. tardive (Fr. "late") 迟发型
form-family [fɔːm'fæmili] 形态科
formic acid ['fɔːmik] 甲酸
formicant ['fɔːmikənt] (L. formicare to craw like an ant) 蚁匐状的
formication [ˌfɔːmi'keiʃən] (L. formica ant) 蚁走感
formiciasis [ˌfɔːmi'saiəsis] (L. formica ant) 蚁咬(皮)病
Formicoidea [ˌfɔːmikɔi'diə] 蚁总科
formimino [fɔː'miminəu] 亚胺(代)甲基
formiminoglutamate [fɔːˌmiminəu'glutəmeit] 亚胺(代)甲基谷氨酸盐
formiminoglutamic acid [fəˌmiminəuglu'tæmik] 亚胺(代)甲基谷氨酸
5-formiminotetrahydrofolate [fɔːˌmiminəuˌtetrəˌhaidrəu'fəuleit] 5-亚胺(代)甲基四氢叶酸
formiminotetrahydrofolate cyclodeaminase [fəˌmiminəuˌtetrəˌhaidrəu'fəuleit ˌsaiklɔudi'æmineis] (EC 4.3.1.4.) 亚胺(代)甲基四氢叶酸环化脱氨酶
formiminotransferase [fəˌmiminəu'trænsfəreis] (谷氨酸)亚胺(代)甲基转移酶
formiminotransferase deficiency 谷氨酸亚胺(代)甲基转移酶缺乏症
Formin ['fɔːmin] 乌洛托品
formocortal [ˌfɔːməu'kɔːtəl] 醛基缩松
formol ['fɔːməl] 福尔马林,甲醛溶液
form-order [fɔːm'ɔːdə] 形态目
formula ['fɔːmjulə] (pl. formulas or formulae) (L., dim. of forma form) 公式,式
Arneth's f. 阿尔内特氏公式
Arrhenius' f. 阿里纽斯氏公式
Bazett's f. 巴泽特氏公式
Beckmann's f. 贝克曼氏公式,冰点下降公式
Bird's f. 伯尔德氏公式
chemical f. 化学式
Christison's f. 克里斯提森氏公式
configurational f. 立体结构式
constitutional f. 结构式,构成式
Demoivre's f. 德木瓦弗氏公式
dental f. 牙式
digital f. 指(趾)式
Dreser's f. 德雷塞氏公式
Einthoven's f. 艾因托文氏公式
empirical f. 实验式,经验式
Fick f. 菲克氏公式
Fischer projection f. 费希尔氏投影结构式,费希尔氏立体结构式
Gompertz f. 贡珀茨氏公式
graphic f. 图解式
Haines' f. 黑恩斯氏公式
Hamilton-Stewart f. 海-斯二氏公式
Häser's f. 黑泽尔氏公式
Loebisch's f. 勒比施氏公式
Long's f. 朗氏公式
molecular f. 分子式
official f. 法定公式
projection f. 投影结构式,立体结构式
Ranke's f. 兰克氏公式
rational f. 示性式,示构式
Reuss' f. 罗伊斯氏公式
Runeberg's f. 鲁内伯格氏公式
spatial f. 立体结构式
stereochemical f. 立体化学结构式
structural f. 结构式
Trapp's f. 特腊普公式
Van Slyke's f. 范斯莱克氏公式
vertebral f. 椎骨式
formulary ['fɔːmjuləri] 烹饪(法)集,公式集,处方集
National F. (美国)国家处方集
formulate ['fɔːmjuleit] ❶ 列成公式,使公式化；❷ 按处方或特定方法制备
formulation [fɔːmju'leiʃən] 列成公式,公式化
American Law Institute f. 美国法律学会

案例集

Working F., Working F. of National Cancer Institute (美国)国家癌症协会的工作程序

Working F. of Non-Hodgkin's Lymphomas for Clinical Usage 非何杰金氏淋巴瘤的临床工作程序

formyl ['fɔːmil] (L. *formic* + Gr. *hylē* matter) 甲酰基

formylase ['fɔːmileis] 甲酰酶

formylkynurenine [ˌfɔməl'kinjurəˌnain] 甲酰犬尿氨酸

formyltetrahydrofolate [ˌfɔːməlˌtetrə'haidrəu'fəuleit] 甲酰四氢叶酸甲酰酶

5-formyltetrahydrofolate cyclo-ligase [ˌfɔːmilˌtetrəˌhaidrəu'fɔleit ˌsaikləu'ligeis] (EC 6.3.3.2) 5-甲酰四氢叶酸环化连结酶

formyltetrahydrofolate dehydrogenase [ˌfɔːmilˌtetrəˌhaidrəu'fɔleitdi'haidrəudʒəneis] (EC 1.5.1.6) 甲酰四氢叶酸脱氢酶

formyltransferase [ˌfɔːmil'trænsfəreis] 转甲酰酶,甲酰基转移酶

fornical ['fɔːnikəl] 穹窿的

fornicate ['fɔːnikeit] (L. *fornicatus* arched) 穹窿状的

fornicolumn ['fɔːniˌkɔləm] (L. *fornix* arch + *column*) 穹窿柱

fornicommisure [ˌfɔːni'kɔmisjuə] (*fornix* + *commisure*) 穹窿连合

fornix ['fɔːniks] (pl. *fornices*) (L. "arch") ❶ 穹窿;❷ 大脑穹窿
 anterior f. 前穹窿
 f. cerebri (NA), f. of cerebrum 大脑穹窿
 f. conjunctivae inferior (NA) 结膜下穹窿
 f. conjunctivae superior (NA) 结膜上穹窿
 gastric f. 胃穹窿
 f. gastricus (NA) 胃穹窿
 lateral f. 侧穹窿
 f. pharyngis (NA), f. of pharynx 咽穹窿
 posterior f. 后穹窿
 f. sacci lacrimalis (NA) 泪囊穹窿
 f. of stomach 胃穹窿
 f. vaginae (NA) 阴道穹窿
 f. ventricularis 胃穹窿。可与 *f. gastricus* 互用的解剖学术语
 f. ventriculi 胃穹窿

Foroblique [ˌfɔːrəu'blek] 前斜位镜

Forsius-Eriksson syndrome ['fɔːsiəs 'eriksən] (Henrik *Forsius*, Finnish physician, born 1921; Aldur W. *Eriksson*, Finnish geneticist, 20th century) 弗-埃二氏综合征

Forssell's sinus ['fɔːsəlz] (Gösta *Forssell*, Swedish radiologist, 1876-1950) 福塞耳氏窦

Forssman's antigen ['fɔːsmənz] (John *Forssman*, Swedish pathologist, 1868-1947) 福斯曼氏抗原

Forssmann ['fɔːsmən] 佛斯曼：Werner Theodor Otto, 德国外科医生, 1904-1979

Förster's choroiditis ['fəstəz] (Carl Friedrich Richard *Förster*, German ophthalmologist, 1825-1902) 弗斯特氏脉络膜炎

Förster's diplegia ['fəstəz] (Otfrid *Förster*, German neurosurgeon, 1873-1941) 弗斯特氏双瘫

Fortaz ['fɔːtæz] 福特兹：头胞噻甲羧肟制剂的商品名

Forthane ['fɔːθein] 二甲戊胺：甲基异己胺制剂的商品名

foscarnet sodium [fɔs'kɑːnet] 膦甲酸三钠

fosfomycin [ˌfɔsfəu'maisin] 磷霉素

fosfonet sodium ['fɔsfəunet] 膦乙酸钠

Foshay's test [fɔ'feiz] (Lee *Foshay*, American bacteriologist, 1896-1961) 福谢氏试验

fospirate ['fɔspireit] 磷吡脂

fossa ['fɔsə] (pl. *fossae*) (L.) 窝,凹
 acetabular f. 髋臼窝
 f. acetabularis 髋臼窝。解剖学术语中与 *f. acetabuli* 互用
 f. acetabuli (NA) 髋臼窝
 adipose fossae 脂肪窝
 anconal f., anconeal f. 鹰嘴窝
 antecubital f. 肘前窝
 f. anthelicis (NA), f. of anthelix 对耳轮窝
 articular f. of atlas, inferior 寰椎下关节窝;寰椎下关节小窝
 articular f. of atlas, superior 寰椎上关

节窝;寰椎上关节小窝
articular f. of mandible 下颌骨关节窝;下颌骨窝
articular f. for odontoid process of axis 枢椎齿状突关节窝
articular f. of temporal bone 颞骨关节窝
f. axillaris (NA), axillary f. 腋窝
Biesiadecki's f. 比阿萨迪斯基氏窝;髂筋膜下窝
Broesike's f. 布如斯克氏窝,空肠旁隐窝
f. caecalis 盲肠窝
f. canina (NA), canine f. 尖牙窝,犬齿窝
f. capitelli 槌骨头凹
f. capitis femoris 股骨头窝
f. carotica 颈动脉窝
f. cerebellaris (NA) 颅后窝
f. cerebralis (NA) 大脑窝(颅中窝及颅前窝)
f. chordae ductus venosi 静脉导管索窝
cochleariform f. 蜗状窝
condylar f., f. condylaris (NA), condyloid f. 髁突窝
condyloid f., posterior 髁后窝
condyloid f. of atlas 寰椎髁突窝
condyloid f. of mandible 下颌骨髁突窝
condyloid f. of temporal bone 颞骨髁突窝
f. condyloidea 髁突窝
coronoid f. of humerus, f. coronoidea humeri (NA) 肱骨喙突窝
f. of coronoid process 喙突窝
costal f., inferior 肋骨下窝
costal f., superior 肋骨上窝
costal f. of transverse process 肋骨横突窝
cranial f., anterior 颅前窝
cranial f., middle 颅中窝
cranial f., posterior 颅后窝
f. cranialis anterior 颅前窝
f. cranialis media 颅中窝
f. cranialis posterior 颅后窝
f. cranii anterior (NA) 颅前窝
f. cranii media (NA) 颅中窝
f. cranii posterior (NA) 颅后窝
crural f. 股窝
cubital f. ① 肘窝;② 肱骨喙突突
f. cubitalis (NA) 肘窝

f. cystidis felleae 胆囊窝
digastric f. ① 二腹肌窝;② 颞骨乳突切迹
f. digastrica (NA) 二腹肌窝
digital f. of femur 股骨指形窝
digital f., inferior 下指形窝
digital f., superior 上指形窝
f. ductus venosi (NA), f. of ductus venosus 静脉导管窝
duodenal f., inferior 十二指肠下窝
duodenal f., superior 十二指肠上窝
duodenojejunal f. 十二指肠空肠隐窝
epigastric f. ① 上腹窝;② 脐尿管窝
f. epigastrica (NA) 上腹窝
ethmoid f. 筛骨窝
f. of eustachian tube 耳咽管窝
femoral f. 股突
floccular f. 絮状窝
f. of gallbladder 胆囊窝
Gerdy's hyoid f. 惹迪氏舌骨窝
f. glandulae lacrimalis (NA) 泪腺窝
glandular f. of frontal bone 额骨泪腺窝
glenoid f. 关节窝
glenoid f. of scapula 肩胛骨关节盂
glenoid f. of temporal bone 颞骨关节窝
greater f. of Scarpa 斯卡帕氏大窝
Gruber's f. 格鲁伯氏窝
Gruber-Landzert f. 格-兰二氏窝,十二指肠空肠后隐窝
harderian f. 副泪腺窝
f. of head of femur 股骨头窝,股骨头小窝
f. helicis 耳轮窝;耳舟
f. hemielliptica 半椭圆窝
f. hemispherica 半球窝
hyaloid f., f. hyaloidea (NA) 玻璃体窝
hypogastric f. 腹下窝
hypophyseal f., f. hypophyseos, f. hypophysialis (NA) 垂体窝
ileocecal f., inferior 回盲下隐窝
ileocecal f., superior 回盲上隐窝
ileocolic f. 回盲窝
iliac f., f. iliaca (NA) 髂窝
iliacosubfascial f., f. iliacosubfascialis 髂筋膜下窝
f. iliopectinea, iliopectineal f. 髂耻窝
implantation f. 植入窝
incisive f. of maxilla 上颌骨门齿窝,上

颌骨切牙窝
incudal f., f. incudis (NA), f. of incus 砧骨窝
infraclavicular f., f. infraclavicularis (NA) 锁骨下窝
infraduodenal f. 十二指肠下隐窝
f. infraspinata (NA) 冈下窝
f. infraspinosa 冈下窝
infraspinous f. 冈下窝
infratemporal f., f. infratemporalis (NA) 颞下窝
inguinal f., external 腹股沟外侧凹
inguinal f., internal 腹股沟内侧凹
inguinal f., lateral 腹股沟外侧凹
inguinal f., medial, inguinal f., middle 腹股沟内侧凹
f. inguinalis lateralis (NA) 腹股沟外侧凹
f. inguinalis medialis (NA) 腹股沟内侧凹
innominate f. of auricle 耳廓无名窝
intercondylar f. of femur 股骨髁间窝
intercondylar f. of femur, anterior 股骨前髁间窝
intercondylar f. of tibia, anterior 胫骨前髁间窝
intercondylar f. of tibia, posterior 胫骨后髁间窝
f. intercondylaris femoris (NA) 股骨髁间窝
f. intercondylica 股骨髁间窝
intercondyloid f. 髁间窝
f. intercondyloidea anterior tibiae 胫骨前髁间窝
f. intercondyloidea femoris 股骨髁间窝
f. intercondyloidea posterior tibiae 胫骨后髁间窝
f. intermesocolica transversa 横结肠系膜间隐窝
interpeduncular f., f. interpeduncularis (NA) 脚间窝
intersigmoid f. 乙状结肠间隐窝
f. ischioanalis (NA) 坐骨直肠窝
ischiorectal f., f. ischiorectalis 坐骨直肠窝
Jobert's f. 乔波特氏窝
f. of Jonnesco 乔来斯科氏窝,十二指肠空肠隐窝

jugular f., f. jugularis ① 颈静脉窝; ② 颞骨颈静脉窝
jugular f. of temporal bone, f. jugularis ossis temporalis (NA) 颞骨颈静脉窝
lacrimal f. ① 泪腺窝; ② 泪骨泪腺沟
f. of lacrimal gland 泪腺窝
f. of lacrimal sac 泪囊窝
Landzert's f. 兰则特氏窝
lateral f. of cerebrum 大脑外侧窝
f. of lateral malleolus 外踝窝
f. lateralis cerebralis (NA), f. lateralis cerebri 大脑外侧窝
lenticular f., lenticular f. of vitreous body 晶状体窝; 玻璃状体窝
lesser f. of Scarpa 斯卡帕氏小窝
f. for ligamentum teres 圆韧带窝
f. of little head of radius 桡骨小头窝
longitudinal fossae of liver, right 肝右矢状窝
f. longitudinalis hepatis 肝矢状窝
Luschka's f. 路施卡氏窝
Malgaigne's f. 马耳盖尼氏窝
f. malleoli lateralis (NA) 外踝窝
mandibular f., f. mandibularis (NA) 下颌窝
mastoid f. ① 颞骨乳状突; ② 耳道上小窝
mastoid f. of temporal bone 颞骨乳突窝
maxillary f. 上颌窝
mesentericoparietal f. 肠系膜壁窝
mesogastric f. 肠系膜窝
Mohrenheim's f. 莫任黑木氏窝
f. of Morgagni 莫咖吾尼氏窝
f. musculi biventeris 二腹肌窝
mylohyoid f. of mandible 下颌骨下颌舌骨肌窝
myrtiform f. 金桃娘窦状窝
nasal f. 鼻窝
navicular f. of Cruveilhier 可如未尔黑尔氏舟状窝
navicular f. of male urethra 男性尿道舟状窝
navicular f. of sphenoid bone 蝶骨舟状窝
f. navicularis urethrae (NA), f. navicularis urethrae (Morgagnii) 尿道舟状窝
f. navicularis (vestibuli vaginae) 舟状窝(阴道前庭)

f. olecrani (NA), olecranon f. 鹰嘴窝
olfactory f. 嗅球窝
f. of omental sac, inferior 网膜囊下窝
f. of omental sac, superior 网膜囊上窝
oral f. 口窝
oval f. of heart 心脏卵圆窝
oval f. of thigh 股部卵圆窝
f. ovalis cordis (NA) 心卵圆窝
f. ovalis femoris 股部卵圆窝
ovarian f., f. ovarica (NA) 卵巢窝
paraduodenal f. 十二指肠旁隐窝
parajejunal f. 空肠旁隐窝
paravesical f., f. paravesicalis (NA) 膀胱旁窝
parietal f. 顶骨窝
patellar f. 玻璃体窝
patellar f. of femur 股骨髌骨窝
patellar f. of tibia 胫骨髌骨窝
perineal f. 会阴窝
petrosal f., f. for petrosal ganglion 岩部神经节岩部窝
piriform f. 梨状隐窝
pituitary f. 垂体窝
f. poplitea (NA), popliteal f. 腘窝
popliteal f. of femur 股骨腘窝
popliteal f. of tibia 胫骨腘窝
postcondyloid f. 髁后窝
posterior f. of humerus 肱骨后窝
f. praenasalis, prenasal f. 鼻前窝
prescapular f., prespinous f. 肩胛下窝,棘前窝
pterygoid f. of inferior maxillary bone 上颌骨翼突窝
pterygoid f. of sphenoid bone, f. pterygoidea ossis sphenoidalis (NA) 蝶骨翼突窝
pterygomaxillary f. 上颌翼突窝
f. pterygopalatina (NA), pterygopalatine f. 翼腭窝
radial f. of humerus, f. radialis humeri (NA) 肱骨桡骨窝
retrocecal f. 盲肠后窝
retroduodenal f. 十二指肠后窝
retromandibular f., f. retromandibularis 下颌后窝
rhomboid f., f. rhomboidea (NA) 菱形窝
Rosenmüller's f. 罗森苗勒氏窝

f. sacci lacrimalis (NA) 泪囊窝
fossae sagittales dextrae hepatis 肝右矢状窝
fossae sagittales hepatis 肝矢状窝
f. sagittalis sinistra hepatis 肝左矢状窝
scaphoid f. ① 蝶骨舟状窝;② 舟状窝;耳舟
scaphoid f. of sphenoid bone, f. scaphoidea ossis sphenoidalis (NA) 蝶骨舟状窝
f. scarpae major 斯卡帕氏大窝
sellar f. 鞍窝
semilunar f. of ulna 尺骨半月状窝,尺骨滑车切迹
sigmoid f. 乙状窝
sigmoid f. of temporal bone 颞骨乙状窝;颞骨乙状窦沟
sigmoid f. of ulna 尺骨乙状窝
sigmoid f. of ulna, lesser 尺骨小乙状窝
sphenomaxillary f. 蝶骨上颌骨窝
splenic f. of omental sac 网膜囊脾脏窝
f. subarcuata ossis temporalis (NA) subarcuate f. of temporal bone 颞骨弓形下窝
subcecal f. 盲肠下窝
sublingual f. 舌下窝
submandibular f. 下颌下窝
submaxillary f. 上颌下窝
subpyramidal f. 锥下窝
subscapular f., f. subscapularis (NA) 肩胛下窝
subsigmoid f. 乙状结肠下窝
supraclavicular f., greater 锁骨上大窝
supraclavicular f., lesser 锁骨上小窝
f. supraclavicularis major (NA) 锁骨上大窝
f. supraclavicularis minor (NA) 锁骨上小窝
supracondyloid f. 髁上窝
supramastoid f. 乳突上窝
suprasphenoidal f. 蝶骨上窝
f. supraspinata (NA) 冈上窝
f. supraspinosa 冈上窝。解剖学术语中可替换 *f. supraspinata*
supraspinous f. 冈上窝
supratonsillar f., f. supratonsillaris (NA) 扁桃体上窝
supratrochlear f., posterior 滑车上后窝
supravesical f., f. supravesicalis (NA) 膀

胱上凹

sylvian f., **f. of Sylvius** ① 大脑外侧窝;② 大脑外侧沟

Tarin's f. 塔兰氏窝

temporal f., **f. temporalis**(NA) 颞窝

terminal f. 终末窝

tibiofemoral f. 胫股窝

tonsillar f., **f. tonsillaris**(NA) 扁桃体窝

f. transversalis hepatis 肝横窝

f. of Treitz 猜次氏窝

triangular f. of auricle, **f. triangularis auriculae**(NA) 耳廓三角窝

trochanteric f., **f. trochanterica**(NA) 转子窝

trochlear f., **f. trochlearis** 滑车小凹

ulnar f. 尺骨窝

umbilical f., **medial** 脐内侧窝

f. umbilicalis hepatis 肝脐窝

urachal f. 脐尿管窝

f. venae cavae 腔静脉窝

f. venae umbilicalis 脐静脉窝

f. vesicae felleae(NA) 胆囊窝

vestibular f., **f. of vestibule of vagina**, **f. vestibuli vaginae** 前庭窝,阴道前庭窝

Waldeyer's f. 沃德格氏窝

zygomatic f. 颧下窝

fossae ['fɔsi:](L.) 窝;窝的。fossa 的复数形式

fossette [fɔ'set](Fr.) ❶ 小窝;❷ 角膜深溃疡

fossula ['fɔsjulə](pl. fossulae)(L., dim. of fossa) 小窝;(NA) 通用以形容一结构或器官表面的小凹陷

f. of cochlear window 蜗窗小窝

costal f., **inferior** 肋骨下小窝

costal f., **superior** 肋骨上小窝

f. fenestrae cochleae(NA) 蜗窗小窝

f. fenestrae vestibuli(NA) 前庭窗小窝

f. of oval window 卵圆窗小窝

f. petrosa(NA), **petrosal f.**, **f. of petrous ganglion** 岩小窝,岩部神经节小窝

f. post fenestram 窗后小窝

f. of round window 圆窗小窝

tonsillar fossulae of palatine tonsil 腭扁桃体的扁桃体小窝

tonsillar fossulae of pharyngeal tonsil 咽扁桃体的扁桃体小窝

fossulae tonsillares tonsillae palatinae(NA) 腭扁桃体扁桃体小窝

fossulae tonsillares tonsillae pharyngeae(NA) 咽扁桃体扁桃体小窝

fossulae ['fɔsjuli:](L.) 小窝。fossula 的复数形式

fossulate ['fɔsjuleit] 小窝的

Fothergill's operation ['fɔðəgilz] (William Edward *Fothergill*, Manchester gynecologist, 1865-1926) 法沙吉尔氏手术

Fouchet's test [fu'ʃeiz] (André *Fouchet*, French chemist, born 1894) 富谢氏试验

foulage [fu:'lɑːʒ] (Fr. "falling, pressing") 搓揉按摩法

foulbrood ['faulbru:d] 蜂蛆腐烂病;蜜蜂腐蛆病

foundation [faun'deiʃən] 基础,基本

denture f. 托牙基础

founder ['faundə] 马跛病

chest f. 胸蹶;胸肌风湿(马等)

grain f. 谷蹶;伤食病

fourchette [fɔː'ʃet] (Fr. "a fork-shaped object") 阴唇系带

Fourneau 309 ['fɔːnəu] 福诺 309:苏拉明纳制剂的商品名

Fournier's gangrene [fuəni'eiz] (Jean Alfred *Fournier*, French dermatologist, 1832-1914) 富尼埃氏坏疽

fovea ['fəuviə] (L.)(pl. *foveae*) 凹;小窝;(NA) 通用于形容一个结构或者器官表面的小凹、小窝。常单独用以指视网膜中央凹

anterior f. of humerus, greater 肱骨大前小窝

anterior f. of humerus, lesser 肱骨小前小窝

articular foveae for rib cartilages 肋软骨之关节窝

articular f. of temporal bone 颞骨关节窝

f. articularis capitis radii(NA) 桡骨头关节窝

f. articularis inferior atlantis(NA) 寰椎下关节窝

f. articularis superior atlantis(NA) 寰椎上关节窝

calcaneal f. 跟骨小窝,跟骨沟

f. capitis femoris(NA) 股骨头凹

f. capituli radii 桡骨头凹
f. cardiaca 心窝
caudal f., f. caudalis 尾窝
central f. of retina, f. centralis retinae (NA) 视网膜中央凹
f. of condyloid process 髁突小窝
f. of coronoid process 喙突小窝
costal f., inferior 下肋凹
costal f., superior 上肋凹
costal f., transverse 横突肋凹
costal foveae of sternum 胸骨肋凹
f. costalis inferior (NA) 下肋凹
f. costalis processus transversus (NA) 横突肋凹
f. costalis superior (NA) 上肋凹
cranial f., f. cranialis 颅小窝
crural f. 股小窝
dental f. of atlas, f. dentis atlantis (NA) 寰椎齿突小窝
digastric f. 二腹肌小窝
femoral f. 股小窝
f. of fourth ventricle 第四脑室小窝
glandular foveae of Luschka 路施卡氏腺小窝
f. of head of femur 股骨头小窝
f. for head of radius 桡骨头小窝
f. hemielliptica 半椭圆小窝
f. hemispherica 半圆形小窝
f. inferior 下凹
inferior articular f. of atlas 寰椎下关节小窝
inguinal f., external 腹股沟外侧小窝
inguinal f., internal 腹股沟内侧小窝
inguinal f., lateral 腹股沟外侧小窝
inguinal f., medial 腹股沟内侧小窝
inguinal f., middle 腹股沟中小窝
f. inguinalis lateralis 腹股沟外侧小窝
f. inguinalis medialis 腹股沟正中小窝
interligamentous f. of peritoneum 腹膜韧带间小窝
f. of lateral malleolus 外踝小窝
f. limbica 缘小窝
f. of little head of radius 桡骨小头凹
malleolar f., lateral, of fibula 腓骨外踝小窝
f. of Morgagni 莫尔加尼氏小窝
oblong f. of arytenoid cartilage 构状软骨长方形小窝
f. oblonga cartilaginis arytenoideae (NA) 构状软骨长方形小窝
pterygoid f., f. pterygoidea mandibulae (NA), **f. pterygoidea processus condyloidei** 翼凹,下颌骨翼肌凹,髁突翼肌凹
sublingual f., f. sublingualis (NA) 舌下腺小窝
submandibular f., f. submandibularis (NA), **f. submaxillaris** 下颌下小窝
f. superior (NA) 上小窝
supratrochlear f., anterior 滑车上前小凹
supratrochlear f., of humerus 肱骨滑车上小凹
f. supravesicalis peritonaei 腹膜膀胱上凹
f. of talus 距骨小窝
f. of tooth of atlas 寰椎齿突小窝
f. triangularis cartilaginis arytenoideae (NA) 构状软骨三角形小窝
trochlear f., f. trochlearis (NA) 滑车小凹

foveate [ˈfəuvieit] (L. *foveatus*) 凹的;窝的

foveation [ˌfəuviˈeiʃən] 成凹,凹形

foveola [fəuˈviːələ] (pl. *foveolae*) (L., dim. of *fovea*) 小窝;小窝;(NA)通用以形容一相当小的凹陷
f. coccygea (NA), **coccygeal f.** 尾小凹
foveolae gastricae (NA) 胃小凹
  granular foveolae, foveolae granulares (NA), **foveolae granulares** (Pacchioni) 颗粒小凹
foveolae papillae 乳头小凹;乳头孔
f. retinae (NA) 视网膜小凹
f. suprameatalis 耳道上小凹
f. suprameatica (NA) 耳道上小凹

foveolae [fəuˈviːəliː] (L.) 小凹。*foveola* 的复数形式

foveolate [fɔˈviəleit] 有小凹的

Foville's syndrome [fɔˈviːlz] (Achille Louis François *Foville*, French neurologist, 1799-1878) 福维尔氏综合征

fowl-cholera [fəulˈkɔlərə] 鸡霍乱

Fowler's position [ˈfauləz] (George Ryerson *Fowler*, American surgeon, 1848-1906) 福勒氏位置

Fowler's solution ['fauləz] (Thomas Fowler, English physician, 1736-1801) 福勒氏溶液

Fowler-Murphy treatment ['faulə 'məːfi] (G. R. Fowler; John Benjamin Murphy, American surgeon, 1857-1916) 福-墨二氏疗法

fowlpox ['faulpɔks] 鸟痘,传染性上皮瘤,触染性上皮癌

Fox-Fordyce disease [fɔks 'fɔːdais] (G. H. Fox, American dermatologist, 1846-1937; John Addison Fordyce, American dermatologist, 1858-1925) 福-福二氏病

foxglove ['fɔksɡlʌv] 洋地黄;毛地黄
　purple f. 紫花毛地黄

F. p. ❶ (L. fiat potio 的缩写) 制成饮料; ❷ (freezing point 的缩写) 冰点

fp (foot-pound 的缩写) 呎磅

F. pil. (L. fiant pilulae 的缩写) 制成丸剂

Fr (francium 的符号) 钫

Fracastorius [ˌfrɑːkəs'tɔriəs] (It. Girolamo Fracastoro) 佛莱卡斯托雷斯:(1483-1553) 是意大利维罗纳的医生、诗人、地质学家

Fract. dos. (L. fracta dosi 的缩写) 均分(剂)量

fraction ['frækʃən] ❶ 部分; ❷ 成分
　ejection f. 射血分数
　filtration f. (血浆)过滤率
　human plasma protein f. 人血浆蛋白成分
　mole f. 克分子分数
　plasma f's 血浆成分
　plasma protein f. (USP) 血浆蛋白成分

fractional ['frækʃənəl] (L. fractio a breaking) 分数的,分成几份的,分次的

fractionation [ˌfrækʃə'neiʃən] ❶ 分次照射; ❷ 分数量,分剂量; ❸ 化学分离; ❹ 成份分离
　dose f. 分数量,分剂量

fractography [fræk'tɔɡrəfi] (L. fractus broken + Gr. graphein to record) 参差照相术

fracture ['fræktʃə] (L. fractura, from frangere to break) ❶ 折断; ❷ 骨折
　agenetic f. 骨发育不全性骨折
　apophyseal f. 骨突折断

articular f. 关节面骨折
atrophic f. 萎缩性骨折
avulsion f. 撕脱骨折,扭伤骨折
axial compression f. 中轴压迫骨折
Barton's f. 巴尔通氏骨折,桡骨远侧端骨折
basal neck f. 基底颈骨折
bending f. 屈曲骨折
Bennett's f. 贝奈特氏骨折,第一掌骨底
blow-out f. 爆裂性骨折
boxer's f. 拳击者骨折
bucket-handle f. 桶柄式半月板破裂
bumper f. 碰撞骨折
burst f. 爆裂骨折
bursting f. 爆裂骨折,远侧指(趾)粉碎性骨折
butterfly f. 蝶形骨折
buttonhole f. 钮扣形骨折,穿孔骨折
capillary f. 毛细骨折,线状骨折
cemental f., cementum f. 牙骨质撕裂
Chance f. 强斯骨折
chisel f. 凿开状骨折
cleavage f. 剥离骨折
closed f. 无创伤骨折,闭合性骨折
Colles' f. 科勒斯氏骨折,桡骨远端骨折
comminuted f. 粉碎性骨折
complete f. 完全骨折
complicated f. 复杂性骨折
compound f. 哆开骨折,有创骨折
compression f. 受压骨折
condylar f. 髁骨折
congenital f. 先天性骨折
f. by contrecoup 对撞骨折
deferred f. 延缓性骨折
depressed f., depressed skull f. 凹陷骨折
de Quervain's f. 奎尔万氏骨折
diacondylar f. 经髁骨折
direct f. 直接骨折
dislocation f. 脱位骨折
double f. 两处骨折,双骨折
Dupuytren's f. 杜普伊特伦氏骨折
Duverney's f. 杜佛内氏骨折;髂前上棘骨折
dyscrasic f. 恶病质骨折
f. en coin V字形骨折
f. en rave 横行表面骨折

endocrine f. 内分泌性骨折
epiphyseal f. 骺骨折
extracapsular f. 囊外骨折
fatigue f. 疲劳性骨折
fissure f., fissured f. 裂隙骨折
freeze f. 冷藏骨折
Galeazzi's f. 加莱阿齐氏骨折
Gosselin's f. 果斯兰氏骨折
greenstick f. 青枝骨折
grenade-thrower's f. 榴弹兵骨折
Guérin's f. 盖兰氏骨折,双侧上颌横形骨折
gutter f. 沟状骨折
hangman's f. 绞刑吏骨折
hickory-stick f. 曲棍球杆状骨折,青枝骨折
horizontal maxillary f. 上颌水平折,上颌横形骨折
impacted f. 嵌入骨折
incomplete f. 不完全骨折,部分骨折
indirect f. 间接骨折
inflammatory f. 炎症性骨折
insufficiency f. 机能不全骨折
interperiosteal f. 骨膜下骨折,不完全骨折
intra-articular f. 关节内骨折
intracapsular f. 囊内骨折
intraperiosteal f. 骨膜下骨折
intrauterine f. 子宫内骨折,先天骨折
Jefferson's f. 杰佛逊氏骨折
joint f. 关节骨折
Jones f. 琼斯氏骨折
lead pipe f. 铅管骨折
Le Fort's f. 勒福尔氏骨折,双侧上颌骨横向骨折
linear f. 线形骨折
longitudinal f. 纵骨折
loose f. 疏松骨折
march f. 行军骨折
Monteggia's f. 蒙特吉亚氏骨折
Moore's f. 穆尔氏骨折
multiple f. 多发性骨折
neoplastic f. 赘生物性骨折
neurogenic f. 神经性骨折
oblique f. 斜骨折
open f. 哆开骨折;有创骨折
paratrooper f. 跳伞者骨折
parry f. 挡开性骨折

pathologic f. 病理性骨折;自发性骨折
perforating f. 穿孔骨折,钮孔形骨折
periarticular f. 关节周围骨折
pertrochanteric f. 经转子骨折
pillion f. 后鞍骨折
ping-pong f. 乒乓骨折
pond f. 斜边骨折
Pott's f. 波特氏骨折
pressure f. 受压骨折
pyramidal f. (of maxilla) (上颌)锥体状骨折
Quervain's f. 奎尔万氏骨折
resecting f. 切除骨折
sagittal slice f. 矢状切片骨折
seat belt f. 安全带骨折
secondary f. 继发性骨折
segmental f. 分节骨折
Shepherd's f. 谢泼德氏骨折
silver-fork f. 银叉状骨折
simple f. 单纯性骨折
simple f., complex 复合性单纯骨折
Skillern's f. 斯基勒伦氏骨折
Smith's f. 史密斯氏骨折
spiral f. 螺旋状骨折,扭转骨折
splintered f. 粉碎性骨折
spontaneous f. 自发性骨折
sprain f. 扭伤骨折
sprinter's f. 赛跑者骨折
stellate f. 星形骨折
Stieda's f. 施提达氏骨折
stress f. 应力性骨折
subcapital f. 头端下骨折
subcutaneous f. 皮下骨折
subperiosteal f. 骨膜下骨折
supracondylar f. 髁上骨折
torsion f. 扭转性骨折,螺旋形骨折
torus f. 隆起骨折
transcervical f. 颈横骨折
transcondylar f. 髁横骨折
transverse f. 横骨折
transverse facial f. 面部横形骨折
transverse maxillary f. 上颌横形骨折
trimalleolar f. 三踝骨折
trophic f. 营养障碍性骨折
tuft f. 簇状骨折
Wagstaffe's f. 华格斯塔夫氏骨折
wedge-compression f. 楔形受压骨折
willow f. 柳条状骨折

fracture-dislocation [ˈfræktʃəˌdɪsləˈkeɪ-ʃən] 骨折脱位

fragiform [ˈfrædʒɪfɔːm] (L. *fraga* strawberry + *forma* shaped) 草莓状的

fragilitas [frəˈdʒɪlɪtəs] (L., from *frangere* to break) 脆性, 脆弱
  f. crinium 脆发(症)
  f. ossium 骨脆症
  f. unguium 脆甲症

fragility [frəˈdʒɪlɪti] 脆性; 脆弱
  f. of blood 血细胞脆性
  capillary f. 毛细管脆性
  erythrocyte f. 红细胞脆性
  hereditary f. of bone 遗传性骨脆症, 特发性骨脆症
  mechanical f. 机械性脆性
  osmotic f. 渗透性脆性

fragilocyte [frəˈdʒɪləsaɪt] 脆性红细胞

fragilocytosis [frəˌdʒɪləsaɪˈtəʊsɪs] 脆性红细胞增多

fragment [ˈfrægmənt] 碎片; 断片, 片段
  Fab f. 费波氏片段, 抗原结合片段
  F(ab')₂ f. F(ab')₂ 片段
  Fc f. Fc 片段
  restriction f. 限制片段
  Spengler's f's 斯彭格勒氏碎片

fragmentation [ˌfrægmenˈteɪʃən] ❶ 断裂; 碎裂; ❷ 裂殖
  f. of myocardium 心肌断裂

fragmentography, mass [ˌfrægmenˈtɒgrəfi] 碎片质谱法

fraise [freɪz] (Fr. "strawberry") 扩孔钻, 圆头锉

frambesia [fræmˈbiːzɪə] (Fr. *framboise* raspberry) 雅司病
  f. tropica 雅司病, 热带莓疹

frambesioma [fræmˌbiːzɪˈəʊmə] 母雅司疹

framboesia [fræmˈbiːzɪə] 雅司病

framboesioma [fræmˌbiːzɪˈəʊmə] 母雅司疹

frame [freɪm] 支架, 框
  Balkan f. 巴尔干夹板
  Bradford f. 布莱德福氏架
  Deiters' terminal f. 代特氏终末装置
  Foster f. 福斯特氏架
  occluding f. 颌架, 咬合架
  quadriplegic standing f. 四肢麻痹站立支架
  reading f. 阅读结构
  Stryker f. 斯特拉克氏架
  trial f. 试镜架
  Whitman's f. 惠特曼氏支架

framework [ˈfreɪmwɜːk] ❶ 构架, 框架; ❷ 基本结构
  implant f. 植入支架
  scleral f. 巩膜构架组织, 巩膜房角组织
  uveal f. 眼色膜层支架

Franceschetti's syndrome [ˌfrɑːntʃeɪˈskeɪtɪz] (Adolphe *Franceschetti*, Swiss ophthalmologist, 1896-1968) 弗朗西凯特氏综合征

Franceschetti-Jadassohn syndrome [ˌfrɑːntʃeɪˈskeɪtɪ ˈjɑːdəsəʊn] (Adolphe *Franceshetti*; Josef *Jadassohn*, German dermatologist, 1863-1936) 弗-亚二氏综合征

Francis' disease [ˈfrænsɪs] (Edward *Francis*, American bacteriologist, 1872-1957) 弗朗西斯氏病

Francisella [ˌfrænsɪˈselə] (Edward *Francis*) 弗朗西斯氏菌属
  F. novicida 新凶手弗朗西斯氏菌
  F. tularensis 土拉弗朗西斯氏菌

francium [ˈfrænsɪəm] 钫

Franco's operation [ˈfrɑːŋkəʊ] (Pierre *Franco*, French surgeon, 1500-1561) 弗兰科氏手术, 耻骨上膀胱切开术

François' syndrome [frɑːnˈswɑː] (Jules *François*, Belgian ophthalmologist, born 1907) 弗朗朗瓦兹氏综合征

frange [frɑːnʒ] (Fr. "brush") 纤毛刷

frankincense [ˈfræŋkɪnsens] (L. *francum incensum* pure incense) ❶ 乳香; ❷ 松香

Frank's operation [fræŋk] (Rudolf *Frank*, Austrian surgeon, 1862-1913) 弗兰克氏手术

Frank-Starling curve [fræŋk ˈstɑːlɪŋ] (Otto *Frank*, German physiologist, 1865-1944; Ernest Henry *Starling*, English physiologist, 1866-1927) 弗-斯二氏曲线

Frankel Classification [ˈfræŋkəl] (Hans Ludwig *Frankel*, British physician, born 1932) 弗朗科尔氏分类法

Fränkel's sign [ˈfreŋkəl] (Albert *Fränkel*, German physician, 1848-1916) 弗伦克耳

氏征

Fränkel's speculum ['freŋkəlz] (Bernhard Fränkel, German laryngologist, 1836-1911) 弗伦克耳氏窥器

Fränkel's treatment ['freŋkəlz] (Albert Fränkel, German physician, 1864-1938) 弗伦克耳氏治疗

Frankenhäuser's ganglion [fra:ŋkən͵hɔizəz] (Ferdinand Frankenhäuser, German gynecologist, 1832-1894) 弗兰肯豪塞氏神经节

franklinism ['fræŋklinizm] ❶静电;❷静电疗法

Fraser syndrome ['freizə] (George Robert Fraser, Czechoslovakian-born American geneticist, born 1932) 弗雷泽氏综合征

Frazier-Spiller operation ['freizə 'spilə] (Charles Harrison Frazier, American surgeon, 1870-1936; William Gibson Spiller, American neurologist, 1863-1940) 弗-斯二氏手术

FRC (functional residual capacity 的缩写) 机能性余气量,有效余气量

FRCP (Fellow of the Royal College of Physicians 的缩写)(英国)皇家内科医师学会会员

FRCP(C) (Fellow of the Royal College of Physicians of Canada 的缩写)加拿大皇家内科医师学会会员

FRCPE (Fellow of the Royal College of Physicians of Edinburgh 的缩写)(英国)爱丁堡皇家内科医师学会会员

FRCP(Glasg) (Fellow of the Royal College of Physicians and Surgeons of Glasgow qua Physician 的缩写)(英国)格拉斯哥皇家内外科医师学会内科会员

FRCPI (Fellow of the Royal College of Physicians in Ireland 的缩写)爱尔兰皇家内科学会会员

FRCS (Fellow of the Royal College of Surgeons 的缩写)(英国)皇家外科学会会员

FRCS(C) (Fellow of the Royal College of Surgeons of Canada 的缩写)加拿大皇家外科学会会员

FRCSE (Fellow of the Royal College of Surgeons of Edinburgh 的缩写)(英国)爱丁堡皇家外科学会会员

FRCS(Glasg) (Fellow of the Royal College of Physicians and Surgeons of Glasgow qua Surgeon 的缩写)(英国)格拉斯哥皇家内外科学会外科会员

FRCSI (Fellow of the Royal College of Surgeons in Ireland 的缩写)爱尔兰皇家外科学会会员

FRCVS (Fellow of the Royal College of Veterinary Surgeons 的缩写)(英国)皇家兽医外科学会会员

Fre Amine Ⅱ [fri 'æmi:n] 氨基酸溶液Ⅱ

freckle ['frekl] 雀斑
 melanotic f. of Hutchinson 郝秦生氏黑变病雀斑

Fredet-Ramstedt operation [fre'dei 'rɑ:mʃtet] (Pierre Fredet, French surgeon, 1870-1946; Conrad Ramstedt, German surgeon, 1867-1963) 弗-腊二氏手术

Freeman-Sheldon syndrome ['fri:mən 'ʃeldən] (Ernest Arthur Freeman, British orthopedic surgeon, 1900-1975; Joseph Harold Sheldon, British physician, 1920-1964) 弗-谢二氏综合征

freemartin ['fri:mɑ:tin] 双生间雌

freeze-cleaving [frizkli:viŋ] 冻蚀法

freeze-drying [friz'draiiŋ] 冻干法

freeze-etching [friz'etʃiŋ] 冻蚀法

freeze-fracturing [friz'fræktʃəriŋ] 冻折法

freeze-substitution [friz͵sʌbsti'tjuʃən] 冷替法

Frei's antigen [fraiz] (Wilhelm Siegmund Frei, German dermatologist, 1885-1943) 弗莱氏抗原

Freiberg's infraction ['fraibə:gz] (Albert Henry Freiberg, American surgeon, 1868-1940) 弗莱伯氏不全骨折

Frejka pillow ['freidʒkɑ:] (Bedrich Frejka, Czechoslovakian orthopedic surgeon, born 1890) 弗里杰卡氏枕头

fremitus ['fremitəs] (L.) 震颤
 bronchial f. 支气管性震颤;鼾性震颤
 friction f. 摩擦性震颤
 hydatid f. 包虫囊震颤
 pectoral f. 胸震颤,语音震颤
 pericardial f. 心包震颤
 pleural f. 胸膜震颤
 rhonchal f. 鼾性震颤,支气管性震颤

subjective f. 自觉性震颤
tactile f. 触觉性震颤
tussive f. 咳嗽性震颤
vocal f. (VF) 语音震颤
frena ['fri:nə] (L.) 系带。*frenum* 的复数形式
frenal ['fri:nəl] 系带的
frenator [fri'neitə] (L. *frenare* to curb) 阻凝物
French ['frentʃ] 法国的
frenetic [fri'netik] (Fr. *frenetique*) 疯狂的，精神病的
frenectomy [fri'nektəmi] (*frenum* + Gr. *ektomē* excision) 系带切除术
Frenkel's movements ['freŋkəlz] (Heinrich S. *Frenkel*, Swiss neurologist in Germany, 1860-1931) 弗兰克耳氏运动
frenoplasty [,frinəu'plæsti] 系带成形术，系带矫正术
frenosecretory [,frenəsə'kri:təri] (L. *frenum* bridle + *secretio* saparation) 阻碍分泌的
frenotomy [fri'nɔtəmi] (L. *frenum* + *-tomy*) 系带切开术
lingual f. 舌系带切开术
frenula ['frenjulə] (L.) 系带。*frenulum* 的复数形式
frenulum ['frenjuləm] (pl. *frenula*) (L., dim of *frenum*) 系带
 f. clitoridis (NA) 阴蒂系带
 f. of cranial medullary velum 颅髓帆系带
 f. of ileocecal valve 结肠瓣系带
 f. of inferior lip, f. labii inferioris (NA) 下唇系带
 f. labii superioris (NA) 上唇系带
 f. labiorum pudendi (NA) 阴唇系带
 f. linguae (NA) 舌系带
 f. of prepuce of penis, f. preputii penis (NA) 阴茎包皮系带
 f. of pudendal labia, f. pudendi 阴唇系带
 f. of rostral medullary velum 吻髓帆系带，上髓帆系带
 f. of superior lip 上唇系带
 f. of superior medullary velum 上髓帆系带
 f. of tongue 舌系带
 f. valvae ilealis 结肠瓣系带
 f. valvae ileocaecalis (NA) 结肠瓣系带
 f. veli medullaris cranialis, f. veli medullaris rostralis 颅髓帆系带，嘴髓帆系带
 f. veli medullaris superius (NA) 上髓帆系带
frenum ['fri:nəm] (pl. *frena*) (L. "bridle") 系带
 f. of labia 唇系带
 lingual f. 舌系带
 Macdowel's f. 麦克道尔氏系带，胸大肌系带
 f. of Morgagni 莫尔格尼氏系带，结肠瓣系带
 f. of tongue 舌系带
frequency ['fri:kwənsi] ❶ 频率；❷ 次数；❸ 相对频率
 audio f. 声频率
 f's of class 范畴频率
 critical flicker f., critical fusion f. 临界闪烁频率，临界融合频率
 fusion f. 融合频率
 gene f. 基因频率
 high f. 高频率
 infrasonic f. 亚声频率
 low f. 低频率
 radio f. 射(电)频(率)，无线电频(率)
 recombination f. 重组频率
 recruitment f. 募集频率
 relative f. 相对频率
 subsonic f. 亚声频率
 supersonic f. 超声频率
 ultrasonic f. 超声频率
 urinary f. 尿频率
Fresnel lens [frei'nel] (Augustin Jean *Fresnel*, French physicist and engineer, 1788-1827) 弗雷奈尔氏透镜
fressreflex ['fresri:fleks] (Ger. "eating reflex") 吃食反射
fret [fret] ❶ 擦伤，摩损；❷ 疱疹
freta ['fri:tə] (L.) 狭窄，峡。*fretum* 的复数形式
fretum ['fri:təm] (pl. *freta*) (L.) 狭窄；峡
 f. halleri 哈勒氏峡
Freud [frɔid] 弗洛伊德: Sigmund, 生于德国的奥地利精神病学家，1856-1939，精神分析学的奠基人

freudian ['frɔidjən] ❶ 弗洛伊德氏学派的; ❷ 弗洛伊德氏学派学者

Freund's adjuvant [frɔindz] (Jules Thomas Freund, Hungarian-born bacteriologist in the United States, 1890-1960) 弗罗因德氏佐药, 弗罗因德氏佐剂

Freund's anomaly [frɔindz] (Wilhelm Alexander Freund, German surgeon, 1833-1918) 弗罗因德氏异常

Frey's hairs [fraiz] (Max Rupert Franz von Frey, Austrian physiologist, 1852-1932) 弗莱氏毛

Frey's syndrome [fraiz] (Lucja Frey, Polish neurologist, 1889-1944) 弗莱氏综合征

Freyer's operation ['fri:əz] (Sir Peter Johnson Freyer, British surgeon, 1851-1921) 弗里尔氏手术

FRFPSG (Fellow of the Royal Faculty of Physicians and Surgeons of Glasgow 的缩写)(英国) 格拉斯哥皇家内外科学会会员

friable ['fraiəbl] (L. *friabilis*) 易碎的, 脆的

fricative ['frikətiv] 摩擦音

friction ['frikʃən] (L. *frictio*) 摩擦

Friderichsen-Waterhouse syndrome [ˌfridə'riksən 'wɔ:təhaus] (Carl Friderichsen, Danish pediatrician, born 1886; Rupert Waterhouse, British physician, 1873-1958) 弗-华二氏综合征

Friedländer's bacillus ['fri:dlendəz] (Karl Friedländer, German pathologist, 1847-1887) 弗里德兰德氏杆菌

Friedmann's vasomotor syndrome ['fri:dmənz] (Max Friedmann, German neurologist, 1858-1925) 弗里德曼氏血管舒缩综合征

Friedreich's ataxia ['fri:draiks] (Nikolaus Friedreich, German physician, 1825-1882) 弗里德赖希氏共济失调

friente [fri'enti] 伐木者肺炎

frigidity [fri'dʒiditi] ❶ 寒冷; ❷ 女性性冷淡

frigolabile [ˌfrigəu'leibail] (L. *frigor* cold + *labilis* unstable) 不耐寒的

frigorific [ˌfrigə'rifik] (L. *frigorificus*) 发冷的, 引起寒冷的

frigorism ['frigərizm] (L. *frigor* cold) 冻伤

frigostabile [ˌfrigə'steibail] 耐寒的

frigostable [ˌfrigəu'steibl] (L. *frigor* cold + *stabilis* firm) 耐寒的

frigotherapy [ˌfrigəu'θerəpi] 冷疗法

Frisch [friʃ] 弗里施氏: Karl Ritter von, 奥地利动物学家, 1886~1982, 因其对蜜蜂行为的研究, 与 Konrad Lorenz 及 Nikolaas Tinbergen 一起, 共获 1973 年诺贝尔医学生理学奖

frit [frit] 釉料

Fritillarea [ˌfriti'læriə](L.) 贝母属, 黑百合属

frog [frɔg] ❶ 蛙; ❷ 马蹄叉

frog stay [frɔg stei] 马蹄嵴

Fröhlich's syndrome ['frɜ:liks] (Alfred Fröhlich, Austrian pharmacologist in the United States, 1871-1953) 弗勒利希氏综合征

Froin's syndrome [frwɑ:nz] (Georges Froin, French physician, 1874-1932) 弗鲁安氏综合征

frolement [frəul'mɑu] (Fr.) 沙沙声

Froment's paper sign [frɔ'mɑuz] (Jules Froment, French physician, 1878-1946) 弗罗芒氏纸征

Frommann's lines ['frɔmənz] (Carl Frommann, German anatomist, 1831-1892) 弗罗曼氏线

Frommel's disease ['frɔməlz] (Richard Julius Ernst Frommel, German gynecologist, 1854-1912) 弗罗梅耳氏病

Frommel-Chiari syndrome ['frɔməl ki:'ɑ:ri] (Richard Julius Ernst Frommel; Johann Baptist Chiari, German obstetrician, 1817-1854) 弗-希二氏综合征

frondose ['frɔndəus] (L. *frondosus* leafy) 叶状的

frons [frɔnz] (L. "the front, forepart") (NA) 额

frontad ['frʌntæd] 向额(面)

frontal ['frʌntəl] (L. *frontalis*) ❶ 额的; ❷ 额平面

frontalis [frʌn'teilis] (L., from *frons*, forehead) 额的

fronten ['frʌntən](L. *frons* forehead) 额骨的

frontipetal [frʌn'tipitəl] (L. *frontalis* in front + *petere* to seek) 额向的

frontomalar [ˌfrʌntəu'meilə] 额颧(骨)的

frontomaxillary [ˌfrʌntəu'mæksiləri] 额上颌的

frontomental [ˌfrʌntə'mentəl] 额与颏的

frontonasal [ˌfrʌntəu'neizəl] 额鼻的

fronto-occipital [ˌfrʌntəuɔk'sipitəl] 额枕的

frontoparietal [ˌfrʌntəupə'raiətəl] 额顶(骨)的

frontotemporal [ˌfrʌntəu'tempərəl] 额颞(骨)的

frontozygomatic [ˌfrʌntəuˌzigəu'mætik] 额颧的

Froriep's ganglion ['frɔri:ps] (August von Froriep, German anatomist, 1849-1917) 弗罗里普氏神经节

Froriep's induration ['frɔri:ps] (Robert Froriep, Berlin surgeon, 1804-1861) 弗罗里普氏硬结

frost [frɔst] 霜
 urea f. 尿素霜

frostbite ['frɔstbait] 冻疮
 deep f. 深部冻疮
 superficial f. 表浅冻疮

frottage [frɔ'tɑ:ʒ] (Fr. "rubbing") 摩擦色情,摩擦淫

frotteur [frɔ'tu:ə] 摩擦色情者,摩擦淫者

frotteurism [frɔ'tu:ərizəm] 摩擦色情,摩擦淫

FRS (Fellow of the Royal Society 的缩写) (英国)皇家学会会员

fructan ['frʌktən] 果聚糖

fructification [ˌfruktifi'keiʃən] ❶ 结实; ❷ 结实体,结实器官; ❸ 孢子生育结构

fructivorous [frʌk'tivərəs] (L. *fructus* fruit + *vorare* to devour) 以果实为生的;吃果实的

fructofuranose [ˌfrʌktəu'fjuərənəus] 呋喃果糖

fructokinase [ˌfrʌktəu'kaineis] (EC 2.7.1.3) 果糖激酶

fructolysis [frʌk'tɔlisis] 果糖分解

fructopyranose [ˌfrʌktəu'paiərənəus] 吡喃果糖,果糖

fructosan ['frʌktəsən] 果聚糖

fructosazone [frʌk'tɔsəzəun] 果糖脎

fructose ['frʌktəus] (L. *fructus* fruit) 果糖;左旋糖
 f. 1,6-bisphosphate 1,6-二磷酸果糖
 f. 1,6-diphosphate 1,6-二磷酸果糖
 f. 2,6-bisphosphate 2,6-二磷酸果糖
 f. 1-phosphate 1-磷酸果糖
 f. 6-phosphate 6-磷酸果糖

fructose-bisphosphatase ['frʌktəusbis'fɔsfəˌteis] (EC 3.1.3.11) 果糖-二磷酸脂酶

fructose-1,6-bisphosphatase ['frʌktəus bis'fɔsfəˌteis] 果糖-1,6-二磷酸脂酶

fructose-1,6-bisphosphatase deficiency 果糖-1,6-二磷酸脂酶缺乏

fructose-2,6-bisphosphatase [ˌfrʌktəus bis'fɔsfəteis] 果糖-2,6-二磷酸脂酶

fructose bisphosphate aldolase ['frʌktəus bis'fɔsfeit 'ældəleis] (EC 4.1.2.13) 二磷酸果糖醛缩酶

fructose-2,6-bisphosphate 2-phosphatase ['frʌktəus bis'fɔsfeit 'fɔsfəteis] (EC 3.1.3.46) 果糖-2,6-二磷酸 2-磷酸脂酶

fructose-1,6-diphosphatase ['frʌktəus dai'fɔsfəˌteis] 1,6-二磷酸脂酶果糖

fructosemia [ˌfrʌktəu'si:miə] 果糖血(症)

fructose 1-phosphate aldolase ['frʌktəus 'fɔsfeit 'ældəuleis] 1-磷酸果糖醛缩酶

fructoside ['frʌktəusaid] 果糖甙

fructosuria [ˌfrʌktəu'sjuəriə] 果糖尿
 essential f. 特发性果糖尿

fructosyl ['frʌktəsil] 果糖基

fructovegetative [ˌfrʌktəu'vedʒiˌtətiv] 果类植物的

frugivorous [fru'dʒivərəs] (L. *frux* fruit + *vorare* to eat) 果实的;以果实为生的

fruit [fru:t] (L. *fructus*) 果实,种实

fruitarian [fru:'tɛəriən] 果食者

fruitarianism [fru:'tɛəriənizəm] 果食主义

fruit bromelain [fru:t 'brəuməlein] (EC 3.4.22.33) 水果菠萝蛋白酶

frusemide ['frʌsimaid] 速尿,速尿灵

Frust. (L. *frustillatim* 的缩写) 成小块状

frustration [frʌs'treiʃn] ❶ 挫折; ❷ 当这种挫折发生时出现的紧张感

F.s.a. (L. *fiat secundum artem* 的缩写) 须精巧操作

FSH (follicle-stimulating hormone 的缩写) 卵泡刺激素

FSH/LH-RH（follicle-stimulating hormone 和 luteinizing hormone releasing hormone 的缩写）卵泡刺激素及黄体形成激素释放激素

FSH-RH（follicle stimulating hormone releasing hormone 的缩写）卵泡刺激素释放激素

ft. ❶（L. *fiat* 或 *fiant* 的缩写）制成，作成；❷（*foot* 和 *feet* 的缩写）呎，英尺

Ft. mas. div. in pil.（L. *fiat massa dividenda in pilulae* 的缩写）制成丸块再分割成丸剂

Ftorafur [ˈftɔrəfə:] 弗特拉福：喃氟啶制剂商品名

Ft. pulv.（L. *fiat pulvis* 的缩写）制成散剂

5-Fu（5-fluorouracil 的缩写）5-氟尿嘧啶，5-氟二氧嘧啶

Fuadin [ˈfju:ədin] 福锑：睇波芬制剂的商品名

Fuchs' coloboma [fuks]（Ernst *Fuchs*, Austrian ophthalmologist, 1851-1930）富克斯氏脉络膜缺损

fuchsin [ˈfu:ksin]（from the pink, red, or purple flower *fuchsia*, after Leonard *Fuchs*, German botanist, 1501-1566）品红，复红
  acid f. 酸性品红
  basic f.（USP）碱性品红
  new f. 新品红

fuchsinophil [fu:kˈsinəfil]（*fuchsin* + *-phil*）❶ 嗜品红细胞；❷ 嗜品红的

fuchsinophilia [ˌfu:ksinəˈfiliə] 嗜品红性

fuchsinophilic [ˌfu:ksinəˈfilik] 嗜品红的

fuchsinophilous [ˌfu:ksiˈnɔfiləs] 嗜品红的

fucosan [ˈfju:kəsæn] 岩藻聚糖

fucose [ˈfju:kəus] 岩藻糖

α-L-fucosidase [fju:ˈkəusideis]（EC 3.2.1.51）α-L-岩藻糖甙酶

fucoside [ˈfju:kəsaid] 岩藻糖甙

fucosidosis [ˌfju:kəusaiˈdəusis] 岩藻糖甙（贮积）病

fucoxanthin [ˌfju:kəˈzænθin]（L. *fucus* rock lichen + Gr. *xanthos* yellow）岩藻黄素

FUDR, FUdR（5-fluorouracil deoxyribonucleoside 的缩写）氟得尔，氟脱氧尿核甙

Fuerbringer [ˈfə:briŋə] 菲布林格氏

fugacity [fju:ˈgæsiti]（L. *fugacitas*, from *fugere* to flee）(易)逸性,(易)逸度

-fugal ❶（L., *fugare* to put to flight）驱逐，消除；❷（L., *fugere* to flee from）离去，离心

-fuge（L. *fugare* to put to flight）驱除剂

fugitive [ˈfju:dʒitiv]（L. *fugitivus*）❶ 游走的；❷ 短暂的

Fugu [ˈfu:gu]（Jap.）河豚

fugue [fju:g]（L. *fuga* a flight）神游(症)
  epileptic f. 癫痫性神游
  psychogenic f. 精神性神游

fuguism [ˈfu:guizəm]（Jap. *fugu* the tetraodon fish + *-ism*）河豚中毒

fuguismus [ˌfu:guˈizməs] 河豚中毒

fugutoxin [ˌfu:guˈtɔksin] 河豚毒素

Fukala's operation [fuˈkɑ:lɑ:z]（Vincenz *Fukala*, Austrian ophthalmologist, 1847-1911）富卡拉氏手术

Fukuyama type congenital muscular dystrophy [ˌfu:ku:ˈjɑ:mɑ:]（Yukio *Fukuyama*, Japanese physician, 20th century）富山氏类型先天性肌营养不良

fulgurant [ˈfʌlgjurənt]（L. *fulgurans*, from *fulgur* lightning）闪电状的，电击状的

fulgurate [ˈfʌlgjureit] ❶ 来去如闪电,闪烁,闪耀；❷ 用电灼治疗

fulguration [ˌfʌlgjuˈreiʃən]（L. *fulgur* lightning）电灼疗法

fuliginous [fju:ˈlidʒinəs]（L. *fuligo* soot）煤烟状的

Fülleborn's method [ˈfi:ləbɔ:nz]（Friedrich *Fülleborn*, German parasitologist, 1866-1933）菲伦博恩法

Fuller's operation [ˈfuləs]（Eugene *Fuller*, American urologist, 1858-1930）富勒氏精囊切开术

fulminant [ˈfʌlminənt]（L. *fulminare* to flare up）暴发的

fulminate [ˈfʌlmineit] 暴发

Fulvicin [ˈfʌlvisin] 灰黄霉素：灰黄霉素制剂的商品名

fumagillin [ˌfju:məˈdʒilin] 烟曲霉素

fumarase [ˈfju:məreis] 延胡索酸酶

fumarate [ˈfju:məreit] 延胡索酸盐

fumarate hydratase [ˈfju:məreit ˈhaidrəteis]（EC 4.2.1.2）延胡索酸水合酶

fumaric acid [fju:'mærik] 延胡索酸,反式丁烯二酸

fumaricaciduria [fju:ˌmærikˌæsi'djuəriə] 延胡索酸尿

fumarylacetoacetase [ˌfjuːməriləˌsetəu'æsiteis] (EC 3.7.1.2) 延胡索酰乙酰乙酸酶

fumarylacetoacetate [ˌfjuməriləˌsetəu'æsəteit] 延胡索酰乙酰乙酸盐

fumarylacetoacetate hydrolase [fju:məriləˌsetə'æsiteit 'haidrəleis] 延胡索酰乙酸盐水解酶

fumigant ['fju:migənt] 熏剂

fumigation [ˌfju:mi'geiʃən] (L. *fumus* smoke, steam, vapor) 熏烟,熏烟消毒法

fuming ['fju:miŋ] (L. *fumus* smoke) 熏的,熏蒸的

Fumiron ['fjumirən] 福米伦:延胡索酸亚铁制剂的商品名

functio ['fʌŋkʃiəu] (L.) 机能,功能,官能
  f. laesa 机能丧失

function ['fʌŋkʃən] (L. *functio*, from *fungi* to do) ❶机能,功能,官能;❷执行机能,行使机能;❸特性;❹函数
  cumulative distribution f. (cdf.) 累积分布函数
  distribution f. 分布函数
  frequency f. 频率函数
  likelihood f. 似然函数
  probability density f. 概率密度函数
  ventricular f. 心室机能

functional ['fʌŋkʃənəl] ❶机能的,功能的,官能的;❷影响机能而不影响结构的

functionalis [ˌfʌŋkʃiəu'nælis] (L.) ❶机能的,功能的,官能的;❷机能层(子宫粘膜表层)

functionating ['fʌŋkʃəneitiŋ] 执行机能,行使机能

funda ['fʌndə] (L. "sling") 四尾绷带

fundal ['fʌndəl] 底的,基底的

fundament ['fʌndəmənt] (L. *fundamentum*) ❶基底,基础;❷肛门及其附近部分

fundamental [ˌfʌndə'mentəl] 基本的,基础的

fundectomy [fʌn'dektəmi] 底部切除术

fundi ['fʌndai] (L.) 底,基底。fundus 的复数和所有格形式

fundic ['fʌndik] 底的,基底的

fundiform ['fʌndifɔːm] (L. *funda* sling + *forma* form) 吊带形的

fundoplication [ˌfʌndəuplai'keiʃən] 胃底折叠术

Fundulus ['fʌndələs] 克鲤鱼属

fundus ['fʌndəs] (pl. *fundi*) (L.) 底,基底,底部
  albinotic f. 白化病眼底
  f. albipunctatus 白斑眼底
  f. of bladder ① 膀胱底;② 膀胱尖端
  f. diabeticus 糖尿病眼底
  f. of eye 眼底
  f. flavimaculatus 黄斑眼底
  f. of gallbladder 胆囊底
  gastric f. 胃底
  f. gastricus (NA) 胃底
  f. of internal acoustic meatus, f. meatus acustici interni (NA) 内耳道底
  leopard f. 豹纹状眼底
  f. oculi 眼底
  salt and pepper f. 盐胡椒眼底
  f. of stomach 胃底
  tessellated f., f. tigre, tigroid f. 豹纹状眼底
  f. tympani 鼓室底,颈静脉壁
  f. of urinary bladder ① 膀胱底;② 膀胱尖端
  f. uteri (NA), **f. of uterus** 子宫底
  f. of vagina, f. vaginae 阴道底
  f. ventricularis 胃底
  f. ventriculi 胃底
  f. vesicae biliaris (NA) 胆囊底
  f. vesicae felleae (NA) 胆囊底
  f. vesicae urinariae (NA) 膀胱底

funduscope ['fʌndəskəup] 眼底镜

funduscopy [fʌn'dʌskəpi] 眼底镜检查

fundusectomy [ˌfʌndə'sektəmi] (*fundus* + Gr. *ektomē* excision) 底切除术,胃底切除术

fungal ['fʌŋgəl] 真菌的,霉菌的

fungate ['fʌŋgeit] ❶真菌样生长,霉菌样生长;❷如真菌般迅速生长

fungemia [fʌn'dʒiːmiə] 真菌血症,霉菌症

Fungi ['fʌŋdʒai] (L.) 真菌,霉菌
  F. Imperfecti 不完全菌纲

fungi ['fʌŋdʒai] (L.) 真菌,霉菌。*fungus*

的复数形式
fungicidal [ˌfʌndʒi'saidl]（*fungus* + L. *caedere* to kill）杀真菌的,杀霉菌的
fungicide ['fʌndʒisaid] 杀真菌剂
fungicidin [ˌfʌndʒi'saidin] 制真菌素,制霉菌素
fungiform ['fʌndʒifɔ:m] 真菌样的,蕈状的
fungistasis [ˌfʌndʒi'steisis]（*fungus* + Gr. *stasis* a stopping）抑制真菌
fungistat ['fʌndʒistæt] 抑制真菌剂
fungistatic [ˌfʌndʒi'stætik] 抑制真菌的
fungisterol [fʌn'dʒistərəl] 霉(菌)甾醇,霉(菌)固醇
fungitoxic [ˌfʌndʒi'tɔksik] 毒害真菌的
fungitoxicity [ˌfʌndʒitɔk'sisiti] 真菌毒性
Fungizone ['fʌndʒizəun] 二性霉素 B;二性霉素制剂的商品名
fungoid ['fʌŋgɔid]（*fungus* + Gr. *eidos* form）蕈状的,蕈样的
fungoma [fʌŋ'gəumə]（*fungus* + -oma）真菌球
fungosity [fʌn'gɔsiti] 蕈状赘肉
fungous ['fʌŋgəs]（L. *fungosus*）真菌的,霉菌的,蕈的
fungus ['fʌŋgəs]（pl. *fungi*）（L.）真菌,霉菌
 f. of the brain 脑突出
 cerebral f., f. cerebri 脑突出
 club fungi 珊瑚菌
 dimorphic f. 二形真菌
 foot f. 足霉菌
 imperfect f. 不(完)全菌纲
 mold f. 毛霉菌
 mosaic f. 蕈状胆甾醇沉积
 mycelial f. 丝状真(霉)菌
 perfect f. (完)全菌纲
 proper fungi 真菌纲
 ray f. 放线菌
 sac fungi 子囊菌
 slime f. 粘菌虫
 f. testis 睾丸海绵肿,睾丸蕈样肿
 thread f. 毛霉菌
 true fungi 真菌
 yeast f. 酵母菌,酿母菌
 yeastlike fungi 酵母样菌
funic ['fju:nik] 索的;脐带的
funicle ['fju:nikl] 索
funicular [fju'nikjulə] 索的
funiculi [fju'nikjulai] 索。*funiculus* 的复数形式
funiculitis [fjuˌnikju'laitis] ❶ 精索炎;❷ 脊神经根炎
 endemic f. 地方性精索炎
 filarial f. 丝虫性精索炎
funiculoepididymitis [ˌfjuˌnikjuləuˌepiˌdaidi'maitis] 精索附睾炎
funiculopexy [fju'nikjuləuˌpeksi]（L. *funiculus* cord + Gr. *pēxis* fixation）精索固定术
funiculus [fju'nikjuləs]（pl. *funiculi*）（L.）索
 f. amnii 羊膜索
 f. anterior medullae spinalis（NA）脊髓前索
 anterior f. of spinal cord 脊髓前索
 cuneate f., f. cuneatus（Burdachi）楔索
 f. cuneatus lateralis 外侧楔索
 f. cuneatus medullae oblongatae 延髓楔索
 dorsal f. of spinal cord, f. dorsalis medullae spinalis 脊髓后索
 hepatic f. 胆总管
 f. lateralis medullae oblongatae（NA）延髓侧索
 f. lateralis medullae spinalis（NA）脊髓侧索
 ligamentous f. 韧带索
 funiculi medullae spinalis（NA）脊髓索
 f. posterior medullae spinalis（NA）脊髓后索
 posterior f. of spinal cord 脊髓后索
 f. separans 分隔索
 f. spermaticus（NA）精索
 funiculi of spinal cord 脊髓索
 f. umbilicalis（NA）脐带
 ventral f. of spinal cord, f. ventralis medullae spinalis 脊髓腹侧索
funiform ['fju:nifɔ:m]（L. *funis* rope + *forma* shape）索状的
funis ['fju:nis]（L. "cord"）索
 f. brachii 臂掌
 f. hippocratis 希波格拉底氏索
funnel ['fʌnəl] ❶ 漏斗;❷ 漏斗状的解剖结构
 accessory müllerian f. 副苗勒氏漏斗

mitral f. 二尖瓣漏斗，二尖瓣口钮孔状缩窄
muscular f. 肌肉漏斗
pial f. 软脑膜漏斗
vascular f. 血管漏斗
FUO（fever of undetermined origin 的缩写）发热原因不明
Furacin ['fjuərəsin] 呋喃星：呋喃西林制剂的商品名
Furadantin [ˌfjuərə'dæntin] 呋喃坦啶：硝基呋喃妥英制剂的商品名
furan ['fjuəræn] 呋喃
furanose ['fjuərənəs] 呋喃糖
furanoside ['fjuərənəusaid] 呋喃糖甙
furazolidone [ˌfjuərə'zɔlidəun] 呋喃唑酮，痢特灵
furazolium [ˌfjuərə'zəuliəm] 呋噻咪唑：一种抗菌药
　f. chloride 氯化呋噻咪唑
　f. tartrate 酒石酸呋噻咪唑
Fürbringer's sign ['fə:briŋəz]（Paul Walther *Fürbringer*, German physician, 1849-1930）菲布林格氏征
furca ['fə:kə]（pl. *furcae*）(L. "fork") 叉，分叉
furcal ['fə:kəl] (L. *furca* fork) 叉状的，分叉的
furcation [fə:'keiʃən] 分叉，分叉部
furcocercous [ˌfə:kə'sə:kəs]（L. *furca* fork + Gr. *kerkos* tail）有叉尾的
furcula ['fə:kjulə] (L. "little fork") 叉状隆
furculum ['fə:kjuləm] (L. dim. of *furca* fork) 小叉
furfuraceous [ˌfə:fə'reiʃəs]（L. *furfur* bran）糠状的，皮屑状的
furfural ['fə:fərəl] 糖醛，α-呋喃甲醛
furfuran ['fə:fəræn] 呋喃
furobufen [ˌfə:rəu'bufən] 氧芴丁酮酸
furocoumarin [ˌfjurəu'kumərin] 呋喃并香豆素
furodazole [fju'rɔdəzəul] 呋喹哒唑
furor ['fjuːrɔː] (L.) 狂乱，狂暴，狂怒
　f. epilepticus 癫痫性狂怒
furosemide [fjuə'rəusəmaid] (USP) 速尿
Furoxone [fə'rɔksəun] 呋喃唑酮：痢特灵制剂的商品名
furrow ['fʌrəu] 沟

atrioventricular f. 耳室沟
digital f. 指沟
genital f. 生殖沟
gluteal f. 臀沟
Jadelot's f's 雅德洛氏沟
Liebermeister's f's 利贝麦斯特氏沟，肋压迹
mentolabial f. 颏唇沟
nympholabial f. 阴唇间沟
primitive f. 原沟
scleral f. 巩膜沟
Sibson's f. 西布逊沟，胸大肌下沟
skin f's 皮沟
fursalan ['fə:sələn] 糖溴柳胺
furuncle ['fjuərʌŋkəl] (L. *furunculus*) 疖
furuncular [fjuə'rʌŋkjulə] 疖的
furunculoid [fjuə'rʌŋkjulɔid] 疖样的
furunculosis [fjuəˌrʌŋkju'ləusis] 疖病
　f. blastomycetica, f. cryptococcica 芽生菌性疖病，隐球菌性疖病
furunculus [fjuə'rʌŋkuləs] (pl. *furunculi*) (L.) 疖
fusariotoxicosis [fjuˌsæriəuˌtɔksi'kəusis] 镰刀菌中毒（症）
Fusarium [fju:'sɛəriəm] 新月（孢子）菌属，镰刀菌属
　F. oxysporum 尖镰孢
　F. solani 腐皮镰孢
　F. sporotrichiella 拟分枝孢镰孢
fuscin ['fʌsin] (L. *fuscus* brown) 褐色素
fuse [fjuz] ❶ 保险丝，熔丝；❷ 熔合，融合
fuseau [fju'zəu] (pl. *fuseaux*) (Fr.) 梭形孢子
fusi [fju:sai] (L.) 梭形物。*fusus* 的复数形式
fusible ['fju:zəbl] 可熔的
fusicellular [ˌfju:si'seljulə] 梭形细胞的
fusidate ['fju:sideit] 梭链孢酸盐
fusidic acid [fju'sidik] 梭链孢酸
fusiform ['fju:zifɔ:m] (L. *fusus* spindle + *forma* form) 梭形的，梭状的
Fusiformis [ˌfju:si'fɔ:mis] 梭(形杆)菌属
　F. necrophorus 尸体梭(形杆)菌
fusimotor [ˌfju:si'məutə] 肌梭运动神经；肌梭运动纤维
fusion ['fju:ʒən] (L. *fusio*) ❶ 熔化，熔

合;❷ 融合;❸ 视像融合;❹ 融合术
anterior interbody f. 前介体融合术
binocular f. 双眼视像融合
centric f. 中心融合
cervical spinal f. 颈部脊柱融合术
diaphyseal-epiphyseal f. 骨干骺融合术
midline f. 中线融合
f. of joint 关节固定术,关节融合术
spinal f. 脊柱融合术
fusional ['fju:ʒənəl] ❶ 熔化的,熔合的; ❷ 融合的
Fusobacterium [ˌfju:zəubæk'tiəriəm] (L. *fusus* spindle + *bacteria*) 梭(形杆)菌属
  F. gonidiaformans 微生子梭杆菌
  F. mortiferum 死亡梭杆菌
  F. naviforme 舟形梭杆菌
  F. necrophorum 坏疽梭(形杆)菌
  F. nucleatum 核粒梭(形杆)菌
  F. plauti-vincenti 普-奋二氏梭(形杆)菌
  F. russii 拉氏梭杆菌
  F. varium 变形梭杆菌
fusobacterium [ˌfju:zəubæk'tiəriəm] (pl. *fusobacteria*) ❶ 梭形杆菌;❷ 梭形杆属

fusocellular [ˌfju:zəu'seljulə] (L. *fusus* spindle + *cellular*) 梭形细胞的
fusospirillary [ˌfju:zəu'spaiərilərɪ] 梭菌螺菌的
fusospirillosis [ˌfju:zəuˌspaiəri'ləusis] 梭菌螺菌病,奋森氏咽峡炎
fusospirochetal [ˌfju:zəuˌspaiərəu'ki:təl] 梭菌螺旋体性的
fusospirochetosis [ˌfju:zəuˌspaiərəuki'təusis] 梭菌螺旋体病,梭菌波体病
fusostreptococcicosis [ˌfju:zəuˌstreptəukɔksi'kəusis] 梭菌链球菌病
fustigation [ˌfʌsti'geiʃən] (L. *fustigatio*) 鞭击法梭菌链球菌病
fusus ['fju:səs] (pl. *fusi*) (L.) 梭形物
  cortical fusi (毛干)皮层梭
  fracture fusi (毛干)折裂梭
futunio [fju'tju:niəu] (L.) 性交
fututrix [fju'tju:triks] (L.) 女性互恋者
FVC (forced vital capacity 的缩写) 强迫肺活量
F. vs. (L. *fiat venaesectio* 的缩写) 放血

G

G ❶ (*gauss* 的符号) 高斯(地磁场强单位); ❷ (*giga*- 的符号) 巨大, 京千兆; ❸ (*gravida* 的符号) 孕妇; ❹ (*guanine* 的符号) 鸟嘌呤; ❺ (*guanosine* 的符号) 鸟甙, 鸟嘌呤核甙

G ❶ (*conductance* 的符号) 电导; ❷ (*gravitational constant* 的符号) 引力常数; ❸ (*Gibbs free energy* 的符号) 吉布斯氏自由能; ❹ (*G force* 的符号) 力

g (*gram* 的符号) 克

g (*standard gravity* 的符号) 标准重力

γ ❶ (*gamma* 的符号) 希腊字母表的第三个字母; ❷ (the heavy chain of IgG and the γ chains of fetal hemoglobin 的符号) 免疫球蛋白(IgG)的重链及胎儿血红蛋白的 γ 链; ❸ (*microgram* 的旧符号, 现为 μg) 微克

γ- ❶ 连于主要功能基上的第三个碳原子; ❷ 蛋白电泳中与 γ 带移行的血浆蛋白质(γ 球蛋白); ❸ 一系列相关实体或化合物之一

Ga (*gallium* 的符号) 镓

GABA (γ-aminobutyric acid 的符号) γ 氨基丁酸

GABAergic [ˌgæbəˈɔːdʒik] γ 氨基丁酸能的

GABA transaminase [ˌgæbə trænsˈæmineis] ❶ 4-氨基丁酸盐转氨酶; ❷ γ 氨基丁酸转氨酸

Gabbet's method [ˈgæbets] (Henry Singer *Gabbet*, English Physician) 盖培德氏染法

G-actin 肌球蛋白

gadfly [ˈgædflai] 虻

gadinine [ˈgædinin] 腐鱼碱

gadolinium [ˌgædəˈliniəm] 钆
  g.153 钆 153

gadopentetate dimeglumine [ˌgædəuˈpentəteit] 三胺五乙酸钆二甲基葡胺

gaduhiston [ˌgædjuˈhistən] (L. *gadus* cod + *histon*) 鳕精组织蛋白

Gadus [ˈgeidəs] (L.; Gr. *gados*) 鳕属

G. morrhua 鳕(鱼)

Gaenslen's sign [ˈgenzlənz] (Frederick Julius *Gaenslen*, American surgeon, 1877-1937) 根斯伦氏征

Gaffky scale [ˈgæfki] (Georg Theodor August *Gaffky*, German bacteriologist, 1850-1918) 加夫基氏表

Gaffkya [ˈgæfkiə] (G. T. A. *Gaffky*) 加夫基氏球菌属

GAG (glycosaminoglycan 的缩写) 氨基葡聚糖

gag [gæg] ❶ 张口器, 开口器, 张牙器; ❷ 作呕, 恶心

gage [geidʒ] ❶ 规; ❷ 计器, (量)尺

Gaillard-Arlt suture [geiˈjɑː ɑːlt] (Francois Lucien *Gaillard*, French physician, 1805-1869; Carl Ferdinand Ritter von *Arlt*, Austrian ophthalmologist, 1812-1887) 盖-阿二氏缝术

gain [gein] ❶ 增加; 获益; ❷ 放大; ❸ 获得, 得到, 增加

antigen g. 抗原获得

primary g. 原发得益

secondary g. 继发获益

Gaisböck's disease [ˈgaisbeks] (Felix *Gaisböck*, German physician, 1868-1955) 盖斯伯克氏病, 高血压性红细胞增多症

gait [geit] 步态

antalgic g. 防痛步态

ataxic g. 共济失调步态

calcaneus g. 跟骨步态

cerebellar g. 小脑病步态

Charcot's g. 夏科氏步态, 家庭性共济失调步态

compensated gluteus medius g. 补偿性臀中肌步态

double step g. 双步态

drag-to g. 拖步步态

drop-foot g. 跨阈步态

dystrophic g. 肌营养不良步态

equine g. 髋屈步态,马行步态
festinating g. 慌张步态
four-point g. 四点步态
gluteal g. 偏臀步态
gluteus medius g. 臀中肌步态
heel-toe g. 跟-趾步态
helicopod g. 环形步态,螺旋形步态
hemiplegic g. 偏瘫步态
hip extensor g. 髋伸步态
hysterical g. 癔病步态
intermittent double-step g. 间歇性双步态
maximus g. 最大步态
myopathic g. 肌病步态
paraplegic spastic g. 截瘫性痉挛步态
point g. 点步态
propulsive g. 慌张步态
quadriceps g. 四头肌步态
scissor g. 剪形步态
spastic g. 痉挛步态
staggering g. 蹒跚步态
steppage g. 跨阈步态
stuttering g. 口吃步态
swaying g. 摇摆步态
swing g. 摇动步态
swing-through g. 摇过步态
swing-to g. 摇向步态
tabetic g. 脊髓痨步态,共济失调步态
three-point g. 三点步态
Trendelenburg g. 特伦德伦伯格氏步态
two-point g. 两点步态
uncompensated gluteus medius g. 非补偿性臀中肌步态
waddling g. 鸭步(态)
Gajdusek ['gaidjuʃek] 盖杜介克; Daniel Carleton, 美国儿科医师
galactacrasia [ɡæˌlæktə'kreisiə] (galact- + a neg. + Gr. krasis mixture + -ia) 乳液异常
galactagogin [ɡə'læktəˌɡoɡin] 胎盘催乳素
galactagogue [ɡə'læktəɡɔɡ] (galact + -agogue) ❶ 催乳的; ❷ 催乳药
galactan [ɡə'læktən] 半乳聚糖
galactangioleucitis [ɡəˌlæktəndʒiəuliə'saitis] (galact- + Gr. angeion vessel + leukos white + -itis inflammation) 授乳期淋巴管炎
galactase [ɡə'lækteis] 乳蛋白酶

galactemia [ˌɡælək'ti:miə] (galact- + -emia) 乳血症
galactenzyme [ˌɡælək'tenzaim] 乳酶,保加利亚乳杆菌制剂
galacthidrosis [ˌɡælækθi'drəusis] 乳汗症
-galactia [ɡə'lækʃiə] (Gr. galaktos milk) 乳
galactic [ɡə'læktik] ❶ 乳液的; ❷ 催乳液的
galactidrosis [ɡəˌlækti'drəusis] (Gr. idrosis sweat) 乳汗症,乳状汗
galactin [ɡə'læktin] ❶ 牛乳糖胶; ❷ 催乳激素; ❸ 乳糖
galactischia [ˌɡælæk'tiskiə] (galact- + Gr. ischein to suppress) 乳液分泌抑制
galactite [ɡə'læktait] 乙基半乳糖
galactitol [ɡə'læktitɔl] 半乳糖醇,卫矛醇
galact(o)- (Gr. gala, gen. galaktos milk) 乳,乳液
galactoblast [ɡə'læktəublæst] 成初乳小体
galactobolic [ɡəˌlæktəu'bɔlik] 生乳的
galactocele [ɡə'læktəsi:l] (galacto- + Gr. kēlē tumor) ❶ 乳腺囊肿; ❷ 乳状水囊肿,乳性鞘膜积液
galactocerebroside [ɡəˌlæktəsə'ri:brəsaid] 半乳糖脑甙,脑甙
galactocerebroside β-galactosidase [ɡəˌlæktəusə'ri:brəsaid ɡəˌlæktə'sideis] 半乳糖脑甙脂 β 半乳糖甙酶
galactochloral [ɡəˌlæktəu'klɔ:rəl] 半乳糖氯醛
galactococcus [ɡəˌlæktəu'kɔkəs] 乳球菌
galactocrasia [ɡəˌlæktə'kreisiə] 乳液异常
galactoflavin [ɡəˌlæktəu'flævin] 半乳糖黄素
galactogenous [ˌɡælæk'tɔdʒinəs] (galacto- + genous) 生乳的,催乳的
glactoglycosuria [ɡəˌlæktəuˌɡlaikəu'sjuəriə] 授乳期糖尿
galactogogue [ɡə'læktəɡɔɡ] ❶ 催乳的; ❷ 催乳剂
galactography [ˌɡælæk'tɔɡrəfi] (galacto- + -graphy) 输乳管造影术
galactoketoheptose [ɡəˌlæktəuˌkitəu'heptəus] 半乳庚酮糖
galactokinase [ɡəˌlæktəu'kaineis] (EC 2.7.1.6) 半乳糖激酶
galactolipid [ɡəˌlæktəu'lipid] 半乳糖脂

galactoma [ˌgælæk'təumə] (galact- + -oma) ❶ 乳腺囊肿；❷ 乳状水囊肿，乳性鞘膜积液

galactometastasis [gəˌlæktəume'tæstəsis] 异位泌乳

galactometer [ˌgælæk'tɔmitə] (galacto- + -meter) 乳（液）比重计

galactometry [ˌgælæk'tɔmitri] 乳（液）比重测定法

galactopathy [ˌgælæk'tɔpəθi] (galacto- + Gr. pathos disease) 饮乳疗法，乳疗法

galactopexic [gəˌlæktəu'peksik] 半乳糖固定的

galactopexy [gə'læktəˌpeksi] (galacto- + -pexy) 半乳糖固定

galactophagous [ˌgælæk'tɔfəgəs] (galacto- + Gr. phagein to eat) 乳食的

galactophlebitis [gəˌlæktəfli'baitis] (galacto- + phlebitis) 授乳期静脉炎，股白肿

galactophlysis [ˌgælæk'tɔflisis] (galacto- + Gr. phlysis eruption) 乳性疱疹

galactophore [gə'læktəfɔː] ❶ 输乳的，排乳的；❷ 乳管

galactophoritis [gəˌlæktəufə'raitis] (galacto- + Gr. pherein to carry + -itis) 乳管炎

galactophorous [ˌgælæk'tɔfərəs] (galacto- + Gr. pherein to bear) 输乳的，排乳的

glactophthisis [ˌgælæk'tɔfθisis] (Gr. phthisis consumption) 授乳性消瘦，授乳性痨

galactophygous [ˌgælæk'tɔfigəs] (galacto- + Gr. phygē flight) 回乳的，止乳的

galactoplania [gəˌlæktəu'pleiniə] (galacto- + Gr. planē wandering) 异位泌乳

galactoplerosis [gæˌlæktəupli:'rəusis] (Gr. plerosis a filling) 乳腺充盈

galactopoiesis [gəˌlæktəupɔi'i:sis] (galacto- + -poiesis) 乳生成

galactopoietic [gəˌlæktəpɔi'etik] ❶ 生乳的；❷ 催乳剂

galactopsis [gæˌlæk'tɔpsis] (Gr. posis drinking) 饮乳疗法，乳疗法

galactopyra [gəˌlæktəu'paiərə] (galacto- + Gr. pyr fire) 生乳热

galactopyranose [gəˌlæktəu'pairənəus] 吡喃半乳糖

galactorrhea [gəˌlektəu'riːə] (galacto- + Gr. rhoia flow) 乳溢

galactosamine [gəˌlæktəu'sæmin] 半乳糖胺，氨基半乳糖

galactosamine-6-sulfatase [gəˌlæktəu'sæmin 'sʌlfəteis] 半乳糖胺-6-硫酸脂酶

galactosan [gə'læktəsən] 半乳聚糖

galactosazone [ˌgælæk'tɔsəzəun] 半乳糖脎

galactoschesis [ˌgælæk'tɔskisis] (galacto- + Gr. schesis suppression) 乳液分泌抑制

galactoscope [gə'læktəuskəup] 乳酪计，乳脂计

galactose [gə'læktəus] (Gr. gala, gen. galaktos milk) 半乳糖

   g. 1-phosphate 1-磷酸半乳糖

galactosemia [gəˌlæktə'si:miə] (galactose + -emia) 半乳糖血（症）

galactose 1-phosphate uridyltransferase [gəˌlæktəus'fɔsfeit ˌjuəridil'trænsfəreis] 半乳糖-1-磷酸转尿甙酰酶

galactose 1-phosphate uridylyltransferase [gə'læktəus 'fɔsfeitˌjuəridilil'trænsfəreis] 半乳糖-1-磷酸尿嘧啶核甙酸转移酶

galactosialidosis [gəˌlæktəusiˌæli'dəusis] 乳液唾液异常增多

α-galactosidase [gəˌlæktəu'saideis] (EC 3.2.1.22) ❶ α半乳糖甙酶；❷ α半乳糖甙酶 A

   α-g. A α半乳糖甙酶 A
   α-g. B α半乳糖甙酶 B

β-galactosidase [gəˌlæktəu'saideis] (EC 3.2.1.23) β半乳糖甙酶

galactoside [gə'læktəsaid] 半乳糖甙

galactosis [ˌgælæk'təusis] 乳液生成

galactostasia [gəˌlæktəu'steisiə] 泌乳停止，乳液积滞

galactostasis [ˌgælæk'tɔstəsis] (galacto- + -stasis) ❶ 泌乳停止；❷ 乳液积滞

galactosuria [gəˌlæktəu'sjuəriə] 半乳糖尿

galactosyl [gəˌlæk'təusil] 半乳糖基

galactosylceramidase [ˌgælæk,təusilse'ræmideis] (EC 3.2.1.46) 半乳糖神经酰胺酶

galactosylceramide [ˌgælæktəusil'serəmaid] 半乳糖神经酰胺

galactosylceramide β-galactosidase [ˌgæ-læktəusil'serəmaid gəˌlæktəu'sideis] 半乳糖神经酰胺 β 半乳糖甙酶

galactosylhydroxylysyl glucosyltransferase [ˌgælæktəusilhaiˌdrɔksi'lisil ˌglukəusil'trænsfəreis] 半乳糖羟赖氨酸基半乳糖转移酶

galactosyltransferase [ˌgælækˌtɔsil'trænsfəreis] 半乳糖转移酶

galactosyrinx [ˌgælæktəu'siriŋks] 乳管瘘

galactotherapy [gəˌlætəu'θerəpi] 乳疗法,饮乳疗法

galactotoxin [gə'læktəuˌtɔksin] (galacto- + toxin) 乳毒素

galactotoxism [gəˌlæktəu'tɔksizəm] 乳中毒

galactotrophy [ˌgælæk'tɔtrəfi] (galacto- + -trophy) 乳营养法

galactoxism [gælæk'tɔksizəm] 乳中毒

galactoxismus [gəˌlæktɔk'sizməs] 乳中毒

galactozymase [gəˌlæktəu'zaimeis] 乳酿酶

galactozyme [gə'læktəuzaim] 发酵乳

galacturia [ˌgælək'tjuəriə] (galact- + -uria) 乳糜尿

galacturonic acid [gəˌlæktjuə'rɔnik] 半乳糖醛酸

galalith ['gæləliθ] (Gr. gala milk + lithos stone) 乳石胶

galanga [gə'læŋgə] 高良姜

galantamine hydrobromide [gə'læntəmi:n] 氢溴酸雪花胺

galanthamine hydrobromide [gə'lænθəmin] 氢溴酸雪花胺

Galbiati's knife ['gælbiətiz] (Gennaro Galbiati, Italian obstetrician, 1776-1844) 加耳比阿蒂氏刀

galea ['geiliə] ❶ (L.) 帽;❷ (NA) 帽状组织的通称
  g. aponeurotica (NA) 帽状腱膜

Galeati's glands [ˌgæli'ɑtiz] (Domenico Gusmano Galeati, Italian physician, 1686-1775) 加莱阿蒂氏腺

galeatus [ˌgæli'eitəs] (L. galea helmet) 羊膜包胎的

Galeazzi's fracture [ˌgæli'ætziz] (Riccardo Galeazzi, Italian orthopedic surgeon, 1866-1952) 加莱阿齐氏骨折

galegine [gə'li:dʒin] 山羊豆碱

Galen ['geilən] 盖仑氏

Galen's anastomosis ['geilənz] (Galen) 盖仑氏吻合

galena [gə'li:nə] (Gr. galene lead ore) ❶ 解毒药;❷ 方铅矿,硫化铅

galenic [gə'lenik] 盖仑派医学的

galenica [gə'lenikə] 盖仑(氏)制剂,植物制剂

galenicals [gə'lenikəlz] 盖仑(氏)制剂,植物制剂

galenics [gə'leniks] 盖仑氏制剂

galenism ['geilenizm] 盖伦学说

Galeodes araneoides [ˌgæli'əudi:z əˌreini'ɔidi:z] 蛛毛蝎

galeophilia [ˌgæliəu'filiə] (Gr. gala cat + philein to love) 嗜猫癖

galeophobia [ˌgæliəu'fəubiə] (Gr. gala cat + phobos fear) 猫恐怖

galeropia [ˌgælə'rɔpiə] (Gr. galeros cheerful + -opia) 视力超常

galeropsia [ˌgælə'rɔpsiə] 视力超常

gall [gɔ:l] (L. galla) ❶ 胆汁;❷ 没食子;❸ 擦伤
  Aleppo g. 没食子
  ox g. 牛胆汁
  shoulder g. 肩擦伤
  Smyrna g. 没食子
  wind g. (马脚踝) 关节软瘤

Gall's craniology [gɔlz] (Franz Joseph Gall, German anatomist, 1758-1828) 加耳氏颅骨学,颅相学

galla ['gælə] (L. "nutgall") (pl. galae) 没食子,五倍子

gallacetophenone [gæˌlæsitəu'fi:nəun] 没食子苯乙酮

gallal ['gæləl] 加拉耳,没食子酸铝

gallamine triethiodide ['gæləmin ˌtraiə'θaiədaid] (USP) 三乙碘化加拉明,三碘季铵酚,三乙碘化三(β二乙氨乙氧基)苯

gallanilide [gə'lænilid] 没食子酰苯胺,棓酰替苯胺

gallate ['gæleit] 没食子酸盐,倍酸盐

gallbladder ['gɔ:lblædə] 胆囊
  Courvoisier's g. 库瓦济埃氏胆囊
  fish-scale g. 鱼鳞状胆囊
  floating g. 游动胆囊
  folded fundus g. 胆囊底折叠象,倒圆锥形帽
  hourglass g. 葫芦形胆囊
  mobile g. 游动胆囊
  sandpaper g. 沙纸状胆囊
  stasis g. 胆囊郁积

strawberry g. 草莓状胆囊
wandering g. 游动胆囊
gallein ['gæliin] 棓因,焦没食子酚酞
gallic acid ['gælik] 没食子酸
gallicin ['gælisin] 没食子酸甲酯,棓酸甲酯
gallid ['gælid] (L. *gallus* cock) 家禽的
Gallie transplant ['gæli] (William Edward *Gallie*, Canadian surgeon, 1882-1959) 加利氏移植物
gallinol ['gælinɔl] 没食子醇,棓醇
gallipot ['gælipɔt] 软膏壶
gallium ['gæliəm] (L., from *Gallia* Gaul) 镓
    g. Ga 67 citrate 柠檬酸 67 镓
    g. nitrate 硝酸镓
gallnut ['gɔːlnʌt] 没食子
gallo- ['gæləu] (L. *galla* gallnut) 没食子
gallobromol [,gæləu'brəuməl] 加洛布罗莫耳,二溴没食子酸
gallocyanin [,gæləu'saiənin] 棓氰宁,棓花青
galloformin [,gæləu'fɔːmin] 棓三甲酸甘油酯
gallon ['gælən] (L. *congius*) 加仑
gallop ['gæləp] 奔马律
    atrial g. 心房性奔马律
    diastolic g. 舒张期奔马律
    fourth heart sound g. 第四心音奔马律
    presystolic g. 收缩前奔马律
    protodiastolic g. 舒张初期奔马律
    S_3 g. S_3 奔马律
    S_4 g. S_4 奔马律
    summation g. 奔马律总和
    third heart sound g. 第三心音奔马律
    ventricular g. 心室奔马律
gallotannic acid [,gæləu'tænik] 没食子鞣酸
gallsickness ['gɔːlsiknis] 牛胆病
gallstone ['gɔːlstəun] 胆石
GalNAc N 乙酰半乳糖胺
GALT (gut-associated lymphoid tissue 的缩写) 与肠有关的淋巴组织
Galton's law of regression ['gɔːltənz] (Sir Francis *Galton*, English anthropologist and biologist, 1822-1911) 戈耳顿氏退化定律
galuteolin [,gæljuːˈtiːəlin] 山羊豆甙

Galv. ❶ 伽伐尼氏的;❷ 流电的
galvanic [gæl'vænik] ❶ 伽伐尼氏的;❷ 流电的
galvanism ['gælvənizəm] (Luigi *Galvani*) ❶ 流电;❷ 流电疗法
    dental g. 牙流电
galvanization [,gælvəni'zeiʃən] 流电疗法
galvanized ['gælvənaizd] 电镀的,镀锌的
galvano- 流电,电
galvanocaustics [,gælvənəu'kɔːstiks] 电烙学,电灼原理论
galvanocautery [,gælvənəu'kɔːtəri] 电烙器
galvanochemical [,gælvənəu'kemikəl] 流电化学的
galvanochemistry [,gælvənəu'kemistri] 电化学
galvanocontractility [,gælvənə,kɔntræk'tiliti] 流电收缩性
galvanofaradization [,gælvənəu'færədi'zeiʃən] 流电感应电疗法
galvanogustometer [,gælvənəugʌs'tɔmitə] 电味觉计
galvanolysis [,gælvə'nɔlisis] (*galvanism* + Gr. *lysis* dissolution) 电解(作用)
galvanometer [,gælvə'nɔmitə] (*galvanism* + *-meter*) 电流计,电流测定器
    Einthoven's g., string g., thread g. (*obs.*) 艾因托文氏电流计,弦(线)电流计
galvanomuscular [,gælvənəu'mʌskjulə] 流电肌肉的
galvanonarcosis [,gælvənəunɑː'kəusis] 电流麻醉
galvanonervous [,gælvənəu'nəːvəs] 电流神经的
galvanopalpation [,gælvənəpæl'peiʃən] 电触诊(法)
galvanoscope [gæl'vænəuskəup] (*galvano-* + Gr. *skopein* to view) 验电流器
galvanoscopy [,gælvə'nɔskəpi] 电流测验法
galvanosurgery [,gælvənəu'səːdʒəri] 电流外科学,电外科
galvanotaxis [,gælvənəu'tæksis] 趋电性
galvanotherapeutics [,gælvənəuˌθerə'pjuːtiks] 电疗法
galvanotherapy [,gælvənəu'θerəpi] 流电疗法

galvanothermotherapy [ˌgælvənəuˌθə:mə-ˈθerəpi] 电热疗法,透热电疗

galvanothermy [ˌgælvənəuˈθə:mi] 电热疗法,透热电疗

galvanotonic [ˌgælvənəuˈtɔnik] (*galvano*- + Gr. *tonos* tension) 电紧张的

galvanotonus [ˌgælvəˈnɔtənəs] (*galvano*- + Gr. *tonus* tension) 电紧张,电张

galvanotropism [ˌgælvəˈnɔtrəpizəm] (*galvanism* + Gr. *tropos* a turn) 向电性

galvo [ˈgælvəu] 黄铜铸工热病

gamasid [ˈgæməsid] 蚧螨

Gamasidae [gəˈmæsidi:] 蚧螨科

Gamasides [gəˈmæsidi:z] 蚧螨类

gamasoidosis [ˌgæməsɔiˈdəusis] 蚧螨病,禽螨病

Gamastan [ˈgæməˌstæn] 甘马斯坦

Gambian horse sickness [ˈgæmbiən] (*Gambian*, West Africa) 冈比亚马病

gambir [ˈgæmbiə] 棕儿茶

gambling [ˈgæmbliŋ] 赌博,投机,冒险
　pathological g. (DSM-III-R) 病态赌博

Gambusia [gæmˈbjusiə] 食蚊鱼属
　G. affinis 食蚊鱼

gamefar [ˈgæmifɑ:] 加米法尔,扑疟喹啉

gamenomania [ˌgæminəuˈmeiniə] 求偶狂,求偶癖

gametangia [ˌgæmiˈtændʒiə] (L.) 配子囊。gametangium 的复数形式

gametangium [ˌgæmiˈtændʒiəm] (pl. *gametangia*) (*gamete* + Gr. *angeion* vessel) 配子囊

gamete [ˈgæmi:t] (Gr. *gametē* wife, *gametēs* husband) ❶ 配子；❷ 生殖型疟原虫

gametic [gəˈmetik] 配子的

gamet(o)- (Gr. *gametē* wife, *gametēs* husband) 配子

gametoblast [ˈgæmetəublæst] (*gamete* + Gr. *blastos* offspring, germ) 子孢子,镰刀状体

gametocidal [gəˌmi:təˈsaidəl] 杀配子(体)的

gametocide [gəˈmi:təsaid] (*gameto*- + L. *caedere* to kill) 杀配子(体)剂

gametocyte [gəˈmi:təsait] (*gameto*- + *cyte*) ❶ 卵母细胞,精母细胞；❷ 配子体,配子母细胞

gametocytemia [gəˌmi:təusaiˈti:miə] 配子体血症

gametocythemia [gəˌmi:təusaiˈθi:miə] 配子体血症

gametogenesis [ˌgæmitəuˈdʒenəsis] (*gameto*- + Gr. *genesis* production) 配子形成,配子发生

gametogenic [gəˌmi:təuˈdʒenik] 配子形成的,配子发生的

gametogonia [ˌgæmitəuˈgəuniə] 配子生殖

gametogonium [ˌgæmetəuˈgəuniəm] 配(子)原细胞

gametogony [ˌgæmiˈtɔgəni] 配子生殖

gametoid [ˈgæmitɔid] 配子样的

gametokinetic [ˌgæmitəukaiˈnetik] (*gameto*- + Gr. *kinein* to move) 刺激配子的,促配子活动的

gametology [ˌgæmeˈtɔlədʒi] (*gamete* + Gr. *logos* discourse) 配子学

gametophagia [ˌgæmitəuˈfeidʒiə] 配子消失

gametophyte [gəˈmi:təfait] (*gameto*- + Gr. *phyton* plant) 配子体

gametotropic [ˌgæmetəuˈtrɔpik] 向配子的

Gamgee tissue [ˈgæmdʒi:] (Joseph Sampson Gamgee, British surgeon, 1828-1886) 加姆季氏敷料

gamic [ˈgæmik] 性的,受胎的

Gamimune N [ˈgæmimjuːn] 佳迷免:静脉注射用免疫球蛋白制剂的商品名

gamma [ˈgæmə] (Γ,γ) ❶ 丙种；❷ 微克

gamma-aminobutyric acid [ˈgæmæˌminəubjuˈtirik] γ氨基丁酸

gamma benzene hexachloride [ˌgæməˈbenziːnˌheksəˈklɔraid] γ六氯化苯,六氯环己烷,γ六六六,林丹

gammabufagin [ˌgæməˈbjuːfədʒin] ν蟾蜍素

gamma-carotene [ˌgæməˈkærətiːn] ν胡萝卜素

gammacism [ˈgæməsizəm] (Gr. *gamma* the letter G) G发音不正

Gammagard [ˈgæməgɑːd] 佳免佳:免疫球蛋白制剂的商品名

gamma globulin [ˌgæməˈglɔbjulin] γ球蛋白

gammaglobulinopathy [ˌgæməˌglɔbjuliˈnɔpəθi] γ球蛋白病,丙种球蛋白病

gammagram [ˈgæməgræm] γ线图

gammagraphic [ˌgæməˈgræfik] γ线图的

Gammaherpesvirinae [ˌgæməˌhəpizvaiˈriːni] γ疱疹病毒

gamma-lactone [ˌgæməˈlæktəun] 丙内酯

gamma-pipradol [ˌgæməˈpiprədɔl] γ哌苯甲醇

gammexane [gəˈmeksein] 敢灭散,ν六氯化苯,ν六六六,林丹

gammopathy [gæˈmɔpəθi] (*gamma* globulin + *-pathy*) 丙种球蛋白病,γ球蛋白病
  benign monoclonal g. 良性单克隆γ球蛋白病
  monoclonal g's 单克隆γ球蛋白病,浆细胞病

gammot [ˌgæmət] 旧型外科刀

Gamna's disease [ˈgæmnəz] (Carlo *Gamna*, Italian physician, born 1896) 加姆纳氏病

gam(o)- (Gr. *gamos* marriage) 婚配,性,两性交合

gamobium [gəˈməubiəm] (*gamo-* + Gr. *bion* life) 有性世代

gamogenesis [ˌgæməuˈdʒenəsis] (*gomo-* + Gr. *genesis* production) 有性生殖

gamogenetic [ˌgæməudʒiˈnetik] 属于有性生殖的,显有性生殖的

gamogonia [ˌgæməuˈgəuniə] ❶配子发生;❷配子生殖,两性生殖

gamogony [gæˈmɔgəni] 配子生殖

gamomania [ˌgæməuˈmeiniə] (*gamo-* + Gr. *mania* madness) 求偶癖,求偶狂

gamomorphism [ˌgæməuˈmɔfizm] (*gamo-* + Gr. *morphe* form) 性机能成熟,春情发动

gamone [ˈgæməun] 配素,配子激素

gamont [ˈgæmɔnt] (*gam-* + Gr. *ōn* being) 配子体,配子母细胞

gamophagia [ˌgæməuˈfeidʒiə] (*gamo-* + Gr. *phagein* to eat) 配子消失

gamophobia [ˌgæməuˈfəubiə] (*gamo-* + Gr. *phobos* fear) 婚姻恐怖

gampsodactylia [ˌgæmpsəudækˈtiliə] (Gr. *gampsos* crooked + *daktylos* digit + *-ia*) 爪形足

gampsodactyly [ˌgæmpsəuˈdæktili] (Gr. *gampsos* crooked + *daktylos* digit) 爪形足

Gamstorp's disease [ˈgæmstɔːps] (Ingrid *Gamstorp*, Swedish pediatrician, born 1924) 甘史托普氏病

Gamulin Rh [ˈgæmjulin] Rh球蛋白:人血清免疫球蛋白制剂的商品名

ganciclovir [gænsiˈkləuvə] 甘环鸟苷
  g. sodium 甘环鸟苷钠

ganga [ˈgæŋgə] 大麻花膏

ganglia [ˈgæŋgliə] (Gr.) ❶神经节;❷腱鞘囊肿。*ganglion* 的复数形式

ganglial [ˈgæŋgliəl] 神经节的

gangliasthenia [ˌgæŋgliæsˈθiːniə] 神经节性衰弱

gangliated [ˈgæŋglieitid] 有神经节的

gangliectomy [ˌgæŋgliˈektəmi] 神经节切除术

gangliform [ˈgæŋglifɔːm] 神经节状的

gangliitis [ˌgæŋgliˈaitis] 神经节炎

gangli(o)- (Gr. *ganglion*) 神经节

ganglioblast [ˈgæŋgliəublæst] (*ganglio-* + Gr. *blastos* germ) 成神经节细胞

gangliocyte [ˈgæŋgliəusait] (*ganglio-* + Gr. *kytos* hollow vessel) 神经节细胞

gangliocytoma [ˌgæŋgliəusaiˈtəumə] 神经节细胞瘤

ganglioform [ˈgæŋgliəˌfɔːm] 神经节状的

ganglioglioma [ˌgæŋgliəuglaiˈəumə] 神经节神经胶质瘤

ganglioglioneuroma [ˌgæŋgliəuˌglaiəunjuəˈrəumə] 神经节胶质神经瘤

ganglioid [ˌgæŋgliɔid] 神经节样的

gangliolytic [ˌgæŋgliəuˈlitik] 神经节性(传导)阻滞的

ganglioma [ˌgæŋgliˈəumə] (*gangli-* + *-oma*) 神经节瘤

ganglion [ˈgæŋgliən] (pl. *ganglia* 或 *ganglions*) (Gr. "kont") ❶结节,结状块;❷神经节(NA);❸腱鞘囊肿
  aberrant g. 迷行神经节,变异神经节
  accessory ganglia 附属神经节
  acousticofacial g. 听面神经节
  Acrel's g. 阿克雷耳氏腱鞘囊肿
  Andersch's g. 安德施氏神经节,岩神经节
  aorticorenal g., ganglia aorticorenalia (NA) 主动脉肾神经节
  auditory g. 听神经节
  Auerbach's g. 奥厄巴赫氏神经节
  autonomic ganglia, ganglia autonomica (NA) 自主神经节

ganglia of autonomic plexuses 自主神经丛节
azygous g. 奇节
basal ganglia 基底神经节
Bezold's g. 贝佐耳德氏神经节
Bidder's ganglia 比德丁氏神经节
Blandin's g. 布兰丁氏神经节
Bochdalek's g. 博赫达勒克氏神经节
Bock's g. 博克氏神经节
cardiac ganglia, ganglia cardiaca (NA) 心神经节
carotid g. 颈动脉神经节
caudal g. of glossopharyngeal nerve 舌咽神经尾节
caudal g. of vagus nerve 迷走神经尾节
g. caudalis nervi glossopharyngei 舌咽神经尾侧神经节
g. caudalis nervi vagi 迷走神经尾侧神经节
celiac ganglia, ganglia celiaca 腹腔神经节
cerebrospinal ganglia 脑脊神经节
cervical g., inferior 颈下神经节
cervical g., middle 颈中神经节
cervical g., superior 颈上神经节
cervical g. of uterus 子宫颈神经节
g. cervicale medium (NA) 颈中神经节
g. cervicale superius (NA) 颈上神经节
cervicothoracic g., g. cervicothoracicum (NA) 颈胸神经节,星形神经节
cervicouterine g. 子宫颈神经节
g. ciliare (NA), **ciliary g.** 睫状神经节
Cloquet's g. 克洛凯氏神经节,鼻腭神经节
cochlear g., g. cochleare (NA) 耳蜗神经节
ganglia coeliaca (NA) 腹腔神经节
collateral ganglia 侧副神经节
compound g. 复合性腱鞘囊肿
Corti's g. 柯蒂氏神经节
ganglia craniospinalia (NA) 颅脊神经节
diffuse g. 弥漫性腱鞘囊肿
dorsal root g. 背根神经节
Ehrenritter's g. 埃伦里特氏神经节
ganglia encephalica 脑脊神经节
encephalospinal ganglia 脑脊神经节
ganglia encephalospinalia 脑脊神经节
false g. 假神经节

first thoracic g. 第一胸神经节
Frankenhäuser's g. 弗兰肯豪塞氏神经节
Froriep's g. 弗罗里普氏神经节,枕神经节
Gasser's g., gasserian g. 加塞氏神经节
geniculate g., g. geniculi nervi facialis (NA) 膝状神经节
g. geniculatum nervi facialis 膝状神经节
glossopharyngeal ganglia, ganglia of glossopharyngeal nerve 舌咽神经节
g. of glossopharyngeal nerve, caudal, g. of glossopharyngeal nerve, inferior 舌咽神经下尾节
g. of glossopharyngeal nerve, rostral, g. of glossopharyngeal nerve, superior 舌咽神经上节
hepatic g. 肝神经节(丛)
hypogastric ganglia 腹下神经节
hypoglossal g. 舌下神经节
g. impar (NA) 奇神经节,尾神经节
inferior g. of vagus nerve 迷走神经下节
g. inferius nervi glossopharyngei (NA) 舌咽神经下节
g. inferius nervi vagi (NA) 迷走神经下节
inhibitory g. 抑制性神经节
ganglia intermedia (NA), **intermediate ganglia** 中间神经节
jugular g. of glossopharyngeal nerve 舌咽神经上节
jugular g. of vagus nerve 迷走神经上节
Küttner's g. 屈特诺氏淋巴节
Langley's g. 兰利氏神经节,下颌下神经节
Laumonier's g. 洛莫尼埃氏神经节
Lee's g. 李氏神经节
lesser g. of Meckel 麦克尔小神经节
Lobstein's g. 洛布斯坦氏神经节
Ludwig's g. 路德维希氏神经节
ganglia lumbalia (NA), **lumbar ganglia** 腰神经节
ganglia lumbaria 腰神经节
ganglia lymphatica 淋巴结
Meckel's g. 麦克尔神经节
Meissner's g. 麦斯纳氏神经节
mesenteric g., inferior 肠系膜下神经节
mesenteric g., superior 肠系膜上神经节

g. mesentericum inferius (NA) 肠系膜下神经节
g. mesentericum superius (NA) 肠系膜上神经节
g. of Müller 苗勒氏神经节
nerve g., neural g. 神经节
g. nervi splanchnici 内脏神经节
nodose g. 结状神经节
olfactory g. 嗅神经节
otic g., g. oticum (NA) 耳神经节
parasympathetic g. 副交感神经节
g. parasympatheticum (NA) 副交感神经节
g. parasy mpathicum 副交感神经节
pelvic ganglia, ganglia pelvica (NA) 盆神经节
ganglia pelvina 盆神经节
periosteal g. 骨膜囊肿
petrosal g., petrosal g., inferior, petrous g. 岩神经节
phrenic g., ganglia phrenica (NA) 膈神经节
ganglia plexuum autonomicorum (NA), ganglia plexuum sympathicorum 自主神经丛神经节
ganglia plexuum visceralium 内脏神经丛神经节
prevertebral ganglia 椎前神经节
primary g. 原发性腱鞘囊肿
pterygopalatine g., g. pterygopalatinum (NA) 蝶腭神经节
Remak's g. 雷马克氏神经节
renal ganglia, ganglia renalia (NA) 肾神经节
Ribes' g. 里伯氏神经节
rostral g. of glossopharyngeal nerve 舌咽神经(吻侧)节
g. rostralis nervi glossopharyngei 舌咽神经吻侧节
g. rostralis nervi vagi 迷走神经吻侧节
sacral ganglia, ganglia sacralia (NA) 骶神经节
Scarpa's g. 斯卡帕氏神经节
Schmiedel's g. 史米德氏神经节
semilunar g. 半月神经节
ganglia sensorialia 感觉中枢神经节
ganglia sensorialia nervorum cranialium 颅神经感觉神经节

ganglia sensorialia nervorum encephalicorum 颅神经感觉神经节
g. sensorium 感觉中枢神经节
ganglia sensoria nervorum cranialium (NA) 颅神经感觉神经节
sensory g. 感觉神经节
sensory ganglia of cranial nerves, sensory ganglia of encephalic nerves 颅神经感觉神经节
simple g. 单纯性腱鞘囊肿
sinoatrial g. 窦房神经节
sinus g. 窦神经节
sphenomaxillary g., sphenopalatine g. 蝶腭神经节
g. spinale (NA) 脊神经节
spiral g., spiral g. of cochlea, spiral g. of cochlear nerve 蜗螺旋神经节
g. spirale cochleae 蜗螺旋神经节
splanchnic g., splanchnic thoracic g., g. splanchnicum 胸内脏神经节
stellate g. 星形神经节
g. stellatum 星形神经节
sublingual g., g. sublinguale (NA) 舌下神经节
submandibular g., g. submandibulare (NA) 下颌下神经节
superior g. of glossopharyngeal nerve 舌咽神经上节
superior g. of vagus nerve 迷走神经上节
g. superius nervi glossopharyngei (NA) 舌咽神经上节
g. superius nervi vagi (NA) 迷走神经上节
suprarenal g. 肾上神经节
sympathetic g. 交感神经节
ganglia of sympathetic trunk 交感干神经节
g. sympatheticum (NA) 交感神经节
g. sympathicum (NA) 交感神经节
synovial g. 滑囊囊肿
terminal g., g. terminale (NA) 终神经节
ganglia thoracalia, thoracic ganglia 胸神经节
ganglia thoracica (NA) 胸神经节
g. thoracicus splanchnicum (NA) 胸内脏神经节
g. of trigeminal nerve, g. trigeminale

(NA) 三叉神经节,半月神经节
Troisier's g. 特鲁瓦西埃氏淋巴结
ganglia trunci sympathetici (NA), **ganglia trunci sympathici** 交感干神经节
tympanic g. 鼓室神经节
tympanic g. of Valentin 法伦廷氏神经节
g. tympanicum 鼓室神经节,鼓室隆起
vagal g., inferior 迷走神经下节,结状神经节
vagal g., superior 迷走神经上节
g. of vagus nerve, caudal, g. of vagus nerve, inferior 迷走神经下节
g. of vagus nerve, rostral, g. of vagus nerve, superoir 迷走神经上节,迷走神经吻侧节,迷走神经上节
Valentin's g. 法伦廷氏神经节
ventricular g. 心室神经节
vertebral g., g. vertebrale (NA) 椎神经节
vestibular g., g. vestibulare (NA) 前庭神经节
visceral ganglia, ganglia visceralia 内脏神经节
ganglia of visceral plexuses 内脏丛神经节
Wrisberg's ganglia 里斯伯格氏神经节
wrist g. 腕部腱鞘囊肿
ganglionated ['gæŋglɪəˌneɪtɪd] 有神经节的
ganglionectomy [ˌgæŋglɪəˈnɛktəmɪ] (*ganglio* + Gr. *ektomē* excision) 神经节切除术
ganglionervous [ˌgæŋglɪəˈnɜːvəs] 交感神经的
ganglioneure ['gæŋglɪəˌnjʊə] 神经节细胞
ganglioneuroblastoma [ˌgæŋglɪəˌnjʊərəʊblæsˈtəʊmə] 成神经节细胞瘤,成神经节胶质神经瘤
ganglioneurofibroma [ˌgæŋglɪəˌnjʊərəʊfaɪˈbrəʊmə] 神经节瘤
ganglioneuroma [ˌgæŋglɪəˌnjʊəˈrəʊmə] 神经节瘤
ganglionic [ˌgæŋglɪˈɒnɪk] 神经节的
ganglionitis [ˌgæŋglɪəˈnaɪtɪs] 神经节炎
acute posterior g. 带状泡疹
gasserian g. 眼部带状泡疹
ganglionoplegic [ˌgæŋglɪˌəʊnjʊəˈpliːdʒɪk] ❶ 神经节(传导)阻滞的;❷ 神经节阻滞药
ganglionostomy [ˌgæŋglɪəˈnɒstəmɪ] (*ganglio* + Gr. *stomoun* to provide with an opening, or mouth) 腱鞘囊肿造口术
gangliopathy [ˌgæŋglɪˈɒpəθɪ] 神经节病
ganglioplegic [ˌgæŋglɪəˈpliːdʒɪk] (*ganglio* + Gr. *plēgē* stroke) ❶ 神经节阻滞的;❷ 神经节阻滞剂
ganglioplexus [ˌgæŋglɪəˈplɛksəs] 神经节(内)纤维丛
ganglioside ['gæŋglɪəˌsaɪd] 神经节糖苷
g. GM₁ 神经节糖苷 GM₁
g. MG₂ 神经节糖苷 GM₂
ganglioside sialidase ['gæŋglɪəˌsaɪd sɪˈælɪdeɪs] 唾液酸酶
gangliosidosis [ˌgæŋglɪəʊsaɪˈdəʊsɪs] 神经节糖苷沉积症
generalized g. 全身性神经节糖苷沉积症
GM₁ g. 神经节糖苷 GM₁ 沉积症
GM₂ g. 神经节糖苷 GM₂ 沉积症
GM₂ g., type I 婴儿型神经节糖苷 GM₂ 沉积症 B 型
GM₂ g., type II 神经节糖苷 GM₂ 沉积症 0 型
GM₂ g., type III 少年型神经节糖苷 GM₂ 沉积症 B 型
GM₂ g., variant 0 神经节糖苷 GM₂ 沉积症 0 型
GM₂ g., variant AB 神经节糖苷 GM₂ 沉积症 AB 型
GM₂ g., variant B 神经节糖苷 GM₂ 沉积症 B 型
gangliospore ['gæŋglɪəˌspɔː] 节孢子
gangliosympathectomy [ˌgæŋglɪəʊsɪmpəˈθɛktəmɪ] 交感神经节切除术
gangosa [gæŋˈgəʊsə] (Sp. "muffled voice") 毁形性鼻咽炎
gangrene ['gæŋgriːn] (L. *gangraena*, Gr. *gangraina* an eating sore, which ends in mortification) 坏疽
atherosclerotic g. 动脉粥样硬化性坏疽
circumscribed g. 局限性坏疽
cold g. 寒性坏疽
diabetic g. 糖尿病性坏疽
dry g. 干性坏疽
embolic g. 栓塞性坏死
emphysematous g. 气性坏疽
epidemic g. 麦角中毒
Fournier's g. 福尔尼尔氏坏疽
gas g., gaseous g. 气性坏疽
glycemic g., glykemic g. 糖尿病性坏疽

hot g. 热性坏疽
humid g. 湿性坏疽
inflammatory g. 炎性坏疽
Meleney's g. 迈勒尼氏坏疽
Meleney's synergistic g. 麦来勒氏协同性坏疽
mephitic g. 气性坏疽
moist g. 湿性坏疽
pressure g. 压迫性坏疽
primary g. 原发性坏疽
progressive g. 进行性坏疽
progressive bacterial synergistic g. 进行性细菌协同性坏疽
progressive synergistic g., progressive synergistic bacterial g. 进行性协同性坏疽
pulp g. 髓性坏疽
Raynaud's g. 瑞诺德氏坏疽
secondary g. 继发性坏疽
senile g. 老年性坏疽
static g. 血郁滞性坏疽
symmetric g. 对称性坏疽
sympathetic g. 交感性坏疽
thrombotic g. 血栓性坏疽
traumatic g. 外伤性坏疽
trophic g. 营养(神经)性坏疽
venous g. 静脉性坏疽

gangrenopsis [ˌgæŋgriˈnɔpsis] (*gangrene* + Gr. *opsos* face) 走马疳,口腔坏疽,坏疽性口炎

gangrenosis [ˌgæŋgriˈnəusis] 坏疽(病)

gangrenous [ˈgæŋgrənəs] 坏疽性的

ganister [ˈgænistə] 硅火泥

Ganite [ˈgænait] 盖尼特:镓硝酸盐制剂的商品名

ganja [ˈgændʒɑ] 大麻膏

ganoblast [ˈgænəublæst] 成釉细胞

Ganser's commissure [ˈgænsəz] (Sigbert Joseph Maria *Ganser*, German psychiatrist, 1853-1931) 甘塞氏连合

Gantanol [ˈgæntənəl] 苷特尼:磺胺异甲唑制剂的商品名

Gantrisin [ˈgæntrisin] 苷特新:磺胺异噁唑制剂的商品名

Gant's clamp [ˈgænts] (Samuel Goodwin *Gant*, American physician, 1870-1944) 甘特氏夹,直角痔夹

Gant's Line [gænts] (Frederick James *Gant*, English surgeon, 1825-1905) 甘特氏线

gap [ˈgæp] 裂,隙,裂孔
air-bone g. 气骨导隙间距,气骨隙
anion g. 阴离子差
auscultatory g. 听诊无音间隙
Bochdalek's g. 博赫达勒克氏裂孔
chromatid g. 染色单体裂隙
excitable g. 应激间隙
interocclusal g. 殆间距,颌间距
isochromatid g. 等臂染色单体裂隙
silent g. 听诊无音间隙

GAPD (glyceraldehyde-3-phosphate dehydrogenase 的缩写) 3-磷酸甘油醛脱氢酶

gape [geip] 呵欠,张口

gapes [ˈgeips] 张口病

gapeworm [ˈgeipwəːm] 坏疽性的

Garamycin [ˌgærəˈmaisin] 加莫米新:硫酸庆大霉素制剂的商品名

garantose [ˈgɑːrəntəus] 糖精

Garcin's syndrome [gɑːˈseiz] (Raymond *Garcin*, French physician, 1897-1971) 加森氏综合征

Gardner's syndrome¹ [ˈgɑːdnəz] (Eldon John *Gardner*, American geneticist, born 1909) 加德诺氏综合征Ⅰ型

Gardner's syndrome² [ˈgɑːdnəz] (W. J. *Gardner*, American physician, 20th century) 加德诺氏综合征Ⅱ型

Gardner-Diamond syndrome [ˈgɑːdnə ˈdaiəmənd] (Frank H. *Gardner*, American physician, born 1919; Louis Klein *Diamond*, American physician, born 1902) 加-戴二氏综合征

Gardnerella [ˌgɑːdnəˈrelə] (H. L. *Gardner*, American bacteriologist) 加德诺氏菌属

Garel's sign [gɑːˈrelz] (Jean *Garel*, French physician, 1852-1931) 加雷耳氏征

Garg. (L. *gargarisma* 的缩写)(含)漱液

gargalanesthesia [ˌgɑːgəlænisˈθiːziə] 撩感缺失,痒感缺失

gargalesthesia [ˌgɑːgəlisˈθiːziə] (Gr. *gargalos* itching + *esthesia*) 撩感,痒感

gargalesthetic [ˌgɑːgəlisˈθetik] 撩感的,痒感的

gargareon [gɑːˈgɑːriən] 悬雍垂

gargarism [ˈgɑːgərizm] (Gr. *gargarismos* a gargling) 含漱液,漱咽药

garget [ˈgɑːget] 牛乳房炎

gargle [ˈgɑːgl] (L. *gargarisma*) ❶ 漱口;❷

(含)漱液

gargoylism ['gɑːgɔilizəm] 脂肪软骨营养不良

Garland's curve ['gɑːləndz] (George Minot *Garland*, American physician, 1848-1926) 加兰德氏曲线

garlicin ['gɑːlisin] 大蒜素

garment ['gɑːmənt] 外衣
  pneumatic antishock g. 充气抗休克外衣
  pressure g. 压力外衣

garmin ['gɑːmin] 肉叶芸香碱

garnet ['gɑːnit] 石榴石

Garré's osteomyelitis [gə'reiz] (Karl *Garré*, Swiss surgeon, 1857-1928) 加雷氏骨髓炎,硬化性非化脓性骨髓炎

Garrod's finger-pads ['gærədz] (sir Alfred Baring *Garrod*, English physician, 1819-1907) 加罗德氏指垫

garrulity [gæ'ruːliti] (L. *garrire* to prattle) 哓舌,多言

Gärtner's bacillus ['gɑːtnəz] (August Anton Hieronymus *Gärtner*, German bacteriologist, 1848-1934) 格特内氏杆菌,肠炎沙门氏菌

Gartner's cyst ['gɑːtnəz] (Hermann Treschow *Gartner*, Danish surgeon and anatomist, 1785-1827) 加特内氏囊肿

Gärtner's phenomenon ['gɑːtnəz] (Gustav *Gärtner*, Austrian pathologist, 1855-1937) 加特内氏现象

G. A. S(general adaptation syndrome 的缩写) 全身适应综合症

gas ['gæs] ❶ 气体;❷ 煤气
  alveolar g. 肺泡气
  coal g. 煤气
  ethyl g. 乙烷气
  expired g. 呼气
  hemolytic g. 溶血毒气,砷
  inert g. 惰性气体
  lacrimator g. 催泪气
  laughing g. 笑气,一氧化氮
  marsh g. 沼气,甲烷
  mustard g. 芥子气,二氯二乙硫醚
  noble g. 稀有气体,惰性气体
  sewer g. 阴沟气
  sneezing g. 喷嚏毒气
  suffocating g. 窒息毒气,光气
  sweet g. 甜气
  tear g. 催泪气
  vesicating g. 发疱毒气
  war g. 军用毒气

gaseous ['geiʃəs] 气(体)的

gaseousness ['geisjəsnis] 气体

gasification ['gæsifiˈkeiʃən] 气化(作用)

gasiform ['gæsifɔːm] 气(体)的

Gaskell's bridge [gæs'kelz] (Walter Holbrook *Gaskell*, English physiologist, 1847-1917) 轧司格耳氏桥,房室束

gaskin ['gæskin] 马(大)腿

gasmask ['gæsmɑːsk] 防毒面具

gasocausis [ˌgæsəu'kɔːsis] 气烙术

gasogenic [ˌgæsəu'dʒenik] 产气的

gasometer [gæ'sɔmitə] 气体定量器,气量计

gasometric [ˌgæsəu'metrik] 气体定量的

gasometry [gæ'sɔmitri] (*gas* + Gr. *metron* measure) 气体定量法,气体气析法

gasp [gɑːsp] 喘息

Gasser ['gæsə] 加塞: Herbert Spencer,美国生理学家

Gasser's ganglion ['gæsəz] (Johann Laurentius *Gasser*, Austrian professor, 1725-1765) 加塞氏神经节

Gasser's syndrome ['gæsəz] (Konrad Joseph *Gasser*, Swiss pediatrician, born 1912) 加塞氏综合征

gasserian [gæ'siəriən] 加塞氏神经节

gassing ['gæsiŋ] 放毒气,气体中毒

gaster ['gæstə] (Gr. *gastēr* the stomach) (NA) 胃

gasteralgia [ˌgæstə'rældʒiə] 胃痛

gasterangiemphraxis [ˌgæstəˌrændʒiem-'fræksis] (*gaster* + Gr. *angeion* vessel + *emphraxis* obstruction) 胃血管阻塞

gasterasthenia [ˌgæstəres'θiːniə] 胃无力,胃弱

gasterataxia [ˌgæstərə'tæksiə] 胃共济失调

gasterectasis [ˌgæstə'rektəsis] 胃扩张

gasteremphraxis [ˌgæstərem'fræksis] ❶胃血管阻;❷胃胀

gasterhysterotomy [ˌgæstəˌhistə'rɔtəmi] 剖腹子宫切开术,腹式子宫切开术

gasteric ['gæstərik] 胃的

Gasteromycetes [ˌgæstərəumai'siːtiːz] (*gaster* + Gr. *mykēs* fungus) 腹菌系

Gasterophilus [ˌgæstəˈrɔfiləs] (*gaster* + Gr. *philein* to love) 胃蝇属

gastradenitis [ˌgæstrædiˈnaitis] (*gastr-* + Gr. *adēn* gland + *-itis*) 胃腺炎

gastral [ˈgæstrəl] ❶ 胃的；❷ 腹的

gastralgia [gæsˈtrældʒiə] (*gastr-* + *-algia*) 胃痛

gastralgokenosis [gæsˌtrælgəkiˈnəusis] (*gastr-* + Gr. *algos* pain + *kenōsis* emptiness) 胃空痛

gastraneuria [ˌgæstrəˈnjuəriə] 胃神经机能不良,胃神经紧张力不良

gastrasthenia [ˌgæstræsˈθiːniə] 胃无力

gastratrophia [ˌgæstrətrəuˈfiə] (*gastr-* + Gr. *atrophia* atrophy) 胃萎缩

gastrectasia [ˌgæstrekˈteiziə] (*gaster* + Gr. *ektasis* dilatcation) 胃扩张,胃膨大

gastrectomy [gæsˈtrektəmi] (*gastr-* + Gr. *ektomē* excision) 胃切除术

gastremia [gæsˈtriːmiə] (*gaster* + *aema* blood) 胃充血

-gastria [ˈgæstriə] (*gaster* stomach) 胃

gastric [ˈgæstrik] (L. *gastricus*, Gr. *gastēr* stomach) 胃的

gastricism [ˈgæstrisizm] ❶ 胃病；❷ 胃病为一切病之根源说

gastricsin [gæsˈtriksin] (EC 3.4.23.3) 胃亚蛋白酶

gastrin [ˈgæstrin] 促胃液素,胃泌素

gastrinoma [ˌgæstriˈnəumə] 胃泌素瘤

gastritic [gæsˈtritik] 胃炎的

gastritis [gæsˈtraitis] (*gastr-* + *-itis*) 胃炎
  antral g., antrum g. 窦性胃炎,胃窦炎
  atrophic g. 萎缩性胃炎
  atrophic-hyperplastic g. 萎缩-增生性胃炎
  catarrhal g. 卡他性胃炎
  chemical g. 化学性胃炎
  chronic cystic g. 慢性囊性胃炎
  chronic follicular g. 慢性滤泡性胃炎
  cirrhotic g. 硬变性胃炎
  corrosive g. 腐蚀性胃炎
  eosinophilic g. 嗜酸性胃炎
  erosive g. 糜烂性胃炎
  exfoliative g. 剥脱性胃炎
  follicular g. 滤泡性胃炎,胃腺(泡)炎
  giant hypertrophic g. 巨大肥厚性胃炎
  hemorrhagic g. 出血性胃炎
  hypertrophic g. 肥厚性胃炎
  phlegmonous g. 蜂窝织炎性胃炎
  polypous g. 息肉性胃炎
  pseudomembranous g. 假膜性胃炎
  radiation g. 放射性胃炎
  superficial g. 表浅胃炎
  toxic g. 中毒性胃炎
  zonal g. 区域性胃炎

gastr(o)- (Gr. *gastēr* stomach) ❶ 胃；❷ 腹侧

gastroacephalus [ˌgæstrəueiˈsefələs] (*gastro-* + *a* neg. + Gr. *kephalē* head) 有腹无头寄生畸胎

gastroadenitis [ˌgæstrəuˌædəˈnaitis] 胃腺炎

gastroadynamic [ˌgæstrəuˌædiˈnæmik] 胃无力的

gastroalbumorrhea [ˌgæstrəuælˌbjuːməˈriːə] 胃蛋白溢

gastroamorphus [ˌgæstrəuəˈmɔːfəs] (*gastro-* + Gr. *a* neg. + *morphe* form) 腹内寄生畸胎

gastroanastomosis [ˌgæstrəuəˌnæstəˈməusis] 胃胃吻合术

gastro-ataxia [ˈgæstrəuəˈtæksiə] 胃共济失调

gastroatonia [ˌgæstrəuəˈtəuniə] 胃弛缓,胃张力缺乏

gastroblennorrhea [ˌgæstrəuˌblenəuˈriːə] 胃粘液溢,胃粘液分泌过多

gastrobrosis [ˌgæstrəuˈbrəusis] (*gastro-* + Gr. *brosis* an eating) 胃穿破

gastrocamera [ˌgæstrəuˈkæmərə] 胃内照相机

gastrocardiac [ˌgæstrəuˈkɑːdiæk] 胃心的

gastrocele [ˈgæstrəsiːl] (*gastro-* + Gr. *kēlē* hernial) 胃膨出

gastrochronorrhea [ˌgæstrəuˌkrɔnəˈriːə] 慢性胃液溢,慢性胃液分泌过多

gastrocnemius [ˌgæstrɔkˈniːmiəs] (*gastro-* + Gr. *knēmē* leg) 腓肠肌

gastrocoele [ˈgæstrəsiːl] (*gastro-* + Gr. *koilos* hollow) 原肠

gastrocolic [ˌgæstrəˈkɔlik] 胃结肠的

gastrocolitis [ˌgæstrəukɔˈlaitis] (*gastro-* + Gr. *kolon* colon + *-itis*) 胃结肠炎

gastrocoloptosis [ˌgæstrəuˌkɔləˈtəusis] (*gastro-* + *colon* + Gr. *ptosis* a falling) 胃结肠

下垂

gastrocolostomy [ˌgæstrəukəˈlɔstəmi] (gastro- + Gr. *kolon* colon + *stomoun* to provide with an opening, or mouth) 胃结肠吻合术

gastrocolotomy [ˌgæstrəukəˈlɔtəmi] (gastro- + Gr. *kolon* colon + *tomē* a cutting) 胃结肠切开术

gastrocolpotomy [ˌgæstrəukɔlˈpɔtəmi] (Gr. *gaster* the belly + *kolpos* vagina + *temnein* to cut) 剖腹阴道切开术

gastrocutaneous [ˌgæstrəukjuˈteinjəs] 胃皮肤的

gastrocyst [ˌgæstrəuˈsist] 胚泡

gastrocystis [ˌgæstrəuˈsistis] (gastro- + Gr. *kystis* bladder) 胚胞

gastrocystoplasty [ˌgæstrəuˈsistəplæsti] (gastro- + cysto- + plasty) 胃膀胱形成术

gastrodermis [ˌgæstrəuˈdəːmis] (gastro- + Gr. *derma* skin) 胃皮

gastrodialysis [ˌgæstrəudaiˈælisis] (Gr. *dialysis* a loosening) 胃粘膜分离

gastrodiaphane [ˌgæstrəuˈdaiəfein] (gastro- + Gr. *dia* through + *phainein* to show) 胃透照灯

gastrodiaphanoscopy [ˌgæstrəudaiˈæfəˈnɔskəpi] (gastro- + Gr. *dia* through + *phainein* to show + *skopein* to examine) 胃透照镜检查

gastrodiaphany [ˌgæstrəudaiˈæfəni] (gastro- + Gr. *dia* through + *phainein* to show) 胃透照镜检查

gastrodidymus [ˌgæstrəuˈdidiməs] (gastro- + Gr. *didymos* twin) 腹部联胎

gastrodisc [ˌgæstrəudisk] 胚盘

gastrodisciasis [ˌgæstrəudisˈkaiəsis] 似腹盘吸虫病

Gastrodiscoides [ˌgæstrəudisˈkɔidiːz] (gastro- + Gr. *diskos* disk + *eidos* form) 似腹盘属

   G. hominis 人似腹盘吸虫

Gastrodiscus [ˌgæstrəuˈdiskəs] 似腹盘属

gastrodisk [ˈgæstrəudisk] 胚盘

gastroduodenal [ˌgæstrəudjuːəuˈdiːnəl] 胃十二指肠的

gastroduodenectomy [ˌgæstrəuˌdjuːəudiˈnektəmi] 胃十二指肠切除术

gastroduodenitis [ˌgæstrəuˌdjuːəudiˈnaitis] (gastro- + duodenitis) 胃十二指肠炎

gastroduodenoscopy [ˌgæstrəudjuːəudiˈnɔskəpi] (gastro- + duodenum + Gr. *skopein* to examine) 胃十二指肠镜检查

gastroduodenostomy [ˌgæstrəuˌdjuːəudiˈnɔstəmi] (gastro- + duodenum + Gr. *stomoun* to provide with an opening, or mouth) 胃十二指肠吻合术

gastrodynia [ˌgæstrəuˈdiniə] (gastro- + Gr. *odynē* pain) 胃痛

gastroenteralgia [ˌgæstrəuentəˈrældʒiə] (gastro- + Gr. *enteron* intestine + -algia) 胃肠痛

gastroenteric [ˌgæstrəuenˈterik] (gastro- + Gr. *enteron* intestine) 胃肠的

gastroenteritis [ˌgæstrəuentəˈraitis] (gastro- + enteritis) 胃肠炎

   acute infectious g. 急性感染性胃肠炎
   eosinophilic g. 嗜酸性胃肠炎
   Norwalk g. 诺尔沃克氏胃肠炎
   transmissible g. (T.G.E.) of swine 猪传染性胃肠炎

gastroenteroanastomosis [ˌgæstrəuentəˌrəuəˌnæstəˈməusis] 胃肠吻合术

gastroenterocolitis [ˌgæstrəuentərəukəˈlaitis] 胃小肠结肠炎

gastroenterocolostomy [ˌgæstrəuentərəukəˈlɔstəmi] (gastro- + Gr. *enteron* intestine + *kolon* colon + *stomoun* to provide with an opening, or mouth) 胃小肠结肠吻合术

gastroenterologist [ˌgæstrəuentəˈrɔlədʒist] 胃肠病学家

gastroenterology [ˌgæstrəuentəˈrɔlədʒi] (gastro- + Gr. *enteron* intestine + -logy) 胃肠病学

gastroenteropathy [ˌgæstrəuentəˈrɔpəθi] 胃肠病

   allergic g. 变应性胃肠炎

gastroenteroplasty [ˌgæstrəuentərəˈplæsti] 胃肠成形术

gastroenteroptosis [ˌgæstrəuentərəuˈtəusis] (Gr. *optosis* a falling) 胃肠下垂

gastroenterostomy [ˌgæstrəuentəˈrɔstəmi] (gastro- + enter + ostomy) 胃肠吻合术

gastroenterotomy [ˌgæstrəuentəˈrɔtəmi] (gastro + entero- + -tomy) 胃肠切开术

gastroepiploic [ˌgæstrəuepiˈpləuik] (gastro- + Gr. *epiploon* caul) 胃网膜的

gastroesophageal [ˌgæstrəuiːˌsɔfə'dʒiːəl] 胃食管的

gastroesophagitis [ˌgæstrəuiˌsɔfə'dʒaitis] 胃食管炎

gastroesophagostomy [ˌgæstrəuiˌsɔfə'gɔstəmi] 胃食管吻合术

gastrofaradization [ˌgæstrəuˌfærədi'zeiʃən] 胃感应电疗法

gastrofiberscope [ˌgæstrəu'faibəskəup] 胃纤维镜

gastrogastrostomy [ˌgæstrəugæs'trɔstəmi] (gastro- + gastro- + Gr. stomoun to provide with an opening, or mouth) 胃胃吻合术

gastrogavage [ˌgæstrəugə'vɑːʒ] (gastro- + Fr. gavage cramming) 胃管饲法

gastrogenic [ˌgæstrəu'dʒenik] 胃源性的

Gastrografin [ˌgæstrəu'græfin] 胃格分:泛影葡胺制剂的商品名

gastrograph ['gæstrəgrɑːf] (gastro- + Gr. graphein to record) 胃动描记法

gastrography [gæs'trɔgrəfi] 胃动描记器

gastrohelcoma [ˌgæstrəuhel'kəumə] 胃溃疡

gastrohelcosis [ˌgæstrəuhel'kəusis] 胃溃疡

gastrohepatic [ˌgæstrəuhi'pætik] (gastro- + G. hēpar liver) 胃肝的

gastrohepatitis [ˌgæstrəuhepə'taitis] 胃肝炎

gastrohydrorrhea [ˌgæstrəuˌhaidrɔ'riːə] (gastro- + Gr. hydor water + rhoia flow) 胃液溢,胃溢水

gastrohyperneuria [ˌgæstrəuˌhaipəː'njuəriə] (gastro- + Gr. hyper over + neuron nerve) 胃神经机能亢进

gastrohypertonic [ˌgæstrəuˌhaipəː'tɔnik] (Gr. hyper over + tonos tone) 胃张力过度的

gastrohyponeuria [ˌgæstrəuˌhaipəu'njuəriə] (Gr. hypo under + neuron nerve) 胃神经机能不足

gastrohysterectomy [ˌgæstrəuˌhistə'rektəmi] (Gr. hystera womb + ektome excision) 剖腹子宫切除术,腹式子宫切除术

gastrohysteropexy [ˌgæstrəu'histərəˌpeksi] (Gr. pexis a fixing) 子宫腹壁固定术

gastrohysterorrhaphy [ˌgæstrəuˌhistə'rɔrəfi] (Gr. rhaphe a suture) 腹式子宫缝合术,子宫腹壁固定术

gastrohysterotomy [ˌgæstrəuˌhistə'rɔtəmi] 剖腹子宫切开术,腹式子宫切开术

gastroileac [ˌgæstrəu'iliæk] 胃回肠的

gastroileitis [ˌgæstrəuili'aitis] 胃回肠炎

gastroileostomy [ˌgæstrəuili'ɔstəmi] 胃回肠吻合术

gastrointestinal [ˌgæstrəuin'testinəl] (gastro- + intestinal) 胃肠的

gastrojejunitis [ˌgæstrəuˌdʒiːdʒu'naitis] 胃空肠炎

gastrojejunocolic [ˌgæstrəudʒiˌdʒuːnəu'kɔlik] 胃空肠结肠的

gastrojejunoesophagostomy [ˌgæstrəuˌdʒiːdʒuːnəuiˌsɔfə'gɔstəmi] 胃空肠食管吻合术

gastrojejunostomy [ˌgæstrəudʒidʒuː'nɔstəmi] (gastro- + jejunostomy) 胃空肠吻合术

gastrokateixia [ˌgæstrəukə'tiksiə] ❶胃变位;❷胃下垂

gastrokinesograph [ˌgæstrəukai'nesəgrɑːf] (gastro- + Gr. kinēsis motion + graphein to record) 胃动描记器

gastrolavage [ˌgæstrəulə'vɑːʒ] 洗胃(术)

gastrolienal [ˌgæstrəu'laiənəl] (gastro- + L. lien spleen) 胃脾的

gastrolith ['gæstrəliθ] (gastro- + Gr. lithos stone) 胃石

gastrolithiasis [ˌgæstrəuli'θaiəsis] (gastro- + Gr. lithos stone + -iasis) 胃石病

gastrologist [gæs'trɔlədʒist] 胃病学家

gastrology [gæs'trɔlədʒi] (gastro- + -logy) 胃病学

gastrolysis [gæs'trɔlisis] (gastro- + Gr. lysis loosening) 胃松解术

gastromalacia [ˌgæstrəumə'leiʃiə] (gastro- + Gr. malakia softening) 胃软化

gastromegaly [ˌgæstrəu'megəli] (gastro- + Gr. megas large) 巨胃

gastromelus [gæs'trɔmiləs] (gastro- + Gr. melos limb) 腹部寄生肢畸胎

gastromenia [ˌgæstrəu'miːniə] (Gr. gaster stomach + meniaia menses) 胃代偿月经,胃性错经

gastrometrotomy [ˌgæstrəumi'trɔtəmi] 剖腹子宫切开术

gastromycosis [ˌgæstrəumai'kəusis] (gas-

tro- + Gr. *mykēs* fungus) 胃霉菌病

gastromyotomy [ˌgæstrəumaiˈɔtəmi] (*gastro-* + Gr. *mys* muscle + *temnein* to cut) 胃肌切开术,幽门切开术

gastromyxorrhea [ˌgæstrəuˌmiksəˈriə] (*gastro-* + Gr. *myxa* mucus + *rhoia* flow) 胃粘液溢

gastrone [ˈgæstrəun] 抑胃(分泌)素

gastronephritis [ˌgæstrəuneˈfraitis] 胃肾炎

gastronesteostomy [ˌgæstrəuˌnestiˈɔstəmi] (*gastro-* + Gr. *nestis* jejunum + *stomoun* to provide with an amouth or opening) 胃空肠吻合术

gastroneurosis [ˌgæstrəunjuəˈrəusis] 胃神经官能症

gastropancreatitis [ˌgæstrəuˌpæŋkriəˈtaitis] 胃胰(腺)炎

gastroparalysis [ˌgæstrəupəˈrælisis] 胃麻痹

gastroparesis [ˌgæstrəuˈpærisis] (*gastro-* + Gr. *paresis* paralysis) 胃轻瘫

gastroparietal [ˌgæstrəupəˈraiitəl] 胃腹壁的

gastropathic [ˌgæstrəuˈpæθik] 胃病的

gastropathy [gæsˈtrɔpəθi] (*gastro-* + Gr. *pathos* disease) 胃病

gastropencreatic [ˌgæstrəupenˈcriːtik] 胃胰的

gastroperiodynia [ˌgæstrəuˌperiəuˈdiniə] (*gastro-* + Gr. *periodos* period + *odynē* pain) 周期性胃痛

gastroperitonitis [ˌgæstrəuˌperitəˈnaitis] 胃腹膜炎

gastropexy [ˈgæstrəˌpeksi] (*gastro-* + Gr. *pēxis* fixation) 胃固定术
  Hill posterior g. 黑尔胃后固定术

Gastrophilus [gæsˈtrɔfiləs] 胃蝇属

gastrophore [ˈgæstrəufɔː] (Gr. *phoros* bearing) 定胃器

gastrophotography [ˌgæstrəufəˈtɔgrəfi] 胃内照相术

gastrophotor [ˌgæstrəuˈfəutə] 胃内照像器

gastrophrenic [ˌgæstrəuˈfrenik] (*gastro-* + Gr. *phrēn* diaphragm) 胃膈的

gastrophthisis [ˌgæstrəuˈθaisis] (*gastro-* + Gr. *phthisis* wasting) ❶ 增殖性胃壁肥厚;❷ 腹病性消瘦

gastroplasty [ˈgæstrəˌplæsti] (*gastro-* + Gr. *plassein* to form) 胃成形术
  vertical banded g. 垂直带式胃成形术

gastroplegia [ˌgæstrəuˈpliːdʒiə] (*gastro-* + Gr. *plēgē* stroke) 胃麻痹,胃瘫

gastropleuritis [ˌgæstrəupluəˈraitis] 胃胸膜炎

gastroplication [ˌgæstrəuplaiˈkeiʃən] (*gastro-* + L. *plicare* to fold) 胃折术

gastropneumonic [ˌgæstrəunjuːˈmɔnik] 胃(与)肺的

gastropod [ˈgæstrəpɔd] 腹足类动物

Gastropoda [gæsˈtrɔpədə] (*gastro-* + Gr. *pous* foot) 腹足纲

gastropore [ˌgæstrəupɔː] 胚孔

gastroptosis [ˌgæstrɔpˈtəusis] (*gastro-* + Gr. *ptosis* falling) 胃下垂

gastroptyxis [ˌgæstrəuˈtiksis] (Gr. *ptyxis* a folding) 胃折术

gastropulmonary [ˌgæstrəuˈpʌlmənəri] (*gastro-* + L. *pulmo* lung) 胃(与)肺的

gastropylorectomy [ˌgæstrəuˌpailəˈrektəmi] (*gastro-* + Gr. *pylōros* pylorus + *ektomē* excision) 幽门切除术

gastropyloric [ˌgæstrəupaiˈlɔrik] 胃幽门的

gastroradiculitis [ˌgæstrəuəˌdikjuˈlaitis] (*gastro-* + L. *radix* root + *-itis* inflammation) 胃神经根炎

gastrorrhagia [ˌgæstrəuˈreidʒiə] (*gastro-* + Gr. *rhēgnynai* to break forth) 胃出血

gastrorrhaphy [gæsˈtrɔrəfi] (*gastro-* + Gr. *rhaphē* suture) 胃缝术

gastrorrhea [ˌgæstrəuˈriːə] (*gastro-* + Gr. *rhoia* flow) 胃溢液,胃液分泌过多

gastrorrhexis [ˌgæstrəuˈreksis] (*gastro-* + Gr. *rhēxis* rupture) 胃破裂

gastrosalpingotomy [ˌgæstrəuˌsælpiŋˈgɔtəmi] 剖腹输卵管切开术,腹式输卵管切开术

gastroschisis [gæsˈtrɔskisis] (*gastro-* + Gr. *schisis* cleft) 腹裂(畸形)

gastroscope [ˈgæstrəskəup] (*gastro-* + Gr. *skopein* to examine) 胃(窥)镜
  fiberoptic g. 光导纤维胃镜

gastroscopic [ˌgæstrəˈskɔpik] 胃(窥)镜的,胃镜检查的

gastroscopy [gæsˈtrɔskəpi] (*gastro-* + Gr.

skopein to examine) 胃镜检查(法)
gastroselective [ˌgæstrəsiˈlektiv] 胃选择性的
gastrosia [ɡæsˈtrəusiə] 胃病
　g. fungosa 真菌性胃病
gastrosis [ɡæsˈtrəusis] 胃病
gastrospasm [ˈɡæstrəˌspæzəm] (*gastro-* + *spasm*) 胃痉挛
gastrospiry [ˈɡæstrəuˌspaiəri] (*gastro-* + L. *spirare* to breath) 吞气症
gastrosplenic [ˌɡæstrəˈsplenik] 胃脾的
gastrostaxis [ˌɡæstrəuˈstæksis] (*gastro-* + *staxis* a dripping) 胃渗血
gastrostenosis [ˌɡæstrəusteˈnəusis] (*gastro-* + Gr. *stenōsis* narrowing) 胃狭窄
gastrostogavage [ɡæsˌtrɔstəɡəˈvɑːʒ] 胃瘘管饲法
gastrostolavage [ɡæsˌtrɔstələˈvɑːʒ] 胃瘘注洗法
gastrostoma [ˌɡæsˈtrɔstəumə] (*gastro-* + Gr. *stoma* mouth) 胃瘘
gastrostomosis [ˌɡæstrɔstəˈməusis] 胃造口术
gastrostomy [ɡæsˈtrɔstəmi] (*gastro-* + Gr. *stomoun* to provide with an opening, or mouth) 胃造口术
　Beck g. 贝克氏胃造口术
　Glassman g. 格拉斯曼氏胃造口术
　Janeway g. 詹韦氏胃造口术
　Stamm g. 斯达姆氏胃造口术
　Witzel g. 维特滋尔氏胃造口术
gastrosuccorrhea [ˌɡæstrəuˌsʌkəˈriə] (*gastro-* + L. *succus* juice + Gr. *rhoia* flow) 持续性胃液分泌过多
　digestive g. 消化性胃液溢
gastrotherapy [ˌɡæstrəuˈθerəpi] ❶胃制剂疗法; ❷胃病治疗
gastrothoracopagus [ˌɡæstrəuθɔrəˈkɔpəɡəs] (*gastro-* + Gr. *thōrax* chest + *pagos* thing fixed) 腹胸联胎
　g. dipygus 双臀腹胸联胎
gastrotome [ˈɡæstrətəum] 胃刀
gastrotomy [ɡæsˈtrɔtəmi] (*gastro-* + Gr. *temnein* to cut) 胃切开术
gastrotonica [ˌɡæstrəuˈtɔnikə] 健胃剂
gastrotonometer [ˌɡæstrəuˈtɔnɔmitə] (*gastro-* + Gr. *tonos* tension + *metron* measure) 胃内压测量器

gastrotonometry [ˌɡæstrəuˈtɔnɔmitri] 胃内压测量法
gastrotoxin [ˌɡæstrəuˈtɔksin] 胃毒素
gastrotrachelotomy [ˌɡæstrəuˌtreikiˈlɔtəmi] (Gr. *gastro-*belly + *trachelos* neek + *temnein* to cut) 腹式子宫颈切开术
Gastrotricha [ˌɡæstrəuˈtrikə] (*gastro-* + Gr. *trichos* hair) 腹毛纲
gastrotropic [ˌɡæstrəuˈtrɔpik] (*gastro-* + Gr. *tropos* aˈturning) 亲胃的
gastrotubotomy [ˌɡæstrəutjuˈbɔtəmi] 腹式输卵管切开术
gastrotympanites [ˌɡæstrəuˌtimpəˈnaitiːz] (*gastro-* + *tympanites*) 胃积气, 胃膨胀
gastrula [ˈɡæstrulə] 原肠胚
gastrulation [ˌɡæstruˈleiʃən] 原肠胚形成
Gatch bed [ɡætʃ] (Willis Dew *Gatch*, American surgeon, 1878-1954) 盖奇氏床
gate [ɡeit] ❶门电路; ❷膜栅
gathering [ˈɡæθəriŋ] 生脓
gating [ˈɡeitiŋ] 选通
　cardiac g. 心电选通
gatism [ˈɡeitizəm] (Fr. *gâter* to spoil) 大小便失禁
gatophilia [ˌɡætəuˈfiliə] (Gr. *gatos* cat + *philein* to love) 嗜猫癖
gatophobia [ˌɡætəuˈfəubiə] 猫恐怖
gattine [ˈɡætiːn] 蚕腐败病
Gaucher's cells [ɡəˈʃeiz] (Phillippe Charles Ernest *Gaucher*, French physician, 1854-1918) 高歇氏细胞
gauge [ɡeidʒ] 规, 计器, (量)尺, (测)表
　Boley g. 博利氏测规
　catheter g. 导管径计
Gaultheria [ɡɔːlˈθiəriə] (Jean Francois *Gaultier*, Quebec physician and botanist, 1708-1756) 白珠树属
gauntlet [ˈɡɔːntlit] (Fr. *gant* glove) 手套形绷带
gauss [ɡaus] (Karl Friedrich *Gauss*, German mathematician and physicist, 1777-1855) 高斯
gaussian curve [ˈɡausiən] (K. F. *Gauss*) 高斯曲线(常态分布曲线)
gauze [ɡɔːz] 纱布
　absorbable g. 可吸收纱布
　absorbent g. (USP) 脱脂纱布, 吸水纱布
　absorbent g., sterile 无菌脱脂纱布

petrolatum g. (USP) 凡士林纱布
zinc gelatin impregnated g. 锌明胶浸渗纱布

gavage [gə'vɑːʒ] (Fr. "cramming") ❶ 管饲法,强饲法;❷ 超量营养疗法

Gavard's muscle ['gə'vɑːz] (Hyacinthe *Gavard*, French anatomist, 1753-1802) 加瓦尔氏肌

Gaviscon ['gæviskən] 盖维斯肯:氢氧化铝和碳酸镁制剂的商品名

Gay's glands [geiz] (Alexander Heinrich *Gay*, Russian anatomist, 1842-1907) 给氏腺

Gay-Lussac's law ['geilu'sɑːks] (Joseph Louis *Gay-Lussac*, French naturalist, 1778-1850) 给·路萨克氏定律

Gaza's operation [ˌgæzəz] (wilhelm von *Gaza*, German surgeon, 1883-1936) 加察氏手术,神经支切断术

gaze ['geiz] (Middle English *gazen*) ❶ 凝视,注视;❷ 注视某物
conjugate g. 双目注视

GBG (glycine-rich β glycoprotein 的缩写) 富甘氨酸 β 糖蛋白

GBGase (glycine-rich β glycoproteinase 的缩写) 富甘氨酸 β 蛋白酶

GBM (glomerular basement membrane 的缩写) 肾小球基底膜

GC (gas chromatography 的缩写) 气相色谱法,气体色层法,气体色谱法,气体色层分离法

Gc. (gonococcus 的缩写) 淋球菌

g-cal. (gram calorie 的缩写) 克卡

G-CSF (granulocyte colony-stimulating factor 的缩写) 粒细胞菌丛刺激素

Gd (gadolinium 的缩写) 钆

GDP (guanosine diphosphate 的缩写) 鸟(嘌呤核)苷二磷酸,鸟二磷

Ge (germanium 的缩写) 锗

gear [giə] ❶ 齿轮;❷ 衣服;❸ 用具
cervical g. 颈托
head g. 头饰,安全帽

Gee's disease [giz] (Samuel Jones *Gee*, English physician, 1839-1911) 季氏病

Gee-Herter disease [giː'hətə] (S. J. *Gee*; Christian Archibald *Herter*, American physician, 1865-1910) 李-赫二氏病

Gee-Herter-Heubner disease [giː'hətə-'hɔibnə] (S. J. *Gee*; C. A. *Herter*; Johann Otto Leonard *Heubner*, German pediatrician, 1843-1926) 季赫二氏病

Gee-Thaysen disease [giː'taisən] (S. J. *Gee*; Thorwald Einar Hess *Thaysen*, Danish physician, 1883-1936) 季-撒二氏病

Gegenbaur's cell ['geigənˌbəuəz] (Carl *Gegenbaur*, German anatomist, 1826-1903) 格根包尔氏细胞

gegenhalten [ˌgægən'hɑːltən] (Ger. *gegen* against + *holten* to hold) 非自主抗拒

Geigel's reflex ['gigəlz] (Richard *Geigel*, German physician, 1859-1930) 盖格尔氏反射

Geiger counter, Geiger-Müller counter ['gaigə, 'gaigə 'mjuːlə] (Hans Wilhelm *Geiger*, German Physicist, 1882-1945; Walther *Müller*, German physicist, 20th century) 盖革氏计数器,盖-苗二氏计数器

Geisbock's disease ['gaisbɔks] (Felix *Geisbock*, German physician, 1859-1930) 盖司倍克氏病,高血压性红血球增多病

geisoma [gai'səumə] (Gr. *geison* anything projecting) ❶ 眉;❷ 眉毛

Geissler's tube ['geslər] (Heinrich *Geissler*, German physicist, 1814-1879) 盖斯勒氏管

gel [dʒel] 凝胶
aluminum carbonate g., basic (USP) 碱式碳酸铝凝胶
aluminum hydroxide g. (USP) 氢氧化铝凝胶
aluminum hydroxide g., dried (USP) 干(燥)氢氧化铝凝胶
aluminum phosphate g. (USP) 磷酸铝凝胶
corticotropin g. 促肾上腺皮质激素凝胶
silica g. 硅凝胶
sodium fluoride and orthophosphoric acid g., sodium fluoride and phosphoric acid g. (USP) 氟化钠正磷酸凝胶,氟化钠磷酸凝胶
tolnaftate g. (USP) 托萘酯凝胶
trentinoin g. (USP) 维甲酸凝胶

Gel. quav. (L. *gelatina quavis* 的缩写) 任何(一种)凝胶

gelase ['dʒeleis] 琼脂酶

gelasma [dʒe'læzmə] 痴笑,歇斯底里性痴

笑
gelasmus [dʒi'læsməs] (G. *gelasma* a laugh) 痴笑
gelastic [dʒi'læstik] (Gr. *gelastos* laughable) 痴笑的
gelate ['dʒeleit] 形成凝胶
gelatification [dʒeˌlætifi'keiʃən] 胶凝(作用),胶体形成
gelatigenous [dʒelə'tidʒənəs] 产胶的,成胶的
gelatin ['dʒelətin] (L. *gelatina*, from *gelare* to congeal) (NF)(白)明胶
　glycerinated g. 甘油(明)胶
　medicated g. 含药(明)胶
　silk g. 丝胶(蛋白)
　g. of Wharton 华顿氏胶
　zinc g. 锌明胶
gelatinase [dʒi'lætineis] (白)明胶酶
gelatination [ˌdʒeləti'neiʃen] 胶凝(作用),凝胶化
gelatiniferous [dʒeləti'nifərəs] (L. *gelatina* gelatin + *ferre* to bear) 产胶的
gelatinize [dʒi'lætinaiz] ❶ 成胶,转变成胶;❷ 凝胶化
gelatinoid [dʒi'lætinɔid] 明胶样的
gelatinolytic [ˌdʒeləˌtinə'litik] (*gelatin* + Gr. *lysis* dissolution) 溶解明胶的,裂解明胶的
gelatinosa [ˌdʒeləti'nəusə] (L.) 胶状(质)的
gelatinothorax [dʒeˈlætinəuˌθɔːræks] 明胶胸
gelatinous [dʒi'lætinəs] (L. *gelatinosus*) 胶状的
gelatinum [ˌdʒelə'tainəm] (L., from *gelare* to congeal) (白)明胶
　g. glycerinatum 甘油(明)胶
gelation [dʒi'leiʃən] 胶凝(作用)
gelatose ['dʒelətəus] 明胶胨
gelatum [dʒi'leitəm] (L., from *gelare* to congeal) 凝胶,胶冻
geld [geld] 阉割
gelding ['geldiŋ] 阉畜
Gelfilm ['dʒelfilm] 加尔菲姆:吸收性明胶薄膜的商品名
Gelfoam ['dʒelfəum] 盖尔佛姆:吸收性明胶海绵的商品名
gelid ['dʒelid] (L. *gelidus* cold) 冰冷的

gelidusi ['geili'dusi] 皮里迪西指数
Gélineau's syndrome [ʒeili'nəuz] (Jean Baptiste Edouard *Gélineau*, French neurologist, 1859-1906) 惹利诺氏综合征
Gell and Coombs classification [dʒel ænd kuːmz] (Philip George Howthern *Gell*, British immunologist, born 1914; Robert Royston Amos *Coombs*, British immunologist, born 1921) 格-库二氏分类法
gelometer [dʒe'lɔmitə] 胶凝力计,胶凝计
gelose ['dʒeləus] (L. *gelare* to freese) 琼脂糖
gelosis [dʒi'ləusis] (pl. *geloses*) (L. *gelare* + freeze) 凝块,硬块
gelotolepsy [dʒi'lɔtəˌlepsi] (Gr. *gelos* laughter + *lepsis* a seizing) 狂笑症
gelotripsy ['dʒeləuˌtripsi] (*gelosis* + L. *tripsis* a rubbing) 硬肌缓解术
gelsemicine [dʒel'semisin] 钩吻碱乙
gelsemine [dʒel'simiːn] 钩吻碱甲
Gelsemium [dʒel'siːmiəm] (L. *jasmine*) 钩吻属
gelsemium [dʒel'siːmiəm] 钩吻根
gelsolin [dʒel'sɔlin] 凝胶溶素
Geltabs ['dʒeltæbz] 盖尔泰比:麦角骨化醇制剂的商品名
Gély's suture [ʒei'liːz] (Jules Aristide *Gély*, French surgeon, 1806-1861) 惹利氏缝术
gemästete [ge'mestətə] (Ger.) 肿大,膨胀
gemcadiol [dʒemkə'diəl] 四甲癸二醇
Gemella [dʒə'melə] (L., dim. of *gemellus* a twin) 兼性双球菌
　G. haemolysans 溶血性兼性双球菌
gemellary ['dʒemələri] 双生子的
gemellipara [ˌdʒemə'lipərə] (L. *gemelli* twins + *parere* to produce) 双胎产妇
gemellology [ˌdʒemə'lɔlədʒi] (L. *gemellus* twin + *-logy*) 双胎学
gemellus [dʒi'meləs] (Pl. *gemelli*) (L. dim. of *geminus* twin) ❶ 孖肌;❷ 双生子,李子
gemfibrozil [dʒem'fibrəuzil] (USP) 二甲苯氧庚酸
geminate ['dʒemineit] (L. *geminatus*) 成双的,成对发生的
gemination [ˌdʒemi'neiʃən] ❶ 成双,成对;❷ 双生牙,并生牙
gemini ['dʒemini] (L.) 双胎,双生子。

geminus 的复数形式
geminous ['dʒeminəs] 成双的
geminus ['dʒeminəs] (pl. *gemini*) (L.) 双胎,双生子
   gemini aequales 单卵性双胎,同形双胎,对称双胎
gemistocyte [dʒe'mistəsait] (Gr. *gemistos* laden, full + *-cyte*) 饲肥星形细胞
gemistocytic [dʒeimistə'sitik] 饲肥星形细胞的
gemma ['dʒemə] (L. "bud") 芽
   g. gustatoria 味蕾
gemmangioma [ˌdʒəməndʒi'əumə] 胚芽血管瘤,血管芽肿
gemmation [dʒe'meiʃən] (L. *gemmare* to bud) 出芽生殖,芽生
Gemminges [dʒɚ'mindʒiz] 芽胞球菌属
gemmule ['dʒemjul] (L. *gemmula*, dim. of *gemma* bud) ❶ 胚芽,芽球;❷ 芽突
Gemonil ['dʒemənil] 佳莫尼:甲巴比妥制剂的商品名
-gen (Gr. *-genēs* born, with an alteration in meaning to "producing") 原,剂
gen [dʒen] 基因,遗传因子
gena ['dʒi:nə] (L. "the cheek") 颊
genal ['dʒenəl] (L. *gena* cheek) 颊的
gender ['dʒendə] 性,性别
gene ['dʒi:n] (Gr. *gennan* to produce) 基因,遗传因子
   allelic g's 等位基因
   autosomal g. 常染色体基因
   cell interaction (CI) g's 细胞相互作用基因
   chimeric g. 假性基因
   CI g's 细胞相互作用基因
   codominant g's 等显性基因,等优势基因
   complementary g's 互补基因
   g. complex 基因综合体
   cumulative g's 多基因
   derepressed g. 去阻遏基因
   dominant g. 显性基因
   H g., histocompatibility g. 组织亲合性基因,组织相容性基因,组织适合性基因
   holandric g's 全雄基因,限雄基因
   housekeeping g. 必需基因
   immune response (Ir) g's 免疫反应基因
   immune suppressor (Is) g's 免疫抑制基因
   immunoglobulin g's 免疫球蛋白基因
   Ir g's 免疫应答基因
   Is g's 免疫抑制基因
   leaky g. 渗漏基因
   lethal g. 致死基因
   major g. 主基因
   mutant g. 突变型基因
   operator g. 操纵基因
   pleiotropic g. 多效基因
   recessive g. 隐性基因
   reciprocal g's 互补基因
   regulator g., regulatory g. 调节基因
   repressed g. 抑制基因
   repressor g. 限制基因
   sex-conditioned g., sex-influenced g. 从性基因
   sex-limited g. 限性基因
   sex-linked g. 伴性基因
   silent g. 不活动基因
   split g. 断裂基因
   structural g. 结构基因
   sublethal g. 亚致死基因
   supplementary g's 补足基因
   suppressor g. 抑制基因,校正基因
   syntenic g's 同染色体基因
   wild-type g. 野生型基因
   X-linked g. 伴X(染色体)基因;伴性基因
   Y-linked g. 伴Y基因
genealogy [geni'ælədʒi] ❶家系,血统;❷家系学
genera ['dʒenərə] (L.) 属。*genus* 的复数形式
general ['dʒenərəl] (L. *generalis*) 一般的,全身的,广泛的
generalization [ˌdʒenərəlai'zeiʃən] ❶ 泛化,扩散化,全面化;❷ 普遍原理,概念
   stimulus g. 刺激泛化
generalize ['dʒenərəlaiz] ❶ 泛化,扩散,全面化;❷ 概括,综合,归结
generate ['dʒenəreit] (L. *generare* to beget) 生殖,产生
generation [ˌdʒenə'reiʃən] (L. *generatio*) ❶ 生殖;❷ 世代,一代
   alternate g. 世代交替
   asexual g. 无性世代
   direct g. 无性世代

first filial g. 第一子代
nonsexual g. 无性世代
parental g. 亲代
second filial g. 第二子代
sexual g. 有性世代
spontaneous g. ① 自然发生,非生物起源;② 无生源说

generative ['dʒenərətiv] 生殖的,发生的
generator ['dʒenəreitə] ❶ 生殖者,发生者;❷ 发生器;❸ 发电机
　pattern g. 范型生成元
　pulse g. 脉冲发生器
generic [dʒə'nerik] (L. *genus*, *generis* kind) ❶ 属的; ❷ 非专利的
-genesia [dʒe'niːsiə] (L. *genesis* origin, birth) 起源,发生
genesial [dʒə'niːziəl] 生殖的,发生的
genesic [dʒə'nesik] 生殖的,发生的
genesiology [dʒiˌniziˈɔlədʒi] (*genesis* + *-logy*) 生殖学
genesis ['dʒenəsis] (Gr. "production", "generation") 生殖,发生
-genesis ['dʒenisis] 发生
genesistasis [dʒeniˈsistəsis] (*genesis* + Gr. *stasis* a stopping) 生殖制止(法)
genestatic [dʒeniˈstætik] 制止生殖的,阻止芽胞生成的
genetic [dʒə'netik] ❶ 生殖的,发生的,起源的; ❷ 遗传的
geneticist [dʒi'netisist] 遗传学家
genetics [dʒə'netiks] (Gr. *gennan* to produce) 遗传学
　bacterial g. 细菌遗传学
　biochemical g. 生化遗传学
　clinical g. 临床遗传学
　mathematical g. 数学遗传学
　molecular g. 分子遗传学
　population g. 群体遗传学
　reverse g. 逆向遗传学
genetopathy [dʒene'tɔpəθi] (Gr. *genesis* reproduction + *pathos* disease) 生殖机能病
genetotrophic [dʒiˌnetə'trɔufik] 遗传性营养的
genetous ['dʒenətəs] 先天的,生来的
Geneva Convention [dʒi'niːvə] 日内瓦公约:1864 年的一项国际协定,签约国保证在战场上对负伤者及军队医护人员均

按中立人员对待
Gengou phenomenon [ʒɑːn'guː] (Octave Gengou, Belgian bacteriologist, 1875-1957) 让古氏现象
genial [dʒiː'naiəl] (Gr. *geneion* chin) 颏的
genian [dʒiː'aiən] 颏的
genic ['dʒenik] 基因的,遗传因子的
-genic (Gr. *gennan* to produce) 产生,生产
genicula [dʒi'nikjulə] (L.) 膝,小膝。*geniculum* 的复数形式
genicular [dʒi'nikjulə] 膝的
geniculate [dʒi'nikjulit] (L. *geniculatus*) 膝状的
geniculocalcarine [ˌdʒinikjuləˈkælkərain] (L. *geniculum* dim. of *genu* knee + *calcarine*) 距状膝的
geniculostriate [dʒəˌnikjuləsˈtrieit] 纹状膝的
geniculum [dʒi'nikjuləm] (pl. *genicula*) (L., dim. of *genu*) 膝,小膝
　g. canalis facialis (NA), **g. of facial canal** 面神经管膝
　g. of facial nerve, **g. nervi facialis** (NA) 面神经膝
genin ['dʒenin] 配基,苷配基
geni(o)- (Gr. *geneion* chin) 颏
geniocheiloplasty [ˌdʒiːniəuˈkailəˌplæsti] (*genio-* + Gr. *cheilos* lip + *plassein* to form) 颏唇成形术,颏唇整形术
genioglossus [ˌdʒiːniəuˈglɔsəs] 颏舌肌
geniohyoglossus [ˌdʒiːniəuhaiənˈglɔsəs] 颏舌骨舌肌
geniohyoid [ˌdʒiːniəuˈhaiɔid] 颏舌骨的
geniohyoideus [ˌdʒiniəuhaiˈɔidiəs] 颏舌骨肌
genion [dʒi'naiən] (Gr. *geneion* chin) ❶ 颏; ❷ 颏穴
genioplasty ['dʒeniəˌplæsti] (*genio-* + Gr. *plassein* to shape) 颏成形术
genital ['dʒenitəl] (L. *genitalis* belonging to birth) ❶ 生殖的; ❷ 生殖器的
genitalia [dʒeni'teiliə] (L.)(pl.) 生殖器
　external g. 外生殖器
　indifferent g. 未分化生殖器
　internal g. 内生殖器
genitality [ˌdʒeni'tæliti] 生殖力
genitaloid ['dʒenitəlɔid] (*genitalia* + Gr.

eidos form)(定性前)原生殖细胞的
genitals ['dʒenitlz] 生殖器
genit(o)- 生殖(器)
genitocrural [ˌdʒenitəu'kruərəl] (*genital + crural*) 生殖股的
genitofemoral [ˌdʒenitəu'femərəl] 生殖股的
genitography [ˌdʒeni'tɔgrəfi] 生殖系造影术
genitoinfectious [ˌdʒenitəuin'fekʃəs] 性病的
genitoplasty ['dʒenitəˌplæsti] (*genital* + Gr. *plassein* to mold) 生殖器成形术
genitourinary [ˌdʒenitəu'juərinəri] 泌尿生殖(器)的
genius ['dʒi:njəs] ❶ 特征,特性;❷ 天才,天资;❸ 天才者,天资聪明者
Gennari's line [dʒe'nɑ:riz] (Francesco Gennari, Italian anatomist, 1750-1796) 詹纳里氏线
gen(o)- (Gr. *genos* offspring, race, kind) ❶ 生殖;❷ 性;❸ 种族;❹ 基因
genoblast ['dʒenəblæst] (*geno-* + -*blast*[1]) ❶ 受胎卵核;❷ 成熟性细胞
genoconstitution [ˌdʒenəuˌkɔnsti'tju:ʃən] 遗传性体质
genocopy ['dʒenəˌkɔpi] 拟遗传型,拟基因型
genodermatology [ˌdʒenəuˌdə:mə'tɔlədʒi] 遗传皮肤病学
genodermatosis [ˌdʒenəuˌdæmə'təusis] (*geno-* + *dermatosis*) 遗传性皮肤病
genome ['dʒi:nəum] (*gene* + *chromosome*) 基因组,染色体组
genomic [dʒi'nɔmik] 基因组的,染色体组的
genoneme ['dʒenəuni:m] (Gr. *genos* sex + *nema* thread) 基因丝
genophobia [ˌdʒenəu'fəubiə] (Gr. *genos* sex + *phobia* fear) 性恐怖
genophore ['dʒenəufɔ:] (Gr. *genos* sex + *pherein* to bear) 遗传小体
genoplasty [ˌdʒenəu'plæsti] 颏成形术
genotoxic [dʒinəu'tɔksik] 基因毒性的
genotype ['dʒenətaip] (*geno-* + Gr. *typos* type) ❶ 基因型,遗传型;❷ 等位基因;❸ 属的模式种
genotypic [ˌdʒenəu'tipik] 基因型的,遗传型的
-genous (Gr. *-genēs* born) ❶ 来自,生自;❷ 产生,生成
Gentafair ['dʒentəfɛə] 盖特法:硫酸庆大霉素制剂的商品名
gentamicin [ˌdʒentə'maisin] 庆大霉素
  g. **sulfate** (USP) 硫酸庆大霉素
gentian ['dʒenʃən] 龙胆
  g. **violet** (USP) 龙胆紫
gentianin ['dʒenʃənin] 龙胆宁,龙胆晶甙
gentianophil ['dʒenʃənəfil] ❶ 嗜龙胆紫物;❷ 嗜龙胆紫的
gentianophilic [ˌdʒenʃənəu'filik] (*gentian* + Gr. *philein* to love) 嗜龙胆紫的
gentianophilous [ˌdʒenʃə'nɔfiləs] 嗜龙胆紫的
gentianophobic [ˌdʒenʃənəu'fəubik] 拒龙胆紫的
gentianophobous [ˌdʒenʃə'nɔfəbəs] 拒龙胆紫的
gentianose ['dʒenʃənəus] 龙胆三糖
gentiavern ['dʒenʃəvən] 龙胆紫
gentiin ['dʒenʃiin] 龙胆糖甙
gentiobiase [ˌdʒenʃiəu'baieis] 龙胆二糖酶
gentiobiose [ˌdʒenʃiəu'baiəus] 龙胆二糖
gentiopicrin [ˌdʒenʃiəu'pikrin] (*gentian* + Gr. *pikros* bitter) 龙胆苦甙
gentisate ['dʒentiseit] 龙胆酸盐
gentisic acid [dʒen'tisik] 龙胆酸
Gentran ['dʒentræn] 甘传:葡聚糖制剂的商品名
gentrogenin [ˌdʒentrəu'dʒenin] 静特诺皂甙元
genu ['dʒi:nju:] (gen. *genus*, pl. *genua*)(L.)(NA) ❶ 膝;❷ 膝状体
  g. **capsulae internae** (NA) 内囊膝
  g. **corporis callosi** (NA), g. **of corpus callosum** 胼胝体膝
  g. **extrorsum** 膝外翻
  g. **of facial canal** 面神经管膝
  g. **of facial nerve** 面神经膝
  g. **of facial nerve, external** 面神经外膝
  g. **of facial nerve, internal** 面神经内膝
  g. **impressum** 凹膝,侧弯膝
  g. **of internal capsule** 内囊膝
  g. **introrsum** 膝外翻
  g. **nervi facialis** (NA) 面神经膝
  g. **recurvatum** 膝反屈,翻膝

g. valgum 膝外翻
g. varum 膝内翻
genua ['dʒenjuə] (L.) ❶ 膝；❷ 膝状体。genu 的复数形式
genual ['dʒenjuəl] 膝的, 膝状的
genucubital [dʒenju'kjubitəl] (L. *genu* knee + *cubitus* elbow) 膝(与)肘的
genufacial [ˌdʒenju'feiʃəl] (L. *genu* knee + *facies* face) 膝(与)面的
genupectoral [ˌdʒenju'pektərəl] (L. *genu* knee + *pectus* breast) 膝胸的
genus ['dʒi:nəs] (pl. *genera*) (L.) 属
geny- ['dʒeni] (Gr. *genys* jaw or cheek) 颌, 颊
-geny (Gr. *-geneia*, from *-genēs* born) 世代, 起源
genyantralgia [ˌdʒeniæn'trældʒiə] (Gr. *genys* jaw + *antron* cave + *algos* pain) 上颌窦痛
genyantritis [ˌdʒeniæn'traitis] (*genyantrum* + *-itis* inflammation) 上颌窦炎
genyantrum [ˌdʒeni'æntrəm] (Gr. *genys* jaw + *antron* cave) 上颌窦
genycheiloplasty [ˌdʒeni'kailəuˌplæsti] (*geny-* + Gr. *cheilos* lip + *plassein* to form) 颊唇成形术
genyplasty ['dʒeniˌplæsti] 颊成形术
ge(o)- (Gr. *gē* earth) 土, 地
geobiology [ˌdʒi:əubai'ɔlədʒi] (*geo-* + *biology*) 陆地生物学
geochemistry [ˌdʒi:əu'kemistri] (*geo-* + *chemistry*) 地球化学
Geocillin [ˌdʒi:əu'silin] 盖奥西林：羧苄青霉素纳制剂的商品名
geode ['dʒi:əud] (Gr. *geōdes* earthlike: so called from a fancied resemblance to a mineral geode) 淋巴腔
geogen ['dʒi:ədʒən] 地理环境因素
geomedicine [ˌdʒi:əu'medisin] (*geo-* + *medicine*) 风土医学
geomycin [dʒi'ɔmisin] 地霉素
geopathology [ˌdʒi:əupə'θɔlədʒi] (*geo-* + *pathology*) 风土病理学
Geopen ['dʒi:əupən] 胶本：羧苄青霉素制剂的商品名
geophagia [ˌdʒi:ə'feidʒiə] (*geo-* + Gr. *phagein* to eat) 食土癖
geophagism [dʒi'ɔfədʒizəm] 食土癖

geophagy [dʒi'ɔfədʒi] 食土癖
geophilic [ˌdʒi:ə'filik] (Gr. *ge* earth + *philein* to love) 亲土的
geotactic [ˌdʒi:əu'tæktik] 向地的
geotaxis [ˌdʒi:əu'tæksis] (*geo-* + *taxis*) 向地性, 趋地性
geotragia [ˌdʒi:əu'treidʒiə] (Gr. *ge* earth + *trogein* to chew) 嗜土癖
geotrichosis [ˌdʒi:əutrai'kəusis] 地丝菌病
Geotrichum [dʒi'ɔtrikəm] 地霉属, 地丝菌属
geotropic [ˌdʒi:əu'trɔpik] 向地的
geotropism [ˌdʒi:əu'trɔpizəm] (*geo-* + *tropism*) 向地性, 趋地性
geramorphism [ˌdʒerə'mɔ:fizm] (Gr. *geras* old age + *morphe* form) 早老形象, 早衰形象
geraniol [dʒə'ræniəul] ❶ 牛儿醇；❷ 信息素, 外激素
gerantotherapy [ˌdʒerəntəu'θerəpi] 老年治疗学
geratic [dʒi'rætik] 老年的
geratology [ˌdʒeri'tɔlədʒi] 老年医学, 老年病学, 老人学
gerbil ['dʒə:bil] 沙土鼠
GERD (gastroesophageal reflux disease 的缩写) 胃食管反流病
Gerdy's fibers [ʒə'di:z] (Pierre Nicholas *Gerdy*, French surgeon, 1797-1856) 惹迪氏纤维
gereology [ˌdʒeri'ɔlədʒi] (Gr. *gēras* old age + *-logy*) 老年医学, 老年病学, 老人学
Gerhardt's disease ['gəhɑ:ts] (Carl Adolf Christian Jacob *Gerhardt*, German physician, 1833-1902) 格哈特氏病
Gerhardt's test [ʒə'hɑ:ts] (Charles Frédéric *Gerhardt*, French chemist, 1816-1856) 格哈特氏试验
Gerhardt-Semon law ['gəhɑ:t 'si:mən] (C. A. C. J. *Gerhardt*; Sir Felix *Semon*, German-born English laryngologist, 1849-1921) 格-塞二氏定律
geriatric [ˌdʒeri'ætrik] 老年医学的, 老年病学的, 老人学的
geriatrician [ˌdʒiəriə'triʃən] 老年病学家, 老人学家
geriatrics [ˌdʒeri'ætriks] (Gr. *gēras* old age + *iatrikē* surgery, medicine) 老年医

学,老年病学,老人学
dental g. 老年牙科学
geriatrist [ˌdʒeri'ætrist] 老人病学家
geriodontics [ˌdʒeriəu'dɔntiks] 老年牙科学
geriodontist [dʒeriəu'dɔntist] 老年牙科学家
geriopsychosis [ˌdʒeriəusai'kəusis] 老人期精神病
Gerlach's valve [ˈgəːlɑːks] (Joseph von Gerlach, German anatomist, 1820-1896) 格拉赫氏瓣
Gerlier's disease [ʒəːliˈeiz] (Felix Gerlier, Swiss physician, 1840-1914) 惹利埃氏病
germ ['dʒəːm] (L. germen) ❶ 病菌;❷ 胚,胚芽
　dental g. 牙胚
　enamel g. 釉胚
　hair g. 毛基质,毛芽
　tooth g. 牙胚
German measels ['dʒəːmən miːslz] 风疹
Germanin ['dʒəːmənin] 各莫素:苏拉明制剂的商品名
germanium [dʒəːˈmeiniəm] 锗
germerine ['dʒəːməriːn] 胚芽儿碱
germicidal [ˌgəːmi'saidəl] (L. germen germ + caedere to kill) 杀菌的
germicide ['dʒəːmisaid] 杀菌剂
germiculture ['dʒəːmikʌltʃə] (L. germen germ + cultura culture) 细菌培养法
germifuge ['dʒəːmifjuːdʒ] (germ + L. fugare to banish) ❶驱除细菌的;❷驱菌药
germinal ['dʒəːminəl] (L. germinalis) 胚的,生发的
germinate ['dʒəːmineit] 萌芽,发芽
germination [ˌdʒəːmi'neiʃən] (L. germinatio) 出芽,生芽,发芽
germinative ['dʒəːminətiv] (L. germinativus) 出芽的,生芽的,发芽的
germinoma [ˌdʒəːmi'nəumə] 生殖细胞瘤
　pineal g. 松果体生殖细胞瘤
germitrine ['dʒəːmitriːn] 胚芽春
germline ['dʒəːmlain] 基因种系
germogen ['dʒəːmədʒən] (germ + Gr. gennan to produce) 胚原,胚原浆
ger(o)- (Gr. gēras old age) 老年,老人
gerocomia [ˌdʒəːrəu'kəumi] (Gr. gero- old men + komein to care for) 老年摄生法,老年保健
geroderma [ˌdʒəːrəu'dəːmə] (gero- + derma) 老年状皮肤,老年样皮肤营养不良
　g. osteodysplastica 骨发育异常性老年状皮肤
gerodontia [ˌdʒəːrəu'dɔnʃiə] 老年牙科学
gerodontic [ˌdʒəːrəu'dɔntik] (gero- + Gr. odous tooth) ❶ 老年牙的;❷ 老年牙科学的
gerodontics [ˌdʒəːrəu'dɔntiks] (Gr. geras old age + odous tooth) 老年牙科学
gerodontist [ˌdʒəːrəu'dɔntist] 老年牙科医师
gerodontology [ˌdʒəːrəudɔn'tɔlədʒi] 老年牙科学
geromarasmus [ˌdʒəːrəumə'ræzməs] (gero- + Gr. marasmos a wasting) 老年性消瘦
geromorphism [ˌdʒəːrəu'mɔːfizəm] (gero- + Gr. morphē form) 早老形象
　cutaneous g. 皮肤早老形象
gerontal [dʒeˈrɔntəl] 老年的,老人的
geront(o)- (Gr. gerōn, gen, gerontos old man) 老年,老人
gerontism [dʒəˈrɔntizm] 老年
gerontologist [ˌdʒerən'tɔlədʒist] 老年病学家,老人学家
gerontology [ˌdʒerən'tɔlədʒi] (geronto- + -logy) 老年医学,老年病学,老人学
gerontophile [dʒi'rɔntəufil] 嗜耄癖者
gerontophilia [ˌdʒerəntəu'filiə] (geronto- + Gr. philein to love) 嗜耄癖,亲老人癖
gerontopia [ˌdʒerən'təupiə] (geronto- + -opsia) 老年期视力回春,视力再生
gerontotherapeutics [ˌdʒerəntəuθerə'pjuːtiks] (geronto- + therapeutics) 老年病治疗(学)
gerontotherapy [ˌdʒerəntəu'θerəpi] 老年病治疗(学)
gerontotoxon [ˌdʒerəntəu'tɔksən] 老人弓,角膜弓,老人环
　g. lentis 老年内障下压术
geropsychiatry [ˌdʒerəusai'kaiətri] 老年精神病学
Gerota's fascia [gei'rɔtɑːz] (Dumitru Gerota, Romanian anatomist, 1867-1939) 格罗塔氏筋膜
Gerstmann's syndrome ['gæstmənz] (Josef Gerstmann, Austrian neurologist, 1887-

1969)格斯特曼氏综合征

Gerstmann-Sträussler disease [ˈgæstmən-ˈʃtrɔɪslə] (Josef *Gerstmann*; E. *Sträussler*, Austrian physician, 20th century) 格-斯二氏病

Gerstmann-Sträussler-Scheinker disease [ˈgæstmən ˈʃtrɔɪslə ˈʃaiŋkə] (J. *Gerstmann*; E. *Sträussler*; I. *Scheinker*, Austrian physician, 20th century) 格-斯-斯三氏病

gerüstmark [gəˈruːstmɑːk] (Ger. *Gerüst* scaffolding + *Mark* marrow) 骨髓支架

Gesell developmental schedule [gəˈzel] (Arnold Lucius *Gesell*, American pediatrician and psychologist, 1880-1961) 格泽尔氏发育程度表

gastaclone [ˈdʒestəkləun] 孕克龙

gestagen [ˈdʒestədʒen] 促孕素

gestalt [gəˈstɔːlt, gəˈʃtɔːlt] (Ger.) 格式塔的,完形的

gestaltism [gəˈstɔːltɪzəm] (Ger. *Gestalt* form) 格式塔主义,完形心理学

gestation [dʒesˈteɪʃən] (L. *gestatio*, from *gestare* to bear) 妊娠,(受)孕

gestodene [ˈdʒestəudiːn] 甲地妊娠素

gestosis [dʒesˈtəusɪs] (pl. *gestoses*) (L. *gestare* to bear) 妊娠中毒

gestrinone [ˈdʒestrɪnəun] 甲地炔诺酮

geumaphobia [ˌgjuːməˈfəubɪə] (Gr. *geuma* taste + *phobos* fear) 味觉恐怖

-geusia [ˈgjuːsɪə] (Gr. *geusis* taste) 味觉

GeV, Gev (giga electron volt 的缩写) 京 (十亿,10^9) 电子伏

GFAP (glial fibrillary acidic protein 的缩写) 神经胶质原纤维酸性蛋白

GFR (glomerular filtration rate 的缩写) 肾小球滤过率

G.G.G. (L. *gummi guttae gambiae* 的缩写) 藤黄

GGT (γ-glutamyltransferase 的缩写) γ 谷氨酰(基)转移酶

GH (growth hormone 的缩写) 生长激素

Ghilarducci's reaction [ˌgiːlɑːˈduːtʃiːz] (Francesco *Ghilarducci*, Italian physician, 1857-1924) 吉拉杜契氏反应

Ghon's complex [gɔnz] (Anton *Ghon*, Austrian-born pathologist in Czechoslovakia, 1866-1936) 冈氏复征

Ghon-Sachs bacillus [gɔn sɑːks] (Anton *Ghon*; Anton *Sachs*, Austrian physician, 19th century) 冈-萨二氏杆菌

ghost [ˈgəust] 鬼,空壳,血影,形骸细胞
  red cell g. 红细胞影

GH-RH (growth hormone releasing hormone 的缩写) 生长素释放激素

GI (gastrointestinal 的缩写) 胃肠的

Giacomini's band [dʒɑːkəuˈmiːnɪz] (Carlo *Giacomini*, Italian anatomist, 1841-1898) 贾科米尼氏带

Gianelli's sign [dʒɑːˈneliz] (Giuseppe *Gianelli*, Italian physician, 1799-1871) 贾纳里氏征

Giannuzzi's crescents [dʒɑːˈnjutsiz] (Guiseppe *Giannuzzi*, Italian anatomist, 1839-1876) 贾努齐氏新月形

Gianotti-Crosti syndrome [dʒæˈnɔti'krɔsti] (Fernando *Gianotti*, Italian dermatologist, born 1920; Agostino *Crosti*, Italian dermatologist, born 1896) 贾-科二氏综合征

giant [ˈdʒaɪənt] (Gr. *gigas*) 巨人,巨生物

giantism [ˈdʒaɪəntɪzəm] ❶ 巨大畸形,巨人症; ❷ 巨型,巨大

Giardia [dʒɪˈɑːdɪə] (Alfred *Giard*, biologist in Paris, 1846-1908) 贾第虫属
  G. intestinalis 肠贾第虫,肠兰伯氏鞭毛虫
  G. lamblia 兰伯贾第虫,肠兰伯氏鞭毛虫

giardiasis [ˌdʒɪɑːˈdaɪəsɪs] 贾第虫病,梨形鞭毛虫病

Gibbon-Landis test [ˈgɪbənˈlændɪs] (John Heysham *Gibbon*, Jr., American physician, 1903-1973; Eugene Markley *Landis*, American physician, born 1901) 吉-兰二氏试验

gibbosity [gɪˈbɔsɪtɪ] (L. *gibbosus* crooked) 驼背

gibbous [ˈgɪbəs] (L. *gibbosus*) 驼背的,隆突的

Gibbs' free energy [gɪbz] (J. W. *Gibbs*, American physicist, 1839-1903) 吉布斯氏自由能

Gibbs-Donnan equilibrium [gɪbzˈdɔnən] (J. W. *Gibbs*; Frederick George *Donnan*, English chemist, 1870-1956) 吉-唐二氏平衡

gibbus ['gibəs] (L.) 驼背

Gibney's bandage ['gibniz] (Virgil Pendleton *Gibney*, New York surgeon, 1847-1927) 吉布尼氏绷带

Gibson's murmur ['gibsənz] (George Alexander *Gibson*, Scottish physician, 1854-1913) 吉布逊氏杂音

gid ['gid] 蹒跚病

giddiness ['gidinis] 眩晕,头晕

Giemsa stain ['gi:msə] (Gustav *Giemsa*, German chemist and bacteriologist, 1867-1948) 吉姆萨氏染剂

Gierke's corpuscles ['giəkəz] (Hans Paul Bernhard *Gierke*, German anatomist, 1847-1886) 吉尔克氏小体

Gierke's disease ['giəkəz] (Edgar Otto Konrad von *Gierke*, German pathologist, 1877-1945) 吉尔克氏病

Gifford's operation ['gifədz] (Harold *Gifford*, American oculist, 1858-1929) 吉福德氏手术

giga- (Gr. *gigas* mighty) ❶ 巨大; ❷ 京千兆

gigantism [dʒai'gæntizəm, 'dʒaigəntizəm] (Gr. *gigas* giant) 巨大发育,巨人症
  acromegalic g. 肢端肥大症巨大发育,肢端肥大性巨人症
  cerebral g. 脑性巨大发育
  eunuchoid g. 无睾性巨人症,阉性巨人症
  fetal g. 胎儿巨大发育
  hyperpituitary g. 垂体分泌过多性巨人症
  normal g. 全面性巨大发育,匀称性巨大发育
  pituitary g. 垂体性巨人症

gigant(o)- (Gr. *gigas*, gen. *gigantos* huge) 巨大

gigantoblast [dʒai'gæntəublæst] (Gr. *gigas* giant + *blastos* germ) 巨大有核红细胞,巨母红血球

gigantocellular [dʒai,gæntəu'seluə] 细胞巨大的

gigantochromoblast [dʒai,gæntəu'krəuməublæst] 巨大有核红细胞,巨母红血球

gigantocyte [dʒai'gæntəusait] (Gr. *gigas* giant + *kytos* cell) 巨大红细胞

gigantomastia [dʒai,gæntəu'mæstiə] 巨乳房

gigantosoma [dʒai,gæntəu'səumə] (*giganto-* + Gr. *sōma* body) 巨大发育,巨高身材

Gigli's operation ['dʒi:ljiz] (Leonardo *Gigli*, Italian gynecologist, 1863-1908) 季格利氏手术

gikiyami [,giki'jɑ:mi] 七日热(钩端螺旋体病)

Gilbert's sign [ʒi:l'bɛəz] (Nicolas Augustin *Gilbert*, French physician, 1858-1927) 吉耳伯氏征

gilbert ['gilbət] (W. *Gilbert*, English physicist, 1544-1603) 吉伯

Gilchrist's disease ['gilkrists] (Thomas Caspar *Gilchrist*, American dermatologist, 1862-1927) 吉耳克里斯特氏霉菌病

gildable ['gildəbl] 易染金色的

gill [gil] ❶ 鳃; ❷ 菌褶

Gilles de la Tourette's syndrome [ʒi:ldəlɑ:tu'rets] (Georges Edouard Albert Brutus *Gilles de la Tourette*, French physician, 1857-1904) 吉雷特氏综合征

Gillespie's syndrome [gi'lespiz] (Frank David *Gillespie*, American ophthalmologist, born 1927) 吉利斯派氏综合征

Gilliam's operation ['giliəmz] (David Tod *Gilliam*, American gynecologist, 1844-1923) 吉列姆氏手术

Gillies' flap ['giliz] (Sir Harold Delf *Gillies*, British plastic surgeon, 1882-1960) 吉利斯氏皮瓣

Gilmer's splint ['gilməz] (Thomas Lewis *Gilmer*, American oral surgeon, 1849-1931) 吉尔默氏夹

Gimbernat's ligament [hi:mbeə'nɑ:ts] (Antonio de *Gimbernat*, Spanish surgeon and anatomist, 1734-1817) 吉姆比纳特氏韧带

ginger ['dʒindʒə] (L. *zingiber*; Gr. *zingiberis*) 生姜,姜

gingiva [dʒin'dʒaivə] (pl. *gingivae*) (L. "gum of the mouth") 龈
  alveolar g. 牙槽龈
  areolar g. 蜂窝状龈,蜂窝织龈
  attached g. 附着龈
  buccal g. 颊侧龈
  cemental g. 牙骨质龈
  free g. 游离龈

interdental g., **interproximal g.** 牙间龈
labial g. 唇侧龈
lingual g. 舌侧龈
marginal g. 龈缘
papillary g. 乳头龈
septal g. 牙间龈
unattached g. 非附着龈

gingivae [dʒinˈdʒaiviː] (L.) (NA) 龈。gingiva 的复数形式。

gingival [dʒinˈdʒaivəl] 龈的

gingivalgia [ˌdʒindʒiˈvældʒiə] (gingivo- + -algia) 龈痛

gingivally [ˈdʒindʒivəli] 向龈

gingivectomy [ˌdʒindʒiˈvektəmi] (gingiv- + -ectomy) 龈切除术

gingivitis [ˌdʒindʒiˈvaitis] (gingiv- + -itis) 龈炎

　acute necrotizing ulcerative g. (ANUG) 急性坏死性溃疡性龈炎
　acute ulcerative g., **acute ulceromembranous g.** 急性溃疡性龈炎,急性溃疡性假膜性龈炎
　atrophic senile g. 老年性萎缩性龈炎
　bismuth g. 铋毒性龈炎
　catarrhal g. 卡他性龈炎
　cotton-roll g. 棉卷性龈炎
　desquamative g. 脱屑性龈炎
　Dilantin g. 苯妥英龈炎
　eruptive g. 出牙性龈炎
　fusospirochetal g. 梭菌螺旋体性龈炎
　g. gravidarum 妊娠龈炎
　hemorrhagic g. 出血性龈炎
　herpetic g. 疱疹性龈炎
　hormonal g. 激素性龈炎
　hyperplastic g. 增生性龈炎
　marginal g. 龈缘炎
　marginal g., **generalized** 广泛性龈缘炎
　marginal g., **simple** 单纯性龈缘炎
　marginal g., **suppurative**, **g. marginalis suppurativa** 化脓性龈缘炎
　necrotizing ulcerative g. 坏死性溃疡性龈炎
　papillary g. 乳头性龈炎
　phagedenic g. 崩蚀性龈炎
　pregnancy g. 妊娠龈炎
　scorbutic g. 坏血病龈炎
　streptococcal g. 链球菌性龈炎
　tuberculous g. 结核性龈炎
　Vincent's g. 文森氏龈炎,急性坏死性溃疡性龈炎

gingiv(o)- (L. gingiva gum) 龈

gingivoaxial [ˌdʒindʒivəuˈæksiəl] 龈轴的

gingivobuccoaxial [ˌdʒindʒivəuˌbʌkəˈæksiəl] 龈颊轴的

gingivoectomy [ˌdʒindʒivəuˈektəmi] 龈切除术

gingivoglossitis [ˌdʒindʒivəuɡlɔˈsaitis] (gingivo- + gloss- + -itis) 龈舌炎

gingivolabial [ˌdʒindʒivəuˈleibjəl] 龈唇的

gingivolinguoaxial [ˌdʒindʒivəuˌliŋɡwəˈæksiəl] 龈舌轴的

gingivopericementitis [ˌdʒindʒivəuˌperiˌsiːmenˈtaitis] 龈牙骨质周炎,牙周炎

gingivoperiodontitis [ˌdʒindʒivəuˌperiəudɔnˈtaitis] 龈牙周炎

　necrotizing ulcerative g. 坏死性溃疡性龈牙周炎

gingivoplasty [ˈdʒindʒivəuˌplæsti] (gingivo- + -plasty) 龈成形术

gingivosis [ˌdʒindʒiˈvəusis] (gingiv- + -osis) 龈变性

gingivostomatitis [ˌdʒindʒivəuˌstəuməˈtaitis] 龈口炎

　herpetic g. 疱疹性龈口炎
　necrotizing ulcerative g. 坏死性溃疡性龈口炎

ginglyform [ˈdʒiŋɡlifɔːm] 屈戌样的

ginglymoarthrodial [ˌdʒiŋɡliməuɑːˈθrəudiəl] 屈戌样及摩动(关节)的

ginglymoid [ˈdʒiŋɡlimɔid] (ginglymus + Gr. eidos form) 屈戌样的

ginglymus [ˈdʒiŋɡliməs] (L.; Gr. ginglymos hinge) (NA) 屈戌关节

ginseng [ˈdʒinseŋ] (chinese jin-tsan life of man) ❶ 人参; ❷ 人参根

Giordano's sphincter [dʒɔːˈdɑːnəuz] (Davide Giordano, Italian surgeon, 1864-1954) 吉尔达诺氏括约肌

GIP (gastric inhibitory polypeptide 和 glucose-dependent insulinotropic polypeptide 的缩写) 胃抑制性多肽

Giraldés' organ [ʒiˈrælˈdeiz] (Joachim Albin Cardozo Cazado Giraldés, Portuguese surgeon in Paris, 1808-1875) 吉拉耳代斯氏器官

Girardinus [dʒiˈrɑːdinəs] 鳉属

G. poeciloides 网纹鳉
girdle ['gə:dl] 带,托带,引力带
Hitzig's g. 希齐格氏感觉缺失带
g. of inferior member 下肢带
limbus g. 角膜缘带
pectoral g. 胸带
pelvic g. 骨盆带
shoulder g. 肩带
g. of superior member, thoracic g. 上肢带,胸带
white limbal g. of Vogt 沃格特氏白角膜缘带
Girdlestone resection ['gə:dlstəun] (Gathorne Robert *Girdlestone*, British orthopedic surgeon, 1881-1950) 格德尔斯通氏切除术
gitalin ['dʒitəlin] 吉他林
gitaloxin [,dʒitə'lɔksin] 吉托洛甙
githagism ['giθədʒizəm] 麦仙翁中毒,瞿麦中毒
gitoxigenin [dʒi'tɔksidʒənin] 羟基洋地黄毒甙元
gitoxin [dʒi'tɔksin] 羟基洋地黄毒甙
Gitterfasern ['gitə,fɑ:sən] (Ger.) 网格纤维,格子纤维
Giuffrida-Ruggieri stigma [dʒu,fridə ru-dʒi'eri] (Vincenzo *Giuffrida-Ruggieri*, Italian anthropologist, 1872-1922) 朱夫里达·鲁杰里氏特征
Givens' method ['givənz] (Maurice Hope *Givens*, American biochemist, born 1888) 吉温斯氏方法
GlX 二氟二苯三氯己烷
gizzard ['gizəd] (L. *gigeria* cooked entrails of poultry) 砂囊
GL (*greatest length* 的缩写) 最长度
gl. (*glandula* 和 *glandulae* 的缩写) 腺
glabella [glə'belə] (L. *glaber* smooth) ❶ 眉间;❷(NA) 眉间隆突点
glabellad [glə'beləd] 向眉间
glabellum [glə'beləm] 眉间
glabrification [,gleibrifi'keiʃən] (L. *glaber* smooth + *facere* to make) 变滑,变秃
glabrificin [glə'brifisin] 至滑素,光滑素
glabrous ['gleibrəs] (L. *glaber* smooth) 光滑的,光秃的
glacial ['gleiʃəl] (L. *glacialis*) ❶ 冰状的,玻璃状的,坚硬的;❷ 极纯的,冰的
gladiate ['glædieit] (L. *gladius* sword) 剑形的
gladiolus [glə'daiələs] (L., dim. of *gladius* sword) 胸骨体
gladiomanubrial [,glædiəmə'nju:briəl] 胸骨体(与)柄的
glairin ['gleərin] (L. *clarus* clear) 胶素,粘胶质
glairy ['gleəri] ❶ 卵白状的;❷ 粘的
gland ['glænd] (L. *glans* acorn) 腺
absorbent g. 淋巴结
accessory g. 副腺
acid g's 胃酸腺
acinar g. 泡腺
acinotubular g. 管泡腺
acinous g. 泡腺
admaxillary g. 上颌腺
adrenal g. 肾上腺
adrenal g's, accessory 副肾上腺
aggregate g's, agminated g's 集合体,淋巴集结
Albarrán's g. 阿尔巴兰氏腺
alveolar g. 泡腺
anal g's 肛(门)腺
anteprostatic g. 尿道球腺
apical g's of tongue 舌尖腺
apocrine g. 顶(浆分)泌腺
aporic g. 无管腺
areolar g's 乳晕腺
arterial g. 动脉腺
arteriococcygeal g. 尾骨动脉腺
arytenoid g's 杓状腺
Aselli's g's 阿塞利氏腺
axillary g's 腋腺
Bartholin's g. 巴多林氏腺,前庭大腺
Bauhin's g's 鲍安氏腺
biliary g's, glands of biliary mucosa 胆道粘液腺
Blandin's g's, Blandin and Nuhn's g's 布兰丁氏腺,布-努二氏腺
blood g's, blood vessel g's 血管腺
Bonnot's g. 帮诺氏腺
Bowman's g's 鲍曼氏腺
brachial g's 臂腺
bronchial g's 支气管腺
Bruch's g's 布鲁赫氏腺
Brunner's g's 布伦内氏腺
buccal g's 颊腺
bulbocavernous g. 尿道球腺

bulbourethral g. 尿道球腺
cardiac g's 贲门腺
carotid g. 颈动脉腺
celiac g's 腹腔腺
ceruminous g's 耵聍腺
cervical g's of uterus 子宫颈腺
cheek g's 颊腺
Ciaccio's g's 恰乔氏腺
ciliary g's, ciliary g's of conjunctiva 睑腺,结膜睑腺
circumanal g's 肛周腺,肛(门)腺
Cloquet's g. 科洛盖特氏腺
closed g's 无管腺
Cobelli's g's 柯贝利氏腺
coccygeal g. 尾骨腺
coil g. 曲腺,汗腺,外分泌腺
compound g. 复腺
conglobate g. 球型腺
conjunctival g's 结膜腺
Cowper's g. 库珀氏腺
cutaneous g's 皮腺
ductless g. 无管腺
duodenal g's 十二指肠腺
Duverney's g. 杜佛内氏腺
Ebner's g's 埃伯内氏腺,味腺
eccrine g. 水液腺,(小)汗腺
Eglis'g's 埃格利氏腺
endocrine g's 内分泌腺
endoepithelial g. 上皮内腺
esophageal g's 食管腺
excretory g. 排泄腺
exocrine g. 外分泌腺
follicular g's of tongue 舌滤泡腺
fundic g., fundus g's 胃底腺
Galeati's g's 加莱阿蒂氏腺
gastric g's 胃腺
gastric g's, proper 胃固有腺
gastroepiploic g's 胃网膜腺
Gay's g's 盖氏腺
genal g's 颊腺
genital g. 生殖腺
gengival g's 龈腺
Gley's g's 格雷氏腺
globate g. 球状腺
glomiform g. 球状腺
glossopalatine g's 舌腭腺
Guérin's g's 盖兰氏腺
gustatory g's 味腺

guttural g. 咽腺
g's of Haller 包皮腺
Harder's g's, harderian g's 哈德氏腺,副泪腺
haversian g's 哈弗氏腺
hedonic g's 欢乐腺
hemal g's 血淋巴结
hemal lymph g's 血淋巴腺
hemolymph g's 血淋巴腺
Henle's g's 汉勒氏腺,睑结膜腺
hepatic g's 肝腺
heterocrine g's 混合腺
hibernating g. 蛰伏腺
holocrine g. 全(浆分)泌腺
increatory g's 内分泌腺
intercarotid g. 颈动脉腺
intermediate g's 中间腺
interscapular g. 肩胛间腺
interstitial g. 间质腺
intestinal g's 肠腺
intraepithelial g. 上皮内腺
intramuscular g's of tongue 舌肌内腺
jugular g. 颈静脉腺
Krause's g's 克劳泽氏腺
labial g's of mouth 口唇腺
lacrimal g. 泪腺
lacrimal g's, accessory 副泪腺
lactiferous g. 乳腺
g's of large intestine 大肠腺
large sweat g. 大汗腺,汗腺
laryngeal g's 喉腺
lenticular g's of stomach 胃豆状腺
lenticular g's of tongue 舌豆状腺
g's of Lieberkühn 利贝昆氏腺
lingual g's 舌腺
lingual g's, anterior (of Blandin and Nuhn) 舌尖腺(布-努二氏腺)
Littre's g's 利特雷氏腺
Luschka's g. 路旋卡氏腺
lymph g., lymphatic g. 淋巴腺
lymph g., extraparotid 腮腺外淋巴腺
malar g's 颊腺
mammary g. 乳腺
mammary g's, accessory 副乳腺
mandibular g. 下颌腺
Mehlis' g. 梅尔氏腺,壳腺
meibomian g's 睑板腺
merocrine g. 部分分泌腺

mesenteric g's 肠系腺
mesocolic g's 结肠系膜腺
mixed g's ① 混合腺；② 浆液粘液腺
molar g's 磨牙腺
Moll's g's 莫尔氏腺，睫腺
monoptychic g. 单层(细胞)腺
Montgomery's g's 芒特高莫氏腺
Morgagni's g's 莫夹哥尼氏腺
g's of mouth 口腔腺
mucilaginous g's 滑液绒毛
muciparous g. 粘液腺
mucous g. 粘液腺
mucous g's, lingual 舌粘液腺
mucous g's of auditory tube 耳管粘液腺
mucous g's of duodenum 十二指粘液腺
mucous g's of eustachian tube 耳咽管粘液腺
multicellular g. 多细胞腺
myometrial g. 子宫肌腺
Naboth's g's 那伯斯氏腺
nabothian g's 那伯斯氏腺
nasal g's 鼻腺
g. of neck 颈腺
Nuhn's g's 努恩氏腺
odoriferous g's of prepuce 包皮腺
oil g's 油腺
olfactory g's 嗅腺
oxyntic g's 泌酸腺
palatine g's 腭腺
palpebral g's 睑板腺
pancreaticosplenic g's 胰脾腺
parafrenal g's (包皮)系带旁腺
parathyroid g's 甲状旁腺
paraurethral g's 女尿道旁腺
parotid g. 腮腺
parotid g., accessory 副腮腺
pectoral g's 胸肌腺
peptic g's 胃液素腺
Peyer's g's 皮尔氏腺
pharyngeal g's 咽腺
Philip's g's 菲利普氏腺
pineal g. 松果腺
pituitary g. 垂体腺
Poirier's g's 普瓦里埃氏腺
polyptychic g. 复层(细胞)腺
preen g. 尾羽腺
pregnancy g's 妊娠腺
prehyoid g's 舌骨前腺
preputial g's 包皮腺
prostate g. 前列腺
pyloric g's 幽门腺
racemose g's 葡萄状腺
retrolingual g. 舌后腺
retromolar g's 磨牙(后)腺
Rivinus g. 里维纳斯氏腺
Rosenmüller's g. 罗森苗勒氏腺
saccular g. 泡腺
salivary g's 涎腺，唾液腺
salivary g., external 处涎腺
salivary g., internal 内涎腺
salivary g's, major 大唾液腺
salivary g's, minor 小唾液腺
Sandström's g's 山德斯特勒姆氏体
Schüller's g's 许累尔氏腺
sebaceous g's 皮脂腺
sebaceous g's of conjunctiva 结膜皮脂腺
seminal g. 精液腺
sentinel g. 警戒腺
seromucous g. 浆液粘液腺
serous g. 浆液腺
Serres' g's 塞尔氏腺
sexual g. 性腺
Sigmund's g's 西格蒙德氏腺
simple g. 单腺
Skene's g's 斯基恩氏腺
g's of small intestine 小肠腺
solitary g's of large intestine 大肠孤立腺
solitary g's of small intestine 小肠孤立腺
splenoid g. 脾样腺
Stahr's g. 施塔尔氏腺
staphyline g's 悬雍垂腺
subauricular g's 耳下腺
sublingual g. 舌下腺
submandibular g., submaxillary g. 下颌
　(下)腺
sudoriferous g's, sudoriparous g's 泌汗腺
suprarenal g. 肾上腺
suprarenal g's, accessory 副肾上腺
Suzanne's g. 苏赞氏腺，口腔粘液腺
sweat g's 汗腺
synovial g's 滑液腺
target g. 标腺，靶腺
tarsal g's, tarsoconjunctival g's 睑板腺，
　睑板结膜腺
Theile's g's 提德曼氏腺
thymus g. 胸腺

thyroid g. 甲状腺
thyroid g's, accessory 副甲状腺
g's of tongue 舌腺
tracheal g's 气管腺
trachoma g's 沙眼腺
tubular g. 管腺
tubuloacinar g. 管泡状腺
tympanic g's 鼓腺
g's of Tyson 太森氏腺
ultimobranchial g's 终鳃腺
unicellular g. 单细胞腺
urethral g's 尿道腺
urethral g's of female urethra 女性尿道腺
uropygial g. 尾羽腺
uterine g's 子宫腺
utricular g's 囊状腺,子宫腺
vaginal g. 阴道腺
vascular g. ① 血管球; ② 血淋巴结
vestibular g., greater 前庭大腺
vestibular g's, lesser 前庭小腺
Virchow's g. 魏尔啸氏腺
vitelline g. 卵黄腺
vulvovaginal g. 外阴阴道腺
Waldeyer's g's 瓦耳代尔氏腺
Weber's g's 韦伯氏腺
g's of Wolfring 沃耳弗林氏腺
g's of Zeis 蔡司氏腺
Zuckerkandl's g. 祖克坎德尔氏腺
glanderous ['glændərəs] (马)鼻疽的,患(马)鼻疽的
glanders ['glændəz] (L. *malleus*) (马)鼻疽
African g., Japanese g. 非洲鼻疽,日本鼻疽
glandes ['glændiz] (L.) 腺状体。*glans* 的复数形式
glandilemma [ˌglændi'lemə] (*gland* + Gr. *lemma* sheath) 腺被囊
glandula ['glændjulə] (pl. *glandulae*) (L.) (NA) 腺,小腺
g. adrenalis (NA) 肾上腺
glandulae areolares (NA), glandulae areolares (Montgomerii) 乳晕腺
glandulae biliares (NA) 胆腺
glandulae bronchiales (NA) 支气管腺
glandulae buccales (NA) 颊腺
g. bulbo-urethralis (NA), g. bulbourethralis (Cowperi) 尿道球腺

glandulae ceruminosae (NA) 耵聍腺
glandulae cervicales uteri (NA) 子宫颈腺
glandulae ciliares conjunctivales (NA), glandulae ciliares (Molli) 睑腺
glandulae circumanales (NA) 肛周腺
glandulae conjunctivales (NA) 结膜腺
glandulae cutis (NA) 皮腺
glandulae duodenales (NA), glandulae duodenales (Brunneri) 十二指肠腺
glandulae endocrinae (NA) 内分泌腺
glandulae esophageae 食管腺
glandulae gastricae (propriae) (NA) 胃腺
g. glomiformis 球腺
glandulae hepaticae 肝腺
g. incisiva 切牙腺
glandulae intestinales (NA) 肠腺
glandulae labiales oris (NA) 口唇腺
g. lacrimalis (NA) 泪腺
glandulae lacrimales accessoriae (NA) 副泪腺
g. lacrimalis inferior 下泪腺
g. lacrimalis superior 上泪腺
glandulae laryngeae (NA) 喉腺
glandulae laryngeae anteriores 喉前腺
glandulae laryngeae mediae 喉中腺
glandulae laryngeae posteriores 喉后腺
glandulae linguales (NA) 舌腺
glandulae linguales anteriores (NA) 舌尖腺
g. mammaria (NA) 乳腺
glandulae molares (NA) 磨牙腺
g. mucosa (NA) 粘液腺
glandulae mucosae biliosae 胆道粘液腺
glandulae mucosae conjunctivae (Krausei) 结膜粘液腺
glandulae mucosae tubae auditivae 咽鼓管腺
glandulae mucosae ureteris 输尿管粘液腺
glandulae nasales (NA) 鼻腺
glandulae oesophageae (NA) 食管腺
glandulae olfactoriae (NA) 嗅腺
glandulae oris (NA) 口腔腺
glandulae palatinae (NA) 腭腺
glandulae parathyroideae (NA) 甲状旁腺
g. parotidea (NA) 腮腺
g. parotidea accessoria (NA) 副腮腺
glandulae pelvis renalis 肾盂腺
glandulae pharyngeae, glandulae pharyngeales 咽腺
glandulae pharyngis (NA) 咽腺

g. **pinealis** 松果腺
g. **pituitaria** (NA) 垂体腺
glandulae preputiales (NA) 包皮腺
g. **prostatica** 前列腺
glandulae pyloricae (NA) 幽门腺
glandulae salivariae majores (NA) 大涎腺,大唾液腺
glandulae salivariae minores (NA) 小涎腺,小唾液腺
glandulae sebaceae (NA) 皮脂腺
glandulae sebaceae conjunctivales (NA) 睑缘腺
glandulae sebaceae labii majoris pudendalis 大阴唇皮脂腺
glandulae sebaceae mammae 乳房皮脂腺,乳晕腺
g. **seminalis** 精囊(腺)
g. **seromucosa** (NA) 浆液粘液腺
g. **serosa** (NA) 浆液腺
glandulae sine ductibus (L. "glands without ducts") 无管腺
g. **sublingualis** (NA) 舌下腺
g. **submandibularis** (NA), g. **submaxillaris** 下颌(下)腺
glandulae sudoriferae (NA) 泌汗腺
g. **suprarenalis** (NA) 肾上腺
glandulae suprarenales accessoriae (NA) 副肾上腺
glandulae tarsales (NA), **glandulae tarsales** (**Meibomi**) 睑板腺
g. **thyroidea** (NA) 甲状腺
glandulae thyroideae accessoriae (NA) 副甲状腺
glandula thyroidea accessoria suprahyoidea 舌骨上副甲状腺
glandulae tracheales (NA) 气管腺
glandulae tubariae (NA) 咽鼓管腺
g. **tympanicae** 鼓腺
glandulae urethrales (Littrei) 尿道腺,男尿道腺
glandulae urethrales urethrae femininae (NA) 女尿道腺
glandulae urethrales urethrae masculinae (NA) 男尿道腺
glandulae urethrales urethrae muliebris 女尿道腺
g. **uropygialis** 尾羽腺
glandulae uterinae (NA) 子宫腺

glandulae vesicales vesicae urinariae 膀胱腺
g. **vestibularis major** (NA) 前庭大腺
glandulae vestibulares minores (NA) 前庭小腺
glandulae [ˈglændjuli:] (L.) 腺,小腺。*glandula* 的复数形式
glandular [ˈglændjulə] ❶ 腺的,腺性的; ❷ 阴茎头的,阴蒂头的
glandule [ˈglændju:l] (L. *glandula*) 小腺
glandulous [ˈglændjuləs] (L. *glandulosus*) 多核的,多腺的
glans [glænz] (pl. *glandes*) (L. "acorn") (NA) 小圆体,腺状体
g. **clitoridis** (NA), g. **of clitoris** 阴蒂头
g. **penis** (NA) 阴茎头,龟头
glanular [ˈglænjulə] 阴茎头的,阴蒂头的
Glanzmann's thrombasthenia [ˈglɑnzmənz] (Eduard *Glanzmann*, Swiss pediatrician, 1887-1958) 格兰兹曼氏血小板机能不全
glare [glɛə] (Middle English *glaren*) 眩目,刺目
direct g. 直接眩目
indirect g. 间接眩目
glarometer [glɛəˈrɔmitə] (*glare* + *-meter*) 抗眩测量器
glaserian fissure [gləˈsiəriən] (Johann Heinrich *Glaser* (Glaserius), Swiss anatomist, 1629-1675) 格拉塞氏裂
Glasgow Coma Scale [ˈglæsgəu] (*Glasgow*, Scotland, where the scales were developed) 格拉斯哥昏迷标度
Glasgow's sign [ˈglæsgəuz] (William Carr *Glasgow*, American physician, 1845-1907) 格拉斯哥氏征
glass [glɑ:s] ❶ 玻璃,玻片; ❷ 圆筒状玻璃容器; ❸ (复数)镜片,眼镜
cover g. 盖片
crown g. 冕牌玻璃
cupping g. 吸(疗)杯,吸罐,拔罐
flint g. 火石玻璃
lithium g. 锂玻璃
object g. 物镜
optical g. 光学玻璃
quartz g. 石英玻璃
test g. 试杯
Wood's g. 伍德氏滤器

glasses ['glɑ:siz] 眼镜
  bifocal g. 双焦点眼镜
  contact g. 隐形镜片
  crutch g. 支柱眼镜
  Hallauer's g. 哈劳尔氏眼镜
  safty g. 安全眼镜
  trifocal g. 三焦点眼镜
glassy ['glɑ:si] 玻璃状的,透明的
Glauber's salt ['glaubəz] (Johann Rudolf *Glauber*, German physician and chemist, 1604-1670) 格劳伯氏盐,硫酸钠
glaucoma [glɔ:'kəumə] (Gr. *glaukōma* opacity of the crystalline lens) 青光眼
  absolute g. 绝对期青光眼
  acute congestive g. 急性出血性青光眼
  air-block g. 空气阻滞性青光眼
  angle-closure g. 闭角型青光眼
  angle-closure g., acute 急性闭角型青光眼
  angle-closure g., chronic 慢性闭角型青光眼
  angle-closure g., intermittent 间歇性闭角型青光眼
  angle-closure g., latent 潜伏性闭角型青光眼
  angle-recession g. 房角退缩性青光眼
  aphakic g. 无晶状体青光眼
  apoplectic g. 中风性青光眼
  auricular g. 耳性青光眼
  capsular g., g. capsulare 囊膜性青光眼
  chronic g. 慢性青光眼
  chronic narrow-angle g. 慢性狭角性青光眼
  chymotrypsin-induced g. 糜蛋白酶性青光眼
  closed-angle g. 闭角型青光眼
  congenital g. 先天性青光眼
  congestive g. 充血性青光眼
  g. consummatum 绝对期青光眼
  contusion g. 挫伤性青光眼
  Donders' g. 东德氏青光眼
  enzyme g. 酶性青光眼
  ghost cell g. 血影细胞性青光眼
  hemolytic g. 溶血性青光眼
  hemorrhagic g. 出血性青光眼
  infantile g. 婴儿青光眼
  inflammatory g. 炎性青光眼
  juvenile g. 青年青光眼
  lenticular g. 晶状体性青光眼
  low-tension g. 低眼压性青光眼
  malignant g. 恶性青光眼
  melanomalytic g. 黑瘤溶解性青光眼
  narrow-angle g. 狭角性青光眼
  neovascular g. 新生血管性青光眼
  noncongestive g. 非充血性青光眼
  obstructive g. 阻塞性青光眼
  open-angle g. 开角型青光眼
  phacogenic g., phacolytic g. 晶状体溶解性青光眼
  pigmentary g. 色素性青光眼
  primary g. 原发性青光眼
  prodromal g. 前驱期青光眼
  pupillary block g. 瞳孔阻塞性青光眼
  secondary g. 继发性青光眼
  simple g. 单纯性青光眼
  steroid g. 类固醇性青光眼
  traumatic g. 外伤性青光眼
  vitreous-block g. 玻璃体阻滞性青光眼
  wide-angle g. 宽角性青光眼
glaucomatous [glɔ:'kɔmətəs] 青光眼的,青光眼性的
glaucosis [glɔ:'kəusis] 青光眼盲
glaucosuria [ˌglɔ:kə'sjuəriə] (Gr. *glaukos* silvery + *uria*) 青尿症,尿蓝母尿
glaukomflecken ['glaukəm'flekən] (Ger. "glaucoma spots") 青光眼性白内障
glaze [gleiz] ❶ 被覆;❷ 釉料;❸ 瓷牙表面
GLC (gas-liquid chromatography 的缩写) 气液色谱法
GLcNAc (*N*-acetylglucosamine 的缩写) N-2 酰氨基葡萄糖
gleet [gli:t] ❶ 后淋;❷ 尿道排泄物 vent g. 泄殖腔炎
gleety ['gli:ti] 后淋的
Glenn operation [glen] (William Wallace Lumpkin *Glenn*, American surgeon, born 1914) 格林氏手术
glenohumeral [ˌglenəu'hjumərəl] 盂肱的
glenoid ['glenɔid] (Gr. *glēnē* socket + *eidos* form) 盂样的,关节盂的
Gley's cells [gleiz] (Marcel Eugène Émile *Gley*, French physiologist, 1875-1930) 格累氏细胞
GLI (glucagon-like immunoreactivity 的缩写) 高血糖素样免疫反应物
glia ['gliə] 神经胶质

ameboid g. 阿米巴样(神经)胶质细胞
Bergmann's g. 贝格曼氏(神经)胶质细胞
cytoplasmic g. 原浆性(神经)胶质细胞
g. of Fañanás 方纳纳氏(神经)胶质细胞
fibrillary g. 纤维性神经胶质细胞
radial g. 放射状(神经)胶质细胞

-glia (Gr. *glia* glue) 神经胶质

gliacyte ['gliəsait] (*glia* + Gr. *kytos* hollow vessel) 神经胶质细胞

gliadin ['gliədin] (Gr. *glia* glue) 麦胶蛋白

glial ['gliəl] 神经胶质的

gliamilide [gli'æmilaid] 吡哌磺双环脲

gliarase ['glaiəreiz] 星状细胞体

glibenclamide [gli'benkləmaid] 优降糖

glibornuride [gli'bonjuəraid] 甲磺冰片脲

glicentin [gli'sentin] 胰高血糖素样肽

glicetanile sodium [gli'setənail] 嘧磺茴胺钠

gliclazide ['glikləzaid] 甲磺吡脲

glide [glaid] 滑动
mandibular g. 下颌滑动
occlusal g. 咬合面滑动

gliflumide [gli'flumaid] 氟嘧酰胺

gli(o)- (Gr. *glia* glue) 胶性物质, 神经胶质知胞

gliobacteria [ˌglaiəubæk'tiəriə] (*glio-* + *bacteria*) 胶细菌

glioblast ['glaiəublæst] 成(神经)胶质细胞

glioblastoma [ˌglaiəublæs'təumə] (*glio-* + Gr. *blastos* germ + *-oma*) 成胶质细胞瘤
g. multiforme 多形性成胶质细胞瘤

gliococcus [ˌglaiəu'kɔkəs] (*glio-* + Gr. *kokkos* berry) 胶球菌

gliocyte ['glaiəusait] (神经)胶质细胞
retinal g's 视网膜(神经)胶质细胞

gliocytoma [ˌglaiəusai'təumə] (神经)胶质细胞瘤

gliofibrillary [ˌglaiəu'faibriləri] (神经)胶质原纤维

gliofibroma [ˌglaiəuˌfai'brəumə] (神经)胶质纤维瘤

gliogenous [ˌglaiəu'dʒiːnəs] (*glia* + Gr. *gennan* to produce) (神经)胶质原的

glioma [gli'əumə] 神经胶质瘤
astrocytic g. 星形细胞瘤
g. endophytum 内发神经胶质瘤, 内向性视网膜胶质瘤
ependymal g. 室管膜神经胶质瘤
g. exophytum 外发神经胶质瘤
ganglionic g. 神经节神经胶质瘤
mixed g. 混合性神经胶质瘤
nasal g. 鼻神经胶质瘤
optic g. 视神经胶质瘤
peripheral g. 外周神经胶质瘤, 神经鞘瘤
g. retinae 视网膜神经胶质瘤

gliomatosis [ˌglaiəumə'təusis] 神经胶质瘤病
cerebral g., g. cerebri 大脑神经胶质瘤病

gliomatous [gli'əmətəs] 神经胶质细胞瘤的

gliomyoma [ˌglaiəumai'əumə] (神经)胶质肌瘤

gliomyxoma [ˌglaiəumik'səumə] (神经)胶质粘液瘤

glioneuroma [ˌglaiəunju'rəumə] (神经)胶质神经瘤

gliophagia [ˌglaiəu'feidʒiə] (*glio-* + Gr. *phagein* to eat) 神经胶质细胞吞噬作用

gliopil ['glaiəpil] (*glio-* + Gr. *pilos* felt) (神经)胶质毡

gliosa [glai'əusə] 胶状质

gliosarcoma [ˌglaiəusɑː'kəumə] (*glio-* + *sarcoma*) 神经胶质肉瘤

gliosis [glai'əusis] 神经胶质增生
diffuse g. 弥漫性神经胶质增生
g. endometrii 子宫内膜神经胶质增生
hemispheric g. 大脑半球神经胶质增生
hypertrophic nodular g. 肥大性结节状神经胶质增生
isomorphic g. 同形性胶质增生
perivascular g. 血管周围神经胶质增生
unilateral g. 一侧神经胶质增生
g. uteri 子宫神经胶质增生

gliosome ['glaiəsəum] (*glio-* + Gr. *sōma* body) (神经)胶质粒

gliotoxin [ˌglaiəu'tɔksin] 胶霉毒素, 曲霉菌素

glipizide ['glipizaid] 吡磺环己脲

Gliricola [glai'rikələ] 长虱属
G. porcelli 海螺虱

glischrin ['gliskrin] (Gr. *glischros* gluey) 菌粘素

glischruria [glis'kruəriə] (Gr. *glischros*

gluey + -uria)（菌）粘素尿

glissade [gli'seid]（Fr. "sliding"）（眼）滑动

glissadic [gli'sædik]（眼）滑动的

Glisson's capsule ['glisənz]（Francis *Glisson*, English physican and anatomist, 1597-1677）格利森氏囊

glissonitis [ˌglisəu'naitis] 格利森氏炎

globi ['gləubi]（L.）❶ 球。*globus* 的复数形式；❷ 麻风球

globidiosis [gləuˌbidi'əusis] 球虫病

Globidium [gləu'bidiəm] 球虫属

globin ['gləubin] 珠蛋白

globinometer [ˌgləubi'nɔmitə]（氧合）血红蛋白计

globoid ['gləubɔid] 球形的,球状的

globomyeloma [ˌgləubəuˌmaiə'ləumə]（*globus* + *myeloma*）圆细胞瘤,圆细胞肉瘤

globose ['gləubəus]（L. *globus* a ball）球形的,球状的

globoside ['glɔbəusaid] 红细胞糖苷脂

globotriaosylceramide [ˌgləubəuˌtraiəusil'serəmaid] 酰基鞘鞍醇三己糖

globular ['glɔbjulə] ❶ 球形的； ❷ 由小球构成的

Globularia [ˌglɔbju'lɛəriə] 球花属

globule ['glɔbju:l]（L. *globulus* a globule）❶ 小球；❷ 小体；❸ 球剂

dentin g's 牙质小体
Dobie's g. 宝比氏小体
Marchi's g's 马尔基氏小体
Morgagni's g's 莫尔加尼氏球
myelin g's 髓小球
polar g's 极体

globuli ['glɔbjulai]（L.）❶ 小体；❷ 球剂。*globulus* 的复数形式

globulicidal [ˌglɔbjuli'saidəl]（*globule* + L. *caedere* to kill）破坏血细胞的

globulicide ['glɔbjuli'said] ❶ 破坏血细胞剂；❷ 破坏血细胞的

globulimeter [ˌglɔbju'limitə]（*globule* + Gr. *metron* to measure）血细胞计算器

globulin ['glɔbjulin]（L. *globulus* globule）球蛋白

α-g's 甲种球蛋白,α球蛋白
AC g., accelerator g. AC 球蛋白,加速凝血球蛋白
alpha g's 甲种球蛋白,α球蛋白
antihemophilic g.（AHG）抗血友病球蛋白
anti-human g. serum（USP）抗人球蛋白血清
antilymphocyte g.（ALG）抗淋巴细胞球蛋白
antithymocyte g.（ATG）抗胸腺细胞球蛋白
bacterial polysaccharide immune g.（BPIG）细菌多糖免疫球蛋白
β-g's, beta g's B 球蛋白,乙种球蛋白
corticosteroid-binding g., cortisol-binding g.（CBG）皮质醇结合球蛋白
γ-g's, gamma g's γ 球蛋白,丙种球蛋白
hepatitis B immune g.（USP）乙型肝炎免疫球蛋白
human rabies immune g.（HRIG）（USP）人狂犬病免疫球蛋白
immune g.（USP）免疫球蛋白
immune human serum g. 免疫球蛋白
intravenous immune g. 静脉内免疫球蛋白
pertussis immune g.（USP）（人）白日咳免疫球蛋白
Rh$_0$(D) immune g.（USP）（人）Rh$_0$(D) 免疫球蛋白
serum g's 血清球蛋白
sex steroid binding g. 性甾类结合球蛋白
specific immune g. 特异性免疫球蛋白
testosterone-estradiol-binding g.（TEBG）睾酮雌二醇结合球蛋白
tetanus immune g.（USP）破伤风免疫球蛋白
thyronine-binding g.（TBG）, thyroxine-binding g. 甲状腺素结合球蛋白
vaccinia immune g.（VIG）（USP）牛痘免疫球蛋白
varicella-zoster immune g.（VZIG）水痘带状疱疹免疫球蛋白

globulinemia [ˌglɔbjuli'ni:miə]（*globulin* + Gr. *aema* blood）球蛋白血症

globulinuria [ˌglɔbjuli'njuəriə] 球蛋白尿

globulism ['glɔbjulizm]（L. *globulus* small globe）红细胞增多症

globulolysis [ˌglɔ'bjulɔlisis]（*globulus* + Gr. *lysis* a loosening）（红）细胞溶解,血球溶解

globulose ['glɔbjuləus] 球蛋白胨

globulus ['glɔbjuləs]（pl. *globuli*）（L.）

小球,小体,丸剂,球型栓剂
globuli ossei 骨小体
globus ['gləubəs] (pl. *globi*) (L.) ❶ (NA); ❷ 麻风球
  g. of the heel 踵球
  g. hystericus 癔球症,癔病球
  g. major epididymidis 附睾大球
  g. minor epididymidis 附睾小球
  g. pallidus 苍白球
  g. pallidus lateralis (NA) 外侧苍白球
  g. pallidus medialis (NA) 内侧苍白球
glomangioma [gləuˌmændʒi'əumə] (*glomus* + *angioma*) 血管球瘤
glomectomy [gləu'mektəmi] 球切除术
glomera ['gləmərə] 球,球形动静脉吻合。*glomus* 的复数形式
glomerate ['gləməreit] (L. *glomeratus* wound into a ball) 聚成球形的
glomerular [glə'merulə] 小球的
glomerule ['gloməɪjuːl] ❶ 小球; ❷ 血管球
glomeruli [gləu'merulai] (L.) 小球。*glomerulus* 的复数形式
glomerulitis [gləuˌmərju'laitis] 肾小球炎
glomerul(o)- (L. *glomerulus*) 肾小球
glomerulonephritis [gləuˌmərjuləune'fraitis] (*glomerulo-* + *nephritis*) 肾小球性肾炎
  acute g. 急性肾小球性肾炎
  chronic g. 慢性肾小球性肾炎
  chronic hypocomplementemic g. 慢性低补体血性肾小球性肾炎
  crescentic g. ① 新月形肾小球性肾炎; ② 迅速进行性肾小球性肾炎
  diffuse g. 弥漫性肾小球性肾炎
  fibrillary g. 原纤维性肾小球性肾炎
  focal g. 灶性肾小球性肾炎
  focal embolic g. 灶性栓塞性肾小球性肾炎
  IgA g. IgA 肾小球性肾炎
  immune complex g. 免疫复合物肾小球性肾炎
  lobular g. 分叶肾小球性肾炎
  lobulonodular g. 分叶结节状肾小球性肾炎
  lupus g. 狼疮性肾小球性肾炎
  malignant g. 恶性肾小球性肾炎
  membranoproliferative g. 膜性增生肾小球性肾炎
  membranous g. 膜性肾小球性肾炎
  mesangiocapillary g. 系膜毛细血管性肾小球性肾炎
  nodular g. 结节性肾小球性肾炎
  rapidly progressive g. 迅速进行性肾小球性肾炎
  segmental g. 节段性肾小球性肾炎
  subacute g. 亚急性肾小球性肾炎
glomerulonephropathy [gləuˌmərulənə-'frɔpəθi] 肾小球性肾病
glomerulopathy [gləuˌməru'lɔpəθi] 肾小球病
  diabetic g. 糖尿病性肾小球病
  immunotactoid g. 免疫类晶团聚体性肾小球病
  microtubular g. 微管性肾小球病
  minimal change g. 最小变化性肾小球病
glomerulosclerosis [gləuˌmərulədʊsklɪə-'rəusis] 肾小球硬化症
  diabetic g. 糖尿病性肾小球硬化症
  focal segmental g. 灶性节段性肾小球硬化症
  intercapillary g. 毛细(血)管间性肾小球硬化症
glomerulose [gləu'meruləus] ❶ 肾小球的; ❷ 小球的
glomerulus [gləu'meruləs] (pl. *glomeruli*) (L. dim. of *glomus* ball) 小球
  glomeruli arteriosi cochleae (NA) 蜗动脉小球
  glomeruli of kidney, malpighian glomeruli 肾小球
  nonencapsulated nerve g. 无被囊神经小球
  olfactory g. 嗅小球
  renal glomeruli, glomeruli renis (NA) 肾小球
  Ruysch's glomeruli 鲁伊施氏小球
  synaptic g. 突触性小球
glomic ['gləumik] 球的,血管球的
glomoid ['gləumɔid] 球状的,血管球状的
glomus ['gləuməs] (pl. *glomera*) (L. "a ball") ❶ 球; ❷ 球形动静脉吻合
  glomera aortica 主动脉球
  carotid g., g. caroticum (NA) 颈动脉球,颈动脉体
  choroid g., g. choroideum (NA) 脉络球
  coccygeal g., g. coccygeum (NA) 尾骨

球
   jugular g., g. jugulare 颈静脉球
glossa ['glɔsə] (Gr. *glōssa*) 舌
glossagra [glɔ'sægrə] (*gloss-* + Gr. *agra* seizure) 痛风性舌痛
glossal ['glɔsəl] 舌的
glossalgia [glɔ'sældʒiə] (*gloss-* + *-algia*) 舌痛
glossanthrax [glɔ'sænθræks] (*gloss-* + *anthrax*) 舌痈
glossauxesis [glɔsɔk'sisis] (*glossa* + Gr. *auxesis* increase) 舌肥大,舌肿大
glossectomy [glɔs'ektəmi] (*gloss-* + Gr. *ektomē* excision) 舌切除术
-glossia ['glɔsiə] (Gr. *glossa* tongue) 舌
Glossina [glɔu'sinə] 舌蝇属
   G. fuscipes 梭舌蝇
   G. morsitans 刺舌蝇
   G. pallidipes 淡足舌蝇
   G. palpalis 须舌蝇
   G. swynnertoni 斯瓦氏舌蝇
   G. tachinoides 胶舌蝇
glossitis [glɔ'saitis] (*gloss-* + *-itis*) 舌炎
   g. areata exfoliativa 局限性剥脱性舌炎,地图样舌
   atrophic g. 萎缩性舌炎
   benign migratory g. 良性移行性舌炎
   Hunter's g. 亨特氏舌炎
   idiopathic g. 自发性舌炎
   median rhomboid g. 中菱形舌炎
   g. migrans 移行性舌炎
   Moeller's g. 默勒氏舌炎
   g. rhomboidea mediana 中菱形舌炎
gloss(o)- (Gr. *glōssa* tongue) 舌,舌的
glossocele ['glɔsəsi:l] (*glosso-* + Gr. *kēlē* tumor) 巨舌,大舌病
glossocinesthetic [,glɔsəusinis'θetik] 舌动感觉的
glossocoma [glɔsəu'kəumə] 舌退缩
glossodynamometer [,glɔsəu,dainə'mɔmitə] (*glosso-* + *dynamometer*) 舌力计
glossodynia [glɔsəu'diniə] (*glosso-* + Gr. *odynē* pain) 舌痛
   g. exfoliativa 剥脱性舌痛
   psychogenic g. 舌灼痛
glossoepiglottic [glɔsəu,epi'glɔtik] 舌会厌的
glossoepiglottidean [glɔsəu,epiglɔu'tidiən]

舌会厌的
glossograph ['glɔsəgrɑ:f] (*glosso-* + Gr. *graphein* to record) 舌动描记器
glossohyal [glɔsəu'haiəl] (*glosso-* + *hyoid*) 舌(与)舌骨的
glossoid ['glɔsɔid] 舌样的
glossokinesthetic [,glɔsəu,kinəs'θetik] (*glosso-* + *kinesthetic*) 舌动感觉的
glossolalia [,glɔsə'leiliə] (Gr. *lalein* to babble) 言语不清
glossology [glɔ'sɔlədʒi] (*glosso-* + *-logy*) ❶ 舌学; ❷ 命名学,名词学
glossolysis [glɔ'sɔlisis] 舌麻痹
glossomantia [,glɔsəumæn'taiə] (*glosso-* + Gr. *manteia* divination) 舌象预后
glossoncus [glɔ'sɔŋkəs] (*glosso-* + Gr. *onkos* mass) 舌肿
glossopalatinus [,glɔsəu,pælə'tainəs] 舌腭肌
glossopathy [glɔ'sɔpəθi] (*glosso-* + Gr. *pathos* disease) 舌病
glossopexy [,glɔsəu'peksi] 唇舌粘连
glossopharyngeal [,glɔsəufə'rindʒiəl] (*glosso-* + *pharynx*) 舌咽的
glossopharyngeum [,glɔsəufə'rindʒiəm] (*glosso-* + *pharynx*) 舌咽
glossopharyngeus [,glɔsəufə'rindʒiəs] 舌咽肌
glossophobia [,glɔsəu'fəubiə] 谈话恐怖,言语恐怖
glossophytia [,glɔsəu'fitiə] (*glosso-* + Gr. *phyton* plant) 黑舌(病)
glossoplasty ['glɔsəu,plæsti] (*glosso-* + Gr. *plassein* to mold) 舌成形术
glossoplegia [,glɔsəu'pli:dʒiə] (Gr. *plege* stroke) 舌麻痹
glossoptosis [,glɔsəup'təusis] (*glosso-* + Gr. *ptōsis* fall) 舌下垂
glossopyrosis [,glɔsəupi'rəusis] (*glosso-* + Gr. *pyrōsis* burning) 舌灼痛
glossorrhagia [,glɔsəu'reidʒiə] 舌出血
glossorrhaphy [glɔ'sɔrəfi] (*glosso-* + Gr. *rhaphē* suture) 舌缝术
glossoscopy [glɔ'sɔskəpi] (*glosso-* + Gr. *skopein* to examine) 舌检查
glossospasm ['glɔsəspæzəm] (*glosso-* + Gr. *spasmos* spasm) 舌痉挛
glossosteresis [,glɔsəustə'ri:sis] 舌切除术

glossotilt ['glɔsəutilt] (*glossa* + Gr. *tillein* to pull) 牵舌器

glossotomy [glɔ'sɔtəmi] (*glosso-* + Gr. *temnein* to cut) 舌切开术

glossotrichia [ˌglɔsəu'trikiə] (*glosso-* + Gr. *thrix* hair) 毛舌

glottagra [glɔ'tɑːgrə] (Gr. *glotta* tongue + *agra* seizure) 痛风性舌痛

glottal ['glɔtəl] 声门的

glottalgia [glɔ'tældʒiə] (Gr. *glotta* tongue + *algos* pain) 舌痛

glottic ['glɔtik] ❶ 声门的;❷ 舌的

glottidectomy [ˌglɔti'dektəmi] 声门切除术

glottides ['glɔtidiːz] (Gr.) 声门。glottis 的复数形式

glottiditis [ˌglɔti'daitis] 舌炎

glottidospasm [ˌglɔtidə'spæzm] 声门痉挛

glottis ['glɔtis] (pl. glottides) (Gr. *glōttis*) (NA) 声门
  false g. 假声门
  intercartilaginous g. , respiratory g. 软骨间部,呼吸声门
  true g. 真声门,声门裂

glottiscope ['glɔtiskəup] (*glottis* + Gr. *skopein* to inspect) 声门镜

glottitis ['glɔtaitis](Gr. *glotta* tongue + *i-tis*) 舌炎

glottography [glɔu'tɔgrəfi] 声带记录

glottology [glɔ'tɔlədʒi] ❶ 舌学; ❷ 命名学,命词学

glottomania [ˌglɔtəu'meiniə] (Gr. *glotta* tongue + *mania* madness) 外国语癖,方言癖

glou-glou ['gluglu] (Fr.) 吐噜声,嘈杂声

gloxazone ['glɔksəzəun] 格洛沙腙

Glu (glutamic acid 的缩写) 谷氨酸

glucagon ['gluːkəgɔn] (胰)高血糖素,胰增血糖素
  gut g. 肠高血糖素

glucagonoma [ˌgluːkəgɔ'nəumə] 高血糖素瘤

glucal ['gluːkəl] 已烯糖

glucan ['gluːkæn] 葡聚糖

1,4-α-glucan branching enzyme ['gluːkən'bræntʃiŋ'enzaim] (EC 2.4.1.18) 1,4-α-葡聚糖分支酶

glucan 1,4-α-glucosidase ['gluːkən gluː-'kɔsideis] (EC 3.2.1.3.) 葡聚糖 1,4-α-葡糖苷酶

glucan transferase ['gluːkən'trænsfəreis] 葡聚糖转移酶

glucaric acid [gluː'kærik] 葡萄糖二酸

glucase ['gluːkeis] (Gr. *glukus* sweet + *-ase*) 葡萄糖化酶

glucatonia [ˌgluːkə'təniə] 血糖极度降低,胰岛素休克

glucemia [gluː'siːmiə] 糖血

gluceptate [gluː'septeit] (glucoheptonate (USAN) 的缩略词) 葡庚糖酸盐

glucide ['gluːsaid] (Gr. *glukus* sweet) 糖精

gluciphore ['gluːsifɔː] 生甜味基

glucitol ['gluːsitəl] 山梨甜醇

gluc(o)- (Gr. *glykys* sweet) 甜,葡萄糖

glucoamylase [ˌgluːkəu'æmileis] 葡萄糖淀粉酶

glucoascorbic acid [ˌgluːkəuəs'kɔːbik] 葡萄糖型抗坏血酸

glucocerebrosidase [ˌgluːkəu'serəbrəusideis] 葡萄糖脑苷脂酶

glucocerebroside [ˌgluːkəu'seribrəˌsaid] 葡萄糖脑苷脂

glucocinin [ˌgluːkə'sinin] 激糖素

glucocorticoid [ˌgluːkəu'kɔːtikɔid] ❶ 糖(肾上腺)皮质激素;❷ 糖(肾上腺)皮质激素的,有糖(肾上腺)皮质激素作用的,类似糖(肾上腺)皮质激素的

Gluco-Ferrum [ˌgluːkəu'ferəm] 葡萄糖酸铁:葡萄糖酸铁制剂的商品名

glucofuranose [ˌgluːkəu'fjuərənəus] 呋喃葡萄糖

glucogen ['gluːkəudʒən] 糖原

glucogenesis [ˌgluːkəu'dʒenəsis] (*gluco-* + *genesis*) 葡萄糖生成

glucogenic [ˌgluːkəu'dʒenik] (*gluco-* + *-genic*) 生成葡萄糖的

glucohemia [ˌgluːkəu'hiːmiə] 糖血症

glucoheptose [ˌgluːkəu'heptəus] 葡萄庚糖

glucokinase [ˌgluːkəu'kaineis] ❶ 葡萄糖激酶(EC 2.7.1.2.); ❷ 己糖(磷酸)激酶 Ⅳ型(肝)

glucokinetic [ˌgluːkəuki'netik] 激动糖质的

glucokinin [ˌgluːkəu'kinin] (*gluco-* + Gr. *kinein* to move) 激糖素,植物胰岛素

glucolactone [ˌgluːkəuˈlæktəun] (*glucose* + *lactone*) 葡萄糖酸内酯

glucolysis [gluːˈkɔlisis] 糖酵解

glucometer [gluːˈkɔmitə] (*gluco-* + *-meter*) 糖尿检测器

gluconate [ˈgluːkəneit] 葡萄糖酸的盐, 酯或阴离子形式

gluconeogenesis [ˌgluːkəˌniəuˈdʒenəsis] (*gluco-* + *neo-* + *-genesis*) 糖原异生(作用)

gluconeogenetic [ˌgluːkəuˌniəudʒiˈnetik] 糖原异生(作用)的

gluconic acid [gluːˈkɔnik] 葡萄糖酸

Gluconobacter [gluːkəunəuˈbæktə] (*gluconic acid* + Gr. *baktron* a rod) 葡糖杆菌属

glucopenia [ˌgluːkəuˈpiːniə] 低血糖, 血糖过少

glucophore [ˈgluːkəfə] 生甜味基

glucoprotein [ˌgluːkəuˈprəutiːn] 糖蛋白

glucopyranose [ˌgluːkəuˈpaiərənəus] 吡喃葡萄糖

glucoregulation [ˌgluːkəuˌregjuˈleiʃən] 葡萄糖代谢调节

glucosamine [gluːˈkɔsəmin] 葡(萄)糖胺, 氨基葡萄糖

glucosamine-phosphate N-acetyltransferase [gluːˈkɔsəmiːnˈfɔsfeit ˌæsətilˈtrænsfəreis] (EC 2.3.1.4) 氨基葡萄糖N-乙酰转移酶

glucosan [ˈgluːkəsæn] 葡萄糖聚糖

glucosazone [gluːˈkɔsəzəun] 葡萄糖脎

glucose [ˈgluːkəuz] (Gr. *gleukos* sweetness; *glykys* sweet) ❶ 葡萄糖; ❷ 液状葡萄糖

   Brun's g. 布龙氏葡萄糖

   liquid g. (NF) 液状葡萄糖

   g. 1-phosphate 1-磷酸葡萄糖

   g. 6-phosphate 6-磷酸葡萄糖

glucose oxidase [ˈgluːkəuz ˈɔksideis] (EC 1.1.3.4.) 葡萄糖氧化酶

glucose-6-phosphatase [ˌgluːkəusˈfɔsfəteis] (EC 3.1.3.9.) 六磷酸葡萄糖酶

glucose-6-phosphate dehydrogenase (G6PD) [ˈgluːkəusˈfɔsfeit deˈhaidrədʒəneis] (EC 1.1.49) 6-磷酸葡萄糖脱氢酶

glucose-6-phosphate dehydrogenase (G6PD) deficiency 6-磷酸葡萄糖脱氢酶缺乏症

glucose-6-phosphate isomerase [ˈgluːkəusˈfɔsfeit aiˈsɔməreis] (EC 5.3.1.9) 6-磷酸葡萄糖异构酶

glucose 6-phosphate translocase [ˈglukəusˈfɔsfeit trænsˈləukeis] 6-磷酸葡萄糖移位酶

α-glucosidase [gluːˈkəusideis] (EC 3.2.1.20) α葡糖苷酶

   lysosomal α-g. 溶酶体α葡糖苷酶

α-1,4-glucosidase [gluːˈkəusideis] α-1,4-葡糖苷酶

α-1,4-glucosidase deficiency α-1,4-葡糖苷酶缺乏

β-glucosidase [gluːˈkəusideis] (EC 3.2.1.21) β葡糖苷酶

glucoside [ˈgluːkəusaid] (葡萄)糖苷, 甙, 配糖体

glucosidolytic [ˌgluːkəuˌsaidəˈlitik] 分解糖苷的

glucosin [ˈgluːkəusin] 葡萄糖碱

glucosone [ˈgluːkəusəun] 葡萄糖酮醛

glucosulfone sodium [gluːkəuˈsʌlfəun] 葡萄糖砜钠

glucosuria [ˌgluːkəuˈsjuəriə] 糖尿

glucosyl [ˈgluːkəsil] 葡萄糖基

glucosylceramidase [ˌgluːkəusilsəˈræmideis] (EC 3.2.1.45) 葡萄糖苷(脂)酰鞘氨醇酶

glucosylceramide [ˌgluːkəusilˈserəmaid] 葡萄糖基酰基鞘氨醇

glucosyltransferase [ˌgluːkəusilˈtrænsfəreis] 葡萄糖基转移酶

Glucotrol [ˈgluːkətrəul] 葡萄糖托拉: 吡磺环己脲制剂的商品名

glucoxylose [gluːkəuˈzailəus] 葡萄木二糖

glucuronate [gluːˈkjuərəneit] 葡萄糖醛酸酯

glucuronic acid [ˌgluːkjuəˈrɔnik] 葡萄糖醛酸

β-glucuronidase [ˌgluːkjuəˈrɔnideis] (EC 3.2.1.31) β葡萄糖醛酸酶

glucuronide [ˌgluːkjuəˈrɔnaid] 葡萄糖醛酸化合物

glucuronosyltransferase [ˌgluːkjuəˌrɔnəsilˈtrænsfəreis] (EC 2.4.1.17) 葡萄糖苷酰转移酶

glucuronyl transferase [gluːˈkjuərənəl ˈtrænsfəreis] 葡萄糖醛酰基转移酶

glue [gluː] 胶, 胶水

Gluge's corpuscles ['glu:gəz] (Gottlieb *Gluge*, German pathologist, 1813-1899) 格路格氏小体

Glugea ['gludʒiə] 格留虫属

glutaeus [glu:'ti:əs](pl. *glutei*)(L.) 臀肌

glutamate ['glu:təmeit] 谷氨酸盐酯或根

glutamate-ammonia ligase ['glu:təmeitə'mɔniə'ligeis](EC 6.3.1.2) 谷氨酸-氨连接酶

glutamate-cysteine ligase ['glutəmeit'sisti:in'li:geis](EC 6.3.2.2) 谷氨酸-半胱氨酸连接酶

glutamate decarboxylase ['glu:təmeitdikɑ:'bɔksileis](EC 4.1.1.15) 谷氨酸脱羧酶

glutamate dehydrogenase (NAD(P)$^+$) ['glu:təmeit di'haidrədʒəneis](EC 1.4.1.3.) 谷氨酸脱氢酶

glutamate formiminotransferase ['glu:təmeit fɔ:,miminəu'trænsfəreis](EC 2.1.2.5) 谷氨酸转亚胺甲基酶

glutamic acid [glu:'tæmik] 谷氨酸
  g. a. hydrochloride 盐酸谷氨酸

glutamic-oxaloacetic transaminase (GOT) [glu:'tæmik,ɔksiləuə'setik træns'æmineis] 谷氨酸-草酰乙酸转氨酶

glutamic-pyruvic transaminase (GPT) [glu:,tæmikpi'ru:vik træns'æmineis] 谷氨酸-丙酮酸转氨酶

glutaminase [glu:'tæmineis](EC 3.5.1.2) 谷酰胺酶

glutamine ['glu:təmi:n] 谷酰胺

glutamine synthetase ['glu:təmi:n'sinθəteis] 谷酰胺合成酶

glutaminyl [glu:'tæminəl] 谷酰胺酰基

glutamyl ['glu:təməl] 谷氨酰基

γ-glutamylcyclotransferase [,glu:təməl,sikləu'træsfəreis](EC 2.3.2.4) γ 谷氨酰环化转移酶

γ-glutamylcysteine [,glu:təməl'sisti:in] γ 谷氨酰半胱氨酸

γ-glutamylcysteine synthetase [,glu:təməl'sisti:in'sinθəteis] γ 谷氨酰半胱氨酸合成酶

γ-glutamylcysteine synthetase deficiency γ 谷氨酰半胱氨酸合成酶缺乏症

γ-glutamyltransferase (GGT) [,glu:təməl'trænsfəreis](EC 2.3.2.2.) γ 谷氨酰转移酶

γ-glutamyl transpeptidase [,glu:təməl træns'peptideis] γ 谷氨酰转肽酶

γ-glutamyl transpeptidase deficiency γ 谷氨酰转肽酶缺乏症

glutaral ['glu:tərəl] 戊二醛
  g. concentrate (USP) 浓缩戊二醛

glutaraldehyde [,glu:tə'rældəhaid] 戊二醛

glutargin ['glu:tədʒin] 精氨酸谷氨酸盐

glutaric acid [glu:'tærik] 戊二酸

glutaricacidemia [glu:,tærik,æsi'dimiə] ❶ 戊二酸血症；❷ 血中过量的戊二酸

glutaricaciduria [,glu:,tærik,æsi'djuriə] ❶ 戊二酸尿病；❷ 尿中戊二酸的排泄

glutaryl ['glu:təril] 戊二酸二价基

glutaryl-CoA dehydrogenase ['glu:təril kəu'ei di'haidrədʒəneis](EC 1.3.99.7) 戊二酸二价基-CoA 脱氢酶

glutathione [,glutə'θaiəun] 谷胱甘肽

glutathionemia [,glu:tə,θaiəu'ni:miə] 谷胱甘肽血

glutathione peroxidase [,glu:tə'θaiəun pə'rɔksideis](EC 1.11.1.9) 谷胱甘肽过氧化物酶

glutathione reductase (NADPH) [,glu:tə'θaiəun ri'dʌkteis](EC 1.6.4.2) 谷胱甘肽还原酶

glutathione synthase [,glu:tə'θaiəun'sinθeis](EC 6.3.2.3) 谷胱甘肽合成酶

glutathione synthetase [,glu:tə'θaiəun'sinθəteis] 谷胱甘肽合成酶

glutathione (GSH) synthetase dificiency 谷胱甘肽合成酶缺乏症

glutathionuria [,glu:tə,θiəu'njuəriə] ❶ 谷胱甘肽尿；❷ 谷氨酰转肽酶缺乏

gluteal ['glu:tiəl](Gr. *gloutos* buttock) 臀的

glutelin [glu:tilin] 谷蛋白

gluten ['glu:tən](L. "glue") 麸质,谷胺

gluteofemoral [,glu:tiəu'femərəl] (*gluteal* + *femoral*) 臀股的

gluteoinguinal [,glu:tiəu'ingwinəl] 臀腹股沟的

glutethimide (USP) [glu:'teθimaid] 苯乙哌啶酮,多睡丹,导眠能

gluteus [glu:'ti:əs](Gr. *gloutos* buttock) 臀肌

glutin ['ɡluːtin] ❶ 明胶蛋白；❷ 麸酪蛋白,谷胶酪蛋白

glutinin ['ɡluːtinin] 不完全抗体

glutinous ['ɡluːtinəs] (L. *glutinosus*) 胶状的,粘的

glutitis [ɡluˈtaitis] 臀肌炎

glutoscope ['ɡluːtəskəup] 凝集检查镜

glutose ['ɡluːtəus] 人造糖

gluttony ['ɡlʌtəni] (L. *gluto* glutton) 善饥

Gly 甘氨酸

glyburide ['ɡlaibjuraid] 优降糖

glycal ['ɡlaikəl] 烯糖

glycan ['ɡlaikən] 聚糖

glycemia [ɡlaiˈsiːmiə] (*glyc-* + *-emia*) 糖血病

glycemin ['ɡlaisimin] 肝抗胰岛素物质

glycentin [ɡlaiˈsentin] 肠高血糖素

glyceraldehyde [,ɡlisəˈrældihaid] 甘油醛
  g. 3-phosphate 3-磷酸甘油醛

glyceraldehyde-3-phosphate dehydrogenase (phosphorylating) [,ɡlisəˈrældihaidˈfɔsfeit diˈhaidrədʒəneis] (EC 1.2.1.12) 3-磷酸甘油醛脱氢酶

glycerate ['ɡlisəreit] 甘油酸盐或酯

glycerate dehydrogenase ['ɡlisəreit diˈhaidrədʒəneis] (EC 1.1.1.29) 甘油酸脱氢酶

glyceric acid [ɡliˈserik] 甘油酸

D-glycericacidemia [ɡli,seriˌkæsiˈdiːmiə] D 甘油酸血症

L-glycericaciduria [ɡliˈserik,æsidˈjuriə] L 甘油酸尿症

glyceridase [ˈɡlisərideis] 甘油酯酶

glyceride [ˈɡlisəraid] 甘油酯

glycerin [ˈɡlisərin] (L. *glycerinum*) (USP) 甘油,丙三醇

glycerinated [ˈɡlisəri,neitid] 甘油制的,保存在甘油中的

glycerinum [,ɡlisəˈrainəm] (L.) 甘油,丙三醇

glycerite [ˈɡlisərait] (L. *glyceritum*) 甘油剂
  starch g. 淀粉甘油剂
  tannic acid g. 鞣酸甘油剂

glycerogel [ˈɡlisərədʒəl] 甘油凝胶

glycerogelatin [,ɡlisərəˈdʒelətin] 甘油明胶,甘油凝胶

glycerol [ˈɡlisərəl] 甘油

  iodinated g. 碘化甘油
  g. phosphate, (L-)g. 3-phosphate 磷酸甘油,3-磷酸(L-)甘油

glycerolize [ˈɡlisərəlaiz] 甘油化

glycerol kinase [,ɡlisərəlˈkaineis] (EC 2.7.1.30) 甘油激酶

glycerol-3-phosphate O-acyltransferase [ˈɡlisərəlˈfɔsfeit ˌæsilˈtrænsfəreis] (EC 2.3.1.5) 3-磷酸甘油-O-酰基转移酶

glycerol-3-phosphate dehydrogenase [ˈɡlisərəlˈfɔsfeit diˈhaidrəudʒəneis] (EC 1.1.99.5) 3-磷酸甘油脱氢酶

glycerol-3-phosphate dehydrogenase (NAD$^+$) [ˈɡlisərəlˈfɔsfeit diˈhaidrəudʒə-neis] (EC 1.1.1.8) 3-磷酸甘油脱氢酶 (NAD$^+$)

glyceroluria [,ɡlisərəlˈjuriə] 甘油尿

glycerone [ˈɡlisərəun] (*glycerol* + *ketone*) 二羟丙酮

glyceryl [ˈɡlisəril] 甘油基
  g. guaiacolate 愈创木酚甘油醚
  g. monostearate (NF) 单硬脂酸甘油脂
  g. triacetate 三乙酸甘油酶
  g. trinitrate 三硝酸甘油酯,硝酸甘油
  g. trioleate 甘油三油酯,油酸酯
  g. tripalmitate (三)棕榈酸甘油酯

glycinamide ribonucleotide [ɡliˈsinəmaid ˌribəuˈnjukliətaid] 甘油酸酰胺核(糖核)苷酸

glycinate [ˈɡlaisineit] 甘氨酸盐

glycine [ˈɡlaisiːn] 甘氨酸

glycine amidinotransferase [ˈɡlaisiːn ˌæmidinəˈtrænsfəreis] (EC 2.1.4.1) 甘氨酸转脒酶

glycine hydroxymethyltransferase [ˈɡlaisiːn haiˌdrɔksiˌmiθilˈtrænsfəreis] (EC 2.1.2.1) 甘氨酸羟甲基转移酶

glycine transamidinase [ˈɡlaisiːn ˌtrænsəˈmidineis] 甘氨酸转脒酶

glycinemia [,ɡlaisiˈniːmiə] 甘氨酸血(症)

glycinin [ɡlisinin] 大豆球蛋白

Glyciphagus [ɡlaiˈsifəɡəs] 甜螨属
  G. domesticus (G. prunorum) 家甜食螨

glyc(o)- (Gr. *glykys* sweet) ❶ 甜；❷ 糖,有时尤指葡萄糖；❸ 甘油；❹ 糖原

glycoaldehyde [,ɡlaikəuˈældihaid] 乙醇醛,羟乙醛

Glycobacter [,ɡlaikəuˈbæktə] 产糖菌类

glycobiarsol [ˌglaikəubai'ɑːsɔl] 甘铋砷

glycocalix [ˌglaikəu'kæliks] 多糖蛋白质复合物

glycochenodeoxycholate [ˌglaikəuˌkenəudaiˌɔksi'kɔleit] 甘氨鹅(脱氧)胆酸盐

glycochenodeoxycholic acid [ˌglaikəuˌkenəudiˌɔksi'kɔlik] 甘氨鹅(脱氧)胆酸

glycocholaneresis [ˌglaikəuˌkəulə'neresis] (*glycocholic* acid + Gr. *hairesis* a taking) (胆汁内)甘氨胆酸过多

glycocholate [ˌglaikəu'kɔleit] 甘氨胆酸盐

glycocholic acid [ˌglaikəu'kɔlik] 甘氨胆酸

glycocine ['glaikəusin] 甘氨酸,氨基乙酸

glycocoll ['glaikəkɔl] (*glyco* + Gr. *kolla* glue) 甘氨酸,氨基乙酸

glycoconjugate [ˌglaikəu'kɔndʒəgit] 糖轭合物

glycocyamine [ˌglaikəu'saiəmin] 胍乙酸

glycogelatin [ˌglaikəu'dʒeleitin] 甘油明胶

glycogen ['glaikəudʒən] (*glyco-* + *-gen*) 糖原
  hepatic g. 肝糖原
  tissue g. 组织糖原

glycogenesis [ˌglaikəu'dʒenəsis] (*glyco-* + *genesis*) ❶ 糖原生成;❷ 糖生成

glycogenetic [ˌglaikəudʒə'netik] 糖原生成的,糖生成的

glycogenic [ˌglaikəu'dʒenik] (*glyco-* + *-genic*) ❶ 糖原生成的,糖生成的;❷ 糖原的

glycogenolysis [ˌglaikəudʒə'nɔlisis] (*glycogen* + *-lysis*) 糖原分解

glycogenolytic [ˌglaikəudʒenə'litik] 糖原分解的

glycogenosis [ˌglaikədʒə'nəusis] (*glycogen* + *-osis*) 糖原贮积病,糖原病
  brancher deficiency g. 分支酶缺乏性糖原贮积病
  generalized g. 全身性糖原病
  hepatophosphorylase deficiency g. 肝磷酸氏酶缺乏性糖原贮积病
  hepatorenal g. 肝肾性糖原病
  myophosphorylase deficiency g. 肌磷酸氏酶缺乏性糖原病

glycogenous [glai'kɔdʒinəs] 糖原生成的,糖生成的

glycogen phosphorylase ['glaikəudʒən fɔs'fɔrileis] (EC 2.4.1.1) 糖原磷酸化酶

glycogen phosphorylase kinase ['glaikəudʒən fɔs'fɔrileis 'kaineis] 糖原磷酸化酶激酶

glycogen starch synthase ['glaikəudʒən stɑːtʃ 'sinθeis] (EC 2.4.1.11) 糖原淀粉合酶

(glycogen-synthase-D) phosphatase ['glaikəudʒən'sinθeis 'fɔsfəteis] (EC 3.1.3.42) (糖原-合酶-D)磷酸酯酶

glycogeny [glai'kɔdʒəni] ❶ 糖生成;❷ 糖原生成

glycogeusia [ˌglaikəu'dʒuːsiə] (*glyco-* + Gr. *geusis* taste) 甘味症,甘幻味

glycohemia [ˌglaikə'hiːmiə] 糖血症

glycohemoglobin [ˌglaikəuˌhiːmə'gləbin] 糖血红蛋白

glycohistechia [ˌglaikəuhis'tekiə] (*glyco-* + Gr. *histos* tissue + *echein*, to hold) 组织(内)多糖症

glycol ['glaikəl] 脂肪族二元醇类,乙二醇
  polyethylene g. 聚乙(烯)二醇,碳蜡

glycolaldehyde [ˌglaikəl'ældəhaid] 乙醇醛,羟乙醛

glycolate ['glaikəuleit] 羟乙酸盐

glycolic acid [gli'kɔlik] 羟乙酸

glycolicaciduria [glaiˌkɔlikˌæsi'djuəriə] 羟乙酸尿症

glycolipid [ˌglaikəu'lipid] 糖脂

glycolyl ['glaikəlil] 羟乙酰基,乙醇酰基

glycolysis [glai'kɔlisis] (*glyco-* + *-lysis*) 糖酵解

glycolytic [ˌglaikəu'litik] 糖酵解的,促成糖酵解的

glycometabolism [ˌglaikəume'tæbəlizm] 糖代谢

glycone ['glaikəun] 甘油栓

glyconeogenesis [ˌglaikəuniəu'dʒenəsis] (*glyco-* + *neo-* + *genesis*) 糖原异生

glyconucleoprotein [ˌglaikəuˌnjukliəu'prəutiːn] 糖核蛋白

glycopenia [ˌglaikəu'piːniə] (*glyco-* + *penia*) 低血糖,血糖过少

glycopeptide [ˌglaikəu'peptaid] 糖肽类

glycopexic [ˌglaikəu'peksik] 储糖的,糖固定的

glycopexis [ˌglaikəu'peksis] (*glyco-* + Gr. *pēxis* fixation) 糖储藏,糖固定

Glycophagus [glai'kɔfəgəs] 糖螨属

glycophilia [ˌglaikəu'filiə] (*glyco-* + *-philia*) 血糖敏感症
glycophorin [ˌglaikəu'fɔrin] 血型糖蛋白
glycopolyuria [ˌglaikəuˌpɔli'juəriə] (*glyco-* + *poly-* + *-uria*) 尿酸增多性糖尿病
glycoprival [ˌglaikəu'praivəl] (*glyco-* + L. *privus* deprived of) 无糖的
glycoprotein [ˌglaikəu'prəutiːn] 糖蛋白
　α 1-acid g. α1-酸糖蛋白
　glycine-rich β g. (GBG) 富甘氨酸β糖蛋白
　g. Mac-1 Mac-1 糖蛋白
　g. p150,95 P150,95糖蛋白
　variable surface g. (VSG) 可变性表面糖蛋白
glycoprotein 4-β-galactosyltransferase [ˌglaikə'prəutiːn ɡəˌlæktəusəl'trænsfəreis] 糖蛋白4-β-半乳糖基转移酶
glycoprotein sialidase [ˌglaikəu'prəutiːn si'ælideis] 糖蛋白涎酸酶
glycoptyalism [ˌglaikəu'tiəlizəm] (*glyco-* + *ptyal-* + *-ism*) 糖涎症
glycopyrrolate [ˌglaikəu'pirəleit] (USP) 葡萄糖吡咯,胃长宁,甘吡咯溴
glycopyrronium bromide [ˌglaikəupi'rəuniəm] 嗅化葡萄糖吡咯
glycoregulation [ˌglaikəuˌreɡju'leiʃən] 糖代谢调节
glycoregulatory [ˌglaikəu'reɡjuləˌtəri] 糖代谢调节的
glycorrhachia [ˌglaikəu'reikiə] (*glyco-* + Gr. *rhachis* spine + *-ia*) 糖脑脊液
glycorrhea [ˌglaikəu'riə] (*glyco-* + Gr. *rhoia* flow) 糖溢
glycosamine [ˌglaiˈkɔsəmiːn] 氨基葡萄糖,葡萄糖胺
glycosaminoglycan [ˌglaikəsəˌminəu'glikən] 氨基葡聚糖
glycose ['glaikəus] 葡萄糖
glycosecretory [ˌglaikəusi'kriːtəri] 糖原分泌的
glycosemia [ˌglaikəu'siːmiə] 糖血症
glycosialia [ˌglaikəusi'eiliə] (*glyco-* + *sial-* + *-ia*) 糖涎症
glycosialorrhea [ˌglaikəuˌsaiə'lɔriə] (*glyco-* + *sialo-* + *-rrhea*) 糖涎溢
glycosidase [glai'kɔsideis] (EC 3.2) 糖苷酶
　β-g. β糖苷酶
glycoside ['glaikəsaid] (葡萄)糖苷,苷,配糖体
　cardiac g. 强心苷
　digitalis g. 洋地黄苷
glycosometer [ˌglaikəu'sɔmitə] (*glycose*, older variant of *glucose* + *-meter*) 尿糖定量器,尿糖计
glycosphingolipid [ˌglaikəuˌsfiŋɡə'lipid] 糖(神经)鞘酯
glycosphingolipidosis [ˌglaikəuˌsfiŋɡəlipi'dəusis] (*glyco-* + *sphingolipid* + *-osis*) 糖(神经)鞘酯病
glycostatic [ˌglaikəu'stætik] (*glyco-* + *static*) (保持)糖浓度恒定的
glycosuria [ˌglaikəu'sjuəriə] (*glycose* older variant of *glucose* + *-uria*) 糖尿
　alimentary g. 饮食性糖尿
　benign g. 良性糖尿
　digestive g. 消化性糖尿
　emotional g. 情绪性糖尿
　epinephrine g. 肾上腺素性糖尿
　hyperglycemic g. 血糖过多性糖尿
　magnesium g. 镁性糖尿
　nondiabetic g., nonhyperglycemic g., normoglycemic g., orthoglycemic g. 非糖尿病性糖尿,非血糖过高性糖尿,正常血糖性糖尿,体位性糖尿
　pathologic g. 病理性糖尿
　phloridzin g., phlorhizin g. 根皮苷性糖尿
　renal g. 肾性糖尿
　toxic g. 中毒性糖尿
glycosyl ['glaikəsil] 糖基
glycosylated [glai'kɔsəleitid] 糖基化(作用)的
glycosylation [ˌglaiˌkəusi'leiʃən] 糖基化(作用)
glycosylceramidase [ˌglaiˌkəusilsə'ræmideis] (EC 3.2.1.62) 糖基酰基鞘氨醇酶
glycosyltransferase [ˌglaikəsil'trænsfəreis] (EC 2.4) 转糖酶,糖基转移酶
glycotaxis [ˌglaikəu'tæksis] (*glyco-* + *-taxis*) 糖(代谢性)分布
glycotropic [ˌglaikəu'trɔpik] (*glyco-* + *-tropic*) 亲糖的,嗜糖的
glycuresis [ˌglaikjuə'riːsis] (*glyc-* + *-uresis*) 糖尿

glycuronic acid [ˌglaikjuəˈrɔnik] 糖醛酸
glucuronide [ˌglaikjuəˈrɔnaid] 葡萄糖醛酸化物
glycyl [ˈglaisil] 甘氨酰基，氨基乙酰基
glycylglycine [ˌglisilˈglaisin] 双甘氨肽
Glycyphagus [gliˈsifəgəs] (Gr. *glykys* sweet + *phagein* to eat) 甜食螨属
  G. domesticus 家甜食螨
Glycyrrhiza [ˌglisiˈraizə] (Gr. *glykys* sweet + *rhiza* root) 甘草属
glycyrrhiza [ˌglisiˈraizə] 甘草
glydanile sodium [ˈglaidənail] 嘧磺茴胺钠
glykemia [glaiˈkiːmiə] 糖血症
glymidine sodium [ˈglaimidiːn] 降糖嘧啶钠
glyoxal [glaiˈɔksəl] 乙二醛
glyoxalase [glaiˈɔksəleis] 乙二醛酶，醛酮变位酶
glyoxalin [glaiˈɔksəlin] 咪唑，异吡唑，亚胺唑
glyoxisome [glaiˈɔksisəum] 乙醛酸循环体
glyoxosome [glaiˈɔksəsəum] 乙醛酸循环体
glyoxylate [glaiˈɔksileit] 乙醛酸盐(根或酯)
glyoxylic acid [glaiɔkˈsilik] 乙醛酸
Glyptocranium [ˌgliptəˈkreiniəm] 秘鲁毒蛛属
  G. gasteracanthoides 秘鲁毒蛛
Glytheonate [glaiˈθiəuneit] 甘茶盐：甘氨酸钠茶碱制剂的商品名
Gm 同种异型
gm (gram 的缩写) 克
GMC (General Medical Council (British) 的缩写) 全国医学总会(英国)
GM-CSF (granulocyte-macrophage colony-stimulating factor 的缩写) 粒巨噬细胞集落刺激因子
Gmelin's test [ˈmeilinz] (Leopold *Gmelin*, German physiologist, 1788-1853) 格梅林氏试验
GMK (green monkey kidney 的缩写) 绿猴肾
GMP (guanosine monophosphate 的缩写) 鸟苷-磷酸，鸟苷酸
  3'5'-GMP, cyclic GMP 3'5'-鸟苷-磷酸，环鸟苷酸

G-Mycitin [dʒiːˈmaisitin] 庆麦思辛：庆大霉素硫酸盐制剂的商品名
gnat [næt] 蚋，蚋
  buffalo g. 蚋
  eye g. 眼潜蝇
  turkey g. 火鸡蚋
gnathalgia [nəˈθældʒiə] (gnath- + -algia) 颌痛
gnathic [ˈnæθik] 颌的，颊的
gnathion [ˈnæθiɔn] (NA) 颌下点
gnathitis [næˈθaitis] (gnath- + -itis) 颌炎
gnath(o)- (Gr. *gnathos* jaw) 颌
Gnathobdellidae [ˌnæθɔbˈdelidiː] 颚蛭科
gnathocephalus [ˌnæθəuˈsefələs] (gnatho- + Gr. *kephalē* head) 有颌无头畸胎
gnathodynamics [ˌnæθəudaiˈnæmiks] (gnatho- + Gr. *dynamis* power) 骀力学，咬合力学
gnathodynamometer [ˌnæθəudainəˈmɔmitə] (gnatho- + dynamometer) 骀力计，咬合力计，下颌动力计
  bimeter g. 双侧合力计，双度合力计
gnathodynia [ˌnæθəuˈdiniə] (gnatho- + *odynē* pain) 颌痛
gnathography [næˈθɔgrəfi] (gnatho- + -graphy) 骀力描记法
gnathologic [ˌnæθəuˈlɔdʒik] 颌(力)学的
gnathology [nəˈθɔlədʒi] (gnatho- + -logy) 颌(力)学
gnathoneuralgia [ˌnæθəunjuəˈrældʒiə] 颌神经痛
gnathoparalysis [ˌnæθəupəˈrælisis] 颌麻痹
gnathoplasty [ˈnæθəuˌplæsti] (gnatho- + Gr. *plassein* to mold) 颌成形术
gnathoplegia [ˌnæθəuˈpliːdʒiə] 颌麻痹
gnathorrhagia [ˌnæθəuˈreidʒiə] 颊出血
gnathoschisis [næˈθɔskisis] (gnatho- + Gr. *schisis* splitting) (上)颌裂(畸形)
gnathosoma [ˌnæθəuˈsəumə] (gnatho- + Gr. *soma* body) 颚体
gnathostat [ˈnæθəustæt] 颌固定器
gnathostatics [ˌnæθəuˈstætiks] (gnatho- + Gr. *statikē* the art of weighing) 牙模定位法
Gnathostoma [næˈθɔstəmə] (gnatho- + Gr. *stoma* mouth) 颚口(线)虫属
  G. spinigerum 棘颚口线虫
gnasthostomatics [ˌnæθəustəuˈmætiks]

(*gnatho-* + Gr. *stoma* mouth) 口颌生理学

gnathostomiasis [ˌnæθəustəˈmaiəsis] 颚口线虫病

Gnathostomum [næˈθɔstəməm] 颚口(线)虫属

G.N.C. (General Nursing Council 的缩写) 全国护士总会(美国)

gnosia [ˈnəusiə] 认识,感知

gnosis [ˈnəusis] (Gr. "knowlege") 感悟

gnostic [ˈnɔstik] ❶认识的;❷感悟的

gnotobiology [ˌnɔtəubaiˈɔlədʒi] 限菌生物学,定菌动物(培养)学

gnotobiota [ˌnɔtəubaiˈəutə] 定菌(丛),既知菌(丛),限菌区系

gnotobiote [ˌnɔtəuˈbaiəut] 定菌动物,既知菌动物,限菌动物

gnotobiotic [ˌnɔtəbaiˈɔtik] 定菌动物的,既知菌动物的,限菌动物的

gnotobiotics [ˌnɔtəubaiˈɔtiks] (Gr. *gnotos* known + *biota* the fauna and flora of a region) 定菌动物(培养)学,限菌生物学

gnotophoresis [ˌnɔtəuˈfɔrisis] (Gr. *gnotos* known + *phōresis* a being borne) 定菌形成

gnotophoric [ˌnɔtəuˈfɔrik] 定菌形成的

Gn-RH (gonadotropin-releasing hormone 的缩写) 促性腺(激)素释放激素

Goa powder [ˈɡəuə] (*Goa*, a district in western India) 柯桠粉

goatpox [ˈɡəutpɔks] 山羊痘疮,山羊天花

Godélier's law [ɡəudeiˈljeiz] (Charles Pierre *Godélier*, French physician, 1813-1877) 果代里埃氏定律

Goeckerman treatment [ˈɡəukəmən] (William Henry *Goeckerman*, American dermatologist, 1884-1954) 格克曼疗法

Goggia's sign [ˈɡəudʒazː] (Carlo Paolo *Goggia*, Italian physician, 1817-1948) 果吉亚氏征

goiter [ˈɡɔitə] 甲状腺肿
  aberrant g. 迷行性甲状腺肿
  adenomatous g. 腺瘤性甲状腺肿
  Basedow's g. 巴塞多氏甲状腺肿
  colloid g. 胶质性甲状腺肿
  congenital g. 先天性甲状腺肿
  cystic g. 囊性甲状腺肿
  diffuse g. 弥漫性甲状腺肿
  diving g. 游动性甲状腺肿
  endemic g. 地方性甲状腺肿
  exophthalmic g. 突眼性甲状腺肿
  fibrous g. 纤维性甲状腺肿
  follicular g. 滤泡性甲状腺肿,实质性甲状腺肿
  intrathoracic g. 胸(腔)内(位)性甲状腺肿
  iodide g. 碘化甲状腺肿
  lingual g. 甲状舌管囊肿
  lymphadenoid g. 淋巴瘤性甲状腺肿
  multinodular g. 多结节性甲状腺肿
  nontoxic g. 非毒性甲状腺肿
  parenchymatous g. 实质性甲状腺肿
  perivascular g. 血管周性甲状腺肿
  plunging g. 游动性甲状腺肿,移动性甲状腺肿
  retrovascular g. 血管后甲状腺肿
  simple g. 单纯性甲状腺肿
  substernal g. 胸骨后甲状腺肿
  suffocative g. 窒息性甲状腺肿
  toxic g., diffuse 毒性甲状腺肿,弥漫性甲状腺肿
  toxic multinodular g. 毒性多结节性甲状腺肿
  vascular g. 血管性甲状腺肿
  wandering g. 游走性甲状腺肿,移动性甲状腺肿

goitre [ˈɡɔitə] (Fr.) 甲状腺肿

goitriferous [ˈɡɔitrifərəs] (*goitre* + L. *ferre* to bear) 致甲状腺肿的

goitrin [ˈɡɔitrin] 甲状腺肿素

goitrogen [ˈɡɔitrədʒən] 致甲状腺肿物

goitrogenic [ɡɔitrəˈdʒenik] 致甲状腺肿的

goitrogenicity [ˌɡɔitrədʒəˈnisiti] 致甲状腺肿性,甲状腺肿发生性(素质)

goitrogenous [ɡɔiˈtrɔdʒənəs] 致甲状腺肿的

goitrous [ˈɡɔitrəs] 甲状腺肿的

gold [ɡəuld] 金
  g. Au 198 金 198
  cohesive g. 粘(性)金
  colloidal g. 胶态金,胶体金
  mat g. 团金
  radioactive g. 放射性金
  g. sodium thiomalate 硫代苹果酸金钠
  g. sodium thiosulfate 硫代硫酸金钠
  g. thioglucose 硫代葡萄糖金

Goldberg's syndrome ['gəuldbəgz] (Morton Falk *Goldberg*, American physician, born 1937年) 戈耳德伯舍氏综合征

Goldblatt's clamp ['gəuldblæts] (Harry *Goldblatt*, American physician, 1891-1977) 戈德布拉特氏夹

Goldenhar's syndrome ['gəuldənhɑ:z] (Maurice *Goldenhar*, Swiss physician, 20 century) 戈尔登哈氏综合征

Goldflam's disease ['gəultflɑ:mz] (Samuel Vulfovich *Goldflam*, Polish neurologist, 1852-1932) 戈德弗拉姆氏病

Goldflam-Erb disease ['gəultflɑ:m'ε:b] (S. V. *Goldflam*; Wilhelm Heinrich *Erb*, German neurologist, 1840-1921) 戈-俄二氏病

Goldscheider's percussion ['gəuldʃaidəz] (Johannes Karl August Eugen Alfred *Goldscheider*, Berlin physician, 1858-1935) 果耳德筛德氏扣诊

Goldstein ['gəuldstain] 戈耳茨坦: Joseph Leonard, 美医师

Goldstein's disease ['gəuldstainz] (Hyman Lsaac *Goldstein*, American physician, 1887-1954) 戈耳茨坦病

Goldthwait's brace ['gəuldθweits] (Joel Ernest *Goldthwait*, American orthopedic surgeon, 1866-1961) 戈德韦特氏桔具

Golgi ['gɔldʒi] 高尔基: Camillo, 意大利神经病学家和组织学家

Golgi's complex ['gɔldʒiz] (Camillo *Golgi*) 高尔基氏复合体

golgiosome ['gɔldʒiəusəum] 高尔基氏体

Goll's fasciculus [gɔlz] (Friedrich *Goll*, Swiss anatomist, 1829-1903) 果耳氏束

Glotz's experiment ['gɔltsiz] (Friedrich Leopold *Goltz*, German physiologist, 1834-1902) 果耳茨氏实验

Goltz's syndrome [gəults] (Robert William *Goltz*, American dermatologist, born 1923年) 果耳茨氏综合征

Gombault's degeneration [gɔm-'bəuz] (Francois Alexis Albert *Gombault*, French neurologist, 1844-1904) 贡博氏变性

Gombault-Philippe triangle [gɔm'bəu fi'lip] (F. A. A. *Gombault*; Claudien *Philippe*, French pathologist, 1866-1903) 贡-菲二氏三角

gomitoli [gə'mitəlai] 垂体门脉前毛细血管网

Gomori's stains [gə'mɔri:z] (George *Gomori*, Hungarian histochemist in the United States, 1904-1957) 果莫里氏染色

Gompertz' law ['gɔmpətz] (Benjamin *Gompertz*, British actuary, 1779-1865) 冈珀茨氏定律

gomphosis [gɔm'fəusis] (Gr. *gomphōsis* a bolting together) (NA) 嵌合, 钉状关节

gon- ❶ 精液, 种子; ❷ (Gr. *gony* knee) 膝

gonacratia [ˌgɔnə'kreiʃiə] (*gon-*[1] + Gr. *akrateia* incontinence) 遗精, 精溢

gonad ['gəunæd] (L. *gonas*, from Gr. *gonē* seed) 性腺, 生殖腺
   indifferent g. 未分化性腺
   streak g's 条纹性腺

gonadal [gɔ'næděl] 性腺的

gonadectomize [ˌgɔnə'dektəmaiz] 性腺切除

gonadectomy [ˌgɔnə'dektəmi] 性腺切除术

gonades [gɔ'nædz] 性腺, 生殖腺。*gonad* 的复数形式

gonadial ['gɔnədiəl] 生殖腺的

gonadoblastoma [ˌgɔnədəublæs'təumə] 性腺胚细胞瘤

gonadogenesis [ˌgɔnədəu'dʒenəsis] (*gonado-* + Gr. *genesis* production) 性腺发育, 生殖腺发育

gonadoinhibitory [ˌgɔnədəuin'hibitəri] 性腺抑制的

gonadokinetic [ˌgɔnədəukai'netik] (*gonad* + Gr. *kinēsis* motion) 促性腺活动的

gonadopathy [ˌgɔnə'dɔpəθi] (*gonad* + Gr. *phathos* disease) 性腺病

gonadopause [gɔ'nædəpɔ:s] 性腺机能停止, 性腺机能丧失

gonadorelin [ˌgɔnədəu'relin] 促性腺激素释放激素
   g. hydrochloride 氢氯化物促性腺激素释放激素

gonadotherapy [ˌgɔnədəu'θerəpi] 性激素疗法, 性腺剂疗法

gonadotrope [gɔ'nædətrɔp] ❶ 促性腺细胞; ❷ 促性腺物质

gonadotroph [gɔ'nædətrɔf] ❶ 促性腺细胞; ❷ 促性腺物质

gonadotrophic [ˌgɔnədəu'trɔfik] 促性腺的, 亲性腺的

gonadotrophin [ˌgɔnədəu'trɔfin] 促性腺激素

gonadotropic [ˌgɔnədəu'trɔpik] (gonad + Gr. tropos a turning) 促性腺的, 亲性腺的

gonadotropin [ˌgɔnədəu'trəupin] 促性腺激素
 chorionic g. 绒(毛)膜促性腺激素
 equine g. 马促性腺激素
 human chorionic g. (hCG) 人绒(毛)膜促性腺激素
 human menopausal g. (hMG) 人绝经期促性腺激素
 pregnant mare serum g. 孕马血清促性腺激素

gonadotropism [ˌgɔnə'dɔtrəpizm] (gonad + Gr. trope a turning) 性腺体质

gonaduct [gɔ'nədʌkt] 生殖管

gonagra [gɔ'nægrə] (gon-² + Gr. agra seizure) 膝关节痛风

gonalgia [gɔ'nældʒiə] (gon-² + -algia) 膝痛

gonangiectomy [ˌgɔnəndʒi'ektəmi] (Gr. gone semen + angeion vessel + ektome excision) 输精管切除术

gonarthritis [ˌgɔnɑː'θraitis] (gon-² + Gr. arthron joint + -itis) 膝关节炎

gonarthrocace [ˌgɔnɑː'θrɔkəsi] (gon-² + Gr. arthron joint + kakē evil) 膝白肿

gonarthromeningitis [gɔnˌɑːθrəuˌmenin'dʒaitis] (gon-² + Gr. arthron joint + mēninx membrane) 膝关节滑膜炎

gonarthrosis [ˌgɔnɑː'θrəusis] 膝关节病

gonarthrotomy [ˌgɔnɑː'θrɔtəmi] (gon-² + Gr. arthon joint + temnein to cut) 膝关节切开术

gonatagra [ˌgɔnə'tægrə] (Gr. gony knee + agre a seisure) 膝关节痛风

gonatocele [gɔ'nætəsiːl] (gon-² + Gr. kēlē tumor) 膝瘤

gonecyst ['gɔnəsist] (Gr. gonē seed + kystis bladder) 精囊

gonecystitis [ˌgɔnəsis'taitis] 精囊炎

gonecystolith [ˌgɔnə'sistəliθ] (gonecyst + Gr. lithos stone) 精囊石

gonecystopyosis [gɔnəˌsistəpai'əusis] (gonecyst + Gr. pyōsis suppuration) 精囊化脓

goneitis [ˌgɔni'aitis] (gon-² + -itis) 膝关节炎

gonepoiesis [ˌgɔnipɔi'iːsis] (Gr. gonē seed + poiein to make) 精液分泌, 精液生成

gonepoietic [ˌgɔnipɔi'etik] 精液生成的, 精液分泌的

Gongylonema [ˌgɔndʒilə'niːmə] (Gr. gongylos round + nēma thread) 筒线虫属
 G. ingluvicola 嗉囊筒线虫
 G. neoplasticum 瘤筒线虫
 G. pulchrum 美丽筒线虫
 G. scutatum 美丽筒线虫

gongylonemiasis [ˌgɔndʒiləni'maiəsis] 筒线虫病

gonia ['gəuniə] (Gr.) 下颌角点。gonion 的复数形式

gonial ['gəuniəl] 下颌角点的

gonic ['gɔnik] (Gr. gone semen, seed) 精液的, 生殖的

gonidangium [ˌgɔni'dændʒiəm] 微生子囊

gonidia [gəu'nidiə] (L.) 藻胞, 固氮细菌生殖体。gonidium 的复数形式

gonidiospore [gəu'nidiəspɔː] ❶ 微生子孢子; ❷ 藻胞孢子

gonidium [gəu'nidiəm] (pl. gonidia) (Gr. gonē seed) ❶ 藻胞; ❷ 固氮细菌生殖体

Gonin's operation [gɔ'næz] (Jules Gonin, Swiss ophthalmic surgeon, 1870-1935) 果南氏手术

goni(o)- (Gr. gōnia angle) 角

Goniobasis [ˌgəuniəu'beisis] 角蜗
 G. silicula 硅蜗

goniocheiloschisis [ˌgəuniəukai'lɔskisis] 唇角裂

goniocraniometry [ˌgəuniəuˌkreini'ɔmitri] (Gr. gonia angle + metron a measure) 颅角测量法

gonioma [ˌgɔni'əumə] (Gr. gone seed + oma tumor) 生殖细胞瘤

goniometer [ˌgɔni'ɔmitə] (gonio- + Gr. metron measure) ❶ 角度计, 测角计; ❷ 测向器
 finger g. 指角度计
 universal g. 万能角度计

goniometry [ˌgɔni'ɔmitri] 测角术

gonion ['gəuniən] (pl. gonia) (Gr. gōnia

goniophotography [ˌgəuniəufəˈtɔgrəfi] 眼前房角照相术

Goniops [ˈgɔniəups] 虻蝇中的一属

goniopuncture [ˌgəuniəuˈpʌŋktʃə] (gonio- + puncture) 前房角穿刺

gonioscope [ˈgəuniəˌskəup] (gonio- + -scope) 前房角镜

gonioscopy [ˌgəuniˈɔskəpi] 前房角镜检查

goniosynechia [ˌgəuniəusiˈnekiə] 前房角粘连

goniotomy [ˌgəuniˈɔtəmi] (gonio- + -tomy) 前房角切开术

gonite [ˈgɔnait] (Gr. gone seed) 分生体(细菌)

gonitis [gəuˈnaitis] (gon-² + -itis) 膝关节炎

　fungous g. 蕈状膝关节炎,结核性膝关节炎

　g. tuberculosa 结核性膝关节炎

gonium [ˈgəuniəm](Gr. gone seed) 种子

gon(o)- (Gr. gonē offspring, seed, genitalia) 性,生殖,精液,精子,生殖器官

gonoblast [ˈgɔnəublæst](Gr. gones generation + blastos germ) ❶生殖细胞;❷精子

gonoblennorrhea [ˌgɔnəuˌbleˈriə] 眼淋病,淋病性结膜炎

gonocampsis [ˌgɔnəuˈkæmpsis] 膝弯曲

gonocele [ˈgɔnəsi:l] 精液囊肿

gonochorism [gɔˈnɔkərizəm] (gono- + Gr. chōrizein to separate) 雌雄异体

gonocide [ˈgɔnəusaid] (gonorrhea + L. caedere to kill) ❶杀淋球菌的;❷杀淋菌剂

gonococcal [ˌgɔnəuˈkɔkəl] 淋(病双)球菌的

gonococcemia [ˌgɔnəukɔkˈsi:miə] (L. gonococci + -emia) 淋球菌(菌)血症

gonococci [ˌgɔnəuˈkɔksai] (L.) 淋(病双)球菌。gonococcus 的复数形式

gonococcic [ˌgɔnəˈkɔkik] 淋(病双)球菌的

gonococcida [gɔnəuˈkɔksidə] 杀淋球菌剂

gonococcide [ˌgɔnəuˈkɔksaid] (gonococcus + L. caedere to kill) 杀淋(球)菌剂

gonococcin [ˌgɔnəuˈkɔksin] 淋菌素

gonococcocide [ˌgɔnəuˈkɔkəsaid] (gonococcus + L. caedere to kill) 杀淋(球)球药

gonococcus [ˌgɔnəuˈkɔkəs] (pl. gonococci) (gono- + coccus) 淋(病)双球菌

gonocyte [ˈgɔnəsait] (gono- + Gr. kytos hollow vessel) ❶生殖母细胞,配子母细胞;❷次级生殖母细胞

gonocytoma [ˌgɔnəusaiˈtəumə] 生殖母细胞瘤

gonodeviation [ˌgɔnəuˌdi:viˈeiʃen] 淋菌补体结合反应

gonoduct [ˈgɔnəudʌkt] 生殖管

gonohemia [ˌgɔnəuˈhi:miə] 淋球菌(菌)血症

gonomery [gəˈnɔməri] (gono- + Gr. meros part) 双亲染色体分立

gononephrotome [ˌgɔnəuˈnefrətəum] (gono- + Gr. nephros kidney + tomē a section) 生殖肾节

gononeurosis [ˌgɔnəuˌnjuəˈrəusis] 淋症性神经症,淋症性神经机能病

gonophage [ˈgɔnəfeidʒ] 淋菌噬菌体

gonophore [ˈgɔnəfɔ:] (gono- + phoros bearing) 副生殖器

gonopore [ˈgɔnəupɔ:] 生殖孔

gonorrhea [ˌgɔnəˈriə] (gono- + Gr. rhein to flow) 淋病

gonorrheal [ˌgɔnəˈriəl] 淋病的

gonotokont [ˌgɔnəˈtɔkənt] 性母细胞,生长细胞

gonotome [ˈgɔnətəum] (gono- + Gr. tomē a section) 生殖节

gonotoxemia [ˌgɔnəutɔkˈsi:miə] 淋球菌性毒血症

gonotoxic [ˌgɔnəuˈtɔksik] 淋球菌毒素的

gonotoxin [ˌgɔnəuˈtɔksin] 淋球菌毒素

gony [ˈgɔni] (Gr. gony knee) 膝

gony- [ˈgɔni] (Gr. gony knee) 膝

gonyalgia [gɔniˈældʒiə] 膝痛

Gonyaulax [ˌgɔniˈɔ:læks] (gony- + Gr. aulakos a furrow) 膝沟藻属

gonybatia [gɔniˈbeitiə](Gr. gony knee + baenein to go) 膝行

gonycampsis [ˌgɔniˈkæmpsis] (gony- + Gr. kampsis bending) 膝弯曲

gonycrotesis [ˌgɔnikrəˈtisis] (gony- + Gr. krotēsis striking) 膝外翻

gonyectyposis [ˌgɔniˌektiˈpəusis] (gony- +

Gr. *ektypōsis* a modelling in relief) 膝内翻,弓形腿

gonyocele ['gɔniəsi:l] (*gony-* + Gr. *kēlē* tumor) 膝滑膜炎,结核性膝关节炎

gonyoncus [ˌgɔni'ɔŋkəs] (*gony-* + Gr. *onkos* bulk) 膝瘤

Good's syndrome [gudz] (Robert Alan *Good*, American pediatrician, born 1922) 古德氏综合征

Goodell's sign [gu'delz] (William *Goodell*, American gynecologist, 1829-1894) 古德耳氏征(定律)

Goodpasture's stain ['gudpæstʃəz] (Ernest William *Goodpasture*, American pathologist, 1886-1960) 古德帕斯彻氏染剂

Goodsall's rule ['gudsɔ:lz] (David H. *Goodsall*, British surgeon, 1843-1906) 古德塞尔规律

Goormaghtigh's apparatus ['guəmɑ:taiz] (Norbert *Goormaghtigh*, Belgian physician, 1890-1960) 古马夫提夫氏器

Gopalan's syndrome ['gəupəlænz] (Coluthur *Copalan*, Indian biochemist, born 1918) 果帕兰氏综合征

Gordiacea [ˌgɔ:di'eisiə] 铁线虫亚纲

Gordius ['gɔ:diəs] 铁线虫属
 G. **aquaticus** 麦地那龙线虫
 G. **medinensis** 麦地那龙线虫
 G. **robustus** 粗大铁线虫

Gordon ['gɔ:dən] 戈登:Alexander,苏格兰产科医生

Gordon's bodies ['gɔ:dənz] (Mervyn Henry *Gordon*, English physician, 1872-1953) 戈登氏小体

Gordon's reflex ['gɔ:dənz] (Alfred *Gordon*, American neurologist, 1874-1953) 戈登氏反射

gorge [gɔ:dʒ] 咽

gorget ['gɔ:dʒit] 有槽导子

Gorlin's sign ['gɔ:linz] (Robert James *Gorlin*, American physician, born 1923) 格林氏征

Gorlin-Goltz syndrome ['gɔ:liŋ gəults] (Robert James *Gorlin*; Robert William *Goltz*, American physician, born 1923) 戈-果二氏综合征

goserelin ['gəusəˌrelin] 果丝瑞宁

Goslee tooth ['gɔzli:] (Hart John *Goslee*, American dentist, 1871-1930) 戈斯利氏牙

Gosselin's fracture [gɔs'læn] (Léon Athanase *Gosselin*, French surgeon, 1815-1887) 果斯兰氏骨折

Gossypium [gɔ'sipiəm] (L.) 棉属

gossypium [gɔ'sipiəm] (gen. *gossypium*) (L.) 棉,棉花
 g. **asepticum**, g. **depuratum**, g. **purificatum** 消毒棉,脱脂棉,精制棉

gossypol ['gɔsipɔl] 棉子酚

GOT (glutamine-oxaloacetic transaminase 的缩写) 谷(氨酸)-草(酰乙酸)转氨酶

Göthlin's test ['getlinz] (Gustaf Fredrik *Göthlin*, Swedish physiologist, 1874-1949) 格特林氏试验

Gottlieb's epithelia attachment ['gɔtli:bz] (Bernhard *Gottlieb*, Vienna dentist, 1885-1950) 戈特利布氏上皮附着

Gottron's papules ['gɔtrənz] (Heinrich Adolf *Gottron*, German dermatologist, 1890-1974) 果特龙氏丘疹

Gottstein's fibers ['gɔtʃtainz] (Jacob *Gottstein*, German otologist, 1832-1895) 果特斯坦氏纤维

gouge [gaudʒ] 圆凿
 Kelley g. 凯利氏圆凿

Gougerot-Blum syndrome [guʒə'rəu blu:m] (Henri *Gougerot*, French physician, 1881-1955; Paul *Blum*, French physician, 1878-1933) 古热罗-布路姆综合征

Gougerot-Carteaud syndrome [guʒə'rəu kɑ:'təu] (Henri *Gougerot*; Alexandre *Carteaud*, French physician, born 1897) 古-加二氏综合征

Goulard's lotion [gu'lɑz] (Thomas *Goulard*, French surgeon, 1720-1790) 古拉尔氏洗液

Gouley's catheter ['guliz] (John Williams Severin *Gouley*, American surgeon, 1832-1920) 古利氏导管

goundou ['gu:ndu] (West African) 根度病,鼻骨增殖性骨膜炎

gousiekte [gu'si:kti] (Dutch "rapid disease") 毒草性心肌炎

gout [gaut] (L. *gutta* a drop, because of the ancient belief that the disease was due to a "noxa" falling drop by drop into the

joint) 痛风
abarticular g. 关节外痛风
articular g. 关节痛风
calcium g. 钙质性痛风
chalky g. 白垩性痛风
idiopathic g. 自发性痛风
irregular g. 非典型痛风
latent g., masked g. 潜伏性痛风,隐匿性痛风
lead g. 铅中毒性痛风
oxalic g. 草酸中毒性痛风
polyarticular g. 多关节痛风
primary g. 原发性痛风
regular g. 典型痛风
rheumatic g. 风湿性痛风
saturnine g. 铅中毒性痛风
secondary g. 继发性痛风
tophaceous g. 痛风石性痛风,白垩性痛风
visceral g. 内脏痛风
goutiness ['gautinis] 痛风素质
gouty ['gauti] 痛风的
Gowers' tract ['gauəz] (Sir William Richard *Gowers*, English neurologist, 1845-1915) 高尔斯氏经
GP ❶ (general practitioner 的缩写) 开业医生; ❷ (general paresis 的缩写) 麻痹性痴呆
G6PD (glucose-6-phosphate dehydrogenase 的缩写) 6-磷酸葡萄糖脱氢酶
GPI (general paralysis of the insane 的缩写) 麻痹性痴呆
GPT (glutamic-pyruvic transaminase 的缩写) 谷氨酸-丙酮酸转氨酸
gr (grain 的缩写) 喱,格令,谷(英重量单位)
graafian follicle ['græfiən] (Reijnier (Regner) de *Graaf*, Dutch physician and anatomist, 1641-1673) 格雷夫氏卵泡
gracile ['græsail] 薄的,细的
Gracilicutes [ˌgræsi'likjutiz] (L. *gracilis* thin + *cutis* skin) 薄壁菌类
gracilis ['græsilis] (L.) 股薄肌
Grad. (L. *gradatim* 的缩写) 逐渐,逐步
gradatim [grə'deitim] (L.) 渐渐,逐渐
-grade [greid] (L. *gradi* to walk) 步,行
Gradenigo's syndrome [ˌgrɑːdi'niɡəuz] (Giuseppe *Gradenigo*, Italian physician, 1859-1926) 格拉代尼果氏综合征
gradient ['greidiənt] ❶ 阶度,梯度,陡度; ❷ 也代表此增减率的曲线
density g. 密度梯度
mitral g. 二尖瓣梯度
systolic g. 收缩梯度
ventricular g. 心室平均电轴(心电图)
graduate ['grædjueit] ❶ 大学毕业生; ❷ 刻度量器
graduated ['grædjuˌeitid] 有刻度的
Graefe's knife ['greifəz] (Albrecht Friedrich Wilhelm Ernst von *Graefe*, German ophthalmologist, 1828-1870) 格雷费氏刀
graft [grɑːft] ❶ 移植物,移植片; ❷ 移植
accordion g. 成折移植片,手风琴样移植物
activated g. 增生性移植物
allogeneic g. 同种(异体)移植物(片)
arteriovenous g. 动静脉移植物
autochthonous g. 自体移植物(片)
autodermic g., autoepidermic g. 自皮移植片
autogenous g., autologous g., autoplastic g. 自体移植物
avascular g. 无血管移植片
Blair-Brown g. 布-布二氏移植片
bone g. 骨移植片
brephoplastic g. 胚胎移植物
cable g. 电缆式神经移植物
chorioallantoic g. 绒(毛)膜尿囊移植物
coronary artery bypass g. (CABG) 冠状动脉分流移植物
cutis g. 皮移植片
Davis g. 戴维斯氏移植皮片
delayed g. 延迟移植片
dermal g., dermic g. 真皮移植片
diced cartilage g's 软骨丁移植物
epidermic g. 表皮移植片
Esser g. 埃塞氏移植物
fascia g. 筋膜移植物
fascicular g. 神经束移植物
fat g. 脂肪移植物
filler g. 填充移植物
free g. 游离移植物
full-thickness g. 全层皮移植片
heterodermic g. 异体皮移植片
heterologous g., heteroplastic g. 异种移

植物
homologous g. 同种(异体)移植物
homoplastic g. 同种(异体)移植物
hyperplastic g. 增生性移植物
inlay g. 嵌入移植物
island g. 岛状移植物,蒂状移植物
isogeneic g., isologous g., isoplastic g. 同基因移植物,同系移植物
jump g. 迁移移植片
Krause-Wolfe g. 克-沃二氏移植片,全层皮移植片
lamellar g. 角膜薄层移植片
mesh g. 网孔皮移植片
mucosal g. 粘膜移植物
nerve g. 神经移植物
Ollier-Thiersch g. 奥-提二氏移植物
omental g's. 网膜移植物
onlay bone g. 骨覆盖移植物
osseous g. 骨移植物
outlay g. 外置移植物
patch g. 修初移植物
pedicle g. 蒂状移植物
penetrating g. 全层角膜移植片
periosteal g. 骨膜移植物
Phemister g. 菲米斯特氏移植物
pinch g. 颗粒状移植皮片
Reverdin g. 雷维尔丹氏移植物
sieve g. 筛状移植片
skin g. 皮移植片
sleeve g. 袖状移植物
split-skin g. 分层皮移植片
split-thickness g. 分层厚皮移植片
Stent g. 斯滕特氏移植物
syngeneic g. 同基因移植物,同系移植物
thick-split g. 厚分层皮移植片
Thiersch's g. 提尔施氏移植物
thin-split g. 薄分层皮移植片
tube g., tunnel g. 管状移植物
white g. 无血管移植物
Wolfe's g., Wolfe-Krause. 沃尔夫氏移植片,克-沃二氏移植片
grafting ['grɑːftiŋ] 移植(术),稼接
skin g. 皮移植术,植皮术
Graham's law ['greiəmz] (Thomas *Graham*, British chemist, 1805-1869) 格雷汉氏定律
Graham's test ['greiəmz] (Evarts Ambrose *Graham*, American surgeon, 1883-1957) 格雷汉氏试验
Graham Little syndrome ['greiəm'litəl] (Sir Ernest Gordon *Graham Little*, English physician, 1867-1950) 格雷汉·特尔氏综合征
Graham Steell murmur ['greiəm stiːl] (*Graham Steell*, Engllsh physician, 1851-1942) 格雷汉·斯蒂尔氏杂音
grain [grein] (L. *granum*) ❶ 谷粒; ❷ 喱,格林,谷
grainage ['greinidʒ] 喱量
Gram's method [græmz] (Hans Christian Joachim *Gram*, Danish physician, 1853-1938) 革兰氏法
gram [græm] (Gr. *gramma* a small weight) 克
-gram (Gr. *gramma* something drawn or written) 描绘物,书写物,记录物,图,像
gramicidin [ˌgræmi'saidin] (USP) 短杆菌肽
gramine ['græmin] 芦竹碱
graminivorous [ˌgræmi'nivərəs] 草食的
gram-negative [græm'negətiv] 革兰氏阴性
gram-positive [græm'pɔzitiv] 革兰氏阳性
grana ['greinə] 体质基粒。*granum* 的复数形式
grandiose ['grændiəus] 夸大的
grandiosity [ˌgrændi'ɔsiti] 夸大
grand mal [grɑːn mɑːl] 癫痫大发作
Grandry's corpuscle ['grændriz] (M. *Grandry*, Belgian physician, 19th century) 格朗德里氏小体
Granger line ['greindʒə] (Amedee *Granger*, American radiologist, 1879-1939) 格兰哲氏线
Granit ['grɑːnit] 格兰尼特: Ragnar Arthur, 生于芬兰的瑞典籍生理学家
Granit's loop ['grɑːnits] (R. A. *Granit*) 格兰尼特氏襻
granoplasm ['grænəplæzəm] 颗粒原生质
granula ['grænjulə] (pl. *granulae*) (L.) ❶ 小颗粒,谷粒; ❷ 粒剂
g. iridica 虹膜颗粒
granular ['grænjulə] (L. *granularis*) 粒状的,颗粒状的
granularity [ˌgrænju'læriti] 颗粒性
granulase ['grænjuleis] (L. *granum* grain

+ -ase) 谷(淀粉)酶
granulatio [ˌgrænjuˈleiʃiəu] (pl. *granulationes*) (L.) (NA) 颗粒
 granulationes arachnoideae (NA), granulationes arachnoideales 蛛网膜粒
 granulationes cerebrales 蛛网膜粒
granulation [ˌgrænjuˈleiʃən] (L. *granulatio*) ❶肉芽发生；❷ 浆粒形成；❸ 粒剂(颗粒)；❹ 颗粒状物；❺ 制颗法
 g's of arachnoid, arachnoidal g's 蛛网膜粒
 Bayle's g's 贝耳氏肉芽
 Bright's g's 布赖特氏颗粒
 cell g's 细胞颗粒
 cerebral g's 大脑颗粒
 exuberant g's 赘肉, 冗长肉芽
 pacchionian g's 帕克老南氏颗粒
 pyroninophilic g's 嗜派若宁性颗粒
 Reilly g's 赖里氏颗粒
 Virchow's g's 魏尔啸氏颗粒
granulationes [ˌgrænjuˌleiʃiˈəuniz] (L.) 颗粒。*granulatio* 的复数形式
granulator [ˈglænjuleitə] 颗粒机, 制粒机
granule [ˈgrænjuːl] (L. *granulum*) ❶(颗)粒, 小颗粒；❷ 粒剂
 acidophil g's 嗜酸性颗粒
 acrosomal g. 顶体颗粒
 albuminous g's 白蛋白粒
 aleuronoid g's 麦粉(蛋白)样粒
 alpha g's α粒
 amphophil g's 双染性粒, β粒
 argentaffine g's 嗜银粒
 atrial g's 心房粒
 azurophil g. 嗜苯胺蓝染
 Babès-Ernst g. 巴-尔二氏颗粒
 basal g. 基底粒
 basophil g's 嗜碱颗粒
 beta g's β颗粒
 Birbeck g's 伯比克氏颗粒
 Bollinger's g's ① 博林格尔氏体；② 博林格尔氏粒
 "bull's eye" g. 公牛眼颗粒
 Bütschli's g's 比奇利氏粒
 chromatic g's, chromophilic g's 染色质粒
 cone g's 锥粒
 cortical g's 皮质颗粒
 cytoplasmic g's 胞质粒
 delta g's δ粒

 dense g 致密颗粒
 Ehrlich's g's, Ehrlich-Heinz g's 欧利希氏粒, 欧-海二氏粒
 elementary g's 基础颗粒
 eosinophil g's 嗜酸粒
 fuchsinophil g's 嗜品红粒
 Fordyce's g's 福代斯氏粒
 gamma g's γ粒
 Heinz g's 海恩茨氏粒
 hyperchromatin g. 嗜苯胺蓝粒
 iodophil g's 嗜碘颗粒
 juxtaglomerular g's 近肾小球小粒
 kappa g. 卡巴颗粒
 keratohyalin g's 角质透明蛋白粒
 Kölliker's interstitial g's 克利克尔氏间质粒
 Kretz's g's 克雷茨氏
 lamellar g. 板状颗粒
 Langerhans' g's 郎格罕氏粒
 Langley's g's 兰利氏粒
 membrane-coating g. 膜层颗粒
 meningeal g's 脑膜颗粒
 metachromatic g. 异染(颗)粒
 Much's g's 穆赫氏粒
 Nissl's g's 尼斯尔氏粒
 oxyphil g's 嗜酸性颗粒
 Paschen's g's 帕兴氏小体
 perichromatin g's 核染质周围颗粒
 pigment g's 色素颗粒
 polar g's 极颗粒
 proacrosomal g. 前顶体粒
 protein g's 蛋白粒
 rod g's 杆粒
 Schrön's g. 施伦氏粒
 Schrön-Much g's 施-穆二氏粒
 Schüffner's g's 薛夫纳氏粒
 secretory g's 分泌粒
 seminal g's 精液粒
 specific atrial g's 特殊心房粒
 sphere g. 球状粒
 sulfur g's 硫磺状小粒
 thread g's 线状颗粒
 toxic g's 中毒性颗粒
 trichohyalin g's 毛透明蛋白粒
 vermiform g's 蠕虫样粒
 volutin g's 异染质颗粒
 zymogen g's 酶原粒
granuliform [ˈgrænjulifɔːm] 粒状的

granulitis [ˌgrænjuˈlaitis]（L. *granulum* small grain + *-itis*）粟粒性结核

granuloadipose [ˌgrænjuləuˈædipəus] 颗粒状脂变的

granuloblast [ˈgrænjuləublæst] 成粒细胞

granuloblastosis [ˌgrænjuləublæsˈtəusis] 成粒细胞增多（症）

granulocorpuscle [ˌgrænjuləuˈkɔːpəsəl] 颗粒小体

granulocyte [ˈgrænjuləuˌsait]（*granular* + Gr. *kytos* hollow vessel）粒细胞
  band-form g. 带状粒细胞
  segmented g. 分节核粒细胞

granulocytemia [ˌgrænjuləusaiˈtiːmiə]（*granulocyte* + Gr. *haema* blood）粒细胞血症

granulocytic [ˌgrænjuləuˈsitik] ❶ 粒细胞的；❷ 粒细胞系的

granulocytopathy [ˌgrænjuləusaiˈtɔpəθi] 粒细胞病

granulocytopenia [ˌgrænjuləuˌsaitəuˈpiːniə]（*granulocyte* + Gr. *penia* poverty）粒细胞缺乏症

granulocytopoiesis [ˌgrænjuləuˌsaitəupɔiˈiːsis] 粒细胞生成

granulocytopoietic [ˌgrænjuləuˌsaitəupɔiˈetik] 粒细胞生成的

granulocytosis [ˌgrænjuləusaiˈtəusis] 粒细胞增多

granulofatty [ˌgrænjuləuˈfæti] 颗粒状脂变的

granuloma [ˌgrænjuˈləumə]（pl. *granulomas* or *granulomata*）（*granul-* + *-oma*）肉芽肿
  amebic g. 阿米巴性肉芽肿
  g. annulare 环形肉芽肿
  apical g.（根）尖肉芽肿
  beryllium g. 铍肉芽肿
  candida g., candidal g. 念珠菌肉芽肿
  cholesterol g. 胆固醇肉芽肿
  coccidioidal g. 球孢子菌性肉芽肿
  dental g. 牙肉芽肿
  eosinophilic g. ① 郎格罕细胞肉芽肿病；② 嗜酸性肉芽肿；③ 异尖线虫病
  g. fissuratum 裂口肉芽肿
  foreign-body g. 异物肉芽肿
  g. fungoides 肉芽肿
  g. gangraenescens 坏疽性肉芽肿
  giant cell reparative g., central 中央性巨细胞修复性肉芽肿
  giant cell reparative g., peripheral 周围性修复性巨细胞肉芽肿
  g. gluteale infantum 婴儿臀部肉芽肿
  Hodgkin's g. 何杰金氏淋巴肉芽肿
  infectious g. 感染性肉芽肿
  g. inguinale 腹股沟肉芽肿
  laryngeal g. 喉肉芽肿
  lethal midline g. 致命性中线肉芽肿
  lipoid g. 类脂性肉芽肿
  lipophagic g. 耗脂(性)肉芽肿
  Majocchi's g. 马约基氏肉芽肿
  malarial g. 疟疾肉芽肿
  midline g. 中线肉芽肿
  Mignon's eosinophilic g. 米农氏嗜曙红细胞肉芽肿
  monilial g. 念珠菌性肉芽肿
  g. multiforme 多形性肉芽肿
  paracoccidioidal g. 副球孢子菌性肉芽肿
  plasma cell g. 浆细胞肉芽肿
  pseudopyogenic g. 假化脓性肉芽肿
  g. pudendi 阴部肉芽肿
  g. pudens tropicum 热带阴部肉芽肿
  pyogenic g., g. pyogenicum 脓性肉芽肿
  reticulohistiocytic g. 网状组织细胞肉芽肿
  rheumatic g's 风湿性肉芽肿
  silicotic g's 硅肉芽肿
  swimming pool g. 游泳池肉芽肿
  g. telangiectaticum 毛细血管扩张性肉芽肿
  trichophytic g., g. trichophyticum 发癣菌性肉芽肿
  umbilical g. 脐肉芽肿
  g. venereum 性病肉芽肿
  xanthomatous g. 黄瘤性肉芽肿
  zirconium g. 锆肉芽肿

granulomatosis [ˌgrænjuˌlɔməˈtəusis] 肉芽肿病
  allergic g. 变(态反)应性肉芽肿病
  g. disciformis progressiva et chronica 慢性进行性盘状肉芽肿病
  Langerhans cell g. 郎格罕氏细胞肉芽肿病
  lipophagic intestinal g. 耗脂性肠肉芽肿病
  lymphomatoid g. 淋巴瘤样肉芽肿病
  malignant g. 恶性肉芽肿病

g. siderotica 铁质沉着性肉芽肿病

Wegener's g. 多发性肉芽肿病

granulomatous [ˌgrænju'lɔmətəs] 肉芽肿的

granulomere ['grænjuləˌmiə] 血小板小粒

granulopectic [ˌgrænjulə'pektik] 颗粒固定的

granulopenia [ˌgrænjulə'pi:niə] 粒细胞减少

granulopexy ['grænjuləˌpeksi] 颗粒固定

granulophilocyte [ˌgrænjulə'filəusait] 网织红细胞

granuloplasm ['grænjulə'plæzəm] 内质

granuloplastic [ˌgrænjulə'plæstik] (*granule* + Gr. *plassein* to from) 颗粒形成的

granulopoiesis [ˌgrænjuləupɔi'isis] (*granulocyte* + Gr. *poiein* to make) 粒细胞生成

granulopoietic [ˌgrænjuləupɔi'etik] 粒细胞生成的

granulopoietin [ˌgrænjulə'pɔiətin] 粒细胞生成素

granulopotent [ˌgrænjulə'pəutənt] 能形成颗粒的

Granuloreticulosea [ˌgrænjuləuəˌtikju'ləusiə] (*granulo-* + *reticular*) 粘网亚纲

granulosa [ˌgrænju'ləusə] 粒层,粒膜

granulosarcoid [ˌgrænjulə'sɑ:kɔid] 蕈样真菌病

granulose ['grænjuləus] ❶ 菌多糖; ❷ 颗粒样的

granulosis [ˌgrænju'ləusis] 颗粒团形成

g. rubra nasi 鼻红粒病

granulotherapy [ˌgrænjulə'θerəpi] 粒细胞疗法

granulosity [ˌgrænju'lɔsiti] (颗)粒团

granulovacuolar [ˌgrænjuləu'vækjuələ] 粒状(与)空泡的

granum ['greinəm] (pl. *grana*) (L) 粒

grapes [greips] ❶ 马体葡萄疮; ❷ 牛结核

graph [grɑ:f] (Gr. *graphein* to write, or record) 图,图表

-graph 图,描记器

graphesthesia [ˌgræfis'θiziə] (Gr. *graphein* to write + *aithēsis* perception) 皮肤书写觉

graphic ['græfik] (Gr. *graphein* to write) 绘图的,记录的

graphite ['græfait] (L. *graphites*, from Gr. *graphis* a style, or writing instrument) 石墨

graphitosis [ˌgræfi'təusis] 石墨肺,石墨沉着病

Graphium ['græfiəm] 粘束孢属

graph(o)- (Gr. *graphein* to write) 书写

graphoanalysis [ˌgræfəuə'næləsis] 书写分析

graphocatharsis [ˌgræfəukə'θa:sis] 书写发泄法

graphology [græ'fɔlədʒi] (*grapho* + *-logy*) 笔迹学,字体学

graphomania [ˌgræfəu'meiniə] (*grapho-* + Gr. *mania* madness) 书写狂

graphomotor [ˌgræfə'məutə] (*grapho-* + *motor*) 书写运动的

graphopathology [ˌgræfəupə'θɔlədʒi] 字体病理学

graphophobia [ˌgræfəu'fəubiə] 书写恐怖

graphorrhea [ˌgræfə'ri:ə] (*grapho-* + Gr. *rhoia* flow) 书写错乱

graphoscope ['græfəuskəup] 近视弱视矫正器

graphospasm ['græfəspæzəm] (*grapho-* + Gr. *spasmos* spasm) 书写痉挛

-graphy (Gr. *-graphia*, from *graphein* to write) 书写,记录,记录法

grass [grɑ:s] 草

scurvy g. 坏血病草,岩荠

Grasset's phenomenon [grə'seiz] (Joseph *Grasset*, French physician, 1849-1918) 格腊塞氏现象

Grasset-Bychowski sign [grə'sei bai'kɔfski] (J. *Grasset*; Zygmunt *Bychowski*, Polish neurologist, 1860-1935) 格-巴二氏征

Grasset-Gaussel phenomenon [grəˌsei gə'sel] (J. *Grasset*; Amans *Gaussel*, French physician, 1871-1937) 格-果二氏现象

Grasset-Gaussel-Hoover sign [grə'sei gə'sel 'hu:və] (J. *Grasset*; A. *Gaussel*; Charles Franklin *Hoover*, American physician, 1865-1927) 格-果-胡三氏征

grating ['greitiŋ] 格栅

diffraction g. 衍射光栅

Gratiola [grə'taiələ] 水八角属

G. officinalis 水八角

Gratiolet's radiating fibers [grəˌtiə'leiz] (Louis Pierre *Gratiolet*, French anatomist,

grattage [grə'tɑːʒ] (Fr.) 刷除术
grave [greiv] (L. *gravis*) 严格的,认真的
gravedo [grei'viːdəu] (L.) 伤风
gravel ['grævəl] 尿沙,沙砾
Graves' disease ['greivz] (Robert James *Graves*, Irish physician, 1796-1853) 格雷夫斯氏病
grave-wax ['greivwæks] 尸腊
gravid ['grævid] (L. *gravida* heavy, pregnant) 妊娠的
gravida ['grævidə] (L.) 孕妇
gravidic [grə'vidik] 妊娠期的
gravidin ['grævidin] 孕尿臊,孕尿皮
gravidism ['grævidizəm] 妊娠(现象)
graviditas [grə'viditəs] (L.) 妊娠,(受)孕
  g. **examnialis** 羊膜外妊娠
  g. **exochorialis** 绒(毛)外妊娠
gravidity [grə'viditi] (L. *graviditas*) 妊娠,(受)孕
gravidocardiac [ˌgrævidəu'kɑːdiæk] (*gravida* + *cardiac*) 妊娠心脏病的
gravidopuerperal [ˌgrævidəupjuː'əːpə-rəl] (*gravida* + *puerperal*) 妊娠与产褥期的
gravimeter [grə'vimitə] (L. *gravis* heavy + -*meter*) 比重计
gravimetric [ˌgrævi'metrik] ❶ 比重测定的; ❷ 重量分析的
gravis ['grævis] (L.) 重的,剧烈的
gravistatic [ˌgrævi'stætik] 坠积的
gravitation [ˌgrævi'teiʃən] (万有)引力,重力
gravitometer [ˌgrævi'tɔmitə] 比重计,比重测定器
gravity ['græviti] (L. *gravitas*) 重力
  specific g. 比重
  standard g. 标准重力
Grawitz's tumor ['grɑːvitsəz] (Paul Albert *Grawitz*, German pathologist, 1850-1932) 格腊维散氏瘤
gray [grei] ❶ 灰色; ❷ 格雷
  silver g., steel g. 苯胺黑
grease [griːs] 马踵炎
grease-heel [ˈɡriːsˈhiːl] 马踵炎
green [griːn] ❶ 绿(色)的; ❷ 绿色物质,绿色染料
  acid g. 酸绿
  brilliant g. 煌绿
  bromcresol g. (USP) 溴甲酚绿
  diazin g. S 二氮萃绿 S
  ethyl g. 乙基绿,煌绿
  fast g. FCF 固酸绿
  fast acid g. N 固酸绿 N
  Hoffman g. 霍夫曼氏绿
  indocyanine g. (USP) 靛蓝,花青绿
  iodine g. 碘绿
  Janus g. B 杰纳斯绿 B
  light g., 2 G or 2 GN 淡绿
  light g. N. 淡绿 N
  light g. SF 淡绿 SF
  light g. SF yellowish 微黄淡绿 SF
  malachite g. 孔雀绿
  malachite g. G 孔雀绿 G
  methyl g. ① 甲基绿; ② 乙基绿
  methylene g. 亚甲绿
  new solid g. 新固体绿
  Paris g. 巴黎绿
  Schweinfurt g. 施魏因富特绿
  solid g. 固体绿
  Victoria g. 维多利亚绿
Greene's sign [griːn] (Charles Lyman *Greene*, American physician, 1862-1926) 格林氏征
Greenfield's disease ['griːnfiːldz] (Joseph Godwin *Greenfield*, British pathologist, 1884-1958) 格林费尔德氏病
gregaloid ['gregəlɔid] (L. *grex* flock + Gr. *eidos* form) 集合群的,簇聚的
Greig's syndrome [gregz] (David Middleton *Greig*, Scottish physician, 1864-1936) 格雷格氏综合征,两眼距离过大
gression ['greʃən] 移位牙
gressorial ['gresəriəl] (L. *gressus* from *gradi* to walk) 适于行走的
GRH (growth hormone releasing hormone 的缩写) 生长激素释放激素
grid [grid] ❶ 滤线栅; ❷ 图表纸
  baby g. 婴儿发育表
  crossed g. 交叉滤线栅
  focused g. 聚光滤线栅
  moving g. 活动滤线栅
  parallel g. 平行滤线栅
  Potter-Bucky g. 波-布二氏活动滤线栅
  stationary g. 静止滤线栅
  Wetzel g. 韦策耳尔网格
grief [griːf] 悲伤

Griesinger's disease ['grizingəz] (Wilhelm Griesinger, German neurologist, 1817-1868) 格里津格氏病

Griffith's sign ['grifiθs] (J. Griffith, English ophthalmologist, late 19th century) 格里菲恩氏征

Grignard's reagent [gri:'njɑːz] (Francois Auguste Victor Grignard, French chemist, 1871-1935) 格里尼亚氏试剂

Grifulvin [gri'fʌlvin] 格里法拉威,格福文:灰黄霉素制剂的商品名

Grindelia [grin'di:liə] (H. Grindel, 1776-1836) 胶草属

grinder ['graində] ❶磨牙；❷磨(床)工; ❸研磨器

grinding ['graindiŋ] ❶磨；❷磨碎；❸夜间磨牙,磨牙症；❹磨牙(法)
  selective g. 选磨
  spot g. 点磨法

grinding-in ['graindiŋin] 磨正(法)

grip [grip] ❶(Fr. grippe) 流行性感冒；❷握,抓
  devil's g. 流行性胸膜痛,鬼抓风
  hook g. 钩握(物)手位
  power g. 紧握手位
  precision g. 精确(动作)手位

gripe [graip] 肠绞痛

grippal ['gripəl] 流行感冒的

grippe [grip] 流行感冒
  g. aurique (Fr. "gold influenza") 金中毒性多神经炎

grippotoxin [gripəu'tɔksin] 流感毒素

Grisactin [gris'æktin] 格里斯安克叮,格塞可停:灰黄霉毒制剂的商品名

Griscelli syndrome [gri'seli] (Claude Griscelli, French physician, born 1936) 格雷塞尔综合征

griseofulvin [ˌgrisiəu'fʌlvin] (USP) 灰黄霉毒

griseomycin [ˌgrisiəu'maisin] 灰色霉素

Grisolle's sign [gri'zɔlz] (Augustin Grisolle, French physician, 1811-1869) 格里佐尔氏征

Gris-PEG ['grispeg] 格里斯派格,格斯派格:灰黄霉毒制剂的商品名

Gritti's amputation ['gri:tiz] (Rocco Gritti, Italian surgeon, 1828-1920) 格里蒂斯氏截肢术

Gritti-Stokes amputation ['gri:ti stəuks] (Rocco Gritti; Sir William Stokes, Irish surgeon, 1839-1900) 格-斯二氏截肢术

Grocco's sign ['grɔkəuz] (Pietro Grocco, Italian physician, 1856-1916) 格罗科氏征

Groenouw's type I corneal dystrophy ['grenəuz] (Arthur Groenouw, German ophthalmo-logist, 1862-1945) 格鲁诺氏 I 型颗粒性角膜营养不良

groin [grɔin] (L. inguen) 腹股沟

Grönblad-Strandberg syndrome ['grenblæd 'strændbɔːg] (Ester Elizabeth Grönblad, Swedish ophthalmologist, 1898-1942; James Victor Strandberg, Swedish dermotologist, 1883-1942) 格-斯二氏综合征

groove [gru:v] 沟
  alveolingual g. 牙槽舌沟
  anal intersphincteric g. 括约肌间肛沟
  anterolateral g. of medulla oblongata 延髓前外侧沟
  anterolateral g. of spinal cord 脊髓前外侧沟
  anteromedian g. of medulla oblongata 延髓前正中沟
  anteromedian g. of spinal cord 脊髓前正中沟
  arterial g's 动脉沟
  atrioventricular g., auriculoventricular g. 房室沟
  basilar g. 桥脑基底沟
  basilar g. of occipital bone 枕骨基底沟
  basilar g. of sphenoid bone 蝶骨基底沟
  bicipital g., lateral 肱二头肌外侧沟
  bicipital g., medial 肱二头肌内侧沟
  bicipital g., radial 肱二头肌外侧沟
  bicipital g., ulnar 肱二头肌内侧沟
  bicipital g. of humerus 肱骨肱二头肌沟
  Blessig's g. 布累西格氏沟
  branchial g. 鳃沟
  buccal g., buccal developmental g. 颊沟
  carotid g. of sphenoid bone, cavernous g. of sphenoid bone 蝶骨颈动脉沟,蝶骨海绵窦沟
  central g., central developmental g. 中央沟,中央发育沟
  costal g. 肋沟
  dental g., primitive 原始牙沟
  developmental g's 发育沟

digastric g. 二腹肌沟
distobuccal g., distobuccal developmental g. 中颊侧沟,远中颊侧发育沟
distolingual g., distolingual developmental g. 远中舌侧沟,远中舌侧发育沟
enamel g's 釉沟
ethmoidal g. 筛骨沟
g. for eustachian tube 咽鼓管沟
genital g. 生殖沟
gingival g., free 游离龈沟,龈缘沟
g. of great superficial petrosal nerve 岩大神经沟
hamular g. 翼状钩沟
Harrison's g. 哈里逊氏沟
infraorbital g. of maxilla 上颌骨眶下沟
interatrial g. 房间沟
interdental g. 牙间沟
interosseous g. of calcaneus 跟骨骨间沟
intertubercular g. of humerus 肱骨结节间沟
interventricular g., anterior 心室间前沟
interventricular g. of heart 心室间沟
interventricular g., inferior （心）下室间沟
interventricular g. posterior （心）下室间沟
labial g. 唇釉沟
lacrimal g. 泪沟
g. of lacrimal bone 泪骨沟
laryngotracheal g. 喉气管沟
lateral g. for lateral sinus of occipital bone 枕骨外侧窦外侧
lateral g. for lateral sinus of parietal bone 外侧窦外侧沟
lateral g. for sigmoidal part of lateral sinus 外侧窦乙状部颞外侧沟
Liebermeister's g's 利伯麦斯特氏沟
lingual g., lingual developmental g. 舌沟,舌发育沟
major g. 大沟
medullary g. 脊髓沟
mesiobuccal g., mesiobuccal developmental g. 近中颊侧沟,近中颊侧发育沟
mesiolingual g., mesiolingual developmental g. 近中舌侧沟,近中舌侧发育沟
g. for middle temporal artery 颞中动脉沟
minor g. 小沟

musculospiral g. 肌螺旋神经沟
mylohyoid g. of inferior maxillary bone 下颌白齿舌骨沟
nail g. 甲沟
nasal g., g. for nasal nerve 鼻骨沟,鼻神经沟
nasolacrimal g. 鼻泪沟
nasomaxillary g. 鼻颌沟
nasopalatine g. 鼻腭沟
nasopharyngeal g. 鼻咽沟
neural g. 神经沟
obturator g. 闭孔沟
occipital g. 枕沟
occlusal g. 咬合面沟
olfactory g. 嗅沟
optic g. 视沟
palatine g., anterior 前腭沟
palatine g's of maxilla 上颌腭沟
palatine g. of palatine bone 腭骨腭沟
palatomaxillary g. of palatine bone 腭骨腭颌沟
paraglenoid g's of hip bone 髋关节盂旁沟
posterolateral g. medulla oblongata 延髓后外侧沟
posterolateral g. of spinal cord 脊髓后外侧沟
preauricular g's of ilium 髂关节盂旁沟
primitive g. 原沟
pterygopalatine g. of pterygoid plate 翼状板翼腭沟
radial g., g. for radial nerve 桡神经沟
sagittal g. 矢状沟
Sibson's g. 西布逊氏沟
sigmoid g. of temporal bone 颞骨乙状窦沟
g. of small superficial petrosal nerve 岩浅小神经沟
spiral g. 螺旋沟
subclavian g. 锁骨下肌沟
subcostal g. 肋下沟
supplemental g's 附沟
supra-acetabular g. 髋臼上沟
g. for tibialis posticus muscle 胫骨后肌沟
trigeminal g. 三叉神经沟
ulnar g., g. of ulnar nerve 尺骨神经沟
urethral g. 尿道沟

venous g's 静脉沟
Verga's lacrimal g. 韦尔加氏泪沟
vertebral g. 脊椎沟
vomeral g. 犁骨沟
Gross disease [grəus] (Samuel David *Gross*, American surgeon, 1805-1884) 格罗斯氏病
Gross's test ['grəusiz] (Oskar *Gross*, German physician, early 20th century) 格罗斯氏试验
gross [grəus] (L. *grossus* rough) 大体的,肉眼的,粗的
Grossman's sign ['grəusmənz] (Morris *Grossman*, American neurologist, 1881-1955) 格罗斯曼氏征
ground [graund] ❶ 地;❷ 接地
ground-glass [graundglɑ:s] 毛玻璃样的
group [gru:p] ❶ 类,属,组,型,族,群,团;❷ 化学簇,基
  alcohol g. 醇基
  azo g. 偶氮基
  blood g. 血型
  CMN g. CMN 菌群
  coli-aerogenes g. 大肠产气菌类
  colon-typhoid-dysentery g. 大肠伤寒痢疾菌群
  control g. 对照组
  coryneform g. 棒状杆菌群
  diagnosis-related g's 诊断相关分组
  dorsal respiratory g. 背侧呼吸群
  encounter g. 邂逅组
  functional g. 功能团
  glucophore g. 生甜味基
  hemorrhagic-septicemia g. 出血性败血菌群
  methyl g. 甲基
  osmophore g. 生臭基
  paratyphoid-enteritidis g. 副伤寒肠炎杆菌群
  peptide g. 肽基
  PLT g. 衣原体
  prosthetic g. 辅基
  Runyon g. 朗扬群
  sapophore g. 生味基
  senstivity g., sensitivity training g. 敏感组,敏感训练组,非临床组
  sulfonic g. 磺酸基
  T-g. 感受性,敏感性
  training g. 训练组
  ventral respiratory g. 腹侧呼吸组
grouping ['gru:piŋ] 分类,分型
  blood g. 血型鉴定
  haptenic g. 半抗原
group-specific [,gru:pspə'sifik] 类属特异性的
group-transfer [gru:p'trænsfə] 基(团)转移
growth [grəuθ] ❶ 生长,发育;❷ 异常生长物;❸ 细胞增生
  absolute g. 绝对生长
  accretionary g. 增加生长
  allometric g. 异速生长
  appositional g. 外积生长,外加生长
  auxetic g. 细胞增大性生长
  balanced g. 平衡生长
  condylar g. 髁生长
  differential g. 区分生长,微分生长
  heterogonous g. 变种生长,对数性生长
  histiotypic g. 组织型生长
  interstitial g. 内积生长,内加生长
  intussusceptive g. 细胞增大性生长
  isometric g. 协调性生长
  multiplicative g. 细胞增多性生长
  new g. 新生物,肿瘤
  organotypic g. 器官型生长
  relative g. 相对生长
grübelsucht ['gri:belsukt] (Ger.) 穿凿癖
Gruber's fossa ['gru:bəz] (Wenzel Leopoldovich *Gruber*, Russian anatomist, 1814-1890) 格鲁伯氏窝
Gruber's reaction ['gru:bəz] (Maximilian Franz Maria von *Gruber*, Austrian bacteriologist in Germany, 1853-1927) 格鲁伯氏反应
Gruber's speculum ['gru:bəz] (Josef *Gruber*, Austrian otologist, 1827-1900) 格鲁伯氏镜
Gruber's syndrome ['gru:bəz] (Georg Benito Otto *Gruber*, German pathologist, 1884-1977) 格鲁伯氏综合征
Gruber-Widal reaction ['gru:bə vi'dɑ:l] (M. F. M. von *Gruber*; George Fernand Isidore *Widal*, French physician, 1862-1929) 格-肥二氏反应
Grubyella [,grubi'elə] 发癣菌属
Gruentzig catheter ['gri:ntsig] (Andreas

Roland *Gruentzig*, German radiologist, 1939-1985）格鲁兹氏导管

gruff [grʌf] ❶生药；❷药渣，粗渣；❸粗的

grumose ['gruːməus]（L. *grumus* heap）凝块的，凝集的

grumous ['gruːməs] 凝块的，凝集的

grundplatte [grunt'plɑːtə]（Ger.）基板

Grynfeltt's hernia ['grinfelts]（Joseph Casimir *Grynfeltt*, French surgeon, 1840-1913）格林费尔特氏疝

Grynfeltt-Lesshaft triangle ['grinfelt'leshɑːft]（Joseph Casimir *Grynfeltt*; Peter Frantsevich *Lesshaft*, Russian physician, 1837-1909）格-勒二氏三角

gryochrome ['graiəkrəum]（Gr. *gry* morsel + *-chrome*）粒染细胞

gryphosis [gri'fəusis]（异常）弯曲

gryposis [gri'pəusis]（Gr. *grypōsis* a crooking, hooking）（异常）弯曲
   g. **penis** 痛性阴茎勃起

GSC（gas-solid chromatography 的缩写）气-固色谱法

GSH（reduced glutathione 的缩写）还原型谷胱甘肽

GSSG（oxidized glutathione 的缩写）氧化型谷胱甘肽

G.S.W.（gunshot wound 的缩写）枪弹伤

gt.（L. *gutta* 的缩写）滴

GTH（gonadotropic hormone 的缩写）促性腺激素

GTN（gestational trophoblastic neoplasia 的缩写）妊娠滋养层瘤形成

GTP（guanosine triphosphate 的缩写）三磷酸鸟苷

GTP cyclohydrolase I ['saiklə'haidrəleis]（EC 3.5.4.16）GTP 环水解酶

gtt.（L. *guttae* 的缩写）滴

GU（genitourinary 的缩写）泌尿生殖的

guaco ['gwɑːkəu]（Spanish American）瓜柯，南美蛇藤菊，米苷菊

guaiac ['gwaiək] 愈创木脂

guaifenesin [gwai'fenəsin]（USP）愈创木酚甘油醚

guaiphenesin [gwai'fenəsin] 愈创木酚甘油醚

guaithylline ['gwaiθilin] 愈苷醚茶碱

guanabenz ['gwɑːnəbenz] 氯压胍
   g. **acetate**（USP）乙酸氯压胍

guanacline sulfate ['gwɑːnəkliːn] 硫酸胍乙宁

guanadrel sulfate ['gwɑːnədrel] 硫酸胍环定，硫酸胍脱，硫酸胍缩酮

guanase ['gwɑːneis] 鸟嘌呤脱氨酶

guancydine ['gwɑːnsidiːn] 胍氰定

guanethidine monosulfate [gwɑːˈneθidiːn]（USP）硫酸胍乙啶

guanfacine hydrochloride ['gwɑːnfəsiːn] 盐酸二氧苯乙酰胍

guanidine ['gwɑːnidiːn] 胍
   g. **hydrochloride** 盐酸胍
   g. **phosphate** 磷酸胍

guanidine-acetic acid ['gwɑːnidiːnə'setik] 胍基乙酸

guanidinemia [ˌgwɑːnidi'niːmiə] 胍血

guanidinium [ˌgwɑːni'diniəm] 胍基

guanidino [ˌgwɑːni'diːnəu] 胍基

guanidinoacetate [ˌgwɑːniˌdiːnəu'æseteit] 胍乙酸盐

guanidinoacetate N-methyltransferase [ˌgwɑːniˌdiːnəu'æseteit ˌmeθəl'trænsfəreis] 胍乙酸 N 甲基转移酶

guanidinoacetic acid [ˌgwɑːniˌdiːnəˈsetik] 胍乙酸

guanido ['gwɑːnidəu] 胍基

guanido-acetic acid [ˌgwɑːnidəuəˈsetik] 胍乙酸

guanine ['gwɑːniːn] 鸟嘌呤
   g. **nucleotide** 鸟(嘌呤核)苷酸

guanine deaminase ['gwɑːniːn di'æmineis]（EC 3.5.4.3）鸟嘌呤脱氨酶

guanochlor sulfate ['gwɑːnəklɔː] 硫酸胍氯酚

guanophore ['gwɑːnəˌfɔː]（*guanine* + *phore*）鸟嘌呤细胞

guanosine ['gwɑːnəsin] 鸟(嘌呤核)苷
   cyclic g. **monophosphate**（cyclic GMP, cGMP,3',5'-GMP）环鸟苷酸
   g. **diphosphate**（GDP）鸟(嘌呤核)苷二磷酸，鸟二磷
   g. **monophosphate**（GMP）鸟(嘌呤核)苷酸，鸟一磷
   g. **triphosphate**（GTP）鸟(嘌呤核)苷三磷酸，鸟三磷

guanoxabenz [gwɑːˈnɔksəbenz] 胍羟苯

guanoxan sulfate [gwɑːˈnɔksən] 硫酸胍生

guanylate ['gwɑːnəleit] 胍裂解

guanylate cyclase ['gwɑːnəleit 'saikleis] 胍裂解环化酶

guanylate kinase ['gwɑːnəleit 'kaineis] 胍激酶

guanylic acid [gwɑː'nilik] 鸟苷酸

guanylyl [gwɑː'niləl] 鸟苷酰

guarana [gwəˈrɑːnə] 瓜拉那，巴西可可

guaranine [gwəˈrɑːniːn] 瓜拉那碱

guard [gɑːd] ❶ 防卫；❷ 防护装置
　bite g. 护牙器
　mouth g. 护口器
　night g. 夜间护颌器
　occlusal g. 护牙器

Guarnieri's bodies [gwɑːniˈeriz] (Giuseppi *Guarnieri*, Italian physician, 1856-1918) 古阿尼雷兹氏小体

guayule [gwaiˈuːlə] 银胶菊

gubernacula [ˌɡuːbəˈnækjulə] 引带。*gubernaculum* 的复数形式

gubernacular [ˌɡuːbəˈnækjulə] 引带的

gubernaculum [ˌɡuːbəˈnækjuləm] (pl. *gubernacula*) (L. "helm, rudder") 引带
　chorda g. 索引带
　Hunter's g. 亨特氏引带
　g. testis (NA) 睾丸引带

Gubler's hemiplegia [guːˈbleiz] (Adolphe Marie *Gubler*, French physician, 1821-1899) 古希雷兹氏偏瘫

Gubler-Robin typhus [guːˈblei rɔˈbæ] (A. M. *Gubler*; Albert Edouard Charles *Robin*, French physician, 1847-1928) 古-罗二氏斑疹伤寒

Gudden's commissure ['gudənz] (Bernhard Alloys von *Gudden*, German psychiatrist, 1824-1886) 古德恩化连合

Guéneau de Mussey [geiˈnəu də mjuˈsei] 古努·穆塞

Guenz [gints] 金黄

Guenzburg 古恩兹伯格

Guérin's fold [geiˈræz] (Alphonse Francois Marie *Guérin*, French surgeon, 1817-1895) 古任氏皱襞

guidance ['gaidəns] ❶ 导，导子；❷ 引导，指导
　condylar g. 髁导
　incisal g. 切导，前导

guide [gaid] 导(子)，标
　adjustable anterior g. 可调前导

　anterior g. 前导
　condylar g. 髁导
　incisal g. 切导，切标

guideline ['gaidlain] 导线
　clasp g. 带钩导线

Guidi's canal ['gidiːz] (Guido *Guidi* (L. *Vidius*), Italian physician, 1508-1569) 归迪氏管

Guillain-Barré syndrome [giˈjæ bəˈrei] (Georges *Guillain*, French neurologist, 1876-1951; Jean Alexander *Barré*, French neurologist, 1880-1968) 归-伯二氏综合征

Guillemin [giəˈmæ] 归来曼: Roger charles Louis, 出生于法国的美国医师

guillotine ['giətiːn] (Fr.) 铡除刀, 环状刀

guinea pig ['gini pig] 豚鼠，天竺鼠，荷兰猪

Guinon's disease [giˈnɔz] (Georges *Guinon*, French physician, 1859-1929) 归诺氏病

gulf [gʌlf] 湾
　Lecat's g. 勒卡斯氏湾

Gull's disease [gʌlz] (Sir William Withey *Gull*, English physician, 1816-1890) 古尔氏病

gullet ['gʌlət] 咽, 食管, 水槽

Gullstrand ['gulstrænd] 古尔斯特兰德: Allvar, 瑞典眼科学家

Gullstrand's slit lamp ['gulstrændz] (Allvar *Gullstrand*) 古尔斯特兰德化裂隙灯

gulonic acid [gjuːˈlɔnik] 古洛糖酸

L-gulonolactone [ˌgjuːlənəuˈlæktəun] L-古洛糖酸内脂

gulose ['gjuːləus] 古洛糖

gum [gʌm] (L. *gummi*) ❶ 树胶; ❷ 龈
　g. arabic 阿拉伯胶
　Australian g. 澳大利亚胶
　g. benjamin, g. benzoin 安息香(树脂)
　blue g. ① 桉树; ② 蓝龈
　British g. 英国胶
　g. camphor 樟脑胶
　cape g. 刺海角胶
　eucalyptus g. 桉胶
　free g. 游离龈
　ghatti g. 加特胶
　guar g. (NF) 瓜耳胶
　Indian g. 印度胶
　karaya g. 卡拉牙胶, 梧桐胶
　kordofan g. 科多凡树胶

mesquite g. 牧豆树胶
g. opium 胶状鸦片
red g. 红胶
sterculia g. 大海子胶
g. thus 松脂,松节油,松油脂
g. tragacanth 面黄蓍胶
wattle g. 金合欢胶
xanthan g. (NF) 高分子量多糖胶
gumboil ['gʌmbɔil] 龈疖肿
Gumboro disease ['gɔmbərə] (Gumboro, Delaware, where the diease was first identified) 刚伯罗病,齿龈疖,肿病
gumma ['gʌmə] (pl. gummas or gummata) (L. gummi gum) 梅毒瘤,树胶肿
gummata ['gʌmətə] (L.) 梅毒瘤,树胶肿。gumma 的复数形式
gummatous ['gʌmətəs] 梅毒瘤的,树胶肿的
gummi ['gʌmai] (L., from Gr. kommi) 树胶
gummy ['gʌmi] 树胶肿状的,梅毒瘤状的
gum-resin [ˌgʌm'rezin] 树胶脂
soluble g. 溶性树胶脂
guncotton [gʌn'kɔtən] 火棉
Gunn's crossing sign [gʌnz] (Robert Marcus Gunn, English ophthalmologist, 1850-1909) 古恩氏支征
Gunning's splint ['gʌniŋz] (Thomas Brian Gunning, American dentist, 1813-1889) 古宁氏夹
Gunning's test ['guniŋz] (Jan Willem Gunning, Dutch chemist, 1827-1901) 古宁氏试验
Günther disease ['gi:nðə] (Hans Günther, German physician, 1884-1956) 均茨氏病,先天性红细胞生成的卟啉症(紫质症)
Günz's ligament ['gi:ntsiz] (Justus Gottfried Günz, German anatomist, 1714-1754) 均茨氏韧带
Günzberg's test ['gi:ntsbɔ:gz] (Alfred Günzberg, German physician, 1861-1937) 均茨伯格氏试验
gurgulio [gə'gu:liəu] (L. "gullet") 腭悬雍垂
gurney ['gɔ:ni] 轮床
gustation [gʌs'teiʃən] (L. gustalio, from gustare to taste) 味觉,尝味

colored g. 尝味觉色,色味(联觉)
gustatism ['gʌstətizəm] 假味觉,味联觉,牵连味觉
gustin ['gʌstin] 涎液素
gustometer [gʌs'tɔmitə] (L. gustare to taste + Gr. metron measure) 味觉计
gustometry [gʌs'tɔmitri] 味觉测量法
gut [gʌt] ❶肠;❷原肠;❸肠线
blind g. 盲肠
postanal g. 肛后肠
preoral g. 口前肠
primitive g. 原肠
ribbon g. 肠线
tail g. 尾肠
Guthrie's muscle ['gʌθriz] (George James Gruthrie, English surgeon, 1785-1856) 古思里氏肌
Guthrie test ['gʌθri] (Robert Guthrie, American microbiologist, born 1916) 古思里氏试验
gutta ['gʌtə] (pl. guttae) (L.) 滴
guttae ['gʌti:] (L.) 滴。gutta 的复数形式
gutta-percha [ˌgʌtə'pə:tʃə] (Malay getah perca sap of the percha tree) (USP) 马来乳胶,古塔波胶
Guttat. (L.) (guttatim 的缩写) 逐滴地
guttate ['gʌteit] 滴状的
guttatim [gə'teitim] (L.) 逐滴地
guttering ['gʌtəriŋ] 骨沟状切除术
gut-tie ['gʌtai] ❶肠扭转;❷牛肠陷扼
Gutt. quibusd. (L.) (guttis quibusdam 的缩写) 加数滴
guttur ['gʌtə:] (L.) 咽喉
guttural ['gʌtərəl] 咽喉的
gutturophony [ˌgʌtə'rɔfəni] (guttur + Gr. phōnē voice) 喉音
gutturotetany [ˌgʌtətəu'tetəni] (guttur + tetany) 喉痉挛性口吃
Gutzeit's test ['gutzaits] (Max Adolf Gutzeit, German chemist, 1847-1915) 古特蔡特氏试验
Guyon's amputation [gi'jɔnz] (Felix Jean Casimir Guyon, French surgeon, 1831-1920) 古永氏切断术
GVH (graft-versus-host 的缩写) 移植物抗宿主
GXT (graded exercise test 的缩写) 分级运

动测试
Gy 极雷

Gymnamoebia [ˌdʒimnə'miːbiə] (*gymn-* + *ameba*) 裸阿米巴纲

gymnastics [dʒim'næstiks] (Gr. *gymnastikos* pertaining to athletics) 体操,体育
ocular g. 眼肌体操,眼保健操
Swedish g. 矫形体操

Gymnema [dʒim'niːmə] 武靴叶属

gymn(o)- (Gr. *gymnos* naked) 裸,裸的

Gymnoascaceae [ˌdʒimnəuæs'keisiiː] 裸子囊科

Gymnoascus [ˌdʒimnəu'æskəs] 裸子囊菌属

gymnocarpous [ˌdʒimnə'kɑːpəs] (*gymno-* + Gr. *karpos* fruit) 裸果的

gymnocyte ['dʒimnəsait] (*gymno-* + Gr. *kytos* hollow vessel) 裸细胞,无壁细胞

Gymnodinium [ˌdʒimnə'diniəm] (*gymno-* + Gr. *dinein* to whirl) 裸甲藻属

gymnophobia [ˌdʒimnəu'fəubiə] (*gymnos* naked + *phobos* fear) 裸体恐怖

gymnoplast ['dʒimnəplæst] (*gymno-* + Gr. *plastos* formed) 裸质体

gymnoscopic [ˌdʒimnəu'skɔpik] (Gr. *gymnos* + *skopein* to view) 裸体观窥癖的

gymnosophy [dʒim'nɔsəfi] (Gr. *gymnos* + *sophos* wisdom) ❶裸体;❷裸体崇拜,裸体主义

gymnosperm ['dʒimnəspəːm] (*gymno-* + Gr. *sperma* seed) 裸子植物

gymnospore ['dʒimnəspɔː] 裸孢子

Gymnothecium [ˌdʒimnə'θiːsiəm] 裸囊体

Gymnothorax [ˌdʒimnə'θɔːræks] (*gymno-* + Gr. *thōrax* chest) 齿鳝属

gyn- [gin] 女性,女子

gynae- (Gr. *gyne* woman, female) 女性,女子

gynaec(o)- 女性,女子

gynanatomy [ˌdʒini'nætəmi] (Gr. *gyne* woman + *anatomy*) 女子解剖学

gynander [dʒi'nændə] (*gyn-* + Gr. *anēr, andros* man) ❶两性体,雌雄同体;❷男化女子

gynandria [dʒi'nændriə] ❶两性畸形,雌雄同体性;❷女子男化,女性假两性畸形

gynandrism [dʒi'nændrizəm] (*gyn-* + *andr-* + *-ism*) ❶两性畸形,雌雄同体性;❷女子男化,女性假两性畸形;❸男性化女子态的

gynandroblastoma [dʒiˌnændrəublæs'təumə] (*gyn-* + *andro-* + *blastoma*) 两性胚细胞瘤

gynandroid [dʒi'nændrɔid] (*gyn-* + *andr-* + Gr. *eidos* form) ❶两性体,雌雄同体;❷男化女子,女性假两性体;❸像男化女子

gynandromorph [dʒi'nændrəmɔːf] 单个表现的雌雄嵌体

gynandromorphism [dʒiˌnændrə'mɔːfizəm] (*gyn-* + *andro-* + Gr. *morphē* form) 雌雄嵌性
bilateral g. 双侧两性畸形

gynandromorphous [dʒiˌnændrə'mɔːfəs] ❶雌雄嵌体的;❷两性畸形的,雌雄同体的

gynandry ['dʒinændri] 两性畸形,女子男化,男性化女子态的

gynanthropus [dʒi'nænθrəpəs] (G. *gyne* woman + *anthropus* a man) 男化女子,女性假两性体

gynatresia [ˌdʒinə'triːziə] (*gyn-* + *a* neg. + Gr. *trēsis* perforation) 锁阴,阴门闭锁

gyne- 女性

gynecic [dʒi'nesik] 女性的

gynecium [dʒi'niːsiəm] (*gyn-* + Gr. *oikas* house) 雌蕊群

gynec(o)- (Gr. *gynē*, gen. *gynaikos* woman) 女性,雌性

gynecogen [dʒi'nikədʒən] 促雌素

gynecogenic [ˌdʒinikə'dʒenik] (*gyneco-* + Gr. *gennan* to produce) 女性的

gynecography [dʒini'kɔgrəfi] 女生殖器造影术,妇科 X 照相术

gynecoiatry [ˌdʒinikəu'aiətri] 妇科治疗学

gynecoid ['dʒinikɔid] (*gynec-* + *oid*) 女性外观特征的

gynecologic [ˌginikə'lɔdʒik, ˌdʒinikə'lɔdʒik] 妇科

gynecological [ˌginikə'lɔdʒikəl, ˌdʒinikə'lɔdʒikəl] 妇科学的

gynecologist [ˌgini'kɔlədʒist, ˌdʒini'kɔlədʒist] 妇科学家

gynecology [ˌgini'kɔlədʒi, dʒini'kɔlədʒi]

(*gyneco-* + *-logy*) 妇科学

gynecomania [ˌdʒinikəu'meiniə] (*gyneco-* + Gr. *mania* madness) 求雌狂,男子色相狂

gynecomastia [ˌdʒinikəu'mæstiə] (*gyneco-* + Gr. *mastos* breast) 男子女性型乳房
nutritional g. 营养性男子女性型乳房
refeeding g. 再哺性男子女性型乳房
rehabilitation g. 复原性男子女型乳房

gynecomastism [ˌdʒinikəu'mæstizəm] 男子女性型乳房

gynecomasty ['dʒinikəuˌmæsti] 男子女性型乳房

gynecomazia [ˌdʒinikəu'meiziə] (K. *gyne* woman + *nozos*, breast) 男子女性型乳房

gynecopathy [ˌdʒini'kɔpəθi] (*gyneco-* + Gr. *pathos* disease) 妇科病

gynecophoral [ˌdʒini'kɔfərəl] 抱雌的

gynecotokology [ˌdʒinikəutə'kɔlədʒi] (*gyneco-* + Gr. *tokos* birth + *-logy*) 妇产科学

gyneduct ['dʒinidʌkt] (*gyne-* + *duct*) 女性管

gynephobia [ˌdʒini'fəubiə] (*gyne-* + *phobia*) 女性恐怖,恐女症

gynephoric [ˌdʒini'fɔrik] (*gyne-* + Gr. *phoros* bearing) 女携遗传的

gyneplasty ['dʒiniˌplæsti] 女性生殖器形成术

Gynergen ['dʒinədʒən] 金尔真:酒石酸麦角胺制剂的商品名

gynesic [dʒi'nesik] 女性的

gynesin ['dʒinisin] 胡卢巴碱,N甲基烟酸内盐

gyniatrics [dʒini'ætriks] (Gr. *gyne* woman + *iatreia* treatment) ❶ 妇女病治疗法; ❷ 妇科学

gyniatry [dʒini'ætric] ❶ 妇女病治疗法; ❷ 妇科学

gyn(o)- 女性,雌性

gynogamone [ˌdʒinəu'gæmən] 雌配素

gynogenesis [ˌdʒinəu'dʒenəsis] (*gyno-* + Gr. *genesis* production) 雌核发育

gynomastia [dʒinəu'mæstiə] 男子女性型乳房

gynomerogon [ˌdʒinəu'merəgɔn] 雌核卵片

gynomerogone [ˌdʒinəu'merəgɔn] 雌核卵片

gynomerogony [ˌdʒinəumə'rɔgəni] (*gyno-* + Gr. *meros* part + *gonos* procreation) 雌核卵片发育

gynopathic [ˌdʒinəu'pæθik] (*gyno-* + Gr. *pathos* disease) 妇科病的

gynopathy [dʒi'nɔpəθi] 妇科病

gynophobia [ˌdʒinəu'fəubiə] 女性恐怖,恐女症

gynoplastic ['dʒinəu'plæstik] 女生殖器成形术的

gynoplastics [ˌdʒinəu'plæstiks] (*gyno-* + Gr. *plastos* formed) 女生殖器成形学

gynoplasty ['dʒinəuˌplæsti] 女性生殖器成形术

Gynorest ['gainəurest] 介诺休:去氢孕酮制剂商品名

gypsum ['dʒipsəm] (L.; Gr. *gypsos* chalk) 石膏,硫酸钙

gyral ['dʒairəl] (L. *gyrus* circle) 脑回的

gyrate ['dʒaiəreit] (L. *gyratus* turned round) 环形的,回状的,螺旋状的

gyration [dʒai'reiʃən] 回旋,环旋,旋转

gyre ['dʒaiə] (L. *gyrus* circle) 脑回,回

gyrectomy [dʒai'rektəmi] 脑回切除术
frontal g. 额叶脑回切除术,额叶皮质部分切除术

Gyrencephala [ˌdʒairən'sefələ] (*gyrus* + Gr. *enkephalos* brain) 多脑回动物类

gyrencephalate [ˌdʒairen'sefəleit] (*gyrus* + Gr. *enkephalos* brain) 多脑回的

gyrencephalic [ˌdʒairənsə'fælik] ❶ 多脑回动物类的; ❷ 多脑回的

gyrencephalous [ˌdʒairen'sefələs] 多脑回的

gyri ['dʒairai] (L.) 回,脑回。*gyrus* 的复数形式

-gyria ['dʒiriə] (Gr. *gyros* ring, circle) 环,脑回

gyr(o)- (Gr. *gyros* circle) 环,圆,回,脑回

gyrochrome ['dʒairəukrəum] (*gyros* turn + *chroma* color) 环染细胞

gyroma [dʒai'rəumə] 卵巢环状瘤

gyromele ['dʒaiərəumi:l] 旋转胃导管

gyrometer [dʒai'rɔmitə] (*gyro-* + Gr. *metron* measure) 脑回测量器

Gyromitra [dʒairə'maitrə] 蕈,香菇属

Gyropus ['gairəpəs] 鼠羽虱属
  G. ovalis 豚鼠圆羽虱
gyrosa [dʒai'rəusə] (Gr. *gyros* turn) 旋转 眩晕
gyroscope ['dʒaiərəskəup] 回转器,回旋器
gyrose ['dʒaiərəus] 回状的,环形的
gyrospasm ['dʒaiərəspæzəm] (*gyro-* + Gr. *spasmos* spasm) 头回旋痉挛
gyrotrope ['dʒaiərətrəup] 电流变向器
gyrous ['dʒairəs] 回状的,环形的
gyrus ['dʒairəs] (pl. *gyri*) (L., from Gr. *gyros* circle) (NA) 脑回,回
  angular g., g. angularis (NA) 角回
  annectant gyri 连接回,过渡回
  ascending parietal g. 升回
  gyri breves insulae (NA) 岛短回
  Broca's g. 布罗卡氏回
  callosal g., g. callosus 胼胝体回
  central g., anterior 中央前回
  central g., posterior 中央后回
  g. cerebelli 小脑回
  gyri cerebrales (NA) 大脑回
  gyri cerebri, gyri of cerebrum 大脑回
  cingulate g. 扣带回
  g. cingulatus 扣带回
  g. cinguli (NA) 扣带回
  dentate g. ① 齿状回;② 束状回
  g. dentatus ① (NA) 齿状回
  g. descendens 降回
  g. fasciolaris (NA) 束状回
  g. fornicatus 穹窿回
  frontal g., ascending 额升回
  frontal g., inferior 额下回
  frontal g., middle 额中回
  frontal g., superior 额上回
  g. frontalis inferior (NA) 额下回
  g. frontalis medialis (NA) 额内侧回
  g. frontalis medius (NA) 额中回
  g. frontalis superior (NA) 额上回
  fusiform g., g. fusiformis 棱状回
  g. geniculi 膝回
  Heschl's gyri 颞横回
  hippocampal g., g. hippocampi (NA) 海马旁回
  infracalcarine g. 距下回
  gyri insulae (NA) 岛回
  interlocking gyri 连接回
  intralimbic g. 边内回
  g. limbicus 边缘回
  lingual g., g. lingualis (NA) 舌回
  long g. of insula, g. longus insulae (NA) 岛长回
  marginal g. 缘回
  marginal g. (of Turner), g. marginalis (吐勒氏)缘回
  occipital gyri, lateral 枕外侧回
  occipital g., inferior 枕下回
  occipital g., superior 枕上回
  occipitotemporal g., lateral 枕颞外侧回
  occipitotemporal g., medial 枕颞内侧回
  g. occipitotemporalis lateralis (NA) 枕颞外侧回
  g. occipitotemporalis medialis (NA) 枕颞向侧回
  gyri olfactorii medialis et lateralis (NA) 内侧与外侧嗅回
  olfactory g., lateral 外侧嗅回
  olfactory g., medial 内侧嗅回
  orbital gyri, gyri orbitales (NA) 眶回
  paracentral g., g. paracentralis 中央旁小叶
  parahippocampal g. 海马旁回
  g. parahippocampalis 海马旁回
  paraterminal g., g. paraterminalis (NA) 终板旁回
  parietal g. 顶回
  g. postcentralis (NA) 中央后回
  g. precentralis (NA) 中央前回
  preinsular gyri 岛短回
  g. rectus (NA) 直回
  short gyri of insula 岛短回
  splenial g. 压带回
  subcallosal g. 胼胝下回,终板旁回
  supramarginal g., g. supramarginalis (NA) 缘上回
  temporal g. 颞回
  temporal g., inferior 颞下回
  temporal g., middle 颞中回
  temporal g., superior 颞上回
  temporal gyri, transverse 颞横回
  g. temporalis inferior (NA) 颞下回
  g. temporalis medius (NA) 颞中回
  g. temporalis superior (NA) 颞上回
  gyri temporales transversi (NA) 颞横回
  gyri transitivi cerebri 过渡回
  uncinate g. 钩回

H

H ❶ (*hydrogen* 的符号) 氢; ❷ (*Hauch* 的符号) H 型抗原; ❸ (*henry* 的符号) 亨利; ❹ (*Hounsfield unit* 的符号) 电感单位; ❺ (*hyperopia* 的符号) 远视的

H ❶ (*enthalpy* 的符号) 热容量; ❷ (*magnetic field strength* 的符号) 磁场强度

H_0 (*null hypothesis* 的符号) 零假设, 虚无假设

H_1 (*alternate hypothesis* 的符号) 备择假设

H_a (*alternative hypothesis* 的符号) 备择假设

h ❶ (*hecto-* 的符号) 一百; ❷ (*hour* 的符号) 小时

h. (L. *hora* 的符号) 小时

h ❶ (*Planck's constant* 的符号) 普朗克常数; ❷ (*height* 的符号) 高度

HA (*hemadsorbent* 的缩写) 红细胞吸附

Ha (*hahnium* 的符号) 铪

HAA (*hepatitis-associated antigen* 的缩写) 肝炎相关抗原

Haab's magnet [hɑːbz] (Otto *Haab*, Swiss ophthalmologist, 1850-1931) 哈布氏磁铁

habena [həˈbiːnə] (pl. *habenae*) (L. "rein") 缰, 系带

habenula [həˈbenjulə] (pl. *habenulae*) (L. dim. of *habena*) ❶ 系带; ❷ (NA) 松果体缰
  h. arcuata 弓状系带
  h. conarii 松果体缰
  Haller's h. 哈勒氏系带
  h. pectinata 梳状系带
  habenulae perforatae 多孔系带
  h. urethralis 尿道系带

habenulae [həˈbenjuliː] (L.) 系带, 缰。*habenula* 的所有格和复数形式

habenular [həˈbenjulə] ❶ 缰的, 系带的; ❷ 松果体缰的

Habermann's disease [ˈhɑːbəmənz] (Rudolf *Habermann*, German dermatologist, 1884-1941) 哈伯曼氏病

habit [ˈhæbit] (L. *habitus* from *habere* to hold) ❶ 瘾, 癖; ❷ 型, 体型
  clamping h., clenching h. 紧咬癖, 磨牙癖
  endothelioid h. 内皮样型
  glaucomatous h. 青光眼型
  leukocytoid h. 白血球样型 (体质)
  oral h. 口咬瘾

habitat [ˈhæbitæt] 栖所, 产地

habituation [həˌbitjuˈeiʃən] ❶ 习惯化; ❷ 习惯形成, 去条件化; ❸ 成瘾

habitus [ˈhæbitəs] (L. "habit") ❶ 姿势; ❷ 体型
  Buddha-like h. 佛样体型

Habronema [ˌhæbrouˈniːmə] (Gr. *habros* graceful + *nema* thread) 丽线虫属

habronemiasis [ˌhæbrouniˈmaiəsis] 丽线虫病
  cutaneous h. 皮肤丽线虫蚴病, 夏疮

habu [ˈhɑːbuː] (native name in Ryukyu Islands) 饭匙倩 (一种毒蛇)

Hadfield-Clarke syndrome [ˈhædfiːld klɑːk] (Geoffrey *Hadfield*, British physician, 1889-1968; Cecil *Clarke*, British physician, 20th century) 哈-克二氏综合征

Haeckel's law [ˈhekəlz] (Ernst Heinrich Philipp August *Haeckel*, German naturalist, 1834-1919) 黑克耳氏定律

haem [hiːm] 血红素

haema [ˈhiːmə] (Gr. *haima*, *haimatos* blood) (NA) 血

haema- 血

Haemaccel [ˈhiːmækˌsel] 海马西尔, 尿素交联明胶: 聚明胶肽制剂的商品名

Haemadipsa [ˌhiːməˈdipsə] (*haema-* + Gr. *dipsa* thirst) 小蛭属
  H. ceylonica 锡兰小蛭
  H. chiliani 智利小蛭
  H. japonica 日本小蛭

H. zeylandica 扎伊兰小蛭
Haemagogus [ˌheməˈgɒgəs] (*haem-* + Gr. *agōgos* leading) 趋血蚊属
Haemaphysalis [ˌhiːməˈfisəlis] (Gr. *haima* blood + *physallis* bubble) 血蜱属
  H. concinna 嗜群血蜱
  H. humerosa 硕鼠血蜱
  H. leachi 犬血蜱
  H. leporispalustris 野兔血蜱
  H. punctata 长棘血蜱
  H. spinigera 距利血蜱
haemat(o)- 血
Haematobia [ˌhiːməˈtəubiə] 黑角蝇属
  H. irritans 扰血蝇
Haematopinus [ˌhiːmətəuˈpainəs] (*haemato-* + Gr. *pinein* to drink) 血虱属
Haematosiphon [ˌhiːmətəuˈsaifɔn] 鸡臭虫属
  H. indorus 鸡臭虫
Haematoxylon [ˌhiːməˈtɔksilɔn] (*haemato-* + Gr. *xylon* wood) 洋苏木属
Haementeria [ˌhiːmənˈtiəriə] 南美水蛭属
  H. officinalis 药用南美水蛭
haem(o)- 血
Haemobartonella [ˌhiːməuˌbɑːtəuˈnelə] (*haemo-* + *Bartonella*, from A. L. *Barton*, Peruvian physician) 血巴尔通体属
  H. canis 犬血巴尔通体
  H. felis 猫血巴尔通体
  H. muris 鼠血巴尔通体
Haemodipsus [ˌhiːməuˈdipsəs] 兔虱属
  H. ventricosus 巨腹兔虱
Haemogregarina [ˌhiːməuɡreɡəˈrainə] (*hemo-* + L. *gregarius* crowding together) 血簇虫属
Haemonchus [hiːˈmɔŋkəs] 血矛线虫属
  H. contortus 捻围血矛线虫
  H. placei 捻转血矛线虫
Haemophilus [hiːˈmɔfiləs] (*hemo-* + Gr. *philein* to love) 嗜血杆菌属
  H. aegyptius 埃及嗜血杆菌
  H. aphrophilus 嗜沫嗜血杆菌
  H. bronchisepticus 支气管炎嗜血杆菌
  H. ducreyi 杜克瑞氏嗜血杆菌
  H. duplex 重复嗜血杆菌
  H. haemolyticus 溶血性嗜血杆菌
  H. influenzae 流感嗜血杆菌
  H. parainfluenzae 副流感嗜血杆菌
  H. paraphrophilus 副嗜沫嗜血杆菌
  H. parasuis 副猪嗜血杆菌
  H. pertussis 百日咳嗜血杆菌
  H. suis 副猪嗜血杆菌
  H. vaginalis 阴蒂嗜血杆菌
Haemophoructus [ˌhiːməufəˈrʌktəs] 吸血蝇属
Haemopis [hiːˈməupis] 黄蛭属
Haemoproteus [ˌhiməuˈprəutiəs] (*hemo-* + Gr. *prōteus* a many-formed deity) 变形血原虫属
haemorrhagia [ˌhiːməˈreidʒiə] (L.) 出血
Haemosporina [ˌhiːməuspɔːˈrainə] (*hemo-* + *spore*) 血孢子虫亚目
haemozoin [ˌhiːməuˈzəuin] 疟原虫色素
Haenel's symptom [ˈheinəlz] (Hans *Haenel*, German neurologist, 1874-1942) 黑内耳氏症状
Haff disease [hæf] (Ger. *Haff*, bay; named for Königsberg *Haff*, a bay connected with the Baltic Sea, where epidemics occurred in 1924-5, 1932-3, and 1940) 哈福病
Hafnia [ˈhæfniə] (L. *Hafnia* the old name for Copenhagen) 哈夫尼菌属
  H. alvei 蜂房哈夫尼菌
hafnium [ˈhæfniəm] (L. *Hafnia* Copenhagen) 铪
Hagedorn's needles [ˈhɑːɡədɔːnz] (Werner *Hagedorn*, German surgeon, 1831-1894) 哈格多恩氏扁头针
Haglund's disease [ˈhɑːɡlundz] (Sims Emil Patrik *Haglund*, Swedish orthopedist, 1870-1937) 黑格隆德氏病
Hagner bag [ˈhɑːɡnə] (Francis Randall *Hagner*, American surgeon, 1873-1940) 哈格纳氏袋
Hagner's disease [ˈhɑːɡnəz] (name of the original propositus family studied in the 19th century) 哈格纳氏病
Hahn's sign [hɑːnz] (Eugen Heinrich *Hahn*, German physician, 1841-1902) 哈恩氏征
hahnemannian [ˌhɑːniˈmeiniən] 顺势疗法的
hahnemannism [ˈhɑːniˌmənizəm] 顺势疗法
hahnium [ˈhɑːniəm] (named for Otto *Hahn*, German physical chemist, 1879-

1968)超铀元素铪
HAI(hemagglutination inhibition 的缩写)血凝反应抑制
Haidinger's brushes ['haidiŋɡəz](Wilhelm von *Haidinger*, Austrian mineralogist, 1795-1871)海丁格氏刷形象
Hailey-Hailey disease ['heili 'heili](Hugh *Hailey*, American dermatologist born 1909; William Howard *Hailey*, American dermatologist, 1898-1967)黑-黑二氏病
Haines' formula [heinz](Walter Stanley *Haines*, American chemist, 1850-1923)黑恩斯氏公式
hair [hɛə](L. *pilus*; Gr. *thrix*)毛,发
 bamboo h. 脆发(症)
 beaded h. 念珠状发
 burrowing h. 内生毛
 club h. 杵状毛
 exclamation point h. 感叹号形发
 h's of eyebrow 眉毛
 Frey's h's 弗莱氏毛
 ingrown h. 向内生毛
 knotted h. 结毛症
 lanugo h. 胎毛
 moniliform h. 念珠状发
 h's of nose 鼻毛
 olfactory h's 嗅毛
 pubic h. 阴毛
 resting h. 静息毛
 sensory h's 感觉毛
 stellate h. 星状毛
 tactile h's 触觉毛
 taste h's 味毛
 terminal h. 终毛
 twisted h. 扭发,弯曲发
 vellus h. 毫毛
hairball ['hɛəbɔːl]毛团,毛粪石
haircap ['hɛəkæp]杜松苔
haircast ['hɛəkɑːst]胃形毛粪石
Hakim's syndrome [hɑːˈkiːmz](S. *Hakim*, American neurologist, 20th century)哈金姆氏综合征,正常压(潜隐性)脑积水
Hakim-Adams syndrome [hɑːˈkiːm ˈædəmz](S. *Hakim*; R. D. *Adams*, American physician, 20th century)哈-艾二氏综合征,正常压(潜隐性)脑积水
halation [hæˈleiʃən](Gr. *halōs* halo)晃眼,耀眼

halazepam [hæˈlæzəpæm](USP)三氟甲安定
halazone [ˈhæləzəun](USP)哈拉宗,对二氯基氨磺酰苯甲酸
halcinonide [hælˈsinənaid](USP)氯氟松
Halcion [ˈhælsiən]海西恩:三唑苯二氮䓬,制剂商品名
Haldane chamber [ˈhɔːldein](John Scott *Haldane*, Scottish physiologist, 1860-1936)霍尔登氏密封室
Haldol [ˈhældɔl]哈得尔:氟哌丁苯制剂商品名
Haldrone [ˈhældrəun]海得龙:醋酸对氟米松制剂商品名
Hales' piesimeter [heilz](Stephen *Hales*, English physiologist, 1677-1761)黑尔斯氏压觉计
Halfan [ˈhælfæn]海尔泛:盐酸胺丙菲啶酮的商品名
half-axial [hɑːfˈæksiəl]半轴的
half-life [ˈhɑːflaif] ❶半衰期;❷半期存留期
 antibody h.-1. 抗体半存留期
 biological h.-1. 生物半衰期
 drug h.-1. 药物半存留期
 effective h.-1. 有效半衰期
half-time [ˈhɑːftaim]半时值
 plasma iron clearance h.-t. 血浆铁清除半时值
half-value [hɑːfˈvæljuː]半值的
halfway house [ˈhɑːfwei haus]中途休养所
halide [ˈhælaid] ❶卤族的;❷卤化物
halisteresis [həˌlistəˈriːsis](Gr. *hals* salt + *sterēsis* privation)骨软化,骨钙缺乏
 h. cerea 蜡样骨软化
halisteretic [həˌlistəˈretik]骨软化的
halitosis [ˌhæliˈtəusis](L. *halitus* exhalation)口臭
halituous [həˈlitjuəs](L. *halitus* exhalation)蒸湿的
halitus [ˈhælitəs](L.)呼气,哈气
 h. saturnius 铅中毒性口臭
Hall's sign [hɔːlz](Josiah Newhall *Hall*, American physician, 1859-1939)霍尔氏征
hallachrome [ˈhæləkrəum]红痣素
Hallauer's glasses [ˈhælauəz](Otto *Hal-*

lauer, Swiss ophthalmologist, late 19th century) 哈劳耳氏眼镜

Hallberg effect [ˈhɔːlbəg] (Josef Hendrik *Hallberg*, American electrician, 20th century) 霍尔伯格氏效应

Hallé's point [æˈleiz] (Adrien Joseph Marie Noël *Hallé*, French physician, 1859-1947) 哈勒氏点

Haller's arch [ˈhæləz] (Albrecht von *Haller*, Swiss physiologist, 1708-1777) 哈勒氏弓

Hallermann-Streiff syndrome [ˈhælømæn ʃtraif] (Wilhelm *Hallermann*, German ophthalmologist, born 1901; Enrico Bernard *Streiff*, Swiss ophthmologist, born 1908) 哈-斯二氏综合征

Hallermann-Streiff-Francois syndrome [ˈhælømæn ʃtraif frɑːn ˈswɑː] (W. *Hallermann*; E.B. *Streiff*; Jules *Francois*, Belgian ophthalmologist, 20th century) 哈-斯-弗三氏综合征

Hallervorden-Spatz disease [ˈhælə,fɔːdən ʃpɑːts] (Julius *Hallervorden*, German neurologist, 1882-1965; Hugo *Spatz*, German neurologist and psychiatrist, 1888-1969) 哈-斯二氏病

hallex [ˈhæləks] (pl. *hallices*) 跟趾

Hallion's test [æˈljɔɲz] (Louis *Hallion*, French physiologist, 1862-1940) 哈利翁氏试验

Hallopeau's acrodermatitis [ɑːləuˈpəuz] (Francois Henri *Hallopeau*, French dermatologist, 1842-1919) 哈洛漂氏肢皮炎

hallucal [ˈhæljukəl] 跟的

halluces [ˈhæləsiz, ˈhæljusiz] (L.) 跟趾 *hallux* 的复数形式

hallucination [hə,luːsiˈneiʃən] (L. *hallucinatio*; Gr. *alyein* to wander in the mind) 幻觉
 auditory h. 听幻觉
 gustatory h. 味幻觉
 haptic h. 触幻觉
 hypnagogic h. 睡前幻觉
 hypnopompic h. 半醒前幻觉
 kinesthetic h. 动觉幻觉
 lilliputian h. 显小形幻觉
 olfactory h. 嗅幻觉
 somatic h. 躯体幻觉
 stump h. 残肢幻觉
 tactile h. 触幻觉
 visual h. 视幻觉

hallucinative [həˌluːsiˈneitiv] 幻觉的
hallucinatory [həˌluːsiˈneitəri] 幻觉的
hallucinogen [həˈluːsinə,dʒən] (*hallucination* + Gr. *gennan* to produce) 致幻剂
hallucinogenesis [hə,luːsinəˈdʒenəsis] 幻觉发生
hallucinogenetic [hə,luːsinədʒəˈnetik] 致幻觉的
hallucinogenic [həˌluːsinəˈdʒenik] 致幻觉的
hallucinosis [hə,luːsiˈnəusis] 幻觉症
 organic h. (DSM-Ⅲ-R) 器质性幻觉症
hallucinotic [həˌluːsiˈnɔtik] 幻觉症的
hallux [ˈhæləks] (gen. *hallucis*) (pl. *halluces*) (L.) (NA) 跟趾
 h. dolorosus 跟痛
 h. flexus 跟屈曲
 h. malleus 槌状跟
 h. rigidus 僵跟
 h. valgus 跟外翻
 h. varus 跟内翻

Hallwachs effect [ˈhɑːlvɑːks] (Wilhelm Ludwig Franz *Hallwachs*, German physiologist, 1859-1922) 哈耳瓦克氏效应

halmatogenesis [,hælmətəˈdʒenəsis] (Gr. *halma* a jump + *genesis*) 突然变异

halo [ˈheiləu] (L., from Gr. *halōs* disk of the sun or moon) 晕
 Fick's h. 菲克氏晕
 h. glaucomatosus, glaucomatous h. 青光眼晕轮
 h. saturninus 铅线
 senile h. 衰老性晕斑

hal(o)- (Gr. *hals*, gen. *halos* salt) 盐
halobacteria [,hæləuˈbækˈtiəriə] 嗜盐菌。*halobacterium* 的复数形式
Halobacteriaceae [,hæləu,bæktiriˈeisiiː] 嗜盐菌科
Halobacterium [,hæləubækˈtiəriəm] (*halo-* + Gr. *baktērion* little rod) 嗜盐菌属
halobacterium [,hæləubækˈtiəriəm] (pl. *halobacteria*) 嗜盐菌
Halococcus [,hæləuˈkɔkəs] (*halo-* + Gr. *kokkos* berry) 嗜盐球菌属
halodermia [,hæləuˈdəːmiə] 卤化物皮疹

haloduric [ˌhæləˈdjuərik] (Gr. *hals* salt + L. *durare* to endure) 耐盐的

halofantrine hydrochloride [ˌhæləˈfæntriːn] 盐酸卤甲丙二苯

halofenate [ˌhæləˈfeneit] 降脂酰胺

Halog [ˈhælɔg] 海龙：氯氟松制剂的商品名

halogen [ˈhælədʒən] (*halo-* + Gr. *gennan* to produce) 卤素

halogenation [ˌhælədʒiˈneiʃən] 加卤作用

halogeton [ˌhæləˈgiːtən] 盐生草

haloid [ˈhæloid] (*halo-* + Gr. *eidos* form) 卤族的，似盐的

halometer [həˈlɔmitə] (*halo-* + *-meter*) ❶眼晕测定器；❷红细胞衍附晕测量器

halometry [həˈlɔmitri] ❶眼晕测定法；❷红细胞衍附晕测定法

halopemide [ˌhæləˈpemaid] 卤培米特：安定药

haloperidol [ˌhæləˈperidɔl] (USP) 氟哌丁苯，氟哌啶醇：安定药

h. decanoate 癸酸氟哌啶醇

halophil [ˈhæləfil] 嗜盐菌，适盐菌

halophile [ˈhæləfail] ❶嗜盐菌，适盐菌；❷嗜盐菌的,适盐菌的

halophilic [ˌhæləˈfilik] (Gr. *hals* salt + *-philic*) 嗜盐菌的，适盐菌的

halopredone acetate [ˌhæləˈpriːdəun] 醋酸溴氟孕烷

haloprogin [ˌhæləˈprəudʒin] 碘氯苯炔醚

haloscope [ˈhæləskəup] (Gr. *hals* salt + *skopein* to view) 盐量计

halosteresis [həˌlɔstəˈriːsis] 骨软化,骨钙缺乏

Halotestin [ˌhæləˈtestin] 哈乐泰斯停：氟烃甲基睾丸素制剂的商品名

Halotex [ˈhæləteks] 海乐泰克斯：碘氯苯炔醚制剂的商品名

halothane [ˈhæləθein] (USP) 三氟溴乙烷,氟烷

halquinol [ˈhælkwinɔl] 三合氯喹啉

halquinols [ˈhælkwinɔls] 三合氯喹啉：局部抗感染合剂

Halsted's operation [ˈhælstedz] (William Stewart *Halsted*, American surgeon, 1852-1922) 霍耳斯特德氏手术

halzoun [ˈhælzən] 哈尔宗病

Ham's test [hæmz] (Thomas Hale *Ham*, American physician, born 1905) 哈姆兹氏试验,酸化血清试验

Hamamelis [ˌhæməˈmiːlis] (Gr. *hama* together + *mēlon* apple) 金缕梅属

hamamelis [ˌhæməˈmiːlis] 北美金缕梅

hamarthritis [ˌhæməˈθraitis] (Gr. *hama* together + *arthritis*) 全身关节炎

hamartia [hæˈmɑːʃiə] (Gr. "defect") 组织构成缺陷

hamartial [hæˈmɑːʃiəl] 组织构成缺陷的

hamart(o)- (Gr. *hamartia* fault) 缺陷的，错构瘤的

hamartoblastoma [hæˌmɑːtəblæsˈtəumə] (*hamarto-* + Gr. *blastos* germ + *-oma*) 错构胚细胞瘤

hamartoma [ˌhæmɑːˈtəumə] (*hamart-* + *-oma*) 错构瘤

pulmonary h. 肺错构瘤

sclerosing epithelial h. 上皮错构瘤硬化

hamartomatosis [ˌhæmɑːtəməˈtəusis] 错构瘤病,多发性错构瘤

hamartomatous [ˌhæmɑːˈtɔmətəs] 错构的

hamate [ˈhæmeit] 钩状的

hamatum [həˈmeitəm] (L. "hooked") 钩骨

Hamberger's schema [ˈhæmbəːgəz] (Georg Erhard *Hamberger*, German physician, 1697-1755) 哈姆伯格尔氏方案

Hamburger interchange [ˈhæmbəːgə] (Hartog Jakob *Hamburger*, Dutch physiologist, 1859-1924) 哈姆布格尔交换

Hamilton's test [ˈhæmiltənz] (Frank Hastings *Hamilton*, American surgeon, 1813-1886) 汉密尔顿氏试验

Hamman's disease [ˈhæmənz] (Louis *Hamman*, American physician, 1877-1946) 黑曼氏病,黑曼化综合征,黑曼氏征

Hamman-Rich syndrome [ˈhæmən ritʃ] (L. *Hamman*; Arnold Rice *Rich*, American pathologist, 1893-1968) 汉-黑二氏综合征,特发性肺纤维化

Hammarsten's test [ˈhæməstenz] (Olof *Hammarsten*, Swedish physiologist, 1841-1932) 汉马斯坦氏试验

hammer [ˈhæmə] ❶锤；❷锤骨

Hammerschlag's method [ˈhæməʃlɑːgz] (Albert *Hammerschlag*, Austrian physician,

1863-1935)哈默施拉格氏法
Hammond's disease ['hæməndz] (William Alexander *Hammond*, American neurologist, 1828-1900) 哈孟氏病,手足徐动症
hamster ['hæmstə] 仓鼠
  Syrian cardiomyopathic h. 叙利亚心肌病变仓鼠
hamstring ['hæmstriŋ] 腘绳肌腱
  inner h. 内侧腘绳肌腱
  outer h. 外侧腘绳肌腱
hamular ['hæmjulə] 钩状的
hamulus ['hæmjuləs] (pl. *hamuli*) (L. "little hook") (NA) 钩,小钩
  h. cochleae 螺旋板钩
  h. of ethmoid bone 筛骨钩突
  frontal h., h. frontalis 额钩突
  h. of hamate bone 钩骨钩
  lacrimal h., h. lacrimalis (NA) 泪骨钩
  h. laminae spiralis (NA) 螺旋板钩
  h. ossis hamati (NA) 钩骨钩
  pterygoid h., h. pterygoideus (NA) 翼突钩
  trochlear h. 滑车钩突
hamycin [hə'maisin] 哈霉素
Hancock's amputation ['hænkɔks] (Henry *Hancock*, English surgeon, 1809-1880) 汉考克氏截肢术
Hand's disease [hændz] (Alfred *Hand*, Jr., American pediatrician, 1868-1949) 汉德氏病
Hand-Schüller-Christian disease [hænd 'ʃi:lə 'kristʃən] (Alfred *Hand*, Jr., Arthur *Schüller*, Austrian neurologist, 1874-1958; Henry Asbury *Christian*, American physician, 1876-1951) 汉-许-克三氏病
hand [hænd] (L. *manus*) 手
  accoucheur's h. 助产(士)手
  ape h. 猿手
  benediction h. 祝福状手
  claw h. 爪形手
  cleft h. 裂手(畸形)
  club h. 杵状手
  dead h. 呆手
  drop h. 手垂病,垂手
  flat h. 扁平手
  frozen h. 冷冻手
  lobster-claw h. 裂手
  Marinesco's succulent h. 马里内斯科氏浮胀手
  mirror h's 一腕双手畸形
  mitten h. 并指畸形
  monkey h. 猴手,猿手
  obstetrician's h. 助产士手
  opera-glass h. 短指手,爪手
  phantom h. 虚手症,幻手
  preacher's h. 祝福状手
  skeleton h. 枯骨状手
  spade h. 铲形手
  split h. 手裂畸形,披裂手
  trench h. 战壕手病
  trident h. 三叉手
  writing h. 握笔状手
H and E (hematoxylin and eosin 的缩写) 苏木精和曙红
handedness ['hændidnis] 左利或右利
  left h. 左利
  right h. 右利
handicap ['hændikæp] 障碍,残废
handpiece ['hændpi:s] 机头
HANE (hereditary angioneurotic edema 的缩写) 遗传性血管神经性水肿
hangnail ['hæŋneil] 甲刺,逆剥
Hanhart's syndrome ['hænhɑ:ts] (Ernst *Hanhart*, Swiss physician, 1891-1973) 汉哈特氏综合征
Hannover's canal ['hænəuvəz] (Adolph *Hannover*, Danish anatomist, 1814-1894) 汉诺佛氏间隙,晶状体悬带间隙
Hanot-Chauffard syndrome [æ'nəu ʃəu'fɑ:] (Victor Charles *Hanot*, French physician, 1844-1896; Anatole Marie Emile *Chauffard*, French physician, 1855-1932) 阿-肖二氏综合征
Hansen's bacillus ['hænsənz] (Gerhard Henrik Armauer *Hansen*, Norwegian physician, 1841-1912) 汉森氏杆菌
Hansenula [hæn'senjulə] 汉森酵母属
  H. anomala 异常汉森酵母
Hantavirus ['hæntə,vaiərəs] (*Hantaan* River, Korea) 汉江病毒
hapalonychia [,hæpələ'nikiə] (Gr. *hapalos* soft + *onyche* nail) 软甲
haphalgesia [,hæfæl'dʒi:ʒiə] (Gr. *haphē* touch + *algēsis* sense of pain + *-ia*) 触痛
haphephobia [,hæfi'fəubiə] (Gr. *haphē*

touch + *phobia*）恐触症

hapl(o)- (Gr. *haploos* simple, single) 单纯, 单独

Haplochilus [ˌhæpləuˈkailəs] 小鳉鱼属
H. panchax 马来小鳉鱼

haplodiploidy [ˌhæpləuˈdiplɔidi] (*haplo-* + *diploidy*) 单倍二倍体

haplodont [ˈhæpləudɔnt] (*haplo-* + Gr. *odous* tooth) 单形牙

haploid [ˈhæplɔid] (*hapl-* + *-oid*) ❶单倍体; ❷单倍体(个体)

haploidentical [ˌhæplɔaiˈdentikəl] 单倍同一性的

haploidentity [ˌhæplɔaiˈdentiti] 同一单倍型

haploidy [ˈhæplɔidi] 单倍性

haplomycosis [ˌhæpləmaiˈkəusis] 单牙胞囊菌病

haplont [ˈhæplɔnt] (Gr. *haploun* to make single) 单倍体

Haplopappus [ˌhæpləˈpæpəs] 单冠毛属

haplopathy [hæpˈlɔpəθi] (*haplo-* + Gr. *pathos* disease) 单纯病

haplophase [ˈhæpləfeiz] 单倍期

haplopia [hæpˈləupiə] (*hapl-* + *-opia*) 单视

Haplorchis [hæpˈlɔːkis] 单睾吸虫属
H. taichui 扇形单睾吸虫

haploscope [ˈhæpləskəup] (*haplo-* + *-scope*) 视轴测定器
mirror h. 镜面式视轴测定器

haploscopic [ˌhæpləˈskɔpik] 视轴测定的

haplosporangin [ˌhæpləspəuˈrændʒin] 单孢子囊菌素

Haplosporangium [ˌhæpləuspəˈrændʒiəm] 单孢子囊菌属

haplotype [ˈhæplətaip] (*haplo-* + *type*) 单型

Hapsburg jaw [ˈhæpsbəːg] (*Hapsburg*, a German-Austrian royal family, including rulers of several European states, such as Austria (1278-1918) and Spain (1504-1700)) 哈普斯堡型颌

hapten [ˈhæptən] (Ger., from Gr. *haptein* to fasten) 半抗原

haptene [ˈhæptiːn] 半抗原

haptenic [hæpˈtenik] 半抗原的

haptephobia [ˌhæptiˈfəubiə] (Gr. *haptein* to touch + *phobia*) 恐触症

haptic [ˈhæptik] (Gr. *haptikos* able to lay hold of) 触觉的

haptics [ˈhæptiks] 触觉学, 触觉

hapt(o)- (Gr. *haptein* to fasten, grasp, touch) 结合, 接触

haptocorrin [ˌhæptəˈkɔrin] R 蛋白质

haptoglobin [ˌhæptəˈgləubin] 结合珠蛋白, 触珠蛋白

haptometer [hæpˈtɔmitə] (*hapto-* + Gr. *metron* measure) 触觉计

Harada's syndrome [hɑːˈrɑːdɑːz] (Einosuke *Harada*, Japanese ophthalmologist, 1892-1947) 原田氏综合征

harara [hɑːˈrɑːrə] 白蛉皮炎

Harden-Young ester [ˈhɑːdən jʌŋ] (Sir Arthur *Harden*, English biochemist, 1865-1940; William John *Young*, Australian biochemist, 20th century) 哈-杨二氏酯

hardening [ˈhɑːdəniŋ] 硬化法

Harder's glands [ˈhɑːdəz] (Johann Jacob *Harder*, Swiss physician, 1656-1711) 哈德氏腺, 副泪腺

harderian [hɑːˈdəriən] 哈德氏的

harderoporphyria [ˌhɑːdərəupəˈfaiəriə] 副卟啉症

harderoporphyrin [ˌhɑːdərəuˈpɔfərin] 副卟啉

hardness [ˈhɑːdnis] 硬度, 硬性
diamond pyramid h. 金钢钻锥体硬度
permanent h. 永久硬度
temporary h. 暂时硬度

Hare's syndrome [hɛəz] (Edward Selleck *Hare*, British surgeon, 1812-1838) 黑尔氏综合征

harelip [ˈhɛəlip] 唇裂, 兔唇

harlequin [ˈhɑːləkwin] 花斑眼镜蛇

harmonia [hɑːˈməuniə] (L.) 直缝

harmony [ˈhɑːməni] 和谐, 协调
occlusal h. 殆谐调
occlusal h., functional 殆功能谐调

Harmonyl [ˈhɑːmənil] 哈莫米: 脱甲氧利血平制剂的商品名

Harpirhynchus [ˌhɑːpiˈriŋkəs] (Gr. *harpē* bird of prey + Gr. *rhynchos* snout) 鸟喙螨属

harpoon [hɑːˈpuːn] (Gr. *harpazein* to

seize) 组织针

Harrington instrumentation ['hæriŋtən] (Paul R. *Harrington*, American orthopedic surgeon, born 1911) 哈林顿氏器械操作法

Harris lines ['hæris] (Henry Albert *Harris*, Welsh anatomist, 1886-1968) 哈里斯氏线

Harris's staining method ['hæris] (Downey Lamar *Harris*, American pathologist, 1875-1956) 哈里斯氏染色法

Harris' syndrome ['hæris] (Seale *Harris*, American physician, 1870-1957) 哈里斯氏综合征

Harrison's groove ['hærisənz] (Edward *Harrison*, English physician, 1766-1838) 哈里森氏沟

Hartel's treatment ['hɑːtelz] (Fritz *Hartel*, German surgeon, 20th century) 哈特尔氏(疗)法

Hartley-Krause operation ['hɑːtli krauz] (Frank *Hartley*, American physician, 1857-1913; Fedor *Krause*, German surgeon, 1857-1937) 哈-克二氏切除术

Hartline ['hɑːtlain] 哈特兰: Haldan Keffer, 美国医师和生理学家

Hartmann's curet ['hɑːtmənz] (Arthur *Hartmann*, German laryngologist, 1849-1931) 哈特曼氏刮匙

Hartmann's pouch ['hɑːtmɑːnz] (Henri *Hartmann*, French surgeon, 1860-1952) 哈特曼氏囊

Hartmannella [ˌhɑːtmæ'nelə] 哈氏虫属

hartmannelliasis [ˌhɑːtmənə'laiəsis] 哈氏虫病

Hartnup disease ['hɑːtnəp] (*Hartnup*, family of the propositus in Britain) 哈特纳普病

hartshorn ['hɑːtshɔːn] 碳酸铵

harveian ['hɑːviːən] 哈维氏的

harvest ['hɑːvist] 从供者移取组织或细胞

Harvey ['hɑːvi] 哈维: William (1578-1657) 英国医师

Häser's formula ['heizəz] (Heinrich *Häser*, German physician, 1881-1934) 海泽尔氏公式

Hashimoto's disease [ˌhɑːʃiː'məutəuz] (Hakaru *Hashimoto*, Japanese surgeon, 1881-1934) 桥本氏病

hashish [hæ'ʃiːʃ] (Arabic "herb") 印度大麻

Hasner's fold ['hɑːsnəz] (Joseph Ritter von Artha *Hasner*, Czech ophthalmologist, 1819-1892) 哈斯纳氏襞

Hassall's corpuscles ['hæsəlz] (Arthur Hill *Hassall*, English chemist and physician, 1817-1894) 哈塞耳氏小体

HAT (hypoxanthine-aminopterin-thymidine (medium)的缩写) 次黄嘌呤氨基喋呤胸腺嘧啶

Hata's phenomenon ['hɑːtɑz] (Sachiro *Hata*, Japanese bacteriologist, 1872-1938) 哈他氏现象

hatchet ['hætʃit] 斧头,刮刀
  enamel h. 釉质刮刀

H⁺-ATPase 载氢离子 ATP 合成酶

Hauch [hauk] (Ger. "breath" because motile bacteria form a spreading film around colonies resembling that produced by breathing on glass) 运动型,鞭毛型

Haudek's sign ['haudeks] (Martin *Haudek*, Austrian radiologist, 1880-1931) 豪德克氏征

haunch [hɔːntʃ] 髋和臀部

hauptganglion of Küttner [haupt'gæŋgliən] 颈二腹肌淋巴结,屈特诺氏淋巴结

Haust. (L. *haustus* 的缩写) 顿服剂

haustellum [hɔː'steləm] (pl. *haustella*) (L. from *haustus* draw up) 吸喙,中喙

haustorium [hɔːs'tɔːriəm] (pl. *haustoria*) (L. from *haustus* draw up) 吸器

haustra ['hɔːstrə] (L.) 袋。*haustrum* 的复数形式

haustral ['hɔːstrəl] 袋的

haustration [hɔːs'treiʃən] ❶袋形成;❷袋

haustrum ['hɔːstrəm] (pl. *haustra*) (L. *haustor* drawer) (NA) 袋
  haustra coli (NA), **haustra of colon** 结肠袋

haut-mal [əu'mɑːl] (Fr.) 癫痫大发作

HAV (hepatitis A virus 的缩写) 甲型肝炎病毒

Haverhill fever ['heivəril] (*Haverhill*, Massachusetts, where an epidemic occurred in 1925) 哈弗里尔热

Haverhillia multiformis [ˌheivə'riliə

ˌmʌlti'fɔːmis) 多形性哈佛希尔菌
haversian canal [hə'vɜːʒən] (Clopton *Havers*, English physician and anatomist, 1650-1702) 哈佛氏管
hawkinsin ['hɔːkinsin] 乙酸
hawkinsinuria ['hɔːkinsi'njuəriə] 乙酸尿
Hawley retainer ['hɔːliː] (C. A. *Hawley*, American dentist, early 20th century) 郝雷氏固定器
Hay's test [heiz] (Matthew *Hay*, Scottish physician, 1855-1932) 海氏试验
Hay-Wells syndrome [hei welz] (R. J. *Hay*, British dermatologist, 20th century; Robert Stuart *Wells*, British dermatologist, 20th century) 海-威二氏综合征
Hayem's encephalitis [ɑː'jɑːnz] (Georges *Hayem*, French physician, 1841-1933) 海杨氏脑炎
Hayem-Widal syndrome [ɑː'jɑːn viː'dɑːl] (Georges *Hayem*; Georges Fernand Isidore *Widal*, French physician, 1862-1929) 海-维二氏综合征
hay fever [hei 'fiːvə] 枯草热
Hayflick's limit [hei'fliks] (Leonard *Hayflick*, American microbiologist, born 1928) 海弗利克氏限度
Haygarth's nodes ['heigɑːθs] (John *Haygarth*, English physician, 1740-1827) 海加思氏结
HB (hepatitis B 的缩写) 乙型肝炎
HB$_c$ (hepatitis B core 的缩写) 乙型肝炎核心抗原
HB$_e$ (hepatitis B e 的缩写) 乙型肝炎 e 抗原
HB$_s$ (hepatitis B surface 的缩写) 乙型肝炎表面抗原
Hb (hemoglobin 的符号) 血红蛋白
HBcAg (hepatitis B core antigen 的缩写) 乙型肝炎核心抗原
HbCV (*Haemophilus influenzae* b conjugate vaccine 的缩写) b 型流感嗜血杆菌轭合菌苗
HBE (His bundle electrogram 的缩写) 房室束心电图
HBeAg (hepatitis B e antigen 的缩写) 乙型肝炎 e 抗原
HbO$_2$ (oxyhemoglobin 的缩写) 氧合血红蛋白
HbPV (*Haemophilus influenzae* b polysaccharide vaccine 的缩写) b 型流感嗜血杆菌多糖菌苗
HB$_s$Ag (hepatitis B surface (antigen) 的缩写) 乙型肝炎表面抗原
HBV (hepatitis B virus 的缩写) 乙型肝炎病毒
HC (hospital corps 的缩写) 医务队
HCFA (Health Care Financing Administration 的缩写) 卫生保健财政科
HCG, hCG (human chorionic gonadotropin 的缩写) 人绒毛膜促性腺激素
HCM (hypertrophic cardiomyopathy 的缩写) 心肌肥大
HCP (hereditary coproporphyria 的缩写) 遗传性粪卟啉症
HCT (hematocrit 的缩写) 血细胞比容,红细胞压积
H. D. (hearing distance 的缩写) 听距离
H. d. (L. *hora decubitus* 的缩写) 就寝时
HDCV (human diploid cell rabies vaccine 的缩写) 人二倍体细胞狂犬疫苗
HDL (high-density lipoprotein 的缩写) 高密度脂蛋白
HDL$_1$ (Lp(a) lipoprotein 的缩写) 高密度脂蛋白 1
HDL$_2$ 高密度脂蛋白 2
HDL$_3$ 高密度脂蛋白 3
HDN (hemolytic disease of the newborn 的缩写) 新生儿溶血性疾病
H & E (hematoxylin and eosin stain 的缩写) 苏木精伊红(染色)
He (*helium* 的符号) 氦
Head's zones [hedz] (Sir Henry *Head*, British neurologist, 1861-1940) 海德氏带
head [hed] (L. *caput*; Gr. *kephalē*) 头
  angular h. of quadratus labii superioris muscle 上唇方肌内眦头
  articular h. 关节头
  h. of astragalus 距骨头
  big h. 头部浮肿病
  h. of caudate nucleus 尾状核头
  h. of condyloid process of mandible 下颌骨髁突头
  coronoid h. of pronator teres muscle 旋前圆肌喙突头
  deep h. of triceps brachii muscle 肱三头肌深头

deep h. of triceps extensor cubiti muscle 肱三头肌内侧头
h. of dorsal horn of spinal cord 脊髓后角头
drum h. 鼓膜
engaged h. 露头
h. of epididymis 附睾头
h. of femur 股骨头
h. of fibula 腓骨头
first h. of triceps brachii muscle 肱三头肌长头
first h. of triceps extensor cubiti muscle 肱三头肌长头
floating h. 浮动胎头
great h. of adductor hallucis muscle 踇收肌大头
great h. of triceps brachii muscle 肱三头肌大头
great h. of triceps extensor cubiti muscle 伸肘三头肌大头
great h. of triceps femoris muscle 股三头肌大头
hot cross bun h. 臀形头
hourglass h. 葫芦头
humeral h. of flexor carpi ulnaris muscle 尺侧腕屈肌肱骨头
humeral h. of flexor digitorum sublimis muscle 指浅屈肌肱骨头
humeral h. of pronator teres muscle 旋前圆肌肱骨头
humeroulnar h. of flexor digitorum superficialis muscle 指浅屈肌肱尺头
h. of humerus 肱骨头
infraorbital h. of quadratus labii superioris muscle 上唇方肌眶下头
lateral h. of gastrocnemius muscle 腓肠肌外侧头
lateral h. of triceps brachii muscle 肱三头肌外侧头
lateral h. of triceps extensor cubiti muscle 伸肘三头肌外侧头
little h. of humerus 肱骨小头
little h. of mandible 下颌骨小头
long h. of adductor hallucis muscle 踇收肌长头
long h. of adductor triceps muscle 三头收肌长头
long h. of biceps brachii muscle 肱二头肌长头
long h. of biceps femoris muscle 股二头肌长头
long h. of biceps flexor cruris muscle 屈下腿二头肌长头
long h. of biceps flexor cubiti muscle 屈肘二头肌长头
long h. of triceps brachii muscle 肱三头肌长头
long h. of triceps extensor cubiti muscle 伸肘三头肌长头
long h. of triceps femoris muscle 股二头肌长头
h. of malleus 锤骨头
h. of mandible ① 下颌头；② 下颌骨髁突
medial h. of biceps brachii muscle 肱二头肌内侧头
medial h. of biceps flexor cubiti muscle 屈肘二头肌内侧头
medial h. of gastrocnemius muscle 腓肠肌内侧头
medial h. of triceps brachii muscle 肱三头肌内侧头
medial h. of triceps extensor cubiti muscle 伸肘三头肌内侧头
medusa h. 脐周静脉曲张，水母头
h. of metacarpal 掌骨头
h. of metatarsal 跖骨头
middle h. of triceps brachii muscle 肱三头肌长肌长头
middle h. of triceps extensor cubiti muscle 伸肘三头肌长头
h. of muscle 肌头
nasal h. of levator labii superioris alaeque nasi muscle 提上唇鼻翼肌鼻头
oblique h. of adductor hallucis muscle 踇收肌斜头
oblique h. of adductor pollicis muscle 拇收肌斜头
overriding h. (胎)儿头架叠
h. of pancreas 胰头
h. of penis 阴茎头，龟头
h. of phalanx of fingers 指骨头
h. of phalanx of toes 趾骨头
plantar h. of flexor digitorum pedis longus muscle 足趾长屈肌趾骨头
h. of posterior horn of spinal cord 脊髓后

角头
quadrate h. of flexor digitorum pedis longus muscle 足趾长屈肌方头
radial h. of flexor digitorum sublimis muscle 指浅屈肌桡头
radial h. of flexor digitorum superficialis muscle 指浅屈肌桡头
radial h. of humerus 肱骨桡头
h. of radius 桡骨头
h. of rib 肋骨头
saddle h. 马鞍形头
scapular h. of triceps brachii muscle 肱三头肌肩胛骨头
scapular h. of triceps extensor cubiti muscle 伸肘三头肌肩胛骨头
second h. of triceps brachii muscle 肱三头肌第二头
short h. of biceps brachii muscle 肱二头肌短头
short h. of biceps femoris muscle 股二头肌短头
short h. of biceps flexor cruris muscle 屈下腿二头肌短头
short h. of biceps flexor cubiti muscle 屈肘二头肌短头
short h. of coracoradialis muscle 喙肱肌短头
short h. of triceps brachii muscle 肱三头肌短头
short h. of triceps extensor cubiti muscle 伸肘三头肌短头
short h. of triceps femoris muscle 股三头肌短头
h. of spleen 脾头
h. of stapes 镫骨头
steeple h. 尖头畸形
swelled h. 肿大头
h. of talus 距骨头
tower h. 尖头畸形,塔头
transverse h. of adductor hallucis muscle 踇收肌横头
transverse h. of adductor pollicis muscle 拇收肌横头
h. of ulna 尺骨头
ulnar h. of flexor carpi ulnaris muscle 尺侧腕屈肌尺头
ulnar h. of pronator teres muscle 旋前圆肌尺头

white h. 白头
zygomatic h. of quadratus labii superioris muscle 上唇方肌颧头
headache ['hedeik] 头痛
anemic h. 贫血性头痛
bilious h. 偏头痛
blind h. 偏头痛
cluster h. 成簇性头痛
congestive h. 充血性头痛
cough h. 咳嗽性头痛
dynamite h. 炸药性头痛
exertional h. 劳累性头痛
functional h. 功能性头痛
helmet h. 盔形头痛
histamine h. Horton's h. 霍顿氏头痛,偏头神经痛
hyperemic h. 充血性头痛
lumbar puncture h. 腰椎穿刺后头痛
migraine h. 偏头痛
Monday morning h. 星期一早晨头痛
organic h. 器质性头痛
post-coital h. 性交后头痛
postspinal h. 脊髓后头痛
post-traumatic h. 创伤后头痛
puncture h. 穿刺性头痛
pyrexial h. 发热性头痛
reflex h. 反射性头痛
rhinogenous h. 鼻源性头痛
sick h. 偏头痛,呕吐性头痛
spinal h. 腰椎穿刺后头痛
symptomatic h. 症状性头痛
tension h., tension-type h. 紧张性头痛
toxic h. 中毒性头痛
vacuum h. 真空性头痛
vasomotor h. 血管舒缩性头痛
headcap ['hedkæp] 帽(精子),头网
headgear ['hedgiə] 头网,连轮装置
headgrit ['hedgrit] 羊霍乱
headgut ['hedgʌt] 前肠
Heaf test [hef] (Frederick Roland George Heaf, British physician, 1894-1973) 黑夫氏试验
heal [hi:l] 愈合,痊愈
healing ['hi:liŋ] 治疗,愈合
h. by first intention 第一期愈合
h. by granulation 肉芽性愈合,第二期愈合
h. by second intention 第二期愈合

health [helθ] 健康,卫生
  holistic h. 整体性健康
  public h. 公共卫生
health maintenance organization（HMO）卫生保障组织
healthy [ˈhelθi] 健康的
hearing [ˈhiəriŋ]（L. *auditus*）听觉,听力
  color h. 色听
  double disharmonic h. 复听(觉)
  monaural h. 单耳听觉
  visual h. 唇读
hearing loss [ˈhiəriŋˌlɔs] 聋
  Alexander's h. l. 亚历山大耳聋
  conductive h. l. 传导性耳聋
  pagetoid h. l. 变形性骨炎性耳聋
  paradoxic h. l. 听觉倒错性聋
  sensorineural h. l. 感觉神经性聋
  transmission h. l. 传导性耳聋
heart [hɑːt]（L. *cor*; Gr. *kardia*）心脏,心
  armored h. armour h. 装甲心
  artificial h. 人工心
  athletic h. 运动员心
  beer h. 啤酒心
  beriberi h. 脚气(病)心
  boat-shaped h. 舟状心
  bony h. 骨样心
  booster h. 加强心
  bovine h. 巨心,牛心
  chaotic h. 乱搏心
  dynamite h. 爆破工心
  encased h. 禁闭心
  extracorporeal h. 体外人工心
  fat h., fatty h. 脂肪心
  fibroid h. 纤维心,心纤维变性
  flask-shaped h. 瓶状心
  frosted h. 结霜样心
  hairy h. 绒毛心
  horizontal h. 水平位心,横位
  hyperthyroid h. 甲亢心
  hypoplastic h. 心发育不全
  icing h. 结霜样心
  intracorporeal h. 体内人工心脏
  irritable h. 易激心,神经性循环衰弱
  Jarvik-7 artificial h. 加维克-7人工心
  left h. 左心
  lymph h. 淋巴心
  mechanical h. 机械心脏
  myxedema h. 粘液水肿心
  ox h. 巨心,牛心
  parchment h. 羊皮纸心
  pulmonary h. 肺心
  right h. 右心
  sabot h. 靴形心
  soldier's h. 士兵心,神经性循环衰弱
  stone h. 石样心
  Symbion Jarvik-7 artificial h. 辛比昂加维克-7人工心
  systemic h. 体循环心
  tabby cat h. 斑纹心
  three-chambered h. 三腔心
  thrush breast h., tiger h., tiger lily h. 虎斑状心,斑纹心
  triatrial h. 三房心
  trilocular h. 三腔心
  vertical h. 垂位心
  water-bottle h. 瓶状心
heartbeat [ˈhɑːtbiːt] 心跳
heartblock [ˈhɑːtblɔk] (心)传导阻滞
heartburn [ˈhɑːtbən] 心口灼热
heart failure [hɑːt ˈfeiliə] 心力衰竭
heartwater [ˈhɑːtwɔːtə] 牛羊水心胸病
heartworm [ˈhɑːtwəːm] 犬恶丝虫
heat [hiːt]（L. *calor*; Gr. *thermē*）❶ 热; ❷ 热力; ❸ 热能; ❹ 发情
  atomic h. 原子热
  conductive h. 传导热
  convective h. 对流热
  conversive h. 转换热
  dry h. 干热
  h. of fusion 熔解热,熔化热
  latent h. 潜热
  latent h. of fusion 熔解潜热,熔化潜热
  latent h. of sublimation 升华(潜)热
  latent h. of vaporization 蒸发潜热
  molecular h. 分子热
  prickly h. 痱子,粟疹,汗疹
  radiant h. 辐射热
  specific h. 比热
  h. of sublimation 升华热
  h. of vaporization 蒸发热
Heath's operation [ˈhiːθs]（Christopher Heath, English surgeon, 1835-1905）希思氏手术
heatstroke [ˈhiːtˌstrəuk] 中暑

heaves ['hi:vz] 肺气肿,气喘病
Hebdom. (L. *hebdomada* 的缩写)一周, 一星期
hebdomadal [heb'dɔmədəl] (L. *hebdomada* a week) 一周的
hebeosteotomy [ˌhi:biˌɔsti'ɔtəmi] 耻骨切开术
hebephrenia [ˌhi:bi'fri:niə] (Gr. *hēbē* youth + *phrēn* mind) (*obs.*) 青春型精神分裂症
hebephreniac [ˌhebi'fri:niæk] 青春期精神分裂患者
hebephrenic ['hi:bifri:nik] ❶ 青春型精神分裂症的;❷ 青春型精神分裂症者
Heberden's asthma ['hebədənz] (William *Heberden*, English physician, 1710-1801) 希伯登氏哮喘
hebetic [hi'bitik] (Gr. *hēbētikos youthful*) 青春期的
hebetomy [hi'betəmi] (Gr. *hēbē* puberty + *tome* cut) 耻骨切开术
hebetude ['hibitju:d] (L. *hebetudo*) 迟钝,精神迟钝
hebiatrics [ˌhebi'ætriks] 青年医学,青年期医学
hebin ['hebin] (Gr. *hēbē* puberty) 青春激素(促性腺激素)
 pituitary h. 垂体青春激素
 urinary h. 青春激素
heboid ['hebɔid] (Gr. *hēbē* youth + *eidos* form) 青春期精神病,青春期痴呆
heboidophrenia [ˌhebɔidə'fri:niə] 类青春期痴呆
hebotomy [hi'bɔtəmi] 耻骨切开术
Hebra's disease ['hebrɑ:z] (Fer-dinand Ritter von *Hebra*, Austrian dermatologist, 1816-1880) 黑布腊氏病
hecatomeral [ˌhekə'tɔmərəl] 两分的
hecatomeric [ˌhekətə'merik] (Gr. *hekateron* each of two + *meros* part) 两分的
Hecht's phenomenon ['hekts] (Adolf Franz *Hecht*, Austrian physician, 20th century) 黑希特氏现象
hectic ['hektik] (L. *hecticus*; Gr. *hektikos* consumptive) 病弱的,潮热的
hecto- (Fr., from Gr. *hekaton* one hundred) 一百
hectogram ['hektəgræm] 百克

hectoliter [ˌhektə'li:tə] 百升
hectometer [hek'tɔmitə] 百米
HED (*Haut-Einheits-Dosis* 的缩写)皮肤单位剂量
hedonic [hi'dɔnik] 异常欢乐的,欣快的
hedonism ['hidənizəm] (Gr. *hēdonē* pleasure) 享乐主义,享乐至上说
hedrocele ['hedrəsi:l] (Gr. *hedra* anus + *cele* hernia) 脱肛
hedrosyrinx [ˌhedrəu'sirinks] (Gr. *hedra* anus + *syrinx* pipe) 肛门瘘
Hedulin ['hedjulin] 海杜林:苯茚二酮制剂的商品名
heel ['hi:l] 足跟
 anterior h. 跖骨垫
 black h. 踵青紫
 contracted h. 收缩足
 cracked h's 跖沟状角皮病
 gonorrheal h. 淋病性足跟
 painful h. 足跟痛
 policeman's h. 警察足跟(痛)
 prominent h. 足跟隆突
 Thomas h. 托马斯氏鞋跟
Heerfordt's syndrome ['hɑ:fɔ:ts] (Christian Frederik *Heerfordt*, Danish oculist, 1872-1953) 黑福特氏综合征
hefilcon [hi'filkɔn] 合菲康
Hefke-Turner sign ['hefkə 'tə:nə] (Hans William *Hefke*, American surgeon, born 1871; Vernon Charles *Turner*, American orthopedic surgeon, 20th century) 海-特二氏征
Hegar's dilator ['heigɑ:z] (Alfred *Hegar*, German gynecologist, 1830-1914) 黑加氏扩张器
Heidenhain's cells ['hidənhainz] (Rudolf Peter *Heidenhain*, German physiologist, 1834-1897) 海登海因氏细胞
Heidenhain's syndrome ['hi:dənhainz] (Adolf *Heidenhain*, German neurologist, 20th century) 海登海因氏综合征
height [hait] 高度
 h. of contour 外形凸度
 h. of contour, surveyed 测定外形凸度
 cusp h. 牙尖高
 facial h. 面高
 sitting h. 坐高,顶坐高
 sitting suprasternal h. 胸骨上坐高

sitting vertex h. 顶坐高,坐高
standing h. 立高
Heilbronner's thigh ['hailbrənəz] (Karl *Heilbronner*, Dutch physician, 1869-1914) 海耳布伦内氏股
Heim-Kreysig sign [haim 'krisig] (Ernst Ludwig *Heim*, German physician, 1747-1834; Friedrich Ludwig *Kreysig*, German physician,1770-1839) 海-克二氏征
Heimlich maneuver ['haimlik] (Henry Jay *Heimlich*, American surgeon, born 1920) 海姆里希氏手法
Heine's operation ['hainəz] (Leopold *Heine*, German oculist, 1870-1940) 海因氏手术
Heine-Medin disease ['hainə'mædin] (Jacob von *Heine*, German physician, 1800-1879; Karl Oskar *Medin*, Swedish physician, 1847-1972) 海-梅二氏病
Heineke-Mikulicz pyloroplasty ['hainəkimi‚ku:'litʃ] (Walter Hermann *Heineke*, German surgeon, 1834-1901; Johann von *Mikulicz*-Radecki, Romanian-born surgeon in Germany, 1850-1905) 海-米二氏幽门成形术
Heinz bodies ['haints] (Robert *Heinz*; German pathologist, 1865-1924) 海恩茨氏小体
Heinz-Ehrlich bodies [haints 'ɜ:lik] (Robert *Heinz*; Paul *Ehrlich*, German bacteriologist, 1854-1915) 海-欧二氏小体
Heister's diverticulum ['haistəz] (Lorenz *Heister*, German anatomist, 1683-1758) 海斯特氏憩室
HEK (human embryo kidney 的缩写) 人胚胎肾(细胞培养)
Hektoen phenomenon ['hektəun] (Ludvig *Hektoen*, American pathologist, 1863-1951) 海克通氏现象
HEL (human embryo lung 的缩写) 人胚胎肺(细胞培养)
HeLa cells ['helə] (from the name of the patient from whose carcinoma of the cervix uteri the parent carcinoma cells were isolated in 1951) 海拉细胞
Helbing's sign [hel'biŋz] (Carl Ernst *Helbing*, German physician, 1842-1914) 海尔宾氏征

helcodermatosis [‚helkəudəmə'təusis] (Gr. *helkos* ulcer + *dermatosis*) 溃疡性皮炎
helcoid ['helkɔid] (Gr. *helkos* ulcer + *eidos* form) 溃疡状的
helcology [hel'kɔlədʒi] (Gr. *helkos* ulcer + *-logy*) 溃疡学
helcoma [hel'kəumə] (Gr.) 角膜溃疡
helcomenia [‚helkəu'mi:niə] (Gr. *helkos* ulcer + *men* month) 月经期溃疡
helcoplasty [‚helkə'plæsti] (Gr. *helkos* ulcer + *plassein* to form) 溃疡补形术
helcosis [hel'kəusis] (Gr. *helkōsis*) 溃疡形成
Held's end bulb ['heldz] (Hans *Held*, German anatomist, 1866-1942) 海尔德氏终球
Heleidae [hə'leidi:] 蠓科
helianthin [heli'ænθin] 向日葵色精,半日花素
helical ['helikəl] 螺旋形的
Helicella [‚heli'selə] 大蜗牛属
Helicellidae [‚heli'selidi:] 大蜗牛科
helicine ['helisi:n] ❶ 螺旋状的;❷ 耳轮的
helic(o)- (Gr. *helix* coil, gen. *helikos*) 螺旋,螺
Helicobacter [‚helikə'bæktə] (*helico-* + *-bacter*) 螺旋状弯曲杆菌
 H. cinaedi 淫乱弯曲杆菌
 H. pylori 幽门弯曲杆菌
helicoid ['helikɔid] (*helico-* + Gr. *eidos* form) 螺旋形的,耳轮状的
helicopod ['helikə‚pɔd] 螺旋形步态的,环形步态的
helicotrema [‚helikə'tri:mə] (*helico-* + Gr. *trēma* hole) (NA) 耳蜗孔
heli(o)- (Gr. *hēlios* sun) 日的,光的
heliopathia [hi:liəu'pæθiə] 日光病
heliosensitivity [‚hi:liəu‚sensi'tiviti] 日光过敏性
heliosis [‚hi:li'əusis] (*helio-* + *-osis*) 中暑,日射病
heliotaxis [‚hi:liəu'tæksis] (*helio-* + Gr. *taxis* arrangement) 趋日性,趋光性
heliotherapy [‚hi:liəu'θerəpi] (*helio-* + *therapy*) 日光疗法,日光浴
Heliotiales [‚hi:liəuʃi'eiliz] 趋光菌目
heliotrope B ['hi:liəu‚trəup] 向阳素 B

heliotropism [ˌhiːliˈɔtrəpizəm] (*helio-* + Gr. *tropē* a turn, turning) 向日性, 向阳性

helium [ˈhiːliəm] (Gr. *hēlios* sun) 氦

Helix [ˈhiːliks] 大蜗牛属

helix [ˈhiːliks] (Gr. "snail coil") (pl. *helixes* or *helices*) ❶ 螺旋结构; ❷ (NA) 耳轮

 α h., alpha h. α-螺旋

 double h., Waston-Crick h. 双螺旋, 沃克二氏螺旋

hellebore [ˈhelibɔː] (L. *helleborus*; Gr. *helleboros*) 藜芦

 American h. 绿藜芦

 black h. 黑嚏根草

 green h. 绿藜芦

 white h. 白藜芦

Heller's esophagomyotomy [ˈheləz] (Ernst *Heller*, German surgeon, 1877-1964) 海勒氏食管切除术

Heller's test [ˈheləz] (Johann Florian *Heller*, Austrian pathologist, 1813-1871) 海勒氏试验

Heller-Döhle disease [ˈheləː ˈdəli] (Arnold Ludwig Gotthiff *Heller*, German pathologist, 1840-1913; Karl Gottfried Paul *Döhle*, German pathologist, 1855-1928) 海-窦二氏病

Hellin's law [ˈhelinz] (Dyonizy *Hellin*, Polish pathologist, 1867-1935) 海林氏定律

Helmholtz's ligament [ˈhelmhɔltzəz] (Hermann Ludwig Ferdinand von *Helmholtz*, German physiologist, inventor of the ophthalmoscope, 1821-1894) 黑姆霍耳茨氏韧带

helminth [ˈhelminθ] (Gr. *helmins* worm) 蠕虫, 肠虫

helminthagogue [helˈminθəɡɔɡ] (*helminth* + Gr. *agōgos* leading) 驱肠虫的, 驱肠虫药

helminthemesis [ˌhelminˈθeməsis] (*helminth* + Gr. *emesis* vomiting) 吐虫

helminthiasis [ˌhelminˈθaiəsis] 蠕虫病

 h. elastica 蠕虫性弹性瘤

helminthic [helˈminθik] 蠕虫的

helminthicide [helˈminθisaid] (*helminth* + L. *caedere* to kill) 杀蠕虫药, 杀肠虫药

helminthism [ˈhelminθizəm] 蠕虫寄生

helminthoid [helˈminθɔid] (*helminth* + Gr. *eidos* form) 蠕虫样的

helminthology [ˌhelminˈθɔlədʒi] (*helminth* + *-logy*) 蠕虫学

helminthoma [ˌhelminˈθəumə] (*helminth* + *-oma*) 蠕虫瘤

helminthous [helˈminθəs] 蠕虫的

hel(o)- (Gr. *hēlos* nail, corn, callus) 甲的, 疣的, 胼胝的

Heloderma [ˌhiːləˈdəːmə] (*helo-* + Gr. *derma* skin) 毒蜥属

heloma [hiːˈləumə] (*helo-* + *-oma*) 鸡眼, 钉胼

 h. durum 硬鸡眼

 h. molle 软鸡眼

Helophilus [hiːˈlɔfiləs] 棘蝇属

helosis [hiˈləusis] 鸡眼

helotomy [hiˈlɔtəmi] (*helo-* + Gr. *temnein* to cut) 鸡眼切除, 钉胼切除

Helvella [hilˈvelə] 马鞍菌属

Helvellaceae [ˌhelviˈleisiː] 马鞍菌科

Helweg's bundle [ˈhelvəɡz] (Hans Kristian Saxtorph *Helweg*, Danish physician, 1847-1901) 黑耳维西氏束

Helweg-Larsen's syndrome [ˈhelvəɡ ˈlɑːsənz] (Hans F. *Helweg-Larsen*, Danish dermatologist, 20th century) 黑耳维西拉尔逊氏综合征

hema [ˈhemə] (Gr. *haima*, *haimatos* blood) 血

hema- 血

hemachromatosis [ˌheməkrəuməˈtəusis] 血色素沉着(症), 血色病

hemachrome [ˈheməkrəum] 血色素

hemachrosis [ˌheməˈkrəusis] (Gr. *hema* + *chroma* color) 血色过浓

hemaconia [ˌheməˈkəuniə] 血尘

hemacyte [ˈheməsait] 血细胞

hemacytometer [ˌheməsaiˈtɔmitə] 血细胞计数器

hemacytometry [ˌheməsaiˈtɔmitri] 血细胞计数法

hemacytopoiesis [ˌheməˌsaitəpɔiˈiːsis] (*hemacyte* + Gr. *poiesis* a making) 血细胞生成

hemadostenosis [ˌheməˌdɔstiˈnəusis] (Gr. *haimas* blood stream + *stenōsis* narrow-

ing) 血管狭窄
hemadromograph [ˌheməˈdrɒməɡrɑːf] (*hema-* + Gr. *dromos* course + *graphein* to record) 血液流速描记器
hemadromometry [ˌhemədrəˈmɒmitri] 血液流速测定法
hemadsorbent [ˌhemədˈzɔːbənt] 血细胞吸附的
hemadsorption [ˌhemədˈzɔːpʃən] 红细胞吸附
hemadynamics [ˌhemədaiˈnæmiks] 血液动力学
hemadynamometry [ˌheməˌdainəˈmɒmitri] 血压测量法
hemafacient [ˌheməˈfeiʃənt] 生血(细胞)的
hemagglutination [ˌheməˌɡluːtiˈneiʃən] 血凝反应, 血细胞凝集反应
  indirect h., passive h. 被动血凝, 间接血凝
  viral h. 病毒血凝
hemagglutinative [ˌheməˈɡluːtineitiv] 血细胞凝集的
hemagglutinin [ˌheməˈɡluːtinin] (*hem-* + *agglutinin*) 血细胞凝集素, 血凝素
  cold h. 血细胞冷凝集素, 冷血凝集素
  warm h. 血细胞温凝集素, 温血凝集素
hemal [ˈheməl] ❶ 血的, 血管的; ❷ 脊柱腹侧的
hemalexin [ˌheməˈleksin] 血补体
hemalexis [ˌheməˈleksis] (*hema-* + Gr. *alexein* to aid) 血补体生成
hemalopia [ˌheməˈləupiə] (*hema-* + Gr. *ops* eye) 眼内渗血
hemalum [ˈhemələm] 苏木精明矾, 矾紫
hemanalysis [ˌheməˈnælisis] (*hem-* + *analysis*) 血分析
hemangiectasia [ˌhemændʒiˈektəʃiə] 血管扩张
hemangiectasis [ˌhemændʒiˈektəsis] (*hemangi-* + Gr. *ektasis* dilatation) 血管扩张
hemangi(o)- (Gr. *haima* blood + *angeion* vessel) 血管的
hemangioameloblastoma [hiˌmændʒiəəˌmeləblæsˈtəumə] (*hemangio-* + *ameloblastoma*) 血管性成釉细胞瘤
hemangioblast [heˈmændʒiəblæst] (*he-*

mangio- + *blast*) 成血管细胞
hemangioblastoma [heˌmændʒiəblæsˈtəumə] (*hem-* + *angioblast* + *-oma*) 成血管细胞瘤
  cerebellar h. 脑血管瘤
  retinal h. 视网膜成血管细胞瘤
  spinal h. 脊髓成血管细胞瘤
hemangioblastomatosis [heˌmændʒiəˌblæstəuməˈtəusis] 成血管细胞瘤病
hemangioendothelioblastoma [heˌmændʒiəˌendəuθeliəblæsˈtəumə] (*hemangio-* + *endothelium* + Gr. *blastos* germ + *-oma*) 成血管内皮细胞瘤
hemangioendothelioma [heˌmændʒiəˌendəuθeliˈəumə] (*hemangioma* + *endothelioma*) 血管内皮瘤
  benign h. 良性血管内皮瘤
  epithelioid h. 血管上皮瘤
  infantile h. 新生儿肝良性血管瘤
  malignant h. 恶性血管内皮瘤
  vertebral h. 脊髓血管瘤
hemangioendotheliosarcoma [heˌmændʒiəˌendəuθiliəsɑːˈkəumə] 血管内皮肉瘤
hemangiofibroma [heˌmændʒiəfaiˈbrəumə] (*hemangio-* + *fibroma*) 血管纤维瘤
hemangioma [heˌmændʒiˈəumə] (*hem-* + *angioma*) 血管瘤
  ameloblastic h. 血管性成釉细胞瘤
  capillary h. ① 毛细血管瘤;② 草莓状血管瘤
  cavernous h. 海绵状血管瘤
  sclerosing h. 硬化性血管瘤
  h. simplex 单纯性血管瘤, 血管痣
  strawberry h. ① 草莓状血管瘤;② 血管痣
  venous h. 静脉瘤
hemangiomatosis [heˌmændʒiəməˈtəusis] 多发性血管瘤
hemangiopericyte [heˌmændʒiəˈperisait] 血管外皮细胞
hemangiopericytoma [heˌmændʒiəˌperisaiˈtəumə] (*hemangiopericyte* + *-oma*) 血管外皮细胞瘤
  h. of kidney 肾血管外皮细胞瘤
hemangiosarcoma [heˌmændʒiəsɑːˈkəumə] (*hemangio-* + *sarcoma*) 血管肉瘤

hemapheic [ˌheməˈfiːk] 血褐质的
hemaphein [ˈheməˌfiːn] (*hema-* + Gr. *phaios* dusky, gray) 血褐质
hemapheism [ˌheməˈfiːizəm] 血褐质尿症
hemapheresis [ˌheməfəˈrisis] (*hema-* + Gr. *aphairesis* removal) 血成分提出
hemapoiesis [ˌheməpɔiˈiːsis] (*hema-* + Gr. *poiēsis* formation) 血细胞生成,血生成
hemapoietic [ˌheməpɔiˈiːtik] 生血的,生血细胞的
hemapophysis [ˌheməˈpɔfisis] (*hem-* + *apophysis*) 脉管弓突起
hemarthros [heˈmɑːθrəs] 关节积血
hemarthrosis [ˌheməˈθrəusis] (*hem-* + Gr. *arthron* joint) 关节积血
hemasthenosis [ˌheməsθiˈnəusis] (*hema-* + Gr. *astheneia* weakness) ❶ 血循环衰弱;❷ 血液不良
hemastrontium [ˌheməˈstrɔnʃiəm] 苏木精锶染剂
hematal [ˈhemətəl] 血的,血管的
hemataphostema [ˌhemətəˌpɔsˈtiːmə] (*hemat-* + Gr. *apostēma* abcess) 血脓肿
hematein [ˈhemətiːn] (NF) 氧化苏木精
hematemesis [ˌheməˈteməsis] (*hemat-* + Gr. *emesis* vomiting) 呕血
　Goldstein's h. 戈耳茨坦氏呕血
hematencephalon [ˌhemətenˈsefələn] (*hemat-* + *encephalon*) 脑出血
hematherapy [ˌheməˈθerəpi] 血液疗法
hemathermal [ˌheməˈθəːməl] 温血的,恒温的
hemathermous [ˌheməˈθəːməs] 温血的,恒温的
hemathorax [ˌheməˈθɔːræks] 血胸,胸腔积血
hematic [həˈmætik] ❶ 血的,血中的;❷ 补血药
hematid [ˈhemətid] ❶ 红血球;❷ 血性疹
hematidrosis [ˌhemætiˈdrəusis] (*hemat-* + Gr. *hidrōsis* sweating) 血汗症
hematimeter [ˌheməˈtimitə] 血细胞计数器
hematimetry [ˌheməˈtimitri] 血细胞计数法
hematin [ˈhemətin] ❶ 正铁血红素;❷ 氯化高铁血红素

hematinemia [ˌhemətiˈniːmiə] 正铁血红素血症
hematinic [ˌheməˈtinik] ❶ 正铁血红素的;❷ 补血药的
hematinogen [ˌheməˈtinədʒən] 正铁血红素原
hematinometer [ˌheməˈtinɔmitə] 血红蛋白计
hematinuria [ˌheməˈtinjuəriə] 正铁血红素尿
hemat(o)- (Gr. *haima*, gen. *haimatos* blood) 血
hematobilia [ˌhemətəˈbiliə] 血内生物,住血生物
hematoblast [ˈhemətəˌblæst] 成血细胞,原(始)血细胞
hematocele [ˈhemətəˌsiːl] (*hemato-* + Gr. *kēlē* tumor) 血囊肿,积血
　parametric h., pelvic h. 子宫旁血囊肿,骨盆血囊肿
　retrouterine h. 子宫后血囊肿
　scrotal h. 阴囊积血
　vaginal h. 睾丸鞘膜血囊肿
hematocelia [ˌhemətəˈsiːliə] 腹腔积血
hematocephalus [ˌhemətəˈsefələs] (*hemato-* + Gr. *kephalē* head) 胎头血肿胎儿
hematochezia [ˌhemətəˈkiziə] (*hemato-* + Gr. *chezein* to go to stool) 便血
hematochlorin [ˌhemətəˈklɔːrin] (*hemato-* + Gr. *chlōros* green) 胎盘绿色素
hematochromatosis [ˌhiːmətəuˌkrəuməˈtəusis] (*hemato-* + Gr. *chrōma* color) 血色素沉着症,血色病
hematochyluria [ˌhiːmətəukaiˈljuəriə] (*hemato-* + Gr. *chylos* chyle + *-uria*) 血性乳糜尿
hematoclasis [ˌhemətəˈklæsis] 血球崩解
hematocoelia [ˌhiːmətəuˈsiːliə] (*hemato* + Gr. *koilia* cavity) 腹腔积血
hematocolpometra [ˌhiːmətəuˌkɔlpəˈmiːtrə] (*hemato-* + Gr. *kolpos* vagina + *mētra* uterus) 阴道子宫积血
hematocolpos [ˌhiːmətəuˈkɔlpɔs] (*hemato-* + Gr. *kolpos* vagina) 阴道积血
hematocrit [hiˈmætəkrit] (*hemato-* + Gr. *krinein* to separate) ❶ 血细胞比容,红细胞压积;❷ 血细胞容量计
　large vessel h. 大血管血细胞比容

total body h., **whole body h.** 全血比容
Wintrobe h. 温特罗布氏管,血沉试管
hematocryal [ˌhemə'tɔkriəl] (hemato- + Gr. *kryos* cold) 冷血的
hematocrystallin [ˌhemətə'kristəlin] 血红蛋白
hematocyanin [ˌhiːmətəu'saiənin] (hemato- + Gr. *kyanos* blue) 血青蛋白,血蓝蛋白
hematocyanosis [ˌhemətəˌsaiə'nəusis] 发绀,青紫
hematocyst ['hiːmətəusist] (hemato- + Gr. *kystis* sac, bladder) ❶ 膀胱积血;❷ 血囊肿
hematocystis [ˌhiːmətəu'sistis] ❶ 膀胱积血;❷ 血囊肿
hematocyte ['hiːmətəusait] 血细胞
hematocytoblast [ˌhiːmətəu'saitəublæst] 成血细胞
hematocytolysis [ˌhiːmətəusai'tɔlisis] 溶血,血细胞溶解
hematocytometer [hiːmətəusai'tɔmitə] 血细胞计数器
hematocytopenia [ˌhiːmətəusaitəu'piːniə] (hematocyte + Gr. *penia* poverty) 血细胞减少
hematocytosis [ˌhemətəsai'təusis] 血细胞增多
hematocyturia [ˌhiːmətəusai'tjuəriə] (hematocyte + -uria) 血细胞尿
hematodialysis [ˌhiːmətəudai'ælisis] 血液透析,血液渗析
hematodynamometer [ˌhemətədainə'mɔmitə] 血压计
hematodyscrasia [ˌhemətədis'kreisə] 血质不良
hematodystrophy [ˌhemətə'distrəfi] 血液营养不良
hematoencephalic [ˌhiːmətəˌensi'fælik] (hemato- + Gr. *enkephalos* brain) 血(与)脑的
hematogen ['hemətədʒən] 生血质
hematogenesis [ˌhiːmətəu'dʒenəsis] (hemato- + genesis) 生血,血细胞发生
hematogenic [ˌhiːmətəu'dʒenik] ❶ 生血的;❷ 血原性的
hematogenous [ˌhiːmə'tɔdʒinəs] ❶ 血原性的;❷ 介血的
hematoglobin [ˌhiːmətəu'glɔbin] 血红蛋白

hematoglobinuria [ˌhiːmətəuˌglɔubi'njuəriə] 血红蛋白尿
hematoglobulin [ˌhemətə'glɔbjulin] 血红蛋白
hematogone ['hiːmətəgəun] 原(始)血细胞,成血细胞
hematohidrosis [ˌhiːmətəuhi'drəusis] 血汗症
hematohistioblast [ˌhiːmətəu'histiəblæst] 成血细胞,原(始)血细胞
hematohyaloid [ˌhiːmətəu'haiəlɔid] (hemato- + *hyaloid*) 血透明质
hematoid ['hiːmətɔid] (hemato- + Gr. *eidos* form) 血样的
hematoidin [ˌhiːmə'tɔidin] 血棕色质,类胆红素
hematokolpos [ˌhiːmətəu'kɔlpəs] 阴道积血
hematolith ['hemətəliθ] 血管石
hematologist [ˌhiːmə'tɔlədʒist] 血液学家
hematology [ˌhiːmə'tɔlədʒi, hemə'tɔlədʒi] (hemato- + -logy) 血液学
hematolymphangioma [ˌhiːmətəuˌlimfænˈdʒiːəmə] (hemato- + lymph- + angioma) 血管淋巴管瘤
hematolysis [ˌhiːmə'tɔlisis] 溶血,血细胞溶解
hematolytic [ˌhiːmətəu'litik] 溶血的,血细胞溶解的
hematoma [ˌhimə'təumə] (pl. *hematomas*) (hemato- + -oma) 血肿
 aneurysmal h. 动脉瘤样血肿,假动脉瘤
 h. auris 耳血肿
 epidural h. 硬膜外血肿
 pelvic h. 盆腔血肿
 perianal h. 肛周血肿
 retrouterine h. 子宫后血肿
 subdural h. 硬膜下血肿
 subungual h. 甲下血肿
hematomancy ['hemətəmænsi] (hemato- + Gr. *manteia* divination) 验血判病法
hematomanometer [ˌhiːmətəumə'nɔmitə] 血压计
hematomediastinum [ˌhiːmətəuˌmiːdiəs'tainəm] (hemato- + *mediastinum*) 纵隔积血
hematometer [ˌhiːmə'tɔmitə] (hemato- + Gr. *metron* measure) 血红蛋白计

hematometra [ˌhiːmətəuˈmiːtrə] (*hemato-* + Gr. *mētra* uterus) 子宫积血

hematometry [ˌhiːməˈtɔmitri] (*hemato-* + Gr. *metron* measure) 血成分测定法

hematomycosis [ˌheməˈtəmaiˈkəusis] 血真菌病

hematomyelia [ˌhiːməˈtəumaiˈiːliə] (*hemato-* + Gr. *myelos* marrow + *-ia*) 脊髓出血

hematomyelitis [ˌhiːmətəuˌmaiəˈlaitis] (*hemato-* + *myelitis*) 出血性脊髓炎

hematomyelopore [ˌhiːmətəuˈmaiələˌpɔː] (*hemato-* + Gr. *myelos* marrow + *poros* opening) 出血性脊髓空洞症

hematoncometry [ˌhemətɔŋˈkɔmitri] (*hemato* + Gr. *onkos* mass + *metron* measure) 血液容积测定法

hematonephrosis [ˌhiːmətəuniˈfrəusis] 肾盂积血

hematopathology [ˌhiːmətəupəˈθɔlədʒi] 血液病理学

hematopenia [ˌhiːmətəuˈpiːniə] (*hemato-* + Gr. *penia* poverty) 血液不足

hematopericardium [ˌhiːmətəuˌperiˈkɑːdiəm] 心包积血

hematoperitoneum [ˌhiːmətəuˌperitəuˈniːəm] 腹腔积血

hematopexin [ˌheməˈtəpeksin] 致血凝物

hematopexis [ˌheməˈtəpeksis] 血凝固

hematophage [ˈhiːmətəfeidʒ] 噬血细胞细胞

hematophagia [ˌhiːməˈtəufeidʒiə] ❶ 吸血;❷ 血液寄生;❸ 噬血细胞作用

hematophagocyte [ˌhiːmətəuˈfægəsait] 噬血细胞细胞

hematophagous [ˌhiːməˈtɔfəɡəs] (*hemato-* + Gr. *phagein* to eat) 噬血细胞的

hematophagy [ˌhiːməˈtɔfədʒi] ❶ 吸血;❷ 血液寄生;❸ 噬血细胞作用

hematophilia [ˌhiːmətəuˈfiliə] 血友病

hematophobia [ˌhiːmətəuˈfəubiːə] 血恐怖,恐血

hematophthalmia [ˌheməˌtɔfˈθælmiə] 眼球积血

hematopiesis [ˌhiːmətəuˈpaiəsis] (*hemato-* + Gr. *piesis* pressure) 血压

hematoplastic [ˌhiːmətəuˈplæstik] (*hemato-* + Gr. *plassein* to mold) 成血的

hematopoiesis [ˌhiːmətəupɔiˈiːsis] (*hemato-* + Gr. *poiein* to make) 血细胞生成,造血

extramedullary h. 髓外造血

hematopoietic [ˌhiːmətəupɔiˈetik] (*hemato-* + Gr. *poiein* to make) ❶ 血细胞生成的;❷ 造血剂

hematopoietin [ˌhiːmətəuˈpɔiitin] 红细胞生成素

hematoporphyrin [ˌhiːmətəuˈpɔːfirin] 血卟啉,血紫质

hematoporphyrinemia [ˌhiːmətəuˌpɔːfiriˈniːmiə] 血卟啉血,血紫质血

hematoporphyrinism [ˌhiːmətəuˈpɔːfirinizəm] 血卟啉病,血紫质病

hematoporphyrinuria [ˌhiːmətəuˌpɔːfiriˈnjuəriə] 血卟啉尿

Hematopota [ˌhiːməˈtɔpətə] 麻翅虻属

hematopsia [ˌheməˈtɔpsiə] (*hemato* + Gr. *ops* eye) 眼房积血

hematorrhachis [ˌhiːməˈtɔrəkis] (*hemato-* + Gr. *rhachis* spine) 椎管内出血

hematorrhea [ˌhiːmətəuˈriːə] (*hemato-* + Gr. *rhoia* flow) 大出血

hematosalpinx [ˌhiːmətəuˈsælpiŋks] 输卵管内积血

hematoscheocele [ˌhiːməˈtɔskiəˌsiːl] (*hemato-* + Gr. *oscheon* scrotum + *kēkē* tumor) 阴囊积血

hematosepsis [ˌhiːmətəuˈsepsis] 败血病,败血症

hematosin [heməˈtəusin] 正铁血红素

hematosis [ˌheməˈtəusis] 生血,血生成

hematospectrophotometer [ˌhiːmətəuˌspektrəufəˈtɔmitə] 血红蛋白分光光度计

hematospectroscope [ˌhiːmətəuˈspektrəˌskəup] (*hemato-* + *spectroscope*) 血分光镜

hematospectroscopy [ˌhiːmətəuspekˈtrɔskəpi] (*hemato-* + *spectroscopy*) 血分光镜检查

hematospermatocele [ˌhiːmətəuspəːˈmætəˌsiːl] (*hemato-* + Gr. *sperma* seed + *kēlē* tumor) 血性精液囊肿

hematospermia [ˌhiːmətəuˈspəːmiə] 血性精液

hematospherinemia [ˌhiːmətəuˌsfiəriˈniːmiə] (*hemato-* + Gr. *sphaira* sphere + *haima* blood + *-ia*) 血红蛋白血症

hematostatic [ˌhiːmətəu'stætik] (*hemato-* + Gr. *stasis* standing) 止血的,郁血的

hematosteon [ˌhiːmə'tɔstiən] (*hemato-* + Gr. *osteon* bone) 骨髓腔积血

hematotherapy [ˌhiːmətəu'θerəpi] 血液疗法

hematothermal [ˌhiːmətəu'θɜːməl] (*hemato-* + Gr. *thermē* heat) 温血的,恒温的

hematothorax [ˌhiːmətəu'θɔːræks] 血胸

hematotoxic [ˌhiːmətəu'tɔksik] (*hemato-* + *toxic*) ❶ 血中毒的;❷ 毒害血液及造血系统的

hematotoxicosis [ˌhiːmətəuˌtɔksi'kəusis] 血中毒

hematotrachelos [ˌhiːmətəutrə'kiːləs] (*hemato-* + Gr. *trachēlos* neck) 子宫颈积血

hematotropic [ˌhiːmətəu'trɔpik] (*hemato-* + Gr. *tropos a* turning) 亲血的,亲血细胞的

hematotympanum [ˌhiːmətəu'timpənəm] (*hemato-* + *tympanum*) 血鼓室,鼓室积血

hematoxic [ˌhiːmə'tɔksik] 血中毒的,毒害血液的

hematoxin [ˌhemətə'tɔksin] 血毒素,溶血毒素

hematoxylin [ˌhiːmə'tɔksilin] 苏木精,苏木素

  alum h. 苏木精明矾,矾紫

  Delafield's h. 德拉菲尔德氏苏木精染色剂

  iron h. 铁苏木精染色剂

Hematoxylon [ˌhiːmə'tɔksilɔn] 洋苏木属

hematozemia [ˌhiːmətəu'ziːmiə] (*hemato-* + Gr. *zēmia* loss) 耗血

hematozoa [ˌhiːmətəu'zəuə] 血原虫。*hematozoon* 的复数形式

hematozoal [ˌhiːmətəu'zəuəl] 血原虫的

hematozoan [ˌhiːmətəu'zəuən] (*hemato-* + Gr. *zōon* animal) ❶ 血原虫的;❷ 血原虫

hematozoic [ˌhiːmətəu'zəuik] 血原虫的

hematozoon [ˌhiːmətəu'zəuɔn] (pl. *hematozoa*) 血原虫

hematuresis [ˌhiːmətjuə'riːsis] 血尿

hematuria [ˌhiːmə'tjuəriə] (*hemat-* + Gr. *ouron* urine + *-ia*) 血尿

  benign recurrent h. 良性复发性血尿,IgA 型肾小球性肾炎

  endemic h. 地方性血尿,膀胱裂体吸虫病,尿路血吸虫病

  enzootic bovine h. 地方性牛血尿病

  essential h. 特发性血尿

  false h. 假性血尿

  functional h. 功能性血尿

  gross h. 肉眼血尿

  macroscopic h. 肉眼血尿

  microscopic h. 显微镜性尿

  persistent h. 全程血尿

  primary h. 特发性血尿

  renal h. 肾性血尿

  urethral h. 尿道性血尿

  vesical h. 膀胱性血尿

hema-urochrome [ˌheməˈjuərəkrəum] 血原尿色素

hemautograph [he'mɔːtəgrɑːf] 动脉喷血描记图

heme [hiːm] ❶ 血红素;❷ 亚铁血红素;❸ 血红素 IX

hemendothelioma [ˌhiːmendəuˌθiːli'əumə] 血管内皮瘤

Hementaria [ˌhiːmən'teəriə] 南美水蛭属

heme oxygenase (**decyclizing**) [hiːm 'ɔksidʒəneis di'saiklaiziŋ] (EC 1.14.99.3) 血红素氧合酶

hemeralope ['heməreləup] 昼盲者

hemeralopia [ˌheməre'ləupiə] (Gr. *hēmera* day + *alaos* blind + *-opia*) 昼盲

hemeraphonia [ˌheməre'fəuniə] 昼哑症,昼失音症

Hemerocampa [ˌheməreu'kæmpə] 合毒蛾属

  H. leukostigma 白斑丛毛蛾

hemerythrin [ˌhiːmi'riθrin] (*heme-* + Gr. *erythros* red) 蚯蚓血红蛋白

heme synthase [hiːm 'sinθeis] 血红素合成酶

hemi- (Gr. *hemi-* half) 一半

hemiacardius [ˌhemiə'kɑːdiəs] (*hemi-* + *a* neg. + Gr. *kardia* heart) 半无心畸胎

hemicephalia [ˌhemiə'sefəliə] (*hemi* + *a* neg. + Gr. *kephala* head) 半无头畸形

hemicephalus [ˌhemiə'sefələs] (*hemi-* + *a* neg. + Gr. *kephalē* head) 半无头畸胎,无脑畸胎

hemiacetal [ˌhiːmiə'siːtəl] 半缩醛

hemiachromatopsia [ˌhemiəˌkrəuməˈtɔpsiə] (*hemi-* + *achromatopsia*) 偏侧色盲
hemiacidrin [ˌhemiˈæsidrin] 溶肾石酸素
hemiageusia [ˌhemiəˈgjuːziə] (*hemi-* + *ageusia*) 偏侧味觉丧失,偏侧味觉缺乏
hemiageustia [ˌhemiəˈgjuːstiə] 偏侧味觉丧失
hemialbumin [ˌhemiælˈbjumin] (*hemi-* + *albumin*) 半胨
hemialbumose [ˌhemiælˈbjuməus] 半胨
hemialbumosuria [ˌhemiælˌbjuməuˈsjuəriə] 半胨尿
hemialgia [ˌhemiˈældʒiə] (*hemi-* + *-algia*) 偏侧痛
hemiamblyopia [ˌhemiˌæmbliˈəupiə] 半侧弱视
hemiamyosthenia [ˌhemiəˌmaiəsˈθiːniə] (*hemi-* + *a* neg. + Gr. *mys* muscle + *sthenos* strength + *-ia*) 半侧肌无力,偏身肌无力
hemianacusia [ˌhemiˌænəˈkjuːziə] (*hemi-* + *an* neg. + Gr. *akousia* hearing + *-ia*) 偏侧聋
hemianalgesia [ˌhemiˌænælˈdʒiːziə] (*hemi-* + *analgesia*) 偏身痛觉缺失
hemianasarca [ˌhemiˌænəˈsɑːkə] 偏身水肿
hemianencephaly [ˌhemiˌænenˈsefəli] *hemi-* + Gr. *an* neg. + *enkephalos* brain) 偏侧无脑畸形
hemianesthesia [ˌhemiˌænisˈθiːziə] 偏侧感觉缺失,偏身麻木
   alternate h. 交叉性偏身麻木
   cerebral h. 大脑性偏身麻木
   crossed h. 交叉性偏身麻木
   h. cruciata 交叉性偏身麻木
   mesocephalic h., pontile h. 脑桥性偏身麻木
   spinal h. 脊髓性偏身麻木
hemianopia [ˌhemiəˈnəupiə] (*hemi-* + *an* neg. + *-opia*) 偏盲
   absolute h. 完全偏盲
   altitudinal h. 上下性偏盲
   bilateral h. 双眼偏盲
   binasal h. 双鼻侧偏盲,内侧偏盲
   binocular h. 双眼偏盲
   bitemporal h. 颞侧偏盲,两外侧偏盲
   complete h. 完全偏盲
   congruous h. 对称性偏盲,同侧偏盲
   crossed h. 交叉偏盲
   heteronymous h. 交叉性偏盲,异侧偏盲
   homonymous h. 同侧偏盲,对称性偏盲
   horizontal h. 水平性偏盲
   incomplete h. 不完全偏盲
   incongruous h. 非对称性同侧偏盲
   lateral h. 外侧偏盲
   nasal h. 鼻侧偏盲
   quadrant h., quadrantic h. 象限偏盲
   relative h. 相对性偏盲
   temporal h. 颞侧偏盲
   unilateral h. 单侧偏盲
hemianopic [ˌhemiəˈnəupik] 偏盲的
hemianopsia [ˌhemiəˈnɔpsiə] 偏盲
hemianoptic [ˌhemiəˈnɔptik] 偏盲的
hemianosmia [ˌhemiəˈnɔzmiə] (*hemi-* + *anosmia*) 偏侧嗅觉缺失
hemiapraxia [ˌhemiəˈpræksiə] (*hemi-* + *apraxia*) 偏侧失用症
hemiarthrosis [ˌhemiɑːˈθrəusis] (*hemi-* + *arthrosis*) 半关节强直症,假性软骨结合
hemiasynergia [ˌhemiæsiˈnəːdʒiə] (*hemi-* + *asynergia*) 偏身协同运动不能
hemiataxia [ˌhemiəˈtæksiə] (*hemi-* + *ataxia*) 偏身运动失调,偏身共济失调
hemiataxy [ˌhemiəˈtæksi] 偏身运动失调
hemiathetosis [ˌhemiæθiˈtəusis] (*hemi-* + *athetosis*) 偏身手足徐动症
hemiatonia [ˌhemiəˈtəuniə] 偏身肌弛缓
hemiatrophy [ˌhemiˈætrəfi] (*hemi-* + *atrophy*) 偏侧萎缩,单侧萎缩
   facial h. 单侧面萎缩、半面萎缩
   progressive lingual h. 进行性半侧舌萎缩
hemiaxial [ˌhemiˈæksiəl] 半轴的
hemiballism [ˌhemiˈbælizəm] 偏身颤搐
hemiballismus [ˌhemibæˈlizməs] (*hemi-* + Gr. *ballismos* jumping) 偏身颤搐
hemibladder [ˌhemiˈblædə] 半膀胱畸形
hemiblock [ˈhemiblɔk] 半支传导阻滞
hemic [ˈhiːmik] (Gr. *haima* blood) 血的
hemicanities [ˌhemikəˈniʃiiːz] 偏侧灰发症
hemicardia [ˌhemiˈkɑːdiə] (*hemi-* + *cardia*) ❶ 半心畸形;❷ 半心
hemicardius [ˌhemiˈkɑːdiəs] 半心畸胎
hemicellulose [ˌhemiˈseljuləus] 半纤维素
hemicentrum [ˌhemiˈsentrəm] (*hemi-* + *centrum*) 半椎体

hemicephalia [ˌhemisiˈfeiliə] (*hemi-* + Gr. *kephalē* head) 半无脑畸形

hemicephalus [ˌhemiˈsefələs] 半无脑畸胎

hemicerebrum [ˌhemiˈseribrəm] (*hemi-* + *cerebrum*) 大脑半球

hemichorea [ˌhemiˈkɔriə] (*hemi-* + *chorea*) 偏身舞蹈病

himichromatopsia [ˌhemiˌkrəuməˈtɔpsiə] 偏侧色盲

hemichrome [ˈhemikrəum] 高铁血色原

hemicolectomy [ˌhemikəˈlektəmi] (*hemi-* + *colectomy*) 结肠部分切除
  left h. 左侧结肠部分切除
  right h. 右侧结肠部分切除

hemicorporectomy [ˌhemiˌkɔːpəˈrektəmi] (*hemi-* + *corpus* + *-ectomy*) 半身截除

hemicorticectomy [ˌhemiˌkɔːtiˈsektəmi] 大脑半球切除术

hemicrania [ˌhemiˈkreinjə] (*hemi-* + Gr. *kranion* skull) ❶ 偏头痛；❷ 半无脑畸形
  chronic paroxysmal h. 慢性发作性偏头痛

hemicraniectomy [ˌhemiˌkreiniˈektəmi] (*hemi-* + Gr. *kranion* skull + *ektomē* excision) 偏侧颅骨切除术

hemicraniosis [ˌhemiˌkreiniˈəusis] 偏侧颅骨肥大，单侧颅骨肥厚

hemicraniotomy [ˌhemiˌkreiniˈɔtəmi] (*hemi-* + Gr. *kranion* skull + *temnein* to cut) 偏侧颅骨切开术

hemidecortication [ˌhemidiˌkɔːtiˈkeiʃən] 偏侧大脑皮层切除

hemidesmosome [ˌhemiˈdesməsəum] (*hemi-* + *desmosome*) 半桥粒

hemidiaphoresis [ˌhemiˌdaiəfəˈriːsis] (*hemi-* + *diaphoresis*) 偏身多汗

hemidiaphragm [ˌhemiˈdaiəfræm] 偏侧膈

hemidrosis [ˌhemiˈdrəusis] 偏身出汗

hemidysergia [ˌhemidiˈsəːdʒiə] 偏身传出性共济失调

hemidysesthesia [ˌhemiˈdisisˈθiːziə] (*hemi-* + *dys-* + *aisthēsis* feeling) 偏身感觉迟顿

hemidystrophy [ˌhemiˈdistrəfi] 偏身发育障碍

hemiectromelia [ˌhemiektrəuˈmiːliə] 偏侧缺肢畸形

hemielastin [ˌhemiəˈlæstin] 半弹性硬蛋白

hemiencephalus [ˌhemienˈsefələs] (*hemi-* + Gr. *enkephalos* brain) 偏侧无大脑半球畸胎，半脑畸胎

hemiepilepsy [ˌhemiˈepilepsi] (*hemi-* + *epilepsy*) 偏身癫痫

hemifacial [ˌhemiˈfeiʃəl] 半面的，偏侧面的

hemigastrectomy [ˌhemigæsˈtrektəmi] 半胃切除术

hemigeusia [ˌhemiˈgjuːsiə] (*hemi-* + Gr. *geusis* taste + *-ia*) 半侧味觉丧失

hemigigantism [ˌhemiˈdʒaigəntizəm] 半侧巨人症

hemiglossal [ˌhemiˈglɔsəl] (*hemi-* + Gr. *glōssa* tongue) 偏侧舌的

hemiglossectomy [ˌhemigləˈsektəmi] (*hemi-* + Gr. *glōssa* tongue + *ektomē* excision) 偏侧舌切除术

hemiglossitis [ˌhemigləˈsaitis] (*hemi-* + Gr. *glōssa* tongue + *-itis*) 偏侧舌炎

hemignathia [ˌhemiˈnæθiə] (*hemi-* + Gr. *gnathos* jaw + *-ia*) 半下颌畸形

hemihepatectomy [ˌhemiˌhepəˈtektəmi] 半肝切除术

hemihidrosis [ˌhemihiˈdrəusis] (*hemi-* + Gr. *hidrōs* sweat) 偏身出汗

hemihypalgesia [ˌhemiˌhaipælˈdʒiːziə] (*hemi-* + *hypalgesia*) 偏身痛觉减退

hemihyperesthesia [ˌhemiˌhaipərisˈθiːzjə] (*hemi-* + *hyperesthesia*) 偏侧感觉过敏

hemihyperidrosis [ˌhemiˌhaipəriˈdrəusis] (*hemi-* + Gr. *hyper* over + *hidrōs* sweat) 偏身多汗

hemihypermetria [ˌhemiˌhaipəˈmiːtriə] 偏侧伸展过度

hemihyperplasia [ˌhemiˌhaipəˈpleiziə] 偏侧发育过度，偏侧增生

hemihypertonia [ˌhemiˌhaipəˈtəuniə] (*hemi-* + Gr. *hyper* over + *tonos* tension + *-ia*) 偏侧肌紧张，偏侧肌强直

hemihypertrophy [ˌhemiˌhaipəˈtrɔfi] (*hemi-* + *hypertrophy*) ❶ 偏身肥大；❷ 利提斯氏综合征
  facial h. 半侧面(部)肥大

hemihypesthesia [ˌhemiˌhaipisˈθiːzjə] 偏身感觉迟顿

hemihypoesthesia [ˌhemiˌhaipəuis'θizjə] 偏身感觉迟顿

hemihypometria [ˌhemiˌhaipəu'miːtriə] 偏侧伸展不足

hemihypoplasia [ˌhemiˌhaipəu'pleiziə] 偏侧发育不全

hemihypotonia [ˌhemiˌhaipəu'təuniə] (*hemi-* + Gr. *hypo* under + *tonos* tension + *-ia*) 偏身张力减退

hemi-inattention [ˌhemiinə'tenʃən] 偏侧忽略

hemikaryon [ˌhemi'kæriən] (*hemi-* + Gr. *karyon* nucleus) 单倍核

hemiketal [ˌhemi'ketəl] 半缩酮

hemilaminectomy [ˌhemiˌlæmi'nektəmi] 偏侧椎板切除术

hemilaryngectomy [ˌhemiˌlærin'dʒektəmi] 偏侧喉切除术

hemilateral [ˌhemi'lætərəl] 偏侧的

hemilingual [ˌhemi'liŋgwəl] (*hemi-* + L. *lingua* tongue) 偏侧舌的

hemimacroglossia [ˌhemiˌmækrəu'glɔsiə] 舌偏侧肥大

hemimandibulectomy [ˌhemimændibju'lektəmi] 半下颌切除术

hemimaxillectomy [ˌhemiˌmæksi'lektəmi] (*hemi-* + *maxillectomy*) 半上颌切除术

hemimelia [ˌhemi'miːliə] (*hemi-* + Gr. *melos* limb + *-ia*) 半肢畸形

  fibular h. 腓侧半肢畸形

  radial h. 桡侧半肢畸形

  tibial h. 胫侧半肢畸形

  ulnar h. 尺侧半肢畸形

hemimelus [ˌhemi'miːləs] 半肢畸胎

hemin ['hiːmin] ❶ 氯化高铁血红素；❷ 正铁血红素

heminephrectomy [ˌheminə'frektəmi] 肾部分切除术

heminephroureterectomy [ˌhemiˌnefrəujuəˌriːtə'rektəmi] 肾输尿管部分切除术

hemineurasthenia [ˌhemiˌnjuəræs'θiːniə] 偏身神经衰弱

hemiobesity [ˌhemiəu'biːsiti] (*hemi-* + *obesity*) 偏身肥胖

hemiopalgia [ˌhemiɔ'pældʒiə] (*hemi-* + Gr. *ōps* eye + *-algia*) 偏侧头眼痛

hemiopia [ˌhemi'əupiə] 偏盲

hemiopic [ˌhemi'ɔpik] 偏盲的

hemipagus [he'mipəgəs] (*hemi-* + Gr. *pagos* thing fixed) 胸侧联胎

hemiparalysis [ˌhemipə'rælisis] 偏瘫，半身不遂

hemiparanesthesia [ˌhemiˌpærænes'θiziə] 偏侧下身麻木

hemiparaplegia [ˌhemiˌpærə'pliːdʒiə] (*hemi-* + *paraplegia*) 偏侧下身麻痹

hemiparesis [ˌhemipə'riːsis] (*hemi-* + *paresis*) 轻偏瘫，偏侧不完全麻痹

hemiparesthesia [ˌhemipæris'θiziə] (*hemi-* + *paresthesia*) 偏身感觉异常

hemiparetic [ˌhemipə'retik] ❶ 轻偏的；❷ 轻偏瘫者

hemiparkinsonism [ˌhemi'pɑːkinsənizəm] 偏侧震颤麻痹

hemipelvectomy [ˌhemipel'vektəmi] 偏侧骨盆切除术

hemipeptone [ˌhemi'peptəun] (*hemi-* + *peptone*) 半(蛋白)胨

hemiphalangectomy [ˌhemiˌfælæn'dʒektəmi] 指(趾)部分切除术

hemiplacenta [ˌhemiplə'sentə] (*hemi-* + *placenta*) 半胎盘

hemiplegia [ˌhemi'pliːdʒiə] (*hemi-* + Gr. *plēgē* stroke) 偏瘫，半身不遂

  h. alternans hypoglossica 舌下神经交叉性偏瘫

  alternate h. 交叉性偏瘫

  alternating oculomotor h. 动眼神经交叉性偏瘫

  ascending h. 上行性偏瘫

  capsular h. 内囊性偏瘫

  cerebral h. 脑性偏瘫

  contralateral h. 对侧偏瘫

  crossed h. 交叉性偏瘫

  h. cruciata 交叉性偏瘫

  facial h. 面偏瘫，偏侧面瘫

  faciobrachial h. 面臂偏瘫

  faciolingual h. 面舌偏瘫

  flaccid h. 弛缓性偏瘫

  Gubler's h. 癔病性偏瘫

  infantile h. 婴儿偏瘫

  puerperal h. 产褥性偏瘫

  spastic h. 痉挛性偏瘫

  spinal h. 脊髓性偏瘫

  Wernicke-Mann h. 韦-曼二氏偏瘫

hemiplegic [ˌhemi'pliːdʒik] 偏瘫的

hemiprosoplegia [ˌhemiˌprɔsəu'pliːdʒiə] (*hemi* + Gr. *prosopon* face + *plege* stroke) 面偏瘫，偏侧面瘫

hemiprostatectomy [ˌhemiˌprɔstə'tektəmi] 偏侧前列腺切除术

Hemiptera [hi'miptərə] (*hemi-* + Gr. *pteron* wing) 半翅目

hemipterous [hi'miptərəs] 半翅目的

hemipylorectomy [ˌhemiˌpailə'rektəmi] 幽门部分切除术

hemipyocyanin [ˌhemiˌpaiə'saiənin] 半绿脓菌(青)素，半绿脓菌蓝素

hemipyonephrosis [ˌhemiˌpaiəni'frəusis] 偏侧肾盂积脓

hemirachischisis [ˌhemirə'kiskisis] 隐性脊柱裂

hemisacralization [ˌhemiˌseikrəlai'zeiʃən] 半骶化

hemiscotosis [ˌhemiskə'təusis] 偏盲

hemisection [ˌhemi'sekʃən] 对切

hemisectomy [ˌhemi'sektəmi] (*hemi-* + Gr. *ekomē* excision) 偏侧牙根切除术

hemiseptum [ˌhemi'septəm] 偏侧隔
  h. cerebri 偏侧透明隔

hemisomus [ˌhemi'səuməs] (*hemi-* + Gr. *sōma* body) 半躯干畸胎

hemisotonic [ˌhemaisəu'tɔnik] (Gr. *haima* blood + *isotonic*) 血等渗的

hemispasm ['hemispæzəm] 偏侧痉挛，半身痉挛

hemisphaeria [ˌhemis'fiːriə] (L.) 半球。*hemisphaerium* 的复数形式

hemisphaerium [ˌhemis'fiːriəm] (pl. *hemisphaeria*) (L.) 半球
  hemisphaeria bulbi urethrae 尿道球半球

hemisphere ['hemisfiə] (*hemi-* + Gr. *sphaira* a ball or globe) 半球，半球样的结构
  animal h. 动物半球
  cerebellar h. 小脑半球
  cerebral h. 大脑半球
  dominant h. 优势大脑半球
  nondominant h. 非优势大脑半球
  vegetal h. 植物半球

hemispherectomy [ˌhemisfiə'rektəmi] (*hemisphere* + Gr. *ektomē* excision) 大脑半球切除术

hemispherium [ˌhemis'fiːriəm] (L.) (pl. *hemispheria*) ❶ 半球；❷ 大脑半球；❸ 小脑半球
  h. cerebelli (NA) 小脑半球
  h. cerebralis 大脑半球
  h. cerebri (NA) 大脑半球

hemisphygmia [ˌhemi'sfigmiə] (*hemi-* + Gr. *sphygmos* pulse) 半脉症

Hemispora stellata [he'mispərə ste'leitə] 半孢子菌

hemispore ['hemispɔː] 半孢子

hemisyndrome [ˌhemi'sindrəum] 偏侧综合征

hemisystole [ˌhemi'sistəli] 心室半收缩

hemiterata [ˌhemi'terətə] (*hemi-* + *teras*) 轻度畸形儿，半畸形者

hemiteratic [ˌhemitə'rætik] 半畸形的

hemitetany [ˌhemi'tetəni] 偏身手足搐搦

hemithermoanesthesia [ˌhemiˌθəːməˌænis'θiziə] 偏身温觉缺失

hemithorax [ˌhemi'θɔːræks] (*hemi-* + *thorax*) 单侧胸廓，偏侧胸廓

hemithyroidectomy [ˌhemiˌθairɔi'dektəmi] 偏侧甲状腺切除术

hemitomias [ˌhemi'təumiəs] (Gr. *hēmitomias* half a eunuch) 偏侧无睾者

hemitonia [ˌhemi'təuniə] (*hemi-* + Gr. *tonos* tension + *-ia*) 偏侧肌紧张，偏侧肌强直

hemitoxin [ˌhemi'tɔksin] 半毒素

hemitremor [ˌhemi'tremə] 偏身震颤

hemivagotony [ˌhemivei'gɔtəni] 偏身迷走神经紧张症

hemivertebra [ˌhemi'vəːtibrə] (pl. *hemivertebrae*) 半脊椎畸形

hemizygosity [ˌhemizai'gɔsiti] (*hemi-* + *zygosity*) 半合子状态

hemizygote [ˌhemi'zaigəut] 半合子

hemizygous [ˌhemi'zaigəs] 半合子的

hemlock ['hemlɔk] ❶ 铁杉；❷ 毒茴类 (*Conium maculatum* L.) 毒草；❸ 毒芹属 (*Cicuta*) 和毒茴属 (*Conium*) 植物
  poison h. 毒茴草
  water h. 毒芹

hem(o)- (Gr. *haima* blood) 血的

hemoaccess [ˌhemə'æksəs] 血门，血入口

hemoagglutination [ˌhiːməuəˌgluːti'neiʃən] 血凝反应，血细胞凝聚

hemoagglutinin [ˌhiːməuəˈgluːtinin] 血凝素,血细胞凝集素

hemobilia [ˌhiːməuˈbiliə] 胆道出血

hemobilinuria [ˌhiːməubailiˈnjuəriə] (*hemo-* + *bilin* + *-uria*) 血胆素尿

hemoblast [ˈhiːməblæst] 成血细胞
  lymphoid h. of Pappenheim 帕彭海姆氏淋巴性成血细胞,原红细胞

hemocatheresis [ˌhiːməkəˈθerəsis] (*hemo-* + Gr. *kathairesis* destruction) 红细胞破坏

hemocatheretic [ˌhiːməkæθəˈretik] 红细胞破坏的

Hemoccult [ˈheməkʌlt] 潜血可测

hemocele [ˈhiːməsiːl] 血腔(昆虫)

hemocelom [ˌhiːməuˈsiːləm] ❶ 胚胎围心腔;❷ 血腔(昆虫)

hemocholecyst [ˌhiːməuˈkɔləsist] 胆囊积血

hemocholecystitis [ˌhiːməukəulisisˈtaitis] 出血性胆囊炎

hemochorial [ˌhiːməuˈkɔːriəl] (*hemo-* + *chorion*) 绒毛膜受血的

hemochromatosis [ˌhiːməukrəuməˈtəusis] (*hemo-* + *chromatosis*) 血色素沉着症,血色病

hemochromatotic [ˌhiːməukrəuməˈtɔtik] 血色素沉着的,血色素沉着症的

hemochrome [ˈhiːməkrəum] (*hemo-* + Gr. *chrōma* color) 血色原

hemochromogen [ˌhiːməuˈkrɔmədʒən] (*hemo-* + *chromo-* + *-gen*) 血色原
  hemoglobin h. 血红蛋白血色原

hemochromometer [ˌhiːməukrəˈmɔmitə] 血红蛋白计,血色计

hemocidal [ˌhiːməuˈsaidəl] (*hemo-* + L. *caedere* to kill) 破坏血细胞

hemoclasis [hiːˈmɔkləsis] (*hemo-* + Gr. *klasis* a breaking) 溶血,红细胞溶解

hemoclastic [hiːməˈklæstik] 溶血的,红细胞溶解的

hemoclip [ˈhiːməklip] 血管夹

hemocoagulin [ˌhiːməukəuˈægjulin] 蛇血凝素

hemococcidium [ˌhiːməukɔkˈsidiəm] 疟原虫

hemocoelom [ˌhiːməuˈsiːləm] (*hemo-* + *coelom*) ❶ 胚胎围心腔;❷ 血腔(昆虫)

hemocoeloma [ˌhiːməusiːˈləumə] (*hemo-* + *coeloma*) ❶ 胚胎围心腔;❷ 血腔(昆虫)

hemoconcentration [ˌhiːməukɔnsenˈtreiʃən] 血浓缩

hemoconia [ˌhiːməˈkəuniə] (*hemo-* + Gr. *konia* dust) 血尘

hemoconiosis [ˌhiːməukəuniˈəusis] 血尘病,血尘过多症

hemocrine [ˈhiːməkrin] (*hemo-* + Gr. *krinein* to secrete) 血液激素的

hemocrinotherapy [ˌhiːməuˌkrinəˈθerəpi] 血血激素疗法

hemocryoscopy [ˌhiːməukraiˈɔskəpi] (*hemo-* + *cryoscopy*) 血冰点测定法

hemoculture [ˌhiːməuˈkʌltʃə] (*hemo-* + *culture*) 血(细胞)培养

hemocuprein [ˌhiːməˈkjuːpriin] 血铜蛋白,超氧化物歧化醇

hemocyanin [ˌhiːməuˈsaiənin] 血青蛋白,血蓝蛋白,血蓝质
  keyhole-limpet h. (**KLH**) 钥孔蠘血蓝质

hemocyte [ˈhiːməsait] (*hemo-* + Gr. *kytos* hollow vessel) 血细胞

hemocytoblast [ˌhiːməˈsaitəblæst] (*hemocyte* + Gr. *blastos* germ) 成血细胞

hemocytoblastoma [ˌhiːməˌsaitəblæsˈtəumə] 成血细胞瘤,成骨髓细胞瘤

hemocytocatheresis [ˌhiːməˌsaitəkəˈθerisis] (*hemocyte* + Gr. *kathairesis* destruction) 红细胞破坏,红细胞溶解

hemocytogenesis [ˌhiːməuˌsaitəˈdʒenəsis] 血细胞生成

hemocytology [ˌhiːməusaiˈtɔlədʒi] 血细胞学

hemocytolysis [ˌhiːməsaiˈtɔlisis] 血细胞溶解,溶血作用

hemocytoma [ˌhiːməusaiˈtəumə] 成血细胞瘤

hemocytometer [ˌhiːməusaiˈtɔmitə] 血细胞计数器

hemocytometry [ˌhiːməusaiˈtɔmitri] (*hemo-* + Gr. *kytos* hollow vessel + Gr. *metron* measure) 血细胞计数,血细胞计量

hemocytophagia [ˌhiːməuˌsaitəˈfeidʒiə] (*hemocyte* + Gr. *phagein* to devour) 吞噬血细胞作用

hemocytophagic [ˌhiːməuˌsaitəˈfædʒik] 吞噬血细胞的

hemocytopoiesis [ˌhiːməuˌsaitəpɔiˈiːsis] 血细胞生成，血生成，造血

hemocytotripsis [ˌhiːməuˌsaitəˈtripsis] (*hemocyte* + Gr. *tribein* to rub) 血细胞压碎

hemodiagnosis [ˌhiːməuˌdaiəgˈnəusis] (*hemo-* + *diagnosis*) 验血诊断法

hemodialysis [ˌhiːməudaiˈæləsis] 血液透析，血液渗析

   high flux h. 高流量血液透析

hemodialyzer [ˌheməˈdaiəˌlaizə] 血液透析器

hemodiapedesis [ˌhiːməˌdaiəpiˈdiːsis] (*hemo-* + *diapedesis*) 血液渗出

hemodilution [ˌhiːməˈdaiˈljuːʃən] 血液稀释

hemodromograph [ˌhiːməuˈdrɔməgrɑːf] 血液流速描计器

hemodynamic [ˌhiːməˈdaiˈnæmik] 血液动力的

hemodynamics [ˌhiːməˈdaiˈnæmiks] (*hemo-* + Gr. *dynamis* power) 血流动力学

hemodynamometry [ˌhiːməˌdainəˈmɔmitri] 血压测定法

hemodystrophy [ˌhiːməˈdistrəfi] (*hemo-* + *dys-* + Gr. *trophē* nutrition) 血营养障碍

hemoendothelial [ˌhiːməiˌendəˈθiːliəl] (*hemo-* + *endothelium*) 血内皮的

Hemofil [ˈheməfil] 海莫非尔

hemofilter [ˈhiːməˌfiltə] 滤血器

hemofiltration [ˌhiːməfilˈtreiʃən] 血过滤

   continuous arteriovenous h. 连续性动静脉滤血

hemoflagellate [ˌhiːməˈflædʒəleit] 血鞭毛虫

hemofuscin [ˌhiːməˈfjuːsin] (*hemo-* + L. *fuscus* brown) 血褐素，血棕色素

hemogenesis [ˌhiːməˈdʒenəsis] 血细胞生成

hemogenic [ˌhiːməˈdʒenik] 血细胞生成的，造血的

hemoglobin [ˌhiːməˈɡləubin] 血红蛋白

   h. A 血红蛋白 A
   h. A_{Ic} 血红蛋白 A_{Ic}
   h. A_2 血红蛋白 A_2
   Bart's h. 巴尔特氏血红蛋白
   h. C 血红蛋白 C
   h. carbamate 氨基甲酸血红蛋白
   h. Chesapeake 切萨比克血红蛋白
   h. D 血红蛋白 D
   deoxygenated h. 还原血红蛋白
   h. E 血红蛋白 E
   h. F 胎儿血红蛋白
   "fast" h's 快泳血红蛋白
   fetal h. 胎儿血红蛋白
   glycosylated h. 糖化血红蛋白
   Gower h. 高尔氏血红蛋白
   h. Gun Hill 甘·希尔氏血红蛋白
   h. H 血红蛋白 H
   h. I 血红蛋白 I
   h. Lepore 莱普尔血红蛋白
   h. M 血红蛋白 M
   mean corpuscular h. 红细胞平均血红蛋白
   muscle h. 肌红蛋白
   oxidized h., oxygenated h. 氧合血红蛋白
   h. Rainier 雷尼尔血红蛋白
   reduced h. 还原血红蛋白
   h. S 血红蛋白 S
   h. Seattle 西雅图血红蛋白
   "slow" h's 慢泳血红蛋白
   h. Yakima 亚基马血红蛋白

hemoglobinated [ˌheməˈɡləbineitid] 含血红蛋白的

hemoglobinemia [ˌhiːməɡləubiˈniːmiə] 血红蛋白血症

hemoglobinocholia [ˌhiːməɡləubinəˈkɔliə] (*hemoglobin* + Gr. *chōle* bile + *-ia*) 血红蛋白胆汁

hemoglobinolysis [ˌhiːməɡləubinˈɔləsis] (*hemoglobin* + Gr. *lysis* dissolution) 血红蛋白分解

hemoglobinometer [ˌhiːməɡləubiˈnɔmitə] (*hemog-lobin* + *-meter*) 血红蛋白计

hemoglobinometry [ˌhiːməɡləubiˈnɔmitri] 血红蛋白测定法

hemoglobinopathy [ˌhiːməɡləubiˈnɔpəθi] (*hemoglobin* + Gr. *pathos* disease) 血红蛋白病

hemoglobinopepsia [ˌhiːməɡləubinəˈpepsiə] (*hemoglobin* + Gr. *pepsis* digestion) 血红蛋白分解

hemoglobinous [ˌheməˈɡləbinəs] 含血红蛋白的

hemoglobinuria [ˌhiːməɡləubiˈnjuəriə] 血

红蛋白尿
bacillary h. 杆菌性血红蛋白尿
bovine h. ① 得克萨斯热;② 牛血红蛋白尿
malarial h. 疟疾性血红蛋白尿
march h. 行军性血红蛋白尿
paroxysmal cold h. 阵发性寒冷性血红蛋白尿
paroxysmal nocturnal h.（PNH）阵发性夜间血红蛋白尿
toxic h. 中毒性血红蛋白尿
hemoglobinuric [ˌhi:məgləubi'njuərik] 血红蛋白尿的
hemogram ['heməgræm]（*hemo-* + Gr. *gramma* a writing）血像
hemohistioblast [ˌhi:mə'histiəˌblæst]（*hemo-* + Gr. *histos* tissue + *blastos* germ）成血细胞,原血细胞
hemokinesis [ˌheməki'ni:sis]（*hemo-* + Gr. *kinēsis* movement）血液流动
hemokinetic [ˌheməki'netik] 血液流动的,促进血液流动的
hemokonia [ˌhi:məu'kəuniə]（*hemo-* + Gr. *konia* dust）血尘
hemokoniosis [ˌhi:məuˌkəuni'əusis] 血尘病
hemolipase [ˌhi:məu'lipeis] 血脂酶
hemology [hi'mɔlədʒi] 血液学
hemolymph ['hi:məlimf]（*hemo-* + *lymph*）血淋巴
hemolymphangioma [ˌhi:məlimˌfændʒi'əumə] 血管淋巴瘤
hemolymphocytotoxin [ˌhi:məuˌlimfəˌsaitə'tɔksin] 血淋巴细胞毒素
hemolysate [hi'mɔliseit] 溶血产物
hemolysin [hi'mɔlisin]（*hemo-* + Gr. *lysis* dissolution）溶血素
   alpha h. ① α-溶血素;② 金黄色葡萄球菌 α 溶血毒素
   bacterial h. 细菌溶血素
   beta h. ① β-溶血素;② 金黄色葡萄球菌的 β 溶血素
   heterophile h. 异嗜性溶血素
   hot-cold h. 热冷溶血素
   immune h. 免疫溶血素
hemolysinogen [ˌhi:məulai'sinədʒən] 溶血素原
hemolysis [hi'mɔlisis]（*hemo-* + Gr. *lysis* dissolution）溶血,血细胞溶解
   alpha h. α-溶血
   beta h. β-溶血
   contact h. 接触性溶血
   gamma h. 丙种溶血
   immune h. 免疫溶血
   passive h. 被动溶血,间接溶血
   venom h. 蛇毒性溶血
hemolytic [hemə'litik] 溶血的
hemolyzable [ˌhemə'laizəbl] 可溶血的
hemolyzation [ˌhi:məlai'zeiʃən] 溶血作用
hemolyze ['heməlaiz] 溶血,引起溶血
hemomanometer [ˌhi:məməˈnɔmitə] 血压计
hemomediastinum [ˌhi:məˌmi:diæs'tainəm] 纵隔积血
hemometer [hi'mɔmitə] 血红蛋白计
hemometra [ˌhi:mə'mi:trə] 子宫积血
hemometry [hi'mɔmitri] 血成分测定法
hemonephrosis [ˌhi:mɔni'frəusis] 肾盂积血
hemopathic [ˌhi:mə'pæθik] 血液病的
hemopathology [ˌhi:məpə'θɔlədʒi]（*hemo-* + *pathology*）血液病理学
hemopathy [hi'mɔpəθi]（*hemo-* + *pathy*）血液病
hemopericardium [ˌhi:məˌperi'kɑ:diəm]（*hemo-* + *pericardium*）心包积血
hemoperitoneum [ˌhi:məˌperitə'ni:əm]（*hemo-* + *peritoneum*）腹腔积血
hemopexin [ˌhi:mə'peksin] 血液结合素,血凝酶
hemopexis [ˌhi:məu'peksis] 血凝固
hemophage ['hʌməfeidʒ] 噬红细胞(细胞)
hemophagocyte [ˌhi:mə'fægəsait]（*hemo-* + *phagocyte*）噬红细胞(细胞)
hemophagocytosis [ˌhi:məˌfægəsai'təusis] 噬红细胞作用
hemophil ['hi:məfil]（*hemo-* + Gr. *philein* to love）❶ 嗜血的;❷ 嗜血菌
hemophilia [ˌhi:mə'filiə]（*hemo-* + *-philia*）血友病
   h. A 血友病 A
   h. B. 血友病 B
   h. B, Leyden 莱登氏血友病 B
   h. C 血友病 C
   classical h. 典型血友病
   h. neonatorum 新生儿血友病,新生儿紫

癥
vascular h. 血管性血友病
hemophiliac [ˌhiːməˈfiliæk] 血友病者
hemophilic [ˌhiːməˈfilik] ❶嗜血的；❷血友病的
hemophilioid [ˌhiːməˈfiliɔid] (*hemophilia* + Gr. *eidos* form) 血友病样的
Hemophilus [hiˈmɔfiləs] 嗜血杆菌属
hemophilus [hiˈmɔfiləs] 嗜血杆菌
hemophobia [ˌhiːməˈfəubiə] 血恐怖
hemophoric [ˌhiːməuˈfɔrik] (*hemo-* + Gr. *phoros* bearing) 含血的，载血的
hemophotograph [ˌhiːməuˈfəutəɡrɑːf] 血细胞照片
hemophthalmia [ˌhiːmɔfˈθælmiə] (*hemo-* + Gr. *ophthalmos* eye) 眼球积血，眼球出血
hemophthalmos [ˌhiːmɔfˈθælməs] 眼球积血
hemophthalmus [ˌhiːmɔfˈθælməs] 眼球积血
hemophthisis [hiˈmɔfθisis] (*hemo-* + Gr. *phthisis* wasting) 贫血
hemopiezometer [ˌheməˌpaiəˈzɔmitə] (*hemo-* + Gr. *piesis* pressure + *meter*) 血压计
hemoplastic [ˌhiːməˈplæstik] 成血的
hemopleura [ˌhiːməˈpluərə] 血胸
hemopneumopericardium [ˌhiːməˌnjuːməˌperiˈkɑːdiəm] 血气心包
hemopneumothorax [ˌhiːməˌnjuːməˈθɔːræks] 血气胸
hemopoiesic [ˌhiːməpɔiˈiːsik] 生血的，造血的
hemopoiesis [ˌhiːməpɔiˈiːsis] 血生成，生细胞生成
hemopoietic [ˌhiːməpɔiˈiːtik] 生血的，造血的
hemopoietin [ˌhiːməpɔiˈiːtin] (*hemo-* + Gr. *poein* to make) 血细胞生成素
hemoposia [ˌhiːmɔˈpɔziə] (*hemo-* + Gr. *posis* drinking + *-ia*) 饮血
hemoprecipitin [ˌhiːməpriˈsipitin] 血沉淀素
hemoproctia [ˌhiːməˈprɔkʃiə] (*hemo-* + Gr. *proktos* anus) 直肠出血
hemoprotein [ˌheməˈprəutiin] 血红素蛋白
hemopsonin [ˌhiːmɔpˈsəunin] (*hemo-* + *opsonin*) 血调理素，红细胞调理素
hemoptic [hiˈmɔptik] 咯血的
hemoptoic [ˌhiːməpˈtɔik] 咯血的
hemoptysic [ˌheməpˈtisik] 咯血的
hemoptysis [heˈmɔptisis] (*hemo-* + Gr. *ptyein* to spit) 咯血

cardiac h. 心病性咯血
endemic h. 地方性咯血
Goldstein's h. 戈耳茨坦氏咯血
Manson's h. 曼森氏咯血，寄生虫性咯血
oriental h. 东方性咯血
parasitic h. 寄生虫性咯血
vicarious h. 代偿性咯血
hemopyelectasis [ˌhiːməpaiəˈlektəsis] (*hemo-* + Gr. *pyelos* pelvis + *ektasis* dilatation) 肾盂积血扩张
hemorheology [ˌhiːməriˈɔlədʒi] (*hemo-* + Gr. *rhoia* flow + *-logy*) 血液流变学
hemorrhachis [hiˈmɔrəkis] 脊髓出血，椎管内出血
hemorrhage [ˈhemərdʒ] (*hemo-* + Gr. *rhēgnynai* to burst forth) 出血
alveolar h. 牙槽出血
arterial h. 动脉出血
brain h. 脑出血
capillary h. 毛细血管出血
capsuloganglionic h. 内外囊神经节出血
cerebral h. 大脑出血
concealed h. 隐匿性出血
essential h. 自发性出血
expulsive h. 逐出性出血
external h. 外出血
extradural h. 硬膜外出血
fetomaternal h. 胎儿向母性出血
fibrinolytic h. 溶纤维蛋白性出血
flame-shaped h's 火焰状出血
internal h. 内出血
intracerebral h. 脑内出血
intracranial h. 颅内出血
intramedullary h. 脊髓出血
intrapartum h. 分娩时出血
massive h. 大出血
nasal h. 鼻出血，鼻衄
parenchymatous h. 实质性出血
h. per rhexin 破裂性出血
petechial h. 点状皮下出血
postpartum h. 产后出血
pulmonary h. 肺出血
punctate h. 点状出血
recurring h. 复发性出血
renal h. 肾出血
splinter h's 裂片形出血
spontaneous h. 自发性出血
subarachnoid h. 蛛网膜下出血

subdural h. 硬膜下出血
venous h. 静脉出血
hemorrhagenic [ˌheməˈdʒenik]（*hemorrhage* + Gr. *gennan* to produce）引起出血的
hemorrhagic [ˌheməˈreidʒik] 出血的
hemorrhagin [ˌheməˈreidʒin] 出血素
hemorrhagiparous [ˌheməˈdʒipərəs]（*hemorrhage* + L. *parere* to produce）引起出血的
hemorrhea [heməˈriːə] 大出血
hemorrheology [heməriˈɔlədʒi] 血液流变学
hemorrhoid [ˈheməroid]（Gr. *haimorrhois*）痔
 combined h. 混合痔
 external h. 外痔
 internal h. 内痔
 mixed h. 粘膜皮痔,混合痔
 mucocutaneous h. 混合痔
 prolapsed h. 脱痔
 strangulated h. 绞窄性痔
 thrombosed h. 栓塞性痔
hemorrhoidal [ˈheməroidəl] 痔的
hemorrhoidectomy [ˌheməroiˈdektəmi] 痔切除术
hemosalpinx [ˌhiːməˈsælpiŋks]（*hemo-* + Gr. *salpinx* tube）输卵管积血
hemoscope [ˈhiːməskəup] 血液分光镜
hemosiderin [ˌhiːməˈsidərin]（*hemo-* + Gr. *sidēros* iron）含铁血黄素
hemosiderinuria [ˌhiːməˌsidəriˈnjuəriə] 含铁血黄素尿
hemosiderosis [ˌhiːməˌsidəˈrəsis] 含铁血黄素沉着症
 hepatic h. 肝含铁血黄素沉积症
 pulmonary h. 肺含铁血黄素沉积症
hemospast [ˈhiːməspæst] ❶抽血器；❷吸杯,吸血杯
hemospermia [ˌhiːməˈspəːmiə]（*hemo-* + Gr. *sperma* seed + *-ia*）血性精液
hemosporian [ˌhiːməˈspɔriən] ❶血孢子虫；❷血孢子虫的
hemosporidian [ˌheməspɔˈridiən] ❶血孢子虫；❷血孢子虫的
hemostasia [ˌhiːməˈsteiziə] 止血法
hemostasis [hiˈmɔstəsis]（*hemo-* + Gr. *stasis* halt）止血法

hemostat [ˈhiːməstæt] ❶ 止血器；❷ 止血剂
hemostatic [ˌhiːməˈstætik]（*hemo-* + Gr. *statikos* standing）❶ 止血的；❷ 止血剂；止血药
 capillary h. 毛细管管止血药
hemostyptic [ˌhiːməˈstaiptik] ❶ 止血的；❷ 止血剂
hemotachometer [ˌhiːməutəˈkɔmitə]（*hemo-* + Gr. *tachos* swiftness + *metron* measure）血液流速计
hemotherapeutics [ˌhiːməˌθerəˈpjuːtiks] 血液疗法
hemotherapy [ˌhiːməˈθerəpi]（*hemo-* + Gr. *therapeia* treatment）血液疗法
hemothorax [ˌhiːməˈθɔːræks]（*hemo-* + Gr. *thōrax* chest）血胸
hemotoxic [ˌhiːməˈtɔksik] 血中毒的
hemotoxin [ˌhiːməˈtɔksin] 溶血毒素；血毒素
 cobra h. 眼镜蛇溶血毒素
hemotroph [ˈhiːmətrɔf]（*hemo-* + Gr. *trophē* nourishment）母血营养质
hemotrophe [ˈhiːmətrəf] 母血营养质
hemotrophic [ˌhiːməˈtrɔfik] 母血营养的
hemotropic [ˌhiːməˈtrɔpik] 亲血的,亲红细胞的
hemotropin [hiˈmɔtrəpin] 红细胞调理素
hemotympanum [ˌhiːməˈtimpənəm] 血鼓室,鼓室积血
hemovolumetry [ˌhiːməuvəˈljuːmitri] 血容量测定法
hemozoic [ˌhiːməˈzəuik] 血原虫的
hemozoin [ˌhiːməˈzəuin]（*hemo-* + Gr. *zōon* animal）疟原虫色素
hemozoon [ˌhiːməˈzəuən]（*hemo-* + Gr. *zōon* animal）血原虫
hempa [ˈhempə] 六甲基磷酸酰铵
hemuresis [ˌhemjuˈriːsis]（*hem-* + *uresis*）尿血
henbane [ˈhenbein] 莨菪
Hench [ˈhentʃ] 汉赤；Philip Showalter,美国医师
Hench-Aldrich test [ˈhentʃ ˈɔːldritʃ]（Philip S. *Hench*；Martha *Aldrich*, American biochemist, born 1897）汉-奥二氏试验
Hench-Rosenberg syndrome [hentʃ ˈrɔsen-

bɔːg] (Philip S. *Hench*; Edward Frank *Rosenberg*, American physician, born 1908) 汉-罗二氏综合征,复发性风

Henderson-Hasselbalch equation ['hendəsən 'hæselbɔːlk] (Lawtence Joseph *Henderson*, American chemist, 1878-1942; Karl A. *Hasselbalch*, Danish biochemist, 1874-1962) 汉-哈二氏方程式

Henderson-Jones disease ['hendəsən 'dʒɔnz] (Melvin Starkey *Henderson*, American orthopedic surgeon, 1883-1954; Hugh T. *Jones*, American orthopedic surgeon, 20th century) 汉-琼二氏病

Henke's space ['henkiz] (Philipp Jakob Wilhelm *Henke*, German anatomist, 1834-1896) 汉克氏间隙

Henle's loop ['henliz] (Friedrich Gustav Jakob *Henle*, German anatomist, 1809-1885) 汉勒氏袢

Henle-Coenen test ['henli 'kəunən] (Adolf Richard *Henle*, German surgeon, early 20th century; Hermann *Coenen*, German surgeon, 20th century) 汉-克二氏试验

Henning's sign ['heniŋz] (Wilhelm *Hennings*, German physician, 1716-1794) 亨宁氏征

Henoch's purpura ['henɔks] (Edouard Heinrich *Henoch*, German pediatrist, 1820-1910) 亨诺克氏紫癜

Henoch-Schönlein purpura ['henɔk 'ʃɔnliːn] (E. H. *Henoch*; Johann Lukas *Schönlein*, Gorman physician, 1793-1864) 亨-斯二氏紫癜

henogenesis [ˌhenə'dʒenəsis] (Gr. *hen* one + *genesis* origin) 个体发生,个体发育

Henry's law ['henriz] (Wileiam *Henry*, English chemist, 1774-1836) 亨利氏定律

henry ['henri] (Joseph *Henry*, American physicist, 1797-1878) 电感单位

Hensen's body ['hensənz] (Victor *Hensen*, German anatomist and physiologist, 1835-1924) 亨森氏体

Hensing's ligament ['hensiŋz] (Frederick Wilhelm *Hensing*, German anatomist, 1719-1745) 亨辛氏韧带

HEP (hepatoerythropoietic porphyria 的缩写) 肝原性红细胞卟啉病

Hepadnaviridae [hepˌædnə'viridi] 类乙型肝炎病毒

Hepadnavirus [hep'ædnəˌvairəs] (*hepat-* + *DNA* + *virus*) 类乙型肝炎病毒

hepadnavirus [he'pædnəˌvairəs] 类乙型肝炎家族病毒

hepar ['hepə] (Gr. *hēpar* liver) ❶ (NA) 肝; ❷ 肝制剂
  h. **adiposum** 脂肪肝
  h. **lobatum** 分叶肝
  h. **siccatum** 肝粉

heparan-α-glucosaminide N-acetyltransferase ['hepəræn] (EC 2.3.1.78) 乙酰肝素 α 氨基葡糖苷乙酰转移酶

heparan N-sulfatase ['hepəræn] 乙酰肝素 N-硫酸酯酶

heparan sulfate ['hepəræn] 硫酸乙酰肝素

heparan sulfate sulfamidase ['hepəræn] 硫酸乙酰肝素磺酰胺酶,乙酰肝素 N-硫酸酯酶

heparin ['hepərin] (Gr. *hēpar* liver) 肝素
  h. **calcium** (USP) 肝素钙
  h. **sodium** (USP) 肝素钠

heparinate ['hepəˌrineit] 肝素盐

heparinemia [ˌhepəri'niːmiə] 肝素血

heparinize ['hepəriˌnaiz] 肝素化

heparitin sulfate ['hepəritin] 硫酸乙酰肝素

hepatalgia [ˌhepə'tældʒiə] (*hepat-* + Gr. *algos* pain + *-ia*) 肝痛

hepatatrophia [ˌhepətə'trɔfiə] (*hepat-* + Gr. *atrophia* atrophy) 肝萎缩

hepatatrophy [ˌhepə'tætrəfi] 肝萎缩

hepatectomize [ˌhepə'tektəmaiz] 肝切除

hepatectomy [ˌhepə'tektəmi] (*hepat-* + *-ectomy*) 肝切除术

hepatic [hi'pætik] (L. *hepaticus*; Gr. *hēpatikos*) 肝的

hepatic(o)- (Gr. *hēpatikos* of the liver) 肝管,肝的

hepatic lipase [hə'pætik 'lipeis] 肝脂酶

hepaticocholangiojejunostomy [həˌpætiˌkɔkəˌlændʒiəˌdʒidʒu'nɔstəmi] 肝管胆管空肠吻合术

hepaticocholedochostomy [həˌpætikɔkəˌledə'kɔstəmi] 肝管胆总管吻合术

hepaticodochotomy [hiˌpætikədəˈkɔtəmi] 肝管切开术

hepaticoduodenostomy [hiˌpætikəˌdjuːədiˈnɔstəmi] 肝管十二指肠吻合术

hepaticoenterostomy [hiˌpætiˌkəuentəˈrɔstəmi] (*hepatico-* + Gr. *enteron* intestine + *stomoun* to provide with an opening, or mouth) 肝管小肠吻合术

hepaticogastrostomy [hiˌpætikəgæesˈtrɔstəmi] (*hepatico-* + Gr. *gastēr* stomach + *stomoun* to provide with an opening, or mouth) 肝管胃吻合术

hepaticojejunostomy [hiˌpætikəˌdʒiːdʒuˈnɔstəmi] (*hepatico-* + *jejunum* + Gr. *stomoun* to provide with an opening, or mouth) 肝管空肠吻合术

Hepaticola [ˌhepəˈtikələ] (*hepat-* + *colere* to inhabit) 肝毛细线虫属

hepaticoliasis [hiˌpætikəˈlaiəsis] 肝毛细线虫病

hepaticolithotomy [hiˌpætikəliˈθɔtəmi] 肝管切开取石术

hepaticolithotripsy [hiˌpætikəˈliθətripsi] 肝管碎石术

hepaticopulmonary [hiˌpætikəˈpʌlməˌnəri] 肝肺的

hepaticostomy [hiˌpætiˈkɔstəmi] (*hepatico-* + Gr. *stomoun* to provide with an opening, or mouth) 肝管造口术

hepaticotomy [hiˌpætiˈkɔtəmi] (*hepatico-* + Gr. *tomē* cutting) 肝管切开术

hepatic phosphorylase [həˈpætik fɔsˈfɔrəleis] 肝脏磷酸化酶

hepatic phosphorylase deficiency 肝脏磷酸化酶缺陷,糖原贮积症Ⅵ型

hepatic phosphorylase kinase [həˈpætik fɔsˈfɔrəleis ˈkineis] 肝脏磷酸化磷酸激酶

hepatic phosphorylase kinase deficiency 肝脏磷酸化酶激酶缺失

hepatin [ˈhepətin] 糖原

hepatism [ˈhepətizəm] 肝病状态

hepatitides [ˌhepəˈtaitidiːz] 肝炎。*hepatitis* 的复数形式

hepatitis [ˌhepəˈtaitis] (*hepat-* + *-itis*) 肝炎

  h. A 甲型肝炎

  acute parenchymatous h. 急性实质性肝炎

  alcoholic h. 酒精性肝炎

  amebic h. 阿米巴肝炎

  anicteric h. 无黄疸型病毒性肝炎

  autoimmune h. 自身免疫性肝炎

  h. B 乙型肝炎

  h. C 丙型肝炎

  canine virus h. 犬触染性肝炎

  cholangiolitic h. 毛细胆管炎性肝炎

  cholangitic h. 胆汁郁积性肝炎

  cholestatic h. ① 胆汁郁积性肝炎;② 药物性肝炎及胆汁郁积

  chronic active h. 慢性活动性肝炎

  chronic aggressive h. 慢性活动性肝炎

  chronic interstitial h. 慢性间质性肝炎

  chronic persisting h. 慢性迁延性肝炎

  h. contagiosa canis 犬触染性肝炎

  h. D 丁型肝炎

  delta h. 丁型肝炎

  duck virus h. 鸭病毒性肝炎

  h. E 戊型肝炎

  enterically transmitted non-A, non-B h. (ET-NANB) 戊型肝炎

  epidemic h. 传染性肝炎

  familial h. 家族性肝炎

  fulminant h. 暴发性肝炎

  giant cell h. 巨细胞性肝炎

  halothane h. 氟烷性肝炎

  homologous serum h. 同种血清肝炎

  infectious h. 传染性肝炎

  infectious necrotic h. of sheep 羊传染性坏死性肝炎,黑病

  inoculation h. 接种后肝炎

  long-incubation h. 长潜伏期肝炎,乙型病毒性肝炎

  lupoid h. 类狼疮性肝炎

  MS-1 h. 甲型病毒性肝炎

  MS-2 h. 乙型病毒性肝炎

  neonatal h. 新生儿肝炎

  neonatal giant cell h. 新生儿巨细胞性肝炎

  non-A, non-B h. 非甲非乙型肝炎

  plasma cell h. 浆细胞肝炎

  post-transfusion h. 输血后肝炎

  serum h. 血清肝炎

  short-incubation h. 短潜伏期肝炎

  subacute h. 亚急性肝炎

  toxic h. 中毒性肝炎

  transfusion h. 输血性肝炎

viral h. 病毒性肝炎
hepatization [ˌhepəti'zeiʃən] 肝样变
   gray h. 灰色肝样变
   red h. 红色肝样变
   yellow h. 黄色肝样变
hepatized ['hepətaizd] 肝样变的
hepat(o)- (Gr. *hēpar*, gen. *hēpatos* liver) 肝
hepatobiliary [ˌhepətə'biliˌəri] 肝胆的,肝胆管的
hepatoblastoma [ˌhepətəblæs'təumə] 肝胚细胞瘤
hepatobronchial [ˌhepətə'brɔnkiəl] 肝支气管的
hepatocarcinogenesis [ˌhepətəˌkæsinə'dʒenəsis] 肝癌发生
hepatocarcinogenic [ˌhepətəˌkæsinə'dʒenik] 引起肝癌的
hepatocarcinoma [ˌhepətəˌkɑːsi'nəumə] 肝癌
hepatocele [he'pætəsiːl] (*hepato* + Gr. *kēlē* hernia) 肝突出
hepatocellular [ˌhepətə'seljulə] 肝细胞的
hepatocholangeitis [ˌhepətəkəˌlændʒi'aitis] 肝胆管炎
hepatocholangiocarcinoma [ˌhepətəkəˌlændʒiəˌkɑːsi'nəumə] 胆管肝细胞癌
hepatocholangioduodenostomy [ˌhepətəkəˌlændʒiəˌdjuədeˈnɔstəmi] 肝管十二指肠吻合术
hepatocholangioenterostomy [ˌhepətəkəˌlændʒiəˌentəˈrɔstəmi] (*hepato-* + Gr. *cholē* bile + *angeion* vessel + *enteron* intestine + *stomoun* to provide with an opening, or mouth) 肝管小肠吻合术
hepatocholangiogastrostomy [ˌhepətəkəˌlændʒiəgæsˈtrɔstəmi] 肝管胃吻合术
hepatocholangiostomy [ˌhepətəkəˌlændʒiˈɔstəmi] 肝管造口引流术
hepatocholangitis [ˌhepətəˌkɔlænˈdʒaitis] 肝胆管炎
hepatocirrhosis [ˌhepətəsiˈrəusis] (*hepato-* + *cirrhosis*) 肝硬变
hepatocolic [ˌhepətəˈkɔlik] 肝结肠的
hepatocuprein [ˌhepətəˈkjuːpriin] 肝铜蛋白,超氧化物歧化酶
hepatocystic [ˌhepətəˈsaistik] 肝胆囊的
Hepatocystis [ˌhepətəˈsaistis] (*hepato-* + *cyst*) 肝囊原虫属
hepatocyte ['hepətəsait] 肝细胞
hepatoduodenostomy [ˌhepətəˌdjuːədiˈnɔstəmi] (*hepato-* + *duodenum* + Gr. *stomoun* to provide with an opening, or mouth) 肝十二指肠吻合术
hepatodynia [ˌhepətəˈdainiə] (*hepato-* + Gr. *odynē* pain) 肝痛
hepatodystrophy [ˌhepətəˈdistrəfi] 急性黄色肝萎缩
hepatoenteric [ˌhepətənˈterik] 肝小肠的
hepatoenterostomy [ˌhepətəˌentəˈrɔstəmi] 肝肠吻合术
hepatoflavin [ˌhepətəˈfleivin] 肝核黄素
hepatofugal [ˌhepəˈtɔfjugəl] (*hepato-* + L. *fugere* to flee from) 离肝的
hepatogastric [ˌhepətəˈgæstrik] 肝胃的
hepatogenic [ˌhepətəˈdʒenik] ❶ 生肝的; ❷ 肝原性的
hepatogenous [ˌhepətəˈdʒenəs] ❶ 肝原性的; ❷ 生肝的
hepatoglobin [ˌhepətəˈgləubin] 肝球蛋白
hepatogram ['hepətəgræm] ❶ 肝搏动描记波; ❷ 肝 X 线照片
hepatography [ˌhepəˈtɔgrəfi] (*hepato-* + Gr. *graphein* to record) ❶ 肝脏论; ❷ 肝搏动描记法; ❸ 肝 X 线照相术
hepatoid ['hepətɔid] (*hepato-* + Gr. *eidos* form) 肝样的
hepatojugular [ˌhepətəˈdʒʌgjulə] 肝颈静脉的
hepatolenticular ['hepətələnˈtikjulə] 肝豆状核的
hepatolienal [ˌhepətəliˈiːnəl] 肝脾的
hepatolienography [ˌhepətəˌlaiəˈnɔgrəfi] (*hepato-* + L. *lien* spleen + Gr. *graphein* to record) 肝脾 X 线照相术
hepatolienomegaly [ˌhepətəˌlaiənəˈmegəli] 肝脾肿大
hepatolith ['hepətəliθ] (*hepato-* + Gr. *lithos* stone) 肝石,肝胆管结石
hepatolithectomy [ˌhepətəliˈθektəmi] (*hepato-* + Gr. *lithos* stone + *ektomē* excision) 肝石切除术
hepatolithiasis [ˌhepətəliˈθaiəsis] (*hepato-* + *lithiasis*) 肝石病
hepatologist [ˌhepəˈtɔlədʒist] 肝脏病学家
hepatology [ˌhepəˈtɔlədʒi] (*hepato-* + -*lo-*

gy）肝脏病学
hepatolysin [ˌhepəˈtɔlisin] 溶肝素
hepatolysis [ˌhepəˈtɔlisis] (*hepato-* + Gr. *lysis* dissolution) 肝细胞溶解
hepatolytic [ˌhepətəˈlitik] 溶肝的,溶解肝细胞的
hepatoma [ˌhepəˈtəumə] ❶ 肝脏肿瘤; ❷ 肝细胞癌
    fibrolamellar h. 层状纤维癌
    malignant h. 肝细胞癌
hepatomalacia [ˌhepətəuməˈleiʃiə] (*hepato-* + Gr. *malakia* softening) 肝软化
hepatomegalia [ˌhepətəuməˈgeiliə] (*hepato-* + Gr. *megas* big) 肝肿大
hepatomegaly [ˌhepətəuˈmegəli] 肝肿大
hepatomelanosis [ˌhepətəuˌmeləˈnəusis] 肝黑变病
hepatometry [ˌhepəˈtɔmitri] 肝测量
hepatomphalocele [ˌhepəˈtɔmfələsiːl] 脐部肝膨出
hepatomphalos [ˌhepəˈtɔmfələs] (*hepat-* + Gr. *omphalos* navel) 脐部肝膨出
hepatonecrosis [ˌhepətəuneˈkrəusis] 肝坏死
hepatonephric [ˌhepətəuˈnefrik] 肝肾的
hepatonephritic [ˌhepətəunəˈfraitik] 肝肾炎的
hepatonephritis [ˌhepətəunəˈfraitis] (*hepato-* + Gr. *nephros* kidney) 肝肾炎
hepatonephromegaly [ˌhepətəuˌnefrəuˈmegəli] (*hepato-* + Gr. *nephros* kidney + *megas* large) 肝肾大
hepatopancreas [ˌhepətəuˈpæŋkriːs] 肝胰腺
hepatopath [ˈhepətəpæθ] 肝病患者
hepatopathy [ˌhepəˈtɔpəθi] (*hepato-* + Gr. *pathos* disease) 肝病
hepatoperitonitis [ˌhepətəuˌperitəuˈnaitis] (*hepato-* + *peritonitis*) 肝腹膜炎
hepatopetal [ˌhepəˈtɔpitəl] (*hepato-* + L. *petere* to seek) 向肝的
hepatopexy [ˌhepətəuˈpeksi] (*hepato-* + Gr. *pēxis* fixation) 肝固定术
hepatophage [ˈhepətəfeidʒ] (*hepato-* + Gr. *phagein* to eat) 噬肝巨细胞
hepatophlebitis [ˌhepətəuﬂiˈbaitis] 肝静脉炎
hepatophlebography [ˌhepətəuﬂiˈbɔgrəfi] 肝静脉造影术
hepatophyma [ˌhepətəˈfaimə] 肝脓肿
hepatopleural [ˌhepətəuˈpluərəl] 肝胸膜的
hepatopneumonic [ˌhepətəunjuˈmɔnik] (*hepato-* + Gr. *pneumonikos*) 肝肺的
hepatoportal [ˌhepətəuˈpɔːtəl] 肝门静脉的
hepatoptosis [ˌhepətəpˈtəusis] (*hepato-* + Gr. *ptōsis* falling) 肝下垂
hepatopulmonary [ˌhepətəuˈpʌlmənəri] 肝肺的
hepatorenal [ˌhepətəuˈriːnəl] 肝肾的
hepatorrhagia [ˌhepətəuˈreidʒiə] (*hepato-* + Gr. *rhēgnynai* to burst forth) 肝出血
hepatorrhaphy [ˌhepəˈtɔrəfi] (*hepato-* + Gr. *rhaphē* suture) 肝修补术
hepatorrhea [ˌhepətəˈriə] (*hepato-* + Gr. *rhoia* flow) 肝液溢
hepatorrhexis [ˌhepətəˈreksis] (*hepato-* + Gr. *rhēxis* rupture) 肝破裂
hepatoscan [ˈhepətəskæn] 肝闪烁扫描
hepatoscopy [ˌhepəˈtɔskəpi] (*hepato-* + Gr. *skopein* to examine) 肝检查
hepatosis [ˌhepəˈtəusis] 肝机能障碍
    serous h. 浆液性肝机能障碍
hepatosolenotropic [ˌhepətəsəuˌliːnəuˈtrɔpik] (*hepato-* + Gr. *sōlēn* a channel, gutter, pipe + *tropē* a turn, turning) 向毛细胆管的
hepatosplenitis [ˌhepətɔspliˈnaitis] 肝脾炎
hepatosplenography [ˌhepətɔspləˈnɔgrəfi] 肝脾X线照相术
hepatosplenomegaly [ˌhepətɔˌsplenəuˈmegəli] (*hepato-* + Gr. *splēn* spleen + *megas* big) 肝脾大
hepatosplenometry [ˌhepətəuspliˈnɔmitri] 肝脾测量
hepatosplenopathy [ˌhepətəuspliˈnɔpəθi] 肝脾病
hepatostomy [ˌhepəˈtɔstəmi] (*hepato-* + Gr. *stoma* mouth) 肝造口术
hepatotherapy [ˌhepətəˈθerəpi] (*hepato-* + Gr. *therapeia* treatment) 肝质疗法
hepatothrombin [ˌhepətəˈθrɔmbin] 肝凝血酶
hepatotomy [ˌhepəˈtɔtəmi] (*hepato-* + Gr. *tomē* a cutting) 肝切开术
    transthoracic h. 经胸腔的肝切开术

hepatotoxemia [ˌhepətəˈtɔksiːmiə] 肝原性毒血症

hepatotoxic [ˌhepətəuˈtɔksik] 肝细胞毒的

hepatotoxicity [ˌhepətəutɔkˈsisiti] 肝细胞毒性

hepatotoxin [ˌhepətəuˈtɔksin] (*hepato-* + *toxin*) 肝细胞毒素

hepatotropic [ˌhepətəuˈtrɔpik] (*hepato-* + Gr. *tropos* a turning) 亲肝的

hepatoxic [ˌhepəˈtɔksik] 肝细胞毒的

Hepatozoon [ˌhepətəuˈzuːn] (*hepato-* + Gr. *zōon* animal) 肝簇虫属

hepatozoonosis [ˌhepətəuˌzuːˈnəusis] 肝簇虫病

Hepicebrin [ˌhepiˈsibrin] 海比塞布林: 维生素 B6 制剂的商品名

hept-, hepta- (Gr. *hepta* seven) 七

heptabarbital [ˌheptəˈbɑːbitəl] 庚巴比妥

heptachromic [ˌheptəˈkrɔmik] (*hepta-* + Gr. *chrōma* color) ❶ 七色的; ❷ 全色的

heptad [ˈheptæd] 七价元素

heptadactylia [ˌheptədækˈtiliə] 七指(趾)畸形

heptadactylism [ˌheptəˈdæktilizəm] 七指(趾)畸形

heptadactyly [ˌheptəˈdæktili] (*hepta-* + Gr. *daktylos* finger) 七指(趾)畸形

heptaene [ˈheptəiːn] 庚烯

-heptaene 庚烯

heptanal [ˈheptənəl] 庚醛

heptanoate [ˌheptəˈnəueit] 七肽

heptanoic acid [ˌheptəˈnəuik] 庚酸

heptapeptide [ˌheptəˈpeptaid] 七肽

heptatomic [ˌheptəˈtɔmik] 七价的

heptavalent [ˈheptəˌvælənt] (*hepta-* + L. *valere* to be able) 七价的

Heptavax-B [ˈheptəvæks] 海波特瓦克斯 B: 乙型肝炎疫苗制剂的商品名

heptoglobin [ˌheptəuˈglɔbin] 庚珠蛋白

heptoglobinemia [ˌheptəuglɔbiˈniːmiə] 庚珠蛋白血症

heptose [ˈheptəus] (*hept-* + *-ose*) 庚糖

heptosuria [ˌheptəuˈsjuriə] 庚糖尿症

herb [həːb] (L. *herba*) 草药
  death's h. 颠茄
  vulnerary h. 愈创草

herbaceous [həˈbeiʃəs] 草的

herbal [ˈhəːbəl] 本草书

herbalist [ˈhəːbəlist] 草药医

Herbert's operation (Major Herbert *Herbert*, English ophthalmic surgeon in India, 1865-1942) 赫伯特氏手术

herbicide [ˈhəːbisaid] (L. *herba* herb + *caedere* to kill) 除莠剂

herbivore [ˈhəːbivɔː] 食草动物

herbivorous [həˈbivərəs] (L. *herba* herb + *vorare* to eat) 食草的

Herb. recent. (L. *herbarium recentium* 的缩写) 鲜草

Herbst's corpuscles [ˈhəbsts] (Ernst Friedrich Gustav *Herbst*, German physician, 1803-1893) 赫伯斯特氏小体

hereditable [həˈreditəbl] 可遗传的

hereditary [həˈreditəri] (L. *hereditarius*) 遗传的

hereditation [hiˌrediˈteiʃən] 遗传作用, 遗传影响

heredity [həˈrediti] (L. *hereditas*) ❶ 遗传; ❷ 遗传体质
  autosomal h. 常染色体遗传
  X-linked h. X 连锁遗传

heredoataxia [ˌherədəuəˈtæksiə] 遗传性共济失调

heredodegeneration [ˌhəridɔdiˌdʒenəˈreiʃən] 遗传性变性

heredodiathesis [ˌheridɔdiˈæθəsis] (L. *heres* heir + *diathesis*) 遗传素质

heredofamilial [ˌheridəfəˈmiliəl] 家族遗传性的

heredoinfection [ˌheridɔinˈfekʃən] 先天感染

heredolues [ˌheridɔˈluiz] 先天梅毒

heredoluetic [ˌheridɔluˈetik] 先天梅毒的

heredopathia [ˌheridɔˈpæθiə] 遗传病
  h. atactica polyneuritiformis 多神经炎型遗传性运动失调

heredoretinopathia congenita [ˌheridɔˌretinəuˈpæθiə kənˈdʒenitə] (L.) 遗传性视网膜病

heredosyphilis [ˌheridɔˈsifilis] 先天梅毒

heredosyphilitic [ˌheridɔˌsifiˈlitik] 先天梅毒者

heredosyphilology [ˌheridɔˌsifiˈlɔlədʒi] 先天梅毒学

Herellea [həˈreliə] 赫尔菌属
  H. vaginicola 阴道赫尔菌

Hering's law ['heriŋz] (Karl Ewald Constantin *Hering*, German physiologist, 1834-1918) 赫林氏定律

Hering's nerve ['heriŋz] (Heinrich Ewald *Hering*, German physiologist, 1866-1948) 赫林氏神经

Hering-Breuer reflex ['heriŋ 'brɔiə] (H. E. *Hering*; Josef Robert *Breuer*, Austrian physician, 1842-1925) 赫-布二氏反射

heritability [ˌheritəˈbiliti] ❶ 可遗传性; ❷ 遗传力

heritable ['heritəbəl] 可遗传的

heritage ['heritidʒ] 遗传质, 遗传性

Herlitz's disease ['hə:litz] (Carl Gillis *Herlitz*, Swedish pediatrician, born 1902) 赫勒茨氏病

Hermansky-Pudlak syndrome [hə:ˈmænski 'pu:dlæk] (F. *Hermansky*, Czechoslovakian internist, 20th century; P. *Pudlak*, Czechoslovakian internist, 20th century) 赫-布二氏综合征

hermaphrodism [hə:ˈmæfrədizəm] 两性畸形

hermaphrodite [hə:ˈmæfrədait] (Gr. *hermaphroditos*) 两性体, 半阴阳体, 雌雄同体
　pseudo-h. 假两性体
　true h. 真两性体

hermaphroditic [hə:ˈmæfrədaitik] 两性畸形的

hermaphroditism [hə:ˈmæfrədaiˌtizəm] (Gr. *hermaphroditos*) 两性畸形
　bilateral h. 双侧两性畸形
　false h. 假两性畸形
　lateral h. 异侧两性畸形
　spurious h. 假两性畸形
　transverse h. 内外异性畸形
　true h. 真两性畸形
　unilateral h. 单侧两性畸形

hermaphroditismus [hə:ˌmæfrədiˈtizməs] 两性畸形
　h. verus 真两性畸形
　h. verus bilateralis 双侧两性畸形
　h. verus lateralis 异侧两性畸形
　h. verus unilateralis 单侧两性畸形

Hermetia illucens [hə:ˌmeʃiə iˈlju:sənz] 光亮扁角水虻

hermetic [hə:ˈmetik] (L. *hermeticus*) 气密的; 不漏气的

hermetically [hə:ˈmetikəli] 密闭地

hermophilia [ˌhə:məuˈfiliə] 汞剂癖

hernia ['hə:niə] (L.) 疝
　abdominal h. 腹疝
　acquired h. 后天性疝
　h. adiposa 脂肪疝
　axial hiatal h. 裂孔疝
　Barth's h. 巴尔特氏疝
　Béclard's h. 贝克拉尔氏疝
　Birkett's h. 伯基特氏疝
　Bochdalek's h. 搏赫达勒克氏疝
　cecal h. 盲肠疝
　cerebral h., h. cerebri 脑疝
　Cloquet's h. 克洛凯氏疝
　complete h. 全疝
　concealed h. 隐匿性疝
　congenital h. 先天性疝
　congenital diaphragmatic h. 先天性膈疝
　Cooper's h. 库伯氏疝
　crural h. 股疝
　diaphragmatic h. 膈疝
　direct h. 直疝
　diverticular h. 憩室疝
　dry h. 粘连性疝
　duodenojejunal h. 十二指肠空肠窝疝
　encysted h. 包绕性腹股沟疝
　epigastric h. 上腹疝
　external h. 外疝
　extrasaccular h. 滑动疝
　fat h. 脂肪疝
　femoral h. 股疝
　foraminal h. 网膜孔疝
　gastroesophageal h. 胃食管疝
　Grynfeltt h. 格林费尔特氏疝
　Hesselbach's h. 黑塞尔巴赫氏疝
　Hey's h. 黑氏疝, 包绕性腹股沟疝
　hiatal h., hiatus h. 裂孔疝
　Holthouse's h. 霍尔特豪斯疝
　incarcerated h. 箝闭性疝
　incisional h. 切口疝
　incomplete h. 不全疝
　indirect h. 斜疝
　infantile h. 婴儿型疝
　inguinal h. 腹股沟疝
　inguinocrural h., inguinofemoral h. 腹股沟股疝
　inguinoproperitoneal h. 腹股沟腹膜前疝

inguinosuperficial h. 腹股沟浅疝
intermuscular h., interparietal h. 腹肌间疝,膜壁间疝
internal h. 内疝
intersigmoid h. 乙状结肠间疝
interstitial h. 腹壁间层疝
intra-abdominal h., intraperitoneal h. 腹腔内疝,腹膜内疝
h. of the iris 虹膜疝
irreducible h. 难复性疝
ischiatic h. 坐骨孔疝
ischiorectal h. 坐骨直肠窝疝
Krönlein's h. 克伦来因氏疝
labial h. 阴唇疝
labial h., posterior 阴唇后疝
Laugier's h. 洛日埃氏疝
levator h. 阴部疝
Littre's h. 利特雷氏疝,憩室疝
lumbar h. 腰疝
mesenteric h. 肠系膜疝
mesocolic h. 结肠系膜疝
Morgagni's h. 莫尔加尼氏疝
oblique h. 斜疝
obturator h. 闭孔疝
omental h. 网膜疝
ovarian h. 卵巢疝
paraduodenal h. 十二指肠旁疝
paraesophageal h. 食管旁疝
parahiatal h. 裂孔旁疝
paraperitoneal h. 腹膜旁疝
parasaccular h. 滑动疝
parietal h. 肠壁疝
pectineal h. 耻骨下股疝
perineal h. 会阴疝
Petit's h. 波替氏疝
prevascular h. 血管前疝
properitoneal h. 腹膜前疝
pudendal h. 阴部疝
pulsion h. 内压性疝
rectovaginal h. 直肠阴道疝
reducible h. 可复性疝
retrocecal h. 盲肠后疝
retrograde h. 逆行性疝
retroperitoneal h. 腹膜后疝
retrovascular h. 血管后疝
Richter's h. 里希特氏疝
Rieux's h. 里厄氏疝
Rokitansky's h. 罗基坦斯基氏疝
rolling h. 滚动疝
sciatic h. 坐骨大孔疝
scrotal h. 阴囊疝
Serafini's h. 瑟瑞非尼氏疝
sliding h. 滑动性疝
sliding hiatal h. 滑动性裂孔疝
slip h., slipped h. 滑动性疝
spigelian h. 斯皮格尔氏疝
strangulated h. 绞窄性疝
synovial h. 滑膜疝
tonsillar h. 扁桃体疝
Treitz's h. 特瑞茨氏疝
umbilical h. 脐疝
h. uteri inguinale 腹股沟子宫突出
uterine h. 子宫疝
vaginal h. 阴道疝
vaginal h., posterior 阴道后疝
vaginolabial h. 阴道阴唇疝
Velpeau's h. 维尔波氏疝
ventral h. 腹壁疝
vesical h. 膀胱疝
w h. 逆行性疝

hernial ['hə:niəl] 疝的
herniated ['hə:ni‚eitid] 成疝的,突出的
herniation [‚hə:ni'eiʃən] 疝形成,突出
　caudal transtentorial h. 尾侧幕疝形成
　h. of intervertebral disk 椎间盘突出
　h. of nucleus pulposus 髓核突出
　painful fat h. 痛性脂肪疝
　tentorial h. 幕疝形成
　tonsillar h. 扁桃体疝形成
　transtentorial h. 幕疝形成
　uncal h. 幕疝形成
hernioappendectomy [‚hə:niəu‚əpən'dektəmi] 疝阑尾切除术
hernioenterotomy [‚hə:niə‚entə'rɔtəmi] 肠疝切开术
hernioid ['hə:niɔid] 疝样的
herniolaparotomy [‚hə:niəu‚læpə'rɔtəmi] 剖腹治疝术
herniology [‚hə:ni'ɔlədʒi] (*hernia* + *-logy*) 疝学
hernioplasty ['hə:niə‚plæsti] 疝修复术
herniopuncture [‚hə:niəu'pʌŋktʃə] (*hernia* + *puncture*) 疝穿刺术
herniorrhaphy [‚hə:ni'ɔrəfi] (*hernia* + Gr. *rhaphē* suture) 疝修补术
herniotomy [‚hə:ni'ɔtəmi] (*hernia* + Gr.

heroin [ˈherəuin] 海洛因
Herophilus of Chalcedon [həˈrɔfiləs] 赫罗菲勒斯:古希腊医师和部分学家
herpangina [ˌhəpænˈdʒainə] (*herpes* + *angina*) 疱疹性咽峡炎
herpes [ˈhə:pi:z] (L.; Gr. *herpēs* a spreading cutaneous eruption, from *herpein* to creep) 疱疹
 h. **corneae** 角膜疱疹
 h. **digitalis** 指(单纯)疱疹
 h. **facialis** 面疱疹
 h. **febrilis** 发热性疱疹
 genital h., h. **genitalis** 生殖器疱疹
 h. **gestationis** 妊娠疱疹
 h. **gladiatorum** 外伤性疱疹
 h. **labialis** 发热性疱疹
 ocular h. 眼疱疹
 h. **ophthalmicus** 眼(部)带状疱疹
 h. **progenitalis** 外生殖器疱疹
 h. **simplex** 单纯疱疹
 traumatic h. 外伤性疱疹
 wrestler's h. 摔跤者疱疹
 h. **zoster** 带状疱疹
 h. **zoster auricularis** 耳部带状疱疹
 h. **zoster ophthalmicus** 眼部带状疱疹
 h. **zoster oticus** 耳部带状疱疹
herpesencephalitis [ˌhə:pi:zenˌsefəˈlaitis] 疱疹脑炎
Herpesviridae [ˌhəpizˈvairidi] 疱疹病毒
herpesvirus [ˈhəpizˌvairəs] (*herpes* + *virus*) 疱疹病毒
 bovine h.1 牛疱疹病毒Ⅰ型
 bovine h.2 牛疱疹病毒Ⅱ型
 cercopithecine h.1 B型病毒
 equine h.1 马疱疹病毒Ⅰ型
 equine h.3 马疱疹病毒Ⅲ型
 gallid h.2 咖里德病毒Ⅱ型
 gallid h.3 咖里德病毒Ⅲ型
 human h.1 人类疱疹病毒Ⅰ型
 human h.2 人类疱疹病毒Ⅱ型
 human h.3 人类疱疹病毒Ⅲ型
 human h.4 人类疱疹病毒Ⅳ型
 human h.5 人类疱疹病毒Ⅴ型
 human h.6 人类疱疹病毒Ⅵ型
 suid h.1 假狂犬病病毒
Herpesvirus hominis [ˈhəpizˌvairəs ˈhɔminis] 人类疱疹病毒

herpetic [həˈpetik] (L. *herpeticus*) 疱疹的
herpetiform [həˈpetifɔ:m] (*herpet-*(1) + L. *forma* form) 疱疹样的
herpetism [ˈhə:pitizm] 疱疹素质,疱疹体质
herpet(o)- (Gr. *herpeton* creeping thing, crawler, reptile, from *herpein* to creep) ❶疱疹;❷爬行动物
herpetologist [ˌhəpiˈtɔlədʒist] 爬虫学家
herpetology [ˌhəpiˈtɔlədʒi] (*herpeto-*(2) + *-logy*) 爬虫学
herpetophobia [həˌpitəuˈfəubiə] 爬虫恐惧症
Herpetosoma [həˌpitəuˈsəumə] (*herpeto-*(2) + Gr. *soma* body) 爬虫属
Herplex [ˈhə:pleks] 疱疹净:碘苷制剂的商品名
Herring bodies [ˈheriŋ] (Percy Theodore *Herring*, English physiologist, 1872-1967) 赫林氏体
Herrmann's syndrome [ˈhə:mənz] (Christian *Herrmann*, Junior, American physician, born 1921) 赫尔曼氏综合征
Hers' disease [ɛəz] (Henri-Géry *Hers*, Belgian physiologist and biochemist, 20th century) 赫尔斯氏病,糖原累积病
hersage [ɛəˈsɑ:ʒ] (Fr. "combing") 神经纤维松解法
Hershey [ˈhə:ʃei] 赫什:Alfred Day,美国生物学家
Herter's disease [ˈhə:təz] (Christian Archibald *Herter*, American physician, 1865-1910) 赫脱氏病
Herter-Heubner disease [ˈhə:tə ˈhɔibnə] (C. A. *Herter*; Johann Otto Leonhard *Heubner*, German pediatrician, 1843-1926) 赫-霍二氏病
Hertig-Rock ova [ˈhə:tig rɔk] (Arthur Tremain *Hertig*, American pathologist, 1904-1990; John *Rock*, American gynecologist, 1890-1984) 赫-罗二氏受精卵
Hertwig's sheath [ˈhətviks] (Richard Carl Wilhelm Theodor von *Hertwig*, German zoologist) 赫特维希氏鞘,上皮鞘(毛根鞘)
Hertwig-Magendie phenomenon [ˈhətvik mɑ:ʒɑ:nˈdi:] (R. C. W. T. von *Hertwig*;

Firancois *Magendie*, French physiologist 1783-1855) 赫-马二氏现象,(眼球)反侧偏斜

hertz [ˈhəːtz] 赫兹

Herxheimer's fibers [ˈhəːkshaiməz] (Karl *Herxheimer*, German dermatologist, 1861-1944) 赫克斯海默氏纤维

Heryng's sign [ˈheriŋz] (Teodor *Heryng*, Polish laryngologist, 1847-1925) 赫令氏征

Heschl's convolution [ˈheʃəlz] (Richard L. *Heschl*, Austrian pathologist, 1824-1881) 黑索氏回

hesperidin [hesˈperidin] 橙皮甙,桔皮甙

Hess [hes] 海斯:Walter Rudolf, 瑞士生理学家

Hess capillary test [hes] (Alfred Fabian *Hess*, American physician, 1875-1933) 黑斯氏毛细血管脆性试验

Hesselbach's hernia [ˈhesəlbɑːks] (Franz Kaspar *Hesselbach*, German surgeon, 1759-1816) 黑塞耳巴赫氏疝

hetacillin [ˌhetəˈsilin] (USP) 海他西林,异亚丙氨苄青霉素

　h. potassium (USP) 海他西林钠

hetaflur [ˈhetəflueə] 氢氟酸十六胺

hetastarch [ˈhetəstɑːtʃ] 羟乙基淀粉

HETE (hydroxyeicosatetraenoic acid 的缩写) 羟基二十碳四烯酸

heteradelphus [ˌhetərəˈdelfəs] (*heter*- + Gr. *adelphos* brother) 大小体联胎畸胎

heteradenoma [ˌhetərædiˈnəumə] 异型腺瘤

Heterakis [ˌhetərˈækis] (*heter*- + Gr. *akis* pointed object) (鸡)异刺线虫

heteralius [ˌhetəˈreiliəs] (*heter*- + Gr. *halios* fruitless) 显著性大小联胎畸胎

heterauxesis [ˌhetərɔːkˈziːsis] (*heter*- + Gr. *auxēsis* growth) 不对称发育

heteraxial [ˌhetəˈræksiəl] (*heter*- + *axis*) 长短不等轴的

heterecious [ˌhetəˈreʃəs] (*heter*- + Gr. *oikos* house) 异栖的,异种寄生性的

heterecism [ˌhetəˈresizəm] 异栖,异种寄生

heterergic [ˌhetəˈrəːdʒik] (*heter*- + Gr. *ergon* work) ❶ 有不同影响的;❷ 不同效的

heteresthesia [ˌhetərisˈθiːziə] (*heter*- + Gr. *aisthēsis* perception) 差异感觉

heter(o)- (Gr. *heteros* other, different) 异,不同,异常

heteroagglutination [ˌhetərəuˌægluːtiˈneiʃən] 异种凝集

heteroagglutinin [ˌhetərəuəˈgluːtinin] 异种凝集素

heteroalbumose [ˌhetərəˈælbjuməus] 杂朊,异朊,不溶性半(蛋白)朊

heteroalbumosuria [ˌhetərəˌælbjuməuˈsjuəriə] 杂朊尿

heteroantibody [ˌhetərəuˌæntiˈbɔdi] 异种抗体,特异性抗体抗原

heteroantigen [ˌhetərəuˈæntidʒən] 异种抗原

heteroatom [ˌhetərəˈætəm] (*hetero*- + *atom*) 杂原子

Heterobilharzia [ˌhetərəbilˈhɑːziə] 杂裂体吸虫属

　H. americana 美州杂裂体吸虫

heteroblastic [ˌhetərəuˈblæstik] (*hetero*- + Gr. *blastos* germ) 异生的

heterocellular [ˌhetərəuˈseljulə] 异种细胞的

heterocentric [ˌhetərəuˈsentrik] (*hetero*- + L. *centrum* center) 复心的,散乱的

heterocephalus [ˌhetərəuˈsefələs] (*hetero*- + Gr. *kephalē* head) 大小(双)头畸胎

heterochiral [ˌhetərəuˈkairəl] (*hetero*- + Gr. *cheir* hand) 左右异向的,左右相反的

heterochromatin [ˌhetərəuˈkrəmətin] (*hetero*- + *chromatin*) 异染色质

　constitutive h. 基本异染色质
　facultative h. 功能性异染色质

heterochromatinization [ˌhetərəuˌkrəmətinaiˈzeiʃən] ❶ 异染色质形成;❷ 莱昂形成

heterochromatization [ˌhetərəuˌkrəmətiˈzeiʃən] ❶ 异染色质形成;❷ 莱昂形成

heterochromatosis [ˌhetərəuˌkrəməˈtəusis] 异色性

heterochromia [ˌhetərəuˈkrəmiə] (*hetero*- + Gr. *chrōma* color + *-ia*) 异色性

　h. iridis 虹膜异色

heterochromosome [ˌhetərəuˈkrəməsəum] (*hetero*- + *chromosome*) 异染色体,性染

色体

heterochromous [ˌhetərəuˈkrɔməs] 异色的;异色性的

heterochronia [ˌhetərəuˈkrəuniə] (hetero- + Gr. *chronos* time + -ia) ❶ 异时性;❷ 异时发生

heterochronic [ˌhetərəuˈkrɔnik] (hetero- + Gr. *chronos* time) ❶ 异时的;❷ 异时发生的

heterochronous [ˌhetərəuˈkrɔnəs] 异时的

heterochthonous [ˌhetəˈrɔkθənəs] (hetero- + Gr. *chthōn* a particular land or country) 异地发生的

heterochylia [ˌhetərəuˈkiːliə] 胃酸突变

heterocladic [ˌhetərəuˈklædik] (hetero- + Gr. *klados* branch) (动脉)异支吻合的

heterocrine [ˈhetərəukriːn] (hetero- + Gr. *krinein* to separate) 多种分泌的

heterocrisis [ˌhefərəuˈkraisis] (hetero- + Gr. *krisis* division) 异常危象

heterocyclic [ˌhetərəˈsaiklik] (hetero- + Gr. *kyklos* circle) 杂环的

heterocytotropic [ˌhetərəuˌsitəˈtrɔpik] (hetero- + *cyto-* + Gr. *tropos* a turning) 亲异种细胞的

Heterodera radicicola [ˌhetəˈrəudərə ˌrædiˈsikələ] 住根异皮线虫

heterodermic [ˌhetərəuˈdəmik] (hetero- + Gr. *derma* skin) 异体皮肤(移植)的

heterodesmotic [ˌhetərəudesˈmɔtik] (hetero- + Gr. *desmos* a bond) 异联的

heterodidymus [ˌhetərəuˈdidəməs] 附头联胎

heterodimer [ˌhetərəuˈdimə] (hetero- + *dimer*) 异二聚体

heterodont [ˈhetərəudɔnt] (hetero- + Gr. *odous* tooth) 异形牙的

Heterodoxus [ˌhetərəuˈdɔksəs] 叮咬虱

heterodromous [ˌhetərəuˈdrəməs] (hetero- + Gr. *dromos* running) 反向运动(作用)的

heterodymus [ˌhetəˈrɔdiməs] (hetero- + Gr. *didymos* twin) 附头联胎

heteroecious [ˌhetərəuˈeʃəs] 异栖的,异种(宿主)寄生性的

heteroeroticism [ˌhetərəuəˈrɔtisizəm] 异体性欲

heteroerotism [ˌhetərəˈerətizəm] 异体性欲

heterofermentation [ˌhetərəuˌfəmənˈteiʃən] 杂发酵

heterofermenter [ˌhetərəufəˈmentə] 杂发酵菌

heterogamete [ˌhetərəuˈgæmiːt] 异型配子

heterogametic [ˌhetərəugəˈmetik] 异型配子的

heterogamety [ˌhetərəuˈgæməti] 配子异型

heterogamous [ˌhetəˈrɔgəməs] 异型配子的

heterogamy [ˌhetəˈrɔgəmi] (hetero- + Gr. *gamos* marriage) 异配生殖

heteroganglionic [ˌhetərəuˌgæŋgliˈɔnik] (hetero- + Gr. *ganglion* ganglion) 神经节间的,不同神经节的

heterogeneity [ˌhetərədʒəˈniːiti] 不均匀性,多相性,异质性

  genetic h. 遗传异质性

heterogeneous [ˌhetərəˈdʒiːniəs] (hetero- + Gr. *genos* kind) ❶ 异质的;❷ 异源的

heterogenesis [ˌhetərəˈdʒenisis] (hetero- + Gr. *genesis* generation) ❶ (异型)世代交替;异型生殖;❷ 无性世代(交替)

heterogenetic [ˌhetərədʒəˈnetik] ❶ 异型生殖的;❷ 无性世代(交替)的

heterogenic [ˌhetərəˈdʒenik] 异源的,异种的

heterogenicity [ˌhetərəudʒiˈnisiti] 不均匀性,多相性,异质性

heterogenote [ˈhetərəuˌdʒinəut] (hetero- + *gene* (analogy with zygote)) 异基因细胞

heterogenous [ˌhetəˈrɔdʒinəs] ❶ 异源的,异种的;❷ 异质的

heterogeusia [ˌhetərəuˈguːziə] (hetero- + Gr. *geusis* taste + -ia) 异型味觉

heteroglobulose [ˌhetərəuˈglɔbjuləs] 杂球朊,异球朊

heterogony [ˌhetəˈrɔgəni] (hetero- + Gr. *gonos* procreation) (异型)世代交替,异型生殖

heterograft [ˈhetərəuˌgrɑːft] 异种移植物

heterography [ˌhetəˈrɔgrəfi] (hetero- + Gr. *graphein* to record) 异写症

heterohemagglutination [ˌhetərɔˌheməˌgluːtiˈneiʃən] 异种红细胞凝集

heterohemagglutinin [ˌhetərəuˌheməˈgluː-

tinin] 异种红细胞凝集素

heterohemolysin [ˌhetərəuheˈmɔlisin] 异种溶血素

heterohexosan [ˌhetərəuˈheksəsæn] 杂己聚糖

heteroimmune [ˌhetərəuiˈmjuːn] 异种免疫的

heteroimmunity [ˌhetərəuiˈmjuːniti] ❶ 异种免疫；❷ 异体免疫

heteroinfection [ˌhetərəinˈfekʃən] 外原性感染

heteroinoculation [ˌhetərəiˌnɔkjuˈleiʃən] 异体接种

heterointoxication [ˌhetərəinˌtɔksiˈkeiʃən] 外原性中毒

heterokaryon [ˌhetərəˈkɛəriən] (hetero- + karyon) 异核体

heterokaryosis [ˌhetərəˌkæriˈəusis] (heterokaryon + -osis) 异核体形成，异核体现象

heterokeratoplasty [ˌhetərəuˈkerətəuˌplæsti] (hetero- + keratoplasty) 异种角膜移植术

heterokinesis [ˌhetərəkiˈniːsis] (hetero- + kinesis) 异化分裂

heterolactic [ˌhetərəuˈlæktik] 杂(乳酸)发酵的

heterolalia [ˌhetərəˈleiliə] (hetero- + Gr. lalia utterance) 异语症，错语症

heterolateral [ˌhetərəuˈlætərəl] (hetero- + L. latus side) 对侧的

heteroliteral [ˌhetərəuˈlitərəl] 错(字)音的

heterolith [ˈhetərəuliθ] (hetero- + Gr. lithos stone) 异质肠石

heterologous [ˌhetəˈrɔləgəs] (hetero- + Gr. logos due relation, proportion) ❶ 异位的；❷ 异种的，异体的；❸ 非相应的(抗原和抗体)

heterology [ˌhetəˈrɔlədʒi] 异种性，异系性

heterolysin [ˌhetəˈrɔləsin] 异种溶细胞素

heterolysis [ˌhetəˈrɔlisis] (hetero- + Gr. lysis dissolution) 异种细胞溶解(作用)

heterolysosome [ˌhetərəˈlaisəsəum] 异溶酶体

heterolytic [ˌhetərəˈlitik] 异种溶解的

heteromastigote [ˌhetərəuˈmæstigəut] (hetero- + Gr. mastix lash) 异鞭毛的

heteromeral [ˌhetəˈrɔmərəl] 异侧的

heteromeric [ˌhetərəuˈmerik] (hetero- + Gr. meros part) (神经细胞)异侧的

heteromerous [ˌhetəˈrɔmərəs] 异侧的

heterometaplasia [ˌhetərəuˌmetəˈpleiʃiə] (hetero- + metaplasia) 异型发育

heterometropia [ˌhetərəuməˈtrɔpiə] (hetero- + Gr. metron measure + -opia) 屈光不等(两眼)

heteromorphic [ˌhetərəuˈmɔfik] 异形的

heteromorphosis [ˌhetərəuməˈfəusis] (hetero- + Gr. morphōsis a forming) 异形形成，形态变异

heteromorphous [ˌhetərəuˈmɔfəs] (hetero- + -morphous) 异形的

heteronomous [ˌhetəˈrɔnəməs] (hetero- + Gr. nomos law) 受不同规律支配的，异律的

heteronymous [ˌhetəˈrɔniməs] (hetero- + Gr. onyma name) 异侧的

hetero-osteoplasty [ˌhetərəuˈɔustiəuˌplæsti] (hetero- + Gr. osteon bone + plassein to shape) 异体骨移植术

hetero-ovular [ˌhetərəˈɔvjulə] 异卵的，双合子的

heteropagus [ˌhetəˈrɔpəgəs] (hetero- + Gr. pagos thing fixed) 非对称性联胎

heteropancreatism [ˌhetərəuˈpænkritizəm] 胰腺机能异常

heteropathy [ˌhetəˈrɔpəθi] (hetero- + -pathy) ❶ 反应性异常，感觉过度；❷ 对抗疗法

heteropentosan [ˌhetərəuˈpentəsən] 杂戊聚糖

heterophagosome [ˌhetərəuˈfægəsəum] (hetero- + phagosome) 异吞噬体

heterophagy [ˌhetəˈrɔfədʒi] (hetero- + Gr. phagein to eat) 异吞噬作用

heterophany [ˌhetəˈrɔfəni] (hetero- + Gr. phainein to appear) 异型表现，不同表现

heterophasia [ˌhetərəˈfeiziə] (hetero- + Gr. phasis speech + -ia) 异语症，错语症

heterophasis [ˌhetərəuˈfeisis] 异语症，错语症

heterophemia [ˌhetərəuˈfiːmiə] (hetero- + Gr. phēmē word) 异语症，错语症

heterophil [ˈhetərəuˌfil] ❶ 嗜异细胞；❷

嗜异的;❸ 异染的
heterophile ['hetərəuˌfail] 嗜异细胞
heterophilic [ˌhetərəu'filik] (*hetero-* + Gr. *philein* to love) ❶ 嗜异的;❷ 异染的
heterophoralgia [ˌhetərəfə'rældʒiə] (*hetero-* + Gr. *phoros* bearing + *-algia*) 隐斜眼痛
heterophoria [ˌhetərəu'fɔriə] (*hetero-* + Gr. *phora* movement, range) 隐斜视
heterophoric [ˌhetərəu'fɔrik] 隐斜视的
heterophthalmia [ˌhetərɔf'θælmiə] (*hetero-* + Gr. *ophthalmos* eye + *-ia*) 两眼轴向不等,两眼异色
heterophthalmos [ˌhetərɔf'θælməs] 两眼轴向不等,两眼异色
heterophydiasis [ˌhetərəufə'daiəsis] 异型吸虫病
Heterophyes [ˌhetə'rɔfi:iz] (*hetero-* + Gr. *phyē* stature) 异形吸虫属
heterophyiasis [ˌhetərɔfi'aiəsis] 异型吸虫病
heteroplasia [ˌhetərəu'pleiziə] (*hetero-* + Gr. *plassein* to mold) 异常再生,组织错位
heteroplasm ['hetərəuˌplæzəm] 异型组织
heteroplastic ['hetərəuˌplæstik] ❶ 异型发育的;❷ 异种移植的
heteroplastid [ˌhetərəu'plæstid] 异种移植物
heteroplasty ['hetərəuˌplæsti] (*hetero-* + Gr. *plassein* to mold) 异种移植术
heteroploid ['hetərəuˌplɔid] ❶ 异倍的;❷ 异倍体
heteroploidy ['hetərəuˌplɔidi] 异倍性
Heteropoda [ˌhetə'rɔpəudə] 异足(蜘蛛)属
H. venatoria 疾行异足蛛
heteropodal [ˌhetə'rɔpədəl] (*hetero-* + Gr. *pous* foot) 异突的(神经细胞)
heteropolymeric [ˌhetərəuˌpɔli'merik] (*hetero-* + *poly-* + Gr. *meros* part) 杂聚的
heteropolysaccharide [ˌhetərəuˌpɔli'sækəraid] 杂多糖
heteroprosopus [ˌhetərəu'prɔsəpəs] (*hetero-* + Gr. *prosōpon* face) 双面畸胎,双面联胎
heteroproteose [ˌhetərəu'prɔtiəus] 杂胨,异胨
heteropsia [ˌhetə'rɔpsiə] (*hetero-* + Gr. *opsis* vision) 双眼不等视
Heteroptera [ˌhetə'rɔptərə] (*hetero-* + Gr. *pteron* wing) 异翅亚目
heteroptics [ˌhetə'rɔptiks] (*hetero-* + Gr. *optikos* optic) 视觉异常
heteropyknosis [ˌhetərɔpik'nəusis] (*hetero-* + Gr. *pyknōsis* condensation) 异固缩现象
  negative h. 负异固缩
  positive h. 正异固缩
heteropyknotic [ˌhetərəupik'nɔtik] 异固缩的;(染色体)固缩(度)不同的
  negatively h. 负固缩的
  positively h. 正固缩的
heterosacharide [ˌhetərəu'sækəraid] 杂多糖
heteroscedasticity [ˌhetərəuskədæs'tisiti] (*hetero-* + Gr. *skedastikos* tending to scatter) 异变法,多变性
heteroscope ['hetərəuskəup] (*heterophoria* + *-scope*) 斜视镜
heteroscopy [ˌhetə'rɔskəpi] ❶ 双眼不等视性;❷ 斜视镜检查
heterosexual [ˌhetərəu'sekʃuəl] ❶ 异性的,向异性的,异性恋的;❷ 引起异性爱恋的人
heterosexuality [ˌhetərəuˌsekʃu'æliti] (*hetero-* + *sexuality*) 异性性欲,异性恋
heterosis [ˌhetə'rəusis] (Gr. *heterōsis* alteration) 杂种优势
heterosmia [ˌhetə'rɔsmiə] (*heter-* + Gr. *osmē* smell + *-ia*) 嗅觉异常
heterosome ['hetərəusəum] (*hetero-* + Gr. *sōma* body) 性染色体
heterospore ['hetərəuspɔ:] 异形孢子
heterosporous [ˌhetə'rɔspərəs] (*hetero-* + Gr. *sporos* seed) 异形孢子的
heterosuggestion [ˌhetərəusə'dʒestʃən] (*hetero-* + *suggestion*) 他人暗示
heterotaxia [ˌhetərəu'tæksiə] (*hetero-* + Gr. *taxis* arrangement) 内脏异位
heterotaxic [ˌhetərəu'tæksik] 内脏异位的
heterotaxis [ˌhetərəu'tæksis] 内脏异位
heterotaxy ['hetərəˌtæksi] 内脏异位
heterothallic [ˌhetərəu'θælik] 异宗配合的,雌雄异株的

heterothallism [ˌhetərəu'θælizəm] 异宗配合(现象),雌雄异株

heterotherapy [ˌhetərəu'θerəpi] (hetero- + Gr. therapeia treatment) 抗症状治疗,非特异性治疗

heterotherm ['hetərəuˌθəm] 异温动物

heterothermic [ˌhetərəu'θəːmik] 异温的

heterothermy ['hetərəuˌθəmi] (hetero- + Gr. thermē heat) 异温(现象)

heterotonia [ˌhetərəu'təuniə] (hetero- + Gr. tonos tension + -ia) 异张性,张力不等

heterotonic [ˌhetərəu'tɔnik] 异张的,张力不等的

heterotopia [ˌhetərəu'təupiə] (hetero- + Gr. topos place + -ia) ❶ 异位; ❷ 语音错乱

heterotopic [ˌhetərəu'tɔpik] 异位的

heterotopy [ˌhetə'rɔtəpi] 异位,语音错乱

heterotransplant [ˌhetərəu'trænsplɑːnt] 异种移植物

heterotransplantation [ˌhetərəuˌtrænsplɑːn'teiʃən] 异种移植术

heterotrichosis [ˌhetərəutri'kəusis] (hetero- + Gr. trichōsis growth of hair) 毛发异色

  h. **superciliorum** 眉异色

heterotrimer [ˌhetərəu'trimə] 异三聚物

heterotroph [ˌhetərəu'trɔf] 异养生物

heterotrophia [ˌhetərəu'trɔfiə] (hetero- + Gr. trophē nourishment) 异养性,营养异常

heterotrophic [ˌhetərəu'trɔfik] (hetero- + Gr. trophē nutrition) 异养的,异养生物的

heterotrophy [ˌhetə'rɔtrəfi] ❶ 异养状态,异养性; ❷ 营养异常

heterotropia [ˌhetərəu'trəupiə] 斜视

heterotropic [ˌhetərəu'trɔpik] (hetero- + -tropic) 异向效应的

heterotropy [ˌhetə'rɔtrəpi] 斜视

heterotypic [ˌhetərə'tipik] 异型的

heterotypical [ˌhetərəu'tipikəl] 异型的

heterovaccine [ˌhetərəu'væksin] 异种菌苗

heteroxenous [ˌhetə'rɔksənəs] (hetero- + Gr. xenos strange, foreign) 异种(宿主)寄生的,异栖的

heterozoic [ˌhetərəu'zɔik] (hetero- + Gr. zōon animal) 异种动物的

heterozygosis [ˌhetərəuzi'gəusis] 杂合(现象),异型接合

heterozygosity [ˌhetərəuzi'gɔsiti] (hetero- + zygosity) 杂合性,异型接合性

heterozygote [ˌhetərəu'zigəut] (hetero- + zygote) 杂合体,异型合子

  manifesting h. 显性杂合体

heterozygous [ˌhetərəu'zigəs] 杂合的,双杂合

Hetrazan ['hetrəzən] 海群生:枸橼酸乙胺嗪制剂的商品名

Heublein method ['hɔiblin] (Arthur Carl Heublein, American radiologist, 1879-1932) 霍伊布林氏法

Heubner's disease ['hɔibnæz] (Johann Otto Leonhard Heubner, German pediatrician, 1843-1926) 霍伊布内氏病

Heubner-Herter disease ['hɔibnə 'hətə] (J. O. L. Heubner; Christian Archibald Herter, American physician, 1865-1910) 霍-赫二氏病

heuristic [hju'ristik] (Gr. heuriskein to find out, discover) 鼓励(研究)的,有益于发现的

Heuser's membrane ['hɔizəz] (Chester Heuser, American embryologist, 1885-1965) 霍伊塞氏膜

HEW (Department of Health, Education, and Welfare 的缩写) 卫生、教育与福利部

hex-, hexa- (Gr. hex six) 六

hexabasic [ˌheksə'beisik] (hexa- + basic) 六价的,六元的

Hexa-Betalin [ˌheksə'betalin] 六贝他素:盐酸吡多醇的商品名

hexachlorobenzene [ˌheksəˌklɔrə'benziːn] 六氯苯

hexachlorocyclohexane [ˌheksəˌklɔrəˌsikləu'heksein] 六氯环己烷

hexachloroethane [ˌheksəˌklɔrə'iːθein] 六氯乙烷

hexachlorophene [ˌheksə'klɔrəfiːn] (USP) 六氯酚

hexacosane [hek'sækəsein] (hexa- + Gr. eikosi twenty) 廿六烷

hexad ['heksæd] ❶ 六个一组; ❷ 六价元

hexadactylia [ˌheksədæk'tiliə] 六指(趾)畸形

hexadactylism [ˌheksə'dæktəlizəm] 六指(趾)畸形

hexadactyly [ˌheksə'dæktili] (*hexa-* + Gr. *daktylos* finger + *-ia*) 六指(趾)畸形

hexadecanoate [ˌheksədekə'nəeit] 十六酸盐,棕榈酸盐

hexadecanoic acid [ˌheksədekə'nɔik] 十六酸,棕榈酸

Hexadrol ['heksədrɔl] 海塞多:地塞米松的商品名

hexaene ['heksəi:n] 己烯

-hexaene ['heksəi:n] 己烯

Hexagenia bilineata [ˌheksə'dʒiniə bi,lini'eitə] 二纹蜉蝣

hexahydric [ˌheksə'haidrik] 六氢的

Hexalen ['heksələn] 海基林:六甲密胺的商品名

hexamer ['heksəmə] ❶ 六聚物;❷ 六壳粒(病毒)

hexamethonium [ˌheksəmə'θɔniəm] 六烃季胺
  h. bromide 溴化六烃季铵
  h. chloride 氯化六烃季铵

hexamethylated [ˌheksə,meθi'leitid] 六甲基的

hexamethylenamine [ˌheksə,meθili'næmi:n] 环六亚甲基四胺,乌洛托品

hexamethylmelamine (HMM) [ˌheksə,meθəl'meləmi:n] 六羟甲基三聚氰胺,六甲密胺

hexamethylphosphoramide [ˌheksə,meθəlfɔs'fɔrəmaid] 六甲磷

hexamine ['heksəmi:n] 环六亚甲基四胺,乌洛托品

Hexamita [hek'sæmitə] (*hexa-* + Gr. *mitos* thread) 六鞭虫属

hexamitiasis [ˌhek,sæmi'taiəsis] 六鞭虫病

hexane ['heksein] 己烷

Hexanicotol [ˌheksə'nikətɔl] 海斯尼可托:烟酸环己六醇制剂的商品名

hexanoate [ˌheksə'nəueit] 己酸盐

hexanoic acid [ˌheksə'nɔik] 己酸

Hexapoda [hek'sæpədə] (*hexa-* + Gr. *pous* foot) 六足纲,昆虫纲

hexatomic [ˌheksə'tɔmik] 六价的

hexavalent [ˌheksə'vælənt] 六价的

Hexavibex [ˌheksə'vaibeks] 海克斯贝克斯:盐酸吡哆醇的商品名

hexavitamin [ˌheksə'vaitəmin] 六合维生素

hexedine ['heksədi:n] 双己咪唑

hexenmilch ['heksənmilk] (Ger. "witches' milk") 新生儿乳,婴乳

hexestrol [hek'sestrɔl] 己烷雌酚

hexethal sodium ['heksəθɔl] 己基巴比妥钠

hexetidine [hek'setidi:n] 合克替啶

hexhydric [heks'haidrik] 六氢的

hexobarbital [ˌheksə'bɑ:bitəl] 环己烯巴比妥
  h. sodium 环己烯巴比妥钠

hexobarbitone [ˌheksəu'bɑ:bitəun] 环己烯巴比妥

hexobendine [ˌheksəu'bendi:n] 克冠丙二胺

hexocyclium methylsulfate [ˌheksəu'sikliəm ˌmeθəl'sʌlfeit] 己环铵甲基硫酸酯

hexokinase [ˌheksəu'kineis] (EC 2.7.1.1) 己糖(磷酸)激酶

hexone ['heksəun] 异己酮

hexonic acid [hek'sɔnik] 己糖酸

hexosamine [hek'səusəmi:n] 己糖胺,氨基己糖

hexosaminidase [ˌheksəusə'minideis] 氨基己糖苷酶
  h. A β-N-乙酰氨基己糖苷酶,同功酶 A
  h. B β-N-乙酰氨基己糖苷酶,同功酶 B

hexosan ['heksəsən] 己聚糖

Hexosazone [hek'səusəzəun] 己糖脎

hexose ['heksəus] 己糖
  h. monophosphate 一磷酸己糖

hexose 1-phosphate uridylyltransferase [ˌheksəus 'fɔsfeit 'juːri,dilə'trænsfəreis] 己糖-1-磷酸尿苷酰基转移酶

hexoside ['heksəusaid] 己糖苷

hexosyltransferase [ˌheksəusəl'trænsfəreis] 转己糖酶,己糖基转移酶

hexoxidase [ˌheks'ɔksideis] 抗坏血酸氧化酶

hexulose ['heksələus] 己酮糖

hexuronic acid [ˌheksə'rɔnik] 己糖醛酸

hexyl ['heksəl] (*hex-* + Gr. *hylē* matter) 己(烷)基

hexylamine [ˌheksil'æmin] 己基胺,己胺

hexylcaine hydrochloride ['heksəlkein] 盐酸已卡因

hexylresorcinol [ˌheksəlrə'sɔːsinəl] 己基间苯二酚

Hey's amputation [heiz] (William *Hey*, English surgeon, 1736-1819) 黑氏切断术

Heymann's nephritis ['heimænz] (Walter *Heymann*, Belgian-born American physician, 1901-1985) 黑曼氏肾炎

Heymans ['heimənz] 黑曼斯:Corneille,比利时生理学家

HF ❶ (Hageman factor 的缩写) 凝血因子 XII; ❷ (high frequency 的缩写) 高频

Hf (*hafnium* 的符号) 铪

Hfr (high frequency of recombination 的缩写) 高频再结合

Hg (L. *hydrargyrum*) 汞

Hgb (hemoglobin 的缩写) 血红蛋白

HGF (hyperglycemic-glycogenolytic factor 的缩写) 高血糖素

HGG (human gamma globulin 的缩写) 人类(丙种)球蛋白

HGH, hGH (human growth hormone 的缩写) 人类生长激素

hGHr (growth hormone recombinant 的缩写) 生长激素再合并

HGPRT (hypoxanthine-guanine phosphoribosyltransferase 的缩写) 次黄嘌呤鸟嘌呤磷酸核糖转移酶

HHS (Department of Health and Human Services 的缩写) 健康和人类服务部

HHT (hydroxyheptadecatrienoic acid 的缩写) 17-羟三烯酸

HI (hemagglutination inhibition 的缩写) 血细胞凝集抑制(作用)

5-HIAA (5-hydroxyindoleacetic acid 的缩写) 5-羟基吲哚乙酸

hiatal [hai'ætəl] 裂孔的

hiation [hai'eifən] (打)呵欠

hiatus [hai'eitəs] (L.) (NA) 裂孔,孔
　adductor h. 收肌腱裂孔
　h. adductorius 收肌腱裂孔
　aortic h., h. aorticus (NA) 主动脉裂孔
　Breschet's h. 布雷歇特氏孔
　h. of canal for greater petrosal nerve 岩大神经管裂孔
　h. of canal for lesser petrosal nerve 岩小神经管裂孔
　h. canalis facialis, h. canalis nervi petrosi majoris 面神经管裂孔,岩大神经管裂孔
　h. canalis nervi petrosi minoris 岩小神经管裂孔
　esophageal h. 食管裂孔
　h. esophageus 食管裂孔
　h. of facial canal, h. of fallopian canal, h. fallopii, false h. of fallopian canal 岩大神经管裂孔,面神经管裂孔
　h. femoralis 股裂孔
　h. finalis sacralis 骶终裂
　h. for greater superficial petrosal nerve 岩浅大神经管裂孔
　h. intermedius lumbosacralis 腰骶间裂孔
　h. interosseus 骨间裂孔
　h. leukemicus 白血病性(血细胞)中断
　h. lumbosacralis 腰骶裂
　h. maxillaris (NA), maxillarly h., h. of maxillary sinus 上颌裂孔,上颌窦裂孔
　neural h. 神经管裂孔
　h. oesophageus 食管裂孔
　h. pleuroperitonealis 胸腹裂孔,膈裂
　sacral h., h. sacralis (NA) 骶管裂孔
　saphenous h., h. saphenus (NA) 隐静脉裂孔
　Scarpa's h. 斯卡帕氏孔
　semilunar h., h. semilunaris 半月裂孔
　subarcuate h. (颞骨)弓下裂
　h. tendineus 腱裂孔
　tentorial h. 小脑幕切迹
　h. totalis sacralis 全骶裂
　vena caval h. 腔静脉孔
　h. of Winslow 温斯路氏裂孔

Hibbs' operation ['hibz] (Russell Aubra *Hibbs*, New York surgeon, 1869-1932) 希布斯氏手术

hibernation [ˌhaibə'neifən] (L. *hibernare* to spend the winter) 冬眠
　artificial h. 人工冬眠
　myocardial h. 心肌冬眠

hibernoma [ˌhaibə'nəumə] (L. *hibernus* pertaining to the winter + *-oma*) 蛰伏脂瘤

Hib-Imune ['hibiˌmjuːn] 希比免
Hibiclens ['haibiklens] 希比克林斯: 葡萄糖酸双氯苯双胍己烷的商品名
hiccough ['haikəf] 打呃, 呃逆
hiccup ['haikəp] 打呃, 呃逆
　epidemic h's 流行性呃逆
Hicks' syndrome ['hiks] (Eric Perrin *Hicks*, British physician, 20th century) 希克斯氏综合征, 遗传性感觉根性神经病
Hicks version [hiks] (John Braxton *Hicks*, English gynecologist, 1825-1879) 希克斯氏倒转术
hidebound ['haidbaund] 绷紧的, 包紧的
hidradenitis [ˌhaidrədə'naitis] (Gr. *hidrōs* sweat + *adēn* gland + *-itis*) 汗腺炎
　h. axillaris 腋部汗腺炎
　h. suppurativa 化脓性汗腺炎
hidradenocarcinoma [haiˌdrædənəuˌkaːsi'nəumə] (*hidr-* + *adeno-* + *carcinoma*) 汗腺腺癌
　clear cell h. 透明细胞汗腺腺癌
hidradenoid [hai'drædənoid] 汗腺样的, 有汗腺类似成分的
hidradenoma [haiˌdrædə'nəumə] (*hidr-* + *adenoma*) 汗腺腺瘤
　clear cell h. 透明细胞汗腺腺瘤
　h. eruptivum 疹样汗腺腺瘤
　nodular h. 结节性汗腺腺瘤
　papillary h., h. papilliferum 乳头状汗腺腺瘤
　solid-cystic h. 固体囊肿性汗腺腺瘤
hidr(o)- (Gr. *hidrōs* sweat) 汗, 汗腺
hidroa [hid'rəuə] (Gr. *hidron sudamina*) 水疱, 水疱病
hidroacanthoma [ˌhaidrəˌækən'θəumə] (*hidro-* + *acanthoma*) 外分泌腺瘤
　h. simplex 单纯性外分泌(汗)腺瘤
hidroadenoma [ˌhaidrəuˌædə'nəumə] 汗腺腺瘤
hidrocystoma [ˌhaidrəusis'təumə] (*hidro-* + *cystoma*) 汗腺囊瘤
　apocrine h. 顶浆分泌性汗腺囊瘤
　eccrine h. 外分泌性汗腺囊瘤
hidromancy [ˌhaidrəu'mænsi] (*hidro-* + Gr. *manteia* divination) 检汗预后
hidropoiesis [ˌhaidrəupəui'iːsis] (*hidro-* + Gr. *poiēsis* formation) 汗液生成, 汗液分泌
hidropoietic [ˌhaidrəupəui'etik] 汗生成的, 汗分泌的
hidrorrhea [ˌhidrəu'riːə] 大汗, 剧汗
hidrosadenitis [ˌhaidrəˌsædə'naitis] (*hidro-* + Gr. *adēn* gland + *-itis*) 汗腺炎
hidroschesis [hai'drɔskəsis] (*hidro-* + Gr. *schesis* holding) 止汗
hidrosis [hai'drəusis] ❶多汗; ❷出汗
hidrotic [hai'drɔtik] 出汗的, 发汗的
hiemal ['haiəməl] 冬令的
hier(o)- (Gr. *hieron* sacred, or sacrum) 骶骨
hieralgia [haiə'rældʒiə] 骶骨痛
Highmore's antrum ['haimɔːz] (Nathaniel *Highmore*, English anatomist, 1613-1685) 海默尔氏窦
Higouménaki's sign [higuː'meinɑːkiːz] (G. *Higouménaki*, Polish physician, 20th century) 海古蒙纳基斯氏征
hila ['hailə] (L.) 门。*hilum* 的复数形式
hilar ['hailə] 门的
Hildebrandt's test ['hildəbrænts] (Fritz *Hildebrandt*, German pharmacologist, 20th century) 希尔德布兰特氏试验
hili ['hailai] (L.) 门。*hilus* 的复数形式
hilitis [hai'laitis] (肺)门炎
Hill [hil] 黑尔: Archibald Vivian, 英国生化学家
Hill posterior gastropexy [hil] (Lucius D. *Hill*, American surgeon, born 1921) 希耳氏后胃固定术
Hill's sign [hilz] (Sir Leonard Erskine *Hill*, English physiologist, 1866-1952) 希耳氏征
Hill-Sachs lesion [hil sæks] (Harold Arthur *Hill*, American radiologist, born 1901; Maurice D. *Sachs*, American radiologist, born 1909) 希-沙二氏损害
Hillis-Müller maneuver ['hilis 'miːlə] (David S. *Hillis*, American obstetrician and gynecologist, 1873-1942; Peter *Müller*, German obstetrician, 1836-1922) 希-苗二氏手术
hillock ['hilək] 丘, 阜
　auricular h's 耳结节, 耳丘
　axon h. 轴丘
　germ h., germ-bearing h. 卵丘

seminal h. 精阜
Hilton's line ['hiltənz] (John *Hilton*, English surgeon, 1804-1878) 希耳顿氏线
hilum ['hailəm] (pl. *hila*) (L. "a small thing", "a trifle") (NA) 门
    h. of caudal olivary nucleus 尾侧橄榄核门
    h. glandulae suprarenalis 肾上腺门
    h. hepatis 肝门
    h. of inferior olivary nucleus 下橄榄核门
    h. of kidney 肾门
    h. lienis 脾门
    h. of lung 肺门
    h. of lymph node 淋巴结门
    h. lymphoglandulae 淋巴结门
    h. nodi lymphatici 淋巴结门
    h. nuclei dentati (NA) 齿状核门
    h. nuclei olivaris caudalis 尾侧橄榄核门
    h. nuclei olivaris inferioris (NA) 下橄榄核门
    h. ovarii (NA), h. of ovary 卵巢门
    h. pulmonis (NA) 肺门
    h. renale (NA) 肾门
    h. of spleen 脾门
    h. splenicum (NA) 脾门
    h. of suprarenal g. 肾上腺门
hilus ['hailəs] (pl. *hili*) 门
himantosis [,haimən'təusis] (Gr. *himatōsis* from *himas* strap) 悬雍垂过长
hindbrain ['haindbrein] 菱脑
hindfoot ['haindfut] 后足
hindgut ['haindgʌt] 后肠
hind-kidney [haind'kidni] 后肾
Hines-Bannick syndrome [hainz 'bænik] (Edgar Alphonso *Hines*, American physician, born 1905; Edwin *Bannick*, American physician, born 1896) 海-斑二氏综合征
Hines-Brown test [hainz braun] (E. A. *Hines*, Jr., American physician, born 1905; George Elgie *Brown*, American physician, 1885-1935) 海-布二氏试验
hinge-bow ['hindʒbəu] 铰链式面弓
hip [hip] 髋
    h. pointer 髋骨隆凸挫伤
    snapping h. 髋关节弹响

hipped [hipt] (马)髋部骨折
Hippel's disease ['hipəlz] (Eugen von *Hippel*, German ophthalmologist, 1867-1939) 希培耳氏病
Hippel-Lindau disease ['hipəl 'lindəu] (Eugen von *Hippel*; Arvid *Lindau*, Swedish pahologist, 1892-1958) 希-林二氏病
Hippelates [,hipə'leitiz] 潜蝇属
    H. flavipes 黄潜蝇
    H. pallipes 套膜蝇
    H. pusio 眼潜蝇
Hippeutis [hi'pjutis] 圆扁螺属
    H. cantori 尖口周扁螺
hippo ['hipəu] 吐根
hipp(o)- (Gr. *hippos* horse) 马
Hippobosca [hipəu'bɔskə] (*hippo-* + Gr. *boskein* to feed) 虱蝇属
    H. rufipes 赭虱蝇
Hippoboscidae [,hipəu'bɔskidi] 虱蝇科
hippocampal [,hipəu'kæmpəl] 海马的
hippocampus [,hipəu'kæmpəs] (Gr. *hippokampos* sea horse) 海马
hippocoprosterol [,hipəukəu'prɔstərəl] (*hippo-* + Gr. *kopros* dung + *sterol*) 马粪甾醇
Hippocrates of Cos [hi'pɔkrətiz] (C. 460 to C. 375 B.C) 希波克拉底：古希腊名医
hippocratic [,hipəu'krætik] 希波克拉底的，希波克拉底学派的
Hippocratic Oath [,hipəu'krætik 'əuθ] 希波克拉底誓言
hippocratism [hi'pɔkrətizəm] 布波克拉底医派
hippocratist [hi'pɔkrətist] 希波克拉底医派者
hippolite ['hipəlait] 马粪石
hippolith ['hipəliθ] (*hippo-* + Gr. *lithos* stone) 马粪石
hippomane [hi'pɔməni] 尿囊小体
hippulin ['hipulin] 异马烯雌酮
hippurate ['hipjureit] 马尿酸盐
hippuria [hi'pjuriə] (*hippo-* + *-uria*) 马尿酸尿
hippuric acid [hi'pjurik] 马尿酸
hippuricase [hi'pjurikeis] 马尿酸酶
hippus ['haipəs] (Gr. *hippos*) 虹膜震颤

Hiprex ['haipreks] 海普莱克斯:乌洛托品马尿酸制剂的商品名

hirci ['hə:si] (L.) (NA)腋毛。hircus 的复数形式

hircismus [hə:'sizməs] (L. hircus goat) 狐臭,腋臭

hircus ['hə:kəs] (pl. hirci) (L. "a goat") 腋毛

Hirschberg's magnet ['hə∫bəgz] (Julius Hirschberg, German ophthalmologist, 1843-1925) 赫希伯格氏电磁铁

Hirschberg's sign ['hə:∫bəgz] (Leonard Keene Hirschberg, American physician, born 1877) 赫希伯格氏征

Hirschfeld's canals ['hə∫feldz] (Isador Hirschfeld, American dentist, 1881-1965) 赫希费耳德氏管,牙间管

Hirschsprung's disease ['hə:∫spruŋz] (Harald Hirschsprung, Danish physician, 1830-1916) 赫希旋普龙氏病

hirsute ['hə:sju:t] (L. hirsutus) 多毛的

hirsuties [hə:'sju:∫i:z] 多毛(症)

hirsutism ['hə:sjutizəm] 多毛(症)

hirudicidal [hi,rudi'saidəl] 杀水蛭的

hirudicide [hai'ru:disaid] 杀水蛭药

hirudin [hai'ru:din] (L. hirudo leech) 水蛭素

Hirudinaria [,hə:ru:di'nεəriə] 水蛭属

Hirudinea [,hə:ru'diniə] 蛭纲

hirudiniasis [,həru:di'naiəsis] 水蛭病

hirudinization [hai,ru:dinai'zei∫ən] (L. hirudo leech) ❶水蛭素防凝;❷水蛭疗法

hirudinize [hai'ru:dinaiz] 注射水蛭素防凝

Hirudo [hai'ru:dəu] (pl. hirudines) (L. "leech") 水蛭属

 H. aegyptiaca 埃及水蛭
 H. japonica 日本水蛭
 H. javanica 爪哇水蛭
 H. medicinalis 医用水蛭
 H. quinquestriata 澳洲水蛭
 H. sanguisorba 马蛭
 H. troctina 欧洲水蛭

His (histidine 的缩写) 组氨酸

His' bundle [hiz] (Wilhelm His, Jr., Swiss physician, 1863-1934) 希斯氏束

His' bursa [hiz] (Wilhelm His, Swiss anatomist and embryologist in Germany, 1831-1904) 希斯氏囊

His-Purkinje system [hiz pə'kindʒə] (Wilehlm His, Jr.; Johannes Evangelista Purkinje, Czech physiologist, 1787-1869) 希-浦二氏系统

His-Werner disease [his 'və:nə] (Wilhelm His, Jr; Heinrich Werner, German physician, 1874-1946) 希-韦二氏病

Hismanal ['hismænəl] 希思美耐:阿司咪唑制剂的商品名

Hispril ['hispril] 希思普尔:盐酸二苯甲氧甲哌啶制剂的商品名

Hiss capsule stain [his] (Philip Hanson Hiss, Jr., American bacteriologist, 1868-1913) 希斯氏荚膜染色法

Histadyl ['histədəl] 希思特待:塞酚甲吡胺的商品名

histaminase [his'tæmineis] 组胺酶

histamine ['histəmi:n] 组胺

 h.₁ 组胺1
 h.₂ 组胺2
 h. hydrochloride 盐酸组胺
 h. phosphate 磷酸组胺

histaminemia [,histəmi'ni:miə] 组胺血症

histaminergic [,hitsəmi'nə:dʒik] 组胺能的,被组胺激活的

histanoxia [,histæ'nɔksiə] (hist- + anoxia) 组织缺氧(症)

Histaspan ['histəspæn] 扑尔敏:马来酸氯苯吡胺制剂的商品名

histic ['histik] 组织的

histidase ['histideis] 组氨酸酶

histidine ['histidin] 组氨酸

histidine ammonia-lyase ['histidin ə'mə-niə 'lieis] 组氨酸裂氨酶

histidinemia [,histidai'ni:miə] 组氨酸血症

histidinuria [,histidi'njuəriə] 组氨酸尿(症)

histidyl ['histidəl] 组氨酸酰根

histi(o)- (Gr. histion, web) 组织

histioblast ['histiəublæst] 成组织细胞

histiocyte ['histiəusait] (histio- + -cyte) 组织细胞

 cardiac h. 心肌组织细胞
 sea-blue h. 海蓝色组织细胞
 wandering h. 游走性组织细胞

histiocytic [ˌhistiəu'saitik] 组织细胞的
histiocytoma [ˌhistiəusi'təumə] (*histiocyte* + *-oma*) 组织细胞瘤
  benign fibrous h. 良性纤维组织细胞瘤
  h. cutis 皮肤组织细胞瘤
  fibrous h. 纤维组织细胞瘤
  lipoid h. 类脂质组织细胞瘤
  malignant fibrous h. 恶性纤维组织细胞瘤
histiocytomatosis [ˌhistiəuˌsitəumə'təusis] 组织细胞瘤病
histiocytosis [ˌhistiəusi'təusis] 组织细胞增多病
  sinus h. 窦组织细胞增多病
  h. X 组织细胞增多病X
histiogenic [ˌhistiəu'dʒenik] 组织原的
histioid ['histiɔid] 组织样的
histio-irritative [ˌhistiəu'iritətiv] (*histio- + irritative*) 刺激组织的
histionic [ˌhisti'ɔnik] 组织的,组织衍生的
hist(o)- (Gr. *histos* web) 组织
histoblast ['histəublæst] (*histo-* + Gr. *blastos* germ) 成组织细胞
histochemical [ˌhistəu'kemikəl] 组织化学的
histochemistry [histəuˌkemistri] 组织化学
histochemotherapy [ˌhistəuˌkeməu'θerəpi] 组织化学疗法
histochromatosis [ˌhistəuˌkrəmə'təusis] (*histo-* + Gr. *chrōma* color) 组织着色病
histoclastic [ˌhistəu'klæstik] (*histo-* + Gr. *klastos* broken) (某些细胞)破坏组织的
histoclinical [ˌhistə'klinikəl] 组织临床的
histocompatibility [ˌhistəkəmˌpæti'biliti] ❶ 组织相容性;❷ 组织相容度
histocompatible [ˌhistəkəm'pætibəl] 组织相容的
histocyte ['histəsait] 组织细胞,巨噬细胞
histodiagnosis [ˌhistəu'daiəg'nəusis] (*histo-* + *diagnosis*) 组织学诊断
histodialysis [ˌhistəudai'ælisis] (*histo-* + *dialysis*) 组织断离,组织分离
histodifferentiation [ˌhistəuˌdifərənʃi'eiʃən] 组织分化
histofluorescence [ˌhistəufluː'resəns] 组织荧光
histogenesis [ˌhistəu'dʒenəsis] (*histo-* + Gr. *genesis* production) 组织发生

histogenetic [ˌhistəudʒə'netik] 组织发生的
histogenous [his'tɔdʒənəs] (*histo-* + Gr. *gennan* to produce) 组织原的
histogeny [his'tɔdʒəni] 组织发生
histogram ['histəgræm] (Gr. *histos* mast + *-gram*) 直方图,矩形图
histography [his'tɔgrəfi] (*histo-* + Gr. *graphein* to write) 组织论
histohematogenous [ˌhistəuˌhemə'tɔdʒənəs] (*histo-* + Gr. *haima* blood + *genna* to produce) 组织原及血原的
histohydria [ˌhistəu'haidriə] 组织水分过多
histohypoxia [ˌhistəuhai'pɔksiə] 组织缺氧
histoid ['histɔid] (*histo-* + Gr. *eidos* form) ❶ 网状的;❷ 单一组织的;❸ 组织样的
histoincompatibility ['histəuˌinkəmpæti'biliti] 组织不相容性
histoincompatible [ˌhistəuˌinkəm'pætibəl] 组织不相容的
histokinesis [ˌhistəuki'niːsis] (*histo-* + Gr. *kinēsis* motion) 组织运动
histologic [ˌhistəu'lɔdʒik] 组织学的
histological [ˌhistəu'lɔdʒikəl] 组织学的
histologist [his'tɔlədʒist] 组织学家
histology [his'tɔlədʒi] (*histo-* + *-logy*) 组织学
  normal h. 正常组织学
  pathologic h. 病理组织学
histolysate [his'tɔləzeit] 组织溶解物
histolysis [his'tɔləsis] (*histo-* + Gr. *lyein* to loosen) 组织溶解,组织分解
histolytic [ˌhistə'litik] 组织溶解的
histometaplastic [ˌhistəuˌmetə'plæstik] 组织变形的
Histomonas [ˌhistəu'mɔnəs] (*histo-* + Gr. *monas* unit, from *monos* single) 组织滴虫属
histomoniasis [ˌhistəmə'naiəsis] 组织滴虫病
  h. of turkeys 火鸡组织滴虫病
histomorphology [ˌhistəumɔː'fɔlədʒi] 组织形态学
histomorphometric [ˌhistəuˌmɔfəu'metrik] (*histo-* + *morpho-* + *metr-* + *-ic*) 组织形态测量的

histone [ˈhistəun] 组蛋白
  h. nucleinate 核酸组蛋白
histonectomy [ˌhistəuˈnektəmi] 动脉周交感神经切除术
histonomy [hisˈtɒnəmi] (histo- + Gr. nomos law) 组织发生律, 组织发生法则
histonuria [ˌhistəˈnjuriə] (histone + -uria) 组蛋白尿(症)
histopathology [ˌhistəupəˈθɒlədʒi] (histo- + pathology) 组织病理学
histophagous [hisˈtɒfəɡəs] (histo- + phagein to eat) 噬组织的
histophysiology [ˌhistəuˌfiziˈɒlədʒi] (histo- + physiology) 组织生理学
Histoplasma [ˌhistəuˈplæzmə] 组织胞浆菌属
  H. capsulatum 荚膜组织胞浆菌
  H. capsulatum var. duboisii 荚膜组织胞浆菌杜氏变种
  H. farciminosus 马皮疽组织胞浆菌
histoplasmin [ˌhistəuˈplæzmin] 荚膜组织胞浆菌素
histoplasmoma [ˌhistəuplæzˈməumə] (Histoplasma + Gr. -oma tumor) 组织胞浆菌瘤
histoplasmosis [ˌhistəuplæzˈməusis] 组织胞浆菌病
  African h. 非洲组织胞浆菌病
  ocular h. 眼组织胞浆菌病
  progressive disseminated h. 进行性播散性组织胞浆菌病
histopsychology [ˌhistəusaiˈkɒlədʒi] 组织精神学
historadiography [ˌhistəuˌreidiˈɒɡrəfi] (histo- + radiography) 组织放射线照相术
historetention [ˌhistəuriˈtenʃən] 组织(内)贮留
historrhexis [ˌhistəuˈreksis] (histo- + Gr. rhēxis rupture) 组织破碎
histoteliosis [ˌhistəuˌteliˈəusis] (histo- + Gr. tēle + -osis) 组织终变
histotherapy [ˌhistəuˈθerəpi] (histo- + therapy) 组织疗法
histothrombin [ˌhistəuˈθrɒmbin] 组织凝血酶
histotome [ˈhistətəum] (histo- + Gr. tomē cutting) 组织切片机
histotomy [hisˈtɒtəmi] (histo- + Gr. temnein to cut) 组织切片术
histotoxic [ˌhistəuˈtɒksik] (histo- + Gr. toxikon poison) 组织毒的
histotripsy [ˈhistəˌtripsi] (histo- + Gr. tripsis crushing) 组织压碎法
histotromy [hisˈtɒtrəmi] (Gr. tromos tremor) 纤维性收缩
histotroph [ˈhistətrəuf] (histo- + Gr. trophē nourishment) 组织营养质
histotrophic [ˌhistəuˈtrɒfik] ❶ 促组织生成的; ❷ 组织营养的
histotropic [ˌhistəuˈtrɒpik] (histo- + Gr. tropos a turning) 向组织的
histozoic [ˌhistəuˈzəuik] (histo- + Gr. zoē life) (寄生虫)组织内寄生的, 住组织的
histrelin acetate [hisˈtrelin] 醋酸组氨瑞林
histrionic [ˌhistriˈɒnik] 演戏状的, 表演样的
histrionism [ˈhistriənˌizəm] (L. histrio actor) 表演症, 戏迷症
Hitchings [ˈhitʃiŋz] 希金斯: George Herbert, 美国药理学家
Hittorf's number [ˈhitɔfs] (Johann Wilhelm Hittorf, German physicist, 1824-1914) 希托夫氏值
Hitzig's girdle [ˈhitzigz] (Eduard Hitzig, German neurologist, 1838-1907) 希齐格氏感觉缺失带
HIV (human immunodeficiency virus 的缩写) 人类免疫缺陷病毒
hive [ˈhaiv] 风团
hives [haivz] 荨麻疹
HKAFO (hip-knee-ankle-foot orthosis 的缩写) 髋膝踝足矫正法
H⁺, K⁺-ATPase 氢钾 ATP 酶
H⁺/K⁺-exchanging ATPase (EC 3.6.1.36) 氢钾交换 ATP 酶
H⁺/K⁺-transporting ATPase 氢钾运输 ATP 酶
Hl (latent hyperopia 的符号) 隐性远视
HLA 人白细胞抗原
HLHS (hypoplastic left heart syndrome 的缩写) 左心发育不良综合征
Hm (manifest hyperopia 的符号) 显性远视
HMG (3-hydroxy-3-methylglutaryl 的缩写) 3-羟-3-甲基戊二酸

HMM (hexamethylmelamine 的符号) 六甲密胺

HMO (health maintenance organization 的缩写) 卫生保健组织

HMPA (hexamethylphosphoramide 的缩写) 六甲磷酰胺

HMS 甲羟松制剂的商品名

HMSN (hereditary motor and sensory neuropathy 的缩写) 遗传性运动感觉神经病

HMW-NCF (high-molecular-weight neutrophil chemotactic factor 的缩写) 高分子量中性粒细胞趋化因子

HN2 (mechlorethamine 的符号) 氮芥

hnRNA (heterogeneous nuclear RNA 的符号) 异质核 RNA

Ho (holmium 的符号) 钬

hoarseness ['hɔːsnəs] 嘶哑声

Hoboken's nodules ['hɔbəukənz] (Nicolas van Hoboken, Dutch anatomist and physician, 1632-1678) 霍博肯氏小结

Hochenegg's operation ['hɔːkənegz] (Julius von Hochenegg, 1859-1940) 霍丁内格氏手术

Hochsinger's phenomenon [hɔkˈsiŋəz] (Karl Hochsinger, Austrian pediatrician, late 19th century) 霍克辛格氏现象

hock ['hɔk] 后踝
  capped h. 跟垫,跟盖
  curby h. (马)后脚硬瘤
  spring h. 弹簧后跟

HOCM (hypertrophic obstructive cardiomyopathy 的缩写) 肥厚梗阻性心肌病

Hodge's pessary ['hɔdʒəz] (Hugh Lenox Hodge, American gynecologist, 1796-1873) 霍季氏子宫托

Hodgen splint ['hɔdʒən] (John Thompson Hodgen, American surgeon, 1826-1882) 霍靳氏夹

Hodgkin ['hɔdʒkin] 何杰金:Alan Lloyd, 英国生理学家

Hodgkin's cells ['hɔdʒkinz] (Thomas Hodgkin, English physician, 1798-1866) 何杰金氏细胞

Hodgkin cycle ['hɔdʒkin] (A. L. Hodgkin) 何杰金氏循环

Hodgson's disease ['hɔdʒsənz] (Joseph Hodgson, English physician, 1788-1869) 霍季森氏病

hodoneuromere [hɔdəuˈnjurəumiə] (Gr. hodos path + neuron nerve + meros part) 神经分支节(胚胎)

hoe ['həu] 锄

Hoehne's sign ['hənəz] (Ottomar Hoehne, German gynecologist, 1871-1932) 霍内氏征

hof ['hɔf] (Ger. "court") 核窝

Hofbauer cells ['hɔfbauə] (J. Isfred Isidore Hofbauer, American gynecologist, 1878-1961) 霍夫包尔氏细胞

Hoffa's disease ['hɔfəz] (Albert Hoffa, German surgeon, 1859-1907) 霍法氏病

Hoffa-Lorenz operation ['hɔfə 'lɔrənts] (A. Hoffa; Adolf Lorenz, Austrian surgeon, 1854-1946) 霍法氏手术

Hoffmann's atrophy ['hɔfmænz] (Johann Hoffmann, German neurologist, 1857-1919) 霍夫曼氏萎缩

Hoffmann's duct ['hɔfmænz] (Moritz Hoffmann, German anatomist, 1622-1698) 霍夫曼氏管,胰管

Hoffmann-Werdnig syndrome ['hɔfmæn 'vədnig] (Johann Hoffmann; Guido Werdnig, Austrian neurologist, 1844-1919) 霍-韦二氏综合征

Hofmann's bacillus ['hɔfmænz] (Geory von Hofmann Wellenhof, Austrian bacteriologist, 1843-1890) 霍夫曼氏棒状杆菌

Hofmann's violet ['hɔfmænz] (August Wilhelm von Hofmann, German chemist, 1818-1892) 霍夫曼紫,大丽菊紫

Hofmeister's test ['hɔfmaistəz] (Franz Hofmeister, German physiologic chemist, 1850-1922) 霍夫迈斯特氏试验

holandric [hɔˈlændrik] (hol- + aner man) 全男性(遗传)的

holarthritis [ˌhɔlɑːˈθraitis] 全身关节炎

Holden's line ['hɔldənz] (Luther Holden, English surgeon, 1815-1905) 霍尔敦氏线

holdfast ['həuldfæst] 稳固的,固着物

hole ['həul] 开口,穿孔
  bur h. 钻孔

Holger Nielsen method ['həulgə 'niːlsən] (Holger Nielsen, Danish army officer, 1866-1955) 尼耳森氏法

holism ['həulizəm] (Gr. holos whole) 机

能整体性,整体主义
holistic [həˈlistik] 机能整体性的
Holley [ˈhəuli] 霍利:Robert William,美国生物化学家
hollow [ˈhɔləu] 穴,凹
  Sebileau's h. 舌下凹
hollow-back [ˈhɔləubæk] 脊柱前凸
Holmes [ˈhəulmz] 霍姆斯:Oliver Wendell,1809-1894,美国著名医生、解剖学家和作家
Holmes's degeneration [ˈhəulmz] (Sir Gordon Morgan *Holmes*, English neurologist, 1876-1965) 霍姆斯氏变性
Holmes-Adie syndrome [ˈhəulmz ˈædi] (G. M. *Holmes*; William John *Adie*, Australian neurologist in England, 1886-1935) 霍-艾二氏综合征
Holmes-Stewart phenomenon [həulmz ˈstjuːət] (G. M. *Holmes*; James Purves *Stewart*, English physician, 1869-1949) 霍-斯二氏现象
Holmgren's test [ˈhəulmgrez] (Alarik Frithiof *Holmgren*, Swedish physiologist, 1831-1897) 霍姆格伦氏试验
holmium [ˈhəulmiəm] 钬
hol(o)- (Gr. *holos* entire) 全部,完全
holoacardius [ˌhəuləuəˈkɑːdiəs] (*holo-* + *a* neg. + Gr. *kardia* heart) 无心寄生胎畸胎
  h. acephalus 无头无心寄生胎畸胎
  h. acormus 无躯干无心寄生胎畸胎
  h. amorphus 无定形无心寄生胎畸胎
holoantigen [ˌhəuləuˈæntidʒən] 全抗原
Holobasidiomycetes [ˌhɔləubəˌsidiɔmiˈsiːtiːz] 全担子菌纲
Holobasidiomycetidae [ˌhɔləubəˌsidiɔmiˈsitidi] (*holo-* + *basidium* + Gr. *mykēs* fungus) 全担子菌亚纲
holoblastic [ˌhɔləuˈblæstik] (*holo-* + Gr. *blastos* germ) (卵)全裂的
holocarboxylase synthetase [ˌhɔləukɑːˈbɔksileis ˈsinθəteis] 全羧化酶合成酶
holocephalic [ˌhəuləsəˈfælik] (*holo-* + Gr. *kephalē* head) (畸胎)头部完整的
holocrine [ˈhɔləukrin] (*holo-* + Gr. *krinein* to separate) 全分泌
holodiastolic [ˌhɔləudiəˈstɔlik] (*holo-* + *diastole*) 全舒张的

holoendemic [ˌhɔləuenˈdemik] (*holo-* + Gr. *endēmos* dwelling in a place) 全地方病的
holoenzyme [ˌhɔləuˈenzaim] 全酶
hologamy [həuˈlɔgəmi] (*holo-* + Gr. *gamos* marriage) 成体配合
hologastroschisis [ˌhəuləgæsˈtrɔskisis] (*holo-* + Gr. *gaster* belly + *schisis* cleft) 腹壁全裂
hologenesis [ˌhəuləˈdʒenəsis] (*holo-* + Gr. *genesis* formation) 泛生说
hologram [ˈhəuləgræm] 全息图
holography [həuˈlɔgrəfi] 全息照相术
  acoustical h. 声全息照相术
holomastigote [ˌhəuləˈmæstigəut] (*holo-* + Gr. *mastix* lash) 遍生鞭毛的,全身有鞭毛的
holomorph [ˈhəuləmɔːf] (*holo-* + *-morph*) 全形
holomorphosis [ˌhəulɔmɔˈfəusis] (*holo-* + Gr. *morphōsis* formation) 完全再生
holophytic [ˌhəuləˈfitik] (*holo-* + Gr. *phyton* plant) 植物式营养的
holoplexia [ˌhɔləuˈpleksiə] 全身瘫痪
holoprosencephaly [ˌhəuləˌprɔsenˈsefəli] (*holo-* + *prosencephalon*) 前脑无裂畸形
  familial alobar h. 家族性前脑无叶无裂畸形
holorachischisis [ˌhəulərəˈkiskisis] (*holo-* + Gr. *rhachis* spinal column + *schisis* cleft) 脊柱全裂
holosaccharide [ˌhəuləˈsækəraid] 纯多糖
holoschisis [həuləˈskisis] 无丝分裂,直接分裂
holosystolic [ˌhəuləsisˈtɔlik] (*holo-* + *systole*) 全收缩的
holothurin [ˌhəuləˈθjurin] 海参毒素
Holothyrus [ˌhəuləˈθirəs] 全壳螨属
holotomy [həˈlɔtəmi] 全切开术
holotonia [ˌhɔləuˈtəuniə] (*holo-* + Gr. *tonos* tension) 全身肌紧张
holotopy [həuˈlɔtəpi] (*holo-* + Gr. *topos* place) 全局关系
holotrichous [həuˈlɔtrikəs] (*holo-* + Gr. *thrix* hair) 遍生纤毛的,周身有纤毛的
holotype [ˈhəulətaip] 主模式,正模标本
holoxenic [ˌhəuləˈzenik] (*holo-* + Gr. *xenos* a guestfriend, stranger) (动物)在

非实验室条件下喂养的

holozoic [ˌhəuləˈzəik] (holo- + Gr. zōon animal) 动物式营养的

Holt-Oram syndrome [ˈhəult ˈɔrəm] (Mary Clayton Holt, British cardiologist, 20th century; Samuel Oram, English cardiologist born 1913) 霍-奥二氏综合征

Holter monitor [ˈhəultə] (Norman Jefferis Holter, American biophysicist, 1914-1983) 霍耳特监护

Holth's operation [ˈhɔlθs] (Sören Holth, Norwegian ophthalmologist, 1863-1937) 霍耳斯氏手术

Holthouse's hernia [ˈhɔlthauzəs] (Carsten Holthouse, English surgeon, 1810-1901) 霍耳特豪斯疝

Holzknecht's space [ˈhɔltsknekts] (Guido Holzknecht, Austrian radiologist, 1872-1931) 霍耳茨克内希特氏间隙

homalocephalus [ˌhɔmələuˈsefələs] (Gr. homalos level + kephalē head) 扁平头

homalography [hɔməˈlɔgrəfi] (Gr. homalos level + graphein to write) 平断面解剖术

homalometopus [ˌhɔmələmiˈtəupəs] (Gr. homalos flat + metopon forehead) 平额

homaluria [ˌhɔməˈljuəriə] (Gr. homalos level, even + ourein to urinate + -ia) 尿排泄(率)均匀

Homans' sign [ˈhɔmənz] (John Homans, American physician, 1877-1954) 霍曼氏征

Homapin [ˈhɔməpin] 好莫平：溴甲后马托品制剂的商品名

homarine [ˈhɔməri:n] 龙虾肌碱

homatropine [hɔˈmætrəpi:n] 后马托品
   h. hydrobromide (USP) 氢溴酸后马托品
   h. methylbromide (USP) 溴甲基后马托品

homaxial [hɔˈmæksiəl] 等轴的

Homén's syndrome [ˈhɔmænz] (Ernst Alexander Homén, Finnish physician, 1851-1926) 霍曼氏综合征

home(o)- (Gr. homoios like, resembling) 等同，相等，类似

homeobox [ˈhəumiəuˌbɔks] 同源异形盒

homeochrome [ˈhəmiəuˌkrəum] (homeo- + Gr. chrōma color) 同染性的

homeokinesis [ˌhəmiəukiˈni:sis] (homeo- + Gr. kinēsis motion) 均等分裂

homeomorphous [ˌhəmiəuˈmɔ:fəs] (homeo- + Gr. morphē) 同形的

homeo-osteoplasty [ˌhəmiəuˈɔstiəuˌplæsti] (homeo- + Gr. osteon bone + plassein to mold) 同种骨成形术

homeopath [ˈhəmiəupæθ] 顺势医疗者

homeopathic [ˌhəmiəuˈpæθik] 顺势疗法的

homeopathist [ˌhəmiˈɔpəθist] 顺势医疗者

homeopathy [ˌhəmiˈɔpəθi] (homeo- + Gr. pathos disease) 顺势疗法

homeoplasia [ˌhəmiəuˈpleiziə] (homeo- + Gr. plassein to form) 同质形成，同质新生

homeoplastic [ˌhəmiəuˈplæstik] ❶ 同质的；❷ 同质形成的，同质新生的

homeorrhesis [ˌhəmiəuˈri:sis] (homeo- + Gr. rhein to flow) 生理过程稳定

homeosis [ˌhəmiˈəusis] (Gr. homoiōsis likeness, resemblance) 异位同型形成

homeostasis [ˌhəmiəuˈstæsis] (homeo- + Gr. stasis standing) 内环境稳定

homeostatic [ˌhəmiəuˈstætik] 内环境稳定的

homeotherapy [ˌhəmiəuˈθerəpi] (homeo- + Gr. therapeia treatment) 顺势疗法

homeotherm [ˈhəmiəuθə:m] (homeo- + Gr. thermē heat) ❶ 恒温动物；❷ 热血动物

homeothermal [ˌhəmiəuˈθə:ml] (homeo- + Gr. thermē heat) 温血的，恒温的

homeothermic [ˌhəmiəuˈθə:mik] ❶ 恒温的；❷ 吸热的

homeothermism [ˌhəmiəuˈθə:mizəm] 恒温性

homeothermy [ˈhəmiəuˌθə:mi] 恒温性

homeotypic [həmiəuˈtipik] (homeo- + Gr. typos type) 同型的

homeotypical [ˌhəmiəuˈtipikəl] 同型的

honergic [həuˈmə:dʒik] (home(o)- + Gr. ergon work) 同效的

homicide [ˈhɔmisaid] (L. homo man + caedere to kill) 杀人，杀人者，他杀

homidium [həuˌmidiəm] 乙菲啶

hominal [ˈhɔminəl] (L. homo man) 人

hominid ['hɔminid] ❶ 人科的；❷ 类人类
Hominidae [hɔu'minaidi:] (L. *homo* man + Gr. *eidos* resemblance) 人科
homininoxious [ˌhɔmini'nɔkʃəs] 对人有害的
hominoid ['hɔminɔid] ❶ 人科的；❷ 人科的成员
Hominoidea [ˌhɔmi'nɔidiə] (L. *homo* man + Gr. *oeidos* likeness) 灵长目超科(属类人猿亚目)
homme [ɔm] (Fr.) 人
h. rouge (Fr. "red man") 大片红斑期
Homo ['hɔumɔu] (L. *man*) 人属
hom(o)- (Gr. *homos* same) ❶ 同, 同一；❷ 高
homoarterenol hydrochloride [ˌhɔmɔu,ɑ:-tə'ri:nɔl] 盐酸高动脉醇, 盐酸异肾上腺素
homobiotin [ˌhɔmɔu'baiɔtin] 高生物素
homobody ['hɔmɔubɔdi] 同体
homocarnosinase [ˌhɔmɔu'kɑ:nɔusineis] 高肌肽酶
homocarnosine [ˌhɔmɔu'kɑ:nɔusi:n] 高肌肽
homocarnosinosis [ˌhɔmɔu,kɑ:nɔusi'nɔusis] 高肌肽病
homocentric [ˌhɔmɔu'sentrik] (*homo-* + Gr. *kentron* center) 同心的
homochronous [hɔu'mɔkrɔnəs] (*homo-* + Gr. *chronos* time) 同时的, 同期的
homocinchonine [ˌhɔmɔu'sinkɔnin] 后莫辛可尼辛
homocladic [ˌhɔmɔu'klædik] (*homo-* + Gr. *klados* branch) 同脉吻合的, 同支吻合的
homocyclic [ˌhɔmɔu'siklik] 纯环的, 同素环的
homocysteine [ˌhɔmɔu'sisti:n] 高半胱氨酸
homocysteine-tetrahydrofolate methyltransferase [ˌhɔmɔu'sisti:in tetrəˌhaidrə-'fɔuleit meθl'trænsfəreis] 高半胱氨酸-四氢叶酸甲基转移酶
homocystine [ˌhɔmɔu'sisti:n] 高胱氨酸, 同型胱氨酸
homocystinemia [ˌhɔmɔu,sisti,ni:miə] 高胱氨酸血症
homocystinuria [ˌhɔmɔu,sisti'njuəriə] 高胱氨酸尿(症)
homocytotropic [ˌhɔmɔu,sitəu'trɔpik] (*homo-* + *cyto-* + Gr. *tropos* a turning) 亲同种细胞的
homodesmotic [ˌhɔmɔudəs'mɔtik] (*homo-* + Gr. *desmos* bond) 同联的, 连接相同部分的
homodont ['hɔmɔudɔnt] (*hom-* + Gr. *odous* tooth) 同型牙的
homodromous [hɔ'mɔdrəməs] (*homo-* + Gr. *dromos* running) 同向运动的
homoe(o)- 等同, 相等, 相似
homoeosis [ˌhɔmi'ɔusis] 异位同型形成
homoerotic [ˌhɔmɔi'rɔtik] 同性性欲的, 同性恋的
homoeroticism [ˌhɔmɔi'rɔtisizəm] 同性性欲, 同性恋
homoerotism [ˌhɔmɔi'rɔtizəm] 同性性欲, 同性恋
homofermentation [ˌhɔməˌfəmen'teiʃən] 纯发酵(作用)
homofermenter [ˌhɔməfə'mentə] 纯发酵菌
homogamete [ˌhɔmə'gæmi:t] 同型配子
homogametic [ˌhɔməgə'metik] 同型配子的
homogamous [hɔ'mɔgəməs] 近亲繁殖的, 同配生殖的, 雌雄蕊同熟的
homogamy [hɔ'mɔgəmi] (*homo-* + Gr. *gamos marriage*) ❶ 近亲繁殖；❷ 同配生殖；❸ 雌雄(蕊)同熟
homogenate [hɔ'mɔdʒəneit] (组织)匀浆
homogeneity [ˌhɔmədʒe'neiti] ❶ 同种性, 纯一性；❷ 同质性, 均匀性
homogeneization [ˌhɔməˌdʒeinai'zeiʃən] 匀化(作用)
homogeneous [ˌhɔmə'dʒeniəs] (*homo-* + Gr. *genos* kind) 同种的, 纯一的, 同质的, 均一的
homogenesis [ˌhɔmə'dʒenəsis] (*homo-* + Gr. *genesis* production) 同型生殖, 纯一生殖
homogenetic [ˌhɔmədʒə'netik] 同型生殖的, 纯一生殖的
homogenic [hɔmə'dʒenik] 同种的, 同型的, 纯合的
homogenicity [ˌhɔmədʒə'nisiti] 同种性,

纯一性,同质性,均一性
homogenization [hɔˌmɔdʒenaiˈzeiʃən] 匀化(作用)
homogenize [həˈmɔdʒənaiz] 使均匀,匀化,搅匀
homogenote [ˌhəuməˈdʒənəut] 同质基因结合体
homogenous [həˈmɔdʒənəs] 同源的,同系的
homogentisate [ˌhɔmədʒənˈtiseit] 尿黑酸盐的阴离子形式
homogentisate 1, 2-dioxygenase [ˌhɔmədʒənˈtiseit daiˈɔksədʒəneis] (EC 1.13.11.5) 尿黑酸盐-1,2-双氧化酶
homogentisic acid [ˌhɔmədʒənˈtisik] 尿黑酸
homogentisic acid oxidase [ˌhɔmədʒənˈtisik ˈæsid ˈɔksideis] 尿黑酸氧化酶
homogentisic acid oxidase deficiency 尿黑酸氧化酶缺乏,尿黑酸尿(症)
homogentisuria [ˌhɔməˌdʒentiˈsjuəriə] 尿黑酸尿
homogeny [həˈmɔdʒəni] 同型生殖,纯一生殖
homoglandular [ˌhɔməˈglændjulə] 同腺的
homograft [ˈhɔməgraft] 同种移植物
homoi(o)- 等同,相似
homoiopodal [hɔmɔiˈɔpuədl] (homoio- + Gr. pous foot) (神经细胞)同突的
homoiostasis [ˌhɔmɔiɔˈstəsis] 内环境稳定
homoiotoxin [həuˈmɔiɔtɔksin] 同种毒素
homokeratoplasty [ˌhɔməuˈkerətəuˌplæsti] (homo- + kerato-plasty) 同种角膜成形术,同种角膜移植术
homolactic [ˌhɔməuˈlæktik] 纯乳酸的
homolateral [ˌhɔməuˈlætərəl] 同侧的
homologen [həuˈmɔlədʒən] 同系(化合)物
homologous [həuˈmɔləgəs] (Gr. homologos agreeing, correspondent) ❶ 同种的,同源的; ❷ 同种异体的; ❸ 同系的
homologue [ˈhɔməuˌlɔg] ❶ 同系器官,类似体; ❷ 同系(化合)物
homology [həuˈmɔlədʒi] (Gr. homologia agreement) ❶ 同种性,同源性; ❷ 同系性; ❸ 相应,符合
homolysin [həuˈmɔləsin] 同种溶素
homolysis [həuˈmɔlisis] (homo- + Gr. lysis dissolution) 同种溶解

homomorphic [hɔməˈmɔːfik] (homo- + Gr. morphē form) 同形的
homomorphosis [ˌhəuməməˈfəusis] (homo- + Gr. morphōsis formation) 同形新生
homonomous [həˈmɔnəməs] (homo- + Gr. nomos law) 同律的,同列的,同系的
homonymous [həuˈnɔniməs] (hom- + Gr. onoma name) ❶ 同名的,同声的; ❷ 同一关系的
homophil [ˈhɔməufil] 亲同种抗体
homophilic [ˌhɔməuˈfilik] (homo- + Gr. philein to love) (抗体)亲同种的
homoplastic [həuməˈplɑstik] (homo- + Gr. plassein to form) 同种移植的,同种成形的
homoplasty [ˈhəuməˌplɑsti] ❶ 同种移植术; ❷ 非同种(器官)相似
homopolymer [ˌhəuməˈpɔlimə] (homo- + polymer) 同聚物
homopolysaccharide [ˌhəuməˌpɔliˈsækəraid] 同(型)多糖
homorganic [ˌhəuməˈgænik] (homo- + Gr. organon organ) 同种器官的
homosalate [ˌhəuməuˈsæleit] 水杨酸三甲环己酯
homoscedasticity [ˌhəuməuˌskədæsˈtisiti] (homo- + Gr. skedastikos tending to scatter) 等方差
homosexual [ˌhəuməuˈsekʃuəl] ❶ 同性的; ❷ 同性性欲的,同性恋的
homosexuality [ˌhəuməuˌsekʃuˈæliti] (homo- + sexuality) 同性性欲,同性恋
homospore [ˈhəuməˌspɔː] 单孢子
homosporous [hɔˈmɔspərəs] (homo- + Gr. sporos seed) 单孢子的
homostimulant [ˌhəuməuˈstimjulənt] ❶ 同种刺激的; ❷ 同种刺激剂
homostimulation [ˌhəuməuˌstimjuˈleiʃən] 同种刺激法
Homo-Tet [ˌhəuməuˈtet] 好莫泰
homothallic [ˌhɔməˈθælik] 同宗配合的
homothallism [ˌhəuməˈθælizəm] 同宗配合
homotherm [ˈhɔməθəːm] 温血动物,恒温动物
homothermal [ˌhɔməˈθəːməl] 温血的,恒温的

homothermic [ˌhɔməˈθəːmik] 温血的,恒温的

homotopic [ˌhəuməˈtɔpik] (*homo-* + Gr. *topos* place) 同位的

homotransplant [ˌhəuməˈtrænsplɑːnt] 同种移植

homotropic [ˈhəuməˌtrɔpik] (*homo-* + *-tropic*) 同向变构的

homotropism [həˈmɔtrəpizəm] (*homo-* + Gr. *tropos* a turning) 亲同类性

homotype [ˈhəumətaip] (*homo-* + Gr. *typos* type) 同型

homotypic [ˌhəuməˈtipik] 同型的

homovanillic acid [ˌhɔməvəˈnilik] 高香草酸

homoxenous [həuˈmɔksənəs] (*homo-* + Gr. *xenos* strange, foreign) 单(宿主)寄生的

homozoic [ˌhəuməuˈzəik] (*homo-* + Gr. *zōon* animal) 同种动物的

homozygosis [ˌhɔməzaiˈgəusis] 纯合(现象),同型接合

homozygosity [ˌhɔməzaiˈgɔsiti] (*homo-* + *zygosity*) 纯合性

homozygote [ˌhɔməˈzaigəut] (*homo-* + *zygote*) 纯合子,纯型合子,同质合子

homozygous [ˌhɔməˈzaigəs] 纯合子的,纯型合子的,同质合子的

homunculus [həuˈmʌŋkjuːləs] (L. "a little man") ❶侏儒,矮人;❷小人

honey [ˈhʌni] 蜂蜜

hood [hud] 突冠
 tooth h. 龈裹牙

hoof [huːf] (L. *ungula*) 蹄
 curved h. 弯曲蹄
 dished h. 盘状蹄
 false h. 假蹄
 ribbed h., ringed h. 肋状蹄

hoof-bound [ˈhuːfˈbaund] 马蹄干缩症

hook [huk] 钩,针钩,钩状物
 blunt h. 钝钩
 Bose's h's 博塞氏钩
 Loughnane's h. 洛克南氏钩
 muscle h. 肌钩
 palate h. 腭钩,提腭钩
 squint h. 斜眼钩
 Tyrrell's h. 提勒耳氏钩

hook-up [ˈhukʌp] 缆络

hookworm [ˈhukwəːm] 钩虫
 American h. 美洲钩虫
 h. of the dog 犬钩虫
 European h. 欧洲钩虫
 New World h. 美洲钩虫
 Old World h. 十二指肠钩虫
 h. of the rat 鼠钩虫
 h. of ruminants 反刍类钩虫

hoose [huːz] 蠕虫性支气管炎

Hoover's sign [ˈhuːvəz] (Charles Franklin *Hoover*, American physician, 1865-1927) 胡佛氏征

HOP ❶ (high oxygen pressure 的缩写) 高氧压;❷ 由阿霉素 (hydroxydaunomycin)

Hope's sign [ˈhəups] (James *Hope*, English physician, 1801-1841) 侯普氏征

Hopkins [ˈhɔpkinz] 霍普金斯,生物学家

Hopkins-Cole test [ˈhɔpkinz kəul] (Sir F. G. *Hopkins*; Sidney William *Cole*, English physiologist, 1877-1952) 霍-克二氏试验

Hoplopsyllus anomalus [ˌhɔpləupˈsiləs əˈnɔmələs] 松鼠蚤

Hopmann's polyp [ˈhɔpmənz] (Carl Melchior *Hopmann*, German rhinologist, 1849-1925) 霍普曼氏鼻息肉

Hoppe-Seyler's test [ˌhaupəˈsiləz] (Ernst Felix Immanuel *Hoppe-Seyler*, German physiologic chemist, 1825-1895) 霍-西二氏试验

hoquizil hydrochloride [ˈhɔkwizil] 盐酸喹哌异丁酯

Hor. decub. (L.) (*hòra decubitus* 的缩写) 就寝时

hordeolum [hɔːˈdeəuləm] (L. "barleycorn") 睑腺炎,麦粒肿
 external h. 外麦粒肿
 internal h. 内麦粒肿

horehound [ˈhɔːhaund] 夏至草

Hor. interm (L.) (*horis intermediis* 的缩写) 在间隔时间内,中间时刻

horizon [həˈraizən] 人胚发育阶段
 Streeter's h's 斯氏人胚发育阶段

horizontalis [ˌhɔrizɔnˈtælis] ①水平的,与水平面平行的;②(NA) 水平位的

hormesis [hɔːˈmiːsis] (Gr. *hormēsis* rapid motion) 毒物兴奋效应

hormion [ˈhɔːmiən] （Gr. *hormos* a wreath）蝶枕点

Hormocardiol [ˌhɔːməˈkɑːdiɔl]（*hormone* + Gr. *kardia* heart）蛙心激素

Hormodendrum [ˌhɔːməˈdendrəm] 单孢枝霉属

hormonagogue [hɔːˈməunəgɔg]（*hormone* + Gr. *agōgos* leading）催激素剂

hormonal [hɔːˈməunəl] 激素的

hormone [ˈhɔːməun]（Gr. *hormaein* to set in motion, spur on）激素

adaptive h. 适应激素

adenohypophysial h. 腺垂体激素

adipokinetic h. ①臆想的由腺垂体分泌的脂肪分解激素；②脂肪分解激素

adrenocortical h. 肾上腺皮质激素

adrenocorticotropic h. 促肾上腺皮质激素

adrenomedullary h's 肾上腺髓质激素

androgenic h's 雄激素

anterior pituitary h. （垂体）前叶激素

antidiuretic h. 抗利尿激素

Aschheim-Zondek h. 阿-宗二氏激素

chondrotropic h. 软骨营养激素

chromaffin h. 肾上腺激素

conjugated estrogen h's 结合雌激素

corpus luteum h. 黄体素，孕酮

cortical h. 肾上腺皮质激素

corticotropin-releasing h. （CRH）促肾上腺皮质激素释放激素

diabetogenic h. 致糖尿激素，生糖尿激素

ectopic h. 异位激素

estrogenic h's 雌激素

eutopic h. 同位激素

fat-mobilizing h's 脂肪分解激素

fibroblast growth h. 成纤维细胞生长激素

follicle-stimulating h. （FSH）促卵泡成熟激素

follicle-stimulating h., human ①人卵泡刺激激素；②促生育素

follicle-stimulating hormone-releasing h. （FSH-RH）卵泡刺激激素释放激素

galactopoietic h. 催乳激素

gastrointestinal h's 胃肠激素

gonadotropic h. 促性腺激素

gonadotropic h's, pituitary 垂体促性腺激素

gonadotropin-releasing h. （Gn-RH）①促黄体素释放激素；②更广义地，下垂丘脑产生的任何使促卵泡刺激素和促黄体素释放的因子

growth h. （GH）生长激素

growth hormone-releasing h. （GH-RH）生长激素释放激素

human (pituitary) growth h. （hGH）人（垂体）生长激素

hypophysiotropic h's 向垂体激素

inhibiting h's 抑制激素

inhibitory h. 抑制激素

interstitial cell-stimulating h. 促黄体生成激素，促间质细胞激素

juvenile h. 虫卵发育素，咽侧体素

lactation h. 催乳激素

lactogenic h. 催乳激素

lipolytic h's 脂解激素

local h. 局部激素

luteal h. 黄体激素

luteinizing h. 黄体化激素，促间质细胞激素

luteinizing hormone-releasing h. 促黄体生长激素释放激素

melanocyte-stimulating h., melanophore-stimulating h. （MSH）促黑素细胞激素

neurohypophyseal h's 神经垂体激素

ovarian h. 卵巢激素

parathyroid h. 甲状旁腺激素

placental h's 胎盘激素

plant h. 植物激素

posterior pituitary h's 垂体后叶激素

progestational h. 孕酮

proparathyroid h. 甲状旁腺激素

prothoracicotropic h. 促前胸（腺）激素

releasing h's 释放激素

sex h's 性激素

somatotrophic h., somatotropic h. 生长激素

somatotropin releasing h. （SRH）生长激素释放激素

steroid h. 类固醇激素

testicular h., testis h. 睾（酮）酮

thyroid h's 甲状腺激素

thyroid-stimulating h. （TSH）促甲状腺激素

thyrotropic h. 促甲状腺激素

thyrotropin-releasing h. (TRH) 促甲状腺激素释放激素
hormonic [hɔ'mɔnik] 激素的
hormonogen ['hɔ:mənəuˌdʒen] 激素原
hormonogenesis [ˌhɔ:mənəu'dʒenisis] 激素生成
hormonogenic [ˌhɔ:mənəu'dʒenik] 激素生成的
hormonology [ˌhɔ:mə'nɔlədʒi] 内分泌学
hormonopoiesis [ˌhɔ:mənəpɔi'i:sis] (hormone + Gr. *poiesis* a making, creation) 激素生成
hormonopoietic [ˌhɔ:mənəpɔi'etik] 激素生成的
hormonoprivia [ˌhɔ:mənəu'praiviə] (hormone + L. *privus* without, deprived of) 激素缺乏
hormonosis [ˌhɔ:mə'nəusis] 激素过多症
hormonotherapy [ˌhɔ:mənəu'θerəpi] 激素疗法, 内分泌疗法
Horn's sign ['hɔ:nz] (C. ten *Horn*, Dutch surgeon, early 20th century) 霍恩氏征
horn [hɔ:n] (L. *cornu*) 角
 h. of Ammon 安蒙氏角
 anterior h. of lateral ventricle 侧脑室前角
 anterior h. of spinal cord 脊髓前角
 cicatricial h. 瘢痕角
 coccygeal h. 尾骨角
 cutaneous h. 皮角
 dorsal h. of spinal cord 脊髓背侧角
 frontal h. of lateral ventricle 侧脑室前角
 gray h's of spinal cord 脊髓灰质角
 greater h. of hyoid bone 舌骨大角
 inferior h. of falciform margin 镰状缘下角
 inferior h. of lateral ventricle 侧脑室下角
 inferior h. of thyroid cartilage 甲状软骨下角
 lateral h. of hyoid bone 舌骨侧角
 lateral h. of spinal cord 脊髓侧角
 lesser h. of hyoid bone 舌骨小角
 occipital h. of lateral ventricle 侧脑室枕角
 posterior h. of lateral ventricle 侧脑室后角
 posterior h. of spinal cord. 脊髓后角
 h. of pulp 髓角
 sacral h. 骶角
 superior h. of falciform margin 镰状缘上角
 superior h. of hyoid bone 舌骨上角
 superior h. of thyroid cartilage 甲状软骨上角
 temproal h. of lateral ventricle 侧脑室颞角
 h. of uterus, right and left 左右子宫角
 ventral h. of spinal cord 脊髓前角
Horner's law ['hɔ:nəz] (Johann Friedrich *Horner*, Swiss ophthalmologist, 1831-1886) 霍纳氏定律
Horner's muscle ['hɔ:nəz] (William Edmonds *Horner*, American anatomist, 1793-1853) 霍纳氏肌
Horner's sign [hɔ:'nəz] (David Alfred *Horner*, American obstetrician and gynecologist, born 1884) 霍纳氏征
hornification [ˌhɔ:nifi'keiʃən] 角(质)化
horny ['hɔ:ni] 角的
horopter [hə'rɔptə] (Gr. *horos* limit + *optēr* observer) 双眼单视界
 Vieth-Müller h. 韦-谬二氏双眼单视界
horopteric [ˌhɔrəp'terik] 双眼单视界的
horripilation [hɔˌripi'leiʃən] (L. *horrere* to bristle, to stand on end + *pilus* hair) 鸡皮疙瘩
horror ['hɔrə] (L.) 恐惧
 h. autotoxicus (L. "fear of self poisoning") 恐惧自身中毒
horsepox ['hɔ:spɔks] 马天花, 马痘
horseradish peroxidase ['hɔ:srædiʃ pə:-'rɔksiˌdeis] 辣根过氧化物酶
horse-sickness [hɔ:s'siknis] 马传染病, 马疫
Horseley's operation ['hɔ:sliz] (Sir Victor Alexander Haden *Horsley*, English surgeon 1857-1916) 霍斯利氏手术
Hortega cell [ɔ:'tægə] (Pio del Rio *Hortega*, Spanish histologist in Argentina, 1882-1945) 霍特加氏细胞
hortobezoar [ˌhɔ:təbi'zɔ:] 植物粪石
Horton's arteritis ['hɔ:tənz] (Bayard Taylor *Horton*, American physician, 1895-1980) 霍顿氏动脉炎
Hor. un. spatio (L.) (*horae unius spatio*

的缩写）一小时末
hospice ['hɔspis] 济贫病院
hospital ['hɔspitəl]（L. *hospitalium* from *hospes*, host, guest）医院
  base h. 后方医院
  camp h. 兵站医院
  closed h., closed staff h. 内部医院
  cottage h. 诊疗所
  day h. 白昼医院
  evacuation h. 转运医院,后送医院
  field h. 野战医院
  lying-in h. , maternity h. 产院
  night h. 夜间医院
  open h. 开放医院
  teaching h. 教学医院
  voluntary h. 慈善医院
  weekend h. 周末医院
hospitalization [,hɔspitəlai'zeiʃən] 住院,住院期
  partial h. 部分住院
hospitalize ['hɔspitəlaiz] 入院
host [həust]（L. *hospes*）寄主,宿主
  accidental h. 偶然宿主
  definitive h. , final h. 终宿主,最后宿主
  intermediate h. 中间宿主
  paratenic h. 旁栖（中间）宿主,替代（中间）宿主
  h. of predilection 专嗜宿主,最适宿主
  primary h. 首要宿主,终宿主
  reservoir h. 储存宿主
  secondary h. 中间宿主
  transfer h. , transport h. 转运宿主
hot [hɔt] ❶ 热的; ❷ 放射性的
hot line [hɔt lain] 热线
Hounsfield ['haunzfi:ld] 豪斯菲尔德:Sir Godfrey Newbold, 英国科学家
Hounsfield unit ['haunzfi:ld]（Sir G. N. *Hounsfield*）豪斯费尔德单位
Houssay [əu'sei] 欧赛:Bernardo Alberto, 阿根廷生理学家
Houssay animal [əu'seiz]（Bernardo Alberto *Houssay*）欧赛氏动物
Houston's muscle ['hju:stənz]（John *Houston*, Irish surgeon, 1802-1845）豪斯顿氏肌
hoven ['həuvən] 胃气胀
Hoverbed ['hɔvəbed] 胡佛床
Hovius' canal ['həviəs]（Jacobus *Hovius*, Dutch ophthalmologist, born 1675）霍费斯氏管
Howel-Evans' syndrome ['hɔvil 'ivənz]（W. *Howel-Evans*, British physician, 20th century）豪威耳·伊万斯氏综合征
Howell's bodies ['hauəlz]（William Henry *Howell*, American physiologist, 1860-1945）豪威耳氏小体
Howell-Jolly bodies ['hauəl dʒɔ'li]（W. H. *Howell*; Justin Marie Jules *Jolly*, French histologist, 1870-1953）豪-若二氏小体
Howship's lacuna ['hauʃips]（John *Howship*, English surgeon, 1781-1841）豪希普氏腔隙
Howship-Romberg sign ['hauʃip 'rɔmbəg]（J. *Howship*; Moritz Heinrich von *Romberg*, German neurologist, 1795-1873）豪-罗二氏症
Hoyne's sign [hɔinz]（Archibald Lawrence *Hoyne*, American pediatrician, 1878-1963）奥耶尼氏征
HP（house physician 的缩写）内科住院医师
Hp（haptoglobin 的缩写）结合珠蛋白,触珠蛋白
HPETE（hydroperoxyeicosatetraenoic acid 的缩写）过氧羟基二十四碳四烯酸
HPF（high-power field 的缩写）高能区
HPL, hPL（human placental lactogen 的缩写）人胎盘催乳物
HPLC（high-performance liquid chromatography 的缩写）高效液相色谱
HPRT（hypoxanthine phosphoribosyltransferase 的缩写）次黄嘌呤磷酸核糖基转移酶
HPV（human papillomavirus 的缩写）人类乳头瘤病毒
HRA（high right atrium 的缩写）高位右心房
HRCT（high-resolution computed tomography 的缩写）高分辨率计算机断层照相术
HRF（histamine releasing factor 的缩写）组胺释放因子
HRIG（human rabies immune globulin 的缩写）人狂犬病免疫球蛋白
HRP（horseradish peroxidase 的缩写）辣根

过氧化物酶

HRSA (Health Resources and Services Administration 的缩写) 健康资源和服务部

HS (house surgeon 的缩写) 外科住院医师

h. s. (*hora somni* 的缩写) 就寝时

HSA (human serum albumin 的缩写) 人血清白蛋白

HSAN (hereditary sensory and autonomic neuropathy 的缩写) 遗传性感觉和自主神经病变

HSAN-I (hereditary sensory and autonomic neuropathy (type I) 的缩写) 遗传性感觉和自主神经病变Ⅰ型

HSAN-Ⅱ (hereditary sensory and autonomic neuropathy (type Ⅱ) 的缩写) 遗传性感觉和自主神经病变Ⅱ型

HSAN-Ⅲ (hereditary sensory and autonomic neuropathy (type Ⅲ) 的缩写) 遗传性感觉和自主神经病变Ⅲ型

HSF (hydrazine-sensitive factor 的缩写) 肼敏感因子

HSR (homogeneously staining regions 的缩写) 同种染色区

HSV (herpes simplex virus 的缩写) 单纯疱疹病毒

5-HT (5-hydroxytryptamine 的缩写) 5-羟色胺(血清素)

Ht (total hyperopia 的缩写) 总远视

HTACS (human thyroid adenylate cyclase stimulators 的缩写) 人甲状腺腺苷酸环化酶刺激因子

HTC (homozygous typing cells 的缩写) 纯合子型细胞

³H-TdR (tritium-labeled thymidine 的缩写) 氚标记胸(腺嘧啶脱氧核)苷

HTLV (human T-cell leukemia / lymphoma virus 的缩写) 人T细胞白血病/淋巴瘤病毒

H⁺-transporting ATP synthase [træns-ˈpɔːtiŋ ˈsinθeis] (EC 3. 6. 1. 34) 转氢离子ATP合成酶

Hua [ˈhuə] 华螺属

　　H. ningpoensis 宁波华螺

　　H. toucheana 触发华螺

Hubbard tank [ˈhʌbəd] (Carl *Hubbard*, American engineer, 20th century) 哈勃德水池

Hubel [ˈhubəl] 胡伯尔:出生于加拿大的美国神经生物学家

Huchard's disease [juːˈʃɑz] (Henri *Huchard*, French physician, 1844-1910) 于夏氏病

Hueck's ligament [hiːks] (Alexander Friedrich *Hueck*, German anatomist, 1802-1842) 许克氏韧带

Hueter's line [ˈhiːtəz] (Karl *Hueter*, German surgeon, 1838-1882) 许特氏线

Huggins [ˈhʌginz] 哈金斯:出生于加拿大在美国的外科医师

Huggins operation [ˈhʌginz] (Charles Brenton *Huggins*) 哈金斯氏手术

Hughes' reflex [hjuːz] (Charles Hamilton *Hughes*, American neurologist, 1839-1916) 休斯氏反射

Hughes-Stovin syndrome [hjuːz ˈstəvin] (John Patterson *Hughes*, British physician, 20th century; Peter George Ingle *Stovin*, British physician, 20th century) 休-斯二氏综合征

Huguier's canal [juːgiːˈeiz] (Pierre Charles *Huguier*, French surgeon, 1804-1873) 于吉埃氏管

Huhner test [ˈhuːnə] (Max *Huhner*, New York urologist, 1873-1947) 胡纳氏试验

HuIFN (human interferon 的缩写) 人类干扰素

hum [hʌm] 哼鸣

　　venous h. 静脉哼鸣

Humatin [ˈhuːmətin] 巴龙霉素:硫酸巴龙霉素制剂的商品名

humectant [hjuːˈmektənt] (L. *humectus*, from *humectare* to be moist) ❶ 致湿的; ❷ 致湿物, 稀释剂

humectation [ˌhjuːmekˈteiʃən] 致湿作用

humeral [ˈhjuːmərəl] (L. *humeralis*) 肱骨的

humeri [ˈhjuːmərai] (L.) 肱骨. *humerus* 的所有格和复数形式

humeroradial [ˌhjuːmərəˈrædiəl] 肱桡的

humeroscapular [ˌhjuːmərəˈskæpjuːlə] 肱(骨)肩胛的

humeroulnar [ˌhjuːmərəˈʌlnə] 肱尺的

humerus [ˈhjuːmərəs] (pl. *humeri*) (L.) (NA) 肱骨

　　h. varus 肱骨内弯

humidifier [hjuːˈmidiˌfaiə] 增湿器, 加湿

器

humidity [hjuːˈmiditi] (L. *humiditas*) 湿度
　absolute h. 绝对湿度
　relative h. 相对湿度

humor [ˈhjuːmə] (pl. *humors*, *humores*) (L. "a liquid") ❶ 液,体液;❷ 液体
　aqueous h., h. aquosus (NA) 水状液(眼房水)
　h. cristallinus, crystalline h. ① 晶状体;② 玻璃体
　ocular h. 眼液
　plasmoid h. 类浆液
　vitreous h. ① 玻璃体;② 玻璃体液
　h. vitreus (NA) 玻璃体液

humoral [ˈhjuːmərəl] 体液的
humoralism [ˈhjuːmərəˌlizəm] 体液学说
humorism [ˈhjuːmərizəm] 体液学说
Humorsol [ˈhjuːməsəl] 癸二胺苯酯:地美溴铵溶液的商品名
hump [ˈhʌmp] 隆起,曲线顶点
　dowagers h. 老妇背
　Hampton's h. 汉普顿隆起
humpback [ˈhʌmpbæk] 脊柱后凸,驼背
Humphry's ligament [ˈhʌmfriːz] (Sir George Murray *Humphry*, English anatomist, 1820-1896) 哈佛里氏韧带
Humulin [ˈhjuːmjulin] 休莫林
hunchback [ˈhʌntʃbæk] ❶ 驼背,脊柱后凸;❷ 驼背者
hunger [ˈhʌŋɡə] 渴望,饥饿
　air h. 空气饥
　calcium h. 钙饥饿,缺钙症
Hunner's ulcer [ˈhʌnəz] (Guy leRoy *Hunner*, American surgeon, 1868-1957) 汉纳氏溃疡
Hunt's atrophy [hʌnts] (James Ramsay *Hunt*, American neurologist, 1872-1937) 亨特氏(肌)萎缩
Hunter's canal [ˈhʌntəz] (John Hunter, Scottish anatomist and surgeon, 1728-1793) 亨特氏管
Hunter's glossitis [ˈhʌntəz] (William *Hunter*, English physician, 1861-1937) 亨特氏舌炎
Hunter's ligament [ˈhʌntəz] (William *Hunter*, Scottish anatomist, 1718-1783) 亨特氏韧带
Hunter's syndrome [ˈhʌntəz] (Charles H. *Hunter*, Canadian physician, 1873-1955) 亨特氏综合征
Hunter-Hurler syndrome [ˈhʌntə ˈhəːlə] (C. H. *Hunter*; Gertrud *Hurler*, Austrian pediatrician, 1889-1965) 亨-荷二氏综合征
Hunterian [hʌnˈtiəriən] 亨特的
Huntington's chorea [ˈhʌntiŋtənz] (George Sumner *Huntington*, American physician, 1850-1916) 亨庭顿氏舞蹈病
Huppert's test [ˈhupəts] (Hugo *Huppert*, Czech physician, 1832-1904) 哈博特氏试验
Hurler's syndrome [ˈhəːləz] (Gertrud *Hurler*, Austrian pediatrician, 1889-1965) 何勒氏综合征
Hurler-Scheie syndrome [ˈhəːləʃei] (G. *Hurler*; Harold G. *Scheie*, American opthalmologist, 1909-1990) 何-斯二氏综合征
Hurst disease [ˈhəːst] (Edward Weston *Hurst*, Australian physician, 20th century) 哈斯特氏病
Hürthle cells [ˈhəːtlə] (Karl *Hürthle*, German histologist, 1860-1945) 霍斯勒氏细胞
Hurtley's test [ˈhəːtliːz] (William Holdsworth *Hurtley*, English biochemist, 1860-1935) 哈特雷氏试验
Huschke's canal [ˈhuːʃkəz] (Emil *Huschke*, German anatomist, 1797-1858) 霍希克氏管
husk [hʌsk] 蠕虫性气管炎
Hutchinson's disease [ˈhʌtʃinsənz] (Sir Jonathan *Hutchinson*, English surgeon, 1828-1913) 霍金森氏病
Hutchinson-Gilford disease [ˈhʌtʃinsən ˈɡilfɔːd] (Sir Jonathan *Hutchinson*; Hastings *Gilford*, English physician, 1861-1941) 霍-杰二氏病
hutchinsonian [ˌhʌtʃinˈsɔːniən] 霍金森氏的
Hutchison syndrome [ˈhʌtʃisən] (Sir Robert *Hutchison*, English pediatrician, 1871-1960) 霍金森氏综合征
Hu-Tet [ˈhʌtet] 赫泰特:破伤风免疫人体

球蛋白制剂的商品名

Hutinel's disease [juːtiˈnelz] (Victor Henri *Hutinel*, pediatrician in Paris, 1849-1933) 乌特纳耳氏病

Huxley [ˈhʌksli] 赫克斯利：Andrew Fielding, 英国生理学家

Huxley's layer [ˈhʌksliz] (Thomas Henry *Huxley*, English physio-logist and naturalist, 1825-1895) 赫克斯氏层

huygenian [haiˈdʒiːniən] (Christiaan *Huygens* (or Huyghens), Dutch physicist, 1629-1695) 会根氏的

HVA (homovanillic acid 的缩写) 高香草酸

HVL (half-value layer 的缩写) 半值层, 半价厚度

hyal [ˈhaiəl] 舌骨的

hyalin [ˈhaiəlin] (Gr. *hyalos* glass) ❶ 透明蛋白；❷ 包囊质
   hematogenous h. 血透明质

hyaline [ˈhaiəliːn] (Gr. *hyalos* glass) 透明的, 玻璃样的

hyalinization [ˌhaiəliniˈzeiʃən] 玻璃化, 透明化

hyalinosis [ˌhaiəliˈnəusis] 透明变性
   h. cutis et mucosae 皮肤粘膜透明变性

hyalinuria [ˌhaiəliˈnjuəriə] 透明蛋白尿

hyalitis [ˌhaiəˈlaitis] (*hyal-* + *-itis*) 玻璃体炎, 玻璃体囊炎
   asteroid h. 星形玻璃体炎
   h. punctata, punctate h. 点状玻璃体炎
   h. suppurativa, suppurative h. 化脓性玻璃体炎

hyal(o)- (Gr. *hyalos* glass) 透明, 玻璃体, 玻璃液, 玻璃样的

hyalogen [haiˈæləgən] (*hyalo-* + Gr. *gen-nan* to produce) 透明蛋白原

hyalohyphomycosis [ˌhaiələuˌhaifəumaiˈkəusis] (*hyalo-* + hyphomycetes + *-osis*) 玻璃丝菌病

hyaloid [ˈhaiələid] (*hyal-* + Gr. *eidos* form) 透明的, 玻璃样的

hyaloiditis [ˌhaiələiˈdaitis] 玻璃体炎

hyaloma [haiəˈləumə] 胶状粟粒疹, 透明样肿

hyalomere [ˈhaiələumiə] (*hyalo-* + Gr. *meros* part) (血小板)明区

hyalomitome [ˌhaiələuˈmitəum] 透明胞质, 胞基质

Hyalomma [ˌhaiəˈləumə] (*hyal-* + Gr. *omma* eye) 璃眼蜱属

hyalomucoid [ˌhaiələuˈmjuːkɔid] (*hyalo-* + *mucoid* 定义 1) 玻璃体粘液质

hyalonyxis [ˌhaiələuˈnaiksis] (*hyalo-* + Gr. *nyxis* pricking) 玻璃体穿刺术

hyalophagia [ˌhaiələuˈfeidʒiə] (*hyalo-* + Gr. *phagein* to eat) 食玻璃癖

hyalophagy [ˌhaiəˈlɔfədʒi] 食玻璃癖

hyaloplasm [ˈhaiələuˌplæzəm] (*hyalo-* + *-plasm*) 透明质
   nuclear h. 核液, 核淋巴

hyaloserositis [ˌhaiələuˌsirəuˈsaitis] (*hyalo-* + *serum* + *-itis*) 透明性浆膜炎
   progressive multiple h. 进行性多发性透明性浆膜炎

hyalosis [haiəˈləusis] (*hyal-* + *-osis*) 玻璃体变性
   asteroid h. 星形玻璃体退变

hyalosome [haiˈæləsəum] (*hyalo-* + Gr. *sōma* body) 透明体

hyalotome [haiˈælətəum] 透明质

hyaluronate [ˌhaiəˈljurəneit] 透明质酸盐(酯)

hyaluronate lyase [ˌhaiəljuˈrəneit ˈliːeis] (EC4.2.2.1) 透明质酸裂解酶

hyaluronic acid [ˌhaiəljuˈrɔnik] 透明质酸

hyaluronidase [ˌhaiəljuˈrɔnideis] ❶ 透明质酸酶；❷ (USP) 透明质酸酶制剂

hyaluronoglucosaminidase [ˌhaiəljuˌrɔnəglukəsəˈminideis] (EC 3.2.1.35) 透明质酸盐葡糖胺酶

hyaluronoglucuronidase [ˌhaiəljuˌrɔnəglukjuˈrɔnideis] (EC 3.2.1.36) 透明质酸葡糖苷酸酶

Hyate: C [ˈhaieitˌsiː] 海特希: 抗血友病因子(猪)制剂的商品名

hybaroxia [ˌhaibəˈrɔksiə] 高压氧疗法

hybenzate [haiˈbenzeit] (USAN) (*o*-(4-hydroxybenzoyl)benzoate 的缩写) o-(4-羟苯甲酰)苯甲酸盐

hybrid [ˈhaibrid] (L. *hybrida* mongrel) 杂种
   false h. 假杂种

hybridism [ˈhaibridizəm] ❶ 杂种状态；❷ 杂交

hybridity [haiˈbriditi] 杂种状态

hybridization [ˌhaibridaiˈzeiʃən] ❶ 杂交；

❷ 分子杂交;❸ 体细胞杂交;❹ 杂化
colony h. 克隆杂交
dot blot h. 斑点杂交
in situ h. 原位杂交
molecular h. 分子杂交
Northern blot h. 北方斑点,杂交
slot blot h. 缝隙斑点杂交
somatic cell h. 体细胞杂交
Southern blot h. 南方斑点杂交
Southwestern blot h. 西南斑点杂交
Western blot h. 西方斑点杂交

hybridoma [ˌhaibri'dəumə] (*hybrid* + *-oma*) 杂交瘤

hycanthone [hai'kænθəun] 羟胺硫蒽酮,海蒽酮
    h. mesylate 甲磺酸羟胺硫蒽酮,作用与海蒽酮相同

Hycodan ['haikəudæn] 海可待:重酒石酸二氢可待因酮制剂的商品名

hydantoin [hai'dæntəuin] 乙内酰脲

hydantoinate [ˌhaidən'təuineit] 乙内酰脲盐

hydatid ['haidətid] (L. *hydatis*, a drop of water) ❶ 棘球囊;❷ 囊
    alveolar h's 泡状棘球囊
    h. of Morgagni 睾丸附件
    sessile h. 睾丸附件
    Virchow's h. 维尔卓氏棘球囊

hydatidiform [ˌhaidə'tidifɔːm] 囊状的

hydatidosis [ˌhaidəti'dəusis] 棘球蚴病

hydatidostomy [ˌhaidəti'dɔstəmi] (*hydatid* + Gr. *stoma* mouth) 棘球囊切开引流术

hydatiduria [ˌhaidəti'djuriə] 棘球囊尿

Hydatigena [ˌhaidə'tidʒənə] 绦虫属,带绦虫属

hydatism ['haidətizəm] (Gr. *hydatis* water) 腔液音

hydatogenesis [ˌhaidətə'dʒenəsis] (Gr. *hydor* water + *genesis* production) 水生成,生成

hydatoid ['haidətɔid] (Gr. *hydōr* water + *-oid*) ❶ 房水;❷ 玻璃体膜;❸ 房水的

Hydeltra [hai'deltrə] 强的松龙:强的松龙制剂的商品名

Hydergine ['haidədʒiːn] 海得琴,氢化麦角碱

hydradenitis [ˌhaidrədə'naitis] 汗腺炎

hydradenoma [ˌhaidrədə'nəumə] 汗腺腺瘤

hydraeroperitoneum [haiˌdrɔrəuˌpəritəu'niəm] (*hydr-* + Gr. *aērair* air + *peritoneum*) 水气腹

hydragogue ['haidrəgɔg] (*hydr-* + Gr. *agōgos* leading) ❶ 致水泻的;❷ 水泻剂

hydralazine [hai'dræləziːn] 肼苯哒嗪
    h. hydrochloride (USP) 盐酸肼苯哒嗪

hydramine ['haidrəmiːn] 羟基胺

hydramnion [hai'dræmniən] 羊水过多

hydramnios [hai'dræmniəs] (*hydr-* + *amnion*) 羊水过多

hydranencephaly [ˌhaidrænən'sefəli] 积水性无脑

hydrangiography [haiˌdrændʒi'ɔgrəfi] (*hydrangeion* + Gr. *graphein* to write) 淋巴管造影术

hydrangiology [haiˌdrændʒi'ɔlədʒi] 淋巴管学

hydrangiotomy [haiˌdrændʒi'ɔtəmi] 淋巴管切开术

hydrargyria [ˌhai'drədʒiriə] 汞中毒

hydrargyrism [ˌhaidrə'dʒirizəm] 汞中毒

hydrargyromania [haiˌdrɑːdʒərə'meiniə] 汞中毒性精神病

hydrargyrosis [haiˌdrɑːdʒə'rəusis] 汞中毒

hydrargyrum [hai'drɑːdʒərəm] (L. "liquid silver") 汞,水银

hydrarthrodial [ˌhaidrɑː'θrəudiəl] 关节积水的

hydrarthrosis [ˌhaidrɑː'θrəusis] (*hydr-* + Gr. *arthron* joint + *-osis*) 关节积水
    intermittent h. 间歇性关节积水

hydratase ['haidrəteis] (EC 4.2.1) 水合酶

hydrate ['haidreit] (L. *hydras*) ❶ 水化物;❷ 含水物

hydrated ['haidreitid] (L. *hydratus*) 水合的,水化

hydration [hai'dreiʃən] ❶ 水合作用;❷ 水化作用

hydralics [hai'drɔːliks] (*hydr-* + Gr. *aulos* pipe) 水力学

hydrazine ['haidrəzin] 肼,联氨
    h. sulfate 肼硫酸盐

hydrazinolysis [ˌhaidrəzi'nɔlisis] 肼解(作用)

hydrazone ['haidrəzəun] 腙

Hydrea [hai'driə] 海得尔：羟基脲制剂的商品名

hydremia [hai'dri:miə] (*hydr-* + Gr. *haima* blood) 血水分过多(症)，稀血症

hydrencephalocele [,haidren'sefələ,si:l] 积水性脑突出

hydrencephalomeningocele [,haidren,sefələme'niŋgəsi:l] 积水性脑脑膜突出

hydrencephalus [,haidren'sefələs] 脑积水

hydrencephaly [,haidren'sefəli] 脑积水

hydrepigastrium [,haidrepi'gæstriəm] (*hydr-* + *epigastrium*) 腹膜腹肌间积水

Hydrergine ['haidrədʒi:n] 海得洛琴：麦角样甲磺酸制剂的商品名

hydriatrics [,haidri'ætriks] 水疗法

hydric ['haidrik] 氢的，含氢的

hydride ['haidraid] (Gr. *hydōr* water) 氢化物

hydrindicuria [,haidrindi'kjuriə] 吲哚尿

hydriodic acid [,haidri'ɔdik] 氢碘酸

hydrion [hai'draiɔn] 氢离子

hydr(o)- (Gr. *hydōr* water) ❶ 水；❷ 积液；❸ 氢

hydroa [hai'drəə] (*hydro-* + Gr. *ōon* egg) 水疱，水疱病
  h. estivale 夏令水疱病
  h. vacciniforme 牛痘样水疱病

hydroabdomen [,haidrəuæb'dəumen] 水腹，腹腔积水

hydroadipsia [,haidrəə'dipsiə] (*hydro-* + *a* neg. + Gr. *dipsa* thirst) 不渴(症)

hydroappendix [,haidrəə'pendiks] 阑尾积水

Hydrobiidae [,haidrə'biidi:] 觿螺亚科

Hydrobiinae [,haidrə'biini:] 觿螺亚科

hydrobilirubin [,haidrɔ,bili'ru:bin] (*hydro-* + *bilirubin*) 氢化胆红素

hydroblepharon [,haidrɔ'blefərɔn] (*hydro-* + Gr. *blepharon* eyelid) 睑水肿

hydrobromic acid [,haidrɔ'brɔmik] 氢溴酸

hydrobromide [,haidrɔ'brɔmaid] 氢溴化物

hydrocalycosis [,haidrɔ,kæli'kəusis] (*hydro-* + *calyx* + *-osis*) 肾盏积水

hydrocalyx [,haidrɔ'kæliks] 肾盏积水，肾盏积液

hydrocarbarism [,haidrɔ'ka:bərizəm] 碳氢化合物中毒

hydrocarbon [,haidrɔ'ka:bən] 烃，碳氢化合物
  alicyclic h. 脂环烃
  aliphatic h. 脂肪族烃，链烃
  aromatic h. 芳香族烃
  chlorinated h. 氯烃
  cyclic h. 环烃
  saturated h. 饱和烃
  unsaturated h. 不饱和烃

hydrocarbonism [,haidrɔ'ka:bənizəm] 碳氢化合物中毒

hydrocardia [,haidrəu'ka:diə] 心包积水

hydrocele ['haidrəsi:l] (*hydro-* + *-cele*[1]) 水囊肿
  cervical h. 颈导管积水，颈导管水囊肿
  chylous h. 乳糜样水囊肿
  h. colli 颈导管积水，颈导管水囊肿
  communicating h. 交通性睾丸鞘膜积液
  congenital h. 先天性睾丸鞘膜积液
  diffused h. 弥漫性(精索)鞘膜积液
  Dupuytren's h. 杜普特伦氏睾丸鞘膜积液
  encysted h. 包绕性鞘膜积液
  h. feminae 女性水囊肿
  funicular h. 精索鞘膜积液
  hernial h. 疝水囊肿
  Maunoirs h. 莫努尔氏水囊肿
  h. of neck 颈导管水囊肿
  h. renalis 肾水囊肿
  scrotal h. 阴囊水囊肿
  h. spinalis 脊柱裂

hydrocelectomy [,haidrɔsi'lektəmi] (*hydrocele* + Gr. *ektomē* excision) 水囊肿切除术

hydrocephalic [,haidrɔse'fælik] 脑积水的

hydrocephalocele [,haidrɔ'sefələsi:l] 积水性脑突出

hydrocephaloid [,haidrɔ'sefələid] ❶ 脑积水样的；❷ 类脑积水病

hydrocephalus [,haidrɔ'sefələs] (*hydro-* + Gr. *kephalē* head) 脑积水
  acquired h. 继发性脑积水
  communicating h. 交通性脑积水
  congenital h. 先天性脑积水
  h. ex vacuo 脑外积水
  noncommunicating h. 非交通性脑积水

normal-pressure h. , normal-pressure occult h. 正常压(潜隐性)脑积水
obstructive h. 阻塞性脑积水
occult normal-pressure h. (潜隐性)正常压脑积水
otitic h. 中耳炎性脑积水
primary h. ① 原发性脑积水;② 慢性脑积水
secondary h. 继发性脑积水
hydrocephaly [ˌhaidrɔˈsefəli] 脑积水
Hydro-Chlor [ˈhaidrəˌklɔː] 双氢克尿塞:双氢克尿塞制剂的商品名
hydrochloric acid [ˌhaidrɔˈklɔrik] 盐酸
hydrochloride [ˌhaidrɔˈklɔːraid] 氢氯化物,盐酸盐
hydrochlorothiazide [ˌhaidrɔˌklɔurɔˈθaiəzaid] (USP) 双氢克尿塞,双氢氯噻嗪,氢氯噻嗪
hydrocholecystis [ˌhaidrɔˌkɔuliˈsistis] (hydro- + Gr. cholē bile + kystis bladder) 胆囊积水
hydrocholeresis [ˌhaidrɔˌkɔləˈriːsis] (hydro + Gr. cholē bile + hairesis a taking) (稀)胆汁排泄增多
hydrocholeretic [ˌhaidrɔˌkɔləˈretik] (稀)胆液排泄增多的,致(稀)胆液排泄增多的
hydrocholesterol [ˌhaidrɔkəˈlestərɔl] 氢化胆甾醇,氢化胆固醇
hydrocinchonidine [ˌhaidrɔsinˈkɔnidain] 氢化辛可尼丁
hydrocirsocele [haidrɔˈsəːsəsiːl] (hydro- + cirsocele) 精索静脉曲张鞘膜积液
hydrocodone [ˌhaidrɔˈkɔdəun] 氢化可待因
h. bitartrate (USP) 重酒石酸二氢可待因酮
h. polistirex 菲力斯特瑞可斯氢化可待因
hydrocollidine [ˌdaidrɔˈkɔlidin] (hydro- + collidine) 氢化可力丁
hydrocolloid [ˌhaidrɔˈkɔlɔid] (hydro- + colloid) 水胶体
irreversible h. 不可逆性水胶体
reversible h. 可逆性水胶体
hydrocolpos [ˌhaidrɔˈkɔlpɔs] (hydro- + Gr. kolpos vagina) 阴道积液
hydroconion [ˌhaidrɔˈkəuniən] (hydro- + Gr. konis dust) 喷雾器,喷洒器
hydrocortamate hydrochloride [ˌhaidrɔˈkɔːtəmeit] 盐酸氢可松氨酯
hydrocortisone [ˌhaidrɔˈkɔːtisəun] 氢化可的松,皮质(甾)醇
h. acetate (USP) 醋酸氢化可的松
h. butyrate (USP) 氢化可的松丁酸盐
h. cypionate (USP) 氢化可的松环戊丙酸酯
h. hemisuccinate (USP) 氢化可的松半琥酯
h. sodium phosphate (USP) 氢化可的松磷酸酯钠
h. sodium succinate (USP) 丁二酸氢化可的松钠
h. valerate (USP) 戊酸氢化可的松
Hydrocortone [ˌhaidrɔˈkɔːtəun] 氢可通:氢化可的松的商品名
hydrocyanic acid [ˌhaidrəsiˈænik] 氢氰酸,氰化氢
hydrocyanism [ˌhaidrɔˈsaiənizəm] 氢氰酸中毒
hydrocyst [ˈhaidrəsist] (hydro- + Gr. kystis sac, bladder) 水囊肿
hydrocystadenoma [ˌhaidrɔˌsistædiˈnəumə] 汗腺腺瘤
hydrodelineation [ˌhaidrɔdeˌliniˈeiʃən] 水清廓
hydroderma [ˌhaidrəuˈdəːmə] 皮肤水肿
hydrodiarrhea [ˌhaidrəudaiəˈriə] 水泻
hydrodiascope [ˌhaidrəuˈdaiəskəup] (hydro- + Gr. dia through + skopein to view) 散光矫正镜
hydrodictiotomy [ˌhaidrəuˌdiktiˈɔtəmi] (hydro- + Gr. diktyon net + tomy a cutting) 视网膜水肿切开术
hydrodiffusion [ˌhaidrɔdiˈfjuːʒən] 水中扩散
hydrodipsomania [ˌhaidrɔˌdipsɔˈmeiniə] 剧渴性癫狂,发作性口渴
hydrodissection [ˌhaidrɔdiˈsekʃən] (hydro- + dissection) 水分离
hydrodiuresis [ˌhaidrɔdijuːˈriːsis] (hydro- + diuresis) 水性多尿
HydroKIURIL [ˌhaidrɔˈdijuːril] 双氢克尿塞:双氢氯噻嗪制剂的商品名
hydrodynamics [ˌhaidrɔdaiˈnæmiks] (hydro- + dynamics) 流体(动)力学

hydroelectric [ˌhaidroi'lektrik] 水电的

hydroencephalocele [ˌhaidroen'sefələsi:l] (*hydro-* + *encephalocele*) 积水性脑突出

hydroflumethiazide [ˌhaidroˌflu:mə'θaiəzaid] (USP) 双氢氟噻嗪

hydrofluoric acid [ˌhaidrə'fluːrik] 氢氟酸

hydrogel ['haidrədʒəl] 水凝胶

hydrogen ['haidrədʒən] (*hydro-* + Gr. *gennan* to produce) 氢
　arseniuretted h. 砷化氢
　h. cyanide 氰化氢
　h. disulfide 二硫化氢
　heavy h. 重氢
　light h. 轻氢
　ordinary h. 普通氢
　h. peroxide 过氧化氢,双氧化氢
　h. selenide 硒化氢
　h. sulfide 硫化氢
　sulfuretted h. 硫化氢

hydrogenate ['haidrədʒəˌneit] 使氢化

hydrogenize [hai'drɔdʒənaiz] 使氢化,使加氢还原

hydrogenoid [hai'drɔdʒinɔid] 湿性体质的

hydroglossa [ˌhaidrəu'glɔsə] 舌下囊肿

hydrogymnastic [ˌhaidrədʒim'næstik] 水中运动的

hydrogymnastics [ˌhaidrədʒim'næstiks] 水中运动(治疗)学

hydrohematonephrosis [ˌhaidrəhemətəne'frəusis] (*hydro-* + Gr. *haima* blood + *nephros* kidney) 肾积血尿

hydrohemia [ˌhaidrəu'hi:miə] 稀血症,血水分过多(症)

hydrohepatosis [ˌhaidrəuˌhepə'təusis] 肝积水

hydrohymenitis [ˌhaidrəˌhaime'naitis] (*hydro-* + Gr. *hymēn* membrane + *-itis*) 浆膜炎

hydrokinetic [ˌhaidrəki'netik] 流体(动)力的

hydrokinetics [ˌhaidrəki'netiks] (*hydro-* + Gr. *kinēsis* motion) 流体动力学

hydrolabile [ˌhaidrə'leibil] (组织内)水分不稳定的

hydrolability [ˌhydrələ'biliti] (*hydro-* + L. *labilis* liable to change) (组织内)水分不稳定性

hydrolase ['haidrəleis] (EC3) 水解酶

hydrology [hai'drɔlədʒi] (*hydro-* + *-logy*) 水文学,水理学

Hydrolose ['haidrələus] 海德洛斯:甲基纤维素制剂的商品名

hydrolyase [haidrə'lieis] (EC 4.2.1) 水裂解酶

hydrolymph ['haidrəlimf] (*hydro-* + *lymph*) 水淋巴

hydrolysate [hai'drɔləzeit] 水解(产)物
　protein h. 蛋白质水解物

hydrolysis [hai'drɔlisis] (*hydro-* + Gr. *lysis* dissolution) 水解作用

hydrolyst ['haidrəlist] 水解酶,水解催化剂

hydrolyte ['haidrəlait] 水解质

hydrolytic [ˌhaidrə'litik] 水解的,致水解的

hydrolyze ['haidrəlaiz] (使)水解

hydroma [hai'drəumə] 水囊瘤

hydromassage [ˌhaidrəmə'sɑːʒ] 水按摩,漩水按摩

hydromeningitis [ˌhaidrəˌmenin'dʒaitis] (*hydro-* + *meningitis*) 浆液性脑膜炎

hydromeningocele [ˌhaidrəme'ningəsi:l] (*hydro-* + *meningocele*) 积水性脑膜突出

hydrometer [hai'drɔmitə] (*hydro-* + *-meter*) (液体)比重计

hydrometra [ˌhaidrə'mi:trə] (*hydro-* + Gr. *mētra* uterus) 子宫积水

hydrometric [haidrə'metrik] 液体比重测定法的

hydrometrocolpos [ˌhaidrəˌmi:trə'kɔlpəs] (*hydro-* + Gr. *mētra* uterus + *kolpos* vagina) 子宫阴道积水

hydrometry [ˌhai'drɔmitri] 液体比重测定法

hydromicrocephaly [ˌhaidrəˌmaikrə'sefəli] 积水性小头

hydromorphone [ˌhaidrə'mɔːfəun] 氢化吗啡酮,二氢吗啡酮
　h. hydrochloride (USP) 盐酸二氢吗啡酮

Hydromox ['haidrəmɔks] 喹噻酮:喹乙唑酮制剂的商品名

hydromphalus [hai'drɔmfələs] (*hydro-* + Gr. *omphalos* navel) 脐积水

hydromyelia [ˌhaidrəmai'i:liə] (*hydro-* +

Gr. *myelos* marrow + *-ia*) 脊髓积水

hydromyelocele [ˌhaidrə'maiələsi:l] (*hydro-* + *myelocele*) 积水性脊髓膜突出

hydromyelomeningocele [ˌhaidrəˌmaiələmi'niŋgəsi:l] (*hydro-* + *myelomeningocele*) 积水性脊髓膜突出

hydromyoma [ˌhaidrəmai'əumə] (*hydro-* + *myoma*) 水囊性肌瘤

hydronephrosis [ˌhaidrəni'frəusis] (*hydro-* + Gr. *nephros* kidney) 肾盂积水
  closed h. 密闭性肾盂积水
  open h. 开放性肾盂积水

hydronephrotic [ˌhaidrəni'frɔtik] 肾盂积水的

hydronium ['haidrəniəm] 水合氢(离子)

hydropancreatosis [ˌhaidrəuˌpæŋkriə'təusis] 胰积水

hydroparasalpinx [ˌhaidrəuˌpærə'sælpiŋks] (*hydro-* + Gr. *para* beside + *salpinx* tube) 副输卵管积水

hydroparesis [ˌhaidrəupə'ri:sis] 水肿性轻瘫

hydroparotitis [ˌhaidrəˌpærə'taitis] 积水性腮腺炎

hydropathy [hai'drɔpəθi] 水疗法

hydropenia [ˌhaidrə'pi:niə] (*hydro-* + Gr. *penia* poverty) (体内)缺水

hydropenic [ˌhaidrə'pi:nik] (体内)缺水的

hydropericarditis [ˌhaidrəˌperikɑ:'daitis] (*hydro-* + *pericarditis*) 积水性心包炎

hydropericardium [ˌhaidrəperi'kɑ:diəm] (*hydro-* + *pericardium*) 心包积水

hydroperinephrosis [ˌhaidrəˌperini'frəusis] (*hydro-* + Gr. *peri* around + *nephros* kidney + *-osis*) 肾周积水

hydroperion [ˌhaidrə'periən] (*hydro-* + Gr. *peri* around + *ōon* egg) 卵膜水

hydroperitoneum [ˌhaidrəˌperitə'niəm] (*hydro-* + *peritoneum*) 腹水

hydroperitonia [ˌhaidrəperi'təuniə] 腹水

hydroperoxide [ˌhaidrəpə'rɔksaid] 氢过氧化物

hydroperoxyeicosatetraenoic acid [ˌhaidrəpəˌrɔksiiˌkɔsəˌtetræ'nɔik] 氢过氧化廿碳四烯酸

hydropexia [ˌhaidrə'peksiə] 水固定,水滞留

hydropexic [ˌhaidrə'peksik] (*hydro-* + Gr. *pēxis* fixation) 水固定的,水滞留的

hydropexis [ˌhaidrə'peksis] 水固定,水滞留

hydrophagocytosis [ˌhaidrəˌfægəsai'təusis] (*hydro-* + *phagocytosis*) 饮液作用

Hydrophiidae [ˌhaidrə'fiidi:] 海蛇科

hydrophil ['haidrəfil] 亲水的,吸水的,吸湿的

hydrophilia [ˌhaidrə'filiə] (*hydro-* + *-philia*) 亲水性,吸水性,吸湿性

hydrophilic [ˌhaidrə'filik] 亲水的,吸水的,吸湿的

hydrophilism [ˌhaidrə'filizəm] 亲水性,吸水性,吸湿性

hydrophilous [haidrə'filəs] 亲水的,吸水的,吸湿的

hydrophobia [ˌhaidrə'fəubiə] (*hydro-* + Gr. *phobein* to be affrighted by + *-ia*) ❶恐水病；❷狂犬病
  paralytic h. 瘫痪性狂犬病

hydrophobic [ˌhaidrə'fəubik] ❶狂犬病的；❷忌水的；❸疏水的

hydrophorograph [ˌhaidrə'fɔrəgrɑ:f] (*hydro-* + Gr. *phora* a being borne, or carried along + *graphein* to record) 液流描记器

hydrophthalmia [ˌhaidrɔf'θælmiə] 水眼,眼积水

hydrophthalmos [ˌhaidrɔf'θælməs] (*hydro-* + Gr. *ophthalmos* eye) 水眼,眼积水
  h. anterior 眼前部水眼
  h. posterior 眼后部水眼
  h. totalis 全眼球水眼

hydrophthalmus [ˌhaidrɔf'θælməs] 水眼,眼积水

hydrophysometra [ˌhaidrəˌfaisə'mi:trə] (*hydro-* + *physometra*) 子宫积水气

hydrophyte ['haidrəfait] (Gr. *hydrō* water + *phyton* plant) 水生植物

hydropic [hai'drɔpik] (L. *hydropicus*; Gr. *hydrōpikos*) 水肿的

hydroplasma [ˌhaidrə'plæzmə] (*hydro-* + Gr. *plasma* something formed) 透明质

hydroplasmia [ˌhaidrə'plæzmiə] 血浆变稀症,血浆稀薄

hydropleuritis [ˌhaidrəˌpluə'raitis] 积水性胸膜炎

hydropneumatosis [ˌhaidrəˌnjuːməˈtəusis] (*hydro-* + Gr. *pneumatōsis* inflation) 水气肿症,(组织内)水气积贮

hydropneumogony [ˌhaidrəˈnjuːməgəni] (*hydro-* + Gr. *pneuma* air + *gony* knee) 关节注气检查法

hydropneumopericardium [ˌhaidrəˌnjuːməˌperiˈkɑːdiəm] 水气心包,心包积水气

hydropneumoperitoneum [ˌhaidrəˌnjuːməˌperitəˈniəm] (*hydro-* + *pneumo-* + *peritoneum*) 水气腹,腹腔积水气

hydropneumothorax [ˌhaidrəˌnjuːməˈθɔːræks] (*hydro-* + *pneumothorax*) 水气胸,胸腔积水气

Hydropres [ˈhaidrəpres] 海得普来斯:双氢克尿塞和利血平制剂的商品名

hydrops [ˈhaidrɔps] (L.; Gr. *hydrōps*) 水肿
  h. **ad matulam** 多尿症
  h. **amnii** 羊水过多
  h. **articuli** 关节积液
  endolymphatic h. 内淋巴积液,迷路水肿
  fetal h., h. **fetalis** 胎儿水肿
  h. **folliculi** 卵泡积液
  immune h. **fetalis** 免疫性胎儿水肿
  h. **labyrinthi**, labyrinthine h. 迷路水肿
  nonimmune h. **fetalis** 非免疫性胎儿水肿
  h. **spurius** 假性积水
  h. **tubae** 输卵管积水
  h. **tubae profluens** 外溢性输卵管积水

hydropyonephrosis [ˌhaidrəˌpaiɔniˈfrəusis] (*hydro-* + Gr. *pyon* pus + *nephros* kidney + *-osis*) 肾盂积尿脓

hydroquinone [ˌhaidrəkwiˈnəun] (USP) 氢醌,对苯二酚

hydrorachis [ˌhaidrəˈrækis] (*hydro-* + Gr. *rhachis* spine) 椎管积水

hydrorachitis [ˌhaidrərəˈkaitis] (*hydro-* + Gr. *rachis* spine + *-itis*) 炎性椎管积水

hydrorrhea [ˌhaidrəˈriːə] (*hydro-* + Gr. *rhoia* flow) 液溢
  h. **gravidarum** 妊娠子宫液溢
  nasal h. 鼻(液)溢

hydrosalpinx [ˌhaidrəˈsælpinks] (*hydro-* + Gr. *salpinx* trumpet) 输卵管积水
  h. **follicularis** 滤泡性输卵管积水
  intermittent h. 间歇性输卵管积水,外溢性输卵管积水
  h. **simplex** 单纯性输卵管积水

hydrosarcocele [ˌhaidrəˈsɑːkəsiːl] (*hydro-* + *sarcocele*) 睾丸积液肉芽肿

hydrosol [ˈhaidrəsɔl] 水溶胶

hydrosoluble [ˌhaidrəˈsəuljubl] 水溶性的

hydrosphygmograph [ˌhaidrəˈsfigməgɑːf] (*hydro-* + Gr. *sphygmos* pulse + *graphein* to record) 水柱(式)脉搏描记器

hydrospirometer [ˌhaidrəspaiˈrɔmitə] (*hydro-* + L. *spirare* to breathe + Gr. *metron* measure) 水柱(式)肺活量汁

hydrostabile [ˌhaidrəˈsteibail] (组织内)水分稳定的

hydrostat [ˈhaidrəstæt] (*hydro-* + Gr. *histanai* to halt) 水压调节器

hydrostatic [ˌhaidrəˈstætik] (*hydro-* + Gr. *statikos* standing) 流体静力(学)的

hydrostatics [ˌhaidrəˈstætiks] 流体静力学

hydrosynthesis [ˌhaidrəˈsinθəsis] 水合成

hydrosyringomyelia [ˌhaidrəsiˌriŋgəmaiˈiːliə] 脊髓积水空洞症

Hydrotaea [ˌhaidrəˈtiə] 齿股蝇属
  H. **meteorica** 速跃齿股蝇属

hydrotaxis [ˌhaidrəˈtæksis] (*hydro-* + Gr. *taxis* arrangement) 趋水性

hydrotherapy [ˌhaidrəˈθerəpi] (*hydro-* + Gr. *therapeia* service done to the sick) 水疗法

hydrothermal [ˌhaidrəˈθəːməl] 热水的

hydrothermic [ˌhaidrəˈθəːmik] 热水的

hydrothionemia [ˌhaidrəˌθaiəˈniːmiə] (*hydro-* + Gr. *theion* sulfur + *-emia*) 硫化氢血症

hydrothionuria [ˌhaidrəˌθaiəˈnjuriə] (*hydro-* + Gr. *theion* sulfur + *-uria*) 硫化氢尿症

hydrothorax [ˌhaidrəˈθɔːræks] (*hydro-* + Gr. *thorax* chest) 胸膜(腔)积液,水胸
  chylous h. 乳糜胸

hydrotomy [haiˈdrɔtəmi] (*hydro-* + Gr. *tomē* a cutting) 注水解剖术

hydrotropism [haiˈdrɔtrəpizəm] (*hydro-* + Gr. *tropē* a turn, turning) 向水性

hydrotubation [ˌhaidrətjuːˈbeiʃən] 输卵管通水

hydrotympanum [ˌhaidrəuˈtimpənəm] 鼓室积水,鼓室水肿

hydroureter [ˌhaidrəjuˈriːtə] 输尿管积水

hydroureteronephrosis [ˌhaidrəjuːretərənəˈfrəusis] (*hydro-* + *uretero-* + *nephr-* + *-osis*) 输尿管积水性肾病

hydroureterosis [ˌhaidrəjuːretəˈrəusis] 输尿管积水

hydrouria [haidrəˈjuəriə] (*hydro-* + Gr. *ouron* urine + *-ia*) 稀尿,尿量增多

hydrous [ˈhaidrəs] 含水的

hydrovarium [ˌhaidrəˈvɛəriəm] (*hydro-* + L. *ovarium* ovary) 卵巢积水

hydroxide [haiˈdrɔksaid] 氢氧化物

hydroxocobalamin [haiˌdrɔksəkəˈbæləmin] (USP) 羟钴胺,维生素 B_{12}

hydroxy- 羟(基)

hydroxy acid [haiˈdrɔksi] 羟基酸

hydroxyacyl CoA [haiˌdrɔksiˈæsəl kəuˈei] 羟酰辅酶 A

3-hydroxyacyl-CoA dehydrogenase [haiˌdrɔksiˈæsəl kəuˈei diˈhaidrədʒəneis] (EC 1.1.1.35) 3-羟酰辅酶 A 脱氢酶

3-hydroxyacyl CoA epimerase [ˌhaidrɔksiˈæsəl kəuˈei əˈpiməreis] 3-羟酰辅酶 A 表异构酶

hydroxyacyl coenzyme A [haiˌdrɔksiˈæsəl kəuˈenzaim] 羟酰辅酶 A

hydroxyacylglutathione hydrolase [haiˌdrɔksiˌæsəlˌglutæˈθiəun ˈhaidrəleis] (EC 3.1.2.6) 羟(基)酰谷胱甘肽水解酶

hydroxyamphetamine hydrobromide [haiˌdrɔksiˌæmˈfetəmiːn] (USP) 氢溴酸羟苯丙胺

hydroxyanthranilic acid [haiˌdrɔksiˌænθrəˈnilik] 羟邻氨基苯甲酸

hydroxyapatite [haiˌdrɔksiˈæpətait] 羟磷灰石

hydroxybenzene [haiˌdrɔksiˈbenziːn] 羟基苯,苯酚,石炭酸

hydroxybutyrate [haiˌdrɔksiˈbjutireit] 羟基丁酸盐或阴离子

3-hydroxybutyrate dehydrogenase [haiˌdrɔksiˈbjutireit dehaidrəˈdʒeneis] (EC 1.1.1.30) 3-羟丁酸脱氢酶

hydroxybutyric acid [ˌhaidrɔksiˈbjutərik] 羟(基)丁酸

3-h. a. 3-羟基丁酸
4-h. a. 4-羟基丁酸
β-h. a. β-羟基丁酸
γ-h. a. γ-羟基丁酸

4-hydroxybutyricaciduria [ˌhaidrɔksiˌbjutəriˌkæsiˈdjuriə] 4-羟基丁酸尿

hydroxybutyryl [haiˌdrɔksiˈbjutərəl] 羟基丁酸酰基

3-hydroxybutyryl-CoA epimerase [haiˌdrɔksiˈbjutərəl kəuˈei əˈpiməreis] (EC 5.1.2.3) 3-羟酰辅酶 A 表异构酶

hydroxychloroquine sulfate [haiˌdrɔksiˈklɔrəkwin] (USP) 硫酸羟氯喹

25-hydroxycholecalciferol [haiˌdrɔksiˌkɔləkælˈsifərəl] 25-羟胆骨化醇,25-羟维生素 D_3

hydroxycholesterol [haiˌdrɔksikəˈlestərəl] 羟胆固醇

hydroxycorticosteroid [haiˌdrɔksiˌkɔːtikəˈstiərɔid] 羟皮质甾醇,羟皮质类固醇

17-h. (17-OHCS) 17 羟皮质甾醇

17 β-hydroxycorticosterone [haiˌdrɔksiˌkɔːtiˈkɔstərəun] 17β-羟皮质甾酮

hydroxyeicosatetraenoic acid [haiˌdrɔksiːiˌkɔsəˌtetræˈnɔik] 羟廿碳四烯酸缩写 HETE

hydroxyestrin benzoate [haiˌdrɔksiˈestrin] 苯(甲)酸雌二醇

2-hydroxyethanesulfonate [haiˌdrɔksiəθeinˈsʌlfəneit] 2-羟乙烷磺酸盐

2-hydroxyethanesulfonic acid [haiˌdrɔksiˌeθeinsʌlˈfɔnik] 2-羟乙烷磺酸

hydroxyformobenzoylic acid [haiˌdrɔksiˌfɔːmɔˌbenzɔiˈlik] 羟甲醛苯甲酰酸

hydroxyglutaric acid [haiˌdrɔksigluˈtærik] 羟戊二酸

hydroxyheptadecatrienoic acid [haiˌdrɔksiˌheptəˌdekəˌtrieiˈnɔik] 羟化碳三烯酸

5-hydroxyindoleacetic acid [haiˌdrɔksiˌindɔləˈsetik] 5-羟吲哚乙酸

3-hydroxyisobutyryl [haiˌdrɔksiˌisɔˈbjutərəl] 3-羟异丁酰

3-hydroxyisobutyryl-coA hydrolase [haiˌdrɔksiˌisɔˈbjutərəlkəuˈei ˈhaidrəleis] (EC 3.1.2.4) 3-羟异丁酰辅酶 A 水解酶

3-hydroxyisovaleric acid [haiˌdrɔksiˌisɔvəˈlerik] 3-羟异戊酸

hydroxykynurenine [haiˌdrɔksiˈkainjurəˌniːn] 羟基尿素

hydroxyl [haiˈdrɔksəl] 羟基,氢氧基

hydroxylamine [ˌhaidrɔkˈsiləmiːn] 羟胺

hydroxylapatite [hai͵drɔksi'læpətait] 羟磷灰石

hydroxylase [hai'drɔksəleis] 羟化酶
  11 β-h. 11β-羟化酶
  17 α-h. 17α-羟化酶
  18-h. 18-羟化酶
  21-h. 21-羟化酶
  27-h. 27-羟化酶

11β-hydroxylase deficiency 11β-羟化酶缺乏

17α-hydroxylase deficiency 17α-羟化酶缺乏

18-hydroxylase deficiency 18-羟化酶缺乏

21-hydroxylase deficiency 21-羟化酶缺乏

hydroxylysine [͵haidrɔksi'lisin] 羟赖氨酸

hydroxylysyl galactosyltransferase [hai͵drɔksi'lisəl ͵gælək͵tɔusəl'trænsfəreis] 羟赖氨酰半乳糖神经酰转移酶

hydroxymethyl [hai͵drɔksi'meθəl] 羟甲基

hydroxymethylbilane synthase [hai͵drɔksimeθəl'bilein 'sinθeis] (EC 4.3.1.8) 羟甲基胆色烷合成酶

3-hydroxy-3-methylglutaric acid [hai͵drɔksi͵meθəlglu'tærik] 3-羟-3-甲基戊二酸

3-hydroxy-3-methylglutaricaciduria [hai͵drɔksi͵meθəlglu͵tærikæsi'djuəriə] 3-羟-3-甲基戊二酸尿

3-hydroxy-3-methylglutaryl [hai͵drɔksi͵meθəl'glutərəl] 3-羟-3-甲基戊二酰

hydroxymethylglutaryl-CoA lyase [hai͵drɔksi͵meθəl'glu:tərəlkəu'ei 'lieis] (EC 4.1.3.4) 甲羟戊二酸单酰辅酶 A 裂解酶

hydroxymethylglutaryl-CoA reductase (NADPH) [hai͵drɔksi͵meθəl'glu:tərəlkəu'ei ri'dʌkteis] (EC 1.1.1.34) 甲羟戊二酰-辅酶 A 还原酶

hydroxymethylglutaryl-CoA synthase [hai͵drɔksi͵meθəl'glu:tərəlkəu'ei 'sinθeis] (EC 4.1.3.5) 甲羟戊二酰辅酶 A 合成酶

hydroxymethyltransferase [hai͵drɔksi͵meθəl'trænsfəreis] 羟甲基转移酶

4-hydroxy-2-oxoglutarate aldolase [hai͵drɔksi͵ɔksəu'glutəreit 'ældəleis] (EC 4.1.3.16) 酮戊二酸裂解酶

hydroxyphenamate [hai͵drɔksi'fenəmeit] 羟基丁氨酯

hydroxyphenylethylamine [hai͵drɔksi͵fenəl'eθələ͵mi:n] 酪胺

p-hydroxyphenylpyruvate [hai͵drɔksi͵fenəl'piru:veit] 对羟苯丙酮酸盐, 对羟苯丙酸阴离子

P-hydroxyphenylpyruvate dioxygenase [hai͵drɔksi͵fenəl'piru:veit dai'ɔksədʒəneis] (EC 1.13.11.27) 4-羟苯酮酸二氧酶

4-hydroxyphenylpyruvate oxidase [hai͵drɔksi͵fenəl'piru:veit 'ɔksidaiz] 4-羟苯酮酸二氧酶

p-hydroxyphenylpyruvic acid [hai͵drɔksi͵fenəlpi'ruvik] 对羟苯丙酮酸

hydroxypregnenolone [hai͵drɔksi͵preg'ni:nələun] 羟孕烯醇酮

17α-hydroxyprogesterone [hai͵drɔksiprɔ'dʒestərəun] 17α-羟孕酮

17α-hydroxyprogesterone aldolase [hai͵drɔksiprɔ'dʒestərəun 'ældəleis] (EC 4.1.2.30) 17α-羟孕酮醛缩酶

hydroxyprogesterone caproate [hai͵drɔksiprɔ'dʒestərəun] (USP) 乙酸羟孕酮, 羟孕酮乙酸酯

hydroxyproline [hai͵drɔksi'prəulin] 羟脯氨酸

hydroxyprolinemia [hai͵drɔksi͵prɔli'ni:miə] 羟脯氨酸血症

hydroxyproline oxidase [hai͵drɔksi'prəulin 'ɔksidaiz] 羟脯氨酸氧化酶

hydroxypropyl methylcellulose [hai͵drɔksi'prɔpəl ͵meθəl'seljuləus] 羟丙基甲基纤维素

hydroxypyruvate [hai͵drɔksi'piru:veit] 羟丙酮酸

8-hydroxyquinoline [hai͵drɔksi'kwinəulin] 8-羟喹啉

hydroxysteroid [hai͵drɔksi'sterɔid] 羟甾类, 羟类固醇
  17 -h. 17-羟甾类 17-羟类固醇

3β-hydroxy-Δ⁵-steroid dehydrogenase [hai͵drɔksi'stiərɔid di'haidrədʒəneis] (EC 1.1.1.145) 3β-羟基-△⁵-类固醇脱氢酶

3β-hydroxysteroid dehydrogenase deficiency 3β-羟类固醇脱氢酶缺乏

17β-hydroxysteroid dehydrogenase [hai͵drɔksi'stiərɔid di'haidrədʒəneis] 17β-羟类固醇脱氢酶

17β-hydroxysteroid dehydrogenase deficiency 17β-羟类固醇脱氢酶缺乏

18-hydroxysteroid dehydrogenase [ˌhaiˌdrɔksi 'sterɔid di'haidrədʒəneis] 18-羟类固醇脱氢酶

hydroxystilbamidine isethionate [haiˌdrɔksistil'bæmidiːn aisə'θaiəneit] (USP) 羟乙磺酸羟芪脒

5-hydroxytryptamine (5-HT) [haiˌdrɔksi'triptəmiːn] 5-羟色氨

hydroxyurea [haiˌdrɔksiju'riə] (USP) 羟基脲

hydroxyvaline [haiˌdrɔksi'vælin] 羟缬氨酸

25-hydroxyvitamin D [haiˌdrɔksi'vaitəmin] 25-羟维生素 D

25-hydroxyvitamin D₃ [haiˌdrɔksi'vaitəmin] 25-羟维生素 D₃

hydroxyzine [haiˌdrɔksiziːn] 羟嗪
 h. hydrochloride (USP) 盐酸羟嗪,安泰乐
 h. pamoate (USP) 双羟萘酸羟嗪

Hydrozoa [ˌhaidrɔ'zəuə] (Gr. *Hydra* a mythical nine-headed monster + *zoon* animal) 水螅纲

hydrozoan [ˌhaidrɔ'zəuən] 水螅

hydruria [hai'druəriə] (*hydr*- + Gr. *ouron* urine + -*ia*) 稀尿症,多尿症

hydruric [hai'druərik] 多尿的

hyenanchin [haiə'næŋkin] 南非野葛素

Hygeia [hai'dʒiə] (Gr. *Hygieia*) 健康女神

hygieist [hai'dʒiːist] 卫生学家

hygiene ['haidʒiːn] (Gr. *hygieia* health) 卫生,卫生学
 dental h. 口腔卫生
 industrial h. 工业卫生
 mouth h. 口腔卫生
 oral h. 口腔卫生
 radiation h. 放射卫生

hygienic [hai'dʒiːnik] 卫生的

hygienics [hai'dʒiːniks] 卫生,卫生学

hygienist [hai'dʒiːnist] 卫生学家
 dental h. 牙科保健员

hygienization [ˌhaidʒiːni'zeiʃən] 卫生化

hygieology [ˌhaidʒi'ɔlədʒi] (Gr. *hygieia* health + -*logy*) 卫生学

hygiogenesis [ˌhaidʒiɔ'dʒenəsis] (Gr. *hygiës* healthy + *gennan* to produce) 保健机理

hygiology [ˌhaidʒi'ɔlədʒi] 卫生学

hygrechema [ˌhaigre'kiːmə] 水音

hygric ['haigrik] (Gr. *hygros* moist) 湿的,潮的

hygr(o)- (Gr. *hygros* moist) 湿

hygroblepharic [haigrɔblə'færik] (*hygro*- + Gr. *blepharon* eyelid) 润睑的

hygroma [hai'grəumə] (pl. *hygromas* 或 *hygromata*) (*hygro*- + -*oma*) 水囊瘤
 h. colli 颈部水囊瘤
 cystic h., h. cysticum 水囊状淋巴管瘤
 h. praepatellare 髌前水囊瘤,髌前囊炎
 subdural h. 硬膜下水囊瘤

hygromatous [hai'grəmətəs] 水囊瘤的

hygrometer [hai'grɔmitə] (*hygro*- + Gr. *metron* measure) 湿度计
 hair h., Saussure's h. 毛发湿度计,索苏尔氏湿度计

hygrometric [ˌhaigrɔ'metrik] 湿度测定的

hygrometry [hai'grɔmitri] (*hygro*- + Gr. *metron* measure) 湿度测定

hygromycin [ˌhaigrɔ'maisin] 潮霉素,匀霉素
 h. B 潮霉素 B

hygroscopic [ˌhaigrɔ'skɔpik] 吸湿的

Hygroton ['haigrɔtɔn] 氯噻酮:氯噻酮制剂的商品名

Hykinone ['haikinəun] 海金酮:甲基萘醌亚硫酸氢钠制剂的商品名

hyle- 物质

Hylemyia [ˌhailə'maiə] 黑蝇属

hyl(o)- (Gr. *hylē* matter) 物质

hylotropic [hailɔ'trɔpik] 恒质变形的,恒质变相的

hylotropy [hai'lɔtrəpi] (Gr. *hylē* matter + *tropē* a turn, turning) 恒质变形,恒质变相

hymecromone [ˌhaimə'krɔməun] 羟甲香豆素

hymen ['haimən] (Gr. *hymēn* membrane) (NA) 处女膜
 annular h. 环状处女膜
 h. bifenestratus, h. biforis 双孔处女膜
 circular h. 环状处女膜
 cribriform h. 筛状处女膜
 denticular h. 锯齿状处女膜
 falciform h. 镰状处女膜,镰刀形处女膜
 fenestrated h. 筛状处女膜

imperforate h. 无孔处女膜，处女膜闭锁
lunar h. 半月形处女膜
persistent h. 持续性处女膜
septate h., h. septus 中隔处女膜
h. subseptus 部分中隔处女膜
hymenal [ˈhaimənəl] 处女膜的
hymenectomy [ˌhaiməˈnektəmi] (*hymeno-* + Gr. *ektomē* excision) 处女膜切除术
hymenitis [ˌhaiməˈnaitis] (*hymen* + *-itis*) 处女膜炎
hymenium [haiˈmiːniəm] (dim. of Gr. *hymēn* membrane) 子实层，子囊层
hymen(o)- (Gr. *hymēn* membrane) 膜，膜结构，处女膜
hymenolepiasis [ˌhaimənəleˈpaiəsis] 膜壳绦虫病
Hymenolepididae [ˌhaimənəˈlepididi:] 膜壳(绦虫)科
Hymenolepis [ˌhaiməˈnɔləpis] (Gr. *hymēn* membrane + *lepis* rind) 膜壳绦虫属
H. diminuta 缩小膜壳绦虫
H. fraterna 鼠型短膜壳绦虫
H. lanceolata 矛形剑带绦虫
H. nana 短膜壳绦虫，微小膜壳绦虫
H. nana var. **fraterna** 鼠(变异)型短膜壳绦虫
hymenology [ˌhaiməˈnɔlədʒi] (*hymeno-* + *logy*) 膜学
Hymenomycetes [ˌhaimənəumaiˈsitiːz] (*hymeno-* + Gr. *mykēs* fungus) 层菌
Hymenoptera [ˌhaiməˈnɔptərə] (*hymeno-* + Gr. *pteron* wing) 膜翅目
hymenopteran [ˌhaiməˈnɔptərən] 膜翅昆虫
hymenopterism [ˌhaiməˈnɔptərizəm] 膜翅目昆虫螫症，蜂螫症
hymenorrhaphy [ˌhaiməˈnɔrəfi] (*hymeno-* + Gr. *rhaphē* seam) 处女膜缝合术
Hymenostomatia [ˌhaimənəstɔˈmeiʃiə] (*hymeno-* + Gr. *stoma* mouth) 膜口亚纲
Hymenostomatida [ˌhaimənəstɔˈmætidə] 膜口目
hymenotomy [ˌhaiməˈnɔtəmi] (*hymeno-* + Gr. *temnein* to cut) 处女膜切开术
hyo- [ˈhaiəu] (Gr. *hyoeides* hyoid) 舌骨
hyobasioglossus [ˌhaiəˌbeisiəˈglɔsəs] 舌骨舌肌基部
hyoepiglottic [ˌhaiəˌepiˈglɔtik] 舌骨会厌的
hyoepiglottidean [ˌhaiəˌepiglɔˈtidiən] 舌骨会厌的
hyoglossal [ˌhaiəˈglɔsəl] (*hyoid* bone + Gr. *glōssa* tongue) 舌骨舌的
hyoid [ˈhaiɔid] (Gr. *hyoeide* shaped like the Greek letter upsilon (v)) ❶ 舌骨形的；❷ 舌骨的
hyoscine [ˈhaiəsin] (L. *hyoscina*) 东莨菪碱
hyoscyamine [ˌhaiəˈsaiəmin] (USP) 莨菪碱，天仙子胺
h. hydrobromide (USP) 氢溴酸莨菪碱
h. sulfate (USP) 硫酸莨菪碱
Hyoscyamus [ˌhaiəˈsaiəməs] (L.; Gr. *hys* swine + *kyamos* bean) 莨菪属
hyoscyamus [ˌhaiəˈsaiəməs] 莨菪
hyospondylotomy [ˌhaiəuspɔndiˈlɔtəmi] (*hyoid* + Gr. *spondylos* vertebra + *tome* cut) 椎骨下切开术
Hyostrongylus rubidus [ˌhaiəˈstrɔndʒələs ˈrubidəs] 淡红猪圆线虫
hyothyroid [ˌhaiəˈθirɔid] 舌骨甲状软骨的
hyovertebrotomy [ˌhaiəuˌvəːtiˈbrɔtəmi] 椎骨下切开术
hypacusia [ˌhaipəˈkjuːziə] 听觉减退，重听
hypacusis [ˌhaipəˈkjuːsis] (Gr. *hypo* under + *akousis* hearing) 听觉减退，重听
hypadrenia [ˌhaipædˈriːniə] 肾上腺机能减退
hypalbuminemia [ˌhaipəlˌbjumiˈniːmiə] 血白蛋白减少
hypalgesia [ˌhaipælˈdʒiːziə] (*hyp-* + *algesia*) 痛觉减退
hypalgesic [ˌhaipælˈdʒiːzik] 痛觉减退的
hypalgetic [ˌhaipælˈdʒetik] 痛觉减退的
hypalgia [haiˈpældʒiə] 痛觉减退
hypamnion [haiˈpæmniɔn] 羊水过少
hypamnios [haiˈpæmniəs] (Gr. *hypo* under + *amnion*) 羊水过少
hypanakinesia [haiˌpænəkiˈniziə] (Gr. *hypo* under + *anakinēsis* exercise + *-ia*) 蠕动缺乏，运动机能减退
hypanakinesis [haiˌpænəkiˈnisis] 蠕动缺乏，运动机能减退
hypaphorine [haiˈpæfərin] 下箴刺桐碱

hypaphrodisia [ˌhaiˌpæfrou'diziə] 性欲减退

Hypaque ['haipeik] 泛影钠：泛影葡胺和泛影钠制剂的商品名

hyparterial [ˌhaipɑː'tiəriəl] (Gr. *hypo* under + *artēria* artery) 动脉下的

hypasthenia [ˌhaipæs'θiːniə] (*hypo* + Gr. *astheneia* weakness) 轻度衰弱

hypaxial [hai'pæksiəl] 体轴下的

hypazoturia [ˌhaiˌpæzə'tjuriə] (Gr. *hypo* under + *azoturia*) 尿氮减少

hypenchyme ['haipenkaim] 下胚叶

hyper- (Gr. *hyper* above) 上，过多，超过

hyperabsorption [ˌhaipəræb'sɔːpʃən] 吸收过多

hyperacanthosis [ˌhaipərˌækən'θəusis] (*hyper-* + Gr. *akantha* prickle + *-osis*) 棘层增生

hyperacid [ˌhaipə'ræsid] (*hyper-* + L. *acidus* sour) 酸过多的

hyperacidaminuria [ˌhaipəˌræsiˌdæmi'njuəriə] 尿氨基酸过多

hyperacidity [ˌhaipəːrə'siditi] 酸过多
  gastric h. 胃酸过多症

hyperacousia [ˌhaipəːrə'kuːziə] 听觉过敏

hyperactive [ˌhaipə'ræktiv] ❶ 活力过强的，机能亢进的；❷ 多动的

hyperactivity [ˌhaipə'ræktiviti] ❶ 多动；❷ 过多或异常增加的活动

hyperacusia [ˌhaiˌpəːrə'kjuːziə] 听觉过敏

hyperacusis [ˌhaipəːrə'kjuːsis] (*hyper-* + Gr. *akousis* hearing) 听觉过敏

hyperacute [ˌhaipəːrə'kjuːt] 过急性的，超急性的

hyperadenosis [ˌhaipəːˌrædi'nəusis] (*hyper-* + Gr. *adēn* gland + *-osis*) 腺增大

hyperadiposis [ˌhaipəːˌrædi'pəusis] (*hyper-* + *adiposis*) 肥胖过度

hyperadiposity [ˌhaipəːˌrædi'pɔsiti] 肥胖过度

hyperadrenalism [ˌhaipəred'riːnəlizəm] 肾上腺机能亢进

hyperadrenocorticism [ˌhaipəˌrəˌdriːnə'kɔːtisizəm] 肾上腺皮质机能亢进

hyperakusis [ˌhaipəːrə'kjuːsis] 听觉过敏

hyper-β-alaninemia [ˌhaipəːˌbætəˌæləni'niːmiə] 高 β-丙氨酸血症

hyperalbuminemia [ˌhaipəˌrælbjuːmi'niːmiə] 血白蛋白过多

hyperalbuminosis [ˌhaipəˌrælˌbjuːmi'nəusis] 白蛋白过多

hyperaldosteronemia [ˌhaipəˌrælˌdɔstərə'niːmiə] 高醛固酮血症

hyperaldosteronism [ˌhaipəˌrælˈdɔstərəˌnizəm] 醛固酮过多症

hyperaldosteronuria [ˌhaipəˌrælˌdɔstərə'njuːriə] 高醛固酮尿

hyperalgesia [ˌhaipəˌræl'dʒiziə] (*hyper-* + Gr. *algesia*) 痛觉过敏
  auditory h. 听觉性痛觉过敏
  muscular h. 肌痛觉过敏

hyperalgesic [ˌhaipəˌræl'dʒisik] 痛觉过敏的

hyperalgetic [ˌhaipəˌræl'dʒetik] 痛觉过敏的

hyperalgia [ˌhaipə'rældʒiə] (*hyper-* + *-algia*) 痛觉过敏

hyperalimentation [ˌhaipəˌrælimen'teiʃən] 营养过度
  parenteral h. 肠道外高营养，静脉高营养

hyperalimentosis [ˌhaipəˌrælimen'təusis] 营养过度病

hyperalkalescence [ˌhaipəːˌrælkə'lesəns] 碱性过度

hyperalkalinity [ˌhaipəˌrælkə'liniti] 碱性过度

hyperallantoinuria [ˌhaipəˌrəˌlæntɔi'njuəriə] 尿(内)尿囊素过多

hyperalonemia [ˌhaipəˌrælə'niːmiə] (*hyper-* + Gr. *hals* salt + *-emia*) 血盐过多症

hyperalphalipoproteinemia [ˌhaipəˌrælfəˌlipəprəte'niːmiə] 血 α-脂蛋白过多症
  familial h. 家族性血 α-脂蛋白过多症

hyperaminoacidemia [ˌhaipəːrəˌminoˌæsi'diːmiə] 高氨基酸血症

hyperaminoaciduria [ˌhaipəːrəˌminoˌæsi'djuəriə] 高氨基酸尿症

hyper-β-aminoisobutyricaciduria [ˌhaipəːˌrəˌminoˌisobjuːtirikˌæsi'djuəriə] 高 β-氨基异丁酸尿症

hyperammonemia [ˌhaipəˌræmə'niːmiə] 高氨血症
  cerebroatrophic h. 大脑萎缩性血氨过多

hyperammonuria [ˌhaipəˌræməu'njuəriə]

尿氨过多症,高氨尿
hyperamylasemia [ˌhaipəˌræmilei'simiə]
血淀粉酶过多
hyperanacinesia [ˌhaipəˌrænəsai'niziə]
蠕动亢进
hyperanakinesia [ˌhaipəˌrənəkai'niziə] (hyper- + Gr. *anakinēsis* exercise + -ia) 蠕动亢进,蠕动过强,蠕动过度,运动机能亢进
hyperandrogenism [ˌhaipə'rændrədʒənizəm] 雄激素过多症
hyperanteflexion [ˌhaipəˌrænti'flekʃən] 过度前屈
hyperaphia [ˌhaipə'refiə] (hyper- + Gr. *haphē* touch) 触觉过敏
hyperaphic [ˌhaipə'reifik] 触觉过敏的
hyperargininemia [ˌhaipəˌrɑdʒini'ni:miə] ❶ 精氨酸酶缺乏; ❷ 血内精氨酸过多
hyperarousal [ˌhaipərə'rəusəl] 觉醒过度
hyperazotemia [ˌhaipəˌræzəu'ti:miə] 高氮血症
hyperazoturia [ˌhaipəˌræzəu'tjuəriə] 尿氮过多,高氮尿
hyperbaric [ˌhaipə'bærik] (hyper- + Gr. *baros* weight) 高压的,高比重的
hyperbarism [ˌhaipə'bærizəm] 高气压病
hyperbasophilic [ˌhaipəˌbɑsə'filik] 强嗜碱性的
hyperbetalipoproteinemia [ˌhaipəˌbætəˌlipəˌprəutei'ni:miə] 高β-脂蛋白血症
  familial h. 家族性高β-脂蛋白血症
hyperbicarbonatemia [ˌhaipəˌbiˌkɑːbənei'ti:miə] 高重碳酸盐血症
hyperbilirubinemia [ˌhaipəˌbiliˌruːbi'ni:miə] 高胆红素血症
  congenital h. 先天性血胆红素过多症
  conjugated h. 结合性高胆红素血症
  constitutional h. 体质性高胆红素血症
  h. I 体质性肝机能不良,家族性胆血症,家族性非溶血性黄疸
  neonatal h. 新生儿高胆红素血症
  unconjugated h. 非结合性高胆红素血症
hyperblastosis [ˌhaipəˌblæs'təusis] 组织增殖
hyperbrachycephalic [ˌhaipəˌbrækisə'fælik] 头过短的
hyperbrachycephaly [ˌhaipəˌbræki'sefəli] 头部过短
hyperbradykininemia [ˌhaipəˌbrædiˌkini-'ni:miə] 血缓激肽过多症
hyperbradykininism [ˌhaipəˌbrædi'kininizəm] 缓激肽过多症
hypercalcemia [ˌhaipəˌkæl'si:miə] (hyper- + *calcium* + -emia) 高钙血症
  familial hypocalciuric h. 家族性低尿钙性血钙过多症
  idiopathic h. 特发性血钙过多
hypercalcinemia [ˌhaipəˌkælsi'ni:miə] 高钙血症
hypercalcinuria [ˌhaipəˌkælsi'njuəriə] 尿钙过多,高尿钙
hypercalcipexy [ˌhaipə'kælsiˌpeksi] 钙沉积过多
hypercalcitoninemia [ˌhaipəˌkælsiˌtɔni-'ni:miə] 高降钙素血症
hypercalciuria [ˌhaipəˌkælsi'juəriə] 尿钙过多,高尿钙
  absorptive h. 吸收性高尿钙
hypercapnia [ˌhaipə'kæpniə] (hyper- + Gr. *kapnos* smoke) 高碳酸血症
hypercapnic [ˌhaipə'kæpnik] 高碳酸血的
hypercarbia [ˌhaipə'kɑːbiə] 血碳酸过多症
hypercarotenemia [ˌhaipəˌkærɔti'ni:miə] 高胡萝卜素血症
hypercatabolic [ˌhaipəˌkætə'bɔlik] 分解代谢过度的
hypercatabolism [ˌhaipəkə'tæbəlizəm] 分解代谢过度
hypercatharsis [ˌhaipəkə'θɑːsis] (hyper- + Gr. *katharsis* purge) 腹泻过度
hypercathartic [ˌhaipəkə'θɑːtik] (hyper- + Gr. *kathartikos* purgative) 剧泻的
hypercellular [ˌhaipə'seljulə] 细胞过多的
hypercellularity [ˌhaipəˌselju'læriti] 细胞过多
hypercementosis [ˌhaipəˌsemen'təusis] 牙骨质增生
hyperchloremia [ˌhaipəˌklɔː'ri:miə] 高氯血症
hyperchloremic [ˌhaipəˌklɔː'ri:mik] 高氯血的
hyperchlorhydria [ˌhaipəˌklɔː'haidriə] 胃酸过多症
hyperchloride [ˌhaipə'klɔːraid] 过氯化物
hyperchloruration [ˌhaipəˌklɔːruə'reiʃən] 氯化物过多

hyperchloruria [ˌhaipəːklɔː'ruəriə] 高氯尿,氯尿过多
hypercholesteremia [ˌhaipəːkə,lestə'riːmiə] 高胆固醇血症
hypercholesteremic [ˌhaipəːkə'lestə,remik] 血胆固醇过多的,高胆固醇血的
hypercholesterolemia [ˌhaipəːkə,lestərə'liːmiə] 高胆固醇血症,血胆固醇过多症
  familial h. 家族性高胆固醇血症
  polygenic h. 多基因高胆固醇血症
hypercholesterolemic [ˌhaipəːkə,lestərə'lemik] 高胆固醇血的,血胆固醇过多的
hypercholesterolia [ˌhaipəːkə,lestə'rɔliə] (胆汁内)胆固醇过多
hypercholia [ˌhaipə'kəuliə] 胆汁(分泌)过多
hyperchondroplasia [ˌhaipəˌkɔndrə'pleiziə] 软骨增殖过多
hyperchromaffinism [ˌhaipəˌkrɔ'mæfinizəm] 嗜铬组织机能亢进
hyperchromasia [ˌhaipəˌkrɔ'meisiə] 着色过度,染色过深
hyperchromatic [ˌhaipəˌkrɔ'mætik] ❶ 着色过深的;❷ 染色过深的
hyperchromatin [ˌhaipə'krəumətin] 深色染色质
hyperchromatism [ˌhaipə'krəumətizəm] (*hyper-* + Gr. *chrōma* color) 着色过度,染色过深
hyperchromatosis [ˌhaipəˌkrəumə'təusis] ❶ 染色力增加;❷ 着色过度,染色过深
hyperchromemia [ˌhaipəˌkrɔ'miːmiə] (*hyper-* + Gr. *chrōma* color + *haima* blood + *-ia*) 血色指数过高
hyperchromia [ˌhaipə'krəumiə] 着色过度,染色过深
hyperchromic [ˌhaipə'krɔmik] 深色的,浓染的
hyperchylia [ˌhaipə'kailiə] 胃液分泌过多
hyperchylomicronemia [ˌhaipəˌkiloˌmaikrə'niːmiə] 高乳糜粒血症,血内乳糜微粒过多症
  familial h. 家族性高乳糜微粒血症
  familial h. with hyperprebetalipoproteinemia 伴有血前 β-脂蛋白过多的家族性高乳糜微粒血症
hypercinesia [ˌhaipəˌsai'niːziə] 运动过多,运动机能亢进

hypercoagulability [ˌhaipəˌkɔˌægjuːlə'biliti] 凝固性过高
hypercoagulable [ˌhaipəˌkɔ'ægjuləbəl] 凝固性过高的
hypercoria [ˌhaipə'kɔuriə] 易饱症
hypercorticalism [ˌhaipə'kɔːtikəlizəm] 肾上腺皮质机能亢进
hypercorticism [ˌhaipə'kɔːtisizəm] 肾上腺皮质机能亢进
hypercortisolism [ˌhaipə'kɔːtiˌsəulizəm] 皮质醇过多症
hypercreatinemia [ˌhaipəˌkriːəti'niːmiə] 高肌酸血
hypercrinemia [ˌhaipəˌkri'niːmiə] 血内分泌素过多
hypercryalgesia [ˌhaipəˌkraiæl'dʒiziə] (*hyper-* + Gr. *cryo-* + *algesia*) 冷觉过敏
hypercryesthesia [ˌhaipəˌkraies'θiːziə] (*hyper-* + *cryo-* + *esthesia*) 冷觉过敏
hypercupremia [ˌhaipə'kjuː'priːmiə] 高铜血症
hypercupriuria [ˌhaipəˌkjupri'juəriə] 高铜尿
hypercyanotic [ˌhaipəˌsaiə'nɔtik] 高度青紫的,高度发绀的
hypercyesis [ˌhaipəˌsai'iːsis] (*hyper-* + Gr. *kyēsis* gestation) 异期复孕
hypercythemia [ˌhaipəˌsai'θiːmiə] (*hyper-* + Gr. *kytos* hollow vessel + *haima* blood + *-ia*) 血红细胞增多症
hypercytochromia [ˌhaipəˌsaitə'krəumiə] (*hyper-* + Gr. *kytos* hollow vessel + *chrōma* color) 血细胞染色过深
hypercytosis [ˌhaipəˌsai'təusis] (*hyper-* + Gr. *kytos* hollow vessel + *-osis*) 血细胞过多
hyperdactylia [ˌhaipəːdæk'tiliə] 多指(趾)
hyperdactylism [ˌhaipə'dæktilizəm] 多指(趾)
hyperdactyly [ˌhaipə'dæktili] (*hyper-* + Gr. *daktylos* finger) 多指(趾)
hyperdesmosis [ˌhaipəːdes'məusis] (*hyper-* + Gr. *desmos* band) 结缔组织肥大
hyperdicrotic [ˌhaipəːdi'krɔtik] (*hyper-* + *dicrotic*) 强二波(脉)的
hyperdicrotism [ˌhaipə'dikrətizəm] (*hyper-* + *dicrotism*) 强二波(现象)
hyperdipsia [ˌhaipə'dipsiə] (*hyper-* + Gr.

dipsa thirst + *-ia*)剧渴
hyperdistention [ˌhaipəːdisˈtenʃən] 膨胀过度
hyperdiuresis [ˌhaipəˌdaijuəˈriːsis] (*hyper-* + *diuresis*) 多尿,尿分泌过多
hyperdontia [ˌhaipəˈdɔnʃiə] (*hyper-* + *odont-* + *-ia*) 牙过多
hyperdynamia [ˌhaipəːdaiˈneimiə] (*hyper-* + Gr. *dynamis* force) 肌活动过度,肌力过度
  h. uteri 子宫肌收缩过度
hyperdynamic [ˌhaipəːdaiˈnæmik] 肌活动过度的,肌力过度的
hypereccrisia [ˌhaipərəˈkrisiə] (*hyper-* + Gr. *ekkrisis* excretion + *-ia*) 排泄过多
hypereccrisis [ˌhaipərəˈkrisis] 排泄过多
hypereccritic [ˌhaipərəˈkritik] 排泄过多的
hyperechema [ˌhaipərəˈkiːmə] (*hyper-* + Gr. *ēchēma* sound) 听诊音过强
hyperechoic [ˌhaipəreˈkɔik] 高回声的
hyperelectrolytemia [ˌhaipəriˌlektrɔliˈtiːmiə] 高电解质血症
hyperemesis [ˌhaipəˈreməsis] (*hyper-* + Gr. *emesis* vomiting) 剧吐
  h. gravidarum 妊娠剧吐
  h. lactentium 乳儿剧吐
hyperemetic [ˌhaipərəˈmetik] 剧吐的
hyperemia [ˌhaipəˈriːmiə] (*hyper-* + *-emia*) 充血
  active h. 主动性充血
  arterial h. 动脉性充血
  collateral h. 侧支性充血
  exercise h. 运动性充血
  fluxionary h. 流动性充血
  passive h. 被动性充血
  reactive h. 反应性充血
  venous h. 静脉性充血
hyperemic [ˌhaipəˈremik] 充血的
hyperemization [ˌhaipəˌremiˈzeiʃən] 致充血
hyperencephalus [ˌhaipərenˈsefələs] (*hyper-* + Gr. *enkephalos* brain) 缺顶露脑畸形
hyperendemic [ˌhaipərenˈdemik] (*hyper-* + Gr. *endēmos* dwelling in a place) 高度地方性的
hyperendocrinia [ˌhaipəˌrendəuˈkriniə] 内分泌腺机能过旺
hyperenergia [ˌhaipəriˈnədʒiə] 精力过盛,活动过度
hypereosinophilia [ˌhaipəˌriːɔsinəˈfiliə] 嗜曙红细胞增多症
  filarial h. 丝虫性嗜曙红细胞增多症
hyperepinephrinemia [ˌhaipəˌrepiˌnefriˈniːmiə] 高肾上腺素血症
hyperequilibrium [ˌhaipəˌrikwiˈlibriəm] 平衡觉过敏,易晕性
hyperergia [ˌhaipəˈrədʒiə] 超敏
hypererythrocythemia [ˌhaipəˌriːriθrəsaiˈθiːmiə] 红细胞过多症
hyperesophoria [ˌhaipəˌresəˈfɔːriə] (*hyper-* + Gr. *esō* inward + *phorein* to bear) 上内(向)隐斜视
hyperesthesia [ˌhaipəreisˈθiːziə] (*hyper-* + *esthesia*) 过敏感觉
  acoustic h., auditory h. 听觉过敏
  cerebral h. 大脑性感觉过敏
  gustatory h. 味觉过敏
  muscular h. 肌觉过敏
  olfactory h. 嗅觉过敏
  oneiric h. 睡梦性感觉过敏
  optic h. 视觉过敏,对光过敏
  tactile h. 触觉过敏
hyperesthetic [ˌhaipəresˈθetik] 感觉过敏的
hyperestrinemia [ˌhaipəˌrestriˈniːmiə] 高雌激素血症
hyperestrinism [ˌhaipəˈrestrinizəm] 雌激素过多
hyperestrogenemia [ˌhaipəˌrestrɔdʒeˈniːmiə] 高雌激素血症
hyperestrogenism [ˌhaipəˈrestrɔdʒenizəm] 雌激素过多症
hyperestrogenosis [ˌhaipəˌrestrɔdʒeˈnəusis] 雌激素过多症
hypereuryopia [ˌhaipəˌrjuəriˈəupiə] 睑裂过大,眼过度开大
hyperevolutism [ˌhaipəriˈvɔljutizəm] 发育过度
hyperexcretory [ˌhaipəˈrekskritəri] 排泄过度的
hyperexophoria [ˌhaipəˌreksəˈfɔːriə] (*hyper-* + Gr. *exō* outward + *phorein* to bear + *-ia*) 上外(向)隐斜视
hyperexplexia [ˌhaipəreksˈpleksiə] 肌张

力过高

hyperextension [ˌhaipəˌriks'tenʃən] 伸展过度

hyperferremia [ˌhaipəfə'riːmiə] 高铁血症

hyperferremic [ˌhaipəfə'remik] 高铁血症的

hyperferricemia [ˌhaipəˌfəri'siːmiə] 高铁血症

hyperfibrinogenemia [ˌhaipəfiˌbrinɔdʒe'niːmiə] 高纤维蛋白原血症

hyperfiltration [ˌhaipəfil'treiʃən] 滤过过度

hyperflexion [ˌhaipə'flekʃən] 屈曲过度

hyperfolliculinism [ˌhaipəfə'likjulinizm] 滤泡素过多

hyperfolliculinuria [ˌhaipəfəˌlikjuli'njuəriə] 尿滤泡素过多

hyperfractionation [ˌhaipəˌfrækʃə'neiʃən] 高剂量分次疗法

hyperfunctioning [ˌhaipə'fʌnkʃəniŋ] 机能亢进

hypergalactia [ˌhaipəgə'lækʃiə] (hyper- + Gr. gala milk) 乳汁分泌过多

hypergalactosis [ˌhaipəˌgælæk'təusis] 乳汁分泌过多

hypergalactous [ˌhaipəgə'læktəs] 乳汁分泌过多的

hypergammaglobulinemia [ˌhaipəˌgæməˌglɔbjuli'niːmiə] 高丙种球蛋白血症
monoclonal h's 常克隆高丙种球蛋白血症

hypergasia [ˌhaipə'geisiə] (hyper + Gr. ergon work) 机能亢进

hypergastrinemia [ˌhaipəˌgæstri'niːmiə] 高胃泌素血症

hypergenesis [ˌhaipə'dʒenəsis] (hyper- + Gr. genesis development) 发育过度

hypergenetic [ˌhaipədʒə'netik] 发育过度的

hypergenitalism [ˌhaipə'dʒenitəlizəm] 生殖器发育过度

hypergeusesthesia [ˌhaipəˌgjuːses'θiːziə] 味觉过敏

hypergeusia [ˌhaipə'gjuːsiə] (hyper- + Gr. geusis taste) 味觉过敏

hypergigantosoma [ˌhaipəˌdʒaiˌgæntə'səumə] (hyper + Gr. gigas giant + soma body) 巨畸形,巨人症

hyperglandular [ˌhaipə'glændjulə] 腺体机能亢进的

hyperglobulia [ˌhaipəˌgləu'bjuːliə] 红细胞过多(症)

hyperglobulinemia [ˌhaipəˌglɔbjuli'niːmiə] 高球蛋白血症

hyperglucagonemia [ˌhaipəˌglukəgɔ'niːmiə] 高血糖素症

hyperglycemia [ˌhaipəglai'siːmiə] (hyper- + glyc- + emia) 高血糖

hyperglycemic [ˌhaipəglai'siːmik] ❶ 高血糖的; ❷ 促血糖增高药

hyperglyceridemia [ˌhaipəˌglisəri'diːmiə] 高甘油酯血症

hyperglyceridemic [ˌhaipəˌglisəri'demik] 高甘油酯血的

hyperglycerolemia [ˌhaipəˌglisərɔ'liːmiə] 高甘油血症

hyperglycinemia [ˌhaipəˌglisi'niːmiə] 高甘氨酸血症
ketotic h. 酮体型高甘氨酸血症
nonketotic h. 不伴酮体性高甘氨酸血症

hyperglycinuria [ˌhaipəˌglisi'njuəriə] 尿内甘氨酸过多,高甘氨酸尿

hyperglycistia [ˌhaipəglai'sistiə] (hyper- + Gr. glykys sweet + histos tissue) 组织糖分过多

hyperglycogenolysis [ˌhaipəˌglaikɔdʒe'nɔlisis] 糖原分解过度

hyperglycorrhachia [ˌhaipəˌglaikɔ'reikiə] (hyper- + glyco- + rhachis spine) 脑脊液糖分过多

hyperglycosemia [ˌhaipəˌglaikɔ'siːmiə] 高血糖

hyperglycosuria [ˌhaipəˌglaikɔ'sjuəriə] 尿糖过多

hyperglycystia [ˌhaipəglai'sistiə] 组织糖分过多

hyperglykemia [ˌhaipəglai'kiːmiə] 高血糖

hypergnosis [ˌhaipə'nəusis] (hyper- + Gr. gnōsis knowledge) (妄想性)知觉歪曲

hypergonadism [ˌhaipə'gəunədizəm] 性腺机能亢进

hypergonadotropic [ˌhaipəˌgənədə'trɔpik] 促性腺激素分泌过多的

hyperguanidinemia [ˌhaipəˌgwɑːnidi'niːmiə] 高胍血症

hyperhedonia [ˌhaipəhi'dəuniə] (hyper-

+ Gr. *hēdonē* pleasure) 欣快症

hyperhedonism [ˌhaipəˈhiːdɔnizəm] 欣快症

hyperhematosis [ˌhaipəˌhiːməˈtəusis] 血过多

hyperhemoglobinemia [ˌhaipəˌhiːmɔˌgləubiˈniːmiə] 高血红蛋白血症

hyperheparinemia [ˌhaipəˌhepəriˈniːmiə] 高肝素血症

hyperhepatia [ˌhaipəhiˈpætiə] (*hyper-* + Gr. *hēpar* liver) 肝功能亢进

hyperhidrosis [ˌhaipəhaiˈdrəusis] (*hyper-* + Gr. *hidrōsis* sweating) 多汗症
    axillary h. 腋多汗症
    emotional h. 情绪多汗症
    h. unilateralis 单侧多汗症
    volar h. 手掌多汗症

hyperhidrotic [ˌhaipəhaiˈdrɔtik] 多汗的，引起多汗的

hyperhydration [ˌhaipəhaiˈdreiʃən] 水分过多

hyperhydremia [ˌhaipəhaiˈdriːmiə] 稀血症

hyperhydrochloria [ˌhaipəhaidrɔˈklɔːriə] 胃酸过多症

hyperhydrochloridia [ˌhaipəhaidrɔklɔˈridiə] 胃酸过多症

hyperhydroxyprolinemia [ˌhaipəhaiˌdrɔksiˌprɔliˈniːmiə] 高羟脯氨酸血症

hyperhypnosis [ˌhaipəhipˈnəusis] 睡眠过多

hyperhypophysism [ˌhaipəhaiˈpɔfisizm] 垂体机能亢进

hyperidrosis [ˌhaipəraiˈdrəusis] 多汗(症)

hyperimidodipeptiduria [ˌhaipəˌimidɔdiˌpeptiˈdjuəriə] ❶ 脯氨肽酶缺乏；❷ 高亚氨基二肽尿

hyperimmune [ˌhaipəiˈmjuːn] 超免疫的

hyperimmunity [ˌhaipəiˈmjuːniti] 超免疫性

hyperimmunization [ˌhaipəˌimjunaiˈzeiʃən] 过度免疫(作用)

hyperimmunoglobulinemia [ˌhaipəˌimjunəuˌglɔbjuliˈniːmiə] 血(清中)免疫球蛋白过多症，高免疫球蛋白血症
    h. E 血(清中)免疫球蛋白 E 过多症

hyperinflation [ˌhaipəinˈfleiʃən] 膨胀过度

hyperingestion [ˌhaipəinˈdʒestʃən] 摄食过度

hyperinosemia [ˌhaipəˌinəuˈsiːmiə] (*hyper* + Gr. *ino* fiber + *aema* blood) 血纤维蛋白过多

hyperinsulinar [ˌhaipəˈinsəlinə] 胰岛素(分泌)过多的

hyperinsulinemia [ˌhaipəˌinsjuliˈniːmiə] 血(内)胰岛素过多症，高胰岛素血症

hyperinsulinism [ˌhaipəˈinsəliˌnizəm] ❶ 胰岛素分泌过多；❷ 胰岛素休克；❸ 血(内)胰岛素过多症

hyperinvolution [ˌhaipəˌinvəˈluːʃən] 复归过度，退化过度

hyperiodemia [ˌhaipəˌriəˈdiːmiə] 血碘过多症，高碘血症

hyperirritability [ˌhaipəˌiritəˈbiliti] 应激性过高

hyperisotonia [ˌhaipəˌisəuˈtəuniə] (*hyper* + Gr. *isos* equal + *tonos* tension) 高度等张性

hyperisotonic [ˌhaipəˌisəuˈtɔnik] (*hyper-* + Gr. *isos* equal + *tonos* tension, or tone) 高渗的，高张的

hyperkalemia [ˌhaipəkəˈliːmiə] 血(内)钾过多症，高钾血症

hyperkaliemia [ˌhaipəˌkæliˈiːmiə] 血(内)钾过多症，高钾血症

hyperkeratinization [ˌhaipəˌkeriˌtiniˈzeiʃən] (*hyper-* + *keratinization*) 角化过度

hyperkeratosis [ˌhaipəˌkerəˈtəusis] (*hyper-* + *keratosis*) ❶ 角化过度(症)，表皮角化病；❷ 角膜肥厚；❸ 牲畜皮肤角化症
    epidermolytic h. 表皮松懈性角化过度(症)
    follicular h. 毛囊角化过度
    h. follicularis in cutem penetrans, h. follicularis etparafollicularis in cutem penetrans 皮肤穿入性毛囊及毛囊周角化过度
    h. lacunaris (扁桃体)陷窝角化过度
    h. lenticularis perstans 持久性豆状角化过度
    h. of palms and soles 掌跖角化过度
    h. penetrans 穿入性角化过度
    progressive dystrophic h. 进行性营养不良性皮肤角化病

h. subungualis 甲床角化过度
hyperketonemia [ˌhaipəːketəuˈniːmiə] 血(内)酮过多症，高酮血症
hyperketonuria [ˌhaipəːketəuˈnjuəriə] 尿酮过多，多酮尿
hyperketosis [ˌhaipəːkeˈtəusis] 酮过多
hyperkinemia [ˌhaipəːkiˈniːmiə] (*hyper-* + *kin-* + *-emia*) 心输出量过多
hyperkinemic [ˌhaipəːkiˈniːmik] ❶ 组织血流增多的；❷ 促组织血流增多剂
hyperkinesia [ˌhaipəːkiˈniːziə] 运动过度，运动机能亢进
hyperkinesis [ˌhaipəːkiˈniːsis] (*hyper-* + *-kinesis*) 运动过度，运动机能亢进
hyperkinetic [ˌhaipəːkiˈnetik] 运动过度的，运动机能亢进的
hyperkoria [ˌhaipəˈkɔriə] (*hyper-* + Gr. *koros* satiety + *-ia*) 易饱symptoms
hyperlactacidemia [ˌhaipəːlæktəsiˈdiːmiə] 血(内)乳酸过多症，高乳酸血症
hyperlactation [ˌhaipəːlækˈteiʃən] 泌乳过多，乳汁过多，泌乳期过久
hyperlecithinemia [ˌhaipəːlesiθiˈniːmiə] 血(内)卵磷脂过多症，高卵磷脂血症
hyperlethal [ˌhaipəˈleθəl] 超致死量的
hyperleukocytosis [ˌhaipəːljuːkəusiˈtəusis] (*hyper-* + *leukocyte* + *-osis*) 白细胞过多症
hyperleydigism [ˌhaipəˈlidigizəm] 莱地格氏间质细胞机能亢进，雄激素分泌过多症
hyperlipemia [ˌhaipəːliˈpiːmiə] 血脂过多症，高脂血症
    carbohydrate-induced h. 糖诱导的血脂过多症
    combined fat and carbohydrate-induced h. 复合性脂肪与糖类诱导的高脂血症
    endogenous h. 内源性高脂血症
    exogenous h. 外源性高脂血症
    essential familial h. 原发家族性高脂血脂
    familial fat-induced h. 家族性脂肪诱导的高脂血症
    mixed h. 混合型高脂血症
hyperlipidemia [ˌhaipəːlipiˈdiːmiə] 血脂过多症，高脂血症
    combined h. 复合性高脂血症
    familial combined h. 家族性复合型高脂蛋白血症
    mixed h. 混合型高脂血症
    multiple lipoprotein-type h. 家族性复合型高脂蛋白血症
    remnant h. 残余性高脂血症
hyperlipidemic [ˌhaipəːlipiˈdemik] 血脂过多的
hyperlipoproteinemia [ˌhaipəːlipəˌprəutiˈniːmiə] 血脂蛋白过多症，高脂蛋白血症
    acquired h. 获得性血脂蛋白过多症
    familial h. 家族性高脂蛋白血症
hyperliposis [ˌhaipəːliˈpəusis] 脂肪过多
hyperlithemia [ˌhaipəːliˈθiːmiə] 血(内)锂过多症，高锂血症
hyperlithic [ˌhaipəˈliθik] 尿酸过多的
hyperlithuria [ˌhaipəːliˈθjuəriə] 尿(内)尿酸过多，高尿酸尿
hyperlordosis [ˌhaipəːlɔːˈdəusis] 脊柱前凸过度
hyperlucency [ˌhaipəˈluːsənsi] 超射线透射性
hyperluteinization [ˌhaipəːluːtiːinaiˈzeiʃən] 黄体化过度
hyperlutemia [ˌhaipəːluːˈtiːmiə] (*hyper* + *luteal* hormone + *aema* blood) 血内黄体液素过多
hyperlysinemia [ˌhaipəːlisiːˈniːmiə] 血(内)赖氨酸过多症
hypermagnesemia [ˌhaipəːmægnəˈsiːmiə] 血(中)镁过多症，高镁血症
hypermania [ˌhaipəˈmeiniə] 重(症)躁狂
hypermastia [ˌhaipəˈmæstiə] (*hyper-* + Gr. *mastos* breast) ❶ 多乳腺；❷ 乳腺肥大
hypermature [ˌhaipəːməˈtʃuə] 成熟过度的
hypermelanotic [ˌhaipəːmeləˈnɔtik] 黑色素沉着过多的
hypermenorrhea [ˌhaipəːmenəˈriːə] (*hyper-* + Gr. *mēn* month + *rhein* to flow) 月经过多
hypermetabolic [ˌhaipəːmetəˈbɔlik] 代谢增进的，代谢亢进的
hypermetabolism [ˌhaipəːmətəˈbɔlizəm] 代谢增进，代谢亢进
    extrathyroidal h. 非甲状腺性代谢亢进

hypermetamorphosis [ˌhaipəˌmetəˈmɔːfəsis] ❶ 思想变化过速,思维奔逸; ❷ 对视觉刺激过分注意

hypermetaplasia [ˌhaipəˌmetəˈpleiziə] 组织变形过度,间变过度

hypermethioninemia [ˌhaipəməˌθiəniˈniːmiə] 血(中)蛋氨酸过多症,高蛋氨酸血症

hypermetria [ˌhaipəˈmetriə] (Gr. "a passing all measure, overflow") 伸展过度,运动范围过大

hypermetrope [ˌhaipəˈmetrəup] 远视者

hypermetropia [ˌhaipəmeˈtrəupiə] 远视

hypermimia [ˌhaipəˈmaimiə] (*hyper-* + Gr. *mimia* representation by means of art) 表情过分,表情(运动)过度

hypermineralization [ˌhaipəˌminərəlaiˈzeiʃən] 矿质过多

hypermnesia [ˌhaipəmˈniziə] (*hyper-* + Gr. *mnēmē* memory) 记忆增强

hypermnesic [ˌhaipəmˈniːsik] ❶ 记忆增强的; ❷ 精神活动增强的

hypermodal [ˌhaipəˈmɔdəl] 超众数的

hypermorph [ˈhaipəmɔːf] (*hyper-* + Gr. *morphē* form) 超效等位基因,强效基因

hypermotility [ˌhaipəməˈtiliti] 运动过度

hypermyotonia [ˌhaipəˌmaiəuˈtəuniə] 肌张力过度

hypermyotrophy [ˌhaipəmaiˈɔtrəfi] (*hyper-* + *mys* muscle + *trophē* nourishment) 肌肥大

hypernasality [ˌhaipəneiˈzæliti] 鼻音过强

hypernatremia [ˌhaipənəˈtriːmiə] (*hyper-* + L. *natron* sodium + Gr. *haima* blood + *-ia*) 血(内)钠过多,高钠血

hypodipsic h. 渴感减退性血(内)钠过多

hypernatremic [ˌhaipənəˈtremik] 血(内)钠过多的,高钠血的

hypernatronemia [ˌhaipəˌnætrɔˈniːmiə] 血(内)钠过多,高钠血

hyperneocytosis [ˌhaipəˌniːəusiˈtəusis] (*hyper-* + Gr. *neos* new + *kytos* hollow vessel + *-osis*) 幼稚(白)细胞过多性白细胞增多(症)

hypernephritis [ˌhaipəneˈfraitis] 肾上腺炎

hypernephroid [ˌhaipəˈnefrɔid] 肾上腺样的

hypernephroma [ˌhaipəneˈfrəumə] (*hyper-* + Gr. *nephros* kidney + *-oma*) 肾上腺样瘤

hyperneuria [ˌhaipəˈnjuəriə] 神经机能亢进

hypernitremia [ˌhaipənaiˈtriːmiə] (*hyper-* + *nitrogen* + *-emia*) 血(内)氮过多,高氮血

hypernomic [ˌhaipəˈnɔmik] (*hyper-* + Gr. *nomos* law) 超规律的,过度的

hypernormal [ˌhaipəˈnɔːməl] 超常的

hypernormocytosis [ˌhaipəˌnɔːməsaiˈtəusis] 中性白细胞过多(症)

hypernutrition [ˌhaipənjuːˈtriʃən] 营养过度

hyperonychia [ˌhaipərəuˈnikiə] (*hyper-* + Gr. *onyx* nail + *-ia*) 甲肥大

hyperope [ˈhaipərəup] 远视者

hyperopia [ˌhaipəˈrəupiə] (*hyper-* + *-opia*) 远视

absolute h. 绝对远视
axial h. 轴性远视
curvature h. 曲度远视
facultative h. 条件性远视
index h. 填质性远视,指数远视
latent h. 隐性远视
manifest h. 显性远视
relative h. 相对远视
total h. 总远视

hyperopic [ˌhaipəˈrɔpik] 远视的

hyperorchidism [ˌhaipəˈrɔkidizəm] (*hyper-* + Gr. *orchis* testicle) 睾丸机能亢进

hyperorexia [ˌhaipərəˈreksiə] (*hyper-* + Gr. *orexis* appetite + *-ia*) 食欲过旺,善饥

hyperornithinemia [ˌhaipəˌrɔːniθiˈniːmiə] 血(中)鸟氨酸过多,高鸟氨酸血

hyperorthocytosis [ˌhaipəˌrɔːθɔsiˈtəusis] (*hyper-* + Gr. *orthos* straight + *kytos* hollow vessel + *-osis*) 正比例性白细胞增多(症)

hyperosmia [ˌhaipəˈrɔzmiə] (*hyper-* + Gr. *osmē* smell + *-ia*) 嗅觉过敏

hyperosmolality [ˌhaipəˌrɔzməˈlæliti] 重量渗克分子浓度过高

hyperosmolarity [ˌhaipəˌrɔzməˈlæriti] 容积渗克分子浓度过高

hyperosmotic [ˌhaipərɔzˈmɔtik] ❶ 渗透过速的; ❷ 高渗的

hyperosphresia [ˌhaipəˌrəusˈfriziə] (*hyper-* + Gr. *osphrēsis* smell + *-ia*) 嗅觉过敏

hyperosteogeny [ˌhaipəˌrəusteˈɔdʒəni] (*hyper-* + Gr. *osteon* bone + *gennan* to produce) 骨发育过度，骨质增生

hyperosteopathy [ˌhaipəˌrɔstiˈɔpəθi] 剧性骨病

hyperostosis [ˌhaipərəusˈtəusis] (*hyper-* + Gr. *osteon* bone + *-osis*) 骨肥厚
  h. corticalis deformans juvenilis 青少年骨外层肥厚变形
  h. corticalis generalisata 骨外层普遍肥厚
  h. cranii 颅骨肥厚
  flowing h. 条纹状骨肥厚
  h. frontalis interna 额骨内面骨肥厚
  infantile cortical h. 婴儿骨外层肥厚
  senile ankylosing h. of spine 老年性关节强直性椎骨肥厚

hyperostotic [ˌhaipərɔsˈtɔtik] 骨肥厚的

hyperovarianism [ˌhaipəˌrəuˈværiənizəm] (*hyper-* + L. *ovarium* ovary) 卵巢机能亢进

hyperovarism [ˌhaipəˈrɔvəurizəm] 卵巢机能亢进

hyperoxaluria [ˌhaipəˌrɔksəˈljuəriə] 尿(内)草酸盐过多，高草酸盐尿
  enteric h. 肠原性尿草酸盐过多
  primary h. 原发性尿草酸盐过多

hyperoxemia [ˌhaipərɔkˈsiːmiə] (*hyper-* + Gr. *oxys* sharp + *-emia*) 血酸过多

hyperoxia [ˌhaipəˈrɔksiə] (组织内)氧过多

hyperoxic [ˌhaipəˈrɔksik] 氧过多的，含氧量高的

hyperoxidation [ˌhaipəˌrɔksiˈdeiʃən] 氧化过度

hyperpallesthesia [ˌhaipəˌpæləsˈθiziə] (*hyper-* + *pallesthesia*) 振荡觉过敏

hyperpancreorrhea [ˌhaipəˌpænkriəˈriːə] 胰腺分泌过多

hyperparasite [ˌhaipəˈpærəsait] (*hyper-* + *parasite*) 重寄生物
  second degree h. 第二级重寄生物

hyperparasitic [ˌhaipəˌpærəˈsaitik] 重寄生的

hyperparasitism [ˌhaipəˈpærəˌsitizəm] 重寄生(现象)

hyperparathyroidism [ˌhaipəˌpærəˈθairɔidizəm] 甲状旁腺机能亢进

hyperparotidism [ˌhaipəpəˈrɔtidizəm] 腮腺机能亢进

hyperpathia [ˌhaipəˈpæθiə] 痛觉过敏

hyperpepsia [ˌhaipəˈpepsiə] (*hyper-* + Gr. *pepsis* digestion) 胃酸过多性消化不良

hyperpepsinemia [ˌhaipəˌpepsiˈniːmiə] 血(内)胃蛋白酶过多，高胃蛋白酶血症

hyperpepsinia [ˌhaipəˌpepˈsiniə] 胃蛋白酶过多

hyperpepsinuria [ˌhaipəˌpepsiˈnjuəriə] 尿(内)胃蛋白酶过多，高胃蛋白酶尿

hyperperistalsis [ˌhaipəˌperiˈstælsis] 蠕动过强

hyperpermeability [ˌhaipəˌpəmiəˈbiliti] 通透性过高

hyperpexia [ˌhaipəˈpeksiə] (*hyper-* + Gr. *pēxis* fixation + *-ia*) 固定量过多

hyperpexy [ˌhaipəˈpeksi] 固定(量)过多

hyperphagia [ˌhaipəˈfeidʒiə] (*hyper-* + Gr. *phagein* to eat) 饮食过量，多食

hyperphalangia [ˌhaipəfəˈlændʒiə] 多节指(趾)

hyperphalangism [ˌhaipəfəˈlændʒizəm] 多节指(趾)

hyperphenylalaninemia [ˌhaipəˌfenəliˌlæniˈniːmiə] ❶ 高苯丙氨酸血症；❷ 血苯丙氨酸过多
  malignant h. 恶性血(内)苯丙氨酸过多，恶性高苯丙氨酸血
  maternal h. 母性血苯丙氨酸过多
  persistent h. 持续性血苯丙氨酸过多
  transient h. 短暂性血苯丙氨酸过多

hyperphonesis [ˌhaipəfəuˈniːsis] (*hyper-* + Gr. *phōnēsis* sounding) 声响过强

hyperphonia [ˌhaipəˈfəuniə] (*hyper-* + Gr. *phōnē* voice + *-ia*) 发音过强

hyperphoria [ˌhaipəˈfɔriə] (*hyper-* + *phoria*) 上隐斜视

hyperphosphatasemia [ˌhaipəˌfɔsfəteiˈsiːmiə] 血(内)磷酸酯酶过多，高磷酸酯酶血
  chronic congenital idiopathic h. 慢性先天性特发性血内磷酸酯酶过多
  h. tarda 智力发育迟钝性血磷酸酯酶过多

hyperphosphatasia [ˌhaipəːˌfɔsfə'teiziə] 血(内)磷酸酯酶过多

hyperphosphatemia [ˌhaipəːˌfɔsfə'tiːmiə] 血磷酸盐过多，高磷酸盐血

hyperphosphaturia [ˌhaipəːˌfɔsfə'tjuəriə] 尿(内)磷酸盐过多，高磷酸盐尿

hyperphosphoremia [ˌhaipəːˌfɔsfə'riːmiə] 血磷酸盐过多，高磷酸盐血

hyperphrenia [ˌhaipə'freniə] (*hyper-* + Gr. *phrēn* mind) ❶ 精神兴奋过度；❷ 脑力活动过度

hyperpigmentation [ˌhaipəːˌpigmen'teiʃən] 色素沉着过度，着色过度

hyperpinealism [ˌhaipə'piniəlizəm] 松果体机能亢进

hyperpipecolatemia [ˌhaipəːˌpipəˌkəulə'tiːmiə] 高哌可酸血症

hyperpituitarism [ˌhaipəːpi'tjuətəˌrizəm] 垂体机能亢进

hyperplasia [ˌhaipə'pleiziə] (*hyper-* + Gr. *plasis* formation) 增生，增殖

  adrenal cortical h. 肾上腺皮质增生

  angiolymphoid h. with eosinophilia 嗜酸粒细胞增多性血管淋巴管增生

  benign prostatic h. 良性前列腺增生

  C-cell h. 滤泡旁细胞增生

  cementum h. 牙骨质增生

  chronic perforating pulp h. 慢性牙髓穿孔性增生

  congenital adrenal h. (CAH) 先天性肾上腺增生

  cutaneous lymphoid h. 皮肤淋巴组织增生

  Dilantin h. 苯妥英钠增殖性龈炎

  endometrial h., h. endometrii 子宫内膜增生

  fibrous inflammatory h. 纤维性炎性增生

  focal nodular h. (FNH) 局部结状性增生

  giant follicular h. 巨滤泡增生

  gingival h. 牙龈增生

  inflammatory h. 炎性增生

  intravascular papillary endothelial h. 血管内乳头状内皮增生

  juxtaglomerular cell h. 近(肾小)球细胞增生

  lipoid h. 类脂组织增生

  lipoid adrenal h. 脂样肾上腺增生

  neoplastic h. 瘤性增生

  nodular adrenal h., nodular adrenocortical h. 结节性肾上腺(皮质)增生

  nodular lymphoid h. 结节性淋巴组织增生

  nodular h. of the prostate 前列腺结节性增生

  nodular regenerative h. 结节状再生性增生

  ovarian stromal h. 卵巢基质增生

  polar h. 极性增生

  pseudoepitheliomatous h. 假性上皮瘤性增生

  sebaceous h. 皮脂增生

  Swiss-cheese h. 瑞士干酪样增生

  verrucous h. 疣状增生

hyperplasmia [ˌhaipə'plæzmiə] (*hyper-* + *plasma*) ❶ 血浆过多；❷ 巨大红细胞

hyperplastic [ˌhaipə'plæstik] 增生的

hyperploid ['haipəploid] (*hyper-* + *-ploid*) ❶ 超倍的；❷ 超倍体

hyperploidy [ˌhaipə'ploidi] 超倍性

hyperpnea [ˌhaipəp'niə] (*hyper-* + Gr. *pnoia* breath) 呼吸深快，呼吸过度

hyperpneic [ˌhaipəp'niːik] 呼吸深快的，呼吸过度的

hyperpolarization [ˌhaipəːˌpɔlərai'zeiʃən] 超极化

hyperpolypeptidemia [ˌhaipəːˌpɔliˌpepti'diːmiə] 血多肽过多，高多肽血(症)

hyperponesis [ˌhaipəːpəu'niːsis] (*hyper-* + Gr. *ponesis* toil, exertion) 皮质运动区活动过度

hyperponetic [ˌhaipəːpə'netik] 皮质运动区活动过度的

hyperporosis [ˌhaipəːpə'rəusis] (Gr. *porosis* cementing) 骨痂形成过多

hyperposia [ˌhaipə'pəuziə] (*hyper-* + Gr. *posis* drinking + *-ia*) 饮水过多，进液过多

hyperpostpituitary [ˌhaipəːˌpəustpi'tjuiˌtəri] 垂体后叶激素过多的

hyperpotassemia [ˌhaipəːpɔtə'siːmiə] 血钾过多，高钾血

hyperpragic [ˌhaipə'prædʒik] 精神活动过度的

hyperpraxia [ˌhaipə'prækʃiə] (*hyper-* +

Gr. *praxis* exercise)精神活动过度,精神活动异常

hyperprebetalipoproteinemia [ˌhaipəˌpreˌbetəˌlipəuˌprəutiː'niːmiə] 血前 β-脂蛋白过多,高前 β-脂蛋白血(症)
  familial h. 家族型血前 β-脂蛋白过多

hyperpresbyopia [ˌhaipəːˌprezbi'əupiə] 高度远视

hyperproinsulinemia [ˌhaipəːˌprəuˌinsəli'niːmiə] 血胰岛素原过多,高胰岛素原血

hyperprolactinemia [ˌhaipəːˌprɔˌlækti'niːmiə] 血催乳素过多

hyperprolactinemic [ˌhaipəːˌprɔˌlækti'nemik] 血催乳素过多的

hyperprolinemia [ˌhaipəːˌprɔli'niːmiə] 高脯氨酸血,血脯氨酸过多

hyperprosexia [ˌhaipəːprɔ'seksiə] (*hyper-* + Gr. *prosechein* to heed) 注意过强

hyperprosody [ˌhaipəˈprɔsədi] 语言高韵律障碍

hyperproteinemia [ˌhaipəːˌprəuti'niːmiə] (*hyper-* + *protein* + *-emia*) 血蛋白过多,高蛋白血(症)

hyperproteosis [ˌhaipəːˌprɔti'əusis] 蛋白摄食过多

hyperpselaphesia [ˌhaipəpˌselə'fiziə] (*hyper-* + Gr. *psēlaphēsis* touch + *-ia*) 触觉过强

hyperptyalism [ˌhaipə'tiəlizəm] (*hyper-* + Gr. *ptyalon* spittle) 多涎(症),唾液分泌过多,流涎

hyperpyremia [ˌhaipəpi'riːmiə] (*hyper-* + Gr. *pyreia* fuel + *-emia*) 血碳过多,高碳血(症)

hyperpyretic [ˌhaipəpi'retik] 高热的

hyperpyrexia [ˌhaipəpi'reksiə] (*hyper-* + Gr. *pyressein* to be feverish) 高热
  malignant h. 恶性高热

hyperpyrexial [ˌhaipəpi'reksiəl] 高热的

hyperreactive [ˌhaipəri'æktiv] 反应过度的

hyperreflexia [ˌhaipəri'fleksiə] (*hyper-* + *reflex* + *-ia*) 反射亢进,反射过强
  autonomic h. 自主反射亢进
  detrusor h. 逼肌反射亢进

hyperreninemia [ˌhaipəːˌreni'niːmiə] 血(内)血管紧张肽原酶(肾素)过多

hyperreninemic [ˌhaipəːˌreni'niːmik] 血(内)血管紧张肽原酶(肾素)过多的

hyperresonance [ˌhaipə'rezənəns] 反响过强

hypersalemia [ˌhaipəsæ'liːmiə] 血盐过多,高盐血(症)

hypersaline [ˌhaipə'sæliːn] 多盐的

hypersalivation [ˌhaipəˌsæli'veiʃən] 唾液(分泌)过多,多涎

hypersarcosinemia [ˌhaipəˌsɑːkəusi'niːmiə] 血肌氨酸过多,高肌氨酸血(症)

hypersecretion [ˌhaipəsi'kriːʃən] 分泌过多
  gastric h. 胃液分泌过多,胃酸过多(症)

hypersegmentation [ˌhaipəˌsegmən'teiʃən] 分裂过多,分节过多,分叶过多
  hereditary h. of neutrophils 遗传性中性粒细胞分叶过多

hypersensibility [ˌhaipəˌsensi'biliti] 过敏(性),超敏(感)性

hypersensitive [ˌhaipə'sensitiv] ❶ 过敏的;❷ 有过敏反应的

hypersensitivity [ˌhaipəˌsensi'tiviti] 过敏(性),超敏(感)性
  contact h. 接触性过敏反应
  cutaneous basophil h. 皮肤嗜碱性粒细胞性过敏反应
  delayed h. (DH), delayed-type h. (DTH) 迟发型过敏反应
  immediate h. 速发型过敏反应
  tuberculin-type h. 结核菌素型过敏反应

hypersensitization [ˌhaipəˌsensiti'zeiʃən] 致敏过作用

hyperserotonemia [ˌhaipəˌserəutəu'niːmiə] 血内血清素过多,血 5-羟色胺过多

hypersexuality [ˌhaipəˌsekfju'æliti] ❶ 性欲过度;❷ 慕男狂;❸ 色情狂

hyperskeocytosis [ˌhaipəˌskiəusi'təusis] (*hyper-* + Gr. *skaios* left + *kytos* hollow vessel + *-osis*) 幼稚(白)细胞过多性白细胞增多(症)

hypersomatotropism [ˌhaipəˌsəuˌmætəu'trɔpizəm] 生长激素分泌过多,生长激素分泌增多

hypersomia [haipə'səmiə] (*hyper-* + Gr. *sōma* body) 巨大发育,巨人症

hypersomnia [ˌhaipə'sɔmniə] (*hyper-* + L. *somnus* sleep) 睡眠过度,嗜睡病

hypersomnolence [ˌhaipə'sɔmnələns] 睡

眠过度，嗜睡病
hypersphyxia [ˌhaipəˈsfiksiə]（hyper- + Gr. sphyxis pulse + -ia）血循环加速合并高血压
hypersplenia [ˌhaipəˈspliːniə] 脾机能亢进
hypersplenism [ˌhaipəˈsplenizəm] 脾机能亢进
hyperspongiosis [ˌhaipəˌspondʒiˈəusis] 海绵质增生
Hyperstat [ˈhaipəstæt] 压降泰：一种二氯噻制剂的商品名
hypersteatosis [ˌhaipəˌstiəˈtəusis]（hyper- + steatosis）皮脂分泌过多，皮脂溢
hyperstereoradiography [ˌhaipəˌsteriəuˌreidiˈɔɡrəfi] 增距立体 X 线照相术
hyperstereoskiagraphy [ˌhaipəˌsteriəuskiˈæɡrəfi] 增距立体 X 线照相术
hypersthenia [ˌhaipəˈsθiːniə]（hyper- + Gr. sthenos strength + -ia）体力过盛
hypersthenic [ˌhaipəˈsθenik] 体力过盛的
hypersthenuria [ˌhaipəsθeˈnjuəriə]（hyper- + Gr. sthenos strength + -uria）高渗尿，尿浓缩过度
hypersuprarenalism [ˌhaipəˌsjuprəˈrenəlizəm] 肾上腺机能亢进
hypersusceptibility [ˌhaipəˌsəˌseptiˈbiliti] 感受性过强，过敏性
hypersympathicotonus [ˌhaipəˌsimˌpæθikəuˈtəunəs] 交感神经张力过敏
hypertarachia [ˌhaipətəˈrækiə]（hyper- + Gr. tarachē confusion + -ia）神经兴奋性过度
hypertaurodontism [ˌhaipəˌtɔːrəˈdontizəm]（hyper- + Gr. tauros bull + odont- + -ism）超牛牙(症)
hypertelorism [ˌhaipəˈtilərizəm]（hyper- Gr. tēlouros distant）❶（器官）距离过远；❷ 两眼距离过远，眼距过宽症
　ocular h., **orbital h.** 两眼间距过远，两眼眶间距过大
hypertensin [ˌhaipəˈtensin] 高血压蛋白
hypertensinase [ˌhaipəˈtensineis] 高压素酶
hypertensinogen [ˌhaipəˌtənˈsinədʒən] 血管紧张肽原，增压素原，高血压蛋白原
hypertension [ˌhaipəˈtenʃən]（hyper- + tension）高血压，血压过高
　accelerated h. 急进型高血压
　adrenal h. 肾上腺(缺血)性高血压
　benign intracranial h. 良性颅内高血压
　borderline h. 边缘性高血压
　essential h. 原发性高血压，特发性高血压
　Goldblatt h. 高尔德布莱特氏高血压
　idiopathic h. 特发性高血压
　intracranial h. 颅内高血压
　labile h. 不稳定性高血压
　low-renin h. 低血管紧张肽原酶高血压
　malignant h. 恶性高血压
　ocular h. 眼内高压
　portal h. 门静脉高血压，门静脉血压过高
　primary h. 原发性高血压
　pulmonary h. 肺动脉高血压(症)，肺动脉血压过高
　renal h. 肾性高血压
　renovascular h. 肾血管性高血压
　secondary h. 继发性高血压
　splenoportal h. 脾门静脉高血压
　symptomatic h. 症状性高血压
　systemic venous h. 系统性静脉高血压
　vascular h. 高血压(症)，血压过高
hypertensive [ˌhaipəˈtensiv] ❶ 高血压的；❷ 高血压患者
hypertensor [ˌhaipəˈtensə] 加压药，增(血)压药
Hyper-Tet [ˈhaipəˌtet] 破多泰：一种破伤风人免疫球蛋白制剂的商品名
hyperthecosis [ˌhaipəθəˈkəusis] 卵泡膜细胞增殖，泡膜细胞增殖过度
hyperthelia [ˌhaipəˈθiːliə]（hyper- + Gr. thēlē nipple）多乳头(畸形)
hyperthermal [ˌhaipəˈθəːməl] 高温的，高热的
hyperthermalgesia [ˌhaipəˌθəməlˈdʒiːziə]（hyper- + Gr. thermē heat + algēsis pain + -ia）热觉过敏
hyperthermesthesia [ˌhaipəˌθəmesˈθiːziə]（hyper- + therm- + esthesia）热觉过敏
hyperthermia [ˌhaipəˈθəːmiə]（hyper- + Gr. thermē heat + -ia）高温(疗法)，体温过高
　h. of anesthesia 麻醉性体温过高
　malignant h. 恶性体温过高
hyperthermoesthesia [ˌhaipəˌθəməusˈθiːziə] 热觉过敏

hyperthermy [ˌhaipə'θəːmi] 高温(疗法), 体温过高

hyperthrombinemia [ˌhaipəˌθrɔmbi'niːmiə] 血(内)凝血酶过多, 高凝血酶血(症)

hyperthymia [ˌhaipə'θaimiə] (*hyper-* + Gr. *thymos* spirit + *-ia*) 情感增盛

hyperthymic [ˌhaipə'θaimik] 情感增盛的

hyperthymism [ˌhaipə'θaimizəm] 胸腺机能亢进

hyperthyrea [ˌhaipə'θairiə] 甲状腺机能亢进

hyperthyreosis [ˌhaipəːθiri'əusis] 甲状腺机能亢进

hyperthyroid [ˌhaipə'θairɔid] 甲状腺机能亢进的

hyperthyroidism [ˌhaipə'θairɔidizəm] 甲状腺机能亢进
   masked h. 掩蔽性甲状腺机能亢进

hyperthyroidosis [ˌhaipəˌθirɔi'dəusis] 甲状腺机能亢进

hyperthyroxinemia [ˌhaipəˌθiˌrɔksi'niːmiə] 血甲状腺素过多, 高甲状腺素血
   familial dysalbuminemic h. 家族性高白蛋白血性甲状腺素过多症

hypertonia [ˌhaipə'təuniə] (*hyper-* + Gr. *tonos* tension) 张力过强, 压力过高
   h. polycythaemica 多血细胞性高血压, 血细胞增多性高血压

hypertonic [ˌhaipə'tɔnik] ❶ 高渗的; ❷ 高张的; ❸ 张力过强的, 压力过高的

hypertonicity [ˌhaipətəu'nisiti] 高张性, 高渗性

hypertonus [ˌhaipə'təunəs] 张力过强, 压力过高

hypertoxic [ˌhaipə'tɔksik] 剧毒的

hypertoxicity [ˌhaipətɔk'sisiti] 剧毒性

hypertrichosis [ˌhaipətri'kəusis] (*hyper-* + Gr. *thrix* hair + *-osis*) 多毛(症), 毛过多
   h. lanuginosa 胎毛过多
   h. pinnae auris 耳廓多毛(症)
   h. universalis 全身性多毛(症)

hypertriglyceridemia [ˌhaipətriˌglisəri'diːmiə] 血甘油三酯过多, 高甘油三酯血
   familial h. 家族性高甘油三酯血症
   sporadic h. 散发性高甘油三酯血症

hypertrophia [ˌhaipə'trɔfiə] 肥大

hypertrophic [ˌhaipə'trɔfik] 肥大的

hypertrophy [hai'pəːtrəfi] (*hyper-* + Gr. *trophē* nutrition) 肥大
   adaptive h. 适应性肥大
   asymmetrical septal h. (ASH) 非对称性心室间隔肥大
   Billroth h. 比尔罗斯氏肥大
   compensatory h. 代偿性肥大
   complementary h. 补偿性肥大
   concentric h. 向心性肥大
   eccentric h. 离心性肥大, 扩张性肥大
   false h. 假肥大
   functional h. 功能性肥大
   hemifacial h. 一侧性颜面肥大
   Marie's h. 马利氏肥大
   numeric h. 增数性肥大
   physiologic h. 生理性肥大
   pseudomuscular h. 假性肌肥大
   simple h. 单纯性肥大
   true h. 真肥大
   unilateral h. 单侧性肥大
   ventricular h. 心室肥大
   vicarious h. 替代性肥大, 代偿性肥大

hypertropia [ˌhaipə'trɔpiə] (*hyper-* + Gr. *trepein* to turn) 上斜眼

Hypertussis [ˌhaipə'tjusis] 咳超泰:一种人百日咳免疫球蛋白制剂的商品名

hypertyrosinemia [ˌhaipətiˌrəusi'niːmiə] 血(内)酪氨酸过多, 高酪氨酸血

hyperuresis [ˌhaipəru'riːsis] 多尿症

hyperuricacidemia [ˌhaipəˌruˌrikæsi'diːmiə] 血(内)尿酸过多, 高尿酸血(症)

hyperuricaciduria [ˌhaipəˌruˌrikæsi'djuriə] 尿(内)尿酸过多, 高尿酸尿

hyperuricemia [ˌhaipəˌruri'siːmiə] 血(内)尿酸过多

hyperuricemic [ˌhaipəˌruri'siːmik] 高尿酸血症的, 血内尿酸过多的

hyperuricuria [ˌhaipəˌruri'kjuəriə] 高尿酸尿, 尿(内)尿酸过多

hypervaccination [ˌhaipəˌvæksi'neiʃən] 再次疫苗接种, 超接种

hypervalinemia [ˌhaipəˌvæli'niːmiə] ❶ 高缬氨酸血(症); ❷ 血内缬氨酸过高

hypervascular [ˌhaipə'væskjulə] 血管过多的

hyperventilation [ˌhaipəˌventi'leiʃən] ❶ 换气过度; ❷ 过度呼吸

hyperviscosity [ˌhaipəvis'kɔsiti] 粘滞性过

高

hypervitaminosis [ˌhaipəːˌvaitəmi'nəusis] 维生素过多(症)
  h. A. 维生素 A 过多(症)
  h. D. 维生素 D 过多症

hypervitaminotic [ˌhaipəːˌvaitəmi'nɔtik] 维生素过多(症)的

hypervolemia [ˌhaipəːvəu'liːmiə] (hyper- + volume + Gr. haima blood + -ia) (循环)血容量过多,血量增多

hypervolemic [ˌhaipəːvəʊ'liːmik] (循环)血容量过多的

hypervolia [ˌhaipəː'vɔliə] 水(含)量过多,液量过多

hypesthesia [ˌhaipis'θiːziə] 感觉减退,感觉迟钝

hypha ['haifə] (pl. hyphae) (L., from Gr. hyphe web) 菌丝

hyphal ['haifəl] 菌丝的

hyphedonia [ˌhaifə'dəuniə] (hypo- + Gr. hēdonē pleasure + -ia) 快感减少

hyphema ['haifimə] (Gr. hyphaimos suffused with blood, bloodshot; especially of the eyes) 眼前房出血,眼前房积血

hyphemia ['haifimiə] 眼前房出血,眼前房积血

hyphidrosis [ˌhaifi'drəusis] (hypo- + Gr. hidrōs sweat + -osis) 少汗,出汗过少

Hyphomycetales [ˌhaifəˌmaisi'teiliːz] 丝状菌目

hyphomycete [ˌhaifəmi'siːt] 丝状菌,丝孢菌

Hyphomycetes [ˌhaifəmi'sitiːz] (pl.) (Gr. hyphē web + Gr. mykēs fungus) 丝孢菌类,丝孢菌亚纲

hyphomycosis [ˌhaifəumi'kəusis] 丝状(霉)菌病
  h. destruens equi 马丝(霉)菌病

hyphotomy [hai'fɔtəmi] 组织解剖术

hypisotonic [ˌhaipisəu'tɔnik] 低渗的,低张的

hypnagogic [ˌhaipnə'gɔdʒik] ❶催眠的,安眠的; ❷入眠前的

hypnagogue ['haipnəgɔg] (hypno- + Gr. agōgos leading) ❶催眠的; ❷安眠药,催眠药

hypnalgia [ˌhaip'nældʒiə] (hypno- + Gr. algos pain + -ia) 睡发性疼痛,夜间痛

hypnic ['hipnik] (Gr. hypnikos) 催眠的,睡眠的

hypn(o)- (Gr. hypnos sleep) 睡眠,催眠

hypnoanalysis [ˌhipnəuə'nælisis] (hypno- + analysis) 催眠(精神)分析

hypnoanesthesia [ˌhipnəuˌænəs'θiːziə] 催眠麻醉(法)

hypnocinematograph [ˌhipnəuˌsinə'mætəgrɑːf] (hypno- + Gr. kinēma movement + -graph) 睡眠动作描记器

hypnocyst ['hipnəusist] (hypno- + cyst) 静止囊肿

hypnodontia [ˌhipnəu'dɔnʃiə] 牙科催眠术

hypnodontics [ˌhipnəu'dɔntiks] (hypnosis + Gr. odous tooth) 牙科催眠术

hypnogenetic [ˌhipnəudʒə'netik] 催眠的

hypnogenic [ˌhipnəu'dʒenik] (hypno- + Gr. gennan to produce) 催眠的,催眠状态的

hypnogenous [hip'nɔdʒənəs] 催眠的,催眠状态的

hypnoid ['hipnɔid] 催眠(状态)样的

hypnoidal [hip'nɔidəl] 催眠状态样的

hypnolepsy ['hipnəuˌlepsi] (hypno- + Gr. lēpsis seizure) 发作性睡眠

hypnology [hip'nɔlədʒi] (hypno- + -logy) 催眠学

hypnopedia [ˌhipnəu'piːdiə] (hypno- + paideia education) 睡眠学习

hypnopompic [ˌhipnəu'pɔmpik] (hypno- + Gr. pompē a sending away, a sending home) 睡梦中的,半醒的

hypnosis [hip'nəusis] 催眠,催眠状态

hypnosophy [hip'nɔsəfi] (hypno- + Gr. sophia wisdom) 睡眠学

hypnotherapy [ˌhipnəu'θerəpi] (hypno- + Gr. therapeia treatment) 催眠疗法

hypnotic [hip'nɔtik] (Gr. hypnōtikos) ❶催眠的; ❷催眠术的; ❸催眠药

hypnotism ['hipnəutizəm] ❶催眠术; ❷催眠状态

hypnotist ['hipnəutist] 催眠术士

hypnotization [ˌhipnəuti'zeiʃən] 诱导催眠

hypnotize ['hipnəutaiz] 催眠

hypnotoxin [ˌhipnəu'tɔksin] 催眠毒素

hypnozoite [ˌhipnəu'zəuait] (hypno- + Gr. zōon animal) 睡眠子孢子

hypo ['haipəu] ❶皮下接种或皮下注射

器；❷ 海波

hyp(o)- (Gr. *hypo* under) ❶ 下，低，少，缺乏；❷ 次

hypoacidity [ˌhaipəuə'siditi] 酸过少，胃酸过少

hypoactive [ˌhaipə'æktiv] 活动减退的

hypoactivity [ˌhaipəæk'tiviti] 活动减退

hypoacusis [ˌhaipəuə'kjusis] (*hypo-* + Gr. *akousis* hearing) 听觉减退

hypoadenia [ˌhaipəuə'di:niə] 腺机能不足

hypoadrenalism [ˌhaipəuə'drenəlizəm] 肾上腺机能减退

hypoadrenocorticism [ˌhaipəuəˌdrenəu'kɔ:tisizəm] 肾上腺皮质机能减退

hypoalbuminemia [ˌhaipəuælˌbjumi'ni:miə] 血白蛋白减少

hypoalbuminosis [ˌhaipəuælˌbjumi'nəusis] 白蛋白过少(症)

hypoaldosteronemia [ˌhaipəuælˌdɔstərəu'ni:miə] 血(内)醛甾酮过少，低醛甾酮血(症)

hypoaldosteronism [ˌhaipəuæl'dɔstərəˌnizəm] 醛甾酮过少症
　isolated h. 孤立性醛甾酮过少症

hypoaldosteronuria [ˌhaipəuælˌdɔsterəu'njuəriə] 尿(内)醛甾酮过少，低醛甾酮尿

hypoalgesia [ˌhaipəæl'dʒi:ziə] 痛觉减退

hypoalimentation [ˌhaipəuˌælimen'teiʃən] 营养不足，进食不足

hypoalkaline [ˌhaipəu'ælkəlin] 碱性不足的

hypoalkalinity [ˌhaipəuælkə'liniti] 碱性不足

hypoalonemia [ˌhaipəuˌælɔu'ni:miə] (*hypo-* + Gr. *hals* salt + *-emia*) 血盐过少，低盐血

hypoalphalipoproteinemia [ˌhaipəælfəˌlipəˌprəuti'ni:miə] ❶ 血(内)α-脂蛋白过少，低 α-脂蛋白血(症)；❷ 唐吉尔病

hypoaminoacidemia [ˌhaipəuəˌminəuˌæsi'demiə] 血氨基酸过少，低氨基酸血

hypoandrogenism [ˌhaipəuæn'drɔdʒənizəm] 雄激素缺乏，雄激素不足

hypoazoturia [ˌhaipəuæzəu'tjuəriə] (*hypo-* + L. *azotum* nitrogen + *-uria*) 尿氮过少，低氮尿

hypobaric [ˌhaipəu'bærik] (*hypo-* + Gr. *baros* weight) ❶ 低压的；❷ 低比重的

hypobarism [ˌhaipə'bærizəm] 低气压病

hypobaropathy [ˌhaipəbæ'rɔpəθi] (*hypo-* + Gr. *baros* pressure + *-pathy*) 低气压病，高空病

hypobasophilism [ˌhaipəubei'sɔfilizm] 垂体机能不足

hypobetalipoproteinemia [ˌhaipəˌbetəˌlipəuˌprəuti'ni:miə] 血清 β-脂蛋白过少
　familial h. 家族性血清 β-脂蛋白过少

hypobilirubinemia [ˌhaipəˌbiliˌrubi'ni:miə] 血胆红素过少，低胆红素血

hypoblast ['haipəblæst] (*hypo-* + Gr. *blastos* germ) 下胚层

hypoblastic [ˌhaipə'blæstik] 下胚层的

hypobranchial [ˌhaipə'bræŋkiəl] (*hypo-* + Gr. *branchia* gills) 鳃下的

hypobromite [ˌhaipə'brɔmait] 次溴酸盐

hypobromous acid [ˌhaipə'brɔməs] 次溴酸

hypocalcemia [ˌhaipəkæl'si:miə] (*hypo-* + *calcium* + Gr. *haima* blood + *-ia*) 血钙过少，低钙血

hypocalcemic [ˌhaipəkæl'simik] 血钙过少的

hypocalcia [ˌhaipə'kælsiə] 钙过少，钙不足

hypocalcification [ˌhaipəˌkælsifi'keiʃən] 钙化不全
　enamel h. 釉质钙化不全

hypocalcipectic [ˌhaipəˌkælsi'pektik] 钙沉积过少的

hypocalcipexy [ˌhaipə'kælsiˌpeksi] 钙沉积过少

hypocalciuria [ˌhaipəˌkælsi'juəriə] 尿钙过少，低钙尿

hypocapnia [ˌhaipə'kæpniə] (*hypo-* + Gr. *kapnos* smoke + *-ia*) (血内)碳酸过少，低碳酸血

hypocapnic [ˌhaipə'kæpnik] (血内)碳酸过少的，有碳酸过少特征的

hypocarbia [ˌhaipə'kɑ:biə] (血内)碳酸过少，低碳酸血

hypocatalepsis [ˌhaipəkætə'lepsis] 轻僵住症

hypocellular [ˌhaipə'seljulə] 细胞过少的

hypocellularity [ˌhaipəˌselju'læriti] 细胞过少，细胞数异常少

hypocelom [ˌhaipə'seləm] 下体腔

hypochloremia [ˌhaipəklɔ'ri:miə] 血氯过少,低氯血

hypochloremic [ˌhaipəklɔ'remik] 血氯过少的,低氯血的

hypochlorhydria [ˌhaipəklɔ'haidriə] (*hypo-* + Gr. *chlōros* green + *hydōr* water + *-ia*) 胃酸过少症

hypochloridation [ˌhaipəˌklɔrai'deiʃən] (组织)氯过少

hypochloridemia [ˌhaipəˌklɔri'di:miə] 血氯过少,低氯血

hypochlorite [ˌhaipə'klɔrait] 次氯酸盐

hypochlorization [ˌhaipəˌklɔrai'zeiʃən] (饮食)供盐减少,减盐疗法

hypochlorous acid [ˌhaipə'klɔrəs] 次氯酸

hypochloruria [ˌhaipəklɔ'ruriə] (*hypo-* + *chloride* + *-uria*) 尿氯过少,低氯尿

hypocholesteremia [ˌhaipəkəˌlestə'ri:miə] 血胆甾醇过少,血胆固醇过少

hypocholesteremic [ˌhaipəkəˌlestə'remik] 血胆甾醇过少的,血胆固醇过少的

hypocholesterolemia [ˌhaipəkəˌlesterəu'li:miə] 血胆甾醇过少,血胆固醇过少

hypocholesterolemic [ˌhaipəkəˌlesterəu'lemik] 血胆固醇过少的

hypocholia [ˌhaipəu'kəuliə] (*hypo-* + Gr. *chole* bile) 胆汁过少

hypocholuria [ˌhaipəkə'ljuriə] 尿(内)胆汁过少,低胆汁尿

hypochondria [ˌhaipə'kɔndriə] ❶ 季肋部。*hypochondrium* 的复数形式;❷ 疑病

hypochondriac [ˌhaipə'kɔndriæk] ❶ 季肋部的;❷ 疑病的;❸ 疑病患者

hypochondriacal [ˌhaipəkɔn'draiəkəl] 患疑病的

hypochondriasis [ˌhaipəkɔn'draiəsis] (DSM-Ⅲ-R)疑病

hypochondrium [ˌhaipə'kɔndriəm] (pl. *hypochondria*) (*hypo-* + Gr. *chondros* cartilage) 季肋部

hypochondroplasia [ˌhaipəˌkɔndrə'pleiziə] 季肋发育不全

hypochordal [ˌhaipə'kɔːdəl] 脊索腹侧的

hypochromasia [ˌhaipəkrɔ'meiziə] (*hypo-* + Gr. *chrōma* color) ❶ 着色不足,染色过浅;❷ 红细胞血红蛋白减少,红细胞着色过浅

hypochromatic [ˌhaipəkrɔ'mætik] ❶ 含染色体少的;❷ 淡染

hypochromatism [ˌhaipə'krɔmətizəm] (*hypo-* + *chromatin*) ❶ 着色不足;❷ 染色质过少

hypochromatosis [ˌhaipə'krɔmətəusis] 细胞核(染色质)消失,核溶解

hypochromemia [ˌhaipəkrɔ'mi:miə] (*hypo-* + Gr. *chrōma* color + *-emia*) 血色指数过低

　idiopathic h. 特发性低色(指数)性贫血

hypochromia [ˌhaipə'krɔmiə] (*hypo-* + Gr. *chrōma* color + *-ia*) ❶ (红细胞)血红蛋白过少;❷ 着色不足

hypochromic [ˌhaipə'krɔmik] ❶ 血红蛋白过少的;❷ 着色不足的

hypochromotrichia [ˌhaipəˌkrɔməu'trikiə] 毛(发)色素不足

hypochrosis [ˌhaipə'krəusis] (*hypo-* + Gr. *chrōma* color + *-osis*) 低色素性贫血,血红蛋白过少性贫血

hypochylia [ˌhaipə'kailiə] (*hypo-* + Gr. *chylos* chyle + *-ia*) 乳糜不足

hypocinesia [ˌhaipəsi'ni:ziə] 运动机能减退,活动性减退

hypocist ['haipəsist] 大花寄生草汁

hypocistis [ˌhaipə'sistis] 大花寄生草汁

hypocitremia [ˌhaipəsi'tri:miə] (*hypo-* + *citric* acid + *-emia*) 血枸橼酸过少,低枸橼酸血

hypocitruria [ˌhaipəsi'truriə] (*hypo-* + *citric* acid + *-uria*) 尿枸橼酸过少,低枸橼酸尿

hypoclysis [ˌhaipəu'klaisis] (*hypo-* + Gr. *klysmon* elyster) 灌肠法

hypocoagulability [ˌhaipəkɔˌægjulə'biliti] 凝固性过低

hypocoagulable [ˌhaipəkə'ægjuləbl] 凝固性过低的

hypocoelom [ˌhaipə'si:ləm] (*hypo-* + Gr. *koilōma* hollow) 下体腔

hypocomplementemia [ˌhaipəˌkɔmplimen'ti:miə] 血补体过少,低补体血(症)

hypocomplementemic [ˌhaipəˌkɔmplimen'temik] 血补体过少的,低补体血的

hypocondylar [ˌhaipə'kɔndələ] 髁下的

hypocone ['haipəkəun] (*hypo-* + Gr. *kōnos* cone) 次尖

hypoconid [ˌhaipə'kɔnld] 下次尖
hypoconulid [ˌhaipə'kɔnjulid] 下次小尖
hypocorticalism [ˌhaipə'kɔːtikəlizəm] 肾上腺皮质机能减退
hypocorticism [ˌhaipə'kɔːtisizəm] 肾上腺皮质机能减退
hypocotyl [ˌhaipəu'kɔtəl] (*hopo-* + *kotyle* hollow) (下)胚轴
Hypocreales [ˌhaipəkri'ælis] 肉座菌目
hypocupremia [ˌhaipəkju'premiə] 低铜血
hypocyclosis [ˌhaipəsai'kləusis] (*hypo-* + Gr. *kyklos* circle + *-osis*) 调视机能减退,调节机能减退
hypocystotomy [ˌhaipəusis'tɔtəmi] 经会阴膀胱切开术
hypocythemia [ˌhaipəsi'θiːmiə] (*hypo-* + Gr. *kytos* cell + *haima* blood + *-ia*) 红细胞减少(症)
hypocytosis [ˌhaipəsi'təusis] (*hypo-* + *-cyte* + *-osis*) 血细胞减少
hypodactyly [ˌhaipə'dæktili] 指(趾)缺少,缺指(趾)
hypodense ['haipədens] 密度过低,低密度
hypoderm ['haipədəːm] (*hypo-* + *-derm*) 皮下组织
Hypoderma [ˌhaipə'dəːmə] (*hypo-* + Gr. *derma* skin) 皮下蝇属
  H. bovis 牛皮下蝇
  H. lineatum 纹皮下蝇
hypodermatic [ˌhaipədə'mætik] 皮下的
hypodermatoclysis [ˌhaipədəmə'tɔklisis] 皮下灌注术,皮下输液
hypodermatomy [ˌhaipədə'mætəmi] (*hypo-* + Gr. *derma* skin + *temnein* to cut) 皮下切开术
hypodermiasis [ˌhaipədə'maiəsis] 皮下蝇蛆病
hypodermic [ˌhaipə'dəːmik] (*hypo-* + Gr. *derma* skin) 皮下的,用于皮下的
hypodermis [ˌhaipə'dəːmis] (*hypo-* + Gr. *derma* skin) 皮下组织
hypodermoclysis [ˌhaipədə'mɔklisis] 皮下灌注术,皮下输液
hypodermolithiasis [ˌhaipəˌdəməli'θaiəsis] (*hypo-* + Gr. *derma* skin + *lithos* stone + *-iasis*) 皮下结石(症)
hypodiaphragmatic [ˌhaipəˌdaiəfræg'mætik] 膈下的

hypodiploid [ˌhaipə'diplɔid] ❶ 亚二倍的,低二倍的;❷ 亚二倍体,低二倍体
hypodiploidy [ˌhaipə'diplɔidi] 亚二倍性,低二倍性
hypodipsia [ˌhaipə'dipsiə] (*hypo-* + Gr. *dipsa* thirst + *-ia*) 渴感减退
hypodipsic [ˌhaipə'dipsik] 渴感减退的
hypodontia [ˌhaipə'dɔnʃiə] (*hypo-* + Gr. *odous* tooth + *-ia*) 牙发育不全
hypodynamia [ˌhaipədai'neimiə] (*hypo-* + Gr. *dynamis* force) 力不足,乏力
  h. cordis 心力不足
hypodynamic [ˌhaipədai'næmik] 心力不足的,心室收缩力不足的
hypodynia [ˌhaipəu'diniə] (*hypo-* + Gr. *odyne* pain) 微痛
hypoeccrisia [ˌhaipəuə'krisiə] (*hypo-* + Gr. *ekkrisis* excretion + *-ia*) 排泄过少
hypoeccrisis [ˌhaipə'ekrisis] 排泄过少
hypoeccritic [ˌhaipəu'ekritik] 排泄过少的
hypoechoic [ˌhaipəuə'kɔik] 超声回声少的,超声回波少的
hypoelectrolytemia [ˌhaipəuiˌlektrɔli'tiːmiə] 低电解质血
hypoeosinophilia [ˌhaipəˌiəuˌsinə'filiə] 嗜伊红细胞减少,嗜酸性粒细胞减少
hypoepinephrinemia [ˌhaipəuˌepinefri'niːmiə] 血中肾上腺素过少,低肾上腺素血症
hypoepinephry [ˌhaipəuˌepi'nefri] 肾上腺机能减退
hypoequilibrium [ˌhaipəˌikwi'libriəm] 平衡觉减退
hypoergia [ˌhaipə'əːdʒiə] 反应力过弱
hypoergic [ˌhaipə'əːdʒik] ❶ 活动力减弱的;❷ 反应性减低的
hypoergy [ˌhaipə'əːdʒi] 低反应性,反应性减低
hypoesophoria [ˌhaipəuˌesəu'fɔriə] 下内(向)隐斜视
hypoesthesia [ˌhaipəis'θiziə] (*hypo-* + *esthesia*) 感觉减退
  acoustic h., auditory h. 听觉减退
  gustatory h. 味觉减退
  olfactory h. 嗅觉减退
  tactile h. 触觉减退
hypoesthetic [ˌhaipəuis'θetik] 感觉减退的,有感觉减退特征的

hypoestrinemia [ˌhaipəuˌestriˈniːmiə] 血雌激素过少

hypoestrogenemia [ˌhaipəuˌestrədʒəˈniːmiə] 血雌激素过少，低雌激素血

hypoevolutism [ˌhaipəiˈvɔljutizəm] 发育迟缓

hypoexophoria [ˌhaipəˌeksəˈfɔriə] 下外(向)隐斜视

hypoferremia [ˌhaipəfəˈriːmiə] 血铁过少

hypoferrism [ˌhaipəˈferizəm] (hypo- + L. ferrum iron) (组织)铁过少

hypofertile [ˌhaipəˈfəːtail] 生殖力减低的

hypofertility [ˌhaipəfəˈtiliti] 生殖力降低

hypofibrinogenemia [ˌhaipəfiˌbrinɔdʒəˈniːmiə] 血纤维蛋白原过少

hypofunction [ˌhaipəˈfʌŋkʃən] 机能减退

hypogalactia [ˌhaipəgəˈlækʃiə] 乳汁减少

hypogalactous [ˌhaipəgəˈlæktəs] (hypo- + Gr. gala milk) 乳汁减少的，乳汁生成不足的

hypogammaglobulinemia [ˌhaipəˌgæməˌglɔbuliˈniːmiə] 血(内)丙种球蛋白过少，低丙种球蛋白症

　acquired h. 获得性低丙种球蛋白血症
　common variable h. 普通可变性低丙种球蛋白血症
　congenital h. 先天性低丙种球蛋白血症
　physiologic h. 生理性低丙种球蛋白血症
　transient h. of infancy 婴儿一时性低丙种球蛋白血症
　X-linked h., X-linked infantile h. X连锁低丙种球蛋白血症，X连锁婴儿低丙种球蛋白血症

hypoganglionosis [ˌhaipəˌgæŋgliəuˈnəusis] 肠肌丛神经节细胞缺乏症

hypogastric [ˌhaipəˈgæstrik] (L. hypogastricus) ❶ 腹下部的；❷ 下腹的；❸ 髂内动脉的

hypogastrium [ˌhaipəˈgæstriəm] (hypo- + Gr. gaster stomach) 腹下区

hypogastrodidymus [ˌhaipəuˌgæstrəuˈdidiməs] (hypogastrium + Gr. didymo twin) 下腹联胎

hypogastropagus [ˌhaipəgæsˈtrɔpəgəs] (hypo- + Gr. gaster belly + pagos thing fixed) 下腹联胎

hypogastroschisis [ˌhaipəgæsˈtrɔskisis] (hypo- + Gr. gaster belly + schisis cleft) 下腹裂

(畸形)

hypogenesis [ˌhaipəˈdʒenəsis] (hypo- + Gr. genesis production) 发育不全，胚胎生长不全
　polar h. 极性发育不全

hypogenetic [ˌhaipədʒəˈnetik] 发育不全的

hypogenitalism [ˌhaipəˈdʒenitəlˌizəm] 生殖腺发育不全

hypogeusesthesia [ˌhaipəguːsəsˈθiziə] 味觉减退

hypogeusia [ˌhaipəˈguːziə] (hypo- + Gr. geusis taste) 味觉减退

hypoglandular [ˌhaipəˈglændjulə] 腺机能减退的

hypoglobulia [ˌhaipəuglɔˈbjuːliə] 白细胞减少(症)

hypoglossal [ˌhaipəˈglɔsəl] (hypo- + Gr. glōssa tongue) 舌下的

hypoglossis [ˌhaipəuˈglɔsis] 舌下部

hypoglottis [ˌhaipəuˈglɔtis] 舌下肿囊，舌下部

hypoglucagonemia [haipəˌglukəgəˈniːmiə] 血内高血糖素过少，低高血糖素血

hypoglycemia [ˌhaipəgliˈsiːmiə] (hypo- + glyc- + -emia) 血糖过少，低血糖
　factitial h., factitious h. 人为血糖过少，假性低血糖
　fasting h. 空腹性低血糖
　ketotic h. 酮性低血糖
　leucine-induced h. 亮氨酸诱导性低血糖
　mixed h. 混合性低血糖
　reactive h. 反应性低血糖

hypoglycemic [ˌhaipəgliˈsemik] ❶ 低血糖的；❷ 降血糖药

hypoglycemosis [ˌhaipəgliˈsiˈməusis] 低血糖病

hypoglycin [ˌhaipəˈglisin] 降糖氨酸，甲叉环丙基丙氨酸

hypoglycogenolysis [ˌhaipəgliˌkəudʒəˈnɔlisis] 糖原分解不足

hypoglycorrhachia [ˌhaipəˌglikəˈreikiə] (hypo- + Gr. glykys sweet + rhachis spine + -ia) 脑脊液糖分过少

hypognathous [haiˈpɔgnəθəs] ❶ 下颌突出的；❷ 下颌寄生胎的

hypognathus [haiˈpɔgnəθəs] (hypo- + Gr. gnathos jaw) 下颌寄生胎

hypogonadism [ˌhaipəˈgɔnədizəm] 性腺机

能减退,性腺发育不全
eugonadotropic h. 促性腺激素正常性性腺机能减退
hypergonadotropic h. 促性腺激素过多性性腺机能减退
hypogonadotropic h. 促性腺激素不足性性腺机能减退
primary h. 原发性性腺机能减退
secondary h. 继发性性腺机能减退
hypogonadotropic [ˌhaipəˌgɔnədəu'trɔpik] 促性腺激素分泌不足的
hypogranulocytosis [ˌhaipəˌgrænjuləsai'təusis] 粒细胞过少症
hypohemoglobinemia [ˌhaipəuˌhiməuˌgləubi'ni:miə] 血红蛋白过少血
hypohepatia [ˌhaipəhi'pætiə] (hypo- + Gr. *hēpar* liver) 肝功能减退, 肝机能减退
hypohidrosis [ˌhaipəhai'drəusis] (hypo- + Gr. *hidrōsis* sweating) 少汗
hypohidrotic [ˌhaipəhai'drɔtik] 少汗的
hypohydrochloria [ˌhaipəuˌhaidrəu'klɔ:riə] 胃酸过少(症)
hypohypnosis [ˌhaipəuhip'nəusis] (hypo + Gr. *hypnos* sleep) 睡眠不足
hypohypnotic [ˌhaipəuhip'nɔtik] 浅睡眠的, 浅催眠的
hypoidrosis [ˌhaipəui'drəusis] 少汗
hypoinsulinemia [ˌhaipəuˌinsjuli'ni:miə] 血内胰岛素不足
hypoinsulinism [ˌhaipəu'insjulinizəm] 胰岛素分泌过少
hypointense [ˌhaipəuin'tens] 强度过低, 低强度
hypoiodidism [ˌhaipəuai'əudidizəm] (hypo- + *iodide* + -ism) (体内)碘过少
hypoisotonic [ˌhaipəuˌaisəu'tɔnik] 低渗的
hypokalemia [ˌhaipəukə'li:miə] 血钾过少, 低钾血
hypokalemic [ˌhaipəukə'li:mik] ❶ 血钾过少的, 低钾血的, 有低钾血特征的; ❷ 降血钾药
hypokaliemia [ˌhaipəuˌkæli'i:miə] 血钾过少, 低钾血
hypokinemia [ˌhaipəukai'ni:miə] (hypo- + *kin-* + *-emia*) 心输出量不足, 心排血量过少
hypokinesia [ˌhaipəukai'ni:ziə] (hypo- + Gr. *kinēsis* motion + -ia) 运动机能减退, 活动性降低
hypokinesis [ˌhaipəukai'ni:sis] 运动机能减退, 活动性降低
hypokinetic [ˌhaipəukai'netik] 运动机能减退的, 活动性降低的
hypolactasia [ˌhaipəulæk'teiziə] 肠乳糖酶缺乏性
hypolarynx [ˌhaipəu'læriŋks] 声门下, 喉下部
hypolemmal [ˌhaipəu'li:məl] (hypo- + Gr. *lemma* sheath) 膜下的
hypolethal [ˌhaipəu'li:θəl] 致死量以下的, 小于致死量的
hypoleydigism [ˌhaipəu'laidigizəm] 莱地格氏间质细胞机能减退, 雄激素分泌过少
hypolipemia [ˌhaipəulai'pi:miə] 血脂过少, 低脂血
hypolipidemic [ˌhipəuˌlipi'demik] 促使血清脂质减少的
hypolipoproteinemia [ˌhaipəuˌlipəuˌprəuti:'ni:miə] 血脂蛋白过少, 低脂蛋白血(症)
hypoliposis [ˌhaipəuli'pəusis] (血或组织中)脂质过少
hypolutemia [ˌhaipəulju'ti:miə] 血黄体素减少
hypolymphemia [ˌhaipəulim'fi:miə] (hypo- + *lymph* + *-emia*) 血(内)淋巴细胞减少
hypomagnesemia [ˌhaipəuˌmægni'si:miə] 血镁过少, 低镁血
hypomania [ˌhaipəu'meiniə] (hypo- + Gr. *mania* madness) 轻(症)躁狂
hypomanic [ˌhaipəu'mænik] 轻(症)躁狂的, 类轻(症)躁狂的
hypomastia [ˌhaipəu'mæstiə] (hypo- + Gr. *mastos* breast + -ia) 乳腺过小
hypomelancholia [ˌhaipəuˌmelən'kəuliə] (hypo- + Gr. *melancholia* melancholia) 轻忧郁症
hypomelanosis [ˌhaipəuˌmelə'nəusis] (hypo- + *melanosis*) 黑(色)素过少症
idiopathic guttate h. 特发性斑(点)状黑(色)素过少症
h. of Ito 伊藤黑色素过少症, 脱色性色素失禁症

hypomenorrhea [ˌhaipəuˌmenəˈriːə] (*hypo-* + Gr. *mēn* month + *rhein* to flow) 月经过少

hypomere [ˈhaipəmiə] ❶ 下中胚层，轴外中胚层；❷ （肌节）腹侧段

hypometabolic [ˌhaipəmetəˈbɔlik] 代谢减退的

hypometabolism [ˌhaipəuməˈtæbəlizəm] (*hypo-* + *metabolism*) 低谢减退，低代谢率

hypomethioninemia [ˌhaipəməˌθiəuniˈniːmiə] 血（内）蛋氨酸过少，低蛋氨酸血

hypometria [ˌhaipəuˈmiːtriə] ("a deficiency"; by analogy with Gr. *eumetria*, *hypermetria*) 伸展不足，运动范围不足

hypomineralization [ˌhaipəuˌminərəlaiˈzeiʃən] 矿质过少

hypomnesis [ˌhaipɔmˈniːsis] (*hypo-* + Gr. *mnēmē* memory) 记忆减退

hypomodal [ˌhaipəˈmɔdəl] 低于众数的

hypomorph [ˈhaipəmɔːf] (*hypo-* + Gr. *morphē* form) 亚效等位基因，减效基因

hypomotility [ˌhaipəməuˈtiliti] 运动不足，运动减弱

hypomyotonia [ˌhaipəuˌmaiəˈtəuniə] (*hypo-* + Gr. *mys* muscle + *tonos* tone) 肌张力减低

hypomyxia [ˌhaipəuˈmiksiə] (*hypo-* + Gr. *myxa* mucus + *-ia*) 粘液（分泌）减少

hyponasality [ˌhaipəuneiˈzæliti] 低鼻音

hyponatremia [ˌhaipəunəˈtriːmiə] 血钠过少，低钠血（症）
  depletional h. 失水失钠性低钠血（症）
  dilutional h. 稀释性低钠血（症）
  hyperlipemic h. 高脂血性低钠血（症）

hyponatruria [ˌhaipəunəˈtruəriə] 尿钠过少，低钠尿

hyponeocytosis [ˌhaipəuˌniːəusaiˈtəusis] (*hypo-* + Gr. *neos* new + *-cyte* + *-osis*) 血幼稚（白）细胞性白细胞过少

hyponitremia [ˌhaipəunaiˈtriːmiə] 血氮过少，低氮血（症）

hyponoia [ˌhaipəuˈnɔiə] (*hypo-* + Gr. *nous* mind + *-ia*) 精神迟钝，精神活动不足

hyponychial [ˌhaipəuˈnikiəl] 甲下的，指（趾）甲下的

hyponychium [ˌhaipəuˈnikiəm] (*hypo-* + Gr. *onyx* nail) (NA) 甲床

hyponychon [ˌhaiˈpɔnikən] (*hypo-* + Gr. *onyx* nail) 甲下瘀斑

hypo-orchidism [ˌhaipəuˈɔːkidizəm] 睾丸机能减退

hypo-orthocytosis [ˌhaipəuˌɔːθəusaiˈtəusis] (*hypo-* + Gr. *orthos* regular + *-cyte* + *-osis*) 正比（例）性白细胞减少（症）

hypo-osmolality [ˌhaipəˌɔsməˈlæliti] 渗克分子浓度过低

hypo-ovarrianism [ˌhaipəuˈvɛəriənizəm] 卵巢内分泌机能减退

hypopallesthesia [ˌhaipəuˌpælisˈθiziə] (*hypo-* + *pallesthesia*) 振动觉减退

hypopancreatism [ˌhaipəuˈpæŋkriəˌtizəm] 胰腺机能减退

hypopancreorrhea [ˌhaipəuˌpæŋkriəuˈriːə] 胰液分泌过少

hypoparathyroidism [ˌhaipəuˌpærəˈθairɔidizəm] 甲状旁腺机能减退

hypopepsia [ˌhaipəuˈpepsiə] (*hypo-* + Gr. *pepsis* digestion + *-ia*) 消化不良

hypopepsinia [ˌhaipəupepˈsiniə] 胃蛋白酶过少

hypoperfusion [ˌhaipəupəˈfjuːʒən] 血流灌注过少

hypoperistalsis [ˌhaipəuˌperiˈstælsis] 蠕动迟缓

hypopexia [ˌhaipəuˈpeksiə] (*hypo-* + Gr. *pēxis* fixation + *-ia*) 固定（量）不足

hypopexy [ˈhaipəˌpeksi] 固定（量）不足

hypophalangism [ˌhaipəufəˈlændʒizəm] 少节指（趾）

hypopharyngeal [ˌhaipəufəˈrindʒiːl] 咽下部的

hypopharyngoscope [ˌhaipəufəˈriŋɡəskəup] 咽下部（窥）镜

hypopharyngoscopy [ˌhaipəufærinˈɡɔskəpi] 咽下部镜检查

hypopharynx [ˌhaipəuˈfæriŋks] 咽下（部），喉咽（部）

hypophonesis [ˌhaipəufəuˈniːsis] (*hypo-* + Gr. *phōnēsis* sounding) 音响过弱

hypophonia [ˌhaipəuˈfəuniə] (*hypo-* + Gr. *phōnē* voice + *-ia*) 发声过弱

hypophoria [ˌhaipəuˈfɔriə] (*hypo-* + *phoria*) 下隐斜视

hypophosphatasia [ˌhaipəuˌfɔsfəˈteiziə]

(*hypo-* + *phosphatase* + *-ia*) 磷酸酯酶过少,低磷酸酯酶症

hypophosphatemia [ˌhaipəuˌfɔsfə'tiːmiə] (*hypo-* + *phosphate* + *-emia*) 血磷酸盐过少,低磷酸盐血(症)
 familial h. 家族性血磷酸盐过少
 X-linked h. X 连锁血磷酸盐过少

hypophosphatemic [ˌhaipəuˌfɔsfə'temik] 血磷酸盐过少的,有血磷酸盐过少特征的

hypophosphaturia [ˌhaipəuˌfɔsfə'tjuəriə] 尿(内)磷酸盐过少,低磷酸盐尿

hypophosphite [ˌhaipəu'fɔsfait] 次磷酸盐

hypophosphoremia [ˌhaipəuˌfɔsfə'riːmiə] 血磷酸盐过少,低磷酸盐血(症)

hypophosphorous acid [ˌhaipəu'fɔsfərəs] 次磷酸

hypophrenia [ˌhaipəu'friːniə] (*hypo-* + Gr. *phrēn* mind + *-ia*) 智力薄弱,低能

hypophrenic [ˌhaipəu'frenik] (*hypo-* + Gr. *phrēn* diaphragm, mind) ❶膈下的;❷低能的

hypophrenium [ˌhaipəu'friːniəm] 膈下腔

hypophyseal [ˌhaipəu'fiziəl] 垂体的

hypophysectomize [ˌhaipəufi'zektəmaiz] 切除垂体

hypophysectomy [ˌhaipɔfi'zektəmi] (*hypophysis* + Gr. *ektomē* excision) 垂体切除术

hypophyseoportal [ˌhaipəuˌfiziəu'pɔːtəl] 垂体门脉的

hypophyseoprivic [ˌhaipəuˌfiziəu'privik] 垂体分泌缺乏的

hypophyseotropic [ˌhaipəuˌfiziəu'trɔpik] 促垂体的

hypophysial [ˌhaipəu'fiziəl] 垂体的

hypophysioportal [ˌhaipəuˌfiziəu'pɔːtəl] 垂体门脉的

hypophysioprivic [ˌhaipəuˌfiziəu'privik] 垂体分泌缺乏的

hypophysiotropic [ˌhaipəuˌfiziəu'trɔpik] 促垂体的

hypophysis [hai'pɔfisis] (*hypo-* + Gr. *phyein* to grow) (NA) 垂体
 h. cerebri 大脑垂体
 pharyngeal h. 咽垂体

hypophysitis [ˌhaipəufi'saitis] 垂体炎

hypopiesia [ˌhaipəupai'iːʃiə] 血压过低,低血压

hypopiesis [ˌhaipəupai'iːsis] (*hypo-* + Gr. *piesis* pressure) 压力过低,低压

hypopietic [ˌhaipəupai'etik] 低压的,有低压特征的,引起低压的

hypopigmentation [ˌhaipəuˌpigmen'teiʃən] (*hypo-* + *pigmentation*) 色素沉着不足,色素减退

hypopigmenter [ˌhaipəupig'mentə] (皮肤)脱色剂

hypopinealism [ˌhaipəu'piniəlizəm] 松果体机能减退

hypopituitarism [ˌhaipəupi'tjuːitəˌrizəm] 垂体机能减退

hypoplasia [ˌhaipəu'pleiziə] (*hypo-* + Gr. *plasis* formation + *-ia*) 发育不全,再生不良
 cartilage-hair h. 软骨毛发发育不全
 enamel h. 釉质发育不全
 focal dermal h. 局灶性真皮发育不全
 oligomeganephronic renal h. 肾单位过少性肾发育不全
 h. of right ventricle 右心室发育不全
 thymic h. 胸腺发育不良
 Turner's h. 特纳氏发育不全

hypoplastic [ˌhaipəu'plæstik] 发育不全的,再生不良的

hypoplasty [ˌhaipə'plæsti] 发育不良,再生不良

hypoploid ['haipəplɔid] (*hypo-* + *-ploid*) ❶亚倍的,低倍的;❷亚倍体,低倍体

hypopnea [hai'pɔpniə] (*hypo-* + Gr. *pnoia* breath) 呼吸不足,呼吸浅慢

hypopneic [ˌhaipəup'niːik] 呼吸不足的,有呼吸不足特征的

hyponesis [ˌhaipəupə'niːsis] (*hypo-* + Gr. *ponēsis* toil, exertion) 皮质运动区活动不足

hypoporosis [ˌhaipəupə'rəusis] (*hypo-* + Gr. *pōros* callus + *-osis*) 骨痂形成不全

hypoposia [ˌhaipəu'pəuziə] (*hypo-* + Gr. *posis* drinking + *-ia*) 饮水过少,进液过少

hypopotassemia [ˌhaipəuˌpəutæ'siːmiə] 血钾过少,低钾血

hypopotassemic [ˌhaipəuˌpəutæ'simik] 血钾过少的,低钾血的

hypopotentia [ˌhaipəupəu'tenʃiə] (*hypo-*

+ L. *potentia* power) 电位过低
hypopraxia [ˌhaipəu'prækʃiə] (*hypo-* + Gr. *praxis* action + *-ia*) 活动减退
hypoprolanemia [ˌhaipəuˌprəulə'niːmiə] 血内促性腺激素过少
hypoprosody [ˌhaipəu'prɔsədi] 言语韵调减少
hypoproteinemia [ˌhaipəˌprəutiː'niːmiə] 血蛋白过少,低蛋白血
  prehepatic h. 肝前性血蛋白过少
hypoproteinia [ˌhaipəprəu'tiːniə] 蛋白过少,蛋白缺乏
hypoproteinic [ˌhaipəprəu'tiːnik] 蛋白过少的
hypoproteinosis [ˌhaipəuˌprəutiː'nəusis] 蛋白(质)缺乏症
hypoprothrombinemia [ˌhaipəuprəuˌθrɔmbi'niːmiə] 血凝血酶原过少,低凝血酶原血
hypopselaphesia [ˌhaipɔpˌselə'fiziə] (*hypo-* + Gr. *psēlaphēsis* touch + *-ia*) 触觉减退
hypoptyalism [ˌhaipɔp'taiəlizəm] (*hypo-* + Gr. *ptyalon* spittle) 唾液分泌减少
hypopus [hai'pɔpəs] 休眠体
hypopyon [hai'pɔpiən] (*hypo-* + Gr. *pyon* pus) 眼前房积脓
hyporeactive [ˌhaipəuriː'æktiv] 反应减退的
hyporeflexia [ˌhaipəuri'fleksiə] 反射减弱
hyporeninemia [ˌhaipəuˌrini'niːmiə] 血内血管紧张肽原酶(肾素)减少
hyporeninemic [ˌhaipəuˌrini'nemik] 有血内血管紧张肽原酶(肾素)减少特征的
hyporrhea [ˌhaipəu'riə] (*hypo-* + Gr. *rhoia* flow) 轻度出血
hyposalemia [ˌhaipəusə'liːmiə] (*hypo-* + L. *sal* salt + *-emia*) 血盐过少,低盐血
hyposalivation [ˌhaipəuˌsæli'veiʃən] 唾液(分泌)减少,缺涎症
hyposarca [ˌhaipəu'sɑːkə] 全身水肿,普遍性水肿
hyposcleral [ˌhaipəu'skliərəl] 巩膜下的
hyposecretion [ˌhaipəusi'kriːʃən] 分泌过少
hyposensitive [ˌhaipəu'sensitiv] ❶ 低敏感的;❷ 敏感减轻的
hyposensitivity [ˌhaipəuˌsensi'tiviti] 低敏感性
hyposensitization [ˌhaipəuˌsensiti'zeiʃən] 脱敏作用
hyposexuality [ˌhaipəuˌseksʃu'æliti] 性欲减退
hyposiagonarthritis [ˌhaipəusaiˌæɡənɑː'θraitis] 下颌关节炎
hyposialadenitis [ˌhaipəuˌsaiəˌlædi'naitis] (*hypo-* + Gr. *sialon* saliva + *aden* gland + *-itis*) 颌下腺炎
hyposialosis [ˌhaipəuˌsaiə'ləusis] 唾液(分泌)过少
hyposkeocytosis [ˌhaipəuˌskiəusai'təusis] (*hypo-* + Gr. *skaios* left + *-cyte* + *-osis*) 幼稚(白)细胞性白细胞过少(症)
hyposmia [hai'pɔzmiə] (*hypo-* + Gr. *osmē* smell + *-ia*) 嗅觉减退
hyposmolarity [ˌhaipɔzmə'læriti] 容积克分子渗透压浓度过低
hyposmosis [ˌhaipɔz'məusis] 低渗透,渗透力减弱
hyposomatotropism [ˌhaipəsəuˌmætəu'trɔpizəm] 生长激素过少症
hyposomia [ˌhaipəu'səmiə] (*hypo-* + Gr. *sōma* body + *-ia*) 身体发育不全
hyposomnia [ˌhaipəu'sɔmniə] 失眠(症)
hypospadia [ˌhaipəu'speidiə] 尿道下裂
hypospadiac [ˌhaipəu'speidiæk] 尿道下裂者
hypospadias [ˌhaipəu'speidiəs] (*hypo-* + Gr. *spadōn* a rent) 尿道下裂
  balanic h., balanitic h. 龟头部尿道下裂
  female h. 女性尿道下裂
  glandular h. 龟头部尿道下裂
  penile h. 阴茎尿道下裂
  penoscrotal h. 阴茎阴囊(部)尿道下裂
  perineal h. 会阴部尿道下裂
  pseudovaginal h. 假阴道性尿道下裂
hyposphresia [ˌhaipəu'freziə] (*hypo-* + Gr. *osphrēsis* smell + *-ia*) 嗅觉减退
hyposplenism [ˌhaipəu'splenizəm] 脾功能减退症
hypospondylotomy [ˌhaipəuˌspɔndi'lɔtəmi] 椎骨下切开术
hypostasis [hai'pɔstəsis] (*hypo-* + Gr. *stasis* halt) ❶ (血液)坠积;❷ 下位
hypostatic [ˌhaipəu'stætik] ❶ (血液)坠积的;❷ 下位的

hyposteatolysis [ˌhaipəuˌstiəˈtɔlisis] 脂肪分解不全

hyposteatosis [ˌhaipəuˌstiəˈtəusis] 皮脂分泌不足

hyposthenia [ˌhaipɔsˈθiːniə] (hypo- + Gr. sthenos strength + -ia) 衰弱,体力不足

hypostheniant [ˌhaipɔsˈθiːniənt] 致衰弱的

hyposthenic [ˌhaipɔsˈθenik] 衰弱的,体力不足的

hyposthenuria [ˌhaipɔsθiˈnjuəriə] 低渗尿,尿浓缩不足
   tubular h. 肾小管性低渗尿

hypostome [ˈhaipəustəum] (hypo- + Gr. stōma mouth) 口下板

hypostomia [ˌhaipəˈstəumiə] (hypo- + Gr. stōma mouth + -ia) 小嘴(畸形)

hypostosis [ˌhaipəusˈtəusis] (hypo- + Gr. osteon bone + -osis) 骨发育不全

hypostypsis [ˌhaipəuˈstipsis] (hypo- + Gr. stypsis contraction) 轻度收敛

hypostyptic [ˌhaipəuˈstiptik] 轻度收敛的

hyposulfite [ˌhaipəˈsʌlfait] 次硫酸盐

hyposuprarenalism [ˌhaipəuˌsjuprəˈriːnəlizəm] 肾上腺机能减退

hyposympathicotonus [ˌhaipəusimˌpæθiˌkəuˈtəunəs] 交感神经张力减退

hyposynergia [ˌhaipəusiˈnədʒiə] (hypo- + synergia) 协同(动作)不足

hypotaxia [ˌhaipəuˈtæksiə] (hypo- + Gr. taxis arrangement + -ia) 情绪沟通

hypotelorism [ˌhaipəuˈtelərizəm] (hypo- + Gr. tēlouros distant) (两器官间)距离过近
   ocular h., orbital h. 两眼距离过近,过近两眼眶距离

hypotension [ˌhaipəuˈtenʃən] 低血压
   chronic orthostatic h., chronic idopathic orthostatic h., idiopathic orthostatic h. 慢性直立性低血压,慢性特发性直立性低血压,特发性直立性低血压
   orthostatic h. 直立性低血压
   postural h. 体位性低血压,直立性低血压
   vascular h. 血管性低血压

hypotensive [ˌhaipəuˈtensiv] ❶ 压力过低的,张力过低的,血压过低的;❷ 引起压力过低的,引起张力过低的,引起血压过低的;❸ 低血压者

hypotensor [ˌhaipəuˈtensə] 降压药

hypothalamic [ˌhaipəθəˈlæmik] 下丘脑的,累及下丘脑的

hypothalamotomy [ˌhaipəuˌθælæləˈmɔtəmi] (hypothalamus + -tomy) 下丘脑切开术

hypothalamus [ˌhaipəuˈθæləməs] (hypo- + thalamus) 丘脑下部,下丘脑

hypothenar [haiˈpəθənə] (hypo- + Gr. thenar palm) ❶ (NA) 小鱼际;❷ 小鱼际的

hypothermal [ˌhaipəˈθəːməl] (hypo- + Gr. thermē heat) 低温的,降温的

hypothermia [ˌhaipəuˈθəːmiə] (hypo- + Gr. thermē heat + -ia) 低温
   endogenous h. 内源性低体温

hypothermic [ˌhaipəuˈθəːmik] 低体温的

hypothermy [ˌhaipəuˈθəːmi] 低温,体温降低

hypothesis [haiˈpɔθisis] 假设,假说
   alternative h. 各种假设
   biogenic amine h. 生物胺假说
   Dreyer and Bennett h. 德-贝二氏假说
   Gad's h. 盖德氏假说
   gate h. 门假说
   insular h. 胰岛假说
   jelly roll h. 凝胶卷假说
   lattice h. 万字格假说
   Lyon h. 莱翁假说
   Makeham's h. 麦克汉姆假说
   null h. 无效假设
   one gene-one enzyme h. 一个基因一种酶假说
   one gene-one polypeptide chain h. 一个基因一个多肽链假说
   response-to-injury h. 损伤反应假说
   sliding-filament h. 滑动细丝假说
   Starling's h. 斯达林假说
   unitarian h. 抗体一元论
   wobble h. 密码变动假说

hypothrepsia [ˌhaipəuˈθrepsiə] 营养不良

hypothrombinemia [ˌhaipəuˌθrɔmbiˈniːmiə] 血内凝血酶过少,低凝血酶血症

hypothymia [ˌhaipəuˈθaimiə] (hypo- + Gr. thymos spirit + -ia) 情感减退,情调低落

hypothymic [ˌhaipəuˈθaimik] 情感减退的,情调低落的

hypothymism [ˌhaipəuˈθaimizəm] 胸腺机

hypothyrea [ˌhaipəu'θairiə] 甲状腺机能减退

hypothyreosis [ˌhaipəuθiri'əusis] 甲状腺机能减退

hypothyroid [ˌhaipəu'θairɔid] 甲状腺机能减退的

hypothyroidea [ˌhaipəuθai'rɔidiə] 甲状腺机能减退

hypothyroidism [ˌhaipəu'θairɔidizəm] 甲状腺机能减退

hypothyrosis [ˌhaipəuθai'rəusis] 甲状腺机能减退

hypotonia [ˌhaipəu'təuniə] (*hypo-* + Gr. *tonos* tone + *-ia*) 张力减退,压力过低
  benign congenital h. 良性先天性张力减退
  h. oculi 眼压过低

hypotonic [haipəu'tɔnik] ❶ 低渗的;❷ 低张的;❸ 张力减退的,压力过低的

hypotonicity [ˌhaipəutə'nisiti] 低张性,低渗性

hypotonus [hai'pɔtənəs] 张力减退,张力过低

hypotoxicity [ˌhaipəutɔk'sisiti] (*hypo-* + Gr. *toxikon* poison) 弱毒性,低毒性

hypotrichiasis [ˌhaipəutri'kaiəsis] 先天性脱发,先天性秃

hypotrichosis [ˌhaipəutri'kəusis] (*hypo-* + Gr. *thrix* hair + *-osis*) 毛(发)稀少,稀毛(症)

hypotrophy [hai'pɔtrəfi] (*hypo-* + Gr. *trophē* nutrition) 生活力缺损,半自主生长,营养不足

hypotropia [ˌhaipəu'trɔpiə] (*hypo-* + Gr. *tropos* a turning + *-ia*) 下斜视

hypotryptophanic [ˌhaipəutriptə'fænik] 色氨酸缺乏的

hypotympanotomy [ˌhaipəuˌtimpə'nɔtəmi] 下鼓室开口术,鼓室下部切开术

hypotympanum [ˌhaipəu'timpənəm] 下鼓室,鼓室下部

hypouremia [ˌhaipəujuə'ri:miə] 血(内)尿素过少

hypouresis [ˌhaipəujuə'ri:sis] 排尿减少

hypouricemia [ˌhaipəuˌjuəri'si:miə] 血(内)尿酸不足

hypouricuria [ˌhaipəuˌjuəri'kjuəriə] 尿内尿酸减少,低尿酸尿

hypourocrinia [ˌhaipəuˌjuərəu'kriniə] (*hypo-* + Gr. *ouron* urine + *krinein* to secrete + *-ia*) 尿分泌减少,尿量减少

hypovarianism [ˌhaipəu'vɛəriənizəm] 卵巢机能减退

hypovenosity [ˌhaipəuvi'nɔsiti] 静脉(系统)发育不全

hypoventilation [ˌhaipəuˌventi'leiʃən] 肺换气不足
  primary alveolar h. 原发性肺泡换气不足

hypovitaminosis [ˌhaipəuˌvaitæmi'nəusis] 维生素缺少(症)

hypovolemia [ˌhaipəuvə'li:miə] (*hypo-* + *volume* + Gr. *haima* blood + *-ia*) (循环)血容量减少

hypovolemic [ˌhaipəuvə'lemik] (循环)血容量减少的,具有(循环)血容量减少特征的

hypovolia [ˌhaipəu'vɔliə] 水(含)量过少,液量过少

hypoxanthine [ˌhaipəu'zænθi:n] 次黄嘌呤,6-羟基嘌呤

hypoxanthine-guanine phosphoribosyltransferase (HGPRT) [ˌhaipəu'zænθi:n'gwa:ni:nˌfɔsfəˌribəsəl'trænsfəreis] 次黄嘌呤鸟嘌呤磷酸核糖转移酶

hypoxanthine phosphoribosyltransferase (HPRT) [ˌhaipəu'zænθi:nˌfɔsfəˌribəsəl'trænsfəreis] (EC 2.4.2.8) 次黄嘌呤磷酸核糖转移酶

hypoxemia [ˌhaipɔk'si:miə] (*hypo-* + *oxygen* + Gr. *haima* blood + *-ia*) 血氧过少,低氧血

hypoxia [hai'pɔksiə] 氧过少,缺氧,含氧量低,低氧
  anemic h. 贫血性缺氧
  fetal h. 胎儿缺氧
  histotoxic h. 组织中毒性缺氧
  hypoxic h. 氧分压过低性缺氧
  stagnant h. 淤血性缺氧

hypoxia-ischemia [hai'pɔksiəis'ki:miə] 低氧缺血

hypoxic [hai'pɔksik] 氧过少的,缺氧的,含氧量低的

hypoxidosis [ˌhaipɔksi'dəusis] 低氧症

HypRho-D ['haiprədi:] 海波茹 D

hypsarhythmia [ˌhisə'riθmiə] 高度节律失

hypsarrhythmia [ˌhisəˈriθmiə] (*hyps-* + *arrhythmia*) 高度节律失常

hypsi- (Gr. *hypsi* aloft) 高

hypsibrachycephalic [ˌhipsiˌbrækisəˈfælik] (*hypsi-* + Gr. *branchys* broad + *kephalē* head) 高阔头的

hypsicephalic [ˌhipsisəˈfælik] (*hypsi-* + Gr. *kephalē* head) 尖头的

hypsicephaly [ˌhipsiˈsefəli] 尖头(畸形)

hypsiconchous [ˌhipsiˈkɔŋkəs] (*hypsi-* + Gr. *konchē* shell) 高眶的

hypsiloid [ˈhipsilɔid] (Gr. *hypsiloeidēs*) 丫字形的

hypsistaphylia [ˌhipsistəˈfiliə] (*hypsi-* + Gr. *staphylē* uvula + *-ia*) 高狭腭

hypsistenocephalic [ˌhipsiˌstenəusəˈfælik] (*hypsi-* + Gr. *stenos* narrow + *kephalē* head) 高狭头的

hyps(o)- (Gr. *hypsos* height) 高

hypsocephalous [ˌhipsəˈsefələs] (*hypso-* + Gr. *kephalē* head) 尖头(畸形)的

hypsochrome [ˈhipsəkrəum] (*hypso-* + Gr. *chrōma* color) 浅色团,向紫团

hypsochromy [ˌhipsəuˈkrɔmi] 浅色团作用,向紫(移)作用

hypsodont [ˈhipsədɔnt] (*hypso-* + Gr. *odous* tooth) 长冠牙的

hypsokinesis [ˌhipsəukaiˈniːsis] (*hypso-* + Gr. *kinēsis* motion) 后仰,后倾

hypsonosus [hipˈsəunəsəs] (*hypso-* + Gr. *nosos* disease) 高空病,高山病

hypsotherapy [ˌhipsəuˈθerəpi] (*hypso-* + *therapy*) 高地疗法

hypurgia [haiˈpəːdʒiə] (L.; Gr. *hypourgiai* medical services) 辅助因素,辅助疗法

Hyrtl's loop [ˈhətlz] (Jozsef *Hyrtl*, Hungarian anatomist in Austria, 1810-1894) 何特勒氏袢

hysteralgia [ˌhistəˈrældʒiə] (*hystero-* + *-algia*) 子宫痛

hysteranesis [ˌhistərəˈniːsis] (Gr. *anesis* relaxation) 子宫松驰,子宫无力

hysteratresia [ˌhistərəˈtriːziə] 子宫闭锁

hysterauxesis [ˌhistərəkˈsiːsis] (Gr. *auxesis* enlargement) 子宫增大

hysterauxin [ˌhistəˈrɔːksin] 子宫发育素

hysterectomy [ˌhistəˈrektəmi] (*hystero-* + Gr. *ektomē* excision) 子宫切除术
  abdominal h. (腹部)子宫切除术
  cesarean h. 剖腹产子宫切除术
  complete h. 全子宫切除术
  partial h. 部分子宫切除术
  radical h. 根治性子宫切除术
  subtotal h., supracervical h., supravaginal h. 次全子宫切除术,颈上子宫切除术,阴道上子宫切除术
  total h. 全子宫切除术
  vaginal h. 阴道式子宫切除术

hysteresis [ˌhistəˈriːsis] (Gr. *hysterēsis* a lagging behind) ❶ 滞后(现象);❷ 滞后数
  protoplasmic h. 原生质滞后现象

hystereurysis [ˌhistəˈrjuərisis] 子宫口扩张术

hysteria [hisˈtiəriə] 癔病,歇斯底里
  anxiety h. 焦虑性癔病
  canine h. 犬惊病,犬癔病
  classic h. 典型的癔病
  conversion h. 转化性癔病
  dissociative h. 分裂性癔病
  fixation h. 固定性癔病
  h. major 大发作性癔病,重癔病

hysteric [hisˈterik] ❶ 癔病的,歇斯底里的,有癔病特征的;❷ 癔病患者

hysterical [hisˈterikəl] 癔病的,歇斯底里的,有癔病特征的

hystericism [hisˈterisizəm] 癔病素质,歇斯底里素质

hysterics [hisˈteriks] 歇斯底里发作,发狂

hysteriform [hisˈterifɔːm] 癔病样的,歇斯底里样的

hyster(o)- (Gr. *hystera* uterus) ❶ 子宫;❷ 癔病

hysterobubonocele [ˌhistərəubjuˈbɔnəsiːl] 腹股沟子宫疝

hysterocarcinoma [ˌhistərəˌkɑːsiˈnəumə] 子宫癌

hysterocele [ˈhistərəsiːl] (*hystero-* + Gr. *kēlē* hernia) 子宫疝

hysterocleisis [ˌhistərəuˈklaisis] (*hystero-* + Gr. *kleisis* closure) 子宫口闭合术

hysterocolpectomy [ˌhistərəukɔlˈpektəmi] (*hystero-* + Gr. *kolpos* vagina + *ektomē* excision) 子宫阴道切除术

hysterocyesis [ˌhistərəsai'i:sis] (Gr. *kyesis* pregnancy) 子宫内妊娠

hysterocystic [ˌhistərəu'sistik] 子宫膀胱的

hysterocystocleisis [ˌhistərəuˌsistəu'klaisis] (*hystero-* + Gr. *kystis* bladder + *kleisis* closure) 子宫膀胱缝合术

hysterodynia [ˌhistərəu'diniə] (*hystero-* + Gr. *odynē* pain) 子宫痛

hysteroepilepsy [ˌhistərəu'epilepsi] 癔病性癫痫, 歇斯底里性癫痫

hyterogastrorrhaphy [ˌhistərəgæs'trorəfi] (*hystero* + Gr. *gaster* stomach + *rhaphe* suture) 子宫腹壁缝合术

hysterogram ['histərəˌgræm] 子宫(X线)照相

hysterograph ['histərəgrɑ:f] (*hystero-* + Gr. *graphein* to record) 子宫收缩描记器

hysterography [ˌhistə'rogrəfi] (*hystero-* + Gr. *graphein* to record) ❶ 子宫收缩描记术; ❷ 子宫(X线)造影术

hysteroid ['histərɔid] (*hystero-* + Gr. *eidos* form) 癔病样的, 类歇斯底里的

hysterolaparotomy [ˌhistərəˌlæpə'rɔtəmi] 剖腹子宫切开术

hysterolith ['histərəˌliθ] (*hystero-* + Gr. *lithos* stone) 子宫石

hysteroloxia [ˌhistərə'lɔksiə] (*hystero-* + Gr. *loxos* slanting) 子宫斜位

hysterolysis [ˌhistə'rɔlisis] (*hystero-* + Gr. *lysis* dissolution) 子宫松解术

hysteromalacia [ˌhistərəmə'leiʃiə] 子宫软化

hysterometry [ˌhistə'rɔmitri] (*hystero-* + Gr. *metron* measure) 子宫测量法

hysteromyoma [ˌhistərəumai'əumə] 子宫肌瘤

hysteromyomectomy [ˌhistərəuˌmaiəu'mektəmi] (*hystero-* + *myoma* + *-ectomy*) 子宫肌瘤切除术

hysteromyotomy [ˌhistərəumai'ɔtəmi] (*hystero-* + Gr. *mys* muscle + *tomē* a cutting) 子宫肌切开术

hysteropathy [ˌhistə'rɔpəθi] (*hystero-* + Gr. *pathos* disease) 子宫病

hysteropexy ['histərəpeksi] (*hystero-* + Gr. *pēxis* fixation) 子宫固定术

hysteroptosia [ˌhistərɔp'təuziə] 子宫下垂, 子宫脱垂

hysteroptosis [ˌhistərɔp'təusis] 子宫下垂, 子宫脱垂

hysterorrhaphy [ˌhistə'rorəfi] (*hystero-* + Gr. *rhaphē* + suture) ❶ 子宫固定术; ❷ 子宫缝合术

hysterorrhexis [ˌhistərəu'reksis] 子宫破裂

hysterosalpingectomy [ˌhistərəuˌsælpin'dʒektəmi] (*hystero-* + Gr. *salpinx* tube + *ektomē* excision) 子宫输卵管切除术

hysterosalpingography [ˌhistərəuˌsælpin'gogrəfi] (*hystero-* + Gr. *salpinx* tube + *graphein* to record) 子宫输卵管照相术, 子宫输卵管(X线)造影术

hysterosalpingo-oophorectomy [ˌhistərəuə-sælˌpiŋgəuˌɔfə'rektəmi] 子宫输卵管卵巢切除术

hysterosalpingostomy [ˌhistərəuˌsælpiŋ'gostəmi] (*hystero-* + Gr. *salpinx* tube + *stomoun* to provide with an opening or mouth) 子宫输卵管吻合术

hysteroscope ['histərəˌskəup] (*hystero-* + Gr. *skopein* to examine) 子宫镜

hysteroscopy [ˌhistə'rɔskəpi] 子宫镜检查

hysterospasm ['histərəˌspæzəm] 子宫痉挛

hysterostat ['histərəstæt] (*hystero-* + Gr. *statikos* stopping) 子宫内镭管支持器

hysterostomatocleisis [ˌhistərəˌstəumətə'klaisis] (*hystero-* + Gr. *stoma* mouth + *kleisis* closure) 子宫口缝闭术

hysterostomatomy [ˌhistərəstəu'mætəmi] 子宫口切开术, 子宫劲切开术

hysterothermometry [ˌhistərəuθə'mɔmitri] 子宫温度测量法

hysterotome ['histərəˌtəum] (*hystero-* + Gr. *tomē* a cutting) 子宫刀

hysterotomy [ˌhistə'rɔtəmi] (*hystero-* + Gr. *temnein* to cut) 子宫切开术
 abdominal h. 经腹子宫切开术
 vaginal h. 经阴道子宫切开术

hysterotrachelectasia [ˌhistərəuˌtrækəlek'teiziə] 子宫颈扩张术

hysterotrachelectomy [ˌhistərəuˌtrækə'lektəmi] 子宫颈切除术

hysterotracheloplasty [ˌhistərəu'trækələˌplæsti] 子宫颈成形术

hysterotrachelorrhaphy [ˌhistərəuˌtrækə-ˈlɔːrəfi] (*hystero-* + Gr. *trachēlos* neck + *rhaphē* suture) 子宫颈缝合术

hysterotrachelotomy [ˌhistərəuˈtrækəlɔtəmi] (*hystero-* + Gr. *trachēlos* neck + *tomē* a cutting) 子宫颈切开术

hysterotubography [ˌhistərəutjuːˈbɔɡrəfi] 子宫输卵管照相术, 子宫输卵管(X线)造影术

hysterovagino-enterocele [ˌhistərəuˌvædʒinəuˈentərəsiːl] (*hystero-* + *vagina* + Gr. *enteron* intestine + *kēlē* hernia) 子宫阴道肠疝

Hytakerol [haiˈtækərəl] 哈泰可洛: 氢速甾醇制剂的商品名

Hytone [ˈhaitəun] 哈托, 哈酮: 氢化可的松制剂的商品名

Hytrin [ˈhaitrin] 哈托林: 盐酸特拉唑嗪制剂的商品名

Hyzyd [ˈhaizid] 希斯得: 异烟肼制剂的商品名

Hz (hertz 的缩写) 赫兹

I

I ❶ (*incisor* 的符号)切牙;❷ (*iodine* 的符号)碘;❸ (*inosine* 的符号)肌苷
I ❶ (*electric current* 的符号)电流;❷ (*intensity* 的符号)强度(辐射能);❸ (*ionic strength* 的符号)离子强度
-ia (L. and Gr. noun-forming suffix) 状态,情况
I. A. (impedance angle 的缩写)阻抗角
IAB (intra-aortic balloon 的缩写)内主动脉气囊
IABP (intra-aortic balloon pump 的缩写)内主动脉泵
IAEA (International Atomic Energy Agency 的缩写)(联合国)国际原子能机构
IAHA (immune adherence hemagglutination assay 的缩写)免疫粘连血凝反应测定
iamatology [ˌaiæməˈtɔlədʒi] (Gr. *iama, iamatos* remedy + *-logy*) 药疗学
IAPP (islet amyloid polypeptide 的缩写)胰岛淀粉状蛋白多肽
-iasis 病,病态
iateria [ˌaiəˈtiəriə] (Gr. *iatreia* cure)❶治疗学;❷疗法,治疗
iathergy [aiˈæθədʒi] (Gr. *iathenai* to have been cured + *ergon* work) 脱敏性免疫
iatraliptic [ˌaiətrəˈliptik] (Gr. *iatreia* cure + *aleiphein* to anoint) 擦药疗法,涂擦疗法的
iatraliptics [aiətrəˈliptiks] 擦药疗法,涂擦疗法
iatrarchy [ˈaiəˌtrɑːki] (Gr. *iatros* physician + *arche* rule) 医师监视
iatreusiology [ˌaiəˌtruːsiˈɔlədʒi] (Gr. *iatreusis* treatment + *logos* science) 治疗学,疗学
iatreusis [ˌaiəˈtruːsis] (L. "treatment") 疗法,治疗
iatric [aiˈætrik] (Gr. *iatrikos*) 医学的,医师的
-iatric (Gr. *iatrikos* pertaining to a physician, from *iatros* physician) 医疗法的,医疗的
-iatrics (*-iatric*) 医疗法
iatr(o)- (Gr. *iatros* physician) 医师,医学
iatrochemia [aiˌætrəuˈkiːmiə] 化学医学(派)
iatrochemical [aiˌætrəuˈkemikəl] 化学医学的
iatrochemist [aiˌætrəuˈkemist] 化学医学家
iatrochemistry [aiˌætrəuˈkemistri] 化学医师派
iatrogenesis [aiˌætrəuˈdʒenəsis] (*iatro-* + Gr. *genesis* production) 医原病发生
iatrogenic [aiˌætrəuˈdʒenik] (*iatro-* + Gr. *gennan* to produce) 医原性的,由医生活动所引起的
iatrogeny [aiəˈtrɔdʒeni] 医原病发生
iatroleptica [aiˌætrəuˈleptikə] (*iatro-* + Gr. *aleiphein* to anoint) 擦药疗法,涂擦法
iatrology [ˌaiəˈtrɔlədʒi] (*iatro-* + *-logy*) 医学
iatromathematical [aiˌætrəuˌmæθəˈmætikəl] 物理医学的
iatromechanical [aiˌætrəuməˈkænikəl] 物理医学的
iatrophysicist [aiˌætrəuˈfizist] 物理医学家
iatrophysical [aiˌætrəuˈfizikəl] 物理医学的,物理医学派
iatrophysics [aiˌætrəuˈfiziks] (*iatro-* + Gr. *physikos* natural) 物理医学,医学物理学,内外科医疗物理学,物理疗法
iatrotechnics [aiˌætrəuˈtekniks] 治疗(技)术
iatrotechnique [aiˌætrəutekˈniːk] 治疗(技)术
-iatry (Gr. *iatreia* healing, from *iatros* physician) 医疗法
IB (inclusion body 的缩写)包涵体

IBF (immunoglobulin-binding factor 的缩写) 免疫球蛋白结合因子
ibit [ˈaibit] 氧碘鞣酸铋
ibogaine [aiˈbəugəin] 伊菠加因
ibotenic acid [ˌaibəuˈtenik] 一种捕蝇蕈蘑菇中的(神经)兴奋性毒素
ibufenac [aiˈbjuːfənæk] 异丁苯乙酸
ibuprofen [ˌaibjuˈprɔfən] (USP) 异丁苯乙酸
IC ❶ (inspiratory capacity 的缩写) 吸气容量；❷ (irritable colon 的缩写) 激惹性结肠，结肠过敏
-ic 具有……特征的，与……有关的
ICAM-1 (intercellular adhesion molecule 1 的缩写) 细胞间粘附分子 1
ICAM-2 (intercellular adhesion molecule 2 的缩写) 细胞间粘附分子 2
ICD ❶ (International Classification of Diseases 的缩写)(世界卫生组织)国际疾病分类法；❷ (intrauterine contraceptive device 的缩写) 子宫内避孕器
ice [ais] 冰
　　dry i. 干冰，二氧化碳雪
Iceland disease [ˈaislənd] 冰岛病
ich [ik] 白斑病
ichnogram [ˈiknɔgræm] (Gr. *ichnos* a footprint + *gramma* mark) 足印
ichor [ˈaikɔː] (Gr. *ichor*) 败液
ichoremia [ˌaikɔːˈriːmiə] (*ichor* + Gr. *aema* blood) 败血病，败血症
ichoroid [ˈaikərɔid] (*ichor* + Gr. *eidos* form) 败液样的
ichorous [ˈaikərəs] 败液的
ichorrhea [ˌaikɔːˈriːə] (*ichor* + Gr. *rhoea* flow) 败液溢
ichorrhemia [ˌaikɔːˈriːmiə] 败血病，败血症
ichthalbin [ikˈθælbin] 鱼石脂蛋白
ichthammol [ˈikθəmɔl] (USP) 鱼石脂
ichthiamin [ikˈθaiəmin] 抗硫胺(维生)素
ichthoform [ˈikθəfɔːm] 甲醛鱼石脂，鱼石脂仿
ichthulin [ˈikθjulin] 鱼卵磷蛋白
ichthydin [ˈikθidin] 鱼卵磷蛋白
ichthyism [ˈikθiizəm] 鱼中毒，鱼卵中毒
ichthyismus [ˌikθiˈizməs] (Gr. *ichthys* fish) 鱼毒
ichthylepidin [ˌikθiˈlepidin] 鱼磷硬蛋白

ichthymall [ˈikθimɔl] 鱼石脂
ichthyn [ˈikθin] 鱼卵磷蛋白
ichthy(o)- (Gr. *ichthys* fish) 鱼的
ichthyoacanthotoxin [ˌikθiəuəˌkænθəˈtɔksin] (*ichthyo-* + Gr. *akantha* thorn + *toxikon* poison) 鱼刺毒
ichthyoacanthotoxism [ˌikθiəuəˌkænθəˈtɔksizəm] 鱼刺中毒
ichthyocolla [ˌikθiəuˈkɔlə] (*ichthyo-* + Gr. *kolla* glue) 鱼胶
ichthyohemotoxin [ˌikθiəuˌhiːməˈtɔksin] (*ichthyo-* + Gr. *haima* blood + *toxikon* poison) 鱼血毒素
ichthyohemotoxism [ˌikθiəuˌhiːməˈtɔksizəm] 鱼血中毒
ichthyoid [ˈikθiɔid] (*ichthyo-* + Gr. *eidos* form) 似鱼的，鱼状的
Ichthyol [ˈikθiɔl] 依克度：一种鱼石脂制剂的商品名
ichthyology [ˌikθiˈɔlədʒi] 鱼类学
ichthyolsulfonate [ˌikθiəulˈsʌlfəneit] 鱼石脂磺酸盐
ichthyolum [ˈikθiəuləm] 鱼石脂
ichthyootoxin [ˌikθiəuəˈtɔksin] (*ichthyo-* + Gr. *ōon* egg + *toxikon* poison) 鱼卵毒素
ichthyootoxism [ˌikθiəuəˈtɔksizəm] 鱼卵中毒
ichthyophagia [ˌikθiəuˈfeidʒiə] (*ichthyo-* + Gr. *phagein* to eat + *-ia*) 食鱼(生活)
ichthyophagous [ˌikθiˈɔfəgəs] 食鱼的，以食鱼为生的
ichthyophobia [ˌikθiəuˈfəubiə] (Gr. *ichthys* fish + *phobos* fear) 鱼恐怖，恐鱼症
ichthyophthiriasis [ˌikθiəuθiˈriəsis] (*ichthyo-* + Gr. *phtheir* louse + *-iasis*) 白斑病
Ichthyophthirius [ˌikθiəuˈθiriəs] (*ichthyo-* + Gr. *phtheir* louse) 鱼虱属
ichthyosarcotoxin [ˌikθiəˌsɑːkəˈtɔksin] (*ichthyo-* + Gr. *sarx, sarkos* flesh + *toxikon* poison) 鱼肉毒素
ichthyosarcotoxism [ˌikθiəˌsɑːkəˈtɔksizəm] 鱼肉中毒
ichthyosiform [ˌikθiˈəusifɔːm] 鱼鳞癣状的
ichthyosismus [ˌikθiəuˈsisməs] 鱼中毒
ichthyosis [ˌikθiˈəusis] (*ichthy-* + *-osis*)

鱼鳞病,鱼鳞癣
  i. congenita, congenital i. 先天鱼鳞病,先天鱼鳞癣
  i. hystrix 高起鳞癣
  lamellar i. 板层状鱼鳞病,板层状鱼鳞癣
  i. linearis circumflexa 旋绕线性线状鱼鳞病
  i. palmaris et plantaris 掌趾角化病
  i. simplex. 普通鳞癣,单纯鳞癣
  i. uteri 子宫鳞癣
  i. vulgaris 普通鳞癣,寻常鳞癣
  X-linked i. 性联锁鳞癣病
ichthyotic [ˌikθiˈɔtik] 鱼鳞癣的,以鱼鳞癣为特征的
ichthyotoxic [ˌikθiəuˈtɔksik] 鱼毒的,由鱼毒引起的
ichthyotoxicology [ˌikθiəuˌtɔksiˈkɔlədʒi] (*ichthyo-* + Gr. *toxikon* poison + *-logy*) 鱼毒学
ichthyotoxicon [ˌikθiəuˈtɔksikən] 鱼毒质
ichthyotoxicum [ˌikθiəuˈtɔksikəm] (Gr. *ichthys* fish + *toxikon* poison) (鳗)鱼血清毒
ichthyotoxin [ˌikθiəuˈtɔksin] (*ichthyo-* + *toxin*) 鱼毒素
ichthyotoxism [ˌikθiəuˈtɔksizəm] (*ichthyo-* + *toxin* + *-ism*) 鱼中毒
ichthysmus [ikˈθisməs] 鱼中毒
ick [ik] 白斑病
ICN (International Council of Nurses 的缩写) 国际护士理事会
icon [ˈaikɔn] (Gr. *eikōn* likeness, image) ❶ 画像,塑像,标志;❷ 图象
iconography [ˌaikəuˈnɔgrəfi] (Gr. *eikon* image + *graphein* to write) ❶ 影像学;❷ 影像塑造术
iconolagny [aiˈkɔnəˌlægni] (*eikon* image + *lagneta* lust) 画像色情
iconomania [aiˌkɔnəuˈmeiniə] (Gr. *eikon* image + *mania* madness) 恋像癖,偶象崇拜癖
icosahedral [ˌaikəusəˈhedrəl] (Gr. *eikosi* twenty + *hedra* seat) 二十面体的
icosanoic acid [ˌaikəusəˈnɔik] 花生酸,二十烷酸
ICP (intracranial pressure 的缩写) 颅内压
ICRP (International Commission on Radiological Protection 的缩写) 国际辐射防护委员会
ICRU (International Commission on Radiological Units and Measurements 的缩写) 国际辐射单位和测量委员会
ICS (International College of Surgeons 的缩写) 国际外科医师学会
ICSH (interstitial cell-stimulating hormone (luteinizing hormone) 的缩写) 促间质细胞激素,促黄体(生成)激素(黄体化激素)
ICT (insulin coma therapy 的缩写) 胰岛素昏迷疗法
ictal [ˈiktəl] (L. *ictus* stroke) 猝发(性)的,发作(性)的
icterencephalotyphus [ˌaiktəˈrensefælɔˈtifəs] (*icterus* + Gr. *enkephalos* brain + *typhus*) 黄疸脑炎型伤寒
icterepatitis [ˌiktəˌrepəˈtaitis] 黄疸性肝炎
icteric [ikˈterik] 黄疸的,患黄疸的
icteritious [ˌiktəˈriʃəs] 黄疸的,黄疸色的
icter(o)- (L. *icterus*) 黄疸的,患黄疸的
icteroanemia [ˌiktərəuəˈniːmiə] 溶血性黄疸贫血病
icterode [ˈaiktərəud] 黄疸样的
icterogenic [ˌiktərəuˈdʒenik] (*icterus* + Gr. *gennan* to produce) 致黄疸的
icterogenicity [ˌiktərəudʒiˈnisiti] 致黄疸性
icterohematuria [ˌiktərəuˌheməˈtjuriə] 黄疸血尿
  i. of sheep 羊黄疸血尿
icterohematuric [ˌiktərəuˌheməˈtjurik] 黄疸血尿的,有黄疸血尿特征的
icterohemoglobinuria [ˌiktərəuˌhiːməuˌɡləubiˈnjuriə] 黄疸血红蛋白尿
icterohepatitis [ˌiktərəuˌhepəˈtaitis] 黄疸性肝炎
icteroid [ˈiktərɔid] (*icterus* + Gr. *eidos* form) 黄疸样的
icterus [ˈiktərəs] (L.; Gr. *ikteros*) 黄疸
  chronic familial i. 慢性家族性黄疸,遗传性球形红细胞症
  congenital familial i. 先天性家族黄疸,遗传性球形红细胞症
  congenital hemolytic i. 先天性溶血性黄疸,遗传性球形红细胞症
  epidemic catarrhal i. 流行性卡他性黄疸

i. gravis neonatorum 新生儿重黄疸
i. neonatorum 新生儿黄疸
nuclear i. 核黄疸
i. praecox 早发性黄疸

ictometer [ik'tɔmitə] (L. *ictus* stroke + *metrum* measure) 心博测量器, 心博计

ictus ['iktəs] (pl. *ictus*) (L. "stroke") 猝发, 发作, 冲击
i. epilepticus 癫痫发作
i. paralyticus 麻痹发作
i. sanguinis 卒中发作
i. solis 日射病

ICU (intensive care unit 的缩写) 重症监护病房

ID ❶ (intradermal 的缩写) 皮内的; ❷ (inside diameter 的缩写) 内径

ID₅₀ (median infective dose 的缩写) 平均感染量, 半数感染量

Id. (L. *idem* 的缩写) 同上, 相同

id¹ [id] (L. *id*, from Ger. *es* it) 本我, 自我

id² [id] 附发疹

-id (Gr. *eidos* form, shape) ......形状的, 象......的

-idae (Gr. *-idai*, pl. of *-ides* patronymic ending) ......科动物

idaein ['aidiin] 山越橘甙

Idamycin [ˌaidə'maisin] 爱达霉素: 盐酸去甲氧柔红霉素制剂的商品名

idant ['aidənt] 遗子团

idarubicin hydrochloride [ˌaidə'ru:bisin] 盐酸去甲氧柔红霉素

IDD (insulin-dependent diabetes 的缩写) 胰岛素依赖性糖尿病

-ide 二元化合物

idea [ai'diə] (Gr. "form") 思想, 概念
autochthonous i. 自发观念
compulsive i. 强迫观念
dominant i. 优势观念
fixed i. 固定观念
imperative i. 强迫观念
i. of reference, referential i. 牵涉观念

ideal [ai'diəl] 观念的, 想象的, 完美的, 理想的
ego i. 自我理想

idealization [aiˌdiəlai'zeiʃən] 观念化, 理想化

ideation [ˌaidi'eiʃən] 观念作用, 思想作用

ideational [ˌaidi'eiʃənəl] 观念作用的, 思想作用的

idée [i:'dei] (Fr.) 观念, 思想
i. fixe [fi:ks] 固定观念

identification [aiˌdentifi'keiʃən] 自居等同
cosmic i. 自居万物思想

identity [ai'dentiti] 同一性, 一致性
core gender i. 性别特征
ego i. 自我一致性
gender i. 性别特性

ideo- (Gr. *idus* form) 意想, 观念, 想象, 理想

ideodynamism [aiˌdi:əu'dainəmizm] (*idea* + Gr. *dynamis* power) 意想统制, 观念统制

ideogenetic [ˌaidiəudʒə'netik] 观念性的, 观念性的

ideogenous [ˌaidi'ɔdʒənəs] 意念性的, 观念性的

ideoglandular [ˌaidiəu'glændjulə] 意念性腺分泌的, 观念性腺分泌的

ideokinetic [ˌidiəukai'netik] 意念性动作的, 观念性动作的

ideology [ˌaidi'ɔlədʒi] (Gr. *idea* + *-logy*) ❶ 观念学; ❷ 意识形态, 观念形态

ideometabolic [ˌaidiəumetə'bɔlik] 意念性代谢的, 观念性代谢的

ideometabolism [ˌaidiəumə'tæbəlizəm] 意念性代谢, 观念性代射

ideomotion [ˌaidiə'məuʃən] 意念性动作, 观念性动作

ideomotor [ˌaidiəu'məutə] 意念性动作的, 观念性动作的, 由意念或观念所诱发非自主的动作

ideomuscular [ˌaidiəu'mʌskjulə] 意念性肌肉动作的

ideophrenia [ˌaidiəu'fri:niə] (*idea* + Gr. *phren* mind) 观念倒错

ideoplastia [ˌaidiəu'plæstiə] (*idea* + Gr. *plassein* to form) 意想凝注, 观念凝注

ideoplasty [ˌidiəu'plæsti] 意想凝注, 观念凝注

ideosynchysis [ˌidiəu'sinkisis] (*idea* + Gr. *synchysis* a pouring together) 意想混乱

ideovascular [ˌaidiəu'væskjulə] 意念性血管作用的

idi(o)- (Gr. *idios* one's own, separate) 自体, 自发, 自生

idioagglutinin [ˌidiəuə'glu:tinin] 自发凝集素

idioblapsis [ˌidiəu'blæpsis] (*idio-* + Gr. *blapsis* a harming, damage) 自发性食物过敏

idioblaptic [ˌidiəu'blæptik] (*idio-* + Gr. *blastikos* hurtful) 自发性食物过敏

idioblast ['idiəblæst] (*idio-* + Gr. *blastos* germ) 细胞原体, 生原体

idiochromatin [ˌidiəu'krəumətin] (*idio-* + *chromatin*) 性染色质

idiochromidia [ˌidiəukrə'midiə] (*idio-* + *chromidia*) 核外性染色质, 原生殖质

idiochromosome [ˌidiəu'krəuməsəum] 性染色体

idiocrasia [ˌidiəu'kreisiə] ❶特应性, 特异反应性; ❷特异体质

idiocrasy [idi'ɔkrəsi] ❶特异性; ❷特异性反应; ❸特异体质

idiocratic [ˌidiəu'krætik] ❶特应性的; ❷特异体质的

idioctonia [ˌaidiək'təuniə] (*idio-* + Gr. *ktonos* killing) 自杀

idiocy ['idiəsi] 白痴状态, 重度低能
  amaurotic i., amaurotic famillial i. 家族黑蒙性白痴
  Aztec i. 小头白痴
  cretinoid i. 克汀病型白痴
  Kalmuk i. 先天愚型, 伸舌样白痴
  microcephalic i. 小头白痴
  mongolian i. 先天愚型
  moral i. 悖德白痴
  xerodermic i. 干皮病性白痴

idiogamist [ˌidi'ɔgəmist] (*idio-* + Gr. *gamos* marriage) 特偶者

idiogenesis [ˌidiə'dʒenəsis] (*idio-* + Gr. *genesis* production) 自发病, 疾病自发

idioglossia [ˌidiə'glɔsiə] (*idio-* + Gr. *glōssa* tongue + *-ia*) 自语(言)语症

idioglottic [ˌidiə'glɔtik] 自语(言)语症的

idiogram ['idiəgræm] 染色体组型模式图

idioheteroagglutinin [ˌidiəuˌhetərəuə'glu:tinin] (*idio-* + Gr. *heteros* other + *agglutinin*) 自发异种凝集素

idioheterolysin [ˌidiəuˌhetə'rɔlisin] 自发异种溶素

idiohypnotism [ˌidiəu'hipnətizəm] 自我催眠

idioisoagglutinin [ˌidiəuˌaisəuə'glu:tinin] 自发同种凝结素

idioisolysin [ˌidiəuai'sɔlisin] 自发同种溶素

idiokinetic [ˌidiəuki'netik] 意念性动作的

idiolalia [ˌidiəu'leiliə] 新语症, 词语新作

idiolog ['idiɔlɔg] 自解词

idiologism [ˌidi'ɔlədʒizəm] 自解(言)语症

idiolysin [ˌidi'ɔləsin] (*idio-* + *lysin*) 自发溶素

idiomere ['idiəmiə] 染色粒

idiometritis [ˌidiəumi'traitis] (*idio-* + L. *metra* uterus + *-itis* inflammation) 子宫实质炎

idiomuscular [idiəu'mʌskjulə] (*idio-* + L. *musculus* muscle) 肌本身的, 肌原性的

idioneural [ˌidiəu'nju:rəl] (*idio-* + Gr. *neuron* nerve) 神经本身的, 神经自身的

idioneurosis [ˌidiəunju'rəusis] (*idio-* + Gr. *neuron* nerve) 自发性神经机能病

idioparasite [ˌidiəu'pærəsait] 自体寄生物

idiopath [ˌidiəupəθ] (*idio-* + Gr. *pathos* disease) ❶自发病, 特发病; ❷自发性, 特发性

idiopathetic [ˌidiəpə'θetik] 自发的, 特发的

idiopathic [ˌidiə'pæθik] 先天的, 自发的, 不明原因的

idiopathy [ˌidi'ɔpəθi] (*idio-* + Gr. *pathos* disease) 自发病; 特发症

idiophore ['idiəufɔ:] (*idio-* + Gr. *pherein* to bear) 原活质

idiophrenic [ˌidiəu'frenik] (*idio-* + Gr. *phren* mind) 脑本身的

idioplasm ['idiəuplæzm] (*idio-* + Gr. *plasma* anything formed) 种质, 胚质

idiopsychologic [ˌidiəusai'kɔlədʒik] 自发思想的, 自发心理的

idioreflex [ˌidiəu'ri:fleks] (*idio-* + *reflex*) 自发性反射

idioretinal [idiəu'retinəl] 视网膜自感性的

idiosome ['idiəuˌsəum] (*idio-* + Gr. *sōma* body) 核旁体

idiosomnambulism [ˌidiəusɔm'næmbjulizm] 自发性梦行

idiospasm ['idiəˌspæzəm] 局部痉挛

idiospastic [ˌidiəu'spæstik] 局部痉挛的

idiosthenia [ˌidiəs'θiːniə] (*idio-* + Gr. *sthenos* stength) 自生力

idiosyncrasy [ˌidiəu'siŋkrəsi] (*idio-* + Gr. *synkrasis* mixture) ❶ 特异体质;❷ 特异反应(性)

idiosyncratic [ˌidiəusiŋ'krætik] 特异体质的;特异反应(性)的

idiot ['idiət] (Gr. *idiōtēs* a person not in public life, a nonexpert or layman) (*obs*) 白痴,傻子
mongolian i. 先天愚型
i. savant [i'djɔ sɑ:'vɑn] (Fr. "learned idiot") 低能特才(者)

idiotism ['idiətizm] 白痴

idiotope ['idiətəup] 个体决定簇

idiotopy ['idiəˌtəpi] (*idio-* + Gr. *topos* place) 各部关系,各部相关

idiotoxin [ˌidiəu'tɔksin] 变(态反)应原

idiotrophic [ˌidiə'trɔfik] (*idio-* + Gr. *thophē* nutrition) 自选食物的

idiotropic [ˌidiə'trɔpik] (*idio-* + Gr. *tropos* a turning) 自向性的,自我为中心的

idiotype ['idiəˌtaip] 基因型,遗传型

idiotypic [ˌidiə'taipik] 基因型的,遗传型的

idiovariation [ˌidiəuˌvɛəri'eiʃən] 自发性变异,自发性突变

idioventricular [ˌidiəuvən'trikjulə] 心室自身的,只影响心室的

idiozome ['idiəˌzəum] ❶胶粒,微胶粒;❷胚体

iditol ['iditɔl] 艾杜糖醇

L-iditol 2-dehydrogenase ['iditɔl diː'haidrədʒəneis] (EC 1.1.1.14) 左旋艾杜醇脱氢酶

IDL (intermediate-density lipoprotein 的缩写) 中等密度脂蛋白

idolomania [ˌaiˌdɔlə'meiniə] 偶像狂

idolum ['aidəuləm] 幻像形错觉,魔像

idorgan ['idɔːgən] (Gr. *idios* own + *organon* organ) 初器,浆质群

idose ['aidəus] 艾杜糖

idoxuridine [aidɔk'sjuridiːn] (USP) 碘苷,5-碘脱氧尿苷,疱疹净

idromania [ˌaidrəu'meiniə] (Gr. *idir*, *hidor* water + *mania* madness) 自溺狂,投水狂

idrosis [id'rəusis] ❶多汗;❷出汗;❸汗病

IDU (idoxuridine 的缩写) 碘苷,5-碘脱氧尿苷,疱疹净

iduronate [ˌaidju'rɔneit] 艾杜糖醛酸盐,艾杜糖醛酸酯或艾杜糖醛酸的阴离子形式

iduronate-2-sulfatase [ˌaidju'rɔneit'sʌlfəteis] (EC 3.1.6.13) 艾杜糖醛酸-2-硫酸酯酶

iduronic acid [ˌaidju'rɔnik] 艾杜糖醛酸

L-iduronidase [ˌaidju'rɔnideis] (EC 3.2.1.76) 左旋艾杜糖甙酶

IEP (immunoelectrophoresis 的缩写) 免疫电泳法

IF (intrinsic factor 的缩写) 内因子

Ifex ['ifeks] 异法克斯:无菌异环磷酰胺的商品名

IFN (interferon 的缩写) 干扰素

ifosfamide [i'fɔːsfəmaid] (USP) 异环磷酰胺

Ig (immunoglobulin 的缩写) 免疫球蛋白

IGF (insulin-like growth factor 的缩写) 胰岛素样生长因子

ignatia [ig'neiʃiə] (L.) 吕宋豆

igniextirpation [ˌigniˌekstə'peiʃən] (L. *ignis* fire + *extirpation*) 烙除法

ignioperation [ˌigniˌɔpə'reiʃən] (L. *ignis* fire + *operation*) 热烙手术

ignipedites [ˌignipi'daitez] (L. *ignis* fire + *pes* foot) 足底灼痛

ignipuncture ['igniˌpʌŋktʃə] (L. *ignis* fire + *punctura* puncture) 火针术

ignis ['ignis] (L.) 火
i. infernalis ("infernal fire") 麦角中毒

ignisation [ˌigni'zeiʃən] (L. *ignis* fire) 人工热源照射法

ignotine ['ignətiːn] 肌肽

IGT (impaired glucose tolerance 的缩写) 葡萄糖耐量降低

IH (infectious hepatitis 的缩写) 传染性肝炎

IHD (ischemic heart disease 的缩写) 缺血性心脏病

IHS (Indian Health Service 的缩写) 印地安保健部(美国公共保健协会的一个机构)

ikota ['ikəutə] 西伯利亚跳跃病

IL (interleukin 的缩写) 白细胞介素

il- 参见 *in-*

ILA (International Leprosy Association 的缩写) 国际麻风协会

Ile (isoleucine 的缩写) 异亮氨酸

ileac [ˈiliæk] ❶ 肠梗阻的；❷ 回肠的

ileadelphus [ˌiliəˈdelfəs] 髂部连胎

ileal [ˈiliəl] 回肠的

ileectomy [ˌiliˈektəmi] (*ileum* + Gr. *ektomē* excision) 回肠切除术

ileitis [ˌiliˈaitis] 回肠炎
  distal i. 克隆氏病性回肠炎，回肠末端炎，节段性回肠炎
  regional i., terminal i. 克隆氏病性回肠炎，回肠末端炎，节段性回肠炎

ile(o)- (L. *ileum*) 回肠

ileocecal [ˌiliəuˈsiːkəl] 回肠盲肠的

ileocecostomy [ˌiliəusiˈkɔstəmi] 回肠盲肠吻合术

ileocecum [ˌiliəuˈsiːkəm] 回肠盲肠

ileocleisis [ˌiliəuˈklaisis] (*ileo-* + Gr. *kleisis* closure) 回肠梗阻

ileocolic [ˌiliəuˈkɔlik] 回肠结肠的

ileocolitis [ˌiliəukəˈlaitis] 回肠结肠炎
  tuberculous i. 结核性回肠结肠炎
  i. ulcerosa chronica 慢性溃疡性回肠结肠炎

ileocolonic [ˌiliəukəˈlɔnik] 回肠结肠的

ileocolostomy [ˌiliəukəˈlɔstəmi] (*ileo-* + *colon* + Gr. *stoma* mouth) 回肠结肠吻合术

ileocolotomy [ˌiliəukəˈlɔtəmi] (*ileo-* + *colon* + Gr. *temnein* to cut) 回肠结肠切开术

ileocystoplasty [ˌiliəuˈsistəˌplæsti] (*ileo-* + Gr. *kystis* bladder + *plassein* to form) 回肠膀胱成形术

ileocystostomy [ˌiliəusisˈtɔstəmi] 回肠膀胱吻合术

ileoileostomy [ˌiliəuˌiliˈɔstəmi] (*ileo-* + *ileo-* + Gr. *stoma* mouth) 回肠回肠吻合术

ileojejunitis [ˌiliəuˌdʒiːdʒuˈnaitis] 回肠空肠炎

ileoproctostomy [ˌiliəuprɔkˈtɔstəmi] (*ileo-* + Gr. *prōktos* rectum + *stoma* mouth) 回肠直肠吻合术

ileorectal [ˌiliəuˈrektəl] 回肠直肠的

ileorectostomy [ˌidiəurekˈtɔstəmi] 回肠直肠吻合术

ileorrhaphy [ˌiliˈɔrəfi] (*ileo-* + Gr. *rhaphē* suture) 回肠缝合术

ileosigmoid [ˌiliəuˈsigmɔid] 回肠乙状结肠的

ileosigmoidostomy [ˌiliəuˌsigmɔiˈdɔstəmi] (*ileo-* + *sigmoid* flexure + Gr. *stoma* mouth) 回肠乙状结肠吻合术

ileostomy [ˌiliˈɔstəmi] (*ileo-* + Gr. *stoma* mouth) 回肠造口术
  continent i. 自控性回肠造口术
  Kock i. 考克回肠造口术

ileotomy [ˌiliˈɔtəmi] (*ileo-* + Gr. *temnein* to cut) 回肠切开术

ileotransversostomy [ˌiliəuˌtrænsvəsˈɔstəmi] 回肠横结肠吻合术

ileotyphus [ˌiliəuˈtaifəs] 肠伤寒，伤寒

Iletin [ˈilətin] 依乐廷：胰岛素制剂的商品名
  Lente I. 慢胰岛素锌悬液制剂的商品名
  NPH I. 中性精蛋白锌胰岛素的商品名
  protamine, zinc & I. (鱼)精蛋白锌胰岛素(长效制剂)的商品名
  regular I. 普通胰岛素针剂的商品名
  Semilente I. 半慢胰岛素锌混悬液的商品名
  Ultralente I. 特慢胰岛素锌混悬液制剂的商品名

ileum [ˈiliəm] (L.)(NA) 回肠
  duplex i. 双回肠

ileus [ˈiliəs] (L.; Gr. *eileos*, from *eilein* to roll up) 肠梗阻
  adynamic i. 麻痹性肠梗阻
  dynamic i., hyperdynamic i. 动力性肠梗阻，痉挛性肠梗阻
  mechanical i. 机械性肠梗阻
  meconium i. 胎便性肠梗阻
  occlusive i. 机械性肠梗阻
  paralytic i., i. paralyticus 麻痹性肠梗阻
  spastic i. 痉挛性肠梗阻
  i. subparta 孕性肠梗阻

Ilex [ˈileks] 冬青属

Ilheus encephalitis [iːlˈhjuːs] (*Ilheus*, Brazil, where the disease was first observed in 1944) 巴西脑炎

ilia [ˈiliə] 髂骨。*ilium* 的复数形式

iliac [ˈiliæk] 髂骨的

iliacus [iˈlaiəkəs] 髂肌

iliadelphus [ˌiliə'delfəs] 髂部连胎
ilial ['ailiəl] 髂的,髂骨的
Ilidar ['ilidɑː] 伊力达:磷酸氯佩丁(一种降压药)的商品名
ilikibiology [ˌilikibai'ɔlədʒi] 老年生物学
ili(o)- (L. *ilium*) 髂骨的,髂骨区的
iliocapsularis [ˌailiəuˌkæpsʌ'læris] 髂小肌
iliococcygeal [ˌiliəukɔk'sidʒiəl] 髂尾骨的
iliocolotomy [ˌiliəukə'lɔtəmi] 髂式结肠切开术
iliocostal [ˌiliəu'kɔstəl] (*ilio-* + L. *costa* rib) 髂肋的
iliocostalis [ˌiliəukɔs'teilis] 髂肋肌
iliodorsal [ˌiliəu'dɔːsəl] 髂背面的
iliofemoral [ˌiliəu'femərəl] 髂股的
iliofemoroplasty [ˌiliəu'femərəˌplæsti] 髂股成形术
iliohypogastric [ˌiliəuˌhaipəu'gæstrik] 髂下腹的
ilioinguinal [ˌiliəu'iŋgwinəl] 髂腹股沟的
iliolumbar [ˌiliəu'lʌmbə] 髂腰的
iliolumbocostoabdominal [ˌiliəuˌlʌmbəuˌkɔstəuæb'dɔminəl] 髂腰肋腹的
iliometer [ˌili'ɔmitə] (*iliac* spines + Gr. *metron* measure) 髂棘测量器
iliopagus [ˌili'ɔpəgəs] (*ilio-* + Gr. *pagos* thing fixed) 髂部联胎
iliopectineal [ˌiliəupek'tiniəl] 髂耻的
iliopelvic [ˌiliəu'pelvik] 髂盆的
ilioperoneal [ˌiliəupə'rəuniːəl] 髂腓的
iliopsoas [ˌiliəu'səuəs] 髂腰肌
iliopubic [ˌiliəu'pjubik] 髂耻的
iliosacral [ˌiliəu'seikrəl] 髂骶的
iliosciatic [ˌiliəusai'ætik] 髂坐骨的
iliospinal [ˌiliəu'spainəl] 髂脊柱的
iliothoracopagus [ˌiliəuˌθɔːrə'kɔpəgəs] (*ilium* + Gr. *thōrax* chest + *pagos* thing fixed) 髂胸联胎
iliotibial [ˌiliəu'tibiəl] 髂胫的
iliotrochanteric [ˌiliəuˌtrəukæn'terik] 髂转子的
ilioxiphopagus [ˌiliəuzai'fɔpəgəs] 髂部剑突联胎
ilium ['iliəm] (pl. *ilia*) (L.) 髂骨
ill [il] ❶有病的,不健康的;❷ 疾病,失调
 föhn i. (欧洲)焚风病
 joint i. 关节病
 leg i. 脚坏死
 louping i. 羊脑脊髓炎
 navel i. 脐静脉炎
 quarter i. 黑腿病,气肿性炭疽
illacrimation [ˌilækri'meiʃən] 泪溢
illaqueation [ˌilækwi'eiʃən] (L. *illaqueare* to ensnare) 倒睫拔除(法)
illegitimate [ˌili'dʒitimeit] (L. *illegitimus* unlawful) 私生的,违法的
ill-health [il helθ] 健康不佳,不适
ill-humor [il'hjuːmə] 心情恶劣,心境恶劣
Illicium [i'lisiəm] 八角属
illinition [ili'niʃən] (L. *illinire* to smear) 涂擦法
illness ['ilnis] 病
 compressed-air i. 减压病,前涵病
 emotional i. 心绪紊乱病
 high-altitude i. 高原病
 manic-depressive i. 躁狂抑郁症
 mental i. 精神病
 psychosomatic i. 心身病
 radiation i. 放射病
ill-nurished [il'nəriʃt] 营养不良的
illumination [iˌluːmi'neiʃən] (L. *illuminatio*) ❶ 照明;❷ 照度
 axial i. 轴心照明
 central i. 中心照明
 contact i. 接触照明
 critical i. 临界照明
 darkfield i., dark-ground i. 暗(视)野照明
 direct i. 直接照明
 focal i. 焦点照明
 Köhler i. 科勒氏照明
 lateral i., oblique i. 侧面照明,斜面照明
 through i. 透照
illuminator [iˌluːmi'neitə] 照明器
 Abbe's i. 阿贝照明器
illuminism [i'luːminizəm] 通神妄想
illusion [i'luːʒən] (L. *illusio*) 幻觉,错觉
illusional [i'luːʒənəl] 幻觉的,错觉的
illutation [ˌiluː'teiʃən] (L. *in* in + *lutum* mud) 泥浴疗法
Ilopan ['ailəpæn] 爱乐潘:泛醇制剂的商品名
Ilosone ['ailəsəun] 爱乐松:红霉素丙酸酯十二烷基硫酸盐制剂的商品名

Ilotycin [ˌailə'taisin] 爱乐泰新:红霉素制剂的商品名

Ilozyme ['ailəzaim] 爱乐酶:一种胰脂肪酶制剂的商品名

IM(intramuscularly 的缩写)肌肉内(注射)的

im- ❶ 参见 *in-*;❷ (化学命名)指二价的亚氨基(=NH)

ima ['aimə] (*L*.) 最低的,最下的

imafen hydrochloride ['aiməfən] 盐酸苯双咪唑

image ['imidʒ] (*L. imago*) 像,影像,映像
  accidental i. 意外像,后像
  body i. 体像
  direct i., erect i. 直接像,正像
  eidetic i. 遗觉像
  false i. 虚像,假像
  heteronymous i. 远复视像,交叉复视像
  homonymous i. 近复视像
  incidental i. 副像,残像
  inverted i. 倒像,实像
  memory i. 记忆影像
  mental i. 感觉像
  mirror i. ① 裂隙灯像;② 镜像
  motor i. 运动像
  negative i. 负像,后像
  optical i. 光像
  Purkinje-Sanson mirror i's 浦-桑二氏(影)像
  radioisotope i. 放射性同位素影像
  real i. 实像
  retinal i. 网膜视像
  Sanson's i's 桑氏影像
  sensory i. 感觉像
  specular i. 裂隙灯像
  virtual i. 直接像

imagines [i'meidʒiniz] (*L*.) 成虫,意像

imaging ['imədʒiŋ] 成像
  color flow Doppler i. 颜色连贯多普勒成像
  echo planar i. 回声平面成像
  electrostatic i. 静电成像
  gated cardiac blood pool i. 均衡放射性核素心血管造影成像
  gated magnetic resonance i. 控制性磁共振成像
  hot spot i. 闪烁扫描成像
  infarct avid i. 闪烁扫描成像
  magnetic resonance i.(MRI) 磁共振成像
  myocardial perfusion i. 心肌灌注成像
  pyrophosphate i. 闪烁扫描成像
  technetium Tc 99m pyrophosphate i. ① 闪烁扫描成像;② 锝 Tc 99m 焦磷酸酯造影图像
  thallium i. 铊成像

imago [i'meigəu] (*pl. imagoes* or *imagines*)(*L*.) ❶(昆虫)成虫;❷ 意像

imagocide [i'meigəusaid] (*imago* + *L. caedere* to kill) 杀成虫剂

imapunga [imə'pʌŋgə] 非洲牛疫

imbalance [im'bæləns] (*im* + *L. bilanx* a balance with two pans) 不平衡,失调
  autonomic i. 自主神经共济失调
  binocular i. 双目失衡
  sympathetic i. 交感神经机能失调
  vasomotor i. 血管运动机能失调

imbecile ['imbəsi:l] (*L. imbecillus* weak, feeble) (*obs*.) 痴愚者

imbecility [ˌimbə'siliti] 痴愚
  moral i. 悖德狂

imbed [im'bed] 包埋,植入

imbibe [im'baib] (*L. imbibere* to drink in) 浸渗,吸取

imbibition [ˌimbi'biʃən] (*L. imbibere* to drink) ❶ 吸取(液体);❷(液体)浸渗
  hemoglobin i. 血红蛋白浸渗

imbricated ['imbriˌkeitid] (*L. imbricatus*; *imbrex* tile) 迭瓦状的

imbrication [ˌimbri'keiʃən] 迭盖

ImD₅₀(median immunizing dose 的缩写) 半数免疫剂量

Imerslund syndrome ['iməslʌnd] (Olga *Imerslund*, Norwegian physician, 20th century) 伊默斯朗德氏综合征

Imerslund-Graesbeck syndrome ['iməslʌnd'greisbək] (Olga *Imerslund*; Ralph Gustav *Graesbeck*, Finnish biochemist, born 1930) 伊-格二氏综合征,家族性巨形胚芽贫血症

I-Methasone [i'meθəsəun] 一麦色松:地塞米松磷酸钠制剂的商品名

Imferon ['imferən] 因法龙:含铁葡聚糖针剂的商品名

Imhoff tank ['imhɔf] (Karl *Imhoff*, Ger-

men engineer, 1876-1965) 隐化池
imidamine [ˌimiˈdæmin] 安塔唑啉
imidazole [ˌimiˈdæzəul] 咪唑
imidazolylethylamine [ˌimidˌæzəulilˌeθiˈlæmin] 咪唑乙胺,组胺
imide [ˈimid] (酰)亚胺
imido- 亚氨基
imidocarb hydrochloride [ˈimidəkɑːb] 盐酸双咪唑苯脲,盐酸双咪唑啉苯基脲
imidodipeptide [ˌimidədiˈpeptaid] 亚氨二肽
imidodipeptiduria [ˌimidədiˌpeptiˈdjuriə] 亚氨二肽尿
imidogen [iˈmidədʒin] 亚胺基(=NH)
iminazole [ˌimiˈnæzəul] 咪唑
imine [iˈmiːn] 亚胺
imino- 亚氨基
imino acid [ˈiminəu] 亚氨基酸
iminodipeptide [ˌiminədiˈpeptaid] 亚氨二肽
iminoglycinuria [ˌiminəˌglisiˈnjuəriə] 亚氨基甘氨酸尿
iminostilbene [ˌiminəˈstilbiːn] 二胺芪
iminourea [ˌiminəuˈjuəriə] 胍
imipenem [ˌimiˈpenəm] 抗菌素
imipramine [iˈmiprəmiːn] 丙咪嗪
  i. hydrochloride (USP) 盐酸丙咪嗪
  i. pamoate 一种与盐酸丙咪嗪作用相似的三环类抗抑郁药,但不能治疗小儿遗尿症
Imitrex [ˈimitreks] 衣米特力克司："苏马吹坦"琥珀酸酯(治疗偏头痛药)制剂的商品名
Imlach's fat plug [ˈimlæks] (Francis *Imlach*, Scottish physician, 1819-1891) 英拉克氏脂肪块
immature [ˌiməˈtjuə] (L. *in* not + *maturus* mature) 未成熟的,未完全发育的
immediate [iˈmiːdjət] (L. *in* not + *mediatus* mediate) 直接的;不受干扰的;立即的
immedicable [iˈmedikəbl] 不治的,不可医治的
immersion [iˈməːʃən] (L. *immersio*) ❶ 沉浸,浸没;浸渍;❷ 液浸法(显微镜)
  homogeneous i. 同质液浸法(显微镜)
  oil i. 油浸法(显微镜)
  water i. 水浸法(显微镜)

immiscible [iˈmisəbl] 不可混合的
immobility [ˌiməuˈbiliti] ❶ 固定状态,稳定状态;❷ 牛的慢性脑积水病
immobilization [iˌməubilaiˈzeiʃən] 制动术,固定术
immobilize [iˈməubilaiz] (L. *in* not + *mobilis* movable) 使固定,使不动
immobilizer [iˈməubilaizə] 固定器
  sternal-occipital-mandibular i. (SOMI) 胸枕下颌固定器
immortalization [iˌmɔːtələˈzeiʃən] 永生化
immune [iˈmjuːn] (L. *immunis* free, exempt) ❶ 有免疫力的;❷ 免疫系统的,免疫应答的
immunifacient [iˌmjuːniˈfeiʃiənt] (*immune* + Gr. *facere* to make) 使免疫的,引起免疫的
immunifaction [iˌmjuːniˈfeikʃən] 免疫法
immunisin [iˈmjuːnizin] 介体
immunity [iˈmjuːniti] (L. *immunitas*) 免疫力;免疫性
  acquired i. 后天免疫,获得性免疫
  active i. 自动免疫
  adoptive i. 继承性免疫,过继性免疫
  antibacterial i. 抗菌免疫
  antitoxic i. 抗毒免疫
  antiviral i. 抗病毒免疫
  artificial i. 人工免疫
  cell-mediated i. (CMI), **cellular i.** 细胞免疫
  community i. 群体免疫
  concomitant i. 附随免疫
  cross i. 交叉免疫
  familial i. 家族性免疫
  genetic i. 免疫遗传
  herd i. 群体免疫
  humoral i. 体液免疫
  infection i. 感染免疫
  inherent i. 先天免疫
  inherited i. 免疫遗传
  innate i. 先天免疫
  intrauterine i. 子宫内免疫
  local i. 局部免疫
  maternal i. 母源免疫
  native i. 先天免疫
  natural i. 自然免疫
  nonspecific i. 非特异性免疫
  passive i. 被动免疫

species i. 种免疫,族免疫
specific i. 特异性免疫
T cell-mediated i.(TCMI) T细胞介导免疫
tissue i. 组织免疫;局部免疫
immunization [ˌimjuːnaiˈzeiʃən] 免疫,免疫作用,免疫接种
active i. 自动免疫法
passive i. 被动免疫法
immunizator [ˌimjuːnaiˈzeitə] 致免疫物
immunize [ˈimjuːnaiz] 使免疫
immunoadjuvant [ˌimjuːnəuˈædʒəvənt] 免疫佐剂
immunoadsorbent [ˌimjuːnəuædˈsɔːbənt] 免疫吸附剂
immunoadsorption [ˌimjuːnəuædˈsɔːpʃən] 免疫吸附(法)
immunoassay [ˌimjuːnəuˈæsei] 免疫测定法
enzyme i. 酶标免疫测定法
immunobiological [ˌimjuːnəbaiəˈlɔdʒikəl] 免疫生物制品
immunobiology [ˌimjuːnəubaiˈɔlədʒi] 免疫生物学
immunoblast [ˌimjuːnəuˈblæst] 免疫母细胞,淋巴母细胞
immunoblastic [ˌimjuːnəuˈblæstik] 免疫(淋巴)母细胞的
immunoblot [ˈimjuːnəuˌblɔt] 免疫斑点(法)
immunocatalysis [ˌimjuːnəukəˈtælisis] 免疫催化作用
immunochemical [ˌimjuːnəuˈkemikəl] 免疫化学的
immunochemistry [ˌimjuːnəuˈkemistri] 免疫化学
immunochemotherapy [ˌimjuːnəuˌkeməuˈθerəpi] 免疫化学疗法
immunocompetence [ˌimjuːnəuˈkɔmpitəns] 免疫活性
immunocompetent [ˌimjuːnəuˈkɔmpitənt] 表现出免疫活性的,有免疫活性的
immunocomplex [ˌimjuːnəuˈkɔmpleks] 免疫复合物
immunocompromised [ˌimjuːnəuˈkɔmprəmaizd] 免疫缓和的,免疫减弱的
immunoconglutinin [ˌimjuːnəukənˈgluːtinin] 免疫粘合素
immunocyte [ˌimjuːnəuˈsait] 免疫细胞
immunocytoadherence [ˌimjuːnəuˌsaitəuædˈhiːərəns] 免疫细胞粘附
immunocytochemistry [ˌimjuːnəuˌsaitəuˈkemistri] 免疫细胞化学
immunodeficiency [ˌimjuːnəudiˈfiʃənsi] 免疫缺陷,免疫缺损
combined i. 联合免疫缺陷
common variable i., common variable unclassifiable i. 普通可变性免疫缺陷,普通可变性不可分类性免疫缺陷
i. with elevated IgM 高 IgM 性免疫缺陷
i. with hyper-IgM 高 IgM 免疫缺陷
severe combined i.(SCID) 重症联合免疫缺陷
i. with short-limbed dwarfism 短肢侏儒型免疫缺陷
i. with thymoma 胸腺瘤型免疫缺陷
immunodepression [ˌimjunəudiˈpreʃən] 免疫抑制
immunodepressive [ˌimjunəudiˈpresiv] 免疫抑制的
immunodermatology [ˌimjunəuˌdəːməˈtɔlədʒi] 免疫皮肤病学
immunodetection [ˌimjunəudiˈtekʃən] 免疫闪烁法
immunodeviation [ˌimjunəudiːviˈeiʃən] 免疫偏移
immunodiagnosis [ˌimjunəuˌdaiəgˈnəusis] 免疫诊断
immunodiffusion [ˌimjunəudiˈfjuːʒən] 免疫扩散
radial i.(RID) 放射性免疫扩散
immunodominance [ˌimjunəuˈdɔminəns] 免疫优势
immunodominant [ˌimjunəuˈdɔminənt] 免疫优势的
immunoelectrophoresis [ˌimjunəuiˌlektrəufəˈriːsis] 免疫电泳
counter i. 对流免疫电泳
countercurrent i. 对流免疫电泳
crossed i. 交叉免疫电泳
rocket i. 火箭免疫电泳
immunoferritin [ˌimjunəuˈferitin] 免疫铁蛋白
immunofiltration [ˌimjunəufilˈtreiʃən] 免疫过滤法
immunofluorescence [ˌimjunəuˌfluəˈresəns]

免疫荧光法

immunogen ['imjuːnədʒin] 免疫原

immunogenetic [ˌimjunəudʒi'netik] 免疫遗传的,免疫遗传学的

immunogenetics [ˌimjunəudʒi'netiks] (*immuno-* + *genetics*) 免疫遗传学

immunogenic [ˌimjunəu'dʒenik] 产生免疫的,激发免疫应答的

immunogenicity [ˌimjunəudʒi'nisiti] 免疫原性

immunoglobulin [ˌimjunəu'glɔbjulin] 免疫球蛋白

 monoclonal i. 单克隆免疫球蛋白

 secretory i. A 分泌型免疫球蛋白,分泌型 IgA

 thyroid-binding inhibitory i's (TBII) 结合甲状腺抑制性免疫球蛋白

 thyroid-stimulating i's (TSI) 促甲状腺激素 (TSH) 性免疫球蛋白

 TSH-binding inhibitory i's (TBII) 结合甲状腺抑制性免疫球蛋白

immunoglobulinopathy [ˌimjunəuˌglɔbjuli'nɔpəθi] 免疫球蛋白病,丙种球蛋白病

 monoclonal i's 单克隆免疫球蛋白病

immunohematology [ˌimjunəuˌhiːmə'tɔlədʒi] 免疫血液学

immunohistochemical [ˌimjunəuˌhistəu'kemikəl] 免疫组织化学的

immunohistofluorescence [ˌimjunəuhistəuˌfluə'resəns] 免疫组织荧光法

immunoincompetent [ˌimjunəuin'kɔmpitənt] 无免疫活性的

immunologic [ˌimjunəu'lɔdʒik] 免疫学的

immunological [ˌimjunəu'lɔdʒikəl] 免疫学的

immunologist [ˌimjuː'nɔlədʒist] 免疫学家

immunology [ˌimju'nɔlədʒi] 免疫学

immunolymphoscintigraphy [ˌimjunəuˌlimfəusin'tigrəfi] 免疫淋巴闪烁术

immunomodulation [ˌimjunəuˌmɔdju'leiʃən] 免疫调节

immunomodulator [ˌimjunəu'mɔdjuˌleitə] 免疫调节剂

immunoparasitology [ˌimjunəuˌpærəsai'tɔlədʒi] 免疫寄生虫学

immunopathogenesis [ˌimjunəuˌpæθə'dʒenəsis] 免疫发病机理

immunopathologic [ˌimjunəuˌpæθə'lɔdʒik] 免疫病理学的

immunopathology [ˌimjunəupə'θɔlədʒi] ❶ 免疫病理学；❷ 免疫病理表现

immunoperoxidase [ˌimjunəupə'rɔksideis] 免疫过氧化物酶

immunophenotype [ˌimjunəu'fiːnətaip] 免疫表型,免疫显型

immunophysiology [ˌimjunəuˌfizi'ɔlədʒi] 免疫生理学

immunopolysaccharides [ˌimjuːnəuˌpɔli'sækəraidz] 免疫多糖类

immunopotency [ˌimjunəu'pəutənsi] 免疫力,免疫能力

immunopotentiation [ˌimjunəuˌpəutənʃi'eiʃən] 免疫强化(作用)

immunopotentiator [ˌimjunəupəu'tenʃieitə] 免疫增强剂

immunoprecipitation [ˌimjunəupriˌsipi'teiʃən] 免疫沉淀

immunoproliferative [ˌimjunəuprə'lifərətiv] 免疫增生的

immunoprophylaxis [ˌimjunəuˌprəufi'læksis] 免疫预防(法)

immunoprotein [ˌimjunəu'prəutin] 免疫蛋白质

immunoradiometric [ˌimjunəuˌreidiəu'metrik] 免疫放射测定的

immunoradiometry [ˌimjunəuˌreidi'ɔmitri] 免疫放射测定

immunoreactant [ˌimjunəuri(ː)'æktənt] 免疫反应物

 glucagon i's 胰高血糖素

immunoreaction ['imjunəuriˌækʃən] 免疫反应

immunoreactive [ˌimjunəuri(ː)'æktiv] 免疫反应的

immunoreactivity [ˌimjunəuˌriæk'tiviti] 免疫反应性

 glucagon-like i. 高血糖素样的免疫反应

immunoregulation [ˌimjunəuˌregju'leiʃən] 免疫调节

immunoresponsiveness [ˌimjunəuris'pɔnsivnis] 免疫应答力

immunoscintigraphy [ˌimjunəusin'tigrəfi] 免疫闪烁法

immunoselection [ˌimjunəusi'lekʃən] 免疫选择

immunoserotherapy [ˌiˌmjuːnəuˌsiərə'θerəpi]

免疫血清疗法

immunosorbent [ˌimjunəuˈsɔːbənt] 免疫吸附剂

immunostimulant [ˌimjunəuˈstimjulənt] 免疫刺激剂

immunostimulation [ˌimjunəuˌstimjuˈleiʃən] 免疫刺激作用

immunosuppressant [ˌimjunəusəˈpresənt] 免疫抑制剂

immunosuppression [ˌimjunəusəˈpreʃən] 免疫抑制法

immunosuppressive [ˌimjunəusəˈpresiv] ❶ 免疫抑制的；❷ 免疫抑制剂

immunosurgery [ˌimjunəuˈsədʒəri] 免疫外科

immunosurveillance [ˌimjunəusəːˈveiləns] 免疫监视,免疫监督

immunotherapy [ˌimjunəuˈθerəpi] 免疫疗法

immunotoxin [ˈimjunəuˌtɔksin] 免疫毒素

immunotransfusion [ˌimjunəutrænsˈfjuːʒən] 免疫输血法,免疫输液

Imodium [iˈməudiəm] 依莫迪:盐酸氯苯哌酰胺制剂的商品名

IMPA (incisal mandibular plane angle 的缩写) 切牙下颌平面角

impact [ˈimpækt] (L. *impactus*) 冲突,冲击

impacted [imˈpæktid] (L. *impactus*) 嵌入的,嵌塞的,阻生的

impaction [imˈpækʃən] (L. *impactio*) ❶ 嵌入,嵌塞；❷ 阻生
　ceruminal i. 外耳道中耵聍嵌塞
　dental i. 牙阻生
　fecal i. 粪便嵌塞
　food i. 食物嵌塞

impalpable [imˈpælpəbl] (L. *in* not + *palpare* to feel) 不可触知的,极细微的

impaludation [ˌimpæljuˈdeiʃən] 疟热疗法

impaludisim [imˈpæljudizm] (L. *in* into + *palus* marsh) ❶疟疾；❷疟疾恶液质

impar [ˈimpɑː] (L. "unequal")(NA) 奇的,单的

imparidigitate [imˌpæriˈdidʒiteit] (L. *impar* unequal + *digitus* finger) 奇(数)指(趾)的

impatency [imˈpeitənsi] 不通,闭阻

impatent [imˈpeitənt] 不通的,闭阻的

impedance [imˈpiːdəns] 阻抗
　acoustic i. 声аб阻抗
　aortic i. 主动脉阻抗

impedin [ˈimpidin] 阻抗素

imperception [ˌimpəˈsepʃən] 知觉缺失

imperforate [imˈpəːfəreit] (L. *imperforatus*) 不通的,无孔的,闭锁的

imperforation [imˌpəːfəˈreiʃən] 不通,闭锁

imperialine [imˈpiəriəlin] 壮丽贝母碱

impermeable [imˈpəːmiəbl] (L. *in* not + *per* through + *meare* to move) (液体)不渗透的

impermephane [imˈpəːmifein] 透明保护敷料

impervious [imˈpəːviəs] (L. *impervius*) 不能渗透的,不能透过的

impetiginization [ˌimpiˌtidʒiniˈzeiʃən] 脓疱病发生

impetiginous [ˌimpiˈtidʒinəs] 脓疱病的,脓疱病性的

impetigo [ˌimpiˈtaigəu] (L.) ❶ 脓疱病；❷ 大疱性脓疱病
　Bockhart's i. 博克哈特氏脓疱病
　i. bullosa 大疱性脓疱病
　i. contagiosa 触染性脓疱病
　i. contagiosa bullosa 大疱触染性脓疱病
　i. herpetiformis 疱疹样脓疱病
　i. neonatorum 新生儿脓疱病
　staphylococcal i. 葡萄球菌性脓疱病
　streptococcal i. 链球菌性脓疱病
　i. vulgaris 寻常脓疱病

impetus [ˈimpitəs] (L. *impeto* to attack) ❶ 冲动,动能；❷(病的)起始

impf-malaria [ˈimpfməˌlɛəriə] 接种性疟疾

Impilation [ˌimpaiˈleiʃən] 红细胞叠连形成

implacental [ˌimpləˈsentəl] 无胎盘的

implacentalia [ˌimplæsənˈteiliə] 无胎盘类

implant¹ [imˈplɑːnt] 插入,植入

implant² [ˈimplɑːnt] 插入物,植入片
　dental i. 牙植物
　endodontic i. 牙内植入物
　endometrial i's 内膜植入片
　endosseous i. 骨内植入物
　endosteal i. 骨内植入物
　intraperiosteal i. 骨膜内植入物
　magnet i. 托牙磁铁
　osseointegrated i. 骨内整合性植入物
　penile i. 阴茎植入物
　subperiosteal i. 骨膜下植入物

transmandibular i. 横下颌骨植入物
transosteal i. 横骨植入物
implantation [ˌimplɑːnˈteiʃən] (L. *in* into + *plantare* to set) ❶ 胚泡附着于子宫内膜,胚泡穿过上皮并植入子宫内膜致密层;❷ 把器官或组织植入身体的另一部位;❸ 把有生物活性的、惰性的或放射性的物质埋入或植入体内
  central i. 中心植入,表面植入
  circumferential i. 环形植入,表面植入
  eccentric i. 偏心植入
  hypodermic i. 皮下植入
  interstitial i. 间质植入
  nerve i. 神经植入法
  periosteal i. 骨膜植入法
  surperficial i. 表面植入
  teratic i. 植入性畸胎
implantodontics [imˌplɑːntɔˈdɔntiks] 口腔植入学
implantodontist [imˌplɑːntɔˈdɔntist] 口腔植入专业医生
implantodontology [imˌplɑːntɔdɔnˈtɔlədʒi] 口腔植入学
implantologist [ˌimplɑːnˈtɔlədʒist] ❶ 植入学专家;❷ 口腔植入专业医生
implantology [ˌimplɑːnˈtɔlədʒi] 植入学
  dental i., oral i. 口腔植入学
implosion [imˈpləuʒən] 爆聚,内向爆炸,以恐治恐法
importation [ˌimpɔːˈteiʃən] (L. *in* into + *portare* to carry) 输入,传入
impotence [ˈimpətəns] (L. *in* not + *potentia* power) ❶ 无能力;❷ 阳萎
  diabetic i. 糖尿病性阳萎
  endocrinologic i. 内分泌性阳萎
  functional i. 功能性阳萎
  neurogenic i. 神经性阳萎
  organic i. 器质性阳萎
  primary i. 原发性阳萎
  psychic i. 精神性阳萎
  psychogenic i. 精神性阳萎
  secondary i. 继发性阳萎
  vasculogenic i. 血管性阳萎
impotency [ˈimpətənsi] 阳萎,无能力
impotentia [ˌimpəuˈtenʃiə] (L.) ❶ 阳萎;❷ 无能力
impregnate [imˈpregneit] (L. *impregnare*) ❶ 受孕,受精;❷ 充满,浸透

impregnation [ˌimpregˈneiʃən] (L. *impregnatio*) ❶ 受孕,受精;❷ 浸透(作用),饱和状态
impressio [imˈpresiəu] (pl. *impressiones*) (L.) 凹入,凹面,(NA)压迹
  i. cardiaca hepatis (NA) 肝心压迹
  i. cardiaca pulmonis (NA) 肺心压迹
  i. colica hepatis (NA) 肝结肠压迹
  impressiones digitatae (NA) 指状压迹
  i. duodenales hepatis (NA) 肝十二脂肠压迹
  i. esophagea hepatis 肝食道压迹
  i. gastrica hepatis (NA) 肝胃压迹
  i. gastrica renis 肾胃压迹
  impressiones gyrorum 脑回压迹
  i. hepatica renis (NA) 肾肝压迹
  i. ligamenti costoclavicularis (NA) 肋锁韧带压迹
  i. meningealis 脑脊膜压迹
  i. muscularis renis 肾肌压迹
  i. oesophagea hepatis 肝食道压迹
  i. petrosa pallii 大脑岩压迹
  i. renalis hepatis (NA) 肝肾压迹
  i. suprarenalis hepatis (NA) 肝肾上腺压迹
  i. trigeminalis ossis temporalis (NA), **i. trigemini ossis temporalis** 颞骨三叉神经压迹
impression [imˈpreʃən] (L. *impressio*) ❶ 压迹;❷ 印模;❸ 外部刺激给精神、身体或感官造成的印象或影响;❹ 牙印模
  anatomic i. 构造印模
  basilar i. 扁后脑,扁颅底
  bridge i. 桥印模
  cardiac i. 心压迹
  cardiac i. of liver 肝心压迹
  cardiac i. of lung 肺心压迹
  cleft palate i. 腭裂印模
  colic i. of liver 肝结肠压迹
  complete denture i. 全托牙印模
  i. of costoclavicular ligament 肋锁韧带压迹
  deltoid i. of humerus 三角肌粗隆
  dental i. 牙印模
  digastric i. 下颌骨二腹肌窝
  digital i's, digitate i's 脑回压迹,指样压迹

- **direct bone i.** 直接骨印模
- **duodenal i. of liver** 肝十二脂肠压迹
- **esophageal i. of liver** 肝食道压迹
- **final i.** 终印模
- **gastric i.** 胃压迹
- **gastric i. of liver** 肝胃压迹
- **gyrate i's** 脑回压迹
- **hydrocolloid i.** 水印模
- **lower i.** 下颌印模
- **mandibular i.** 下颌印模
- **maxillary i.** 上颌骨印模
- **meningeal i.** 脑脊膜印模
- **partial denture i.** 部分托牙印模
- **preliminary i.** 初印模
- **primary i.** 初印模
- **renal i. of liver** 肝肾压迹
- **rhomboid i. of clavicle** 肋锁韧带压迹
- **secondary i.** 第二印模
- **sectional i.** 分段印模
- **suprarenal i. of liver** 肝肾上腺压迹
- **trigeminal i. of temporal bone** 颞骨三叉神经压迹
- **upper i.** 上颌骨印模

impressionable [im'preʃənəbl] 易感的,过敏的

impressiones [im‚presi'əuni:z] (L.) 凹入,压迹。impressio 的复数形式

impressorium [im'presəriəm] (L.) 印象中枢,感觉中枢

imprinting [im'printiŋ] 印刻铭记

improcreance [im'prɔkriəns] (L. in not + procreace to beget) 无生育力

impuberal [im'pju:bərəl] (L. in not + pubes) 无阴毛的,未成年的

impubersm [im'pju:bərizm] 未成年

impulse ['impʌls] ❶ 突然的推力; ❷ 冲动; ❸ 神经冲动
- **apex i., apical i.** 心尖搏动
- **cardiac i.** 心搏动
- **ectopic i.** ① 异位搏动; ② 病理性神经冲动
- **episternal i.** 胸骨上搏动
- **irresistible i.** 不能压制的冲动
- **left parasternal i's** 左胸骨旁动
- **nerve i., neural i.** 神经冲动
- **right parasternal i's** 右胸骨旁搏动

impulsion [im'pʌlʃən] 癖,冲动

Imuran ['imjurɔn] 依优伦:硫唑嘌呤制剂的商品名

IMV (intermittent mandatory ventilation 的缩写) 间隙性强制性呼吸

IMViC imvic 吲哚-V.P.-枸杞栓酸盐

In (indium 的符号) 铟

in-[1] (L. in in, into) 内,在内

in-[2] (L. in- not) 无,不

INA (International Neurological Association 的缩写) 国际神经病学协会

inacidity [‚inə'siditi] 无酸性

inactivate [in'æktiveit] 灭活

inactivation [in‚ækti'veiʃən] 灭活,灭能(作用),失效
- **complement i.** 补体灭活
- **heat i.** 热灭活
- **X-i.** X 灭活

inactivator [in'ækti‚veitə] 灭活剂
- **anaphylatoxin i. (AI)** 过敏毒素灭活剂
- **C3b i. (C3b INA)** C3b 灭活剂
- **electrocerebral i. (ECI)** 电子大脑灭活剂

inactose [in'æktəus] 不旋糖

inadequacy [in'ædikwəsi] (L. in not + adaequare to make equal) 不足,机能不全

inagglutinability [‚inə‚glu:tinə'biliti] 不凝集性

inalimental [‚inæli'mentəl] 无营养的,不宜食用的

inanaphysis [‚inænə'fisis] (Gr. is fiber + ana again + physis growth) 肌纤维再生,肌纤维新生

inanimate [in'ænimit] (L. in not + animatus alive) ❶ 无生命的; ❷ 缺少生机的

inanition [inə'niʃən] (L. inanis empty) 食物不足,营养不良

inankyloglossia [‚inən‚kiləu'glɔsiə] 舌不动症,舌运动不能

inappetence [in'æpitəns] (L. in not + appetere to desire) 食欲不振

Inapsine [in'æpsi:n] 因乃辛:达哌碇醇制剂的商品名

inarticulate [‚inɑ:'tikjulit] (L. in not + articulatus joined) 无关节的,关节分离的,口齿不清的

in articulo mortis [in ɑ:'tikjulə 'mɔ:tis] (L.) 濒于死亡

inassimilable [‚inə'siməlbl] (L. in not +

inattention [ˌinə'tenʃən] (*in-* + *attention*) 不注意
  selective i. ❶ 单方忽略；❷ 对威胁性的、导致焦虑的刺激的忽略、排除或认为不重要
inaxon [i'næksɔn] (Gr. *is* fiber + *axon* axis) 长轴索细胞
inborn ['inbɔːn] 先天的, 生来的
inbreeding [in'briːdiŋ] 同系交配, 近亲交配
incallosal [ˌinkə'lɔsəl] (L. *in* priv + *callosum*) 无胼胝体的
incandescent [ˌinkæn'desnt] (L. *incandescens* glowing) 白炽的, 白热的
incapacity [ˌinkə'pæsiti] 无能力, 机能不全
incapsuled [in'kæpsjuld] (L. *in* into + *capsule*) 有被膜的,（被）包围的
incarcerated [in'kɑːsəreitid] (L. *incarceratus* imprisoned) 禁闭的, 箝紧的, 狭窄的
incarceration [inˌkɑːsə'reiʃən] (L. *in* in + *carcer* prison) 箝闭
incarnant [in'kɑːnənt] (L. *incarnare* to make flesh) ❶ 肉芽生长的；❷ 生肉芽剂
incarnatio [ˌinkɑː'neiʃiəu] (L., from *in* in + *caro*, gen. *carnis* flesh) 入肉
  i. unguis 嵌甲
incarnative [in'kɑːnətiv] (L. *incarnare* to invest in flesh) ❶ 促进肉芽生长的；❷ 生肉芽剂
incendiarism [in'sendiərizm] 放火狂
incertae sedis [in'səti:'siːdis] (L.) 地位未定的
incest ['insest] 近亲通婚
inch [intʃ] 英寸
incidence ['insidəns] (L. *incidere* to occur, to happen) ❶ 发生率, 发生数；❷ 入射辐射能射至某一表面
  cumulative i. 累积发生率
incident ['insidənt] (L. *incidere* to fall upon) 入射的, 传入的
incineration [inˌsinə'reiʃən] (L. *in* into + *cineres* ashes) 焚化, 灰化, 火葬
incipient [in'sipiənt] 初发的, 初期的
incisal [in'saizəl] 切(开)的
incised [in'saizd] (L. *incisus*) 切开的, 切开而成的
incision [in'siʒən] (L. *incidere* to cut open, to cut through) ❶ 切口；❷ 切开
  Battle's i., Battle-Jalaguier-Kammerer i. 巴特尔切口（开腹的一种方法）
  Bevan's i. 比万氏切口
  celiotomy i. 腹壁切开
  Cherney i. 捷内切口
  Deaver's i. 迪维尔氏切口
  Dührssen's i's 迪尔森氏切口, 子宫颈口切开术
  epigastric i. 上腹部切口
  Fergusson's i. 福格逊氏切口
  gridiron i. 条状切口
  Kammerer-Battle i. 卡-巴二氏切口
  Kocher's i. 柯赫尔氏切口, 肋下切口
  low transverse abdominal i. 腹壁低横位切口
  Maylard i. 梅罗氏切口
  McBurney's i. 麦克伯尼氏切口
  midline i. 正中切口
  Munro Kerr i. 蒙卢·克尔氏切口
  paramedian i. 正中旁切口
  pararectus i. 腹直肌旁切口
  paravaginal i. 阴道旁切口
  Pfannenstiel's i. 凡能斯提耳氏切口
  relief i. 减张切开
  Rockey-Davis i. 落-戴二氏切口
  Schuchardt's i. 舒查德氏切口
  subcostal i. 肋下切口
  Warren's i. 华伦氏切口
incisive [in'saisiv] (L. *incisivus*) ❶ 切的, 切入的；❷ 切牙的
incisolabial [inˌsaizəu'leibiəl] 切唇的
incisolingual [inˌsaizəu'liŋgwəl] 切舌的
incisoproximal [inˌsaizəu'prɔksiməl] 切邻的
incisor [in'saizə] (L. *incidere* to cut into) ❶ 适宜切割的；❷ 切牙
  central i., first i. 中门齿, 中切牙
  hawk-bill i's 铲形门齿, 铲形切牙
  Hutchinson's i's 郝秦生氏门牙
  lateral i. 侧门齿, 侧切牙
  medial i. 中门齿, 中切牙
  second i. 侧门齿, 侧切牙
  shovel-shaped i's 铲形门齿, 铲形切牙
  winged i. 翼状切牙
incisura [insai'sjuərə] (NA) (gen. and pl.

incisurae) (*L.*, from *incidere* to cut into) 切迹
- i. acetabularis 髋臼切迹
- i. acetabuli (NA) 髋臼切迹
- i. angularis gastris (NA) 胃角切迹
- i. angularis ventriculi 胃角切迹
- i. anterior auris (NA) 耳前切迹
- i. apicis cordis (NA) 心尖切迹
- i. cardiaca gastris (NA) 胃心切迹
- i. cardiaca pulmonis sinistri (NA) 心切迹（左肺）
- i. cardiaca ventriculi (NA) 胃心切迹
- incisurae cartilaginis meatus acustici (NA) 外耳道软骨切迹
- i. cerebelli anterior 小脑前切迹
- i. cerebelli posterior 小脑后切迹
- i. clavicularis sterni (NA) 胸骨锁骨切迹
- incisurae costales sterni (NA) 胸骨肋骨切迹
- i. ethmoidalis ossis frontalis (NA) 额骨筛骨切迹
- i. fastigii 顶切迹
- i. fibularis tibiae (NA) 腓骨切迹（胫骨）
- i. frontalis (NA) 额骨内侧切迹
- i. interarytenoidea laryngis (NA) 杓状软骨间切迹（喉）
- i. interlobaris hepatis 肝叶间切迹
- i. interlobaris pulmonis 肺叶间切迹
- i. intertragica (NA) 耳屏间切迹
- i. ischiadica major (NA) 坐骨大切迹
- i. ischiadica minor (NA) 坐骨小切迹
- i. ischialis major 坐骨大切迹
- i. ischialis minor 坐骨小切迹
- i. jugularis ossis occipitalis (NA) 枕骨颈静脉切迹
- i. jugularis ossis temporalis (NA) 颞骨颈静脉切迹
- i. jugularis sterni (NA) 胸骨颈静脉切迹
- i. lacrimalis maxillae (NA) 泪切迹
- i. ligamenti teretis (NA) 肝圆韧带切迹
- i. mandibulae (NA) 下颌切迹
- i. mastoidea ossis temporalis (NA) 颞骨乳突切迹
- i. nasalis maxillae (NA) 上颌骨鼻切迹
- i. pancreatis (NA) 胰腺切迹
- i. parietalis ossis temporalis (NA) 颞骨顶切迹
- i. peronea tibiae 胫骨腓骨切迹
- i. preoccipitalis (NA) 枕前切迹
- i. radialis ulnae (NA) 尺骨桡骨切迹
- i. Rivini 鼓切迹
- i. Santorini 桑托里尼氏切迹，外耳道软骨切迹
- i. scapulae (NA) 肩胛切迹
- i. scapularis (NA) 肩胛切迹
- i. semilunaris tibiae 胫骨半月切迹
- i. semilunaris ulnae 尺骨半月切迹，滑车切迹
- i. sphenopalatina ossis palatini (NA) 腭骨蝶腭切迹
- i. supraorbitalis (NA) 眶上切迹
- i. tentorii cerebelli (NA) 小脑幕切迹
- i. terminalis auricularis (NA), i. terminalis auris 耳界切迹
- i. thyroidea inferior (NA) 甲状软骨下切迹
- i. thyroidea superior (NA) 甲状软骨上切迹
- i. tragica 耳屏间切迹
- i. trochlearis ulnae (NA) 尺骨滑车切迹，尺骨半月切迹
- i. tympanica (NA), i. tympanica (Rivini) 鼓切迹
- i. ulnaris radii (NA) 桡骨尺骨切迹
- i. umbilicalis 脐（静脉）切迹
- i. vertebralis inferior (NA) 椎骨下切迹
- i. vertebralis superior (NA) 椎骨上切迹

incisurae [ˌɪnsɪˈsjuːriː] 切迹。*incisura* 的复数形式

incisure [ɪnˈsɪʒə] 切迹
- i. of acetabulum 髋臼切迹
- i. of apex of heart 心尖切迹
- i. of calcaneus 跟骨切迹
- cardiac i. of left lung 左肺心切迹
- cardiac i. of stomach 胃心切迹
- clavicular i. of sternum 胸骨锁骨切迹
- costal i's of sternum 胸骨肋骨切迹
- cotyloid i. 髋臼切迹
- digastric i. of temporal bone 颞骨乳突切迹
- i. of ear, anterior 耳前切迹
- ethmoidal i. of frontal bone 额骨筛骨切

falciform i. of fascia lata 阔筋膜镰状切迹
fibular i. of tibia 胫骨腓骨切迹
frontal i. 额切迹
humeral i. of ulna 尺骨滑车切迹,尺骨半月切迹
iliac i., lesser 坐骨小切迹
interarytenoid i. of larynx 喉杓状软骨间切迹
interclavicular i. 胸骨颈静脉切迹
intertragic i. 耳屏间切迹
ischial i., greater, i. of ischium, greater 坐骨大切迹
ischial i., lesser, i. of ischium, lesser 坐骨小切迹
jugular i. of occipital bone 枕骨颈静脉切迹
jugular i. of sternum 胸骨颈静脉切迹
jugular i. of temporal bone 颞骨颈静脉切迹
lacrimal i. of maxilla 上颌骨泪切迹
i's of Lanterman, Lanterman-Schmidt i's 施-兰二氏切迹
lateral i. of sternum 胸骨锁骨切迹
i. of mandible 下颌切迹
mastoid i. of temporal bone 颞骨乳突切迹
maxillary i., inferior 上颌骨内缘
nasal i. of frontal bone 额骨鼻缘
nasal i. of maxilla 上颌骨鼻切迹
obturator i. of pubic bone 耻骨闭孔沟
palatine i. 翼切迹
palatine i. of Henle 腭骨蝶腭切迹
parietal i. of temporal bone 颞骨顶切迹
patellar i. of femur 股骨髌面
peroneal i. of tibia 胫骨腓骨切迹
popliteal i. 股骨髁间窝
preoccipital i. 枕前切迹
pterygoid i. 翼切迹
radial i. of ulna 尺骨桡骨切迹
Rivinus' i. 鼓切迹
i. of scapula 肩胛切迹
Schmidt-Lanterman i's 施-兰二氏切迹
semilunar i. 肩胛切迹
semilunar i., greater, of ulna 尺骨滑车切迹,尺骨大半月切迹
semilunar i., lesser, of ulna 尺骨桡骨切迹,尺骨小半月切迹
semilunar i. of mandible 下颌半月切迹
semilunar i. of radius 桡骨尺骨切迹,桡骨半月切迹
semilunar i. of scapula 肩胛切迹,肩胛半月切迹
semilunar i. of sternum 胸骨半月切迹
semilunar i. of sternum, superior 胸骨颈静脉切迹,胸骨大半月切迹
semilunar i. of tibia 胫骨腓骨切迹,胫骨半月切迹
semilunar i. of ulna 尺骨滑车切迹,尺骨大半月切迹
sigmoid i. of mandible 下颌切迹,下颌乙状切迹
sigmoid i. of ulna 尺骨切迹,尺骨乙状切迹
sphenopalatine i. of palatine bone 腭骨蝶腭切迹
sternal i. 胸骨颈静脉切迹
supraorbital i. 眶上切迹
suprascapular i. 肩胛切迹,肩胛上切迹
i. of talus 距骨蹈长屈肌腱沟
temporal i. 颞切迹
i. of tentorium of cerebellum 小脑幕切迹
terminal auricular i. 耳界切迹
thoracic i. 胸廓肋弓角
thyroid i., inferior 甲状软骨下切迹
thyroid i., superior 甲状软骨上切迹
trochlear i. of ulna 尺骨滑车切迹
ulnar i. of radius 桡骨尺骨切迹
umbilical i. 脐静脉切迹,肝圆韧带切迹
vertebral i., greater, vertebral i., inferior 椎骨下切迹,椎骨大切迹
vertebral i., lesser, vertebral i., superior 椎骨上切迹,椎骨小切迹
incitant [in'saitənt] ❶ 提神药,兴奋药; ❷ 兴奋的,鼓励的
incitogram [in'saitəgræm] 冲动发放
inclinatio [ˌinkli'neiʃiəu] (*pl. inclinationes*) (L. from *inclinare* to lean) 倾斜,斜度
i. pelvis (NA) 骨盆斜度
inclination [ˌinkli'neiʃən] (L. *inclinare* to lean) ❶ 倾斜,斜度,坡度;❷ 牙偏斜; ❸ 牙面偏斜;❹ 倾角;❺ 牙釉柱与牙面垂直线的斜度

condylar guidance i., condylar guide i. 髁导斜度
lateral condylar i. 外侧髁导斜度
lingual i. 舌侧倾斜
pelvic i., i. of pelvis 骨盆斜度
inclinationes [ˌinkliˌneiʃiˈəuniːz] (L.) 斜度。inclinatio 的复数形式
incline [ˈinklain] 倾斜,斜度
pelvic i., i. of pelvis 骨盆斜度
inclinometer [ˌinkliˈnɔmitə] (inclination + -meter) 眼径计
inclusion [inˈkluːʒən] (L. inclusio) ❶ 包涵,包括;❷ 内含物,包涵物
cell i. 细胞包涵物
dental i. 牙包埋
fetal i. 胎内胎
Guarnieri's i's 天花包涵体
intranuclear i's 核内包涵体
leukocyte i's 白细胞包涵体
Walthard's i's 瓦尔塔德氏包涵体
incoagulability [ˌinkəuˌægjuləˈbiliti] 不凝性,不能凝固的状态
incoagulable [ˌinkəuˈægjuləbl] 不凝的,不能凝固的
incoherent [ˌinkəuˈhiərənt] 不连贯的,不调和的
incompatibility [ˌinkəmˌpætəˈbiliti] 不相容性,不能配合性,配伍禁忌
chemical i. 化学性配合禁忌
physiologic i. 生理性配合禁忌
therapeutic i. 治疗性配合禁忌
incompatible [ˌinkəmˈpætəbl] 配伍禁忌的,相互排斥的
incompensation [ˌinkɔmpənˈseiʃən] 代偿不全
incompetence [inˈkɔmpitəns] (L. in not + competens sufficient) ❶ 机能不全,无能,闭锁不全,关闭不全;❷ 法律上无资格
aortic i. 主动脉瓣闭锁不全,主动脉关闭不全
ileocecal i. 回盲瓣关闭不全
mitral i. 二尖瓣闭锁不全
pulmonary i. 肺功能不全
tricuspid i. 三尖瓣闭锁不全
valvular i. 瓣闭锁不全
incompetency [inˈkɔmpitənsi] 关闭不全,机能不全
incompetent [inˈkɔmpitənt] ❶ 机能不全的,闭锁不全的;❷ 日常生活不能自理的;❸ 无资格的
incompressible [ˌinkəmˈpresibl] 不能压缩的,不易压缩的
incongruity [ˌinkɔŋˈɡruiti] (L. incongruus unsuitable) 不交合,不适合
inconscient [inˈkɔnʃənt] (L. in not + conscius aware of) 不自知的,无自觉的
incontinence [inˈkɔntinəns] (L. incontinentia) ❶ 失禁;❷ 过度,无节制
active i. 自动性失禁
fecal i., i. of the feces 大便失禁
intermittent i. 间隙性尿失禁
overflow i. 溢流性尿失禁,滞留性尿失禁
paradoxical i. 反常性尿失禁,溢流性尿失禁,滞留性尿失禁
paralytic i. 麻痹性失禁,瘫痪性失禁
passive i. 被动性失禁
rectal i. 大便失禁
stress i. (腹部)压迫性尿失禁
urge i., urgency i. 急迫性尿失禁
urinary i., i. of urine 尿失禁
incontinent [inˈkɔntinənt] ❶ 失禁的,不能控制排泄功能的;❷ 无节制的,过度的
incontinentia [inˌkɔntiˈnenʃiə] (L.) 失禁,无节制
i. alvi 大便失禁
Bloch-Sulzberger i. pigmenti 布-苏二氏色素失调症
Naegeli's i. pigmenti 纳加利氏色素失调症
i. pigmenti 色素失调症
i. pigmenti achromians 色素缺乏性色素失调症
i. urinae 尿失禁
incoordination [ˌinkəuˌɔːdiˈneiʃən] (L. in not + coordination) ❶ 共济失调;❷ 协调不能
incorporation [inˌkɔːpəˈreiʃən] (L. in into + corpus body) ❶ 掺合,合并;❷ 合体作用
incostapedial [ˌinkɔstəˈpidiəl] 砧镫(骨)的
incrassation [inkrəˈseiʃən] (L. in into + crassus thick) 浓厚化,浓缩
increment [ˈinkrəmənt] (L. incremen-

incretin [in'kretin] 肠促胰岛素
incretion [in'kri:ʃən] 内分泌
incretodiagnosis [in‚kri:təu‚daiəg'nəusis] 内分泌病诊断法
incretogenous [‚inkritəu'dʒi:nəs] 内分泌原的,激素原的
incretology [‚inkri'tɔlədʒi] 内分泌学
incretopathy [‚inkri'tɔpəθi] 内分泌病
incretory ['inkritəri] 内分泌的
incretotherapy [in‚kri:təu'θerəpi] 内分泌疗法
incross ['inkrɔs] (*in-*定义 1 + *cross* 定义 2) 纯合子交配
incrustation [‚inkrʌs'teiʃən] (L. *in* on + *crusta* crust) ❶ 结痂;❷ 痂
incubate ['inkjubeit] (L. *incubare* to lie in or on; to watch over jealously) ❶ 孵育,孵化;❷ 温育;❸ 孵化物
incubation [‚inkju'beiʃən] (L. *incubatio*) ❶ 胚胎发育;❷ 保温育婴;❸ 潜伏期;❹ 孵育,孵化;❺ 温育
incubator ['inkjubeitə] ❶保温箱;❷ 孵化器
incubus ['inkjubəs] ❶ 梦魇,梦魇;❷ 沉重的精神负担
incudal ['inkjudəl] (L. *incus* anvil) 砧骨的
incudectomy [‚iŋkju'dektəmi] (L. *incus* anvil + Gr. *ektomē* excision) 砧骨切除术
incudiform [iŋ'kju:difɔ:m] 砧形的,铁砧形的
incudius [iŋ'kju:diəs] 砧骨肌
incudomalleal [‚iŋkjudəu'mæliəl] 砧锤(骨)的
incudostapedial [‚iŋkjudəustə'pi:diəl] 砧镫(骨)的
inculturing [in'kʌltʃəriŋ] 接种
incurable [in'kjuərəbl] 不能治愈的
incurvation [‚inkə:'veiʃən] (L. *incurvare* to bend in) 内曲,弯曲
incus ['iŋkəs] (L. "anvil") (NA) 砧骨
incustapedic [‚inkəs'tæpidik] 砧镫(骨)的
incyclophoria [in‚saikləu'fɔuriə] (L. *in* toward + *cyclophoria*) 内旋转隐斜视
incyclotropia [in‚saikləu'trɔpiə] (L. *in* toward + *cyclotropia*) 内旋转斜视
in d. (L. *in dies* 的缩写) 每日

indacrinic acid [‚ində'krinik] 吲达克林酸
indacrinone [‚ində'krinəun] 吲达克林酮
indagation [‚ində'geiʃən] 诊查
indanedione [‚indæn'daiəun] 茚满二酮
indapamide [in'dæpəmaid] (USP) 茚磺苯酰胺
Indecidua [‚ində'sidjuə] 无蜕膜类动物
indehiscent [in'dehisənt] 不裂的
indenization [in‚deni'zeiʃən] 移生
indentation [‚inden'teiʃən] (L. *in* + *dens*) ❶ 切迹,凹陷;❷ 压印
Inderal ['indərəl] 英得瑞:盐酸心得安制剂的商品名
Inderide ['indəraid] 英得来:含双氢氯噻嗪的盐酸心得安制剂的商品名
index ['indeks] (pl. *indexes* or *indices*) (L. "that which points out," from *indicare*) ❶ (NA) 食指;❷ 指数;❸ 型心,压模;❹ 索引;❺ 下标
  absorbancy i. 吸收指数
  ACH i. 臂胸髋指数
  altitudinal i. 颅长高指数
  alveolar i. 牙槽指数,颌指数
  Arneth i. 阿尔内特氏指数
  auricular i. 耳幅高指数
  auriculoparietal i. 耳顶幅指数
  auriculovertical i. 头耳高指数
  baric i. 体重身高指数
  basilar i. 颅槽指数
  Becker-Lennhoff i. 贝-伦二氏指数
  body build i. 体格指数
  body mass i. (BMI) 体表指数
  Bouchard's i. 布夏尔氏指数
  brachial i. 臂指数
  Broders'i. 布罗德斯氏指数
  Brugsch i. 布鲁格施氏指数
  calcium i. 血钙指数
  cardiac i. (CI) 心指数
  cardiothoracic i. 心胸横径指数
  I.-Catalogue 编目索引
  centromeric i. 着丝点指数
  cephalic i. 颅指数
  cephalo-orbital i. 颅眶指数
  cephalorhachidian i. 脑脊液压指数
  cephalospinal i. 颅脊指数
  cerebral i. 脑指数
  cerebrospinal i. 脑脊液压指数,脑脊液压商数

chemotherapeutic i. 化学治疗指数
Colour I. 《染料索引》
coronofrontal i. 冠额指数
cranial i. 颅指数
Cumulated I. Medicus 《医学文献累积索引》
degenerative i. 变性指数
dental i. 牙指数
effective temperature i. 有效温度指数
endemic i. 地方病流行指数
erythrocyte indices 红细胞指数
facial i. 面指数
fatigue i. 疲劳指数
femorohumeral i. 肱股指数
Flower's i. 弗劳尔氏指数
forearm-hand i. 前臂手指数
Fourmentin's thoracic i. 福尔门廷氏胸廓指数
gnathic i. 颌指数,牙槽指数
habitus i. 体形指数
hair i. 发指数
hand i. 手幅长指数
height i. 颅长高指数
hematopneic i. 血氧合(作用)指数
hemorenal i., hemorenal salt i. 血尿无机盐指数,血尿无机盐比值
Hench-Aldrich i. 汉-奥二氏唾脲指数
intermembral i. 肢间指数
juxtaglomerular i. 肾小球指数
Kaup i. 考普氏指数
length-breadth i. 颅长阔指数
length-height i. 颅长高指数
Lennhoff's i. 伦霍夫氏指数,躯干长腹围指数
lower leg-foot i. 小腿足长指数
maxilloalveolar i. 颌牙槽指数
l. Medicus 《医学文献索引》美国国立医学图书馆月刊
metacarpal i. 掌骨指数
mitotic i. 有丝分裂指数
morphologic face i. 全颜面指数
morphological i. 形态指数
nasal i. 鼻指数
nucleoplasmic i. 核质指数
obesity i. 肥胖指数
opsonic i. 调理指数
orbital i. (of Broca) 眼眶指数
palatal i., palatine i., palatomaxillary i. 腭指数
parasite i. 原虫指数
penile brachial i. 阴茎臂指数
phagocytic i. 吞噬(细胞)指数
physiognomonic upper face i. 上面部(面形)指数
Pirquet's i. 披尔奎氏指数
ponderal i. 重量指数
Quarterly Cumulative I. Medicus 《医学文献累积索引季刊》
Quetelet i. 体表指数
radiohumeral i. 桡肱指数
refractive i. 屈光指数,屈光率
Röhrer's i. 勒莱氏指数
sacral i. 骶骨指数
salivary urea i. 唾脲指数
short increment sensitivity i. (SISI) 短增量敏感指数
spleen i., splenic i. 脾肿指数
splenometric i. 脾测定指数;疟疾感染量指数
stimulation i. (SI) 刺激指数
stroke i. 心搏指数
therapeutic i. 治疗指数
thoracic i. 胸径指数
tibiofemoral i. 胫股指数
tibioradial i. 胫桡指数
trunk i. 躯干指数
uricolytic i. 尿酸分解指数
vertical i. 颅长高指数
vital i. 生命指数,出生死亡比率
xanthoproteic i. 黄蛋白(质)指数
zygomaticoauricular i. 颧耳幅指数

indexometer [ˌindek'sɔmitə] (*index* + Gr. *metron* measure) 折射指数计

indican ['indikən] ❶尿蓝母;❷硫酸吲哚酚钾

indicanemia [ˌindikə'niːmiə] 尿蓝母血

indicanmeter [ˌindikən'mitə] 尿蓝母定量器

indicanorachia [ˌindikənə'reikiə] 尿蓝母脑脊液

indicant ['indikənt] ❶指示的;❷指征

indicanuria [ˌindikə'njuəriə] 尿蓝母尿

indicarmine [ˌindi'kɑːmin] 靛卡蓝,靛胭脂

indicatio [ˌindi'keifiəu] (L. from *indicare* to point out) 指征,适应征

i. causalis 病因指征
i. curativa, i. morbi 病理指征,治疗指征
i. symptomatica 症状指征
indication [ˌindi'keiʃən] (L. *indicatio*) 指征,适应征,指示
indicator ['indikeitə] (L.) ❶食指；❷食指伸肌；❸指示剂
  anaerobic i. 缺氧指示剂
  Andrade's i. 安特拉德氏指示剂
  biological i. 生物指示剂
  dew point i. 露点指示剂
  radioactive i. 放射性指示器
  redox i. 氧化还原指示剂
  Schneider's i. 施莱德氏指数
indicophose ['indiˌkəufəuz] 青幻视,蓝幻视
Indiella [ˌindi'elə] 白色足霉菌属
indifférence [æˌdifei'rɑːns] (Fr.) 中性,淡漠
  belle i. (Fr. "beautiful indifference") 快意淡漠
indifferent [in'difərənt] (L. *indifferens*) 不关心的,淡漠的,中性的,无亲和力的
indigenous [in'didʒinəs] (L. *indigenus*) 原产的,本土的
indigestible [ˌindi'dʒestəbl] (*in-* neg. + *digestible*) 不消化的
indigestion [ˌindi'dʒestʃən] 消化不良,不消化
  acid i. 胃酸过多性消化不良,胃酸过多症
  fat i. 脂肪消化不良,脂肪痢
  gastric i. 胃消化不良
  intestinal i. 肠消化不良
  sugar i. 糖消化不良
indigitation [inˌdidʒi'teiʃən] (L. *in* into + *digitus* finger) 套迭
indiglucin [ˌindi'gluːsin] (*indigo* + Gr. *glykus* sweet) 靛糖
indigo ['indigəu] (Gr. *Indikon* Indian dye) 靛蓝
indigogen ['indigəudʒin] 靛原,靛白
indigopurpurine [ˌindigəu'pəːpjurin] 靛紫红
indigotin [ˌindi'gəutin] 靛蓝,靛蓝粉
indigotindisulfonate sodium [ˌindiˌgəutin-dai'sʌlfəneit] (USP) 靛蓝二磺酸钠
indigouria [ˌindigəu'juəriə] 靛蓝尿
indirect [ˌindi'rekt] (L. *indirectus*) ❶间接的,绕道的；❷通过中间剂起作用的
indirubin [ˌindi'ruːbin] 靛红
indirubinuria [ˌindiˌruːbi'njuəriə] 靛红尿
indiscriminate [ˌindis'kriminit] (L. *in* not + *discrimen* distinction) 无差别的,普遍的
indisposition [ˌindispə'ziʃən] 不适,违和
indium ['indiəm] (L. *indicum* indigo) 铟
  i.-111 一种人工合成的铟的同位素
  i. In 111 DTPA i.111 二乙三胺五醋酸铟
  i. In 111 oxyquinoline 111 铟羟喹
  i. In 111 pentetate 二乙三胺五醋酸铟
individuation [ˌindiˌvidju'eiʃən] ❶个性发生；❷应答机化中心影响时胚胎发生的不同区域的活动
Indocin ['indəsin] 因得辛：消炎痛制剂的商品名
indococcus [ˌindəu'kɔkəs] 蓝球菌
Indoklon [in'dɔklən] 因多可龙：三氟乙醚制剂的商品名
indolaceturia [ˌindəˌlæsi'tjuəriə] 吲哚乙酸尿
indolamine [in'dɔləmiːn] 吲哚胺
indole ['indəul] 吲哚,靛基质
indolent ['indələnt] (L. *in* not + *dolens* painful) ❶无痛的；❷生长缓慢的
indologenous [ˌindəu'lɔdʒinəs] (*indole* + Gr. *gennan* to produce) 吲哚生成的
indoluria [ˌindəu'ljuəriə] 吲哚尿
indomethacin [ˌindəu'meθəsin] (USP) 消炎痛
  i. sodium trihydrate 三羟基钠消炎痛
indophenol [ˌindəu'fiːnɔl] 靛酚
indophenolase [ˌindəu'fiːnəleis] 靛酚酶
indoprofen [ˌindəu'prɔfən] 吲哚洛芬
indoramin [in'dɔrəmin] 吲哚胺
indoxyl [in'dɔksil] (Gr. *indikon* indigo + *oxys* sharp) 吲哚酚
indoxylemia [inˌdɔksi'liːmiə] 吲哚酚血
indoxyluria [inˌdɔksi'ljuəriə] 吲哚酚尿
indriline hydrochloride ['indriliːn] 盐酸苯茚二甲乙胺
induced [in'djuːst] (L. *inducere* to lead in) ❶人造的,人工的；❷诱导的,感应的

inducer [in'djuːsə] 诱导物,诱导剂
inducible [in'djuːsəbl] 被诱导的
inductance [in'dʌktəns] 电感
    mutual i. 互感
induction [in'dʌkʃən] (L. *inductio*) ❶ 导致,引起;❷ 诱导;❸ 诱使;❹ 感应
    autonomous i. 自身感应
    complementary i. 补偿感应
    enzyme i. 酶诱导
    Spemann's i. 施佩曼氏诱导
    spinal i. 脊髓诱导
inductogram [in'dʌktəgræm] X 线(照)片
inductometer [ˌindʌk'təmitə] 电感计
inductopyrexia [inˌdʌktəupai'reksiə] 电发热法
inductor [in'dʌktə] 诱导体,诱导因子
inductotherapy [inˌdʌktəu'θerəpi] 感应电疗法
inductotherm [in'dʌtəθəːm] 感应电热器
inductothermy [in'dʌktəˌθəːmi] 感应电热疗法
indulin ['indjulin] 引杜林,对氮蒽蓝
indulinophil [ˌindju'linəfil] ❶ 嗜引杜林质;❷ 嗜引杜林的
indulinophilic [ˌindjulinə'filik] (L. *indulin* + *-philic*) 嗜引杜林的
indurated ['indjuəˌreitid] (L. *indurare* to harden) 硬结的
induration [ˌindjuə'reiʃən] (L. *induratio*) 硬结
    black i. 黑色硬结
    brawny i. 组织硬结
    brown i. 褐色硬结
    cyanotic i. 绀色硬结
    fibrous i. 纤维性硬变
    Froriep's i. 弗洛里普氏硬结
    granular i. 颗粒性硬结(硬变)
    gray i. 灰色硬结
    laminate i. 层片硬结
    parchment i. 层片硬结
    penile i. 阴茎硬结
    phlebitic i. 静脉炎性硬结
    plastic i. 阴茎海绵体硬结症
    red i. 红色硬结
indurative ['indjuəˌreitiv] 硬结的,有硬结特征的
indusium griseum [in'djuziəm 'grisiəm] (L.) (NA) 灰被

indwelling ['indweliŋ] 留置的
-ine 生物碱,有机碱,卤素
inebriant [i'niːbriənt] (L. *inebriare* to make drunk) ❶ 酩酊剂,致醉剂;❷ 致醉的
inebriate [i'niːbrieit] 使醉,灌醉
inebriation [iˌniːbri'eiʃən] (L. *inebriatio*) 醉(状),酩酊(状态)
inebriety [ˌini'braiəti] (L. *in* intensive + *ebrietas* drunkenness) 醉癖,习惯性酒醉
inelastic [ˌini'læstik] 无弹性的
inemia [i'niːmiə] (Gr. *is* fiber + *aema* blood) 纤维蛋白血
inenucleable [ini'njukliəbl] (L. *in* not *enucleare* to shell out) 不能剜出的
Inermicapsifer [ˌinəmi'kæpsifə] 无头虫属
inert [i'nəːt] 不活动的,惰性的
inertia [i'nəːʃiə] (L.) 惰性,不活动,无力
    colonic i. 结肠无力,结肠肌肉活动减弱,造成结肠扩张和便秘
    immunological i. 免疫惰性
    i. uteri 子宫无力
in extremis [ˌin iks'triːmis] (L. "at the end") 濒死,将死
Inf. (L. *infunde* 的缩写)注入,倒入
infancy ['infənsi] 婴儿期
infant ['infənt] (L. *infant*; *in* neg. + *fans* speaking) 婴儿
    dysmature i. 发育障碍综合征患儿
    floppy i. 松软婴儿
    immature i. 不成熟儿
    low birth weight (LBW) i. 低体重新生儿
    mature i. 成熟儿
    moderately low birth weight (MLBW) i. 中等体重新生儿
    newborn i. 新生儿
    postmature i., post-term i. ① 过熟儿;② 发育障碍综合征患儿
    premature i. 早产儿
    preterm i. 足月前婴儿
    term i. 足月婴儿
    very low birth weight (VLBW) i. 特低体重婴儿
infanticide [in'fæntisaid] 杀害新生儿,杀婴犯
infanticulture [in'fæntiˌkʌltʃə] 育儿法
infantile ['infəntail] 婴儿的,婴儿期的

infantilism ['infənti‚lizəm] 幼稚型,婴儿型
  Brissaud's i. 布里索德氏幼稚型
  cachectic i. 恶病质性幼稚型
  celiac i. 粥样泻性幼稚型
  dysthyroidal i. 甲状腺机能障碍性幼稚型
  hepatic i. 肝硬化性幼稚型
  Herter's i. 赫托氏幼稚型
  hypophysial i. 垂体性幼稚型
  intestinal i. 肠性幼稚型,粥样泻性幼稚型
  Levi-Lorain i., Lorain's i. 垂体性幼稚型
  lymphatic i. 淋巴(体质)性幼稚型
  myxedematous i. 粘性水肿性幼稚型
  pancreatic i. 胰腺性幼稚型
  partial i. 部分幼稚型
  pituitary i. 垂体性幼稚型
  regressive i. 迟发幼稚型
  renal i. 肾性幼稚型
  sexual i. 性幼稚型
  symptomatic i. 症状性幼稚型
  universal i. 全身性幼稚型
infantorium [infən'tɔːriəm] 婴儿医院
infarct ['infɑːkt] (L. *infarctus*) 梗死,梗塞
  anemic i. 贫血性梗塞,白梗塞
  bilirubin i's 胆红素性梗塞
  bland i. 单纯梗塞
  bone i. 骨梗死
  Brewer's i's 布鲁尔氏梗塞
  calcareous i. 石灰质梗塞
  cystic i. 囊性梗塞
  embolic i. 栓子性梗塞
  hemorrhagic i. 出血性梗塞,红梗塞
  pale i. 白梗塞
  red i. 红梗塞
  septic i. 脓毒性梗塞
  thrombotic i. 血栓性梗塞
  uric acid i. 尿酸梗塞,尿酸沉着
  white i. 白梗塞
infarctectomy [‚infɑːk'tektəmi] 梗死切除术
infarction [in'fɑːkʃən] (L. *infarcire* to stuff in) ❶ 梗塞形成,梗死形成;❷ 梗塞,梗死
  acute myocardial i. (AMI) 急性心肌梗塞
  anterior myocardial i. 前壁心肌梗塞
  anteroinferior myocardial i. 前下壁心肌梗塞
  anterolateral myocardial i. 前侧壁心肌梗塞
  anteroseptal myocardial i. 前间壁心肌梗塞
  apical myocardial i. 前下壁心肌梗塞
  atrial i. 心房梗塞
  cardiac i. 心肌梗塞
  cerebral i. 脑梗塞
  diaphragmatic myocardial i. 下壁心肌梗塞
  extensive anterior myocardial i. 广泛性前壁心肌梗塞
  Freiberg's i. 弗里堡氏梗塞
  high lateral myocardial i. 高位侧壁心肌梗塞
  inferior myocardial i. 下壁心肌梗塞
  inferolateral myocardial i. 下侧壁心肌梗塞
  intestinal i. 肠梗塞
  lateral myocardial i. 侧壁心肌梗塞
  mesenteric i. 肠系膜梗塞
  migrainous i. 偏头痛型梗塞
  myocardial i. (MI) 心肌梗塞形成,冠状动脉血栓形成
  non-Q wave i. 无Q波心肌梗塞
  nonocclusive mesenteric i. 非闭合性肠系膜梗塞
  nontransmural myocardial i. 非透壁性心肌梗塞
  posterior myocardial i. 后壁心肌梗塞
  pulmonary i. 肺梗塞
  Q wave i. Q波性心肌梗塞
  right ventricular i. 右心室心肌梗塞
  septal myocardial i. 间壁心肌梗塞
  silent myocardial i. 无症状心肌梗塞
  subendocardial myocardial i. 下内膜心肌梗塞
  transmural myocardial i. 透壁心肌梗塞
  watershed i. 大脑分水岭梗塞
infatuation [‚infətju'eiʃən] 迷恋女色,花痴
infaust ['infɔːst] 不利的,不良的
infect [in'fekt] 感染,传染
infectible [in'fektəbl] 能受感染的

infection [in'fekʃən] ❶ 感染，传染；❷ 传染性疾病
　airborne i. 空气传染
　apical i. (牙)根尖感染
　chronic Epstein-Barr virus i. 慢性爱-巴病毒感染
　colonization i. 移生性感染
　cross i. 交叉传染，交叉感染
　cryptogenic i. 隐原性感染
　droplet i. 飞沫传染
　dust-borne i. 尘埃传染
　ectogenous i. 外源性感染
　endogenous i. 内源性感染
　exogenous i. 外源性感染
　germinal i. 胚种传染
　iatrogenic i. 医源性感染
　inapparent i. 无症状性感染，不显性感染
　latent i. 潜伏性感染
　mass i. 大量感染
　mixed i. 混合感染
　nosocomial i. 医院感染
　opportunistic i. 机遇性感染
　pyogenic i. 脓性感染
　secondary i. 继发感染
　subclinical i. 无症状性感染，隐性感染
　TORCH i. 托奇感染
　tunnel i. 管道感染
　vector-borne i. 虫传感染
　Vincent's i. 奋森氏感染
　water-borne i. 水源性传染
infectiosity [in,fekʃi'ɔsiti] 传染度，感染度
infectious [in'fekʃəs] 传染性的
infectiousness [in'fekʃəsnis] 传染性，传染力
infective [in'fektiv] (L. *infectivus*) 传染性的，引起感染的，有病原体存在的
infectivity [,infek'tiviti] 传染性，传染力
infecundity [,infi'kʌnditi] (L. *infecunditas*) 不(生)育，无生育力
InFeD ['infed] 因发得：葡聚糖铁制剂的商品名
inferent ['infərənt] 传入的，输入的
inferocostal [,infərə'kɔstəl] 肋下的
inferofrontal [,infərə'frʌntəl] 额叶下的
inferior [in'fiəriə] (L. "lower"; neut. *inferius*) 下方的，向下的；(NA)下面的
inferolateral [,infərəu'lætərəl] (L. *inferus* low + *latus* side) 下侧的
inferomedian [,infərəu'mi:diən] (L. *inferus* low + *medius* middle) 下中的
inferonasal [,infərəu'neizəl] (L. *inferus* low + *nasal*) 鼻下的
inferoposterior [,infərəupɔs'tiəriə] 下后的
inferotemporal [,infərəu'tempərəl] (L. *inferus* low + *temporal*) 颞下的
infertile [in'fə:tail] 不生育的，不结果实的
infertilitas [,infə'tilitəs] (L.) 不生育，不育症
infertility [,infə'tiliti] (L. *in* not + *fertilis* fruitful, prolific) 不生育，不育症
　primary i. 原发性不育症
　secondary i. 继发性不育症
infestation [infes'teiʃən] 侵染，感染
infibulation [,infibju'leiʃən] (L. *infibulare* to buckle together) 锁阴法，阴部扣锁法
infiltrate [in'filtreit] ❶ 浸润；❷ 浸润物
　Assmann's tuberculous i. 阿斯曼氏结核浸润
infiltration [,infil'treiʃən] (L. *in* into + *filtration*) ❶ 浸润；❷ 浸润物
　adipose i. 脂肪浸润
　calcareous i. 石灰质浸润
　calcium i. 钙质浸润
　cellular i. 细胞浸润
　epituberculous i. 结核灶周围浸润
　fatty i. 脂肪浸润
　gelatinous i. 胶样浸润
　glycogen i. 糖原浸润
　gray i. 灰色浸润
　inflammatory i. 炎性浸润
　lymphocytic i. of skin 皮肤淋巴细胞浸润
　paraneural i., perineural i. 神经周(浸润)麻醉
　sanguineous i. 血(液)浸润
　serous i. 浆液浸润
　tuberculous i. 结核浸润
　urinous i. 尿浸润
infirm [in'fə:m] (L. *infirmis*; *in* not + *firmus* strong) 衰弱的
infirmary [in'fə:məri] (L. *infirmarium*) 医务所，医务室，小医院

infirmity [in'fə:miti] (L. *infirmitas*) ❶ 衰弱;❷ 虚弱病症

Inflamase ['infləmeis] 因佛美斯:强的松龙磷酸钠制剂的商品名

inflammagen [in'flæmədʒən] 炎症刺激剂

inflammation [ˌinflə'meiʃən] (L. *inflammatio*; *inflammare* to set on fire) 炎(症)
 acute i. 急性炎
 adhesive i. 粘连性炎
 atrophic i. 萎缩性炎
 catarrhal i. 卡他性炎
 chronic i. 慢性炎
 cirrhotic i. 硬变性炎症
 croupous i. 格鲁布性炎,假膜性炎
 diffuse i. 弥漫性炎
 disseminated i. 播散性炎
 exudative i. 渗出性炎
 fibrinous i. 纤维蛋白性炎
 fibrosing i. 纤维性炎
 focal i. 局灶性炎
 granulomatous i. 肉芽肿性炎
 hyperplastic i. 增生性炎
 hypertrophic i. 肥大性炎
 interstitial i. 间质性炎
 metastatic i. 转移性炎
 necrotic i. 坏死性炎
 obliterative i. 闭塞性炎
 parenchymatous i. 实质性炎
 plastic i., productive i., proliferous i. 增生性炎
 pseudomembranous i. 假膜性炎
 purulent i. 脓性炎
 sclerosing i. 硬化性炎
 seroplastic i. 浆液组织形成性炎
 serous i. 浆液性炎
 simple i. 单纯性炎
 specific i. 特异性炎
 subacute i. 亚急性炎
 suppurative i. 化脓性炎
 toxic i. 中毒性炎
 traumatic i. 外伤性炎
 ulcerative i. 溃疡性炎

inflammatory [in'flæmətəri] 炎的,炎性的

inflation [in'fleiʃən] (L. *in* into + *flare* to blow) ❶膨胀;❷ 充气

inflator [in'fleitə] 吹张器

inflection [in'flekʃən] (L. *inflexio*; *in* + *flectere* to bend) 内屈,屈曲

inflexion [in'flekʃən] 内屈,屈曲

inflorescence [ˌinflɔ:'resəns] 花序

influenza [ˌinflu'enzə] (Ital. "influenza") 流行性感冒,流感
 i. A A型流感
 Asian i. 亚洲流感
 avian i. 鸟类流感
 i. B B型流感
 i. C C型流感
 endemic i. 地方性流感,类流感
 equine i. 马流感
 feline i. 猫流感
 goose i. 鹅流感
 Hong Kong i. 香港流行性感冒
 Russian i. 俄罗斯流感
 Spanish i. 西班牙流感
 swine i. 猪流感

influenzal [ˌinflu'enzəl] 流行性感冒,流感的

influenzavirus [ˌinflu'enzəvairəs] (*influenza* + *virus*) A型和B型流感病毒

infolding [in'fəuldiŋ] ❶ 内折;❷ 折叠缝合术

infooted [in'futid] 趾内向的

informosome [in'fɔ:məsəum] 信息体

infra- (L. *infra* beneath) 下

infra-axillary [ˌinfrə'æksiləri] 腋下的

infrabranchial [ˌinfrə'bræŋkiəl] 鳃下的

infrabulge ['infrəbʌldʒ] 凸下面(牙)

infracardiac [ˌinfrə'kɑ:diək] 心下的

infraciliature [ˌinfrə'siliətʃə] (*infra-* + *cilium*) 下尾纤毛结构

infraclass ['infrəklɑ:s] 下纲

infraclavicular [ˌinfrəklə'vikjulə] 锁骨下的

infraclusion [ˌinfrə'klu:ʒən] 低殆,低咬合

infracommissure [ˌinfrəkɔm'miʃuə] 下连合

infraconscious [ˌinfrə'kɔnʃəs] (*infra-* + L. *conscius* aware of) 下意识的

infraconstrictor [ˌinfrəkən'striktə] 咽下缩肌

infracortical [ˌinfrə'kɔ:tikəl] 皮质下层,皮层下的

infracostal [ˌinfrə'kɔstəl] (*infra-* + L. *costa* rib) 肋骨下的

infracostalis [ˌinfrəˈkɔstəlis]（pl. *infracostales*）肋下肌

infracotyloid [ˌinfrəˈkɔtilɔid] 髋臼下的

infraction [inˈfrækʃən]（L. *in* into + *fractio* break）不全骨折
　Freiberg's i. 弗莱堡氏不全骨折

infracture [inˈfræktʃə] 不全骨折

infradentale [ˌinfrədenˈteili] 下牙点,龈下点

infradian [ˌinfrəˈdiən]（*infra-* + L. *dies* day）亚日的

infradiaphragmatic [ˌinfrəˌdaiəfrægˈmætik] 膈下的

infraduction [ˌinfrəˈdʌkʃən]（*infra-* + *duction*）眼下转

infraglenoid [ˌinfrəˈgliːnɔid] 关节盂下的

infraglottic [ˌinfrəˈglɔtik] 声门下的

infrahyoid [ˌinfrəˈhaiɔid] 舌骨下的

infrainguinal [ˌinfrəˈingwinəl] 腹股沟下的

inframamillary [ˌinfrəˈmæmiləri] 乳头下的

inframammary [infrəˈmæməri] 乳房下的

inframandibular [ˌinfrəmænˈdibjulə] 下颌下的

inframarginal [ˌinfrəˈmɑːdʒinəl] 缘下的

inframaxillary [ˌinfrəˈmæksiləri] 上颌下的

inframicrobe [ˌinfrəˈmaikrəub]（滤过性）病毒

infranuclear [ˌinfrəˈnjuːkliə] 核下的

infra-occipital [ˌinfrəɔkˈsipətl] 枕下的

infraorbital [ˌinfrəˈɔːbitəl] 眶下的

infrapatellar [ˌinfrəpəˈtelə] 髌下的

infraplacement [ˌinfrəˈpleismənt] 向下移位

infraprotein [ˌinfrəˈprəutin] 胨,变性蛋白

infrapsychic [ˌinfrəˈsaikik] 精神域以下的,自动性的

infrapubic [ˌinfrəˈpjuːbik] 耻骨下的

infrapulmonary [ˌinfrəˈpʌlmənəri] 肺下的

infrarectus [ˌinfrəˈrektəs]（眼）下直肌

infrared [infrəˈred] 红外线,红外区
　far i., long-wave i. 远红外线,长波红外线
　near i., short-wave i. 近红外线,短波红外线

infrascapular [ˌinfrəˈskæpjulə] 肩胛下的

infrasonic [ˌinfrəˈsɔnik] 听域下的

infraspinatus [ˌinfrəspiˈnætəs] 冈下肌

infraspinous [ˌinfrəˈspainəs] 冈下的

infrasplenic [ˌinfrəˈsplenik] 脾下的

infrasternal [ˌinfrəˈstəːnəl] 胸骨下的

infrastructure [ˌinfrəˈstrʌktʃə] 下层结构,基底,基础结构
　implant i. 下层植入

infratemporal [ˌinfrəˈtempərəl] 颞下的

infratentorial [ˌinfrətenˈtɔːriəl] 幕下的

infrathoracic [ˌinfrəˈθɔrəsik] 胸下的

infratonsillar [ˌinfrəˈtɔnsilə] 扁桃体下的,咽扁桃体下的

infratracheal [ˌinfrəˈtrækiəl] 气管下的

infratrochlear [ˌinfrəˈtrɔkliə] 滑车下的

infratubal [ˌinfrəˈtjuːbəl] 管下的

infraturbinal [ˌinfrəˈtəːbinəl] 下鼻甲

infraumbilical [ˌinfrəʌmˈbilikəl] 脐下的

infravergence [ˌinfrəˈvəːdʒəns]（*infra-* + *vergence*）下转

infraversion [ˌinfrəˈvəːʃən]（*infra-* + *version*）❶低位(牙)；❷眼下斜；❸眼下转

infriction [inˈfrikʃən]（L. *in* on + *frictio* rubbing）涂擦法

infundibula [ˌinfʌnˈdibjulə] 漏斗；下丘脑；动脉圆锥。*infundibulum* 的复数形式

infundibular [ˌinfʌnˈdibjulə] 漏斗的

infundibulectomy [ˌinfʌnˌdibjuˈlektəmi] 动脉圆锥切除术
　Brock's i. 布罗卡氏动脉圆锥切除术

infundibuliform [ˌinfʌnˈdibjulifɔːm]（L. *infundibulum* funnel + *forma* form）漏斗状的

infundibuloma [ˌinfʌnˌdibjuˈləumə]（下丘脑）漏斗瘤

infundibulopelvic [ˌinfʌnˌdibjuləˈpelvik] 漏斗骨盆的

infundibulum [ˌinfʌnˈdibjuləm]（pl. *infundibula*）(L. "funnel") ❶漏斗；❷下丘脑；❸动脉圆锥；❹某些原生动物颊腔中深的管状或漏斗状部分
　crural i., i. crurale 股管
　ethmoidal i. of cavity of nose 鼻腔筛漏斗
　ethmoidal i. of ethmoid bone 筛骨筛漏斗

i. ethmoidale cavi nasi（NA）鼻腔筛漏斗
i. ethmoidale ossis ethmoidalis（NA）筛骨筛漏斗
i. of fallopian tube 输卵管漏斗
i. of heart 动脉圆锥
i. of hypophysis 下丘脑漏斗
i. hypothalami（NA），**i. of hypothalamus** 下丘脑漏斗
infundibula of kidney 肾小盏
i. nasi, i. of nose ①鼻腔筛漏斗；②筛骨筛漏斗
i. pulmonis, i. pulmonum 肺漏斗，肺泡小管
infundibula renum 肾小盏
i. tubae uterinae（NA）输卵管漏斗
i. of urinary bladder 膀胱底
i. of uterine tube 输卵管漏斗
infusa [inˈfjusə]（L.）浸剂。infusum 的复数形式
infusible [inˈfjuːzəbl] 不熔的
infusion [inˈfjuːʒən]（L. *infusio*; from *in* into + *fundere* to pour）❶浸剂；❷（L. *infusum*, gen. *infusi*）浸剂；❸输注，注入
  cold i. 冷浸剂
  meat i. 肉浸液
  saline i. 盐水输注
infusodecoction [inˌfjuːzəudiˈkɔkʃən] 浸煎剂
Infusoria [ˌinfjuːˈsɔːriə]（L. pl., so called because found in *infusions*, after exposure to air）纤毛虫类
infusum [inˈfjuːsəm]（L.）浸剂
ingesta [inˈdʒestə]（L. pl., *in* into + *gerere* to carry）饮食物
ingestant [inˈdʒestənt] 摄食物
ingestion [inˈdʒestʃən] 食入，摄入
ingestive [inˈdʒestiv] 食入的，摄入的
ingluveosis [inˌgluːviˈəusis]（L. *ingluvies* gizzard）贲门痉挛
ingluvies [inˈgluːviːz]（L.）❶嗉囊；❷瘤胃
ingluvin [inˈgluːvin]（L. *ingluvies* gizzard）鸡嗉囊酶
Ingrassia's process [inˈgrɑːsiəs]（Giovanni Filippo *Ingrassia*, Italian anatomist, 1510-1580) 蝶骨小翼，蝶骨翼

ingravescent [ˌingrəˈvesənt]（L. *in* upon + *gravesci* to grow heavy）渐重的
ingravidation [ingrəviˈdeiʃən]（L. *in* in + *gravid*）受孕
ingrowth [ˈingrəuθ] 向内生长，向内生长物，长入物
  epithelial i. 上皮向内生长
inguen [ˈiŋgwən]（pl. *inguina*）（L.）（NA）腹股沟
inguina [ˈiŋgwinə]（L.）腹股沟。inguen 的复数形式
inguinal [ˈiŋgwinəl]（L. *inguinalis*）腹股沟的
inguino-（L. *inguen* groin）腹股沟
inguinoabdominal [ˌiŋgwinəuæbˈdɔminəl] 腹股沟腹的
inguinocrural [ˌiŋgwinəuˈkruərəl] 腹股沟股的
inguinodynia [ˌiŋgwinəuˈdiniə] 腹股沟痛
inguinolabial [ˌiŋgwinəuˈleibiəl] 腹股沟阴唇的
inguinoscrotal [ˌiŋgwinəuˈskrəutəl] 腹股沟阴囊的
ingurgitation [inˌgəːdʒiˈteiʃən]（L. *ingurgitatio* a swallowing）吞下，咽下
INH 异烟肼制剂的商品名
inhalant [inˈheilənt] ❶吸入剂；❷一类精神刺激物质，吸入其挥发性蒸气可染上毒瘾
  antifoaming i. 止泡吸入剂
inhalation [ˌinhəˈleiʃən]（L. *inhalatio*）❶吸入(法)；❷吸入剂
  isoproterenol sulfate i.（USP），硫酸异丙肾上腺素吸入剂
inhale [inˈheil]（L. *inhalare*）吸入，吸气
inhaler [inˈheilə] ❶吸入器；❷滤气器
  ether i. 乙醚吸入器
  H.H.i. 汉-哈二氏吸气器
inherent [inˈhiərənt]（L. *inhaerens* sticking fast）固有的，生来的，内在的
inheritance [inˈheritəns]（L. *inhereditare* to appoint an heir）❶遗传；❷遗传特性
  alternative i. 交替遗传
  codominant i. 共显性遗传，等显性遗传
  complemental i. 互补遗传
  cytoplasmic i. 细胞质遗传
  dominant i. 显性遗传
  extrachromosomal i. 非染色体性遗传

holandric i. 男性遗传,限雄遗传
homochronous i. 同期遗传
homotropic i. 获得性遗传
intermediate i. 中间性遗传
maternal i. 母体遗传
mendelian i. 孟德尔氏遗传
mitochondrial i. 线粒体遗传
monofactorial i. 单因子遗传
multifactorial i. 多因子遗传
polygenic i., quantitative i. 多基因遗传
quasidominant i. 类显性遗传
recessive i. 隐性遗传,弱性遗传
sex-linked i. 伴性遗传
inherited [in'heritid] 遗传的
inhibin [in'hibin] 抑制素
inhibit [in'hibit] 抑制,使停止,限制
inhibition [ˌinhi'biʃən] (L. *inhibēre* to restrain, from *in* in + *habēre* to hold) 抑制,抑制作用
allogenic i. 同种(异体性)抑制
allosteric i. 变构性抑制
competitive i. 竞争抑制
contact i. 接触性抑制
endproduct i. 终产物抑制,反馈性抑制
enzyme i. 酶抑制
feedback i. 反馈抑制
hemagglutination i. (HI, HAI) 血凝抑制反应
mixed i. 混合型抑制
noncompetitive i. 非竞争抑制
proactive i. 前摄抑制
reciprocal i. 交互抑制
retroactive i. 倒摄抑制
uncompetitive i. 非竞争性抑制
Wedensky i. 维金斯基氏抑制
inhibitive [in'hibitiv] 抑制的
inhibitrope [in'hibitrəup] 抑制倾向者
inhibitor [in'hibitə] 抑制剂,抑制物
alpha$_1$-proteinase i. α$_1$-蛋白酶抑制剂
alpha$_1$-proteinase i. (human) α$_1$-人蛋白酶抑制剂
angiotensin-converting enzyme (ACE) i's 血管紧张素转化酶抑制剂
carbonic anhydrase i. 碳酸酐酶抑制剂
C$\bar{1}$ i. (C$\bar{1}$ INH) C$\bar{1}$ 抑制剂
C1 esterase i. 酯酶抑制剂
cholesterol i. 胆固醇抑制剂
cholinesterase i. 胆碱酯酶抑制剂
membrane attack complex i. (MAC INH) 膜攻击复合物抑制
mitotic i. 有丝分裂抑制剂
monoamine oxidase i. (MAOI) 单胺氧化酶抑制剂
phosphodiesterase i. 磷酸二酯酶抑制剂
α$_2$ plasmin i. α$_2$ 人纤维蛋白溶酶抑制剂
plasminogen activator i. (PAI) 纤维蛋白溶酶原激活剂抑制剂
inhibitory [in'hibitəri] (L. *inhibere* to restrain) 抑制的
inhomogeneity [ˌinˌhɔməudʒə'niːiti] 不纯一性,不同质性
inhomogeneous [ˌinˌhɔmə'dʒiːniəs] 不纯一的,不同质的
iniac ['iniæk] 枕外隆凸尖的
iniad ['iniæd] 向枕外隆凸尖
inial ['iniəl] 枕外隆凸尖的
iniencephalus [ˌiniən'sefələs] 枕骨裂脑露畸胎
iniencephaly [ˌiniən'sefəli] (Gr. *inion* occiput + *enkephalos* brain) 枕骨裂脑露畸形
inio- (Gr. *inion* occiput) 枕部
iniodymus [ˌini'ɔdiməs] (*inio-* + Gr. *didymos* twin) 枕部联胎
iniofacial [ˌiniə'feiʃəl] 枕外隆凸(与)面的
inioglabellar [ˌiniəu'glæbələ] 枕外隆凸(与)眉间的
inion ['iniən] (Gr. "the back of the head") (NA) 枕外隆凸尖
iniopagus [ˌini'ɔpəgəs] (*inio-* + Gr. *pagos* thing fixed) 枕部联胎
iniops ['iniɔps] (*inio-* + Gr. *ōps* eye) 双脸畸胎
inirritative [ˌinəri'teitiv] (L. *in* not + *irritare* to irritate) 不刺激的,缓和性的
initial [i'niʃəl] (L. *initialis*, from *initium* beginning) 初期的,开始的
initiation [iˌniʃi'eiʃən] 开始,起始
initiator [i'niʃieitə] 引发剂
initis [i'naitis] 肌炎
injecta [in'dʒektə] 注射液
injectable [in'dʒektəbl] ❶可以注射的;❷注射物
injected [in'dʒektəd] ❶注入的;❷充血的

injectio [inˈdʒekʃiəu] (L. "injection") ❶ 注射；❷ 注射液

injection [inˈdʒekʃən] (L. *injectio*, from *inicere* to throw into) ❶ 注射；❷ 注射液；❸ 充血

aminohippurate sodium i. (USP) 氨基马尿酸钠注射液

aminophylline i. (USP) 氨茶碱注射液

anatomical i. 解剖(用)注射液

benzylpenicilloyl polylysine i. (USP) 青霉噻唑酰多聚赖氨酸注射液

biperiden lactate i. (USP) 乳酸双环哌丙醇注射液

caffeine and sodium benzoate i. (USP) 咖啡因和苯甲酸钠注射液

chloroquine hydrochloride i. (USP) 盐酸氯喹啉注射液

circumcorneal i. 角膜周围充血

coarse i. 大血管注射液

dextrose i. (USP) 葡萄糖注射液

endermic i. 皮内注射

epifascial i. 筋膜上注射

ethiodized oil i. (USP) 乙碘油注射剂

fine i. 小血管注射液

fructose i. 果糖无菌水溶液

gaseous i. 气体注射

gelatin i. 明胶注射液

hypodermic i. 皮下注射

indium 111 pentetate i. (USP) 二乙三胺醋酸铟注射液

intracutaneous i., intradermal i., intradermic i. 皮内注射

intramuscular i. 肌肉注射

intrathecal i. 鞘内注射

intravascular i. 血管(内)注射

intravenous i. 静脉(内)注射

invert sugar i. (USP) 转化糖注射液

iodinated I 125 albumin i. (USP) 125 碘化白蛋白注射液

iodinated I 131 albumin i. (USP) 131 碘化白蛋白注射液

iodohippurate sodium I 123 i. (USP) 碘马尿酸钠 123 碘注射液

iodohippurate sodium I 131 i. (USP) 碘马尿酸钠 131 碘注射液

iron dextran i. (USP) 葡聚糖铁注射剂

iron sorbitex i. (USP) 山梨醇铁注射液

jet i. 喷射注射

methotrexate sodium i. (USP) 氨甲叶酸钠注射液

opacifying i. 造影注射

paraperiosteal i. 骨膜旁注射

parenchymatous i. 实质内注射

posterior pituitary i. (USP) 垂体后叶注射液

preservative i. 防腐性注射液

protamine sulfate i. (USP) 硫酸鱼精蛋白注射剂

protein hydrolysate i. (USP) 水解蛋白注射液

repository corticotropin i. (USP) 复位促肾上腺皮质激素注射液

Ringer's i (USP) 林杰尔氏注射液

Ringer's i., lactated (USP) 乳酸林杰尔氏注射液

sclerosing i. 硬化性注射

sodium chloride i. (USP) 氯化钠注射液

sodium chromate Cr 51 i. (USP) 铬酸钠铬 51 注射液

sodium pertechnetate Tc 99m i. (USP) 高锝酸钠注射液

sodium radiochromate i. 铬酸钠注射液

subcutaneous i. 皮下注射

technetium Tc 99m albumin aggregated i. (USP) 99m 锝凝聚白蛋白注射液

vasopressin i. (USP) 加压素注射液

injector [inˈdʒektə] (L. *injicere* to inject) 注射器

injury [ˈindʒəri] (L. *injuria*; *in* not + *jus* right) 伤,损伤

birth i. 产伤

blast i. 暴发性损伤

deceleration i. 减速性损伤

Goyrand's i. 古瓦朗氏损伤

steering-wheel i. 驾驶盘损伤

unintentional i. 非故意性伤害

whiplash i. 鞭样损伤

in-knee [inˈni:] 膝外翻

inlay [ˈinlei] ❶ 嵌体,镶嵌物；❷ 内置法,嵌入法

epithelial i. 上皮内置(法)

inlet [ˈinlet] 入口,进(水)口

pelvic i. 骨盆入口,骨盆上口

thoracic i. 胸廓上口

INN (International Nonproprietary Names 的缩写) 国际非专利商标名

innate [i'neit] (*in* in + *nasci* to be born) 先天,生来的

innervation [ˌinəˈveiʃən] (L. *in* into + *nervus* nerve) ❶ 神经分布;❷ 神经支配
double i. 双重神经支配
reciprocal i. 交互神经支配

innidiation [iˌnidiˈeiʃən] (L. *in* into + *nidus* nest) 移生,移地发育

innocent ['inəsnt] (L. *innocens*; *in* not + *nocere* to harm) 良性的,无害的

innocuous [iˈnɔkjuəs] 无害的,良性的

innominatal [iˌnɔmiˈneitəl] 无名骨(髋骨)的,无名动脉(头臂动脉)的

innominate [iˈnɔmineit] (L. *innominatus* nameless; *in* not + *nomen* name) 无名的

innominatum [iˌnɔmiˈneitəm] (L.) 无名骨,髋骨

Innovar ['inəvɑː] 伊诺佛:达哌啶醇和枸橼酸芬太尼 50:1 制剂的商品名

innoxious [iˈnɔkʃəs] (L. *in* not + *noxius* harmful) 无害的

innutrition [ˌinju(ː)ˈtriʃən] 营养缺乏

in(o)- (Gr. *is*, gen. *inos* fiber) 纤维,纤维样物

inoblast ['inəblæst] (*ino-* + Gr. *blastos* germ) 成结缔(组)织细胞,成纤维细胞

inocarcinoma [ˌinəuˌkɑːsiˈnəum] 纤维癌,硬癌

inochondritis [ˌinəuˌkɔnˈdraitis] (L. *ino-* + Gr. *chondros* cartilage + *-itis*) 纤维软骨炎

inochondroma [ˌinəuˌkɔnˈdrəumə] (Gr. *is*, *inos* fiber + *chondroma*) 纤维软骨瘤

Inocor ['inəukɔː] 伊诺克:氨吡酮制剂的商品名

inocula [iˈnɔkjulə] (L.) 接种物。*inoculum* 的复数形式

inoculability [iˌnɔkjuləˈbiliti] 可接种性

inoculable [iˈnɔkjuləbl] ❶ 可接受接种的,可接种的;❷ 对接种的疾病没有免疫的

inoculate [iˈnɔkjuleit] 接种

inoculation [iˌnɔkjuˈleiʃən] (L. *inoculatio*, from *in* into + *oculus* bud) 接种
protective i. 防御接种

inoculum [iˈnɔkjuləm] (pl. *inocula*) (L.) 接种物

inocyst ['inəusist] (Gr. *is*, *inos* fiber + *kystis* bladder) 纤维囊

inocystoma [ˌinəusisˈtəumə] (Gr. *is* fiber + *kystis* cyst + *oma* tumor) 纤维囊瘤

inocyte ['inəsait] (*ino-* + *-cyte*) 纤维细胞

inodilator [ˌinəudaiˈleitə] 纤维扩张剂

ino-endothelioma [ˌinəuˌendəuθiliˈəumə] 纤维内皮瘤

ino-epithelioma [ˌinəuˌepiθiliˈəumə] 纤维上皮瘤,纤维上皮癌

inogen ['inəudʒən] (Gr. *is*, *inos* fiber + *gennan* to produce) 肌收缩原

inogenesis [ˌinəuˈdʒenəsis] 纤维细胞形成

inogenous [iˈnɔdʒənəs] 纤维组织原的

inoglia [iˈnɔgliə] (*ino-* + Gr. *glia* glue) 纤维胶质

inohymenitis [ˌinəuˌhaimeˈnaitis] (Gr. *is* fiber + *hymen* membrane + *-itis* inflammation) 纤维膜炎

inoleiomyoma [ˌinəuˌliəumaiˈəumə] (Gr. *is* fiber + *leios* smooth + *mys* muscle + *-oma* tumor) 纤维平滑肌瘤

inolith ['inəliθ] (*ino-* + Gr. *lithos* stone) 纤维石

inoma [iˈnəumə] (Gr. *is*, *inos* fiber + *-oma* tumor) 纤维瘤

inomyoma [ˌinəumaiˈəumə] 纤维肌瘤

inomyositis [ˌinəumaiəˈsaitis] 纤维肌炎

inoneuroma [ˌinəunjuəˈrəumə] 纤维神经瘤

inoperable [iˈnɔpərəbl] 不能手术的,不宜手术的

inopexia [ˌinəuˈpeksiə] (Gr. *is* fiber + *pexis* fixation) 血液自凝性

inophlogosis [ˌinəuflɔˈgəusis] (Gr. *is* fiber + *phlogosis* inflammation) 纤维织炎

inophragma [ˌinəuˈfrægmə] (L. *ino-* + Gr. *phragmos* a fencing in) 基膜

inopolypus [ˌinəuˈpɔlipəs] 纤维息肉

inorganic [ˌinɔːˈgænik] (*in* not + *organic*) ❶ 无器官的;❷ 无机的;❸ 无机物的

inorganic pyrophosphatase [inɔːˈgænik ˌpairəuˈfɔsfəteis] (EC 3.6.1.1) 无机焦磷酸酶

inorrhabdomyoma [ˌinəuˌræbdəmaiˈəumə] (Gr. *is* fiber + *rhabdos* rod + *mys* muscle + *-oma* tumor) 纤维横纹肌瘤

inoscleroma [ˌinəuˌskliəˈrəumə] (Gr. *is* fiber + *skleromo* induration) 纤维织硬结

inosclerosis [ˌinəuskliə'rəusis] (*ino-* + Gr. *sklēros* hard) 纤维组织硬化

inoscopy [i'nɔskəpi] (*ino-* + Gr. *skopein* to examine) 纤维质消化检查

inosculate [i'nɔskjuleit] (L. *in* into + *osculum* little mouth) 使吻合,(使)连合

inosculation [iˌnɔskju'leiʃən] 吻合,连合

inose ['inəus] 肌醇,环己六醇

inosemia [ˌinəu'si:miə] (*ino-* + Gr. *haima* blood + *-ia*) ❶ 纤维蛋白血(症);❷ 肌醇血

inosinate [i'nɔsineit] 肌苷酸盐,次黄(嘌呤核)苷酸盐

inosine ['inəsi:n] 肌苷,次黄(嘌呤核)苷
　i. monophosphate（IMP）磷酸次黄(嘌呤)苷,一磷酸肌苷
　i. triphosphate（ITP）肌苷三磷酸酶

inosinic acid [ˌinə'sinik] 次黄(嘌呤)核苷酸,肌苷酸

inosis [i'nəusis] 纤维组织形成

inosite ['inəsait] 肌醇,环己六醇

inositide [i'nəsitaid] 含有肌醇结构的化合物,尤指磷脂酸肌醇酯和相关脂类

inositis [ˌinə'saitis] (*ino-* + *-itis*) 纤维组织炎

inositol [i'nɔsitɔl] 肌醇,环己六醇
　myo-i. 肌醇的肌异构体
　i. niacinate,烟酸肌醇脂
　i. 1,4,5-triphosphate（Ins P_3, IP_3）1,4,5-三磷酸肌醇酯

inosituria [ˌinəuˌsaitə'ljuəriə] 肌醇尿

inosituria [ˌinəusai'tjuəriə] 肌醇尿

inosteatoma [ˌinəuˌstiə'təumə] 纤维皮脂瘤

inostosis [ˌinɔs'təusis] 骨质再生

inosuria [ˌinəu'sjuəriə] ❶ 纤维蛋白尿;❷ 肌醇尿

inotagma [ˌinəu'tægmə] (*ino-* + Gr. *tagma* arrangement) 肌细胞收缩线

inotropic [ˌinəu'trɔpik] (*ino-* + Gr. *trepein* to turn or influence) 影响收缩力的,变力的(心神经纤维)
　negatively i. 减弱收缩力的
　positively i. 增强收缩力的

inotropism [i'nɔtrəpizəm] 肌醇力的变化,变力性

in ovo [in'əuvəu] (L.) 卵内

inquest ['inkwest] (L. *in* into + *quaerere* to seek) 审讯,审问,调查

inquiline ['inkwilain] (L. *inquilinus* a lodger) 寄居物

insalivation [inˌsæli'veiʃən] (L. *in* in + *saliva* spittle) 混涎作用

insalubrious [ˌinsə'lju:briəs] 有碍卫生的,有碍健康的

insanability [ˌinsænə'biliti] (L. *in* not + *sanabilis* curable) 不可治,不治

insane [in'sein] (L. *in* not + *sanus* sound) 精神错乱的,精神失常的

insanitary [in'sænitəri] 不卫生的,有碍健康的,不清洁的

insanity [in'sæniti] (L. *insanitas*, from *in* not + *sanus* sound) 精神病,精神紊乱
　moral i. 悖德狂

insanoid ['insənɔid] 类似精神病的,近于精神病

inscriptio [in'skripʃiəu] (pl. *inscriptiones*) (L. from *inscribere* to write on) ❶ 划;❷ 交叉,交切
　i. tendinea 腱划
　inscriptiones tendineae musculi recti abdominis 腹直肌腱划

inscription [in'skripʃən] (L. *inscriptio*) ❶ 划;❷ 药量记载
　tendinous i. 腱划
　tendinous i's of rectus abdominis muscle 腹直肌腱划

inscriptiones [inˌskripʃi'əuniz] (L.) ❶ 划;❷ 药量。*inscriptio* 的复数形式

insect ['insekt] 昆虫

Insecta [in'sektə] (L. from *in* + *sectum* cut) 昆虫纲,六足虫纲

insectarium [ˌinsek'tɛəriəm] 昆虫(饲养)室,养虫室

insecticide [in'sektisaid] (L. *insectum* insect + *caedere* to kill) 杀昆虫剂

insectifuge [in'sektifju:dʒ] (*insect* + L. *fugare* to put to flight) 驱昆虫剂

Insectivora [ˌinsek'tivərə] (*insect* + L. *vorare* to devour) 食虫目(动物)

insectivore [in'sektivɔ:] 食虫动物

insectivorous [ˌinsek'tivərəs] 食虫的

insemination [inˌsemi'neiʃən] (L. *inseminatus* sown, from *in* into + *semen* seed) 受精
　artificial i. 人工受精,人工受孕
　donor i., heterologous i. 供者人工受精,

异配(人工)受精
homologous i. 丈夫人工受精,同配(人工)受精
insenescence [ˌinsəˈnesəns] 衰老
insensible [inˈsensəbl] (L. *in* not + *sensibilis* appreciable) ❶ 无感觉的,麻木的; ❷ 不省人事的
insert [ˈinsəːt] (L. *inserere* to graft, insert) ❶ 植入,嵌入; ❷ 嵌入物
   intramucosal i., mucosal i. 粘膜内嵌入物
insertio [inˈsəːʃiəu] (L.) 附着
   i. velamentosa 帆状附着
insertion [inˈsəːʃən] (L. *inserere* to join to) ❶ 附着(部); ❷ 插入(段)
   parasol i. 伞形附着
   velamentous i. 帆状附着
insheathed [inˈʃiːðd] 包于鞘内的,被包的
insidious [inˈsidiəs] (L. *insidiosus* deceitful, treacherous) 隐袭的,发展渐进且难以捉摸的
insight [ˈinsait] ❶ 自知力; ❷ 顿悟
in situ [inˈsaitjuː] (L.) 原位
insolation [ˌinsəˈleiʃən] (L. *insolare* to expose to the sun; *in* in + *sol* sun) ❶ 日光浴; ❷ 日射病
   asphyxial i. 窒息性日射病
   hyperpyrexial i. 高热性日射病
insoluble [inˈsɔljubl] (L. *insolubilis*, from *in* not + *solvere* to dissolve) 不溶解的
insomnia [inˈsɔmniə] (L. *in* not + *somnus* sleep + *-ia*) 失眠(症)
insomniac [inˈsɔmniæk] ❶ 失眠的; ❷ 失眠者
insomnic [inˈsɔmnik] 失眠的,不能入睡的
insonate [inˈsəuneit] 接受超声波作用
insorption [inˈsɔːpʃən] 内吸渗
InsP₃ (inositol 1,4,5-triphosphate 的缩写) 1,4,5-三磷酸肌醇
inspection [inˈspekʃən] ❶ 检查,视察,监督; ❷ 望诊
inspersion [inˈspəːʒən] (L. *inspersio*; *in* upon + *spargere* to sprinkle) 撒粉法,扑粉法
inspirate [ˈinspəreit] 吸入气体(或空气)
inspiration [ˌinspəˈreiʃən] (L. *inspirare* from *in* in + *spirare* to breathe) 吸(气)
inspiratory [inˈspaiərətəri] 吸气的,吸入的
inspirometer [ˌinspaiəˈrɔmitə] (*inspire* + Gr. *metron* measure) 吸气测量计
inspissated [inˈspiseitid] (L. *inspissatus*, from *in* intensive + *spissare* to thicken) 蒸浓的,浓缩的,变干燥的
inspissation [ˌinspiˈseiʃən] (L. *inspissatio*) ❶ 蒸浓,浓缩; ❷ 蒸浓法,浓缩法
inspissator [inˈspiseitə] 蒸浓器,浓缩器
instability [ˌinstəˈbiliti] 不稳定性
   detrusor i. 逼肌不稳定
instar [ˈinstɑː] (L. "a form") 龄期
instauration [ˌinstɔːˈreiʃən] (L. *instauratio* renewal) 机能初现
instep [ˈinstep] 足背
instillation [ˌinstiˈleiʃən] (L. *instillatio*, from *in* into + *stillare* to drop) 滴注法
instillator [ˈinstiˌleitə] 滴注器
instinct [ˈinstinkt] (L. *instinctus*; *in* no + *stinguere* to prick) 本能,本性
   aggressive i. 攻击性本能
   death i. 死亡本能
   ego i. 自我本能
   herd i. 群体本能
   life i. 生命本能
   mother i. 母性本能
   sexual i. 性本能
instinctive [inˈstinktiv] 本能的
institutionalization [ˌinstiˌtjuːʃənəlaiˈzeiʃən] ❶ 将患者送进医疗机构进行治疗,常为精神治疗; ❷ 病人由于长期住院,过分依赖医院及常规治疗,其自理的愿望逐渐淡漠
instrument [ˈinstrumənt] (L. *instrumentum*; *instruere* to furnish) 器械,仪器
instrumental [ˌinstruˈmentəl] 器械的,由器械完成的
instrumentarium [ˌinstrumənˈtɛəriəm] 全套器械,特组器械
instrumentation [ˌinstrumənˈteiʃən] 器械用法,器械操作法
   Cotrel-Dubousset i. 柯-杜二氏器械用法
   Dwyer i. 德威尔氏器械用法
   Harrington i. 哈里特氏器械用法
   Luque i. 路柯氏器械用法
   Zielke i. 策耳克氏器械用法
insuccation [ˌinsəˈkeiʃən] (L. *insuccare* to soak in; *in* into + *succus* juice) 浸渍
insudate [inˈsjuːdeit] 积蓄物
insudation [insjuˈdeiʃən] (*in-* + L. *su-*

dare to sweat)(物质)积蓄,积蓄物

insufficiency [ˌinsəˈfiʃənsi] (L. *insufficientia*, from *in* not + *sufficiens* sufficient) 不充分,不足,机能不全,闭锁不全,关闭不全

active i. 肌运动机能不全
adrenal i. 肾上腺机能不全
aortic i. 主动脉瓣关闭不全
basilar i. 椎动脉及基底动脉机能不全
cardiac i. 心脏机能不全
coronary i. 冠状血管供血不足
i. of the externi 眼外直肌机能不全
i. of the eyelids 眼睑机能不全
gastric i., gastromotor i. 胃运动机能不全,胃肌无力
hepatic i. 肝机能不全
ileocecal i. 回盲瓣机能不全
i. of the interni 眼内直肌机能不全
mitral i. 二尖瓣关闭不全
muscular i. 肌机能不全
myocardial i. 心肌机能不全
parathyroid i. 甲状旁腺机能减退
placental i. 胎盘机能不全
pulmonary i. 肺动脉瓣闭不全
renal i. 肾机能不全
thyroid i. 甲状腺机能减退
tricuspid i. 三尖瓣关闭不全
uterine i. 子宫机能不全
i. of the valves, valvular i. 心瓣关闭不全
velopharyngeal i. 咽(腭)帆机能不全
venous i. 静脉机能不全
vertebrobasilar i. 椎动脉及基底动脉功能不全

insufficientia [ˌinsəˈfiʃənʃiə] ❶ 机能不全;❷ 闭锁不全,关闭不全

insufflation [ˌinsəˈfleiʃən] (L. *in* into + *sufflatio* a blowing up) ❶ 吹入法,注气法;❷ 吹入剂

cranial i. 颅内注气
endotracheal i. 气管内吹入法
i. of the lungs 肺吹气法
perirenal i. 肾周注气法
presacral i. 骶前注气法
tubal i. 输卵管通气法

insufflator [ˈinsəfleitə] 吹入器

insula [ˈinsjulə] (gen. or pl. *insulae*) (L. "island") ❶ 岛状结构;❷ 脑岛

insulae of Peyer 佩耶尔淋巴集结
i. of Reil 雷尔岛,脑岛

insular [ˈinsjulə] 岛的

Insulatard NPH [ˈinsjuːlətɑːd] 鱼精蛋白锌胰岛素悬液制剂的商品名

insulation [ˌinsjuˈleiʃən] (L. *insulare* to make an island of) ❶ 绝缘;❷ 绝缘体

insulator [ˈinsjuːleitə] 绝缘体

insulin [ˈinsjulin] (L. *insula* island + *-in*) 胰岛素

extended i. zinc suspension (USP) 长效胰岛素锌混悬液
globin i. 珠蛋白胰岛素
globin zinc i. injection 珠蛋白锌胰岛素注射液
i. human (USP) 人胰岛素
i. injection (USP) 胰岛素注射液
isophane i. suspension (USP) 中性精蛋白锌胰岛素悬液
Lente i. 慢胰岛素:胰岛素锌悬液制剂的商品名
NPH i. (*Neutral Protamine Hagedorn* 的缩写) 中性精蛋白锌胰岛素悬液
prompt i. zinc suspension (USP) 速效胰岛素锌悬液
protamine zinc i. suspension (USP) (鱼)精蛋白锌胰岛素悬液
regular i. 普通胰岛素
Semilente i. 半慢胰岛素:速效胰岛素锌悬液制剂的商品名
three-to-one i. 胰岛素精蛋白锌胰岛素3:1混合物
Ultralente i. 特慢胰岛素:长效胰岛素锌悬液制剂的商品名
i. zinc suspension (USP) 胰岛素锌悬液

insulinase [ˈinsjulineis] 胰岛素酶

insulinemia [ˌinsjuliˈniːmiə] (*insulin* + *-emia*) 胰岛素血(症)

insulinlipodystrophy [ˌinsjulinˌlipəuˈdistrəfi] 胰岛素性脂肪萎缩

insulinogenesis [ˌinsjuˌlinəuˈdʒenəsis] 胰岛素生成

insulinogenic [ˌinsjuˌlinəuˈdʒenik] 胰岛素生成的,促进胰岛素生成的,胰岛素的,胰岛素性的

insulinoid [ˈinsjulinɔid] ❶ 胰岛素样的;❷ 任何具有胰岛素低糖血特征的物质

insulinoma [ˌinsjuliˈnəumə] 胰岛(腺)瘤

insulinopenic [ˌinsjulinəu'penik] 血中胰岛素降低的

insulism ['insjulizəm] 胰岛机能亢进,胰岛素过多,胰岛素过多性休克

insulitis [ˌinsju'laitis] 胰岛炎

insulogenic [ˌinsjuləu'dʒenik] 胰岛素生成的,胰岛素原的,胰岛素性的

insuloma [ˌinsju'ləumə] (L. *insula* island (of Langerhans) + *-oma*) 胰岛(腺)瘤

insult ['insʌlt] (L. *insultus* attack) 损伤,创伤,发作

insusceptibility [ˌinsəˌsepti'biliti] 不易感受性,免疫性

intake ['inteik] 吸入,摄取(量)
   caloric i. 热量摄取
   fluid i. 液体摄取

Intal ['inteil] 因特尔:色甘酸钠制剂的商品名

integration [ˌinti'greiʃən] ❶ 同化(作用); ❷ 协调(作用); ❸ 知识整合(作用); ❹ 遗传整合(作用)
   biological i. 生物(性)整合

integrator ['intiˌgreitə] 积分仪,求积仪

integrin ['intigrin] 粘合素分子
   $β_1$ **i.** 任何含 $β_1$ 链的粘合素分子
   $β_2$ **i.** 任何含 $β_2$ 链的粘合素分子
   $β_3$ **i.** 任何含 $β_3$ 链的氧基哌啶哚

integument [in'tegjumənt] (L. *integumentum*) ❶ 体被; ❷ 皮
   common i. 皮肤,皮

integumentary [inˌtegju'mentəri] ❶ 皮被的,皮的,由皮肤构成的; ❷ 用作皮被的,似皮肤的

integumentum [inˌtegju'mentəm] (L., from *in* on + *tegere* to cover) (NA) ❶ 珠被,包膜; ❷ 皮,皮肤
   i. commune (NA) 皮,皮肤

in tela [in 'telə] (L.) 组织中

intellect ['intilekt] (L. *intellectus*, from *intelligere* to understand) 智力,才智,理解力

intellectualization [ˌintiˌlektjuəlai'zeiʃən] 理智化

intelligence [in'telidʒəns] (L. *intelligere* to understand) 智力,理解能力

intemperance [in'tempərəns] (L. *in* not + *temperare* to moderate) 无节制

intensification [inˌtensifi'keiʃən] (L. *in-tensus* intense + *facere* to make) ❶ 增强; ❷ 强化(作用)

intensimeter [ˌinten'simitə] X 线强度计

intensionometer [inˌtensiə'nɔmitə] X 线强度计

intensity [in'tensiti] (L. *intensus* intense; *in* on + *tendere* to stretch) 强度
   electric i. 电场强度
   luminous i. 发光强度
   i. of x-rays X 线强度

intensive [in'tensiv] (L. *in* on + *tendere* to stretch) 增强的,加强的,深入细致的

intensivist [in'tensivist] 特护医生

intention [in'tenʃən] (L. *intentio*, from *in* upon + *tendere* to stretch) ❶ 愈合; ❷ 意图,意向

inter- (L. *inter* between) 间,中间

interaccessory [ˌintəræk'sesəri] 副突间的

interacinar [ˌintə'ræsinə] 腺泡间的

interacinous [ˌintə'ræsinəs] 腺泡间的

interaction [ˌintə'rækʃən] 相互作用,交互作用
   drug i. 药物相互作用

interagglutination [ˌintərəˌgluti'neiʃən] 交互凝集

interalveolar [ˌintəræl'viələ] 牙槽间的,小泡间的

interangular [ˌintə'ræŋgjulə] 角间的

interannular [ˌintə'rænjulə] (*inter-* + L. *annulus* ring) 环间的,缢痕间的

interarticular [ˌintərɑː'tikjulə] (*inter-* + L. *articulus* joint) 关节间的

interarytenoid [ˌintəˌreəri'tiːnɔid] 构状软骨间的

interatrial [ˌintə'reitriəl] 心房间的

interauricular [ˌintərɔː'rikjulə] ❶ 心房间的; ❷ 位于耳廓之间的; ❸ 位于心耳之间的

interbody [ˌintə'bɔdi] 介体

interbrain ['intəbrein] 丘脑,间脑

interbreeding [ˌintə'briːdiŋ] 杂种繁殖

intercadence [ˌintə'keidəns] (L. *inter* between + *cadere* to fall) 介脉,脉间脉

intercalary [in'təːkələri] (L. *intercalarius*; *inter-* + *calare* to call) 插入的,间介的

intercalate [in'təːkəleit] (L. *intercalare*) 插入,间介

intercalation [ˌintəːkəˈleiʃən] 插语症
intercanalicular [ˌintəˌkænəˈlikjulə] 管间的
intercapillary [ˌintəˈkæpiləri] 毛细管间的,毛细血管之间的
intercarotic [ˌintəkəˈrɔtik] 颈动脉间的
intercarotid [ˌintəkəˈrɔtid] 颈动脉间的
intercarpal [ˌintəˈkɑːpəl] 腕骨间的
intercartilaginous [ˌintəˌkɑːtiˈlædʒinəs] 软骨间的
intercavernous [ˌintəˈkævənəs] 两腔间的
intercellular [ˌintəˈseljulə] 细胞间的
intercentral [ˌintəˈsentrəl] 中枢间的
intercerebral [ˌintəˈseribrəl] 脑间的,大脑半球间的
interchange [ˌintəˈtʃeindʒ] 易位
   Hamburger i. 汉格氏易位
interchondral [ˌintəˈkɔndrəl] 软骨间的
intercident [ˌintəˈsidənt] ❶插入的；❷介脉的,脉不整的
intercilium [ˌintəˈsiliəm] (*inter-* + L. *cilium* eyelash) 眉间的
interclavicular [ˌintəkləˈvikjulə] (*inter-* + L. *clavicula* clavicle) 锁骨间的
interclinoid [ˌintəˈklainɔid] 床突间的
intercoccygeal [ˌintəkɔkˈsidʒiəl] 尾骨间的
intercolumnar [ˌintəkəˈlʌmnə] (*inter-* + L. *columna* column) 柱间的
intercondylar [ˌintəˈkɔndilə] 髁间的
intercondyloid [ˌintəˈkɔndilɔid] 髁间的
intercondylous [ˌintəˈkɔndiləs] 髁间的
intercoronoideal [ˌintəˌkɔrəˈnɔidiəl] 冠突间的
intercostal [ˌintəˈkɔstəl] (*inter-* + L. *costa* rib) 肋间的
intercostohumeral [ˌintəkɔstəuˈhjuːmərəl] 肋间臂的
intercourse [ˈintəkɔːs] (L. *intercursus* running between) 交际,往来
   sexual i. ❶ 性交,交媾；❷ 两个人之间涉及至少一人性器官刺激的身体接触
intercoxal [ˌintəˈkɔksəl] 髋间的
intercranial [ˌintəˈkreiniəl] 颅内的
intercricothyrotomy [ˌintəˌkraikəuθaiˈrɔtəmi] (*inter-* + *cricothyroid* + Gr. *temnein* to cut) 环甲膜切开术,喉下切开术
intercristal [ˌintəˈkristəl] 嵴间的
intercritical [ˌintəˈkritikəl] 发作间期的

intercross [ˈintəkrɔs] (*inter-* + *cross* 定义2) 交叉,杂交
intercrural [ˌintəˈkruərəl] 股间的,脚间的
intercurrent [ˌintəˈkʌrənt] (L. *intercurrens*, from *inter-* + *currere* to run) 介入的,间发的
intercus [ˈintəkəs] (L.) ❶全身水肿,水肿；❷皮下的
intercuspation [ˌintəkəsˈpeiʃən] 牙尖吻合
intercusping [ˌintəˈkʌspiŋ] 牙尖吻合的
interdeferential [ˌintəˌdefəˈrenʃəl] 输精管间的
interdental [ˌintəˈdentəl] (*inter-* + L. *dens* tooth) 牙间的
interdentale [ˌintədənˈteili] 中间齿骨
interdentium [ˌintəˈdenʃiəm] 牙间隙
interdialytic [ˌintədaiəˈlitik] 血液透析间歇的
interdigit [ˌintəˈdidʒit] 指(趾)间隙
interdigital [ˌintəˈdidʒitəl] (*inter-* + L. *digitus* finger) 指(趾)间的
interdigitate [ˌintəˈdidʒiteit] (*inter-* + *digitus* finger) (使)交错,(使)相互联系
interdigitation [ˌintəˌdidʒiˈteiʃən] (*inter-* + *digitus* digit) ❶ 并指(趾)；❷ 指状突起
interface [ˈintəfeis] 界面
   dineric i. 二液界面
interfacial [ˌintəˈfeiʃəl] 界面的
interfascicular [ˌintəfəˈsikjulə] (*inter-* + L. *fasciculus* bundle) 束间的
interfeminium [ˌintəfeˈminiəm] (L.) 股间,股内侧
interfemoral [ˌintəˈfemərəl] 股间的
interference [ˌintəˈfiərəns] (*inter-* + L. *ferire* to strike) 干预,干扰,阻碍,干涉
   cuspal i. 牙尖障碍
   occlusal i's 咬合障碍
   proactive i. 前摄抑制
   retroactive i. 倒摄抑制
interfering [ˌintəˈfiəriŋ] 磨擦,刷光
interferometer [ˌintəfəˈrɔmitə] 干涉量度仪
interferometry [ˌintəfiəˈrɔmitri] 干涉量度学,干涉量度法
interferon [ˌintəˈfiərɔn] 干扰素
   i.-α(IFN-α) α 干扰素
   i. alfa-2a 2a-α 干扰素
   i. alfa-2b 2b-α 干扰素

i. alfa-n3 n3-α 干扰素
i.-β (IFN-β) β 干扰素
epithelial i., fibroblast i., fibroepithelial i. 上皮细胞干扰素,成纤维细胞干扰素,纤维上皮细胞干扰素
i.-γ (IFN-γ) γ 干扰素
i. gamma-1b 1b-γ 干扰素
immune i. 免疫干扰素
leukocyte i. 白细胞干扰素
type Ⅰ i. Ⅰ型干扰素
type Ⅱ i. Ⅱ型干扰素
interfibrillar [ˌintəˈfaibrilə] (*inter-* + *fibrilla* small fiber) 原纤维间的
interfibrillary [ˌintəˈfaibriləri] 原纤维间的
interfibrous [ˌintəˈfaibrəs] 纤维间的
interfilamentous [ˌintəˌfiləˈmentəs] 丝间的
interfilar [ˌintəˈfailə] (*inter* + *filum* thread) 网状结构原纤维间的,丝间的
interfollicular [ˌintəfɔˈlikjulə] 滤泡间的
interfrontal [ˌintəˈfrʌntəl] 额骨间的
interfurca [ˌintəˈfəːkə] (pl. *interfurcae*) (*inter-* + L. *furca* fork) 牙根间区
interfurcae [ˌintəˈfəsiː] 牙根间区。*interfurca* 的复数形式
interganglionic [ˌintəˌɡæŋɡliˈɔnik] (*inter-* + *ganglion*) 神经节间的
intergemmal [ˌintəˈdʒeməl] (*inter-* + L. *gemma* bud) 味蕾间的,芽间的
interglandular [ˌintəˈɡlændjulə] 腺间的
interglobular [ˌintəˈɡlɔbjulə] (*inter-* + L. *globulus* globule) 球间的
intergluteal [ˌintəˈɡluːtiəl] 臀间的
intergonial [ˌintəˈɡəuniəl] 下颌角间的,下颌角尖间的
intergradation [ˌintəɡrəˈdeiʃən] (*inter-* + L. *gradus* step) 亚种间杂交繁殖
intergranular [ˌintəˈɡrænjulə] (脑)粒细胞间的
intergyral [ˌintəˈdʒaiərəl] 脑回间的
interhemicerebral [ˌintəˌhemiˈseribrəl] (脑)半球间的
interhemispheric [ˌintəˌhemiˈsferik] (脑)半球间的
interictal [ˌintəˈriktəl] 发作间的
interior [inˈtiəriə] (L. "inner"; neut. *interius*) ❶ 内面的;❷ 内部

interischiadic [ˌintəˌriskiˈædik] 坐骨间的
interkinesis [ˌintəkaiˈniːsis] (*inter-* + Gr. *kinēsis*) 分裂间期
interlabial [ˌintəˈleibiəl] (*inter-* + L. *labium* lip) 唇间的
interlamellar [ˌintələˈmelə] (*inter-* + L. *lamella* layer) 板间的,层间的
interleukin [ˌintəˈljuːkin] (*inter-* + *leukocyte*) 白细胞介素
i.-1(IL-1) 白细胞介素 1
i.-2(IL-2) 白细胞介素 2
i.-3(IL-3) 白细胞介素 3
i.-4(IL-4) 白细胞介素 4
i.-5(IL-5) 白细胞介素 5
i.-6(IL-6) 白细胞介素 6
i.-7(IL-7) 白细胞介素 7
i.-8(IL-8) 白细胞介素 8
i.-9(IL-9) 白细胞介素 9
i.-10(IL-10) 白细胞介素 10
i.-11(IL-11) 白细胞介素 11
interligamentary [ˌintəˌliɡəˈmentəri] 韧带间的
interligamentous [intəliɡəˈmentəs] 韧带间的
interlobar [ˌintəˈləubə] (*inter-* + L. *lobus* lobe) 叶间的
interlobitis [ˌintələuˈbaitis] 小叶间胸膜炎
interlobular [ˌintəˈlɔbjulə] (*inter-* + L. *lobulus* lobule) 小叶间的
interlocking [ˌintəˈlɔkiŋ] (双胎)交锁
intermalleolar [ˌintəˈmæliələ] 踝间的
intermamillary [ˌintəˈmæmiləri] 乳头间的
intermammary [ˌintəˈmæməri] 乳房间的
intermarriage [ˌintəˈmæridʒ] (*inter-* + L. *maritare* to wed) ❶ 血族婚姻;❷ 异种结婚
intermastoid [ˌintəˈmæstɔid] 乳间的
intermaxillary [ˌintəˈmæksiləri] 上颌间的
intermediary [ˌintəˈmiːdiəri] (*inter-* + L. *medius* middle) ❶ 中间的,中间阶段的;❷ 中间阶段期
intermediate [ˌintəˈmiːdiət] (*inter-* + *medius* middle) ❶ 中间的,介间的;❷ 中间体,中间产物
intermedin [ˌintəˈmiːdin] 促黑素细胞激素,中叶素
intermediolateral [ˌintəˌmiːdiəuˈlætərəl] 中间(与)外侧的

intermedius [ˌintə'miːdiəs] (NA) ❶ 中间部; ❷ 中间的

intermembranous [ˌintə'membrənəs] 膜间的

intermeningeal [ˌintəmi'nindʒiəl] 脑脊膜间的

intermenstrual [ˌintə'menstruəl] (*inter-* + *menstrual*) (月)经间期的

intermenstruum [ˌintə'menstruəm] (月)经间期

intermesenteric [ˌintəˌmesin'terik] 肠系膜间的

intermetacarpal [ˌintəˌmetə'kɑːpəl] (*inter-* + *metacarpal*) 掌骨间的

intermetameric [ˌintəˌmetə'merik] 体节间的

intermetatarsal [ˌintəˌmetə'tɑːsəl] 跖骨间的

intermission [ˌintə'miʃən] (L. *intermissio*; *inter* between + *mittere* to send) 间歇, 间歇期

intermitotic [ˌintəmai'tɔtik] 有丝分裂期的

intermittent [ˌintə'mitənt] (L. *intermittens*; *inter* between + *mittere* to send) 间歇的, 周期性的

intermolecular [ˌintəməu'lekjulə] 分子间的

intermural [ˌintə'mjuərəl] (*inter-* + L. *murus* wall) 壁间的

intermuscular [ˌintə'mʌskjulə] 肌间的

intern ['intəːn] ❶ (Fr. *interne*) 实习医生; ❷ (Fr. *interner*) 拘留, 关押

internal [in'təːnəl] (L. *internus*) 内的, 内部的, 内在的

internalization [inˌtəːnəlai'zeiʃən] 内在化

internarial [ˌintə'nɛəriəl] (*inter-* + L. *nares* nostrils) 鼻孔间的

internasal [ˌintə'neizəl] 鼻间的

internatal [ˌintə'neitəl] (*inter-* + L. *nates* buttocks) 臀间的

International Nonproprietary Names 国际非专利商标名

interne [æ'tən] (Fr.) 实习医生

interneuron [ˌintə'njuərɔn] ❶ 中间神经元; ❷ 突起

internist [in'təːnist] 内科医生

internodal [ˌintə'nəudəl] 结间的

internode ['intənəud] (*inter-* + L. *nodus* knot) 结间部
 i. of Ranvier 郎飞氏结间部

internodular [ˌintə'nɔdjulə] 小结间的, 结间的

internship ['intəːnʃip] 实习医师职位, 实习医师期

internuclear [ˌintə'njuːkliə] ❶ 核间的; ❷ 核层间的

internuncial [ˌintə'nʌnʃiəl] (L. *internuncius* a go-between) 联络的

internus [in'təːnəs] (NA) 内的, 内部的

interocclusal [ˌintərɔ'kluːsəl] 颌面间的, 咬合面间的

interoceptive [ˌintərəu'septiv] 内感受的

interoceptor [ˌintərəu'septə] 内感受器

interogestate [ˌintərə'dʒesteit] ❶ 子宫内发生的; ❷ 子宫内发育

interoinferiorly [ˌintərəuin'fiəriəli] 向内下, 在内下

interolivary [ˌintə'rɔlivəri] 橄榄体间的

interorbital [ˌintə'rɔːbitəl] (*inter-* + L. *orbita* orbit) 眶间的

interosseal [ˌintə'rɔsiəl] (*inter-* + L. *os* bone) ❶ 骨间的; ❷ 骨间肌的

interosseous [ˌintə'rɔsiəs] (L. *interosseus*; *inter* between + *os* bone) 骨间的

interpalpebral [ˌintə'pælpibrəl] 睑间的

interparietal [ˌintəpə'raiətəl] (*inter-* + L. *paries* wall) ❶ 壁间的; ❷ 位于顶骨间的

interparoxysmal [ˌintəˌpærək'sizməl] 发作间期的

interpediculate [ˌintəpi'dikjuleit] 椎弓根间的

interpeduncular [ˌintəpi'dʌŋkjulə] (*inter-* + L. *pedunculus* peduncle) 脚间的

interphalangeal [ˌintəfə'lændʒiəl] (*inter-* + *phalangeal*) 指(趾)节间的

interphase ['intəfeiz] 分裂间期

interphyletic [ˌintəfai'letik] (*inter-* + *phyletic*) 中间型的

interpial [ˌintə'paiəl] 软脑膜间的

interplant [ˌintə'plɑːnt] (*inter-* + L. *plantare* to set) 分植体

interpleural [ˌintə'pluərəl] 胸膜间的

interpolar [ˌintə'pəulə] (*inter-* + L. *polus* pole) 极间的

interpolation [inˌtəːpəu'leiʃən] 内插法

interposition [ˌintəpə'ziʃən] 介植, 补植;

插补术；中间位，间位

interpositum [ˌintəˈpɔzitəm]（L.）插入的，居间的

interpretation [inˌtəːpriˈteiʃən] 解释，阐明

interprotometamere [ˌintəˌprəutəˈmetəmiə]（inter- + Gr. prōtos first + meta across + meros part）原节间组织

interproximal [ˌintəˈprɔksiməl] 邻间的

interpubic [ˌintəˈpjuːbik]（inter- + L. pubes）耻骨间的

interpupillary [ˌintəˈpjuːpiləri] 瞳孔间的

interradial [ˌintəˈreidiəl] 射线间的

interrenal [ˌintəˈriːnəl]（inter- + renal）肾间的

interrenalism [ˌintəˈriːnəlizm] 肾上腺皮质机能亢进

interrenalopathy [ˌintəˌriːnəˈlɔpəθi] 肾上腺皮质病

interrenotropin [ˌintəriˈnɔtrəpin] 促皮质素，促肾上腺皮质激素

interrupted [ˌintəˈrʌptid]（L. interruptus; inter between + ruptus broken）间断的，阻断的，中止的

interscapilium [ˌintəskəˈpiliəm]（L.）肩胛骨间隙

interscapular [intəˈskæpjulə]（inter- + L. scapula shoulder blade）肩胛间的

interscapulum [ˌintəˈskæpjuləm] 肩胛骨间隙

intersciatic [ˌintəsaiˈætik] 坐骨间的

intersectio [ˌintəˈsekʃiəu]（pl. intersectiones）（L., from inter between + secare to cut）(NA) 交切，交叉；交切点
  i. tendinea 腱划
  intersectiones tendineae musculi recti abdominis (NA) 腹直肌腱划

intersection [ˌintəˈsekʃən] 交切，交叉，交切点
  tendinous i. 腱划

intersectiones [ˌintəˌsekʃiˈəuniz] 交切，交叉，交切点。(L.) intersectio 的复数

intersegment [ˌintəˈsegmənt] ❶ 节间；❷ 体节

intersegmental [ˌintəsegˈmentəl] 节间的

interseptal [ˌintəˈseptəl] 隔间的

interseptum [ˌintəˈseptəm]（L.）隔膜，横隔膜

intersex [ˈintəseks] ❶ 雌雄间性；❷ 雌雄间体
  female i. 女性假两性体
  male i. 男性假两性体
  true i. 真两性体

intersexual [ˌintəˈsekʃjuəl] 雌雄间性的，间性的

intersexuality [ˌintəˌseksjuˈæliti] 雌雄间性，间性

intersigmoid [ˌintəˈsigmɔid] 乙状结肠间的

interspace [ˈintəspeis] 间隙，隙
  dineric i. 两液（相）界面

interspinal [intəˈspainəl] 棘突间的

interspinous [intəˈspainəs] 椎间的，棘突间的

intersternal [ˌintəˈstəːnəl] 胸骨间的

interstice [inˈtəːstis]（L. interstitium）小间隙

interstitial [ˌintəˈstiʃəl]（L. interstitialis; inter between + sistere to set）间质的，间隙的

interstitialoma [ˌintəˌstiʃiəˈləumə] 间质瘤

interstitium [ˌintəˈstiʃiəm]（L.）❶ 小间隙；❷ 间质组织

intersystole [ˌintəˈsistəli] 收缩间期

intertarsal [ˌintəˈtɑːsəl] 跗骨间的

intertransverse [ˌintətrænsˈvəːs]（inter- + L. transversus turned across）位于横突间的，连接横突的

intertriginous [ˌintəˈtridʒinəs] 擦烂的

intertrigo [ˌintəˈtraigəu]（inter- + L. terere to rub）擦烂
  i. labialis 唇间擦烂

intertrochanteric [ˌintəˌtrəukænˈterik]（inter- + trochanter）转子间的

intertubercular [intətjuː(ː)ˈbəːkjulə] 结节间的

intertubular [ˌintəˈtjuːbjulə] 管间的

interureteral [ˌintəjuəˈriːtərəl] 输尿管间的

interureteric [ˌintəjuəriˈterik]（inter- + ureter）输尿管间的

intervaginal [ˌintəˈvædʒinəl] 鞘间的

interval [ˈintəvəl]（inter- + L. vallum rampart）间隔，间距；间期，期间；期
  A-H i. A-H 间期
  atrioventricular(AV) i. P-R 间期，房室

(收缩)间期
cardioarterial i. 心搏动脉间期
confidence i. 可信区间
conservative confidence i. 保险可信区间
coupling i. 二连心率间期
escape i. 脱逸间期
focal i. 焦间距
H-V i. H-V 间期
interdischarge i. 释放间期
interpotential 内能释放间期
lucid i. (神志)清醒期
P-A i. P-A 间期
pacemaker escape i. 起搏点脱逸间期
P-P i. P-P 间期
PQ i. PQ 间期
P-R i. P-R 间期
QRS i. QRS 间期
QRST i., Q-T i. Q-T 间期
Q-Tc i. 修正的 Q-T 间期
recruitment i. 募集间期
reference i. 参照间期
ST i. ST 间期
Sturm's i. 焦间距
systolic time i's (STI) 收缩时间间期
tolerance i. 容限间期,容许区间
V-A i. 心室刺激与随后的心房刺激之间的时间

intervalvular [ˌintəˈvælvjulə] 瓣膜间的
intervascular [ˌintəˈvæskjulə] 血管间的
intervention [ˌintəˈvenʃən] (L. *intervenire* to come between) ❶干涉;❷介入
crisis i. ①危象处置;②应急性措施
interventricular [ˌintəvenˈtrikjulə] (*inter-* + L. *ventriculum* ventricle) (心)室间的
intervertebral [ˌintəˈvətibrəl] (*inter-* + *vertebra*) (椎)骨间的
intervillous [ˌintəˈviləs] (*inter-* + L. *villus* tuft) 绒毛间的
intestinal [inˈtestinəl] (L. *intestinalis*) 肠的
intestine [inˈtestin] (L. *intestinus* inward, internal; Gr. *enteron*) 肠
blind i. 盲肠
empty i. 空肠
iced i. 糖衣肠,慢性纤维包裹性腹膜炎
jejunoileal i. 空肠回肠,系膜小肠

large i. 大肠
mesenterial i. 系膜小肠
segmented i. 结肠
small i. 小肠
straight i. 直肠
intestino-intestinal [inˌtestinəuinˈtestinəl] 肠肠的
intestinotoxin [inˌtestinəuˈtɔksin] ❶肠毒素;❷肠(原)性毒素
intestinum [ˌintesˈtinəm] (pl. *intestina*) (L., from *intestinus* inward, internal) 肠
i. caecum 盲肠
i. crassum (NA) 大肠
i. ileum 回肠
i. jejunum 空肠
i. rectum 直肠
i. tenue (NA) 小肠
i. tenue mesenteriale 系膜小肠
intima [ˈintimə] (L. "innermost") (血管)内膜
intimal [ˈintiməl] (血管)内膜的
intimitis [ˌintiˈmaitis] 内膜炎
Intocostrin [ˌintəuˈkɔstrin] 英托可斯丁;氯化筒箭毒碱制剂的商品名
intolerance [inˈtɔlərəns] (L. *in* not + *tolerare* to bear) 不耐(性),耐受不良
disaccharide i. 双糖耐受不良
drug i. 药物耐受不良
exercise i. 体力不支
hereditary fructose i. 遗传性果糖代谢紊乱,果糖耐受不良
lactose i. 乳糖耐受不良
lactose i., congenital 先天性乳糖耐受不良
lysine i., congenital 先天性赖氨酸耐受不良
lysinuric protein i. 赖氨酸尿性蛋白耐受不良
sucrose i., congenital 先天性蔗糖耐受不良
intorsion [inˈtɔːʃən] (L. *in* toward + *torsio* twisting) 内旋
intorter [ˈintɔtə] (L. *intorquere* to twist) 内旋肌
intoxation [ˌintɔkˈseiʃən] 中毒
intoxication [inˌtɔksiˈkeiʃən] (L. *in* intensive + Gr. *toxikon* poison) ❶醉酒;

❷ (DSM ⅢR) 器质性脑综合征；❸ 中毒
  alcohol idiosyncratic i. (DSM-Ⅲ-R) 特应性醉酒(症)
  bongkrek i. 米酵菌耐受不良
  pathological i. 病理性特应性醉酒(症)
  roentgen i. 放射病
  water i. 水中毒
intra- (L. *intra* within) 内，在……内
intra-abdominal [ˌintræb'dɔminəl] 腹内的
intra-acinous [ˌintrə'æsinəs] 腺泡内的
intra-appendicular [ˌintrəˌæpən'dikjulə] 阑尾内的
intra-arachnoid [ˌintrəə'ræknɔid] 蛛网膜内的
intra-arterial [ˌintrɑː'tiəriəl] 动脉内的
intra-articular [ˌintrɑː'tikjulə] (*intra-* + L. *articulus* joint) 关节内的
intra-atrial [ˌintrə'eitriəl] 心房内的
intra-aural [intrə'ɔːrəl] 耳内的
intra-auricular [ˌintrəɔː'rikjulə] ❶ 耳廓内的；❷ 心房内的
intrabronchial [ˌintrə'brɔŋkiəl] 支气管内的
intrabuccal [ˌintrə'bʌkəl] 口内的，颊内的
intracanalicular [ˌintrəˌkænə'likjulə] 小管内的
intracapsular [ˌintrə'kæpsjulə] 囊内的，被膜内的
intracardiac [ˌintrə'kɑːdiæk] 心内的
intracarotid [ˌintrə'kærɔtid] 颈动脉内的
intracarpal [ˌintrə'kɑːpəl] 腕内的
intracartilaginous [ˌintrəˌkɑːti'lædʒinəs] 软骨内的
intracavitary [ˌintrə'kævitəri] 腔内的
intracelial [ˌintrə'siːliəl] 体腔内的
intracellular [ˌintrə'seljulə] (*intra-* + L. *cellula* cell) 细胞内的
intracephalic [ˌintrəsi'fælik] 脑内的
intracerebellar [ˌintrəˌseri'belə] 小脑内的
intracerebral [ˌintrə'seribrəl] 小脑内的
intracervical [ˌintrə'səːvikəl] 子宫颈管内的
intrachondral [ˌintrə'kɔndrəl] 软骨内的
intrachondrial [ˌintrə'kɔndriəl] 软骨内的
intrachordal [ˌintrə'kɔːdəl] 脊索内的
intracisternal [ˌintrəsis'təːnəl] 池内的

intracolic [ˌintrə'kɔlik] 结肠内的
intracordal [ˌintrə'kɔːdəl] 心内的
intracorporal [ˌintrə'kɔːpərəl] 体内的
intracorporeal [ˌintrəkɔː'pɔːriəl] 体内的
intracorpuscular [ˌintrəkɔː'pʌskjulə] 小体内的
intracostal [ˌintrə'kɔstəl] 肋内(面)的
intracranial [ˌintrə'kreiniəl] 颅内的
intracrine ['intrəkrain] 内分泌的
intracrureus [ˌintrə'kruriəs] 股间肌
intractable [in'træktəbl] 顽固的
intracutaneous [ˌintrəkjuː'teiniəs] 皮内的
intracystic [ˌintrə'sistik] 囊内的，囊肿内的
intracytoplasmic [ˌintrəˌsaitəu'plæzmik] 胞质内的，胞浆内的
intrad ['intrəd] (*intra-* + *-ad*) (方向)
intradermal [ˌintrə'dəːməl] ❶ 真皮内的；❷ 皮内的
intradermoreaction [ˌintrəˌdəːməri'ækʃən] 皮内反应
intraductal [ˌintrə'dʌktəl] 管内的
intraduodenal [ˌintrəˌdjuː(ː)əu'diːnəl] 十二指肠内的
intradural [ˌintrə'djuərəl] 硬膜内的
intraepidermal [ˌintrəˌepi'dəːməl] 表皮内的
intraepiphyseal [ˌintrəˌepi'fiziəl] 骺内的
intraepithelial [ˌintrəˌepi'θiːliəl] 上皮内的
intraerythrocytic [ˌintrəəˌriθrəu'sitik] 红细胞内的
intrafascicular [ˌintrəfə'sikjulə] 束内的
intrafat [ˌintrə'fæt] 脂肪内的
intrafebrile [ˌintrə'febril] 发热期内的
intrafetation [ˌintrəfiː'teiʃən] 胎内(成)胎
intrafilar [ˌintrə'failə] (*intra-* + L. *filum* thread) 丝内的，网内的，网状组织内的
intrafissural [ˌintrə'fiʃərəl] 裂内的
intrafistular [ˌintrə'fistjulə] 瘘管内的
intrafollicular [ˌintrəfə'likjulə] 滤泡内的
intrafusal [ˌintrə'fjuːzəl] (*intra-* + L. *fusus* spindle) 肌梭内的
intragastric [ˌintrə'gæstrik] 胃内的
intragemmal [ˌintrə'dʒeməl] (*intra-* + L. *gemma* bud) 蕾内的
intragenic [ˌintrə'dʒenik] 基因内的

intraglandular [ˌintrəˈglændjulə] 腺内的
intraglobular [ˌintrəˈglɔbjulə] 球内的，小球内的
intragyral [ˌintrəˈdʒaiərəl] 脑回内的
intrahepatic [ˌintrəhiˈpætik] 肝内的
intrahyoid [ˌintrəˈhaiɔid] 舌骨内的
intraictal [ˌintrəˈiktəl] 发作期内的，发作中的
intraintestinal [ˌintrəinˈtestinəl] 肠内的
intrajugular [ˌintrəˈdʒʌgjulə] 颈静脉内的
intralamellar [ˌintrələˈmelə] 板内的，板层内的
intralaryngeal [ˌintrələˈrindʒi(ː)əl] 喉内的
intralesional [ˌintrəˈliːʒənəl] 病灶内的，损害(部)内的
intraleukocytic [ˌintrəˌljuːkəuˈsaitik] 白细胞内的
intraligamentous [ˌintrəˌligəˈmentəs] 韧带内的
intralingual [ˌintrəˈliŋgwəl] 舌内的
intralobar [ˌintrəˈləubə] 叶内的
intralobular [ˌintrəˈlɔbjulə] 小叶内的
intralocular [ˌintrəˈlɔkjulə] 小房内的
intralumbar [ˌintrəˈlʌmbə] 腰髓内的，脊髓腰段内的
intraluminal [ˌintrəˈljuːminəl] 管腔内的
intramammary [ˌintrəˈmæməri] 乳房内的
intramarginal [ˌintrəˈmɑːdʒinəl] 边缘内的
intramastoiditis [ˌintrəˌmæstɔiˈdaitis] 乳突窦炎，乳突腔炎
intramatrical [ˌintrəˈmætrikəl] 基质内的
intramedullary [ˌintrəˈmedjuləri] ❶ 脊髓内的；❷ 延髓内的；❸ 骨髓腔内的
intramembranous [ˌintrəˈmembrənəs] 膜内的
intrameningeal [ˌintrəməˈnindʒiəl] 脑(脊)膜内的
intramolecular [ˌintrəməuˈlekjulə] 分子内的
intramural [ˌintrəˈmjuərəl] (*intra-* + L. *murus* wall) 壁内的
intramuscular [ˌintrəˈmʌskjulə] (*intra-* + L. *musculus* muscle) 肌内的
intramyocardial [ˌintrəˌmaiəuˈkɑːdiəl] 心肌内的
intranarial [ˌintrəˈnɛəriəl] 鼻孔内的

intranasal [ˌintrəˈneizəl] (*intra-* + L. *nasus* nose) 鼻内的
intranatal [ˌintrəˈneitəl] 产期内的
intraneural [ˌintrəˈnjuərəl] 神经内的
intranuclear [ˌintrəˈnjuːkliə] 核内的，细胞核内的
intraocular [ˌintrəˈɔkjulə] 眼内的，眼球内的
intraoperative [ˌintrəˈɔpərətiv] 手术(期)中的
intraoral [ˌintrəˈɔːrəl] 口内的
intraorbital [ˌintrəˈɔːbitəl] (眼)眶内的
intraosseous [ˌintrəˈɔsiəs] 骨内的
intraosteal [ˌintrəˈɔstiəl] 骨内的
intraovarian [ˌintrəəuˈvɛəriən] 卵巢内的
intraovular [ˌintrəˈɔvjulə] 卵内的
intrapancreatic [ˌintrəˌpeŋkriˈætik] 胰腺内的
intraparenchymatous [ˌintrəˌpærənˈkimətəs] 实质内的
intraparietal [ˌintrəpəˈraiətəl] (*intra-* + L. *paries* wall) ❶ 壁内的；❷ 脑顶区内的
intrapartal [ˌintrəˈpɑːtəl] 分娩期(内)的
intrapartum [ˌintrəˈpɑːtəm] 分娩期(内)的
intrapelvic [ˌintrəˈpelvik] 骨盆内的
intrapericardial [ˌintrəˌperiˈkɑːdiəl] 心包内的
intraperineal [ˌintrəˌperiˈniːəl] 会阴内的
intraperitoneal [ˌintrəˌperitəˈniːəl] 腹膜内的
intrapial [ˌintrəˈpiəl] 软膜内的，软膜下的
intraplacental [ˌintrəpləˈsentəl] 胎盘内的
intrapleural [ˌintrəˈpluərəl] 胸膜内的
intrapontine [ˌintrəˈpɔntin] (*intra-* + L. *pons*) 脑桥实质内的
intraprostatic [ˌintrəprɔsˈtætik] 前列腺内的
intraprotoplasmic [ˌintrəˌprəutəˈplæzmik] 原生质内的
intrapsychic [ˌintrəˈsaikik] 内心的
intrapulmonary [ˌintrəˈpʌlmənəri] 肺内的
intrapyretic [ˌintrəpaiˈretik] (*intra-* + Gr. *pyretos* fever) 发热期内的
intrarachidian [ˌintrərəˈkidiən] 脊柱内的
intrarectal [ˌintrəˈrektəl] 直肠内的

intrarenal [ˌintrəˈriːnəl] 肾内的
intraretinal [ˌintrəˈretinəl] 视网膜内的
intrascleral [ˌintrəˈskliərəl] 巩膜内的
intrascrotal [ˌintrəˈskrəutəl] 阴囊内的
intrasegmental [ˌintrəsegˈmentəl] 节内的, 段内的, 节片内的
intrasellar [ˌintrəˈselə] 蝶鞍内的
intraspinal [ˌintrəˈspainəl] 脊柱内的
intrasplenic [ˌintrəˈsplenik] 脾内的
intrasternal [ˌintrəˈstəːnəl] 胸骨内的
intrastitial [ˌintrəˈstiʃəl] 细胞内的, 纤维内的
intrastromal [ˌintrəˈstrəuməl] 基质内的
intrasynovial [ˌintrəsiˈnəuviəl] 滑膜(腔)内的
intratarsal [ˌintrəˈtɑːsəl] 跗骨内的
intratesticular [ˌintrətesˈtikjulə] 睾丸内的
intrathecal [ˌintrəˈθiːkəl] 鞘内的
intrathenar [ˌintrəˈθiːnə] 鱼际间的
intrathoracic [ˌintrəθɔ(ː)ˈræsik] 胸内的, 胸廓内的
intratonsillar [ˌintrəˈtɔnsilə] 扁桃体内的
intratrabecular [ˌintrətrəˈbekjulə] 小梁内的
intratracheal [ˌintrəˈtræki(ː)əl] 气管内的
intratubal [ˌintrəˈtjuːbəl] 管内的
intratubular [ˌintrəˈtjuːbjulə] 小管内的
intratympanic [ˌintrətimˈpænik] 鼓室内的
intraureteral [ˌintrəjuəˈriːtərəl] 输尿管内的
intraurethral [ˌintrəjuəˈriːθrəl] 尿道内的
intrauterine [ˌintrəˈjuːtərain] 子宫内的
intravaginal [ˌintrəˈvædʒinəl] 阴道内的
intravenation [ˌintrəviˈneiʃən] 静脉内注射
intravasation [inˌtrævəˈzeiʃən] 内渗, 进入血管(异物)
intravascular [ˌintrəˈvæskjulə] (*intra-* + L. *vasculum* vessel) 血管内的
intravenation [ˌintrəviˈneiʃən] 静脉内注射
intravenous [ˌintrəˈviːnəs] 静脉内的
intraventricular [ˌintrəvenˈtrikjulə] 心室内的
intraversion [ˌintrəuˈvəːʒən] 牙弓狭窄
intravertebral [ˌintrəˈvəːtibrəl] 脊椎的

intravesical [ˌintrəˈvesikəl] (*intra-* + L. *vesica* bladder) 膀胱内的
intravillous [ˌintrəˈviləs] 绒毛内的
intravital [ˌintrəˈvaitəl] 生活期内的, 活体(内)的
intravitam [ˈintrəˈvaitəm] 生活期间, 生存期间
intravitelline [ˌintrəviˈtelin] 卵黄内的
intravitreous [ˌintrəˈvitriəs] 玻璃体内的
intrazole [ˈintrəzəul] 吲四唑
intrinsic [inˈtrinsik] (L. *intrinsecus* situated on the inside) 内部的, 内在的, 体内的, 固有的
intriptyline hydrochloride [inˈtriptəliːn] 盐酸印替林
intro- (L. *intro* within) 入内, 在内
introducer [ˌintrəˈdjuːsə] 插管器, 喉管插入器
introfier [ˈintrəˌfaiə] 减张剂
introflexion [ˌintrəuˈflekʃən] 内屈, 向内屈
introgastric [ˌintrəuˈgæstrik] (*intro-* + Gr. *gastēr* stomach) 入胃的
introgression [ˌintrəˈgreʃən] (*intro-* + L. *gressus* course) 基因掺入
introitus [inˈtrɔitəs] (pl. *introitus*) (L. from *intro* within + *ire* to go) (NA) 入口, 口
　i. pelvis 骨盆入口, 骨盆上口
　i. vaginae 阴道入口
introjection [ˌintrəˈdʒekʃən] (*intro-* + L. *jacere* to throw) 内向投射
intromission [ˌintrəuˈmiʃən] (*intro-* + L. *mittere* to send) 插入, 输入
intron [ˈintrɔn] 内含子
Intron A [ˈintrɔn] 因特龙 A: α-2b 干扰素制剂的商品名
Intropin [ˈintrəpin] 因特平: 盐酸多巴胺制剂的商品名
introspection [ˌintrəuˈspekʃən] (*intro-* + L. *spicere* to look) 内省, 自省
introsusception [ˌintrəusəˈsepʃən] (*intro-* + L. *suscipere* to receive) 套迭, 肠套迭
introversion [ˌintrəuˈvəːʒən] (*intro-* + L. *versio* a turning) ❶ 内翻; ❷ (精神)内向; ❸ 内向
introvert [ˈintrəvəːt] ❶ 内向性格者; ❷ 内向性格

intrusion [in'truːʒən] (向内)突入
intubate ['intjubeit] 用插管法治疗
intubation [ˌintju'beiʃən] (L. *in* into + *tuba* tube) 插管法
  endotracheal i. 气管内插法
  nasal i. 鼻插管法
  nasotracheal i. 鼻气管插管法
  oral i. 口腔插管法
  orotracheal i. 口腔气管插管法
intubationist [ˌintju'beiʃənist] 插管者
intubator ['intjubeitə] 插管器
intumesce [ˌintju(ː)'mes] 肿胀,肿大,隆起
intumescence [ˌintju(ː)'mesəns] (L. *intumescentia*) 肿大,隆起
intumescent [ˌintju(ː)'mesənt] (L. *intumescens*) 肿大的,隆起的
intumescentia [ˌintju(ː)mə'senʃiə] (NA) (pl. *intumescentiae*) 膨大,隆起
  i. cervicalis (NA) 颈(部)膨大
  i. lumbalis (NA) 腰部膨大
  i. lumbosacralis (NA) 腰骶(部)膨大
  i. tympanica (NA) 鼓室隆起
intussusception [ˌintəsə'sepʃən] (L. *intus* within + *suscipere* to receive) ❶ 套迭;❷ 肠套迭;❸ 吸收
  agonic i., postmortem i. 濒死肠套迭
  retrograde i. 逆行性肠套迭
intussusceptum [ˌintəsə'septəm] (L.) 肠套迭套入部
intussuscipiens [ˌintəsə'sipiəns] (L.) 肠套迭鞘部
Inula ['injulə] (L.) 旋覆花属
inulase ['injuleis] 菊粉酶,土木香酶
inulin ['injulin] 菊粉,土木香粉
inulinase ['injulineis] (EC 3.2.1.7) 菊粉酶,土木香酶
inuloid ['injuloid] 类菊粉,类土木香粉
inunction [i'nʌŋkʃən] (L. *in* into + *unguere* to anoint) ❶ 涂搽,软膏涂搽;❷ 羊脂软膏
inunctum [i'nʌŋktəm] 羊脂软膏
  i. mentholis compositum 复方薄荷脑涂剂,复方薄荷脑软膏
in utero [in'juːtərəu] (L.) 子宫内
InV (一个病人姓名的缩写) 印维异形
invaccination [inˌvæksi'neiʃən] 意外接种
in vacuo [in 'vækjuːəu] (L.) 在真空中

invaginate [in'vædʒineit] 折入,凹入,内陷,内折,套叠
invagination [inˌvædʒi'neiʃən] (L. *invaginatio*, from *in* within + *vagina* sheath) ❶ 内陷;❷ 套迭
  basilar i. 扁后脑,扁颅底
invalid ['invəlid] (L. *invalidus*; *in* not + *validus* strong) 有病的,衰弱的,病废的,久病衰弱者
invasin [in'veizin] 侵袭素,透明质酸酶
invasion [in'veiʒən] (L. *invasio*; *in* into + *vadere* to go) ❶ 发病,发作;❷ 侵袭;❸ 对邻近组织浸润或大量破坏,为恶性肿瘤的特征
invasive [in'veisiv] ❶ 侵袭的,侵害的;❷ 侵入性诊断技术
invasiveness [in'veisivnis] ❶ 侵袭性;❷ 侵害性
inventory ['invəntəri] 调查表
  Millon clinical multiaxial i. (MCMI) 米伦临床多轴调查表
  Minnesota Multiphasic Personality i. (MMPI) 明尼苏达多项个性调查表
invermination [inˌvəːmi'neiʃən] 蠕虫病,蠕虫感染
Inversine [in'vəːsiːn] 因弗辛:盐酸美加明制剂的商品名
inversion [in'vəːʒən] (L. *inversio*; *in* into + *vertere* to turn) ❶ 内翻,反向,倒向;❷ 弗洛伊德精神病学中的同性性欲;❸ 倒位
  carbohydrate i. 碳水化合物转化,碳水化合物水解(作用)
  chromosome i. 染色体倒位
  sexual i. 性倒错,同性恋
  thermic i. 体温反常
  i. of uterus 子宫外翻
  visceral i. 内脏左右易位,内脏反向
inversus [in'vəːsəs] (L., past participle of *invertere* to invert) 反向,倒向
invertase [in'vəːteis] 转化酶,蔗糖酶
Invertebrata [inˌvəːti'breitə] 无脊柱动物
invertibrate [in'vəːtibreit] ❶ 无脊椎动物;❷ 无脊椎
invertor [in'vəːtə] 内转肌
invertose ['invəːtəus] 转化糖
invest [in'vest] ❶ 包被,覆被;❷ 包埋,围模

investing [in'vestiŋ] ❶ 包埋,围模;❷ 包被
  i. the pattern 蜡型包覆
  vacuum i. 真空围模
investment [in'vestmənt] ❶ 覆盖物,包围物;❷ 围模法
  gypsum-bonded i. 石膏灰泥粘和的围模料
  phosphate-bonded i. 过磷酸钙粘合的围模料
  silica-bonded i. 硅土粘合的围模料
inveterate [in'vetərit] (L. *inverteratus*; *in* intensive + *vetus* old) 长期形成的,根深蒂固的,慢性顽固性的,绵延难治的
invirility [ˌinvi'riliti] 男性机能缺失,阳萎
inviscation [ˌinvis'keiʃən] (L. *in* among + *viscum* slime) 食物混粘液(作用)
in vitro [in'vi:trəu] (L.) 在试管,在活体外,在人工环境中
in vivo [in'vi:vəu] (L.) 在活体内
involucre ['invəluːkə] 总苞
involucrum [ˌinvə'ljuːkrəm] (pl. *involucra*) (L. *in* in + *volvere* to wrap) 总苞,包壳
involuntary [in'vɔləntəri] (L. *involuntarius*; *in* agianst + *voluntas* will) 不随意的
involuntomotory [inˌvɔləntəu'mɔtəri] 不随意运动的
involute ['invəluːt] (L. *in* into + *volvere* to roll) ❶ 复原,复旧;❷ 退化
involution [ˌinvə'luːʃən] (L. *involutio*; *in* into + *volvere* to roll) ❶ 内转;❷ 复旧;❸ 复原;❹ 退化
  senile i. 老年性退化
involutional [ˌinvə'luːʃənəl] 内转的,复旧的,退化的
iobenzamic acid [ˌaiəbən'zæmik] 碘苯酰氨酸
iocetamic acid [aiəsi'tæmik] (USP) 碘醋胺酸
iodamide [ai'ɔdəmidi] 碘达酸
iodate ['aiədeit] 碘酯盐
iod-Basedow [ˌaiəud'bæzədəu] 碘性巴塞多氏病,碘性甲状腺机能亢进
iodemia [ˌaiə'diːmiə] (*iodine* + *-emia*) 碘血
ioderma [ˌaiə'dəmə] 碘疹

iodic acid [ai'ɔdik] 碘酸
iodide ['aiədaid] 碘化物
iodide peroxidase ['aiədaid pə'rɔksideis] (EC 1.11.1.8) 碘化过氧化物酶
iodimetry [ˌaiə'dimitri] (*iodine* + *-metry*) 碘定量法
iodinate [ai'ɔdineit] 碘化
iodination [ˌaiəudi'neiʃən] 碘化作用,碘化过程
iodine ['aiədain] (Gr. *ioeides* violet-like, from the color of its vapor) 碘
  butanol-extractable i. 丁醇可提碘
  imidecyl i. 米癸碘
  povidone-i. 聚维酮碘
  protein-bound i. (血清)蛋白质结合碘,现在仅偶尔用于测定甲状腺功能
  radioactive i. 放射性碘
iodinophil [ˌaiə'dinəfil] (*iodine* + Gr. *philein* to love) ❶ 嗜碘细胞,嗜碘体;❷ 嗜碘的
iodinophilous [ˌaiədi'nɔfiləs] 嗜碘的
iodipamide [ˌaiə'dipəmaid] 碘肥胺,胆影酸
  i. meglumine, i. methylglucamine (USP) 胆影葡胺,胆影葡胺血,一种静脉注射用胆管和胆囊造影剂
  i. sodium 胆影酸钠
iodism ['aiədizəm] 碘中毒
iodize ['aiədaiz] 碘化,碘处理
iodoacetic acid [aiˌɔdəu'siːtik] 碘乙酸
iodobrassid [aiˌɔdəu'bræsid] 二碘顺芜酸乙酯
iodochlorhydroxyquin [aiˌɔdəuˌklɔːhai'drɔksikwin] 氯碘喹啉,碘氯羟喹
iodocholesterol [aiˌɔdəukə'lestərɔl] 碘胆甾醇
iododerma [aiˌɔdəu'dəːmə] (*iodine* + Gr. *derma* skin) 碘疹
iodoform [ai'ɔdəfɔːm] (*iodine* + *formyl*) 碘仿,三碘甲烷
iodoformism [aiˌɔdəu'fɔːmizəm] 碘仿中毒
iodoformum [ai'ɔdəu'fɔːməm] 碘仿,三碘甲烷
iodogenic [aiˌɔdəu'dʒenik] (*iodine* + *genic*) 生碘的
iodoglobulin [aiˌɔdəu'glɔbjulin] 碘球蛋白
iodogorgoric acid [aiˌɔdəu'gɔːgərik] 二碘酪氨酸

iodohippurate sodium [ˌaiˌɔdəuˈhipjureit] 碘马尿酸钠
　i.s. I 123 I 123 马尿酸钠
　i.s. I 131 I 131 马尿酸钠
iodolography [ˌaiˌɔdəuˈlɔgrəfi] 碘油造影术
iodomethane [ˌaiˌɔdəuˈmeθein] 碘化甲烷，甲基碘
iodomethylnorcholesterol [ˌaiˌɔdəuˌmeθilˌnɔːkəˈlestərɔl] 碘甲基降胆甾醇
iodometric [ˌaiˌɔdəuˈmetrik] 碘定量的
iodometry [ˌaiəˈdɔmitri] (*iodine* + *-metry*) 碘定量法
iodopanoic acid [ˌaiˌɔdəupəˈnɔik] 碘番酸
iodophenol [ˌaiˌɔdəuˈfiːnɔl] 碘(苯)酚
iodophil [aiˈɔdəfil] 嗜碘物
iodophilia [ˌaiˌɔdəuˈfiliə] (*iodine* + Gr. *philein* to love + *-ia*) 嗜碘体
iodophor [aiˈɔdəfɔː] 碘附
iodophthalein sodium [ˌaiˌɔdəuˈθæliːn] 碘酚酞钠，四碘酚酞钠
iodophthisis [ˌaiˌɔdəfˈθaisis] 碘消瘦
iodoprotein [ˌaiəˈdəuˈprəutin] 碘蛋白(类)
iodopsin [ˌaiəˈdɔpsin] (Gr. *iōdēs* violet colored + *opsis* vision) 视紫蓝质
iodopyracet [ˌaiˌɔdəuˈpaiərəset] 碘吡啦啥
iodoquinol [ˌaiˌɔdəuˈkwinɔl] (USP) 双碘喹啉
iodosulfate [ˌaiˌɔdəuˈsʌlfeit] 碘硫酸盐
iodotherapy [ˌaiˌɔdəuˈθerəpi] (*iodine* + Gr. *therapeia* treatment) 碘疗法
iodothyroglobulin [ˌaiˌɔdəuθairəuˈglɔbjulin] 碘甲状腺球蛋白
iodothyronine [ˌaiˌɔdəuˈθairəuniːn] 碘甲腺原氨酸
iodotyrosine [ˌaiˌɔdəuˈtaiərəsiːn] 碘酪氨酸
iodotyrosine dehalogenase [ˌaiˌɔdəuˈtaiərəsiːn diˈhælədʒəneis] 碘酪氨酸脱卤酶
iodotyrosine deiodinase [ˌaiəˈdəuˈtaiərəsiːn diːˈaiədineis] 碘酪氨酸脱碘酶
iodoventriculography [ˌaiˌɔdəuvenˌtrikjuˈlɔgrəfi] 碘剂脑室造影术
iodovolatilization [ˌaiˌɔdəuˌvɔlətilaiˈzeiʃən] (藻类)放碘作用
iodoxamic acid [ˌaiˌɔdəukˈsæmik] 碘氧亚氨酸
ioduria [ˌaiəˈdjuəriə] 碘尿
ioglicic acid [ˌaiəˈglisik] 碘磺异酞氨酸胶酸
ioglycamic acid [ˌaiəglaiˈsæmik] 甘amiss碘苯酸
iohexol [ˌaiəˈheksɔl] 约海克所

ion [ˈaiən] (Gr. *iōn* going) 离子
　dipolar i. 两性离子
　hydrogen i. 氢离子(H^+)
　hydronium i. 水合氢离子
Ionamin [aiˈɔnəmin] 艾奥纳明：苯丁胺制剂的商品名
ionic [aiˈɔnik] 离子的
ionization [ˌaiəˌnaiˈzeiʃən] ❶电离，电离作用；❷离子电渗疗法，电离子透入疗法
　avalanche i. 雪崩式电离
　Townsend i. 雪崩式电离
ionize [ˈaiənaiz] (使)电离，离子化
ionocolorimeter [ˌaiənəuˌkʌləˈrimitə] 氢离子比计
ionogenic [ˌaiəˈdʒenik] 离子生成的
ionometer [ˌaiəˈnɔmitə] 离子计
ionophore [aiˈɔnəfɔː] 离子载体
ionophose [ˈaiənəfəuz] (Gr. *ion* violet + *phose*) 紫幻视
ionoscope [aiˈɔnəskəup] 酸碱杂质测定器
ionotherapy [ˌaiənəuˈθerəpi] ❶ (*ion* + *therapy*) 离子电渗疗法，电离子透入疗法；❷ (Gr. *ion* violet + *therapy*) 紫外线疗法
ion-protein [aiənˈprəutin] 离子蛋白
iontherapy [ˌaiənˈθerəpi] 离子电渗疗法，电离子透入疗法
iontophoresis [ˌaiˌɔntəufəˈriːsis] 离子电渗疗法，电离子透入疗法
iontophoretic [ˌaiˌɔntəfəˈretik] 离子电渗疗法，电离子透入疗法的
iontoquantimeter [ˌaiˌɔntəukwɔnˈtimitə] (*ion* + *quantimeter*) 离子计
iontoradiometer [ˌaiˌɔntəuˌreidiˈɔmitə] 离子计
IOP (intraocular pressure 的缩写) 眼球内压
iopamidol [ˌaiəˈpæmidɔl] 碘异酞醇
iopanoic acid [ˌaiəpəˈnɔik] (USP) 碘番酸，三碘氨苯乙基丙酸
iophendylate [ˌaiəˈfendileit] (USP) 碘苯酯，碘苯十一酸乙酯
iophenoxic acid [ˌaiəfəˈnɔksik] 碘酚酸，三碘乙硫氨酸
iophobia [ˌaiəˈfəubiə] (Gr. *ios* poison + *phobos* fear) 中毒恐怖
iopydol [ˌaiəˈpaidɔl] 碘砒醇
iopydone [ˌaiəˈpaidəun] 二碘吡啶酮
ioseric acid [ˌaiəˈserik] 碘丝酸
iosulamide meglumine [ˌaiəˈsʌləmaid] 碘砜

葡胺
iosumetic acid [ˌaiəsuːˈmetik] 约苏美克酸
iota [aiˈəutə] (I, ι) 希腊字母表的第九个字母
iotetric acid [ˌaiəˈtetrik] 碘得酸
iothalamate [ˌaiəˈθæləmeit] 碘酞酸盐, 碘他拉酸盐类
　i. meglumine (USP) 异泛影酸葡胺
　i. sodium (USP) 碘酞钠
iothalamic acid [ˌaiəˈθæləmik] (USP) 碘酞酸
iotroxic acid [ˌaiəˈtrɔksik] 碘出酸
ioxaglate [ˌaiəkˈsægleit] 碘格利酸盐
　i. meglumine 碘格利酸甲苯葡胺
　i. sodium 碘格利酸盐
ioxaglic acid [ˌaiəkˈsæglik] 碘格利酸
IP ❶ (intraperitoneally 的缩写) 腹膜内; ❷ (isoelectric point 的缩写) 等电点
IP₃ 1,4,5-三磷酸肌醇
IPAA (International Psychoanalytical Association 的缩写) 国际精神分析协会
IPD (intermittent peritoneal dialysis 的缩写) 间歇性腹膜透析
ipecac [ˈaipəkæk] (USP) 吐根
　powdered i. (USP) 吐根粉
ipodate [ˈaipədeit] 胺碘苯丙酸
　i. calcium (USP) 胺碘苯丙酸钙
　i. sodium (USP) 胺碘苯丙酸钠盐
ipomea [ˌaipəˈmiː] 药薯
Ipomoea [ˌaipəˈmiː] 蕃薯属
IPPB (intermittent positive pressure breathing 的缩写) 间歇性正压呼吸
Ipral [ˈaiprəl] 爱普罗: 异丙巴比妥制剂的商品名
ipratropium bromide [ˌaiprəˈtrɔpiəm] 溴化异丙托品
iprindole [iˈprindəul] 胺丙吲哚
iproniazid [ˌaiprəˈnaiəzid] 异丙异烟肼
ipronidazole [ˌaiprəˈnaidəzəul] 异丙硝唑
iproxamine hydrochloride [iˈprɔksəmiːn] 盐酸异丙沙明
ipsi- (L. *ipse* self) 相同的, 同一的
ipsilateral [ˌipsiˈlætərəl] (L. *ipse* self + *latus* side) 同侧的
ipsism [ˈipsizm] 手淫
IPSP (inhibitory postsynaptic potential 的缩写) 抑制性突触后电位
IPV (poliovirus vaccine inactivated 的缩写) 脊髓灰质炎病毒灭活疫苗

IQ (intelligence quotient 的缩写) 智力商数
Ir (*iridium* 的符号) 铱
ir- 参见 *in-*
iralgia [aiˈrældʒiə] 虹膜痛
IRC (inspiratory reserve capacity 的缩写) 吸气储存量
Ircon [ˈaikɔn] 爱康: 延胡索酸亚铁制剂的商品名
iridadenosis [ˌairiˌdædiˈnəusis] 虹膜腺病
iridaemia [ˌairiˈdiːmiə] 虹膜出血
iridal [ˈaiəridəl] 虹膜的
iridalgia [ˌaiəriˈdældʒiə] (*irid-* + *-algia*) 虹膜痛
iridauxesis [ˌiridɔkˈsiːsis] (*irid-* + Gr. *auxēsis* increase) 虹膜肥厚
iridavulsion [ˌairidəˈvʌlʃən] 虹膜撕脱
iridectasis [ˌairiˈdektəsis] (*irid-* + Gr. *iktasis* dilatation) 虹膜舒张
iridectome [ˌiriˈdektəum] (*irid-* + Gr. *ektemnein* to cut out) 虹膜刀
iridectomesodialysis [ˌiriˌdektəuˌmiːsəudaiˈæləsis] (*irid-* + *ectomy* + *meso-* + *dialysis*) 虹膜分离切除术
iridectomize [ˌiriˈdektəmaiz] 虹膜切除
iridectomy [ˌiriˈdektəmi] (*irid-* + *ectomy*) 虹膜切除术
　basal i. 虹膜根部切除术
　buttonhole i. 周边虹膜切除术
　complete i. 全虹膜切除术
　optic i., optical i. 光学虹膜切除术, 造瞳术
　peripheral i. 周边虹膜切除术
　preliminary i., preparatory i. 准备性虹膜切除术
　sector i. 扇形虹膜切除术
　stenopeic i. 小孔形虹膜切除术
　therapeutic i. 治疗性虹膜切除术
　total i. 虹膜全切除术
iridectopia [ˌairidekˈtəupiə] 虹膜异位
iridectropium [ˌiridekˈtrɔpiəm] 虹膜外翻
iridemia [ˌiriˈdiːmiə] (*irid-* + Gr. *haima* blood + *-ia*) 虹膜出血
iridencleisis [ˌiridənˈklaisis] (*irid-* + Gr. *enklein* to lock in) 虹膜箝顿术
iridentropium [ˌiridənˈtrɔpiəm] 虹膜内翻
irideremia [ˌiridəˈriːmiə] (*irid-* + Gr. *erēmia* want of, absence) 无虹膜
irides [ˈiridiːz] (Gr.) 虹膜。*iris* 的复数形式
iridescence [ˌiriˈdesəns] (L. *iridescere* to gleam

like a rainbow) 虹色,彩虹色,晕色

iridescent [ˌiri'desənt] (Gr. *iris* rainbow) 虹色的,彩虹色的,晕色的

iridesis [ai'ridəsis] (*iris* + -*desis*) 虹膜固定术

iridiagnosis [ˌairidaiəg'nəusis] 虹膜诊断

iridial [ai'ridiəl] 虹膜的

iridian [ai'ridiən] 虹膜的

iridic [ai'ridik] 虹膜的

iridium [i'ridiəm] (L. *iris* rainbow, from the tints of its salts) 铱
　i. Ir 192 铱 192

iridization [ˌiridai'zeiʃən] 虹视,虹晕感觉

irid(o)- (Gr. *iris*, gen *iridos* rainbow) 虹膜

iridoavulsion [ˌiridəuə'vʌlʃən] 虹膜撕脱

iridocapsulitis [ˌiridəukæpsju'laitis] 虹膜晶状体囊炎

iridocele [ai'ridəsi:l] (*irido-* + -*cele*) 虹膜突出

iridoceratitis [ˌiridəuˌserə'taitis] 虹膜角膜炎

iridochoroiditis [ˌiridəuˌkɔrɔi'daitis] 虹膜脉络膜炎

iridocinesia [ˌiridəusai'niziə] 虹膜伸缩

iridocoloboma [ˌiridəuˌkɔlə'bəumə] (*irido-* + Gr. *kolobōma* mutilation) 虹膜缺损,虹膜裂开

iridoconstrictor [ˌiridəukən'striktə] (*irido-* + *constrictor*) 虹膜收缩肌

iridocorneosclerectomy [ˌiridəukɔːniəuskliə'rektəmi] 虹膜角膜巩膜切除术

iridocyclectomy [ˌiridəusə'klektəmi] (*irido-* + *cyclo-* + *ectomy*) 虹膜睫状体切除术

iridocyclitis [ˌiridəusə'klaitis] (*irido-* + *cyclitis*) 虹膜睫状体炎
　heterochromic i. 异色性虹膜睫状体炎

iridocyclochoroiditis [ˌiridəuˌsaikləuˌkɔrɔi'daitis] (*irido-* + *cyclo-* + *choroiditis*) 虹膜睫状体脉络膜炎

iridocystectomy [ˌiridəusis'tektəmi] (*irido-* + *cyst-* + *ectomy*) 虹膜囊切除术

iridocyte [ai'ridəsait] (*irido-* + -*cyte*) 虹(色)细胞

iridodesis [ˌiri'dɔdəsis] 虹膜固定术

iridodiagnosis [ˌiridəuˌdaiəg'nəusis] (*irido-* + *diagnosis*) 虹膜诊断

iridodialysis [ˌiridəudai'æləsis] (*irido-* + *dialysis*) 虹膜根部分离

iridodiastasis [ˌiridəudai'æstəsis] (*irido-* + Gr. *diastasis* separation) 虹膜(根部)脱离

iridodilator [ˌiridəudai'leitə] (*irido-* + *dilator*) ❶ 虹膜扩大肌;❷ 瞳孔散大剂

iridodonesis [ˌiridəudə'nisis] (*irido-* + Gr. *donēsis* tremor) 虹膜震颤

iridokeratitis [ˌiridəuˌkerə'taitis] (*irido-* + *keratitis*) 虹膜角膜炎

iridokinesia [ˌiridəukai'niziə] 虹膜伸缩

iridokinesis [ˌiridəukai'nisis] (*irido-* + *kinesis*) 虹膜伸缩

iridokinetic [ˌiridəukai'netik] 虹膜伸缩的

iridoleptynsis [ˌiridəulep'tinsis] (*iris* + Gr. *leptynsis* attenuation) 虹膜薄缩,虹膜萎缩

iridology [ˌiri'dɔlədʒi] (*irido-* + -*logy*) 虹膜学

iridomalacia [ˌiridəumə'leiʃiə] (*irido-* + *malacia*) 虹膜软化

iridomesodialysis [ˌiridəuˌmisəudai'æləsis] (*irido-* + *meso-* + *dialysis*) 虹膜内缘粘着部分离

iridomotor [ˌiridəu'məutə] 虹膜伸缩的,虹膜运动的

iridoncosis [ˌiri'dɔŋkəsis] 虹膜肥厚

iridoncus [ˌiri'dɔŋkəs] (*irid-* + Gr. *onkos* bulk) 虹膜肿

iridoparalysis [ˌiridəupə'ræləsis] 虹膜麻痹

iridoparesis [ˌiridəupə'risis] 虹膜轻麻痹

iridopathy [ˌiri'dɔpəθi] (*irido-* + Gr. *pathos* disease) 虹膜病

iridoperiphakitis [ˌiridəuˌperifei'kaitis] (*irido-* + Gr. *peri* around + *phakitis*) 虹膜晶状体囊炎

iridoplegia [ˌiridəu'plidʒiə] (*irido-* + -*plegia*) 虹膜麻痹
　accommodation i. 调节性虹膜麻痹
　complete i. 完全性虹膜麻痹
　reflex i. 反射性虹膜麻痹
　sympathetic i. 交感性虹膜麻痹

iridoptosis [ˌiridɔp'təusis] (*irido-* + *ptosis*) 虹膜脱垂

iridopupillary [ˌiridəu'pjuːpiləri] 虹膜瞳孔的

iridorhexis [ˌiridəu'reksis] (*irido-* + *rhexis*) ❶ 虹膜破裂;❷ 虹膜撕裂法

iridoschisis [ˌiri'dɔskisis] (*irido-* + Gr. *schisis* splitting) 虹膜缺损

iridosclerotomy [ˌiridəuskliə'rɔtəmi] (*irido-* + *sclero-* + -*tomy*) 虹膜巩膜切开术

iridosteresis [ˌiridəustə'risis] (*irido-* + Gr. *sterēsis* loss) 虹膜缺失,虹膜切除

iridotasis [ˌiriˈdɔtəsis] (*irido-* + *Gr. tasis* stretching) 虹膜展开术

iridotomy [ˌiriˈdɔtəmi] (*irido-* + *-tomy*) 虹膜切开术

Iridoviridae [ˌiridəuˈvairidi] 虹膜病毒

iridovirus [ˌiridəuˈvaiərəs] 虹膜病毒

IRIS (International Research Information Service 的缩写) 国际情报研究所

Iris [ˈaiəris] 鸢尾属

iris [ˈaiəris] (pl. *irides*)(Gr. "rainbow, halo") ❶ (NA) 虹膜;❷ 鸢尾根
　i. bombé 虹膜膨起
　detached i. 虹膜分离
　tremulous i. 虹膜震颤
　umbrella i. 虹膜膨起

irisin [ˈaiərisin] 鸢尾糖,鸢尾淀粉

irisopsia [ˌaiəriˈsɔpsiə] (Gr. *iris* rainbow + *-opsia*) 虹视

iritic [aiəˈritik] 虹膜炎的

iritis [ˌaiəˈraitis] (*iris* + *-itis*) 虹膜炎
　i. catamenialis 经期前虹膜炎
　diabetic i. 糖尿病性虹膜炎
　follicular i. 滤泡性虹膜炎
　gouty i. 痛风虹膜炎,尿酸性虹膜炎
　i. papulosa 丘疹性虹膜炎
　plastic i. 成形性虹膜炎
　purulent i. 脓性虹膜炎
　serous i. 浆液性虹膜炎
　spongy i. 海绵状虹膜炎
　sympathetic i. 交感性虹膜炎
　uratic i. 痛风虹膜炎

iritoectomy [ˌaiəritəuˈektəmi] (*iris* + *ectomy*) 虹膜部分切除术

iritomy [aiˈritəmi] 虹膜切开术

irium [ˈairiəm] 十二烷基硫酸钠

iron [ˈaiən](A.S. *iren*; L. *ferrum*) 铁
　i. acetate 醋酸铁
　i. and ammonium sulfate 硫酸铁铵
　available i. 可利用铁,可吸收铁
　i. chloride 氯化铁
　i. choline citrate 胆酸亚铁
　i. citrate 枸橼酸铁
　i. dextran injection (USP) 葡萄糖铁针剂
　i. gluconate 葡萄糖酸铁
　i. protosulfate 硫酸亚铁
　Quevenne's i. 还原铁,文氏铁
　radioactive i. 放射性铁
　reduced i. 还原铁
　i. sorbitex 山梨(糖)醇铁
　i. sorbitex injection (USP) 山梨醇铁针剂
　i. sulfate 硫酸亚铁

irotomy [aiˈrɔtəmi] 虹膜切开术

irradiate [iˈreidieit] 照射

irradiation [iˌreidiˈeiʃən] (L. *in* into + *radiare* to emit rays) ❶照射;❷ 扩散;❸辐照;❹ 映射
　interstitial i. 组织内照射
　total lymphoid i. (TLI) 总淋巴系统照射
　ultraviolet blood i. 紫外线照血法
　whole-body i. 全射辐照

irreducible [ˌiriˈdjuːsəbl] ❶ 不能复位的;❷ 不能还原的

irregular [iˈregjulə] (L. *in* not + *regula* rule) 不齐的,不规则的

irregularity [iˌregjuˈlæriti] 不齐,不规律
　i. of pulse 脉律不齐

irreinoculability [ˌiriiˌnɔkjuləˈbiliti] 再接种不能

irrespirable [ˌirisˈpaiərəbl] 不能呼吸的

irreversible [ˌiriˈvəːsəbl] 不可逆的

irrhythmia [iˈriθmiə] 心律失常,心律不齐,无节律

irrigate [ˈirigeit] 灌溉,冲洗

irrigation [ˌiriˈgeiʃən] (L. *irrigatio*; *in* into + *rigare* to carry water) ❶ 冲洗,灌溉;❷ 冲洗剂
　acetic acid i. (USP) 醋酸冲洗剂
　Ringer's i. 林格氏注射液
　sodium chloride i. (USP) 氯化钠冲洗液

irrigator [ˈirigeitə] (L. "waterer") 冲洗器

irrigoradioscopy [ˌirigəuˌreidiˈɔskəpi] 灌肠X线透视检查

irrigoscopy [ˌiriˈgɔskəpi] 灌肠X线透视检查

irritability [ˌiritəˈbiliti] (L. *irritabilitas*, from *irritare* to tease) ❶应激性,兴奋性,刺激感受性;❷ 过敏,兴奋增盛
　i. of the bladder 膀胱过敏
　chemical i. 化学应激性
　electric i. 电应激性
　mechanical i. 机械(刺激)应激性
　muscular i. 肌应激性
　myotatic i. 肌牵张应激性
　nervous i. 神经应激性
　specific i. 特殊应激性
　i. of the stomach 胃过敏
　tactile i. 接触应激性,异物过敏

irritable ['iritəbl] (L. *irritare* to tease) ❶ 应激性的；❷ 过敏的；❸ 过份激怒，烦恼

irritant ['iritənt] (L. *irritans*) ❶ 刺激性；❷ 刺激剂，刺激物
  primary i. 原发刺激物

irritation [ˌiriˈteiʃən] (L. *irritatio*) ❶ 刺激（作用）；❷ 兴奋
  direct i. 直接刺激
  functional i. 机能性刺激

irritative ['iriˌtətiv] 刺激性的，(引起)刺激的

Irukandji sting [ˌiruˈkændʒi] (*Irukandji*, an aboriginal tribe in the vicinity of Cairns, Queensland, Australia) 伊鲁坎吉螫伤

IRV (inspiratory reserve volume 的缩写) 吸气储备容量

IS (intercostal space 的缩写) 肋间隙

ISA (intrinsic sympathomimetic activity 的缩写) 体内拟交感(神经)活动

Isambert's disease [izɑːmˈbɛəz] (Emile *Isambert*, French physician, 1827-1876) 伊桑贝尔氏病(急性粟粒性咽喉结核)

isamoxole [ˌaisəˈmɔksəul] 双丁苯胺

isatin ['aisətin] 靛红

isauxesis [ˌisɔːkˈsisis] (Gr. *isos* equal + *auxēsis* increase) 均等增生，同等发育

ischemia [isˈkiːmiə] (Gr. *ischein* to suppress + *emia*) 局部缺血
  brachiocephalic i. 头臂缺血
  cerebral i. 大脑缺血
  hypoxia-i 低氧缺血
  myocardial i. 心肌缺血
  nonocclusive mesenteric i. 无闭塞肠系膜缺血
  i. retinae 视网膜缺血
  silent i. 无症状缺血
  subendocardial i. 心内膜下缺血
  vertebrobasilar i. 椎骨基底缺血

ischemic [isˈkemik] 局部缺血的

ischesis [isˈkiːsis] (Gr. *ischein* to suppress) 分泌物潴留，分泌抑制

ischia ['iskiə] (L.) 坐骨。*ischium* 的复数形式

ischiadelphus [ˌiskiəˈdelfəs] (*ischio-* + Gr. *adelphos* brother) 坐骨联胎

ischiadic [iskiˈædik] 坐骨的

ischiagra [iskiˈægrə] (Gr. *ischon* hip + *agra* seizure) 坐骨痛风

ischial ['iskiəl] 坐骨的

ischialgia [iskiˈældʒiə] (*ischio-* + *-algia*) 坐骨神经痛

ischiatic [iskiˈætik] (L. *ischiaticus*) 坐骨的

ischiatitis [ˌiskiəˈtaitis] 坐骨神经炎

ischidrosis [ˌiskiˈdrəusis] 汗闭

ischiectomy [ˌiskiˈektəmi] 坐骨(髋部分)切除术

ischi(o)- (Gr. *ischion* hip) 髋，坐骨

ischioanal [ˌiskiəuˈeinəl] (*ischio-* + *anus*) 坐骨肛门的

ischiobulbar [ˌiskiəuˈbʌlbə] (*ischio-* + L. *bulbus* bulb) 坐骨尿道球的

ischiocapsular [ˌiskiəuˈkæpsjulə] (*ischio-* + L. *capsula* capsule) 坐骨囊韧带的

ischiocele ['iskiəsiːl] (*ischio-* + Gr. *kēlē* hernia) 坐骨孔疝

ischiococcygeal [ˌiskiəukɔkˈsidʒiəl] 坐骨尾骨的

ischiococcygeus [ˌiskiəukɔkˈsidʒiəs] (*ischio-* + Gr. *kokkyx* coccyx) ❶ 坐骨尾骨肌；❷ 提肛肌后部

ischiodidymus [ˌiskiəuˈdaidiməs] (*ischio-* + Gr. *didymos* twin) 坐骨联胎

ischiodymia [ˌiskiəuˈdimiə] (*ischio-* + Gr. *didymos* twin + *-ia*) 坐骨联胎畸形

ischiodynia [ˌiskiəuˈdiniə] (*ischio-* + Gr. *odynē* pain) 坐骨神经痛

ischiofemoral [ˌiskiəuˈfemərəl] (*ischio-* + *femur*) 坐骨股骨的

ischiofibular [ˌiskiəˈfibjulə] 坐骨腓骨的

ischiohebotomy [ˌiskiəuhiˈbɔtəmi] (*ischio-* + Gr. *hebe* pubes + *temnein* to cut) 耻骨坐骨支切开术

ischiomelus [iskiˈɔmiləs] (*ischio-* + Gr. *melos* limb) 坐骨寄生肢畸胎

ischiomyelitis [ˌiskiəumaiəˈlaitis] 腰髓炎

ischioneuralgia [ˌiskənjuəˈrældʒiə] 坐骨神经痛

ischionitis [ˌiskiəˈnaitis] 坐骨结节炎

ischiopagia [ˌiskiəuˈpeidʒiə] 坐骨联胎畸形

ischiopagus [iskiˈɔpəgəs] (*ischio-* + Gr. *pagos* thing fixed) 坐骨联胎

ischiopagy [iskiˈɔpədʒi] 坐骨联胎畸形

ischiopubic [ˌiskiəuˈpjuːbik] 坐骨耻骨的

ischiorectal [ˌiskiəuˈrektəl] 坐骨直肠的

ischiosacral [ˌiskiəuˈseikrəl] 坐骨骶骨的

ischiothoracopagus [ˌiskiəuθɔːrəˈkɔpəgəs] 坐骨胸部联胎，骶胸联胎

ischiovaginal [ˌiskiəuˈvædʒinəl] 坐骨阴道的
ischiovertebral [ˌiskiəuˈvətibrəl] 坐骨脊椎的
ischium [ˈiskiəm] (pl. *ischia*)(*L*.; *Gr. ischion* hip) 坐骨
isch(o)- (*Gr. ischein* to suppress) 闭止,抑制,缺乏
ischocholia [ˌiskəuˈkəuliə] (*Gr. chole* bile) 胆汁闭止
ischogyria [ˌiskəuˈdʒaiəriə] (*ischo-* + *gyrus*) 脑回萎小
ischomenia [ˌiskəuˈmiːniə] (*ischo-* + *Gr. meniaia* menses) 月经停止
ischospermia [ˌiskəuˈspəːmiə] (*Gr. sperma* seed) 精液郁阻
ischuretic [ˌiskjuəˈretik] 尿闭的
ischuria [isˈkjuəriə] (*ischo-* + *Gr. ouron* urine + *-ia*) 尿闭
  i. paradoxa 矛盾尿闭,奇异尿闭
  i. spastica 痉挛性尿闭
ISCP (International Society of Comparative Pathology 的缩写) 国际比较病理学会
iseiconia [ˌaisaiˈkəuniə] 双侧像相同
iseiconic [ˌaisaiˈkɔnik] 双侧像相同的
iseikonia [ˌaisaiˈkəuniə] 双侧像相同
isethionate [ˌaisəˈθaiəneit] (USAN) 羟乙基磺酸盐
isethionic acid [ˌaiseθiˈɔnik] 羟乙基磺酸
ISGE (International Society of Gastro-Enterology 的缩写) 国际胃肠病学会
ISH (International Society of Hematology 的缩写) 国际血液病学会
Ishihara's plates [ˌiʃiˈhɑːrɑːz] (Shinobu *Ishihara*, Japanese ophthalmologist, 1879-1963) 石原氏板
isinglass [ˈaisinglɑːs] 鱼胶
island [ˈailənd] 岛
  blood i's 血岛
  bone i. 骨岛
  i's of Calleja 海马回
  cartilage i's 软骨岛,软骨内骨
  i's of Langerhans 胰岛
  olfactory i's 嗅岛
  i's of pancreas 胰岛
  Pander's i's 潘德尔血岛
  i. of Reil 脑岛
islet [ˈailit] 岛,小岛
  blood i's 血岛
  Calleja's i's 海马回
  i's of Langerhans 胰岛
  pancreatic i's 胰岛
  Walthard's i's 瓦尔塔德氏小岛,卵巢上皮小岛
ISM (International Society of Microbiologists 的缩写) 国际微生物学会
-ism (*Gr. -ismos* noun-forming suffix) 状态,情况
Ismelin [ˈisməlin] 依斯米林:硫酸胍乙啶制剂的商品名
ISO (International Standards Organization 的缩写) 国际标准组织
iso- (*Gr. isos* equal) 相等,相同,同族,异构
isoadrenocorticism [ˌaisəəˌdriːnəuˈkɔːtisizəm] 肾上腺皮质机能正常
isoagglutination [ˌaisəuəˌgluːtiˈneiʃən] 同种凝集,同族凝集
isoagglutinin [ˌaisəuəˈgluːtinin] 同种凝集素,同族凝集素
isoallele [ˌaisəuəˈliːl] (*iso-* + *allele*) 同等位基因
isoallelism [ˌaisəuəˈlelizəm] (*iso-* + *allele*) 同等位基因(状态)
isoalloxazine [ˌaisəuəˈlɔksəziːn] 异咯嗪
isoamylethylbarbituric acid [ˌaisəuˌæmilˈeθilˌbɑːbiˈtjuərik] 异戊基乙基巴比妥酸
isoamyl nitrite [ˌaisəuˈæmil ˈnaitrait] 亚硝酸异戊酯
isoanaphylaxis [ˌaisəuˌænəfiˈlæksis] 同种过敏性,同族过敏性
isoandrosterone [ˌaisəuænˈdrɔstərəun] 异雄甾酮
isoantibody [aisəuˈæntiˌbɔdi] 同种抗体,同族(同系)抗体
isoantigen [ˌaisəuˈæntidʒən] 同种抗原,同族(同系)抗原
isobar [ˈaisəubɑː] (*iso-* + *Gr. baros* weight) 同量异位素
isobaric [ˌaisəuˈbærik] (*iso-* + *Gr. baros* weight) ❶等比重的;❷等压的
isobody [ˈaisəuˌbɔdi] 同种抗体
isobornyl thiocyanoacetate [ˌaisəuˈbɔːnil ˌθaiəuˌsaiənəuˈæsiteit] 氰硫基乙酸萜品酯,氰硫基乙酸异龙脑酯
isobucaine hydrochloride [ˌaisəuˈbjuːkein] 盐酸异丁卡因
isobutane [ˌaisəuˈbjuːtein] 异丁烷
isocaloric [ˌaisəukəˈlɔrik] 等卡热的,等热量

的

isocarboxazid [ˌaisəukɑː'bɔksəzid]（USP）闷可乐,异唑肼,异噁唑酰肼

isocellular [ˌaisə'seljulə]（iso- + L. cellula cell）等细胞的

isocenter [ˌaisə'sentə] 等量点

isocholesterin [ˌaisəukə'lestərin] 异胆甾醇,异胆固醇

isocholesterol [ˌaisəukə'lestərɔl] 异胆甾醇,异胆固醇

isochromatic [ˌaisəukrəu'mætik]（iso- + Gr. chrōma color）等色的

isochromatophil [ˌaisəukrəu'mætəfil]（iso- + Gr. chrōma color + philein to love）等嗜染的

isochromosome [ˌaisəu'krɔməsəum]（iso- + chromosome）等臂染色体

isochronal [ai'sɔkrənəl] 等时的

isochronia [ˌaisəu'krəuniə] 等时性,等时值

isochronic [ˌaisəu'krɔnik] 等时的

isochronism [ˌaisəu'krɔnizəm]（iso- + Gr. chronos time + -ism）等时性,等时值

isochronous [ai'sɔkrənəs]（iso- + Gr. chronos time）等时的

isochroous [ai'sɔkrəuəs]（iso- + Gr. chroa color）等色的

isocitrate [ˌaisəu'sitreit] 异柠檬酸盐

isocitrate dehydrogenase (NAD$^+$) [ˌaisəu'sitreit di'haidrədʒəneis]（EC 1.1.1.41）异柠檬酸脱氢酶

isocitrate dehydrogenase (NADP$^+$) [ˌaisəu'sitreit di'haidrədʒəneis]（EC 1.1.1.42）异柠檬酸脱氢酶

isocitric acid [ˌaisəu'sitrik] 异柠檬酸

isocolloid [ˌaisəu'kɔlɔid] 等相胶体

isocomplementophilic [ˌaisəuˌkɔmpliˌmentə'filik] 亲同种补体的

isoconazole [ˌaisəu'kɔnəzəul] 双二氯苯唑

isocoria [ˌaisəu'kɔːriə]（iso- + Gr. korē pupil）瞳孔等大

isocortex [ˌaisəu'kɔːteks]（iso- + cortex）同形皮质,新皮层

Isocrin [ˌaisəukrin] 爱索克伦：双醋酚丁制剂的商品名

isocyanide [ˌaisəu'saiənaid] 胩,异腈,异氰化物

isocyclic [ˌaisəu'saiklik]（iso- + Gr. kyklos circle）等环的,同素环的(化合物),碳环的(化合物)

isocytolysin [ˌaisəusai'tɔləsin]（iso- + cytolysin）同种溶细胞素

isocytosis [ˌaisəusai'təusis]（iso- + -cyte + -osis）细胞等大

isocytotoxin [ˌaisəuˌsaitəu'tɔksin]（iso- + cytotoxin）同种细胞毒素

isodactylism [ˌaisəu'dæktəlizəm]（iso- + Gr. daktylos finger + -ism）指等大

isodesmosine [ˌaisəu'desməsiːn] 异锁链赖氨素

isodiagnosis [ˌaisəuˌdaiəg'nəusis] 血液接种诊断法

isodiametric [ˌaisəuˌdaiə'metrik]（iso- + Gr. dia through + metron measure）等径的

isodispersoid [ˌaisəudis'pəːsɔid] 等相胶体,等相胶质

isodontic [ˌaisəu'dɔntik]（iso- + Gr. odous tooth）同形牙的

isodose [ˈaisəudəus] 同等(辐射)量

isodynamic [ˌaisəudai'næmik]（iso- + Gr. dynamis power）等力的

isodynamogenic [ˌaisəuˌdaiˌnæməu'dʒenik]（iso- + Gr. dynamis power + gennan to produce）生力均等的

isoeffect [ˌaisəui'fekt] 等效(应)

isoelectric [ˌaisəui'lektrik]（iso- + electric）等电的,等电势的

isoenergetic [ˌaisəuenə'dʒetik] 等能的

isoenzyme [ˌaisəu'enzaim] 同功酶,同工酶

Regan i. 里甘同功酶

isoetharine [ˌaisəu'eθəriːn] 乙基异丙肾上腺素,乙基喘息定

i. **hydrochloride** (USP) 异丙肾上腺素盐酸盐

i. **mesylate** (USP) 异丙肾上腺素甲磺酸盐

isoflupredone acetate [ˌaisəuflu'priːdəun] 醋异氟龙

isoflurane [ˌaisəu'fluərein] 异氟烷

isoflurophate [ˌaisəu'fluərəfeit] (USP) 异丙氟磷,氟磷酸二异丙酯

isoform [ˈaisəufɔːm] 异构重整

isogame [ai'sɔgəmi] 同配生殖,同形接合

isogamete [ˌaisəu'gæmiːt]（iso- + gamete）

同形配子

isogametic [ˌaisəugə'metik] 同配子生殖,同形接合的

isogamety [ˌaisəu'gæmiti] 同形配子产生

isogamous [ai'sɔgəməs] 同配生殖的,同形接合的

isogamy [ai'sɔgəmi] (*iso-* + Gr. *gamos* marriage) 同配生殖,同形接合

isogeneic [ˌaisəudʒə'ni:ik] 同基因的,同系的,同源的

isogeneric [ˌaisəudʒə'nerik] 同属的,同类的

isogenesis [ˌaisəu'dʒenəsis] (*iso-* + Gr. *genesis* production) 原源,同式发育

isogenic [ˌaisəu'dʒenik] 同源的,同基因的,同系的

isogenous [ai'sɔdʒinəs] 同源的

isogonic [ˌaisəu'gɔnik] 异种同殖的

isograft ['aisəugra:ft] 同基因移植物,同系移植物,同系移植,同型移植

isohemagglutination [ˌaisəuˌheməglu:ti'neiʃən] 同种血细胞凝集(作用),同族血凝反应

isohemagglutinin [ˌaisəuˌhemə'glu:tinin] 同种血细胞凝集素,同族血凝素

isohemolysin [ˌaisəuhi:'mɔləsin] (*iso-* + *hemolysin*) 同种溶血素,同族溶血素

isohemolysis [ˌaisəuhi:'mɔləsis] 同种溶血,同族溶血

isohemolytic [ˌaisəuˌhi:mə'litik] 同种溶血的,同族溶血的

isohydria [ˌaisəu'haidriə] 体液平衡

isohydric [ˌaisəu'haidrik] 等氢离子的

isohypercytosis [ˌaisəuˌhaipəsai'təusis] (*iso-* + Gr. *hyper* over + *kytos* cell) 等比白血球增多

isohypocytosis [ˌaisəuˌhaipəusai'təusis] (*iso-* + Gr. *hypo* under + *kytos* cell) 等比白血球减少

isoiconia [ˌaisəuai'kɔniə] (*iso-* + Gr. *eikōn* image) 双侧像相同

isoiconic [ˌaisəuai'kɔnik] 双侧像相同的

isoimmunization [ˌaisəuˌimjunai'zeiʃən] 同种免疫,同族免疫

Rh i. Rh 同族免疫作用

isointense [ˌaisəuin'tens] (等)同强度

isokinetic [ˌaisəuki'netik] 动力(学)的,等(运)动的

isolate ['aisəleit] ❶ 隔离;❷ 分离

isolation [ˌaisə'leiʃən] ❶ 分离;❷ 生理性部分分离;❸ 对结构不明的天然化学物质的提取和纯化;❹ 隔离;❺ 对微生物的连续繁殖、培养、直至获得纯培养;❻ 精神病学上指防御机制;观念或冲动与其不能接受的情感脱离而进入意识

isolator ['aisəleitə] 隔离者,隔离物

surgical i. 外科防护罩

isolecithal [ˌaisəu'lesiθəl] (*iso-* + *lekithos* yolk) 等(卵)黄的,均(卵)黄的

isoleucine [ˌaisəu'lju:si:n] 异亮氨酸,异白氨酸

isoleucyl [ˌaisəu'lu:sil] 异亮氨酰(基)

isoleukoagglutinin [ˌaisəuˌlju:kəə'glu:tinin] 同种白细胞凝集素,同族白细胞凝集素

isologous [ai'sɔləgəs] 同基因的,同系的

isolysergic acid [ˌaisəuli'sədʒik] 异麦角酸

isolysin [ai'sɔləsin] 同种溶素,同族溶素

isolysis [ai'sɔləsis] 同种溶解,同族溶解

isolytic [ˌaisəu'litik] 同种溶解,同族溶解

isomaltase [ˌaisəu'mɔ:lteis] 异麦芽糖酶

isomaltose [ˌaisəu'mɔ:ltəus] 异麦芽糖

isomastigote [ˌaisəu'mæstigəut] (*iso-* + Gr. *mastix* lash) 等鞭毛的

isomer ['aisəumə] (*iso-* + Gr. *meros* part) (同分)异构体

isomerase [ai'sɔmereis] (EC 5) 异构酶

isomeric [ˌaisəu'merik] 同分异构的,同质异构的

isomeride [ai'sɔmeraid] 同分异构体,同质异构体

isomerism [ai'sɔmərizəm] (*iso-* + Gr. *meros* part) 同分异构(现象)

chain i. 链异构

cis-trans i. 顺-反式异构

configurational i. 构型异构

conformational i. 构象异构

constitutional i. 结构异构

functional group i. 机能基团异构

geometric i. 几何异构

optical i. 旋光异构

position i. 位置异构

spatial i. 立体异构

stereochemical i. 立体异构

structural i. 结构异构

substitution i. 位置异构

isomerization [aiˌsɔməraiˈzeiʃən] 异构化

isometheptene hydrochloride [ˌaisəuməˈθeptiːn] 盐酸异辛烯胺

isometheptene mucate [ˌaisəuməˈθeptiːn ˈmjuːkeit] 握克丁

isometric [ˌaisəuˈmetrik] (iso- + Gr. metron measure) ❶ 等量的；❷ 等长的

isometropia [ˌaisəumiˈtrəupiə] (iso- + Gr. metron measure + -opia) 两眼屈光相等

isometry [aiˈsɔmitri] 等长

isomorphic [ˌaisəuˈmɔːfik] 同形的

isomorphism [ˌaisəuˈmɔːfizəm] 同形性，(异质)同晶(现象)

isomorphous [ˌaisəuˈmɔːfəs] (iso- + -morphous) 同形的

isomuscarine [ˌaisəuˈmʌskəriːn] 异毒蕈碱

isomylamine hydrochloride [ˌaisəuˈmailəmiːn] 盐酸异戊环胺

isonaphthol [ˌaisəuˈnæfθɔl] 异萘酚, β萘酮

isonephrotoxin [ˌaisəuˈnefrəuˈtɔksin] (iso- + nephrotoxin) 同种肾毒素

isoniazid [ˌaisəuˈnaiəzid] (USP) 异烟肼

isonicotinoylhydrazine [ˌaisəuˌnikəˌtinɔilˈhaidrəziːn] 异烟肼

isonicotinylhydrazine [ˌaisəuˌnikəˌtinilˈhaidrəziːn] 异烟肼

isonitrile [ˌaisəuˈnaitrail] 异腈，异氰化物，胩

iso-oncotic [ˌaisəuɔŋˈkɔtik] 等膨胀压的

iso-osmotic [ˌaisəuɔzˈmɔtik] 等渗的

Isopaque [ˌaisəuˈpeik] 爱索佩克：甲泛影钠制剂的商品名

Isoparorchis trisimilitubis [ˌaisəupəˈrɔːkis traiˌsimilaiˈtjuːbis] 三等管全睾吸虫

isopathy [aiˈsɔpəθi] (iso- + Gr. pathos disease) 同源疗法

isopatin [aiˈsɔpətin] 无蛋白免疫原

isopepsin [ˌaisəuˈpepsin] 异胃蛋白酶

isophagy [aiˈsɔfədʒi] (iso- + Gr. phagein to eat) 自溶，自体溶解

isophoria [ˌaisəuˈfɔriə] (iso- + phoria) 两眼视线等平

Isophrin [ˈaisəufrin] 埃索福林：盐酸苯肾上腺素制剂的商品名

isopia [aiˈsəupiə] (iso- + -opia) 两眼视力相等

isoplastic [ˌaisəuˈplæstik] (iso- + plastic) 同基因的,等基因的

isoprecipitin [ˌaisəupriˈsipitin] 同种沉淀素,同族沉淀素

isopregnenone [ˌaisəuˈpregnənəun] 异孕烯酮,6-脱氢(逆式)孕酮

isoprenaline [ˌaisəuˈprenəliːn] 异丙肾上腺素

isoprene [ˈaisəupriːn] 异戊二烯

isoprenoid [aisəuˈprenɔid] 类异戊二烯

isopropamide iodide [ˌaisəuˈprɔpəmaid] (USP) 碘化异丙酰铵

isopropanol [ˌaisəuˈprɔpənɔl] 异丙醇

isopropyl [ˌaisəuˈprɔpil] 异丙基
i. alcohol, i. rubbing alcohol 异丙醇
i. meprobamate 异丙基眠尔通
i. myristate (NF) 十四(烷)酸异丙酯,(肉)豆蔻酸盐

isopropylarterenol [ˌaisəuˌprɔpilˌɑːtəˈriːnɔl] 异丙肾上腺素

isoproterenol [ˌaisəuˌprɔtəˈriːnɔl] 异丙肾上腺素,喘息定,治喘灵
i. hydrochloride (USP) 盐酸异丙肾上腺素
i. sulfate (USP) 硫酸异丙肾上腺素

isopter [aiˈsɔptə] (iso- + Gr. optēr observer) 等视力线

Isoptin [aiˈsɔptin] 异搏停：维拉帕米制剂的商品名

isopyknic [ˌaisəuˈpiknik] (iso- + Gr. pyknos thick) 等固缩的,等致密的,等密度的

isopyknosis [ˌaisəupikˈnəusis] (iso- + pyknosis) 等固缩现象,致密(度)相等(染色体)

isopyknotic [ˌaisəupikˈnɔtik] 等固缩的,等致密的

Isordil [ˈaisɔːdil] 埃索迪尔,二硝酸异山梨醇酯,硝异梨醇：消心痛制剂的商品名

isoriboflavin [ˌaisəuˈraibəufleivin] 异核黄素

isorrhea [ˌaisəuˈriːə] (iso- + Gr. rhein to flow) 水出纳相等,水平衡

isorrheic [ˌaisəuˈriːik] 水出纳相等的,水平衡的

isorubin [ˌaisəuˈruːbin] 新品红

isoscope [ˈaisəuskəup] (iso- + -scope) 眼动测位镜

isosensitization [ˌaisəuˌsensitiˈzeiʃən] 同族

isoserine [ˌaisəu'siəriːn] 异丝氨酸
isoserum [ˌaisəu'siərəm] 同病血清
isosexual [ˌaisəu'sekʃjuəl] (*iso-* + *sexual*) 同性的
isosmotic [ˌaisɔs'mɔtik] 等渗的
isosmoticity [ˌaisɔsmə'tisiti] 等渗性
isosorbide [ˌaisəu'sɔːbaid] 异山梨醇
　i. dinitrate 二硝酸异山梨醇
isospermotoxin [ˌaisəuˌspəːmə'tɔksin] 同种精子毒素
Isospora [ai'sɔspərə] (*iso-* + *spore*) 等孢子球虫属
　I. belli 贝氏等孢子球虫,大等孢子球虫
　I. bigemina 二联等孢子球虫
　I. felis 猫等孢子球虫
　I. hominis 人等孢子球虫
　I. lacazei 鸟等孢子球虫
　I. rivolta 犬等孢子球虫
　I. suis 猪等孢子球虫
isospore ['aisəuspɔː] (*iso-* + Gr. *sporos* spore) 同形孢子
isosporiasis [aiˌsɔspə'raiəsis] 等孢子球虫病
isosporous [ai'sɔspərəs] 同形孢子的
isostere ['aisəustiə] (电子)等排物,等配物
isosthenuria [ˌaisɔsθə'njuəriə] (*iso-* + Gr. *sthenos* strength + *ouron* urine + *-ia*) 等渗尿,等张尿
isothebaine [ˌaisəu'θiːbeiin] 异蒂巴因,异二甲基吗啡
isotherapy [ˌaisəu'θerəpi] (*iso-* + Gr. *therapeia* treatment) 同源疗法
isothermognosis [ˌaisəuˌθəːməu'nəusis] (*iso-* + Gr. *thermē* heat + *gnōsis* recognition) 等温感觉
isothiazine hydrochloride [ˌaisəu'θaiəziːn] 盐酸二乙丙嗪,盐酸二乙丙苯嗪
isothiocyanate [ˌaisəuˌθaiəu'saiəneit] 异硫氰酸酯
isothiocyanic acid [ˌaisəuˌθaiəusai'ænik] 异硫氰酸
isothipendyl [ˌaisəu'θaipəndil] 氮异丙嗪
isothromboagglutinin [ˌaisəuˌθrɔmbəuə'gluːtinin] 同种(族)凝集素
isotone ['aisəutəun] 等中子(异位)素
isotonia [ˌaisəu'təuniə] (*iso-* + Gr. *tonos* tone) ❶ 等张性;❷ 等渗性
isotonic [ˌaisəu'tɔnik] (*iso-* + Gr. *tonos* tone) 等张的,等渗的
isotonicity [ˌaisəutə'nisiti] 等张性,等渗性
isotope ['aisəutəup] (*iso-* + Gr. *topos* place) 同位素
　radioactive i. 放射性同位素
　stable i. 稳定同位素
isotopology [ˌaisəutəu'pɔlədʒi] 同位素学
isotoxic [ˌaisəu'tɔksik] 同种毒素的,同族毒素的
isotoxin [ˌaisəu'tɔksin] (*iso-* + *toxin*) 同种毒素,同族毒素
isotransplant [ˌaisəu'trænsplɑːnt] (*iso-* + *transplant*) 同种移植,同系移植物,同基因移植物
isotransplantation [ˌaisəuˌtrænsplɑːn'teiʃən] 同种(系)移植术,同基因移植术
isotretinoin [ˌaisəu'tretinɔin] 异维甲酸
Isotricha [ai'sɔtrikə] (*iso-* + Gr. *thrix*, *trichos* hair) 纤毛细菌属
isotrimorphism [ˌaisəutrai'mɔːfizəm] (*iso-* + Gr. *treis* three + *morphē* form) 同三晶形(现象)
isotrimorphous [ˌaisəutrai'mɔːfəs] 同三晶形的
isotron ['aisəutrɔn] 同位素分析器
isotropic [ˌaisəu'trɔpik] (*iso-* + Gr. *tropos* a turning) ❶ 各向同性的;❷ 单向折射的
isotropy [ai'sɔtrəpi] 各向同性
isotype ['aisəutaip] 同型
isotypic [ˌaisəu'tipik] 同型的
isotypical [ˌaisəu'tipikəl] (*iso-* + *typical*) 同型的
isouretin [ˌaisəujuə'riːtin] 氨基甲肟
isovaleric acid [ˌaisəuvə'lerik] 异戊酸
isovalericacidemia [ˌaisəuvəˌlerikˌæsi'diːmiə] 异戊酸血(症)
isovaleryl [ˌaisəuvə'leril] 异戊酰
isovaleryl-CoA dehydrogenase [ˌaisəuvə'lerilkəu'ei diː'haidrədʒəneis] (EC 1. 3. 99. 10) 异戊酰辅酶 A 脱氢酶
isovalerylglycine [ˌaisəuvəˌleril'glaisiːn] 异戊酰苷氨酸
isovolumic [ˌaisəuvə'ljuːmik] (*iso-* + *volume*) 等溶的
Isovue ['aisəuvju] 埃索优:碘派米托制剂

isoxepac [ai'sɔksəpæk] 伊索克酸
isoxicam [ai'sɔksikəm] 伊索昔康
isoxsuprine hydrochloride [ai'sɔksju-pri:n] (USP)(盐酸)异舒普林
isozyme ['aisəuzaim] 同功酶
isradipine [is'rædipi:n] 尹拉地平
issue ['iʃju:] 脓疮口
IST (insulin shock therapy 的缩写) 胰岛素休克疗法
isthmectomy [is'mektəmi] (isthmus + Gr. ektomē excision) 峡部切除术
isthmi ['ismai] (L.) 峡。isthmus 的复数形式
isthmian ['ismiən] 峡的
isthmic ['ismik] 峡的
isthmitis [is'maitis] 咽峡炎
isthmodynia [,ismɔu'dainiə] 咽峡痛
isthmoparalysis [,ismɔupə'ræləsis] 咽峡麻痹,咽峡瘫痪
isthmoplegia [,ismɔu'pli:dʒiə] (isthmus + Gr. plēgē stroke) 咽峡麻痹,咽峡瘫痪
isthmopolypus [,ismɔu'pɔlipəs] 咽峡息肉
isthmus ['isməs] (pl. isthmi)(L., from Gr. isthmos) 峡,峡部
   anterior i. of fauces 咽峡
   i. of aorta, i. aortae (NA), aortic i. 主动脉峡
   i. of auditory tube 咽鼓管峡
   i. cartilaginis auricularis (NA), i. cartilaginis auris 软内峡
   i. of cingulate gyrus 扣带回峡
   i. of eustachian tube 咽鼓管峡
   i. of fallopian tube 输卵管峡
   i. of fauces, i. faucium (NA) 咽峡
   i. glandulae thyroideae (NA) 甲状腺峡
   i. gyri cingulatus (NA) 扣带回峡
   i. gyri cinguli (NA) 扣带回峡
   Haller's i 哈勒氏峡
   i. of His His 峡,菱脑峡
   i. of limbic lobe 扣带回峡
   oropharyngeal i., pharyngo-oral i. 咽峡
   i. prostatae (NA), i. of prostate 前列腺峡,前列腺中叶
   i. rhombencephali (NA), i. of rhombencephalon 菱脑峡
   i. of thyroid gland 甲状腺峡
   i. tubae auditoriae (NA) 咽鼓管峡
   i. tubae uterinae (NA) 输卵管峡
   i. urethrae 尿道峡
   i. uteri (NA), i. of uterus 子宫峡
   i. of Vieussens 卵圆窝缘
ISU (International Society of Urology 的缩写) 国际泌尿学学会
Isuprel ['aisjuprəl] 爱苏普罗:异丙肾上腺素制剂的商品名
isuria [ai'sjuəriə] (Gr. isos equal + ouron urine + -ia) 平均排尿
ITA (International Tuberculosis Association 的缩写) 国际结核病协会
Itard-Cholewa sign [i'tɑ: kɔ'leivə] (Jean Marie Gastard Itard, French otologist, 1774-1838; Erasmus Rudolph Cholewa, German physician, 1845-1931) 伊-科二氏征
itch [itʃ] ❶ 痒,瘙痒;❷ 以痒为特征的各种皮肤疾病;❸ 疥疮
   Aujeszy's i. (牛)假狂犬病
   bakers' i. 揉面痒病
   barbers' i. ① 须疮;② 须癣,接触性须疮;③ 假毛囊炎
   chorioptic i. 皮肤螨属
   clam diggers' i. 挖蛤者皮炎,尾蚴性皮炎
   copra i. 椰子螨皮炎
   Cuban i. 类天花
   dew i. 钩虫痒病
   dhobie mark i. 洗衣员癣
   grain i. 谷痒病
   grocers' i. 食品店员痒病
   ground i. 钩虫痒病,着地痒
   jock i. 股癣
   mad i. (牛)假狂犬病
   prairie i. 谷痒病
   seven-year i. 疥疮,瘵螨病
   straw i. 谷痒病
   swimmers' i. 尾蚴性皮炎
   winter i. 冬令瘙痒
itching ['itʃiŋ] 痒,瘙痒
-ite ❶ (Gr. -itēs noun and adjective suffix) 指矿物、岩石或身体、器官的一部分;❷ (F. alteration of -ate) 化学中指以 -ous 结尾的酸类的盐或酯
iter ['aitə] (L.) 导管,通路
   i. ad infundibulum 漏斗口
   i. chordae anterius 鼓索小管前部

i. **chordae posterius** 鼓索小管后部
i. **dentium** 牙导管
i. **e tertio ad quartum ventriculum** 中脑水管

iteral ['aitərəl] 导管的, 通路的

iteroparity [ˌitərou'pæriti] (L. *iterare* to repeat + *parere* to bear) 反复生殖

iteroparous [ˌitə'rɔpərəs] 反复生殖的

-ites (Gr. *-itēs*, a masculine adjectival termination agreeing with *hydrōps* dropsy (understood) e. g., tympanites, the windy dropsy) 水肿, 浮肿

ithycyphos [ˌiθi'saifəus] 脊柱后凸

ithylordosis [ˌiθilɔː'dəusis] (Gr. *ithys* straight + *lordōsis* bending forward) 脊柱前凸

ithyokyphosis [ˌiθiəukai'fəusis] (Gr. *ithys* straight + *kyphos* humped + *-osis*) 脊柱后凸

-itides 炎。-itis 的复数形式

-itis (pl. *-itides*)(*-itis*, a feminine adjectival termination agreeing with Gr. *nosos* disease (understood)) 炎, 炎症

Ito nevus ['iːtəu] (Minor *Ito*, Japanese dermatologist, 20th century) 伊托痣

ITP ❶ (idiopathic thrombocytopenic purpura 的缩写) 特发性血小板减少性紫癜; ❷ (inosine triphosphate 的缩写) 肌苷三磷酸盐

Itrumil ['aitrumil] 爱杜米: 碘硫尿嘧啶制剂的商品名

IU ❶ (immunizing unit 的缩写) 免疫单位; ❷ (international unit 的缩写) 国际单位

IUCD (intrauterine contraceptive device 的缩写) 子宫内避孕器

IUD (intrauterine contraceptive device 的缩写) 子宫内避孕器

IUGR (intrauterine growth retardation 的缩写) 子宫内发育迟缓

IV (intraveously 的缩写) 静脉注射

IVC (inferior vena cava 的缩写) 下腔静脉

Ivemark's syndrome ['iːvmɑːks] (Björn Isaac Isaacson *Ivemark*, Swedish pathologist, born 1925) 伊沃马克氏综合征

ivermectin [aivə'mektin] 异阿凡曼菌素

ivory ['aivəri] (L. *ebur*, *eburneus*) ❶ 牙; ❷ 牙(本)质

IVP ❶ (intravenous pyelogram 的缩写) 静脉肾盂造影照片; ❷ (intravenous pyelography 的缩写) 静脉肾盂造影术

IVRT (isovolumic relaxation time 的缩写) 等容舒张时间

IVS (interventricular septum 的缩写)(心)室间隔

Ivy's method ['aiviz] (Andrew Conway *Ivy*, American physiologist, 1893-1978) 艾维氏法

Iwanoff's (Iwanow's) cysts [i'wænɔfs] (Wladimir P. *Iwanoff* (Iwanow), Russian ophthalmologist, late 19th century) 伊万诺夫氏视网膜囊水肿

Ixodes [ik'səudiz] (Gr. *ixōdes* like birdlime) 硬蜱属
I. **bicornis** 双角硬蜱
I. **canisuga** 犬硬蜱
I. **calvepalpus** 须硬蜱
I. **dammini** 一种东方鹿蜱, 美国东北部莱姆病的媒介昆虫
I. **frequens** 常见蜱
I. **hexagonus** 六角形硬蜱
I. **holocyclus** 全环硬蜱
I. **pacificus** 太平洋硬蜱
I. **persulcatus** 全沟硬蜱
I. **pilosus** 多毛硬蜱
I. **putus** 海鸟硬蜱
I. **rasus** 獾硬蜱
I. **ricinus** 蓖子硬蜱
I. **rubicundus** 浅红硬蜱
I. **scapularis** 肩突硬蜱
I. **spinipalpus** 刺须硬蜱

ixodiasis [ˌiksəu'daiəsis] 蜱病

ixodic [ik'sɔdik] 蜱的

ixodid ['iksɔdid] ❶ 硬蜱属蜱; ❷ 硬蜱属蜱的

Ixodidae [ik'sɔdidiː] 硬蜱科

Ixodides [ik'sɔdidiːz] 蜱亚目

Ixodiphagus [ˌiksəu'difəgəs] 食蜱蝇属
I. **caucurtei** 柯氏食蜱蝇

ixodism ['iksɔdizəm] 蜱病

Ixodoidea [ˌiksəu'dɔidiə] 蜱总科

ixomyelitis [ˌiksɔmˌmaiə'laitis] 腰髓炎

Izar's reagent ['izɑːz] (Guido *Izar*, Italian pathologist, 20th century) 伊扎氏试剂

-ize (Gr. *-izein* verb-forming suffix) ❶ 使…成为; ❷ 使…化; ❸ 使…处理; ❹ 类似于; ❺ 使之接受某种行动或处理

J

J (*joule* 的符号)焦耳
jaagsiekte [jɑːgˈsiːktə] 南非羊肺炎
Jaboulay's amputation [ˌʒɑːbuˈleiz] (Mathieu *Jaboulay*, French surgeon, 1860-1913) 雅布累氏术
Jaccoud's sign [ʒɑːˈkuːz] (Sigismond *Jaccoud*, French physician, 1830-1913) 雅库氏征
jacket [ˈdʒækit] ❶背心；❷甲冠
 Minerva j. 石膏背心
 plaster-of-Paris j. 石膏背心
 porcelain j. 瓷牙套冠
 poultice j. 马夹状粥剂
 Risser j. 瑞瑟氏背心
 strait j. 约束衣
 Willock's respiratory j. 卫氏呼吸背夹
jackscrew [ˈdʒækskruː] 螺旋正牙器
Jackson appliance [ˈdʒæksən] (Victor Hugo *Jackson*, American dentist, 1850-1929) 杰克逊矫正器
Jackson's law [ˈdʒæksənz] (John Hughlings *Jackson*, English neurologist, 1835-1911) 杰克逊氏定律
Jackson's membrane [ˈdʒæksənz] (Jabez North *Jackson*, American surgeon, 1868-1935) 杰克逊氏膜
Jackson's safety triangle [ˈdʒæksənz] (Chevalier *Jackson*, American laryngologist, 1865-1958) 杰克逊氏安全三角
Jackson's sign [ˈdʒæksənz] (James *Jackson*, Jr., American physician, 1810-1834) 杰克逊氏征
jacksonian epilepsy [dʒækˈsəuniən] (John Hughlings *Jackson*) 杰克逊癫痫
Jacob [ʒɑːˈkəub] 雅各布：Francois, 法国生物学家
Jacob's membrane [ˈdʒɑːkəbz] (Arthur *Jacob*, Irish ophthalmologist, 1790-1874) 雅(各布)氏膜
jacobine [ˈdʒɑːkəbin] 贾可宾, 千里光碱

Jacobson's canal [ˈdʒɑːkəbsənz] (Ludwig Levin *Jacobson*, Danish anatomist, 1783-1843) 鼓室小管
Jacobson's retinitis [ˈjɑːkəbsənz] (Julius *Jacobson*, German ophthalmologist, 1828-1889) 梅毒性视网膜炎
Jacod's syndrome [ʒɑːˈkəuz] (Maurice *Jacod*, French physician, born 1880) 扎库氏综合征
Jacquet's dermatitis [ʒɑːˈkeiz] (Leonard Marie Lucien *Jacquet*, French dermatologist, 1860-1914) 雅克氏皮炎
jactatio [dʒækˈteiʃiəu] (L., from *jactare* to toss about) 辗转不安
 j. capitis nocturna 睡前摇晃头部
jactation [dʒækˈteiʃən] 辗转不安
jactitation [ˌdʒækti'teiʃən] (L. *jactitatio*; *jactitare* to toss) 辗转不安
jaculiferous [ˌdʒækjuˈlifərəs] (L. *jaculum* dart + *ferre* to bear) 具刺的
Jadassohn's anetoderma [ˈjɑːdɑsəunz] (Josef *Jadassohn*, German dermatologist in Switzerland, 1863-1936) 雅(达逊)氏皮肤松垂
Jadassohn-Lewandowsky syndrome [ˈjɑːdɑsəun levənˈdɒvski] (Josef *Jadassohn*; Felix *Lewandowsky*, German dermatologist, 1879-1921) 雅-莱二氏综合征
Jadassohn-Pellizari anetoderma [ˈjɑːdɑsəun ˌpeliˈzɑːri] (Josef *Jadassohn*; Pietro *Pellizari*, Italian dermatologist, 1823-1892) 雅-派二氏皮肤松垂
Jadelot's lines [ʒɑːdˈləuz] (Jean Francois Nicolas *Jadelot*, physician in Paris, 1791-1830) 惹德洛氏线
Jaeger's test type [ˈjeigəz] (Edward *Jaeger* von Jastthal, Austrian oculist, 1818-1884) 耶格氏近距视力(试)标型
Jaffé's reaction [ˈjɑːfiz] (Max *Jaffe*, German physiologic chemist, 1841-1911) 雅费

Jaffe-Lichtenstein disease ['dʒæfi 'liktənstain] (Henry Lewis *Jaffe*, American pathologist, born 1896; Louis *Lichtenstein*, American physician, born 1906) 雅-利二氏病,囊状骨纤维瘤病

jagsiekte [jɑː'siːktə] 南非羊肺炎

jagziekte [jɑː'ziːktə] 南非羊肺炎

Jakob's disease ['jɑːkɔbz] (Alfons Maria *Jakob*, German psychiatrist, 1884-1931) 雅各布氏病,痉挛性假硬化

Jakob-Creutzfeldt disease ['jɑːkɔb 'krɔitsfəlt] (Alfons Maria *Jakob*; Hans Gerhard *Creutzfeldt*, German psychiatrist, 1885-1964) 雅-克二氏病,痉挛性假硬化

Jaksch's test [jɑːkʃ] (Rudolf von *Jaksch*, Austrian physician, 1855-1947) 雅克什氏试验

jalap ['dʒæləp] (Sp. *jalapa*, from *Jalapa*, a city of Mexico) 药喇叭

jamais vu ['ʒɑːmei vjuː] (Fr. "never seen") 熟视无睹

Janet's disease [ʒɑː'neiz] (Pierre Marie Felix *Janet*, French physician, 1859-1947) 惹奈氏病

Janeway's lesion ['dʒeinweiz] (Edward Gamaliel *Janeway*, American physician, 1841-1911) 詹韦氏损伤

Janeway's sphygmomanometer ['dʒeinweiz] (Theodore Caldwell *Janeway*, American physician, 1872-1917) 詹韦氏血压计

janiceps ['dʒænisəps] (L. *Janus* a two-faced god + *caput* head) 双面联胎
  j. asymmetros 不对称性双面联胎
  j. parasiticus 寄生性双面联胎

Janimine ['dʒænimain] 亚尼迈尼:丙咪嗪盐酸盐制剂的商品名

Jannetta procedure [dʒə'netə] (Peter Joseph *Jannetta*, American neurosurgeon, born 1932) 雅纳塔法

Janošik's embryo ['jɑːnəusiks] (Jan *Janošik*, Czechoslovakian anatomist, 1856-1927) 雅诺西克氏胚

Jansen's disease ['jɑːnsənz] (W. Murk *Jansen*, Dutch orthopedic surgeon, 1867-1935) 杨森氏病

Janský's classification ['jɑːnskiz] (Ján *Janský*, Czech psychiatrist, 1873-1921) 杨斯基氏分类

Jansky-Bielschowsky disease ['jɑːnski biːl'ʃɔvski] (J. *Jansky*; Alfred *Bielschowsky*, German ophthalmologist, 1871-1940) 雅-比二氏病

Janthinosoma [,dʒænθinə'səumə] 詹森蚊属
  J. lutzi 卢(茨)氏詹森蚊
  J. posticata 胶携詹森蚊

Jaquet's apparatus [ʒɑː'keiz] (Alfred *Jaquet*, Swiss pharmacologist, 1865-1937) 雅盖氏器械

jar [dʒɑː] 缸,罐
  bell j. 钟罩
  Leyden j. 莱顿瓶

jararaca [,dʒɑːrɑː'rɑːkə] 巴西具窍蝮蛇

Jarcho's pressometer ['dʒɑːkəuz] (Julius *Jarcho*, Russian-born obstetrician in United States, 1882-1963) 贾科氏压力测量器

Jarcho-Levin syndrome ['dʒɑːkəu 'levin] (Saul Wallenstein *Jarcho*, American physician, born 1906; Paul M. *Levin*, American physician, 20th century) 贾-莱二氏综合征

jargon ['dʒɑːgən] ❶ 行话,术语;❷ 乱杂语

jargonaphasia [,dʒɑːgɔnə'feiʒiə] 乱杂性失语

Jarisch-Herxheimer reaction ['jɑːriʃ 'həːkshaimə] (Adolf *Jarisch*, Austrian dermatologist, 1850-1902; Karl *Herxheimer*, German dermatologist, 1861-1944) 雅-赫二氏反应

Jarjavay's muscle [ʒɑː'veiz] (Jean Francois *Jarjavay*, French physician, 1815-1868) 扎扎维氏肌,尿道压肌

Jatropha ['dʒætrəfə] (Gr. *iatros* physician + *trophē* nourishment) 麻风树属

jaundice ['dʒɔːndis] (Fr. *jaunisse*, from *jaune* yellow) 黄疸
  absorption j. 吸收性黄疸
  acatheetic j. 抑郁不能性黄疸
  acholuric j. 无胆色素尿性黄疸
  acholuric familial j. 家族性无胆色素尿性黄疸
  acute infectious j. 急性感染性黄疸
  anhepatic j., anhepatogenous j. 非肝源性黄疸
  black j. 黑色黄疸

breast milk j. 哺乳性黄疸
cholestatic j. 胆汁郁积性黄疸,阻塞性黄疸
chronic acholuric j. 慢性无胆色素尿性黄疸,遗传性球形红细胞症
Crigler-Najjar j. 先天性非溶血性黄疸
epidemic j. 甲型肝炎
familial acholuric j. 家族无胆色素尿性黄疸
hemolytic j. 溶血性黄疸
hepatocellular j. 肝细胞性黄疸
hepatogenic j., hepatogenous j. 肝源性黄疸
homologous serum j., human serum j. 同种血清性黄疸,人血清性黄疸,乙型肝炎
infectious j., infective j. ① 传染性黄疸; ② 威尔氏综合征
latent j. 潜伏性黄疸,隐性黄疸
leptospiral j. 钩端螺旋体性黄疸
malignant j. of dogs 狗恶性黄疸,犬梨浆虫病
mechanical j. 机械性黄疸,阻塞性黄疸
j. of the newborn 新生儿黄疸
nonhemolytic j. 非溶血性黄疸
nonhemolytic j., congenital 先天性非溶血性黄疸
nonhemolytic j., congenital familial 先天性家族性非溶血性黄疸
nonhemolytic j., familial 家族性非溶血性黄疸
nuclear j. 核黄疸
obstructive j. 阻塞性黄疸,梗阻性黄疸
occult j. 隐发性黄疸
physiologic j. 生理性黄疸
picric acid j. 苦味酸性黄疸
pleiochromic j., polychromic j. 多色性黄疸
regurgitation j. 回流性黄疸
retention j. 潴留性黄疸
saturnine j. 铅毒性黄疸
Schmorl's j. 核黄疸
spirochetal j. 钩端螺旋体性黄疸
toxemic j., toxic j. 中毒性黄疸
jaw [dʒɔː] 颌,颌骨
bird-beak j. 鸟嘴颌
big j. 大颌病
cleft j. 裂颌
crackling j. 弹响颌
drop j. 颌下垂
Hapsburg j. 哈普斯堡型突颌
jerk j. 颌反射
lower j. 下颌骨
lumpy j. 大颌病
parrot j. 鹦鹉颌
phossy j. 磷毒性颌骨坏死
pipe j. 烟斗颌病
rubber j. 橡皮颌
upper j. 上颌骨
Jaworski's corpuscles [jəˈvɔskiz] (Walery *Jaworski*, Polish physician, 1849-1924) 雅沃尔斯基氏小体
JCV (JC virus 的缩写) JC 病毒
Jeanselme's nodules [ʒɑːˈselmz] (Antoine Edouard *Jeanselme*, French dermatologist, 1858-1935) 让塞尔姆氏小结,关节旁结节
Jectofer [ˈdʒektəfə] 杰克托弗:山梨醇铁制剂的商品名
Jefferson's fracture [ˈdʒefəsənz] (Sir Geoffrey *Jefferson*, English neurosurgeon, 1886-1961) 杰斐逊氏骨折
Jeffersonia [ˌdʒefəˈsoniə] (named for Thomas *Jefferson*, 1743-1826) 鲜黄莲属
Jefron [ˈdʒefrɔn] 杰弗罗恩:多聚葡萄糖铁酸制剂的商品名
jejunal [dʒəˈdʒuːnəl] 空肠的
jejunectomy [ˌdʒədʒuːˈnektəmi] (*jejuno-* + Gr. *ektomē* excision) 空肠切除术
jejunitas [ˌdʒədʒuːˈnitəs] (L. "fasting") 断食;禁食
jejunitis [ˌdʒədʒuːˈnaitis] 空肠炎
jejun(o)- (L. *jejunum*) 空肠
jejunocecostomy [dʒəˌdʒuːnəusiˈkɔstəmi] (*jejuno-* + *cecum* + Gr. *stoma* opening) ❶ 空肠盲肠吻合术;❷ 空肠盲肠吻合口
jejunocolostomy [dʒəˌdʒuːnəukəˈlɔstəmi] (*jejuno-* + *colon* + Gr. *stoma* mouth) ❶ 空肠结肠吻合术;❷ 空肠结肠吻合口
jejunoileal [dʒəˌdʒuːnəˈiliəl] 空肠回肠的
jejunoileitis [dʒəˌdʒuːnəuˌiliˈaitis] 空肠回肠炎
jejunoileostomy [dʒəˌdʒuːnəuˌiliˈɔstəmi] (*jejuno-* + *ileum* + Gr. *stoma* mouth) ❶ 空肠回肠吻合术;❷ 空肠回肠吻合口
jejunojejunostomy [dʒəˌdʒuːnəuˌdʒədʒu-

'nɔstəmi] ❶ 空肠空肠吻合术;❷ 空肠间吻合口

jejunorrhaphy [ˌdʒədʒu'nɔrəfi] (jejuno- + Gr. rhaphē suture) 空肠缝合术

jejunostomy [ˌdʒədʒu'nɔstəmi] (jejuno- + Gr. stomoun to provide with an opening, or mouth) ❶ 空肠造口术;❷ 空肠造口

jejunotomy [ˌdʒədʒu'nɔtəmi] (jejuno- + Gr. temnein to cut) 空肠切开术

jejunotyphoid [ˌdʒədʒu'nɔtaifɔid] 空肠伤寒

jejunum [dʒə'dʒuːnəm] (L. "empty") (NA) 空肠

Jellinek's sign ['jelineks] (Stefan Jellinek, Austrian physician, born 1871) 耶利内克氏征

jelly ['dʒeli] (L. gelatina) 凝胶,胶冻
  cardiac j. 心胶质
  contraceptive j. 避孕胶冻
  glycerin j. 甘油凝胶
  mineral j. 矿油凝胶,石油凝胶
  petroleum j. 石油凝胶,矿油凝胶
  Wharton's j. 沃顿氏胶

Jendrassik's maneuver [jən'drɑːsiks] (Ernst Jendrassik, Hungarian physician, 1858-1921) 晏德腊西克氏手法

Jenner's method ['dʒenəz] (Louis Leopold Jenner, English physician, 1866-1904) 詹纳尔氏法

jennerian [dʒə'niəriən] 詹纳尔氏的

jennerization [ˌdʒenərai'zeiʃən] 减毒接种

Jensen's disease ['jensənz] (Edmund Jensen, Danish ophthalmologist, 1861-1950) 晏森氏病,近视乳头性视网膜脉络膜炎

Jensen's sarcoma ['jensənz] (Carl Oluf Jensen, Danish veterinary pathologist, 1864-1934) 晏森氏肉瘤

jerk [dʒəːk] 反射
  Achilles j., ankle j. 踝反射,阿基里斯反射
  biceps j. 肱二头肌反射
  crossed adductor j. 交叉性(内)收肌反射
  elbow j. 肘反射
  jaw j. (下)颌反射
  knee j. 膝反射
  quadriceps j. 四头肌反射
  tendon j. 腱反射
  triceps surae j. 三头肌反射

jerks [dʒəːks] 急冲病

Jerne ['jeni] 耶尔内:Niels Kaj,丹麦免疫学家

Jervell and Lange-Nielsen syndrome [jəː'vel; 'læŋəˈniːlsən] (Anton Jervell, Norwegian cardiologist, born 1901; Friedrik Lange-Nielsen, Norwegian cardiologist, 20th century) 耶-兰二氏综合征,聋哑心综合征

jessur ['dʒesə] 杰塞耳毒蛇

Jeune's syndrome [ʒuːnz] (Mathis Jeune, French pediatrician, born 1910) 朱恩氏综合征,家族性窒息性胸廓发育不良征

Jewett nail ['dʒuːit] (Eugene Lyon Jewett, American surgeon, born 1900) 朱厄特钉

jigger ['dʒigə] 恙螨

jitter ['dʒitə] 不稳定性(信号的)

Job's syndrome [dʒəubz] (Job, character in the Old Testament who suffered from skin disease and other misfortunes) 约伯氏综合征

Jobert's fossa [ʒəu'beiz] (Antoine Joseph Jobert de Lamballe, French surgeon, 1799-1867) 若贝尔氏窝

jodbasedow [ˌiəud'bæzədəu] (Ger.) 尤德巴塞多氏病,碘性甲状腺机能亢进

Joest's bodies [ʒəsts] (Ernst Joest, German veterinary pathologist, 1873-1926) 耶斯特氏小体

Joffroy's reflex [ʒɔ'frwɑːz] (Alexis Joffroy, French physician, 1844-1908) 若夫鲁瓦氏反射

Johne's bacillus ['jɔniz] (Heinrich Albert Johne, German pathologist, 1839-1910) 副结核分支杆菌,牛慢性痢疾

johnin ['jəunin] 副结核(杆)菌素

Johnson's test ['dʒɔnsənz] (Sir George Johnson, English physician, 1818-1896) 约翰逊氏试验

Johnson-Stevens disease ['dʒɔnsən 'stiːvənz] (Frank Chambliss Johnson, American pediatrician, 1894-1934; Albert Mason Stevens, American pediatrician, 1884-1945) 约-史二氏病

joint [dʒɔint] (L. junctio a joining, connection) 关节
  amphidiarthrodial j. 屈戌动关节
  ankle j. 踝关节

arthrodial j. 摩动关节
atlanto-occipital j. 寰枕关节
ball-and-socket j. 寰枕关节,杵臼关节
biaxial j. 双轴关节
bicondylar j. 双髁状关节
bilocular j. 双腔关节
bleeders' j 出血性关节,血友病性关节
Budin's j. 布丹氏关节
carpal j's ① 腕关节;② 腕骨间关节
cartilaginous j. 软骨性关节
Charcot's j. 查科特氏关节,神经原性关节病
Chopart's j. 查帕特氏关节,跗横关节
Clutton's j. 克拉顿氏关节
cochlear j. 蜗状关节
coffin j. 舟关节
composite j., compound j. 复合关节,复关节
condylar j., condyloid j. 髁状关节
Cruveilhier's j. 寰枕关节
diarthrodial j. 动关节
dry j. 慢性绒毛(增生)性关节炎
elbow j. 肘关节
ellipsoidal j. 椭圆关节
enarthrodial j. 杵臼关节
facet j's 脊柱关节
false j. 假关节
fibrocartilaginous j. 纤维软骨联合
fibrous j. 纤维连接
flail j. 连枷状关节
freely movable j. 动关节
fringe j. 慢性绒毛(增生)性关节炎
ginglymoid j. 屈戌关节
glenohumeral j. 盂肱关节
gliding j. 滑动关节
hemophilic j. 血友病性关节,出血性关节
hinge j. 屈戌关节
hip j. 髋关节
immovable j. 不动关节
intercarpal j's ① 腕(骨)间关节;② 腕关节
irritable j. 炎症激惹性关节
knee j. 膝关节
ligamentous j. 韧带联合
Lisfranc's j. 跗跖关节
j's of Luschka 卢施卡关节群
manubriosternal j. 柄胸联合

midcarpal j. 腕中关节
mixed j. 混合性关节
multiaxial j. 多轴关节,杵臼关节
neurocentral j. 神经中枢联合界
open j. 开放性关节病
peg-and-socket j. 钉状关节
pivot j. 车轴关节
plane j. 平面关节
polyaxial j. 多轴关节,杵臼关节
rotary j. 旋转关节,车轴关节
saddle j. 鞍状关节
scapuloclavicular j. 肩锁关节
sellar j. 鞍状关节
shoulder j. 肩关节
simple j. 单关节
socket j. of tooth 牙槽纤维连接
spheroidal j. 球窝关节,杵臼关节
spiral j. 蜗状关节
stiff j. 关节僵硬
stifle j. 后膝关节
synarthrodial j's 不动关节,纤维连结
synovial j. 滑膜关节
tarsal j., transverse 跗横关节
temporomandibular j. 颞下颌骨关节
through j. 滑膜关节
trochoid j. 车轴关节
uniaxial j. 单轴关节
unilocular j. 单腔关节
von Gies j. 慢性梅毒性软骨骨关节炎
wrist j. 腕关节

Jolles' test [ˈjɔləz] (Adolf *Jolles*, German chemist, 1864-1944) 约勒斯氏试验

Jolly's bodies [ʒɔuːˈliz] (Justin Marie Jules *Jolly*, French histologist, 1870-1953) 若利氏体

Jolly's reaction [ˈjɔliz] (Friedrich *Jolly*, German neurologist, 1844-1904) 约利氏反应

Jones brace [dʒunz] (Sir Robert *Jones*, English orthopedic surgeon, 1858-1933) 琼斯支架

Jonnesco's fold [dʒɔˈneskəuz] (Thomas *Jonnesco*, Romanian surgeon, 1860-1926) 脏壁腹膜褶

josamycin [ˌdʒɔəusəˈmaisin] 交沙霉素

Joseph clamp [ˈjɔsəf] (Jacques *Joseph*, German surgeon, 1865-1934) 约瑟夫钳

Joseph disease [dʒɔuˈsɛf] (*Joseph*, an Azorean family affected by the disesase) 约瑟夫病

Joubert's syndrome [ʒuːˈbəz] (Marie *Joubert*, Canadian neurologist, 20th century) 朱伯特氏综合征

joule [dʒuːl] (James Prescott *Joule*, English physicist, 1818-1889) 焦耳

juga [ˈdʒuːgə] (L.) 轭,隆凸。*jugum* 的复数形式

jugal [ˈdʒuːgəl] (L. *jugalis*, from *jugum* yoke) ❶ 轭的;❷ 颧骨的

jugale [dʒuːˈgeili] 颧点

jugate [ˈdʒuːgeit] ❶ 共轭的,连锁的;❷ 有隆突的,有嵴的

Juglans [ˈdʒuːglæns] (L. "Jove's nut," walnut) 胡桃树

juglone [ˈdʒʌgləun] 胡桃醌,5-羟萘醌

jugomaxillary [ˌdʒuːgəuˈmæksiˌləri] 颧颌的

jugular [ˈdʒʌgjulə] (L. *jugularis*, from *jugulum* neck) ❶ 颈的;❷ 颈静脉

jugulation [ˌdʒʌgjuˈleiʃən] (L. *jugulare* to cut the throat of) 顿挫疗法,陡止疗法

jugulocephalic [ˌdʒʌgjuləuˈsefəlik] 颈与头的

jugum [ˈdʒuːgəm] (pl. *juga*) (L. "a yoke") (NA) 轭,隆凸

    juga alveolaria mandibulae (NA) 下颌骨牙槽轭

    juga alveolaria maxillea (NA) 上颌骨牙槽轭

    j. sphenoidale (NA) 蝶轭

juice [dʒuːs] (L. *jus* broth) 汁,液
    appetite j. 食欲液
    cancer j. 癌液
    cherry j. 樱桃汁
    gastric j. 胃液
    intestinal j. 肠液
    pancreatic j. 胰液
    press j. 榨出汁
    raspberry j. 红覆盆子汁

jumper [ˈdʒʌmpə] 痉跳病患者

jumping [ˈdʒʌmpiŋ] ❶ 跳跃的;❷ 跳跃病
    j. the bite 牙殆矫正

junctio [ˈdʒʌŋkʃiəu] (L., from *jungere* to join) 关节,结合
    j. neurocentralis (NA) 神经中枢联合界

junction [ˈdʒʌŋkʃən] 连接,接(合)处,(接)界
    adherent j. 粘着小带
    amelodentinal j. 釉质牙(本)质界,牙(本)质釉质界
    anorectal j. 肛门直肠线
    atrioventricular j., AV j. 房室交界
    cardioesophageal j. 胃贲门食道连接
    cementodentinal j. 牙(本)质骨质界
    cementoenamel j. 牙骨质釉质界,牙骨质釉质连合
    communicating j. 传递连接
    corneoscleral j. 角膜巩膜缘
    craniovertebral j. 颅椎连接
    dentinocemental j. 牙(本)质牙骨质界,牙本质牙骨质连合
    dentinoenamel j. 牙(本)质釉质界,牙本质釉质连合
    dentogingival j. 牙质牙龈界
    dermoepidermal j. 真皮表皮连接
    esophagogastric j. 食管胃连接
    fibromuscular j. 纤维肌性连接
    gap j. 缝隙连接
    gastroesophageal j. 胃食道连接
    ileocecal j. 回盲连接
    intercellular j's 胞间连接的
    intermediate j. 中间连接,粘着小带
    lumbosacral j. 腰骶连接
    manubriogladiolar j. 胸骨软骨结合
    mucocutaneous j. 粘膜(接)界
    mucogingival j. 粘膜龈界
    myoneural j. 肌神经接点
    myotendinal j. 肌腱接点
    neuromuscular j. 神经肌接头,肌神经接点
    occluding j. 咬合带
    osseous j's 骨关节
    sclerocorneal j. 角膜巩膜界,角膜巩膜缘
    tendinous j's 腱结合
    tight j. 紧密连接
    ureteropelvic j. 输尿管肾盂连接
    ureterovesical j. 输尿管膀胱连接

junctional [ˈdʒʌŋkʃənəl] 结合的,接合的

junctura [dʒʌŋkˈtjuərə] (pl. *juncturae*) (L. "a joining") ❶ 结合,接合;❷ 关节
    juncturae cartilagineae 软骨结合
    juncturae cinguli membri inferioris 下肢带结

合
juncturae cinguli membri superioris 上肢带结合
juncturae columnae vertebralis, thoracis et cranii 脊柱、胸和颅关节
juncturae fibrosae 纤维关节
j. lumbosacralis 腰骶关节
juncturae membri inferioris liberi 游离下肢结合
juncturae membri superioris liberi 游离上肢结合
j. ossium 关节
juncturae ossium 关节
j. sacrococcygea 骶尾关节
juncturae synoviales 骨膜关节
juncturae tendinum 腱结合
juncturae zygapophyseales 椎关节突间结合
juncturae [dʒʌŋkˈtjuəri:] (L.) ❶ 结合,接合;❷关节。junctura 的所有格和复数形式
Jung [juŋ] 荣格:Carl Gustav,瑞士精神病学家和哲学家
Jung's muscle [juŋz] (Karl Gustav Jung, Swiss anatomist, 1794-1864) 耳廓锥状肌
Jungbluth's vasa propria [ˈjuŋbluːts] (Hermann Jungbluth, German physician, 20th century) 荣格布路特氏固有血管
juniper [ˈdʒuːnipə] 杜松
Juniperus [dʒuːˈnipərəs] 桧属
Jürgensen's sign [ˈjɜːgensenz] (Theodor von Jürgensen, Austrian physician, 1840-1907) 于恩森斯氏征

jurisprudence [ˌdʒuərisˈpruːdəns] (L. juris prudentia knowledge of law) 法学,法理学
dental j. 牙(科)法医学
medical j. 法医学
juscul. (L. jusculum 的缩写)汤,肉汤
justo major [ˈdʒʌstəu ˈmeidʒə] 大于正常,过大
justo minor [ˈdʒʌstəu ˈmainə] 小于正常,过小
juvantia [dʒuːˈvænʃiə] (L. pl.) 佐药
juvenile [ˈdʒuːvinail] ❶ 青年的,少年的,发育未全的;❷ 青年,儿童,幼畜;❸ 介于发育未全和成熟之间的细胞或机体
juxta- (L. juxta near, close by) 接近,贴近
juxta-articular [ˌdʒʌkstə ɑːˈtikjulə] (L. juxta near + articulus joint) 近关节的,关节旁的
juxtaepiphyseal [ˌdʒʌkstəepiˈfiziəl] (juxta- + epiphysis) 近骺的
juxtaglomerular [ˌdʒʌkstəgləuˈmeruːlə] (juxta- + glomerulus) 近肾小球的,肾小球旁的
juxtallocortex [ˌdʒʌkstælouˈkɔːteks] (juxta- + allocortex) 近旧皮层的
juxtangina [dʒʌkˈstændʒinə] (L. "almost quinsy") 咽肌炎
juxtaposition [ˌdʒʌkstəpəˈziʃən] (juxta- + L. positio place) 并列,并置,对合
juxtapyloric [ˌdʒʌkstəpaiˈlɔrik] (juxta- + pylorus) 近幽门的
juxtaspinal [ˌdʒʌkstəˈspainəl] (juxta- + spine) 近脊柱的,脊柱旁的
juxtavesical [ˌdʒʌkstəˈvesikəl] (juxta- + vesical) 近膀胱的,膀胱旁的

K

K ❶ (*potassium* 的符号)钾；❷ (*kelvin* 的符号)开氏温标,绝对温标
K 平衡常数(下标用来表示测量方法)
K_a (*acid dissociation constant* 的符号)酸解离常数
K_b (*base dissociation constant* 的符号)碱解离常数
K_d (*dissociation constant* 的符号)解离常数
K_{eq} (*equilibrium constant* 的符号)平衡常数
K_M, K_m (*Michaelis constant* 的符号) 米氏常数
K_{sp} (*solubility product constant* 的符号) 溶度积常数
K_W (*ion product of water* 的符号)水离子生成
k (*kilo*- 的符号)千
K ❶ (*Boltzmann's constant* 的符号) 玻耳兹曼常数；❷ (*rate constant* 的符号)速率常数
κ 希腊语的第十个字母；免疫球蛋白两种轻链之一的符号(参见 *immunoglobulin*)
Kabikinase [ˌkæbiˈkaineis] 卡比凯内斯：链激酶制剂的商品名
kabure [kɑːˈbuəri] 蚴疹,血吸虫蚴疹
Kader's operation [ˈkɑːdəz] (Bronislaw *Kader*, Polish surgeon, 1863-1937) 卡德尔氏手术
Kaes' feltwork [keiz] (Theodor *Kaes*, German neurologist, 1856-1913) 卡斯氏神经纤维网
Kaes-Bekhterev layer (Theodor *Kaes*; Vladimir Mikhailovich *Bekhterev*, Russian neurologist, 1857-1927) 卡-别二氏层
KAF (*conglutinogen activating factor* 的缩写)胶固素原激活因子(因子 I)
KAFO (*knee-ankle-foot orthosis* 的缩写)膝踝足矫正法
Kafocin [kəˈfəusin] 卡福辛：先锋菌素Ⅲ制剂的商品名
Kahler's law [ˈkɑːləz] (Otto *Kahler*, German physician, 1849-1893) 卡勒氏定律
kain(o)- 新,空,共同特征或特性
kainic acid [ˈkeinik] 红藻氨酸
Kaiserling's method [ˈkaizəliŋz] (Karl *Kaiserling*, German pathologist, 1869-1942) 凯泽林氏法
kaiserling [ˈkaizəliŋ] ❶ 凯泽林溶液；❷ 用凯泽林溶液保存的标本
kaiserstuhl disease [ˈkaizəːʃtuːl] (*Kaiserstuhl* region in Germany, where the disease occurred) 凯泽斯杜病
kak- 恶,有病
kakodyl [ˈkækədil] 二甲砷
kakosmia [kæˈkɔzmiə] (Gr. *kakos* bad + *osmē* smell + *-ia*) 恶臭,恶臭(气味)幻觉
kakotrophy [kæˈkɔtrəfi] 营养不良
kala-azar [ˈkɑːlɑː ɑːˈzɑː] (Hindi, "black fever") 黑热病,内脏利什曼病
kaladana [ˌkæləˈdeinə] 牵牛子
kalafungin [ˌkæləˈfʌndʒin] 卡拉霉素
kalagua [kəˈlɑːgwə] 卡拉瓜
kalemia [kəˈliːmiə] (L. *kalium* potassium + *-emia*) 血钾过多,高钾血
kaliemia [ˌkeiliˈiːmiə] 血钾过多,高钾血
kaligenous [ˌkeiliˈdʒinəs] (L. *kali*, potash; *gennan*, to produce)生成木灰的,生成苛性钾的
kalimeter [kəˈlimitə] 碱定量器,碳酸定量器
kaliopenia [ˌkeiliəuˈpiːniə] (L. *kalium* potassium + Gr. *penia* poverty) 血钾过少,低钾血
kaliopenic [ˌkeiliəuˈpiːnik] 钾缺少的,血钾过少的
kalium [ˈkeiliəm] (gen. *kalii*) (L., from Ar. *gily* saltwort) 钾

kaliuresis [ˌkeilijuə'riːsis] (L. *kalium* potassium + Gr. *ourēsis* a making water) 尿钾排泄

kaliuretic [ˌkeilijuə'retik] ❶ (促)尿钾排泄;❷ 尿钾排泄药

kallak ['kælək] (Eskimo for disease of the skin) 爱斯基摩(化脓性)皮炎

kallidin ['kælidin] 胰激肽,赖氨酰缓激肽

Kallikak ['kælikæk] (Gr. *kallos* beauty + *kakos* bad) 卡利卡克:美国社会学家戈达德

kallikrein [ˌkæli'kriːn] 血管舒缓素,激肽释放酶

   plasma k. (EC 3.4.21.34) 血浆激肽释放酶

   tissue k. (EC 3.4.21.35) 组织激肽释放酶

kallikreinogen [ˌkæli'kriːnədʒin] 血管舒缓素原,激肽释放酶原

Kallmann's syndrome ['kɑːlmænz] (Franz Josef *Kallmann*, German-born American psychiatrist, 1897-1965) 卡尔曼氏综合征

Kalmia ['kælmiə] 山月桂属

Kalmuk idiocy ['kælmuk] (*Kalmuk*, a Mongolian people in Asia and Russia) 伸舌样白痴

kalopsia [kə'lɔpsiə] 美视症

kaluresis [ˌkælju'riːsis] 尿钾排泄

kaluretic [ˌkælju'retik] (促)尿钾排泄的,尿钾排泄药

Kambin's triangular working zone ['kæmbinz] (Parviz *Kambin*, Iranian-born American orthopedist, born 1931) 坎宾氏三角工作区

Kammerer-Battle incision ['kæmərə 'bætəl] (Frederic *Kammerer*, American surgeon, 1856-1928; William Henry *Battle*, British surgeon, 1855-1936) 卡-巴二氏切口

kanamycin [ˌkænə'maisin] 卡那霉素

   k. sulfate (USP) 硫酸卡那霉素

Kanavel's sign [kə'neivəlz] (Allen Buchner *Kanavel*, American surgeon, 1874-1938) 卡纳佛耳氏征

Kanner's syndrome ['kænəz] (Leo *Kanner*, Austrian-born American child psychiatrist, 1894-1891) 卡纳氏综合征,婴儿早期孤僻症

Kantor's sign ['kæntəz] (John Leonard *Kantor*, American radiologist, 1890-1947) 坎特氏征,线状征

Kantrex ['kæntreks] 坎特雷克斯:硫酸卡那霉素制剂的商品名

kanyemba [ˌkæni'embə] 坏疽性直肠结肠炎

Kaochlor ['keiəklə] 肯克勒:氯化钾制剂的商品名

kaolin ['keiəlin] (USP) 高岭土,白陶土

kaolinosis [ˌkeiəli'nəusis] 白陶土肺,肺白陶土沉着病

Kaon ['keiɔn] 肯奥尼:葡萄糖酸钾制剂的商品名

Kaplan's test ['kæplənz] (David M. *Kaplan*, American physician, 1876-1952) 卡普兰氏试验

Kaplan-Meier survival curve ['kæplən 'maiə] (E. L. *Kaplan*, American statistician, 20th century; Paul *Meier*, American statistician, 20th century) 卡-迈二氏存活曲线

Kaposi's sarcoma ['kæpəuʃiz] (Moritz *Kaposi*, Austrian dermatologist, 1837-1902) 卡波济氏肉瘤

kappa ['kæpə] (K. κ) 希腊语的第十个字母

Kappadione [ˌkæpə'daiəun] 卡波迪奥内:磷钠甲萘醌制剂的商品名

kara-kurt ['kærəˌkuət] 红带毒蛛

karaya ['kɑːrɑːjə] 卡拉牙胶,梧桐胶

Karnofsky scale [kɑː'nɔfski] (David A. *Karnofsky*, American clinical oncologist, 1914-1969) 卡诺夫斯克标准

Karplus' sign ['kɑːplus] (Johann Paul *Karplus*, Austrian physician and physiologist, 1866-1936) 卡普拉斯氏征

Kartagener's syndrome [kɑː'tægənəz] (Manes *Kartagener*, Swiss physician, 1897-1975) 卡塔格内氏综合征

karyapsis [ˌkæri'æpsis] (*karyo-* + Gr. *hapsis* joining) 核融合

karyenchyma [ˌkæri'enkimə] (*karyo-* + Gr. *enchymos* juicy) 核液,核淋巴

kary(o)- (Gr. *karyon* nut, kernel) 核

karyochrome ['kæriəkrəum] (*karyo-* + *-chrome*) 核(深)染色细胞

karyochylema [ˌkæriəukai'liːmə] 核液,核淋巴

karyoclasis [ˌkæriˈɔkləsis] 核破裂

karyoclastic [ˌkæriəuˈklæstik] 核破裂的,分裂中止的,无丝分裂的

karyocyte [ˈkæriəsait] (karyo- + -cyte) 有核细胞

karyogamic [ˌkæriəuˈgæmik] (karyo- + Gr. gamos marriage) 核配合的,核融合的

karyogamy [ˌkæriˈɔgəmi] (karyo- + Gr. gamos marriage) 核配合,核融合

karyogenesis [ˌkæriəuˈdʒenəsis] (karyo- + Gr. genesis production) 核生成

karyogenic [ˌkæriəuˈdʒenik] 核生成的,生核的

karyokinesis [ˌkæriəukaiˈni:sis] (karyo- + Gr. kinesis motion) (细胞)核分裂,有丝分裂

   asymmetrical k. 不对称核分裂
   hyperchromatic k. 染色质过多性核分裂
   hypochromatic k. 染色质过少性核分裂

karyokinetic [ˌkæriəukaiˈnetik] (细胞)核分裂的,有丝分裂的

karyoklasis [ˌkæriˈɔkləsis] (karyo- + Gr. klasis breaking) 核破裂

karyoklastic [ˌkæriəuˈklæstik] ❶ 核断裂的;❷ 有丝分裂中止的

karyolymph [ˈkæriəlimf] (karyo- + lymph) 核液,核淋巴

karyolysis [ˌkæriˈɔləsis] (karyo- + Gr. lysis dissolution) (细胞)核溶解

karyolytic [ˌkæriəuˈlitik] ❶ 核溶解的;❷ 溶核的

karyomastigont [ˌkæriəuˈmæstigɔnt] (karyo- + Gr. mastigoun to whip) 核鞭毛

karyomegaly [ˌkæriəuˈmegəli] (karyo- + Gr. megalē great) 核(过)大

karyomere [ˈkæriəmiə] ❶ 染色粒;❷ 染色体泡

karyometry [ˌkæriˈɔmitri] (karyo- + Gr. metron measure) 细胞核测量法,核测定法

karyomicrosome [ˌkæriəuˈmaikrəsəum] (karyo- + microsome) 核微粒体

karyomitosis [ˌkæriəumaiˈtəusis] (间接)核分裂,有丝分裂

karyomitotic [ˌkæriəumaiˈtɔtik] (间接)核分裂的

karyomorphism [ˌkæriəuˈmɔ:fizəm] (karyo- + Gr. morphē form) 核形

karyon [ˈkæriɔn] (Gr. karyon nucleus) 细胞核,核

karyophage [ˈkæriəfeidʒ] (karyo- + Gr. phagein to eat) 噬核细胞,噬核体

karyoplasm [ˈkæriəˌplæzəm] (karyo- + Gr. plasma plasm) 核质,核浆

karyoplasmic [ˌkæriəˈplæzmik] 核质的,核浆的

karyoplast [ˈkæriəplæst] 细胞核,核体

karyoplastin [ˌkæriəuˈplæstin] 副染色质

karyopyknosis [ˌkæriəupikˈnəusis] 核固缩

karyopyknotic [ˌkæriəupikˈnɔtik] 核固缩的

karyoreticulum [ˌkæriəuriˈtikjuləm] (karyo- + reticulum) 核网

karyorrhectic [ˌkæriəˈrektik] 核破裂的,具核破裂特性的,引起核破裂的

karyorrhexis [ˌkæriəˈreksis] (karyo- + Gr. rhēxis a breaking) 核破裂

karyosome [ˈkæriəsəum] (karyo- + Gr. sōma body) 染色质核仁,核粒

karyospherical [ˌkæriəuˈsferikəl] 球形核的

karyostasis [ˌkæriˈɔstəsis] (karyo- + Gr. stasis halt) 核静止,核静止期

karyotheca [ˌkæriəˈθi:kə] (karyo- + Gr. thēkē sheath) 核膜

karyotin [ˈkæriətin] 核染色质,核质

karyotype [ˈkæriətaip] (karyo- + type) 染色体组型,核型

karyotypic [ˌkæriəuˈtipik] 染色体组型的,核型的

karyozoic [ˌkæriəuˈzəuik] (karyo- + Gr. zōon animal) 核内寄生的

Kasabach-Merritt syndrome [ˈkeisəbæk ˈmerit] (Haig Haigouni Kasabach, American physician, 1898-1943; Katharine Krom Merritt, American pediatrician, 20th century) 凯-麦二氏综合征,血小板减少伴血管瘤综合征

kasai [kɑːˈsai] (Kasai province in Zaire) 卡赛病

kasal [ˈkeisəl] 卡沙耳

Kaschin-Beck disease [ˈkɑːʃiːn bek] 卡-贝二氏病(大骨节病)

Kashida's sign [ˈkɑːʃidæz] (K. Kashida, Japanese physician, early 20th century)

田氏征

Kashin-Bek disease [ˈkɑːʃiːn bek] (Nikolai Ivanovich *Kashin* (or *Kaschin*), Russian orthopedist, 1825-1872; E. V. *Bek* (or *Beck*), Russian physician, early 20th century) 卡-贝二氏病

Kast's syndrome [kɑːsts] (Alfred *Kast*, German physician, 1856-1903) 卡斯特氏综合征(多发性血管瘤合并软骨瘤)

kat (katal 的符号) 卡托

kat- (Gr. *kata* down) 为下,向下,在下,对抗,共同,非常

katadidymus [ˌkætəˈdaidəmiəs] (*kata-* + Gr. *didymos* twin) 下身联胎,双上身联胎

katal [ˈkætəl] 卡托

katathermometer [ˌkætəθəˈmɒmitə] 干湿球温度计,卡他温度计

Katayama [kɑːtɑːˈjɑːmə] 钉螺属

Katayama fever [kɑːtɑːˈjɑːmə] (*Katayama* River Valley, Japan, where it was first reported in the 19th century) 片山热

katechin [ˈkætətʃin] 抗甲状腺素

katharometer [ˌkæθəˈrɒmitə] 导热析气计

kathisophobia [ˌkæθaisəuˈfəubiə] 静坐恐怖,静坐不能

Kathon [ˈkæθɒn] 凯索恩:甲基异噻唑啉酮和甲基代异噻唑啉酮制剂的商品名

katine [ˈkeitin] 阿拉伯茶叶碱

katolysis [kəˈtɒləsis] (Gr. *kato* below + *lysis* dissolution) 不完全分解,中间分解

katophoria [ˌkætəˈfɔːriə] 下隐斜视,下斜视

katotropia [ˌkætəˈtrəupiə] 下隐斜视,下斜视

Katz [keits] 茨爵士: Sir Bernard Katz, 德国出生的英国生理学家

katzenjammer [ˈkætsənˌjæmə] (Ger.) 宿醉病,酒后病

Kauffmann-White classification [ˈkɔːfmænwait] (Fritz *Kauffmann*, German microbiologist, 20th century; P. B. *White*, British microbiologist, 20th century) 考-怀二氏分类

Kaufman-McKusick syndrome [ˈkɔːfmən məˈkusik] (Robert Lionel *Kaufman*, American physician, born 1937; Victor Almon *McKusick*, American geneticist, born 1921) 考-迈二氏征

Kawasaki syndrome [ˌkɑːwɑːˈsɑːki] (Tomisaku *Kawasaki*, Japanese pediatrician, 20th century) 川崎征,皮肤粘膜淋巴结综合征

Kay Ciel [ˈkeisiːˈiːl] 凯西勒:氯化钾制剂的商品名

Kayexalate [keiˈeksəleit] 凯ьех克萨拉特:聚苯乙烯磺酸钠制剂的商品名

Kayser-Fleischer ring [ˈkaizə ˈflaiʃə] (Bernhard *Kayser*, German ophthalmologist, 1869-1954; Bruno Richard *Fleischer*, German physician, 1848-1904) 凯-弗二氏环

Kazanjian forceps [kɑːˈzændʒiən] (Varaztad Hovhannes *Kazanjian*, American-born plastic and maxillofacial surgeon in United States, 1879-1974) 卡赞希亚尼钳

kb (kilobase 的缩写) 千碱基

kbp 千个碱基对

kCi (kilocurie 的缩写) 千居里

kcps (kilocycles per second 的缩写) 千周/秒,千赫

kD (kilodalton 的缩写) 千道尔顿

Ke Ke 因子,Ke 标记

Kearns-Sayre syndrome [kənz seiə] (Thomas P. *Kearns*, American ophthalmologist, born 1922; George P. *Sayre*, American pathologist, born 1911) 科-西二氏综合征,慢性进行性眼外肌麻痹综合征

kebocephaly [ˌkebəˈsefəli] 猴头畸形

ked [ked] 羊蜱蝇

Keen's sign [kiːnz] (William Williams *Keen*, American surgeon, 1837-1932) 基恩氏征

Keflex [ˈkiːfleks] 基弗莱克斯:头孢氨苄制剂的商品名

Keflin [ˈkiːflin] 基弗林:头孢噻吩钠制剂的商品名

Keftab [ˈkiːftæb] 基弗塔伯:头孢力新制剂的商品名

Kefurox [ˈkiːfurɒks] 基弗罗克斯:头孢呋肟制剂的商品名

Kefzol [ˈkiːfzɒl] 基弗估尔:头孢唑啉钠制剂的商品名

Kehr's sign [kɛəz] (Hans *Kehr*, German surgeon, 1862-1916) 克尔氏征(脾破裂的一种体征)

Kehrer's reflex [ˈkɛərəz] (Ferdinand Keh-

rer, German neurologist, 1883-1966) 克勒尔氏反射(耳睑反射)

Keith's node [ki:θs] (Sir Arthur *Keith*, Scottish-born anatomist in England, 1866-1955) 基思氏结,窦房结

Keith-Flack node [ki:θ flæk] (Sir Arthur *Keith*; Martin L William *Flack*, British physiologist, 1882-1931) 基-弗二氏结,窦房结

Keith-Wagener-Barker classification [ki:θ 'wægənə 'bɑːkə] (Norman Macdonnell *Keith*, Canadian physician in United States, born 1885; Henry Patrick *Wagener*, American physician, born 1890; N. W. *Barker*, American physician, 20th century) 基-瓦-巴三氏分类

kelectome ['ki:lektəum] (Gr. *kēlē* tumor + *ektomē* excision) 瘤组织剪钳

Kelene ['ki:li:n] 基林:氯乙烷制剂的商品名

Kell blood group [kel] (from the name of the patient in whose blood the antigen was first reported in 1964) 凯耳血型

Keller operation ['kelə] (Col. William Lordan *Keller*, American military surgeon, 1874-1959) 凯勒手术

Kellock's sign ['keləks] (T. H. *Kellock*, American physician, late 19th century) 凯洛克氏征

Kelly's operation ['keliz] (Joseph Dominic *Kelly*, American otolaryngologist, 20th century)凯利氏术,枸状软骨固定术,枸肌固定术

Kelly's operation ['keliz] (Howard Atwood *Kelly*, American surgeon, 1858-1943) 凯利氏手术

keloid ['ki:lɔid] (Gr. *kēlis* blemish + *eidos* form) 瘢痕瘤,瘢痕疙瘩
   acne k. 痤疮性瘢痕瘤
   k. of gums 龈纤维瘤病

keloidosis [,ki:lɔi'dəusis] 瘢瘤病

keloplasty [,ki:lə'plæsti] (Gr. *kelis* scar + *plassein* to form) 瘢痕补形术

kelosomus [,ki:lə'səuməs] 露脏畸胎

kelotomy [ki'lɔtəmi] (Gr. *kēlē* a rupture + *temnein* to cut) (绞窄性)疝切开术

Kelvin scale ['kelvin] (William Thomson, Lord *Kelvin*, British physicist, 1824-1907) 开尔文温标,绝对温标

kelvin ['kelvin] (after Lord *Kelvin*) 开尔文

Kemadrin ['kemədrin] 开马君:盐酸普球啶制剂的商品名

Kempner's diet ['kempnəz] (Walter *Kempner*, American physician, born 1903) 肯普纳氏饮食(高血压病饮食)

Kenacort ['kenəkɔ:t] 肯内科特:去炎松制剂的商品名

Kenalog ['kenəlɔg] 肯内洛格:丙炎松制剂的商品名

Kendall ['kendəl] 肯德尔:Edward Calvin, 美国生物化学家

Kendall's method ['kendəlz] (Edward Calvin *Kendall*) 肯达耳氏法

Kendall's rank correlation coefficient ['kendəlz] (Maurice George *Kendall*, British statistician, born 1907) 肯达耳氏等级相关系数

Kennedy classification ['kenidi] (Edward *Kennedy*, American dentist, born 1883) 肯尼迪氏分类

Kennedy's syndrome ['kenidiz] (Robert Foster *Kennedy*, American neurologist, 1884-1952) 肯尼迪氏综合征

Kenny's treatment ['keniz] (Sister Elizabeth *Kenny*, Australian nurse, 1886-1952) 肯尼氏疗法

ken(o)- (Gr. *kenos* empty) 空,空间

kenogenesis [,ki:nə'dʒenəsis]新生性变态,不适合发育

kenophobia [,ki:nə'fəubiə] (Gr. *kenos* empty + *phobos* fear)广厅恐怖,敞室恐怖

kenotic [ki'nɔtik] 重泻的,重泻药

kenotoxin ['ki:nətɔksin] 疲倦毒素

Kent's bundle [kents] (Albert Frank Stanley *Kent*, English physiologist, 1863-1958) 肯特氏束,房室肌束(哺乳类)

Kent-His bundle [kent his] (A. F. S. *Kent*; Wilhelm *His*, Jr., Swiss-born physician in Germany, 1863-1934) 肯-希二氏束,希斯束,房室束

Kepone ['ki:pəun]克榜:聚氯酮制剂的商品名

keracele ['kirəsil] (Gr. *keras* horn + *kele* tumor)角质瘤

Kerandel's sign [ˌkerɑːn'delz] (Jean Francois *Kerandel*, French physician in Africa, 1873-1934) 克兰德耳氏征

keraphyllocele [ˌkerə'filəusiːl] (Gr. *keras* horn + *phyllon* leaf + *kele* tumor) 角质瘤

kerasin ['kerəsin] 角苷脂

keratalgia [ˌkerə'tældʒiə] (*kerat-* + *-algia*) 角膜痛

keratan sulfate ['kerətæn] 硫酸角质素

keratectasia [ˌkerətek'teiziə] (*kerat-* + Gr. *ektasis* extension) 角膜扩张

keratectomy [ˌkerə'tektəmi] (*kerat-* + *-ectomy*) 角膜切除术

keratiasis [ˌkerə'taiəsis] (Gr. *keras* horn) 角质疣

keratic [kə'rætik] ❶ 角蛋白的;❷ 角的; ❸ 角膜的

keratin ['kerətin] 角蛋白
   α-k., alpha k. α角蛋白
   hard k. 硬角蛋白
   soft k. 细胞角蛋白

keratinase ['kerətineis] 角蛋白酶

keratinization [ˌkerəˌtinai'zeiʃən] 角(质)化

keratinize ['kerətinaiz] 角(质)化

keratinocyte [kə'rætinəsait] 角(质)化细胞,角质形成细胞

keratinoid ['kerətinɔid] 角衣片

keratinosome [kə'rætinəsəum] (*keratin* + Gr. *sōma* body) (角化表皮)膜被颗粒

keratinous [kə'rætinəs] 角质的,角蛋白的

keratitis [ˌkerə'taitis] (*kerat-* + *-itis*) 角膜炎
   acanthamoeba k. 棘阿米巴属角膜炎
   acne rosacea k. 酒渣鼻角膜炎
   actinic k. 光化性角膜炎
   aerosol k. 气雾性角膜炎
   alphabet k. 条状角膜炎
   anaphylactic k. 过敏性角膜炎
   annular k. 环状角膜炎
   k. arborescens 树枝状角膜炎
   artificial silk k. 人造丝角膜炎
   aspergillus k. 曲霉性角膜炎
   band k., band-shaped k. 带状角膜炎
   k. bullosa 大疱性角膜炎
   catarrhal ulcerative k. 卡他性溃疡性角膜炎
   deep k. 深层角膜炎
   deep pustular k. 深层脓疱样角膜炎
   dendriform k., dendritic k. 树枝状角膜炎
   desiccation k. 干燥性角膜炎
   Dimmer's k. 迪麦尔氏角膜炎
   disciform k., k. disciformis 盘状角膜炎
   epithelial diffuse k. 上皮弥散性角膜炎
   epithelial punctate k. 上皮点状角膜炎
   exfoliative k. 剥脱性角膜炎
   exposure k. 暴露性角膜炎
   fascicular k. 束状角膜炎
   k. filamentosa 丝状角膜炎
   furrow k. 沟状角膜炎
   herpetic k. 疱疹性角膜炎
   hypopyon k. 前房积脓性角膜炎
   infectious bovine k. 感染性牛角膜炎
   interstitial k. 间质性角膜炎,深层角膜炎
   lagophthalmic k. 兔眼性角膜炎
   lattice k. 格状角膜炎
   marginal k. 边缘性角膜炎
   metaherpetic k. 变态疱疹性角膜炎
   microbial k. 细菌性角膜炎
   mycotic k. 真菌性角膜炎
   neuroparalytic k. 神经麻痹性角膜炎
   neurotrophic k. 神经营养性角膜炎
   k. nummularis 钱币形状角膜炎
   parenchymatous k. 主质性角膜炎,实质性角膜炎
   k. petrificans 石化性角膜炎
   phlyctenular k. 小疱性角膜炎
   k. profunda 深层角膜炎
   k. punctata leprosa 麻风性点状角膜炎
   k. punctata profunda 深层点状角膜炎
   k. punctata, punctate k. 点状角膜炎
   k. punctata subepithelialis 上皮下点状角膜炎
   punctate k., deep 深层点状角膜炎
   punctate k., superficial 浅层点状角膜炎
   purulent k. 脓性角膜炎
   k. pustuliformis profunda 脓疱状深层角膜炎
   reaper's k. 割禾人角膜炎
   reticular k. 网状角膜炎
   ribbon-like k. 带状角膜炎
   rosacea k. 酒渣鼻角膜炎
   sclerosing k. 硬化性角膜炎

scrofulous k. 腺病质角膜炎,小疱性角膜炎
secondary k. 继发性角膜炎
serpiginous k. 匐行性角膜炎,匐行性角膜溃疡
k. sicca 干性角膜炎
striate k. 条状角膜炎
suppurative k. 化脓性角膜炎
trachomatous k. 沙眼性角膜炎
trophic k. 神经麻痹性角膜炎
ulcerative k. 溃疡性角膜炎
vascular k. 血管性角膜炎
vesicular k. 水疱性角膜炎
xerotic k. 干燥性角膜炎
zonular k. 带状角膜炎

kerat(o)- (Gr. *keras*, gen. *keratos* horn) 角质,角膜

keratoacanthoma [ˌkerətəuˌækən'θəumə] (*kerato-* + *acanthoma*) 大角化棘皮瘤
eruptive k. 皮疹型角化棘皮瘤
giant k. 角化棘皮瘤
multiple k. 多发型角化棘皮瘤
solitary k. 单发型角化棘皮瘤

keratocele ['kerətəsi:l] (*kerato-* + *-cele*) 角膜后(弹力)层膨出

keratocentesis [ˌkerətəusen'ti:sis] (*kerato-* + *centesis*) 角膜穿刺术

keratochromatosis [ˌkerətəuˌkrəmə'təusis] (*kerato-* + Gr. *chroma* color) 角膜着色

keratoconjunctivitis [ˌkerətəukənˌdʒʌŋkti'vaitis] (*kerato-* + *conjunctivitis*) 角膜结膜炎
epidemic k. 流行性角膜结膜炎
flash k. 电光性角膜结膜炎,闪光性角膜结膜炎
infectious bovine k. 传染性牛角膜结膜炎
phlyctenular k. 小疱性角膜结膜炎
shipyard k. 船坞性角膜结膜炎
k. sicca 干性角膜结膜炎
viral k. 病毒性角膜结膜炎

keratoconus [ˌkerətəu'kəunəs] (*kerato-* + Gr. *kōnos* cone) 圆锥形角膜

keratocyst ['kerətəsist] (*kerato-* + *cyst*) 角膜囊肿

keratocyte ['kerətəsait] (*kerato-* + *-cyte*) 角膜细胞

keratoderma [ˌkerətəu'də:mə] (*kerato-* + Gr. *derma* skin) ❶ 皮肤角质层;❷ 皮肤角化病
k. blennorrhagicum 脓溢性皮肤角化病
k. climactericum 绝经期皮肤角化病
k. palmare et plantare 掌跖角化病
palmoplantar k. 掌跖角化病
palmoplantar k., diffuse 弥漫性掌跖角化病

keratodermatocele [ˌkerətəu'də:mətəsi:l] (*kerato-* + *dermato-* + Gr. *kēlē* hernia) 角膜后(弹力)层膨出

keratodermia [ˌkerətəu'də:miə] (*kerato-* + Gr. *derma* skin + *-ia*) 皮肤角质层,角膜

keratoectasia [ˌkerətəuek'teiziə] 角膜扩张,角膜突出

keratogenesis [ˌkerətəu'dʒenəsis] 角质生成

keratogenetic [ˌkerətəudʒə'netik] 角质生成的,生角质的

keratogenous [ˌkerə'tɔdʒinəs] (*kerato-* + Gr. *gennan* to produce) 生角质的,角质增生的

keratoglobus [ˌkerətəu'gləbəs] 球形角膜

keratohelcosis [ˌkerətəuhel'kəusis] (*kerato-* + Gr. *helkosis* ulceration) 角膜溃疡

keratohemia [ˌkerətəu'hi:miə] (*kerato-* + Gr. *haima* blood + *-ia*) 角膜血沉着

keratohyalin [ˌkerətəu'haiəlin] ❶ (表皮)角质透明蛋白;❷ 胸腺哈塞耳氏小体中的一种物质

keratohyaline [ˌkerətəu'haiəlain] ❶ 透明角质性的;❷ (表皮)角质透明质的,角质透明蛋白颗粒的,角质透明蛋白层(表皮颗粒层)的;❸ (表皮)角质透明蛋白

keratoid ['kerətɔid] (*kerato-* + Gr. *eidos* form) 角质样的

keratoiditis [ˌkerətɔi'daitis] 角膜炎

keratoiridocyclitis [ˌkerətəuˌiridəsik'laitis] (*kerato-* + *irido-* + *cyclitis*) 角膜虹膜睫状体炎

keratoiridoscope [ˌkerətəuai'ridəskəup] (*kerato-* + *irido-* + *-scope*) 角膜虹膜镜

keratoiritis [ˌkerətəuai'raitis] (*kerato-* + Gr. *iris* iris + *-itis*) 角膜虹膜炎
hypopyon k. 前房积脓性角膜(虹膜)炎

keratoleptynsis [ˌkerətəuləp'tinsis] (*kerato-* + Gr. *leptynsis* attenuation) 角结膜遮

盖膜术

keratoleukoma [ˌkerətəuljuːˈkəumə] (kerato- + leukoma) 角膜白斑

keratolysis [ˌkerəˈtɔləsis] (kerato- + Gr. lysis dissolution) 角质层分离

　pitted k., k. plantare sulcatum 凹陷性角质层分离,跖沟状角化病

keratolytic [ˌkerətəuˈlitik] ❶ 角质层分离的; ❷ 角质层分离剂

keratoma [ˌkerəˈtəumə] (pl. keratomas 或 keratomata)(kerat- + -oma) ❶ 胼胝,硬皮(老茧); ❷ 马蹄壁内表面角质瘤

　k. hereditarium mutilans 遗传性残毁性角化病

　k. plantare sulcatum 跖沟状角化病

　k. senile 老年角化病

keratomalacia [ˌkerətəuməˈleiʃiə] (kerato- + malacia) 角膜软化

keratomata [ˌkerəˈtɔmətə] 胼胝,角质瘤(马蹄)。keratoma 复数形式

keratome [ˈkerətəum] (kerato- + -tome) 角膜刀

keratometer [ˌkerəˈtɔmitə] (kerato- + -meter) 角膜散光计,角膜曲面计

keratometric [ˌkerətəuˈmetrik] 角膜散光测量的

keratometry [ˌkerəˈtɔmitri] (kerato- + -metry) 角膜散光测量法

keratomileusis [ˌkerətəmiˈljuːsis] (kerato- + Gr. smileusis carving) 屈光性角膜成形术,角膜磨镶术

keratomycosis [ˌkerətəumaiˈkəusis] (kerato- + Gr. mykēs fungus + -osis) 角膜真菌病,角膜霉菌病

　k. linguae 黑舌(病)

keratonosus [ˌkerəˈtɔnəsəs] (kerato- + Gr. nosos disease) 角膜病

keratonyxis [ˌkerətəuˈniksis] (kerato- + nyxis) 角膜穿刺术

keratopathy [ˌkerəˈtɔpəθi] (kerato- + -pathy) 角膜病

　band k., band-shaped k. 带状角膜病
　bullous k. 大疱性角膜病
　climatic k. 气候性角膜病
　filamentary k. 丝状角膜病
　Labrador k. 气候性角膜病
　lipid k. 脂质角膜病
　striate k. 条纹状角膜病
　vesicular k. 水疱性角膜炎

keratophakia [ˌkerətəuˈfeikiə] (kerato- + Gr. phakos lentil, lens) 角膜移植成形术

keratoplasia [ˌkerətəuˈpleiziə] (kerato- + Gr. plassein to form) 皮肤角质层新生

keratoplasty [ˈkerətəˌplæsti] (kerato- + -plasty) 角膜成形术,角膜移植术

　autogenous k. 自体角膜移植术
　lamellar k. 板层角膜移植术
　optic k. 复明角膜成形术,光学角膜移植术
　penetrating k. 全层角膜移植术
　refractive k. 屈光性角膜成形术
　tectonic k. 整复性角膜成形术

keratoprotein [ˌkerətəuˈprəutiːn] (kerato- + protein) 角质蛋白

keratorhexis [ˌkerətəuˈreksis] (kerato- + rhexis) 角膜破裂

keratorrhexis [ˌkerətəuˈreksis] (kerato- + rhexis) 角膜破裂

keratoscleritis [ˌkerətəusklɪˈraitis] 角膜巩膜炎

keratoscope [ˈkerətəskəup] (kerato- + -scope) 角膜镜

keratoscopy [ˌkerəˈtɔskəpi] 角膜镜检查

keratosis [ˌkerəˈtəusis] (pl. keratoses)(kerato- + -osis) 角化病

　actinic k. 光化性角化病
　arsenic k., arsenical k. 砷角化病
　k. blennorrhagica 脓溢性角化病
　k. follicularis 毛囊角化病,毛囊鳞癣
　k. follicularis contagiosa 传染性毛囊角化病
　inverted follicular k. 转化毛囊角化病
　k. linguae 舌角化病,舌白斑病
　k. obturans 阻塞角化病,耵聍栓塞
　k. palmaris et plantaris 掌跖角化病
　k. pharyngea 咽(部)角化病
　k. pilaris 毛发角化病
　k. punctata 点状角化病
　roentgen k. X 射线角化病
　seborrheic k., k. seborrheica 脂溢性角化病
　senile k. 老年角化病,光化性角化病
　solar k. 日光性角化病
　stucco k. 灰泥样角化病
　tar k. 焦油性角化病

keratosulfate [ˌkerətəuˈsʌlfeit] 硫酸角质

素

keratotic [ˌkerəˈtɔtik] 角化病的

keratotome [ˈkerətəˌtəum] 角膜刀

keratotomy [ˌkerəˈtɔtəmi] (*kerato-* + *-tomy*) 角膜切开术
　delimiting k. 限界性角膜切开术
　radial k. 放射状角膜切开术

keratotorus [ˌkerətəuˈtɔːrəs] (*kerato-* + L. *torus* a protuberance) 角膜隆凸

Kerckring's center [ˈkəːkriŋz] (Theodorus *Kerckring*, German-born anatomist in the Netherlands, 1640-1693) 克尔克林氏中心

kerectasis [kəˈrektəsis] (Gr. *keras* cornea + *ektasis* distention) 角膜突出, 角膜扩张

kerectomy [kəˈrektəmi] 角膜(部分)切除术

Kergaradec's sign [kəˌgɑːrɑːˈdeks] (Jean Alexandre le Jameau, Vicomte de *Kergaradec*, French obstetrician and gynecologist, 1788-1877) 克加腊德克氏征(子宫杂音)

kerion [ˈkiəriən] (Gr. *kērion* honeycomb) 脓癣

Kerlone [ˈkəːləun] 克朗: 倍他索洛尔盐酸盐制剂商品名

kerma [ˈkəːmə] (*k*inetic *e*nergy *r*eleased in *ma*terial) 比释动能

kernicterus [kəˈniktərəs] (Ger. "nuclear jaundice") 核黄疸

Kernig's sign [ˈkəːnigz] (Vladimir Mikhailovich *Kernig*, Russian physician, 1840-1917) 克尼格氏征

Kernohan's notch [ˈkəːnəhænz] (James Watson *Kernohan*, Irish-born American pathologist, born 1897) 克尔诺汉氏切迹

keroid [ˈkerɔid] 角质样的, 角膜样的

kerosene [ˈkerəsiːn] 煤油

kerosine [ˈkerəsiːn] 煤油

Kerr's sign [kəːz] (Henry Hyland *Kerr*, American surgeon, 1881-1963) 克尔氏征

kerril [ˈkeril] 毒海蛇

Keshan disease [ˈkeʃæn] (*Keshan*, province in China where it is endemic) 克山病

Kesling appliance [ˈkesliŋ] (Harold D. *Kesling*, American orthodontist, born 1901) 凯斯林矫正器

Kestenbaum's sign [ˈkestənbaumz] (Alfred *Kestenbaum*, German physician, 20th century) 凯斯滕鲍姆氏征

Ketaject [ˈketədʒekt] 凯塔杰克特: 盐酸氯胺酮制剂的商品名

ketal [ˈkiːtəl] (*ket*one + *al*cohol) 缩酮, 酮缩醇

Ketalar [ˈketələ] 凯塔勒: 盐酸氯胺酮制剂的商品名

ketamine hydrochloride [ˈkiːtəmiːn] (USP) 盐酸氯胺酮, 盐酸开他敏

Ketaset [ˈketəset] 凯塔赛特: 盐酸氯胺酮制剂的商品名

ketazocine [kiːˈtæzəusiːn] 酮唑辛

ketazolam [kiːˈtæzəulæm] 酮唑䓬

ketene [ˈkiːtiːn] 烯酮类, 乙烯酮

kethoxal [kiˈθɔksəl] 乙氧丁酮醛

ketimine [ˈketimiːn] 酮亚胺

ketipramine fumarate [kiːˈtiprəmiːn] 丙咪嗪酮

keto- 酮(基)

keto acid [ˈkiːtəu] 酮酸
　branched-chain k. a. 支链酮酸血症

3-ketoacid CoA transferase [ˌkiːtəuˈæsid kəuˈei ˈtrænsfəreis] 3-酮酸辅酶 A 转移酶

keto acid decarboxylase [ˈkiːtəu ˈæsid ˌdiːkɑːˈbɔksileiz] 酮酸脱酸酶

α-keto acid dehydrogenase [ˈkiːtəu ˈæsid diˈhaidrədʒəneis] ❶ α-酮酸脱氢酶; ❷ α-酮酸脱氢酶复合体

α-keto acid dehydrogenase deficiency ❶ α-酮酸脱羧酶缺乏症; ❷ α-酮酸脱氢酶复合体缺乏症

ketoacidemia [ˌkiːtəˌæsiˈdiːmiə] 酮酸血症

ketoacidosis [ˌkiːtəuˌæsiˈdəusis] 酮酸中毒
　diabetic k. 糖尿病酸中毒
　starvation k. 饥饿酸中毒

ketoaciduria [ˌkiːtəuˌæsiˈdjuəriə] 酮酸尿
　branched-chain k. 支链酮酸尿

ketoacyl [ˌkiːtəuˈæsil] 酮酰基

3-ketoacyl CoA thiolase [ˌkiːtəuˈæsil ˈkəueiˈθaiəleis] 3-酮脂酰辅酶 A 硫解酶

α-ketoadipate [ˌkiːtəuəˈdipeit] α-酮己二酸盐

α-ketoadipate dehydrogenase [ˌkiːtəuəˈdipeit diˈhaidrədʒəneis] α-酮己二酸脱氢酶

α-ketoadipic acid [ˌkiːtəuəˈdipik] α-酮己

二酸
α-ketoadipicacidemia [ˌkiːtəuəˌdipikˌæsi'diːmiə] ❶α-酮己二酸血症；❷ α-酮己二酸脱氢酶缺乏症
α-ketoadipicaciduria [ˌkiːtəuəˌdipikˌæsi'djuəriə] α-酮己二酸尿症
keto-aldehyde [ˌkiːtəu'ældihaid] 酮醛
ketoaminoacidemia [ˌkiːtəuəˌmiːnəuˌæsi'diːmiə] 酮氨基酸血症
β-ketobutyric acid [ˌkiːtəubjuːˈtirik] β-酮丁酸,乙酰乙酸
ketoconazole [ˌkiːtəuˈkɔnəzəul] (USP) 酮康唑
Keto-Diastix [ˌkiːtəu'daiəstiks] 凯托-迪亚斯蒂克：测定尿中酮体和葡萄糖的试纸的商品名
ketogenesis [ˌkiːtəu'dʒenəsis] (*ketone-* + Gr. *genesis* production) 酮体生成
ketogenetic [ˌkiːtəudʒə'netik] 酮体生成的
ketogenic [ˌkiːtəu'dʒenik] 生酮的
α-ketoglutarate [ˌkiːtəu'gluːtəreit] α-酮戊二酸盐
α-ketoglutarate dehydrogenase [ˌkiːtəu'gluːtəreit di'haidrədʒəneis] α-酮戊二酸脱氢酶
α-ketoglutaric acid [ˌkiːtəugluːˈtærik] α-酮戊二酸,2-氧戊二酸,2-氧代戊二酸
ketoheptose [ˌkiːtəu'heptəus] 庚酮糖
ketohexokinase [ˌkiːtəuˌheksəu'kaineis] 己酮糖(磷酸)激酶
ketohexose [ˌkiːtəu'heksəus] 己酮糖
ketohydroxyestrin [ˌkiːtəuhai'drɔksi'istrin] 雌酮
α-ketoisovalerate dehydrogenase [ˌkiːtəuˌaisəu'vælereit di'haidrədʒəneis] α-酮异戊酸脱氢酶
ketol ['kiːtɔl] 乙酮醇
ketol-isomerase [ˌkiːtəlai'sɔməreis] 乙酮醇异构酶
ketolysis [kiː'tɔləsis] (*ketone* + Gr. *lysis* dissolution) 解酮(作用)
ketolytic [ˌkiːtəu'litik] 解酮的
ketone ['kiːtəun] 酮
  dimethyl k. 二甲酮,丙酮
ketonemia [ˌkiːtəu'niːmiə] 酮血(症)
ketonic [kiː'tɔnik] 酮的
ketonization [ˌkiːtəunai'zeiʃən] 酮基化(作用)

ketonuria [ˌkiːtəu'njuəriə] 酮尿(症)
ketopentose [ˌkiːtəu'pentəus] 酮戊糖
ketoplasia [ˌkiːtəu'pleiziə] 酮体生成
ketoplastic [ˌkiːtəu'plæstik] (*ketone* + Gr. *plassein* to form) 酮体生成的
ketoprofen [ˌkiːtəu'prɔfən] 苯酮苯丙酸,酮洛芬
9-ketoreductase [ˌkiːtəuri'dʌkteis] 9-酮还原酶
β-keto-reductase [ˌkiːtəuri'dʌkteis] β-酮还原酶
ketorolac tromethamine ['kiːtəu'rəlæk] 酮咯酸氨丁三醇
ketose ['kiːtəus] 酮糖
ketoside ['kiːtəsaid] 酮苷
ketosis [kiː'təusis] 酮病
ketosteroid [ˌkiːtəu'stiərɔid] 甾酮类,酮甾类,酮类固醇
  17-K. (17-KS) 17-甾酮类
17β-ketosteroid reductase [ˌkiːtəu'stiərɔid ri'dʌkteis] β-17-甾酮还原酶
ketosuria [ˌkiːtəus'juəriə] 酮糖尿
ketotetrose [ˌkiːtəu'tetrəus] 酮丁糖
3-ketothiolase [ˌkiːtəu'θaiəleis] 3-酮硫解酶
β-ketothiolase [ˌkiːtəu'θaiəleis] β-酮硫解酶
β-ketothiolase deficiency β-酮硫解酶缺乏
ketotic [kiː'tɔtik] 酮病的
ketotriose [ˌkiːtəu'traiəus] 酮丙糖
ketourine [ˌkiːtəu'juːrin] 酮尿
ketoxime [kiː'tɔksaim] 酮肟
Kety-Schmidt method ['keti ʃmit] (Seymour Solomon *Kety*, American physiologist, born 1915; Carl Frederic *Schmidt*, American physician, 1893-1988) 凯-施二氏法
keV, kev (kilo electron volt 的缩写) 千电子伏特
key [kiː] ❶ 钥匙；❷ 关键
  torquing k. 一种齿科矫正器具
keynote ['kiːnəut] 同治药性
Key-Retzius connective tissue sheath [kiː 'retsiəs] (Ernst Axel Henrik *Key*, Swedish physician, 1832-1901; Magnus Gustaf *Retzius*, Swedish histologist, 1842-1919) 基-雷二氏结缔组织鞘(神经内膜)
keyway ['kiːwei] 锁槽,键槽

kg（kilogram 的缩写）千克,公斤
Khorana [kəuˈrɑːnə] 霍拉纳；Har Gobind,美国化学家
kibe [kaib] 冻疮
kibisitome [kaiˈbisitəum]（Gr. *kibisis* pouch + *-tome*）晶状体囊刀
kick [kik] 踢伤
Kidd blood group [kid]（from the name of the patient in whose blood the antigen was first reported in 1951）基德血型
kidney [ˈkidni]（L. *ren*; Gr. *nephros*）肾
　abdominal k. 腹肾
　amyloid k. 淀粉样肾
　arteriosclerotic k. 动脉硬化性肾
　artificial k. 人工肾
　atrophic k. 萎缩肾
　cake k. 饼状肾
　cicatricial k. 瘢痕肾
　clump k. 块状肾
　congested k. 充血肾
　contracted k. 固缩肾
　crush k. 挤压肾,下肾单位肾变病
　cyanotic k. 淤血肾
　cystic k. 囊肾
　definite k. 后肾
　disk k. 盘状肾
　doughnut k. 环形肾
　fatty k. 脂肪肾
　flea-bitten k. 蚤咬状肾
　floating k. 游动肾,浮游肾
　Formad's k. 福马德氏肾
　fused k. 融合肾,并肾
　Goldblatt k. 戈德布拉特肾
　head k. 前肾
　hind k. 后肾
　horseshoe k. 马蹄肾
　hypermobile k. 游动肾,游走肾
　lardaceous k. 淀粉样肾
　large red k. 大红肾
　lumbar k. 低腰肾
　lump k. 块状肾,饼状肾
　medullary sponge k. 髓质海绵肾
　middle k. 中肾
　mortar k. 油灰样肾
　movable k. 游动肾,游走肾
　mural k. 腹壁肾
　myelin k. 髓磷脂肾
　myeloma k. 骨髓瘤肾
　pelvic k. 骨盆肾
　polycystic k's 多囊肾
　primordial k. 前肾
　putty k. 油灰样肾
　Rose-Bradford k. （青年）炎性纤维化肾
　sacciform k. 囊状肾,扩张肾
　sigmoid k. 乙状肾
　sponge k. 海绵肾
　supernumerary k. 额外肾
　thoracic k. 胸肾
　wandering k. 游动肾,游走肾
　waxy k. 淀粉样肾
Kielland's forceps [kiˈiːləndz]（Christian *Kielland*, Norwegian obstetrician and gynecologist, 1871-1941）基耶兰德氏钳
Kienböck disease [ˈkiːnbək]（Robert *Kienböck*, Austrian radiologist, 1871-1953）金伯克病
Kienböck-Adamson points [ˈkiːnbək ˈædəmsən]（Robert *Kienböck*; Horatio George *Adamson*, London dermatologist, 1865-1955）金-阿二氏点
Kiernan's spaces [ˈkiənənz]（Francis *Kiernan*, British physician, 1800-1874）凯尔南氏间隙
Kiesselbach's area [ˈkiːsəlbɑːks]（Wilhelm *Kiesselbach*, German laryngologist, 1839-1902）基塞耳巴赫氏区
kil [kil] 黑海白粘土
Kilian's line [ˈkiliənz]（Hermann Friedrich *Kilian*, German gynecologist, 1800-1863）基利安氏线（骶岬隆凸线）
killeen [ˈkiliːn] 角叉菜
Killian's operation [ˈkiliənz]（Gustav *Killian*, German laryngologist, 1860-1921）基利安氏手术
Killian's test [ˈkiliənz]（John Allen *Killian*, American biochemist, 1891-1957）基利安氏试验
Killian-Freer operation [ˈkiliən friːə]（Gustav *Killian*; Otto (Tiger) *Freer*, American laryngologist, 1857-1932）基-弗二氏手术
kilo-（Fr., from Gr. *chilioi* thousand）千
kilobase [ˈkiləubeis] 千基
kilocalorie [ˈkiləuˌkæləri] 千卡,大卡
kilocurie [ˌkiləuˈkjuəri] 千居里
kiocycle [ˈkiləusaikl] 千
kilodalton [ˌkiləuˈdɔːltən] 千道尔顿

kilogram ['kiləugræm] 千克,公斤
kilohertz ['kiləuhə:ts] 千赫兹
Kiloh-Nevin syndrome ['kiləu 'nevin] (Leslie Gordon *Kiloh*, Australian physician, 20th century; Samuel *Nevin*, English neurologist, born 1905)凯-奈二氏综合征,前骨间肌神经损害综合征
kilometer ['kiləu,mi:tə] (Fr. *kilométre*) 千米,公里
kilounit [,kiləu'ju:nit] 千单位
kilovolt ['kiləuvəult] 千伏(特)
kilovoltmeter [,kiləu'vəltmi:tə] 千伏特计
Kimberley horse disease ['kimbəli] (Kimberley, a district in northeastern Western Australia, where disease occurs) 金伯利马病
Kimmelstiel-Wilson syndrome ['kimǝlsti:l 'wilsən] (Paul *Kimmelstiel*, German pathologist in the United States, 1900-1970; Clifford *Wilson*, English physician, born 1906)基-威二氏综合征,毛细管间性肾小球硬化症
Kimura's disease [ki'mu:rɑz] (Tetsuji *Kimura*, Japanese pathologist, 20th century)基姆拉氏病
kinanesthesia [,kinænis'θi:ʒiə] 运动觉缺失
kinase ['kaineis] ❶ 磷酸根转移酶;❷ 激酶
kindling ['kindliŋ] 激动
kine- (Gr. *kinein* to move) 运动
kinematics [,kainə'mætiks] (Gr. *kinēma* motion) 运动学,动力学
kineplastics [,kinə'plæstiks] 运动成形切断术
kineplasty ['kinə,plæsti] (Gr. *kinein* to move + *plassein* to form) 运动成形切断术
kinesalgia [,kinə'sældʒiə] (*kinesio-* + -*algia*)动痛,运动痛
kinescope ['kinəskəup] (*kine-* + Gr. *skopein* to examine) 眼折射计
kinesia [kai'ni:ʒiə] 晕动病
kinesialgia [kai,ni:si'ældʒiə] 动痛,运动痛
kinesiatrics [kai,ni:si'ætriks] (*kinesio-* + Gr. *iatrikē* surgery, medicine) 运动疗法
kinesics [kai'ni:siks] 运动学,动力学
kinesigenic [kai,ni:si'dʒenik] (*kinesi-* + -*genic*)促动的
kinesi-esthesiometer [kai,ni:siis,θi:zi'ɔmi-tə] 肌动觉测量器
kinesimeter [,kinə'simitə] (*kinesio-* + Gr. *metron* measure) 运动测量器
kinesin [kai'ni:sin] 动力素
kinesi(o)- (Gr. *kinēsis* movement) 运动,活动
kinesiology [kai,ni:si'ɔlədʒi] (*kinesio-* + -*logy*) 运动学
kinesiometer [kai,ni:si'ɔmitə] 运动测量器
kinesioneurosis [kai,ni:siəunjuə'rəusis] (*kinesio-* + *neurosis*) 运动(性)神经肌能病
kinesiotherapy [kai,ni:siəu'θerəpi] 运动疗法
kinesis [kai'ni:sis] (Gr.) ❶ 运动;❷ 动作
-kinesis 运动,活动
kinesitherapy [kai,ni:si'θerəpi] (*kinesio-* + Gr. *therapeia* cure) 运动疗法
kinesthesia [,kines'θi:ʒiə] (*kine-* + *esthesia*) ❶ 运动觉,动觉;❷ 运动感
kinesthesiometer [,kinəs,θi:zi'ɔmitə] (*kinesthesia* + Gr. *metron* measure) 肌动觉测量器
kinesthesis [,kinəs'θi:sis] 运动觉,动觉
kinesthetic [,kinəs'θetik] 运动觉的,肌肉感觉的
kinetia [kai'ni:ʃiə] 晕动病。*kinety* 的复数形式
kinetic [kai'netik] (Gr. *kinētikos*) 动力(学)的,(运)动的,活动的
kineticist [ki'netisist] 动力学家
kinetics [kai'netiks; kai'ni:tiks] (Gr. *kinētikos* of or for putting in motion) 动力学 chemical k. 化学动力学
kinetid [kai'ni:tid] 动胞器
kinetin [ki'ni:tin] 激动素
kinetism ['kinitizəm] (肌肉)运动能力
kinet(o)- (Gr. *kinētos* movable) 运动
kinetocardiogram [kai,ni:təu'kɑ:diəgræm] (*kineto-* + *cardiogram*) 心振动图
kinetocardiography [kai,ni:təukɑ:di'ɔgrəfi] (*kineto-* + *cardiography*) 心振动描记术
kinetochore [ki'ni:təkɔ:] (*kineto-* + Gr. *chora* space) 动粒,着丝点
kinetocyte [kai'ni:təsait] (Gr. *kinetos*

movable + *kytos* cell) 动血球,游走细胞
kinetodesma [kai,ni:təu'desmə] (pl. *kinetodesmata*) (*kineto-* + Gr. *desmos* band, ligament) 动(纤)丝
kinetodesmata [kai,ni:təudez'mɑ:tə] 动(纤)丝。*kinetodesma* 的复数形式
kinetodesmos [kai,ni:təu'desməs] 动(纤)丝
kinetofragment [kai,ni:təu'frægmənt] 动基片
Kinetofragminophorea [kai,ni:təu,frægminə'fɔ:riə] (*kineto-* + L. *fragmen* piece + Gr. *phōros* bearing) 动基片纲
kinetogenic [kai,ni:təu'dʒenik] (*kineto-* + Gr. *gennan* to produce) 促动的,引起运动的
kinetographic [kai,ni:təu'græfik] (Gr. *kinetos* movable + *graphein* to write) 描记运动的
kinetonucleus [kai,ni:təu'nju:kliəs] (*kineto-* + *nucleus*) 动基体,动核
kinetoplasm [kai'ni:təplæzəm] (*kineto-* + Gr. *plasma* something formed) 动质,动浆
kinetoplast [kai'ni:təplæst] (*kineto-* + Gr. *plassein* to form) 动基体,动核
kinetoplastid [kai,ni:təu'plæstid] 动(基)体目原生动物的
Kinetoplastida [kai,ni:təu'plæstidə] 动(基)体目
kinetoscope [kai'ni:təskəup] (*kineto-* + Gr. *skopein* to examine) 人体运动电影照相机
kinetoscopy [,kainə'tɔskəpi] 人体运动电影照相术
kinetosis [,kainə'təusis] (pl. *kinetoses*) (*kineto-* + *-osis*) 晕动病
kinetosome [kai'ni:təsəum] (*kineto-* + Gr. *sōma* body) 动体,基体,毛基体
kinetotherapy [kai,ni:təu'θerəpi] 运动疗法
kinety [kai'ni:ti] (pl. *kinetia*, *kineties*) (Gr. *kinetos* movable) 动体
King syndrome [kiŋ] (J. O. *King*, Australian physician, 20th century) 金氏综合征
King unit [kiŋ] (Earl Judson *King*, Canadian biochemist, 1901-1962) 金氏单位

(一种磷酸酶效能单位)
kingdom ['kiŋdəm] (A. S. *cyningdom*) 界
Kingella [kin'gelə] (Elizabeth O. *King*, American bacteriologist) 金氏杆菌属
K. denitrificans 脱氮金氏菌
K. indologenes 生吲哚金氏菌
K. kingae 凯金氏菌
Kingsley appliance ['kiŋzli] (Norman William *Kingsley*, American dentist, 1829-1913) 金斯莱矫正器
kinic acid ['kainik] 奎尼酸
kinin ['kainin] 激肽
C2 k. C2 激肽
kininase [kai'nineis] 激肽酶
k. Ⅰ 激肽酶 Ⅰ
k. Ⅱ 激肽酶 Ⅱ
kininogen [kai'nainəudʒən] 激肽原
kino ['ki:nəu] 奇诺
kin(o)- (Gr. *kinein* to move) 动,运动
kinocentrum [,kainəu'sentrəm] 中心体
kinocilium [,kainəu'siljəm] (pl. *kinocilia*) (*kino-* + *cilium*) 动纤毛
kinohapt ['kainəhæpt] (*kino-* + Gr. *haptein* to touch) 触觉计
kinology [kai'nɔlədʒi] 运动学
kinomometer [,kainəu'mɔmitə] (*kino-* + Gr. *metron* measure) 指腕动度测量器
kinosphere ['kainəsfiə] (*kino-* + *sphere*) 星体
kinovin [ki'nəuvin] 奎诺温,金鸡纳(皮)苷
kinship ['kinʃip] (A. S. *cynscip*) 家属关系,血缘关系
kion(o)- 悬雍垂
kiotome ['kaiətəum] (Gr. *kiōn* column + *temnein* to cut) 悬雍垂刀
kiotomy [kai'ɔtəmi] 悬雍垂切除术
Kirchner's diverticulum ['kə:knəz] (Wilhelm *Kirchner*, Austrian otologist, 1849-1936) 基尔希内氏憩室,咽鼓管憩室
Kirk's amputation [kə:ks] (Norman Thomas *Kirk*, Surgeon General of U. S. Army, 1888-1960) 柯克氏切断术
Kirschner wire ['kɜ:ʃnə] (Martin *Kirschner*, German surgeon, 1879-1942) 基尔希讷氏钢丝
Kirstein's method ['kɜ:ʃtainz] (Alfred *Kirstein*, German physician, 1863-1922)

基尔斯坦氏法
Kisch's reflex ['kiʃiz] (Bruno *Kisch*, German physiologist, 1890-1966) 基施氏反射

kitasamycin [,kitəsə'maisin] 北里霉素,柱晶白霉素

kitol ['kaitɔl] (Gr. *kētos* sea monster, big fish) 鲸醇

Kittel's treatment ['kitəlz] (M. J. *Kittel*, German physician, 20th century) 基特尔氏疗法

kj (knee jerk 的缩写) 膝反射

Kjeldahl's method ['keldɑ:lz] (Johan Gustav Christoffer *Kjeldahl*, Danish chemist, 1849-1900) 基耶达氏法

Kjelland ['kelənd] 基耶兰德

kl (kiloliter 的缩写) 千升

Klapp's creeping treatment [klæps] (Rudolf *Klapp*, German surgeon, 1873-1949) 克拉普氏爬行疗法

Klatskin's tumor ['klætskinz] (Gerald *Klatskin*, American internist, born 1910) 克拉兹金氏瘤,肺门胆管(腺)癌

Klebs' disease [klebz] (Theodor Albrecht Edwin *Klebs*, German bacteriologist, 1834-1913) 克莱布斯氏病,肾小球性肾炎

Klebs-Löffler bacillus ['klebz 'leflə] (T. A. E. *Klebs*; Friedrich A. J. *Löffler*, German bacteriologist, 1852-1915) 克莱二氏杆菌,白喉杆菌

Klebsiella [,klebsi'elə] (T. A. E. *Klebs*) 克雷白菌属

   K. **friedländeri** 弗里德兰德杆菌,肺炎杆菌

   K. **oxytoca** 奥克西托克雷白杆菌

   K. **ozaenae** 臭鼻克雷白杆菌,臭鼻(粘液)杆菌

   K. **planticola** 植物克雷白杆菌

   K. **pneumoniae** 肺炎杆菌,弗里德兰克雷白杆菌

   K. **pneumoniae ozaenae** 臭鼻肺炎杆菌,臭鼻(粘液)杆菌

   K. **pneumoniae rhinoscleromatis** 鼻硬结肺炎杆病

   K. **rhinoscleromatis** 鼻硬结克雷克杆菌,鼻硬结杆菌

   K. **terrigena** 土壤克雷白菌

Klebsielleae [,klebsi'eli:] 克雷白杆菌族

kleeblattschädel [,kleiblɑ:t'ʃædəl] (Ger.) 丁香叶状颅,苜蓿叶状颅

Klein-Waardenburg syndrome [klain 'vɑ:dənbəg] (David *Klein*, Swiss physician, born 1908; Petrus Johannes *Waardenburg*, Dutch ophthalmologist, 1886-1979) 克-瓦二氏综合征

Kleine-Levin syndrome ['klainə 'levin] (Willi *Kleine*, German psychiatrist, 20th century; Max *Levin*, American neurologist, born 1901) 克-雷二氏综合征

Kleist's sign [klaists] (Karl *Kleist*, German neurologist, born 1879) 克雷莱斯特氏征

Klemm's sign [klemz] (Paul *Klemm*, German surgeon, 1861-1921) 克莱姆氏征

klept(o)- (Gr. *kleptein* to steal) 偷窃

kleptolagnia [,kleptə'lægniə] (*klepto-* + Gr. *lagneia* lust) 偷窃性色情狂

kleptomania [,kleptə'meiniə] (*klepto-* + Gr. *mania* madness) (DSM-Ⅲ-R) 偷窃狂

kleptomaniac [,kleptə'meiniæk] 偷窃狂者

kleptophobia [,kleptə'fəubiə] (Gr. *kleptein* to steal + *phobos* fear) 偷窃恐怖

Klieg eye [kli:g] (named from *Kliegl*, the manufacturer of electric lamps used in motion picture making) 电影(性)眼

Klimow's test ['klimɔfs] (Ivan Aleksandrovich *Klimow*, Russian physician, late 19th century) 克利莫夫氏试验

Klinefelter's syndrome ['klainfeltəz] (Harry Fitch *Klinefelter*, Jr., American physician, born 1912) 克莱恩费尔特氏综合征

Klippel-Feil syndrome [kli'pel fail] (Maurice *Klippel*, French neurologist, 1858-1942; André *Feil*, French physician, 20th century) 克-费二氏综合征

Klippel-Trénaunay syndrome [kli'pel treinəu'nei] (Maurice *Klippel*; Paul *Trénarnay*, French physician, 20th century) 克-特二氏综合征,血管扩张性肢体肥大综合征

Klippel-Trénaunay-Weber syndrome [kli'pel treinəu'nei 'webə] (M. *Klippel*; P. *Trénaunay*; Frederick Parkes *Weber*, English physician, 1863-1962), 克-特-韦三氏综合征,血管扩张性肢体肥大综合征

Klippel-Weil sign [kli'pel vail] (Maurice *Klippel*; Mathieu Pierre *Weil*, French physician, 20th century) 克-威二氏征
Kliseometer [ˌklisi'ɔmitə] 骨盆斜度计
klismaphilia [ˌklizmə'filiə] 灌肠性欲倒错
Klonopin ['kləunəpin] 克洛平：氯硝西泮制剂的商品名
Klumpke's paralysis ['klumpkəz] (Augusta Dejerine-*Klumpke*, French neurologist, 1859-1927) 克隆普克氏麻痹
Klumpke-Dejerine paralaysis ['klumpkə ˌdeʒə'ri:n] (Augusta Dejerine-*Klumpke*; Joseph Jules *Dejerine*, French neurologist, 1849-1917) 克-代二氏麻痹
Klüver-Bucy syndrome ['kli:və 'busi] (Heinrich *Klüver*, American psychologist and neurologist, 1897-1979; Paul Clancy *Bucy*, American neurologist, born 1904) 克-巴二氏综合征
Kluyvera ['klaivərə] (A. J. *Kluyver*, Dutch microbiologist) 克罗非菌属
Km 同种异型
km (kilometer 的缩写) 千米, 公里
Knapp's operation [knɑ:ps] (Herman Jakob *Knapp*, German-born ophthalmologist in United States, 1832-1911) 纳普氏手术
Knapp's test [knɑ:ps] (Karl *Knapp*, German chemist, 1832-1911) 克纳普氏试验
kneading ['ni:diŋ] 揉捏法
knee [ni:] ❶ 膝; ❷ 弯曲似膝的结构
　k. of aquaeductus fallopii 面神经管膝
　back k. 膝反屈, 翻膝
　beat k. 膝蜂窝织炎
　big k. ① 膝粘液囊炎(牛); ② 膝骨瘤(马)
　Brodie's k. 布罗迪氏膝
　capped k. (马或牛膝关节上的)滑液囊膨大
　football k. 足球运动员膝病
　housemaid's k. 髌前囊炎
　in k. 膝外翻
　k. of internal capsule 内囊膝
　jumper's k. 跳远运动员膝
　knock k. 膝外翻
　locked k. 膝闭锁
　out k. 膝内翻, 弓形腿
　rugby k. 橄榄球员膝病, 胫骨粗隆骨软骨病
　septic k. 化脓性膝关节炎
　sprung k. 膝前弯
　trick k. 膝关节交锁
knee-gall ['ni:gɔ:l] 膝肿
kneippism ['naipizəm] (Rev. Sebastian *Kneipp*, German priest, 1821-1897, who introduced the practice) 跣露疗法
Knemidokoptes [ˌni:midəu'kɔptiz] 鸟疥螨属
Knies' sign [kni:z] (Max *Knies*, German ophthalmologist, 1851-1917) 克内氏征
knife [naif] 刀
　Blair k. 植皮刀
　Buck k. 龈刀
　button k. 软骨刀
　cataract k. 内障刀
　cautery k. 烙刀
　electric k. 电热刀
　gamma k. 伽玛刀
　Goldman-Fox k. 塑形龈刀
　Graefe's k. 线状内障刀
　Humby k. 植皮刀
　Joseph k. 双片刀
　Kirkland k. 心形龈刀
　Liston's k. 长刃切断刀
　Merrifield's k. 长柄龈刀
Knight brace [nait] (James C. *Knight*, American physician, 1810-1887) 奈特氏支架
knismogenic [ˌnismǝu'dʒenik] (Gr. *knismos* tickling + *gennan* to produce) 引起酥痒的
knitting ['nitiŋ] 骨愈合
knob [nɔb] 结, 隆凸
　aortic k. 主动脉结
　olfactory k. 嗅结节
　surfers' k's 冲浪者结节
　synaptic k. 突触小结, 终钮
knock [nɔk] 敲击, 叩音
　pericardial k. 心包叩音
knock-knee ['nɔkni:] 膝外翻
knot [nɔt] ❶ 结; ❷ 解剖学中指结样肿胀或隆凸
　clove-hitch k. 双眼结
　double k. 双结
　enamel k. 釉结
　false k. ① 假结; ② 顺结, 十字结
　friction k. 双结

granny k. 顺结,十字结
Hensen's k. 亨森氏结,原结
primitive k. 原结
protochordal k. 原结
reef k. 帆结,方结
square k. 帆结,方结
stay k. 合结
surfers' k's 冲浪者结节
surgeons' k., surgical k. 外科结
syncytial k's 合胞体结
true k. 真结

knuckle [ˈnʌkl] ❶ 指节; ❷ 膨出部
aortic k. 主动脉弓节

knuckling [ˈnʌkliŋ] 突球

Kobelt's tubes [ˈkɔːbelts] (George Ludwig Kobelt, German physician, 1804-1857) 科贝尔特氏管

Kober's test [ˈkəubəz] (Philip Adolph Kober, American chemist, born 1884) 科贝尔氏试验

Kobert's test [ˈkɔːbəts] (Eduard Rudolf Kobert, German chemist, 1854-1918) 科贝特氏试验

Koch [kɔk] 郭霍:Robert,德国医师和细菌学家

Koch's node [kɔks] (Walter Koch, German surgeon, born 1880) 郭霍氏结,房室结

Koch's phenomenon [kɔks] (Robert Koch) 郭霍氏现象

Koch-Weeks bacillus [kɔk wiːks] (Robert Koch; John Elmer Weeks, American ophthalmologist, 1853-1949) 结膜炎杆菌

Kocher [ˈkəukə] 柯赫尔:瑞士外科学家

Kocher's forceps [ˈkəukəz] (Emil Theodor Kocher) 柯赫尔氏钳

Kocher-Debré-Sémélaigne syndrome [ˈkəukə dəˈbrei seimeiˈlenjə] (Emil Theodor Kocher; Robert Debré, French pediatrician and bacteriologist, 1882-1978; Georges Sémélaigne, French pediatrician, 20th century) 克汀病-肌肉肥大综合征

kocherization [ˌkɔkəraiˈzeiʃən] 柯赫尔处置

Kock ileostomy [kɔk] (Nils G. Kock, Swedish surgeon, born 1924) 科克回肠造口术,科克囊

Koeberlé's forceps [ˌkwɑːbəˈleiz] (Eugène Koeberlé, French surgeon, 1828-1915) 克贝尔勒氏止血钳

Koebner's phenomenon [ˈkəːbnəz] (Heinrich Koebner, German dermatologist, 1838-1904) 克勃奈尔氏现象

Koerber-Salus-Elschnig syndrome [ˈkəːbə ˈsɑːljus ˈelʃnik] (Hermann Koerber, German ophthalmologist, born 1878; Robert Salus, Austrian ophthalmologist, 20th century; Anton Elschnig, Austrian ophthalmologist, 1863-1939) 科-萨-艾三氏综合征,中脑导水管综合征

Kogoj's pustule [ˈkəugɔiz] (Franjo Kogoj, Yugoslavian physician, born 1894) 寇氏脓疱

koha [ˈkɔhɑː] 隐花青

Köhler [ˈkəːlə] 科勒:Georges Jean Franz,德国免疫学家

Köhler's bone disease [ˈkəːləz] (Alban Köhler, German physician, 1874-1947) 科勒氏骨病

Köhler-Pellegrini-Stieda disease [ˈkeːlə ˌpeləˈgriːni ˈʃtiːdɑː] (Alban Köhler; Augusto Pellegrini, Italian physician, born 1877; Alfred Stieda, German physician, 1869-1945) 科-佩-施三氏病

Kohlrausch's folds [ˈkəulrəuʃiz] (Otto Ludwig Bernhard Kohlrausch, German physician, 1811-1854) 科耳劳施氏褶

Kohn's pores [kəunz] (Hans N. Kohn, German pathologist, late 19th century) 科恩氏孔(肺泡间孔)

Kohnstamm's phenomenon [ˈkəunstɑːmz] (Oskar Felix Kohnstamm, German physician, 1871-1917) 康斯塔姆氏现象,后继性运动

koil(o)- (Gr. koilos hollow) 注,凹

koilocyte [ˈkɔiləuˌsait] 凹陷细胞,中空细胞

koilocytosis [ˌkɔiləusiˈtəusis] (koilo- + cyt- + -osis) 细胞凹陷症

koilocytotic [ˌkɔiləusiˈtɔtik] 细胞凹陷症的

koilonychia [ˌkɔiləuˈnikiə] (koilo- + onyx nail + -ia) 凹甲,匙状甲,反甲

koilorrhachic [ˌkɔiləuˈrækik] (koilo- + Gr. rhachis spine) 腰椎后凸的

koilosternia [ˌkɔiləuˈstəːniə] (koilo- +

sternum + -ia)漏斗(状)胸
koin(o)- 新,空,共同特性或特征
kojic acid [ˈkəudʒik] 曲酸
Kolantyl [kəuˈlæntəl] 科兰特尔:氧化铝和氧化镁制剂的商品名
Kölliker's column [ˈkəːlikəz] (Rudolf Abert von *Köllicker*, Swiss anatomist in Germany, 1817-1905) 克利科氏柱
Kollmann's dilator [ˈkɔlmænz] (Arthur *Kollmann*, German urologist, 19th century) 科尔曼氏扩张器
Kolmer test [ˈkɔlmə] (John A. *Kolmer*, American pathologist, 1886-1962) 科尔默试验
Kolmogorov-Smirnov test [kɔlˈmɔɡərɔv ˈsmiənɔv] (Andrei Nicolaievich *Kolmogorov*, Russian mathematician, 1903-1987; Nicolai Vasilievich *Smirnov*, Russian mathematician, born 1900) 科-斯二氏试验
kolp- 阴道
kolypeptic [ˌkəuliˈpeptik] (Gr. *kōlyein* to hinder + *peptikos* peptic) 抑制消化的,调整消化的
kolyphrenia [ˌkəuliˈfriːniə] (Gr. *kolyein* to hinder + *phren* mind) 精神受制,抑郁
kolyseptic [ˌkəuliˈseptik] (Gr. *kohyein* to hinder *septic*) 防腐的,防腐药
Konakion [ˌkɔnəˈkaiən] 科纳开恩:甲萘醌(维生素 K_1)制剂的商品名
König's rods [ˈkəːnigz] (Charles Joseph *König*, German otologist, late 19th century) 柯尼希氏杆
König's syndrome [ˈkəːnigz] (Franz *König*, German surgeon, 1832-1910) 柯尼希氏综合征
konimeter [kəuˈnimitə] 尘埃计算器,计尘器
koniocortex [ˌkəuniəuˈkɔːteks] (Gr. *konis* dust + *cortex*, so called because of the large number and small number of the granular cells) 粒状皮层
koniology [ˌkəuniˈɔlədʒi] 尘埃学
konometer [kəuˈnɔmitə] (Gr. *konis* dust + *metron* measure) 尘埃计算器,计尘器
Konsyl [ˈkɔnsəl] 康塞尔
kopiopia [ˌkəupiˈɔpiə] 眼疲劳
Koplik's spots [ˈkɔpliks] (Henry *Koplik*, American pediatrician, 1858-1927) 科泼力克氏斑
Kopp's asthma [kɔps] (Johann Heinrich *Kopp*, German physician, 1777-1858) 喘鸣性喉痉挛
kopr- 粪
Korányi's auscultation [kəˈrænjiz] (Baron Friedrich von *Korányi*, Hungarian physician, 1828-1913) 科寺伊氏听诊法
Korányi-Grocco triangle [kəˈrænjiˈɡrɔkəu] (Baron F. von *Korányi*; Pietro *Grocco*, Italian physician, 1856-1916) 科-格二氏三角
Kornberg [ˈkɔːnbəɡ] 科恩伯格:Arthur,美国医师和生物化学家
koro [ˈkɔrəu] 阴缩,缩阴
koronion [kəˈrəuniɔn] (pl. *koronia*) (Gr. *korōnē* crow, crown) (下颌骨) 冠突尖
koroscopy [kəˈrɔskəpi] 视网膜镜检查,瞳孔检影法,视网膜检影法
Korotkoff's method [kərɔtˈkɔfs] (Nicolai Sergeevich *Korotkoff*, Russian physician, 1874-1920) 科罗特科夫氏法
Korsakoff's (Korsakov's) syndrome [ˈkɔːsəkɔfs] (Sergei Sergeevich *Korsakoff*, Russian neurologist, 1854-1900) 科尔萨科夫氏综合征
Körte-Ballance operation [ˈkəːtə ˈbæləns] (Werner *Körte*, German surgeon, 1853-1937; Sir Charles Alfred *Ballance*, British surgeon, 1856-1936) 科-马二氏手术
kosam [ˈkəusəm] 苦参子,鸦胆子
Koshevnikoff's (Koschewnikow's, Kozhevnikov's) disease [kəˈʃevnikɔfs] (Alexei Jakovlevich *Koshevnikoff*, Russian neurologist, 1836-1902) 科萨夫尼可夫氏病
Kossel [ˈkɔsəl] 科塞耳:Albrecht,德国生理学家
Kossel's test [ˈkɔsəlz] (Albrecht *Kossel*) 科塞耳氏试验
Kostmann's syndrome [ˈkɔstmænz] (Rolf *Kostmann*, Swedish physician, born 1909) 科斯特曼氏综合征
Kovalevsky's canal [ˌkɔvəˈlevskiz] (Alexander Onufrievich *Kovalevsky*, Russian embryologist, 1840-1901) 考弗莱夫斯基氏管,神经肠管

Kowarsky's test [kə'vɑːskiz] (Albert *Kowarsky*, German physician, early 20th century) 科瓦尔斯基氏试验

Koyter's muscle ['kɔitəz] (Volcherus *Koyter*, Dutch anatomist, 1534-1600) 科伊特氏肌, 皱眉肌

KP (keratitic precipitates 的缩写) 角膜后沉着物

K-Phos ['keifəus] 凯弗斯: 磷酸二氢钾制剂的商品名

Kr (*krypton* 的符号) 氪

Krabbe's disease ['krɑːbiz] (Knud H. *Krabbe*, Danish neurologist, 1885-1961) 克拉贝氏病

Kraepelin ['kreipəlin] 克雷佩林: Emil Kraepelin, 德国精神病学家

krait [kreit] 金环蛇

Krameria [krə'miəriə] (J. G. H. and W. H. *Kramer*, German botanists) 拉坦尼属

Kraske's operation ['krɑːskiz] (Paul *Kraske*, German surgeon, 1851-1930) 克拉斯克氏手术

kratom ['krɑːtəm] 克腊托姆

kratometer [krə'tɔmitə] 棱镜矫视器

kraurosis [krɔː'rəusis] (Gr. *krauros* brittle) 外阴干皱
  k. vulvae 硬化性苔藓, 硬化萎缩苔藓

Krause's bulbs ['krauziz] (Wilhelm Johann Friedrich *Krause*, German anatomist, 1833-1910) 克劳泽氏球

Krause's ligament ['krauzəz] (Karl Friedrich Theodor *Krause*, German anatomist, 1797-1868) 克劳泽氏韧带

Krause's operation ['krauzəz] (Fedor Victor *Krause*, German surgeon, 1857-1937) 克劳泽氏手术

Krause-Wolfe graft ['krauzə wɔlf] (F. V. *Krause*; John Reissberg *Wolfe*, Scottish ophthalmologist, 1824-1904) 克-瓦二氏移植片, 全层皮移植片

kreatin ['kriːətin] 肌酸

krebiozen [krə'baiəzən] 克力生物素

Krebs [krebz] 克莱普斯: Edwin Gerhard 美国生物化学家

Krebs [krebz] 克雷布斯: Sir Hans Adolf, 德国出生的英国生物化学家

Krebs cycle [krebz] (Sir Hans Adolf *Krebs*) 三羧酸循环

kre(o)- 肉

kreotoxicon [ˌkriə'tɔksikɔn] 肉毒质

kreotoxin [ˌkriə'tɔksin] 肉毒素

kreotoxism [ˌkriə'tɔksizəm] (Gr. *kreas* meat + *toxikon* poison) 肉中毒

kresofuchsin [ˌkresə'fuːksin] 甲酚品红

kresol ['kresɔl] 甲(苯)酚, 煤酚

Kretschmann's space ['kretʃmænz] (Friedrich *Kretschmann*, German otologist, 1858-1934) 克雷奇曼氏间隙

Kretschmer types ['kretʃmə] (Ernst *Kretschmer*, German psychiatrist, 1888-1964) 克雷奇默尔类型

Kretz's granules ['kretsiz] (Richard *Kretz*, German pathologist, 1865-1920) 克雷茨氏粒

Kreysig's sign ['kraizigz] (Friedrich Ludwig *Kreysig*, German physician, 1770-1839) 克赖济希氏征

krimpsiekte [krimp'ziːkti] 子叶中毒病

kringle ['kriŋgəl] 范围, 区

Krishaber's disease [ˌkriʃɑː'beəz] (Maurice *Krishaber*, Hungarian physician in France, 1836-1883) 克里萨贝氏病

Krisovski's sign [kri'sovskiz] (Max *Krisovski*, German physician, late 19th century) 克列苏夫斯基氏征

Krogh [krɔg] 柯劳格: Schack August Stenberg, 丹麦生理学家

Kromayer's lamp ['krəumaiəz] (Ernst Ludwig Franz *Kromayer*, German dermatologist, 1862-1933) 克罗迈尔氏灯

Kronecker's center ['krəunekəz] (Karl Hugo *Kronecker*, German pathologist in Switzerland, 1839-1914) 克罗内克尔氏中枢

Krönlein's hernia ['krɔnlainz] (Rudolf Ulrich *Krönlein*, Swiss surgeon, 1847-1910) 克伦来因氏疝

Krukenberg's spindle ['kruːkənbəgz] (Friedrich Ernst *Krukenberg*, German pathologist, 1871-1946) 克鲁肯贝格氏梭

Krukenberg's veins ['kruːkənbəgz] (Adolph *Krukenberg*, German anatomist, 1816-1877) 克鲁肯贝格氏静脉, 肝中央静脉

kryoscopy [krai'ɔskəpi] (溶液) 冰点测定法, 冰点降低测定法

krypt(o)- 隐, 隐窝

krypton ['kriptən] (Gr. *kryptos* hidden) 氪

17-KS (17-ketosteroid 的符号) 17-甾酮类

KUB (kidney, ureter 和 bladder 的缩写) 肾、输尿管及膀胱

kubisagari [kubisə'gɑːri] 垂头病

kubisgari [,kubis'gɑːri] 垂头病

Kufs's disease [kuːfs] (H. *Kufs*, German psychiatrist, 1871-1955) 库夫氏病

Kugelberg-Welander syndrome ['kuːgəlbəɡ-'velandə] (Eric Klas Henrik *Kugelberg*, Swedish neurologist, born 1913; Lisa *Welander*, Swedish neurologist, born 1909) 库-韦二氏综合征,遗传性家族性少年型肌萎缩综合征

Kuhlmann's test ['kuːlmænz] (Frederick *Kuhlmann*, American psychologist, 1876-1941) 库尔曼氏智力测验

Kühne's muscular phenomenon ['kiːniz] (Wilhelm Friedrich (Willy) *Kühne*, German physiologist, 1837-1900) 屈内氏肌现象

Kuhnt-Junius disease [kuːnt'juːniəs] (Hermann *Kuhnt*, German opthalmologist, 1850-1925; Paul *Junius*, German ophthalmologist, born 1871) 库-尤二氏病,盘状黄斑变性(视网膜)

Kulchitsky's cells [kul'tʃitskiz] (Nicolai K. *Kulchitsky*, Russian histologist, 1856-1925) 库尔契茨基氏细胞

Külz's cast ['kiltsiz] (Rudolph Eduard *Külz*, German physician, 1845-1895) 屈尔茨昏迷(兆)管型

Kümmell's disease ['kimǝlz] (Hermann *Kümmell*, German surgeon, 1852-1937) 基米尔氏病

Kümmell-Verneuil disease ['kiməl ,vɛə-'nwei] (Hermann *Kümmell*; Aristide August Stanislas *Verneuil*, French surgeon, 1823-1895) 基-万二氏病

Kunkel's syndrome ['kuŋkəlz] (Henry George *Kunkel*, American physician, 1916-1983) 孔克尔氏综合征,狼疮样肝炎

Küntscher nail ['kintʃə] (Gerhard *Küntscher*, German surgeon, 1902-1972) 金切尔钉

Kupffer's cells ['kupfəz] (Karl Wilhelm von *Kupffer*, German anatomist, 1829-1902) 枯否氏细胞,肝星形细胞

kupramite ['kjupromait] 防氨面罩

Kupressoff's center [ku'presəfs] (J. *Kupressoff*, Russian physician, late 19th century) 库普雷索夫氏中枢,排尿中枢

Kurloff's (*Kurlov's*) **bodies** ['kuələfs] (Mikhail Georgievich *Kurloff*, Russian physician, 1859-1932) 库尔洛夫氏体

Kurthia ['kəːθiə] (Heinrich *Kurth*, German bacteriologist, 1860-1901) 库尔特杆菌属

kurtosis [kəː'təusis] (Gr. "convexity") 峰态

kuru ['kuru] ("trembling" in the language of the Fore people of New Guinea) 库鲁病,新几内亚震颤病

Küss' experiment [kiːs] (Emil *Küss*, German physiologist, 1815-1871) 屈斯氏试验

Kussmaul's disease ['kusmaulz] (Adolf *Kussmaul*, German physician, 1822-1902) 库斯毛尔氏病

Kussmaul-Kien respiration ['kusmaul kiːn] (Adolf *Kussmaul*; Alphonse Marie Joseph *Kien*, German physician, late 19th century) 库-基二氏呼吸,空气饥

Kussmaul-Landry paralysis ['kusmaul 'lændri] (Adolf *Kussmaull*; Jean Beptiste Octave *Landry*, French physician, 1826-1865) 库-兰二氏瘫痪,急性热病性多神经炎

Kussmaul-Maier disease ['kusmaul 'maiə] (Adolf *Kussmaul*; Rudolf *Maier*, German physician, 1824-1888) 库迈二氏病,结节性动脉外膜炎,结节性多动脉炎

Küstner's law ['kiːstnəz] (Otto Ernst *Küstner*, German gynecologist, 1849-1931) 屈斯特纳氏定律,屈斯特纳氏征

Kutrol ['kutrɔl] 库特罗:尿抑胃素制剂的商品名

kV (kilovolt 的符号) 千伏(特)

Kveim test [kvaim] (Morten Ansgar *Kveim*, Norwegian pathologist in Denmark, 20th century) 克韦姆试验

kVp (kilovolts peak 的缩写) 千伏峰位

kW. (kilowatt 的缩写) 千瓦(特)

kwashiorkor [,kwɑːʃi'ɔːkə] ("condition seen in the displaced child" in the language of the Ga people of Ghana) 加西卡病,红体病

marasmic k. 消瘦性恶性营养不良病

kwaski ['kwɑːski] 寒战病
Kwell [kwel] 克韦尔:林丹制剂的商品名
kW-hr (kilowatt-hour 的缩写)千瓦(特)小时
kyan(o)- 青紫,绀,蓝,氰
Kyasanur Forest disease [kai'eisənjuə] (*Kyasanur Forest*, in Mysore State, India, where the first cases were reported among forest workers and monkeys in 1957) 夸塞纳森林病
kyllosis [kə'ləusis] (Gr. *kyllōsis* a crippling) 畸形足
kymatism ['kaimətizəm] 肌纤维颤搐
kymocyclograph [ˌkaimə'saikləgrɑːf] 运动描记器
kymogram ['kaiməgræm] 记波(纹)图
kymograph ['kaiməgrɑːf] (Gr. *kyma* wave + *graphein* to record) 记波(纹)器
kymography [kai'məgrəfi] 记波(纹)法
roentgen k. X线记波照相术,X线记波(纹)法
Kynex ['kaineks] 凯纳克斯:磺胺甲氧嗪制剂的商品名
kynocephalus [ˌkainə'sefələs] (Gr. *kyōn* dog + *kephalē* head) 狗头畸胎
kynurenic acid [ˌkinju'riːnik] 犬尿喹啉酸
kynurenin [ˌkainju'riːnin] 犬尿氨酸,犬尿素
kynureninase [ˌkainju'renineis] (EC 3. 7. 1. 3) 犬尿氨酸酶
kynurenine [kai'njuəriːn] (Gr. *kyōn* dog + L. *ren* kidney) 犬尿氨酸,犬尿素
kynurenine formamidase [kai'njuəriːn fɔː'mæmideis] 犬尿氨酸甲酰胺酶
kynurenine 3-hydroxylase [kai'njuəriːn hai'drɔksileis] 犬尿氨酸3-羟化酶,犬尿氨酸3-单(加)氧酶
kynurenine 3-monooxygenase [kai'njuərəniːn ˌmɔnəu'ɔksidʒəneis] (EC 1. 14. 13. 9) 犬尿氨酸3-单(加)氧酶
kyphos ['kaifəs] (Gr. "a hump") 脊柱后凸,驼背
kyphoscoliosis [ˌkaifəuˌskɔli'əusis] (*kyphosis* + *scoliosis*) 脊柱后侧凸
kyphosis [kai'fəusis] (Gr. *kyphōsis* humpback) 脊柱后凸,驼背
  k. dorsalis juvenilis, juvenile k., Scheuermann's k. 幼年期脊柱后凸,脊柱软骨病
kyphotic [kai'fɔtik] 脊柱后突的
Kyrle's disease ['kəːləs] (Joseph *Kyrle*, Austrian dermatologist, 1880-1926) 克勒氏病
kyrtorrhachic [ˌkəːtə'rækik] (Gr. *kyrtos* curved, convex + *rhachis* spine) 腰椎前凸的
kysth(o)- (Gr. *kysthos* vagina) 阴道
kyt(o)- (Gr. *kytos* hollow vessel) 细胞

L

L ❶ (*lambert* 的符号) 朗伯 (亮度单位); ❷ (*left* 的符号) 左边; ❸ (*liter* 的符号) 升; ❹ (*lung* 的符号) 肺; ❺ (*light chain* 的缩写) 轻链; ❻ (*lumbar vertebra* 的缩写) 腰椎

L. (L. *libra* 的符号) 磅

L ❶ (*self-inductance* 的符号) 自感 (电); ❷ (*luminance* 的符号) 亮度

L₀ (*limes nul* 的缩写) 无毒界量

L+, L₊ (*limes tod* 的缩写) 致死界量

L- 左型

l- (L. *laevus* left) 左旋

l (*liter* 的符号) 升

L (*ligamentum* 的符号) 韧带

l (*length* 的符号) 长度

l- (*levo* 的缩写) 左旋

λ ❶ lambda, 希腊字母表中第 11 个字母; ❷ (*wave-length* 的符号) 波长; ❸ (decay constant 的符号) 衰变常数; λ-轻链; ❹ (以前为 *microliter* 的符号) 微升

LO (*limes nul* 的符号) 无毒界量

L & A 瞳孔对光及调节反应

La (*lanthanum* 的符号) 镧

Labarraque's solution [lɑːbɑːˈrɑːks] (Antoine Germain *Laarraque*, French chemist, 1777-1850) 拉巴腊克氏溶液 (含氧苏打液)

Labbé's triangle [lɑːˈbeiz] (Léon *Labbé*, French surgeon, 1832-1916) 拉贝氏三角

labdacism [ˈlæbdəsizm] ❶ 言语中 γ 音发 L 音; ❷ L 音发音不准

labdanum [ˈlæbdənəm] 岩茨脂, 劳丹脂

label [leibl] ❶ 贴标签, 做标记; ❷ 标签, 标记
  radioactive l. 放射性标记

labella [ləˈbelə] (L. dim. of *labium* lip) 小唇

labetalol [ləˈbetəlɔul] 柳胺心定
  l. hydrochloride 盐酸柳胺心定

labia [ˈleibiə] (L.) 唇。*labium* 的复数形式

labial [ˈleibiəl] (L. *labialis*) ❶ 唇的; ❷ 唇面的

labialism [ˈleibiəlizəm] 唇音滥用

labially [ˈleibiəli] 向唇的

labiate [ˈleibieit] 唇形的

labichorea [læbiˈkɔriə] 唇舞病; 口吃病

Labidognatha [ˌlæbiˈdɔgnəθə] 钳颚亚目

labidometer [læbiˈdɔmitə] (Gr. *labis* forceps + *metron* measure) 胎头测量钳

labile [ˈleibail] (L. *labilis* unstable, from *labi* to glide) ❶ 滑动的, 移动的; ❷ 化学上不稳定的
  heat l. 不耐热的

lability [ləˈbiliti] 不稳定性

labimeter [ləˈbimitə] 胎头测量钳

labio- (L. *labium* lip) 唇

labioalveolar [ˌleibiəuælˈviələ] ❶ 唇牙槽的; ❷ 牙槽唇侧的

labioaxiogingival [ˌleibiəuˌæksiəuˈdʒindʒivəl] 唇轴龈的

labiocervical [ˌleibiəuˈsəːvikl] ❶ 唇颈的; ❷ 唇龈的

labiochorea [ˌleibiəukɔˈriə] (L. *labium* lip + *chorea*) 唇舞病, 口吃病

labioclination [ˌleibiəuklaiˈneiʃən] 唇侧倾斜

labiodental [ˌleibiəuˈdentl] ❶ 唇齿的; ❷ 唇齿音

labiogingival [ˌleibiəuˈdʒindʒivl] 唇龈的

labioglossolaryngeal [ˌleibiəuˌglɔsəuləˈrindʒil] (L. *labium* lip + Gr. *glössa* tongue + *larynx*) 唇舌喉的

labioglossopharyngeal [ˌleibiəuˌglɔsəufəˈrindʒiəl] 唇舌咽的

labiograph [ˈleibiəugrɑːf] (L. *labium* lip + Gr. *graphein* to record) 唇动描记器

labioincisal [ˌleibiəuinˈsaizl] 唇牙切面的

labiolingual [ˌleibiəuˈlingwl] ❶ 唇舌的; ❷ 前牙的唇侧面和舌侧面的

labiologic [ˌleibiəu'lɔdʒik] 唇运动学的
labiology [ˌleibi'ɔlədʒi] 唇运动学
labiomental [ˌleibiəu'mentl] 唇颏的
labiomancy ['leibiəuˌmænsi] (*libio* + Gr. *manteia* foretelling) 唇读, 唇谈法
labiomycosis [ˌleibiəumai'kəusis] (L. *labium* lip + Gr. *mykēs* fungus) 唇真菌病
labionasal [ˌleibiəu'neizl] 唇鼻的
labiopalatine [ˌleibiə'pælətin] 唇腭的
labioplacement [ˌleibiəu'pleismənt] 唇向移位
labioplastic [leibiəu'plæstik] (*labio-* + Gr. *plassein* to form) 补唇术的
labioplasty ['leibiəuˌplæsti] (L. *labium* lip + Gr. *plassein* to mold) 唇成形术
labiotenaculum [ˌleibiəutə'nækjuləm] (L. *labium* lip + *tenaculum*) 固唇器
labioversion [ˌleibiəu'vəːʒən] 唇向移位
labitome ['læbitəum] (Gr. *labis* porceps + *temnein* to cut) 有刃钳
labium ['leibiəm] (pl. *labia*) (L.) ❶ 唇; ❷ (复数)阴唇
 l. anterius orificii externi uteri 子宫颈前唇
 l. anterius ostii pharyngei tubae auditivae 咽鼓管口前唇
 l. anterius ostii uteri (NA) 子宫口前唇
 l. cerebri 大脑唇
 l. externum cristae iliacae (NA) 髂嵴外唇
 l. inferius oris (NA) 下唇
 l. inferius valvulae coli 结肠瓣下唇
 l. internum cristae iliacae (NA) 髂嵴的内缘或内唇
 l. laterale lineae asperae femoris (NA) 股骨嵴外侧唇, 股骨粗线外侧唇
 l. limbi tympanicum laminae spiralis (NA) 螺旋板鼓室唇, 螺旋板分支鼓室唇
 l. limbi vestibulare laminae spiralis (NA) 螺旋板前庭唇, 螺旋板分支前庭唇
 l. majus pudendi (NA) (pl. *labia majora pudendi*) 大阴唇
 l. mandibulare 下唇
 l. maxillare 上唇
 l. medialis lineae asperae femoris (NA) 股骨嵴内侧唇, 股骨粗线内侧唇

 l. minus pudendi (NA) (pl. *labia minora pudendi*) 小阴唇
 labia oris (NA) 口唇
 l. posterius orificii externi uteri 子宫颈后唇
 l. posterius ostii pharyngei tubae auditivae 咽鼓管口后唇
 l. posterius ostii uteri (NA) 子宫口后唇
 l. superius oris (NA) 上唇
 l. superius valvulae coli 结肠瓣上唇
 l. tympanicum laminae spiralis 螺旋板鼓室唇
 l. urethrae 尿道唇
 l. vestibulare laminae spiralis 螺旋板前庭唇
 l. vocale 声带唇
labor ['leibə] (L. "work") 分娩, 生产
artificial l. (人工)引产
atonic l. 子宫乏力性分娩
complicated l. 并发症分娩
delayed l. 逾期分娩, 过期分娩
dry l. 干产
false l. 假(临)产
induced l. 引产
instrumental l. 器械分娩
mimetic l. 假(临)产
missed l. 残胎不下
multiple l. 多胎分娩
obstructed l. 梗阻性分娩
postmature l., postponed l. 逾期分娩, 过期分娩
precipitate l. 急产
premature l. 早产
premature l., habitual 习惯性早产
prolonged l., protracted l. 滞产
spontaneous l. 顺产, 自然分娩
laboratorian [ˌlæbərə'tɔːriən] 检验师, 化验员
laboratory [lə'bɔrətəri] (L. *laboratorium*) 实验室, 检验室, 化验室, 药厂
clinical l. 临床实验室
Laborde's forceps [lɑː'bɔːdz] (Jean Baptiste Vincent *Laborde*, French physician, 1830-1903) 拉博德氏钳
labra ['leibrə] (L.) 唇, 缘。*labrum* 的复数形式
labrale [lə'breili] 唇中点
 l. inferius 下唇中点

l. superius 上唇中点
labrocyte ['læbrəsait] (Gr. *labros* greedy + *-cyte*) 肥大细胞
labrum ['leibrəm] (pl. *labra*) (L.) ❶ (NA) 缘,边,唇;❷ 任何唇样部分或唇样结构
  l. **acetabulare** (NA) 髋关节盂缘,髋臼缘
  l. **articularis** (NA) 关节唇
  l. **glenoidale** (NA) 盂缘,肩关节盂缘
  l. **glenoidale articulationis coxae** 髋关节盂缘
  l. **glenoidale articulationis hummeri** 肩关节盂缘
labyrinth ['læbərinθ] (Gr. *labyrinthos*) 迷路
  bony l. 骨迷路
  cochlear l. 耳蜗迷路
  cortical l. (肾)皮质迷路
  endolymphatic l. 内淋巴迷路,膜迷路
  l. of ethmoid, ethmoidal l. 筛骨迷路
  Ludwig's l's 路德维希氏迷路
  membranous l. 膜迷路
  nonacoustic l. 位觉迷路
  olfactory l. 筛骨迷路
  osseous l. 骨迷路
  perilymphatic l. 外淋巴迷路
  statokinetic l. 位觉迷路
  vestibular l. 前庭迷路
labyrinthectomy [,læbərin'θektəmi] (*labyrinth* + Gr. *ektomē* excision) 耳迷路切除术
labyrinthi [,læbə'rinθai] (L.) 迷路。*labyrinthus* 的复数形式
labyrinthine [,læbə'rinθin] 迷路的
labyrinthitis [,læbərin'θaitis] 迷路炎,内耳炎
  circumscribed l. 局限性迷路炎
labyrinthotomy [,læbərin'θɔtəmi] (*labyrinth* + Gr. *temnein* to cut) 迷路切开术
labyrinthus [,læbə'rinθəs] (gen 和 pl. *labyrinthi*) (L. from Gr. *labyinthos*) ❶ (NA) 迷路;❷ 内耳
  l. **cochlearis** (NA) (耳)蜗迷路
  l. **ethmoidalis** (NA) 筛骨迷路
  l. **membranaceus** (NA) 膜迷路
  l. **osseus** (NA) 骨迷路
  l. **vestibularis** (NA) 前庭迷路

lac [læk] (gen. *lactis*) (L.) ❶ 乳;❷ 乳剂;❸ 紫胶,虫胶
  l. **femininum** 母乳
  l. **vaccinum** 牛乳
laccase ['lækeis] 漆酶
Laccifer ['læksifə] 胶蚧属
lacerable ['læsərəbl] 可撕裂的,易划破的
lacerated ['læsəreitid] (L. *lacerare* to tear) ❶ 撕裂的;❷ 弄伤的;❸ 被有齿器械弄伤的
laceration [,læsə'reiʃən] (L. *laceratio*) ❶ 撕裂;❷ 裂伤,破口
lacerator ['læsəreitə] (L. *lacerare* to tear) 撕裂器
lacertofulvin [lə,sə:təu'fʌlvin] (L. *lacertus* lizard + *fulvus* yellow) 蛇黄素
lacertus [lə'sə:təs] (L. "lizard", because of a fancied resemblance) (NA) (肌)纤维束
  l. **cordis** 心内柱
  l. **fibrosus musculi bicipitis brachii** 肱二头肌腱膜
  l. **medius Weitbrechtii, l. medius Wrisbergii** 前纵韧带
  l. **musculi recti lateralis bulbi** (NA) 眼外直肌腱膜
Lachesis ['lækəsis] (L.; Gr. *Lachesis* one of the three Fates) 饭匙情属
Lachnospira [,læknəu'spaiərə] (Gr. *lachnos* woolly hair + Gr. *speira* coil) 毛螺菌属
lachry- 泪
lachrymal ['lækriməl] 泪的
lacinia [lə'siniə] (L. *fringe*) 瓣
laciniate [lə'sinieit] (L. *lacinia* a flap) 有瓣的,有细长裂片的
lacmoid ['lækmɔid] 类石蕊
lacrima ['lækrimə] (pl. *lacrimae*) (L.) 泪
lacrimae ['lækrimi:] (L.) 泪。*lacrima* 的复数形式
lacrimal ['lækriməl] 泪的
lacrimalin [læ'krimətin] 诱泪素
lacrimase ['lækrimeis] 泪酶
lacrimation [,lækri'meiʃən] (L. *lacrimatio*) 流泪
lacrimator ['lækri,meitə] 催泪剂
lacrimatory ['lækriməˌtəri] 催泪的
lacrimonasal [,lækriməu'neizəl] 泪鼻的

lacrimotome ['lækrimə,təum] (*lacrima* + *-tome*) 泪管刀

lacrimotomy [,lækri'mɔtəmi] (*lacrima* + *-tomy*) 泪器切开术

lacta ['læktə] (L.) ❶ 乳；❷ 乳剂；❸ 紫胶，虫胶。lac 的复数形式

lactacidase [læk'tæsideis] (*lactic acid* + *-ase*) 乳酸菌酶

lactacidemia [læk,tæsi'di:miə] (*lactic acid* + Gr. *aema* blood) 乳酸血症

lactacidin [læk'tæsidin] 拉克塔西丁，一种食物防腐剂

lactacidogen [,læktə'saidədʒən] (*lactic* acid + Gr. *gennan* to produce) 6-磷酸果糖

lactaciduria [læk,tæsi'djuəriə] (*lactic* acid + *-uria*) 乳酸尿

lactagogue ['læktəgɔg] (*lact-* + *-agogue*) ❶ 催乳的；❷ 催乳药

lactalase ['læktəleis] 乳酸酶

lactalbumin [,læktæl'bjumin] 乳白蛋白，乳清蛋白
  α-l. α- 乳蛋白

lactam ['læktəm] 内酰胺

β-lactamase ['læktəmeis] (EC 3.5 2.6) β-内酰胺酶

lactamide ['læktəmaid] 乳酰胺

lactamine [læk'tæmin] 乳胺，氨基乳酸

lactant ['læktənt] (L. *lactare* to suckle) 哺乳的

Lactarius [læk'tɛəriəs] 乳菇属

lactase ['lækteis] (EC 3.2.1.23) 乳糖酶

lactase deficiency 乳糖酶缺乏症，不耐乳糖(症)

lactate ['lækteit] ❶ 乳酸的阴离子形式，乳酸盐；❷ 分泌乳汁
  ferrous l. 乳酸亚铁
  lactic acid l. 乳酸盐

L-lactate dehydrogenase (LDH) ['lækteit di 'haidrədʒəneis] (EC 1.1.1.27) 乳酸脱氢酶

lactation [læk'teiʃən] (L. *lactatio*, from *lactare* to suckle) ❶ 泌乳；❷ 泌乳期；❸ 哺乳

lactational [læk'teiʃənəl] ❶ 泌乳的；❷ 泌乳期的；❸ 哺乳的

lacteal ['læktiəl] (L. *lacteus* milky) ❶ 乳的；❷ 乳糜管

lactenin ['læktənin] 乳抑菌素

lactescence [læk'tesəns] (L. *lactescere* to become milky) 乳状，乳色

lactescent [læk'tesənt] 乳状的，乳色的

lactic ['læktik] 乳的

lactic acid ['læktik] 乳酸

lacticacidemia [,læktik,æsi'di:miə] 血中乳酸过量

LactiCare ['lækti,kɛə] 拉科替卡雷：氢化可的松制剂的商品名

lacticemia [,lækti'si:miə] 乳酸血

lactide ['læktaid] 内交脂

lactiferous [læk'tifərəs] (L. *lac* milk + *ferre* to bear) 生乳的，输乳的

lactific ['læktifik] (L. *lac* milk + *facere* to make) 产乳的

lactification [,læktifi'keiʃən] 乳酸形成，乳酸产生

lactiform ['læktifɔ:m] (*lac* + L. *forma* shape) 乳状的

lactifuge ['læktifju:dʒ] (*lact-* + *-fuge*) ❶ 回乳的，止乳的；❷ 回乳药，止乳药

lactigenous [læk'tidʒənəs] (L. *lac* milk + Gr. *gennan* to produce) 生乳的，泌乳的

lactigerous [læk'tidʒərəs] (L. *lac* milk + *gerere* to carry) 生乳的，输乳的

lactim ['læktim] 内酰亚胺

lactin ['læktin] 乳糖

lactinated ['lækti,neitid] 含乳糖的

lactiphagous [,lækti'fægəs] (L. *lac* milk + Gr. *phagein* to eat) 摄取乳汁的，乳食的

lactipotous [læk'tipətəs] (L. *lac* milk + *potare* to drink) 饮乳的

lactivorous [læk'tivərəs] (*lact-* + L. *vorare* to devour) 哺乳的

lact(o)- (L. *lac*, gen. *lactis* milk) 乳，乳酸

Lactobacillaceae [,læktəu,bæsi'leisi:] 乳(酸)杆菌科

Lactobacilleae [,læktəubə'sili:] 乳(酸)杆菌族

lactobacilli [,læktəubə'sailai] (L.) 乳(酸)杆菌

lactobacillin [,læktəubə'silin] 乳酸菌素

Lactobacillus [,læktəubə'siləs] (*lacto-* + L. *bacillus* small rod) 乳(酸)杆菌属
  L. acidophilus 嗜酸乳杆菌
  L. bifidus 双叉乳杆菌

L. bulgaricus 保加利亚乳杆菌

lactobacillus [ˌlæktəubəˈsiləs] (pl. *lactobacilli*) 乳(酸)杆菌

l. of Boas-Oppler 博亚斯-奥普勒杆菌

Lactobacteriaceae [ˌlæktəubækˌtiəriˈeisiː] 乳(酸)杆菌科

lactobiose [ˌlæktəuˈbaiəus] 乳糖

lactobutyrometer [ˌlæktəuˌbjuːtiˈrɔmitə] (L. *lac* milk + *butyrometer*) 乳脂汁,乳油汁

lactocele [ˈlæktəsiːl] ❶ 乳腺囊肿; ❷ 乳性鞘膜积液

lactocholin [ˈlæktəkɔlin] (L. *lac* milk + Gr. *chole* bile) 乳胆素

lactochrome [ˈlæktəukrəum] (*lacto-* + Gr. *chroma* color) 乳黄素,乳色质

lactoconium [ˌlæktəuˈkɔuniəm] (*lacto-* + Gr. *konis* dust) 乳微粒

lactocrit [ˈlæktəkrit] (*lacto-* + Gr. *krites* judge) 乳脂计

lactodensimeter [ˌlæktəudenˈsimitə] 乳比重计

lactoferrin [ˈlæktəuˌferin] 乳铁蛋白

lactoflavin [ˈlæktəuˌfleivin] (*lacto-* + L. *flavus*, yellow) 乳黄素,核黄素

lactogen [ˈlæktədʒən] (*lacto-* + *-gen*) 催乳激素

human placental l. 人胎盘催乳激素

lactogenesis [ˌlæktəˈdʒenəsis] (*lacto-* + *-genesis*) 生乳,乳生成

lactogenic [ˌlæktəˈdʒenik] 生乳的,乳生成的

lactoglobulin [ˌlæktəˈglɔbjulin] 乳球蛋白

lactoglucose [ˌlæktəˈglukəus] 乳葡萄糖

lactolase [ˈlæktəleis] 产乳酸酶

lactolin [ˈlæktəlin] 炼乳,浓缩乳

lactometer [lækˈtɔmitə] 乳比重计

lactone [ˈlæktəun] ❶ 乳酸干溜液; ❷ 内酯

lactoovovegetarian [ˌlæktəuˌəuvəˌvedʒiˈtɛəriən] 乳蛋蔬菜食者

lactophosphate [ˌlæktəˈfɔsfeit] 乳磷酸盐

lactoprecipitin [ˌlæktəupriˈsipitin] 乳凝集素

lactoprotein [ˌlæktəˈprəutiːn] 乳蛋白(质)

lactorrhea [ˌlæktəuˈriːə] 乳溢

lactosazone [ˌlæktəuˈseizəun] 乳糖脎

lactoscope [ˈlæktəskəup] (*lacto-* + *-scope*) 乳脂计

lactose [ˈlæktəus] (L. *lac* gen. + *lactis* milk) ❶ 乳糖; ❷ (NF) 乳糖制剂

β-l. β乳糖

lactoserum [ˌlæktəuˈsiərəm] 抗乳血清

lactose synthase [ˈlæktəus ˈsinθeis] (EC 2.4.1.22) 乳糖合酶

lactoside [ˈlæktəsaid] 乳苷

lactosuria [ˌlæktəˈsjuəriə] 乳糖尿

lactosylceramide [lækˌtɔsilˈserəmaid] 乳糖酰基(神经)鞘氨醇

lactotherapy [ˌlæktəuˈθerəpi] 乳食疗法

lactotoxin [ˌlæktəˈtɔksin] 乳毒素

lactotrope [ˈlætətrəup] 催乳激素细胞

lactotroph [ˈlæktəutrɔf] 催乳激素细胞

lactotrophin [ˌlæktəˈtrɔfin] 催乳激素

lactotropin [ˌlæktəˈtrɔpin] 催乳激素

lactovegetarian [ˌlæktəˌvedʒiˈtɛəriən] 乳品蔬菜食者

lactovegetarianism [ˌlæktəuˌvedʒiˈtɛəriənizəm] 乳品蔬菜主义

lactoyl [ˈlæktɔil] 乳酰基

lactoylglutathione [ˌlæktɔilˌglutəˈθaiəun] 乳酰谷胱甘肽

lactoylglutathione lyase [ˌlæktɔilˌglutəˈθaiəun ˈlaieis] (EC 4.4.1.5) 乳酰谷胱甘肽裂解酶

lactulose [ˈlæktjuːləus] 乳果糖,半乳糖苷果糖

lactyl- [ˈlæktil] 乳酸基,乳酰基

lactyltropeine [læktilˈtrəupiin] 乳酰托品因:心脏和呼吸兴奋剂

lacuna [ləˈkjuːnə] (pl. *lacunae*)(L.) ❶ 腔隙,陷窝; ❷ 缺损,裂隙

absorption l. 吸收腔隙

Blessig's lacunae 布勒锡希氏陷窝

blood l. 血腔隙

bone l. 骨腔隙

cartilage l. 软骨腔隙

cerebral lacunae 脑腔隙

great l. of urethra 尿道舟状窝

Howship's l. 吸收腔隙

intervillous l. 绒毛间腔隙,滋养层间隙

lateral lacunae, lacunae laterales (NA) 窦外侧陷窝

l. magna 尿道舟状窝

lacunae of Morgagni 莫乐加尼陷窝

lacunae Morgagnii urethrae muliebris 女

性尿道莫尔加尼陷窝
l. of muscles, l. musculorum (NA) 肌腔隙
osseous l. 骨腔隙
parasinoidal lacunae 窦外侧陷窝,窦旁窦
l. pharyngis 咽陷窝
resorption l. 吸收腔隙
trophoblastic l. 滋养层间隙,绒毛间腔隙
lacunae of urethra, urethral lacunae 尿道腔隙
urethral lacunae of Morgagni 莫尔加尼尿道陷窝
lacunae urthrales (NA) 尿道腔隙
l. vasorum (NA), **l. of vessels** 血管腔隙
lacunae [ləˈkjuːni:] (L.) ❶ 腔隙,陷窝; ❷ 缺损,裂隙
lacunar [ləˈkjuːnə] ❶ 腔隙的,陷窝的; ❷ 缺损的,裂隙的; ❸ 陷窝性质的
lacune [ləˈkjuːn] 腔隙,陷窝
lacunose [ˈlækjunəus] ❶ 有陷窝的; ❷ 有腔隙的
lacunosity [ˌlækjuˈnɔsiti] 陷窝状态,腔隙状态
lacunule [ləˈkjuːkjuːl] (L. *lacunula*) 小腔隙,小陷窝
lacus [ˈleikəs] (pl. *lacus*) (L.) 湖
l. lacrimalis (NA) 泪湖
LAD ❶ (left anterior descending 的缩写) 左前降支冠状动脉; ❷ (left axis deviation 的缩写) 轴左偏
Ladd's syndrome [lædz] (William Edwards *Ladd*, American physician, 1880-1967) 莱德氏征
Ladd-Franklin theory [læd ˈfræŋklin] (Chr-istine *Ladd-Franklin*, American, physician, 1847-1930) 莱富二氏学说
laddergram [ˈlædəgræm] 梯线图
Ladendorff's test [ˈlɑːdəndɔfs] (August *Ladendorff*, German physician, 19th century) 拉登多夫氏试验
LAE (left atrial enlargement 的缩写) 左房肥厚
Laelaps [ˈliːlæps] 棘厉螨属
laemoparalysis [ˌliːməupəˈrælisis] 食管麻痹
Laënnec's catarrh [ˌleiəˈneks] (René Théophile Hyacinthe *Laënnec*, French physician, 1781-1826) 拉埃奈克氏卡他(气喘性支气管炎)
Laetrile [ˈleiətrail] 莱特里:L-扁桃腈-β-葡糖醛酸的商品名
laeve [ˈleivə] (L. *levis* smooth) 无绒毛的
laev(o)- 左,向左,左旋
Lafora's bodies [lɑːˈfɔrɑz] (Gonzalo Rodriguez *Lafora*, Spanish neurologist, 1887-1971) 拉福拉氏体
Lag. (L. *lagena* 的缩写) 瓶,烧瓶,壶
lag [læg] ❶ 迟滞; ❷ 迟滞期,延缓期
nitrogen l. 氮迟滞
lagena [ləˈdʒiːnə] (L. "flask") ❶ (蜗管)顶盲端; ❷ 听壶
lageniform [ləˈdʒenifɔːm] (L. *lagena* flask + *form*) 烧瓶形的,瓶形的
lagentomum [ˌlædʒinˈtəumən] (Gr. *lagos* hare + *en* in + *tome* cut) 裂唇,兔唇
lagocephalous [ˌlægəˈsefələs] (Gr. *lagos* hare + *kephale* head) 兔头畸形的
Lagochilascaris minor [ˌlægəukaiˈlæskəris ˈmainə] 小兔唇蛔虫
lagochilus [ˌlægəˈkiləs] (Gr. *lagos* hare + *cheilos* lip) 兔唇
lagophthalmos [ˌlægɔfˈθælməs] (Gr. *lagōs* hare + *ophthalmos* eye) 兔眼
lagophthalmus [ˌlægɔfˈθælməs] 兔眼
Lagrange's operation [ləˈgrɑːndʒæz] (Pierre Félix *Lagrange*, French ophthalmologist, 1857-1928) 巩膜虹膜切除术
LAH (left anterior hemiblock 的缩写) 左前侧偏阻滞
laiose [ˈlaiəus] 莱奥糖
laity [ˈleiiti] 外行人,业外人
lake [leik] (L. *lacus*) ❶ 血细胞溶解; ❷ 湖
lacrimal l. 泪湖
marginal l's 缘湖,缘窦
subchorial l. 绒毛膜下窦
venous l. 静脉湖
laking [ˈleikiŋ] 血细胞溶解,成深红色
laky [ˈleiki] 深红色的
lalia [ˈlæliə] (Gr. "talking") 言语
laliatry [ləˈlaiətri] (Gr. *lalia* talking + *iatria* therapy) 言语病学
laliophobia [ˌlæliəuˈfəubiə] (Gr. *lalia* talking + *phobos* fear) 谈话恐怖
lallation [ləˈleiʃən] (L. *lallatio*) 婴儿样

语
Lallemand's bodies [lɑːləˈmɑːndz] (Claude Francois *Lallemand*, French surgeon, 1790-1854) 拉尔孟氏体

lalling [ˈlælɪŋ] 婴儿样言语

lalo- (Gr. *lalein* to babble, speak) 言语

lalognosis [ˌlæləgˈnəusis] (*lalo-* + Gr. *gnōsis* knowledge) 言语理解

laloneurosis [ˌlæləunjuəˈrəusis] (Gr. *lalos* prattle + *neurosis*) 官能性言语障碍

lalopathology [ˌlæləupəˈθɔlədʒi] (Gr. *lalos* prattle + *pathology*) 言语病理学

lalopathy [ləˈlɔpəθi] (*lalo-* + Gr. *pathos* illness) 言语障碍

lalophobia [ˌlæləuˈfəubjə] (*lalo-* + *phobia*) 言语恐怖, 谈说恐怖

laloplegia [ˌlæləuˈpliːdʒiə] (*lalo-* + Gr. *plēgē* stroke) 言语器官麻痹

lalorrhea [ˌlæləuˈriːə] (*lalo-* + Gr. *rhoia* flow) 多言癖

Lalouette's pyramid [ˌlɑːluˈets] (Pierre *Lalouette*, French physician, 1711-1792) 甲状腺锥体叶

Lamarck's theory [lɑːˈmɑːks] (Jean Baptiste Pierre Antoine Monet de *Lamarck*, French naturalist, 1744-1829) 拉马克氏学说

Lamaze method [ləˈmeiz] (Fernand *Lamaze*, French obstetrician, 1890-1957) 心理助产法

lambda [ˈlæmdə] (the eleventh letter of the Greek alphabet, Λ or λ) 人字缝尖

lambdacism [ˈlæmdəsizəm] (Gr. *lambdakismos*) ❶ 言语中 *r* 音发成 *l* 音; ❷ 不能准确发出 *l* 音

lambdacismus [ˌlæmdəˈsizməs] (Gr. *lambdakismos*) ❶ 言语中 *r* 音发成 *l* 音; ❷ 不能准确发出 *l* 音

lambdoid [ˈlæmdɔid] (Gr. *lambda* + *eidos* form) λ样的

Lambert's cosine law [ˈlæmbəts] (Johann Heinrich *Lambert*, German mathematician and physicist, 1728-1777) 郎伯特氏余弦定律

Lambert-Eaton syndrome [ˈlæmbət ˈiːtən] (Edward Howard *Lambet*, American physiologist, born 1915; Lealdes McKendree *Eaton*, American neurologist, 1905-1958) 肌无力样综合征

Lambert [ˈlæmbət] (J. H. *Lambert*) 朗伯:亮度单位

Lamblia [ˈlæmbliə] (Vilem Dusan *Lambl*, Czech physician, 1824-1895) 兰(伯)氏鞭毛虫属

L. **intestina'lis** 肠兰(伯)氏鞭毛虫

lambliasis [læmˈblaiəsis] 兰(伯)氏鞭毛虫病

lambliosis [ˌlæmbliˈəusis] 兰(伯)氏鞭毛虫病

lame [leim] ❶ 跛的, 跛行的; ❷ 偏离正常步态的

lame foliacée [lɑːm fəuljɑːˈsei] (Fr. *lame* plate, lamina; *foliacée* foliaceous) 层析状, 叶样板状

lamel [ˈlæməl] 眼片

lamella [ləˈmelə] (gen 和 pl. *lamellae*) (L., dim. of *lamina*) ❶ 薄片, 薄板; ❷ 眼片

annulate lamellae 有环板, 环纹板
articular l. 关节软内板
basic l. 环板
circumferential l. 环板
concentric l. 同心板, 哈弗板
cornoid l. 角样板
enamel lamellae 釉板
endosteal l. 内环骨板
ground l. 间骨板
haversian l. 哈弗板, 同心板
intermediate l. 间骨板
interstitial l. 间骨板
osseous l. 骨板
periosteal l., peripheral l. 骨膜板
posterior border l. of Fuchs 虹膜瞳孔开大肌的纤维层
triangular l. 三角板
vitreous l. 玻璃层, 脉络膜基底层

lamellae [ləˈmeliː] (L.) ❶ 薄片, 薄板; ❷ 眼片

lamellar [ləˈmelə] ❶ 板的, 层的; ❷ 板状的, 层状的

lamelliform [ləˈmelifɔːm] 薄片形的, 片层状的

lamellipodia [ləˌmeliˈpəudiə] (sing. *lamellipodium*) (*lamella* + Gr. *pous* foot + *-ia*) 层形足板

lamellipodium [ləˌmeliˈpəudiəm] (pl. *lam-*

ellipodia）层形足板

lamin ['læmin] 层，板

lamina ['læminə]（pl. *laminae*）(L.) ❶ 板，层；❷（NA）板，层；❸ 常单独用来指椎弓板

l. affixa（NA）附着板

alar l., l. alaris（NA）翼板

laminae albae cerebelli（NA）小脑髓板，小脑白质板

anterior limiting l. 前弹性层，角膜前界层

l. anterior vaginae musculi recti abdominis（NA）腹直肌鞘前层

l. arcus vertebrae（NA）椎弓板

basal l. 基底层

basal l. of choroid 脉络膜基底层

basal l. of ciliary body 睫状体基底层

l. basalis（NA）基底层

l. basalis choroideae 脉络膜基底层

l. basalis corporis ciliaris（NA）睫状体基底层

l. basilaris ductus cochlearis（NA）蜗管基底层

Bowman's l. 角膜前界层

l. cartilaginis cricoideae（NA）环状软骨板

l. cartilaginis lateralis tubae auditivae（NA）咽鼓管外侧软骨板

l. cartilaginis medialis tubae auditivae（NA）咽鼓管内侧软骨板

l. cartilaginis thyroideae (dextra/sinistra)（NA）甲状软骨板（右/左）

l. choriocapillaris 脉络膜毛细血管层

l. choroidocapillaris（NA）脉络膜毛细管层

cribriform l. 筛状板

cribriform l. of ethmoid bone 筛骨筛状板

cribriform l. of transverse fascia 横筋膜筛状板，股环隔

l. cribrosa ossis ethmoidalis 筛骨筛状板

l. cribrosa sclerae（NA）巩膜筛区

l. of cricoid cartilage 环状软骨板

l. densa 一种高密度电子基底层

dental l. 牙板

dental l., lateral 外侧牙板

l. dentalis 牙板

l. dentata 螺旋板板缘前庭唇

dentogingival l. 牙板

descending l. of sphenoid bone 蝶骨翼突

l. dura 硬板

elastic l., external 外弹性膜

elastic l., internal 内弹性膜

l. elastica anterior (Bowmani) 角膜前界层

l. elastica posterior (Demoursi, Descemeti) 角膜后界层

episcleral l., l. episcleralis（NA）巩膜上层

epithelial l., l. epithelialis（NA）上皮层

l. externa cranii（NA），l. externa ossium cranii 颅骨外板

external l. of peritoneum 腹膜外层，腹膜壁层

external l. of pterygoid process 翼突外侧板

l. fibrocartilaginea interpubica 耻骨间的纤维软骨板，耻骨间盘

l. fibroreticularis 网状板

fibrous nuclear l. 纤维性核层

foliate l. 叶状板，叶层板

l. fusca sclerae（NA）巩膜棕黑层

l. granularis externa corticis cerebri（NA）大脑皮层外颗粒层

l. granularis interna corticis cerebri（NA）大脑皮层内颗粒层

l. horizontalis ossis palatini（NA）腭骨水平板

inferior l. of sphenoid bone 蝶骨翼突

l. interna cranii（NA），l. interna ossium cranii 颅骨内板

internal l. of pterygoid process 翼突内侧板

interpubic l., fibrocartilaginous 耻骨间纤维软骨板，耻骨间盘

labial l. 唇板

labiodental l. 唇牙板

labiogingival l. 唇龈板

lateral l. of cartilage of auditory tube 咽鼓管软骨外侧板

lateral l. of pterygoid process 翼突外侧板

l. lateralis cartilaginis tubae auditivae 咽鼓管软骨外侧板

l. lateralis processus pterygoidei（NA）翼突外侧板

l. limitans anterior corneae (NA) 角膜前界层

l. limitans posterior corneae (NA) 角膜后界层

limiting l., anterior 前界层

limiting l., posterior 后界层

l. lucida 一种低密度电子基底层

medial l. of cartilage of auditory tube 咽鼓管软骨内侧板

medial l. of pterygoid process 翼突内侧板

l. medialis cartilaginis tubae auditivae 咽鼓管软骨内侧板

l. medialis processus pterygoidei (NA) 翼突内侧板

laminae mediastinales 纵隔层

l. medullaris lateralis corporis striati (NA) 纹状体外侧髓板

l. medullaris medialis corporis striati (NA) 纹状体内侧髓板

l. medullaris thalami interna/externa (NA) 丘脑内侧和外侧髓板

medullary l. of corpus striatum, external 纹状体外侧髓板

medullary l. of corpus striatum, internal 纹状体内侧髓板

medullary laminae of thalamus 丘脑髓板

medullary l. of thalamus, external 丘脑外髓板

medullary l. of thalamus, internal 丘脑内髓板

l. membranacea tubae auditivae (NA), membranous l. of auditory tube 咽鼓管膜板

l. modioli (NA) 蜗轴板

l. molecularis corticis cerebri (NA) 大脑皮层分子层

l. multiformis corticis cerebri (NA) 大脑皮层多形层

l. muscularis mucosae (NA) 粘膜肌层

l. muscularis mucosae coli (NA) 结肠粘膜肌层

l. muscularis mucosae esophagi 食道粘膜肌层

l. muscularis mucosae gastris (NA) 胃粘膜肌层

l. muscularis mucosae intestini crassi (NA) 大肠粘膜肌层

l. muscularis mucosae intestini recti 直肠粘膜肌层

l. muscularis mucosae intestini tenuis (NA) 小肠粘膜肌层

l. muscularis mucosae oesophagi (NA) 食道粘膜肌层

l. muscularis mucosae recti (NA) 直肠粘膜肌层

l. muscularis mucosae ventriculi 胃粘膜肌层

nuclear l. 核层

orbital l., l. orbitalis ossis ethmoidalis (NA) 眶板,筛骨眶板

palatine l. of maxilla 上颌骨腭板,上颌骨腭突

l. papyracea 筛骨眶板

l. parietalis pericardii serosi (NA) 心包浆膜层壁层

l. parietalis tunicae vaginalis propriae testis, l. parietalis tunicae vaginalis testis (NA) 睾丸固有鞘膜壁层

periclaustral l. 最外囊

perpendicular l. of ethmoid bone 筛骨垂直板

l. perpendicularis ossis ethmoidalis (NA) 筛骨垂直板

l. perpendicularis ossis palatini (NA) 腭骨垂直板

l. plexiformis corticis cerebri 脑皮层丛层

posterior limiting l. 角膜后界层

l. posterior vaginae musculi recti abdominis (NA) 腹直肌后鞘层

l. pretrachealis fasciae cervicalis (NA) 颈筋膜气管前层

l. prevertebralis fasciae cervicalis (NA) 颈筋膜脊柱前层

l. profunda fasciae temporalis (NA) 颞筋膜深层

l. profunda musculi levatoris palpebrae superioris (NA) 上睑提肌深层

l. propria membranae tympani 鼓膜固有层

l. propria mucosae (NA) 粘膜固有层

l. pyramidalis externa corticis cerebri (NA) 大脑皮层外锥体层

l. pyramidalis ganglionaris corticis cerebri 大脑皮层神经节锥体层

l. pyramidalis interna corticis cerebri (NA) 大脑皮层内锥体层
l. rara 低密度电子基底层,透明层
l. rara externa 外透明层
l. rara interna 内透明层
reticular l. 网状板
reticular l., l. reticularis 网状板
Rexed's laminae 雷克斯德氏层
rostral l., l. rostralis 嘴板
l. septi pellucidi (NA), l. of septum pellucidum 透明隔板
spiral l., bony 骨螺旋板
spiral l., secondary 第二螺旋板
l. spiralis ossea (NA) 骨螺旋板
l. spiralis secundaria (NA) 次螺旋板
submucous l. of stomach 胃粘膜下层
l. superficialis fasciae cervicalis (NA) 颈筋膜浅层
l. superficialis fasciae temporalis (NA) 颞筋膜浅层
l. superficialis musculi levatoris palpebrae superioris (NA) 上睑提肌浅层
l. suprachorioidea, suprachoroid l., l. suprachoroidea (NA) 脉络膜上层,脉络膜外层
l. supraneuroporica 室间孔上板
l. tectalis mesencephali (NA) 中脑顶盖层
l. tecti mesencephali, l. of tectum of mesencephalon 中脑顶盖层
terminal l. of hypothalamus, l. terminalis hypothalami (NA) 丘脑下部终板
l. of thyroid cartilage, right and left 右和左甲状软骨板
l. tragi (NA), l. tragica 耳屏板
vascular l. of choroid 脉络膜血管层
vascular l. of stomach 胃血管层
l. vasculosa chorioideae, l. vasculosa choroideae (NA) 脉络膜血管层
l. of vertebra, l. of vertebral arch 椎骨板,椎弓板
l. visceralis pericardii serosi (NA) 心包脏层
l. visceralis tunicae vaginalis propriae testis, l. visceralis tunicae vaginalis testis (NA) 睾丸固有鞘膜脏层
l. vitrea, vitreal l., vitreous l. 脉络膜基底层

white laminae of cerebellum 小脑髓板
laminae ['læmini:] (L.) 板,层。lamina 的复数形式
laminagram ['læminəgræm] 体层照片,断层照片
laminagraph ['læminəgrɑ:f] 体层照相机,断层照相机
laminagraphy [ˌlæmi'nægrəfi] (L. lamina layer + Gr. graphein to record) 体层照相术
laminaplasty ['læminəˌplæsti] (lamina + -plasty) 体层成形术,断层成形术
laminar ['læminə] (L. laminaris) 板状的,层状的
Laminaria [ˌlæmi'nɛəriə] 海带属
laminarin [ˌlæmi'nɛərin] 海带多糖,昆布多糖
l. sulfate 硫酸盐海带多糖
laminated ['læmineitid] 层状的,成层的
lamination [ˌlæmi'neiʃən] ❶ 板状构造,层状构造;❷截头术,碎胎术
laminectomy [ˌlæmi'nektəmi] (L. lamina layer + Gr. ektomē excision) 椎板切除术
laminin ['læminin] 层粘连蛋白
laminitis [ˌlæmi'naitis] 板炎
laminogram ['læminəgræm] 体层照片,断层照片
laminography [ˌlæmi'nɔgrəfi] 体层照相术,断层照相术
laminoplasty ['læminəˌplæsti] 椎板成形术,断层成形术
laminotomy [ˌlæmi'nɔtəmi] (lamina + Gr. tomē a cutting) 椎板切开术
lamnectomy [læm'nektəmi] (lamina + Gr. ektome excision) 椎板切除术
lamp [læmp] 灯
annealing l. 炼韧灯
arc l. 弧光灯
carbon arc l. 炭弧灯
cold quartz l. 冷光石英灯
diagnostic l. 诊断灯
Eldridge-Green l. 埃-格二氏灯
Finsen-Reya l. 芬-雷二氏灯
Gullstrand's slit l. 古耳斯特兰德氏裂隙灯
heat l. 热灯
high pressure mercury arc l. 高压水银弧光灯

hot quartz l. 热石英灯
Kromayer's l. 克罗迈尔氏灯
low pressure mercury arc l. 低压水银弧光灯
mercury arc l., mercury vapor l. 水银弧光灯,水银蒸汽灯
quartz l. 石英灯
slit l. 裂隙灯
sun l. 日光灯
ultraviolet l. 紫外线灯
Wood's l. 伍德氏灯
xenon arc l. 氙弧光灯

lampas ['læmpəs] 马腭肿病

lamprophonia [ˌlæmprə'fəʊnɪə] (Gr. *lampros* clear + *phōnē* voice + *-ia*) 发音清晰,语音清晰

lamprophonic [ˌlæmprə'fɒnɪk] 发音清晰的,语音清晰的

Lamus ['læməs] 莱末椿属

lamziekte ['læmziːktɪ] (Dutch "lame-sickness") 牛跛足病

lana ['lɑːnɑː] (gen. 和 pl. *lanae*) (L.) 羊毛

lanatoside C [lə'nætəsaɪd] 毛花洋地黄甙C,西地兰

lance ['lɑːns] (L. *lancea*) ❶ 柳叶刀; ❷ 用柳叶刀切或割

Lancefield classification ['lɑːnsfiːld] (Rebecca Craighill *Lancefield*, American bacteriologist, 1895-1981) 兰斯菲耳德氏分类法

lanceolate ['lɑːnsɪəleɪt] 柳叶刀形的

Lancereaux-Mathieu disease [ˌlæŋsə'rəʊ mɑː'tjuː] (Etienne *Lancereaux*, French physician, 1829-1910; Albert *Mathieu*, French physician, 1855-1917) 郎-马二氏病

lancet ['lɑːnsɪt] (L. *lancea* lance) 柳叶刀,小刀
abscess l. 脓肿刀
acne l. 痤疮刀
gingival l., gum l. 龈刀
spring l. 弹簧刀

Lancet coefficient ['lɑːnsɪt] (*The Lancet*, a British medical periodical) 兰塞特系数

lancinate ['lænsɪneɪt] (L. *lancinarl* to tear) 撕裂,刺割

lancinating ['lænsɪˌneɪtɪŋ] (L. *lancinas*) 撕裂性的,刀刺般的

Lancisi's nerves [læn'tʃiːsɪz] (Giovanni Maria *Lancisi*, Italian physician, 1654-1720) 郎契西氏神经

landmark ['lændmɑːk] 界标

Landolt's operation ['lɑːŋdɒlz] (Edmond *Landolt*, French ophthalmologist, 1846-1926) 郎多尔氏手术

Landouzy's disease [lɑːduː'zɪz] (Louis Théophile Joseph *Landouzy*, French physician, 1845-1917) 兰杜兹氏病

Landouzy-Dejerine dystrophy [lɑːduː'zi dɪʒə'riːn] (L. T. J. *Landouzy*; Joseph Jules *Dejerine*, French neurologist, 1849-1917) 兰-代二氏营养不良

Landry's paralysis [læŋ'drɪz] (Jean Baptiste Octave *Landry*, French physician, 1826-1865) 兰德里氏麻痹

Landsteiner ['lændstaɪnə] 兰斯泰纳: Karl *Landsteiner*, 奥地利病理学家和免疫学家, 1868～1943

Landström's muscle ['lændstrəmz] (John *Landström*, Swedish surgeon, 1869-1910) 兰斯特勒姆氏肌

Lane's bands [leɪnz] (Sir William Arbuthnot *Lane*, British surgeon, 1856-1943) 累恩氏带

Lange's solution ['lɑːgəz] (Carl *Lange*, German physician, 1883-1953) 兰给氏溶液

Langenbeck's amputation ['lɑːŋənbeks] (Bernhard Rudolf Konrad von *Langenbeck*, German surgeon, 1810-1887) 兰根贝克氏切断术

Langer's axillary arch ['lɑːŋəz] (Carl Ritter von Edenberg von *Langer*, Austrian anatomist, 1819-1887) 郎格氏腋弓

Langerhans' cells ['lɑːŋəhænz] (Paul *Langerhans*, German pathologist, 1847-1888) 郎格罕氏细胞

Langhans' cells ['lɑːŋhænz] (Theodor *Langhans*, German pathologist, 1839-1915) 郎罕氏细胞

Langley's ganglion ['læŋlɪz] (John Newport *Langley*, English physiologist, 1852-1925) 兰利氏神经结

languor ['læŋgə] (L. "lassitude", "faintness") 困倦,乏力

laniary ['læniəri] (L. *laniare* to tear to pieces) 适于撕裂的,短刀形的(犬齿)

Lannois-Gradenigo syndrome [lɑːˈnwɑːgrɑːdəˈniːgəu] (Maurice *Lannois*, French physician, late 19th century; Giuseppe *Gradenigo*, Italian physician, 1859-1926) 兰-格二氏综合征

lanolin ['lænəlin] (L. *lanolinum*; *lana* wool + *oleum* oil) (USP) 羊毛脂

anhydrous l. (USP) 无水羊毛脂

lanosterol [ləˈnɔstərɔl] 羊毛甾醇

Lanoxin [ləˈnɔksin] 拉诺辛：地高辛制剂的商品名

Lanterman's incisures [ˈlæntəmənz] (A. J. *Lanterman*, American anatomist in Germany, late 19th century) 兰特曼氏切迹

Lanterman-Schmidt incisures [ˈlæntəmən ʃmit] (A. J. *Lanterman*; Henry D. *Schmidt*, American anatomist, 1823-1888) 兰-施二氏切迹

lanthanic [ˈlænθənik] (Gr. *lanthanein* to escape notice, to be concealed) 无症状的

lanthanin [ˈlænθənin] 嗜酸染色质

lanthanum [ˈlænθənəm] (Gr. *lanthanein* to be concealed) 镧

lanuginous [ləˈnjudʒinəs] (L. *lanuginosus*) (覆以)胎毛的

lanugo [ləˈnjuːgəu] (L.) (NA) 胎毛

Lanz's point [ˈlɑːnzæz] (Otto *Lanz*, Swiss surgeon in the Netherlands, 1865-1935) 兰茨氏点

LAO (left anterior oblique 的缩写) 左前斜位

LAP ❶ (leukocyte alkaline phosphate 的缩写) 白细胞碱性磷酸酶；❷ (leukocyte adhesion protein 的缩写) 白细胞粘附蛋白

lapactic [ləˈpæktik] (Gr. *lapaktikos*, *lapassein* to discharge) 排泄的,泄泻的

lapara [ˈlæpərə] (Gr. the flank loins) 腹,腰

laparacele [ˈlæpərəsiːl] 腹疝

laparectomy [ˌlæpəˈrektəmi] (Gr. *lapara* loin + *ektome* excision) 腹壁切除术

laparelytrotomy [ˌlæpəˌreliˈtrɔtəmi] 腹式阴道切开术

lapar(o)- (Gr. *lapara* flank) 腹,胁腹

laparocele [ˈlæpərəsiːl] 腹疝

laparocholecystotomy [ˌlæpərəˌkɔulisisˈtɔtəmi] (*laparo-* + Gr. *cholē* bile + *kystis* bladder + *tomē* a cutting) 剖腹胆囊造口术

laparocolectomy [ˌlæpərəkəˈlektəmi] (*laparo-* + Gr. *kolon* colon + *ektomē* excision) 剖腹结肠切除术,结肠切除术

laparocolostomy [ˌlæpərəkəˈlɔstəmi] (*laparo-* + Gr. *kolon* colon + *stomoun* to provide with an opening, or mouth) 剖腹结肠造口术

laparocolotomy [ˌlæpərəkəˈlɔtəmi] (*laparo-* + Gr. *kolon* colon + *tomē* a cutting) 结肠造口术

laparocolpohysterotomy [ˌlæpərəˌkɔlpəˌhisˈtɔtəmi] (*laparo-* + Gr. *kolpos* vagina + *hysterotomy*) 剖腹阴道取儿术

laparaocystectomy [ˌlæpərəsisˈtektəmi] (*laparo-* + Gr. *kystis* cyst + *ektomē* excision) 剖腹囊肿切除术

laparocystidotomy [ˌlæpərəˌsistiˈdɔtəmi] (*laparo-* + Gr. *kystis* bladder + *tomē* a cutting) 剖腹膀胱切开术

laparocystotomy [ˌlæpərəsisˈtɔtəmi] (*laparo-* + Gr. *kystis* bladder + *tomē* a cutting) 剖腹囊肿切开术

laparoenterostomy [ˌlæpərəuˌentəˈrɔstəmi] (*laparo-* + Gr. *enteron* intestine + *stomoun* to provide with an opening, or mouth) 剖腹肠造口术

laparoenterotomy [ˌlæpərəuˌentəˈrɔtəmi] (*laparo-* + Gr. *enteron* intestine + *tomē* a cutting) 剖腹肠切开术

laparogastroscopy [ˌlæpərəgæsˈtrɔskəpi] (*laparo-* + *gastroscopy*) 剖腹胃检查法

laparogastrostomy [ˌlæpərəgæsˈtrɔstəmi] (*laparo-* + Gr. *gastēr* stomach + *stomoun* to provide with an opening, or mouth) 剖腹胃造口(瘘)术

laparogastrotomy [ˌlæpərəgæsˈtrɔtəmi] (*laparo-* + Gr. *gastēr* stomach + *tomē* a cutting) 剖腹胃切开术

laparohepatotomy [ˌlæpərəhepəˈtɔtəmi] (*laparo-* + *hepatotomy*) 剖腹肝切开术

laparohysterectomy [ˌlæpərəˌhistəˈrektəmi] (*laparo-* + Gr. *hystera* uterus + *ektomē* excision) 剖腹子宫切除术

laparohysteropexy [ˌlæpərə'histərəpeksi] (*laparo-* + Gr. *hystera* uterus + *pexis* fixation) 子宫腹壁固定术

laparohystero-oophorectomy [ˌlæpərəˌhistərəˌəuəfə'rektəmi] (*laparo-* + Gr. *hystera* uterus + *oophorectomy*) 剖腹子宫卵巢切除术

laparohysterosalpingo-oophorectomy [ˌlæpərəˌhistərəsælˌpiŋgəuˌəuəfə'rektəmi] 剖腹子宫输卵管卵巢切除术

laparohysterotomy [ˌlæpərəˌhistə'rɔtəmi] (*laparo-* + Gr. *hystera* uterus + *tome* a cutting) 剖腹子宫切开术

laparoileotomy [ˌlæpərəˌili'ɔtəmi] (*laparo-* + *ileum* + Gr. *tome* a cutting) 剖腹回肠切开术

laparokelyphotomy [ˌlæpərəˌkeli'fɔtəmi] (*laparo-* + Gr. *helyphos* egg shell + *tome* cut) 剖腹囊取儿术

laparomonodidymus [ˌlæpərəˌmɔnə'daidiməs] (*laparo-* + Gr. *monos* single + *didymos* twin) 双上身畸胎

laparomyitis [ˌlæpərəmai'aitis] (*laparo-* + Gr. *mys* muscle + *-itis*) 腹肌炎

laparomyomectomy [ˌlæpərəˌmaiə'mektəmi] (*laparo-* + Gr. *mys* muscle + *ektome* excision) 剖腹肌瘤切除术

laparomyomotomy [ˌlæpərəˌmaiəu'mɔtəmi] 剖腹肌瘤切开术

laparonephrectomy [ˌlæpərənə'frektəmi] (*laparo-* + Gr. *nephros* kidney + *ektome* excision) 剖腹肾切除术

laparorrhaphy [ˌlæpə'rɔrəfi] (*laparo-* + Gr. *rhaphe* suture) 腹壁缝合术

laparosalpingectomy [ˌlæpərəˌsælpin'dʒektəmi] (*laparo-* + Gr. *salpinx* tube + *ektome* excision) 剖腹输卵管切除术

laparosalpingo-oophorectomy [ˌlæpərəsælˌpiŋgəuˌəuəfə'rektəmi] 剖腹输卵管卵巢切除术

laparosalpingostomy [ˌlæpərəˌsælpiŋ'gɔstəmi] 剖腹输卵管造口术

laparosalpingotomy [ˌlæpərəˌsælpiŋ'gɔtəmi] (*laparo-* + Gr. *salpinx* tube + *tome* a cutting) 剖腹输卵管切开术

laparoscope [ˈlæpərɔskəup] 腹腔镜

laparoscopy [ˌlæpə'rɔskəpi] (*laparo-* + *skopein* to examine) 腹腔镜检查

laser l. 激光腹腔镜检查

laparosplenectomy [ˌlæpərəspli'nektəmi] (*laparo-* + Gr. *splen* spleen + *ektome* excision) 剖腹脾切除术

laparosplenotomy [ˌlæpərəuspli'nɔtəmi] (*leparo-* + Gr. *splen* spleen + *tome* a cutting) 剖腹脾切开术

laparotomaphilia [ˌlæpəˌrɔtəmə'filiə] (*laparotomy* + Gr. *philein* to love + *-ia*) 剖腹手术癖

laparotome [ˈlæpərətəum] 剖腹刀

laparotomize [ˈlæpərətəmaiz] 剖腹

laparotomy [ˌlæpə'rɔtəmi] (*laparo-* + *tome* a cutting) 剖腹术

laparotrachelotomy [ˌlæpərəˌtreiki'lɔtəmi] (*laparo-* + Gr. *trachelos* neck + *tome* cut) 剖腹切开子宫颈取儿术

laparotyphlotomy [ˌlæpərətif'lɔtəmi] (*leparo-* + Gr. *typhlon* cecum + *tome* a cutting) 剖腹盲肠切开术

laparozoster [ˌlæpərɔ'zɔstə] 腹部疱疹

lapaxis [læpəksis] (Gr. "evacuation") ❶排泄,泄出；❷排泄物

Lapicque's constant [lɑː'piːks] (Louis Lapicque, French physiologist, 1866-1952) 拉皮克氏常数

Lapidus operation [ˈlæpidəs] (Paul W. Lapidus, American orthopedic surgeon, born 1893) 拉皮多斯氏手术

lapilliform [ˈlæpilifɔːm] (L. *lapillus* little stone + *forma* form) 小石状的,碟状的

lapinization [ˌlæpinai'zeiʃən] (Fr. *lapin* rabbit) 兔化(减毒)法

lapinize [ˈlæpinaiz] 使兔化

lapsus [ˈlæpsəs] (L. *labi* to slip or fall) ❶失误,滑落,失言；❷下垂

l. calami 笔误,误写

l. linguae 语误,失言

l. memoriae 记错

lapyrium chloride [lə'piːriəm] 氯化吡胺月酯

lard [lɑːd] (L. *lardum*) 猪油,豚脂

benzoinated l. 安息香豚脂,苯甲酸豚脂

lardaceous [lɑː'deiʃəs] ❶豚脂样的; ❷含豚脂状蛋白的

Largon [ˈlɑːgɔn] 拉亘:盐酸丙酰马嗪制剂的商品名

Lariam [ˈlɑːriəm] 拉瑞姆: mefloquine hy-

drochloride 制剂的商品名
larinoid [ˈlærinɔid] (Gr. *larinos* fat + *eidos* likeness) 豚脂样的, 脂状的
larithmics [ləˈriðmiks] (Gr. *laos* people + *arithmos* number) 人口学
larkspur [ˈlɑːkspə] 飞燕草籽
Larodopa [ˌlærəˈdəupə] 拉罗多巴: 左旋多巴制剂的商品名
Laron dwarf [lɑːˈrɔn] (Zvi *Laron*, Israeli endocrinologist, born 1927) 拉龙氏矮小症
Larotid [ˈlɑːrəutid] 拉诺替丁: 羟氨苄青霉素制剂的商品名
Larrey's amputation [lɑːˈreiz] (Dominique Jean (Baron de) *Larrey*, French military surgeon, 1766-1842) 拉雷氏切断术
Larsen's disease [ˈlɑːsənz] (Christian Magnus Falsen Sinding *Larsen*, Norwegian physician, 1866-1930) 拉尔森氏病
Larsen's syndrome [ˈlɑːsənz] (Loren Joseph *Larsen*, American orthopedic surgeon, born 1914) 拉尔森氏综合征
Larsen-Johansson disease [ˈlɑːsən jəuˈhænsən] (C. M. F. Sinding *Larsen*; Sven Christian *Johansson*, Swedish surgeon, born 1880) 拉-约二氏病
larva [ˈlɑːvə] (gen. and pl. *larvae*) (L. "ghost") 幼虫(昆虫), 仔虫, 蚴(蠕虫)
　l. currens 肛周匐行疹
　l. migrans, cutaneous 幼虫移行性匐行疹
　l. migrans, ocular 眼幼虫移行症
　l. migrans, visceral 内脏移行症
　rat-tailed l. 长尾蛆, 蜂蝇蛆, 食芽蝇蛆
larvaceous [lɑːˈveiʃəs] 隐蔽的, 潜在的
larvae [ˈlɑːviː] (L.) 幼虫。*larva* 的复数形式
larval [ˈlɑːvəl] ❶ 幼虫的, 蚴虫; ❷ 隐蔽的, 潜在的
larvate [ˈlɑːveit] (L. *larva* mask) 隐蔽的, 潜在的
larvicide [ˈlɑːvisaid] (*larva* + L. *caedere* to kill) 杀幼虫剂, 杀蚴剂
larviphagic [ˌlɑːviˈfeidʒik] 食幼虫的, 食孑孓的
larviposition [ˌlɑːviːpəˈziʃən] 产幼虫(现象)
larvivorous [lɑːˈvivərəs] (*larva* + L. *vo-rare* to eat) 食幼虫的
laryngalgia [ˌlærinˈgældʒiə] (*laryngo-* + *-algia*) 喉痛
laryngeal [ləˈrindʒiəl] 喉的
laryngectomee [ˌlærinˈdʒektəmiː] 喉切除患者
laryngectomy [ˌlærinˈdʒektəmi] (*laryngo-* + Gr. *ektomē* excision) 喉切除术
larynges [ləˈrindʒiːz] (L.) 喉。*larynx* 的复数形式
laryngemphraxis [ˌlærindʒemˈfræksis] 喉阻塞
laryngismal [ˌlærinˈdʒizməl] 喉痉挛的
laryngismus [ˌlærinˈdʒizməs] (L. Gr. *laryngismos* a whooping) 喉痉挛
　l. paralyticus 麻痹性喉痉挛
　l. stridulus 喘鸣性喉痉挛
laryngitic [ˌlærinˈdʒaitik] 喉炎的
laryngitis [ˌlærinˈdʒaitis] 喉炎
　acute catarrhal l. 急性卡他性喉炎
　atrophic l. 萎缩性喉炎
　chronic catarrhal l. 慢性卡他性喉炎
　croupous l. 格鲁布性喉炎, 哮吼性喉炎
　diphtheritic l. 白喉性喉炎
　membranous l. 膜性喉炎
　necrotic l. 坏死性喉炎
　phlegmonous l. 蜂窝织炎性喉炎
　l. sicca 干性喉炎
　l. stridulosa 喘鸣性喉痉挛
　subglottic l. 声门下喉炎
　syphilitic l. 梅毒性喉炎
　tuberculous l. 结核性喉炎
　vestibular l. 前庭喉炎
laryng(o)- (L. *larynx*) 喉
laryngocele [ləˈriŋgəusiːl] (*laryngo-* + Gr. *kēlē* hernia) 喉囊肿
　ventricular l., l. ventricularis 喉室囊肿
laryngocentesis [ləˌriŋgəusenˈtiːsis] (*laryngo-* + Gr. *kentēsis* puncture) 喉穿刺术
laryngocrisis [ˌlæriŋgəˈkraisis] 喉危象
laryngofissure [ləˌriŋgəuˈfiʃə] 喉正中切开术
laryngogram [ləˈriŋgəgræm] 喉 X 线(照)片
laryngograph [ləˈriŋgəgrɑːf] (*larynx* + Gr. *graphein* to write) 喉动描记器
laryngography [ˌlæriŋˈgɔgrəfi] (*laryngo-* + Gr. *graphein* to record) ❶ 喉描记术;

❷ 喉 X 线照相术
laryngohypopharynx [ləˌriŋɡəuˌhaipəu'færiŋks] 喉（下）咽部
laryngological [ˌlæriŋɡəu'lɔdʒikəlk] 喉科学的
laryngology [ˌlæriŋ'ɡɔlədʒi] (laryngo- + -logy) 喉科学
laryngomalacia [ləˌriŋɡəumə'leiʃiə] (laryngo- + Gr. malakia softness) 喉软化
laryngometry [ˌlæriŋ'ɡɔmitri] (laryngo- + Gr. metron measure) 喉测量法
laryngoparalysis [ləˌriŋɡəupə'rælasis] 喉麻痹
laryngopathy [ˌlæriŋ'ɡɔpəθi] (laryngo- + Gr. pathos disease) 喉病
laryngophantom [ləˌriŋɡəu'fæntəm] 喉模型
laryngopharyngeal [ləˌriŋɡəufə'rindʒiəl] 喉咽的
laryngopharyngectomy [ləˌriŋɡəuˌfærin'dʒektəmi] 喉咽切除术
laryngopharyngeus [ləˌriŋɡəufə'rindʒiəs] 咽下缩肌
laryngopharyngitis [ləˌriŋɡəuˌfærin'dʒaitis] 喉咽炎
laryngopharynx [ləˌriŋɡəu'færiŋks] (laryngo- + pharynx) 喉咽(部)
laryngophony [ˌlæriŋ'ɡɔfəni] (laryngo- + Gr. phōnē voice) 喉听诊音
laryngophthisis [ˌlæriŋ'ɡɔfθisis] (laryngo- + Gr. phthisis) 喉结核
laryngoplasty [lə'riŋɡəuˌplæsti] (laryngo- + Gr. plassein to mold) 喉成形术
laryngoplegia [ləˌriŋɡəu'pliːdʒiə] (laryngo- + Gr. plēgē stroke + -ia) 喉麻痹
laryngoptosis [ləˌriŋɡəu'təusis] (laryngo- + Gr. ptōsis fall) 喉下垂
laryngopyocele [ləˌriŋɡəu'paiəsiːl] 喉脓囊肿
laryngorhinology [ləˌriŋɡəurai'nɔlədʒi] (laryngo- + Gr. rhis nose + -logy) 鼻喉科学
laryngorrhagia [ˌlæriŋɡəu'reidʒiə] (laryngo- + Gr. rhēgnynai to break) 喉出血
laryngorrhaphy [ˌlæriŋ'ɡɔrəfi] (laryngo- + Gr. rhaphē suture) 喉缝合术
laryngorrhea [ˌlæriŋɡəu'riːə] (laryngo- + Gr. rhoia flow) 喉粘液漏
laryngoscleroma [ləˌriŋɡəuskliə'rəumə] (laryngo- + scleroma) 喉硬结
laryngoscope [lə'riŋɡəskəup] (laryngo- + Gr. skopein to examine) 喉镜
laryngoscopic [ləˌriŋɡəu'skɔpik] 喉镜检查的
laryngoscopist [ˌlæriŋ'ɡɔskəpist] 喉镜检查专家
laryngoscopy [ˌlæriŋ'ɡɔskəpi] (laryngo- + Gr. skopein to examine) 喉镜检查
  direct l. 直接喉镜检查
  indirect l. 间接喉镜检查
  mirror l. 间接喉镜检查
  suspension l. 仰垂喉镜检查,悬吊喉镜检查
laryngospasm [lə'riŋɡəspæzəm] (laryngo- + Gr. spasmos spasm) 喉痉挛
laryngostasis [ˌlæriŋ'ɡɔstəsis] (laryngo- + Gr. stasis stoppage) 喉阻塞,哮吼
laryngostat [lə'riŋɡəustæt] 喉镭疗支持器,喉施镭器
laryngostenosis [ləˌriŋɡəusti'nəusis] (laryngo- + Gr. stenōsis contracture) 喉狭窄
laryngostomy [ˌlæriŋ'ɡɔstəmi] (laryngo- + Gr. stomoun to provide with an opening, or mouth) 喉造口术,喉切开术
laryngostroboscope [ləˌriŋɡəu'strɔbəsˌkəup] (laryngo- + Gr. strophos whirl + skopein to examine) 喉动态镜
laryngotome [lə'riŋɡətəum] 喉刀
laryngotomy [ˌlæriŋ'ɡɔtəmi] (laryngo- + tomē a cutting) 喉切开术
  complete l. 全喉切开术
  inferior l. 喉下部切开术,环甲膜切开术
  median l. 喉正中切开术,甲状软骨切开术
  superior l., subhyoid l. 喉上部切开术,甲状舌骨膜切开术
  thyrohyoid l. 甲状舌骨膜切开术
laryngotracheal [ləˌriŋɡəu'treikiəl] 喉气管的
laryngotracheitis [ləˌriŋɡəuˌtræki'aitis] 喉气管炎
  avian l., infectious l. 鸟喉气管炎,传染性喉气管炎
laryngotracheobronchitis [ləˌriŋɡəuˌtrækiəubrɔŋ'kaitis] 喉气管支气管炎
laryngotracheobronchoscopy [ləˌriŋɡəuˌtrækiəubrɔŋ'kɔskəpi] 喉气管支气管镜

检查

laryngotracheoscopy [ləˌriŋgəuˌtrækiˈɔskəpi] 喉气管镜检查

laryngotracheotomy [ləˌriŋgəuˌtrækiˈɔtəmi] (*laryngo-* + *trtacheotomy*) 喉气管切开术

laryngovestibulitis [ləˌriŋgəuvesˌtibjuːˈlaitis] 喉前庭炎

laryngoxerosis [ləˌriŋgəuziˈrəusis] (*laryngo-* + Gr. *xērōsis* a drying up) 喉干燥

larynx [ˈlæriŋks] (gen. *laryngis*, pl. *larynges*) (L., from Gr.) (NA) 喉
  artificial l. 人工喉,假喉

lasalocid [ləˈsæləusid] 抑球虫剂

Lasan [ˈlæsən] 蒽酚:蒽三酚,蒽林制剂的商品名

lasanum [ˈlæsənəm] 产科椅

Lasègue's sign [lɑːˈsiːgz] (Ernest Charles *Lasègue*, French physician, 1816-1883) 拉塞格氏征

laser [ˈleizə] (*l*ight *a*mplification by *s*timulated *e*mission of *r*adiation) 激光,激光器
  argon l. 氩激光器
  carbon-dioxide l. 二氧化碳激光器
  dye l. 染料激光器
  excimer l. (*exci*ted *di*mer) 激发二聚体激光器
  helium-neon l. 氦-氖激光器
  ion l. 离子激光器
  krypton l. 氪激光器
  KTP l. KTP 激光器
  neodymium: yttrium-aluminum-garnet (Nd: YAG) l. 钕:钇-铝-石榴石激光器
  potassium titanyl phosphate l. 磷酸钛钾激光器
  pulsed dye l. 脉冲染料激光器
  tunable dye l. 可变光谱染料激光器

Lasiohelea [ˌlæsiəˈhiːliə] 蠓属

Lasix [ˈlæsiks] 速尿:呋喃苯胺酸制剂的商品名

Lassa fever [ˈlɑːsə] (*Lassa*, town in Nigeria) 拉塞热

Lassar's paste [ˈlɑːsəz] (Oskar *Lassar*, German dermatologist, 1849-1908) 拉萨尔氏糊剂

lassitude [ˈlæsitjuːd] (L. *lassitudo* weariness) 无力,倦怠,衰竭

latah [ˈlɑːtɑː] 拉塔病

Lat. dol. (L. *lateri dolenti* 的缩写) 朝向痛侧

latebra [ˈlætibrə] (L. "hiding place") 卵黄心

latency [ˈleitənsi] ❶ 潜伏状态; ❷ 潜伏期
  l. of activation 激活时间
  distal l. 远端潜伏期
  motor l. 运动潜伏期
  proximal l. 近端潜伏期
  REM l. 快速动眼潜伏期
  residual l. 残留潜伏期
  sensory l. 感觉潜伏期
  sleep l. 睡眠潜伏期
  terminal l. 末梢潜伏期

latent [ˈleitənt] (L. *latens* hidden) 潜藏的,潜伏的

latentiation [leiˌtənʃiˈeiʃən] 潜化(作用)

laterad [ˈlætəræd] 侧向

lateral [ˈlætərəl] (L. *lateralis*) ❶ 外侧的,旁边的; ❷侧的

lateralis [ˌlætəˈreilis] (NA) 侧体,旁体

laterality [ˌlætəˈræliti] 偏利,偏侧性
  crossed l. 交叉偏利
  dominant l. 同侧偏利

lateralized [ˈlætərəlaizd] 偏侧性的

latericeous [ˌlætəˈriʃəs] 红砖灰状的,土红色的

lateritious [ˌlætəˈriʃəs] (L. *lateritius*; *later* brick) 红砖灰状的,土红色的

lateriversion [ˌlætəriˈvəːʃən] 侧转,旁转

latero- (L. *latus*, gen. *lateris* side) 侧,旁

lateroabdominal [ˌlætərəuæbˈdɔminəl] 腹旁的,侧腹的

laterocervical [ˌlætərəuˈsəːvikl] 颈旁的

laterodeviation [ˌlætərəuˌdiːviˈeiʃən] 侧偏,侧向偏斜

lateroduction [ˌlætərəuˈdʌkʃən] (*latero-* + L. *ducere* to draw) 侧转,侧展

lateroflexion [ˌlætərəuˈflekʃən] 旁屈,侧屈

lateroposition [ˌlætərəupəˈziʃən] 偏侧变位

lateropulsion [ˌlætərəuˈpʌlʃən] (*latero-* + L. *pellere* to drive) 横行,侧步

laterotorsion [ˌlætərəuˈtɔːʃən] (*latero-* + L. *torsion*) 侧旋,外旋

lateroversion [ˌlætərəuˈvəːʒən] (*latero-* +

version)侧倾

latex ['leiteks](L. "fluid")❶ 植物乳液;❷ 胶乳

latexion [lei'tekʃən] 侧屈,旁屈

Latham's circle ['læθəmz](Peter Mere *Latham*, English physician, 1789-1875)雷瑟姆氏圈

lathyrism ['læθirizəm] 山黧豆中毒

lathyritic [ˌlæθi'ritik] 山黧豆中毒的,山黧豆中毒症状的

lathyrogen ['læθirədʒən] 致山黧豆中毒物质

lathyrogenic [ˌlæθirə'dʒenik] 致山黧豆中毒的

Lathyrus [ˌlæθirəs](Gr. *lathyros* chickling vetch)山黧豆属

latibulum ['lætibjuləm](L. *latere* to lie hid)病巢,病窟

latissimus [lə'tisiməs](L.)最阔的

latrodectism [ˌlætrəu'dektizəm](*Latrodectus* + *-ism*)毒蛛中毒

Latrodectus [ˌlætrəu'dektəs](L. *latro* robber + Gr. *daknein* to bite)盗蛛属

LATS(long-acting thyroid stimulator 的缩写)长效甲状腺刺激素

LATS-p(long-acting thyroid stimulator protector 的缩写)长效甲状腺刺激素保护物

lattice ['lætis] 格子,晶格,点阵,网格
  crystal l. 晶格
  space l. 空间点阵

latus[1] ['leitəs] 宽的,阔的

latus[2] ['leitəs](pl. *latera*)(L.)(NA)侧,胁腹

Latzko's cesarean section ['lɑːtskəuz](Wilhelm *Latzko*, Austrian obstetrician, 1863-1945)拉兹科氏剖腹产术

Lauber's disease ['lɔːbəz](Hans *Lauber*, Swiss-born ophthalmologist in Austria, born 1876)劳勃氏病

laudable ['lɔːdəbl](L. *laudabilis*)可嘉的,健全的

laudanum ['lɔːdənəm] 鸦片酒,鸦片酊

laugh [lɑːf] ❶(大)笑,发笑;❷ 笑,笑声
  canine l., sardonic l. 痉笑

laughter ['lɑːftə] 笑,大笑
  compulsive l., forced l., obsessive l. 强制性痴笑

Laugier's hernia [ˌlɔːʒi'eiz](Stanislas *Laugier*, French surgeon, 1799-1872)洛日埃氏疝

Laumonier's ganglion [ləuˌmɔni'eiz](Jean Baptiste Philippe Nicolas René *Laumonier*, French surgeon, 1749-1818)洛莫尼埃氏神经节

Launois syndrome [ləun'wɑː](Pierre-Emile *Launois*, French physician, 1856-1914)洛努瓦氏综合征

laurate ['lɔːreit] 月桂酸盐

Laurence-Moon syndrome ['lɔrəns muːn](John Zachariah *Laurence*, British ophthalmologist, 1830-1874, Robert C. *Moon*, American ophthalmologist, 1844-1914)劳-穆二氏综合征

laureth 9 ['lɔːrəθ] 一种聚乙(烯)二醇单十二烷醚混合物

lauric acid ['lɔːrik] 月桂酸

Lauth's canal [lɔːts](Ernst Alexander *Lauth*, French physiologist, 1803-1837)劳特氏管

Lauth's ligament [lɔːts](Thomas *Lauth*, French anatomist and surgeon, 1758-1826)劳特氏韧带

Lauth's violet [lɔːts](Charles *Lauth*, English chemist, 1836-1913)劳思氏紫

LAV(lymphadenopathy-associated virus 的缩写)淋巴腺病相关病毒

lavage [lɑː'vɑːʒ](Fr.)❶ 洗出法,灌洗;❷ 洗出,冲洗
  bronchoalveolar l. 支气管肺泡灌洗术
  peritoneal l. 腹腔灌洗法
  pleural l. 胸膜腔灌洗法

Lavandula [lə'vændjulə](L.)❶ 薰衣草属;❷ 薰衣草花

lavation [lei'veiʃən](L. *lavatio lavare* to wash)洗出,洗出法

Lavema [lə'vemə] 拉威马:酚丁制剂的商品名

lavement ['leivmənt] 洗出,灌洗

Laveran [lɑːvə'rɑːn] 莱佛兰:Charles Louis Alphonse, 法国医师和寄生虫学家,1845~1922

lavipedium [ˌlævi'pediəm](L. *lavare* to wash + *pes* foot)足浴

laveur [lɑː'və](Fr.)灌洗器

law [lɔː] 定律,法律,法则,规则

Allen's paradoxic l. 艾伦氏反常定律
all-or-none l. 全或无定律
Angström's l. 埃斯特雷姆氏定律
Aran's l. 阿朗氏定律
l's of articulation 排牙定律
Avogadro's l. 阿伏伽德罗氏定律
Baer's l. 巴尔氏定律
Barfurth's l. 巴福斯氏定律
Bastian's l., Bastian-Bruns l. 巴斯强氏定律,巴-布氏定律
Beer's l. 贝尔氏定律
Behring's l. 贝林格氏定律
Bergonié-Tribondeau l. 贝-特二氏定律
biogenetic l. 生物发生律
Bowditch's l. 鲍迪奇氏定律
Boyle's l. 波义耳氏定律
Bunsen-Roscoe l. 本生-罗斯科氏定律
Camerer's l. 凯麦勒氏定律
Charles' l. 查理氏定律
l. of conservation of energy 能量守恒定律
l. of conservation of matter 物质守恒定律
Cope's l. 柯普氏定律
Coulomb's l. 库仑氏定律
Courvoisier's l. 库瓦济埃氏定律
Coutard's l. 库塔氏定律
Curie's l. 居里氏定律
Dalton's l. 道尔顿氏定律
Dalton-Henry l. 道-亨二氏定律
l. of definite proportions 定比定律
Descartes' l. 笛卡尔氏定律
Desmarres' l. 代马尔氏定律
Dollo's l. 多洛氏定律
Donders' l. 东德斯氏定律
Draper's l. 德莱柏氏定律
Dulong and Petit's l. 杜龙-波特氏定律
Einstein-Starck l. 爱因斯坦-斯塔克氏定律(光化学等价说)
Einthoven's l. 艾因托文氏定律
Ewald's l. 埃瓦耳特氏定律
Fajans' l. 法扬氏定律
Faraday's l. 法拉第氏定律
Farr's l. 法尔氏定律
l. of fatigue (Houghton's) 疲劳定律,霍顿氏定律
Ferry-Porter l. 费里-波特氏定律
Fick's first l. of diffusion 菲克氏扩散第一定律

first l. of thermodynamics 热力学第一定律
Flatau's l. 弗拉托氏定律
Flint's l. 弗林特氏定律
Flourens' l. 弗洛朗氏定律
Froriep's l. 弗罗里普氏定律
Galton's l. 戈耳顿氏定律
Galton's l. of regression 戈耳顿氏退化定律
gas l. 气体定律
Gay-Lussac's l. 盖-吕萨克氏定律
Gerhardt-Semon l. 格哈特-塞蒙氏定律
Giraud-Teulon l. 吉罗德-托伦氏定律
Godélier's l. 果代里埃氏定律
Golgi's l. 高尔基氏定律
Gompertz l. 冈珀茨氏定律
Goodell's l. 古德耳氏定律
Graham's l. 格雷汉氏定律
l. of gravitation 重力定律
Grotthus' l. 格罗瑟斯氏定律
Gudden's l. 古登氏定律
Guldberg and Waage's l. 格-瓦氏定律
Gull-Toynbee l. 加-托二氏定律
Gullstrand's l. 古耳斯特兰德氏定律
Haeckel's l. 黑克耳氏定律
Hanau's l's of articulation 汉诺氏排牙定律
Hardy-Weinberg l. 哈代-温伯格氏定律
l. of the heart 心脏定律
Heidenhain's l. 海登海因氏定律
Hellin's l., Hellin-Zeleny l. 海林氏定律,海林-泽勒内氏定律
Henry's l. 亨利氏定律
Hering's l. 赫林氏定律
Hoff's l. 霍夫氏定律
Horner's l. 霍纳氏定律
ideal gas l. 理想气体定律
l. of independent assortment 独立分配定律
inverse square l. 反平方定律
isodynamic l. 等力定律,等热定律
Jackson's l. 杰克逊氏定律
Kahler's l. 卡勒氏定律
Knapp's l. 卡耐普氏定律
Koch's l. 郭霍氏定律
Küstner's l. 屈斯特内氏定律
Lambert's cosine l. 朗伯特氏余弦定律

Laplace's l. 拉普拉斯氏定律
l. of large numbers 大数定律
Listing's l. 利斯廷氏定律
Lossen's l. 劳森氏定律
Louis's l. 路易氏定律
malthusian l. 马尔萨斯人口论
Marey's l. 马莱氏定律
Mariotte's l. 马里奥特氏定律
l. of mass action, mass l. 质量作用定律,质量定律
Maxwell-Boltzmann distribution l. 麦-波二氏分布定律
Mendel's l's 孟德尔定律
Mendeléeff's l. 门捷列夫定律
mendelian l's 孟德尔定律
Meyer's l. 麦耶氏定律
Minot's l. 米诺特氏定律
Müller-Haeckel l. 苗勒-黑克尔氏定律
l. of multiple variants 多发性变异定律
Nernst's l. 内伦斯特氏定律
Neumann's l. 诺伊曼氏定律
Newland's l. 纽兰氏定律
Newton's l. 牛顿定律
Nysten's l. 奈斯当氏定律
Ohm's l. 欧姆定律
Ollier's l. 奥利埃氏定律
Pajot's l. 帕若氏定律
Pascal's l. 帕斯卡定律
periodic l. 周期律
Petit's l. 波特氏定律
Poiseuille's l. 普瓦泽伊氏定律
Prévost's l. 普雷沃氏定律
Proust's l. 普劳斯特氏定律,定比定律
Raoult's l. 腊乌耳氏定律
l. of reciprocal innervation 互比定律
l. of reciprocal proportions 互比定律
L. of referred pain 牵涉痛定律
l. of refraction 折射定律
l. of regression 退化定律
Ricco's l. 里科氏定律
Rosa's l. 罗莎氏定律
Rubner's l. 鲁布内氏定律
Schroeder van der Kolk's l. 施勒德·范德科耳克氏定律
second l. of thermodynamics 热力学第二定律
l. of segregation 分离定律
Semon's l., Semon-Rosenbach l. 塞蒙氏定律,塞-罗二氏定律
Sherrington's l. 谢灵顿氏定律
l. of similars 类似定律
l. of sines 正弦定律
Snell's l. 斯内尔氏定律
Spallazani's l. 斯帕朗扎尼氏定律
Starling's l., Starling's l. of the heart 斯塔林氏定律,斯塔林氏心脏定律
Stokes'l. 斯托克斯氏定律
surface l. 表面积定律
Talbot's l. 塔波特氏定律
Teevan's l. 提万氏定律
l's of thermodynamics 热力学定律,零定律
third l. of thermodynamics 热力学第三定律
Toynbee's l. 托恩比氏定律
van der Kolk's l. 范德科耳克氏定律
van't Hoff's l. 范德华定律
Virchow's l. 魏尔啸氏定律
Walton's l. 华尔顿氏定律
Weigert's l. 魏格特氏定律
Wolff's l. 午非氏定律
Wundt-Lamansky l. 冯-拉二氏定律
Yerkes-Dodson l. 耶-道二氏定律
zeroth l. of thermodynamics 热力学零定律

lawn [lɔːn] 草地,草坪
bacterial l. 菌毯
Lawrence-Seip syndrome [ˈlɔːrəns saip] (Robert Daniel *Lawrence*, English physician, 1912-1964; Martin Fredrik *Seip*, Norwegian pediatrician, born 1921) 劳伦-塞二氏综合征
lawrencium [lɔːˈrensiəm] (Ernest Orlando *Lawrence*, American physicist, 1901-1958) 铹
lawsone [ˈlɔːsəun] 散沫花素
Lawsonia [lɔːˈsəuniə] 散沫花属
lax [læks] (L. *laxus* loose) 驰缓的
laxation [lækˈseiʃən] 排粪
laxative [ˈlæksətiv] (L. *laxativus*) ❶ 轻泻的,轻泻剂; ❷ 催泻的,导泻的
bulk l., bulk-forming l. 体积性泻剂
contact l. 接触性泻剂
saline l. 盐(类)泻剂
lubricant l. 润滑性泻剂
stimulant l. 刺激性泻剂

laxator [læk'seitə] (L. *laxare* to unloose or relax) 松弛肌,弛缓肌
  l. of tympani major 锤骨前韧带
  l. of tympani minor 锤骨外侧韧带
laxitas ['læksitəs] (L., looseness) 松弛,不紧张
laxity ['læksiti] (L. *laxare* to loosen) 松弛,弛缓
layer ['leiə] 层,板
  adamantine l. 釉质层,牙釉质
  alar l. of deep cervical fascia 颈深筋膜腋层
  ameloblastic l. 成釉细胞层
  bacillary l. 视杆视锥层
  basal l. ① 基底层；② 表皮基底层
  basal l. of epidermis 表皮基底层
  basement l. 基层,基膜
  Bekhterev's l. 别赫捷列夫氏层
  bernard's glandular l. 伯纳尔氏腺层
  blastodermic l. 胚层
  Bowman's l. 鲍曼氏层
  Bruch's l. 布鲁赫氏层,脉络膜基底层
  capillary l. of choroid 脉络膜毛细血管层
  cerebral l. of retina 视网膜神经部
  l's of cerebral cortex 大脑皮质层
  Chievitz l. 契维茨氏层
  choriocapillary l. 脉络膜毛细血管层
  circular l. of drumhead 鼓膜环状层
  circular l. of muscular tunic of colon 结肠环行肌层
  circular l. of muscular tunic of rectum 直肠环行肌层
  circular l. of muscular tunic of small intestine 小肠环行肌层
  circular l. of muscular tunic of stomach 胃环行肌层
  circular l. of tympanic membrane 鼓膜环状层
  clear l. of epidermis 表皮透明层
  columnar l. 柱状层
  compact l. 致密层
  cortical l. 皮质层
  cutaneous l. of tympanic membrane 鼓膜表皮层
  cuticular l. 护膜层
  deep l. of triangular ligament 三角韧带深层
  Dobie's l. 窦比氏层,Z 带
  enamel l., inner 内釉质层
  enamel l., outer 外釉质层
  ependymal l. 室管膜层
  epitrichial l. 皮上层
  fibrous l. of articular capsule 关节囊纤维层
  Floegel's l. 弗娄格耳氏层
  functional l. 功能层
  fusiform l. of cerebral cortex 大脑皮质梭形层
  ganglion cell l. (神经)节细胞层
  ganglion l. of cerebellum 小脑神经节细胞层
  ganglionic l. of cerebral cortex 大脑皮质经节细胞层,大脑皮质内锥体细胞层
  ganglionic l. of optic nerve 视神经神经节层
  ganglionic l. of retina 视网膜神经节层
  germ l. 胚层
  germinative l., germinative l. of epidermis ① 表皮生发层；② 表皮基底层
  germinative l. of nail 指甲生发层
  glomerular l. 嗅球层
  granular l. of cerebellum 小脑颗粒层
  granular l. of cerebral cortex, external 大脑皮质外颗粒层
  granular l. of cerebral cortex, internal 大脑皮质内颗粒层
  granular l. of epidermis 表皮颗粒层
  granular l. of follicle of ovary 卵巢卵泡颗粒层
  granular l. of olfactory bulb, external 嗅球外颗粒层
  granular l. of olfactory bulb, internal 嗅球内颗粒层
  granular l. of Tomes 托姆斯氏颗粒层
  granule l. of cerebellum 小脑颗粒层
  gray l's rostral colliculus 上丘灰质层
  gray l. of superior colliculus, deep 上丘深部灰质层
  gray l. of superior colliculus, intermediate 上丘中间灰质层
  gray l. of superior colliculus, superficial 上丘浅表灰质层
  (gray and white) l's of superior colliculus 上丘灰质和白质层
  half-value l. 半值层

Haller's l. 哈勒氏层
Hanle's l. 汉勒氏层
Henle's fiber l. 汉勒氏纤维层
horny l. of epidermis 表皮角质层
horny l. of nail 指甲角质层
Huxley's l. 赫胥黎氏层
inferior l. of pelvic diaphragm 盆隔下筋膜
Kaes-Bekhterev l. 克斯-别赫捷列夫氏层
Langhans'l. 郎罕氏层
limiting l., internal 内界膜
longitudinal l. of muscular tunic of colon 结肠纵行肌层
longitudinal l. of muscular tunic of rectum 直肠纵行肌层
longitudinal l. of muscular tunic of small intestine 小肠纵行肌层
longitudinal l. of muscular tunic of stomach 胃纵行肌层
malpighian l. 马耳皮基氏层,表皮生发层
mantle l. 套层
marginal l. 边缘层
medullary l's of thalamus, internal and external 丘脑内髓板和外髓板
Meynert's l. 迈内特氏层
mitral cell l. 僧帽细胞层
molecular l., external, molecular l., outer 外分子层
molecular., inner, molecular l., internal 内分子层
molecular l. of cerebellum 小脑分子层
molecular l. of cerebral cortex 大脑皮质分子层
molecular l. of olfactory bulb 嗅球分子层
mucous l. 粘液层
mucous l. of tympanic membrane 鼓膜粘膜层
multiform l. of cerebral cortex 大脑皮质多形层
muscular l. of fallopian tube 输卵管肌层
nerve fiber l. 神经纤维层
nervous l. of retina 视网膜神经层,视网膜神经部
neuroepidermal l. 视网膜神经上皮层,视网膜视杆视锥层
neuroepithelial l. of retina 视网膜神经外胚层
Nitabuch's l. 尼塔布赫氏层
nuclear l. of cerebellum 小脑核层
nuclear l., external, nuclear l., outer 外核层
nuclear l., inner, nuclear l., internal 内核层
odontoblastic l. 成牙质细胞层
olfactory nerve fiber l. 嗅球神经纤维层
Ollier's l. 奥利埃氏层,成骨层
optic l. of superior colliculus 上丘视层
osteogenetic l. 成骨层
palisade l. 栅状层
Pander's l. 潘德尔氏层
papillary l. of corium, papillary l. of dermis 真皮乳头层
parietal l. of pelvic fascia 盆筋膜壁层
parietal l. of pericardium, parietal l. of serous pericardium 心包脏膜层,心包浆膜层
parietal l. of tunica vaginalis of testis 睾丸鞘膜壁层
peripheral l. 周围层
perpendicular l. of ethmoid bone 筛骨垂直板
pigmented l. of ciliary body 睫状体色素层
pigmented l. of eyeball 眼球色素层
pigmented l. of iris 虹膜色素层
pigmented l. of retina 视网膜色素层
piriform neuronal l. 梨状神经元层
plexiform l. of cerebellum 小脑丛状层
plexiform l. of cerebral cortex 大脑皮质丛状层
plexiform l., external, plexiform l. outer 外网层
plexiform l., inner, plexiform l. internal 内网层
polymorphic l. of cerebral cortex 大脑皮质多形层
prickle cell l. 棘细胞层
Purkinje l., Purkinje cell l. 浦肯野氏层,浦肯野氏细胞层
pyramidal l. of cerebral cortex, external 大脑皮质外锥体层
pyramidal l. of cerebral cortex, internal 大脑皮质内锥体层
radiate l. of tympanic membrane 鼓膜放

射状纤维层
Rauber's l. 劳贝尔氏层
reticular l. of corium, reticular l. of dermis 真皮网状层
l. of rods and cones 视杆细胞视锥细胞层
Rohr's l. 勒尔氏层
l's of rostral colliculus 上丘层
Sattler's l. 萨特勒氏弹性层
sclerotogenous l. 生骨板
second half-value l. 第二半值层
skeletogenous l. 生骨板
somatic l. 体壁层
spinous l. of epidermis 表皮棘层
splanchnic l. 脏壁层
spongy l. 海绵层
subcallosal l. 胼胝体下层
subendocardial l. 心内膜下层
subendothelial l. 内皮下层
subepicardial l. 心外膜下层
submantle l. 套下层
submucous l. 粘膜下层
submucous l. of bladder 膀胱粘膜下层
submucous l. of colon 结肠粘膜下层
submucous l. of pharynx 咽粘膜下层
submucous l. of small intestine 小肠粘膜下层
submucous l. of stomach 胃粘膜下层
subodontoblastic l. 成牙质细胞下层
subserous l. 浆膜下层
subserous l. of peritoneum 腹膜浆膜下层
superficial l. of fascia of perineum 会阴浅筋膜
superficial l. of triangular ligament 三角韧带浅层
l's of superior colliculus 上丘灰质和白质层
superficial l. of pelvic diaphragm 盆隔浅筋膜
suprachorioid l. 脉络膜上层
synovial l. of articular capsule 关节囊滑膜层
Tomes' granular l. 托姆斯氏粒层
trophic l. 内胚层
vegetative l. 植物性层,内胚层
vertical l. of ethmoid bone 筛骨垂直板
visceral l. of pelvic fascia 盆筋膜脏层
visceral l. of pericardium, visceral l. of serous pericardium 心包膜脏层
visceral l. of tunica vaginalis of testis 睾丸鞘膜脏层
Waldeyer's l. 瓦耳代尔氏层
Weil's basal l. 威尔氏基底层
white l's of cerebellum 小脑白色层
white l's of rostral colliculus 上丘灰质和白质层
white l. of superior colliculus, deep 上丘深部白质层
white l. of superior colliculus, intermediate 上丘中间部白质层
Zeissel's l. 蔡塞耳氏层
zonal l. of cerebral cortex 大脑皮质带层
zonal l. of quadrigeminal body 四叠体带层
zonal l. of superior colliculus 上丘带层
zonal l. of thalamus 丘脑带层
lazaretto [ˌlæzəˈretəu] ❶ 传染病院; ❷ 检疫站,检疫检验站
lb (L. libra 的缩写)磅
LBBB (left bundle branch block 的缩写)左束支传导阻滞
LBW (low birth weight 的缩写)低出生体重
LCA (left coronary artery 的缩写)左冠状动脉
LCAD deficiency (long-chain acyl-CoA dehydrogenase deficiency 的缩写)长链脂酰辅酶 A 缺陷
LCAT (lecithin-cholesterol acyltransferase 的缩写)卵磷脂胆固醇乙酰转移酶
LCIS (lobular carcinoma in situ 的缩写)小叶原位癌
LD ❶(lethal dose 的缩写)致死量;❷(light difference 的缩写)光差
LD_{50} 半数致死量
LDA (left dorsoanterior 的缩写)左背前位(胎位)
LDH (lactate dehydrogenase 的缩写)乳酸脱氢酶
LDL (low-density lipoproteins 的缩写)低密度脂蛋白
L-dopa 左旋多巴
LDP (left dorsoposterior 的缩写)左背后位(胎位)
LE ❶(left eye 的缩写)左眼; ❷(lupus erythematosus 的缩写)红斑狼疮

leaching ['liːtʃiŋ] 沥滤(法),沥取(法)
lead¹ [led] (L. *plumbum*) 铅
　l. acetate (USP) 醋酸铅
　black l. 黑铅,石墨
　l. chloride 氯化铅
　l. dioxide 二氧化铅
　l. monoxide 一氧化铅,密陀僧
　l. nitrate 硝酸铅
　l. oxide 氧化铅
　l. subacetate 碱式醋酸铅
　tetra-ethyl l. 四乙基铅
lead² [liːd] 导程,导联
　active fixation l. 主动固定导联
　augmented unipolar limb l. 加压单极肢导联
　bipolar l. 双极导联
　bipolar limb l. 双极肢导联
　bipolar precordial l. 双极心前导联
　chest l's 胸导联,心前导联
　esophageal l. 食管导联
　Frank XYZ l's 弗兰克氏 XYZ 导联
　limb l. 肢体导联
　pacemaker l., pacing l. 起搏导联
　passive fixation l. 被动固定导联
　precordial l's 心前导联,胸前导联
　standard l's 标准肢导联
　unipolar l. 单极导联
　unipolar limb l. 单极肢导联
　unipolar precordial l's 单极心前导联
　V l's V 导联
　Wilson's l's 魏尔逊氏导联
　XYZ l's XYZ 导联
leading ['lediŋ] 铅中毒
leaf [liːf] (A.S. *lēf*) 叶
　belladonna l. 植物的干叶或果实的顶芽
leaflet ['liːflit] 小叶
Leão's spreading depression [lə'aːz] (A. P. *Leão*, Brazilian physiologist, born 1914) 利奥氏扩散性抑郁
learning ['ləːniŋ] 学习,知识,学问
　insight l. 洞察性学习,悟力学习
　latent l. 潜在学习
leash [liːʃ] 索
leathery ['leðəri] 皮革状的
Leber's congenital amaurosis ['leibəz] (Theodor *Leber*, German ophthalmologist, 1840-1917) 勒伯尔氏先天黑蒙
Lebistes [lə'bistiːz] 虹鱼属

　L. reticulatus 虹鱼
Leboyer method [lə'bwaː'jei] (Frédérick *Leboyer*, French obstetrician, born 1918) 勒布瓦氏方法
lecanopagus [ˌlekə'nɔpəgəs] (Gr. *lekane* basin + *pagos* thing fixed) 腰下联胎
Lecat's gulf [lə'kaːz] (Claude Nicolas *Lecat*, French surgeon, 1700-1768) 勒卡氏湾,尿道球部膨大
leche de higuerón ['letʃei də iːgə'rəun] (Sp. "milk of fig") 野无花果汁液
lechopyra [ˌlekəu'paiərə] (Gr. *lechō* parturient woman + *pyr* fever) 产褥热
lecithal ['lesiθəl] (Gr. *lekithos* yolk) ❶ 卵黄的;❷ 卵黄样的
lecithid ['lesiθid] 蛇毒溶血卵磷脂
　cobra l. 眼镜蛇蛇毒溶血卵磷脂
lecithin ['lesiθin] 卵磷脂
lecithinase ['lesiθineis] 卵磷脂酶
lecithin-cholesterol acyltransferase (LCAT) ['lesiθin kə'lestərɔl ˌæsil'trænsfəreis] 卵磷脂-胆固醇乙酰转移酶
lecithin-cholesterol acyltransferase (LCAT) **deficiency** 卵磷脂-胆固醇乙酰转移酶缺乏
lecithinemia [ˌlesiθi'niːmiə] 卵磷脂血症
lecith(o)- (Gr. *lekithos* yolk) 卵黄,卵黄的
lecithoblast ['lesiθəˌblæst] (*lecitho-* + Gr. *blastos* germ) 成卵黄细胞
lecithoid ['lesiθɔid] (*lecithin* + Gr. *eidos* likeness) 卵磷脂样的
lecithoprotein [ˌlesiθəu'prəutiːn] 卵磷脂蛋白
lecithovitellin [ˌlesiθəuvai'telin] 卵黄悬胶液,卵磷脂磷蛋白
lecithymen [ˌlesi'θaimən] (Gr. *lekithos* yolk + *hymen* membrane) 卵黄膜
lectin ['lektin] 植物血凝素
lectotype ['lektətaip] 选型
lectulum ['lektələm] (L. "little bed") 甲床,指甲床
Ledbänder ['ledbeində] (Ger.) 宾格内氏带
Le Dentu's suture [lə den'tuːz] (Jean Francois-Auguste *Le Dentu*, Paris surgeon, 1841-1926) 勒当屠氏缝合术
Lederberg ['ledəbəːg] 利德伯格:Joshua,

美国生化学家,生于 1925 年

Ledercillin [ˌledəˈsilin] 利多西林:普鲁卡因青霉素制剂的商品名

Lee's ganglion [liːz] (Robert Lee, English obstetrician and gynecologist, 1793-1877) 李氏神经节,子宫颈神经节

leech [liːtʃ] (L. hirudo) 水蛭,蛭,蚂蟥
  American l. 美洲水蛭
  artifical l. 人工吸血器,人工水蛭
  horse l. 马蛭
  land l. 山蛭
  medicinal l. 医用水蛭

leeches [ˈliːtʃiz] (from the appearance of the lesions) 马皮疽

leeching [ˈliːtʃiŋ] 水蛭吸血法

lees [liːz] 酒糟,酒渣

Leeuwenhoekia australiensis [ˌliːwenˈhuːkiə ɔːsˌtræliˈiːnsis] (Anton (Anthony, Antony) van Leeuwenhoek, Dutch microscopist, 1632-1723) 澳大利亚雷文赫克氏螨,澳洲恙螨

Le Fort fracture [lə ˈfɔː] (Léon-Clément Le Fort, French surgeon, 1829-1893) 勒福尔氏骨折

left-handed [leftˈhændid] 左利的,左手的,善用左手的,向左旋转的

leg [leg] ❶ 腿; ❷ 下肢
  badger l. 獾腿
  baker l. 膝外翻
  bandy l. 膝内翻
  Barbados l. 巴巴多斯腿,象皮病腿
  bayonet l. 枪刺形腿
  black l. 黑炭疽腿
  bow l. 弓形腿,膝内翻
  elephant l. 象皮病腿
  milk l. 股白肿
  red l. 蛙腿红肿病
  restless l. 多动腿
  rider's l. 骑马者腿病
  scaly l. 鳞痂腿
  scissor l. 剪形腿
  tennis l. 网球腿
  white l. 股白肿

Legal's disease [leiˈɡɑːlz] (Emmo Legal, German physician, 1859-1922) 累加耳氏病

Legg's disease [ˈleɡz] (Arthur Thornton Legg, American surgeon, 1874-1939) 累格氏病

Legg-Calvé-Perthes disease [leɡ kælˈveiˈpɜːtəz] (Arthur T. Legg; Jacques Calvé, French orthopedist, 1875-1954; Georg Clemens Perthes, German surgeon, 1869-1927) 累-卡-佩三氏病

Legionella [ˌliːdʒəˈnelə] (from legionnaires' disease) 军团菌
  L. bozemanii 从人肺组织中分离出的一种与肺炎有关的军团菌
  L. dumoffii 从人肺组织和冷的冷却塔水中分离出的一种与肺炎有关的军团菌
  L. feeleii 从冷却系统水中分离出的一种与 Pontiac 热有关的军团菌
  L. gormanii 从河边土壤中分离出的一种与肺炎有关的军团菌
  L. jordanis 约旦军团菌
  L. long-beachae 长滩军团菌
  L. micdadei 从人肺组织、呼吸道分泌物、胸膜腔液、冷却塔水、淋浴头、自来水和呼吸治疗设备的喷雾器中分离出的一种军团菌
  L. pittsburgensis 匹兹堡肺炎军团菌
  L. pneumophila 肺军团菌
  L. wadsworthii 从胸膜组织中分离出的一种军团菌

legionella [ˌliːdʒəˈnelə] (pl. legionellae) 军团菌

Legionellaceae [ˌliːdʒəneˈleisiː] 军团菌科

legionellae [ˌliːdʒəˈniːli] 军团菌

legionellosis [ˌliːdʒənəˈləusis] 军团菌病

legionnaires's disease [liːdʒəˈnɛəz] (legionnaires) 军团菌病

legume [ˈleɡjuːm] 豆,豆(荚)

legumelin [ˌleɡjuːˈmiːlin] 豆白蛋白

legumin [ləˈɡjuːmin] (L. legumen pulse) 豆球蛋白

leguminivorous [ləˌɡjumiˈnivərəs] 豆食的,喂以豆的(蚕豆和豌豆)

leiasthenia [ˌlaiəsˈθiːniə] (leio- + asthenia) 平滑肌无力

Leichtenstern's encephalitis sign [ˈlaiktənstənz] (Otto Michael Leichtenstern, German physician, 1845-1900) 来希敦斯坦氏脑炎征

Leigh disease [lei] (Archibald Denis Leigh, British neuropathologist, born

1915）莱福氏病

Leiner's disease ['laɪnəz]（Karl *Leiner*, Austrian pediatrician, 1871-1930）莱内氏病

leio-（Gr. *leios* smooth）平滑

leiodermia [ˌlaɪə'dəːmɪə]（*leio-* + Gr. *derma* skin）滑泽皮

leiodystonia [ˌlaɪədɪs'təunɪə]（*leio-* + *dystonia*）平滑肌张力障碍

Leiognathus bacoti [laɪ'ɔgnəθəs bə'kɔtɪ] 巴科特氏刺脂螨

leiomyoblastoma [ˌlaɪəˌmaɪəublæs'təumə] 成平滑肌细胞瘤

leiomyofibroma [ˌlaɪəˌmaɪəfaɪ'brəumə] 平滑肌纤维瘤

leiomyoma [ˌlaɪəmaɪ'əumə]（*leio-* + *myoma*）平滑肌瘤

  bizarre l. 上皮样平滑肌瘤
  l. cutis 皮肤平滑肌瘤
  epithelioid l. 上皮样平滑肌瘤
  intraligamentous l. 子宫阔韧带内平滑肌瘤
  intramural l. 壁内平滑肌瘤
  parasitic l. 寄生性平滑肌瘤
  pedunculated l. 有蒂平滑肌瘤
  submucosal l. 粘膜下平滑肌瘤
  subserosal l. 浆膜下平滑肌瘤
  l. uteri, uterine l. 子宫肌瘤
  vascular l. 血管平滑肌瘤

leiomyomatosis [ˌlaɪəˌmaɪəumə'təusɪs] 平滑肌瘤病

  l. peritonealis disseminata 腹膜播散性平滑肌瘤病

leiomyosarcoma [ˌlaɪəˌmaɪəusɑː'kəumə]（*leio-* + *myosarcoma*）平滑肌肉瘤

  renal l. 肾肉瘤

leiphemia [laɪ'fiːmɪə]（Gr. *leipein* to fail + *haema* blood）血液缺乏

leip(o)- 脂，脂肪

leipodermia [ˌlɪəpə'dəːmɪə]（*leipo-* + Gr. *derma* skin）无皮畸形

leipomeria [ˌlɪəpə'mɪərɪə]（*leipo-* + Gr. *meros* part）四肢不全畸形，无肢畸形

leipothymia [ˌlɪəpə'θaɪmɪə]（*leipo-* + Gr. *psyche* spirit）昏倒，窒息

leipopsychia [ˌlɪəpə'saɪkɪə]（*leipo-* + Gr. *thymos* mind）昏倒，昏厥

leipothymic [ˌlɪəpə'θaɪmɪk] 昏倒的，昏厥的

leipyria [lɪə'paɪrɪə]（Gr. *leipein* to fail + *pyr* fire）手足寒冷

Leishman's cells ['liːʃmənz]（Sir William Boog *Leishman*, English army surgeon and bacteriologist, 1865-1926）利什曼氏细胞

Leishman-Donovan body ['liːʃmən 'dɔnəvən]（Sir William B. *Leishman*; Charles *Donovan*, Irish physician in India, 1863-1951）利-杜二氏小体，黑热病小体

Leishmania [liːʃ'meɪnɪə]（Sir William B. *Leishman*）利什曼原虫属

L. aethiopica 埃塞俄比亚利什曼原虫
L. braziliensis 巴西利什曼原虫
L. braziliensis braziliensis 维纳尼亚-巴西利什曼原虫
L. braziliensis guyanensis 巴西圭亚那利什曼原虫，维纳尼亚-圭亚那利什曼原虫
L. braziliensis panamensis 巴西-巴拿马利什曼原虫，维纳尼亚-巴拿马利什曼原虫
L. donovani 杜（诺凡）氏利什曼原虫
L. donovani chagasi 杜（诺凡）氏利什曼原虫恰加斯亚种
L. donovani donovani 杜（诺凡）氏利什曼原虫杜（诺凡）氏亚种
L. donovani infantum 杜（诺凡）氏利什曼原虫婴儿亚种
L. garnhami 加哈米利什曼原虫
L. infantum 婴儿利什曼原虫
L. major 硕大利什曼原虫
L. mexicana 墨西哥利什曼原虫
L. mexicana amazonensis 墨西哥利什曼原虫马逊亚种
L. mexicana mexicana 墨西哥利什曼原虫墨西哥亚种
L. mexicana pifanoi 墨西哥利什曼原虫玻凡诺氏亚种
L. nilotica 尼罗河利什曼原虫
L. peruviana 秘鲁利什曼原虫
L. pifanoi 玻凡诺氏利什曼原虫
L. tropica 热带利什曼原虫
L. tropica aethiopica 埃塞俄比亚热带利什曼原虫
L. tropica major 硕大热带利什曼原虫
L. tropica minor 小型热带利什曼原虫

L. tropica tropica 热带利什曼原虫热带亚种
L. viannia 维纳尼亚利什曼原虫
L. viannia braziliensis 维纳尼亚利什曼原虫巴西亚种
L. viannia guyanensis 维纳尼亚利什曼原虫圭亚那亚种
L. viannia panamensis 维纳尼亚利什曼原虫巴拿马亚种
L. viannia peruviana 维纳尼亚利什曼原虫秘鲁亚种

leishmania [ˌliːʃˈmeiniə] 利什曼原虫

leishmanial [ˌliːʃˈmeiniəl] ❶ 利什曼原虫的,利什曼原虫所引起的;❷ 锥虫生活史中形态分期的

leishmaniosis [ˌliːʃməˈnaiəsis] 利什曼病
　American l. 美洲利什曼病
　anergic l. 弥漫性皮肤利什曼病
　canine l. 犬利什曼病
　cutaneous l. 皮肤利什曼病
　cutaneous l., anergic 弥漫性皮肤利什曼病
　cutaneous l., anthroponotic 干燥型皮肤利什曼病
　cutaneous l., diffuse 弥漫性皮肤利什曼病
　cutaneous l., dry 干燥型皮肤利什曼病
　cutaneous l., Ethiopian 埃塞俄比亚皮肤利什曼病
　cutaneous l., New World 新大陆型皮肤利什曼病
　cutaneous l., Old World 旧大陆型皮肤利什曼病
　cutaneous l., viscerotropic 嗜脏腑性皮肤利什曼病
　cutaneous l., wet 潮湿型皮肤利什曼病
　cutaneous l., zoonotic 寄生性皮肤利什曼病
　lupoid l. 类狼疮型利什曼病
　mucocutaneous l. 粘膜皮肤利什曼病
　mucosal l. 粘膜型利什曼病
　New World l. 新大陆型利什曼病
　Old World l. 旧大陆型利什曼病
　post-kala-azar dermal 黑热病后皮肤利什曼病
　l. recidivans 复发性利什曼病
　rural l. 农村型利什曼病
　l. tegmentaria diffusa 弥漫性皮肤利什曼病
　urban l. 城区型利什曼病
　visceral l. 内脏利什曼病
　visceral l., American 美洲内脏利什曼病
　visceral l., classic 典型性内脏利什曼病
　visceral l., Indian 印度内脏利什曼病
　visceral l., infantile 婴儿型内脏利什曼病
　visceral l., Mediterranean 地中海内脏利什曼病
　visceriform l. 内脏型利什曼病

leishmanicidal [ˌliːʃməniˈsaidəl] 杀利什曼原虫的

leishmanid [ˈliːʃmənid] 利什曼结节

leishmaniosis [ˌliːʃməniˈəusis] 利什曼病

leishmanin [ˈliːʃmənin] 利什曼原虫素

leishmanoid [ˈliːʃmənɔid] ❶ 类利什曼的;❷ 利什曼疹,利什曼斑,皮肤利什曼斑
　dermal l., post-kala-azar dermal 利什曼斑,黑热病后皮肤利什曼斑

Leksell apparatus [ˈleksəl] (Lars *Leksell*, Swedish neurosurgeon, 20th century) 李克塞氏装置

Lelaps [ˈliːlæps] 棘厉螨属
　L. echidninus 毒棘厉螨

lema [ˈliːmə] (Gr. *lēmē*) 睑脂

Lembert's suture [ˈlɑːmˈbeəz] (Antoine *Lembert*, French surgeon, 1802-1851) 郎贝尔氏缝合术

Lemieux-Neemeh syndrome [ləˈmjuː ˈniːmə] (Guy *Lemieux*, Canadian physician, 20th century; Jean A. *Neemeh*, Canadian physician, 20th century) 累-内二氏综合征

lemic [ˈlemik] (Gr. *loemos* plague) 疫的,瘟疫的

lemma [ˈlemə] (Gr. "rind", "husk") ❶ 膜,衣,鞘;❷ 卵膜

-lemma 鞘,膜

lemmoblast [ˈleməublæst] 成神经膜细胞

lemmoblastic [ˌleməuˈblæstik] 成神经膜的

lemmoblastoma [ˌleməublæsˈtəumə] 成神经膜细胞瘤

lemmocyte [ˈleməusait] (Gr. *lemma* husk + *-cyte*) 神经膜细胞

lemnisci [lemˈnisai] 丘系,蹄系

lemniscus [lem'niskəs] (gen. 和 pl. *lemnisci*) (L., from Gr. *lemniskos* ribbon) ❶ 带,系带,带状物,带状构造; ❷ (NA)丘系,蹄系
  lateral l., l. lateralis (NA) 外侧丘系
  medial l., l. medialis (NA) 内侧丘系
  sensory l. 感觉丘系,内侧丘系
  spinal l., l. spinalis (NA) 脊髓丘系
  trigeminal l., l. trigeminalis (NA) 三叉丘束

lemography [li'mɔgrəfi] (Gr. *loemos* plague + *graphein* to write) 疫病论

lemology [li'mɔlədʒi] (Gr. *loemos* plague + *logos* science) 疫病学,传染病学

lemon ['lemən] 柠檬

lemoparalysis [ˌliːməupəˈrælisis] (Gr. *laemos* gullet + *paralysis*) 食管麻痹

lemostenosis [ˌleməustiˈnəusis] (Gr. *laemos* gullet + *stenos* narrow) 食管狭窄

Lempert's fenestration operation ['lempəːts] (Julius *Lempert*, American otologist, 1890-1968) 勒普特氏开窗术

Lemuroidea [ˌlemjuˈrɔidiə] 狐猴亚目

Lenégre's disease [ləˈneɡræ] (Jean *Lenégre*, French cardiologist, born 1904) 勒内格瑞氏病

Lenetran ['lenətrən] 乐纳酮:甲苯噁酮制剂的商品名

length [leŋθ] 长度,长
  arch l. 牙弓长度
  basialveolar l. 基槽长度
  basinasal l. 基鼻长度
  crown-heel l. (CHL) 顶踵长度
  crown-rump l. (CRL) 顶臀长
  focal l. 焦距
  foot l. 足长
  greatest l. 最大长度
  sitting l. 坐高
  stem l. 体长,躯干长
  wave l. 波长

lenient ['liːniənt] (L. *leniens* softening) ❶ 缓和的,润滑的; ❷ 缓和药

leniment ['lenimənt] (L. *lenire* to soothe) 擦剂

leniquinsin [ˌleniˈkwinsin] 藜胺喹:抗高血压药

lenitive ['lenitiv] (L. *lenire* to soothe) ❶ 润泽的,缓和的; ❷ 润泽药

Lennhoff's index ['lenhufs] (Rudolf *Lennhoff*, German physician, 1866-1933) 伦霍夫氏指数

Lennox syndrome ['lenəks] (William Gordon *Lennox*, American neurologist, 1884-1960) 伦诺克斯氏综合征

Lennox-Gastaut syndrome ['lenəks ˈɡæstɔː] (W. G. *Lennox*; Henri Jean Pascal *Gastaut*, French biologist, born 1915) 伦诺克斯-盖斯托氏综合征

lenperone ['lenpərəun] 氟苯哌丁酮:一种安定药

lens [lenz] (L. "lentil") ❶ 透镜,镜片; ❷ (NA) 晶状体
  achromatic l. 消色差透镜
  acrylic l. 丙烯晶状体
  adherent l. 附着透镜,接触镜片
  anastigmatic l. 无散光镜片,去像散透镜
  aniseikonic l. 眼像不平衡透镜
  aplanatic l. 消球面差透镜
  apochromatic l. 复消色差稳定镜
  astigmatic l. 像散透镜,散光镜片
  bandage l. 绷带透镜
  biconcave l. 双凹透镜
  biconvex l. 双凸透镜
  bicylindrical l. 双圆柱透镜
  bifocal l. 双焦点透镜
  bispherical l. 双球面透镜
  Brücke l. 布吕克氏透镜组
  cataract l. (白)内障镜片
  compound l. 复透镜
  concave l. 凹透镜
  concavoconcave l. 双凹透镜
  concavoconvex l. 凹凸透镜
  condensing l. 聚光透镜
  contact l. 接触镜
  contact l., corneal 角膜接触镜
  contact l., gas permeable 透气接触镜
  contact l, hard 硬性接触镜
  contact l., hydrophilic 软性接触镜,亲水接触镜
  contact l., hydrophobic, contact l., rigid 疏水接触镜,硬性接触镜
  contact l., non-gas permeable hard 非透气性硬性接触镜
  contact l., PMMA PMMA 接触镜
  contact l., scleral 巩膜接触镜
  contact l., soft 软性接触镜

converging l., convex l. 凸透镜,会聚透镜
convexoconcave l. 凸凹透镜
corneal l. 角膜接触镜
Crookes' l. 克鲁克斯氏镜片
crossed l. 最小球差单透镜
l. crystallina, crystalline l. 晶状体
cylindrical l. 圆柱透镜
decentered l. 轴偏透镜
dispersing l. 凹透镜,近视镜片
diverging l. 凹透镜,分散透镜
flat l. 平面镜片
Fresnel l. 弗斯内尔氏透镜
honey bee l. 蜜蜂镜片
immersion l. 油浸镜
iseikonic l. 眼像平衡透镜
meniscus l. 弦月形透镜
meniscus l., converging 弦月会聚透镜
meniscus l., diverging 弦月散射透镜
meniscus l., negative 弦月负透镜
meniscus l., positive 弦月正透镜
meter l. 米距透镜
minus l. 负透镜,凹透镜,近视镜片
omnifocal l. 全焦距透镜
orthoscopic l. 无畸透镜
periscopic l. 周视透镜
periscopic concave l. 周视凹透镜
periscopic convex l. 周视凸透镜
photochromic l., photosensitive l. 变色镜,光敏透镜
plane l., plano l. 平面透镜
planoconcave l. 平凹镜片,平凹透镜
planoconvex l. 平凸镜片,平凸透镜
plus l. 正透镜,凸透镜
punktal l. 准光镜片,焦点型镜片
safety l. 安全眼镜
size l. 等像镜片
spherical l. 球面镜片
spherocylindrical l. 球柱面镜片
stigmatic l. 无散光透镜
toric l. 复曲面透镜,托力克镜片
trial l. 试镜片
trifocal l. 三焦点镜片
lensometer [len'zɔmitə] (*lens* + *-meter*) 检镜片计
Lentard ['lentəd] 乐特得:胰岛素锌悬液制剂的商品名
lenticel ['lentisel] 舌根腺

lenticonus [ˌlenti'kɔnəs] (*lens* + L. *conus* cone) 圆锥形晶状体
lenticula [len'tikjulə] (L.) 豆状核
lenticular [len'tikjulə:] (L. *lenticularis*) ❶ 透镜的,透镜状的;❷ 晶状体的;❸ 豆状核的
lenticulo-optic [lenˌtikjuləu'ɔptik] 豆状核-丘脑的
lenticulostriate [lenˌtikjulə'straieit] 豆状核纹状体的
lenticulothalamic [lenˌtikjuləuθə'læmik] 豆状核-丘脑的
lentiform ['lentifɔ:m] 透镜状的
lentigines [len'tidʒiniz] (L.) 着色斑,小痣
lentiginosis [lenˌtidʒi'nəusis] 着色斑病
　progressive cardiomyopathic l. 进行性心肌病变性着色斑病
lentiginous [len'tidʒinəs] ❶ 着色斑的;❷ 雀斑的,雀斑性的
lentiglobus [ˌlenti'gləubəs] (*lens* + L. *globus* sphere) 球形晶状体
lentigo [len'taigəu] (pl. *lentigines*) (L. "freckle") 着色斑,小痣
　l. maligna 恶性小痣,恶性雀斑样黑色素瘤
　nevoid l. 痣样雀斑,雀斑样痣
　senile l., l. senilis 老年斑
　l. simplex ① 着色斑,小痣;② 痣样斑
　solar l. 日光性着色斑
lentigomelanosis [lenˌtaigəuˌmelə'nəusis] 着色斑性黑变病
lentitis [len'taitis] 晶状体炎
Lentivirinae [ˌlentivaiə'rini] 慢病毒,HIV样病毒
Lentivirus ['lentiˌvaiərəs] (L. *lentus* slow + *virus*) 慢病毒,HIV样病毒
lentivirus ['lentiˌvaiərəs] 慢病毒
lentoptosis [ˌlentə'təusis] (*lens* + Gr. *ptosis* falling) 晶状体突出
lentor ['lentɔ:] (L. *lentus* slow, adhesive) ❶ 缓慢;❷ 粘连
lentula ['lentjulə] 根管糊剂螺旋形输送器
lentulo [len'tfjuləu] 根管糊剂螺旋形输送器
lenus ['lenəs] (Gr. *lenos* depression) 凹
Lenz's syndrome ['lentsiz] (Widukind D.

lenz, German physician, born 1919) 伦茨氏综合征

Leo's test [ˈleiəuz] (Hans *Leo*, German physician, 1854-1927) 累奥氏试验

leontiasis [ˌliːənˈtaiəsis] (Gr. *leōn* lion) 狮面
   l. ossea, l. ossium 骨性狮面

leotropic [ˌliːəˈtrɔpik] (Gr. *laios* left + *tropos* a turning) 左旋的

leper [ˈlepə] 麻风病人

lepidic [liˈpidik] (Gr. *lepis* scale) 鳞屑的

lepid(o)- (Gr. *lepis*, gen. *lepidos* flake or scale) 鳞, 鳞屑

Lepidophyton [ˌlepiˈdɔfitən] (*lepido-* + Gr. *phyton* plant) 鳞藓菌属

lepidoplastic [ˌlepidəuˈplæstik] (*lepido-* + Gr. *plassein* to form) 形成鳞屑的

Lepidoptera [ˌlepiˈdɔptərə] (*lepido-* + Gr. *pteron* wing) 鳞翅目

lepidosis [ˌlepiˈdəusis] (Gr. *lepis* scale) ❶ 脱屑疹; ❷ 鱼鳞癣

lepocyte [ˈlepəusait] (Gr. *lepos* rind + *-cyte*) 有壁细胞

Leporipoxvirus [ˌlepəriˈpɔksvaiərəs] (L. *lepus*, gen. *leporis* hare + *poxvirus*) 脊索痘病毒亚属病毒的一种

lepothrix [ˈlepəθriks] (Gr. *lepos* scale + *thrix* hair) 鳞毛症, 结节性毛菌病

lepra [ˈleprə] (Gr. *lepra* leprosy) 麻风

lepraphobia [ˌleprəˈfəubiə] (Gr. *phobos* fear) 麻风恐怖

leprechaunism [ˈleprəˌkɔːnizəm] 矮妖精貌综合征

lepriasis [lepˈraiəsis] 麻风病

lepric [ˈleprik] 麻风的

leprid [ˈleprid] 麻风疹

lepride [ˈleprid] 麻风疹

leprologist [lepˈrɔlədʒist] 麻风病医师

leprology [lepˈrɔlədʒi] 麻风病学

leproma [ləpˈrəumə] 麻风结节

lepromatous [ləpˈrɔmətəs] 麻风结节的

lepromin [ˈleprəmin] 麻风菌素

leprophobia [ˌleprəˈfəubiə] (*lepra* + Gr. *phobos* fear) 麻风恐怖

leprophthalmia [ˌleprɔfˈθælmiə] (*lepra* + Gr. *ophthalmos* eye) 麻风性眼病

leprosarium [ˌleprəuˈsɛəriəm] 麻风病院

leprosary [ˈleprəˌsɛri] (L. *leprosarium*) 麻风病院

leprosis [lepˈrəusis] 麻风

leprosity [lepˈrɔsiti] 麻风状态

leprostatic [ˌleprəˈstætik] ❶ 抑制麻风杆菌的; ❷ 抑麻风杆菌药

leprosy [ˈleprəsi] (Gr. *lepros* scaly, scabby, rough) 麻风
   borderline l. 界线型麻风
   borderline lepromatous l. 近瘤型界线型麻风
   borderline tuberculoid l. 近结核样型界线型麻风
   bovine l. 牛型麻风
   diffuse l. of Lucio 路赛奥氏弥漫型麻风
   dimorphous l. 双型性麻风
   indeterminate l. 未定型麻风
   intermediate l. 中间型麻风, 界线型麻风
   lazarine l. 路赛奥氏弥漫型麻风
   lepromatous l. 瘤型麻风
   Lucio's l. 路赛奥氏麻风
   murine l. 鼠麻风
   rat l. 鼠麻风
   reactional l. 反应性麻风, 麻风反应
   tuberculoid l. 结核样型麻风
   uncharacteristic l. 未定型麻风
   water-buffalo l. 水牛麻风

leprotic [lepˈrɔtik] 麻风的, 受麻风影响的

leprous [ˈleprəs] (L. *leprosus*) 麻风的, 患麻风的

leptazol [ˈleptəzɔl] (Brit.) 戊四氮, 五甲烯四氮唑

lept(o)- (Gr. *leptos* slender) 薄, 细, 狭, 软

leptocephalic [ˌleptəusəˈfælik] 狭长头的, 有狭长头特征的

leptocephalous [ˌleptəuˈsefələs] 狭长头的

leptocephalus [ˌleptəuˈsefələs] (*lepto-* + Gr. *kephalē* head) 狭长头者

leptocephaly [ˌleptəuˈsefəli] 狭长头

leptochroa [ˌleptəuˈkrəuə] (*lepto-* + Gr. *chroa* skin) 皮肤过嫩

leptochromatic [ˌleptəukrəuˈmætik] (*lepto-* + *chromatin*) 细染色质的

leptochymia [ˌleptəuˈkaimiə] (*lepto-* + Gr. *chymos* juice) 体液不足

Leptocimex [ˌleptəuˈsaimeks] 细臭虫属
   L. boueti 细臭虫

Leptoconops [ˌleptəuˈkɔnɔps] 细蠓属

leptocyte [ˈleptəusait] (*lepto-* + Gr. *kytos*

cell)薄红细胞

leptocytosis [ˌleptəusai'təusis] 薄红细胞增多症

leptodactylous [ˌleptəu'dæktiləs] (*lepto-* + Gr. *daktylos* finger) 细长指(趾)的

leptodactyly [ˌleptəu'dæktili] 细长指(趾)

Leptodera pellio [lep'təudərə'peliəu] 生殖器小杆线虫

leptodontous [ˌleptəu'dɔntəs] (*lepto-* + Gr. *odous* tooth) 细长牙的

leptokurtic [ˌleptə'kɑːtik] (*lepto-* + Gr. *kurtos* convex) 尖峰的

leptomeningeal [ˌleptəumə'nindʒiəl] 软脑(脊)膜的

leptomeninges [ˌleptəumə'nindʒiːz] (*lepto-* + *meninges*) 软脑(脊)膜

leptomeningioma [ˌleptəuməˌnindʒi'əumə] 软脑(脊)膜瘤

leptomeningitis [ˌleptəuˌmenin'dʒaitis] (*leptomeninges* + *-itis*) 软脑(脊)膜炎
    sarcomatous l. 肉瘤性软脑(脊)膜炎

leptomeningopathy [ˌleptəuˌməniŋ'gɔpəθi] (*leptomeninges* + Gr. *pathos* disease) 软脑(脊)膜病

leptomeninx [ˌleptəu'meniŋks] (*lepto-* + *meninx*) (pl. *leptomeninges*) 软脑(脊)膜

leptomonad [ˌleptəu'məunæd] (*lepto-* + *monad*) ❶ 细滴虫属的; ❷ 前鞭毛体期,前鞭毛体; ❸ 细滴虫

Leptomonas [ˌleptəu'məunəs] (*lepto-* + Gr. *monas* unit, from *monos* single) 细滴虫属

leptomonas [ˌleptəu'məunəs] ❶ 细滴虫; ❷ 前鞭毛体期

Leptomyxida [ˌleptəu'maiksidə] 细胶丝目

leptonema [ˌleptə'niːmə] (*lepto-* + Gr. *nēma* thread) 细丝体,细丝团

leptonomorphology [ˌleptəunəmɔː'fɔlədʒi] 膜形态学

leptopellic [ˌleptəu'pelik] (*lepto-* + Gr. *pella* bowl) 骨盆狭小的

leptophonia [ˌleptə'fəuniə] (*lepto-* + Gr. *phōnē* voice) 声弱

leptophonic [ˌleptəu'fɔnik] 声弱的,有声弱特征的

leptoprosope [lep'tɔprəsəup] 窄面人

leptoprosopia [ˌleptəuprə'səupiə] (*lepto-* + Gr. *prosōpon* face + *-ia*) 窄面

leptoprosopic [ˌleptəuprə'sɔpik] 窄面的,有窄面特征的

Leptopsylla [ˌleptə'silə] 细蚤属
    L. musculi 缓慢细蚤
    L. segnis 缓慢细蚤,普通鼠蚤

leptorrhine ['leptərain] (*lepto-* + Gr. *rhis* nose) 窄鼻的

leptoscope ['leptəskəup] (*lepto-* + Gr. *skopein* to examine) 测膜镜

leptosomatic [ˌleptəusəu'mætik] (*lepto-* + Gr. *soma* body) 狭长形的

leptosome ['leptəsəum] 瘦长型者

Leptospira [ˌleptə'spaiərə] (*lepto-* + Gr. *speira* coil) 钩端螺旋体属
    L. australis 澳大利亚钩端螺旋体
    L. autumnalis 秋季热钩端螺旋体
    L. bataviae 巴塔维亚钩端螺旋体
    L. biflexa 双曲钩端螺旋体
    L. canicola 犬钩端螺旋体
    L. grippotyphosa 感冒伤寒型钩端螺旋体
    L. hebdomidis 七日热钩端螺旋体
    L. hyos 猪疫钩端螺旋体
    L. icterohaemorrhagiae 出血性黄疸钩端螺旋体
    L. illini 一种尚未定名的钩端螺旋体
    L. interrogans 问号钩端螺旋体
    L. interrogans serogroup australis 澳大利亚问号血清型钩端螺旋体
    L. interrogans serogroup autumnalis 秋季热问号血清型钩端螺旋体
    L. interrogans serogroup bataviae 巴塔维亚问号血清型钩端螺旋体
    L. interrogans serogroup canicola 犬型问号血清型钩端螺旋体
    L. interrogans serogroup grippotyphosa 感冒伤寒问号血清型钩端螺旋体
    L. interrogans serogroup hebdomdis 七日热问号血清型钩端螺旋体
    L. interrogans serogroup icterohaemorrhagiae 出血性黄疸问号血清型钩端螺旋体
    L. interrogans serogroup pomona 波蒙纳问号血清型钩端螺旋体
    L. interrogans serogroup pyrogenes 致热问号血清型钩端螺旋体
    L. pomona 波蒙纳钩端螺旋体

L. pyrogenes 致热钩端螺旋体
leptospira [ˌleptə'spaiərə] 钩端螺旋体,细螺旋体
Leptospiraceae [ˌleptəuspi'reisi:] 钩端螺旋体科
leptospiral [ˌleptə'spaiərəl] 钩端螺旋体的,钩端螺旋体引起的
leptospire ['leptəspaiə] 钩端螺旋体
leptospirosis [ˌleptəspaiə'rəusis] 钩端螺旋体病
  anicteric l. 良性钩端螺旋体病
  benign l. 良性钩端螺旋体病
  bovine l., l. of cattle 牛钩端螺旋体病
  canine l. 犬钩端螺旋体病
  equine l. 马钩端螺旋体病
  l. icterohaemorrhagica 出血性黄疸钩端螺旋体病
  swine l. 猪钩端螺旋体病
leptospiruria [ˌleptəuspi'ruəriə] (*leptospira* + Gr. *ouron* urine + *-ia*) 钩端螺旋体尿
leptostaphyline [ˌleptəu'stæfəli:n] (*lepto-* + Gr. *staphylē* bunch of grapes, uvula) 窄腭的
leptotene ['leptəti:n] (*lepto-* + Gr. *tainia* ribbon) 细线期
leptothricosis [ˌleptəθri'kəusis] 纤毛菌病
Leptothrix ['leptəθriks] (*lepto-* + Gr. *thrix* hair) 纤毛菌属
leptothrix ['leptəθriks] 纤毛菌
leptotrichia [ˌleptə'trikiə] (*lepto-* + Gr. *thrix*, gen. *trichos* hair) 纤毛菌属
  L. buccalis 口腔纤毛菌
leptotrichosis [ˌleptəutri'kəusis] 纤毛菌病
  l. conjunctivae 结膜纤毛菌病
Leptotrombidium [ˌleptəutrɔm'bidiəm] 细恙螨亚属
Leptus ['leptəs] (L.) 蝉,恙虫
  L. akamushi 红恙螨
  L. irritans 刺激真恙螨
Lerch's percussion ['lə:tʃiz] (Otto *Lerch*, American physician, born 1894) 勒奇氏叩诊,落槌叩诊
Leredde's syndrome [lə'redz] (Emile *Leredde*, French dermatologist, late 19th century) 勒赖德氏综合征
lergotrile ['lə:ɡəutrail] 麦角腈
  l. mesylate 甲磺酸麦角腈

Léri's sign [lə'riz] (André *Léri*, French physician, 1875-1930) 累里氏征
Leriche's disease [lə'ri:ʃiz] (René *Leriche*, French surgeon, 1879-1955) 勒里施氏病
Leritine ['leritain] 乐尔坦:氨苄杜冷丁制剂的商品名
Lermoyez's syndrome [ˌlə:mwɑ:'jeiz] (Marcel *Lermoyez*, French otolaryngologist, 1858-1929) 莱尔马耶氏综合征
les (local excitatory state 的缩写) 局部刺激状态
lesbian ['lezbiən] (Gr. *Lesbios* of Lesbos, an island off the west coast of Asia Minor) ❶ 女性同性恋的;❷ 女性同性恋者
lesbianism ['lezbiənizəm] 女性同性恋
Lesch-Nyhan syndrome [leʃ 'niən] (Michael *Lesch*, American pediatrician, born 1939; William L. *Nyhan*, Jr., American physician, born 1926) 累-奈二氏综合征
Leser-Trélat sign ['leizei trei'lɑ:] (Edmund *Leser*, German surgeon, 1853-1916; Ulysse *Trélat*, Jr., French surgeon, 1828-1890) 累-特二氏征
lesion ['li:ʒən] (L. *laesio*; *laedere* to hurt) 损伤,损害,病变
  angiocentric immunoproliferative l. 血管中心型免疫增生性病变
  Armanni-Ebstein l. 阿-爱二氏损害
  Baehr-Löhlein l. 贝-勒二氏损害
  Bankart l. 班库特氏损害
  benign lymphoepithelial l. 良性淋巴上皮性损害
  birds' nest l's 鸟巢样损害
  Blumenthal l. 布路门塔耳氏损害
  Bracht-Wächter l. 布瑞克特-瓦肯行氏损害
  bull's-eye l. 牛眼病变
  central l. 中枢性损害
  coin l. 钱币形病变
  Councilman's l. 康西耳曼氏损害
  Duret's l. 杜雷氏损害
  Ebstein's l. 埃布斯坦氏损害
  Ghon's primary l. 冈氏原发性损害
  gross l. 大体病变
  Hill-Sachs l. 希-萨二氏损伤
  histologic l. 组织学病变
  impaction l. 嵌塞损伤,碰撞损伤
  indiscriminate l. 散在性损害,混合性损

害
irritative l. 刺激性损害
Janeway l. 詹伟氏损害
local l. 局部损害
Löhlein-Baehr l. 勒-贝二氏损害
molecular l. 分子损害
onion scale l. 洋葱皮样病变
onionskin l. 洋葱皮样病变
organic l. 器质性病变
partial l. 部分病变
peripheral l. 周围性损害
precancerous l. 癌前期病变
primary l. 原发性损害(病变)
ring-wall l. 环状损害
structural l. 结构性病变
systemic l. 系统性病变
target l. 靶样病变
total l. 整体性病变
trophic l. 营养性病变
wire-loop l. 线圈样病变,白金耳样病变
Lesser's test ['lesəz] (Fritz *Lesser*, German dermatologist, 20th century) 累塞尔氏试验
Lesshaft's space ['leshɑːfts] (Peter Frantsevich *Lesshaft*, Russian physician, 1836-1909) 勒斯哈夫特氏间隙
LET(linear energy transfer 的缩写)线性能量传递
let-down ['letdaun] 射乳
lethal ['liːθəl] (L. *lethalis*, from *lethum* death) 致死性的,致命性的
lethality [liˈθæliti] 致死率
lethargy ['leθədʒi] (Gr. *lēthargia* drowsiness) ❶嗜睡,昏睡; ❷淡漠
  African l. 非洲昏睡病
lethe ['liːθi] (Gr. "forgetfulness") 健忘
letheomania [ˌliːθiəuˈmeiniə] (Gr. *lethe* oblivion + *mania* madness) 麻醉癖
letheral ['leθərəl] 健忘的
lethologica [ˌleθəˈlɔdʒikə] (Gr. *lethe* forgetfulness + *logos* word) 用字健忘症
letimide hydrochloride ['letimaid] 盐酸乙胺噁嗪酮
Letter ['letə] 莱特:左旋甲状腺素钠制剂的商品名
Letterer-Siwe disease ['letərə 'siwi] (Erich *Letterer*, German physician, 20th century; Sture August *Siwe*, Swedish pediatrician, 1897-1966) 累-赛二氏病
Leu (leucine 的缩写) 亮氨酸
leucemia [ljuːˈsiːmiə] 白血病
leucic ['ljuːsik] 亮氨酸的
leucine ['ljuːsiːn] (Gr. *leukos* white) 亮氨酸
leucine aminopeptidase (**LAP**) ['ljuːsinəˌminəˈpeptideis] 亮氨酸氨基肽酶
leucinimide [ljuːˈsinimaid] 环缩二亮氨酸
leucinosis [ˌljuːsiˈnəusis] 亮氨酸过多症
leucinuria [ˌljuːsiˈnjuəriə] 亮氨酸尿症
leucitis [ljuːˈsaitis] 巩膜炎
leuc(o)- 白
leucoblast ['ljuːkəblæst] 成白细胞
leucocyte ['ljuːkəsait] 白细胞
leucocytosis [ˌljuːkəsaiˈtəusis] 白细胞增多症
leucocytozoon [ˌljuːkəˌsaitəˈzəuɔn] (*leuco-* + *cyte* + Gr. *zōon* animal) 白细胞(原)虫原
leucocytozoonosis [ˌljuːkəˌsaitəˌzəuəˈnəusis] 白细胞(原)虫病
leucofluorescein [ˌljuːkəuˌfluəˈresiːn] 白荧光素,无色荧光素
Leucoium [ljuːˈkəuiəm] (L., Gr. *leukos* white + *ion* violet) 雪片莲属
leucomycin [ˌljuːkəuˈmaisin] 柱晶白霉素,北霉素
leucon ['ljuːkɔn] 白细胞系
Leuconostoc [ˌljuːkəuˈnɔstɔk] (*leuko-* + *Nostoc* a genus of blue-green algae) 明串珠菌属
  L. citrovorum 柠胶明串珠菌
  L. cremoris 柠胶明串珠菌
  L. dextranicum 葡聚糖明串珠菌
  L. lactis 乳明串珠菌
  L. meseteroides 肠膜明串珠菌
  L. oenos 酒明串珠菌
leucosin ['ljuːkəsin] 谷白蛋白
Leucothrix ['ljuːkəuθriks] (*leuko-* + Gr. *thrix* hair) 亮发菌属
leucotomy [ljuːˈkɔtəmi] 脑白质切断术
leucovorin [ˌljuːkəˈvəurin] 甲酰四氢叶酸,亚叶酸
  l. calcium 甲酰四氢叶酸钙盐
leucyl ['ljuːsil] 亮氨酰(基)
leucyl aminopeptidase ['ljuːsil əˌminəˈpeptideis] 亮氨酸氨基肽酶

Leudet's tinnitus [ˌljuː'deiz] (Théodor Emile *Leudet*, French physician, 1825-1887) 勒代氏耳鸣

leu-enkephalin [ˌluːen'kefəlin] 亮氨酸脑啡肽

leukapheresis [ˌljuːkəfə'riːsis] (*leuk*ocyte + Gr. *aphairesis* removal) 白细胞提取法,白细胞去除法

leukasmus [ljuː'kæzməs] (Gr. *leukos* white) ❶白变病;❷白斑,白癜

leukemia [ljuː'kiːmiə] (Gr. *leukos* white + *-emia*) 白血病

　acute l. 急性白血病

　acute granulocytic l. 急性粒细胞性白血病

　acute lymphoblastic l. (ALL) 急性淋巴母细胞性白血病

　acute lymphoblastic l., B-cell type 急性B细胞型淋巴母细胞性白血病

　acute lymphoblastic l., Burkitt-like 布吉特氏(淋巴瘤)样急性淋巴母细胞性白血病

　acute lymphoblastic l., common type 急性普通型淋巴母细胞性白血病

　acute lymphoblastic l., null cell type 急性裸细胞型淋巴母细胞性白血病

　acute lymphoblastic l., pre-B-cell type 急性前B细胞型淋巴母细胞性白血病

　acute lymphoblastic l., T-cell type 急性T细胞型淋巴母细胞性白血病

　acute lymphocytic l. 急性淋巴细胞性白血病

　acute megakaryoblastic l., acute megakaryocytic l. 急性髓(母)细胞性白血病

　acute monocytic l. 急性单核细胞性白血病

　acute myeloblastic l. ① 急性髓母细胞性白血病; ② 急性髓细胞性白血病

　acute myelocytic l. 急性髓细胞性白血病

　acute myelogenous l. (AML) 急性髓细胞性白血病

　acute myeloid l. 急性髓细胞性白血病

　acute myelomonocytic l. 急性髓单核细胞性白血病

　acute nonlymphocytic l. 急性非淋巴细胞性白血病

　acute promyelocytic l. 急性前髓细胞性白血病

　acute undifferentiated l. (AUL) 急性未分化细胞型白血病

　adult T-cell l. 成人T细胞性白血病

　adult T-cell l./lymphoma (ATL) 成人T细胞性白血病/成人T细胞性淋巴瘤

　aleukemic l., aleukocythemic l. 白细胞不增多性白血病

　basophilic l. 嗜碱性粒细胞性白血病

　blast cell l. 母细胞性白血病

　bovine l. 牛白血病

　chronic l. 慢性白血病

　chronic granulocytic l. 慢性粒细胞性白血病

　chronic lymphocytic l. (CLL) 慢性淋巴细胞性白血病

　chronic myelocytic l., chronic myelogenous l., chronic myeloid l. 慢性髓细胞性白血病

　chronic myelomonocytic l. 慢性髓单核细胞性白血病

　l. cutis 皮肤白血病

　eosinophilic l. 嗜酸性粒细胞性白血病

　l. of fowls 禽白血病

　granulocytic l. 粒细胞性白血病

　Gross' l. 格罗斯氏白血病

　hairy cell l. 毛细胞性白血病

　hemoblastic l., hemocytoblastic l. 成血细胞性白血病

　histiocytic l. 组织细胞性白血病

　leukopenic l. 白细胞减少性白血病

　lymphatic l. 淋巴细胞性白血病

　lymphoblastic l. 淋巴母细胞性白血病

　lymphocytic l., lymphogenous l., lymphoid l. 淋巴细胞性白血病

　lymphosarcoma cell l. 淋巴肉瘤细胞性白血病

　mast cell l. 肥大细胞性白血病

　megakaryoblastic l. 髓母细胞性白血病

　megakaryocytic l. 髓细胞性白血病

　micromyeloblastic l. 小原粒细胞性白血病

　monocytic l. 单核细胞性白血病

　myeloblastic l. 髓母细胞性白血病

　myelocytic l. 髓细胞性白血病

　myelogenous l., myeloid granulocytic l. 髓细胞性白血病,髓粒细胞性白血病

　myelomonocytic l. 髓单核细胞性白血病

Naegeli's l. 内格里氏白血病
plasma cell l. 浆细胞性白血病
plasmacytic l. 浆细胞性白血病
promyelocytic l. 前髓细胞性白血病
Rieder's cell l. 里德尔氏细胞性白血病
Schilling's l. 希林氏白血病
stem cell l. 干细胞性白血病
subleukemic l. 亚白血性白血病
undifferentiated cell l. 未分化细胞性白血病

leukemic [lju:ˈki:mik] 白血病的,患白血病的

leukemid [lju:ˈki:mid] (*leukemia* + *-id*) 白血病疹

leukemogen [ljuˈki:məugən] 致白血病物质

leukemogenesis [lju:ˌki:məuˈgʒenəsis] 白血病发生

leukemogenic [lju:ˌki:məuˈdʒenik] 致白血病的

leukemoid [ljuˈki:mɔid] (*leukemia* + Gr. *eidos* form) 白血病样的

leukencephalitis [ˌlju:kənˌsefəˈlaitis] (*leuko-* + *encephalitis*) 脑白质炎

Leukeran [ˈlju:kərən] 瘤可宁:苯丁酸氮芥制剂的商品名

leukexosis [ˌlju:kekˈsəusis] 死白细胞聚集

leukin [ˈlju:kin] 白细胞素

Leukine [ˈlju:kain] 乐凯:sargramostim 制剂的商品名

leuk(o)- (Gr. *leukos* white) 白,白细胞

leukoagglutinin [ˌlju:kəuəˈglu:tinin] 白细胞凝集素

leukoblast [ˈlju:kəublæst] (*leuko-* + Gr. *blastos* germ) 幼稚白细胞,成白细胞
　granular l. 幼稚粒细胞

leukoblastosis [ˌlju:kəublæsˈtəusis] 白细胞增生,白细胞组织增生

leukocidin [ˌlju:kəuˈsidin] (*leuko-* + L. *caedere* to kill) 杀白细胞素
　Neisser-Wechsberg l. 奈-维二氏杀白细胞素
　Panton-Valentine (P-V) l. 潘-瓦二氏杀白细胞素

leukocoria [ˌlju:kəuˈkɔ:riə] 白瞳症,瞳孔泛白

leukocrit [ˈlju:kəukrit] (*leuko-* + Gr. *krinein* to separate) 白细胞比容

leukocytal [ˌlju:kəˈsaitəl] 白细胞的
leukocyte [ˈlju:kəsait] (*leuko-* + Gr. *kytos* cell) ❶ 任何无色的阿米巴样细胞体;❷ 白细胞,白血球
　agranular l's 无粒细胞
　basophilic l. 嗜碱性粒细胞
　endothelial l. 内皮性白细胞
　eosinophilic l. 嗜伊红白细胞,嗜酸性粒细胞
　granular l's (granulocytes) 粒细胞
　heterophilic l's 异嗜性白细胞
　hyaline l. 单核细胞
　lymphoid l's 淋巴细胞
　mast l. 肥大细胞
　motile l. 运动性白细胞
　neutrophilic l. 嗜中性粒细胞
　nongranular l's 无粒细胞
　nonmotile l. 无运动能力白细胞,非动性白细胞
　polymorphonuclear l. 多形核白细胞
　polynuclear neutrophilic l. 多核中性粒细胞
　Türk's irritation l. 提尔克氏刺激性白细胞

leukocythemia [ˌlju:kəusaiˈθi:miə] (*leuko-* + *-cyte* + Gr. *haima* blood + *-ia*) 白血病

leukocytic [ˌlju:kəˈsaitik] 白细胞的

leukocytoblast [ˌlju:kəˈsaitəublæst] (*leukocyte-* + Gr. *blastos* germ) 幼稚白细胞,成白细胞

leukocytogenesis [ˌlju:kəˌsaitəuˈdʒenəsis] (*leukocyte* + Gr. *genesis* production) 白细胞发生,白细胞形成

leukocytoid [ˈlju:kəˌsaitɔid] (*leukocyte* + Gr. *eidos* form) 白细胞样的

leukocytology [ˌlju:kəusaiˈtɔlədʒi] 白细胞学

leukocytolysin [ˌlju:kəusaiˈtɔləsin] 溶白细胞素

leukocytolysis [ˌlju:kəusaiˈtɔləsis] (*leukocyte* + Gr. *lysis* dissolution) 白细胞溶解
　venom l. 蛇毒性白细胞溶解

leukocytolytic [ˌlju:kəˌsaitəˈlitik] ❶ 白细胞溶解的;❷ 溶解白细胞的因素

leukocytoma [ˌlju:kəusaiˈtəumə] (*leukocyte* + *-oma*) 白细胞瘤

leukocytometer [ˌlju:kəusaiˈtɔmitə] (*leukocyte* + Gr. *metron* measure) 白血球计数器

leukocytopenia [ˌljuːkəʊˌsaitə'piːniə] (*leukocyte* + Gr. *penia* poverty) 白细胞减少

leukocytophagy [ˌljuːkəsai'tɔfədʒi] (*leukocyte* + Gr. *phagein* to devour) 噬白细胞现象

leukocytoplania [ˌljuːkəʊsaitəu'pleiniə] (*leukocyte* + Gr. *planē* wandering) 白细胞游出

leukocytopoiesis [ˌljuːkəʊˌsaitəupɔi'iːsis] (*leukocyte* + Gr. *poiein* to make) 白细胞形成

leukocytoreaction [ˌljuːkəʊˌsaitəri'ækʃən] 白血球反应

leukocytosis [ˌljuːkəsai'təusis] 白细胞增多
  absolute l. 绝对性白细胞增多
  agonal l. 濒死期白细胞增多
  basophilic l. 嗜碱性白细胞增多
  mononuclear l. 单核细胞增多
  neutrophilic l. 嗜中性白细胞增多
  pathologic l. 病理性白细胞增多
  physiologic l. 生理性白细胞增多
  pure l. 单纯性白细胞增多
  relative l. 相对性白细胞增多
  terminal l. 濒死期白细胞增多
  toxic l. 中毒性白细胞增多

leukocytotactic [ˌljuːkəˌsaitəu'tæktik] 白细胞趋向性的,诱白细胞的

leukocytotaxis [ˌljuːkəʊˌsaitəu'tæksis] 白细胞趋向性

leukocytotherapy [ˌljuːkəʊˌsaitəu'θerəpi] 白细胞疗法

leukocytotoxicity [ˌljuːkəˌsaitəutɔk'sisiti] 白细胞毒性,白细胞毒力

leukocytotoxin [ˌljuːkəʊˌsaitə'tɔksin] 白血球毒素

leukocytotropic [ˌljuːkəˌsaitəu'trɔpik] 白细胞趋向性,诱白细胞的

leukocytozoon [ˌljuːkəˌsaitə'zəuɔn] 白细胞虫属

leukocyturia [ˌljuːkəsai'tjuəriə] (*leukocyte* + *-uria*) 白细胞尿

leukoderma [ˌljuːkəu'dəːmə] (*leuko-* + *derma*) 白斑病
  l. acqisitum centrifugum 离心性后天白斑病
  l. colli 颈部白斑病
  occupational l. 职业性白斑病
  postinflammatory l. 炎症后白斑病
  syphilitic l. 梅毒性白斑病

leukodermatous [ˌljuːkəu'dəːmətəs] 白斑病的,有白斑病特征的

leukodermia [ˌljuːkəu'dəːmiə] 白斑病

leukodermic [ˌljuːkəu'dəːmik] 白斑病的

leukodextrin [ˌljuːkəu'dekstrin] 无色糊精

leukodiagnosis [ˌljuːkəuˌdaiəg'nəusis] 白血球诊断法

leukodystrophy [ˌljuːkəu'distrəfi] 脑白质营养不良
  globoid cell l. 球样细胞性脑白质营养不良
  hereditary adult-onset l. 遗传性成人脑白质营养不良
  hereditary cerebral l. 佩-梅二氏病(遗传性脑白质营养不良)
  Krabbe's l. 克腊伯氏脑白质营养不良
  metachromatic l. 异染性脑白质营养不良
  spongiform l. 海绵状脑白质营养不良
  sudanophilic l. 嗜苏丹性脑白质营养不良

leukoedema [ˌljuːkəui'diːmə] (*leuko-* + *edema*) 白水肿

leukoencephalitis [ljuːkəuenˌsefə'laitis] (*leuko-* + Gr. *enkephalos* brain + *-itis*) ❶脑白质炎;❷饲料中毒
  acute hemorrhagic l. of Weston Hurst 万森·霍斯特急性出血性脑白质炎
  l. periaxialis concentrica 同心性脑中叶硬化
  van Bogaert's sclerosing l. 范伯格特氏硬化性全脑炎

leukoencephalopathy [ˌljuːkəuənˌsefə'lɔpəθi] 脑白质病
  metachromatic l. 异染性脑白质病
  necrotizing e. 坏死性脑炎
  progressive multifocal l. 进行性多病灶性脑白质病
  subacute sclerosing l. 亚急性硬化性全脑炎

leukoencephaly [ˌljuːkəuən'sefəli] 脑白质病

leukoerythroblastosis [ljuːkəuiˌriθrəublæs'təusis] 成白红细胞增多病

leukogenic [ljuːkəu'dʒenik] 产生白血球的

leukogram ['ljuːkəugræm] 白细胞像

leukokeratosis [ˌljuːkəuˌkerə'təusis] (*leuko-*

+ *keratosis*) 粘膜白斑病

leukokinesis [ˌljuːkəukiˈniːsis] 白细胞移动

leukokinetic [ˌljuːkəukiˈnetik] 白细胞移动的

leukokinetics [ˌljuːkəukiˈnetiks] (*leukocyte* + Gr. *kinetikos* of or for putting in motion) 白细胞动力学

leukokinin [ˌljuːkəuˈkainin] 白细胞激肽

leukokoria [ˌljuːkəuˈkɔriə] (*leuko-* + Gr. *korē* pupil + *-ia*) 白瞳孔

leukokraurosis [ˌljuːkəukrɔːˈrəusis] 外阴干皱

leukolymphosarcoma [ˌljuːkəuˌlimfɑːˈkəumə] 淋巴肉瘤细胞性白血病

leukolysin [ljuˈkɔləsin] 白细胞溶素

leukolysis [ljuˈkɔləsis] 白细胞溶解

leukolytic [ˌljuːkəuˈlaitik] 白细胞溶解的

leukoma [ljuˈkəumə] (pl. *leukomata*) (Gr. *leukoma* whiteness) 角膜白斑

adherent l. 粘连性角膜白斑

leukomaine [ˈljuːkəumein] (Gr. *leukoma* whiteness) 蛋白碱

leukomainemia [ˌljuːkəumeiˈniːmiə] (*leukomaine* + Gr. *haima* blood + *-ia*) 蛋白碱血

leukomainic [ˌljuːkəuˈmeinik] 蛋白碱的，由蛋白碱引起的，有蛋白碱特征的

leukomata [ljuˈkɔmətə] 角膜白斑

leukomatous [ljuˈkɔmətəs] 角膜白斑的，有角膜白斑性质的

leukomonocyte [ˌljuːkəˈmɔnəsait] (*leuko-* + Gr. *monos* single + *-cyte*) 淋巴细胞

leukomyelitis [ˌljuːkəˌmaiəˈlaitis] (*leuko-* + Gr. *myelos* marrow + *-itis*) 脊髓白质炎

leukomyelopathy [ˌljuːkəuˌmaiəˈlɔpəθi] (*leuko-* + Gr. *myelos* marrow + *pathos* disease) 脊髓白质病

leukomyoma [ˌljuːkəumaiˈəumə] 脂肌瘤

leukon [ˈljuːkɔn] 白细胞系

leukonecrosis [ˌljuːkəuniˈkrəusis] (*leuko-* + Gr. *nekrosis* necrosis) 白色坏疽

leukonychia [ˌljuːkəuˈnikiə] (*leuko-* + Gr. *onyx* nail + *-ia*) 白甲病

leukopathia [ˌljuːkəuˈpæθiə] (*leuko-* + Gr. *pathos* illness) 白斑病

l. punctata reticularis symmetrica 对称性网点状白斑病

l. unguium 白甲病

leukopathy [ljuːˈkɔpəθi] 白斑病

leukopedesis [ˌljuːkəupiˈdiːsis] (*leukocyte* + Gr. *pedan* to leap) 白细胞渗出

leukopenia [ˌljuːkəuˈpiːniə] (*leukocyte* + Gr. *penia* poverty) 白细胞减少

basophil l., basophilic l. 嗜碱性白细胞减少

congenital l. 先天性白细胞减少

malignant l., pernicious l. 恶性白细胞减少

leukopenic [ˌljuːkəuˈpiːnik] 白细胞减少的

leukophagocytosis [ˌljuːkəuˌfæɡəusaiˈtəusis] 白细胞吞噬作用

leukoplakia [ˌljuːkəuˈpleikiə] (*leuko-* + Gr. *plax* plate + *-ia*) ❶ 粘膜白斑病；❷ 口腔粘膜白斑病

atrophic l. 外阴硬化性苔藓

l. buccalis 颊粘膜白斑病

l. lingualis 舌白斑病

oral l. 口白斑病

oral hairy l. 丝状口腔粘膜白斑病

speckled l. 小斑点粘膜白斑病

l. vulvae 外阴白斑病，外阴干皱

leukoplania [ˌljuːkəuˈpleiniə] (*leuko-* + Gr. *plania* wandering) 白细胞游出

leukoplasia [ˌljuːkəuˈpleiziə] 粘膜白斑病

leukoplast [ˈljuːkəuplæst] (*leuko-* + Gr. *plassein* to form) 白色体

leukopoiesis [ˌljuːkəupɔiˈiːsis] 白细胞生成

leukopoietic [ljuːkəupɔiˈetik] (*leuko* cyte + Gr. *poiein* to make) 白细胞生成的

leukopoietin [ˌljuːkəupɔiˈetin] 白细胞生成素，生白素

leukoprecipitin [ˌljuːkəupriˈsipitin] 白细胞抗原沉淀素

leukoprotease [ˌljuːkəuˈprəutieis] 白细胞蛋白酶

leukopsin [ljuːˈkɔpsin] (*leuko-* + Gr. *ops* eye) 视白质

leukorrhagia [ˌljuːkəuˈreidʒiə] (*leuko-* + Gr. *rhegnynai* to break forth) 白带过多

leukorrhea [ˌljuːkəˈriːə] (*leuko-* + Gr. *rhoia* flow) 白带

menstrual l., periodic l. 经期白带

leukorrheal [ˌljuːkəˈriːəl] 白带的，有白带特征的

leukosarcoma [ˌljuːkəusɑːˈkəumə] (*leuko-* + *sarcoma*) 白血病性肉瘤

leukosarcomatosis [ˌljuːkəuˌsɑːkəuməˈtəusis] 白色肉瘤病

leukoscope [ˈljuːkəskəup] (*leuko-* + *-scope*) 色盲检测镜

leukosis [ljuːˈkəusis] (pl. *leukoses*) 造白细胞组织增生
  acute l. 急性造白细胞组织增生
  avian l. 家禽造白细胞组织增生
  avian l. complex 家禽造白细胞组织增生综合征
  bovine l. 牛造白细胞组织增生
  enzootic bovine l. (EBL) 地方性动物造白细胞组织增生
  fow l. 家禽造白细胞组织增生
  lymphoid l. 造淋巴细胞组织增生
  myeloblastic l. 造成髓细胞组织增生
  skin l. 皮肤造白细胞组织增生
  sporadic bovine l. 散发性牛造白细胞组织增生

leukotactic [ˌljuːkəuˈtæktik] 白细胞趋向性的,诱白细胞的

leukotaxin [ˌljuːkəuˈtæksin] 白细胞诱素

leukotaxine [ˌljuːkəuˈtæksin] 白细胞诱素

leukotaxis [ˌljuːkəuˈtæksis] (*leuko-* + Gr. *taxis* arrangement) 白细胞趋向性

leukotherapy [ˌljuːkəuˈθerəpi] 白细胞疗法

Leukothrix [ˌljuːkəuˈθriks] 亮发菌属

leukothrombin [ˌljuːkəuˈθrɔmbin] 白细胞凝血酶

leukothrombopenia [ˌljuːkəuˌθrɔmbəˈpiːniə] 白细胞血小板减少

leukotome [ˈljuːkətəum] (*leuko-* + Gr. *tomē* a cut) 脑白质切断器

leukotomy [ljuːˈkɔtəmi] 脑白质切断术
  transorbital l. 经眼眶脑白质切断术

leukotoxic [ˌljuːkəuˈtɔksik] 破坏白细胞的

leukotoxicity [ˌljuːkəutɔkˈsisiti] 对白细胞破坏性

leukotoxin [ˌljuːkəuˈtɔksin] (*leukocyte* + *toxin*) 白细胞毒素

leukotrichia [ˌljuːkəuˈtrikiə] (*leuko-* + Gr. *thrix* hair + *-ia*) 毛发变白,发白

leukotriene [ˌljuːkəuˈtraiiːn] (from *leukocyte* + *triene* indicating three double bonds) 白细胞三烯

leukourobilin [ˌljuːkəurəˈbilin] (*leuko-* + *urobilin*) 白色尿胆素

leukovirus [ˈljuːkəˌvaiərəs] (*leukemia* + *virus*) 白血病病毒

leuprolide acetate [ljuˈprəulaid] 一种合成的促性腺激素释放激素类似物

Lev's disease [levz] (Maurice *Lev*, American pathologist, born 1908) 莱夫氏病

Levaditi's method [ˌleveˈditiz] (Constantin *Levaditi*, Romanian-born bacteriologist in Paris, 1874-1953) 列瓦迪提氏法

levallorphan tartrate [ˌlevəˈlɔːfən] 酒石酸左吗南

levamisole hydrochloride [leˈvæmisəul] 盐酸左旋四咪唑

levan [ˈlevən] 呋喃果聚糖

levansucrase [ˌlevənˈsjuːkreis] (EC 2.4.1.10.) 果聚糖生成酶

levarterenol [ˌlevətəˈriːnɔl] 左旋去甲肾上腺素
  l. bitartrate 重酒石酸去甲肾上腺素

Levatol [ˈlevətɔl] 来旺特:环戊丁心安硫酸盐制剂的商品名

levator [liˈveitə] (pl. *levatores*) (L. *levare* to raise) ❶ (NA)提肌; ❷ 骨片提拉器

levatores [ˌlevəˈtɔːriz] (L.) ❶ 提肌; ❷ 骨片提拉器

level [ˈlevl] 水平,等能,浓度
  α l. 显著性水准
  confidence l. 可信度
  l's of consciousness 意识界域
  isoelectric l. 等电位
  significance l., l. of significance 有效级,有效指标,显著水平

Lévi-Lorain dwarf [leiˈvi lɔˈrein] (E. Leopold *Levi*, French endocrinologist, 1868-1933; Paul Joseph *Lorain*, French physician, 1827-1875) 累-洛二氏侏儒

levicellular [ˌleviˈseljulə] (L. *levis* smooth + *cellula* cell) 平滑细胞的

levigation [ˌleviˈgeiʃən] (L. *levigare* to render smooth) 研碎,研末

Levi-Montalcini [ˈleivi məuntɑːlˈtʃini] 列维-蒙太西尼:意大利神经生物学家,生于1909年

Levin's tube [ləˈvinz] (Abraham Louis *Levin*, American physician, 1880-1940)

列文氏管

levitation [ˌleviˈteiʃən] (L. *levis* light) ❶ 飘浮感；❷ 漂浮床

lev(o)- (L. *laevus* left) ❶ 左，向左；❷ 用来表示某物体的左旋对映结构体

levocardia [ˌliːvəuˈkɑːdiə] (*levo-* + *cardia*) 左位心
 isolated l. 孤立性左位心
 mixed l. 混合性左位心

levocardiogram [ˌliːvəuˈkɑːdiəugræm] 左心电图

levocarnitine [ˌliːvəˈkɑːnitin] 左旋肉毒碱

levoclination [ˌliːvəkliˈneiʃən] (*levo-* + L. *clinatus* leaning) 左旋眼

levocycloduction [ˌliːvəuˌsaikləuˈdʌkʃən] 左旋眼

levodopa [ˌliːvəuˈdəupə] 左旋多巴，左多巴

Levo-Dromoran [ˌliːvəuˈdrɔmərən] 里欧着莫热：酒石酸左吗喃制剂的商品名

levoduction [ˌliːvəuˈdʌkʃən] 左旋眼

levofuraltadone [ˌliːvəufjuˈræltədəun] 左旋呋喃唑酮

levoglucose [ˌliːvəuˈgluːkəus] 左旋糖，糖

levogram [ˈlevəgræm] ❶ 左心电图；❷ 轴左偏心电图

levogyral [ˌliːvəuˈdʒairəl] (*levo-* + L. *gyrare* to return) 左旋的

levogyration [ˌliːvəudʒaiˈreiʃən] 左旋

Levoid [ˈliːvɔid] 利奥德：左旋甲状腺素钠制剂的商品名

levomepromazine [ˌliːvəuməˈprɔməzain] 甲氧异丁嗪，左旋甲丙嗪

levomethadyl acetate [ˌliːvəuˈmeθədil] 左旋乙酰美沙酮

levonordefrin [ˌliːvəuˈnɔːdifrin] (USP) 左旋异肾上腺素

levonorgestrel [ˌliːvəunɔːˈdʒestrel] (USP) 左旋18-甲基炔诺酮

Levophed [ˈliːvəufed] 利沃菲得：重酒石酸去甲肾上腺素制剂的商品名

levophobia [ˌliːvəuˈfəubiə] (*levo-* + Gr. *phobos* fear) 左侧恐怖

Levoprome [ˈliːvəuprəum] 利沃普罗姆：甲氧异丁嗪制剂的商品名

levopropoxyphene napsylate [ˌliːvəuprəˈpɔksəfiːn] (USP) 萘磺酸左旋丙氧吩

levopropylcillin potassium [ˌliːvəuˌprɔpelˈsilin] 左旋苯氧丙基青霉素钾

levorotary [ˌliːvəuˈrɔtəri] 左旋的

levorotation [ˌliːvəuˈteiʃən] 左旋

levorotatory [ˌliːvəuˈrɔtətəri] (*levo-* + L. *rotare* to turn) 左旋的

levorphanol tartrate [liːˈvɔːfənɔl] (USP) 酒石酸羟吗啡南

levosin [ˈliːvəusin] 利沃辛：麦粉、裸麦、糠和谷(麦)茬中的淀粉

levothyroxine sodium [ˌliːvəuθaiˈrɔksiːn] (USP) 左旋甲状腺素钠

levotorsion [ˌliːvəuˈtɔːʃən] 左旋

levoversion [ˌliːvəuˈvəːʒən] 左旋，眼左转

Levret's forceps [levˈreiz] (Andre *Levret*, French obstetrician, 1703-1780) 利夫雷氏产钳

Levugen [ˈlevjudʒən] 乐吾珍：果糖制剂的商品名

levulose [ˈlevjuləus] (L. *laevus* left + *-ose*) 左旋糖，果糖

levulosuria [ˌlevjuləsˈjuəriə] (Gr. *ouron* urine) 果糖尿

Lévy-Roussy syndrome [leiˈvi ruːˈsiː] (Gabrielle *Lévy*, French neurologist, 1886-1935; Gustave *Roussy*, French pathologist, 1874-1948) 雷-罗二氏综合征(阵发性甲状腺机能亢进)

Lewandowsky's nevus elasticus [levɑːnˈdɔvskiz] (Felix *Lewandowsky*, German dermatologist, 1879-1921) 利旺窦斯基氏弹性痣

Lewandowsky-Lutz disease [levɑːnˈdɔvs-ki luːts] (F. *Lewandowsky*; Wilhelm *Lutz*, Swiss dermatologist, 1888-1958) 疣状表皮发育不良

Lewis blood group [ˈluːis] 路易士血型

Lewis' reaction [ˈluːis] (Sir Thomas *Lewis*, English cardiologist, 1881-1945) 路易士氏反应(组胺试验)

Lewis-Pickering test [ˈluːisˈpikəriŋ] (Sir T. *Lewis*; George White *Pickering*, English scientist, born 1904) 路-皮二氏试验(检周围循环)

lewisite [ˈluːisait] (named for W. Lee *Lewis*, American chemist, 1879-1943) 路易士毒气

Lewy bodies [ˈleivi] (Frederic H. *Lewy*,

German-born neurologist in United States, 1885-1950) 路易体

Leyden's disease ['laidənz] (Ernst Victor von *Leyden*, German physician, 1832-1910) 莱登氏病(周期性呕吐)

Leyden jar ['laidən] (*Leyden*, The Netherlands, where it was invented) 莱登瓶

Leyden-Möbius muscular dystrophy syndrome ['laidən 'məːbiəs] (E. V. von *Leyden*; Paul Julius *Mobius*, German nerurologist, 1853-1907) 莱-莫二氏肌性营养不良

Leydig's cells ['laidigz] (Franz von *Leydig*, German anatomist, 1821-1908) 莱迪希氏细胞

Lf (*lines flocculating* 的符号) 絮凝线, 絮凝单位

LFA (left frontoanterior 的缩写) 左额前(胎位)

LFA-1 (leukocyte function-associated antigen 1 的缩写) 白细胞作用-联合抗原1

LFA-2 (leukocyte function-associated antigen 2 的缩写) 白细胞作用-联合抗原2

LFA-3 (leukocyte function-associated antigen 3 的缩写) 白细胞作用-联合抗原3

L.F.D (least fatal dose 的缩写) 最低致死量

L-form 左旋相变异体

LFP (left frontoposterior 的缩写) 左额后(胎位)

LFT (left frontotransverse 的缩写) 左额横(胎位)

LH (luteinizing hormone 的缩写) 黄体化激素

Lhermitte's sign [lɛə'miːts] (Jean *Lhermitte*, Paris neurologist, 1877-1959) 莱尔米特氏征

LH-RH (luteinizing hormone-releasing hormone 的缩写) 促黄体激素释放激素

Li (*lithium* 的符号) 锂

LIA (leukemia-associated inhibitory activity 的缩写) 白血病相关抑制活性

Lib. (L. *libra* pound 的缩写) 磅

liberation [ˌlibə'reiʃən] (L. *liberare* to make free) 释放(作用), 游离(作用)

liberomotor [ˌlibərə'məutə] (L. *liber* free + *motor* mover) 随意运动的

libidinal [li'bidinəl] 性欲的, 色情的

libidinous [li'bidinəs] (L. *libidinosus*) 好色的, 淫荡的

libido [li'biːdəu; li'baidəu] (pl. *libidines*) (*L*.) ❶ 性欲; ❷ 来自原始冲动的力量

Libman's sign ['libmənz] (Emanuel *Libman*, American physician, 1872-1946) 利伯曼氏征

Libman-Sacks disease ['libmən sæks] (E. *Libman*; Benjamin *Sacks*, New York physician, 1873-1939) 利-萨二氏病, 非典型性疣状心内膜炎

libra ['liːbrə, 'laibrə] (pl. *librae*) (L.) 磅

library ['laibrəri] (L. *libraria*) 基因库

Libritabs ['laibritæbz] 莱瑞特布斯: 甲氨二氮䓬制剂的商品名

Librium ['laibriəm] 莱瑞姆: 盐酸甲氨二氮䓬制剂的商品名

lice [lais] 虱

license ['laisəns] (L. *licere* to be permitted) 执照

licentiate [lai'senʃieit] (L. *licentia* license) 执照持有人, 开业证持有人

lichen ['laikən] (Gr. *leichēn* a tree-moss) ❶ 地衣; ❷ 苔藓

l. **amyloidosus** 淀粉样变性苔藓

l. **corneus hypertrophicus** 角化肥厚性苔藓

l. **fibromucinoidosus** 纤维性粘蛋白样苔藓

l. **myxedematosus** 粘液水肿性苔藓

l. **nitidus** 光泽苔藓

l. **obtusus corneus** 角质性钝头苔藓

l. **pilaris** 毛发苔藓, 毛发角化病

l. **planopilaris** 毛发扁平苔藓

l. **planus** 扁平苔藓

l. **planus, bullous** 大疱性扁平苔藓

l. **planus, vesiculobullous** 大小疱性扁平苔藓

l. **planus actinicus** 光化性扁平苔藓

l. **planus annularis** 环状扁平苔藓

l. **planus atrophicus** 萎缩性扁平苔藓

l. **planus erythematosus** 红斑样扁平苔藓

l. **planus follicularis** 毛发扁平苔藓

l. **planus hypertrophicus** 肥大性扁平苔藓

l. **planus subtropicum** 亚热带扁平苔藓

l. **planus tropicum** 热带扁平苔藓

l. planus verrucosus 疣状扁平苔藓
l. ruber moniliformis 念珠状红苔藓
l. ruber planus 扁平红苔藓
l. sclerosus 硬化性苔藓，硬化萎缩苔藓
l. sclerosus et atrophicus 硬化萎缩苔藓
l. scrofulosorum, l. scrofulosus 瘰疬性苔藓
l. simplex chronicus 单纯慢性苔藓
l. spinulosus 小棘苔藓
l. striatus 条纹状苔藓
l. tropicus 热带苔藓
l. urticatus 荨麻疹性苔藓，丘疹性荨麻疹

lichenification [lai͵kenifi'keiʃən] 苔藓形成，苔藓化
licheniformin [lai͵keni'fɔːmin] 地衣形菌素
lichenin ['laikenin] 地衣淀粉，地衣聚糖
lichenization [͵laikeni'zeiʃən] 苔癣形成，苔癣化
lichenoid ['laikənɔid] (*lichen* + Gr. *eidos* form) 苔藓样的
Lichtheim's aphasia ['laikθaimz] (Ludwig *Lichtheim*, German physician, 1845-1928) 利什特海姆氏失语症
licorice ['likəris] 甘草
lid [lid] (A.S. *hlid*) 眼睑
granular l's 沙眼
tucked l. of Collier 柯立尔氏上睑缩进
lidamidine [li'dæmidiːn] 盐酸二甲苯甲脒脲
lidamine ['lidəmiːn] 利达明
Liddell and Sherrington reflex [li'del 'ʃəriŋtən] (Edward George Tandy *Liddell*, English physiologist, 1895-1981; Sir Charles Scott *Sherrington*, English physiologist, 1857-1952) 李-谢二氏反射，牵张反射
Lidex [lai'deks] 乐德克斯：醋酸肤轻松制剂的商品名
lidocaine ['liːdəukein] (USP) 利多卡因，赛罗卡因：具有麻醉、镇静、止痛、抗惊厥以及抑制心脏活动作用的药物
l. hydrochloride (USP) 盐酸利多卡因
lidofenin [͵lidəu'fenin] 二甲苯双酸
lidofilcon [͵lidəu'filkən] 指两种亲水接触透镜材料之一
lidoflazine [lidəu'fleiziːn] 利多氟嗪：冠状血管扩张药
lie [lai] 胎儿位置，胎儿姿势
oblique l. 斜位
transverse l. 横位
Lieben's test ['liːbənz] (Adolf *Lieben*, Austrian chemist, 1836-1914) 李本氏试验
Lieberkühn's ampulla ['liːbəkiːnz] (Johann Nathaniel *Lieberkühn*, German anatomist, 1711-1756) 利贝昆氏壶腹
Liebermann's test ['liːbəmænz] (Leo von Szentlörincz *Liebermann*, Hungarian physician, 1852-1926) 李伯曼氏试验
Liebermann-Burchard reaction ['liːbəmæn 'bəːkhɑːd] (Carl Theodore *Liebermann*, German chemist, 1842-1914; H. *Burchard*, German chemist, 19th century) 李-伯二氏反应
Liebermeister's furrows ['liːbəmaistəz] (Carl von *Liebermeister*, German physician, 1833-1901) 肋压迹(肝)
Liebig's test ['liːbigz] (Baron Justus von *Liebig*, German chemist, 1803-1873) 李比希氏试验
lien [liən] (L.) (NA) 脾
l. accessorius 副脾
l. mobilis 游动脾
lienal [lai'enəl] 脾的
lienculus [lai'enkjuləs] 副脾
lienectomy [͵laiə'nektəmi] 脾切除术
lienitis [͵laiə'naitis] 脾炎
lien(o)- (L. *lien* spleen) 脾
lienocele [lai'iːnəusiːl] 脾疝
lienography [laiə'nɔgrəfi] 脾造影术
lienomalacia [lai͵iːnəumə'leiʃiə] 脾软化
lienomedullary [lai͵iːnə'medjuləri] 脾骨髓的
lienomyelogenous [lai͵iːnəumaiə'lɔdʒinəs] 脾骨髓原的
lienomyelomalacia [lai͵iːnəumaiələumə'leiʃiə] 脾骨髓软化
lienopancreatic [lai͵iːnəuˌpæŋkri'ætik] 脾胰的
lienopathy [͵laiə'nɔpəθi] 脾病
lienorenal [lai͵iːnəu'riːnəl] 脾肾的
lienotoxin [lai͵iːnəu'tɔksin] (*lieno-* + *toxin*) 脾毒素
lienteric [͵laiən'terik] 消化不良性腹泻

的，受消化不良性腹泻影响的

lientery [ˈlaiəntəri] (Gr. *leienteria*; *leios* smooth + *enteron* intestine) 消化不良性腹泻

lienunculus [ˌlaiəˈnʌŋkjuləs] 副脾

Liepmann's apraxia [ˈliːpmænz] (Hugo Carl *Liepmann*, German neurologist, 1863-1925) 利普曼氏运用不能

Liesegang's phenomenon [ˈliːzəgærŋz] (Raphael Eduard *Liesegang*, German chemist, 1869-1947) 利泽甘氏现象

Lieutaud's triangle [ljuːˈtɔz] (Joseph *Lieutaud*, French physician, 1703-1780) 吕托氏三角(体)

LIF ❶(left iliac fossa 的缩写)左髂窝；❷(leukocyte inhibitory factor 的缩写)白细胞抑制因子

life [laif] 生命，生活，寿命
  animal l. 动物性生活
  intrauterine l., uterine l. 子宫内生活，出生前生活
  mean l. 平均寿命，平均衰变期
  vegetative l. 植物性生活

lifetime [ˈlaiftaim] 寿命，平均寿命

lifibrate [liˈfaibreit] 降脂哌定，降脂新，新安妥明：一种抗高血脂药

lig. (ligament, ligamentum 的缩写)韧带

ligament [ˈligəmənt] 韧带
  accessory l. 副韧带
  accessory l's, plantar 足底韧带
  accessory l's, volar 掌侧韧带
  accessory l. of Henle, lateral 颞下颌关节外侧韧带
  accessory l. of Henle, medial 喋下颌韧带
  accessory l. of humerus 喙肱韧带
  accessory l's of metacarpophalangeal joints 掌指关节侧副韧带
  acromioclavicular l. 肩锁韧带
  acromiocoracoid l. 喙肩韧带
  adipose l. of knee (of Cruveilhier) 髌下滑膜襞
  alar l's 翼状韧带
  alar l's of knee 翼状襞
  alveolodental l. 牙周膜
  annular l., dorsal common 腕伸肌支持带
  annular l., inferior 耻骨弓状韧带
  annular l., internal 足屈肌支持带
  annular l. of ankle, external 腓骨肌上支持带
  annular l. of ankle, internal 足屈肌支持带
  annular l. of base of stapes 镫骨底环韧带
  annular l. of carpus, posterior 腕伸肌支持带
  annular l's of digits of foot 足趾纤维鞘环状部
  annular l's of digits of hand 手指纤维鞘环部
  annular l. of femur 髋关节轮匝带
  annular l's of fingers 手指纤维鞘环部
  annular l. of malleolus, external 小腿伸肌下支持带
  annular l. of malleolus, internal 足屈肌支持带
  annular l. of radius 桡环韧带
  annular stapedial l. 镫骨底环韧带
  annular l. of tarsus, anterior 小腿伸肌下支持带
  annular l's of tendon sheaths of fingers 手指纤维鞘环部
  annular l's of toes 足趾纤维鞘环部
  annular l's of trachea 气管环状韧带
  annular l. of wrist, dorsal posterior 腕伸肌支持带
  anococcygeal l. 肛尾韧带
  anterior l. of colon 网膜带
  anterior l. of head of fibula 腓骨头前韧带
  anterior l. of head of rib 肋骨头辐射韧带
  anterior l. of malleus 锤骨前韧带
  anterior l. of neck of rib 肋横突上韧带前部
  anterior l. of radiocarpal joint 桡腕掌侧韧带
  l. of antibrachium (of Weitbrecht) 前臂骨间膜斜索
  apical dental l., apical odontoid l. 齿突尖韧带
  appendiculo-ovarian l. 阑尾卵巢韧带
  Arantius'l. 阿朗希乌斯氏韧带
  arcuate l's 弓状韧带，黄韧带
  arcuate l., lateral 外侧弓状韧带

arcuate l., medial 内侧弓状韧带
arcuate l., median 正中弓状韧带
arcuate l., pubic 耻骨弓状韧带
arcuate l. of diaphragm, external 膈外侧弓状韧带
arcuate l. of diaphragm, internal 膈内侧弓状韧带
arcuate l. of diaphragm, lateral 膈外侧弓状韧带
arcuate l. of knee 腘弓状韧带
arcuate l. of pubis, inferior 耻骨弓状韧带
Arnold's l. 阿诺德氏韧带,砧骨上韧带
articular l. of vertebrae 椎连结关节囊
arytenoepiglottic l. 杓状会厌襞
atlantooccipital l., anterior, atlantooccipital l., deep 寰枕前膜,寰枕前韧带
atlantooccipital l., lateral 寰枕外侧韧带
atlantooccipital l., posterior 寰枕后膜
l's of auditory ossicles 听小骨韧带
l's of auricle of external ear 耳廓韧带
auricular l., anterior 耳廓前韧带
auricular l., posterior 耳廓后韧带
auricular l., superior 耳廓上韧带
Barkow's l. 巴尔科夫氏韧带
Bellini's l. 贝利尼氏韧带,髂转子韧带
Bérard's l. 贝腊尔氏韧带
Berry's l. 贝里氏韧带,甲状腺侧韧带
Bertin's l. 贝坦氏韧带,坐同囊韧带
Bichat's l. 比沙氏韧带,骶髂后韧带下束
bifurcate l. 分歧韧带
bifurcate l's, deep 跖耳足底韧带
bifurcate l's of Arnold, deep 跗跖足底韧带
Bigelow's l. 比吉洛氏韧带,髂股韧带
bigeminate l's of Arnold 跗跖背侧韧带
l. of Botallo 博塔洛氏韧带,动脉韧带
Bourgery's l. 布杰里氏韧带,腘斜韧带
brachiocubital l. 尺侧副韧带
brachioradial l. 桡侧副韧带
broad l. of liver 肝镰状韧带
broad l. of lung 肺韧带
broad l. of uterus 子宫阔韧带
Brodie's l. 布罗迪氏韧带,肱骨横韧带
Burns's l. 伯恩斯氏韧带,隐静脉裂孔镰状缘
calcaneocuboid l. 跟骨韧带
calcaneocuboid l., plantar 跟骨足底韧带

calcaneofibular l. 跟腓韧带
calcaneonavicular l. 跟舟韧带
calcaneonavicular l., dorsal 跟舟背侧韧带
calcaneonavicular l., plantar 跟舟足底韧带
calcaneotibial l. 跟胫韧带,内侧韧带胫跟部
Caldani's l. 卡耳达尼氏韧带,喙锁韧带
Campbell's l. 坎贝尔氏韧带,腋窝悬韧带
Camper's l. 坎珀尔氏韧带
canthal l's 眦韧带
capitular l., volar 掌骨深横韧带
capsular l's 囊韧带
capsular l., internal 股骨头韧带
capsular l., pelviprostatic 前列腺囊
Carcassonne's l. 卡尔卡索恩氏韧带,耻骨前列腺韧带
cardinal l. 主韧带
carpal l., dorsal 腕骨间背侧韧带
carpal l., radiate 腕辐状韧带
carpometacarpal l's, anterior 腕掌掌侧韧带
carpometacarpal l's, dorsal 腕掌背侧韧带
carpometacarpal l's, palmar 掌骨掌侧韧带
carpometacarpal l's, posterior 掌骨背侧韧带
carpometacarpal l's, volar 腕掌掌侧韧带
Casser's l., casserian l. 卡塞韧带,锤骨外侧韧带
caudal l. of common integument 尾皮支持带
ceratocricoid l. 环甲韧带
cervical l., anterior 寰枢关节覆膜,颈前韧带
cervical l., lateral 主韧带
cervical l., posterior 项韧带
cervical l. of sinus tarsi 跗骨窦颈韧带
cervicobasilar l. 寰枢关节覆膜
check l's of axis 翼状韧带
chondrosternal l., interarticular 胸肋关节内韧带
chondroxiphoid l's 肋剑突韧带
l. of Civinini 契维尼尼氏韧带,翼棘韧带

Clado's l. 克拉多氏韧带,阑尾卵巢韧带
clavicular l., external capsular 肩锁韧带
Cloquet's l. 克洛凯氏韧带,腹膜鞘突遗迹
coccygeal l., superior 骶股韧带
collateral l., fibular 腓侧副韧带
collateral l., radial 桡侧副韧带
collateral l., radial carpal 腕桡侧副韧带
collateral l., tibial 胫侧副韧带
collateral l., ulnar 尺侧副韧带
collateral l., ulnar carpal 腕尺侧副韧带
collateral l. of carpus, radial 腕桡侧副韧带
collateral l. of carpus, ulnar 腕尺侧副韧带
collateral l's of interphalangeal articulations of foot 足趾间关节侧副韧带
collateral l's of interphalangeal articulations of hand 手指间关节侧副韧带
collateral l's of metacarpophalangeal articulations 掌指关节侧副韧带
collateral l's of metatarsophalangeal articulations 趾关节侧副韧带
Colles'l. 科勒斯氏韧带,反转腹股沟韧带
l's of colon 结肠带
common l. of knee(of Weber) 韦伯韧带,膝横韧带
common l. of wrist joint, deep 腕桡侧副韧带
conoid l. 锥状韧带
conus l. 圆锥腱,漏斗腱
Cooper's l. 库柏氏韧带,耻骨梳韧带
Cooper's suspensory l's 库柏氏悬韧带,乳房悬韧带
coracoacromial l. 喙肩韧带
coracoclavicular l. 喙锁韧带
coracoclavicular l., external 斜方韧带
coracoclavicular l., internal 锥状韧带
coracohumeral l. 喙肱韧带
coracoid l. of scapula 肩胛上横韧带
cordiform l. of diaphragm 膈中心腱
coronary l. of liver 肝冠状韧带
coronary l. of radius 桡骨环状韧带
costocentral l., anterior 肋头辐状韧带
costocentral l., interarticular 肋头关节内韧带
costoclavicular l. 肋锁韧带

costocolic l. 膈结肠韧带
costocoracoid l. 肩胛上横韧带
costopericardiac l. 肋心包韧带
costosternal l's, radiate 胸肋辐状关节
costotransverse l. 肋横突韧带
costotransverse l., anterior 肋横突上韧带
costotransverse l., lateral 肋横突外侧韧带
costotransverse l., posterior 肋横突后韧带
costotransverse l., superior 肋横突上韧带
costotransverse l. of Krause, posterior 肋横突外侧韧带
costovertebral l. 肋头辐状韧带
costoxiphoid l's 肋剑突韧带
cotyloid l. 髋臼唇
Cowper's l. 库珀氏韧带
cricoarytenoid l., cricoarytenoid l., posterior 环杓后韧带
cricopharyngeal l., cricosantorinian l. 环状软骨咽韧带
cricothyroarytenoid l. 喉弹性圆锥
cricothyroid l. 环甲韧带
cricothyroid l., anterior 环甲正中韧带
cricothyroid l., lateral 环甲侧韧带
cricothyroid l., median 环甲正中韧带
cricotracheal l. 环状软骨气管韧带
crucial l's of fingers 手指纤维鞘交叉部
crucial l. of foot 小腿伸肌下支持带
cruciate l. of atlas 寰椎十字韧带
cruciate l's of fingers 手指纤维交叉部
cruciate l's of knee 膝交叉韧带
cruciate l. of knee, anterior 膝前交叉韧带
cruciate l. of knee, posterior 膝后交叉韧带
cruciate l. of leg 小腿伸肌下支持带
cruciate l's of toes 足趾纤维鞘交叉部
cruciform l. of atlas 寰椎十字韧带
crural l. 腹股沟韧带
Cruveilhier's l's 克律韦利埃氏韧带,掌指关节掌侧韧带
cubitoradial l. 前臂骨间膜斜索
cubitoulnar l. 尺侧副韧带
cuboideometatarsal l's, short 跗跖足底韧带

cuboideonavicular l., dorsal 骰背侧韧带
cuboideonavicular l., oblique 骰舟足底韧带
cuboideonavicular l., plantar 骰舟足底韧带
cubonavicular l. 骰舟足底韧带
cuboscaphoid l., plantar 骰舟足底韧带
cuneocuboid l., dorsal 楔骰背侧韧带
cuneocuboid l., interosseous 楔骰骨间韧带
cuneocuboid l., plantar 楔骰足底韧带
cuneometatarsal l's, interosseous 楔跖骨间韧带
cuneonavicular l's, dorsal 楔舟背侧韧带
cuneonavicular l's, plantar 楔舟足底韧带
cutaneophalangeal l's 指(趾)皮韧带
cysticoduodenal l. 胆囊十二指肠韧带
deltoid l., deltoid l. of ankle 踝三角韧带
deltoid l. of elbow 尺侧副韧带
dentate l.'s of spinal cord, denticulate l's 脊髓齿状韧带
Denucé's l. 德努塞氏韧带
diaphragmatic l. 膈韧带
dorsal l's carpal 腕骨间背侧韧带
dorsal l., talonavicular 距舟韧带
dorsal l's of bases of metacarpal bones 掌骨背侧韧带
dorsal l's of bases of metatarsal bones 跖骨背侧韧带
dorsal l. of radiocarpal joint 桡腕背侧韧带
dorsal l's of tarsus 跗骨背侧韧带
dorsal l. of wrist 腕伸肌支持带
Douglas'l. 道格拉斯氏韧带
duodenohepatic l. 肝十二指肠韧带
duodenorenal l. 十二指肠肾韧带
epihyal l. 茎突舌骨韧带
external l's of Barkow, plantar 楔间足底韧带
external l. of mandibular articulation 颞下颌关节外侧韧带
fabellofibular l. 腓肠豆腓侧韧带
falciform l. 骶结节韧带镰状突
falciform l. of liver 肝镰状韧带
fallopian l., l. of Fallopius 法娄皮埃斯腹股沟韧带

false l. 假韧带
Ferrein's l. 黄蓝氏韧带
fibrous l. anterior 胸锁前韧带
fibrous l. posterior 胸锁后韧带
flaval l's 黄韧带
Flood's l. 弗勒德氏韧带
fundiform l. of penis 阴茎祥状韧带
gastrocolic l. 胃结肠韧带
gastrohepatic l. 肝胃韧带
gastrolienal l. 胃脾韧带
gastropancreatic l's of Huschke 胡施克氏韧带，胃胰韧带
gastrophrenic l. 胃膈韧带
gastrosplenic l. 胃脾韧带
genitoinguinal l. 生殖腹股沟韧带
Gerdy's l. 惹迪氏韧带，腋窝悬韧带
Gimbernat's l. 希姆比纳特氏韧带，陷窝韧带
glenohumeral l's 盂肱韧带
glenoid l's of Cruveilhier 跖趾关节足底韧带
glenoid l. of humerus, glenoid l. of Macalister 盂肱韧带
glenoid l. of mandibular fossa 下颌窝关节盂韧带
Günz's l. 京茨氏韧带
hamatometacarpal l. 钩(骨)掌(骨)韧带
l. of head of femoral bone, l. of head of femur 股骨头韧带
Helmholtz's l. 黑姆霍耳茨氏韧带，锤骨长突韧带
l's of Helvetius 黑尔维修斯韧带，幽门窦韧带
Henle's l. 汉勒氏韧带，腹股沟镰
Hensing's l. 亨辛氏韧带
hepatic l's 肝韧带
hepatocolic l. 肝结肠韧带
hepatocystocolic l. 肝胆囊结肠韧带
hepatoduodenal l. 肝十二指肠韧带
hepatogastric l. 肝胃韧带
hepatogastroduodenal l. 肝胃十二指肠韧带
hepatorenal l. 肝肾韧带
hepatoumbilical l. 肝圆韧带
Hesselbach's l. 黑塞耳巴赫氏韧带，凹间韧带
Hey's l. 黑氏韧带，阔筋膜镰状缘
Hueck's l. 许克氏韧带，虹膜梳状韧带

Humphry's l. 汉弗莱氏韧带，前半月板股韧带
Hunter's l. 亨特氏韧带，子宫圆韧带
Huschke's l's 胡施克氏韧带，胃胰韧带
hyaloideocapsular l. 玻璃体晶状体囊韧带
hyoepiglottic l. 舌骨会咽韧带
iliocostal l. 髂肋韧带
iliofemoral l. 髂股韧带
iliolumbar l. 髂腰韧带
iliopectineal l. 髂耻弓
iliopubic l. 髂耻韧带
iliosacral l's, anterior 骶髂腹侧韧带
iliosacral l's, interosseous 骶髂骨间韧带
iliosacral l., long 骶髂背侧韧带
iliotibial l. of Maissiat 梅希雅氏髂胫韧带
iliotrochanteric l. 髂转子韧带
inferior l. of epididymis 附睾下韧带
inferior l. of neck of rib of Henle 汉勒氏肋骨颈下韧带
inferior l. of tubercle rib 肋横突外侧韧带
infundibulopelvic l. 卵巢悬韧带
inguinal l. 腹股沟韧带
inguinal l., anterior 腹股沟管浅环内侧脚
inguinal l., external 腹股沟韧带
inguinal l., internal 腹股沟反转韧带
inguinal l. posterior 凹间韧带
inguinal l., reflex 腹股沟翻转韧带
inguinal l. of Blumberg 布隆堡氏凹间韧带
inguinal l. of Cooper 库柏氏腹股沟韧带
interarticular l. 关节内韧带
interarticular l. of articulation of humerus 肱二头肌长头
interarticular l. of head of rib 肋头关节内韧带
interarticular l. of hip joint 股骨头韧带
interarticular sternocostal l. 胸肋关节内韧带
intercarpal l's, dorsal 腕骨间背侧韧带
intercarpal l's, interossous 腕骨间韧带
intercarpal l's, palmar 腕骨间掌侧韧带
intercarpal l's, volar 腕骨间掌侧韧带
interclavicular l. 锁间韧带
intercostal l's, external 肋间外膜
intercostal l's, internal 肋间内膜
intercuneiform l's, dorsal 楔间背侧韧带
intercuneiform l's, interosseous 楔骨间韧带
intercuneiform l's, plantar 楔间足底韧带
interfoveolar l. 凹间韧带
intermaxillary l. 翼突下颌缝
intermetacarpal l's, anterior, intermetacarpal l's, distal 掌骨深横韧带
intermetacarpal l's, dorsal 掌骨背侧韧带
intermetacarpal l's, interosseous 掌骨间韧带
intermetacarpal l's, palmar 掌骨掌侧韧带
intermetacarpal l's, proximal anterior 掌骨掌侧韧带
intermetacarpal l's, proximal, posterior 掌骨背侧韧带
intermetacarpal l's, transverse, dorsal 掌骨背侧韧带
intermetacarpal l's, transverse, volar 掌骨掌侧韧带
intermetatarsal l's, interosseous 跖骨间韧带
intermetatarsal l's, plantar, distal 掌骨深横韧带
intermetatarsal l's, proximal, dorsal 跖骨背侧韧带
intermetatarsal l's, proximal, plantar 跖骨足底韧带
intermetatarsal l's, transverse, dorsal 跖骨背侧韧带
intermetatarsal l's, transverse, plantar 跖骨足底韧带
intermuscular l. fibular 小腿前肌间膈
intermuscular l. of arm, external 臂外侧肌间膈
intermuscular l. of arm, internal 臂内侧肌间膈
intermuscular l. of arm, lateral 臂外侧肌间膈
intermuscular l. of arm, medial 臂内侧肌间膈
intermuscular l. of thigh, external 股外侧肌间膈
intermuscular l. of thigh, lateral 股外侧肌间膈

intermuscular l. of thigh, medial 股内侧肌间隔
internal l. of neck of rib 肋横突上韧带
interosseous l., radioulnar 前臂骨间膜
interosseous l's, transverse metacarpal 掌骨间韧带
interosseous l's, of Barkow, internal 巴尔科夫骨间韧带
interosseous l's of bases of metacarpal bones 掌骨间韧带
interosseous l's of bases of metatarsal bones 跖骨间韧带
interosseous l. of Cruveilhier, costovertebral 克律韦利埃肋头关节内韧带
interosseous l. of Cruveilhier, transversocostal 克律韦利埃肋横突韧带
interosseous l's of knee 膝交叉韧带
interosseous l. of leg 小腿骨间膜
interosseous l. of pubis 耻骨间盘
interosseous l. of pubis (of Winslow) 温斯娄耻骨间横韧带
interosseous l's of tarsus 跗骨间韧带
l's of interphalangeal articulations of foot, plantar 足趾间关节足底韧带
l's of interphalangeal articulations of hand, palmar 手指间关节掌侧韧带
interprocess l. 突间韧带
interpubic l. 耻骨间盘
interspinous l's, interspinous 棘间韧带
intertarsal l's, dorsal 跗骨背侧韧带
intertarsal l's, interosseous 跗骨间韧带
intertarsal l's, plantar 跗骨足底韧带
intertransverse l's 横突间韧带
interureteral l. 输尿管间襞
intervertebral l. ①椎间韧带；②椎间盘
intraarticular l. of head of rib 肋头关节内韧带
ischiocapsular l., ischiofemoral l. 坐股韧带
ischioprostatic l. 尿生殖膈
ischiosacral l's 坐骶韧带
Krause's l. 克劳泽氏韧带,骨盆横韧带
laciniate l. 足屈肌支持带
laciniate l., external 腓骨肌上支持带
lacunar l., lacunar l. of Gimbernat 希姆比纳特陷窝韧带
lambdoid l. 小腿伸肌下支持带
lateral l. of ankle joint 踝关节外侧韧带

lateral l. of carpus, radial 腕桡侧副韧带
lateral l. of carpus, ulnar 腕尺侧副韧带
lateral l. of colon 结肠外侧韧带
lateral l's of joints of fingers 手指间关节侧副韧带
lateral l's of joints of toes 足趾间关节侧副韧带
lateral l. of knee 腓侧副韧带
lateral l's of liver 肝外侧韧带
lateral l. of malleus 锤骨外侧韧带
lateral meniscofemoral l. 板股后韧带
lateral l's of metacarpophalangeal joints 掌关节侧副韧带
lateral l's of metatarsophalangeal joints 跖关节侧副韧带
lateral l. of temporomandibular articulation 颞下颌关节外侧韧带
lateral l. of temporomandibular joint, external 颞下颌关节外侧韧带
lateral l. of temporomandibular joint, internal 蝶下颌韧带
lateral l. of wrist joint, extenal 腕桡侧副韧带
lateral l. of wrist joint, internal 腕尺侧副韧带
Lauth's l. 劳特氏韧带,寰椎横韧带
l. of left vena cava 左腔静脉襞
lienophrenic l. 脾膈韧带
lienorenal l. 脾肾韧带
Lisfranc's l. 利斯弗朗氏韧带
Lockwood's l. 洛克伍德氏韧带
longitudinal l., anterior 前纵韧带
longitudinal l., posterior 后纵韧带
longitudinal of abdomen 腹白线
lumbocostal l. 腰肋韧带
l's of Luschka 路施卡氏韧带,胸骨心包韧带
Mackenrodt's l. 马肯罗特氏韧带
l. of Maissiat 梅希雅氏韧带
Mauchart's l's 毛夏特氏韧带,翼状韧带
maxillary l., lateral 颞下颌关节外侧韧带
maxillary l., middle 蝶下颌韧带
l. of Mayer 迈尔氏韧带
Meckel's l. 美克耳氏韧带
medial l. of elbow joint 尺侧副韧带
medial l. of temporomandibular articulation 颞下颌关节内侧韧带

medial l. of wrist 腕尺侧副韧带
meniscofemoral l., anterior 板股前韧带
meniscofemoral l., posterior 板股后韧带
mesocolic l. of colon 结肠系膜韧带
metacarpal l's, dorsal 掌骨背侧韧带
metacarpal l's, interosseous 掌骨间韧带
metacarpal l's, palmar 掌骨掌侧韧带
metacarpal l's, transverse, deep 掌骨深横韧带
metacarpal l., transverse, superficial 掌骨浅横韧带
metacarpophalangeal l's, anterior, metacarpophalangeal l's, palmar 掌侧韧带
l's of metacarpophalangeal articulations, palmar 掌指关节掌侧韧带
metatarsal l., anterior 跖骨深横韧带
metatarsal l's, dorsal 跖骨背侧韧带
metatarsal l's, interosseus 跖骨间韧带
metatarsal l's, lateral 跖骨间韧带
metatarsal l's, lateral proper (of Weber)
metatarsal l's, lateral (of Weitbrecht) 跖骨间韧带
metatarsal l's, plantar 跖骨足底韧带
metatarsal l. transverse, deep 跖骨深横韧带
metatarsal l's, transverse, interosseous 跖骨间韧带
metatarsal l., transverse, superficial 跖浅横韧带
metatarsophalangeal l's, inferior 跖趾关节足底韧带
l's of metatarsophalangeal articulations, plantar 跖趾关节足底韧带
middle l. of neck of rib 肋横突韧带
mucous l. 滑膜襞
l. of nape 项韧带
navicularicuneiform l's, plantar 楔舟足底韧带
nephrocolic l. 肾结肠韧带
nuchal l. 项韧带
oblique l. of Cooper, oblique l. of forearm 前臂骨间膜斜索
oblique l's of knee 膝交叉韧带
oblique l. of knee, posterior 腘斜韧带
oblique l. of scapula 肩胛上横韧带
oblique l. of superior radioulnar joint 前臂骨间膜斜索
obturator l., atlantooccipital 寰枕前膜

obturator l. of atlas 环椎闭孔韧带
obturator l. of pelvis 闭孔膜
occipitoaxial l. 环枕膜
occipitoodontoid l's 翼状韧带
odontoid l., middle 齿突尖韧带
odontoid l's of axis 翼状韧带
orbicular l. of radius 桡骨环状韧带
ovarian l. 卵巢固有韧带
palmar l's ①掌韧带;②掌腱膜
palmar l., transverse, deep 掌骨深横韧带
palmar l. of carpus 腕掌侧韧带
palmar l. of radiocarpal joint 桡腕掌侧韧带
palpebral l., lateral 睑外侧韧带
palpebral l., medial 睑内侧韧带
patellar l. 髌韧带
patellar l., internal 髌内侧支持带
patellar l., lateral 髌外侧支持带
pectinate l., pectinal l. of iris 虹膜角膜角梳状韧带,虹膜梳状韧带
pectineal l. 耻骨梳韧带
pelvic l., posterior, great 骶结节韧带
pelvic l., posterior, short 骶棘韧带
pelvic l., transverse 会阴横韧带
pelviprostatic l., basal 前列腺筋膜
pericardiosternal l's 胸骨心包韧带
perineal l., transverse 会阴横韧带
perineal l. of Carcassone 卡尔卡索恩氏会阴韧带
periodontal l. 牙周膜
Petit's l. 波替氏韧带,子宫骶韧带
Pétrequin's l. 佩特尔坎氏韧带
petrosphenoid l.① 蝶岩结合,蝶岩韧带;② 蝶枕结合,蝶枕韧带
petrospenoid l., anterior 蝶岩前韧带
pharyngeal l., pharyngeal l., middle 咽缝
phrenicocolic l. 膈结肠韧带
phrenicolienal l., phrenicosplenic l. 膈脾韧带
phrenocolic l. 膈结肠韧带
pisimetacarpal l. 豆掌韧带
pisohamate l. 豆钩韧带
pisometacarpal l. 豆掌韧带
pisounciform l., pisouncinate l. 豆钩韧带
plantar l's 足底韧带

plantar l. long 足底长韧带
platar l. of second metatarsal bone 第二跖骨足底韧带
plantar l's of tarsus 跗骨足底韧带
popliteal l., arcuate （腘）弓状韧带
popliteal l., external （腘）弓状韧带支持带
popliteal l., oblique （腘）斜韧带
posterior l. of head of fibula 腓骨头后韧带
posterior l. of incus 砧骨后韧带
posterior l. of pinna 耳廓后韧带
posterior l. of radiocarpal joint 桡背侧韧带
Poupart's l. 普帕尔氏韧带，腹股沟韧带
preurethral l. of Waldeyer 瓦耳代尔氏尿道前韧带
prismatic l. of Weitbrecht 魏特布雷希特氏棱状韧带
proper l's of costal cartilages 肋软骨固有韧带
pterygomandibular 翼突下颌缝
pterygomaxillary l. 翼突上颌缝
pterygospinal l. 翼棘韧带
pubic l., inferior ① 耻骨弓状韧带；② 卵巢悬韧带
pubic l., superior 耻骨上韧带
pubic l. of Cowper 库珀氏耻骨韧带
pubic l. of Cruveilhier, anterior 克律韦利埃氏耻骨前韧带
pubocapsular l. 耻股韧带
pubofemoral l. 耻股韧带
puboischiadic l. of prostate gland 尿生殖膈上筋膜
puboprostatic l. 耻骨前列腺韧带
puborectal l. ① 耻骨前列腺韧带；② 耻骨膀胱韧带
pubovesical l. 耻骨膀胱韧带
pulmonary l. 肺韧带
quadrate l. 方形韧带
radial l., lateral 腕桡侧副韧带
radial l. of cubitocarpal articulation 腕桡侧副韧带
radiate l. 肋头辐状韧带
radiate l., lateral 腕尺侧副韧带
radiate l. of carpus 腕辐状韧带
radiate l. of head of rib 肋头辐状韧带
radiate l. of Mayer 迈尔氏辐状韧带

radiocarpal l., anterior 桡腕掌侧韧带
radiocarpal l., dorsal 桡腕背侧韧带
radiocarpal l., palmar 桡腕掌侧韧带
radiocarpal l., volar 桡腕掌侧韧带
rectouterine l. 直肠子宫肌
reflex l. of Gimbernat 希姆比纳特氏反转韧带
reinforcing l's 加强性韧带
rhomboid l. of clavicle 肋锁韧带
rhomboid l. of wrist 桡腕侧韧带
ring l. of hip joint 髋关节轮匝带
Robert's l. 罗伯特氏韧带，外侧半月板韧带
round l. of acetabulum 股骨头韧带
round l. of Cloquet 克洛凯氏圆韧带，肋头关节内韧带
round l. of femur 股骨头韧带
round l. of forearm 前臂骨间膜斜索
round l. of uterus 子宫圆韧带
sacciform l. 囊状韧带
sacrococcygeal l., anterior 骶尾前侧韧带
sacrococcygeal l., dorsal, deep 骶尾背侧深韧带
sacrococcygeal l., dorsal, superficial 骶尾背侧浅韧带
sacrococcygeal l., lateral 骶尾外侧韧带
sacrococcygeal l., posterior, deep 骶尾背侧深韧带
sacrococcygeal l., posterior, superficial 骶尾背侧浅韧带
sacrococcygeal l., ventral 骶尾腹侧韧带
sacroiliac l's, anterior 骶髂腹侧韧带
sacroiliac l's, dorsal 骶髂背侧韧带
sacroiliac l's, interosseous 骶髂骨间韧带
sacroiliac l's, posterior 骶髂背侧韧带
sacroiliac l's, ventral 骶髂腹侧韧带
sacrosciatic l., anterior 骶棘韧带
sacrosciatic l., great 骶结节韧带
sacrosciatic l., internal 骶棘韧带
sacrosciatic l., least 骶棘韧带
sacrospinal l., sacrospinous l. 骶棘韧带
sacrotuberal l., sacrotuberous l. 骶结节韧带
salpingopharyngeal l. 咽鼓管咽璧
Santorini's l. 桑托里尼氏韧带
Sappey's l. 萨佩氏韧带
scaphocuneiform l's, plantar 楔舟足底韧

带
l. of Scarpa 斯卡帕氏韧带
Schlemm's l. 施累姆氏韧带
scrotal l. of testis 睾丸阴囊韧带
serous l. 浆膜韧带
short lateral l. 短外侧韧带
short plantar l. 跟骰足底韧带
sphenoidal l., external 楔间足底韧带
sphenoideotarsal l's 跗跖足底韧带
sphenomandibular l. 蝶下颌韧带
spinoglenoid l. 肩胛下横韧带
spinosacral l. 骶棘韧带
spiral l. of cochlea 螺旋韧带
splenogastric l. 胃脾韧带
splenophrenic l. 脾膈韧带
splenorenal l. 脾肾韧带
spring l. 跟舟足底韧带
stapedial l. 镫骨环状韧带
stellate l., anterior 肋头辐状韧带
sternoclavicular l., anterior 胸锁前韧带
sternoclavicular l., posterior 胸锁后韧带
sternocostal l's 胸肋辐状韧带
sternocostal l., interarticular, sternocostal l., intra-articular 胸肋关节内韧带
sternocostal l's, radiate 胸肋辐状韧带
sternopericardiac l's 胸骨心包韧带
l. of Struthers 施特鲁塞氏韧带
stylohyoid l. 茎突舌骨韧带
stylomadibular l., atylomaxillary l., stylomylohyoid l. 茎突下颌韧带
subflaval l's 黄韧带
subpubic l. 耻骨弓状韧带
superficial l. of carpus ① 桡腕背侧韧带；② 桡腕掌侧韧带
superior l. of epididymis 附睾上韧带
superior l. of hip 髂股韧带
superior l. of incus 砧骨上韧带
superior l. of malleus 锤骨上韧带
superior l. of neck of rib, anterior 肋横突上韧带前部
superior l. of neck of rib, external 肋横突上韧带后部
superior l. of pinna 耳廓上韧带
suprascapular l. 肩胛上横韧带
supraspinal l., supraspinous l. 棘上韧带
suspensory l., marsupial 骸下滑膜襞
suspensory l. of axilla 腋悬韧带

suspensory l. of axis 齿突尖韧带
suspensory l. of bladder 膀胱悬韧带
suspensory l's of breast 乳房悬韧带
suspensory l. of clitoris 阴蒂悬韧带
suspensory l. of humerus 肱骨悬韧带
suspensory l. of lens 晶状体悬韧带
suspensory l. of liver 肝镰状韧带
suspensoy l's of mammary gland 乳房悬韧带
suspensory l. of ovary 卵巢悬韧带
suspensory l. of penis 阴茎悬韧带
suspensory l. of spleen 脾悬韧带
sutural l. 骨缝韧带
synovial l. 滑膜韧带
synovial l. of hip 股骨头韧带
talocalcaneal l., interosseous 距跟骨间韧带
talocalcaneal l., lateral 距跟外侧韧带
talocalcaneal l., medial 距跟内侧韧带
l. of talocrural joint, lateral 外侧距腓韧带
talofibular l., anterior 距腓前韧带
talofibular l., posterior 距腓后韧带
talonavicular l. 距舟韧带
talotibial l., anterior 胫距前内侧韧带
talotibial l., posterior 胫距后内侧韧带
tarsal l., anterior 小腿伸肌下支持带
tarsometatarsal l's, dorsal 跗跖背侧韧带
tarsometatarsal l's, plantar 跗跖足底韧带
l's of tarsus 跗骨韧带
temporomandibular l. 颞下颌关节外侧韧带
tenditrochanteric l. 腱转子韧带
tensor l. 鼓膜张肌
Teutleben's l. 心包膈韧带
thyroepiglottic l. 甲状会厌韧带
thyrohyoid l. 甲状舌骨韧带
thyrohyoid l., median 甲状舌骨正中韧带
tibiocalcaneal l., tibiocalcanean l. 跟骨内侧韧带
tibiofibular l. 胫腓连结
tibiofibular l., anterior 胫腓骨前韧带
tibiofibular l., posterior 胫腓骨后韧带
tibionavicular l. 胫舟韧带
tracheal l's 气管环韧带
transverse l. 肋（椎骨）横突韧带

transverse l. of acetabulum 髋臼横韧带
transverse l. of atlas 寰椎横韧带
transverse l. of carpus 腕屈肌支持带
transverse humeral l. 肱骨横韧带
transverse l. of knee 膝横韧带
transverse l. of leg 小腿伸肌上支持带
transverse l. of little head of rib 肋头关节内韧带
transverse l. of pelvis 会阴横韧带
transverse l. of scapula, inferior 肩胛下横韧带
transverse l. of scapula, superior 肩胛上横韧带
transverse l. of tibia 小腿伸肌上支持带
transverse l. of wrist 腕屈肌支持带
transverse l's of wrist, dorsal 腕骨间背侧韧带
transversocostal l., superior 肋横突上韧带
trapezoid l. 斜方韧带
l. of Treitz 特赖茨氏韧带,十二指肠提肌
triangular l. of abdomen 腹股沟反转韧带
triangular l. of Colles 科勒斯氏三角韧带
triangular l. of linea alba 白线文座
triangular l. of liver, left 肝左三角韧带
triangular l. of liver, right 肝右三角韧带
triangular l. of pubis, anterior 耻骨弓状韧带
triangular l. of scapula 肩胛下横韧带
triangular l. of thigh 腹股沟反转韧带
triagular l. of urethra 耻骨前列腺韧带
trigeminate l's of Arnold 阿诺德三叉韧带,跗跖背侧韧带
triquetral l. ① 环钩后韧带; ② 喙肩韧带
triquetral l. of foot 跟腓韧带
triquetral l. of scapula 肩胛下横韧带
trochlear l. 掌骨深横韧带
trochlear l's of foot 跖趾关节足底韧带
trochlear l's of hand 掌侧韧带
trochlear l's of little heads of metacarpal bones 掌骨深横韧带
true l. of bladder, anterior ① 耻骨前列腺韧带; ② 耻骨膀胱韧带

tuberososacral l. 骶结节韧带
tubopharyngeal l. of Rauber 骶结节韧带
Tuffier's inferior l. 杜菲埃尔氏下韧带
ulnar l., lateral, ulnar l. of carpus 腕尺侧副韧带
ulnocarpal l., palmar 尺腕掌侧韧带
umbilical l., lateral 脐内侧韧带
umbilical l., medial 脐内侧韧带
umbilical l., median, umbilical l., middle 脐正中韧带
utero-ovarian l. 卵巢固有韧带
uteropelvic l's 子宫骨盆韧带
uterosacral l. 子宫骶韧带
vaginal l's of fingers 手指纤维鞘
l's of vaginal sheaths of fingers 指鞘韧带
vaginal l's of toes 足趾纤维鞘
l's of vaginal sheaths of toes 足趾纤维鞘
l's of Valsalva 瓦尔萨耳瓦氏韧带,耳廓韧带
venous l. of liver 肝静脉韧带
ventricular l. of larynx 前庭韧带
vertebropleural l. 胸膜上膜
l. of Vesalius 韦萨留斯氏韧带
vesical l., lateral 脐内侧韧带
vesicopubic l. 耻骨膀胱韧带
vesicoumbilical l. 脐内侧韧带
vesicouterine l. 膀胱子宫韧带
vestibular l. 前庭韧带
vocal l. 声韧带
volar l. of carpus, proper 腕屈肌支持带
volar l. of wrist, anterior 腕屈肌支持带
Walther's oblique l. 瓦尔特氏斜韧带,距腓后韧带
Weitbrecht's l. 魏特布雷希特氏韧带
Winslow's l. 温斯娄氏韧带
Wrisberg's l.. 里斯伯格氏韧带
xiphicostal l's of Macalister, xiphoid l's 马卡里斯特氏剑突韧带
Y l. 髂股韧带
yellow l's 黄韧带
Zinn's l. 秦氏韧带
zonal l. of thigh 髋关节轮匝带
ligamenta [ˌlɪgəˈmentə] (L.) 韧带
l. acromioclaviculare (NA) 肩锁韧带
ligamenta alaria 翼状韧带
l. annulare baseos stapedis 镫骨底环状韧带
l. annulare radii (NA) 桡骨环状韧带

l. annulare stapediale (NA) 桡骨环状韧带
ligamenta annularia tracheae (NA) 气管环韧带
l. anococcygeum (NA) 肛尾韧带
ligamenta anularia digitorum manus 手指环状韧带
ligamenta anularia digitorum pedis 足趾环状韧带
l. anulare radii (NA) 桡骨环状韧带
l. anulare stapediale (NA) 镫骨环状韧带
l. anulare stapedis 镫骨环状韧带
ligamenta anularia tracheae (NA) 气管环韧带
l. apicis dentis axis (NA) 枢椎齿突尖韧带
l. apicis dentis epistrophei 枢椎齿突尖韧带
l. arcuatum laterale (NA) 外侧弓状韧带
l. arcuatum mediale (NA) 内侧弓状韧带
l. arcuatum medianum (NA) 膈正中弓状韧带
l. arcuatum pubis (NA) 耻骨弓状韧带
l. arteriosum (NA) 动脉韧带
l. atlanto-occipitale anterius 环枕前韧带
l. atlanto-occipitale laterale (NA) 枕外侧韧带
ligamenta auricularia (NA) 耳廓韧带
ligamenta auricularia (Valsalvae) 耳廓韧带
l. auriculare anterius (NA) 耳廓前韧带
l. auriculare anterius (Valsalvae) 耳廓前韧带
l. auriculare posterius (NA) 耳廓后韧带
l. auriculare posterius (Valsalvae) 耳廓后韧带
l. auriculare superius (NA) 耳廓上韧带
l. auriculare superius (Valsalvae) 耳廓上韧带
l. bifurcatum (NA) 分歧韧带
l. calcaneocuboideum (NA) 跟骰韧带
l. calcaneocuboideum plantare (NA) 跟骰足底韧带
l. calcaneofibulare (NA) 跟腓韧带

l. calcaneonaviculare (NA) 跟舟韧带
l. calcaneonaviculare dorsale 跟舟背侧韧带
l. calcaneonaviculare plantare (NA) 跟舟足底韧带
l. calcaneotibiale 跟胫韧带
l. capitis costae intra-articulare (NA) 肋头关节内韧带
l. capitis costae radiatum (NA) 肋头辐状韧带
l. capitis femoris (NA) 股骨头韧带
l. capitis fibulae anterius (NA) 腓骨头前韧带
l. capitis fibulae posterius (NA) 腓骨头后韧带
l. capituli costae interarticulare 肋头关节间韧带
l. capituli costae radiatum 肋骨辐状韧带
ligamenta capituli fibulae 腓骨头韧带
ligamenta capsularia (NA) 囊韧带
l. carpi dorsale 腕背侧韧带
l. carpi radiatum (NA) 腕辐状韧带
l. carpi transversum 腕横韧带
l. carpi volare 腕掌侧韧带
ligamenta carpometacarpalia dorsalia (NA), ligamenta carpometacarpea dorsalia 腕掌背侧韧带
ligamenta carpometacarpalia palmaria (NA), ligamenta carpometacarpea palmaria 腕掌掌侧韧带
l. caudale integumenti communis 皮尾总韧带
l. ceratocricoideum (NA) 环甲韧带
ligamenta collateralia articulationum digitorum manus (NA) 手指间关节侧副韧带
ligmenta collateralia articulationum digitorum pedis (NA) 足趾间关节侧副韧带
ligamenta collateralia articulationum interphalangealium manus (NA), ligamenta collateralia articulationum interphalangearum manus 手指间关节侧副韧带
ligamenta collateralia articulationum interphalangealium pedis(NA), ligamenta collateralia articulationum interpha-

langearum pedis 足趾间关节侧副韧带
liamenta collateralia articulationum metacarpophalangealium (NA), ligamenta collateralia articulationum metacarpophalangearam 掌指关节侧副韧带
ligamenta collateralia articulationum metatarsophalangealium (NA), ligamenta collateralia articulationum metatarsophalangearum 跖趾关节侧副韧带
l. collaterale carpi radiale (NA) 腕桡侧副韧带
l. collaterale carpi ulnare (NA) 腕尺侧副韧带
l. collaterale fibulare (NA) 腓侧副韧带
l. collaterale radiale (NA) 桡侧副韧带
l. collaterale tibiale (NA) 胫侧副韧带
l. collaterale ulnare (NA) 尺侧副韧带
l. colli costae 肋颈韧带
l. conoideum (NA) 锥状韧带
l. coraco-acromiale (NA) 喙肩韧带
l. coracoclaviculare (NA) 喙锁韧带
l. coracohumerale (NA) 喙肱韧带
l. coronarium hepatis (NA) 肝冠状韧带
l. costoclaviculare (NA) 肋锁韧带
l. costotransversarium (NA) 肋横突韧带
l. costotransversarium laterale (NA) 肋横突外侧韧带
l. costotransversarium superius (NA) 肋横突上韧带
ligamenta costoxiphoidea (NA) 肋剑突韧带
l. crico-arytenoideum (NA), l. crico-arytenoideum posterius 环杓后韧带
l. cricopharyngeum (NA) 环状软骨咽韧带
l. cricothyroideum medianum (NA) 环甲正中韧带
l. cricotracheale (NA) 环状软骨气管韧带
l. cruciatum anterius genus 膝前交叉韧带
l. cruciatum atlantis 寰椎十字韧带
l. cruciatum cruris 小腿十字韧带
ligamenta cruciata digitorum manus 手指十字韧带
ligamenta cruciata digitorum pedis 足趾十字韧带
ligamenta cruciata genualia 膝交叉韧带
ligamenta cruciata genus (NA) 膝交叉韧带
l. cruciatum posterius genus (NA) 膝后交叉韧带
l. cruciforme atlantis (NA) 寰椎十字韧带
l. cuboideonaviculare dorsale (NA) 骰舟背侧韧带
l. cuboideonaviculare plantare (NA) 骰舟足底韧带
l. cuneocuboideum dorsale (NA) 楔骰背侧韧带
l. cuneocuboideum interosseum (NA) 楔骰骨间韧带
l. cuneocuboideum plantare (NA) 楔骰足底韧带
ligamenta cuneometatarsalia interossea (NA), ligamenta cuneometatarsea interossea 楔跖骨间韧带
ligamenta cuneonavicularia dorsalia (NA) 楔舟背侧韧带
ligamenta cuneonavicularia plantaria (NA) 楔骨足底韧带
l. deltoideum 三角韧带
ligamenta denticulata (NA) 齿状韧带
l. duodenorenale 十二指肠肾韧带
l. epididymidis inferius (NA) 附睾下韧带
l. epididymidis superius (NA) 附睾上韧带
ligamenta extracapsularia (NA) 囊外韧带
l. falciforme hepatis (NA) 肝镰状韧带
ligamgenta flava (NA) 黄韧带
l. fundiforme penis (NA) 阴茎祥状韧带
l. gastrocolicum (NA) 胃结肠韧带
l. gastrolienale 胃脾韧带
l. gastrophrenicum (NA) 胃膈韧带
l. gastrosplenicum (NA) 胃脾韧带
l. genitoinguinale (NA) 生殖腹股沟韧带
ligamenta glenohumeralia (NA) 盂肱韧带
ligamenta hepatis (NA) 肝韧带
l. hepatocolicum (NA) 肝结肠韧带
l. hepatoduodenale (NA) 肝十二指肠韧

带
l. **hepatogastricum**(NA)肝胃韧带
l. **hepatorenale**(NA)肝肾韧带
l. **hyo-epiglotticum**(NA)舌骨会厌韧带
l. **hyothyreoideum laterale** 舌骨甲状外侧韧带
l. **hyothyreoideum medium** 舌骨甲状中韧带
l. **iliofemorale**(NA)髂股韧带
l. **iliolumbale**(NA)髂腰韧带
l. **incudis posterius**(NA)砧骨后韧带
l. **incudis superius**(NA)砧骨上韧带
l. **inguinale**(NA)腹股沟韧带
l. **inguinale**(Pouparti)腹股沟韧带
l. **inguinale reflexum**(NA)腹股沟反转韧带
l. **inguinale reflexum**(Collesi)腹股沟反转韧带
ligamenta **intercarpia dorsalia interossea** 腕骨间背侧韧带群
ligamenta **intercarpalia interossea**(NA), ligamenta **intercarpea interossea** 腕骨间韧带群
ligamenta **intercarpalia palmaria**(NA), ligamenta **intercarpea palmaria** 腕骨间掌侧韧带群
l. **interclaviculare**(NA)锁骨间韧带
ligamenta **intercostalia** 肋间韧带群
ligamenta **intercostalia externa** 肋间外韧带
ligamenta **intercostalia interna** 肋间内韧带
ligamenta **intercuneiformia dorsalia**(NA)楔间背侧韧带群
ligamenta **intercuneiformia interossea**(NA)楔骨间韧带群
ligamenta **intercuneiformia plantaria**(NA)楔骨间足底韧骨
l. **interfoveolare**(NA)凹间韧带
l. **interfoveolare**(Hesselbachi)凹间韧带
ligamenta **interspinalia**(NA)棘间韧带
ligamenta **intertransversaria**(NA)横突间韧带
ligamenta **intracapsularia**(NA)囊内韧带
l. **ischiocapsulare**(NA)坐骨囊韧带
l. **ischiofemorale**(NA)坐股韧带

l. **laciniatum** 分裂韧带
l. **lacunare**(NA)腔隙韧带,陷窝韧带
l. **lacunare**(Gimbernati)腔隙韧带,陷窝韧带
l. **laterale articulationis talocruralis** 踝关节外侧韧带
l. **laterale articulationis temporomandibularis**(NA)颞下颌关节外侧韧带
l. **latum uteri**(NA)子宫阔韧带
l. **lienorenale** 脾肾韧带
l. **longitudinale anterius**(NA)前纵韧带
l. **longitudinale posterius**(NA)后纵韧带
l. **lumbocostale**(NA)腰肋韧带
l. **mallei anterius**(NA)锤骨前韧带
l. **mallei laterale**(NA)锤骨外侧韧带
l. **mallei superius**(NA)锤骨上韧带
l. **malleoli lateralis anterius** 外踝前韧带,胫腓前韧带
l. **malleoli lateralis posterius** 外踝后韧带,胫腓后韧带
l. **mediale articulationis talocruralis**(NA)距小腿内韧带
l. **mediale articulationis temporomandibularis**(NA)颞下颌关节内韧带
l. **meniscofemorale anterius**(NA)半月板股骨前韧带
l. **meniscofemorale posterius**(NA)半月板股骨后韧带
ligamenta **metacarpalia dorsalia**(NA), ligamenta **metacarpea dorsalia** 掌骨背侧韧带
ligamenta **metacarpalia interossea**(NA), ligamenta **metacarpea interossea** 掌骨间韧带
ligamenta **metacarpalia palmaria**(NA), ligamenta **metacarpea palmaria** 掌骨掌侧韧带
l. **metacarpeum transversum profundum**(NA)掌骨深横韧带
l. **metacarpale transversum superficiale**(NA), l. **metacarpeum transversum superficiale** 掌浅横韧带
ligamenta **metatarsalia dorsalia**(NA), ligamenta **metatarsea dorsalia** 跖骨背侧韧带
ligamenta **metatarsalia interossea**(NA), ligamenta **metatarsea interossea** 跖骨骨

间韧带

ligamenta metatarsalia plantaria (NA), ligamenta metatarsea plantaria 跖骨足底韧带

l. matatarsale transversum profundum (NA), l. metatarseum transversum profundum 跖骨深横韧带

l. metatarsale transversum superficiale (NA), l. metatarseum transversum superficiale 跖骨浅横韧带

l. mucosum 髌滑膜襞

ligamenta navicularicuneiformia dorsalia 舟楔背侧韧带,楔舟背侧韧带

ligamenta navicularicuneiforumia plantaria 舟楔足底韧带,楔舟足底韧带

l. nuchae (NA) 项韧带

ligamenta ossiculorum auditoriorum (NA) 听小骨韧带

l. ovarii proprium (NA) 卵巢固有韧带

ligamenta palmaria articulationum interphalangealium manus (NA), ligamenta palmaria articulationum interphalangearum manus 手指间关节掌侧韧带

ligamenta palmaria articulationum metacarpophalangealium (NA), ligamenta palmaria articulationum metacarpophalangearum 掌指关节掌侧韧带

l. palpebrale laterale (NA) 睑外侧韧带

l. palpebrale mediale (NA) 睑内侧韧带

l. patellae (NA) 髌韧带

l. pectinatum anguli iridocornealis 虹膜角膜角梳状韧带,虹膜角膜角小梁网

l. pectineale (NA) 耻骨韧带

l. phrenicocolicum (NA) 膈结肠韧带

l. phrenicolienale 膈脾韧带

l. phrenicosplenicum 膈脾韧带

l. pisohamatum (NA) 豆钩韧带

l. pisometacarpeum (NA) 豆掌韧带

ligamenta plantaria articulationum interphalangealium pedis (NA), ligamenta plantaria articulationum interphalangearum pedis 足趾间关节足底韧带

ligamenta plantaria articulationum metatarsophalangealium (NA), ligamentuta plantaria articulationum metatarsophalangearum 跖趾关节足底韧带

l. plantare longum (NA) 足底长韧带

l. popliteum arcuatum (NA) 腘弓状韧带

l. popliteum obliquum (NA) 腘斜韧带

l. pterygospinale (NA) 翼棘韧带

l. pterygospinosum 翼棘韧带

l. pubicum superius (NA) 耻骨上韧带

l. pubocapsulare 耻骨囊韧带,耻股韧带

l. pubofemorale (NA) 耻股韧带,耻骨囊韧带

l. puboprostaticum (NA) 耻骨前列腺韧带

l. pubovesicale (NA) 耻骨膀胱韧带

l. pubovesicale laterale 耻骨膀胱外侧韧带

l. pubovesicale medium 耻骨膀胱内侧韧带

l. pulmonale (NA) 肺韧带

ligamenta pylori 幽门韧带

l. quadratum (NA) 方形韧带

l. radiocarpale dorsale (NA), l. radiocarpeum dorsale 桡腕背侧韧带

l. radiocarpale palmare (NA), l. radiocarpeum palmare 桡腕掌侧韧带

l. sacrococcygeum anterius (NA) 骶尾前韧带,骶尾腹侧韧带

l. sacrococcygeum dorsale profundum 骶尾背侧深韧带

l. sacrococcygeum dorsale superficiale 骶尾背侧浅韧带

l. sacrococcygeum laterale (NA)骶尾外侧韧带

l. sacroccygeum posterius profundum (NA) 骶尾背侧深韧带,骶尾后深韧带

l. sacrococcygeum posterius superficiale (NA) 骶尾后浅韧带,骶尾背侧浅韧带

l. sacrococcygeum ventrale 骶尾腹侧韧带

ligamenta sacro-iliaca anteriora (NA)骶髂前韧带,骶髂腹侧韧带

ligamenta sacro-iliaca dorsalia 骶髂背侧韧带

ligamenta sacro-iliaca interossea (NA) 骶髂骨间韧带

ligamenta sacro-iliaca posteriora (NA) 骶髂后韧带

ligamenta sacro-iliaca ventralia 骶髂前韧带,骶髂腹侧韧带

ligament sacrospinalum (NA) 骶棘韧带

- l. sacrospinosum 骶棘韧带
- l. sacrotuberale (NA) 骶结节韧带
- l. sacrotuberosum 骶结节韧带
- l. serosum 浆膜韧带
- l. sphenomandibulare (NA) 蝶下颌韧带
- l. spirale cochleae 蜗螺旋韧带,蜗螺旋嵴
- l. splenorenale (NA) 脾韧带
- l. sternoclaviculare 胸锁韧带
- l. sternoclaviculare anterius (NA) 胸锁前韧带
- l. sternoclaviculare posterius (NA) 胸锁后韧带
- l. sternocstale interarticulare 胸肋关节间韧带
- l. sternocostale intra-articulare (NA) 胸肋关节间韧带
- ligamenta sternocostalia radiata (NA) 胸肋辐射韧带
- ligamenta sternopericardiaca (NA) 胸骨心包韧带
- l. stylohyoideum 茎突舌骨韧带
- l. stylomandibulare (NA) 茎突下颌韧带
- l. supraspinale (NA) 棘上韧带
- l. suspensorium clitoridis (NA) 阴蒂悬韧带
- ligamenta suspensoria mammae (NA) 乳房悬韧带
- l. suspensorium ovarii (NA) 卵巢悬韧带
- l. suspensorium penis (NA) 阴茎悬韧带
- l. talocalcaneare interosseum (NA) 距跟骨间韧带
- l. talocalcaneare laterale (NA), l. talocalcaneum laterale 距跟外侧韧带
- l. talocalcaneare mediale (NA), l. talocalcaneum mediale 距跟内侧韧带
- l. talocalcaneum interosseum (NA) 距跟骨间韧带
- l. talofibulare anterius (NA) 距腓前韧带
- l. talofibulare posterius (NA) 距腓后韧带
- l. talonaviculare (NA) 距舟韧带
- l. talonaviculare (dorsale) 距舟韧带
- l. talotibiale anterius 距胫前韧带
- l. talotibiale posterius 距胫后韧带
- ligamenta tarsi (NA) 跗骨韧带
- ligamenta tarsi dorsalia (NA) 跗骨背侧韧带
- ligamenta tarsi interossea (NA) 跗骨间韧带
- ligamenta tarsi plantaria (NA) 跗骨足底韧带
- ligamenta tarsometatarsalia dorsalia (NA), ligamenta tarsometatarsea dorsalia 跗跖背侧韧带
- ligamenta tarsometatarsalia plantaria (NA), ligamenta tarsometatarsea plantaria 跗跖足底韧带
- l. temporomandibulare 颞下颌韧带
- l. teres femoris 股骨头韧带
- l. teres hepatis (NA) 肝圆韧带,脐静脉索
- l. teres uteri (NA) 子宫圆韧带
- l. thyreoepiglotticum 甲状会厌韧带
- l. thyro-epiglotticum (NA) 甲状会厌韧带
- l. thyrohyoideum laterale (NA) 甲状舌骨外侧韧带
- l. thyrohyoideum medianum (NA) 甲状舌骨正中韧带
- l. tibiofibulare anterius (NA) 胫腓前韧带
- l. tibiofibulare posterius (NA) 胫腓后韧带
- l. tibionaviculare 胫舟韧带
- ligamenta trachealia 气管环韧带
- l. transversum 横韧带
- l. transversum acetabuli (NA) 髋臼横韧带
- l. transversum atlantis (NA) 寰椎横韧带
- l. transversum cruris 小腿横韧带,小腿伸肌上支持带
- l. transversum genuale 膝横韧带
- l. trasvrsm genus (NA) 膝横韧带
- l. transversum pelvis 骨盆横韧带,会阴横韧带
- l. transversum perinei (NA) 会阴横韧带
- l. transversum scapulae inferius (NA) 肩胛下横韧带
- l. transversum scapulae superius (NA) 肩胛上横韧带

l. trapezoideum (NA) 斜方韧带
l. triangulare dextrum hepatis (NA) 肝右三角韧带
l. triangulare sinistrum hepatis (NA) 肝左三角韧带
l. tuberculi costae 肋结节韧带
l. ulnocarpale palmare (NA), l. ulnocarpeum palmare 尺腕掌侧韧带
l. umbilicale laterale 脐外侧韧带
l. umbilicale mediale (NA) 脐内侧韧带
l. umbilicale medianum 脐正中韧带
ligamenta vaginalia digitorum manus 指鞘韧带,手指纤维鞘
ligamenta vaginalia digitorum pedis 趾鞘韧带,足趾纤维鞘
l. venae cavae sinistrae 左腔静脉韧带,左腔静脉皱襞
l. venosum (NA) 静脉导管韧带,肝静脉韧带
l. venosum (Arantii) 静脉导管韧带
l. ventriculare 室韧带
l. vestibulare (NA) 前庭韧带
l. vocale (NA) 声韧带
ligamentopexy [ˌligəˌmentəuˈpeksi] 圆韧带固定术,吊宫术
ligamentous [ˌligəˈmentəs] 韧带的,有韧带性质的
ligamentum [ˌligəˈmentəm] (pl. *ligamenta*) (L. "a bandage") (NA) 韧带
ligand [ˈligənd] (L. *ligare* to tie or bind) 配体,配基,配位子
ligase [ˈlaigeis] (EC 6) 连接酶
ligate [ˈlaigeit] 结扎
ligation [laiˈgeiʃən] (L. *ligatio*) 结扎,结扎法
  Barron l. 巴隆结扎法
  rubber band l. 橡皮线结孔法
  teeth l. 牙(齿)固定
  tubal l. 输卵管结扎
ligature [ˈligətʃə] (L. *ligatura*) 结扎线,缚线;结扎法
  elastic l. 弹性结扎线
  interlacing l., interlocking l. 交叉扎法
  lateral l. 侧扎法
  occluding l. 闭塞性扎法
  provisional l. 临时结扎线
  soluble l. 可溶化结扎线
  suboccluding l. 轻闭塞性扎法
  terminal l. 末端扎法
  thread-elastic l. 弹力结扎法
ligg. (ligaments, ligamenta 的缩写) 韧带
light [lait] 光,光线
  actinic l. 光化性光
  axial l., central l. 轴光
  coherent l. 致密光
  l. difference 光差
  diffused l. 弥散光
  idioretinal l. 视网膜自发光感
  infrared l. 红外线
  intrinsic l. (视网膜)内在光感
  l. minimum 最低度光觉
  monochromatic l. 单色光
  neon l. 氖气
  oblique l. 斜光
  polarized l. 偏振光
  reflected l. 反射光
  refracted l. 折射光
  transmitted l. 透射光
  Tyndall l. 廷德耳氏光
  ultraviolet l. 紫外线
  white l. 白光
  Wood's l. 伍德氏光
lightening [ˈlaitniŋ] 孕腹轻松
Lightwood's syndrome [ˈlaitwudz] (Reginald *Lightwood*, English pediatrician, 20th century) 莱特伍德综合征
Lignac's syndrome [liˈnjɑːks] (George Otto Emil *Lignac*, Dutch pediatrican, 1891-1954) 里格奈克氏综合征
Lignac-Fanconi syndrome [liˈnjɑːk fɑːŋˈkɔni] (G. O. E. *Lignac*; Guido *Fanconi*, Swiss pediatrician, 1882-1979) 里-范二氏综合征
ligneous [ˈligniəs] 木的,木状的,木样感觉
lignification [ˌlignifiˈkeiʃən] (L. *lignum* wood + *facere* to make) 木化,变木
lignocaine [ˈlignəukein] 利多卡因
lignocerate [ˌlignəuˈsiəreit] 二十四(烷)酸的盐,脂或阴离子形态
lignoceric acid [ˌlignəuˈsiːrik] 二十四(烷)酸
lignum [ˈlignəm] (gen. *ligni*) (L.) 木
  l. sanctum, l. vitae 愈创木
ligroin [ˈligrəuin] 石油英,轻石油
ligroine [ˈligrəuin] 石油英,轻石油
likelihood [ˈlaiklihud] 似然函数

limb [lim] ❶ 肢,肢体;❷ 似臂或腿的某个结构或部分
anacrotic l. (脉波)升支,升脚
l's of anthelix 对耳轮脚
ascending l. (脉波)升支,升脚
catacrotic l. (脉波)降支,降脚
descending l. (脉波)降支,降脚
l. of incus, long 砧骨长脚
l. of incus, short 砧骨短脚
l. of internal capsule, anterior 内囊前脚(肢)
l. of internal capsule, posterior 内囊后脚(肢)
lower l. 下肢,腿
pectoral l. 上肢,臂或类似部分
pelvic l. 下肢,腿
phantom l. 幻肢
l. of stapes, anterior 镫骨前脚
l. of stapes, posterior 镫骨后脚
thoracic l. 上肢
upper l. 上肢,臂

limbal ['limbəl] 缘的
limberneck ['limbənek] 鸡垂颈病
limbi ['limbai] (L.) 缘。*limbus* 的复数形式
limbic ['limbik] 缘的,边的,周边的
Limbitrol ['limbitrɔl] 利米替卜超:阿米替林制剂和利眠宁组合物的商品名
limbus ['limbəs] (pl. *limbi*) 缘,边缘
l. acetabuli (NA) 髋臼边缘
alveolar l. of mandible 下颌骨牙槽缘
alveolar l. of maxilla 上颌骨牙槽缘
l. alveolaris mandibulae 下颌骨牙槽缘
l. alveolaris maxillae 上颌骨牙槽缘
l. angulosus 甲状腺软骨斜线
l. conjunctivae 角膜缘
l. of cornea 角膜缘
l. foraminis ovalis 卵圆孔缘
l. fossae ovalis (NA) 卵圆窝缘
l. laminae spiralis osseae (NA) 骨螺旋板(骨膜)缘,螺旋板嵴,骨螺旋板
l. luteus retinae 黄斑,视网膜黄斑
l. membranae tympani ① 鼓膜缘;② 鼓膜纤维软骨环
limbi palpebrales anteriores (NA) 睑前缘
limbi palpebrales posteriores (NA) 睑后缘
l. of sclera 巩膜缘
spiral l. ① 螺旋板前庭缘;② 骨螺旋板缘
l. of Vieussens 卵圆窝缘

lime [laim] (L. *calx*) ❶ 氧化钙;❷ (USP)氧化钙含量不低于95%的药物制剂;❸ 酸柚,枸橼
barium hydroxide l. (USP)氢氧化钡石灰
chlorinated l. 氯化石灰,含氯石灰,漂白粉
slaked l. 熟石灰,氢氧化钙
soda l. (NF)苏打石灰

limen ['laimen] (pl. *limina*) (L.) 阈
l. of insula, l. insulae (NA) 岛阈
l. nasi (NA) 鼻阈
l. of twoness 两触点区别阈

limes ['laimiz] (L. "boundary") 界量,界限
l. dose 剂量界量

limic ['limik] (Gr. *limos* hunger) 饥饿的
limina ['laiminə] (L.) 阈
liminal ['laiminəl] (L. *limen* threshold) 阈的,易觉的
liminometer [ˌlimi'nɔmitə] (*limen* + Gr. *metron* measure) 反射阈计
limit ['limit] (L. *limes* boundary) 限度,界限,范围
assimilation l. 同化限度,饱和限度
audibility l. 可听限度
elastic l. 弹性限度
l. of flocculation 絮凝限度
Hayflick' l. 细胞的最多分裂次数
l. of perception 视觉限度
proportional l. 弹性比例限度
quantum l. 量子限,最短波长
saturation l. 饱和限度,同化限度

limitans ['limitænz] (L.) 界膜
limitation [ˌlimi'teiʃən] 限度,界限
eccentric l. 偏心性限界

limit dextrinase ['limit'dekstrineis] 限制性糊精酶
limitrophes ['limitrəfis] (Fr. *limitrophe* bordering)交感神经索
limitrophic [ˌlimi'trɔfik] 控制营养的
Limnatis [lim'neitis] 软水蛭属
L. nilotica 尼罗河水蛭
limnemia [lim'ni:miə] (Gr. *limen* marsh + *aeme* blood) 疟疾恶病质

limnemic [lim'nemik] 疟疾恶病质的

limoctonia [ˌlimək'təuniə] (Gr. *limos* hunger + *kteinein* to destroy) 饿死

limonene ['liməni:n] 柠檬烯

limophoitos [ˌlaiməu'fɔitəs] (Gr. *limos* hunger + *phoitos* madness) 饥饿狂

limophthisis [lai'mʌfθisis] (Gr. *limos* hunger + *phthisis* wasting) 饥饿性虚损

limoseric [ˌlaiməu'serik] (Gr. *limos* hunger) 饥饿的

limosis [lai'məusis] (Gr. *limos* hunger) 善饥症

limotherapy [ˌlaiməu'θerəpi] (Gr. *limos* hunger + *therapy*) 饥饿疗法

limp [limp] 跛行

limping ['limpiŋ] 跛行,跛

Linacre ['linəkə:] 利纳克尔: Thomas, 1460~1524, 著名的英国医生和古典学家

linamarin [li'næmərin] 棉豆甙, 亚麻苦甙

Lincocin [liŋ'kəusin] 林克辛:盐酸林可霉素制品的注册商标

lincomycin [ˌliŋkəu'maisin] 林可霉素
　l. hydrochloride (USP) 盐酸林可霉素

lincture ['liŋktʃə] 舐膏剂, 一种药糖剂

linctus ['liŋktəs] (L. "a licking") 舐膏剂

lindane ['lindein] (USP) 林丹, γ-六六六: 六氯苯的 α 同分异构体

Lindau's disease ['lindauz] (Arvid *Lindau*, Swedish pathologist, 1892-1958) 林道氏病

Lindau-von Hippel disease ['lindauvɔn'hipəl] (Arvid *Lindau*; Eugen *von Hippel*, German ophthalmologist, 1867 – 1939) 林-希二氏病

Lindbergh pump ['lindbə:g] (Charles A. *Lindbergh*, American aviator, 1902-1974) 林德伯格氏泵

line [lain] (L. *linea*) ❶ 线,标记,窄脊; ❷ 人体测量中连接解剖标记的假想线
　abdominal l. 腹线
　absorption l's 吸收(谱)线
　accretion l's 增积线, 钙化线
　adrenal l. 肾上腺性白线
　Aldrich-Mees l's 艾-米二氏线
　alveolobasilar 槽基线
　l. of Amici 阿米基线
　angular l. 角线
　anococcygeal l., white 肛尾白线
　anocutaneous l. 肛门皮肤线
　anorectal l. 肛门直肠线
　anterior humeral l. 肱骨前线
　arcuate l. of ilium 髂骨弓形线
　arcuate l. of occipital bone, external superior 上项线
　arcuate l. of occipital bone, highest 最上项线
　arcuate l. of occipital bone, inferior 下项线
　arcuate l. of occipital bone, superior 上项线
　arcuate l. of occipital bone, supreme 最上项线
　arcuate l. of pelvis 骨盆界线
　arcuate l. of sheath of rectus abdominis muscle 腹直肌鞘弓形线
　atropic l. 眼旋转轴平面方向线
　auriculobregmatic l. 耳前囟线
　axillary l. 腋前线
　axillary l., median 腋中线
　axillary l., posterior 腋后线
　base l. 底线
　base-apex l. 底尖线
　basinasal. 基鼻线
　basiobregmatic l. 底穴前囟线
　Baudelocque's l. 鲍德落克氏线
　Beau's l's 博氏线
　biauricular l. 双耳线
　bi-iliac l. 髂嵴间线
　bismuth l. 铋线
　blood l. 血统
　blue l. 蓝线,铅线
　Blumensaat's l. 布鲁门赛氏线
　Borsieri's l. 博西埃里氏线
　Brödel's white l. 布勒德耳氏白线
　Brücke's l's 布吕克氏线
　Bryant's l. 布莱恩特氏线
　Burton's l. 伯顿氏线
　calcification l's 钙化线
　cell l. 细胞系
　cement l. 沉积线
　cervical l. 颈线
　Clapton's l. 克拉普顿氏线
　clavicular l. 锁骨线
　cleavage l's 郎格氏线
　Conradi's l. 康拉迪氏线
　contour l's 欧文氏线(外廓线)

copper l. 铜线
Correra's l. 考里腊氏线
Corrigan's l. 科里根氏线
costoarticular l. 肋关节线
costoclavicular l. 胸骨旁线
costophrenic septal l's 肋膈中隔线
cricoclavicular l. 环锁线
cruciate l. 十字隆起
curved l. of ilium 髂骨弓状线
curved l. of ilium, inferior 臀下线
curved l. of ilium, middle 臀前线
curved l. of ilium, superior 臀后线
curved l. of occipital bone, highest 最上项线
curved l. of occipital bone, inferior 下项线
curved l. of occipital bone, superior 上项线
curved l. of occipital bone, supreme 最上项线
Czermak's l's 策玛克氏线
Daubenton's l. 杜本顿氏线
dentate l. 齿状线,梳状线
De Salle's l. 鼻线
developmental l's 发育线
Dobie's l. 道比氏线
l. of Douglas 道格拉斯氏线
Duhot's l. 杜霍氏线
dynamic l's 动态线
Eberth's l's 爱伯斯氏线
l's of Ebner 埃伯内氏线
ectental l. 外内胚层线
Ellis'l., Ellis-Garland l. 艾利斯氏线,艾-加二氏线
embryonic l. 胚层中心的原条
epiphyseal l. ① 骺线;② 长骨 X 片上的一条较低密度的线
established cell l. 确立细胞系
l's of expression 表观线
facial l. 面线
Farre's white l. 法尔氏白线
Feiss' l 费斯氏线
l. of fixation 注视线
focal l., anterior 前焦线
focal., posterior 后焦线
Frommann's l's 弗罗曼氏线
fulcrum l. 支点线
fulcrum l., retentive 固位支点线

fulcrum l., stabilizing 稳定支点线
genal l. 颊线
l. of Gennari 詹纳里线
gingival l. 龈线
gluteal l., anterior 臀前线
gluteal l., inferior 臀下线
gluteal l., posterior 臀后线
Gottinger's l. 沿颞弓上缘的线
Granger l. 头骨 X 片上所见的一条曲线
gum l. 龈线
Hampton l. 汉普顿氏线
Harris l's X 片上所见的长骨骨骺生长延缓的线
heave l. 起伏线
Helmboltz's l 垂直于眼旋转轴平面的线
Hensen's l. 肌节 M 带
Hilton's white l. 白线,梳状线
Holden's l. 越过髋关节囊位于腹股沟皱襞下的沟
hot l. 热线
Hudson's l., Hudson-Stähli l. 角膜色素线
Hueter's l. 许特氏线
Hunter's l. 亨特氏线
iliopectineal l. 髂骨弓状线
imbrication l's of cementum 牙骨质重叠线
imbrication l's of Pickerill 重叠线
incremental l's 生长线,增长线
incremental l's of cementum 牙骨质生长线
incremental l's of Ebner 埃伯内氏线
infracostal l. 肋下线
infrascapular l. 肩胛下线
intercondylar l., intercondyloid l. 股骨髁间线
intermediate l. of iliac crest 髂嵴中间线
interspinal l. 髂前上棘间线
intertrochanteric l., intertrochanteric l., anterior 转子间线
intertrochanteric l., posterior 转子间嵴
intertuberal l. 髂结节线
intertubercular l. 髂嵴间线
intraperiod l's 周期内线
isoeffect l's 等效应线
isoelectric l. 等电线
Jadelot's l's 惹德洛氏线
l. of Kaes 卡朗氏线

Kerley's l's 科利氏线
Killan's l. 基利安氏线
Krause's l. 克劳斯氏线
labial l. 唇线
Langer's l's 郎格氏线
lead l. 铅线
lip l. 唇线
lip l., high 上唇线
lip l., low 下唇线
lower lung l. 肺下界线
magnetic l's of force 磁力线
major dense l's, major period l's 主致密线
mamillary l. 乳头线
mammary l. 乳线
median l. 正中线
median l., anterior 前正中线
median l., posterior 后正中线
medioclavicular l. 锁骨中线
Mees' l's 米氏线
mesenteric l. 肠系膜线
Meyer's l. 麦耶氏线
midaxillary l. 腋中线
midclavicular l. 锁骨中线
middle l. of scrotum 阴囊缝中线
midspinal l. 脊柱中线
midsternal l. 胸骨中线
milk l. 乳线
l's of minimal tension 皮肤松弛线
Monro's l. 门罗氏线
Monro-Richter l. 门-里二氏线
Morgan's l. 摩根氏线
Moyer's l. 莫耶氏线
mucogingival l. 粘膜龈线
muscular l's of scapula 肩胛肌附着线
mylohyoid l. of mandible, mylohyoidean l. 下颌舌骨线
nasal l. 鼻线
nasobasal l. 基鼻线
nasobasilar l. 鼻基线
nasolabial l. 鼻唇线
Nelaton's l. 内拉通氏线
neonatal l. 新生线
nigra l. 黑线
nipple l. 乳头线
nuchal l., highest 最上项线
nuchal l., inferior 下项线
nuchal l. median, nuchal l., middle 枕外嵴
nuchal l., superior 上项线
nuchal l., supreme 最上项线
oblique l. 斜线
oblique l. of femur 转子间线
oblique l. of fibula ①腓骨内侧嵴;② 腓骨前缘
oblique l. of mandible 下颌骨斜线
oblique l. of mandible, internal 下颌骨内斜线
oblique l. of thyroid cartilage 甲状软骨斜线
oblique l. of tibia 腘线
l. of occlusion 咬合线
oculozygomatic l. 眼颧线
omphalospinous l. 脐棘线
orthostatic l's 直立线
l's of Owen 欧文氏线
papillary l. 乳头线
pararectal l. 直肠旁线
parasternal l. 胸骨旁线
paravertebral l. ① 脊柱旁线;② 脊柱线
Pastia's l's 帕斯蒂阿氏线
pectinate l. 肛门生皮肤线
pectineal l. ① 耻骨股骨线;② 耻骨梳
period l's . 周期线
Pickerill's imbrication l's 皮克里耳氏迭盖线
pigmented l. of the cornea 角膜色素线
Poirier's l. 普瓦里埃氏线
popliteal l. of femur 股髁间线
popliteal l. of tibia 腘线
postaxillary l. 腋后线
Poupart's l. 普瓦尔氏线
preaxillary l. 腋前线
precentral l. 中央前线
primitive l. 原条
pupillary l. 瞳孔线
quadrate l. 肌方股线
radiocapitellar l. 肱骨小头放射线
recessional l's 退缩线
regression l. 回归线
Reid's base l. 底线
relaxed skin tension l's 皮肤张力松弛线
Retzius's l's 雷济厄氏线
Richter-Monro l. 门-里二氏线
Robson's l. 罗布逊氏线
Rolando's l. 罗朗多氏线,头部示中央沟

位置的线
Roser's l. 罗泽氏线
rough l. of femur 股骨嵴粗线
Salter's l's 索尔特氏增长线
scapular l. 肩胛线
Schoemaker's l. 舒马克氏线
l's of Schreger 施雷格尔氏线
segmental l's 发育线
semicircular l's superme 最上项线
semicircular l. of Douglas 腹直肌鞘弓状线
semicircular l. of frontal bone 额骨颞线
semicircular l. of occipital bone, highest 最上项线
semicircular l. of occipital bone, middle 上项线
semicircular l. of occipital bone, superior 上项线
semicircular l. of parietal bone, inferior 顶骨下颞线
semicircular l. of parietal bone, superior 顶骨上颞线
semilunar l. 半月线
Sergent's white adrenal l. 塞尔让氏肾上腺性白线
Shenton's l. 兴顿氏线
l. of sight 视线
simian l. 猿线
Skinner's l. 斯基纳氏线
soleal l. of tibia 腘线
Spieghel's l., spigelian l., Spigelius'l. 斯皮格耳氏线
spiral l. of femur 转子间线
Stähli's l., Stähli's pigment l. 施塔尔氏线
sternal l., sternal l., lateral 胸骨线
subcostal l. 肋下线
subscapular l's 肩胛肌附着线
superficial l. of the cornea 浅层(老年性)角膜线
supracondylar l. of femur, lateral 股骨外侧髁上线
supracondylar l. of femur medial 股骨内侧髁上线
supracrestal l. 突上缘
supraorbital l. 眶上线
survey l. 观测线
suture l. ①缝合行；②系统交叉线

Sydney l. 西尼氏线
sylvian l. 西耳维尼斯氏线
temporal l., inferior 顶骨下颞线
temporal l., superior 顶骨上颞线
temporal l. of frontal bone 额骨颞线
temporal l. of parietal bone, inferior 顶骨下颞线
temporal l. of parietal bone, superior 顶骨上颞线
terminal l. of pelvis 骨盆界线
Thompson's l. 汤普森氏线
thyroid red l. 甲状腺红线
Topinard's l. 托皮纳尔氏线
transverse l's of sacral bone, transverse l. of sacrum 骶骨横线
trapezoid l. 韧带线
Trümmerfeld l. 特伦默费耳德氏线
Ullmann's l. 乌耳曼氏线
umbilicoiliac l. 脐髂线
vertebral l. 椎骨线
vibrating l. 震动线
Virchow's l. 魏尔啸氏线
visual l. 视线，视轴
Voigt's l's 伏伊特氏线
Wagner's l. 华格纳氏线
white l. 腹白线
white adrenal l. 肾上腺性白线
white l. of ischiococcygeal muscle 肛尾韧带
white l. of pelvic fascia 盆筋膜白线
white l. of pelvis 骨盆白线
white l. of pharynx 咽白线
Z l. Z带
l's of Zahn 察恩线
Zollner's l's 策尔纳线
linea ['liniə] (gen. 和 pl. lineae)(L.) 线，线条，界线，狭嵴
l. alba (NA), l. alba abdominis 白线
l. alba cervicalis 颈白线
lineae albicantes 白纹
l. anocutanea 肛门皮肤线
l. anorectalis (NA) 肛门直肠线
l. arcuata ossis ilii (NA) 髂骨弓状线
l. arcuata vaginae musculi recti abdominis (NA) 腹直肌鞘弓状线
l. aspera femoris (NA) 肌骨嵴粗线
lineae atrophicae 萎缩性线纹
l. axillaris (NA) 腋线

l. axillaris anterior (NA) 腋前线
l. axillaris media (NA) 腋中线
l. axillaris posterior (NA) 腋后线
l. epiphsialis (NA) 骺线
l. glutea anterior, l. glutealis anterior (NA) 臀前线
l. glutea inferior, l. glutealis inferior (NA) 臀下线
l. glutea posterior, l. glutealis posterior (NA) 臀后线
l. iliopectinea 髂耻线
l. innominata 界线
l. intercondylaris femoris (NA), l. intercondyloidea femoris 髁间线
l. intermedia cristae iliacae (NA) 髂嵴中间线
l. intertrochanterica (NA) 转子间线
l. intertrochanterica posterior 后转子间线
l. mamillaris (NA) 乳头线
l. mediana anterior (NA) 前正中线
l. mediana posterior (NA) 后正中线
l. medio-axillaris 腋中线
l. medioclavicularis (NA) 锁骨中线
lineae musculares scapulae 肩胛肌线
l. musculi solei (NA) 比目鱼肌线
l. mylohyoidea mandibulae (NA) 下颌舌骨肌线
l. nigra 黑线
l. nuchae inferior (NA) 下项线
l. nuchae superior (NA) 上项线
l. nuchae suprema (NA) 最上项线
l. obliqua cartilaginis thyroideae (NA) 甲状软骨斜线
l. obliqua fibulae 腓骨内侧嵴
l. obliqua mandibulae (NA) 下颌骨斜线
l. obliqua tibiae 比目鱼肌线
l. pararectalis (NA) 腹直肌旁线
l. parasternalis (NA) 胸骨旁线
l. paravertebralis (NA) ① 脊柱旁线；② 脊椎线
l. pectinea femoris (NA) 股骨耻骨线
l. poplitea tibiae 比目鱼肌线
l. postaxillaris 腋后线
l. preaxillaris 腋前线
l. scapularis (NA) 肩胛线
l. semicircularis (Douglasi) 半环线, 腹直肌鞘弓状线
l. semilunaris (NA), l. semilunaris (Spigeli) 半月线
l. spiralis 螺旋线
l. splendens 软脊膜前纤维索
l. sternalis (NA) 胸骨线
l. supracondylaris lateralis femoris (NA) 股骨外上髁线
l. supracondylaris medialis femoris (NA) 股骨正内上髁线
l. temporalis inferior ossis parietalis (NA) 顶骨颞下线
l. temporalis ossis frontalis (NA) 顶骨颞线
l. temporalis superior ossis parietalis (NA) 顶骨颞上线
l. terminalis pelvis (NA) 骨盆界线
lineae transversae ossis sacri (NA) 骶骨横线
l. trapezoidea (NA) 斜方线
l. verbebralis 脊柱线
lineae [ˈliniiː] (L.) 线。linea 的复数形式
lineage [ˈliniidʒ] (L. linea line) 谱系
cell l. 细胞谱系
linear [ˈliniə] (L. linearis) 线的,线形的
Lineola [ˌliniˈəulə] 线丝菌属
liner [ˈlainə] 衬里,衬垫
cavity l. 腔隙衬垫
Lineweaver-Burk equation [ˈlainwiːvə bək] (Hans Lineweaver, American chemist, born 1907; Dean Burk, American biochemist, 1904－1988) 林-布氏方程
lingua [ˈliŋgwə] (L.) (NA) 舌。lingua 的复数形式
l. frenata 结舌,舌系带缩短
l. geographica 地图样舌
l. nigra 黑舌(病)
l. plicata 裂缝舌
l. villosa nigra 黑舌(病)
linguae [ˈliŋgwiː] (L.) 舌
ligual [ˈliŋgwəl] (L. lingualis, from lingua, tongue) 舌的
linguale [liŋˈgweili] 舌点
lingualis [liŋˈgweilis] (pl. linguales) (L., from lingua) 舌的
lingually [ˈliŋgwəli] 向舌的

Linguatula [liŋ'gwætjulə] 舌形虫属
  L. **rhinaria** 鼻腔舌形虫
  L. **serrata** 锯齿状舌形虫
linguatuliasis [liŋ,gwætju'laiəsis] 舌形虫病
linguatulid [liŋ'gwætjulid] 舌形虫
Linguatulidae [liŋgwə'tju:lidi:] 舌形虫科
linguatulosis [liŋ,gwætju'ləusis] 舌形虫病
linguiform ['liŋgwifɔ:m] 舌形的
lingula ['liŋgjulə] (pl. *lingulae*) (L., dim. of *lingua*) (NA) 小舌
  l. **cerebelli** (NA), l. **of cerebellum** 小脑小舌
  l. **of left lung** 左肺小舌
  l. **of lower jaw** 下颌小舌
  l. **mandible**, l. **mandibulae** (NA) 下颌小舌
  l. **pulmonis sinistri** (NA) 左肺小舌
  l. **of sphenoid, sphenoidal** l., l. **sphenoidalis** (NA) 蝶骨小舌
lingulae ['liŋgjuli:] (L.) 小舌
lingular ['liŋgjulə] 小舌的
lingulate ['liŋgjuleit] 舌状的
lingulectomy [,liŋgju'lektəmi] 左肺上叶小舌切除术, 颌小舌切除术
lingu(o)- (L. *lingua* tongue) 舌
linguoaxial [,liŋgwə'æksiəl] 舌轴的
linguoaxiogingival [,liŋgwə,æksiəu'dʒindʒivəl] 舌轴龈的
linguocervical [,liŋgwə'sə:vikəl] ❶ 舌(牙)颈的; ❷ 舌龈的
linguoclination [,liŋgwəuklai'neiʃən] 舌侧倾斜
linguoclusion [,liŋgwə'klu:ʒən] 舌侧咬合
linguodental [,liŋgwə'dentəl] ❶ 齿舌的; ❷ 齿舌音
linguodistal [,liŋgwə'distəl] 舌侧远中的
linguogingival [,liŋgwəu'dʒindʒivəl] 舌龈的
linguoincisal [,liŋgwəuin'saizəl] 舌牙切面的
linguomesial [,liŋgwə'mi:ziəl] 舌侧近中的
linguoocclusal [,liŋgwəu'klu:zəl] 舌颌的
linguopapillitis [,liŋgwəu,pæpi'laitis] (L. *lingua* tongue + *papillitis*) 舌乳突炎
linguoplacement [,liŋgwə'pleismənt] 舌向移位
linguopulpal [,liŋgwə'pʌlpəl] 舌髓的

linguoversion [,liŋgwə'və:ʒən] 舌向移位
liniment ['linimənt] (L. *linimentum*; *linere* to smear) 搽剂
  camphor l. 樟脑膏
  medicinal soft soap l. 药用软皂搽剂
linimentum [,lini'mentəm] (L.) 搽剂
  l. **camphorae** 樟脑膏
  l. **saponis mollis** 药用软皂搽剂
linin ['lainin] (L. *linum* thread) 核丝
linitis [li'naitis] (Gr. *linon* thread + *-itis*) 胃蜂窝织炎
  l. **plastica** 皮革状胃
linkage ['liŋkidʒ] ❶ 键; ❷ 连锁
linked ['liŋkt] 连锁的
linker ['liŋkə] 接头
linnaean [li'niən] (Carolus *Linnaeus* latinized form of Carl von Linné, Swedish botanist, 1707-1778) 林内分类系统
linnean [li'niən] 林内氏的, 林内氏分类系统的
Linodil ['linədil] 利那迪: 烟酸肌醇酯制剂的商品名
Linognathus [li'nɔgnəθəs] 毛虱, 长颚虱属
linoleate [li'nəulieit] 亚油酸的盐、酯及阴离子形式
  ethyl l. 亚油酸乙酯
linoleic acid [linə'li:ik] 亚油酸
linolein [li'nəulim] (L. *linum* flax + *oleum* oil) 亚麻油中性脂肪酸
linolenate [li'nəuləneit] 亚麻酸的盐, 酯及负离子形式
linolenic acid [,linə'li:nik] 亚麻酸
linolic acid [li'nɔlik] 亚油酸
linseed ['linsi:d] 亚麻子
Linstowiidae [linstə'waiidi:] 林氏绦虫
lint [lint] (L. *linteum*, from *linum*, flax) 外科用绒布
lintin ['lintin] 脱脂绒布
Linton shunt ['lintən] (Robert Ritchie *Linton*, Scottish-born American surgeon, born 1900) 林顿氏分流术
linum ['lainəm] (gen. *lini*) (L. "flax") 亚麻子
lio- 参见 *leio-* 为前缀的词条
liodermia [,laiəu'də:miə] (Gr. *leios* smooth + *derma* skin) 滑泽皮
liomyofibroma [,laiəu,maiəu'faibrəumə] 平滑肌纤维瘤

liomyoma [ˌlaiəumai'əumə] (Gr. *leios* smooth + *myoma*) 平滑肌瘤

liomyosarcoma [ˌlaiəuˌmaiəusɑː'kəumə] 平滑肌肉瘤

Lioresal [li'ɔrəsəl] 巴氯酚:氯苯氨丁酸制剂的商品名

liothyronine [ˌlaiə'θairəniːn] 三碘甲状腺氨酸

l. **sodium** (USP) 甲碘安

liotrix ['laiətriks] 复方甲状腺素

lip [lip] ❶ 口腔上下两片缘;❷ 边缘部分
　acetabular l. 髋关节缘
　anterior l. of cervix of uterus 子宫颈前唇
　anterior l. of ostium of uterus 子宫口前唇
　anterior l. of pharyngeal opening of auditory tube 咽鼓管咽端前唇
　articular l. 关节缘
　cleft l. 唇裂
　double l. 双唇
　external l. of iliac crest 髂嵴外唇
　fibrocartilaginous l. of acetabulum 髋关节纤维软骨组织缘
　glenoid l. 盂唇
　glenoid l. of articulation of hip 髋关节纤维软骨组织缘
　glenoid l. of articulation of humerus 盂唇
　greater l. of pudendum 大阴唇
　Hapsburg l. 哈普斯堡唇
　inferior l. 下唇
　inferior l. of ileocecal valve 回盲瓣下缘
　internal l. of iliac crest 髂嵴内唇
　lesser l. of pudendum 小阴唇
　lower l. 下唇
　medial l. of linea aspera of femur
　posterior l. of cervix of uterus 子宫颈后唇
　posterior l. of ostium of uterus 子宫口后唇
　posterior l. of pharyngeal opening of auditory tube 咽鼓管咽端后缘
　rhombic l. 菱脑唇
　superior l. 上唇
　superior l. of ileocecal valve 回盲瓣上缘
　tympanic l. of limb of spiral lamina 螺旋板鼓室唇
　upper l. 上唇
　vestibular l. of limb of spiral lamina 螺旋板前庭唇

lipacidemia [ˌlipæsi'diːmiə] (*lip-* + *acid* + *-emia*) 脂酸血

lipaciduria [ˌlipæsi'djuəriə] (*lip-* + *acid* + *-uria*) 脂酸尿

lipaemia [li'piːmiə] 脂血(症)

liparocele [li'pærəsiːl] (Gr. *liparos* oily + *kēlē* tumor) 脂肪疝

liparodyspnea [ˌlipərəu'dispniə] 肥胖性呼吸困难

liparoid ['lipərɔid] (Gr. *liparos* fat + *eidos* likeness) 脂肪样的

liparomphalus [lipə'rɔmfələs] (Gr. *liparos* fat + *omphalos* navel) 脐脂瘤

liparotrichia [lipərə'trikiə] (Gr. *liparos* fat + *tirix* hair) 毛发油腻

liparous ['lipərəs] (Gr. *liparos*) 肥胖的

liparthritis [ˌlipɑː'θraitis] (Gr. *leipein* to fail + *arthritis*) 关节脂肪组织炎

lipase [lipeis] 脂酶
　acid l. 酸脂酶
　hepatic l. 肝脏脂酶
　lingual l. 舌脂酶
　pancreatic l. 胰脂酶

lipasuria [ˌlipei'sjuəriə] 尿中出现脂酶

lipectomy [li'pektəmi] (*lip-* + *ectomy*) 脂肪切除术
　suction l. 脂肪抽吸术

lipedema [ˌlipi'diːmə] (*lip-* + *edema*) 脂肪水肿

lipemia [li'piːmiə] 脂血症
　alimentary l. 饮食性脂血症
　l. retinalis 视网膜脂血症

lipemic [li'pemik] 脂血症的

lipid ['lipid] 脂类,脂质
　l. A 脂多糖的糖脂部分

lipidemia [ˌlipi'diːmiə] 脂血症

lipidic [li'pidik] 脂的,含脂的

lipidol ['lipidɔl] 脂醇

lipidolysis [ˌlipi'dɔlisis] 脂类分解

lipidolytic [ˌlipidə'laitik] 脂类分解的

lipidosis [ˌlipi'dəusis] 脂沉积症
　galactosylceramide l. 脑苷脂沉积症
　glucosylceramide l. 葡萄糖脑苷脂沉积症
　sphingomyelin l. (神经)鞘磷脂沉积症
　sulfatide l. 硫酸(脑苷)脂沉积症

lipiduria [ˌlipiˈdjuəriə] 脂尿
lipin [ˈlipin] (Gr. *lipus* fat) 脂质,脂类
Lipiodol [liˈpaiədɔl] 力派尔道:碘油的商标名
lipiodolography [ˌlipiəuˈdɔləgrəfi] 碘酒造影术
Lipmann [ˈlipmən] 利普曼:Fritz Albert,德裔美国生化学家,1899-1986
lip(o)- (Gr. *lipos* fat) 脂的,脂肪的
lipoadenoma [ˌlipəuˌædiˈnəumə] 脂肪腺瘤
lipoamide [ˌlipəuˈæmaid] 脂酰
lipoamide dehydrogenase [ˌlipəˈæmaid diˈhaidrədʒineis] 脂酰脱氢酶
lipoamide dehydrogenase deficiency 脂酰脱氢酶缺乏症
lipoangioma [ˌlipəuˌændʒiˈəumə] 脂血管瘤
lipoarthritis [ˌlipəuɑːˈθraitis] (*lipo-* + *arthritis*) 关节脂肪组织炎症
lipoatrophy [ˌlipəˈætrəfi] (*lipo-* + *atrophy*) ❶皮下脂肪萎缩;❷脂肪营养不良
  insulin l. 胰岛素性脂肪萎缩
lipoblast [ˈlipəblæst] (*lipo-* + *blast*) 成脂细胞
lipoblastic [ˌlipəˈblæstik] 成脂细胞的,含成脂细胞的
lipoblastoma [ˈlipəublæsˈtəumə] (*lipo-* + *blast*) 成脂细胞瘤
lipoblastomatosis [ˌlipəuˌblæstəuməˈtəusis] 成脂细胞瘤的局部扩散但无转移倾向
lipocaic [ˌlipəuˈkeik] (*lipo-* + Gr. *kaeo* to burn) ❶抗脂肝素;❷耗脂的
lipocardiac [ˌlipəuˈkɑːdiæk] (*lipo-* + *cardiac*) 脂肪心的
lipocatabolic [ˌlipəuˌkætəˈbɔlik] 脂肪分解代谢的
lipocele [ˈlipəsiːl] 脂肪突出,脂肪疝
lipoceratous [ˌlipəuˈserətəs] 尸蜡样的
lipocere [ˈlipəsiə] (*lipo-* + L. *cera* wax) 尸蜡
lipochondrodystrophy [ˌlipəuˌkɔndrəuˈdistrəfi] (*lipo-* + Gr. *chondros* cartilage + *dystrophy*) 脂质软骨营养不良
lipochondroma [ˌlipəukɔnˈdrəumə] (*lipo-* + *chondroma*) 脂肪软骨瘤
lipochrin [ˈlipəkrin] (*lipo-* + Gr. *ochros* sallow) 脂褐黄质
lipochrome [ˈlipəkrəum] (*lipo-* + Gr. *chroma* color) 脂色素
lipochromemia [ˌlipəukrəuˈmiːmiə] 脂色素血症
lipochromogen [ˌlipəuˈkrɔmədʒən] 脂色素原
lipoclasis [liˈpɔklæsis] (*lipo-* + Gr. *klasis* breaking) 脂肪分解
lipoclastic [ˌlipəˈklæstik] 分解脂肪的
lipocorticoid [ˌlipəˈkɔːtikɔid] 脂肪肾上腺皮质激素类
lipocyanine [ˌlipəˈsaiəniːn] (*lipo-* + Gr. *kyanos* blue) 脂蓝质
lipocyte [ˈlipəsait] (*lipo-* + *-cyte*) ❶脂肪细胞;❷肝脏中的储脂细胞
lipodermia [ˌlipəuˈdəːmiə] 无皮畸形
lipodieresis [ˌlipəudaiˈiərəsis] (*lipo-* + *diairesis*) 脂肪分解
lipodieretic [ˌlipəudaiəˈretik] 脂肪分解的
lipodystrophia [ˌlipəudisˈtrɔfiə] 脂肪营养不良,脂肪代谢障碍
  l. intestinalis 肠原性脂肪代谢障碍
  l. progressiva 进行性脂肪营养不良
lipodystrophy [ˌlipəuˈdistrəfi] (*lipo-* + *dystrophy*) ❶脂肪代谢障碍;❷脂肪代谢障碍引起的皮下脂肪消失
  congenital generalized l. congenital progressive l. 先天性脂肪代谢障碍
  generalized l. 全部脂肪代谢障碍
  intestinal l. 肠原性脂肪代谢障碍
  partial l. 部分脂肪营养不良
  progressive l. 进行性脂肪营养不良
  progressive congenital l. 先天进行性脂肪营养不良
  progressive partial l. 进行性部分脂肪营养不良
  total l. 整体脂肪营养不良
lipoferous [liˈpɔfərəs] (*lipo-* + *-ferous*) ❶带脂肪的;❷嗜苏丹的
lipofibroma [ˌlipəufaiˈbrəumə] 脂肪纤维瘤
lipofuscin [ˌlipəuˈfʌsin] ❶脂褐质;❷脂色素
lipofuscinosis [ˌlipəuˌfʌsiˈnəusis] 脂褐质异常聚积
  neuronal ceroid l. 神经元蜡样脂褐质沉积症

lipogenesis [lipəu'dʒenəsis] (*lipo-* + *genesis*) 脂肪生成

lipogenetic [lipəudʒə'netik] 脂肪生成的

lipogenic [,lipəu'dʒenik] 脂肪生成的

lipogenous [li'pɔdʒinəs] 脂肪生成的

lipogranuloma [,lipə,grænju'ləumə] (*lipo-* + *granuloma*) 脂肪结节

lipogranulomatosis [,lipə,grænjuləumə'təusis] 脂肪肉芽肿病

  Farber's l. 法氏脂肪肉芽肿瘤

lipohemarthrosis [,lipə,hemɑ:'θrəusis] (*lipo-* + *hemarthrosis*) 关节积脂血病

lipohemia [,lipəu'hi:miə] 脂血,脂血症

Lipo-Hepin [,lipəu'hepin] 利波海平

lipohistiodieresis [lipəu,histiəudai'iərəsis] (*lipo-* + *histio-* + Gr. *diaresis* a taking) 组织内脂肪消失

lipohyalin [lipəu'haiəlin] 透明素脂肪,透明质脂肪

lipohypertrophy [,lipəuhai'pə:trəfi] 脂肪增生

  insulin l. 胰岛素性脂肪增生

lipoic acid [li'pəuik] 硫辛酸

lipoid ['lipɔid] (*lipo-* + Gr. *eidos* form) ❶类脂的; ❷脂类

lipoidal ['lipɔidəl] 脂肪样

lipoidase ['lipɔideis] 脂酶

lipoidemia [,lipɔi'di:miə] (*lipoid* + Gr. *aema* blood) 脂血,脂血症

lipoidolytic [,lipɔi'dɔlitik] (*lipoid* + Gr. *lytikos* destroying) 分解类脂的

lipoidosis [,lipɔi'dəusis] 脂沉积症

  arterial l. 动脉粥样硬化
  renal l. 肾脏脂沉积症

lipoidproteinosis [,lipɔid,prəuti'nəusis] 类脂蛋白质沉积症

lipoidsiderosis [,lipɔidsidə'rəusis] 类脂铁质沉积症

lipoiduria [lipɔi'djuəriə] (*lipoid* + Gr. *ouron* urine) 脂尿

lipolipoidosis [,lipəu,lipɔi'dəusis] 脂肪类脂沉积症

Lipo-Lutin [,lipəu'lutin] 利波路丁:黄体酮制剂的商品名

lipolysis [li'pɔləsis] (*lipo-* + *-lysis*) 脂肪分解

lipolytic [,lipəu'laitik] 脂肪分解的

lipoma [li'pəumə] (*lip-* + *-oma*) 脂肪瘤

  l. annulare colli 颈部环形脂肪瘤
  l. arbores cens 树枝状脂肪瘤
  l. capsulare 器官被膜脂瘤
  l. cavernosum 海绵状脂瘤
  diffuse l. 弥漫性脂瘤
  l. dolorosa 痛性脂瘤
  epidural l. 硬膜外脂瘤
  l. fibrosum 纤维脂瘤
  intermuscular l. 肌间脂瘤
  intradural l. 硬膜内脂瘤
  intramedullary l. 髓内脂瘤
  intramuscular l. 肌内脂瘤
  intraspinal l. 脊柱内脂瘤
  l. myxomatodes 粘液脂瘤
  l. ossificans 骨化脂瘤
  l. sarcomatodes 脂肉瘤
  spindle cell l. 梭形细胞脂瘤
  telangiectatic l., l. telangiectodes 毛细管扩张性脂瘤

lipomatoid [li'pɔmətɔid] 脂瘤样的

lipomatosis [,lipəumə'təusis] 脂肪过多症

  l. atrophicans 萎缩性脂肪过多症
  congenital l. of pancreas 胰腺先天性脂肪过多症
  diffuse l. 弥漫性脂肪过多症
  l. dolorosa 痛性脂肪过多症
  l. gigantea 巨大性脂肪过多症
  nodular circumscribed l.结节性局限性脂肪过多症
  renal l., l. renis 脂瘤性肾病
  symmetrical l. 对称性脂瘤

lipomatous [li'pɔmətəs] 脂瘤的

lipomeningocele [,lipəumə'niŋgəsi:l] 脑性脑(脊)膜突出

lipomeria [,lipə'miəriə] (Gr. *leipein* to leave + *meros* a part) 缺肢(畸形)

lipometabolic [,lipəu,metə'bɔlik] 脂肪代谢的

lipometabolism [,lipəmə'tæbəlizəm] (*lipo-* + *metabolism*) 脂肪代谢

lipomicron [,lipəu'maikrɔn] 脂肪微粒

lipomyelomeningocele [,lipəu,mailəumə'niŋgəsi:l] (*lipoma* + *myelomeningocele*) 脂肪性脊髓脊膜突出

lipomyohemangioma [,lipəu,maiəuhe,mændʒi'əumə] 血管肌脂瘤

lipomyoma [,lipəumai'əumə] (*lipo-* + *myoma*) 脂肌瘤

lipomyxoma [ˌlipəumik'səumə] (*lipo-* + *myxoma*) 粘液脂瘤

liponephrosis [ˌlipəuni'frəusis] 脂性肾病变

liponeurocyte [ˌlipəu'njuərəsait] (*lipo-* + Gr. *neuron* nerve + *kytos* cell) 脂质神经细胞

Liponyssus [ˌlipəu'nisəs] (*lipo-* + Gr. *nyssein* to pierce) 刺脂螨
  L. bacoti 巴氏刺脂螨
  L. bursa 囊形刺脂螨
  L. sylviarum 林刺脂螨

lipopathy [li'pɔpəθi] (*lipo-* + *-pathy*) 脂代谢障碍

lipopectic [ˌlipə'pektik] 脂蓄积的

lipopenia [ˌlipəu'pi:niə] (*lipo-* + *-penia*) 脂肪减少

lipopenic [ˌlipəu'penik] 脂肪减少的

lipopeptid [ˌlipəu'peptid] 脂肽

lipopexia [ˌlipəu'peksiə] (*lipo-* + Gr. *pēxis* fixation) 脂肪蓄积

lipopexic [ˌlipəu'peksik] 脂肪蓄积的

lipophage ['lipəfeidʒ] (*lipo-* + *-phage*) 噬脂细胞

lipophagia [ˌlipəu'feidʒiə] 噬脂性
  l. granulomatosis 肠原性脂肪代谢障碍

lipophagic [ˌlipəu'fædʒik] 噬脂性的, 脂肪分解的

lipophagy [li'pɔfədʒi] (*lipo-* + Gr. *phagein* to eat) 噬脂性, 脂肪分解

lipophanerosis [ˌlipəuˌfænə'rəusis] (*lipo-* + *phanerosis*) 脂粒显现

lipophil ['lipəfil] (*lipo-* + *-phil*) 亲脂

lipophilia [ˌlipə'filiə] (*lipo-* + Gr. *philein* to love + *-ia*) ❶ 亲脂性; ❷ 脂溶性; ❸ 因脂肪固定的致肥倾向

lipophilic [ˌlipə'filik] ❶ 亲脂的; ❷ 吸收溶解脂的, 或脂溶的

lipophore ['lipəfɔ:] (*lipo-* + *-phore*) 黄色素细胞

lipophrenia [ˌlaipəu'fri:niə] (Gr. *leipein* to fail + *phren* mind) 神智丧失, 精神丧失

lipoplasty [ˌlipə'plæsti] 皮下脂肪抽吸术

lipopolysaccharide [ˌlipəuˌpɔli'sækəraid] ❶ 脂和多糖的复合物; ❷ 革兰氏阴性菌细胞壁的主要成分

lipoprotein [ˌlipəu'prəuti:n] 脂蛋白

α-l., alpha l. α 脂蛋白
β-l., beta l. β 脂蛋白
floating beta l's 飘浮 β 脂蛋白
high-density l. (HDL) 高密度脂蛋白
intermediate-density l. (IDL) 中密度脂蛋白
low-density l. (LDL) 低密度脂蛋白
Lp(a) l. 密度为 1.05~1.10g/ml 的脂蛋白, 包含载脂蛋白 B-100 以及抗原特异性载脂蛋白
pre-βl., pre-beta l. 极低密度脂蛋白
very-high-density l. (VHDL) 极高密度脂蛋白
very-low-density l. (VLDL) 极低密度脂蛋白
l. X 异常低密度脂蛋白

lipoproteinemia [ˌlipəuˌprəuti:'ni:miə] 脂蛋白血症

lipoprotein lipase [ˌlipəu'prəuti:n 'lipeis] (EC 3,1,1,34) 脂蛋白脂酶

lipoproteinosis [ˌlipəuˌprəuti:'nəusis] 脂蛋白沉积症

liporhodin [ˌlipəu'rəudin] (*lipo-* + Gr. *rhodon* rose) 脂红质

liposarcoma [ˌlipəusɑ:'kəumə] (*lipo-* + *sarcoma*) 脂肉瘤
  dedifferentiated l. 反分化脂肉瘤
  myxoid l. 粘液脂肉瘤
  pleomorphic l. 多形脂肉瘤
  round cell l. 圆形细胞脂肉瘤
  well-differentiated l. 分化良好的脂肉瘤

liposarcous [ˌlipəu'sɑ:kəs] (Gr. *leipein* to leave + *sarx* flesh) 消瘦的, 瘦的

liposis [li'pəusis] (Gr. *lipos* fat + *-osis*) 脂肪过多症

liposoluble [ˌlipəu'sɔljubl] (*lipo-* + *soluble*) 脂溶性的

liposome ['lipəsəum] (*lipo-* + *-some*) 脂质体

lipostomatous [ˌlipəu'stɔmətəs] (Gr. *leipein* to leave + *stoma* mouth) 无口的

lipostomy [li'pɔstəmi] (Gr. *leipein* to fail + *stoma* mouth) 无口 (畸形)

liposuction [ˌlipə'sʌkʃən] 脂肪抽吸术

lipotamponade [ˌlipəu'tæmpəneid] 脂肪填塞法

lipotrichia [ˌlipəu'trikiə] (Gr. *leipein* to fail + *thrix* hair) 无发

lipotroph ['lipətrəf] 促脂肪增多细胞
lipotrophic [,lipə'trɔfik] 脂肪增多的
lipotrophy [li'pɔtrəf] (*lipo-* + *-trophy*) 脂肪增多
lipotropic [,lipə'trɔpik] (*lipo-* + *-tropic*) ❶ 防治脂肪肝的;❷ 防治脂肪肝因子
β-lipotropin ['lipətrɔpin] β-促脂素
lipotropism [li'pɔtrəpizəm] 脂肪肝防治作用
lipotropy [li'pɔtrəpi] 脂肪肝防治作用
lipotuberculin [,lipətju'bə:kjulin] 脂制结核菌素
lipovaccine [,lipə'væksi:n] (*lipo-* + *vaccine*) 脂制疫苗
lipovitellin [,lipəvai'telin] (*lipo-* + L. *vitellus* yolk) 卵黄脂蛋白
lipoxanthine [,lipə'zænθin] (*lipo-* + Gr. *xanthos* yellow) 脂黄质
lipoxenous [,lipɔk'sinəs] (Gr. *leipein* to leave + *xenos* host) 离异宿主的
lipoxeny [lai'pɔksini] 离异宿主
lipoxidase [li'pɔksideis] 脂氧化酶
lipoxidemia [,lipɔksi'di:miə] (*lipo-* + Gr. *oxys* acid + *aema* blood) 脂酸血,脂酸血症
lipoxin [li'pɔksin] 花生四烯酸的四烯族衍生物
lipoxygenase [li'pɔksidʒəneis] (EC 1.13.11.12) 脂氧化酶
5-l. 花生四烯酸盐 5-脂氧化酶
12-l. 花生四烯酸盐 12-脂氧化酶
15-l. 花生四烯酸盐 15-脂氧化酶
lipoxysm [li'pɔksizəm] (Gr. *lipos* fat + *oxys* sharp, acid) 油酸中毒
lipoyl ['lipəuəl] 硫辛酸的酰基
lippa ['lipə] 睑缘炎
lipping ['lipiŋ] ❶ 唇状 (X 线) 阴影;❷ 骨关节炎的骨性过多增生
lippitude ['lipitju:d] (L. *lippitudo*; *lippus* bleareyed) 睑缘炎
Lipschütz bodies ['lipʃjuts] (Benjamin *Lipschütz*, Austrian dermatologist, 1878 – 1931) 利普许茨氏体
lipsis ['lipsis] (Gr. "a leaving") 停止,缺失
lipsotrichia [,lipsəu'trikiə] (Gr. *lipsis* leaving + *thrix* hair) 毛发脱落,秃发
lipuria [li'pjuəriə] (*lip-* + *uria*) 脂肪尿

lipuric [li'pjuərik] 脂肪尿的
Liq. (*liquor* 的缩写) 液体
liquable ['likwəbl] (L. *liquare* to make liquid) 可液化的
Liquamar ['likwəmɑ:] 利克马;苯丙羟基香豆素的商品名
liquate ['likweit] (L. *liquare*) 液化
liquation [li'kweiʃən] 液化
liquefacient [,likwə'feiʃənt] (L. *liquefaciens*) 液化的,产生液化作用的
liquefaction [,likwə'fækʃən] (L. *liquefactio*, *liquere* to flow + *facere* to make) 液化(作用)
gas l. 气体液化作用
liquefactive [,likwə'fæktiv] 液化的
liquescent [li'kwisnt] (L. *liquescere* to become liquid) 变液的,液化的
liquid ['likwid] (L. *liquidus*; *liquere* to flow) ❶ 液体;❷ 液态的
Müller's l. 苗勒氏液
liquifier ['likwifaiə] 溶基菌
liquiform ['likwifɔ:m] 液状的
liquogel ['likwədʒəl] 液胶体,液状凝胶
liquor ['likə] (pl. *liquors*, *liquores*) (L.) ❶ 液体;❷ 某些体液的解剖术语的通称
l. amnii 羊(膜)水
l. cerebrospinalis (NA) 脑脊(髓)液
l. chorii 绒(毛)膜液
l. cotunnii 外淋巴
l. entericus 肠液
l. folliculi 滤泡液,卵泡液
l. gastricus 胃液
mother l. 母液
l. pancreaticus 胰液
l. prostaticus 前列腺液
l. puris 脓清
l. sanguinis 血浆,血清
l. of Scarpa, l. scarpae 内淋巴
l. seminis 精液
liquores [li'kwɔ:ri:z] (L.) 液体,体液
liquorice ['likəris] 甘草
liquorrhea [,likwəu'ri:ə] (L. *liquor* liquid + Gr. *rhoea* flow) 液漏
Lisch nodules ['liʃ] (Karl *Lisch*, Austrian ophthalmologist, born 1907) 利氏结节
Lisfranc's amputation [lis'frɑ:ŋks] (Jacques *Lisfranc*, French surgeon, 1790 – 1847) 利斯弗朗切断术

lisinopril [li'sainəupril] 赖诺普利:依那普利活性形式的赖氨酸衍生物
lisping ['lispiŋ] 牙语
Lissauer's marginal zone ['lisauəz] (Heinrich *Lissauer*, German neurologist, 1861-1891) 利骚厄氏缘区
Lissencephala [ˌlisen'sefələ] (Gr. *lissos* smooth + *enkephalos* brain) 缺脑回动物类
lissencephalia [ˌlisensi'feiliə] 无脑回(畸形)
lissencephalic [ˌlisensi'fælik] ❶ 缺脑回动物的;❷ 无脑回的,脑回浅的;❸ 无脑回(畸形)的
lissencephaly [ˌlisen'sefəli] 无脑回(畸形)
Walker's l. 沃克氏无脑回
lissive ['lisiv] (Gr. *lissos* smooth) 肌肉弛缓的,解痉挛的
lissothricic [ˌlisə'θrisik] (Gr. *lissos* smooth + *thrix* hair) 毛发平直的
Lister ['listə] 李司忒(1827~1912):英国外科学家
Listerella [ˌlistə'relə] 李司忒氏菌属
listerellosis [ˌlistərə'ləusis] 李斯忒氏菌病
Listeria [lis'tiəriə] 李司忒氏菌属
L. monocytogenes 单核细胞增多性李司忒氏菌属
listerial [lis'tiəriəl] 李司忒氏菌属的
listeriosis [lisˌteri'əusis] 李司忒氏菌病
listerism ['listərizəm] 防腐无菌法
Listing's law ['listiŋz] (Johann *Listing*, German physiologist, 1808-1882) 利斯廷氏定律
Liston's knife ['listənz] (Robert *Liston*, English surgeon, 1794-1847) 利斯顿氏刀
liter ['liːtə] (Fr. *litre*) 升
-lith (Gr. *lithos* stone) 石,结石
lithagogectasia [ˌliθəɡəudʒek'teisiə] (Gr. *lithos* stone + *agogos* leading + *ektasis* stretching) 尿石引除法,尿道扩张取石术
lithagogue ['liθəɡɔɡ] (*litho-* + Gr. *agōgos* leading) ❶ 去除结石;❷ 去除结石法
Lithane ['liθein] 锂森:碳酸锂制剂的商品名
lithangiuria [ˌliθændʒi'juəriə] (*litho-* + Gr. *angeion* vessel + *ouron* urine + *-ia*) 尿路结石
litharge ['liθɑːdʒ] (Gr. *lithargyros*; *lithos* stone + *argyros* silver) 一氧化铅
lithate ['liθeit] 尿酸盐
lithecbole [li'θekbəli] (*litho-* + Gr. *ekbolē* expulsion) 结石排出
lithectasy [li'θektəsi] (*litho-* + Gr. *ektasis* stretching) 尿道扩张取石术
lithectomy [li'θektəmi] 切开取石术
lithemia [li'θiːmiə] (*lithic* acid + *-emia*) 尿酸(盐)血症
lithemic [li'θemik] 尿酸(盐)血症的
lithia ['liθiə] 氧化锂
lithiasic [ˌliθi'æsik] 结石病的
lithiasis [li'θaiəsis] (*lith-* + *-iasis*) 结石病
appendicular l. 阑尾结石(梗阻)
l. conjunctivae 结膜结石
pancreatic l. 胰腺结石
lithic ['liθik] ❶ 结石的;❷ 锂的
lithic acid ['liθik] 尿酸
lithicosis [ˌliθi'kəusis] (Gr. *lithikos* made of stone) 肺尘埃沉着病,尘肺
lithium ['liθiəm] (Gr. *lithos* stone) 锂
l. carbonate (USP) 碳酸锂
l. citrate 枸橼酸锂
lithiuria [ˌliθi'juriə] (Gr. *lithos* stone + *ouron* urine) 尿酸尿症
lith(o)- (Gr. *lithos* stone) 石,结石
lithobexis [ˌliθəu'biksis] (*litho-* + Gr. *bex* cough) 石咳
lithobiotic [ˌliθəubi'ɔtik] 结石潜生的
lithocenosis [ˌliθəusi'nəusis] (*litho-* + Gr. *kenōsis* evacuation) 碎石清除术
lithocholate [ˌliθə'kəuleit] 石胆酸的盐,酯或阴离子形式
lithocholic acid [ˌliθə'kɔlik] 石胆酸
lithocholylglycine [ˌliθəˌkəulil'ɡlaisin] 石胆甘氨酸
lithocholyltaurine [ˌliθəˌkɔːlil'tɔːriːn] 石胆牛磺酸
lithoclast ['liθəklæst] (*litho-* + Gr. *klan* to crush) 碎石器,碎石钳
lithoclastic [ˌliθəu'klæstik] 碎石的
lithoclasty [ˌliθəu'klæsti] 碎石术
lithoclysmia [ˌliθəu'klizmiə] (*litho-* + Gr. *klysma* cluster) 膀胱灌药溶石法
lithocystotomy [ˌliθəusis'tɔtəmi] (*litho-* + Gr. *kystis* bladder + *temnein* to cut) 膀

胱切开取石术
lithodialysis [ˌliθəudaiˈæləsis] (litho- + Gr. dialyein to dissolve) ❶ 溶石术；❷ 碎石术
lithofellic [ˌliθəuˈfelik] (litho- + L. fel gallbladder) 胆石的
lithogenesis [ˌliθəuˈdʒenəsis] (litho- + Gr. gennan to produce) 结石形成
lithogenic [ˌliθəuˈdʒenik] 促使结石形成的
lithogenous [liˈθɔdʒənəs] 结石形成的
lithoid [ˈliθɔid] (Gr. lithos stone + eidos likeness) 石样的
lithoidal [ˈliθɔidəl] 石样的
lithokelyphopedion [ˌliθəuˌkelifəˈpiːdiən] (litho- + Gr. kelyphos sheath + paidion child) 胎膜胎儿石化
lithokelyphos [ˌliθəuˈkelifɔs] (litho- + Gr. kelyphose sheath) 胎膜石化
lithokonion [ˌliθəuˈkəuniən] (litho- + Gr. konian to pulverize) 碎石器
litholabe [ˈliθəlæb] (litho- + Gr. lambanein to hold) 持石器
litholapaxy [liˈθɔləˌpæksi] (litho- + Gr. lapaxis evacuation) 碎石洗出术
lithology [liˈθɔlədʒi] (litho- + -logy) 结石学
litholysis [liˈθɔlisis] (litho- + Gr. lysis dissolution) 结石溶解
litholyte [ˈliθəlait] (litho- + Gr. lysis dissolution) 溶石液灌注器
litholytic [ˌliθəuˈlaitik] ❶ 溶石的；❷ 溶石剂
lithomalacia [ˌliθəuməˈleiʃiə] (litho- + Gr. malakia softness) 结石软解法
lithometer [liˈθɔmitə] (litho- + Gr. metron measure) 结石测定器
lithometra [ˌliθəuˈmiːtrə] (litho- + Gr. metra uterus) 子宫骨化
lithomoscus [ˌliθəuˈmɔskəs] (litho- + Gr. moschos calf) 牛胎石化
lithomyl [ˈliθəmil] (litho- + Gr. mylē mill) 膀胱碎石器
lithonephria [ˌliθəuˈnefriə] (Gr. nephros kidnes) 肾石病
lithonephritis [ˌliθəunəˈfraitis] (litho- + nephritis) 结石性肾炎
lithonephrotomy [ˌliθəunəˈfrɔtəmi] (litho- + Gr. nephros kidney + tomē a cutting) 肾石切除术
lithontriptic [ˌliθəunˈtriptik] 碎石的，溶石药
lithopedion [ˌliθəˈpiːdiən] (L. lithopaedium, from Gr. lithos stone + paidion child) 胎儿石化，石胎
lithophagia [ˌliθəuˈfeidʒiə] (litho- + Gr. phagein to eat) 食石癖
lithophone [ˈliθəfəun] (litho- + Gr. phone voice) 听石探杆
lithoplatomy [ˌliθəuˈplætəmi] (litho- + Gr. platos wide) 尿道扩张取石术
lithoplaxy [ˌliθəuˈplæksi] 碎石术
lithoprisy [liˈθɔprisi] (Gr. prisis sawing) 锯石术，切石术
lithoscope [ˈliθəskəup] (litho- + Gr. skopein to examine) 膀胱石(窥)镜；膀胱镜
lithosis [liˈθəusis] (Gr. lithos stone) 肺石屑病，石屑肺
Lithostat [ˈliθəsteit] 利色斯提特：乙酰氧亏酸制剂的商品名
lithothryptic [ˌliθəuˈθraiptik] (litho- + Gr. thryptikos breaking) 碎石的
lithothrypty [ˌliθəuˈθraipti] 碎石术
lithotome [ˈliθətəum] 切石刀
lithotomist [liˈθɔtəmist] 切石术者
lithotomy [liˈθɔtəmi] (litho- + Gr. tomē a cutting) 切(开取)石术
bilateral l. 两侧切石术，横行切石术
high l. 耻骨上切石术
lateral l. 侧面切石术
median l. 正中切石术
mediolateral l. 正中侧面切石术
perineal l. 经会阴切石术
prerectal l. 直肠前切石术，正中切石术
rectal l., **rectovesical l.** 经直肠切石术
suprapubic l. 耻骨上切石术
vaginal l., **vesicovaginal l.** 经阴道切石术
lithotony [liˈθɔtəni] (litho- + Gr. teinein to stretch) 道瘘取石术
lithotresis [ˌliθəˈtriːsis] (litho- + Gr. trēsis a boring) 结石钻孔术
lithotripsy [ˌliθəˈtripsi] (litho- + Gr. tribein to rub) 碎石术
electrohydraulic l. 水中放电碎石法
extracorporeal shock wave l. 体外冲击波

碎石术
laser l. 激光碎石术
lithotripter [ˌliθəˈtriptə] 碎石器
lithotriptic [ˌliθəˈtriptik] 碎石术的
lithotriptor [ˌliθəˈtriptə] 碎石器
lithotriptoscope [ˌliθəˈtriptəskəup] 碎石膀胱镜
lithotriptoscopy [ˌliθəutripˈtɔskəpi] (litho- + Gr. tripsis a crushing + skapein to examine) 膀胱镜碎石术
lithotrite [ˈliθətrait] (litho- + Gr. tribein to rub) 碎石器
lithotrity [liˈθɔtriti] 碎石术
lithotroph [ˈliθətrɔf] (litho- + Gr. trophe nutrition) 无机营养菌
lithous [ˈliθəs] (Gr. lithos stone) 石的,结石
lithoxiduria [ˌliθɔksiˈdjuəriə] (litho- + oxide + Gr. ouron urine + ia) 黄嘌呤尿
lithuresis [ˌliθjuəˈrisis] (litho- + Gr. ouresis urination) 石尿症
lithureteria [liθjuərəˈtiəriə] (litho- + Gr. oureter ureter) 输尿管结石病
lithuria [liθˈjuəriə] 尿酸盐尿
litmocidin [ˌlitməˈsidin] 石蕊样放线菌素,变色放线菌素
litmus [ˈlitməs] 石蕊
Litomosoides carinii [ˌlitəuməˈsɔidiz kəˈriniai] 棉鼠丝虫
litre [ˈliːtə] (Fr.) 升
Litten's diaphragm phenomenon [ˈlitənz] (Moritz Litten, German physician, 1845-1907) 利滕氏征
litter [ˈlitə] ❶ 担架;❷ (一窝) 幼仔
Little's area [ˈlitlz] (James Laurence Little, American surgeon, 1836-1885) 李特尔氏区
Little' disease [ˈlitlz] (Willian John Little, English physician, 1810-1894) 李特尔氏症
Littre's crypts [ˈlitəz] (Alexis littre, French surgeon, 1658-1725) 利特雷氏隐窝
littritis [liˈtraitis] 尿道腺炎
Litzmann's obliquity [ˈlitzməns] (Karl Konrad Theodor Litzmann, German gynecologist, 1815-1890) 利次曼氏倾斜

livedo [liˈviːdəu] (L.) 青斑
l. racemosa 网状青斑
l. reticularis 网状青斑
l. reticularis, idiopathic 自发性网状青斑
l. reticularis, symptomatic 症状性网状青斑
l. telangiectatica 毛细管扩张性青斑
livedoid [ˈlividɔid] 青斑样的
liver [ˈlivə] (L. jecur, Gr. hēpar) 肝
albuminoid l., amyloid l. 淀粉样肝
biliary cirrhotic l. 胆汁性肝硬变
brimstone l. 硫(黄)色肝
bronze l. 青铜色肝
cirrhotic l. 硬变肝
degraded l. 分叶肝
fatty l. 脂肪肝
floating l. 游动肝
foamy l. 泡沫肝
frosted l. 糖衣肝,结霜样肝
hobnail 结节性肝硬变
icing l. 糖衣肝,结霜样肝
infantile l. 小儿胆汁性肝硬变
iron l. 铁沉着肝
lardaceous l. 淀粉样肝
nutmeg l. 肉豆蔻肝
pigmented l. 肝色素沉着
polycystic l. 多囊肝
sago l. 西米肝,淀粉样肝
stasis l. 郁血肝
sugar-icing l. 糖衣肝
wandering l. 游动肝
waxy l. 淀粉样肝
liver phosphorylase [ˈlivəfɔsˈfɔːrileis] 肝磷酸化酶
liver phosphorylase kinase [ˈlivəfɔsˈfɔːrileisˈkaineis] 肝磷酸化酶激酶
livetin [ˈlivətin] 卵黄球蛋白
livid [ˈlivid] (L. lividus, lead-colored) 青紫的
lividity [liˈviditi] (L. lividitas) 绀,青紫
postmortem l. 尸斑
Livierato's sign [ˌliːviəˈrɑːtəuz] (Panagino Livierato, Italian physician, 1860-1936) 利韦拉托氏征
Livingston's triangle [ˈliviŋstənz] (Edward Meakin Livingston, American surgeon, 20th century) 利文斯顿氏三角

livor ['livə] (pl. *livores*) (L. "bluish color") ❶ 绀,青紫;❷ 尸斑
  l. mortis 尸斑
lixiviation [lik,sivi'eiʃən] (L. *lixivia* lye) 浸滤,浸提
lixivium [lik'siviəm] (L.) 浸滤液
Lizars'operation ['lizəz] (John *Lizars*, Scottish surgeon, 1787-1860) 利扎斯氏手术
LLL (left lower lobe (of the lung) 的缩写) 左肺下叶
LM ❶ (light minimum 的缩写) 最低感光觉;❷ (linguomesial 的缩写) 舌侧近中的
LMA (left mentoanterior (position of the fetus) 的缩写) 左颏前(胎位)
LMF (lymphocyte mitogenic factor 的缩写) 淋巴细胞致有丝分裂因子
LMP ❶ (left mentoposterior (position of the fetus) 的缩写) 左颏后(胎位);❷ (last menstrual period 的缩写) 末次经期
LMT (left mentotransverse (position of the fetus) 的缩写) 左颏横(胎位)
LNPF (lymph node permeability factor 的缩写) 淋巴结透过性因子
LOA (left occipitoanterior (position of the fetus) 的缩写) 左枕前(胎位)
Loa ['ləuə] 罗阿丝虫属
  L. loa 罗阿丝虫
load [ləud] ❶ 负荷;❷ 体内所含的水、盐或热量,尤指于正常不同时
  occlusal l. 咬合负荷
loading ['ləudiŋ] ❶ 负荷试验;❷ 在肌肉或韧带等部位施加延伸力
loaiasis [,ləuə'aiəsis] 罗阿丝虫病
lobar ['ləubə] 叶的
lobate ['ləubeit] (L. *lobatus*) 有叶的,叶状的
lobation [ləu'beiʃən] 叶的形成,有叶的状态
  renal l. 肾叶状态
lobe [ləub] (L. *lobus*, from Gr. *lobos*) ❶ 叶;❷ 牙叶
  anterior l. of cerebellum 小脑前叶
  anterior l. of hypophysis, anterior l. of pituitary gland 垂体前叶
  appendicular l. 肝附垂叶
  azygos l. 奇叶(右肺)

l. of azygos vein 奇静脉叶
caudal l. of cerebellum 小脑尾叶
caudate l. of liver 尾状叶(肝)
cranial l. of cerebellum 小脑前叶
cuneate l. 楔叶(大脑)
flocculonodular l. 绒球小结叶
frontal l. 额叶
hepatic l's 肝叶
inferior l. of left lung 左肺下叶
inferior l. of right lung 右肺下叶
insular l. 胰叶
lateral l's of prostate gland 前列腺外侧叶
limbic l. 穹隆回
linguiform l. 里得耳氏叶(肝附垂叶)
l. of liver, left 肝左叶
l. of liver, right 肝右叶
l's of lung 肺叶
l's of mammary gland 乳腺小叶
median l. of prostate 前列腺中叶
middle l. of cerebellum 小脑后叶
middle l. of right lung 右肺中叶
neural l., neural l. of neurohypophysis, neural l. of pituitary gland 垂体后叶
occipital l. 枕叶
olfactory l. 嗅叶
optic l's 视叶
parietal l. 顶叶
piriform l. ① 梨状区;② 低等哺乳动物的大脑皮层嗅叶的外侧暴露部分
polyalveolar l. 多胞泡叶
posterior l. of cerebellum 小脑后叶
posterior l. of hypophysis, posterior l. of pituitary gland 垂体后叶
l's of prostate 前列腺叶
pulmonary l's 肺叶
pyriform l. 梨状叶
pyramidal l. of thyroid gland 甲状腺锥体叶
quadrangular l. of cerebellum 小脑方叶
quadrate l. of cerebral hemisphere 楔叶(大脑)
quadrate l. of liver 肝方叶
renal l's 肾叶
Riedel's l. 里得耳氏叶
rostral l. of cerebellum 小脑前叶
semilunar l., inferior 下半月叶
semilunar l., superior 上半月叶

spigelian l. 尾状叶
superior l. of left lung 左肺上叶
superior l. of right lung 右肺上叶
temporal l. 颞叶
l's of thymus 胸腺叶
l's of thyroid gland 甲状腺叶
vagal l. (鱼)内脏叶
visceral l. (鱼)内脏叶；鱼的内脏感觉区
lobectomy [ləuˈbektəmi] (Gr. *lobos* lobe + *ektomē* excision) 叶切除术
  occipital l. 枕叶切除术
  sleeve l. 袖形叶切除术
  temporal 颞叶切除术
lobelia [ləuˈbiːljə] 北美山梗菜
lobeline [ˈlibəliːn] a-洛贝林：北美山梗菜内含的主要碱
lobendazole [ləuˈbendəzəul] 罗苯哒唑：$C_{10}H_{11}N_3O$,兽用驱虫剂
lobi [ˈləubai] (L.) 叶
lobite [ˈləubait] 限于一叶的
lobitis [ləuˈbaitis] 叶炎
Lobo's disease [ˈləbəuz] (Jorge *Lobo*, Brazilian physician, 20th century) 娄勃氏病,瘢痕瘤性芽生菌病
Loboa loboi [ləuˈbəuəˈləuboi] 一种酵母菌
lobopodium [ˌləubəˈpəudjəm] (pl. *lobopodia*) (Gr. *lobos* lobe + *pous* foot) 叶状伪足
Lobosea [ləuˈbəsiə] (Gr. *lobos* lobe) 叶足纲
lobostomy [ləˈbɔstəmi] (Gr. *lobos* lobe + *stoma* opening) 肺叶造口术
lobotomy [ləˈbɔtəmi] 叶切断术
  frontal l. 额叶切断术
  prefrontal l. 额前切断术
  transorbital l. 经眼眶额叶切断术
Lobstein's disease [ləubˈstainz] (Johann Friedrich Georg Christian Martin *Lobstein*, German surgeon, 1777-1835) 洛布斯坦氏病
lobular [ˈlɔbjulə] (L. *lobularis*) 小叶的
lobulated [ˈlɔbjuleitid] 分成小叶的
lobulation [ˌlɔbjuˈleiʃən] 分成小叶
  portal l. 门小叶形成
lobule [ˈlɔbjuːl] 小叶
  anterior l. of pituitary gland 垂体前小叶
  l. of auricle 耳垂
  biventral l. 二腹小叶
  central l. of cerebellum 中央小叶
  cortical l's of kidney 肾皮质小叶
  l's of epididymis 附睾小叶
  gracile l. of cerebellum 薄叶
  hepatic l's 肝小叶
  l's of liver 肝小叶
  l's of lung 肺小叶,支气管肺段
  l's of mammary gland 乳腺小叶
  l. of pancreas 胰腺小叶
  paracentral l. 旁中央小叶
  paramedian l. 旁正中小叶
  parietal l., inferior 顶下小叶
  parietal l., superior 顶上小叶
  portal l. 门小叶
  primary l. of lung 初级肺小叶,终端呼吸单位
  pulmonary l's 肺小叶
  quadrangular l. of cerebellum (小脑)方小叶
  respiratory l. 呼吸性小叶
  secondary l. of lung 次级肺小叶
  semilunar l., caudal 下半月小叶
  semilunar l., cranial 上半月小叶
  semilunar l., inferior 下半月小叶
  semilunar l., rostral 上半月小叶
  semilunar l., superior 上半月小叶
  l's of testis 睾丸小叶
  l' of thymus 胸腺小叶
  l's of thyroid gland 甲状腺小叶
lobuli [ˈlɔbjulai] (L.) 小叶
lobulose [ˈlɔbjuləus] 分成小叶的
lobulous [ˈlɔbjuləs] 分成小叶的
lobulus [ˈlɔbjuləs] (pl. *lobuli*) (L., dim of *lobus*) 小叶
  l. auriculae, l. auricularis (NA) 耳垂
  l. biventer (NA) 二腹小叶
  l. centralis cerebelli (NA) 中央小叶
  lobuli corticales renis (NA) 肾皮质小叶
  lobuli epididymidis (NA) 附睾小叶
  lobuli glandulae mammariae (NA) 乳腺小叶
  lobuli glandulae thyroideae (NA) 甲状腺小叶
  l. gracilis cerebelli (NA) 小脑薄小叶
  lobuli hepatis (NA) 肝小叶
  lobuli mammae 乳腺小叶
  l. pancreatis 胰腺小叶
  l. paracentratis (NA) 旁中央小叶

l. paramedianus cerebelli 旁正中小叶
l. parietalis inferior (NA) 顶下小叶
l. parietalis superior (NA) 顶上小叶
lobuli pulmonum 肺小叶
l. quadrangularis cerebelli (NA) 方形小叶(小脑)
l. semilunaris caudalis 下半月小叶
l. semilunaris inferior (NA) 下半月小叶
l. semilunaris rostralis 上半月小叶
l. semilunaris superior (NA) 上半月小叶
l. simplex cerebelli (NA) 小脑单叶
lobuli testis (NA) 睾丸小叶
lobuli thymi (NA) 胸腺小叶
lobus [ˈləubəs] (pl. *lobi*) (L.) 叶
l. anterior cerebelli (NA) 小脑前叶
l. anterior hypophyseos 垂体前叶
l. caudalis cerebelli 小脑后叶
l. caudatus (NA), l. caudatus (Spigeli) 尾状叶(肝)
lobi cerebrales (NA) 大脑叶
l. cranialis cerebelli 小脑颅侧叶
l. flocculonodularis (NA) 绒球小结叶
l. frontalis (NA) 额叶
lobi glandulae mammariae (NA) 乳腺叶
l. glandulae thyroideae (dexter/sinister) (NA) 甲状腺叶(右/左)
l. hepatis dexter (NA) 肝右叶
l. hepatis sinister (NA) 肝左叶
l. inferior pulmonis dextri (NA) 右肺下叶
l. inferior pulmonis sinistri (NA) 左肺下叶
l. insularis (NA) 脑岛,岛叶
lobi mammae 乳腺叶
l. medius prostatae (NA) 前列腺中叶
l. medius pulmonis dextri (NA) 右肺中叶
l. nervosus neurohypophyseos (NA) 神经垂体的神经叶
l. occipitalis (NA) 枕叶
l. parietalis (NA) 顶叶
lobi placentae 胎盘叶
l. posterior cerebelli (NA) 小脑后叶
l. posterior hypophyseos 垂体后叶
l. prostatae dexter/sinister (NA) 前列腺叶(右/左)

l. pyramidalis glandulae thyroideae (NA) 甲状腺锥体叶
l. quadratus hepatis (NA) 肝方叶
lobi renales (NA) 肾叶
l. rostralis cerebelli 小脑嘴侧叶
l. spigelii 尾状叶
l. superior pulmonis dextri (NA) 右肺上叶
l. superior pulmonis sinistri (NA) 左肺上叶
l. temporalis (NA) 颞叶
l. thymi (dexter/sinister) (NA) 胸腺叶(右/左)
l. vagi 迷走叶
local [ˈləukəl] (L. *localis*) 局部的,局限的
localization [ˌləukəlaiˈzeiʃən] ❶ 定位;❷ 局部化;❸ 前定位
cerebral l. 大脑(中枢)定位
germinal l. 胚区定位
localized [ˈləukəlaizd] 局限的
localizer [ˈləukəlaizə] ❶ (眼内异物)定位器;❷ 视力训练仪
location [ləuˈkeiʃən] 部位,位置
locator [ˈləukeitə] 定位器
abutment l. 桥基定位器
Berman-Moorhead l. (金属异物)定位器
electroacoustic l. 电声(异物)定位器
Moorhead foreign body l. (金属异物)定位器
Loc. dol. (L. *loco dolenti* 的缩写)用于痛处
lochia [ˈləukiə] (Gr. *lochia*) 恶露
l. alba 白恶露
l. cruenta 红恶露
l. rubra 红恶露
l. sanguinolenta 血性恶露
l. serosa 浆液性恶露
lochial [ˈləukiəl] 恶露的
lochiocolpos [ˌləukiəˈkɔlpəs] (*lochia* + Gr. *kolpos* vagina) 阴道积恶露
lochiocyte [ˈləukiəˌsait] (*lochia* + Gr. *kytos* cell) 恶露细胞
lochiometra [ˌləukiəˈmiːtrə] (*lochia* + Gr. *mētra* uterus) 子宫积恶露
lochiometritis [ˌləukiəumiˈtraitis] (*lochia* + *metritis*) 产后子宫炎
lochiopyra [ˌləukiˈɔpirə] (*lochia* + Gr.

pyr fever) 产后热,产褥热
lochiorrhagia [ˌləukiəu'reidʒiə] 恶露过多
lochiorrhea [ˌləukiə'riːə] (*lochia* + Gr. *rhoia* flow) 恶露过多
lochioschesis [ˌləuki'ɔskəsis] (*lochia* + Gr. *schesis* retention) 恶露潴留
lochiostasis [ˌləuki'ɔstəsis] (*lochia* + Gr. *stasis* halt) 恶露潴留
lochometritis [ˌləukəumi'traitis] (Gr. *lochos* childbirth + *metritis*) 产后子宫炎
lochoperitonitis [ˌləukəuˌperitə'naitis] 产后腹膜炎
lochotyphus [ˌləukəu'taifəs] (Gr. *lochos* childbirth + *typhos* stupor) 伤寒型产褥热
loci ['ləusai] (L.) 位置,位点。*locus* 的复数形式
Locke's solution [ˈlɔks] (Frank Spiller *Locke*, British physiologist, 1871-1949) 洛克氏溶液
lockjaw ['lɔkdʒɔː] 牙关紧闭
Lockwood's ligament ['lɔkwudz] (Charles Barrett *Lockwood*, English surgeon, 1856-1914) 洛克伍德氏韧带
loco ['ləukəu] (Sp. "insane") ❶ 洛苛草,疯草; ❷ 洛苛草中毒
Locoid ['ləukɔid] 洛可得:丁酸氢化可的松制剂的商标名
locoism ['ləukəizəm] 洛苛草中毒
locomotion [ˌləukə'məuʃən] (L. *locus* place + *movere* to move) 行动,运动
brachial l. 臂运动,臂力摆荡
locomotive [ˌləukə'məutiv] 行动的,运动的
locomotor [ˌləukə'məutə] ❶ 行动的,运动的;❷ 运动器的,影响运动器的
locomotorial [ˌləukəuməu'tɔːriəl] 运动器的
locomotorium [ˌləukəuməu'tɔːriəm] 运动器
locomotory [ˌləukə'məutəri] 运动的
locoregional [ˌləukə'riːdʒənəl] 限于局部的
locular ['lɔkjulə] 小腔的
loculate ['lɔkjuleit] 分为小腔的
loculi ['lɔkjulai] (L.) 小腔
loculus ['lɔkjuləs] (pl. *loculi*)(L. dim. of *locus*) ❶ 小腔; ❷ 某些哺乳动物子宫局部扩张的部分,内含一个胚胎

locum ['ləukəm] (L., accusative of *locus*) 地点,部位
l. tenens, l. tenent 代理开业医师
locus ['ləukəs] (gen. *loci*, pl. *loci*, *loca*) (L. "a place") (NA) ❶ 位置,部位; ❷ 位点
l. caeruleus (NA) 蓝斑
l. cinereus, l. coeruleus 蓝斑
complex l. 基因复合
l. ferrugineus 蓝斑
heteromorphic l. 异形位点
l. minoris resistentiae 最小抵抗部
operator l. 操纵基因
lodoxamide tromethamine [ləu'dɔksəmaid] 氯苯草氨酸氨基丁三醇:抗哮喘和抗过敏药
Loeb's deciduoma [ləːbz] (Leo *Loeb*, American pathologist, 1869-1959) 洛勃氏蜕膜瘤
Loeffler 吕弗勒
Loefflerella [ˌlefləˈrelə] 吕弗勒氏菌属
loemology [liːˈmɔlədʒi] (Gr. *loemos* plague + *legos* science) 传染病学,疫病学
loempe [lempi] 脚气
loeschiasis [liːˈʃaiəsis] 阿米巴病
Loewi ['ləːvi] 勒韦:Otto,美籍德裔生理学家和药理学家,1873~1961
Loewi's test ['ləːviz] 勒韦氏试验
Löffler's coagulated serum medium ['ləːflə z] (Friederich August Johannes *Löffler*, German bacteriologist, 1852-1915) 吕弗勒氏凝固血清培养基,碱性美蓝染色
Löffler's endocarditis ['ləːfləz] (Wihelm *Löffler*, 1887-1972) 吕弗勒氏心内膜炎
loffleria [lefˈliəriə] 无膜白喉,无症状白喉
logadectomy [ˌlɔgə'dektəmi] (Gr. *logades* the whites of the eyes + *ectomy*) 结膜切除术
logaditis [ˌlɔgə'daitis] (Gr. *lagades* whites of eye + *itis*) 巩膜炎
logadoblennorrhea [ˌlɔgədəˌblenə'riːə] (Gr. *logaaes* conjuctiva + *rhoea* flow) 结膜浓溢
logagnosia [ˌlɔgægˈnəuziə] (Gr. *logos* word + *gnosis* knowledge) 言语不能,失语

logagraphia [ˌlɔgəˈgræfiə] (*log-* + *a-graphia*) 书写不能,失写

logamnesia [ˌlɔgæmˈniːzjə] (*logo-* + Gr. *amnēsia* forgetfulness) 感觉性言语不能,感觉性失语,记言不能

logaphasia [ˌlɔgəˈfeizjə] (*logo-* + *aphasia*) 运动性言语不能,运动性失语,运动失调性失语

logarithm [ˈlɔgəriðəm] 对数

logasthenia [ˌlɔgæsˈθiːniə] (*logo-* + *asthenia*) 言语理解困难

loge [ləuʒ] (Fr.) 小屋,包厢
l. de Guyon 居永氏管

log(o)- (Gr. *logos* word) 词,言语

logoclonia [ˌlɔgəˈklɔniə] (*logo-* + *klonos* tumult + *-ia*) 言语痉挛,痉语

logodiarrhea [ˌlɔgəuˌdaiəˈriːə] 多言癖

logogram [ˈlɔgəgræm] 疾病鉴诊图

logoklony [ˈlɔgəˌklɔni] 言语痉挛,痉语

logomania [ˌlɔgəˈmeinjə] (*logo-* + Gr. *mania* madness) 多语症

logopathy [lɔˈgɔpəθi] (*logo-* + Gr. *pathos* illness) 言语障碍

logopedia [ˌlɔgəˈpiːdiə] 言语矫正法

logopedics [ˌlɔgəuˈpiːdiks] (*logo-* + *ortho-pedics*) 言语矫正法

logoplegia [ˌlɔgəuˈpliːdʒiə] (*logo-* + Gr. *plēgē* stroke) 语器(官)麻痹

logorrhea [ˌlɔgəuˈriːə] (*logo-* + *rrhea* flow) 多言症

logoscope [ˈlɔgəskəup] 症候鉴别计

logospasm [ˈlɔgəspæzəm] 痉语

-logy (Gr. *logos* word, reason) 学

Lohnstein's saccharimeter [ˈləunʃtainz] (Theodor *Lohnstein*, German physician, 1866-1918) 洛恩斯坦尿糖定量器

loiasis [ləuˈaiəsis] 罗阿丝虫病

loimia [ˈlɔimiə] (Gr. *loimos* plague) 疫病

loimic [ˈlɔimik] 疫病的

loimographia [lɔiməˈgreifiə] (Gr. *loimos* plague + *graphein* to write) 疫病论

loimology [lɔiˈmɔlədʒi] (Gr. *loimos* plague + *logos* science) 疫病学

loin [lɔin] 腰(部)

Lolipid [ləuˈlipid] 罗利比得:二甲苯氧庚酸制剂的商品名

Lombardi's sign [lɔmˈbɑːdiz] (Henri Clermond *Lombardi*, Swiss physician, 1805-1895) 伦巴迪氏征

lometraline hydrochloride [ləuˈmetrəliːn] 盐酸氯甲萘满满:安定药

lomofungin [ˌləuməˈfʌndʒin] 落蒙真菌素

lomosome [ˈləuməsəum] (Gr. *loma* hem, fringe + *sōma* body) (真菌)缘氏体

Lomotil [ˈləuməutil] 止泻宁:为盐酸苯乙哌啶和阿托品制剂的商品名

lomustine [ləuˈmʌstiːn] 罗氮介,环己亚硝脲,氯乙环己亚硝脲

Lonchocarpus [ˌlɔŋkəˈkɑːpəs] 醉鱼豆属

Long's formula [lɔŋz] (John Harper *Long*, American chemist, 1856-1918) 朗氏公式

long-chain-fatty-acid-CoA ligase [lɔŋ tʃein ˈfæti ˈæsid kəuˈei ˈligeis] (EC 6.2.1.3.) 长链脂肪酸辅酶 A 连接酶

longevity [lɔnˈdʒeviti] (L. *longus* long + *aevum* age) 长寿

longilineal [ˌlɔndʒiˈliniəl] 细长形的,长性的

longimanous [ˌlɔndʒiˈmænəs] (L. *longus* long + *manus* hand) 长手的

longipedate [ˌlɔndʒiˈpiːdeit] (L. *longus* long + *pes* foot) 长脚的

longissimus [lɔnˈdʒisiməs] (L.) 最长的,(NA)最长肌的

longitudinal [ˌlɔndʒiˈtjuːdinl] (L. *longitudo* length) 纵的

longitudinalis [lɔndʒiˌtjuːdiˈnelis] (L.) 纵的

longitypical [ˌlɔndʒiˈtipikəl] 细长形的,长形的

longsightedness [lɔŋˈsaitidnis] 远视

longus [ˈlɔŋgəs] (L.) 长的

loop [luːp] ❶ 袢,环,套圈;❷ 接种环
capillary l's 毛细血管袢
cervical l. 颈袢
closed l. 闭合循环,闭合环路
gamma l. γ 环
Gerdy's interatricular l. 惹迪氏房间袢
Granit l. γ 环
l. of Henle, Henle's l. 汉勒氏袢,细尿管袢
l. of hypoglossal nerve 舌下神经袢
Hyrtl's l. 希尔特尔氏袢
Ivy l. 膝缘环
lenticular l. 豆状核袢
Meyer's l. 麦耶氏袢(膝状束)

Meyer-Archambault l. 梅-阿二氏袢
open l. 开放环路
peduncular l. 脑脚袢
pressure-volume l's 心室内压图
sentinel l. 警戒袢
l's of spinal nerves 脊神经袢
Stoerck's l. 斯特尔克氏袢
subclavian l. 锁骨下袢
ventricular l. 心室袢
l. of Vieussens 锁骨下袢

loopful ['lu:pful] 铂环量

loose [lu:s] 松驰的, 宽松的
l. bodies 关节游动的
l. ligature 松缚法

loosening ['lu:səniŋ] 松弛

looseness ['lu:snis] 宽松
l. of bowels 腹泻
l. of teeth 牙松动

Looser's transformation zones ['lu:zəz] (Emil Looser, Swiss surgeon, 1877-1936) 路塞氏变形区

Looser-Milkman syndrome ['ləuzəz 'milkmæn] (Emil Looser; Louis Arthur Milkman, American radiologist, 1895-1951) 路-米二氏综合征

LOP (left occipitoposterior (position of the fetus) 的缩写) 左枕后(胎位)

loperamide hydrochloride [ləu'pirəmid] 盐酸氯苯呱酰胺：一种抗蠕动药

lophia ['ləufiə] (Gr. lophos the back of neck) 项

lophius ['ləufiəs] (Gr. lopos ridge) 脑室嵴

loph(o)- (Gr. lophos ridge, tuft) 嵴, 丛

lophodont ['ləfədɔnt] (lopho- + Gr. odous tooth) 脊牙型的

Lophophora [lə'fɔfərə] (lopho- + Gr. phoros bearing) 魔根属
L. williamsii 威廉斯仙人球

lophophorine [lə'fɔfəri:n] 魔根碱

lophophytosis [lə,fɔfi'təusis] 鸡冠癣

lophotrichous [lə'fɔtrikəs] (lopho- + Gr. thrix hair) 偏端丛毛的

Lopid ['ləupid] 罗皮得：吉非贝制剂的商品名

Lopressor [ləu'presə] 罗普色：甲氧乙心安酒石酸盐制剂的商品名

Lopurin [ləu'pjurin] 罗普林：别嘌呤制剂的商品名

loquacity [lə'kwæsiti] 多言, 饶舌

Lorain's infantilism [lɔ'reinz] (Paul Joseph Lorain, Paris physician, 1827-1875) 洛蓝氏病

Lorain-Lévi dwarfism [lɔ'reilei'vi] (P. J. Lorain; E. Leopold Lévi, French endocrinologist, 1868-1933) 洛兰勒维侏儒症

lorajmine hydrochloride [lɔ'reidʒmi:n] 盐酸缓脉灵氯乙酯：心脏抑制药

lorazepam [lə'reizəpæm] (USP) 氯羟去甲安定

lorbamate [lɔ'ba:meit] 一种肌肉松弛剂

lorcainide hydrochloride [lɔ'ka:naid] 盐酸哌苯醋胺：抗心律失常的心脏抑制药

lordoma [lɔ:'dəumə] (Gr. lordoum to bend inward) 脊柱前凸

lordoscoliosis [lɔ:dəu,skɔli'əusis] (lordosis + scoliosis) 脊柱前侧凸

lordosis [lɔ:'dəusis] 脊柱前凸

lordotic [lɔ:'dɔtik] 脊柱前凸的

Lorelco [ləu'reikəu] 罗瑞可：丙丁酚制剂的商品名

Lorenz ['lɔrənts] 罗伦兹：Konrad Zacharias, 奥地利动物学家, 生于 1903 年

Lorenz's operation ['lɔrəntsiz] (Adolf Lorenz, Austrian surgeon, 1854-1946) 洛伦茨氏手术

Lorfan ['lɔfæn] 洛芬：酒石酸烯丙左吗啡制剂的商品名

lorica [ləu'ri:kə] (pl. loricae) (L. "leather cuirass") 革甲, 革鞘壳

loricate ['lɔrikeit] 有革甲的, 有革鞘的

Loridine ['lɔridi:n] 洛瑞丁：头孢噻啶制剂的商品名

Lortab ['lɔtæb] 劳泰：氢可酮酒石酸氢盐的商品名

loss [lɔs] 丧失, 缺失
l. of appitite 厌食
l. of hearing 聋
l. of memory 记忆缺失
l. of sight 失明
l. of weight 体重减少

Lossen's rule ['lɔsənz] (Herman Friedrich Lossen, German surgeon, 1842-1909) 洛森氏规律

LOT (left occipitotransverse (position of the

fetus)的缩写)左枕横位

Lot. (L. *lotio*, lotion 的缩写)洗剂

Lotensin [ləuˈtensin] 罗坦辛：盐酸贝那普利制剂的商品名

lotio [ˈləuʃiəu] (L. from *lotus*, past participle of *lavare* to wash) 洗液，洗剂
　l. **alba**, l. **sulfurata** 白色洗液，含硫洗液

Lotioblanc [ləuʃiəuˈblæŋk] 白洗液

lotion [ˈləuʃən] (L. *lotio*)洗液，洗剂
　benzyl benzoate l. (USP) 苯甲酸苄酯洗液
　benzyl benzoate-chlorophenothane-benzocaine l. 苯甲酸苄酯-滴滴涕-苯佐卡因洗液
　calamine l. (USP) 炉甘石洗液
　calamine l., phenolated (USP) 酚化炉甘石洗液
　gamma benzene hexachloride l. 酚炉甘石洗液
　Goulard's l. 古拉尔氏洗液：稀次醋酸铅溶液
　lindane l. (USP) 丙种六六六洗液
　methylbenzethonium chloride l. (USP) 氯化甲苄乙氧铵洗液
　white l. (USP) 白色洗剂

Lotrimin [ləuˈtrimin] 乐特明：克霉唑制剂的商标名

Lotrisone [ˈləutrisəun] 洛特松：苯酰倍他米松二丙酸酯制剂的商标名

Lotusate [ˈləutəseit] 乐特赛：另丁烯丙比妥制剂的商标名

Louis's angle [luːˈiːz] (Pierre Charles Alexandre *Louis*, French physician, 1787-1872) 路易氏角

Louis-Bar's syndrome [ˈluːiː bɑːz] (Denise *Louis-Bar*, Belgian neuropathologist, 20th century) 路-巴二氏综合征

loupe [luːp] (Fr. "magnifying glass") 放大镜

louping ill 羊风毒病

louse [laus] (pl. *lice*) (L. *pediculus*)虱
　body l. 体虱，衣虱
　chicken l. 鸡虱
　clothes l. 体虱，衣虱
　crab l. 阴虱
　goat l. 羊虱，山羊长颚虱
　head l. 头虱
　horse l. 马虱，少毛啮毛虱
　pubic l. 阴虱
　sucking l. 吸吮虱

lousicide [ˈlausisaid] 灭虱剂

lousiness [ˈlauzinis] 多虱，虱病

loutrotherapy [ˌluːtrəuˈθerəpi] (Gr. *loutron* bath + *therapy*) 淋浴疗法

lovastatin [ˈləuvəstætin] 东弗泰丁：一种胆固醇生物合成抑制剂

Löwe's ring [ˈləːvəz] (Karl Friedrich *Löwe*, German optician, 1874-1955) 勒弗氏环

Lowe's syndrome [ləuz] (Charles Upton *Lowe*, American pediatrician, born 1921) 洛氏综合征

Lowe-Terrey-MacLachlan syndrome [ləu ˈteri məkˈlæklən] (*C. U. Lowe*; Mary *Terry*, American physician, 20th century; Elsie A. *MacLachlan*, American physician, 20th century) 洛-特-麦三氏综合征，眼脑肾综合征

Löwenberg's canal [ˈləːvənbəːgz] (Benjamin Benno *Löwenberg*, German otologist in Vienna and Paris, 1836-1905) 勒文伯格氏管

Löwenthal's tract [ˈləːventɑːlz] (Wilhelm *Löwenthal*, German physician, 1850-1894) 勒文塔耳氏束

Lower's rings [ˈləuəz] (Richard *Lower*, English anatomist, 1631-1691) 娄厄氏环

lowering [ˈləuəriŋ] 下降，减少
　vapor pressure l. 蒸气压下降

Lown-Ganong-Levine syndrome [ləun ˈgænəŋ ləˈvain] (Bernard *Lown*, American cardiologist, born 1921; William F. *Ganong*, American physiologist, born 1924; Samuel Albert *Levine*, Polish-born American cardiologist, 1891-1966) 洛-甘-莱三氏综合征

loxapine [ˈləuksəpiːn] 洛沙平
　l. **hydrochloride** 盐酸洛沙平
　l. **succinate** 琥珀酸洛沙平

loxarthron [lɔkˈsɑːθrɔn] (Gr. *loxos* oblique + *arthron* joint) 关节斜弯

loxarthrosis [ˌlɔksɑːˈθrəusis] 关节斜弯

loxia [ˈlɔksiə] 斜颈

Loxitane [ˈlɔksitein] 乐克西亭：洛沙平制剂的商品名

loxocyesis [ˌlɔksəusaiˈiːsis] (Gr. *loxos* wry

+ *kyesis* pregnancy)妊娠子宫斜倾

loxodont [ˈlɔksədɔnt] (Gr. *loxos* asiant + *odous* tooth) 斜齿的

loxophthalmus [ˌlɔksɔfˈθælməs] (*loxos* oblique + *pohthalmos* eye) 斜视

Loxosceles [lɔkˈsɔsəliːz] 斜蛛属
   L. **laeta** 棕斜蛛
   L. **reclusa** 褐皮斜蛛

Loxoscelidae [ˌlɔksəˈseliduː] 斜蛛科

loxoscelism [lɔkˈsɔsəlizəm] 棕斜蛛咬中毒 **viscerocutaneous l.** 内脏皮肤型棕斜蛛咬中毒

loxotomy [lɔkˈsɔtəmi] (Gr. *loxos* oblique + *temnein* to cut) 卵圆形切断术, 斜切断术

Loxotrema ovatum [ˌlɔksəˈtriːmə əuˈveitəm] 横川后殖吸虫

lozenge [ˈlɔzəndʒ] (Fr.) ❶ 锭剂, 糖锭; ❷ 三角标记区

Lozol [ˈlɔzɔl] 劳诺: 吲达帕胺制剂的商品名

Lp(a) 脂蛋白

LPF (low-power field 的缩写) 低倍视野

LPH (left posterior hemiblock 的缩写) 左后半阻断

LPN (licensed practical nurse 的缩写) 有照护士

LPS (lipopolysaccharide 的缩写) 脂多糖

LPV (lymphotropic papovavirus 的缩写) 亲淋巴的乳多空病毒

Lr (*limes reacting* 的符号) 界量反应

LSA ❶ (left sacroanterior (position of the fetus) 的缩写) 左骶前(胎位); ❷ (Licentiate of Society of Apothecaries 的缩写) 执药学会开业执照者

LScA (left scapuloanterior 的缩写) 左肩前(胎位)

LScP (left scapuloposterior (position of the fetus) 的缩写) 左肩后(胎位)

LSD (lysergic acid diethylamide (position of the fetus) 的缩写) 二乙基麦角酰胺

LSO (lumbosacral orthosis 的缩写) 腰骶矫正法

LSP (left sacroposterior (position of the fetus) 的缩写) 左骶后(胎位)

LST (left sacrotransverse (position of the fetus) 的缩写) 左骶横(胎位)

LT (lymphotoxin 的缩写) 淋巴毒素, 淋巴细胞毒素

LTB$_4$, LTC$_4$ (leukotrienes 的符号) 白(细胞)三烯

LTF (lymphocyte transforming factor 的缩写) 淋巴细胞转化因子

LTH (luteotropic hormone 的缩写) 促黄体激素

LTR (long terminal repeat 的缩写) 长端重复

Lu (*lutetium* 的符号) 镥

Lubarsch's crystals [ˈluːbaːʃəz] (Otto *Lubarsch*, German pathologist, 1860-1933) 巴尔希氏结晶

lubb [lʌb] 路布: 听诊时摹拟的第一心音

lubb-dupp [lʌbˈdʌp] 路布杜普: 模拟的第一与第二心音之象音词

lubricant [ˈljuːbrikənt] 润滑剂

lubrication [ˌluːbriˈkeiʃən] 润滑

lubricous [ˈluːbrikəs] 滑的

Luc's operation [luks] (Henri *Luc*, French laryngologist, 1855-1925) 路克氏手术

lucanthone hydrochloride [luˈkænθəun] 盐酸胺甲硫蒽酮

Lucas' sign [ˈluːkəs] (Richard Clement *Lucas*, English surgeon, 1846-1915) 卢卡斯氏征

Lucibacterium [ˌluːsibækˈtiəriəm] (L. *lux* light + *bacterium*) 射光杆菌属

lucid [ˈljuːsid] (L. *lucidus* clear) 清明的, 透明的, 清醒的

lucidity [ljuːˈsiditi] 清醒度

luciferase [ljuːˈsifəreis] (EC 1.13.12.5-8.1.14.14.3, 1.14.99.21) 虫荧光素酶

luciferin [ljuːˈsifərin] 虫荧光素

lucifugal [ljuːˈsifjugəl] (L. *lux* light + *fugere* to flee from) 避光的, 离光的

Lucilia [luːˈsiliə] 绿蝇属
   L. **cuprina** 铜绿蝇
   L. **illustris** 亮绿蝇
   L. **regina** 暗伏绿蝇
   L. **sericata** 丝光绿蝇

Lucio's leprosy [ˈluːsiəu] (Rafael *Lucio* Nàjera, Mexican physician, 1819-1886) 卢西奥氏麻风

lucipetal [ljuːˈsipitəl] (L. *lux* light + *petere* to seek) 趋光的, 向光的

Lücke's test [ˈliːkəz] (George Albert *Lücke*, German surgeon, 1829-1894) 吕

克氏试验

Lückenschädel ['li:kən,ʃɑxdəl] (Ger. "skull (with) gaps") 颅盖缺裂

lucotherapy [,lju:kəu'θerəpi] (L. *lux*, gen. *lucis* light + *therapy*) 光线疗法

Ludiomil ['luːdiəumil] 路得明：麦普替林盐酸制剂的商品名

Ludloff's sign ['ludlɔfs] (Karl *Ludloff*, German surgeon, 1864-1945) 鲁道夫氏征

Ludwig's angina ['ludvigz] (Wilhelm Friedrich von *Ludwig*, German surgeon, 1790-1865) 路德维希氏咽峡炎

Ludwig's angle ['ludvigz] (Daniel *Ludwig*, German anatomist, 1625-1680) 路德维希氏角

Ludwig's ganglion ['ludvigz] (Karl Friedrich Wilhelm *Ludwig*, German physiologist, 1816-1895) 路德维希氏神经节

Luer's syringe ['luəz] (*Luer*, a German instrument maker in France, 19th century) 路厄氏注射器

lues ['lu:iːz] (L. "a plague") 梅毒

luetic [lju'etik] 梅毒的

luette [lju'et] (Fr.) 悬雍垂

Lieutaud's l. 膀胱悬雍垂

Luft's disease ['lufts] (Rolf *Luft*, Swedish endocrinologist, born 1914) 卢夫特氏病

lug [lʌg] 支托

retention l. 固体支托

Lugol's caustic [lu'gɔlz] (Jean Guillaume Auguste *Lugol*, French physician, 1786-1851) 卢戈耳氏腐蚀剂

Lukes-Collins Classification [lu:ks'kɔlinz] (L. J. *Lukes* American pathologist, 20th century; R. D. *Collins*, American pathologist, 20th century) 路-柯二氏分类

lukewarm ['lju:kwɔːm] 微温的

LUL (left upper lobe 的缩写) 左(肺)上叶

lumbago [lʌm'beigəu] (L. *lumbus* loin) 腰痛

ischemic l. 缺血性腰痛

lumbar ['lʌmbɑː] 腰的

lumbarization [,lʌmbərai'zeiʃən] 腰椎化

lumb(o)- (L. *lumbus* loin) 腰

lumboabdominal [,lʌmbəuæb'dɔminəl] 腰腹的

lumbocolostomy [,lʌmbəukə'lɔstəmi] (L. *lumbus* loin + *colostomy*) 腰部结肠造口术

lumbocolotomy [,lʌmbəukə'lɔtəmi] (L. *lumbus* loin + *colotomy*) 腰部结肠切开术

lumbocostal [,lʌmbəu'kɔstəl] 腰肋的

lumbocrural [,lʌmbəu'kruərəl] 腰股的

lumbodorsal [,lʌmbəu'dɔːsəl] 腰背的

lumbodynia [,lʌmbəu'diniə] (L. *lumbus* loin + Gr. *odynē* pain) 腰痛

lumboiliac [,lʌmbəu'iliæk] 腰髂的

lumboinguinal [,lʌmbəu'iŋgwinəl] 腰腹股沟的

lumbosacral [,lʌmbəu'seikrəl] 腰骶的

lumbrical ['lʌmbrikəl] ❶ 蚓蜴状的；❷ 蚓状肌

lumbricalis [,lʌmbri'keilis] (L.) 蚓状肌

lumbrici [ləm'brisai] (L.) 蛔虫；蚯蚓

lumbricide ['lʌmbrisaid] (*lumbricus* + L. *caedere* to kill) 杀蛔虫药

lumbricoid ['lʌmbrikɔid] (*lumbricus* + Gr. *eidos* form) ❶ 蚯蚓状的；❷ 蚓状蛔虫

lumbricosis [,lʌmbri'kəusis] 蛔虫病

Lumbricus [ləm'brikəs] (L. "earthworm") 蚯蚓属

lumbricus [ləm'brikəs] (pl. *lumbrici*) (L.) ❶ 蛔虫；❷ 蚯蚓

lumbus ['lʌmbəs] (L.)(NA)腰部

lumen ['lu:min] (pl. *lumina*) (L. "light") ❶ 腔；❷ 流明(光通量单位)

residual l. 遗腔

lumichrome ['lju:mikrəum] 光色素

lumiflavin [,lju:mi'fleivin] 光黄素，光化黄

lumina ['lu:minə] (L.) 腔

Luminal ['lu:minəl] 鲁米那：苯巴比妥制剂的商品名

luminal ['lu:minəl] 腔的

luminance ['lju:minəns] 光强度

luminescence [,lju:mi'nesəns] 发光

luminiferous [,lju:mi'nifərəs] (L. *lumen* light + *ferre* to bear) 发光的

luminophore ['lju:minəfɔː] (L. *lumen* light + Gr. *phoros* bearing) 发光基团

luminosity [,lu:mi'nɔsiti] (L. *luminosus* full of light) 发光性

luminous ['ljuːminəs] 发光的
lumirhodopsin [ˌluːmərə'dɔpsin] 光视紫红(质)
lumisterol [ljuː'mistərəul] (L. *lumen* light sterol) 光甾醇
lump [lʌmp] 块,肿块
lumpectomy [ləm'pektəmi] 局部病灶切除术
Lumsden's center ['lʌmzdənz] (Thomas William *Lumsden*, British physician, 1874-1953) 拉姆斯登氏中枢,呼吸调节中枢
lunacy ['ljuːnəsi] (L. *luna* moon) 精神错乱
lunar ['ljuːnə] (L. *luna* moon) 银的
lunare [ljuː'nɛəri] 月骨
lunaria [luː'nɛəriə] (L. *lunaris* pertaining to the moon) 月经
lunate ['ljuːneit] (L. *luna* moon)月状的
lunatic ['luːnətik] (L. *lunaticus*; from *luna* moon) 精神病患者
lunatism ['luːnətizm] 月夜梦行症
lunatomalacia [luːˌneitəumə'leiʃiə] 月骨软化
Lund-Browder classification [lund'brəudə] (C.C. *Lund*, American surgeon, 1895-1972; N.C. *Bowder*, American pediatrician, 20th century) 伦-布分类
lunella ['luniə] (L.) 眼前房积脓
lung [lʌŋ] (L. *pulmo*; Gr. *pneumōn* or *pleumōn*)肺
  arc welder's l. 电弧焊工肺
  artificial l. 人工肺,氧合器
  bauxite l. 肺尘埃沉着病
  bird-breeder's l., **bird fancier's l.**, **bird handler's l.** 鸟饲养员肺
  black l. 黑肺
  book l., **book-l.** 书肺
  brown l. 褐色肺
  cardiac l. 心力衰竭性肺充血
  cheese handler's l., **cheese washer's l.** 奶酪清洗工肺
  coal-miner's l. 矿工肺
  corundum smelter's l. 冶炼刚石工肺
  drowned l. 溺水肺
  eosinophilic l. 热带嗜酸性细胞增多症
  farmer's l. 农民肺
  fibroid l. 纤维化肺
  grain handler's l. 谷物加工者肺
  harvester's l. 农民肺
  honeycomb l. 蜂窝状肺
  humidifier l. 加湿器肺
  hyperlucent l. 单侧肺气肿
  iron l. 铁肺
  Labrador l. 拉布拉多肺
  malt worker's l 麦芽工人肺
  masons' l. 尘肺
  meat wrapper's l. 肉食包装者肺
  miller's l. 磨坊主肺
  miner's l. 炭肺
  pigeon-breeder's l. 养鸽者肺
  shock l. 休克肺
  silo-filler's l. 地下仓库装瓶工肺
  silver finisher's l., **silver polisher's l.** 镀银者肺
  thresher's l. 农民肺
  vanishing l. 肺泡消失肺
  welder's l. 熔焊工肺
  wet l. 肺积水
  white l. 白肺
lungworm ['lʌŋwəːm] 肺蠕虫
luniform ['luːnifɔːm] (L. *luna* moon + *forma* form) 月状的
lunula ['luːnjulə] (gen. 和 pl. *lunulae*) (L. dim of *luna* moon)弧影
  lunulae of aortic valves 主动脉半月瓣弧缘
  l. of nail 甲弧影
  lunulae of pulmonary trunk valves 肺动脉干半月瓣弧缘
  l. of scapula 肩胛切迹
  lunulae of semilunar valves 半月瓣弧缘
  l. unguis (NA) 指(趾)甲弧缘
  lunulae valvularum semilunarium (NA) 半月瓣弧影
lunulae ['luːnjuliː] (L.) 弧影
lupia ['ljupiə] 睑囊肿
lupiform ['luːpifɔːm] (L. *lupus* + *forma* form) 狼疮状的
lupinosis [ˌlupi'nəusis] 羽扇豆中毒
lupoid ['luːpɔid] (*lupus* + *-oid*)狼疮状的
lupoma [luː'pəumə] (*lupus* + *oma* tumor) 狼疮结节
lupomania [ˌluːpəu'meiniə] (L. *lupus* wolf + Gr. *mania* madness) 狂犬病
lupous ['lupəs] 狼疮的

Lupron ['lu:prɔn] 路布诺:亮丙瑞林醋酸制剂的商品名

lupus ['lu:pəs] (L. "wolf" 或 "pike") 狼疮
  chilblain l. 冻疮样狼疮
  drug-induced l. 药物引起的狼疮
  l. erythematosus (**LE**) 红斑狼疮
  l. erythematosus chilblain 冻疮样红斑狼疮
  l. erythematosus cutaneous 皮肤红斑狼疮
  l. erythematosus discoid (**DLE**) 盘状红斑狼疮
  l. erythematosus hypertrophic 增殖性红斑狼疮
  l. erythematosus systemic (**SLE**) 全身性红斑狼疮
  l. erythematosus profundus 深部红斑狼疮
  l. erythematosus tumidus 肿胀性红斑狼疮
  l. hypertrophicus 增殖性狼疮
  l. miliaris disseminatus faciei 面部播散粟粒状狼疮
  neonatal l. 新生儿狼疮
  l. nephritis 狼疮肾炎
  l. pernio 冻疮样狼疮
  l. profundus 深部狼疮
  transient neonatal systemic l., erythematosus 新生儿时性系统性红斑狼疮
  l. tumidus 肿胀性狼疮
  l. vulgaris 寻常狼疮

lupuscarcinoma [,lupəs,kɑ:si'nəumə] 狼疮癌

Luque instrumentation ['lu:kei] (Eduardo Roberto *Luque*, Mexican orthopedic surgeon, 20th century) 卢克氏器械操作法

Luria ['lu:riə] 路瑞尔:Salvador Edward,美国生物学家,生于意大利,1912~1991

Luride ['lu:raid] 鲁瑞德:氟化钠制剂的商品名

luridity [lju'riditi] (L. *luror* yellow color) 灰黄色

Luschka's crypts ['luʃkɑ:z] (Hubert von *Luschka*, German anatomist, 1820-1875) 路施卡氏隐窝

luscitas ['lʌsitəs] (L. *luscus* one-eyed) 单眼盲,斜视

lusis ['lʌsis] (Gr. *lousis* a washing) 洗剂

lust [lʌst] 欲望

Lust's phenomenon [lʌsts] (Franz Alexander *Lust*, German pediatrician, 20th century) 拉斯特氏现象

lustramentum [,lʌstrə'mentəm] (L. *lustrare* to purify) 泻药

lute [lju:t] (L. *lutum* mud) ❶ 封泥; ❷ 用封泥覆盖或密封

luteal ['lu:tiəl] 黄体的

luteectomy [,lu:ti'ektəmi] 黄体切除术

lutein ['lu:tiin] (L. *luteus* yellow) ❶ 黄体素; ❷ (任何)脂色素
  serum l. 血清脂色素

luteinic [,lu:ti'inik] ❶ 黄体的,黄体素的; ❷ 黄体化的

luteinization [,lu:ti:,inai'zeiʃən] 黄体化

Lutembacher's syndrome ['lu:təm,bʌkəz] (René *Lutembacher*, French cardiologist, 1884-1968) 鲁藤巴赫氏综合征

luteohormone [lutiə'hɔ:mən] 黄体酮

luteoid ['lu:tiɔid] (*luteum* + Gr. *eidos* form) 类黄体素

luteolysin [,lu:ti'ɔləsin] 黄体溶(解)素
  uterine l. 子宫黄体溶素

luteolysis [,lu:ti'ɔləsis] 黄体溶解

luteoma [,lu:ti'əumə] 黄体瘤

luteosterone [lu:ti'ɔstərəun] 黄体脂酮

luteotrophin [,lu:tiəu'trɔfin] 亲黄体素

luteotropic [,lu:tiə'trɔpik] 促黄体的

lutetium [lu'ti:ʃiəm] 镥

Lutheran blood group ['lu:θəræn] (from the name of the patient in whose blood the antigen was first described in 1945) 卢瑟氏血型

lutin ['lu:tin] 黄体素

Lutrexin [lu:'treksin] 鲁特克森:黄体弛子宫素制剂的商品名

Lutromone ['lu:trəməun] 鲁特门:黄体酮制剂的商品名

lututrin ['lu:tjutrin] 黄体弛子宫素

Lutz-Splendore-Almeida disease [lu:ts splen'dɔ:rə æl'meidɑ:] (Adolfo *Lutz*, Brazilian physician, 1855-1940; Alfonso *Splendore*, Italian physician in Brazil, 1871-1953; Floriano Paulo de *Almeida*, Brazilian physician, born 1898) 南美芽生菌病

Lutzomyia [lu:tzə'maiə] 罗蛉属

L. **flaviscutellata** 墨西哥利什曼原虫亚马逊亚属的传播媒介
L. **longipalpis** 长须罗蛉
L. **noguchu** 野口罗蛉
L. **olmeca** 墨西哥利什曼原虫墨西哥亚属的传播媒介
L. **peruensis** 秘鲁罗蛉
L. **trapidoi** 维纳尼亚利什曼原虫巴拿马亚属的传播媒介
L. **umbratilis** 维纳尼亚利什曼原虫圭亚那亚属的主要传播媒介
L. **verrucarum** 疣肿罗蛉

lux [lʌks] (L."light")勒(克司),米烛光
luxatio [lək'seiʃiəu] (L.)脱位,脱骱
l. **coxae congenita** 先天性髋脱位
l. **erecta** 直举性肱骨脱位
l. **imperfecta** 捩伤
l. **perinealis** 股骨会阴部脱位
luxation [lʌk'seiʃən] (L. *luxatio*)脱位,脱骱
Malgaigne's l. 马耳盖尼氏脱位
luxuriant [lʌg'ʒuəriənt] 过盛的,过多的
luxus ['lʌksəs] (L.)过盛,过多
Luys'body [lju'iːz] (Jules Bernard *Luys*, French neurologist, 1828-1895)吕伊斯氏体
LVAD (letf ventricular assist device 的缩写) 左室辅助装置
LVEDP (left ventricular end-diastolic pressure 的缩写) 左室舒张末压
LVEDV (left ventricular end-diastolic volume 的缩写) 左室舒张末容量
LVET (left ventricular ejection time 的缩写) 左室射血时间
LVH (left ventricular hypertrophy 的缩写) 左心室肥大
LVN (licensed vocational nurse 的缩写) 执照职业护士
Lw (*lawrencium* 的符号) 铹
Lwoff [lvɔːf]卢沃夫:Andre Michael, 法国微生物学家与病毒学家,生于 1902 年
lyase ['laieis] (EC 4) 裂解酶,裂合酶
17,20-l. 17α 羟黄体酮醛缩酶
17,20-lyase deficiency 17,20 裂解酶缺陷
lycanthropy [lai'kænθrəpi] (Gr. *lykos* wolf + *anthrōpos* man)变狼妄想
lycetamine [lai'setəmiːn] 氨棕榈己胺:一种局部抗菌药

Lychnis githago ['laiknis gi'θægəu] 毒荠草,麦仙翁
lycine ['laisiːn] 甜菜碱
lycoid ['laikɔid] (Gr. *lykos* wolf + *eidos* form)狼样的
lycomania [,laikə'meiniə] 变狼妄想
lycopene ['laikəpiːn] 蕃茄红素
lycopenemia [,laikəpi'niːmiə] 番茄红素血症
Lycoperdaceae [,laikəpə'deisiː] 马勃科
Lycoperdales [,laikəpə'deiliːs] 马勃目
Lycoperdon [,laikə'pəːdɔn] (Gr. *lykos* wolf + *perdesthai* to break wind)马勃属
lycoperdonosis [,laikə,pəːdə'nəusis] 马勃(孢子)病
Lycopodium [,laikə'pəudiəm] (Gr. *lykos* wolf + *pous* foot) 石松属
lycopodium [,laikə'pəudiəm] 石松子(孢子)
lycorexia [,laikəu'reksiə] (Gr. *lykos* wolf + *orexia* appetite) 贪食,极度善饥
lycorine ['likərin] 石蒜碱
Lycoris ['likəris] 石蒜属
Lycosa tarentula [lai'kəusə tə'rentjulə] 欧狼蛛
lycostoma [,laikəu'stəumə] (Gr. *lykos* wolf + *stoma* mouth) 狼咽,腭裂
lydimycin [,lidi'maisin] 利迪霉素
lye [lai] 碱液,灰汁
Lyell's disease ['laiəlz] (Alan *Lyell*, English dermatologist, 20th century)莱尔氏病
lyencephalus [lain'sefələs] (Gr. *lyein* to loosen + *enkephalos* brain) 松脑畸胎
lygophilia [,laigəu'filiə] (Gr. *lyge* twilight + *philein* to love) 喜暗症
lying-in [,laiiŋ'in] ❶ 产后的;❷ 产褥期
lyma ['laimə] (Gr."washings") ❶ 污物; ❷ 恶露
Lyme disease [laim] (from Old *Lyme*, Connecticut, where the disease was first reported in 1975) 莱姆病
Lymnaea [lim'niːə] 椎实螺属
lymph [limf] (L. *lympha* water) ❶ 淋巴; ❷ 浆,苗
aplastic l. 非机化性淋巴,非成形性淋巴
corpuscular l. 非机化性淋巴,非成形性淋巴

croupous l. 假膜性淋巴
euplastic l., fibrinous l. 纤维蛋白性淋巴, 机化性淋巴
inflammatory l. 炎性淋巴
intercellular l. 细胞间淋巴
intravascular l. 淋巴管内淋巴
tissue l. 组织淋巴

lympha ['limfə] (L. "water")(NA)淋巴
lymphaden ['limfədən] (lymph- + Gr. adēn gland) 淋巴结
lymphadenectasis [lim,fædi'nektəsis] (lymphaden + Gr. ektasis distention) 淋巴结膨大
lymphadenectomy [lim,fædi'nektəmi] (lymphaden + Gr. ektomē excision) 淋巴结切除术
lymphadenhypertrophy [lim,fædenhaipə-'trəfi] 淋巴结肥大
lymphadenia [,limfə'di:niə] (lymph + Gr. aden gland) 淋巴组织增生
lymphadenism [lim'fædinizm] 淋巴组织增生病
lymphadenitis [lim,fædi'naitis] (lymphaden + -itis) 淋巴结炎
　caseous l. 干酪性淋巴结炎
　mesenteric l. 肠系膜淋巴结炎
　nonbacterial regional l. 非细菌性区域性淋巴结炎
　paratuberculous l. 干酪性淋巴结炎
　regional l. 区域性淋巴结炎, 猫抓病
　tuberculoid l. 类结核性淋巴结炎
　tuberculous l. 结核性淋巴结炎
lymphadenocele [lim'fædinəu,si:l] 淋巴结囊肿
lymphadenocyst [lim'fædinəu,sist] 淋巴结囊肿
lymphadenogram [lim'fædinəu,græm] 淋巴结造影照片
lymphadenography [lim,fædi'nəgrəfi] 淋巴结摄影术
lymphadenoid [lim'fædinɔid] (lymph- + Gr. adēn gland + eidos form) 淋巴结样(组织)
lymphadenoleukopoiesis [lim,fædinəu,lju:-kəpɔi'i:sis] 淋巴组织性白细胞生成
lymphadenoma [lim,fædi'nəumə] 淋巴(组织)瘤
lymphadenomatosis [lim,fædinəmə'təusis] 淋巴瘤病
lymphadenopathy [lim,fædi'nɔpəθi] (lymphaden + -pathy) 淋巴结病
　angioimmunoblastic l., angioimmunoblastic l. with dysproteinemia(AILD) 血管免疫母细胞性淋巴结病, 伴血蛋白异常性血管免疫母细胞性淋巴结病
　dermatopathic l. 皮肤淋巴结病
　immunoblastic l. 免疫母细胞性淋巴结病
　tuberculous l. 结核性淋巴结病
lymphadenosis [lim,fædi'nəusis] 淋巴组织增生
　acute l. 急性淋巴组织增生
　aleukmic l. 白血球缺乏性淋巴组织增生
　leukemic l. 白血病性淋巴组织增生
lymphadenotomy [lim,fædi'nɔtəmi] 淋巴结切开术
lymphadenovarix [lim,fædinəu'vɛəriks] 淋巴结增大
lymphagogue ['limfəgɔg] 利淋巴药, 催淋巴剂
lymphangeitis [,limfændʒi'aitis] 淋巴管炎
lymphangial [lim'fændʒiəl] 淋巴管的
lymphangiectasia [lim,fændʒiək'teiziə] 淋巴管扩张
　intestinal l. 肠淋巴管扩张
lymphangiectasis [lim,fændʒi'ektəsis] (lymph- + Gr. angeion vessel + ektasis distention)淋巴管扩张
lymphangiectatic [lim,fændʒiək'tætik] 淋巴管扩张的
lymphangiectodes [lim,fændʒiək'təudiz] 局限性淋巴管瘤
lymphangiectomy [lim,fændʒi'ektəmi] 淋巴管切除术
lymphangiitis [lim,fændʒi'aitis] 淋巴管炎
lymphangioadenography [lim,fændʒiə-,ædə'nɔgrəfi] 淋巴管造影术
lymphangioendothelioma [lim,fændʒiə,en-də,θi:li'əumə] 淋巴管内皮瘤
lymphangiofibroma [lim,fændʒiəfai'brəu-mə] 淋巴管纤维瘤
lymphangiogram [lim'fændʒiə,græm] 淋巴管X线照片
lymphangiography [lim,fændʒi'ɔgrəfi] 淋巴管造影术
　pedal l. 足淋巴管造影术

lymphangiology [lim,fændʒi'ɔlədʒi] (*lymph-* + Gr. *angeion* vessel + *-logy*) 淋巴管学

lymphangioma [lim,fændʒi'əumə] 淋巴管瘤

  capillary l. 毛细管淋巴管瘤

  l. cavernosum, cavernous l. 海绵状淋巴管瘤

  l. circumscriptum 局限性淋巴管瘤,曲张性淋巴管瘤

  cystic l., l. cysticum 囊状淋巴管瘤

  fissural l. 胎缝性淋巴管瘤

  simple l., l. simplex 单纯性淋巴管瘤

lymphangiomyomatosis [lim,fændʒiə,miəmə'təusis] 淋巴管肌瘤病

lymphagion [lim'fændʒiən] (L. *lympha* lymph + Gr. *angeion* vessel) 淋巴管

lymphangiophlebitis [lim,fændʒiəufli'baitis] 淋巴管静脉炎

lymphangioplasty [lim'fændʒiəu,plæsti] (*lymph* + Gr. *angeion* vessel + *plassein* to form) 淋巴管成形术

lymphangiosarcoma [lim,fændʒiəusa:'kəumə] (*lymph-* + *angiosarcoma*) 淋巴管肉瘤

lymphangiotomy [lim,fændʒi'ɔtəmi] (*lymph-* + Gr. *angeion* vessel + *temnein* to cut) 淋巴管切开术

lymphangitic [,limfæn'dʒaitik] 淋巴管炎的

lymphangitis [,limfæn'dʒaitis] 淋巴管炎

  l. carcinomatosa 癌性淋巴管炎

  l. epizootica 兽疫性淋巴管炎

  gummatous l. 树胶肿样淋巴管炎

  ulcerative l. 溃疡性淋巴管炎

  l. ulcerosa pseudofarcinosa 假鼻疽溃疡性淋巴管炎

lymphapheresis [,limfæfə'ri:sis] 淋巴细胞提取法

lymphatic [lim'fætik] (L. *lymphaticus*) ❶ 淋巴的,淋巴管的; ❷ 淋巴(素)质的,粘液质的

lymphaticostomy [lim,fæti'kɔstəmi] (*lymphatic* + Gr. *stomoun* to provide with an opening, or mouth) 淋巴管造口术

lymphatism ['limfətizəm] ❶ 淋巴体质; ❷ 淋巴质,粘液质

lymphatitis [,limfə'taitis] 淋巴系炎

lymphatogenous [,limfə'tɔdʒənəs] 淋巴生成的

lymphatology [,limfə'tɔlədʒi] 淋巴学

lymphatolysin [,limfə'tɔlisin] (Gr. *lyein* to loosen) 淋巴组织溶素

lymphatolysis [,limfə'tɔləsis] (*lymphatic* + Gr. *lysis* dissolution) 淋巴组织溶解,淋巴组织破坏

lymphatolytic [,limfətə'laitik] (*lymphatic* + Gr. *lysis* dissolution) 溶解淋巴组织的

lymphatome ['limfətəum] 淋巴组织切除器

lymphectasia [,limfek'teiziə] (*lymph-* + Gr. *ektasis* distention) 淋巴性扩张

lymphedema [,limfə'di:mə] (*lymph-* + *edema*) 淋巴水肿

  congenital l. 先天性淋巴水肿

  l. praecox 原发性淋巴水肿

lympheduct ['limfidʌkt] (*lymph* + L. *ductus* duct) 淋巴管

lymphemia [lim'fi:miə] (*lymph* + Gr. *aema* blood) ❶ 淋巴球增多症; ❷ 淋巴性白血病

lymphendothelioma [,limfendəu,θi:li'əumə] 淋巴管内皮瘤

lymphenteritis [,limfəntə'raitis] 浆液性肠炎

lymphepithelioma [,limfepi,θi:li'əumə] 淋巴上皮瘤,淋巴上皮癌

lympherythrocyte [,limfi'riθrəsait] 无色红细胞

lymphization [,limfai'zeiʃən] 淋巴生成

lymphnoditis [,limfnəu'daitis] 淋巴结炎

lymph(o)- (L. *lympha* water) 淋巴,淋巴样组织,淋巴系统,淋巴细胞

lymphoblast ['limfəblæst] (*lympho-* + *-blast*) 成淋巴细胞,原(始)淋巴细胞

lymphoblasthemia [,limfəblæst'hi:miə] 成淋巴细胞增多症

lymphoblastic [,limfə'blæstik] 成淋巴细胞的

lymphoblastoma [,limfəblæs'təumə] (*lymphoblast* + *-oma*) 成淋巴细胞瘤

lymphoblastomid [,limfəublæs'təumid] 成淋巴细胞瘤疹

lymphoblastosis [,limfəblæs'təusis] 成淋巴细胞增多(症)

lymphocele ['limfəsi:l] 淋巴囊肿

lymphocerastism [,limfəsi'ræstizəm] (*lym-*

pho- + Gr. *kerastos* mixed) 淋巴细胞生成
lymphocinesia [ˌlimfəsaiˈniːziə] (*lympho-* + Gr. *kinēsis* motion) 淋巴循环
Lymphocryptovirus [ˌlimfəˈkriptəuˌvaiərəs] (*lympho-* + *crypto-* + *virus*) 淋巴隐病毒
lymphocyst [ˈlimfəsist] 淋巴囊肿
lymphocystis [ˌlimfəˈsistis] (*lympho-* + *cystis*) 淋巴囊肿
lymphocystivirus [ˌlimfəˈsistiˌvaiərəs] (*lymphocystis* + *virus*) 淋巴囊肿病毒
lymphocystosis [ˌlimfəusisˈtəusis] 淋巴囊肿病
lymphocytapheresis [ˌlimfəˌsaitəfəˈriːsis] (*lymphocyte* + Gr. *aphairesis* removal) 淋巴细胞提取法
lymphocyte [ˈlimfəsait] (*lympho-* + *cyte*) 淋巴细胞
  amplifier T-l. 放大性T淋巴细胞
  B l's B淋巴细胞，B细胞
  cytotoxic T l's(CTL) 细胞毒性T淋巴细胞，杀伤性T细胞
  large granular l's 大颗粒淋巴细胞
  Rieder's l. 里德尔氏淋巴细胞
  T l's T淋巴细胞，T细胞，胸腺依赖性淋巴细胞
  thymus-dependent l's 胸腺依赖性淋巴细胞
  thymus-independent l's 非胸腺依赖性淋巴细胞
lymphocythemia [ˌlimfəusaiˈθiːmiə] (*lymphocyte* + Gr. *haema* blood) 淋巴细胞增多症
lymphocytic [ˌlimfəˈsitik] 淋巴细胞的
lymphocytoblast [ˌlimfəˈsaitəblæst] 成淋巴细胞，原(始)淋巴细胞
lymphocytoma [ˌlimfəsaiˈtəumə] (*lymphocyte* + *-oma*) ❶ 假淋巴瘤；❷ 淋巴细胞瘤
  l. cutis 皮肤淋巴细胞瘤
lymphocytomatosis [ˌlimfəuˌsaitəməˈtəusis] 淋巴细胞瘤病
lymphocytopenia [ˌlimfəˌsaitəuˈpiːniə] 淋巴细胞减少
lymphocytopheresis [ˌlimfəˌsaitəufəˈriːsis] 淋巴细胞去除法
lymphocytopoiesis [ˌlimfəˌsaitəupɔiˈiːsis] (*lymphocyte* + Gr. *poiein* to make) 淋巴细胞生成
lymphocytopoietic [ˌlimfəˌsaitəupɔiˈetik] 淋巴细胞生成的
lymphocytorrhexis [ˌlimfəˌsaitəuˈreksis] 淋巴细胞破裂
lymphocytosis [ˌlimfəsaiˈtəusis] 淋巴细胞增多(症)
  acute infectious l. 急性传染性淋巴细胞增多
lymphocytotic [ˌlimfəsaiˈtɔtik] 淋巴细胞增多的
lymphocytotoxicity [ˌlimfəˌsaitətɔkˈsisiti] 溶淋巴细胞毒(性)
lymphocytotoxin [ˌlimfəˌsaitəˈtɔksin] 淋巴细胞毒素
lymphodermia [ˌlimfəuˈdəːmiə] (*lymph* + Gr. *derma* skin) 皮肤淋巴(系)病
lymphoduct [ˌlimfədʌkt] 淋巴管
lymphoepithelioma [ˌlimfəˌepiˌθiːliˈəumə] 淋巴上皮瘤，淋巴上皮癌
lymphofluxion [ˌlimfəuˈflʌkʃən] 淋巴溢流
lymphogenesis [ˌlimfəˈdʒenəsis] 淋巴生成
lymphogenous [limˈfɔdʒinəs] (*lympho-* + Gr. *gennan* to produce) ❶ 成淋巴的；❷ 淋巴原的
lymphoglandula [ˌlimfəˈglændjulə] (pl. *lymphoglandulae*) 淋巴结
lymphogonia [ˌlimfəuˈgəuniə] (*lymph* + Gr. *gonos* offspring) 淋巴原细胞
lymphogram [ˈlimfəgræm] 淋巴系(造影)照片
lymphogranuloma [ˌlimfəuˌgrænjuˈləumə] 淋巴肉芽肿
  l. inguinale 腹股沟淋巴肉芽肿，性病性淋巴肉芽肿
  l. malignum 恶性淋巴肉芽肿，何杰金氏病
  l. venereum 性病性淋巴肉芽肿
lymphogranulomatosis [ˌlimfəuˌgrænjuləuməˈtəusis] 淋巴肉芽肿病
  benign l. 良性淋巴肉芽肿病
  l. cutis 皮肤淋巴肉芽肿病
  l. inguinalis 腹股沟淋巴肉芽肿病
lymphography [limˈfɔgrəfi] 淋巴系造影术
lymphohistiocytic [ˌlimfəuˌhistiəˈsitik] 淋巴细胞与组织细胞的
lymphohistioplasmacytic [ˈlimfəuˌhistiəu-

,plæsmə'sitik] 淋巴细胞组织细胞与浆细胞的
lymphoid [ˌlimfɔid] (*lymph* + Gr. *eidos* form) 淋巴样的,淋巴组织样的,淋巴的,淋巴系统的
lymphoidectomy [ˌlimfɔi'dektəmi] 淋巴组织切除术
lymphoidocyte [lim'fɔidəsait] 淋巴样细胞,成血细胞
lymphokentric [ˌlimfə'kentrik] (*lympho-* + Gr. *kentron* a stimulant) 刺激淋巴细胞生成的
lymphokine ['limfəkain] (*lympho-* + Gr. *kinēsis* movement) 淋巴因子,淋巴激活素
lymphokinesis [ˌlimfəkai'niːsis] (*lympho-* + Gr. *kinēsis* movement) ❶ 内淋巴流动; ❷ 体内淋巴循环
lympholeukocyte [ˌlimfəu'ljuːkəsait] 淋巴细胞
lymphology [lim'fɔlədʒi] (*lympho-* + *-logy*) 淋巴学
lympholysis [lim'fɔləsis] 淋巴细胞溶解
 cell-mediated l. (CML) 细胞介导的淋巴细胞溶解
lympholytic [ˌlimfə'litik] 溶淋巴细胞的,破坏淋巴细胞的
lymphoma [lim'fəumə] (*lymph-* + *-oma*) 淋巴(组织)瘤
 adult T-cell l., adult T-cell leukemia/l. 成人 T 细胞淋巴瘤
 African l. 非洲淋巴瘤
 B-cell l. B 细胞淋巴瘤
 B-cell monocytoid l. B 细胞单核细胞淋巴瘤
 bovine malignant l. 牛恶性淋巴瘤
 Burkitt's l. 伯基氏淋巴瘤
 centrocytic l. 弥漫性小裂细胞淋巴瘤
 l. cutis 皮肤淋巴瘤
 diffuse l. 弥漫性淋巴瘤
 diffuse, large cell l. 弥漫性大细胞淋巴瘤
 diffuse, mixed small and large cell l. 弥漫性大小细胞混合性淋巴瘤
 diffuse, small cleaved cell l. 弥漫性小裂细胞淋巴瘤
 follicular l. 滤泡性淋巴瘤
 follicular center cell l. 滤泡中心细胞淋巴瘤
 follicular, mixed small cleaved and large cell l. 滤泡性小裂和大细胞混合性淋巴瘤
 follicular, predominantly large cell l. 滤泡性大细胞为主型淋巴瘤
 follicular, predominantly small cleaved cell l. 滤泡性小裂细胞为主型淋巴瘤
 giant follicle l., giant follicular l. 巨滤泡淋巴瘤
 granulomatous l. 肉芽肿淋巴瘤
 histiocytic l. 组织细胞淋巴瘤
 Hodgkin's l. 何杰金氏淋巴瘤
 intermediate lymphocytic l. 中间淋巴细胞淋巴瘤
 large cell l. 大细胞淋巴瘤
 large cell, immunoblastic l. 大细胞免疫原性淋巴瘤
 large cleaved cell l. 大裂细胞淋巴瘤
 large noncleaved cell l. 大无裂细胞淋巴瘤
 Lennert's l. 伦纳特氏淋巴瘤
 lymphoblastic l. 成淋巴细胞淋巴瘤
 lymphocytic l., plasmacytoid 浆细胞样淋巴细胞淋巴瘤
 lymphocytic l., poorly differentiated 低分化淋巴细胞淋巴瘤
 lymphocytic l., well differentiated 高分化淋巴细胞淋巴瘤
 malignant l. 恶性淋巴瘤
 malignant l. of cattle 牛恶性淋巴瘤
 mantle zone l. 外套区淋巴瘤
 Mediterranean l. 地中海淋巴瘤
 mixed lymphocytic-histiocytic l. 淋巴细胞-组织细胞混合淋巴瘤
 nodular l. 结节状淋巴瘤
 non-Hodgkin's l. 非何杰金氏淋巴瘤
 pleomorphic l. 多形淋巴瘤
 primary l. of the central nervous system 中枢神经系统初级淋巴瘤
 small B-cell l. 小 B 细胞淋巴瘤
 small cleaved cell l. 小裂细胞淋巴瘤
 small lymphocytic l. 小淋巴细胞淋巴瘤
 small noncleaved cell l. 小无裂细胞淋巴瘤
 T-cell l's T 细胞淋巴瘤
 T-cell l., convoluted 卷曲核 T 淋巴细胞瘤

T-cell l., cutaneous 皮肤 T 淋巴细胞瘤
T-cell l. small lymphocytic 小淋巴细胞性 T 细胞淋巴瘤
U-cell l., undefined l. 不明细胞淋巴瘤
undifferentiated l. 未分化淋巴瘤
lymphomatoid [lim'fɔmətɔid] 淋巴瘤样的
lymphomatosis [ˌlimfəmə'təusis] 淋巴瘤病
avian l., l. of fowl 禽淋巴瘤病
bovine l. 牛淋巴瘤病
neural l. 神经淋巴瘤病
ocular l. 眼淋巴瘤病
visceral l. 内脏淋巴瘤病
lymphomatous [lim'fɔmətəs] 淋巴瘤的
lymphomegaloblast [ˌlimfəu'megələblæst] 无色巨成红细胞
lymphomonocyte [ˌlimfəu'mɔnəsait] 单核白血球
lymphomyelocyte [ˌlimfəu'maiələsait] 成髓细胞
lymphomyeloma [ˌlimfəumaiə'ləumə] 淋巴髓细胞瘤
lymphomyxoma [ˌlimfəumik'səumə] 淋巴粘液瘤
lymphonodi [ˌlimfə'nəudai] (L.) 淋巴结
lymphonoduli [ˌlimfən'nɔdjuli] (L.) 淋巴小结
lymphonodulus [limfə'nɔdjuləs] (pl. *lymphonoduli*) (*lympho-* + L. *nodulus* dim of *nodus*) 淋巴小结
lymphonoduli splenici 脾淋巴结
lymphonodus [ˌlimfə'nəudəs] (pl. *lymphonodi*) (*lympho-* + L. *nodis* a knot) 淋巴结
lymphopathia [limfə'pæθiə] 淋巴（组织）病
l. venerea 性病性淋巴肉芽肿, 腹股沟淋巴肉芽肿
lymphopathy [lim'fɔpəθi] (*lympho-* + Gr. *pathos* disease) 淋巴（组织）病
ataxic l. 共济失调性淋巴（组织）病
lymphopenia [limfəu'pi:niə] (*lymphocyte* + Gr. *penia* poverty) 淋巴细胞减少
lymphoplasia [ˌlimfə'plæziə] (*lympho-* + Gr. *plasis* formation) 淋巴细胞形成
cutaneous l. 皮肤淋巴细胞瘤
lymphoplasm ['limfə'plæzəm] 海绵质
lymphoplasmapheresis [ˌlimfə'plæzməfə-'ri:sis] 淋巴细胞与血浆提取法
lymphoplasmia [ˌlimfəu'plæzmiə] 红细胞失色症
lymphoplasty ['limfəˌplæsti] 淋巴管成形术
lymphopoiesis [ˌlimfəupɔi'i:sis] (*lympho-* + Gr. *poiein* to make) ❶ 淋巴组织生成；❷ 淋巴细胞生成
lymphopoietic [ˌlimfəupɔi'etik] 淋巴细胞生成的, 淋巴组织生成的
lymphoproliferative [ˌlimfəprəu'lifərətiv] 淋巴组织增生的
lymphoprotease [ˌlimfəu'prəutieis] 淋巴细胞蛋白酶
lymphoreticular [ˌlimfəri'tikjulə] 淋巴网状内皮细胞的
lymphoreticulosis [ˌlimfəriˌtikju'ləusis] 淋巴网状内皮细胞增生（症）
benign l. 良性淋巴网状内皮细胞增生（症），猫抓病
lymphorrhage ['limfəreidʒ] 淋巴细胞集积
lymphorrhagia [ˌlimfə'reidʒiə] (*lympho-* + Gr. *rhegnynai* to break out) 淋巴溢
lymphorrhea [ˌlimfə'ri:ə] (*lympho-* + Gr. *rhoia* flow) 淋巴溢
lymphorrhoid ['limfərɔid] 肛周淋巴管扩张, 淋巴管痔
lymphosarcoleukemia [ˌlimfəuˌsɑ:kəlju-'ki:miə] 淋巴肉瘤细胞性白血病
lymphosarcoma [ˌlimfəusɑ:'kəumə] (*lympho-* + *sarcoma*) 淋巴肉瘤
lymphosarcomatosis [ˌlimfəusɑ:ˌkəumə'təusis] 淋巴肉瘤病
lymphoscintigraphy [ˌlimfəsin'tigrəfi] 淋巴闪烁造影术
radiocolloid l 放射性胶状物淋巴闪烁造影术
lymphosporidiosis [ˌlimfəuspɔˌridi'əusis] 淋巴孢子虫病, 兽疫性淋巴管炎
lymphostasis [lim'fɔstəsis] (*lympho-* + Gr. *stasis* standing) 淋巴郁滞
lymphotaxis [ˌlimfəu'tæksis] (*lymphocyte* + Gr. *taxis* arrangement) 淋巴细胞趋向性
lymphotism ['limfətizəm] 淋巴组织发育障碍
lymphotome ['limfəutəum] (*lymph* + Gr.

temnein to cut) 增殖体切除器

lymphotomy [lim'fɔtəmi] (*lymph* + Gr. *tome* cut) 淋巴系统解剖学

lymphotoxemia [ˌlimfəutɔk'siːmiə] 淋巴毒血症

lymphotoxin [ˌlimfə'tɔksin] 淋巴毒素

lymphotrophy [lim'fɔtrəfi] (*lympho-* + *-trophy*) 淋巴营养性

lymphotropic [ˌlimfə'trɔpik] (*lympho-* + *-tropic*) 亲淋巴的

lymphous ['limfəs] 淋巴的,含淋巴的

lymphuria [lim'fjuəriə] (*lymph* + Gr. *ouron* urine) 淋巴尿

lymph-vascular [limfə 'væskjulə] 淋巴管的

Lynchia maura ['linkiə 'mɔːrə] 拟虱蝇

Lynen ['lainən] 莱恩:Feodor,德国生化学家,1911~1979

lynestrenol [liˈniːstrənɔl] 炔雌烯醇

Lynoral ['linɔrəl] 利诺若:炔雌醇制剂的商品名

lyo- (Gr. *lyein* to dissolve) 溶解,弥散

lyochrome ['laiəkrəum] (*lyo-* + Gr. *chrōma* color) 黄素

lyogel ['laiədʒəl] (*lyo-* + *gel*) 水凝胶,多液凝胶

Lyon hypothesis ['laiən] (Mary Frances *Lyon*, English geneticist, born 1925) 莱昂假说

lyonization [ˌlaiənai'zeiʃən] (after Mary F. *Lyon*) 莱昂化作用

lyonized ['laiənaizd] (after Mary F. Lyon) 莱昂化的

lyophil ['laiəfil] 亲液胶体,亲媒胶体

lyophile ['laiəfail] ❶ 亲液胶体,亲媒胶体; ❷ 亲液的,亲媒的

lyophilic [laiəu'filik] (*lyo-* + Gr. *philein* to love) 亲液的,亲媒的

lyophilization [laiˌɔfilai'zeiʃən] (低压)冻干法

lyophilize [lai'ɔfilaiz] (低压)冻干

lyophobe ['laiəfəub] (*lyo-* + *phobia*) 疏液胶体,疏媒胶体

lyophobic [laiə'fəubik] (*lyo-* + Gr. *phobein* to fear) 疏液胶体的,疏媒胶体的

lyosol ['laiəsɔl] 水溶胶,液体溶胶

lyosorption [ˌlaiəu'sɔːpʃən] 溶媒吸附(作用),吸收溶剂(作用)

lyotropic [ˌlaiəu'trɔpik] (*lyo-* + Gr. *tropos* a turning) 易溶的

lypemania [ˌlaipi'meiniə] (Gr. *lype* sadness + *mania* madness) 忧郁症

lyperophrenia [ˌlaipərəu'friːniə] (Gr. *lyperos* distressing + *phren* mind) 忧郁症

Lyperosia irritans [ˌlaipə'rəusiə 'iritəns] 扰角蝇

Lyponyssus [ˌlaipə'nisəs] 刺脂螨属

lypothymia [ˌlaipəu'θaimiə] (Gr. *lype* distress + *thymos* mind) 忧郁症

lypressin [lai'presin] 赖氨酸加压素

lyra ['laiərə] (L. from Gr. "a stringed instrument resembling the lute") 琴,琴状物

  l. Davidis (*obs.*) 海马连合

lyre [laiə] 琴,琴形物

Lys (lysine 的缩写) 赖氨酸

lysate ['laiseit] 溶解产物

lyse [laiz] 溶解溶化

lysergic acid [li'səːdʒik] 麦角酸

  l. a. diethylamide (LSD) 二乙麦角酰胺

lysergide [ˈlaisəgaid] 二乙麦角酰胺:二乙麦角酸的非专卖药名

lysidin ['lisidin] 甲咪唑啉

  l. bitartrate 重酒石酸甲咪唑啉

lysimeter [lai'simitə] (Gr. *lysis* dissolution + *-meter*) 溶度测定器,溶度计

lysin ['laisin] (Gr. *lyein* to dissolve)溶素,溶解素

beta l. β-溶素

sperm l. 精液溶素

lysine ['laisiːn] 赖氨酸

  l. acetate (USP) 乙酸赖氨酸盐

  l. hydrochloride (USP) 盐酸赖氨酸盐

lysine carboxypeptidase ['laisiːn kɑːˌbɔksi'peptideis] (EC 3.4.17.3) 赖氨酸羧肽酶

lysine dehydrogenase ['laisiːn di'haidrədʒəneis] 赖氨酸脱氢酶

lysine ketoglutarate reductase ['laisiːn ˌketə'gluːtəreit ri'dʌkteis] 赖氨酸酮戊二酸还原酶

lysine-ketoglutarate reductase deficiency 赖氨酸酮戊二酸还原酶缺乏

L-lysine: NAD oxidoreductase ['laisiːn ˌɔksi-dəri'dʌkteis] L-赖氨酸 NAD 氧化还原酶

L-lysine: NAD oxidoreductase deficiency L-赖

氨酸 NAD 氧化还原酶缺乏
lysinogen [lai'sinədʒən]（*lysin* + *Gr. gennan* to produce）溶素原
lysinogenesis [ˌlaisinə'dʒenisis]（*lysin* + *Gr. genesis* production）溶素生成
lysinosis [ˌlaisi'nəusis]（*Gr. lyein* to dissolve + *is, inos* fiber + *-osis*）肺棉屑沉着症,棉屑肺
lysinuria [ˌlaisi'njuəriə] 赖氨酸尿
lysis ['laisis]（*Gr.* "dissolution; a loosing, setting free, releasing"）❶ 溶解;❷ 分解;❸ 松解术;❹ 减退
　hot-cold l. 冷却溶解
-lysis（*Gr.* "dissolution, a loosing, setting free, releasing"）溶解,分解,分离,破坏,减轻,降低,减少,松解无约束
lys(o)-（*Gr. lysis* dissolution）溶解,溶化
lysobacteria [ˌlaisəubæk'tiəriə] 溶菌性细菌
lysocephalin [ˌlaisəu'sefəlin] 溶血脑磷脂
lysocythin [ˌlaisəu'saiθin] 溶细胞素
Lysodren ['laisədrən] 来索之:邻对滴滴涕制剂的商品名
lysogen ['laisədʒən]（*lysin* + *-gen*）❶ 引起溶解的一种因子;❷ 溶素原;❸ 溶解的细菌
lysogenesis [ˌlaisə'dʒenəsis] 溶素生成
lysogenic [ˌlaisə'dʒenik]（*lysin* + *Gr. gennan* to produce）❶ 生成溶素的,引起溶解的;❷ 溶原的
lysogenicity [ˌlaisəudʒə'nisiti]（*lyso-* + *Gr. gennan* to produce + *-ity* condition）❶ 致溶解素;❷ 产噬菌体;❸ 致溶血性
lysogeny [lai'sɔdʒəni] 致溶解性,产噬菌体,溶原性,溶原现象
lysokinase [ˌlaisəu'kaineis] 溶解激酶
lysophosphatidate [ˌlaisəu'fɔsfə'tideit] 溶血磷脂
lysophosphatidic acid [ˌlaisəuˌfɔsfə'tidik] 溶血磷脂酸
lysophospholipase [ˌlaisəuˌfɔːsfə'lipeis]（EC 3.1 1.5）溶血磷脂酶
lysophospholipid [ˌlaisəufɔːsfə'lipid] 溶血磷脂
lysosomal [ˌlaisə'səuməl] 溶酶体的
lysosomal α-glucosidase [ˌlaisə'səuməl gluː'kəusideis] 溶酶体 α-葡苷酶
lysosome ['laisəsəum]（*lyso-* + *Gr. sōma* body）溶酶体
　primary l. 初级溶酶体
　secondary l. 次级溶酶体
lysostaphin [laisəu'stæfin] 溶葡萄球菌素
lysozyme ['laisəzaim]（EC 3.2 1.17）溶菌酶
lysozymuria [ˌlaisəzai'mjuəriə] 溶菌酶尿
lyssa ['lisə]（*Gr.* "frenzy"）❶ 狂犬病,瘈咬病;❷ 舌中隔
Lyssavirus ['laisəˌvaiərəs]（*Gr. lyssa* rabies + *virus*）类狂犬病病毒
lyssic ['lisik] 狂犬病的
lyss(o)-（*Gr. lyssa* rabies）狂犬病的
lyssodexis [ˌlisəu'deksis]（*Gr. lyssa* rabies + *dexis* bite）狂犬咬伤
lyssoid ['lisɔid]（*lyso-* + *Gr. eidos* form）狂犬病样的
lyssophobia [ˌlisə'fəubiə]（*lysso-* + *phobia*）狂犬病恐怖
lysyl ['laisəl] 赖氨酰(基)
lysyl hydroxylase [ˌlaisəl hai'drɔksileis] 赖氨酰(基)羟化酶
lysyl oxidase ['laisəl 'ɔksideis] 赖氨酰(基)氧化酶
lyterian [lai'tiəriən]（病势）渐退的,消散的
lytic ['litik]（*Gr. lyticos* dissolving, from *lysis* dissolution）❶ 溶解的,松解的,渐退的,溶素的;❷ 引起溶解的
-lytic 溶解
Lytta ['litə] 绿芫菁属
　L. vesicatoria 西班牙绿芫菁
lyxose ['liksəus] 来苏糖
lyze [laiz] 溶解,溶化

M

M ❶ (*mega-* 的符号)巨,大; ❷ (*molar*¹ 的符号)克分子的; ❸ (*molar*² 的符号)磨牙; ❹ (*morgan* 的符号)摩(根); ❺ (*mucoid* 的符号)粘液样的; ❻ (*myopia* 的符号)近视

M. ❶ (*misce* 的符号)混合; ❷ (*mistura* 的符号)合剂

M ❶ (*mutual inductance* 的符号)互感; ❷ (*molar mass* 的符号)克分子质量; ❸ (*molar*¹ 的符号)克分子

M_1(*mitral valve closure* 的符号)二尖瓣闭锁

M_r(*relative molecular mass* 的符号)相对分子质量

m ❶ (*median* 的符号)正中的,中(位)数; ❷ (*meter* 的符号)米,公尺; ❸ (*milli-*的符号)毫

m. ❶ (*minim* 的符号)最小的; ❷ (L. *musculus* 的符号)肌肉

m ❶ (*mass* 的符号)质量; ❷ (*molal* 的符号)克分子的

m- (*meta-*定义2的化学符号)间位

μ (mu) ❶ 希腊文的第十二个字母; ❷ (linear attenuation coefficient 的符号)线性衰减系数; ❸ (population mean 的符号)人口均数; ❹ (*micro-* 的符号)小,细,微; ❺ (*eletrophoretic mobility* 的符号)电泳移动; ❻ IgM 重链

MA ❶ (*mental age* 的缩写)智力年龄; ❷ (meter angle 的缩写)米角,公尺角; ❸ (Master of Arts 的缩写)文学硕士

mA (*milliampere* 的符号)毫安

μA (*microampere* 的符号)微安

MAC ❶ (membrane attack complex 的缩写)攻膜复合物; ❷ (minimal alveolar concentration 的缩写)最高肺泡浓度

Mac. (L. *macerare* 的缩写)浸渍,浸软

Mac-1 甘油蛋白

Macaca [məˈkɑːkə] 猕猴属

  M. cynomulgus 南美猕猴

  M. mulatta 猕猴,恒河猴

macaco worm [məˈkeikə wəːm] 马蝇蛆

macalline [məˈkeilin] 墨西哥树皮素

McArdle's disease [məˈkɑːdlz] (Brian *McArdle*, English neurologist, born 1911) 麦卡德尔氏病

McBride operation [məkˈbraid] (Earl D. *McBride*, American orthopedic surgeon, born 1891) 麦克布赖德氏手术

McBurney's incision [məkˈbəːniz] (Charles *McBurney*, New York surgeon, 1845-1913) 麦克伯尼氏切口

McCarthy's reflex [məˈkɑːθiːz] (Daniel J. *McCarthy*, American neurologist, 1874-1958) 麦卡锡氏反射

McClintock [məˈklintək] 莫克林托克: Barbara, 美国植物学家和遗传学家

MacConkey's agar [məˈkɔŋkiːz] (Alfred Theodore *MacConkey*, English bacteriologist,1861-1931) 麦康基氏琼脂

McCune-Albright syndrome [məˈkuːn ˈɔːlbrait] (Donovan James *McCune*, American pediatrician, 1902-1976; Fuller *Albright*, American physician, 1900-1969) 麦-奥二氏综合征

McDonald's maneuver [məkˈdɔnəldz] (Ellice *McDonald*, Canadian gynecologist and pathologist in United States, 1876-1955) 麦克唐那氏操作

Mace [meis] 迷斯:有机催泪气雾剂合剂的商品名

mace [meis] (L. *macis*) 肉豆蔻

macerate [ˈmæsəreit] 浸渍,浸软

maceration [ˌmæsəˈreiʃən] (L. *maceratio*) 浸渍,浸软

macerative [ˈmæsərətiv] 浸渍的,浸软的

Macewen's operation [məˈkjuːənz] (Sir William *Macewen*, Scottish surgeon, 1848-1924) 麦丘恩氏手术

McGinn-White sign [məkˈgin hwait]

(Sylvester *McGinn*, American cardiologist, born 1904; Paul Dudley *White*, American cardiologist, 1886-1973) 麦-怀二氏征

Machado-Joseph disease [mɑː'tʃɑːdəu 'dʒəusəf] (*Machado* and *Joseph*, afflicted families) 麦-约二氏病

Mache unit ['mæki] 马歇单位:镭放射线能的单位

machine [mə'ʃiːn] (L. *machina*) 机,机器
　heart-lung m. 心肺机
　Holtz m. 霍耳茨氏(静电)摩电机
　Van de Graaff m. 范德格拉夫氏机
　Wimshurst m. 威姆斯赫斯特氏电机

machlosyne [mækləˈsini] (Gr. *machlosyne*) ❶ 淫荡;❷ 慕男狂

macies ['mæʃiz] (Latin for wasting) 消瘦

MAC INH (membrane attack complex inhibitor 的缩写) 巩膜复合物抑制物

macintosh ['mækintɔʃ] (Charles *Macintosh*, Scotch chemist, 1766-1845) 防水布,橡皮布

Mackay-Marg electronic tonometer [mə'kei mɑːg] (Ralph Stuart *MacKay*, American biophysicist, born 1924; Elwin *Marg*, American physicist, born 1918) 麦-马二氏电子压力计

Mackenrodt's ligament ['mʌkənrɔts] (Alwin Karl *Mackenrodt*, German gynecologist, 1859-1925) 马肯罗特氏韧带

Mackenzie's syndrome [mə'kenziz] (Sir Stephen *Mackenzie*, London physician, 1844-1909) 麦肯齐氏综合征

MacLean-Maxwell disease [mək'lein 'mækswəl] (Charles Murray *MacLean*, English physician in West Africa 1788-1824; James Laidlaw *Maxwell*, Sr., English physician in Formosa, 1836-1921) 麦-马二氏病

Macleod [məˈklaud] 莫克劳德: John James Rickard, 苏格兰生理学家, 1876～1935

MacLeod's capsular rheumatism [mə'klaudz] (Roderick *Macleod*, Scottish physician, 1795-1852) 麦克劳德氏关节囊风湿病

Macleod's syndrome [mə'klaudz] (William Mathieson *Macleod*, British physician, 1911-1977) 麦克劳德氏综合征

MacMunn's test [mək'mʌnz] (Charles Alexander *MacMunn*, British pathologist, 1852-1911) 麦克莫恩氏试验

Macracanthorhynchus [ˌmækrəˌkænθəˈriŋkəs] 巨吻棘头虫属
　M. hirudinaceus 猪巨吻棘头虫

macradenous [mæˈkrædinəs] (*macro-* + Gr. *adēn* gland) 巨腺的

macrencephalia [mækˌrensəˈfeiljə] 巨脑

macrencephaly [ˌmækrənˈsefəli] (*macro-* + Gr. *enkephalos* brain) 巨脑

macritas ['mækritəs] (L. "leanness") 消瘦

macr(o)- (Gr. *makros* large, long) 大,巨大,极长

macroadenoma [ˌmækrəˌædiˈnəumə] 巨大腺瘤

macroaggregate [ˌmækrəˈægrigeit] 大集合物

macroaleuriospore [ˌmækrəuəˈljuəriəspɔː] 巨粉状孢子,大侧生孢子

macroamylase [ˌmækrəuˈæmileis] 巨淀粉酶

macroamylasemia [ˌmækrəˌæmiləˈsiːmiə] 巨淀粉酶血症

macroamylasemic [ˌmækrəˌæmiləˈsiːmik] 巨淀粉酶血症的

macroanalysis [ˌmækrəuəˈnæləsis] 常量分析

macrobacterium [ˌmækrəubækˈtiəriəm] 巨细菌类,大型菌类

Macrobdella [ˌmækrəuˈdelə] 巨蛭属
　M. decora 北美巨蛭

macrobiosis [ˌmækrəubaiˈəusis] (*macro-* + Gr. *bios* life) 长寿,延年

macrobiota [ˌmækrəubaiˈəutə] 大生物区(系)

macrobiotic [ˌmækrəubaiˈɔtik] 大生物的,大生物区的

macroblast ['mækrəblæst] (*macro-* + Gr. *blastos* germ) 大成红细胞
　m. of Naegeli 原成(原始)红细胞

macroblepharia [ˌmækrəubliˈfeəriə] (*macro-* + Gr. *blepharon* eyelid) 巨睑

macrobrachia [ˌmækrəuˈbreikiə] (*macro-* + Gr. *brachiōn* arm) 巨臂

macrocardius [ˌmækrəuˈkɑːdiəs] (*macro-* + Gr. *kardia* heart) 巨心畸胎

macrocephalia [ˌmækruːsiˈfeiljə] 巨头

macrocephalic [ˌmækruːsiˈfeilik] 巨头的

macrocephalous [ˌmækruːˈsefələs] 巨头

的
macrocephalus [ˌmækrəu'sefələs] 巨头
macrocephaly [ˌmækrəu'sefəli] (*macro-* + Gr. *kephalē* head) 巨头
macrocheilia [ˌmækrə'kailiə] (*macro-* + Gr. *cheilos* lip + *-ia*) 巨唇
macrocheiria [ˌmækrəu'kaiəriə] (*macro-* + Gr. *cheir* hand + *-ia*) 巨手
macrochemical [ˌmækrəu'kemikəl] 常量化学的
macrochemistry [ˌmækrəu'kemistri] (*macro-* + *chemistry*) 常量化学
macrochilia [ˌmækrəu'kailiə] 巨唇
macrochiria [ˌmækrəu'kairiə] 巨手
macrochromosome [ˌmækrəu'krəuməsəum] 大染色体
macrochylomicron [ˌmækrəukailəu'maikrəun] 大乳糜微粒
macroclitoris [ˌmækrəu'klitəris] 巨阴蒂
macrocnemia [ˌmækrə'ni:miə] (*macro-* + Gr. *knēmē* shin + *-ia*) 巨小腿
macrocolon [ˌmækrəu'kɔlən] 巨结肠
macroconidium [ˌmækrəukə'nidiəm] (*pl.* macroconidia) (*macro-* + *conidium*) 大侧生孢子
macrocornea [ˌmækrəu'kɔ:niə] (*macro-* + *cornea*) 巨角膜
macrocrania [ˌmækrəu'kreiniə] 巨颅
macrocyclic [ˌmækrəu'saiklik] 大循环的
macrocyst ['mækrəusist] (*macro-* + *cyst*) ❶巨囊; ❷大孢子囊
macrocyte ['mækrəusait] (*macro-* + *cyte*) 大红细胞
macrocytic [ˌmækrəu'sitik] 大红细胞的
macrocythemia [ˌmækrəusai'θi:miə] (*macrocyte-* + Gr. *haima* blood + *-ia*) 大红细胞症
macrocytosis [ˌmækrəusai'təusis] 大红细胞症
macrodactylia [ˌmækrəudæk'tiliə] 巨指(趾)
macrodactyly [ˌmækrəu'dæktili] (*macro-* + Gr. *daktylos* finger) 巨指(趾)
Macrodantin [ˌmækrə'dæntin] 迈克单汀: 呋喃妥英制剂的商品名
macrodont ['mækrədɔnt] 巨牙的
macrodontia [mækrəu'dɔnʃiə] (*macro-* + Gr. *odous* tooth) 巨牙

macrodontic [mækrəu'dɔntik] 巨牙的
macrodontism [ˌmækrəu'dɔntizəm] 巨牙
macrodystrophia [ˌmækrədis'trɔfiə] (*macro-* + *dys-* + *trophē* nutrition) 营养异常性巨大发育
 m. lipomatosa progressiva 进行性脂瘤性巨大发育
macroelement [ˌmækrə'elimənt] 常量元素
macroencephaly [ˌmækrəuen'sefəli] 巨脑
macroerythroblast [ˌmækrəui'riθrəublæst] 大成红细胞
macroesthesia [ˌmækrəuis'θi:zjə] (*macro-* + Gr. *aisthēsis* perception + *-ia*) 物体巨大感
macrofauna [ˌmækrəu'fɔ:nə] 大动物区系
macroflora [ˌmækrəu'flɔ:rə] 大植物区系
macrogamete [ˌmækrəu'gæmi:t] (*macro-* + *gamete*) 大配子, 巨配子
macrogametocyte [ˌmækrəugə'mi:təsait] (*macro-* + *gametocyte*) 大配子体
macrogamont [ˌmækrə'gæmɔnt] (*macro-* + *gamont*) 大配子体
macrogastria [ˌmækrəu'gæstriə] 巨胃, 胃扩张
macrogenesis [ˌmækrəu'dʒenisis] 巨大发育, 巨人症
macrogenia [ˌmækrəu'dʒi:niə] (*macro-* + Gr. *genys* jaw) 巨颏
macrogenitosomia [ˌmækrəˌdʒenitəu'səumiə] (*macro-* + *genito* + Gr. *sōma* body + *-ia*) 巨生殖器体
 m. precox 早熟性巨生殖器巨体
macrogingivae [ˌmækrəudʒin'dʒaivi:] 龈象皮病
macroglia [mæk'rɔgliə] 大神经胶质, 星形神经胶质
macroglobulin [ˌmækrəu'glɔbjulin] (*macro-* + *globulin*) 巨球蛋白
 α_2-m α_2 巨球蛋白
macroglobulinemia [ˌmækrəglɔbjuli'ni:miə] (*macroglobulin* + *-emia*) 巨球蛋白血(症)
 Waldenström's m. 瓦尔登斯特伦氏巨球蛋白血(症)
macroglossia [ˌmækrəu'glɔsiə] (*macro-* + Gr. *glōssa* tongue + *-ia*) 巨舌
macrognathia [ˌmækrəu'neiθiə] (*macro-*

+ Gr. *gnathos* jaw + *-ia*) 巨颌
macrogol ['mækrəgɒl] 聚乙二醇
macrographia [ˌmækrəu'greifiə] 巨大字体
macrography [mək'rɔgrəfi] (*macro-* + Gr. *graphein* to write) 巨大字体
macrogyria [ˌmækrəu'dʒaiəriə] (*macro-* + *gyrus*) 巨脑回
macrolabia [ˌmækrəu'leibiə] (*macro-* + L. *labium* lip) 巨唇
macrolecithal [ˌmækrəu'lesiθəl] (*macro-* + Gr. *lekithos* yolk) 巨(卵)黄的
macroleukoblast [ˌmækrəu'ljuːkəblæst] 巨成白细胞
macrolide ['mækrəlaid] ❶ 大环内脂类; ❷ 大环内脂抗生素
macrolymphocyte [ˌmækrəu'limfəsait] 大淋巴细胞
macrolymphocytosis [ˌmækrəuˌlimfəsai'təusis] 大淋巴细胞增多
macromania [ˌmækrəu'meiniə] 夸大狂, 夸大妄想
macromastia [ˌmækrəu'mæstiə] (*macro-* + Gr. *mastos* breast + *-ia*) 巨乳房
macromazia [ˌmækrəu'meiziə] (*macro-* + Gr. *mazos* breast + *-ia*) 巨乳房
macromelia [ˌmækrəu'miːliə] 巨肢
macromelus [mæk'rɔmiləs] (*macro-* + Gr. *melos* limb) 巨肢者
macromere ['mækrəmiə] (*macro-* + Gr. *meros* part) 大(分)裂球
macromethod ['mækrəˌmeθəd] 常量法
macromimia [ˌmækrəu'mimiə] 模仿过分
macromolecular [ˌmækrəuməu'lekjulə] 大分子的, 巨分子的
macromolecule [ˌmækrəu'mɔləkjuːl] 大分子, 巨分子
macromonocyte [ˌmækrəu'mɔnəusait] 大单核细胞
macromyeloblast [ˌmækrəu'maiələblæst] 巨成髓细胞, 巨原(始)粒细胞
macronodular [ˌmækrəu'nɔdjulə] 巨结的
macronormoblast [ˌmækrəu'nɔːməblæst] 大成红细胞
macronucleus [ˌmækrəu'njuːkliəs] (*macro-* + *nucleus*) ❶ 大核; ❷ 滋养核
macronutrient [ˌmækrəu'njuːtriənt] 常量营养素

macronychia [ˌmækrəu'nikiə] (*macro-* + Gr. *onyx* nail + *-ia*) 巨(指)甲
macro-orchidism [ˌmækrəu'ɔːkidizəm] (*macro-* + Gr. *orchis* testicle) 巨睾丸
macropathology [ˌmækrəupə'θɔlədʒi] (*macro-* + *pathology*) 大体病理学家, 肉眼病理学
macrophage ['mækrəfeidʒ] (*macro-* + Gr. *phagein* to eat) 巨噬细胞
 alveolar m. 肺泡巨噬细胞
 armed m's 武装的巨噬细胞
 fixed m. 固定巨噬细胞
 free m. 游走巨噬细胞
 inflammatory m. 炎症巨噬细胞
macrophagocyte [ˌmækrə'fægəsait] 巨噬细胞
macrophagus [mə'krɔfəgəs] 巨噬细胞
macrophallus [ˌmækrəu'fæləs] (*macro-* + Gr. *phallos* penis) 巨阴茎
macrophthalmia [ˌmækrɔf'θælmiə] (*macro-* + Gr. *ophthalmos* eye + *-ia*) 巨眼
macrophthalmous [ˌmækrɔf'θælməs] 巨眼的
macropia [mə'krəupiə] (*macro-* + Gr. *ōps* eye) 视物显大症
macroplasia [ˌmækrəu'pleiziə] (*macro-* + Gr. *plasis* forming + *-ia*) 过度发育
macroplastia [ˌmækrəu'plæstiə] 过度发育
macropodia [ˌmækrəu'pəudiə] (*macro-* + Gr. *pous* foot + *-ia*) 巨足
macropolycyte [ˌmækrəu'pɔlisait] 大多核白细胞
macroprolactinoma [ˌmækrəupərəˌlækti'nəumə] 巨催乳素激素瘤
macropromyelocyte [ˌmækrəuprə'maiələsait] 巨前髓细胞
macroprosopia [ˌmækrəuprə'səupiə] (*macro-* + Gr. *prosōpon* face + *-ia*) 巨面
macropsia [mə'krɔpsiə] (*macro-* + *-opsia*) 视物显大症
macrorhinia [ˌmækrəu'riniə] (*macro-* + Gr. *rhis* nose + *-ia*) 巨鼻
macroscelia [ˌmækrəu'siːliə] (*macro-* + Gr. *skelos* leg + *-ia*) 巨腿
macroscopic [ˌmækrəu'skɔpik] (*macro-* + Gr. *skopein* to examine) 目视的
macroscopical [ˌmækrəu'skɔpikəl] ❶ 肉眼(检查)的; ❷ 目视的
macroscopy [mə'krɔskəpi] 肉眼检查

macroshock ['mækrəuˌʃɔk] 巨大休克
macrosigmoid [ˌmækrəu'sigmɔid] (macro- + sigmoid) 巨乙状结肠,乙状结肠扩张
macrosis [mə'krəusis] (macro- + -osis) 巨大
macrosmatic [ˌmækrɔs'mætik] (macro- + Gr. osmasthai to smell) 嗅觉敏锐的
macrosomatia [ˌmækrəusə'meiʃiə] (macro- + Gr. sōma body) 巨体
 m. **adiposa congenita** 先天肥胖性巨体
macrosomia [ˌmækrəu'səumiə] 巨体
macrosplanchnia [ˌmækrəus'plænkniə] 巨脏,巨腹(矮体体型)
macrospore ['mækrəspɔː] (macro- + Gr. sporos seed) 大孢子
macrostereognosia [ˌmækrəuˌstiəriəu'nəuziə] (macro- + stereo- + gnōsis knowledge + -ia) 物体巨大感
macrostomia [ˌmækrəu'stəumiə] (macro- + Gr. stoma mouth + -ia) 巨口,颊横裂
macrostructural [ˌmækrəu'strʌktʃərəl] 大体构造的,巨大结构的
macrotia [mæ'krəuʃiə] (macro- + Gr. ous ear) 巨耳
macrotome ['mækrətəum] (macro- + Gr. tomē cut) 大切片刀
macrotooth ['mækrətuːθ] (pl. macroteeth) 巨牙
macula ['mækjulə] (gen. 和 pl. maculae) (L.) 斑,斑疹
 acoustic maculae, maculae acusticae 听斑
 m. **acustica sacculi** 球囊斑
 m. **acustica utriculi** 椭圆囊斑
 m. **adherens** 桥粒
 maculae albidae 白斑
 maculae atrophicae 萎缩斑
 cerebral m. 脑膜(病)性划痕
 maculae ceruleae 青斑
 m. **communicans** 裂隙连接
 m. **communis** 共斑
 maculae cribrosae (NA) 筛斑,筛区
 m. **cribrosa inferior** (NA) 下筛斑
 m. **cribrosa media** (NA) 中筛斑
 m. **cribrosa superior** (NA) 上筛斑
 m. **densa** 致密斑
 false m. 假性黄斑
 m. **flava laryngis** 喉黄斑
 m. **flava retinae** 视网膜黄斑
 m. **folliculi** 卵泡斑
 m. **germinativa** 胚斑,胚区
 m. **gonorrhoeica** 淋病性斑
 maculae lacteae 乳色斑
 m. **lutea, m. lutea retinae** 视网膜黄斑
 maculae of membranous labyrinth 膜性迷路斑
 mongolian m. 蒙古斑,胎斑
 m. **retinae** (NA) 视网膜黄斑
 m. **sacculi** (NA) 球囊斑
 Saenger's m. 曾格尔氏斑
 maculae tendineae 腱样斑
 m. **utriculi** 椭圆囊斑
maculae ['mækjuliː] (L.) 斑,斑疹。macula 的复数和所有格形式
macular ['mækjulə] 斑疹的
maculate ['mækjuleit] (L. maculatus spotted) 斑(疹)的,有斑的
macule ['mækjuːl] 斑(点)
maculocerebral [ˌmækjuləu'seribrəl] 黄斑(与)脑的
maculopapular [ˌmækjuləu'pæpjuːlə] 斑丘疹的
maculopathy [ˌmækju'lɔpəθi] (macula + -pathy) 病理斑
 bull's eye m. 公牛眼斑
maculovesicular [ˌmækjuləuvə'sikjulə] 斑疹小疱的
MacWilliam's test [mək'wiljəmz] (John Alexander MacWilliam, British physician, 1857-1937) 麦克威廉氏试验
M.A.D. (methyl and rosterone 的缩写) 甲基雄甾酮
mad [mæd] ❶ 发狂的; ❷ 患狂犬病的
madarosis [ˌmædə'rəusis] (Gr. madaros bald) 睫毛或眉毛脱落
MADD (multiple acyl CoA dehydrogenation deficiency 的缩写) 多酰基辅酶 A 脱氢缺乏
madder ['mædə] 欧茜草(根)
Maddox prism ['mædəks] (Ernest Edmund Maddox, English ophthalmologist, 1860-1933) 马德克斯氏棱镜
madefaction [ˌmædi'fækʃən] (L. madefacere to moisten) 润湿
Madelung's deformity ['mɑːdəluŋz] (Otto Wilhelm Madelung, German surgeon, 1846-1926) 马德隆氏畸形

Madurella [ˌmædju'relə] 马杜拉分支菌属
maduromycosis [məˌdjuərəmai'kəusis] 足分支菌病
maedi ['miːdi] (Icelandic "dyspnea") 呼吸困难
  m. -visna 羊的进行性肺炎
MAF (macrophage activating factor 的缩写) 巨噬细胞活化因子
mafenide ['mæfənaid] 甲磺灭脓
  m. acetate (USP) 醋酸甲磺灭脓
  m. hydrochloride 盐酸甲磺灭脓
Maffucci's syndrome [mə'fuːtʃiːz] (Angelo *Maffucci*, Italian physician, 1847-1903) 马富西氏综合征
mafilcon A [mə'filkən] 美菲尔康 A
Mag. (L. *magnus* 的缩写) 大的
magaldrate ['mægəldreit] (USP) 水化铝酸镁
Magan ['mægən] 美根:水杨酸镁制剂的商品名
magenblase [ˌmægən'blɑːzə] (Ger. "stomach bubble") 胃泡
Magendie's foramen [mɑːʒɑː'diː] (Francois *Magendie*, French physiologist, 1783-1855) 马让迪氏孔
Magendie-Hertwig sign [mɑːʒɑː'diː 'hətvig] (Francios *Magendie*; Richard Carl Wilhelm Theodor von *Hertwig*, German zoologist, 1850-1937) 马-赫二氏征
magenstrasse [ˌmɑːgen'strɑːsə] (Ger. "stomach street") 胃路
magenta [mə'dʒentə] (碱性)品红
  m. 0 副品红
  m. I 品红 I
  m. II 品红 II
  m. III 品红 III
  acid m. 酸性品红
  basic m. 碱性品红
maggot ['mægət] 蛆
  Congo floor m. 刚果地板蛆
  rat-tail m. 长尾蛆
  sheep m. 羊蝇蛆
magistral ['mædʒistrəl] (L. *magister* master) 按处方配制的
magma ['mægmə] (Gr. *massein* to knead) ❶ 乳浆剂; ❷ 糊状粘质
  bismuth m. 铋乳
  magnesia m. 镁乳
  m. reticulare 网状粘质
Magnacort ['mægnəkɔːt] 迈那考特:氢可松氨脂制剂的商品名
Magnan's movement [mɑː'njɑːz] (Valentin Jacques Joseph *Magnan*, French psychiatrist, 1835-1916) 马可安氏运动
magnesemia [ˌmægni'siːmiə] 镁血(症)
magnesia [mæg'niziə] 苦土,氧化镁
  m. alba 白苦土,碳酸镁
  m. calcinata 煅制镁
  m. carbonatada 碳酸镁
  citrate of m. 枸橼酸镁
  milk of m. 镁乳
  m. usta 煅制镁
magnesiemia [ˌmægnisi'iːmiə] (*magnesium* + Gr. *aema* blood) 镁血症
magnesium [mæg'niziəm] (gen. *magnesii*) (L) 镁
  m. aluminum silicate (NF) 硅酸镁铝
  m. carbonate (USP) 碳酸镁
  m. chloride (USP) 氯化镁
  m. citrate 枸橼酸镁
  dibasic m. phosphate 磷酸氢镁
  m. hydroxide (USP) 氢氧化镁
  m. lactate 乳酸镁
  m. oxide (USP) 氧化镁
  m. peroxide 过氧化镁
  m. phosphate (USP) 磷酸镁
  m. salicylate 水杨酸镁
  m. stearate (NF) 硬脂酸镁
  m. sulfate (USP) 硫酸镁
  m. sulfate, exsiccated 干燥硫酸镁
  tribasic m. phosphate 三碱磷酸镁
  m. trisilicate (USP) 三硅酸镁
magnet ['mægnit] (L. *magnes*; Gr. *magnēs* magnet) ❶ 磁体,磁石; ❷ 磁铁
  denture m. 托牙磁铁
  Grüning's m 格吕宁氏磁铁
  Haab's m. 哈布氏磁铁
  Hirschberg's m. 赫希伯格氏电磁铁
  permanent m. 永(久)磁铁
  temporary m. 暂时磁铁
magnetic [mæg'netik] 磁(性)的,有磁性的
magnetism ['mægnitizəm] 磁力,磁性
  animal m. 动物磁力
magnetization [ˌmægniti'zeiʃən] 磁化,起磁

longitudinal m. 纵向磁化
transverse m. 横向磁化
magnetocardiograph [ˌmæɡniːtəuˈkɑːdiəɡrɑːf] 心磁波描记器
magnetoelectricity [ˌmæɡniˌtəuˌilekˈtrisiti] 磁电
magnetoencephalograph [ˌmæɡniˌtəuənˈsefələɡrɑːf] 磁脑电描记器
magnetoinduction [ˌmæɡniˌtəuinˈdʌkʃən] 磁感应
magnetology [ˌmæɡniˈtɔlədʒi] 磁学
magnetometer [ˌmæɡniˈtɔmitə] (*magnetic* + Gr. *metron* measure) 磁强计，地磁仪
magnetron [ˈmæɡnitrɔn] 磁控(电子)管
magnetropism [mæɡˈnetrəpizəm] (*magnet* + Gr. *tropē* a turn, turning) 应磁性，向磁性
Magnevist [ˈmæɡnəvist] 迈格那维斯特：双葡甲胺钆喷酸盐制剂的商品名
magnicellular [ˌmæɡniˈseljulə] 大细胞性的
magnification [ˌmæɡnifiˈkeiʃən] (L. *magnificatio*; *magnus* great + *facere* to make) 放大
magnify [ˈmæɡnifai] 放大
magnocellular [ˌmæɡnəuˈseljulə] 大细胞的
Magnolia [mæɡˈnəuljə] (after Pierre *Magnol*, 1638-1715) 木兰属
magnolia [mæɡˈnəuljə] 木兰皮
magnum [ˈmæɡnəm] (L.) 大，头状骨
Mag-Tab [ˈmæɡtæb] 美格泰布：乳酸镁制剂的商品名
Mahler's sign [ˈmɑːləz] (Richter A. *Mahler*, German obstetrician, 1863-1941) 马勒氏征
ma huang [mɑː ˈhwəŋ] 麻黄
maidism [ˈmeiidizm] (L. *mais* maize) ❶ 玉蜀黍中毒；❷ 糙皮病
Maier's sinus [ˈmaiəz] (Rudolf *Maier*, German physician, 1824-1888) 迈尔氏窦
maieusiophobia [maiˌjuːsiəuˈfəubiə] (Gr. *maieusis* childbirth + *phobos* fear) 分娩恐怖
maim [meim] ❶ 伤残；❷ 残废
Maimonides [meiˈmɔnidiːz] 梅莫尼迪斯：Moses ben Maimon (1135-1204), 犹太法学家、医师和最伟大的哲学家
main [mei] (Fr.) 手

m. **d'accoucheur** 助产(士)手
m. **en crochet** [ɑːkrəˈʃei] 钩针手
m. **fourché** [fuəˈʃei] 龙虾爪手，手裂(畸形)，裂手(畸形)
m. **en griffe** [ɑːˈɡrif] 爪形手
m. **en lorgnette** [ɑːlɔːˈnjet] 短指手
m. **en pince** [ɑːˈpæs] 钳形手，手裂(畸形)，裂手(畸形)
m. **en singe** [ɑːˈsæʒ] 猴手
m. **en squelette** [ɑːskeˈlet] 枯骨状手
m. **succulente** [sukuˈlɑt] 腊肠样手
Mainini [maiˈnini] 迈尼尼
maintainer [meinˈteinə] 保持器
space m. ① 间隙保持器；② 分离器，分牙器
maintenance [ˈmeintenəns] 维持，保持
maisin [ˈmeizin] 玉蜀黍蛋白
Maisonneuve's amputation [ˌmeizəˈnuːvz] (Jules Germain Francios *Maisonneuve*, French surgeon, 1809-1897) 梅宗讷夫氏切断术
Maissiat's band [meiˈsiɑːz] (Jacques Henri *Maissiat*, French anatomist, 1805-1878) 梅希雅氏带
Majocchi's disease [məˈjɔːkiz] (Domenico *Majocchi*, Italian physician, 1849-1929) 马约基氏病
majoon [mɑːˈjuːn] 印度大麻
makr(o)- 巨，大，长
mal [mɑːl] (Fr. and Sp., from L. *malum* a bad thing) 病
m. **de caderas** [də kɑːˈdeirɑːs] (Sp. "illness of the hips") (南美) 马锥虫病
grand m. 癫痫大发作
haut m. 癫痫大发作
m. **de Meleda** [dəˈmelədɑː] (Fr. "Meleda sickness") 先天掌跖角化病
m. **de mer** [də meə] (Fr.) 晕船
m. **morado** [mɔːˈrɑːdəu] (Sp. "purple sickness") 旋盘尾丝虫皮炎
m. **perforant du pied** [pɛəfəˈrɑːndu pjei] (Fr. "penetrating disease of the foot") 足部穿通性溃疡
petit m. 癫痫小发作
m. **rouge** [ruːʒ] (Fr. "red sickness") 铁丹病
mal- (L. *malum* bad) 坏，不良
mala [ˈmeilə] (L) ❶ (NA) 颊；❷ 颧骨

malabsorption [ˌmæləb'sɔːpʃən] 吸收障碍
  congenital lactose m. 先天性乳糖吸收障碍
  glucose-galactose m. 葡萄糖-半乳糖吸收障碍
  sucrose-isomaltose m., congenital 先天性蔗糖-异麦芽糖吸收障碍
Malacarne's pyramid [ˌmælə'kɑːneiz] (Michele Vincenzo Giacintos *Malacarne*, Italian surgeon, 1744-1816) 马拉卡内氏锥体
malacia [mə'leiʃiə] (Gr. *malakia*) 软化
  metaplastic m. 囊状纤维性骨炎
  myeloplastic m. 成骨不全
  porotic m. 骨痂形成性软化
  m. traumatica 外伤性骨软化
malacic [mə'leisik] 软化的
malac(o)- (Gr. *malakos* soft) 软化,软
malacoma [ˌmælə'kəumə] (*malaco-* + *-oma*) 软化
malacopathy [ˌmælə'kəupəθi] (Gr. *malakos* soft + *pathos* disease) 足骨软化病
malacoplakia [ˌmæləkəu'pleikiə] (*malaco-* + Gr. *plax* plaque) 软化斑
  m. vesicae 膀胱软化斑
malacosis [ˌmælə'kəusis] 软化
malacosteon [ˌmælə'kɔstiən] (*malaco-* + Gr. *osteon* bone) 骨软化
malacotic [ˌmælə'kɔtik] 软化的,软的
malacotomy [ˌmælə'kɔtəmi] 剖腹术
malactic [mə'læktik] ❶ 软化的,润滑的; ❷ 润滑药
maladie [ˌmɑːlɑː'diː] (Fr.) (疾)病
  m. des jambes [dei 'ʒɑːb] ("disease of the legs") 足病
  m. de plongeurs [də plɔː'ʒuːə] 潜水员病
  m. de Roger [də rɔ'ʒei] 罗杰氏病
  m. du sommeil [duː sɔ'mei] ("sleeping sickness") 昏睡病
  m. des tics [dei'tik] ("disease of tics") 抽搐病
maladjustment [ˌmælə'dʒʌstmənt] 适应不良
malady ['mælədi] (Fr. *maladie*) 病
malagma [mə'lægmə] (Gr.) 泥罨剂
malaise [mɑː'leiz] (Fr.) 不适,欠爽
malakoplakia [ˌmæləkəu'pleikiə] 软化斑
malalignment [ˌmælə'lainmənt] 行列不齐,排列错乱
malalinement [ˌmælə'lainmənt] 行列不齐,排列错乱
malar ['meilə] (L. *mala* cheek) 颊的,颧骨的
malaria [mə'lɛəriə] (It. "bad air") 疟疾
  algid m. 寒冷型疟
  benign tertian m. 良性间日疟
  bilious remittent m. 黄疸弛张疟
  cerebral m. 脑型疟
  congenital m. 先天性疟
  falciparum m. 恶性疟
  hemolytic m. 溶血性疟
  hemorrhagic m. 出血性疟
  induced m. 诱发疟
  malignant tertian m. 恶性间日疟
  ovale m. 卵型疟原虫
  pernicious m. 恶性疟
  quartan m. 三日疟
  quotidian m. 日发疟
  subtertian m. 恶性疟
  tertian m. 间日疟
  transfusion m. 输血疟
  vivax m 间日疟
malariacidal [məˌlɛəriə'saidəl] 杀疟原虫的
malarial [mə'lɛəriəl] 疟疾的
malariologist [məˌlɛəri'ɔlədʒist] 疟疾学家
malariology [məˌlɛəri'ɔlədʒi] 疟疾学
malariotherapy [məˌlɛəriəu'θerəpi] 疟热疗法
malarious [mə'lɛəriəs] 疟疾的
malaris [mə'lɛəris] (L) 颊的,颧骨的
Malassez's disease [ˌmɑːlɑː'seiz] (Louis Charles *Malassez*, French physiologist, 1842-1909) 马拉色氏病
Malassezia [ˌmælə'siziə] (Louis Charles *Malassez*) 马拉色氏霉菌属
  M. furfur 糠秕马拉色氏霉菌
  M. ovalis 卵圆糠秕马拉色氏霉菌
  M. pachydermatis 厚皮糠秕马拉色氏霉菌
malassimilation [ˌmæləsimi'leiʃən] (L. *malus* ill + *assimilatio* a rendering like) ❶ 同化不全,同化不良; ❷ 同化障碍
malate ['meileit] 苹果酸盐,苹果酸脂
malate dehydrogenase ['meileit di'haidrədʒəneis] (EC 1.1.1.37) 苹果酸脱氢酶

malate dehydrogenase (oxaloacetate-decarboxylating) (NADP$^+$) ['meileit di'haidrədʒəneis ɔkˌsæləu'æsiteit diːkɑː'bɔksiˌleitiŋ] 苹果酸脱氢酶(草酰乙酸脱羧酶)

malathion [ˌmælə'θaiən] 马拉硫磷,马拉松

malaxate ['mæləkseit] 揉捏

malaxation [ˌmælək'seiʃən] (Gr. *malaxis* a softening) 揉捏法

Malcotran ['mælkətrən] 马克纯:溴甲基后马托品制剂的商品名

maldevelopment [ˌmældi'veləpmənt] 发育不良

maldigestion [ˌmældai'dʒestʃən] 消化不良

maldistribution [ˌmælˌdistri'bjuːʃən] 分布失常(色素等)

male [meil] ❶男性,男子,雄性动物;❷男性的,雄性的

maleate ['mælieit] 顺丁烯二酸盐

maleic acid [mə'liːik] 顺式丁烯二酸,马来酸

malemission [mæli'miʃən] 射精不良

maleruption [mæli'rʌpʃən] 错位长出

malethamer [mə'leθəmə] 聚马来乙烯

4-maleylacetoacetate [ˌmælieiləˌsitəu'æsiteit] 4-顺丁烯二酸单酰乙酰乙酸

maleylacetoacetate isomerase [ˌmælieiələˌsitəu'æsiteit ai'sɔmereis] (EC 5.2.1.2) 顺丁烯二酸单酰乙酰乙酸异构酶

malformation [ˌmælfɔː'meiʃən] (L. *malus* evil + *formatio* a forming) 畸形,变形

    Arnold-Chiari m 阿-希二氏畸形

    cystic adenomatoid m 囊性腺瘤样畸形

    Dieulafoy's vascular m. 迪厄拉富瓦氏血管畸形

malfunction [mæl'fʌŋkʃən] 机能障碍,机能不良

Malgaigne's amputation [mæl'geinz] (Joseph Francois *Malgaigne*, French surgeon, 1806-1865) 马耳盖尼氏切断术

Malherbe's calcifying epithelioma [mɑːl'ɛəbz] (Albert *Malherbe*, French surgeon, 1845-1915) 马耳阿布氏钙化上皮瘤

malic acid ['mælik] 苹果酸,羟基丁二酸

malic enzyme ['mælik 'enzaim] 苹果酸酶

malignancy [mə'lignənsi] (L. *malignare* to act maliciously) 恶性

malignant [mə'lignənt] (L. *malignans* acting maliciously) 恶性的

malingerer [mə'liŋgərə] (Fr. *malingre* sickly) 诈病者,装病者

malingering [mə'liŋgəriŋ] 诈病,装病

malinterdigitation [ˌmælintəˌdidʒi'teiʃən] 异常牙尖间隙

malleability [ˌmæliə'biliti] 展性

malleable ['mæliəbl] (L. *malleare* to hammer) 可展的,易适应的

malleal ['mæliəl] 锤骨的

mallear ['mæliə] 锤骨的

malleation [ˌmæli'eiʃən] (L. *malleare* to hammer) (手肌)锤击状颤搐

mallein ['mæliːn] (L. *malleus* glanders) (马)鼻疽菌素

malleinization [ˌmæliˌinai'zeiʃən] (马)鼻疽菌素接种法

malleoincudal [ˌmæliəu'iŋkjudəl] 锤骨砧骨的

malleolar [mə'liːələ] ❶踝的;❷锤骨的

malleoli [mə'liːəlai] (L.) *malleolus* 的复数和所有格形式

malleolus [mə'liːələs] (gen. 和 pl. *malleoli*) (L., dim. of *malleus* hammer) 踝

    external m., m. externus 外踝

    m. fibulae, fibular m. 腓踝,外踝

    inner m., internal m., m. internus 内踝

    lateral m. 外踝

    lateral m. of fibula 腓侧踝

    m. lateralis (NA) 外踝

    m. lateralis fibulae (NA) 腓侧踝

    medial m. 内踝

    medial m. of tibia 胫内踝

    m. medialis (NA) 内踝

    m. medialis tibiae (NA) 胫内踝

    outer m. 外踝

    radial m., m. radialis 桡骨茎突

    m. tibiae, tibial m. 胫踝

    ulnar m., m. ulnaris 尺骨茎突

Malleomyces [ˌmæliə'maisiz] (L. *malleus* glanders + Gr. *mykēs* fungus) 鼻疽杆菌属

malleotomy [ˌmæli'ɔtəmi] (*malleus* + Gr. *tomē* a cutting) ❶锤骨切开术;❷踝切离术

malleus ['mæliəs] (L. "hammer") ❶ 锤骨;❷(马)鼻疽

mallochorion [ˌmæləˈkɔːriən] (Gr. *mallos* wool + *chorion*) 原绒(毛)膜

Mallophaga [mæˈlɒfəgə] (Gr. *mallos* wool + *phagein* to eat) 食毛目(蚴)

Mallory's bodies [ˈmælərɪz] (Frank Burr *Mallory*, American pathologist, 1862-1941) 马洛里氏小体

Mallory-Weiss syndrome [ˈmæləri waɪs] (G. Kenneth *Mallory*, American pathologist, born 1900; Soma *Weiss*, American physician,1898-1942) 马-魏二氏综合征

mallotoxin [ˈmælətɒksin] 粗糠柴毒,卡马拉素

mallow [ˈmæləʊ] (L. *malva*) 锦葵

malnutrition [ˌmælnjuːˈtrɪʃən] 营养不良
    malignant m. 恶性营养不良
    protein m. 蛋白质营养不良

malocclusion [ˌmæləˈkluːʒən] 错𬌗,错位咬合
    closed-bite m. 短面错𬌗,紧错𬌗
    open-bite m. 开𬌗,开位错𬌗

malomaxillary [ˌmæləʊˈmæksɪləri] (L. *mala* cheek + *maxilla*) 颧骨与上颌的

malonate-semialdehyde dehydrogenase (acetylating) [ˈmæləneɪt ˌsemiˈældɪhaɪd dɪˈhaɪdrədʒəneɪs əˈsetiˌleɪtɪŋ] (EC 1.2.1.18) 丙二酸盐-半醛脱氢酶

malonic acid [məˈlɒnɪk] 丙二酸

malonyl [ˈmælənɪl] 丙二酰(基)

malonyl CoA [ˈmælənɪl kəʊˈeɪ] (malonyl coenzyme A 的缩写) 丙二酰辅酶 A

malonyl coenzyme A [ˈmælənɪl kəʊˈenzaɪm] 丙二酰辅酶 A

maloplasty [ˌmæləʊˈplæsti] (L. *mala* cheek + Gr. *plassin* to form) 颊成形术,颊造形术

Malpighi's pyramids [mælˈpɪgɪz] (Marcello *Malpighi*, Italian anatomist, 1628-1694) 马耳皮基氏锥体

malpighian bodies [mælˈpɪgiən] (M. *Malpighi*) 马耳皮基氏小体

malposed [mælˈpəʊzd] 错位的,异位的

malposition [ˌmælpəˈzɪʃən] (L. *malus* bad + *positio* placement) 错位,异位

malpractice [mælˈpræktɪs] (L. *mal* bad + *practice*) 治疗失当,过失行为

malpresentation [ˌmælprezenˈteɪʃən] 先露异常

malrotation [ˌmælrəʊˈteɪʃən] 旋转不良

malt [mɔːlt] 麦芽

Malta fever (*Malta*, an island in Mediterranean sea) 马耳他热,地中海热

maltase [ˈmɔːlteɪs] 麦芽糖酶

malthusian law [mælˈθjuːsjən] (Rev. Thomas Robert *Malthus*, English economist, 1766-1834) 马尔萨斯人口论

maltobiose [ˌmɔːltəʊˈbaɪəʊs] 麦芽糖

maltodextrin [ˌmɔːltəʊˈdekstrɪn] 麦芽(糖)糊精

maltose [ˈmɔːltəʊs] 麦芽(糖)

maltoside [ˈmɔːltəsaɪd] 麦芽(糖)苷

maltosuria [ˌmɔːltəʊˈsjʊəriə] 麦芽糖尿

maltotriose [ˌmɔːltəʊˈtraɪəʊs] 麦芽三糖

malturned [mælˈtɜːnd] 错扭转的

Malucidin [ˌmæljuˈsɪdɪn] 吗露烯叮:可使狗、猫和羊堕胎的酵母浸膏的商品名

malum [ˈmeɪləm] (L.) 病
    m. articulorum senilis 老年性关节痛
    m. senile 老年性关节病
    m. vertebrale suboccipitale 枕骨下脊椎结核

malunion [mælˈjuːnjən] (骨)连接不正

Malva [ˈmælvə] (L.) 锦葵属

mamba [ˈmɑːmbə] 窄头眼镜蛇

mamelon [ˈmæmələn] (Fr. "nipple") ❶ 切结;❷ 乳头状物

mamelonation [ˌmæmələˈneɪʃən] 乳头状隆突,乳头形成

mamilla [məˈmɪlə] (gen. 和 pl. *mamillae*) (L., dim. of *mamma*, a breast, teat) ❶ 乳头;❷ 乳头状结构

mamillae [məˈmɪliː] (L.) 乳头,❷ 乳头状物

mamillary [ˈmæmɪləri] (L. *mamilla*, dim. of *mamma*, a breast, teat) 乳头的,乳头状的

mamillated [ˌmæmɪˈleɪtɪd] 有乳头状突起的

mamillation [ˌmæmɪˈleɪʃən] ❶ 乳头形成;❷ 乳头状隆凸

mamilliform [məˈmɪlɪfɔːm] (*mamilla* + L. *forma* form) 乳头状的

mamilliplasty [məˈmɪlɪˌplæsti] 乳头成形术

mamillitis [ˌmæmɪˈlaɪtɪs] (*mamilla* + -i-

tis) 乳头炎
mamma ['mæmə] (gen. 和 pl. *mammae*) (L.) (NA) 乳房
    mammae accessoriae (femininae et masculinae) (NA), accessory mammae 乳房
    m. areolata 乳晕
    m. masculina (NA) 男性乳房
    supernumerary mammae 额外乳房
    m. virilis 男性乳房
mammae ['mæmi:] (L.) 乳房。mamma 的所有格及复数形式
mammal ['mæməl] 哺乳动物
mammalgia [mæ'mældʒiə] 乳房痛
Mammalia [mə'meliə] 哺乳纲
mammalogy [mə'mælədʒi] (mammal + -logy) 哺乳动物学
mammaplasty ['mæməˌplæsti] (L. *mamma* + Gr. *plassein* to shape, form) 乳房成形术
    Aries-Pitanguy m. 阿-皮二氏乳房成形术
    augmentation m. 乳房增大成形术
    Biesenberger m. 贝森博格乳房成形术
    Conway m. 康威乳房成形术
    redution m. 乳房复位成形
    Strömbeck m. 史特罗姆培克乳房成形术
mammary ['mæməri] (L. *mammarius*) 乳房的
mammatroph ['mæmətrɔf] 催乳细胞, 泌乳细胞
mammectomy [mə'mektəmi] (mamma + ectomy) 乳房切除术
mammiform ['mæmifɔːm] (mamma + L. *forma* form) 乳房形的
mammilla [mə'milə] 乳头
mammillary ['mæmiˌləri] 乳头的
mammillated ['mæmiˌleitid] 乳头状突起的
mammillation [mæmi'leiʃən] 乳头形成, 乳头状隆凸
mammilliform [mə'milifɔːm] 乳头形的
mammilliplasty [ˌmæ'miliˌplæsti] 乳头造形术
mammillitis [ˌmæmi'laitis] 乳头炎
    bovine ulcerative m. 牛溃疡性乳头炎
mammiplasia [ˌmæmi'pleiziə] 乳房组织增生
mammitis [mæ'maitis] 乳腺炎, 乳房炎
mamm(o)- (L. *mamma*) 乳房
mammogen ['mæmədʒən] (垂体)激乳腺素, 乳腺发育激素
mammogenesis [ˌmæmə'dʒenəsis] 乳腺发育
mammogram ['mæməgræm] 乳房 X 线照片
mammography [mə'mɔgrəfi] 乳房 X 线照相术
mammoplasia [ˌmæmə'pleiziə] (mammo- + Gr. *plasis* formation + -ia) 乳房组织增生
    adolescent m. 青年期乳房组织增生
mammoplasty ['mæməˌplæsti] (mammo- + Gr. *plassein* to shape, form) 乳房成形术
mammose ['mæməus] (L. *mammosus*) ❶ 大乳房的; ❷ 有乳头状突起的
mammotomy [mə'mɔtəmi] 乳房切开术
mammotroph ['mæmətrɔf] 催乳细胞, 泌乳细胞
mammotrophic [ˌmæmə'trɔfik] 激乳腺的
mammotropic [ˌmæmə'trɔpik] (mammo- + Gr. *tropikos* inclined) 激乳腺的
mammotropin [mə'mɔtrəpin] 催乳激素
Man. (L. *manipulus* 的缩写)一把, 少量
Manchester operation ['mæntʃistə] (Manchester, England, where it was developed) 曼彻斯特手术
manchette [mæn'ʃet] (Fr. "a cuff") 领
manchineel [ˌmæntʃi'niːl] 马疯木
Mandelamine [ˌmændə'læmiːn] 孟德拉明, 孟德立胺
mandelic acid [mæn'delik] 扁桃酸, 苯乙醇酸
mandible ['mændibl] 下颌骨
mandibula [mæn'dibjulə] (gen. 和 pl. *mandibulae*) (L., from *mandere* to chew) (NA) 下颌骨
mandibulae [mæn'dibjuliː] (L.) 下颌骨。*mandibula* 的所有格及复数形式
mandibular [mæn'dibjulə] 下颌骨的
mandibulectomy [mænˌdibju'lektəmi] 下颌骨切除术
mandibulopharyngeal [mænˌdibjuləfə'rindʒiəl] 下颌骨咽的
Mandragora ['mændrægərə] (L.) 毒参茄

属
mandrake ['mændreik] 毒参茄
mandrel ['mændril] 轴柄
mandril ['mændril] 轴柄
mandrin ['mændrin] 导尿管导子
manducation [ˌmændju'keiʃən] (L. *manducatio* a chewing) 咀嚼
maneuver [mə'nu:və] 手法, 操作法
 Adson's m. 安得森氏法
 Allen's m. 爱伦氏手法
 Bracht's m. 布莱赫特氏手法(臀位娩出)
 Brandt-Andrews m. 布-安二氏手法
 Credé's m. 克勒德氏法
 forward-bending m. 前弯手法
 Fowler m. 福勒氏手法
 Gower's m. 高尔斯氏手法
 Halstead's m. 海尔斯的德氏手法
 Heimlich m. 海姆立克氏手法
 Hueter's m. 许特氏手法
 Jendrassik's m. 晏德腊西克氏手术
 Kocher m. 考彻手法
 Leopold's m's 利奥波德氏手法
 McDonald m. 麦克唐纳手法
 Mauriceau m. 莫里索手法
 Mauriceau-Smellie-Veit m. 莫-斯-韦三氏手法
 Müller's m. 苗勒氏手法
 Osler's m. 奥斯勒氏手法
 Pajot's m. 帕若氏法
 Phalen's m. 菲伦氏手法(用于检查腕管综合征)
 Pinard's m. 皮纳尔氏手法
 Prague m. 布拉格手法
 Ritgen m. 里特根手法
 Scanzoni m. 斯坎佐尼手法
 Schreiber's m. 施赖贝尔氏手法
 Sellick m. 赛里克氏手法
 Toynbee m. 托因比法
 Valsalva's m. 瓦耳萨尔瓦氏手法
 Wigand's m. 维甘德氏手法
manganate ['mæŋɡəneit] 锰酸盐
manganese ['mæŋɡəniz] (L. *manganum*, *manganesium*) 锰
 m. chloride (USP) 盐酸锰
 m. gluconate (USP) 葡萄糖酸锰
 m. sulfate (USP) 硫酸锰
manganic [mæŋ'ɡænik] (三价)锰的

manganism ['mæŋɡənizəm] 锰中毒
manganous ['mæŋɡənəs] 亚锰的, 二价锰的
mange [meindʒ] 疥癣
mania ['meinjə] (Gr. "madness") ❶ 躁狂, 狂; ❷ 迷恋于
 m. à potu [ɑ:pɔ'tu:] 震颤性谵妄
 religious m. 宗教狂
 unproductive m. 少动性躁狂
maniac ['meiniæk] (L. *maniacus*) 躁狂者
maniacal [mə'naiəkəl] 躁狂的
manic ['meinik] 躁狂的
manic-depressive ['meinikdi'presiv] 躁狂抑郁的
manifold ['mænifəuld] 多口管
manikin ['mænikin] 人体模型
maniloquism [mə'niləkwizəm] (L. *manus* hand + *loqui* speak) 手语
Manip. (L. *manipulus* 的缩写) 一把, 少量
maniphalanx [ˌmæni'fælæŋks] (L. *manus* hand + *phalanx*) 手指骨
manipulation [məˌnipju'leiʃən] (L. *manipulare* to handle) ❶ 操作法; ❷ 推拿(术)
 conjoined m. 双手操作法
Mann's sign [mænz] (John Dixon *Mann*, English physician, 1840-1912) 曼氏征
Mann-Bollman fistula [mæn 'bɔlmən] (Frank Charles *Mann*, American physiologist and surgeon, 1887-1962; Jesse Louis *Bollman*, American physiologist, 20th century) 曼-博二氏瘘
Mann-Whitney test [mæn 'witni] (Henry Berthold *Mann*, American mathematician, born 1905; Donald Ransom *Whitney*, American statistician, born 1915) 曼-威二氏试验
Mann-Williamson ulcer ['mæn 'wiljəmsən] (Frank C. *Mann*; Carl S. *Williamson*, American surgeon, 1896-1952) 曼-威二氏溃疡
manna ['mænə] (L.) 甘露, 木蜜
mannan ['mænən] 甘露聚糖
manner ['mænə] 方式, 方法
 m. of death 死亡方式
mannerism ['mænərizəm] 装相

mannite ['mænait] 甘露醇
mannitol ['mænitɔl] (USP) 甘露(糖)醇
　m. hexanitrate 六硝酸甘露醇
Mannkopf's sign ['maːnkɔpfs] (Emil Wilhelm *Mannkopf*, German physician, 1936-1918) 曼科普夫氏征
mannopyranose [mænəu'paiərənəus] 甘露吡喃糖
mannosamine [mə'nɔsəmiːn] 甘露氨基糖
mannosan ['mænəsən] 甘露聚糖
mannosazone [mə'nɔsəzəun] 甘露聚脎
mannose ['mænəus] 甘露糖
　m. 6-phosphate 甘露糖 6-磷酸盐
mannose-1-phosphate guanylyltransferase (GDP) ['mænəus 'fɔsfeit ˌgwɑːniliːl-'trænsfəreis] (EC 2.7.7.22) 甘露糖-1-磷酸盐,鸟嘌呤转移酶
mannose-6-phosphate isomerase ['mænəus 'fɔsfeit ai'sɔməreis] 甘露糖-6-磷酸异构酶
α-mannosidase ['mænəsideis] (EC 3.2.1.24) α-甘露糖酶
β-mannosidase [mə'nɔsideis] (EC 3.2.1.25) β-甘露糖酶
mannoside ['mænəsaid] 甘露糖苷
mannosidosis [ˌmænəsi'dəusis] 甘露糖苷过多症
manometer [mə'nɔmitə] (Gr. *manos* thin + *metron* measure) 测压计,压力计
　aneroid m. 无液压力计
manometric [ˌmænə'metrik] ❶ 测压计的;❷ 随压力变化的
manometry [mə'nɔmitri] 测压法
　anal m. 肛门测压法
manoptoscope [mə'nɔptəskəup] (L. *manus* hand + *opto-* + *-scope*) 主视检查器
Man. pr. (L. *mane primo* 的缩写) 清晨
manquea [mən'keiə] (Sp.) 南美牛腿脓肿
mansa ['mænsə] (Sp.) 洋茇莱根
Mansil ['mænsil] 曼赛尔:羟氨喹制剂的商品名
Manson's hemoptysis ['mænsənz] (Sir Patrick *Manson*, British physician, 1844-1922) 曼氏咯血
Mansonella [ˌmænsə'nelə] 曼森线虫属
　M. ozzardi 奥扎尔德曼森线虫
　M. perstans 常现曼森线虫
　M. streptocerca 链尾曼森线虫
mansonelliasis [ˌmænsənə'laiəsis] 曼森线虫病
mansonellosis [ˌmænsənə'ləusis] 曼森线虫病
Mansonia [mən'səuniə] 曼蚊属
Mansonioides [ˌmænsəni'ɔidiːz] 曼蚊亚属
　M. annulifera 多环曼蚊
mantle ['mæntl] (L. *mantellum* cloak) ❶ 外套;❷ 大脑皮质
　brain m. 大脑皮质
　chordomesodermal m. 中胚层索膜
　myoepicardial m. 心肌心外膜索套
Mantoux test [mɑːn'tuː] (Charles *Mantoux*, French physician, 1877-1947) 芒图试验
manual ['mænjuəl] (L. *manualis*; *manus* hand) 手的,手工的,用手干的
manubria [mə'njuːbriə] (L.) 柄
manubrium [mə'njuːbriəm] (pl. *manubria*) (L.) (NA) 柄
　m. mallei (NA), m. of malleus 锤骨柄
　m. sterni (NA), m. of sternum 胸骨柄
manudynamometer [ˌmænjuˌdainə'mɔmitə] (L. *manus* hand + Gr. *dynamis* force + *metron* measure) 器械冲力计
manus ['meinəs] (pl. *manus*) (L.) (NA) 手
　m. cava 空凹手
　m. extensa 过伸手
　m. flexa 过屈手
　m. plana 扁平手
　m. superextensa 过伸手
　m. valga 外偏手
　m. vara 内偏手
manustupration [ˌmænjustju'preiʃən] (L. *manus* hand + *stuprare* to ravish) 手淫
manyplies ['meniˌplaiz] 重瓣胃
manzanita [ˌmænzə'niːtə] (Sp., dim of *manzana* apple) 美熊果
MAO 单胺氧化酶
MAOI 单胺氧化酶抑制剂
Maolate ['mauleit] 马尔雷特:氨甲酸氯酚甘油醚脂制剂的商品名
MAP 平均动脉压
map [mæp] 图
　conjugation m. 结合图
　cytogenetic m., cytologic m. 细胞学图

fate m. 囊胚发育图
gene m. 基因图
genetic m. 遗传图
linkage m. 连锁图
physical m. 物理图
restriction m. 限制图
transduction m. 转导图
mapping ['mæpiŋ] ❶ 定位；❷ 基因定位
　body surface m. 体表定位
　cardiac m. 心脏定位
maprotiline [məˈprɔtiliːn] 吗普替林
　m. hydrochloride (USP) 盐酸吗普替林
Maranta [məˈræntə] (after Bartolomeo *Maranta*, Italian physician, died 1554) 竹芋属
marantic [məˈræntik] (Gr. *marantikos* wasting away) 消瘦的
marasmatic [ˌmærəzˈmætik] 消瘦的
marasmic [məˈræzmik] 消瘦的
marasmoid [məˈræzmɔid] (Gr. *marasmos* a dying away + *eidos* form) 消瘦样的
marasmus [məˈræzməs] (Gr. *marasmos* a dying away) 消瘦, 消耗
　enzootic m. 地方性牛羊消瘦病
　nutritional m. 营养性消瘦
marbleization [ˌmɑːblaiˈzeiʃən] 大理石状纹理
Marburg disease ['mɑːbək] (*Marburg*, Germany, where the disease was first recognized in 1967) 马堡病(出血热)
marc [mɑːk] (Fr.) 浸渍渣, 残渣
Marcaine [mɑːˈkein] 麻卡因：盐酸布比卡因制剂的商名
march [mɑːtʃ] 前进, 进行
　cortical m., epileptic m. 皮层前进, 癫痫前进
　jacksonian m. 杰克逊前进
Marchand's adrenals ['mɑːʃɑːndz] (Felix Jacob *Marchand*, German pathologist, 1846-1928) 马献德氏肾上腺
marche ['mɑːʃ] (Fr.) 步态
　m. à petits pas [ɑːpəˈtiːpɑː] ("gait with little steps") 短小步态
Marchesani's syndrome [ˌmɑːkiˈsɑːniz] (Oswald *Marchesani*, German ophthalmologist, 1900-1952) 马可赛尼综合征
Marchi's balls ['mɑːkiz] (Vittorio *Marchi*, Italian physician, 1851-1908) 马尔基氏小球
Marchiafava-Bignami disease [ˌmɑːkiəˈfɑːvə biˈnjɑːmi] (Ettore *Marchiafava*, Italian pathologist, 1847-1935; Amico *Bignami*, Italian pathologist, 1862-1929) 马-比二氏病
Marchiafava-Micheli disease [ˌmɑːkiəˈfɑːvə miˈkeili] (Ettore *Marchiafava*; Ferdinando *Micheli*, Italian physician, 1847-1935) 马-米二氏病
marcid ['mɑːsid] (L. *marcere* to waste away) 消瘦的
Marcus Gunn ['mɑːkəs gʌn] 马卡斯·格恩(现象)
Maréchal's test [mɑːreiˈʃɑːlz] (Louis Eugène *Maréchal*, French physician, 20th century) 马雷夏尔氏试验
Maréchal-Rosin test [mɑːreiˈʃɑːl ˌrɔzin] (L. E. *Maréchal*; Heinrich *Rosin*, German physician, late 19th century) 马-罗试验
Marek's disease ['mɑːriks] (Josef *Marek*, Hungarian veterinarian, 1867-1952) 马里克氏病
marennin [məˈrenin] 马瑞尼蠔素
Marezine ['mɑːrezain] 马瑞嗪：盐酸赛克利嗪制剂的商品名
Marfan's sign [mɑːˈfɑːnz] (Antonin Bernard Jean *Marfan*, French pediatrician, 1858-1942) 马方氏征
marfanoid ['mɑːfənɔid] 马方氏征的
margaritoma [ˌmɑːgəriˈtəumə] 胆脂瘤
Margaropus [mɑːˈgærəpəs] 巨肢蜱属
　M. annulatus 环斑牛蜱
　M. winthemi 巨肢蜱
margin ['mɑːdʒin] 边缘, 界线
　m. of acetabulum 髋臼缘
　alveolar m. of mandible 下颌牙槽缘
　alveolar m. of maxilla 上颌牙槽缘
　axillary m. of scapula 肩胛骨腋缘
　cartilaginous m. of acetabulum 髋臼软骨缘
　ciliary m. of iris 虹膜睫状缘
　convex m. of testis 睾丸凸缘
　coronal m. of frontal bone 额骨冠状缘
　coronal m. of parietal bone 顶骨冠状缘
　crenate m. of spleen, cristate m. of spleen 脾上缘

dentate m. 肛直肠线,齿状缘
falciform m. of fascia lata, falciform m. of saphenus hiatus 隐静脉裂孔镰状缘
falciform m. of white line of pelvic fasica 骨盆筋膜白线镰状缘
m. of fibula, anterior 腓骨前缘
m. of fibula, posterior 腓骨后缘
m. of foot, fibular, m. of foot, lateral 足外侧(腓侧)缘
m. of foot, medial 足内侧缘
free m. of eyelid 游离睑缘
free gingival m., free gum m. 牙龈游离缘
free m. of ovary 卵巢游离缘
frontal m. of parietal bone 顶缘额缘
gingival m., gum m. 牙龈缘
m. of heart, acute 右心缘
m. of heart, left 左心缘
m. of heart, obtuse 左心缘
m. of humerus, lateral 肱骨外侧缘
m. of humerus medial 肱骨内侧缘
incisal m. 切缘
infraorbital m. of maxilla 上颌骨眶下缘
infraorbital m. of orbit 眼眶眶下缘
interosseous m. of fibula 腓骨骨间缘
interosseous m. of tibia 胫骨骨间缘
m. of kidney, lateral 肾外侧缘
m. of kidney, medial 肾内侧缘
lacrimal m. of maxilla 上颌骨泪缘
lambdoid m. of occipital bone 枕骨人字缘
lambdoid m. of parietal bone 顶骨人字缘
lateral margin of orbit 眶外侧缘
m. of lung, anterior 肺前缘
m. of lung, inferior 肺下缘
malar m. 大翼颧缘
mamillary m. 枕骨乳突缘
mastoid m. of occipital bone 枕骨乳突缘
mastoid m. of parietal bone 顶骨乳突缘
medial m. of orbit 眶内侧缘
mesovarial m. of ovary 卵巢系膜缘
m. of nail, free 指(趾)甲游离缘
m. of nail, hidden 指(趾)甲隐缘
m. of nail, lateral 指(趾)甲外侧缘
nasal m. of frontal bone 额骨鼻缘
obtuse m. of spleen 脾下缘
occipital m. of parietal bone 顶骨枕缘

occipital m. of temporal bone 颞骨枕缘
orbital m. 眶缘
m. of pancreas, superior 胰上缘
parietal m. of frontal bone 额骨顶缘
parietal m. of greater wing of sphenoid bone 大翼顶缘
parietal m. of occipital bone 枕骨顶缘
parietal m. of parietal bone 顶骨顶缘
parietal m. of temporal bone 颞骨顶缘
m. of parietal bone, anterior, m. of perietal bone, frontal 顶骨前缘,顶骨额缘
m. of parietal bone, sagittal, m. of parietal bone, superior 顶骨矢状缘,顶骨上缘
parietofrontal m. of greater wing of sphenoid bone 大翼额缘
pupillary m. of iris 虹膜瞳孔缘
radial m. of forearm 前臂桡侧缘
m. of radius, dorsal 桡骨背侧缘
m. of scapula, anterior 肩胛骨前缘
m. of scapula, external 肩胛骨外缘
m. of scapula, lateral 肩胛骨外缘
m. of scapula, superior 肩胛骨上缘
sphenoidal m. of parietal bone 顶骨蝶缘
sphenoidal m. of temporal bone 颞骨蝶缘
sphenotemporal m. of parietal bone 顶骨鳞缘
m. of spleen, anteroior 脾前缘
m. of spleen, inferior, m. of spleen, posterior 脾下缘,脾后缘
m. of spleen, superior 脾上缘
squamous m. of greater wing of sphenoid bone 蝶骨大翼鳞缘
squamous m. of parietal bone 顶骨鳞缘
straight m. of testis 睾丸直缘
supraorbital m. of frontal bone 额骨眶上缘
supraobital m. of orbit 眼眶眶上缘
m. of suprarenal gland, inferior 肾上腺下缘
m. of suprarenal gland, medial 肾上腺内缘
m. of suprarenal gland, superior 肾上腺上缘
temporal m. of parietal bone 顶骨颞缘
m. of testis, anterior, m. of testis, ex-

ternal 睾丸前缘,睾丸外缘
m. of testis, internal, m. of testis, posterior 睾丸内缘,睾丸后缘
m. of tibia, anterior 胫骨前缘
m. of tibia, medial 胫骨内侧缘
tibial m. of foot 足胫侧缘
m. of tongue, m. of tongue, lateral 舌缘,舌外侧缘
m. of ulna, anterior 尺骨前缘
m. of ulna, dorsal, m. of ulna, posterior 尺骨背缘,尺骨后缘
ulnar m. of forearm 前臂尺侧缘
m. of uterus, lateral, m. of uterus, right and left 子宫外侧缘,子宫右侧(左侧)缘
vertebral m. of scapula 肩胛脊侧缘
volar m. of radius 桡骨掌侧缘
volar m. of ulna 尺骨掌侧缘
zygomatic m. of greater wing of sphenoid bone 大翼颧缘
marginal [mɑːˈdʒinəl] (L. *marginalis*; *margo* margin) 缘的,界线的
margination [ˌmɑːdʒiˈneiʃən] 着边
margines [ˈmɑːdʒiniːz] (L.)
marginoplasty [mɑːˈdʒinəˌplæsti] (*margin* + -*plasty*) (睑)缘成形术
margo [ˈmɑːgəu] (pl. *margines*) (L.) 缘
m. acetabularis 髋臼缘
m. acetabuli 髋臼缘
m. alveolaris 牙槽缘
m. anterior fibulae (NA) 腓骨前缘
m. anterior hepatis (NA) 肝前缘
m. anterior lienis 脾前缘
m. anterior pancreatis (NA) 胰前缘
m. anterior pulmonis 肺前缘
m. anterior radii (NA) 桡骨前缘
m. anterior testis (NA) 睾丸前缘
m. anterior tibiae (NA) 胫骨前缘
m. anterior ulnae (NA) 尺骨前缘
m. axillaris scapulae 肩胛骨腋缘
m. cilliaris iridis (NA) 虹膜睫状缘
m. dexter cordis (NA) 心脏右缘
m. dorsalis radii 桡骨背侧缘
m. drosalis ulnae 尺骨背侧缘
m. falciformis fasciae latae 阔筋膜镰状缘
m. falciformis hiatus saphenus (NA) 隐静脉裂孔镰状缘

m. fibularis pedis 足腓侧缘
m. frontalis alae magnae 大翼额缘
m. frontalis alae majoris (NA) 蝶骨翼额缘
m. frontalis ossis parietalis (NA) 顶骨额缘
m. gingivalis (NA) 龈缘
m. incisalis (NA) 切缘
m. inferior cerebri (NA) 大脑下缘
m. inferior hepatis (NA) 肝下缘
m. inferior lienis (NA) 脾下缘
m. inferior pancreatis (NA) 胰下缘
m. inferior pulmonis (NA) 肺下缘
m. inferior splenis (NA) 脾下缘
m. inferolateralis cerebri 大脑下外侧缘
m. inferomedialis cerebri 大脑中下缘
m. infraglenoidalis tibiae 胫骨关节盂下缘
m. infraortbialis maxillae (NA) 上颌骨眶下缘
m. infraorbitalis orbitae (NA) 眼眶眶下缘
m. interosseus fibulae (NA) 腓骨骨间缘
m. interosseus radii 桡骨骨间缘
m. interosseus tibiae (NA) 胫骨骨间缘
m. interosseus ulnae (NA) 尺骨骨间缘
m. lacrimalis maxillae (NA) 上颌骨泪缘
m. lambdoideus squamae occipitalis (NA) 枕骨人字缘
m. lateralis antebrachii (NA) 前臂外侧缘
margines laterales digitorum pedis 趾外侧缘
m. lateralis humeri (NA) 肱骨外侧缘
m. lateralis (linguae) 舌缘
m. lateralis orbitae (NA) 眶外侧缘
m. lateralis pedis (NA) 足外侧缘
m. lateralis renis (NA) 肾外侧缘
m. lateralis scapulae (NA) 肩胛骨外侧缘
m. lateralis unguis (NA) 指(趾)甲外侧缘
m. lateralis uteri 子宫外侧缘
m. liber ovarii (NA) 卵巢游离缘
m. liber unguis (NA) 指(趾)甲游离缘
m. linguae (NA) 舌缘

m. mastoideus squamae occipitalis (NA) 枕骨乳突缘
m. medialis antebrachii (NA) 前臂内侧缘
m. medialis cerebri (BA) 大脑内侧缘
margines mediales digitorum pedis 趾内侧缘
m. medialis glandulae suprarenalis (NA) 肾上腺同侧缘
m. medialis humeri (NA) 肱骨内侧缘
m. medialis orbitae (NA) 眶内侧缘
m. medialis pedis (NA) 足内侧缘
m. medialis renis (NA) 肾内侧缘
m. medialis scapulae (NA) 肩胛骨内侧缘
m. medialis tibiae (NA) 胫骨内侧缘
m. mesovaricus ovarii (NA) 卵巢系膜缘
m. nasalis ossis frontalis (NA) 额骨鼻缘
m. nasi 鼻缘
m. occipitalis ossis parietalis (NA) 顶骨枕缘
m. occipitalis ossis temporalis (NA) 颞骨枕缘
m. occultus unguis (NA) 指(趾)甲隐缘
m. orbitalis (NA) 眶缘
m. palpebrae 眼睑缘
m. parietalis alae majoris (NA) 蝶骨大翼顶缘
m. parietalis ossis frontalis (NA) 额骨顶缘
m. parietalis ossis temporalis (NA) 颞骨顶缘
m. parietalis squamae temporalis 颞骨顶缘
m. pedis lateralis 足外侧缘
m. pedis medialis 足内侧缘
m. posterior fibulae (NA) 腓骨后缘
m. posterior lienis 脾后缘
m. posterior pancreatis 胰后缘
m. posterior radii (NA) 桡骨后缘
m. posterior testis (NA) 睾丸后缘
m. posterior ulnae (NA) 尺骨后缘
m. pupillaris iridis (NA) 虹膜瞳孔缘
m. radialis antebrachii 前臂桡侧缘
m. radialis antibrachii 前臂桡侧缘
m. radialis humeri 肱骨桡侧缘

m. sagittalis ossis parietalis (NA) 顶骨矢状缘
m. sphenoidalis ossis temporalis (NA) 颞骨蝶缘
m. sphenoidalis squame temporalis 颞骨蝶缘
m. squamosus alae magnae 大翼鳞缘
m. squamosus alae majoris (NA) 大翼鳞缘
m. squamosus ossis parietalis (NA) 顶骨鳞缘
m. superior cerebri (NA) 大脑上缘
m. superior glandulae suprarenalis (NA) 肾上腺上缘
m. superior lienis 脾上缘
m. superior pancreatis (NA) 胰上缘
m. superior scapulae (NA) 肩胛骨上缘
m. superior splenis (NA) 脾上缘
m. superomedialis cerebri 大脑内上缘
m. supraorbitalis orbitae (NA) 眼眶眶上缘
m. supraorbitalis ossis frontalis (NA) 额骨眶上缘
m. tibialis pedis 足胫侧缘
m. ulnaris antebrachii 前臂尺侧缘
m. ulnaris humeri 肱骨尺侧缘
m. uteri dexter/sinister (NA) (左)右子宫缘
m. vertebralis scapulae 肩胛骨脊柱缘
m. volaris radii 桡骨掌侧缘
m. volaris ulnae 尺骨掌侧缘
m. zygomaticus alae magnae 大翼颧缘
m. zygomaticus alae majoris (NA) 大翼颧缘

mariahuana [məriəˈhwɑːnə] 大麻

Marie's hypertrophy [məˈriz] (Pierre *Marie*, French physician, 1853-1940) 马里氏肥大

Marie-Bamberger disease [məˈri: ˈbɑːmbəːgə] (Pierre *Marie*; Eugen *Bamberger*, Austrian physician, 1858-1921) 马-班二氏病

Marie-Foix sign [məˈri: fwɑː] (Pierre *Marie*; Charles *Foix*, French neurologist, 1882-1927) 马-福二氏征

Marie-Strümpell disease [məˈri: ˈstriːmpəl] (Pierre *Marie*; Adolf von *Strümpell*, German physician, 1853-

1925)马-施二氏病

Marie-Tooth disease [mə'ri:tu:θ] (Pierre *Marie*; Howard Henry *Tooth*, English physician, 1856-1925)马-图二氏病

marihuana [ˌmæri'hwɑ:nə] (Mexican Sp.)大麻

marijuana [ˌmæri'hwɑ:nə]大麻

Marinesco's sign [ˌmæri'neskəuz] (Georges *Marinesco*, Romanian neurologist, 1863-1938)马里内斯氏征

Marinesco-Sjögren syndrome [ˌmæri'neskəu 'ʃəugrin] (G. *Marinesco*; Karl Gustav Torsten *Sjögren*, Swedish physician, born 1896)马-斯二氏综合征

marinobufagin [ˌmærinəu'bju:fədʒin]海蟾蜍毒素

Marinol ['mærinəl]马里诺:屈大麻酚制剂的商品名

marinotherapy [ˌmærinəu'θerəpi]海滨疗法

Marion's disease [mæri'ɔnz] (Jean Baptiste Camille Georges *Marion*, French urologist, 1869-1960)马里奥恩氏病

Mariotte's experiment [mæri'ɔts] (Edme *Mariotte*, French physicist, 1620-1684)马里奥特氏实验

mariposia [ˌmæri'pəuziə] (L. *mare* the sea + Gr. *posis* drinking + *-ia*)饮(用)海水

marisca [mə'riskə] (L. "a pile")痔,痔疮

marital ['mæritl] (L. *maritus* married) ❶婚的; ❷丈夫的

maritonucleus [ˌmæritə'nju:kliəs] (L. *maritus* married + *nucleus*)受精卵核

Marjolin's ulcer [ˌmɑ:ʒəu'lænz] (Jean Nicolas *Marjolin*, French surgeon, 1780-1850)马乔林溃疡

mark [mɑ:k]斑点,标记
  beauty m. 美人斑
  birth m. 胎记
  pock m. 痘痕
  Pohl's m. 波尔氏征
  port-wine m. 葡萄酒色痣,烟色痣莓
  strawberry m. ①莓状痣; ②海绵状血管瘤

marker ['mɑ:kə]标志物、标记
  Amsler's m. 安斯勒氏定位器
  cell-surface m. 细胞表面定位

  genetic m. 遗传标记
  tumor m. 肿瘤标记物

marking ['mɑ:kiŋ]斑纹,条纹

Marlow's test ['mɑ:ləuz] (Frank William *Marlow*, American ophthalmologist, 1858-1942)马尔洛氏试验

marmoration [ˌmɑ:mə'reiʃən] (L. *marmor* marble)大理石状纹理

marmoreal [mɑ:'mɔ:riəl]大理石的,大理石状的

marmot ['mɑ:mət]土拨鼠

Marogen ['mærədʒən]麦洛根:α-环依叮制剂的商品名

Maroteaux-Lamy syndrome [mɑ:rə'tɔ: lɑ:'mi] (Pierre *Maroteaux*, French physician, born 1926; Maurice Emile Joseph *Lamy*, French physician, 1895-1975)马-拉二氏综合征

marplan ['mɑ:plæn]闷可乐:异恶唑酰肼制剂的商品名

marrow ['mærəu]髓,骨髓
  bone m. 骨髓
  bone m., red 红骨髓
  bone m., yellow 黄骨髓
  depressed m. 骨髓机能减退
  fat m. 黄骨髓
  gelatinous m. 胶样骨髓
  red m. 红骨髓
  spinal m. 脊髓
  yellow m. 黄骨髓

marrowbrain ['mærəubrein]脑脊髓

marrubin [mə'ru:bin]苦薄荷叶

Marsh's disease ['mɑ:ʃiz] (Sir Henry *Marsh*, Irish physician, 1790-1860)马希氏病

Marshall's fold ['mɑ:ʃəlz] (John *Marshall*, English anatomist, 1818-1891)马歇尔氏襞

marsupia [mɑ:'sju:piə] (L.)阴囊,袋。 *marsupium*的复数形式

marsupial [mɑ:'sju:piəl] (L. *marsupium* a pouch)有袋类(动物)

Marsupialia [mɑ:sju:'pieiliə]有袋目

marsupialization [mɑ:ˌsju:piəli'zeiʃən] (L. *marsupium* pouch)袋形缝术,造袋术

marsupium [mɑ:'sju:pjəm] (pl. *marsupia*) (L. "a pouch") ❶阴囊; ❷袋
  marsupia patellaris 翼状襞

martial ['mɑːʃəl] (L. *martialis* of Mars, the god of war) 含铁的

Martin's bandage ['mɑːtinz] (Henry Austin *Martin*, American surgeon, 1824-1884) 马丁氏绷带

Martinotti's cells [ˌmɑːti'nɔtiz] (Giovanni *Martinotti*, Italian pathologist, 1857-1928) 马尔提诺蒂氏细胞

Martorell's syndrome [mɑːtə'relz] (Fernando *Martorell* Otzet, Spanish cardiologist, born 1906) 马特莱尔氏综合征

masc (mass concentration 的缩写) 质量浓度

maschaladenitis [ˌmæskəˌlædi'naitis] (Gr. *maschalē* armpit + *adēn* gland + *-itis*) 腋腺炎

masculine ['mæskjulin] (L. *masculinus*) 男性的,雄性的

masculinity [ˌmæskju'liniti] 男子本性,男性

masculinization [ˌmæskjulinai'zeiʃən] ❶ 男子化; ❷ 男性发生

masculinize ['mæskjuliˌnaiz] (女子) 男性化

maser ['meizə] (*m*icrowave *a*mplification by *s*timulated *e*mission of *r*adiation) 微波激射器

mask [mɑːsk] (Fr. *masque*) ❶ 掩盖; ❷ 口罩、面罩; ❸ 覆盖
 BLB m. BLB 面具
 death m. 尸体面膜
 ecchymotic m. 瘀斑状面色
 full-face m. 满面罩
 Hutchinson's m. 郝秦生氏面具感
 meter m. 氧量计面具
 Parkinson's m. 帕金森氏面容
 m. of pregnancy 妊娠面斑
 tabetic m. 脊髓痨性面具感

masochism ['mæsəkizəm] (Leopold von Sacher-*Masoch*, an Austrian novelist, 1836-1895) 受虐狂

masochist ['mæsəkist] 受虐狂者

masochistic [ˌmæsə'kistik] 受虐狂的

Mas. pil. (L. *massa pilularum* 的缩写) 丸块

mass [mæs] (L. *massa*) ❶ 质, 物质; ❷ 丸块,团; ❸ 质量
 achromatic m. 不着色质
 appendiceal m., appendix m. 阑尾块
 atomic m. 原子量
 body cell m. 体细胞质量
 fibrillar m. of Flemming 弗来明海绵质
 injection m. 注射物质
 inner cell m. 内细胞群
 intermediate cell m. 中间细胞群,肾节
 lateral m. of atlas 寰椎外侧块
 lateral m's of ethmoid bone 筛骨外侧块
 lateral m. of sacrum 骶骨外侧块
 lateral m. of vertebrae 椎骨外侧块
 lean body m. 无脂肪体
 molar m. 克分子量
 molecular m. 分子量
 pill m., pilular m. 丸块
 relative molecular m. 相对分子量
 Stent's m. 斯腾特氏印模膏
 tigroid m's 虎斑(小体)
 ventrolateral m. 腹外侧块

massa ['mæsə] (gen. 和 pl. *massae*) (L.) 质, 物质, (NA) 块, 丸、团
 m. innominata 旁睾
 m. lateralis atlantis (NA) 寰椎侧块
 massae laterales ossis ethmoidalis 筛骨外侧块
 m. lateralis ossis sacri 骶骨外侧块
 m. lateralis vertebrae 椎骨外侧块

massae ['mæsiː] (L.) 质, 物质, 团, 块

massage [mə'sɑːʒ] (Fr. from Gr. *massein* to knead) 按摩, 推拿
 cardiac m. 心脏按摩, 心脏挤压
 carotid sinus m. 颈动脉窦按摩
 electrovibratory m. 电震颤按摩
 gingival m. 牙龈按摩法
 heart m. 心脏按摩
 ice m. 冰按摩
 vapor m. 蒸气变压按摩(法)
 vibratory m. 振动按摩(法)

Masselon's spectacles [ˌmæsəˈlɔnz] (Michel Julien *Masselon*, French ophthalmologist, 1844-1917) 马塞龙氏眼镜

Masset's test [mə'seiz] (Alfred Auguste *Masset*, French physician, born 1870) 马塞氏试验

masseter [mə'siːtə] (Gr. *masetēr* chewer) 咬肌

masseteric [ˌmæsə'terik] 咬肌的

masseur [mæ'səː] (Fr.) ❶ 男按摩员; ❷

按摩器
masseuse [mə'sjuːz] (Fr.) 女按摩员
massicot ['mæsikɔt] 铅黄,铅丹
massive ['mæsiv] 大块的,大量的,大规模的
massodent ['mæsədent] 牙龈按摩法
Masson stain [mɑː'sɔn] (Claude Laurent Masson, French-born pathologist in Canada, 1880-1959) 马森三色染剂
massotherapy [ˌmæsəu'θerəpi] (Gr. *massein* to knead + *therapy*) 按摩疗法
MAST (acronym for *m*ilitary or *m*edical *a*nti-*s*hock *t*rousers) 军用抗休克裤
mastadenitis [ˌmæstædi'naitis] (*mast-* + Gr. *adēn* gland + *-itis*) 乳腺炎
mastadenoma [ˌmæstædi'nəumə] (Gr. *mastos* breast + *aden* gland + *oma* tumor) 乳腺瘤
Mastadenovirus [mæs'tædinəˌvaiərəs] (*mast-* + *adenovirus*) 哺乳动物腺病毒属
mastalgia [mæs'tældʒiə] (*mast-* + *-algia*) 乳腺痛
mastatrophia [ˌmæstə'trəufiə] 乳腺萎缩
mastatrophy [mæs'tætrəfi] (*mast-* + *atrophy*) 乳腺萎缩
mastauxe [mæs'tɔːksi] (*mast-* + Gr. *auxē* increase) 乳房增大
mastectomy [mæs'tektəmi] (*mast-* + Gr. *ektomē* excision) 乳房切除术
  extended radical m. 乳房根治性广泛切除术
  Halsted m. 霍尔斯特德乳房根治切除术
  Meyer m. 麦耶乳房根治切除术
  modified radical m. 改良式乳房根治切除术
  partial m. 乳房部分切除术
  radical m. 根治性乳房切除术
  segmental m. 乳房部分切除术
  simple m. 单纯乳房切除术
  subcutaneous m. 乳房皮下切除术
  total m. 全乳房切除术
Master "2-step" exercise test ['mɑːstə] (Arthur Matthew Master, American physician, 1895-1973) 马斯特二阶运动试验
masthelcosis [ˌmæsθel'kəusis] (*mast-* + Gr. *helkōsis* ulceration) 乳房溃疡
mastic ['mæstik] (L. *mastiche*; Gr. *mastichē*) 洋乳香,熏陆香
mastication [ˌmæsti'keiʃən] (L. *masticare* to chew) 咀嚼
masticatory ['mæstikeitəri] ❶ 咀嚼的,咀嚼器官的; ❷ 咀嚼剂
Mastigomycotina [ˌmæstigəˌmikəu'tiːnə] (Gr. *mastix* whip + *mykēs* fungus) 真菌亚门
mastigont ['mæstigɔnt] (Gr. *mastigoun* to whip) 鞭毛(原虫)
Mastigophora [ˌmæsti'gɔfərə] (Gr. *mastix* whip + *phoros* bearing) 鞭毛亚门
mastigophoran [ˌmæsti'gɔfərən] 鞭毛虫
mastigophorous [ˌmæsti'gɔfərəs] 鞭毛虫的
mastigote ['mæstigəut] 鞭毛虫
mastitis [mæs'taitis] (*mast-* + *-itis*) 乳腺炎,乳房炎
  chronic cystic m. 慢性囊性乳腺炎
  gargantuan m. 乳房巨大性乳腺炎
  glandular m. 实质性乳腺炎
  interstitial m. 间质性乳腺炎
  m. neonatorum 新生儿乳腺炎
  parenchymatous m. 实质性乳腺炎
  periductal m. 腺管周围乳腺炎
  phlegmonous m. 蜂窝织炎性乳腺炎,乳腺脓肿
  plasma cell m. 浆细胞性乳腺炎
  puerperal m. 产褥期乳腺炎
  retromammary m., submammary m. 乳腺周炎
  stagnation m. 乳汁潴留性乳腺炎
  suppurative m. 化脓性乳腺炎
mast(o)- (Gr. *mastos* breats) 乳房,乳突
mastocarcinoma [ˌmæstəuˌkɑːsi'nəumə] 乳癌,乳房癌
mastoccipital [ˌmæstɔk'sipitəl] 乳突枕骨的
mastocyte ['mæstəsait] (Ger. *Mast* food + *-cyte*) 肥大细胞
mastocytoma [ˌmæstəusai'təumə] (*masto-* + *cytoma*) 肥大细胞瘤
mastocytosis [ˌmæstəusai'təusis] (*masto-* + *cytosis*) 肥大细胞(贮积)病,着色荨麻疹
  diffuse m., diffuse cutaneous m. 弥蔓性皮肤肥大细胞病
  systemic m. 全身性肥大细胞病

mastodynia [ˌmæstəu'diniə] (*masto-* + Gr. *odynē* pain) 乳房痛

mastogram ['mæstəgræm] 乳房 X 线(照)片

mastography [mæs'tɔgrəfi] (*masto-* + Gr. *graphein* to write) 乳房 X 线照相术

mastoid ['mæstɔid] (GR. *mastos* breast ; *eidos* form) ❶ 乳头状的; ❷ 乳头; ❸ 乳突的

mastoidal [mæs'tɔidl] 乳突的

mastoidale [ˌmæstɔi'deili] 乳突尖

mastoidalgia [ˌmæstɔi'dældʒiə] (*mastoid* + *-algia*) 乳突痛

mastoidea [mæs'tɔidiə] 乳突部

mastoidectomy [ˌmæstɔi'dektəmi] (*mastoid* + Gr. *ektomē* excision) 乳突切除术

mastoideocentesis [mæsˌtɔidiəusen'ti:sis] (*mastoid* + Gr. *kentēsis* puncture) 乳突穿刺术

mastoideum [mæs'tɔidiəm] 乳突部

mastoiditis [ˌmæstɔi'daitis] 乳突炎
  Bezold's m. 贝佐尔德氏乳突炎
  sclerosing m. 硬化型乳头炎
  externa m. 外乳突炎
  interna m. 内乳突炎
  silent m. 隐性乳突炎, 无症状乳突炎

mastoidotomy [ˌmæstɔi'dɔtəmi] (*mastoid* + Gr. *temnein* to cut) 乳突凿开术

mastomenia [ˌmæstəu'mi:niə] (*masto-* + Gr. *mēniaia* the menses) 乳房倒经

masto-occipital [ˌmæstəuɔk'sipitl] 乳突枕骨的

mastoparietal [ˌmæstəupə'raiətl] (*mastoid* + *parietal*) 乳突顶骨的

mastopathia [ˌmæstəu'pæθiə] 乳腺病, 乳房病
  m. cystica 囊性乳腺病

mastopathy [mæs'tɔpəθi] (*masto-* + Gr. *pathos* disease) 乳腺病, 乳房病
  cystic m. 囊性乳腺病

mastopexy ['mæstəpeksi] (*masto-* + Gr. *pēxis* fixation) 乳房固定术

Mastophora [mæs'tɔfərə] 秘鲁毒蛛属
  M. gasteracanthoides 秘鲁毒蛛

mastoplasia [ˌmæstəu'pleiziə] 乳房组织增生

mastoplasty ['mæstəˌplæsti] 乳房成形术

mastoptosis [ˌmæstə'təusis] (*masto-* + Gr. *ptōsis* fall) 乳房下垂

mastorrhagia [ˌmæstəu'reidʒiə] (*masto-* + Gr. *rhegnynai* to burst forth) 乳腺出血

mastoscirrhus [ˌmæstəu'skirəs] (*masto-* + Gr. *skirros* hardness) 乳腺硬癌

mastosis [mæs'təusis] (Gr. *mastos* breast) 乳房肿痛, 乳房肿大

mastosquamous [ˌmæstəu'skweiməs] 乳突鳞部的

mastostomy [mæs'tɔstəmi] (*masto-* + Gr. *stomoun* to provide with an opening, or mouth) 乳房切开引流术

mastotomy [mæs'tɔtəmi] (*masto-* + Gr. *tomē* cutting) 乳房切开术

masturbation [ˌmæstə'beiʃən] (L. *manus* hand + *stuprare* to rape) 手淫

Masugi's nephritis [mɑ:'su:dʒiz] (Matazo *Masugi*, Japanese pathologist, 20th century) 马杉氏肾炎

MAT (multifocal atrial tachycardia 的缩写) 多源性房性心动过速

Matas' band ['mætəs] (Rudolph *Matas*, American surgeon, 1860-1957) 马塔斯氏带

matching ['mætʃiŋ] ❶ 选配; ❷ 配合; ❸ 配对
  cross m. 交叉配血

maté [mɑ:'tei] (Fr., from Spanish American) 巴拉圭茶, 冬青茶

mater ['meitə] (L.) 母亲
  arachnoidea m. 蛛网膜
  dura m. 硬脑(脊)膜
  pia m. 软脑(脊)膜

materia [mə'tiəriə] (L.) 物质
  m. alba 白垢
  m. medica 药物学

material [mə'tiəriəl] 物质, 原料, 材料
  baseplate m. 基板材料
  cross-reacting m. (CRM) 交叉反应物质
  dental m. 牙科材料
  genetic m. 遗传物质
  impression m. 印模材料
  tissue equivalent m. 组织等效物质, 组织等效材料

maternal [mə'tə:nəl] (L. *maternus*; *mater* mother) 母亲的

maternity [mə'tə:niti] (L. *mater* mother)

❶ 母性；❷ 产院

mating ['meitiŋ] (from Middle low Ger. *mate* companion) 交配
  assortative m., assorted m., assortive m. 选型交配
  backcross m. 回交,逆代杂交
  nonrandom m. 非随机交配
  random m. 随机交配

matrass ['mætrəs] 卵形瓶

matrical ['mætrikəl] 基质的,基层的,母质的

Matricaria [ˌmætri'kɛəriə] (L.) 母菊属

matrices ['meitrisiz] *matrix* 的复数形式

matricial [mə'trifəl] 基层的,基质的

matriclinous [ˌmætri'klainəs] 母传的,偏母的

matrilineal [ˌmætri'liniəl] (L. *mater* mother + *linea* line) 母系的

matrix ['meitriks] (pl. *matrices*) (L.) ❶ 基质；❷ 基料；❸ 模床；❹ 基架；❺ 型片；❻ 牙瓷料
  amalgam m. 汞合金型片
  bone m. 骨基质
  capsular m. 软骨囊基质
  cartilage m. 软骨基质
  cytoplasmic m. 细胞质基质
  extracellular m. (ECM) 细胞外基质
  functional m. 功能基质
  hair m. 毛基质
  interterritorial m. 区间基质
  mitochondrial m. 线粒体基质
  nail m. 甲床
  sarcoplasmic m. 肌质,肌浆
  territorial m. (软骨)区基质
  m. unguis (NA) 甲床

matrixitis [ˌmeitrik'saitis] 甲床根炎

matroclinous [ˌmætrə'klainəs] (Gr. *mētēr* mother + *klinein* to incline) 母传的,偏母的

matrocliny [ˌmætrə'klaini] 母性遗传,偏母遗传

matt, matte [mæt] 丛,簇

matter ['mætə] ❶ 物质；❷ 脓
  gray m. of nervous system 神经系统灰质
  white m. of nervous system 神经系统白质

Matulane ['mætjulein] 麦杜雷:盐酸甲基苄肼制剂的商品名

maturant ['mætjurənt] 催脓药

maturate ['mætjureit] ❶ 使成熟；❷ 使化脓

maturation [ˌmætju'reiʃən] (L. *maturatio*; *maturus* ripe) ❶ 成熟；❷ 化脓

mature [mə'tjuə] (L. *maturus*) ❶ (使)成熟,(使)成长；❷ 成熟的

maturity [mə'tjuəriti] 成熟期

Matut. (L. *matutinus* 的缩写) 晨间

matutinal [məˈtjuːtinəl] (L. *matutinalis*) 晨间的,早晨的

Mauchart's ligament ['maukɑːts] (Burkhard David *Mauchart*, German anatomist, 1696-1751) 毛夏特氏韧带,翼状韧带

Maumené's test [məumə'neiz] (Edme Jules *Maumené*, French chemist, 1818-1891) 莫默内氏试验

Maunoir's hydrocele [məˈnwɑːz] (Jean Pierre *Maunoir*, Swiss surgeon, 1768-1861) 莫努瓦氏水囊肿,颈导管水囊肿

Maurer's dots ['maurəz] (Georg *Maurer*, German physician, born 1909) 毛雷尔氏小点

Mauriac's syndrome [ˌmɔːriˈɑːks] (Pierre *Mauriac*, French physician, 1832-1905) 莫里阿克氏综合征

Mauriceau's maneuver ['mɔriˈsəus] (Francois *Mauriceau*, French obstetrician, 1637-1709) 莫里索氏手法

Mauthner's cell ['mautnəz] (Ludwig *Mauthner*, Czech-born Austrian ophthalmologist, 1840-1894) 毛特讷氏细胞

mauvein ['mɔːviːn] 苯胺紫

Maxair [mæk'sɛə] 麦克赛尔:乙酸吡丁醇制剂的商品名

MaxEPA [mæksˌiːpiːˈei] 麦克斯 EPA

Maxibolin [mækˈsibəlin] 麦克西博啉:乙基雌烯醇制剂的商品名

Maxidex ['mæksiˌdeks] 麦克西达克:地塞米松滴眼液制剂的商品名

maxiflor ['mæksiˌflɔː] 麦克西佛:二氟拉松乙酰乙酸盐制剂的商品名

maxilla [mækˈsilə] (pl. *maxillas*, gen. 和 pl. *maxillae*) (L.) (NA) 上颌骨
  inferior m. 下颌骨
  superior m. 上颌骨

maxillae [mækˈsiliː] (L.) 上颌骨。*maxilla* 的所有格和复数形式

maxillary ['mæksiˌləri] (L. *maxillaris*) 上颌骨的

maxillectomy [ˌmæksi'lektəmi] 上颌骨切除术

maxillitis [ˌmæksi'laitis] 上颌骨炎

maxillodental [mækˌsiləu'dentəl] 上颌牙的

maxilloethmoidectomy [ˌmæksiləuˌeθmɔi'dektəmi] 上颌筛骨切除术

maxillofacial [mækˌsiləu'feiʃəl] 上颌面的

maxillojugal [mækˌsiləu'dʒuːgəl] 上颌颧的

maxillolabial [mækˌsiləu'leibjəl] 上颌唇的

maxillomandibular [mækˌsiləmæn'dibjulə] 上下颌的

maxillopalatine [mækˌsiləu'pælətain] 上下腭的

maxillopharyngeal [mækˌsiləufə'rindʒiːəl] 上颌咽的

maxillotomy [ˌmæksi'lɔtəmi] 上颌骨切开术

maxima ['mæksimə] (L.) 最大,最高,极限

maximal ['mæksiməl] 最大的,最可能的

maximum ['mæksiməm] (pl. *maxima*) (L. "greatest") ❶ 最大; ❷ 顶点; ❸ 最大量

transport m. for glucose 肾糖阈
tubular m. 肾小管最高机能,肾小管排泄最高量

Maxipen ['mæksipən] 麦克西苯:苯氧乙基青霉素钾制剂的商品名

Maxitate ['mæksiteit] 麦克西塔:硝甘露醇制剂的商品名

Maxivate ['mæksiveit] 麦克西维特:倍他米松二丙酸盐制剂的商品名

Maxwell's ring ['mækswelz] (Patrick William *Maxwell*, Irish ophthalmologist, 1856-1917) 麦克斯韦氏环

maxwell ['mækswel] (James Clerk *Maxwell*, British physicist, 1831-1879) 麦克斯韦:磁通量单位

May-White syndrome [mei'hwait] (Duane L. *May*, American physician, 20th century; Harry H. *White*, American physician, born 1934) 梅-怀二氏综合征

Maydl's operation ['meidlz] (Karel *Maydl*, Czech surgeon, 1853-1903) 梅德尔氏手术

Mayer's hemalum ['meiəz] (Paul *Mayer*, German-Italian chemist, 1848-1923) 迈尔氏苏木精

Mayer's test ['meiəz] (Ferdinand F. *Mayer*, American pharmaceutical chem-ist, late 19th century) 迈尔氏试验

Mayer-Rokitansky-Küster-Hauser syndrome ['meiə rɔki'tænski 'keistə 'hauzə] (August Franz Josef Karl *Mayer*, German physician, 1787-1865; Karl Freiherr von *Rokitansky*, Austrian pathologist, 1804-1878; Hemann *Küster*, German gynecologist, early 20th century; G. A. *Hauser*, Swiss physician, 20th century) 迈-罗-凯-豪四氏综合征

mayer ['meiə] (Julius Robert von *Mayer*, German physicist, 1814-1878) 迈尔:热容量单位

mayfly ['meiflai] 蜉蝣

mayidism ['meiidizm] 玉蜀黍病

Mayo's operation ['meiəuz] (William James *Mayo*, American surgeon, 1861-1939; Charles Horace *Mayo*, American surgeon, 1865-1939) 梅欧氏手术

maytansine [mei'tænsiːn] 美旦辛:一种从热带美洲灌木属的美旦木中提取出的抗肿瘤药

mayweed ['meiwiːd] 臭甘菊

maza ['mæzə] (Gr. "a barley cake") 胎盘

mazalysis [ˌmæzə'lisis] (Gr. *maza* placenta + *a* neg + *lysis* a loosening) 胎盘不下,胎盘滞留

maze [meiz] 迷路,迷津

Mazicon ['meizikən] 咪瑞康:氟马西尼制剂的商品名

mazindol ['meizindɔl] 氯苯咪吲哚

maz(o)- (Gr. *mazos* breast) 乳房,乳腺

mazodynia [ˌmeizə'diniə] 乳房痛

mazopexy ['meizəˌpeksi] 乳房固定术

mazoplasia [ˌmeizə'pleiziə] (*mazo-* + Gr. *plassein* to form) 乳房组织增生

Mazzoni's corpuscle [mæ'dzəuniz] (Vittorio *Mazzoni*, Italian physiologist, 1880-1940) 马佐尼氏小体

MB (L. *Medicinae Baccalaureus* 的缩写) 医学学士

m.b. (L. *misce bene* 的缩写）混合良好

MBP (myelin basic protein 的缩写）髓磷脂碱性蛋白

MBq (*megabecquerel* 的符号）兆贝可

mbundu [əm'bundu] 姆崩毒

MC ❶ (L. *Magister Chirurgiae* 的缩写）外科硕士；❷（*Medical Corps* 的缩写）医疗队

mC (*millicoulomb* 的符号）毫库仑

μc (*microcoulomb* 的符号）微库仑

MCA (3-methylcholanthrene 的缩写）3-甲基胆蒽

MCAD deficiency (medium-chain acyl-CoA dehydrogenase 的缩写）中链酰基辅酶 A 脱氢酶缺乏

MCD (mean of consecutive differences 的缩写）平均连续差异

MCF (macrophage chemotactic factor 的缩写）巨噬细胞趋化因子

Mcg 区别人体免疫球蛋白轻链亚型的抗原标记物

mcg (*microgram* 的符号）微克

MCH (mean corpuscular hemoglobin 的缩写）红细胞平均血红蛋白量

MCHB (Maternal and Child Health Bureau 的缩写）母婴卫生局

MCHC (mean corpuscular hemoglobin concentration 的缩写）红细胞平均血红蛋白浓度

MCi (*megacurie* 的符号）兆居里

mCi (*millicurie* 的符号）毫居里

μCi (*microcurie* 的符号）微居里

mCi-hr (millicurie-hour 的符号）毫居里-小时

MCI/MI (mixture of methylchloroisothiazolinone and methylisothiazolinone 的缩写）甲基录代异噻唑啉酮和甲基异噻唑酮的混合物

MCMI (Millon clinical multiaxial inventory 的缩写）米龙临床多轴调查表

Mcps (megacycles per second 的缩写）兆周/秒

M-CSF (macrophage colony-stimulating factor 的缩写）巨噬细胞克隆刺激因子

MCT (mean circulation time 的缩写）平均循环时间

MCV (mean corpuscular volume 的缩写）平均红细胞容积

MD (L. *Medicinae Doctor* 的缩写）医学博士

Md (*mendelevium* 化学符号）钔

MDA ❶ (methylenedioxyamphetamine 的缩写）二氧甲叉基苯异丙胺；❷ (L. *mento-dextra anterior* 的缩写）颏右前（胎位）

MDP ❶ (L. *mento-dextra posterior* 的缩写）颏右后（胎位）；❷ (methylene diphosphonate 的缩写）甲叉二磷酸盐

MDT (L. *mento-dextra transversa* 的缩写）颏右横（胎位）

Me (*methyl* 的化学符号）甲基

meable [miːbl]（L. *meabilis* easily penetrating）易透过的，可通过的

meal [miːl] 膳食,餐
　barium m. 钡餐
　bismuth m. 铋餐
　Boyden m. 波依登试餐
　opaque m. 造影餐
　retention m. 滞留餐
　test m. 试验餐

mean [miːn] (Old French *meien*, from L. *medianus* middle) ❶ 平均数；❷ 算术平均值；❸ 均值
　arithmetic m. 算术平均值
　m. of consecutive differences (MCD) 平均连续差异
　geometric m. 几何平均值
　harmonic m. 调和中项
　population m. 总体平均值
　sample m. 样本平均值

Mean's sign [miːnz] (James Howard Mean, American endocrinologist, 1885-1967) 米恩氏征

measles ['miːzlz] ❶ 麻疹；❷（家畜）囊尾蚴病
　atypical m. 非典型麻疹
　bastard m. 风疹,野痧
　black m. 黑麻疹
　German m. 风疹
　hemorrhagic m. 出血性麻疹
　pork m. 猪囊尾蚴病
　three-day m. 三日麻疹

measly ['miːzli] 米珠的,含囊尾蚴的

measure ['meʒə] (L. *mensurare*）量,计

meatal [miːˈeitəl] 道的

meatome ['miːətəum] 尿道口刀

meatometer [ˌmiːəˈtɒmitə] (L. *meatus* + Gr. *metrum* measure) 尿道口计

meatorrhaphy [ˌmiːəˈtɔrəfi] (L. *meatus* + Gr. *rhaphē* suture) 尿道口缝术

meatoscope [miˈætəskəup] (L. *meatus* meatus + Gr. *skopein* to examine) 尿道(口)窥镜

meatoscopy [ˌmiəˈtɔskəpi] 尿道口镜检查
  ureteral m. 输尿管口镜检查

meatotome [miˈætətəum] 尿道口刀

meatotomy [ˌmiːəˈtɔtəmi] (L. *meatus* passage + Gr. *temnein* to cut) 尿道口切开术

meatus [ˈmiːətəs] (pl. *meatus*) (L., "a way, path, course") 道,开口(NA)
  acoustic m., external 外耳道
  acoustic m., external, bony 骨性外耳道
  acoustic m., external cartilaginous 软骨性外耳道
  acoustic m, internal 内耳道
  acoustic m, internal, bony 骨性内耳道
  m. acusticus externus (NA) 外耳道
  m. acusticus externus cartilagineus (NA) 软骨性外耳道
  m. acusticus externus osseus (NA) 骨性外耳道
  m. acusticus internus (NA) 内耳道
  m. acusticus internus osseus (NA) 骨性内耳道
  m. auditorius externus 外耳道
  m. auditorius externus carilagineus 软骨性外耳道
  m. auditorius externus osseus 骨性外耳道
  m. auditorius internus 内耳道
  m. auditorius internus osseus 骨性内耳道
  auditory m., external 外耳道
  auditory m., external, bony 骨性外耳道
  auditory m., external, cartilaginous 软骨性外耳道
  auditory m., internal 内耳道
  auditory m., internal, bony 骨性内耳道
  m. conchae ethmoturbinalis minoris 上鼻道
  m. conchae maxilloturbinalis 下鼻道
  m. conchae turbinalis majoris 下鼻道
  fish-mouth m. 鱼口式尿道口
  nasal m., common, bony 骨性总鼻道
  nasal m., inferior 下鼻道
  nasal m., inferior, bony 骨性下鼻道
  nasal m., middle 中鼻道
  nasal m., middle, bony 骨性中鼻道
  nasal m., superior 上鼻道
  nasal m., superior, bony 骨性上鼻道
  m. nasi communis 总鼻道
  m. nasi communis osseus 骨性总鼻道
  m. nasi inferior (NA) 下鼻道
  m. nasi inferior osseus (NA) 骨性下鼻道
  m. nasi medius (NA) 中鼻道
  m. nasi medius osseus (NA) 骨性中鼻道
  m. nasi superior (NA) 上鼻道
  m. nasi superior osseus (NA) 骨性上鼻道
  nasopharyngeal m. 鼻咽道
  m. nasopharyngeus (NA) 鼻咽道
  m. of nose 鼻道
  m. of nose, bony, common 骨性总鼻道
  m. of nose, common 总鼻道
  m. of nose, inferior 下鼻道
  m. of nose, inferior, bony 骨性下鼻道
  m. of nose, middle 中鼻道
  m. of nose, middle, osseous 骨性中鼻道
  m. of nose, superior 上鼻道
  m. of nose, superior, osseous 骨性上鼻道
  m. urinarius, urinary m. 尿道外口

Meban [ˈmebən] 梅本:脱氧土根碱制剂的商品名

Mebaral [ˈmebərəl] 梅巴蜡耳:甲基本巴比妥制剂的商品名

mebendazole [miˈbendəzəul] (USP) 甲苯达唑

mebeverine hydrochloride [miˈbevəriːn] 盐酸甲苯凡林

mebutamate [məˈbjutəmeit] 甲基眠尔通,甲戊氨酯

mecamine [ˈmekəmin] 梅坎米胺,美加明

mecamlyamine hydrochloride [ˌmekəˈmiləmin] 盐酸美加明,盐酸-3-甲基氨基异樟脑烷

MeCbl 甲基钴胺素,甲基氰钴胺

MeCCNU 赛氮芥,甲环亚硝脲,甲基罗氮芥,氯乙甲基环已亚硝脲

mechanical [mi'kænikəl] (Gr. *mēchanikos*) 机械的,力学的

mechanicoreceptor [mi,kænikəuri'septə] 机械(性刺激)感受器

mechanicotherapeutics [mi,kænikəu,θerə'pjutiks] 力学疗法,机械疗法

mechanicotherapy [mi,kænikəu'θerəpi] 力学疗法,机械疗法

mechanics [mi'kæniks] 机械学,力学
  animal m. 动物力学,生物力学,生物机械学
  body m. 躯体力学
  developmental m. 实验胚胎学

mechanism ['mekənizəm] (Gr. *mēchanē* machine) ❶ 机械装置；❷ 机理,原理; ❸ 机械论
  countercurrent m. 逆流机制
  defense m. 防御机理,防卫机理
  double-displacement m. 双置换机理
  Duncan m. 邓肯机理
  escape m. 逃避机理,防御机理,防卫机理
  Frank-Starling m. 弗-斯二氏机理
  m. of labor 分娩机理
  leading circle m. 首圈机理
  mental m. 心理机理
  oculogyric m. 眼动机构
  ping-pong m. 乒乓机理
  reentrant m. 折返机理
  Schultze m. 舒尔茨机理
  sequential m. 序列机制
  Starling m. 斯达令机理

mechanist ['mekənist] 机械论者

mechan(o)- (Gr. *mēchanē* machine) 机械的

mechanocyte ['mekənnəu,sait] (*mechano-* + *-cyte*) 成纤维细胞

mechanogram ['mekənəu,græm] (Gr. *mechane* machine + *gramma* mark) 肌动描记波,肌动波

mechanology [,mekə'nɔlədʒi] (*mechano-* + *-logy*) 机械学

mechanoreceptor [,mekənəuri'septə] 机械刺激感受器
  high-threshold m. 高阈机械感受器

mechanosensory [,mekənəu'sensəri] 机械感觉的

mechanotherapy [,mekənəu'θerəpi] (*mechano-* + Gr. *therapeia* treatment) 力学疗法,机械疗法

mechanothermy [,mekənə'θɜːmi] (*mechano-* + Gr. *thermē* heat) 按摩生热法,力学热疗法

mechlorethamine hydrchloride [,meklɔ'reθəmi:n] (USP) 盐酸氮芥

Mechnikov ['mekni,kɔv] 迈克尼柯夫

mecillinam [mə'silinəm] 氮草脒青霉素

mecism ['mi:sizəm] (Gr. *mēkos* length) 过长

mecistocephalic [mi,sistəusə'fælik] (Gr. *mēkistos* tallest + *kephalē* head) 长头的

mecistocephalous [mi,sistəu'sefələs] 长头的

Mecistocirrus [mi,sistəu'sirəs] 长刺线虫属
  M. digitatus 指形长刺线虫

Meckel's band ['mekəlz] (Johann Friedrich *Meckel* (the elder), German anatomist, 1724-1774) 美克尔氏带(韧带)

Meckel's cartilage ['mekəlz] (Johann Friedrich *Meckel* (the younger) (grandson of J. F. Meckel, the elder) German anatomist, 1781-1833) 美克尔氏软骨

Meclan ['meklæn] 美克兰；磺基水杨酸氯甲烯土霉素制剂的商品名

meclizine hydrochloride ['meklizi:n] (USP) 盐酸氯苯甲嗪,盐酸敏克静

meclocycline sulfosalicylate [,meklə'saiklin] (USP) 磺基水杨酸氯甲烯土霉素,磺基水杨酸甲基氯环素

meclofenamate [mə,kləufə'næmeit] 甲氯灭酸的结合碱

meclofenamic acid [me,kləufə'næmik] 甲氯灭酸

meclofenoxate [mə,kləufə'nɔkseit] 氯酯醒,遗尿丁

Meclomen [mə'kləumən] 麦可罗曼；甲氯灭酸钠制剂的商品名

mecloqualone [,meklɔu'kwɑːlɔn] 氯安眠酮

mecobalamine [,mekə'bæləmi:n] 甲钴胺

mecocephalic [,mikəusə'fælik] (Gr. *mēkos* length + Gr. *kephalē* head) 长头的

meconate ['mekəneit] (Gr. *mēkōn* poppy + *-ate*) 袂康酸盐

meconic acid [mə'kɔnik] 袂康酸

meconiorrhea [məˌkəuniə'riə] (*meconium* + Gr. *rhoia* flow) 胎粪溢

meconium [mi'kəunjəm] (L.; Gr. *mēkōnion*) 胎粪

mecrylate [mi'krileit] 甲氰丙烯酸盐

mecystasis [mə'sistəsis] (Gr. *mēkynein* to lengthen + *stasis* a setting) 等张性(肌纤维)长度增加

MED ❶ (minimal effective dose 的缩写)最小有效量; ❷ (minimal erythema dose 的缩写)最小红斑量

Medawar ['medəwə:] 麦德华:Peter Brian, 出生于巴西的英国生物学家, 1915~1987

medazepam hydrochloride [mə'dæzəpæm] 盐酸去氧安定

medea [mi'diə] (Gr. *Medeia*) ❶ 生殖器; ❷ 壮阳药

Medex [mi'deks] (Fr. *mēdecin extension* extension of the physician) 军医召募方案

media ['mi:diə] (L.) ❶ 培养基,媒质,介质。*medium* 的复数形式; ❷ 中间

mediad ['mi:diæd] (L. *medium* middle + *ad* toward) 向中

medial ['mi:djəl] (L. *medialis*) ❶ 内侧的,近中的; ❷ 中层的

medialecithal [ˌmidiə'lesiθəl] (*media-* + Gr. *lekithos* yolk) 中(卵)黄的

medialis [ˌmidi'ælis] 内侧的,近中的

median ['mi:djən] (L. *medianus*) ❶ 正中的,中央的; ❷ 中位数

medianus [ˌmi:di'einəs] (L.) 正中的,中央的,位于中间的

mediaometer [ˌmi:diə'ɔmitə] (*media* + *-meter*) 眼介质屈光计

mediastina [ˌmi:diəs'tainə] (L.) 正中隔,纵隔。*mediastinum* 的复数形式

mediastinal [ˌmi:diəs'tainəl] (L. *mediastinalis*) 纵隔的

mediastinitis [ˌmi:diˌæsti'naitis] 纵隔炎
  fibrous m., indurative m. 纤维性纵隔炎, 硬化性纵隔炎

mediastinogram [ˌmi:diəs'tinəgræm] 纵隔X线(照)片

mediastinography [ˌmi:diˌæsti'nɔgrəfi] 纵隔X线照相术

mediastinopericarditis [ˌmi:diˌæstinəuˌperikɑ:'daitis] 纵隔心包炎

mediastinoscope [ˌmi:diə'stainəskəup] 纵隔镜

mediastinoscopic [ˌmi:diˌæstainə'skɔpik] 纵隔镜的,纵隔镜检查的

mediastinoscopy [ˌmi:diˌæsti'nɔskəpi] 纵隔镜检查

mediastinotomy [ˌmi:diˌæsti'nɔtəmi] (*mediastinum* + Gr. *tomē* a cutting) 纵隔切开术

mediastinum [ˌmi:diəs'tainəm] (pl. *mediastina*) (L.) ❶ 正中隔; ❷ (NA)纵隔
  anterior m., m. anterius (NA) 前纵隔
  inferior m., m. inferius (NA) 下纵隔
  m. medium (NA), middle m. 中纵隔
  posterior m., m. posterius (NA) 后纵隔
  superior m., m. superius (NA) 上纵隔
  m. testis 睾丸纵隔

mediate ['mi:dieit] 间接的

mediation [ˌmi:di'eiʃən] 间接(作用),居间(作用)
  chemical m. 化学间介作用

mediator ['mi:dieitə] ❶ 传递器,间介子; ❷ 递质,介质; ❸ 介体,淋巴因子

medicable ['medikəbl] 可(医)治的

medical ['medikəl] ❶ 医学的,医疗的; ❷ 内科的

medicament [mə'dikəmənt] (L. *medicamentum*) 药物,药剂

medicamentosus [ˌmedikəmən'təusəs] (L.) 药物的,药剂的

medicamentous [ˌmedikə'mentəs] 药物的,药剂的

Medicare ['medikɛə] 医疗保险方案

medicate ['medikeit] (L. *medicatus*) 加药,使含药

medicated ['mediˌkeitid] 含药的

medication [ˌmedi'keiʃən] (L. *medicatio*) ❶ 药物,药剂; ❷ 加药; ❸ 给药方法,药物疗法
  conservative m. 补养药疗法
  dialytic m. 透析疗法
  hypodermic m. 皮下投药法
  ionic m. 离子透析疗法
  sublingual m. 舌下投药法
  substitutive m. 代替疗法
  transduodenal m. 十二指肠内投药法

medicator ['mediˌkeitə] 涂药器

medicephalic [ˌmidisə'fælik] 头正中(静

medicinal [məˈdisinəl]（L. *medicinalis*）
❶ 医治的;❷ 医药的,药用的

medicine [ˈmedisin]（L. *medicina*）❶ 药品,药物;❷ 医学;❸ 内科学
- aviation m. 航空医学
- clinical m. 临床医学
- comparative m. 比较医学
- compound m. 复合药
- dosimetric m. 剂量学
- emergency m. 急救医学
- environmental m. 环境医学
- emporiac m. 旅行医学
- experimental m. 实验医学
- family m. 家庭医学
- folk m. 民间医药
- forensic m. 法医学
- galenic m. 盖伦派医学
- geographic m. ① 风土医学;②热带医学
- geriatric m. 老年医学,老年病学,老人学
- group m. 联合医学
- hermetic m. 化学医学,炼金术医学
- holistic m. 整体医学
- hyperbaric m. 高压医疗
- internal m. 内科学
- ionic m. 离子透药医疗
- laboratory animal m. 实验动物医学
- legal m. 法医学
- neo-hippocratic m. 新希波克拉底医学
- nuclear m. 核医学
- occupational m. 职业医学
- oral m. 口腔医学
- patent m. 成药,专卖药
- physical m. 物理医学,理疗学
- preclinical m. 基础医学;①医学院最初二年的课程;② 预防医学
- preventive m. 预防医学
- proprietary m. 特许专卖药
- psychosomatic m. 身心医学
- rational m. 合理医学
- rehabilitation m. 康复医学
- social m. 社会医学
- socialized m. 国家公费医疗
- space m. 宇宙医学
- spagyric m. (*obs.*) 炼金术医学
- sports m. 运动医学
- state m. 国家公费医疗
- suggestive m. 暗示疗法
- travelers, m. 旅行医学
- tropical m. 热带医学,热带病学
- veterinary m. 兽医学

medicochirurgic [ˌmedikəukaiˈrəːdʒik] 内外科的

medicodental [ˌmedikəuˈdentəl] 内科与牙科的

medicolegal [ˌmedikəuˈliːgəl] 法医学的

medicomechanical [ˌmedikəumiˈkænikəl] 药物与机械(治疗的)

medicon [ˈmedikən]（Gr. *medikon*）剧药,毒药

medicophysics [ˌmedikəuˈfiziks] 医学物理学

medicopsychology [ˌmedikəusaiˈkɔlədʒi] 医用心理学

medicosocial [ˌmedikəuˈsəuʃəl] 医学社会的

medicotopographical [ˌmedikəuˌtəupəˈgræfikəl] 临床(与)局部解剖学的

medicozoological [ˌmedikəuzəuəˈlɔdʒikəl] 医用动物学的

medicus [ˈmedikəs]（Latin for physician）医师,内科医生

medifrontal [ˌmiːdiˈfrʌntəl] 前额正中的,额中部的

Medin's disease [ˈmeidiːnz]（Oskar Medin, Swedish pediatrician, 1847-1927）梅丁氏病

medio- [ˈmiːdiəu]（L. *medius* middle）中部,中央

mediocarpal [ˌmiːdiəuˈkɑːpəl] 腕骨间的,腕骨中部的

mediocciptal [ˌmiːdiɔkˈsipitəl] 枕中(部)的

mediofrontal [ˌmiːdiəˈfrʌntəl] 额中部的

mediolateral [ˌmiːdiəuˈlætərəl]（L. *medius* middle + *lateralis* lateral）中间外侧的,中侧

medionecrosis [ˌmiːdiəunəˈkrəusis]（主动脉）中层坏死
- m. of aorta 主动脉中层坏死

mediotarsal [ˌmiːdiəuˈtɑːsəl]（L. *medius* middle + *tarsus*）跗中部的

Medipren [ˈmiːdiˌpren] 米迪普兰:异丁苯丙酸制剂的商品名

mediscalenus [ˌmiːdiskəˈliːnəs] 中斜角肌

medisect ['mi:disekt] (L. *medius* middle + *secare* to cut) 正中切开

meditation [ˌmediˈteiʃən] 沉思,冥想,反省
　transcendental m. 先验沉思

medium ['mi:djəm] (pl. *mediums* 或 *media*) (L "middle") ❶ 方法,手段; ❷ 介质; ❸ 培养基; ❹ 媒质
　active m. 活性介质
　Bruns'glucose m. 布伦斯氏葡萄糖媒质
　clearing m. 透明介质,澄清剂
　contrast m. 造影剂,对比剂
　culture m. 培养基
　dioptric media 屈光介质
　disperse m., dispersion m., dispersive m. 分散媒,分散介质
　HAT m. HAT 培养基
　mounting m. 封固剂
　nutrient m. 营养培养基,培养基
　radiolucent m. 射线穿透性造影剂
　radiopaque m. 射线不透性造影剂
　refracting media 屈光介质
　separating m. 分离介质,分离剂
　Wickersheimer's m. 维克海默氏溶液

medius ['mi:diəs] (L.) 中间的

MEDLARS ['medlɑːz] (*MED*ical *L*iterature *A*nalysis and *R*etrieval *S*ystem 的缩写) 医学文献分析和检索系统

MEDLINE ['medlain] (from *MEDLARS on-line*) 医学文献分析和检索系统电话联系网

medorrhea [ˌmedəˈriːə] (Gr. *mēdea* genitals + *rhoia* flow) 尿道溢,后淋

medrogestone [medrəˈdʒestəun] 二甲脱氢孕酮:一种孕激素制剂

Medrol ['medrɔl] 麦召尔:甲基强的松龙制剂的商品名

medronate disodium ['medrəneit] 甲基二磷脂酸二钠的二氢盐

medroxyprogesterone acetate [meˌdrɔksiprəuˈdʒestərəun] (USP) 醋酸甲羟孕酮,安宫黄体酮

medrysone ['medrisəun] (USP) 甲羟孕酮

medulla [məˈdʌlə] (gen. 和 pl. *medullae*) (L.) 髓质
　adrenal m. 肾上腺髓质
　m. of bone 骨髓
　m. flava 黄骨髓
　m. glandulae suprarenalis (NA) 肾上腺髓质
　inner m. of kidney 肾内髓质
　m. of kidney 肾髓质
　m. of lymph node 淋巴结髓质
　m. nephrica 肾髓质
　m. nodi lymphatici (NA) 淋巴结髓质
　m. oblongata (NA) 延髓
　m. ossium 骨髓
　m. ossium flava (NA) 黄骨髓
　m. ossium rubra (NA) 红骨髓
　outer m. of kidney 肾外髓质
　m. ovarii (NA), m. of ovary 卵巢髓质
　m. renis (NA) 肾髓质
　spinal m., m. spinalis (NA) 脊髓
　suprarenal m., m. of suprarenal gland 肾上腺髓质
　m. thymi (NA), m. of thymus 胸腺髓质

medullae [məˈdʌliː] (L.) 髓(质)。*medulla* 的复数形式和所有格

medullary [meˈdʌləri] (L. *medullaris*) 髓的,髓状的

medullated ['medəleitid] 有髓(鞘)的

medullation [ˌmedəˈleiʃən] 髓(质)形成,髓鞘形成

medullectomy [ˌmedəˈlektəmi] (L. *medulla* marrow + Gr. *ektomē* excision) 髓质切除术

medullitis [ˌmedəˈlaitis] ❶ 骨髓炎; ❷ 脊髓炎

medullization [ˌmedəlaiˈzeiʃən] (骨)髓形成,(骨)髓化

medulloadrenal [meˌdʌləuəˈdriːnəl] 肾上腺髓质的

medulloarthritis [meˌdʌləuɑːˈθraitis] (L. *medulla* marrow + *arthritis*) 关节骨髓炎

medulloblast [meˈdʌləublæst] 成神经管细胞

medulloblastoma [meˌdʌləublæsˈtəumə] 成神经管细胞瘤

medulloculture [ˌmedʌləˈkʌltʃə] 骨髓培养

medulloencephalic [meˌdʌləuenseˈfælik] 脊髓与脑的

medulloepithelioma [meˌdʌləuˌepiˌθiːliˈəumə] 髓上皮瘤

medulloid ['medjulɔid] (*medulla* + Gr.

medullosuprarenoma [meˌdʌləˌsjuprəriː-ˈnəumə] 肾上腺髓质瘤,嗜铬细胞瘤

medullotherapy [meˌdʌləuˈθerəpi] 脊髓疗法

medusa [miːˈdjusə] (Gr. *Medusa* one of the three mythological gorgons) 水母,海蜇

medusocongestin [miˌdjusəukənˈdʒestin] 水母毒素

Mees' lines [meiz] (R. A. *Mees*, Dutch scientist, 20th century) 米兹线

mefenamic acid [ˌmefəˈnæmik] 甲灭酸

mefenorex hydrochloride [məˈfenəreks] 盐酸氯丙苯丙胺

mefexamide [məˈfeksəmaid] 甲苯氧酰胺

mefloquine hydrochloride [ˈmefləukwin] 盐酸甲氟喹

Mefoxin [məˈfɔksin] 美福仙:头霉甲氧噻吩制剂的商品名

mefruside [ˈmefrusaid] 强速降灵,倍可降

MEG 脑磁波描记器

mega- (Gr. *megas* big, great) 大的,增大的,巨大的,兆,百万。用于测定单位命名时指 10^6 倍于该单位

megabacterium [megəbækˈtiəriəm] 巨型细胞

megabecquerel [megəbəkˈrel] 兆贝可(勒尔):放射性单位,等于 10^6 贝可(勒尔);缩写为 MBq

megabladder [ˌmegəˈblædə] 巨膀胱,膀胱扩张

megacalycosis [ˌmegəˌkæliˈkəusis] 巨肾盏症

megacaryoblast [ˌmegəˈkæriəblæst] 成巨核细胞,原(始)巨核细胞

megacaryocyte [ˌmegəˈkæriəsait] 巨核细胞

Megace [məˈgeis] 美格思:醋酸甲地孕酮制剂的商品名

megacecum [ˌmegəˈsiːkəm] (*mega-* + *cecum*) 巨盲肠

megacephalic [megəsəˈfælik] 巨头的

megacephalous [ˌmegəˈsefələs] 巨头的

megacephaly [ˌmegəˈsefəli] 巨头

megacholedochus [ˌmegəkəˈledəkəs] 胆总管异常扩张

megacolon [ˌmegəˈkɔlən] 巨结肠

acquired m., acquired functional m. 获得性功能性巨结肠
acute m. 急性中毒性巨结肠
aganglionic m. 无神经节性巨结肠
congenital m., m. congenitum 先天性巨结肠
idiopathic m. 特发性巨结肠
toxic m. 中毒性巨结肠

megacurie [megəˈkjuəri] 兆居里

megacystis [megəˈsistis] 巨膀胱,膀胱扩张

megadont [ˈmegədɔnt] (*mega-* + Gr. *odous* tooth) 巨牙的

megadontia [ˌmegəˈdɔnʃiə] 巨牙

megaduodenum [megəˌdjuː(ː)əuˈdiːnəm] 巨十二指肠

megadyne [ˈmegəˌdain] (*mega-* + *dyne*) 兆达因: 10^6 达因

megaesophagus [ˌmegai(ː)ˈsɔfəgəs] 巨食管,食管扩张

megagametophyte [megəgəˈmiːtəfait] (*mega-* + Gr. *gametē* wife + *phyton* plant) 巨配子体

megahertz [megəˈhəːts] 兆赫兹:频率单位,表示 10^6 每秒周期或 100 万赫兹。缩写为 MHz

megakaryoblast [megəˈkæriəblæst] 成巨核细胞

megakaryocyte [megəˈkæriəsait] (*mega-* + Gr. *karyon* nucleus + *-cyte*) 巨核细胞

megakaryocytopoiesis [megəˌkæriəˌsaitəupɔiˈisis] (*megakaryocyte* + Gr. *poiesis* a making) 巨核细胞生成

megakaryocytosis [megəˌkæriəsaiˈtəusis] 巨核细胞增多症

megakaryophthisis [megəˌkæriəuˈθaisis] 巨核细胞缺乏症

megalakria [megəˈlækriə] (*megalo-* + Gr. *akros* extremity) 肢端肥大症

megalecithal [megəˈlesiθəl] (*mega-* + Gr. *lekithos* yolk) 多(卵)黄的

megalencephalon [megələnˈsefəlɔn] (*megalo-* + Gr. *enkephalos* brain) 巨脑

megalencephaly [megələnˈsefəli] 巨脑

megalgia [məˈgældʒiə] (Gr. *megas* large + *-algia*) 巨痛

megal(o)- (Gr. *megas*, gen. *megalou* big, great) 大的,增大的,巨大的

megaloblast [ˈmegələuˌblæst] (*megalo-* + Gr. *blastos* germ) 巨成红细胞, 巨幼红细胞
  m. of Sabin 原正成红细胞, 原(始)红细胞
megaloblastoid [ˌmegələuˈblæstɔid] 巨成红细胞样的
megalobulbus [ˌmegələuˈbʌlbəs] 十二指肠冠过大
megalocardia [ˌmegələuˈkɑːdiə] (*megalo-* + Gr. *kardia* heart) 巨心, 心肥大
megalocaryocyte [ˌmegələuˈkæriəsait] 巨核细胞
megalocephalia [ˌmegələusəˈfeiliə] 巨头
megalocephalic [ˌmegələsəˈfælik] 巨头的
megalocephaly [ˌmegələuˈsefəli] (*megalo-* + Gr. *kephalē* head) 巨头
megaloceros [ˌmegəˈlɔsərəs] (*megalo-* + *keras* horn) 有角畸胎
megalocheiria [ˌmegələuˈkaiəriə] (*megalo-* + Gr. *cheir* hand + *-ia*) 巨手
megaloclitoris [ˌmegələuˈklitəris] 巨阴蒂
megalocoly [ˌmegəˈlɔkəli] 巨结肠
megalocornea [ˌmegələuˈkɔːniə] (*megalo-* + *cornea*) 巨角膜, 球形角膜
megalocystis [ˌmegələuˈsistis] (*megalo-* + Gr. *kystis* bladder) 巨膀胱, 膀胱扩张
megalocyte [ˈmegələˌsait] (*megalo-* + *-cyte*) 巨红细胞
megalocytosis [ˌmegələusaiˈtəusis] 巨红细胞症
megalodactylia [ˌmegələudækˈtailiə] 巨指(趾)
megalodactylism [ˌmegələuˈdæktəlizəm] 巨指(趾)
megalodactylous [ˌmegələuˈdæktələs] 巨指(趾)的
megalodactyly [ˌmegələuˈdæktəli] (*megalo-* + Gr. *daktylos* finger) 巨指(趾)
megalodontia [ˌmegələuˈdɔnʃiə] 巨牙
megaloenteron [ˌmegələuˈentərən] 巨肠
megaloesophagus [ˌmegələuəˈsɔfəgəs] 巨食管, 食管扩张
megalogastria [ˌmegələuˈgæstriə] (*megalo-* + Gr. *gastēr* stomach + *-ia*) 巨胃
megaloglossia [ˌmegələuˈglɔsiə] (*megalo-* + Gr. *glōssa* tongue + *-ia*) 巨舌, 舌肥大
megalographia [ˌmegələuˈgræfiə] 巨大字体
megalography [ˌmegəˈlɔgrəfi] 巨大字体
megalohepatia [ˌmegələuhiˈpætiə] (*megalo-* + Gr. *hēpar* liver + *-ia*) 巨肝, 肝肥大
megalokaryocyte [ˌmegələuˈkæriəsait] 巨核细胞
megalomania [ˌmegələuˈmeiniə] (*megalo-* + Gr. *mania* madness) 夸大狂
megalomaniac [ˌmegələuˈmeiniæk] 夸大狂者
megalomelia [ˌmegələuˈmiːliə] (*megalo-* + Gr. *melos* limb + *-ia*) 巨肢
megalomicin potassium phosphate [ˌmegələuˈmaisin] 巨霉素磷酸二氢钾
megalonychia [ˌmegələuˈnikiə] 巨甲
megalopenis [ˌmegələuˈpiːnis] 巨阴茎
megalophthalmos [ˌmegələfˈθælmɔs] (*megalo-* + Gr. *ophthalmos* eye) 巨眼
  anterior m. 巨角膜
megalophthalmus [ˌmegələfˈθælməs] 巨眼
megalopia [ˌmegəˈləupiə] 视物显大症
megalopodia [ˌmegələuˈpəudiə] (*megalo-* + Gr. *pous* foot + *-ia*) 巨足
megalopsia [ˌmegəˈlɔpsiə] 视物显大症
Megalopyge [ˌmegələuˈpidʒi] 绒蠹属
  M. opercularis 壳盖绒蠹
megalosplenia [ˌmegələuˈspliːniə] (*megalo-* + Gr. *splen* spleen + *-ia*) 巨脾, 脾(肿)大
megalospore [ˈmegələˌspɔː] 大孢子, 大孢子癣菌
Megalosporon [ˌmegəˈlɔspərən] (*megalo-* + Gr. *sporos* seed) 大孢子癣菌属
megalosporon [ˌmegəˈlɔspərən] (pl. *megalospora*) 大胞子癣菌
megalosyndactyly [ˌmegələusinˈdæktəli] (*megalo-* + *syndactyly*) 巨并指(趾)
megalothymus [ˌmegələuˈθaiməs] 巨胸腺
megaloureter [ˌmegələujuəˈriːtə] (*megalo-* + *ureter*) 巨输尿管, 输尿管扩张
  congenital m., primary m. 先天性(原发性)巨输尿管
  reflux m. 返流性巨输尿管
-megaly (Gr. *megas*, gen. *megalou* big, great) 增大(症), 肿大
megaprosopous [ˌmegəˈprɔsəpəs] (*mega-* + Gr. *prosōpon* face) 巨面的
megarectum [ˌmegəˈrektəm] 巨直肠

Megarhinini [ˌmegəˈrainini] 巨蚊族
Megarhinus [ˌmegəˈrainəs] 巨蚊属
megaseme [ˈmegəsiːm] (*mega-* + Gr. *sēma* sign) 巨眶
megasigmoid [megəˈsigmɔid] (*mega-* + *sigmoid*) 巨乙状结肠,乙状结肠扩张
megasoma [ˌmegəˈsəumə] (*mega-* + Gr. *sōma* body) 巨体
Megasphaera [ˌmegəˈsfiːrə] (*mega-* + Gr. *sphaira* ball) 巨球菌属
megasporangium [ˌmegəspəˈrændʒiəm] (pl. *megasporangia*) (*mega-* + Gr. *sporos* seed + *angeion* vessel) 巨孢子囊
megaspore [ˈmegəspɔː] (*mega-* + Gr. *sporos* seed) ❶ 大孢子;❷ 大分生孢子;❸ 雌配子
megastria [megˈæstriə] 巨胃
Megatrichophyton [ˌmegəˌtraikəˈfaitən] 巨毛癣菌属
Megatrypanum [ˌmegəˈtripənəm] (*mega-* + Gr. *trypanon* borer) 巨锥虫亚属
megaunit [ˈmegəˌjunit] 兆单位
megaureter [ˌmegəjuəˈriːtə] 巨输尿管
megavitamin [ˌmegəˈvaitəmin] 大剂量维生素
megavolt [ˈmegəvəult] (*mega-* + *volt*) 兆伏(特);一百万(10^6)伏(特)
megavoltage [ˌmegəˈvəultidʒ] 巨电压
megestrol acetate [miˈdʒestrɔl] (USP) 醋酸甲地孕酮
Megimide [ˈmegimaid] 美解眠:贝美格制剂的商品名
Méglin's point [meiˈglænz] (J. A. *Méglin*, French physician, 1756-1824) 梅格兰氏点
meglumine [ˈmeglumiːn] (USP) 甲基葡胺
meglutol [ˈmeglutɔl] 羟甲戊二酸
megohm [ˈmegəum] (*mega-* + *ohm*) 兆欧(姆)
megophthalmos [megɔfˈθælmɔs] (*mega-* + Gr. *ophthalmos* eye) 巨眼,水眼
megrim [ˈmiːgrim] 偏头痛
mehlnährschaden [ˌmeilnɑːˈʃɑːdən] (Ger.) 谷粉营养障碍
meibomian cyst [maiˈbəumiən] (Heinrich *Meibom*, German anatomist, 1863-1700) 麦博姆囊肿(睑板腺囊肿)

meibomianitis [maiˌbəmiəˈnaitis] 睑板腺炎
meibomitis [ˌmaibəˈmaitis] 睑板腺炎
Meige's disease [ˈmeʒəz] (Henri *Meige*, French physician, 1866-1940) 迈热病
Meigs' capillaries [megz] (Arthur V. *Meigs*, Philadelphia physician, 1850-1912) 梅格斯毛细管
Meigs'syndrome [megz] (Joe Vincent *Meigs*, American surgeon, 1892-1963) 梅格斯综合征
meio- 减少,不足,减缩
meiogenic [ˌmaiəuˈdʒenik] (Gr. *meiosis* + *gennan* to produce) 引起减数分裂的
meiosis [miˈəusis] (Gr. *meiōsis* diminution) 减数分裂,成熟分裂
meiotic [maiˈɔtik] 减数分裂的
Meirowsky phenomenon [maiˈrəuski] (Emil *Meirowsky*, German-American dermatologist, 1876-1960) 麦罗斯基氏现象
Meissoner's corpuscles [ˈmaisnəz] (Georg *Meissner*, German physiologist, 1829-1905) 迈纳斯氏触觉小体
mel [mel] (L.) ❶ 蜂蜜;❷ 蜂浆
melagra [məˈlægrə] (Gr. *melos* limb + *agra* seizure) 肢痛
melalgia [məˈlældʒiə] (Gr. *melos* limb + *algia*) 肢痛
melancholia [ˌmelənˈkəuliə] (*melano-* + *cholē* bile) 忧郁症
 m. agitata, agitated m. 激越性忧郁症
 involutional m. 衰老期忧郁症,更年期忧郁症
melancholic [ˌmelənˈkɔlik] 忧郁的,忧郁症的
melancholy [ˈmelənˌkəli] 忧郁,忧郁症
melanedema [ˌmelæniˈdiːmə] (Gr. *melas* black + *edema*) 炭末沉着病(肺)
melanemesis [ˌmeləˈnemisis] (*melano-* + Gr. *emein* to vomit) 黑色呕吐
melanemia [ˌmeləˈniːmiə] (*melano-* + Gr. *haima* blood + *-ia*) 黑血(症)
Melania [məˈleiniə] 川蜷螺属
melanicterus [ˌmeləˈniktərəs] 黑色黄疸
melaniferous [ˌmeləˈnifərəs] (*melanin* + L. *ferre* to bear) 含黑色素的
melanin [ˈmelənin] (Gr. *melas* black) 黑

(色)素
　artificial m, factitious m. 人造色素
melanism ['melənizəm] 黑变病,黑色素沉着病
　industrial m. 工业性黑变病
　metallic m. 金属沉着病
melanistic [ˌmeləˈnistik] 黑变病的,黑色沉着病的
melan(o)- (Gr. *melas* gen. *melanos* black) 黑(的),黑素(的)
melanoacanthoma [ˌmelənəuˌækənˈθəumə] (*melano-* + *acanthoma*) 黑素棘皮瘤
melanoameloblastoma [ˌmelənəuəˌmeləblæsˈtəumə] (*melano-* + *ameloblastoma*) 黑色素成釉细胞瘤
melanoblast ['melənəuˌblæst] (*melano-* + *blast*)) 成黑素细胞
melanoblastoma [ˌmelənəublæsˈtəumə] (*melano-* + *blastoma*) 成黑素细胞瘤
melanoblastosis [ˌmelənəublæsˈtəusis] 成黑素细胞增多症
melanocarcinoma [ˌmelənəuˌkɑːsiˈnəumə] (*melano-* + *carcinoma*) 黑色素细胞癌
melanocyte ['melənəuˌsait] (*melano-* + *cyte*) 黑素细胞
　dendritic m. 树突状黑素细胞
melanocytic [ˌmelənəuˈsitik] 黑素细胞的
melanocytoma [ˌmelənəusaiˈtəumə] (*melanocyte* + *-oma*) 黑素细胞瘤
　compound m. 混合性黑素细胞瘤
　dermal m. 真皮黑素瘤:① 蓝痣;② 细胞性蓝痣
　m. of opitic disk 视盘黑素细胞瘤
melanocytosis [ˌmeləˌnəusaiˈtəusis] (*melanocyte* + *-osis*) 黑素细胞增多症
　oculodermal m. 眼、皮肤黑素细胞增多症
melanoderma [ˌmelənəuˈdəːmə] (*melano-* + Gr. *derma* skin) 黑皮瘤
　parasitic m. 寄生性黑皮病
　senile m. 老年性黑皮病
melanodermatitis [ˌmelənəuˌdəːməˈtaitis] (*melano-* + *dermatitis*) 黑皮炎
　m. toxica lichenoides 中毒性苔藓状黑皮炎
melanogen [məˈlænədʒən] (*melano-* + *-gen*) 黑素原

melanogenesis [ˌmelənəuˈdʒeinisis] (*melano-* + *-genesis*) 黑素生成
melanogenic [ˌmelənəuˈdʒenik] 黑素生成的
melanoglossia [ˌmelənəuˈglɔsiə] (*melano-* + Gr. *glōssa* tongue) 黑舌(病)
melanoid ['melənɔid] (*melan-* + *-oid*) ❶ 黑素样的;❷ 类黑素,人造黑素
Melanolestes [ˌmelənəuˈlestiːz] 小墨蝽
　M. picipes 刺唇蝽
melanoleukoderma [ˌmelənəuˌljuːkəˈdəːmə] (*melano-* + *leukoderma*) 黑白病,黑白斑
　m. colli 颈部黑白皮病,颈部梅毒性白斑
melanoma [ˌmeləˈnəumə] (*melan-* + *-oma*) 黑瘤,黑素瘤
　acral-lentiginous m. 肢端着色斑性黑素瘤
　amelanotic m. 无黑素性恶性黑素瘤
　benign juvenile m. 良性幼年型黑素瘤
　benign uveal m. 良性葡萄膜黑素瘤
　Cloudman's m. S91 克罗德氏曼黑素瘤S91
　Harding-Passey m. 哈-皮二氏黑素瘤
　intraocular m. 眼内黑素瘤
　juvenile m. 幼年型黑素瘤
　lentigo maligna m. 恶性小痣
　malignant m. 恶性黑素瘤
　mucosal m. 粘膜黑素瘤
　nodular m. 结节性黑素瘤
　ocular m., ocular malignant m. 眼内黑素瘤,眼内恶性黑素瘤
　subungual m. 甲床黑素瘤,黑变性瘭疽
　superficial spreading m. 浅表扩展性黑素瘤
　uveal m., uveal malignant m. 葡萄膜黑素瘤,葡萄膜恶性黑素瘤
melanomatosis [ˌmeləˌnəuməˈtəusis] 黑(素)瘤病
melanomatous [ˌmeləˈnɔmətəs] 黑(素)瘤的
melanonychia [ˌmelənəuˈnikiə] (*melan-* + *onychia*) 黑甲
melanophage ['melənəuˌfeidʒ] (*melano-* + *-phage*) 噬黑素细胞
melanophore ['melənəufɔː] (*melano-* + *-phore*) 黑素细胞

melanophorin [ˌmeləˈnɔfərin] 黑素细胞刺激素

melanoplakia [ˌmelənəuˈpleikiə] (melano- + Gr. *plax* plate + -ia) 粘膜黑斑

melanoptysis [ˌmeləˈnɔptisis] (melano- + Gr. *ptyein* to spit) 咳黑痰

melanorrhagia [ˌmelənəuˈreidʒiə] (Gr. *rhegnynae* to burst forth) 黑粪症

melanorrhea [ˌmelənəuˈriːə] (Gr. *rhoea* flow) 黑粪症

melanosis [ˌmeləˈnəusis] (melano- + -osis) 黑变病,黑素沉着病
  m. **bulbi** 眼球黑变病
  circumscribed precancerous m. of Dubreuilh 杜氏局限性癌前黑素沉着病
  m. **coli** 结肠黑变病
  m. **iridis**, m. of the iris 虹膜黑变病
  neurocutaneous m. 神经(与)皮肤黑素瘤
  m. **oculi** 眼黑变病
  oculocutaneous m. 眼皮肤黑变病
  Riehl's m. 里耳氏黑变病
  m. **sclerae** 巩膜黑变病
  tar m. 焦油性黑变病

melanosome [ˈmelənəˌsəum] (melano- + -some) 黑素体,黑素粒

melanotic [ˌmeləˈnɔtik] 黑变病的,黑素沉着病的

melanotrichia [ˌmelənəuˈtrikiə] (melano- + Gr. *thrix* hair + -ia) 毛发黑,黑毛发
  m. **linguae** 黑舌(病)

melanotroph [ˈmelənəuˌtrɔf] (melano- + Gr. *trophē* nourishment) 促黑素细胞

melanotropic [ˌmelənəuˈtrɔpik] (melano- + tropic) 向黑(色)素的

melanotropin [ˈmelənəuˌtrɔpin] 黑素细胞刺激素

melanthin [meˈlænθin] 毛茛籽皂素

melanuresis [ˌmeləˌnjuəˈriːsis] 黑尿

melanuria [ˌmeləˈnjuəriə] (melan- + uria) 黑尿

melanuric [ˌmeləˈnjuərik] 黑尿的

melarsoprol [məˈlɑːsəprɔl] 硫肿蜜胺

melasma [məˈlæzmə] (Gr. *melas* black) 黑斑病
  m. **addisonnii** 阿狄森氏(黑斑)病
  m. **suprarenale** 肾上腺性黑斑病

melatonin [ˌmeləˈtəunin] 褪黑激素

melatrophy [meləˈtrɔfi] (Gr. *melos* lim + *atrophy*) 肢萎缩

Meleda disease [ˈmelədə] (Meleda, a small island in the easten Adriatic Sea, where the condition is prevalent because of intermarriage) 梅勒达病

melena [məˈliːnə] (Gr. *melaina*, feminine of Gr. *melas* black) ❶ 黑粪症;❷ 呕黑
  m. **neonatorum** 新生儿黑粪症
  m. **spuria** 假性黑粪症
  m. **vera** 真性黑粪症

Meleney's ulcer [meˈliːniz] (Frank Lamont Meleney, American surgeon, 1889-1963) 米里尼氏溃疡

melengestrol acetate [melənˈdʒestrɔl] 醋酸甲烯雌醇

melenic [məˈliːnik] 黑粪症的

melezitose [məˈlezitəus] 松三糖

meli- (Gr. *meli*, gen. *melitos* honey) 蜜,甜

melibiase [ˌmeliˈbaieis] 蜜二糖酶,半乳糖苷酶

melibiose [ˌmcliˈbaiəus] 蜜二糖

melicera [ˌmeliˈsirə] (Gr. *meli* honey + *kēros* swax) ❶ 蜜样囊;❷ 粘稠的,糖浆状的

meliceris [ˌmeliˈsiəris] (Gr. *meli* honey + *kēros* swax) ❶ 蜜样囊;❷ 粘稠的,糖浆状的

melilotoxin [ˌmeliləˈtɔksin] 草木犀毒素,双香豆素

melioidosis [ˌmeliɔiˈdəusis] (Gr. *mēlis* a distemper of asses + *eidos* resemblance + -osis) 类鼻疽

Melissa [məˈlisə] (Gr. "bee") 蜜蜂花属,滇荆芥属

melissotherapy [məˌlisəuˈθerəpi] (Gr. *melissa* bee + *therapy*) 蜂毒疗法

melitemia [ˌmeliˈtiːmiə] (Gr. *meli* honey + *aema* blood) 血糖过多症,高血糖症

melitis [məˈlaitis] (Gr. *mēlon* cheek + -*itis*) 颊炎

melit(o)- 蜜,糖

melitoptyalism [ˌmelitəˈtaiəlizəm] (meli- + ptyal- + -ism) 糖涎

melitoptyalon [ˌmelitəˈtaiəlɔn] 糖涎

melitose [ˈmelitəus] 蜜三糖,棉子糖

melitracen hydrochloride [ˌmeliˈtreisən] 盐酸四甲基蒽丙胺:三环类抗抑郁药

melizame ['melizeim] 四唑氧酚:甜化剂
Melkersson's syndrome ['melkəsənz] (Ernst Gustaf *Melkersson*, Swedish physician, 1898-1932) 美尔克森氏综合征
Melkersson-Rosenthal syndrome ['melkəsən 'rəuzəntɑ:l] (Ernst Gustaf *Melkersson*; Curt *Rosenthal*, German psychiatrist, 20th century) 美-罗二氏综合征
Mellaril ['meləril] 美乐里:盐酸甲硫达嗪制剂的商品名
mellitum [mə'laitəm] (pl. *melliti*) (L.) 蜜剂
mellituria [ˌmeli'tjuəriə] 糖尿
mel(o)- (Gr. limb) 肢
melodidymus [ˌmelə'daidiməs] (Gr. *melos* limb + *-didymos* twin) 额外肢畸胎
melomelus [mə'lɔmələs] (Gr. *melos* limb + *melos* limb) 赘肢畸胎
melonoplasty [mə'lɔnəˌplæsti] 颊成形术
Melophagus [mə'lɔfəgəs] 蜱蝇属
　M. **ovinus** 羊蜱蝇
meloplasty ['meləˌplæsti] (Gr. *mēlon* cheek + *plassein* to form) 颊成形术
melorheostosis [ˌmelərɪəs'təusis] (Gr. *melos* limb + *rhein* to flow + *osteon* bone) 肢骨纹状肥大
melosalgia [ˌmelə'sældʒiə] (Gr. *melos* limb + *-algia*) 下肢痛
meloschisis [mə'lɔskisis] (Gr. *mēlon* cheek + *-schisis*) 巨口,颊横裂
melosis [mə'ləusis] (Gr. *mele* probe) 试探,探子检查
melotia [mə'ləuʃiə] (Gr. *mēlon* cheek + *ous* ear + *-ia*) 颊耳畸形
Melotte's metal [mə'lɔts] (George W. *Melotte*, American dentist, 1835-1915) 梅洛特合金
melphalan ['melfələn] (USP) 左旋溶肉瘤素,左旋苯丙氨酸氮芥
melting ['meltiŋ] ❶ 熔化;❷ 解链
Meltzer's sign ['meltsəz] (Samuel James *Meltzer*, American physiologist, 1851-1920) 梅尔泽氏征
member ['membə] (L. *membrum*) ❶ 肢体;❷ 肢
memberment ['membəmənt] 各部配列式
membra ['membrə] (L.) 肢,肢体。

membrum 的复数形式
membrana [məm'brɑ:nə] (gen. 和 pl. *membranae*) (L.) 膜
m. **abdominis** 腹膜
m. **adamantina** 釉质膜,原发性釉护膜
m. **adventitia** ① 血管外膜;② 包蜕膜
m. **agnina** 羊膜
m. **atlanto-occipitalis anterior** (NA) 寰枕前膜
m. **atlanto-occipitalis posterior** (NA) 寰枕后膜
m. **basalis** 基膜
m. **basalis ductus semicircularis** (NA) 半规管基底层
m. **basilaris ductus cochlearis** 蜗管基底层
m. **caduca** 蜕膜
m. **capsularis** 关节囊
m. **choriocapillaris** 脉络膜毛细血管层
m. **cricovovalis** (NA) 弹性圆锥
membranae deciduae (L.) 蜕膜
m. **elastica laryngis** 喉弹性膜
m. **epipapillaris** 乳头上膜
m. **fibro-elastica laryngis** (NA) 喉弹性纤维膜
m. **fibrosa capsulae articularis** (NA) 关节囊纤维膜
m. **flaccida** 鼓膜松弛部,松弛膜
m. **fusca** 棕黑膜,巩膜棕黑层
m. **germinativa** 胚盘,胚层
m. **granulosa** 粒层,粒层
m. **granulosa externa** 视网膜外粒层
m. **granulosa interna** 视网膜内粒层
m. **hyaloidea** 玻璃体膜
m. **hyothyreoidea** 甲状舌骨膜
m. **intercostalis externa** (NA) 肋间外韧带,肋间外膜
m. **intercostalis interna** (NA) 肋间内韧带,肋间内膜
m. **interossea antebrachii** (NA), m. **interossea antibrachii** 前臂骨间膜
m. **interossea cruris** (NA) 小腿骨间隙
m. **limitans** 界膜
m. **mucosa nasi** 鼻粘膜
m. **mucosa vesicae felleae** 胆囊粘膜层
m. **nictitans** ① 结膜半月形皱襞;② 瞬膜
m. **obturatoria** (NA) 闭孔膜

m. obturatoria (stapedis) 镫骨膜
m. obturatrix 闭孔膜
m. perforata 穿孔膜
m. perinei (NA) 会阴筋膜
m. pituitosa 鼻粘膜
m. propria 固有膜,基膜
m. propria ductus semicirularis (NA) 半规管固有膜
m. pupillaris (NA) 瞳孔膜
m. quadrangularis (NA) 方膜
m. reticularis ductus cochlearis (NA), m. reticulata 蜗管网状膜
m. ruyschiana 脉络膜毛细管层
m. sacciformis 囊状膜,囊状隐窝
m. serosa ①浆膜;② 绒(毛)膜
m. serotina 基脱膜
m. spiralis ductus cochlearis 蜗管螺旋膜
m. stapedialis (NA), m. stapedis 镫骨膜
m. statoconiorum macularum (NA) 耳石膜
m. sterni (NA) 胸骨膜
m. succingens 胸膜
m. suprapleuralis (NA) 胸膜上膜
m. synovialis capsulae articularis (NA) 关节囊滑膜
m. synovialis inferior 下滑膜
m. synovialis superior 上滑膜
m. tectoria (NA) 覆膜,盖膜
m. tectoria ductus cochlearis (NA) 蜗管覆膜
m. tensa 鼓膜紧张部
m. thyrohyoidea (NA) 甲关舌骨膜
m. tympani, m. tympanica (NA) 鼓膜
m. tympani secundaria (NA) 第二鼓膜
m. vestibularis ductus cochlearis 耳蜗管前庭膜
m. vibrans 鼓膜紧张部
m. vitellina 卵黄膜
m. vitrea (NA) 玻璃体膜
membranaceous [ˌmembrəˈneiʃəs] (L. *membranaceus*) 膜性的
membranae [memˈbreini:] (L.) 膜。 *membrana* 复数和所有格形式
membranate [ˈmembrəneit] 膜性的
membrane [ˈmembrein] 膜
abdominal m. 腹膜

accidental m. 假膜
adamantine m. 釉质膜
alveolocapillary m. 肺泡毛细血管膜
alveolodental m. 牙周膜
anal m. 虹膜、虹板
anhistous m. 蜕膜
animal m. 动物膜
aponeurotic m. 腱膜
arachnoid m. 蛛网膜
Ascherson's m. 阿歇尔森氏乳脂球膜
asphyxial m. 窒息膜
atlanto-occipital m. anterior 寰枕前膜
atlanto-occipital m. posterior 寰枕后膜
basal m. of semicircular duct 半规管基底层
basement m. 基膜
basilar m. of cochlear duct 蜗管基底层
Bichat's m. 比沙氏膜,内弹性膜(动脉内膜中)
birth m's 衣胞
Bowman's m. 鲍曼氏膜,前弹性层(角膜)
Bruch's m. 脉络膜基底复合层
Brunn's m. 布龙氏膜
bucconasal m. 颊鼻膜,口鼻膜
buccopharyngeal m. 颊咽膜,口板:① 咽基底部筋膜;② 口咽膜
capsular m. 关节囊
capsulopupillary m. 囊瞳孔膜
cell m. 细胞膜
chorioallantoic m. 绒(毛)膜尿囊
chromatic m. 染色质膜
cloacal m. 泄殖腔膜,一穴肛膜
complex m. 复膜
compound m. 复合膜
Corti's m. 柯替氏膜
costocoracoid m. 喙锁筋膜
cribriform m. 筛状膜
cricothyroid m., cricovocal m. 环甲膜,弹性圆锥
croupous m. 格鲁布膜
cyclitic m. 睫状体炎性假膜
cytoplasmic m. 胞质膜
Debove's m. 德博夫氏膜
decidual m's, deciduous m's 蜕膜
dentinoenamel m. 牙质釉质膜
Descemet's m. 德斯密氏膜,后弹性膜
diphtheritic m. 白喉膜

drum m. 鼓膜
egg m. 卵膜
elastic m. 弹性囊
elastic m., external 外弹性膜
elastic m., internal 内弹性膜
enamel m. ①牙护膜；②釉膜
endoneural m. 神经鞘，神经膜
endoral m. 口内膜
excitable m. (可)兴奋膜
exocoelomic m. 胚外体腔膜
extraembryonic m's 胚外膜
false m. 假膜
fenestrated m. 窗膜
fertilization m. 受精膜
fetal m's 胎膜
fibroelastic m. of larynx 喉弹性膜
fibrous m. of articular capsule 关节囊纤维膜
germinal m. 胚盘，胚层
glassy m. ①玻璃膜；②脉络膜基底层；③透明膜
glomerular m. 小球膜
gradocol m's 超滤膜
ground m. 基膜
Haller's m. 海勒氏膜，脉络膜血管层
Hannover's intermediate m. 汉诺佛氏中间膜
hemodialyzer m. 血液透析器膜
Henle's m. 汉勒氏膜
Henle's elastic m. 汉勒氏弹性膜，动脉外弹性膜
Henle's fenestrated m. 汉勒氏窗膜，内弹性膜
Heuser's m. 霍伊塞尔氏膜，胚外体腔膜
high flux m. 高流量膜
Huxley's m. 赫胥黎氏层
hyaline m. 透明膜
hyaloid m. 玻璃体膜
hymenal m. 处女膜
hyoglossal m. 舌骨舌膜
hyothyroid m. 甲状舌骨膜
intercostal m., external 肋间外韧带
intercostal m., internal 肋间内韧带
interosseous m., radioulnar, interosseous m. of forearm 前臂骨间膜
interosseous m. of leg 小腿骨间膜
interspinal m's 棘间韧带
intersutural m. 缝间膜

ion-selective m. 离子选择膜
Jackson's m. 杰克逊氏膜
Jacob's m. 雅各布氏膜
keratogenous m. 甲床
Kölliker's m. 克利克尔氏膜，蜗管网状膜
Krause's m. 克劳泽氏膜
ligamentous m. 盖膜
limiting m. 界膜
limiting m., external 外界膜
limiting m., inner, limiting m., internal ①内界膜；②衬于胚胎神经管内表面的膜
limiting m., outer 外界膜
Mauthner's m. 毛特讷氏膜，轴膜
medullary m. 骨内膜
mucocutaneous m. 皮粘膜
mucous m. 粘膜
mucous m., proper 粘膜固有层
mucous m. of colon 结肠粘膜
mucous m. of esophagus 食管粘膜
mucous m. of gallbladder 胆囊粘膜
mucous m. of mouth 口腔粘膜
mucous m. of pharynx 咽粘膜
mucous m. of rectum 直肠粘膜
mucous m. of small intestine 小肠粘膜
mucous m. of stomach 胃粘膜
mucous m. of tongue 舌粘膜
mucous m. of ureter 输尿管粘膜
mucous m. of urinary bladder 膀胱粘膜
Nasmyth's m. 内斯密思氏膜
nictitating m. 瞬膜
nuclear m. 核膜
oblique m. of forearm 前臂斜膜
obturator m. 闭孔膜
obturator m. of atlas, anterior 寰枕前膜
obturator m. of atlas, posterior 寰枕后膜
obturator m. of larynx 甲状舌骨膜
occipitoaxial m., long 盖膜
olfactory m. 嗅膜
oral m. 咽颊底筋膜
oronasal m. 口鼻膜
oropharyngeal m. 口咽膜
ovular m. 卵黄膜
palatine m. 腭膜
pansporoblastic m. 泛成孢子细胞膜
paroral m. 口旁膜

pericolic m., pericolonic m. 结肠周膜
peridental m. 牙周膜
perineal m., m of perineum 会阴膜
periodontal m. 牙周膜
periorbital m. 眶周膜
peritrophic m. 围食膜
pharyngeal m., pharyngobasilar m. 咽膜,咽颅底筋膜
pituitary m. of nose 鼻粘膜
placental m. 胎盘膜
plasma m. 质膜,细胞膜
platelet demarcation m. 血小板分界膜
pleuropericardial 胸心包(隔)膜
pleuroperitoneal m. 胸腹(隔)膜
postsynaptic m. 突触后膜
presynaptic m. 突触前膜
proper m. of semicircular duct 半规管固有膜
prophylactic m. 防脓膜
pseudoserous m. 假浆膜
pulmonary hyaline m. 肺透明膜,透明膜
pupillary m. 瞳孔膜
pyogenic m. 脓膜
pyophylactic m. 防脓膜
quadrangular m. 四方形膜
Reissner's m. 赖斯纳膜,前庭膜
reticular m., reticulated m. 网状膜
m. of round window 圆窗膜
Ruysch's m., ruyschian m. 鲁伊施氏膜
Scarpa's 斯卡纳氏膜,第二鼓膜
schneiderian m. 施耐德氏膜,鼻粘膜
Schwann's m. 许旺氏鞘,(神经)髓鞘
semipermeable m. 半透膜
serous m. 浆膜
shell m. 壳膜
Shrapnell's m. 希拉普内尔氏膜,鼓膜松弛部
m. of Slavianski 玻璃膜
slit m. 裂孔膜
spiral m. of cochlear duct 蜗管螺旋膜
stapedial m. 镫骨膜
statoconic m. of maculae 位觉砂膜,耳石膜
sternal m., m. of sternum 胸骨膜
striated m. 透明带
subepithelial m. 基膜
submucous m. 粘膜下层
submucous m. of stomach 胃粘膜下层

suprapleural m. 胸膜上膜
synaptic m. 突触膜
synovial m., inferior 下滑膜
synovial m., superior 上滑膜
synovial m. of atricular capsule 关节囊滑膜
tarsal m. 睑板
tectorial m. 盖膜
tectorial m. of cochlear duct 蜗管盖膜
tendinous m. 腱膜
Tenon's m. 特农氏膜
thyrohyoid m. 甲状舌骨膜
Traube's m. 特劳伯氏膜
tympanic m. 鼓膜
tymapnic m., secondary 第二鼓膜
undulating m. 波动膜
unit m. 单元膜
vascular m. of viscera 内脏血管膜
vernix m. 胎脂膜
vestibular m. of cochlear duct 蜗管前庭部
virginal m. 处女膜
vitelline m. 卵黄膜
vitreous m. ① 玻璃体膜;② 脉络膜基底层;③ 角膜后弹性层;④ 透明膜
Volkmann's m. 福尔克曼氏膜
Wachendorf's m. ① 瓦肯多夫氏膜; ② 质膜
yolk m. 卵黄膜
Zinn's m. 秦氏膜(腱状小带)
membranectomy [ˌmembrəˈnektəmi] 膜切除术
membranelle [ˌmembrəˈnel] 微膜,小膜
adoral zone of m's 微膜近口区
membraniferous [memˈbrænifərəs] (membrane + L. ferre to bear) 有膜的
membraniform [məmˈbreinifɔːm] 膜样的,膜状的
membranin [ˈmembrənin] 膜蛋白,酵母菌纤维素
membranocarneous [ˌmembrənəˈkɑːniəs] (L. carncus fleshy) 膜(与)肉性的
membranocartilaginous [ˌmembrənəʊˌkɑːtiˈlædʒinəs] 膜(与)软骨性的
membranoid [ˈmembrənɔid] 膜样的
membranolysis [ˌmembreiˈnɔlisis] 膜溶解
membranous [ˈmembrənəs] (L. membranosus) 膜的

membroid ['membrɔid] 膜囊剂

membrum ['membrəm] (pl. *membra*) (L.) 肢,肢体
- m. **inferius** (NA) 下肢
- m. **muliebre** 阴蒂
- m. **superius** (NA) 上肢
- m. **virile** 阴茎

memory ['meməri] (L. *memoria*) 记忆(力)
- **anterograde** m. 远事记忆,顺应性记忆
- **echoic** m. 回声记忆
- **eye** m. 视觉记忆
- **iconic** m. 图象记忆
- **immediate** m. 短期记忆
- **immunologic** m. 免疫性记忆
- **kinesthetic** m. 动觉记忆
- **long-term** m. 长期记忆
- **motor** m. 动觉记忆
- **physiological** m. 生理记忆
- **remote** m. 远事记忆
- **replacement** m. 替代记忆
- **screen** m. 筛选记忆
- **short-term** m. 短期记忆
- **visual** m. 视觉记忆

memotine hydrochloride ['meməutiːn] 盐酸甲氧苯异喹:一种抗病毒制剂

MEN (multiple endocrine neoplasia 的缩写) 多发性内分泌肿瘤

menacme [mə'nækmi] (Gr. *mēn* month + *akmē* top) ❶ 月经活动度; ❷ 经潮期

menadiol [ˌmenə'daiəl] 氢化甲萘酯,甲萘二酚
- m. **sodium diphosphate** (USP) 氢化甲萘醌二磷酸钠

menadione [ˌmenə'daiəun] (USP) 甲萘醌
- m. **sodium bisulfite** 亚硫酸氢钠甲萘醌

Menagen ['menədʒən] 梅纳金:雌激素制剂的商品名

menalgia [mə'nældʒiə] (Gr. *mēn* month + *-algia*) 痛经

menaphthone [mə'næfθəun] 甲萘醌,维生素 K_3

menaquinone [ˌmenə'kwinəun] 甲基萘醌类,维生素 K_2

menarchal [mə'nɑːkəl] 月经初潮的

menarche [mə'nɑːki] (Gr. *mēn* month + *archē* beginning) 月经初潮

menarcheal [mə'nɑːkiəl] 月经初潮的

menarchial [mə'nɑːkiəl] 月经初潮的

Mendel's laws ['mendəlz] (Gregor Johann *Mendel*, Austrian monk and naturalist, 1822-1884) 孟德尔定律

Mendel's reflex ['mendəlz] (Kurt *Mendel*, German neurologist, 1874-1946) 孟德尔氏反射

Mendel's test ['mendəlz] (Felix *Mendel*, German physician, 1862-1912) 孟德尔氏试验(结核菌素皮内试验)

Mendel-Bekhterev reflex ['mendəl bek'tejev] (Kurt *Mendel*; V. M. *Bekhterev*, Russian neurologist, 1857-1927) 孟-别二氏反射

Mendeléeff's (Mendeleev's) law [ˌmendə'leifs] (Dimitri Ivanovich *Mendeléeff*, Russian chemist, 1834-1907) 门捷列夫氏定律(周期律)

mendelevium [ˌmendə'liːviəm] (Dimitri Ivanovich *Mendeléeff*) 钔

mendelian [men'diːliən] 孟德尔的

mendelism ['mendəlizəm] 孟德尔氏遗传学说

mendelizing ['mendəˌlaiziŋ] 孟德尔化

Mendelson's syndrome ['mendəlsənz] (Curtis Lester *Mendelson*, American obstetrician and gynecologist, born 1913) 门德尔森氏综合征

Mendocutes [mən'dɔkjutiz] 原始(细)菌属

Mendosicutes [ˌmendə'saikjutiz] 原始(细)菌属

menelipsis [ˌmeni'lipsis] 停经,月经暂停

Menest ['miːnist] 美奈思:酯化磷激素制剂的商品名

Ménétrier's disease [meiˌneitri'ɛəz] (Pierre *Ménétrier*, French physician, 1859-1935) 梅内特里埃氏病,胃巨皱襞症

Menformon ['menfəmən] 门佛蒙:雌酮制剂的商品名

Menge's pessary ['mengəz] (Karl *Menge*, German gynecologist, 1864-1945) 门格氏手术

Mengo encephalomyelitis ['mengəu] (*Mengo* district in Uganda, where the disease was first seen in 1948) 门格脑脊髓炎

menhidrosis [ˌmenhi'drəusis] (Gr. *mēn* month + *hidrōs* sweat) 月经代偿性出

汗,出汗倒经
menidrosis [ˌmeniˈdrəusis] 出汗倒经
Meniere's disease [ˌmeniˈɛəz] (Prosper Meniere, French physician, 1799-1862) 美尼尔氏病
meningeal [məˈnindʒiəl] 脑(脊)膜的
meningematoma [məˌnindʒeməˈtəumə] 硬脑(脊)膜血肿
meningeocortical [məˌnindʒiəˈkɔːtikəl] 脑膜脑皮层的
meningeoma [məˌnindʒiˈəumə] 脑(脊)膜瘤
meningeorrhaphy [məˌnindʒiˈɔrəfi] (Gr. mēninx membrane + rhaphē suture) 脑(脊)膜缝合术
meninges [məˈnindʒiːz] (Gr., pl. of mēninx membrane) (NA) 脑(脊)膜
meninginitis [ˌmenindʒiˈnaitis] 软脑膜炎
meninghematoma [məˌninheməˈtəumə] 脑(脊)膜血肿
meningioma [məˌnindʒiˈəumə] (meninges + -oma) 脑(脊)膜瘤
　angioblastic m. 成血管细胞性脑(脊)膜瘤,成血管细胞瘤
　cerebellopontine angle m. 小脑桥脑角脑膜瘤
　clival m. 斜坡脑膜瘤
　convexity m's 凸面脑膜瘤
　cystic m. 囊脑(脊)膜瘤
　falcine m., falx m. 镰脑膜瘤
　fibroblastic m. 脑(脊)膜成纤维细胞瘤
　fibrous m. 纤维性脑(脊)膜瘤
　meningotheliomatous m. 合胞体脑(脊)膜瘤
　m. of the olfactory groove 嗅沟脑膜瘤
　parasagittal m. 沿矢状面脑膜瘤
　posterior fossa m. 后窝脑膜瘤
　psammomatous m. 砂状性脑膜瘤
　m. of the sphenoid ridge 楔状嵴脑膜瘤
　suprasellar m. 蝶鞍上脑膜瘤
　syncytial m. 合胞体脑脊膜瘤
　tentorial m. 幕脑膜瘤
　transitional m. 过渡型脑膜瘤
　m. of the tuberculum sellae 鞍结节脑膜瘤
meningiomatosis [məˌnindʒiˌəuməˈtəusis] 多发性脑(脊)膜瘤,脑(脊)膜纤维瘤病
meningism [məˈnindʒizəm] 假性脑(脊)膜炎
meningismus [ˌmeninˈdʒaisməs] 假性脑(脊)膜炎
meningitic [ˌmeninˈdʒaitik] 脑(脊)膜炎的
meningitides [ˌmeninˈdʒaitidiːz] 脑脊膜炎。meningitis 的复数形式
meningitis [ˌmeninˈdʒaitis] (pl. meningtides) (Gr. mēninx membrane + -itis) 脑(脊)膜炎
　acute aseptic m. 急性无菌性脑(脊)膜炎
　aseptic m. 无菌性脑(脊)膜炎
　bacterial m. 细菌性脑(脊)膜炎
　basilar m. 基底性脑膜炎
　benign lymphocytic m. 良性淋巴细胞性脑(脊)膜炎
　m. carcinomatosa, carcinomatous m. 癌性脑膜炎
　cerebral m. 脑膜炎
　cerebrospinal m. 脑脊膜炎
　chronic m. 慢性脑膜炎
　cryptococcal m. 隐球菌性脑膜炎
　eosinophilic m. 嗜酸性脑膜炎
　epidemic cerebrospinal m. 流行性脑脊膜炎
　external m. 硬脑(脊)膜外层炎
　gummatous m. 树胶肿性脑膜炎
　Haemophilus influenzae m. 流行性嗜血杆菌性脑膜炎
　internal m. 硬脑(脊)膜内层炎
　lymphocytic m. 淋巴细胞性脑膜炎
　meningococcal m. 脑膜炎球菌性脑(脊)膜炎
　metastatic m. 移行性脑膜炎
　Mollaret's m. 莫拉里特氏脑膜炎
　mumps m. 流行性腮腺炎性脑膜炎
　m. necrotoxica reactiva 反应性坏死毒性脑膜炎
　occlusive m. 闭塞性脑膜炎
　m. ossificans 骨化性脑膜炎
　otitic m. 耳炎性脑膜炎
　parameningococcus m. 副脑膜炎球菌性脑膜炎
　plague m. 鼠疫性脑膜炎
　pneumococcal m. 肺炎球菌性脑膜炎
　purulent m. 化脓性脑膜炎
　pyogenic m. 生脓性脑膜炎
　Quincke's m. 急性无菌性脑膜炎

septicemic m. 败血症性脑膜炎
m. serosa circumscripta 局限性浆液性脑膜炎
spinal m. 脊髓膜炎
sterile m. 无菌性脑膜炎
m. sympathica 共感性脑膜炎
syphilitic m. 梅毒性脑膜炎
tubercular m., tuberculous m. 结核性脑膜炎
viral m. 病毒性脑膜炎

mening(o)- (Gr. *mēninx*, gen. *mēningos* membrane) 脑(脊)膜

meningoarteritis [mə,niŋgɔuˌɑːtəˈraitis] 脑膜动脉炎

meningocele [məˈniŋgəsiːl] (*meningo-* + Gr. *kēlē* hernia) 脑(脊)膜突出
anterior m. 脊膜前突出
cranial m. 脑膜突出
sacral m. 骶部脊膜突出
spinal m. 脊膜突出
spurious m, traumatic m. 假性脑膜突出 外伤性脑膜突出

meningocephalitis [mə,niŋgəuˌsefəˈlaitis] 脑膜脑炎

meningocerebritis [mə,niŋgəuˌseriˈbraitis] (*meningo-* + *cerebritis*) 脑膜脑炎

meningococcemia [mə,niŋgəukɔkˈsiːmiə] 脑膜炎球菌血症
acute fulminating m. 急性暴发性脑膜炎球菌血症

meningococci [mə,niŋgəuˈkɔksai] 脑膜炎球菌。*meningococcus* 的复数形式

meningococcin [mə,niŋgəuˈkɔksin] 脑膜炎球菌素

meningococcosis [mə,niŋgəukəuˈkəusis] 脑膜炎球病

meningococcus [mə,niŋgəuˈkɔkəs] (pl. *meningococci*) (*meningo-* + Gr. *kokkos* berry) 脑膜炎双球菌

meningocortical [mə,niŋgəuˈkɔːtikəl] 脑膜皮层的

meningocyte [məˈniŋgəˌsait] 脑膜(组织)细胞

meningoencephalitis [mə,niŋgəuənˌsefəˈlaitis] (*meningo-* + Gr. *enkephalos* brain + *-itis*) 脑膜脑炎
amebic m. 阿米巴脑膜脑炎
eosinophilic m. 嗜酸性脑膜脑炎
mumps m. 腮腺炎性脑膜脑炎
primary amebic m. 原发性阿米巴脑膜脑炎
toxoplasmic m. 弓形虫脑膜脑炎
syphilitic m. 梅毒性脑膜脑炎

meningoencephalocele [mə,niŋgəuənˈsefələsiːl] 脑膜脑突出

meningoencephalomyelitis [mə,niŋgəuənˌsefələuˌmaiəˈlaitis] (*meningo-* + Gr. *enkephalos* brain + *myelos* marrow + *-itis*) 脑脊膜脑脊髓炎

meningoencephalomyelopathy [mə,niŋgəuənˌsefələuˌmaiəˈlɔpəθi] 脑脊膜脑脊髓病

meningoencephalopathy [mə,niŋgəuənˌsefəˈlɔpəθi] 脑膜脑病

meningofibroblastoma [mə,niŋgəuˌfaibrəublæsˈtəumə] 脑(脊)膜成纤维细胞瘤, 脑(脊)膜瘤

meningogenic [mə,niŋgəuˈdʒenik] (*meningo-* + Gr. *gennan* to produce) 脑膜源性

meningoma [ˌmeninˈgəumə] 脑(脊)膜瘤

meningomalacia [mə,niŋgəuməˈleiʃiə] (*meningo-* + Gr. *malakia* softness) 脑膜软化

meningomyelitis [mə,niŋgəuˌmaiəˈlaitis] (*meningo-* + Gr. *myelos* marrow + *-itis*) 脊髓脊膜炎
syphilitic m. 梅毒性脊髓脊膜炎

meningomyelocele [mə,niŋgəuˈmaiələuˌsiːl] 脊髓脊膜突出

meningomyeloencephalitis [mə,niŋgəuˌmaiələuənˌsefəˈlaitis] 脑脊膜脑脊髓炎

meningomyeloradiculitis [mə,niŋgəuˌmaiələurəˌdikjuˈlaitis] (*meningo-* + *myelo-* + *radiculitis*) 脊膜脊髓神经根炎

meningomyelorrhaphy [me,niŋgəuˌmaiəˈlɔːrəfi] (Gr. *rhaphe* suture) 脊髓膜, 脊髓缝合术

meningo-osteophlebitis [mə,niŋgəuɔstiəuflə'baitis] (*meningo-* + Gr. *osteon* bone + *phleps* vein + *-itis*) 骨膜骨静脉炎

meningopathy [ˌmeninˈgɔpəθi] (*meningo-* + Gr. *pathos* disease) 脑(脊)膜病

meningopneumonitis [mə,niŋgəunjuməˈnaitis] 脑膜肺炎

meningorachidian [mə,niŋgəurəˈkidiən] (*meningo-* + Gr. *rhachis* spine) 脊膜脊髓的

meningoradicular [mə,niŋɡəurə'dikjulə] (*meningo-* + L. *radix* root) 脑脊膜(脑脊)神经根的

meningoradiculitis [mə,niŋɡəurə,dikju'laitis] 脊膜(脊)神经根炎

meningorecurrence [mə,niŋɡəuri'kʌrəns] (梅毒)脑膜再发

meningorrhagia [mə,niŋɡəu'reidʒiə] (*meningo-* + Gr. *rhēgnynai* to break) 脑(脊)出血

meningorrhea [mə,niŋɡəu'ri:ə] (*meningo* + *-rrhea*) 脑(脊)膜渗血

meningosis [,menin'ɡəusis] (骨间)膜性附着

meningothelioma [mə,niŋɡəuθi:li'əumə] 脑(脊)膜瘤

meningotyphoid [me,niŋɡəu'taifɔid] 脑膜型伤寒

meningovascular [mə,niŋɡəu'væskjulə] 脑(脊)膜血管的

meninx ['mi:niŋks] (Gr. *mēninx* membrane) 脑(脊)膜

meniscal [mə'niskəl] 半月板的

meniscectomy [,meni'sektəmi] 半月板切除术

menischesis [,meni'ski:sis] 闭经

menisci [mə'nisi] (L.) 半月板。*meniscus* 的复数形式

meniscitis [,meni'saitis] 半月板炎

meniscocyte [mə'niskəsait] (Gr. *mēniskos* crescent + *-cyte*) 新月形红细胞,镰状红细胞

meniscocytosis [mə,niskəsai'təusis] 新月形红细胞症,镰状红细胞性贫血

meniscosynovial [mə,niskəsi'nəuviəl] 半月板滑膜的

meniscus [mə'niskəs] (pl. *menisci*) (L. from Gr. *mēniskos* crescent) ❶ 弯月面, 新月面;❷ (NA)半月板

 m. of acromioclavicular joint 肩锁骨关节半月板

 articular m., m. articularis (NA) 关节半月板

 converging m. 会聚透镜,正透镜

 discoid m., discoid lateral m. (外侧)盘状半月板

 diverging m. 分散透镜,负透镜

 m. of inferior radioulnar joint 下桡尺关节半月板

 joint m. 关节半月板

 Kuhnt's m. 昆特氏凹陷

 lateral m. of knee joint, m. lateralis articulationis genus (NA) 膝关节外侧半月板

 medial m. of knee joint, m. medialis articulationis genus (NA) 膝关节内侧关月板

 negative m. 负透镜

 positive m. 正透镜

 m. of sternoclavicular joint 胸锁关节半月板

 tactile m., m. tactus (NA) 触盘,触角半月板

 m. of temporomandibular joint 颞颌关节半月板

Menispermum [,meni'spə:məm] (Gr. *mēnē* moon + *sperma* seed) 蝙蝠葛属

Menkes' syndrome ['meŋkəz] (John H. Menkes, American physician, born 1928) 门格氏综合征

Mennell'sign ['menəlz] (James Beaver Mennell, English physician, 1880 – 1957) 梅奈尔氏征

men(o)- (Gr. *mēm* month) 月经

menolipsis [,menəu'lipsis] 停经

menometastasis [,menəumi'tæstəsis] 倒经,代偿性月经

menometrorrhagia [,menəu,metrə'reidʒiə] 月经过多

menopausal [,menə'pɔzəl] 绝经的

menopause ['menəpɔ:z] (*meno-* + *pausis* cessation) 绝经

 artifical m. 人工绝经

 m. praecox 早发绝经

menoplania [,menəu'pleiniə] (*meno-* + Gr. *planē* deviation) 异位月经,代偿性月经

menorrhagia [,menə'reidʒiə] (*meno-* + *rhēgnynai* to burst forth) 月经过多

menorrhalgia [menə'rældʒiə] (*menorrhea* + *-algia*) 痛经

menorrhea [,menə'ri:ə] (*meno-* + Gr. *rhoia* flow) ❶ 行经,月经;❷ 月经过多

menorrheal [,menə'ri:əl] 行经的,月经过多的

menoschesis [mə'nɔskəsis] (*meno-* + Gr. *schesis* retention) 经闭

menosepsis [ˌmenəˈsepsis] (Gr. *sepsis* decay) 月经留滞中毒,月经败血症
menostasia [ˌmenəˈsteiziə] 经闭,绝经
menostasis [ˌmenəˈsteisis] 经闭,绝经
menostaxis [ˌmenəˈstæksis] (*meno-* + Gr. *staxis* a dropping, dripping) 经期延长
menotropins [ˌmenəˈtrɔpinz] (USP) 促卵泡激素,促配子成熟素
menoxenia [ˌmenɔkˈsiːniə] (*meno-* + Gr. *xenos* strange) 月经异常
mens [menz] (L. "mind") (pl. *mentis*) 心,精神
mensa [ˈmensə] (L. "table") ❶ 桌,食桌;❷ (白齿)嚼面
mensalis [məˈsælis] 斜方肌
Menrium [ˈmenriəm] 门列:甲氨二氮䓬和水溶性脂化雌激素制剂的商品名
menses [ˈmensiːz] (L. pl. of *mensis* month) 月经
menstrual [ˈmenstruəl] (L. *menstrualis*) 月经的
menstruant [ˈmenstruənt] 有月经者
menstruate [ˈmenstrueit] (L. *menstruare*) 行经
menstruation [ˌmenstruˈeiʃən] 月经,行经
　anovular m., anovulatory m. 无卵性月经,不排卵性月经
　delayed m. 初经迟延
　difficult m. 月经困难
　infrequent m. 月经稀少
　nonovulational m. 无卵性月经,不排卵性月经
　profuse m. 月经过多
　regurgitant m. 逆行月经
　retrograde m. 逆行月经
　scanty m. 月经过少
　supplementary m. 附加性月经
　suppressed m. 经闭
　vicarious m. 代偿性月经,异位月经
menstruous [ˈmenstruəs] 月经的,行经的
menstruum [ˈmenstruəm] (L. *menstruus* menstruous) 溶媒
　Pitkin m. 皮特金氏溶媒
mensual [ˈmensjuəl] (L. *mensis* month) 按月的,每月的
mensuration [ˌmensjuˈreiʃən] (L. *mensuratio*; *mensura* measure) 测量,测诊
mentagrophyton [ˌmentəˈɡrɔfitɔn] (L. *mentagra* sycosis + Gr. *phyton* plant) 须疮菌
mental [ˈmentəl] ❶ (L. *mens* mind) 精神的,智力的,心理的;❷ (L. *mentum* chin) 颏的
mentalis [menˈteilis] (L.) 颏的
mentality [menˈtæliti] ❶ 智力,智能;❷ 思维方式,智力型
mentation [menˈteiʃən] 精神活动,精神作用
Mentha [ˈmenθə] (L.) 薄荷属
　M. canadensis 加拿大薄荷
　M. cardiaca 苏格兰薄荷
　M. piperita 洋薄荷,欧薄荷
　M. pulegium 欧亚薄荷
　M. spicata, M. viridis 留兰香,绿薄荷
menthol [ˈmenθɔl] (USP) 薄荷脑,薄荷醇
menthyl [ˈmenθil] 薄荷基
menticide [ˈmentisaid] (L. *mens* mind + *caedere* to kill) 精神摧毁
ment(o)- (L. *mentum* chin) 颏
mentoanterior [ˌmentəuænˈtiəriə] (*mento-* + *anterior*) 颏前位(胎位)
mentolabial [ˌmentəuˈleibiəl] (*mento-* + L. *labium* lip) 颏唇的
menton [ˈmentɔn] 颏(下)点
mentoplasty [ˈmentəuˌplæsti] (*mento-* + Gr. *plassein* to form) 颏成形术
mentoposterior [ˌmentəupɔsˈtiəriə] (*mento-* + *posterior*) 颏后位(胎位)
mentotransverse [ˌmentəutrænsˈvəːs] (*mento-* + *transverse*) 颏横位(胎位)
mentula [ˈmentjulə] 阴茎
mentum [ˈmentəm] (L.) (NA) 颏
Menyanthes [ˌmeniˈænθiːz] (perhaps from Gr. *mēn* month + *anthos* flower) 睡菜属
meobentine sulfate [ˌmiːəˈbentiːn] 硫酸甲氧基苄胍
mepacrine hydrochloride [ˈmepəkriːn] 盐酸麦帕克林,盐酸阿的平(抗疟药)
mepartricin [məˈpɑːtrisin] 甲帕霉素
mepazine acetate [ˈmepəziːn] 乙酸麦呱嗪,乙酸甲呱啶嗪
mepenzolate bromide [məˈpenzəuleit] (USP) 溴化甲呱佐酯,胃适宁
meperidine hydrochloride [məˈperidiːn] (USP) 盐酸麦佩里定,杜冷丁

Mephaquine ['mefəkwin] 麦氟喹:盐酸甲氟喹制剂的商品名

mephenamine [mə'fenəmi:n] 邻甲苯海拉明

mephenesin [mə'fenisin] 麦酚生:骨骼肌弛剂

mephenoxalone [ˌmefə'nɔksələun] 美芬恶酮

mephentermine sulfate [mə'fentəmi:n] (USP) 硫酸甲苯丁胺

mephenytoin [mə'fenitɔin] (USP) 美芬妥因,甲基妥因,3-甲基乙苯妥因

mephitic [mə'fitik] (L. *mephiticus*, *mephitis* foul exhalation) 污气的,臭气的

mephitis [mə'faitis] (L.) 臭气

mephobarbital [ˌmefə'bɑːbitəl] (USP) 甲基苯巴比妥,普罗米那,N-甲乙苯(基)巴比土酸

Mephyton ['mefitɔn] 麦菲通:植物甲萘酯(维生素 K_1)制剂的商品名

mepivacaine hydrochloride [mə'pivəkein](USP) 盐酸甲哌卡因,盐酸卡波卡因

Meprane ['meprein] 唛卜兰:丙甲雌酚二丙酸酯制剂的商品名

meprednisone [me'prednisəun] (SUP) 甲基强的松,甲基泼尼松

meprobamate [mə'prɔbəmeit] (USP) 丙氨酯,氨甲丙二酯,安宁,眠尔通
isopropyl m. 异丙基甲丙氨酯酯

Meprospan [mə'prɔspən] 麦普罗哌:甲丙氨酯制剂的商品名

Meprotabs [me'prɔtæbz] 麦普罗泰:甲丙氨酯制剂的商品名

meprylcaine hydrochloride ['meprəlkein] (USP) 盐酸美普卡因,盐酸甲丙卡因

mepyramine [mə'paiərəmi:n] 吡拉明(抗组胺药)

mepyrapone [mə'paiərəpəun] 甲吡丙酮,甲基二吡啶基丙酮

mEq 毫(克)当量

meq 毫(克)当量

mequidox ['mekwidɔks] 美喹多司,甲喹氧:一种抗菌剂

MER (the methanol extraction residue of BCG 的缩写) 卡介苗的甲醇提取残留物

meralgia [mə'rældʒiə] (*mero-*^{2} + *-algia*) 股痛

m. paresthetica 感觉异常性肌痛

meralluride [mə'ræljuraid] 莫鲁来:含汞利尿剂

meranesthesia [ˌmerənes'θiziə] (Gr. *meros* part + *anesthesia*) 部分感觉缺失

merbromin [mə'brɔmin] 汞溴红,红汞

mercaptan [mə'kæptən] (L. *mercurium captans* seizing or combining with mercury) 硫醇

mercaptide [mə'kæptaid] 硫醇盐

mercaptoethanol [məˌkæptə'eθənɔl] 巯基乙醇

β-mercaptoethylamine [məˌkæptəu'eθiləmin] β-巯基乙胺

mercaptol [mə'kæptɔl] 缩硫醇

mercaptomerin sulfate [məˌkæptəu'merin] (USP) 硫酸巯汞林

mercaptopurine [məˌkæptə'pjuəri:n] (USP) 6-MP,6-巯基嘌呤,乐疾宁

mercapturic acid [məkæp'tjuərik] 硫醇尿酸

Mercier's bar [məːsi'eiz] (Louis Auguste Mercier, French urologist, 1811-1882) 梅尔西埃氏嵴

mercocresols [ˌməːkəu'krisɔlz] 汞克利索,汞甲酚汞

mercupurin [məː'kju:pərin] 美苦普林

mercuramide [məː'kjuərəmaid] 撒利汞

mercurammonium [məːkjuərə'məuniəm] 氨基汞
m. chloride 氯化氨基汞,白降汞

mercurial [məː'kjuəriəl] (L. *mercurialis*) ❶ 水银的,汞的;❷ 汞制剂

mercurialism [məː'kjuəriəlizəm] 汞中毒,水银中毒

mercuric [məː'kjuərik] 汞的,二价汞的
m. chloride 氯化汞
m. oxide, yellow 黄氧化汞,黄降汞

Mercurochrome [məː'kjuərəkrəum] 红汞:汞溴红制剂的商品名

mercurophylline [ˌməːkjuərə'filin] 汞非林,汞茶碱

mercurous ['məːkjurəs] 亚汞的
m. chloride 氯化亚汞

mercury ['məːkjuri] (L. *mercurius* 或 *hydrargyrum*) 汞
ammoniated m. 氯化氨基汞,白降汞
m. bichloride 二氯化汞

m. with chalk 汞白垩
m. chloride, mild 氯化亚汞
m. oleate 油酸汞
m. perchloride 升汞,氯化汞
Mercuzanthin [ˌmə:kju'zænθin] 汞沾生：汞非林制剂的商品名
-mere (Gr. *meros* part) 节,部分
merethoxylline procaine [ˌmerə'θɔksəli:n] 狄汞林普鲁卡因
Meretoja type familial amyloid polyneuropathy [meirei'tɔjɑ:] (J. *Meretoja*, Finnish physician, 20th century) 美里特雅型家族性淀粉样多神经病
meridian [mə'ridiən] 子午线,经线
   m. of cornea 角膜子午线
   m's of eyeball 眼球子午线
meridiani [məˌridi'eini:] (L.) 子午线,经线。*meridianus* 的复数形式
meridianus [məˌridi'einəs] (pl. *meridiani*) (L. from *medius* middle + *dies* day) 子午线,经线
   meridiani bulbi oculi (NA) 眼球子午线
meridional [mə'ridiəunəl] 子午线的
merisis ['merisis] (细胞)分裂性增大
merism ['merizəm] (Gr. *meros* a part) 节构造
merispore ['merispɔ:] (Gr. *meros* part + *sporos* seed) 裂殖芽胞
meristem ['meristəm] (Gr. *merizein* to divide) 分生组织
meristematic [ˌmeristi'mætik] 分生组织的
meristic [mə'ristik] (Gr. *meristikos* fit for dividing) 对称的
meristoma [ˌmeri'stəumə] (*meristem* + Gr. *oma* tumor) 分生组织瘤
Merkel's cell ['mə:kelz] (Friedrich Sigmund *Merkel*, German anatomist, 1845-1919) 美克耳细胞
Merkel's filtrum ['mə:kelz] (Karl Ludwig *Merkel*, German antomist, 1812-1876) 美克耳氏滤器
Merkel-Ranvier cells ['məkel ræn'vjei] (F. S. *Merkel*; Louis Antoine *Ranvier*, French pathologist, 1835-1922) 美-郎二氏细胞
mermithid ['mə:miθid] 索虫的
Mermithidae [mə'miθidi:] 索虫科
Mermithoidea [ˌməmi'θɔidiə] 索虫总科
mer(o)-¹(Gr. *meros* part) 部分,局部
mer(o)-²(Gr. *mēros* thigh) 股
meroacrania [ˌmerəuə'kreiniə] (*mero-*¹ + *a* neg. + Gr. *kranion* skull) 部分无颅（畸形）
meroanencephaly [ˌmerəuˌænen'sefəli] (*mero-*¹ + *anencephaly*) 部分无脑（畸形）
meroblastic [ˌmerə'blæstik] (*mero-*¹ + Gr. *blastos* germ) 部分分裂的,不全(卵)裂的
merocoxalgia [ˌmerəukɔk'sældʒiə] (*mero-*² + L. *coxa* hip + *-algia*) 髋股痛
merocrine ['merəukri:n] (*mero-*¹ + Gr. *krinein* to separate) 部分分泌,局(部分)泌
merocyst ['merəusaist] (*mero-*¹ + *cyst*) (分节)裂殖子囊
merocyte ['merəusait] (*mero-*¹ + *cyte*) 剩余精核
merodialysis [ˌmerəudai'ælisis] (*mero-* + Gr. *dialysis* separating) 部分分离
merodiastolic [ˌmerəuˌdaiə'stɔlik] (*mero-*¹ + *diastole*) 部分舒张(期)的
merogamy [mə'rɔgəmi] 配子小型,小体配合
merogastrula [ˌmerəu'gæstrulə] 偏裂卵原肠胚
merogenesis [ˌmerəu'dʒenəsis] (*mero-*¹ + Gr. *genesis* production) 卵裂
merogenetic [ˌmerədʒə'netik] 卵裂的
merogenic [ˌmerə'dʒenik] 卵裂的,节裂的
merogonic [ˌmerə'gɔnik] 卵片发育的,(无核)卵块发育的
merogony [mə'rɔgəni] (*mero-*¹ + Gr. *gonos* procreation) ❶ 卵片发育,(无核)卵块发育；❷ 裂殖生殖
   diploid m. 二倍卵片发育
   parthenogenetic m. 单性卵片发育
meromelia [ˌmerə'mi:liə] (*mero-*¹ + Gr. *melos* limb + *-ia*) 部分缺肢畸形
meromicrosomia [ˌmerəumaikrəu'səumiə] (*mero-*¹ + *microsomia*) 部分躯干过小,部分体小
meromorphosis [ˌmerəumɔ:'fəusis] (*mero-*² + Gr. *morphōsis* a shaping, bringing into shape) 再生不全,复原不全
meromyarial [ˌmerəumai'ɛəriəl] (*mero-*²

meromyarian [ˌmerəumaiˈɛəriən] (mero-² + Gr. mys muscle) 少肌型的

meromyosin [ˌmerəˈmaiəsin] 酶解肌球蛋白

meront [ˈmerənt] (mero-¹ + ontos being) 分裂体,静止体

meroparesthesia [ˌmiərəuˌpærɛsˈθiːziə] (Gr. meros limb; paresthesia) 四肢感觉倒错

meropia [məˈrəupiə] (mero-¹ + -opia) 部分盲

merorachischisis [ˌmiərərəˈkaiskisis] (mero-¹ + Gr. rhachis spine + schisis fissure) 部分脊柱裂,脊柱不全裂

merosmia [məˈrɔsmiə] (mero-¹ + Gr. osmē smell + -ia) 嗅觉不全

merostotic [ˌmerəusˈtɔtik] (mero-¹ + L. os bone) 骨段的

merotomy [məˈrɔtəmi] (mero-¹ + Gr. temnein to cut) 分节,节裂

merozoite [ˌmerəˈzəuait] (mero- + Gr. zōon animal) 裂殖子,裂体性孢子

merozygote [ˌmerəˈzaigəut] (mero-¹ + Gr. zygōtos yolked together) 部分合子,局部接合子

Merphenyl [ˈməːfənəl] 美芬尼:苯汞化合物制剂的商品名

mersalyl [ˈməːsəliː] 汞撒利,撒利汞

Merthiolate [məˈθaiəleit] 硫柳汞:乙汞硫代水杨酸钠制剂的商品名

merycism [ˈmeriˌsizəm] (Gr. mērylismos chewing the cud) ❶ 反刍;❷ 婴儿反刍病

Merzbacher-Pelizaeus disease [ˈmɛətsbʌhə ˌpeiliˈzeiəs] (Ludwig Merzbacher, German physician, 1875-1942; Friedrich Pelizaeus, German neurologist, 1850-1917) 梅-佩二氏病

mesad [ˈmiːsæd] 向中线,向中

mesal [ˈmiːsəl] (Gr. mesos middle) 正中的,中线的

mesalamine [məˈsæləmiːn] 5-氨基水杨酸

mesalazine [məˈsæləziːn] 中胺

mesangial [meˈsændʒiəl] 肾小球膜的

mesangiocapillary [meˌsændʒiəˈkæpiləri] 肾小球膜毛细血管的

mesangium [meˈsændʒiəm] 肾小球膜

Mesantoin [məˈsæntɔin] 美赛妥因:3-甲基苯乙妥因制剂的商品名

mesaraic [ˌmesəˈreiik] (meso- + Gr. mesaraion the mesentery) 肠系膜的

mesarteritis [ˌmesɑːtəˈraitis] (meso- + L. artēria artery + -itis) 动脉中层炎
  Mönckeberg's m. 门克伯格氏动脉中层炎

mesaticephalic [məˌsætisəˈfælik] (Gr. mesatos medium + kephalē head) 中脑的,中型头的

mesatikerkic [məˌsætiˈkəːkik] (Gr. mesatos medium + kerkis the radius of the arm) 中等肱桡指数的

mesatipellic [məˌsætiˈpelik] (Gr. mesatos medium + pella bowl) 中型骨盆的

mesatipelvic [məˌsætiˈpelvik] 中型骨盆的

mesaxon [meˈsæksɔn] 轴系膜

mescal [mesˈkæl] (Mex.) 威廉斯仙人球

mescaline [ˈmeskəliːn] 麦斯卡林

mescalism [ˈmeskəˌlizəm] 仙人球瘾

meseclazone [məˈseklərzəun] 甲氯唑恶酮,美西克拉宗

mesectoblast [meˈzektəblæst] 中外胚层,外中胚层

mesectoderm [meˈzektədəːm] 中外胚层

mesembryo [meˈsembriəu] (Gr. mesos middle + embryo) 中胚期,囊胚期

mesencephalic [məˌzensiˈfælik] 中脑的

mesencephalitis [ˌmezenˌsefəˈlaitis] 中脑炎

mesencephalohypophyseal [ˌmezenˌsefəˌləuˌhaipəuˈfiziəl] 中脑垂体的

mesencephalon [ˌmezenˈsefələn] (meso- + Gr. enkephalos brain) 中脑

mesencephalotomy [ˌmezenˌsefəˈlɔtəmi] (mesencephalon + Gr. tomē a cutting) 中脑切开术

mesenchyma [meˈzeŋkimə] (meso- + Gr. enchyma infusion) 间质

mesenchymal [meˈzeŋkiməl] 间质的

mesenchyme [ˈmezəŋkaim] 间质

mesenchymoma [ˌmezeŋkaiˈməumə] 间质瘤,间叶瘤
  benign m. 良性间质瘤
  malignant m. 恶性间质瘤

mesenterectomy [ˌmezentəˈrektəmi] (mesentery + Gr. ektomē excision) 肠系膜切除

术
mesenteric [ˌmezən'terik]（Gr. *mesenterikos*）肠系膜的
mesenteriolum [ˌmizentə'raiələm] 小肠系膜
 m. appendicis vermiformis, m. processus vermiformis 阑尾系膜
mesenteriopexy [ˌmezən'teriəˌpeksi]（*mesentery* + Gr. *pēxis* fixation）肠系膜固定术
mesenteriorrhaphy [ˌmezənˌteri'ɔrəfi]（*mesentery* + Gr. *rhaphē* suture）肠系膜缝术
mesenteriplication [ˌmezənˌteripli'keiʃən]（*mesentery* + L. *plicare* to fold）肠系膜折术
mesenteritis [ˌmezəntə'raitis] 肠系膜炎
 retractile m. 回缩性肠系膜炎
mesenterium [ˌmesən'tiəriəm]（NA）肠系膜
 m. commune, m. dorsale commune（NA）背侧总肠系膜
mesenteron [me'sentərɔn]（*meso-* + Gr. *enteron* intestine）中肠
mesentery ['mezəntəri] 肠系膜
 m. of ascending part of colon 升结肠系膜
 caval m. 腔静脉系膜
 common m., common m., dorsal 背侧总肠系膜
 m. of descending part of colon 降结肠系膜
 dorsal m. 背侧肠系膜
 primitive m. 原始肠系膜
 m. of rectum 直肠系膜
 m. of sigmoid colon 乙状结肠系膜
 m. of transverse part of colon 横结肠系膜
 ventral m. 腹侧肠系膜
 m. of vermiform appendix 阑尾系膜
mesentoderm [me'zentədə:m] 中内胚层
mesentomere [me'zentəmiə] 中内裂球
mesentorrhaphy [ˌmezen'tɔrəfi]（*mesentery* + Gr. *rhaphē* suture）肠系膜缝合术
mesepithelium [ˌmesepi'θi:liəm] 间皮
MeSH [meʃ]（*M*edical *S*ubject *H*eadings 的缩写）医学专题目录
meshwork ['meʃwək] 网
 trabecular m. 小梁网
mesiad ['miziæd] 向中线, 向中

mesial ['miziəl] 正中的, 近中的
mesially ['miziəli] 向中线
mesien ['miziən] 正中平面的
mesi(o)- (Gr. *mesos* in the middle) 近中
mesiobuccal [ˌmiziəu'bʌkəl] 近中颊(侧)的
mesiobucco-occlusal [ˌmiziəuˌbʌkəu-'klu:zəl] 近中颊𬌗面的
mesiobuccopulpal [ˌmiziəuˌbʌkəu'pʌlpəl] 近中颊髓的
mesiocervical [ˌmiziəu'sə:vikəl] ❶ 近中颈的；❷ 近中龈的
mesioclination [ˌmiziəukli'neiʃən] 近中倾斜
mesioclusion [ˌmiziəu'klu:ʒən] 近中𬌗
mesiodens ['miziədənz]（pl. *mesiodentes*）(*mesio-* + Gr. *dens* tooth) 额外牙
mesiodentes [ˌmiziəu'dentiz] 额外牙。*mesiodens* 的复数形式
mesiodistal [ˌmiziəu'distəl] 近中远侧的
mesiogingival [ˌmiziəu'dʒindʒivəl] 近中龈的
mesioincisodistal [ˌmiziəuinˌsaizəu'distəl] 近中切(缘)远侧的
mesiolabial [ˌmiziəu'leibjəl] 近中唇的
mesiolabioincisal [ˌmiziəuˌleibiəuin'saizəl] 近中唇(侧)切(缘)的
mesiolingual [ˌmiziəu'liŋgwəl] 近中舌侧的
mesiolinguoincisal [ˌmiziəuˌliŋgwəuin'saizəl] 近中舌(侧)切(缘)的
mesiolinguo-occlusal [ˌmiziəuˌliŋgwəu-'klu:zəl] 近中舌(侧)𬌗面的
mesiolinguopulpal [ˌmiziəuˌliŋgwə'pʌlpəl] 近中舌(侧)髓的
mesion ['misiən]（Gr. *mesos* middle）正中面
mesio-occlusal [ˌmiziəuɔ'klu:zəl] 近中𬌗面的
mesio-occlusion [ˌmiziəuɔ'klu:ʒən] 近中𬌗
mesio-occlusodistal [ˌmiziəuɔˌklu:zəu'distəl] 近中𬌗(面)远侧的
mesiopulpal [ˌmiziəu'pʌlpəl] 近中髓的
mesiopulpolabial [ˌmiziəuˌpʌlpəu'leibjəl] 近中髓唇的
mesiopulpolingual [ˌmiziəupʌlpə'liŋgwəl] 近中髓舌的

mesioversion [ˌmiziəuˈvəːʒən] 近中向位
mesiris [meˈsairis] (Gr. *mesos* middle + *iris*) 虹膜中层
mesitylene [məˈsaitiliːn] 均三甲苯
Mesmer [ˈmezmə] 梅斯美尔：Franz (Friedrich) Anton, 旅居法国和瑞士的德国物理学家
mesmerism [ˈmezməˌrizəm] (Franz A. Mesmer) ❶ 动物催眠术；❷ 催眠术
mesna [ˈmeznə] 巯乙磺酸钠
mes(o)- (Gr. *mesos* middle) ❶ 正中，中间，中位；❷ 内消旋：(为 meso-形式)
meso-aortitis [ˌmezəuˌeiɔːˈtaitis] 主动脉中层炎
　m. syphilitica 梅毒性主动脉中层炎
meso-appendicitis [ˌmezəuəˌpendiˈsaitis] 阑尾系膜炎
meso-appendix [ˌmezəuəˈpendiks] (*meso-* + *appendix*) (NA) 阑尾系膜
mesoarial [ˌmezəˈɛəriəl] 卵巢系膜的
mesoarium [ˌmezəˈɛəriəm] 卵巢系膜
mesobilin [ˌmezəuˈbailin] 中胆色素
mesobilirubin [ˌmezəuˌbiliˈruːbin] 中胆红素
mesobilirubinogen [ˌmezəuˌbiliruˈbinədʒən] 中胆红素原
mesobiliviolin [ˌmezəuˌbiliˈvaiəlin] 中胆紫素
mesoblast [ˈmezəublæst] (*meso-* + Gr. *blastos* germ) 中胚层
mesoblastema [ˌmezəublæsˈtiːmə] 中胚层细胞
mesoblastic [ˌmezəuˈblæstik] 中胚层的
mesobronchitis [ˌmezəubrɔŋˈkaitis] (*meso-* + *bronchitis*) 支气管中层炎
mesocardia [ˌmezəuˈkɑːdiə] (*meso-* + *cardia*) 中位心
mesocardium [ˌmezəuˈkɑːdiəm] (*meso-* + Gr. *kardia* heart) 心系膜
　arterial m. 动脉性心系膜
　dorsal m. 背心系膜
　lateral m. 侧心系膜
　venous m. 静脉性心系膜
　ventral m. 腹心系膜
mesocarpal [ˌmezəuˈkɑːpəl] 腕骨间的
mesocaval [ˌmezəuˈkævəl] 中静脉的
mesocecal [ˌmezəuˈsiːkəl] 盲肠系膜的
mesocecum [ˌmezəuˈsiːkəm] (*meso-* + *cecum*) 盲肠系膜
mesocephalic [ˌmezəusəˈfælik] (*meso-* + Gr. *kephalē* head) 中型头的
mesocephalon [ˌmesəuˈsefələn] ❶ 中脑；❷ 脑桥
Mesocestoides [ˌmezəusesˈtɔidiːz] 中孔绦虫属
Mesocestoididae [ˌmezəusesˈtɔidiːdiː] 中孔绦虫科
mesochondrium [ˌmezəuˈkɔndriəm] (*meso-* + Gr. *chondros* cartilage) 软骨基质
mesochoroidea [ˌmezəukɔːˈrɔidiə] 脉络膜中层
mesocolic [ˌmezəˈkɔlik] 结肠系膜的
mesocolon [ˈmezəuˌkələn] (*meso-* + Gr. *kolon* colon) (NA) 结肠系膜
　m. ascendens (NA), ascending m. 升结肠系膜
　m. descendens (NA), descending m. 降结肠系膜
　iliac m. 乙状结肠系膜
　left m. 降结肠系膜
　pelvic m. 乙状结肠系膜
　right m. 升结肠系膜
　sigmoid m., m. sigmoideum (NA) 乙状结肠系膜
　transverse m., m. transversum (NA) 横结肠系膜
mesocolopexy [ˌmezəuˈkɔləˌpeksi] (*mesocolon* + Gr. *pēxis* fixation) 结肠系膜固定术
mesocoloplication [ˌmezəuˌkɔləplaiˈkeiʃən] (*mesocolon* + *plication*) 结肠系膜折术
mesocord [ˈmezəkɔːd] 脐带系膜
mesocornea [ˌmezəuˈkɔːniə] 角膜中层，角膜固有质
mesocortex [ˌmezəuˈkɔːtiks] (*meso-* + *cortex*) 中皮层
mesocranic [ˌmezəuˈkreinik] 中型头的
Mesocricetus [ˌmezəukraiˈsiːtəs] 金田鼠
mesocuneiform [ˌmezəuˈkjuːniːfɔːm] 第二楔骨
mesocyts [ˈmezəsist] (*meso-* + Gr. *kystis* bladder) 胆囊系膜
mesoderm [ˈmezədəm] (*meso-* + Gr. *derma* skin) 中胚层
　extraembryonic m. 胚外中胚层

    gastral m. 原肠中胚层
    head m. 头部中胚层
    lateral m. 侧中胚层
    paraxial m. 轴旁中胚层
    peristomal m. 口缘中胚层
    somatic m. 体壁中胚层
    splanchnic m. 脏壁中胚层

mesodermal [ˌmezəˈdəːməl] 中胚层的

mesodermic [ˌmezəˈdəːmik] 中胚层的

mesodiastolic [ˌmezəuˌdaiəˈstɔlik] (*meso- + diastole*) 舒张期中的

mesodmitis [ˌmesɔdˈmaitis] (Gr. *mesodme* partition) 纵隔炎

mesodont [ˈmezəudɔnt] (*meso- + Gr. odous* tooth) 中型牙的

mesodontic [ˌmezəuˈdɔntik] 中型牙的

mesodontism [ˌmezəuˈdɔntizəm] 中型牙

mesoduodenal [ˌmezəuˌdjuːəuˈdiːnəl] 十二指肠系膜的

mesoduodenum [ˌmezəuˌdjuːəuˈdiːnəm] (*meso- + duodenum*) 十二指肠系膜

mesoepididymis [ˌmezəuˌepeiˈdaidimis] 副睾系膜

mesoesophagus [ˌmezəuiˈsɔfəgəs] 食管系膜

mesogaster [ˌmezəuˈgæstə] (*meso- + Gr. gastēr* belly) 胃系膜

mesogastric [ˌmezəuˈgæstrik] 胃系膜的

mesogastrium [ˌmezəuˈgæstriəm] (*meso- + Gr. gastēr* belly) (NA) 胃系膜

mesoglea [ˌmezəuˈgliːə] (*meso- + Gr. gloia* glue) 中胶层

mesogluteal [ˌmezəuˈglutiəl] 臀中肌的

mesogluteus [ˌmezəuˈglutiəs] 臀中肌

mesognathic [ˌmezɔgˈneiθik] 中型颌的

mesognathous [məˈsɔgnəθəs] (*meso- + Gr. gnathos* jaw) 中型颌的

Mesogonimus [ˌmezəˈgɔniməs] 并殖吸虫属

    M. heterophyes 异形并殖吸虫属

mesohyloma [ˌmesəuhaiˈləumə] (*meso- + Gr. hyle* matter + *oma* tumor) 间皮瘤

mesohypoblast [ˌmezəuˈhaipəblæst] 中内胚层

mesoileum [ˌmezəuˈiliəm] 回肠系膜

meso-inositol [ˌmezəuiˈnɔsitəl] 内消旋肌醇

mesojejunum [ˌmezəudʒiˈdʒuːnəm] 空肠系膜

mesolecithal [ˌmezəuˈlesiθəl] (*meso- + Gr. lekithos* yolk) 中黄的

mesolobe [ˈmesələub] (*meso- + Gr. lobos* lobe) 胼胝体

mesomelic [ˌmezəuˈmelik] (*meso- + Gr. melus* limb) 肢中部的

mesomere [ˈmezəumiə] (*meso- + Gr. meros* part) ❶ 中分裂球；❷ 中段(中胚层)

mesomeric [ˌmezəuˈmerik] 中介的

mesomerism [məˈsɔməˌrizəm] 稳变异构(现象)

mesometritis [ˌmesəumiˈtraitis] (*meso- + Gr. metra* uterus + *itis*) 子宫中膜炎

mesometrium [ˌmezəuˈmiːtriəm] (*meso- + Gr. mētra* uterus) (NA) ❶ 子宫系膜；❷子宫肌层

mesomorph [ˈmezəumɔːf] 中胚层体型者, 中型体型者

mesomorphic [ˌmezəuˈmɔːfik] 中胚层体型者, 中型体型者

mesomorphy [ˈmezəuˌmɔːfi] (*mesoderm + Gr. morphē* form) 中胚层体型

mesomula [məˈsɔmjulə] 中实肠胚

meson [ˈmesɔn] (Gr. *mesos* middle) ❶ 正中面；❷ 介子(中电子)

mesonasal [ˌmezəuˈneizəl] 鼻中部的

mesonephric [ˌmezəuˈnefrik] 中肾的

mesonephroi [ˌmezəuˈnefrɔi] 中肾。*mesonephros* 的复数形式

mesonephroma [ˌmezəunəˈfrəumə] 中肾瘤(卵巢)

mesonephron [ˌmezəuˈnefrɔn] 中肾, 午非氏体

mesonephros [ˌmezəuˈnefrəs] (pl. *mesonephroi*) (*meso- + Gr. nephros* kidney) (NA) 中肾

meso-omentum [ˌmezəuəˈmentəm] 网膜系膜

mesopallium [ˌmesəuˈpæliəm] (*meso- + L. pallium* cloak) 中脑皮层

mesopexy [ˈmezəuˌpeksi] 肠系膜固定术

mesopharynx [ˌmezəuˈfæriŋks] 咽中部

mesophile [ˈmezəfail] 嗜(常)温菌

mesophilic [ˌmezəˈfilik] (*meso- + Gr. philein* to love) 嗜常温的

mesophlebitis [ˌmezəufliˈbaitis] 静脉中层炎

mesophragma [ˌmezəu'frægmə] (*meso-* + Gr. *phragmos* a fencing in) 中线（横纹肌）

mesophryon [mə'sɔfriɔn] (*meso-* + Gr. *ophrys* eyebrow) 眉间

mesophyll ['mezəufil] (*meso-* + Gr. *phyllon* leaf) 叶肉

mesopia [mə'səupiə] 暮视

mesopic [mə'sɔpik] (*meso-* + Gr. *ōpsis* sight) 暮视的

Mesopin ['mesəupin] 梅索平：溴甲基后马托品制剂的商品名

mesopneumon [ˌmezəu'njuːmɔn] (*meso-* + Gr. *pneumon* lung) 肺系膜

mesopophyrin [ˌmezəu'pɔfirin] 中卟啉

mesoprosopic [ˌmezəuprɔ'sɔpik] (*meso-* + Gr. *prosōpon* face) 中型(颜)面的

mesopulmonum [ˌmezəupʌl'məunəm] 肺系膜

mesorachischisis [ˌmezəurə'kaiskisis] 脊柱不全裂

mesorchial [mə'sɔːkiəl] 睾丸系膜的

mesorchium [mə'sɔːkiəm] (*meso-* + Gr. *orchis* testis) 睾丸系膜

mesorectum [ˌmezəu'rektəm] (*meso-* + *rectum*) 直肠系膜

mesoretina [ˌmesəu'retinə] 视网膜中层

mesorhine ['mesərain] 中型鼻的

mesoridazine [ˌmesə'ridəziːn] 美索达嗪，甲砜达嗪
　m. besylate (USP), m. benzenesulfonate 苯磺酸甲苯达嗪，美索达嗪苯碘酸盐

mesoropter [ˌmezəu'rɔptə] (*meso-* + Gr. *horos* boundary + Gr. *optēr* observer) 眼球正位

mesorrhaphy [me'zɔrəfi] 肠系膜缝术

mesorrhine ['mezərin] (*meso-* + Gr. *rhis* nose) 中型鼻的

mesosalpinx [ˌmezəu'sælpiŋks] (*meso-* + Gr. *salpinx* tube) (NA) 输卵管系膜

mesoscapula [ˌmezəu'skæpjulə] 肩甲冈

mesoseme ['mezəusiːm] (*meso-* + Gr. *sēma* sign) 中型眶的

mesosigmoid ['mezəuˌsigmɔid] 乙状结肠系膜

mesosigmoiditis [ˌmezəuˌsigmɔi'daitis] 乙状结肠系膜炎

mesosigmoidopexy [ˌmezəusig'mɔidəˌpeksi] (*mesosigmoid* + Gr. *pēxis* fixation) 乙状结肠系膜固定术

mesosome ['mezəsəum] (*meso-* + Gr. *sōma* body) 间体

mesostaphyline [ˌmezəu'stæfiəliːn] (*meso-* + Gr. *staphylē* bunch of grapes, uvula) 中型腭的

mesostate ['mesəsteit] (*meso-* + Gr. *stan* to stand) 中间代谢产物

mesostenium [ˌmezəu'stiːniəm] 小肠系膜

mesosternum [ˌmezəu'stəːnəm] (*meso-* + Gr. *sternon* sternum) 胸骨体

mesostroma [ˌmezəu'strəumə] 中基质

mesosyphilis [ˌmesəu'sifilis] 中期梅毒，第二期梅毒

mesosystolic [ˌmezəusis'tɔlik] (*meso-* + *systole*) 收缩中期的

mesotarsal [ˌmezəu'tɑːsəl] 跗骨间的

mesotaurodontism [ˌmezəuˌtɔːrə'dɔntizəm] (*meso-* + Gr. *tauros* bull + *odont* + *-ism*) 中牛牙

mesotendineum [ˌmezəutən'diniəm] (NA) 腱系膜

mesotendon [ˌmezəu'tendɔn] 腱系膜

mesotenon [ˌmezəu'tenən] 腱系膜

mesothelial [ˌmezəu'θiːljəl] 间皮的

mesothelioma [ˌmezəuˌθiːli'əumə] 间皮瘤
　benign fibrous m. 良性纤维间皮瘤
　diffuse m. 恶性间皮瘤
　localized fibrous m. 局限性纤维间皮瘤
　malignant m. 恶性间皮瘤
　peritoneal m. 腹膜间皮瘤
　pleural m. 胸膜间皮瘤
　m. of testis, m. of tunica vaginalis 睾丸间皮瘤，鞘膜间皮瘤

mesothelium [ˌmezəu'θiːliəm] (*meso-* + *epithelium*) (NA) 间皮

mesothenar [məzəu'θiːnə] (*meso-* + Gr. *thenar* palm) 拇收肌

mesotron ['mesətrɔn] (*meso-* + *electron*) 中电子

mesotropic [ˌmezəu'trɔpik] 腔中央的

mesoturbinal [ˌmezəu'təːbinəl] 中鼻甲的

mesotympanum [ˌmezəu'timpənəm] 中鼓室

mesovarium [ˌmezəu'vɛəriəm] (NA) 卵巢系膜

messenger ['mesɪndʒə] 信使
  second m. 第二信使
mesterolone [mes'terələʊn] 甲二氢睾酮
Mestinon ['mestɪnɒn] 麦斯提龙：溴化吡啶斯的明制剂的商品名
mestranol ['mestrənɒl] (USP) 乙炔雌二醇甲醚
mesuprine hydrochloride ['mesəpriːn] 盐酸美舒普林, 盐酸胺丙磺苯胺
mesuranic [mezjʊə'rænɪk] (meso- + Gr. ouranos palate) 中型腭的
mesylate ['mesəleɪt] 甲磺酸盐
Met 蛋氨酸
met [met] 梅特：一种测量体温的单位
meta- (Gr. meta after, beyond, over) ❶ 变, 转, 偏, 后, 旁, 次; ❷ 间(位); ❸ 偏(位)
meta-analysis [metəə'næləsɪs] (meta- + analysis) 共分析
meta-arthritic [metɑː'θrɪtɪk] 关节炎后的
metabasis [mə'tæbəsɪs] (meta- + Gr. bainein to go) ❶ 疾病转变; ❷ 转移
metabiosis [metəbaɪ'əʊsɪs] (meta- + biōsis way of life) 共生, 共栖
metabolic [metə'bɒlɪk] 代谢的
metabolimeter [metəbə'lɪmɪtə] (metabolism + meter) 基础代谢计
metabolimetry [metəbə'lɪmɪtrɪ] 基础代谢测量法
metabolism [mə'tæbəlɪzəm] (Gr. metaballein to turn about, change, alter) ❶ 新陈代谢; ❷ 生体(内)转化
  ammonotelic m. 排铵代谢
  basal m. 基础代谢
  drug m. 药物代谢
  endogenous m. 内原代谢
  energy m. 能量代谢
  excess m. of exercise 运动过量代谢
  exogenous m. 外原代谢
  inborn error of m. 代谢内在缺陷
  intermediary m. 中间代谢
  ureotelic m. 排尿素代谢
  uricotelic m. 排尿酸代谢
metabolite [mə'tæbəlaɪt] 代谢产物
  essential m. 主要代谢产物
metabolizable [mə'tæbəlaɪzəbl] 可代谢的
metabromsalan [metə'brɒmsələn] 二溴水杨酰苯胺
metabutethamine hydrochloride [metəbjuː'teθəmiːn] 盐酸间丁乙胺, 盐酸间布他明
metabutoxycaine hydrochloride [metəbjuː'tɒksɪkeɪn] 盐酸美布卡因
metacarpal [metə'kɑːpəl] ❶ 掌的; ❷ 掌骨
metacarpectomy [metəkɑː'pektəmɪ] 掌骨切除术
metacarpophalangeal [metəkɑːpəʊfə'lændʒɪəl] 掌指的
metacarpus [metə'kɑːpəs] (meta- + Gr. karpos wrist) 掌
metacasein [metə'keɪsiːɪn] 偏酪蛋白
metacele ['metəsiːl] 第四脑室后部
metacentric [metə'sentrɪk] (meta- + center 定义 1) 中间着丝点的
metacercaria [metəsəː'kɛərɪə] (pl. metacercariae) 后囊蚴
metachromasia [metəkrəʊ'meɪzɪə] (meta- + Gr. chrōma color) ❶ 异染性; ❷ 变色反应性; ❸ 变色现象
metachromatic [metəkrəʊ'mætɪk] (meta- + Gr. chrōmatikos relating to color) 异染性的
metachromatin [metə'krəʊmətɪn] 异染色质
metachromatism [metə'krəʊmətɪzəm] 异染性, 变色反应性
metachromatophil [metəkrəʊ'mætəʊfɪl] 嗜异染细胞
metachromia [metə'krəʊmɪə] 异染性, 变色反应性
metachromic [metə'krəʊmɪk] 异染性的
metachromophil [metə'krəʊməfɪl] (meta- + Gr. chrōma color + philein to love) 嗜异染的
metachromophile [metə'krəʊməfaɪl] 嗜异染的
metachromosome [metə'krəʊməsəʊm] 后期染色体
metachronous [mə'tækrənəs] (meta- + chronos time) 异时的
metachrosis [metə'krəʊsɪs] (meta- + chrōsis coloring) 变色
metacoele ['metəsiːl] (meta- + koilia hollow) 第四脑室后部, 后室
metacoeloma [metəsiː'ləʊmə] 后体腔

metacone [ˈmetəkəun] (*meta-* + Gr. *kōnos* cone) 上后尖,后尖

metaconid [ˌmetəˈkɔnid] 下后尖

metaconule [ˌmetəˈkɔnjuːl] 后小尖

metacortandralone [ˌmetəkɔːˈtændrələun] 强的松龙,泼尼松龙

metacresol [ˌmetəˈkriːsɔl] 间甲酚
　m. purple, m. sulfonphthalein 甲酚紫,间甲酚磺酞

metacyesis [ˌmetəsaiˈiːsis] (子)宫外妊娠,(子)宫外孕

metaduodenum [ˌmetəˌdjuːəuˈdiːnəm] 后十二指肠

metafemale [ˌmetəˈfiːmeil] (*meta-* + *female*) 超雌

metagaster [ˌmetəˈgæstə] (*meta-* + *gaster* belly) 后肠管

metagastrula [ˌmetəˈgæstrulə] (*meta-* + *gastrula*) 后原肠胚

metagelatin [ˌmetəˈdʒelətin] 变性明胶

metagenesis [ˌmetəˈdʒenəsis] (*meta-* + *genesis*) 世代交替

metaglobulin [ˌmetəˈglɔbjulin] 纤维蛋白原

metagonimiasis [ˌmetəgəuniˈmaiəsis] 后殖吸虫病

Metagonimus [ˌmetəˈgɔniməs] (*meta-* + Gr. *gonimos* productive) 后殖吸虫属
　M. ovatus 横川后殖吸虫
　M. yokogawai 横川后殖吸虫

metahemoglobin [ˌmetəˈhiːməuˈglɔbin] 正铁血红蛋白

Metahydrin [ˌmetəˈhaidrin] 梅特海德林:三氯甲噻嗪制剂的商品名

metaicteric [ˌmetəikˈterik] 黄疸后的

metainfective [ˌmetəinˈfektiv] 传染后的

metaiodobenzylguanidine [ˌmetəˌaiədəuˌbenzəlˈgwɑːnidiːn] 后碘苯甲基胍

metakinesis [ˌmetəkiˈniːsis] 中分裂期,中期

metal [ˈmetəl] (L. *metallum*; Gr. *metallon*) 金属
　alkali m. 碱金属
　alkaline earth m's 碱土金属
　Babbitt m. 巴比特金属
　base m. 贱金属,基底金属、碱金属
　bell m. 钟铜
　colloidal m. 胶体金属
　fusible m. 易熔金属
　Melotte's m. 梅洛特氏合金
　noble m. 贵金属
　Wood's m. 伍德氏金属

metallic [məˈtælik] ❶ 金属的,似金属的,含金属的;❷ 金属制的

metallized [ˈmetəlaizd] 敷金属的

metallizing [ˌmetəˈlaiziŋ] 金属化

metallocarboxypeptidase [məˌtæləukɑːˌbɔksiˈpeptideis] (EC 3.4.17) 含金属羧肽酶

metallocyanide [məˌtæləuˈsaiənaid] 氰化金属

metalloendopeptidase [məˌtæləuˌendəuˈpeptideis] (EC 3.4.17) 金属肽链内断酶

metalloenzyme [məˌtæləuˈenzaim] 含金属酶,金属(结合)酶

metalloflavoprotein [məˌtæləuˌfleivəuˈprəutiːn] (含)金属黄素蛋白

metalloid [ˈmetəlɔid] (*metal* + Gr. *eidos* form) 非金属,类金属,金属样的

metallophilic [məˌtæləuˈfilik] 嗜金属的

metalloporphyrin [məˌtæləuˈpɔːfirin] 金属卟啉

metalloprotein [ˌmetælˈəuˈprəutin] 金属蛋白

metalloscopy [ˌmetəˈlɔskəpi] (*metal* + Gr. *skopein* to examine) 金属反应检查法

metallotherapy [məˌtæləuˈθerəpi] (*metal* + Gr. *therapeuein* to heal) 金属疗法

metallurgy [ˈmetəlɜːdʒi] (*metal* + Gr. *ergon* work) 冶金学,冶金术

metal-sol [ˈmetəlsɔl] 金属溶胶

metamer [ˈmetəmə] 位变异构体,同质异性体

metamere [ˈmetəmiə] (*meta-* + Gr. *meros* part) ❶ 体节;❷ 节

metameric [ˌmetəˈmerik] ❶ 位变异构的,同质异性的;❷ 体节的,分节的

metamerism [məˈtæmərizəm] ❶ 位变异构(现象),同质异性;❷ 分节

Metamine [ˈmetəmiːn] 麦他明:三硝酸三乙醇胺制剂的商品名

metaphysis [məˈtæfisis] (pl. *metaphyses*) (*meta-* + Gr. *phyein* to grow) (NA)干骺端

metaphysitis [ˌmetəfiˈsaitis] 干骺端炎
metaplasia [ˌmetəˈpleiziə] (*meta-* + Gr. *plassein* to form)(组织)转化,化生
  myeloid m. 骨髓外化生
  myeloid m., agnogenic 特发性骨髓外化生
  progressive m. 进行性化生
  pseudopyloric m. 假性幽门化生
  m. of pulp (牙)髓转化
  regressive m. 退行性化生
  squamous m. 鳞状化生
metaplasis [məˈtæpləsis] 完全发育期
metaplasm [ˈmetəplæzəm] (*meta-* + Gr. *plasma* something formed) 后成质,滋养质,副浆
metaplastic [ˌmetəˈplæstik] ❶ 化生的; ❷ 后成质的
metapneumonic [ˌmetənju(ː)ˈmɔnik] (*meta-* + *pneumonia*) 肺炎后的
metapodialia [ˌmetəpəudiˈeiliə] (*meta-* + Gr. *pous* foot) 掌跖骨
metapophysis [ˌmetəˈpɔfəsis] (*meta-* + *apophysis*) 椎骨乳状突
Metaprel [ˈmetəprəl] 梅塔普雷:硫酸二羟苯基异丙氨基乙酯制剂的商品名
metaproterenol sulfate [ˌmetəprəˈterənɔl] 硫酸异丙喘宁,硫酸间羟喘息
metapsychology [ˌmetəsaiˈkɔlədʒi] 心理玄学,心灵学
metapyrone [ˌmetəˈpaiərəun] 甲吡丙酮
metaraminol bitartrate [ˌmetəˈræminɔl] 重酒石酸间羟胺
metarchon [məˈtɑːkɔn] 害虫诱惑剂
metarhodopsin [ˌmetərəˈdɔpsin] 间视紫质,介视紫质,变视紫质
metarteriole [ˌmetɑːˈtiəriəul] 后小动脉,前毛细血管
metarubricyte [ˌmetəˈrubrisait] 正染幼红细胞,晚幼红细胞
metasomatome [ˌmetəˈsɔmətəum] 原椎(骨)间凹痕
metastable [ˈmetəˌsteibl] ❶ 相对稳定的; ❷ 非完全安定的
metastasectomy [məˌtæstəˈsektəmi] (*metastasis* + *-ectomy*) 转移瘤切除术
metastases [məˈtæstəsiːz] 转移
metastasis [məˈtæstəsis] (*meta-* + Gr. *stasis* stand) ❶转移; ❷(pl. *metastases*)转移灶
  biochemical m. 生物化学性转移,代谢性转移
  calcareous m. 钙质转移
  contact m. 接触性转移
  crossed m. 越过性转移
  direct m. 直接转移
  implantation m. 植入性转移
  paradoxical m., retrograde m. 逆行性转移
  transplantation m. 移植性转移
metastasize [miˈtæstəsaiz] 转移,迁移
metastatic [ˌmetəˈstætik] 转移的,迁移的
metasternum [ˌmetəˈstənəm] (*meta-* + Gr. *sternon* sternum) 剑突
Metastrongylidae [ˌmetəstrɔnˈdʒilidiː] 后圆线虫科
Metastrongylus [ˌmetəˈstrɔndʒiləs] 后圆线虫属
metasynapsis [ˌmetəsiˈnæpsis] 衔接联合
metasyncrisis [ˌmetəˈsinkrisis] 废物排除
metasyndesis [ˌmetəsinˈdiːsis] 衔接联合
metatarsal [ˌmetəˈtɑːsəl] 跖的,跖骨
metatarsalgia [ˌmetətɑːˈsældʒiə] (*meta-* + Gr. *tarsos* tarsus + *-algia*) 跖(骨)痛
metatarsectomy [ˌmetətɑːˈsektəmi] 跖骨切除术
metatarsophalangeal [ˌmetəˌtɑːsəufəˈlændʒiəl] 跖趾的
metatarsus [ˌmetəˈtɑːsəs] (*meta-* + Gr. *tarsos* tarsus) 跖
  m. adductocavus 内收高弓跖
  m. adductovarus 内收内翻跖
  m. adductus 内收跖
  m. atavicus 第一跖骨过短
  m. brevis 第一跖骨缩短外展
  m. latus 阔跖足,阔足
  m. primus varus 第一跖骨内翻
  m. varus 内翻跖
Metatensin [ˌmetəˈtensin] 美他坦新:三氯噻嗪和利血平合剂的商品名
metathalamus [ˌmetəˈθæləməs] (*meta-* + *thalamus*)(NA) 丘脑后部,后丘脑
Metatheria [ˌmetəˈθiːriə] (*meta-* + Gr. *thērion* beast, animal) 后兽亚纲,哺乳下纲
metatherian [ˌmetəˈθiəriən] 后兽亚纲 (*Metatheria*) 的动物
metathesis [məˈtæθəsis] (*meta-* + Gr. *the*

metathetic [ˌmetəˈθetik] 病变移植的

metathrombin [ˌmetəˈθrɔmbin] (*meta-* + *thrombin*) 变性凝血酶,无活力凝血酶

metatroph [ˈmetətrɔuf] 腐败寄生菌

metatrophia [ˌmetəˈtrəufiə] 营养不良性萎缩,饮食改变

metatrophic [ˌmetəˈtrɔfik] 腐物寄生的,嗜有机质的

metatrophy [miˈtætrəfi] (*meta-* + Gr. *trophē* nutrition) ❶ 腐物寄生性营养,营养不良性萎缩;❷ 饮食改变

metatypic [ˌmetəˈtipik] 异型的,变型的

metatypical [ˌmetəˈtipikəl] 异型的,变型的

metavanadate [ˌmetəˈvænədeit] 偏钒酸盐
  sodium m. 偏钒酸钠

metaxalone [məˈtæksəloun] 美他沙酮,间恶酮

metaxenia [ˌmetəˈziːniə] 孕势

metaxeny [məˈtæksəni] 转换寄生

Metazoa [ˌmetəˈzəuə] (*meta-* + Gr. *zōon* animal) 后生动物

metazoa [ˌmetəˈzəuə] 后生动物,多细胞动物。*metazoon* 的复数形式

metazoal [ˌmetəˈzəuəl] 后生动物的,多细胞动物的

metazoan [ˌmetəˈzəuən] 后生动物的,后生动物,多细胞动物

metazonal [ˌmetəˈzɔnəl] 附肌带后的,附肌带下的

metazoon [ˌmetəˈzəuɔn] (pl. *metazoa*) 后生动物,多细胞动物

Metchnikoff [ˈmetʃnikɔf] 梅奇尼科夫: Elie (Ilia Ilich) 侨居巴黎的俄国动物学家 (1845~1916)

Metchnikoff's theory [ˈmetʃnikɔfs] (Elie *Metchnikoff*) 梅奇尼科夫氏学说

Metchnikovellida [ˌmetʃnikəˈvelidə] 异型目

metecious [miˈtiːʃəs] (*meta-* + Gr. *oikos* house) 异栖的,异种(宿主)寄生性的

metencephalic [ˌmetənsəˈfælik] 后脑的

metencephalon [ˌmetənˈsefəlɔn] (*meta-* + Gr. *enkephalos* brain) ❶ 后脑;❷ 桥脑;❸ 前脑胞

metencephalospinal [ˌmetənˌsefələuˈspainəl] 后脑脊髓的

met-enkephalin [ˌmetənˈkefəlin] 蛋氨酸-脑啡肽

meteorism [ˈmiːtjərizəm] (Gr. *meteōrizein* to raise up) 鼓肠,腹中积气

meteorology [ˌmiːtjəˈrɔlədʒi] (Gr. *meteōros* high in the air + *-logy*) 气象学

meteoropathology [ˌmiːtjərəupəˈθɔlədʒi] 气候病理学

meteoropathy [ˌmiːtjəˈrɔpəθi] (Gr. *meteōros* high in the air + *pathos* disease) 气候病

meteororesistant [ˌmiːtjərəuriˈzistənt] 对气候比较不敏感的

meteorosensitive [ˌmiːtjərəˈsensitiv] 对气候异常敏感的

meteorotropic [ˌmiːtjərəˈtrɔpik] 受气候因素影响的

meteorotropism [ˌmiːtjəˈrɔtrəˌpizəm] 气象官能症

meter [ˈmiːtə] (Gr. *metron* measure; Fr. *mètre*) ❶ 米,公尺;❷ 计,表,量器
  dosage m. 剂量计
  light m. 光度计
  peak flow m. 最大流量计
  rate m. 放射或发射率计

-meter (Gr. *metron* measure) 测量用的计,表,量器

metergasis [ˌmetəˈgeisis] (*meta-* + Gr. *ergon* work) 机能变化

metestrum [məˈtestrəm] 动情后期

metestrus [məˈtestrəs] (*meta-* + L. *oestrus*) 动情后期

metformin [mitˈfɔːmin] 二甲双胍

methacholine [ˌmeθəˈkɔuliːn] 乙酰甲胆碱,醋甲胆碱
  m. bromide 溴化乙酰甲胆碱
  m. chloride (USP) 氯化乙酰甲胆碱

methacrylate [meˈθækrileit] 甲基丙烯酸树酯
  methyl m. 甲基丙烯酸甲酯
  polymethyl m. 甲基丙烯酸多甲酯

methacrylic acid [ˌmeθəˈkrilik] 甲基丙烯酸异丁烯酸

methacycline [ˌmeθəˈsaikliːn] 甲烯土霉素
  m. hydrochloride (USP) 盐酸甲烯土霉素

methadone hydrochloride [ˈmeθədəun] (USP) 盐酸美沙酮,盐酸美散痛

methadyl acetate ['meθədəl] 乙酰美沙酮,醋美沙酮

methallenestril [ˌmeθæli'nestril] 美沙雌酸,甲氧萘二甲戊酸

methallibure [mə'θælibjuə] 美他硫脲,甲烯丙双硫脲

methamphetamine [ˌmeθæm'fetəmi:n] 去氧麻黄碱
  m. hydrochloride 盐酸去氧麻黄碱

methanal ['meθənəl] 甲醛

methandriol [mə'θændriəl] 美雄醇,甲雄烯二醇

methandrostenolone [ˌmeθændrəu'stenələun] 去氢甲睾酮,大力补

methane ['meθein] 甲烷

methanesulfonate [ˌmeθein'sʌlfəneit] 甲磺酸盐(酯)

methanesulfonic acid [ˌmeθeinsʌl'fɔnik] 甲磺酸

Methanobacteriaceae [ˌmeθənəubæk,tiəri'eisii:] 甲烷杆菌科

Methanobacterium [ˌmeθənəubæk'tiəriəm] (*methane* + Gr. *baktērion* little rod) 甲烷杆菌属,甲烷细菌属

Methanococcus [ˌmeθənəu'kɔkəs] (*methane* + Gr. *kokkos* berry) 甲烷球菌属

methanogen ['meθənəuˌdʒən] 产甲烷细菌

methanogenic [ˌmeθənəu'dʒenik] 产甲烷的

methanol ['meθənɔl] (USP) 甲醇

methanolysis [ˌmeθə'nɔlisis] 甲醇分解

Methanosarcina [ˌmeθənəusɑ:'sainə] (*methane* + L. *sarcina* bundle) 甲烷八叠球菌属

methantheline bromide [mə'θænθəli:n] (USP) 溴甲胺太林,溴本辛

methapyrilene [ˌmeθə'piriliːn] 美沙吡啉,噻吡二胺
  m. fumarate 美沙吡啉延胡索酸盐,富马酸塞吡二胺
  m. hydrochloride 美沙吡啉盐酸盐,盐酸噻吡二胺

methaqualone [mə'θækwələun] 甲喹酮,安眠酮

metharbital [mə'θɑ:bitəl] (USP) 美沙比妥,甲基巴比妥

methazolamide [meθə'zəuləmaid] (USP) 甲醋唑胺,甲氮酰胺

methdilazine [məθ'dailəzi:n] (USP) 甲地拉嗪,甲吡咯嗪,甲吡吩嗪
  m. hydrochloride (USP) 盐酸甲地拉嗪,盐酸甲吡咯嗪

methemalbumin [ˌmethemæl'bjumin] 正铁血白蛋白,假正铁血红蛋白

methemalbuminemia [ˌmethemælˌbju:mi'ni:miə] 正铁白蛋白血症
  Morton's m. 摩顿氏正铁白蛋白血症

metheme ['methi:m] 正铁血红素

methemoglobin [metˌhi:məu'glɔbin] 正铁血红蛋白

methemoglobinemia [ˌmethi:məuˌgləubi'ni:miə] (*methemoglobin* + Gr. *haima* blood + *-ia*) 正铁血红蛋白症

methemoglobinemic [ˌmethi:məuˌgləubi'ni:mik] 正铁血红蛋白血症的;致正铁血红蛋白血症剂

methemoglobin reductase (NADH) [metˌhi:məu'gləubin ri'dʌktəs] 细胞色素 b_5 还原酶

methemoglobin reductase (NADPH) [metˌhi:məu'gləubin ri'dʌktəs] 正铁血红蛋白还原酶

methemoglobinuria [ˌmethi:məuˌgləubi'njuəriə] ❶ 正铁血红蛋白尿;❷ 尿中出现正铁血红蛋白

methenamine [me'θenəmi:n] (USP) 乌洛托品,环六亚甲基四胺
  m. hippurate 马尿酸乌洛托品
  m. mandelate (USP) 杏仁酸乌洛托品,孟德立胺
  m. silver 硝酸银乌洛托品

methene ['meθi:n] 亚甲基,甲烯基

methenolone [mə'θenələun] 美替诺龙,1-甲雄烯醇酮
  M. acetate 醋酸美替诺龙
  M. enanthate 庚酸美替诺龙,1-甲雄烯醇庚酸酯

5,10-methenyltetrahydrofolate [ˌmeθənəlˌtetrəˌhaidrə:'fəuleit] 次甲四氢叶酸盐

methenyltetrahydrofolate cyclohydrolase [ˌmeθənəlˌtetrəˌhaidrə'fəuleit ˌsaikləu'haidrəleis] (EC 3.5.4.9) 次甲四氢叶酸盐水解酶

5,10-methenyltetrahydrofolate synthetase [ˌmeθənəlˌtetrəˌhaidrə'fəuleit 'sinθəteis] 次甲四氢叶酸盐合成酶

Methergine ['meθəːdʒən] 麦色金:马来酸

甲基麦角新碱制剂的商品名
methestrol diproprionate ['meθistrəl] 二丙酸美雌酚,丙甲雌酚二丙酸酯
methetoin [me'θetəuin] 美替妥英,1-甲基苯乙妥英
methicillin sodium [,meθi'silin] (SUP) 甲氧苯青霉素钠,新青霉素Ⅰ,甲氧西林
methilepsia [,meθi'lepsiə] 酒癖,酒狂
methimazole [me'θiməzəul] (USP) 甲巯咪唑,他巴唑
methine ['meθain] 次甲,次甲基
methiodal sodium [me'θaiədəl] 碘甲磺酸钠
methionine [mə'θaiəni:n] 蛋氨酸,甲硫丁氨酸
methionine adenosyltransferase (EC 2.5.1.6) [mə'θaiəni:n ə,denəsil'trænsfəreis] 蛋氨酸腺苷转移酶
methionine synthase [mə'θaiəni:n 'sinθeis] 蛋氨酸合成酶
methionyl [mə'θaiənil] 甲硫氨酰(基)
methisazone [mə'θisəzəun] 美替沙腙,甲吲噻腙,甲红硫脲
Methium ['meθiəm] 美替姆:氯己双铵,氯化六甲双铵制剂的商品名
methixene hydrochloride [mə'θiksi:n] 盐酸美噻吨,盐酸甲哌噻吨
methocarbamol [,meθəu'kɑ:bəmɔl] (USP) 美索巴莫,氨甲酸愈甘醚酯
Methocel ['meθəusi:l] 美索希:甲基纤维素制剂的商品名
method ['meθəd] 方法,术
  Abbott's m. 艾伯特氏法
  A.B.C.(alum, blood, clay)m. A.B.C.法,明矾、血、粘土沉淀清洁法
  absorption m. 凝集素吸收分离法
  acid hematin m. 酸性天上铁血红素测定法
  allantoin, m's for 尿囊素测定法
  Altmann-Gersh m. 阿-格二氏法
  amino-acid nitrogen, m's for 氨基酸氮测定法
  Aronson's m. 阿龙森氏法
  Askenstedt's m. 阿斯肯斯提特氏法(Parker氏改良法)
  autoclave m. 压热器法
  back pressure-arm lift m. 压背抬臂法
  Baer's m. 贝尔氏法
  Barger's m. 巴格氏法
  Barraquer's m. 巴勒魁耳氏法
  Bethea's m. 比塞氏法
  Bivine's m. 比文氏疗法
  Bobath m. 鲍巴斯氏法
  Brandt-Andrews m. 布-安二氏手法
  Brehmer's m. 布雷默氏法
  Breslau's m. 布雷斯劳氏法
  brine flotation m. 盐水乳集法
  Brunn's m. 布龙氏法
  Brunnstrom. 布伦斯特罗姆氏法
  calcium, m's for 钙测定法
  caliper m. 卡钳法
  Callahan m. 卡拉汉氏法:① 一种牙根管填充法;② 齿髓硫酸腐蚀法
  Carrel's m. 卡莱尔氏法
  Castaneda's m. 卡斯塔涅达氏染色法
  Chandler's m. 钱德勒氏法
  chest pressure-arm lift m. 压胸抬臂法
  Chick-Martin m. 奇-马二氏法
  chlorides, m's for 氯化物测定法
  chloropercha m. 氯仿牙胶法
  Ciaccio's m. 恰乔氏法
  Clark-Collip m. 克-科二氏法:① 检血钙;② 测血尿素
  closed-plaster m. 石膏包裹固定法
  Converse m. 颠倒法
  Couette m. 凯蒂氏法
  Coutard's m. 库塔尔氏法
  creatine, m's for 肌酸测定法
  creatinine, m's for 肌酐测定法
  Credé's m. 克勒德氏手法
  Cronin m. 克罗宁氏法
  Cuignet's m. 曲伊涅氏法
  cup plate m. 小环平皿法
  Dakin-Carrel m. 达-卡二氏法
  Denis and Leche's m. 丹-李二氏法
  Denman's m. 登曼氏法
  dextrose, m's for 葡萄糖测定法
  Dickinson m. 迪金森氏法
  direct m. 直接(眼底检查)法
  direct centrifugal flotation m. 直接离心浮集法
  disk diffusion m. 圆盘扩散法
  Domagk's m. 多马克氏法
  Duke's m. 杜克氏法
  dye dilution m. 染剂稀释法
  Eicken's m. 艾根氏法

Ellinger's m. 艾林格氏法
Epstein's m. 爱泼斯坦氏法
external rotation m. 外转臂法
Fahraeus m. 法利伍氏法
Faust's m. 福斯特氏法
Fay m. 费伊氏法
fibrinogen, m. for 纤维蛋白原测定法
Fick m. 菲克氏法
Fishberg's m. 费希伯格氏法
Fiske's m. 非斯克氏法
Fiske and Subbarow's m. 菲-苏二氏法
fixed base, m. for 固定碱测定法
flash m. 快速牛奶消毒法
flotation m. 浮集法,浮选法
Folin's m. 福林氏法:①检丙酮;②检丙酮微量法;③检血内氨基酸;④检血中氨基酸氮;⑤检氨氮;⑥检血糖;⑦检测肌酸;⑧检尿中肌酸;⑨检尿中肌酸酐;⑩检硫酸乙酯;⑪检无机硫酸盐;⑫检尿蛋白;⑬检尿总酸度;⑭检尿中总硫酸盐;⑮检尿素和尿囊素
Folin and Wu's m. 福-吴二氏法:①检肌酸酐;②检肌酸和肌酸酐;③检葡萄糖;④检非蛋白氮;⑤制备无蛋白血滤液;⑥检尿素;⑦检尿酸
m's for (volatilizing)formaldehyde gas 挥发性甲醛气测定法
Fülleborn's m. 菲勒本氏法
Gerota's m. 格罗塔氏法
Givens'm. 吉文氏法
glucose (dextrose), m's for 葡萄糖测定法
gold number m. 金值法
Gram's m. 革兰氏(染色)法
guanidine, m's for 胍腚测定法
Hamilton's m. 汉米尔顿氏法
Hammerschlag's m. 哈默施莱格氏法
Heintz's m. 海恩茨氏法
hemoglobin,m's. for 血红蛋白测定法
Herter and Foster's m. 赫-福二氏法
Heublein m. 贺伊布林氏法
hippocratic m. 前肩脱位闭合复位法
Hirschberg's m. 赫希伯格氏法
holding m. 持久牛奶消毒法
Holger Nielsen m. 霍尔杰尼尔森氏人工呼吸法
Howell's m. 豪威尔氏法
indican, m's for 尿蓝母测定法
indicator dilution m. 指示剂稀释法
indole, m's for 吲哚测定法
inorganic phosphates, m. for 无机磷酸盐测定法
iodine, m's for 碘测定法
iron, m's for 铁测定法
Ivy's m. 伊维氏法
Jendrassik-Grof m. 晏-格二氏法:① 测偶合胆红素;② 测总胆红素
Johnson m. 约翰逊氏法
Kaiserling's m. 凯泽林氏保色法
Kaplan-Meier m. 卡-迈二氏法
Karr's m. 卡尔氏法
Kendall's m. 肯达尔氏法
Kety-Schmidt m. 凯-施二氏法
Kirstein's m. 基尔斯坦氏法
Kjeldahl's m. 基达耶法(1883)
Klüver-Barrera m. 克-巴二氏法
Kocher's m. 柯赫氏复位法
Korotkoff's m. 科罗特科夫法
Laborde's m. 拉博德法
Lamaze m. 拉马泽氏法
Lane m. 莱恩氏法
lateral condensation m. 牙根管侧充填法
Leboyer m. 勒博耶氏分娩法
lime m. 石灰发生甲醛气法
Meyer's m. 麦耶氏法
Milch's m. 密尔克氏法
Moerner-Sjöqvist m. 默-斯二氏法
Mohr's m. 默尔氏法
Monte Carlo m. 蒙特卡罗氏法
mouth-to-mouth m. 口对口(人工呼吸)法
multiple cone m. 多锥法
Murphy m. 墨菲氏法
Nielsen m. 尼尔森法
Nikiforoff's m. 尼基弗洛夫氏法
nitrogen, amino acid, m's for 检氨基酸氮法
Ogata's m. 绪方氏法
Ogino-Knaus m. 奥-克二氏法
optical density m. 光密度法
Orr m. 奥尔氏法
Orsi-Grocco m. 奥-格二氏法
Osborne and Folin's m. 奥-福二氏法
ova concentration, m. for 卵浓缩法
panoptic m. 全显(染)法
Pap's silver m. 帕普氏银染法

Parker's m. 派克氏法
peptic activity, m's for 测酶蛋白活动法
phosphates inorganic, m's for 检磷酸盐
phosphorus, m. for 检磷法
phosphorus, acid-soluble, m. for 测酸溶性磷法
point source m. 点照法
Price-Jones m. 普-琼二氏法
proprioceptive neuromuscular facilitation m. 本身感受神经肌肉传导法
purine bodies, m's for 检嘌呤体法
radioactive balloon m. 放射气囊法
retrofilling m. 倒填充法
rhythm m. 安全期避孕法
Rideal-Walker m. 里-沃二氏法
Ritchie's formol-ether m. 里奇氏甲醛乙醚法
Ritgen's m. 里根氏手法
Romanovsky's (Romanowsky's) m. 罗曼诺夫斯基氏法
Rood m. 路德氏法
Sahli's m. 萨利氏法
Satterthwaite's m. 萨脱斯威特氏法
Schafer m. 谢弗氏法
Schlossmann's m. 施劳斯曼氏法
Schüller's m. 许累尔氏法
sectional m., segmentation m. 节段法
Siffert m. 西佛特氏法
silver point (cone) m. 银尖(锥)法
Silvester m. 西维斯特氏法
single cone m. 单锥法
Sjöqvist's m. 斯耶克维斯特法
Sluder m. 斯路德氏法
Smellie's m. 斯梅利氏法
Somogyi m. 索莫吉氏法：① 检血糖；② 检淀粉酶活性
specific gravity, m. for 测比重法
split cast m. 分模法
Stinson's m. 史汀生氏法
suger m's for 检糖法
sulfosalicylic acid m. 磺基水杨酸法，磺柳酸法
sulfur, total, m's for 测总硫法
Sumner's m. 萨姆纳氏法
suspension m. 悬液法
Thane's m. 赛因氏法
thermal dilution m., thermodilution m. 热稀释法
thyroid activity, m. for 检甲状腺功能法
total fixed base, m. for 检总固定碱法
total sulfur, m. for 检总硫法
traction-countertraction m. 牵引-对抗牵引法
Tracy and Welker's m. 特-威二氏法
Trillat's m. 特里奈特氏法
Trueta m. 特鲁埃塔氏法
Tswett's m. 茨委特氏法，色层析法
uranium acetate m. 醋酸铀法
urea, m's for 检尿素法
urease m's for 检尿素酶法
uric acid m's for 检尿酸法
van Gehuchten's m. 范格胡克滕氏法
Van Slyke's m. 范斯莱克氏法
vertical condensation m. 牙根管垂直填充法
Walker's m. 活克氏法
Waring's m. 华林氏法
Weber's m. 威伯氏法
Welcker's m. 威尔克氏法
Welker's m. 威尔克氏法
Westergren's m. 韦斯特格伦氏法
Whipple's m. 惠普尔氏法
Wiechowski and Handorsky's m. 威-汉二氏法
Wintrobe m. 温特罗布氏法
Wintrobe and Landsberg's m. 温-兰二氏法
Wolter's m. 沃尔特氏法
Wynn m. 温氏法
Ziehl-Neelsen's m. 齐-尼二氏法
Zsigmondy's gold number m. 希格蒙迪氏金值法，胶体金试验
methodism ['meθə,dizəm] 方法医学
Methodist ['meθədist] 方法医学派
methodology [,meθə'dɔlədʒi] 方法学(论)
methohexital [,meθə'heksitəl] (USP) 美索比妥，甲己炔巴比妥
　m. sodium (USP) 美索比妥钠，甲己炔巴比妥钠
methopholine [,meθəu'fəuli:n] 甲氧莱啉：止痛药
methopromazine maleate [,meθə'prɔməzi:n] 甲氧丙嗪顺丁烯二酸盐
methotrexate [,meθə'treksit] (USP) 甲氨喋呤
　m. sodium (USP) 甲氨喋呤钠盐

methotrimeprazine [ˌmeθətraiˈmeprəziːn] (USP) 甲氧异丁嗪,左旋甲丙嗪

methoxamine hydrochloride [məˈθɔksəmiːn] 盐酸甲氧胺,盐酸美速克新命

methoxsalen [məˈθɔksələn] (USP) 甲氧呋豆素,甲氧补骨脂素

methoxychlor [məˈθɔksiklɔː] 甲氧氯,甲氧滴滴涕

methoxyflurane [meˌθɔksiˈfluərein] (USP) 甲氧氟烷

methoxyl [məˈθɔksil] 甲氧基

methoxyphenamine hydrochloride [məˌθɔksiˈfenəmiːn] (USP) 盐酸甲氧苯丙甲胺,盐酸喘咳

methoxypromazine maleate [məˌθɔksiˈprɔməzin] 甲氧丙嗪顺丁烯二酸盐:中枢抑制药

8-methoxpsoralen [məːθɔksiˈsɔːrələn] 氧化补骨脂素,甲氧呋豆素

methphenoxydiol [ˌmeθfəˌnɔksiˈdaiɔl] 愈创木酚甘油醚

methscopolamine bromide [ˌmeθskəˈpɔləmiːn] (USP) 溴甲东莨菪碱

methsuximide [meθˈsʌksimaid] (USP) 甲琥胺

methyclothiazide [ˌmeθiklǝˈθaiæzaid] (USP) 甲氯噻嗪:口服利尿药

methyl [ˈmeθil] (Gr. *methy* wine + *hylē* wood) 甲基
  m. **alcohol** 甲醇
  m. **aldehyde** 甲醛
  m. **anthranilate** 氨基苯甲酸甲酯
  m. **benzene** 甲苯
  m. **ethyl-pyrrole** 甲基乙基吡咯
  m. **hydride** 甲烷,沼气
  m. **hydroxy-furfurol** 甲(基)羟(基)糖醛
  m. **iodide** 碘甲烷
  m. **isobutyl ketone** (NF) 甲基异丁基酮
  m. **methacrylate** 甲基丙烯酸甲酯
  m. **salicylate** (NF) 水杨酸甲酯,冬青油
  m. **sulfonate** 磺酸甲酯
  m. **tert-butyl ether** 叔丁基甲酯

methylacetic acid [ˌmeθiləˈsetik] 丙酸,甲基乙酸

α-methylacetoacetic acid [ˌmeθiləˌsetəuəˈæsetik] α-甲基乙酰乙酸

α-methylacetoaceticaciduria [ˌmeθiləˌsetəuəˌsetikˌæsiˈdjuəriə] α-甲基乙酰乙酸尿症

α-methylacetoacetyl [ˌmeθiləˌsiːtəuˈæsiˌtiːl] α-甲基乙酰乙酰基

α-methylacetoacetyl CoA thiolase [ˌmeθiləˌsiːtəuˈæsitil kəuˈei ˈθaiəleis] α-甲基乙酰乙酰辅酶 A 硫醇酶

methylamine [ˈmeθələmiːn] 甲胺

N-methyl-D-aspartate (NMDA) [ˈmeθil ˈæspəːteit] N-甲基-D-天门冬氨酸

methylate [ˈmeθileit] ❶甲基化,加甲基; ❷甲醇盐

methylated [ˈmeθiˌleitid] 甲基化的

methylation [ˌmeθiˈleiʃən] 甲基化(作用)

methylatropine nitrate [ˌmeθiˈlætrəpiːn] 硝酸甲基阿托品,胃疡平

methylazoxymethanol [ˌmeθələˌzɔksiˈmeθənɔl] 甲基氧化偶氮甲醇

methylbenzethonium chloride [ˌmeθilˌbenziˈθəunjəm] 氯化甲苄乙氧胺

methylcellulose [ˌmeθilˈseljuləus] (USP) 甲基纤维素
  hydroxypropyl m. 羟丙基甲基纤维素

methylchloroformate [ˌmeθilˌklɔːrəuˈfɔːmeit] 氯甲酸甲酯

methylchloroisothiazolinone [ˌmeθilˌklɔːrəuˌaisəθiəˈzɔlinəun] 氯甲异噻嗪利龙

3-methylcholanthrene [ˌmeθilkəuˈlænθriːn] 3-甲胆蒽

methylcobalamin [ˌmeθilkəuˈbæləmin] 甲基钴胺素

methylcreosol [ˌmeθilˈkriːəsɔl] 甲基甲酚

3-methylcrotonic acid [ˌmeθilkrəuˈtɔnik] 甲基巴豆酸

methylcrotonoyl-CoA carboxylase [ˌmeθilkrəuˈtɔnɔil kəuˈei kɑːˈbɔksileis] (EC 6.4.1.4) 甲基巴豆酰辅酶 A 羧化酶

3-methylcrotonyl [ˌmeθilˈkrəutəˌnil] 3-甲基巴豆酰

3-methylcrotonyl CoA carboxylase deficiency [ˌmeθilˈkrəutənil kəuˈei kɑːˈbɔksileis] 3-甲基巴豆酰辅酶羧化酶缺乏症

3-methylcrotonylglycine [ˌmeθilˌkrəutənilˈglisiːn] 3-甲基巴豆酰甘氨酸

β-methylcrotonylglycinuria [ˌmeθilˌkrəutənilˌglisiˈnjuəriə] β-甲基巴豆酰甘氨酸尿症

methylcytosine [ˌmeθilˈsaitəsiːn] 甲基胞嘧啶

methyldichlorarsin [ˌmeθilˌdaiklɔˈrɑːsin] 甲基二氯胂

methyldihydromorphinone [ˌmeθildaiˌhaidrəˈmɔːfinəun] 甲基二氢吗啡酮,甲基吗啡酮

methyldopa [ˌmeθilˈdəupə] (USP) 甲基多巴

methyldopate hydrochloride [ˌmeθilˈdəupeit] (USP) 盐酸甲基多巴乙酯降压药

methylene [ˈmeθəliːn] 亚甲基,甲烯基,甲叉
  m. bichloride 二氯甲烷
  m. blue 二氯甲烷

methylenedioxyamphetamine (MDA) [ˌmeθiliːnˌdaiˌɔksiæmˈfetəmiːn] 亚甲基二氧苯丙胺

5,10-methylenetetrahydrofolate [ˌmeθiliːnˌtetrəˌhaidrəuˈfəuleit] 5,10-亚甲基四氢叶酸

methylenetetrahydrofolatedehydrogenase (NADP⁺) [ˌmeθiliːnˌtetrəˌhaidrəuˈfəuleit diˈhaidrədʒəneis] (EC 1.5.1.5) 亚甲基四氢叶酸脱氢酶

5,10-methylenetetrahydrofolate reductase (FADH$_2$) [ˌmeθiliːnˌtetrəˌhaidrəuˈfəuleit riˈdʌkteis] 亚甲基四氢叶酸还原酶

methylenetetrahydrofolate (THF) **reductase deficiency** 亚甲基四氢叶酸还原酶缺乏症

methylenophil [ˌmeθiˈliːnəfil] 嗜亚甲蓝的

methylenophilous [ˌmeθiliːˈnɔfiləs] (*methylene* + Gr. *philein* to love) 嗜亚甲蓝的,易被亚甲蓝染色的

methylergonovine maleate [ˌmeθilˌəːgəuˈnəuviːn] (USP) 马来酸甲基麦角新碱

methylglucamine [ˌmeθilˈgluːkəmain] 甲基葡萄糖胺

3-methylglutaconic acid [ˌmeθilˌgluːtəˈkɔnik ˈæsid] 3-甲基戊烯二酸

3-methylglutaconicaciduria [ˌmeθilˌgluːtəˌkɔnikˌæsiˈdjuəriə] 3-甲基戊烯二酸尿症

3-methylglutaconyl [ˌmeθilˌgluːtəˈkɔnil] 3-甲基戊烯二酰

methylglutaconyl-CoA hydratase [ˌmeθilˌgluːtəˈkɔnil kəuˈei ˈhaidrəteis] (EC 4.2.1.18) 甲基戊烯二酰辅酶 A 水化酶

3-methylglutaric acid [ˌmeθilgluːˈtærik] 3-甲基戊二酸

methylglyoxal [ˌmeθilglaiˈɔksəl] 甲基乙二醛

methylglyoxalase [ˌmeθilglaiˈɔksəleis] 甲基乙二醛酶

methylglyoxalidin [ˌmeθilˌglaiɔkˈsælidin] 甲基异吡唑,赖西丁

methylhexamine [ˌmeθilˈheksəmiːn] 甲基异己胺

methylhexaneamine [ˌmeθilhekˈseinəmiːn] 甲基异己胺,二甲戊胺

methylhydantoin [ˌmeθilhaiˈdæntəuin] 甲内酰脲,甲脲乙醇酸酐

methylic [məˈθilik] 甲基的,含有甲基的

methylidyne [meˈθilidain] 三价碳氢根

methylindol [ˌmeθilˈindəul] 甲基吲哚,类臭素

methylisothiazolinone [ˌmeθilˌaisəuθaiəˈzɔlinəun] 甲基异噻嗪利龙

methylmalonic acid [ˌmeθilməˈlɔnik] 甲基丙二酸

methylmalonicacidemia [ˌmeθilməˌlɔnikˌæsiˈdiːmiə] ❶ 甲基丙二酸血症;❷ 血液中甲基丙二酸过量

methylmalonicaciduria [ˌmeθilməˌlɔnikˌæsiˈdjuəriə] ❶ 甲基丙二酸尿症;❷ 甲基丙二酸血症

methylmalonyl [ˌmeθilˈmælənil] 甲基丙二酰

methylmalonyl-CoA epimerase [ˌmeθilˈmælənil kəuˈei iˈpiməreis] (EC 5.1.99.1) 甲基丙二酰辅酶 A 表异构酶

methylmalonyl-CoA mutase [ˌmeθilˈmælənil kəuˈei ˈmjuːteis] (EC 5.4.99.2) 甲基丙二酰辅酶 A 变位酶

methylmalonyl-CoA racemase [ˌmeθilˈmælənil kəuˈei ˈreisimeis] (EC 5.1.99.1) 甲基丙二酰辅酶 A 消旋酶

methylmercaptan [ˌmeθilməˈkæptən] 甲硫醇

methylmorphine [ˌmeθilˈmɔːfiːn] 甲基吗啡

3-methyl-2-oxobutanoate dehydrogenase (lipoamide) [ˈmeθilˌɔksəuˈbjuːtəˈnəueit diˈhaidrədʒəneis ˌlipəuˈæmaid] (EC 1.2.4.4) 3-甲基-2-氧化丁烷酯,脱氢酶(酯酰胺)

methylparaben [ˌmeθilˈpærəbən] (NF) 对羟基苯甲酸甲酯,尼泊金 M,尼泊净 M

methylparafynol [ˌmeθilˌpærəˈfainɔl] 甲

基戊炔醇
methylpentose [ˌmeθil'pentəus] 甲基戊糖
methylpentynol [ˌmeθil'pentinɔl] 甲基戊炔醇
methylphenidate hydrochloride [ˌmeθil'fenideit] (USP) 盐酸哌醋甲酯,盐酸利他灵
methylphenylhydrazine [ˌmeθilˌfi:nil'haidrəzi:n] 甲苯肼
methylprednisolone [ˌmeθilpred'nisələun] (USP) 甲泼尼龙,甲基强的松龙
 m. acetate (USP) 乙酸甲基强的松龙
 m. hemisuccinate (USP) 半琥珀酸甲基强的松龙
 m. sodium phosphate 磷酸钠甲基强的松龙
 m. sodium succinate (USP) 琥珀酸钠盐甲基强的松龙
methylpurine [ˌmeθil'pjuəri:n] 甲基嘌呤
methylpyrapone [ˌmeθil'paiərəpəun] 甲双吡丙酮
methylpyridine [ˌmeθil'piridin] 甲基吡啶
methylquinoline [ˌmeθil'kwinəlin] 甲喹啉
methylrosaniline chloride [ˌmeθilrəu'zænili:n] 氯化甲基玫瑰苯胺,龙胆紫
methyltestosterone [ˌmeθiltes'tɔstərəun] (USP) 甲基睾(丸)酮,甲基睾丸素
5-methyltetrahydrofolate [ˌmeθilˌtetrəˌhaidrə'fəleit] 甲基四氢叶酸
5-methyltetrahydrofolate-homocysteine S-methyltransferase [ˌmeθilˌtetrəˌhaidrə'fəleit ˌhɔməˌsisti:n ˌmeθil'trænsfəreis] (EC 2.1.1.13) 5-甲基四氢叶酸-高半胱氨酸转甲酶
methyltheobromine [ˌmeθilθiə'brəumi:n] 甲基可可豆碱,咖啡因
methylthionine chloride [ˌmeθil'θaiəni:n] 亚甲蓝,美蓝
methylthiouracil [ˌmeθilˌθaiəu'juərəsil] 甲基硫尿嘧啶
methyltransferase [ˌmeθil'trænsfəreis] (EC 2.1.1) 甲基转移酶
5-methyluracil [ˌmeθil'ljuərəsil] 甲基尿嘧啶,胸腺嘧啶
methyluramine [ˌmeθiljuə'ræmi:n] 甲胍
methylxanthine [ˌmeθil'zænθi:n] 甲基黄嘌呤,姑黄嘌呤

methynodiol diacetate [məˌθinə'daiəul] 双醋甲异炔诺醇
methyprylon [ˌmeθi'prailən] (USP) 甲吡啶酮
methysergide [ˌmeθi'sə:dʒaid] 二甲麦角新碱
 m. maleate (USP) 马来酸二甲麦角新碱
methysis ['meθisis] (Gr. "intoxication") 中毒
methystic ['meθistik] 中毒的,致中毒的
metiamide [mi'taiəmaid] 甲硫咪特,甲硫咪胺
metiapine [mi'taiəpi:n] 甲硫平:安定药
Meticorten [ˌmeti'kɔ:tən] 美可定:强的松制剂的商品名
metizoline hydrochloride [mə'tizəli:n] 盐酸美替唑啉
metmyoglobin [metˌmaiəu'gləubin] 正铁肌红蛋白
metoarion [ˌmetə'æriən] (Gr. meta + oarion ovule) 黄体
metoclopramide hydrochloride [ˌmetə'klɔprəmaid] 盐酸灭叶灵,盐酸胃复安
metocurine iodide [ˌmetəu'kjuəri:n] (USP) 磺甲酮箭毒
metodontiasis [ˌmetəudɔn'taiəsis] (Gr. meta + odous tooth) 齿成形不全
metoestrum [mə'testrəm] 动情后期
metoestrus [mə'testrəs] 动情后期
metogest ['metəudʒest] 16,16-二甲诺龙
metolazone [me'tɔləzəun] 美托拉宗,甲苯喹唑酮
metonymy [mi'tɔnimi] (meta- + Gr. onyma name) 代语失当
metopagus [me'tɔpəgəs] 额部连胎
metopic [mi'tɔpik] 额的
metopimazine [ˌmetəu'piməzi:n] 甲磺胍丙嗪,美托哌丙嗪:止吐药
metopion [me'təupjən] 额中点
Metopirone [ˌmetəu'pairəun] 美托派伦:甲双吡丙酮制剂的商品名
metopism ['metəpizəm] 囟门不闭
metop(o)- (Gr. metōpon forehead) 额
metopon ['metəpɔn] 美托朋,甲基二氢吗啡酮
metopopagus [ˌmetə'pɔpəgəs] (metopo- + Gr. pagos thing fixed) 额部联胎

metopoplasty [mi'tɔpəˌplæsti] (Gr. *metopon* + *plassein* to form) 额造形术

metoposcopy [ˌmetə'pɔskəpi] (Gr. *metopon* + *skopein* to view) 相法,相面法

metoprolol tartrate [ˌmetə'prɔlɔl] (USP) 酒石酸盐,甲氧乙心宁,美多心安,美托洛尔

Metorchis [me'tɔːkis] (*meta-* + Gr. *orchis* testicle) 次睾吸虫属

metoserpate hydrochloride [ˌmetə'səːpeit] 盐酸美托舍酯

metoxenous [ˌme'tɔksənəs] (*meta-* + Gr. *xenos* host) 转换寄生的

metoxeny [mi'tɔksəni] 转换寄生(状况)

metra ['miːtrə] (Gr. *metra* womb) 子宫

metralgia [mi'træld ʒiə] (*metr-* + *-algia*) 子宫痛

metraneurysm [ˌmiːtrə'ænjuərizm] (*metra* + Gr. *aneurysma* dilatation) 子宫扩张

metraterm ['miːtrətəːm] (*metr-* + L. *terminus* boundary) 子宫末端

metratomy [mi'trætəmi] 子宫切开术

metratonia [ˌmiːtrə'təuniə] (*metr-* + *atonia* atony) 子宫无力,子宫张力缺乏

metratrophia [ˌmiːtrə'trəufiə] (*metr-* + Gr. *atrophia* atrophy) 子宫萎缩

metrauxe ['metrɔks] (*metra* + Gr. *auxe* increase) 子宫肥大

Metrazol ['metrəzɔl] 美托佐:戊四氮制剂的商品名

metre ['miːtə] 米,公尺

metrechoscopy [ˌmetrə'kɔskəpi] (Gr. *metron* measure + *ēchō* sound + *skopein* to examine) 量听望联(合)诊法

metrectasia [mitrek'tæsiə] (Gr. *metra* uterus + *ektasis* extension) 子宫扩张

metrectomy [mi'trektəmi] (*metr-* + Gr. *ektomé* excision) 子宫切除术

metrectopia [ˌmiːtrek'təupiə] (*metr-* + Gr. *ektopos* displaced + *-ia*) 子宫异位

metrelcosis [ˌmetrel'kəusis] (Gr. *metra* + *elkosis* ulceration) 子宫溃疡

Metreton ['metrətən] 强的松:磷酸钠泼尼松龙制剂的商品名

metreurynter [ˌmiːtruə'rintə] (*metr-* + Gr. *eurynein* to stretch) 子宫颈扩张袋

metria ['miːtriə] 产后子宫炎

metric ['metrik] (Gr. *metron* measure) 米(公尺)的

metrifonate [ˌmetri'fɔneit] 敌百虫

metriocephalic [ˌmetriəusə'fælik] (Gr. *metrios* moderate + *kephalē* head) 中头型的

metriphonate [ˌmetri'fɔneit] 敌百虫

metritis [mi'traitis] (*metr-* + *-itis*) 子宫炎

   m. dissecans, dissecting m. 分割性子宫炎

   puerperal m. 产褥期子宫炎,产后子宫炎

metrizamide [mi'trizəmaid] 甲泛景酰胺,甲泛醚胺

metrizoate sodium [ˌmetri'zəueit] 甲基泛景酸钠

metr(o)- (Gr. *mētra* uterus) 子宫

metrocace ['metrəkeis] (*metro-* + Gr. *kake* badness) 子宫坏疽

metrocampsis [ˌmiːtrəu'kæmpsis] (Gr. *kampsis* bending) 子宫屈曲

metrocele ['miːtrəsiːl] (*metro-* + Gr. *kēlē* hernia) 子宫疝

metroclyst ['miːtrəuklist] (*metro-* + Gr. *klyzein* to wash) 子宫冲洗器

metrocolpocele [ˌmiːtrəu'kɔlpəsiːl] (*metro-* + Gr. *kolpos* vagina + *kēlē* hernia) 子宫阴道突出

metrocystosis [ˌmiːtrəusis'təusis] 子宫囊肿病

metrocyte ['miːtrəusait] (Gr. *meter* mother + *-cyte*) 母细胞

metrodynia [ˌmiːtrəu'diniə] (*metro-* + Gr. *odynē* pain) 子宫痛

metroendometritis [ˌmiːtrəˌendəumi'traitis] 子宫体内膜炎,子宫肌层内膜炎

metrofibroma [ˌmiːtrəufai'brəumə] (*metro-* + *fibroma*) 子宫纤维瘤

metrogenous [mi'trɔdʒinəs] 子宫源的

metrography [mi'trɔgrəfi] 子宫照相术,子宫 X 线造影术

metroleukorrhea [ˌmiːtrəuˌljuːkə'riːə] 子宫白带

metrology [mi'trɔlədʒi] (Gr. *metron* measure + *-logy*) 度量衡学,测量学

metrolymphangitis [ˌmiːtrəuˌlimfæn'dʒaitis] 子宫淋巴管炎

metromalacia [ˌmiːtrəʊməˈleiʃiə] (metro- + Gr. *malakia* softness) 子宫软化

metromalacoma [ˌmiːtrəʊˌmæləˈkəʊmə] 子宫软化

metromenorrhagia [ˌmiːtrəʊˌmenəˈreidʒiə] 月经过多

metronidazole [ˌmiːtrəˈnaidəzəʊl] (USP) 灭滴灵,甲硝哒唑
  m. hydrochloride 盐酸灭滴灵

metronoscope [miˈtrɒnəskəʊp] 眼肌失调矫正器

metroparalysis [ˌmiːtrəʊpəˈrælisis] 子宫麻痹

metropathic [ˌmiːtrəʊˈpæθik] 子宫病的

metropathy [miˈtrɒpəθi] (metro- + Gr. *pathos* suffering) 子宫病

metroperitoneal [ˌmiːtrəʊˌperitəʊˈniːəl] 子宫腹膜的

metroperitonitis [ˌmiːtrəʊˌperitəʊˈnaitis] (metro- + peritonitis) 子宫腹膜炎

metrophlebitis [ˌmiːtrəʊfliˈbaitis] (metro- + Gr. *phleps* vein + -itis) 子宫静脉炎

Metropine [ˈmetrəpin] 甲吡丙眠:硝酸甲基阿托品制剂的商品名

metroplasty [ˌmiːtrəˈplæsti] 子宫成形术

metropolis [miˈtrɒpəlis] (Gr. *mētropolis* mother-state, as opposed to her colonies) 产地

metroptosis [ˌmiːtrəˈtəʊsis] (metro- + Gr. *ptōsis* falling) 子宫下垂,子宫脱垂

metrorrhagia [ˌmiːtrəˈreidʒiə] (metro- + Gr. *rhēgnynai* to burst out) 子宫出血
  m. myopathica 肌病性子宫出血

metrorrhea [ˌmiːtrəˈriːə] (metro- + Gr. *rhoia* flow) 子宫溢液

metrorrhexis [ˌmiːtrəˈreksis] (metro- + Gr. *rhēxis* rupture) 子宫破裂

metrorthosis [ˌmetrəˈθəʊsis] (Gr. *orthos* straight) 子宫复位术

metrosalpingitis [ˌmiːtrəʊˌsælpinˈdʒaitis] (metro- + Gr. *salpinx* tube + -itis) 子宫输卵管炎

metrosalpingography [ˌmiːtrəʊˌsælpiŋˈɡɒɡrəfi] 子宫输卵管照相术,子宫输卵管(X线)造影术

metroscope [ˈmiːtrəskəʊp] 子宫镜

metrostasis [miˈtrɒstəsis] (Gr. *metron* measure + *stasis* a setting) 定长状态

metrostaxis [ˌmiːtrəʊˈstæksis] (metro- + Gr. *staxis* a dripping) 子宫渗血

metrostenosis [ˌmiːtrəʊstiˈnəʊsis] (metro- + Gr. *stenosis* contraction) 子宫狭窄

metrosynizesis [ˌmetrəˌsiniˈzisis] 子宫粘合

metrotomy [miˈtrɒtəmi] 子宫切开术

metrotubography [ˌmiːtrəʊtjuːˈbɒɡrəfi] 子宫输卵管照相术,子宫输卵管(X线)造影术

-metry (Gr. *metrein* to measure) 测定,测量,定量

M. et sig. (L. *misce et signa* 的缩写) 混合并写明用法

Mett's (Mette's) test tubes [mets] (Emil Ludwig Paul Mett (Mette), German physician, born 1867) 梅特氏试管

Metubine [miˈtjuːbin] 米土丙:碘甲筒箭毒(metocurine iodide)制剂的商品名

metula [ˈmetjulə] 梗基

metyrapone [meˈtirəpəʊn] (USP) 双甲吡丙酮
  m. tartrate 酒石酸双甲吡丙酮

metyrosine [miˈtaiərəsiːn] 甲基酪氨酸

MeV, Mev (megaelectron volt 的缩写) 兆电子伏

Mevacor [ˈmevəkɔː] 麦弗可:洛伐他汀的商品名

mevalonate [meˈvæləneit] 甲羟戊酸盐(酯)类,甲羟戊酸的阴离子形式

mevalonate kinase [meˈvæləneit ˈkaineis] (EC 2.7.1.36) 甲羟戊酸激酶

mevalonic acid [ˌmevəˈlɒnik] 甲羟戊酸

mevalonicaciduria [ˌmevəˌlɒnikˌæsiˈdjuːəriə] 甲羟戊酸尿症

Mexate [ˈmekseit] 麦克赛特:氨甲喋呤钠制剂商品名

mexiletine hydrochloride [ˈmeksilətiːn] 盐酸慢心律

Mexitil [ˈmeksitil] 麦可西替:盐酸慢心律的商品名

mexrenoate potassium [meksˈrenəʊeit] 孕甲酯丙酸钾

Meyer's disease [ˈmaiəz] (Hans Wilhelm Meyer, Danish physician, 1824-1895) 麦耶氏病

Meyer's line [ˈmaiəz] (Georg Hermann von Meyer, German anatomitst, 1815-1892)

麦耶氏线

Meyer's loop ['maiəz] (Adolf B *Meyer*, American psychiatrist, 1866-1950) 梅尔氏环

Meyer-Archambault loop ['maiəɑ:ʃæm-'bɔ:] (A. *Meyer*; La Sallè *Archambault*, American neurologist, 1879-1940) 麦-阿二氏环

Meyer-Betz disease ['maiə betz] (Friedrich *Meyer-Betz*, German physician, early 20th century) 麦-贝氏病

Meyer-Schwickerath and Weyers syndrome ['maiə ' ʃvikərɑ:t ' vaiəz] (Gerhard Rudolph Edmund *Meyer-Schwickerath*, German ophthalmologist, born 1920; Helmut *Weyers*, German pediatrician, 20th century) 麦-施-魏三氏综合征

Meyerhof ['maiəhɔ:f] 梅尔霍夫：Otto Fritz *Meyerhof*, 德国生理学家(1884~1951)

Meynert's cell ['mainəts] (Theodor Herman *Meynert*, German neurologist and psychiatrist in Vienna, 1833-1892) 迈内特氏细胞

Meynet's nodes [mæ'neiz] (Paul Claude Hyacinthe *Meynet*, French physician, 1831-1892) 迈内特氏结

mezereum [mi'ziəriəm] (L.) 紫花欧瑞香

Mezlin ['mezlin] 梅兹林：磺钠盐氨苄青霉素的商品名

mezlocillin sodium [ˌmezləu'silin] (USP) 磺钠盐氨苄青霉素

μF (*microfarad* 的符号) 微法拉

M. flac (*membrana flaccida* 的缩写) 鼓膜松弛部

M. ft. (*mistura fiat* 的缩写) 制成合剂

Mg (*magnesium* 的符号) 镁

mg (*milligram* 的符号) 毫克

mγ (*milligamma* 的符号) 毫微克, 纤克

μg (*microgram* 的符号) 微克

μγ (*microgamma* 的符号) 微微克, 皮克

mgm (*milligram* 的旧称) 毫克

MHA-TP (microhemagglutination assay-*Treponema pallidum* 的缩写) 梅毒螺旋体微量血凝试验

MHC (major histocompatibility complex 的缩写) 主组织相容性复合体

MHD (minimum hemolytic dose 的缩写) 最小溶血量

mho [məu] (*ohm* spelled backwards, because it is a reciprocal ohm) 欧姆

MI (myocardial infarction 的缩写) 心肌梗塞

Mianeh bug ['miənei] (the city of *Mianeh*, Iran) 波斯锐缘蜱

mianserin hydrochloride [mi:'ænsərin] 盐酸米安色林

miasma [mi'æzmə] (Gr. "defilement, pollution") 瘴毒, 瘴气

miasmatic [ˌmiəz'mætik] 瘴毒的, 瘴气的

miasmifuge [ˌmiæzmi'fjudʒ] (*miasma* + L. fugare to flee) 防瘴

Mibelli's porokeratosis [mi'beliz] (Vittorio *Mibelli*, Italian dermatologist, 1860-1910) 米贝利氏汗孔角化(病)

MIBG (metaiodobenzylguanidine 的缩写) 偏碘苄基胍

mibolerone [mai'bəulərəun] 米勃酮, 米勃龙：7,17 二甲若龙

mica ['maikə] (L.) ❶ 碎屑, 细粒, 小颗粒; ❷ 云母

micaceous [mai'keiʃəs] 云母的, 近似云母的, 银灰色薄片的

MicaTin ['maikətin] 麦可亭：硝酸咪康唑, 硝酸双氯苯咪唑(miconazole nitrate) 制剂的商品名

mication [mai'keiʃən] 急促动作

micatosis [ˌmaikə'təusis] 云母尘尘肺

micella [mai'selə] 微胶粒, 分子团

micelle [mai'sel] 微胶粒, 分子团

Michaelis constant [mi'keilis] (Leonor *Michaelis*, German-born American biochemist, 1875-1949) 米氏常数

Michaelis's rhomboid [mi'keilis] (Gustav Adolf *Michaelis*, German obstetrician, 1798-1848) 米氏菱形区

Michaelis-Gutmann bodies [mi'keilis'gutmən] (Leonor *Michaelis*; C. *Gutmann*, German physician, 20th century) 米-古二氏体

Michealis-Menten equation [mi'keilis 'mentən] (Leonor *Michaelis*; Maude Lenore *Menten*, American physician, 1879-1960) 米-门二氏方程式

Michel's deafness [mi'ʃelz] (E. M. *Michel*, French physician, 19th century) 密歇尔氏耳聋

miconazole [mi'kɔnəzəul] (USP) 咪康唑,双氯苯咪唑
　m. nitrate 硝酸双氯苯咪唑
micra ['maikrə] 小,细,微。micron 的复数形式
micranatomy [ˌmaikrə'nætəmi] (micro- + anatomy) 显微解剖学,组织学
micrangium [mai'krændʒiəm] 毛细血管,微血管
micranthine [mai'krænθin] 小花芫碱
micrencephalia [ˌmaikrensi'feiliə] 脑过小
micrencephalon [ˌmaikren'sefəlɔn] (micr- + Gr. enkephalos brain) 脑过小畸形
micrencephalous [ˌmaikren'sefələs] 脑过小的
micrencephaly [ˌmaikren'sefəli] (micr- + Gr. enkephalos brain) 脑过小
micr(o)- (Gr. mikros small) 小,细微
microabscess [ˌmaikrəu'æbses] 微脓肿
　Munro m. 孟罗氏微脓肿
　Pautrier's m. 波特利埃氏微脓肿
microadenoma [ˌmaikrəuˌædi'nəumə] 微腺瘤
microaerophile [ˌmaikrəu'ɛərəufail] 微(量)需氧菌,微需氧微生物
microaerophilic [ˌmaikrəuˌɛərə'filik] (micro- + aero- + Gr. philein to love) 微需氧的
microaerophilous [ˌmaikrəuɛə'rɔfiləs] 微需氧的
microaerotonometer [ˌmaikrəuˌɛərəutəu'nɔmitə] 微量血气计
microaggregate [ˌmaikrəu'ægrigit] 微聚集
microalbuminuria [ˌmaikrəuælbjuˌmi'njuəriə] 微白蛋白尿(症)
microaleuriospore [ˌmaikrəuə'ljuəriəspɔː] 微粉状孢子
microammeter [ˌmaikrəu'æmitə] 微安(培)计
microampere [ˌmaikrəu'æmpɛə] 微安(培)
microanalysis [ˌmaikrəuə'næləsis] (micro- + analysis) 微量分析
microanastomosis [ˌmaikrəuəˌnæstə'məusis] 微吻合术
microanatomy [ˌmaikrəuə'nætəmi] 显微解剖学

microaneurysm [ˌmaikrəu'ænjuˌrizəm] 微动脉瘤
microangiopathic [ˌmaikrəuˌændʒiəu'pæθik] 微血管病的
microangiopathy [ˌmaikrəuˌændʒi'ɔpəθi] (micro- + Gr. angeion vessel + pathos disease) 微血管病,小血管病
　diabetic m. 糖尿病性微血管病
　thrombotic m. 血栓形成性微血管病
microangioscopy [ˌmaikrəuˌændʒi'ɔksəpi] 微血管显微镜检查
Microascaceae [ˌmaikrəuəs'keisiiː] 囊菌科
Microascales [ˌmaikrəuəs'kæliz] (micro- + ascus) 子囊菌目
microbacteria [ˌmaikrəubæk'tiəriə] (L.) ❶ 细杆菌;❷ 微生物
Microbacterium [ˌmaikrəubæk'tiəriəm] 细杆菌属,小细菌属
　M. flavum 黄色细杆菌
　M. lacticum 乳酸细杆菌
microbacterium [ˌmaikrəubæk'tiəriəm] (pl. microbacteria) ❶ 细杆菌;❷ 微生物
microbalance ['maikrəˌbæləns] 微量天平
microbar ['maikrəbɑː] 微巴
microbe ['maikrəub] (micro- + Gr. bios life) 微生物
microbemia [ˌmaikrəu'bimiə] 菌血症
microbial [mai'krəubiəl] 微生物的
microbian [mai'krəubiən] ❶ 微生物的,微生物性的;❷ 微生物
microbic [mai'krəubik] 微生物的
microbicidal [maiˌkrəubi'saidəl] (microbe + L. caedere to kill) 杀微生物的
microbicide [mai'krəubisaid] (microbe + L. caedere to kill) 杀微生物药
microbioassay [ˌmaikrəuˌbaiəu'æsei] 微生物测定(法)
microbiological [ˌmaikrəuˌbaiəu'lɔdʒikəl] 微生物学的
microbiologist [ˌmaikrəubai'ɔlədʒist] 微生物学家
microbiology [ˌmaikrəubai'ɔlədʒi] (micro- + Gr. bios life + -logy) 微生物学
microbiophotometer [ˌmaikrəuˌbaiəufəu'tɔmitə] 微生物浊度计
microbiota [ˌmaikrəubai'əutə] ❶ 微生物区(系);❷ 微生物丛

microbiotic [ˌmaikrəubaiˈɔtik] 微生物区(系)的,微生物的

microblast [ˈmaikrəblæst] (*micro-* + Gr. *blastos* germ) 小幼红血细胞

microblepharia [ˌmaikrəubliˈfɛəriə] (*micro-* + Gr. *blepharon* eyelid + *-ia*) 小(眼)睑

microblepharism [ˌmaikrəuˈblefərizəm] 小(眼)睑

microblephary [ˌmaikrəuˈblefəri] 小(眼)睑

microbody [ˌmaikruəˈbɔdi] 微体

microbrachia [ˌmaikrəuˈbreikiə] (*micro-* + Gr. *brachion* arm) 细臂,臂过小

microbrachius [ˌmaikrəuˈbreikiəs] (*micro-* + Gr. *brachion* arm) 臂过小者

microbrenner [ˌmaikrəuˈbrenə] (*micro-* + Ger. *Brenner* burner) 尖头电烙器

microbubble [ˈmaikrəuˌbʌbl] 微泡

microburet [ˌmaikrəubjuəˈret] 微量滴定管

microcalix [ˌmaikrəuˈkæliks] 微肾盏

microcalyx [ˌmaikrəuˈkæliks] 微肾盏

microcardia [ˌmaikrəuˈkɑːdiə] (*micro-* + *cardia*) 心过小

microcentrum [ˌmaikrəuˈsentrəm] (*micro-* + Gr. *kentron* center) 中心体

microcephalia [ˌmaikrəusəˈfeiliə] 小头,头过小

microcephalic [ˌmaikrəusəˈfeilik] 小头的

microcephalism [ˌmaikrəuˈsefəlizəm] 小头,头过小

microcephalous [ˌmaikrəuˈsefələs] 小头的

microcephalus [ˌmaikrəuˈsefələs] 小头者

microcephaly [ˌmaikrəuˈsefəli] (*micro-* + Gr. *kephalē* head) 小头

microcheilia [ˌmaikrəuˈkailiə] (*micro-* + Gr. *cheilos* lip) 小唇

microcheiria [ˌmaikrəuˈkairiə] (*micro-* + Gr. *cheir* hand + *-ia*) 手过小

microchemical [ˌmaikrəuˈkemikəl] 微量化学的

microchemistry [ˌmaikrəuˈkemistri] (*micro-* + *chemistry*) 微量化学

microcinematography [ˌmaikrəuˌsinəməˈtɔgrəfi] (*micro-* + Gr. *kinema* movement + *graphein* to write) 显微电影照相术

microcirculation [ˌmaikrəuˌsəːkjuˈleiʃən] 微循环

microcirculatory [ˌmaikrəuˈsəːkjulətəri] 微循环的

microclimate [ˌmaikrəuˈklaimit] 微气候,小气候

microclyster [ˌmaikrəuˈklistə] ❶微量灌肠剂;❷微量灌肠法

microcnemia [ˌmaikrəuˈniːmiə] (*micro-* + Gr. *knēmē* tibia) 小腿异常短小,胫部异常短小

Micrococcaceae [ˌmaikrəukɔˈkeisiiː] (*micro-* + Gr. *kokkos* berry) 微球菌科

micrococci [ˌmaikrəuˈkɔksai] 微球菌。*micrococcus* 的复数

Micrococcus [ˌmaikrəuˈkɔkəs] 微球菌属

micrococcus [ˌmaikrəuˈkɔkəs] (pl. *micrococci*) 微球菌

microcolon [ˌmaikrəuˈkəulən] 小结肠

microcolony [ˈmaikrəuˌkɔləni] 小(菌)集落

microconcentration [ˌmaikrəuˌkɔnsenˈtreiʃən] 微浓度

microconidia [ˌmaikrəkəˈnidiə] 小分生孢子。*microconidium* 的复数形式

microconidium [ˌmaikrəukəˈnidiəm] (pl. *microconidia*) 小分生孢子

microcoria [ˌmaikrəuˈkɔːriə] (*micro-* + Gr. *korē* pupil) 小瞳孔

microcornea [ˌmaikrəuˈkɔːniə] (*micro-* + *cornea*) 小角膜

microcoulomb [ˌmaikrəuˈkuːlɔm] 微库(仑):电流量单位,10^{-6}库(仑)

microcrania [ˌmaikrəuˈkreiniə] 小颅,颅过小

microcrystal [ˌmaikrəuˈkristəl] 微晶体

microcrystalline [ˌmaikrəuˈkristəlain] (*micro-* + *crystalline*) 微晶的,细晶质的

microcurie [ˌmaikrəuˈkjuəri] 微居(里)

microcurie-hour [ˌmaikrəuˈkjuəriauə] 微居里时

microcyst [ˈmaikrəusist] (*micro-* + *cyst*) ❶微囊;❷小孢囊

microcystometer [ˌmaikrəusistˈtɔmitə] 袖珍膀胱内压测量器

microcyte [ˈmaikrəusait] (*micro-* + *-cyte*) ❶小红细胞;❷小神经胶质细胞

microcythemia [ˌmaikrəusai'θiːmiə] (*microcyte* + Gr. *haima* blood + *-ia*) 小红细胞症

microcytosis [ˌmaikrəusai'təusis] 小红细胞症

microcytotoxicity [ˌmaikrəuˌsaitətɔk'sisiti] 微量细胞毒(害)性

microdactylia [ˌmaikrəudæk'tiliə] 指(趾)过小,细指(趾)

microdactyly [ˌmaikrəu'dæktəli] (*micro-* + Gr. *daktylos* finger) 指(趾)过小

microdensitometer [ˌmaikrəuˌdensi'tɔmitə] 微量光密度计

microdermatome [ˌmaikrəu'dəːmətəum] 微切皮机,微(植)皮刀

microdetermination [ˌmaikrəudiˌtəːmi'neiʃən] 微量测定(法)

microdiskectomy [ˌmaikrəudis'kektəmi] 显微椎间盘切除术
    arthroscopic m. 关节(内窥)镜显微椎间盘切除术

microdissection [ˌmaikrəudi'sekʃən] 显微解剖

microdont ['maikrəudɔnt] (*micro-* + Gr. *odous* tooth) 牙过小的

microdontia [ˌmaikrəu'dɔnʃiə] (*micro-* + *odont-* + *-ia*) 小牙,牙过小

microdontic [ˌmaikrəu'dɔntik] 小牙的,牙过小的

microdontism [ˌmaikrəu'dɔntizəm] 小牙,牙过小

microdosage ['maikrəuˌdəusidʒ] 微(小剂)量法

microdose ['maikrədəus] 微(小剂)量

microdrepanocytic [ˌmaikrəuˌdrepənəu'sitik] 小镰状细胞的

microdrepanocytosis [ˌmaikrəuˌdrepənəusai'təusis] 小镰状细胞病,镰状细胞地中海贫血病

microecology [ˌmaikrəui'kɔlədʒi] 微(生物)生态学

microecosystem [ˌmaikrəuˌiːkəu'sistəm] 微生态系

microelectrode [ˌmaikrəui'lektrəud] 微电极

microelectrophoresis [ˌmaikrəuiˌlektrəufə'riːsis] 微(观)电泳

microelectrophoretic [ˌmaikrəuiˌlektrəufə'retik] 微(观)电泳的

microembolus [ˌmaikrəu'embələs] (pl. *microemboli*) 微血栓

microencephaly [ˌmaikrəuen'sefəli] 脑过小

microenvironment [ˌmaikrəuin'vaiərənmənt] 微环境

microerythrocyte [ˌmaikrəui'riθrəsait] 小红细胞

microesthesia [ˌmaikrəues'θiziə] 触物感小症

microestimation [ˌmaikrəuˌesti'meiʃən] 微量测定(法)

microfarad [ˌmaikrəu'færəd] 微法(拉)

microfauna [ˌmaikrəu'fɔːnə] 微动物区系

microfibril [ˌmaikrəu'faibril] 微原纤维,微纤维

microfilament [ˌmaikrəu'filəmənt] 微丝

microfilaremia [ˌmaikrəuˌfiləˈriːmiə] 微丝蚴血

microfilaria [ˌmaikrəufi'lɛəriə] 微丝蚴
    m. bancrofti 班(克罗夫特)氏微丝蚴
    m. diurna 昼现微丝蚴
    m. loa 罗阿微丝蚴
    m. streptocerca 旋盘尾微丝蚴
    m. volvulus 旋盘尾微丝蚴

microfilm ['maikrəfilm] 显微胶片,小型胶片

microflora [ˌmaikrəu'flɔːrə] 微(生)植物区(系),微植物丛

microfluorometry [ˌmaikrəufluə'rɔmitri] 微量荧光分析法,细胞光度法

microfracture [ˌmaikrəu'fræktʃə] 微骨折

microgamete [ˌmaikrəu'gæmiːt] (*micro-* + *gamete*) 小配子,雄配子

microgametocyte [ˌmaikrəugə'miːtəsait] (*micro-* + *gametocyte*) 小配子体,小配子细胞

microgametophyte [ˌmaikrəugə'miːtəfait] (*micro-* + Gr. *gametēs* busband + *phyton* plant) 小配子体

microgamma [ˌmaikrəu'gæmə] 微微克,皮克

microgamont [ˌmaikrəu'gæmɔnt] (*micro-* + *gamont*) 产小配子体,小配子母细胞

microgamy [mai'krɔgəmi] 小体配合

microgastria [ˌmaikrəu'gæstriə] (*micro-* + Gr. *gastēr* stomach + *-ia*) 小胃,胃过

小

microgenesis [ˌmaikrəu'dʒenəsis] (*micro-* + Gr. *genesis* production) 发育过小

microgenia [ˌmaikrəu'dʒeniə] (*micro-* + Gr. *genys* jaw) 小颏

microgenitalism [ˌmaikrəu'dʒenitəlizəm] (*micro-* + *genitalism*) 小生殖器

microglia [mai'krɔgliə] (*micro-* + *glia*) 小神经胶质(细胞)

microgliacyte [mai'krɔgliəsait] 小神经胶质细胞

microglial [mai'krɔgliəl] 小神经胶质(细胞)的

microgliocyte [mai'krɔgliəusait] 小神经胶质细胞

microglioma [ˌmaikrəuglai'əumə] 小神经胶质细胞瘤

microgliomatosis [ˌmaikrəuˌglaiəumə'təusis] 小神经胶质细胞瘤病

microglobulin [ˌmaikrəu'glɔbjulin] 微球蛋白

β₂-microglobulin [ˌmaikrəu'glɔbjulin] β₂-微球蛋白

microglossia [ˌmaikrəu'glɔsiə] (*micro-* + Gr. *glōssa* tongue + *-ia*) 小舌,舌过小

micrognathia [ˌmaikrəu'neiθiə] (*micro-* + Gr. *gnathos* jaw + *-ia*) 小颌

microgonioscope [ˌmaikrəu'gəuniəskəup] (*micro-* + *gonioscope*) 前房角镜

microgram ['maikrəgræm] 微克

micrograph ['maikrəgrɑ:f] ❶ 微动描记器;❷ 显微照片

electron m. 电子显微照片

micrographia [ˌmaikəu'græfiə] (*micro-* + Gr. *graphein* to write + *-ia*) 过小字体症

micrography [mai'krɔgrəfi] (*micro-* + Gr. *graphein* to write) ❶显微描记;❷显微镜检查

microgravity ['maikrəuˌgræviti] 微重力

microgyria [ˌmaikrəu'dʒaiəriə] (*micro-* + Gr. *gyros* + *-ia*) 多(发性)脑回小

microgyrus [ˌmaikrəu'dʒaiərəs] (pl. *microgyri*) (*micro-* + *gyrus*) 脑回小

microhematocrit [ˌmaikrəuhi:'mætəkrit] 微量血细胞比容

microhepatia [ˌmaikrəuhi'pætiə] (*micro-* + Gr. *hēpar* liver) 小肝

microhistology [ˌmaikrəuhis'tɔlədʒi] 显微组织学

microincineration [ˌmaikrəuinˌsinə'reiʃən] 微量灰化

microinfarct [ˌmaikrəuin'fɑ:kt] 微梗塞

microinjector [ˌmaikrəuin'dʒektə] 微量注射器

microinvasion [ˌmaikrəuin'veiʒən] 微观侵袭(人)

microinvasive [ˌmaikrəuin'veisiv] 微观侵袭(人)的

Micro-K [ˌmaikrəu'kei] 麦可-K:一种氯化钾制剂的商品名

microkinematography [ˌmaikrəuˌkinimə'tɔgrəfi] 显微电影照相术

microlaryngoscopy [ˌmaikrəuˌlæriŋ'gɔskəpi] (*micro-* + *laryngo-* + *scopy*) 显微喉镜检查术

microleakage [ˌmaikrəu'li:keidʒ] 微(量)漏失

microlecithal [ˌmaikrəu'lesiθəl] (*micro-* + Gr. *lekithos* yolk) 小(卵)黄的,卵黄过小的

microlentia [ˌmaikrəu'lenʃiə] (*micro-* + *lens*) 晶状体过小

microlesion [ˌmaikrəu'li:ʒən] 小损害,微小损伤

microleukoblast [ˌmaikrəu'lju:kəblæst] 成髓细胞,原(始)粒细胞

microliter ['maikrəuˌli:tə] (Fr. *microlitre*; *micro-* + *liter*) 微升

microlith ['maikrəuliθ] (*micro-* + Gr. *lithos* stone) 小结石,细石

microlithiasis [ˌmaikrəuli'θaiəsis] (*micro-* + *lithiasis*) 小结石病

m. alveolaris pulmonum, pulmonary alveolar m. 肺泡(小)结石病

micrology [mai'krɔlədʒi] (*micro-* + Gr. *logos* study) 显微科学

microlymphoidocyte [ˌmaikrəulim'fɔidəsait] 小淋巴样细胞

micromandible [ˌmaikrəu'mændibl] 小下颌,下颌过小

micromanipulation [ˌmaikrəuˌmænipju'leiʃən] 显微操作(法)

micromanipulator [ˌmaikrəumə'nipjuˌleitə] 显微操作器

micromanometer [ˌmaikrəumə'nɔmitə]

micromanometric [ˌmaikrəumənəˈmetrik] 微量(血、液体)测压的

micromastia [ˌmaikrəuˈmæstiə] 小乳房, 乳房过小

micromaxilla [ˌmaikrəumækˈsilə] 小上颌骨, 上颌骨过小

micromazia [ˌmaikrəuˈmeiziə] 小乳房, 乳房过小

micromegalopsia [ˌmaikrəˌmegəˈlɔpsiə] (*micro*- + *megal*- + *-opsia*) 视物显大显小交替症

micromegaly [ˌmaikrəuˈmegəli] (*micro*- + Gr. *megas* great) 早衰症

micromelia [ˌmaikrəuˈmi:liə] (*micro*- + Gr. *melos* limb + *-ia*) 细肢, 小肢, 短肢

micromelus [maiˈkrɔmiləs] 小肢者, 短肢者

micromere [ˈmaikrəmiə] (*micro*- + Gr. *meros* part) 小(分)裂球

micrometabolism [ˌmaikrəuməˈtæbəlizəm] 微(观)代谢

micrometastasis [ˌmaikrəuməˈtæstəsis] 微(观)转移

micrometastatic [ˌmaikrəuˌmetəˈstætik] ❶微(观)转移的, 微(观)转移引起的; ❷临床检查不出的

micrometer[1] [maiˈkrɔmitə] (*micro*- + *-meter*) 测微计
　eyepiece m. (接)目镜测微计
　filar m. 螺旋测微计
　ocular m. 目镜测微计
　stage m. 镜台测微计

micrometer[2] [ˈmaikrəuˌmi:tə] 微米: 百万分之一(10^{-6})米; 符号为 μm

micromethod [ˌmaikrəuˈmeθəd] 微量法

micrometry [maiˈkrɔmitri] 测微法

micromicro- 微微: 10^{-12}. 现已改用 *pico*-

micromicron [ˌmaikrəuˈmaikrɔn] 微微

micromolar [ˌmaikrəuˈməulə] 微克分子的

micromolecular [ˌmaikrəuməuˈlekjulə] 小分子的

Micromonospora [ˌmaikrəuməˈnɔspərə] (*micro*- + Gr. *monos* single + *sporos* seed) 小单孢菌属
　M. inyoensis 伊尼奥小单孢菌
　M. keratolyticum 溶角质小单孢菌
　M. purpurea 紫红小单孢菌

Micromonosporaceae [ˌmaikrəuməuˌnɔspəˈreisii:] 小单孢菌科

Micromyces [maiˈkrɔmisiz] (*micro*- + Gr. *mykēs* fungus) 小壶菌属

micromyelia [ˌmaikrəumaiˈi:liə] (*micro*- + Gr. *myelos* marrow + *-ia*) 小脊髓

micromyeloblast [ˌmaikrəuˈmaiələublæst] 小原粒细胞

micromyelolymphocyte [ˌmaikrəuˌmaiəˌləuˈlimfəsait] 小原粒细胞

micron [ˈmaikrɔn] (pl. *microns*, *micra*) (Gr. *mikros* small) 微米

Micronase [ˈmaikrəuneis] 优降糖: 优降糖(glyburide) 制剂的商品名

microneedle [ˌmaikrəuˈni:dl] 显微操作针

microneme [ˌmaikrəuˈni:m] (*micro*- + Gr. *nēma* thread) 微线体, 短丝

microneurography [ˌmaikrəunjuˈrɔgrəfi] 显微神经研究术

microneurosurgery [ˌmaikrəuˈnjuərəuˌsə:dʒəri] 显微神经手术

micronize [ˈmaikrənaiz] (Gr. *micron* a small thing) 微(粒)化

micronodular [ˌmaikrəuˈnɔdjulə] 小结的

micronormoblast [ˌmaikrəuˈnɔ:məblæst] 小幼红细胞

micronucleus [ˌmaikrəuˈnju:kliəs] (*micro*- + *nucleus*) 小核, 微核

micronutrient [ˌmaikrəuˈnju:triənt] 微量营养素

micronychia [ˌmaikrəuˈnikiə] (*micro*- + Gr. *onyx* nail) 指(趾)甲过小

micro-orchidia [ˌmaikrəuɔ:ˈkidiə] 小睾丸

micro-orchidism [ˌmaikrəuˈɔ:kidizəm] (*micro*- + Gr. *orchis* testicle) 小睾丸

microorganic [ˌmaikrəuɔ:ˈgænik] 微生物的

microorganism [ˌmaikrəuˈɔ:gənizəm] (*micro*- + *organism*) 微生物

microorganismal [ˌmaikrəuɔ:gəˈnizməl] 微生物的

microparasite [ˌmaikrəuˈpærəsait] 微寄生物, 寄生性微生物

micropathology [ˌmaikrəupəˈθɔlədʒi] (*micro*- + *pathology*) 微(观)病理学

micropenis [ˌmaikrəuˈpi:nis] 小阴茎

microperfusion [ˌmaikrəupəˈfju:ʒən] 微

量灌注

microphage ['maikrəfeidʒ] (*micro-* + Gr. *phagein* to eat) 小噬细胞

microphagocyte [ˌmaikrəu'fægəsait] (*micro-* + *phagocyte*) 小噬细胞

microphakia [ˌmaikrəu'feikiə] (*micro-* + Gr. *phakos* lens- + *ia*) 小晶状体，晶状体过小

microphallus [ˌmaikrəu'fæləs] (*micro-* + Gr. *phallos* penis) 小阴茎

microphilic [ˌmaikrəu'filik] (Gr. *philein* to love) 微量需氧的

microphone ['maikrəfəun] 扩音器，扬声器

　cardiac catheter-m. 检心音导管

microphonic [ˌmaikrəu'fəunik] ❶ 扩音的；❷ 传声的

　cochlear m's (耳)蜗(传音)电位

microphotograph [ˌmaikrəu'fəutəgrɑ:f] (*micro-* + *photograph*) 小型照片，显微照片

microphthalmia [ˌmaikrɔf'θælmiə] (*micro-* + *ophthalmos* eye + *-ia*) 小眼，眼过小

microphthalmos [ˌmaikrɔf'θælməs] (*micro-* + Gr. *ophthalmos* eye) 小眼，眼过小

microphthalmoscope [ˌmaikrɔf'θælməskəup] (*micro-* + *ophthalmoscope*) 显微眼底镜

microphyte ['maikrəfait] (*micro-* + Gr. *phyton* plant) 微(生)植物

micropia [mai'krəupiə] 视物显小症

micropinocytosis [ˌmaikrəuˌpainəusai'təusis] 微胞饮作用

micropipet [ˌmaikrəupi'pet] 微量吸管

micropituicyte [ˌmaikrəupi'tju:isait] 小垂体(后叶)细胞

microplasia [ˌmaikrəu'pleiziə] (*micro-* + Gr. *plassein* to form) 矮小，侏儒症

microplethysmography [ˌmaikrəuˌpleθis'mɔgrəfi] (*micro-* + Gr. *plēthysmos* increase + *graphein* to record) 微差体积描记法

micropodia [ˌmaikrəu'pəudiə] (*micro-* + Gr. *pous* foot) 小足，足过小

micropolariscope [ˌmaikrəupəu'læriskəup] 偏振(光)显微镜

micropolygyria [ˌmaikrəuˌpɔli'dʒaiəriə] 脑回小，多脑回小

Micropolyspora [ˌmaikrəuˌpɔli'spɔrə] (*micro-* + Gr. *poly* many + *sporos* seed) 小多孢菌属

　M. faeni 干草小多孢菌

micropore ['maikrəupɔ:] 微孔

microprecipitation [ˌmaikrəupriˌsipi'teiʃən] 微量沉淀(反应)

micropredation [ˌmaikrəupri'deiʃən] 依附寄生

micropredator [ˌmaikrəu'predeitə] (*micro-* + L. *praedator* a plunderer, pillager) 依附寄生物

microprobe ['maikrəprəub] 微探子

　laser m. 激光微探子

microprojection [ˌmaikrəuprə'dʒekʃən] (*micro-* + *projection*) 显微投影

microprojector [ˌmaikrəuprə'dʒektə] 显微投影仪

microprolactinoma [ˌmaikrəuprəuˌlækti'nəumə] 小催乳激素瘤

microprosopus [ˌmaikrəuprə'səupəs] (*micro-* + Gr. *prosōpon* face) 小面者

micropsia [mai'krɔpsiə] (*micro-* + *-opsia*) 视物显小症

microptic [mai'krɔptik] 视物显小的

micropunctue ['maikrəuˌpʌŋktʃə] 微刺法

micropus [mai'krəupəs] (*micro-* + Gr. *pous* foot) 小足者

micropyle ['maikrəpail] (*micro-* + *pylē* gate) ❶ 珠孔，卵孔；❷ 微孔

microradiogram [ˌmaikrəu'reidiəgræm] 显微放射照片

microradiography [ˌmaikrəuˌreidi'ɔgrəfi] (*micro-* + *radiography*) 显微放射照相术

microrchidia [ˌmaikrɔ:'kidiə] (*micro-* + Gr. *orchis* testicle + *-ia*) 小睾丸

microrefractometer [ˌmaikrəuˌri:fræk'tɔmitə] 显微折射计

microrespirometer [ˌmaikrəuˌrespi'rɔmitə] 微量呼吸计

microrhinia [ˌmaikrəu'rainiə] (*micro-* + Gr. *rhis* nose) 小鼻

microroentgen [ˌmaikrəu'rɔntgən] 微伦琴：百万分之一 (10^{-6}) 伦琴，缩写为 μR

microscelous [mai'krɔskiləs] (*micro-* + Gr. *skelos* leg) 短腿的

microscler ['maikrəskliə] 长形的
microscope ['maikrəskəup] (micro- + Gr. *skopein* to view) 显微镜
  acoustic m. 声学显微镜
  beta ray m. β射线显微镜
  binocular m. 双目显微镜
  capillary m. 毛细血管显微镜
  centrifuge m. 离心显微镜
  color-contrast m. 色对比显微镜
  comparison m. 比较显微镜
  compound m. 复式显微镜
  corneal m. 角膜显微镜
  darkfield m. 暗视野显微镜
  electron m. 电子显微镜
  fluorescence m. 荧光显微镜
  hypodermic m. 皮下显微镜
  infrared m. 红外线显微镜
  integrating m. 整合显微镜
  interference m. 干涉显微镜
  ion m. 粒子显微镜
  laser m. 激光显微镜
  light m. 光学显微镜
  monocular m. 单目显微镜
  opaque m. 不透光显微镜
  operating m. 手术显微镜
  phase m., phase-contrast m. 相差显微镜
  polarizing m. 偏振(光)显微镜
  polarizing m., rectified 校正偏振光显微镜
  projection x-ray m. 投影式X线显微镜
  reflecting m. 反射显微镜
  Rheinberg m. 莱因伯格显微镜
  scanning m., scanning electron m. 扫描(电子)显微镜
  schlieren m. 施利伦显微镜
  simple m. 单式显微镜
  slit lamp m. 裂隙灯显微镜
  stereoscopic m. 实体显微镜
  stroboscopic m. 动态显微镜
  trinocular m. 三目显微镜
  ultra-m. 超显微镜
  ultrasonic m. 超声显微镜
  ultraviolet m. 紫外线显微镜
  x-ray m. X线显微镜
microscopic [,maikrəs'kɔpik] ❶ 微观的,用显微镜可见的;❷ 显微镜的
microscopical [,maikrəs'kɔpikəl] ❶ 微观的,用显微镜可见的;❷ 显微镜的
microscopist [mai'krɔskəpist] 显微镜工作者,显微镜学家
microscopy [mai'krɔskəpi] (micro- + Gr. *skopein* to examine) 显微镜检查,显微镜术
  clinical m. 临床显微镜检查
  electron m. 电子显微镜检查
  epiluminescent m. 表皮发光显微镜检查
  fluorescence m. 荧光显微镜术
  fundus m. 眼底显微镜检查
  immunofluorescence m. 免疫荧光显微镜术
  television m. 电视显微镜术
microsecond ['maikrəu,sekənd] 微秒:百万分之一秒,缩写为 μs
microsection [,maikrəu'sekʃən] 显微切片
microseme ['maikrəsi:m] (micro- + Gr. *sēma* sign) 小眼型的
microshock ['maikrəʃɔk] 微电击,微电休克
microslide ['maikrəslaid] 显微镜玻片
microsmatic [,maikrɔs'mætik] (micro- + Gr. *osmasthai* to smell) 嗅觉不敏的
microsoma [,maikrəu'səumə] (micro- + Gr. *sōma* body) (非侏儒性)身材短小
microsomal [,maikrəu'səuməl] 微粒体的
microsome ['maikrəsəum] (micro- + Gr. *sōma* body) 微粒体
microsomia [,maikrəu'səumiə] (micro- + Gr. *sōma* body + -ia) (身材)矮小
  m. fetalis 异常小胎儿
microspectrophotometer [,maikrəu,spektrəufə'tɔmitə] 显微分光光度计,测微分光光度计
microspectroscope [,maikrəu'spektrəskəup] (micro- + spectroscope) 显微分光镜
microsphere [,maikrə'sfiə] 中心球,中心体
microspherocyte [,maikrəu'sfiərəsait] (小)球形红细胞
microspherocytosis [,maikrəu,sfiərəsai'təusis] (小)球形红细胞症
microspherolith [,maikrəu'sfiərəliθ] (小)球状石
microsphygmia [,maikrəu'sfigmiə] (micro- + Gr. *sphygmos* pulse + -ia) 微脉,

细脉
microsphygmy [ˌmaikrəuˈsfigmi] 微脉,细脉
Microspira [ˌmaikrəuˈspaiərə] (*micro-* + Gr. *speira* coil) 微螺菌属
Microspironema [ˌmaikrəuˌspaiərəˈniːmə] (*micro-* + Gr. *speira* coil + *nema* thread) 密螺旋体属
microsplenia [ˌmaikrəuˈspliːniə] (*micro-* + Gr. *splēn* spleen + *-ia*) 小脾
microsplenic [ˌmaikrəuˈsplenik] 小脾的
Microspora [maiˈkrɔspərə] (*micro-* + *spore*) 微孢子门
microsporangia [ˌmaikrəuspəˈreindʒiə] 小孢子囊。microsporangium 的复数形式
microsporangium [ˌmaikrəuspəˈreindʒiəm] (pl. *microsporangia*) (*micro-* + Gr. *sporos* seed + *angeion* vessel) 小孢子囊
microspore [ˈmaikrəspɔː] (*micro-* + Gr. *sporos* seed) 小孢子
Microsporea [ˌmaikrəuˈspɔːriə] 微孢子纲
Microsporida [ˌmaikrəuˈspɔːridə] (*micro-* + *spore*) 微孢子目
microsporidan [ˌmaikrəuˈspɔːridən] 微孢子门的
Microsporidia [ˌmaikrəuspəˈridiə] 微孢子目
microsporidian [ˌmaikrəuspəˈridiən] ❶微孢子目原虫;❷微孢子目原虫的;❸微孢子虫
Microsporon [maiˈkrɔspərɔn] 小孢子菌属,小孢霉属
Microsporum [maiˈkrɔspərəm] (*micro-* + Gr. *sporos* seed) 小孢子菌属,小孢霉属
    M. audouinii 头癣小孢霉,奥杜盎小孢霉菌
    M. canis 犬小孢霉
    M. felineum 猫小孢霉
    M. fulvum 黄褐色小孢霉
    M. gypseum 石膏样小孢霉
    M. lanosum 羊毛小孢霉
Microstix-3 [ˈmaikrəustiks] 麦可斯替-3
microstomia [ˌmaikrəuˈstəumiə] (*micro-* + Gr. *stoma* mouth + *-ia*) 小口,口过小
microstrabismus [ˌmaikrəustrəˈbizməs] (*micro-* + Gr. *strabismos* a squinting) 微斜视
microsurgery [ˌmaikrəuˈsəːdʒəri] 显微手术
microsyringe [ˌmaikrəusəˈrindʒ] 微量调节注射器
microtechnic [ˌmaikrəuˈteknik] 显微技术
microthelia [ˌmaikrəuˈθiːliə] (*micro-* + Gr. *thēlē* + *-ia*) 小乳头,乳头过小
microthrombosis [ˌmaikrəuθrɔmˈbəusis] 小血栓形成
microthrombus [ˌmaikrəuˈθrɔmbəs] (pl. *microthrombi*) (*micro-* + Gr. *thrombos* clot) 小血栓
microtia [maiˈkrəuʃiə] (*micro-* + *ous* ear + *-ia*) 小耳,耳过小
microtiter [ˌmaikrəuˈtaitə] 微量测定
microtome [ˈmaikrətəum] (*micro-* + Gr. *tomē* a cut) 切片机
    freezing m. 冷冻切片机
    rocking m. 摇动切片机
    rotary m. 旋转切片机
    sliding m. 滑动切片机
microtomy [maiˈkrɔtəmi] (*micro-* + Gr. *temnein* to cut) 组织切片术
microtonometer [ˌmaikrəutəuˈnɔmitə] 微测压器
microtransfusion [ˌmaikrəutrænsˈfjuːʒən] 小量输血
microtrauma [ˌmaikrəuˈtrɔːmə] 轻伤,微伤
Microtrombidium akamushi [ˌmaikrəutrɔmˈbidiəm əˌkaːˈmuʃiː] 红恙螨
microtropia [ˌmaikrəuˈtrɔpiə] 微斜视
microtubule [ˌmaikrəuˈtjuːbjuːl] 微管
    subpellicular m. 表膜下微管
Microtus [maiˈkrəutəs] (*micro-* + Gr. *ous*, *ōtos*, ear) 田鼠属
    M. montebelli 野田鼠
microtus [maiˈkrəutəs] 小耳者,耳过小者
microunit [ˈmaikrəˌjuːnit] 微单位
microvascular [ˌmaikrəuˈvæskjulə] 微脉管的
microvasculature [ˌmaikrəuˈvæskjulitʃə] 微脉管系统
microvilli [ˌmaikrəuˈvilai] (pl. of L. *microvillus* a tuft of hair) 微绒毛
microvillus [ˌmaikrəuˈviləs] 微绒毛
microviscosimeter [ˌmaikrəuˌviskəuˈsimitə] 微量粘度计
microvivisection [ˌmaikrəuˌviviˈsekʃən]

显微活体解剖
microvolt ['maikrəvəult] (*micro-* + *volt*) 微伏(特)
microvoltometer [ˌmaikrəuvəul'tɔmitə] 微电位计,微伏计
microwatt ['maikrɔwɔt] (*micro-* + *watt*) 微瓦(特)
microwave ['maikrəweiv] 微波
Microx ['maikrɔks] 米克罗斯
microxycyte [mai'krɔksisait] (*micro-* + Gr. *oxys* sharp, acid + *cyte*) 小嗜酸细胞
microxyphil [mai'krɔksifil] 小嗜酸细胞
microzoa [ˌmaikrəu'zəuə] 微(生)动物
microzoon [ˌmaikrəu'zəuɔn] (pl. *microzoa*) (*micro-* + Gr. *zōon* animal) 微(生)动物
micrurgic [mai'krəːdʒik] 显微操作的
micrurgy ['maikrəːdʒi] (*micro-* + Gr. *ergon* work) 显微操作术
Micrurus [mai'krəurəs] 珊瑚毒蛇属,小尾眼镜蛇属
miction ['mikʃən] 排尿
micturate ['miktjuəreit] 排尿
micturition [ˌmiktjuə'riʃən] (L. *micturire* to urinate) 排尿
MID(minimum infective dose 的缩写)最小感染量
midaflur ['maidəflə] 氟达氟,咪达氟
Midamor ['maidəmɔ] 麦得莫:盐酸氨氯吡咪(amiloride hydrochloride)制剂的商品名
midaxilla [ˌmidæk'silə] 腋窝中点,腋中
midazolam ['midəzəuˌlæm] 咪达唑仑,咪唑安定,咪唑二氮䓬,速眠安
　m. maleate 咪达唑仑顺丁烯二酸盐
midbody ['midˌbɔdi] 中体
midbrain ['midˌbrein] 中脑
midcarpal [mid'kɑːpəl] 腕骨间的
mid-diastolic [ˌmiddaiə'stɔlik] 舒张中期的
middlepiece ['midlpiːs] 中段
midface ['midˌfeis] 面中部
midfoot ['midˌfut] 足中段
midfrontal [mid'frʌntəl] 额中(部)的
midge [midʒ] 蠓,蚋
　owl m. 白岭属
midget ['midʒit] 侏儒
midgetism ['midʒitizm] 侏儒症
midgut ['midˌgʌt] 中肠
Midicel ['midisel] 磺胺甲氧嗪:磺胺甲氧吡达嗪(sulfamethoxypyridazine)制剂的商品名
midoccipital [ˌmidɔk'sipitəl] 枕中(部)的
midpain ['midpein] 经间痛
midperiphery [ˌmidpə'rifəri] 视网膜赤道部
midplane ['midplein] 正中,平面
midriff ['midrif] ❶ 隔膜(NA); ❷膈
midsection [mid'sekʃən] 正中切开
midsternum [mid'stəːnəm] 胸骨体
midtarsal [mid'tɑːsəl] 跗骨间的
midtegmentum [ˌmidteg'mentəm] 被盖中部
midthoracic [ˌmidθɔ'ræsik] 胸正中的
midventricle [mid'ventrikl] 中脑室
midwife ['midwaif] 助产士
midwifery ['midwaifəri] 助产学,产科学
Mierzejewski effect [ˌmaiəzə'jefski] (Jan Lucian *Mierzejewski*, Polish neurologist and phychiatrist, 1839-1908) 米尔泽耶夫斯基氏效应
Miescher's tube ['miʃəz] (Johann Friedrich *Miescher*, Swiss pathologist, 1811-1887) 米舍尔氏小管
MIF (migration inhibiting factor 的缩写) 游走抑制因子
migraine ['maigrein] (Fr. from Gr. *hemikrania* an affection of half of the head) 偏头痛
　abdominal m. 腹型偏头痛
　acute confusional m. 急性(意识)混乱性偏头痛
　m. with aura 先兆性偏头痛
　m. without aura 无先兆性偏头痛
　basilar m., basilar artery m. 基底(动脉性)偏头痛
　Bickerstaff's m. 比克尔斯达夫氏偏头痛,基底(动脉性)偏头痛
　classic m. 标准偏头痛
　common m. 普通偏头痛
　complicated m. 复杂偏头痛
　familial hemiplegic m. 家族偏瘫性偏头痛
　fulgurating m. 闪电状偏头痛
　hemiplegic m. 偏瘫性偏头痛
　ocular m. 眼型偏头痛

ophthalmic m. 眼型偏头痛
ophthalmoplegic m. 眼肌周期性麻痹偏头痛
retinal m. 视网膜型偏头痛
migraineur [ˌmigræˈnəː] (Fr.) 偏头痛患者
migrainoid [ˈmaigrənɔid] (*migraine* + Gr. *eidos* form) 类似偏头痛的
migrainous [ˈmaigrənəs] 偏头痛的
migrans [ˈmaigrænz] (Latin for migrating) 游走的，迁徙的
migration [maiˈgreiʃən] (L. *migratio*) ❶ 移行；❷ 走
   anodic m. 正极移行
   cathodic m. 阴极移行
   external m. 外移行
   internal m. 内移行
   m. of ions 游子移行
   m. of leukocytes 白细胞移行
   m. of ovum 卵移行
   retrograde m. 逆移行
   tooth m., pathologic 病理性牙移行
   tooth m., physiologic 生理性牙移行
   transperitoneal m. 腹膜性移行，外移行
Migula's classification [ˈmiːgulǝz] (Walter *Migula*, German naturalist, 1863-1938) 米古拉氏分类法
Mikedimide [maiˈkedimaid] 美解眠：贝美格制剂的商标名
mikr(o)- 小，细，微
Mikulicz's angle [miˈkulitʃǝz] (Johann von *Mikulicz-Radecki*, Polish surgeon, 1850-1905) 米库利兹氏角
milammeter [miˈlæmitə] 毫安(培)计
mildew [ˈmildjuː] 霉，霉病
milenperone [miˈlenpərəun] 苯呱咪酮：一种安定药
Miles' operation [mailz] (William Ernest *Miles*, British surgeon, 1869-1947) 玛尔斯氏手术
milia [ˈmiliə] (L.) 粟粒疹。*milium* 的复数形式
miliaria [ˌmiliˈɛəriə] (L. *milium* millet) 粟疹，汗疹，痱子
   m. alba 白粟疹，白痱
   apocrine m. 顶泌腺粟疹
   m. crystallina 晶状粟疹
   m. profunda 深粟疹

   m. rubra 红粟疹
milary [ˈmiliəri] (L. *miliaris* like a millet seed) ❶ 粟粒状的；❷ 粟粒性的
Milibis [ˈmilibis] 米利必斯：甘铋砷(glycobiarsol)制剂的商品名
milieu [miːlˈjuː] (Fr.) 环境
   m. extérieur [iksˌtæriˈəː] 外部环境
   m. interieur [inˌtæriˈəː] (Fr. "interior environment") 内部环境
milipertine [miliˈpəːtiːn] 苯呱乙吲
milium [ˈmiliəm] (pl. *milia*) (L. "millet seed") 粟粒疹
   amyloid m. 淀粉状粟粒疹
   colloid m. 胶状粟粒疹
milk [milk] (L. *lac*) 乳，奶
   acidophilus m. 胶乳
   m. of bismuth (USP) 铋乳
   certified m. 合格牛乳
   condensed m. 炼乳
   diabetic m. 糖尿病人饮用乳
   dialysed m. 透析乳
   evaporated m. 蒸发乳
   fore m. 初乳
   fortified vitamin D m. 强化乳
   homogenized m. 匀脂乳
   human m. 人乳
   humanized m. 人化牛乳
   litmus m. 石蕊乳
   lowfat m. 低脂乳
   m. of magnesia (UPS) 7%～8.5% 的氧化镁混悬液
   modified m. 加工乳
   nonfat m. 无脂乳
   skim m. 脱脂乳
   soy m. 豆乳
   m. of sulfur 硫乳，沉淀硫
   uterine m. 子宫乳
   vegetable m. 植物合成乳，蔬菜乳
   vitamin D m. 维生素 D 乳
   witch's m. 新生儿乳，婴乳
milking [ˈmilkiŋ] ❶ 挤乳；❷ 挤出
milk-leg [ˈmilkleg] 股白肿
Milkman's syndrome [ˈmilkmænz] (Louis Arthur *Milkman*, American roentgenologist, 1895-1951) 缪克曼氏综合征
milkpox [ˈmilkpɔks] 乳白痘，类天花
milk sick [ˈmilksik] 白蛇根中毒
Millar's asthma [ˈmiləz] (John *Millar*,

Scottish Physician, 1733-1805) 米拉氏哮喘

Millard's test ['milədz] (Henry B. *Millard*, American physician, 1832-1893) 密拉氏试验

Millard-Gubler syndrome (paralysis) [mi'jɑː gub'lə:] (Auguste L. J. *Millard*, French physician, 1830-1915; Adolphe Marie *Gubler*, French physician, 1821-1879) 密-古二氏综合征(偏瘫)

Miller syndrome ['milə] (Marvin *Miller*, American pediatrician, 20th century) 米勒氏综合征

Miller-Abbott tube ['milə'ɑːbɔt] (T. Grier *Miller*, American physician, 1886-1981; William Osler *Abbott*, American physician, 1902-1943) 米-阿二氏管

milli- (L. *mille* thousand) 毫

milliammeter [,mili'æmitə] 毫安(培)计

milliampere [,mili'æmpɛə] (Fr.) 毫安(培)

millibar ['milibɑː] 毫巴

millicoulomb [,mili'kuːləm] 毫库仑

millicurie [,mili'kjuəriə] 毫居(里)

millicurie-hour [,mili'kjuəri,auə] 毫居(里)时

milliequivalent [,milii'kwivələnt] 毫(克)当量

milligram ['miligræm] (*milli-* + *gram*) 毫克

Millikan-Siekert syndrome ['milikən 'siːk·ət] (Clark Harold *Millikan*, American neurologist, born 1915; Robert George *Siekert*, American neurologist, born 1924) 米-希氏综合征

millilambert [,mili'læmbət] 毫郎伯

milliliter ['mili,litə] (*milli-* + *liter*) 毫升

millimeter ['mili,mitə] 毫米

millimicr(o)- 毫微

millimicrocurie [,mili,maikrə'kjuəri] 毫微居(里)

millimolar [,mili'məulə] 毫克分子

millimole ['miliməul] 毫克分子,毫模

milling-in ['miliŋin] 咀嚼定法,磨正

millions ['miljənz] 食子万鱼,百万鱼

milliosmol [,mili'ɔsməul] 毫渗克分子,毫渗模

milliosmole [,mili'ɔsməul] 毫渗克分子,毫渗模

millipede ['milipiːd] 千足虫

millirad ['miliræd] 毫拉德

millirem ['milirem] 毫雷姆

milliroentgen ['milirɔntɡən] 毫伦琴

millisecond [,mili'sekənd] 毫秒

milliunit ['mili,juːnit] 毫单位

millivolt ['milivəult] 毫伏(特)

Millon's test [mi'jɔːz] (Auguste Nicolas Eugene *Millon*, French chemist, 1812-1867) 米伦氏试验

Mills' disease [milz] (Charles Karsner *Mills*, American Neurologist, 1845-1931) 米尔氏病

Mills-Reincke phenomenon [milz'rainki] (Hiram F. *Mills*, American engineer, 1836-1921; Johann Julius *Reincke*, German physician, 19th century) 米-雷二氏现象

Milontin [mi'lɔntin] 米郎丁:苯琥胺制剂的商标名

Milpath ['milpɑːθ] 米帕斯:氨甲丙二脂与氯化三乙己苯铵制剂的商标名

milphosis [mil'fəusis] (Gr. *milphōsis*) ❶ 眉毛脱落;❷ 睫毛脱落

milrinone ['milrinəun] 米瑞能:一种强心药

Milroy's disease ['milrɔiz] (William Forsyth *Milroy*, American physician, 1855-1942) 米罗氏病

Milstein ['milstain] 米尔斯坦:Cesar, 1927年生于阿根廷的英国免疫学家

Milton's disease ['miltənz] (John Laws *Milton*, British dermatologist, 1820-1898) 米尔顿氏病

Miltown ['miltaun] 眠尔通:氨甲丙二脂制剂的商标名

Mima polymorpha ['mimə,pɔli'mɔːfə] 多态小菌

mimbane hydrochloride ['mimbein] 盐酸甲基育亨烷:镇痛药

mimesis [mi'miːsis] (Gr. *mimēsis* imitation) 拟态

mimetic [mi'metik] (Gr. *mimētikos*) 拟态,模拟

mimic ['mimik] 拟态的

mimicry ['mimikri] (Gr. *mimos* to imitate) 拟态

mimmation [mi'meiʃən] M 音滥用
mimosis [mi'məusis] ❶ 模拟；❷ 疾病模仿
min (L. *minimum* 的缩写) ❶ 最小，最低，极小；❷ 最低点；❸ 最小量，最低量，最低数
Minamata disease [minə'mɑːtɑː] (*Minamata* Bay, Japan, source of poisoned seafood that caused the disease in the 1950's) 水俣病
Mincard ['minkɑːd] 敏卡得：氨乙烯丙尿嘧啶制剂的商标名
min (minim 的缩写) 滴量
mind [maind] (L. *mens*; Gr. *psyche*) 精神，意志
mineral ['minərəl] (L. *minerale*) 矿(物)质
   trace m. 矿物质微量元素
   m. water 矿泉水
mineralocorticoid [ˌminərələu'kɔːtikɔid] 盐(肾上腺)皮质激素，矿质(肾上腺)皮质激素
Minerva jacket [mi'nəːvə] (*Minerva*, Roman goddess of wisdom, because of its resemblance to her armor) 米娜娃氏夹克
mini- (*miniature*) 小
minify ['minifai] (L. *minus* less) 使缩小，使减小
minilaparotomy [ˌminiˌlæpə'rɔtəmi] (*mini-* + *laparotomy*) 小型剖腹术
minim ['minim] (L. *minimum*, least) 量滴
minima ['minimə] (L.) ❶ 最小，最低，极小；❷ 最低点；❸ 最小量，最低量，最低数。*minimum* 的复数形式
minimal ['miniməl] (L. *minimus* least) 最低限度的，最小的
minimum ['minimum] (pl. *minima*) (L. "smallest") ❶ 最小，最低，极小；❷ 最低点；❸ 最小量，最低量，最低数
   m. audibile, m. audible (最小)听阈
   m. cognoscibile 最小明视阈
   m. legibile 最小明视阈
   m. lethal dose 最小致死量
   light m. 最小明视光度
   m. sensibile 意识阈，感觉阈
   m. separabile 最小辨视阈
   m. visibile 最小明视光度

miniplate ['minipleit] 微接骨板，小接骨板
Minipress ['minipres] 米尼普来斯：盐酸哌唑嗪制剂的商品名
Minisporida [ˌmini'spɔridə] (*mini-* + *spore*) 小孢子目
Minitran ['minitræn] 米尼特恩：硝酸甘油 (nitroglycerin) 制剂商标名
Minizide ['minizaid] 米尼塞得：盐酸哌唑嗪和多噻嗪制剂的商标名
Minkowski's figure [min'kɔvskiːz] (Oskar *Minkowski*, Lithuanian physician in Germany, 1858-1931) 明库氏值
Minkowski-Chauffard syndrome [minˈkɔvskiʃɔˈfaː] (Oskar *Minkowski*; Anatole-Marie-Emile *Chauffard*, French physician, 1855-1932) 明-查二氏综合征
Minocin [mi'nəusin] 二甲胺四环：盐酸二甲胺四环素制剂的商标名
minocycline [minəu'saikliːn] 二甲胺四环素
   m. hydrochloride (USP) 盐酸二甲胺四环素
Minor's disease ['minəz] (Lazar Salomonovich *Minor*, Russian neurologist, 1855-1942) 摩努氏病
Minot ['minɔt] 摩诺特：George Richards, 美国医师，1885~1950
Minot-von Willebrand syndrome ['minɔtvən'wil:brænd] (Francis *Minot*, American physician, 1821-1899; Erick Adolf von *Willebrand*, Finnish physician, 1870-1949) 密-威二氏综合征
minoxidil [mi'nɔksidil] (USP) 长压定，敏乐定
mint [mint] 薄荷
   mountain m. 山薄荷
   wild m. 北美野薄荷，加拿大薄荷
Mintezol ['mintizɔl] 明替唑：噻苯咪唑 (thiabendazole) 制剂的商品名
minute [mai'njuːt] (L. *minuere* to diminish) 微小的
   double m's 双染色体小片
minuthesis [ˌminju'θiːsis] 感觉减退
MIO (minimal identifiable odor 的缩写) 最

低可嗅度
mio- (Gr. *meiōn* smaller) 减少, 不足, 减缩
miocardia [ˌmaiə'kɑːdiə] (*mio-* + Gr. *kardia* heart) 心收缩
Miochol ['maiəukəl] 麦奥可：氯化乙酰胆碱 (acetycholine chloride) 制剂的商品名
miodidymus [ˌmaiə'daidiməs] (*mio-* + Gr. *didymos* twin) 后顶联胎, 枕联双头畸胎
miolecithal [ˌmaiəu'lesiθəl] (*mio-* + Gr. *lekithos* yolk) 少(卵)黄的
mioplasmia [ˌmaiəu'plæzmiə] (*mio-* + Gr. *plasma* plasm) 血浆减少
miopragia [ˌmaiə'prædʒiə] (*mio-* + Gr. *prassein* to perform) 机能减弱
miopus ['maiəpəs] (*mio-* + Gr. *ops* face) 单面双头畸胎
miosis [mai'əusis] (Gr. *meiōsis* diminution) ❶ 瞳孔缩小, 缩瞳; ❷ 减数分裂, 成熟分裂, 症状减退期
    irritative m. 刺激性瞳孔缩小, 痉挛性瞳孔缩小
    paralytic m. 麻痹性瞳孔缩小
    spastic m. 痉挛性瞳孔缩小
    spinal m. 脊髓性瞳孔缩小
miotic [mai'ɔtik] ❶ 缩瞳的; ❷ 缩瞳药; ❸ 减数分裂的
miracidia [ˌmairə'sidiə] 毛幼。*miracidium* 的复数形式
miracidium [ˌmairə'sidiəm] (pl. *miracidia*) (Gr. *meirakidion* a boy, lad, stripling) 毛幼, 纤毛幼虫
miraculin [mi'rækjulin] 变味糖蛋白
Miradon ['mairədɔn] 甲氧苯二酮：茴茚二酮 (anisindione) 制剂的商标名
mire ['maiə] (Fr. from L. *mirari* to look at) 梯形目标
mirincamycin hydrochloride [mi'riŋkəmaisin] 盐酸米林可霉素
mirror ['mirə] (Fr. *miroir*) 镜, 反光镜
    concave m. 凹面(反光)镜
    convex m. 凸面(反光)镜
    dental m. 口腔镜
    ear m. 耳镜
    frontal m., head m. 额镜, 头镜
    Glatzel m. 各莱兹氏镜, 鼻通气检验镜
    laryngeal m. 喉镜
    mouth m. 口腔镜
    nasographic m. 鼻通气检验镜
    plane m. 半面(反光)镜
    reflecting m. 返光镜
miryachit [miə'jɑːtʃit] 西伯利亚跳蚤病
mis-action [mis'ækʃən] 行为失检, 错误行为
misandria [mi'sændriə] (*miso-* + *anēr* man) 嫌男症
misanthropia [ˌmisən'θrəupiə] (*miso-* + Gr. *anthrōpos* man + *-ia*) 嫌人症
misanthropy [mis'ænθrəpi] (*miso-* + Gr. *anthrōpos* man + *-ia*) 嫌人症
miscarriage ['miskæridʒ] 流产
misce ['misiː] (L.) 混合剂
miscegenation [ˌmisedʒə'neiʃən] (L. *miscere* to mix + *genus* race) 种族(间)通婚
miscible ['misibl] 可混合的
misdiagnosis [misˌdaiəg'nəusis] 误诊
misidentification [ˌmisiˌdentifi'keiʃən] 误认
    delusional m. 幻想型误认
mis(o)- (Gr. *misos* hatred) 厌恶, 憎恨
misogamy [mi'sɔgəmi] (*miso-* + Gr. *gamos* marriage) 厌婚症
misogyny [mi'sɔdʒini] (*miso-* + Gr. *gynē* woman) 厌女症
misonidazole [ˌmisə'nidəzəul] 醚醇硝唑
misopedia [ˌmisəu'piːdiə] (*miso-* + *pais* child + *-ia*) 厌子女症
misophobia [ˌmisəu'fəubiə] 不洁恐怖(洁癖)
misoprostol [ˌmisə'prɔstəl] (USP) 前列腺素地耳
mist (L. *mistura* 的缩写) 合剂
mistletoe ['misəltəu] 槲寄生
mistura [mis'tjurə] (L.) 合剂。符号为 M.
MIT (monoiodotyrosine 的缩写) 一碘酪氨酸
Mit (L. *mitte* 的缩写) 送, 发
mitagglutinin [ˌmitə'gluːtinin] 副凝集素
mitapsis [mi'tæpsis] (*mito-* + Gr. *hapsis* joining) 色质粒融合
Mitchell's disease ['mitʃəlz] (Silas Weir Mitchell, American neurologist, 1829-1914) 密契尔氏病
Mitchell operation ['mitʃəl] (Charles L. Mitchell, American orthopedic surgeon,

born 1901) 密契尔手术
mitchella [miˈtʃelə] (John *Mitchell*, American botanist, 18th century) 李果藤
mite [mait] 螨
  auricular m. 耳螨
  beetle m. 革螨
  bird m., chicken m. 鸟螨,鸡螨
  burrowing m. 疥螨
  cheese m. 酪螨
  clover m. 苜蓿苔螨
  coolie-itch m. 痒螨
  copra m. 长粉螨
  depluming m. 弃羽螨
  face m. 面螨,毛囊脂螨
  flour m. 粉螨,蚜螨
  follicle m. 毛囊螨
  food m. 家甜食螨
  fowl m. 鸡螨
  hair follicle m. 毛囊螨,毛囊脂螨
  harvest m. 秋螨
  house dust m. 家尘螨
  itch m. 疥螨
  kedani m. 红螨
  louse m. 虱螨
  mange m. 兽疥螨
  meal m. 蚜螨
  mouse m. 鼠螨
  mower's m. 螨
  Northern fowl m. 林禽刺螨
  onion m. 洋葱螨
  poultry m. 鸡螨
  rat m. 鼠螨
  red m. 螨
  scab m. 痒螨
  spider m. 革螨
  spinning m. 刺螨
  straw m. 虱螨
  tropical fowl m. 囊禽刺螨
  tropical rat m. 热带鼠螨
mitella [miˈtelə] (L.) 臂吊带,臂悬带
Mithracin [ˈmiθrəsin] (USP) 光辉霉素:光辉霉素制剂的商品名
mithramycin [ˌmiθrəˈmaisin] (USP) 光辉霉素,光神霉素
mithridatism [ˈmiθriˌdeitizəm] (immunized against) 人工耐毒法
miticidal [ˌmitiˈsaidəl] 杀螨的,杀疥虫的
miticide [ˈmitisaid] 杀螨的,杀疥虫药

mitigate [ˈmitigeit] (L. *mitigara*, to soften) 缓和,减轻
mitis [mitis] (L.) 缓和的,轻的
mit(o)- (Gr. *mitos* thread) 线,线状,有丝分裂
mitocarcin [ˌmitəˈkɑːsin] 米特卡辛
mitochondria [ˌmitəˈkɔndriə] (mito- + Gr. *chondrion* granule) 线粒体。*mitochondrion* 的复数形式
mitochondrial [ˌmitəˈkɔndriəl] 线粒体的
mitochondrial ATPase [mitəˈkɔndriəl eitiːˈpiːeis] 线粒体腺苷三磷酸脂酶 H$^+$ 粒子传递 ATP 酶
mitochondrion [ˌmitəˈkɔndriən] (pl. *mitochondria*) 线粒体
mitochysis [ˌmitəuˈkaisis] (L. *mitos* thread + *chysis* liquefaction) 有丝分裂
mitocromin [ˌmitəˈkrəumin] 丝裂红素
mitogen [ˈmitədʒən] 有丝分裂原,分裂素
  pokeweed m. 美洲商陆有丝分裂原
mitogenesia [ˌmitədʒəˈniːsiə] 有丝分裂发生
mitogenesis [ˌmitəˈdʒenəsis] (*mitosis* + Gr. *genesis* production) 有丝分裂发生,促有丝分裂(作用)
mitogenetic [ˌmitədʒəˈnetik] 有丝分裂发生的,促有丝分裂的
mitogenic [ˌmitəˈdʒenik] 促有丝分裂的
mitokinetic [ˌmitəkiˈnetik] (mito- + Gr. *kinēsis* motion) 有丝分裂动能的
mitolactol [ˌmitəˈlæktəl] 线乳杆烷化剂
mitomalcin [ˌmitəˈmælsin] 丝裂马菌素
mitome [ˈmitəum] 原质丝,胞网丝,原浆网质
mitomycin [ˌmitəˈmaisin] 丝裂霉素
mitoplasm [ˈmitəplæzəm] (mito- + Gr. *plassein* to form) 核染质
mitoschisis [miˈtɔskisis] (mito- + Gr. *schisis* split) 有丝分裂,(间接)核分裂
mitoses [miˈtəusiz] 有丝分裂,(间接)核分裂。mitosis 的复数形式
mitosin [ˈmitəsin] (核)有丝分裂
mitosis [miˈtəusis] (mito- + -osis) 有丝分裂
  heterotypic m. 异型有丝分裂
  homeotypic m. 同型有丝分裂
  multicentric m. 多极有丝分裂
  pathologic m. 病理性有丝分裂

pluripolar m. 多极有丝分裂
mitosome ['mitəsəum] (mito- + Gr. sōma body) 纺锤剩体
mitosper ['mitəspə:] 丝裂帕菌素
mitospore ['mitəspɔ:] 有丝分裂孢子
mitotane ['mitətein] (USP) 邻氯苯对氯苯二氯乙烷
mitotic [mi'tɔtik] 有丝分裂的
mitoxantrone hydrochloride [ˌmitə'zæntrəun] (USP)蒽类抗瘤剂
mitral ['mitrəl] ❶ 僧帽状的；❷ 僧帽瓣的；二尖瓣的
mitralization [ˌmitrəlai'zeiʃən] 二尖瓣狭窄阴影
mitro-arterial [ˌmaitrəu'ɑ:təriəl] 二尖瓣动脉的
Mitsuda antigen ['mitsu:-ˌdɑ:] (Kensuke Mitsuda, Japanese physician, born 1876) 光田抗原
mittelschmerz ['mitəl ʃməz] (Ger. mittel mid, middle, + schmerz pain, suffering) 经间痛
mivacurium chloride [mivə'kjuriəm] 盐酸醚洼科龙
Mivacron ['mivəkrən] 醚洼科龙：醚洼科龙麻醉剂的商品名
mixed ['mikst] 混合的
mixidine ['miksidi:n] 米克西汀：冠状血管扩张药
mixoscopia [ˌmiksə'skɔpiə] (Gr. mixis intercourse + skopein to examine) 窥视欲
mixotroph ['miksətrɔf] 混合营养
mixotrophic [ˌmiksə'trɔfik] 混合营养的
mixovariation [ˌmiksəu:veəri'eiʃən] 混合变异
Mixtard ['mikstə:d] 米特得：含30%常规胰岛素和70%低鱼精蛋白锌胰岛素悬液的混合注射液的商品名
mixture ['mikstʃə] (L. mixtura, mistura) 混合剂
    Chabaud's m. 莪宝氏合剂
    chalk m. 白垩合剂
    Gunning's m. 顾宁氏合剂
    kaolin m. with pectin 高岭土合剂
    Mayer's glycerin-albumin m. 梅尔氏甘油白蛋白合剂
    racemic m. 消旋(混合)物
    Ringer's m. 灵戈尔氏合剂

    Tellyesniczky's m. 泰力氏混合液
Miyagawanella [ˌmijɑgɑ:wɑ:'nelɑ:] (Yoneji Miyagawa, Japanese bacteriologists, 1885-1959) 宫川体属
Miyasato disease [mija'sɑ:tə] (Miyasato, surname of the propositus) 宫川佐藤氏病
MK (monkey lung 的缩写) 猴肺(细胞培养)
MKS (meter-kilogram-second system 的缩写) 米千克秒制
M.L. (midline 的缩写) 正中线
mL. ml (milliliter 的符号) 毫升
μl (microliter 的符号) 微升
MLA ❶ (L. mento-laeva anterior 的缩写) 左颏前胎位；❷ (Medical Library Association 的缩写) 医学图书馆学会
MLBW (moderately low birth weight 的缩写) 新生儿体重偏低
MLC (mixed lymphocyte culture 的缩写) 混合淋巴细胞培养基
MLD ❶ (median lethal dose 的缩写) 平均致死量；❷ (minimum lethal dose 的缩写) 最小致死量
MLNS (mucocutaneous lymph node syndrome 的缩写) 粘膜淋巴结综合征
MLP (L. mento-laeva posterior 的缩写) 左颏后胎位
MLR (mixed lymphocyte reaction 的缩写) 混合淋巴细胞反应
MLT (L. mento-laeva transversa 的缩写) 左颏横(胎)位
MM (mucous membranes 的缩写) 粘膜
mM (millimolar 的符号) 毫分子，毫模
mm (millimeter 的符号) 毫米
mμ (millimicron 的符号) 毫微米
μM (micromolar 的符号) 微克分子的
μm (micrometer 的符号) 微米
mμCi. (millimicrocurit 的符号) 毫微居里
μμCi. (micromicrocurie 的符号) 微微居里
mm Hg 毫米汞柱
MMIHS (megacystis-microcolon-intestinal hypoperistalsis syndrome 的缩写) 囊肿-结肠-大肠蠕动减弱综合征
MMPI (Minnesota Multiphasic Personality-Inventory 的缩写) 明尼苏达多重性格表
MMR (measles-mumps-rubella 的缩写) 麻

疹-腮腺炎-风疹(疫苗)

Mn (*manganese* 的符号) 锰

mN (*millinormal* 的缩写) 毫当量的

M'Naghten (**McNaughten**) **rule** [mik'nɔːtən] (Daniel *M'Naghten*, died 1865; acquitted of murder in 1843 by a British court on the grounds of insanity) 摩那屯氏规则

mnemasthenia [ˌniːmæsˈθiːniə] (L. *mnēmē* memory + *astheneia* weakness) 记忆力薄弱

mnemic [ˈniːmik] 记忆的

mnemonic [niˈmɔnik] (Gr. *mnemonikos* pertaining to memory) 记忆的

mnemonics [niˈmɔniks] 记忆术,记忆力培养法

MO (Medical Officer 的缩写) 医官

Mo (*molybdenum* 的符号) 钼

moan [məun] 呻吟

Moban [ˈməbən] 莫本：盐酸吗啉吲酮(molindone hydrochloride)制剂之商品名

mobile [ˈməubail] (L. *mobilis* movable) 可动的,移动的

Mobilina [ˌmɔbiˈlinə] (L. *mobilis* mobile) 游动亚目

mobility [mɔˈbiliti] (L. *mobilis* mobile) ❶可动性,移动性,动度；❷移动度
　electrophoretic m. 电泳动度

mobilization [ˌməbəlaiˈzeiʃən] ❶(使)活动法,松动术；❷动员
　stapes m. 镫骨松动术

mobilometer [ˌməbəˈlɔmitə] 滴度计

Mobiluncus [ˌmɔbiˈlʌŋkəs] (L. *mobilis* motile + *uncus* hook) 莫比郎菌

Möbius' disease [ˈməːbiəs] (Paul Julius *Möbius*, German neurologist, 1853-1907) 莫毕斯氏病

moccasin [ˈmɔkəsin] 噬色腹蛇

mock-knee [ˈmɔkniː] 膝肿病(牛马)

m.o.d. (mesial, occlusal, distal 的缩写) 近颌远(三面的龋洞)

modality [mɔˈdæliti] ❶用药程式；❷用药方式；❸感觉

mode [məud] (L. *modus* measure, manner) ❶众数；❷可能分布的密度最大的相对值,比相邻高低值出现的值

model [ˈmɔdəl] 模型
　animal m. 动物模型
　Cox proportional hazards m. 考克斯病机率模型
　figure-of-eight m. 8字模型
　fluid mosaic m. 液体镶嵌模型
　leading circle m. 主圈模型
　proportional harzards m. 机率模型
　ring m. 环形模型

modeling [ˈmɔdəliŋ] 造型(术)

moderator [ˈmɔdəreitə] ❶缓和器；❷减速器

Moderil [ˈmɔdəril] 利血敏,利血胺；桂皮利血胺(rescinnamine)制剂的商品名

modification [ˌmɔdifiˈkeiʃən] ❶变体；❷改进；❸变型,变式
　behavior m. 行为变型
　racemic m. 外消旋(变)体

modifier [ˈmɔdifaiə] 改变剂
　biologic response m. (BRM)生物反应改变剂

modioliform [ˌmɔdiˈɔlifɔːm] 轴状的,毂状的

modiolus [mɔˈdaiələs] (L. "nave", "hub")(NA) 蜗轴

Mod. praesc. (L. *modo praescripto* 的缩写) 依指示方式

modulation [ˌmɔdjuˈleiʃən] ❶调整,适应；❷(细胞适应环境的)正常能力；❸(某个特定区域的)胚胎诱导
　antigenic m. 抗原调整
　biochemical m. 生化调整

modulator [ˌmɔdjuˈleitə] 调制器,调幅器

modulus [ˈmɔdjuləs] (pl. *moduli*)(L. dim of *modus* quantity) 模数
　elastic m., m. of elasticity 弹性系数

Moduretic [ˌmɔdjuˈretik] 莫杜雷克

modus [ˈmɔdəs] 方式,方法

MODY (maturity-onset diabetes of youth 的缩写) 青年期糖尿病

Moe plate [məu] (John H. *Moe*, American surgeon, born 1905) 莫氏板

Moebius 摩比斯病的

Moeller's glossitis [ˈməːləz] (Julius Otto Ludwig *Moeller*, German surgeon, 1819-1887) 莫勒氏舌炎

Moeller-Barlow disease [ˈməːlə ˈbɑːləu] (J. O. L. *Moeller*, Sir Thomas *Barlow*, London physician, 1845-1945) 莫-拔二氏病

Moenckeberg [ˈməːnkəbəːg] 蒙科伯格

Moerner-Sjöqvist method [ˈməːnəˈʃəːkvist] (Carl Thore *Moerner*, Swedish physician, 1864-1940; John August *Sjöqvist*, Swedish physician, 1863-1934) 莫-斯二氏法

mogi- (Gr. *mogis* with diffculty) 困难

mogiarthria [mɔdʒiˈɑːθriə] (*mogi-* + Gr. *arthroun* to utter distinctly + *-ia*) 发音困难

mogigraphia [ˌmɔdʒiˈgreifiə] 书写痉挛

mogilalia [mɔdʒiˈleiliə] (*mogi-* + *lalia* chatter) 出语困难,口吃

mogiphonia [mɔdʒiˈfəniə] (*mogi-* + Gr. *phōnē* voice) 发音困难

Mohr syndrome [məː] (Otto Lous *Mohr*, Norwegian geneticist, 1886-1967) 莫尔综合征

Mohr's test [mɔːz] (Francis *Mohr*, American pharmaceutical chemist, 19th century) 莫尔氏试验

Mohrenheim's fossa [ˈmɔrən haimz] (Baron Joseph Jacob Freitherr von *Mohrenheim*, Austrian surgeon, 1759-1799) 莫伦窝

Mohs' chemosurgery [məuz] (Frederic Edward *Mohs*, American surgeon, born 1910) 莫尔化学外科

Mohs hardness number [məuz] (Friedrich *Mohs*, German mineralogist) 莫尔氏硬度值

moiety [ˈmɔiəti] (Fr. *moitié*, from L. *medietas*, *medius*, middle) 等分,一半,一部分
   carbohydrate m. 碳水化物部分

moisture [ˈmɔistʃə] 湿气,水分

mol [mɔl] 克分子,模

molal [ˈmɔləl] 克分子的,模的

molality [mɔˈlæliti] (重量)克分子浓度,溶模浓度

molar[1] [ˈməulə] ❶ 克分子的;❷ 克分子浓度

molar[2] [ˈməulə] (L. *molaris* belonging to a mill, from *mola* millstone) ❶ 磨牙;❷ 磨牙的
   Moon's m's 蒙恩氏磨牙
   mulberry m. 桑葚状磨牙
   sixth-year m. 第一恒磨牙,6岁磨牙
   supernumerary m. 超数磨牙,副磨牙
   third m. 第三磨牙
   twelfth-year m. 第二恒磨牙,12岁磨牙

molariform [məˈlærifɔːm] 磨牙形

molaris [məˈlæris] (L. "millstone, grinder, molar tooth") ❶ 宜磨的;❷ 磨牙
   m. tertius 第三磨牙

molarity [məˈlæriti] 容积克分子浓度

molasses [məˈlæsiz] (L. *mellaceus* like honey) 糖蜜

mold [məuld] ❶ 霉;❷ 模型;❸ 铸模;❹ 定型动作,取模
   slime m. 粘菌
   white m. 白霉

molding [ˈməuldiŋ] ❶ 塑型;❷ 分娩时儿头变形
   border m. 边缘整塑
   compression m. 压迫塑型
   injection m. 注入塑型
   tissue m. 组织整塑

mole[1] [məul] (Ger. *Mol*, short for *Molekulargewicht* molecular weight) (包含许多初级实体的物质) 质量

mole[2] [məul] (A. S. *māl spot*) 痣,瘤
   pigmented m. 色素痣

mole[3] [məul] (L. *mola* millstone, mole) 胎块,肿瘤
   blood m. 血性胎块
   Breus' m 血肿性胎块
   cystic m. 葡萄胎
   false m. 假胎块
   fleshy m. 肉样胎块
   hydatid m., hydatidiform m. 水泡状胎块,葡萄胎
   invasive m., malignant m. 侵袭性葡萄胎,恶性葡萄胎,绒(毛)膜腺病
   stone m. 石化胎块
   true m. 真性胎块
   tubal m. 输卵管胎块
   vesicular m. 水泡状胎块

molecular [məˈlekjulə] 分子的

molecule [ˈmɔləkjuːl] (L. *molecula* little mass) 分子
   cell adhesion m's (CAM) 细胞粘着分子
   cell interaction(CI)m's 细胞相互作用分子
   CI m's 细胞相互作用分子
   diatomic m. 2原子分子

hexatomic m. 6原子分子
intercellular adhesion m. 1(ICAM-1)细胞内部粘着分子1
intercellular adhesion m. 2(ICAM-2)细胞内部粘着分子2
monatomic m. 单原子分子
nonpolar m. 无极分子
polar m. 有极分子
tetratomic m. 4原子分子
triatomic m. 3原子分子

molilalia [ˌmɔli'leiliə] 出语困难,口吃

molimen [mə'laimen] (pl. *molimina*)(L. "effort") 机能紧张,违和

molimina [mə'liminə] 机能紧张,违和。*molimen*的复数形式

molindone hydrochloride [mə'lindəun] 盐酸吗啉吲酮

Mol-Iron [məul'aiən] 莫铁:硫酸亚铁制剂的商品名

Molisch's test ['mɔliʃəz] (Hans *Molisch*, Czechoslovakian botanist in Vienna, 1856-1937) 茅利奇氏试验

Moll's glands [mɔlz] (Jacob Antonius *Moll*, Dutch ophthalmologist, 1832-1914) 莫氏腺,结膜睑腺

Mollaret's meningitis [mɔlɑ:'reiz] (Pierre *Mollaret*, French neurologist, born 1898) 毛拉氏脑膜炎

mollescence [mə'lesəns] (L. *mollescere* to soften) 软化

mollescuse [mə'leskju:s] (L. *mollis* soft) 软化

Mollicutes [ˌmɔli'kju:ti:z] (L. *mollis* soft + *cutis* skin) 软体纲

mollin ['mɔlin] 软皂脂

mollities [mə'laiʃii:z] (L.) 软化
m. ossium 骨软化

Mollusca [mə'lʌskə] (L. *molluscus* soft) 软体动物门

molluscacidal [mɔˌlʌskə'saidəl] 灭螺的,灭软体动物的

molluscacide [mə'lʌskəsaid] 灭螺剂

molluscicide [mə'lʌsisaid] 灭螺剂

Molluscipoxvirus [mə'lʌskipɔksˌvaiərəs] (*molluscum contagiosum* + *poxvirus*) 软体动物痘病毒

molluscous [mə'lʌskəs] 软疣的

molluscum [mə'lʌskəm] (L. *molluscus* soft) 软疣

m. contagiosum 传染性软疣

mollusk ['mɔləsk] 软体动物门的任一种软体动物

Moloney test [mə'ləuni] (Peter J. *Moloney*, Canadian immunochemist, born 1891) 毛鲁尼氏试验

molting ['məultiŋ] ❶ 脱皮;❷ 换羽

molugram ['mɔljugræm] 克分子

Mol wt (molecular weight 的缩写) 分子量

molybdate [mə'libdeit] 钼酸盐

molybdenosis [mɔˌlibdə'nəusis] (慢性)钼中毒

molybdenous [mə'libdəˌniəs] 亚钼的,二价钼的

molybdenum [mə'libdənəm] (Gr. *molybdos* lead) 钼

molybdic [mə'libdik] 6价钼的

molybdic acid [mə'libdik] 钼酸

molybdoenzyme [mɔˌlibdə'enzaim] 钼酶

molybdoflavoprotein [mɔˌlibdə'flævəˌprəuti:n] 钼黄蛋白质

molybdoprotein [mɔˌlibdə'prəuti:n] 钼蛋白

molybdopterin [ˌmɔlib'dɔptərin] 钼喋呤

molybdous [mə'libdəs] 4价钼的

molysmophobia [ˌmɔlismə'fəubiə] (Gr. *molysma* stain + *phobia*) 传染恐怖

momentum [mə'mentəm] (L. "a movement") 动量

mometasone furoate [mɔ'metəsəun] 糠酸莫米他松

mon- 单一

monacid [mɔn'æsid] 一元酸的,一价酸的

monad ['mɔnəd] (Gr. *monas* a unit, from *monos* single) ❶ 单胞(原)虫,单胞(球)菌;❷ 一价物,一价基;❸ 单倍体

monadenoma [mɔˌnædi'nəumə] 单腺瘤

monadin ['mɔnədin] 纤毛滴虫

Monadina [ˌmɔnə'dainə] 纤毛滴虫属

Monakow's syndrome [mə'nɑ:kauz] (Constantin von *Monakow*, Russian-born neurologist in Switzerland, 1853-1930) 莫纳考氏综合征

monamide [mə'næmid] 一酰胺

monamine [mə'næmin] 一元胺,单胺

monaminuria [ˌmɔnæmi'njuəriə] 单胺尿

monangle [mə'næŋgl] ❶ 单角的;❷ 单角

器

monarthric [mɔˈnɑːθrik] 单关节的

monarthritis [ˌmɔnɑːˈθraitis] (mono- + arthritis) 单关节炎
  m. deformans 变形性单关节炎

monarticular [ˌmɔnɑːˈtikjulə] 单关节的

monaster [mɔˈnæstə] (mon- + Gr. astēr star) 单星体

monathetosis [ˌmɔnɑːθəˈtəusis] (mon- + athetosis) 单肢(手足)徐动症

monatomic [ˌmɔnəˈtɔmik] (mon- + Gr. atomos indivsble) ❶ 一价的; ❷ 单碱基的; ❸ 单原子的

monauchenos [mɔˈnɔːkinəs] 单颈联胎,单颈双头畸胎

monaural [mɔˈnɔːrəl] 单耳的

monavitaminosis [ˌmɔnəˌvaitəmiˈnəusis] 单维生素缺乏病

monaxon [mɔˈnæksɔn] 单轴神经元

Mönckeberg's arteriosclerosis [ˈmɔːŋkəbəːgz] (Johann Georg Mönckeberg, German pathologist 1877-1925) 蒙科氏动脉硬化

Mondeville [məundˈviːl] Henri de(1260-1320) 蒙得威:法国著名外科医生

Mondini's deafness [mɔnˈdiniz] (C. Mondini, Italian physician, 1729-1803) 蒙迪尼氏耳聋

Mondor's disease [ˈmɔndɔz] (Henri Mondor, French surgeon, 1885-1962) 蒙德氏病

monecious [məˈniːʃəs] 雌雄同株的,雌雄同体的

monensin [məˈnensin] 莫能菌素

moner [ˈməunə] 无核原生质团

Monera [məˈniːrə] (Gr. monērēs single) 无核原虫界

monerula [məˈnerulə] (pl. monerulae) (Gr. monērēs single) 无核裂卵

monesia [məuˈniːziə] 巴西金叶树浸膏

monesthetic [ˌmɔnisˈθetik] (Gr. monos single + aisthēsis perception) 单感觉的

monestrous [mɔˈnestrəs] 一次动情(期)的

Monge's disease [ˈməunɡeiz] (Carlos Monge, Peruvian pathologist, 1884-1970) 蒙格氏病

mongolian [mɔŋˈɡəuliən] ❶ 蒙古的,蒙古语的; ❷ (曾用以指董氏综合征特有的)缺陷

mongolism [mɔŋˈɡəulizəm] 董氏综合征
  translocation m. 易位先天愚型,易位伸舌样白痴

mongoloid [ˈmɔŋɡulɔid] 董氏综合征患者

Moniezia [ˌmɔniˈiʒiə] 蒙氏兹属

monilated [ˈmɔniˌleitid] 念珠形的

monilethrix [məˈniləθriks] (L. monile necklace + Gr. thrix hair) 念珠形发

Monilia [məˈniliə] (L. monile necklace) ❶ 孢属; ❷ 孢目

Moniliaceae [məˌniliˈeisiiː] 丛梗孢科

monilial [məˈniliəl] 念珠菌的

moniliasis [ˌmɔniˈlaiəsis] 念珠菌病

moniliform [məˈnilifɔːm] (L. monile necklace + forma form) 念珠形的

Moniliformis [məˌniliˈfɔːmis] 念珠棘虫属

moniliid [məˈniliːd] 念珠菌疹

moniliosis [məˌniliˈəusis] 念珠菌病

Monistat [ˈmɔnistət] 莫尼斯代:硝酸双氯苯咪唑制剂的商品名

monitor [ˈmɔnitə] (L. "one who reminds,"from monere to remind, admonish) ❶ 监护; ❷ 监护仪
  ambulatory ECG m. 可移动心电图监护仪
  Holter m. 豪特尔仪

monium [ˈməuniəm] (Gr. monos single) 镁

Moniz [ˈmɔniz] 蒙尼兹:Antonio Caetano de Abreu Friere Egas (1874-1955),葡萄牙神经外科医生

monkey [ˈmʌŋki] 猴子
  rhesus m. 恒河猴

monkey paw [ˈmɔŋki pɔː] 猴爪

monkeypox [ˈmʌŋki pɔks] 猴痘

Monneret's pulse [mɔnə ˈreiz] (Jules Auguste Edward Monneret, French physician,1810-1868) 蒙那雷氏脉

mon(o)- (Gr. monos single) ❶ 单一; ❷ 一部分; ❸ 一价

monoacid [ˌmɔnəuˈæsid] 一元酸的,一价酸的

monoacylglycerol [ˌmɔnəˌæsilˈɡlisərəl] 单酰基甘油

monoacylglycerol lipase [ˌmɔnəˌæsilˈɡlisərəl ˈlipeis] 单酰基甘油脂酶

monoamide [ˌmɔnəˈæmaid] 一酰胺

monoamine [ˌmɔnəuəˈmiːn] 单胺

monoamine oxidase [ˌmɒnəueˈmiːn ˈɒksideis] 单胺氧化酶

monoaminergic [ˌmɒnəˌæmiˈnɜːdʒik] 单胺能的

monoamniotic [ˌmɒnəˌæmniˈɒtik] 一羊膜的

monoanesthesia [ˌmɒnəuˌænisˈθiziə] 单麻木, 局部麻木

monoarticular [ˌmɒnəʊɑːˈtikjulə] 单关节的

monobactam [ˌmɒnəˈbæktəm] 卡巴青霉素

monobasic [ˌmənəʊˈbeisik] (*mono-* + Gr. *basis* base) 一价基的, 一元基的

monobenzone [ˌmɒnəˈbenzəun] (USP) 双苄氧酚

monoblast [ˈmɒnəʊˌblæst] (*mono-* + Gr. *blastos* germ) 成单核细胞, 原(始)单核细胞

monoblastoma [ˌmɒnəblæsˈtəumə] 成单核细胞瘤

monoblepsia [ˌmɒnəʊˈblepsiə] (*mono-* + Gr. *blepsis* sight + -*ia*) ❶ 单眼视(症); ❷ 单色视(觉)

monobrachia [ˌmɒnəʊˈbreikiə] (*mono-* + Gr. *brachion* arm + -*ia*) 单臂畸形

monobrachius [ˌmɒnəʊˈbreikiəs] 单臂畸胎

monobromated [ˌmɒnəˈbrəumeitid] (L. *monobromatus*) 一溴化的

monobromide [ˌmɒnəʊˈbrəumaid] 一溴化物

monocalcic [ˌmɒnəʊˈkælsik] 一钙的

monocarboxylic acid [ˌmɒnəˌkɑːbɒkˈsilik] 单羧基酸

monocardian [ˌmɒnəʊˈkɑːdiən] (*mono-* + Gr. *kardia* heart) 单腔心的

monocelled [ˈmɒnəuseld] (*mono-* + *cell*) 单细胞的

monocelluar [ˌmɒnəʊˈseljulə] 单细胞的

monocephalus [ˌmɒnəʊˈsefələs] (*mono-* + Gr. *kephalē* head) 单头联胎

　m. **tetrapus dibrachius** 双臂四足单头畸形

　m. **tripus dibrachius** 双臂三足单头畸胎

monochloride [ˌmɒnəˈklɔːraid] 一氯化物

monochlorothymol [ˌmɒnəʊˌklɔːrəˈθaiməl] 一氯麝香草脑

monochorea [ˌmɒnəʊˈkɔːriə] (*mono-* + *chorea*) 单(肢)舞蹈病, 局部舞蹈病

monochorial [ˌmɒnəʊˈkɔːriəl] 单绒(毛)膜的

monochorionic [ˌmɒnəʊˌkɔːriˈɒnik] (*mono-* + Gr. *chorionic*) 单绒(毛)膜的(双胎)

monochroic [ˌmɒnəʊˈkrəuik] (*mono-* + Gr. *chroa* color) 单色的

monochromasy [ˌmɒnəʊˈkrəuməsi] 全色盲

monochromat [ˌmɒnəʊˈkrəumæt] 全色盲者

monochromatic [ˌmɒnəʊkrəuˈmætik] ❶ 全色盲的; ❷ 单色的; ❸ 单染色的

monochromatism [ˌmɒnəʊˈkrəumətizəm] 全色盲

cone m. 锥体全色盲

rod m. 杆体全色盲

monochromatophil [ˌmɒnəʊkrəuˈmætəfil] (*mono-* + Gr. *chrōma* color + *philein* to love) ❶ 单染色的; ❷ 单染色性细胞或成份

monochromophilic [ˌmɒnəʊˌkrəuməˈfilik] 单染色的

Monocid [ˈmɒnəsid] 莫诺西得: cefonicid sodium 制剂的商品名

monocle [ˈmɒnəkl] (*mono-* + L. *oculus* eye) ❶ 单眼镜; ❷ 单眼绷带

monoclinic [ˌmɒnəʊˈklinik] (*mono-* + Gr. *klinein* to incline) 单斜晶(系)的

monoclonal [ˌmɒnəʊˈkləunəl] ❶ 单细胞系的; ❷ 单克隆的

monococcus [ˌmɒnəʊˈkɒkəs] (pl. *monococci*) (*mono-* + Gr. *kokkos* berry) 单球菌

monocontaminated [ˌmɒnəʊkənˈtæmineitid] 单种(菌)感染的, 单种(污染物)感染的

monocontamination [ˌmɒnəʊkənˌtæmiˈneiʃən] 单种(菌)感染

monocorditis [ˌmɒnəkɔːˈdaitis] 单声带炎

monocranius [ˌmɒnəˈkræniəs] (*mono-* + Gr. *kranion* cranium) 单头联胎

monocrotic [ˌmɒnəˈkrɒtik] 单波(脉)的

monocrotism [məˈnɒkrətizəm] (*mono-* + Gr. *krotos* beat) 单波脉(现象)

monocular [məˈnɒkjulə] (*mono-* + L. *oculus* eye) ❶ 单眼的; ❷ 单目镜的(显微镜)

monoculus [məˈnɒkjuləs] (*mono-* + L. *oculus* eye) ❶ 单眼绷带; ❷ 独眼畸胎

monocyclic [ˌmɔnəˈsaiklik] 单循环的,单周期的,单环分子结构的

monocyesis [ˌmɔnəsaiˈiːsis] (*mono-* + Gr. *kyesis* pregnancy) 单胎妊娠

monocyst [ˈmɔnəsist] 单囊肿

Monocystis [ˌmɔnəuˈsistis] 单囊胞虫属

monocytangina [ˌmɔnəusaiˈtændʒinə] 单核细胞性咽峡炎,传染性单核细胞增多症

monocyte [ˈmɔnəsait] (*mono-* + *-cyte*) 单核细胞

monocytic [ˌmɔnəˈsitik] ❶ 单核细胞的; ❷ 单核细胞系的

monocytoid [ˌmɔnəˈsitoid] 单核细胞样的

monocytopenia [ˌmɔnəˌsaitəˈpiːniə] (*monocyte* + Gr. *penia* poverty) 单核细胞减少(症)

monocytopoiesis [ˌmɔnəˌsaitəpɔiˈeisis] (*monocyte* + Gr. *poiein* to make) 单核细胞生成

monocytosis [ˌmɔnəsaiˈtəusis] 单核细胞增多(症)

Monod [məˈnɔː] 莫纳德:Jacqus Lucien,法国生化学家(1910~1976)

monodactylia [ˌmɔnədækˈtiliə] 单指(趾)畸形

monodactylism [ˌmɔnəˈdæktəlizəm] 单指(趾)畸形

monodactyly [ˌmɔnəˈdæktəli] (*mono-* + Gr. *daktylos* finger) 单指(趾)畸形

monodal [məˈnɔdəl] (*mono-* + Gr. *hodos* road) 高频导联的

monodermic [ˌmɔnəuˈdəːmik] 单层的(皮)

monodermoma [ˌmɔnəuˌdəˈməumə] 单胚叶瘤

monodiplopia [ˌmɔnədiˈplɔpiə] (*mono-* + *diplopia*) 单眼复视

Monodontus [ˌmɔnəˈdɔntəs] 单牙虫属

Monodral bromide [ˈmɔnədrəl] 溴化莫诺得尔:溴化戊噻氨脂(penthienate bromide)制剂的商品名

monodromia [ˌmɔnəuˈdrəumiə] (*monos* + Gr. *dromos* course) 单向传导

monoecious [məˈniːʃəs] (*mono-* + Gr. *oikos* house) 雌雄同体的,雌雄同株的

monoester [ˌmɔnəˈestə] 单脂

monoethanolamine [ˌmiːnəuˌeθəˈnɔːləˌmiːn] 乙醇胺

monofilm [ˈmɔnəfilm] 单(层)分子膜

monogamous [məˈnɔgəməs] 单配的

monogamy [məˈnɔgəmi] (*mono-* + Gr. *gamos* marriage) ❶ 一夫一妻制;❷ 单配

monoganglial [ˌmɔnəˈgæŋgliəl] 单神经节的

monogastric [ˌmɔnəˈgæstrik] (*mono-* + Gr. *gastēr* stomach) 单腹的,单胃的

monogen [ˈmɔnədʒən] ❶ 一价元素;❷ 单种血清

monogenesis [ˌmɔnəˈdʒenəsis] (*mono-* + *genesis*) ❶ 单性生殖;❷ 单细胞源论

monogenic [ˌmɔnəˈdʒenik] 单基因的

monogerminal [ˌmɔnəˈdʒəːminəl] 单胚性的,一卵生的

monoglyceride [ˌmɔnəˈglisəraid] 单酸甘油脂

monoglyceride acyltransferase [ˌmɔnəˈglisəraid ˌæsəlˈtrænsfəreis] 单甘油脂转酰酶

monogonium [ˌmɔnəuˈgəuniəm] (pl. *monogonia*) 单性生殖体

monogony [məˈnɔgəni] 单性生殖,无性生殖

monograph [ˈmɔnəgrɑːf] (*mono-* + Gr. *graphein* to write) 专题著作

monohybrid [ˌmɔnəˈhaibrid] (*mono-* + *hybrid*) 单性杂种,单基因杂种

monohydrated [ˌmɔnəˈhaidreitid] 一水化物的,一羟(基)的

monohydric [ˌmɔnəˈhaidrik] 一氢的

monoinfection [ˌmɔnəinˈfekʃən] 单菌性传染

monoiodotyrosine [ˌmɔnəaiˌədəˈtaiərəsiːn] 一碘酪氨酸

monokaryon [ˌmɔnəuˈkæriən] (*mono-* + Gr. *karyon* kernel) 单核

monokaryote [ˌmɔnəˈkæriəut] 单倍体核细胞

monokaryotic [ˌmɔnəˌkæriˈɔtik] 单核的,单倍体核细胞的

monoketone [ˌmɔnəuˈkiːtəun] 一元酮

monokine [ˈmɔnəkain] 单核因子

monolayer [ˌmɔnəˈleiə] 单层细胞

monolene [ˈmɔnəliːn] 烃油

monolepsis [ˌmɔnəuˈlepsis] (*mono-* + Gr. *lēpsis* a taking) 单性遗传

monolocular [ˌmɔnəu'lɔkjulə] (mono- + L. *loculus* cell) 单腔的,单房的

monomania [ˌmɔnəu'meiniə] (mono- + Gr. *mania* madness) 单狂,偏狂

monomastigote [ˌmɔnəu'mæstigəut] (mono- + Gr. *mastix* lash) 单鞭毛的

monomaxillary [ˌmɔnəu'mæksiləri] 单颌的

monomelic [ˌmɔnəu'melik] (mono + Gr. *melos* limb) 单肢的

monomer [ˌmɔnəməː] (mono- + Gr. *meros* part) 单体(化学)

fibrin m. 纤维蛋白单体

monomeric [ˌmɔnəu'merik] ❶ 节的; ❷ 单基因的

monometallic [ˌmɔnəumə'tælik] 单金属的

monomethylhydrazine [ˌmɔnəuˌmeθil'haidrəzin] 单甲基肼

monomethylxanthine [ˌmɔnəuˌmeθil'zænθin] 一甲基黄嘌呤

monomolecular [ˌmɔnəumə'lekjulə] 单分子的

monomorphic [ˌmɔnəu'mɔːfik] (mono- + Gr. *morphē* form) 单形的

monomorphism [ˌmɔnə'mɔːfizəm] 单形(态)

monomorphous [ˌmɔnəu'mɔːfəs] 单形的

monomphalus [mə'nɔmfələs] (mono- + Gr. *omphalos* navel) 脐部联胎

monomyoplegia [ˌmɔnəˌmaiə'pliːdʒiə] (mono- + Gr. *mys* muscle + *plēgē* stroke) 单肌麻痹,单肌瘫(痪)

monomyositis [ˌmɔnəˌmaiə'saitis] (mono- + *myositis*) 单肌炎

Mononchus [mə'nɔŋkəs] 单齿(线虫)属

mononephrous [ˌmɔnəu'nefrəs] (mono- + Gr. *nephros* kidney) 单肾的

mononeural [ˌmɔnə'njuːril] (mono- + Gr. *neuron* nerve) 单神经的

mononeuric [ˌmɔnəu'njuərik] 单神经元的

mononeuritis [ˌmɔnəunjuə'raitis] (mono- + Gr. *neuron* nerve + *itis*) 单神经炎

m. multiplex 多发性单神经炎,多神经炎

mononeuropathy [ˌmɔnənjuː'rɔpəθi] 单神经病

cranial m. 单脑神经病

multiple m., m. multiplex 多脑神经病

mononuclear [ˌmɔnəu'njukliə] (mono- + *nucleus*) ❶ 单核的; ❷ 单核细胞

mononucleate [ˌmɔnəu'njuklieit] 单核的

mononucleosis [ˌmɔnə'njukli'əusis] 单核细胞增多(症)

chronic m. 慢性单核细胞增多症

cytomegalovirus m. 巨细胞病毒性单核细胞增多症

infectious m. 传染性单核细胞增多症

post-transfusion m. 输血后单核细胞增多(症)

mononucleotide [ˌmɔnəu'njuklieutaid] (单)核苷酸

monooctanoin [ˌmɔnəˌɔktə'nɔin] 甘油诱导剂

mono-osteitic [ˌmɔnəˌɔsti'itik] 单骨炎的

mono-ovular [ˌmɔnə'əuvjulə] 单卵子的,单胚子的

monooxygenase [ˌmɔnə'ɔksidʒəˌneis] 单(加)氧酶

monoparesis [ˌmɔnəpə'riːsis] (mono- + Gr. *paresis* slackening of strength, paralysis) 单肢轻瘫

monoparesthesia [ˌmɔnəˌpærəs'θiːʒiə] (mono- + *paresthesia*) 单肢感觉异常

monopathy [mə'nɔpəθi] (mono- + Gr. *pathos* disease) 单病,局部病

monopenia [ˌmɔnəu'piːniə] 单核细胞减少(症),单核白细胞减少(症)

monophagia [ˌmɔnə'feidʒiə] (mono- + Gr. *phagein* to eat + -*ia*) ❶ 偏食; ❷ 单食

monophagism [mə'nɔfədʒizəm] 偏食,单食

monophasia [ˌmɔnə'feiʒiə] (mono- + Gr. *phasis* speaking) 单语症

monophasic [ˌmɔnə'feizik] 单相的

monophenol monooxygenase [ˌmɔnə'fiːnɔl ˌmɔnə'ɔksidʒəˌneis] (EC 1.14.18.1) 单酚单(加)氧酶

monophobia [ˌmɔnəu'fəubiə] 独居恐怖,单身恐怖

monophosphate [ˌmɔnəu'fɔsfeit] 一磷酸盐

monophthalmus [ˌmɔnəf'θælməs] (mono- + Gr. *ophthalmos* eye) 独眼畸胎

monophyletic [ˌmɔnəfai'letik] (mono- +

Gr. *phylē* tribe) 一元的

monophyletism [ˌmɔnəu'failətizəm] 一元论

monophyletist [ˌmɔnəu'failətist] 一元论者

monophyodont [ˌmɔnəu'faiədɔnt] (*mono-* + Gr. *phyein* to grow + *odous* tooth) 单套牙的

monopia [mə'nɔpiə] (*mono-* + Gr. *ops* eye + *-ia*) 独眼(畸形)

monoplasmatic [ˌmɔnəuplæz'mætik] (*mono-* + Gr. *plasma* plasm) 单质的

monoplast ['mɔnəuplæst] (*mono-* + Gr. *plastos* formed) 单细胞

monoplegia [ˌmɔnəu'pli:dʒiə] (*mono-* + Gr. *plēgē* stroke) 单瘫

monoplegic [ˌmɔnəu'pli:dʒik] 单瘫的

monopodia [ˌmɔnəu'pəudiə] (*mono-* + Gr. *pous* foot + *-ia*) 单足(畸形)

monopodial [ˌmɔnəu'pəudiəl] 单足(畸形)的

monopoiesis [ˌmɔnəpɔi'i:sis] 单核细胞生成,单核细胞发生

monopolar ['mɔnəˌpəulə] 单极的

monops ['mɔnəups] (*mono-* + Gr. *ōps* eye) 独眼畸胎

Monopsyllus [ˌmɔnəu'siləs] (*mono-* + Gr. *psylla* flea) 单蚤属
M. anisus 普通单蚤

monoptychial [ˌmɔnəu'tikiəl] (*mono-* + Gr. *ptychē* fold) 单层的

monopus ['mɔnəupəs] (*mono-* + Gr. *pous* foot) 单足畸胎

monorchia [mə'nɔ:kiə] 单睾丸(畸形)

monorchid [mə'nɔ:kid] 单睾丸者

monorchidic [ˌmɔnəu'kidik] (*mono-* + Gr. *orchis* testicle) 单睾丸的

monorchidism [mə'nɔ:kidizəm] 单睾丸(畸形)

monorchis [mə'nɔ:kis] 单睾丸者

monorchism ['mɔnəkizəm] 单睾丸

Monorchotrema [mɑˌnɔ:kə'tri:mə] (*mono-* + Gr. *orchis* easticle + *trēma* aperture) 单睾孔(吸虫)属

monorhinic [ˌmɔnəu'rinik] 单鼻孔的

monosaccharide [ˌmɔnəu'sækəraid] 单糖

monose ['mɔnəus] 单糖

monosexual [ˌmɔnəu'sekʃjuəl] 单性的

monoside ['mɔnəusaid] 单甙

monosodium glutamate [ˌmɔnə'səudiəm] 谷氨酸一钠

monosome ['mɔnəsəum] (*mono-* + Gr. *sōma* body) ❶ 单(染色)体;❷ 二倍减一染色体

monosomic [ˌmɔnəu'sɔmik] 单(染色)体的;二倍减一染色体的

monosomy ['mɔnəusəumi] 单体性

monospasm ['mɔnəspæzəm] (*mono-* + *spasm*) 局部痉挛,单处痉挛

monospecific [ˌmɔnəspe'sifik] 单特异性的

monospermy ['mɔnəspə:mi] (*mono-* + Gr. *sperma* seed) 单精受精

Monosporium [ˌmɔnəu'spɔriəm] 单孢霉属

Monostoma [ˌmɔnəu'stəumə] (Gr. *monos* single + *stoma* mouth) 单盘(吸虫)属

Monostomum [ˌmɔnəu'stəuməm] 单盘(吸虫)属

monostotic [ˌmɔnəu'stɔtik] (*mono-* + Gr. *osteon* bone) 单骨性的

monostratal [ˌmɔnəu'strætəl] 单层的

monostratified [ˌmɔnəu'strætifaid] 单层(排列)的

monosubstituted [ˌmɔnəu'sʌbstitjutid] 一原子置换的,单基置换的

monosymptom [ˌmɔnəu'simptəm] (*mono-* + *symptom*) 单症状

monosymptomatic [ˌmɔnəusimptə'mætik] 单症状的

monosynaptic [ˌmɔnəusi'næptik] 单突触的

monosyphilid [ˌmɔnəu'sifəlid] 单发性梅毒疹

Monotard ['mɔnəutɑ:d] 莫诺他得:胰岛素锌悬液(insulin zinc suspension)制剂的商品名

monoterminal [ˌmɔnəu'tə:minəl] 单极的

monotherapy [ˌmɔnəu'θerəpi] 单药治疗

monothermia [ˌmɔnəu'θə:miə] (*mono-* + Gr. *thermē* heat) 体温恒定

monothetic [ˌmɔnəu'θetik] (*mono-* + Gr. *thetikos* fit for placing) 单一原则的

monothioglycerol [ˌmɔnəθiə'glisərɔl] (NF) 硫代甘油

monotic [mə'nɔtik] (*mono-* + Gr. *ous* ear) ❶ 单音的;❷ 单耳的

monotocous [məˈnɔtəkəs] (*mono-* + Gr. *tokos* birth) 单胎分娩的

monotonia [ˌmɔnəuˈtəuniə] 单音症

Monotremata [ˌmɔnəuˈtriːmətə] 单孔目

monotreme [ˈmɔnəutriːm] 单孔类

monotrichic [ˌmɔnəˈtrikik] 单鞭毛的,偏端单毛的

monotrichous [məˈnɔtrikəs] (*mono* + Gr. *thrix* hair) 单鞭毛的,偏端单毛的

monotropic [ˌmɔnəuˈtrɔpik] (*mono-* + Gr. *tropos* a turning) 单亲的,单嗜的

monounsaturated [ˌmɔnəuenˈsætʃəˌreitid] 单脂酸的,化学复合剂性的

monoureide [ˌmɔnəˈjuːəriid] 一酰脲,一酰化物

monovalent [ˌmɔnəuˈveilənt] ❶ 一价的,单价的;❷ 单特异性的

monovular [məˈnɔvjulə] 单卵的

monovulatory [məˈnɔvjulətəri] 排单卵的

monoxenic [ˌmɔnəˈzenik] (*mono-* + Gr. *xenos* a guest-friend, stranger) 单种菌(感染)的

monoxenous [məˈnɔksənəs] (*mono-* + Gr. *xenos* strange, foreign) 单栖的,单(宿主)寄生的

monoxide [məˈnɔksaid] 一氧化物

monozygosity [ˌmɔnəziˈgɔsiti] 单合子发育(状态),单卵发育(状态)

monozygotic [ˌmɔnəziˈgɔtik] 单合子的

monozygous [ˌmɔnəuˈzaigəs] 单合子的

Monro's bursa [mənˈrəuz] (Alexander *Monro* (Secundus), Scottish anatomist and surgeon, 1733-1817) 蒙罗氏囊

Monro-Kellie doctrine [mənˈrəu ˈkeli] (Alexander *Monro*; George *Kellie*, Scottish anatomist, late 18th century) 蒙-科二氏学说

Monro-Richter line [mənˈrəu ˈriktə] (Alexander *Monro*; August Gottlieb *Richter*, German surgeon,1742-1812) 蒙-理氏线

mons [mɔnz] (I, "mountain") (NA) (统称) 山,阜,隆凸
  m. pubis (NA) 阴阜
  m. ureteris 输尿管阜
  m. veneris 阴阜

Monsonia [mɔnˈsəuniə] 蒙松草属,多蕊老鹳草属

monster [ˈmɔnstə] (L. *monstrum*) 畸胎
  acardiac m. 无心畸胎
  acraniate m. 无颅畸胎
  autositic m. 自养(畸)胎
  celosomian m. 露脏畸胎
  compound m. 复体畸胎
  cyclopic m. 独眼畸胎
  diaxial m. 双轴畸胎
  double m. 双畸胎,联胎
  emmenic m. 行经畸胎
  endocymic m. 宫内畸胎瘤样残留胎
  Gila m. 毒蜥
  hair m. 多毛畸胎
  monoaxial m. 单轴畸胎
  parasitic m. 寄生畸胎
  polysomatous m. 多体畸胎
  single m. 单体畸胎
  sirenoform m. (无足)并腿畸胎
  triplet m. 三体畸胎,三联胎
  twin m. 双畸胎,联胎

monstra [ˈmɔnstrə] (L.) 畸胎。*monstrum* 的复数形式

monstrosity [mɔnˈstrɔsiti] (L. *monstrositas*) 畸胎

monstrum [ˈmɔnstrəm] (pl. *monstra*) (L.) 畸胎
  m. abundans 多余性畸胎,过剩性畸胎
  m. deficiens 缺损畸胎
  m. per defectum 缺损畸胎
  m. per excessum 多余性畸胎,过剩性畸胎
  m. per fabricam alienam 单器官畸胎
  m. sirenoforme (无足)并腿畸胎

montage [mɔnˈtɑːʒ] 脑电布线

Monteggia's dislocation [ˈmɔntidʒiəz] (Giovanni Battista *Monteggia*, Italian surgeon, 1762-1815) 蒙特吉亚脱位

montes [ˈmɔntiz] 山,阜。*mons* 的复数形式

Montgomery's follicles [mɔntˈgɔməriz] (William Fetherstone *Montgomery*, Irish obstetrician, 1797-1859) 蒙特格马利滤泡

monticulus [mɔnˈtikjuləs] (gen. 和 pl. *monticuli*) (L. dim. of *mons*) 小山,隆凸
  m. cerebelli 小脑小山

mood [muːd] 心境,情绪

mood-congruent [muːdˈkɔŋgruənt] 情绪

一致

mood-incongruent [muːdinˈkɔŋgruənt] 情绪不一致

Moon's teeth [muːnz] (Henry *Moon*, English surgeon, 1845-1892) 蒙恩氏牙

Moore's fracture [muəz] (Edward Mott *Moore*, American surgeon, 1814-1902) 莫勒氏骨折

Moore's lightning streaks [muəz] (Robert Foster *Moore*, British ophthalmologist, 1878-1963) 莫勒氏闪电状血管线

Moore's syndrome [muəz] (Matthew T. *Moore*, American neuropsychiatrist, born 1901) 莫勒氏综合征

Moore's test [muəz] (John *Moore*, British physician, 19th century) 莫勒氏试验

Mooren's ulcer [ˈmuərənz] (Albert *Mooren*, German ophthalmologist, 1828-1899) 莫伦氏溃疡

Moorhead foreign body locator [ˈmuəhed] (John J *Moorhead*, New York surgeon, born 1874) 莫荷氏(金属)异物探索器

MOPP MOPP 化疗方案

Morand's foot [mɔːˈɑːnz] (Sauveur Francois *Morand*, French surgeon, 1697-1773) 莫伦氏足

morantel tartrate [məˈræntəl] 噻烯氢嘧啶酒石酸盐

Morax-Axenfeld bacillus [ˈmɔːræks ˈæksenfeld] (Victor *Morax*, Swiss ophthalmologist in Paris, 1866-1935; Theodor *Axenfeld*, German ophthlamologist, 1867-1930) 莫-阿二氏杆菌

Moraxella [ˌmɔræk'selə] (Victor *Morax*) 莫拉菌属

   M. anatipestifer 鸭出血性败血性奥拉菌属

   M. bovis 牛莫拉菌

   M. (Branhamella) catarrhalis 卡他莫拉菌

   M. lacunata 慢性结膜炎莫拉菌

   M. liquefaciens 液化莫拉菌

   M. lwoffi 路氏莫拉菌

   M. (Moraxella) bovis 牛莫拉菌

   M. (Moraxella) lacunata 慢性结膜炎莫拉菌

morbi [ˈmɔːbi] (L. *morbus* disease) (疾)病

morbid [ˈmɔːbid] (L. *morbidus* sick) ❶ 病的; ❷ 不健康的

morbidity [mɔːˈbiditi] ❶ 成病, 病态; ❷ 发病率

morbific [mɔːˈbifik] (L. *morbificus*; *morbus* sickness + *facere* to make) 致病的

morbigenous [mɔːˈbidʒənəs] 致病的

morbility [mɔːˈbiliti] ❶ 成病, 发病; ❷ 发病率

morbilli [mɔːˈbilai] (L.) 麻疹

morbilliform [mɔːˈbilifɔːm] (L. *morbilli* measles + *forma* shape) 麻疹样的

Morbillivirus [mɔːˈbilivaiərəs] (L. *morbilli* measles + *virus*) 莫比利氏病毒

morbillous [mɔːˈbiləs] 麻疹的

morbus [ˈmɔːbəs] (L.) (疾)病

   m. coxae senilis 老年性髋关节病

   m. moniliformis 念珠状红色苔藓

MORC (Medical Officers Reserve Corps 的缩写) 医官后备团

morcellation [ˌmɔːseˈleiʃən] 分碎术

morcellement [ˌmɔːsəlˈmɔːŋ] 分碎术

mordant [ˈmɔːdənt] (L. *mordere* to bite) ❶ 媒染剂; ❷ 媒染的

Mor. dict. (L. *more dicto* 的缩写) 用法口授

Morel ear [mɔˈrel] (Augustin Benoit *Morel*, French psychiatrist, 1809-1873) 莫雷氏耳

Morelli's test [mɔˈreliːz] (F. *Morelli*, Italian physician, early 20th century) 莫利氏试验

mores [ˈmɔːriːz] (L) 习俗, 习惯。*mos* 的复数形式

Morgagni's caruncle [mɔːˈgɑːnjiːz] (Giovanni Battista *Morgagni*, Italian anatomist and pathologist, 1682-1771; the founder of pathological anatomy) 莫戈尼氏肉阜

Morgagni-Adams-Stokes syndrome [mɔːˈgɑːnji ˈædəmz ˈstəuks] (Giovanni Battista *Morgagni*; Robert *Adams*, Irish physician, 1791-1875; William *Stokes*, Irish physician, 1804-1878) 莫-阿-斯三氏综合征

Morgan [ˈmɔːgən] 摩根: Thomas Hunt, 美

国动物学家(1866~1945)
Morgan's bacillus ['mɔ:gənz] (Harry de Reimer *Morgan*, British physician, 1863-1931) 摩根氏杆菌
morgan ['mɔ:gən] (T. H. *Morgan*)(化学分子键图的距离单位)摩(根)
Morganella [ˌmɔ:gə'nelə] (H. de R. *Morgan*) 摩根菌属
  M. morganii 摩氏摩根菌
morgue [mɔ:g] (Fr.) 停尸室, 停尸房
moria ['mɔriə] (Gr. *mōria* folly) 童样痴呆, 诙谐状痴呆
moribund ['mɔribənd] (L. *moribundus*) 濒死的
Moringa [mə'ringə] 辣木屑
  M. pterygosperma 印度辣木
morioplasty [ˌmɔriəu'plæsti] (Gr. *morion* piece + *plassein* to form) 补缺术
Morison's pouch ['mɔrisənz] (James Rutherford *Morison*, British surgeon, 1853-1939) 莫瑞森氏陷凹
Morita therapy [mɔ'ritɑ:] (Shomei *Morita*, Japanese physician, 20th century) 森田疗法
Moritz reaction ['mɔrits] (Friedrich Heinrich Ludwig *Moritz*, German physician, 1861-1938) 莫瑞兹氏反应
Mörner's reagent ['mə:nəz] (Carl Axel Hampus *Mörner*, Swedish chemist, 1854-1917) 莫那氏试剂
Mornidine [mɔ:'nidi:n] 哌啶吗嗪:哔哌吗嗪制剂的商品名
Moro's embrace reflex ['mɔrəuz] (Ernst *Moro*, Austrian pediatrician, 1874-1951) 莫罗氏紧抱反射
morococcus [ˌmɔrəu'kɔkəs] 桑葚状球菌
moron ['mɔrɔn] (Gr. *mōros* stupid) 愚者
moronity [mə'rɔniti] 痴愚
morosis [mə'rəusis] 痴愚
-morph (Gr. *morphē* form) 形态
morphallactic [ˌmɔ:fə'læktik] 变形再生的
morphallaxis [ˌmɔ:fə'læksis] (Gr. *morphē* form + *allaxis* exchange) 变形再生
morphea [mɔ:'fiə] (Gr. *morphē* form) 局限性硬皮病
  generalized m. 全身化硬皮病
  guttate m. 滴状硬皮病
  linear m., m. linearis 线状硬皮病

morpheme ['mɔ:fi:m] 莫菲姆(语响单位)
morphia ['mɔ:fiə] 吗啡
morphina [mɔ:'fainə] (pl. *morphinae*)(L.) 吗啡
morphine ['mɔ:fi:n] (L. *morphina*, *morphinum*) 吗啡
  dimethyl m. 二甲基吗啡
  m. hydrochloride 盐酸吗啡
  m. sulfate (USP) 硫酸吗啡
morphinic [mɔ:'finik] 吗啡的
morphinism ['mɔ:finizəm] 吗啡瘾, 吗啡中毒
morphinization [ˌmɔ:fini'zeiʃən] 吗啡作用, 吗啡影响
morphinometry [ˌmɔ:fi'nɔmitri] 吗啡含量检定法
morphium ['mɔ:fiəm] 吗啡
morph(o)- (Gr. *morhpē* form) 形态
morphodifferentiation [ˌmɔ:fəˌdifərənʃi'eiʃən] 形态分化
morphogen ['mɔ:fədʒən] 形态原
morphogenesia [ˌmɔ:fədʒ'ni:siə] 形态形成, 形态发生
morphogenesis [ˌmɔ:fə'dʒenəsis] (Gr. *morphē* form + *gennan* to produce) 形态形成, 形态发生
morphogenetic [ˌmɔ:fədʒə'netik] 形态形成的, 形态发生的
morphogeny [mɔ:'fɔdʒəni] 形态形成, 形态发生
morphological [ˌmɔ:fə'lɔdʒikəl] 形态学的
morphology [mɔ:'fɔlədʒi] (*morpho-* + *-logy*) 形态学
morpholysis [mɔ:'fɔlisis] (*morpho-* + Gr. *lysis* dissolution) 形态残毁, 形态崩坏
morphometry [mɔ:'fɔmitri] (*morpho-* + Gr. *metron* measure) 形态测定法
morphon ['mɔ:fɔn] (Gr. *morphōn* forming) 单体(形态)
morphophyly [mɔ:'fɔfəli] (*morpho-* + Gr. *phylon* tribe) 成形发育
morphophysics [ˌmɔ:fə'fiziks] 形态物理学
morphoplasm ['mɔ:fəˌplæzəm] (*morpho-* + Gr. *plasma* anything formed) 成形质
morphosis [mɔ:'fəusis] (Gr. *morphōsis* a shaping, bringing into shape) 形态形成
morphotic [mɔ:'fɔtik] 形态形成的
-morphous (Gr. *morphē* form, shape) 形

态,形

morpio ['mɔ:piə] (pl. *morpiones*) (L.) 阴虱

morpion ['mɔ:piən] (pl. *morpiones*) (L.) 阴虱

Morquio's sign ['mɔ:kjəuz] (Luis *Morquio*, Uruguayan pediatrician, 1867-1935) 莫奎氏症

Morquio-Ullrich disease ['mɔ:kjəu 'u:lrik] (Luis *Morquio*; Otto *Ullrich*, German physician, 1894-1957) 莫-乌二氏病

morrhua ['mɔ:ruə] (L.) 鲤鱼

morrhuate ['mɔ:rueit] 鱼肝油酸盐
m. sodium (USP) 鱼肝油酸钠

morrhuic acid ['mɔ:ruik] 鱼肝油酸

mors [mɔ:z] (L.) 死亡
m. thymica 胸腺性死亡

morsal ['mɔ:səl] (L. *morsus* bite) ❶ 参与咀嚼的; ❷ 面的

Mor. sol. (L. *more solito* 的缩写) 按常规

morsulus ['mɔ:sjuləs] (L. dim. of *morsus* bite) 锭剂

morsus ['mɔ:səs] (L.) 咬,叮
m. diaboli 输卵伞部
m. humanus 人咬伤

mortal ['mɔ:təl] (L. *mortalis*) 必死的,致死的

mortality [mɔ:'tæliti] ❶ 必死性; ❷ 死亡率; ❸ (人寿保险的)预期死亡率

mortar ['mɔ:tə] (L. *mortarium*) 乳钵,研钵

mortician [mɔ:'tiʃən] (L. *mors* death) 殡仪业者

Mortierella [ˌmɔ:tiə'relə] 被孢霉属
M. wolfii 沃尔菲被孢霉

Mortierellaceae [ˌmɔ:tiəri'læsiə] 被孢霉科

mortification [ˌmɔ:tifi'keiʃən] 坏疽

mortinatality [ˌmɔ:tinə'tæliti] (L. *mors* death + *natus* birth) 死产率

Morton's cough ['mɔ:tənz] (Richard *Morton*, English physician, 1637-1698) 莫通氏咳嗽

Morton's neuralgia ['mɔ:tənz] (Thomas George *Morton*, American surgeon, 1835-1903) 莫顿氏神经痛

mortuary ['mɔ:tjuəri] (L. *mortuarium* tomb) ❶ 死的; ❷ 停尸室

morula ['mɔ:rulə] (L. *morus* mulberry) 桑葚胚,桑葚体

morular ['mɔ:rulə] ❶ 桑葚胚的; ❷ 桑葚状的

morulation [ˌmɔ:ru'leiʃən] 桑葚胚形成

moruloid ['mɔ:ruloid] (L. *morus* mulberry + Gr. *eidos* form) ❶ 桑葚样的; ❷ 桑葚样的菌属

Morvan's disease [mɔ:'veiz] (Augustin Marie *Morvan*, French physician, 1819-1897) 莫温氏病

mosaic [məu'zeiik] (L. *mosaicus*, Gr. *mouseion*) 镶嵌型

mosaicism [məu'zeiisizəm] 镶嵌性,镶嵌现象
erythrocyte m. 红细胞镶嵌现象
gonadal m. 性腺镶嵌现象

Moschcowitz's disease ['mɔʃkəwits] (Eli *Moschcowitz*, American physician, 1879-1964) 莫斯考威氏病

Moschcowitz's operation ['mɔʃkəwits] (Alexis Victor *Moschcowitz*, American surgeon, 1865-1933) 莫斯考威氏手术

Mosler's sign ['məuzləz] (Karl Friedrich *Mosler*, German physician, 1831-1911) 莫斯勒氏症

mOsm (*milliosmol* 的符号) 毫渗克分子

mosquito [məs'ki:təu] (pl. *mosquitoes*) (Sp. "little fly") 蚊
anautogenous m. 非自生蚊
arygamous m. 旷生蚊
autogenous m. 自生蚊
house m. 家蚊
steyogamous m. 局生蚊
tiger m. 虎斑蚊,埃及伊蚊

mosquitocidal [məsˌki:təu'saidəl] 杀蚊的,灭蚊的

mosquitocide [məs'ki:təusaid] (*mosquito* + L. *caedere* to kill) 杀蚊剂

Moss' classification ['mɔ:səz] (William Lorenzo *Moss*, American physician, 1876-1957) 毛斯氏分类法

moss [mɔs] 藓,苔藓植物
Ceylon m. 锡兰苔,石花菜
Irish m., juniper m. ①爱尔兰苔;②珍珠苔
pearl m., salt rock m. 珍珠苔

Mosse's syndrome ['mɔ:səz] (Max *Mosse*, German physician, 20th century) 莫斯氏

Mosso's ergograph ['mɔsəuz] (Angelo *Mosso*, Italian physiologist, 1846-1910) 莫梭氏测指力器

Motais' operation [mɔ'teiz] (Ernest *Motais*, French ophthalmologist, 1845-1913) 莫泰氏手术

motarium [mə'tæriəm] 绒布(外科用)

moth [mɔθ] 蛾
  brown-tail m. 褐属蛾
  flannel m. 绒蛾
  io m. (*Automeris io* 的缩写)巨斑刺蛾
  meal m. 大斑粉螟
  tussock m. 囊毛虫,血痕毛房蛾

mother ['mʌðə] (L. *mater*) 母(亲)

motile ['məutail] 能动的,自动的

motilin [mɔ'tilin] 能动素

motility [məu'tiliti] 能动性,机动性,能动力

motion ['məʃən] 运动
  range of m. 运动范围

motivation [ˌməuti'veiʃən] 促动,推动,诱导

motive ['məutiv] 动机,目的
  achievement m. 成就动机
  aroused m. 唤醒的动机

motoceptor [ˌməutəuseptə] 运动感受器:肌感受器

motofacient [ˌməutəu'feiʃənt] 促动的,发动的

motoneuron [ˌməutəu'njuərən] 运动神经元
  alpha m's α 运动神经元
  beta m's β 运动神经元
  gamma m's γ 运动神经元
  heteronymous m's 异名(协同)运动神经元
  homonymous m's 同名运动神经元
  lower m's 下运动神经元
  peripheral m. 外周运动神经元
  upper m's 上运动神经元

motor ['məutə] (L.) ❶ 运动原;❷ 运动的
  plastic m. 成型传动器

motographic [ˌməutə'græfik] 描记运动的

motorial [məu'tɔːriəl] ❶运动中枢的;❷运动器官的;❸运动的

motoricity [ˌməutə'risiti] 运动力

motorium [məu'tɔːriəm] ❶运动中枢;❷运动器官

motorius [məu'tɔːriəs] 运动神经

motorogerminative [ˌməutərə'dʒəːminətiv] 动胚的,成肌的

Motrin ['mɔtrin] 异丁苯丙酸:布洛芬制剂的商品名

MOTT (mycobacteria other than tubercle bacilli 的缩写) 非结核性分支杆菌

mottling ['mɔtliŋ] 色斑块

moulage [muː'laːʒ] (Fr."molding") 蜡模,型

mould [məuld] ❶霉;❷模型

moulding ['məuldiŋ] (分娩时)儿头变形,塑形

mounding ['maundiŋ] 肌耸起,肌耸肿

Mount's syndrome ['maunts] (Lester Adrian *Mount*, American physician, born 1910) 蒙特氏综合征

Mount-Reback syndrome ['maunt 'ribæk] (L. A. *Mount*; S. *Reback*, American physician, 20th century) 蒙-瑞二氏综合征

mount ['maunt] ❶支固;❷支撑座;❸制作供研究用的标本和幻灯;❹供研究用的载片标本
  wet m. 湿封固剂

mountant ['mauntənt] 封固剂

mounting ['mauntiŋ] 封固(标本)
  split cast m. 裂铸装置

mourning ['mɔːniŋ] 哀悼

mouse [maus] ❶小鼠;❷游动小体
  C.F.W. m. (*c*ancer-*f*ree *w*hite mouse) 无瘤小白鼠
  joint m. 关节内游动体,关节鼠
  nude m., *nu/nu* **m.** 裸鼠
  NZB(New Zealand black)mice 新西兰黑鼠
  peritoneal m. 腹膜内游动体
  pleural m. 胸腔鼠

mousepox ['mauspɔks] 鼠痘

mouth [mauθ] (L. *os*, *oris*) 口
  Ceylon sore m. 热带口炎性腹泻
  denture sore m. 托牙口疮
  dry m. 口干燥
  glass-blowers' m. 腮腺增大
  parrot m. 鹦鹉嘴
  sore m. 羊痘,羊天花

tapir m. 貘状口,突唇口
trench m. 战壕口炎,坏死性溃疡性齿龈炎
white m. 鹅口疮,真菌性口炎
mouthwash ['mauθwɔʃ] (NF) 漱口液
movement ['muːvmənt] ❶ 运动；❷ 排便
 active m. 主动运动
 ameboid m. 阿米巴运动,变形运动
 angular m. 角动
 associated m. 联合运动
 automatic m. 自动(运动)
 ballistic m's 冲击运动
 Bennett m. 本那特运动
 border m. 边缘性运动
 border tissue m's (牙托)周边组织运动
 brownian m, Brownian-Zsigmondy m., brunonian m. 布朗运动
 choreic m's, choreiform m's 舞蹈病样运动
 ciliary m. 纤毛运动
 circus m. ①环行运动；②心房循环运动
 contralateral associated m. 对侧联合运动
 dystonic m. 张力障碍性运动
 euglenoid m. 眼虫样运动
 excursive m's 离轨性移动
 fetal m. 胎动
 forced m. 强迫动
 Frenkel's m's 福兰克氏运动,共济失调矫正法
 gliding m. 滑动
 hinge m. 铰链式运动
 intermediary m's, intermediate m's 居间性运动
 involuntary m. 不随意运动
 jaw m. 下颌运动
 Magnan's m. 麦格那氏运动
 mandibular m. 下颌运动
 mandibular m., free 下颌自由运动
 mandibular m's, functional 功能性下颌运动
 masticatory m's 咀嚼运动
 molecular m. 分子运动
 morphogenetic m. 形态形成运动
 nucleopetal m. 向核运动
 opening m. 张口运动
 opening m., posterior 后张口运动
 passive m. 被动运动
 pendular m. 摆(摇)运动
 rapid eye m. (REM) 眼快速运动
 reflex m. 反射性运动
 saccadic m. 扫动
 scissors m. 剪(式)运动
 segmentation m. 节段运动
 spontaneous m. 自发运动
 Swedish m. 瑞典式体操
 synkinetic m. 联带运动
 vermicular m's 蠕动
mover ['muːvə] 动者
 prime m. 原动肌
moxa ['mɔksɑː] (Japanese) 艾
moxalactam [ˌmɔksə'læktəm] 羟羧氧酰胺菌素
 m. disodium 羟羧氧酰胺二钠
 m. disodium for injection (USP) 注射用羟羧氧酰胺二钠
moxazocine [mɔk'sæzəsiːn] 甲氧唑辛
moxibustion [ˌmɔksi'bʌstʃən] 艾灸术
moxnidazole [mɔks'nidəzəul] 吗嘧哒唑
Moynahan's syndrome ['mɔinəhənz] (E. J. *Moynahan*, British physician, 20th century) 莫纳翰氏综合征
Moynihan's cream ['mɔinjənz] (Berkeley George Andrew *Moynihan* (Lord Moynihan), British surgeon, 1865-1936) 莫尼翰氏乳膏
M.P. (mesiopulpal 的缩写) 近中髓的
6-MP (6-mercaptopurine 的缩写) 乐疾宁
mp (meltimg point 的缩写) 熔点
MPD (maximum permissible dose 的缩写) 最大允许剂量
MPH (Master of Public Health 的缩写) 公共卫生学硕士
MPO (myeloperoxidase 的缩写) 髓过氧物酶
MPS ❶ (mononuclear phagocyte system 的缩写) 单核巨噬细胞系统；❷ (mucopolysaccharidosis 的缩写) 粘多糖(贮积)病
MR (mitral regurgitation 的缩写) 二尖瓣返流
mR (*milliroentgen* 的符号) 毫伦琴符号
μR (*microroentgen* 的符号) 微伦琴
MRA (Medical Record Administrator 的缩写) 病历管理员
MRACP (Member of Royal Australasian Col-

lege of Physicians 的缩写)澳大利亚皇家内科学会会员

mrad(*millirad* 的符号)毫拉德

MRC(Medical Reserve Corps 的缩写)军医后备队

MRCP(Member of the Royal College of Physicians 的缩写)皇家内科学会会员

MRCPE(Member of the Royal College of Physicians of Edinburgh 的缩写)(英国)爱丁堡皇家内科学会会员

MRCP (Glasg)(Member of the Royal College of Physicians and Surgeons of Glasgow *qua* Physician 的缩写)格拉斯哥皇家内外科医师学会会员

MRCPI(Member of the Royal College of Physicians of Ireland 的缩写)爱尔兰皇家内科学会会员

MRCS(Member of the Royal College of Surgeons 的缩写)皇家外科学会会员

MRCSE(Member of the Royal College of Surgeons of Edinburgh 的缩写)爱丁堡皇家外科学会会员

MRCSI(Member of the Royal College of Surgeons of Ireland 的缩写)爱尔兰皇家外科学会会员

MRCVS(Member of the Royal College of Veterinary Surgeons 的缩写)皇家兽医学会会员

MRD(minimum reacting dose 的缩写)最小反应剂量

MRDM(malnutrition-related diabetes mellitus 的缩写)(营养不良导致的)糖尿病

mrem 豪雷姆

MRI(magnetic resonance imaging 的缩写)磁共振显像

MRL(Medical Record Librarian 的缩写)病历管理员

mRNA(messenger RNA 的缩写)信使核糖核酸

MS ❶(Master of Surgery 的缩写)外科硕士;❷(mitral stenosis 的缩写)二尖瓣狭窄;❸(multiple sclerosis 的缩写)多发性硬化症

ms(*millisecond* 的符号)毫秒

μs(*microsecond* 的符号)微秒

MS Contin ['kɔntin] MS 康丁:吗啡硫酸盐制剂的商标名

msec.(*millisecond* 的符号)毫秒

MSG(monosodium glutamate 的缩写)谷氨酸单钠

MSH(melanocyte-stimulating hormone 的缩写)促黑激素

MSL(midsternal line 的缩写)胸骨中线

MT(Medical Technologist 的缩写)医学技术专家

M. T. ;Mt.(membrana tympani 的缩写)鼓膜

mtDNA(mitochondrial DNA 的缩写)线粒体脱氧核糖核酸

MTX(methotrexate 的缩写)氨甲喋呤,氨甲叶酸

Mu(Mache unit 的缩写)马谢单位

mU(*milliunit* 的符号)毫单位

mu [mjuː] (M,μ)希腊文第十二个字母

m. n.(mouse unit 的缩写)小鼠单位

μU(*microunit* 的符号)微单位

MUAP(motor unit action potential 的缩写)肌运动单位动作电位

Muc.(L. *mucilage*)胶浆,植物粘浆

Much's granules ['muks] (Hans Christian R. *Much*, German physician, 1880-1932) 莫齐氏颗粒

Mucha's disease ['mukɑz] (Viktor *Mucha*; Austrian dermatologist, 1877-1919) 莫葜氏病

Mucha-Habermann disease ['mukɑ: 'hɑːbəmen] (Viktor *Mucha*; Rodolf *Habermann*, German dermatologist, 1884-1941) 莫-哈病

muci-(L. *mucus*)粘蛋白,粘液

mucicarmine [ˌmjuːsi'kɑːmin] 粘蛋白卡红,粘蛋白胭脂红

mucicarminophilic [ˌmjuːsiˌkɑːminə'filik] 粘性蛋白细胞

mucid ['mjuːsid] 粘液质的,粘的

mucidin ['mjuːsidin] 螺粘液杀菌素

muciferous [mjuː'sifərəs] (*mucus* + L. *ferre* to bear) 分泌粘液的,生液的

mucification [ˌmjuːsifi'keiʃən] 粘液化

muciform ['mjuːsifɔːm] (*mucus* + L. *forma* form) 粘液样的

mucigen ['mjuːsidʒən] (*mucus* + Gr. *gennan* to produce) 粘蛋白原

mucigenous [mjuː'sidʒinəs] 生粘液的

mucigogue ['mjuːsigɔg] (*mucus* + Gr. *agōgos* leading) ❶催粘液的;❷粘液分

泌刺激剂,催粘液剂

mucihematein [ˌmjuːsiˈhemətiːn] 氧化苏木精染液粘蛋白
　Mayer's m 迈尔氏苏木精染剂

mucilage ['mjuːsilədʒ] (L. *mucilago*) ❶ 胶浆,粘胶；❷ 胶汁
　acacia m. 阿拉伯胶浆
　tragacanth m. (NF) 西黄蓍胶浆

mucilaginous [ˌmjuːsiˈlædʒinəs] 胶浆性的,粘性的,胶粘的

mycilago [ˌmjuːsiˈlɑːɡəu] (L.) 胶浆,粘胶,胶水
　m. acaciae 阿拉伯胶浆
　m. tragacanthae 西黄蓍胶浆

mucilloid ['mjuːsilɔid] 胶浆剂
　psyllium hydrophilic m. 车前子亲水胶浆

mucin ['mjuːsin] 粘蛋白

mucinase ['mjuːsineis] 粘蛋白酶

mucinoblast [mjuːˈsinəblæst] (*mucin* + Gr. *blastos* germ) 成粘液细胞

mucinogen [mjuˈsinədʒen] 粘蛋白原

mucinoid ['mjuːsinɔid] (*mucin* + *-oid*) ❶ 粘蛋白样的；❷ 类粘蛋白

mucinolytic [ˌmjuːsinəuˈlitik] (*mucin* + Gr. *lysis* dissolution) 粘蛋白分解的,粘蛋白溶解的

mucinosis [ˌmjuːsiˈnəusis] 粘蛋白沉积症
　follicular m. 毛囊皮脂腺粘蛋白沉积症
　papular m. 丘疹性粘蛋白沉积症

mucinous ['mjuːsinəs] 粘蛋白的,粘蛋白状的

mucinuria [ˌmjuːsiˈnjuəriə] (*mucin* + Gr. *ouron* urine + *-ia*) 粘蛋白尿

muciparous [mjuːˈsipərəs] (*mucus* + L. *parere* to produce) 分泌粘液的,生粘液的

mucitis [mjuˈsaitis] 粘膜炎

Muckle-Wells syndrome ['mukəlwelz] (Thomas James *Muckle*, Canadian pediatrician, 20th century, Michael Vernon *Wells*, English physician, 20th century) 莫-威二氏综合征

muc(o)- (L. *mucus*) 粘液

mucocartilage [ˌmjuːkəˈkɑːtilədʒ] 粘液软骨

mucocele ['mjuːkəsiːl] (*mucus* + Gr. *kēlē* tumor) ❶ 粘液囊肿；❷ 粘液息肉
　suppurating m. 化脓性粘液囊肿

mucociliary [ˌmjuːkəˈsiliəri] (*muco-* + *ciliary*) 粘液纤毛

mucoclasis [mjuːˈkɔkləsis] (*mucus* + Gr. *klasis* a breaking) 粘膜毁除术

mucocolitis [ˌmjuːkəkəˈlaitis] 粘液性结肠炎

mucocolpos [ˌmjuːkəˈkɔlpəs] (*mucus* + Gr. *kolpos* vagina) 阴道粘液蓄积

mucocutaneous [ˌmukəkjuˈteiniəs] (*mucus* + *cutaneous*) 粘膜(与)皮肤的

mucocyst ['mjuːkəusist] (*muco-* + *cyst*) 粘液囊

mucocyte ['mjuːkəsait] 粘液变细胞

mucoderm ['mjuːkədəm] 粘膜固有层

mucodermal [ˌmjuːkəˈdəːməl] ❶ 粘膜固有层；❷ 粘膜(与)皮肤的

mucoenteritis [ˌmjuːkəuentəˈraitis] 粘液性结肠炎

mucoepidermoid [ˌmjuːkəuepiˈdəːmɔid] 粘液性表皮样瘤

mucofibrous [ˌmjuːkəˈfaibrəs] 粘液纤维的

mucoflocculent [ˌmjuːkəˈflɔkjulənt] 含粘液细丝的

mucogingival [ˌmukəˈdʒindʒivəl] 粘液龈的

mucoglobulin [ˌmjuːkəuˈɡlɔbjulin] 粘球蛋白

mucoid ['mjuːkɔid] (*muc-* + *-oid*) ❶ 粘液的,粘液样的；❷ 粘蛋白

mucolemma [ˌmjuːkəˈlemə] 粘蛋白膜

mucolipidosis [ˌmjuːkəuˌlipiˈdəusis] 粘脂贮积病
　m. Ⅰ 粘脂贮积病Ⅰ型
　m. Ⅱ 粘脂贮积病Ⅱ型
　m. Ⅲ 粘脂贮积病Ⅲ型
　m. Ⅳ 粘脂贮积病Ⅳ型

mucolytic [ˌmjuːkəuˈlitik] 溶解粘液的,粘液溶解剂

mucomembranous [ˌmjuːkəuˈmembrənəs] 粘膜的,由粘膜组成的

Mucomyst ['mjuːkəumist] 痰易净:乙酰半胱氨酸制剂商品名

mucoperichondrial [ˌmjuːkəˌperiˈkɔndriəl] 粘膜(性)软骨膜的

mucoperichondrium [ˌmjuːkəˌperiˈkɔndriəm] 粘膜(性)软骨膜

mucoperiosteal [ˌmjukəˌperi'ɔstiəl] 粘膜骨膜的

mucoperiosteum [ˌmjukəˌperi'ɔstiəm] 粘膜骨膜

mucopolysaccharide [ˌmjukəuˌpɔli'sækəraid] 粘多糖

mucopolysaccharidosis [ˌmjukəˌpɔliˌsækəri'dəusis] 粘多糖贮积病
- m. Ⅰ (MPS Ⅰ) 粘多糖贮积病 Ⅰ 型
- m. Ⅰ H(MPS Ⅰ H) 粘多糖贮积病 H 型
- m. Ⅰ H/S(MPS Ⅰ H/S) 粘多糖贮积病 Ⅰ H/S 型
- m. Ⅰ S(MPS Ⅰ S) 粘多糖贮积病 S 型
- m. Ⅱ (MPS Ⅱ) 粘多糖贮积病 Ⅱ 型
- m. Ⅲ (MPS Ⅲ) 粘多糖贮积病 Ⅲ 型
- m. Ⅳ (MPS Ⅳ) 粘多糖贮积病 Ⅳ 型
- m. Ⅴ 粘多糖贮积病 Ⅴ 型
- m. Ⅵ (MPS Ⅵ) 粘多糖贮积病 Ⅵ 型
- m. Ⅶ (MPS Ⅶ) 粘多糖贮积病 Ⅶ 型

mucopolysacchariduria [ˌmjuːkəuˌpɔliˌsækəri'djuəriə] 粘多糖尿

mucoprotein [ˌmjuːkəu'prəuti:n] 粘蛋白
Tamm-Horsfall m. 塔胡氏粘蛋白

mucopurulent [ˌmjuːkəu'pjuərulənt] 粘液脓性的

mucopus ['mjukəpəs] (*mucus + pus*) 粘液性脓

Mucor ['mjuːkə] (L., "bread mold") 毛霉菌属,白霉属
- M. corymbifer 伞状毛菌属
- M. indicus 间接毛霉属
- M. mucedo 蜂毛霉菌,霉白霉菌
- M. pusillus 渺小毛霉菌
- M. racemosissimus 波罗毛霉菌,葡萄状毛霉菌
- M. ramosus 分枝状毛霉菌

Mucoraceae [ˌmjuːkə'reisii:] 毛霉菌科

mucoraceous [ˌmjuːkə'reiʃəs] 毛霉菌的

Mucorales [ˌmjuːkə'reili:z] 毛霉菌目

mucoriferous [ˌmjuːkəu'fifərəs] (L. *mucor* mold + *ferre* to carry) 生霉的

mucorin ['mjuːkərin] 毛霉蛋白

Mucorineae ['mjuːkərini] 毛霉菌亚目

mucormycosis [ˌmjuːkəmai'kəusis] 毛霉菌病
- cerebral m. 大脑毛霉菌病,毛霉菌病
- rhinocerebral m. 鼻脑毛霉菌病,大脑毛霉菌病

mucosa [mjuː'kəusə] (L. "mucus") 粘膜

mucosal [mjuː'kəusəl] 粘膜的

mucosanguineous [ˌmjuːkəusæŋ'gwiniəs] 粘液血性的

mucosedative [ˌmjuːkəu'sedətiv] 润滑粘膜的

mucoserous [ˌmjuːkəu'siərəs] 粘液浆液的;产生粘液和浆液的

mucosin [mjuː'kəusin] 粘精,粘膜素

mucositis [ˌmjuːkəu'saitis] 粘膜炎
- m. necroticans agranulocytica 粒细胞缺乏坏死性粘膜炎

mucosity [mjuː'kɔsiti] 粘液性,粘滑性

mucosocutaneous [mjuːˌkəusəukjuː'teinjəs] 粘膜皮肤的

mucostatic [ˌmjuːkəu'stætik] ❶ 抑制粘液分泌的;❷ 颌粘膜组织松弛

mucosulfatidosis [ˌmjuːkəuˌsʌlfəti'dəusis] 多硫胺测酶缺乏症

mucotome ['mjuːkətəum] 粘膜刀

mucous ['mjuːkəs] (L. *mucosus*) ❶ 粘液的,粘液样的;❷ 被粘液所覆盖的;❸ 分泌,产生或含有粘液的

mucoviscidosis [ˌmjuːkəuˌvisi'dəusis] (胰管)粘稠物阻塞症,胰管纤维性囊肿病

mucro ['mjuːkrəu] (pl. *mucrones*) (L. "a sharp point") 尖,突,棘
- m. baseos cartilaginis arytaenoidease 声带突
- m. sterni 胸骨突,剑突

mucronate ['mjuːkrəneit] (L. *mucro* a sharp point) 棘状的,有短尖端的

mucroniform [mjuː'krɔnifɔːm] 棘状的,具短尖的

Mucuna [mjuː'kjuːnə] (Brazilian) 巴西黎豆属

mucus ['mjuːkəs] (L.) 粘液

mud-bath ['mʌdbeiθ] 泥浴

mud-therapy [mʌd 'θerəpi] 泥(土)疗法

muffle ['mʌfl] 烘炉

muffler ['mʌflə] 消音器

MUGA (multiple gated acquisition 的缩写) 多门需求

muguet [mjuː'ge] (Fr.) 霉菌性口炎,鹅口疮

Muir-Torre syndrome [mjuːə 'tɔri] (E. G. *Muir*, British physician; Douglas P. *Torre*, American dermatologist, born

1919)缪-陶二氏综合征

mulberry ['mʌlbri] ❶桑树;❷桑葚

Mulder's angle ['muːldəz] (Johannes *Mulder*, Dutch anatomist, 1769-1810) 穆尔氏角

Mulder's test ['muːldəz] (Gerardus Johann *Mulder*, Dutch chemist, 1802-1880) 穆耳德氏试验

Mules' operation [mjuːlz] (Philip Henry *Mules*, English ophthalmologist, 1843-1905) 缪尔氏手术

muliebria [ˌmjuːliˈebriə] (L.) 女性生殖器

muliebrity [ˌmjuːliˈebriti] (L. *muliebritas*) ❶女性气质,女性特征,女性性征;❷男子女征

mulla ['mʌlə] 药布

mull-dressing [mʌl'dresiŋ] 软布敷料

Muller ['mʌlə] 马勒:Hermann Joseph,美国生物学家、遗传学家(1890~1967)

Müller ['miːlə] 米勒:Paul Herrmann,瑞典化学家(1899~1965)

Müller's capsule ['mjuːləz] (Johannes Peter *Müller*, German physiologist, 1801-1858, the founder of scientific medicine in Germany) 苗勒氏囊(肾小球囊)

Müller's fibers ['mjuːləz] (Heinrich *Müller*, German anatomist, 1820-1864) 苗勒氏纤维

Müller's fluid (liquid) ['mjuːləz] (Hermann Franz *Müller*, German histologist, 1866-1898) 苗勒氏液

Müller's sign ['mjuːləz] (Friedrich von *Müller*, German physician, 1858-1941) 苗勒氏征

Müller-Haeckel law ['mjuːlə 'heikəl] (Fritz *Müller*, German naturalist, 1821-1897; Ernst Heinrich *Haeckel*, German biologist, 1834-1919) 苗-哈二氏定律

muller ['mʌlə] 杵

müllerian [mjuˈliəriən] 苗勒氏的

mulleriosis [ˌmʌleriˈəusis] 子宫内膜异位

Müllerius [mjuˈliəriəs] 缪线虫属(毛细线虫属)

   M. capillaris 毛细缪线虫

multangular [mʌlˈtæŋɡjulə] 多角的

multi- (L. *multus* many, much) 多

multiallelic [ˌmʌltiəˈlelik] 多等位基因的,多对偶基因的

multiarticular [ˌmʌltiɑːˈtikjulə] 多关节的

multibacillary [ˌmʌltiˈbæsiləri] 多杆菌的

multicapsular [ˌmʌltiˈkæpsjulə] 多囊的,多被膜的

multicell ['mʌltisel] 多细胞体,多细胞

multicellular [ˌmʌltiˈseljulə] (*multi-* + L. *cellula* cell) ❶多细胞的;❷多房的

multicellularity ['mʌltiˌseljuˈlæriti] ❶多细胞性;❷多细胞状态

multicentric [ˌmʌltiˈsentrik] (*multi-* + *center*) 多中心的

multicentricity [ˌmʌltisenˈtrisiti] 多中心性

Multiceps ['mʌltiseps] 多头绦虫属
   M. multiceps 多头绦虫
   M. serialis 链形多头绦虫

multicontaminated [ˌmʌltikənˈtæmineitid] ❶多种微生物感染的;❷多种污染物所污染的

multicuspid [ˌmʌltiˈkʌspid] (*multi-* + *cuspid*) 多尖的

multicuspidate [ˌmʌltiˈkʌspideit] 多尖的

multicystic [ˌmʌltiˈsistik] 多囊的

multidentate [ˌmʌltiˈdenteit] (*multi-* + L. *dens* tooth) 多牙的,多切迹的,多牙状突起的

multidigital [mʌltiˈdidʒitəl] 多指(趾)的

multielectrode [ˌmʌltiiˈlektrəud] 多电极的

multifactorial [ˌmʌltifækˈtɔːriəl] ❶多因素的,多因子的;❷多遗传因子的

multifetation [ˌmʌltifiˈfiʃən] 多胎妊娠

multifid [ˌmʌltifid] 多裂的

multifidus [mʌlˈtifidəs] (L., from *multus* many + *findere* to split) 裂成许多部分的

multifocal [ˌmʌltiˈfəukəl] 多病灶的

multiform ['mʌltifɔːm] 多形的

multiganglionic [ˌmʌltigæŋɡliˈɔnik] 多神经节的

multigesta [ˌmʌltiˈdʒestə] 经产孕妇

multiglandular [ˌmʌltiˈɡlændjulə] 多腺性的

multigravida [ˌmʌltiˈɡrævidə] (*multi-* + L. *gravida* pregnant) 经产孕妇
   grand m. 多孕的

multihallucalism [ˌmʌltiˈhæljuːkəlizəm] (*multi* + L. *hallux*, *hallucis* great toe +

-ism）多拇趾畸形

multihallucism [ˌmʌltiˈhæləsizəm] 多拇趾畸形

multi-infection [ˌmʌltiinˈfekʃən] 多菌性传染

multilobar [ˌmʌltiˈləubə] 多叶的

multilobular [ˌmʌltiˈlɔbjulə]（*multi-* + L. *lobulus* lobule）多小叶的

multilocular [ˌmʌltiˈlɔkjulə]（*multi-* + L. *loculus* cell）多房的，多腔的

multimammae [ˌmʌltiˈmæmi]（*multi-* + L. *mamma* breast）多乳房畸形

multimodal [ˌmʌltiˈmɔdəl] ❶ 多形式的；❷ 图示的多峰点；❸ 多感觉的

multinodular [ˌmʌltiˈnɔdjulə] 多小节的

multinucleate [ˌmʌltiˈnjuklieit]（*multi* + *nucleus*）多核的

multipara [mʌlˈtipərə]（*multi-* + L. *parere* to bring forth, produce）经产妇
grand m. 多产妇

multiparity [ˌmʌltiˈpæriti] ❶ 经产；❷ 多胎产

multiparous [məlˈtipərəs] ❶ 经产的；❷ 多胎产的

multipartial [ˌmʌltiˈpɑːʃəl] 多型的（血清）

multiple [ˈmʌltipl]（L. *multiplex*）❶ 多数的；❷ 多发的

multiplet [ˈmʌltiplet] 多次排出的

multiplicitas [ˌmʌltiˈplisitəs] 多种畸形
m. cordis 多心畸形

multipolar [ˌmʌltiˈpəulə]（*multi-* + L. *polus* pole）多极的

multipollicalism [ˌmʌltiˈpɔlikəlizəm]（*multi-* + L. *pollex, pollicis* thumb + *-ism*）多拇指畸形

multirooted [ˌmʌltiˈruːtid] 多根的

multisensitivity [ˌmʌltiˌsensiˈtiviti] 多敏感性

multisensory [ˌmʌltiˈsensəri] 多敏感的

multisynaptic [ˌmʌltisiˈnæptik] 多突触的

multiterminal [ˌmʌltiˈtəːminəl] 多极的，多端的，多端钮的

multituberculate [ˌmʌltitjuːˈbəkjulit] 多结节的

multivalent [ˌmʌltiˈveilənt]（*multi-* + L. *valere* to have value）❶ 多价的；❷ 可抵抗数种细菌的或一种细菌的数种类型的

multivariate [ˌmʌltiˈvɛərieit] 多变的

mummification [ˌmʌmifiˈkeiʃən] 干尸化，木乃伊化

mumps [mʌmps] 流行性腮腺炎
iodine m. 碘中毒性腮腺炎
m. meningoencephalitis 腮腺炎性脑膜炎

mumu [ˈmjuːmjuː] 精索水肿

Münchausen's syndrome [munˈtʃauzənz]（Baron Karl Friedrich Hieronymus *Münchhausen*, German soldier and traveler, 1720-1797, a reputed teller of exaggerated tales）芒超森氏综合征，假装急病求治癖

Münchmeyer's disease [ˈmuntʃmaiəz]（Ernst *Münchmeyer*, German physician, 1846-1880）梅尔氏病

munity [ˈmjuːniti] 易感的

Munro's microabscess [mʌnˈrəuz]（William John *Munro*, English dermatologist, 19th century）芒罗氏微脓肿

Munro's point [mʌnˈrəuz]（John Cummings *Munro*, American surgeon, 1858-1910）芒罗氏点

Munro Kerr cesarean section [mənˈrɔkəː]（John Martin *Munro Kerr*, Scottish gynecologist and obstetrician, 1868-1955）孟罗·凯尔氏剖腹产术

Munson's sign [ˈmʌnsənz]（Edward Sterling *Munson*, American ophthalmologist, born 1933）曼逊氏征

MUP（motor unit potential 的缩写）运动单位函数

mupirocin [mjuːˈpaiərəsin] 莫比诺律

mural [ˈmjuərəl]（L. *muralis*, from *murus* wall）壁的，腔壁的

muramic acid [mjuːˈræmik] 胞壁酸，2-葡糖胺-3-乳酸醚

muramidase [muˈræmideis] 胞壁质酶，溶菌酶

Murat's sign [mjuːˈrɑːz]（Louis *Murat*, French physician, born 1874）莫拉氏征

Murchison-Pel-Ebstein fever [ˈməːtʃisən pel ˈebʃtain]（Charles *Murchison*, British physician, 1830-1879; Pieter Klaases *Pel*, Dutch physician, 1852-1919; Wilhelm *Ebstein*, German physician, 1836-1912）默-佩-埃三氏热

Murel [ˈmjurel] 优瑞尔：溴化钾戊乙胺脂制剂的商品名

Murex ['mjuəreks] 软体动物紫螺属
  M. purpurea 紫螺,紫贝
murexide [mjuə'reksaid] (L. *murex* purple sea snail) 骨瓮紫,紫螺酸铵
murexine [mjuə'reksin] (L. *murex*, *muricis* the purple fish or pointed rock + *-ine*, suffix for chemical compounds) 紫螺素
muriform ['mjuərifɔːm] (L. *murus* wall + *form*) 格状砖的
Murimyces [ˌmjuəri'maisiz] 鼠胸膜肺炎菌属
murine ['mjuərin] (L. *mus*, *muris* mouse) 鼠的,鼠性的,鼠灰色的
murmur ['məːmə] (L. "murmur") 杂音
  amphoric m. 空瓮性杂音
  anemic m. 贫血性杂音
  aneurysmal m. 动脉瘤杂音
  aortic m. 主动脉瓣杂音
  apex m., apical m. 心尖杂音
  apical diastolic m's 心尖舒张期杂音
  arterial m. 动脉杂音
  attrition m. 摩擦杂音
  Austin Flint m. 奥-弗二氏杂音
  basal diastolic m's 心基舒张期杂音
  bellows m. 风箱状杂音
  brain m. 脑杂音
  bronchial m. 支气管杂音
  cardiac m. 心杂音
  cardiopulmonary m., cardiorespiratory m. 心肺杂音,心搏呼吸杂音
  Carey Coombs m. 凯里·库姆杂音
  continuous m. 连续杂音
  cooing m. 咕咕杂音
  crescendo m. 渐强性杂音
  Cruveilhier-Baumgarten m. 寇-宝氏杂音
  deglutition m. 吞咽杂音
  diamond-shaped m. 棱状杂音,钻形杂音
  diastolic m's 舒张期杂音
  Duroziez's m. 杜罗济埃氏杂音
  early diastolic m. 舒张早期杂音
  early systolic m. 收缩早期杂音
  ejection m. 射血性杂音
  extracardiac m. 心外杂音
  Flint's m. 弗林特氏杂音
  friction m. 摩擦杂音
  functional m. 功能性杂音
  Gibson m. 吉布逊氏杂音
  Graham Steell's m. 格雷汉·斯蒂尔氏杂音
  Hamman's m. 黑曼氏杂音
  heart m. 心杂音
  hemic m. 血性杂音
  holosystolic m. 全收缩杂音
  hourglass m. 沙漏样杂音
  humming-top m. 地牛声
  incidental m. 偶发性杂音
  innocent m. 功能性杂音
  inorganic m. 非器质性杂音
  late systolic m. 晚搏杂音
  machinery m. 机鸣状杂音
  mid-diastolic m. 舒张中杂音
  midsystolic m. 收缩中杂音
  mitral m. 二尖瓣杂音
  musical m. 音乐性杂音
  organic m. 器质性杂音
  pansystolic m. 全收缩杂音
  pericardial m. 心包杂音
  physiologic m. 生理杂音
  pleuropericardial m. 胸膜心包杂音
  prediastolic m. 舒张前杂音
  presystolic m. 收缩前杂音
  pulmonic m. 肺动脉杂音
  regurgitant m. 返流杂音
  Roger's m. 罗吉尔氏杂音
  seagull m. 海鸥鸣性杂音
  seesaw m. 往返性杂音
  Steell's m. 斯蒂尔氏杂音
  stenosal m. 狭窄性杂音
  Still's m. 斯第尔氏杂音
  subclavicular m. 锁骨下杂音
  systolic m's 收缩期杂音
  to -and-fro m. 来回性杂音
  tricuspid m. 三尖瓣杂音
  vascular m. 血管杂音
  venous m. 静脉杂音
  vesicular m. 肺泡音,肺泡呼吸音
muromonab-CD3 [ˌmjuərə'mɒnæb] 鼠灰单克隆抗体
Murphy ['məːfi] 墨菲:William Parry, 美国医生
Murphy button ['məːfi] (John Benjamin *Murphy*, American surgeon, 1857-1916) 墨菲氏钮
murrain ['mʌrin] 瘟疫(家畜)
Murray ['məri] 墨莱:Joseph Edward, 美

国整形外科医生

Murray Valley encephalitis ['məri 'væli] (*Murray Valley*, Australia, where the disease occurred in epidemics in 1950 and 1951) 澳洲墨莱溪谷脑炎

murrina [mju:'rinə] (Sp. *morriña*) 中、南美洲马锥虫病

Mus [mʌs] (L. "mouse") 鼠属
  M. **alexandrinus** 埃及鼠或屋顶鼠
  M. **decumanus** 褐鼠，沟鼠
  M. **musculus** 小家鼠，普通家鼠
  M. **norvegicus** 挪威鼠，褐鼠，溪鼠
  M. **rattus rattus** 黑鼠，英国黑鼠

Musca ['mʌskə] (L. "fly") 家蝇属
  M. **autumnalis** 秋家蝇
  M. **domestica** 家蝇
  M. **domestica nebulo** 印度云蝇
  M. **domestica vicina** 舍蝇
  M. **luteola** 淡黄蝇，黄火蝇
  M. **sorbens** 吸附蝇，山蝇
  M. **vomitoria** 玻璃蝇，黑颊丽蝇

musca ['mʌskə] (pl. *muscae*) (L.) 蝇
  muscae hispanicae 斑蝥，芫青
  muscae volitantes 飞蝇幻视

muscacide ['mʌskəsaid] (L. *musca* fly + *caedere* to kill) ❶ 杀蝇剂，杀蝇的；❷ 杀蝇物

muscae ['mʌsi:] (L.) 蝇。*musca* 的复数形式

muscardine ['mʌskə:din] 白僵病，蚕硬化病

muscarine ['mʌskəri:n] 蕈毒碱，蝇菌素，蝇蕈素

muscarinic [,mʌskə'rinik] 毒蕈碱的

muscarinism ['mʌskə,rinizəm] (蝇) 毒蕈碱中毒

muscegenetic [,mʌsidʒə'netik] 引起飞蝇幻视的

muscicide ['mʌsisaid] 杀蝇的，杀蝇剂

Muscidae ['mʌsidi:] 家蝇科

muscimol ['mʌskiməl] 毒蝇蕈醇

Muscina [mə'sainə] 腐蝇属

muscle ['mʌsl] 肌肉
  abductor m. of great toe 拇展肌
  abductor m. of little finger 小指展肌
  abductor m. of little toe 小趾展肌
  abductor m. of thumb, long 拇长展肌
  abductor m. of thumb, short 拇短展肌
  adductor m., great 大内收肌
  adductor m., long 长内收肌
  adductor m., short 短内收肌
  adductor m., smallest 小内收肌
  adductor m. of great toe 拇趾收肌
  adductor m. of thumb 拇指收肌
  Aeby's m. 埃比氏肌，降下唇肌
  agonistic m. 主动肌，催动肌
  Albinus'm. 阿耳纳斯氏肌：① 笑肌；② 中斜角肌
  anconeus m. 肘肌
  anconeus m., lateral 外侧肘后肌，肱三头肌外侧头
  anconeus m., medial 内侧肘后肌，肱三头肌内侧头
  anconeus m., short 短肘后肌，肱三头肌外侧头
  antagonistic m. 对抗肌，拮抗肌
  antigravity m's 抗重力肌，抗引力肌
  m. of antitragus 对耳屏肌
  appendicular m's 附属肌
  arrector m's of hair 立毛肌
  articular m. 关节肌
  articular m. of elbow 肘关节肌
  articular m. of knee 膝关节肌
  aryepiglottic m. 构会厌肌
  arytenoid m., oblique 构斜肌
  arytenoid m., transverse 构横肌
  m's of auditory ossicles 听骨肌
  auricular m's ① 耳(前、后、上)肌；② 连接并伸入耳部各部肌肉之肌
  auricular m., anterior 耳前肌
  auricular m., posterior 耳后肌
  auricular m., superior 耳上肌
  Bell's m. 贝尔氏肌，输尿管括约肌
  biceps m. of arm 肱二头肌
  biceps m. of thigh 股二头肌
  bipennate m. 二羽肌，羽肌
  Bowman's m. 波曼氏肌，睫状肌
  brachial m. 肱肌
  brachioradial m. 肱桡肌
  bronchoesophageal m. 支气管食道肌
  Brücke's m. 布留克氏肌
  buccinator m. 颊肌
  buccopharyngeal m. 颊咽肌
  bulbocavernous m. 球海绵体肌
  canine m. 犬齿肌，口角提肌
  cardiac m. 心肌

Casser's m., casserian m. 卡塞氏肌
ceratocricoid m. 角环肌
ceratopharyngeal m. 大角咽肌
cervical m's 颈肌
Chassaignac's axillary m. 腋弓肌
chondroglossus m. 小角舌肌
chondropharyngeal m. 小角咽肌
ciliary m. 睫状肌
coccygeal m. 尾骨肌
coccygeal m's 尾骨肌群
compressor m. of naris 压鼻孔肌
congenerous m's 协同肌群
constrictor m. of pharynx, inferior 咽下缩肌
constrictor m. of pharynx, middle 咽中缩肌
constrictor m. of pharynx, superior 咽上缩肌
coracobrachial m. 喙肱肌
Crampton's m. 克兰顿氏肌
cremaster m. 睾提肌
cricoarytenoid m., lateral 环杓侧肌
cricoarytenoid m., posterior 环杓后肌
cricopharyngeal m. 环咽肌
cricothyroid m. 环甲肌
cruciate m. 十字形肌
cutaneous m. 皮肌
dartos m. ① 肉膜肌;② 肉膜
dartos m. of scrotum 阴囊肉膜
deltoid m. 三角肌
depressor m. of superciliary 眉降肌
depressor m. of angle of mouth 降口角肌
depressor m. of lower lip 降下唇肌
depressor m. of septum of nose 鼻中隔降肌
detrusor m. of bladder, detrusor urinae muscle 逼尿肌
diaphragmatic m. 横膈肌
digastric m. 二腹肌
dilator m. of naris 鼻孔开大肌
dilator m. of pupil 瞳孔开大肌
dorsal m's 背部肌群
emergency m's 紧急肌群,应急肌
epicranial m. 颅顶肌
epimeric m. 上胚节肌,体节背部肌
epitrochleoanconeus m. 滑车上肘肌
erector m. of penis 阴茎勃起肌,坐骨海绵体肌

erector m. of spine 竖棘肌,竖脊肌,骶棘肌
eustachian m. 鼓膜张肌
m's of expression 面部表情肌群
extensor of digits, common, extensor m. of fingers 总伸指肌,伸指肌
extensor m. of fifth digit, proper 小指固有伸肌
extensor m. of great toe, long 跨长伸肌
extensor m. of great toe, short 跨短伸肌
extensor m. of index finger 食指伸肌
extensor of little finger 小指伸肌
extensor m. of thumb, long 拇长伸肌
extensor m. of thumb, short 拇短伸肌
extensor m. of toes, long 趾长伸肌
extensor m. of toes, short 趾短伸肌
extraocular m's 眼球外肌,眼球肌
extrinsic m. 外部肌
m's of eye 眼球肌群,眼球外肌
facial m's, m's of facial expression 面部表情肌,面肌
facial and masticatory m's 面肌与咀嚼肌
fast m. 白肌
m's of fauces 腭肌与咽门肌群
femoral m. 股肌,股中肌
fibular m., long 腓骨长肌
fibular m., short 腓骨短肌
fibular m., third 第三腓骨肌
fixation m's, fixator m's 固定肌群
fixator m. of base of stapes 镫底固定肌
flexor m., accessory 副固定肌,跖方肌
flexor m. of fingers, deep 指深屈肌
flexor m. of fingers, superficial 指浅屈肌
flexor m. of great toe, long 跨趾长屈肌
flexor m. of great toe, short 跨趾短屈肌
flexor m. of little finger, short 小指短屈肌
flexor m. of little toe, short 小趾短屈肌
flexor m. of thumb, long 拇指长屈肌
flexor m. of thumb, short 拇指短屈肌
flexor m. of toes, long 趾长屈肌
flexor m. of toes, short 趾短屈肌
flexor m. of wrist, radial 桡侧腕屈肌
flexor m. of wrist, ulnar 尺侧腕屈肌
Folius'm. 弗利厄斯氏肌;锤骨外侧韧带
frontal m. 额肌,枕额肌额腹
fusiform m. 梭肌,纺锤状肌

gastrocnemius m. 腓肠肌
gastrocnemius m. lateral 腓肠肌外侧头
gastrocnemius m., medial 腓肠肌内侧头
Gavard's m. 加瓦尔氏肌,胃壁斜行肌
gemellus m., inferior 下孖肌
gemellus m., superior 上孖肌
genioglossus m. 颏舌肌
geniohyoid m. 颏舌骨肌
glossopalatine m. 舌腭肌,腭舌肌
glosspharyngeal m. 舌咽肌,咽上缩肌舌咽部
gluteal m., least 臀小肌
gracilis m. 股薄肌
Guthrie's m. 加思里氏肌
hamstring m's 腿后肌群
Hilton's m. 希尔顿氏肌,杓会厌肌
Horner's m. 霍纳氏肌,睑板张肌,眼轮匝肌泪部
Houston's m 豪斯顿氏肌
hyoglossal m., hyoglossus m. 舌骨舌肌
m's of hyoid bone 舌骨肌群
hypaxial m's 轴下肌群
hypomeric m. 下胚节肌
iliac m. 肠骨肌,髂肌
iliococcygeal m. 髂尾肌
iliocostal m's 髂肋肌群
iliopsoas m. 髂腰肌
incisive m's of inferior lip 下唇门齿肌,下唇切齿肌
incisive m's of lower lip 下唇门齿肌,下唇切齿肌
incisive m's of superior lip 上唇门齿肌,上唇切齿肌
incisive m's of upper lip 上唇门齿肌,上唇切齿肌
infrahyoid m's 舌骨下肌群
infraspinous m. 冈下肌
inspiratory m's 吸气肌群
intercostal m's, external 肋间外肌
intercostal m's, innermost 肋间最内肌
intercostal m's, internal 肋间内肌
interfoveolar m. 凹间肌
interosseous m's, palmar 骨间掌侧肌
interosseous m's, plantar 骨间足底肌
interosseous m's, volar 骨间掌侧肌
interosseous m's of foot, dorsal 足骨间背侧肌
interosseous m's of hand, dorsal 手间背侧肌
interspinal m's 棘间肌
interspinal m's of loins 腰棘间肌
interspinal m's of neck 颈棘间肌
interspinal muscles of thorax 胸棘间肌
intertransverse m's 横突间肌
intertransverse m's, anterior 横突间前肌
intertransverse m's of neck, anterior. 颈横突间前肌
intertransverse m's of neck, posterior 颈横突间后肌
intertransverse m's of thorax 胸横突间肌
intraauricular m's 心房内肌,耳内肌
intraocular m's 眼内球
intrinsic m. 内部肌,内在肌
involuntary m. 不随意肌
iridic m's 虹膜肌
ischiocavernous m. 坐骨海绵体肌
Jarjavay's m. 雅氏肌,子宫骶骨韧带
Jung's m. 荣格氏肌,耳廓锥状肌
Koyter's m. 科伊透氏肌,皱眉肌
Landström's m. 兰斯特勒姆氏肌
Langer's m. 朗格氏肌
latissimus dorsi m. 背阔肌
levator m. of angle of mouth 口角提肌
levator ani m. 肛门提肌
levator m. of prostate 前列腺提肌
levator m's of ribs 肋提肌
levator m's of ribs, long 肋长提肌
levator m's of ribs, short 肋短提肌
levator m. of scapula 肩胛提肌
levator m. of thyroid gland 甲状腺提肌
levator m. of upper eyelid 提上睑肌
levator m. of upper lip 提上唇肌
levator m. of upper lip and ala of nose 提上唇鼻翼膜肌
levator m. of velum palatinum 腭帆提肌
lingual m's 舌肌
long m. of head 头长肌
long m. of neck 颈长肌
longissimus m. 最长肌
longissimus m. of back 背最长肌
longissimus m. of head 头最长肌
longissmus m. of neck 颈最长肌
longissimus m. of thorax 胸最长肌
longitudinal m. of tongue, inferior 舌下纵肌
longitudinal m. of tongue, superior 舌上

纵肌
lumbrical m's of foot 足蚓状肌
lumbrical m's of hand 手蚓状肌
masseter m. 嚼肌,咬肌
m's of mastication, masticatory m's 咀嚼肌,咬肌
Merkel's m. 美克耳氏肌,角环肌
mesothenar m. 拇收肌
Müller's m. 苗勒氏肌
multifidus m's 多裂肌
multipennate m. 多羽状肌,多羽肌
mylohyoid m. 下颌舌骨肌
mylopharyngeal m. 下颌咽肌
nasal m. 鼻肌
m's of neck 颈肌
nonstriated m. 无横纹肌
oblique m. of abdomen, external 腹外斜肌
oblique m. of abdomen, internal 腹内斜肌
oblique m. of auricle 耳廓斜肌
oblique m. of eyeball, inferior 眼下斜肌
oblique m. of eyeball, superior 眼上斜肌
oblique m. of head, inferior 头下斜肌
oblique m. of head, superior 头上斜肌
obturator m., external 闭孔外肌
obturator m. internal 闭孔内肌
occipital m. 枕肌
occipitofrontal m. 枕额肌
Ochsner's m. 奥克斯纳氏肌
ocular m's, oculorotatory m's 眼外肌
Oddi's m. 奥迪氏肌
omohyoid m. 肩胛舌骨肌
opposing m. of little finger 小指对掌肌
opposing m. of thumb 拇指对掌肌
orbicular m. 轮匝肌
orbicular m. of eye 眼轮匝肌
orbicular m. of mouth 口轮匝肌
orbital m. 眼眶肌
organic m. 器官肌,脏腑肌
m's of palate and fauces 腭肌和咽肌
palatine m's 腭肌群
palatoglossus m. 腭舌肌
palatopharyngeal m. 腭咽肌
palmar m., long 掌长肌
palmar m., short 掌短肌
papillary m's 乳头状肌
papillary m. of conus arteriosus 动脉管乳头肌

papillary m. of left ventricle, anterior 左心室前乳头肌
papillary m. of left ventricle, posterior 左心室后乳头肌
papillary m. of right ventricle, anterior 右心室前乳头肌
papillary m. of right ventricle, posterior 右心室后乳头肌
papillary m's of right ventricle, septal 右心室中隔乳头肌
pectinate m's 梳状群肌
petineal m. 耻骨肌
pectoral m., greater 胸大肌
pectoral m., smaller 胸小肌
m's of pelvic diaphragm 骨盆膈肌群
penniform m. 羽状肌
perineal m's, m's of perineum. 会阴肌群
peroneal m., long 腓骨长肌
peroneal m. short 腓骨短肌
peroneal m., third 第三腓骨肌
pharyngopalatine m. 咽腭肌
Phillips' m 菲利普氏肌
piriform m. 梨状肌
plantar m. 跖肌
platysma m. 颈阔肌
pleuroesophageal m. 胸膜食管肌
popliteal m. 腘肌
postaxial m. 轴后肌
preaxial m. 轴前肌
procerus m. 降眉间肌,纤肌
pronator m., quadrate 旋前方肌
pronator m. round 旋前圆肌
psoas m., greater 腰大肌
psoas m., smaller 腰小肌
pterygoid m., external 翼外肌
pterygoid m., internal 翼内肌
pterygoid m., lateral 翼外肌
pterygoid m., medial 翼内肌
pterygopharyngeal m. 翼咽肌
pubicoperitoneal m. 耻骨腹膜肌
pubococcygeal m. 耻骨尾骨肌
puboprostatic m. 耻骨前列腺肌
puborectal m. 耻骨直肠肌
pubovaginal m. 耻骨阴道肌
pubovesical m. 耻骨膀胱肌
pyloric sphincter m. 幽门括约肌
pyramidal m. 锥状肌

pyramidal m. of auricle 耳廓锥状肌
quadrate m. 方肌
quadrate m. of lower lip 下唇方肌,下唇降肌
quadrate m. of sole 跖方肌
quadrate m. of thigh 股方肌
quadrate m. of upper lip 上唇方肌
quadriceps m. of thigh 股四头肌
rectococcygeus m. 直肠尾骨肌
rectourethral m. 直肠尿道肌
rectouterine m. 直肠子宫肌
rectovesical m. 直肠膀胱肌
red m. 红肌
Reisseisen's m's 赖赛曾氏肌
rhomboid m., greater 大菱形肌
rhomboid m., lesser 小菱形肌
ribbon m's 带状肌,舌骨下肌
rider's m's 骑士肌,股内收肌
Riolan's m. 里奥郎氏肌:① 眼轮匝肌睑部的睑状肌束;② 睾提肌
risorius m. 笑肌
rotator m's 回旋肌
rotator m's, long 长回旋肌
rotator m's, short 短回旋肌
rotator m's of neck 颈回旋肌
rotator m's of thorax 胸回旋肌
Rouget's m. 鲁惹氏肌
Ruysch's m 鲁伊施氏肌
sacrococcygeal m, anterior 骶尾骨前肌,骶尾腹侧肌
sacrococcygeal m., dorsal 骶尾背侧肌
sacrococcygeal m., posterior 骶尾后肌,骶尾背侧肌
sacrococcygeal m., ventral 骶尾腹侧肌
sacrospinal m. 竖脊肌
salpingopharyngeal m. 咽鼓管咽肌
Santorini's m. 桑托里尼氏肌
Santorini's m's, circular 桑托里尼氏环状肌
sartorius m. 缝匠肌
scalene m., anterior 前斜角肌
scalene m. middle 中斜角肌
scalene m., posterior 后斜角肌
scalene m., smallest 小斜角肌
semimembranous m. 半膜肌
semispinal m. 半棘肌
semispinal m. of head 头半棘肌
semispinal m. of neck 颈半棘肌
semispinal m. of thorax 胸半棘肌
semitendinous m. 半腱肌
serratus m., anterior 前锯肌
serratus m., posterior, inferior 下后锯肌,尾背侧锯肌
serratus m., posterior, superior 上后锯肌,颅背侧锯肌
skeletal m's 骨骼肌
slow m. 震颤肌
smooth m. 平滑肌
soleus m. 比目鱼肌
somatic m's 躯体肌,骨骼肌
sphincter m. 括约肌
sphincter m. of anus, external 肛门外括约肌
sphincter m. of anus, internal 肛门内括约肌
sphincter m. of bile duct 胆道括约肌
sphincter m. of hepatopancreatic ampulla 肝胰壶腹括约肌
sphincter m. of membranous urethra 膜性尿道括约肌,尿道括约肌
sphincter m. of pupil 瞳孔括约肌
sphincter m. of pylorus 幽门括约肌
sphincter m. of urethra, sphincter urethrae. 尿道括约肌
sphincter m. of urinary bladder 膀胱括约肌
spinal m. 棘肌
splenius m. of head 头夹肌
splenius m. of neck 颈夹肌
stapedius m. 镫骨肌
sternal m. 胸骨肌
sternocleidomastoid m. 胸锁乳突肌
sternohyoid m. 胸骨舌骨肌
sternomastoid m. 胸骨乳突肌
sternothyroid m. 胸骨甲状肌
strap m's 带状肌群
striated m., striped m 横纹肌
styloglossus m. 茎突舌肌
stylohyoid m. 茎突舌骨肌
stylopharyngeus m. 茎突咽肌
subclavius m. 锁骨下肌
subcostal m's 肋下肌
suboccipital m's 枕下肌
subscapular m. 肩胛下肌
subvertebral m's 脊椎下肌
supinator m. 旋后肌

suprahyoid m's 舌骨上肌群
supraspinous m. 冈上肌，棘突上肌
suspensory m. of duodenum 十二指肠悬肌
synergic m's, synergistic m's 协同肌群
tarsal m., inferior 下睑板肌
tarsal m., superior 上睑板肌
temporal m., temporalis m. 颞肌
temporoparietal m. 颞顶肌
tensor m. of fascia lata 阔筋膜张肌
tensor m. of tympanic membrane, tensor m. of tympanum 鼓膜张肌
tensor m. of velum palatinum 腭帆张肌
teres major m. 大圆肌
teres minor m. 小圆肌
thenar m's 鱼际肌群
thyroarytenoid m. 甲杓肌
thyroepiglottic m. 甲状会厌肌
thyrohyoid m. 甲状舌骨肌
thyropharyngeal m. 甲咽肌
tibial m., anterior 胫骨前肌
tibial m., posterior 胫骨后肌
m's of tongue 舌部肌群
tracheal m. 气管肌
trachelomastoid m. 颈乳突肌，头最长肌
m. of tragus 耳屏肌
transverse m. of abdomen 腹横肌
transverse m. of auricle 耳廓横肌
transverse m. of chin 颏横肌
transverse m. of nape 项横肌
transverse m. of perineum, deep 会阴深横肌
transverse m, of perineum, superficial 会阴浅横肌
transverse m. of thorax 胸横肌
transverse m. of tongue 舌横肌
transversospinal m. 横突棘肌
trapezius m. 斜方肌
m. of Treitz 特赖茨氏肌，十二指肠提肌
triangular m. 三角肌
triceps m. of arm 肱三头肌
triceps m. of calf 小腿三头肌
trigonal m. 三角肌
unipennate m. 半羽状肌
unstriated m. 无横纹肌
m's of urogenital diaphragm 尿生殖膈肌
m. of uvula 腭垂肌，悬壅垂肌
vertical m. of tongue 舌垂直肌

vestigial m. 残剩肌，遗迹肌
visceral m. 脏腑肌
vocal m. 声带肌
voluntary m. 随意肌
white m. 白肌
Wilson's m. 威尔逊氏肌，尿道括约肌
yoked m's 共轭肌，协同肌
zygomatic m., zygomatic m., greater 颧大肌
zygomatic m., lesser 颧小肌

muscle phosphofructokinase ['mʌsl ˌfɔs-fəˌfruktə'kaineis] 肌磷酸果糖化酶
muscle phosphorylase ['mʌsl fɔs'fɔrəleis] 肌磷酸化酶
musculamine [ˌmʌskju'læmin] 牍肌胺
muscular ['mʌskjulə] (L. *muscularis*) ❶ 肌的； ❷ 肌肉发达的
muscularis [ˌmʌskju'læris] (L.) 肌的,肌层的
　m. mucosae 粘膜肌层
muscularity [ˌmʌskju'læriti] 肌肉发达
muscularize ['mʌskjuləraiz] 肌化，肌肉组织化
musculature ['mʌskjulətʃə] 肌肉系统，肌活动
musculi ['mʌskjulai] (L.) 肌。*musculus*的所有格和复数形式
　musculi abdominis (NA) 腹部肌群
　m. abductor digiti minimi manus (NA) 小趾展肌
　m. abductor digiti minimi pedis (NA) 小指外展肌
　m. abductor digiti quinti manus 小指外展肌
　m. abductor digiti quinti pedis 小趾外展肌
　m. abductor hallucis (NA) 踇展肌
　m. abductor pollicis brevis (NA) 拇短展肌
　m. abductor pollicis longus (NA) 拇长展肌
　m. adductor brevis (NA) 短收肌
　m. adductor hallucis (NA) 踇内收肌（二头）
　m. adductor longus (NA) 长收肌
　m. adductor magnus (NA) 大收肌（两部分）
　m. adductor minimus (NA) 小内收肌

m. adductor pollicis (NA) 拇收肌(二头)
m. anconeus (NA) 肘(后)肌
m. antitragicus (NA) 对耳屏肌
musculi arrectores pilorum (NA) 立毛肌,竖毛肌
m. articularis (NA) 关节肌
m. articularis cubiti (NA) 肘关节肌
m. articularis genu 膝关节肌
m. articularis genus (NA) 膝关节肌
m. aryepiglotticus 杓会厌肌
m. arytenoideus obliquus (NA) 杓斜肌
m. arytenoideus transversus (NA) 杓横肌
m. auricularis anterior (NA) 耳前肌,耳颞肌
m. auricularis posterior (NA) 耳后肌
m. auricularis superior (NA) 耳上肌
musculi auriculariii (NA) 耳部肌群
m. biceps brachii (NA) 肱二头肌
m. biceps femoris (NA) 股二头肌
m. bipennatus (NA) 羽状肌,二羽肌
m. brachialis (NA) 肱肌
m. brachioradialis (NA) 肱桡肌
m. broncho-oesophageus (NA) 支气管食管肌
m. buccinator (NA) 颊肌
m. buccopharyngeus 颊咽肌
musculi bulbi (NA) 眼球肌,眼外肌
m. bulbocavernosus 球海绵体肌
m. bulbospongiosus (NA) 球海绵体肌
m. caninus 犬齿肌,提口角肌
musculi capitis (NA) 头部肌群
m. ceratocricoideus (NA) 角环肌
m. ceratopharyngeus 角咽肌
musculi cervicis (NA) 颈部肌群
m. chondroglossus (NA) 小角舌肌
m. chondropharyngeus 小角咽肌
m. ciliaris (NA) 睫状肌
musculi coccygei 尾部肌群
m. coccygeus (NA) 尾骨肌
musculi colli (NA) 颈部肌群
m. compressor naris 压鼻肌,鼻横肌
m. constrictor pharyngis inferior (NA) 咽下缩肌
m. constrictor pharyngis medius (NA) 咽中缩肌
m. constrictor pharyngis superior (NA) 咽上缩肌
m. coracobrachialis (NA) 喙肱肌
m. corrugator supercilii (NA) 皱眉肌
m. cremaster (NA) 睾提肌
m. crico-arytenoideus lateralis (NA) 环杓侧肌
m. crico-arytenoideus posterior (NA) 环杓后肌
m. cricopharyngeus 环咽肌,咽下缩肌环咽部
m. cricothyreoideus 环甲肌
m. cricothyroideus (NA) 环甲肌
m. cruciatus (NA) 十字肌
m. cutaneus (NA) 皮肌
m. dartos (NA) ①肉膜肌;② 肉膜
m. deltoideus (NA) 三角肌
m. depressor anguli oris (NA) 降口角肌,三角肌
m. depressor labii inferioris (NA) 降下唇肌
m. depressor septi nasi (NA) 降鼻中隔肌
m. depressor supercilii (NA) 降眉肌
m. detrusor vesicae (NA) 膀胱逼尿肌,逼尿肌
musculi diaphragmatis pelvis 盆膈肌群
musculi diaphragmatis urogenitalis 泌尿生殖膈肌群
m. digastricus (NA) 二腹肌
m. dilator (NA) 开大肌,扩张肌
m. dilator naris 鼻孔开大肌,鼻翼肌
m. dilator pupillae (NA) 瞳孔开大肌
musculi dorsi (NA) 背部肌群
m. epicranius (NA) 颅顶肌
m. epitrochleoanconaeus 滑车上肘肌
m. erector spinae (NA) 骶棘肌,立棘肌,竖棘肌
m. extensor carpi radialis brevis (NA) 桡侧腕短伸肌
m. extensor carpi radialis longus (NA) 桡骨侧腕长伸肌
m. extensor carpi ulnaris (NA) 尺侧腕伸肌
m. extensor digiti minimi (NA) 小指伸肌
m. extensor digiti quinti proprius 小指固有伸肌
m. extensor digitorum (NA) 指总伸肌

- m. extensor digitorum brevis（NA）趾短伸肌
- m. extensor digitorum communis 指总伸肌
- m. extensor digitorum longus（NA）趾长伸肌
- m. extensor hallucis brevis（NA）踇短伸肌
- m. extensor hallucis longus（NA）踇长伸肌
- m. extensor indicis（NA）食指伸肌,示指伸肌
- m. extensor indicis proprius 食指固有伸肌
- m. extensor pollicis brevis（NA）拇短伸肌
- m. extensor pollicis longus（NA）拇长伸肌
- musculi extremitatis inferioris 下肢肌群
- musculi extremitatis superioris 上肢肌群
- musculi faciales（NA）面部肌群
- m. fibularis brevis 腓骨短肌
- m. fibularis longus 腓骨长肌
- m. fibularis tertius 第三腓骨肌
- m. fixator baseos stapedis 镫底固定肌
- m. flexor accessorius 副屈肌
- m. flexor carpi radialis（NA）桡侧腕屈肌
- m. flexor carpi ulnaris（NA）尺侧腕屈肌(二头)
- m. flexor digiti minimi brevis manus（NA）小指短屈肌
- m. flexor digiti minimi brevis pedis（NA）小趾短屈肌
- m. flexor digiti quinti brevis manus 小指短屈肌
- m. flexor digiti quinti brevis pedis 小趾短屈肌
- m. flexor digitorum brevis（NA）趾短屈肌
- m. flexor digitorum longus（NA）趾长屈肌
- m. flexor digitorum profundus（NA）指深屈肌
- m. flexor digitorum sublimis 指浅屈肌
- m. flexor digitorum superficialis（NA）指浅屈肌(二头)
- m. flexor hallucis brevis（NA）踇短屈肌
- m. flexor hallucis longus（NA）踇长屈肌
- m. flexor pollicis brevis（NA）拇短屈肌
- m. flexor pollicis longus（NA）拇长屈肌
- m. frontalis 额肌,枕额肌额腹
- m. fusiformis（NA）梭状肌
- m. gastrocnemius（NA）腓肠肌(二头)
- m. gemellus inferior（NA）下孖肌
- m. gemellus superior（NA）上孖肌
- m. genioglossus（NA）颏舌肌
- m. geniohyoideus（NA）颏舌骨肌
- m. glossopalatinus 腭舌肌
- m. glossopharyngeus 舌咽肌
- m. gluteus maximus（NA）臀大肌
- m. gluteus medius（NA）臀中肌
- m. gluteus minimus（NA）臀小肌
- m. gracilis（NA）股薄肌
- m. helicis major（NA）耳轮大肌
- m. helicis minor（NA）耳轮小肌
- m. hyoglossus（NA）舌骨舌肌
- m. iliacus（NA）髂肌
- m. iliococcygeus（NA）髂尾肌
- m. iliocostalis（NA）髂肋肌
- m. iliocostalis cervicis（NA）颈髂肋肌
- m. iliocostalis dorsi 胸髂肋肌
- m. iliocostalis lumborum（NA）腰髂肋肌
- m. iliocostalis thoracis（NA）胸髂肋肌
- m. iliopsoas（NA）髂腰肌
- musculi incisivi labii inferioris 下唇门齿肌,下唇切齿肌
- musculi incisivi labii superioris 上唇门齿肌,上唇切齿肌
- m. incisurae helicis（NA）耳轮切迹肌
- m. insurae helicis（Santorini）圣托利尼氏耳轮切迹肌
- mumusculi infrahyoidei（NA）舌骨下肌
- m. infraspinatus（NA）棘下肌,冈下肌
- musculi intercostales externi（NA）肋间外肌
- musculi intercostales interni（NA）肋间内肌
- musculi intercostales intimi（NA）肋骨间最内肌
- musculi interossei dorsales manus（NA）手骨间背侧肌
- musculi interossei dorsales pedis（NA）足

骨间背侧肌
musculi interossei palmares (NA) 骨间掌侧肌
musculi interossei plantares (NA) 骨间跖侧肌
musculi interossei volares 骨间掌侧肌
musculi interspinales (NA) 棘间肌
musculi interspinales cervicis (NA) 颈棘间肌
musculi interspinales lumborum (NA) 腰棘间肌
musculi interspinales thoracis (NA) 胸棘间肌
musculi intertransversarii (NA) 横突间肌
musculi intertransversarii anteriores 颈突间前肌
musculi intertransversarii anteriores cervicis (NA) 颈横突间肌
musculi intertransversarii laterales 腰横突间外侧肌
musculi intertransversarii laterales lumborum (NA) 腰横突间外侧肌
musculi intertransversarii mediales 横突间内侧肌
musculi intertransversarii mediales lumborum (NA) 腰横突间内侧肌
musculi intertransversarii posteriores 横突间后肌
musculi intertransversarii posteriores cervicis (NA) 颈横突间后肌
musculi intertransversarii thoracis (NA) 胸横突间肌
m. ischiocavernosus (NA) 坐骨海绵体肌
musculi laryngis (NA) 喉部肌群
m. latissimus dorsi (NA) 背阔肌
m. levator anguli oris (NA) 口角提肌,犬齿肌
m. levator ani (NA) 肛提肌
musculi levatores costarum (NA) 肋提肌
musculi levatores costarum brevis (NA) 肋短提肌
musculi levatores costarum longi (NA) 肋长提肌
m. levator glandulae thyreoideae 提甲状腺肌
m. levator glandulae thyreoideae (NA) 提甲状腺肌,异常肌
m. levator labii superioris (NA) 提上唇肌
m. levator labii superioris alaeque nasi (NA) 提上唇鼻翼肌
m. levator palpebrae superioris (NA) 提上睑肌
m. levator prostatae (NA) 前列腺提肌
m. levator scapulae (NA) 肩胛提肌
m. levator veli palatini (NA) 腭帆提肌
musculi linguae 舌部肌群
musculi linguales 舌部肌群
m. longissimus (NA) 最长肌
m. longissimus capitis (NA) 头最长肌
m. longissimus cervicis (NA) 颈最长肌
m. longissimus dorsi 背最长肌,胸最长肌
m. longissimus thoracis (NA) 胸最长肌
m. longitudinalis inferior linguae (NA) 舌下纵肌
m. longitudinalis superior linguae (NA) 舌上纵肌
m. longus capitis (NA) 头长肌
m. longus colli (NA) 颈长肌
musculi lumbricales manus (NA) 手蚓状肌
musculi lumbricales pedis (NA) 足蚓状肌
m. masseter (NA) 咬肌
musculi masticatorii (NA) 咀嚼肌,咬肌
musculi membri inferioris (NA) 下肢肌群
musculi membri superioris (NA) 上肢肌群
m. mentalis (NA) 颏肌
musculi multifidi (NA) 多裂肌
m. multipennatus (NA) 多羽状肌
m. mylohyoideus (NA) 下颌舌骨肌
m. mylopharyngeus 下颌咽肌,咽上缩肌下颌咽部
m. nasalis (NA) 鼻肌
m. obliquus auriculae, m. obliquus auricularis (NA) 耳斜肌
m. obiquus capitis inferior (NA) 头下斜肌
m. obliquus capitis superior (NA) 头上斜肌
m. obliquus externus abdominis (NA)

腹外斜肌
m. obliquus inferior bulbi (NA) 眼下斜肌
m. obliquus inferior oculi 眼下斜肌
m. obliquus internus abdominis (NA) 腹内斜肌
m. obliquus superior bulbi (NA) 眼上斜肌
m. obliquus superior oculi 眼上斜肌
m. obturator externus 闭孔外肌
m. obturator internus 闭孔内肌
m. obturatorius externus (NA) 闭孔外肌
m. obturatorius internus (NA) 闭孔内肌
m. occipitalis 枕肌,枕额肌枕腹
m. occipitofrontalis (NA) 枕额肌,颅顶肌
musculi oculi 眼肌,眼球肌
m. omohyoideus (NA) 肩胛舌骨肌
m. opponens digiti minimi (NA) 小指对掌肌
m. opponens digiti quinti manus 小指对掌肌
m. opponens pollicis (NA) 拇指对掌肌
m. orbicularis (NA) 轮匝肌
m. orbicularis oculi (NA) 眼轮匝肌
m. orbicularis oris (NA) 口轮匝肌
m. orbitalis (NA) 眼眶肌
musculi ossiculorum auditoriorum (NA) 听骨肌
musculi ossis hyoidei 舌骨肌
musculi palati (NA) 腭肌
musculi palati et faucium (NA) 腭肌及咽门肌群
m. palatoglossus (NA) 腭舌肌
m. palatopharyngeus (NA) 腭咽肌
m. palmaris brevis (NA) 掌短肌
m. palmaris longus (NA) 掌长肌
musculi papillares (NA) 乳头状肌
m. papillaris anterior ventriculi dextri (NA) 右心室前乳头肌
m. papillaris anterior ventriculi sinistri (NA) 左心室前乳头肌
m. papillaris posterior ventriculi dextri (NA) 右心室后乳头肌
m. papillaris posterior ventriculi sinistri (NA) 左心室后乳头肌

musculi pectinati (NA) 梳状肌
m. pectineus (NA) 会阴肌
m. pectoralis major (NA) 胸大肌
m. pectoralis minor (NA) 胸小肌
musculi perineales 会阴肌
musculi perinei (NA) 会阴肌
m. peroneus brevis (NA) 腓骨短肌
m. peroneus longus (NA) 腓骨长肌
m. peroneus tertius (NA) 第三腓骨肌
m. pharyngopalatinus 腭咽肌
m. piriformis (NA) 梨状肌
m. plantaris (NA) 跖肌
m. pleuro-oesophageus (NA) 胸膜食管肌
m. popliteus (NA) 腘肌
m. procerus (NA) 眉间降肌
m. pronator quadratus (NA) 旋前方肌
m. pronator teres (NA) 旋前圆肌(二头)
m. prostaticus 前列腺肌,前列腺肌质
m. psoas major (NA) 腰大肌
m. psoas minor (NA) 腰小肌
m. pterygoideus externus 翼外肌
m. pterygoideus internus 翼内肌
m. pterygoideus lateralis (NA) 翼外肌(二头)
m. pterygoideus medialis (NA) 翼内肌
m. pterygopharyngeus 翼咽肌
m. pubococcygeus (NA) 耻尾肌,耻骨尾骨肌
m. puboprostaticus (NA) 耻骨前列腺肌
m. puborectalis (NA) 耻骨直肠肌
m. pubovaginalis (NA) 耻骨阴道肌
m. pubovesicalis (NA) 耻骨膀胱肌
m. pyramidalis (NA) 锥状肌
m. pyramidalis auriculae, m. pyramidalis auricularis (NA) 耳廓锥状肌
m. quadratus (NA) 方肌
m. quadratus femoris (NA) 股方肌
m. quadraus labii inferioris 下唇方肌,降下唇肌
m. quadratus labii superioris 上唇方肌,降上唇肌
m. quadratus lumborum (NA) 腰方肌
m. quadratus plantae (NA) 足底方肌,跖方肌
m. quadriceps femoris (NA) 股四头肌
m. rectococcygeus (NA) 直肠尾骨肌

m. recto-urethralis (NA) 直肠尿道肌
m. recto-uterinus (NA) 直肠子宫肌
m. rectovesicalis (NA) 直肠膀胱肌
m. rectus abdominis (NA) 腹直肌
m. rectus capitis anterior (NA) 头前直肌
m. rectus capitis lateralis (NA) 头外侧直肌
m. rectus capitis posterior major (NA) 头后大直肌
m. rectus capitis posterior minor (NA) 头后小直肌
m. rectus femoris (NA) 股直肌
m. rectus inferior bulbi (NA) 眼下直肌
m. rectus inferior oculi 眼下直肌
m. rectus lateralis bulbi (NA) 眼外直肌
m. rectus lateralis oculi (NA) 眼外直肌
m. rectus medialis bulbi (NA) 眼内直肌
m. rectus medialis oculi 眼内直肌
m. rectus superior bulbi (NA) 眼上直肌
m. rectus superior oculi 眼上直肌
m. rhomboideus major (NA) 大菱形肌
m. rhomboideus minor (NA) 小菱形肌
m. risorius (NA) 笑肌
musculi rotatores (NA) 回旋肌
musculi rotatores breves 短回旋肌
musculi rotatores cervicis (NA) 颈回旋肌
musculi rotatores longi 长回旋肌
musculi rotatores lumborum (NA) 腰回旋肌
musculi rotatores thoracis (NA) 胸回旋肌
m. sacrococcygeus anterior 骶尾前肌,骶尾腹侧肌
m. sacrococcygeus dorsalis 骶尾后肌
m. sacrococcygeus posterior 骶棘肌,竖脊肌
m. sacrococcygeus ventralis 骶尾腹侧肌
m. sacrospinalis 骶棘肌,竖脊肌
m. salpingopharyngeus (NA) 耳咽管咽肌
m. sartorius (NA) 缝匠肌
m. scalenus anterior (NA) 前斜角肌
m. scalenus medius (NA) 中斜角肌
m. scalenus minimus (NA) 小斜角肌
m. scalenus posterior (NA) 后斜角肌
m. semimembranosus (NA) 半膜肌

m. semispinalis (NA) 半棘肌
m. semispinalis capitis (NA) 头半棘肌
m. semispinalis cervicis (NA) 颈半棘肌
m. semispinalis dorsi 背半棘肌,胸半棘肌
m. semispinalis thoracis (NA) 胸半棘肌
m. semitendinosus (NA) 半腱肌
m. serratus anterior (NA) 前锯肌
m. serratus posterior inferior (NA) 下后锯肌
m. serratus posterior superior (NA) 上后锯肌
m. musculi skeleti (NA) 骨骼肌
m. soleus (NA) 比目鱼肌
m. sphincter (NA) 括约肌,环状肌
m. sphincter ampullae hepatopancreaticae (NA) 肝胰壶腹括约肌
m. sphincter ani externus (NA) 肛门外括约肌
m. sphincter ani internus (NA) 肛门内括约肌
m. sphincter ductus choledochi (NA) 总胆管括约肌
m. sphincter pupillae (NA) 瞳孔括约肌
m. sphincter pylori 幽门括约肌
m. sphincter pyloricus (NA) 幽门括约肌
m. sphincter urethrae (NA) 尿道括约肌
m. sphincter urethrae membranaceae 尿道膜部括约肌
m. sphincter vesicae urinariae 膀胱括约肌
m. spinalis (NA) 棘肌,骶骨肌
m. spinalis capitis (NA) 头棘肌
m. spinalis cervicis (NA) 颈棘肌
m. spinalis dorsi 背棘肌,胸棘肌
m. spinalis thoracis (NA) 胸棘肌
m. splenius capitis (NA) 头夹肌
m. splenius cervicis (NA) 颈棘肌
m. stapedius (NA) 镫骨肌
m. sternalis (NA) 胸骨肌
m. sternocleidomastoideus (NA) 胸锁乳突肌
m. sternohyoideus (NA) 胸骨舌骨肌
m. sternothyreoideus 胸骨甲状肌
m. sternothyroideus (NA) 胸骨甲状肌
m. styloglossus (NA) 茎突舌肌

m. stylohyoideus (NA) 茎突舌骨肌
m. styolpharyngeus (NA) 茎突咽肌
m. subclavius (NA) 锁骨下肌
musculi subcostales (NA) 肋骨下肌
musculi suboccipitales (NA) 枕下肌
m. subscapularis (NA) 肩胛下肌
m. supinator (NA) 旋后肌
musculi suprahyoidei (NA) 舌骨上肌
m. supraspinatus (NA) 冈上肌
m. suspensorius duodeni (NA) 十二指肠悬肌
m. tarsalis inferior (NA) 下睑板肌
m. tarsalis superior (NA) 上睑板肌
m. temporalis (NA) 颞肌
m. temporoparietalis (NA) 颞顶肌
m. tensor fasciae latae (NA) 阔筋膜张肌
m. tensor tympani (NA) 鼓膜张肌
m. tensor veli palatini (NA) 腭帆张肌
m. teres major (NA) 大圆肌
m. teres minor (NA) 小圆肌
musculi thoracis (NA) 胸部诸肌,胸肌群
m. thyreohyoideus 甲舌骨肌
m. thyreopharyngeus 咽下缩肌甲咽部,甲咽肌
m. thyro-arytenoideus (NA) 甲杓肌
m. thyro-epiglotticus (NA) 甲会厌肌
m. thyrohyoideus (NA) 甲状舌骨肌
m. tibialis anterior (NA) 胫骨前肌
m. tibialis posterior (NA) 胫骨后肌
m. trachealis (NA) 气管肌
m. tragicus (NA) 耳屏肌
m. transversospinalis (NA) 横突棘肌
m. transversus abdominis (NA) 腹横肌
m. transversus auriculae, m. transversus auricularis (NA) 耳廓横肌
m. transversus linguae (NA) 舌横肌
m. transversus menti (NA) 颏横肌
m. transversus nuchae (NA) 项横肌
m. transversus perinei profundus (NA) 会阴深横肌
m. transversus perinei superficialis (NA) 会阴浅横肌
m. transversus thoracis (NA) 胸横肌
m. trapezius (NA) 斜方肌
m. triangularis (NA) 三角肌
m. triceps brachii (NA) 肱三头肌
m. triceps surae (NA) 小腿三角肌

m. unipennatus (NA) 半羽肌
m. uvulae (NA) 悬雍垂肌
m. vastus intermedius (NA) 股中间肌
m. vastus lateralis (NA) 股外侧肌
m. vastus medialis (NA) 股内侧肌
m. ventricularis (喉)室肌
m. verticalis linguae (NA) 舌垂直肌
m. viscerum 脏腑肌,内脏肌
m. vocalis (NA) 声带肌
m. zygomaticus 颧大肌
m. zygomaticus major (NA) 颧大肌
m. zygomaticus minor (NA) 颧小肌
musculoaponeurotic [ˌmʌskjuləˌæpənju-ˈrɔtik] 肌腱膜的, 肌及其腱膜的
musculocutaneous [ˌmʌskjuləkjuˈteiniəs] 肌皮的,肌皮性的
musculodermic [ˌmʌskjuləˈdəːmik] 肌皮的
musculoelastic [ˌmʌskjuləiˈlæstik] 肌弹性组织的
musculointestinal [ˌmʌskjuəinˈtestinəl] 肌肠的,肌与肠的
musculomembranous [ˌmʌskjuləˈmembrənəs] (L. musculus muscle + membrana membrane) 肌性,膜性的
Musculomyces [ˌmʌskjuləˈmaisiːz] 肌霉菌属
musculophrenic [ˌmʌskjuləˈfriːnik] (muscular + phrenic) 肌膈的
musculoskeletal [ˌmʌskjuləˈskelitəl] 肌与骨骼的
musculospiral [ˌmʌskjuləˈspaiərəl] (L. musculus muscle + spira coil) 肌螺旋的
musculotendinous [ˌmʌskjuləˈtendinəs] 肌腱的
musculus [ˈmʌskjuləs] (gen., pl. musculi) (L., dim. of mus mouse, because of a fancied resemblance to a mouse of a muscle moving under the skin) (NA) 肌
mushroom [ˈmʌʃrum] 蕈, 蘑菇
musicogenic [ˌmjuzikəuˈdʒenik] 音乐性的
musk [mʌsk] 麝香
musophobia [ˌmʌsəuˈfəubiə] 音乐恐怖
Musset's sign [mjuːˈseiz] (Lousis Charles Alfred de Musset, French poet, 1810-1857, who died of aortic insufficiency。) 缪塞氏征(头节律性跳动)
Mussey 谬塞

mussitation [ˌmʌsi'teiʃən] (L. *mussitare* to mutter) 无声嗫语

Mustard operation ['mʌstəd] (William Thornton *Mustard*, Canadian surgeon, born 1914) 马斯达德氏手术

mustard ['mʌstəd] (L. *sinapis*) ❶ 芥属植物；❷ 芥子
  black m. 黑芥
  brown m. 黑芥
  nitrogen m. 盐酸氮芥
  nitrogen m's 氮芥
  L-phenylalanine m. 左旋苯丙氮酸氮芥，左旋溶肉瘤素
  uracil m. (USP)尿嘧啶芥
  white m. 白芥
  yellow m. 白芥

Mustargen ['mʌstədʒen] 芥原：盐酸氮芥 (mechlorethamine hydrochloride) 制剂的商品名

mutacism ['mjuːtəsizəm] ❶ 哑音字母不正确发音；❷ M 音滥用

mutagen ['mjuːtədʒen] (*mutation* + *genesis*) 突变原

mutagenesis [ˌmjuːtə'dʒenisis] (*mutation* + *genesis*) ❶ 引发突变；❷ 诱变
  site-directed m. 位点诱变

mutagenic [ˌmjuːtə'dʒenik] ❶ 诱变的；❷ 引起遗传突变的

mutagenicity [ˌmjuːtədʒi'nisiti] 诱变性

Mutamycin [ˌmjuːtə'maisin] 丝裂霉素：丝裂霉素制剂的商品名

mutant ['mjuːtənt] (L. *mutare* to change) ❶ 突变体；❷ 突变型

mutarotase [ˌmjuːtə'rəuteis] 变旋酶

mutarotation [ˌmjuːtərəu'teiʃən] 变旋(作用)

mutase ['mjuːteis] (EC 5.4) 变位酶

mutation [mjuː'teiʃən] (L. *mutatio*, from *mutare* to change) ❶ 变异，转变；❷ 突变
  allelic m's 等位基因性突变
  amber m. 琥珀突变，无义突变
  auxotrophic m. 营养缺陷性突变
  biochemical m. 生化(性)突变，营养性突变
  chromosomal m. 染色体(性)突变
  clear plaque m. 透明斑突变
  cold-sensitive m. 冷敏感突变
  conditional m. 条件性突变
  conditional lethal m. 条件致死性突变
  constitutive m. 组成突变
  forward m. 正向突变
  frameshift m. 移码突变
  genomic m. 染色体组突变
  germinal m. 生殖细胞突变
  homoeotic m. 同源异形突变
  induced m. 诱导突变
  lethal m. 致死性突变
  missense m. 错义突变
  natural m. 自然突变
  nonsense m. 无意义突变
  nutritional m. 营养性突变
  ochre m. 赭石突变型
  opal m. 空白突变型
  point m. 点突变
  reading frameshift m. 移码突变
  reverse m. 回复突变
  silent m. 沉默突变
  somatic m. 体细胞突变
  spontaneous m's 自发突变
  suppressor m. 抑制基因突变
  temperature-sensitive (t-s) m. 温度敏感性突变
  umber m. 赭土型突变
  visible m. 可见突变

mutational [mjuː'teiʃənəl] 突变的

mute [mjuːt] (L. *mutus*) ❶ 哑的；❷ 哑人

mutein ['mjuːtiːn] (from *mu*tant-pro*tein*) 突变蛋白质

mutilation [ˌmjuːti'leiʃən] (L. *mutilatio*) 残毁，残缺

Mutisia [mjuː'tiziə] 寻菊木属
  M. viciaefolia, 巢菜叶寻菊木

mutism ['mjuːtizəm] (L. *mutus* unable to speak, inarticulate) ❶ 哑症；❷ 缄默症
  akinetic m. 无动性缄默
  deaf m. 聋哑症
  elective m. (DSM-Ⅲ-R)选择性缄默症

mutualism ['mjuːtjuəlizəm] 共生，共栖

mutualist ['mjuːtjuəlist] 共生生物，共栖生物

muzolimine [mjuː'zɔlimiːn] 木唑利敏

MV (L. *Medicus Veterinarius* 的缩写) 兽医

mV (*millivolt* 的符号) 毫伏(特)

μV (microvolt 的符号) 微伏(特)
M-VAC M-VAC 方案
MVP (mitral valve prolapse 的缩写) 二尖瓣脱出
MW (molecular weight 的缩写) 分子重
μW (microwatt 的符号) 微瓦特
Mx (Medex 的缩写) 军医招募方案
My (myopia 的缩写) 近视
my (mayer 的缩写) 迈尔:热容单位
myalgia [mai'ældʒiə] (my- + algia) 肌痛
  m. abdominis 腹肌痛
  m. capitis 头肌瘤,头痛
  m. cervicalis 颈肌痛,斜颈,捩颈
  epidemic m. 流行性肌痛
  lumbar m. 腰痛
Myambutol [mai'æmbjutɔl] 米安布妥:盐酸乙胺丁醇制剂的商品名
Myanesin [mai'ænisin] 美安生:甲苯丙醇制剂的商品名
myasis [mai'eisis] 蝇蛆病
myasthenia [ˌmaiəs'θi:niə] (my- + Gr. astheneia weakness) 肌无力,肌构成异常
  angiosclerotic m. 血管硬化性肌无力,间歇性跛行
  familial infantile m. gravis 家族性婴儿重症肌无力
  m. gastrica 胃肌无力
  m. gravis, m. gravis pseudoparalytica 重症肌无力,假麻痹性重症肌无力
  m. laryngis 喉肌无力
  neonatal m. 新生儿肌无力
myasthenic [ˌmaiəs'θenik] 肌无力的
myatonia [ˌmaiə'təuniə] (my- + a neg. + Gr. tonos tension) 肌迟缓,肌张力缺乏
myatony [mai'ætəuni] 肌弛缓,肌张力缺乏
myatrophy [mai'ætrəfi] (my- + atrophy) 肌萎缩
Mycelex ['maisəleks] 克霉唑,抗真菌Ⅰ号:氯三苯甲咪唑制剂的商品名
mycelial [mai'si:liəl] 菌丝的
mycelian [mai'si:liən] 菌丝体的
mycelioid [mai'si:liɔid] 菌丝状的
mycelium [mai'si:liəm] (pl. mycelia) (myc- + Gr. hēlos nail) 菌丝体
mycete ['maisi:t] (Gr. mykēs fungus) 霉菌,真菌

mycethemia [ˌmaisi'θi:miə] (myceto- + Gr. haima blood + -ia) 霉菌血症
mycetism ['maisitizəm] 蕈中毒
mycetismus [ˌmaisi'tizməs] 蕈中毒
  m. cerebris 脑型蕈中毒
  m. choleriformis 条蕈中毒
  m. gastrointestinalis 胃肠型蕈中毒
  m. nervosus 神经型蕈中毒
  m. sanguinarius 溶血性蕈中毒
mycet(o)- 毒菌的
mycetogenic [ˌmaiˌsi:təu-'dʒenik] (myceto- + Gr. gennan to produce) 真菌所致的,真菌原的
mycetogenous [ˌmaisi'tɔdʒinəs] (myceto- + Gr. gennan to produce) 真菌所致的,真菌原的
mycetoma [ˌmaisi'təumə] (myceto- + -oma) 足分支菌病,足肿病
  actinomycotic m. 放线菌性足分支菌病
  eumycotic m. 真菌性足分支菌病
Mycetozoa [maiˌsi:təu'zəuə] (myceto- + Gr. zōon animal) 粘菌虫类
Mycetozoida [ˌmaisi:təu'zɔidə] (myceto- + Gr. zōon animal) 粘菌虫类
mycid ['maisid] 霉菌疹,皮真菌疹
Mycifradin [mai'sifrədin] 米西弗罗丁:硫酸新霉素制剂的商品名
Myciguent ['maisigwint] 米格温特:硫酸新霉素制剂的商品名
Myco (Mycobacterium 的缩写) 分支杆菌属
myc(o)- (Gr. mykēs, gen. mykētos fungus) 真菌
myco-agglutinin [ˌmaikəuæ'glutinin] 霉菌凝集素
mycobacillin [ˌmaikəubə'silin] 分支杆菌素
mycobacteria [ˌmaikəubæk'tiəriə] 分支杆菌
Mycobacteriaceae [ˌmaikəubæk ˌtiəri'eisii:] 分支杆菌科
mycobacteriosis [ˌmaikəubækˌtiəri'əusis] 分支杆菌病
Mycobacterium [ˌmaikəubæk'tiəriəm] (myco- + Gr. baktērion little rod) 分支杆菌属
  M. abscessus 脓肿分支杆菌,龟分支杆菌
  M. africanum 非洲分支杆菌
  M. aquae 水分支杆菌,戈氏分支杆菌

M. avium-intracellulare 鸟胞内分支杆菌
M. balnei 巴氏分支杆菌
M. borstelense 包斯太洛分支杆菌,龟分支杆菌
M. bovis 牛分支杆菌
M. brunense 布兰分支杆菌,鸟胞内分支杆菌
M. buruli 溃疡分支杆菌
M. chelonei 龟分支杆菌
M. flavescens 转黄分支杆菌
M. fortuitum 偶发分支杆菌
M. gastri 胃分支杆菌
M. giae 偶发分支杆菌
M. gordonae 戈氏分支杆菌
M. habana 猿分支杆菌
M. haemophilum 嗜血分支杆菌
M. intracellulare 胞内分支杆菌
M. kansasii 堪萨斯分支杆菌
M. leprae 麻风分支杆菌
M. lepraemurium 鼠麻风分支杆菌
M. littorale 蟾分支杆菌
M. luciflavum 堪萨斯分支杆菌
M. malmoense 莫尔墨埃斯分支杆菌
M. marianum 瘰疬分支杆菌
M. marinum 海分支杆菌
M. microti 田鼠分支杆菌
M. minetti 偶发分支杆菌
M. moelleri 草分支杆菌
M. nonchromogenicum 无色分支杆菌
M. paraffinicum 石蜡分支杆菌,瘰疬分支杆菌
M. paratuberculosis 副结核分支杆菌
M. phlei 草分支杆菌
M. platypoecilus 海分支杆菌
M. ranae 蛙分支杆菌,偶发分支杆菌
M. scrofulaceum 瘰疬分支杆菌
M. simiae 猿分支杆菌
M. smegmatis 耻垢分支杆菌
M. terrae 土分支杆菌
M. triviale 次要分支杆菌
M. tuberculosis 结核分支杆菌
M. tuberculosis var. avium 鸟结核分支杆菌,鸟结核杆菌,鸟胞内分支杆菌
M. tuberculosis var. bovis 牛(型)结核分支杆菌,牛分支杆菌
M. tuberculosis var. hominis 结核分支杆菌
M. tuberculosis var. muris 田鼠分支杆菌
M. ulcerans 溃疡分支杆菌
M. vaccae 牛分支杆菌
M. xenopi 蟾分支杆菌,岸边分支杆菌

mycobacterium [ˌmaikəubæk'tiəriəm] (pl. *mycobacteria*) 分支杆菌

  anonymous mycobacteria, atypical mycobacteria 无名分支杆菌,非典型分支杆菌

  Group I-IV mycobacteria, I-IV 类分支杆菌

  nontuberculous mycobacteria 非结核性分支杆菌

mycobactin [ˌmaikəu'bæktin] 分支杆菌生长素

Mycocandida [ˌmaikəu'kændidə] 念珠杆属,假丝酵母属

mycocide ['maikəsaid] 杀霉菌剂,杀真菌剂

mycocidin [ˌmaikəu'saidin] 杀枝曲菌素

Mycoderma [ˌmaikəu'də:mə] (*myco-* + Gr. *derma* skin) 醭酵母属
  M. aceti 醋酸酵母
  M. dermatitidis 皮炎醭酵母
  M. immite 粗球醭酵母

mycoderma [ˌmaikəu'də:mə] (Gr. *mykos* mucus + *derma* skin) 粘膜

mycodermatitis [ˌmaikəuˌdə:mə'taitis] 念珠菌病

mycoflora [ˌmaikəu'flɔ:rə] ❶ 真菌区系; ❷ 真菌志

mycohemia [ˌmaikəu'hi:miə] (*myco-* + Gr. *haima* blood + *-ia*) 真菌血症

mycoid ['maikɔid] (Gr. *mykēs* fungus + *eidos* form) 霉菌样的

mycolic acids [mai'kɔlik] 真菌酸,霉菌酸

mycologist [mai'kɔlədʒist] 真菌学家,霉菌学家

mycology [mai'kɔlədʒi] (*myco-* + *-logy*) 真菌学,霉菌学

mycomycin [ˌmaikəu'maisin] 霉菌素

mycomyringitis [ˌmaikəuˌmairin'dʒaitis] (*myco-* + L. *myringa* membrana tympani + *-itis*) 霉菌性鼓膜炎,鼓膜霉菌病

mycopathology [ˌmaikəupə'θɔlədʒi] 真菌病理学

mycophage ['maikəufeidʒ] (*myco-* + Gr.

mycophagy [mai'kɔfədʒi] ❶ 蘑菇食用；❷ 噬真菌作用

Mycoplasma [ˌmaikəu'plæzmə] (*myco-* + Gr. *plasma* anything formed or molded) 支原体属
　M. **buccale** 颊支原体
　M. **canis** 犬支原体
　M. **faucium** 咽支原体
　M. **fermentans** 发酵支原体
　M. **gallisepticum** 鸡败血支原体
　M. **granularum** 谷粒支原体
　M. **hominis** 人支原体
　M. **hyoarthrinosa** 猪关节支原体
　M. **hyorhinis** 猪鼻支原体
　M. **laidlawii** 莱氏支原体
　M. **mycoides** 蕈状支原体
　M. **orale** 口腔支原体
　M. **orale type 1** Ⅰ型口腔支原体
　M. **orale type 2** Ⅱ型口腔支原体
　M. **orale type 3** Ⅲ型口腔支原体
　M. **pharyngis** 咽支原体
　M. **pneumoniae** 肺炎支原体
　M. **salivarium** 唾液支原体

mycoplasma [ˌmaikəu'plæzmə] (pl. *mycoplasmas*, *mycoplasmata*) 支原体
　T-strain m. T-株支原体

mycoplasmal [ˌmaikəu'plæzməl] 支原体的

Mycoplasmas [ˌmaikəu'plæzməs] 支原体目

Mycoplasmataceae [ˌmaikəuˌplæzmə'teisii:] 支原体科

Mycoplasmatales [ˌmaikəuˌplæzmə'teiliz] 支原体目

mycoplasmosis [ˌmaikəuplæz'məusis] 支原体病，支原菌病

mycoprecipitin [ˌmaikəupri'sipitin] (*myco-* + *precipitin*) 霉菌沉淀素，真菌沉淀素

mycoprotein [ˌmaikəu'prəuti:n] 菌蛋白

mycoproteination [ˌmaikəuˌprəutinai'zeiʃən] 死菌接种，菌蛋白接种

mycopus ['maikəpʌs] 脓性粘液

mycose ['maikəus] 海藻糖

mycoside ['maikəsaid] 分支杆菌糖酯

mycosin ['maikəsin] 霉菌膜素

mycosis [mai'kəusis] (*myco-* + -*osis*) 真菌病，霉菌病
　m. **fungoides** 蕈样霉菌病
　m. **fungoides demblée** 蕈样霉菌病
　Gilchrist's m. 吉克利斯特氏真菌病，北美芽生菌病
　m. **leptothrica** 纤毛菌病
　Posadas m. 球孢子菌性肉芽肿
　splenic m. 脾霉菌病，铁质沉着性脾大

mycostasis [mai'kɔstəsis] (*myco-* + Gr. *stasis* stoppage) 霉菌制阻

mycostat ['maikəustæt] 制霉菌药

Mycostatin [ˌmaikəu'stætin] 米可泰丁：制霉菌素制剂的商品名

mycosterol [mai'kɔstərɔl] 霉菌甾醇，酵母甾醇

mycotic [mai'kɔtik] 霉菌病的，真菌病的

Mycotoruloides [ˌmaikəuˌtərə'lɔidiz] 念珠菌属

mycotoxicosis [ˌmaikəuˌtɔksi'kəusis] ❶ 霉菌(霉素)中毒；❷ 蕈中毒

mycotoxin [ˌmaikəu'tɔksin] 霉菌毒素

mycotoxinization [ˌmaikəuˌtɔksinai'zeiʃən] 霉菌毒素接种

mycteric [mik'terik] (Gr. *myktēr* nostril) 鼻腔的

mycterophonia [ˌmiktərə'fəuniə] (Gr. *myktēr* nostril + *phone* sound) 鼻音

mycteroxerosis [ˌmiktərəuziə'rəusis] (Gr. *myktēr* nostril + *xēros* dry) 鼻腔干燥症

mydaleine [mai'deiliin] (Gr. *mydaleos* damp, mouldy) 腐脏尸胺

mydatoxine [ˌmaidə'tɔksin] (Gr. *mydan* to be damp + *toxin*) 腐脏毒胺

mydesis [mai'di:sis] Gr. *mydēsis* dampness) ❶腐败；❷眼睑流脓

Mydriacyl [mi'draiəsəl] 米得索：托品酰胺制剂的商品名

mydriasis [mi'draiəsis] (Gr.) ❶ 瞳孔开大；❷ 瞳孔散大；❸ 瞳孔扩大
　alternating m. 交替性瞳孔扩大
　bounding m. 交替性瞳孔扩大
　paralytic m. 麻痹性瞳孔扩大
　spasmodic m., spastic m. 痉挛性瞳孔扩大
　spinal m. 脊髓性瞳孔扩大
　springing m. 交替性瞳孔扩大

mydriatic [midri'ætik] ❶ 扩瞳的；❷ 扩瞳药

mydriatine [ˌmidriˈætin] 盐酸去甲麻黄碱

myectomy [maiˈektəmi] (*my-* + Gr. *ektomē* excision) 肌(部分)切除术

myectopia [maiekˈtəupiə] (Gr. *mys* muscle + *ektopos* displaced + *-ia*) 肌异位

myectopy [maiˈektəpi] 肌异位

myelacephalus [ˌmaiələˈsefələs] (*myel-* + *a* neg + Gr. *kephalē* head) 下级无头畸胎

myelalgia [ˌmaiəˈlældʒiə] (*myel-* + *-algia*) 脊髓痛

myelapoplexy [ˌmaiəˈlæpəpleksi] (*myel-* + *apoplexy*) 脊髓出血

myelasthenia [ˌmaiəlæsˈθiːniə] 脊髓性神经衰弱

myelatelia [ˌmaiələˈtiːliə] (*myel-* + Gr. *atelia* imperfection) 脊髓发育不全

myelatrophy [ˌmaiəˈlætrəfi] (*myel-* + *atrophy*) 脊髓萎缩

myelauxe [ˌmaiəˈlɔːksi] (*myel-* + Gr. *auxē* increase) 脊髓肥大

myelemia [ˌmaiəˈliːmiə] (*myel-* + Gr. *haima* blood + *-ia*) 髓细胞性血症,骨髓性白血病

myelen [ˈmaiəlin] 骨髓浸渍

myelencephalitis [ˌmaiəlenˌsefəˈlaitis] 脑脊髓炎

myelencephalon [ˌmaiəlenˈsefəlɔn] (*myel-* + Gr. *enkephalos* brain) 末脑,脑脊髓

myelencephalospinal [ˌmaiəlenˌsefələuˈspainəl] 脑脊髓的

myelin [ˈmaiəlin] (Gr. *myelos* marrow) 髓鞘

myelinated [ˈmaiəliːneitid] 有髓鞘的

myelination [ˌmaiəliˈneiʃən] 髓鞘形成

myelinic [ˌmaiəˈlinik] 髓鞘质的,髓脂质的,髓磷脂的

myelinization [ˌmaiəlinaiˈzeiʃən] 髓鞘形成

myelinoclasis [ˌmaiəliˈnɔkləsis] (*myelin* + Gr. *klasis* a breaking) 髓鞘破坏

  acute perivascular m. 急性血管周围脱髓鞘病

  postinfection perivenous m. 感染后静脉周围脱髓鞘病

myelinogenesis [ˌmaiəˌlinəuˈdʒenisis] 髓鞘形成

myelinogenetic [ˌmaiəˌlinəudʒiˈnetik] 生髓鞘的,致髓鞘形成的

myelinogeny [ˌmaiəliˈnɔdʒini] (*myelin* + *-geny*) 髓鞘形成

myelinolysis [ˌmaiəliˈnɔlisis] 髓鞘破坏,脱髓鞘(病变)

  central pontine m. 中心性脑桥髓鞘破坏

myelinoma [ˌmaiəliˈnəumə] 髓鞘质瘤

myelinopathy [ˌmaiəliˈnɔpəθi] ❶ 髓鞘质病; ❷ 脑白质变性

myelinosis [ˌmaiəliˈnəusis] 脂肪髓磷脂化

myelinotoxic [ˌmaiəlinəuˈtɔksik] ❶ 对髓鞘有毒性的;❷ 引起脱髓鞘(病变)的

myelinotoxicity [ˌmaiəlinəutɔkˈsisiti] 鞘毒性

myelitic [ˌmaiəˈlitik] 脊髓炎的,骨髓炎的

myelitis [ˌmaiəˈlaitis] (*myel-* + *-itis*) ❶ 脊髓炎;❷ 骨髓炎

  acute m. 急性脊髓炎
  ascending m. 上行性脊髓炎
  bulbar m. 延髓炎
  cavitary m. 空洞性脊髓炎
  central m. 中心性脊髓炎,脊髓灰质炎
  chronic m. 慢性脊髓炎
  compression m. 压迫性脊髓炎
  concussion m. 震荡性脊髓炎
  cornual m. 脊髓灰质角炎
  diffuse m. 弥散性脊髓炎
  disseminated m. 弥散性脊髓炎
  hemorrhagic m. 出血性脊髓炎
  neuro-optic m. 视神经脊髓炎
  periependymal m. (中心)管周性脊髓炎
  postinfectious m. 感染后脊髓炎
  postvaccinal m. 种痘后脊髓炎
  subacute m. 亚急性脊髓炎
  subacute necrotic m. 亚急性坏死脊髓炎,福-阿二氏综合征
  syphilitic m. 梅毒性脊髓炎
  transverse m. 横贯性脊髓炎
  m. vaccinia 种痘后脊髓炎,疫苗性脊髓炎
  viral m. 病毒性脊髓炎

myel(o)- (Gr. *myelos* marrow) 骨髓,脊髓,髓鞘,髓磷脂,髓脂质

myeloablation [ˌmaiələuæbˈleiʃən] (*myelo-* + *ablation*) 脊髓抑制

myeloablative [ˌmaiələuˈæblətiv] 脊髓抑制的

myeloarchitecture [ˌmaiələuˈɑːkiˌtektʃə]

myeloblast ['maiələu,blæst] (*myelo-* + Gr. *blastos* germ) 成髓细胞,原(始)粒细胞

myeloblastemia [,maiələublæs'ti:miə] (*myeloblast* + *-emia*) 成髓细胞血症

myeloblastic [,maiələu'blæstik] 成髓细胞的

myeloblastoma [,maiələublæs'təumə] (*myeloblast* + *-oma*) 成髓细胞瘤

myeloblastomatosis [,maiələu,blæstəumə-'təusis] 成髓细胞瘤病,多发性成髓细胞病

myeloblastosis [,maiələublæs'təusis] ❶成髓细胞过多症,成髓细胞血症,成髓细胞白血症;❷鸡成髓细胞瘤病

myelobrachium [,maiələu'breikiəm] 小脑下臂

myelocele ['maiələsi:l] (*myelo-* + Gr. *kēlē* hernia) 脊髓突出

myeloclast ['maiələklæst] (*myelo-* + Gr. *klan* to break) 破髓鞘细胞

myelocyst ['maiələusist] (*myelo-* + *cyst*) 脊髓囊肿

myelocystic [,maiələu'sistik] 髓性囊性的,脊髓囊肿的

myelocystocele [,maiələu'sistəsi:l] (*myelo-* + Gr. *kēlē* hernia) 脊髓囊肿状突出,脊髓脊膜突出

myelocystomeningocele [,maiələu,sistəumi-'ningəsi:l] 脊髓脊膜囊肿状突出,脊髓脊膜突出

myelocyte ['maiələsait] (*myelo-* + *-cyte*) 髓细胞,中幼粒细胞

myelocythemia [,maiələusai'θi:miə] 髓细胞血症

myelocytic [,maiələu'saitik] 髓细胞的

myelocytoma [,maiələusai'təumə] ❶骨髓瘤;❷慢性髓细胞性白血病

myelocytomatosis [,maiələ,saitəmə'təusis] 髓细胞瘤病,鸡白细胞增多症

myelocytosis [,maiələusai'təusis] 髓细胞血症,髓细胞增多症

myelodiastasis [,maiələudai'æstəsis] 脊髓分解

myelodysplasia [,maiələudis'pleiziə] (*myelo-* + *dysplaisa*) ❶脊髓发育不良;❷骨髓发育不良

myelodysplastic [,maiələudis'plæstik] 脊髓发育不良的,骨髓发育不良的

myeloencephalic [,maiələu,ensi'fælik] 脑脊髓的

myeloencephalitis [,maiələuen,sefə'laitis] (*myelo-* + Gr. *enkephalos* brain + *-itis*) 脑脊髓炎

　eosinophilic m. 嗜酸细胞性脑脊髓炎

myelofibrosis [,maiələufai'brəusis] 骨髓纤维化,骨髓纤维变性

　osteosclerosis m. 骨髓硬化

myelofugal [,maiələu'fju:gəl] (*myelo-* + L. *fugare* to flee) 离脊髓的

myeloganglitis [,maiələu,gæŋ'glaitis] 脊髓神经节炎

myelogenesis [,maiələu'dʒenəsis] 髓鞘形成

myelogenic [,maiələu'dʒenik] 骨髓内的,骨髓中产生的

myelogenous [,maiə'lɔdʒinəs] (*myelo-* + Gr. *gennan* to produce) 骨髓内产生的

myelogeny [,maiə'lɔdʒini] 髓鞘生成

myelogone ['maiələ,gəun] 髓原细胞

myelogonic [,maiələ'gɔnik] 髓原细胞的

myelogonium [,maiələu'gəniəm] 髓原细胞

myelogram ['maiələgræm] ❶脊髓(X线)造影照片;❷骨髓细胞分类(计数)像

myelography [,maiə'lɔgrəfi] (*myelo-* + Gr. *graphein* to write) 脊髓(X线)造影术

　oxygen m. 氧气脊髓造影术

myeloic ['maiələik] 中性髓细胞的

myeloid ['maiələid] (*myelo-* + Gr. *eidos* form) ❶骨髓的,来自骨髓的,骨髓样的;❷脊髓的;❸髓细胞样的

myeloidin [,maiə'lɔidin] (*myelin* + Gr. *eidos* form) 类髓磷脂

myeloidosis [,maiələi'dəusis] 髓样组织增生

myelokentric [,maiələu'kentrik] (*myeloid* + Gr. *kentron* stimulus) 促髓细胞生成的

myelolipoma [,maiələuli'pəumə] 髓脂瘤

myelolymphocyte [,maiələu'limfəusait] 骨髓淋巴细胞

myelolysis [,maiə'lɔlisis] (*myelin* + Gr.

lysis dissolution) 髓鞘分解
myelolytic [ˌmaiəlou'litik] 髓鞘分解的
myeloma [ˌmaiə'ləumə] (*myelo-* + *-oma*) 骨髓瘤
  giant cell m. 巨细胞性骨髓瘤
  indolent m. 无痛性骨髓瘤
  localized 局限性骨髓瘤
  multiple m. 多发性骨髓瘤
  plasma cell m. 浆细胞性骨髓瘤
  sclerosing m. 硬化性骨髓瘤
  solitary m. 孤立性骨髓瘤
myelomalacia [ˌmaiələmə'leiʃiə] (*myelo-* + Gr. *malakia* softening) 脊髓软化
myelomatoid [ˌmaiə'lɔmətɔid] 骨髓瘤样的
myelomatosis [ˌmaiələumə'təusis] 骨髓瘤(病)
myelomenia [ˌmaiələu'miːniə] (*myelo-* + Gr. *mēn* month) 脊髓倒经
myelomeningitis [ˌmaiələuˌmenin'dʒaitis] 脊髓脊膜炎
myelomeningocele [ˌmaiələumə'niŋɡəsiːl] (*myelo-* + *meningocele*) 脊髓脊膜突出
myelomere ['maiələumiə] (*myelo-* + Gr. *meros* part) (脑脊)髓节
myelomonocyte [ˌmaiələu'mɔnəsait] ❶ 髓细胞,中粒细胞;❷ 神经系统灰质细胞
myelomyces [ˌmaiə'lɔmisiːz] (*myelo-* + Gr. *mykēs* fungus) 脑样癌
myelon ['maiələn] 脊髓
myeloneuritis [ˌmaiələnjuə'raitis] 脊髓神经炎
myelo-opticoneuropathy [ˌmaiələuˌɔptikəunjuə'rɔpəθi] 脊髓视神经病
  subacute m. 亚急性脊髓视神经病
myeloparalysis [ˌmaiələupə'rælisis] 脊髓麻痹,脊髓瘫痪
myelopathic [ˌmaiələu'pæθik] 脊髓病的,骨髓病的
myelopathy [ˌmaiə'lɔpəθi] (*myelo-* + Gr. *pathos* disease) ❶ 脊髓病;❷ 骨髓病
  ascending m. 上行性脊髓病
  carcinomatous m. 癌脊髓病
  cervical m. 颈脊髓病
  chronic progressive m. 慢性进行性脊髓病
  cervical spondylotic m. 颈椎硬化性脊髓病
  compression m. 压迫性脊髓病
  concussion m. 震荡性脊髓病
  descending m. 下行性脊髓病
  focal m. 局灶性脊髓病
  funicular m. 束性脊髓病
  hemorrhagic m. 出血性脊髓病
  HTLV-I-associated m. 一种慢性进行脊髓病
  necrotizing m. 坏死性脊髓病
  paracarcinomatous m., paraneoplastic m. 副癌脊髓病,副新生物脊髓病
  radiation m. 放射性脊髓病
  spondylotic cervical m. 颈椎硬化性脊髓病
  systemic m. 系统性脊髓病
  transverse m. 横贯性脊髓病
  traumatic m. 创伤性脊髓病
  vacuolar m. 泡性脊髓病
myeloperoxidase [ˌmaiələupə'rɔksideis] 髓过氧化物酶
myelopetal [ˌmaiə'lɔpitəl] (*myelo-* + L. *petere* to seek for) 向脊髓的
myelophage ['maiələu feidʒ] (*myelo-* + Gr. *phagein* to eat) 噬髓鞘细胞
myelophthisis [ˌmaiə'lɔfθisis] (*myelo-* + Gr. *phthisis* wasting) ❶ 脊髓痨;❷ 骨髓痨
myeloplaque ['maiələupleik] 骨髓多核巨细胞
myeloplast ['maiələuplæst] (*myelo-* + Gr. *plastos* formed) 骨髓白细胞
myeloplax ['maiələuplæks] (*myelo-* + Gr. *plax* plate) 骨髓多核巨细胞
myeloplaxoma [ˌmaiələuplæk'səumə] 骨髓多核巨细胞瘤
myeloplegia [ˌmaiələu'pliːdʒiə] (*myelo-* + Gr. *plēgē* stroke) 脊髓麻痹,脊髓瘫痪
myelopoiesis [ˌmaiələupɔi'iːsis] (*myelo-* + Gr. *poiein* to form) 骨髓形成
  ectopic m., extramedullary m. 异位性骨髓形成,髓外性骨髓形成
myelopore ['maiələpɔː] (*myelo-* + Gr. *poros* opening) 脊髓孔
myeloproliferative [ˌmaiələuprəu'lifərətiv] 骨髓组织增殖的
myeloradiculitis [ˌmaiələurəˌdikju'laitis] (*myelo-* + L. *radiculus* rootlet + *-itis*)

脊髓神经根炎

myeloradiculodysplasia [ˌmaiələurəˌdikjuləudisˈpleiziə] 脊髓神经根发育异常

myeloradiculopathy [ˌmaiələurəˌdikjuˈlɔpəθi] 脊髓神经根病

myelorrhagia [ˌmaiələuˈreidʒə] (myelo- + Gr. *rhēgnynai* to burst forth) 脊髓出血

myelosarcoma [ˌmaiələusɑːˈkəumə] 骨髓肉瘤

myelosarcomatosis [ˌmaiələusɑːˌkəuməˈtəusis] 骨髓肉瘤病

myeloschisis [ˌmaiəˈlɔskisis] (myelo- + Gr. *schisis* cleft) 脊髓裂

myeloscintogram [ˌmaiələuˈsintəgræm] 脊髓闪烁图

myelosclerosis [ˌmaiələusklːˈrəusis] ❶脊髓硬化；❷骨髓硬化；❸骨髓纤维变性

myelosis [ˌmaiəˈləusis] ❶骨髓增殖；❷脊髓瘤形成
  aleukemic m. 非白血病性骨髓增殖
  chronic nonleukemic m. 慢性非白血病性骨髓增殖
  erythremic m. 红细胞增多性骨髓增殖
  nonleukemic m. 非白血病性骨髓增殖

myelospongium [ˌmaiələuˈspɔndʒiəm] (myelo- + Gr. *spongos* sponge) 髓管网

myelosuppression [ˌmaiələusəˈpreʃən] 骨髓抑制

myelosuppressive [ˌmaiələusəˈpresiv] ❶骨髓抑制的；❷骨髓抑制剂

myelosyphilis [ˌmaiələuˈsifilis] 脊髓梅毒

myelosyringosis [ˌmaiələuˌsiriŋˈgəusis] 脊髓空洞症

myelotheraphy [ˌmaiələuˈθerəpi] (myelo- + *therapy*) 骨髓疗法

myelotome [ˈmaiələtəum] (myelo- + Gr. *tomē* a cut) ❶脊髓切片器；❷脊髓刀

myelotomy [ˌmaiəˈlɔtəmi] 脊髓切开术
  Bischoff's m. 比可夫氏脊髓切开术
  commissural m. 脊髓连合部切开术

myelotoxic [ˌmaiələˈtɔksik] (myelo- + Gr. *toxikon* poison) ❶骨髓中毒的；❷骨髓抑制的, 骨髓抑制剂；❸骨髓病性的

myentasis [maiˈentəsis] 肌牵张法

myelotoxicity [ˌmaiələutɔkˈsisiti] 骨髓中毒性

myenteric [ˌmaienˈterik] 肠肌层的

myenteron [maiˈentərən] (my- + Gr. *enteron* intestine) 肠肌层

Myerson's sign [ˈmaiəsənz] (Abraham Myerson, American neurologist, 1881-1948) 梅尔生氏征

myesthesia [ˌmaiisˈθizjə] (my- + *esthesia*) 肌肉感觉

myiasis [maiˈaiəsis] (Gr. *myia* fly + -iasis) 蝇蛆病
  creeping m. 匍行蝇蛆病, 游走性蝇蛆病
  cutaneous m. 皮肤蝇蛆病
  dermal m. 皮肤蝇蛆病
  m. dermatosa 皮肤蝇蛆病
  intestinal m. 肠蝇蛆病
  m. linearis 线状蝇蛆病
  nasal m. 鼻蝇蛆病
  traumatic m. 创伤性蝇蛆病

myiocephalon [ˌmaiaiəuˈsefələn] 角膜穿孔性虹膜脱出, 蝇头状虹膜脱出

myiocephalum [ˌmaiaiəuˈsefələm] 角膜穿孔性虹膜脱出

myiodesopsia [ˌmaiaiəudiˈsɔpsiə] (Gr. *myiōdes* flylike + *-opsia*) 飞蝇幻视

myiosis [maiiˈəusis] 蝇蛆病

myitis [maiˈaitis] (my- + *-itis*) 肌炎

myk(o)- 真菌

mykol [ˈmaikɔl] 菌醇

Mykrox [ˈmikrɔks] 米克罗斯：甲苯喹唑磺胺制剂的商品名

Mylleran [ˈmiləræn] 马利兰：为白血福恩制剂的商品名

Mylicon [ˈmilikɔn] 迈力康：为二甲硅油制剂的商品名

myloglossus [ˌmailəuˈglɔsəs] 下颌舌肌

mylohyoid [ˌmailəuˈhɔid] 下颌舌骨的

mylohyoideus [ˌmailəuhaiˈɔidiəs] 下颌舌骨肌

mylopharyngeus [ˌmaiəufəˈrindʒiəs] 下颌咽肌

Mymethasone [miˈmeθəˌsɔn] 地塞米松：甲氟烯索制剂的商品名

my(o)- (Gr. *mys*, gen. *myos* muscle) 肌

myoadenylate deaminase [ˌmaiəuˈædənəleit diˈæmineis] 肌腺(嘌呤核)苷酸脱氢酶

myoalbumin [ˌmaiəuælˈbjumin] 肌白蛋白, 肌清蛋白

myoarchitectonic [ˌmaiəuˌɑːkitekˈtɔnik] (*myo* + *architectonic*) 肌结构的

myoatrophy [ˌmaiəuˈætrəfi] 肌萎缩

myoblast [ˈmaiəblæst] *myo-* + *blastos* germ) 成肌细胞

myoblastic [ˌmaiəuˈblæstik] 成肌细胞的

myoblastoma [ˌmaiəublæsˈtəumə] 成肌细胞瘤
  granular cell m. 粒细胞成肌细胞瘤

myoblastomyoma [ˌmaiəuˌblæstəumaiˈəumə] 成肌细胞瘤

myobradia [ˌmaiəuˈbreidiə] (*myo-* + Gr. *bradys* slow + *-ia*) 肌反应迟钝

myocardial [ˌmaiəuˈkɑːdiəl] 心肌的

myocardiograph [ˌmaiəuˈkɑːdiəgrɑːf] 心肌运动描记器

myocardiopathy [ˌmaiəukɑːdiˈɔpəθi] (非炎性)心肌病

myocardiorrhaphy [ˌmaiəuˌkɑːdiˈɔrəfi] (*myocardium* + *-rrhaphy*) 心肌缝合术

myocarditic [ˌmaiəukɑːˈditik] 心肌炎的

myocarditis [ˌmaiəukɑːˈdaitis] (*myo-* + *carditis*) 心肌炎
  acute isolated m. 急性孤立性心肌炎
  bacterial m. 细菌性心肌炎
  chronic m. 慢性心肌炎
  diphtheritic m. 白喉性心肌炎
  fibrous m. 纤维性心肌炎
  Fiedler's m. 费德勒氏心肌炎
  giant cell m. 巨细胞性心肌炎
  granulomatous m. 粒细胞性(肉芽性)心肌炎
  hypersensitivity m. 过敏性心肌炎
  idiopathic m. 特发性心肌炎
  infectious m. 感染性心肌炎
  interstitial m. 间质性心肌炎
  parenchymatous m. 实质性心肌炎
  protozoal m. 原生动物性心肌炎
  rheumatic m. 风湿性心肌炎
  rickettsial m. 立克次氏体心肌炎
  toxic m. 中毒性心肌炎
  tuberculous m. 结核性心肌炎
  viral m. 病毒性心肌炎

myocardium [ˌmaiəuˈkɑːdiəm] (*myo-* + Gr. *kardia* heart) (NA) 心肌
  hibernating m. 冬眠性心肌
  stunned m. 昏迷性心肌, 眩晕性心肌

myocardosis [ˌmaiəukɑːˈdəusis] (非炎性)心肌病

myocele [ˈmaiəsiːl] (*myo-* + Gr. *kēlē* hernia) 肌突出, 肌疝

myocelialgia [ˌmaiəuˌsiːliˈældʒiə] (*myo-* + Gr. *koilia* belly + *-algia*) 腹肌痛

myocelitis [ˌmaiəusəˈlaitis] (*myo-* + Gr. *koilia* belly + *-itis*) 腹肌炎

myocellulitis [ˌmaiəuˌseljuˈlaitis] 肌蜂窝织炎

myoceptor [ˈmaiəuˌseptə] 肌感受器(终板)

myocerosis [ˌmaiəusiˈrəusis] (*myo-* + Gr. *kēros* wax) 肌蜡样变性

myochorditis [ˌmaiəukɔːˈdaitis] (*myo-* + Gr. *chordē* cord + *-itis*) 声带肌炎

myochrome [ˈmaiəkrəum] (*myo-* + Gr. *chrōma* color) 肌色素

Myochrysine [ˌmaiəuˈkrisin] 米克瑞辛: 硫代苹果酸金钠制剂之商品名

myocinesimeter [ˌmaiəuˌsiniˈsimitə] 肌收缩计

myoclonia [ˌmaiəuˈkləuniə] 肌阵挛病
  m. epileptica 癫痫性肌阵挛
  m. fibrillaris multiplex 多发性纤维性肌阵挛, 肌纤维抽搐
  fibrillary m. 纤维性颤动性肌阵挛
  pseudoglottic m. 假性声门肌阵挛, 呃逆

myoclonic [ˌmaiəuˈklɔnik] 肌阵挛的

myoclonus [maiˈɔklənəs] (*myo-* + Gr. *klonos* turmoil) 肌阵挛
  action m. 行为性肌阵挛
  Baltic m. 巴提克氏肌阵挛
  epileptic m. 癫痫性肌阵挛
  essential m. 自发性肌阵挛, 原发性肌阵挛
  intention m. 行为性肌阵挛
  m. multiplex 多发性肌阵挛
  nocturnal m. 夜发性肌阵挛
  palatal m. 腭肌阵挛
  reflex m. 反射性肌阵挛

myocoele [ˈmaiəsiːl] (*myo-* + Gr. *koilia* cavity) 肌节腔

myocolpitis [ˌmaiəukɔlˈpaitis] (*myo-* + Gr. *kolpos* vagina + *-itis*) 阴道肌层炎

myocomma [ˌmaiəuˈkɔmə] (*myo-* + Gr. *komma* cut) ❶肌节; ❷肌节间隔

myocrismus [ˌmaiəuˈkrismæs] 肌音(收缩音)

myoctonine [mai'ɔktənin] (*myo-* + Gr. *kteinein* to kill) 牛扁碱,肉乌头碱

myoculator [mai'ɔkju,leitə] (*myo-* + L. *oculus* eye) 眼肌矫正器

myocyte ['maiəsait] (*myo-* + *-cyte*) 肌细胞
　Anichkov's m. 阿尼可夫氏肌细胞

myocytolysis [,maiəusai'tɔlisis] (*myo-* + *cytolysis*) 肌细胞崩溃,肌纤维崩溃
　coagulative m 凝结性肌纤维崩溃
　focal m. of heart 局灶性心肌崩溃

myocytoma [,maiəusai'təumə] (*myocyte-* + *-oma*) 肌细胞瘤

myodegeneration [,maiəudi,dʒenə'reiʃən] (*myo-* + *degeneration*) 肌变性

myodemia [,maiəu'di:miə] (*myo-* + Gr. *dēmos* fat) 肌脂肪变性

myodesopsia [,maiəudi'sɔpsiə] 飞蝇幻视

myodiastasis [,maiəudai'æstəsis] (*myo-* + Gr. *diastasis* separation) 肌分离

myodiopter [,maiəudai'ɔptə] 睫状肌屈光度

myodynamic [,maiəudai'næmik] 肌动力的

myodynamics [,maiəudai'næmiks] 肌动力学

myodynamometer [,maiəu,dainə'mɔmitə] 肌力计

myodynia [,maiəu'diniə] (*myo-* + Gr. *odynē* pain) 肌痛

myodystonia [,maiəudis'təuniə] (*myo-* + *dys-* + Gr. *tonos* tension + *-ia*) 肌张力障碍,肌张力不足

myodystony [,maiəu'distəni] 肌张力障碍

myodystrophia [,maiəudis'trəufiə] ❶ 肌营养不良,肌营养障碍; ❷ 萎缩性肌强直病
　m. fetalis 胎儿性肌营养障碍

myodystrophy [,maiəu'distrəfi] ❶ 肌营养不良; ❷ 萎缩性肌强直

myoedema [,maiəu'di:mə] (*myo-* + Gr. *oidēma* swelling) ❶ 肌耸起; ❷ 肌水肿

myoelastic [,maiəui'læstik] 肌弹性的

myoelectric [,maiəui'lektrik] 肌电的,肌电动性的

myoelectrical [,maiəui'lektrikəl] 肌电的,肌电动性的

myoendocarditis [,maiə,endəkɑ:'daitis] (*myo-* + *endocarditis*) 心肌心内膜炎

myoepithelial [,maiəu,epi'θi:ljəl] 肌上皮的

myoepithelioma [,maiəu,epi'θi:li'əumə] (*myoepithelium* + *-oma*) 肌上皮(细胞)瘤

myoepithelium [,maiəu,epi'θi:ljəm] (*myo-* + *-pithelium*) 肌上皮

myofascial [,maiəu'feiʃiəl] 肌筋膜的

myofascitis [,maiəufə'saitis] (*myo-* + *fascitis*) 肌筋膜炎

myofiber [,maiəu'faibə] 肌纤维

myofibril [,maiəu'faibril] 肌原纤维

myofibrilla [,maiəufai'brilə] (pl. *myofibrillae*) 肌原纤维

myofibrillae [,maiəufai'brili:] 肌原纤维。*myofibrilla* 的复数形式

myofibrillar [,maiəu'faibrilə] 肌纤维的

myofibroblast [,maiəu'faibrəublæst] 成肌纤维细胞

myofibroma [,maiəufai'brəumə] (*myo-* + *fibroma*) 纤维样平滑肌瘤
　infantile m. 婴儿平滑肌瘤

myofibrosis [,maiəufai'brəusis] (*myo-* + *fibrosis*) 肌纤维变性,肌纤维化
　m. cordis 心肌纤维变性

myofibrositis [,maiəu,faibrəu'saitis] ❶ 肌纤维鞘炎; ❷ 肌束膜炎

myofilament [,maiəu'filəmənt] (*myo-* + *filament*) 肌丝

myofunctional [,maiəu'fʌŋkʃənəl] ❶ 肌功能的; ❷ 肌功能正牙

myogelosis [,maiəudʒi'ləusis] (*myo-* + L. *gelare* to freeze) 肌硬结

myogen ['maiədʒin] (*myo-* + Gr. *gennan* to produce) 肌浆蛋白

myogenesis [,maiəu'dʒenisis] 肌发生

myogenetic [,maiəudʒi'netik] 肌生成的,肌发生的

myogenic [,maiəu'dʒenik] ❶ 发生或形成肌组织的; ❷ 肌细胞或肌肉组织的起源

myogenous [mai'ɔdʒinəs] ❶ 生肌的; ❷ 肌(原)性的

myoglia [mai'ɔgliə] (*myo-* + Gr. *glia* glue) 肌胶质

myoglobin [,maiəu'gləbin] 肌红蛋白

myoglobinuria [,maiəu,gləbi'njuəriə] 肌红蛋白尿

familial m. idiopathic m., spontaneous m. 家族性肌红蛋白尿,自发性肌红蛋白尿

myoglobulin [ˌmaiəu'glɔbulin] (*myo-* + *globulin*) 肌球蛋白

myoglobulinuria [ˌmaiəuˌglɔbjuli'njuəriə] 肌球蛋白尿

myognathus [mai'ɔgnəθəs] (*myo-* + Gr. *gnathos* jaw) 下颌寄生畸胎

myogram ['maiəgræm] (*myo-* + Gr. *gramma* writing) 肌动描记图

myograph ['maiəgrɑːf] (*myo-* + *graphein* to record) 肌动描记器

myographic [ˌmaiə'græfik] 肌动描记的,肌动描记法的

myography [mai'ɔgrəfi] (*myo-* + Gr. *graphein* to record) ❶ 肌动描记法;❷ 肌学;❸ 肌组织造影 X 线照相术

myohematin [ˌmaiəu'hemətin] (*myo-* + *hematin*) 肌高铁血红素,肌色质

myohemaglobin [ˌmaiəuˌhiːməu'glɔbin] 肌红蛋白

myohemoglobinuria [ˌmaiəuˌhiːməuˌgləubi'njuəriə] 肌红蛋白尿

myohypertrophia [ˌmaiəuˌhaipəl(ː)'trɔfiə] 肌肥大

m. kymoparalytica 麻痹性肌营养障碍,麻痹性肌肥大

myohysteropexy [ˌmaiəu'histərəˌpeksi] 肌式子宫固定术

myoid ['maiɔid] (*my-* + *-oid*) ❶ 肌样的;❷ 肌样质,肌样体

visual cell m. 视(觉)细胞肌样部

myoidem [mai'ɔidəm] 肌水肿

myoidema [ˌmaiɔi'diːmə] 肌水肿

myoideum [mai'ɔidiəm] 肌样组织

myoidism [ˌmaiəu'idizəm] (*myo-* + *idios* own) 自发性肌收缩

myo-inositol [ˌmaiəu'inɔsitɔl] 肌醇

myo-inositol-1 (or 4)-monophosphatase [ˌmaiəuin'ɔsitɔl ˌmɔnəu'fɔusfəteis] (EC 3.1.3.25) 肌醇-磷酸酯酶

myoischemia [ˌmaiəuis'kiːmiə] (*myo-* + *ischemia*) 肌局部缺血

myokerosis [ˌmaiəuki'rəusis] (*myo-* + Gr. *kēros* wax) 肌蜡样变性

myokinase [ˌmaiəu'kineis] 肌激酶,腺苷酸激酶

myokinesis [ˌmaiəukai'niːsis] (*myo-* + Gr. *kinēsis* motion) 肌运动,肌位移

myokinetic [ˌmaiəukai'netik] ❶ 肌位移的;❷ 肌运动(功能)的

myokinin [ˌmaiəu'kinin] 肌碱

myokymia [ˌmaiəu'kimiə] (*myo-* + Gr. *kyma* wave) 肌纤维抽搐,多发性纤维性肌阵挛

myolemma [ˌmaiəu'lemə] (*myo-* + Gr. *lemma* sheath) 肌细胞膜,肉膜

myolipoma [ˌmaiəuli'pəumə] (*myo-* + Gr. *lipos* fat + *-oma*) 肌脂瘤

myologia [ˌmaiə'lɔdʒiə] 肌学

myology [mai'ɔlədʒi] (*myo-* + Gr. *logos* treatise) 肌学

myolysis [mai'ɔlisis] (*myo-* + Gr. *lysis* dissolution) 肌溶解

m. cardiotoxica 中毒性心肌溶解

myoma [mai'əumə] (pl. *myomas*, *myomata* (*my-* + *-oma*) 肌瘤

m. previum 子宫半滑肌瘤

m. striocellulare 横纹肌瘤

uterine m. 子宫肌瘤

myomagenesis [maiˌəumə'dʒenisis] 肌瘤生成,肌瘤发生

myomalacia [ˌmaiəumə'leifiə] (*myo-* + Gr. *malakia* softening) 肌软化

myomata [mai'ɔmətə] 肌瘤。*myoma* 的复数形式

myomatectomy [ˌmaiəumə'tektəmi] 肌瘤切除术

myomatosis [ˌmaiəumə'təusis] 肌瘤病

myomatous [mai'ɔmətəs] 肌瘤的,肌瘤性的

myomectomy [ˌmaiəu'mektəmi] (*myoma* + Gr. *ektomē* excision) ❶ 肌瘤切除术;❷ 肌(部分)切除术

abdominal m. 腹部肌瘤切除术
uterine m. 子宫肌瘤切除术
vaginal m. 阴道肌瘤切除术

myomelanosis [ˌmaiəuˌmelə'nəusis] (*myo-* + Gr. *melanōsis* blackening) 肌黑变病

myomere ['maiəmiə] (*myo-* + Gr. *meros* part) 肌节

myometer [mai'ɔmitə] (*myo-* + Gr. *metron* measure) 肌收缩计,肌力计

myometritis [ˌmaiəumi'traitis] (*myo-* + Gr. *mētra* womb + *-itis*) 子宫肌炎

myometrium [ˌmaiəu'miːtriəm] (*myo-* + Gr. *mētra* uterus) 子宫肌层

myomohysterectomy [ˌmaiəuməuˌhistə'rektəmi] (*myoma* + Gr. *hystera* uterus + *ektomē* excision) 肌瘤子宫切除术

myomotomy [ˌmaiə'mɔtəmi] 肌瘤切开术

myon ['maiən] (Gr. *mys* muscle + *-on* neuter ending) 肌,肌单位

myonecrosis [ˌmaiəunə'krəusis] 肌坏死
  clostridial m. 气性坏疽

myoneme ['maiəniːm] (*myo-* + Gr. *nēma* thread) 肌纤丝

myonephropexy [ˌmaiəu'nefrəpeksi] 肌式肾固定术

myoneural [ˌmaiə'njuərəl] (*myo-* + Gr. *neuron* nerve) 肌神经的

myoneuralgia [ˌmaiəunjuə'rældʒiə] 肌神经痛

myoneure ['maiənjuə] 肌神经细胞

myoneurectomy [ˌmaiəunjuə'rektəmi] 肌神经切断术

myonitis [ˌmaiəu'naitis] 肌炎

myonosus [mai'ɔnəsəs] (*myo-* + Gr. *nosos* disease) 肌病

myonymy [mai'ɔnimi] (*myo-* + Gr. *onoma* name) 肌命名法

myopachynsis [ˌmaiəupə'kinsis] 肌肥大

myopalmus [ˌmaiəu'pælməs] 肌颤搐

myoparalysis [ˌmaiəupə'rælisis] (*myo-* + *paralysis*) 肌麻痹,肌瘫痪

myoparesis [ˌmaiəpə'riːsis] 肌无力

myopathia [ˌmaiəu'pæθiə] 肌病
  m. infraspinata 冈下肌肌病

myopathic [ˌmaiəu'pæθik] 肌病的

myopathy [mai'ɔpəθi] (*myo-* + *-pathy*) 肌病
  alcoholic m. 酒精性肌病
  centronuclear m. 中央核性疾病,肌管性疾病
  distal m. 远端肌病
  late distal hereditary m. 晚期远端遗传性肌病
  metabolic m. 代谢性肌病
  mitochondrial m. 线粒体肌病
  myotubular m. 肌管性肌病
  nemaline m. 线形体肌病
  ocular m. 眼肌肌病,进行性眼外肌麻痹
  rod m. 线形体肌病
  thyrotoxic m. 甲状腺毒性肌病
  Welander's m, Welander's distal m. 韦兰德氏肌病,韦兰德氏远端肌病

myope ['maiəup] (Gr. *myein* to shut + *ōps* eye) 近视者

myopericarditis [ˌmaiəuˌperikɑ:'daitis] (*myo-* + *pericarditis*) 心肌心包炎

myoperitonitis [ˌmaiəuˌperitə'naitis] 腹肌腹膜炎

myophage ['maiəufeidʒ] 噬肌细胞

myophagism [mai'ɔfədʒizəm] (*myo-* + Gr. *phagein* to eat) 肌萎缩,肌消耗

myophone ['maiəfəun] (*myo-* + Gr. *phōnē* voice) 肌音听诊器

myophosphorylase [ˌmaiəufəus'fɔrəleis] 肌磷酸化酶

myopia [mai'əupiə] (Gr. *myein* to shut + *-opia*) 近视
  curvature m. 曲率性近视
  index m. 媒质性近视
  malignant m., pernicious m. 恶性近视
  primary m. 单纯性近视
  prodromal m. 前驱性近视
  progressive m. 进行性近视
  simple m. 单纯性近视

myopic [mai'ɔpik] 近视的,患近视的

myoplasm ['maiəplæzəm] (*myo-* + Gr. *plasma* something formed) 肌浆,肌质

myoplastic [ˌmaiə'plæstik] (*myo-* + Gr. *plassein* to form) 肌成形术的

myoplasty ['maiəuˌplæsti] 肌成形术

myoplegia [ˌmaiəu'pliːdʒiə] 肌麻痹,肌瘫痪

myoporthosis [ˌmaiəpɔː'θəusis] 近视矫正

myoprotein [ˌmaiəu'prəutiːn] 肌蛋白

myopsin [mai'ɔpsin] 肌蛋白酶

myopsis [mai'ɔpsis] 飞蝇幻视

myopsychopathy [ˌmaiəusai'kɔpəθi] 精神性肌病

myoreceptor [ˌmaiəuri'septə] 肌感受器

myorelaxin [ˌmaiəuri'leksin] 肌松弛激素

myorrhaphy [mai'ɔrəfi] (*myo-* + Gr. *rhaphē* suture) 肌缝合术

myorrhexis [ˌmaiəu'reksis] (*myo-* + Gr. *rhēxis* rupture) 肌断裂

myosalgia [ˌmaiəu'sældʒiə] 肌痛

myosalpingitis [ˌmaiəuˌsælpin'dʒaitis] (*myo-* + *salpingitis*) 输卵管肌层炎

myosalpinx [ˌmaiəu'sælpiŋks] 输卵管肌层

myosan ['maiəsən] 变性肌凝蛋白

myosarcoma [ˌmaiəusɑː'kəumə] (myo- + sarcoma) 肌肉瘤

myoschwannoma [ˌmaiəuʃwa:'nəumə] 神经鞘瘤

myosclerosis [ˌmaiəusklə'rəusis] (myo- + Gr. sklēros hard) 肌硬化

myoscope ['maiəskəup] (myo- + -scope) 眼肌矫正器

myoseism ['maiəsaizm] (myo- + Gr. seismos shake) 肌颤搐

myoseptum [ˌmaiəu'septəm] ❶ 肌节；❷ 肌隔

myosin ['maiəsin] 肌球蛋白

myosin ATPase ['maiəusin eiti:'pi:eis] (EC 3.6 1.32) 肌球蛋白 ATP 酶

myosinase ['maiəsiˌneis] 肌浆球蛋白酶

myosinogen [ˌmaiəu'sinədʒən] (myosin + Gr. gennan to produce) 肌浆球蛋白

myosinuria [ˌmaiəusi'njuəriə] 肌浆蛋白尿

myosis [mai'əusis] 瞳孔缩小，缩瞳

myositic [ˌmaiəu'sitik] 肌炎的

myositis [ˌmaiəu'saitis] (Gr. myos of muscle + -itis) 肌炎

   acute disseminated m. 急性播散性肌炎，原发性多发性肌炎

   acute progressive m. 急性进行性肌炎

   m. a frigore 受寒性肌炎

   m. fibrosa 纤维性肌炎

   inclusion body m. 包涵体肌炎

   infectious m. interstitial m. 感染性肌炎，间质性肌炎

   multiple m. 多发性肌炎

   orbital m. 眼眶肌炎

   m. ossificans 骨化性肌炎

   m. ossificans circumscripta 局限性骨化性肌炎

   m. ossificans progressiva 进行性骨化性肌炎

   m. ossificans traumatica 外伤性骨化性肌炎

   parenchymatous m. 实质性肌炎

   primary multiple m. 原发性多发性炎症

   progressive ossifying m. 进行性骨化性肌炎

   proliferative m. 增殖性肌炎

   m. purulenta 化脓性肌炎

   rheumatoid m. 风湿样肌炎

   m. serosa 浆液性肌炎

   spontaneous bacterial m. 自发性细菌性肌炎

   trichinous m. 旋毛虫性肌炎

myospasia [ˌmaiəu'speiziə] 肌阵挛

myospasm ['maiəspæzm] (myo- + Gr. spasmos spasm) 肌痉挛

myospasmia [ˌmaiəu'spæzmiə] 肌痉挛病，肌抽搐

myostatic [ˌmaiəu'stætik] 肌静力的

myosteoma [ˌmaiˌɔsti'əumə] (my- + -osteoma) 肌骨瘤

myosthenic [ˌmaiəs'θenik] (myo- + Gr. sthenos strength) 肌力的

myosthenometer [ˌmaiəusθe'nɔmitə] (myo- + Gr. sthenos strength + metron measure) 肌力测量器

myostroma [ˌmaiəu'strəumə] (myo- + stroma) 肌基质

myostromin [ˌmaiəu'strɔmin] 肌基质蛋白

myosuria [ˌmaiəu'sjuəriə] (myo- + uria) 肌球蛋白尿

myosuture [ˌmaiəu'sju:tʃə] (myo- + L. sutura sewing) 肌缝合，肌缝合术

myosynizesis [ˌmaiəuˌsinai'zi:sis] (myo- + Gr. synizēsis a sinking down) 肌粘连

myotactic [ˌmaiəu'tæktik] (myo- + L. tactus touch) 肌(触)觉的，肌本体(感)觉的

myotamponade [ˌmaiəu'tæmpəneid] 胸肌填塞法

myotasis [mai'ɔtəsis] (myo- + Gr. tasis stretching) 肌伸张

myotatic [ˌmaiəu'tætik] (myo- + Gr. teinein to stretch) 肌伸张的

myotenontoplasty [ˌmaiəuti'nɔntəˌplæsti] 肌腱成形术

myotenositis [ˌmaiəuˌtenəu'saitis] (myo- + Gr. tenōn tendon + -itis) 肌腱炎

myotenotomy [ˌmaiəuti'nɔtəmi] (myo- + tenotomy) 肌腱切断术，肌腱切开术

myothermic [ˌmaiəu'θə:mik] (myo- + Gr. thermē heat) 肌温的

myotic [mai'ɔtik] 缩瞳剂

myotility [ˌmaiəu'tiliti] 肌收缩力

myotome ['maiətəum] (*myo-* + Gr. *tomē* a cut)❶ 肌刀；❷ 肌节；❸ 同神经肌群
myotomic [,maiəu'tɔmik] 肌节的
myotomy [mai'ɔtəmi] (*myo-* + Gr. *tomē* a cutting) 肌切开术, 肌解剖术
   Heller's m. 黑勒氏肌切开术, 食管贲门肌切开术
   Livadatis' circular m. 利华达提氏环状肌切开术
Myotonachol [,maiəu'tɔnəkɔl] 肌托诺可：氯化乌拉胆碱制剂的商品名
myotonia [,maiəu'təuniə] (*myo-* + Gr. *tonos* tension) 肌强直, 肌强直病
   m. acquisita 后天性肌强直病
   m. atrophica 萎缩性肌强直(病)
   chondrodystrophic m. 软骨营养障碍性肌强直, 脂肪软骨营养不良性肌强直
   m. congenita 先天性肌强直病, 遗传性肌强直病
   m. dystrophica 肌强直性萎缩
   m. hereditaria 遗传性肌强直病
   m. tarda 后天性肌强直
myotonic [,maiəu'tɔnik] 肌强直的, 肌紧张的
myotonoid [mai'ɔtənɔid] (*myo-* + Gr. *tonos* tension + *eidos* form) 肌强直样的
myotonometer [,maiəu'tɔnɔmitə] (*myotonia* + Gr. *metron* measure) 肌张力测量器
myotonus [mai'ɔtənəs] 肌强直, 肌强直性痉挛
myotrophic [,maiəu'trɔfik] ❶ 肌增重的；❷ 肌营养的
myotrophy [mai'ɔtrəfi] (*myo-* + Gr. *trophē* nutrition) 肌营养
myotropic [,maiəu'trɔpik] (*myo-* + Gr. *tropos* a turning) 亲肌的, 向肌的
myotube ['maiətju:b] 肌管
myotubular [,maiəu'tju:bjulə] 肌管的
myotubule [,maiəu'tju:bju:l] 肌管
myovascular [,maiəu'væskjulə] (*myo-* + *vascular*) 肌血管的
myozymase [,maiəu'zaimeis] 肌收缩酶
myrcene ['mə:si:n] 桂叶烯
myria- (Gr. *myrios* numberless) 极大量
myriachit [miə'ja:tʃit] (Russ.) 西伯利亚痉跳病
Myriangiales [,miəri,ændʒi'eiliz] 多腔菌目

myriapod ['miriəpɔd] 多足虫
Myriapoda [,miri'æpədə] (*myria-* + Gr. *pous* foot) 多足总纲
myricyl ['mirisil] 蜂花基, 三十烷基
myringa [mi'ringə] (L. "membrane", from Gr. *mēninx*) 鼓膜
myringectomy [,mirin'dʒektəmi] (*myringo-* + *ektomē* excision) 鼓膜切除术
myringitis [,mirin'dʒaitis] (*myringa* + *-itis*) 鼓膜炎
   m. bullosa, bullous m. 水泡性鼓膜炎
myringo- (L. *myringa*) 鼓膜
myringodectomy [mi,ringəu'dektəmi] 鼓膜切除术
myringodermatitis [mi,ringəu,dəmə'taitis] (*myringo-* + *dermatitis*) 鼓膜外层炎
myringomycosis [mi,ringəumai'kəusis] (*myringo-* + Gr. *mykēs* fungus) 鼓膜真菌病
   m. aspergillina 鼓膜曲霉菌病
myringoplasty [mi'ringə,plæsti] (*myringo-* + Gr. *plassein* to form) 鼓膜成形术
myringorupture [mi,ringəu'rʌptʃə] 鼓膜破裂
myringostapediopexy [mi,ringəustə'pi:diəu,peksi] 鼓膜固定术
myringotome [mi'ringətəum] 鼓膜刀
myringotomy [,mirin'gɔtəmi] (*myringo-* + Gr. *tomē* a cutting) 鼓膜切开术, 鼓膜穿破术
myrinx ['mirinks] 鼓膜
myristate ['miristeit] 肉豆蔻酸(酯), 十四(烷)酸酯
   isopropyl m. 异丙基(肉)豆蔻酸酯
myristic acid [mi'ristik] 肉豆蔻酸
Myristica [mi'ristikə] (Gr. *myrizein* to anoint) 肉豆蔻属
myristication [mi,risti'keiʃən] (肝)肉豆蔻样变
myrmeciasis [mə'miʃiəsis] (Gr. *myrmex* ant) 蚁走感
myroxin ['mairɔksin] 芥子素
myrrh [mə:] 没药, 没药树脂
myrrholin ['maiərəlin] 没药林
myrtenol ['mətinɔl] 桃金娘萜醇
Myrtus ['mətəs] (L. Gr. *myrtos*) 桃金娘属
   M. communis (Myrtaceae) 桃金娘

Mysoline ['maisəli:n] 麦苏林,扑痫酮:为普里米酮制剂的商品名

mysophilia [ˌmaisə'filiə] (Gr. *mysos* uncleanness of body or mind + *philein* to love) 恋秽癖,嗜污癖

mysophobia [ˌmaisə'fəubiə] (Gr. *mysos* uncleanness of body or mind + *phobia*) 污秽恐怖,极端好洁癖

mysophobic [ˌmaisə'fəubik] 污秽恐怖的

mytacism ['maitəsizəm] (Gr. *mytakismos*) M 音滥用

Mytelase ['maitəleis] 酶抑宁:氯化铵苯宁制剂的商品名

mythomania [ˌmiθəu'meiniə] 谎语癖

mythophobia [ˌmiθə'fəubiə] (Gr. *mythos* myth + *phobia*) 谎言恐怖,神话恐怖

myxadenitis [ˌmiksædi'naitis] (*myxo-* + Gr. *adēn* gland + *-itis*) 粘液腺炎
    m. labialis 唇粘液腺炎,腺性脓肿性唇炎

myxadenoma [ˌmiksædi'nəumə] 粘液腺瘤

myxameba [ˌmiksə'mi:bə] (*myx-* + *ameba*) 粘液阿米巴

myxangitis [ˌmiksən'dʒaitis] (*myxo-* + Gr. *angeion* vessel + *-itis*) 粘液腺管炎

myxasthenia [ˌmiksəs'θi:niə] (*myxo-* + Gr. *astheneia* weakness) 粘液分泌不足

myxedema [ˌmiksi'di:mə] (*myxo-* + Gr. *oidēma* swelling) 粘液水肿
    circumscribed m. 局限性粘液水肿,胫骨前粘液水肿
    congenital m. 先天性粘液水肿,呆小病,克汀病
    infantile m. 婴儿粘液水肿
    nodular m. 结节性粘液水肿,胫骨前粘液水肿
    operative m. 手术性粘液水肿
    papular m. 丘疹性粘液水肿,粘液水肿性苔藓
    pituitary m. 垂体性粘液水肿
    pretibial m. 胫骨前粘液水肿
    secondary m. 继发性粘液水肿

myxedematoid [ˌmiksi'demətɔid] (*myxedema* + Gr. *eidos* form) 粘液水肿样的

myxedematous [ˌmiksi'demətəs] 粘液水肿的

myxemia [mik'si:miə] (*myxo-* + Gr. *haima* blood + *-ia*) 粘蛋白血症

myxiosis [ˌmiksi'əusis] 粘液排泄

myx(o)- (Gr. *myxa* mucus) 粘液

Myxobacteriaceae [ˌmiksəˌbæktə'resiə] 粘液菌科,粘细菌科

myxoblastoma [ˌmiksəublæs'təumə] 成粘液细胞瘤

myxochondrofibrosarcoma [ˌmiksəuˌkɔndrəuˌfaibrəusɑ:'kəumə] (*myxo-* + *chondro-* + *fibro-* + *sarcoma*) 粘液软骨纤维肉瘤

myxochondroma [ˌmiksəkɔn'drəumə] (*myxo-* + *chondroma*) 粘液软骨瘤

myxochondrosarcoma [ˌmiksəˌkɔndrəusɑ:'kəumə] (*myxo-* + *chondro-* + *sarcoma*) 粘液软骨肉瘤,恶性间叶瘤

myxocystitis [ˌmiksɔsis'taitis] (*myxo-* + *cystitis*) 膀胱粘膜炎

myxocystoma [ˌmiksəsis'təumə] (*myxo-* + *cyst-* + *-oma*) 粘液(样)囊瘤

myxocyte ['miksəsait] (*myxo-* + *cyte*) 粘液细胞

myxoedema [ˌmiksi'di:mə] 粘液(性)水肿

myxoenchondroma [ˌmiksəuˌenkɔn'drəumə] (*myxo-* + *enchondroma*) 粘液软骨瘤

myxoendothelioma [ˌmiksəuˌendəuθi:li'əumə] 粘液骨皮瘤

myxofibroma [ˌmiksəufai'brəumə] (*myxoma* + *fibroma*) 粘液纤维瘤
    odontogenic m. 牙原性粘液纤维瘤

myxofibrosarcoma [ˌmiksəuˌfaibrəusɑ:'kəumə] (*myxo-* + *fibro-* + *sarcoma*) 粘液纤维肉瘤

myxoglioma [ˌmiksəuglai'əumə] 粘液神经胶质瘤

myxoglobulosis [ˌmiksəuˌglɔbju'ləusis] (*myxo-* + *globule* + *-osis*) 粘液球囊肿

myxoid ['miksɔid] (*myxo-* + Gr. *eidos* form) 粘液样的

myxolipoma [ˌmiksəuli'pəumə] (*myxo-* + *lipoma*) 粘液脂瘤

myxoma [mik'səumə] (pl. *myxomas*, *myxomata*) (*myx-* + *-oma*) 粘液瘤
    atrial m. 心房粘液瘤
    cystic m. 囊性粘液瘤
    enchondromatous m. 软骨粘液瘤
    m. fibrosum 纤维粘液瘤,粘液纤维瘤
    infectious m. 传染性粘液瘤

lipomatous m. 脂瘤性粘液瘤
odontogenic m. 牙发生性粘液瘤
m. sarcomatosum 肉瘤性粘液瘤,粘液肉瘤
vascular m. 血管性粘液瘤
myxomatosis [ˌmiksəmə'təusis] ❶ 多发性粘液瘤病; ❷ 粘液瘤变性
  m. cuniculi, infectious m. 传染性粘液瘤病
myxomatous [mik'sɔmətəs] 粘液瘤的
myxomycetes [ˌmiksəumai'sitiːz] (*myxo-* + Gr. *mykēs* fungus) 粘菌虫类
myxomyeloma [ˌmiksəumaiə'ləumə] 粘液骨髓瘤
myxomyoma [ˌmiksəumai'əumə] (*myxo-* + *myoma*) 粘液肌瘤
myxoneuroma [ˌmiksənjuə'rəumə] 粘液神经瘤
myxopapilloma [ˌmiksəuˌpæpi'ləumə] 粘液乳头瘤
myxopoiesis [ˌmiksəpɔi'iːsis] (*myxo-* + Gr. *poiēsis* a making, creation) 粘液生成
myxorrhea [ˌmiksə'riːə] (*myxo-* Gr. *rhoia* flow) 粘液溢

m. intestinalis 肠粘液溢
myxosarcoma [ˌmiksəsɑː'kəumə] (*myxo-* + *sarcoma*) 粘液肉瘤
myxosarcomatous [ˌmiksəusɑː'kɔmətəs] 粘液肉瘤的
Myxosoma [ˌmiksə'səumə] (*myxo-* + Gr. *soma* body) 粘体虫属
myxosporan [ˌmiksəu'spɔrən] 粘孢子原虫
myxospore ['miksəspɔː] 粘孢子
Myxosporea [ˌmiksəu'spɔriə] (*myxo-* + *spore*) 粘孢子纲
myxovirus ['miksəuˌvaiərəs] (*myxo-* + *virus*) 粘液病毒
Myxozoa [ˌmiksəu'zəuə] (*myxo-* + Gr. *zōon* animal) 粘原虫门
myxozoan [ˌmiksəu'zəuən] (*myxo-* + Gr. *zōon* animal) ❶ 粘原虫; ❷ 粘原虫的
myzesis [mai'ziːsis] (Gr. *myzan* to suck) 吮,吸
Myzomyia [ˌmaizə'maiə] (Gr. *myzan* to suck + *myia* fly) 迈纹亚属
Myzorhynchus [ˌmizə'riŋkəs] (Gr. *myzan* to suck + *rhynchos* snout) 吻蚊亚属

N

N ❶ (*newton* 的符号)牛顿；❷ (*nitrogen* 的符号)氮

N ❶ (*normal* 的符号)当量；❷ (*number* 的符号)数值；❸ (*Avogadro's number* 的符号)阿伏伽德罗数；❹ (*neutron number* 的符号)中子数；❺ (*population size* 的符号)种群型号(统计学)

N- 前缀：在化学命名法中表示结合有氮原子

N_A (*Avogadro's number* 的符号)阿伏伽德罗数

n ❶ (*nano-* 的符号)微小，毫微；❷ (*refractive index* 的符号)屈光率；❸ (*neutron* 的符号)中子

n. (L. *nervus* 的符号)神经

n ❶ (*chromosome number* 的符号)单倍体染色体数；❷ (*sample size* 的符号)样品型号(统计学)

n- (*normal* 定义的符号)当量

n_D (*refractive index* 的符号)屈光率

ν ❶希腊语的第 13 个字母；❷ (*degrees of freedom* 的符号)自由度；❸ (*frequency* 的符号)次数；❹ (*neutrino* 的符号)中微子；❺ (*kinematic viscosity* 的符号)动力粘度

NA ❶ (Nomina Anatomica 的缩写)解剖学名词；❷ (numerical aperture 的缩写)数值孔径

Na (L. *natrium* 的符号)钠

nabidrox ['næbidrɔks] 庚苯吡醇

nabilone ['næbiləun] 庚苯吡酮

Naboth's follicles ['nɑːbɔθ] (Martin *Naboth*, German anatomist, 1675-1721) 纳包茨氏滤泡

nabothian [nə'bəuθiən] 纳包茨的

nabumetone [nə'bumə,təun] 萘西美酮

nacreous ['neikriəs] (Fr. *nacre* mother of pearl) 珍珠色的

Nacton ['næktən] 乃可丁：甲硫酸波尔定制剂的商品名

NAD ❶ (nicotinamide adenine dinucleotide 的缩写)烟酰胺腺嘌呤二核苷酸，辅酶；❷ (no appreciable disease 的缩写)无明显疾病

NAD^+ NAD 的氧化型

NADH NAD 的还原型

NADH cytochrome b_5 reductase ['saitəukrəum ri'dʌkteis] NADH-细胞色素 B_5 还原酶

NADH dehydrogenase [di-'haidrəudʒəneis juː'bikwinəun] (EC 1.6.5.3) NADH 脱氢酶

NADH methemoglobin reductase [mi'θiməgləubin ri'dʌkteis] NADH-正铁血红蛋白还原酶

NADH oxidase ['ɔksideis] NADH 氧化酶

NADH peroxidase [pə'rɔksideis] (EC 1.11.1.1) NADH 过氧化物酶

NADH-Q reductase [ri'dʌkteis] NADH-Q 还原酶

nadide ['nædaid] 烟酰胺腺嘌呤二核苷酸

NAD^+ kinase ['kaineis] (EC 2.7.1.23) NAD^+ 激酶

nadolol [næ'dɔlɔl] 萘羟心安

NADP (nicotinamide-adenine dinucleotide phosphate) 烟酰胺腺嘌呤二核苷酸磷酸；辅酶Ⅱ

$NADP^+$ NADP 的氧化型

NADPH NADP 的还原型

NADPH-cytochrome P-450 reductase ['saitəukrəum ri'dʌkteis] NADPH-细胞色素还原酶

NADPH-ferrihemoprotein reductase [,feri,heməˈprəutiːn ri'dʌkteis] (EC 1.6.2.4) NADPH-高铁血红蛋白还原酶

NADPH methemoglobin reductase [mit-'himəu,gləubin ri'dʌkteis] NADPH-高铁血红蛋白还原酶

NADPH oxidase ['ɔksideis] NADPH 氧化还原酶

NAD (P)⁺ transhydrogenase (AB specific) [ˌtræns'haidrəudʒəneis spə'sifik] (EC 1.6.1.2) NAD(P)⁺转氢酶(AB 特异)

NAD⁺ synthase (glutamine-hydrolysing) ['sinθeis ˌɡluːtəmiːn'haidrəuˌlaiziŋ] NAD⁺ 合成酶(谷氨酰胺-水解)

Naegeli's leukemia ['neigəliz] (Otto *Naegeli*, Swiss hematologist, 1871-1938) 南格里氏白血病

Naegeli's syndrome ['neigliz] (Oskar *Naegeli*, Swiss dermatologist, 1885-1959) 南格里氏综合征

Naegleria [nei'gliəriə] (F. P. O. *Nagler*, Australian bacteriologist, 20th century) 纳归虫属

naegleriasis [ˌneiglə'raiəsis] 纳归虫病

nafarelin acetate ['næfəˌrelin] 乙酸萘弗雷林

nafcillin [næf'silin] 乙氧萘青霉素,萘夫西林,新青霉素Ⅲ

nafenopin [nə'fenəupin] 萘苯丁酸,降脂素

Naffziger's operation ['næfzigəz] (Howard Christian *Naffziger*, American surgeon, 1884-1961) 耐兹格氏手术

nafomine malate ['næfəumiːn] 苹果酸甲萘甲氧胺

nafoxidine hydrochloride [næ'fɔksidiːn] 盐酸萘氧啶

nafronyl oxalate ['næfrəunəl] 草酸萘呋胺酯

naftalofos ['næftələufəs] 萘酞磷

naftifine hydrochloride ['næftifiːn] 盐酸乃夫芬

nagana [nɑː'ɡɑːnɑː] (Zulu, from *nagana* feeble, weak) 非洲锥虫病

Nagel's test ['nɑːɡəlz] (Willibald A. *Nägel*, German physiologist, 1870-1911) 纳格尔氏试验

Nägele's pelvis ['neigəliz] (Franz Karl N *ägele*, German obstetrician, 1777-1851) 内格利氏骨盆

Nageotte bracelets [nɑː'ʒɔt] (Jean *Nageotte*, Paris histologist, 1866-1948) 纳高特带

Nager's acrofacial dysostosis [nɑː'ʒeiz] (Félix Robert *Nager*, Swiss otorhinolaryngologist, 1877-1959) 那格氏面骨发育不全

Nager-De Reynier syndrome [nɑː'ʒeidə reini'ei] (F. R. *Nager*; Jean Pierre *de Reynier*, Swiss otologist, born 1914) 耐-雷二氏综合征

Nagler effect ['nɑːglə] (Joseph *Nagler*, Austrian radiologist, born 1910) 耐格勒氏效应

Nagler's reaction ['nægləz] (F. P. O. *Nagler*, Australian bacteriologist, 20th century) 耐格勒氏反应

naiad ['naiæd] (Gr. *nan* to flow) 稚虫

nail [neil] (L. *unguis*; Gr. *onyx*) ❶ 甲,爪; ❷ 钉
  eggshell n. 蛋壳状甲
  hippocratic n. 杵状指
  ingrown n. 嵌甲
  Jewett n. 犹艾特钉,粗隆骨折内固定用钉
  Küntscher n. 坎茨尔钉
  Neufeld n. 纽费尔德钉
  parrot beak n. 鹦鹉咀样指甲
  pitted n's 凹点性指甲
  racket n. 球拍指甲
  reedy n. 多沟甲
  Smith-Petersen n. 斯-皮二氏钉
  spoon n. 匙形甲
  turtle-back n. 龟背甲
  watch-crystal n. 表面玻璃甲

nailing ['neiliŋ] 插钉术
  intramedullary n. 骨髓腔内插钉术

Nairobi sheep disease [nai'rɔbi] (*Nairobi*, Kenya, where it is particularly prevalent) 内罗毕羊病

Nairovirus [ˌnairəu'vaiərəs] (*Nairobi sheep disease* + *virus*) 内罗毕病毒

Naja ['nɑːdʒə] 眼睛蛇

naja ['nɑːdʒə] (Arabic) 眼镜蛇

Na⁺, K⁺-ATPase [eitiː'piːeis] Na⁺, K⁺-ATP 酶

Na⁺/K⁺-exchanging ATPase [iks'tʃeindʒiŋ eitiː'piːeis] Na⁺/K⁺-交换 ATP 酶

Nakayama's reagent ['nɑːkɑː'jɑːmɑː] (M. *Nakayama*, Japanese chemist, early 20th century) 中山氏试剂

Na⁺/K⁺-transporting ATPase [træns'pɔːtiŋ eitiː'piːeis] Na⁺/k⁺-ATP 转移酶

naked ['neikid] 裸的
naked eye ['neikid ai] 肉眼
nalbuphine hydrochloride ['nælbufi:n] 盐酸纳丁甲羟氢吗啡
Nalfon ['nælfən] 乃芬:苯氧苯丙酸钙制剂的商品名
nalidixate sodium [næli'dikseit] 萘啶酸钠
nalidixic acid [næli'diksik] (USP) 萘啶酸
Nalline ['næli:n] 乃林:烯丙码啡制剂的商品名
nalmexone hydrochloride [næl'meksəun] 盐酸戊烯二氢码啡酮
nalorphine ['næləfi:n, næ'lɔ:fi:n] 烯丙吗啡
  n. hydrochloride 盐酸烯丙吗啡
naloxone hydrochloride [næ'lɔksəun] 盐酸烯丙羟吗啡酮,盐酸纳洛酮
naltrexone hydrochloride [næl'treksəun] 盐酸环丙甲羟二羟吗啡酮,盐酸纳屈酮
name [neim] 名,名称
  British Approved N. 英国采用的名称
  generic n. ①类名;② 非专利名称;③属名
  International Nonproprietary N. 国际非专利(药品)名称
  nonproprietary n. 非专利(药品)名称
  pharmacy equivalent n. (PEN) 药剂对应名称
  proprietary n. 专利品名称
  systematic n. 分类学名称
  trivial n. 通俗名称
  United States Adopted N. 美国采用的名称
NAN (*N*-acetylneuraminic acid 的缩写) N-乙酰神经氨(糖)酸,唾液酸
nandrolone ['nændrələun] 诺龙
  n. decanoate (USP) 癸酸诺龙
  n. phenpropionate 苯丙酸诺龙
nanism ['nænizəm] (L. *nanus* dwarf) 矮小,侏儒症;任何原因造成的矮小
  mulibrey n. 肌肝脑眼侏儒
  pituitary n. 垂体性侏儒
  renal n. 肾性侏儒,婴儿肾性骨营养不良
  senile n. 早老症
  symptomatic n. 症状性侏儒

Nannizzia [nə'naiziə] 散囊菌目
nann(o)- 微小,毫微
Nannomonas [ˌneinəu'məunəs] (*nanno-* + Gr. *monas* unit) 唾液锥虫的一个亚属
nan(o)- (Gr. *nanos* dwarf) ❶微小; ❷毫微
nanocephalia [ˌneinəusə'feiliə] 小头(畸形)
nanocephalous [ˌneinəu'sefələs] (*nano-* + Gr. *kephalē* head) 小头的,头小的
nanocephaly [ˌneinəu'sefəli] 小头(畸形)
nanocormia [ˌneinəu'kɔ:miə] (*nano-* + Gr. *kormos* trunk + -*ia*) 小躯干者
nanocurie [ˌneinəu'kjuəri] 毫微居里
nanogram ['neinəgræm] 毫微克
nanoid ['neinɔid] (*nano-* + Gr. *eidos* form) 矮小的,侏儒样的
nanoliter ['neinəˌli:tə] 毫微升
nanomelia [ˌneinəu'mi:liə] (*nano-* + Gr. *melos* limb + -*ia*) 小肢,短肢
nanomelus [nei'nɔmiləs] 小肢者
nanometer ['neinəuˌmi:tə] 毫微米
nanophthalmia [ˌneinəf'θælmiə] 小眼,眼小
nanophthalmos [ˌneinəf'θælməs] (*nan-* + Gr. *ophthalmos* eye) 小眼,眼小
Nanophyetus salmincola [ˌneinəu'faiətəs ˌsæl'minkələ] 鲑隐孔吸虫
nanoplankton [ˌneinəu'plæŋktən] 微型浮游生物
nanosecond ['neinəuˌsekənd] 毫微秒
nanosoma [ˌneinəu'səumə] 矮小,侏儒症
nanosomia [ˌneinəu'səumiə] (*nano-* + Gr. *sōma* body + -*ia*) 矮小,侏儒症
nanosomus [ˌneinəu'səuməs] 矮小畸胎,矮人
nanounit ['neinəuˌju:nit] 毫微单位
nanous ['neinəs] 矮小的
nanukayami [ˌnɑ:njukə'jɑ:mi] 七日热
nanus ['nænəs] (L. from Gr. *nanos*) 侏儒,身体矮小者
NAP (nasion, point A, pogonion 的缩写) 鼻根点,A 点,颏点
nape [neip] 项,后项
napex ['neipeks] 枕下部
naphazoline hydrochloride [næ'fæzəli:n] (USP) 盐酸萘甲唑啉,鼻眼净
naphtha ['næfθə] (L., from Arabic) ❶石

脑油；❷石油精,轻石油
naphthalene ['næfθəli:n] (L. *naphthalinum*) 萘
naphthamine ['næfθəmi:n] 乌洛托品
naphthol ['næfθɔl] 萘酚
  β-n., **beta-n.** β萘酚
naphtholate ['næfθəleit] 萘酚化物
naphtholism ['næfθəlizəm] 萘酚中毒
naphthoresorcine [,næfθəuri'sɔ:sin] 萘酚雷琐辛,1,3,-萘二酚
naphthyl ['næfθil] 萘基
  n. alcohol 萘酚
  n. phenol 萘酚
naphthylamine [næf'θailəmi:n] 萘基胺
naphthylpararosaniline [,næfθil,pærərəu'sænili:n] 萘基玫瑰苯胺
napiform ['neipifɔ:m] (L. *napus* turnip + *forma* shape) 大头菜形的
NAPNES (National Association for Practical Nurse Education and Services 的缩写)全国护士教育与服务协会
naprapath ['næprəpæθ] 推拿疗病者
naprapathy [nə'præpəθi] (Czech *napravit* to correct + Gr. *pathos* disease) 推拿疗病派
Naprosyn [nə'prɔsin] 萘普生:甲氧萘丙酸制剂的商品名
naproxen [nə'prɔksən] (USP) 甲氧萘丙酸,萘普生
naproxol [nə'prɔksəl] 甲氧萘丙醇
napsylate ['næpsəleit] 萘磺酸盐
Naqua ['nækwə] 乃克:三氯甲噻嗪制剂的商品名
Naquival ['nækwivəl] 乃癸维:三氯甲噻嗪与利血平制剂的商品名
naranol hydrochloride ['nærənɔl] 盐酸萘喃吡醇,盐酸纳仑诺
narasin ['nærəsin] 甲基盐霉素
Narcan ['nɑ:kæn] 纳肯:盐酸纳洛酮制剂的商品名
narcism ['nɑ:sizəm] 自爱欲,恋己癖
narcissine [nɑ:'sisin] 水仙碱
narcissism ['nɑ:sisizəm] (from *Narcissus*, a character in Greek mythology who fell in love with his own image reflected in water) 自爱欲,恋己癖,自我恋爱
narcissistic [,nɑsi'sistik] 自爱欲的
narco- (Gr. *narkē* numbness) 昏呆,昏迷状态
narcoanalysis [,nɑ:kəuə'næləsis] (精神)麻醉分析
narcoanesthesia [,nɑ:kəuˌænes'θi:ziə] 昏朦麻醉法
narcodiagnosis [,nɑ:kəuˌdaiəg'nəusis] 麻醉分析
narcohypnia [,nɑ:kəu'hipniə] (*narco-* + Gr. *hypnos* sleep + *-ia*) 乍醒麻木
narcohypnosis [,nɑ:kəuhip'nəusis] 麻醉药催眠
narcolepsy ['nɑ:kəˌlepsi] (*narco-* + Gr. *lepsis* a taking hold, a seizure) 发作性睡眠
narcoleptic [,nɑ:kə'leptik] 发作性睡眠的
narcoma [nɑ:'kəumə] 麻醉性昏睡
narcomania [,nɑ:kəu'meiniə] (*narco-* + Gr. *mania* madness) 麻醉剂狂,麻醉剂癖
narcomaniac [,nɑ:kəu'meiniək] 麻醉剂狂者,麻醉剂癖者
narcopepsia [,nɑ:kəu'pepsiə] (*narco* + Gr. *pepsis* digestion) 消化迟钝
narcose ['nɑ:kəus] 昏糊的,麻醉的
narcosine ['nɑ:kəsin] 那可丁,诺司卡品
narcosis [nɑ:'kəusis] (Gr. *narkōsis* a benumbing) 麻醉
  basal n. 基础麻醉
narcostimulant [,nɑ:kəu'stimjulənt] 麻醉兴奋的
narcosynthesis [,nɑ:kəu'sinθəsis] 麻醉综合法
narcotic [nɑ:'kɔtik] (Gr. *narkōtikos* benumbing, deadening) ❶麻醉的;❷麻醉剂,麻醉药
narcoticism [,nɑ:'kɔtisizm] ❶麻醉;❷麻醉品嗜好
narcotico-acrid [nɑ:ˌkɔtikəu'ækrid] 麻辣的
narcotico-irritant [nɑ:ˌkɔtikəu'iritənt] 麻醉刺激性的
narcotine ['nɑ:kəti:n] 那可丁,诺司卡品
narcotism ['nɑ:kətizm] ❶麻醉;❷麻醉品嗜好
narcotize ['nɑ:kətaiz] 使麻醉
narcous ['nɑ:kəs] 昏糊的,麻醉的
Nardil ['nɑ:dil] 纳地尔:硫酸苯乙肼制剂的商品名

nares ['nɛəriz] (L.) 鼻孔
naris ['nɛəris] (pl. *nares*) (L.) 鼻孔
　anterior n. external n. 前鼻孔,外鼻孔
　internal nares 内鼻腔
　posterior nares 后鼻孔
Narone ['nærəun] 安乃近:去甲氨基比林制剂的商品名
nasal ['neizəl] (L. *nasalis*) 鼻的
Nasalide ['næzə‚laid] 乃得来:9-去氟肤轻松制剂的商品名
nasalis [nei'zælis] (L. from *nasus* nose) 鼻的
nascent ['næsənt, 'neisənt] (L. *nascens*) ❶ 初生的; ❷ 初生(态)的
nasioiniac [‚neiziəu'iniæk] 鼻根点枕外隆突尖的
nasiomental [‚neisiəu'mentəl] 鼻根颏的
nasion ['neiziɔn] (L. *nasus* nose) (NA) 鼻根点
nasitis [nei'zaitis] (L. *nasus* nose + *-itis*) 鼻炎
Nasmyth's membrane ['næsmiθs] (Alexander *Nasmyth*, Scottish dental surgeon in London, died 1847) 南斯米斯氏膜,原发性釉护膜
NAS-NRC (National Academy of Sciences-National Research Council 的缩写) 国家科学院和国家研究委员会
nas(o)- (L. *nasus* nose) 鼻的
nasoantral [‚neizəu'æntrəl] 鼻上颌窦的
nasoantritis [‚neizəuæn'traitis] 鼻上颌窦炎
nasoantrostomy [‚neisəuæn'trɔstəmi] 鼻上颌窦造口术
nasobronchial [‚neizəu'brɔŋkil] 鼻支气管的
nasociliary [‚neizəu'siliəri] 鼻睫状的
nasocular ['neizəkələ] 鼻眼的,鼻眶的
nasoethmoidal [‚neizəui'θmɔidl] 筛鼻(骨)的
nasofrontal [‚neizəu'frʌntl] 鼻额骨的
nasogastric [‚neizəu'gæstrik] 鼻胃的
nasograph ['neizəgrɑ:f] 鼻测量计
nasolabial [‚neizəu'leibiəl] (*naso-* + L. *labium* lip) 鼻唇的
nasolabialis [‚neizəu‚leibi'eilis] (L.) 鼻中膈降肌
nasolacrimal [‚neizəu'lækriml] 鼻泪的
nasology [nei'zɔlədʒi] (*naso* + Gr. *logos* science) 鼻科学
nasomanometer [‚neizəumə'nɔmitə] 鼻压计
nasonnement [‚neizɔn'mɔŋ] (Fr.) 鼻音
naso-oral [‚neizəu'ɔ:rəl] 鼻口的
nasopalatine [‚neizəu'pælətain] (*naso-* + *palatine*) 鼻腭的
nasopalpebral [‚neizəu'pælpibrl] 鼻睑的
nasopharyngeal [‚neizəufə'rindʒil] 鼻咽的
nasopharyngitis [‚neizəu‚færin'dʒaitis] 鼻咽炎
nasopharyngolaryngoscope [‚neizəufə‚riŋ-gəulə'riŋgəuskəup] 鼻咽喉镜
nasopharyngoscope [‚neizəufə'riŋgəskəup] 电(光)鼻咽镜
nasopharynx [‚neizəu'færiŋks] (*naso-* + *pharynx*) 鼻咽
nasorostral [‚neizəu'rɔstrəl] 鼻尖的
nasoscope ['neizəskəup] (*naso-* + Gr. *skopein* to examine) 鼻镜
nasoseptal [‚neizəu'septl] 鼻(中)隔的
nasoseptitis [‚neizəusep'taitis] 鼻(中)隔炎
nasosinusitis [‚neizəu‚sainə'saitis] 鼻窦炎,鼻旁窦炎
nasospinale [‚neizəuspai'neili] 鼻下点
nasoturbinal [‚neizəu'tə:binəl] 鼻鼻甲的
nasus ['neisəs] (L.) (NA) 鼻
　n. externus (NA) 外鼻
natal ['neitəl] ❶ (L. *natus* birth) 分娩的,生产的; ❷ (L. *nates* buttocks) 臀的
natality [nei'tæliti] (L. *natalis* pertaining to birth) 出生率
natamycin [‚neitə'maisin] 纳他霉素,游霉素
nates ['neitiz] (L.) (NA) 臀
Nathans ['neiθənz] 内森斯:美国生物学家
natiform ['nætifɔ:m] (L. *nates* buttocks + *forma* form) 臀形
natimortality [‚neitimɔ:'tæliti] (L. *natus* birth + *mortality*) 死产率
National Formulary 美国国家药品集
natis ['neitis] (L. "rump") 臀
native ['neitiv] (L. *nativus*) ❶ 本地的,天然的; ❷ 未曾改变的,天然状态下的
Natolone ['neitəlɔun] 内特龙:孕烯醇酮制剂的商品名
natremia [nə'tri:miə] (L. *natrium* sodium + *-emia*) 钠血症

natrium ['neitriəm] (gen. *natrii*) (L., from Gr. *nitron* sodium carbonate) 钠

natriuresis [ˌneitrijuəˈriːsis] (L. *natrium* sodium + Gr. *ourēsis* a making water) 尿钠排泄

natriuretic [ˌneitrijuəˈretik] ❶ 尿钠排泄的; ❷ 促尿钠排泄药

natruresis [ˌnætruːˈriːsis] 尿钠排泄

natruretic [ˌnætruːˈretik] 尿钠排泄

natural ['nætʃərəl] (L. *naturalis*, from *natura* nature) 天然的,自然的

Naturetin [ˌnætjuˈriːtin] 钠土瑞丁:苄氟噻嗪制剂的商品名

naturopath ['neitʃərəˌpæθ] 自然医(术)士

naturopathic [ˌneitʃərəuˈpæθik] 自然医术的

naturopathy [ˌneitʃəˈrɔpəθi] 自然医术

naupathia [nɔːˈpæθiə] (Gr. *naus* ship *pathos* suffering) 晕船

nausea ['nɔːsiə] (L.; Gr. *nausia* seasickness) 恶心
　n. epidemica 流行性恶心
　n. gravidarum 妊娠期恶心

nauseant ['nɔːsiənt] ❶ 恶心的; ❷ 恶心药

nauseate ['nɔːsieit] 使恶心,作呕

nauseous ['nɔːʃəs] 恶心的,致恶心的

Navane ['nɑːvein] 那文:氨砜噻吨制剂的商品名

navel ['neivəl] 脐

navicula [nəˈvikjulə] (L. "boat") 舟状窝

navicular [nəˈvikjulə] (L. *navicula* boat) 舟状的

naviculare [nəˌvikjuˈlɛə] 舟骨

navicularthritis [nəˌvikjulɑːˈθraitis] 舟骨关节炎

Nb (*niobium* 的符号) 铌

NBS (National Bureau of Standards 的缩写) 国家标准局

NBT (nitroblue tetrazolium 的缩写) 四唑硝基蓝

NBTE (nonbacterial thrombotic endocarditis 的缩写) 非细菌栓塞性心内膜炎

N.C.A (neurocirulatory asthenia 的缩写) 神经循环衰弱

NCF (neutrophil chemotactic factor 的缩写) 中性白细胞趋化因子

NCHS (National Center for Health Statistics 的缩写) 国家医疗卫生统计中心

NCI (National Cancer Institute 的缩写) 国家癌症研究所

nCi (nanocurie 的缩写) 毫微居里, 纳居里。

NCMH (National Committee for Mental Hygiene 的缩写) 全国精神卫生委员会

NCN (National Council of Nurses 的缩写) 全国护士委员会

NCRP (National Committee on Radiation Protection and Measurements 的缩写) 全国放射保护及测量委员会

NCV (nerve conduction velocity 的缩写) 神经传递速度

Nd (*neodymium* 的符号) 钕

NDA (National Dental Association 的缩写) 全国牙科协会

nDNA (nuclear DNA 的缩写) 核脱氧核糖核酸

NDV (Newcastle disease virus 的缩写) 新城鸡瘟病毒

Nd:YAG (neodymium: yttrium-aluminum-garnet 的缩写) 钕

Ne (*neon* 的符号) 氖

nealogy [niˈælədʒi] (Gr. *nealēs* young + *-logy*) 幼动物学

near-point ['niəpoint] 近点

near-sight ['niəsait] 近视

nearsighted ['niəsaitid] 近视的

nearsightedness [niəˈsaitidnis] 近视

nearthrosis [ˌniəˈθrəusis] (Gr. *neos* new + *arthron* joint) ❶ 假关节; ❷ 人工关节

Nebcin ['nebsin] 乃布辛:硫酸妥布霉素制剂的商品名

nebenkern [nəˈbenkəːn] (Ger. *neben* near, beside + *kern* kernel, nucleus) ❶ 副核; ❷ 核旁线粒体团

nebramycin [ˌnebrəˈmaisin] 尼拉霉素, 暗霉素

nebula ['nebjulə] (gen. and pl. *nebulae*) (L. "mist") ❶ 角膜薄翳, 角膜翳; ❷ 尿混浊; ❸ 喷雾剂

nebularine [nebjuˈlɛərin] 云翳菌素

nebulization [ˌnebjulaiˈzeiʃən] (L. *nebula* mist) ❶ 制成喷雾; ❷ 喷雾治疗

nebulizer ['nebjulaizə] 喷雾器, 喷洒器

Nebupent ['nebjupent] 乃布本特:戊烷脒制剂的商品名

Necator [ni'keitə] (L. "murderer") 板口线虫属

N. americanus 美洲板口线虫, 美洲钩虫

necatoriasis [neˌkeitəu'raiəsis] 板口线虫病

necessity [ni'sesiti] 必需品

pharmaceutic n., pharmaceutical n. 无效或疗效极小的物质

neck [nek] 颈

anatomical n. of humerus 肱骨解剖颈
n. of ankle bone 距骨颈
bladder n. 膀胱颈
bull n. 公牛颈
n. of condyloid process of mandible 下颌颈
dental n. 牙颈
false n. of humerus 肱骨外科颈
n. of femur 股骨颈
n. of fibula 腓骨颈
n. of gallbladder 胆囊颈
n. of glans penis 阴茎颈
n. of hair follicle 毛囊颈
n. of head of posterior horn of spinal cord 脊髓后角头颈
n. of humerus 肱骨颈
lateral n. of vertebra 椎弓颈
Madelung's n. 马德隆氏颈
n. of malleus 锤骨颈
n. of mandible 下颌颈
n. of pancreas 胰腺颈
n. of posterior horn of spinal cord 脊髓后角颈
n. of radius 桡骨颈
n. of rib 肋颈
n. of scapula 肩胛骨颈
n. of spermatozoon 精子颈
surgical n. of humerus 肱骨外科颈
n. of talus 距骨颈
n. of tooth 牙颈
true n. of humerus 肱骨解剖颈
turkey gobbler n. 雄火鸡颈
n. of urinary bladder 膀胱颈
uterine n., n. of uterus 子宫颈
n. of vertebra, n. of vertebral arch 椎弓颈
webbed n. 蹼颈
wry n. 斜颈

necklace ['neklis] 项圈

Casal's n. 颈蜀黍红症

necrectomy [nek'rektəmi] (*necro-* + Gr. *ektomē* excision) 坏死物切除术

necremia [nek'ri:miə] (Gr. *neleros* dead + *aema* blood) 血液活力丧失

necrencephalus [ˌnekren'sefələs] (*necro-* + Gr. *enkephalos* brain) 脑软化

necr(o)- (Gr. *nekros* dead) 坏死, 尸体

necrobacillosis [ˌnekrəuˌbæsiləusis'] 坏死杆菌病

necrobiosis [ˌnekrəubai'əusis] (*necro-* + Gr. *biōsis* life) 渐进性坏死

n. lipoidica 脂性渐进性坏死
n. lipoidica diabeticorum 糖尿病性脂性渐进性坏死

necrobiotic [ˌnekrəubai'ɔtik] 渐进性坏死的

necrocytosis [ˌnekrəusai'təusis] (*necro-* + Gr. *kytos* cell + *-osis*) 细胞坏死

necrocytotoxin [ˌnekrəuˌsaitəu'tɔksin] 细胞坏死毒素

necrodermatitis [ˌnekrəuˌdəmə'taitis] 坏死性皮炎

necrogenic [ˌnekrəu'dʒenik] (*necro-* + Gr. *gennan* to produce) 死质性的, 坏死原的

necrogenous [nə'krɔdʒənəs] 死质性的, 坏死原的

necrologic [ˌnekrə'lɔdʒik] 死亡统计的

necrologist [nə'krɔlədʒist] 死亡统计学家

necrology [nə'krɔlədʒi] (*necro-* + *-logy*) 死亡统计, 死亡统计学

necrolysis [nə'krɔlisis] (*necro-* + Gr. *lysis* dissolution) 坏死溶离

toxic epidermal n. 有毒表皮坏死溶离

necromania [ˌnekrəu'meiniə] (*necro-* + Gr. *mania* madness) 恋尸癖, 恋尸狂

necrometer [ne'krɔmitə] (*necro-* + Gr. *metron* measure) 尸体测量器

necromimesis [ˌnekrəumai'mi:sis] (*necro-* + Gr. *mimēsis* imitation) 死亡妄想, 装死

necronectomy [ˌnekrəu'nektəmi] (*necro-* + Gr. *ektomē* excision) 坏死物切除术

necroparasite [ˌnekrəu'pærəsait] 坏死寄生菌, 生物寄生物

necrophagous [nə'krɔfəgəs] (*necro-* + Gr. *phagein* to eat) 食尸的, 食腐肉的

necrophagy [nə'krɔfədʒi] 食尸癖

necrophilia [ˌnekrəuˈfiliə] 恋尸狂, 奸尸
necrophilic [ˌnekrəuˈfilik] ❶恋尸狂的, 奸尸的; ❷食腐的
necrophilism [nəˈkrɔfilizəm] (necro- + Gr. philein to love) 恋尸狂, 奸尸
necrophilous [nəˈkrɔfiləs] 食腐的
necrophily [nəˈkrɔfili] 恋尸狂, 奸尸
necrophobia [ˌnekrəuˈfəubiə] (necro- + phobia) ❶死亡恐怖; ❷尸体恐怖
necrophorus [neˈkrɔfərəs] 坏死厌氧丝杆菌
necropneumonia [ˌnekrəunjuˈməunjə] (necro- + Gr. pneumōn lung + -ia) 肺坏疽
necropsy [ˈnekrɔpsi] (Gr. nekros dead + opsis view) 尸体解剖
necrosadism [ˌnekrəuˈseidizəm] (Gr. nekros dead + sadism) 残毁尸体色情
necroscopy [nəˈkrɔskəpi] (Gr. nekros dead + skopein to examine) 尸体解剖
necrose [ˈnekrəus] 发生坏死
necroses [nəˈkrəusiz] (Gr.) 坏死。necrosis 的复数形式
necrosin [ˈnekrəsin] 坏死素
necrosis [nəˈkrəusis] (pl. necroses) (Gr. nekrōsis deadness) 坏死
  arteriolar n. 小动脉坏死
  aseptic n. 无菌性坏死
  avascular n. 缺血性坏死
  bacillary n. 坏死杆菌病
  Balser's fatty n. 巴尔泽氏脂肪坏死
  bridging n. 桥接坏死
  caseous n. 干酪样坏死
  central n. 中心性坏死
  cerebrocortical n. 大脑皮层坏死
  cheesy n. 干酪样坏死
  coagulation n. 凝固性坏死
  colliquative n. 液化性坏死
  contraction band n. 萎缩带坏死
  cystic medical n. 埃德黑姆囊性中膜坏死
  dry n. 干性坏死
  epiphyseal ischemic n. 骨骺缺血性坏死
  Erdheim's cystic medical n. 囊性中膜坏死
  exanthematous n. 疹性坏死
  fat n. 脂肪坏死
  focal n. 局灶性坏死
  gangrenous n. 坏疽性坏死
  gangrenous pulp n. 坏疽性牙髓坏死
  hyaline n. 玻璃样坏死
  infectious pancreatic n. 传染性胰坏死
  ischemic n. 缺血性坏死, 凝固性坏死
  labial n. of rabbits 兔唇坏死
  liquefaction n. 液化性坏死
  massive hepatic n. 广泛性肝坏死
  medial n. 主动脉中层坏死
  mercurial n. 汞中毒性坏死
  mummification n. 干性坏疽
  Paget's quiet n. 佩吉特氏静性坏死
  peripheral n. 肝小叶的周围坏死
  phosphorus n. 磷中毒性坏死
  piecemeal n. 碎片坏死
  postpartum pituitary n. 分娩后垂体坏死
  pressure n. 压迫性坏死
  n. progrediens 进行性坏死, 进行性形成腐肉
  progressive emphysematous n. 气性坏疽
  radiation n. 放射性坏死
  radium n. 镭性坏死
  n. of renal papillae, renal papillary n. 肾乳头坏死
  septic n. 感染性坏死
  subacute hepatic n. 亚急性肝坏死
  subcutaneous fat n. 新生儿皮下脂肪坏死
  submassive hepatic n. 次广泛性肝坏死
  superficial n. 表层坏死
  syphilitic n. 梅毒性坏死
  total n. 全部坏死
  n. ustilaginea 麦角中毒性坏死
  Zenker's n. 甄克尔氏坏死
necrospermia [ˌnekrəuˈspəːmiə] (Gr. nekros dead + sperm + -ia) 死精症
necrospermic [ˌnekrəuˈspəːmik] 死精症的
necrotic [neˈkrɔtik] 坏死的
necrotizing [ˈnekrəˌtaiziŋ] 引起坏死的
necrotomy [nəˈkrɔtəmi] (Gr. nekros + tomē a cutting) ❶尸体解剖; ❷死骨切除
  osteoplastic n. 骨成形性死骨切除
necrotoxin [ˌnekrəuˈtɔksin] 坏死毒素
necrozoospermia [ˌnekrəuˌzəuəˈspəːmiə] 死精症
Necturus [nekˈtjuːərəs] 泥螈属
NED (no evidence of disease 的缩写) 无疾病迹象

needle ['ni:dl] (L. *acus*) ❶针；❷针刺，用针，用针刺
  Abrams' n. 艾布勒姆斯氏针
  aneurysm n. 动脉瘤针
  aspirating n. 吸液针
  Brockenbrough n. 布诺肯布诺氏针
  cataract n. 白内障针
  Chiba n. 契巴针
  Cope's n. 库玻针
  Deschamps' n. 德尚斯氏针
  discission n. 晶状体刺开针
  fine n. 细针
  Hagedorn's n's 哈格多恩氏扁头针
  hypodermic n. 皮下注射针
  knife n. 刀针
  ligature n. 结扎针
  Menghini n. 孟黑尼氏针
  Reverdin's n. 内维尔丹氏针
  Seldinger n. 塞尔丁格尔氏针
  Silverman n. 希维耳曼氏针
  skinny n. 细针
  stop n. 有档针
  swaged n. 带缝线针
  transseptal n. 经中隔针
  Vim-Silverman n. 维-西氏针
needling ['ni:dliŋ] 针刺，针术
neencephalon [ˌni:en'sefələn] (Gr. *neos* new + *enkepalos* brain) 新脑
NEFA (nonesterified fatty acids 的缩写) 非酯化脂肪酸
nefluorophotometer [nə'fluərəfə'tɔmitə] 荧光散射浊度计
nefopam hydrochloride ['nefəpæm] 盐酸甲苯唑辛
Negatan ['negətən] 间甲酚磺酸：甲醛缩物制剂的商品名
negativism ['negətiviˌzəm] 违拗症
negatol ['negətɔl] 由间甲酚磺酸与甲醛作用产生的一种胶体
negatoscope ['negətəskəup] 看片灯
negatron ['negətrɔn] 负电子，阴电子
NegGram ['negræm] 耐格兰：萘啶酸 (nalidixic acid) 制剂的商品名
neglect [ni'glekt] (L. *neglegere* to disregard) 忽视
  unilateral n. 单方忽视
Negri bodies ['neigri] (Adelchi *Negri*, Italian physician, 1876-1912) 内格里氏小体
Negri-Jacod syndrome ['neigriʒɑ:'kɔ] (Silvio *Negri*, Italian physician, 20th century, Maurice *Jacod*, French physician, 20th century) 内-雅二氏综合征
Negro's phenomenon ['neigrəuz] (Camillo *Negro*, Italian neurologist, 1861-1927) 内格罗氏现象
NEI (National Eye Institute 的缩写) 国立眼科学院
neighborwise ['neibəwaiz] 邻向
Neill-Mooser bodies [ni:l'məuzə] (Mather Humphrey *Neill*, American physician, 1882-1930; Hermann *Mooser*, Swiss pathologist, 1891-1971) 尼-莫二氏体
Neisser's diplococcus ['naisɔ:] (Albert Ludwig Siegmund *Neisser*, German physician, 1855-1916) 奈瑟氏双球菌
Neisser-Wechsberg phenomenon ['naisə'veksbə:g] (Max *Neisser*, German physician, 1869-1938; Friedrich *Wechsberg*, German physician; 1873-1929) 奈-韦二氏现象
Neisseria [nai'siəriə] (A. L. S. *Neisser*) 奈瑟氏菌属
  N. catarrhalis 粘膜炎奈瑟菌
  N. flavescens 浅黄奈瑟球菌
  N. gonorrhoeae 淋病奈瑟球菌
  N. lactamica 乳酰胺奈瑟球菌
  N. meningitidis 脑膜炎奈瑟球菌
  N. mucosa 粘液奈瑟球菌
  N. sicca 干燥奈瑟球菌
  N. subflava 微黄色奈瑟球菌
Neisseriaceae [naiˌsəri'eisii:] 奈瑟球菌科
neisserial [nai'siəriəl] 奈瑟球菌属的
nekton ['nektən] (Gr. *nēktos* swimming) 自游生物
Nélaton's catheter [nælɑ'tɔnz] (Auguste *Nélaton*, French surgeon, 1807-1873) 内拉通氏导管
nelogism [ni:lədʒizm] ❶新语病；❷语词新作
Nelson's syndrome ['nelsənz] (Don H. *Nelson*, American internist, born 1925) 纳尔逊氏现象
nema ['ni:mə] (Gr. *nēma* thread) 线虫
nemaline ['neməli:n] (Gr. *nēma* thread) 线形的或圆形的

nemathelminth [ˌneməˈθelminθ] (*nemato-* + Gr. *helmins* worms) 线虫

Nemathelminthes [ˌneməðelˈminθiːz] 线形动物门

nemathelminthiasis [ˌneməˌθelminˈθaiəsis] 线虫的

nematicide [nəˈmætisaid] 杀线虫剂, 杀线虫的

nematization [ˌneməˌtaiˈzeiʃən] 线虫感染

nemat(o)- (Gr. *nēma* thread, gen. *nēmatos*) 线虫, 线状物

nematoblast [ˈnemətəblæst] (Gr. *nēma* thread + *blastos* germ) 精子细胞, 精细胞

Nematocera [ˌneməˈtɔsərə] (Gr. *nēma* thread + *keras* horn) 长角亚目

nematocide [ˈnemətəˌsaid] (*nemato-* + L. *caedere* to kill) ❶杀线虫的; ❷杀线虫剂

nematocyst [ˈnemətəˌsist] 刺丝孢

Nematoda [ˌneməˈtəudə] (Gr. *nēma* thread + *eidos* form) 线虫纲

nematode [ˈnemətəud] 线虫

nematodesma [ˌnemətəˈdezmə] (pl. *nematodesmata*) (*nemato-* + Gr. *desmos* band, ligament) 刺丝

nematodiasis [ˌnemətəuˈdaiəsis] 寄生线虫感染

Nematodirus [ˌneməˈtɔdirəs] 细颈属

nematoid [ˈnemətɔid] 线形的, 类似线的, 线虫的

nematoidea [ˌneməˈtɔidiə] 真线虫类

nematologist [ˌneməˈtɔlədʒist] 线虫学家

nematology [ˌneməˈtɔlədʒi] 线虫学

Nematomorpha [ˌneməˈtəuˈmɔːfə] (Gr. *nēma* thread + *morphē* form) 发形动物门

nematosis [ˌneməˈtəusis] 线虫寄生, 线虫侵袭

nematospermia [ˌnemətəuˈspəːmiə] (*nemato-* + Gr. *sperma* sperm) 长尾精虫

Nembutal [ˈnembjuːtəl] 南木特: 戊巴比妥纳制剂的商品名

nemic [ˈnemik] 线虫的

Nencki's test [ˈnentskiːz] (Marcellus von Nencki, Polish physician, 1847-1901) 能斯基氏试验

ne(o)- (Gr. *neos* new) 新的

neoadjuvant [ˌniːəuˈædʒuːvənt] 预先调节

Neo-Antergan [ˌniːəuˈæntəgən] 甲氧苄二胺, 新安特甘

neoantigen [ˌniː(ː)əuˈæntidʒən] 新抗原

neoarthrosis [ˌniːəuɑːˈθrəusis] 人造关节, 假关节

neobiogenesis [ˌniːəuˌbaiəuˈdʒenəsis] (*neo-* + *biogenesis*) 生命由无机物产生说

neoblast [ˈniːəublæst] 新胚叶, 新胚层

neoblastic [ˌniːəuˈblæstik] (*neo-* + Gr. *blastos* germ) 新组织的

Neo-Calglucon [ˌniːəuˈkælglukən] 新钙糖康

neocerebellum [ˌniːəuˌseriˈbeləm] (*neo-* + *cerebellum*) (NA) 新小脑

neocinetic [ˌniːəusaiˈnetik] 新(成)运动区的

Neo-Cobefrin [ˌniːəuˈkɔbəfrin] 新异肾上腺素

neocortex [ˌniːəuˈkɔːteks] (*neo-* + *cortex*) (NA) 新(大脑)皮层

neocytosis [ˌniːəusaiˈtəusis] 未成熟细胞血症

neodarwinism [ˌniːəuˈdɑːwinizəm] 新达尔文主义

Neodecadron [ˌniːəuˈdekədrən] 新地可松: 磷酸纳地塞米松制剂的商品名

Neo-Diloderm [ˌniːəuˈdailədəm] 新代乐得: 外用杀菌消炎剂

neodymium [ˌniːəuˈdimiəm] 钕

neofetal [ˌniːəuˈfiːtəl] 幼胎的

neofetus [ˌniːəuˈfiːtəs] 幼胎

neoformation [ˌniːəufɔːˈmeiʃən] 新生物

neoformative [ˌniːəuˈfɔːmətiv] 新生的

neogala [niˈɔgələ] (*neo-* + Gr. *gala* milk) 初乳

neogenesis [ˌniːəuˈdʒenəsis] (*neo-* + Gr. *genesis* production) 再生, 新生

neogenetic [ˌniːəudʒəˈnetik] 新生的

neoglottic [ˌniːəuˈglɔtik] 新声门的

neoglottis [ˌniːəuˈglɔtis] 新声门

neoglycogenesis [ˌniːəuˌglaikəˈdʒenəsis] 糖原异生

Neohetramine [ˌniːəuˈhetrəmiːn] 新海特敏: 盐酸苄嘧二胺制剂的商品名

neo-hippocratism [ˌniːəuhiˈpɔkrətizəm] 新希波克拉底医派

Neo-Hombreol [ˌniːəuˈhɔmbriəul] 新后布优尔: 丙酸睾丸酮制剂的商品名

neohymen [ˌniːəuˈhaimən] (*neo-* + Gr.

hymēn membrane) 假膜

neo-insulin [ˌniːəuˈinsjulin] 新胰岛素

neokinetic [ˌniːəukaiˈnetik] (*neo-* + Gr. *kinētikos* pertaining to movement) 新(成)运动区的

neolalia [ˌniːəuˈleiliə] (*neo-* + Gr. *lalia* babble) 新语症

neolalism [ˌniːəˌniːəuˈlælizəm] (*neo-* + Gr. *lalia* babble) 新语症

neologism [niːˈɔlədʒizəm] (*neo-* + Gr. *logos* word) 新语症,新词症

Neoloid [ˈniːəulɔid] 纽洛得: 蓖麻油制剂的商品名

neomembrane [ˌniːəuˈmembrein] 假膜

neomorph [ˈniːəumɔːf] (*neo-* + Gr. *morphē* form) 新形体

neomorphism [ˌniːəuˈmɔːfizəm] 新形体形成

neomycin [ˌniːəuˈmaisin] 新霉素
   n. sulfate (USP) 硫酸新霉素

neon [ˈniːɔn] (Gr. *neos* new) 氖

neonatal [ˌniːəuˈneitəl] (*neo-* + L. *natus* born) 新生期的

neonate [ˈniːəneit] ❶ 新生的; ❷ 新生儿

neonatologist [ˌniːəuneiˈtɔlədʒist] 新生儿学专家

neonatology [ˌniːəuneiˈtɔlədʒi] 新生儿科学

neonicotine [ˌniːəuˈnikətin] 新烟碱,阿那巴辛

neopallium [ˌniːəuˈpæliəm] (*neo-* + L. *pallium* cloak) 新(大脑)皮质

neopathy [niːˈɔpəθi] (*neo-* + Gr. *pathos* disease) ❶ 新发病; ❷ 并发病

neophobia [ˌniːəuˈfəubiə] (*neo-* + Gr. *phobes* fear) 新事物恐怖

neophrenia [ˌniːəuˈfriːniə] (*neo-* + Gr. *phren* mind) 幼年精神病,青年精神病

neoplasia [ˌniːəuˈpleiʒiə] 瘤形成
   cervical intraepithelial n. (CIN) 颈上皮内瘤形成
   gestational trophoblastic n. (GTN) 妊娠滋养层瘤形成
   lobular n. 小叶瘤形成
   multiple endocrine n. (MEN) 多发性内分泌腺瘤形成
   multiple endocrine n., type Ⅰ 多腺瘤病Ⅰ型
   multiple endocrine n., type Ⅱ 多腺瘤病Ⅱ型
   multiple endocrine n., type ⅡA 多发性内分泌腺瘤形成Ⅱ型
   multiple endocrine n., type ⅡB 多发性内分泌腺瘤形成Ⅲ型
   multiple endocrine n., type Ⅲ 多腺瘤病Ⅲ型

neoplasis [ˌniːəuˈplæsis] (*neo-* + Gr. *plassein* to form) 新生物形成,瘤形成

neoplasm [ˈniːəuplæzəm] (*neo-* + Gr. *plasma* formation) 新生物,肿瘤

neoplastic [ˌniːəuˈplæstik] ❶ 新生物的,瘤的; ❷ 瘤形成

neoplastigenic [ˌniːəuplæstiˈdʒenik] 引起肿瘤的

neoplasty [ˈniːəuˌplæsti] (*neo-* + Gr. *plassein* to form) ❶ 造形术,修补术; ❷ 瘤形成

Neopsylla [niːˈɔpselə] 新蚤

neopterin [ˌniːˈɔptərin] 新蝶呤

neoquassin [ˌniːəuˈkwæsin] 新苦楝素

Neorickettsia [ˌniːəuriˈketsiə] (*neo-* + *rickettsia*) 新立克次体

Neoschoengastia [ˌniːəuʃəunˈgæstiə] 新许恙螨属
   N. americana 美洲新许恙螨属

neostibosan [ˌniːəuˈstibəsən] 新脒生,乙胺

neostigmine [ˌniːəuˈstigmin] 新斯的明
   n. bromide 新斯的明的溴化物
   n. methylsulfate 新斯的明甲基硫酸盐

neostomy [niːˈɔstəmi] (*neo-* + Gr. *stoma* mouth) 造口术

neostriatum [ˌniːəustraiˈeitəm] (*neo-* + *striatum*) 新纹状体

Neo-Synalar [ˌniːəuˈsainəlɑː] 新塞纳拉: 硫酸新霉素与肤轻松化合制剂的商品名

Neo-Synephrine [ˌniːəusiˈnefrin] 新辛内弗林,新福林: 盐酸苯肾上腺素制剂的商品名

neoteny [niːˈɔtəni] (*neo-* + Gr. *teinein* to extend) 幼态持续

neothalamus [ˌniːəuˈθæləməs] (Gr. *neos* new + *thalamus*) 新丘脑

Neothylline [ˌniːəuˈθailiːn] 新赛林: 双羟丙茶碱制剂的商品名

Neotoma [niːˈɔtəmə] 林鼠属
   N. lepida 沙漠林鼠

Neotrizine [ˌniːəuˈtraiziːn] 新特瑞辛：三磺嘧啶制剂的商品名

neotype [ˈniːəutaip] 新型

neovascularization [ˌniːəuˌvæskjuləraiˈzeiʃən] ❶新血管形成；❷血管再生

nepenthic [neˈpenθik] (Gr. nēpenthēs free from sorrow) 忘忧的

Nepeta [ˈnepətə] 假荆芥属

nepetalactone [ˌnepətəˈlæktəun] 假荆芥内酯

nephel(o)- (Gr. nephelē cloud or mist) 雾

nepheloid [ˈnefəlɔid] 浑浊的

nephelometer [ˌnefəˈlɔmitə] 散射浊度计, 比浊计

nephelometry [nefəˈlɔmitri] (nephelo- + Gr. metron measure) 光电散射浊度计

nephelopia [ˌnefəˈləupiə] (Gr. nephele cloud + ops eye) 角膜翳性视力障碍, 角膜浑浊性视力障碍

nephelopsychosis [ˌnefələsaiˈkəusis] (nephelo- + psychosis) 嗜云癖

nephradenoma [ˌnefrædəˈnəumə] (nephr- + adenoma) 肾腺瘤

nephralgia [nəˈfrældʒiə] (nephr- + -algia) 肾病

nephralgic [nəˈfrældʒik] 肾痛的

nephranuria [ˌnefrəˈnjuəriə] (Gr. nephros kidney + anuria) 肾性无尿

nephrapostasis [ˌnefrəˈpɔstəsis] (nephr- + Gr. apostasis suppuration) 肾脓肿

nephrarctia [neˈfrɑːktiə] (Gr. nephros kindey + L. arctare to bind) 肾萎缩

nephrasthenia [ˌnefræsˈθiːniə] (Gr. nephros kidney + asthenia) 肾衰弱

nephratonia [ˌnefrəˈtəuniə] (Gr. nephros kidney + atony) 肾弛缓

nephrauxe [nefˈrɔːksi] (nephr- + Gr. auxē increase) 肾增大

nephrectasia [ˌnefrekˈteiʒiə] (nephr- + Gr. ektasis distention + -ia) 肾扩张, 囊状肾

nephrectasis [nəˈfrektəsis] 肾扩张, 囊状肾

nephrectasy [nəˈfrektəsi] 肾扩张, 囊状肾

nephrectomize [nəˈfrektəmaiz] 肾切除

nephrectomy [nəˈfrektəmi] (nephr- + Gr. ektomē excision) 肾切除术
   abdominal n., anterior n. 经腹肾切除术
   lumbar n. 经腰肾切除术
   paraperitoneal n. 腹膜旁肾切除术
   posterior n. 经腰肾切除术

nephredema [ˌnefrəˈdiːmə] 肾盂积水

nephrelcosis [ˌnefrelˈkəusis] (nephr- + Gr. helkōsis ulceration) 肾溃疡

nephremia [nəˈfriːmiə] (nephr- + Gr. haima blood + -ia) 肾充血

nephremphraxis [ˌnefremˈfræksis] (Gr. nephrōs + emphraxis obstruction) 肾血管梗阻

nephric [ˈnefrik] 肾的

nephridium [nəˈfridiəm] 肾管

nephrism [ˈnefrizm] 肾病性恶病质

nephritic [nəˈfritik] 肾炎的

nephritides [nəˈfritidiz] 肾炎

nephritis [ˌnəˈfritis](pl. nephritides)(Gr. nephros kidney + -itis) 肾炎
   acute n. 急性肾炎
   arteriosclerotic n. 动脉硬化性肾炎
   azotemic n. 氮血症性肾炎
   bacterial n. 细菌性肾炎
   Balkan n. 巴尔干肾炎
   capsular n. 肾小球囊性肾炎
   n. caseosa, caseous n. 干酪性肾炎
   cheesy n. 干酪性肾炎
   chloro-azotemic n. 氯氮血症性肾炎
   chronic n. 慢性肾炎
   congenital n. 先天性肾炎
   croupous n. 急性肾炎
   degenerative n. 变性肾炎, 肾病变
   n. dolorosa 痛性肾炎
   dropsical n. 水肿性肾炎, 肾病综合征
   exudative n. 渗出性肾炎
   fibrolipomatous n. 纤维脂性肾周炎
   fibrous n. 纤维性肾炎
   glomerular n. 肾小球肾炎
   glomerulocapsular n. 肾小球被膜性肾炎
   n. gravidarum 妊娠期肾炎
   hemorrhagic n. 出血性肾炎
   Heymann's n. 黑曼氏肾炎
   indurative n. 硬结性肾炎
   interstitial n. 间质性肾炎
   interstitial n., acute 急性间质性肾炎
   Lancereaux's n. 风湿性间质性肾脏炎
   lupus n. 狼疮性肾炎
   nephrotoxic serum n. 肾毒性血清肾炎
   parenchymatous n. 主质性肾炎

parenchymatous n., chronic 慢性主质性肾炎

penumococcus n. 肺炎双球菌性肾炎

potassium-losing n. 失钾性肾炎

n. of pregnancy 妊娠期肾炎

productive n. 增殖性肾炎

n. repens 潜行性肾炎

salt-losing n. 失盐性肾炎

saturnine n. 铅毒性肾炎

scarlatinal n. 猩红热性肾炎

subacute n. 亚急性肾炎

suppurative n. 化脓性肾炎

suppurative n., acute 急性化脓性肾炎

suppurative n., chronic 慢性化脓性肾炎

syphilitic n. 梅毒性肾炎

transfusion n. 输血性肾炎

tubal n., tubular n. 肾小管肾炎

tuberculous n. 结核性肾炎

vascular n. 肾硬化,肾硬变

nephritogenic [nəˌfritəuˈdʒenik] 致肾炎的

nephr(o)- (Gr. *nephros* kidney) 肾

nephroabdominal [ˌnefrəuæbˈdɔminəl] 肾腹的

nephroangiosclerosis [ˌnefrəuˌændʒiəuskləˈrəusis] 肾血管硬化

nephroblastoma [ˌnefrəublæsˈtəumə] 肾母细胞瘤

nephroblastomatosis [nefrəublæsˌtəuməˈtəusis] 婴儿肾叶周围的胚基细胞、小管和基质细胞

nephrocalcinosis [ˌnefrəuˌkælsiˈnəusis] (*nephro-* + *calcium* + *-osis*) 肾钙质沉着

nephrocapsectomy [ˌnefrəukæpˈsektəmi] (*nephro-* + L. *capsula* capsule + Gr. *ektomē* excision) 肾被膜剥除术

nephrocardiac [ˌnefrəuˈkɑːdiæk] 肾心的

nephrocele [ˈnefrəusiːl] (*nephro-* + Gr. *kēlē* hernia) 肾突出的

nephrocirrhosis [ˌnefrəusiˈrəusis] 肾硬变,颗粒状肾

nephrocolic [ˌnefrəuˈkɔlik] (*nephro-* + *colic*) ❶肾结肠的;❷肾绞痛

nephrocolopexy [ˌnefrəuˈkɔləˌpeksi] (*nephro-* + Gr. *kolon* colon + *pexis* fixation) 肾结肠固定术

nephrocoloptosis [ˌnefrəuˌkəuləpˈtəusis] (*nephro-* + Gr. *kolon* colon + *ptōsis* fall) 肾结肠下垂

nephrocystanastomosis [ˌnefrəuˌsistəˌnæstəˈməusis] (*nephro-* + Gr. *kystis* bladder + *anastomōsis* an opening) 肾膀胱吻合术

nephrocystitis [ˌnefrəusisˈtaitis] (*nephro-* + Gr. *kystis* bladder + *itis*) 肾膀胱炎

nephrocystosis [ˌnefrəusisˈtəusis] (*nephro-* + *cyst* + *-osis*) 肾囊肿形成

nephroerysipelas [ˌnefrəuˌeriˈsipələs] 肾炎性丹毒

nephrogastric [ˌnefrəuˈɡæstrik] 肾胃的

nephrogenic [ˌnefrəuˈdʒenik] (*nephro-* + Gr. *gennan* to produce) 肾发生的

nephrogenous [nəˈfrɔdʒənəs] 肾源性的

nephrogram [ˈnefrəɡræm] 肾X线照片

nephrography [nəˈfrɔɡrəfi] (*nephro-* + Gr. *graphein* to write) 肾X线造影术

nephrohemia [ˌnefrəuˈhiːmiə] (*nephro-* + Gr. *haima* blood + *-ia*) 肾充血

nephrohydrosis [ˌnefrəuhaiˈdrəusis] 肾盂积水

nephrohypertrophy [ˌnefrəuhaiˈpəːtrəfi] (*nephro-* + *hypertrophy*) 肾肥大

nephroid [ˈnefrɔid] (*nephro-* + Gr. *eidos* form) 肾形的,肾样的

nephrolith [ˈnefrəliθ] (*nephro-* + Gr. *lithos* stone) 肾石

nephrolithiasis [ˌnefrəuliˈθaiəsis] 肾石病

nephrolithotomy [ˌnefrəuliˈθɔtəmi] (*nephrolith* + Gr. *tomē* a cutting) 肾石切除

nephrologist [nəˈfrɔlədʒist] 肾病学家

nephrology [nəˈfrɔlədʒi] (*nephro-* + *-logy*) 肾病学

nephrolysine [neˈfrɔlisin] (*nephro-* + *lysine*) 溶肾素,肾霉素

nephrolysis [nəˈfrɔləsis] (*nephro-* + Gr. *lysis* dissolution) ❶肾溶解;❷肾松解术

nephrolytic [ˌnefrəˈlitik] 肾溶解的,肾松解的

nephroma [nəˈfrəumə] (*nephr-* + *-oma*) 肾瘤

congenital mesoblastic n. 先天性中胚层肾瘤

embryonal n. 胚胎性肾瘤

nephromalacia [ˌnefrəuməˈleiʃiə] (*nephro-* + Gr. *malakia* softness) 肾软化

nephromegaly [ˌnefrəuˈmeɡəli] (*nephro-*

nephromere ['nefrəmiə] (*nephro-* + Gr. *meros* part) 肾节,原肾节

nephron ['nefrɔn] (Gr. *nephros* kidney + *-on* neuter ending) 肾单位

nephroncus [nef'rɔŋkəs] (Gr. *onkos* tumor) 肾瘤

nephronophthisis [,nefrɔn'ɔfθisis] (*nephron* + Gr. *phthisis* wasting) 肾消耗病
 familial juvenile n. 家族性青年性肾消耗病

nephroparalysis [,nefrəupə'rælisis] 肾麻痹

nephropathia [,nefrə'pæθiə] 肾病,肾病变

nephropathic [,nefrə'pæθik] 肾病的

nephropathy [nə'frɔpəθi] (*nephro-* + Gr. *pathos* disease) 肾病变,肾病
 analgesic n. 镇痛药性肾病变
 Balkan n. 巴尔干肾病变
 diabetic n. 糖尿病肾病
 gouty n. 痛风性肾病
 hypazoturic n. 低氮尿性肾病变
 IgA n. IgA 肾小球肾炎
 membranous n. 膜性肾病变
 minimal change n. 轻微肾病变
 potassium-losing n. 失钾性肾病
 reflux n. 反流性肾病变
 sickle cell n. 镰状细胞肾病
 thin-basement-membrane n. 薄底膜肾病

nephropexy ['nefrə,peksi] (*nephro-* + Gr. *pēxis* fixation) 肾固定术

nephrophagiasis [,nefrəufə'dʒaiəsis] (*nephro-* + Gr. *phagein* to eat) 肾毁蚀病

nephrophthisis [nə'frɔfθisis] (*nephro-* + Gr. *phthisis* wasting) ❶肾结核病;❷肾痨

nephropoietic [,nefrəupɔi'etik] (*nephro-* + Gr. *poiein* to make) 生成肾组织的

nephrpoietin [,nefrəupɔi'i:tin] 生肾素

nephroptosia [,nefrɔp'təusiə] 肾下垂

nephroptosis [,nefrɔp'təusis] (*nephro-* + Gr. *ptōsis* falling) 肾下垂

nephropyelitis [,nefrəu,paiə'laitis] (*nephro-* + *pyelitis*) 肾盂肾炎

nephropyelography [,nefrə,paiə'lɔgrəfi] 肾肾盂造影

nephropyelolithotomy [,nefrəu,paiəlɔli'θɔtəmi] (*nephro-* + Gr. *pyelos* pelvis + *lithos* stone + *tomē* acut) 剖肾肾盂石切除术

nephropyeloplasty [,nefrəu'paiələ,plæsti] (*nephro-* + Gr. *pyelos* pelvis + *plassein* to form) 肾盂成形术

nephropyosis [,nefrəupai'əusis] (*nephro-* + Gr. *pyōsis* suppuration) 肾化脓

nephrorrhagia [,nefrəu'reidʒiə] (*nephro-* + Gr. *rhēgnynai* to burst forth) 肾出血

nephrorrhaphy [ne'frɔrəfi] (*nephro-* + Gr. *rhaphē* suture) 肾缝术

nephros ['nefrɔs] (Gr. "kidney") 肾

nephroscleria [,nefrəu'skliəriə] 肾硬化,肾硬变

nephrosclerosis [,nefrəusklə'rəusis] (*nephro-* + Gr. *sklērōsis* hardening) 肾硬化,肾硬变
 arteriolar n. 小动脉性肾硬化
 benign n. 良性肾硬化
 hyaline arteriolar n. 良性肾硬化
 hyperplastic arteriolar n. 恶性肾硬化
 intercapillary n. 小动脉性肾硬化
 malignant n. 恶性肾硬化
 senile n. 老年性肾硬化

nephroscope ['nefrəskəup] 肾镜

nephroscopy [nə'frɔskəpi] 肾镜检查

nephroses [ne'frəusiz] 肾病变,肾病

nephrosis [ne'frəusis] (*nephr-* + *-osis*) 肾病变,肾病
 acute n. 急性肾病变
 amyloid n. 淀粉样肾病变
 cholemic n. 胆血性肾病变
 chronic n. 慢性肾病变
 Epstein's n. 爱泼斯坦氏肾病变
 glycogen n. 糖原性肾病变
 hydropic n. 水样肾病变,空泡样肾病变
 hypokalemic n. 低钾血性肾病变,空泡样肾病变
 infectious avian n. 传染性鸟肾病变
 larval n., lipid n., lipoid n. 轻微肾病变
 lower nephron n. 下部肾单位肾病变
 necrotizing n. 坏死性肾病变
 osmotic n. 渗透性肾病变,空泡性肾病变
 toxic n. 中毒性肾病变
 vacuolar n. 空泡性肾病变

nephrosonephritis [nə,frɔsənə'fraitis] (*neph-*

rosis + *nephritis*）肾病肾炎
nephrosonography [ˌnefrəusəu'nɔgrəfi] 肾超声波检查
nephrospasis [ˌnefrəu'spæsis]（*nephro-* + Gr. *span* to draw）悬垂肾
nephrosplenopexy [ˌnefrəu'spli:nəˌpeksi] 肾脾固定术
nephrostolithotomy [ˌnefrəstəuli'θɔtəmi]（*nephro-* + Gr. *lithos* stone + Gr. *tomē* a cutting）肾造口取石术
nephrostoma [nə'frɔstəmə]（*nephro-* + Gr. *stoma* mouth）肾孔
nephrostome ['nefrəstəum] 肾节
nephrostomy [nə'frɔstəmi]（*nephro-* + Gr. *stomoun* to provide with an opening, or mouth）肾造口术
    percutaneous n. 经皮肾造口术
nephrotic [nə'frɔtik] 肾病变的,肾病的
nephrotome ['nefrətəum] 肾节
nephrotomogram [ˌnefrə'tɔməgræm] 肾断层照片
nephrotomography [ˌnefrəutə'mɔgrəfi] 肾断层检查
nephrotomy [nə'frɔtəmi]（*nephro-* + Gr. *tomē* a cutting）肾切开术
    abdominal n. 经腹肾切开术
    anatrophic n. 防萎缩肾切开术
    lumbar n. 经腰肾切开术
nephrotoxic [ˌnefrəu'tɔksik] 肾中毒的
nephrotoxicity [ˌnefrəutɔk'sisiti] 肾毒性
nephrotoxin [ˌnefrəu'tɔksin]（*nephro-* + Gr. *toxikon* poison）肾毒素,溶肾素
nephrotresis [ˌnefrəu'tri:sis]（*nephro-* + Gr. *tresis* boring）肾造口术
nephrotropic [ˌnefrəu'trɔpik] 向肾性的
nephrotuberculosis [ˌnefrəutjuˌbə:kju'ləusis]（*nephro-* + *tuberculosis*）肾结核
nephrotyphoid [ˌnefrəu'taifɔid] 肾型伤寒
nephrotyphus [ˌnefrəu'taifəs] 肾型斑疹伤寒
nephroureterectomy [ˌnefrəˌjuəritəˈrektəmi]（*nephro-* + *ureterectomy*）肾输尿管切除术
nephroureterocystectomy [ˌnefrəujuəˌri:tərəusis'tektəmi]（*nephro-* + Gr. *ourētēr* ureter + *kystis* bladder + *ektomē* excision）肾输尿管膀胱切除术
nephrozymase [ˌnefrəu'zaimeis] 肾酿酶

nephozymosis [ˌnefrəuzai'məusis] 肾发酵病
nephrydrosis [ˌnefri'drəusis]（*nephro-* + Gr. *hydōr* water + *-osis*）肾盂积水
nephrydrotic [ˌnefri'drɔtik] 肾盂积水的
nepiology [ˌnepi'ɔlədʒi]（Gr. *nepios* infant + *logos* science）婴儿病学,婴儿科学
Neptazane ['neptəzein] 耐普特辛:甲醋唑胺制剂的商品名
neptunium [nep'tju:niəm]（from planet Neptune）镎
nequinate [nə'kwineit] 氧喹甲酯
Neri's sign ['neiriz]（Vincenzo *Neri*, Italian neurologist, born 1882）内瑞氏征
Nerium ['ni:riəm] 夹竹桃
Nernst equation [nənst]（Walther Hermann *Nernst*, German physical chemist, 1864-1941）纳恩斯特方程式
nerol ['nerɔl] 橙花醇
neroli ['nerəli] 橙花油
nerve [nə:v]（L. *nervus*; Gr. *neuron*）神经
    abducent n. 展神经
    accelerator n's 加速神经
    accessory n., accessory n., spinal 副神经
    accessory n., vagal 副神经内侧支
    acoustic n. 听神经
    afferent n. 传入神经
    alveolar n., inferior 下牙槽神经
    alveolar n's, superior 上牙槽神经
    ampullar n., anterior 前壶腹神经
    ampullar n., inferior 下壶腹神经
    ampullar n., lateral 外壶腹神经
    ampullar n., posterior 后壶腹神经
    ampullar n., superior 上壶腹神经
    anal n's, inferior 肛门下神经
    Andersch's n. 安德施氏神经,鼓室神经
    anococcygeal n. 肛尾神经
    Arnold's n. 阿诺德氏神经,迷走神经耳支
    articular n. 关节神经
    auditory n. 听神经
    auricular n's, anterior 耳前神经
    auricular n., great 耳大神经
    auricular n., internal 耳大神经后支
    auricular n., posterior 耳后神经
    auricular n. of vagus n. 迷走神经耳支

auriculotemporal n. 耳颞神经
autonomic n. 植物性神经
axillary n. 腋神经
Bell's n. 贝尔氏神经,胸长神经
Bock's n. 包克氏神经
buccal n., buccinator n. 颊神经
cardiac n., cervical, inferior 颈下心神经
cardiac n., cervical, middle 颈中心神经
cardiac n., cervical, superior 颈上心神经
cardiac n., inferior 颈下心神经
cardiac n., middle 颈中心神经
cardiac n., superior 颈止心神经
cardiac n's, supreme 迷走神经心上支
cardiac n's, thoracic 胸心神经
caroticotympanic n's 颈鼓神经
caroticotympanic n., inferior 颈鼓下神经
caroticotympanic n., superior 颈鼓上神经
carotid n's, external 颈外动脉神经
carotid n., internal 颈内动脉神经
cavernous n's of clitoris 阴蒂海绵体神经
cavernous n. of penis, greater 阴茎海绵体大神经
cavernous n's of penis, lesser 阴茎海绵体小神经
celiac n's 迷走神经腹腔支
centrifugal n. 离中神经,传入神经
centripetal n. 向中神经,传入神经
cerebral n's 脑神经
cervical n's 颈神经
cervical n., descending 颈降神经,颈袢下根
cervical n., transverse 颈横神经
chorda tympani n. 鼓索神经
ciliary n's, long 睫状长神经
ciliary n's, short 睫状短神经
circumflex n. 腋神经
cluneal n's, inferior 臀下皮神经
cluneal n's, middle 臀中皮神经
cluneal n's, superior 臀上皮神经
coccygeal n. 尾神经
n. to coccygeus 尾骨神经
cochlear n. 蜗神经
n. of Cotunnius 科图留约氏神经,鼻腭神经
cranial n's 脑神经,颅神经

cranial n., eighth 第八脑神经,前庭蜗神经
cranial n., eleventh 第十一脑神经,副神经
cranial n., fifth 第五脑神经,三叉神经
cranial n's, first 第一脑神经,嗅神经
cranial n., fourth 第四脑神经,滑车神经
cranial n., ninth 第九脑神经,舌咽神经
cranial n., second 第二脑神经,视神经
cranial n., seventh 第七脑神经,面神经
cranial n., sixth 第六脑神经,展神经
cranial n., tenth 第十脑神经,迷走神经
cranial n., third 第三脑神经,动眼神经
cranial n., twelfth 第十二脑神经,舌下神经
cubital n. 尺神经
cutaneous n. 皮神经
cutaneous n's, femoral 股骨皮神经
cutaneous n. of abdomen, anterior 腹前皮神经
cutaneous n. of arm, lateral, inferior 臂外侧下皮神经
cutaneous n. of arm, lateral, superior 臂外侧上皮神经
cutaneous n. of arm, medial 臂内侧皮神经
cutaneous n. of arm, posterior 臂后皮神经
cutaneous n. of calf, lateral 腓肠外侧皮神经
cutaneous n. of calf, medial 腓肠内侧皮神经
cutaneous femoral n., lateral 股外侧皮神经
cutaneous femoral n., posterior 股后侧皮神经
cutaneous n. of foot, dorsal, intermediate 足背中间皮神经
cutaneous n. of foot, dorsal, lateral 足背外侧皮神经
cutaneous n. of foot, dorsal, medial 足背内侧皮神经
cutaneous n. of forearm, dorsal 前臂背侧皮神经
cutaneous n. of forearm, lateral 前臂外侧皮神经
cutaneous n. of forearm, medial 前臂内

侧皮神经

cutaneous n. of forearm, posterior 前臂后皮神经

cutaneous n. of neck, anterior 颈前皮神经

cutaneous n. of neck, transverse 颈横神经

cutaneous n. of thigh, intermediate 股中间皮神经

cutaneous n. of thigh, lateral 股外侧皮神经

cutaneous n, of thigh, medial 股内侧皮神经

cutaneous n. of thigh, posterior 股后皮神经

Cyon's n. 齐翁氏神经

dental n., inferior 下牙槽神经

depressor n. ①抑制神经；②抑制运动神经

diaphragmatic n. 膈神经

digastric n. 二腹肌神经,面神经的二腹肌支

digital n's, dorsal, radial 指背神经(桡神经)

digital n's, dorsal, ulnar 指背神经(尺神经)

digital n's of foot, dorsal 趾背神经

digital n's of lateral plantar nerve, plantar, common 趾足底总神经(足底外侧神经)

digital n's of lateral plantar nerve, plantar, proper 趾足底固有神经(足底外侧神经)

digital n's of lateral surface of great toe and of medial surface of second toe, dorsal 背外侧及第二趾背内侧神经

digital n's of medial plantar nerve, plantar, common 趾足底总神经(足底内侧神经)

digital n's of medial plantar nerve, plantar, proper 趾足底固有神经(足底内侧神经)

digital n's of median nerve, palmar, common 指掌侧总神经(正中神经)

digital n's of median nerve, palmar, proper 指掌固有神经(正中神经)

digital n's of radial nerve, dorsal 指背神经(桡神经)

digital n's of ulnar nerve, dorsal 指掌侧总神经(尺神经)

digital n's of ulnar nerve, palmar, common 指掌侧总神经(尺神经)

digital n's of ulnar nerve, palmar, proper 指掌固有神经(尺神经)

dorsal n. of clitoris 阴蒂背神经

dorsal n. of penis 阴茎背神经

dorsal n. of scapula, dorsal scapular n. 肩胛背神经

efferent n. 传出神经

eighth n. 第八脑神经,前庭蜗神经

eleventh n. 第十一脑神经,副神经

encephalic n's 脑神经,颅神经

ethmoidal n., anterior 筛前神经

ethmoidal n., posterior 筛后神经

exciter n., excitor n. 兴奋神经

excitoreflex n. 兴奋反射性神经

n. of external acoustic meatus 外耳道神经

facial n. 面神经

facial n., temporal 面神经颞支

femoral n. 股神经

femoral cutaneous n., intermediate 股中间皮神经

femoral cutaneous n., medial 股内侧皮神经

fibular n., common 腓总神经

fibular n., deep 腓深神经

fibular n., superficial 腓浅神经

fifth n. 第五脑神经,三叉神经

first n's 第一脑神经

fourth n. 第四脑神经,滑车神经

frontal n. 额神经

furcal n. 叉状神经

fusimotor n's 肌梭运动神经

Galen's n. 盖伦氏神经

gangliated n. 有节神经,交感神经

gastric n's 迷走神经前干及后干

genitofemoral n. 生殖股神经

glossopharyngeal n. 舌咽神经

gluteal n's ① 臀上和臀下神经；② 腰与骶区的臀神经

gluteal n., inferior ①臀下神经；②臀下肢(复数形式)

gluteal n's, middle 臀中皮神经

gluteal n., superior ①臀上神经；②(复数形式)臀上肢

gustatory n's 味觉神经
hemorrhoidal n's, inferior 痔下神经
Hering's n. 海润氏神经,颈动脉窦支(舌咽神经)
hypogastric n. 腹下神经(左及右)
hypoglossal n. 舌下神经
iliohypogastric n. 腹下神经
ilioinguinal n. 腹股沟神经
infraoccipital n. 枕下神经
infraorbital n. 眶下神经
infratrochlear n. 滑车下神经
inhibitory n. 抑制神经
intercostal n's 肋间神经,胸神经腹支
intercostobrachial n. 肋间臂神经
intermediary n., intermediate n. 中间神经
n. of internal obturator muscle 闭孔内肌神经
interosseous n. of forearm, anterior 前臂骨间前神经
interosseous n. of forearm, posterior 前臂骨间后神经
interosseous n. of leg 小腿骨间神经
ischiadic n. 坐骨神经
Jacobson's n. 雅齐布神经,鼓室神经
jugular n. 颈静脉神经
labial n's, anterior 阴唇前神经
labial n's, posterior 阴唇后神经
lacrimal n. 泪腺神经
n's of Lancisi 兰氏神经,体外侧纵纹及体内侧纵纹
Langley's n's 兰利氏神经,立毛神经
laryngeal n., external 喉外神经
laryngeal n., inferior 喉下神经
laryngeal n., internal 喉内神经
laryngeal n., recurrent 喉返神经
laryngeal n., superior 喉上神经
laryngeal n., superior, external 喉上神经外支
laryngeal n., superior, internal 喉上神经内支
n. to levator ani 肛提神经
lingual n. 舌神经
longitudinal n's of Lancisi 兰氏神经,体外侧及内侧纵纹
lumbar n's 腰神经
lumboinguinal n. 腰腹股沟神经,股支(生殖股神经)

n. of Luschka ①脊膜支(脊神经);②筛后神经
mandibular n. 下颌神经
masseteric n. 咬肌神经
maxillary n. 上颌神经
median n. 正中神经
meningeal n. 脑脊膜支(迷走神经)
mental n. 颏神经
mixed n., n. of mixed fibers 混合神经
motor n. 运动神经
motor n. of tongue 舌下神经
musculocutaneous n. 肌皮神经
musculocutaneous n. of foot 腓浅神经
musculocutaneous n. of leg 腓深神经
musculospiral n. 桡神经
myelinated n. 有髓鞘神经
mylohyoid n. 下颌舌骨肌神经
nasociliary n. 鼻睫神经
nasopalatine n. 鼻腭神经
ninth n. 第九脑神经,舌咽神经
obturator n. 闭孔神经
obturator n., accessory 副闭孔神经
obturator n., internal 闭孔内肌神经
n. to obturator internus and gemellus superior 闭孔内神经
occipital n., greater 枕大神经
occipital n., least 枕第三神经
occipital n., lesser 枕小神经
occipital n., third 枕第三神经
oculomotor n. 动眼神经
olfactory n's 嗅神经
ophthalmic n. 眼神经
optic n. 视神经
pain n. 痛觉神经
palatine n., anterior 腭前神经
palatine n., greater 腭大神经
palatine n's, lesser 腭小神经,腭后神经
palatine n., medial, palatine n., middle 腭中神经
palatine n., posterior 腭后神经
parasympathetic n. 副交感神经
parotid n's 腮腺神经(耳颞神经腮腺支)
n. to pectineus 耻骨神经
pectoral n., lateral 胸外侧神经
pectoral n., medial 胸内侧神经
perforating cutaneous n. 穿孔皮神经
perineal n's 会阴神经
peripheral n. 周围神经

peroneal n., accessory deep 腓副深神经
peroneal n., common 腓总神经
peroneal n., deep 腓深神经
peroneal n., superficial 腓浅神经
petrosal n., deep 岩深神经
petrosal n., greater 岩大神经
petrosal n., lesser 岩小神经
petrosal n., middle, superficial 岩小神经
phrenic n. 膈神经
phrenic n's, accessory 膈副神经
phrenicoabdominal n's 膈副支(膈神经)
pilomotor n's 立毛神经
piriform n., n. of piriform muscle 梨状肌神经
plantar n., lateral 足底外侧神经
plantar n., medial 足底内侧神经
pneumogastric n. 迷走神经
popliteal n., external 腓总神经
popliteal n., internal 胫神经
popliteal n., lateral 腓总神经
popliteal n., medial 胫神经
presacral n. 骶前神经
pressor n. 加压神经
pterygoid n., external 翼外肌神经
pterygoid n., internal 翼内肌神经
pterygoid n., lateral 翼外肌神经
pterygoid n., medial 翼内肌神经
n. of pterygoid canal 翼管神经
pterygopalatine n's 翼腭神经
pudendal n. 阴部神经
pudic n. 阴部神经
n. of quadrate muscle of thigh 股方肌神经
n. to quadratus femoris and gemellus inferior 股方神经
radial n. 桡神经
radial n., deep 桡神经深支
radial n., superficial 桡神经浅支
rectal n's, inferior 直肠下神经
recurrent n. 喉返神经
recurrent n., ophthalmic 眼神经返支,眼神经小脑幕支
saccular n. 球囊神经
sacral n's 骶神经
saphenous n. 隐神经
n. to sartorius 缝匠神经
Scarpa's n. 斯卡帕氏神经,鼻腭神经

sciatic n. 坐骨神经
sciatic n., small 股后皮神经
scrotal n's, anterior 阴囊前神经
scrotal n's, posterior 阴囊后神经
second n. 第二脑神经,视神经
secretomotor n. 分泌神经
secretory n. 分泌神经
sensory n. 感觉神经
seventh n. 第七脑神经,面神经
sinus n. 颈动脉窦支(舌咽神经)
sinu-vertebral n. 脊神经脑膜支
sixth n. 第六脑神经,展神经
somatic n's 体干神经,躯体神经
spermatic n., external 生殖股神经生殖支
sphenopalatine n's 翼腭神经
n. to sphincter ani 肛门括约肌神经
spinal n's 脊神经
splanchnic n's 内脏神经
splanchnic n., greater 内脏大神经
splanchnic n., inferior, splanchnic n., lesser 内脏小神经
splanchnic n., lowest 内脏最下神经
splanchnic n., lumbar 腰内脏神经
splanchnic n's, pelvic 盆内脏神经
splanchnic n's, sacral 骶内脏神经
stapedial n., stapedius n. 镫骨肌神经
stylohyoid n. 面神经茎突舌骨肌支
stylopharyngeal n. 舌咽神经茎突咽肌支
subclavian n. 锁骨下神经
n. to subclavius 锁骨下神经
subcostal n. 肋下神经
sublingual n. 舌下神经
submaxillary n's 下颌下神经节分支
suboccipital n. 枕下神经
subscapular n's 肩胛下神经
sudomotor n's 泌汗神经
supraclavicular n's 锁骨上神经
supraclavicular n's, anterior 锁骨上神经前支
supraclavicular n's, intermediate 锁骨上中间神经
supraclavicular n's, lateral 锁骨上外侧神经
supraclavicular n's, medial 锁骨上内侧神经
supraclavicular n's, middle 锁骨上神经中间支

supraclavicular n's, posterior 锁骨上神经后支(外侧支)
supraorbital n. 眶上神经
suprascapular n. 肩胛上神经
supratrochlear n. 滑车上神经
sural n. 腓肠神经
sympathetic n. ①交感神经干；②交感神经
temporal n., anterior deep 颞深神经
temporal n's, deep 颞深神经
temporal n., middle deep 颞深中神经
temporal n., posterior deep 颞深后神经
temporal n's, subcutaneous 耳颞神经颞浅支
n. of tensor tympani, n. of tensor tympani muscle 鼓膜张肌神经
n. of tensor veli palatini, n. of tensor veli palatini muscle 腭帆张肌神经
tenth n. 第十脑神经
tentorial n. 幕神经
terminal n's 终神经
third n. 第三脑神经
thoracic n's 胸神经
thoracic n., long 胸长神经
thoracic splanchnic n., greater 胸内脏大神经
thoracic splanchnic n., lesser 胸内脏小神经
thoracic splanchnic n., lowest 胸内脏最下神经
thoracodorsal n. 胸背神经
tibial n. 胫神经
Tiedemann's n. 提德马氏神经
tonsillar n. 舌咽神经扁桃体支
transverse n. of neck 颈横神经
trigeminal n. 三叉神经
trochlear n. 营养神经
twelfth n. 第十二脑神经,舌下神经
tympanic n. 鼓室神经
ulnar n. 尺神经
unmyelinated n. 无髓鞘神经
utricular n. 椭圆囊支
utriculoampullar n. 椭圆囊壶腹神经
vaginal n's 阴道神经
vagus n. 迷走神经
vascular n's 血管神经
vasoconstrictor n. 血管收缩神经
vasodilator n. 血管舒张神经
vasomotor n. 血管运动神经
vasosensory n. 血管感觉神经
vertebral n. 椎神经
vestibular n. 前庭神经
vestibulocochlear n. 前庭蜗神经
vidian n. 翼管神经
vidian n., deep 岩深神经
visceral n. 内脏神经
n. of Willis 副神经
Wrisberg's n. ①中间神经；②臂内侧皮神经
zygomatic n. 颧神经
zygomaticofacial n. 颧神经颧面支
zygomaticotemporal n. 颧神经颧颞支

nervi [ˈnəːvai] (L.) 神经。nervus 的复数和所有格形式
n. abducens (NA) 展神经(第6脑神经)
n. accessorius (NA) 副神经(第11脑神经)
n. acusticus (NA) 前庭蜗神经
n. alveolaris inferior (NA) 下牙槽神经
nervi alveolares superiores (NA) 上牙槽神经
n. ampullaris anterior (NA) 前壶腹神经
n. ampullaris lateralis (NA) 外壶腹神经
n. ampullaris posterior (NA) 后壶腹神经
nervi anales inferiores 直肠下神经
n. anococcygeus (NA) 肛尾神经
n. articularis 关节神经
nervi auriculares anteriores (NA) 耳前神经
n. auricularis magnus (NA) 耳大神经
n. auricularis posterior (NA) 耳后神经
n. auriculotemporalis (NA) 耳颞神经
n. autonomicus (NA) 自主神经
n. axillaris (NA) 腋神经
n. buccalis (NA) 颊神经
n. canalis pterygoidei (NA) 翼管神经
n. cardiacus cervicalis inferior (NA) 颈下心神经
n. cardiacus cervicalis medius (NA) 颈中心神经
n. cardiacus cervicalis superior (NA) 颈上心神经
nervi cardiaci thoracici 胸心神经
nervi caroticotympanici (NA) 颈动脉鼓下神经

nervi carotici externi (NA)颈外动脉神经

n. caroticus internus (NA)颈内动脉神经

nervi cavernosi clitoridis (NA)阴蒂海绵体神经

nervi cavernosi penis (NA)阴茎海绵体神经

nervi cervicales (NA)颈神经

nervi ciliares breves (NA)睫状短神经

nervi ciliares longi (NA)睫状长神经

nervi clunium inferiores (NA)臀下皮神经

nervi clunium medii (NA)臀中皮神经

nervi clunium superiores (NA)臀上皮神经

n. coccygeus (NA)尾神经

n. cochlearis (NA)蜗神经

nervi craniales (NZ)脑神经

n. cutaneus (NA)皮神经

n. cutaneus antebrachii lateralis (NA)前臂外侧皮神经

n. cutaneus antebrachii medialis (NA)前臂内侧皮神经

n. cutaneus antebrachii posterior (NA)前臂后皮神经

n. cutaneus brachii lateralis inferior (NA)臂外侧下皮神经

n. cutaneus brachii lateralis superior (NA)臂外侧上皮神经

n. cutaneus brachii medialis (NA)臂内侧皮神经

n. cutaneus brachii posterior (NA)臂后皮神经

n. cutaneus dorsalis intermedius (NA)足背中间皮神经

n. cutaneus dorsalis lateralis (NA)足背外侧皮神经

n. cutaneus dorsalis medialis (NA)足背内侧皮神经

n. cutaneus femoralis lateralis (NA)股外侧皮神经

n. cutaneus femoralis posterior (NA)股后皮神经

n. cutaneus femoris lateralis 股外侧皮神经

n. cutaneus femoris posterior 股后皮神经

n. cutaneus surae lateralis (NA)腓肠外侧皮神经

n. cutaneus surae medialis (NA)腓肠内侧皮神经

nervi digitales dorsales hallucis lateralis et digiti secundi medialis (NA)背外侧及第二趾背侧神经

nervi digitales dorsales nervi radialis (NA)指背神经(桡神经)

nervi digitales dorsales nervi ulnaris (NA)指背神经(尺神经)

nervi digitales dorsales pedis (NA)趾背神经

nervi digitales palmares communes nervi mediani (NA)指掌侧总神经(正中神经)

nervi digitales palmares communes nervi ulnaris (NA)指掌侧总神经(尺神经)

nervi digitales palmares proprii nervi mediani (NA)指掌固有神经(正中神经)

nervi digitales palmares proprii nervi ulnaris (NA)指掌侧固有神经(尺神经)

nervi digitales plantares communes nervi plantaris lateralis (NA)趾足底总神经(足底外侧神经)

nervi digitales plantares communes nervi plantaris medialis (NA)趾足底总神经(足底内侧神经)

nervi digitales plantares proprii nervi plantaris lateralis (NA)趾足底固有神经(足底外侧神经的)

nervi digitales plantares proprii nervi plantaris medialis (NA)趾足底固有神经(足底内侧神经)

n. dorsalis clitoridis 阴蒂背神经

n. dorsalis penis 阴茎背神经

n. dorsalis penis/clitoridis (NA)阴茎/蒂背神经

n. dorsalis scapulae (NA)肩胛背神经

nervi encephalici 脑神经

nervi erigentes 勃起神经

n. ethmoidalis anterior (NA)筛前神经

n. ethmoidalis posterior (NA)筛后神经

n. facialis (NA) 面神经

n. femoralis (NA) 股神经

n. fibularis communis (NA)腓总神经

n. fibularis profundus (NA) 腓深神经

n. fibularis superficialis (NA) 腓浅神经

- n. frontalis (NA) 额神经
- n. genitofemoralis 生殖股神经
- n. glossopharyngeus 舌咽神经
- n. gluteus inferior (NA) 臀下神经
- n. gluteus superior (NA) 臀上神经
- n. hypogastricus dexter/sinister (NA) 腹下神经
- n. hypoglossus (NA) 舌下神经(第十二脑神经)
- n. iliohypogastricus (NA) 髂腹下神经
- n. ilio-inguinalis (NA) 髂腹股沟神经
- n. infraorbitalis (NA) 眶下神经
- n. infratrochlearis (NA) 滑车下神经
- nervi intercostales 肋间神经
- n. intercostobrachialis (NA) 肋间臂神经
- n. intermediofacialis (NA) 中间面神经
- n. intermedius 中间神经
- n. interosseus (antebrachii) anterior (NA) 前臂骨间前神经
- n. interosseus (antebrachii) posterior (NA) 前臂骨间后神经
- n. interosseus cruris (NA) 小腿骨间神经
- n. ischiadicus (NA) 坐骨神经
- n. jugularis (NA) 颈静脉神经
- nervi labiales anteriores (NA) 阴唇前神经
- nervi labiales posteriores (NA) 阴唇后神经
- n. lacrimalis (NA) 泪腺神经
- n. laryngealis inferior (NA) 喉下神经
- n. laryngealis recurrens (NA) 喉返神经
- n. laryngealis superior (NA) 喉上神经
- n. laryngeus inferior 喉下神经
- n. laryngeus recurrens 喉返神经
- n. laryngeus superior 喉上神经
- n. lingualis (NA) 舌神经
- nervi lumbales (NA) 腰神经
- nervi lumbares 腰神经
- n. lumboinguinalis 腰腹股沟神经
- n. mandibularis (NA) 下颌神经
- n. massetericus (NA) 咬肌神经
- n. maxillaris (NA) 上颌神经
- n. meatus acustici externi (NA) 外耳道神经
- n. medianus (NA) 正中神经
- n. meningeus medius 脑膜中神经
- n. mentalis (NA) 颏神经
- n. mixtarum neurofibrarum 混合神经
- n. mixtus (NA) 混合神经
- n. motorius 运动神经
- n. musculi obturatorii interni 闭孔内肌神经
- n. musculi piriformis 梨状肌神经
- n. musculi quadrati femoris (NA) 股四头肌神经
- n. musculi tensoris tympani (NA) 鼓膜张肌神经
- n. musculi tensoris veli palatini (NA) 腭帆张肌神经
- n. musculocutaneus (NA) 肌皮神经
- n. mylohyoideus (NA) 下颌舌骨肌神经
- n. nasociliaris (NA) 鼻睫神经
- nervi nasopalatini 鼻腭神经
- n. nervorum 分布于大一些神经外膜的小神经
- n. obturatorius (NA) 闭孔神经
- n. obturatorius accessorius (NA) 副闭孔神经
- n. obturatorius internus (NA) 闭孔内肌神经
- n. occipitalis major (NA) 枕大神经
- n. occipitalis minor (NA) 枕小神经
- n. occipitalis tertius (NA) 第三枕神经
- n. octavus (L. "eighth nerve") 第八脑神经
- n. oculomotorius (NA) 动眼神经,第三脑神经
- nervi olfactorii (NA) 嗅神经
- n. ophthalmicus (NA) 眼神经
- n. opticus (NA) 视神经
- nervi palatini 腭神经
- n. palatinus major (NA) 腭大神经
- nervi palatini minores (NA) 腭小神经
- n. pectoralis lateralis (NA) 胸外侧神经
- n. pectoralis medialis (NA) 胸内侧神经
- nervi perineales (NA) 会阴神经
- n. peroneus communis 腓总神经
- n. peroneus profundus 腓深神经
- n. peroneus profundus accessorius 腓副深神经
- n. peroneus superficialis 腓浅神经
- n. petrosus major (NA) 岩大神经
- n. petrosus minor (NA) 岩小神经
- n. petrosus profundus (NA) 岩深神经

n. phrenicus (NA) 膈神经
nervi phrenici accessorii (NA) 副膈神经
n. piriformis 梨状肌神经
n. plantaris lateralis (NA) 足底外侧神经
n. plantaris medialis (NA) 足底内侧神经
n. presacralis 骶前神经
n. pterygoideus lateralis (NA) 翼外肌神经
n. pterygoideus medialis (NA) 翼内肌神经
nervi pterygopalatini (NA) 翼腭神经
n. pudendus (NA) 阴部神经
n. quadratus femoris 股四头肌神经
n. radialis (NA) 桡神经
nervi rectales inferiores (NA) 直肠下神经
n. saccularis (NA) 球囊神经
nervi sacrales 骶神经
n. saphenus (NA) 隐神经
n. sciaticus 坐骨神经
nervi scrotales anteriores (NA) 阴囊前神经
nervi scrotales posteriores (NA) 阴囊后神经
n. sensorius (NA) 感觉神经
n. spermaticus externus 阴囊股神经生殖支
nervi spinales (NA) 脊神经
n. spinosus 棘孔神经
n. splanchnicus imus (NA) 内脏最下神经
nervi splanchnici lumbales (NA) 腰内脏神经
nervi splanchnici lumbares 腰内脏神经
n. splanchnicus major (NA) 胸内脏大神经
n. splanchnicus minor (NA) 胸内脏小神经
nervi splanchnici pelvini (NA) 盆内脏神经
nervi splanchnici sacrales (NA) 骶内脏神经
n. splanchnicus thoracicus imus 胸内脏最下神经
n. splanchnicus thoracicus major 胸内脏大神经

n. splanchnicus thoracicus minor 胸内脏小神经
n. stapedius (NA) 镫骨肌神经
n. statoacusticus 前庭蜗神经
n. subclavius (NA) 锁骨下肌神经
n. subcostalis (NA) 肋下神经
n. sublingualis (NA) 舌底神经
n. suboccipitalis (NA) 枕下神经
n. subscapularis (NA) 肩胛下神经
nervi supraclaviculares (NA) 锁骨上神经
nervi supraclaviculares intermedii (NA) 锁骨上中间神经
nervi supraclaviculares laterales (NA) 锁骨上外侧神经
nervi supraclaviculares mediales (NA) 锁骨上内侧神经
nervi supraclaviculares posteriores 锁骨上外侧神经
n. supraorbitalis (NA) 眶上神经
n. suprascapularis (NA) 肩胛上神经
n. supratrochlearis (NA) 滑车上神经
n. suralis 滑车上神经
n. suralis (NA) 腓肠神经
nervi temporales profundi (NA) 颞深神经
n. tensoris veli palatini 腭帆张肌神经
nervi terminales (NA) 终神经
nervi thoracici (NA) 胸神经
n. thoracicus longus (NA) 胸长神经
n. thoracodorsalis (NA) 胸背神经
n. tibialis (NA) 胫神经
n. transversus colli (NA) 颈横神经
n. trigeminalis 三叉神经
n. trigeminus (NA) 三叉神经
n. trochlearis (NA) 滑车神经(第四脑神经)
n. tympanicus (NA) 鼓室神经
n. ulnaris (NA) 尺神经
n. utricularis (NA) 椭圆囊神经
n. utriculoampullaris (NA) 椭圆囊壶腹神经
nervi vaginales (NA) 阴道神经
n. vagus (NA) 迷走神经,第十脑神经
nervi vasorum (NA) 血管神经,静脉神经
n. vertebralis (NA) 椎神经
n. vestibularis (NA) 前庭神经

n. vestibulocochlearis (NA) 前庭蜗神经
n. visceralis 内脏神经
n. zygomaticus (NA) 颧神经
nervimotility [ˌnəːvimə'tiliti] 神经运动力
nervimotion [ˌnəːvi'məuʃən] 神经运动
nervimotor [ˌnəːvi'məutə] 运动神经的
nervimuscular [ˌnəːvi'mʌskjulə] 神经肌肉的
nervomuscular [ˌnəːvəu'mʌskjulə] 神经肌肉的
nervonate [nəː'vəneit] 神经酸的盐、酯和阴离子的形式
nervone ['nəːvəun] 神经苷脂
nervonic acid [nəː'vɔnik] 神经酸,二十四(碳)烯酸
nervosism ['nəːvəsizm] ❶ 神经衰弱; ❷ 神经改变致病说
nervosity [nəː'vɔsiti] 神经过敏,神经质
nervotabes [ˌnəːvəu'teibiːz] 假脊髓痨
nervous ['nəːvəs] (L. *nervosus*) ❶ 神经的; ❷ 神经质的,神经过敏的
nervous breakdown ['nəːvəs'breik daun] 神经崩溃
nervousness ['nəːvəsnis] 神经质,神经过敏
nervous system ['nəːvəs] 神经系统
nervus [nəːvəs] (gen., pl. *nervi*) (L.) (NA) 神经
Nesacaine ['nesəkein] 乃塞卡因:盐酸氯普鲁卡因制剂注册商标名
nesidiectomy [niˌsidi'ektəmi] (Gr. *nēsidion* islet + *ektomē* excision) 胰岛切除术
nesidioblast [ni'sidiəuˌblæst] (Gr. *nēsidion* islet + *blastos* germ) 胰岛成细胞
nesidioblastoma [niˌsidiəublæs'təumə] 成胰岛细胞瘤
nesidioblastosis [niˌsidiəublæs'təusis] 胰岛细胞弥漫性增生
Nessler's reagent ['neslər] (Julius *Nessler*, German chemist, 1827-1905) 内斯勒氏试剂
nesslerization [ˌneslərai'zeiʃən] 内斯勒处理法
nesslerize ['neslə raiz] 内斯勒处理
nest [nest] 巢
birds' n's 心内膜袋
Brunn's epithelial n's 布隆氏上皮细胞巢
cell n. 细胞巢
junctional n. 接合处巢,发育异常细胞巢
Walthard cell n's 瓦耳塔德氏小岛(卵巢上皮小岛)
nesteostomy [ˌnesti'ɔstəmi] (Gr. *nestis* jejunam + *stoma*) 空肠造口术
nestiatria [ˌnesti'eitriə] (Gr. *nesteia* fasting + *iatreia* cure) 饥饿疗法
net [net] 网
achromatic n. 无色网
chromidial n. 核外染色质网
Trolard's n. 特罗拉耳氏网
nethalide ['neθəlaid] 萘心定,萘乙醇胺
Netherton's syndrome ['neθətənz] (Earl Weldon *Netherton*, American dermatologist, 20th century) 耐斯通氏综合征
netilmicin [ˌnetil'maisin] 乙基西梭霉素
n. sulfate (USP) 硫酸乙基西梭霉素
netraneurysm [net'rænjuərizm] (Gr. *netron* spindle + *aneurysm*) 梭形动脉瘤
Netromycin [ˌnetrə'maisin] 萘出马森:硫酸乙基西梭霉素制剂的商品名
nettle ['netl] 荨麻
Nettleship-Falls type ocular albinism ['netlʃipfɔːlz] (Edward *Nettleship*, English ophthalmologist, 1845-1913; Harold Francis *Falls*, American ophthalmologist and geneticist, born 1909) 伴 X 染色体眼白化病
network ['netwəːk] 纤维或丝条交织成的网状物
cell n. 原质丝,胞网丝,原浆网质
Chiari's n. 希阿里氏网
idiotype-anti-idiotype n. 独特型-抗独特型网络
neurofibrillar n. 神经原纤维网
peritarsal n. 眼睑淋巴管网
Purkinje n., subendocardial terminal n. 浦肯野氏网
subpapillary n. 乳头下毛细血管网(皮肤)
venous n. 静脉网
Neubauer's artery ['nɔibauəz] (Johann Ernst *Neubauer*, German anatomist, 1742-1777) 诺伊博尔氏动脉,甲状腺动脉
Neubauer-Fischer test ['nɔibauə'fiʃə] (Otto *Neubauer*, German physician, 1874-1957; Hans *Fischer*, German physician, 1881-

1945)诺-费二氏试验

Neuberg ester ['nɔibəɡ] (Carl *Neuberg*, German biochemist, 1877-1956) 诺伊伯格酯

Neufeld nail ['nju:feld] (Alonzo John *Neufeld*, American orthopedic surgeon, born 1906) 诺伊费耳德钉

Neufeld's reaction ['nɔifeldz] (Fred *Neufeld*, German bacteriologist, 1861-1945) 诺伊费耳德反应

Neumann's law ['nɔimənz] (Franz Ernst *Neumann*, German physicist, 1798-1895) 诺伊曼氏定律

Neumann's sheath ['nɔimənz] (Ernst *Neumann*, German pathologist, 1834-1918) 诺伊曼氏鞘

Neupogen ['nju:pəudʒən] 纽倍真：filgrastim 制剂的商品名

neuradynamia [ˌnjuərædi'næmiə] (Gr. *neuron* nerve + *a* priv + *dynamis* power) 神经衰弱

neuragmia [njuə'ræɡmiə] (*neur-* + Gr. *agmos* break) 神经撕除术

neural ['njuərəl] (L. *neuralis*; Gr. *neuron* nerve) ❶ 属于神经的；❷ 位于脊髓轴区的

neuralgia [njuə'rældʒiə] (*neur-* + *-algia*) 神经痛
  cervicobrachial n. 颈臂神经痛
  cervico-occipital n. 颈枕神经痛
  cranial n. 脑神经痛
  n. facialis vera 膝状神经节痛
  geniculate n. 膝状神经节痛
  glossopharyngeal n. 舌咽神经痛
  hallucinatory n. 幻觉性神经痛
  Harris' migrainous n. 偏头痛神经痛
  Hunt's n. 膝状神经节痛
  idiopathic n. 自发性神经痛
  intercostal n. 肋间神经痛
  mammary n. 乳腺内的神经痛
  mandibular joint n. 下颌关节痛
  migrainous n. 偏头疼性神经痛
  Morton's n. 摩顿氏神经痛
  nasociliary n. 鼻睫部神经痛
  occipital n. 枕骨神经痛
  otic n. 耳神经痛
  peripheral n. 外周神经痛
  postherpetic n. 带状疱疹后神经痛
  red n. 红斑性肢痛病
  reminiscent n. 回忆性神经痛
  sciatic n. 坐骨神经痛
  Sluder's n. 斯路德氏神经痛，蝶腭节神经痛
  sphenopalatine n. 蝶腭节神经痛
  stump n. 残肢神经痛
  supraorbital n. 眶上神经痛
  trifacial n., trifocal n. 三叉神经痛
  trigeminal n. 三叉神经痛
  vidian n. 翼管神经痛

neuralgic [njuə'rældʒik] 神经痛的

neuralgiform [njuə'rældʒifɔ:m] 神经痛样的

neuramebimeter [ˌnju:ræmi'bimitə] (Gr. *neuran* nerve + *amoebe* response + *metron* measure) 神经反应时测定器

neuraminic acid [ˌnjuərə'minik] 神经氨酸

neuraminidase [ˌnjuərə'minideis] 神经氨酸酶

neuranagenesis [ˌnjuəræna'dʒenəsis] (*neur-* + Gr. *anagennan* to regenerate) 神经再生

neurangiosis [ˌnjuərændʒi'əusis] (Gr. *neuron* nerve + *angion* vessel) 血管神经机能病

neurapophysis [ˌnjuərə'pɔfəsis] (*neur-* + *apophysis*) 神经凸

neurapraxia [ˌnjuərə'præksiə] (*neur-* + Gr. *apraxia* absence of action) 神经失用症，机能性麻痹

neurarchy ['njuərɑ:ki] (*neur-* + Gr. *archē* rule) 神经控制作用

neurarthropathy [ˌnjuərɑ:'θrɔpəθi] 神经性关节炎

neurasthenia [ˌnjuərəs'θi:niə] (*neur-* + Gr. *astheneia* debility) (*obs.*) 神经衰弱

neurastheniac [ˌnjuərəs'θi:niæk] 神经衰弱者

neuraxial [ˌnjuə'ræksiəl] 轴索的

neuraxis [ˌnjuə'ræksis] (*neur-* + *axis*) 中枢神经系统

neuraxitis [ˌnjuəræk'saitis] (Gr. *neuron* nerve + *axis* + *itis*) 脑炎

neuraxon [njuə'ræksɔn] (Gr. *neuron* nerve + *axon* anis) 轴索

neure ['njuə] 神经元

neurectasia [ˌnjuərek'teiʒiə] (*neur-* + Gr. *ektasis* stretching) 神经牵伸术

neurectomy [njuəˈrektəmi] (*neur-* + *-ectomy*) 神经切除术

neurectopia [ˌnjuərekˈtəupiə] (*neur-* + *-ektopos* out of place + *-ia*) 神经异位

neurectopy [njuəˈrektəpi] 神经异位

neurenteric [ˌnjuərənˈterik] (*neur-* + Gr. *enteron* intestine) 神经管与原肠的

neurepithelial [ˌnjuərepiˈθiːliəl] 神经上皮的

neurepithelium [ˌnjuərepiˈθiːljəm] 神经上皮的

neurergic [njuəˈrəːdʒik] (*neur-* + Gr. *ergon* work) 神经作用的

neurexeresis [ˌnjuərekˈserəsis] (*neur-* + Gr. *exairein* to extract) 神经抽出术

neurhypnology [ˌnjuəhipˈnɔlədʒi] 催眠学

neuriatry [njuəˈraiətri] (*neur-* + *-iatry*) 临床神经病学

neuricity [njuˈrisiti] 神经力

neuridine [ˈnjuəridiːn] 精胺,脑胺

neurilemma [ˌnjuəriˈlemə] (*neur-* + Gr. *eilēmma* covering) 神经鞘,神经膜

neurilemmal [ˌnjuəriˈleməl] 神经鞘的

neurilemmitis [ˌnjuərileˈmaitis] 神经鞘炎

neurilemmoma [ˌnjuəriləˈməumə] 神经鞘瘤

neurilemoma [ˌnjuəriləˈməumə] 神经鞘瘤

  acoustic n. 听神经鞘瘤

neurility [njuəˈriliti] 神经性能

neurimotility [ˌnjuərimuˈtailiti] 神经运动力

neurimotor [ˌnjuəriˈməutə] 运动神经的

neurine [ˈnjuəriːn] 神经碱

neurinoma [ˌnjuəriˈnəumə] (*neur-* + Gr. *is* fiber + *-oma*) 神经鞘瘤

  acoustic n. 听神经鞘瘤

neuritic [njuəˈraitik] 神经炎的

neuritis [njuəˈraitis] (*neur-* + *-itis*) 神经炎

  alcoholic n. 酒精性神经炎
  brachial n. 神经痛性肌萎缩
  dietetic n. 脚气病
  fallopian n. 骨管性面神经炎
  Gombault's n. 贡博氏神经炎,进行性肥大性神经病变
  hereditary optic n. 遗传性视觉神经炎
  interstitial hypertrophic n. 进行性肥大性间质性神经炎
  intraocular n. 眼内神经炎
  lead n. 铅毒性神经炎
  leprous n. 麻风性神经炎
  n. migrans, migrating n. 游走神经炎
  multiple n. 多神经炎
  n. multiplex endemica 脚气病
  optic n. 视神经炎
  orbital optic n. 球后视神经炎
  periaxial n. 轴周性神经炎,神经鞘炎
  peripheral n. 周围神经炎,末梢神经的炎症
  postfebrile n. 发热后神经炎
  postocular optic n. 球后视神经炎
  n. puerperalis traumatica 产褥期外伤性神经炎
  radiation n. 放射性神经炎
  radicular n. 神经根炎
  retrobulbar optic n. 球后视神经炎
  n. saturnina 铅毒性神经炎
  sciatic n. 坐骨神经炎
  segmental n. 节段性神经炎
  serum n. 血清性神经炎
  shoulder-girdle n. 神经痛性肌萎缩
  syphilitic n. 梅毒性神经炎
  toxic n. 中毒性神经炎
  vestibular n. 前庭神经炎

neur(o)- (Gr. *neuron* nerve) 神经,神经系统

neuroacanthocytosis [ˌnjuərəuˌkænθəsaiˈtəusis] 神经棘红细胞增多症

neuroallergy [njuərəuˈælədʒi] 神经变态反应

neuroamebiasis [ˌnjuərəuˌæmiˈbaiəsis] 神经型阿米巴病

neuroanastomosis [ˌnjuərəuəˌnæstəˈməusis] 神经吻合术

neuroanatomy [ˌnjuərəuəˈnætəmi] (*neuro-* + *anatomy*) 神经解剖学

neuroarthritism [ˌnjuərəuˈɑːθritizm] 神经关节病素质

neuroarthropathy [ˌnjuərəuɑːˈθrɔpəθi] (*neuro-* + Gr. *arthron* joint + *pathos* disease) 神经性关节病

neuroastrocytoma [ˌnjuərəuˌæstrəusaiˈtəumə] (*neuro-* + *astrocytoma*) 神经星形细胞瘤

neurobehavioral [ˌnjuərəuˌbiˈheiviərəl] 神

经行为的

neurobiologist [ˌnjuərəubaiˈɔlədʒist] 神经生物学家

neurobiology [ˌnjuərəubaiˈɔlədʒi] 神经生物学

neurobion [ˌnjuərəuˈbaiɔn] 神经微粒

neurobiotaxis [ˌnjuərəubaiəuˈtæksis] (*neuro-* + *biotaxis*) 神经细胞趋生物性

neuroblast [ˈnjuərəblæst] (*neuro-* + Gr. *blastos germ*) 成神经细胞,神经母细胞
  sympathetic n. 成交感神经细胞

neuroblastoma [ˌnjuərəublæsˈtəumə] 神经母细胞瘤
  olfactory n. 嗅觉神经母细胞瘤

neurocanal [ˌnjuərəukəˈnæl] (*neuro-* + *canal*) 神经管

neurocardiac [ˌnjuərəuˈkɑːdiæk] (*neuro-* + Gr. *kardia* heart) 神经心脏的

neurocele [ˈnjuərəsiːl] (*neuro-* + Gr. *koelon* hollow) 神经管腔

neurocentral [ˌnjuərəuˈsentrəl] 髓椎体的

neurocentrum [ˌnjuərəuˈsentrəm] 髓椎体

neuroceptor [ˈnjuərəˌseptə] (*neuro-* + L. *capere* to take) 神经受体

neuroceratin [ˌnjuərəuˈserətin] 神经角蛋白

neurochemism [ˌnjuərəuˈkemizm] 神经化学平衡

neurochemistry [ˌnjuərəuˈkemistri] 神经化学

neurochondrite [ˌnjuərəuˈkɔndrait] (*neuro-* + Gr. *chondros* cartilage) 胚神经弓

neurochorioretinitis [ˌnjuərəuˌkɔːriəuˌretiˈnaitis] (*neuro-* + *chorioretinitis*) 视神经脉络膜视网膜炎

neurochoroiditis [ˌnjuərəuˌkɔːrɔiˈdaitis] 视神经脉络膜炎

neurocirculatory [ˌnjuərəuˈsəːkjuləˌtəri] 神经与循环系统的

neurocladism [njuəˈrɔklədizəm] (*neuro-* + Gr. *klados* branch) 神经分支新生

neurocommunications [ˌnjuərəukəˌmjuːniˈkeiʃənz] 神经信息交通学

neurocranial [ˌnjuərəuˈkreiniəl] 脑颅的

neurocranium [ˌnjuərəuˈkreiniəm] 脑颅
  cartilaginous n. 软骨颅
  membranous n. 膜脑颅

neurocrinia [ˌnjuərəuˈkriniə] (*neuro-* + Gr. *krinein* to *secrete*) 神经性分泌作用

neurocristopathy [ˌnjuərəukrisˈtɔpəθi] (*neuro-* + L. *crista* crest + *-pathy*) 神经嵴病

neurocutaneous [ˌnjuərəukjuˈteinjəs] 神经与皮肤的;皮神经的

neurocysticercosis [ˌnjuərəuˌsaistisəːˈkəusis] 神经囊尾蚴病

neurocyte [ˈnjuərəsait] (*neuro-* + Gr. *kytos* cell) 神经细胞

neurocytology [ˌnjuərəusaiˈtɔlədʒi] 神经细胞学

neurocytolysin [ˌnjuərəusaiˈtɔlisin] 溶神经细胞素

neurocytoma [ˌnjuərəusaiˈtəumə] ❶ 髓上皮瘤;❷ 神经节瘤

neurodealgia [ˌnjuərəudiˈældʒiə] (Gr. *neurōdēs* nervelike + *-algia*) 视网膜痛

neurodeatrophia [ˌnjuərəudiəˈtrəufiə] (Gr. *neurōdēs* nervelike + *atrophia*) 视网膜萎缩

neurodegenerative [ˌnjuərəudiˈdʒenərətiv] 神经变性的

neurodendrite [ˌnjuərəuˈdendrait] (*neuro-* + Gr. *dendrites* of a tree) 树突

neurodendron [ˌnjuərəuˈdendrɔn] 树突

neuroderm [ˌnjuərədəːm] 神经外胚层

neurodermatitis [ˌnjuərəuˌdəːməˈtaitis] (*neuro-* + *dermatitis*) 神经性皮炎
  circumscribed n. 局限性神经性皮炎
  disseminated n. 播散性神经性皮炎
  exudative n. 渗出性神经性皮炎
  localized n. 局限性神经性皮炎
  nummular n. 钱币形神经性皮炎

neurodermatosis [ˌnjuərəuˌdəːməˈtəusis] 神经性皮肤病

neurodermitis [ˌnjuərəudəːˈmaitis] 神经性皮炎

nenrodiagnosis [ˌnjuərəuˌdaiəgˈnəusis] 神经病诊断

neurodin [ˈnjuəˈrəudin] 精胺,脑胺

neurodocitis [ˌnjuərəudəˈsaitis] 神经根炎

neurodokon [ˌnjuərəuˈdəukɔn] 神经根部

neurodynia [ˌnjuərəuˈdiniə] (*neur-* + *-odynia*) 神经痛

neurodystonia [ˌnjuərəudisˈtəuniə] 神经紧张不全

neuroectoderm [ˌnjuərəuˈektədəːm] 神经外胚层

neuroectodermal [ˌnjuərəˌektəu'dɜːməl] 神经外胚层的

neuroeffector [ˌnjuərəui'fektə] 神经效应器

neuroelectricity [ˌnjuərəuˌilek'trisiti] 神经电

neuroencephalomyelopathy [ˌnjuərəuenˌsefələuˌmaiə'lɔpəθi] (*neuro-* + Gr. *enkephalos* brain + *myelos* marrow + *-pathy*) 神经脑脊髓病

   optic n. 视神经脑脊髓病

neuroendocrine [ˌnjuərəu'endəukrain] 神经内分泌的

neuroendocrinology [ˌnjuərəuˌendəukri'nɔlədʒi] 神经内分泌学

neuroenteric [ˌnjuərəuen'terik] 神经管与原肠的

neuroepidermal [ˌnjuərəuˌepi'dɜːməl] (*neuro-* + *epidermis*) 神经表皮的

neuroepithelial [ˌnjuərəuˌepi'θiːliəl] 神经上皮的

neuroepithelioma [ˌnjuərəuˌepiˌθiːli'əumə] 神经上皮瘤

neuroepithelium [ˌnjuərəuˌepi'θiːliəm] (*neuro-* + *epithelium*) 神经上皮

   n. of ampullary crest, n. cristae ampullaris (NA) 壶腹嵴神经上皮

   n. of maculae, n. macularum (NA) 迷路斑神经上皮

neuroequilibrium [ˌnjuərəuiːkwi'libriəm] 神经张力平衡

neurofiber [ˌnjuərəu'faibə] (*neuro-* + L. *fibra* fiber) 神经纤维

   afferent n's 传入神经纤维
   association n's 联结神经纤维
   commissural n's 连合神经纤维
   efferent n's 传出神经纤维
   postganglionic n's (神经)节后神经纤维
   preganglionic n's (神经)节前神经纤维
   projection n's 投射神经纤维
   somatic n's 躯体神经纤维
   tangential n's 正切神经纤维
   visceral n's 内脏神经纤维

neurofibra [ˌnjuərəu'faibrə] (pl. *neurofibrae*) (L.) 神经纤维

   neurofibrae afferentes (NA) 传入神经纤维
   neurofibrae associationis (NA) 联结神经纤维
   neurofibrae commissurales (NA) 连合神经纤维
   neurofibrae efferentes (NA) 传出神经纤维
   neurofibrae postganglionares, neurofibrae postganglionicae (NA) (神经)节后神经纤维
   neurofibrae preganglionares, neurofibrae preganglionicae (NA) (神经)节前神经纤维
   neurofibrae projectionis (NA) 投射神经纤维
   neurofibrae somaticae (NA) 躯体神经纤维
   neurofibrae tangentiales (NA) 正切神经纤维
   neurofibrae viscerales (NA) 内脏神经纤维

neurofibril [ˌnjuərəu'faibril] 神经微纤维

neurofibrilla [ˌnjuərəufai'brilə] (pl. *neurofibrillae*) 神经微纤维

neurofibrillar [ˌnjuərəufai'briləː] 神经微纤维的

neurofibroma [ˌnjuərəufai'brəumə] (*neuro-* + *fibroma*) 神经纤维瘤

neurofibromatosis [ˌnjuərəuˌfaibrəumə'təusis] 神经纤维瘤病,多发性神经纤维瘤

neurofibrosarcoma [ˌnjuərəuˌfaibrəusɑː'kəumə] 神经纤维网瘤

neurofibrositis [ˌnjuərəuˌfaibrəu'saitis] 神经纤维炎

neurofil ['njuərəfil] (*neuro-* + L. *filam* thread) 轴索细网

neurofilament [ˌnjuərəu'filəmənt] 神经丝

neurofixation [ˌnjuərəfik'seiʃən] 神经固定

neurogangliitis [ˌnjuərəuˌgæŋgli'aitis] 神经节炎

neuroganglion [ˌnjuərəu'gæŋgliən] 神经节

neurogastric [ˌnjuərəu'gæstrik] 胃神经的

neurogen ['njuərədʒən] 神经素

neurogenesis [ˌnjuərəu'dʒenəsis] (*neuro-* + Gr. *genesis* production) 神经发生

neurogenetic [ˌnjuərəudʒə'netik] ❶ 神经发生的;❷ 神经原性的

neurogenetics [ˌnjuərəudʒəˈnetiks]（*neuro-* + *genetics*）神经发生学

neurogenic [ˌnjuərəuˈdʒenik]（*neuro-* + Gr. *gennan* to produce）❶ 发生神经的；❷ 神经原性的

neurogenous [njuəˈrɔdʒinəs] 神经原性的

neuroglia [njuəˈrɔgliə]（*neuro-* + Gr. *glia* glue）神经胶质

  interfascicular n. 束间神经胶质
  peripheral n. 外周性胶质

neuroglial [njuəˈrɔgliəl] 神经胶质的

neurogliar [njuəˈrɔgliə] 神经胶质的

neurogliocyte [njuəˈrɔgliəˌsait]（*neuroglia* + *-cyte*）神经胶质细胞

neurogliocytoma [njuəˌrɔgliəusaiˈtəumə] 神经胶质细胞瘤，胶质瘤

neuroglioma [njuəˌrɔgliˈəumə] 神经胶质瘤

  n. ganglionare 神经节神经胶质瘤

neurogliomatosis [njuəˌrɔgliəməˈtəusis] 神经胶质瘤

neurogliosis [njuəˌrɔgliˈəusis] 神经胶质瘤病

neuroglycopenia [ˌnjuərəuˌglaikəuˈpiːniə]（*neuro-* + *glyco-* + *penia* poverty）神经低血糖症

neurogram [ˈnjuərəˌgræm]（*neuro-* + Gr. *gramma* mark）印象

neurography [njuəˈrɔgrəfi]（*neuro-* + Gr. *graphein* to write）神经论，神经学

neurohematology [ˌnjuərəuˌhiːməˈtɔlədʒi]（*neuro-* + Gr. *haema* blood + *logos* science）神经病血液学

neurohistology [ˌnjuərəuhisˈtɔlədʒi] 神经组织学

neurohormonal [ˌnjuərəuhɔːˈməunəl] 神经激素的

neurohormone [ˌnjuərəuˈhɔːməun] 神经激素

neurohumor [njuərəˈhjuːmə] 神经激素

neurohumoral [ˌnjuərəˈhjuːmərəl] 神经激素的

neurohumoralism [ˌnjuərəuˈhjuːmərəlizəm] 神经元介质学说

neurohypophyseal [ˌnjuərəuˌhaipəuˈfiziəl] 垂体神经部的

neurohypophysectomy [ˌnjuərəuˌhaipəufiˈzektəmi]（*neuro-* + *hypophysectomy*）垂体神经部切除

neurohypophysial [ˌnjuərəuˌhaipəuˈfiziəl] 垂体神经部的

neurohypophysis [ˌnjuərəuhaiˈpɔfəsis]（*neuro-* + *hypophysis*）垂体神经部

neuroid [ˈnjuərɔid]（*neuro-* + Gr. *eidos* form）神经样的

neuroimmunologic [ˌnjuərəuˌimjuːnəˈlɔdʒik] 神经免疫学的

neuroimmunology [ˌnjuərəuˌimjuːˈnɔlədʒi] 神经免疫学

neurokeratin [ˌnjuərəuˈkerətin] 神经角蛋白

neurokinet [ˌnjuərəuˈkinet]（*neuro-* + Gr. *kinein* to move）神经叩击器

neurolabyrinthitis [ˌnjuərəuˌlæbirinˈθaitis] 神经迷路炎

neurolathyrism [ˌnjuərəuˈlæθirizəm] 山黧豆中毒

neurolemma [ˌnjuərəuˈlemə] 神经鞘

neuroleptanalgesia [ˌnjuərəuˌleptənəlˈdʒiziə]（*neuro-* + Gr. *lēpsis* a taking hold + *analgesia*）安定镇痛

neuroleptanalgesic [ˌnjuərəuˌleptənəlˈdʒizik] ❶ 安定镇痛的；❷ 安定镇痛剂

neuroleptanesthesia [ˌnjuərəuˌleptənisˈθiːʒiə]（*neuro-* + Gr. *lēpsis* a taking hold + *anesthesia*）安定麻醉

neuroleptanesthetic [ˌnjuərəuˌleptənisˈθitik] ❶ 安定麻醉的；❷ 安定麻醉剂

neuroleptic [ˌnjuərəuˈleptik]（*neuro-* + Gr. *lēpsis* a taking hold, a seizure）精神安定剂

neurolipomatosis [ˌnjuərəuliˌpəuməˈtəusis] 神经脂肪瘤病

  n. dolorosa 痛性肥胖症

neurologia [ˌnjuərəuˈlɔdʒiə] 神经病学

neurologic [ˌnjuərəˈlɔdʒik] 神经病学的，神经学的，神经系统的

neurologist [njuːˈrɔlədʒist] 神经学家，神经病学家

neurology [ˌnjuəˈrɔlədʒi]（*neuro-* + *-logy*）神经学，神经病学

  clinical n. 临床神经病学

neurolues [ˌnjuərəˈljuːiz] 神经梅毒

neurolymph [ˈnjuərəlimf] 脑脊髓液

neurolymphomatosis [ˌnjuərəuˌlimfəuməˈtəusis] 神经淋巴瘤病

n. gallinarum 鸡神经淋巴瘤病
neurolysin [ˌnjuəˈrɔlisin] 溶神经素
neurolysis [njuəˈrɔləsis] (neuro- + Gr. *lysis* dissolution) 神经松解术
　　alcohol n. 鞘内神经松解术
　　chemical n. 注射破坏神经的化学药品于神经的附近,引起神经组织崩解
　　intramuscular n. 肌内的神经松解术
　　intrathecal n. 化学药品引起的神经组织崩解
　　phenol n. 鞘内神经松解术
neurolytic [ˌnjuərəuˈlitik] 破坏神经的
neuroma [njuəˈrəumə] (neuro- + -oma) 神经瘤
　　acoustic n. 听神经瘤
　　amputation n. 截肢性神经瘤
　　amyelinic n. 无髓鞘神经瘤
　　false n. ① 假神经瘤;② 截肢性神经瘤
　　ganglionar n., ganglionated n., ganglionic n. 神经节细胞神经瘤
　　medullated n. 有髓鞘神经瘤
　　Morton's n. 摩顿氏神经瘤
　　multiple n. ❶ 多发性神经纤维瘤;❷ 神经瘤病
　　myelinic n. 有髓鞘神经瘤
　　nevoid n. 痣样神经瘤,毛细血管扩张性神经瘤
　　plexiform n. 丛状神经瘤
　　stump n. 截肢性神经瘤
　　n. telangiectodes 毛细血管扩张性神经瘤
　　traumatic n. 创伤性神经瘤
　　true n. 真性神经瘤
　　Verneuil's n. 丛状神经瘤
neuromalacia [ˌnjuəˌrəuməˈleiʃiə] (neuro- + Gr. *malakia* softening) 神经软化
neuromalakia [ˌnjuərəuməˈleikiə] 神经软化
neuromatosis [ˌnjuərəuməˈtəusis] ❶ 神经瘤病;❷ 多发性神经纤维瘤
neuromatous [njuəˈrəumətəs] 神经瘤的
neuromechanism [ˌnjuərəuˈmekənizəm] 神经结构,神经机制
neuromeningeal [ˌnjuərəumiˈnindʒiəl] 神经脑脊膜的
neuromere [ˈnjuərəmiə] (neuro- + Gr. *meros* part) 髓管节,神经管节
neurometrics [ˌnjuərəuˈmetriks] 一种计算机辅助方法
neuromimesis [ˌnjuərəumaiˈmi:sis] (neuro- + *mimesis*) 模仿病
neuromimetic [ˌnjuərəumaiˈmetik] ❶ 模仿神经冲动的;❷ 神经冲动模仿物;❸ 模仿病的
neuromodulation [ˌnjuərəuˌmɔdjuˈleiʃən] ❶ 神经调节(作用);❷ 神经调节物对另一个神经元的影响
neuromodulator [ˌnjuərəuˈmɔdjuːleitə] 神经调节物
neuromotor [ˌnjuərəuˈməutə] ❶ 涉及神经和肌肉的;❷ 属于至肌肉的神经冲动的
neuromuscular [ˌnjuərəuˈmʌskjulə] 神经肌肉的
neuromyal [ˌnjuərəuˈmaiəl] (neuro- + Gr. *mus* a muscle) 神经肌肉的
neuromyasthenia [ˌnjuərəuˌmaiəsˈθi:niə] (neuro- + *myasthenia*) 神经肌肉衰弱
　　epidemic n. 流行性脑脊髓炎,良性肌痛性脑脊髓炎
neuromyelitis [ˌnjuərəuˌmaiəˈlaitis] (neuro- + Gr. *myelos* marrow + -itis) 神经脊髓炎
　　n. optica 视神经脊髓炎
neuromyic [ˌnjuərəuˈmaiik] (neuro- + Gr. *mys* muscle) 神经肌肉的
neuromyon [ˌnjuərəuˈmaiən] (neuro- + Gr. *mys* myscle) 肌肉神经器
neuromyopathic [ˌnjuərəumaiəˈpæθik] 神经肌病的
neuromyopathy [ˌnjuərəumaiˈɔpəθi] 神经肌病
　　carcinomatous n. 神经肌瘤
neuromyositis [ˌnjuərəuˌmaiəˈsaitis] (neuro- + *myositis*) 神经肌炎
neuromyotonia [ˌnjuərəuˌmaiəˈtəuniə] (neuro- + myo- + Gr. *tonos* tension + -ia) 神经肌强直
neuron [ˈnjuərɔn] (Gr. "nerve") 神经元
　　afferent n. 传入神经元
　　bipolar n. 两极神经元
　　central n. 中枢神经元
　　connector n. 连接神经元
　　efferent n. 传出神经元
　　fusimotor n's 肌梭运动神经元
　　Golgi type Ⅰ n's 锥体细胞

Golgi type Ⅱ n's 星形神经元
intercalary n., intercalated n., internuncial n. 中间神经元
motor n. 运动神经元
multiform n. 多形神经元
multimodal n. 多感神经元
multipolar n. 多极神经元
multisensory n. 多感神经元
peripheral sensory n. 周围感觉神经元
piriform n's 浦肯野氏细胞
polymorphic n. 多形神经元
postganglionic n's 节后神经元
preganglionic n's 节前神经元
premotor n. 运动前神经元
primary sensory n. 原发性感觉神经元
projection n. 投射神经元
pseudounipolar n. 假单极神经元
Purkinje's n's 浦肯野氏神经元
pyramidal n. 锥体细胞
secondary sensory n. 继发性感觉神经元
sensory n. 感觉神经元
spiny n. 刺神经元
unipolar n. 单极神经元

neuronal ['njuərənəl] 神经元的
neuronatrophy [ˌnjuərəu'nætrəfi] 神经元萎缩,神经元硬化病
neurone ['njuərəun] 神经元
neuronephric [ˌnjuərəu'nefrik] 肾与神经系统的
neuroneuronitis [ˌnjuərəuˌnjuərə'naitis] 神经元炎
neuronevus [ˌnjuərəu'niːvəs] (neuro- + nevus) 神经痣
neuronin ['njuərənin] 轴索蛋白
neuronitis [ˌnjuərəu'naitis] 神经元炎
vestibular n. 前庭神经元炎
neuronopathy [ˌnjuərə'nɔpəθi] 多发性神经病
neuronophage [njuə'rɔnəfeidʒ] (neuron + Gr. phagein to eat) 噬神经细胞
neuronophagia [ˌnjuərəunəu'feidʒiə] 噬神经细胞作用
neuronotropic [njuəˌrɔnəu'trɔpik] (neuron- + Gr. tropein to turn) 亲神经元的,向神经元的
neuronymy [njuə'rɔnimi] (neuro- + Gr. onyme name) 神经命名法
neuronyxis [ˌnjuərəu'niksis] (neuro- + Gr. nyxis puncture) 神经穿刺术
neuro-ophthalmology [ˌnjuərəuˌɔfθəl'mɔlədʒi] (neuro- + ophthalmology) 神经眼科学
neuro-otology [ˌnjuərəuəi'tɔlədʒi] 神经耳科学
neuropacemaker [ˌnjuərəu'peismeikə] 神经起搏器
neuropapillitis [ˌnjuərəuˌpæpi'laitis] 视神经乳头炎
neuroparalysis [ˌnjuərəupə'rælisis] 神经性麻痹
neuropathic [ˌnjuərə'pæθik] 神经病的
neuropathogenesis [ˌnjuərəuˌpæθə'dʒenisis] 神经病发病机制,神经病发生
neuropathogenicity [ˌnjuərəuˌpæθəudʒə'nisiti] 神经病发生性
neuropathology [ˌnjuərəupə'θɔlədʒi] 神经病理学
neuropathy [njuə'rɔpəθi] (neuro- + -pathy) 神经病
acrodystrophic n. 遗传性感觉根神经病变
alcoholic n. 酒精性神经病变
amyloid n. 淀粉样蛋白神经病变
angiopathic n. 血管病神经病变
arsenic n., arsenical n. 砷性神经病变
ascending n. 上行性神经病变
autonomic n. 自主神经病变
axonal n. 轴索神经病变
brachial plexus n. 臂丛神经病变
Dejerine-Sottas n. 进行性肥大性神经病
Denny-Brown's sensory n., Denny-Brown's sensory radicular n. 遗传感觉根性神经病变
descending n. 下行性神经病变
diabetic n. 糖尿病性神经病
entrapment n. 受压性神经病变
femoral n. 股骨神经病变
giant axonal n. 大轴索神经病变
hepatic n. 肝神经病变
hereditary hypertrophic n. 进行性肥大性神经病
hereditary motor and sensory n. (HMSN) 遗传性运动和感觉神经病变
hereditary optic n. 遗传性视觉神经病变
hereditary sensory n. 遗传性感觉根性神经病变

hereditary sensory and autonomic n. （HSAN)遗传性感觉和自主神经病变
hereditary sensory and motor n. 遗传性感觉和运动神经病变
hereditary sensory radicular n. 遗传性感觉根性神经病变
hypertrophic interstitial n. 肥大性间质性神经病
ischemic n. 局部缺血型神经病变
isoniazid n. 异烟肼神经病变
lead n. 铅中毒性神经病变
Leber's hereditary optic n., Leber's optic n. 利伯氏遗传性视神经病变
lumbar plexus n. 腰丛神经病变
lumbosacral plexus n. 腰骶丛神经病变
motor n. 运动神经病变
multiple n. ① 多发性神经病变；② 多数的单神经病
nitrofurantoin n. 呋喃丹啶神经病变
nutritional n. 营养性神经病变
paraneoplastic n. 癌旁神经病变
periaxial n. 轴旁性神经病变，节段性脱髓鞘神经病变
peripheral n. 周围神经病变
porphyric n. 卟啉症神经病变
pressure n. 受压性神经病变
progressive hypertrophic n. 进行性肥大性神经病
sacral plexus n. 骶骨丛神经病变
sarcoid n. 肉瘤样神经病变
segmental (demyelination) n. 节段性脱髓鞘性神经病变
senile n. 老年人神经病变
sensorimotor n. 牵涉到感觉和运动神经的神经病变或多发性神经病变
sensory n. 感觉神经的神经病变或多发性神经病变
serum n., serum sickness n. 血清性神经病变，血清病性神经病
tomaculous n. 常染色体显性型神经病变
toxic n. 中毒性神经病变
traumatic n. 由外伤所导致的神经病变
vasculitic n. 血管病性神经病变

neuropeptide [ˌnjuərəu'peptaid] 神经肽
neurophage [ˈnjuərəfeidʒ] 噬神经细胞
neuropharmacological [ˌnjuərəuˌfɑːməkə-ˈlɔdʒikəl] 神经药理学的
neuropharmacology [ˌnjuərəuˌfɑːmə'kɔlə-dʒi] 神经药理学
neurophilic [ˌnjuərəu'filik] 向神经的，亲神经的
neurophthalmology [ˌnjuərəufθæl'mɔlədʒi] 神经眼科学
neurophthisis [ˌnjuə'rɔfθisis] (neuro- + Gr. phthisis wasting) 神经组织耗损
neurophysin [ˌnjuərəu'faisin] 后叶激素运载蛋白
neurophysiology [ˌnjuərəuˌfizi'ɔlədʒi] (neuro- + physiology) 神经生理学
neuropil [ˈnjuərəpil] (neuro- + Gr. pilos felt) 神经纤维网
neuropile [ˈnjuərəpail] 神经纤维网
neuropilem [ˌnjuərəu'pailəm] 神经纤维网
neuroplasm [ˈnjuərəuplæzəm] (neuro- + Gr. plasma something formed) 神经浆，神经胞质
neuroplasmic [ˌnjuərəu'plæzmik] 神经浆的，神经胞质的
neuroplasty [ˈnjuərəˌplæsti] (neuro- + Gr. plassein to form) 神经成形术
neuroplexus [ˌnjuərəu'pleksəs] 神经丛
neuropodia [ˌnjuərəu'pəudiə] 神经终丝
neuropodion [ˌnjuərəu'pəudiɔn] 神经终丝
neuropodium [ˌnjuərəu'pəudiəm] (pl. neuropodia)(neuro- + podium) 神经终丝
neuropore [ˈnjuərəpɔː] (neuro- + Gr. poros pore) 神经孔
　anterior n. 前神经孔
　caudal n. 后神经孔
　posterior n. 后神经孔
　rostral n. 前神经孔
neuroprobasia [ˌnjuərəuprə'beiʒiə] (neuro- + Gr. pro forward + basis walking) 沿神经蔓延
neuropsychiatrist [ˌnjuərəusai'kaiətrist] 神经精神病学家
neuropsychiatry [ˌnjuərəusai'kaiətri] 神经精神病学
neuropsychic [ˌnjuərəu'saikik] 神经精神的
neuropsychological [ˌnjuərəusaikə'lɔdʒi-kəl] 神经心理学的
neuropsychology [ˌnjuərəusai'kɔlədʒi] (neuro- + psychology) 神经心理学

neuropsychopathy [ˌnjuərəusai'kɔpəθi] (neuro- + Gr. psyche mind + pathos disease) 神经精神病

neuropsychopharmacology [ˌnjuərəuˌsaikəuˌfɑːmə'kɔlədʒi] 神经精神药理学

neuropsychosis [ˌnjuərəusai'kəusis] 神经精神病

neuroradiology [ˌnjuərəuˌreidi'ɔlədʒi] 神经系统放射学

neuroretinitis [ˌnjuərəuˌreti'naitis] 视神经视网膜炎

neuroretinopathy [ˌnjuərəuˌreti'nɔpəθi] (neuro- + retina + -pathy) 视神经视网膜病

neuroroentgenography [ˌnjuərəˌrentgə'nɔgrəfi] 神经系统放射学

neurorrhaphy [njuə'rɔrəfi] (neuro- + Gr. rhaphē stitch) 神经缝术

neurosarcocleisis [ˌnjuərəuˌsɑːkəu'klaisis] (neuro- + Gr. sarx flesh + kleisis closure) 神经移入肌肉术

neurosarcoma [ˌnjuərəusɑː'kəumə] 神经肉瘤

neuroscience ['njuərəuˌsaiəns] 神经科学

neuroscientist [ˌnjuərəu'saiəntist] 神经科学家

neurosclerosis [ˌnjuərəusklə'rəusis] (neuro- + Gr. skleros hand) 神经硬化

neurosecretion [ˌnjuərəusi'kriːʃən] (neuro- + secretion) ❶ 神经分泌；❷ 神经分泌物

neurosecretory [ˌnjuərəusi'kriːtəri] (neuro- + secretory) 神经分泌的

neurosegmental [ˌnjuərəuseg'mentəl] (neuro- + segmental) 神经节段的

neurosensory [ˌnjuərəu'sensəri] 感觉神经的

neuroses [njuə'rəusiːz] 神经机能病。neurosis 的复数形式

neurosis [njuə'rəusis] (pl. neuroses) (neur- + -osis) 神经机能病，神经(官能)症

 actual n. 真性神经症
 anxiety n. 焦虑性神经机能病
 cardiac n. 心脏神经机能病，神经性循环衰竭
 character n. 性格神经症
 combat n. 战争神经症
 compensation n. 代偿性神经症
 compulsion n. 强迫性神经症
 conversion n. 转换性神经症
 depersonalization n. 人格解体性神经症
 depressive n. 抑郁性神经症
 experimental n. 实验性神经症
 hypochondriacal n. 疑病性神经症
 hysterical n. 癔病性神经症
 obsessional n. 强迫性神经症
 obsessive-compulsive n. 强迫性神经症
 pension n. 津贴性神经症
 phobic n. 恐惧性神经症
 transference n. 移情性神经症
 traumatic n. 外伤性神经症
 vegetative n. 植物性神经症，肢痛症
 war n. 战争神经症

neurosism ['njuərəsizm] 神经衰弱

neuroskeletal [ˌnjuərəu'skelitəl] 神经与骨骼肌的

neuroskeleton [ˌnjuərəu'skelətən] (neuro- + Gr. skeleton skeleton) 内骨骼

neurosome ['njuərəsəum] (neuro- + Gr. sōma body) ❶ 神经细胞体；❷ 神经微粒

neurospasm ['njuərəspæzəm] (neuro- + Gr. spasmos spasm) 神经性痉挛

neurosplanchnic [ˌnjuərəu'splæŋknik] 脑脊髓与交感神经系统的，神经内脏的

neurospongioma [ˌnjuərəuˌspɔndʒi'əumə] 神经胶质瘤，胶质瘤

Neurospora [njuə'rɔspərə] 链孢霉属

neurostatus [ˌnjuərəu'steitəs] 神经系统状态

neurosthenia [ˌnjuərəus'θiːniə] (neuro- + Gr. sthenos strength) 神经兴奋力强盛

neurosurgeon [ˌnjuərəu'səːdʒən] 神经外科医师

neurosurgery [ˌnjuərəu'səːdʒəri] 神经外科学

 functional n. 功能性神经外科
 stereotactic n. 趋实体的神经外科学

neurosuture [ˌnjuərəu'sjuːtʃə] 神经缝术

neurosyphilis [ˌnjuərəu'sifilis] (neuro- + syphilis) 神经梅毒

 asymptomatic n. 无症状型神经梅毒
 meningovascular n. 脑膜血管性神经梅毒
 parenchymatous n. 实质性神经梅毒
 paretic n. 麻痹性神经梅毒，麻痹性痴呆
 tabetic n. 脊髓痨性神经梅毒，脊髓痨

neurotendinous [ˌnjuərəu'tendinəs] 神经与腱的

neurotensin [ˌnjuərəu'tensin] 神经紧张素，神经降压素

neuroterminal [ˌnjuərəu'tə:minəl] 神经终器

neurothecitis [ˌnjuərəuθi'saitis] (*neuro-* + Gr. *theke* sheath + *itis*) 神经鞘炎

neurothele [ˌnjuərəu'θi:li] (*neuro-* + Gr. *thele* nipple) 神经乳头

neurothelitis [ˌnjuərəuθi'laitis] (*neurothele* + *itis* inflammation) 神经乳头炎

neurotherapy [ˌnjuərəu'θerəpi] 神经疗法

neurothlipsis [ˌnjuərəu'θlipsis] (*neuro-* + Gr. *thlipsis* pressure) 神经压迫

neurotic [njuə'rɔtik] ❶ 神经症的；❷ 患有神经症的人

neurotica [njuə'rɔtikə] (Gr. *neuron* nerve) 神经机能病

neuroticism [njuə'rɔtisizm] 神经过敏症

neurotization [ˌnjuərɔti'zeiʃən] 神经再生

neurotmesis [ˌnjuərɔt'mi:sis] (*neuro-* + Gr. *tmēsis* cutting apart) 神经断伤

neurotology [ˌnjuərəu'tɔlədʒi] 神经耳科学

neurotome ['njuərətəum] (*neuro-* + Gr. *tomē* a cut) ❶ 神经刀；❷ 神经管节

neurotomography [ˌnjuərəutə'mɔgrəfi] 神经X线断层照像术

neurotomy [njuə'rɔtəmi] (*neuro-* + *-tomy*) 神经切断术
   radiofrequency n. 射(电)频(率)神经切断术
   retrogasserian n. 半月神经节后根切断术

neurotonometer [ˌnjuərəutə'nɔmitə] 皮肤紧张度计

neurotony [njuə'rɔtəni] (*neuro-* + Gr. *teinein* to stretch) 神经牵引术

neurotoxic [ˌnjuərəu'tɔksik] 神经中毒的

neurotoxicity [ˌnjuərəutɔk'sisiti] 神经中毒性

neurotoxin [ˌnjuərəu'tɔksin] 神经毒素

neurotransducer [ˌnjuərəutræns'dju:sə] 介导神经元

neurotransmission [ˌnjuərəutræns'miʃən] 神经递质传送

neurotransmitter [ˌnjuərəu'trænsmitə] 神经递质
   false n. 假神经递质

neurotrauma [ˌnjuərəu'trɔ:mə] (*neuro-* + *trauma*) 神经外伤

neurotrophasthenia [ˌnjuərəuˌtrəufæs'θi:niə] (*neuro-* + Gr. *trophe* nutrition + *astheneia* weakness) 神经营养不足

neurotrophic [ˌnjuərəu'trɔfik] 神经营养的

neurotrophy [njuə'rɔtrəfi] (*neuro-* + Gr. *trophē* nutrition) 神经营养

neurotropic [ˌnjuərəu'trɔpik] 向神经的，亲神经的

neurotropism [njuə'rɔtrəpizəm] (*neuro-* + Gr. *tropē* a turn, turning) ❶ 向神经性，亲神经性；❷ 神经趋向性

neurotropy [njuə'rɔtrəpi] 向神经性，趋神经性

neurotrosis [ˌnjuərəu'trəusis] (*neuro-* + Gr. *trōsis* wound) 神经外伤

neurotubule [ˌnjuərəu'tju:bjul] (*neuro-* + *tubule*) 神经小管

neurovaccine [ˌnjuərəuvæk'si:n] 兔脑痘苗

neurovaricosis [ˌnjuərəuˌværi'kəusis] (*neuro-* + *varicose* + *-osis*) 神经纤维曲张

neurovariola [ˌnjuərəuvə'raiələ] 兔脑痘苗

neurovascular [ˌnjuərəu'væskjulə] 神经血管的

neurovegetative [ˌnjuərəu'vedʒitətiv] 植物性(自主)神经系统的

neurovirulence [ˌnjuərəu'viruləns] 神经毒性

neurovirulent [ˌnjuərəu'virulənt] 神经毒性的

neurovirus ['njuərəuˌvaiərəs] 神经痘苗

neurovisceral [ˌnjuərəu'visərəl] 脑脊髓与交感神经系统的

neurula ['njuərulə] (*neuro-* + dim. *-ula*) 神经胚

neurulation [ˌnjuəru'leiʃən] 神经胚形成

neururgic [njuə'rə:dʒik] 神经活动的，神经作用的

neutral ['nju:trəl] (L. *neutralis*; *neuter*, neither) 中性

neutralism ['nju:trəlizəm] 种间共处

neutrality [nju:'træliti] 中性
neutralization [ˌnju:trəlai'zeiʃən] 中和(作用)
 viral n. 病毒中和(作用)
neutralize ['nju:trəlaiz] 中和,中性化,使之成为中性
neutramycin [ˌnju:trə'maisin] 中性霉素
Neutrapen ['nju:trəpən] 纽特本：青霉素酶冻干制备品的商品名
Neutra-Phos-K [ˌnju:trə'fɔskei] 纽特佛斯克：磷酸钾制剂的商品名
neutrino [nju:'tri:nəu] (It. "little neutron") 中微子
neutroclusion [ˌnju:trə'klu:ʒən] 中性𬌗,中性咬合
neutrocyte ['nju:trəsait] 中性白细胞
neutrocytopenia [ˌnju:trəusaitəu'pi:niə] 中性白细胞减少症
neutrocytosis [ˌnju:trəusai'təusis] 中性白细胞增多症
neutroflavine [ˌnju:trəu'fleivin] 吖啶黄
neutron ['nju:trɔn] 中子
 epithermal n. 超热中子
 fast n. 快中子
 intermediate n. 中等中子
 slow n. ①热中子；②慢中子
 thermal n. 热中子
neutropenia [ˌnju:trəu'pi:niə] (neutrophil + Gr. penia poverty) 中性白细胞减少症
 chronic benign n. of childhood 儿童慢性良性中性白细胞减少症
 chronic hypoplastic n. 慢性再生不良性中性白细胞减少症
 congenital n. 先天性中性白细胞减少症
 cyclic n. 周期性中性白细胞减少症
 familial benign chronic n. 家族性良性慢性中性白细胞减少症
 hypersplenic n. 脾性中性白细胞减少症
 idiopathic n. 恶性中性白细胞减少症,粒细胞缺乏症
 Kostmann n. 考斯曼中性白细胞减少症
 malignant n. 粒细胞缺乏
 neonatal n., transitory 初生儿中性白细胞减少症
 periodic n. 周期性中性白细胞减少症
 peripheral n. 外周性中性白细胞减少症
 primary splenic n. 原发性脾性中性白细胞减少症
neutrophil ['nju:trəfil] (L. neuter neither + phil) ❶中性白细胞；❷嗜中性的
 filamented n. 连丝核中性白细胞
 giant n. 巨大中性白细胞,大多核白细胞
 juvenile n. 后髓细胞
 nonfilamented n. 粗连丝核中性白细胞
 rod n., stab n. 杆状核中性白细胞
neutrophilia [ˌnju:trəu'filiə] 中性白细胞增多症
neutrophilic [ˌnju:trəu'filik] ❶嗜中性染色的；❷嗜中性的
neutropism ['nju:trəpizəm] 向神经性,亲神经性
neutrotaxis [ˌnju:trəu'tæksis] (neutrophil + Gr. taxis arrangement) 中性白细胞趋向性
nevi ['ni:vai] (L.) 痣。nevus 的复数形式
nev(o)- (L. naevus mole) 痣,胎痣
nevoblast ['ni:vəublæst] (nevo- + blast) 成痣细胞
nevocyte ['ni:vəusait] (nevo- + -cyte) 痣细胞
nevocytic [ni:vəu'sitik] 痣细胞的
nevoid ['ni:vɔid] 痣样的
nevolipoma [ˌni:vəuli'pəumə] (nevo- + lipoma) 脂瘤痣
nevose ['ni:vəus] 痣的
nevoxanthoendothelioma [ˌni:vəuˌzænθəuˌendəuˌθi:li'əumə] (nevo- + xantho- + endothelioma) 痣黄瘤内皮瘤,青年性黄色肉芽肿
nevus ['ni:vəs] (pl. nevi) (L. naevus) ❶痣,胎痣；❷皮肤(偶尔见于口腔粘膜)的一种局限性稳定的异常结构
 achromic n. 无色痣
 amelanotic n. 无色素痣
 n. anemicus 贫血性痣
 n. araneus 蛛状痣
 balloon cell n. 气球样细胞痣
 bathing trunk n. 躯干下部痣
 Becker's n. 贝可尔氏痣
 blue n. 蓝痣
 blue rubber bleb n. 蓝橡皮奶头痣
 cellular n. 细胞痣
 cellular blue n. 细胞性蓝痣

choroidal n. 脉络膜痣
chromatophore n. of Naegeli 色素细胞痣
n. comedonicus 粉刺样痣
compound n. 复合痣
connective tissue n. 结缔组织痣
n. depigmentosus 贫血性痣
dermal n. 皮肤痣
dysplastic n. 发育不良痣
n. elasticus ① 弹性痣,弹力纤维假黄瘤; ② 结缔组织痣
n. elasticus of Lewandowsky 列文道斯基弹性痣
epidermal n., epithelial n. 表皮痣
fatty n. 脂肪痣
n. flammeus 焰色痣
n. fuscoceruleus acromiodeltoideus 肩部蒙古斑
n. fuscoceruleus ophthalmomaxillaris 脸部蒙古斑
giant congenital pigmented n., giant hairy n., giant pigmented n. 先天性巨大色素痣,巨大毛痣,巨大色素痣
hair follicle n. 毛囊痣
halo n. 晕样痣
hepatic n. 肝斑痣,肝出血性梗死
intradermal n. 皮内痣
n. of Ito 肩部蒙古斑
Jadassohn's sebaceous n. 雅达逊氏皮脂痣
Jadassohn-Tièche n. 蓝痣
junction n., junctional n. 交界痣
n. lipomatosus 脂瘤痣
n. lipomatosus cutaneus superficialis 表浅皮肤脂瘤痣
melanocytic n. 黑素细胞痣
neural n., neuroid n. 神经痣,神经样痣
nevocellular n. 痣细胞痣
nevocytic n., nevus cell n. 痣细胞痣
nuchal n. 项痣
organoid n. 器管样痣
n. of Ota, Ota's n. 脸部蒙古斑
pigmented n., n. pigmentosus 色素痣
pigmented hairy epidermal n. 色素性表皮性毛痣
port-wine n. 葡萄酒色痣
sebaceous n., n. sebaceus, n.sebaceus of Jadassohn. 雅达逊氏皮脂痣
spider n. 蛛状痣
n. spilus 斑痣
n. spilus tardus 贝可尔氏痣
spindle and epithelioid cell n. 梭状和上皮样细胞痣
Spitz n. 梭状和上皮样细胞痣
n. spongiosus albus mucosae 粘膜白色海绵状痣
stellar n. 蛛形痣
strawberry n. 莓样痣
Sutton's n. 晕样痣
n. unius lateris 单侧性痣
Unna's n. 项痣
uveal n. 眼色素层痣
vascular n., n. vascularis, n. vasculosus 血管痣
white sponge n. 粘膜白色海绵状痣
newborn ['nju:bɔ:n] ❶ 新生的; ❷ 新生儿
Newcastle disease ['nju:kɑ:sl] (Newcastle, England, near which it was first observed in 1926) 纽卡塞尔病
Newton's law ['nju:tənz] (Sir Isaac Newton, English mathematician, physicist, and astronomer, 1643-1727) 牛顿定律
newton ['nju:tən] (Sir Isaac Newton) 牛顿
nexeridine hydrochloride [nek'seridi:n] 盐酸尼克赛雷丁
nexin ['neksin] 连接素
nexus ['neksəs] (pl. nexus) (L. "bond") ❶ 结合,接合; ❷ 缝隙连接
Nezelof's syndrome [nizi'lɔfs] (Christian Nezelof, French pediatrician, born 1922) 耐采洛夫氏综合征
NF (National Formulary 的缩写)(美国)国家处方集
NFLPN (National Federation for Licensed Practical Nurses 的缩写)(美国)全国护士联合会
ng (nanogram 的缩写) 毫微克
NGF (nerve growth factor 的缩写) 神经生长因子
NHC (National Health Council 的缩写)(美国)国家保健委员会
N.H.I ❶ (National Health Insurance 的缩写)(美国)国民保健保险; ❷ (National Heart Institute 的缩写)(美国)国家心脏病研究所

NHLBI (National Heart, Lung and Blood Institute 的缩写)(美国)国家心肺血研究所

NHMRC (National Health and Medical Research Council 的缩写)(美国)国家保健与医学研究委员会

NHS (National Health Service 的缩写)(英国)国家保健服务处

NH$_2$-terminal N 端

Ni (*nickel* 的符号)镍

NIA (National Institute on Aging 的缩写)(美国)国家年龄研究所

NIAAA (National Institute on Alcohol Abuse and Alcoholism 的缩写)(美国)国家滥用酒精和酒精中毒研究所

niacin ['naiəsin] (USP)烟酸

niacinamide [ˌnaiəsi'næmaid] (USP)烟酰胺

NIAID (National Institute of Allergy and Infectious Diseases 的缩写)(美国)国家变应性与传染病研究所

nialamide ['naiələmaid] 尼阿拉米:系单胺氧化酶抑制剂,用做抗抑郁药

Niamid ['naiəmid] 尼阿密:尼阿拉米制剂的商品名

NIAMSD (National Institute of Arthritis and Musculoskeletal and Skin Diseases 的缩写)(美国)国家关节炎与肌骨骼和皮肤病研究所

nib [nib] 尖头,尖端

nibroxane [ni'brɔksein] 尼布罗克森:一种局部用抗微生物药物

Nicalex ['nikəleks] 尼可来克斯:烟酸铝制剂的商品名

nicardipine hydrochloride [ni'kɑːdipiːn] 钙途径阻滞剂

niccolum ['nikələm] (gen. *niccocli*) (L.) 镍

nicergoline [ni'səːɡəliːn] 麦角溴烟酯

niche [nitʃ] (Fr. "recess") 龛,龛影
  Barclay's n. 巴克来氏龛
  ecologic n. 生态地位
  enamel n. 釉隙
  Haudek's n. 豪德克氏龛

nick [nik] 在双链核酸的一链内的断裂

NICHHD (National Institute of Child Health and Human Development 的缩写)(美国)国家儿童健康与人体发育研究所

nickel ['nikəl] (L. *niccolum*) 镍
  n. carbonyl 四羰基镍

nicking ['nikiŋ] 血管局部缩窄

niclosamide [ni'kləusəmaid] 灭绦灵

Nicol prism ['nikəl] (William *Nicol*, Scottish physicist, 1768-1851) 尼考尔氏棱镜

Nicoladoni's sign ['nikɔlɑː'dɔniz] (Carl *Nicoladoni*, German surgeon, 1847-1902) 尼可拉多尼氏征

Nicolas-Favre disease [nikɔ'lɑː 'fɑːv] (Joseph *Nicolas*, French physician, 1868-1960; Maurice Jules *Favre*, French physician, 1876-1954) 尼-法二氏病,性病淋巴肉芽肿

Nicolle [ni'kɔl] 尼科尔,法国医师和微生物学者

Niconyl ['nikənəl] 尼可乐:异烟肼制剂的商品名

Nicorette ['nikəˌret] 尼可来特:一种口香糖的商品名

Nicotiana [ˌnikəʃi'einə] (Jean *Nicot* de Villemain, 1530-1600, who introduced tobacco chewing to Catherine de Medici) 烟草属

nicotinamide [ˌnikə'tinəmaid] 烟酰胺
  n. adenine dinucleotide (NAD)烟酰胺腺嘌呤二核苷酸
  n. adenine dinucleotide phosphate (NADP)烟酰胺腺嘌呤二核苷酸磷酸
  n. mononucleotide (NMN)烟酰胺单核苷酸

nicotinate [ˌnikəu'tineit] 烟酸的分裂的形式
  n. ribonucleotide 烟酸

nicotine ['nikətiːn] (L. *nicotiana tobacco*) 尼古丁,烟碱
  n. polacrilex 烟碱与一种离子交换树脂的结合物

nicotinic [ˌnikə'tinik] 烟碱的

nicotinic acid [ˌnikə'tinik] 烟酸

nicotinism ['nikətiˌnizəm] 烟碱中毒

nicotinolytic [ˌnikətinɔ'litik] (*nicotine* + Gr. *lysis* dissolution) 解烟碱毒

β-nicotyrine [ˌnikəu'tairiːn] β-烟碱烯

nicoumalone [nai'kuːmələun] 新抗凝

Nicozide ['naikəzaid] 乃可赛:异烟肼制剂的商品名

nictation [nik'teiʃən] 眨眼

nictitation [ˌnikti'teiʃən] (L. *nictitare* to

wink）眨眼

NIDA（National Institute on Drug Abuse 的缩写）（美国）国家滥用药物研究所

nidal ['naidəl] 巢的

nidation [nai'deiʃən]（L. *nidus* nest）着床

NIDD（non-insulin-dependent diabetes 的缩写）非胰岛素依赖性糖尿病

NIDDK（National Institute of Diabetes and Digestive and Kidney Disease 的缩写）（美国）国家糖尿病和消化及肾病研究所

nidi ['naidai] ❶ 病灶；❷ 核。*nidus* 的复数形式

NIDR（National Institute of Dental Research 的缩写）国家牙科研究所

nidus ['naidəs]（pl. *nidi*）（L. "nest"）❶ 病灶；❷ 核
  n. avis 小脑禽巢

Nielsen method ['ni:lsən]（Holger *Nielsen*, Danish army officer, 1866-1955）尼耳森氏法

Niemann's desease ['ni:mænz]（Albert *Niemann*, German pediatrician, 1880-1921）尼曼氏病

Niemann-Pick cells ['ni:mən pik]（A. *Niemann*; Ludwig *Pick*, Geman phy-sician, 1868-1944）尼-皮二氏细胞

nifedipine [ni'fedipi:n] 硝苯吡啶，利心平，心痛定

nifungin [nai'fʌndʒin] 硝呋菌素

nifuradene [nai'fju:rədi:n] 乃服若定：一种抗细菌药

nifuraldezone [ˌnaifju:'rældəzəun] 硝呋氨氧胺

nifuratel [nai'fju:rətəl] 呋喃疏唑酮

nifuratrone [nai'fju:rətrəun] 呋喃氮酮

nifurdazil [nai'fju:dəzil] 硝呋羟乙咪酮

nifurimide [nai'fju:rimaid] 硝呋甲咪酮

nifurmerone [nai'fju:mərəun] 硝呋氯乙酮

nifuroxime [ˌnaifjuə'rəksi:m] 硝基糠醛肟

nifurpirinol [ˌnaifju'pirinəl] 硝呋吡醇

nifurquinazol [ˌnaifju'kwinəzəl] 呋喃喹胺醇

nifursemizone [ˌnaifju'semizəun] 硝糠乙腙

nifursol ['naifjusəl] 硝呋索尔

nifurtimox [nai'fju:timəks] 硝呋噻氧

nightmare ['naitmɛə] 恶梦

nightshade ['naitʃeid] 茄科植物
  deadly n. 颠茄叶

NIGMS（National Institute of General Medical Sciences 的缩写）（美国）国家通科医学科学研究所

nigra ['naigrə]（L. "black"）黑质

nigral ['naigrəl] 黑质的

nigricans ['naigrikəns] 微黑的

nigrities [nai'griʃi:z] 黑色
  n. linguae 黑舌

nigrometer [nai'grɔmitə]（L. *niger* black + Gr. *metron* measure）黑度计

nigrosin ['naigrəsin] 苯胺黑

nigrostriatal [ˌnigrəustrai'ætəl] 黑质纹状体的

NIH（National Institutes of Health 的缩写）国家卫生研究院

nihilism ['naiilizəm]（L. *nihil* nothing + -*ism*）虚无妄想
  therapeutic n. 治疗的虚无主义

nikethamide [ni'keθəmaid] 尼可刹米：中枢及呼吸兴奋药

Nikiforoff's method [ni'kifərɔfs]（Mikhail *Nikiforoff*, Russian dermatologist, 1858-1915）尼基弗罗夫氏法

Nikolsky's sign [ni'kɔlskiz]（Petr Vasilyevich *Nikolsky*, Russian dermatologist, 1858-1940）尼科耳斯基氏征

Nilevar ['nailəvɑ:] 尼内伐：乙诺酮制剂的商品名

nimazone ['naiməzəun] 尼马腙：一种抗炎剂

NIMH（National Institute of Mental Health 的缩写）国家精神卫生研究所

nimidane ['naimidein] 环硫苯胺

nimodipine [ni'mɔdipi:n] 钙途径阻滞剂

Nimotop ['naimətɔp] 尼莫特普：钙途径阻滞剂制剂的商品名

NINCDS（National Institute of Neurological and Communicative Disorders and Stroke 的缩写）国家神经疾病与传染病和中风研究所

Ninhydrin [nin'haidrin] 茚三酮：水合苯肼戊三酮制剂的商品名

NINR（National Institute for Nursing Research 的缩写）国家护理研究所

niobium [nai'əubiəm]（named for *Niobe*, of Greek mythology, who was turned into stone) 铌

Nionate ['naiəneit] 尼尔耐特:葡萄糖亚铁制剂的商品名

NIOSH (National Institute for Occupational Safety and Health 的缩写) 国家职业安全与卫生研究所

niperyt ['naipərit] 四硝季戊醇,长效硝酸甘油

niphablepsia [ˌnifə'blepsiə] (Gr. *nipha* snow + *ablepsia* blindness) 雪盲

niphotyphlosis [ˌnifəutif'ləusis] (Gr. *nipha* snow + *typhlosis* blindness) 雪盲

nipple ['nipl] 乳头

Nippostrongylus [ˌnipəu'strɔŋɡʒiləs] 钩虫属

    N. muris 鼠钩虫

Nipride ['naipraid] 乃普锐得:硝普钠制剂的商品名

Nirenberg ['nairənbə:ɡ] 耐伦伯格:美国生物化学家

niridazole [ni'ridəzəul] 硝唑咪

nisbuterol mesylate [nis'bju:tərɔl 'mesileit] 茴丁苄醇甲磺酸盐

Nisentil ['naisəntil] 安那度:α-普鲁丁制剂的商品名

nisin ['naisin] 乳链菌肽

nisobamate [nisəu'bæmeit] 异丙双氨酯

nisoxetine [ni'sɔksəti:n] 愈苯丙胺

Nissen operation ['nisən] (Rudolf *Nissen*, German surgeon, born 1896) 尼森氏手术

Nissl bodies ['nisl] (Franz *Nissl*, German neurologist, 1860-1919) 尼斯尔氏体

nisterime acetate [ni'stiəri:m] 雄硝肟醋酯

nisus ['naisəs] (L. from *niti* to strive) 努力,奋发

nit [nit] 虮,卵

Nitabuch's layer ['ni:təbuks] (Raissa *Nitabuch*, German physician, 19th century) 尼特布克氏层

nitarsone [ni'tɑ:səun] 硝苯砷酸

niter ['naitə] 硝石,硝酸钾

nitinol ['naitinɔl] 任何一种镍钛合金

nitramine [nai'træmin] 硝基胺

nitramisole hydrochloride [ni'træmisəul] 盐酸硝苯咪唑

nitrate ['naitreit] 硝酸盐

nitrate reductase ['naitreit ri'dʌkteis] 硝酸盐还原酶

nitrazepam [nai'trɑ:zipæm] 硝基安定

nitre ['naitə] (L. *nitrum*; Gr. *nitron*) 硝石,硝酸钾

    cubic n. 硝酸钠

nitremia [nai'tri:miə] 氮血症

nitric ['naitrik] 氮的,高价氮的

nitric acid ['naitrik] 硝酸

    fuming n. a. 发烟硝酸

nitridation [ˌnaitri'deiʃən] 氮化作用

nitride ['naitraid] 氮化物

nitrification [ˌnaitrifi'keiʃən] (*nitric* acid + L. *facere* to make) 硝化作用

nitrifier ['naitriˌfaiə] 硝化微生物

nitrifying ['naitrifaiiŋ] 硝化的

nitrile ['naitril] 腈

nitrilotriacetic acid [ˌnaitrilɔtriə'setik] 一种螯合剂

nitrite ['naitrait] 亚硝酸盐

nitritoid ['naitritɔid] 亚硝酸盐样的

nitrituria [ˌnaitri'tjuəriə] 亚硝酸盐尿

nitro- 硝基

nitro-amine ['naitrəuˌəmin] 硝基胺

Nitrobacteraceae [ˌnaitrəuˌbæktə'reisii:] 硝化菌科

nitrobacteria [ˌnaitrəubæk'tiəriə] 硝化菌

nitrobacterium [ˌnaitrəubæk'tiəriəm] (pl. *nitrobacteria*) (*nitro-* + Gr. *baktērion* little rod) 硝化菌

nitrobenzene [ˌnaitrəu'benzi:n] 硝基苯

nitrobenzol [ˌnaitrəu'benzɔl] 硝基苯

nitroblue tetrazolium ['naitrəblu: ˌtetrə'zɔliəm] 四唑氮蓝

nitrocellulose [ˌnaitrəu'seljuləus] 硝化纤维素,火棉

nitrocycline [ˌnaitrəu'saikli:n] 硝基四环素

Nitro-Dur ['naitrədə:] 耐特多:硝酸甘油制剂的商品名

nitrofuran [ˌnaitrəu'fjuərən] 硝基呋喃

nitrofurantoin [ˌnaitrəufjuə'ræntɔin] (USP) 硝基呋喃妥英,呋喃妥英

nitrofurazone [ˌnaitrəu'fjuərəzəun] (USP) 呋喃西林

nitrogen ['naitrədʒən] (Gr. *nitron* nite + *gennan* to produce) ❶ 氮;❷ (NF) 氮气

    amide n. 酰胺氮

n. dioxide 二氧化氮
n. mustards 氮芥
nomadic n. 大气游离氮
nonprotein n. 非蛋白氮
n. pentoxide 硝酸酐,五氧化二氮
n. peroxide 过氧化氮,四氧化二氮
rest n. 余氮
n. tetroxide n. 过氧化氮
urea n. 尿素氮
nitrogenase ['naitrədʒəneis] 定氮酶
nitrogen-fixing ['naitrədʒən'fiksiŋ] 固氮
nitrogenous [nai'trɔdʒinəs] 含氮的
nitroglycerin [ˌnaitrəu'glisərin] 硝酸甘油
Nitroglyn ['naitrəuglain] 耐特格兰:硝酸甘油制剂的商品名
nitrohydrochloric acid [ˌnaitrəuˌhaidrəu'klɔːrik] 王水
Nitrol ['naitrɔl] 耐特尔:硝酸甘油制剂的商品名
nitromannite [ˌnaitrəu'mænait] 六硝酸甘露醇
nitromersol [ˌnaitrəu'məːsɔl] 硝甲酚汞
nitrometer [nai'trɔmitə] (nitrogen + Gr. metron measure) 氮定量器,量氮器
nitromifene citrate [nai'trɔmifiːn] 枸橼酸硝灭芬
nitronaphthalene [ˌnaitrəu'næfθəliːn] 硝基萘
nitronaphthalin [ˌnaitrəu'næfθəlin] 硝基萘
nitrophenol [ˌnaitrəu'fiːnɔl] 硝基酚
2-nitropropane [ˌnaitrəu'prəupein] 2-硝基丙烷
nitroprotein [ˌnaitrəu'prəutiːn] 硝基蛋白
nitroprusside [ˌnaitrəu'prʌsaid] 硝普盐阴离子
nitrosaccharose [ˌnaitrəu'sækərəus] 硝化蔗糖,硝糖
nitrosamine [nai'trɔsəmiːn] 亚硝基胺
nitrosate ['naitrəuseit] 亚硝基化
nitrosation [ˌnaitrəu'seiʃən] 亚硝基化
nitroscanate [ˌnaitrəu'skæneit] 硝异硫氰二苯醚
nitrose ['naitrəus] 硝酸类
nitrosification [naiˌtrɔsifi'keiʃən] 亚硝化作用
nitrosifying [nai'trɔsiˌfaiiŋ] 亚硝化的
nitroso- 亚硝基

nitrosobacteria [naiˌtrəusəubæk'tiəriə] 亚硝化菌
nitrosobacterium [naiˌtrɔsəubæk'tiəriəm] 亚硝化菌
N-nitrosodimethylamine [naiˌtrɔsədi'meθələˌmin] N-二甲基亚硝胺
N-nitrosodiphenylamine [naiˌtrɔsədi'feniləˌmin] N-双环亚硝胺
nitroso-indol [naiˌtrɔsə'indɔl] 亚硝基吲哚
nitrososubstitution [naiˌtrɔsəˌsʌbsti'tjuːʃən] 亚硝基取代作用
nitrosourea [naiˌtrɔsə'juːriə] 亚硝基脲
nitrosugars [ˌnaitrəu'ʃugəz] 硝化糖类,硝基糖类
nitrosyl ['naitrəsil] 亚硝酰基
nitrous ['naitrəs] 亚硝的
n. oxide (USP) 一氧化二氮
nitrous acid ['naitrəs] 亚硝酸
Nitrovas ['naitrəvəs] 耐特万斯:硝酸甘油制剂的商品名
nitroxanthic acid [ˌnaitrə'zænθik] 苦味酸
nitroxyl [nai'trɔksil] 硝酰基
nitryl ['naitril] 硝酰基
nivazol ['naivəzɔl] 炔孕吡唑
nivimedone sodium [nai'vimidəun] 双甲硝茚酮钠
Nix [niks] 尼克斯:二氯苯醚菊酯制剂的商品名
nizatidine [ni'zætidiːn] 尼塞替丁:组织胺H_2感受器的对抗剂
Nizoral ['naizərəl] 乃泽罗:酮康唑制剂的商品名
nl (nanoliter 的缩写) 毫微升
NLN (National League for Nursing 的缩写) 全国护理联合会
Nm. (L. nux moschata 的缩写) 肉豆蔻
nm (nanometer 的缩写) 毫微米
NMA (National Medical Association 的缩写) 全国医学会
NMDA (N-methyl-D-aspartate 的缩写) N-甲基D-天冬氨酸
NMN (nicotinamide mononucleotide 的缩写) 烟酰胺单核苷酸
NMR (nuclear magnetic resonance 的缩写) 核磁共振
NMRI (Naval Medical Research Institute 的缩写) 海军医学研究所
NMS (neuroleptic malignant syndrome 的缩

写）神经安定剂恶性综合征

N-Multistix [ˌmʌltistiks] N-多试条

nn. (L. *nervi* 的缩写) 神经

NND (New and Nonofficial Drugs 的缩写) 非法定新药集

No (*nobelium* 的符号) 锘

No. (L. *numero* 的缩写) 数目,号码

Noack's syndrome [ˈnɔːks] (Margot *Noack*, German physician, born 1909) 尖头多并指(趾)

noasthenia [nəuæsˈθiːniə] 精神薄弱,智力薄弱

Nobel prize [nəuˈbel] 诺贝尔奖

nobelium [nəuˈbeliəm] (Alfred Bernhard *Nobel*) 锘

Noble's position [ˈnəublz] (Charles Percy *Noble*, American gynecologist, 1863-1935) 诺布尔氏体位

Nocardia [nɔːˈkɑːdiə] (Edmond Isidore Etienne *Nocard*, French veterinarian, 1850-1903) 诺卡菌属
  N. asteroides 星形诺卡菌
  N. brasiliensis 巴西诺卡菌
  N. caviae 豚鼠诺卡菌
  N. coeliaca 腹腔诺卡菌
  N. farcinica 皮疽诺卡菌
  N. lutea 藤黄诺卡菌
  N. madurae 马杜拉诺卡菌
  N. otitidis-caviarum 豚鼠诺卡菌

Nocardiaceae [nəuˌkɑːdiˈeisiiː] 诺卡菌科

nocardial [nəuˈkɑːdiəl] 诺卡菌的

nocardiasis [ˌnəukɑːˈdaiəsis] 诺卡放线菌病

nocardin [nəuˈkɑːdin] 诺卡放线菌素

nocardioform [nəuˈkɑːdiəfɔːm] 诺卡放线菌样的

Nocardiopsis [nəuˌkɑːdiˈɔpsis] 诺卡菌科一土壤菌属

nocardiosis [nəuˌkɑːdiˈəusis] 诺卡放线菌病

Nochtia [ˈnɔktiə] 一种小的线虫属
  N. nochti 猴胃线虫

noci- (L. *nocēre* to injure) 伤害,损伤

nociassociation [ˌnəusiəˌsəusiˈeiʃən] 伤害性联合反应

nociceptive [ˌnəusiˈsepʃən] 伤害性知觉

nociceptive [ˈnəusiˈseptiv] 感受伤害的

nociceptor [ˌnəusiˈseptə] (*noci-* + *ceptor*) 伤害感受器
  C-fiber n. 多形性伤害感受器
  cutaneous n's 皮伤害感受器
  mechanical n. 机械伤害感受器
  polymodal n. 多形性伤害感受器

nocifensor [ˌnəusiˈfensə] (*noci-* + L. *fendere* to defend) 防伤害系统

noci-influence [ˌnəusiˈinfluəns] 伤害性影响,损伤性影响

nociperception [ˌnəusipəˈsepʃən] 伤害性知觉

Noct. (L. *nocte* 的缩写) 夜间

noctalbuminuria [ˌnɔktælˌbjuːmiˈnjuəriə] (L. *nox* night + *albuminuria*) 夜蛋白尿

noctambulation [ˌnɔktæmbjuˈleiʃən] (L. *noctambulatio*; *nox* night + *ambulare* to walk) 梦行症

noctambulic [ˌnɔktæmˈbjuːlik] 梦行的

Noctec [ˈnɔktek] 诺克泰克:水合氯醛制剂的商品名

noctiphobia [ˌnɔktiˈfəubiə] (L. *nox* night + *phobia*) 黑夜恐怖]

Noct. maneq. (L. *nocte maneque* 的缩写) 早晚

nocturia [nɔkˈtjuəriə] (L. *nox* night + Gr. *ouron* urine + *-ia*) 夜尿症

nocturnal [nɔkˈtəːnəl] (L. *nocturnus*) 夜间的

nodal [ˈnəudəl] 结的,结节的

node [nəud] (L. *nodus* knot) ❶ 结,结节; ❷ 在真菌中,在出现根茎的匍匐菌丝上的肿块
  abdominal lymph n's, parietal 腹壁淋巴结
  abdominal lymph n's, visceral 腹内脏淋巴结
  accessory n's 附属结
  anorectal lymph n's 肛门直肠淋巴结
  n. of anterior border of epiploic foramen 网膜孔前缘结
  aortic lymph n's 主动脉淋巴结
  aortic lymph n's lateral 主动脉外侧淋巴结
  apical lymph n's (腋) 尖淋巴结
  appendicular lymph n's 阑尾淋巴结
  Aschoff's n., n. of Aschoff and Tawara 房室结,阿孝夫氏结,阿-田园二氏结

atrioventricular n., AV n. (AVN) 房室结
axillary lymph n's 腋窝淋巴结
axillary lymph n's, lateral 腋外侧淋巴结
Bouchard's n's 布夏尔氏结
brachial lymph n's 臂淋巴结
bronchopulmonary lymph n's 支气管肺淋巴结
buccal lymph n., buccinator lymph n. 颊淋巴结
caval lymph n's, lateral 腔静脉外侧淋巴结
celiac lymph n's 腹腔淋巴结
central lymph n's (腋)中央淋巴结
central superior n's 中央上结
cervical lymph n's, anterior 颈前淋巴结
cervical lymph n's, anterior superficial 颈前浅淋巴结
cervical lymph n's, deep anterior 颈前深淋巴结
cervical lymph n's, deep lateral 颈外侧深淋巴结
cervical lymph n's, inferior deep 颈下深淋巴结
cervical lymph n's, prelaryngeal 颈喉前淋巴结
cervical lymph n's, superficial lateral 颈外侧前淋巴结
cervical lymph n's, superior deep 颈上深淋巴结
Cloquet's n., n. of Cloquet 克劳克淋巴结
colic lymph n's, colic lymph n's, intermediate 结肠淋巴结,结肠中淋巴结
colic lymph n's, left 结肠左淋巴结
colic lymph n's, middle 结肠中淋巴结
colic lymph n's, right 结肠右淋巴结
colic lymph n's, terminal 结肠终末淋巴结
cubital lymph n's 肘淋巴结
cystic n. ① 胆囊节;② 膀胱节
Delphian n. 德尔法淋巴结
deltoideopectoral n's, deltopectoral lymph n's 三角胸肌淋巴结
diaphragmatic lymph n's 膈淋巴结
Dürck's n's 迪尔克氏结
epicolic lymph n's 结肠上淋巴结
epigastric lymph n's, inferior 上腹下淋巴结

n. of epiploic foramen 网膜孔淋巴结
Ewald's n. 艾沃德氏结,信号结
facial lymph n's 面部淋巴结
fibular n. 腓骨结
Flack's n. 窦房结
foraminal n. 孔结
gastric lymph n's, left 胃左淋巴结
gastric lymph n's, right 胃右淋巴结
gastroepiploic lymph n's, left 胃网膜左淋巴结
gastroepiploic lymph n's, right 胃网膜右淋巴结
gastro-omental lymph n's, left 胃网膜左淋巴结
gastro-omental lymph n's, right 胃网膜右淋巴结
gluteal lymph n's, inferior 臀下淋巴结
gluteal lymph n's, superior 臀上淋巴结
gouty n. 痛风结
Haygarth's n's 海加斯氏结
Heberden's n's 西伯登氏结
hemal n's 血淋巴结
hemolymph n's 血淋巴结
Hensen's n. 享森氏结,原结
hepatic lymph n's 肝淋巴结
hilar lymph n's (肺)门淋巴结
ileocolic lymph n's 回结肠淋巴结
iliac circumflex lymph n's 旋髂淋巴结
iliac lymph n's, circumflex 旋髂淋巴结
iliac lymph n's, common 髂总淋巴结
iliac lymph n's, external 髂外淋巴结
iliac lymph n's, intermediate common 髂总中淋巴结
iliac lymph n's, intermediate external 髂外中淋巴结
iliac lymph n's, internal 髂内淋巴结
iliac lymph n's, lateral common 髂总外侧淋巴结
iliac lymph n's, lateral external 髂外外侧淋巴结
iliac lymph n's, medial common 髂总内侧淋巴结
iliac lymph n's, medial external 髂外内侧淋巴结
iliac lymph n's, promontory common 髂总岬部淋巴结
iliac lymph n's, subaortic common 髂总主动脉下淋巴结

infraclavicular n's 锁骨下结
infrahyoid lymph n's 舌骨下淋巴结
inguinal lymph n's, deep 腹股沟深淋巴结
inguinal lymph n's, inferior 腹股沟下淋巴结
inguinal lymph n's, superficial 腹股沟浅淋巴结
inguinal lymph n's, superolateral 腹股沟上外侧淋巴结
inguinal lymph n's, superomedial 腹股沟中部上淋巴结
intercostal lymph n's 肋间淋巴结
interiliac lymph n's 髂间淋巴结
interpectoral lymph n's 胸肌间淋巴结
jugular lymph n's, anterior 颈前侧淋巴结
jugular lymph n's, lateral 颈外侧淋巴结
jugulodigastric lymph n. 颈二腹肌淋巴结
jugulo-omohyoid lymph n. 颈肩胛舌骨淋巴结
juxtaintestinal n's 近肠淋巴结
Keith's n.; Keith-Flack n. 窦房结,基-弗二氏结
lacunar n., intermediate 中陷窝淋巴结
lacunar n., lateral 外侧陷窝淋巴结
lacunar n., medial 内侧陷窝淋巴结
n. of ligamentum arteriosum 动脉韧带结
lumbar lymph n's 腰淋巴结
lumbar lymph n's, intermediate 腰中淋巴结
lumbar lymph n's, left 腰左淋巴结
lumbar lymph n's, right 腰右淋巴结
lymph n. 淋巴结
lymph n. of arch of azygos vein 奇静脉弓淋巴结
lymph n's of upper limb, deep 臂深淋巴结
lymph n's of upper limb, superficial 臂浅淋巴结
malar lymph n. 颊淋巴结
mandibular lymph n. 下颌淋巴结
mastoid lymph n's 乳突淋巴结
mediastinal lymph n's, anterior 纵隔前淋巴结
mediastinal lymph n's, posterior 纵隔后淋巴结
mesenteric lymph n's 系膜淋巴结
mesenteric lymph n's, inferior 系膜下淋巴结
mesenteric lymph n's, superior 系膜上淋巴结
mesocolic lymph n's 结肠系膜淋巴结
Meynet's n's 梅耐特结
nasolabial lymph n 鼻唇淋巴结
n. of neck of gallbladder 胆囊颈结
obturator lymph n's 闭孔肌淋巴结
occipital lymph n's 枕淋巴结
Osler's n's 奥斯勒结
pancreatic lymph n's 胰淋巴结
pancreatic lymph n's, inferior 胰下淋巴结
pancreatic lymph n's, superior 胰上淋巴结
pancreaticoduodenal lymph n's, inferior 胰十二指肠下淋巴结
pancreaticoduodenal lymph n's, superior 胰十二指肠上淋巴结
paracardial lymph n's 心旁淋巴结
paracolic lymph n's 结肠旁淋巴结
paramammary lymph n's 乳旁淋巴结
pararectal lymph n's 直肠旁淋巴结
parasternal lymph n's 胸骨旁淋巴结
paratracheal lymph n's 气管旁淋巴结
parauterine lymph n's 子宫旁淋巴结
paravaginal lymph n's 阴道旁淋巴结
paravesicular lymph n's 膀胱旁淋巴结
parietal lymph n's 壁淋巴结
parotid lymph n's, deep 腮腺深淋巴结
parotid lymph n's, infra-auricular deep 腮腺下深淋巴结
parotid lymph n's, intraglandular deep 腮腺内深淋巴结
parotid lymph n's, preauricular deep 腮腺前深淋巴结
parotid lymph n's, superficial 腮腺浅淋巴结
Parrot's n. 潘罗特结节
pectoral lymph n's 胸淋巴结
pelvic lymph n's, parietal 骨盆壁淋巴结
pelvic lymph n's, visceral 骨盆(腔)内脏淋巴结
pericardial lymph n's, lateral 心包外侧淋巴结

peroneal n. 腓淋巴结
phrenic lymph n's, inferior 膈下淋巴结
phrenic lymph n's, superior 膈上淋巴结
popliteal lymph n's 腘淋巴结
popliteal lymph n's, deep 腘深淋巴结
popliteal lymph n's, superficial 腘浅淋巴结
postaortic lymph n's 主动脉后淋巴结
postcaval lymph n's 下腔静脉淋巴结
postvesicular lymph n's 膀胱后淋巴结
preaortic lymph n's 主动脉前淋巴结
precaval lymph n's 上腔静脉淋巴结
prececal lymph n's 盲肠前淋巴结
prelaryngeal n. 喉前淋巴结
prepericardial lymph n's 心包前淋巴结
pretracheal n. 气管前淋巴结
pretracheal lymph n's 气管前淋巴结
prevertebral lymph n's 椎骨前淋巴结
prevesicular lymph n's 膀胱前淋巴结
primitive n. 原结
pulmonary juxtaesophageal lymph n's 肺近食管淋巴结
pulmonary lymph n's 肺淋巴结
pyloric lymph n's 幽门淋巴结
n's of Ranvier 兰维尔氏结
rectal lymph n's, superior 直肠上淋巴结
retroaortic lymph n's 主动脉后淋巴结
retroauricular lymph n's 耳后淋巴结
retrocecal lymph n's 盲肠后淋巴结
retropharyngeal lymph n's 咽后淋巴结
retropyloric n's 幽门后淋巴结
Rosenmüller's n. 罗森姆拉结
Rotter's n's 罗特结
n. of Rouvière 罗维拉结
SA n. 窦房结
sacral lymph n's 骶淋巴结
Schmorl's n 斯卡莫拉结
sentinel n. 信号结
sigmoid lymph n's 乙状(结肠)淋巴结
signal n. 信号结
singer's n. 声带结节
sinoatrial n., sinuatrial n., sinus n. 窦房结
splenic lymph n's 脾淋巴结
submandibular lymph n's 颌下淋巴结
submental lymph n's 颏下淋巴结
subpyloric n's 幽门下淋巴结
subscapular lymph n's 肩胛下淋巴结
supraclavicular lymph n's 锁骨上淋巴结
suprapyloric n. 幽门上淋巴结
supratrochlear lymph n's 滑车上淋巴结
syphilitic n. 梅毒性结节
n. of Tawara 田园结,房室结
teacher's n. 声带结节
thyroid lymph n's 甲状腺淋巴结
tibial n., anterior 胫前(淋巴结)
tibial n., posterior 胫后(淋巴)结
tracheal lymph n's 气管淋巴结
tracheobronchial lymph n's, inferior 气管支气管下淋巴结
tracheobronchial lymph n's, superior 气管支气管上淋巴结
triticeous n. 麦粒软骨
Troisier's n. 信号淋巴结,信号结
vesicular lymph n's, lateral 膀胱外侧淋巴结
Virchow's n. 信号结
visceral lymph n's 内脏淋巴结
nodi ['nəudai] (L.) 结,结节。*nodus* 的复数形式
nodose ['nəudəus] (L. *nodosus*) 有结的
nodosity [nəu'dɔsiti] (L. *nodositas*) ❶结节性,结节状;❷结
Haygarth's nodosities 海加斯氏结
nodous ['nɔdəs] 结状的,有结的
nodoventricular [,nɔdəven'trikjulə] 室结
nodular ['nɔdjulə] ❶结状的;❷有结的
nodulated ['nɔdjuleitid] 有结的
nodulation [,nɔdju'leiʃən] 小结形成,小结化
nodule ['nɔdju:l] (L. *nodulus* little knot) 结,小结
accessory thymic n's 副胸腺小结
aggregate n's 集合淋巴结
Albini's n's 阿尔比尼氏小结
n's of aortic valve 半月瓣结
apple jelly n's 苹果酱状结节
n's of Arantius 阿朗希乌斯氏小结
Aschoff's n's 阿孝夫小体
Babès' n's 白贝氏结
Bianchi's n's 主动脉瓣小结,白恩奇小结
Bohn's n's 帮氏小结
Brenner n's 博拉纳尔氏结
Busacca n's 布沙卡氏结
n. of cerebellum 小脑小结
cold n. 冷结

cortical n's 皮质小结
Dalen-Fuchs n's 达-夫二氏结节
Fraenkel's n's 夫瑞可拉氏小结节
Gamna n's 甘纳氏结节
Gandy-Gamna n's 甘-干二氏结节
Hoboken's n's 赫布可氏小结
hot n. 热结
Jeanselme's n's 姬沙拉莫氏小结
juxta-articular n's 关节旁小结
n's of Kerckring 主动脉瓣结节,可拉可林氏小结
Koeppe n's 科彼结节
Lisch n's 里斯克氏结
Lutz-Jeanselme n's 鲁-姬二氏小结
lymphatic n's 淋巴小结,淋巴结
lymphatic n's, solitary, of large intestine 大肠孤立淋巴滤泡
lymphatic n's, solitary, of small intesine 小肠孤立淋巴滤泡
lymphatic n's of stomach 胃淋巴滤泡
Morgagni's n's 主动脉瓣结节,莫甘尼氏结
pearly n. 珍珠样小结
primary n. 初级淋巴小结
n's of pulmonary trunk valves 肺动脉(干)瓣小结
pulp n. 髓石
rheumatic n's 风湿性结节
rheumatoid n's 风湿病样小结
Schmorl's n. 施莫尔氏小结
secondary n. 次级淋巴小结,生发中心
siderotic n's 铁质沉着性小结
singers's n. 声带结节
Sister Joseph's n. 斯约瑟夫氏小结
surfer's n's 冲浪者结节
n's tabac 含铁结节,加姆那氏结节
teachers' n. 声带结节
triticeous n. 麦粒软骨
typhoid n. 伤寒小结
typhus n's 斑疹伤寒小结
n. of vermis 蚓部小结
vestigial n. 残遗小结,耳廓结节
vocal n. 声带结节,结节性声带炎
warm n. 热结节
noduli ['nɔdjulai](L.) 小结。nodulus 的复数形式
nodulous ['nɔdjuləs] 有结的
nodulus ['nɔdjuləs] (pl. noduli)(L., dim. of nodus) 小结
noduli aggregati processus vermiformis 阑尾淋巴集结
n. cerebelli (NA)小脑蚓部
n. lymphaticus 淋巴的滤泡,淋巴小结
noduli lymphatici aggregati (Peyeri)淋巴集结
noduli lymphatici bronchiales 支气管淋巴结节
noduli lymphatici conjunctivales 结膜淋巴小结
noduli lymphatici gastrici 胃淋巴小结
noduli lymphatici laryngei 喉淋巴小结
noduli lymphatici recti 直肠淋巴小结
noduli lymphatici solitarii intestini crassi 大肠淋巴孤结
noduli lymphatici solitarii intestini tenuis 小肠淋巴孤结
noduli lymphatici tubarii tubae auditivae 咽鼓管淋巴小结
noduli lymphatici vaginales 阴道淋巴小结
noduli lymphatici vesicales 膀胱淋巴小结
noduli thymici accessorii (NA)副胸腺小结
noduli valvularum semilunarium (NA)半月瓣结
n. vermis 蚓部小结
nodus ['nəudəs] (pl. nodi) (L.) 结,结节
nodi accessorii (NA)副结
n. arcus venae azygos (NA)奇静脉引(淋巴)结
n. atrioventricularis (NA)房室结
n. cysticus (NA)胆囊(淋巴)结
n. fibularis (NA)腓骨(淋巴)结
n. foraminalis (NA)网膜孔淋巴结
nodi juxta-intestinales (NA)近肠结
n. lacunaris intermedius (NA)中陷窝(淋巴结)
n. lacunaris lateralis (NA)外侧陷窝(淋巴)结
n. lacunaris medialis (NA)内侧陷窝淋巴结
n. ligamentis arteriosi (NA)(肺)动脉韧带结
n. lymphaticus (NA)淋巴结
nodi lymphatici abdominis parietales (NA)腹壁淋巴结

nodi lymphatici abdominis viscerales（NA）内脏淋巴结

nodi lymphatici anorectales 直肠肛门淋巴结

nodi lymphatici aortici laterales（NA）主动脉外侧淋巴结

nodi lymphatici apicales（NA）腋尖淋巴结

nodi lymphatici appendiculares（NA）阑尾淋巴结

nodi lymphatici axillares（NA）腋淋巴结

nodi lymphatici brachialis（NA）臂淋巴结

nodi lymphatici bronchopulmonales（NA）支气管肺淋巴结

n. lymphaticus buccalis 颊淋巴结

n. lymphaticus buccinatorius（NA）颊淋巴结

nodi lymphatici cavales laterales（NA）腔静脉外侧淋巴结

nodi lymphatici centrales（NA）腋中央淋巴结

nodi lymphatici cervicales anteriores（NA）颈前淋巴结

nodi lymphatici cervicales anteriores profundi（NA）颈前深淋巴结

nodi lymphatici cervicales anteriores superficiales（NA）颈前浅淋巴结

nodi lymphatici cervicales laterales profundi（NA）颈外侧深淋巴结

nodi lymphatici cervicales laterales superficiales（NA）颈外侧浅淋巴结

nodi lymphatici cervicales profundi inferiores（NA）颈下深淋巴结

nodi lymphatici cervicales profundi superiores（NA）颈上深淋巴结

nodi lymphatici coeliaci（NA）腹腔淋巴结

nodi lymphatici colici（NA）结肠淋巴结

nodi lymphatici cubitales（NA）肘淋巴结

nodi lymphatici deltopectorales（NA）胸三角淋巴结

nodi lymphatici epigastrici inferiores（NA）上腹下淋巴结

nodi lymphatici faciales（NA）面淋巴结

nodi lymphatici gastrici dextri（NA）胃右淋巴结

nodi lymphatici gastrici sinistri（NA）胃左淋巴结

nodi lymphatici gastroepiploici dextri（NA）胃网膜右淋巴结

nodi lymphatici gastroepiploici sinistri（NA）胃网膜左淋巴结

nodi lymphatici gastro-omentales dextri（NA）胃网膜右淋巴结

nodi lymphatici gastro-omentales sinistri（NA）胃网膜左淋巴结

nodi lymphatici gluteales inferiores（NA）臀下淋巴结

nodi lymphatici gluteales superiores（NA）臀上淋巴结

nodi lymphatici hepatici（NA）肝淋巴结

nodi lymphatici hilares（NA）肺门淋巴结

nodi lymphatici ileocolici（NA）回结肠淋巴结

nodi lymphatici iliaci communes（NA）髂总淋巴结

nodi lymphatici iliaci communes intermedii（NA）髂总间淋巴结

nodi lymphatici iliaci communes laterales（NA）髂总外侧淋巴结

nodi lymphatici iliaci communes mediales（NA）髂总内侧淋巴结

nodi lymphatici iliaci communes promontorii（NA）髂总岬淋巴结

nodi lymphatici communes subaortici（NA）髂总主动脉下淋巴结

nodi lymphatici iliaci externi（NA）髂外淋巴结

nodi lymphatici iliaci externi intermedii（NA）髂外中间淋巴结

nodi lymphatici iliaci externi laterales（NA）髂外外侧淋巴结

nodi lymphatici iliaci externi mediales（NA）髂外内侧淋巴结

nodi lymphatici iliaci interni（NA）髂内淋巴结

nodi lymphatici infraclaviculares（NA）锁骨下淋巴结

nodi lymphatici infrahyoidei（NA）舌骨下淋巴结

nodi lymphatici inguinales inferiores（NA）腹股沟下淋巴结

nodi lymphatici inguinales profundi（NA）腹股沟深淋巴结

nodi lymphatici inguinales superficiales（N-

A) 腹股沟浅淋巴结
nodi lymphatici inguinales superolaterales (NA) 腹股沟上外侧淋巴结
nodi lymphatici inguinales superomediales (NA) 腹股沟上内侧淋巴结
nodi lymphatici intercostales (NA) 肋间淋巴结
nodi lymphatici interiliaci (NA) 髂间淋巴结
nodi lymphatici interpectorales (NA) 胸肋间淋巴结
nodi lymphatici jugulares anteriores (NA) 颈前淋巴结
nodi lymphatici jugulares laterales 颈外侧淋巴结
n. lymphaticus jugulodigastricus (NA) 颈静脉二腹肌淋巴结
n. lymphaticus jugulo-omohyoideus (NA) 颈静脉肩胛舌骨肌淋巴结
nodi lymphatici juxta-oesophageales pulmonales (NA) 近食管肺淋巴结
nodi lymphatici lienale 脾淋巴结
nodi lymphatici linguales (NA) 舌淋巴结
nodi lymphatici lumbales (NA) 腰淋巴结
nodi lymphatici lumbales dextri (NA) 腰右淋巴结
nodi lymphatici lumbales intermedii (NA) 中间腰淋巴结
nodi lymphatici lumbales sinistri 左腰淋巴结
nodi lymphatici lumbares dextri 右腰淋巴结
nodi lymphatici lumbares intermedii 中间腰淋巴结
nodi lymphatici lumbares sinistri 左腰淋巴结
n. lymphaticus malaris (NA) 颊淋巴结
n. lymphatici mandibularis (NA) 下颌淋巴结
nodi lymphatici mastoidei (NA) 乳突淋巴结
nodi lymphatici mediastinales anteriores (NA) 前纵隔淋巴结
nodi lymphatici mediastinales posteriores (NA) 后纵隔淋巴结
nodi lymphatici membri superioris profundi (NA) 上肢深淋巴结
nodi lymphatici membri superioris superficiales (NA) 上肢浅淋巴结
nodi lymphatici mesenterici 肠系膜淋巴结
nodi lymphatici mesenterici inferiores (NA) 肠系膜下淋巴结
nodi lymphatici mesenterici superiores (NA) 肠系膜上淋巴结
nodi lymphatici mesocolici (NA) 结肠系膜淋巴结
n. lymphaticus nasolabialis 鼻唇淋巴结
nodi lymphatici obturatorii (NA) 闭孔淋巴结
nodi lymphatici occipitales (NA) 枕淋巴结
nodi lymphatici pancreatici (NA) 胰淋巴结
nodi lymphatici pancreatici inferiores (NA) 胰下淋巴结
nodi lymphatici pancreatici superiores (NA) 胰上淋巴结
nodi lymphatici pancreaticoduodenales inferiores (NA) 胰十二指肠下淋巴结
nodi lymphatici pancreaticoduodenales superiores (NA) 胰十二指肠上淋巴结
nodi lymphatici paracolici (NA) 结肠旁淋巴结
nodi lymphatici paramammarii (NA) 乳旁淋巴结
nodi lymphatici pararectales (NA) 直肠旁淋巴结
nodi lymphatici parasternales (NA) 胸骨旁淋巴结
nodi lymphatici paratracheales (NA) 气管旁淋巴结
nodi lymphatici para-uterini (NA) 子宫旁淋巴结
nodi lymphatici paravaginales (NA) 阴道旁淋巴结
nodi lymphatici paravesiculares (NA) 膀胱旁淋巴结
nodi lymphatici parietales (NA) 壁淋巴结
nodi lymphatici parotidei profundi (NA) 腮腺深淋巴结
nodi lymphatici parotidei profundi infra-auriculares (NA) 腮腺深耳下淋巴结
nodi lymphatici parotidei profundi intraglandulares (NA) 腮腺深腺内淋巴结

nodi lymphatici parotidei profundi pre-auriculares (NA)腮腺深耳前淋巴结
nodi lymphatici parotidei superficiales (NA)腮腺浅淋巴结
nodi lymphatici pectorales (NA)胸淋巴结
nodi lymphatici pelvis parietales (NA)骨盆壁淋巴结
nodi lymphatici pelvis viscerales (NA)盆腔脏器淋巴结
nodi lymphatici pericardiales laterales (NA)心包外侧淋巴结
nodi lymphatici phrenici inferiores (NA)膈下淋巴结
nodi lymphatici phrenici superiores (NA)膈上淋巴结
nodi lymphatici popliteales (NA)腘淋巴结
nodi lymphatici popliteales profundi (NA)腘深淋巴结
nodi lymphatici popliteales superficiales (NA)腘浅淋巴结
nodi lymphatici postaortici (NA)主动脉后淋巴结
nodi lymphatici postcavales (NA)腔静脉后淋巴结
nodi lymphatici postvesiculares (NA)膀胱后淋巴结
nodi lymphatici pre-aortici (NA)主动脉前淋巴结
nodi lymphatici precaecales (NA), nodi lymphatici prececales 盲肠前淋巴结
nodi lymphatici precavales (NA)腔静脉前淋巴结
nodi lymphatici prelaryngeales (NA)喉前淋巴结
nodi lymphatici prepericardiales (NA)心包前淋巴结
nodi lymphatici pretracheales (NA)气管前淋巴结
nodi lymphatici prevertebrales (NA)椎前淋巴结
nodi lymphatici prevesiculares (NA)膀胱前淋巴结
nodi lymphatici pulmonales (NA)肺淋巴结
nodi lymphatici pylorici (NA)幽门淋巴结

nodi lymphatici rectales superiores 直肠上淋巴结
nodi lymphatici retroauriculares (NA)耳后淋巴结
nodi lymphatici retrocaecales (NA), nodi lymphatici retrocecales 盲肠后淋巴结
nodi lymphatici retropharyngeales (NA)咽后淋巴结
nodi lymphatici sacrales (NA)骶淋巴结
nodi lymphatici splenici (NA)脾淋巴结
nodi lymphatici submandibulares (NA)下颌下淋巴结
nodi lymphatici submentales (NA)颏下淋巴结
nodi lymphatici subscapulares (NA)肩胛下淋巴结
nodi lymphatici supraclaviculares (NA)锁骨上淋巴结
nodi lymphatici supratrochleares (NA)滑车上淋巴结
nodi lymphatici thyroidei (NA)甲状腺淋巴结
nodi lymphatici tracheales (NA)气管淋巴结
nodi lymphatici tracheobronchiales inferiores (NA)气管支气管下淋巴结
nodi lymphatici tracheobronchiales superiores (NA)气管支气管上淋巴结
nodi lymphatici vesiculares laterales (NA)膀胱外侧淋巴结
nodi lymphatici viscerales (NA)内脏淋巴结
nodi retropylorici (NA)幽门后淋巴结
nodi sigmoidei (NA)乙状(结肠)淋巴结
n. sinuatrialis (NA)窦房结
nodi subpylorici (NA)幽门下淋巴结
nodi superiores centrales 中央上淋巴结
n. suprapyloricus (NA)幽门上淋巴结
n. tibialis anterior (NA)胫前淋巴结
n. tibialis posterior (NA)胫后淋巴结
noematachograph [nəuˌiːməˈtækəɡrɑːf] (Gr. *noēma* thought + *tachys* swift + *graphein* to write) 思考速度描记器
noematachometer [nəuˌiːmətəˈkɔmitə] (Gr. *noēma* thought + *tachys* swift + *metron* measure) 思考速度测验器
noematic [ˌnəuiːˈmætik] 思考力的,思想的

noesis [nəu'i:sis] (Gr. *noēsis* thought) 认识, 识别, 智力

noetic [nəu'etik] 认识的, 识别的, 智力的

nogalamycin [nəuˌgælə'maisin] 诺加霉素

Noguchi's reagent [nɔ'gu:tʃiz] (Hideyo *Noguchi*, Japanese pathologist in United States, 1876-1928) 野口试剂

noise [nɔiz] 噪音
    end-plate n. 终板噪音

nolinium bromide [nə'liniəm] 苯胺嗪

Nolvadex ['nɔlvədeks] 诺福迪克斯: 枸橼酸三苯氧胺制剂的商品名

noma ['nəumə] (Gr. *nomai* eating sores) 走马疳, 坏疽性口炎
    n. vulvae 外阴走马疳

nomadic [nəu'mædik] 游动的, 无定的, 游离的

nomen ['nəumən] (pl. *nomina*) (L.) 名称
    nomina generalia (NA) 普通名词

nomenclature [ˌnəumən'kleitʃə] (L. *nomen* name + *calare* to call) 命名, 命名法
    binomial n. 双名法

nomifensine maleate [ˌnɔmi'fensi:n] 马来酸氨苯甲咪喹

Nomina Anatomica ['nəuminə ˌænə'tɔmikə] (L. "anatomical names") 解剖学名词

nom(o)- (Gr. *nomos* custom, law) 使用, 法律

nomogenesis [ˌnəumə'dʒenəsis] (*nomo-* + Gr. *genesis* generation) 循规进化说

nomogram ['nɔməgræm] (*nomo-* + *-gram*) 图解表, 列线图, 列线算图, 列线图解

nomograph ['nɔməgrɑ:f] 图解法

nomotopic [ˌnəumə'tɔpik] (*nomo-* + Gr. *topos* place) 正位发生的

nonadherent [ˌnɔnəd'hiərənt] 非粘连的

nonan ['nɔnən] (L. *nonus* ninth) 每 9 日再发的

nonantigenic [ˌnɔnænti'dʒenik] 无抗原性的

nonapeptide [ˌnɔnə'peptaid] (L. *nonus* ninth) 九肽

non compos mentis [nɔn 'kɔmpəs 'mentis] (L.) 精神不健全

nonconductor [ˌnɔnkən'dʌktə] 非导体

nondepolarizer [ˌnɔndi'pəuləraizə] 非去极化物

nondisjunction [ˌnɔndis'dʒʌŋkʃən] 不分离, 不分现象

nonelectrolyte [ˌnɔni'lektrəulait] 非电解质

nonheme ['nɔnhi:m] 非血红素的

nonhemolytic [ˌnɔnhemə'litik] 非溶血性的

nonhomogeneity [ˌnɔnˌhɔməudʒə'ni:iti] 非同质性

nonigravida [ˌnəuni'grævidə] (L. *nonus* ninth + *gravida* pregnant) 第 9 次孕妇

noninfectious [ˌnɔnin'fekʃəs] 非传染性的

non-inflammatory [ˌnɔnin'fleimətəri] 非炎性的

noninvolution [ˌnɔninvə'lu:ʃən] 未复旧的

nonipara [nəu'nipərə] (L. *nonus* ninth + *parere* to bring forth, produce) 九产妇

nonmedullated [nɔn'medjuˌleitid] 无髓鞘的

nonmetal [nɔn'metəl] 非金属

nonmyelinated [nɔn'maiəliˌneitid] 无髓鞘的

Nonne's test ['nɔnəz] (Max *Nonne*, German neurologist, 1861~1939) 诺恩氏试验

Nonne-Apelt reaction ['nɔnə'ɑ:pelt] (Max *Nonne*; Friedrich *Apelt*, German physician, 1877-1911) 诺-艾二氏反应

Nonne-Milroy-Meige syndrome ['nɔnə'milrɔi meʒ] (Max *Nonne*; William Forsyth *Milroy*, American physician, 1855-1942; Henri *Meige*, French physician, 1866-1940) 诺-米-梅三氏综合征

non-neuronal [ˌnɔnnju'rəunəl] 非神经元的

non-nucleated [nɔn'nju:kliˌeitid] 无核的

nonocclusion [ˌnɔnə'klu:ʒən] 牙齿咬合不密, 闭合不全

nonoliguric [ˌnɔnˌɔli'gjuərik] 非少尿

nononcogenic [ˌnɔnɔŋkəu'dʒenik] 非致癌的

nonopaque [ˌnɔnəu'peik] 透光的

nonose ['nɔnəus] (L. *nonus* ninth) 壬糖

nonoxynol [nə'nɔksinɔl] 成分为 $C_{15}H_{24}O(C_2H_4O)_n$ 的一组化合物

nonparametric [ˌnɔnpærə'metrik] 非参数性(统计)

nonparous [nɔn'pærəs] 未经产的

nonphotochromogen [ˌnɔnfəutəuˈkrɔmədʒən] 非光产色细菌

nonpolar [nɔnˈpəulə] 非极性的

non repetat. (L. *non repetatur* 的缩写) 不要重配药,不得重复

nonresponder [nɔnrisˈpɔndə] 无响应者

nonrotation [ˌnɔnrəuˈteiʃən] (*non-* + L. *rotare* to turn) 未旋转
  n. of the intestine 肠未旋转

nonsecretor [ˌnɔnsiˈkriːtə] 非分泌者

nonself [ˈnɔnself] 非自我(的),非己

nonseptate [nɔnˈsepteit] 无间隔的

nonspecific [ˌnɔnspəˈsifik] 非特异的

nonunion [nɔnˈjuːnjən] 骨不连合

nonvalent [nɔnˈveilənt] (L. *non* not + *valere* to be able) 无价的,零价的,惰性的

nonviable [nɔnˈvaiəbl] (L. *non* not + *viable*) 不能生活的

nonyl [ˈnɔnil] 壬烷基

nookleptia [ˌnəuəˈkleptiə] (Gr. *nous* mind + *kleptein* to steal) 思想被窃妄想

Noonan's syndrome [ˈnuːnənz] (Jacqueline Anne *Noonan*, American pediatrician, born 1928) 努南氏综合征

noopsyche [ˈnəuəˌsaiki] (Gr. *nous* mind + *psyche* soul) 智能

nootropic [ˌnɔəˈtrɔpik] (Gr. *noos*, *nous* mind + *tropic*) 向智力的

nopalin G [ˈnəupælin] 东曙红

NOPHN (National Organization for Public Health Nursing 的缩写) 全国卫生护理组织

nor- 化学前缀:意为❶正链;❷去甲

noradrenaline [ˌnɔːrəˈdrenəliːn] 去甲肾上腺素

noradrenergic [ˌnɔːrədrəˈnɜːdʒik] 去甲肾上腺素能的

norandrostenolone [ˌnɔːˌrændrəuˈstenələun] 去甲雄甾烯醇酮,诺龙

Norcuron [nɔˈkjuːrən] 诺优伦:vecuronium bromide 制剂的商品名

nordefrin hydrochloride [nɔˈdefrin] 盐酸异肾上腺素

noreflow [nɔˈrefləu] 无回流

norepinephrine [ˌnɔːrepiˈnefrin] 去甲肾上腺素
  n. bitartrate (USP) 重酒石酸去甲肾上腺素(USP)

norethandrolone [ˌnɔːrəˈθændrələun] 乙诺酮

norethindrone [nɔːˈreθindrəun] (USP) 炔诺酮
  n. acetate (USP) 醋酸炔诺酮

norethisterone [ˌnɔːrəˈθistərəun] 炔诺酮

norethynodrel [ˌnɔːrəˈθainədrəl] (USP) 异炔诺酮

Norflex [ˈnɔːfleks] 诺福来斯:枸橼酸邻甲苯海拉明制剂商品名

norfloxacin [nɔˈflɔksəsin] 诺福尔赛素:一种有抗菌作用的有机酸

Norgesic [nɔˈdʒezik] 诺杰兹克:枸橼酸邻甲苯海拉明制剂的商品名

norgestimate [nɔˈdʒestimeit] 肟炔诺酮

norgestomet [nɔːˈdʒestəmit] 诺甲孕酮

norgestrel [nɔːˈdʒestrəl] (USP) 18-甲炔诺酮

norhyoscyamine [nɔːˌhaiəuˈsaiəmiːn] 去甲莨菪碱

Norisodrine [nɔːˈraisədrin] 诺来色丁:异丙肾上腺素制剂的商品名

norleucine [nɔːˈluːsin] 正亮氨酸

Norlutate [nɔˈluːteit] 诺路雷特:醋酸炔诺酮制剂的商品名

Norlutin [nɔːˈluːtin] 诺路停:醋酸炔诺酮(norethindrone)制剂的商品名

norm [nɔːm] (L. *norma* rule) 标准,规格

norma [ˈnɔːmə] (L.) ❶外观;❷标准
  n. anterior 前面观,额面观
  n. basilaris 底面观,下面观
  n. facialis (NA) 额面观
  n. frontalis 额面观
  n. inferior 下面观,底面观
  n. lateralis 侧面观
  n. occipitalis 枕面观,后面观
  n. posterior 枕面观,后面观
  n. sagittalis 矢状断面观
  n. superior 上面观,垂直面观
  n. temporalis 颞面观,底面观,下面观
  n. ventralis 腹面观,底面观,下面观
  n. verticalis (NA) 垂直面观

normal [ˈnɔːməl] (L. *norma* rule) ❶正常的,标准的;❷用于化学,表示当量的

normality [nɔːˈmæliti] ❶正常性,正常状态;❷当量深度

normalization [ˌnɔːməlaiˈzeiʃən] 正常化,

标准化,规定化

normetanephrine [nɔˌmetə'nefrin] 去甲变肾上腺素

normo- (L. *norma* rule) 合乎规律,正常

normoblast ['nɔːməblæst] (*normo-* + Gr. *blastos* germ) 正母红细胞,幼红细胞
 acidophilic n. 正染性幼红细胞
 basophilic n. 嗜碱性正母红细胞
 early n. 嗜碱性正母红细胞
 eosinophilic n. 正染性正母红细胞
 intermediate n. 多染性正母红细胞
 late n. 正染性正母红细胞
 orthochromatic n. 正染性正母红细胞
 oxyphilic n. 正染性正母红细胞
 polychromatic n. 多染性正母红细胞

normoblastic [nɔːmə'blæstik] 正母红细胞的,幼红细胞的

normoblastosis [nɔːməublæs'təusis] 正母红细胞过多症

normocalcemia [nɔːməukæl'siːmiə] 正常血钙量

normocalcemic [nɔːməukæl'siːmik] 血钙正常的

normocapnia [nɔːməu'kæpniə] 正常二氧化碳血

normocapnic [nɔːməu'kæpnik] 正常二氧化碳血的

normocholesterolemia [nɔːməukəˌlestərəu'liːmiə] 正常胆固醇血

normocholesterolemic [nɔːməukəˌlestərəu'liːmik] 正常胆固醇血的

normochromasia [nɔːməukrəu'meiʒiə] (*normo-* + Gr. *chroma* color) ❶正染性; ❷红细胞色正常

normochromia [nɔːməu'krəumiə] 红细胞色正常

normochromic [nɔːməu'krəumik] ❶色正常的; ❷血色素含量正常的

normocrinic [nɔːməu'krinik] 正常分泌的

normocyte ['nɔːməsait] (*normo-* + *-cyte*) 正常红细胞

normocytic [nɔːmə'sitik] 正常红细胞的

Normocytin [nɔːmə'saitin] 正细胞素:维生素 B_{12} 结晶制品的商品名

normocytosis [nɔːməusai'təusis] 红细胞正常

Normodyne ['nɔːmədain] 诺莫丁:盐酸柳胺心定制剂的商品名

normoerythrocyte [nɔːməuə'riθrəsait] 正常红细胞

normoglycemia [nɔːməuglai'siːmiə] 血糖量正常

normoglycemic [nɔːməuglai'siːmik] 血糖量正常的

normokalemia [nɔːməukə'liːmiə] 血钾量正常

normokalemic [nɔːməukə'liːmik] 血钾量正常的

normolipidemic [nɔːməuˌlipi'demik] 正常血脂

normo-orthocytosis [nɔːməuˌɔːθəusai'təusis] (*normo-* + Gr. *orthos* correct + *-cyte* + *-osis*) 等比例白细胞增多

normoskeocytosis [nɔːməuˌskiəusai'təusis] (*normo-* + Gr. *skaios* left + *-cyte* + *-osis*) 等数未成熟白细胞症

normospermic [nɔməu'spəːmik] 精子正常的

normosthenuria [nɔːməusθə'njuəriə] (*normo-* + Gr. *sthenos* strength + *ouron* urine + *-ia*) ❶尿比重正常; ❷排尿正常

normotension [nɔːməu'tenʃən] 压力正常

normotensive [nɔːməu'tensiv] ❶压力正常的; ❷血压正常的

normothermia [nɔːməu'θəːmiə] (*normo-* + Gr. *thermē* heat + *-ia*) 温度正常

normothermic [nɔːməu'θəːmik] 温度正常的

normotonia [nɔːməu'təuniə] 张力正常

normotonic [nɔːməu'təunik] 张力正常的

normotrophic [nɔːməu'trɔfik] 营养正常的

normouricemia [nɔːməuˌjuəri'siːmiə] 血中尿酸正常

normouricemic [nɔːməuˌjuəri'siːmik] 血中尿酸正常的

normouricuria [nɔːməuˌjuəri'kjuəriə] 尿中尿酸正常

normouricuric [nɔːməuˌjuəri'kjuərik] 尿中尿酸正常的

normovolemia [nɔːməuvə'liːmiə] (*normo-* + *volume* + Gr. *haima* blood + *-ia*) 血量正常

normovolemic [nɔːməuvə'liːmik] 血量正常的

Noroxin [nə'rəuksin] 诺雷可欣：诺弗可欣制剂的商品名

Norpace ['nɔːpeis] 诺佩斯：磷酸双异丙吡胺制剂的商品名

Norpramin ['nɔːprəmin] 诺普敏：盐酸去甲丙咪嗪制剂的商品名

norpseudoephedrine [nɔːˌsjuːdəuə'fedriːn] 去甲假麻黄碱

Norrie's disease ['nɔːriz] (Gordon *Norrie*, Danish ophthalmologist, 1855-1941) 诺里氏病

Norris' corpuscles ['nɔrisəz] (Richard *Norris*, English physiologist, 1831-1916) 诺雷斯氏小体

Northrop ['nɔːθrɔp] 诺史若普

nortriptyline hydrochloride [nɔ'triptəliːn] (USP) 盐酸去甲替林

Norvasc ['nɔːvɑːsk] 诺瓦斯克：苯磺酸盐制剂的商品名

Norwalk gastroenteritis, virus ['nɔːwɔːlk] (*Norwalk*, Ohio, location of the outbreak from which the virus was isolated) 诺沃克氏病毒胃肠炎

nosazontology [nɔˌsæzɔn'tɔlədʒi] 病因学

noscapine ['nɔskəpiːn] 诺司卡品：一种鸦片生物碱
　n. **hydrochloride** 盐酸诺司卡品

nose [nəuz] (L. *nasus*; Gr. *rhis*) ❶鼻；❷外鼻
　cleft n. 鼻裂畸形
　external n. 外鼻
　saddle n., saddle-back n., swayback n. 鞍状鼻，塌鼻

nosegay ['nəuzgei] 花束，束
　Riolan's n. 里奥兰氏束

Nosema [nəu'siːmə] (Gr. *nosēma* sickness) ❶小孢子虫属；❷脑胞内原虫属
　N. **apis** 蜂小孢子虫
　N. **bombycis** 蚕小孢子虫
　N. **cuniculi** 兔孢子虫

nosematosis [nəuˌsiːmə'təusis] ❶小孢子虫病；❷蚕孢子虫病

nosencephalus [ˌnɔsən'sefələs] (*noso-* + Gr. *enkephalos* brain) 颅脑不全畸形

nosepiece ['nəuzpiːs] 转镜转盘，换镜转盘
　quick-change n. 快速物镜更换盘
　rotating n. 物镜转盘

nosetiology [ˌnɔusiˌtiː'ɔlədʒi] (*noso-* + Gr. *aitia* cause + *-logy*) 病因学

nosiheptide [ˌnɔsi'heptaid] 诺肽菌素：一种兽医用生长刺激素

nos(o)- (Gr. *nosos* disease) 疾病

nosochthonography [ˌnɔsɔk'θəu'nɔgrəfi] (*noso-* + Gr. *chthōn* land + *graphein* to write) 疾病地理学

nosocomial [ˌnɔsə'kəumiəl] (*nosa-* + Gr. *komeion* to take care of) 医院的

nosode ['nɔsəud] (Gr. *nosodes* like a disease) 病质药

nosodochium [ˌnɔsəu'dɔkiəm] (*noso-* + Gr. *genesis* production) 发生，发病原理

nosogenesis [ˌnɔsəu'dʒenəsis] 发病机制，病的发生，发病学

nosogenic [ˌnɔsəu'dʒenik] 致病的，病原的

nosogeny [nə'sɔdʒəni] (*noso-* + Gr. *gennan* to produce) 发病学，发病机制

nosogeography [ˌnɔsəudʒi'ɔgrəfi] (*noso-* + Gr. *gē* earth + *graphein* to write) 疾病地理学

nosography [nə'sɔgrəfi] (*noso-* + Gr. *graphein* to write) 病情学

nosohemia [ˌnɔsəu'hiːmiə] (*noso-* + Gr. *haema* blood) 血液病

nosointoxication [ˌnɔsəuinˌtɔksi'keiʃən] 病质中毒

nosologic [ˌnɔsə'lɔdʒik] 疾病分类学的

nosology [nəu'sɔlədʒi] (*noso-* + *-logy*) 疾病分类学

nosomania [ˌnɔsəu'meiniə] (*noso-* + Gr. *mania* madness) 疾病妄想

nosometry [nəu'sɔmitri] (*noso-* + Gr. *metron* measure) 发病率计算法

nosomycosis [ˌnɔsəumai'kəusis] (*noso-* + Gr. *mykēs* fungus) 霉菌病，真菌病

nosonomy [nəu'sɔnəmi] (*noso-* + Gr. *nomos* law) 疾病分类法

nosoparasite [ˌnɔsəu'pærəsait] (*noso-* + *parasite*) 病时寄生物，病情寄生物

nosophilia [ˌnɔsəu'filiə] (*noso-* + Gr. *philein* to love) 患病癖

nosophobe [ˌnɔsəu'fəub] 疾病恐怖者

nosophobia [ˌnɔsəu'fəubiə] (*noso-* + *phobia*) 疾病恐怖

nosophyte ['nɔsəfait] (*noso-* + Gr. *phyton* plant) 植物性病原体

nosopoietic [ˌnɔsəupɔi'etik] (*noso-* + Gr.

poiein to make) 发病的,病原性的
Nosopsyllus [ˌnɔsəuˈsailəs] (*noso-* + Gr. *psylla* flea) 病蚤属
  N. fasciatus 条纹鼠蚤
nosotaxy [ˈnɔsəˌtæksi] (*noso-* + Gr. *taxis* arrangement) 疾病分类法
nosotoxic [ˌnɔsəuˈtɔksik] 中毒病的
nosotoxicity [ˌnɔsəuˌtɔkˈsisiti] 中毒病性
nosotoxicosis [ˌnɔsəuˌtɔksiˈkəusis] (*noso-* + *toxicosis*) 中毒病
nosotoxin [ˌnɔsəuˈtɔksin] (*noso-* + *toxin*) 疾病毒素
nosotrophy [nəuˈsɔtrəfi] (*noso-* + Gr. *trophē* nourishment) 病人养护法
nosotropic [ˌnɔsəuˈtrɔpik] (*noso-* + Gr. *tropos* a turning) 抗病的,针对疾病的
nostology [nɔsˈtɔlədʒi] (Gr. *nostein* to return + *logos* science) 老年医学,老人学
nostomania [ˌnɔstəuˈmeiniə] (Gr. *nostein* to return home + *mania* madness) 怀乡狂
nostril [ˈnɔstril] 鼻外孔
nostrum [ˈnɔstrəm] (L.) 秘方
Nostyn [ˈnɔstin] 脑斯妥:乙基巴豆酰脲制剂的商品名
notalgia [nəuˈtældʒiə] (Gr. *nōton* back + *-algia*) 背痛
notancephalia [ˌnəutənsəˈfeiliə] (Gr. *nōton* back + *an* neg. + *kephalē* head + *ia*) 无后颅畸形
notanencephalia [ˌnəutənenˈsəˈfeiliə] (Gr. *nōton* back + *an* neg. + *enkephalos* brain + *-ia*) 无小脑畸形
NOTB (National Ophthalmic Treatment Board 的缩写) 英国国家眼科法疗委员会
notch [nɔtʃ] 切迹
  acetabular n. 髋臼切迹
  angular n. of stomach 胃角切迹
  aortic n. 重搏切迹
  auricular n. 外耳道软骨切迹
  cardiac n. of left lung 左肺心切迹
  cardiac n. of stomach 胃心切迹
  cerebellar n., anterior 小脑前切迹
  cerebellar n., posterior 小脑后切迹
  clavicular n. of sternum 胸骨锁骨切迹
  coracoid n. 肩胛切迹
  costal n's of sternum 胸骨肋骨切迹
  cotyloid n. 髋臼切迹
  dicrotic n. 重搏切迹
  ethmoidal n. of frontal bone 额骨的筛骨切迹
  fibular n. 腓骨切迹
  frontal n. 额切迹
  n. of gallbladder 胆囊切迹,胆囊窝
  gastric n. 胃角切迹
  interarytenoid n. 杓状软骨间切迹(喉)
  interclavicular n. 锁骨间切迹
  interclavicular n. of occipital bone 枕骨颈静脉切迹
  interclavicular n. of temporal bone 颞骨颈静脉切迹
  intercondylar n. of femur 股骨髁间切迹
  interlobar n. 叶间切迹,肝脐静脉切迹
  intertragic n. 耳屏间切迹
  intervertebral n. 椎骨间切迹
  ischial n., greater, n. of ischium, greater 坐骨大切迹
  ischial n. lesser, n. of ischium, lesser 坐骨小切迹
  jugular n. of manubrium of sternum 胸骨颈静脉切迹
  jugular n. of occipital bone 枕骨颈静脉切迹
  jugular n. of sternum 胸骨颈静脉切迹
  jugular n. of temporal bone 颞骨颈静脉切迹
  Kernohan's n. 卡尔诺汉氏切迹
  lacrimal n. of maxilla 上颌骨泪切迹
  n. of ligamentum teres 肝圆韧带切迹
  mandibular n. 下颌切迹
  mastoid n. 乳突切迹
  nasal n. of maxilla 上颌骨鼻切迹
  palatine n. 翼切迹
  palatine n. of palatine bone 腭骨蝶腭切迹
  pancreatic n. 胰切迹
  parietal n. of temporal bone 颞骨顶切迹
  parotid n. 腮腺窝,下颌后窝
  popliteal n. 腘切迹
  preoccipital n. 枕前切迹
  presternal n. 胸骨前切迹
  pterygoid n. 翼切迹
  radial n., radial n. of ulna 桡骨尺骨切迹
  rivinian n., n. of Rivinus 鼓切迹

sacrosciatic n., greater 坐骨大切迹
sacrosciatic n., lesser 坐骨小切迹
scapular n. 肩胛切迹
sciatic n., greater 坐骨大切迹
sciatic n., lesser 坐骨小切迹
semilunar n. of mandible 下颌半月切迹, 下颌切迹
semilunar n. of scapula 肩胛半月切迹
Sibson's n. 西卜森氏切迹
sigmoid n. 下颌半月切迹
sphenopalatine n. of palatine bone 上腭骨蝶腭切迹
sternal n. 胸骨颈静脉切迹
supraorbital n. 眶上切迹
suprascapular n. 肩胛切迹
suprasternal n. 胸骨颈静脉切迹, 胸骨上切迹
tentorial n. 小脑幕切迹
thyroid n., inferior 甲状腺下切迹
thyroid n., superior 甲状腺上切迹
trigeminal n. 三叉神经切迹
trochlear n. of ulna 尺骨半月切迹
tympanic n. 鼓切迹
ulnar n., ulnar n. of radius 桡骨的尺骨切迹
umbilical n. 脐静脉切迹
vertebral n., inferior 椎骨下切迹
vertebral n., superior 椎骨上切迹
Notechis [nə'tekis] 澳大利亚的一种剧毒蛇
notencephalocele [ˌnəuten'sefələˌsiːl] (not- + encephalocele) 后脑凸出
notencephalus [nəutən'sefələs] (noto- + Gr. enkephalos brain) 后脑凸出畸胎
Nothnagel's bodies ['nɔtnɑɡelz] (Carl Wilhelm Hermann Nothnagel, Austrian physician, 1841-1905) 诺特纳盖尔氏小体
not(o)- (Gr. nōton back) 背部,背侧
notochord ['nəutəkɔːd] (noto- + Gr. chordē cord) 脊索,背索
notochordoma [ˌnəutəukɔː'dəumə] 脊索瘤
Notoedres [ˌnəutəu'edriːz] 耳螨属
  N. cati 猫耳螨
notogenesis [ˌnəutəu'dʒenəsis] (noto- + Gr. gennan to produce) 脊索形成
notomelus [nəu'tɔmələs] (noto- + Gr. melos limb) 背肢畸形

notomyelitis [ˌnəutəˌmaiə'laitis] (Gr. noton back + myelitis) 脊髓炎
not-self ['nɔtself] 非自我
notum ['nəutəm] (Gr. nōton the back) ❶ 背部; ❷ 背板
noumenal ['njuːminəl] (Gr. noumenon a thing thought) 个体的,实体的,属于本体的
nourished ['nʌriʃt] 营养的,滋养的
nourishment ['nʌriʃmənt] ❶营养; ❷营养品
Novaldin [nəu'vældin] 诺凡丁: 安乃近制剂的商品名
Novantrone [nəu'væntrəun] 诺凡特龙: mitoxantrone hydrochloride 制剂的商品名
novobiocin [ˌnəuvəu'baiəsin] 新生霉素
  n. calcium 新生霉素钙
  n. sodium 新生霉素钠
Novocain ['nəuvəkein] 奴佛卡因: 盐酸普鲁卡因制剂的商品名
novoscope ['nəuvəskəup] (L. novus new + scope) 叩听诊器
Novrad ['nəuvræd] 诺福得: 萘磺酸左旋丙氧酚制剂的商品名
Novy's rat disease ['nəuviːz] (Frederick George Novy, American bacteriologist, 1864-1957) 诺威氏鼠病
noxa ['nɔksə] (pl. noxae) (L. "harm") 害因, 病因, 病原
noxious ['nɔkʃəs] (L. noxius) 有害的, 有安全的, 有毒的, 损伤组织的
NP-59 碘去甲胆固醇
Np(neptunium 的符号) 镎
NPA (National Perinatal Association 的缩写) 全国围产(期)联合会
NPN (nonprotein nitrogen 的缩写) 非蛋白氮
NPO (L. nil per os 的缩写) 禁饮食
NRC (normal retinal correspondence 的缩写) 视网膜正常对应
NREM (non-rapid eye movements 的缩写) 非快速眼动期
ns (nanosecond 的符号) 毫微秒
NSAIA (nonsteroidal anti-inflammatory analgesic 的缩写) 非类固醇消炎止痛药
NSAID (nonsteroidal anti-inflammatory drug 的缩写) 非类固醇消炎药

NSCLC (non-small cell lung carcinoma 的缩写) 非小细胞肺癌

nsec (*nanosecond* 的符号) 毫微秒

NSNA (National Student Nurse Association 的缩写) 全国护士学生联合会

NSR (normal sinus rhythm 的缩写) 正常窦律

NST (nonstress test 的缩写) 非压力试验

N-terminal ['tə:minəl] N 端

NTP ❶ (normal temperature and pressure 的缩写) 体温与血压正常；❷ (National Toxicology program 的缩写) 全国毒理学工程

nU (*nanounit* 的符号) 毫微单位

nu [nju:] (N, v) 希腊文第 13 个字母

nubecula [nju'bekjulə] (L., dim. of *nubes* cloud) ❶薄翳；❷尿微混浊；❸耳石

nubility [nju:'biliti] (L. *nubilitas*, from *nubere* to marry) 适合结婚(指女性)

nucha ['nju:kə] (L.) (NA) 项，颈背

nuchal ['nju:kəl] 项，颈背的

Nuck's canal [nju:ks] (Anton *Nuck*, Dutch anatomist, 1650-1692) 纽克氏管

nuclear ['nju:kliə] 核的

nuclease ['nju:klieis] 核酸酶

nucleated ['njukli,eitid] (L. *nucleatus*) 有核的

nuclei ['nju:kliai] (L.) 核。*nucleus* 的复数形式

nucleic acid [nju:'kli:ik] 核酸
  infectious n. a. 传染性核酸

nucleide ['nju:kliaid] 核酸金属化物

nucleiform ['nju:kliifɔ:m] 核状的

nuclein ['nju:kliin] 核素，核质

nucleinic acid [nju:kli'inik] 核酸

nucle(o)- (L. *nucleus*) 核

nucleocapsid [,nju:kliəu'kæpsid] 核壳体

nucleochylema [,nju:kliəukai'li:mə] (*nucleus* + Gr. *chylos* juice) 核汁，核液

nucleochyme ['nju:kliəkaim] (*nucleus* + Gr. *chymos* juice) 核汁，核液

nucleocytoplasmic [,nju:kliəu,saitəu'plæzmik] 核与质的

nucleofugal [,nju:kli'ɔfjugəl] (*nucleus* + L. *fugere* to flee) 离核的

nucleoglucoprotein [,nju:kliəu,glu:kəu'prəutin] 糖蛋白

nucleohistone [,nju:kliəu'histəun] 核组蛋白

nucleohyaloplasm [,nju:kliəu'haiələ,plæzəm] 核透明质，核丝

nucleoid ['nju:kliɔid] ❶核样的，类似核的；❷核状小体；❸核区；❹核心

nucleolar [nju: 'kli:ələ] 核仁的

nucleoli [nju:'kli:əlai] (L.) 核仁。*nucleolus* 的复数形式

nucleoliform [,nju:kli'ɔlifɔ:m] 核仁样的

nucleolin [nju:'kli:əlin] 核仁素

nucleolinus [,nju:kliəu'lainəs] 核仁内丝，核点

nucleoloid ['nju:kliəlɔid] 核仁样的

nucleolulus [,nju:kli'ɔlələs] 核仁小斑

nucleolonema [,nju:kli,əulə'ni:mə] (*nucleolus* + Gr. *nēma* thread) 核仁细丝，核仁线

nucleoloneme [,nju:kli'ɔləni:m] 核仁细丝，核仁线

nucleolonucleus [,nju:kliəlou'nju:kliəs] 核仁小斑

nucleolus [nju:'kli:ələs] (pl. *nucleoli*) (L., dim. of *nucleus*) 核仁
  chromatin n., false n., nucleinic n. 染色核仁，核粒
  secondary n. 第二核仁

nucleolymph ['nju:kliə,limf] 核汁，核液

nucleomicrosome [,nju:kliəu'maikrəsəum] (*nucleus* + Gr. *mikros* small + *sōma* body) 核微粒

nucleon ['nju:kliən] ❶核子；❷核磷酸

nucleonic [,nju:kli'ɔnik] 核的

nucleonics [,nju:kli'ɔniks] 核物理学

nucleopetal [,nju:kli'ɔpitəl] (*nucleus* + L. *petere* to seek) 向核的

nucleophagocytosis [,nju:kliə,fægəsi'təusis] 噬核现象

nucleophile ['nju:kliə,fail] 亲核物质

nucleophilic [,nju:kliəu'filik] ❶嗜核的；❷嗜核体的

nucleoplasm ['nju:kliə,plæzəm] (*nucleus* + *plasma*) 核质，核原浆

nucleoprotein [,nju:kliəu'prəutin] 核蛋白
  deoxyribose n. 脱氧核糖核蛋白酸-蛋白复合物
  ribose n. 核糖核酸-蛋白复合物

nucleoreticulum [,nju:kliəuri'tikjuləm]

(*nucleus* + *reticulum*) 核网
nucleose ['njuːkliəus] 核(蛋白)胨
nucleosidase [ˌnjuːkliəu'saideis] 核苷酶
nucleoside ['njuːkliəuˌsaid] 核苷
nucleoside-diphosphate kinase ['njuːkliəusaid-'daifɔsfeit'kaineis] (EC 2. 7. 4. 6) 核苷二磷酸激酶
nucleoside-phosphate kinase ['njuːkliəusaid-'fɔsfeit'kaineis] (EC 2. 7. 4. 4) 核苷酸激酶
nucleoside phosphorylase ['njuːkliəuˌsaid fɔs'fɔːrəleis] (EC 2. 4. 2) 核苷磷酸化酶
nucleosin ['njuːkliəusin] 胸腺激素
nucleosis [ˌnjuːkli'əusis] 核增生
nucleosome ['njuːkliəsəum] (*nucleus* + Gr. *sōma* body) 核小体,核粒
nucleospindle [ˌnjuːkliəu'spaindəl] 核纺锤体
nucleotidase [ˌnjuːkliəu'taideis] (EC 3. 1. 3. 31) 核苷酸酶
5-nucleotidase [ˌnjuːkliəu'taideis] (EC 3. 1. 3. 5) 第五核苷酸酶
nucleotide ['njuːkliəutaid] 核苷酸
  cyclic n's 环核苷酸
nucleotidyl [ˌnjuːkliəu'taidəl] 核苷酸基
nucleotidyltransferase [ˌnjuːkliəu'taidəl-'trænsfəreis] (EC 2. 7. 7) 核苷酸(基)转移酶
nucleotoxin [njuːkliəu'tɔksin] 核毒素
nucleus ['njuːkliəs] (pl. *nuclei*)(L., dim. of *nux* nut) ❶ 核；❷ 细胞核；❸ 神经核；❹ 原子核
  abducens n., n. abducens, n. of abducens nerve, n. abducentis 外展神经核
  n. accessorius columnae ventralis medullae spinalis (NA) 脊髓腹侧柱副核
  accessory n. 副核
  accessory basal amygdaloid n. 副基杏仁核
  n. of accessory nerve 副神经核
  accessory oculomotor n. 副眼球运动核
  accessory olivary n. 副橄榄核
  accessory olivary n., dorsal 后副橄榄核
  accessory olivary n., medial 内侧副橄榄核
  accessory olivary n., posterior 后副橄榄核
  accessory n. of ventral column of spinal cord 脊髓腹侧柱副核
  n. accumbens septi 伏隔核
  acoustic nuclei, nuclei of acoustic nerve 听神经核
  n. alae cinereae 灰翼核
  ambiguous n. 疑核
  n. ambiguus (NA) 疑核
  n. amygdalae, amygdaloid n. 杏仁酸
  n. ansae lenticularis (NA) 豆状袢核
  anterior olfactory n. 前嗅觉核
  anterior n. of trapezoid body 前斜出体核
  nuclei anteriores thalami (NA) 丘脑前核
  n. anterodorsalis thalami (NA) 丘脑前背侧核
  n. anteroinferior thalami 丘脑前下核
  anterolateral n. of anterior column of spinal cord 脊髓前柱前外侧核
  n. anterolateralis columnae anterioris medullae spinalis (NA) 脊髓前柱前外侧核
  anteromedial n. of anterior column of spinal cord 脊髓前柱前内侧核
  anteromedial n. of thalamus 丘脑前内侧核
  n. anteromedialis columnae anterioris medullae spinalis (NA) 脊髓前柱前内侧核
  n. anteromedialis thalami (NA) 丘脑前内侧核
  n. anterosuperior thalami 丘脑前背侧核
  n. anteroventralis thalami (NA) 丘脑前腹侧核
  nuclei arcuati medullae oblongatae (NA) 弓状核
  n. arcuatus hypothalami 下丘脑弓状核
  nuclei areae H, H_1, H_2 (NA) 核区
  n. of atom, atomic n. 原子核
  auditory nuclei, nuclei of auditory nerve 听神经核
  auditory n., large cell 听神经大细胞核
  autonomic n., autonomic oculomotor n., n. autonomicus 自主(神经)核
  Balbiani's n. 卵黄核
  basal n., n. basalis 橄榄核
  basal nuclei, nuclei basales (NA) 基底核
  basal amygdaloid n. 基底杏仁核

n. basalis of Meynert 梅那特基底核
Béclard's n. 伯克莱德氏核
bed n. of stria terminalis 终纹床核
Bekhterev's n. 前庭神经上核
blue n. 蓝核,卡伦氏征
Blumenau's n. 布鲁迈纽氏核
n. of Burdach's column 楔束核,伯达赫氏核
n. caeruleus (NA)蓝(斑)核
caudal n., central 中尾核
n. of caudal colliculus 下丘核
n. caudalis centralis 尾中央核
caudate n., n. caudatus (NA)尾状核
caudate n., central 中尾核
cell n., cellular n. 细胞核
central n., superior 浅尾核
central amygdaloid n. 中央杏仁核
central n. of anterior column of spinal cord 脊髓前柱中央核
central n. of ventral column of spinal cord 脊髓腹侧柱中央核
n. centralis columnae anterior medullae spinalis (NA), n. centralis columnae ventralis medullae spinalis 脊髓前柱中央核
n. centralis lateralis thalami (NA)丘脑中央外侧核
n. centralis medialis thalami (NA)丘脑中央内侧核
n. centralis superior raphae (NA)中央浅缝核
n. centromedianus thalami (NA)丘脑中央内侧核
nuclei cerebellaris (NA), nuclei cerebelli 小脑核
n. of cerebellum, dentate 齿状核
n. ceruleus 蓝核
cervical n., cervical n., lateral 颈外侧核
cholane n. 胆烷核
Clarke's n. 克拉科氏核,背核
cleavage n. 卵裂核,分裂核
cochlear n., anterior 蜗神经前核
cochlear n., dorsal 蜗神经后核
cochlear n. posterior n. 蜗神经后核
cochlear n., ventral, 蜗神经前核
nuclei cochleares (NA)蜗神经核
n. cochlearis anterior (NA)蜗神经前核
n. cochlearis dorsalis 蜗神经后核
n. cochlearis posterior (NA)蜗神经后核
n. cochlearis ventralis 蜗神经前核
nuclei of cochlear nerve 蜗神经核
n. coeruleus 蓝核
n. colliculi caudalis 下丘核
n. colliculi inferioris (NA)下丘核
commissural n., n. commissuralis (NA) 连合核
compact n. 浓集核
conjugation n. 结合核,受精核
n. corporis geniculati lateralis (NA)外侧膝状体核
n. corporis geniculati medialis 内侧膝状体核
n. corporis mamillaris medialis/lateralis (NA)内侧和外侧乳头体核
cortical amygdaloid n. 杏仁皮核
n. corporis trapezoidei anterior/posterior (NA)斜方体前/后核
nuclei of cranial nerves 脑神经核
cuneate n. 楔束核
cuneate n., accessory, cuneate n., lateral 楔束副核
n. cuneatus (NA)楔束核
n. cuneatus accessorius (NA)楔束副核
n. cuneiformis (NA)楔状核
n. cuneiformis mesencephalicus 楔状核
Darkshevich's n. 达德席维希氏核
daughter n. 子核
Deiters' n. 得特氏核
dental n. 牙髓
n. dentatus (NA)齿状核
diploid n. 二倍体核
dorsal n. of Clarke 克拉克核,背核
dorsal raphe n. 背缝核
dorsal n. of trapezoid body 斜方体背核
dorsal n. of vagus nerve 迷走神经背核
n. dorsalis corporis trapezoidei 斜方体背核
n. dorsalis nervi glossopharyngei (NA) 舌咽神经背侧核
n. dorsalis nervi vagi (NA)迷走神经背侧核
n. dorsalis raphae 背缝核
nuclei dorsales thalami (NA)丘脑背核
dorsolateral n. of oculomotor nuclear complex 背外侧核

dorsolateral n. of ventral column of spinal cord 脊髓腹柱背外侧核
n. dorsolateralis columnae ventralis medullae spinalis 脊髓腹柱背外侧核
dorsomedial n. of ventral column of spinal cord 脊髓腹柱背内侧核
n. dorsomedialis columnae ventralis medullae spinalis 脊髓腹柱背内侧核
n. dorsomedialis hypothalami 下丘脑内背侧核
droplet nuclei 滴核
drumstick n. 鼓棒核
Edinger's n., Edinger-Westphal n. 艾丁格氏核,艾-韦二氏核
n. emboliformis (NA)栓状核
enamel n. 釉质核
n. endopeduncularis (NA)脚内核
entopeduncular n., n. entopeduncularis 脚内核
n. facialis, n. of facial nerve 面神经核
fastigial n., n. fastigiatus 顶核
n. fastigii (NA)顶核
fertilization n. 受精核
nuclei formationis reticularis trunco encephalico (NA)脑干网形成核
free n. 游离核
n. gelatinosus 髓核,椎间盘髓核
geniculate n., lateral 外侧膝状体核
geniculate n., medial 侧膝状体核
n. geniculatus lateralis (NA)外侧膝状体核
n. geniculatus medialis (NA)内侧膝状体核
germ n., germinal n. 原核,前核
gigantocellular n., n. gigantocellularis 巨大网状中间听细胞核
gingival n. 龈核
n. globosus (NA)小脑球状核
n. of glossopharyngeal nerve 舌咽神经核
n. of glossopharyngeal nerve, dorsal 舌咽神经背核
n. of Goll's column 高尔氏核
gonad n. 生殖核,小核
n. gracilis (NA)薄束核
nuclei of habenula, nuclei habenulae, nuclei habenulae medialis et lateralis (NA)缰核,内侧缰核和外侧缰核

habenular nuclei 系带核
haploid n. 单元核,单倍核,减数核
hypoglossal n., n. of hypoglossal nerve 舌下神经核
n. hypoglossails 舌下神经核
hypothalamic n., anterior 下丘脑前核
hypothalamic n., dorsal 下丘脑背侧核
hypothalamic n., dorsomedial 下丘脑背内侧核
hypothalamic n., posterior 下丘脑后核
hypothalamic n., ventrolateral 下丘脑腹外侧核
hypothalamic n., ventromedial 下丘脑腹内侧核
n. hypothalamicus anterior (NA)下丘脑前核
n. hypothalamicus dorsalis (NA)下丘脑背侧核
n. hypothalamicus dorsomedialis (NA) 下丘脑背内侧核
n. hypothalamicus posterior (NA)下丘脑后核
n. hypothalamicus ventrolateralis (NA), n. hypothalamicus ventromedialis 下丘脑腹内侧核
n. of hypothalamus, arcuate 下丘脑漏斗核
n. of hypothalamus, dorsomedial 下丘脑背内内侧核
n. of hypothalamus, infundibular 下丘脑漏斗核
n. of hypothalamus, paraventricular 下丘脑室旁核
n. of hypothalamus, posterior 下丘脑后核
n. of hypothalamus, supraoptic 下丘脑视上核
n. of hypothalamus, ventromedial 下丘脑腹内侧核
n. of inferior colliculus 下丘核
n. inferior nervi trigeminalis (NA)三叉神经下核
inferior n. of trigeminal nerve 三叉神经下核
n. infundibularis hypothalami (NA)下丘脑漏斗核
n. intercalatus (NA)闰核
intermediolateral n., n. intermediolater-

alis 中间外侧核

intermediomedial n., n. intermediomedialis 中间内侧核

interpeduncular n., n. interpeduncularis (NA) 脚间核

n. interpositus 中间帆核

interstitial n., interstitial n. of Cajal, n. interstitialis (NA) 间质核,凯杰尔氏间质核

intracerebellar nuclei 小脑内核

intralaminar nuclei of thalamus, nuclei intralaminares thalami (NA) 丘脑板内核

lateral amygdaloid n. 外侧杏仁核

n. of lateral geniculate body 外侧膝状体核

n. of lateral lemniscus 丘(蹄)系外(侧)核

lateral n. of mamillary body 外侧乳头体核

lateral n. of medulla oblongata 延髓外侧核

n. of lateral olfactory stria 外侧嗅纹核

lateral nuclei of thalamus 丘脑外侧核

lateral ventral n. of thalamus 丘脑腹外侧核

n. lateralis cervicalis 颈外侧核

n. lateralis dorsalis thalami 丘脑背外侧核

n. lateralis medullae oblongatae 延髓外侧核

n. lateralis posterior thalami 丘脑后外侧核

nuclei laterales thalami 丘脑腹外侧核

n. lemnisci lateralis (NA) 丘(蹄)系(侧)核

n. of lens 晶状体核

lenticular n. 豆状核

n. lenticularis 豆状核

n. lentiformis (NA) 豆状核

n. lentis (NA) 晶状体核

lower sensory n. of trigeminal nerve 三叉神经棘肌核

n. of Luys 莱斯氏核,丘脑下核

n. magnus raphae (NA) 大缝核

nuclei of mamillary body 乳头体核

masticatory n. 咀嚼核

medial amygdaloid n. 内侧杏仁核

n. of medial geniculate body 内侧膝状体核

medial n. of mamillary body 内侧乳头体核

n. medialis centralis thalami 丘脑中央内侧核

n. medialis dorsalis thalami (NA) 丘脑背内侧核

nuclei mediales thalami (NA) 丘脑内侧核

nuclei of median raphe 中缝核,延髓中缝核

nuclei mediani thalami (NA) 丘脑正中核

n. of mesencephalic tract of trigeminal nerve 三叉神经中脑核

mesencephalic trigeminal n., mesencephalic n. of trigeminal nerve 三叉神经中脑核

n. mesencephalicus nervi trigemini 三叉神经中脑核

n. mesencephalicus trigeminalis 三叉神经中脑核

Meynert's n. 梅那特核

Monakow's n 莫纳考氏核

motor n. 运动核

n. motorius nervi trigeminalis (NA) 三叉神经运动核

n. motorius trigeminalis 三叉神经运动核

n. nervi abducentis (NA) 展神经核

n. nervi accessorii (NA) 副神经核

nuclei nervi cochlearis 蜗神经核

nuclei nervorum cranialium (NA) 脑神经核

n. nervi facialis (NA) 面神经核

n. nervi glossopharyngei (NA) 舌咽神经核

n. nervi hypoglossi (NA) 舌下神经核

n. nervi oculomotorii (NA) 动眼神经核

n. nervi phrenici (NA) 膈神经核

nuclei nervi trigeminalis, nuclei nervi trigemini 三叉神经主核

n. nervi trochlearis (NA) 滑车神经核

nuclei nervi vagi 迷走神经核

nuclei nervi vestibularis 前庭神经核

nuclei nervi vestibulocochlearis 前庭耳蜗神经核

n. obscurus raphae (NA) 缝际黑色球核

oculomotor n., n. of oculomotor nerve 动眼神经核

n. oculomotorius 动眼神经核
n. oculomotorius accessorius (NA)动眼神经副核
n. oculomotorius autonomicus 动眼神经副核
n. olivaris 橄榄核
n. olivaris accessorius dorsalis 背侧副橄榄核
n. olivaris acessorius medialis (NA)内侧副橄榄核
n. olivaris accessorius posterior (NA)后侧副橄榄核
n. olivaris caudalis 尾侧橄榄核
n. olivaris cranialis 颅侧橄榄核
n. olivaris inferior (NA)下橄榄核
n. olivaris rostralis 上橄榄核
n. olivaris superior (NA)上橄榄核,斜方体背侧核
olivary n. ①橄榄核;②橄榄体
olivary n., caudal 尾侧橄榄核
olivary n., inferior 下橄榄核
olivary n., posterior accessory 后侧副橄榄核
olivary n., rostral 嘴侧橄榄核
olivary n., superior ①斜方体背核;②嘴侧橄榄核
Onuf's n., n. of Onufrowicz 奥那夫氏核
nuclei of origin, nuclei originis (NA)神经系统的多组神经细胞,发出颅神经的运动或传出纤维
n. pallidus raphae (NA)缝际苍白球核
n. parabrachialis (NA)肱旁核
n. paracentralis thalami (NA)丘脑中央旁核
n. parafascicularis thalami (NA)丘脑束旁核
paramedian n., dorsal 背内侧旁核
paramedian n., posterior 后内侧旁核
n. paramedianus dorsalis 背内侧旁核
n. paramedianus posterior (NA)后内侧旁核
n. parasolitarius (NA), parasolitary n. 孤束旁核
nuclei parasympathici sacrales (NA)副交感神经骶核
n. parataenialis thalami (NA)丘脑肽旁核
paraventricular n. of thalamus, anterior 丘脑前室旁核
paraventricular n. of thalamus, posterior 丘脑后室旁核
nuclei paraventriculares anterior/posterior thalami (NA)丘脑前室旁核/后室旁核
n. paraventricularis hypothalami (NA)下丘脑室旁核
perihypoglossal nuclei 舌下周核
n. periventricularis posterior (NA)后室旁核
Perlia's n. 帕里亚氏核
phenanthrene n. 菲核,胆烷核
n. of phrenic nerve 膈神经核
phrenic n. of ventral column of spinal cord 脊髓前柱膈核
n. phrenicus columnae ventralis medullae spinalis 脊髓前柱膈核
polymorphic n. 多形核
nuclei of pons, pontine nuclei 脑桥核
pontine raphe n. 脑桥缝际核
pontine reticular n., caudal 尾侧脑桥网状核
pontine reticular nuclei, intermediate 中间脑桥网状核
pontine reticular n., lateral 外侧脑桥网状核
pontine reticular n., oral 脑桥网状核
pontine reticular n., tegmental 被盖脑桥网状核
n. pontinus nervi trigeminalis (NA)三叉神经脑桥核
nuclei pontis (NA)脑桥核
n. pontis raphae (NA)缝际脑桥核
n. posterior hypothalami 下丘脑后核
posterior periventricular n. 室周后核
n. posterior raphae (NA)缝后核
posterior nuclei of thalamus, nuclei posteriores thalami 丘脑后核
posterior n. of trapezoid body 斜方体后核
n. posterolateralis columnae anterior medullae spinalis (NA)脊髓前柱后外侧核
pregeniculate n. 外侧膝状体
preoptic n., n. preopticus medialis/lateralis (NA)视前叶核,内侧/外侧视前叶核

n. prepositus hypoglossi 舌下前置核
n. of prerubral field 红核前区核
pretectal n., n. pretectalis (NA)顶盖前核
principal sensory n. of trigeminal nerve 三叉神经主感核
n. proprius 固有核
n. pulposus disci intervertebralis (NA), pulpy n. 椎间盘的髓核,髓核
nuclei pulvinares thalami (NA)丘脑枕状隆起核
n. raphae dorsalis 腹侧缝核
n. raphae magnus 大缝核
nuclei raphae medianae 内侧缝核
nuclei raphae medullae oblongatae (NA) 延髓中缝核,中缝核
n. raphae obscurus 5-羟色胺
n. raphae pallidus 苍白球缝核
n. raphae pontis 脑桥缝核
raphe nuclei, nuclei of the raphe, rapheal nuclei 缝际核
red n. 红核
reproductive n. 生殖核,小核
reticular nuclei 网状核
reticular n., gigantocellular, reticular n., gigantocellular intermediate 网状核巨大细胞核,巨大细胞间核
reticular nuclei, intermediate 中间网状核
reticular nuclei, lateral 外侧网状核
reticular nuclei, magnocellular 大网状核
reticular nuclei, medial 内侧网状核
reticular nuclei, parvocellular 小细胞网状核
reticular nuclei, pontine 脑桥网状核
reticular nuclei, tegmental 被盖状核
reticular nuclei of brain stem 脑干网状核
nuclei of the reticular formation, nuclei of the reticular formation of the brain stem 脑干网状核
reticular n. of medulla oblongata, lateral 外侧延髓网状核
reticular nuclei of raphe 缝际网状核
reticular n. of tegmentum 脑盖网状核
reticular n. of thalamus 丘脑网状核
n. reticularis intermedius gigantocellularis (NA)对称的巨大细胞中间网状核
n. reticularis intermedius medullae oblongatae (NA)延髓中间网状核
n. reticularis intermedius pontis inferioris (NA)下脑桥中间网状核
n. reticularis intermedius pontis superioris (NA)上脑桥中间网状核
n. reticularis lateralis medullae oblongatae (NA)延髓外侧网状核
n. reticularis lateralis pontis (NA)脑桥外侧网状核
nuclei reticulares magnocelluares (NA)大细胞网状核
n. reticularis paramedianus (NA)内侧旁网状核
n. reticularis paramedianus precerebelli 内侧旁网状核
nuclei reticulares parvocellulares (NA)微小细胞网状核
n. reticularis pontis caudalis 尾侧脑桥网状核
n. reticulatus pontis oralis 脑桥口网状核
nuclei reticulares raphae (NA)缝际网状核
n. reticularis tegmentalis pedunculo-pontinus (NA)脑桥脚被盖网状核
n. reticularis tegmentalis pontinus (NA)脑桥被盖网状核
n. reticularis tegmenti 被盖网状核
n. reticularis thalami (NA)丘脑网状核
n. retrodorsolateralis columnae ventralis medullae spinalis, n. retroposterolateralis columnae anterior medullae spinalis (NA)脊髓前柱后(背)外侧后核
n. reuniens thalami (NA)丘脑连结核
n. rhomboidalis thalami (NA)丘脑菱形核
Roller's n. 罗勒氏核
roof nuclei 顶核
n. ruber (NA)红核
sacral parasympathetic nuclei 骶副交感核
n. salivarius inferior (NA)下泌涎核
n. salivarius superior (NA)上泌涎核
salivary n., caudal 尾侧泌涎核
salivary n., cranial 颅侧泌涎核
salivary n., inferior 下泌涎核
salivary n., rostral 嘴侧泌涎核

salivary n., superior 上泌涎核
n. salivatorius caudalis (NA)下泌涎核
n. salivatorius cranialis (NA)上(颅侧)泌涎核
n. salivatorius inferior (NA)下(尾侧)泌涎核
n. salivatorius rostralis (NA)嘴侧泌涎核
n. salivatorius superior (NA)上泌涎核
salivary n., caudal 下泌涎核
salivary n., cranial 上(颅侧)泌涎核
salivary n., inferior 下泌涎核
salivary n., rostral, salivary n., superior 嘴侧泌涎核,上泌涎核
Schwalbe's n. 舒瓦尔布氏核,前庭神经内侧核
Schwann's n. 许旺氏核,许旺氏细胞核
segmentation n. 分裂核,卵裂核
n. sensorius inferior nervi trigeminalis 三叉神经下感觉核,三叉神经脊束核
n. sensorius principalis nervi trigeminalis 三叉神经感觉主核
sensory n. 感觉核
sensory nuclei of trigeminal nerve 三叉神经感觉核
sensory n. of trigeminal nerve, inferior 三叉神经下感觉核
septal n., lateral 外侧中隔核
septal n., medial 内侧中隔核
shadow n. 影核
Siemerling's n. 西莫林氏核
n. solitarius (NA), n. of solitary tract 孤束核
somatic n. 区核,大核,滋养核
sperm n. 精原核,雄原核
spherical n. 球状核
spinal n. of accessory nerve 副神经脊髓核
n. of spinal tract of trigeminal nerve 三叉神经脊束核
spinal n. of trigeminal nerve 三叉神经脊束核
n. spinalis nervi accessorii 副神经脊髓核
n. spinalis nervi trigeminalis (NA)三叉神经脊束核
Spitzka's n. 斯比茨克氏核
Staderini's n. 斯达德瑞尼氏核,闰核

Stilling's n. 斯汀林氏核
striate n. 纹状体核
n. subcaeruleus (NA), n. subceruleus 蓝(斑)下核
n. subcuneiformis (NA)楔下核
n. subcuneiformis mesencephalicus 中脑楔下核
sublingual n. 舌下核
subthalamic n., n. subthalamicus (NA) 丘脑下核
n. of superior olive 上橄榄核
suprachiasmatic n. 交叉上核
n. supraopticus hypothalami (NA)下丘脑视上核
n. tecti 顶核
tegmental n. 被盖核,被覆核,中脑被盖核
n. tegmentalis 被盖核
n. of tegmental field 红前区核
n. tegmenti (NA)被盖核
terminal nuclei, nuclei terminationis (NA)终核
nuclei of thalamus, anterior 丘脑前核
n. of thalamus, anterodorsal 丘脑前背侧核
n. of thalamus, anteromedial 丘脑前内侧核
n. of thalamus, anteroventral 丘脑前腹侧核
n. of thalamus, centrtal medial, n. of thalamus, centromedian 丘脑中央内核,丘脑中央中核
n. of thalamus, dorsal medial, n. of thalamus, dorsomedial 丘脑背内侧核
nuclei of thalamus, intralaminar 丘脑板内核
nuclei of thalamus, lateral 丘脑外侧核
n. of thalamus, lateral central 丘脑中央外侧核
nuclei of thalamus, medial 丘脑内侧核
n. of thalamus, medial central 丘脑中央内侧核
nuclei of thalamus, median 丘脑正中核
n. of thalamus, paracentral 丘脑中央核
n. of thalamus, parafascicular n. 丘脑束旁核
nuclei of thalamus, paraventricular, anterior and posterior 丘脑前室旁核和

丘脑后室旁核
n. of thalamus, posterior 丘脑后核
n. of thalamus, reticular 丘脑网状核
n. of thalamus, rhomboid 丘脑菱形核
n. of thalamus, ventral, nuclei of thalamus, ventrolateral 丘脑腹侧核,丘脑腹外侧核
thoracic n. 胸核
n. thoracicus 胸核
n. of tongue, fibrous 纤维性舌核,舌中膈
n. tractus mesencephalici nervi trigeminalis (NA) 三叉神经中脑束核
n. tractus solitarii 孤束核
n. tractus spinalis nervi trigemini 三叉神经脊束核
nuclei of trapezoid body 斜方体核
triangular n., n. triangularis 楔束核,内侧前庭核
trigeminal nuclei 三叉神经核
trigeminal mesencephalic n. 三叉神经中脑核
trigeminal motor n. 三叉神经运动核
nuclei of trigeminal nerve 三叉神经核
trochlear n. 蜗神经核
n. of trochlear nerve 蜗神经核
n. trochlearis 滑车神经核
trophic n. 滋养核,巨核,大核
nuclei tuberales (NA), tuberal nuclei, lateral, nuclei tuberis lateralis 结节核,结节外侧核
vagal n., dorsal 迷走神经背核
n. vagalis dorsalis 迷走神经背核
nuclei of vagus nerve 迷走神经核
n. of vagus nerve, dorsal 迷走神经背核
ventral nuclei of thalamus, posterior 丘脑后核
ventral n. of trapezoid body 斜方体腹侧核
n. ventralis anterior thalami (NA), n. ventralis anterolateralis thalami 丘脑腹前核,丘脑腹前外侧核
n. ventralis corporis trapezoidei 斜方体腹侧核
n. ventralis intermedius thalami (NA) 丘脑腹中间核
n. ventralis lateralis thalami (NA) 丘脑腹外侧核
n. ventralis medialis thalami (NA) 丘脑腹内侧核
nuclei ventrales posteriores thalami (NA) 丘脑腹后核
n. ventralis posterolateralis thalami (NA) 丘脑腹后外侧核
n. ventralis posteromedialis thalami (NA) 腹后内侧核
n. ventrales thalami (NA) 丘脑腹侧核
ventrolateral n. of vental column of spinal cord 脊髓前腹侧柱前腹外侧核
n. ventrolateralis columnae ventralis medullae spinalis 脊髓腹侧柱前腹外侧核;脊髓前柱前外侧区灰质内的一组神经细胞
nuclei ventrolaterales thalami 丘脑腹外侧核
ventromedial hypothalamic n. 下丘脑腹内侧核
ventromedial n. of oculomotor nuclear complex 动眼神经核复合体腹内侧核
ventromedial n. of ventral column of spinal cord 脊髓前柱内侧核
n. ventromedialis columnae ventralis medullae spinalis (NA) 脊髓前柱腹内侧核
vesicular n. 泡状核
vestibular n., caudal 前庭神经下(尾侧)核
vestibular n., cranial 前庭神经上核
vestibular n., inferior 前庭神经下核
vestibular n., lateral 前庭神经外侧核
vestibular n., middle 前庭神经内侧核
vestibular n., rostral 前庭神经嘴侧核
vestibular n., superior 前庭神经上核
nuclei vestibulares (NA) 前庭核
n. vestibularis caudalis 前庭神经下核
n. vestibularis inferior (NA) 前庭神经下核
n. vestibularis lateralis (NA) 前庭神经外侧核
n. vestibularis medialis (NA) 前庭神经内侧核
n. vestibularis rostralis 前庭神经上核
n. vestibularis superior (NA) 前庭神经上核
vestibulocochlear nuclei 前庭耳蜗神经核
nuclei of vestibulocochlear nerve 前庭耳蜗神经核

Voit's n. 瓦尔特氏核
Westphal's n. 韦斯特弗氏核, 副动眼神经核
yolk n. 卵黄核
zygote n. 合子核, 结合核
nuclide ['nju:klaid] （原子）核素
　　radioactive n. 放射性核素
nudophobia [ˌnjudəu'fəubiə] (L. *nudus* unclothed, bare + *phobia*) 裸体恐怖
Nuel's spaces [ni:'elz] (Jean Pierre *Nuel*, Belgian oculist, 1847-1920) 尼尔氏间隙
NUG (necrotizing ulcerative gingivitis 的缩写) 坏死性溃疡性龈炎
Nuhn's glands [nunz] (Anton *Nuhn*, German anatomist, 1814-1889) 舌下腺
nullipara [nʌ'lipərə] (L. *nullus* none + *parere* to bring forth, produce) 未产妇
nulliparity [ˌnʌli'pæriti] 未经产
nulliparous [nə'lipərəs] 未经产的
nullisomic [ˌnʌli'sɔmik] 缺对染色体的
numb [nʌm] (A.S. *niman*) 麻木的
number ['nʌmbə] (Fr. *nombre*, from L. *numerus*) 数, 值
　　acetyl n. 乙酰值
　　acid n. 酸值
　　atomic n. 原子序数
　　Avogadro's n. 阿伏加德罗氏
　　Brinell hardness n. 布里纳尔氏硬度数
　　chromosome n. 染色体数
　　copy n. 复制序数
　　CT n's CT 值
　　dibucaine n. 待布卡因值
　　hardness n. 硬度数
　　Hehner n. 海纳氏值
　　Hittorf n. 希托夫氏值, 离子导电率
　　Hübl n. 胡布尔氏值, 碘值
　　hydrogen n. 氢值
　　iodine n. 碘值
　　isotopic n. 同位素数
　　Knoop hardness n. 努普氏硬度数
　　linking n. 连接值
　　Loschmidt's n. 洛斯克米德氏数
　　mass n. （原子）质量数
　　Mohs hardness n. 莫斯硬度值
　　neutron n. 神经元值
　　oxidation n. 氧化数
　　polar n. 极性数
　　Polenske n. 波兰斯克氏值
　　Reichert-Meissl n. 里-梅二氏值
　　Reynolds n. 雷诺数
　　Rockwell hardness n. 罗克韦尔硬度数
　　saponification n. 皂化值
　　tooth n. 牙号
　　transport n. 离子导电率
　　triangulation n. (T) 三角数
　　turnover n. 转变率
　　twisting n. 扭转数
　　Vickers hardness n. 维克斯硬度
　　wave n. 波数
numbness ['nʌmnis] 麻木
nummular ['nʌmjulə] (L. *nummularis*) ❶ 钱币形的; ❷ 圆的平碟形; ❸ 钱币状的
Numorphan [nju'mɔːfən] 纽莫芬: 盐酸羟二氢氧吗啡酮制剂的商品名
nunnation [nə'neiʃən] (Heb. *nun* letter N) 音滥用
Nupercainal [ˌnjuːpə'keinəl] 纽白卡因: 狄布卡因制剂的商品名
Nupercaine ['njuːpəːkein] 纽白卡因: 狄布卡因制剂的商品名
Nuprin ['nʌprin] 纳普林: 异丁苯丙酸制剂的商品名
N-Uristix ['juːristiks] N-优瑞斯替: 检测尿中硝酸盐, 葡萄糖和蛋白的试剂的商品名
Nuromax ['njuərəˌmæks] 纽麦克斯: doxacurium chloride 制剂的商品名
nurse [nəːs] ❶ 护士; ❷ 护理; ❸ 哺乳
　　charge n. 病室护士
　　clinical n. specialist 临床护理专家
　　n. clinician 临床护理
　　community health n. 社区保健护士
　　district n. 地区护士
　　general duty n. 普通护士
　　graduate n. 毕业护士
　　head n. 护士长, 病室护士长
　　hospital n. 医院护士
　　licensed practical n. 有执照的临床护士
　　licensed vocational n. 有执照的的职业护士
　　monthly n. 产褥护士
　　occupational health n. 职业保健护士
　　office n. 办公室护士
　　practical n. 经验护士
　　n. practitioner 从业护士

private n., **private duty n.** 私人护士,私人值班护士
probationer n. 护士生
public health n. 公共卫生护士
Queen's n. 地区护士(英国)
registered n. 注册护士
school n. 学校护士
scrub n. 手术室护士
special n. 特别护士
n. specialist 临床护理专家
student n. 护士生
trained n. 毕业护士
visiting n. 访视护士
wet n. 乳母,奶母
nurse-midwife [nə:s'midwaif] 护士-助产士
nurse-midwifery [nə:s'midwaifəri] 护理科
nursery ['nə:səri] ❶ 婴儿室; ❷ 托儿所
day n., **day care n.** 日托托儿所
nursing ['nə:siŋ] 护理
Nussbaum's experiment ['nʌsbaumz] (Moritz Nussbaum, German histologist, 1850-1915) 纳斯伯姆氏实验
nut [nʌt] (L. nux; Gr. karyon) 核果,坚果
betel n. 槟榔
nutarian [nʌ'tɛəriən] 果食者
nutation [nju:'teiʃən] (L. nutatio) 点头
nutatory ['nju:tə,təri] (L. nutare to keep nodding, to sway) 点头的
nutgall ['nʌtgɔ:l] (L. galla) 没食子
Nutracort ['nju:trə,kɔ:t] 奴特可:叔丁醋酸氢化可的松制剂的商品名
nutriceptor [,nju:tri'septə] 营养受体
nutrient ['nju:triənt] (L. nutriens) ❶ 营养的,滋养的; ❷ 营养素
essential n's 必需营养素
secondary n. 次级营养素
nutrilite ['nju:trilait] 微量营养素
nutriment ['nju:trimənt] (L. nutrimentum) 营养,营养品,食物
nutriology [,nju:tri'ɔlədʒi] 营养学
nutrition [nju:'triʃən] (L. nutritio) ❶ 营养; ❷ 营养物
adequate n. 适量营养
total parenteral n. 胃肠外高营养
nutritional [nju:'triʃənəl] 营养的

nutritionist [nju:'triʃənist] 营养学家
nutritious [nju:'triʃəs] (L. nutritius) 有营养的
nutritive ['nju:tritiv] 营养的
nutritorium [,nju:tri'tɔ:riəm] 营养器官
nutriture ['nju:tri,tʃə] 营养状况
nutrix ['nju:triks] 乳母
Nuttallia [nə'tæliə] (George H. F. Nutall, biologist, Cambridge University, 1862-1937) 纳脱原虫属
nux [nʌks] (gen. nucis) (L.) 核果,坚果
n. vomica 马钱子,番木鳖
nyad ['naiæd] 若虫
nyctalbuminuria [,niktæl,bju:mi'njuəriə] 夜蛋白尿
nyctalgia [nik'tældʒiə] (nycto- + -algia) 夜痛
nyctalope ['niktələup] 夜盲者
nyctalopia [,niktə'ləupiə] (Gr. nyx night + alaos blind + -opia) 夜盲症
nyctaphonia [,niktə'fəuniə] (nycto- + aphonia) 夜间失音
nycterohemeral [,nik,tərə'hemərəl] 昼夜的
nyct(o)- (Gr. nyx, gen. nyctos night) 夜,暗
nyctohemeral [,niktəu'hemərəl] (nycto- + Gr. hēmera day) 昼夜的
nyctophilia [,niktə'filiə] (nycto- + Gr. philein to love) 嗜夜癖
nyctophobia [,niktə'fəubiə] (nycto- + phobia) 黑夜恐怖
nyctophonia [,niktə'fəuniə] (nycto- + Gr. phōnē voice) 白昼失音
nycturia [nik'tjuəriə] (nycto- + Gr. ouron urine + -ia) 夜尿症
NYD (not yet diagnosed 的缩写) 尚未诊断
Nydrazid ['naidrəzid] 耐得瑞德:异烟肼剂的商品名
nylestriol [ni'lestriəl] 尼来醇:一种雌激素(试剂)
nylidrin hydrochloride ['nilidrin] (USP) 盐酸苄丙酚胺
nylon ['nailən] 尼龙
nymph [nimf] (Gr. nymphē a bride) 若虫
nympha ['nimfə] (gen. pl. nymphae) (L., from Gr. nymphē) 小阴唇
n. of Krause 阴蒂

O

O ❶(*oxygen* 的符号)氧；❷(*ohne Hauch* 的缩写)O 型,菌体型,不动型(细菌)

O. ❶(L. *octarius* 的符号)品脱；❷(*oculus* 的符号)眼

o- (*ortho-* 的符号)正,邻

o 希腊文字母表第 15 个字母

Ω ❶希腊文字母 *omega* 大写；❷(*ohm* 的符号)欧姆

ω 希腊文字母表第 24 个字母

ω- 前缀:❶角频率或角速度的符号；❷相关词条或术语的最末词条

OA (*ocular albinism* 的缩写)眼白化病

OA 1 眼白化病Ⅰ型

OA 2 眼白化病Ⅱ型

OAF (*osteoclast activating factor* 的缩写)破骨细胞激活因子

oak [əuk] 毒槲,野葛
  poison o. 槲叶毒葛

OAP (*Oncovin*, ara-C 和 *prednisone* 的缩写)长春新碱-阿糖胞苷-泼尼松联合癌化疗方案

oarialgia [ˌəuɛəriˈældʒiə] 卵巢痛

oari(o)- 卵巢

oasis [əuˈeisis] (pl. *oases*) (Gr. " a fertile islet in a desert") 健岛

OAT (*ornithine aminotransferase* 的缩写)鸟氨酸转氨酸酶

oath [əuθ] 誓言
  o. of Hippocrates, hippocratic o. 希波克拉底誓言

OB (*obstetrics* 的缩写)产科学

obcecation [ˌɔbsiˈkeiʃən] 部分盲,非全盲

obdormition [ˌɔbdɔːˈmiʃən] (L. *ob- dormire* to fall asleep)(神经)受压性麻木

obducent [ɔbˈdjuːsənt] (L. *obducere* to draw over, to cover) 覆盖物的,覆盖的

obduction [ɔbˈdʌkʃən] (L. *obductio*) 法医学尸体剖验

O'Beirne's sphincter [əuˈbəːnz] (James O'Beirne, Irish surgeon, 1786-1862) 奥贝恩氏括约肌

obeliac [əuˈbiːliæk] 顶孔间点的

obeliad [əuˈbiːliæd] 向顶孔间点

obelion [əuˈbiːliən] (Gr., dim. of *obelos* a spit)顶空间点

Ober's operation [ˈəubəz] (Frank Roberts Ober, American orthopedic surgeon, 1881-1960) 奥伯氏手术

Obermayer's test [ˈɔːbəˌmaiəz] (Friedrich Obermayer, Austrian physiologic chemist, 1861-1925) 奥伯梅尔氏试验

Obermüller's test [ˈɔːbəmjuləz] (Kuno Obermüller, German physician, late 19th century) 奥伯苗勒氏试验

obese [əuˈbiːs] (L. *obesus*) 肥胖的,过度肥胖的

obesity [əuˈbiːsiti] (L. *obesus* fat) 肥胖症
  adult-onset o. 成年型肥胖症
  alimentary o. 外原性肥胖症
  endogenous o. 内原性肥胖症
  exogenous o. 外原性肥胖症
  hyperinsulinar o. 胰岛机能亢进性肥胖症
  hyperinterrenal o. 肾上腺皮质机能亢进性肥胖症
  hyperplasmic o. 原生质增生性肥胖症
  hyperplastic-hypertrophic o. 终身性肥胖症
  hypertrophic o. 成年型肥胖症
  hypogonad o. 性腺机能减退性肥胖症
  hypoplasmic o. 原生质减少性肥胖症
  hypothyroid o. 甲状腺机能减退性肥胖症
  lifelong o. 终身性肥胖症
  morbid o. 病态性肥胖症
  simple o. 单纯性肥胖症,外原性肥胖症

obesogenous [ˌəubiːˈsɔdʒinəs] 致肥胖的

Obesumbacterium [əuˌbiːsəmbækˈtiəriəm] (L. *obesus* fat + *bacterium*) 脂菌

obex [ˈəubeks] (L. "barrier") (NA) 闩

obidoxime chloride [əubiˈdɔksiːm] 双复磷,氯化双异烟醛肟甲醚
object [ˈɔbdʒikt] 物体,对象
objective [əbˈdʒektiv] (L. *objectivus*) ❶ 客观的; ❷ 目标,目的; ❸ 物镜
　achromatic o. 消色差物镜
　apochromatic o. 复消色差物镜
　dry o. 干物镜
　flat field o. 平视野物镜
　fluorite o. 萤石物镜
　immersion o. 液浸物镜
　semiapochromatic o. 半复消色差物镜
obligate [ˈɔbligeit] (L. *obligatus*) 专性的,固性的
oblique [əˈbliːk] (L. *obliquus*) 斜的
obliquimeter [ˌɔblikwiˈmitə] (*oblique* + Gr. *metron* measure) 骨盆斜度计
obliquity [əˈblikwiti] 倾斜,斜度
　Litzmann's o. 利北曼氏倾斜
　Nägele's o. 内格累氏倾斜
　o. of pelvis 骨盆斜度
obliquus [əˈblikwəs] (L.) 斜的
obliteration [əbˌlitəˈreiʃən] (L. *obliteratio*) 消失
　cortical o. ① 皮质色素缺乏; ② 脑皮质消失
oblongata [ˌɔblɔŋˈgeitə] (L.) ❶ 长椭圆形; ❷ 延髓
oblongatal [ˌɔblɔŋˈgeitəl] 延髓的
obmutescence [ˌɔbmjuːˈtesəns] (L. *obmutilare* to be dumb) 失音,失声
obnubilation [ɔbˌnjuːbiˈleiʃən] 神志不清
O'Brien akinesia [əuˈbraiən] (Cecil Starling *O'Brien*, American ophthalmologist, 1889-1977) 欧布莱恩运动不能
obsession [əbˈseʃən] (L. *obsessio*) 强迫观念
obsessive [əbˈsesiv] 强迫观念的
obsessive-compulsive [əbˈsesivkəmˈpʌlsiv] 强迫观念与行为的
obsolescence [ˌɔbsəˈlesəns] (L. *obsolescere* to grow old) 废弃,衰败
obstetric [ɔbˈstetrik] (L. *obstetricius*) 产科学的,产科的
obstetrical [ɔbˈsterikəl] 产科学的,产科的
obstetrician [ˌɔbsteˈtriʃən] (L. *obstetrix* midwife) 产科医师
obstetrics [ɔbˈstetriks] (L. *obstetricia*) 产科学
obstipation [ˌɔbstiˈpeiʃən] (L. *obstipatio*) 顽固性便秘
obstruction [əbˈstrʌkʃən] (L. *obstructio*) ❶ 梗阻,不通; ❷ 梗阻状态及情况
　closed-loop o. ① 闭锁绊; ② 闭锁疤
　false colonic o. 假性结肠梗阻
　intesinal o. 肠梗阻
obstructive [əbˈstrʌktiv] 阻塞的,梗阻的
obstruent [ˈɔbstruənt] (L. *obstruens*) ❶ 梗阻的,阻塞的; ❷ 止泻剂
obtund [əbˈtʌnd] (L. *obtundere* to blunt) ❶ 变钝; ❷ 缓和; ❸ 降低敏锐程度
obtundation [ˌɔbtənˈdeiʃən] 意识混浊不清
obtundent [əbˈtʌndənt] (L. *obtundens*) ❶ 使感觉迟钝的,止痛的; ❷ 可使感觉迟钝或疼痛缓解的; ❸ 止痛药
obturation [ˌɔbtəˈreiʃən] ❶ 充填,填塞; ❷ 闭塞
　canal o. 根管充填
obturator [ˈɔbtəˌreitə] (L.) 充填器,填塞器,充填体
obtusion [əbˈtjuːʒən] (L. *obtusio*) 感觉迟钝
OCA (oculocutaneous albinism 的缩写) 眼白化病
occipital [ɔkˈsipitəl] (L. *occipitalis*) 枕骨的,枕部的
occipitalis [ɔkˌsipiˈteilis] (L., from *occiput*) ❶ 枕骨的,枕的; ❷ 枕额肌的后部
occipitalization [ɔkˌsipitəliˈzeiʃən] (NA) 寰椎枕骨骨性接合
occipitoanterior [ɔkˌsipitəuænˈtiəriə] 枕前位
occipitoatloid [ɔkˌsipitəuˈætlɔid] 枕骨寰椎的
occipitoaxoid [ɔkˌsipitəuˈæksɔid] 枕骨枢椎的
occipitobasilar [ɔkˌsipitəuˈbæsilə] 枕骨颅底的
occipitobregmatic [ɔkˌsipitəubregˈmætik] 枕骨前囟的
occipitocalcarine [ɔkˌsipitəuˈkælkərain] 枕叶禽距的
occipitocervical [ɔkˌsipitəuˈsəːvikəl] 枕骨与颈的

occipitofacial [ɔkˌsipitəuˈfeiʃəl] 枕部和颜面的

occipitofrontal [ɔkˌsipitəuˈfrʌntəl] 枕骨和前额的

occipitomastoid [ɔkˌsipitəuˈmæstɔid] 枕骨乳突的

occipitomental [ɔkˌsipitəuˈmentəl] 枕骨和颏部的

occipitoparietal [ɔkˌsipitəupəˈraiətəl] 枕顶的

occipitoposterior [ɔkˌsipitəupɔsˈtiəriə] 枕后位

occipitotemporal [ɔkˌsipitəuˈtempərəl] 枕颞的

occipitothalamic [ɔkˌsipitəuθəˈlæmik] 枕叶丘脑的

occiput [ˈɔksiput] (L.)(NA) 枕骨部

occlude [əˈkluːd] ❶ 闭合；❷ 咬合

occluder [ɔˈkluːdə] 咬合架

occlusal [əˈkluːzəl] 𬌗面的,咬合面的

occlusion [əˈkluːʒən] (L. *occlusio*) ❶ 闭塞,闭合,封闭,阻塞,隔断；❷ 封存；❸ 𬌗,咬合
　　abnormal o. 异常咬合
　　acentric o. 离正中咬合
　　anatomic o. 解剖性咬合
　　anterior o. 前位咬合
　　balanced o. 平衡咬合
　　buccal o. 颊侧咬合
　　centric o. 正中咬合
　　coronary o. 冠状动脉闭塞
　　distal o. 远中𬌗
　　eccentric o. 离正中𬌗
　　edge-to-edge o., end-to-end o. 对刃𬌗,对边𬌗
　　enteromesenteric o. 肠系膜梗阻
　　functional o. 机能性𬌗
　　habitual o. 习惯性咬合
　　hyperfunctional o. 过用𬌗,创伤性𬌗
　　ideal o. 理想𬌗,正常𬌗
　　labial o. 唇向𬌗
　　lateral o. 侧方𬌗
　　lingual o. 舌向𬌗
　　mechanically balanced o. 机械性平衡𬌗
　　mesial o. 近中𬌗
　　neutral o. 中性𬌗,正常𬌗
　　normal o. 正常𬌗,理想𬌗
　　pathogenic o. 病理𬌗
　　physiologically balanced o. 生理平衡𬌗
　　posterior o. 后𬌗,远中𬌗
　　postnormal o. 错后𬌗,远中𬌗
　　prenormal o. 错前𬌗,近中𬌗
　　protrusive o. 前𬌗,前伸𬌗
　　retrusive o. 后退𬌗,远中𬌗
　　spherical form of o. 球形𬌗
　　terminal o. 末端咬合
　　traumatic o. 创伤性𬌗
　　traumatogenic o. 致创伤性𬌗
　　working o. 工作咬合

occlusive [ɔˈkluːsiv] ❶ 𬌗的,咬合的；❷ 闭塞的,闭合的

occlusocervical [ɔˌkluːsəuˈsəːvikəl] 颌颈的,咬合颈的

occlusometer [ˌɔkluˈsɔmitə] 𬌗力计,咬合力计,下颌动力计

occlusorehabilitation [ɔːˌkluːzəuˌrihəˌbiliˈteiʃən] 咬合康复

occult [ɔˈkʌlt] (L. *occultus*) ❶ 隐的,潜隐的；❷ 模糊的；❸ 难以理解的

occupancy [ˈɔkjupənsi] 存留期间,停留期间

occupational [ɔkjuˈpeiʃənəl] 职业的

occurrence [əˈkʌrəns] 发生

ocellus [ɔˈseləs] (L., dim. of *oculus* eye) ❶ 单眼；❷ 小单眼；❸ 眼样斑

ochlesis [ɔkˈliːsis] (Gr. *ochlēsis* crowding) 拥挤病

Ochoa [əˈtʃəuaː] 阿兆: Severo 1905-1993,西班牙出生的美国内科医师和生化学家

ochrometer [əˈkrɔmitə] (Gr. *ōchros* paleness + *metron* measure) 毛细管血压计

Ochromyia [ˌɔkrəˈmaijə] 瘤蝇属

ochronosis [ˌəukrəˈnəusis] (Gr. *ōchros* yellow + *nosos* disease) 褐黄病
　　exogenous o. 外源性褐黄病

ochronosus [ˌəukrəˈnəusəs] 褐黄病

ochronotic [ˌɔkrəˈnɔtik] 褐黄病的

Ochsner's muscle [ˈɔksnəz] (Albert John *Ochsner*, American surgeon, 1858-1925) 奥克斯纳氏肌

OCT ❶ (ornithine carbamoyltransferase 的缩写)鸟氨酸氨甲酰基转移酶；❷ (oxytocin challenge test 的缩写)催产素激惹试验

octa- (Gr. *oktō*, L. *octo* eight) 八

octabenzone [ˌɔktəˈbenzəun] 辛苯酮

octadecanoate [ˌɔktəˌdekə'nəueit] 十八碳酯

octadecanoic acid [ˌɔktəˌdekə'nəuik] 十八(烷)醇酸

octamethyl pyrophosphoramide [ˌɔktə'meθəl ˌpairəfəs'fɔːrəˌmaid] 八甲基焦磷酰胺,八甲磷(杀虫剂)

octan ['ɔktæn] (L. *octo* eight) 每八日(再发的)间隔7天的

octane ['ɔktein] 辛烷

octanoic acid [ˌɔktə'nəuik] 辛酸

octapeptide [ˌɔktə'peptaid] 八肽

octaploidy ['ɔktəplɔidi] 八倍性

octarius [ɔk'tɛəriəs] (L.; from *octo* eight) 一品脱

octavalent [ˌɔktə'veilənt] (L. *octo* eight + *valens* able) 八价的

octazamide [ɔk'tæzəmaid] 辛唑酰胺

octet [ɔk'tet] 八隅,八电子群

octicizer [ˌɔkti'saizə] 增塑剂

octigravida [ˌɔkti'grævidə] (L. *octo* eight + *gravida* pregnant) 八孕妇

Octin ['ɔktin] 奥克丁:甲异辛烯胺制剂的商品名

octipara [ɔk'tipərə] (L. *octo* eight + *parere* to bring forth, produce) 八产妇

octodrine ['ɔktədriːn] 异辛胺

octofollin [ˌɔktə'fɔlin] 辛(烷)雌酚,苯雌酚

Octomyces [ˌɔktəu'maisiz] 酵母菌属
　　O. etiennei 酵母菌样丝状菌

octopamine [ˌɔktə'pæmiːn] 去甲对羟福林

octose ['ɔktəus] 辛糖

octoxynol 9 [ɔk'tɔksinɔl] 辛基苯氧基聚乙氧基乙醇

octreotide [ɔk'triətaid] 奥克瑞泰得:类似生长素介质的一种化合物
　　o. acetate 乙酸盐

octriptyline phosphate [ɔk'triptəliːn] 硫酸辛替林

octylphenoxy polyethoxyethanol [ˌɔktəl-fə'nɔksi ˌpɔliəˌθɔksi'eθənɔl] 辛基苯氧聚乙氧基乙醇

ocufilcon [ˌɔkju'filkɔn] 眼菲尔康

ocular ['ɔkjulə] (L. *ocularis*, from *oculus* eye) ❶ 眼的; ❷ 目镜

oculentum [ɔkju'lentəm] (pl. *oculenta*) 眼膏

oculi ['ɔkjulai] (L.) 眼。*oculus* 的复数形式

oculist ['ɔkjulist] 眼科医师

oculistics [ˌɔkju'listiks] 眼科治疗学

ocul(o)- (L. *oculus* eye) 眼

oculocephalogyric [ˌɔkjuːləuˌsefələu'dʒairik] (*oculo-* + *cephalo-* + Gr. *gyros* ring or circle) 眼头运动反射

oculocutaneous [ˌɔkjuləukjuː'teinjəs] 眼皮肤的

oculofacial [ˌɔkjuləu'feiʃəl] 眼面的

oculogyration [ˌɔkjuləˌdʒaiə'reiʃən] 眼球旋动

oculogyric [ˌɔkjuləu'dʒaiərik] 眼球旋动的

oculomandibulodyscephaly [ˌɔkjuləmænˌdibjulədi'sefəli] (*oculo-* + *mandibulo-* + *dyscephaly*) 颅骨畸形

oculometroscope [ˌɔkjulə'metrəskəup] (*oculo-* + Gr. *metron* measure + *-scope*) 转动检眼镜

oculomotor [ˌɔkjuləu'məutə] (*oculo-* + L. *motor* mover) 眼球运动的

oculomycosis [ˌɔkjuləmai'kəusis] (*oculo-* + *mycosis*) 眼真菌病

oculonasal [ˌɔkjuləu'neisəl] 眼鼻的

oculopathy [ˌɔkju'lɔpəθi] 眼病

oculopupillary [ˌɔkjuləu'pjupiləri] 瞳孔的

oculospinal [ˌɔkjuləu'spainəl] 眼与脊髓的

oculozygomatic [ˌɔkjuləuˌzaigə'mætik] 眼颧的

oculus ['ɔkjuləs] (gen. 和 pl. *oculi*) (L.) (NA) 眼

Ocusert ['ɔkjusəːt] 奥可赛:一种给药系统的商品名

OD ❶ (optical density 的缩写)光密度; ❷ (Doctor of Optometry 的缩写) 眼科医师; ❸ (outside diameter 的缩写) 外径; ❹ (*overdose* 的通用语) 用药过量

O.D. (L. *oculus dexter* 的缩写) 右眼

ODA (L. *occipito-dextra anterior* 的缩写) (胎位)枕右前

odaxesmus [ˌəudæk'sezməs] (Gr. *odaxēsmos* an itching) ❶ 咬舌; ❷ 龈痒

odaxetic [ˌədæk'setik] (Gr. *odaxētikos*) 龈痒的,咬舌的

ODC (orotidine 5´-phosphate decarboxylase 的缩写) 乳清酸核苷-5´-磷酸脱羧酶

Oddi's sphincter ['əudiːz] (Ruggero *Odd-*

i, Italian physician, 1864-1913) 奥迪氏括约肌

odditis [ɔ'daitis] 奥迪氏括约肌炎

odds [ɔdz] 部分残存比例

odogenesis [ɔdə'dʒenəsis] (Gr. *hodos* pathway + *genesis* formation) 神经分支新生

odontalgia [ɔdɔn'tældʒiə] (*odont-* + *-algia*) 牙痛

odontalgic [ɔdɔn'tældʒik] 牙痛的

odontectomy [ˌəudɔn'tektəmi] (*odont-* + *ectomy*) 牙切除术

odonterism [əu'dɔnterizm] (*odont-* + Gr. *ersimos* quarrel) 牙震

odontexesis [ˌəudɔn'teksisis] (Gr. *exesis* scraping) 牙洁治法, 刮牙(法)

odouthemodia [əuˌdɔnthi'məudiə] (Gr. *haemodia* having the teeth on edge) 牙敏感

odonthyalus [əuˌdɔn'θaiələs] 牙釉质

odontia [əu'dɔnʃiə] (Gr. *odous* tooth) ❶ 牙痛; ❷ 牙病

odontiasis [ˌəudɔn'taiəsis] (Gr. "dentition") ❶ 牙出生, 出牙; ❷ 牙病

odontiatrogenic [ɔˌdɔntiˌætrə'dʒenik] (*odont-* + Gr. *iatros* one who heals + *gennan* to produce) 牙科医源性的

odontic [əu'dɔntik] (Gr. *odous* tooth) 牙的

odontinoid [əu'dɔntinɔid] (*odont* + Gr. *eidos* likeness) ❶ 牙质瘤; ❷ 牙质样的

odontitis [ˌəudɔn'taitis] (*odont* + *-itis* inflammation) 牙炎

odont (**o**)- (Gr. *odous*, gen. *odontos* tooth) 牙

odontoameloblastoma [ɔˌdɔntɔˌæməl əblæs'təumə] 牙成釉细胞瘤, 成釉细胞性牙瘤

odontoblast [ɔ'dɔntəblæst] (*odonto-* + *blast*) 成牙质细胞

odontoblastoma [ɔˌdɔntəblæs'təumə] 成牙质细胞瘤

odontobothrion [ɔˌdɔntə'bɔθriən] (*odonto-* + Gr. *bothrion* a small trench) 牙槽

odontobothritis [ɔˌdɔntəbɔθ'raitis] 牙槽炎

odontobothrium [əuˌdɔntə'bɔθriəm] (*odonto* + Gr. *bothrion* little cavity) 牙槽

odontocele [əu'dɔntəsi:l] (*odonto* + Gr. *koele* hollow) 牙槽囊肿

odontoclamis [əuˌdɔntə'kleimis] (*odonto-* + Gr. *klamys* cloak) 龈裹牙

odontoclasis [ˌəudɔn'tɔkləsis] (Gr. *klasis* fracture) 牙折

odontoclast [əu'dɔntəklæst] (*odonto-* + Gr. *klasis* a breaking) 破牙质细胞

odontocnesis [ˌəudɔntək'ni:sis] (Gr. *knesis* itching) 龈痒

odontodynia [əuˌdɔntəu'diniə] (Gr. *odyne* pain) 牙痛

odontogen [əu'dɔntədʒen] (*odonto-* + *-gen*) 牙质原

odontogenesis [əuˌdɔntə'dʒenəsis] (*odonto-* + *genesis*) 牙发生

o. imperfecta 牙生长不全

odontogenetic [ɔˌdɔntədʒi'netik] 牙发生的, 牙生成的

odontogenic [ɔˌdɔntə'dʒenik] ❶ 生牙的, 形成牙的; ❷ 牙源性的

odontogenous [ˌɔdɔn'tɔdʒinəs] 生牙的, 牙源性的

odontoglyph [əu'dɔntəglif] (Gr. *glyphein* to carve) 刮牙器

odontogram [əu'dɔntəugræm] (*odonto-* + *-gram*) 牙面描记图

odontograph [ə'dɔntəugrɑ:f] (*odonto-* + *-graph*) 牙面描记器

odontograhy [ˌəudɔn'tɔgrəfi] (*odonto-* + *-graphy*) ❶牙面描记法; ❷牙体形态学

odontoiatria [əuˌdɔntəuai'ætriə] (*odonto-* + Gr. *iatreia* cure) 牙科治疗学

odontoid [ɔ'dɔntɔid] (*odonto-* + Gr. *eidos* form) 牙样的, 类似牙的

odontolith [əu'dɔntəuliθ] (*odonto-* + Gr. *lithos* stone) 牙垢, 牙积石

odontolithiasis [əuˌdɔntəuli'θaiəsis] (*odonto-* + *lith-* + *-iasis*) 牙垢症

odontologist [ˌəudɔn'tɔlədʒist] 牙医师

odontology [ˌəudɔn'tɔlədʒi] (*odonto-* + *-logy*) 牙科学

odontolysis [ˌəudɔn'tɔləsis] (*odonto-* + *lysis* dissolution) 牙质溶解

odontoma [ˌəudɔn'təumə] (*odont-* + *-oma*) 牙瘤

o. adamantinum 釉质牙瘤, 成釉细胞牙瘤

am eloblastic o. 釉质牙瘤, 成釉细胞牙

瘤
composite o. 复质牙瘤
composite o., complex 复杂性复质牙瘤
composite o., compound 复合性复质牙瘤
coronal o., coronary o. 连冠牙瘤
dilated o. 扩张牙瘤
embryoplastic o. 胚胎期牙瘤
fibrous o. 纤维牙瘤
mixed o. 混合性牙瘤
radicular o. 连根牙瘤

odontonecrosis [əuˌdɔntəuniˈkrəusis] (*odonto-* + Gr. *nekros* dead) 牙坏死

odontoneuralgia [əuˌdɔntəunjuəˈrældʒiə] 牙神经痛

odontonomy [ˌəudɔnˈtɔnəmi] (*odonto-* + Gr. *onoma* name) 牙科学名词,牙科术语

odontopathic [əˌdɔntəˈpæθik] 牙病的

odontopathy [ˌəudɔnˈtɔpəθi] (*odonto-* + Gr. *pathos* illness) 牙病

odontoperiosteum [əuˌdɔntəˌperiˈɔstiəm] ❶ 牙周膜; ❷ 牙周组织

odentophobia [əuˌdɔntəuˈfəubiə] (*odonto-* + *phobia*) 牙恐怖症

odontoplast [əuˈdɔntəplæst] 成牙质细胞

odontoplerosis [əuˌdɔntəupliˈrəusis] (Gr. *plerosis* filling) 牙填充术

odontoprisis [əuˌdɔntəˈpraisis] (*odonto-* + Gr. *prisis* sawing) 磨牙,咬牙

odontoptosis [əuˌdɔntəupˈtəusis] (Gr. *ptosis* fall) 牙脱落

odontoradiograph [əuˌdɔntəuˈreidiəugrɑːf] 牙 X 线照片

odontorrhagia [əuˌdɔntəuˈreidʒiə] (Gr. *rhagia* a breakingout) 牙槽出血

odontorthosis [əuˌdɔntɔːˈθəusis] (Gr. *orthos* straight) 正牙法

odontoschism [əuˈdɔntəskizəm] (*odonto-* + Gr. *schisma* cleft) 牙裂

odontoscopy [ˌɔdɔnˈtɔskəpi] (*odonto-* + *-scopy*) 牙印检查

odontoseisis [əuˌdɔntəuˈsaisis] (Gr. *seisis* a shaking) 牙松动

odontosis [ˌəudɔnˈtəusis] (*odonto-* + *-osis*) 出牙

odontotheca [əuˌdɔntəuˈθiːkə] (*odonto-* + Gr. *thēkē* case) 牙囊

odontotomy [ˌəudɔnˈtɔtəmi] (*odonto-* + Gr. *tomē* a cutting) 牙造洞术,牙切开术

odontotripsis [əuˌdɔntəuˈtripsis] (*odonto-* + Gr. *tripsis* rubbing) 牙磨损

odor [ˈəudə] (L.) 气味
minimal identifiable o. 最小可嗅浓度空气

odorant [ˈəudərənt] 有气味的,有香气的

odoratism [ˌəudəˈrætizəm] 香豌豆中毒性骨病

ordoriferous [ˌəudəˈrifərəs] (*odor* + L. *ferre* to bear) 有香气的

odorimeter [ˌəudəˈrimitə] 气味测量仪

odorimetry [ˌəudəˈrimitri] 气味测量法

odoriphore [əuˈdɔrifɔː] 生自基,发香团

odorivector [ˌəudəriˈvektə] 发香质

odorography [ˌəudəˈrɔgrəfi] (*odor* + Gr. *graphein* to write) 气味论

ODP (L.) (*occipito-dextra posterior* 的缩写) 右枕后(胎位)

ODT (L.) (*occipito-dextra transversa* 的缩写) 右枕横(胎位)

odynacusis [ˌəudinəˈkjuːsis] (*odyno-* + Gr. *akousis* hearing) 听音痛

-odynia (Gr. *odynē* pain) 疼痛状态

odyn(o)- (Gr. *odynē* pain) 疼痛

odynolysis [ˌəudiˈnɔlisis] (Gr. *odynē* pain + *lysis* solution) 止痛

odynometer [ˌəudiˈnɔmitə] (*odyno-* + *-meter*) 痛觉计

odynophagia [ˌɔdinəuˈfeidʒiə] (*odyno-* + Gr. *phagein* to eat) 吞咽痛

odynophobia [ˌɔdinəˈfəubiə] (Gr. *odyne* pain + *phobos* fear) 疼痛恐怖

odynopoeia [ˌəudinəˈpiːə] (Gr. *odynē* pain + *poieien* to wake) 引起阵痛的

odynphagia [ˌəudinˈfeidʒiə] 吞咽痛

Oeciacus [iːˈsaiəkəs] 燕臭虫

oedipism [ˈedipizəm] 眼自伤

Oedipus complex [ˈiːdipəs] (*Oedipus*, character in Greek legend who was raised by a foster parent and later unwittingly killed his father and married his mother) 俄狄蒲斯情结

Oehler' symptom [ˈəːləz] (Johannes *Oehler*, German physician, born 1879) 厄勒氏症状

oenanthol [iˈnænθɔl] 庚醛

Oersted ['əːsted] (Hans Christian *Oersted*, Danish physicist, 1777-1851) 奥斯特

oesophag(o)- 食管

oesophagostomiasis [iːˌsɔfəgəustəˈmaiəsis] 结节线虫病

Oesophagostomum [iːˌsɔfəˈgɔstəməm] (*Oesophagus* + Gr. *stoma* mouth) 结节线虫属
  O. apiostomum 猴结节线虫
  O. bifurcum 猴结节线虫
  O. brevicaudum 短尾结节线虫
  O. brumpti 猴结节线虫
  O. columbianum 哥伦比亚结节线虫
  O. dentatum 有齿结节线虫
  O. inflatum 牛结节线虫,辐射结节线虫
  O. longicaudum 长尾结节线虫
  O. radiatum 辐射结节线虫
  O. stephanostomum 猩猩结节线虫
  O. suis 短尾结节线虫

oesophagus [əˈsɔfəgəs] (Gr. *oisophagos*, gullet, related to *phagein* to eat) (NA) 食管,食道

oestriasis [esˈtraiəsis] 狂蝇蛆病

Oestridae [ˈestridiː] 狂蝇科

oestrum [ˈestrəm] 动情期

Oestrus [ˈestrəs] (Gr. *oistros* gadfly) 狂蝇属

oestrus [ˈestrəs] 动情期
  O. hominis 人体狂蝇,羊狂蝇
  O. ovis 羊狂蝇

OFD (oral-facial-digital 的缩写) 口-面-指(趾)

official [əˈfiʃəl] (L. *officialis*; *officum* duty) 法定的

officinal [əˈfisinəl] (L. *officinalis*; *officina* shop) 药房的,药房常备的

ofloxacin [əˈflɔksəsin] 奥氟沙星

Ogen [ˈəudʒən] 奥根:硫酸哌嗪雌酮制剂的商品名

Ogilvie's syndrome [ˈɔgilviːz] (Sir William Heneage *Ogilvie*, English surgeon, 1887-1971) 奥基尔维氏综合征

Oguchi's disease [əˈgutʃiz] (Chuta *Oguchi*, Japanese ophthalmologist, 1875-1945) 小口氏病

Ohara's disease [əuˈhɑːrɑːz] (Shoichiro *Ohara*, Japanese physician, 20th century) 大原氏病

17-OHCS 17-羟皮质(缩)醇,17-羟皮质类固醇

Ohm's law [əumz] (George Simon *Ohm*, German physicist, 1787-1854) 欧姆定律

ohm [əum] (George S. *Ohm*) 欧姆

ohmammeter [ˌəuˈæmmæmˌitə] 欧姆安培计

ohmmeter [ˈəummiːtə] 欧姆计

ohne Hauch [ˈəunə hauk] (Ger. "without breath") O型,菌体,不动型

OI (osteogenesis imperfecta 的缩写) 成骨不全

OIC (osteogenesis imperfecta congenita 的缩写) 先天性成骨不全病

-oid (Gr. *-oeidēs*, from *eidos* form) …样的,…状的,如…的

Oidiomycetes [əuˌidiəumaiˈsiːtiz] 念珠菌类,卵丝真菌类

oidiomycosis [əuˌidiəumaiˈkəusis] (*oidium* + Gr. *mykēs* fungus) 念珠菌病

oidiomycotic [əuˌidiəumaiˈkɔtik] 念珠菌病的

Oidium [əuˈidiəm] (dim. of Gr. *ōon* egg) ❶ 卵状菌属;❷ 粉孢属霉

OIH (orthoidohippurate 的缩写) 邻磺马尿酸酯

oil [ɔil] (L. *oleum*) 油
  almond o. (NF) 杏仁油
  almond o., bitter 苦杏仁油
  almond o., expressed 压制杏仁油
  almond o., sweet 甜杏仁油
  anise o. 大茴香油
  apricot kernel o. 杏仁油
  arachis o. 花生油
  argemone o. 蓟罂粟油
  Benne o. 麻油,芝麻油
  bergamot o. 香柠檬油,香柑油
  betula o. 桦木油,冬绿油,水杨酸甲酯
  bhilawanol o. 取自印度的一种树打印果(*Semecarpus anacardium*)的液体
  birch o., sweet 香桦油,水杨酸甲酯
  birch tar o., rectified 桦木焦油
  cade o. 杜松焦油
  o. of cajuput 玉树油,白千层油
  camphorated o. 樟脑油,樟脑擦剂
  canola o. 菜油
  caraway o. 藏茴香油,黄蒿油
  cardamom o. 豆蔻油,小豆蔻油

cassia o. 桂皮油
castor o. (USP) 蓖麻油
castor o., aromatic (USP) 芳香蓖麻油
cedar o. 香柏油
chenopodium o. 藜油,土荆芥油
chloriodized o. 含氯碘油
cinnamon o. 桂皮油
citronella o. 香茅油
clove o. 丁香油
coconut o. 椰子油
cod liver o. (USP) 鱼肝油
cod liver o., nondestearinated (NF) 硬脂鱼肝油
coriander o. 芫荽油,胡荽油
corn o. (NF) 玉米油
cottonseed o. (NF) 棉子油
croton o. 巴豆油
o. of dill 莳萝油
distilled o. 挥发油
drying o. 干性油
empyreumatic o. 干馏油,焦油
esssential o. 挥发油
ethereal o. 挥发油
ethiodized o. (USP) 乙酯碘油
eucalyptus o. 桉油
expressed o., fatty o. 不挥发油,脂肪油
fennel o. 茴香油
fixed o. 不挥发油
flaxseed o. 亚麻油
gaultheria o. 冬绿油,水杨酸甲酯
gingili o. 麻油,芝麻油
groundnut o. 花生油
Haarlem o. 杜松焦油
halibut liver o. 大比目鱼肝油
iodized o. 加碘油
juniper o. 杜松子油,蒸馏油
lavender o., lavender flowers o. 熏衣草油
lemon o. (NF) 柠檬油
linseed o., raw linseed o. 亚麻油
o. of male fern 绵马油
mineral o. (USP) 矿物油,液体石蜡
mineral o., light(NF), mineral o., light white 轻质液体石蜡
mineral o., white 液体石蜡
o. of mirbane 硝基苯
o. of mustard 芥子油
myristica o. 肉豆蔻油
neroli o. 橙花油
nondrying o. 非干性油
nutmeg o. 肉豆蔻油
olive o. (NA) 齐墩果油,洋橄榄油
orange o. 橙皮油
orange o., bitter 苦橙皮油
orange o., sweet 甜橙皮油
orange flower o. (NF) 橙花油
o. of Palma Christi 蓖麻油
peach kernel o. 桃仁油
peanut o. (NF) 花生油
peppermint o. (NF) 薄荷油
persic o. (NF) 桃仁油
pine o. 松油
pine needle o., pine needle o., dwarf 矮松针油
rapeseed o. 菜油
ricinus o. 蓖麻油
rose o. (NF) 玫瑰油
rosemary o. 迷迭香油
safflower o. 红花油,草红花油
sandalwood o. 檀香油
santal o. 檀香油
sassafras o. 洋檫木油
savin o. 沙芬油,新疆圆柏油
semidrying o. 半干性油
sesame o. (NF) 麻油,芝麻油
shark liver o. 鲨鱼肝油
spearmint o. 绿薄荷油
o. of spike 宽油熏衣草油
o. of spruce 杉油
sweet o. 洋橄榄油
tangan-tangan o. 蓖麻油
tar o., rectified 精制松馏油
teel o. 麻油,芝麻油
theobroma o. 可可豆油,可可脂
thyme o. 百里香油,麝香草油
turpentine o. 松节油
turpentine o., rectified 精制松节油
volatile o. 挥发油
wintergreen o. 冬绿油,水杨酸甲酯
wormseed o., American 土荆芥油
oinomania [ˌɔinəuˈmeiniə] ❶ 震颤谵妄; ❷ 酒毒性谵妄,间发性酒狂
ointment [ˈɔintmənt] (L. *unguentum*) 软膏
belladonna o. 颠茄软膏
benzoic and salicylic acids o. (USP) 苯

甲酸水杨酸软膏
    calamine o. 炉甘石软膏,异极石软膏
    carbolic acid o. 石炭酸软膏
    coal tar o. (USP)煤焦油软膏
    erythromycin ophthalmic o. (USP) 红霉素眼膏
    hydrophilic o. (USP) 亲水性软膏
    iodochlorhydroxyquin and hydrocortisone o. 碘氯羟喹氢化可的松软膏
    penicillin o. 青霉素软膏
    phenol o. 碳酸软膏
    pine tar o. 松焦油软膏
    polyethylene glycol o. (NF) 聚乙二醇软膏
    resorcinol o., compound (USP) 复方雷琐辛软膏
    rose water o. (USP) 玫瑰水软膏
    rose water o., petrolatum 凡士林玫瑰水软膏
    scarlet red o. 猩红软膏
    simple o. 单软膏,白色软膏
    tar o., compound 复方煤集油软膏
    white o. (USP)白色软膏
    Whitfield's o. 怀菲尔德氏软膏
    yellow o.(USP) 黄色软膏
Oken's body ['əukənz](Lorenz Oken, German physiologist, 1779-1851) 欧肯氏体
OL (L. oculus laevus 的缩写) 左眼
Ol. (L. oleum 的缩写) 油
-ol 醇,酚
OLA (L. occipito-laeva anterior 的缩写) 左枕前(胎)位
olamine ['ɔləmiːn] (ethanolamine 的缩写) 乙醇胺,胆胺
Oldfield's syndrome [əuld'fiːldz] (Michael C. Oldfield, British physician, 20th century) 奥尔德菲尔德氏综合征
Olea ['əuliə] 齐墩果属,洋橄榄属
olea¹ ['əuliə] (L.) 洋橄榄
olea² ['əuliə] (L.) 油。oleum 的复数形式
oleaginous [,ɔli'ædʒinəs] (L. oleaginus) 油脂性的,油状的
oleander [,əuli'ændə] 夹竹桃
oleandrin [,əuli'ændrin] 欧夹竹桃甙
oleandrism [,əuli'ændrizəm] 夹竹桃中毒
oleaster [,əuli'æstə] ❶野生橄榄;❷胡颓子属植物

oleate ['əulieit] ❶油酸盐;❷油酸制剂
olecranal [əu'lekrənəl] 鹰嘴的
olecranarthritis [əu,lekrənɑː'θraitis] (olecranon + arthritis) 肘关节炎
olecranarthropathy [əu,lekrənɑː'θrɔpəθi] (olecranon + Gr. arthron joint + pathos disease) 肘关节病
olecranoid [əu'lekrənɔid] 鹰嘴状的
olecranon [əu'lekrənɔn] (Gr. ōlekranon) (NA) 鹰嘴
olefin ['əuləfin] (oleo- + L. facere to make) 烯属烃
oleic acid [əu'liːik] ❶油酸;❷(NF)主要是含有一些软脂酸及硬脂酸的油酸制剂
olein ['əuliin] 油酸脂
olenitis [,əulə'naitis] 肘关节炎
ole(o)- (L. oleum oil) 油
oleochrysotherapy [,əuliəu,krisəu'θerəpi] (oleo- + Gr. chrysos gold + therapy) 金油疗法
oleocreosote [,əuliəu'kriəsəut] 油酸木馏油
oleogranuloma [,əuliəu,grænju'ləumə] 石蜡瘤
oleoinfusion [,əuliəuin'fjuːʒən] 油浸剂
oleoma [,əuli'əumə] (oleo- + -oma)石蜡瘤
oleometer [,əuli'ɔmitə] (oleo- + -meter) 油纯度计
oleopalmitate [,əuliəu'pælmiteit] 油棕榈酸盐
oleoperitoneography [,əuliəu,peritəuni'ɔgrəfi]碘油腹膜 X 线造影术
oleoresin [,əuliəu'rezin] (oleo- + resin)油树脂
    aspidium o. 绵马油树脂
    capsicum o. 辣椒油树脂
oleosaccharum [,əuliə'sækərəm] 油糖剂
oleostearate [,əuliəu'stiːəreit] 油硬脂酸盐
oleosus [,əuli'əusəs] (L.) 油润的,油滑的
oleotherapy [,əuliəu'θerəpi] (oleo- + therapy) 油疗法
oleovitamin [,əuliəu'vaitəmin] 维生素油剂
    o. A and D (USP) 维生素 AD 油
oleoyl [əu'liəuəl] 油酰
oleum ['əuliəm] (L.) (gen. olei, pl. olea)油
olfact ['ɔlfækt] 嗅阈值,嗅觉系数

olfactie [ɔl'fækti] (L. *olfacere* to smell) 嗅距单位

olfaction [ɔl'fækʃən] (L. *olfacere* to smell) ❶ 嗅; ❷ 嗅觉

olfactism [ɔl'fæktizm] 嗅联觉, 牵连嗅觉

olfactology [ˌɔlfæk'tɔlədʒi] 嗅觉学

olfactometer [ˌɔlfæk'tɔmitə] (L. *olfactus* smell + *metrum* measure) 嗅觉计, 嗅觉测量器

olfactometry [ˌɔlfæk'tɔmitri] 嗅觉测量法

olfactory [ɔl'fæktəri] (L. *olfacere* to smell) 嗅的, 嗅觉的

olfactus [ɔl'fæktəs] (gen. *olfactus*) 嗅敏度单位

oligakisuria [ˌɔliˌgæki'sjuəriə] (Gr. *oligakis* few times + *ouron* urine + -*ia*) 尿次数减少

oligemia [ˌɔli'giːmiə] (*oligo-* + Gr. *haima* blood + -*ia*) 血量减少

oligemic [ˌɔli'giːmik] 血量减少的

olighydria [ɔlig'haidriə] 脱水, 水缺乏

olig(o)- (Gr. *oligos* little, few) ❶ 少, 小, 缺乏; ❷ 少于正常

oligoamnios [ˌɔligəu'æmniəs] (*oligo-* + *amnios*) 羊水过少

oligoblast [ˈɔligəuˌblæst] 少突神经胶质母细胞

oligocardia [ˌɔligə'kɑːdiə] (*oligo* + Gr. *kardia* heart) 心动徐缓

oligocholia [ˌɔligə'kəuliə] (*oligo* + Gr. *chole* bile) 胆汁过少

oligochromasia [ˌɔligəukrəu'meisiə] 染色过浅, 着色不足

oligochromemia [ˌɔligəukrəu'miːmiə] (*oligo-* + Gr. *chrōma* color + *haima* blood + -*ia*) 血红蛋白过少

oligochylia [ˌɔligə'kailiə] (*oligo* + Gr. *chylos* chyle) 乳糜过少

oligocystic [ˌɔligəu'sistik] (*oligo-* + Gr. *kystis* sac, bladder) 少囊的

oligocythemia [ˌɔlgəsai'θiːmiə] (*oligo* + Gr. *kytos* cell + *aema* blood) 红细胞减少症

oligocytosis [ˌɔligəsai'təusis] 红细胞减少症

oligodactylia [ˌɔligədæk'tiliə] (Gr. *daktylos* digit) 少指(趾)畸形

oligodactyly [ˌɔligəu'dæktili] (*oligo-* + Gr. *daktylos* finger) 少指(趾)畸形

oligodendria [ˌɔligəu'dendriə] 少突神经胶质

oligodendroblastoma [ˌɔligəu-dendrəublæs'təumə] 少突神经胶质母细胞瘤

oligodendrocyte [ˌɔligəu'dendrəusait] (*oligodendro* glia + -*cyte*) 少突神经胶质细胞

oligodendroglia [ˌɔligəuden'drɔgliə] (*oligo-* + Gr. *dendron* dendron + *neuroglia*) 少突神经胶质

oligodendroglioma [ˌɔligəuˌdendrəuglai'əumə] 少突神经胶质细胞瘤

oligodipsia [ˌɔligəu'dipsiə] (*oligo-* + Gr. *dipsa* thirst + -*ia*) 渴感过少

oligodontia [ˌɔligəu'dɔnʃiə] (*olig-* + *odont-* + -*ia*) 少牙畸形

oligodynamic [ˌɔligəudai'næmik] (*oligo-* + Gr. *dynamis* power) 微量活动的, 微量作用的

oligoencephalon [ˌɔligəuen'sefələn] (*oligo-* + Gr. *enkephalos* brain) 脑过小

oligogalactia [ˌɔligəugə'lækʃiə] (*oligo-* + Gr. *gala* milk + -*ia*) 乳汁减少

oligogenic [ˌɔligəu'dʒenik] (*oligo-* + *gene*) 少基因的

oligoglia [ˌɔli'gəugliə] 少突神经胶质

oligoglobulia [ˌɔligəgləu'bjuːliə] 红细胞减少症

oligo-1, 4-1, 4-glucantransferase [ˌɔligəˌglukən'trænsfəreis] 寡-1, 4-1, 4-糖苷转移酶

oligo-1, 6-glucosidase [ˈɔligə gluˈkɔsideis] (EC 3.2.1.10) 寡-1, 6-糖苷酶

oligoglucoside [ˌɔligəu'gluːkəusaid] 寡聚葡萄糖苷

oligohemia [ˌɔligəu'hiːmiə] 血量减少

oligohydramnios [ˌɔligəuhai'dræmniəs] (*oligo-* + Gr. *hydōr* water + *amnion*) 羊水过少

oligohydruria [ˌɔligəuhai'druriə] (*oligo-* + Gr. *hydōr* water + *ouron* urine + -*ia*) 尿过浓, 尿中水分过少

Oligohymenophorea [ˌɔligəuˌhaimənəu'fɔːriə] (*oligo-* + *hymen* + Gr. *phoros* bearing) 寡膜纲

oligohypermenorrhea [ˌɔligəuˌhaipəˌmenəu'riːə] 稀发月经过多

oligohypomenorrhea [ˌɔligəuˌhaipəˌmenəu'ri:ə] 稀发月经过少

oligolecithal [ˌɔligəu'lesiθəl] (*oligo-* + Gr. *lekithos* yolk) 少卵黄的

oligoleukocythemia [ˌɔligəˌlju:kəusai'θi:miə] (*oligo-* + *leukocyte* + Gr. *haema* blood) 白细胞减少

oligoleukocytosis [ˌɔligəˌlju:kəusai'təusis] 白细胞减少

oligomania [ˌɔligə'meiniə] (*oligo-* + Gr. *mania* madness) 少事偏狂，部分偏狂

oligomeganephronia [ˌɔligəˌmegənə'frəuniə] (*oligo-* + Gr. *megas* great + *nephros* kidney) 肾单位稀少巨大症

oligomeganephronic [ˌɔligəˌmegənə'frɔnik] 肾单位稀少巨症的

oligomenorrhea [ˌɔligəˌmenə'ri:ə] (*oligo-* + Gr. *mēn* month + *rhoia* flow) 月经过少

oligomer ['ɔligəmə:] (*oligo-* + Gr. *meros* part) 寡聚物

oligometallic [ˌɔligəmə'tælik] 少量金属的

oligomorphic [ˌɔligəu'mɔ:fik] (*oligo-* + Gr. *morphē* form) 少数发育型的

oligonatality [ˌɔligəneiˈtæliti] (*oligo-* + L. *natus* birth) 低出生率

oligonecrospermia [ˌɔligəuˌnekrəu'spə:miə] (*oligo-* + Gr. *nekros* dead + *sperma* sperm + *-ia*) 精子死灭及过少

oligonitrophilic [ˌɔligəuˌnaitrəu'filik] (*oligo-* + *nitrogen* + Gr. *philein* to love) 嗜微量氮的

oligonucleotide [ˌɔligəu'nju:kliətaid] (*oligo-* + *nucleotide*) 寡核苷酸

oligo-ovulation [ˌɔligəˌəuvju'leiʃən] 排卵过少

oligopepsia [ˌɔligə'pepsiə] (*oligo* + Gr. *pepsis* digestion) 消化力不足

oligopeptide [ˌɔligəu'peptaid] 短肽

oligophosphaturia [ˌɔligəuˌfɔsfə'tjuəriə] 低磷酸盐尿，尿磷酸盐减少

oligophrenia [ˌɔligə'fri:niə] (*oligo-* + Gr. *phren* mind) 智力发育不全，精神幼稚病

oligoplasmia [ˌɔligə'plæzmiə] (*oligo-* + *plasm*) 血浆减少

oligopnea [ˌɔligəp'ni:ə] (*oligo-* + Gr. *pnoia* breath) 呼吸迟缓

oligoposy [ˌɔli'gɔpəsi] (Gr. *posis* drink) 饮水过少

oligopsychia [ˌɔligə'saikiə] (Gr. *psyche* mind) 精神薄弱

oligoptyalism [ˌɔligə'taiəlizm] (Gr. *ptyalon* saliva) 唾液分泌减少

oligopyrene [ˌɔligəu'pairi:n] (*oligo-* + Gr. *pyrēn* stone of fruit) 少核质的，少染色质的

oligopyrus [ˌɔligə'paiərəs] 少核质的，少染色质的

oligoria [ˌɔli'gɔ:riə] (Gr. "apathy") 寡情症，少情症

oligosaccharide [ˌɔligəu'sækəraid] 低聚糖

oligosialia [ˌɔligəsai'eiliə] (Gr. *sialon* saliva) 唾液分泌减少

oligosideremia [ˌɔligəˌsidə'ri:miə] (*oligo-* + Gr. *sisderos* iron + *haima* blood + *ia*) 血铁减少，低铁血

oligospermatism [ˌɔligəu'spə:mətizəm] 精子减少

oligospermia [ˌɔligəu'spə:miə] (*oligo-* + Gr. *sperma* seed + *ia*) 精子减少

oligosynaptic [ˌɔligəusi'næptik] (*oligo-* + *synaptic*) 少突触的

oligotrophia [ˌɔligəu'trɔfiə] (*oligo-* + Gr. *trophē* nourishment + *-ia*) 营养不足，营养过少

oligotrophic [ˌɔligəu'trɔfik] 营养不足的，营养过少的

oligotrophy [ˌɔli'gɔtrəfi] 营养不足，营养过少

oligozoospermatism [ˌɔligəuˌzəuə'spə:mətizəm] 精子减少

oligozoospermia [ˌɔligəuˌzəuə'spə:miə] 精子减少

oliguresis [ˌɔligjuə'ri:sis] 尿过少，少尿

oliguria [ˌɔli'gjuəriə] (*oligo-* + Gr. *ouron* urine + *-ia*) 尿过少，少尿

oliguric [ˌɔli'gjuərik] 尿过少的，少尿的

olisthe [əu'lisθi] 滑脱

olisthy [əu'lisθi] (Gr. *olisthanein* to slip) 滑脱

oliva [ɔ'livə] (gen. 和 pl. *olivae*) (L.) (NA) 橄榄体

olivary [ˈɔliˌværi] (L. *olivarius*) 橄榄状的

olive ['ɔliv] (L. *oliva*) ❶洋橄榄；❷橄榄体

  accessory o's 副橄榄体氏

  inferior o. 下橄榄体

pyloric o. 幽门橄榄体
spurge o. 紫花欧瑞香
superior o. 上橄榄体
Oliver's sign ['ɔlivəz] (William Silver *Oliver*, English physician, 1836-1908) 奥利佛氏征
Oliver's tests ['ɔlivəz] (George *Oliver*, English physiologist, 1841-1915) 奥利佛氏试验
olivifugal [ˌɔli'vifjugəl] (*olive* + L. *fugere* to flee) 离橄榄体的
olivipetal [ˌɔli'vipətəl] (*olive* + L. *petere* to seek) 向橄榄体的
olivopontocerebellar [ˌɔlivəˌpontəˌsiərə'belə] 橄榄体脑桥小脑的
Ollier's disease [ɔli'eiz] (Léopold Louis Xavier Edouard *Ollier*, French surgeon, 1830-1900) 奥利埃氏病
Ollier-Thiersch graft [ɔli'ei ti:ʃ] (L. L. X. E. *Ollier*; Karl *Thiersch*, German surgeon, 1822-1895) 奥-提二氏移植物
Ol. oliv. (L. *oleum olivae* 的缩写) 橄榄油
olophonia [ˌɔlə'fəuniə] (Gr. *oloos* destroyed, lost + *phōnē* voice + *-ia*) 器官性发音困难
OLP (*occipito-laeva posterior* 的缩写) 左枕后(胎位)
Olpitrichum [ɔlpi'trikəm] 念珠菌科、念珠菌目、半知霉菌的一个属
olsalazine sodium [ɔl'sæləzi:n] 奥抑氮钠
Olshausen's operation ['ɔlzhauzenz] (Robert von *Olshausen*, German obstetrician, 1835-1915) 奥尔肖森氏手术
Olshevsky tube [ɔl'ʃevski] (Dimitry E *Olshevsky*, American physician, born 1900) 奥尔谢文斯凯管
OLT (L. *occipito-laeva transversa* 的缩写) 左枕横(胎位)
o. m. (L. *omnimane* 的缩写) 每晨
-oma (Gr. *ōma*) 肿瘤,新生物
omacephalus [ˌəuməˈsefələs] (Gr. *ōmos* shoulder + *a* neg. + *kephalē* head) 头不全无上肢畸胎
omagra [əu'mægrə] (Gr. *ōmos* shoulder + *agra* seizure) 肩关节痛风
omalgia [əu'mældʒiə] (Gr. *ōmos* shoulder + *-algia*) 肩痛

omarthritis [ˌəumɑ:'θraitis] (Gr. *ōmos* shoulder + *arthron* joint + *-itis*) 肩关节炎
omasitis [ˌəumə'saitis] 重瓣胃炎
omasum [əu'meisəm] (L.) 重瓣胃
Ombrédanne's operation [ɔmbrei'dɑ:nz] (Louis *Ombrédanne*, Paris surgeon, 1871-1956) 翁布雷丹氏手术
omega [əu'meigə] 希腊文最后一个(第24个)字母
omega peptidase [əu'meigə'peptideis] (EC 3.4.19) ω-肽酶
Omenn's syndrome ['əumenz] (Gilbert Stanley *Omenn*, American internist, born 1941) 欧曼氏综合征
omenta [əu'mentə] (L.) 网膜。*omentum* 的复数形式
omental [əu'mentəl] 网膜的
omentectomy [ˌəumen'tektəmi] (*omentum* + Gr. *ektomē* excision) 网膜切除术
omentitis [ˌəumen'taitis] 网膜炎
omentofixation [əuˌmentəufik'seiʃən] 网膜固定术
omentopexy [əu'mentəuˌpeksi] (*omentum* + Gr. *pēxis* fixation) 网膜固定术
omentoplasty [əu'mentəuˌplæsti] (*omentum* + Gr. *plassein* to form) 网膜成形术
omentoportography [əuˌmentəpɔ:'tɔgrəfi] 网膜门静脉造影术
omentorrhaphy [ˌəumen'tɔrəfi] (*omentum* + Gr. *rhaphē* suture) 网膜缝术
omentotomy [ˌəumen'tɔtəmi] (*omentum* + Gr. *temnein* to cut) 网膜切开术
omentovolvulus [əuˌmentəu'vɔlvjuləs] 网膜扭转
omentum [əu'mentəm] (pl. *omenta*) (L. "fat skin") 网膜
colic o., gastrocolic o. 大网膜
gastrohepatic o. 小网膜
gastrosplenic o. 胃脾韧带
greater o. 大网膜
lesser o. ①肝胃韧带;②小网膜
o. majus (NA) 大网膜
o. minus (NA) 小网膜
pancreaticosplenic o. 胰脾韧带
splenogastric o. 胃脾韧带
omentumectomy [əuˌmentə'mektəmi] (*omentum* + Gr. *ektomē* excision) 网膜切

omeprazole [ə'meprəzəul] 苯丙咪唑
omicron ['ɔmikrɔn] (O, o) 希腊文第15个字母
omitis [əu'maitis] (omo- + -itis) 肩炎
ommatidium [ɔmə'tidiəm] (pl. ommatidia) (Gr. dim. of omma eye) 小眼
Ommaya reservoir [ə'maijə] (Ayub Khan Ommaya, Pakistani neurosurgeon in the United States, born 1930) 奥莫耶贮器
Omn. bih. (L. omni bihora 的缩写) 每两小时
Omn. hor. (L. omni hora 的缩写) 每小时
Omnipaque ['ɔmnipeik] 奥尼派克:碘酞六醇制剂商品名
Omnipen ['ɔmnipən] 奥尼盘:氨苄青霉素制剂的商品名
omnivorous [ɔm'nivərəs] (L. omnis all + vorare to eat) 杂食的
Omn. noct. (L. omni nocte 的缩写) 每夜
om(o)- (Gr. ōmos shoulder) 肩
omocephalus [ˌəuməu'sefələs] (omo- + Gr. kephalē head) 头不全无上肢畸胎
omoclavicular [ˌəuməukləˈvikjulə] 肩锁的
omodynia [ˌəuməˈdiniə] (omo- + Gr. odynē pain) 肩痛的
omohyoid [ˌəuməuˈhaiɔid] 肩胛舌骨的
omophagia [ˌəuməuˈfeidʒiə] (Gr. ōmos raw + phagein to eat) 生食癖
omoplata [ˌəuməuˈplætə] (Gr. ōmoplatē the shoulder-blade) ❶ 肩胛骨; ❷ 肩板 (昆虫)
omosternum [ˌəuməuˈstəːnəm] 胸锁关节间软骨
OMPA (octamethyl pyrophosphoramide 的缩写) 八甲基焦磷酰胺,八甲磷(杀虫剂)
omphalectomy [ɔmfəˈlektəmi] (omphalo- + Gr. ektomē excision) 脐切除术
omphalelcosis [ˌɔmfəlˈkəusis] (omphalo- + Gr. helkōsis ulceration) 脐溃疡
omphalic [ɔmˈfælik] (Gr. omphalikos) 脐的
omphalitis [ˌɔmfəˈlaitis] (omphalo- + -itis) 脐炎
　o. of birds 禽脐炎
omphal(o)- (Gr. omphalos navel) 脐

omphaloangiopagous [ˌɔmfələuˌændʒi'ɔpəgəs] (omphalo- + Gr. angeion vessel + pagos thing fixed) 脐血管联胎的
omphaloangiopagus [ˌɔmfələuˌændʒi'ɔpəgəs] 脐血管联胎
omphalocele ['ɔmfələˌsiːl] (omphalo- + Gr. kēlē hernia) 脐疝
omphalochorion [ˌɔmfələuˈkɔːriɔn] 脐绒毛膜
omphalodidymus [ˌɔmfələuˈdaidiməs] (omphalo- + Gr. didymos twin) 腹部联胎
omphalogenesis [ˌɔmfələuˈdʒenəsis] (omphalo- + Gr. genesis formation) 脐形成
omphaloid ['ɔmfəlɔid] 脐状的
omphaloischiopagus [ˌɔmfələuiskiˈɔpəgəs] (omphalo- + ischio- + pagus) 腹部坐骨联胎
omphaloma [ˌɔmfəˈləumə] (omphalo- + -oma) 脐瘤
omphalomesaraic [ˌɔmfələuˌmesəˈreiik] 脐肠系膜的
omphalomesenteric [ˌɔmfələuˌmesənˈterik] 脐肠系膜的
omphaloncus [ˌɔmfəˈlɔŋkəs] (omphalo- + Gr. onkos mass, bulk) 脐瘤
omphalopagus [ˌɔmfəˈlɔpəgəs] (omphalo- + Gr. pagos thing fixed) 脐部联胎
omphalophlebitis [ˌɔmfələufləˈbaitis] (omphalo- + Gr. phleps vein + -itis) ❶ 脐静脉炎; ❷ 脐病
omphaloproptosis [ˌɔmfələuprəˈtəusis] (Gr. pro forward + ptosis fall) 脐带脱垂
omphalorrhagia [ˌɔmfələuˈreidʒiə] (omphalo- + Gr. rhēgnynai to burst forth) 脐出血
omphalorrhea [ˌɔmfələuˈriːə] (omphalo- + Gr. rhoia flow) 脐液溢
omphalorrhexis [ˌɔmfələuˈreksis] (omphalo- + Gr. rh-exis rupture) 脐破裂
omphalosite ['ɔmfələuˌsait] (omphalo- + Gr. sitos food) 脐营养畸胎
omphalotaxis [ˌɔmfələˈtæksis] (Gr. taxis arrangement) 脐带还纳术
omphalotomy [ˌɔmfəˈlɔtəmi] (omphalo- + Gr. tomē a cutting) 断脐术
omphalotribe ['ɔmfələtraib] 脐带压断器,脐带压挤器
omphalotripsy [ˌɔmfələˈtripsi] (Gr. tribein,

to crush) 脐带压断术,脐带压挤术
omphalus ['ɔmfələs] (Gr. *omphalos*) 脐
Om. quar. hor. (L. *omni quadrante hora* 的缩写)每十五分钟
o. n. (L. *omni nocte* 的缩写)每夜
onanism ['əunənizəm] (*Onan*, son of Judah) ❶ 交媾中断;❷ 手淫
onaye [əu'nɑ:ji] 棕色毒毛旋花子素
onch(o)- 瘤,肿
Onchocerca [,ɔŋkəu'sə:kə] (Gr. *onkos* tumor + *kerkos* tail) 盘尾丝虫属
    O. caecutiens 旋盘尾丝虫
    O. cervicalis 马颈盘尾丝虫
    O. gibsoni 吉布森盘尾丝虫,牛盘尾丝虫
    O. volvulus 旋盘尾丝虫
onchocerciasis [,ɔŋkəusə:'kaiəsis] (*oncho-* + Gr. *kerkos* tail + *-iasis*) 盘尾丝虫病
onchocercoma [,ɔŋkəusə:'kəumə] (*oncho-* + Gr. *kerkos* tail + *-oma*) 盘尾丝虫瘤
onchocercosis [,ɔŋkəusə:'kəusis] 盘尾丝虫病
Oncicola [ɔn'sikələ] 棘头虫属
    O. canis 犬棘头虫
onc(o)-¹ (Gr. *onkos* mass, bulk) 肿瘤,肿胀,肿块
onc(o)-² (Gr. *onkos* barb, hook) 倒钩,钩
Oncocerca [,ɔŋkəu'sə:kə] 盘尾丝虫属
oncocyte ['ɔŋkəsait] 嗜酸瘤细胞
oncocytic [,ɔŋkəu'sitik] 嗜酸瘤细胞的
oncocytoma [,ɔŋkəusai'təumə] (*oncocyte* + *-oma*) 嗜酸性细胞瘤
    renal o. 肾良性瘤
oncocytosis [,ɔŋkəusai'təusis] 瘤细胞的化生
oncofetal [,ɔŋkəu'fi:təl] (*onco-¹* + *fetal*) 瘤细胞的化生
oncogene ['ɔŋkəudʒi:n] 肿瘤基因
oncogenesis [,ɔŋkəu'dʒenəsis] (*onco-¹* + Gr. *genesis* production, generation) 肿瘤形成,肿瘤发生
oncogenetic [,ɔŋkəudʒə'netik] 肿瘤形成的,肿瘤发生的
oncogenic [,ɔŋkəu'dʒenik] 致瘤的
oncogenicity [,ɔŋkəudʒə'nisiti] 致肿瘤性
oncogenous [ɔŋ'kɔdʒənəs] 肿瘤原的
oncography [ɔŋ'kɔgrəfi] 器官体积描记法
oncoides [ɔŋ'kɔidi:z] (*onco-¹* + Gr. *eidos* form) 膨大,隆起
oncolipid [,ɔŋkə'lipid] (*onco-¹* + *lipid*) 肿瘤脂质
oncology [ɔŋ'kɔlədʒi] (*onco-¹* + *-logy*) 肿瘤学
oncolysate [ɔŋ'kɔləseit] 肿瘤溶解剂
oncolysis [ɔŋ'kɔləsis] (*onco-¹* + Gr. *lysis* dissolution) 瘤细胞溶解
oncolytic [,ɔŋkə'litik] 溶瘤细胞的
oncoma [ɔŋ'kəumə] (Gr. *onkōma*) 肿瘤
Oncomelania [,ɔŋkəumi'leiniə] 钉螺属
oncometer [ɔŋ'kɔmitə] 器官体积测量器
oncometry [ɔŋ'kɔmitri] 器官体积测量法
oncosis [ɔŋ'kəusis] (*onco-¹* + *-osis*) 肿瘤病
oncosphere ['ɔŋkəusfiə] (*onco-²* + *sphere*) 六钩蚴,钩球蚴
oncotherapy [,ɔŋkəu'θerəpi] (*onco-¹* + *therapy*) 肿瘤治疗
oncothlipsis [,ɔŋkəu'θlipsis] (*onco-¹* + Gr. *thlipsis* pressure) 肿瘤压迫
oncotic [ɔŋ'kɔtik] 肿胀的
oncotomy [ɔŋ'kɔtəmi] (*onco-¹* + Gr. *temnein* to cut) 肿块切开术
oncotropic [,ɔŋkəu'trɔpik] (*onco-¹* + Gr. *tropos* a turning) 向肿瘤的,亲肿瘤的
Oncovin ['ɔnkəvin] 昂可文:硫酸长春新碱制剂的商品名
Oncovirinae [,ɔnkəvi'rini:] RNA 肿瘤病毒
oncovirus ['ɔŋkə,vaiərəs] (*onco-¹* + *virus*) 肿瘤病毒
ondansetron hydrochloride [ɔn'dænsətrɔn] 盐酸恩丹西酮
Ondine's curse [ɔn'di:nz] (*Ondine*, sea nymph in German mythology who cursed an unfaithful human lover by abolishing the automaticity of his bodily funtions) 主要肺胞换气不足
-one ❶ 酮;❷ 五价氮
oneiric [əu'naiərik] 梦的,梦样的
oneirism [əu'naiərizəm] 梦样状态,梦幻症
oneir(o)- (Gr. *oneiros* dream) 梦
oneirodynia [əu,naiərəu'diniə] (*oneiro-* + Gr. *odynē* pain) 恶梦
oneirogenic [,əunairəu'dʒenik] 致梦幻的

oneirogmus [ˌəunaiəˈrɔgməs] (Gr. *oneirōgmos* an effusion during sleep) 梦遗

oneiroid [ˈəunairɔid] 梦样的

oneirology [ˌəunaiəˈrɔlədʒi] (*oneiro-* + *-logy*) 梦学

oneirophrenia [ˌəuˌnaiərəuˈfriːniə] (*oneiro-* + Gr. *phrēn* mind + *-ia*) 梦呓性精神病, 梦状精神分裂病

oneiroscopy [ˌəunaiəˈrɔskəpi] (Gr. *oneiroskopilkos* of the interpretation of dreams) 解梦诊断法

onium [ˈəuniəm] (1)

onkinocele [ɔŋˈkinəusiːl] (Gr. *onkos* swelling + *is* fiber + *kēlē* hernia, tumor) 腱鞘肿

onlay [ˈɔnlei] ❶ 高嵌体；❷ 盖板
   epithelial o. 上皮高嵌体

onomatomania [ˌɔnəuˌmætəˈmeiniə] (Gr. *onoma* name + *mania* madness) 称名癖

onomatophobia [ˌɔnəˌmætəˈfəubiə] (Gr. *onoma* name + *phobia*) 称名恐怖

onomatopoiesis [ˌɔnəuˌmætəpɔiˈiːsis] (Gr. *onoma* name + *poiein* to make) 新语症

onset [ˈɔnset] 起始, 开始

ontogenesis [ˌɔntəuˈdʒenəsis] 个体发生, 个体发育

ontogenetic [ˌɔntəudʒəˈnetik] 个体发生的, 个体发育的

ontogenic [ˌɔntəuˈdʒenik] 个体发生的, 个体发育的

ontogeny [ɔnˈtɔdʒəni] (Gr. *ōn* existing + *gennan* to produce) 个体发生, 个体发育

onyalai [ˌəuniˈæleii] 奥尼赖病

onyalia [ˌəuniˈeiliə] 奥尼赖病

onychalgia [ˌɔniˈkældʒiə] (Gr. *onyx* nail + *algos* pain) 甲痛

onychatrophia [ˌɔnikəˈtrəufiə] (*onych-* + *atrophia*) 甲萎缩

onychatrophy [ˌɔniˈkætrəfi] 甲萎缩

onychauxis [ˌɔniˈkɔːksis] (*onych-* + Gr. *auxein* to increase) 甲肥厚

onychectomy [ˌɔniˈkektəmi] (*onych-* + Gr. *ektomē* excision) 甲切除术

onychexallaxis [ˌɔniˌkeksəˈlæksis] (Gr. *onex* nail + *exellaxis* degeneration) 甲变性

onychia [əuˈnikiə] (*onych-* + *-ia*) 甲床炎

onychitis [ˌɔniˈkaitis] (*onych-* + *-itis*) 甲床炎

onych(o)- (Gr. *onyx*, gen. *onychos* nail) 甲, 爪

onychoclasis [ˌɔniˈkɔklæsis] (*onycho-* + Gr. *klasis* breaking) 甲折断

onychocryptosis [ˌɔnikəukripˈtəusis] (*onycho-* + Gr. *kryptein* to conceal) 嵌甲

onychodynia [ˌɔnikəˈdiniə] (*onycho-* + Gr. *odyne* pain) 甲痛

onychodystrophy [ˌɔnikəuˈdistrəfi] (*onycho-* + *dystrophy*) 指(趾)甲营养不良, 甲变形

onychogenic [ˌəunikəuˈdʒenik] (*onycho-* + Gr. *gennan* to produce) 生甲的, 长甲的

onychogram [əuˈnikəugræm] 指甲下毛细血管搏动图

onychograph [əuˈnikəugrɑːf] (*onycho-* + Gr. *graphein* to write) 指甲下毛细血管搏动描记器

onychogryphosis [ˌɔnikəugriˈfəusis] (*onycho-* + *grypsosis*) 甲弯曲

onychogryposis [ˌɔnikəugriˈpəusis] 甲弯曲

onychoheterotopia [ˌɔnikəuˌhetərəuˈtəupiə] (*onycho-* + *heterotopia*) 指(趾)甲异位

onycholysis [ˌɔniˈkɔlisis] (*onycho-* + Gr. *lysis* dissolution) 甲松离, 甲剥离

onychoma [ˌɔniˈkəumə] (*onycho-* + Gr. *oma* tumor) 甲瘤

onychomadesis [ˌɔnikəuməˈdiːsis] (*onycho-* + Gr. *madēsis* loss of hair) 无甲, 甲缺失

onychomalacia [ˌɔnikəuməˈleiʃiə] (*onycho-* + *malacia*) 甲软化

onychomycosis [ˌɔnikəumaiˈkəusis] (*onycho-* + *mycosis*) 甲癣
   dermatophytic o. 皮霉菌性甲癣

onychonosus [ˌɔniˈkɔnəsəs] (Gr. *nosos* disease) 甲病

onycho-osteodysplasia [ˌɔnikəˌɔstiədisˈpleiziə] (*onycho-* + Gr. *osteon* bone + *dysplasia*) 甲骨发育不良症

onychopathic [ˌɔnikəuˈpæθik] 甲病的

onychopathology [ˌɔnikəupəˈθɔlədʒi] (*onycho-* + *pathology*) 指(趾)甲病理学

onychopathy [ˌɔniˈkəpəθi] (*onycho-* + *pathos* disease) 甲病

onychophagia [ˌɔnikəuˈfeidʒiə] (*onycho-* + Gr. *phagein* to eat + *-ia*) 咬甲癖

onychophagy [ˌɔniˈkɔfədʒi] (*onycho-* +

Gr. *phagein* to eat) 咬甲癖

onychophosis [ˌɔnikə'fəusis] 甲床角化

knychophyma [ˌɔnikə'faimə] (Gr. *phyma* growth) 甲肥厚

onychoptosis [ˌɔnikəup'təusis] (*onycho-* + Gr. *ptōsis* falling) 甲脱落

onychorrhexis [ˌɔnikəu'reksis] (*onycho-* + Gr. *rhēxis* a breaking) 脆甲症,甲脆折

onychoschizia [ˌɔnikəu'skiziə] (*onycho-* + Gr. *schizein* to divide + *-ia*) 甲剥离,甲松离

onychosis [ˌɔni'kəusis] (*onycho-* + *-osis*) 甲病

onychotillomania [ˌɔnikəuˌtilə'meiniə] 剔甲癖

onychotomy [ˌɔni'kɔtəmi] (*onycho-* + Gr. *tomē* a cutting) 甲切开术

onym ['ɔnim] (Gr. *onyma* name) 术语

o'nyong-nyong [əu'njɔŋnjɔŋ] ("severe joint pain" in the language of the Acholi people of East Africa) 奥绒绒

onyx ['ɔniks] (Gr. "nail") ❶指(趾)甲; ❷前房积脓

onyxis [ə'niksis] 嵌甲

onyxitis [ˌɔnik'saitis] 甲床炎

oo- (Gr. *ōon* egg) 卵,蛋

ooblast ['əuəblæst] (*oo-* + Gr. *blastos* germ) 成卵细胞

oocephalus [ˌəuə'sefələs] (*oo-* + Gr. *kephalē* head) 卵形头者

Oochoristica [ˌəuəkɔ'ristikə] 连士吸虫科(Linstowiidae)绦虫的一个很大的属

oocinesia [ˌəuəsai'niziə] 卵核分裂

oocyesis [ˌəuəsai'iːsis] (*oo-* + Gr. *kyēsis* pregnancy) 卵巢妊娠

oocyst ['əuəsist] (*oo-* + *cyst*) 卵囊,卵袋

oocyte ['əuəsait] (*oo-* + *-cyte*) 卵母细胞

oogamous [əu'ɔgəməs] 异配生殖的

oogamy [əu'ɔgəmi] 异配生殖

oogenesis [ˌəuə'dʒenəsis] (*oo-* + Gr. *genesis* production) 卵发生

oogenetic [ˌəuədʒə'netik] 卵发生的

oogenic [ˌəuə'dʒenik] 产卵的

oogonium [ˌəuə'gəuniəm] (pl. *oogonia*) (*oo-* + Gr. *gonē* generation) 卵原细胞

ookinesis [ˌəuəki'niːsis] (*oo-* + Gr. *kinēsis* motion) 卵核分裂

ookinete [ˌəuə'kiniːt] (*oo-* + Gr. *kinetos* movable) 动合子

oolemma [ˌəuə'lemə] (*oo-* + Gr. *lemma* sheath) 明带

Oomycetes [ˌəuəmi'seːtiːz] (*oo-* + Gr. *mykēs* fungus) 藻菌类霉菌—一个亚纲

oophagia [ˌəuə'feiʒiə] 卵食生活

oophagy [əu'ɔfədʒi] (Gr. *ōophagein* to eat eggs) 卵食生活

oophoralgia [ˌəuəfə'rældʒiə] (*oophor-* + *-algia*) 卵巢痛

oophorectomize [ˌəuəfə'rektəmaiz] 卵巢切除

oophorectomy [ˌəuəfə'rektəmi] (*oophor-* + Gr. *ektomē* excision) 卵巢切除术

oophoritis [ˌəuəfə'raitis] (*oophor-* + *-itis*) 卵巢炎

o. **parotidea** 腮腺炎性卵巢炎

oophor(o)- (Gr. *ōophoros* bearing eggs) 卵巢

oophorocystectomy [əuˌɔfərəsis'tektəmi] (*oophoro-* + *cyst* Gr. *ektomē* excision) 卵巢囊肿切除术

oophorocystosis [əuˌɔfərəusis'təusis] (*oophoro-* + *cyst* + *-osis*) 卵巢囊肿形成

oophorogenous [əuˌɔfə'rɔdʒinəs] 卵巢原的,卵巢性的

oophorohysterectomy [əuˌɔfərəuˌhistə'rektəmi] (*oophoro-* + Gr. *hystera* uterus + *ektomē* excision) 卵巢子宫切除术

oophoroma [əuˌɔfə'rəumə] 恶性卵巢瘤

o. **folliculare** 卵巢纤维恶性卵巢瘤

oophoron [əu'ɔfərən] (Gr. *ōon* egg + *pherein* to bear) 卵巢

oophoropathy [əuˌɔfə'rɔpəθi] (*oophoro-* + Gr. *pathos* disease) 卵巢病

oophoropexy [əu'ɔfərəˌpeksi] (*oophoro-* + Gr. *pēxis* fixation) 卵巢固定术

oophoroplasty [əu'ɔfərəˌplæsti] 卵巢成形术

oophorosalpingectomy [əuˌɔfərəsælpin'dʒektəmi] (*oophoro-* + Gr. *salpinx* tube + *ektomē* excision) 卵巢输卵管切除术,输卵管卵巢切除术

oophorosalpingitis [əuˌɔfərəˌsælpin'dʒaitis] 卵巢输卵管炎

oophorostomy [əuˌɔfə'rɔstəmi] (*oophoro-* + Gr. *stomoun* to provide with an opening or mouth) 卵巢囊肿造口(引流)术

oophorotomy [əuˌɒfəˈrɔtəmi] (*oophoro-* + Gr. *tomē* a cutting) 卵巢切开术

oophorrhagia [əuˌɒfəˈreidʒiə] (*oophoro-* + Gr. *rhēgnynai* to burst forth) 卵巢出血

oophyte [ˈəuəfait] (*oo-* + Gr. *phyton* plant) 卵体

ooplasm [ˈəuəplæzəm] 卵质,卵浆

oosperm [ˈəuəspɜːm] (*oo-* + Gr. *sperma* seed) 受精卵

oosphere [ˈəuəsfiə] 卵球

Oospora [əuˈɒspərə] (*oo-* + Gr. *sporos* seed) 卵孢子菌属,接合孢子菌属
  O. catenata, O. fragilis 牛卵孢子菌
  O. lactis 乳卵孢子菌
  O. tozeuri 黑色卵孢子菌

oosporangium [ˌəuəspəˈrændʒiəm] 卵孢子鞘,卵孢子囊

oospore [ˈəuəspɔː] (*oo-* + *spore*) 卵孢子

ootheca [ˌəuəˈθiːkə] (*oo-* + Gr. *thēkē* case) ❶ 卵囊,卵鞘;❷ 卵巢

oothec(o)- (Gr. *ōon* egg + *thēkē* case) 卵巢

ootid [ˈəutid] 卵细胞

ootype [ˈəuətaip] (*oo-* + Gr. *typos* impression) 卵膜腔

oozooid [ˌbiuˈzəuˌeud] (*oo-* + Gr. *zōo-eidēs* like an animal) 卵生体

opacification [əuˌpæsifiˈkeiʃən] ❶ 浑浊化;❷ 造影

opacity [əuˈpæsiti] (L. *opacitas*) ❶ 混浊,不透明;❷ 不

opalescent [ˌəupəˈlesənt] 乳光的,乳白的

opalgia [əuˈpældʒiə] (Gr. *ōps* face + *-algia*) 面神经痛

Opalina [ˌəupəˈlainə] (L. *opalus* opal) 扁纤毛虫属

Opalinata [ˌəupəˈlainətə] 蛙片亚门

Opalinatea [ˌəupɒliˈneitiə] 蛙片纲

opaline [ˈəupəliːn] (L. *opalus* opal) 乳光的,蛋白石的

opalinid [ˌɒpəˈlinid] ❶ 蛙片亚门原虫的;❷ 蛙片亚门原虫

Opalinida [ˌɒpəˈlinidə] 蛙片目

opaque [əuˈpeik] (L. *opacus* dark) 不透光的,不透明的

OPD (outpatient department 的缩写) 门诊部

opeidoscope [əuˈpaidəskəup] (Gr. *ops* a voice + *eidos* form + *skopein* to exomine) 喉音振动测验器

open [ˈəupən] ❶ 开放的;❷ 断路的;❸ 开通的;❹ 公开的

opening [ˈəupəniŋ] 孔,口,管口
  o. in adductor magnus muscle 大内收肌孔
  aortic o. 主动脉口
  aortic o. in diaphragm 主动脉裂孔
  o. of aqueduct of cochlea, external 蜗小管外口
  atrioventricular o. 房室孔
  o. of. bladder 尿道内口
  cardiac o. 贲门口
  o. of coronary sinus 冠状窦口
  cutaneous o. of male urethra 男性尿道外口
  duodenal o. of stomach 幽门口
  esophageal o. in diaphragm 食道裂孔
  o. of Hunter's canal, inferior 腱裂孔
  ileocecal o. 回盲口
  o. of inferior vena cava 下腔静脉孔
  o. to lesser sac of peritoneum 网膜孔
  o. for lesser petrosal nerve 岩浅小神经管上口
  nasal o. of facial skeleton 梨状孔
  orbital o., o. of orbital cavity, anterior 眶口
  ovarian o. of uterine tube 输卵管腹腔口
  o. of pelvis, inferior 骨盆下口
  o. of pelvis, superior 骨盆上口
  pharyngeal o. of auditory tube 咽鼓管咽口
  piriform o. 梨状孔
  o. of pulmonary trunk 肺动脉干口
  o's of pulmonary veins 肺静脉孔
  pyloric o. 幽门口
  o. of sacral canal, inferior 骶管裂孔
  saphenous o. 隐静脉裂孔
  semilunar o. of ethmoid bone 半月裂孔
  o. for smaller superficial petrosal nerve 岩浅小神经管口
  o. of sphenoidal sinus 蝶窦口
  o. of stomach, anterior 幽门口
  o. of superior vena cava 上腔静脉孔
  tendinous o. 腱裂孔
  thoracic o., inferior, thoracic o., lower 胸廓下口
  thoracic o., superior, thoracic o., upper 胸廓上口
  tympanic o. of auditory tube 咽鼓管鼓口
  o. for tympanic branch of glossopharyngeal nerve 鼓小管下口

o. of tympanic canal, superior 岩浅小神经管上口
uterine o. of uterine tube 输卵管子宫口
o. for vena cava 腔静脉孔
o. of vermiform appendix 阑尾口
vesicourethral o. 尿道内口
operable ['ɔdərəl] 可行手术的
operant ['ɔpərent] 操作性反应
operate ['ɔpəreit] ❶ 动手术；❷ 受过实验性手术者
operation [ˌɔpə'reiʃən] (L. operatio) 手术
Abbe o. 阿贝氏手术，肠侧面吻合术
Adams' o. 亚当斯氏手术
Akin o. 艾金氏手术
Albee o. 阿耳比氏手术
Albee-Delbet o. 阿-德二氏手术
Albert's o. 阿耳伯特氏手术
Alexander's o., Alexander-Adams o. 亚历山大氏手术, 亚-亚二氏手术
Alouette's o. 阿路埃特氏截肢术
Ammon's o. 阿蒙氏手术
Amussat's o. 阿谬氏手术
Anagnostakis'o. 阿纳诺斯塔基斯手术
Aries-Pitanguy o. 艾-皮二氏手术
Asch o. 阿希氏手术
Babcock's o. 巴布科克氏手术
Baldy's o., Baldy-Webster o. 鲍尔戴氏手术，鲍-韦二氏手术
Barkan's o. 巴尔坎氏手术
Barker's o. 巴克氏手术
Barraquer's o. 巴勒魁耳氏手术
Barsky's o. 巴斯凯氏手术
Barton's o. 巴尔通氏手术
Basset's o. 巴西特氏手术
Bassini's o. 巴西尼氏手术
Battle's o. 巴特尔氏手术
Beer's o. 贝尔氏手术
Belsey Mark IV o. 贝尔西·马克氏 IV 手术
Berger's o. 贝尔惹氏手术
Berke o. 伯基氏手术
Bevan's o. 比万氏手术
Bier's o. 比尔氏手术
Biesenberger's o. 比森伯杰氏手术
Bigelow's o. 比洁洛氏手术
Billroth's o. 比罗特氏手术
Blair-Brown o. 布-布二氏手术
Blalock-Hanlon o. 布-汉二氏手术

Blalock-Taussig o. 布-陶二氏手术
Blaskovics o. 布拉斯科维兹氏手术
Bozeman's o. 博兹曼氏手术，子宫膀胱缝闭术
Bricker's o. 布里克氏手术
Brock's o. 布罗克氏手术
Brophy's o. 布罗菲氏手术
Browne o. 布朗氏手术
Brunschwig's o. 布朗希威格氏手术
Buck's o. 布克氏手术
(von) Burow's o. 布罗夫氏手术
Caldwell-Luc o. 考-路二氏手术（上颌窦根治术）
Carpue's o. 卡普氏手术
Cecil's o. 塞西尔氏手术
Chopart's o. 肖帕尔氏手术
Colonna's o. 科隆纳氏手术
Commando's o. 科曼多氏手术
Conway o. 康韦氏手术
cosmetic o. 整容术
Cotte's o. 科特氏手术
Cotting's o. 科廷氏手术
Dandy's o. 丹迪氏手术
Daviel's o. 达维耳氏手术
Denis Browne o. 丹尼斯·布朗氏手术
Denonvilliers' o. 德农维利叶氏手术
Dieffenbach's o. 迪芬巴赫氏手术
Dittel's o. 迪特尔氏手术
Duhamel o. 杜哈姆尔氏手术
Dührssen's o. 迪尔森氏手术
Duplay's o. 杜普累氏手术
Dupuy-Dutemps o. 杜-杜二氏手术
Dupuytren's o. 杜普伊特伦手术
Elliot's o. 埃利奥特氏手术
Emmet's o. 埃梅特氏手术
equilibrating o. 平稳手术
Esser's o. 埃塞氏手术
Estes' o. 埃斯提斯氏手术
Estlander's o. 埃斯特兰德氏手术
Eversbusch's o. 埃弗斯布施氏手术
exploratory o. 探查手术
Fergusson's o. 福格逊氏手术
Finney's o. 芬尼氏手术
flap o. 瓣状手术
Fothergill o. 福沙吉尔氏手术
Franco's o. 弗兰科氏手术
Frank's o. 弗兰克氏手术
Frazier-Spiller o. 弗-斯二氏手术

Fredet-Ramstedt o. 弗-腊二氏手术
Freund's o. 弗洛因德氏手术
Freyer's o. 弗里尔氏手术
Frost-Lang o. 福-兰二氏手术
Fukala's o. 富勒氏手术
Fuller's o. 福勒氏手术
Gifford's o. 吉福德氏手术
Gigli's o. 吉格利手术
Gilliam's o. 吉勒姆手术
Gillies o. 吉利斯手术
Girdlestone o. 格德尔斯通切除术
Glenn o. 格伦氏手术
Gonin's o. 果南氏手术
Graefe's o. 格雷弗氏手术
Gritti's o. 格里蒂氏手术
Grondahl-Finney o. 格-芬二氏手术
Guyon's 居永氏手术
Halsted's o. 霍耳斯特德氏手术
Hancock's o. 汉考克氏手术
Hartley-Krause o. 哈-克二氏手术
Hartmann's o. 哈特曼手术
Haultain's o. 豪尔顿氏手术
Heath's o. 希思氏手术
Heine's o. 海因氏手术
Heineke-Mikulicz o. 海-米二氏手术
Heller's o. 赫勒氏手术
Herbert's o. 赫伯特氏手术
Hey's o. 黑氏手术
Hibbs' o. 希布斯氏手术
Hochenegg's o. 霍亨内格氏手术
Hoffa's o., Hoffa-Lorenz o. 霍氏法手术,霍-洛二氏手术
Holth's o. 霍尔思氏手术
Horsley's o. 霍斯利氏手术
Huggins' o. 哈金斯氏手术
Hunter's o. 亨特氏手术
Huntington's o. 亨廷顿氏手术
Indian o. 印度手术
interposition o. 补植手术
interval o. 间期手术
Irving's sterilization o. 欧文绝育手术
Italian o. 意大利手术
Jaboulay's o. 雅布累氏手术
Jantene o. 贾坦氏手术
Kader's o. 卡德尔氏手术
Kasai o. 卡塞氏手术
Kazanjian's o. 卡赞金氏手术
Keller o. 凯勒氏手术
Kelly's o. 凯利氏手术
Killian's o. 基利安氏手术
Killian-Freer o. 基-弗二氏手术
King's o. 金氏手术
Knapp's o. 纳普氏手术
Kocher's o. 柯赫尔氏手术
Körte-Ballance o. 克-巴二氏手术
Kraske's o. 克拉斯克氏手术
Krause's o. 克劳泽氏手术
Krimer's o. 克里默氏手术
Krönlein's o. 克伦莱因氏手术
Küstner o. 屈斯特氏手术
Lagrange's o. 拉格郎热氏手术
Landolt's o. 郎多尔氏手术
Lane's o. 累恩氏手术
Lapidus o. 拉皮德斯氏手术
Larrey's o. 拉雷氏手术
Latzko's. 拉茨科氏手术
Le Fort's o., Le Fort-Neugebauer o. 莱福特氏手术,莱-纽二氏手术
Lempert's fenestration o. 伦铂特氏开窗术
Lisfranc's o. 利斯弗朗氏手术
Liston's o. 利斯顿氏手术
Lizars o. 利扎斯氏手术
Lorenz's o. 洛伦茨氏手术
Lowsley's o. 落斯利氏手术
Luc's o. 路克氏手术
McBride o. 迈克布莱德氏手术
McBurney's o. 麦克伯尼氏手术
McDonald o. 麦克唐纳德氏手术
Macewen's o. 麦丘恩氏手术
McGill's o. 麦吉尔氏手术
magnet o. 磁铁吸金属异物术
major o. 大手术
Manchester o. 曼切斯特氏手术
Marshall-Marchetti-Krantz o. 马-马-克三氏手术
mastoid o. 乳突手术
Matas' o. 马塔斯氏手术
Maydl's o. 梅德尔氏手术
Mayo's o. 梅欧氏手术
Meller's o. 梅勒尔氏手术
Mikulicz's o. 米库利奇氏手术
Miles' o. 迈尔斯氏手术
Millin-Read o. 米-里二氏手术
minor o. 小手术
Mitchell o. 米歇尔氏手术

Moschcowitz's o. 莫斯科维茨氏手术
Motais'o. 莫太斯氏手术
Mules's o. 谬耳斯氏手术
Mustard o. 马斯塔德氏手术
Naffziger's o. 纳夫济格氏手术
Nissen o. 尼森氏手术
Ober's o. 奥伯氏手术
Ombrédanne's o. 翁布雷丹氏手术
open o. 开放性手术
Partsch's o. 帕奇氏手术
Patey's o. 帕氏手术
Péan's o. 佩昂氏手术
Pereyra o. 帕瑞若手术
Phelps' o. 菲尔普斯氏手术
Phemister o. 佛美司特手术
plastic o. 成形术
Polya's o. 波耳亚氏手术
Pomeroy's o. 玻沫若氏手术
Potts o. 波氏手术
radical o. 根治术
Ramstedt's o. 拉姆斯提特氏手术
Rastelli o. 拉斯特里手术
Regnoli's o. 雷格诺利氏手术
Ridell o. 里德氏手术
Roux-en-Y o. 鲁克氏 Y 手术
Saemisch's o. 塞密施氏手术
Scanzoni's o. 斯干泽内氏手术
Schauta o. 斯考特氏手术
Schede's o. 谢德氏手术
Scheie's o. 希氏手术
Schönbein's o. 中宾氏手术
Sédillot's o. 赛第劳特氏手术
Senning o. 赛宁氏手术
Serre's o. 赛若氏手术
Shirodkar's o. 施洛卡氏手术
Silver o. 斯尔维尔手术
Sistrunk o. 斯创克手术
Smith's o. 史密斯氏手术
Soave o. 索韦手术
Spinelli's o. 司宾耐勒氏手术
Ssabanejew-Frank o. 萨-佛二氏手术
State o. 斯代特手术
Stein o. 斯坦因手术
Steindler o. 斯代德勒手术
Stokes' o. 斯托克思氏截断术
Strömbeck o. 司多姆贝克氏手术
Sturmdorf's o. 司徒姆道夫氏手术
Swenson's o. 斯温森氏手术
Syme's o. 赛姆氏截断术
Tagliacotian o. 达利阿果齐氏鼻成形术
Talma's o. 塔尔马氏手术
Tanner's o. 唐尔诺氏手术
Teale's o. 提尔截断术
Thiersch's o. 提尔施氏手术
Torek o. 托雷克氏手术
Torkildsen's o. 托克尔德森氏手术
Toti's o. 托提氏手术,泪囊鼻腔造口术
Trendelenburg's o. 特伦德伦伯格氏手术
van Hook's o. 范胡克氏手术
Vineberg o. 温伯格手术
Vladimiroff o. 乌拉底米尔诺夫氏切除术
Waters' o. 沃特氏手术
Waterston o. 沃特森手术
Watkins' o. 沃特金氏手术
Webster's o. 韦伯斯特氏手术
Wertheim's o. 沃斯姆手术
Whipple's o. 惠普尔氏手术
White's o. 怀特氏手术
Whitehead's o. 怀特赫德氏手术
Whitman's o. 惠特曼氏手术
Witzel's o. 维特尔氏手术
Wölfler's o. 佛尔夫勒氏手术
Young's o. 扬氏手术
Ziegler's o. 济格勒氏手术
operative [ˈɔpərətiv] (L. *operativus*) ❶ 手术的;❷有效的,活动的
operator [ˈɔpəreitə] (L. "worker") ❶ 手术者;❷ 操作者;❸ 操纵基因
operatory [ˈɔpəˌtəri] 操作区
opercula [əuˈpəːkjulə] (L.) ❶ 盖;❷ 岛盖. *operculum* 的复数形式
opercular [əuˈpəːkjulə] 盖的
operculectomy [əuˌpəkjuˈlektəmi] 牙冠龈盖切除术
operculitis [əuˌpəkjuˈlaitis] 牙冠周炎
operculum [əuˈpəːkjuləm] (pl. *opercula*) (L.) ❶ 盖;❷ 岛盖
  cartilaginous o. 软骨盘
  dental o. 牙盖
  frontal o., o. frontale 脑盖额部
  frontoparietal o., o. frontoparietale (N-A) 岛盖顶部
  opercula of insula 岛盖
  occipital o. 枕盖
  temporal o., o. temporale (NA) 岛盖颞

部
trophoblastic o. 滋养层盖
operon ['ɔpərɔn] (L. *opera* work + Gr. *-on* neuter ending) 操纵子
ophiasis [ɔ'faiəsis] (Gr. *ophis* snake) 匍行性脱发
Ophidia [ɔ'fidiə] (Gr. *ophidion* serpent) 蛇亚目
ophidiasis [ˌəufi'daiəsis] 蛇咬中毒
ophidic [əu'fidik] 蛇的
ophidism ['əufidizəm] 蛇咬中毒
Ophiophagus hannah [ˌəufi'ɔfəgəs 'hænə] 扁颈眼镜蛇
ophiotoxemia [ˌɔfiətɔk'siːmiə] (Gr. *ophis* snake + *toxemia*) 蛇咬中毒
ophitoxemia [ˌɔfitɔk'siːmiə] 蛇咬中毒
Ophryoglenina [ˌɔfriəglə'ninə] (Gr. *ophrys* eyebrow + *glēnē* socket) 睫杆亚目
ophryon ['ɔfriən] (Gr. *ophrys* eyebrow + *-on* neuter ending) 印堂，眉间中点
ophryosis [ˌɔfri'əusis] (Gr. *ophrys* eyebrow) 眉痉挛
Ophthaine ['ɔfθein] 奥复星；盐酸丙对卡因制剂的商品名
ophthalmagra [ˌɔfθəl'mægrə] (*ophthalm-* + Gr. *agra* seizure) 眼剧痛
ophthalmalgia [ˌɔfθəl'mældʒiə] (*ophthalm-* + *-algia*) 眼痛
ophthalmatrophia [ˌɔfθælmə'trəufiə] (*ophthalm-* + Gr. *atrophia* atrophy) 眼萎缩
ophthalmectomy [ˌɔfθəl'mektəmi] (*ophthalm-* + *-ectomy*) 眼球摘除术
ophthalmencephalon [ˌɔfθəlmən'sefələn] (*ophthalm-* + *encephalon*) 视脑
ophthalmia [ɔf'θælmiə] (Gr. from *ophthalmos* eye) 眼炎
  actinic ray o. 光化性眼炎
  Brazilian o. 角膜软化
  catarrhal o. 卡他性眼炎
  caterpillar o. 蛾虫性眼炎，结节性眼炎
  o. eczematosa 湿疹性结膜炎，小水疱病
  Egyptian o. 埃及眼炎
  electric o. 电光性眼炎
  flash o. 电光性眼炎
  gonorrheal o. 淋病性眼炎
  granular o. 颗粒性结膜炎，沙眼
  hepatic o. 肝性眼病
  jequirity o. 相思豆中毒眼炎
  metastatic o. 转移性眼炎
  migratory o. 交感性眼炎，移动性眼炎
  mucous o. 粘液性眼炎，卡他性眼炎
  o. neonatorum 新生儿眼炎，新生儿眼脓溢
  neuroparalytic o. 神经麻痹性眼炎
  o. nivialis 雪眼炎，雪盲
  o. nodosa 结节性眼炎
  periodic o. 周期性眼炎
  phlyctenular o. 小泡性眼炎
  purulent o. 脓性眼炎，睑脓溢
  scrofulous o. 瘰疬性眼炎，结核性眼炎，小泡性结膜炎
  spring o. 春季眼炎
  strumous o. 瘰疬性眼炎，小泡性角膜结膜炎
  sympathetic o. 交感性眼炎
  transferred o. 交感性眼炎，移动性眼炎
  ultraviolet ray o. 紫外线性眼炎，电光性眼炎
  varicose o. 静脉曲张性眼炎
ophthalmiac [ɔf'θælmiæk] 眼炎患者
ophthalmiatrics [ɔfθælmi'ætriks] (*ophthalm-* + Gr. *iatrikē* surgery, medicine) 眼科治疗学
ophthalmic [ɔf'θælmik] 眼的
ophthalmitic [ˌɔfθəl'maitik] 眼炎的
ophthalmitis [ˌɔfθəl'maitis] (*ophthalm-* + *-itis*) 眼炎
ophthalm(o)- (Gr. *ophthalmos* eye) 眼
ophthalmoblennorrhea [ɔfˌθælməˌblenə'riːə] (*ophthalmo-* + *blennorhea*) 脓性眼炎
ophthalmocarcinoma [ɔfˌθælməˌkɑːsi'nəumə] 眼球癌
ophthalmocele [ɔf'θælməsiːl] 眼球突出
ophthalmocopia [ɔfˌθælmə'kəupiə] (*ophthalmo-* + Gr. *kopos* weariness) 眼疲劳，视力衰竭
ophthalmodesmitis [ɔfˌθælmədez'maitis] (*ophthalmo-* + *desmitis*) 眼腱炎
ophthalmodiagnosis [ɔfˌθælməˌdaiəg'nəusis] 眼反应诊断法
ophthalmodiaphanoscope [ɔfˌθælmədaiə'fenəskəup] (*ophthalmo-* + *diaphanoscope*) 眼透照镜
ophthalmodiastimeter [ɔfˌθælməˌdaiəs'timitə] (*ophthalmo-* + *diastema* + *-meter*) 眼

距计，眼距测量器

ophthalmodonesis [ɔfˌθælmədəˈniːsis]（*ophthalmo-* + Gr. *donēsis* trembling）眼颤

ophthalmodynamometer [ˌɔfθælmədinəˈmɔmitə]（*ophthalmo-* + *dynamo-* + *-meter*）❶ 视网膜血管血压计；❷ 辐轴近点计

ophthalmodynamometry [ɔfˌθælməˌdainəˈmɔmitri]❶ 视网膜血管测定法；❷ 辐轴近点测定法

ophthalmodynia [ɔfθælməˈdiniə] 眼痛

ophthalmoeikonometer [ɔfˌθælməuˌaikəˈnɔmitə]（*ophthalmo-* + Gr. *eikōn* image + *-meter*）眼影像计

ophthalmograph [ɔfˈθælməgrɑːf]（*ophthalmo-* + *-graph*）眼球运动照相机

ophthalmography [ˌɔfθɔlˈmɔgrəfi]（*ophthalmo-* + *-graphy*）眼的描述，眼的照相术

ophthalmogyric [ɔfθælməuˈdʒairik] 眼球旋动的，眼动的

ophthalmoleukoscope [ɔfˌθælməˈljuːkəskəup]（*ophthalmo-* + *leukoscope*）旋光色觉镜

ophthalmolith [ɔfˈθælməliθ]（*ophthalmo-* + Gr. *lithos* stone）眼石，泪石

ophthalmologic [ˌɔfθælməˈlɔdʒik] 眼科学的

ophthalmologist [ˌɔfθɔlˈmɔlədʒist] 眼科学家

ophthalmology [ˌɔfθɔlˈmɔlədʒi]（*ophthalmo-* + *-logy*）眼科学

ophthalmomalacia [ɔfˌθælməuməˈleiʃiə]（*ophthalmo-* + *malacia*）眼球软化

ophthalmometer [ˌɔfθɔlˈmɔmitə] 检眼镜，眼屈光计

ophthalmometroscope [ɔfˌθælməˈmetrəskəup]（*ophthalmo-* + *metro-* + *-scope*）检眼屈光镜

ophthalmometry [ˌɔfθɔlˈmɔmitri] 眼屈光测量法

ophthalmomycosis [ɔfˌθælməmaiˈkəusis]（*ophthalmo-* + *mycosis*）眼真菌病

ophthalmomyiasis [ɔfˌθælməmaiˈaiəsis]（*ophthalmo-* + *myiasis*）眼羊狂蝇蛆病

ophthalmomyitis [ɔfˌθælməmaiˈaitis]（*ophthalmo-* + *myitis*）眼肌炎

ophthalmomyositis [ɔfˌθælməˌmaiəˈsaitis]（*ophthalmo-* + *myositis*）眼肌炎

ophthalmomyotomy [ɔfˌθælməmaiˈɔtəmi]（*ophthalmo-* + *myotomy*）眼肌切开术

ophthalmoneuritis [ɔfˌθælmənjuəˈraitis] 眼神经炎

ophthalmoneuromyelitis [ɔfˌθælməˌnjuərəuˌmaiəˈlaitis] 视神经脊髓炎

ophthalmopathy [ˌɔfθɔlˈmɔpəθi]（*ophthalmo-* + *-pathy*）眼病
　dysthyroid o. 眼眶疾病
　external o. 外眼病
　infiltrative o. 甲状腺性突眼
　internal o. 内眼病

ophthalmophacometer [ɔfˌθælməfəˈkɔmitə]（*ophthalmo-* + *phacometer*）晶状体屈光计

ophthalmophantom [ɔfˌθælməˈfæntəm] ❶ 模型眼；❷ 眼球固定器

ophthalmophlebotomy [ɔfˌθælməfliˈbɔtəmi]（*ophthalmo-* + *phlebotomy*）眼静脉切开术

ophthalmophthisis [ˌɔfθɔlˈmɔfθisis]（*ophthalmo-* + Gr. *phthisis* wasting）眼球皱缩，眼球软化

ophthalmoplasty [ɔfˈθælməˌplæsti]（*ophthalmo-* + *-plasty*）眼成形术

ophthalmoplegia [ɔfˌθælməˈpliːdʒiə]（*ophthalmo-* + *-plegia*）眼肌麻痹
　basal o. 颅底性眼肌麻痹
　exophthalmic o. 突眼性眼肌麻痹
　external o. 外眼肌麻痹
　fascicular o. 脑桥束性眼肌麻痹
　internal o. 内眼肌麻痹
　internuclear o. 核间性眼肌麻痹
　nuclear o. 核性眼肌麻痹
　orbital o. 眼眶性眼肌麻痹
　Parinaud's o. 帕里诺氏眼肌麻痹
　partial o. 部分眼肌麻痹
　progressive external o. 进行性外眼麻痹
　total o., o. totalis 全部眼肌麻痹

ophthalmoplegic [ɔfˌθælməˈpliːdʒik] 眼肌麻痹的

ophthalmoptosis [ɔfˌθælməpˈtəusis]（*ophthalmo-* + *ptosis*）眼球突出

ophthalmorrhagia [ɔfˌθælməˈreidʒiə]（*ophthalmo-* + *-rrhagia*）眼出血

ophthalmorrhea [ɔfˌθælməˈriːə]（*ophthalmo-* + *-rrhea*）眼渗血

ophthalmorrhexis [ɔfˌθælməˈreksis] (*ophthalmo-* + *-rhexis*) 眼球破裂

ophthalmoscope [ɔfˈθælməskəup] (*ophthalmo-* + *-scope*) 检眼镜,眼底镜
  binocular o. 双目检眼镜
  direct o. 直接检眼镜
  indirect o. 间接检眼镜

ophthalmoscopy [ˌɔfθəlˈmɔskəpi] 检眼镜检查法
  direct o. 检眼镜直接检查法
  indirect o. 检眼镜间接检查法
  medical o. 医用检眼镜诊断法
  metric o. 检眼镜屈光检查法

ophthalmospectroscope [ɔfˌθælməˈspektrəskəup] 分光检眼镜,眼分光检查镜

ophthalmospectroscopy [ɔfˌθælməspekˈtrɔskəpi] (*ophthalmo-* + *spectroscopy*) 分光检眼法,眼分光检查法

ophthalmostasis [ˌɔfθəlˈmɔstəsis] (*ophthalmo-* + *stasis*) 眼球固定法

ophthalmostat [ɔfˈθælməstæt] (*ophthalmo-* + Gr. *histanai* to halt) 眼球固定器

ophthalmostatometer [ɔfˌθælməstəˈtɔmitə] 眼球突出计

ophthalmosteresis [ɔfˌθælməstəˈriːsis] (*ophthalmo-* + Gr. *steresis* privation, loss) 无眼,眼缺失

ophthalmosynchysis [ɔfˌθælməˈsiŋkisis] (*ophthalmo-* + *synchysis*) 眼内渗液

ophthalmothermometer [ɔfˌθælməθəˈmɔmitə] (*ophthalmo-* + *thermometer*) 眼温度计

ophthalmotomy [ˌɔfθəlˈmɔtəmi] (*ophthalmo-* + *-tomy*) 眼球切开术

ophthalmotonometer [ɔfˌθælmətəˈnɔmitə] 眼压计

ophthalmotonometry [ɔfˌθælmətəˈnɔmitri] (*ophthalmo-* + *tono-* + *-metry*) 眼压测量法

ophthalmotoxin [ɔfˌθælməˈtɔksin] (*ophthalmo-* + *toxin*) 眼毒素

ophthalmotrope [ɔfˈθælmətrəup] (*ophthalmo-* + Gr. *trepein* to turn) 眼肌模型

ophthalmotropometer [ɔfˌθælmətrəˈpɔmitə] 眼转动计

ophthamotropometry [ɔfˌθælmətrəˈpɔmitri] 眼转动测量法

ophthalmovascular [ɔfˌθælməˈvæskjulə] 眼血管的

ophthalmoxerosis [ɔfˌθælməziˈrəusis] 眼干燥,干眼病

ophthalmoxyster [ɔfˌθælməkˈsistə] (*ophthalmo-* + *xystēr*) 结膜刮匙

ophthalmus [ˈɔfθəlməs] (Gr. *ophthalmos* eye) 眼

Ophthetic [ɔfˌθetik] 奥塞替克:盐酸丙对卡因制剂的商品名

Ophthochlor [ˈɔfθəklɔ] 奥复思可:氯霉素制剂的商品名

-opia (Gr. *ōps* eye) 眼或视力缺陷

opian [ˈəupiən] 那可丁

opianine [əuˈpaiənin] 那可丁,鸦片宁

opiate [ˈəupiit] 鸦片制剂

Opie paradox [ˈəupi] (Eugene Lindsay Opie, American pathologist, 1873-1971) 奥皮氏奇异现象

opioid [ˈəupiɔid] 类鸦片

opiomania [ˌəupiəuˈmeiniə] (Gr. *opion* opium + *mania* madness) 鸦片瘾

opipramol hydrochloride [əuˈpiprəmɔl] 盐酸羟乙哌草,因息顿

Opisocrostis [ˌɔpisəˈkrɔstis] 欧皮蚤
  O. bruneri 一种松鼠蚤

opisthe [əuˈpisθi] (Gr. *opisthen* behind) 后子体

opisthenar [əˈpisθənəː] (*opistho-* + Gr. *thenar* palm of the hand) 手背

opisthiobasial [əˌpisθiəuˈbeisiəl] 颅后点与颅底点的

opisthion [ɔˈpisθiən] (Gr. *opisthion* rear, posterior) (NA) 颅后点

opisthionasial [əˌpisθiəuˈneiziəl] 颅后点与鼻根中点的

opisth(o)- (Gr. *opisthen* behind, at the back) 背,后面

opisthocranion [ɔˌpisθəuˈkræniən] (*opistho-* + Gr. *kranion* the upper part of the head) 颅后最远点

opisthogenia [ɔˌpisθəˈdʒiːniə] 缩颌,退缩颌

opisthognathism [ˌɔpisˈθɔgnəθizəm] 缩颌,退缩颌

opisthomastigote [əupisθəˈmæstigəut] (*opistho-* + Gr. *mastix* whip) 后鞭毛体

opisthoporeia [əˌpisθəupəˈraiə] (*opistho-* + Gr. *poreia* walk) 反步症

opisthorchiasis [ɔˌpisθɔː'kaiəsis] 后睾吸虫病

Opisthorchis [ˌəupis'θɔːkis] (*opistho-* + Gr. *orchis* testicle) 后睾吸虫属
  O. felineus 猫后睾吸虫
  O. noverca 犬后睾吸虫
  O. sinensis 中华分支睾吸虫
  O. viverrini 麝猫后睾吸虫

opisthorchosis [ˌəupisθɔː'kəusis] 后睾吸虫病

opisthotic [ˌəupis'θɔtik] (*opistho-* + Gr. *ous* ear) 耳后的

opisthotonoid [ˌəupis'θɔtənɔid] 角弓反张样的
  o. fetalis 胎儿角弓反张样的

opisthotonos [ˌɔpis'θɔtənəs] (*opistho-* + Gr. *tonos* tension) 角弓反张

opisthotonus [ˌɔpis'θɔtənəs] 角弓反张

Opitz's disease ['ɔpitsəz] (Hans *Opitz*, German pediatrician, 20th century) 奥皮茨氏病

Opitz's syndrome ['ɔpitsəz] (John Marius *Opitz*, German-born pediatrician in United States, born 1935) 奥皮茨氏综合征

Opitz-Frias syndrome ['ɔpits 'friɑːs] (J. M. *Opitz*; Jaime L. *Frias*, Chilean pediatrician, 20th century) 奥-佛二氏综合征

opium ['əupiəm] (L., from Gr. *opion*) (USP) 鸦片,阿片
  crude o. 粗制鸦片
  denarcotized o., **o. deodoratum, deodorized o.** 除臭鸦片
  granulated o., **o. granulatum** 粒状鸦片,鸦片粒
  gum o. 鸦片膏
  powdered o. (USP), **o. pulveratum** 鸦片粉

opocephalus [ˌɔpə'sefələs] (Gr. *ōps* face + *kephalē* head) 无口鼻独眼并耳畸胎

opodidymus [ˌɔpə'daidiməs] (Gr. *ōps* face + *didymos* twin) 双面畸胎

opodymus [əu'pɔdiməs] 双面畸胎

opossum [əu'pɔsəm] 负鼠

Oppenheim's sign ['ɔpenhaimz] (Hermann *Oppenheim*, German neurologist, 1858-1919) 奥本海姆氏征

opponens [ə'pəunənz] (L.) ❶ 对向肌;❷ 对抗的,对向的

opportunistic [ˌɔpətjuː'nistik] 条件性的,机会性的

oppositipolar [əˌpɔziti'pəulə] 对极的

oppression [ə'preʃən] 压迫,压抑

OPRT (orotate phosphoribosyltransferase 的缩写) 乳清酸磷酸核糖转移酶

-opsia (Gr. *opsis* sight) 视力的状况或缺陷

opsalgia [ˌɔpsi'ældʒiə] (Gr. *ōps* face + *-algia*) 面神经痛

opsigenes [ɔp'sidʒiniːz] (Gr. *opse* late + *gen* to produce) 智牙,智齿

opsin ['ɔpsin] 视蛋白

opsinogen [ɔp'sinədʒən] (*opsonin* + Gr. *gen* to produce) 调理素质

opsiometer [ˌɔpsi'ɔmitə] 视力计

opsiuria [ˌɔpsi'juəriə] (Gr. *opse* late + *ouron* urine + *-ia*) 饥尿症

opsoclonia [ˌɔpsə'kləuniə] 斜视眼阵挛

opsoclonus [ˌɔpsə'kləunəs] 斜视眼阵挛

opsone ['ɔpsəun] 调理素

opsonic [ɔp'sɔnik] 调理素的

opsonification [ɔpˌsɔnifi'keiʃən] 调理素作用

opsonin ['ɔpsənin] (Gr. *opsōnein* to buy victuals) 调理素
  immune o. 免疫调理素

opsonist ['ɔpsənist] 调理专家

opsonization [ˌɔpsəni'zeiʃən] 调理素作用

opsonize ['ɔpsənaiz] 调理素作用

opsonocytophagic [ˌɔpsənəuˌsaitəu'fædʒik] 调理素细胞吞噬的

opsonogen [ɔp'sɔnədʒən] 调理素质

opsonology [ˌɔpsəu'nɔlədʒi] (*opsonin* + Gr. *logos* science) 调理素学

opsonophilia [ˌɔpsənə'filiə] (*opsonin* + Gr. *philein* to love) 亲调理素性

opsonophilic [ˌɔpsənə'filik] 亲调理素的

opsonotherapy [ˌɔpsəunə'θerəpi] 调理素疗法

optesthesia [ˌɔptəs'θiːziə] (*opt-* + *esthesia*) 视觉,视感受性

optic ['ɔptik] (Gr. *optikos* of or for sight) 眼的

optical ['ɔptikəl] (L. *opticus*; Gr. *optikos*) 视觉的,视力的

optician [ɔp'tiʃən] 眼镜师

opticianry [ɔp'tiʃənri] 眼科光学
opticochiasmatic [ˌɔptikəˌkaiæz'mætik] 视交叉的
opticociliary [ˌɔptikə'siliəri] 视神经睫状神经的
opticocinerea [ˌɔptikəsi'niəriə] 视束灰质
opticonasion [ˌɔptikə'neisiən] 视神经孔鼻根间径
opticopupillary [ˌɔptikə'pju:piləri] 视神经瞳孔的
optics ['ɔptiks] (Gr. *optikos* of or for sight) 光学
 fiber o. 纤维光学
optimal ['ɔptiməl] 最适的,最佳的
optimeter [ɔp'timitə] 视力计
Optimine ['ɔpti,mi:n] 奥普替敏: 马拉酸氮氧蒽哌制剂的商品名
optimum ['ɔptiməm] (L. "best") 最适,良性
optist ['ɔptist] 验光师
opt(o)- (Gr. *optos* seen) 可视的,视力
optoblast ['ɔptəblæst] (*opto* + Gr. *blasttos* germ) 成视细胞(视网膜内)
optochiasmic [ˌɔptəkai'æzmik] 视交叉的
optogram ['ɔptəɡræm] (*opto-* + *-gram*) 视网膜像
optokinetic [ˌɔptəki'netik] (*opto-* + *kinetic*) 视觉运动的
optomeninx [ˌɔptə'mi:niŋks] (*opto-* + Gr. *mēninx* membrane) 视网膜
optometer [ɔp'tɔmitə] (*opto-* + *-meter*) 视力计
optometrist [ɔp'tɔmitrist] 验光师
optometry [ɔp'tɔmitri] 视力测量法
optomyometer [ˌɔptəmai'ɔmitə] (*opto-* + *myometer*) 眼肌力计
optophone ['ɔptəfəun] (*opto-* + Gr. *phōne* voice) 光声机
optotype ['ɔptətaip] 试视力字体
Opuntia [əu'pʌnʃiə] 仙人掌属
OPV (poliovirus vaccine live oral 的缩写) 口服活脊髓灰质炎病毒疫苗
OR (operating room 的缩写) 手术室
ora¹ ['ɔ:rə] (gen. 和 pl. *orae*) (L.) 缘,边缘
 o. serrata retinae (NA) 视网膜锯齿缘
ora² ['ɔ:ri] (L.) 口。*os* 的复数形式
orad ['ɔ:ræd] (L. *os*, *oris* mouth + *ad* toward) 向口
orae ['ɔ:ri:] (L.) 缘,边缘。*ora*¹ 的所有格及复数形式
Oragrafin [ˌɔrə'ɡræfin] 奥格拉芬: 胺碘苯丙酸的钙盐或钠盐制剂的商品名
oral ['ɔ:rəl] (L. *oralis*) 口的
orale [ə'reili] 切牙颌内缝终点
orality [ə'ræliti] 口动
orology [ə'rælədʒi] (L. *oralis* pertaining to the mouth + *-logy*) 口腔学
Oramorph ['ɔrəmɔ:f] 奥诺莫福: 吗啡硫酸盐制剂的商品名
orange ['ɔrindʒ] (L. *aurantium*) ❶ 橙,柑;❷ 橙色,橙黄,橘黄;❸ 橙黄
 o. Ⅲ 橙黄三号
 acid o. 10 橙酸 10 号
 acridine o. 吖啶橙,四甲吖啶
 ethyl o. 乙橙
 o. G 橙黄 G 酸性耐光橙
 gold o. 金橙,甲橙,半日花素
 methyl o. (USP) 甲橙,甲橙,半日花素
 Poirrier's o. 波瑞尔橙
 victoria o. 维多利亚橙黄
 wool o. 毛橙黄
orangeophil [ə'reindʒiəfil] ❶ 嗜橙黄的;❷ 嗜橙黄细胞;❸ 嗜酸性细胞
orangutan [ə'ræŋɡə,tæn] (Malayan *orang* a human being + *utan* (*hutan*) wild) 猩猩
Oranixon [ˌɔrə'niksən] 奥诺尼克森: 甲酚甘油醚制剂的商品名
Orasone ['ɔ:rəˌsəun] 奥诺松: 脱氢可的松制剂的商品名
Ora-Testryl [ˌɔrə'testrəl] 奥来泰斯特: 氟羟甲睾酮制剂的商品名
orb [ɔ:b] (L. *orbis* circle, disk) ❶ 球,环;❷ 眼球
Orbeli phenomenon [ɔ:'beli] (Leon Algarovich Orbeli, Russian physiologist, 1882-1958) 奥尔别利氏现象
orbicular [ɔ:'bikjulə] (L. *orbicularis*) 环状的,轮匝状的,圆形的
orbiculare [ɔ:ˌbikju'lɛəri] (L.) 豆状突(砧骨)
orbiculi [ɔ:'bikjulai] 环。*orbiculus* 的所有格和复数形式
orbiculus [ɔ:'bikjuləs] (gen. 和 pl. *orbiculi*) (L., dim. of *orbis* orb, circle)

(NA)环
o. ciliaris (NA) 睫状环
orbit ['ɔːbit] 眶
orbita ['ɔːbitə] (gen. and pl. *orbitae*) (L. "mark of a wheel, circuit") (NA) 眶
orbitae ['ɔːbiti] (L.) 眶。orbita 的所有格和复数形式
orbital ['ɔːbitl] ❶ 眶的; ❷ 轨道的
orbitale [ˌɔːbi'tæli] 眶最下点
orbitalis [ˌɔːbi'tælis] (L.) 眶的
orbitography [ˌɔːbitə'ɡrəfi] (*orbit* + *-graphy*) 眼眶造影术
orbitonasal [ˌɔːbitə'neizl] 眶鼻的
orbitonometer [ˌɔːbitə'nɔmitə] (*orb* + *tonometer*) 眶压计
orbitonometry [ˌɔːbitə'nɔmitri] 眼压测量法
orbitopagus [ˌɔːbi'tɔpəɡəs] (*orbit* + Gr. *pagos* thing fixed) 眶联胎
orbitopathy [ˌɔːbi'tɔpəθi] (*orbit* + *-pathy*) 眶部疾病
　dysthyroid o. 内分泌性突眼
　Graves' o. 格雷夫斯氏病
orbitostat ['ɔːbitəstæt] (*orbit* + Gr. *statos* placed) 眶轴计
orbitotemporal [ˌɔːbitə'tempərəl] 眶颞的
orbitotomy [ˌɔːbi'tɔtəmi] (*orbit* + *-tomy*) 眶切开术
Orbivirus ['ɔːbiˌvairəs] (L. *orbis* circle + *virus*) 环状病毒属
orbivirus ['ɔːbiˌvairəs] 环状病毒
orcein [ɔː'siːin] 地衣褐, 苔红素
orchectomy [ɔː'kektəmi] 睾丸切除术
orchella [ɔː'ʃelə] 地衣紫, 海石蕊紫
orchialgia [ˌɔːki'ældʒiə] (*orchi-* + *-algia*) 睾丸痛
orchic ['ɔːkik] 睾丸的
orchichorea [ˌɔːkikə'riːə] (*orchi-* + *chorea*) 睾丸颤搐
orchidalgia [ˌɔːki'dældʒiə] 睾丸痛
orchidectomy [ˌɔːki'dektəmi] 睾丸切除术
orchidic [ɔː'kidik] 睾丸的
orchiditis [ˌɔːki'daitis] 睾丸炎
orchid(o)- (Gr. *orchidion*, dim. of *orchis* testis) 睾丸
orchidoepididymectomy [ˌɔːkidəˌepiˌdidi'mektəmi] (*orchido-* + *epididymis* + Gr. *ektomē* excision) 睾丸附睾切除术

orchidometer [ˌɔːki'dɔmitə] 睾丸测量计
　Prader o. 帕莱德睾丸测量计
orchidoncus [ˌɔːki'dɔŋkəs] (*orchido-* + Gr. *onkos* tumor) 睾丸瘤
orchidopathy [ˌɔːki'dɔpəθi] 睾丸病
orchidopexy [ˌɔːkidə'peksi] 睾丸固定术
orchidoplasty ['ɔːkidəˌplæsti] 睾丸成形术
orchidoptosis [ˌɔːkidəp'tausis] (*orchido-* + Gr. *ptōsis*) 睾丸下垂
orchidorrhaphy [ˌɔːki'dɔrəfi] 睾丸缝术, 睾丸固定术
orchidotomy [ˌɔːki'dɔtəmi] 睾丸切开术
orchiectomy [ˌɔːki'ektəmi] (*orchio-* + Gr. *ektomē* excision) 睾丸切除术
orchiepididymitis [ˌɔːkiˌepiˌdidi'maitis] (*orchio-* + *epididymis* + *-itis*) 睾丸附睾炎
orchilytic [ˌɔːki'litik] (*orchio-* + Gr. *lytikos* dissolving) 溶睾丸组织的, 破坏睾丸组织的
orchi(o)- (Gr. *orchis*, gen. *orchios* testis) 睾丸
orchiocatabasis [ˌɔːkiəkə'tæbəsis] (*orchio-* + Gr. *katabasis* descent) 睾丸下降
orchiocele [ˈɔːkiəˌsiːl] (*orchio-* + Gr. *kēlē* hernia) ❶ 睾丸突出; ❷ 阴囊疝; ❸ 睾丸肿瘤
orchiococcus [ˌɔːkiəu'kɔkəs] 睾丸炎球菌
orchiodynia [ˌɔːkiə'diniə] 睾丸痛
orchiomyeloma [ˌɔːkiəuˌmaiə'ləumə] 睾丸髓样瘤
orchioncus [ˌɔːki'ɔŋkəs] (*orchio-* + Gr. *onkos* tumor) 睾丸瘤
orchioneuralgia [ˌɔːkiənjuə'rældʒiə] (*orchio-* + *neuralgia*) 睾丸神经痛
orchiopathy [ˌɔːki'ɔpəθi] (*orchio-* + Gr. *pathos* disease) 睾丸病
orchiopexy [ˌɔːkiə'peksi] (*orchio-* + Gr. *pēxis* fixation) 睾丸固定术
orchioplasty ['ɔːkiəˌplæsti] (*orchio-* + Gr. *plassein* to form) 睾丸成形术
orchiorrhaphy [ˌɔːki'ɔrəfi] (*orchio-* + Gr. *rhaphē* suture) 睾丸缝术, 睾丸固定术
orchioscheocele [ˌɔːki'ɔskiəˌsiːl] (*orchio-* + Gr. *oscheon* scrotum + *kēlē* hernia) 阴囊疝瘤
orchioscirrhus [ˌɔːkiə'skaiərəs] (*orchio-* + Gr. *skirrhos* hard) 睾丸硬变

orchiotomy [ɔːkiˈɒtəmi] (*orchio-* + *-tomy*) 睾丸切开术
Orchis [ˈɔːkis] 红门兰属
orchis [ˈɔːkis] (Gr.) 睾丸
orchitic [ɔːˈkaitik] 睾丸炎的
orchitis [ɔːˈkaitis] (*orchio-* + *-itis*) 睾丸炎
    metastatic o. 转移性睾丸炎
    spermatogenic granulomatous o. 精子源性肉芽肿性睾丸炎
    traumatic o. 创伤性睾丸炎
    o. variolosa 痘性睾丸炎,天花性睾丸炎
orchitolytic [ˌɔːkitəˈlitik] 溶睾丸组织的,破坏睾丸组织的
orchotomy [ˈɔːkɒtəmi] 睾丸切开术
orcin [ˈɔːsin] 苔黑素
orcinol [ˈɔːsinɒl] 苔黑素,二羟基甲苯
order [ˈɔːdə] (L. *ordo* a line, row, or series) 目
orderly [ˈɔːdəli] 男护理员
ordinal [ˈɔːdinəl] 顺序的,依次的
ordinate [ˈɔːdinit] (L. *ordinare* to arrange in order) 纵坐标
orellanine [əˈrelənaɪn] 联吡啶四醇
orelline [ˈɔːrəliːn] 联吡啶四醇
oreoselinum [ˌɔːriəˈseliːnəm] (L.) 防葵
Oretic [ɔːˈretik] 奥来替克:双氢克尿噻制剂的商品名
Oreticyl [ɔːˈretisil] 奥瑞替西:双氢克尿噻与脱甲氧利血平制剂的商品名
orexia [əuˈreksiə] (Gr. *orexis* appetite) 食欲
orexigenic [əˌreksiˈdʒenik] (Gr. *orexis* appetite + *gennan* to produce) 开胃的
oreximania [əuˌreksiˈmeɪniə] (Gr. *orexis* appetite + *mania* madness) 多食癖,贪食癖
orf [ɔːf] 触染性深脓胞,羊痘疮
organ [ˈɔːɡən] (L. *organum*; Gr. *organnon*) 器官,器
    accessory o's of eye 眼附属器
    acoustic o. 螺旋器
    Bidder's o. 比德氏器
    cell o. 细胞器
    cement o. 牙骨质器
    Chievitz's o. 契维茨氏器官
    circumventricular o's 脑室旁结构
    o. of Corti 柯替氏器
    digestive o's 消化器官
    effector o. 效应器
    enamel o. 釉质器
    end o. 终末器官
    extraperitoneal o 腹膜外器官
    genital o's 生殖器官
    genital o's, external 外生殖器
    genital o's, female 女性生殖器官
    genital o's, internal 内生殖器
    genital o's, male 男性生殖器官
    o. of Giraldés 希拉尔代斯氏器官,旁睾
    Golgi tendon o. 神经基腱器
    gustatory o. 味器,味觉器官
    holdfast o. 稳固器
    intromittent o. 输入器官,插入器官
    Jacobson's o. 雅各布逊氏器,犁鼻器
    lateral line o's 侧线器
    Marchand's o. 马尔开德氏器官
    o's of mastication 咀嚼器
    Meyer's o. 梅尔氏器官
    neurotendinous o. 高尔基腱器
    olfactory o. 嗅器
    parapineal o. 松果体旁器
    parenchymal o., parenchymatous o. 实质器官,主质器官
    parietal o. 松果体旁器官
    primitive fat o. 原脂肪器,肩胛间腺
    reproductive o's 生殖器
    reproductive o's, female 女性生殖器
    reproductive o's, male 男性生殖器
    retroperitoneal o. 腹膜后器官
    Rosenmüller's o. 若森缪勒器,卵巢冠
    rudimentary o. ① 始基,原基;② 残余器官
    Ruffini's o. 如菲内器
    segmental o. 分节器
    sense o's, sensory o's 感觉器
    o. of shock, shock o. 休克器官
    o's of special sense 特殊感觉器
    spiral o. 螺旋器,听觉器
    subcommissural o. 连合下器
    subfornical o. 穹窿下器官
    target o. 靶器官
    tendon o. 高尔基腱器
    terminal o. 终器
    urinary o's 泌尿器官
    vascular o. of lamina terminalis 终端层的终端脉管器官

vestibulocochlear o.'s 前庭耳蜗器
vestigial o. 残遗器官
o. of vision, visual o. 视器
vomeronasal o. 犁鼻器
Weber's o. 韦伯氏器,前列腺囊
o.'s of Zuckerkandl 主动脉旁体

organa ['ɔːgənə] (Gr.) 器官,器。organum (L.) 和 organon (Gr.) 的复数形式

organella [ˌɔːgə'nelə] (L., dim. of organum) (pl. organellae) 细胞器,小器官

organellae [ˌɔːgə'neli] (L.) 细胞器,小器官。organella 的复数形式

organelle [ˌɔːgə'nel] (L. organella, dim. of organum organ) 细胞器
 holdfast o. 吸盘细胞器

organic [ɔː'gænik] (L. organicus; Gr. organikos) ❶ 器官的,器质的;❷ 有组织的;❸ 生物的;❹ 有生命的;❺ 有机的;❻ 用有机肥的

organicism [ɔː'gænisizəm] ❶ 器质病说;❷ 肌体论说;❸ 机能整体性

organicist [ɔː'gænisist] 器质病说者

Organidin [ɔː'gænidin] 奥甘尼丁:碘丙叉甘油制剂的商品名

organism ['ɔːgənizəm] 生物体
 consumer o.'s 消费生物
 nitrifying o.'s 硝化菌
 nitrosifying o.'s 亚硝化菌
 pleuropneumonia-like o.'s (PPLO) 类胸膜肺炎菌

organization [ˌɔːgənai'zeiʃən] ❶ 组织;❷ 机化;❸ 机构

organize ['ɔːgənaiz] 组织,构成

organizer ['ɔːgəˌnaizə] 组织导体,机化中心
 nucleolar o., nucleolus o. 核仁组织导体
 primary o. 初级组织导体
 procentriole o. 前中性粒组织导体
 secondary o. 次级组织导体
 tertiary o. 第三级组织导体

organ(o)- (Gr. organon organ) 器官,有机

organochlorine [ˌɔːgənə'klɔːriːn] 有机氯
organofaction [ˌɔːgənə'fækʃən] 器官形成
organoferric [ˌɔːgænə'ferik] 有机铁的
organogel [ɔː'gænədʒel] 有机凝胶
organogenesis [ˌɔːgənə'dʒenəsis] (organo- + Gr. genesis generation) 器官发生

organogenetic [ˌɔːgənəudʒə'netik] 器官发生的

organogenic [ˌɔːgənə'dʒenik] 器官源的
organogeny [ˌɔːgə'nɔdʒini] 器官发生
organography [ˌɔːgə'nɔgrəfi] (organo- + Gr. graphein to write) 器官X线照相术

organoid ['ɔːgənɔid] (organ + Gr. eidos form) ❶ 类器官的;❷ 类器官

organoleptic [ˌɔːgənə'leptik] (organo- + Gr. lambanein to seize) ❶ 特殊感觉的;❷ 传入感觉器的

organology [ˌɔːgə'nɔlədʒi] (organo- + -logy) 器官学

organoma [ˌɔːgə'nəumə] (organ + oma tumor) 器官瘤(含有器官)

organomegaly [ˌɔːgənə'megəli] (organo- + Gr. megas large) 器官巨大症

organomercurial [ˌɔːgənəumə'kjuəriəl] 有机汞的

organometallic [ˌɔːgənɔmi'tælik] 有机金属的

organon ['ɔːgənɔn] (Gr.) (pl. organa) 器官
 o. parenchymatosum 主质器官,实质器官

organonomy [ˌɔːgə'nɔnəmi] (organ + Gr. nomos law) 有机生活论,有机生活规律

organopathy [ˌɔːgə'nɔpəθi] (organo- + Gr. pathos disease) 器官病

organopexy [ˌɔːgənə'peksi] (organo- + Gr. pēxis fixation) 器官固定术

organophilic [ˌɔːgənə'filik] (organo- + Gr. philein to love) 嗜器官的

organophilism [ˌɔːgə'nɔfilizəm] 嗜器官性
organophosphate [ˌɔːgənə'fɔsfeit] 有机磷酸盐

organophosphorus [ˌɔːgənə'fɔsfrəs] 有机磷

organoscopy [ˌɔːgə'nɔskəpi] (Gr. skopein to examine) 内脏检察镜

organotaxis [ˌɔːgənə'tæksis] (organo- + Gr. taxis arrangement) 趋器官性

organotherapy [ˌɔːgənə'θerəpi] (organo- + Gr. therapeia therapy) 器官疗法,内脏制剂疗法
 heterologous o. 异种器官疗法
 homologous o. 同种器官疗法

organotrope ['ɔːgənəˌtrəup] 亲器官的
organotrophic [ˌɔːgənə'trɔfik] (*organo-* + Gr. *trophē* nutrition) 器官营养的
organotropic [ˌɔːgənə'trɔpik] 亲器官的
organotropism [ˌɔːgə'nɔtrəpizəm] (*organo-* + Gr. *tropē* a turning) 亲器官性
organotropy [ˌɔːgə'nɔtrəpi] 亲器官性
organule ['ɔːgənjuːl] 感觉终器,感觉末梢
organum ['ɔːgənəm] (pl. *organa*) (L.) (NA)器官
　o. extraperitoneale (NA) 腹膜外器官
　organa genitalia 生殖器
　organa genitalia feminina externa (NA) 女性外生殖器
　organa genitalia feminina interna (NA) 女性内生殖器
　organa genitalia masculina externa (NA) 男性外生殖器
　organa genitalia masculina interna (NA) 男性内生殖器
　o. gustatorium (NA) 味器
　o. gustus 味器
　organa oculi accessoria (NA) 眼副器
　o. olfactorium (NA) 嗅器,嗅觉器官
　o. olfactus 嗅器,嗅觉器官
　o. retroperitoneale 腹膜后器官
　organa sensoria 感觉器
　organa sensuum (NA) 感觉器
　o. spirale (NA) 螺旋器
　o. subcommissurale (NA) 连合下器官
　o. subfornicale (NA) 隆下器官
　organa urinaria (NA), organa uropoëtica 泌尿器
　o. vestibulocochleare (NA) 前庭耳蜗器
　o. visuale 视器官
　o. visus (NA) 视器
　o. vomeronasale (NA) 犁鼻器
orgasm ['ɔːgæzm] (Gr. *orgasmos* swelling, or *organ* to swell, to be lustful) 性欲高潮,性乐
orgotein ['ɔːgətiːn] 铜锌协同质
Oribasius [ˌɔːri'bæsiəs] 奥利白西斯:(325–403A.D.) 罗马著名内科医师和医学著作家
orientation [ˌɔːriːen'teiʃən] ❶ 定向; ❷ 构象,构型
orifacial [ˌɔːri'feiʃəl] (L. *os*, *oris* mouth + *facies* face) 口与面的

orifice ['ɔːrifis] (L. *orificium*) ❶ 口; ❷ 孔, 开口
　abdominal o. of uterine tube 输卵管腹腔口
　aortic o. 主动脉口
　o. of aqueduct of vestibule, external 前庭管外口
　atrioventricular o. 房室口
　cardiac o. 贲门口
　o. of coronary sinus 冠状窦口
　duodenal o. of stomach 胃的十二指肠口,幽门口
　epiploic o. 网膜孔
　o. of female urethra, external 女性尿道外口
　hymenal o. 处女膜口,阴道口
　o. of male urethra, external 男性尿道外口
　o. of maxillary sinus 上颌窦裂孔
　mitral o. 僧帽瓣口,二尖瓣口
　pilosebaceous o's 毛囊皮脂腺口
　pulmonary o., o. of pulmonary trunk 肺动脉口
　o. of pulp canal 齿根尖孔,齿髓管口
　tricuspid o. 三尖(瓣)口
　o. of ureter 输尿管口
　o. of urethra, internal 尿道内口
　uterine o. of uterine tube 输卵管子宫口
　o. of uterus, external 子宫外口
　vesicourethral o. 膀胱尿道口
orificia [ˌɔːri'fiʃiə] (L.) 口, 孔, 开口。*orificium* 的复数形式
orificial [ˌɔːri'fiʃiəl] 口的,管口的
orificium [ˌɔːri'fiʃiəm] (L.) (pl. *orificiae*) 开口, 口, 管口
　o. externum isthmi, o. externum uteri 子宫外口
　o. hymenis 处外处女膜, 阴道口
　o. internum isthmi, o. internum uteri 子宫内口
　o. ureteris 输尿管口
　o. urethrae externum muliebris 女性尿道外口
　o. urethrae externum virilis 男性尿道外口
　o. urethrae internum 尿道内口
　o. vaginae 阴道口
origin ['ɔridʒin] (L. *origo* beginning) 起

端,起源

Orimune ['ɔrimju:n] 优瑞免:口服的脊髓灰质炎病毒活疫苗制剂的商品名

Orinase ['ɔrineis] 甲糖宁:甲磺丁脲制剂的商品名

orinotherapy [ɔ:,rainəu'θerəpi] (Gr. *oreinos* pertaining to mountains + *therapeia* treatment) 高山疗法

Ormond's disease ['ɔ:məndz] (John Kelso *Ormond*, Americarn physician, born 1886) 奥蒙德氏病

Orn (ornithine 的缩写) 鸟氨酸

ornidazole [ɔ:'nidəzəul] 氯硝丙唑

Ornidyl ['ɔ:ni,dil] 奥尼迪尔:盐酸艾弗鸟氨酸制剂的商品名

ornithine ['ɔ:niθin] 鸟氨酸

ornithine aminotransferase ['ɔ:niθin ə-,mi:nə'trænsfəreis] 鸟氨酸转移酶

ornithine carbamoyltransferase ['ɔ:niθin ,ka:bə,mɔil'trænsfəreis] (EC 2.1.3.3) 鸟氨酸甲酰转移酶

ornithine carbamoyltransferase (OCT) deficiency 鸟氨酸氨甲酰转移酶缺乏症

ornithine decarboxylase ['ɔ:niθin ,dika:-'bɔksileis] (EC 4.1.1.17) 鸟氨酸脱羧酶

ornithinemia [,ɔ:niθi'ni:miə] 高鸟氨酸血症

ornithine-oxo-acid transaminase ['ɔniθin-'ɔksə'æsid træns'æmi,neis] (EC 2.6.1.13) 乳清酸磷酸核糖转移酶

ornithine transcarbamylase (OTC) ['ɔ:niθi:n,trænska:'bæməleis] 鸟氨酸氨甲酰转移酶

ornithine transcarbamoylase ['ɔ:niθi:n,trænska:bə'mɔəleis] 鸟氨酸氨甲酰转移酶

Ornithodoros [ɔ:ni'θɔdərəs] (Gr. *ornis*, *ornithos* bird + *doros* bag) 钝缘蜱属
  O. coriaceus 皮革钝缘蜱

Ornithonyssus [,ɔ:niθə'nisəs] 刺脂禽螨属
  O. bacoti 巴克特刺脂螨
  O. bursa 囊形刺脂螨
  O. sylviarum 北方刺脂螨

ornithosis [,ɔ:ni'θəusis] (Gr. *ornis*, *ornithos* bird + -*osis*) 鸟疫,饲鸟病

oro-¹(L. *os*, gen. *oris* mouth) 口

oro-²(Gr. *oros* whey, serum) 血清

orolingual [,ɔ:rə'liŋgwəl] (*oro-*¹ + L. *lingua* tongue) 口舌的

oromandibular [,ɔ:rəmæn'dibjulə] (*oro-*¹ + *mandibular*) 口与下颌的

oromaxillary [,ɔ:rə'mæksi,ləri] 口颌的

oromeningitis [,ɔ:rə,menin'dʒaitis] 浆膜炎

oronasal [,ɔ:rə'neisəl] (*oro-*¹ + L. *nasua* nose) 口鼻的

oropharynx [,ɔrə'færiŋks] (*oro-*¹ + *pharynx*) 口咽

Oropsylla [,ɔ:rəp'silə] 山蚤属
  O. idahoensis 艾大候山蚤
  O. montana 蒙大拿穿手蚤
  O. silantiewi 西兰特韦山蚤

orosomucoid [,ɔrəsə'mju:kɔid] 血清粘蛋白

orotate ['ə:reteit] 乳清酸

orotate phosphoribosyltransferase (O-PRT) ['ɔ:reteit ,fɔsfə,ribəsəl'trænsfəreis] (EC 2.4.2.10) 乳清酸磷酸核糖转移酶

orotic acid [ə:'rɔtik] 乳清酸

oroticaciduria [ə,rɔtik,æsi'djuəriə] 乳清尿酸症

orotidine [ə'rɔtidi:n] 乳清酸核苷

orotidine-5´-phosphate decarboxylase (O-DC) [ə'rɔtidi:n'fɔsfeit ,dika:'bɔksəleis] (EC 4.1.1.23) 乳清酸-5-磷酸脱羧酶

orotidylate [ə,rɔti'daileit] 乳清酸核苷酸

orotidylate decarboxylase [ə,rɔti'daileit,dika:'bɔksəleis] 乳清酸核苷酸脱羧酶

orotidylic acid [ə,rɔti'dilik] 加磷氧基的乳清酸核苷

Oroya fever [ɔ'rɔiə] (*Oroya*, Peru, where the earliest cases were reported in 1885) 俄洛耶热,秘鲁疣病,巴东虫病

orphenadrine [ɔ:'fenədri:n] 邻甲苯海拉明
  o. citrate (USP) 柠檬酸邻甲苯海拉明
  o. hydrochloride 盐酸邻甲苯海拉明

Orr treatment [ɔ:] (Hiram Winnett *Orr*, American orthopedic surgeon, 1877-1956) 奥尔氏疗法

orrho- (Gr. *orrhos* whey, serum) 血清

orrhomeningitis [,ɔ:rə,menin'dʒaitis] (*orrho-* + *meningitis*) 浆膜炎

orris ['ɔ:ris] ❶ 香菖;❷ 香草根

Orsi-Grocco method ['ɔ:si 'grɔkəu] (Francesco *Orsi*, Italian physician, 1828-1890; Pietro *Grocco*, Italian physician, 1857-1916)奥-格二氏法

orthergasia [ˌɔːθəˈgeiziə]（Gr. *orthos* right, straight + *ergon* work）机能正常

orthesis [ɔːˈθiːsis]（*pl. ortheses*）支具

orthetic [ɔːˈθetik] 整直的，矫正的

orthetics [ɔːˈθetiks] 矫正学

orthetist [ˈɔːθətist] 矫正器修配者

ortho-（Gr. *orthos* straight）直的，正常的，正的

ortho-acid [ˌɔːθəuˈæsid] 正酸，原酸

orthoarteriotony [ˌɔːθəuˌɑːtiəriˈɔtəni]（*ortho-* + Gr. *artēria* artery + *tonos* tension）正常血压

orthobiosis [ˌɔːθəubaiˈəusis]（*ortho-* + Gr. *biōsis* way of life）正常生活

orthocephalic [ˌɔːθəusəˈfælik]（Gr. *orthos* straight + *kephalē* head）正颅型的

orthocephalous [ˌɔːθəuˈsefələs] 正颅型的

orthochorea [ˌɔːθəukəˈriːə]（*ortho-* + *chorea*）立体舞蹈病

orthochromatic [ˌɔːθəkrəˈmætik] ❶ 正染的；❷ 正色的

orthochromia [ˌɔːθəˈkrəumiə]（*ortho-* + Gr. *chrōma* color + *-ia*）正染性

orthochromophil [ˌɔːθəˈkrəuməfil]（*ortho-* + Gr. *chrōma* color + *philein* to love）正染色性的

Orthoclone OKT3 [ˈɔːθəkləun] 正克隆 OKT3

orthocrasia [ˌɔːθəuˈkreisiə]（*ortho-* + Gr. *krasis* temperament）正常性，正常反应

orthocresol [ˌɔːθəuˈkriːsɔl] 邻甲酚

orthocytosis [ˌɔːθəsaiˈtəusis]（*ortho-* + *-cyte* + *-osis*）血细胞正常

orthodactylous [ˌɔːθəˈdæktiləs]（*ortho-* + Gr. *daktylos* finger）直指(趾)的

orthodentin [ˌɔːθəˈdentin]（*ortho-* + *dentin*）直型牙本质，正牙质

orthodentist [ˌɔːθəuˈdentist] 正牙学家

orthodeoxia [ˌɔːθədiˈɔksiə] 直立型低氧血症

orthodiagram [ˌɔːθəuˈdaiəgræm] 正影描记图，X线正影描记图

orthdiascope [ˌɔːθəuˈdaiəskəup] X线正影检查器，X线正影透视器

orthodichlorobenzene [ˌɔːθədiˌklɔːrəˈbenziːn] 邻二氯苯

orthodigita [ˌɔːθəˈdidʒitə]（*ortho-* + L. *digitus* finger or toe）指(趾)矫形术

orthodont [ˈɔːθədɔnt] 牙正常的

orthodontia [ˌɔːθəˈdɔnʃiə] 正牙学

orthodontic [ˌɔːθəˈdɔntik] 牙正学的

orthodontics [ˌɔːθəˈdɔntiks]（*ortho-* + Gr. *odous* tooth）正牙学
  corrective o. 整形性正牙学
  interceptive o. 阻断性正牙学
  preventive o., **prophylactic o.** 预防性正牙学
  surgical o. 外科正牙学

orthodontist [ˌɔːθəˈdɔntist] 正牙学家

orthodontology [ˌɔːθəˌdɔnˈtɔlədʒi] 正牙学

orthodromic [ˌɔːθəˈdrɔmik]（Gr. *orthodromein* to run straight forward）顺行的，顺向传导的

orthogenesis [ˌɔːθəˈdʒenəsis]（*ortho-* + *genesis*）❶ 直向进化，直向发生；❷ 直生说

orthogenics [ˌɔːθəˈdʒeniks] 优生学

orthoglycemic [ˌɔːθəgliˈsemik]（*ortho-* + Gr. *glykys* sweet + *haima* blood）血糖正常的

Orthognatha [ɔːˈθɔgnəθə] 正颌类

orthognathia [ˌɔːθəgˈneiθiə]（*ortho-* + Gr. *gnathos* jaw）正颌学

orthognathic [ˌɔːθəgˈnæθik] ❶ 正颌学的；❷ 直颌的

orthognathous [ɔːˈθɔgnəθəs]（*ortho-* + Gr. *gnathos* jaw）直颌的

orthograde [ˈɔːθəgreid]（*ortho-* + L. *gradi* to walk）直体步行的

orthohydroxybenzoic acid [ˌɔːθəuhaiˌdrɔksibenˈzəuik] 水杨酸的，水杨酸基的

orthoiodohippurate [ˌɔːθəuˌaiədəˈhipjuːreit] 碘马尿酸钠

orthomelic [ˌɔːθəˈmelik]（*ortho-* + Gr. *melos* limb）肢体矫形的

orthometer [ɔːˈθɔmitə] 突眼比较计

orthomolecular [ˌɔːθəməˈlekjulə]（*ortho-* + *molecular*）正分子的

orthomorphia [ˌɔːθəˈmɔːfiə]（*ortho-* + Gr. *morphē* form）矫形术

Orthomyxoviridae [ˌɔːθəˌmaiksəˈvaiəridiː] 流行性感冒病毒

orthomyxovirus [ˌɔːθəˈmaiksəˌvaiərəs] 正粘液病毒

orthoneutrophil [ˌɔːθəˈnjuːtrəfil] 中性染剂正染性的

orthopaedic [ˌɔːθəˈpiːdik] 矫形外科的

orthopaedics [ˌɔːθəˈpiːdiks] 矫形外科学

orthopantograph [ˌɔːθəˈpæntəˌgrɑːf] 胸廓外形正影描记器

Orhthopantomograph [ˌɔːθəˈpætəməgrɑːf] X线全景照相机

orthopedic [ˌɔːθəˈpiːdik] (ortho- + Gr. pais child) 矫正外科的

orthopedics [ˌɔːθəˈpiːdiks] (ortho- + Gr. pais child) 矫形外科学
   dentofacial o. 牙矫正学,正牙学,牙面矫正术,颌面矫正学
   functional jaw o. 功能性颌矫正外科学

orthopedist [ˌɔːθəˈpiːdist] 矫形外科医师

orthopercussion [ˌɔːθəpəːˈkʌʃən] (ortho- + percussion) 直位叩诊法

orthophony [ɔːˈθɔfəni] (ortho- + phōnē voice) 发音正常

orthophoria [ˌɔːθəˈfɔːriə] (ortho- + phoria) 视轴正常

orthophoric [ˌɔːθəˈfɔːrik] 直视的,正位的

orthophosphate [ˌɔːθəˈfɔsfeit] 正磷酸盐

orthophosphoric acid [ˌɔːθəfɔsˈfɔːrik] 正磷酸

orthophrenia [ˌɔːθəˈfriːniə] (ortho- + Gr. phrēn mind + -ia) 精神正常的

orthopia [ɔːˈθɔupiə] (orth- + -opia) 斜视矫正

orthoplastocyte [ˌɔːθouˈplæstəsait] (ortho + plastocyte) 正常血小板

orthoplessimeter [ˌɔːθəpliˈsimitə] 直位叩诊板

orthopnea [ˌɔːθɔpˈniːə] (ortho- + Gr. pnoia breath) 端坐呼吸
   two-pillow o. 双枕端坐呼吸

orthopneic [ˌɔːθɔpˈniːik] 端坐呼吸的

orthopod [ˈɔːθəpɔd] 矫形外科医师

Orthopoxvirus [ˈɔːθəpɔksˌvaiərəs] (ortho- + poxvirus) 正痘病毒属

orthopoxvirus [ˈɔːθəpɔksˌvairəs] 正痘病毒

orthopraxis [ˌɔːθəˈpræksis] 机械矫形术

orthopraxy [ˈɔːθəpræksi] (ortho- + Gr. prassein to make) 机械矫形术

orthopsychiatry [ˌɔːθəsaiˈkaiətri] (ortho- + psychiatry) 行为精神病学

Orthoptera [ɔːˈθɔptərə] (ortho- + Gr. pteron wing) 直翅目

orthoptic [ɔːˈθɔptik] 视轴矫正的

orthoptics [ɔːˈθɔptiks] 视轴矫正法

orthoptist [ɔːˈθɔptist] 视轴矫正师

orthoptoscope [ɔːˈθɔptəskəup] (ortho- + opto- + -scope) 视轴矫正器

orthorhombic [ˌɔːθəˈrɔmbik] 正交晶的,斜方晶的

orthorrhachic [ˌɔːθəˈrækik] (ortho- + Gr. rhachis spine) 直腰椎的

orthoscope [ˈɔːθəskəup] (ortho- + -scope) 水检眼镜

orthoscopic [ˌɔːθəˈskɔpik] ❶ 水检眼镜的；❷ 视力正常的；❸ 正像视觉系统的

orthoscopy [ɔːˈθɔskəpi] 水检眼镜检查

orthosis [ɔːˈθəusis] (pl. orthoses) (Gr. orthōsis making straight) 支具
   ankle-foot o. (AFO) 踝托
   balanced forearm o. 前臂支具
   cervical o. 颈托
   dynamic o. 动力支具
   Engen extension o. 恩根氏牵伸支具
   flexor hinge o. 屈肌铰链支具
   functional o. 动力支具
   halo o. 颈部支具
   hip-knee-ankle-foot o. (HKAFO) 髋-膝-踝-足支具
   hyperextension o. 胸腰部的支具
   ischial weight-bearing o. 坐骨负重支具
   knee-ankle-foot o. (KAFO) 膝-踝-足支具
   lumbosacral o. (LSO) 脊柱支具
   opponens o. 拇指支具
   patellar tendon-bearing o. 脚踝支具
   pneumatic o. 充气支具
   resting o. 静止歪扭部整直法
   serial stretch orthoses 系列伸展支具
   SOMI o. (sternal-occipital-mandibular immobilizer 的缩写) 胸骨-枕骨-下颌骨制动具
   spinal o. 脊柱支具
   standing o. 立式支具
   static o. 静止支具
   therapeutic o. 治疗支具

thoracolumbosacral o. (TLSO) 胸-腰-骶支具

Toronto Legg-Perthes o. 多-莱-波三氏支具

orthoskiagraph [ˌɔːθəˈskaiəɡrɑːf] 正影描记器，X 线正影描记器

orthostatic [ˌɔːθəˈstætik] (*ortho-* + Gr. *statikos* causing to stand) 直立的，直体的

orthostatism [ˈɔːθəstætizəm] 直立位，直立姿势

orthostereoscope [ˌɔːθəˈstiəriəskəup] 立体 X 线正影器

orthotherapy [ˌɔːθəˈθerəpi] (*ortho-* + *therapy*) 矫形疗法

orthotic [ɔːˈθɔtik] 整治的

orthotics [ɔːˈθɔtiks] 矫正学

orthotist [ɔːˈθɔtist] (Gr. *orthōtēr* a restorer or preserver) 矫正器修配者

ortho-tolueno-azo-beta-naphthol [ˌɔːθəˌtɔluːiːnuˌæzəuˌbætəˈnæfθɔl] 邻甲苯偶氮-β 萘酚

orthotonos [ɔːˈθɔtənəs] (*ortho-* + Gr. *tonos* tension) 挺直性痉挛，身体强直

orthotonus [ɔːˈθɔtənəs] 挺直性痉挛，身体强直

orthotopic [ˌɔːθəˈtɔpik] (*ortho-* + Gr. *topos* place) 常位的，正位的

orthovoltage [ˌɔːθəˈvɔltidʒ] 正电压

Orthoxine [ɔːˈθɔksiːn] 奥索克星：甲氧苯丙甲胺制剂的商品名

orthropsia [ɔːˈθrɔpsiə] (Gr. *orthos* the time just about daybreak + *opsis* vision) 暮视症

orthuria [ɔːˈθjuəriə] (*ortho-* + Gr. *ouron* urine + *-ia*) 尿次数正常

Ortner's syndrome [ˈɔːtnəz] (Norbert Ortner, Austrian physician, 1865-1935) 奥特氏综合征

Ortolani's sign [ɔːtəˈlɑːniz] (Marius Ortolani, Italian orthopedic surgeon, 20th century) 奥特拉尼氏征

Orudis [ɔːˈruːdis] 奥诺迪斯：苯酮苯丙酸制剂的商品名

Oryza [əuˈraizə] (L. from Gr. *oryza* rice) 稻属

O.S. (L. *oculus sinister* 的缩写) 左眼

Os (*osmium* 的符号) 锇

os¹ [ɔs] (L. " an opening, or mouth") (pl. *orae*) (gen. *oris*) 口；口嘴

o. externum uteri 子宫外口

o. of uterus, external 子宫外口

os² [ɔs] (L.) (pl. *ossa*) (gen. *ossis*) 骨

o. acetabuli 髋臼骨（胎儿）

o. acromiale 肩峰骨（胚）

o. acromiale secundarium 继发性肩峰骨

o. basilare 底骨

o. breve (NA) 短骨

o. calcis 跟骨

o. capitatum (NA) 头状骨

o. carpale distale primum 大多角骨

o. carpale distale quartum 钩骨

o. carpale distale secundum 小多角骨

o. carpale distale tertium 头状骨

ossa carpalia 腕骨

ossa carpi (NA) 腕骨

o. centrale (NA) 腕中央骨

o. centrale tarsi 跗中央骨

o. coccygis (NA) 尾骨

o. coronae （马）蹬骨

o. costae, o. costale (NA) 肋骨

o. coxae (NA) 髋骨

ossa cranialia (NA) 颅骨

ossa cranii 颅骨

o. cuboideum (NA) 骰骨

o. cuneiforme intermedium (NA) 第二楔骨

o. cuneiforme laterale (NA) 第三楔骨

o. cuneiforme mediale (NA) 第一楔骨

o. cuneiforme primum 第一楔骨

o. cuneiforme secundum 第二楔骨

o. cuneiforme tertium 第三楔骨

ossa digitorum manus 指骨

ossa digitorum pedis (NA) 趾骨

o. epitympanicum 鼓上骨，鼓外骨

o. ethmoidale (NA) 筛骨

ossa facialia; ossa faciei 面骨

o. femorale 股骨

ossa fonticulorum (NA) 缝间骨

o. frontale (NA) 额骨

o. hamatum (NA) 钩骨

o. hyoideum (NA) 舌骨

o. iliacum (NA) 髋骨

o. ilii (NA), **o. ilium** 髂骨

o. incae 顶间骨

o. incisivum (NA) 切牙骨，门齿骨

o. innominatum 髋骨，无名骨

o. intercuneiforme 楔间骨
o. intermedium 月骨
o. intermetatarseum 跖间骨
o. interparietale (NA) 顶间骨
o. irregulare (NA) 异形骨
o. ischii (NA) 坐骨
o. lacrimale (NA) 泪骨
o. longum (NA) 长骨
o. lunatum (NA) 月骨
o. magnum 头状骨
ossa manus (NA) 手骨
o. mastoideum 颞骨乳突部
ossa membri inferioris (NA) 下肢骨
ossa membri superioris (NA) 上肢骨
ossa metacarpalia 掌骨
o. metacarpale tertium (NA) 第3掌骨
ossa metacarpi (NA) 掌骨
ossa metatarsalia (NA) 跖骨
ossa metatarsi (NA) 跖骨
o. multangulum majus 大多角骨
o. multangulum minus 小多角骨
o. nasale (NA) 鼻骨
o. naviculare (NA) 足舟骨
o. naviculare manus 手舟骨
o. naviculare pedis 足舟骨
o. naviculare pedis retardatum 足舟骨发育延迟
o. occipitale (NA) 枕骨
o. odontoideum 齿状骨
o. orbiculare ① 砧骨豆状突；② 豌豆骨
os in os 骨中骨
o. palatinum (NA) 腭骨
o. parietale (NA) 顶骨
o. pedis 蹄骨
ossa pedis (NA) 足骨
o. pelvicum (NA) 盆骨
o. penis 阴茎骨
o. peroneum 腓籽骨
o. pisiforme (NA) 豌豆骨
o. planum (NA) 扁骨
o. pneumaticum (NA) 含气骨
o. priapi 阴茎骨
o. pubis (NA) 耻骨
o. radiale 手舟骨
o. sacrale (NA) 骶骨
o. sacrum (NA) 骶骨
o. scaphoideum (NA) 舟骨

o. sedentarium 坐骨结节
ossa sesamoidea manus (NA) 手籽骨
ossa sesamoidea pedis (NA) 足籽骨
o. sphenoidale (NA) 蝶骨
o. subtibiale 胫下骨
ossa suprasternalia (NA) 胸上骨
ossa suturalia (NA) 缝间骨
ossa tarsalia (NA) 跗骨
o. tarsale distale primum 远侧第一楔骨
o. tarsale distale quartum 骰骨
o. tarsale distale secundum 远侧第二楔骨
o. tarsale distale tertium 远侧第三楔骨
ossa tarsi (NA) 跗骨
o. tarsi fibulare 跟骨
o. tarsi tibiale 距骨
o. temporale (NA) 颞骨
ossa thoracis (NA) 胸部骨
o. tibiale externum 外胫骨
o. trapezium (NA) 大多角骨
o. trapezoideum (NA) 小多角骨
o. trigonum tarsi (NA) 跗三角骨
o. triquetrum (NA) 三角骨
o. unguis 泪骨
o. vesalianum pedis 第五跖骨粗隆
ossa Wormi 缝间骨
o. zygomaticum (NA) 颧骨

OSAS (obstructive sleep apnea syndrome 的缩写) 堵塞性睡眠窒息

osazone [ˈəusəzəun] 脎

Osbil [ˈɔsbil] 奥斯比尔：碘苯酰氨酸制剂的商品名

oscedo [əˈsiːdəu] (L.) 呵欠

oscheal [ˈɔskiəl] (Gr. *oscheon* scrotum) 阴囊的

oscheitis [ˌɔskiˈaitis] (*oscheo-* + *-itis*) 阴囊炎

oschelephantiasis [ˌɔskələfænˈtaiətis] 阴囊象皮病

osche(o)- (Gr. *osche* scrotum) 阴囊

oscheocele [ˈɔskiəˌsiːl] (*oscheo-* + Gr. *kēlē* hernia, tumor) 阴囊肿大，阴囊肿瘤

oscheohydrocele [ˌɔskiəˈhaidrəsiːl] (*oscheo-* + *hydrocele*) 阴囊鞘膜水囊肿

oscheolith [ˈɔskiəliθ] (*oscheo-* + Gr. *lithos* stone) 阴囊石

oscheoma [ˌɔskiˈəumə] (*oscheo-* + *-oma*) 阴囊瘤

oscheoncus [ˌɔskiˈɔŋkəs] (*oscheo-* + Gr. *onkos* mass, bulk) 阴囊瘤

oscheoplasty [ˈɔskiəˌplæsti] (*oscheo-* + Gr. *plassein* to mold) 阴囊成形术

oschitis [ɔsˈkaitis] 阴囊炎

oscillation [ˌɔsiˈleiʃən] (L. *oscillare* to swing) 振动,摆动

oscillator [ˈɔsiˌleitə] 振荡器

oscillo- (L. *oscillare* to swing) 震动,摆动

oscillogram [əˈsiləgræm] (*oscillo-* + *-gram*) 示波图

oscillograph [əˈsiləgɑːf] (*oscillo-* + *-graph*) 示波器

oscillometer [ˌɔsiˈlɔmitə] (*oscillo-* + *-meter*) 示波计

oscillometry [ˌɔsiˈlɔmitri] 示波测量法

oscillopsia [ˌɔsiˈlɔpsiə] (*oscillo-* + Gr. *opsis* vision + *-ia*) 振动幻觉

oscilloscope [əˈsiləskəup] (*oscillo-* + *-scope*) 示波器

Oscillospira [əˌsiləˈspaiərə] (*oscillo-* + Gr. *speira* spiral) 颤螺菌属

Oscillospiraceae [əˌsiləspiˈreisiiː] 颤螺菌科

Oscinis pallipes [ˈɔsinis ˈpælipiːz] 眼疾蝇

oscitate [ˈɔsiteit] 打呵欠

oscitation [ˌɔsiˈteiʃən] (L. *oscitatio*) 呵欠

osculum [ˈɔskjuləm] (L.) (pl. *oscula*) 小口,细口

-ose 糖类

Osgood-Haskins test [ˈɔzgud ˈhɑːskinz] (Edwin Eugene *Osgood*, American physician, born 1899; Howard Davis *Haskins*, American physician, 1871-1933) 奥-哈二氏试验

Osgood-Schlatter disease [ˈɔzgud ˈʃlætə] (Ro-bert Bayley *Osgood*, American orthopedist, 1873-1956; Carl *Schlatter*, Swiss surgeon, 1864-1934) 奥-施二氏病

OSHA (Occupational Safety and Health Administration 的缩写) 职业病安全健康管理局

-osis (Gr.) 过程

Osler's disease [ˈəus-ləz] (Sir William *Osler*, Canadian-born physician, 1849-1919) 奥斯勒病

Osler-Vaquez disease [ˈəuslə vɑːˈkeiz] (Sir William *Osler*; Louis Henri *Vaquez*, French physician, 1860-1936) 奥-威氏病,红细胞增多

Osler-Weber-Rendu disease [ˈəuslə ˈwebə rɔnˈduː] (Sir William *Osler*; Fredrick Parkes *Weber*, British physician, 1863-1962; Henri Jules Louis Marie *Rendu*, French physician, 1844-1902) 奥-威-雷三氏病,真性细胞增多

osmate [ˈɔzmeit] 锇酸盐

osmatic [ɔzˈmætik] (Gr. *osmasthai* to smell) ❶ 嗅觉的；❷ 有嗅觉的

osmesis [ɔzˈmiːsis] (Gr. *osmēsis* smelling) 嗅

osmesthesia [ˌɔzmesˈθiːziə] (*osm-* + *esthesia*) 嗅觉

osmic [ˈɔzmik] 锇的

osmic acid [ˈɔzmik] 锇酸

osmicate [ˈɔzmikeit] 用锇酸染色

osmics [ˈɔzmiks] (Gr. *osmē* odor) 嗅觉学

osmidrosis [ˌɔzmiˈdrəusis] (*somo-* (1) + Gr. *hidrōs* sweat) 臭汗,腋臭

osmification [ˌɔzmifiˈkeiʃən] 锇处理

osmiophilic [ˌɔzmiəˈfilik] (*osmic* acid + Gr. *philein* to love) 嗜锇的

osmiophobic [ˌɔzmiəˈfɔbik] (*osmic* acid + *phobia*) 疏锇的

osmium [ˈɔzmiəm] (Gr. *osmē* odor) 锇
　o. tetroxide 四氧化锇

osm(o)-[1] (Gr. *osmē* odor) 气味

osm(o)-[2] (Gr. *ōsmos* impulse) 渗透

osmoceptor [ˈɔzməˌseptə] 渗透压感受器

osmodysphoria [ˌɔzməudisˈfəuriə] (Gr. *osmē* odor + *dys* ill + *pherein* to bear) 特殊臭气嫌恶

osmogen [ˈɔzmədʒən] (Gr. *ōsmos* impulse + *gennan* to produce) 酶原

osmol [ˈɔzməul] 渗量

osmolality [ˌɔzməˈlæliti] 重量渗透压浓度

osmolar [ɔzˈməulə] 容积渗克分子的

osmolarity [ˌɔzməˈlæriti] 克分子渗透压浓度

osmole [ˈɔzməul] 渗克分子,渗量

osmology [ɔzˈmɔlədʒi] (Gr. *osmē* smell + *-logy*) ❶ 嗅觉学；❷ (Gr. *ōsmos* impulse + *-logy*) 渗透学

osmolute [ˈɔzməˌluːt] 渗质

osmometer [ɔzˈmɔmitə] (*osmo-*[2] + *-meter*) 渗压计
　freezing-point o. 冰点渗压计

Hepp o. 衡量直接渗压计
membrane o. 膜式渗压计
osmonosology [ˌɔzməunəˈsɔlədʒi] (Gr. *osmē* smell + *nosology*) 嗅觉障碍学
osmophilic [ˌɔzmə'filik] (*osmo-*² + *-philic*) 趋渗的
osmophobia [ˌɔzmə'fəubiə] (*osmē-*¹ + *phobia*) 恐嗅症
osmophore [ˈɔzməfɔː] (*osmo-*¹ + Gr. *phoros* bearing) 生臭基,生臭团
osmoreceptor [ˌɔzməri'septə] ❶ (*osmo-*² + *receptor*) 渗压感受器; ❷ (*osmo-*¹ + *receptor*) 嗅觉感受器
osmoregulation [ˌɔzməˌregjuˈleiʃən] 渗透调节
osmoregulatory [ˌɔzmə'regjulə₁təri] 调节渗透的
osmose ['ɔsməus] 渗透
osmosis [ɔz'məusis] (Gr. *ōsmos* impulsion) 渗透作用
  reverse o. 反渗透作用
osmosology [ˌɔzmə'sɔlədʒi] 渗透学
osmostat ['ɔzmeˌstæt] 渗透稳定器
osmotaxis [ˌɔzmə'tæksis] (*osmo-*² + Gr. *taxis* arrangement) 趋渗性
osmotherapy [ˌɔzmə'θerəpi] (*osmo-*² + *therapy*) 渗透疗法
osmotic [ɔz'mɔtik] 渗透的
osphresi(o)- (Gr. *osphrēsis* smell) 嗅,嗅觉
osphresiology [ˌɔsfrizi'ɔlədʒi] (*osphresio-* + *-logy*) 嗅觉学
osphresis [ɔs'frisis] (Gr. *osphrēsis* smell) 嗅觉
osphretic [ɔs'fretik] 嗅觉的
osphyarthrosis [ˌɔsfiɑː'θrəusis] 髋关节炎
ossa ['ɔsə] (L.) 骨。*os*² 的复数形式
ossature ['ɔsətʃə] 骨骼
ossein ['ɔsiin] 骨胶原
osselet ['ɔsəlet] 马膝骨赘
osseo- (L. *osseus* bony, from *os* bone) 骨
osseoalbumoid [ˌɔsiə'ælbjumɔid] 骨硬蛋白
osseoaponeurotic [ˌɔsiəuˌæpənjuə'rɔtik] 骨腱膜的
osseocartilaginous [ˌɔsiəˌkɑːti'lædʒinəs] 骨软骨的
osseofibrous [ˌɔsiə'faibrəs] 骨纤维组织的
osseointegration [ˌɔsiəˌinti'greiʃən] (*osseo-* + *integration*) 骨痂
osseomucin [ˌɔsiə'mjuːsin] 骨粘素
osseomucoid [ˌɔsiə'mjuːkɔid] 骨粘蛋白
osseosonometer [ˌɔsiəusə'nɔmitə] (L. *ossa* bones + *sonus* sound + *metrum* measure) 骨导音检查器
osseous ['ɔsiəs] (L. *osseus*) 骨的,骨性的
ossicle ['ɔsikəl] (L. *ossiculum*) 小骨
  Andernach's o. 安德纳黑氏小骨
  auditory o's 听小骨
  o's of Bertin 蝶骨
  epactal o's 缝间骨
  episternal o's 胸上骨
  intercalcar o's 缝间骨
  Kerckring's o. 克尔克林氏小骨
  Riolan's o's 里突郎氏小骨
  sphenoturbinal o's 蝶鼻甲骨
  wormian o's 缝间骨
ossicula [ɔ'sikjulə] (L.) 小骨。*ossiculum* 的复数形式
ossicular [ɔ'sikjulə] 小骨的
ossiculectomy [ˌɔsikju'lektəmi] (*ossiculum* + Gr. *ektomē* excision) 听小骨切除术
ossiculotomy [ˌɔsikju'lɔtəmi] (*ossiculum* + Gr. *temnein* to cut) 听小骨切开术
ossiculum [ɔ'sikjuləm] (pl. *ossicula*)(L.) (NA) 小骨
  ossicula auditoria (NA) 听小骨
  ossicula auditus 听小骨
ossidesmosis [ˌɔsidəs'məusis] 腱骨化,骨与腱形成
ossiferous [ɔ'sifərəs] (L. *os* bone + *ferre* to bear) 生骨的
ossific [ɔ'sifik] (L. *os* bone + *facere* to make) 骨化的
ossification [ˌɔsifi'keiʃən] (L. *ossificatio*) 骨化
  cartilaginous o. 软骨骨化
  ectopic o. 异位性骨化
  endochondral o. 软骨内骨化
  heterotopic o. 异位骨化
  intramembranous o. 膜内骨化
  metaplastic o. 化生性骨化
  perichondral o. 软骨膜下骨化
  periosteal o. 骨膜骨化
ossifluence [ɔ'sifluːəns] 骨软化

ossiform ['ɔsifɔːm] 骨样的

ossify ['ɔsifai] (L. *os* bone + *facere* to make) 骨化, 成骨

ossifying ['ɔsifaiiŋ] 骨化的

ossiphone ['ɔsifəun] (L. *os* pl. *ossa* bone + Gr. *phōnē* voice) 骨导助听器

ostalgia [ɔs'tældʒiə] 骨痛

ostarthritis [ˌɔstɑː'θraitis] 骨关节炎

osteal ['ɔstiəl] 骨的

ostealbumoid [ˌɔsti'ælbjumɔid] 骨硬蛋白

ostealgia [ˌɔsti'ældʒiə] (Gr. *osteon* bone + *-algia*) 骨痛

osteanabrosis [ˌɔstiˌænə'brəusis] (*osteo-* + Gr. *anabrōsis* eating up) 骨萎缩

osteanagenesis [ˌɔstiˌænə'dʒenəsis] 骨再生

osteanaphysis [ˌɔstiə'næfisis] (*osteo-* + Gr. *anaphyein* to reproduce) 骨再生

ostearthritis [ˌɔstiɑː'θraitis] 骨关节炎

ostearthrotomy [ˌɔstiɑː'θrɔtəmi] (*osteo-* + Gr. *arthron* joint + *temnein* to cut) 骨关节端切除术

ostectomy [ɔs'tektəmi] (*osteo-* + Gr. *ektomē* excision) 骨切除术

osteectomy [ˌɔsti'ektəmi] 骨切除术

osteectopia [ˌɔstiek'təupiə] (*osteo-* + Gr. *ektopos* out of place + *-ia*) 骨异位

osteectopy [ˌɔsti'ektəpi] 骨异位

ostein ['ɔstiin] 骨胶原

osteite ['ɔstiait] 骨化中心

osteitis [ˌɔsti'aitis] (*osteo-* + *-itis*) 骨炎
  acute o. 急性骨炎
  o. albuminosa 蛋白性骨炎
  alveolar o. 牙槽炎
  carious o. 骨髓炎
  o. carnosa 蕈样骨炎
  caseous o. 干酪样骨炎
  central o. 骨内膜炎
  chronic o. 慢性骨炎
  chronic nonsuppurative o. 慢性非化脓性骨炎
  o. condensans 致密性骨炎
  o. condensans generalisata 全身性致密性骨炎
  o. condensans ilii 髂骨致密性骨炎
  condensing o. 致密性骨炎
  cortical o. 骨膜炎
  o. deformans 畸形性骨炎
  o. fibrosa cystica, o. fibrosa cystica generalisata 囊性纤维性骨炎
  o. fibrosa disseminata 播散性纤维性骨炎
  o. fibrosa localisata 局限性纤维性骨炎
  o. fibrosa osteoplastica 囊性纤维性骨炎
  formative o. 骨质增生性骨炎
  o. fragilitans 脆性骨炎
  o. fungosa 蕈样骨炎, 肉芽性骨炎
  Garré's o. 加雷氏骨炎
  o. granulosa. 肉芽性骨炎
  gummatous o. 梅毒瘤性骨炎
  necrotic o. 坏死性骨炎
  o. ossificans 骨化性骨炎
  parathyroid o. 甲状旁腺性骨炎
  pedal o. 足骨炎
  productive o. 增生性骨炎
  o. pubis ① 耻骨硬化; ② 耻骨骨炎
  rarefying o. 疏松性骨炎
  sclerosing o. ① 硬化性骨炎; ② 致密性骨炎
  secondary hyperplastic o. 继发性肥大性骨炎
  vascular o. 血管性骨炎

ostembryon [ɔs'tembriɔn] (*osteo-* + Gr. *embryon* fetus) 石胎

ostemia [ɔs'tiːmiə] (Gr. *osteon* bone + *aema* blood) 骨充血

ostempyesis [ˌɔstəmpai'iːsis] (*osteo-* + Gr. *empyēsis* suppuration) 骨化脓

Ostensin [ɔs'tensin] 奥斯坦星: 三甲啶制剂的商品名

oste(o)- (Gr. *osteon* bone) 骨

osteoacusis [ˌɔstiəˌɔ'kjuːsis] (*osteo-* + Gr. *akousis* hearing) 骨传导

osteoanagenesis [ˌɔstiəˌænə'dʒenəsis] (*osteo-* + Gr. *anagenesis*) 骨再生

osteoanesthesia [ˌɔstiəˌænəs'θiːziə] 骨感觉缺失

osteoaneurysm [ˌɔstiə'ænjuərizəm] 骨内动脉瘤

osteoarthritic [ˌɔstiɑː'θraitik] 骨关节炎的

osteoarthritis [ˌɔstiɑː'θraitis] (*osteo-* + Gr. *arthron* joint + *-itis*) 骨关节炎
  o. deformans, o. deformans endemica, endemic o. 变形性骨关节炎, 地方性变形性骨关节炎, 地方性骨关节炎
  hyperplastic o. 增生性骨关节炎

interphalangeal o. 指节间骨关节炎

osteoarthropathy [ˌɔstiəɑː'θrɔpəθi] (*osteo- + arthropathy*) 骨关节病

　familial o. of fingers 家族性指关节病

　hypertrophic o., idiopathic 特发性肥大性骨关节病

　hypertrophic o., primary 原发性肥大性骨关节病

　hypertrophic pneumic o. 肥大性肺性骨关节病

　hypertrophic pulmonary o. 肥大性肺性骨关节病

　pulmonary o. 肺性骨关节病

　secondary hypertrophic o. 继发性肥大性骨关节病

osteoarthrosis [ˌɔstiəɑː'θrəusis] 骨关节炎

　o. juvenilis 幼年性骨关节炎

osteoarthrotomy [ˌɔstiəɑː'θrɔtəmi] 骨关节端切除术

osteoarticular [ˌɔstiəɑː'tikjulə] 骨关节的

osteoblast ['ɔstiəˌblæst] (*osteo- + Gr. blastos* germ) 成骨细胞

osteoblastic [ˌɔstiə'blæstik] 骨细胞的

osteoblastoma [ˌɔstiəblæs'təumə] (*osteoblast- + -oma*) 成骨细胞瘤

osteocachectic [ˌɔstiəkə'kektik] 骨性恶病质的

osteocachexia [ˌɔstiəkə'keksiə] 骨性恶病质

osteocalcin [ˌɔstiə'kælsin] 游离钙

osteocampsia [ˌɔstiə'kæmpsiə] (*osteo- + Gr. kamptein* to bend) 骨屈曲

osteocampsis [ˌɔstiə'kæmpsis] 骨屈曲

osteocarcinoma [ˌɔstiəuˌkɑːsi'nəumə] 骨癌

osteocartilaginous [ˌɔstiəˌkɑːti'lædʒinəs] 骨软骨的

osteocele ['ɔstiəsiːl] (*osteo- + Gr. kēlē* tumor) ❶阴囊骨瘤；❷骨性疝

osteocementum [ˌɔstiəsi'mentəm] (*osteo- + cementum*) 骨样牙组织

osteocephaloma [ˌɔstiəuˌsefə'ləumə] (*osteo- + cephaloma*) 骨脑样瘤

osteochondral [ˌɔstiə'kɔndrəl] 骨软骨的

osteochondritis [ˌɔstiəkɔn'draitis] (*osteo- + Gr. chondros* cartilage + *-itis*) 骨软骨炎

　calcaneal o. 跟骨骨软骨炎

　o. deformans juvenilis 幼年变形性骨软骨炎

　o. deformans juvenilis dorsi 幼年变形性椎骨骨软骨炎

　o. dissecans 分离性骨软骨炎

　o. ischiopubica 坐耻骨骨软骨炎

　juvenile deforming metatarsophalangeal o. 幼年变形性趾跖骨，骨软骨炎

　o. necroticans 坏死性骨软骨炎

　o. ossis metacarpi et metatarsi 掌骨跖软骨炎

osteochondrodysplasia [ˌɔstiəˌkɔndrɔdis'pleiziə] (*osteo- + chondro- + dys- + Gr. plasein* to form) 骨软骨发育不良

osteochondrodystrophia [ˌɔstiəˌkɔndrədis'trɔfiə] 骨软骨营养不良

　o. deformans 变形性骨软骨营养不良

osteochondrodystrophy [ˌɔstiəˌkɔndrə'distrəfi] 骨软骨营养不良

　familial o. 家族性骨软骨营养不良

osteochondrofibroma [ˌɔstiəˌkɔndrɔfai'brəumə] 骨软骨纤维瘤

osteochondrolysis [ˌɔstiəkɔn'drɔlisis] 骨脱离

osteochondroma [ˌɔstiəkɔn'drəumə] (*osteo- + chondroma*) 骨软骨瘤

　fibrosing o. 纤维性骨软骨瘤

osteochondromatosis [ˌɔstiəˌkɔndrəmə'təusis] 骨软骨瘤病

　multiple o. 骨软骨瘤病

　synovial o. 滑膜性骨软骨瘤

osteochondromyxoma [ˌɔstiəˌkɔndrəmaik'səumə] (*osteochondroma + myxoma*) 骨软骨粘液瘤

osteochondropathy [ˌɔstiəkɔn'drɔpəθi] (*osteo- + Gr. chondros* cartilage + *pathos* disease) 骨软骨病

　polyglucose (dextran) sulfate-induced o. 硫酸缩合葡萄糖引起的骨软骨病

osteochondrosarcoma [ˌɔstiəˌkɔndrɔsɑː'kəumə] (*osteo- + chondrosarcoma*) 骨软骨瘤

osteochondrosis [ˌɔstiəkɔn'drəusis] 骨软骨炎

　o. deformans tibiae 胫骨变形性骨软骨病

osteochondrous [ˌɔstiə'kɔndrəs] (*osteo- + Gr. chondros* cartilage) 骨软骨的

osteoclasia [ˌɔstiə'kleiziə] (*osteo- + Gr.*

klasis a breaking + *-ia*) 骨破坏
osteoclasis [ˌɔstiˈɔklæsis] (*osteo-* + Gr. *klasis* a breaking) 折骨术
osteoclast [ˈɔstiəˌklæst] (*osteo-* + Gr. *klan* to break) ❶ 破骨细胞；❷ 折骨器
osteoclastic [ˌɔstiəˈklæstik] ❶ 折骨器的；❷ 破坏骨的
osteoclastoma [ˌɔstiəklæsˈtəumə] (*osteoclast-* + *-oma*) 破骨细胞瘤
osteoclasty [ˈɔstiəˌklæsti] 折骨术
osteocomma [ˌɔstiəˈkɔmə] (*osteo-* + Gr. *komma* fragment) 单骨，骨件
osteocope [ˈɔstiəˌkəup] (*osteo-* + Gr. *kopos* pain) 骨剧痛
osteocopic [ˌɔstiəˈkɔpik] 骨剧痛的
osteocranium [ˌɔstiəˈkreiniəm] (*osteo-* + Gr. *kranion* cranium) 骨颅
osteocystoma [ˌɔstiəsisˈtəumə] (*osteo-* + *cystoma*) 骨囊瘤
osteocyte [ˈɔstiəˌsait] 骨细胞
osteodentin [ˌɔstiəˈdentin] (*osteo-* + *dentin*) 骨性牙质
osteodentinoma [ˌɔstiəˌdentiˈnəumə] 骨牙质瘤
osteodermia [ˌɔstiəˈdəːmiə] (*osteo-* + Gr. *derma* skin + *-ia*) 皮肤骨化
osteodesmosis [ˌɔstiədisˈməusis] (*osteo-* + Gr. *desmos* tendon) ❶ 骨与腱形成；❷ 腱骨化
osteodiastasis [ˌɔstiədaiˈæstəsis] (*osteo-* + Gr. *diastasis* separation) 骨分离
osteodynia [ˌɔstiəˈdiniə] (*osteo-* + Gr. *odynē* pain) 骨痛
osteodysplasty [ˌɔstiədisˈplæsti] (*osteo-* + *dys-* + Gr. *plassein* to form) 骨发育不良
   o. of Melnick and Needles 麦-尼二氏骨发育不良
osteodystrophia [ˌɔstiədisˈtrɔufiə] 骨营养不良
   o. cystica 囊性骨营养不良
   o. fibrosa 纤维性营养不良
osteodystrophy [ˌɔstiəˈdistrəfi] 骨营养不良
   Albright's hereditary o. 阿尔不莱特氏遗传性骨营养不良
   renal o. 肾性骨营养不良
osteoectasia [ˌɔstiəekˈteiziə] (*osteo-* + *ectasia*) 骨膨胀症

   familial o. 家族性骨膨胀症
osteoectomy [ˌɔstiəˈektəmi] 骨切除术
osteoenchondroma [ˌɔstiəˌenkɔnˈdrəumə] 骨软骨瘤
osteoepiphysis [ˌɔstiəˈpifisis] (*osteo-* + *epiphysis*) 骨骺
osteofibroma [ˌɔstiəfaiˈbrəumə] (*osteo-* + *fibroma*) 骨纤维瘤
osteofibromatosis [ˌɔstiəˌfaibrəməˈtəusis] 骨纤维瘤病
   cystic o. 囊性纤维
osteofluorosis [ˌɔstiəfluəˈrəusis] 氟骨病
osteogen [ˈɔstiəˌdʒen] (*osteo-* + Gr. *gennan* to produce) 成骨质
osteogenesis [ˌɔstiəˈdʒenəsis] (*osteo-* + Gr. *gennan* to produce) 骨生成，骨发生
   o. imperfecta (OI) 成骨不全
   o. imperfecta congenita (OIC) 先天性成骨不全，先天性骨脆症
   o. imperfecta cystica 囊状骨成骨不全
   o. imperfecta tarda (OIT) 迟缓性骨生成不全
osteogenetic [ˌɔstiədʒəˈnetik] 骨发生的，骨生成的
osteogenic [ˌɔstiəˈdʒenik] (*osteo-* + Gr. *gennan* to produce) 成骨的，骨原生的
osteogenous [ɔstiˈɔdʒənəs] 成骨的，骨原生的
osteogeny [ˌɔstiˈɔdʒəni] 骨生成，骨发生
osteogram [ˈɔstiəˌgræm] 椎骨图
osteography [ˌɔstiˈɔgrəfi] (*osteo-* + Gr. *graphein* to write) 骨描述
osteohalisteresis [ˌɔstiəhəˌlistəˈriːsis] (*osteo-* + Gr. *hals* salt + *sterein* to deprive) 骨钙质缺乏
osteohemachromatosis [ˌɔstiəˌheməˌkrəməˈtəusis] (*osteo-* + Gr. *haima* blood + *chrōma* color + *-osis*) 骨血色病
osteohydatidosis [ˌɔstiəˌhaidətiˈdəusis] 骨棘球蚴病
osteoid [ˈɔstiɔid] (*osteo-* + Gr. *eidos* form) ❶ 骨样的；❷ 类骨质，前骨质
osteoinduction [ˌɔstiəinˈdʌkʃən] 骨诱导
osteolathyrism [ˌɔstiəˈlæθirizəm] 骨山黧豆中毒
osteolipochondroma [ˌɔstiəˌlipəkɔnˈdrəumə] (*osteo-* + *lipo-* + *chondroma*) 骨脂软骨瘤

osteolipoma [ˌɔstiəli'pəumə] (*osteo-* + *lipoma*) 骨脂瘤
osteologia [ˌɔstiə'lɔdʒiə] 骨骼学
osteologist [ˌɔsti'ɔlədʒist] 骨骼学家
osteology [ˌɔsti'ɔlədʒi] (*osteo-* + Gr. *logos* treatise) 骨骼学
osteolysis [ˌɔsti'ɔlisis] (*osteo-* + Gr. *lysis* dissolution) 骨质溶解
osteolytic [ˌɔstiə'litik] 溶骨的
osteoma [ˌɔsti'əumə] (*osteo-* + *-oma*) 骨瘤
  cavalryman's o. 骑士骨瘤
  compact o. 致密骨瘤
  o. cutis 皮上骨质生成
  o. durum, o. eburneum 密质骨瘤
  giant osteoid o. 巨大骨样骨瘤
  ivory o. 象牙骨瘤,密质骨瘤
  o. medullare 含髓骨瘤
  osteoid o. 骨样骨瘤
  o. spongiosum, spongy o. 海绵样骨瘤,松质骨瘤
osteomalacia [ˌɔstiəmə'leiʃiə] (*osteo-* + Gr. *malakia* softness) 骨软化
  antacid-induced o. 抗酸-诱导骨软化
  anticonvulsant o. 抗惊厥骨软化
  familial hypophosphatemic o. 家族血内磷酸过少
  hepatic o. 肝性骨软化
  oncogenous o. 瘤性骨软化
  puerperal o. 产褥期骨软化
  real tubular o. 肾小管性骨软化
  senile o. 老年性骨软化
osteomalacic [ˌɔstiəmə'læsik] 骨软化的
osteomalacosis [ˌɔstiəˌmælə'kəusis] 骨软化
osteomatoid [ˌbiɛtəmə'tɔid] 骨瘤样的
osteomatosis [ˌɔstiəmə'təusis] 骨瘤病
osteomere ['ɔstiəˌmiə] (*osteo-* + Gr. *meros* part) 单骨,骨件
osteometry [ˌɔsti'ɔmitri] (*osteo-* + Gr. *metron* measure) 测量法
osteomiosis [ˌɔstiəmai'əusis] (*osteo-* + Gr. *meiōsis* diminution) 骨碎裂
osteomyelitic [ˌɔstiəˌmaiə'litik] 骨髓炎的
osteomyelitis [ˌɔstiəˌmaiə'laitis] (*osteo-* + Gr. *myelos* marrow) 骨髓炎
  conchiolin o. 珍珠工骨髓炎
  diffuse sclerosing o. 弥散性硬化性骨髓炎
  focal sclerosing o. 灶性硬化性骨髓炎
  Garré's o. 加雷氏骨髓炎,硬化性非化脓性骨炎
  salmonella o. 沙门氏菌性骨髓炎
  sclerosing nonsuppurative o. 硬化性非化脓性骨髓炎
  typhoid o. 伤寒性骨髓炎
  o. variolosa 天花性骨髓炎
osteomyelodysplasia [ˌɔstiəˌmaiələdis'plei-ziə] (*osteo-* + Gr. *myelos* marrow + *dys-* + *plassein* to form) 骨髓发育不良
osteomyelography [ˌɔstiəˌmaiə'lɔgrəfi] 骨髓X线照相术
osteomyxochondroma [ˌɔstiəˌmaiksəkɔn'drəumə] 骨粘液性软骨瘤
osteon [ˌɔstiɔn] (*osteo-* + Gr. *-on* neuter ending) 骨单位
osteone ['ɔstiəun] 骨单位
osteonecrosis [ˌɔstiənə'krəusis] (*osteo-* + Gr. *nekrōsis* death) 骨坏死
osteonectin [ˌɔsti'ɛə'nektin] (*osteo-* + L. *nectere* to fasten) 钙调蛋白
osteoneuralgia [ˌɔstiənju'rældʒiə] (*osteo-* + *neuralgia*) 骨神经痛
osteonosus [ˌɔsti'ɔnəsəs] (*osteo-* + Gr. *nosos* disease) 骨病
osteo-odontoma [ˌɔstiəˌɔdɔn'təumə] 釉质牙瘤
osteopath ['ɔstiəpæθ] 疗骨术医士
osteopathia [ˌɔsti'pæθiə] 骨病
  o. condensans 骨硬化病,**o. condensans disseminata, o. condensans generalisata** 播散性致密性骨病,全身性致密性牙病
  o. hemorrhagiça infantum 婴儿出血性骨病
  o. hyperostotica congenita 先天性骨肥厚性骨病
  o. hyperostotica multiplex infantilis 婴儿多发性骨肥厚性骨病
  o. striata 条纹状骨病
osteopathic [ˌɔstiə'pæθik] ❶ 骨病的;❷ 疗骨术的
osteopathology [ˌɔstiəpə'θɔlədʒi] 骨病理学
osteopathy [ˌɔsti'ɔpəθi] (*osteo-* + Gr. *pathos* disease) ❶ 骨病;❷ 疗骨术,整骨术

alimentary o. 营养不良性骨病,饥饿性骨病

disseminated condensing o. 播散性致密性骨病,脆性骨硬化

hunger o. 饥饿性骨病,骨软化

myelogenic o. 骨髓性骨病

osteopecilia [ˌɔstiəpi'siliə] (osteo- + Gr. poikilia spottedness) 全身脆弱性骨硬化

osteopedion [ˌɔstiə'piːdiɔn] (osteo- + Gr. paidion child) 胎儿石化,石胎

osteopenia [ˌɔstiə'piːniə] (osteo- + penia poverty) 骨质减少

osteopenic [ˌɔstiə'penik] 骨质减少的

osteoperiosteal [ˌɔstiəˌpiəri'ɔstiəl] 骨骨膜的

osteoperiostitis [ˌɔstiəˌperiɔs'taitis] (osteo- + periostitis) 骨骨膜炎

alveolodental o. 牙槽骨骨膜炎

osteopetrosis [ˌɔstiəp'trəusis] (osteo- + Gr. petra stone + -osis) 骨硬化病

o. gallinarum 鸡骨硬化病

osteophage ['ɔstiəfeidʒ] (osteo- + Gr. phagein to eat) 噬骨细胞

osteophagia [ˌɔstiə'feidʒiə] (osteo- + Gr. phagein to eat) 食骨癖

osteophlebitis [ˌɔstiəfli'baitis] (osteo- + Gr. phleps vein + -itis) 骨静脉炎

osteophony [ˌɔsti'ɔfni] (osteo- + Gr. phōnē voice) 骨传导,骨导音

osteophore ['ɔstiəfɔː] (osteo + Gr. pherein to carry) 碎骨钳

osteophyma [ˌɔstiə'faimə] (osteo- + Gr. phyma growth) 骨赘

osteophyte ['ɔstiəfait] (osteo- + Gr. phyton plant) 骨赘

osteophytosis [ˌɔstiəfai'təusis] 骨赘病

osteoplaque ['ɔstiəplɑːk] 骨层

osteoplast ['ɔstiəplæst] (osteo- + Gr. plastos formed) 成骨细胞

osteoplastic [ˌɔstiə'plæstik] ❶ 成骨的,骨原性的;❷ 骨成形的

osteoplastica [ˌɔstiə'plæstikə] 囊性纤维骨炎

osteoplasty ['ɔstiəˌplæsti] (osteo- + Gr. plassein to form) 骨成形术,骨整形术

osteopoikilosis [ˌɔstiəˌpɔiki'ləusis] (osteo- + Gr. poikilos mottled) 全身脆弱性骨硬化

osteopoikilotic [ˌɔstiəˌpɔiki'lɔtik] 全身脆弱性骨硬化的

osteoporosis [ˌɔstiəpə'rəusis] (osteo- + Gr. poros passage + -osis) 骨质疏松症

o. circumscripta cranii 颅骨局限性骨疏松

o. of disuse 废用性骨质疏松

postmenopausal o. 闭经后骨疏松

post-traumatic o. 创伤后骨质疏松

senile o. 老年性骨质疏松

osteoporotic [ˌɔstiəpə'rɔtik] 骨质疏松的

osteopsathyrosis [ˌɔstiəpˌsæθi'rəusis] (osteo- + Gr. psathyros friable) 骨脆症

osteoradionecrosis [ˌɔstiəˌreidiəuni'krəusis] 放射性骨坏死

osteorrhagia [ˌɔstiə'reidʒiə] (osteo- + Gr. rhēgnynai to burst out) 骨出血

osteorrhaphy [ˌɔsti'ɔrəfi] (osteo- + Gr. rhaphē suture) 骨缝术

osteosarcoma [ˌɔstiəsɑː'kəumə] (osteo- + sarcoma) 骨肉瘤

chondroblastic o. 软骨母细胞骨癌

classical o. 一级骨癌

extraosseous o. 骨外骨肉瘤

fibroblastic o. 纤维组织母细胞骨肉瘤

high-grade surface o. 高良性骨组织瘤

intracortical o. 皮质内骨肉瘤

intraosseous low-grade o. 骨内低级骨肉瘤

o. of jaw 颌骨肉瘤

multicentric o. 多中心性骨肉瘤

osteoblastic o. 成骨骨肉瘤

parosteal o. 骨旁性骨肉瘤

periosteal o. 骨膜骨肉瘤

small-cell o. 小细胞骨肉瘤

telangiectatic o. 毛细血管扩张性骨肉瘤

osteosarcomatosis [ˌɔstiəsɑːkəmə'təusis] 多发性骨肉瘤

osteosarcomatous [ˌɔstiəsɑː'kɔmətəs] 骨肉瘤的

osteosclerosis [ˌɔstiəskliə'rəusis] (osteo- + Gr. sklērōsis hardening) 骨硬化

o. congenita 先天性骨硬化,软骨发育不全

o. fragilis 脆弱性骨硬化

o. fragilis generalisata 全身脆弱性硬化

o. myelofibrosis 骨髓纤维性骨硬化

osteosclerotic [ˌɔstiəsklə'rɔtik] 骨硬化的

osteoseptum [ˌɔstiəˈseptəm] (*osteo-* + *septum*) 骨性鼻中隔

osteosis [ˌɔstiˈəusis] 骨质生成
  o. cutis 皮上骨质生成
  o. eburnisans monomelica 肢骨纹状肥大
  parathyroid o. 甲状旁腺性骨化病,囊状纤维性骨炎

osteospongioma [ˌɔstiəuˌspʌndʒiˈəumə] (*osteo-* + *sponge* + *oma* tumor) 松质骨瘤

osteosteatoma [ˌɔstiˌstiːəˈtəumə] (*osteo-* + Gr. *steatoma* sebaceous tumor) 骨脂瘤

osteostixis [ˌɔstiəˈstiksis] (*osteo-* + Gr. *stixis* puncture) 骨穿刺术

osteosuture [ˈɔstiəˌsjuːtʃə] (*osteo-* + L. *sutura* suture) 骨缝术

osteosynovitis [ˌɔstiəˌsinəˈvaitis] 骨滑膜炎

osteosynthesis [ˌɔstiəˈsinθəsis] (*osteo-* + Gr. *synthesis* a putting together) 骨缝术

osteotabes [ˌɔstiəˈteibiz] (*osteo-* + L. *tabes* wasting) 骨髓痨,骨耗病

osteothrombophlebitis [ˌɔstiəˌθrɔmbəfliˈbaitis] 骨血栓性静脉炎

osteothrombosis [ˌɔstiəθrɔmˈbəusis] (*osteo-* + *thrombosis*) 骨内静脉血栓形成

osteotome [ˈɔstiəˌtəum] (*osteo-* + Gr. *tomē* a cut) 骨凿

osteotomoclasis [ˌɔstiəˌtəuˈmɔkləsis] (*osteo-* + Gr. *tomos* section + *klasis* breaking) 折骨矫形术

osteotomy [ˌɔstiˈɔtəmi] (*osteo-* + Gr. *temnein* to cut) 骨切开术,切骨术
  angulation o. 角度骨切开术
  block o. 大块切骨术
  cuneiform o. 楔形切骨术
  cup-and-ball o. 杵臼样切骨术
  displacement o. 骨切断错位术
  innominate o. 无名骨切断术
  inverted L o. 凸颌畸形矫形术
  Le Fort o. 上颌骨横切断重定位术
  Le Fort Ⅲ o. 冯特Ⅲ型切骨术
  linear o. 线状截骨术,线性缝骨术
  Lorenz's o. 洛伦茨氏切骨术
  pelvic o. 耻骨切开术
  sagittal ramus o. 矢状分裂切骨术
  sagittal split o. 矢状分裂切骨术
  sandwich o. 三明治切骨术
  total maxillary o. 全上颌切骨术
  vertical ramus o. 垂直状分裂切骨术
  visor o. 遮板切骨术
  visor/sandwich o. 联合骨切开术

osteotribe [ˈɔstiəˌtraib] (*osteo-* + Gr. *tribein* to rub) 骨锉

osteotrite [ˈɔstiəˌtrait] 骨锉

osteotrophy [ˌɔstiˈɔtrəfi] (*osteo-* + Gr. *trophē* nutrition) 骨营养

osteotylus [ˌɔstiˈɔtələs] (*osteo-* + Gr. *tylos* callus) 骨痂

Ostertagia [ˌɔstəˈtædʒiə] (Robert von Ostertag, German veterinarian, 1864-1940) 胃线虫属

osthexia [ɔsˈθeksiə] (Gr. *osteon* bone + *hexis* condition) 骨化异常

osthexy [ˈɔsθəksi] 骨化异常

ostia [ˈɔstiə] (L.) 口,门口。*ostium* 的复数形式

ostial [ˈɔstiəl] 口的,门口的

ostitis [ɔsˈtaitis] 骨炎

ostium [ˈɔstiəm] (pl. *ostia*) (L.) 门,门口
  o. abdominale tubae uterinae (NA) 输卵管腹腔口
  o. aortae (NA) 主动脉口
  o. appendicis vermiformis (NA) 阑尾口
  o. atrioventriculare dextrum (NA) 右房室口
  o. atrioventriculare sinistrum (NA) 左房室口
  o. cardiacum (NA) 贲门
  coronary o. 冠状口
  o. ileocaecale, o. ileocecale 回盲结肠口
  o. internum uteri 子宫内口
  o. papillae ilealis (NA) 回肠乳头口
  persistent o. primum 永久性心内膜垫缺损
  o. primum 原中隔孔
  o. pyloricum 幽门
  o. secundum 第二中隔口,卵圆口
  o. sinus coronarii (NA) 冠状窦口
  sinusoidal o. 窦状隙,窦状口
  sphenoidal o. 蝶窦口
  o. trunci pulmonalis (NA) 肺动脉口
  o. tympanicum tubae auditioriae (NA) 咽鼓管鼓口
  o. urethrae externum femininae (NA) 女性尿道外口
  o. urethrae externum masculinae (NA)

男性尿道外口
o. urethrae internum (NA) 尿道内口
o. uteri (NA) 子宫颈管外口
o. uterinum tubae uterinae (NA) 输卵管子宫口
o. vaginae (NA) 阴道口
o. valvae ilealis (NA) 回肠瓣膜口
o. venae cavae inferioris (NA) 下腔静脉口
o. venae cavae superioris (NA) 上腔静脉口
ostia venarum pulmonalium (NA) 肺静脉口
ostomate ['ɔstəmeit] 人工瘘者
ostomy ['ɔstəmi] 造口术,造瘘术
ostosis [ɔs'təusis] 骨生成,骨发生
ostraceous [ɔs'treiʃəs] (Gr. *ostrakon* shell) 蛎壳状的
ostracosis [,ɔstrə'kəusis] (Gr. *ostrakon* shell) 蛎壳状骨改变
ostreotoxism [,ɔstriətɔk'sizəm] (Gr. *ostreon* oyster + *toxikon* poisoning) 牡蛎中毒
Ostrum-Furst syndrome ['ɔstrəm fəːst] (Herman William *Ostrum*, Americm physician, born 1893; William *Furst*, American physician, 20 century) 奥-佛二氏综合征
Oswaldocruzia [ɔz,wældə'kruziə] (G. *Oswaldo Cruz*, Brazilian physician, 1872-1917) 克鲁斯锥虫
OT ❶ (*old term* 的缩写) 解剖学中旧名称; ❷ (Old tuberculin 的缩写) 旧结核菌素
Ota's nevus ['ɔtɑz] (Masao T. *Ota*, Japanese dermatologist, 1885-1945) 奥塔氏斑
otagra [ə'tægrə] 耳痛
otalgia [ɔ'tældʒiə] (Gr. *ōtalgia*) 耳痛
o. dentalis 牙性耳痛
geniculate o. 膝状神经节性耳痛
o. intermittens 间歇性耳痛
reflex o. 反射性耳痛
secondary o. 继发性耳痛
tabetic o. 脊髓痨性耳痛
otalgic [ɔ'tældʒik] ❶耳痛的; ❷耳痛药
otaphone ['əutəfəun] 助听的
OTC ❶ (over the counter 的缩写) 柜台有售; ❷ (ornithine transcarbamoylase 的缩写) 二氨戊酸转氨甲酰酶
OTD (organ tolerance dose 的缩写) 器官耐受剂量
otectomy [əu'tektəmi] (Gr. *ous*, *otos* ear + *eklome* excision) 耳组织切除术
othelcosis [,əuθel'kəusis] (Gr. *ous* ear + *helkosis* ulcer) ❶ 耳溃疡; ❷ 耳化脓
othygroma [,əuθai'grəumə] (Gr. *ous* ear + *hygroma*) 耳水瘤
otiatrics [,əuti'ætriks] (Gr. *ous* ear + *iatrikos* healing) 耳病治疗学的
otic ['ɔtik] (Gr. *ōtikos*) 耳的
oticodinia [,əutikə'diniə] (Gr. *otikos* aural + *dine* whirl) 耳病性眩晕
otiobiosis [,ɔtiəbai'əusis] 耳蜱病
Otiobius [,ɔti'əubiəs] 耳蜱属
otitic [ɔ'titik] 耳炎的
otitis [ɔ'taitis] (*ot-* + *-itis*) 耳炎
aviation o. 航空中耳炎
o. crouposa 假膜性耳炎
o. desquamativa 脱屑性耳炎
o. diphtheritica 白喉性耳炎
o. externa 外耳炎
o. externa, malignant 恶性外耳炎
o. externa circumscripta 局限性外耳炎
o. externa diffusa 弥漫性外耳炎
o. externa furunculosa 外耳道疖
furuncular o. 外耳道疖
o. interna 内耳炎,迷路炎
o. media 中耳炎,鼓室炎
o. media, adhesive 粘连性中耳炎
o. media, secretory 分泌性中耳炎
o. media, serous 浆液性中耳炎
o. media purulenta 急性化脓性中耳炎
o. media sclerotica 硬化性中耳炎
o. media serosa 浆液性中耳炎
o. media suppurativa 急性化脓性中耳炎
o. media vasomotorica 血管运动性中耳炎
mucosis o., mucosus o. 粘液链球菌性耳炎
o. mycotica 真菌性耳炎
parasitic o. 寄生性耳炎
o. sclerotica 硬化性耳炎
ot(o)- (Gr. *ous*, gen. *ōtos* ear) 耳
otoacariasis [,ɔtəækə'raiəsis] (*oto-* + *acariasis*) 耳螨病

otoantritis [ˌɒtəʊənˈtraitis] 鼓窦炎
otobiosis [ˌəʊtəbaiˈəusis] 耳蜱病
Otobius [ɔˈtəubiəs] (*oto-* + Gr. *bios* manner of living) 耳蜱属
otoblennorrhea [ˌəutəˌblenəʊˈriːə] (*oto-* + Gr. *blenna* mucus + *rhoea* flow) 耳粘液溢
otocariasis [ˌəutəkəˈraiəsis] 耳螨病
Otocentor [ˌəutəˈsentə] 暗眼蜱属
　O. nitens 马耳暗眼蜱
otocephalus [ˌəutəˈsefələs] (*oto-* + Gr. *kephalē* head) 无下颌并耳畸胎
otocephaly [ˌəutəˈsefəli] (*oto-* + Gr. *kephalē* head) 无下颌并耳畸形
otocerebritis [ˌəutəˌsiəriəˈbraitis] (*oto-* + *cerebritis*) 中耳炎性脑炎
otocleisis [ˌəutəuˈklaisis] (*oto-* + Gr. *kleisis* closure) 耳道闭塞
otoconia [ˌəutəˈkəuniə] (*oto-* + Gr. *konis* dust) 耳石，耳沙
otoconite [ɔˈtɔkənait] 耳石，耳沙
otoconium [ˌəutəˈkəuniəm] (L.) (pl. *otoconia*) 耳石，耳沙
otocranial [ˌəutəˈkræniəl] 耳颅的
otocranium [ˌəutəˈkræniəm] (*oto-* + Gr. *kranion* skull) 耳颅
otocyst [ˈəutəsist] (*oto-* + Gr. *kystis* sac, bladder) ❶ 听泡；❷ 听囊
Otodectes [ˌəutəˈdektiz] (*oto-* + Gr. *dēktēs* biter) 耳螨属
otodynia [ˌəutəˈdiniə] (*oto-* + Gr. *odynē* pain) 耳痛
otoencephalitis [ˌəutəenˌsefəˈlaitis] (*oto-* + *encephalitis*) 中耳炎性脑炎
otoganglion [ˌəutəuˈgæŋgliən] 耳神经节
otogenic [ˌəutəˈdʒenik] 耳原性的
otogenous [ɔˈtɔdʒinəs] (*oto-* + Gr. *gennan* to produce) 耳源性的
otography [ɔˈtɔgrəfi] (*oto-* + Gr. *graphein* to write) 耳论
otolaryngology [ˌəutəˌlæriŋˈgɔlədʒi] 耳鼻喉科学
otolite [ˈəutəlait] 耳石，耳沙
otolith [ˈəutəliθ] (*oto-* + Gr. *lithos* stone) 耳石，耳
otolithiasis [ˌəutəliˈθaiəsis] 耳石病
otologic [ˌəutəˈlɔdʒik] 耳科学的
otologist [əˈtɔlədʒist] 耳科医师
otology [əˈtɔlədʒi] (*oto-* + *-logy*) 耳科学
otomastoiditis [ˌəutəˌmæstɔiˈdaitis] 耳乳突炎
otomucormycosis [ˌəutəˌmjuːkəmiˈkəusis] 耳毛霉菌病
otomyasthenia [ˌəutəˌmaiəsˈθiːniə] (*oto-* + Gr. *mys* muscle + *astheneia* weakness) 耳肌无力性听力减退
Otomyces [ˌəutəˈmaisiz] (*oto-* + Gr. *mykēs* fungus) 耳真菌属
　O. hageni, O. purpureus 人耳真菌
otomycosis [ˌəutəmaiˈkəusis] (*oto-* + Gr. *mykēs* fungus) 耳真菌病
　o. aspergillina 耳曲霉菌病
otomyiasis [ˌəutəmiˈaiəsis] 耳蛆病
otoneuralgia [ˌəutənjuːˈrældʒiə] 耳神经痛
otoneurasthenia [ˌəutənjuəˌræsˈθiːniə] 耳病性神经衰弱
otoneurologic [ˌəutəˌnjuərəˈlɔdʒik] 耳神经学的
otoneurology [ˌəutənjuːˈrɔlədʒi] 耳神经学
otopathy [əˈtɔpəθi] (*oto-* + Gr. *pathos* disease) 耳病
otopharyngeal [ˌəutəfəˈrindʒiəl] 耳咽的
otophone [ˈəutəfəun] (*oto-* + Gr. *phone* voice) 助听器
otoplasty [ˈəutəˌplæsti] (*oto-* + Gr. *plassein* to form) 耳成形术
otopolypus [ˌəutəˈpɔlipəs] (*oto-* + *polypus*) 耳息肉
otopyorrhea [ˌəutəpaiəˈriːə] (*oto-* + Gr. *pyon* pus + *rhein* to flow) 耳脓溢
otopyosis [ˌəutəpaiˈəusis] (*oto-* + Gr. *pyon* suppuration) 耳化脓
otor [ˈəutə] 耳的
otorhinolaryngology [ˌəutəˌrinəˌlæriŋˈgɔlədʒi] (*oto-* + Gr. *rhis* nose + *larynx* larynx + *-logy*) 耳鼻喉科学
otorhinology [ˌəutəriˈnɔlədʒi] (*oto-* + Gr. *rhis* nose + *-logy*) 耳鼻科学
otorrhagia [ˌəutəˈreidʒiə] (*oto-* + Gr. *rhēgnynai* to burst forth) 耳出血
otorrhea [ˌəutəˈriːə] (*oto-* + Gr. *rhoia* to flow) 耳液溢
　cerebrospinal fluid o. 脑脊液耳液溢
otosalpinx [ˌəutəˈsælpiŋks] (*oto-* + Gr. *salpinx* trumpet) 咽鼓管
otosclerectomy [ˌəutəuskliəˈrektəmi]

(*oto-* + Gr. *skleros* hard + *ektome* excision) 硬化听骨切除术
otosclerosis [ˌɔtəsklə'rəusis] (*oto-* + Gr. *sklērōsis* hardening) 耳硬化症
otosclerotic [ˌɔtəsklə'rɔtik] 耳硬化症的
otoscope ['ɔtəskəup] (*oto-* + Gr. *skopein* to examine) 耳镜
  Brunton's o. 布朗顿氏耳镜
  Siegle's o. 西戈尔氏耳镜
  Toynbee's o. 托恩比氏耳镜
otoscopy [ɔ'tɔskəpi] 耳镜检查
otosis [ɔ'təusis] 错听
otospongiosis [ˌɔtəˌspɔndʒi'əusis] 耳硬化症
ototomy [əu'tɔtəmi] (*oto-* + Gr. *temnein* to cut) 耳切开术
ototoxic [ˌɔtə'tɔksik] 耳毒性的
ototoxicity [ˌɔtətɔk'sisiti] 耳毒性
Otrivin ['əutrivin] 奥替文：盐酸苄丁唑啉制剂的商品名
Otto's disease ['ɔtəz] (Adolph Wilhelm *Otto*, German surgeon, 1786-1845) 奥托氏病
OU (L. *oculus uterque* 的缩写) 每只眼
ouabain [wɑː'bein] 哇巴因，苦毒毛旋花子甙
Ouchterlony technique [ˌɔktə'ləuni] (Orjan Thomas Gunnarson *Ouchterlony*, Swedish bacteriologist, born 1914) 奥克特罗内氏技术
Oudin current [uː'dei] (Paul *Oudin*, French electrotherapist and radiologist, 1851-1923) 乌地氏电流
oulectomy [uː'lektəmi] ❶ 疤痕切除术；❷ 龈切除术
oulitis [uː'laitis] 龈炎
ounce [auns] (L. *uncia*) 盎司，英两
  fluid o. 流质英两
-ous ❶ 拥有，具有，充满；❷ 在化学上表示离子或酸
outbreak ['autbreik] 暴发
outbreeding ['autbriːdiŋ] 异系交配
out-call ['autkɔːl] 出诊
outgrowth ['əutgrəuθ] 赘疣
outlay ['autlei] ❶ 外置移植物；❷ 外置，移补
outlet ['autlit] 出口
  pelvic o. 骨盆出口，骨盆下口

  thoracic o. 胸腔下口
outlier ['autliə] 无关项
outpatient ['autpeiʃənt] 门诊病人
outpocketing [aut'pɔkitiŋ] 外包缝合法
outpouching ['autpautʃiŋ] 外翻，突出
output ['autput] 排出量，输出量
  cardiac o. (CO) 心输出量
  energy o. 能量排出量
  stroke o. 心搏排出量
  urinary o. 尿排出量
ova ['əuvə] (L.) 卵。ovum 的复数形式
oval ['əuvəl] (L. *ovalis*) 卵圆的
ovalbumin [ˌəuvəl'bjuːmin] (L. *ovum* egg + *albumin*) 卵白蛋白，卵清蛋白
ovalocytary [ˌəuvələ'saitəri] 卵形红细胞的
ovalocyte ['əuvələsait] 卵形红细胞
ovalocytosis [əuˌvæləsai'təusis] 卵形红细胞症
ovarialgia [əuˌveəri'ældʒiə] 卵巢痛
ovarian [əu'veəriən] 卵巢的
ovariectomy [əuˌveəri'ektəmi] 卵巢切除术
ovari(o)- (L. *ovarium* ovary) 卵巢
ovariocele [əuˌveəriəsiːl] (*ovario-* + Gr. *kēlē* hernia) 卵巢疝出
ovariocentesis [əuˌveəriəsən'tiːsis] (*ovario-* + Gr. *kentēsis* puncture) 卵巢穿刺术
ovariocyesis [əuˌveəriəsai'iːsis] (*ovario-* + Gr. *kyēsis* pregnancy) 卵巢妊娠
ovariodysneuria [əuˌveəriədis'njuəriə] (*ovario-* + *dys-* + Gr. *neuron* nerve + *-ia*) 卵巢神经痛
ovariogenic [əuˌveəriə'dʒenik] 卵巢原的，卵巢性的
ovariohysterectomy [əuˌveəriəˌhistə'rektəmi] 卵巢子宫切除术
ovariolytic [əuˌveəriəu'litik] (*ovarium* + Gr. *lytikos* dissolving) 破坏卵巢的
ovariomania [əuˌveəriəu'meiniə] 慕男狂
ovariopathy [əuˌveəri'ɔpəθi] (*ovario-* + Gr. *pathos* disease) 卵巢病
ovariopexy [əuˌveəriə'peksi] (*ovario-* + Gr. *pēxis* fixation) 卵巢固定术
ovariorrhexis [əuˌveəriə'reksis] (*ovario-* + Gr. *rhēxis* rupture) 卵巢破裂
ovariosalpingectomy [əuˌveəriəˌsælpiŋ'dʒektəmi] 卵巢输卵管切除术

ovariosteresis [əu͵vɛəriəusti'riːsis] (Gr. *steresis* loss) 卵巢摘除术

ovariostomy [əu͵vɛəri'ɔstəmi] 卵巢囊肿造口引流术

ovariotestis [əu͵vɛəriə'testis] 卵睾体,两性生殖腺

ovariotomy [əu͵vɛəri'ɔtəmi] (*ovario-* + Gr. *tomē* a cutting) 卵巢切除术
   abdominal o. 剖腹卵巢切除术
   vaginal o. 阴道式卵巢切除术

ovariotubal [əu͵vɛəriə'tjuːbəl] 卵巢输卵管的

ovaritis [͵əuvə'raitis] 卵巢炎

ovarium [əu'vɛəriəm] (pl. *ovaria*)(L.)(NA)卵巢
   o. masculinum 男性卵巢,附睾

ovary ['əuvəri] 卵巢
   oyster o's 牡蛎状卵巢
   polycystic o's 多囊卵巢

OVD(occlusal vertical dimension 的缩写)咬合垂直距离

overbite ['əuvəbait] 覆咬合,覆𬌗
   deep o. 深𬌗
   horizontal o. 平覆𬌗
   vertical o. 直覆𬌗

overclosure [͵əuvə'kləuʒə] 超闭合
   reduced interarch distance o. 弓间距离减少的超闭合

overcompensation [͵əuvə͵kɔmpən'seiʃən] 代偿过度

overcorrection [͵əuvəkə'rekʃən] 矫正过度

overdenture [͵əuvə'dentʃə] 外托牙

overdetermination [͵əuvədi͵təmi'neiʃən] 多因素决定

overdevelopment [͵əuvədi'veləpmənt] ❶发育过度;❷显影过度(X线片)

overdosage [͵əuvə'dəusidʒ] 过量

overdose ['əuvədəus] 过量

overdrive ['əuvədraiv] 增速整搏

overeruption [͵əuvəi'rʌpʃən] 超咬合

overexertion [͵əuvəig'zəːʃən] 过疲用力,过度努力

overextension [͵əuvəiks'tenʃən] 伸展过度

overflow ['əuvəfləu] 溢流,溢出
   motor o. 对侧联合运动

overgrafting [͵əuvə'grɑːftiŋ] 重叠植皮术

overgrowth ['əuvəgrəuθ] 生长过度,肥大

overhang ['əuvəhæŋ] 突出物

overhydration [͵əuvəhai'dreiʃən] 水分过多

overinflation [͵əuvəin'fleiʃən] 过度膨胀,充气过度
   nonobstructive pulmonary o. 非阻塞性膨胀过度
   obstructive pulmonary o. 阻塞性膨胀过度

overjet ['əuvədʒet] 横覆盖

overjut ['əuvədʒʌt] 横覆盖

overlap ['əuvəlæp] 重叠
   horizontal o. 横重叠
   vertical o. 纵重叠

overlay ['əuvəlei] 加重物,续加物
   emotional o. 情绪状性症状加重
   psychogenic o. 精神性症状加重

over-radiation [͵əurə͵reidi'eiʃən] 辐射过度

overreaching [͵əuvə'riːtʃiŋ] 错步

overresponse [͵əuvəri'spɔns] 反应过度

overriding [͵əuvə'raidiŋ] 断骨重叠

oversecretion [͵əuvəsi'kriːʃən] 分泌过度

oversensing [͵əuvə'sensiŋ] 感觉过度

overstain [͵əuvə'stein] 染色过度

overstrain [͵əuvə'strein] 用力过度,劳损

overstress [͵əuvə'stres] 过度紧张

overtoe [͵əuvə'təu] 𬂩内翻

overtone ['əuvətəun] 陪音,泛音
   psychic o. 联想印象,联想圈

overtransfusion [͵əuvətræns'fjuːʒən] 输血过多,输液过多

overventilation [͵əuvə͵venti'leiʃən] 换气过度

overweight ['əuvəweit] 过重,超重

ovi-(前缀)卵,蛋

ovicide ['əuvisaid] 杀卵剂,灭卵剂

oviducal ['əuvidjukəl] 输卵管的

oviduct ['əuvidʌkt] (*ovi-* + L. *ductus* duct) 输卵管

oviductal [͵ɔvi'dʌktəl] 输卵管的

oviferous [əu'vifərəs] (*ovi-* + L. *ferre* to bear) 产卵的

ovification [͵əuvifi'keiʃən] (L. *ovum* egg + *facere* to make) 卵形成

oviform ['əuvifɔːm] (*ovi-* + L. *forma* shape) 卵形的

ovigenesis [͵əuvi'dʒenəsis] (*ovi-* + L.

gennan to produce)卵发生
ovigenetic [ˌəuvidʒə'netik]卵发生的
ovigenic [ˌəuvi'dʒenik]生卵的,卵生的
ovigenous [ɔ'vidʒinəs]生卵的,卵生的
ovigerm ['əuvidʒəm] (ovi- + L. germen a bud) 原卵,胚卵
ovigerous [ɔ'vidʒərəs] (ovi- + L. gerere to bear) 产卵的,含卵的
ovine ['əuvain] (L. ovinus of a sheep) 羊的
ovinia [əu'viniə] (L. ovis sheep) 羊天花,羊痘
oviparity [ˌɔvi'pæriti] 卵生
oviparous [ɔ'vipərəs] (ovi- + L. parere to bring forth, produce) 卵生的
oviposition [ˌɔvipə'ziʃən] (ovi- + L. ponere to place) 产卵
ovipositor [ˌɔvi'pɔstə] 产卵器
ovisac [ˌɔvi'sæk] (ovi- + L. saccus bag) 囊状卵泡
ovist ['əuvist] 卵源论者
ovium ['əuvəm] 成熟卵
ov(o)-, ovi- (L. ovum egg) 卵,蛋
ovocenter [ˌəuvə'sentə] 卵中心体
ovocyte ['əuvəsait] 卵母细胞
ovoflavin [ˌəuvə'fleivin] (ovo- + L. flavus yellow) 核黄素,维生素 B_2
ovogenesis [ˌəuvə'dʒenəsis] 卵发生
ovoglobulin [ˌəuvə'glɔbjulin] 卵球蛋白
ovogonium [ˌəuvə'gəuniəm] 卵原细胞
ovoid ['əuvɔid] (ovo- + Gr. eidos form) 卵圆形的
ovokeratin [ˌəuvəu'kerətin] 卵角蛋白
ovolactovegetarian [ˌəuvəˌlæktəˌvedʒi'teəriən] 乳蛋素食者
ovolactovegetarianism [ˌəuvəˌlæktəˌvedʒi'teəriənˌizəm] 乳蛋素食主义
ovolysin [əu'vɔlisin] 溶卵白素
ovolytic [ˌəuvə'laitik] 溶卵白的
ovomucin [ˌəuvə'mju:sin] 卵粘蛋白
ovomucoid [ˌəuvə'mju:kɔid] (ovo- + Gr. mucoid) 卵粘蛋白
ovoplasm ['əuvəplæzəm] (ovo- + Gr. plasma anything formed) 卵质,卵浆
ovoprecipitin [ˌəuvəupri'sipitin] 卵(白)沉淀素
ovotestis [ˌəuvə'testis] 卵睾体,两性生殖腺
ovotransferrin [ˌəuvətræns'ferin] 卵转铁球蛋白
ovovegetarian [ˌəuvəˌvedʒi'teəriən] 蛋素食者
ovovegetarianism [ˌəuvəˌvedʒi'teəriənˌizəm] 蛋素食主义
ovovitellin [ˌəuvəvai'telin] 卵黄磷蛋白
ovoviviparity [ˌəuvəˌvivi'pæriti] 卵胎生
ovoviviparous [ˌəuvəvi'vipərəs] (ovi- + L. vivus alive + parere to being forth, produce) 卵胎生的
Ovrette [əv'ret] 奥弗来特:甲基炔诺酮制剂的商品名
ovular ['əuvjulə] 原卵的,卵的
ovulation [ˌəuvju'leiʃən] 排卵
  amenstrual o. 无月经排卵
  anestrous o. 动情间期排卵
  paracyclic o. 周期外排卵
  supplementary o. 周期外排卵
ovulatory ['əuvjuləˌteri] 排卵的
ovule ['əuvju:l] (L. ovulum) ❶ 卵泡原卵;❷ 卵状小体;❸ 大孢子囊
  graafian o's 卵泡原卵
  primitive o., primordial o. 原卵
ovulogenous [ˌɔvju'lɔdʒənəs] 生小卵的,小卵性的
ovum ['əuvəm] (pl. ova, gen. ovi)(L.) 卵,卵子
  alecithal o. 小黄卵
  blighted o. 萎缩卵,枯萎卵
  Bryce-Teacher o. 布-蒂二氏卵
  centrolecithal o. 中黄卵
  cleidoic o. 有壳卵
  ectolecithal o. 外黄卵
  Hertig-Rock ova 赫-洛二氏受精卵
  holoblastic o. 全裂卵
  isolecithal o. 均黄卵
  macrolecithal o. 多黄卵
  Mateer-Streeter o. 马-斯二氏卵
  medialecithal o. 中黄卵
  megalecithal o. 多黄卵
  meroblastic o. 部分分裂卵,不全裂卵
  microlecithal o. 少黄卵
  Miller o. 米勒氏受精卵
  miolecithal o. 少黄卵
  oligolecithal o. 少黄卵
  permanent o. 永久卵,能受精卵
  Peters' o. 彼得斯氏受精卵

primitive o., primordial o. 原卵
telolecithal o. 端黄卵
Owen's lines ['əuəns] (Sir Richard *Owen*, English anatomist and paleontologist, 1804-1892) 奥文氏线
Owren's disease ['əurənz] (Paul Arnor *Owren*, Norwegian hematologist, born 1905) 欧伦氏病,凝血第五因子缺陷
oxacid [ɔks'æsid] 含氧酸
oxacillin sodium [ˌɔksə'silin] (USP) 苯甲异恶唑青霉素钠,恶酒西林
oxalaldehyde [ˌɔksə'lældəhaid] 乙二醛
oxalate ['ɔksəleit] 草酸盐
 ammonium o. 草酸铵
 balanced o. 混合草酸盐
 calcium o. 草酸钙
 potassium o. 草酸钾
oxalated ['ɔksəˌleitid] 草酸盐处理的,草酸盐抗凝的
oxalation [ˌɔksə'leiʃən] 草酸盐处理
oxalemia [ˌɔksə'liːmiə] (*oxalate* + *-emia*) 草酸盐血症
oxalic acid [ɔk'sælik] 草酸,乙二酸
Oxalid ['ɔksəlid] 奥克塞里:羟基保泰松制剂的商品名
oxalism ['ɔksəlizəm] 草酸中毒
oxaloacetate [ˌɔksələ'æseteit] 草酰乙酸
oxaloacetic acid [ˌɔksələuə'setik] 草酰乙酸,酮丁二酸
oxalosis [ˌɔksə'ləusis] 草酸盐沉着症
oxaluria [ˌɔksə'ljuəriə] 草酸尿
oxaluric acid [ˌɔkə'ljuərik] 脲基草酸
oxalyl ['ɔksəlil] 乙二酰基,草酰基
oxalylurea [ˌɔksəli'ljuəriə] ❶ 乙二酰脲; ❷ 草酰脲
oxamide [ɔk'sæmid] 草酰二胺,乙二酰二胺
oxamniquine [ɔk'sæmnikwin] 羟尿喹
oxanamide [ɔk'sænəmaid] 氧酰胺
oxandrolone [ɔk'sændrələun] (USP) 氧甲氢龙
oxantel pamoate ['ɔksæntil] 双羟萘酸甲嘧烯酚
oxaprozin [ˌɔksə'prəuzin] 恶丙嗪
oxarbazole [ɔk'sɑːbəzəul] 恶丙嗪
oxatomide [ɔk'sætəmaid] 苯咪唑哌
oxazepam [ɔk'sæzəpæm] (USP) 去甲羟安定

oxetorone fumarate [ɔk'setərəun 'fjuːməreit] 富马酸苯呋恶庚胺
oxfendazole [ɔks'fendəzəul] 磺唑氨酯
oxgall ['ɔksɡɔːl] 牛胆汁
oxibendazole [ˌɔksi'bendəzəul] 氧苯达唑
oxidant ['ɔkidənt] 氧化剂
oxidase ['ɔksideis] 氧化酶
 mixed function o. 单氧合酶
oxidation [ˌɔksi'deiʃən] 氧化
 alpha o. α-氧化
 beta o. β-氧化
 biological o. 生物氧化
 coupled o. 偶联氧化
 omega o. ω-氧化
oxidation-reduction [ˌɔksi'deiʃənri'dʌkʃən] 氧化-还原反应
oxidative ['ɔksideitiv] 氧化的
oxide ['ɔksaid] (L. *oxidum*) 氧化物
 arsenous o. 三氧化二砷
 diethyl o. 二乙基氧化物
 ferric o., red 红氧化铁
 ferric o., yellow 黄氧化铁
 stannic o. 氧化锡
oxidize ['ɔksidaiz] 氧化
oxidopamine [ˌɔksi'dɔpəmiːn] 羟多巴胺
oxidoreductase [ˌɔksidəri'dʌkteis] (EC 1) 氧化还原酶
oxidosis [ˌɔksi'dəusis] 酸中毒
oxifungin hydrochoride [ˌɔksi'fʌndʒin] 盐酸氧化真菌素
oxilorphan [ˌɔksi'lɔːfən] 环丙吗喃醇
oxim ['ɔksim] 肟
oxime ['ɔksim] 肟
oximeter [ɔk'simitə] 血氧计,光电血氧
 ear o. 耳血氧计
 finger o. 指血氧计
 intracardiac o. 心内血氧计
 pulse o. 脉冲血氧计
 whole blood o. 全血血氧计
oximetry [ɔk'simitri] 血氧定量法
oxine [ɔk'siːn] 8-羟基喹啉
oxiperomide [ˌɔksi'perəmaid] 苯氧哌咪酮
oxiramide [ɔk'siərəmaid] 哌苄酰胺
oxirane ['ɔksirein] 氧化乙烯
oxmetidine mesylate [ɔks'metidiːn 'mesileit] 氧化米替丁
oxo- 酮(基)
3-oxoacid CoA-transferase [ˌɔksə'æsid kəu

'ei'trænsfəˌreis] (EC 2.8.3.5) 3-酮酸组合转移酶 A

oxo-acid-lyase [ˌɔksəˌæsid'laieis] (EC 4.1.3) 氧化酸裂解酶

oxogestone phenpropionate [ˌɔksə'dʒestəun ˌfenprə'paiəneit] 苯丙羟诺酮

oxoglutarate dehydrogenase (lipoamide) [ˌɔksə'gluːtəreit di'haidrəˌdʒəneis ˌlipə'æmaid] (EC 1.2.4.2) 酮戊二酸脱氢酶

2-oxoglutaric acid [ˌɔksəglu'tærik] 2-酮戊二酸

2-oxoisovalerate dehydrogenase (lipoamide) [ˌɔksɔˌisə'væləreit di'haidrəˌdʒəneis ˌlipə'æmaid] 2-氧化异戊酸脱氢酶(硫辛酰胺)

oxolinic acid [ˌɔksə'linik] 恶喹酸

oxonemia [ˌɔksəu'niːmiə] (L. *oxone* acetone + Gr. *aemu* blood) 丙酮血(症)

oxonium [ɔk'səuniəm] 氧(1)

oxonuria [ˌɔksəu'njuəriə] (L. *axone* acetone + Gr. *ouron* urine) 丙酮尿

oxophenarsine hydrochloride [ˌɔksəfən'ɑːsiːn] 盐酸氧苯胂,马法松

5-oxoprolinase (ATP-hydrolyzing) [ˌɔksə'prəulineis 'haidrəlaiziŋ] (EC 3.5.2.9) 5-羟脯氨酸酶

5-oxoproline [ˌɔksə'prəuliːn] 5-羟脯氨酸

5-oxoprolinuria [ˌɔksəˌprɔli'njuəriə] ❶ 尿中 5-羟脯氨酸过多；❷ 谷胱甘肽合成酶广泛性缺乏

oxprenolol hydrochloride [ɔks'prenələl] 盐酸心得平

Oxsoralen [ɔk'sɔːrələn] 奥索洛林：甲氧呋豆素制剂的商品名

oxtriphylline [ɔks'trifəliːn] (USP) 胆茶碱

oxy-, ox- (Gr. *oxys* keen) ❶ 尖锐,敏锐,变酸了的；❷ 表示在一化合物中的氧

oxyacid [ˌɔksi'æsid] 含氧酸

oxyacoia [ˌɔksiə'kɔiə] 听觉敏锐

oxybenzene [ˌɔksi'benziːn] 酚,石碳酸

oxybenzone [ˌɔksi'benzəun] 羟甲氧苯酮

oxyblepsia [ˌɔksi'blepsiə] (*oxy-* + Gr. *blepsis* vision + *-ia*) 视觉敏锐

oxybutynin chloride [ˌɔksi'buːtinin] 氯化羟丁它

oxybutyria [ˌɔksibu'tairiə] 羟丁酸尿

oxybutyric acid [ˌɔksibu'tairik] 羟丁酸

oxybutyricacidemia [ˌɔksibuˌtairikˌæsi'diːmiə] 羟丁酸血症

oxycalorimeter [ˌɔksiˌkælə'rimitə] 耗氧热量计

Oxycel ['ɔksisel] 奥克西塞：氧化纤维素

oxycephalia [ˌɔksisə'feiliə] 尖头畸形

oxycephalic [ˌɔksisə'fælik] 尖头的

oxycephalous [ˌɔksi'sefələs] 尖头的

oxycephaly [ˌɔksi'sefəli] (*oxy-* + Gr. *kephalē* head) 尖头畸形

oxychloride [ˌɔksi'klɔːraid] 氯氧化物

oxychlorosene [ˌɔksi'klɔːrəsiːn] 氯氯苯磺酸,羟氯生

o. sodium 羟氯生钠

oxycholine [ˌɔksi'kɔliːn] 羟基胆碱

oxychromatic [ˌɔksikrə'mætik] (*oxy-* + Gr. *chrōma* color) 嗜酸染色的

oxychromatin [ˌɔksi'krəmətin] (*oxy-* + *chromatin*) 嗜酸染色质

oxycinesia [ˌɔksisi'niziə] (*oxy-* + *-kinesis* + *-ia*) 动时痛

oxycodone hydrochloride [ˌɔksi'kədəun] 羟氢可待酮,14-羟基二氢可待因酮

oxycyanide [ˌɔksi'saiənaid] 氧氰化物

oxydendron [ˌɔksi'dendrən] (*oxy-* + Gr. *dendron* tree) 由北美的一种杜娟花科植物的叶子制备的一种顺势疗法用药

oxydesis [ˌɔksi'diːsis] 血结酸力

oxydorductase [ˌɔksidəri'dʌkteis] 氧化还原酶

oxyecoia [ˌɔksii'kɔiə] (*oxy-* + Gr. *akoē* hearing + *-ia*) 听觉敏锐

oxyesthesia [ˌɔksies'θiːziə] (*oxy-* + Gr. *aesthesis* feeling) 感觉敏锐

oxyetherotherapy [ˌɔksiˌiθərə'θerəpi] (*oxy-* + *ether* + Gr. *therapeia* medical treatment) 氧醚疗法

oxygen ['ɔksidʒən] (Gr. *oxys* sour + *gennan* to produce) 氧

excess o. 超耗氧

heavy o. 重氧

high pressure o. 高压氧

hyperbaric o. 高压氧

molecular o. 分子氧

singlet o. 单态氧

oxygenase ['ɔksidʒəneis] (EC 1.13) 氧合酶,加氧酶

oxygenate [ˈɔksidrəneit] 氧合，充氧

oxygenation [ˌɔksidʒəˈneiʃən] 氧合作用，充氧作用
 extracorporeal membrane o. (ECMO) 体外循环交换膜式氧合作用

oxygenator [ˈɔksidʒəˌneitə] 氧合器
 bubble o. 气泡氧合器
 disk o. 转盘氧化器
 film o. 薄膜氧合器
 membrane o. 膜氧合器
 pump-o 泵氧合器
 rotating disk o. 转盘氧合器
 screen o. 滤膜氧合器

oxygenic [ɔksiˈdʒenik] 含氧的

oxyhematoporphyrin [ˌɔksiˌhemətəˈpɔːfərin] 氧血卟啉

oxyheme [ˈɔksihiːm] 正铁血红素

oxyhemochromogen [ˌɔksiˌheməˈkrəmədʒen] 正铁血红素

oxyhemocyanine [ˌɔksiˌheməˈsaiəniːn] 氧合血蓝蛋白，氧合血青蛋白

oxyhemoglobin [ˌɔksiˌheməˈɡləbin] 氧合血红蛋白

oxyhemoglobinometer [ˌɔksiˌhiːməuɡləuˌbiˈnɔmitə] 氧合血红蛋白计

oxyhemograph [ˌɔksiˈhiːməɡrɑːf] (oxyen + Gr. haima blood + graphein to write) 血氧测定器

oxyhydrocephalus [ˌɔksiˌhaidrəˈsefələs] 尖头脑积水

oxyhyperglycemia [ˌɔksiˌhaipəɡliˈsiːmiə] 陡急高血糖，快速糖过多

oxyiodide [ˌɔksiˈaiədaid] 氧碘化物

oxylalia [ɔksiˈleiliə] (Gr. oxys swift + lalein to tell) 言语急促

oxymetazoline hydrochloride [ˌɔksiməˈtæzəliːn] (USP) 盐酸羟间唑啉

oxymetholone [ˌɔksiˈmeθələun] (USP) 康复龙，羟次甲氢龙

oxymetry [ɔkˈsimitri] 血氧定量法

oxymorphone hydrochloride [ˌɔksiˈmɔːfəun] (USP) 盐酸羟氢吗啉酮

oxymyoglobin [ˌɔksiˌmaiəˈɡləubin] 氧基球蛋白

oxymyohematin [ˌɔksiˌmaiəˈhemətin] 氧化肌细胞色素

oxynervon [ˌɔksiˈnəːvən] 羟神经戊脂

oxyneurine [ˌɔksiˈnjuəriːn] 甜菜碱

oxyntic [ɔkˈsintik] (Gr. oxynō to make acid) 泌酸的

oxyntomodulin [ɔkˌsintəˈmɔdəlin] 肠高血糖素的主要形式

oxyoptia [ˌɔksiˈɔpiə] (oxy- + -opia) 视觉敏锐

oxyopter [ˌɔksiˈɔptə] (oxy- + Gr. optēr observer) 视度

oxyosis [ˌɔksiˈəusis] (oxy- + -osis) 酸中毒

oxyparaplastin [ˌɔksiˌpɛərəˈplæstin] 嗜酸副染色质

oxypertine [ˌɔksiˈpəːtiːn] 氧苯派吲哚，奥泼定

oxyphenbutazone [ˌɔksifənˈbjuːtəzəun] (USP) 羟基保泰松

oxyphencyclimine hydrochloride [ˌɔksifənˈsaiklimiːn] (USP) 盐酸羟苯环嘧

oxyphenisatin [ˌɔksifəˈnaisətin] 酚丁
 o. acetate 双醋酚丁

oxyphenonium bromide [ˌɔksifəˈnəuniəm] 安胃灵，溴化羟苯乙胺

oxyphenylethylamine [ˌɔksiˌfenəˌleθəˈlæmiːn] 2-对羟苯基乙胺，酪胺

oxyphil [ˈɔksifil] ① 嗜酸性的；② 嗜酸性细胞

oxyphilic [ˌɔksiˈfilik] (oxy- + Gr. philein to love) 嗜酸性的

oxyphilous [ɔkˈsifiləs] 嗜酸性的

oxyphonia [ˌɔksiˈfəuniə] (Gr. oxyphōnia) 尖声

Oxyphotobacteria [ˌɔksiˌfəutəbækˈtiəriə] (oxy- + photo- + bacteria) 原核生物界

oxyplasm [ˈɔksiplæzəm] 嗜酸细胞浆

oxypurine [ˌɔksiˈpjuəriːn] 羟嘌呤，氧嘌呤

oxypurinol [ˌɔksiˈpjuərinɔl] 羟嘌呤醇

oxyquinoline [ˌɔksiˈkwinəliːn] 8-羟基喹啉
 o. sulfate (NF) 8-羟基喹啉硫酸盐

oxyrhine [ˈɔksirain] (oxy- + Gr. rhis nose) 尖鼻的

oxysalt [ˈɔksisɔːlt] 含氧酸盐

oxysantonin [ˌɔksiˈsæntənin] 氧山道年

Oxyspirura [ˌɔksispiˈruːrə] 尖旋尾线虫属
 O. mansoni 曼森氏尖旋尾线虫

oxytalan [ɔkˈsaitələn] 耐酸纤维

oxytalanolysis [ɔkˌsaitələˈnɔləsis] 耐酸纤维溶解

oxytetracycline [ˌɔksiˌtetrəˈsaikliːn] 氧四

环素,土霉素
o. calcium（UPS）土霉素钙
o. hydrochloride（UPS）盐酸土霉素
oxytocia [ˌɔksi'təusiə]（*oxy-* + Gr. *tokos* birth + *-ia*）快速分娩
oxytocic [ˌɔksi'tɔsik] ❶ 催产的；❷ 催产剂
oxytocin [ˌɔksi'təusin] 后叶催产素
o. citrate 枸橼酸催产素
oxytropism [ɔk'saitrəpizəm]（*oxygen* + Gr. *trepein* to turn）亲氧性
oxytuberculin [ˌɔksitju'bə:kjulin] 氧化结核菌素
oxyuria [ˌɔksi'ju:riə] 蛲虫病
oxyuriasis [ˌɔksijuə'raiəsis] 蛲虫病,蛲虫感染
oxyuricide [ˌɔksi'juərisaid]（*oxyuris* + L. *caedere* to kill）杀蛲虫药
oxyurid [ɔksi'juərid] 蛲虫
oxyurifuge [ˌɔksi'juərifjudʒ]（*oxyuris* + L. *fugare* to put to flight）驱蛲虫药
oxyuriosis [ˌɔksi'juəri'əusis] 蛲虫病
Oxyuris [ˌɔksi'juəris]（Gr. *oxys* sharp + *oura* tail）尖尾线虫属,蛲虫属
O. equi 马尖属线虫,马蛲虫
O. incognita 未定尖属线虫
O. vermicularis 蛲虫
oxyuroid [ˌɔksi'juərɔid] 蛲虫
Oxyuroidea [ˌɔksi'jurɔi'diə] 尖尾总科,蛲虫总科
Oz 一种抗原标记,可区别人类免疫球蛋白 λ 型轻链的亚型
oz 盎司,英两
ozena [əu'zenə]（Gr. *ozaina* a fetid polypus in the nose）臭鼻症
o. laryngis 臭鼻性喉症
ozenous ['əuzinəs] 臭鼻的
ozolinone [əu'zɔlinəun] 哌噻乙酸
ozone ['əuzən]（Gr. *ozē* stench）臭氧
ozonometer [ˌəuzə'nɔmitə]（*ozone* + Gr. *metron* measure）臭氧计
ozonophore [əu'zəunəfɔ:]（*ozone* + Gr. *phoros* bearing）❶ 原浆粒；❷ 红细胞
ozostomia [ˌəuzə'stəumiə]（Gr. *ozē* stench + *stoma* mouth + *-ia*）口臭症

P

P ❶ (*phosphorus* 的符号)磷；❷ (*phosphate group* 的符号)磷酸基；❸ (*para* 的符号)产次；❹ (*poise* 的符号)泊；❺ (*posterior* 的符号)后的；❻ (*premolar* 的符号)磨牙前的；❼ (*pupil* 的符号)瞳孔

P ❶ (*power* 的缩写)力,功率；❷ (*pressure* 的缩写)压力；❸ (*probability* 的缩写)几率

P₁ (*parental generation* 的缩写) 亲代

P₂ (*pulmonic second sound* 的缩写)肺动脉第二音

Pco₂ ❶ (*carbon dioxide partial pressure* 的缩写) 二氧化碳分压力；❷ (*carbon dioxide partial tension* 的缩写)二氧化碳分张力

Pᵢ (*orthophosphate* 的缩写) 正磷酸盐

Po₂ ❶ (*oxygen partial pressure* 的缩写)氧分压力；❷ (*oxygen partial tension* 的缩写)氧分张力

p ❶ (*pico-* 的缩写)毫纤；❷ (*proton* 的缩写)原基,质子

p 150,95 糖蛋白

P (*momenum* 的符号)动量

P- (*para-²* 符号)对位

Π 希腊文的大写,在数字中用来表示乘积

π ❶ 希腊文第十六字母；❷ 数学中为圆周率的符号,约等于 3.1415926536

Ø 希腊文第二十一字母

ψ ❶ 希腊文第二十三字母；❷ (在分子生物学中为 *pseudouridine* 的缩写)假尿(嘧啶核)苷

PA ❶ (*posteroanterior* 的缩写)后前位的；❷ (*physician assistant* 的缩写)医师助手；❸ (*pulmonary artery* 的缩写)肺动脉

Pa ❶ (*protactinium* 的缩写)镤；❷ (*pascal* 的缩写) 帕

Paas' disease [pæz] (Hermann R. *Paas*, German physician, born 1900) 帕斯氏病

PAB 对氨基苯甲酸

PABA 对氨基苯甲酸

Pabalate ['pæbəleit]帕特雷特：水杨酸钠制剂和对氨苯甲酸钠制剂的商品名
    P.-SF 水杨酸钾和对氨苯甲酸钾制剂的商品名

Pabanol ['pæbənəl]帕伯诺：一种对氨苯甲酸制剂的商品名

pabulin ['pæbjulin] 脂肪蛋白素

PAC (*premature atrial complex* 的缩写)期前心房复合波

Pacchionian depressions [,pɑ:ki'əuniən] (An-tonio *Pacchioni*, Italian anatomist, 1665-1726) 帕基奥尼氏抑郁症

pacemaker ['peismeikə] ❶ 定步速者；❷ 起搏器；❸ 引导者
    AAI p. 前房按需抑制起搏器
    AAT p. 前房按需触发脉冲起搏器
    antitachycardia p. 抗心动过速起搏器
    AOO p. 心房异步起搏器
    artificial p. 人工起搏器
    asynchronous p. 异步起搏器
    asynchronous atrial p. 心房异步起搏器
    asynchronous ventricular p. 心室异步起搏器
    atrial asynchronous p. 心房异步起搏器
    atrial demand inhibited p. 心房按需抑制起搏器
    atrial demand triggered p. 心房按需触发起搏器
    atrial synchronous ventricular p. 房室同步起搏器
    atrial synchronous ventricular inhibited p. 房室同步抑制起搏器
    atrioventricular junctional p. 房室接合起搏点
    atrioventricular (AV) sequential p. 房室继发起搏器
    automatic p. 自动起搏器
    bipolar p. 双极起搏器
    cardiac p. 心脏起搏点

cardiac p., artificial 人工心脏起搏器
cilium p. 纤毛运动调节器
DDD p. 人工心脏定频起搏器
DDI p. 房室继发起搏器
demand p. 按需起搏器
dual chamber p. 双导联起搏器
DVI p. 房室继发起搏器
ectopic p. 异位起搏点
escape p. 脱逸起搏器
external p. 外起搏器
fixed-rate p. 定频起搏器
fully automatic p. 全自动起搏器
gastric p. 胃起搏器
p. of heart 心脏起搏器
implanted p., internal p. 植入起搏器
junctional p. 房室结合起搏点
latent p. 异位起搏点
radiofrequency p. 无线电频率起搏器
rate responsive p. 频率反应起搏器
runaway p. 失速起搏器
secondary p. 异位起搏点
single chamber p. 单导联起搏器
synchronous p. 同步起搏器
transthoracic p. 经胸起搏器
transvenous p. 经静脉内导管起搏器
unipolar p. 单极起搏器
universal p. 万能起搏器
VAT p. 房同步心室起搏器
VDD p. 房同步心室抑制起搏器
ventricular p. 心室异位起搏点
ventricular asynchronous p. 心室异步起搏器
ventricular demand inhibited p. 心室按需抑制起搏器
ventricular demand triggered p. 心室按需触发起搏器
VOO p. 心室异步起搏器
VVI p. 心室按需抑制起搏器
VVT p. 心室按需触发起搏器
wandering atrial p. 移动性起搏点
pachismus [pəˈkizməs] (Gr. *pachys* thick) 肥厚
pachy- (Gr. *pachys* thick) 厚,肥
pachyacria [ˌpækiˈeikriə] (*pachy-* + Gr. *akros* extremity) 肢端肥大症
pachyblepharon [ˌpækiˈblefərɒn] (*pachy-* + Gr. *blepharon* eyelid) 睑缘肥厚
pachyblepharosis [ˌpækiˌblefəˈrəusis] 睑缘肥厚
pachycephalia [ˌpækisəˈfeiliə] 颅骨肥厚
pachycephalic [ˌpækisəˈfælik] 颅骨肥厚的
pachycephalous [ˌpækiˈsefələs] 颅骨肥厚的
pachycephaly [ˌpækiˈsefəli] (*pachy-* + Gr. *kephalē* head) 颅骨肥厚
pachycheilia [ˌpækiˈkailiə] (*pachy-* + Gr. *cheilos* lip + *-ia*) 唇肥厚
pachycholia [ˌpækiˈkəuliə] (*pachy-* + Gr. *chole* bile) 胆汁浓缩
pachychromatic [ˌpækikrəˈmætik] (*pachy-* + Gr. *chrōma* color) 粗染色质线的
pachycolpismus [ˌpækikɒlˈpizməs] (*pachy-* + Gr. *kalpos* vagina) 肥厚性阴道炎
pachydactylia [ˌpækidækˈtailiə] 指趾肥大
pachydactyly [ˌpækiˈdæktəli] (*pachy-* + Gr. *daktylos* finger) 指趾肥大
pachyderma [ˌpækiˈdɜːmə] (*pachy-* + Gr. *derma* skin) 皮肥厚
  p. circumcripta laryngis 喉皮肥厚,声带肥厚
  p. lymphangiectatica 淋巴管扩张性皮肥厚
  p. verrucosa 疣状皮肥厚
  p. vesicae 膀胱粘膜肥厚
pachydermatocele [ˌpækidəˈmætəsiːl] (*pachy-* + *dermato-* + *-cele*[1]) 神经瘤性象皮病
pachydermatosis [ˌpækiˌdəːməˈtəusis] ❶皮肥厚病;❷肥厚性酒渣鼻
pachydermatous [ˌpækiˈdəːmətəs] 厚皮的
pachydermic [ˌpækiˈdəːmik] 厚皮的
pachydermoperiostosis [ˌpækiˌdəməˌpiəriɒsˈtəusis] (*pachy-* + *dermo-* + *periostosis*) 厚皮性骨膜病
pachyemia [ˌpækiˈiːmiə] (*pachy-* + Gr. *aema* blood) 血液浓缩
pachyglossia [ˌpækiˈglɒsiə] (*pachy-* + Gr. *glōssa* tongue + *-ia*) 舌肥厚
pachygnathous [pəˈkaignəθəs] (*pachy-* + Gr. *gnathos* jaw) 巨颌的
pachygyria [ˌpækiˈdʒairiə] (*pachy-* + *gyrus* + *-ia*) 巨脑回
pachyhemia [ˌpækiˈhiːmiə] (*pachy-* + Gr. *haema* blood) 血液浓缩
pachyleptomeningitis [ˌpækiˌleptəˌmənɪnˈdʒaitis] (*pachy-* + Gr. *leptos* thin + *mē-*

ninx membrane + *-itis*) 软硬脊膜炎

pachymenia [ˌpækiˈmiːniə] (*pachy-* + Gr. *hymen* membrane) ❶膜肥厚，厚膜；❷皮肥厚，厚皮

pachymeninges [ˌpækiməˈnindʒiz] 硬脑脊膜。*pachymeninx* 的复数形式

pachymeningitis [ˌpækiˌmeninˈdʒaitis] (*pachy-* + Gr. *mēninx* membrane + *-itis*) 硬脑脊膜炎

  cerebral p. 硬脑膜炎

  circumscribed p. 局限性颈椎硬脑脊膜炎

  external p. 硬脑脊膜外层炎

  hemorrhagic internal p. 出血性硬脑膜内层炎

  hypertrophic cervical p. 肥大性颈椎硬脑脊膜炎

  hypertrophic spinal p. 肥大性脊柱硬脑脊膜炎

  internal p. 硬脑脊膜内层炎

  p. intralamellaris 硬脑脊膜内脓肿

  purulent p. 化脓性硬脑膜炎

  serous internal p. 浆液性硬脑脊膜内层炎，脑外积水

  spinal p. 脊椎硬脑脊膜炎

  syphilitic p. 梅毒性硬脑脊膜炎

pachymeningopathy [ˌpækiməninˈɡɔpəθi] (*pachymeninx* + Gr. *pathos* disease) 硬脑脊膜病

pachymeninx [ˌpækiˈmeninks] (pl. *pachymeninges*) (*pachy-* + Gr. *mēninx* membrane) 硬脑脊膜

pachymucosa [ˌpækimjuˈkəusə] 粘膜肥厚

pachynema [ˌpækiˈniːmə] (*pachy-* + Gr. *nēma* thread) 粗线期

pachynesis [ˌpækiˈniːsis] (Gr.) 线粒粗肿

pachynsis [pəˈkainsis] (Gr.) 肥厚

pachyntic [pəˈkaintik] 肥厚的

pachyonychia [ˌpækiəˈnaikiə] (*pachy-* + Gr. *onyx* nail + *-ia*) 指趾甲肥厚

  p. congenita 先天性指趾甲肥厚

pachyostosis [ˌpækiɔsˈtəusis] (*pachy-* + Gr. *osteon* bone) 骨肥厚

pachyotia [ˌpækiˈəuʃiə] (*pachy-* + *otos* ear) 耳肥厚

pachypelviperitonitis [ˌpækiˌpelviˌperitəuˈnaitis] (*pachy-* + *pelvis* + *peritonitis*) 肥厚性盆腔腹膜炎

pachyperiosteoderma [ˌpækiˌperiˌɔstiəˈdəːmə] 厚皮性骨膜病

pachyperiostitis [ˌpækiˌpiəriɔsˈtaitis] 肥厚性骨膜炎

pachyperitonitis [ˌpækiˌpiəriːtəˈnaitis] (*pachy-* + *peritomitis*) 肥厚性腹膜炎

pachypleuritis [ˌpækipljuːˈraitis] (*pachy-* + *pleuritis*) 肥厚性胸膜炎

pachyrhizid [ˌpækiˈraizid] 豆薯甙

pachysalpingitis [ˌpækiˌsælpinˈdʒaitis] (*pachy-* + Gr. *salpinx* tube + *-itis*) 肥厚性输卵管炎

pachysalpingo-ovaritis [ˌpækisælˌpiŋɡəuˌəuvəˈraitis] 肥厚性输卵管卵巢炎

pachysomia [ˌpækiˈsəumiə] (*pachy-* + Gr. *soma* body) 躯体肥厚

pachytene [ˈpækitiːn] (Gr. *pachytēs* thickness) 粗线期

pachyvaginalitis [ˌpækiˌvædʒinəˈlaitis] (*pachy-* + *vaginalitis*) 肥厚性鞘膜炎

pachyvaginitis [ˌpækiˌvædʒiˈnaitis] (*pachy-* + *vaginitis*) 肥厚性阴道炎

  cystic 肥厚性阴道炎 囊性肥厚性阴道炎

pacing [ˈpeisiŋ] 调速，调频

  antitachycardia p. 抗心动过速调节

  asynchronous p. 异步心律调节

  atrial p. 心房心律调节

  bipolar p. 双极心律调节

  burst p. 短脉冲心律调节

  cardiac p. 心律调节

  competitive p. 竞争调节

  continuous p. 持续调节

  coupled p. 双重调节

  diaphragm p. 膈调节

  dual chamber p. 双腔室调节

  epicardial p. 贲门上部调节

  esophageal p. 经食管心律调节

  overdrive p. 过驱心律调节

  paired p. 双脉冲心律调节

  physiologic p. 生理心律调节

  ramp p. 斜坡心律调节

  single chamber p. 单腔室心律调节

  synchronous p. 同步心律调节

  transcutaneous p. 经皮心律调节

  transesophageal p. 经食管心律调节

  transthoracic p. 经胸心律调节

  transvenous p. 经静脉心律调节

  ultrafast train p., ultrarapid p. 超速心

律调节
　underdrive p. 不足心律调节
　unipolar p. 单极心律调节
　ventricular p. 室性心律调节
Pacini's corpuscles [pɑː'tʃiniz] (Filippo *Pacini*, Italian anatomist, 1812-1883) 帕西尼氏小体
pacinian [pə'sainiən] 帕西尼的
pacinitis [ˌpæsi'naitis] 环层小体炎
pack [pæk] ❶ 包裹法；❷ 塞子
　cold p. 冷包裹法
　dry p. 干包裹法
　full p. 全身包裹法
　half p. 半身包裹法
　hot p. 热包裹法
　Hydrocollator p. 海克莱特包裹法
　ice p. 冰包裹法
　Mikulicz p. 米库利兹氏包裹法
　one sheet p. 一块被单裹法
　partial p. 部分包裹法
　periodontal p. 牙周填塞物
　salt p. 盐水包裹法
　three-quarters p. 3/4 包裹法
　throat p. 咽部填塞物
　wet p., wet-sheet p. 湿包裹法
packer ['pækə] 填塞器
packing ['pækiŋ] ❶ 填塞；❷ 填塞物
pad [pæd] 垫,托
　abdominal p. 腹部垫
　buccal fat p. 颊脂垫
　dinner p. 缓餐垫
　fat p. ① 颊脂垫；② 髌后脂垫
　gum p's 龈垫
　heating p. 加温垫
　kidney p. 肾托
　knuckle p's 指节垫
　occlusal p. 咬合垫
　Passavant's p. 帕萨旺特氏垫,隆起
　periarterial p. 动脉周围垫
　retromolar p. 磨牙后垫
　sucking p., suctorial p. 颊脂垫
　surgical p. 手术橡皮垫
Padgett's dermatome ['pædʒəts] (Earl Calvin *Padgett*, American surgeon, 1893-1946) 帕杰特氏植皮刀
padimate A ['pædimeit] 二甲氨苯酸戊酯
padimate O ['pædimeit] 二甲氨苯酸辛酯
pae- 参见以 *pe-* 起首的词

Paecilomyces [piːˌsiləˈmaisiːz] 拟青霉属
Paederus ['pedərəs] 隐翅虫属
paed(o)- 儿童
PAF (platelet activating factor 的缩写) 血小板激活因子
PAF-acether [əˈsiːðə] 血小板激活因子
PAGE (polyacrylamide gel electrophoresis 的缩写) 聚丙烯酰胺电泳
Paget's cell ['pædʒits] (Sir James *Paget*, English surgeon, 1814-1899) 培吉特氏细胞
Paget-Schroetter syndrome ['pædʒit 'ʃrɜː-tə] (Sir James *Paget*; Kristelli Leopold von *Schroetter*, Austrian physician, 1837-1908) 培-舒二氏综合征
pagetic [pəˈdʒetik] 畸形骨炎的
pagetoid ['pædʒətɔid] 畸形骨炎状的,与畸形骨炎症有关的
Pagitane ['pædʒitein] 派儿亭：盐酸环戊哌丙醇制剂的商品名
pagophagia [ˌpægəˈfædʒiə] (Gr. *pagos* frost + *phagein* to eat) 食冰癖
pagoplexia [ˌpægəˈpleksiə] (Gr. *pagos* frost + *plēgē* stroke) 冻疮
-pagus (Gr. *pagos* that which is fixed) 联胎
PAH 对氨基马尿酸
PAHA 对氨基马尿酸
Pahvant Valley fever ['pævənt] (*Pahvant Valley*, Utah, where some of the first cases were reported) 土拉菌病, 山谷病
PAI (plasminogen activator inhibitor 的缩写) 纤维蛋白溶解酶原激活抑制剂
paidology [paiˈdɔlədʒi] (Gr. *pais* child + *-logy*) 儿科学
paidonosology [ˌpaidəunəˈsɔlədʒi] (Gr. *pais* child + *nosos* disease + *-logy*) 儿科病学,儿科学
pain [pein] (L. *poena, dolor*; Gr. *algos, odynē*) 疼痛,痛
　aching p. 酸痛
　acute p. 急性痛
　after p. 产后痛
　bearing-down p. 坠痛
　boring p. 锥痛
　bursting p. 胀痛
　central p. 中枢性痛
　Charcot's p's 查考特氏痛
　colicky p. 绞痛

dilating p's 分娩期一期疼痛
expulsive p's 分娩期二期疼痛
false p's 假阵痛
fulgurant p's 内疼,射疼
gas p's 胀疼
girdle p. 束带样疼
griping p. 绞痛
growing p's 发育期疼痛
heterotopic p. 异位疼,牵扯疼
homotopic p. 同位痛,损伤处痛
hunger p. 饥饿痛
intermenstrual p. 经间痛
jumping p. 跳痛
labor p's 阵痛
lancinating p. 刀刺性痛
lightning p's 内痛,电击痛
middle p. 经间痛
osteocopic p. 骨剧痛
phantom limb p. 假性肢痛,幼肢痛
postprandial p. 食后腹痛
premonitory p's 先兆阵痛
psychic p. 精神性疼痛,精神痛苦
psychogenic p. 精神性疼痛,心因性疼痛
radiating p. 放射痛
referred p. 牵涉性疼痛
rest p. 休息痛
root p. 神经根痛
shooting ps 射痛,闪痛
spot p's 皮斑样疼痛
starting p's 睡眠早期痛
tererbrant p., terebrating p. 锥痛
wandering p. 游走性疼痛
paint [peint] ❶ 涂剂;❷ 涂抹
  antiseptic p. 抗菌性涂层
  Castellani's p. 酚品红涂剂
pair [pɛə] ❶ 对,偶;❷ 二联律
  base p. 碱基对
  buffer p. 缓冲偶
  ion p. 离子对
pairing ['pɛəriŋ] 配对,配偶
  base p. 碱配对
  somatic p. 染色体配对
pajaroello [pɑːhɑːrɔ'eijɔː] 皮革钝缘蜱
Pajot's law [pɑː'ʒəuz] (Charles *Pajot*, French obstetrician, 1816-1896) 帕若氏定律
pakurin ['pækjurin] 帕库林:取自哥伦比亚一种树的汁液的一种箭毒

Pal's stain [pɑːlz] (Jacob *Pal*, Austrian physician, 1863-1936) 帕尔氏染料
pala ['pælə] (L. spade) 铲
Palade [pə'leid] (George Emil *Palade*, Romanian-born American cytologist, born 1912) 波雷德:美国细胞学家
palae- 老,古,旧
palaeocerebellum [ˌpæliəˌserə'beləm] (*palaeo-* + *cerebellum*)(NA) 旧小脑,原小脑
palaeocortex [ˌpæliə'kɔːteks] (*palaeo-* + L. *cortex* bark, rind, shell)(NA) 原皮质
palata [pə'lætə](L.)腭。*palatum* 的复数形式
palatal ['pælətəl] 腭的,腭面
palate ['pælət] 腭
  artificial p. 假腭
  bony p., bony hard p. 硬腭
  cleft p. 腭裂
  falling p. 垂腭
  hard p. 硬腭
  pendulous p. 悬雍腭
  premaxillary p., primary p. 初腭
  secondary p. 继发腭
  smoker's p. 吸烟者的腭
  soft p. 软腭
palatine ['pælətain](L. *palatinus*) 腭的
palatitis [ˌpælə'taitis] 腭炎
palat(o)- (L. *palatum* palate) 腭
palatoglossal [ˌpælətə'glɔsəl] 腭舌的
palatognathous [ˌpælə'tɔgnəθəs] (*palato-* + Gr. *gnathos* jaw) 腭裂的
palatograph ['pælətəgrɑːf] (*palato-* + Gr. *graphein* to write) 腭动描记器
palatography [ˌpælətə'tɔgrəfi] 腭动描记法
palatomaxillary [ˌpælətə'mæksiˌləri] 腭上颌的
palatomyography [ˌpælətəmai'ɔgrəfi] (*palate-* + *Gr. mys* muscle + *graphein* to write) 腭动记录法
palatonasal [ˌpælətə'neizəl] (*palato-* + L. *nasus* nose) 腭鼻的
palatopagus [ˌpælə'tɔpəgəs] (*palato-* + Gr. *pagos* that which is firmly set) 腭联胎
palatopharyngeal [ˌpælətəfə'rindʒiəl] 腭咽的
palatopharyngeus [ˌpælətəfə'rindʒiəs] (L.)

腭咽肌
palatoplasty [ˈpælətəˌplæsti] (*palato-* + Gr. *plassein* to form) 腭成形术
palatoplegia [ˌpælətəˈpliːdʒiə] (*palato-* + Gr. *plēgē* stroke) 腭麻痹
palatoproximal [ˌpælətəˈprɔksiməl] 腭邻面的
palatorrhaphy [ˌpæləˈtɔːrəfi] 腭裂缝术，腭修补术
palatosalpingeus [ˌpælətəsælˈpiŋdʒiəs] (*palato-* + Gr. *salpinx* tube) 腭帆张肌
palatoschisis [ˌpæləˈtɔskisis] (*palato-* + Gr. *schisis* cleft) 腭裂
palatostaphylinus [ˌpælətəuˌstæfiˈlainəs] (*palato-* + Gr. *staphyle* uvula) 腭悬，雍垂肌
palatum [pəˈlætəm] (pl. *palata*) (NA) 腭
  p. **durum** (NA) 硬腭
  p. **durum osseum** 骨腭
  p. **fissum** 腭裂
  p. **molle** (NA) 软腭
  p. **ogivale** 尖腭
  p. **osseum** (NA) 骨腭
pale(o)- (Gr. *palaios* old) 古，老，旧
paleocerebellar [ˌpeiliəˌserəˈbelə] 旧小脑的
paleocerebellum [ˌpeiliəˌserəˈbeləm] (*paleo-* + *cerebellum*) 旧小脑，原小脑
paleocortex [ˌpeiliəˈkɔːteks] (*paleo-* + *cortex*) 旧大脑皮质
paleogenesis [ˌpeiliəˈdʒenəsis] 重演性发生
paleogenetic [ˌpeiliədʒəˈnetik] (*paleo-* + Gr. *gennan* to produce) 重演性发生的
paleopathology [ˌpeiliəpəˈθɔlədʒi] (*paleo-* + *pathology*) 古生物病理学
paleopallium [ˌpeiliəˈpæliəm] (*paleo-* + L. *pallium* mantle) 旧 (大脑) 皮质, 原 (大脑) 皮质
paleophrenia [ˌpeiliəˈfriːniə] (*paleo-* + Gr. *phren* mind) 精神分裂症
paleosensation [ˌpeiliəsenˈseiʃən] (*paleo-* + *sensation*) 旧感觉
paleostriatal [ˌpeiliəstraiˈeitəl] 旧纹状体的
paleostriatum [ˌpeiliəstraiˈeitəm] (*paleo-* + *striatum*) 旧纹状体，原纹状体
paleothalamus [ˌpeiliəˈθæləməs] (*paleo-* + *thalamus*) 旧丘脑，原丘脑
pali- (Gr. *palin* backward, or again) 重复，再向后
palicinesia [ˌpælisiˈniːziə] 动作重复
palikinesia [ˌpælikiˈniːziə] (*pali-* + Gr. *kinēsis* movement) 动作重复
palilalia [ˌpæliˈlæliə] (*pali-* + Gr. *lalein* to babble) 语言重复
palin- 重复，再向后
palindrome [ˈpælindrəum] (Gr. *palindromos* a running back) 旋转对称顺序，回文
palindromia [ˌpælinˈdrəumiə] (Gr. *palindromia* a running back) 复发，再发
palindromic [ˌpælinˈdrɔmik] 复发的，再发的，返回的
palinesthesia [ˌpælinəsˈθiːziə] (*palin-* + *aesthesis* sensation) 复苏，苏醒
palingenesis [ˌpælinˈdʒenəsis] (*palin-* + *genesis*) 重演性发生
palingraphia [ˌpælinˈɡræfiə] (*palin-* + Gr. *graphein* to write) 书写重复
palinmnesis [ˌpælinˈniːsis] (*palin-* + Gr. *-mnēsis* memory) 回忆
palinopsia [ˌpæliˈnɔpsiə] (*palin-* + *-opsia*) 视象存留，视觉重复
palinphrasia [ˌpælinˈfreiziə] (*palin-* + Gr. *phrasis* speech + *-ia*) 言语重复
paliphrasia [ˌpæliˈfreiziə] 言语重复
palisade [ˌpæliˈseid] (Fr. *palissade* from L. *palus* stake) 栅式
palistrophia [ˌpælisˈtrəufiə] (*palin-* + *strephein* to turn) 脊柱扭转 (症)
palladium [pəˈlædiəm] (L.) ❶ 钯; ❷ 钯制剂
pallanesthesia [ˌpælinəsˈθiːʒiə] (Gr. *pallein* to shake + *anesthesia*) 振动感觉缺失
pallesthesia [ˌpælisˈθiːʒiə] (Gr. *pallein* to shake + *esthesia*) 振动感觉
pallesthetic [ˌpælisˈθetik] 振动感觉的
pallhypesthesia [ˌpælhaipəsˈθiziə] (Gr. *pallein* to shake + *hypo* under + *aisthēsis* perception) 振动感觉减退
pallial [ˈpæliəl] 大脑皮质的
palliate [ˈpælieit] 缓和，减轻
palliative [ˈpælieitiv] (L. *palliatus* cloaked) ❶ 减轻的，治标的; ❷ 姑息剂，

pallidal ['pælidəl] 苍白球的

pallidectomy [ˌpæli'dektəmi] 苍白球切除术

pallidin ['pælidin] 帕里定：梅毒螺旋体素

pallidoansection [ˌpælidəuən'sekʃən] 苍白球豆状核袢切除术

pallidoansotomy [ˌpælidəuən'sɔtəmi] 苍白球豆状核袢切开术

pallidofugal [ˌpæli'dɔfjugəl] (*pallidum* + L. *fugere* to flee) 离苍白球的

pallidoidosis [ˌpælidɔi'dəusis] 兔梅毒

pallidotomy [ˌpæli'dɔtəmi] (*pallidum* + Gr. *tomē* a cutting) 苍白球切开术

pallidum ['pælidəm] (L. "pale") 苍白球
  p. Ⅰ 内侧苍白球
  p. Ⅱ 外侧苍白球

pallium ['pæliəm] (L. "cloak") ❶ 大脑皮质；❷ 发育期间的大脑皮质

pallor ['pælə] (L.) 苍白

palm [pɑːlm] (L. *palma*) ❶ 掌；❷ 棕榈树
  handball p. 手球员掌
  liver p. 肝病掌

palma ['pɑːlmə] (pl. *palmae*) (L.) 手的掌部
  p. manus (NA) 手掌
  palmae plicatae 阴道棕榈状壁

palmae ['pɑːlmiː] (L.) 掌，棕榈树。*palma* 的所有格和复数形式

palmanesthesia [ˌpælmənəs'θiːziə] (Gr. *palmos* vibration + *anesthesia*) 振动感觉缺失

palmar ['pɑːlmə] (L. *palmaris*; *palma* palm) 掌的

palmaris [pɑːl'mæris] 掌肌

palmature ['pɑːlmətʃə] (L. *palma* palm) 有蹼手指

palmesthesia [ˌpælməs'θiːziə] 振动感觉缺失

palmesthetic [ˌpælməs'θetik] 振动感觉缺失的

palmin ['pælmin] 棕榈脂，软脂酸脂

palmital ['pælmitəl] 棕榈醛，软脂醛

palmitate ['pælmiteit] 棕榈酸盐，软脂酸盐

palmitic acid [pæl'mitik] 棕榈酸，软脂酸，十六酸

palmitin ['pælmitin] 棕榈脂，软脂酸脂

palmitoleate [ˌpælmi'təulieit] 十六碳烯酸盐，十六碳烯酸脂，十六碳酸离子

palmitoleic acid [ˌpælmitə'liːik] 不饱和十六碳脂肪酸

palmitoyl [ˌpælmi'təuil] 棕榈酸酰基

palmityl ['pælmitil] 十八烷酸基，软脂酸基

palmoscopy [pæl'mɔskəpi] (Gr. *palmos* beat + *skopein* to examine) 心搏动检诊法

palmus ['pælməs] (Gr. *palmos* a quivering motion) ❶ 心悸，心跳；❷ 痉跳病

palograph ['pæləgrɑːf] (Gr. *pallein* to oscillate + *graphein* to write)(水银)脉搏描记器

palp [pɑːlp] 触须，触器

palpable ['pælpəbl] 可触知的

palpate ['pælpeit] (L. *palpare* to touch) 触，摸

palpation [pæl'peiʃən] (L. *palpatio*) 触诊，扣诊
  bimanual p. 双手触诊
  light touch p. 轻触诊

palpatometry [ˌpælpə'tɔmitri] (*palpation* + Gr. *metron* measure) 痛压测验法

palpatopercussion [ˌpælpətɔpə'kʌʃən] 触叩诊

palpatorium [ˌpælpə'təuriəm] 触诊器

palpebra ['pælpəbrə] (gen. 和 pl. *palpebrae*) (L.) 眼睑
  p. superior/inferior (NA) 上/下眼睑
  p. tertius 第三眼睑，瞬膜

palpebrae ['pælpəbriː] (L.) 睑。*palpebra* 的所有格和复数形式

palpebral ['pælpəbrəl] 睑的

palpebralis [ˌpælpə'breilis] 睑的

palpebrate ['pælpəbreit] (L. *palpebrare* to wink) ❶ 眨眼，瞬目；❷ 有睑的

palpebration [ˌpælpə'breiʃən] ❶ 眨眼；❷ 眨眼过频，瞬目过频

palpebritis [ˌpælpə'braitis] 睑炎

palpebrofrontal [ˌpælpibrəu'frʌntəl] 睑额的

palpitation [ˌpælpi'teiʃən] (L. *palpitare* to move frequently and rapidly) 心悸

PALS (periarterial lymphoid sheath 的缩写) 动脉周淋巴鞘

palsy ['pɔːlzi] 麻痹，瘫痪

Bell's p. 贝尔氏麻痹,面神经麻痹,面瘫
birth p. 产伤麻痹
brachial p. 上肢麻痹,臂瘫痪
bulbar p. 延髓性麻痹
cerebral p. 大脑性麻痹
crossed leg p. 交腿性麻痹
crutch p. 拐杖麻痹
diver's p. 潜水员麻痹,潜水员病
Erb's p., Erb-Duchenne p. 艾布氏麻痹
facial p. 面神经麻痹
ischemic p. 局部缺血性麻痹
Klumpke's p. 克拉姆克氏麻痹
lead p. 铅毒性麻痹
maternal obsteric p. 母性产科麻痹
night p. 夜间麻痹,乍醒麻痹
printer's p. 印刷工麻痹
progressive bulbar p. 进行性延髓病型麻痹
progressive bulbar p. of childhood, progressive infantile bulbar p. 儿童期进行性延髓性麻痹
progressive supranuclear p. 进行性核上麻痹
pseudobulbar p. 假延髓病型麻痹
scrivener's p. 书写麻痹,书写痉挛
shaking p. 震颤麻痹
spastic bulbar p. 痉挛性延髓性麻痹
tardy median p. 迟发性正中神经麻痹
tardy ulnar p. 迟发性尺骨神经麻痹
transverse p. 交叉性麻痹
wasting p. 消瘦性麻痹,进行性肌萎缩

Paltauf's nanism ['pɔltaufs] (Arnold *Paltauf*, German Physician, 1860-1893)帕尔陶夫氏侏儒症,垂体性侏儒症

Paltauf-Sternberg disease ['pɔltauf 'stə:nbəg] (Richard *Paltauf*, 1858-1924; Karl *Steinberg*, 1872-1935)帕-施二氏病,淋巴肉芽肿病

paludide ['pæljudaid]疟疹
paludism ['pæljudizəm]疟疾
Paludrine ['pæljudrin]白乐君:盐酸氯胍制剂的商品名
palustral [pə'lʌstrəl] (L. *paluster* marshy)❶沼泽的;❷疟疾的
2-PAM 解磷定,磷敌,派姆
L-PAM 左旋溶肉瘤素,左旋苯丙氨酸氮芥
pamabrom ['pæməbrɔm]派莫勃姆
pamatolol sulfate [ˌpæmə'təulɔl]硫酸氨甲脂心定

Pamelor ['pæmələ]派莫乐:去甲三蝶烯制剂的商品名
Pamine ['pæmi:n]派敏:溴甲基东莨菪碱制剂的商品名
Pamisyl ['pæmisəl]派米塞尔:氨基水杨酸制剂商品名
pamoate ['pæməeit] (USAN) (3-hydroxy-2-naphthoate 的缩写)对 4,4'-亚甲基双
pampiniform [pæm'pinifɔ:m] (L. *pampinus* tendri + *forma* form)蔓状的
pampinocele [pæm'pinɔsi:l] (L. *pampinus* tendril + Gr. *kēlē* tumor)精索静脉曲张
pamplegia [pæm'pli:dʒiə] (*pan-* + Gr. *pelge* stroke)全麻痹,全瘫
PAN 结节性多动脉炎
Pan [pæn]灵长属
pan- (Gr. *pan* all)全,泛
Panacea [ˌpænə'siə] (Gr. *Panakeia*)帕娜西亚
panacea [ˌpænə'siə] (Gr. *panakeia*)万灵药
Panafil ['pænəfil]派那非
panagglutinable [ˌpænə'glu:tinəbl]全可凝集用
panagglutination [ˌpænəˌgluti'neiʃən]全凝集
panagglutinin [ˌpænə'glutinin] (*pan-* + *agglutinin*)全凝集素
panangiitis [ˌpænəndʒi'aitis] (*pan-* + *angiitis*)全血管壁炎
diffuse necrotizing p. 弥漫性坏死性全血管壁炎
panaris ['pænəris] (L.)瘭疽,指头脓炎
panarteritis [ˌpænɑ:tə'raitis] (*pan-* + *arteritis*)全身动脉炎
p. nodosa 结节性多动脉炎
panarthritis [ˌpænɑ:'θraitis] (*pan-* + Gr. *arthron* joint)全身性关节炎
panasthenia [ˌpænæs'θi:niə] (*pan-* + Gr. *a* neg. + *sthenos* strength)神经衰弱
panatrophy [pə'nætrəfi] (*pan-* + *atrophy*)全身萎缩
panautonomic [pəˌnɔ:tə'nɔmik]全自主神经的
panblastic [pæn'blæstik] (*pan-* + Gr. *blastos* germ)全胚层的

pancarditis [ˌpænkɑː'daitis] (*pan-* + *carditis*) 全心炎

panchrest ['pænkrest] (*pan-* + Gr. *chrestos* useful) 万应药

panchromatic [ˌpænkrə'mætik] (*pan-* + *chromatic*) 全色的

panchromia [ˌpæn'krəumiə] 全染性

Pancoast's suture ['pænkəusts] (Joseph *Pancoast*, American surgeon, 1805-1882) 潘科斯特氏缝术

Pancoast's syndrome ['pænkəu-sts] (Henry Khunrath *Pancoast*, American radiologist, 1875-1939) 潘科斯特氏综合征

pancolectomy [ˌpæŋkə'lektəmi] 全结肠切除术

pancrealgia [ˌpæŋkri'ældʒiə] 胰痛

pancreas ['pæŋkriəs] (gen. *pancrentis*, pl. *pancreata*) (L. from Gr. *pankreas*, *pan* all + *kreas* flesh) (NA) 胰
  aberrant p. 迷走胰
  p. accessorium (NA), accessory p. 副胰腺
  annular p. 环状胰腺
  Aselli's p. 艾斯里氏胰腺
  p. divisum 分离胰腺
  dorsal p. 背胰
  lesser p. 钩突胰
  ventral p. 腹胰
  Wills' p., Winslow's p. 钩突胰

Pancrease ['pæŋkrieis] 胰脂酸；胰脂酸制剂的商品名

pancreata [pæŋ'kriətə] (L.) 胰腺。*pancreas* 的复数形式

pancreatalgia [ˌpæŋkriə'tældʒiə] (*pancreas* + *-algia*) 胰痛

pancreatectomy [ˌpæŋkriə'tektəmi] (*pancrea* + Gr. *ektomē* excision) 胰切除术

pancreatemphraxis [ˌpæŋkriətem'fræksis] (*pancreas* + Gr. *emphraxis* stoppage) 胰管阻塞

pancreathelcosis [ˌpæŋkriˌæθel'kəusis] (*pancreas* + Gr. *helkosis* ulceration) 胰溃疡

pancreatic [ˌpæŋkri'ætik] (L. *pancreaticus*) 胰的

pancreatic elastase Ⅱ [ˌpæŋkri'ætik i'læsteis] (EC 3.4.21.71.) 胰弹性硬蛋白酶Ⅱ型

pancreatic lipase [ˌpæŋkri'ætik 'lipeis] 胰脂酶

pancreatic(o)- 胰管的，胰的

pancreaticocholecystostomy [ˌpæŋkriˌætikəkɔləsis'tɔstəmi] 胰管胆囊吻合术

pancreaticoduodenal [ˌpæŋkriˌætikəˌdjuə'diːnəl] 胰十二指肠的

pancreaticoduodenostomy [ˌpæŋkriˌætikəˌdjuədə'nɔstəmi] 胰管十二指肠吻合术

pancreaticoenterostomy [ˌpæŋkriˌætikəˌentə'rɔstəmi] 胰管小肠吻合术

pancreaticogastrostomy [ˌpæŋkriˌætikəˌgæs'trɔstəmi] 胰管胃吻合术

pancreaticojejunostomy [ˌpæŋkriˌætikəˌdʒedʒju:'nɔstəmi] 胰管空肠吻合术

pancreaticosplenic [ˌpæŋkriˌætikə'splenik] 胰脾的

pancreatin ['pæŋkriətin] (USP) 胰酶

pancreatism ['pæŋkriətizm] 胰活动

pancreatitis [ˌpæŋkriə'taitis] 胰腺炎
  acute p. 急性胰腺炎
  acute hemorrhagic p. 急性出血性胰腺炎
  calcareous p. 结石性胰腺炎
  centrilobar p. 小叶中心性胰腺炎
  chronic p. 慢性胰腺炎
  chronic relapsing p. 慢性复发性胰腺炎
  interacinar p. 腺泡间性胰腺炎
  interlobular p. 小叶间性胰腺炎
  interstitial p. 间质性胰腺炎
  perilobar p. 小叶周围性胰腺炎
  purulent p. 化脓性胰腺炎

pancreat(o)- (L. *pancreas*) 胰，胰腺

pancreatoblastoma [ˌpæŋkriətəblæs'təumə] 恶性胰腺肿瘤

pancreatoduodenectomy [ˌpæŋkriətəˌdjuədə'nektəmi] 胰头十二指肠切除术

pancreatoduodenostomy [ˌpæŋkriətəˌdjuədə'nɔstəmi] 胰管十二指肠吻合术

pancreatoenterostomy [ˌpæŋkriətəˌentə'rɔstəmi] 胰肠吻合术

pancreatogenic [ˌpæŋkriətə'dʒenik] 胰发生的，胰原性的

pancreatogenous [ˌpæŋkriə'tɔdʒənəs] 胰发生的，胰原性的

pancreatogram [ˌpæŋkri'ætəgræm] 胰X线照片

pancreatography [ˌpæŋkriə'tɔgrəfi] 胰腺X线摄影术
  endoscopic retrograde p. 内窥镜逆行性

胰腺X线摄影术
pancreatoid ['pæŋkritɔid] 胰样的
pancreatokinase [ˌpæŋkriətəu'kineis] 胰激酶,胰致活酶
pancreatolipase [ˌpæŋkriətəu'lipeis] 胰脂酶
pancreatolith [pæŋkri'ætəliθ] (*pancreas* + Gr. *lithos* stone) 胰石
pancreatolithectomy [ˌpæŋkriətəli'θektəmi] (*pancreatolith* + Gr. *ektomē* excision) 胰石切除术
pancreatolithiasis [ˌpæŋkriətəli'θaiəsis] 胰石病
pancreatolithotomy [ˌpæŋkriətəli'θɔtəmi] (*pancreatolith* + Gr. *tomē* a cutting) 胰切开取石术
pancreatolysis [ˌpæŋkriə'tɔlisis] 胰组织破坏,胰腺崩解
pancreatolytic [ˌpæŋkriətə'litik] 破坏胰组织的
pancreatomy [ˌpæŋkri'ætəmi] 胰腺切开术
pancreatoncus [ˌpæŋkriə'tɔŋkəs] 胰瘤
pancreatopathy [ˌpæŋkriə'tɔpəθi] (*pancreas* + Gr. *pathos* disease) 胰腺病
pancreatotomy [ˌpæŋkriə'tɔtəmi] (*pancreas* + Gr. *tomē* a cutting) 胰腺切开术
pancreatotropic [ˌpæŋkriətə'trɔpik] (*pancreas* + Gr. *tropē* a turning) 促胰腺的
pancreatropic [ˌpæŋkriə'trɔpik] 促胰腺的
pancreectomy [ˌpæŋkri'ektəmi] 胰腺切除术
pancrelipase [ˌpæŋkri'lipeis] (USP) 胰脂酶
pancreolithotomy [ˌpæŋkriəli'θɔtəmi] 胰切开取石术
pancreolysis [ˌpæŋkri'ɔlisis] (*pancreas* + Gr. *lysis* dissolution) 胰组织破坏,胰腺崩解
pancreolytic [ˌpæŋkriə'litik] 破坏胰腺组织的
pancreopathy [ˌpæŋkri'ɔpəθi] (*pancreas* + Gr. *pathos* disease) 胰病
pancreoprivic [ˌpæŋkriə'privik] 无胰腺的
pancreotherapy [ˌpæŋkriə'θerəpi] 胰制剂疗法
pancreotropic [ˌpæŋkriə'trɔpik] 向胰腺的,促胰腺的

pancreozymin ['pæŋkriəˌzaimin] 促胰腺素
pancuronium bromide [ˌpæŋkju'rəuniəm 'brəumaid] 溴化双哌雄双酯,巴夫龙
pancystitis [ˌpænsis'taitis] 全膀胱炎
pancytopenia [ˌpænsaitə'pi:niə] (*pan-* + *cytopenia*) 各类血细胞减少
　Fanconi's p. 范可尼氏各类血细胞减少
　tropical canine p. 热带犬牙状血细胞减少
pancytosis [ˌpænsai'təusis] 各类血细胞增多
pandemia [pæn'di:miə] (*pan-* + *demos* people) 大流行病
pandemic [pæn'di:mik] (*pan-* + Gr. *dēmos* people) ❶ 大流行病;❷ 大流行的
pandemicity [ˌpændi'misiti] 大流行情况
Pander's islands ['pændəz] (Heinrich Christian *Pander*, German anatomist, 1794-1865) 番得氏岛
pandiculation [ˌpændikju'leiʃən] (L. *pandiculari* to stretch one's self) 伸体哈欠
pandocheum ['pændəkiəm] (*pan-* + Gr. *dochesthae* to receive) 综合医院
pannel ['pænəl] 名单
panencephalitis [ˌpænənˌsefə'laitis] 全脑炎
　Pette-Döring p. 波-多二氏全脑炎
　subacute sclerosing p. (SSPE) 亚急性硬化性全脑炎
panendography [ˌpænən'dɔgrəfi] 广视野膀胱镜描记检查法
panendoscope [pə'nendəskəup] 广视野膀胱镜
　oral p. 广视野口腔镜
panendoscopy [ˌpænən'dɔskəpi] 广视野膀胱镜检查法
panepizootic [ˌpæˌnipizəu'ɔtik] ❶ 兽疫大流行的;❷ 大流行动物病
panesthesia [ˌpænis'θi:ziə] (*pan-* + Gr. *aisthēsis* perception) 全部感觉
panesthetic [ˌpænis'θetik] 全部感觉的
Paneth's cells ['pɑ:nits] (Josef *Paneth*, Austrian physician, 1857-1890) 帕内特氏细胞
pang [pæŋ] 剧痛,猝然刺痛

breast p. 脑剧痛
brow p. ① 眶上神经痛；② 偏头痛
pangen ['pændʒən] ❶胚芽；❷泛子
pangenesis [pæn'dʒenəsis] (*pan-* + *genesis*) 泛生论
panglossia [pæn'ɡlɔsiə] (Gr. *panglōssia*) 饶舌,多辩
Pangonia [pæn'ɡəuniə] 距虻属
Panhematin [pæn'hemətin] 氯高铁血红蛋白
panhematopenia [pænˌhemətə'piːniə] (*pan-* + Gr. *haima* blood + *penia* poverty) 各型血细胞减少
 primary splenic p. 原发性脾性各型血细胞减少
panhematopoietic [pænˌhemətəpɔi'etik] (Gr. *poiein* to make) 全造血系的
Panheprin [pæn'heprin] 肝平素
panhidrosis [ˌpænhi'drəusis] (*pan-* + Gr. *hidros* sweat) 全身出汗
panhydrometer [ˌpænhai'drɔmitə] (*pan-* + *hydrometer*) 通用液体比重计
panhyperemia [ˌpænhaipə'riːmiə] (*pan-* + *pyperemia*) 全身充血,全身多血
panhypogammaglobulinemia [pænˌhaipə'ɡæməˌɡlɔbjuli'niːmiə] (*pan-* + *hypogammaglobulinemia*) 全丙种球蛋白过少血症
panhypogonadism [ˌpænˌhaipə'ɡəunədizəm] 性腺机能全部减退
panhypopituitarism [ˌpænˌhaipəpi'tjuːitərizəm] 全垂体机能减退
 prepubertal p. 青春期前全垂体机能减退
panhysterectomy [ˌpænhistə'rektəmi] (*pan-* + Gr. *hystera* uterus + *ektōme* excision) 全子宫切除术
panhystero-oophorectomy [pænˌhistiərəjuːfɔː'rektəmi] 全子宫卵巢切除术
panhysterosalpingectomy [pænˌhistiərəˌsælpiŋ'dʒektəmi] 全子宫输卵管卵巢切除术
panhysterosalpingo-oophorectomy [pænˌhistiərəˌsælpiŋɡəjˌəuɔfɔː'rektəmi] 全子宫输卵管切除术
panic ['pænik] 恐慌
 acute homesexual p., homesexual p. 急性同性恋性恐慌,同性恋恐慌

panighao [ˌpæni'ɡeiəu] 钩虫痒病
panimmunity [ˌpæni'mjuːniti] 多种免疫
Panizza's plexus [pɑː'niːtsəz] (Bartolomeo Panizza, Italian anatomist, 1785-1867) 潘尼撒氏丛
panlabyrinthitis [ˌpænˌlæbərin'θaitis] 全迷路炎
panleukopenia [ˌpænljuːkə'piːniə] 猫传染性粒细胞缺乏症
panmeristic [ˌpænmə'ristik] (*pan-* + Gr. *meros* part) 泛生的
panmixia [pæn'miksiə] 杂交
panmixis [ˌpæn'miksis] (*pan-* + Gr. *mixis* mixture) 杂交
Panmycin [pæn'maisin] 盼麦欣：四环素制剂的商品名
panmyeloid [ˌpæn'maiəlɔid] 全骨髓的
panmyelopathia [ˌpænˌmaiələ'pæθiə] 全骨髓病
panmyelopathy [pænˌmaiə'lɔpəθi] (*pan-* + Gr. *myelos* marrow + *pathos* disease) 全骨髓病
 constitutional infantile p. 体质性婴儿全骨髓病
panmyelophthisis [pænˌmaiə'lɔfθisis] (*pan-* + Gr. *myelos* marrow + *phthisis* wasting) 再生障碍性贫血
panmyelosis [pænmaiə'ləusis] 全骨髓增生
Panner's disease [pɑː'nəz] (Hans Jessen Panner, Danish radiologist, 1871-1930) 潘纳氏病
panneuritis [ˌpænjuə'raitis] (*pan-* + *neuritis*) 多神经炎,全神经炎
panniculalgia [pənikjuˈlældʒiə] 脂膜痛
panniculectomy [pəˌnikjuˈlektəmi] 脂膜切除术
panniculi [pə'nikjulai] 膜。*panniculus* 的复数形式
panniculitis [pəˌnikjuˈlaitis] (*panniculus* + *-itis*) 脂膜炎
 LE p., lupus p. 红斑性狼疮性脂膜炎
 nodular nonsuppurative p. 结节性非化脓性脂膜炎
 relapsing febrile nodular nonsuppurative p. 复发性发热性结节性非化脓性脂膜炎
 subacute nodular migratory p. 亚急性结

节性移行性脂膜炎

Weber-Christian p. 韦-克二氏脂膜炎

panniculus [pə'nikjuləs] (L. dim of *pannus* cloth) 膜
  p. adiposus (NA) 脂膜
  p. carnosus 肉膜

pannus ['pænəs] ❶ 角膜翳；❷ 关节翳；❸ 脂膜
  allergic p. 变应性血管翳，变应性角膜翳
  carnosus p. 厚血管翳，肉样翳
  degenerative p., p. degenerativus 变性血管翳
  glaucomatous p. 青光眼性角膜翳
  hepatica p. 雀斑
  phlyctenular p. 小泡性血管翳
  p. siccus 眼干燥性血管翳
  p. trachomatosus 沙眼血管翳

panodic [pə'nɔdik] 四周放射的，多向传导的

panophobia [ˌpænə'fəubiə] 普遍性恐怖

panophthalmia [ˌpænəf'θælmiə] 全眼球炎

panophthalmitis [ˌpænəfθæl'maitis] 全眼球炎

panoptic [pæ'nɔptik] (*pan-* + Gr. *optikos* of or for vision) 全染(色)的

panoptosis [ˌpænɔp'təusis] (*pan-* + Gr. *ptosis* falling) 全下垂，全垂

panorchitis [ˌpænɔː'kaitis] 全睾丸炎

panosteitis [ˌpænɔsti'aitis] (*pan-* + Gr. *osteon* bone + *-itis*) 全骨炎

panostitis [ˌpænɔ'staitis] 全骨炎

panotitis [ˌpænə'taitis] (*pan-* + Gr. *ous* ear + *-itis*) 全耳炎

panphagia [pæn'feidʒiə] (*pan-* + Gr. *phagein* to eat) 滥食癖

panphobia [pæn'fəubiə] 普遍性恐怖

panplegia [pæn'pliːdʒiə] 全瘫，全麻痹

panproctocolectomy [ˌpænprɔktəkə'lektəmi] 全直肠结肠切除术

panretinal [pæn'retinəl] 全视网膜的

Pansch's fissure ['pɑːnʃəz] (Adolf *Pansch*, German anatomist, 1841-1887) 潘奇氏裂

pansclerosis [ˌpænsklə'rəusis] (*pan-* + Gr. *sklērōsis* hardening) 全硬化

panseptum [pæn'septəm] 全鼻中隔

pansinuitis [ˌpænsainju'aitis] 全窦炎

pansinusectomy [ˌpænsainə'sektəmi] 全鼻窦切除术

pansinusitis [ˌpænsainə'saitis] (*pan-* + *sinus* + *-itis*) 全窦炎

panspermia [pæn'spəːmiə] (*pan-* + Gr. *sperma* seed + *-ia*) ❶ 泛种子学说；❷ 生原说，生物发生说

panspermic [pæn'spəːmik] 生原说的，生物发生说的

panspermy [pæn'spəːmi] (*pan-* + Gr. *sperma* seed) 生原说，生物发生说

pansphygmograph [pæn'sfigməgrɑːf] (*pan* + Gr. *sphygmos* pulse + *graphein* to record) 心脉搏胸动描记器

panosporoblast [ˌpænə'spɔːrəblɑːst] (*pan-* + *spore* + *blast*) 泛成孢子细胞

Pansporoblastina [ˌpænspərəblæs'tinə] 泛成孢子细胞亚目

Panstrongylus [pæn'strɔŋɡələs] 锥蝽属
  P. geniculatus 弯节锥蝽
  P. infestans 骚扰锥蝽
  P. megistus 大锥蝽

pantachromatic [ˌpæntəkrə'mætik] (*pant-* + *achromatic*) 全消色差的

pantalgia [pæn'tældʒiə] (*pant-* + *-algis*) 全身痛

pantamorphia [ˌpæntə'mɔːfiə] (*pant-* + Gr. *amorphia* shapelessness) 全畸形

pantamorphic [ˌpæntə'mɔːfik] 全畸形的

pantanencephalia [ˌpæntænen'sefəliə] (*pant-* + Gr. *enkephalos* brain) 全无脑畸形

pantanencephaly [ˌpæntænən'sefəli] (*pant-* + *an* neg. + Gr. *enkephalos* brain) 全无脑畸形

pantankyloblepharon [pænˌtæŋkiləu'blefərɔn] (*pant-* + Gr. *ankylē* noose + *blepharon* lid) 全睑球粘连

pantatrophia [ˌpæntə'trɔfiə] 全身营养不良，全身萎缩

pantatrophy [pæn'tætrəfi] 全身营养不良，全身萎缩

Panteric [pæn'terik] 攀泰瑞克：胰酶制剂的商品名

pantetheine [ˌpæntə'θiːin] 泛硫氢乙胺

panthenol ['pænθənɔl] 泛醇

pantherapist [pæn'θerəpist] (*pan-* + Gr. *therapeia* treatment) 综合治疗医师

panthodic [ˌpæn'θɔdik] (*pan-* + Gr. *ho-*

dos way)四周放射的,多向传导的

Pantholin ['pænθəlin] 攀塞林;泛酸钙制剂的商品名

panting ['pæntiŋ] 气促,呼吸困难

pant(o)- (Gr. *pas* gen. *pantos* all) 全部,总,泛

pantochromism [,pæntə'krɔmizəm] 多色现象

pantograph ['pæntəgrɑ:f] (*panto*- + Gr. *graphein* to write) 缩放仪

pantoic acid [pæn'təuik] 泛酸

pantomographic [,pæntəmə'græfik] 全断层摄影的

pantomography [,pæntə'mɔgrəfi] 全断层摄影

pantomorphia [,pæntə'mɔ:fiə] (*panto*- + Gr. *morphē* form + -*ia*) ❶ 全对称;❷ 多形性

pantomorphic [,pæntə'mɔ:fik] 多形的

Pantopaque [,pæntə'peik] 碘苯酯:碘苯十一酸乙酯制剂的商品名

pantophobia [,pæntə'fəubiə] (*panto*- + *phobia*) 普遍恐惧症

pantoscopic [,pæntə'skɔpik] (*panto*- + Gr. *skopein* to examine) 全视距的

pantothen ['pæntəθen] 泛酸

pantothenate [,pæn'tɔθəneit] 泛酸盐

pantothenic acid [,pæntə'θenik] 泛酸

pantothenol [,pæntə'θi:nɔl] ❶ 泛醇;❷ 右泛醇

pantothermia [,pæntəu'θə:miə] (*panto*- + Gr. *therme* heat) 体温变动症

pantotropic [,pæntə'trɔpik] 泛向的

pantoyltaurine [,pæntəɔl'tɔ:ri:n] 泛磺酸

pantropic [pæn'trɔpik] (*pan*- + Gr. *tropos* a turning) 泛向的

panturbinate [pæn'tə:bineit] 全鼻甲

Panum's area ['pɑ:nu:mz] (Peter Ludwig *Panum*, Danish physiologist, 1820-1885) 帕努姆氏区(视网膜融合区)

panus ['pænəs] (L. "swelling") 非化脓性淋巴结炎

panuveitis [,pænjuvi:'aitis] 全眼色素层炎,全葡萄膜炎

Panwarfin [pæn'wɔ:fin] 攀握盼:苄丙酮香豆素钠制剂的商品名

panzootic [,pænzəu'ɔtik] (*pan*- + Gr. *zōon* animal) 动物大流行的

PAP (peroxidase-antiperoxidase 的缩写)过氧化酶-抗氧化酶

papain [pə'pɑ:in, pə'peiin] (EC 3.4.22.2) ❶ 番木瓜酶,番木瓜蛋白酶;❷ (USP)蛋白消化剂

papainase [pə'peiineis] 番木瓜自溶酶

Papanicolaou's stain [,pɑ:pə,nikə'lɑ:u:z] (George Nicolas *Papanicolaou*, Greek physician and anatomist in the United States, 1883-1962) 帕帕尼科拉乌氏染剂

Papaver [pə'pævə] 罂粟属

papaverine hydrochloride [pə'pævərin] (USP) 盐酸罂粟碱

papaw ['pɔ:pɔ:] ❶ 番木瓜;❷ 番木瓜树

papaya [pɑ:'pɑjɑ:] (Sp.) ❶ 番木瓜树;❷ 番木瓜

paper ['peipə] 纸
  amboceptor p. 介体试纸
  alkannin p. 紫珠草素试纸
  aniline acetate p. 醋酸苯胺试纸
  antigen p. 抗原试纸
  articulating p. 咬合纸,殆纸
  azolitmin p. 石蕊素试纸
  biuret p. 双缩脲试纸
  blue limus p. 蓝石蕊试纸
  Congo red p. 刚果红试纸
  dialyzing p. 透析纸
  filter p. 滤纸
  lacmoid p. 间苯二酚蓝试纸
  litmus p. 石蕊试纸
  mustard p. 介子纸
  niter p. 硝石纸
  potassium nitrate p. 硝酸钾纸
  red litmus p. 红石蕊纸
  saltpeter p. 硝石纸
  test p. 试纸
  turmeric p. 姜黄试纸

Papez circuit [pɑ:'piz] (James Wenceslas *Papez*, American anatomist, 1883-1958) 帕佩兹回路

papilla [pə'pilə] (pl. papillae)(L.) 乳头
  acoustic p. 螺旋器
  arcuate papillae of tongue 舌的弓状乳头,丝状乳头
  Bergmeister's p. 伯格麦斯特氏乳头
  bile p. 胆汁乳头
  calciform papillae, capitate papillae 轮廓乳头

circumvallate papillae 轮廓乳头
clavate papillae 葶状乳头
papillae conicae (NA), conical papillae 圆锥乳头
conical papillae of tongue, of Soemmering 索默令舌圆锥乳头
conoid papillae of tongue 舌圆锥乳头
p. corii,(NA) 真皮乳头
p. of corium 真皮乳头
corolliform papillae of tongue 舌的花冠状乳头
dental p., dentinal p., p. dentis (NA) 牙乳头
dermal p., p.dermatis (NA) 真皮乳头
p. ductus parotidei (NA) 腮腺管乳头
duodenal p., major 十二指肠大乳头
duodenal p., minor 十二指肠小乳头
p. duodeni major (NA) 十二指肠大乳头
p. duodeni minor 十二指肠小乳头
p. duodeni (Santorini) 十二指肠乳头
 filiform papillae, papillae filiformes (NA) 丝状乳头
papillae foliatae (NA) foliate papillae 叶状乳头
fungiform papillae, papillae fungiformes (NA) 蕈状乳头
gigival p. gingivalis (NA) 龈乳头
gustatory papillae 味乳头
hair p. 毛乳头
ileal p. 回盲乳头
p. ilealis 回盲乳头
p. ileocaecalis (NA) 回盲乳头
p. ileocecalis (NA) 回盲乳头
p. incisiva (NA) incisive p. 切牙乳头, 门齿乳头
interdental p. 牙间乳头
p. interdentalis NA 牙间乳头
interproximal p. 牙邻面间乳头
lacrimal p., p. lacrimalis (NA) 泪乳头
lenticular papillae, papillae lenticulares (NA) 豆状乳头
lingual papillae, papillae linguales (NA) 舌乳头
major duodenal p. 十二指肠大乳头
p. mammae (NA), mammary p. 乳房乳头,乳头
medial papillae of tongue 舌内侧乳头
minor duodenal p. 十二指肠小乳头
nerve p., nervous p. 神经乳头
p. nervi optici 视神经乳头
obtuse papillae of tongue 舌的钝乳头
optic p. 视神经乳头
palatine p. 腭前乳头,切牙乳头
parotid p., p. parotidea 腮腺乳头
p. pili (NA) 毛乳头
renal papillae, papillae renales (NA) 肾乳头
retromolar p. 磨牙后乳头
p. of Santorini 桑托里尼氏乳头
simple papillae of tongue 舌的单纯乳头
skin p. 真皮乳头
small papillae of tongue 舌的小乳头
p. spiralis 螺旋器
sublingual p. 舌下乳头
tactile p. 触角乳头
urethral p. 尿道乳头
papillae vallatae (NA), vallate papillae 轮廓乳头
vasular p. 血管乳头
p. of Vater 法特氏乳头,十二指肠大乳头
villous papillae of tongue 舌绒毛乳头
papillae [pə'pili:] (L.) 乳头。*papilla* 的复数和所有格形式
papillary ['pæpiˌləri] 乳头的,乳头状的
papillate ['pæpileit] 乳头状的
papillectomy [ˌpæpi'lektəmi] (*papilla* + Gr. *ektomē* excision) 乳头切除术
papilledema [ˌpæpilə'di:mə] 视神经乳头水肿
papilliferous [ˌpæpi'lifərəs] (*papilla* + L. *ferre* to bear) 有乳头的
papilliform [pə'piliform] (*papilla* + L. *forma* shape) 乳头状的
papillitis [ˌpæpi'laitis] (*papilla* + -*itis*) ❶ 乳头炎;❷ 视神经乳头炎
 necrotizing p., necrotizing renal p. 肾乳头坏死
papilloadenocystoma [ˌpəˌpiləˌædinəsi'təumə] 乳头状腺囊瘤
papillocarcinoma [pəˌpiləˌkɑːsi'nəumə] 乳头状癌
papilloedema [ˌpæpili'di:mə] 视神经乳头水肿
papilloma [ˌpæpi'ləumə] (*papilla* + -*o*-

ma）乳头状瘤
  acuminatum p. 湿疣
  choroid plexus p. 脉络膜丛乳头状瘤
  cockscomb p. 鸡冠状乳头状瘤
  cutaneous p. 皮肤乳头状瘤
  diffusum p. 弥漫性乳头状瘤
  durum p. 硬性乳头瘤
  fibroepithelial p. 纤维上皮性乳头状瘤
  hirsutoid p's of penis 阴茎珍珠状乳头状瘤
  Hopmann's p. 霍普曼氏乳头状瘤，鼻息肉
  intracanalicular p. 管内乳头状瘤
  intracystic p. 囊内乳头状瘤
  intraductal p. 输乳管内乳头状瘤
  inverted p. 反向乳头状瘤
  inverted ductal p. 反向管内乳头状瘤
  lineare p. 线状乳头状瘤
  molle p. 软性乳头状瘤
  rabbit p. 兔乳头状瘤
  rabbit oral p. 兔口腔乳头状瘤
  Shope p. 休普氏乳头状瘤，兔口腔乳头状瘤
  squamous p. 鳞状乳头状瘤
  venereum p. 性病性乳头状瘤，湿疣
  villous p. 绒毛状乳头状瘤
papillomatosis [ˌpæpiˌləuməˈtəusis] 乳头状瘤病
  bovine p. 牛乳头状瘤病
  confluent and reticulate p. 融合性网状乳头状瘤
  juvenile laryngeal p., recurrent respiratory p. 青少年咽部乳头状瘤病，复发性呼吸道乳头状瘤
papillomatous [ˌpæpiˈlɔmətəs] 乳头状的
Papillomavirinae [ˌpæpiˌlɔməviˈraini:] 乳头状瘤病毒亚科
Papillomavirus [ˌpæpiˈləməˌvaiərəs] (*papilloma* + *virus*) 乳头状瘤病毒属
papillomavirus [ˌpæpiˈləməˌvaiərəs] 乳头状瘤病毒
  bovine p. 牛乳头状瘤病毒
  human p. (HPV) 人类乳头状瘤病毒
  rabbit p. 兔乳头状瘤病毒
Papillon-Lefèvre syndrome [ˌpɑ:pi:ˈjɑ:lə-ˈfevrə] (M. M. *Papillon*, French dermatologist, 20th century; Paul *Lefèvre*, Fren-ch dermatologist, 20th century) 帕拉二氏综合征

papilloretinitis [ˌpæpiləˌretiˈnaitis] 乳头视网膜炎
papillosarcoma [pəˌpiləsɑ:ˈkəumə] 乳头状肉瘤
papillosphincterotomy [ˌpæpiləˌsfiŋktəˈrɔtəmi] 乳头括约肌切开术
papillotome [ˈpæpilətəum] 乳头切开刀
papillotomy [ˌpæpiˈlɔtəmi] 乳头切开术
Papovaviridae [pəˌpəvəˈvaiəridi:] 乳头多瘤致空泡病毒科
papovavirus [pəˈpɔvəˌvaiərəs] (from *papi*lloma *p*olyoma *va*cuolating agent (SV40) + *virus*) 乳头多瘤致空泡因子病毒
  lymphotropic p. (LPV) 亲淋巴性乳头多瘤空泡因子病毒
Pappenheim's stain [ˈpɑ:pənhaimz] (Artur *Pappenheim*, German physician, 1870-1916) 帕潘海姆氏染剂
pappose [ˈpæpəus] 有绒毛的
papular [ˈpæpjulə] (L. papularis) 丘疹的
papulation [ˌpæpjuˈleifən] 丘疹形成
papule [ˈpæpju:l] (L. *papula*) 丘疹
  Gottron's p's 戈特兰氏丘疹
  moist p., mucous p. 湿丘疹，尖锐湿疣
  painful piezogenic pedal p's 疼痛性压迫性足部丘疹
  pearly penile p's 珍珠状阴茎丘疹
  piezogenic p's 压迫性丘疹
  prurigo p. 丘疹性痒疹
  split p's 皲裂性丘疹
papuliferous [ˌpæpjuˈlifərəs] (*papule* + L. *ferre* to bear) 有丘疹的
papuloerythematous [ˌpæpjuləˌerəˈθemətəs] 丘疹性红斑的
papuloid [ˈpæpjulɔid] 丘疹样的
papulopustular [ˌpæpjuləˈpʌstjulə] 丘疹脓疱性的
papulopustule [ˌpæpju:ləˈpʌstju:l] 丘疹脓疱
papulosis [ˌpæpjuˈləusis] 丘疹病
  bowenoid p. 博温氏样丘疹病
  lymphomatoid p. 淋巴瘤样丘疹病
  malignant atrophic p. 恶性萎缩性丘疹病
papulosquamous [ˌpæpjuləˈskwæməs] 丘疹鳞屑性的
papulovesicular [ˌpæpjuləvəˈsikjulə] 丘疹水疱性的

papyraceous [ˌpæpiˈreiʃəs] (L. *papyraceus*) 纸状的

par- 对,双

para [ˈpærə] (L. *parere* to bring forth, to bear) 产次

para-¹ (Gr. *para* to, at, or from the side of) ❶ 旁,近；❷ 类似；❸ 副,附属于；❹ 超出；❺ 除……之外；❻ 异常

para-² 对位

para-actinomycosis [ˌpærəˌæktinomiˈkəusis] 假放线菌病

para-agglutinin [ˌpærəˈglutənin] 副凝集素

para-aminobenzoic acid [ˌpærə əˌminəbənˈzəuik] 对氨基苯甲酸

para-analgesia [ˌpærəˌænəlˈdʒiːziə] 下身感觉缺失

para-anesthesia [ˌpærəˌænəsˈθiːziə] 下身感觉缺失(麻木)

para-aortic [ˌpærəeiˈɔːtik] 主动脉旁(周)的

para-appendicitis [ˌpærə əˌpendiˈsaitis] 阑尾旁炎

parabacillus [ˌpærəbəˈsiləs] 异性杆菌,副杆菌

parabacteria [ˌpærəbækˈtiəriə] 异性细菌,副细菌

parabanic acid [ˌpærəˈbænik] 仲斑酸,乙二酰脲

parabion [pəˈræbiən] 联体生物

parabiont [pəˈræbiənt] (*para-¹* + Gr. *bioun* to live) 联体生物

parabiosis [ˌpærəbaiˈəusis] (*para-¹* + Gr. *biōsis* living) 联体生活
　dialytic p. 渗析性联体生活
　vascular p. 血管性联体生活

parabiotic [ˌpærəbaiˈɔtik] 联体生活的

parablast [ˈpærəblæst] (*para-¹* + Gr. *blastos* germ) 副胚层

parablastic [ˌpærəˈblæstik] 副胚层的

parablepsia [ˌpærəˈblepsiə] (*para-¹* + Gr. *blepsis* vision + *-ia*) 错视

parabulia [ˌpærəˈbjuliə] (*para-¹* + Gr. *boulē* will + *-ia*) 意志倒错

paracanthoma [ˌpærəkænˈθəumə] (*para-¹* + Gr. *kantha* prickle) 棘皮层瘤

paracardiac [ˌpærəˈkɑːdiæk] 心旁的

paracarmine [ˌpærəˈkɑːmin] 副卡红,副胭脂红

paracasein [ˌpærəˈkeisiːn] 衍酪蛋白,副酪蛋白

paracele [ˈpærəsiːl] 侧脑室

paracelsian [ˌpærəˈselsiən] 帕腊塞耳萨斯氏的

Paracelsus [ˌpærəˈselsəs] 帕腊塞耳萨斯

paracenesthesia [ˌpærəˌsiːnesˈθiːziə] (*para-¹* + *cenesthesia*) 普遍感觉异常

paracentesis [ˌpærəsenˈtiːsis] (*para-¹* + Gr. *kentēsis* puncture) 穿刺术
　p. bulbi 眼球穿刺术
　p. capitis 头颅穿刺术
　p. cardis 心穿刺术
　continuous p. 连续性腹腔穿刺术
　p. oculi 眼球穿刺术
　p. pericardii 心包穿刺术
　p. pulmonis 肺穿刺术
　p. thoracis 胸腔穿刺术
　p. tunicase vaginalis 睾丸鞘膜穿刺术
　p. tymani 鼓室穿刺术
　p. vesicae 膀胱穿刺术

paracentetic [ˌpærəsenˈtetik] 穿刺术的

paracentral [ˌpærəˈsentrəl] 近中心的

paracephalus [ˌpærəˈsefələs] (*para-¹* + Gr. *kephalē* head) 头不全畸胎

paracerebellar [ˌpærəˌserəˈbelə] 小脑侧部的

paracervix [ˌpærəˈsəːviks] (*para-¹* + L. *cervix* neck) 宫颈旁组织

paracetaldehyde [pəˌræsiˈtældihaid] 三聚乙醛

paracetamol [ˌpærəsəˈtæməl] 醋氨酚,对乙酰氨基酚

parachloralose [ˌpærəˈklɔːrələus] 聚氯醛糖

parachlorometaxylenol [ˌpærəˌklɔrəˌmetəˈzailənəl] 氯二甲苯酚

parachlorophenol [ˌpærəˌklɔrəˈfenəl] (USP) 对氯酚
　camphorated p. (USP) 樟脑对氯酚

paracholera [ˌpærəˈkɔlərə] 副霍乱

paracholesterin [ˌpærəkəˈlestərin] 副胆甾醇,衍胆甾醇

paracholia [ˌpærəˈkəuliə] 泌胆障碍

parachordal [ˌpærəˈkɔːdəl] (*para-¹* + Gr. *chordē* cord) 脊索旁的

Parachordodes [ˌpærəkɔːˈdəudiːz] 拟绳铁

线虫属

parachroia [ˌpærəˈkrɔiə] (*para-*¹ + Gr. *chroia* color) 着色异常

parachroma [ˌpærəˈkrəumə] (皮)着色异常

parachromatin [ˌpærəˈkrɔmətin] 副染色剂,副核染剂

parachromatism [ˌpærəˈkrɔmətizəm] 色盲

parachromatopsia [ˌpærəˌkrɔməˈtɔpsiə] 色盲

paracinesia [ˌpærəsaiˈniːsiə] 运动倒错

paracinesis [ˌpærəsaiˈniːsis] 运动倒错

paraclinical [ˌpærəˈklinikəl] 临床奇特的

paracmasis [pəˈrækməsis] 缓解期,消退期

paracnemis [ˌpærækˈniːmis] (*para-*¹ + Gr. *knēmē* shin) 腓骨

paracnemidion [ˌpærækniˈmidiən] 腓骨

paracoccidioides brasiliensis [ˌpærəkɔkˌsidiˈɔidiːz brəˌsiliːˈensis] 巴西芽生菌

paracoccidioidomycosis [ˌpærəkɔkˌsidiˌɔidəmaiˈkəusis] 巴西芽生菌病,类球孢子菌病

paracolitis [ˌpærəkəˈlaitis] 结肠周围炎

Paracolobactrum [ˌpærəkɔləˈbæktrəm] 副大肠杆菌属

paracolon bacillus [ˌpærəˈkəulən bəˈsiləs] 副大肠杆菌

paracolpitis [ˌpærəkɔlˈpaitis] (*para-*¹ + Gr. *kolpos* vagina + *-itis*) 阴道周组织炎

paracolpium [ˌpærəˈkɔlpiəm] (*para-*¹ + Gr. *kolpos* vagina) 阴道周组织

paracone [ˈpærəkəun] (*para-*¹ + Gr. *kōnos* cone) 上前尖,上颌磨牙近中前尖

paraconid [ˌpærəˈkɔnid] 下前尖

paracortex [ˌpærəˈkɔːteks] (*para-*¹ + *cortex*) 副皮质

paracousis [ˌpærəˈkuːsis] 听觉倒错

paracoxalgia [ˌpærəkɔkˈsældʒiə] 类髋关节痛

paracresol [ˌpærəˈkriːsɔl] 对甲酚

paracrine [ˈpærəkrin] (*para-*¹ + Gr. *krinein* to separate) 旁分泌

paracrisis [pəˈrækrisis] (*para-*¹ + Gr. *krinein* to secrete) 分泌障碍

paracusia [ˌpærəˈkjuːsiə] 听觉倒错

paracyesis [ˌpærəsaiˈiːsis] (*para-*¹ + Gr. *kyesis* pregnancy) 子宫外妊娠,子宫外孕

p. acirs 听觉过敏
p. duplicata 复听
p. loci 定音障碍不能
p. willisiana 韦利斯氏听觉倒错

paracusis [ˌpærəˈkjuːsis] 听觉倒错

p. of Willis 韦利斯氏听觉倒错

paracyesis [ˌpærəsaiˈiːsis] (*para-*¹ + Gr. *kyesis* pregnancy) 子宫外妊娠,子宫外孕

paracystic [ˌpærəˈsistik] (*para-*¹ + Gr. *kystis* bladder) 膀胱旁的

paracystitis [ˌpærəsisˈtaitis] (*para-*¹ + Gr. *kystis* bladder + *-itis*) 膀胱周炎

paracystium [ˌpærəˈsistiəm] (*para-*¹ + Gr. *kystis* bladder) 膀胱周组织

paracytic [ˌpærəˈsitik] (*para-*¹ + *-cyte*) 异常细胞的

paradenitis [ˌpærədiˈnaitis] 腺周炎

paradental [ˌpærəˈdentəl] ❶ 牙科的; ❷ 牙周的

paradentitis [ˌpærədenˈtaitis] 牙周炎

paradentium [ˌpærəˈdenʃiəm] 牙周组织

paradentosis [ˌpærədenˈtəusis] 牙周病

paraderm [ˈpærədəːm] (*para-*¹ + Gr. *derma* skin) 生胚卵黄

paradesmose [ˌpærəˈdesməus] (*para-*¹ + Gr. *desmos* band, ligament) 核旁结缔

paradiabetes [ˌpærəˌdaiəˈbiːtiːz] 类糖尿病

paradiagnosis [ˌpærəˌdaiəɡˈnəusis] 近似诊断

paradidymal [ˌpærəˈdidiməl] ❶ 旁睾的; ❷ 睾丸旁的

paradidymis [ˌpærəˈdidimis] (*para-*¹ + Gr. *didymos* testis) (NA) 旁睾

paradimethylaminobenzaldehyde [ˌpærəˌdaiˌmeθələˌmiːnəbenˈzældəhaid] 对二甲氨基苯甲醛

Paradione [ˌpærəˈdaiəun] 派辰洛待恩:对甲双酮制剂的商标名

paradipsia [ˌpærəˈdipsiə] (*para-*¹ + Gr. *dipsa* thirst + *-ia*) 异渴

paradox [ˈpærədɔks] (Gr. *paradoxos* incredible) 反论,奇论,自相矛盾,奇异现象

Opie p. 奥皮氏奇异现象
Weber's p. 韦伯氏奇异现象

paradoxical [ˌpærəˈdɔksikəl] 奇异的,矛

盾的,逆理的,反常的
paradysentery [ˌpærə'disəntri] 副痢疾,类痢疾
paraeccrisis [ˌpærə'ekrisis] (*para-*¹ + Gr. *ekkrisis* excretion) 分泌障碍,排泄障碍
paraepilepsy [ˌpærə'epilepsi] 小癫痫,癫痫小发作
paraequilibrium [ˌpærəˌiːkwi'libriəm] 平衡感觉障碍,前庭性眩晕
paraesophageal [ˌpærəəˌsɔfə'dʒiːəl] 食管周围的
parafalx [ˌpærə'fælks] 脑镰周围的
Par. aff. (L. *pars affecta* 的缩写) 患部,损伤部
paraffin ['pærəfin] (L. *parum* little + *affinis* akin) ❶ (NF) 石蜡;❷ 烷属烃
  hard p. 固体石蜡,硬石蜡
  liquid p. 液体石蜡
  liquid p., light 轻质液体石蜡
  soft p., white 白凡士林,白软石蜡
  soft p. yellow 黄凡士林,黄软石蜡
paraffinoma [ˌpærəfi'nəumə] 石蜡瘤
parafibrinogen [ˌpærəfai'brinəudʒən] 副纤维蛋白原
Parafilaria multipapillosa [ˌpærəfi'læriə ˌmʌltiˌpæpi'ləusə] 多乳头副丝虫
Paraflex ['pærəfleks] 派洛弗莱克斯:氯羟苯恶唑制剂的商标名
paraflocculus [ˌpærə'flɔkjuləs] (*para-*¹ + L. *flocculus* tuft) 副绒球,旁绒球
Parafon forte ['pærəfɔn 'fɔːtei] 强力氯羟苯恶唑:氯羟苯恶唑制剂的商标名
paraformaldehyde [ˌpærəfɔː'mældihaid] 多聚甲醛
Parafossarulus [ˌpærəfɔ'særuləs] 沼螺属
  P. manchouricus 中华沼螺
parafunction [ˌpærə'fʌŋkʃən] 功能异常
parafunctional [ˌpærə'fʌŋkʃənəl] 功能异常的
paragammacism [ˌpærə'gæməsizəm] (*para-*¹ + Gr. *gamma* the Greek letter G) g, k, ch 发音障碍
paraganglia [ˌpærə'gæŋgliə] 副神经节,嗜铬体。*paraganglion* 的复数形式
paraganglioma [ˌpærəˌgæŋgli'əumə] 副神经节瘤,嗜铬细胞瘤
  medullary p. 髓性嗜铬细胞瘤
  nonchromaffin p. 非嗜铬性副神经节瘤

paraganglion [ˌpærə'gæŋgliən] (pl. *paraganglia*) 副神经节,嗜铬体
paragenitalis [ˌpærəˌgeni'teilis] (*para-*¹ + L. *genitalis* genital) ❶ 副肾器;❷ 副生殖器
parageusia [ˌpærə'gjuːsiə] (*para-*¹ + Gr. *geusis* taste + *-ia*) ❶ 味觉倒错;❷ 味觉异常
parageusic [ˌpærə'gjuːsik] 味觉倒错的
paragglutinin [ˌpærə'gluːtinin] 副凝集素
paraglobulin [ˌpærə'glɔbjulin] 副球蛋白
paraglossa [ˌpærə'glɔsə] 舌肿
paraglossia [ˌpærə'glɔsiə] 舌下(组织)炎
paragnathus [pə'rægnəθəs] (*para-*¹ + Gr. *gnathos* jaw) ❶ 多颌怪胎;❷ 颌旁寄生胎
paragnosis [ˌpærəg'nəusis] (*para-*¹ + Gr. *gnōsis* knowledge) 死后诊断
paragoniniasis [ˌpærəˌgəuni'maiəsis] 并殖吸虫病,肺吸虫病
paragonimosis [ˌpærəˌgəuni'məusis] 并殖吸虫病
Paragonimus [ˌpærə'gɔniməs] (*para-*¹ + Gr. *gonimus* productive; having generative power) 并殖吸虫属
  P. africanus 非洲并殖吸虫
  P. heterotrema 异孔并殖吸虫
  P. kellicotti 猫肺并殖吸虫
  P. ringeri 肺并殖吸虫
  P. westermani 卫(斯特曼)氏并殖吸虫,肺吸虫
paragonorrheal [ˌpærəˌgɔnə'riəl] 与淋病间接有关的
Paragordius [ˌpærə'gɔːdiəs] 拟铁线虫属
paragrammatism [ˌpærə'græmətizəm] 语法倒错性语言障碍
paragranuloma [ˌpærəˌgrænju'ləumə] 类肉芽肿
paragraphia [ˌpærə'græfiə] (*para-*¹ + Gr. *graphein* to write + *-ia*) 书写倒错
parahemophilia [ˌpærəˌhiːməu'filiə] 副血友病
parahepatic [ˌpærəhə'pætik] (*para-*¹ + Gr. *hēpar* liver) 肝旁的
parahepatitis [ˌpærəˌhepə'taitis] 肝周炎
parahidrosis [ˌpærəhi'drəusis] 汗分泌异常
parahippocampal [ˌpærəˌhipəu'kæmpəl]

海马旁的

parahormone [ˌpærə'hɔ:məun] (*para-*¹ + *hormone*) 类激素

parahypnosis [ˌpærəhip'nəusis] (*para-*¹ + Gr. *hypnos* sleep) 睡眠异常

parahypophysis [ˌpærəhai'pofisis] 副垂体

parakeratinized [ˌpærə'kerəti,naizd] 角化不全

parakeratosis [ˌpærə,kerə'təusis] 角化不全的
 p. ostracea 发痂性角化不全
 p. scutularis 发痂性角化不全
 p. variegata 网状类牛皮癣

parakinesia [ˌpærəki'niziə] (*para-*¹ + Gr. *kinēsis* motion + *-ia*) ❶ 运动倒错; ❷ 眼肌运动失调

parakinetic [ˌpærəki'netik] 运动倒错的

Paral [pə'ræl] 派洛尔: 副醛或三聚乙醛制剂的商品名

paralactic acid [ˌpærə'læktik 'æsid] 副乳酸, 肉乳酸

paralalia [ˌpærə'leiliə] (*para-*¹ + Gr. *lalia* speech) 出语障碍, 构音倒错
 p. literalis 构音倒错

paralambdacism [ˌpærə'læmdəsizəm] (*para-*¹ + Gr. *lambdakismos*) l 音不正

paraldehyde [pə'rældihaid] (USP) 三聚乙醛

paraldehydism [pə'rældi,haidizəm] 三聚乙醛中毒

paralepsy [ˌpærə'lepsi] 精神突变, 抑郁发作

paralexia [ˌpærə'leksiə] (*para-*¹ + *alexia*) 阅读倒错

paralexic [ˌpærə'leksik] 阅读倒错的

paralgesia [ˌpærəl'dʒiziə] (*para-*¹ + Gr. *algesis* sense of pain + *-ia*) 疼觉异常

paralgesic [ˌpærəl'dʒesik] 痛觉异常的

paralgia [pə'rældʒiə] 痛觉异常

paralinin [ˌpærə'lainin] (*para-*¹ + *linin*) 核液, 核淋巴

parallactic [ˌpærə'læktik] 视差的

parallagma [ˌpærə'lægmə] (Gr.) 骨移位

parallax ['pærəlæks] (Gr. "change of position") 视差
 binocular p. 双眼视差
 crossed p. 交叉性视差, 异侧性视差
 direct p. 直接性视差, 同侧性视差
 heteronymous p. 交差性视差, 异侧性视差
 homonymous p. 直接性视差, 同侧性视差
 stereoscopic p. 立体视差
 uncrossed p. 非交叉性视差
 vertical p. 垂直性视差

parallel ['pærəlel] (L. *parallelus*) ❶ 平行的; ❷ 并联的

parallelometer [ˌpærələ'lɔmitə] (*parallel* + *-meter*) 平行线面测量器

parallergic [ˌpərə'lɔdʒik] 副变态反应的

parallergy [pə'rælədʒi] 副变态反应性

paralogia [ˌpærə'lɔdʒiə] (*para-*¹ + Gr. *logos* reason + *-ia*) 论理倒错
 thematic p. 主旨性论理倒错

paralogism [pə'rælədʒizəm] 论理倒错

paralogy [pə'rælədʒi] 貌似

paralutein [ˌpærə'lju:tin] 副黄体素

paralysant ['pærə,laizənt] ❶ 致麻痹的; ❷ 麻痹剂

paralyses [pə'rælisiz] 麻痹, 瘫痪。*paralysis* 的复数形式

paralysis [pə'rælisis] (pl. *paralyses*) (*para-*¹ + Gr. *lyein* to loosen) 麻痹、瘫痪
 abducens p. 展神经麻痹
 p. of accommodation 眼调节麻痹, 调视麻痹
 acoustic p. 听神经麻痹, 神经性聋
 acute ascending spinal p. 急性上行性脊髓麻痹
 p. agitans 震颤麻痹
 p. agitans, juvenile 幼年型震颤麻痹
 alternate p. , alternating p. 交叉性麻痹
 ambiguo-accessorius p. 疑核副神经核性麻痹
 ambiguo-accessorius-hypoglossal p. 疑核副神经舌下神经核性麻痹
 ambiguohypoglossal p. 疑核舌下神经核性麻痹
 ambiguospinothalamic p. 疑核脊髓丘脑性麻痹
 arsenical p. 砷毒性麻痹
 ascending p. 上行性麻痹
 Avellis' p. 疑核脊髓丘脑性麻痹
 Bell's p. 贝尔氏麻痹(面神经麻痹)
 bilateral p. 两侧麻痹, 两侧瘫

birth p. 产伤麻痹
brachial p., brachial plexus p. 臂麻痹,臂丛神经麻痹
brachiofacial p. 臂面麻痹
Brown-Séquard's p. 布-塞二氏麻痹
bulbar p. 延髓性麻痹
cage p. 兽槛性麻痹
centrocapsular p. 内囊性麻痹
cerebral p. 大脑性麻痹
Chastek p. 查斯特克麻痹
compression p. 压迫性麻痹
congenital abducens-facial p. 先天性展神经面神经麻痹
congenital oculofacial p. 先天性眼面麻痹
conjugate p. 同向性麻痹,同向运动麻痹
crossed p., cruciate p. 交叉性麻痹
crural p. 下肢麻痹,股瘫
crutch p. 拐杖麻痹
Cruveilhier's p. 克律韦利埃氏麻痹,脊椎性肌萎缩
decubitus p. 久卧性麻痹
Dejerine-Klumpke p. 德-克二氏麻痹
diaphragmatic p. 膈肌麻痹
diphtheric p., diphtheritic p. 白喉后麻痹
divers' p. 潜水员麻痹
Duchenne's p. 杜兴氏麻痹
Duchenne-Erb p. 杜-欧二氏麻痹
Erb's p. 欧勃氏麻痹
Erb-Duchenne p. 欧-杜二氏麻痹
facial p. 面神经麻痹,面瘫
false p. 假性麻痹
familial periodic p. 家族性周期性麻痹
Felton's p. 费尔顿氏麻痹
flaccid p. 弛缓性麻痹
fowl p. 禽类麻痹
functional 机能性麻痹
p. of gaze 注视麻痹
general p. 麻痹性痴呆
ginger p. 姜酒中毒性麻痹
glossolabial p., glossopharyngolabial p. 舌唇麻痹,舌咽唇麻痹
Gubler's p. 古布累氏麻痹
hereditary cerebrospinal p. 遗传性脑脊髓性麻痹
hyperkalemic periodic p. 高血钾性周期性麻痹
hypoglossal p. 舌下神经麻痹
hypokalemic periodic p. 低血钾性周期性麻痹
hysterical p. 癔病性麻痹,歇斯底里性麻痹
immune p., immunologic p. 免疫麻痹
infantile p. 小儿麻痹症,脊髓灰质炎
infantile cerebral ataxic p. 小儿大脑共济性失调麻痹
infantile cerebrocerebellar diplegic p. 小儿大小脑性两侧麻痹
infantile spinal p. 小儿脊髓麻痹
infectious bulbar p. 传染性延髓麻痹
ischemic p. 局部缺血性麻痹
jake p. 姜酒中毒麻痹
Jamaica ginger p. 姜酒中毒性麻痹
juvenile p. 幼年型麻痹性痴呆
junvenile p. agitans (of Hunt) 幼年型震颤麻痹
Klumpke's p., Klumpke-Dejerine p. 克隆普克氏麻痹,克-杜二氏麻痹
Kussmul's p., Kussmaul-Landry p. 库斯毛耳氏麻痹,库-兰二氏麻痹
labial p., labioglossolaryngeal p., labioglossopharyngeal p. 唇麻痹,唇舌喉麻痹,唇舌咽麻痹
lambing p. 产羔麻痹
Landry's p. 兰德里氏麻痹
laryngeal p. 喉麻痹
lead p. 铅毒性麻痹
lingual p. 舌麻痹,舌瘫
Lissauer's p. 利骚厄氏麻痹
local p. 局部麻痹
lower-brachial plexus p. 下臂神经丛麻痹
masticatory p. 嚼肌麻痹
medullary tegmental paralyses 延髓被盖性麻痹
Millard-Gubler p. 米-古二氏麻痹
mimetic p. 表情肌麻痹,面肌麻痹
mixed p. 混合性麻痹
motor p. 运动麻痹
musculospiral p. 桡神经麻痹
myopathic p. 肌病性麻痹
normokalemic periodic p. 血钾正常性周期性麻痹
p. notariorum 速记员麻痹,书写痉挛
nuclear p. 核性麻痹

obstetric p. 产伤麻痹
ocular p. 眼麻痹
oculomotor p. 动眼神经麻痹
parotitic p. 腮腺炎性麻痹
parturient p. 产后麻痹
periodic p. 周期性麻痹
periodic p., thyrotoxic 甲状腺毒性周期性麻痹
peripheral p. 周围性神经麻痹
peroneal p. 腓神经麻痹,交腿性麻痹
phonetic p. 发音肌麻痹
postdiphtheric p. 白喉后麻痹
postdormital p. 睡眠后麻痹
postepileptic p. 癫痫后麻痹
posthemiplegic p. 偏瘫后麻痹
posticus p. 环甲后肌麻痹
Pott's p. 波特氏截瘫
predormital p. 入睡前睡眠麻痹
pressure p. 压迫性麻痹
progressive bulbar p. 进行性延髓性麻痹
pseudobulbar p. 假延髓性麻痹
pseudohypertrophic muscular p. 假肥大性肌麻痹
radial p. ① 桡神经麻痹;② 畜桡神经麻痹
Ramsay Hunt p. 幼年型震颤麻痹
range p. 鸟类淋巴瘤病
reflex p. 反射性麻痹
Remak's p. 雷马克氏麻痹
rucksack p. 背囊性麻痹
Saturday night p. 周末麻痹
sensory p. 感觉麻痹
serum p. 血清性麻痹
sleep p. 睡眠麻痹
spastic p. 痉挛性麻痹
spinal p. 脊髓麻痹
spinomuscular p. 脊髓性肌麻痹
supranuclear p. 核上性麻痹
tegmental mesencephalic p. 盖中脑性麻痹
tick p. 蜱性麻痹
Todd's p. 托德氏麻痹
trigeminal p. 三叉神经麻痹
upper brachial plexus p. 上臂神经丛麻痹
vasomotor p. 血管舒缩神经麻痹
Volkmann's ischemic p. 福耳克曼氏局部缺血性麻痹

waking p. 晨醒性麻痹
wasting p. 消瘦性麻痹,脊髓性肌萎缩
Weber's 韦伯氏麻痹
writers' p. 书写性麻痹,书写痉挛
paralysor [ˈpærəˌlaizə] 麻痹剂,阻化剂,阻滞剂
paralyssa [ˌpærəˈlisə] 蝙蝠咬恐水病
paralytic [ˌpærəˈlitik] (Gr. *paralitikos*) ❶ 麻痹的;❷ 麻痹者
paralytogenic [ˌpærəˌlitəuˈdʒenik] 致麻痹的
paralyzant [ˈpærəˌlaizənt] ❶ 致麻痹的; ❷ 麻痹剂,阻化剂
paralyze [ˈpærəlaiz] 麻痹,使瘫痪
paralyzer [ˈpærəˌlaizə] 麻痹剂,阻化剂,阻滞剂
paramagnetic [ˌpærəmægˈnetik] 顺磁的
paramagnetism [ˌpærəˈmægnitizəm] (*para-*¹ + Gr. *magnēs* magnet) 顺磁性
paramania [ˌpærəˈmeiniə] 情感倒错
paramastigote [ˌpærəˈmæstigəut] (*para-*¹ + Gr. *mastix* lash) 副鞭毛的
paramastitis [ˌpærəmæsˈtaitis] (*para-*¹ + Gr. *mastos* mamma + *-itis*) 乳腺周炎
paramastoid [ˌpærəˈmæstɔid] 乳突旁的,乳突周的
paramastoiditis [ˌpærəˌmæstɔiˈdaitis] 乳突周炎
parameatal [ˌpærəmiˈeitəl] 开口周围的,通道周围的
paramecia [ˌpærəˈmiːʃiə] 草履虫。*paramecium* 的复数
Paramecium [ˌpærəˈmiːʃəm] (Gr. *paramēkēs* oblong) 草履虫属
paramecium [ˌpærəˈmiːʃəm] (pl. *paramecia*) 草履虫
paramedian [ˌpærəˈmiːdiən] (*para-*¹ + L. *medianus* median) 正中旁的
paramedical [ˌpærəˈmedikəl] 关系医学的,与医学有关的
paramenia [ˌpærəˈmiːniə] (*para-*¹ + Gr. *mēniaia* menses) 月经障碍
parameningococcus [ˌpærəmiˌniŋgəuˈkɔkəs] 类脑膜炎球菌,副脑膜炎球菌
parameniscitis [ˌpærəminiˈsaitis] 半月板周炎
parameniscus [ˌpærəˈminiskəs] 半月板周部

paramesial [ˌpærəˈmiːsiəl] (*para-*¹ + Gr. *mesos* middle) 正中旁的

parameter [pəˈræmitə] (*para-*¹ + *meter*) ❶ 参数;❷ 参数值

paramethadione [ˌpærəˌmeθəˈdaiəun] (USP) 对甲双酮,甲乙双酮

paramethasone acetate [ˌpærəˈmeθəsəun] (USP) 醋酸对氟米松

parametrial [ˌpærəˈmiːtriəl] ❶ 子宫旁组织的;❷ 子宫旁的

parametric¹ [ˌpærəˈmetrik] (*para-*¹ + Gr. *mētra* uterus) 子宫旁的

parametric² [ˌpærəˈmetrik] (*para-*¹ + *meter*) 参数的,参量的

parametrismus [ˌpærəˈmetrizməs] 阔韧带痉痛

parametritic [ˌpærəməˈtritik] 子宫旁组织炎的

parametritis [ˌpærəməˈtraitis] 子宫旁组织炎

posterior p. 后子宫旁组织炎

parametrium [ˌpærəˈmiːtriəm] (*para-*¹ + Gr. *mētra* uterus) (NA) 子宫旁组织

paramidoacetophenone [pəˌræmidəuˌæsətəuˈfiːnəun] 对氨基乙酰

paramimia [ˌpærəˈmimiə] (*para-*¹ + Gr. *mimēsis* imitation) 表情倒错

paramitome [ˌpærəˈmaitəum] (*para-*¹ + Gr. *mitos* thread) 丝内质

paramnesia [ˌpærəmˈniziə] (*para-*¹ + *amnesia*) 记忆错误,追溯性曲解

Paramoeba [ˌpærəˈmiːbə] (*para-*¹ + *ameba*) 副变形虫属

paramolar [ˌpærəˈməulə] (*para-*¹ + *molar*) 副磨牙

Paramonostomum parvum [ˌpærəməˈnɒstəməm ˈpɑːvəm] 鸡拟单口吸虫

Paramphistomatoidea [ˌpærəmfisˌtəməˈtɔidiə] 同盘吸虫超科

paramphistomiasis [ˌpærəmfistəuˈmaiəsis] 同盘吸虫病

Paramphistomum [ˌpærəmˈfistəməm] 同盘吸虫属

P. cervi 鹿同盘吸虫

paramucin [ˌpærəˈmjuːsin] 副粘蛋白

paramusia [ˌpærəˈmjuːziə] (*para-*¹ + Gr. *mousa* music + *-ia*) 歌唱倒错

paramyelin [ˌpærəˈmaiəlin] 衍髓磷脂,副髓磷脂

paramyloidosis [pəˌræmələiˈdəusis] 副淀粉样变性

paramyoclonus [ˌpærəmaiˈɒklənəs] (*para-*¹ + *myoclonus*) 副肌阵挛

p. multiplex 多发性副肌阵挛

paramyosin [ˌpærəˈmaiəsin] 副肌张球蛋白,副肌凝蛋白

paramyosinogen [ˌpærəˌmaiəˈsinədʒən] 副肌张球蛋白原

paramyotonia [ˌpærəmaiəˈtəuniə] (*para-*¹ + *myo-* + *tonos* tension + *-ia*) 副肌强直病,强直性肌痉挛病

p. congenita 先天性副肌强直

Paramyxa [ˌpærəˈmiksə] (*para-*¹ + Gr. *myxa* mucus) 无孔属

Paramyxea [ˌpærəˈmiksiə] 无孔纲

Paramyxida [ˌpærəˈmiksidə] 无孔目

Paramyxoviridae [ˌpærəˌmiksəˈvaiəridiː] 副粘液病毒科

Paramyxovirus [ˌpærəˈmiksəˈvaiərəs] (*para-*¹ + *myxovirus*) 副粘液病毒属

paramyxovirus [ˌpærəˈmiksəˈvaiərəs] 副粘液病毒

paranalgesia [ˌpærənælˈdʒiziə] 下身痛觉缺失

paranea [ˌpærəˈniːə] 妄想狂,偏执狂

paraneoplastic [ˌpærəˌniːəˈplæstik] (*para-*¹ + *neoplastic*) 癌旁的

paranephric [ˌpærəˈnefrik] ❶ 肾旁的;❷ 肾上腺的

paranephritis [ˌpærəneˈfraitis] (*para-*¹ + Gr. *nephros* kidney + *-itis*) ❶ 肾上腺炎;❷ 肾周炎

paranephroma [ˌpærəneˈfrəumə] 肾上腺样瘤

paranephros [ˌpærəˈnefrəs] (pl. *paranephroi*) (*para-*¹ + Gr. *nephros* kidney) 肾上腺

paranesthesia [ˌpærænəsˈθiziə] 下身感觉缺失

paraneural [ˌpærəˈnjuərəl] (*para-*¹ + Gr. *neuron* nerve) 神经旁的

para-nitrosulfathiazole [ˌpærəˌnaitrəsʌlfəˈðaiəzəul] 对硝基磺胺噻唑

paranoia [ˌpærəˈnɔiə] ❶ 妄想狂,偏执狂;❷ 妄想性(妄想狂样的)紊乱

paranoiac [ˌpærə'nɔiæk] ❶ 妄想狂者；❷ 妄想狂的
paranoid ['pærənɔid] 妄想狂样的，偏执狂样的
paranomia [ˌpærə'nəumiə] (*para-*¹ + Gr. *onoma* name + *-ia*) 称名错误
paranormal [ˌpærə'nɔːməl] 轻度异常的
paranosic [ˌpærə'nəusik] 因病获益的
paranuclear [ˌpærə'njukliə] ❶ 核旁的；❷ 副核的
paranucleate [ˌpærə'njuːkleit] 副核酸盐
paranuclein [ˌpærə'njuːkliːn] ❶副核素，副核蛋白；❷假核素
paranucleolus [ˌpærənju'kliələs] 副核仁
paranucleus [ˌpærə'njukliəs] (*para-*¹ + *nucleus*) 副核
paraomphalic [ˌpærəɔm'fælik] (*para-*¹ + Gr. *omphalos* navel) 脐旁的
paraoperative [ˌpærə'ɔpərətiv] 辅助手术的
paraoral [ˌpærə'ɔːrəl] 口外的，非经口的
paraortic [ˌpæri'ɔːtik] 主动脉旁的
paraosmia [ˌpærə'ɔsmiə] 嗅觉倒错
para-osteoarthropathy [ˌpærəˌɔstiəuɑː'θrɔpəθi] 截瘫性骨关节病
parapancreatic [ˌpærəˌpæŋkri'ætik] 胰旁的
paraparesis [ˌpærəpə'riːsis] (*para-*¹ + Gr. *paresis* paralysis) 下身轻瘫，下肢轻瘫，轻截瘫
    tropical spastic p. 热带痉挛性下身轻瘫
parapathia [ˌpærə'pæθiə] 情感倒错
parapedesis [ˌpærəpə'diːsis] (*para-*¹ + Gr. *pēdēsis* a leaping) 体液移行倒错
paraperitoneal [ˌpærəˌperitəu'niːəl] 腹膜旁的
parapertussis [ˌpærəpə't∧sis] (*para-*¹ + *pertussis* 副百日咳，轻百日咳
parapestis [ˌpærə'pestis] 轻鼠疫
parapharyngeal [ˌpærəfə'rindʒiəl] 咽旁的
paraphasia [ˌpærə'feiziə] (*para-*¹ + *aphasia*) 言语错乱，错语
    central. p 中枢性言语错乱
    literal p. 文字错语症
    thematic p. 主旨性言语错乱
    verbal p. 言语性错语症
paraphasic [ˌpærə'feisik] 言语错乱的，错语的

paraphasis [pə'ræfəsis] 终脑顶突
paraphemia [ˌpærə'fiːmiə] (*para-*¹ + Gr. *phēmē* speech + *-ia*) 言语倒错，错语性失语症
para-phenylenediamine [ˌpærəˌfenəliːn'daiəmiːn] 对苯二胺
paraphia [pə'reifiə] (*para-*¹ + Gr. *haphē* touch + *-ia*) 触觉倒错
paraphilia [ˌpærə'filiə] (*para-*¹ + *-philia*) (DSm-Ⅲ-R) 性欲倒错
paraphiliac [ˌpærə'filiæk] ❶ 性欲倒错的；❷ 性欲倒错者
paraphimosis [ˌpærəfai'məusis] (*para-*¹ + Gr. *phimoun* to muzzle + *-osis*) 嵌顿包茎
paraphobia [ˌpærə'fəubiə] (*para-*¹ + *phobia*) 轻度恐怖
paraphonia [ˌpærə'fəuniə] (*para-*¹ + Gr. *phōnē* voice + *-ia*) 声音变调
    p. puberum 青春期男性变声调
paraphora [pə'ræfərə] (*para-*¹ + Gr. *pherein* to bear) 轻度精神障碍
paraphrasia [ˌpærə'freiziə] 言语无序，言语倒错
paraphrenia [ˌpærə'friːniə] (*para-*¹ + Gr. *phrēn* mind + *-ia*) ❶ 妄想痴呆；❷ 膈周(组织)炎
paraphrenic [ˌpærə'frenik] ❶ 妄想痴呆的；❷ 妄想痴呆患者
paraphrenitis [ˌpærəfrə'naitis] (*para-*¹ + Gr. *phrēn* diaphragm + *-itis*) 膈周组织炎
paraphronia [ˌpærə'frəuniə] 性情变易
paraphyseal [ˌpærə'fiziəl] 旁突体的
paraphysial [ˌpærə'fisil] ❶ 旁突体的；❷ 侧丝的
paraphysis [pə'ræfisis] (Gr "offshoot") ❶ 脑上旁突体；❷ 侧丝
parapineal [ˌpærə'piniəl] 松果体旁的
paraplasia [ˌpærə'pleisiə] 发育异常，错生
paraplasm ['pærəplæzəm] (*para-*¹ + Gr. *plasma* something formed) ❶ 透明质；❷ 异常增生物
paraplasmic [ˌpærə'plæzmik] ❶ 透明质的；❷ 异常增生物的
paraplastic [ˌpærə'plæstik] (*para-*¹ + Gr. *plassein* to mold) 异常增生的

paraplastin [ˌpærə'plæstin] 副网质,副网素

Paraplatin [ˌpærə'plætin] 派洛普莱停:卡铂制剂的商品名

paraplectic [ˌpærə'plektik] (Gr. *paraplēktikos*) 截瘫的

paraplegia [ˌpærə'pli:dʒiə] (*para-*^{1} + Gr. *plēgē* stroke + *-ia*) 截瘫,下身麻痹
  alcoholic p. 醇中毒性截瘫
  ataxic p. 共济失调性截瘫
  cerebral p. 大脑性截瘫
  congenital spastic p. 先天性痉挛性截瘫
  Erb's spastic p., Erb's syphilitic spastic p. 欧勃氏痉挛性截瘫,欧勃氏梅毒性痉挛性截瘫
  flaccid p. 弛缓性截瘫
  hereditary spastic p. 遗传性痉挛性截瘫
  infantile spastic p. 小儿痉挛性截瘫
  peripheral p. 周围神经性截瘫
  Pott's p. 波特氏截瘫
  senile p. 老年性截瘫
  spastic p. 痉挛性截瘫
  p. superior 上肢截瘫
  syphilitic p. 梅毒性截瘫
  tetanoid p. 强直样截瘫
  toxic p. 中毒性截瘫
  tropical spastic p. 热带性痉挛性截瘫

paraplegic [ˌpærə'pli:dʒik] ❶ 截瘫的;❷ 截瘫患者

paraplegiform [ˌpærə'pli:dʒifɔ:m] 截瘫样的

parapleuritis [ˌpærəpluə'raitis] (*para-*^{1} + Gr. *pleura* side + *-itis*) 胸壁炎,胸壁胸膜炎

paraplexus [ˌpærə'pleksəs] 侧脑室脉络丛

parapneumonia [ˌpærənju'məuniə] 类肺炎

parapodium [ˌpærə'pəudiəm] (*para-*^{1} + Gr. *pous* foot) 站立矫直器

parapophysis [ˌpærə'pɔfisis] (*para-*^{1} + *apophysis*) 椎骨副横突

Parapoxvirus [ˌpærə'pɔksvaiərəs] (*para-*^{1} + *poxvirus*) 副痘病毒属,类痘病毒属

parapoxvirus [ˌpærə'pɔksvaiərəs] 副痘病毒,类痘病毒

parapraxia [ˌpærə'præksiə] 动作倒错

parapraxis [ˌpærə'præksis] (*para-*^{1} + Gr. *praxis* doing + *-ia*) 动作倒错

paraproctitis [ˌpærəprɔk'taitis] (*paraproctium* + *-itis*) 直肠周炎

paraproctium [ˌpærə'prɔkʃiəm] (*para-*^{1} + Gr. *prōktos* anus) 直肠周组织,直肠旁组织

paraprofessional [ˌpærəprəu'feʃənəl] ❶ 辅助性专业人员;❷ 协同医护专业人员;❸ 辅助专业人员的

paraprostatitis [ˌpærəprɔstə'taitis] 前列腺周炎

paraprotein [ˌpærə'prəuti:n] 副蛋白质

paraproteinemias [ˌpærəprəuti:'ni:miəz] 副蛋白血症

parapsia [pə'ræpsiə] 触觉倒错

parapsis [pə'ræpsis] (*para-*^{1} + Gr. *hapsis* touch) 触觉倒错

parapsoriasis [ˌpærəsɔ'raiəsis] (*para-*^{1} + *psoriasis*) 类牛皮癣
  acute p. 急性副银屑病
  atrophic p. 萎缩性类牛皮癣
  chronic p. 慢性类牛皮癣
  p. guttata, guttate p. ① 滴状类牛皮癣;② 小斑块形类牛皮癣
  large plaque p. 大斑块型类牛皮癣
  p. lichenoides 苔藓样类牛皮癣
  p. en plaques 斑块状类牛皮癣
  poikilodermic p., poikilodermatous p. 皮肤异色性类牛皮癣
  retiform p. 网状类牛皮癣
  small plaque p. 小斑块型类牛皮癣
  p. variegata 杂色型类牛皮癣
  p. varioliformis acuta 急性天花样类牛皮癣病
  p. varioliformis chronica 慢性天花样类牛皮癣

parapsychology [ˌpærəsai'kɔlədʒi] (*para-*^{1} + *psychology*) 心灵学,心灵心理学

parapsychosis [ˌpærəsai'kəusis] 思想错乱

parapyknomorphous [ˌpærəpiknəu'mɔfəs] (*para-*^{1} + Gr. *pyknos* compact + *morphē* form) 轻度致密排列的

parapyle [ˌpærəpail] (*para-*^{1} + Gr. *pylē* gate) 星状旁口

parapyramidal [ˌpærəpi'ræmidəl] 锥体旁的

paraquat ['pærəkwɔ:t] 双草快,百草枯

pararectal [ˌpærə'rektəl] 直肠旁的

parareducine [ˌpærəri'du:sin] (*para-*^{1} +

reducin）副还原碱
parareflexia [ˌpærərɪˈfleksɪə] 反射紊乱
pararenal [ˌpærəˈriːnəl] 肾旁的
pararhizoclasia [ˌpærəˌraɪzəʊˈkleɪzɪə]（para-¹ + Gr. *rhiza* root + *klasis* destruction + -ia）牙根周溃坏
pararhotacism [ˌpærəˈrəʊtəsɪzəm]（para-¹ + Gr. *rhō* the Greek letter *r*）r 发音不正
pararosaniline [ˌpærərəʊˈzænɪlɪn] 副品红
  p. pamoate 双羟萘酸副品红
pararrhythmia [ˌpærəˈrɪðmɪə] 并行心律,两律性心律失常
Parasaccharomyces [ˌpærəˌsækərəʊˈmaɪsɪz] 类酵母菌属
parasacral [ˌpærəˈseɪkrəl] 骶骨旁的
parasal [ˈpærəsæl] 对氨基水杨酸制剂的商标名
parasalpingeal [ˌpærəsælˈpɪndʒɪəl] 输卵管旁的, 输卵管周的
parasalpingitis [ˌpærəˌsælpɪnˈdʒaɪtɪs]（para-¹ + Gr. *salpinx* tube + -itis）输卵管周炎
parascapular [ˌpærəˈskæpjʊlə] 肩胛周的
Parascaris [pəˈræskərɪs] 副蛔虫属
  P. equorum 马副蛔虫
parascarlatina [ˌpærəˌskɑːləˈtiːnə] 婴儿玫瑰疹,幼儿急疹,猝发疹
parascarlet [ˌpærəˈskɑːlɪt] 婴儿玫瑰疹,幼儿急疹,猝发疹
parasecretion [ˌpærəsɪˈkriːʃən] 分泌紊乱,分泌异常
parasellar [ˌpærəˈselə] 蝶鞍旁的
parasexual [ˌpærəˈseksʃʊəl] 超性的
parasexuality [ˌpærəˌseksʃʊˈælɪtɪ] 性欲倒错,性欲异常
parasigmatism [ˌpærəˈsɪɡmətɪzəm]（para-¹ + Gr. *sigma* the Greek letter σ）s 和 z 发音不正
parasinoidal [ˌpærəsaɪˈnɔɪdəl]（para-¹ + *sinus*）窦旁的
parasinusoidal [ˌpærəˌsaɪnəˈsɔɪdəl]（para-¹ + *sinusoid* + *al*）❶ 正弦曲线的;❷ 窦状小管的
parasite [ˈpærəsaɪt]（Gr. *parasitos*）❶ 寄生物;❷ 寄生胎
  accidental p. 偶然寄生物
  allantoic p. 尿囊寄生胎
  animal p. 动物寄生物,寄生虫
  celozoic p. 体腔寄生物
  cytozoic p. 细胞寄生物
  diheteroxenic p. 二宿主性寄生物
  ectophytic p. 植物性外寄生物,外寄生菌
  ectozoic p. 动物性外寄生物,外寄生虫
  endophytic p. 植物性内寄生物,内寄生菌
  entozoic p. 动物性内寄生物
  eurytrophic p. 广食寄生物
  facultative p. 兼性寄生物
  hematozoic p. 血内寄生物
  incidental p. 偶然寄生物
  intermittent p. 间歇性寄生物
  karyozoic p. 胞核寄生物
  malarial p. 疟原虫
  obligatory p. 专性寄生物
  occasional p. 偶然寄生物
  periodic p. 周期性寄生物
  permanent p. 永久性寄生物
  plant p. 植物性寄生物
  specific p. 特异性寄生物
  spurious p. 假性寄生物
  stenotrophic p. 狭食性寄生物
  temporary p. 暂时性寄生物
  teratoid p. 寄生畸胎
  vegetable p. 植物性寄生物
parasitemia [ˌpærəsaɪˈtiːmɪə] 寄生物血症
parasitic [ˌpærəˈsɪtɪk]（Gr. *parasitikos*）寄生物的,寄生的
parasiticidal [ˌpærəˌsɪtɪˈsaɪdəl] 杀寄生物的
parasiticide [ˌpærəˈsɪtɪsaɪd]（L. *parasitus* a parasite + *caedere* to kill）❶ 杀寄生物的;❷ 杀寄生物药
parasitifer [ˌpærəˈsɪtɪfə]（*parasite* + L. *ferre* to bear）宿主
parasitism [ˌpærəˈsaɪtɪzəm] ❶ 寄生生活;❷ 寄生物感染
parasitization [ˌpærəˌsaɪtɪˈzeɪʃən] 寄生物感染
parasitogenic [ˌpærəˌsɪtəʊˈdʒenɪk]（Gr. *parasitos* parasite + *gennan* to produce）寄生物原的,寄生物所致的
parasitoid [ˈpærəˌsaɪtɔɪd] 寄生物样的
parasitologist [ˌpærəsaɪˈtɒlədʒɪst] 寄生物学家
parasitology [ˌpærəsaɪˈtɒlədʒɪ]（Gr. *para-*

sitos parasite + -*logy*) 寄生物学,寄生虫学

parasitophobia [ˌpærəsaitəuˈfəubiə](*parasite* + Gr. *phobos* fear)寄生物恐怖

parasitosis [ˌpærəsaiˈtəusis] 寄生物病,寄生虫病

parasitotrope [ˌpærəˈsaitətrəup] 亲寄生物

parasitotropic [ˌpærəsaitəuˈtrɔpik] (*parasite* + Gr. *trepein* to turn) 亲寄生物的

parasitotropism [ˌpærəsaiˈtɔtrəpizəm] 亲寄生物性

parasitotropy [ˌpærəsaiˈtɔtrəpi] 亲寄生物性

parasoma [ˌpærəˈsəumə] 副核

parasomnia [ˌpærəˈsɔmniə] (*para-*¹ + *somnus* + -*ia*) ❶ 深眠状态;❷ (DSM-Ⅲ-R)睡眠倒错

paraspadias [ˌpærəˈspeidiəs] (*para-*¹ + Gr. *spardon* a rent) 尿道旁裂

paraspasm [ˈpærəspæzəm] 两侧痉挛

paraspecific [ˌpærəspəˈsifik] 类特异性的,旁特异作用的

parasplenic [ˌpærəˈspliːnik] 脾旁的

parasteatosis [ˌpærəˌstiːəˈtəusis](*para-*¹ + Gr. *stra* suet) 皮脂分泌异常

parasternal [ˌpærəˈstəːnəl] (*para-*¹ + Gr. *sternon* sternum) 胸骨旁的

parasthenia [ˌpærəsˈθiːniə](*para-*¹ + Gr. *sthenos* strength) 机能异常

parastruma [ˌpærəˈstruːmə] 甲状旁腺肿

parasuicide [ˌpærəˈsuːisaid] 假自杀

parasympathetic [ˌpærəˌsimpəˈθetik] 副交感神经的

parasympathicotonia [ˌpærəsimˌpæθikəˈtəuniə] 副交感神经过敏,迷走神经过敏

parasympatholytic [ˌpærəˌsimpəθəˈlitik] (*parasympathetic* + Gr. *lytikos* dissolving) ❶ 抗副交感神经的,副交感神经阻滞的;❷ 副交感神经阻滞药

parasympathomimetic [ˌpærəˌsimpəθəmiˈmetik] (*parasympathetic* + Gr. *mimētikos* imitative) ❶ 拟副交感神经的,类副交感神经的;❷ 拟副交感神经药

parasynanche [ˌpærəˈsinæŋki] (Gr. *parasynanchē*) 腮腺炎,喉肌炎

parasynapsis [ˌpærəsiˈnæpsis] (*para-*¹ + Gr. *synapsis* conjunction) 并行结合

parasyndesis [ˌpærəsinˈdiːsis] 并行结合

parasynovitis [ˌpærəˌsinəˈvaitis] (*para-*¹ + *synovitis*) 滑液囊周炎

parasyphilis [ˌpærəˈsifilis] 终期梅毒,四期梅毒

parasystole [ˌpærəˈsistəli] (*para-*¹ + Gr. *systolē* contraction) 并行收缩

ventricular p. 心室性并行收缩

paratarsium [ˌpærəˈtɑːsiəm] (*para-*¹ + *tarsus*) 跗旁组织

paratenic [ˌpærəˈtenik] 旁栖的

paratenon [ˌpærəˈtenɔn] (*para-*¹ + Gr. *tenōn* tendon) 腱旁组织

paratereseomania [ˌpærətəˌriːsiəuˈmeiniə] (Gr. *parasteresis* observation + *mania* madness)窥视癖,窥阴癖

parathion [ˌpærəˈθaiən] 双硫磷

parathormone [ˌpærəˈθɔːməun] 甲状旁腺激素

parathymia [ˌpærəˈθaimiə] (*para-*¹ + Gr. *thymos* spirit) 情感倒错

parathyrin [ˌpærəˈθairin] 甲状旁腺激素

parathyroid [ˌpærəˈθairɔid] (*para-*¹ + *thyroid*) ❶ 甲状腺旁的;❷ 甲状旁腺

parathyroidal [ˌpærəˈθairɔidəl] 甲状旁腺的

parathyroidectomize [ˌpærəˌθairɔiˈdektəmaiz] 切除甲状旁腺

parathyroidectomy [ˌpærəˌθairɔiˈdektəmi] (*para-*¹ + *thyroid* + -*ectomy*) 甲状旁腺切除术

parathyroidin [ˌpærəˈθairɔidin] 甲状旁腺提取物

parathyroidoma [ˌpærəˌθairɔiˈdəumə] 甲状旁腺瘤

parathyropathy [ˌpærəθaiˈrɔpəθi] 甲状旁腺病

parathyroprival [ˌpærəˌθairəˈprivəl] 甲状旁腺缺失的,无甲状旁腺的

parathyroprivia [ˌpærəˌθairəˈpriviə] 甲状旁腺缺失状态

parathyroprivic [ˌpærəˌθairəˈprivik] 甲状旁腺缺失的,无甲状旁腺的

parathyroprivous [ˌpærəθaiˈrɔprivəs] 甲状旁腺缺失的,无甲状旁腺的

parathyrotoxicosis [ˌpærəˌθairəuˌtɔksiˈkəusis] 甲状旁腺中毒症

parathyrotrophic [ˌpærəˌθairəˈtrɔfik] 促甲状旁腺的

parathyrotropic [ˌpærəˌθairəˈtrɔpik] 促甲状旁腺的

paratoloid [ˌpærəˈtɔulɔid] 结核菌素

paratonia [ˌpærəˈtəuniə] (para-¹ + Gr. tonos tension + -ia) 张力异常,伸展过度

paratope [ˈpærətəup] (para-¹ + Gr. topos a place) 抗体结合副点

paratose [ˈpærətəus] 泊雷糖

paratrachoma [ˌpærətrəˈkəumə] 副沙眼

paratripsis [ˌpærəˈtripsis] ❶ 刺激; ❷ 防止(身体)耗损

paratrophic [ˌpærəˈtrɔfik] (para-¹ + Gr. trophē nutrition) 活物寄生的,嗜活质的

paratrophy [pəˈrætrəfi] (para-¹ + Gr. trophē nutrition) 营养不良,营养障碍

paratuberculosis [ˌpærətəˌbəːkjuˈləusis] ❶ 类结核病; ❷ 约内氏病(牛慢性痢疾)

paratuberculous [ˌpærətəˈbəːkjuləs] ❶ 类结核的; ❷ 结核病的; ❸ 类结核病的

paratype [ˈpærətaip] 副型,异型

paratyphlitis [ˌpærətifˈlaitis] (para-¹ + Gr. typhlos blind + -itis) 盲肠旁炎

paratyphoid [ˌpærəˈtaifɔid] (para-¹ + typhoid) ❶ 副伤寒样的; ❷ 副伤寒

paratypic [ˌpærəˈtipik] 副型的,异型的

paratypical [ˌpærəˈtipikəl] 副型的,异型的

paraumbilical [ˌpærəʌmˈbilikəl] 脐旁的

paraungual [ˌpærəˈʌŋgwəl] (para-¹ + Gr. unguis nail) 甲周的

paraurethra [ˌpærəjuˈreθrə] 副尿道

paraurethral [ˌpærəjuˈreθrəl] 尿道旁的

paraurethritis [ˌpærəˌjurəˈθraitis] 尿道旁炎

parauterine [ˌpærəˈjutərin] 子宫旁的

paravaccinia [ˌpærəvækˈsiniə] (para-¹ + vaccinia) 副牛痘疹

paravaginal [ˌpærəˈvædʒinəl] 阴道旁的

paravaginitis [ˌpærəˌvædʒiˈnaitis] 阴道旁炎,阴道周炎

paravenous [ˌpærəˈviːnəs] 静脉旁的

paravertebral [ˌpærəˈvəːtəbrəl] 脊柱旁的,椎旁的

paravesical [ˌpærəˈvesikəl] 膀胱旁的

paravitaminosis [ˌpærəˌvaitəmiˈnəusis] 类维生素缺乏症

paraxial [pæˈræksiəl] (para-¹ + axis) 轴旁的

paraxon [pæˈræksɔn] (para-¹ + axon) 轴索侧支,旁轴索

parazone [ˈpærəzəun] 明带

parbendazole [pɑːˈbendəzəul] 丁苯咪酯

parconazole hydrochloride [pæˈkɔnəzəul] 盐酸苯炔噁咪唑

Paré [pɑːˈrei] 巴累

parectasia [ˌpærekˈteiziə] 膨胀过度

parectasis [pæˈrektəsis] (para-¹ + Gr. ektasis extension) 膨胀过度

Paredrine [ˈpærədriːn] 帕勒德林,新麻黄碱:氢溴酸羟苯丙胺制剂的商品名

paragoric [ˌpærəˈgɔrik] (Gr. parēgorikos consoling) (USP) 复方樟脑酊

pareleidin [ˌpærəˈliːdin] 角蛋白,副角母蛋白

parencephalia [ˌpærəsiˈfeiliə] (para-¹ + Gr. enkephalos brain + -ia) 脑不全畸形

parencephalitis [ˌpærenseˈfəlaitis] 小脑炎

parencephalocele [ˌpærenˈsefələsiːl] (parencephalon + -cele¹) 小脑突出

parencephalous [ˌpærenˈsefələs] (para-¹ + enkephalos brain) 脑不全畸形的

parenchyma [pəˈreŋkimə] (Gr. "anything poured in beside") 主质,实质

  p. **glandulare prostatae** 前列腺主质

  p. **prostatae** (NA) 前列腺主质

  p. **testis** (NA) p. **of testis** 睾丸实质

parenchymal [pəˈreŋkiməl] 实质的,主质的

parenchymatitis [ˌpærenˌkiməˈtaitis] 实质炎

parenchymatous [ˌpærenˈkimətəs] 实质的,主质的

parenchyomula [ˌpærenˈkimjulə] 实胚

Parendomyces [ˌpærendəˈmaisiːz] 皮内真菌亚属

parental [pəˈrentəl] 父母的,双亲的

parenteral [pəˈrentərəl] (para-¹ + Gr. enteron intestine) 胃肠外的,不经肠的

parepicoele [pæˈrepisiːl] 第四脑室外侧隐窝

parepididymis [ˌpærepiˈdidimis] 旁睾

parepigastric [ˌpærepiˈgæstrik] 上腹旁的

parepithymia [ˌpærepiˈθimiə] (para-¹ + Gr. epithymia longing) 欲望异常

parergasia [ˌpærəˈgeisiə] (*para-*¹ + Gr. *ergon* work) ❶动作倒错;❷乖戾精神反应

paresis [pəˈriːsis] (Gr. "relaxation") 轻瘫
  general p. 麻痹性痴呆

paresthesia [ˌpærəsˈθiːʒiə] (*para-*¹ + Gr. *-esthesia*) 感觉异常
  Bernhardt's p. 伯恩哈特氏感觉异常,感觉异常性股痛

paresthetic [ˌpærəsˈθetik] 感觉异常的

paretic [pəˈretik] 轻瘫的

parfocal [pɑːˈfəukəl] (L. *par* equal + *focus* hearth) 等焦点的

pargyline hydrochloride [ˈpæɡəliːn] (USP) 盐酸优降宁,盐酸优降灵

Parham band [ˈpɑːrəm] (Frederic William *Parham*, American surgeon, 1856-1927) 帕腊姆氏带,金属带

parhedonia [ˌpɑːhiˈdəuniə] (*para-*¹ + Gr. *hedone* pleasure) 快感倒错(生殖器)

parica [ˈpærikə] 帕立卡

paricine [pəˈrisin] 帕利辛

paridrosis [ˌpæriˈdrəusis] (*para-*¹ + *idrosis* perspiration) 汗分泌异常

paries [ˈpɛəriːz] (pl. *parietes*) (L.) 壁
  p. anterior gastricus (NA) 胃前壁
  p. anterior vaginae (NA) 阴道前壁
  p. anterior ventriculi 胃前壁
  p. caroticus cavitatis tympanicae (NA) 鼓室颈动脉壁
  p. externus ductus cochlearis (NA) 耳蜗管外壁
  p. inferior orbitae (NA) 眶下壁
  p. jugularis cavitatis tympanicae (NA) 鼓室颈静脉壁
  p. labyrinthicus cavitatis tympanicae (NA) 鼓室迷路壁
  p. lateralis orbitae (NA) 眶外侧壁
  p. mastoidous cavitatis tympanicae (NA) 鼓室乳突壁
  p. medialis orbitae (NA) 眶内侧壁
  p. mebranaceus bronchi (NA) 支气管膜壁
  p. membranaceus cavitatis tympanicae (NA) 鼓室膜壁
  p. membranaceus tracheae (NA) 气管膜壁
  p. posterior gastricus (NA) 胃后壁
  p. posterior vaginae (NA) 阴道后壁
  p. posterior ventriculi (NA) 胃后壁
  p. superior orbitae (NA) 眶上壁
  p. tegmentalis cavitatis tympanicae (NA) 鼓室盖壁
  p. tympanicus ductus cochlearis (NA) 耳蜗管鼓室壁
  p. vestibularis ductus cochlearis (NA) 耳蜗管前庭壁

parietal [pəˈraiətəl] ❶ 壁的;❷ 顶骨的

parietes [pəˈraiətiːz] (L.) 壁。paries 的复数形式

parietitis [pəˌraiəˈtaitis] 器官壁层炎

parietofrontal [pəˌraiətəˈfrʌntəl] 顶额的

parietography [pəˌraiəˈtɔgrəfi] 壁透视术
  gastric p. 胃壁透视术

parieto-occipital [pəˌraiətəɔkˈsipitəl] 顶枕的

parietosphenoid [pəˌraiətəˈsfiːnɔid] 顶蝶的

parietosplanchnic [pəˌraiətəˈsplæŋknik] 壁与内脏的

parietosquamosal [pəˌraiətəskwɑːˈməusəl] 顶鳞的

parietotemporal [pəˌraitəˈtempərəl] 顶颞的

parietovisceral [pəˌraiətəˈvisərəl] 壁与脏的

Parinaud's syndrome (Henri *Parinaud*, French ophthalmologist, 1844-1905) 帕里诺氏综合征,眼腺综合征

pari passu [ˈpæri ˈpæsjuː] (L. "at equal pace") 一致

paristhmion [pəˈrismiən] 扁桃体

paristhmitis [ˌpærisˈmaitis] 扁桃体炎

parity [ˈpæriti] ❶ (L. *parere* to bring forth, produce) 生产;❷ (L. *par* equal) 相等

Park's aneurysm [pɑːks] (Henry *Park*, English surgeon, 1744-1831) 帕氏动脉瘤

Parker's fluid [ˈpɑːkəz] (George Howard *Parker*, American zoologist, 1864-1955) 帕克氏液

Parkinson's disease [ˈpɑːkinsənz] (James *Parkinson*, English physician, 1755-1824) 帕金森氏病

parkinsonian [ˌpɑːkinˈsəuniən] 帕金森氏

病的,帕金森氏病患者
parkinsonism [ˈpɑːkinsənizəm] 帕金森综合征
  postencephalitic p. 脑炎后帕金森综合征
Parlodel [ˈpɑːləudel] 帕洛黛尔:甲磺酸溴麦角环肽(溴麦角隐亭,溴隐亭)制剂的商品名
Parnate [ˈpɑːneit] 帕内特:硫酸反苯环丙胺制剂的商品名
paroccipital [ˌpærɔkˈsipitəl] (*para-*[1] + L. *occiput* occiput) 枕骨旁的
parodontid [ˌpærəuˈdɔntid] 龈瘤
parodontitis [ˌpærəudɔnˈtaitis] 牙周炎
parodontopathy [ˌpærəudɔnˈtɔpəθi] 牙周病
parodynia [ˌpærəuˈdiniə] (L. *parere* to bear + Gr. *odyne* pain) 难产
parolivary [pæˈrɔliˌvəri] (*para-*[1] + *olivary*) 橄榄体旁的,橄榄核旁的
paromomycin [ˈpærəməˌmaisin] 巴龙霉素
  p. sulfate (USP) 硫酸巴龙霉素
Parona's space [pɑːˈrəunɑːz] (Francesco *Parona*, Italian orthopedic surgeon, 1861-1910) 帕罗纳氏间隙
paroniria [ˌpærəˈnaiəriə] (*para-*[1] + Gr. *oneiros* dream + *-ia*) 恶梦,魇梦
paronychia [ˌpærəˈnaikiə] (*para-*[1] + Gr. *onyx* nail + *-ia*) 甲沟炎
  herpetic p. 泡疹性甲沟炎
  p. tendinosa 指腱鞘脓炎
paronychial [ˌpærəˈnikiəl] 甲沟炎的,甲褶的
parophoric [ˌpærəuˈfɔːrik] 卵巢旁体的
paroophoritis [ˌpærəˌɔfəˈraitis] ❶卵巢旁体炎;❷卵巢周围组织炎
paroöphoron [ˌpærəˈɔfərɔn] (*para-*[1] + Gr. *ōon* egg + *pherein* to bear) (NA) 卵巢旁体
parophthalmia [ˌpærɔfˈθælmiə] (*para-*[1] + *ophthalmia*) 眼周炎
parophthalmoncus [ˌpærɔfθælˈmɔŋkəs] (*para-*[1] + Gr. *ophthalm-* + *onkos* mass) 眼旁肿瘤
paropsis [pəˈrɔpsis] 视觉障碍,视觉异常
parorchidium [ˌpærɔːˈkidiəm] (*para-*[1] + Gr. *orchis* testicle) 睾丸异位
parorchis [pæˈrɔːkis] 附睾

parorexia [ˌpærəˈreksiə] (*para-*[1] + Gr. *orexis* appetite) 食欲倒错,异食癖
parosmia [pæˈrɔzmiə] (*para-*[1] + Gr. *osmē* smell + *-ia*) 嗅觉障碍或倒错
parosphresia [ˌpærɔsˈfriziə] (*para-*[1] + Gr. *osphresis* smelling) 嗅觉倒错
parosteal [pæˈrɔstiəl] 骨膜外面的,骨旁的
parosteitis [ˌpærɔstiˈaitis] (*para-*[1] + *osteitis*) 骨周围炎
parosteosis [ˌpærɔstiˈəusis] (*para-*[1] + Gr. *osteon* bone + *-osis*) 骨膜外组织骨化
parostitis [ˌpærɔsˈtaitis] 骨周围炎
parostosis [ˌpærɔsˈtəusis] 骨膜外组织骨化
parotic [pəˈrɔtik] (*para-*[1] + Gr. *ous* ear) 耳旁的
parotid [pəˈrɔtid] (*para-*[1] + Gr. *ous* ear) 耳旁的
parotidean [pəˌrɔtiˈdiən] 腮腺的
parotidectomy [pəˌrɔtiˈdektəmi] (*parotid* + Gr. *ektomē* excision) 腮腺切除术
parotiditis [pəˌrɔtiˈdaitis] 腮腺炎
parotidoscirrhus [pəˌrɔtidəˈskirəs] (*parotid* + Gr. *skirrhos* hardness) 腮腺硬变
parotin [ˈpærətin] 腮腺激素
parotits [ˌpærəˈtaitis] 腮腺炎
  epidemic p. 流行性腮腺炎
  p. phlegmonosa 脓性腮腺炎
  postoperative p. 手术后腮腺炎
  staphylococcal p. 葡萄球菌性腮腺炎
parous [ˈpærəs] (L. *parere* to bring forth, produce) 经产的
parovarian [ˌpærəˈvɛəriən] ❶卵巢旁的;❷卵巢冠的
parovariotomy [ˌpærəˌvɛəriˈɔtəmi] (*parovarium* + *tomē* a cutting) 卵巢冠切除术
parovaritis [ˌpærəvəˈraitis] 卵巢冠炎
parovarium [ˌpærəˈvɛəriəm] (*para-*[1] + L. *ovarium* ovary) 卵巢冠
paroxia [pəˈrɔksiə] 异食癖
paroxysm [ˈpærɔksizəm] (Gr. *paroxysmos*) 发作,阵发
paroxysmal [ˌpærɔkˈsizməl] 发作性的,阵发性的
Parpanit [pɑːˈpenit] 帕潘尼特:盐酸克美芬制剂的商品名
Parrot's atrophy of newbron [pɑːˈrəuz] (Joseph Marie Jules *Parrot*, French physician, 1829-1883) 新生儿帕罗氏萎

缩(假麻痹)

Parry's disease ['pɑːriz] (Caleb Hillier *Parry*, English physician, 1755-1822) 帕利氏病

Parry-Romberg syndrome ['pɑːri 'rɔmbəɡ] (C. H. *Parry*; Moritz Heinrich *Romberg*, German physician, 1795-1873) 帕-罗二氏综合征

pars [pɑːz] (pl. *partes*) (L.) 部, 部分

p. **abdominalis aortae** (NA) 腹主动脉

p. **abdominalis autonomica** (NA) 自主神经系统腹部部分

p. **abdominalis ductus thoracici** (NA) 胸导管腹部部分

p. **abdominalis esophagi** 食道腹部部分

p. **abdominalis musculi pectoralis majoris** (NA) 胸大肌腹部部分

p. **abdominalis oesophagi** (NA) 食道腹部部分

p. **abdominalis systematis autonomici** (NA) 自主神经系统腹部部分

p. **abdominalis ureteris** (NA) 输尿管腹部部分

p. **alaris musculi nasalis** (NA) 鼻肌翼部

p. **alveolaris mandibulae** (NA) 下颌齿槽部

p. **amorpha** 无定形部

p. **analis recti** 直肠肛门部, 肛管

p. **annularis vaginae fibrosae digitorum manus** 手指纤维鞘环部

p. **annularis vaginae fibrosae digitorum pedis** 足趾纤维鞘环部

p. **anterior commissurae anterioris cerebri** 大脑前联合部

p. **anterior commissurae rostralis cerebri** (NA) 大脑前联合部

p. **anterior dorsi linguae** 舌背沟前部

p. **anterior faciei diaphragmaticae hepatis** (NA) 肝脏前膈面部

p. **anterior fornicis vaginae** (NA) 阴道穹窿前部

p. **anterior lobuli quadrangularis** 小脑方叶前部

p. **anterior pedunculi cerebri** (NA) 大脑脚前部

p. **anterior pontis** (NA) 脑桥前部

p. **anularis vaginae fibrosae digitorum manus** (NA) 手指纤维鞘环部

p. **anularis vaginae fibrosae digitorum pedis** (NA) 足趾纤维鞘环部, 足趾环状韧带

p. **ary-epiglottica musculi arytenoidei obliqui** (NA) 杓状会厌斜肌

p. **ascendens aortae** (NA) 主动脉升段

p. **ascendens duodeni** (NA) 十二指肠升部

p. **atlantica arteriae vertebralis** 椎动脉寰椎部

p. **atlantis arteriae vertebralis** 椎动脉寰椎部

p. **autonomica systematis nervosi** (NA) 神经系统自主部

p. **basilaris ossis occipitalis** (NA) 枕骨底部

p. **basiaris pontis** 桥脑底部

p. **basolateralis corporis amygdaloidei** (NA) 杏仁体基底外侧部

p. **buccalis hypophyseos** 垂体颊部

p. **buccopharyngea musculi constrictoris pharyngis superioris** (NA) 咽上缩肌颊咽部, 颊咽肌

p. **calcaneocuboidea ligamenti bifurcati** 分歧韧带跟骰部, 跟骰韧带

p. **calcaneonavicularis ligamenti bifurcati** 分歧韧带跟舟部, 跟舟韧带

p. **cardiaca gastris** (NA) 胃贲门部

p. **cardiaca ventriculi** 胃贲门部

p. **cartilaginea septi nasi** (NA) 鼻中隔软骨部

p. **cartilaginea systematis skeletalis** (NA) 骨骼系统软骨部

p. **cartilaginea tubae auditoriae** (NA) 咽鼓管软骨部

p. **caudalis lobuli quadrangularis** 小脑方叶尾部

p. **caudalis nervi vestibularis** 前庭神经尾部

p. **cavernosa arteriae carotidis internae** (NA) 颈内动脉海绵部

p. **centralis systematis nervosi** (NA) 中枢神经系统部

p. **centralis ventriculi lateralis cerebri** (NA) 脑侧室中央部

p. **ceratopharyngea musculi constrictoris pharyngis medii** (NA) 咽中缩肌大角咽部, 大角咽肌

p. **cerebralis arteriae carotidis internae**

(NA) 颈内动脉大脑部
- p. cervicalis arteriae carotidis internae (NA) 颈内动脉颈部
- p. cervicalis arteriae vertebralis 椎动脉颈部
- p. cervicalis ductus thoracici (NA) 颈部胸导管部
- p. cervicalis esophagi 颈部食道
- p. cervicalis medullae spinalis (NA) 颈部脊髓
- p. cervicalis oesophagi (NA) 颈部食道
- p. cervicalis tracheae (NA) 颈部气管
- p. chondropharyngea musculi constrictoris pharyngis medii (NA) 咽中缩肌小角咽部
- p. ciliaris retinae (NA) 视网膜睫状体部
- p. clavicularis musculi pectoralis majoris (NA) 胸大肌锁骨部
- p. coccygea medullae spinalis (NA) 尾部脊髓部
- p. cochlearis nervi octavi, p. cochlearis nervi vestibulocochlearis 第八对脑神经耳窝部, 前庭耳窝神经耳窝部
- p. compacta (NA) 密部
- p. convoluta lobuli corticalis renis (NA) 肾皮质小叶纡曲部
- p. corneoscleralis (NA) 巩膜角膜部
- partes corporis humani 人体各部
- p. corticalis arteriae cerebri mediae 大脑中动脉皮质部
- p. corticalis arteriae cerebri posterioris (NA) 大脑后动脉皮质部
- p. corticomedialis corporis amygdaloidei (NA) 杏仁体皮质内侧部
- p. costalis diaphragmatis (NA) 膈肌肋部
- p. cranialis lobuli quadrangularis 颅部方形小叶
- p. cranialis partis parasympatheticae systematis nervosi autonomici (NA) 自主神经系统副交感神经头颅部分
- p. cricopharyngea musculi constrictoris pharyngis inferioris (NA) 咽下缩肌环咽部, 环咽肌
- p. cruciformis vaginae fibrosae digitorum manus (NA) 手指纤维鞘交叉部, 手指十字韧带
- p. cruciformis vaginae fibrosae digitorum pedis (NA) 足趾纤维鞘交叉部, 趾十字韧带
- p. cupularis recessus epitympanici (NA) 鼓室上隐窝顶部
- p. descendens aortae (NA) 主动脉降部
- p. descendens duodeni (NA) 十二指肠降部
- p. dextra faciei diaphragmaticae hepatis (NA) 肝膈面右部
- p. distalis adenohypophyseos (NA) p. distalis lobi anterioris hypophyseos 腺垂体远部, 垂体前叶远部
- p. dorsalis corporis geniculati lateralis 外侧膝状体背部
- p. dorsalis corporis geniculati medialis 内侧膝状体背部
- p. dorsalis diencephali 间脑背部
- p. dorsalis pedunculi cerebri 大脑脚背部
- p. dorsalis pontis 桥脑背部
- p. dorsalis/ventralis nuclei geniculati lateralis (NA) 侧膝状核的背侧/腹侧部分
- p. dorsalis/ventralis nuclei geniculati medialis (NA) 内侧膝状核的背侧/腹侧部分
- p. endocrina pancreatis 胰腺内分泌部分
- p. exocrina pancreatis 胰腺外分泌部分
- p. fetalis placentae (NA) 胎盘胎儿部
- p. fibrosa 纤维部
- p. flaccida membranae tympani (NA) 鼓膜松弛部
- p. functionalis 功能层
- p. glossopharyngea musculi constrictoris pharyngis superioris (NA) 咽上缩肌舌咽部, 舌咽肌
- p. granulosa 颗粒部
- p. horizontalis duodeni (NA) 十二指肠水平部
- p. horizontalis ossis palatini 腭骨水平部
- p. iliaca lineae terminalis 髂骨弓状线
- p. inferior duodeni 十二指肠下部
- p. inferior nervi vestibularis (NA) 前庭神经下部
- p. inferoposterior lobuli quadrangularis 下后方形小叶
- p. inflexa 屈部
- p. infraclavicularis plexus brachialis (NA)

臂丛锁骨下部
p. infralobaris (NA) 叶下部
p. infrasegmentalis 段下部
p. infundibularis lobi anterioris hypophyseos 垂体前叶漏斗部
p. insularis arteriae cerebri mediae (NA) 大脑中动脉岛部
p. interarticularis 椎间盘部
p. intercartilaginea rimae glottidis (NA) 声门裂软骨间部
p. intermdia adenohypophyseos (NA), p. intermedia lobi anterioris hypophyseos 腺垂体中间部,垂体前叶中间部
p. intermedia bulborum (NA) 前庭球中间部
p. intermedia adenohypophyseos (NA), p. intermedia lobi anterioris hypophyseos 腺垂体中间部,垂体前叶中间部
p. intermembranacea rimae glottidis (NA) 声门裂膜间部
p. intersegmentalis (NA) ① 段间部;② 叶内部
p. interstitialis tubae uterinae 输卵管间隙部
p. intracanicularis nervi optici (NA) 视神经管内部
p. intracranialis arteriae vertebralis (NA) 椎动脉颅内部
p. intracranialis nervi optici (NA) 视神经颅内部
p. intralaminaris nervi optici (NA) 视神经板内部
p. intraocularis nervi optici (NA) 视神经球内部
p. intrasegmentalis (NA) 段内部
p. iridica retinae (NA) 视网膜虹膜部
p. labialis musculi orbicularis oris (NA) 口轮匝肌唇部
p. lacrimalis musculi orbicularis oculi (NA) 眼轮匝肌泪嵴部
p. laryngea pharyngis (NA) 咽喉部
p. lateralis arcus longitudinalis pedis (NA) 足纵弓外侧部
p. lateralis fornicis vaginae (NA) 阴道穹窿侧部
p. lateralis musculorum intertransversari-orum posteriorum cervicis (NA) 颈横突间后肌外侧部分

p. lateralis ossis occipitalis (NA) 枕骨侧部
p. lateralis ossis sacri (NA) 骶骨外部
p. lenticulothalamicus capsulae internae 内囊豆状核丘脑部
p. libera membri inferioris (NA) 下肢游离部
p. libera membri superioris (NA) 上肢游离部
p. lumbalis diaphragmatis (NA) 膈腰部
p. lumbalis medullae spinalis', p. lumbaris medullae spinalis (NA) 腰部脊髓
p. magnocellularis nuclei rubri (NA) 红核大细胞
p. marginalis musculi orbicularis oris (NA) 口轮匝肌缘部
p. mastoidea ossis temporalis 颞骨乳突部,乳突骨
p. medialis arcus longitudinalis pedis (NA) 足纵弓内侧部
p. medialis musculorum intertransversariorum posteriorum cervicis (NA) 颈横突间后肌内侧部分
p. mediastinalis faciei medialis pulmonis (NA) 肺内侧面纵隔部
p. membranacea septi atriorum, p. memebranacea septi interventricularis (NA) 心室间隔膜部
p. membranacea septi nasi (NA) 鼻中隔膜部
p. membranacea urethrae masculinae (NA) 男性尿道膜部
p. mobilis septi nasi 鼻中隔活动部
p. muscularis septi interventricularis (NA) 心室间隔肌部
p. mylopharyngea musculi constrictoris pharyngis superioris (NA) 咽上缩肌下颌咽肌部
p. nasalis ossis frontalis (NA) 额骨鼻部
p. nasalis pharyngis (NA) 鼻咽部
p. nervosa hypophyseos 垂体神经部
p. nervosa retinae (NA) 视网膜神经部
p. obliqua musculi cricothyroidei (NA) 环甲肌斜部
p. occlusa ateriae umbilicalis (NA) 脐动脉闭塞部
p. olfactoria corporis amygdaloidei 杏仁

体嗅部
- p. opercularis gyri frontalis inferioris (NA) 额下回盖部
- p. optica retinae (NA) 视网膜视觉部
- p. oralis pharyngis (NA) 口咽部
- p. orbitalis glandulae lacrimalis (NA) 泪腺眶部
- p. orbitalis musculi orbicularis oculi (NA) 眼轮匝肌眶部
- p. orbitalis nervi optici (NA) 视神经眶部
- p. orbitalis ossis frontalis (NA) 额骨眶中
- p. ossea septi nasi (NA) 鼻中隔骨部
- p. ossea systematis skeletalis (NA) 骨骼系统骨部
- p. ossea tubae auditoriae (NA) 咽鼓管骨部
- p. palpebralis glandulae lacrimalis (NA) 泪腺眼睑部
- p. palpebralis musculi orbicularis oculi (NA) 眼轮匝肌眼睑部
- p. parasympathetica systematis nervosi autonomici (NA), p. parasympathica systematis nervosi autonomici 自主神经系统副交感部
- p. parvocellularis nuclei rubri (NA) 红小细胞部
- p. patens arteriae umbilicalis (NA) 脐动脉开放部
- p. pelvica autonomica (NA) 自主神经盆部
- p. pelvica partis parasympatheticae systematis nervosi autonomici (NA) 自主神经系统副交感神经部盆腔部
- p. pelvica systematis autonomici 自主神经系统盆部
- p. pelvica ureteris (NA) 输尿管盆部
- p. peripherica systematis nervosi (NA) 神经系统周围部
- p. perpendicularis ossis palatini 腭骨垂直部,腭骨垂直板
- p. petrosa arteriae carotidis internae (NA) 颈内动脉岩部
- p. petrosa ossis temporalis (NA) 颞骨岩部
- p. pharyngea lobi anterioris hypophyseos 垂体前叶咽部
- p. pigmentosa retinae (NA) 视网膜色素部
- p. plana corporis ciliaris 睫状体坦部,睫状环
- p. plicata corporis ciliaris 睫状体皱部,睫冠部
- p. postcommunicalis arteriae cerebri anterioris (NA) 大脑前动脉后交通支
- p. postcommunicalis arteriae cerebri posterioris (NA) 大脑后动脉后交通支
- p. postrior commissurae anterioris cerebri (NA) 大脑前连合后部
- p. posterior commissurae rostralis cerebri (NA) 大脑前联合后部
- p. posterior dorsi linguae 舌背沟后部
- p. posterior faciei diaphragmaticae hepatis (NA) 肝膈面后部
- p. posterior fornicis vaginae (NA) 阴道穹窿后部
- p. posterior lobuli quadrangularis 小脑方叶后部
- p. posterior pedunculi cerebri (NA) 大脑脚后部
- p. posterior pontis (NA) 桥脑背部
- p. postlaminaris nervi optici (NA) 视神经板后部
- p. postsulcalis dorsi linguae (NA) 舌背沟后部
- p. precommunicalis arteriae cerebri anterioris (NA) 大脑前动脉前交通支
- p. precommonicalis arteriae cerebri posterioris (NA) 大脑后动脉前交通支
- p. prelaminaris nervi optici (NA) 视神经板前部
- p. presulealis dorsi linguae (NA) 舌背沟前部
- p. prevertebralis arteriae vertebralis (NA) 椎动脉椎前部
- p. profunda glandulae parotideae (NA) 腮腺深部
- p. profunda musculi masseteris (NA) 咬肌深部
- p. profunda musculi sphincteris ani externi (NA) 肛门外括约肌深部
- p. prostatica urethrae masculinae (NA), p. prostatica urethrae virilis 男性尿道前列腺部
- p. pterygopharyngea musculi constric-

toris pharyngis superioris (NA) 咽上缩肌翼咽部
p. pylorica gastris (NA) 胃幽门部
p. pylorica ventriculi 胃幽门部
p. quadrata (NA) (肝)方叶部
p. radiata lobuli corticalis renis (NA) 肾皮质辐射部
p. recta musculi cricothyroidei (NA) 环甲肌直部
p. reticularis (NA) 网状部
p. retrolentiformis capsulae internae (NA) 内囊豆状核后部
p. rostralis lobuli quadrangularis 方形小叶嘴部
p. rostralis nervi vestibularis 前庭神经嘴部
p. sacralis lineae terminalis 骨盆界线的骶部
p. sacralis medullae spinalis (NA) 骶部脊髓
p. sphenoidalis arteriae cerebri mediae (NA) 大脑中动脉蝶骨部
p. spinalis nervi accessorii 副神经脊髓部
p. spongiosa urethrae masculinae (NA) 男性尿道海绵体部
p. squamosa ossis temporalis (NA) 颞骨鳞部
p. sternalis diaphragmtis (NA) 膈胸骨部
p. sternocostalis musculi pectoralis majoris (NA) 胸大肌胸肋部
p. subcutanea musculi sphincteris ani externi (NA) 肛门外括约肌皮下部
p. sublentiformis capsulae internae (NA) 内囊豆状核下部
p. superficialis glandulae parotidis (NA) 腮腺浅部
p. superficialis musculi masseteris (NA) 咬肌浅部
p. superficialis musculi sphincteris ani externi (NA) 肛门外括约肌浅部
p. superior duodeni (NA) 十二指肠上部
p. superior faciei diaphragmaticae hepatis (NA) 肝膈面上部
p. superior ganglii vestibularis 前庭神经节上部

p. superior nervi vestibularis (NA) 前庭神经上部
p. supraclavicularis plexus brachialis (NA) 臂丛锁骨上部
p. sympathetica systematis nervosi autonomici (NA), p. sympathica systemaits nervosi autonomici 自主神经系统交感部
p. tensa membranae tympani (NA) 鼓膜紧张部
p. terminalis arteriae cerebri mediae (NA) 大脑中动脉终部
p. terminalis arteriae cerebri posterioris (NA) 大脑后动脉终部
p. thalamolenticularis capsulae internae (NA) 内囊丘脑豆状核部
p. thoracica aortae (NA) 胸主动脉
p. thoracica autonomica (NA) 胸部自主神经
p. thoracica ductus thoracici (NA) 胸部胸导管
p. thoracica esophagi 胸部食道
p. thoracica medullae spinalis (NA) 脊髓胸段
p. thoracica oesophagi (NA) 胸部食道
p. thoracica systematis autonomici 胸部自主神经系统
p. thoracica trachae (NA) 胸部气管
p. thyro-epiglottica musculi thyro-arytenoidei (NA) 甲会厌部环杓软骨肌
p. thyropharyngea musculi constrictoris pharyngis inferioris (NA) 咽下缩肌甲咽部
p. tibiocalcanea ligamenti medialis (NA) 内侧韧带胫跟部
p. tibionavicularis ligamenti medialis (NA) 内侧韧带胫舟部
p. tibiotalaris anterior ligamenti medialis (NA) 内侧韧带胫距前部
p. tibiotalaris posterior ligamenti medialis (NA) 内侧韧带胫距后部
p. transversa (NA) 横部
partes transversa et alaris musculi nasalis (NA) 鼻肌横部与鼻肌翼部
p. transversa musculi nasalis 鼻肌横部
p. transversaria arteriae vertebralis (NA) 椎动脉横部
p. triangularis gyri frontalis inferioris

(NA) 额下回三角部
p. tuberalis adenohypophyseos (NA), p. tuberalis lobi anterioris hypophyseos 腺垂体结节部,垂体前叶结节部
p. tympanica ossis temporalis (NA) 颞骨鼓室部
p. umbilicalis (NA) 脐部
p. uterina placentae (NA) 胎盘子宫部
p. uterina tubae uterinae (NA) 输卵管子宫部
p. uvealis (NA) 葡萄膜部
p. vagalis nervi accessorii 副神经迷走部,副神经颅支
p. ventralis corporis geniculati lateralis 外侧膝状体腹侧部
p. ventralis corporis geniculati medialis 内侧膝状体腹侧部
p. ventralis diencephali 间脑腹侧部
p. ventralis pedunculi cerebri 大脑脚腹侧部
p. ventralis pontis 脑桥腹侧部
p. vertebralis faciei costalis pulmonis (NA) 肺肋面脊柱部
p. vertebralis faciei medialis pulmonis 肺内面脊柱部
p. vestibularis nervi octavi, p. vestibularis nervi vestibulocochlearis 第八脑神经前庭部,前庭蜗神经前庭部

Parsidol ['pɑːsidɔl] 帕西多:盐酸二乙异丙嗪制剂的商品名

pars planitis [pɑːz pləˈnaitis] 睫状体坦部色素层炎

part ['pɑːt] (L. *pars* a portion, piece, share) 部分,部
abdominal p. of autonomic nervous system 自主神经系统腹部
anterior p. of cerebral peduncle 大脑脚腹侧部
broad p. of anterior annular ligament of leg 足伸肌上支持带
colic p. of omentum 大网膜
condylar p. of occipital bone 枕骨髁部,枕骨外侧部
craniosacral p. of autonomic nervous system 自主神经系统交感部
dorsal p. of lateral geniculate body 外侧膝状体背部
dorsal p. of lateral geniculate nucleus 外侧膝状体核背部
dorsal p. of medial geniculate body 内侧膝状体背部
dorsal p. of medial geniculate nucleus 内侧膝状体核背部
exoccipital p. of occipital bone 枕骨外侧部
inferior p. of duodenum 十二指肠水平部
inferior p. of rhomboid fossa 菱形窝下凹部
intermediate p. of rhombid fossa 菱形窝中部
interstitial p. of urerine tube, intramural p. of uterine tube 输卵管子宫部
jugular p. of occipital bone 枕骨外侧部
lambdoidal (lower) p. of anterior annular ligament of leg 足伸肌下支持带
lumbar p. of autonomic nervous system 自主神经系统腰部
magnocelluar p. of medial geniculate body 内侧膝状体大细胞部
magnocellular p. of red nucleus 红核大细胞部
mamillary p. of temporal bone 颞骨乳头部
marginal p. of cingulate sulcus 扣带沟缘部
occipital p. of occipital bone 枕骨枕部,枕鳞
parietal p. of pelvic fascia 盆腔上筋膜
parvocellular p. of medial geniculate body 内侧膝状体小细胞部
parvocellular p. of red nucleus 红核小细胞部
pectineal p. of inguinal ligament 腹股沟韧带耻骨部,陷窝韧带
posterior p. of cerebral peduncle 大脑脚背部
presenting p. ①先露部;②胎儿身体在产道中最前面的或离产道最近的部分
squamous p. of occipital bone 枕骨鳞部,枕鳞
squamous p. of temporal bone 颞骨鳞部
sternocostal p. of diaphragm 膈肋部
subphrenic p. of esophagus 食道膈下部,食道腹部
superior p. of anterior annular ligament

of lge 小腿前环韧带上部,足上伸肌支持带
superior p. of rhomboid fossa 菱形窝上部
tabular p. of occipital bone 枕骨板部,枕鳞
tendinous p. of epicranius muscle 颅顶肌腱部,帽状腱膜
third p. of quadriceps femoris muscle 股四头肌第三部,小收肌
thoracolumbar p. of autonomic nervous system 自主神经系统胸腰部
transverse p. of anterior annular ligament of leg 小腿前环韧带横部,足上伸肌支持带
vaginal p. of cervix 子宫颈阴道部
ventral p. of lateral geniculate body 外侧膝状体腹部
ventral p. of lateral geniculate nucleus 外侧膝状体核腹部
ventral p. of medial geniculate body 内侧膝状体腹部
vertebral p. of diaphragm 膈脊柱部,膈腰部
visceral p. of pelvic fascia 骨盆筋膜内脏部,盆脏筋膜

Part. aeq. (L. *partes aequales* 的缩写)等分
partal ['pɑ:təl] 分娩的
partes ['pɑ:ti:z] (L.) 部,部分。pars 的复数形式
parthenogenesis [ˌpɑ:θenə'dʒenəsis] (Gr. *parthenos* virgin + *genesis* production) 单性生殖,孤雌生殖
parthenology [ˌpɑ:θe'nɔlədʒi] (Gr. *parthenos* virgin + -*logy*) 处女科学
parthenophobia [ˌpɑ:θenə'fəubiə] (Gr. *parthenos* virgin + *phobia*) 处女恐怖
parthenoplasty [pɑ:'θenəuˌplæsti] (Gr. *parthenos* virgin + *plassein* to form) 处女膜成形术
parthogenesis [ˌpɑ:θə'dʒenəsis] 单性生殖,孤雌生殖
particle ['pɑ:tikl] (L. *particula*, dim. of *pars* part) 粒子,微粒,质点
  alpha p. α粒子
  attraction p. 吸引粒子
  beta p. β粒子
  colloid p's 胶体粒子
  Dane p. 戴因粒子
  disperse p's 分散微粒
  elementary p. 基本粒子
  elementary p's of mitochondria 线粒体的基粒
  high-velocity p's 高速粒子
  nuclear p's 核粒
  viral p., virus p. 病毒颗粒
  Zimmermann's elementary p's 济默曼氏小粒
particulate [pɑ:'tikjuleit] 粒子组合的
partigen ['pɑ:tidʒən] 部分抗原,半抗原
partition [pɑ:'tiʃən] 分隔,分配
  oropharyngeal p. 口咽隔膜
partitioning [pɑ:'tiʃəniŋ] 分隔,分配
  gastric p. 分胃术
partricin [pɑ:'traisin] 抑念珠菌素
parturient [pɑ:'tjuərənt] (L. *parturiens*) ❶ 临产的;❷ 产妇
parturifacient [ˌpɑ:tjuri'feiʃənt] (L. *parturire* to have the pains of labor + *facere* to cause) ❶ 催产的;❷ 催产药
parturiometer [ˌpɑ:tjuri'ɔmitə] (L. *parturitio* childbirth + *metrum* measure) 分娩力计
parturition [ˌpɑ:tju'riʃən] (L. *parturitio*) 分娩,生产
partus ['pɑ:təs] (L.) 分娩,生产
Part. vic. (L. *partitis vicibus* 的缩写) 均分剂量
parulis [pə'ru:lis] (*para-*¹ + Gr. *oulon* gum) 牙龈脓肿
parumbilical [ˌpærəm'bilikəl] 脐旁的
paruria [pæ'ruəriə] (*para-*¹ + Gr. *ouron* urine + -*ia*) 排尿异常
parvicellular [ˌpɑ:vi'seljulə] (L. *parvus* small + *cellular* cell) 小细胞性的
parvoline ['pɑ:vəlin] 衍腐肉毒碱,二乙基吡啶
Parvoviridae [ˌpɑ:və'viridi:] 细小病毒科
Parvovirus ['pɑ:vəˌvaiərəs] (*parvo-* + *virus*) 细小病毒
parvovirus ['pɑ:vəˌvaiərəs] (L. *parvus* small + *virus*) 细小病毒
  bovine p. 牛细小病毒
  canine p. 犬细小病毒
  goose p. 鹅细小病毒

human p. B19 人细小病毒 B19

parvule ['pɑ:vju:l] (L. *parvulus* very small) 小丸,小粒

Paryphostomum [ˌpæri'fɒstəməm] 一种吸虫

PAS ❶ (p-aminosalicylic acid 的缩写)对氨基水杨酸; ❷ (periodic acid-Schiff 的缩写)过碘酸

Pascal's law [pɑs'kɑːlz] (Blaise *Pascal*, French mathematician and physicist, 1623-1662) 帕斯卡耳氏定律

pascal [pæs'kæl, 'pæskæl] (after Blaise *Pascal*) 帕斯卡尔

Paschen's bodies ['pɑ:ʃenz] (Enrique *Paschen*, German pathologist, 1860-1936) 帕兴氏小体

PASG (pneumatic antishock garment 的缩写) 气压抗休克服

paspalism ['pæspəlizəm] 雀稗中毒

passage ['pæseidʒ] ❶通道; ❷排便; ❸传代; ❹通过; ❺插入
  blind p. 盲目继代移植,盲目传代
  false p. 假道
  serial p. 系列继代移植,系列传代

Passavant's bar ['pɑ:səvɑ:nts] (Phllip Gusfav *Passavant* German Surgeon, 1815-1893) 帕森凡特氏弓

passenger ['pæsəndʒə] 娩出物

passer ['pæsə] 投递者
  foil p. 金箔传送器

Passiflora [ˌpæsi'flɔ:rə] (L. *passio* passion + *flos* flower) 西番莲属

passivate ['pæsiveit] 使化学反应的金属表面减少反应

passivation [ˌpæsi'veiʃən] ❶减小化学反应金属表面的反应; ❷减小化学反应金属表面的反应的过程

passive ['pæsiv] (L. *passivus*) 被动的

passivism ['pæsivizəm] 受虐狂

passivity [pə'siviti] 被动性

Past (*Pasteurella* 的缩写) 巴斯德菌属

paste [peist] (L. *pasta*) 糊状剂,泥膏剂
  dextrinated p. 糊精化糊剂
  Ihle's p. 糊剂
  Lassar's p. 拉萨尔氏糊剂
  Lassar's betanaphtol p. 拉萨尔氏 β 萘酚糊剂
  Lassar's plain zinc p. 同氧化锌糊

  triamcinolone acetonide dental p. (USP) 丙炎松牙糊
  zinc oxide p. (USP) 氧化锌糊
  zinc oxide and salicylic acid p. (USP), **zinc oxide p. with salicylic acid** 氧化锌水杨酸糊剂
  zipp p. 氧化锌碘化糊

paster ['peistə] 贴片

pastern ['pæstən] 骹

Pasteur [pæs'tuə] 巴斯德:Louis *Pasteur* (1822-1895),法国化学家和疾病细菌学说的创立者及微生物学、病毒学、免疫学的奠基人

Pasteur's effect [pɑ:s'tuəz] (Rouis *Pasteur*) 巴斯德氏效应

Pasteurella [ˌpɑ:stə'relə] (Louis *Pasteur*) 巴斯德菌属
  P. aerogenes 产气巴斯德菌
  P. anapestifer 鸭瘟巴斯德菌
  P. anatipestifer 鸭瘟巴斯德菌
  P. haemolytica 溶血性巴斯德菌
  P. multocida 出血败血性巴斯德菌
  P. novicida 新凶手巴斯德菌
  P. pestis 鼠疫巴斯德菌
  P. pneumotropica 侵肺巴斯德菌
  P. pseudotuberculosis 假结核性巴斯德菌
  P. septica 败血性巴斯德菌
  P. septicaemiae 败血症性巴斯德菌
  P. tularensis 土拉巴斯德菌
  P. ureae 脲巴斯德菌

Pasteurellaceae [ˌpɑ:stəre'leisiː] 巴斯德菌种

Pasteurelleae [ˌpæstə'reliː] 巴斯德菌族

pasteurellosis [ˌpæstərə'ləusis] 巴斯德菌病

pasteurization [ˌpæstə:rai'zeiʃən] (Louis *pasteur*) 巴斯德消毒法

pasteurizer ['pæstəˌraizə] 巴斯德消毒器

Pastia's Lines ['pæstiəz] (Chessec *Pastia*, Romanian physician, born 1878) 帕斯蒂亚氏线

pastil ['pæstil] ❶锭,锭剂,糖锭; ❷芳香熏剂; ❸射线测验纸碟

pastille [pæs'tiːl] (Fr.) ❶锭,锭剂,糖锭; ❷芳香熏剂; ❸射线测验纸碟

PAT (paroxysmal atrial tachycardia 的缩写) 阵发性前房心搏加速

patagium [pə'teidʒiəm] 翼状膜
Patau's syndrome [pæ'tɔuz] (Rlaus *Patau*, German-born American geneticist, 20th century) 帕桃氏综合征,三染色体13综合征
patch [pætʃ] (L. *pittacium*; Gr. *pittakion*) ❶斑;❷斑点
  Bitot's p's 比尔氏斑
  cotton-wool p's 棉絮斑
  herald p. 前驱斑
  Hutchinson's p. 郝秦生氏斑
  MacCallum's p. 麦克卡琳姆斑
  mucous p. 粘膜斑
  Peyer's p's 淋巴集法
  salmon p. 粉黄色斑
  shagreen p. 鲨革斑
  smokers' p's 烟客斑
  soldiers' p's 乳色斑(心包)
patefaction [ˌpætə'fækʃən] (L. *patefacere* to lay open) 切开,割开,打开
Patella's disease [pæ'teləz] (Vincenzo *Patella*, Italian physician, 1856-1928) 帕太拉氏病
patella [pə'telə] (L. dim of *patera* a shallow dish) (NA) 髌骨,膝前骨
  p. alta 不正常的高髌骨,英西尔-西尔佛弟氏率为大于1.2
  p. bipartita, bipartite p. 髌骨分裂
  p. cubiti 肘盖骨
  floating p. 浮游膑
  p. partita 髌骨分裂
  slipping p. 移位膑
  p. tripartita, tripartite p. 髌骨三分裂
patellapexy [pə'teləˌpeksi] 髌骨固定术
pattelar [pə'telə] (L. *patellarius*) 髌骨的
patellectomy [ˌpætə'lektəmi] (*patella* + Gr. *ektome* excision) 髌骨切除术
patelliform [pə'telifɔ:m] 髌骨状
patellofemoral [pəˌtelə'femərəl] 膑与股骨的
patency ['peitənsi] (L. *patens* open) 全开
  probe p. of foramen ovale 房缺
patent ['peitənt] (L. *patens*) ❶开放的,不阻塞的;❷明显的,有证据的
Paterson's syndrome ['pætəsənz] (Donald Ross *Paterson*, Welsh laryngologist, 1863-1939) 帕特逊综合征
Paterson-Brown Kelly syndrome ['pætəsən braun'keli] (D. R. *Paterson*; Adam Brown *Kelly*, Scottish laryngologist 1865-1941) 帕特逊-布郎·卡尔利综合征
Paterson-Kelly syndrome ['pætəsən 'keli] (D. R *Paterson*; Adam B. *Kelly*) 帕-凯二氏综合征
Patey's operation ['pætiz] (David Howard *Patey*, English surgeon, 1899-1977) 帕弟氏手术
path [pa:θ] 道,径
  condyle p. 髁道
  conpulation p. 交配道,核配道
  incisor p. 切牙道
  p. of insertion 置入路线,就位道
  ionization p. 离子道
  lateral condyle p. 侧髁道
  milled-in p's 磨道,磨成曲线
  occlusal p. 咬合道
  occlusal p., generated 动殆道
  p. of removal 就位道
pathema [pə'θi:mə] (pl. *pathemas* 或 *pathemata*) (Gr. *pathēma* disease) 疾病
pathematology [ˌpæθimə'tɔlədʒi] (Gr. *pathema* disease + *-logy*) 病理学
pathergasia ['pæθəˌgeiziə] (变态)精神病
pathergia [pə'θə:dʒiə] ❶病理反应性;❷多种反应性
pathergic ['pæθədʒik] ❶过敏反应的;❷多种反应的
pathergy ['pæθədʒi] (*path-* + Gr. *ergon* work) ❶病理反应性;❷多种反应性
pathetic [pə'θetik] (L. *patheticus* Gr. *pathētikos*) 滑车神经的
patheticus [pæθi'tikəs] 滑车神经
pathetism ['pæθitizm] 催眠术
pathfinder ['pa:θfaində] ❶尿道狭窄探针;❷牙根管探针
Pathilon ['paθilən] 帕塞隆:氯化三乙正苯胺制剂的商品名
path(o)- (Gr. *pathos* disease) 疾病
pathoamine [ˌpæθə'æmin] 尸碱,尸毒,动物性生物碱
pathoanatomical [ˌpæθəuˌænə'tɔmikəl] 病理解剖学的
pathoanatomy [ˌpæθəuə'nætəmi] 病理解剖学
pathobiology [ˌpæθəubi'ɔlədʒi] 病理学
pathobolism [pə'θɔbəlizəm] (*patho-* + *metabolism*) 新陈代谢异常,病理性代谢

Pathocil ['pæθəusil] 哌塞西尔:双氧青霉素钠制剂的商品名
pathoclisis [,pæθəu'klisis] 特异感受性
pathodixia [,pæθəu'diksiə] (patho- + Gr. deikynae to exhibit) 示创癖
pathodontia [,pæθəu'dɔnʃiə] 牙科病理学
pathoformic [,pæθəu'fɔmik] (patho- + L. forma form) 病初的
pathogen ['pæθədʒən] (patho- + Gr. gennan to produce) 病原体
pathogenesis [,pæθəu'dʒenəsis] (patho- + genesis) 发病机制
　drug p. 药物发病机制
pathogenetic [,pæθəudʒə'netik] 发病机制的
pathogenic [,pæθəu'dʒenik] 致病的, 病原的
pathogenicity [,pæθəudʒə'nisiti] 致病性
pathogeny [pæ'θɔdʒəni] 发病机制
pathoglycemia [,pæθəuglai'si:miə] (patho- + Gr. glykus sweet + aema blood) 血糖异常
pathognomonic [,pæθɔgnəu'mɔnik] (patho- + Gr. gnōmonikos fit to give judgement) 特异病症性的
pathognomy [pə'θɔgnəmi] (patho- + Gr gnōmē a means of knowing) 病征学
pathognostic [,pəθɔg'nɔstik] 特异病症性的
pathography [pə'θɔgrəfi] (patho- + Gr. graphein to write) 病情记录
pathoklisis [,pæθəu'klisis] 特异感受性, 特异亲和性
pathologic [,pæθəu'lɔdʒik] ❶病理的; ❷病理学的
pathological [,pæθəu'lɔdʒikəl] 病理学的
pathologist [pə'θɔlədʒist] 病理学家
　speech p. 语言病理学家
pathology [pə'θɔlədʒi] (patho- + -logy) 病理学
　cellular p. 细胞病理学
　clinical p. 临床病理学
　comparative p. 比较病理学
　dental p. 牙科病理学
　experimental p. 实验病理学
　functional p. 机能病理学
　general p. 病理学总论
　geographical p. 地域病理学
　internal p. 内科病理学
　medical p. 内科病理学
　oral p. 口腔病理学
　special p. 病理学各论
　speech p. 语言病理学
　surgical p. 外科病理学
patholysis [pə'θɔlisis] 疾病消除
pathomeiosis [,pæθəumai'əusis] (patho- + Gr. meios less) 讳疾忌病, 轻病心理
pathomimesis [,pæθəumi'mi:sis] (patho- + Gr mimēsis imitation) 疾病模枋, 模仿疾病, 伴病
pathomimia [,pæθəu'mimiə] 模仿疾病, 伴病
pathomimicry [,pæθəu'mimikri] 模枋疾病, 伴病
pathomorphism [,pæθəu'mɔ:fizəm] 病理形态学
pathoneurosis [,pæθəunju'rəusis] 病位性神经症
pathonomia [,pæθəu'nəmiə] (patho- + Gr. nomos law) 疾病规律学, 病律论
pathonomy [pə'θɔnəmi] 疾病规律学, 病律论
pathophilia [,pæθəu'filiə] (patho- + Gr. philein to love) 疾病适应性
pathophobia [,pæθəu'fəubiə] 疾病恐怖
pathophoresis [,pæθəufə'ri:sis] (patho- + Gr. phoros bearing) 疾病传播
pathophysiology [,pæθəu,fizi'ɔlədʒi] 病理生理学
pathopoiesis [,pæθəupɔi'i:sis] (patho- + Gr poiēsis production) ❶致病作用; ❷罹病性
pathopsychology [,pæθəusai'kɔlədʒi] (patho- + psychology) 病理心理学, 精神病生理学
pathopsychosis [,pæθəusai'kəusis] 躯体性精神病, 病体精神病
pathosis [pə'θəusis] (patho- + -osis) 病态, 疾病状态
pathotropism [pə'θɔtrə,pizəm] (patho- + Gr. tropos a turning) 亲病灶性
pathway ['pa:θwei] 途径, 道
　accessory conducting p. 传导旁道
　afferent p. 传入途径
　alternative complement p. 交替补体途径
　amphibolic p. 无定向(代谢)途径

atrioventricular p. 肯特氏束,房室束
auditory p. 听觉神经通道
auditory p. central 中枢神经听觉神经通道
circus p. 环形途径
classic complement p. 经典补体途径
common p. of coagulation 血凝固普遍途径
concealed accessory p. 隐性旁道
efferent p. 传出通道
Embden-Meyerhof p. 亚姆泊顿-美亚荷夫氏途径,糖酵解途径
Embden-Meyerhof-Parnas p. 亚姆伯顿-美亚荷夫-泊纳士氏途径,EMP 途径
Entner-Doudoroff p. 安因特纳-杜都罗夫氏途径
extrinsic p. of coagulation 外源性凝血过程
final common p. 最后共同通道
gustatory p. 味觉通道
internuncial p. 联络神经束
intrinsic p. of coagulation 内源性凝血过程
lipoxygenase p. 脂肪氧合酶途径
metabolic p. 代谢途径
motor p. 运动神经途径
olfactory p. 嗅觉感觉途径
pentose phosphate p. 磷酸戊糖途径
perforant p., perforating p. 穿透途径
phosphogluconate p. 戊糖磷酸途径
properdin p. 裂解奈途径
reentrant p. 折返途径
sensory p. 感觉途径
visual p. 视觉传导途径
-pathy (Gr -*patheia* from *pathos* disease) 患病状态,疾病
patient ['peiʃənt] (L. *patiens*) 病人,患者
Patrick's test ['pætriks] (Hugh Talbot *Patrick*, American neurologist, 1860-1938) 帕特里克氏试验
patrilineal [ˌpætri'liniəl] (L. *pater* father + *linea* line) 父系的
patroclinous [ˌpætrəu'klinəs] (Gr. *patēr* father + *klinein* to incline) 父系遗传的,父传的
patrogenesis [ˌpætrəu'dʒenəsis] (Gr. *patēr* father + *genesis*) 雄性发育
patten ['pætən] 屐

pattern ['pætən] 型,模式,型式,范型,模型
action p. 动作范型
fixed action p. 固定动作范型
full interference p. 完全干涉相
interference p. 干涉方式相
occlusal p. 𬌗型
recruitment p. 募集反应相
reduced interference p. 衰减干扰相
wax p. 蜡型
patulin ['pætjulin] 棒曲霉素
patulous ['pætjuləs] (L. *patulus*) 开放的,扩展的
pauci- (L. *paucus* few) 少
pauciarticular [ˌpɔːsiɑː'tikjulə] (*pauci-* + *articular*) 少关节的
paucibacillary [ˌpɔːsi'bæsiləri] 含菌少的
paucisynaptic [ˌpɔːsisi'næptik] (L. *paucus* few + *synaptic*) 少突触的
Paul-Bunnell test [pɔːl bə'nel] (John Rodman *Paul*, American physician, 1893-1971; Walls Willard *Bunnell*, American physician, 1902-1966) 保-奔二氏检查法
Paul-Bunnell-Davidsohn test [pɔːl bə'nel-'dævidsən] (J. R. *Paul*; W. W. *Bunnell*; Israel *Davidsohn*, American pathologist, 1895-1979) 保-奔-大三氏检查法
Paul-Mixter tube [pɔːl 'mikstə] (Frank Thomas *Paul*, English surgeon, 1851-1941, Samuel Jason *Mixter*, American surgeon, 1855-1926) 保-米二氏试管
paulocardia [ˌpɔːləu'kɑːdiə] (Gr. *paula* pause + *kardia* heart) ❶心间歇过长; ❷心停歇感觉
paunch [pɔːntʃ] 瘤胃(反刍动物的第一胃)
pause [pɔːz] 间歇
compensatory p. 代偿间歇
noncompensatory p. 非代偿间歇
sinus p. 窦性收律间歇
pausimenia [ˌpɔːsi'miːniə] (Gr. *pausis* pause + *men* month) 绝经期,绝经
Pautrier's microabscess [pɔːtri'eiz] (Lucien Marius Adolphe *Pautrier*, French dermatologist, 1876-1959) 保得利亚氏微脓肿
pavé [pæ'vei] (Fr "paved" "cobbled") 铺砌,铺设,铺面
pavementing ['peivməntiŋ] 铺壁

pavillion [pə'viliən]（L. *papilio* butterfly, tent）扩张部
  p. of the ear 耳廓
  p. of the oviduct 输卵管伞
  p. of the pelvis 骨盆扩张部,骨盆上部

pavimentum [pə'vimentəm]（L. "floor"）底

Pavlov ['pævləf] 巴甫洛夫：苏联生理学家和实验心理学家

Pavlov's pouch ['pævləfs]（I. P. *Pavlov*）巴甫洛夫小胃

pavor ['pævə]（L.）惊吓,惊悸
  p. diurnus（L. "day terrors"）昼惊
  p. nocturnus（L. "night terrors"）夜惊

Pavulon ['pævju:lən] 哌维隆：嗅化双哌雄为腊制剂的商品名

Pawlik's triangle ['pævliks]（Karel J. *Pawlik*, Czech gynecologist, 1849-1914）帕弗利克氏三角

PAWP（pulmonary artery wedge pressure 的缩写）肺动脉楔压力

pawpaw ['pɔːpɔː] 番木瓜,万寿果

Paxipam ['pæksiˌpæm] 帕克斯潘姆：氟安定制剂的商品名称

Payr's clamp [paiəz]（Erwin *Payr*, German surgeon, 1871-1946）派尔氏夹

pazoxide [pə'zɔksaid] 二氯环戊嗪

PB（*Pharmacopoeia Britanica* 的缩写）英国药典

Pb（L. *plumbum* 的缩写）铅

PBG（porphobilinogen 的缩写）卟吩胆色素原

PBI（protein-bound iodine 的缩写）蛋白结合碘

PBZ 吡本宁明

PC ❶磷酸肌酸；❷磷脂酰胆碱

P.C.（L. *pondus civile* 的缩写）常衡制（英制）

p. c（L. *post cibum* 的缩写）餐后

PCA（passive cutaneous anaphylaxis 的缩写）被动皮肤过敏性

PCB（polychlorinated biphenyl 的缩写）多氯联苯

PcB（*near point of convergence to the intercentral base line* 的缩写）对中枢间底线的辐辏近点

PCE（pseudocholinesterase 的缩写）假胆碱脂酶

PCG（phonocardiogram 的缩写）心音图

pCi（picocurie 的缩写）微微居里,皮居里

Pco$_2$（carbon dioxide partial pressure 或 tentsion 的符号）二氧化碳分压

PCP（phencyclidine hydrochloride 的缩写）盐酸天使尘,卡氏肺囊虫肺炎

PCR（polymerase chain reaction 的缩写）聚合酶链反应

PCT（porphyria cutanea tarda 的缩写）迟发性皮肤卟啉症

PCV（packed cell volume 的缩写）血细胞压积

PCWP（pulmonary capillary wedge pressure 的缩写）肺毛细血管楔压

PD ❶（prism diopter 的缩写）棱镜屈光度；❷（interpupillary distance 的缩写）瞳距；❸（peritoneal dialysis 的缩写）腹膜透析

Pd（palladium 的符号）钯

PDA ❶（patent ductus arteriosus 的缩写）动肺导管未闭；❷（posterior descending (coronary) artery 的缩写）后降（冠状）动脉

PE（phosphatidylethanolomine 的缩写）磷脂酰乙醇胺

pea [pi:]（Gr. *pisos*）豌豆属
  rosary p. 串珠型豌豆

peak [pi:k] 峰
  Bragg p. 布莱格巅值
  kilovolts p. 千伏峰

Péan's forceps [pei'ænz]（Jules Émile *Péan*, French surgeon, 1830-1898）佩昂氏（止血）钳

pearl [pə:l] ❶珠剂；❷圆形坚韧痰块
  Bohn's p's 参见 *nodule*
  Elschnig's p's 参见 *body*
  enamel p. 釉珠,釉质瘤
  epidermic p's, epithelial p's 上皮珠
  Epstein's p's 爱泼斯坦氏小结
  gouty p. 痛风珠
  Laënnec's p's 雷奈克氏珠

Pearson's correlation coefficient ['pɛəsənz]（Karl *Pearson*, British statistician, 1857-1936）佩尔森氏相关系数

peau [pəu]（Fr.）皮肤
  p. de chagrin [dəʃæ'græn]（Fr.）鲨革样皮
  p. dorange [dɔ'rændʒ]（Fr. "orange skin"）桔皮

pebble ['pebl] 水晶
pébrine [pei'brin] (Fr.) 微粒子病
pecazine ['pekəzin] 甲呱啶嗪,麦呱嗪
peccant ['pekənt] (L. *peccaus* sinning) 有病的,不健康的,致病的
peccatiphobia [ˌpekəti'fəubiə] (L. *peccata* sins + *phobia*) 犯罪恐怖
pechyagra [ˌpeki'ægrə] (Gr. *pēchys* forearm + *agra* seizure) 肘痛风
pecil(o)- 异变,不规则
peciloblast [ˌpesilə'blæst] (Gr. *poekilos* mottled + *blastos* germ) 异形母红血球
pecilocythemia [ˌpesilə'saiθəmiə] 异形红血球血症
Pecquet's cistern [pe'keiz] (Jean *Pecquet*, French anatomist, 1622-1674) 派克氏池
pectase ['pekteis] (*pectin* + *ase* ferment) 果胶酶
pacten ['pektən] (pl. *pectines*) (L.) ❶梳栉;❷肛门梳;❸鸟眼壁膜
 p. of anal canal, p. analis 肛门梳
 p. ossis pubis (NA) 耻骨梳
pectenine ['pektənin] 仙人梳碱
pectenitis [ˌpektə'naitis] 肛门梳炎
pectenosis [ˌpektə'nəusis] 肛门梳硬结
pectenotomy [ˌpektə'nɔtəmi] (*pecten* + Gr. *tomé* a cutting) 肛门梳切开术
pectic ['pektik] 果胶的
pectic acid ['pektik] 果胶酸
pectin ['pektin] (Gr. *pēktos* congealed) 果胶,粘胶酸
pectinate ['pektineit] (L. *pecten* comb) 梳型,栉型的
Pectinatus [ˌpekti'neitəs] (L. *pectinatus* combed) 拟杆菌科属
pectineal [pek'tiniəl] (L. *pecten* comb, *pubes*) 耻骨的
pectiniform [pek'tinifɔːm] (L. *pecten* comb + *forma* form) 梳状的,栉状的
pectization [ˌpekti'zeiʃən] (Gr. *pēktikos* curdling) 胶凝作用
pectobacterium [ˌpektəubæk'tiəriəm] 果胶杆菌属
pectolytic [ˌpektəu'litik] (*pectin* + Gr. *lytikos* dissolving) 溶解果胶的
pectora ['pektərə] (L.) 胸。*pectus* 的复数形式
pectoral ['pektərəl] (L. *pectoralis*) ❶胸部的,❷舒胸的,祛痰的
pectoralgia [ˌpektə'rældʒiə] (L. *pectus* breast + *-algia*) 胸痛
pectoralis [ˌpektə'rælis] (L. from *pectus*,) ❶胸肌,胸小肌,胸大肌;❷胸的,祛痰的,舒胸的
pectoriloquy [ˌpektə'riləkwei] (L. *pectus* breast + *logui* to speak) 胸音的
 aphonic p. 低音胸语音
 whispered p., whispering p. 耳语胸语音
pectorophony [ˌpektə'rɔfəni] (L. *pectus* breast + L. *phōnē* voice) 语音增强
pectose ['pektəus] 果胶糖
pectous ['pektəs] 果胶糖的
pectunculus [pek'tʌŋkjuləs] (L. dim of *pecten* comb) 小梳
pectus ['pektəs] (gen *pectoris*, pl. *pectora*) (L.) 胸
 p. carinatum 鸡胸
 p. excavatum 漏斗胸
 p. gallinatum 鸡胸
 p. recurvatum 漏斗胸
pedal ['pedəl] (L. *pedalis*; *pes* foot) 足的,脚的
pedarthrocace [ˌpedɑː'θrɔkəsi] (Gr. *pais* child + *arthrocace*) 儿童关节疡
pedatrophia [ˌpedə'trɔufiə] (Gr. *pais* child + *atrophia*) 儿童消瘦
pederast ['pedəræst] 鸡奸者,男色者
pederasty ['pedəˌræsti] (Gr. *pais* boy + *erastēs* lover) 鸡奸,男色
pederin ['pedərin] 岬毒素
pedes ['pediz] (L. *pes* 的复数) 足,脚
pedi- 足
Pediaflor ['pediəflɔː] 派迪福乐:氟化纳的制剂的商品名称
pedialgia [ˌpedi'ældʒiə] (L. *pes* foot + *algia*) 足底痛,足神经痛
Pediamycin [ˌpediə'maisin] 派迪麦欣:红霉素琥珀酸乙脂的制剂的商品名
pediatric [ˌpedi'ætrik] 儿科的
pediatrician [ˌpediə'triʃən] 儿科医师
pediatrics [ˌpedi'ætriks] (*pedia* + Gr. *iatrikē* surgery, medicine) 儿科学
pediatrist [ˌpedi'ætrist] 儿科医师
pediatry ['pediˌætri] 儿科学
pedicel ['pedisil] 蒂,花梗
pedicellate [pə'disileit] 有蒂的

pedicellation [ˌpedisəˈleiʃən] 蒂生成
pedicle [ˈpedikəl] (L. *pediculas* little foot) 蒂, 花梗
   cone p. 锥体蒂
   p. of lung 肺根
   p. of vertebral arch 椎弓根
pedicled [ˈpedikəld] 有蒂的, 有脚的
pedicterus [piˈdiktərəs] 初生儿黄疸
pedicular [pəˈdikjulə] (L. *pedicularis*) 虱
pediculate [pəˈdikjuleit] (L. *pediculatus*) 有蒂的, 有脚的
pediculation [pəˌdikjuˈleiʃən] (L. *pediculatio*) ❶虱传染; ❷蒂形成
pediculi [pəˈdikjulai] 虱。*pediculus* 的复数形式
pediculicide [pəˈdikjulisaid] (*pediculus* + L. *caedere* to kill) ❶灭虱的; ❷灭虱药
Pediculidae [pəˈdikjulidi:] 虱科
Pediculoides [pəˌdikjuˈlɔidiz] 虱螨
   p. ventricosus 袋形虱螨
pediculosis [pəˌdikjuˈləusis] (*pediculus* + *-osis*) 虱病
   p. capillitii, p. capitis 头虱病
   p. corporis 体虱病
   p. inguinalis 阴虱病
   p. palpebrarum 睫虱病
   p. pubis 阴虱病
   p. vestimenti, p. vestimentorum 衣虱病
pediculous [pəˈdikjuləs] 有虱的
Pediculus [pəˈdikjuləs] 虱属
   P. humanus 人虱
   p. humanus capitis 头虱
   p. humanus corporis 体虱与衣虱
   p. humanus humanus 体虱
   p. humanus vestimentorum 体虱
   p. inguinalis, p. pubis 阴虱
   p. vestimenti 体虱
pediculus [pəˈdikjuləs] (pl. *pediculi*) (L.) ❶虱; ❷蒂, 脚, 足样或茎样部份
   p. arcus vertebrae (NA) 椎弓根
   p. pulmonis 肺根
pedicure [ˈpedikjuə] (L. *pes* foot + *cura* care) 足疗法, 护足法
pedigree [ˈpedigri:] (Fr. *pied de grue* "crane's foot", from the shape of the stemma) 家谱, 谱系, 家系
pediluvium [ˌpediˈlju:viəm] (L. *pes* foot + *luere* to wash) 足浴
Pediococcus [ˌpediəˈkɔkəs] (Gr. *pedion* a plane surface + *kokkos* berry) 片球菌属
   P. acidilactici 乳酸片球菌
   P. cerevisiae 啤酒片球菌
   P. halophilus 嗜盐片球菌
   P. pentosaceus 戊糖片球菌
   p. urine-equi 马尿片球菌
pediodontia [ˌpediəˈdənʃiə] 儿童牙科学
pedionalgia [ˌpediəˈnældʒiə] (Gr. *pedion* metatarsus + *-algia* pain) 脚掌痛
pediphalanx [ˌpediˈfælæŋks] (L. *pes* foot + *phalanx*) 足趾
pedistibulum [ˌpediˈstibjuləm] (L. *pes* foot + *stabulum* stall) 镫骨
peditis [pəˈdaitis] (L. *pes* foot + *-itis*) 足骨炎
ped(o)-[1] (Gr. *pais*, gen. *paidos* child) 儿童
ped(o)-[2] (L. *pes*, gen. *pedis* foot) 足
pedodontia [ˌpedəˈdənʃiə] 儿童牙科学
pedodontics [ˌpedəˈdəntiks] (*pedo-*[1] + Gr. *odous* tooth) 儿童牙科学
pedodontist [pedəˈdəntist] 儿童牙科医师
pedodynamometer [ˌpedədinəˈməmitə] (*pedo-*[2] + *dynamometer*) 足力计
pedogamy [peˈdɔgəmi] (*pedo-*[1] + Gr. *gamos* marriage) 同亲结婚, 同配生, 同族结婚
pedogenesis [ˌpedəˈdʒenəsis] (*pedo-*[1] + Gr. *genesis* reproduction) 幼体生殖
pedograph [ˈpedəɡra:f] (*pedo-*[2] + Gr. *graghein* to write) 脚印
pedologist [peˈdɔlədʒist] 儿童发育学专家
pedology [peˈdɔlədʒi] (*pedo-*[1] + *-logy*) 儿童学
pedometer [pəˈdəmitə] (*pedo-*[2] + Gr. *metron* measure) 步计仪
pedomorphic [ˌpedəˈmɔ:fik] 幼稚形态的
pedomorphism [ˌpedəˈmɔ:fizəm] (*pedo-*[1] + Gr. *morphē* form + *-ism*) 幼稚形态
pedonosis [ˌpi:dəuˈnəsis] 儿童病
pedopathy [pəˈdəpəθi] (*pedo-*[2] + Gr. *pathos* disease) 足病, 脚病
pedophilia [ˌpedəˈfiliə] (*pedo-*[1] + *-phila*) 爱童癖, 嗜童癖
pedophlic [ˌpedəˈfilik] ❶爱儿童的; ❷恋

童癣

pedophobia [ˌpedə'fəubiə] (pedo-¹ + phobia) 儿童恐怖

pedorthic [pə'dɔːθik] 脚病鞋制造的

pedorthics [pə'dɔːθiks] (pedo-² + Gr. orthosis making) 脚病鞋制造业

pedorthist [pə'dɔːθist] 脚病鞋制造家

peduncle [pə'dʌŋkəl] 蒂,脚,茎
　cerebellar p, caudal 小脑下(尾侧)脚
　cerebellar p, cranial 小脑上(颅侧)脚
　cerebellar p, inferior 小脑下脚,绳状体
　cerebellar p, middle 小脑中脚,小脑脑桥脚
　cerebellar p, pontine 小脑中脚,小脑脑桥脚
　cerebellar p, rostral 前小脑脚
　cerebellar p, superior 小脑上脚;结合臂
　p's of cerebellum 小脑脚
　cerebral p., p. of cerebrum 大脑脚
　p. of flocculus 绒球脚
　p. of mamillary body 大脑中脚束
　olfactory p. 嗅觉茎
　pineal p., p. of pineal body 松果体脚
　p's of thalamus 丘脑脚
　p. of thalamus, anterior 前脑脚
　p. of thalamus, caudal, p. of thalamus, inferior 丘脑尾侧脚,丘脑下脚
　p. of thalamus, posterior 后脑脚
　p. of thalamus, superior 上脑脚

peduncular [pə'dʌŋkjulə] 脚的,蒂的

pedunculated [pə'dʌŋkjuleitid] 有蒂的,有脚的

pedunculotomy [ˌpəidʌŋkju'lɔtəmi] (L. pedunculus + Gr. tome a cutting) 大脑脚切断术

pedunculus [pə'dʌŋkjuləs] (pl. peduculi) (L.) (NA) 蒂,脚,茎,茎样部分
　pedunculi cerebellares (NA) 小脑脚
　p. cerebellaris candalis 小脑下脚
　p. cerebellaris inferior (NA) 小脚下脚,绳状体
　p. cerebellaris medius (NA) 小脑中脚,脑桥臂
　p. cerebellaris pontinus (NA) 脑桥小脑脚
　p. cerebellaris rostralis 小脑颅侧脚
　p. cerebellaris superior (NA) 小脑上脚,结合臂
　pedunculi cerebelli 小脑脚
　p. cerebralis (NA) 大脑脚
　p. cerebri (NA) 大脑脚
　p. corpris pinealis 松果体缰
　p. floculi (NA) 绒球脚
　p. thalami candalis, p. thalami inferior 丘脑下脚
　p. thalamicus inferior (NA) 丘脑下脚

peel [piːl] (L. pilare to deprive of hair) 果皮
　bitter orange p. 苦橙皮
　lemon p. 柠檬皮

peenash ['piːnæʃ] (India) 鼻蛆病

PEEP (positive end-expiratory pressure 的缩写) 呼气末正压

PEFR (peak expiratory flow rate 的缩写) 呼气最高率

PEG ❶ (pneumoencephalography 的缩写) 气脑造影术; ❷ (polyethylene glycol 的缩写) 聚乙二醇

PEG-ADA, PEG-adenosine deaminase 腺苷脱氨酶

peg [peg] 钉
　rete p's 网状钉,上皮钉

pegademase [pe'gædəmeis] 腺苷脱氨酶

Peganone ['pegənəun] 派格隆:乙基苯妥英的制剂的商品名

peglicol 5 oleate [pə'glikəl] 聚乙二醇油酸酯

pegoterate [ˌpegə'tereit] 佩革泰瑞特

pegoxol 7 stearate [pe'gɔksəul] 聚乙二醇硬脂酸酯

peinotherapy [painəu'θerəpi] (Gr. peina hunger + therapy) 饥饿治疗

pejorative [ˌpi'dʒɔreitiv] (L. pejor worse) 恶化的

Pel's crises [pelz] (Pieter Klaases Pel, Dutch physician, 1852-1919) 佩尔兹氏危象

Pel-Ebstein fever [pe'liːbʃtain] (P. K. Pel; Wilhelm Ebstein, German physician, 1836-1912) 佩-爱二氏热

pelade [pə'leiːd] (Fr.) 斑秃

peladophobia [ˌpelædəu'fəubiə] 秃发恐慌

pelage ['pelidʒ] (Fr.) 毛发

pelagism ['pelədʒism] 晕船

Pelamis ['peləmis] 海蛇属
　P. bicolor 双色海蛇

Pelecypoda [ˌpeli'sipədə] (Gr. pelekys

hatchet + *podos* foot) 斧足类,双壳类

Pelger's nuclear anomaly ['pelgəz](Karel *Pelger*, Dutch physician, 1885-1931) 佩尔格兹氏核异常

Pelger-Huët nuclear anomaly ['pelgə-'hjuət] (Karel *Pelger*; G. J. *Huët*, Dutch physician, 1879-1970) 佩-休二氏核异常

pelioma [ˌpi:li'əumə](Gr. *pelios* livid) ❶ 青紫斑;❷紫癜

peliosis [ˌpi:li'əusis](Gr. *peliōsis* extravasation of blood) 紫癜
  p. hepatis, p. of liver 肝紫癜

Pelizaeus-Merzbacher disease [ˌpæli'tsæus'metsbækə](Friedrich *Pelizaeus*, German physician, 1850-1917; Ludwig *Merzbacher*, German physician, 1875-1942) 佩-迈二氏病

pellagra [pə'lægrə] (It. *pelle* skin + *agra* rough) 糙皮病,蜀黍红斑
  monkey p. 猴糙皮病
  p. sine pellagra 无疹糙皮病
  typhoid p. 伤寒样糙皮病

pellagragenic [pəˌlægrə'dʒenik] 致糙皮病的

pellagral [pə'lægrəl] 糙皮病的,蜀黍红斑的

pellagrin [pə'lægrin] 糙皮病患者
pellagroid [pə'lægrɔid] 类糙皮病
pellagrose [pə'lægrəus] 糙皮病的
pellagrosis [ˌpelə'grəusis] 糙皮病,陪拉格
pellagrous [pə'lægrəs] 糙皮病的
pellant ['pelənt] (L. *pellere* to drive) 净化的,消除的,去垢的
pellate [pe'peleit] 清除,排除
Pellegrini's disease [ˌpelə'greniz](Augusto *Pellegrini*, Italian surgeon, born 1877)派格雷尼氏病
Pellegrini-Stieda disease [ˌpelə'greni'ʃti:də](A. *Pellegrini*; Alfred *Stieda*, German surgeon, 1869-1945) 佩-斯二氏病
pellet ['pelət] 小丸,小糖丸,小颗粒
pellicle ['pelikəl](L. *pellicula*) ❶表皮,表膜;❷细胞浆膜
  brown p. 棕色膜

pellicular [pə'likjulə] 表皮的,表膜的
pelliculous [pə'likjuləs] 表皮的,表膜的
pellis ['pelis](L. "skin")皮,皮肤

Pellizzi's syndrome [pə'letsiz] (G. B. *Pellizzi*, Italian physician, early 20th century) 波莱兹氏综合征

pellous ['peləs](Gr. *pellin* skin)暗色皮肤的

pellucid [pə'lu:sid] (L. *pellucidus* from *per* through + *lucere* to shine) 透明的

pel(o)- (Gr. *pélos* mud) 泥土

Pelobiontida [ˌpeləbi'ɔntidə] (*pelo-* + Gr. *bioun* a living being) 泥生目

pelohemia [ˌpelə'hi:miə] (*pelo-* + *haema* blood) 血液浓缩

Pelomyxa [ˌpelə'miksə] (*pelo-* + Gr. *myxa* mucus) 多核变形虫属

pelotherapy [ˌpelə'θerəpi] (*pelo-* + Gr. *therapeia* cure) 泥疗

pelta ['peltə] (L. "a shield") 小盾,盾膜
peltate ['pelteit] (L. *pelta*; Gr. *peltē* shield) 盾形的

pelveoperitonitis [ˌpelviəˌperitəu'naitis] (*pelvis* + *peritoneum* + *-itis*)盆腔腹膜炎

pelves ['pelvi:s] (L.) 骨盆。*pelvis* 的复数形式

pelvic ['pelvik] 骨盆的

pelvicaliceal [ˌpelviˌkæli'siəl] 肾盂肾盏的
pelvicalyceal [ˌpelviˌkæli'siəl] 肾盂肾盏的

pelvicellulitis [ˌpelviˌselju'laitis] 盆腔蜂窝组织炎

pelvicephalography [ˌpelviˌsefə'lɔgrəfi] (*pelvis* + Gr. *kephalē* head + *graphein* to write) 骨盆胎头和产道 X 线测量术

pelvicephalometry [ˌpelviˌsefə'lɔmitri] (*pelvis* + Gr. *kephalē* head + *metron* measure) 骨盆胎头测量术

pelvifemoral [ˌpelvi'femərəl] 骨盆股骨的
pelvifixation [ˌpelvifik'seiʃən] 盆腔脏器固定术

pelvilithotomy [ˌpelvili'θɔtəmi] 肾盂切开取石术

pelvimeter [pel'vimitə] (*pelvis* + Gr. *metron* measure) 骨盆测量器

pelvimetry [pel'vimitri] 骨盆测量术
  combined p. 骨盆内外径合并测量法
  instrumental p. 骨盆器械测量法
  manual p. 骨盆手量法
  x-ray p. X 线骨盆胎头测量术

pelviography [ˌpelvi'ɔgrəfi] 骨盆 X 线照相术

pelvioileoneocystostomy [ˌpelviəˌiliəˌniəsis'tɔstəmi] 肾盂回肠膀胱吻合术

pelviolithotomy [ˌpelviəuli'θɔtəmi] 肾盂切开取石术

pelvioneostomy [ˌpelviəuni'ɔstəmi] 输尿管肾盂吻合术

pelvioperitonitis [ˌpelviəuˌperitəu'naitis] 盆腔腹膜炎

pelvioplasty ['pelviəuˌplæsti] 肾盂成形术

pelvioradiography [ˌpelviəuˌrædi'ɔgrəfi] 骨盆 X 光照相术

pelvioscopy [ˌpelvi'ɔskəpi] (*pelvis* + Gr. *skopein* to examine) ❶盆腔检查；❷肾盂 X 线透视检查

pelviostomy [ˌpelvi'ɔstəmi] 肾盂切开术

pelviotomy [ˌpelvi'ɔtəmi] (*pelvis* + Gr. *tomē* a cutting) ❶盆骨切口术；❷肾盂切口术

pelviperitonitis [ˌpelviˌpæritəu'naitis] 盆腔腹膜炎

pelviradiography [ˌpelviˌrædi'ɔgrəfi] 骨盆 X 线照相术

pelvirectal [ˌpelvi'rektəl] 骨盆直肠的

pelvis ['pelvis] (pl. *pelves*) (L.; Gr. *pyelos* an oblong trough) ❶骨盆；❷任何盆状结构
  android p. 男子型骨盆
  anthropoid p. 人猿型骨盆
  assimilation p. 混化骨盆
  beaked p. 喙状骨盆
  bony p. 骨性骨盆
  brachypellic p. 短状骨盆
  contracted p. 狭窄骨盆
  cordate p., cordiform p. 心形骨盆
  coxalgic p. 髋关节病性骨盆
  dolichopellic p. 长型骨盆
  dwarf p. 矮小骨盆
  extrarenal p. 肾外型肾盂
  false p. 假骨盆
  flat p. 扁骨盆
  frozen p. 冻结样骨盆
  funnel-shaped p. 漏斗型骨盆
  giant p. 均大骨盆
  greater p. 大骨盆
  gynecoid p. 女子型骨盆
  high-assimilation p. 高混化骨盆
  infantile p. 婴儿样骨盆
  p. justo major 均大骨盆
  p. justo minor 均小骨盆
  juvenile p. 婴儿样骨盆
  kyphoscoliotic p. 脊柱后侧凸性骨盆
  kyphotic p. 脊柱后凸性骨盆，驼背性骨盆
  large p. 大骨盆，假骨盆
  lesser p. 小骨盆，真骨盆
  lordotic p. 脊柱前凸性骨盆
  low-assimilation p. 低混化骨盆
  p. major (NA) 大骨盆
  mesatipellic p. 中型骨盆
  p. minor (NA) 小骨盆
  p. nana 矮小骨盆
  p. obtecta 覆盖骨盆
  p. ossea (NA) 骨性骨盆
  osteomalacic p. 骨软化性骨盆
  Otto p. 奥托氏骨盆
  p. ovalis 卵圆窗盂
  p. plana 扁骨盆
  platypellic p., playpelloid p. 扁骨盆
  Prague p. 普瑞克骨盆(脊柱前移骨盆)
  pseudo-osteomalacic p. 假性骨软化性骨盆
  pseudospider p. 假性蜘蛛样肾盂
  rachitic p. 佝偻病性骨盆
  renal p., p. renalis (NA) 肾盂
  Robert's p. 罗伯特氏骨盆
  Rokitansky's p. 罗克坦斯克氏骨盆
  p. rotunda 圆窗盂
  round p. 圆骨盆
  scoliotic p. 脊柱侧凸性骨盆
  simple flat p. 单纯性扁骨盆
  small p. 小骨盆，真骨盆
  spider p. 蜘蛛样肾盂
  p. spinosa 棘状骨盆
  split p. 分裂性骨盆
  spondylolisthetic p. 脊柱滑出性骨盆
  p. spuria 大骨盆，假骨盆
  triangular p. 三角形骨盆
  true p. 真骨盆，小骨盆
  p. of ureter 肾盂

pelvisacral [ˌpelvi'sækrəl] 骨盆骶骨的

pelvisacrum [ˌpelvi'sækrəm] 骨盆骶骨

pelviscope ['pelviskəup] 骨盆 X 线检查器

pelviscopy [pel'viskəpi] 骨盆 X 线检查术

pelvisection [ˌpelvi'sekʃən] (*pelvis* + L.

sectio a cutting) 骨盆切开术
pelvisternum [ˌpelvi'stɛənəm] 耻骨联合软骨
pelvitomy [pel'vitəmi] (*pelvis* + Gr. *temnein* to cut) 骨盆切开术
pelvitrochanterian [ˌpelvitrəukæn'tiəriən] 骨盆转子的
pelviureteral [pelviju'retərəl] 肾盂输尿管的
pelviureteroradiography [ˌpelvijuˌretərəuˌrædi'ɔgrəfi] 肾盂输尿管造影术
pelvoscopy [pel'vɔskəpi] (*pelvis* + Gr. *skopein* to examine) 骨盆X线检查术
pelvospondylitis [ˌpelvəˌspɔndi'laitis] 盆骨脊椎炎
 p. ossificans 骨化性盆部脊椎炎,类风湿性脊椎炎
pelycalgia [ˌpeli'kældʒiə] (Gr. *pelyx* pelvis + *algos* pain) 骨盆痛
pelyc(o)- (Gr. *pelyx* bowl) 骨盆,肾盂
pelycochirometresis [ˌpelikəu'kairəmitrisis] (Gr. *pelyx* pelvis + *cheir* hand + *metresis* measure) 骨盆指量法
pemerid nitrate ['pemərid] 五甲哌丙胺
pemoline ['peməlin] 苯异妥英,匹英林
pemphigoid ['pemfigɔid] (Gr. *pemphix* blister + *eidos* form) ❶天疱疮样的,类天疱疮的;❷与天疱疮类似的一组皮肤综合征
 benign mucosal p., benign mucous membrane p. 粘膜良性类天疱疮
 bullous p. 大疱性类天疱疮
 bullous p., localized 局限性大疱性类天疱疮
 cicatricial p. 瘢痕性类天疱疮
 localized chronic p. 局限性慢性类天疱疮
pemphigus ['pemfigəs] (Gr. *pemphis* blister) 天疱疮
 benign familial p. 良性家族性天疱疮
 Brazilian p. 巴西天疱疮
 p. erythematosus 红斑性天疱疮
 p. foliaceus 落叶状天疱疮
 ocular p. 眼天疱疮
 South American p. 南美天疱疮
 p. vegetans 增殖性天疱疮
 p. vegetans, benign 良性增殖性天疱疮
 p. vulgaris 寻常性天疱疮
 wildfire p. 野火天疱疮
pempidine tartrate ['pempidin] 酒石酸五甲哌啶
Penbritin [pen'britin] 奔布瑞停;氨苄青霉素制剂的商品名
penbutolol sulfate [pen'butələl] 硫酸戊丁心安
Pende's sign ['pendeiz] (Nicola *Pende*, Italian physician, 1880-1970) 潘德氏征
pendelluft ['pendəluːft] (Ger "pendulum breath") 摆动呼吸
Pendred's syndrome ['pendredz] (Vaughan *Pendred*, English physician, 1869-1946) 盘特亚特氏综合征
pendular ['pendjulə] 摆动的
pendulous ['pendjuləs] (L. *pendere* to hang) ❶下垂的,悬垂的;❷依赖的
penecort ['penəkɔːt] 氢化可的松
penectomy [pə'nektəmi] (*penis* + Gr. *ektomē* excision) 阴茎切除术
penetrability [ˌpenətrə'biliti] 穿透性
penetrance ['penətrəns] (L. *penetrare* to enter into) 外显率
penetrating ['penətreitiŋ] (L. *penetrans*) 穿透的,深入的
penetration [ˌpenə'treiʃən] (L. *penetratio*) ❶穿透作用,透入作用,穿透术;❷透镜焦点深度
penetrology [ˌpenə'trɔlədʒi] 透射学
penetrometer [penə'trɔmitə] ❶(X线)透度计;❷硬度计
penfluridol [pen'fluridəl] 五氟利多
-penia (Gr. *penia* poverty, need) 减少
penial ['peniəl] 阴茎的
penicidin [ˌpeni'sidin] 潘尼西丁,棒曲霉素
penicillamine [ˌpeni'siləmin] (USP) 青霉胺
penicilli [ˌpeni'silai] (L.) 笔毛。*penicillus* 的复数形式
penicilliary [ˌpeni'siliəri] (L. *penicillium* dim. of *peniculus* a brush) 毛笔状,刷状的
penicillic acid [ˌpeni'silik] 青霉酸
penicillin [ˌpeni'silin] 青霉素
 aluminum p. 青霉素铝
 benzathine p. 苄星青霉素G
 benzyl p. potassium 苄基青霉素G钾

benzyl p. sodium 苄基青霉素 G 钠
clemizole p. 氯咪唑青霉素
dimethoxyphenyl p. sodium 甲氧苯青霉素钠
p. G 青霉素 G
p. G benzathine (USP) 苄星青霉素 G
p. G potassium 青霉素 G 钾
p. G. procaine (USP) 普鲁卡因青霉素 G
p. G. sodium 青霉素 G 钠
isoxazolyl p. 异恶唑青霉素
p. N. 青霉素 N
p. O. 青霉素 O
p. O. potassium 青霉素 O 钾
p. O. sodium 青霉素 O 钠
phenoxymethyl p. 苯氧甲基青霉素
potassium phenoxymethyl p. 苯氧甲基青霉钾
p. V. (USP) 青霉素 V
p. V. benzathine (USP) 苄星青霉素
p. V. hydrabamine 哈胺青霉素 V, 海巴明青霉素 V
p. V. potassium (USP) 青霉素 V 钾
penicillinase [ˌpeniˈsilineis] 青霉素酶
penicillinfast [ˌpeniˈsilinfæst] 耐青霉素的
penicilliosis [ˈpeniˌsiliˈəusis] 青霉病
Penicillium [ˌpeniˈsiliəm] (L. *penicillum* brush, roll) 青霉属
P. chrysogenum 产黄青霉
P. citrinum 橘青霉
P. crustaceum 皮壳青霉,灰绿青霉
P. cyclopium 环青霉
P. glaucum 灰绿青霉
P. notatum 特异青霉,点青霉
P. patulum 展青霉
P. uticale 展青霉
penicilloyl polylysine [ˌpeniˈsiləuil ˌpəuliˈlisin] 青霉噻唑酰聚赖氨酸
penicillus [ˌpeniˈsiləs] (gen 和 pl. *penicilli*) (L. "brush") 笔毛
penicilli arteriae lienalis (NA) 脾笔毛形动脉
penicilli arteriae splenicae (NA) 脾笔毛形动脉
Peniculina [pəˈnikjuˈlinə] 咽膜亚目
peniculus [pəˈnikjuləs] (pl. *peniculi*) ("little brush") 刷状膜
penile [ˈpiːnail] 阴茎的

penillamine [ˌpeniˈlæmin] 青霉酸衍胺
penilloaldehyde [ˌpeniləuˈældəhaid] 青霉醛
penis [ˈpiːnis] (L) (NA) 阴茎
clubbed p. 杵状阴茎弯曲
concealed p. 隐蔽型阴茎
double p. 双阴茎
p. palmatus 蹼状阴茎
p. plastica 塑型阴茎
webbed p. 蹼状阴茎
penischisis [peˈniskisis] (*penis* + Gr. *schisis* splitting) 阴茎裂
penitis [peˈnaitis] 阴茎炎
Penn seroflocculation reaction [pen] (Harry Samuel *Penn*, Russian physician and zoologist in the United States, born 1891) 潘氏血清絮凝反应
pennate [ˈpeneit] 羽状的
penniform [ˈpenifɔːm] (L. *penna* feather + *forma* form) 羽状的
pennyroyal [ˌpeniˈrɔiəl] 薄荷类植物
penoscrotal [ˌpenəusˈkrɔtəl] 阴茎阴囊的
Penrose drain [ˈpenrəuz] (Charles Bingham *Penrose*, American gynecologist, 1862-1925) 潘罗斯引流
pent-, penta- (Gr. *pente* five) 五,戊
pentabasic [ˌpentəˈbeisik] 五元的
pentachromic [ˌpentəˈkrɔmik] (*penta-* + Gr. *chrōma* color) ❶五色的；❷识五色的
pentacyclic [ˌpentəˈsiklik] 五环的
pentad [ˈpentæd] ❶五的；❷五价物
pentadactyl [ˌpentəˈdæktəl] (*penta-* + Gr. *daktylos* finger) 五指(趾)的
pentaene [ˈpentəin] 五烯
pentaerythritol [ˌpentəˈriθritəl] 戊赤藓醇
p. choral 戊赤藓醇氯醛
p. tetranitrate 四硝酸戊四醇酯,四硝酸戊赤藓醇酯
pentaerythrityl [ˌpentəˈriθritəl] 戊赤藓醇
p. tetranitrate 四硝酸戊四醇酯
pentagastrin [ˌpentəˈgæstrin] 五肽胃泌素
pentaglucose [ˌpentəˈgluːkəus] 戊糖
pentalogy [pənˈtælədʒi] 五联症
p. of Fallot 法乐氏五联症
pentamer [ˈpentəmə] 五聚体
pentamethazene [ˌpentəˈmeθəzein] 氮戊溴铵,喷他明

pentamethylenediamine [ˌpentəˌmeθəleinˈdaiəmein] 五甲烯二胺,尸胺

pentamethylenetetrazol [ˌpentəˌmeθəleinˈtetrəzəul] 次戊基四唑,戊四唑

pentamethylmelamine [ˌpentəˌmeθəlˈmeləmin] (缩写为 PMM)五甲蜜胺

pentamidine [penˈtæmidin] 戊双眯,双戊烷

pentane [ˈpentein] 戊烷

pentapeptide [ˌpentəˈpeptaid] 五肽

pentapiperide methylsulfate [ˌpentəˈpipəraid] 甲硫酸戊哌啶酯

pentapiperium methylsulfate [ˌpentəpiˈperiəm] 甲硫酸戊哌啶酯

pentapyrrolidinium bitartrate [ˌpentəpiˌrəuliˈdiniəm] 酒石酸五吡咯烷

pentasomy [ˌpentəˈsəumi] (penta- + Gr. sōma body) 五体

Pentaspan [ˈpentəˌspæn] 长效五羟淀粉

pentastarch [ˈpentəstɑːtʃ] 五羟淀粉

Pentastoma [penˈtæstəmə] (penta- + Gr. stoma mouth) 五口虫属,舌形虫属

pentastomiasis [ˌpentəstəuˈmaiəsis] 五口虫病,舌形虫病

pentastomid [ˌpentəˈstəumid] 舌形虫

pentastomida [ˌpentəˈstəumidə] 舌形虫目

pentatomic [ˌpentəˈtəumik] (pent- + atom) ❶五原子的;❷含五个可被置换氢原子的

Pentatrichomonas [ˌpentəˌtrikəuˈməunəs] (penta- + tricho- + Gr. monas unit, from monos single) 五鞭毛滴虫属

pentavalent [ˌpentəˈvælənt] 五价的

pentazocine [penˈtæzəusiːn] (USP) 镇痛新
  p. **hydrochloride** (USP) 盐酸镇痛新
  p. **lactate** (USP) 乳酸镇痛新

pentdyopent [pentˈdiːəupent] (pent- + Gr. dyo two + pente fine) 525 物质

pentetate calcium trisodium [ˈpentəteit] 三胺五乙酸三钠钙

pentetic acid [penˈtetik] 三胺五乙酸

penthienate bromide [penˈθiːəneit] 溴化环戊噻吩

Penthrane [ˈpenθrein] 鹏斯林:甲氧氟烷(methoxyflurane) 制剂的商品名

penthrit [ˈpenθrit] 四硝酸戊四醇

Pentids [ˈpentidz] 鹏替兹:青霉素 G 钾制剂的商品名

pentizidone sodium [penˈtizidəun] 戊胺唑酮钠

pentobarbital [ˌpentəuˈbɑːbitəl] (USP) 戊巴比妥
  p. **sodium** (USP) 戊巴比妥钠

pentobarbitone [ˌpentəuˈbɑːbitəun] 戊巴比妥

pentolinium tartrate [ˌpentəuˈliniəm] 酒石酸五吡咯烷

pentosan [ˈpentəusæn] 戊聚糖,多缩戊糖

pentosazone [ˌpenˈtəusəzəun] 戊糖脎

pentose [ˈpentəus] 戊糖

pentosemia [ˌpentəuˈsiːmiə] 戊糖血症

pentoside [ˈpentəusaid] 戊糖苷

pentostatin [ˌpentəuˈstætin] 戊糖抑制剂

pentosuria [ˌpentəuˈsjuəriə] 戊糖尿
  alimentary p. 营养性戊糖尿
  essential p. 左旋木酮糖尿

pentosuric [ˌpentəuˈsjurik] 戊糖尿的

pentosyl [ˈpentəsəl] 戊糖基

pentosyltransferase [ˌpentəsəlˈtrænsfəreis] [EC 2.4.2] 戊糖合成转移酶

Pentothal [ˈpentəθəl] 鹏特塞尔:硫喷妥制剂的商品名

pentoxide [penˈtɔksaid] 五氧化物

pentoxifylline [ˌpentɔkˈsifəlin] 己酮可可碱

pentrinitrol [ˌpentriˈnitrəl] 三硝酸戊赤藓醇酯

Pentritol [ˈpentritəl] 硝酸戊赤藓醇酯

Pentryate [penˈtriːeit] 三硝酸戊赤藓醇酯

pentulose [ˈpentuləus] 戊糖酮

pentylenetetrazol [ˌpentəliːnˈtetrəzəl] 次戊基四唑,戊四唑,卡地阿唑

penumbra [pəˈnʌmbrə] (L. pēne almost + umbra) 半暗影
  ischemic p. 部分缺血暗区

Pen-Vee [ˈpenviː] 青霉素 V

Penzoldt's test [ˈpentsəults] (Franz Penzoldt, German physician, 1849-1927) 鹏措尔特氏试验

Penzoldt-Fisher test [ˈpentsəult ˈfiʃə] (F. Penzoldt; Emil Fischer, German chemist, 1852-1919) 鹏-费二氏试验

peotillomania [ˌpeəuˌtiləˈmeiniə] (Gr. peos penis + tillein to pull + mania madness) 捏阳癖,弄姿癖

peotomy [pe'ɔtəmi] (Gr. *peos* penis + *temnein* to cut) 阴茎切除术

PEP ❶ (phospho*enol*pyruvate 的缩写) 磷酸烯醇丙酮酸盐; ❷ (preejection period 的缩写) 排斥前期或射血前期

Pepcid ['pepsid] 派普席德:法莫替叮制剂的商品名

peplomer ['pepləumə] (*peplos* + Gr. *meros* part) 包膜体

peplos ['peplɔs] (Gr. "robe") 包膜,被膜

pepper ['pepə] (L. *piper*) 胡椒
    cayenne p. 辣椒

peppermint ['pepəmint] (NF) 欧薄荷

pepsase ['pepseis] 胃蛋白酶

pepsic ['pepsik] ❶消化的; ❷胃蛋白酶的

pepsin ['pepsin] 胃蛋白酶
    p. A (EC 3.4.23.1.) 胃蛋白酶 A
    p. B (EC 3.4.23.2) 胃蛋白酶 B
    p. C. 胃蛋白酶 C

pepsinate ['pepsineit] 胃蛋白酶处理

pepsinia [pep'siniə] 胃蛋白酶分泌

pepsiniferous [ˌpepsi'nifərəs] (*pepsin* + L. *ferre* to bear) 生成胃蛋白酶的

pepsinogen [pep'sinədʒən] 胃蛋白酶原

pepsinuria [ˌpepsi'njuəriə] 胃蛋白酶尿

pepstatin [pep'stætin] 胃酶抑素

peptase ['pepteis] 肽酶

Peptavlon [pep'tævlɔn] 五肽胃泌素

peptic ['peptik] (Gr. *peptikos*) ❶消化性的; ❷胃蛋白酶的

peptidase ['peptideis] (EC 3.4) 肽酶

peptide ['peptaid] 肽
    atrial natriuretic p. (ANP) 心房促钠排泄肽
    C p. C 肽
    calcitonin gene-related p. 降血钙素基因相关肽
    corticotropin-like intermediate lobe p. (CLIP) 促皮质素样中叶肽
    N-formylmethionyl p's N-甲酰-甲硫氨酰肽
    opioid p. 鸦片状肽
    signal p. 信号肽
    vasoactive intestinal p. (VIP) 肠道血管活性肽

peptide hydrolase ['peptaid 'haidrəleis] 肽水解酶

peptidergic [ˌpepti'dəːdʒik] 肽能的

peptidoglycan [ˌpeptidəu'glikən] 肽聚糖

peptidolytic [ˌpeptidəu'litik] 肽分解的

peptidyldipeptidase [ˌpeptiˌdəldi'peptideis] (EC 3.4.15) 水解羧肽酶

peptidyl-dipeptidase A ['peptidəldi'peptideis] (EC 3.4.15.1) 水解羧肽酶 A

peptization [ˌpepti'zeiʃən] 胶溶作用

peptococcaceae [ˌpeptəukəu'kæsii:] (Gr. *pepton* digestion + *kokkus* berry) 消化球菌科

Peptococcus [ˌpeptə'kɔkəs] (Gr. *pepton* digestion + *kokkus* berry) 消化球菌属
    P. anaerobius 厌氧消化球菌
    P. asacharolyticus 不解糖消化球菌
    P. constellatus 星群消化球菌
    P. magnus 大消化球菌

peptogaster ['peptəuˌgæstə] (Gr. *peptein* to digest + *gaster* belly) 消化道

peptogenic [ˌpeptəu'dʒenik] (Gr. *peptein* digest + *gennan* to produce) ❶生胃蛋白酶的,生胨的; ❷助消化的

peptogenous [pep'tɔdʒənəs] ❶生胃蛋白酶的,生胨的; ❷助消化的

peptolysis [pep'tɔlisis] (*peptone* + Gr. *lysis* dissolution) 胨分解

peptolytic [ˌpeptəu'litik] 胨分解的

peptone ['peptəun] (Gr. *pepton* digesting) 胨,蛋白胨

peptonic [pep'tɔnik] 胨的,含胨的

peptonize ['peptənaiz] 胨化

peptonuria [ˌpeptə'njuəriə] 胨尿
    enterogenous p. 肠原性胨尿
    hepatogenous p. 肝原性胨尿
    nephrogenic p. 肾原性胨尿
    puerperal p. 产褥性胨尿
    pyogenic p. 脓性胨尿

peptophillic [ˌpeptəu'filik] (*peptone* + Gr. *philein* to love) 嗜胨的

Peptostreptococcus [ˌpeptəˌstreptə'kɔkəs] (Gr. *pepton* digestion + *streptos* twisted + *kokkos* berry) 消化链球菌属
    P. anaerobius 厌氧消化链球菌
    P. lanceolatus 矛形消化链球菌
    P. micros 微小消化链球菌
    P. parvulus 短小消化链球菌
    P. productus 产生消化链球菌

peptotoxin [ˌpeptəu'tɔksin] 胨毒素

per- (L. *per* through) ❶在空间或时间方

面的过、高、超、经、通、完全或极端;❷在化学名称前表示大量、或与某元素最高价相结合

peracephalus [ˌperəˈsefələs] (per- + acephalus) 无上体畸形

peracetate [pəˈræsəteit] 过醋酸的盐或其衍生物

peracetic acid [ˌperəˈsetik] 过氧乙酸

peracid [pəˈræsid] 过酸,高酸

peracidity [ˌperəˈsiditi] 过酸性,高酸性

peracute [ˌperəˈkjuːt] (L. peracutus) 极急性的

Perandren [pəˈrændrən] 珀兰德伦:睾酮的商品名

per anum [pə ˈænəm] (L.) 经肛,由肛

perarticulation [ˌpəræˌtikjuˈleiʃən] (per- + L. articulatio joint) 动关节

peratodynia [ˌpərætəuˈdiniə] (Gr. peran to prierce + odyne pain) 胃气痛,心口痛

Perazil [ˈperəzil] 培兰瑞尔:盐酸氯环嗪的商品名

perborate [pɔːˈbɔureit] 过硼酸盐

percentile [pəˈsentail] (per cent + -ile by analog with quartile, quintile, etc) 百分率的,百分位的

percentual [pəˈsentʃuəl] 百分率的

percept [ˈpəːsept] 察觉对象

perception [pəˈsepʃən] (L. percipere to take in completely) 知觉
  depth p. 深度知觉
  extrasensory p. (ESP) 非感觉性知觉
  stereognostic p. 实体知觉

perceptive [pəˈseptiv] ❶知觉的;❷被知觉的

perceptivity [pəsepˈtiviti] 感知力

perceptorium [ˌpəsepˈtɔriəm] ❶感觉中枢;❷皮质感觉中枢

perchlorate [pəːˈklɔːreit] 高氯酸盐

perchloric acid [pəːˈklɔːrik] 高氯酸

perchloride [pəːˈklɔːraid] 高氯化合物

perchlormethane [ˌpəːklɔːˈmeθein] 高氯甲烷,四氯化碳

perchlormethylformate [ˌpəːklɔːˈmeθəlˈfɔːmeit] 双光气,聚光气

perchloroethylene [pəˌklɔːrəˈeθəliːn] 高氯乙烯,四氯乙烯

percipient [pəˈsipiənt] ❶知觉的;❷有知觉的个体

Percocet [ˈpəːkəuset] 波拷赛特:一种盐酸氧可酮和乙酰氨基苯的药剂商品名

percolate [ˈpəːkəuleit] (L. percolare) ❶渗滤;❷缓慢流经一物质;❸渗滤液

percolation [ˌpəːkəˈleiʃən] (L. percolatio) 渗滤法

percolator [ˈpəːkəˌleitə] 渗滤器

Percoll [ˈpəːkəl] 派可尔

percomorph [ˈpəːkəuˌmɔːf] 棘鳍类鱼类,棘鳍类的

per contiguum [pə kənˈtiguəm] (L.) ❶接触,相邻;❷边缘相互接触

per continuum [pə kənˈtinuəm] (L.) ❶连贯;❷连续,不停,不分离

Percorten [pəˈkɔːtən] 拍科登:去氧皮质酮 (desoxycorticosterone) 制剂的商品名

percuss [pəˈkʌs] (L. percutere) 叩

percussible [pəˈkʌsəbəl] 可叩知的

percussion [pəˈkʌʃən] (L. percussio) ❶叩诊;❷一种按摩法
  auscultatory p. 听叩诊
  bimanual p. 双后叩诊
  comparative p. 比较叩诊
  deep p. 重叩诊
  direct p. 直接叩诊
  drop p., drop stroke p. 落槌叩诊
  finger p. 指叩法
  fist p. 拳叩诊
  Goldscheider's p. 哥德施德氏叩诊
  immediate p. 直接叩诊法
  instrumental p. 器械叩诊
  Korányi's p. 科兰尼氏叩诊法
  Krönig's p. 克龙尼格尼叩诊
  Lerch's p. 勒切氏叩诊
  mediate p. 间接叩诊
  Murphy's p. 莫菲氏叩诊,四指叩诊
  palpatory p. 触叩诊
  paradoxical p. 反常叩响
  pencil p. 铅笔叩诊,肋间叩诊
  piano p. 四指叩诊
  Plesch's p. 普莱奇氏叩诊,肋间叩诊
  pleximetric p. 间接叩诊
  respiratory p. 呼吸叩诊
  slapping p. 拍叩诊
  strip p. 带条叩诊
  tangential p. 切成叩诊
  threshold p. 阈叩诊
  topographic p. 定界叩诊

percussor [pəˈkʌsə] 叩诊器

percutaneous [ˌpəkjuˈteɪnɪəs] (*per-* + L. *cutis*) 经皮的

per cutem [pə ˈkjuːtəm] (L.) 经皮肤

percuteur [ˌpəkjuˈtə:] (Fr.) 叩诊器

perencephaly [ˌperənˈsefəlɪ] (Gr. *pēra* pouch + *enkephalos* brain) 脑囊肿

perennial [pəˈrenɪəl] (L. *perennis* from *per* through + *annus* year) 多年生的

Pereyra procedure [pəˈrærə] (Armand Joseph *Pereyra*, American obstetrician and gynecologist, born 1904) 波莱洛氏程序

Pérez's sign [ˈpæreθs] (Jorjen (George) Victor *Pérez*, Spainish physician, 1851-1920) 派瑞兹氏征

perfectionism [pəˈfekʃənɪzəm] 至善主义

perfilcon A [pəˈfɪlkən] 波菲尔康 A

perflation [pəˈfleɪʃən] (L. *perflatio*) 吹气法，吹气外流法

perforans [ˈpefərænz] (pl. *perforantes*) (L.) 穿通的
  p. manus 指深屈肌

perforated [ˈpefəˌreɪtɪd] (L. *perforatus*) 穿孔的

perforation [ˌpefəˈreɪʃən] (L. *perforare* to pierce through) ❶穿孔，穿破；❷孔
  Bezold's p. 白佐尔德氏穿孔
  mechanical p. 机械性穿孔
  pathologic p. 病理性穿孔

perforator [ˈpefəˌreɪtə] 穿孔器

perforatorium [ˌpefərəˈtɔrɪəm] 顶体精子

performance [pəˈfɔːməns] 执行
  ventricular p. 心室供血作用

perfrication [ˌpəfrɪˈkeɪʃən] (L. *perfricare* to rub) 擦药法

perfrigeration [pəˌfrɪdʒəˈreɪʃən] (per- + L. *frigere* to be cold) 冻疮

perfringens [pəˈfrɪndʒənz] 产气荚膜杆菌

perfusate [pəˈfjuːzeɪt] 灌注液

perfuse [pəˈfjuːz] 灌注

perfusion [pəˈfjuːʒən] ❶灌注；❷灌注液
  isolation-p. 隔离灌注
  luxury p. 脑充血
  regional p. 区域灌注

perfusionist [pəˈfjuːʒənɪst] 灌注技师

pergolide mesylate [ˈpeɡəlaɪd ˈmesɪleɪt] 甲磺酸硫丙麦角林

perhexiline maleate [pəˈheksɪlɪn] 马来酸环己派啶，心舒宁，冠心宁

peri- (Gr. *peri* around) 周围，周

periacinal [ˌperɪˈæsɪnəl] (*peri-* + L. *acinus* berry) 腺泡周的

periacionous [ˌperɪˈæsɪnəs] 腺胞周的

Periactin [ˌperɪˈæktɪn] 普瑞爱克停：盐酸二苯环庚啶的商品名

periadenitis [ˌperɪˌædɪˈnaɪtɪs] (*peri-* + Gr. *adēn* gland + *-itis*) 腺周围炎
  p. mucosa necrotica recurrens 复发坏死性粘膜腺周炎

periadventitial [ˌperɪˌædvənˈtɪʃəl] 外膜周围的

perialienitis [ˌperɪˌælɪəˈnaɪtɪs] (*peri-* + L. *alienus* foreign + *-itis*) 异物周围炎

periampullary [ˌperɪˈæmpʊləri] 壶腹周围的

periamygdalitis [ˌperɪəˌmɪɡdəˈlaɪtɪs] 扁桃体周炎

perianal [ˌperɪˈeɪnəl] (*peri-* + L. *anus* anus) 肛周的

periangiitis [ˌperɪˌændʒɪˈaɪtɪs] (*peri-* + Gr. *angeion* vessel + *-itis*) 脉管周围炎

periangiocholitis [ˌperɪˌændʒɪəʊkəˈlaɪtɪs] 胆管周围炎

periangioma [ˌperɪˌændʒɪˈəʊmə] (*peri-* + *angi-* + *-oma*) 血管周围瘤

perianth [ˈperɪænθ] (*peri-* + Gr. *anthos* flower) 花被

periaortic [ˌperɪæˈɔːtɪk] 主动脉周的

periaortitis [ˌperɪˌæɔːˈtaɪtɪs] 主动脉周围炎

periapex [ˌperɪˈeɪpeks] 尖周

periapical [ˌperɪˈæpɪkəl] (*peri-* + L. *apex* tip) 尖周的

periappendicitis [ˌperɪæˌpendɪˈsaɪtɪs] (*peri-* + *appendix* + *-itis*) 阑尾周围炎
  p. decidualis 蜕膜阑尾周围炎

periappendicular [ˌperɪˌæpənˈdɪkjʊlə] 阑尾周围的

periapt [ˈperɪæpt] (Gr. *periapton* amulet) 祛病符

periaqueductal [ˌperɪˌækwɪˈdʌktəl] 排水管周围的

periarterial [ˌperɪɑːˈtɪərɪəl] 动脉周围的

periarteritis [ˌperɪˌɑːtəˈraɪtɪs] (*peri-* + Gr. *artēria* artery + *-itis*) 动脉周围炎，动脉外膜炎

p. gummosa 树胶肿性动脉外膜炎
p. nodosa 结节性多动脉炎
syphilitic p. 梅毒性动脉周围炎
periarthric [ˌperiˈɑːθrik] (*peri-* + Gr. *arthron* joint) 关节周的
periarthritis [ˌperiaːˈθritis] 关节周围炎
p. of shoulder 肩关节周围炎
periarticular [ˌperiaːˈtikulə] (*peri-* + L. *articulus* joint) 关节周的
periatrial [ˌperiˈætriəl] 心房周的
periauricular [ˌperiɔːˈrikulə] 耳廓周的
periaxial [ˌperiˈæksiəl] (*peri-* + Gr. *axōn* axis) 轴周的
periaxillary [ˌperiˈæksiˌləri] 腋窝周的
periaxonal [ˌperiˈæksənəl] (*peri-* + *axōn*) 轴突周的
periblast [ˈperiblæst] (peri- + Gr. *blastos* germ) 胚周区, 胚周层
periblepsis [ˌperiˈblepsis] (*peri-* + Gr. *blepsis* looking) 凝视症
peribronchial [ˌperiˈbrɔŋkiəl] 支气管周的
peribronchiolar [ˌperibrɔŋˈkiələ] 细支气管周的
peribronchiolitis [ˌperiˌbrɔŋkiəˈlitis] 细支气管周围炎
peribronchitis [ˌperibrɔŋˈkitis] 支气管周围炎
peribulbar [ˌperiˈbulbə] 眼球周的
peribursal [ˌperiˈbəːsəl] 粘液囊周的
pericaecitis [ˌperisiˈsaitis] 盲肠周炎
pericaliceal [ˌperiˌkæliˈsiəl] 肾盏周的
pericallosal [ˌperikəˈlɔsəl] 胼胝体周的
pericalyceal [ˌperiˌkæliˈsiəl] 肾盏周的
pericanalicular [ˌperiˌkænəˈlikulə] 小管周的
pericapillary [ˌperiˈkæpiˌləri] 毛细管周的
pericapsular [ˌperiˈkæpsulə] 囊周的, 关节囊周的
pericardectomy [ˌperikɑːˈdektəmi] 心包切除术
pericardial [ˌperiˈkɑːdiəl] 心包的
pericardicentesis [ˌperiˌkɑːdisənˈtesis] 心包穿刺放液术
pericardiectomy [ˌperiˌkɑːdiˈektəmi] (*pericardium* + *-ectomy*) 心包切除术
pericardiocentesis [ˌperiˌkɑːdiəusənˈtesis] (*pericardium* + *-centesis*) 心包刺穿放液术

pericardiolysis [ˌperiˌkɑːdiˈɔulisis] (*pericardium* + *-lysis*) 心包松解术
pericardiomediastinitis [ˌperiˌkɑːdiəuˌmediæstiˈnaitis] (*pericardium* + *mediastinitis*) 心包纵隔炎
pericardiophrenic [ˌperiˌkɑːdiəuˈfrenik] 心包膈的
pericardiopleural [ˌperiˌkɑːdiəuˈpluːrəl] 心包胸膜的
pericardiorrhaphy [ˌperiˌkɑːdiˈɔːrəfi] (*pericardium* + *-rrhaphy*) 心包缝合术
pericardiostomy [ˌperiˌkɑːdiˈɔstəmi] (*pericardium* + *-ostomy*) 心包造口术
pericardiosymphysis [ˌperiˌkɑːdiəuˈsimfisis] (Gr. *symphysis* adhesion) 心包粘连
pericardiotomy [ˌperiˌkɑːdiˈɔtəmi] (*pericardium* + *-tomy*) 心包切开术
pericarditic [ˌperikɑːˈditik] 心包炎的
pericarditis [ˌperikɑːˈditis] (*pericardium* + *-itis*) 心包炎
  acute benign p. 急性良性心包炎
  acute idiopathic p., acute nonspecific p. 急性良性心包炎
  adhesive p. 粘连性心包炎
  amebic p. 阿米巴性心包炎
  bacterial p. 细菌性心包性
  bread-and-butter p. 奶油面包状心包炎, 纤维蛋白性心包炎
  carcinomatous p. 癌性心包炎
  cholesterol p. 胆固醇性心包炎
  chronic constrictive p., constrictive p. 慢性缩窄性心包炎, 缩窄性心包炎
  dry p. 干性心包炎
  p. with effusion 渗出性心包炎
  effusive constrictive p. 渗液缩窄性心包炎
  external p. 外层心包炎
  fibrinous p., fibrous p. 纤维蛋白性心包炎, 纤维性心包炎
  fungal p. 真菌性心包炎
  hemorrhagic p. 出血性心包炎
  idiopathic p. 特发性心包炎
  localized p. 局限性心包炎
  neoplastic p. 肿瘤性心包炎
  p. obliterans, obliterating p. 心包闭塞, 闭塞性心包炎
  postcardiotomy p. 心脏切开术后心包炎

postinfarction p. 梗塞后心包炎
post-irradiation p. 放射后心包炎
purulent p. 化脓性心包炎
radiation p. 放射后心包炎
rheumatic p. 风湿性心包炎
serofibrinous p. 浆液纤维蛋白性心包炎
serous p. 浆液性心包炎
p. sicca 干性心包炎
suppurative p. 化脓性心包炎
traumatic p. 创伤性心包炎
tuberculous p. 结核性心包炎
uremic p. 尿毒性心包炎
viral p. 病毒性心包炎
pericardium [ˌperiˈkɑːdiəm] (L. *peri-* + Gr. *kardia* heart) (NA) ❶心包; ❷心包窦道
  adherent p. 粘连性心包
  bread-and-butter p. 黄油面包状心包, 纤维蛋白性心包
  calcified p. 钙化性心包
  p. fibrosum (NA), **fibrous p.** 心包纤维层(壁层)
  parietal p. 心包壁层
  p. serosum (NA), **serous p.** 心包浆膜层
  shaggy p. 粗糙心包
  visceral p. 心包脏层
pericardotomy [ˌperikɑːˈdɔtəmi] 心包切开术
pericarp [ˈperiˌkɑːp] (*peri-* + Gr. *karpos* fruit) 果皮
pericaryon [ˌperiˈkæriɔn] 核周体
pericecal [ˌperiˈsekəl] 盲肠周围的
pericecitis [ˌperisəˈsitis] 盲肠周围炎
pericellular [ˌperiˈseluləˌ] (*peri-* + L. *cellula* cell) 细胞周围的
pericemental [ˌperiseˈmentəl] 牙周膜的, 牙周韧带的
pericementitis [ˌperiˌsemenˈtaitis] 牙周膜炎
  apical p. 牙根尖牙周膜炎
  chronic suppurative p. 慢性化脓性牙周膜炎
pericementoclasia [ˌperisiˌmentəuˈkleisiə] (Gr. *klasis* breaking) 牙周膜溃坏
pericementum [ˌperiseˈmentəm] (*peri-* + L. *caementum* cement) 牙周膜
pericentral [ˌperiˈsentrəl] 中枢周围的

pericentriolar [ˌperiˌsentriˈɔlə] 中心粒周围的
pericephalic [ˌperisəˈfælik] 头周的
perichareia [ˌperikəˈriːə] (Gr. "very glad") 狂欢症
pericholangitis [ˌperikəulænˈdʒaitis] (*peri-* + Gr. *cholē* bile + *angeion* vessel + *-itis*) 胆管周围炎
pericholecystitis [ˌperiˌkəuləsisˈtaitis] 胆囊周围炎
  gaseous p. 气肿性胆囊炎
perichondrial [ˌperiˈkɔndriəl] 软骨膜的
perichondritis [ˌperikɔnˈdraitis] 软骨膜炎
perichondrium [ˌperiˈkɔndriəm] (*peri-* + Gr. *chondros* cartilage) (NA) 软骨膜
perichondroma [ˌperikɔnˈdrəumə] (*perichondrium* + *-oma*) 软骨膜瘤
perichord [ˈperikɔːd] 脊索膜
perichordal [ˌperiˈkɔːdəl] (*peri-* + Gr. *chordē* cord) 脊索膜的
perichorioidal [ˌperiˌkɔriˈɔidəl] 脉络膜周的, 脉络膜外的
perichrome [ˈperikrəum] (*peri-* + Gr. *chroma* color) 周染细胞
Periclor [ˈperiklɔː] 派瑞可洛: 季戊四醇四氯醛 (petrichloral) 制剂的商品名
pericolic [ˌperiˈkɔlik] 结肠周的
pericolitis [ˌperikɔˈlaitis] (*peri-* + Gr. *kolon* colon + *-itis*) 结肠周围炎
  p. dextra 升结肠周围炎
  membranous p. 膜性结肠周围炎
  p. sinistra 降结肠周围炎
pericolonitis [ˌperiˌkɔləˈnaitis] 结肠周围炎
pericolpitis [ˌperikɔlˈpaitis] (*peri-* + Gr. *kolpos* vagina + *-itis*) 阴道周围炎
periconchal [ˌperiˈkɔŋkəl] (*peri-* + Gr. *konchē* a shell-like cavity) 耳甲周的
periconchitis [ˌperikɔŋˈkaitis] (*peri-* + Gr. *konchē* a shell-like cavity + *-itis*) 耳甲周炎
pericorneal [ˌperiˈkɔːniəl] 眼角膜周的
pericoronal [ˌperikəˈrəunəl] 牙冠周的
pericoronitis [ˌperiˌkɔrəˈnaitis] (*peri-* + L. *corona* crown + *-itis*) 牙冠周围炎
pericoxitis [ˌperikɔkˈsaitis] 髋关节周围炎
pericranial [ˌperiˈkræniəl] 颅骨膜的
pericranitis [ˌperikræˈnaitis] 颅骨膜炎
pericranium [ˌperiˈkræniəm] (*peri-* +

Gr. *kranion* cranium) (NA) 颅骨膜

pericycle [ˌperiˈsikl] (*peri-* + Gr. *kyklos* circle) 中柱鞘

pericystic [ˌperiˈsistik] ❶膀胱周的；❷囊周的

pericystitis [ˌperisisˈtitis] (*peri-* + Gr. *kystis* bladder + *-itis*) 膀胱周围炎

pericystium [ˌperiˈsistiəm] 囊周膜

pericyte [ˈperisit] (*peri-* + Gr. *kytos* hollow vessel) 外膜细胞，外皮细胞，周皮细胞

pericytial [ˌperiˈsitiəl] 细胞周的

pericytoma [ˌperisiˈtəmə] 周皮细胞瘤，外皮细胞瘤

peridectomy [ˌperiˈdektəmi] 球结膜环状切除术

perideferentitis [ˌperiˌdefərənˈtitis] 输精管周围炎

peridendritic [ˌperidənˈdritik] 树状突周的

peridens [ˈperidəns] 牙周牙

peridental [ˌperiˈdentl] 牙周的，牙周膜的

peridentoclasia [ˌperiˌdentəuˈkleisiə] 牙周组织溃坏

periderm [ˈperidəːm] (*peri-* + Gr. *derma* skin) ❶胎儿表皮；❷角皮（甲上皮和甲床）

peridermal [ˌperiˈdəːməl] ❶皮上层的；❷表皮的

peridesmic [ˌperiˈdezmik] ❶韧带膜的；❷韧带周的

peridesmitis [ˌperidezˈmitis] 韧带膜炎

peridesmium [ˌperiˈdezmiəm] (*peri-* + Gr. *desmion* band) 韧带膜

Peridex [ˈperideks] 派瑞待可斯：氯苯孤亭葡萄糖药剂的商品名

peridia [pəˈridiə] (pl) 包被。*peridium* 的复数形式

peridiastole [ˌperidaiˈæstəli] ❶心舒张前期的；❷心舒张前期

perididymis [ˌperiˈdidimis] (*peri-* + Gr. *didymos* testicle) 睾丸鞘膜

perididymitis [ˌperiˌdidiˈmitis] 睾丸鞘膜炎

peridium [pəˈridiəm] (pl. *peridia*) (Gr. *pēridion* small leather bag or wallet) 包被

peridiverticulitis [ˌperiˌdivəːˌtikuˈlaitis] 憩室周围炎

peridontium [ˌperiˈdɔnʃiəm] 牙周组织

periductal [ˌperiˈdʌktəl] 导管周的

periductile [ˌperiˈdʌktail] 导管周的

periduodenitis [ˌperiˌduədəˈnitis] 十二指肠周围炎

peridural [ˌperiˈdjurəl] 硬膜外的，硬膜外的

peridurogram [ˌperiˈdjurəugræm] 硬膜外造影相片

peridurography [ˌperidjuˈrɔgrəfi] (*peri-* + *dura* + Gr. *graphein* to write) 硬膜外造影术

periencephalitis [ˌperiənˌsefəˈlaitis] (*peri-* + *encephalitis*) 脑表层炎

periencephalography [ˌperiənˌsefəˈlɔgrəfi] 脑膜造影术

periencephalomeningitis [ˌperienˌsefəlauˌmeninˈdʒaitis] 脑皮质脑膜炎

periendothelioma [ˌperiˌendəuθiːliˈəumə] 周皮内皮瘤

perienteric [ˌperiənˈterik] 肠周的

perienteritis [ˌperiˌentəˈraitis] (*peri-* + Gr. *enteron* intestine + *-itis*) 肠周围炎

perienteron [ˌperiˈentərən] (*peri-* + Gr. *enteron* intestine) 肠周腔

periependymal [ˌperiepˈendəməl] 室管膜周的

periepithelioma [ˌperiˌepiθiliˈəumə] 周上皮瘤

periesophageal [ˌperiəˈsɔfədʒiəl] 食管周的

periesophagitis [ˌperiəˌsɔfəˈdʒitis] 食管周炎

perifascicular [ˌperifəˈsikjulə] 束周的

perifistular [ˌperiˈfistjulə] 瘘管周的

perifocal [ˌperiˈfəukəl] 病灶周的

perifollicular [ˌperifəuˈlikjulə] 滤泡周的

perifolliculitis [ˌperifəuˌlikjuˈlaitis] 毛囊周围炎

    p. captis abscedens et suffodiens 穿掘脓肿性头部毛囊周围炎

    superficial pustular p. 浅表性脓疱性毛囊周围炎

perigangliitis [ˌperiˌgæŋgliˈaitis] 神经节围炎

periganglionic [ˌperiˌgæŋgliˈɔnik] 神经节周的

perigastric [ˌperiˈgæstrik] 胃周的，胃浆膜

层的
perigastritis [ˌperigæs'traitis] (peri- + Gr. *gastēr* stomach + *-itis*) 胃周围炎
perigemmal [ˌperi'dʒeməl] 味蕾周的,芽周的
periglandular [ˌperi'glændjulə] 腺周的
periglandulitis [ˌperiˌglændju'laitis] 腺周围炎
periglial [ˌperi'gliəl] 神经胶质细胞周的
periglossitis [ˌperigləu'sitis] 舌周围炎
periglottic [ˌperi'glɔtik] 舌周的
periglottis [ˌperi'glɔtis] (peri- + Gr. *glōtta* tongue) 舌粘膜
perigraft [ˌperi'græft] 移植物周围的
perihepatic [ˌperəhə'pætik] (peri- + Gr. *hēpar* liver) 肝周的
perihepatitis [ˌperəˌhepə'taitis] (peri- + Gr. *hēpar* liver + *-itis*) 肝周围炎
 p. chronica hyperplastica 慢性增生性肝周围炎,糖衣肝
 gonococcal p. 淋球菌性肝周围炎
perihernial [ˌperə'hə:niəl] 疝周的
perihilar [ˌperə'hilə] 门周的
perihysteric [ˌperihis'terik] (peri- + Gr. *hystera* uterus) 子宫周的
peri-insular [ˌperi'insjulə] 岛周的
peri-islet [ˌperə'ilət] 胰岛周围的
perijejunitis [ˌperiˌdʒedʒu'naitis] 空肠周围炎
perikarya [ˌperi'kæriə] 核周体。perikaryon 的复数形式
perikaryon [ˌperi'kæriɔn] (peri- + Gr. *karyon* nucleus) 核周体
perikeratic [ˌperikə'rætik] 角膜周的
perikyma [ˌperi'kimə] (pl. *perikymata*) 釉面横纹
perikymata [ˌperi'kimətə] (peri- + Gr. *kyma* wave) 釉面横纹
perilabyrinth [ˌperi'læbirinθ] 迷路周组织
perilabyrinthitis [ˌperiˌlæbirin'θaitis] 耳迷路周围组织炎
perilaryngeal [ˌperilə'rindʒiəl] 喉周的
perilaryngitis [ˌperiˌlærin'dʒaitis] 喉周围炎
perilenticular [ˌperilen'tikjulə] 晶状体周的
perilesional [ˌperi'leʒənəl] 病灶周的
periligamentous [ˌperiˌligə'mentəs] 韧带周的
perilobar [ˌperi'ləubə] 叶周的
perilobulitis [ˌperiləubju'laitis] 肺小叶周围炎
perilymph ['perilimf] (peri- + L. *lympha* lymph) 新淋巴
perilympha [ˌperi'limfə] (NA) 外淋巴
perilymphadenitis [ˌperiˌlimfədə'naitis] 淋巴结周围炎
perilymphangeal [ˌperilim'fændʒiəl] 淋巴管周的
perilymphangitis [ˌperiˌlimfən'dʒaitis] 淋巴管周围炎
perilymphatic [ˌperilim'fætik] ❶外淋巴的;❷淋巴管周的
perimastitis [ˌperimæs'titis] (peri- + Gr. *mastos* breast + *-itis*) 乳腺周围炎
perimedullary [ˌperi'medjuləri] 髓周的
perimeningitis [ˌperiˌmenin'dʒaitis] (peri- + Gr. *mēninx* membrane + *-itis*) 硬脑膜炎
perimeter [pə'rimətə] (peri- + *-meter*) ❶周,周边,周界线,周长;❷视野计
 dental p. 牙周计
perimetric [ˌperi'metrik] ❶视野计的;❷子宫周的;❸子宫外膜的
perimetritic [ˌperimə'tritik] 子宫外膜炎的
perimetritis [ˌperimə'tritis] (peri- + Gr. *mētra* uterus + *-itis*) 子宫外膜炎,子宫浆膜炎
perimetrium [ˌperi'metriəm] (peri- + Gr. *mētra* uterus) 子宫外膜
perimetrosalpingitis [ˌperiˌmetrəuˌsælpin'dʒaitis] 子宫输卵管周围炎
 encapsulating p. 包围性子宫输卵管周围炎
perimetry [pə'rimətri] (peri- + *metry*) 视野检查法
perimolysis [ˌperi'mɔlisis] (*perimylolysis* 的缩写) 牙冠硬组织破坏
perimyelis [ˌperi'miəlis] (peri- + Gr. *myelos* marrow) 髓周膜,骨内膜
perimyelitis [ˌperimiə'laitis] ❶骨内膜炎;❷脊髓膜炎
perimyelography [ˌperimiə'lɔgrəfi] (peri- + Gr. *myelos* marrow + *graphein* to record) 脊髓周造影术

perimylolysis [ˌperimi'lɔlisis] (*peri-* + Gr. *mylos* molar + *lysis*) 牙冠硬组织破坏

perimyocarditis [ˌperiˌmiəuka:'ditis] (*peri-* + *myocarditis*) 心包心肌炎

perimyoendocarditis [ˌperiˌmiəuˌendəuka:'ditis] 心包心肌心内膜炎, 全心炎

perimyositis [ˌperiˌmiəu'sitis] 肌周围炎

perimysia [ˌperi'misiə] 肌束膜。*perimysium* 的复数形式

perimysial [ˌperi'misiəl] 肌束膜的

perimysiitis [ˌperiˌmisi'itis] 肌束膜炎, 肌纤维鞘炎

perimysitis [ˌperimi'sitis] 肌束膜炎, 肌纤维鞘炎

perimysium [ˌperi'misiəm] (pl. *perimysia*) (*peri-* + Gr. *mys* muscle) (NA) 肌束膜
　external p., p. externum 外肌束膜
　internal p., p. internum 内肌束膜

perinatal [ˌperi'neitəl] (*peri-* + L. *natus* born) 围产期, 产期的

perinatologist [ˌperinei'tɔlədʒist] 围产学家

perinatology [ˌperinei'tɔlədʒi] (*perinatal* + *-logy*) 围产学

perineal [ˌperi'niəl] 会阴的

perineauxesis [ˌperiniɔ:k'si:sis] 阴道会阴缝术

perineocele [ˌperi'niəusi:l] (*perineum* + *-cele*) 会阴疝

perineometer [ˌperinə'ɔmətə] 会阴收缩力计

perineoplasty [ˌperi'niəuˌplæsti] (*perineum* + Gr. *plassein* to shape) 会阴成形术

perineorrhaphy [ˌperinə'ɔrəfi] (*perineum* + Gr. *rhaphē* suture) 会阴缝合术

perineoscrotal [ˌperiˌniəu'skrɔtəl] 会阴阴囊的

perineostomy [ˌperini'ɔstəmi] 会阴尿道造口术

perineosynthesis [ˌperiˌniəu'sinθisis] (*perineum* + Gr. *synthesis* a placing together) 会阴修补术

perineotomy [ˌperinə'ɔtəmi] (*perineum* + Gr. *temnein* to cut) 会阴切开术

perineovaginal [ˌperiˌniəu'vædʒinəl] 会阴阴道的

perineovaginorectal [ˌperiˌniəuˌvædʒinəu'rektəl] 会阴阴道直肠的

perineovulvar [ˌperiˌniəu'vʌlvə] 会阴外阴的

perinephrial [ˌperi'nefriəl] 肾外膜的

perinephric [ˌperi'nefrik] 肾周的

perinephritic [ˌperinə'fritik] 肾周围炎的

perinephritis [ˌperinə'fritis] (*peri-* + Gr. *nephros* kidney + *-itis*) 肾周围炎

perinephrium [ˌperi'nefriəm] (*peri-* + Gr. *nephros* kidney) 肾外膜

perineum [ˌperi'ni:əm] (Gr. *perineos* the shape between the anus and scrotum) 会阴

perineural [ˌperi'njurəl] 神经周的

perineurial [ˌperi'njuriəl] 神经束膜的

perineuritic [ˌperinju'ritik] 神经束膜炎的

perineuritis [ˌperinju'ritis] 神经束膜炎

perineurium [ˌperi'njuriəm] (*peri-* + Gr. *neuron* nerve) (NA) 神经束膜

perinuclear [ˌperi'nju:kliə] 核周的

periocular [ˌperi'ɔkjulə] 眼周的

period ['piəriəd] (Gr. *periodos* a going around, circuit, period) 期, 时期, 期间
　absolute refractory p. 绝对不应期
　child-bearing p. 生育期
　ejection p. 射血期
　G_1. p. G_1 期
　G_2. p. G_2 期
　gestational p. 妊娠期
　half-life p. 半衰期
　incubation ①孵育期；②潜伏期；③媒介潜伏期
　isoelectric p. 等电位期
　isometric p. 等长期
　isovolumetric p., isovolumic p. 等容等长期, 等容期
　p. of isovolumic contraction 等容收缩期
　p. of isovolumic relaxation 等容舒张期
　lag p. 迟滞期
　latency p. 潜伏期
　latent p. ①潜伏期；②孵育, 保温；③潜伏, 隐伏
　M p. 有丝分裂期
　menstrual p., monthly p. 月经期
　pacemaker refractory p. 起搏器不应期

preejection p. (PEP) 心室射血前期
prefunctional p. 机能前期
prodromal p. 前驱期
quarantine p. 检疫期,留检期
p. of rapid ventricular filling 快速心室充盈期
reaction p. 反应期
p. of reduced ventricular filling 减缓心室充盈期
refractory p. 不应期
relative refractory p. 相对不应期
S p. DNA 期
safe p. 安全期
silent p. 静止期,和缓期
sphygmic p. 射血期
p. of ventricular filling 心室充盈期
Wenckebach p. 文克巴赫期
periodate [pe'riəudeit] 过碘酸盐
periodic ['piri'ɔdik] (Gr. *periodikos*) 周期性的
periodic acid [ˌpiri'ɔdic] 高碘酸
periodicity [ˌpi:riəu'disiti] 周期性
　filarial p. 丝虫周期性
　lunar p. 月周期性
　malarial p. 疟疾周期性
periodontal [ˌpiriəu'dəntəl] (*peri-* + Gr. *odous* tooth) ❶牙周的;❷牙槽骨膜的
periodontia [ˌpiriəu'dɔnʃiə] ❶牙周组织,牙槽骨膜;❷牙周病学。*periodontium* 的复数形式
periodontics [ˌperiəu'dɔntiks] (*peri-* + Gr. *odous* tooth) 牙周病学
periodontist [ˌpiriəu'dɔntist] 牙周病学家
periodontitis [ˌpiriəudən'titis] (*peri-* + *odont-* + *-itis*) 牙周炎
　adult p. 成人牙周炎
　apical p. 根尖牙周围炎
　chronic apical p. 慢性根尖牙周围炎
　juvenile p. 少年牙周炎
　marginal p. 边缘性牙周炎
　prepubertal p. 青春期前牙周炎
　rapidly progressive p. 迅速进展性牙周炎
　simple p., **p. simplex** 单纯性牙周围炎
periodontium [ˌpiriəu'dɔnʃiəm] (pl. *periodontia*) (*peri-* + Gr. *odous* tooth) ❶牙周组织,牙槽骨膜;❷(NA) 牙周韧带
　p. insertionis (NA) 插入性牙周组织

　p. protectoris (NA) 保护性牙周组织
periodontology [ˌpiriəudən'tɔlədʒi] (*peri-* + *odont-* + *-logy*) 牙周病学
periodontopathy [ˌperiəudən'tɔpəθi] 牙周病
periodontosis [ˌpiriəudən'təusis] 少年牙周炎
periodoscope [ˌpiəri'ɔdəuskəup] (*peri-* + Gr. *odos* way + *skopein* to view) 分娩日期计算表
periomphalic [ˌperiəm'fælik] (*peri-* + Gr. *omphalos* navel) 脐周的
perionychia [ˌpiriəu'nikiə] 甲周炎,甲周脓炎
perionychium [ˌpiriəu'nikiəm] (*peri-* + Gr. *onyx* nail) 甲周表皮,甲周皮
perionyx [ˌpiri'əuniks] (*peri-* + Gr. *onyx* nail) 指甲上皮残遗
perioophoritis [ˌpiriəuˌɔfə'ritis] (*peri-* + Gr. *ōon* egg + *pherein* to bear + *-itis*) 卵巢周围炎
perioophorosalpingitis [ˌperiəuˌɔfərəuˌsælpin'dʒitis] (*peri-* + Gr. *ōon* egg + *pherein* to bear + *salpinx* tube + *-itis*) 卵巢输卵管周围炎
perioothecitis [ˌpiriəuˌɔθə'saitis] 卵巢周围炎
perioperative [ˌpiri'ɔpərətiv] 手术期间的
periophthalmia [ˌperiɔf'θælmiə] 眼周围炎
periophthalmic [ˌperiɔf'θælmik] 眼周的
periophthalmitis [ˌpiriˌɔfθəl'maitis] (*peri-* + *ophthalmitis*) 眼周围炎
periople ['peri.əupəl] (*peri-* + Gr. *hoplē* hoof) 蹄外膜
perioptometry [ˌperiɔp'tɔmitri] (*peri-* + Gr. *optos* visible + *metron* measure) 视野检查法
perioral [ˌperi'ɔ:rəl] (*peri-* + L. *os* mouth) 口周的
periorbit [ˌperi'ɔ:bit] 眶骨膜
periorbita [ˌperi'ɔ:bitə] (*peri-* + L. *orbita* orbit) (NA) 眶骨膜
periorbital [peri'ɔ:bitəl] 眶周的,眼窝的
periorbititis [ˌperiˌɔ:bi'taitis] 眶骨膜炎
periorchitis [ˌperiɔ:'kaitis] (*peri-* + L. *orchis* testis + *-itis*) 睾丸鞘膜炎
　p. adhaesiva 粘连性睾丸鞘膜炎
　p. purulenta 化脓性睾丸鞘膜炎

periorchium [ˌperiˈɔːkiəm] 睾丸鞘膜
periost [ˈperiɔst] 骨膜
periosteal [ˌperiˈɔstiəl] 骨膜的
periosteitis [ˌperiɔstiˈaitis] 骨膜炎
periosteodema [ˌperiˌɔstiəuˈdiːmə] 骨膜水肿
periosteoedema [ˌperiˌɔstiəuəˈdemə] 骨膜水肿
periosteoma [ˌperiɔstiˈəumə] 骨膜瘤
periosteomedullitis [ˌperiˌɔstiəuˌmeduˈlitis] 骨膜骨髓炎,全骨炎
periosteomyelitis [ˌperiˌɔstiəumiəˈlaitis] (peri- + Gr. osteon bone + myelos marrow + -itis) 骨膜骨髓炎
periosteophyte [ˌperiˈɔstiəuˌfait] (periosteum + Gr. phyton growth) 骨膜骨赘
periosteorrhaphy [ˌperiɔstiˈɔrəfi] 骨膜缝术
periosteosis [ˌperiɔstiˈəusis] 骨膜骨赘形成
periosteotome [ˌperiˈɔstiəutəum] 骨膜刀
periosteotomy [ˌperiɔstiˈɔtəmi] (peri- + Gr. osteon bone + tomē a cutting) 骨膜切开术
periosteous [ˌperiˈɔstiəs] 骨膜的
periosteum [ˌperiˈɔstiəm] (peri- + Gr. osteon bone) (NA) 骨膜
  alveolar p., p. alveolare 牙槽骨膜
periostitis [ˌperiɔsˈtaitis] 骨膜炎
  p. albuminosa, albuminous p. 蛋白性骨膜炎
  diffuse p. 弥漫性骨膜炎
  hemorrhagic p. 出血性骨膜炎
  p. hyperplastica 增生性骨膜炎
  p. interna cranii 颅内骨膜炎,硬脑膜外层炎
  precocious p. 早发性骨膜炎
periostoma [ˌperiɔsˈtəumə] 骨膜瘤
periostomedullitis [ˌperiˌɔstəuˌmeduˈlaitis] 骨膜骨髓炎
periostosis [ˌperiɔsˈtəusis] 骨膜骨赘形成
  hyperplastic p. 肥大性骨膜骨赘形成
periostosteitis [ˌperiˌɔsˌtɔstəˈaitis] 骨膜炎
periostotome [ˌperiˈɔstətəum] 骨膜刀
periostotomy [ˌperiɔsˈtɔtəmi] 骨膜切开术
periotic [ˌperiˈɔtik] (peri- + Gr. ous ear) ❶耳周的;❷耳周骨

periovaritis [ˌperiˌəuvəˈraitis] 卵巢周围炎
periovular [ˌperiˈɔvjuːlə] 卵周的
peripachymeningitis [ˌperiˌpækiˌmeninˈdʒaitis] (peri- + Gr. pachys thick + mininx membrane) 硬脑膜外周炎
peripancreatic [ˌperiˌpæŋkriəˈætik] 胰腺周围的
peripancreatitis [ˌperiˌpæŋkriəˈtaitis] (peri- + Gr. pankreas pancreas + -itis) 胰腺周围炎
peripapillary [ˌperiˈpæpiˌləri] 视乳头周围的
peripartum [ˌperiˈpɑːtəm] 围产期
peripatellar [ˌperipəˈtelə] 髌骨周围,膝盖
peripatetic [ˌperipəˈtetik] (Gr. peripatētikose given to walking about while teaching or disputing) 游走的
peripenial [ˌperiˈpiːniəl] 阴茎周围的
periphacitis [ˌperifəˈsaitis] (peri- + phac- + -itis) 晶状体囊炎
periphakitis [ˌperifəˈkaitis] 晶状体囊炎
peripharyngeal [ˌperifəˈrindʒiəl] 咽周的
peripherad [pəˈrifərəd] 向外周
peripheral [pəˈrifərəl] 外周的
peripheralis [pəˌrifəˈrælis] (L., from Gr. peripherein to carry around) (NA) 中心外的
peripheraphose [pəˈrifərəfəus] (periphery + aphase) 外周性影幻视
peripheric [ˌperiˈferik] 外周的,周围的,末梢的
periphericus [ˌperiˈferikəs] (L., from Gr. peripherein to carry around) 周围的
peripherocentral [pəˌrifərəuˈsentrəl] 外周中枢性的,外周及中枢的
peripherophose [pəˈrifərəfəus] (periphery + phose) 外周性光幻视
periphery [pəˈrifəri] (Gr. periphereia from peri around + pherein to bear) 外周部,周围部
periphlebitic [ˌpəriflə'bitik] 静脉周围炎的
periphlebitis [ˌperifləˈbaitis] (peri- + Gr. phleps vein + -itis) 静脉周围炎
  sclerosing p. 硬化性静脉周围炎
periphoria [ˌperiˈfɔriə] (peri- + -phoria) 旋转隐斜视
periphrenitis [ˌperifrəˈnaitis] (peri- +

Gr. *phrēn* diaphragm + *-itis*) 横隔膜周围炎

Periplaneta [ˌperiplə'ni:tə] (Gr. *periplanasthai* to wander about) 油虫属,大蠊属
P. **americana** 美洲大蠊属
P. **anstralasiae** 澳州大蠊属

periplasm ['periplæzəm] (*peri-* + Gr. *plasm* something molded) 周质,胞质

periplasmic [ˌperi'plæsmik] 周质的,胞质的

peripleural [ˌperi'pluərəl] 胸膜周的

peripleuritis [ˌperipluə'raitis] (*peri-* + *pleura* + *-itis*) 胸膜周围炎

periplocin [ˌperi'pləsin] 杠柳甙,萝艾藦甙

periplocymarin [ˌperiplə'saimərin] 杠柳苦甙,萝藦苦甙

periplogenin [ˌperi'plədʒinin] 杠柳甙配基

peripneumonia [ˌperinju:'məuniə] (*peri-* + Gr. *pneumōn* lung + *-ia*) 胸膜肺炎,肺胸膜炎
p. **notha** 类肺炎

peripneumonitis [ˌperiˌnju:məu'naitis] 胸膜肺炎,肺胸膜炎

peripolar [ˌperi'pəulə] 极周的

peripolesis [ˌperipə'li:sis] (Gr. *peripolēsis* a going about) 周边运动

periporitis [ˌperipə'raitis] 汗腺孔周围炎

periportal [ˌperi'pɔtəl] 门静脉周的

periproctic [ˌperi'prɔktik] (*peri-* + Gr. *prōktos* anus) 直肠周的

periproctitis [ˌperiprɔk'taitis] (*peri-* + Gr. *prōktos* anus + *-itis*) 直肠周围炎

periprostatic [ˌperiprɔs'tætik] 前列腺周的

periprostatitis [ˌperiˌprɔstə'taitis] 前列腺周围炎

peripyema [ˌperipai'i:mə] 牙周脓溢

peripylephlebitis [ˌperiˌpailəflə'baitis] (*pe-ri-* + Gr. *pylē* gate + *phleps* vein + *-itis*) 门静脉周围炎

peripylic [ˌperi'pilik] 门静脉周的

peripyloric [ˌperipai'lɔrik] 幽门周的

periradicular [ˌperirə'dikjulə] 根周的

perirectal [ˌperi'rektəl] 直肠周的

perirectitis [ˌperirek'taitis] 直肠周围炎

perirenal [ˌperi'ri:nəl] (*peri-* + L. *ren* kidney) 肾周的

perirhinal [ˌperi'rainəl] (*peri-* + Gr. *rhis* nose) 鼻周的

perirhizoclasia [ˌperiˌrizəu'kleiziə] (*peri-* + Gr. *rhiza* root + *klasis* destruction) 牙根周溃坏

perisalpingitis [ˌperiˌsælpin'dʒaitis] (*peri-* + Gr. *salpinx* tube + *-itis*) 输卵管腹膜炎

perisalpingo-ovaritis [ˌperiˌsælˌpiŋgəuˌəuvə'raitis] 输卵管卵巢周围炎

perisalpinx [ˌperi'sælpiŋks] 输卵管腹膜

perisclerium [ˌperi'skliriəm] (*peri-* + Gr. *sklēros* hard) 骨化软骨膜

periscopic [ˌperi'skɔpik] (*peri-* + Gr. *skopein* to examine) 周视的

perisigmoiditis [ˌperiˌsigmɔi'daitis] 乙状结肠周围炎

perisinuous [ˌperi'sinjuəs] 窦周围的

perisinusitis [ˌperiˌsainəs'aitis] 窦周围炎

perispermatitis [ˌperiˌspə:mə'taitis] 精索周围组织炎
p. **serosa** 浆液性精索周围炎

perisplanchnic [ˌperi'splæŋknik] (*peri-* + Gr. *splanchnon* viscus) 内脏周的

perisplanchnitis [ˌperisplæŋk'naitis] 内脏周围炎

perisplenic [peri'splenik] 脾周的

perisplenitis [ˌperisplə'naitis] (*peri-* + Gr. *splēn* spleen + *-itis*) 脾周围炎
p. **cartilaginea** 软骨性脾周围炎

perispondylic [ˌperispɔn'dilik] 脊椎周的

perispondylitis [ˌperisˌpɔndi'laitis] (*peri-* + Gr. *spondylos* vertebra + *-itis*) 脊椎周围的
Gibney's p. 脊椎周围炎

Perisporiaceae [ˌperiˌspɔri'æsii:] 暗绒菌科

Perissodactyla [pəˌrisəu'dæktilə] (Gr. *perissos* odd + *daktylos* finger) 奇蹄目

perissodactylous [pəˌrisəu'dæktiləs] 奇指(趾)的

peristalsis [ˌperi'stælsis] (*peri-* + Gr. *stalsis* contraction) 蠕动
mass p. 总蠕动,集体蠕动
retrograde p. 逆蠕动
reversed p. 逆蠕动

peristaltic [ˌperi'stæltik] 蠕动的
peristaltin [ˌperi'stæltin] 波希鼠李甙
peristaphyline [ˌperi'stæfəlin] (peri- + Gr. *staphylē* uvula) 悬雍垂周的
peristole [pə'ristəli] (peri- + Gr. *stellein* to place) 胃收紧(力), 胃挟束(力)
peristome ['peristəum] (peri- + Gr. *stoma* mouth) 围口部, 口缘
peristomial [ˌperi'stəmiəl] 围口部的, 口缘的
peristrumitis [ˌperistruː'maitis] 甲状腺肿周围炎
peristrumous [ˌperi'struːməs] 甲状腺肿周的
perisynovial [ˌperiˌsinə'viəl] 滑膜周的
perisyringitis [ˌperiˌsirin'dʒaitis] 汗腺管周围炎
perisystole [ˌperi'sistəli] (心)收缩前期
peritectomy [ˌperi'tektəmi] (peri- + *ectomy*) 球结膜环状切除术
peritendineum [ˌperitən'diniəm] 腱鞘
peritendinitis [ˌperiˌtendi'naitis] 腱鞘炎
  p. calcarea 石灰质沉着性腱鞘炎
  p. creptians 咿轧音腱鞘炎
  p. serosa 浆液性腱鞘炎
peritendinous [ˌperi'tendinəs] 腱鞘周的
peritenon [ˌperi'tenən] (peri- + Gr. *tenōn* tendon) 腱鞘
peritenoneum [ˌperitənə'niəm] 腱鞘
peritenonitis [ˌperiˌtenə'naitis] 腱鞘炎
peritenontitis [ˌperiˌtenə'taitis] 腱鞘炎
perithecium [ˌperi'θiːsiəm] (peri- + Gr. *thēkē* case) 子囊壳
perithelial [ˌperi'θiːliəl] 周皮的, 外皮的
perithelioma [ˌperiθiːli'əumə] 周皮瘤, 血管外皮细胞瘤
perithelium [ˌperi'θiːliəm] (peri- + Gr. *thēlē* nipple) 周皮, 外皮
  Eberth's p. 埃伯特氏周皮
perithoracic [ˌperiθə'ræsik] 胸周的
perithyreoiditis [ˌperiˌθairiɔi'daitis] 甲状腺囊炎
perithyroiditis [ˌperiˌθairɔi'daitis] 甲状腺囊炎
peritomist [pə'ritəmist] 包皮环切术者
peritomy [pə'ritəmi] (peri- + -*tomy*) ❶ 球结膜环状切开术; ❷ 包皮环切术
peritone(o)- (L. *peritoneum*) 腹膜

peritoneal [ˌperitə'niəl] 腹膜的
peritonealgia [ˌperitəunə'ældʒiə] 腹膜痛
peritonealize [ˌperitəu'niəlaiz] 以腹膜覆盖
peritoneocentesis [ˌperiˌtəuniəusən'tiːsis] (*peritoneum* + Gr. *kentēsis* puncture) 腹腔穿刺术
peritoneoclysis [ˌperiˌtəuniə'klaisis] 腹膜腔输液术
peritoneography [ˌperiˌtəuni'ɔgrəfi] 腹膜造影术
peritoneomuscular [ˌperitəuˌniəu'mʌskjulə] 腹膜肌的
peritoneopathy [ˌperitəuni'ɔpəθi] (*peritoneum* + Gr. *patho* disease) 腹膜病
peritoneopericardial [ˌperiˌtəuniəuˌperi'kɑːdiəl] 腹膜心包的
peritoneopexy [ˌperiˌtəuniəuˌpeksi] (*peritoneum* + Gr. *pēxis* fixation) 腹膜固定术
peritoneoplasty [ˌperiˌtəuniəuˌplæsti] (*peritoneum* + Gr. *plasein* to form) 腹膜成形术
peritoneoscope [ˌperiˌtəuniəuˌskəup] 腹腔镜
peritoneoscopy [ˌperiˌtəuni'ɔskəpi] (*peritoneum* + Gr. *skopein* to examine) 腹腔镜检查
peritoneotome [ˌperiˌtəu'niəutəum] (脊神经)腹膜区
peritoneotomy [ˌperiˌtəuni'ɔtəmi] (*peritoneum* + Gr. *tomēa* cutting) 腹腔切开术
peritoneovenous [ˌperiˌtəuniəu'viːnəs] 腹腔静脉短路
peritoneum [ˌperitə'niəm] (L.; Gr. *peritonaion*, from *per* around + *teinein* to stretch) (NA) 腹膜
  abdominal p. 腹膜壁层
  intestinal p. 腹膜脏层
  parietal p., p. parietale (NA) 腹膜壁层
  parietal p., anterior 前壁层腹膜
  p. parietale anterius (NA) 前壁层腹膜
  urogenital p., p. urogenitale (NA) 尿生殖道腹膜
  visceral p., p. viscerale (NA) 腹膜脏层
peritonism ['peritənizəm] 假性腹膜炎
peritonitis [ˌperitə'naitis] 腹膜炎

adhesive p. 粘连性腹膜炎
benign paroxysmal p. 良性阵发性腹膜炎
bile p., biliary p. 胆汁性腹膜炎
chemical p. 化学性腹膜炎
p. chronica fibrosa encapsulans 慢性纤维包围性腹膜炎
circumscribed p. 局限性腹膜炎
p. deformans 变形性腹膜炎
diaphragmatic p. 膈面腹膜炎
diffuse p. 弥漫性腹膜炎
p. encapsulans, encysted p. 包围性腹膜炎
fibrocaseous p. 纤维干酪性腹膜炎
gas p. 气性腹膜炎
general p. 弥漫性腹膜炎
hemorrhagic p. 出血性腹膜炎
localized p. 局限性腹膜炎
meconium p. 胎粪性腹膜炎
pelvic p. 盆腔腹膜炎
perforative p. 穿孔性腹膜炎
periodic p. 周期性腹膜炎
puerperal p. 产后腹膜炎
purulent p. 化脓性腹膜炎
septic p. 脓毒性腹膜炎
serous p. 浆液性腹膜炎
silent p. 潜伏性腹膜炎
terminal p. 终期腹膜炎
traumatic p. 创伤性腹膜炎
tuberculous p. 结核性腹膜炎

peritonization [ˌperitəni'zeiʃən] 腹膜成形术,腹膜被覆术
peritonize ['peritənaiz] 用腹膜覆盖
peritonsillar [ˌperi'tɔnsilə] 扁桃体周的
peritonsillitis [ˌperitɔnsi'laitis] 扁桃体周围炎
peritracheal [ˌperi'trækiəl] 气管周的
Peritrate ['peritreit] 派瑞特:四硝酸戊四醇酯制剂的商品名
peritrich ['peritrik] ❶ 缘毛虫;❷ 缘毛的
Peritrichia [ˌperi'trikiə] (peri- + Gr. thrix hair) 缘毛亚纲
Peritrichida [ˌperi'trikidə] 缘毛目
peritrichous [pə'ritrikəs] (peri- + Gr. thrix hair) ❶ 周毛的;❷ 围口纤毛的
peritrochanteric [ˌperiˌtrɔkæn'terik] 转子周的
perityphlic [ˌperi'tiflik] (peri- + Gr. ty-

phlon cecum) 盲肠周的
perityphlitis [ˌperitif'laitis] (peri- + Gr. typhlon cecum + -itis) 盲肠周围炎
p. actinomycotica 放线菌性盲肠周围炎
periumbilical [ˌperiəm'bilikəl] 脐周的
periungual [ˌperi'ʌŋgwəl] 甲周的
periureteral [ˌperiju'ritərəl] 输尿管周的
periureteric [ˌperiˌjuəri'terik] 输尿管周的
periureteritis [ˌperiˌjuərita'raitis] (peri- + Gr. ourētēr ureter + -itis) 输尿管周围炎
periurethral [ˌperiju'reθrəl] 尿道周的
periurethritis [ˌperiˌjuərə'θraitis] (peri- + Gr. ourēthra urethra + -itis) 尿道周围炎,阴茎海绵体炎
periuterine [ˌperi'juətərin] 子宫周的
perivaginal [ˌperi'vædʒinəl] 阴道周的
perivaginitis [ˌperiˌvædʒi'naitis] 阴道周围炎
perivascular [ˌperi'væskjulə] 血管周的
perivascularity [ˌperiˌvæskju'læriti] 血管周围细胞浸润
perivasculitis [ˌperiˌvæskju'laitis] 血管周围炎
perivenous [ˌperi'vi:nəs] 静脉周的
periventricular [ˌperivin'trikjulə] 室周的
perivertebral [ˌperi'vetəbrəl] 椎骨周的
perivesical [ˌperi'vesikəl] (peri- + L. vesica bladder) 膀胱周的
perivesicular [ˌperivə'sikjulə] 精囊周的
perivesiculitis [ˌperivəˌsikju'laitis] 精囊周围炎
perivisceral [ˌperi'visərəl] 内脏周的
perivisceritis [ˌperiˌvisə'raitis] 内脏周围炎
perivitelline [ˌperivi'telin] 卵黄周的
perixenitis [ˌperizə'naitis] (peri- + Gr. xenos strange + -itis) 异物周炎
perkeratosis [ˌpə:kerə'təusis] 牲畜 X 病,牲畜皮肤角化症
perlapine ['pə:ləpin] 甲哌嗪二苯氮草
perlèche [pə:'leʃ] (Fr.) 传染性口角炎
Perlia's nucleus ['pəəliæz] (Richard Perlia, German ophthalmologist, late 19th century) 贝尔利氏核
perlingual [pə:'liŋgwəl] 经舌的
Perls' test [pəəlz] (Max Perls, German

pathologist, 1843-1881) 贝尔氏试验
perlsucht ['pɛəlsukt] (Ger.) 牛结核病
permanganate [pə:'mæŋgəneit] 高锰酸盐
permanganic acid [ˌpə:mæŋ'gænik] 高锰酸
permeability [ˌpə:miə'biliti] 渗透性, 透过性
permeable ['pə:miəbl] (L. *per* through + *meare* to pass) 可渗透的, 可透过的
permease ['pə:mieis] 透(性)酶
permeate ['pə:mieit] ❶ 渗透, 透入; ❷ 透过物
permeation [ˌpə:mi'eiʃən] 渗透, 透过
permethrin [pə'meθrin] 一种局部杀虫剂
Permitil ['pə:mitil] 羟哌氟丙嗪; 盐酸氟奋乃静制剂的商品名
permixion [pə:'mikʃən] 化合剂
permselectivity [ˌpəmsəlek'tiviti] 滤过选择性
perna ['pə:nə] 全氯萘
pernasal [pə:'neisəl] (L. *per* through + *nasus* nose) 经鼻的
perniciosiform [pəˌniʃi'əusifɔ:m] 恶性样的
pernicious [pə:'niʃəs] (L. *perniciosus*) 恶性的
pernio ['pə:niəu] (pl. *perniones*) [L.] 冻疮
perniosis [ˌpə:ni'əusis] 冻疮病, 冻伤病
pero- (Gr. *pēros* maimed) 残缺, 畸形
perobrachius [ˌpiərəu'breikiəs] (*pero-* + Gr. *brachiōn* arm) 臂残缺畸胎
perocephalus [ˌpiərəu'sefələs] (*pero-* + Gr. *kephalē* head) 头残缺畸胎
perochirus [ˌpiərəu'kairəs] (*pero-* + Gr. *cheir* hand) 手残缺畸胎
perocormus [ˌpiərəu'kɔ:məs] (*pero-* + Gr. *kormos* trunk) 躯干残缺畸胎
perodactylus [ˌpiərəu'dæktiləs] (*pero-* + Gr. *daktylos* finger) 指(趾)残缺畸胎
peromelia [ˌpiərəu'mi:liə] 先天性四肢不全畸形
peromelus [ˌpiə'rɔmələs] (*pero-* + Gr. *melos* limb) 四肢不全畸胎, 缺肢畸形
peronarthrosis [ˌpiərəunɑ:'θrəusis] (Gr. *peronē* anything pointed for piercing or pinning + *arthron* joint) 鞍状关节
perone [piə'rəuni] 腓骨

peroneal [ˌpiərəu'niəl] 腓骨的, 腓侧的
peroneotibial [ˌpiərəuˌniəu'tibiəl] 胫腓骨的
peroneus [ˌpiərəu'ni:əs] 腓骨肌
peronia [pə:'rəuniə] (Gr. *pēros* maimed) 发育不全性畸形, 残缺
Peronosporales [ˌpə:rəunəspə'ræolis] (Gr. *peronē* pin + *spora* seed) 斜尖状孢子菌属
Per. op. emet. (L. *peracta operatione emetici* 的缩写) 当催吐剂作用过去以后
peropus ['piərəpəs] (*pero-* + Gr. *pous* foot) 下肢残缺畸胎
peroral [piə'ɔ:rəl] (L. *per* through + *os*, *oris* the mouth) 经口的, 口服的
per os [pə: ɔs] (L.) 经口, 口服
perosis [pə'rəusis] 骨短粗病
perosomus [ˌpiərə'səməs] (*pero-* + Gr. *sōma* body) 躯干残缺畸胎
perosplanchnia [ˌpiərə'splæŋkniə] (*pero-* + Gr. *splanchnon* viscus + *-ia*) 内脏不全畸形
perosseous [piə'rɔsiəs] (L. *per* through + *os* bone) 经骨的
perotic [piə'rɔtik] 骨短粗病的
peroxidase [piə'rɔksideis] 过氧化物酶
peroxide [pə'rɔksaid] 过氧化物
peroxisome [pə'rɔksisəum] ❶ 过氧化物酶体; ❷ 微体
peroxy- 过氧
peroxyacetic acid [ˌpiərəuksiə'setik] 过氧乙酸, 过乙酸
peroxydol [piə'rɔksidəl] 过硼酸钠
perphenazine [pə:'finəzin] (USP) 羟哌氯丙嗪, 奋乃静
perplication [ˌpə:pli'keiʃən] 动脉穿壁封闭术
per primam [pə: 'praiməm] (L.) 第一期愈合
per priman intentionem [pə: 'praiməm inˌtenʃi'əunəm] (L.) 第一期愈合
per rectum [pə: 'rektəm] (L.) 经直肠
Perrin-Ferraton disease [pərei ˌferə'tɔŋ] (Maurice *Perrin*, French surgeon, 1826-1889; Louis *Ferraton*, French surgeon, born 1860) 帕-费二氏病
Perroncito's apparatus [ˌpərən'tʃitəus] (Aldo *Perroncito*, Italian histologist, 1882-1929)

帕朗济托氏器
Perry bag ['peri] (Murle *Perry*, American colostomy patient, 20th century) 佩里袋
persalt ['pəːsɔːlt] 过盐酸
per saltum [pəː 'sɔːltəm] (L.) 一跃,一弹
Persantine [pəː'sæntin] 潘生丁:双嘧啶胺醇制剂的商品名
per secundam [pəː siˈkʌndəm] (L.) 第二期愈合
per secundam intentionem [pəː siˈkʌndəm inˌtenʃiˈəunəm] (L.) 第二期愈合
perseveration [pəˌsevəˈreiʃən] 持续动作
persistent [pəːˈsistənt] 顽固(病症)
persister [pəːˈsistə] (L. *persistere* persist, from *per* through + *sistere* to stand still) 耐药株
persona [pəːˈsəunə] (L. "mask") 伪装人格
personality [ˌpəːsəˈnæliti] 人格,个性
　affective p. (disorder) 情感性人格
　alternating p. 交替人格,多重人格
　anankastic p. 强迫性人格
　antisocial p. (disorder)(DSM-Ⅲ-R) 反社会人格
　avoidant p. (disorder)(DSM-Ⅲ-R) 回避人格(病)
　borderline p. (disorder)(DSM-Ⅲ-R) 边缘人格(病)
　compulsive p. 强迫性人格
　cycloid p. (disorder) 循环性精神病人格(病)
　cyclothymic p. (disorder) 循环性精神病人格(病)
　dependent p. (disorder)(DSM-Ⅲ-R) 依赖型人格(病)
　double p., dual p. 双重人格
　epileptoid p. (disorder) 癫痫样人格(病)
　explosive p. 爆炸性人格
　histrionic p. (disorder)(DSM-Ⅲ-R) 表演型人格(病)
　hysterical p. 歇斯底里人格,癔病性人格
　inadequate p. (适应能力)不足型人格,缺陷人格
　multiple p. (disorder)(DSM-Ⅲ-R) 多重人格
　narcissistic p. (disorder)(DSM-Ⅲ-R) 自爱性人格(病)
　obsessive p. 强迫观念人格
　obsessive-compulsive p. (disorder)(DSM-Ⅲ-R)强迫观念与行为人格,强迫型人格(病)
　paranoid p. (disorder)(DSM-Ⅲ-R) 妄想狂样人格(病)
　passive aggressive p. (disorder)(DSM-Ⅲ-R) 被动攻击性人格(病)
　sadistic p. (disorder)(DSM-Ⅲ-R) 虐待狂人格(病)
　schizoid p. (disorder) 精神分裂样人格(病)
　schizotypal p. (disorder)(DSM-Ⅲ-R) 精神分裂型人格(病)
　seclusive p., shut-in p. 孤僻人格
　self-defeating p. (disorder)(DSM-Ⅲ-R) 自我毁灭人格(病)
　split p. 分裂人格
personologic [ˌpəːsənəˈlɔdʒik] 人格学的
personology [ˌpəːsəˈnɔlədʒi] 人格学
perspiratio [ˌpəːspiˈreiʃiəu] (L.) 汗,出汗
　p. insensibilis 不显汗
perspiration [ˌpəːspaiˈreiʃən] (L. *perspirare* to breathe through) ❶出汗;❷汗
　insensible p. 不显汗
　sensible p. 显汗
perstriction [pəˈstrikʃən] 结扎止血法
persuasion [pəːˈsweiʒən] 说服,劝说
persulfate [pəːˈsʌlfeit] 过硫酸盐
persulfide [pəːˈsʌlfaid] 过硫化物
persulfuric acid [ˌpəːsʌlˈfjuːrik] 过硫酸
Perthes' disease ['pəːtəz] (Georg Clemens *Perthes*, German surgeon, 1869-1927) 佩特兹氏病
Pertik's diverticulum ['pəːtiks] (Otto *Pertik*, Hungarian physician, 1852-1913) 佩尔提克氏憩室
Pertofrane ['pəːtəfrein] 波特芬:盐酸去甲丙咪嗪制剂的商品名
per tubam [pəː ˈtjubəm] 经管
pertubation [ˌpəːtjuˈbeiʃən] 输卵管注气法
pertucin [pəˈtʌsin] 穿孔假胞菌素
pertussis [pəˈtʌsis] (L. *per* intensive + *tussis* cough) 百日咳
pertussoid [pəˈtʌsɔid] (*pertussis* + Gr. *eiods* form) 类似百日咳的
per vaginam [ˌpəː vəˈdʒinəm] 经阴道
perversion [pəˈvəːʃən] (L. *per* through +

versio a turning) 倒错,颠倒
  sexual p. 性欲倒错
pervert ['pə:və:t] 性欲倒错者
pervigilium [ˌpəvi'dʒiliəm] 失眠症
pervious ['pə:viəs] (L. *pervius*) 可渗透的
pes [pez] (pl. *pedes*, gen *pedis* L.) ❶ (NA) 足;❷ 足样的部分
  p. abductus 外翻足
  p. adductus 内翻足
  p. anserinus ① 面神经腮腺丛;② 鹅足
  p. calcaneocavus 仰趾弓形足
  p. cavovarus 内翻足
  p. cavus 弓形足
  congenital convex p. valgus 摇篮底足
  p. equinovalgus 马蹄外翻足
  p. equinovarus 马蹄内翻足
  p. febricitans 象皮病,足象皮肿
  p. gigas 巨足
  p. hippocampi (NA) 海马脚
  p. pedunculi 大脑脚
  p. planovalgus, p. planus 扁平足
  p. pronatus 外翻足
  p. supinatus 内翻足
  p. valgus 扁平足
  p. varus 空凹足
pessary ['pesəri] (L. *pessarium*) ❶ 子宫托,阴道环;❷ 医用阴道栓剂
  cup p. 环状子宫托
  diaphragm p. 隔膜状子宫托
  doughnut p. 环状子宫托
  Hodge's p. 霍季氏子宫托
  Menge's p. 门格式子宫托
  ring p. 圆的或环状子宫托
  Smith's p. 史密斯氏子宫托
  stem p. 有杆子宫托
pessima ['pesimə] 黄疱疮
pessum ['pesəm] ❶子宫托,阴道环;❷阴道栓(剂)
pest [pest] ❶ 有害的植物或动物;❷ 鼠疫
  avian p. 鸟鼠疫
  chicken p., fowl p. 鸡瘟,家禽疫
  p. of small ruminants 小反刍动物的瘟疫
peste [pest] (Fr.) 鼠疫
  p. des petits ruminants (PPR) 小反刍动物鼠疫
pesticemia [ˌpesti'si:miə] (L. *pestis* plague + Gr. *haima* blood + *-ia*) 败血性鼠疫
pesticide ['pestisaid] 灭害剂,杀虫剂,农药
pestiferous [pes'tifərəs] (L. *pestiferus*; *pestis* plague + *ferre* to bear) 致疫的
pestilence ['pestiləns] (L. *pestilentia*) 疫病流行
pestilential [ˌpesti'lenʃəl] 传疫的
pestis ['pestis] 鼠疫,瘟疫,黑死病
  p. ambulans 轻鼠疫,不卧床鼠疫
  p. bubonica 腺鼠疫,腹股沟淋巴结鼠疫
  p. equorum 马疫
  p. fulminans, p. major 暴发性鼠疫,重鼠疫
  p. minor 轻鼠疫
  p. siderans 电击状鼠疫,败血性鼠疫
Pestivirus ['pestivaiərəs] (L. *pestis* plague + *virus*) 粘膜疾病病毒
pestle ['pesəl] (L. *pestillum*) 研棒杵
pestology [pes'tɔlədʒi] 鼠疫学
PET (positron emission tomography 的缩写) 正电子发射断层摄影术
peta- 10^{15}倍
-petal (L. *petere* to seek) 指向,动向
petalobacteria [ˌpetələbæk'tiəriə] (Gr. *petalon* leaf + *bacteria*) 浮膜菌
petalococcus [ˌpetələu'kɔkəs] (Gr. *petalon* leaf + *coccus*) 瓣球菌
petechia [pə'ti:kiə] (pl. *petechiae*) (L.) 瘀点
  calcaneal petechiae 跟骨瘀点
petechiae [pə'ti:ki:] 瘀点。*petechia* 的复数形式
petechial [pə'ti:kiəl] 瘀点的
Peters' ovum ['pætəz] (Hubert *Peters*, Austrian gynecologist, 1859-1934) 彼得斯氏卵
Petersen's bag ['pætəsənz] (Christian Ferdinand *Petersen*, German surgeon, 1845-1908) 彼得逊氏包
pethidine hydrocholride ['peθidin] 盐酸哌替啶
petiolate, petiolated ['petiəleit] 有茎的,有柄的
petiole ['petiəul] 柄,茎,蒂
  epiglottic p. 会厌茎
petioled ['petiəuld] 有蒂的
petiolus [pe'tiələs] (L. dim of *pes* foot)

柄,茎,蒂
p. epiglottidis (NA) 会厌茎
Petit's canal [pə'tiz] (François Pourfour du *Petit*, French anatomist and surgeon, 1664-1741) 彼得氏管
Petit's hernia [pə'tiz] (Jean Louis *Petit*, French surgeon, 1674-1750) 彼得氏疝
Petit's law [pə'ti] (Alexis Therese *Petit*, French physicist, 1791-1820) 波替氏定律
petit mal [pə'ti: mæl] (Fr. "little illness") 小发作(癫痫)
Petrequin's ligament [peitrə'keiz] (Joseph Pierre Eléone *Pétrequin*, French surgeon, 1809-1896) 佩特尔坎氏韧带
Petri dish ['pi:tri] (Julius Richard *Petri*, German bacteriologist, 1852-1921) 陪替氏培养皿
petrichloral [ˌpetri'klɔːrəl] 季戊四醇四氯醛
petrifaction [ˌpetri'fækʃən] (L. *petra* stone + *facere* to make) 石化
pétrissage [ˌpeitri'sɑːʒ] (Fr.) 揉捏法
petroccipital [ˌpetrɔk'sipitəl] 岩枕的
petrolate ['petrəuleit] (黄)凡士林,(黄)软石蜡
petrolatoma [ˌpetrəulə'təumə] 液状石蜡瘤
petrolatum [ˌpetrəu'leitəm] (L.) (USP) 凡士林,(黄)软石蜡
p. album 白凡士林
hydrophilic p. (USP) 吸水性软石蜡
liquid p. 液状石蜡
liquid p., heavy 重质液状石蜡
liquid p., light 轻质液状石蜡
p. liquidum 液状石蜡
p. liquidum leve 轻液状石蜡
white p. (USP) 白凡士林,白软石蜡
petroleum [pə'trəuliəm] (L. *petra* stone + *oleum* oil) 石油
petrolization [ˌpetrəuləi'zeiʃən] 石油洒播法,石油治蚊法
petromastoid [ˌpetrəu'mæstɔid] ❶ 岩部乳突的; ❷ 耳外骨,耳颅
petromortis [ˌpetrəu'mɔːtis] (*petroleum* + L. *mors* death) 汽车烟中毒
petro-occipital [ˌpetrəuɔk'sipitəl] 岩枕的
petropharyngeus [ˌpetrəufə'rindʒiːəs] 岩咽肌
petrosal [pə'trəusəl] 岩部的
petrosalpingostaphylinus [ˌpetrəusælˌpiŋgəuˌstæfə'lainəs] (Gr. *petra* stone + *salpinx* tube + *staphylē* uvula) 腭帆提肌
petrosectomy [ˌpetrəu'sektəmi] (*petrous* + Gr. *ektomē* excision) 岩部切除术
petrositis [ˌpetrəu'saitis] 岩部炎
petrosomastoid [ˌpeˌtrəusə'mæstɔid] 岩部乳突的,耳外骨
petrosphenoid [ˌpetrəu'sfiːnɔid] 岩部蝶骨的
petrosquamosal [ˌpetrəuskwə'məusəl] 岩鳞部的
petrosquamous [ˌpetrəu'skwɔməs] 岩鳞部的
petrostaphylinus [ˌpetrəuˌstæfə'lainəs] 腭帆提肌
petrous ['petrəs] (L. *petrosus*) 岩石样的,石状的
petrousitis [ˌpetrə'saitis] (颞骨)岩部炎
Petruschky's spinalgia [pə'truːʃkiz] (Johannes *Petruschky*, German bacteriologist, born 1869) 佩特鲁希基氏脊痛
Pette-Döring panencephalitis ['petə'dɛəriŋ] (Heinrich Wilhelm *Pette*, German neurologist, 1887-1964; Gerhard *Döring*, German neurologist, born 1909) 佩-多二氏全脑炎
Pettenkofer's test ['petənˌkɔfəz] (Max Josef von *Pettenkofer*, German chemist, 1818-1901) 佩腾科佛氏试验
pettymorrel [ˌpeti'mɔːrəl] 楤木属
Peucetia [pjuː'siːtiə] 蜘蛛的一属
Peatz-Jeghers syndrome [pəˌtz'dʒægəz] (J. L. A. *Peutz*, Dutch physician, 1886-1957; Harold *Jeghers*, American physician, born 1904) 普-杰二氏综合征
pexia ['peksiə] 固定术
pexic ['peksik] (Gr. *pēxis* fixation) 固定的
pexin ['peksin] 凝乳酶
pexis ['peksis] 固定术
-pexy (Gr. *pēxis* fixation) 固定
Peyer's patchs [paiəz] (Johann Comard *Peyer*, Swiss anatomist, 1653-1712) 派伊尔氏斑,淋巴滤泡集结
peyote [pə'jətei] ❶ 拍约他; ❷ 仙人球膏

peyotl [pəˈjɔtəl] ❶ 拍约他；❷ 仙人球膏

Peyronie's disease [peirəuˈniz] (Francois de la *Peyronie*, French surgeon, 1678-1747) 佩罗尼氏病

Peyrot's thorax [peiˈrəuz] (Jean Joseph *Peyrot*, French surgeon, 1843-1918) 佩罗氏胸

Pezizales [ˌpeziˈzeiliz] 盘菌目

Pfannenstiel's incision [ˈfænənʃtiːlz] (Hermann Johann *Pfannenstiel*, German gynecologist, 1862-1909) 凡能斯提尔氏切口

Pfeiffer's bacillus, phenomenon [ˈfaifəz] (Richard Friedrich Johann *Pfeiffer*, German bacteriologist, 1858-1945) 法弗氏杆菌

Pfeiffer's disease [ˈfaifəz] (Emil *Pfeiffer*, German physician, 1846-1921) 法弗氏病

Pfeifferella [ˌfaifəˈrelə] (Richard F. J. *Pfeiffer*) 法弗菌属，鼻疽杆菌属
 p. **anatipestifer** 鸭瘟法弗菌
 p. **mallei** 鼻疽斐弗菌

Pflüger's cords [ˈflyɡəz] (Edward Friedrich Wilhelm *Pflüger*, German physiologist, 1829-1910) 弗吕格氏索

Pfuhl's sign [fuːlz] (Eduard *Pfuhl*; German physician chemist, 1852-1905) 富耳氏征

PG ❶ (prostaglandin 的缩写) 前列腺素；❷ (*Pharmacopoeia Germanica* 的缩写) 德国药典

pg (picogram 的缩写) 微微克，皮克

PGD₂, PGE₂, PGF₂ₐ, PGL₂ 各种前列腺素的符号

Ph ❶ (Pharmacopeia 的符号) 药典；❷ (*phenyl* 的符号) 苯基

ph 药典(*pharmacopeia*) 和苯基(*phenyl*) 的符号

pH pH 值

PHA (phytohemagglutinin 的缩写) 植物血凝素

phacitis [fəˈsitis] 晶状体炎

phac(o)- (Gr. *phakos* lentil, or lentil-shaped object) ❶ 晶状体；❷ 痣，雀斑，胎痣

phacoanaphylaxis [ˌfækəuˌænəfəˈlæksis] (*phaco-* + *anaphylaxis*) 晶状体蛋白过敏性

phacocele [ˈfækəusiːl] (*phaco-* + *-cele*) 晶状体突出

phacocyst [ˈfækəusist] (*phaco-* + *cyst* (定义 1)) 晶状体囊

phacocystectomy [ˌfækəusisˈtektəmi] (*phacocyst* + *ectomy*) 晶状体囊切除术

phacocystitis [ˌfækəusisˈtaitis] (*phacocyst* + *-itis*) 晶状体囊炎

phacoemulsification [ˌfækəuiˌmjulsifiˈkeiʃən] (*phaco-* + L. *emulgēre* to milk out) 晶状体乳化法

phacoerysis [ˌfækəuəˈraisis] (*phaco-* + Gr. *eryein* to drag away) 晶状体吸出术

phacoglaucoma [ˌfækəuɡləˈkəumə] (*phaco-* + *glaucoma*) 青光眼继发性晶状体

phacohymenitis [ˌfækəuˌhaiməˈnaitis] 晶状体囊炎

phacoid [ˈfækɔid] (*phaco-* + Gr. *eidos* form) 透镜状的

phacoiditis [ˌfækɔiˈdaitis] 晶状体炎

phacoidoscope [fæˈkɔidəskəup] 晶状体镜

phacolysin [fəˈkɔlisin] (*phaco-* + *lysin*) 晶状体溶素

phacolysis [fəˈkɔlisis] (*phaco-* + *lysis*) 晶状体刺开术

phacolytic [ˌfækəuˈlitik] 晶状体溶解的

phacoma [fəˈkəumə] 晶状体瘤

phacomalacia [ˌfækəuməˈleiʃə] (*phaco-* + *malacia*) 晶状体软化，软内障

phacomatosis [ˌfækəuməˈtəusis] 斑痣性错构瘤病

phacometachoresis [ˌfækəuˌmetəkəˈriːsis] (*phaco-* + Gr. *metachērēsis* displacement) 晶状体移位

phacometecesis [ˌfækəuˌmetəˈsiːsis] (*phaco-* + Gr. *metoikēsis* migration) 晶状体移位

phacometer [fəˈkɔmətə] 检镜片计

phacopalingenesis [ˌfækəuˌpælinˈdʒenəsis] (*phaco-* + *palingenesis* (1)) 晶状体再生

phacoplanesis [ˌfækəupləˈniːsis] (*phaco-* + Gr. *planēsis* wandering) 晶状体游动

phacosclerosis [ˌfækəusklɪəˈrəusis] (*phaco-* + *sclerosis*) 晶状体硬化，硬内障

phacoscope [ˈfækəskəup] (*phaco-* + *-scope*) 晶状体镜

phacoscopy [fəˈkɔskəpi] 晶状体检查镜

phacoscotasmus [ˌfækəuskəuˈtæzməs] (*pha-*

co- + Gr. *skotasmos* a clouding) 晶状体混浊

phacotherapy [ˌfækəʊˈθerəpi] 日光疗法，日光浴

phacotoxic [ˌfækəʊˈtɒksik] 对晶状体有毒的

Phaenicia [fiˈniʃə] 绿蝇属
　P. **cuprina** 铜绿蝇
　P. **sericata** 丝光绿蝇

phae(o)- (Gr. *phaios* dun, dusky) 棕色的,暗褐色的,暗黑色的

phaeohyphomycosis [ˌfiəʊˌhaifəʊmaiˈkəʊsis] (*phaeo-* dusky) + *Hyphomy-cetes* + *-osis*) 暗色丝状菌病

phage [feidʒ] 噬菌体

-phage (Gr. *phagein* to eat) 吃,毁坏

phagedena [ˌfædʒəˈdiːnə] (Gr. *phage-daina*; *phagein* to eat) 崩蚀性溃疡,蚀疮

phagedenoma [ˌfædʒediˈnəumə] 崩蚀性溃疡,蚀疮

phagedenic [ˌfædʒəˈdenik] 崩蚀性溃疡的,蚀疮的

phagelysis [ˈfeidʒlaisis] 噬菌体溶解作用

-phagia, -phagy (Gr. *phagein* to eat) 食欲倒错的

phag(o)- (Gr. *phagein* to eat) 吞咽,吞噬

phagocytable [ˈfægəʊˌsaitəbəl] 可被吞噬的

phagocyte [ˈfægəʊsait] (*phago-* + *-cyte*) 吞噬细胞
　alveolar p's 肺泡吞噬细胞
　mononuclear p. 单核吞噬细胞

phagocytic [ˌfægəʊˈsitik] 吞噬细胞的

phagocytin [ˌfægəʊˈsaitin] 吞噬细胞素

phagocytize [ˈfægəʊˌsaitaiz] 吞噬

phagocytolysis [ˌfægəʊsaiˈtɒlisis] (*phago-cyte* + Gr. *lysis* dissolution) 吞噬细胞溶解

phagocytolytic [ˌfægəʊˌsaitəʊˈlitik] 吞噬细胞溶解的

phagocytose [ˌfægəʊˈsaitəʊs] 吞噬

phagocytosis [ˌfægəʊsaiˈtəʊsis] 吞噬作用
　induced p. 诱导吞噬作用
　spontaneous p. 自发吞噬作用
　surface p. 表面吞噬作用

phagocytotic [ˌfægəʊsaiˈtɒtik] 吞噬作用的

phagodynamometer [ˌfægəʊˌdainəˈmɒmitə] 嚼力计

phagokaryosis [ˌfægəʊˌkæriˈəʊsis] (Gr. *phagein* to eat + *karyon* nucleus) 核吞噬作用

phagological [ˌfægəʊˈlɒdʒikəl] 细菌吞噬的

phagolysis [fəˈgɒlisis] 吞噬细胞溶解

phagolysosome [ˌfægəʊˈlaisəsəʊm] 吞噬溶酶体

phagolytic [ˌfægəʊˈlitik] 吞噬细胞溶解的

phagomania [ˌfægəʊˈmeiniə] (*phago-* + Gr. *mania* madness) 贪食癖

phagophobia [ˌfægəʊˈfəʊbiə] (*phago-* + *phobia*) 进食恐怖

phagoplasm [ˈfægəʊplæzəm] (*phago-* + *plasm*) 吞噬浆

phagopyrism [ˌfægəʊˈpairizm] 食物过敏症

phagopyrosis [ˌfægəʊpaiˈrəʊsis] 食后胃灼热

phagosome [ˈfægəsəʊm] (*phago-* + Gr. *somā* body) 吞噬体

phagotroph [ˈfægəʊtrɒf] 营养吞噬体

phagotrophic [ˌfægəʊˈtrɒfik] (*phago-* + Gr. *trophē* nutrition) 吞噬营养的

phagotype [ˈfægəʊtaip] 噬菌体型

phakitis [feiˈkaitis] (*phak-* + *-itis*) 晶状体炎

phak(o)- (Gr. *phakos* a lentil, or lentil-shaped object, a spot on the body, a freckle) 晶状体,痣,雀斑,胎痣

phakoma [fəˈkəʊmə] (*phak-* + *-oma*) 晶状体瘤

phakomatosis [ˌfækəʊməˈtəʊsis] (pl. *phakomatoses*) (*phakoma* + *-osis*) 斑痣性错构瘤病

phalacrosis [ˌfæləˈkrəʊsis] (Gr. "bald-ness") 秃发病,脱发

phalangeal [fəˈlændʒiəl] 指(趾)的

phalangectomy [ˌfælənˈdʒektəmi] 指(趾)骨切除术

phalanges [fəˈlændʒiːz] 指(趾)骨。*phalanx* 的复数形式

phalangette [ˌfælənˈdʒet] 末节指(趾)骨
　drop p. 末节指骨下垂

phalangitis [ˌfælənˈdʒaitis] 指(趾)骨炎

phalangization [ˌfælændʒiˈzeiʃn] 假指成形术

phalang(o)- (L. *phalanx*) 指(趾)

phalangophalangeal [fəˌlæŋgəufəˈlændʒiəl] 二节指(趾)骨之间的

phalangosis [ˌfælənˈgəusis] (*phalanx* + *-osis*) 多行睫

phalanx [feiˈlæŋks] (pl. phalanges) (Gr. "a line or array of soldiers") ❶ 指(趾)骨；❷ 指状板

　Deiters' phalanges 代特氏指节（听器外指细胞的末端）

　phalanges digitorum manus 指骨

　phalanges digitorum pedis 趾骨

　phalanges of fingers 指骨

　p. distalis digitorum manus (NA) 手指远节指骨

　p. distalis digitorum pedis (NA) 足趾远节趾骨

　p. media digitorum manus (NA) 手指中节指骨

　p. media digitorum pedis (NA) 足趾中节趾骨

　p. prima digitorum manus 手指第一节指骨

　p. prima digitorum pedis 足趾第一节趾骨

　p. proximalis digitorum manus (NA) 手指近节指骨

　p. proximalis digitorum pedis (NA) 足趾近节趾骨

　p. secunda digitorum manus 手指第二节指骨

　p. secunda digitorum pedis 足趾第二节趾骨

　p. tertia digitorum manus 手指第三节指骨

　p. tertia digitorum pedis 足趾第三节趾骨

　phalanges of toes 趾骨

　ungual p. of fingers 手指末节指骨

　ungual p. of toes 足趾末节趾骨

Phalen's maneuver [ˈfeilənz] (George S. Phalen, American orthopedist, born 1911) 费伦氏手法

Phallales [fəˈleiliːz] 鬼笔目

phallalgia [fəˈlældʒiə] (*phallus* + *-algia*) 阴茎痛

phallanastrophe [ˌfæləˈnæstrəfi] (*phallus* + Gr. *anastrophē* a turning upward) 阴茎上曲

phallaneurysm [fəˈlænjurizəm] (*phallus* + Gr. *aneurysma* aneurysm) 阴茎动脉瘤

phallectomy [fəˈlektəmi] (*phallos* + Gr. *ektomē* excision) 阴茎切除术

phalli [ˈfælai] 阴茎，阴茎的。*phallus* 的所有格和复数形式

phallic [ˈfælik] (Gr. *phallikos*) 阴茎的

phalliform [ˈfælifɔːm] (*phallus* + L. *forma* form) 阴茎状的

phallin [ˈfælin] 毒菌溶血苷

phallitis [fəˈlaitis] (*phallus* + *-itis*) 阴茎炎

phall(o)- (Gr. *phallos* penis) 阴茎

phallocampsis [ˌfæləuˈkæmpsis] (*phallo-* + Gr. *kampsis* bending) 阴茎弯曲

phallocrypsis [ˌfæləuˈkripsis] (*phallo-* + Gr. *krypsis* hiding) 阴茎退缩

phallodynia [ˌfæləuˈdiniə] (*phallo-* + Gr. *odynē* pain) 阴茎痛

phalloid [ˈfælɔid] (*phallo-* + Gr. *eidos* form) 阴茎样的

phalloidin [fəˈlɔidin] 毒伞素，次毒蕈环肽

phalloncus [fəˈlɔŋkəs] (*phallo-* + *onkos* mass) 阴茎肿

phalloplasty [ˈfæləuˌplæsti] (*phallo-* + Gr. *plassein* to shape) 阴茎成形术

phallorrhagia [ˌfæləuˈreidʒiə] (*phallo-* + Gr. *rhēgnynai* to burst forth) 阴茎出血

phallorrhea [ˌfæləuˈriːə] 阴茎液溢

phallotomy [fəˈlɔtəmi] (*phallo-* + Gr. *tomē* a cutting) 阴茎切开术

phallus [ˈfæləs] (pl. phalli) (Gr. *phallos*) ❶ 阴茎原基；❷ 阴茎或阴蒂；❸ 阴茎，阴茎替代物

phaner(o)- (Gr. *phaneros* visible) 可见的，明显的

phanerogam [ˈfænərəgæm] (*phanero-* + Gr. *gamos* marriage) 显花植物

phanerogenetic [ˌfænərədʒəˈnetik] 原因明显的

phaneromania [ˌfænərəuˈmeiniə] (*phanero-* + *mania* madness) 小动作癖

phanerogenic [ˌfænərəˈdʒenik] (*phanero-* + Gr. *gennan* to produce) 原因明显的

phaneroplasm [ˈfænərəplæzəm] (*phanero-* + *plasm*) 明体，明质

phaneroscope [ˈfænərəskəup] (phanero- + Gr. skopein to view) 皮肤透照镜

phanerosis [ˌfænəˈrəusis] (Gr. phanerōsis) 显形, 显现
  fat p. 脂肪显现

Phanodorn [ˈfænəudɔːn] 泛诺道: 环巴比妥制剂的商品名

phantasia [fænˈteiziə] 幻想

phantasm [ˈfæntæzəm] (Gr. phantasma appearance) 幻象

phantasmatomoria [fænˌtæzmətəuˈmɔːriə] (Gr. phantasma image + moria folly) 童样幻想, 幻想性童样痴呆

phantasy [ˈfæntəsi] 幻想

phantogeusia [ˌfæntəuˈguːziə] 幻味觉

phantom [ˈfæntəm] (Gr. phantasma an appearance) ❶ 幻象; ❷ 体内放射模拟器

phantosmia [fænˈtɔzmiə] (Gr. phantasia imagination + osmē odor + -ia) 幻嗅觉

phanurane [ˈfænjurein] 烯睾丙内脂

pha(o)- 暗

phar, pharm [fɑː] [fɑːm] ❶ (pharmacy 的缩写) 药学, 药剂学, 调剂学; ❷ (pharmaceutical 的缩写) 药房, 药的, 制药的; ❸ (pharmacopeia 的缩写) 药典

Phar B (L. Pharmaciae Baccalaureus, Bachelor of Pharmacy 的缩写) 药学学士

Phar C (Pharmaceutical Chemist 的缩写) 药物化学家, 药剂师

pharcidous [ˈfɑːsidəs] (Gr. pharkis wrinkled) 皱纹的

Phar D (L. Pharmaciae Doctor, Doctor of Pharmacy 的缩写) 药学博士

Phar G (Graduate in Pharmacy 的缩写) 药学毕业生

Phar M (L. Pharmaciae Magister, Master of Pharmacy 的缩写) 药学硕士

pharmacal [ˈfɑːməkəl] 药学的

pharmaceutic [ˌfɑːməˈsjuːtik] (Gr. pharmakeutikos) 药学的, 药物的

pharmaceutical [ˌfɑːməˈsjuːtikəl] ❶ 药学的, 药物的; ❷ 药物

pharmaceutics [ˌfɑːməˈsjuːtiks] ❶ 药学; ❷ 制剂

pharmaceutist [ˌfɑːməˈsjuːtist] 药师, 调剂员

pharmacist [ˈfɑːməsist] 药剂师, 调剂员

pharmaco- (Gr. pharmakon medicine) 药

pharmacoangiography [ˌfɑːməkəuˌændʒiˈɔgrəfi] (pharmaco- + angiography) 药物血管造影术

pharmacochemistry [ˌfɑːməkəuˈkemistri] 药物化学

pharmacodiagnosis [ˌfɑːməkəuˌdaiəgˈnəusis] (pharmaco- + diagnosis) 药物诊断

pharmacodynamic [ˌfɑːməkəudaiˈnæmik] (pharmaco- + Gr. dynamis power) 药效的

pharmacodynamics [ˌfɑːməkəudaiˈnæmiks] (pharmaco- + Gr. dynamis power) 药效学

pharmacoeconomics [ˌfɑːməkəuˌikəˈnɔmiks] 药物经济学

pharmacoendocrinology [ˌfɑːməkəuˌendəukriˈnɔlədʒi] 药物内分泌学

pharmacogenetics [ˌfɑːməkəudʒəˈnetiks] 药物遗传学

pharmacognostics [ˌfɑːməkɔgˈnɔstiks] 生药学

pharmacognosy [ˌfɑːməˈkɔgnəsi] (pharmaco- + Gr. gnōsis knowledge) 生药学

pharmacography [ˌfɑːməˈkɔgrəfi] (pharmaco- + Gr. graphein to write) 药物记载学

pharmacokinetics [ˌfɑːməkəukiˈnetiks] 药动力学

pharmacologic [ˌfɑːməkəuˈlɔdʒik] 药理学的

pharmacologist [ˌfɑːməˈkɔlədʒist] 药理学家

pharmacology [ˌfɑːməˈkɔlədʒi] (pharmaco- + -logy) 药理学

pharmacomania [ˌfɑːməkəuˈmeiniə] (pharmaco- + Gr. mania madness) 药物癖

pharmacometrics [ˌfɑːməkəuˈmetriks] (pharmaco- + Gr. metron measure) 药物测量学

pharmacon [ˈfɑːməkɔn] (Gr. pharmakon) 药, 药物

pharmaco-oryctology [ˌfɑːməkəuˌɔrikˈtɔlədʒi] (pharmaco- + Gr. oryktos excavated + -logy) 矿物药物学

pharmacopedia [ˌfɑːməkəuˈpiːdiə] (pharmaco- + Gr. paideia instruction) 制药学

pharmacopeia [ˌfɑːməkəˈpiːə] (pharmaco- + Gr. poiein make) 药典

pharmacopeial [ˌfɑːməkəuˈpiːəl] 药典的
pharmacophilia [ˌfɑːməkəuˈfiliə] 嗜药癖
pharmacophobia [ˌfɑːməkəuˈfəubiə] (*pharmaco-* + *phobia*) 药物恐怖症
pharmacophore [ˈfɑːməkəfɔː] (*pharmaco-* + Gr. *phoros* bearing) 药效基团
pharmacopoeia [ˌfɑːməkəuˈpiːə] 药典
pharmacopsychosis [ˌfɑːməkəusaiˈkəusis] (*pharmaco-* + *chosis*) 药物性精神病
pharmacoradiography [ˌfɑːməkəuˌreidiˈɔgrəfi] 药物X线检查法
pharmacotherapeutics [ˌfɑːməkəuˌθerəˈpjuːtiks] (*pharmaco-* + *therapeutics*) 药物治疗学
pharmacotherapy [ˌfɑːməkəuˈθerəpi] (*pharmaco-* + *therapy*) 药物治疗
pharmacy [ˈfɑːməsi] (Gr. *pharmakon* medicine) ❶ 药学,药剂学,调剂学; ❷ 药房
  chemical p. 药物化学
  galenic p. 植物制剂,制剂学
Pharm D (Doctor of Pharmacy 的缩写) 药学博士
pharyngalgia [ˌfærinˈgældʒiə] (*pharyngo-* + *-algia*) 咽痛
pharyngeal [fəˈrindʒiːəl] (L. *pharyngeus*) 咽的
pharyngectasia [ˌfærindʒəkˈteiziə] 咽突出
pharyngectomy [ˌfærinˈdʒektəmi] (*pharyngo-* + Gr. *ektomē* excision) 咽部分切除术
pharyngemphraxis [ˌfærindʒəmˈfræksis] (*pharyngo-* + Gr. *emphraxis* stoppage) 咽阻塞
pharyngeus [ˌfærinˈdʒiːəs] (L.) 咽的
pharyngism [ˈfærindʒizəm] 咽痉挛
pharyngismus [ˌfærinˈdʒizməs] 咽肌痉挛
pharyngitic [ˌfærinˈdʒitik] 咽炎的
pharyngitid [fəˈrindʒitid] 咽炎疹
pharyngitis [ˌfærinˈdʒaitis] (*pharyngo-* + *-itis*) 咽炎
  acute p. 急性咽炎
  atrophic p. 萎缩性咽炎
  catarrhal p. 卡他性咽炎
  chronic p. 慢性咽炎
  croupous p. 格鲁布咽炎
  diphtheritic p. 白喉性咽炎
  follicular p. 滤泡性咽炎
  gangrenous p. 坏疽性咽炎
  glandular p. 腺性咽炎
  granular p. 颗粒性咽炎
  p. herpetica 疱疹性咽炎
  hypertrophic p. 肥大性咽炎
  p. keratosa 角化性咽炎,咽真菌病
  membranous p. 膜性咽炎
  phlegmonous p. 蜂窝织炎性咽炎
  plague p. 鼠疫性咽炎
  p. sicca 干性咽炎
  p. ulcerosa 溃疡性咽炎
pharyng(o)- (Gr. *pharynx* pharynx) 咽
pharyngo-amygdalitis [fəˌriŋɡəuəˌmiɡdəˈlaitis] 咽扁桃体炎
pharyngocele [fəˈriŋɡəusiːl] (*pharyngo-* + Gr. *kēlē* hernia) 咽突出
pharyngoceratosis [fəˌriŋɡəuˌserəˈtəusis] 咽角化病
pharyngoconjunctivitis [fəˌriŋɡəukənˌdʒʌnktiˈvaitis] 咽眼结膜炎
pharyngodynia [fəˌriŋɡəuˈdiniə] (*pharyngo-* + Gr. *odynē* pain) 咽痛
pharyngoepiglottic [fəˌriŋɡəuˌepiˈɡlɔtik] 咽会厌的
pharyngoepiglottidean [fəˌriŋɡəuˌepiɡlɔˈtidiən] 咽会厌的
pharyngoesophageal [fəˌriŋɡəuəˈsɔfəˈdʒi(ː)əl] 咽食管的
pharyngoglossal [fəˌriŋɡəuˈɡlɔsəl] 咽舌的
pharyngoglossus [fəˌriŋɡəuˈɡlɔsəs] 咽舌肌
pharyngokeratosis [fəˌriŋɡəuˌkerəˈtəusis] 咽角化病
pharyngolaryngeal [fəˌriŋɡəuləˈrindʒiːəl] 咽喉的
pharyngolaryngitis [fəˌriŋɡəuˌlærinˈdʒaitis] (*pharyngo-* + Gr. *larynx* larynx + *-itis*) 咽喉炎
pharyngolith [fəˈriŋɡəuliθ] (*pharyngo-* + Gr. *lithos* stone) 咽石
pharyngology [ˌfæriŋˈɡɔlədʒi] (*pharyngo-* + *-logy*) 咽科学
pharyngolysis [ˌfæriŋˈɡɔlisis] (*pharyngo-* + Gr. *lysis* dissolution) 咽瘫,咽麻痹
pharyngomaxillary [fəˌriŋɡəuˈmæksiləri] 咽颌的
pharyngomycosis [fəˌriŋɡəumaiˈkəusis] (*pharyngo-* + Gr. *mykēs* fungus + *-osis*) 咽真菌病

pharyngonasal [fəˌriŋgəu'neisəl] 咽鼻的
pharyngo-oral [fəˌriŋgəu'ɔrəl] 咽口的
pharyngopalatine [fəˌriŋgəu'pælətin] 咽腭的
pharyngoparalysis [fəˌriŋgəupə'rælisis] (*pharyngo-* + *paralysis*) 咽肌麻痹
pharyngopathy [ˌfæriŋ'gɔpəθi] (*pharyngo-* + Gr. *pathos* disease) 咽病
pharyngoperistole [fəˌriŋgəupə'ristəli] (*pharyngo-* + Gr. *peristolē* contracture) 咽狭窄
pharyngoplasty [fəˌriŋgəu'plæsti] (*pharyngo-* + Gr. *plassein* to form) 咽成形术
   Hynes p. 海内氏咽成形术
pharyngoplegia [fəˌriŋgəu'pliːdʒiə] (*pharyngo-* + Gr. *plēgē* stroke) 咽(肌)麻痹
pharyngorhinitis [fəˌriŋgəurai'naitis] 咽鼻炎
pharyngorhinoscopy [fəˌriŋgəurai'nɔskəpi] 鼻咽镜检查
pharyngorrhagia [fəˌriŋgəu'reidʒiə] (*pharyngo-* + Gr. *rhēgnynai* to break forth) 咽出血
pharyngorrhea [ˌfæriŋgəu'riə] (*pharyngo-* + Gr. *rhoia* flow) 咽粘液溢
pharyngosalpingitis [fəˌriŋgəuˌsælpin'dʒaitis] 咽咽鼓管炎
pharyngoscleroma [fəˌriŋgəusklə'rəumə] 咽硬结
pharyngoscope [fə'riŋgəskəup] (*pharyngo-* + Gr. *skopein* to examine) 咽镜, 咽窥镜
pharyngoscopy [ˌfæriŋ'gɔskəpi] 咽镜检查
pharyngospasm [fə'riŋgəuspæzəm] (*pharyngo-* + Gr. *spasmos* spasm) 咽痉挛
pharyngostenosis [fəˌriŋgəustə'nəusis] (*pharyngo-* + Gr. *stenōsis* narrowing) 咽狭窄
pharyngostoma [ˌfæriŋ'gɔstəmə] (*pharyngo-* + Gr. *stoma* mouth) 咽部造口
pharyngostomy [ˌfæriŋ'gɔstəmi] (*pharyngo-* + Gr. *stomoun* to provide with an opening, or mouth) 咽造口术
pharyngotome [fə'riŋgətəum] 咽刀
pharyngotomy [ˌfæriŋ'gɔtəmi] (*pharyngo-* + Gr. *tomē* a cutting) 咽切开术
   external p. 咽外切开术
   internal p. 咽内切开术
   lateral p. 咽侧切开术
   subhyoid p. 舌骨下咽切开术
pharyngotonsilitis [fəˌriŋgəuˌtɔnsi'laitis] 咽扁桃体炎
pharyngotyphoid [fəˌriŋgəu'taifɔid] 咽型伤寒
pharyngoxerosis [fəˌriŋgəuziː'rəusis] (*pharyngo-* + Gr. *xērōsis* dryness) 咽干
pharynx ['færiŋks] (Gr. "the throat") [NA] 咽
phase [feiz] (Gr. *phasis* an appearance) ❶ 型; ❷ 期; ❸ 相
   alpha p. 动情期
   anal p. 肛期
   beta p. 黄体期
   cholesteric p. 胆甾醇相
   continuous p. 连续相
   p. of decline 衰退期
   disperse p. 分散相, 内相
   ejection p. 射血期
   erythrocytic p. 红细胞内期
   estrin p. 动情增殖期, 增生期
   exponential p. 指数相, 指数期
   external p. 外相, 分散媒, 分散介质
   G_1 p. G_1 期
   G_2 p. G_2 期
   genital p. 生殖期
   hematic p. 血相
   internal p. 内相, 分散期
   isovolumetric contraction p., isovolumic contraction p. 心脏等容收缩期
   isovolumetric relaxation p., isovolumic relaxation p. 心脏等容舒张期
   lag p. 迟滞期
   latency p. 潜伏期
   logarithmic p. 对数期, 对数相
   M p. M 期
   m p. m 期
   meiotic p. 减数期
   motofacient p. 运动相
   negative p. 阴性期
   nonmotofacient p. 非运动相
   Nonne-Apelt p. 农-阿二氏相
   oral p. 口期
   phallic p. 阴茎期
   positive p. 阳性期
   postmeiotic p. 减数后期
   premeiotic p., prereduction p. 减数前期

reduction p. 减数期
resting p. （核）分裂间期
S p. 合成期
s p. 合成期
smectic p. 近晶相
stance p. 起步相
stationary p. 静止期,稳定期
swing p. 摆动期
synaptic p. 染色体联合期
ventricular filling p. 心室充盈期
phasein ['feisin] 种子凝集素
phaseolamin [fəˌsiːəu'læmin] 菜豆素
phaseolin [fə'siːəlin] 菜豆球蛋白
phaseolunatin [ˌfeisiəu'ljunətin] 棉豆苷
phasin ['feisin] 种子凝集素
phasmid ['fæzmid] ❶ 尾感器；❷ 尾感器线虫
Phasmidia [fæz'midiə] 尾感器亚纲
phatne ['fætni] (Gr. "socket") 牙槽
Phazyme ['feizaim] 消疮净：聚二甲硅氧烷和二氧化硅混合制剂的商品名
PhB (British Pharmacopoeia 的缩写) 英国药典
PhD (Doctor of Philosophy 的缩写) 哲学博士
Phe (phenylalanine 的缩写) 苯丙氨酸
Phelps' operation [felps] (Abel Mix Phelps, American surgeon, 1851-1902) 菲耳普斯氏手术
Phe-Mer-Nite ['fiːməˌnait] 菲莫奈特：硝酸苯汞制剂的商品名
Phemerol ['fiːmərəl] 菲莫洛尔：苄乙铵制剂的商品名
phemfilcon A [fem'filkən] 菲莫菲尔康
Phemister graft ['femistə] (Dallas Burton Phemister, American surgeon, 1882-1951) 费米斯特移植物
phemitone ['femitəun] 甲基苯巴比妥
phen- [fen] 苯(基)
phenacemide [fə'næsəmaid] (USP) 苯乙酰脲
phenacetin [fə'næsətin] 非那西汀,乙酰对氨苯乙醚
phenacetolin [ˌfenə'setəlin] 非那西托林
phenaglycodol [ˌfenə'glaikədɔl] 氯苯甲基丁烷二醇
phenanthrene [fiːˈnænθriːn] 菲：一种源于煤焦油的三环芳香族碳氢化合物

o-**phenanthroline** [fə'nænθrəliːn] 邻二氮杂菲
phenantoin ['fenənˌtəuin] 3-甲基苯乙妥因
phenarsazine chloride [feˈnɑːsəziːn] 氯化吩砒嗪
phenate ['fiːneit] 酚盐
phenazone ['fenəzəun] 非那宗,安替比林
phenazopyridine hydrochloride [ˌfenə-zəu'piridiːn] (USP) 盐酸氨苯吡啶
phenbutazone sodium glycerate [fen'bjuːtəzəun] 布他酮甘油酸盐
phencyclidine hydrochloride [fen'saikli-diːn] 盐酸苯环己哌啶
phendimetrazine tartrate [ˌfendai'me-trəziːn] (USP) 酒石酸苯二甲吗啉
phene [fiːn] (Gr. *phainein* to show) 表现性状
phenelzine sulfate ['fenəlziːn] (USP) 硫酸苯乙肼
Phenergan ['fenəˌgæn] 非那根：盐酸异丙嗪制剂的商品名
phenethicillin [fəˌneθi'silin] 氨苯乙基青霉素
  p. **potassium** 氨苯乙基青霉素钾
phenethylbiguanide [feˌneθəl'baigwɔnaid] 苯乙双胍,降糖灵
phenformin hydrochloride [fen'fɔːmin] 盐酸苯乙双胍
phengophobia [ˌfengəu'fəubiə] 畏光
phenic acid ['fiːnik] 石炭酸
phenindamine tartrate [fə'nindəmiːn] 酒石酸苯苯达明
phenindione [ˌfenin'daiəun] (USP) 苯茚二酮
pheniramine maleate [fə'nirəmiːn] 顺丁烯二酸非尼腊明
phenmetrazine hydrochloride [fən'me-trəziːn] (USP) 盐酸苯甲吗啉
phen(o)- (Gr. *phainein* to show) ❶ 表现；❷ 苯
phenobarbital [ˌfiːnəu'bɑːbitəl] (USP) 苯巴比妥
  p. **sodium** (USP) 苯巴比妥钠
phenobarbitone [ˌfiːnəu'bɑːbitəun] 苯巴比妥
phenocopy ['fiːnəˌkɔpi] (*pheno-*¹ + *copy*) ❶ 表现模拟；❷ 表现模拟者；❸ 在表现

型中的被模拟特性
phenodeviant [ˌfiːnəuˈdiːviənt] (*pheno-¹ + deviant*) 表现偏差体
phenogenetics [ˌfiːnəudʒəˈnetiks] (*pheno-¹ + genetics*) 表现遗传学
phenol [ˈfiːnɔl] 酚,石炭酸
 p. liquefactum liquefied p. (USP) 液化酚
 p. red 酚红
phenolate [ˈfiːnəleit] ❶ 酚化;❷ 酚盐
phenolated [ˈfiːnəleitid] 加酚的
Phenolax [ˈfiːnəulæks] 酚诺莱克:酚酞制剂的商品名
phenolemia [ˌfiːnɔˈliːmiə] 酚(血)症
phenolic [fiːˈnɔlik] 酚的
phenolization [ˌfiːnɔliˈzeiʃən] 石炭酸处理,酚处理
phenologist [fiːˈnɔlədʒist] 物候学家
phenology [fiːˈnɔlədʒi] (Gr. *phainesthai* to appear + *-logy*) 物候学
phenololipoid [fiːnəlouˈlaipɔid] 酚脂
phenolphthalein [ˌfiːnɔlˈθæliːn] (USP) 酚酞
phenolsulfonphthalein [ˌfiːnɔlˌsʌlfɔnˈθæliːn] 酚磺酞
phenoltetrachlorophthalein [ˌfiːnɔlˌtetrəˌklɔːrəuˈθæliːn] 四氯酚酞
phenoluria [ˌfiːnɔˈljuəriə] 酚尿
phenom [ˈfiːnəm] 同型种
phenomenology [fiːnɔməˈnɔlədʒi] 现象学
phenomenon [fiˈnɔminən] (pl. *phenomena*) 现象
 Anderson's p. 安德逊氏现象
 aqueous-influx p. 房水输入现象
 arm p. 臂现象
 p. of Arthus 阿图斯现象
 Ascher's negative glass-rod p. 阿斯谢氏阴性玻璃棒现象
 Ascher's positive glass-rod p. 阿斯谢氏阳性玻璃棒现象
 Aschner's p. 阿施内氏现象
 Ashman's p. 阿舒曼氏现象
 Aubert's p. 奥伯特氏现象
 Austin Flint p. 奥斯汀·弗林特现象
 autokinetic visible light p. 自动光点现象
 Barbinski's p. 巴彬斯奇氏现象
 Becker's p. 贝克尔氏现象
 Bell's p. 贝耳氏现象
 blood-influx p. 血液输入现象
 booster p. 加强应答现象
 Bordet-Gengou p. 博-让二氏现象
 Bowditch staircase p. 鲍狄奇氏阶梯现象
 brake p. 制动现象
 break-off p. 暂停现象
 Chase-Sulzberger p. 蔡-苏二氏现象
 cheek p. 面颊现象
 clasp-knife p. 折刀状强直现象
 cogwheel p. 齿轮现象
 Collie p. 科利氏现象
 Cushing's p. 库兴氏现象
 Dale p. 戴尔氏现象
 Danysz's p. 丹尼什氏现象
 dawn p. 黎明现象
 Debré's p. 德布雷氏现象
 Dejerine-Lichtheim p. 代-利二氏现象
 Denys-Leclef p. 丹-利二氏现象
 d'Herelle's p. 海列耳氏现象
 diaphragm p., diaphragmatic p. 膈现象
 doll's head p. 洋娃娃头现象
 Doppler p. 多普勒氏现象
 Duckworth's p. 达克沃思氏现象
 Erben's p. 埃尔本氏现象
 face p., facialis p. 面现象
 fall-and-rise p. 下降上升现象
 Felton's p. 费尔顿氏现象
 Fick's p. 菲克氏现象
 finger p. 伸指现象(偏瘫时)
 first-set p. 首次现象
 flicker p. 闪光现象
 Frégoli's p. 弗里歌利氏现象
 Friedreich's p. 弗里德赖希氏现象
 Galassi's pupillary p. 加拉西氏瞳孔现象
 Gärtner's p. 格特内氏现象
 Gengou p. 让古氏现象
 Gerhardt's p. 格哈特氏现象
 glass-rod p., negative 阴性玻璃棒现象
 glass-rod p., positive 阳性玻璃棒现象
 Goldblatt p. 戈德布拉特氏现象
 Gowers' p. 戈瓦氏现象
 Grasset's p., Grasset-Gaussel p. 格腊塞氏现象,格-果二氏现象
 Gunn's p. 冈恩氏现象
 Gunn's pupillary p. 冈恩氏瞳孔现象
 halisteresis p. 骨软化现象
 Hamburger p. 汉布格氏现象
 Hammerschlag's p. 哈默施拉格氏现象

Hata p. 秦氏现象
Hecht p. 黑希特氏现象
Hektoen p. 海ভ通氏现象
Hering's p. 赫林氏现象
Hertwig-Magendie p. 赫-麦二氏现象
hip-flexion p. 屈髋现象
Hochsinger's p. 霍克辛格氏现象
Hoffmann's p. 霍夫曼氏现象
Holmes' p., Holmes-Stewart p. 霍姆斯氏现象, 霍-斯二氏现象
Houssay p. 奥赛氏现象
Hunt's paradoxical p. 亨特氏反常现象
jaw-winking p. 眨眼动颌现象
Kienböck's p. 金伯克氏现象
Koch's p. 郭霍氏现象
Koebner's p. 科布内氏现象
Kohnstamm's p. 康斯塔姆氏现象
Kühne's muscular p. 屈内氏肌现象
Leede-Rumpel p. 雷-鲁二氏现象
Le Grand-Geblowics p. 格-格二氏现象
Leichtenstern's p. 来希敦斯坦氏现象
Lewis' p. 路易士氏现象
Liacopoulos p. 莱科利波洛斯氏现象
Liesegang's p. 利泽甘氏现象
Litten's diaphragm p. 利滕氏膈现象
Lucio's p. 卢西奥氏现象
Lust's P. 拉斯特氏现象
Marcus Gunn's p. 马各斯·冈恩氏现象
Marcus Gunn's pupillary p. 马各斯·冈恩氏瞳孔现象
Meirowsky p. 梅罗斯金氏现象
Mills-Reincke p. 米-兰二氏现象
Negro's p. 内格罗氏现象, 齿轮现象
Neisser-Wechsberg p. 奈-窦二氏现象
no-reflow p. 无再灌注现象
Orbeli p. 奥尔别利氏现象
orbicularis p. 眼轮匝肌现象
paradoxical diaphragm p. 反常膈现象
paradoxical p. of dystonia 肌张力障碍的反常现象
paradoxical pupillary p. 反常瞳孔现象
peroneal nerve p. 腓神经现象
Pfeiffer's p. 法弗氏现象
phi p. ø 现象, 似动现象
phrenic p. 膈现象
Pilt-Westphal p. 皮-韦二氏现象
Pool's p. 普尔氏现象
Porret's p. 波雷氏现象

psi p. (*psy* che) 精神现象
Purkinje's p. 浦肯野氏现象
Queckenstedt's p. 奎肯斯提氏现象
radial p. 桡神经现象
Raynaud's p. 雷诺氏现象
rebound p. 回缩现象
reclotting p. 触变性, 摇溶性
release p. 释放现象
Rieger's p. 里格氏现象
R on T p. R波在T波上现象
Rumpel-Leede p. 鲁-雷二氏现象
Rust's p. 鲁斯特氏现象
satellite p. 卫星现象
Schellong-Strisower p. 谢-斯二氏现象
Schlesinger's p. 施勒津格氏现象
Schramm's p. 施腊姆氏现象
Schultz-Charlton p. 舒-查二氏现象
second-set p. 二次现象
Sherrington's p. 谢灵顿氏现象
shot-silk p. 闪缎样现象
Shwartzman p. 施瓦茨曼氏现象
Simonsen p. 西蒙森氏现象
Somogyi p. 索莫奇氏现象
Soret p. 索雷氏现象
Souques' p. 苏克氏现象
springlike p. 弹簧样现象
staircase p. 阶梯现象
Staub-Traugott p. 施-特二氏现象
Strümpell's p. 施特吕姆佩耳氏现象
Sulzberger-Chase p. 舒-蔡二氏现象
Theobald Smith's p. 锡·史密斯氏现象
toe p. 足趾现象
Trousseau's p. 特鲁索氏现象
Tullio's p. 图里奥氏现象
Twort-d' Herelle p. 图-海二氏现象
Tyndall p. 廷德耳氏现象
Wedensky's p. 维金斯基氏现象
Wenckebach p. 温克巴赫氏现象
Westphal's p. 韦斯特法尔氏现象
Westphal-Piltz p. 韦-皮二氏现象
Wever-Bray p. 威-布二氏现象
Williams' p. 威廉斯氏现象
phenon [ˈfiːnɔn] 同型种
phenopropazine hydrochloride [ˌfiːnəʊˈprəʊpəziːn] 氯化爱普巴嗪
phenopyrine [ˌfiːnəˈpairiːn] 亲铬细胞, 嗜铬细胞
phenothiazine [ˌfiːnəʊˈθaiəziːn] 吩噻嗪

phenotype ['fi:nəutaip] (*pheno-*[1] + *type*) 表现型,显型
  Bombay p. 孟买表现型
phenotypic [ˌfi:nəu'tipik] 表现型的,显型的
phenoxide [fə'nɔksaid] 酚盐,苯酚盐
phenoxy- 苯氧基
phenoxybenzamine hydrochloride [fəˌnɔksi-'benzəmi:n] 盐酸酚苄明,盐酸苯氧苄扎明
phenozygous [ˌfi:nəu'zaigəs] (Gr. *phainein* to show + *zygon* yoke) 突颧的
phenprocoumon [fen'prəukumən] (USP) 苯丙羟基香豆素
phenpromethamine hydrochloride [ˌfen-prəu'meθəmi:n] 盐酸苯甲胺
phenpropionate [fən'prəupiəˌneit] (USAN) 苯丙酸盐
phensuximide [fən'sʌksimaid] (USP) 苯琥胺
phentermine ['fentəmi:n] 苯丁胺
  p. hydrochloride 盐酸苯丁胺
phentolamine [fən'tɔləmi:n] 酚妥拉明
  p. hydrochloride 盐酸酚妥拉明
  p. mesylate (USP) 甲磺酰酚妥拉明
Phenurone ['fenjurəun] 芬优隆:苯乙酰脲制剂的商品名
phenyl ['fi:nəl] 苯基
  p. aminosalicylate 时氨基水杨酸苯酯
  p. carbinol 苯甲醇
  p. hydrate, p. hydroxide 酚,石炭酸
  p. mercury acetate 醋酸苯汞
  p. mercury nitrate 硝酸苯汞
  p. salicylate 水杨酸苯酯
phenylacetic acid [ˌfenələ'si:tik] 苯乙酸
phenylacetylurea [ˌfenəˌlæsəti:lju:'riə] 苯乙酰脲
phenylalanine [ˌfenə'læləni:n] 苯丙氨酸
phenylalanine hydroxylase [ˌfenə'læləni:n hai'drɔksəleis] 苯丙氨酸羟化酶
phenylalanine hydroxylase deficiency 苯丙氨酸羟化酶缺乏
phenylalanine monooxygenase [ˌfenə'læləni:n ˌmɔnə'ɔksədʒəneis] (EC1.14.16.1) 苯丙氨酸单加氧酶
phenylalaninemia [ˌfenəˌlæləni'ni:miə] 苯丙氨酸血症
phenylalanyl [ˌfenə'lælənəl] 苯丙氨酰(基)
N-phenylanthranilic acid [ˌfenəˌlænθrə'ni:lik] N-苯氨茴酸
phenylbutazone [ˌfenəl'bju:tæzəun] (USP) 保泰松,苯丁唑酮
phenylcarbinol [ˌfenəl'kɑ:binɔl] 苄醇,苯甲醇
phenyldimethylpyrazolon [ˌfenəldaiˌmeθəlpai'reizələn] 苯二甲基吡唑酮
phenylene ['fenəli:n] 次苯基
p-phenylenediamine [ˌpɛərəˌfenəli:n'daiəmi:n] 对苯二胺
phenylephrine [ˌfenə'lefrin] 去氧肾上腺素,新辛内弗林
  p. hydrochloride (USP) 盐酸去氧肾上腺素,盐酸新辛内弗林
  p. tannate 鞣酸去氧肾上腺素
phenylethylbarbituric acid [ˌfenəˌleθəlˌbɑ:bi'tju:rik] 苯乙基巴比土酸
phenylglycolic acid [ˌfenəlglai'kɔlik] 苯乙醇酸
phenylhydrazine [ˌfenəl'haidrəzi:n] 苯肼
phenylic [fə'nilik] 苯基的
phenylic acid [fə'nilik] 酚,苯酚,石炭酸
phenylindanedione [ˌfenəlin'deindi:əun] 苯茚二酮
phenylketonuria (PKU) [ˌfenəlˌkitəu'nju əriə] 苯丙酮酸尿
  atypical p. 非典型的苯丙酮酸尿
  classic p. 典型的苯丙酮酸尿
  maternal p. 母体苯丙酮酸尿
  transient p. 暂时性苯丙酮酸尿
phenyllactic acid [ˌfenəl'læktik] 苯基乳酸
phenylmercuric [ˌfenəlmə:'kju:rik] 苯汞基
  p. acetate (NF) 醋酸苯汞
  p. nitrate ①硝酸苯汞;②(NF) 碱性硝酸苯汞
phenylmethanol [ˌfenəl'meθənɔl] 苄醇,苯甲醇
phenylpropanolamine hydrochloride [ˌfenəlˌprəupə'nɔləmi:n] (USP) 盐酸去甲麻黄碱
phenylpropylmethylamine hydrochloride [ˌfenəlˌprəupəlˌmeθəlæmi:n] 盐酸苯丙甲胺
phenylpyruvic acid [ˌfenəlpai'ru:vik] 苯丙

酮酸

phenylthiocarbamide [ˌfenəlˌθaiəuˈkɑːbəmaid] 苯硫脲

phenylthiourea [ˌfenəlˌθaiəujuəˈriːə] 苯硫脲

phenyltoloxamine citrate [ˌfenəltəˈlɔksəmiːn] 枸橼酸苄苯醇胺

phenyramidol hydrochloride [ˌfeniˈræmidəl] 盐酸苯吡氨醇

phenytoin [ˈfenitəuˌin] 苯妥英
p. sodium (USP) 苯妥英钠

phe(o)- (Gr. *phaios* dun, dusky) 棕色,暗褐色,暗黑色

pheochrome [ˈfiːəukrəum] (Gr. *phaios* dusky + *chrōma* color) 嗜铬的

pheochromoblast [ˌfiːəuˈkrɔməblæst] 成嗜铬细胞

pheochromoblastoma [ˌfiːəuˌkrəuməblæˈstəumə] 嗜铬细胞瘤

pheochromocyte [ˌfiːəuˈkrəuməsait] (*pheochrome* + Gr. *kytos* hollow vessel) 嗜铬细胞

pheochromocytoma [ˌfiːəuˌkrəuməsaiˈtəumə] (*pheo-chromocyte* + *-oma*) 嗜铬细胞瘤

pheresis [fəˈriːsis] (Gr. *aphairesis* removal) 提取法

pheromone [ˈfərəuməun] 信息素,外激素

phetharbital [feˈθɑːbitəl] 苯二乙巴比妥

PhG ❶ (Graduate in Pharmacy 的缩写) 药学毕业生; ❷ (Pharmacopoeia Germanica 的缩写) 德国药典

phi [ai] (Φ,φ) 希腊文第二十一个字母

phial [ˈfaiəl] 管(形)瓶,小药瓶

phialide [ˈfaiəlaid] (Gr. *phialis*, dim. of *phialē* a broad flat vessel) 瓶梗

phialophora [ˌfaiəˈlɔfərə] 瓶霉属

phialophore [ˈfaiələfɔː] 瓶梗托

phialospore [ˈfaiələspɔː] 瓶梗孢子

-phil, -phile (Gr. *philos* loving, dear) 亲

philagrypnia [ˌfailəˈgripniə] (*philein* + Gr. *agrypnia* sleeplessness) 厌睡

-philia (Gr. *philein* to love) ❶ 异常的瘾,癖,嗜欲;❷ 亲

philiater [fiˈlaiətə] (Gr. *philos* fond + *iatreia* healing) 医学爱好者

-philic (Gr. *philos* loving) 亲的

Philip's glands [ˈfilips] (Sir Robert Willian *Philip*, Scottish physician, 1857-1939) 菲利普氏淋巴结

Philippe-Gombault tract [fiˈliːp gɔmˈbəut] (Claudien *Philippe*, French pathologist, 1866-1903; François Alexis Albert *Gombault*, French neurologist, 1844-1904) 菲-贡二氏束

phillyrin [ˈfilirin] 非丽苷

philocytase [ˌfiləuˈsaiteis] 介体

philopatridomania [ˌfiləuˌpætridəuˈmeiniə] (Gr. *philopatris* patriotic + *mania* madness) 归国癖,思乡癖

philtre [ˈfiltə] 春药

philtrum [ˈfiltrəm] (Gr. *philtron* love potion) (NA) 人中

phimosiectomy [faiˌməusiˈektəmi] 包皮环切术

phimosis [faiˈməusis] (Gr. *phimōsis* a muzzling or closure) 包茎

phimotic [faiˈmɔtik] 包茎的

pHisoHex [ˈfaisəuheks] 喷素海克;含六氯(双)的一种乳剂的商品名

phleb- [fleb] 静脉

phlebalgia [fləˈbældʒiə] (*phleb-* + *-algia*) 静脉痛

phlebanesthesia [ˌflebænəsˈθiːziə] 静脉麻醉

phlebangioma [ˌflebændʒiˈəumə] (*phleb-* + *angioma*) 静脉瘤

phlebarteriectasia [ˌflebɑːtiəriəkˈteiziə] (*phleb-* + Gr. *artēria* artery + *ektasis* extension) 动静脉扩张

phlebasthenia [ˌflebəsˈθiːniə] (*phleb-* + *a-* neg. + Gr. *sthenos* strength + *-ia*) 静脉壁无力

phlebectasia [ˌflebekˈteiziə] (*phleb-* + Gr. *ektasis* dilatation + *-ia*) 静脉扩张
p. laryngis 喉静脉扩张

phlebectasis [fləˈbektəsis] 静脉扩张

phlebectomy [fləˈbektəmi] (*phleb-* + *ektomē* excision) 静脉切除术

phlebectopia [ˌflebekˈtəupiə] (*phleb-* + Gr. *ektopos* out of place + *-ia*) 静脉异位

phlebectopy [fləˈbektəpi] 静脉异位

phlebemphraxis [ˌflebəmˈfræksis] (*phleb-* + Gr. *emphraxis* stoppage) 静脉梗阻

phlebexairesis [ˌflebekˈsairəsis] (*phleb-* + Gr. *exairesis* a taking out) 静脉抽出术

phlebin ['flebin] 静脉血色素
phlebismus [fləˈbizməs] 阻塞性静脉膨胀
phlebitic [fləˈbitik] 静脉炎的
phlebitis [fləˈbaitis] (*phleb-* + *-itis*) 静脉炎
  adhesive p. 粘连性静脉炎
  anemic p. 贫血性静脉炎
  blue p. 蓝色静脉炎,疼痛性蓝肿
  chlorotic p. 萎黄病性静脉炎,贫血性静脉炎
  gouty p. 痛风性静脉炎
  p. migrans, migrating p. 移行性静脉炎
  obliterating p., obstructive p. 闭塞性静脉炎
  plastic p. 粘连性静脉炎
  productive p. 静脉硬化
  proliferative p. 粘连性静脉炎
  puerperal p. 产褥期静脉炎
  septic p. 脓毒性静脉炎
  sinus p. 静脉窦炎
  suppurative p. 脓毒性静脉炎,化脓性静脉炎
phleb(o)- (Gr. *phleps*, *phlebos* vein) 静脉
phlebocarcinoma [ˌflebəuˌkɑːsiˈnəumə] 静脉癌
phleboclysis [fləˈbɔklisis] (*phlebo-* + Gr. *klysis* injection) 静脉输液法
  drip, p., slow p. 静脉点滴输液法
phlebofibrosis [ˌflebəufaiˈbrəusis] 静脉纤维化
phlebogenous [fləˈbɔdʒənəs] 静脉原的
phlebogram ['flebəɡræm] (*phlebo-* + *-gram*) ❶ 静脉造影片;❷ 静脉搏动描记图
phlebograph ['flebəuɡrɑːf] (*phlebo-* + *-graph*) 静脉搏动描记器
phlebography [fləˈbɔɡrəfi] (*phlebo-* + *-graphy*) ❶ 静脉造影术;❷ 静脉搏动描记法;❸ 静脉论
phleboid ['flebɔid] (*phlebo-* + Gr. *eidos* form) 静脉样的
phlebolith ['flebəliθ] (*phlebo-* + Gr. *lithos* stone) 静脉石
phlebolithiasis [ˌflebəuliˈθaiəsis] (*phlebo-* + *lithiasis*) 静脉石病
phlebology [fləˈbɔlədʒi] (*phlebo-* + *-logy*) 静脉学
phlebomanometer [ˌflebəuməˈnɔmitə] (*phlebo-* + *manometer*) 静脉血压计
phlebometritis [ˌflebəuməˈtraitis] (*phlebo-* + Gr. *metra* uterus + *-itis*) 子宫静脉炎
phlebomyomatosis [ˌflebəuˌmaiəuməˈtəusis] 静脉肌瘤病
phlebonarcosis [ˌflebəunɑːˈkəusis] 静脉麻醉
phlebophlebostomy [ˌflebəufləˈbɔstəmi] (*phlebo-* + Gr. *phleps* vein + *stomoun* to provide with an opening, or mouth) 静脉静脉吻合术
phlebophthalmotomy [ˌflebəfθælˈmɔtəmi] 眼静脉切开术
phlebopiezometry [ˌflebəuˌpaiəˈzɔmitri] (*ph-lebo-* + Gr. *piesis* pressure + *metron* measure) 静脉压检查法
phleboplasty ['flebəuˌplæsti] (*phlebo-* + Gr. *plassein* to form) 静脉成形术
phleborheography [ˌflebəuriˈɔɡrəfi] (*phlebo-* + *rheography*) 静脉血流摄影术
phleborrhagia [ˌflebəuˈreidʒiə] (*phlebo-* + Gr. *rhēgnynai* to burst forth) 静脉出血,静脉大量出血
phleborrhaphy [fləˈbɔrəfi] (*phlebo-* + Gr. *rhaphē* suture) 静脉缝术
phleborrhexis [ˌflebəuˈreksis] (*phlebo-* + Gr. *rhēxis* rupture) 静脉破裂
phlebosclerosis [ˌflebəuskləˈrəusis] (*phlebo-* + Gr. *sklērōsis* hardening) 静脉硬化
phlebosis [fləˈbəusis] 静脉病
phlebostasia [ˌflebɔsˈteiziə] 静脉止血法
phlebostasis [fləˈbɔstəsis] (*phlebo-* + *stasis* stoppage) ❶ 静脉止血法;❷ 静脉郁滞法
phlebostenosis [ˌflebəustəˈnəusis] (*phlebo-* + Gr. *stenōsis* narrowing) 静脉狭窄
phlebostrepsis [ˌflebəuˈstrepsis] (*phlebo-* + Gr. *strepsein* to turn) 静脉扭转术
phlebothrombosis [ˌflebəuθrɔmˈbəusis] (*phlebo-* + *thrombosis*) 静脉血栓形成
phlebotome ['flebətəum] 静脉刀
phlebotomist [fləˈbɔtəmist] 静脉切开者
phlebotomize [fləˈbɔtəmaiz] 静脉切开
Phlebotomus [fləˈbɔtəməs] (*phlebo-* + Gr. *tomos* a cutting) 白蛉属,沙蚊属
  P. argentipes 银足白蛉
  P. chinensis 中华白蛉
  P. longipes 长须白蛉
  P. major 硕大白蛉

P. martini 马丁尼白蛉
P. noguchi 野口氏白蛉
P. orientalis 东方白蛉
P. papatasi 巴浦白蛉
P. perniciosus 恶毒白蛉
p. sergenti 司(京特)氏白蛉
P. verrucarum 疣肿白蛉
phlebotomy [fləˈbɒtəmi] (*phlebo-* + Gr. *tomē* a cutting) 静脉切开术,放血术
  bloodless p. 静脉郁滞法
phlebotropism [ˌflebəuˈtrɒpizm] (*phlebo-* + Gr. *trope* a turning) 亲静脉性
Phlebovirus [ˈflebəuˌvaiərəs] (*phlebotomus* + *virus*) 沙蚊病毒,白蛉病毒
phlegm [flem] (Gr. *phlegma*) ❶ 痰,粘痰; ❷ 粘液
phlegmasia [flegˈmeiziə] (Gr. "heat, inflammation") 炎症,热
  p. alba dolens 股白肿
  p. alba dolens puerperarum 产褥期股白肿
  cellulitic p. 股蜂窝织炎
  p. cerulea dolens 疼痛性蓝肿
  thrombotic p. 股白肿
phlegmatic [flegˈmætik] (Gr. *phlegmatikos*) 粘液质的,迟钝的
phlegmon [ˈflegmən] (Gr. *phlegmonē*) 蜂窝织炎
  Holz p. 霍尔茨氏蜂窝织炎
  pancreatic p. 胰腺蜂窝织炎
  periurethral p. 尿道周围蜂窝织炎
phlegmonosis [ˌflegməˈnəusis] 炎症,热
phlegmonous [ˈflegmənəs] 蜂窝织炎的
phloem [ˈfləuəm] (Gr. *phloios* bark) 韧皮部
phlogistic [fləuˈdʒistik] (Gr. *phlogistos*) 炎的,炎性的
phlogiston [fləuˈdʒistən] (Gr. *phlogistos* burnt up, inflammable) 燃素
phlog(o)- (Gr. *phlox*, gen. *phlogos* flame) 炎症
phlogocyte [ˈfləugəsait] (*phlogo-* + *-cyte*) 浆细胞
phlogocytosis [ˌfləugəusaiˈtəusis] (血内)浆细胞增多
phlogogen [ˈfləugədʒən] 致炎(物)质
phlogogenic [ˌfləugəuˈdʒenik] (*phlogo-* + Gr. *gennan* to produce) 致炎的

phlogogenous [fləuˈgɒdʒənəs] 致炎的
phlogosin [fləuˈgəusin] (Gr. *phlogosis* inflammation) 脓球菌素
phlogotic [fləuˈgɒtik] 炎的,炎性的
phlorhizin [flɔːˈraizin] (Gr. *phloios* bark + *rhiza* root) 根皮苷
phlorhizin hydrolase [flɔːˈraizin ˈhaidrəleis] 根皮苷水解酶
phlorhizinize [flɔːˈraizinaiz] 根皮苷处理
phloridzin [flɔːˈridzin] 根皮苷
phloridzinize [flɔːˈridzinaiz] 根皮苷处理
phlorizin [flɔːˈraizin] 根皮苷
phloroglucin [ˌflɔːrəˈgluːsin] (*phlorhizin* + Gr. *glykys* sweet) 间苯三酚,藤黄酚
phloroglucinol [ˌflɔːrəˈgluːsinɒl] 间苯三酚,藤黄酚
phlorrhizin [flɔːˈraizin] 根皮苷
phloxine [ˈflɔkzin] 焰红染料,二氢四溴荧光素
  p. B 一种用作血浆染色的红色酸性染料
phlycten [ˈfliktən] 水疱,小泡
phlyctena [flikˈtiːnə] (pl. *phlyctenae*) (Gr. *phlyktaina*) 水疱,小(水)泡
phlyctenar [ˈfliktənə] 水疱的,小(水)泡的
phlyctenoid [ˈfliktənɔid] (*phlycten* + *-oid*) 水疱样的,小(水)泡样的
phlyctenula [flikˈtenjulə] (pl. *phlyctenulae*) (L.) 小(水)疱
phlyctenular [flikˈtenjulə] 小疱(形成)的
phlyctenule [ˈfliktənjuːl] (L. *phlyctaenula*; Gr. *phlyktaina* blister) 小(水)疱
phlyctenulosis [ˌfliktənjuːˈləusis] 小(水)疱病
  allergic p. 过敏性小水疱病
  tuberculous p. 结核性小水疱病
phlysis [ˈflisis] 小水疱
phlyzacion [fliˈzeiʃən] (Gr. *phlyzein* to inflame) ❶ 小脓疱; ❷ 深脓疱
phobia [ˈfəubiə] (Gr. *phobos* fear + *-ia*) 恐怖症
  simple p. (DSM-Ⅲ-R) 单一恐怖症
  social p. (DSM-Ⅲ-R) 社会恐怖症
phobic [ˈfəubik] 恐怖的
phobodipsia [ˌfəubəuˈdipsiə] (Gr. *phobos* fear + *dipsa* thirst) 狂犬病,恐水病
phobophobia [ˌfəubəuˈfəubiə] (Gr. *pho-*

bos fear + *phobia*) 恐怖(体验)恐怖

Phocas' disease [fəu'kɑːz] (B. Gerasime *Phocas*, French surgeon, 1861-1937) 福卡斯氏病

phocomelia [ˌfəukəu'miːliə] (Gr. *phōkē* seal + *melos* limb + *-ia*) 短肢畸形,海豹肢畸形

phocomelus [fəu'kɔmələs] (Gr. *phōkē* seal + *melos* limb) 短肢畸胎,海豹肢畸胎

phon [fəun] (Gr. *phōnē* voice) 昉

phonacoscope [fəu'nækskəup] 叩听诊器

phonacoscopy [ˌfəunə'kɔskəpi] (*phon-* + Gr. *skopein* to examine) 叩听诊法

phonal ['fəunəl] 音的,声音的

phonasthenia [ˌfəunəs'θiːniə] (*phon-* + *asthenia*) 发音无力

phonation [fəu'neiʃən] 发音
  subenergetic p. 发音过弱
  superenergetic p. 发音过强

phonatory ['fəunətəri] 发音的

phonautograph [fəu'nɔːtəgrɑːf] (*phon-* + Gr. *autos* self + *graphein* to write) 语音描记器

phoneme ['fəuniːm] (Gr. *phōnēma* a sound made, a thing spoken) 音素

phonendoscope [fəu'nendəskəup] (*phon-* + *endoscope*) 扩音听诊器

phonendoskiascope [fəuˌnendəu'skaiəskəup] X线透视扩音听诊器

phonetic [fə'netik] (Gr. *phonētikos*) 语音的

phonetics [fə'netiks] 语音学

phoniatrician [ˌfəuniə'triʃən] 语音矫正师

phoniatrics [ˌfəuni'ætriks] (*phon-* + Gr. *iatrikē* surgery, medicine) 语音矫正法

phonic ['fɔnik] 音的,声音的

phonism ['fəunizəm] 音联觉,牵连音觉

phon(o)- (Gr. *phōnē* voice) 声

phonoangiography [ˌfəunəuˌændʒi'ɔgrəfi] 血管音描记法

phonoauscultation [ˌfəunəuˌɔːskəl'teiʃən] 音叉听诊法

phonocardiogram [ˌfəunəu'kɑːdiəugræm] (*phono-* + *cardiogram*) 心音图

phonocardiograph [ˌfəunəu'kɑːdiəugrɑːf] (*phono-* + *cardiograph*) 心音描记器
  fetal p. 胎儿心音描记器

phonocardiographic [ˌfəunəuˌkɑːdiəu'græfik] 心音描记的、心音图的

phonocardiography [ˌfəunəuˌkɑːdi'ɔgrəfi] (*phono-* + *cardiography*) 心音描记法
  intracardiac p. 心内心音描记法

phonocatheter [ˌfəunəu'kæθətə] 心音导管

phonocatheterization [ˌfəunəuˌkæθətəri'zeiʃən] 心音导管检查法
  intracardiac p. 心内心音导管检查法

phonochorda [ˌfəunə'kɔːdə] (*phono-* + Gr. *chorde* cord) 声带

phonogram ['fəunəgræm] (*phono-* + Gr. *gramma* mark) 录音片

phonology [fə'nɔlədʒi] (*phono-* + *-logy*) 语音学

phonomania [ˌfəunəu'meiniə] (Gr. *phone* murder + *mania* madness) 杀人狂

phonomyoclonus [ˌfəunəumai'ɔklənəs] 有声肌阵挛

phonomyogram [ˌfəunəu'maiəugræm] (*phono-* + Gr. *mys* muscle + *gramma* mark) 肌音图

phonomyography [ˌfəunəumai'ɔgrəfi] 肌音描记法

phonophobia [ˌfəunə'fəubiə] (*phono-* + *phobia*) 音响恐怖,高声恐怖

phonophore ['fəunəfɔː] (*phono-* + Gr. *pherein* to carry) ❶听小骨;❷扩音听诊器

phonopsia [fəu'nɔpsiə] (*phono-* + Gr. *opsis* vision + *-ia*) 音幻视,闻声见色

phonorenogram [ˌfəunə'riːnəugræm] 肾音描记图

phonoscope ['fəunəskəup] (*phono-* + *scope*) 叩听器

phonoscopy [fəu'nəskəpi] ❶内脏叩听检查法;❷心音波照相检查

phonoselectoscope [ˌfəunəsə'lektəskəup] (*phono-* + *select* + Gr. *skopein* to examine) 高音听诊器

phonostethograph [ˌfəunə'steθəugrɑːf] 听诊录音机

phorbol ['fɔːbɔl] 佛波醇
  p. ester 佛波醇酯

-phore (Gr. *phoros* carrying) 携带

-phoresis (Gr. *phorēsis* a being carried) 传播,携带

phoria ['fɔːriə] 隐斜视

phoriascope ['fɔːriəskəup] (*phoria* + *-scope*)

隐斜视矫正镜
Phormia ['fɔ:miə] 黑花蝇属
　P. regina 黑花蝇
phoroblast ['fɔ:rəblæst] (Gr. *phoros* carrying + *blastos* germ) 成纤维细胞，纤维细胞
phorocyte ['fɔ:rəsait] 结缔组织细胞
phorocytosis [ˌfɔ:rəsai'təusis] 结缔组织细胞增生
phorology [fəu'rɔlədʒi] (Gr. *phoro* to carry + -*logy*) 带菌(者)学
phorometer [fə'rɔmitə] (Gr. *phora* movement, range + -*meter*) ❶ 眼球运动仪；❷ 隐斜视计
phorometry [fə'rɔmitri] 隐斜视测量法
phoro-optometer [ˌfɔ:rɔp'tɔmitə] (Gr. *phora* movement, range + *opto* + -*meter*) 综合屈光检查仪
Phoroptor [fəu'rɔptə] 弗罗特：装有一组圆柱透镜的隐斜视计的商品名
phoroscope ['fɔ:rəskəup] (Gr. *phora* movement, range + -*scope*) 固定式眼架
phorotone ['fɔ:rətəun] (Gr. *phora* movement, range + *tonos* tension) 眼肌操练器
phorozoon [ˌfɔ:rəu'zəuən] (Gr. *phoros* fruitful + *zōon* animal) 无性世代，无体性
phose [fəuz] (Gr. *phōs* light) 光幻视
phosgene ['fɔsdʒi:n] 二氯化碳
phosgenic [fɔs'dʒenik] (Gr. *phōs* light + -*genic*) 发光的
phosis ['fəusis] 光幻视产生
PhosLo [fɔz'ləu] 弗隆：乙酸钙制剂的商品名
phosphagen ['fɔsfədʒən] 磷酸肌酸
phosphagenic [ˌfɔsfə'dʒenik] 生成磷酸盐的
phosphatase ['fɔsfəteis] 磷酸酶
phosphate ['fɔsfeit] 磷酸盐
　acid p. 酸性磷酸盐
　alkaline p. 碱性磷酸盐
　ammoniomagnesium p. 磷酸铵镁
　carbamoyl p. 氨甲酰磷酸
　dicalcium p. 磷酸二钙
　earthy p. 土金属磷酸盐
　energy rich p. 高能磷酸盐
　ferric p. 磷酸铁
　ferric p., soluble 可溶性磷酸铁
　high-energy p. 高能磷酸盐
　inorganic p. 无机磷酸盐
　normal p. 正磷酸盐
　organic p. 有机磷酸盐
　polyestradiol p. 磷酸聚雌醇
　stellar p. 星状磷酸盐
　trimagnesium p. 三碱磷酸镁
　triorthocresyl p. 三(邻)甲酚磷酸脂
　triple p. 三联磷酸盐，三重磷酸盐
phosphated ['fɔsfeitid] 含磷酸盐的
phosphatemia [ˌfɔsfə'ti:miə] 磷酸盐血
phosphatic [fɔs'fætik] 磷酸盐的
phosphatidate [ˌfɔsfə'taideit] 磷脂酸，磷脂酸盐
phosphatidate cytidylyltransferase [ˌfɔsfə'taideit ˌsaitiˌdiləl'trænsfəreis] (EC 2.7.7.41) 磷脂酸盐胞(嘧啶核)苷酰转移酶
phosphatidate phosphatase [ˌfɔsfə'taideit 'fɔsfəteis] (EC 3.1.3.4) 磷脂酸盐磷酸酶
phosphatide ['fɔsfətaid] 磷脂
phosphatidic acid [ˌfɔsfə'taidik] 磷脂酸
phosphatidosis [ˌfɔsfəti'dəusis] (*phosphatide* + -*osis*) 磷脂沉积(症)
phosphatidyl [ˌfɔsfə'taidəl] 磷脂酰基
phosphatidylcholine [ˌfɔsfə'taidəl'kəuli:n] 磷脂酰胆碱，卵磷脂
phosphatidylcholine-sterol *O*-acyltransferase [ˌfɔsfə'taidəl'kəuli:n'sterəl ˌeisəl'trænsfəreis] (EC 2.3.1.43) 磷脂酰胆碱-固醇酰基转移酶
phosphatidylethanolamine [ˌfɔsfə'taidələ-θə'nɔləmi:n] 磷脂酰乙醇胺
phosphatidylinositol [ˌfɔsfə'taidəli'nɔsitɔl] 磷脂酰肌醇
　p. 4,5-bisphosphate (PIP$_2$) 4-5二磷酸盐
　p. 4-phosphate (PIP) 4-磷脂盐
phosphatidylinositol deacylase [ˌfɔsfə'taidəl i'nɔsitɔl di 'eisəleis] (EC 3.1.1.52) 磷脂酰肌醇脱酰基酶
1-phosphatidylinositol phosphodiesterase [ˌfɔsfəˌtaidəli'nɔusitɔl ˌfɔsfədai'istəreis] (EC 3.1.4.10) 1-磷脂酰肌醇磷酸二酯酶
phosphatidylserine [ˌfɔsfəˌtaidəl'siəri:n] 磷脂酰丝氨酸
phosphatoptosis [ˌfɔsfətɔp'təusis] (*phosphate* + Gr. *ptōsis* fall) 磷酸盐沉着

phosphaturia [ˌfɔsfə'tjuəriə] 磷酸盐尿

phosphene ['fɔsfi:n]（Gr. *phōs* light + *phainein* to show）压眼闪光，光幻视
  accommodation p. 调节性光幻视

phosphide ['fɔsfaid] 磷化物

phosphine ['fɔsfi:n] ❶ 磷化氢；❷ 碱性染革黄棕

phosphite ['fɔsfait] 亚磷酸盐

phosphocreatine (PC) [ˌfɔsfəu'kri:tin] 磷酸肌酸

phosphodiester [ˌfɔsfəudai'estə] 磷酸二酯

phosphodiesterase [ˌfɔsfəudai'estəreis] 磷酸二酯酶

phospho*enol* pyruvate [ˌfɔsfəuˌinɔl'pairuveit] 磷酸烯醇式丙酮酸盐

phospho*enol* pyruvate carboxykinase (GTP) [ˌfɔsfəuˌinɔl'pairuveit kɑːˌbɔksi'kaineis] (EC 4.1.1.32) 磷酸烯醇式丙酮酸盐羧基激酶

phosphofructaldolase [ˌfɔsfəufruk'tældəleis] 磷酸果糖醛醇酶

phosphofructokinase 1 磷酸果糖激酶 1

phosphofructokinase 2 磷酸果糖激酶 2

6-phosphofructokinase (EC 2.7.1.11) 6-磷酸果糖激酶

6-phosphofructo-2-kinase [ˌfɔsfəuˌfruktəu'kaineis] (EC 2.7.1.105) 6-磷酸果糖-2-激酶

phosphoglobulin [ˌfɔsfəu'glɔbjulin] 磷酸球蛋白

phosphoglucokinase [ˌfɔsfəuˌgluːkəu'kaineis] (EC 2.7.1.10) 磷酸葡萄糖激酶

phosphoglucomutase [ˌfɔsfəuˌgluːkəu'mjuːteis] (EC 2.7.1.10) 磷酸葡萄糖变位酶

6-phosphogluconate [ˌfɔsfəu'gluːkəneit] 6-磷酸葡萄糖酸盐

phosphogluconate 2-dehydrogenase (decarboxylating) [ˌfɔsfəu'gluːkəneit di'haidrədʒəneis dˌikɑː'bɔksəleitiŋ] (EC 1.1.1.44) 磷酸葡萄糖酸盐 2-脱氢酶

6-phosphogluconolactonase [ˌfɔsfəuˌgluːkənəu'læktəneis] (EC 3.1.1.31) 6-磷酸葡萄糖乳糖激酶

phosphoglucose isomerase [ˌfɔsfəu'gluːkəus ai'sɔməreis] 磷酸葡萄糖异构酶

3-phosphoglyceraldehyde [ˌfɔsfəuglisə'rældəhaid] 3-磷酸甘油醛

phosphoglycerate [ˌfɔsfəu'glisəreit] 磷酸甘油酸盐

phosphoglycerate kinase [ˌfɔsfə'glisəreit 'kaineis] (EC 2.7.2.3.) 磷酸甘油激酶

phosphoglycerate mutase [ˌfɔsfə'glisəreit 'mjuːteis] (EC 5.4.2.1.) 磷酸甘油酸变位酶

phosphoglyceric acid [ˌfɔsfəgli'serik] 磷酸甘油酸

phosphoglyceride [ˌfɔsfə'glisəraid] 磷酸甘油酯

phosphoglyceromutase [ˌfɔsfəˌglisərə'mjuːteis] 磷酸甘油酸变位酶

phosphoglycoprotein [ˌfɔsfəˌglikə'prəutiːn] 磷糖蛋白

phosphoguanidine [ˌfɔsfə'gwænidin] 磷酸胍

phosphohexose isomerase [ˌfɔsfəˌheksəus i'sɔməreis] 磷酸己糖异构酶

phosphoinositide [ˌfɔsfɔi'nɔsitaid] 磷酸肌醇

phospholamban [ˌfɔsfə'læmbæn] 含受磷蛋白

Phospholine ['fɔsfəliːn] 佛斯弗林；碘二乙氧磷酰硫胆碱（echothiophate iodide）制剂的商品名

phospholipase [ˌfɔsfə'lipeis] 磷脂酶
  p. A_1 (EC 3.1.1.32) 磷脂酶 A_1
  p. A_2 (EC 3.1.1.4) 磷脂酶 A_2
  p. C (EC 3.1.4.3) 磷脂酶 C
  p. D (EC 3.1.4.4) 磷脂酶 D

phospholipid [ˌfɔsfə'lipid] 磷脂

phospholipidemia [ˌfɔsfəˌlipi'diːmiə] 磷脂血

phosphomannomutase [ˌfɔsfəˌmænə'mjuːteis] (EC 5.4.2.8) 磷酸甘露糖变位酶

phosphomannose isomerase [ˌfɔsfə'mænəus i'sɔməreis] 磷酸甘露糖异构酶

phosphomolybdic acid [ˌfɔsfəməu'libdik] 磷钼酸

phosphomonoester [ˌfɔsfəˌmɔnəu'estə] 磷酸单酯

phosphomonoesterase [ˌfɔsfəˌmɔnə'estəreis] 磷酸单酯酶

phosphomutase [ˌfɔsfə'mjuːteis] 磷酸变位酶

phosphonate ['fɔsfəneit] 碳酸盐化合物

phosphonecrosis [ˌfɔsfənə'krəusis] 磷毒性颌骨坏死

phosphonic acid [fɔs'fɔnik] 膦酸
phosphonium [fɔs'fəuniəm] 膦
phosphopenia [ˌfɔsfə'pi:niə] (*phosphorus* + Gr. *penia* poverty) 磷质减少
phosphoprotein [ˌfɔsfə'prəutin] 磷蛋白
phosphoprotein phosphatase [ˌfɔsfə'prəutin 'fɔsfəteis] 磷蛋白磷酸酯酶
  p. p. 1 磷蛋白磷酸酯酶 1
phosphoptomaine [ˌfɔsfə'təmein] 磷尸碱
phosphopyruvate carboxykinase [ˌfɔsfə'paiəruveit kɑ:ˌbɔksi'kaineis] 磷酸丙酮酸羧激酶
phosphopyruvate hydratase [ˌfɔsfə'paiəruveit 'haidrəteis] (EC 4.2.1.11) 磷酸丙酮酸水化酶
phosphorated ['fɔsfəreitid] 与磷化合的
phosphorescence [ˌfɔsfə'resəns] 磷光
phosphorescent [ˌfɔsfə'resənt] 磷光的
phosphorhidrosis [ˌfɔsfəhi'drəusis] 光汗症
phosphoriboisomerase [ˌfɔsfəˌraibɔi'sɔməreis] 磷酸核糖异构酶
phosphoribosylamine [ˌfɔsfəˌribə'siləmi:n] 磷酸核糖胺
phosphoribosylpyrophosphate [ˌfɔsfəˌribəsilˌpaiərə'fɔsfeit] 磷酸核糖焦磷酸
phosphoribosylpyrophosphate synthetase [ˌfɔsfəˌribəsilˌpaiərə'fɔsfeit 'sinθiteis] 磷酸核糖焦磷酸合成酶
phosphoribosyltransferase [ˌfɔsfəˌribəsil'trænsfəreis] 转磷酸核糖基酶
phosphoric acid [fɔs'fɔrik] 磷酸
  p. a., diluted (NF) 稀磷酸
  p. a., glacial 冰磷酸
phosphorism ['fɔsfəˌrizəm] 慢性磷中毒
phosphorized ['fɔsfəraizd] 含磷的
phosphorpenia [ˌfɔsfə'pi:niə] 磷质减少
phosphorolysis [ˌfɔsfə'rɔlisis] 磷酸分解（作用）
phosphoroscope ['fɔsfərəskəup] 磷光测定器
phosphorous ['fɔsfərəs] 磷的
phosphorous acid ['fɔsfərəs] 亚磷酸
phosphorpenia [ˌfɔsfə'pi:niə] 磷质减少
phosphoruria [ˌfɔsfə'juriə] (*phosphorus* + *-uria*) 磷尿
phosphorus ['fɔsfərəs] (Gr. *phōs* light + *phorein* to carry) 磷
  amorphous p. 红磷
  black p. 黑磷
  labeled p. 标记磷
  ordinary p. 普通磷
  radioactive p. 放射性磷
  red p. 红磷
  white p. 白磷
  yellow p. 黄磷
phosphoryl ['fɔsfərəl] 磷酰基
phosphorylase [fɔs'fɔrəleis] 磷酸化酶
  hepatic p. deficiency 肝磷酸化酶缺乏症
  muscle p. deficiency 肌磷酸化酶缺乏症
phosphorylase kinase [fɔs'fɔrəleis 'kaineis] (EC2.7.1.38) 磷酸化激酶
phosphorylase b kinase [fɔs'fɔrəleis 'kaineis] 磷酸化酶 b 激酶
phosphorylase b kinase deficiency 磷酸化酶 b 激酶缺乏症
(phosphorylase) phosphatase [fɔs'fɔrəleis 'fɔsfəteis] (EC 3.1.3.17) 磷酸化酶磷酸酶
phosphorylation [ˌfɔsfərə'leiʃən] 磷酸化（作用）
  oxidative p. 氧化磷酸化
  substrate-level p. 底物水平磷酸化作用
phosphorylysis [ˌfɔsfə'railisis] 磷酸分解（作用）
phosphosugar ['fɔsfəˌʃu:gə] 磷糖
phosphotransferase [ˌfɔsfə'trænsfəreis] 磷酸转移酶
phosphotriose [ˌfɔsfə'traiəus] 磷酸丙糖
phosphotungstate [ˌfɔsfə'tʌŋsteit] 磷钨酸盐
phosphotungstic acid [ˌfɔsfə'tʌŋstik] 磷钨酸
phosphovitellin [ˌfɔsfɔvi'telin] 卵黄高磷蛋白
phosphuresis [ˌfɔsfju:'ri:sis] 尿磷（酸盐）排泄
phosphuretic [ˌfɔsfju:'ri:tik] 尿磷（酸盐）排泄的
phosphuria [fɔs'fjuriə] 磷酸盐尿
phosvitin [fɔs'vaitin] 卵黄高磷蛋白
phot [fəut] (Gr. *phōs* light) 辐透（亮度单位）
photalgia [fə'tældʒiə] (*phot-* + *-algia*) 光痛
photallochromy [fə'tæləˌkrɔmi] (*phot-* + Gr. *allos* different + *chrōma* color) 光照

变色性
photaugiaphobia [fɔˌtɔːdʒiə'fəubiə] (Gr. *phōtaugeia* glare + *phobia*) 光耀恐怖
photerythrous [ˌfɔtə'riθrəs] 仅感红光的
photesthesis [ˌfɔtəs'θiːsis] (*phot-* + Gr. *aisthēsis* perception) 光觉
photic ['fɔtik] 光的
photism ['fɔtizəm] 光联觉
phot(o)- (Gr. *phōs*, gen. *phōtos* light) 光
photoablation [ˌfəutəæb'leiʃən] 光切除术
photoactinic [ˌfəutæk'tinik] 光与光化的
photoactive [ˌfəutə'æktiv] 光敏的
photoallergen [ˌfəutə'ælədʒən] 光变应原
photoallergic [ˌfəutə'lədʒik] 光变应性的
photoallergy [ˌfɔtə'ælədʒi] (*photo-* + *allergy*) 光变应性
photoautotroph [ˌfəutə'ɔːtətrəuf] 光合自养生物
photoautotrophic [ˌfɔtəˌɔːtə'trəufik] 光合自养的
photobacteria [ˌfɔtəbæk'tiəriə] (*photo-* + *bacteria*) 光细菌
photobiologic [ˌfɔtəˌbaiə'lɔdʒik] 光生物学的
photobiological [ˌfɔtəˌbai'lɔdʒikəl] 光生物学的
photobiology [ˌfɔtəbai'ɔlədʒi] (*photo-* + *biology*) 光生物学
photobiotic [ˌfɔtəbai'ɔtik] (*photo-* + Gr. *bios* life) 感光生存的
photocatalysis [ˌfɔtəkə'tælisis] 光催化(作用)
photocatalyst [ˌfɔtə'kætəlist] 光催化剂
photocatalytic [ˌfɔtəˌkætə'laitik] 光催化(作用)的
photocatalyzer [ˌfɔtə'kætəlaizə] 光催化剂
photoceptor [ˌfɔtə'septə] 光感受器
photochemical [ˌfɔtə'kemikəl] 光化学的
photochemistry [ˌfɔtə'kemistri] (*photo-* + *chemistry*) 光化学
photochemotherapy [ˌfɔtəˌkemə'θerəpi] 光化学疗法
photochromogen [ˌfɔtə'krəumədʒən] (*photo-* + Gr. *chrōma* color + *gennan* to produce) 光照产色菌
photochromogenic [ˌfɔtəˌkrəumə'dʒenik] 光照产色的

photochromogenicity [ˌfɔtəˌkrəumədʒə'nisiti] 光照产色性
photocoagulation [ˌfɔtəkəuˌægju'leiʃən] (*photo-* + *coagulation*) 光凝固法
photoconvulsive [ˌfɔtəkən'vʌlsiv] 光惊厥
photocutaneous [ˌfɔtəkju'teiniəs] (*photo-* + *cutaneous*) 光照性皮肤(变化)的
photodermatism [ˌfəutəu'dəːmətizəm] 皮肤感光性
photodermatitis [ˌfɔtəˌdəːmə'taitis] 光照性皮炎
photodermatosis [ˌfɔtəˌdəːmə'təusis] 光照性皮肤病
photodetector [ˌfɔtədi'tektə] 光检测器
photodisruption [ˌfɔtədis'rʌpʃən] 光致破裂
photodromy [fə'tɔdrəmi] (*photo-* + Gr. *dromos* running) 光动现象
photodynamic [ˌfɔtədai'næmik] (*photo-* + Gr. *dynamis* power) 光动力的
photodynamics [ˌfɔtədai'næmiks] 光动力学
photodynia [ˌfɔtə'diniə] (*photo-* + Gr. *odynē* pain) 光痛
photodysphoria [ˌfɔtədis'fɔriə] (*photo-* + Gr. *dysphoria* distress) 羞明
photoelectric [ˌfɔtəi'lektrik] 光电的
photoelectron [ˌfɔtəi'lektrɔn] 光电子
photoerythema [ˌfɔtəˌiri'θiːmə] 光照性红斑
photoesthetic [ˌfɔtəs'θetik] (*photo-* + Gr. *aisthēsis* perception) 光觉的
photofluorogram [ˌfɔtə'fluːərəgræm] 荧光 X 线照片
photofluorography [ˌfɔtəfluə'rɔgrəfi] 荧光 X 线照相术
photofluoroscope [ˌfɔtə'fluərəskəup] 荧光 X 线照相机
photogastroscope [ˌfɔtə'gæstrəskəup] (*photo-* + Gr. *gastēr* stomach + *skopein* to examine) 胃内照相器
photogen ['fəutəudʒən] 发光菌
photogene ['fɔtədʒiːn] 后像
photogenic [ˌfɔtə'dʒenik] ❶ 光致的;❷ 发光的
photohalide [ˌfɔtə'hælaid] 感光性卤化物
photohematachometer [ˌfɔtəˌhemətə'kɔmitə] (*photo-* + Gr. *haima* blood +

tachys swift + *metron* measure) 血流速度照相器

photohenric [ˌfɔtə'henrik] (*photo-* + Gr. *henry*) 光亨(利)的

photoheterotroph [ˌfɔtə'hitərətrəuf] (*photo-* + Gr. *heteros* other + *trophos* feeder, from *trephein* to nourish) 光合异养生物

photoheterotrophic [ˌfɔtəˌhitərə'trəufik] 光合异养的

photohmic [fɔ'tɔmik] 光欧(姆)的

photoinactivation [ˌfɔtəinˌækti'veiʃən] 光灭活作用

photokinesis [ˌfɔtəki'ni:sis] (*photo-* + Gr. *kinētikos* pertaining to motion) 趋光性

photokinetic [ˌfɔtəki'netik] (*photo-* + Gr. *kinētikos* pertaining to motion) 感光运动的

photokymograph [ˌfɔtə'kaiməgræf] 光转筒记录器

photology [fɔ'tɔlədʒi] (*photo-* + *-logy*) 光学

photoluminescence [ˌfɔtəˌlu:mi'nesəns] 光致发光

photolysis [fɔ'tɔlisis] 光解作用

photolyte ['fɔtəlait] (*photo-* + Gr. *lyein* to dissolve) 光解物

photolytic [ˌfɔtə'laitik] 光解的

photoma [fɔ'təumə] 闪光

photomagnetism [fɔtə'mægnətizəm] 光磁性

photomania [ˌfəutəu'meiniə] (*photo-* + Gr. *mania* madness) 光性燥狂

photometer [fɔ'tɔmitə] (*photo-* + *-meter*) 光度计

  flame p. 火焰光度计
  flicker p. 闪变光度计
  Förster's p. 光觉计

photomethemoglobin [ˌfɔtəmetˌhemə'glɔbin] 光变性血红蛋白

photometry [fɔ'tɔmitri] (*photo-* + *-metry*) 光度测定法
  flicker p. 闪变光度测定法

photomicrograph [ˌfɔtə'maikrəgræf] (*photo-* + Gr. *mikros* small + *graphein* to record) 显微照片

photomicrography [ˌfɔtəmai'krɔgrəfi] 显微照相术

photomicroscope [ˌfɔtə'maikrəskəup] 显微照相器

photomicroscopy [ˌfɔtəmai'krɔskəpi] 显微照相术

photomorphogenesis [ˌfɔtəˌmɔfə'dʒenəsis] 光形态发生作用

photomyoclonic [ˌfɔtəˌmaiə'klɔnik] 光(致)肌阵挛的

photomyogenic [ˌfɔtəˌmaiə'dʒenik] 光(致)肌阵挛的

photon ['fɔtən] (Gr. *phōs*, gen. *phōtos* light) 光子

photoncia [fɔ'tɔnsiə] (*photo-* + Gr. *onkos* mass) 光原(性)肿

photonosus [fəu'tɔnəsəs] (*photo-* + Gr. *nosos* disease) 光原(性)病

photo-onycholysis [ˌfɔtəˌɔni'kɔlisis] 光(性)甲脱离

photo-ophthalmia [ˌfəutəuɔf'θælmiə] 强光眼炎

photoparoxysmal [ˌfɔtəˌpærɔk'sismə] 光致惊厥的

photopathy [fɔ'tɔpəθi] (*photo-* + Gr. *pathos* affection) 光源(性)病

photoperceptive [ˌfɔtəpə'septiv] (*photo-* + *perceptive*) 感光的

photoperiod ['fɔtəˌpiəriəd] 光周期

photoperiodic [ˌfɔtəˌpiəri'ɔdik] 光周期的

photoperiodicity [ˌfɔtəpiəriə'disiti] 光周期性

photoperiodism [ˌfɔtə'piəriədizəm] 光周期现象

photopharmacology [ˌfɔtəˌfɑ:mə'kɔlədʒi] (*photo-* + *pharmacology*) 光药理学

photopheresis [ˌfɔtəfə'ri:sis] (*photo-* + *pheresis*) 光免疫化学疗法

photophilic [ˌfɔtə'filik] (*photo-* + Gr. *philein* to love) 嗜光的

photophobia [ˌfɔtə'fəubiə] (*photo-* + *phobia*) 畏光

photophobic [ˌfɔtə'fəbik] 畏光的

photophore ['fɔtəufɔ:] 检鼻喉灯

photophosphorylation [ˌfɔtəˌfɔsfərəu'leiʃən] 光(合)磷酸化(作用)
  cyclic p. 周期光合磷酸化作用

photophthalmia [ˌfɔtəf'θælmiə] (*photo-* + *ophthalmia*) 强光眼炎
  flash p. 强闪光眼炎

photopia ['fɔtəpiə] 光适应

photopic [fɔ'tɔpik] (明)光适应的
photopigment [ˌfɔtə'pigmənt] 光色素
photoproduct ['fɔtə,prɔdəkt] 光合(产)物
photoprotection [ˌfɔtəprə'tekʃən] 光保护(作用)
photopsia [fɔ'tɔpsiə] (*photo-* + *-opsia*) 闪光(幻)觉
photopsin [fɔ'tɔpsin] 光视蛋白
photopsy [fɔ'tɔpsi] 闪光(幻)觉
photoptarmosis [ˌfɔtəptɑ:'məusis] (*photo-* + Gr. *ptarmos* sneezing + *-osis*) 光感喷嚏
photoptometer [ˌfɔtəp'tɔmitə] (*photo-* + *opto-* + *-meter*) 光觉计
photoptometry [ˌfɔtəp'tɔmitri] (*photo-* + *opto-* + *-metry*) 光觉测验法
photoradiation [ˌfɔtə,reidi'eiʃən] 光辐射
photoradiometer [ˌfɔtə,reidi'ɔmitə] X 线(辐射)量计
photoreaction [ˌfɔtəri'ækʃən] 光反应
photoreactivation [ˌfɔtəri,ækti'veiʃən] 光致复活(作用)
photoreception [ˌfɔtəri'sepʃən] (*photo-* + L. *receptio*, from *recipere* to receive) 光感受
photoreceptive [ˌfɔtəri'septiv] 感光的
photoreceptor [ˌfɔtəri'septə] 光感受器
photorespiration [ˌfɔtə,respi'reiʃən] 光呼吸(作用)
photoretinitis [ˌfɔtə,reti'naitis] 光照性视网膜炎
photoreversal [ˌfɔtəri'və:səl] 光致复活(作用)
photoscan ['fɔtəskæn] 光扫描图
photoscanner [ˌfɔtə'skænə] 光扫描器
photoscope ['fɔtəskəup] (*photo-* + Gr. *skopein* to examine) 透视镜
photoscopy [fɔ'tɔskəpi] (*photo-* + Gr. *skopein* to examine) X 线透视检查
photosensitive [ˌfɔtə'sensitiv] 对光敏感的
photosensitivity [ˌfɔtə,sensi'tiviti] (*photo-* + *sensitivity*) 感光性
photosensitization [ˌfɔtə,sensiti'zeiʃən] 光致敏(作用)
photosensitize [ˌfɔtə'sensitaiz] (*photo-* + *sensitize*) 使感光
photostable ['fɔtəˌsteibəl] 不感光的
photostethoscope [ˌfɔtə'steθəskəup] 光波显音器
photosynthesis [ˌfɔtə'sinθəsis] (*photo-* + Gr. *synthesis* putting together) 光合作用
phototactic [ˌfɔtə'tæktik] 趋光性的
phototaxis [ˌfɔtə'tæksis] (*photo-* + *taxis*) 趋光性
phototherapy [ˌfɔtə'θerəpi] (*photo-* + *therapy*) 光线疗法
 ultraviolet p. 紫外光线疗法
photothermal [ˌfɔtə'θə:məl] 辐射热的
photothermy ['fɔtəˌθə:mi] (*photo-* + Gr. *thermē* heat) 辐射热作用
phototimer ['fɔtəˌtaimə] 照相计时器
phototonus [fɔ'tɔtənəs] (*photo-* + Gr. *tonus* tension) 光敏感性
phototoxic [ˌfɔtə'tɔksik] (*photo-* + *toxic*) 光毒性的
phototoxicity [ˌfɔtətɔk'sisiti] (*photo-* + *toxicity*) 光毒性
phototransduction [ˌfɔtətræns'dʌkʃən] 视觉传导
phototrophic [ˌfɔtə'trɔfik] (*photo-* + Gr. *trophē* nourishment) 光营养的
phototropic [ˌfɔtə'trɔpik] 向光的
phototropism [fɔ'tɔtrəpizəm] (*photo-* + Gr. *tropos* a turning) ❶ 向光性；❷ 光致变色
photovaporization [ˌfɔtə,væpəri'zeiʃən] 光汽化
photronreflectometer [ˌfɔtrənˌriflek'tɔmitə] 光电反射计
photuria [fɔ'tjuriə] (*photo-* + Gr. *ouron* urine + *-ia*) 发光尿
PHPPA (*p-* hydroxyphenylpyruvic acid 的缩写) p-氢氧苯丙酮酸
Phragmobasidiomycetes [ˌfrægmɔbəˌsaidiəmai'sitiz] 成膜担子菌纲
Phragmobasidiomycetidae [ˌfrægmɔbəˌsaidiəmai'sitidi:] (Gr. *phragma* fence + *basidium* + Gr. *mykēs* fungus) 成膜担子霉菌
phragmoplast ['frægmɔplæst] (Gr. *phragmos* inclosure + *plastos* formed) 成膜体
phren [frin] (Gr. *phrēn*) ❶ 膈；❷ 脑,心
phrenalgia [fri'nældʒiə] (*phren-* + *-algia*) 膈痛
phrenasthenia [ˌfrenæs'θi:niə] (*phren-* + Gr. *aesthenein* weakness) 精神薄弱,意

志薄弱

phrenectomy [fri'nektəmi] (phren- + Gr. ektomē excision) 膈切除术

phrenemphraxis [ˌfrinem'fræksis] (phrenic nerve + Gr. emphraxis stoppage) 膈神经压轧术

phrenesis [fri'niːsis] (Gr. "insanity") 疯狂, 精神病

phrenetic [frə'netik] ❶ 躁狂的; ❷ 躁狂患者

phrenic ['frinik] (L. phrenicus; Gr. phrēn mind; diaphragm) ❶ 膈的; ❷ 精神的

phrenicectomy [ˌfrini'sektəmi] (phrenic nerve + -ectomy) 膈神经切除术

phreniclasia [ˌfrini'klæʒiə] (phrenic nerve + Gr. klasis crushing) 膈神经压轧术

phreniclasis [ˌfrini'klæsis] (phrenic nerve + Gr. klasis crushing) 膈神经压轧术

phrenicoexairesis [ˌfrinikɔik'særəsis] 膈神经抽出术

phrenicoexeresis [ˌfrinikɔik'serəsis] (phrenic nerve + Gr. exairesis a taking out) 膈神经抽出术

phreniconeurectomy [ˌfrinikɔnjuː'rektəmi] 膈神经切除术

phrenicotomy [ˌfrini'kɔtəmi] (phrenic nerve + Gr. tomē a cutting) 膈神经切断术

phrenicotripsy [ˌfrinikə'tripsi] (phrenic nerve + Gr. -tripsy) 膈神经压轧术

phrenitis [frə'naitis] (phren- + -itis) 膈炎

phren(o)- (Gr. phrēn diaphragm, mind) ❶ 膈, 膈神经; ❷ 脑

phrenoblabia [ˌfrenəu'bleibiə] (phreno- + Gr. blabe hurt) 精神障碍

phrenocardia [ˌfrenə'kɑːdiə] (phreno- + Gr. kardia heart) 心血管神经衰弱

phrenocolic [ˌfrenə'kɔlik] 膈结肠的

phrenocolopexy [ˌfrenəu'kɔləpeksi] (phreno- + colon + Gr. pexis fixation) 膈结肠固定术

phrenodynia [ˌfrenə'dainiə] (phreno- + Gr. odynē pain) 膈痛

phrenogastric [ˌfrenə'gæstrik] 膈胃的

phrenoglottic [ˌfrenə'glɔtik] 膈声门的

phrenograph ['frenəgræf] (phreno- + Gr. graphein to write) 膈动描记器

phrenohepatic [ˌfrenəhə'pætik] (phreno- + Gr. hēpar liver) 膈肝的

phrenologist [frə'nɔlədʒist] 颅相学者

phrenology [frə'nɔlədʒi] (phreno- + -logy) 颅相学

phrenopericarditis [ˌfrenəˌperikɑː'daitis] (phreno- + pericarditis) 膈心包炎

phrenoplegia [ˌfrenə'pledʒiə] (phreno- + Gr. plēgē stroke) 膈瘫痪

phrenoptosis [ˌfrenəp'təusis] (phreno- + Gr. ptōsis falling) 膈下垂

phrenosin ['frenəsin] 脑酮

phrenosine ['frenəsiːn] 脑酮

phrenospasm ['frenəspæzəm] (phreno- + spasm) 膈痉挛

phrenosplenic [ˌfrenə'splenik] 膈脾的

phrenotropic [frenə'trɔpik] (phreno- + Gr. tropē a turn, turning) 向精神的

phricasmus [fri'kæsməs] (Gr. phrike shivering) 寒战, 抖颤

phrictopathic [friktə'pæθik] (Gr. phriktos producing a shudder + pathos disease) 战栗的

phronema [frəu'niːmə] (Gr. "mind") (脑皮质)联想中枢部

phrynin ['frinin] 蟾毒

phrynoderma [ˌfrinə'dəːmə] (Gr. phrynē toad + derma skin) 蟾皮病

phrynolysin [fri'nɔlisin] (Gr. phrynē toad + lysis dissolution) 蟾溶素

phthalate ['θæleit] 邻苯二甲酸盐

phthalein ['θælein] 酞
   alpha-naphthol p. α-萘酚酞
   orthocresol p. 邻甲酚酞

phthaleinometer [ˌθælei'nɔmitə] 酞定量器

phthalic acid ['θælik] 酞酸

phthalin ['θælin] 还原酞

phthalylsulfacetamide [ˌθæləlˌsʌlfə'setəmaid] 邻苯二甲酰磺乙酰胺

phthalylsulfathiazole [ˌθæləlˌsʌlfə'θaiəzəul] 邻苯二甲酰磺胺噻唑

phthalylsulfonazole [ˌθælelsəl'fɔnəzəul] 邻苯二甲酰磺乙酰胺

phthinode ['θinəud] 易患痨病者

phthinoid ['θinɔid] 痨病样的

phthiocol ['θaiəkɔl] 结核菌萘醌

phthioic acid [θaiˈɔik] 结核菌酸

phthiremia [ˌθaiˈriːmiə] (Gr. *phtheirein* to corrupt + *aema* blood) 血液不良

phthiriasis [θiˈraiəsis] (Gr. *phtheiriasis*, from *phtheir* louse) 虱病
   p. inguinalis, pubic p. 阴虱病

Phthirus [ˈθirəs] (Gr. *phtheir* louse) 阴虱属
   P. pubis 阴虱

phthisiogenesis [ˌ-iziəuˈdʒenisis] (*pathisis* + Gr. *genesis* development) 痨病发生, 成痨

phthisis [ˈθaisis] (Gr. *phthisis*, from *phthiein* to decay) ❶ 痨病; ❷ 结核病
   aneurysmal p. 动脉瘤痨
   p. bulbi 眼球痨
   p. corneae 角膜痨
   essential p. 特发性眼痨
   ocular p. 眼痨

phyco- (Gr. *phykos* seaweed) 与海草或海藻有关的

phycochrome [ˈfikəkrəum] (*phyco-* + Gr. *chrōma* color) 藻色素

phycochromoprotein [ˌfikəˌkrəməˈprəutiːn] 藻色蛋白

phycoerythrin [ˌfikəˈriθrin] 藻红蛋白

Phycomycetes [ˌfikəmaiˈsetiːz] (*phyco-* + Gr. *mykēs* fungus) 藻状菌

phycomycetosis [ˌfikəmaisəˈtəusis] 藻菌病
   subcutaneous p. 皮下藻菌病

phycomycetous [ˈfikəmaiˈsiːtəs] 藻菌的

phycomycosis [ˌfikəmaiˈkəusis] 藻菌病
   subcutaneous p. 皮下藻菌病

phygogalactic [ˌfiɡəɡəˈlæktik] (Gr. *pheugein* to avoid + *gala* milk) 止乳的

phyla [ˈfilə] 门。*phylum* 的复数

phylactic [fəˈlæktik] (Gr. *phylaktikos* preservative) 防御的

phylaxin [fiˈlæksin] 防御素

phylaxis [fəˈlæksis] (Gr. "a guarding") 防御(作用)

phyletic [fiˈletik] 种系发生的

Phyllanthus [fəˈlænθəs] 叶下珠属
   P. engleri 毒叶下珠

phyllidea [fəˈlaidiə] 吸叶

phyll(o)- (Gr. *phyllon* leaf) 与叶有关, 与叶绿素有关的

phyllode [ˈfailəud] (Gr. *phyllon* leaf + *eidos* form) 叶状的

phylloerythrin [ˌfiləˈeriθrin] 叶赤素

phyllolith [ˈfiləliθ] 叶石

phylloquinone [ˌfiləˈkwinəun] 叶绿醌

phylogenesis [ˌfiləˈdʒenəsis] 种系发生

phylogenetic [ˌfiləˈdʒəˈnetik] 种系发生的

phylogenic [ˌfiləˈdʒenik] 种系发生的

phylogeny [fiˈlɔdʒəni] (Gr. *phylon* tribe + *genesis* generation) 种系发生

phylum [ˈfiləm] (L.; Gr. *phylon* race) 门

phyma [ˈfimə] (pl. *phymata*) (Gr. "a growth") 皮肤肿块

phymata [ˈfiməta] (Gr.) 皮肤肿块。*phyma* 的复数形式

phymatoid [ˈfaimətɔid] 肿块样的, 肿瘤样的

phymatorhusin [ˌfimətəˈruːsin] (Gr. *phyma*, gen. *phymatos* a growth + *rhysis* flow) 肿瘤黑色素

phymatorrhysin [ˌfimətəˈraisin] 肿瘤黑色素

phymatosis [faiməˈtəusis] 肿块病, 肿瘤病

Physalia [fiˈsæliə] 僧帽水母属

physalides [fiˈsælidiːz] 空泡。*physalis* 的复数

physaliferous [ˌfisəˈlifərəs] (Gr. *physallis* bubble + *-ferous*) 含空泡的

physaliform [fiˈsælifɔːm] (Gr. *physallis* bubble + L. *forma* shape) 气泡样的

physaliphore [fiˈsælifɔː] (Gr. *physallis* bubble + *-phore*) 空泡细胞

physaliphorous [ˌfisəˈlifərəs] (Gr. *physallis* bubble + *phoros* bearing) 含空泡的

physalis [ˈfisəlis] (pl. *physalides*) (Gr. *physallis* bubble) 空泡

physallization [ˌfisæliˈzeiʃən] (Gr. *physallis* bubble) 泡沫形成

Physaloptera [ˌfisəˈlɔptərə] (Gr. *physallis* bubble + *pteron* wing) 泡翼线虫属
   P. caucasica 高加索泡翼线虫
   P. mordens 咬泡翼线虫
   P. rara 稀泡翼线虫
   P. truncata 截尾泡翼线虫

physalopteriasis [ˌfisəlɔptəˈraiəsis] 泡翼线虫病

physconia [fisˈkəuniə] (Gr. *physkome* pot-belly) 腹肿大

physeal ['fiziəl] 生长的

physiatrics [,fizi'ætriks] (*physi-* + Gr. *iatrikē* surgery, medicine) 物理治疗学

physiatrist [,fizi'ætrist] 理疗医师

physiatry [,fizi'ætri] (*physi-* + Gr. *iatreia* healing) 物理治疗学

physic ['fizik] (Gr. *physikos* natural) ❶ 医学；❷ 药物

physical ['fizikəl] (Gr. *physikos*) 身体的或物理的

physician [fi'ziʃən] 医师
   p. assistant 助理医师
   attending p. 主治医师
   emergency p. 急诊医师
   family p. 家庭医师
   resident p. 住院医师

Physick's pouches ['fiziks] (Philip Syng Physick, American surgeon, 1768-1837) 菲西克氏囊

physicochemical [,fizikə'kemikəl] 物理化学的

physics ['fiziks] (Gr. *physis* nature) 物理学

physi(o)- (Gr. *physis* nature) 物理, 自然, 生理

physiochemical [,fiziə'kemikəl] 生理化学的

physiochemistry [,fiziə'kemistri] 生理化学

physiocracy [,fizi'ɔkrəsi] (Gr. *physis* nature + *krateim* to rule) 自然疗法

physiogenesis [,fiziə'dʒenəsis] 胚胎学

physiognomy [,fizi'ɔgnəmi] (*physio-* + Gr. *gnōmōn* a judge) ❶ 面相；❷ 面容诊断

physiognosis [,fiziɔg'nəusis] (*physio-* + Gr. *gnōsis* knowledge) 面容诊断法

physiologic [,fiziə'lɔdʒik] 生理学的

physiological [,fiziə'lɔdʒikəl] 生理学的

physiologicoanatomical [,fizio,lɔdʒikə,ænə-'tɔmikəl] 生理解剖的

physiologist [,fizi'ɔlədʒist] 生理学家

physiology [,fizi'ɔlədʒi] (*physio-* + *-logy*) ❶ 生理学；❷ 生理
   animal p. 动物生理学
   comparative p. 比较生理学
   dental p. 牙生理学
   general p. 普通生理学
   hominal p. 人体生理学
   morbid p., pathologic p. 病理生理学
   special p. 生理学各论
   vegetable p. 植物生理学

physiolysis [,fizi'ɔlisis] (*physio-* + Gr. *lysis* dissolution) 自然分解

physiomedicalism [,fiziə'medikəlizəm] (*physio-* + *medicalism*) 草(药)医派

physiometry [,fizi'ɔmitri] (*physio-* + Gr. *metron* measure) 生理机能测验

physioneurosis [,fiziəunju'rəusis] 躯体(性)神经机能病

physionomy [,fizi'ɔnəmi] (*physio-* + Gr. *nomos* law) 自然规律学

physiopathologic [,fiziə,pæθə'lɔdʒik] 病理生理的

physiopathology [,fiziəpə'θɔlədʒi] (*physio-* + *pathology*) 病理生理学

physiophyly [,fizi'ɔfəli] (*physio-* + Gr. *phylon* tribe) 机能进化

physiosis [fizi'əusis] (Gr. "a puffing up") 膨胀, 气胀

physiotherapist [,fiziə'θerəpist] 理疗医师

physiotherapy [,fiziə'θerəpi] (*physio-* + Gr. *therapeia* cure) 物理治疗

physique [fi'zik] 体格

physis ['fisis] (Gr. *phyein* to generate) 长骨生长部

physo- (Gr. *physa* air) 空气, 气体

physocele ['fisəsi:l] (*physo-* + Gr. *kēlē* tumor) ❶ 气瘤；❷ 气疝

Physocephalus [,fisə'sefələs] 膨首线虫属
   P. sexalatus 猪膨首线虫

physocephaly [,fisə'sefəli] (*physo-* + *kephale* head) 头气肿

physohematometra [,fisə,hemətə'mitrə] (*physo-* + Gr. *haima* blood + *metra* uterus) 子宫积血气

physohydrometra [,fisəhaidrə'mitrə] (*physo-* + Gr. *hydōr* water + *metra* uterus) 子宫积水气

physometra [,fisə'mitrə] (*physo-* + Gr. *metra* uterus) 子宫积气

Physopsis [fi'sɔpsis] 瓶形螺亚属

physopyosalpinx [,fisə,piə'sælpiŋks] (*physo-* + Gr. *pyon* pus + *salpinx* tube) 输卵管积脓气

Physostigma [,fisə'stigmə] (*physo-* + Gr.

stigma stigma) 毒扁豆属

physostigmine [ˌfizəˈstigmiːn] (USP) 毒扁豆碱
  p. salicylate (USP) 水杨酸毒扁豆碱
  p. sulfate (USP) 硫酸毒扁豆碱

physostigminism [ˌfisəˈstigminizəm] 毒扁豆碱中毒

phytagglutinin [ˌfitəˈgluːtinin] 植物凝血素

phytalbumin [ˌfitælˈbjumin] (*phyto-* + *albumin*) 植物白蛋白

phytanate [ˈfitəneit] 植酸盐(或离子)

phytanic acid [fiˈtænik] 植烷酸

phytanic acid α-hydroxylase [fiˈtænik ˈæsid haiˈdrɔksəleis] 植烷酸α-羟化酶

6-phytase [ˈfiteis] (EC 3.1.3.26) 6-植酸酶

phytate [ˈfiteit] 植酸盐

-phyte (Gr. *phyton* plant) 植物或病理性生长的

phytic acid [ˈfitik] 肌醇六磷酸

phytid [ˈfaitid] (Gr. *phytan* plant) 真菌疹

phyt(o)- (Gr. *phyton* plant) 植物

phytoalexin [ˌfaitəˈleksin] 植物抗毒素

phytoanaphylactogen [ˌfaitəˌænəfəˈlæktədʒən] (*phyto-* + *anaphylactogen*) 植物过敏原

phytobezoar [ˌfaitəˈbizɔː] (*phyto-* + *bezoar*) 植物粪石

phytochemistry [ˌfaitəˈkemistri] (*phyto-* + *chemistry*) 植物化学

phytochinin [ˌfaitəˈkinin] 植物促代谢素

phytochrome [ˈfaitəkrəum] 植物色素

phytodemic [ˌfaitəˈdemik] (*phyto-* + *epidemic*) 植物流行病

phytodetritus [ˌfaitədiˈtritəs] 植物腐殖质

phytoflagellate [ˌfaitəˈflædʒəleit] (*phyto-* + L. *flagellum* whip) 植鞭毛虫

phytogenesis [ˌfaitəˈdʒenəsis] (*phyto-* + Gr. *genesis* generation) 植物发生

phytogenetic [ˌfaitədʒəˈnetik] 植物发生的

phytogenic [faitəˈdʒenik] 植物发生的

phytogenous [faiˈtɔdʒənəs] (*phyto-* + Gr. *gennan* to produce) 植物发生的

phytohemagglutinin [ˌfaitəˌhiməˈgluːtinin] 植物血细胞凝集素

phytohormone [ˌfaitəˈhɔːməun] (*phyto-* + *hormone*) 植物激素

phytoid [ˈfaitɔid] (*phyto-* + Gr. *eidos* form) 植物样的

phytol [ˈfaitɔl] 叶绿醇

Phytomastigophora [ˌfaitəˌmæstiˈgɔfərə] 植鞭毛纲

Phytomastigophorea [ˌfaitəˌmæstigəˈfɔriə] (*phyto-* + Gr. *mastix* whip + *phoros* bearing) 植鞭毛纲

phytomastigophorean [ˌfaitəˌmæstigəˈfɔriən] 植鞭毛虫

phytomenadione [ˌfaitəˌmenəˈdaiəun] 植物甲萘醌

phytomitogen [ˌfaitəˈmitɔdʒən] 植物致丝裂素

phytonadione [ˌfaitəˈdaiəun] 植物甲萘醌

phytonosis [ˌfaitəˈnəusis] (*phyto-* + Gr. *nosos* disease) 植物原(因)病

phytoparasite [ˌfaitəˈpærəsait] (*phyto-* + *parasite*) 寄生植物

phytopathogenic [ˌfaitəˌpæθəˈdʒenik] 致植物病的

phytopathology [ˌfaitəpəˈθɔlədʒi] (*phyto-* + *pathology*) ❶ 植物病理学；❷ 植物原(因)病病因学

phytopathy [faiˈtɔpəθi] (*phyto-* + Gr. *pathos* disease) 植物病

phytophagous [faiˈtɔfəgəs] (*phyto-* + Gr. *phagein* to eat) 素食的

phytophotodermatitis [ˌfaitəˌfɔtəˌdəməˈtaitis] (*phyto-* + *photo-* + *dermatitis*) 植物光照性皮炎

phytoplankton [ˌfaitəˈplænktən] (*phyto-* + Gr. *planktos* wandering) 浮游植物

phytoplasm [ˈfaitəplæzəm] (*phyto-* + Gr. *plasma* thing formed) 植物原生质

phytoprecipitin [ˌfaitəpreˈsipitin] 植物沉淀素

phytosensitinogen [ˌfaitəˌsensiˈtinədʒən] (*phyto-* + *sensitinogen*) 植物过敏原

phytosis [faiˈtəusis] (*phyto-* + *-osis*) 植物寄生病

phytosterol [faiˈtɔstərɔl] 植物甾醇

phytosterolemia [faiˌtɔstərəˈliːmiə] 谷甾醇血症

phytotherapy [ˌfaitəˈθerəpi] (*phyto-* + Gr. *therapeia* treatment) 植物(药)疗法

phytotoxic [ˌfaitəˈtɔksik] ❶ 植物毒素的；❷ 抑制植物生长的

phytotoxin [ˌfaitəˈtɔksin] 植物毒素

phytotrichobezoar [ˌfaitəˌtrikəˈbizɑː] (*phyto-* + Gr. *thrix* hair + *bezoar*) 植物毛粪石

phytovitellin [ˌfaitəviˈtelin] 植物卵黄蛋白

phytoxylin [faiˈtɔksəlin] (*phyto-* + Gr. *xylon* wood) 植木胶

PI (phosphatidylinositol 的缩写) 磷脂酰肌醇

pI 等电点

pi (π π) 希腊文的第 16 个字母

pia [ˈpaiə, ˈpiə] (L.) ❶ 柔的, 软的; ❷ 软脑(脊)膜

pia-arachnitis [ˌpaiəˌærækˈnaitis] 软膜蛛网膜炎

pia-arachnoid [ˌpaiəˈræknɔid] (*pia* + *arachnoid*) 软膜蛛网膜

pia-glia [ˌpaiəˈgliə] 软膜神经胶(质)层

pia-intima [ˈpaiəˈintimə] (*pia* + *intima*) 软膜神经胶(质)层

pial [ˈpaiəl ˈpiəl] 软脑(脊)膜的

pialyn [ˈpaiəlin] (Gr. *piar* fat + *lyein* to loosen) 脂酶

pia mater [ˈpaiə ˈmætər ˈpiə ˈmɑːtər] (L. "tender mother") 软脑(脊)膜

  p. m. cranialis (NA) 软脑膜

  p. m. encephali 软脑膜

  p. m. spinalis (NA) 软脊膜

pian [piˈɑːn] (Fr.) 雅司

  p. bois 美洲利什曼病

  hemorrhagic p. 出血性疣

piarachnitis [ˌpaiˌærækˈnaitis] 软膜蛛网膜炎

piarachnoid [ˌpaiəˈræknɔid] 软膜蛛网膜

piarhemia [ˌpaiəˈhemiə] (Gr. *piar* fat + *haima* blood + *-ia*) 脂血(症)

piastrinemia [paiˌæstriˈniːmiə] (It. *piastre* coin + Gr. *haima* blood + *-ia*) 血小板增多

piblokto [piˈblɔktə] (Eskimo) 皮布罗托(爱斯基摩语)病

pica [ˈpaikə] (L. "magpie") 异食癖

Pick's bodies [piks] (Arnold *Pick*, Czechoslovakian psychiatrist, 1851-1924) 皮克氏体

Pick's cells [piks] (Ludwig *Pick*, German physician, 1868-1935) 皮克氏体

pick [pik] 签

apical p. 根尖签

crane p. 拨牙挺

root p. 根尖挺

pickling [ˈpikliŋ] 酸渍

pickwickian syndrome [pikˈwikiən] (from the description of the fat boy in Dickens' *Pickwick Papers*) 匹克威克综合征

pico- (from It. *piccolo* small) 皮

picocurie [ˌpikəˈkjuri] 皮居里: 放射性单位

picogram [ˈpikəgræm] 皮克

picopicogram [ˌpikəˈpikəgræm] 皮皮克

Picornaviridae [piˌkɔːnəˈvairidi] 细小核糖核酸病毒族

picornavirus [piˈkɔːnəˈvairəs] (*pico-* + *ribo*nucleic *acid* + *virus*) 细小核糖核酸病毒

picounit [ˈpikəˈjunit] 皮单位

picrate [ˈpikreit] 苦味酸盐

picric acid [ˈpikrik] 苦味酸

picr(o)- (Gr. *pikros* bitter) ❶ 苦的; ❷ 与苦味酸有关的

picrocarmine [ˌpikrəˈkɑːmin] 苦味酸卡红

picrogeusia [ˌpikrəˈgjuːsiə] (*picro-* + Gr. *geusis* taste + *-ia*) 苦味异常

picrol [ˈpikrɔl] 皮克罗尔

picronigrosin [ˌpikrəniˈgrɔsin] 苦味酸苯胺黑

picropodophyllin [ˌpikrəˌpɔdəˈfilin] 鬼臼苦素

Picrorrhiza [ˌpikrəˈraizə] (*picro-* + Gr. *rhiza* root) 胡黄连属

picrosaccharometer [ˌpikrəˌsækəˈrɔmitə] 糖尿测定器

picrosclerotine [ˌpikrəˈsklerətin] 麦角苦碱

picrotoxin [ˌpikrəˈtɔksin] 印防己毒素

picrotoxinism [ˌpikrəˈtɔkzinizəm] 印防己毒素中毒

pictograph [ˈpiktəgrɑːf] 儿童视力表

PID (pelvic inflammatory disease 的缩写) 盆腔炎性疾病

PIE (pulmonary interstitial emphysema 的缩写) 间隙性肺气肿

piebald [ˈpaibɔːld] 花斑的

piebaldism [ˈpaibɔːldizəm] 花斑

piece [piːs] 部分

chief p. 主段
connecting p. ① 中段；② 精子的颈段
end p. 末段
middle p. 中段
principal p. 主段
secretory p. 分泌片
piedra [piˈædrə] (Sp.) 毛孢子菌病
black p. 黑色发结节病
white p. 须部毛孢子菌病
Piedraia [ˌpaiəˈdraiə] 毛孢子菌属
Piedraiaceae [ˌpaiədraiˈæsiːi] 毛孢子菌科
pier [ˈpiːə] 桥基
Pierre Robin syndrome [pjɛə rɔˈbæn] (*Pierre Robin*, French dentist, 1867-1950) 皮埃尔·罗宾氏综合征
Piersol's point [ˈpiːəsɔlz] (George Arthur *Piersol*, American anatomist, 1856-1924) 皮尔索耳氏点
piesesthesia [ˌpiːzisˈθiːʒiə] (Gr. *piesis* pressure + *esthesia*) 压觉
piesimeter [piəˈsimitə] (Gr. *piesis* pressure + *metron* measure) 压觉计
Hales' p. 黑尔斯氏压力计
-piesis (Gr. *piesis* a pressing or squeezing) 压力
piezallochromy [ˌpiəˈzælәkrɔmi] (Gr. *piezein* to press + *allochromy*) 压碎变色
piezesthesia [ˌpiəzesˈθiːʒiə] (Gr. *piezein* to press + *esthesia*) 压觉
piezochemistry [piˈezɔˌkemistri] (Gr. *piezein* to press + *chemistry*) 压力化学
piezoelectric [piˌezɔiˈlektrik] 压电的
piezoelectricity [piˌezɔilekˈtrisiti] (Gr. *piezein* to press + *electricity*) 压缩生电
piezometer [ˌpiəˈzɔmitə] (Gr. *piezein* to press + *-meter*) ❶ 压觉计；❷ 眶压计
piezotherapy [piˌezɔˈθerəpi] 人工气胸(疗法)
PIF ❶ (prolactin inhibiting factor 的缩写); ❷ (proliferation inhibitory factor 的缩写) 催乳素抑制因子, 增殖抑制因子
pifarnine [piˈfɑːniːn] 椒烯哌嗪
pigment [ˈpigmənt] ❶ 色素；❷ 涂剂
bile p. 胆色素
blood p. 血液色素
endogenous p. 内源(性)色素
exogenous p. 外源(性)色素
fatty p. 脂质色素

hematogenous p. 血源(性)色素
hepatogenous p. 肝源(性)色素
lipid p. 脂质色素
lipochrome p. 脂色素
malarial p. 疟色素
melanotic p. 黑(色)素
respiratory p's 呼吸色素
retinal p's 视网膜色素
visual p's 视网膜色素
wear and tear p's 衰竭色素
pigmentary [ˈpigmәnˌtəri] 色素的
pigmentation [ˌpigmәnˈteiʃәn] 色素沉着
pigmented [ˈpigmәntid] 色素沉着的
pigmentogenesis [ˌpigmәntәˈdʒenәsis] (*pigment* + *genesis*) 色素生成
pigmentogenic [ˌpigmәntәˈdʒenik] 色素生成的
pigmentolysis [ˌpigmәnˈtɔlisis] (*pigment* + Gr. *lysis* dissolution) 色素溶解
pigmentophage [pigˈmәntәfeidʒ] (*pigment* + Gr. *phagein* to eat) 噬色细胞
pigmentophore [pigˈmentәˌfɔː] (*pigment* + *-phore*) 输色素细胞
pigritis [paiˈgritis] 酒毒性迟钝
piitis [paiˈaitis] 软脑(脊)膜炎
pikromycin [ˌpikrәˈmaisin] 苦霉素
Pil. (L. *pilula* pill 或 *pilulae* pills 的缩写) 片, 丸
Pila [ˈpilә] 球螺属
P. conica 锥球螺
pila [ˈpilә] (L.) 柱
pilae [ˈpiliː] (L.) 柱. *pila* 的所有格和复数
pilar [ˈpilә] (L. *pilaris*) 毛发的
pilary [ˈpilәri] (L. *pilaris*) 毛发的
pilaster [piˈlæstә] 壁柱
p. of Broca 股骨粗线
pilation [piˈleiʃәn] (L. *pilatio* hair) 发样骨折
Pilcher bag [ˈpiltʃә] (Lewis Stephen *Pilcher*, American surgeon, 1845-1934) 皮尔切氏前列腺止血袋
pile [pail] ❶ 堆；❷ (L. *pila* a ball) 痔
muscular p. 肌电堆
prostatic p. 前列腺静脉曲张
sentinel p. 前哨痔
thermoelectric p. 热电堆
voltaic p. 伏打电堆

piles [pailz] 痔
pileum ['pailiəm] 小脑冠叶
pileus ['pailiəs] (L. "a close-fitting felt cap") 胎头羊膜
pili ['paili] (L.) 毛;菌毛。pilus 的所有格和复数
pilial ['pailiəl] 毛发的
piliate ['pailieit] 有毛的
Pilidae ['pailidi:] 球螺科
piliform ['pailifɔ:m] 毛样的
pilimictio [ˌpaili'mikʃiəu] 毛尿症
pilimiction [ˌpaili'mikʃən] (L. pilus hair + mictio micturition) 毛尿症
pilin ['pailin] 伞毛蛋白
pill [pil] (L. pilula) 丸剂
 chalybeate p's 碳酸亚铁丸
 enteric p. 肠溶丸剂
 ferrous carbonate p's 碳酸亚铁丸
 ferruginous p's 碳酸亚铁丸
 radio p. 遥测胶囊
pillar ['pilə] (L. pila) 柱
 articular p's 关节柱
 p. of Corti's organ 柯替氏器柱细胞
 p's of diaphragm 膈脚
 p. of fauces, anterior 舌腭弓
 p. of fauces, posterior 咽腭弓
 p. of fornix, anterior 穹窿柱
 p. of fornix, posterior 穹窿脚
 p's of soft palate 软腭弓
 Uskow's p's 乌斯考夫氏柱
pillet ['pilət] 小丸
pillion ['piljən] 暂用假腿
pillow ['piləu] 枕
 Frejka p. 弗里杰卡氏枕夹
pill-rolling [pil'rəuliŋ] 捏丸样震颤
pil(o)- (L. pilus hair) 与毛发有关的,类似于或由毛发构成的
pilobezoar [ˌpailə'bizɔ:] 毛团
pilocarpine [ˌpailə'kɑ:pi:n] (USP) 毛果芸香碱
 p. hydrochloride (USP) 盐酸毛果芸香碱
 p. nitrate (USP) 硝酸毛果芸香碱
Pilocarpus [ˌpailə'kɑ:pəs] (Gr. pilos wool or hair wrought into felt + karpos fruit) 毛果芸香属
pilocystic [ˌpailə'sistik] (pilo- + cystic) 囊样含毛的

pilocytic [ˌpailə'saitik] 纤维状细胞的
piloerection [ˌpailəi'rekʃən] (pilo- + erection) 立毛
piloleiomyoma [ˌpailəˌliəmai'əumə] (pilo- + leiomyoma) 毛平滑肌瘤
pilomatricoma [ˌpailəˌmætri'kəumə] (pilo- + matrix + -oma) 毛基质瘤
pilomatrixoma [ˌpailəˌmætrik'səumə] 毛基质瘤
pilomotor [ˌpailə'məutə] (pilo- + L. motor mover) 毛发运动的
pilonidal [ˌpailə'nidəl] (pilo- + L. nidus nest) 藏毛的
pilose ['pailəus] (L. pilosus) 被毛的
pilosebaceous [ˌpailəsə'beiʃəs] 毛囊皮脂腺的
pilosis [pai'ləusis] 多毛症
Piltz's reflex ['piltsəz] (Jan Piltz, Polish neurologist, 1870-1931) 皮尔茨氏反射
Piltz-Westphal phenomenon [pilts 'vestfɑ:l] (Jan Piltz; Alexander Karl Otto Westphal, German neurologist, 1863-1941) 皮-韦二氏现象
pilula ['piljulə] (pl. pipulae) (L.) 丸剂
pilular ['piljulə] 丸剂的
pilule ['pilju:l] (L. pilula) 小丸
pilus ['piləs] (gen. 和 pl. pili) (L.) ❶(NA) 毛;❷ (pl.) 菌毛
 p. annulatus (pl. pili annulati) 花斑发
 p. cuniculatus (pl. pili cuniculati) 潜伏毛
 F p. 生殖菌毛
 p. incarnatus (pl. pili incarnati) 内嵌毛
 p. incarnatus recurvus (pl. pili incarnati recurvi) 反曲性内嵌毛
 pili multigemini 多生毛
 p. tortus (pl. pili torti) 卷发
Pima ['pimə] 皮玛;碘化钾 (potassium iodide) 制剂的商品名
pimelitis [ˌpimə'laitis] (pimelo- + -itis) 脂肪组织炎
pimel(o)- (Gr. pimelē lard) 脂肪
pimeloma [ˌpimə'ləumə] (pimel- + -oma) 脂(肪)瘤
pimelopterygium [ˌpimələtə'ridʒəm] (pimel- + Gr. pterygion wing) 脂肪性翼状胬肉
pimelorrhea [ˌpimələu'riə] (Gr. pimele

fat + *rhoea* flow) 脂性腹泻
pimelorthopnea [ˌpiməˌlɔːθəpˈniːə] (*pimel-* + *orthopnea*) 肥胖性端坐呼吸
pimelosis [ˌpiməˈləusis] (*pimel-* + *-osis*) ❶ 脂肪化；❷ 肥胖(病)
pimeluria [ˌpiməˈljuəriə] (*pimel-* + *uria*) 脂尿症
piminodine esylate [piˈminədiːn] 乙磺酸去痛定
pimozide [ˈpiməzaid] 派迷清
Pimpinella [ˌpimpiˈnelə] (L.) 茴芹属
pimple [ˈpimpəl] 丘疹
pin [pin] 针
    Steinmann p. 斯坦曼氏导钉
pinacyanole [ˌpinəˈsiənəul] 松柏氰醇
Pinard's maneuver [piˈnɑːz] (Adolphe *Pinard*, French obstetrician, 1844-1934) 皮纳尔氏(足牵引)手法
pince-ciseaux [ˌpæns siˈzɔː] (Fr. "forceps-scissors") 镊剪
pincers [ˈpinsəz] ❶ 镊子；❷ 马的正中乳门齿
pinch [pintʃ] 捏
    key p. 侧捏
    lateral p. 侧捏
    pulp p. 垫捏
    tip p., tip to tip p. 垫捏
pindolol [ˈpindələl] (USP) 心得静
pine[1] [pain] (L. *pinus*) 松
    white p. 白松
pine[2] [pain] 地方性牛羊消瘦病
pineal [ˈpiniəl] (L. *pinealis*; *pinea* pine cone) ❶ 松果体的；❷ 松果状的
pinealectomy [ˌpiniəˈlektəmi] (*pineal* body + Gr. *ektomē* excision) 松果体切除术
pinealism [ˈpiniəlizəm] 松果体机能障碍
pinealoblastoma [ˌpiniələblæsˈtəumə] 成松果体细胞瘤
pinealocyte [ˈpiniələˌsait] 松果体细胞
pinealocytoma [ˌpiniələsaiˈtəumə] 松果体瘤
pinealoma [ˌpiniəˈləumə] 松果体瘤
    ectopic p. 异位松果体瘤
pinealopathy [ˌpiniəˈlɔpəθi] 松果体病
pinene [ˈpainiːn] 松油萜
pineoblastoma [ˌpainiəblæsˈtəumə] 成松果体细胞瘤

pineocytoma [ˌpainiəsaiˈtəumə] 松果体瘤
pinguecula [piŋˈgwekjulə] (gen. and pl. *pingueculae*) (L. "somewhat fatty") 结膜黄斑
pinguicula [piŋˈgwikjulə] 结膜黄斑
piniform [ˈpainifɔːm] (L. *pinea* pine cone + *forma* form) 松果状的
pining [ˈpainiŋ] 牛羊贫血病
pinkeye [ˈpinkai] 红眼
pinledge [ˈpinledʒ] 牙钉床
pinna [ˈpinə] (L. "wing") 耳廓
pinnal [ˈpinəl] 耳廓的
pinocyte [ˈpinəsait] 胞饮细胞
pinocytic [ˌpinəˈsaitik] 胞饮细胞的
pinocytosis [ˌpinəsaiˈtəusis] (Gr. *pinein* to drink + *kytos* cell + *-osis*) 胞饮作用
pinocytotic [ˌpinəsaiˈtɔtik] 胞饮作用的
pinosome [ˈpinəsəum] (Gr. *pinein* to drink + *sōma* body) 胞饮泡
pinotherapy [ˌpainəuˈθerəpi] 饥饿疗法
Pinoyella [ˌpinəˈjelə] 毛(发)癣菌
    P. simii 猴毛癣菌
Pins' sign [pins] (Emil *Pins*, Austrian physician, 1845-1913) 平斯氏征
pint [paint] 品脱
pinta [ˈpiːntə] (Sp. "painted") 品他病
pintid [ˈpintid] 品他疹
pinus [ˈpinəs] (L.) 松果体
pinworm [ˈpinwəːm] 蛲虫
pi(o)- (Gr. *piōn* fat) 与脂肪有关的
pioepithelium [ˌpiəepiˈθiːliəm] (*pio-* + *epithelium*) 含脂上皮
pion [ˈpiən] (*pi* meson) π介子
Piophila [piˈɔfilə] 酪蝇属
    P. casei 酪蝇
piorthopnea [ˌpiɔːˈθɔpniə] (*pio-* + Gr. *orthos* upright + *pnoia* breath) 肥胖性端坐呼吸
pioscope [ˈpaiəskəup] (*pio-* + Gr. *skopein* to view) 乳脂计
Piotrowski's sign [ˌpiɔˈtrɔvskiz] (Alexander *Piotrowski*, German neurologist, born 1878) 皮奥特罗夫斯基氏征
PIP (phosphatidylinositol 4-phosphate 的缩写) 磷脂酰肌醇 4-磷酸盐
PIP$_2$ (phosphatidylinositol 4, 5-biphosphate 的缩写) 磷酸酰肌醇 4,5-磷酸盐
pipamazine [piˈpæməziːn] 哌哌吗嗪

pipamperone [pi'pæmpərəun] 盐酸酰胺哌啶酮

Pipanol ['paipənɔl] 吡哌诺:盐酸三乙芬迪制剂的商品名

pipazethate hydrochloride [pi'pæzəθeit] 盐酸嗽维刚

pipecolic acid [,paipə'kɔlik] 哌可酸

pipenzolate bromide [pai'penzəleit] 溴化哌苯偶酯

Piper ['paipə] (L. "pepper") 胡椒苯偶酯属

piperacetazine [,paipərə'setəzi:n] (USP) 哌乙嗪

piperacillin sodium [pai'perə,silin] 哔哌青霉素钠

piperazidine [,paipə'ræzidi:n] 驱蛔灵

piperazine ['paipərə,zi:n] (USP) 胡椒嗪
  p. citrate (USP) 枸橼酸哌嗪
  p. edetate calcium 依地酸钙哌嗪
  p. phosphate 磷酸哌嗪
  p. tartrate 酒石酸哌嗪

piperidolate hydrochloride [,paipə'ridəleit] 盐酸苯哌酯

piperine ['paipəri:n] (L. *piperinum*) 胡椒碱

piperism ['paipərizəm] (L. *piper* pepper) 胡椒中毒

piperocaine hydrochloride ['paipərə,kein] 盐酸皮珀罗卡因

piperonyl butoxide [pai'pərənil] 胡椒丁醚

piperoxan hydrochloride [,paipə'rɔksən] 盐酸哌扑罗生

pipet [pai'pet] 吸(量)管

pipette [pai'pet] (Fr.) ❶ 吸(量)管; ❷ 吸移

Pipizan ['paipizæn] 哌皮珍

pipobroman [,pipə'brɔmən] (USP) 溴丙哌嗪

pipotiazine palmitate [,paipə'tiæzi:n] 棕榈酸哌普嗪

pipoxolan hydrochloride [pi'pɔksəlæn] 盐酸哌噁烷

Pipracil ['piprəsil] 哔哌希尔:哔哌青霉素钠制剂的商品名

pipradrol hydrochloride ['paiprədrɔl] 盐酸哌苯甲醇

piprozolin [,paiprə'zɔlin] 哌普唑啉

Piptocephalus [,piptə'sefələs] 头珠霉属

piquizil hydrochloride ['pikwizil] 盐酸哌喹齐尔

piqûre [pi'kju:ə] (Fr.) 穿刺

Piracaps ['pirəkæps] 匹诺克普斯:盐酸四环素制剂商品名

pirandamine hydrochloride [pi'rændəmi:n] 盐酸心喃茚胺

pirbenicillin sodium [paiə,beni'silin] 吡啶氨苄青霉素钠

pirbuterol acetate [,paiə'bʌtərɔl] 醋酸吡丁醇

pirbuterol hydrochloride [,paiə'bʌtərɔl] 盐酸吡丁醇

Pirenella [,pirə'nilə] 小塔螺属
  P. conica 锥形小塔螺

pirenzepine hydrochloride [piræn'zipi:n] 盐酸匹仑西平

pirfenidone [,paiə'fenidɔn] 甲苯吡啶酮

piriform ['pairifɔ:m] (L. *pirum* a pear + *forma* shape) 梨状的

Pirogoff's amputation ['pairəgɔfs] (Nikolai Ivanovich *Pirogoff*, Russian surgeon, 1810-1881) 皮罗果夫氏切断术

pirolate ['pirəleit] 匹罗酯

pirolazamide [,pi:rɔ'leizəmaid] 咯嗪酰胺

piroplasm ['pairəplæzəm] 梨浆虫

Piroplasma [,pairə'plæzmə] 梨浆虫属

Piroplasmia [,pairəplæz'miə] (L. *pirum* pear + *plasma*) 梨浆虫亚纲

piroplasmid [,pairə'plæzmid] ❶ 梨浆虫的; ❷ 梨浆虫

Piroplasmida [,pairə'plæzmidə] 梨浆虫目

piroplasmosis [,pairəplæz'məusis] 梨浆虫病
  tropical p. 热带梨浆虫病

piroxantrone hydrochloride [,pairə'zæntrəun] 盐酸咯克森特仑

piroxicam [pai'rɔksikæm] 吡氧噻嗪

pirprofen [,paiə'prɔfən] 吡丙芬

Pirquet's test [paiə'keiz] (Clemens Freiherr von *Pirquet*, Austrian pediatrician, 1874-1929) 披尔奎氏反应

piscicide ['pisisaid] 杀鱼剂

Piscidia [pi'sidiə] (L. *piscis* fish + *caedere* to kill) 毒鱼豆属

piscidin [pi'sidin] (牙买加) 毒鱼豆素

pisiform ['pisifɔ:m] (L. *pisum* pea + *for-*

ma shape) 豌豆状的
pisiformis [ˌpisiˈfɔːmis] (L.) 豌豆状的
Piskacek's sign [ˈpiskəˌtʃeks] (Ludwig Piskacek, Austrian obstetrician, 1854-1933) 皮斯卡切克氏征
pistil [ˈpistil] (L. *pistillus* a pestle) 雌蕊
PIT(plasma iron turnover 的缩写) 血浆铁更新
pit [pit] ❶ 凹痕, 窝; ❷ 痘痕; ❸ 牙釉质上的小凹陷或缺损; ❹ 凹陷; ❺ 指(趾)甲板上的小凹陷
    anal p. 肛凹
    arm p. 腋窝
    auditory p. 听窝
    basilar p. 底凹
    coated p's 被膜凹
    costal p. 下肋凹
    ear p. 耳凹
    gastric p's 胃小凹
    Gaul's p's 戈尔氏小凹
    Herbert's p's 赫伯特氏小窝
    lens p. 晶状体凹
    nasal p. 鼻窝
    oblong p. of arytenoid cartilage 勺状软骨长方凹
    olfactory p. 嗅窝
    otic p. 听窝
    postanal p. 尾小凹
    primitive p. 原窝
    pterygoid p. 翼凹
    p. of the stomach 胃窝
    suprameatal p. 口上凹
    triangular p. of arytenoid cartilage 勺状软骨三角凹
pitch [pitʃ] (L. *pix*) ❶ 沥青; ❷ 树脂; ❸ 音高
    black p. 黑(色)松脂
    Burgundy p. (挪威)云杉脂
    Canada p. 加拿大松脂
    naval p. 黑(色)松脂
pitchblende [ˈpitʃblend] 沥青铀矿
pith [piθ] ❶ 刺毁脑脊髓; ❷ 木髓; ❸ 木髓细胞
pithecoid [ˈpiθəkɔid] (Gr. *pithēkos* ape + *eidos* form) 猿样的
pithiatry [piˈθaiətri] (Gr. *peithein* to persuade + *ibtreia* cure) 说服疗法
pithing [ˈpiθiŋ] 脑脊髓刺毁法

Pithomyces [ˌpiθəˈmaisiz] 半知菌属
Pitocin [piˈtəsin] 吡哆素:(后叶)催产素(oxytocin)制剂的商品名
Pitres' rule [ˈpetrə] (Jean Albert Pitres, French physician, 1848-1927) 皮特尔氏规律
Pitressin [piˈtresin] 吡垂素:(后叶)加压素注射剂的商品名
pitting [ˈpitiŋ] 凹陷形成
pituicyte [piˈtjuisait] (*pitui*tary + *-cyte*) 垂体(后叶)细胞
pituita [piˈtjuitə] (L.) (稠)粘液
pituitarism [piˈtjuitəˌrizəm] 垂体机能障碍
pituitary [piˈtjuiˌtəri] (L. *pituita* phlegm) ❶ 垂体的; ❷ 垂体; ❸ 垂体制剂
    anterior p. ① 垂体前叶; ② 垂体前叶素
    pharyngeal p. 咽垂体
    posterior p. ① 咽垂体后叶; ② 咽垂体后叶素
    whole p. 全垂体
pituitectomy [piˌtjuiˈtektəmi] 垂体切除术
pituitotrope [piˈtjuːitətrəup] 垂体体质者
pituitous [piˈtjuitəs] (L. *pituitosus*) (稠)粘液的
Pituitrin [piˈtjuitrin] 后叶素
pituitrism [piˈtjuːitrizəm] 垂体机能障碍
pityriasis [ˌpitiˈraiəsis] (Gr. *pityron* bran + *-iasis*) 糠疹
    p. alba 白色糠疹
    lichenoid p., acute, p. lichenoides acuta 急性苔藓样糠疹
    lichenoid p., chronic, p. lichenoides chronica 慢性苔藓样糠疹
    p. lichenoides et varioliformis acuta 苔藓豆样糠疹
    p. linguae 地图样舌
    p. maculata 白色糠疹
    p. rosea 玫瑰糠疹
    p. rotunda 连圈状糠疹
    p. rubra (Hebra) 剥脱性皮炎
    p. rubra pilaris 毛发红糠疹
    p. sicca 干性糠疹
    p. simplex 单纯糠疹
    p. versicolor 花斑癣
pityroid [ˈpitirɔid] (Gr. *pityron* bran + *eidos* form) 糠状的

Pityrosporon [ˌpitiˈrɔspərən] 糠疹孢子
Pityrosporum [ˌpitiˈrɔspərəm] (Gr. *pityron* bran + *sporos* seed) 糠疹癣菌属
  P. orbiculare 糠秕马拉色氏霉菌
  P. ovale 卵状糠疹癣菌
pivalate [ˈpivəleit] (USAN) 新戊酸盐
pivampicillin hydrochloride [piˌvæmpiˈsilin] 盐酸吡呋氨苄青霉素
pivot [ˈpivət] 枢轴
  occlusal p. 咬合枢轴
pixel [ˈpiksel] (contraction of *pix* (short for *pictures*) + *element*) 像点
pizotyline [piˈzɔtiliːn] 苯噻啶
PJRT (permanent junctional reciprocating tachycardia 的缩写) 持久性结合性交互心动过速
PJT (paroxysmal junctional tachycardia 的缩写) 阵发性结合性心动过速
PK (pyruvate kinase 的缩写) 丙酮酸激酶
pK_a pK_a 值
PKU, PKU1 (phenylketonuria 的缩写) 苯(丙)酮酸尿(症)
placebo [pləˈsebəu] (L. "I will please") 安慰剂
  active p., impure p. 有效性安慰剂
placement [ˈpleismənt] 放置
  lingual p. 舌移位
placenta [pləˈsentə] (pl. *placentas* 或 *placentae*) (L. "a flat cake") 胎盘
  accessory p. 副胎盘
  p. accreta 植入胎盘
  adherent p. 粘连胎盘
  annular p. 环状胎盘
  battledore p. 球拍状胎盘
  bidiscoidal p. 双盘状胎盘
  bilobate p., bilobed p. 双叶胎盘
  p. bipartita, bipartite p. 双叶胎盘
  chorioallantoic p. 绒(毛)膜尿囊胎盘
  choriovitelline p. 绒(毛)膜卵黄囊胎盘
  p. circumvallata, circumvallate p. 轮廓胎盘
  cirsoid p., p. cirsoides 蔓状胎盘
  deciduate p., deciduous p. 蜕膜胎盘
  p. diffusa 分散胎盘
  p. dimidiata, dimidiate p. 双叶胎盘
  discoid p., p. discoidea 盘状胎盘
  Duncan p. 邓肯氏胎盘
  duplex p. 双叶胎盘
  endotheliochorial p. 内皮绒(毛)膜胎盘
  epitheliochorial p. 上皮绒(毛)膜胎盘
  p. fenestrata 有窗胎盘
  fetal p., p. foetalis 胎盘胎儿部
  fundal p. 子宫底胎盘
  furcate p. 叶状胎盘
  hemochorial p. 血性绒(毛)膜胎盘
  hemoendothelial p. 绒毛膜血管内皮胎盘
  horseshoe p. 马蹄形胎盘
  incarcerated p. 牢固胎盘
  p. increta 植入胎盘
  labyrinthine p. 迷路胎盘
  lobed p. 叶状胎盘
  maternal p. 胎盘母体部
  p. membranacea 膜状胎盘
  multilobate p., multilobed p., p. multipartita 多叶胎盘
  p. nappiformis 轮廓胎盘
  nondeciduate p., nondeciduous p. 无蜕膜胎盘
  panduriform p., p. panduriformis 提琴状胎盘
  p. percreta 植入胎盘
  p. previa 前置胎盘
  p. previa centralis 中央前置胎盘
  p. previa marginalis 边缘前置胎盘
  p. previa partialis 部分前置胎盘
  p. reflexa 反折胎盘
  p. reniformis 肾形胎盘
  retained p. 胎盘滞溜
  Schultze's p. 舒尔策氏胎盘
  p. spuria 假胎盘
  p. succenturiata, succenturiate p. 副胎盘
  syndesmochorial p. 结缔绒(毛)膜胎盘
  p. triloba, trilobate p. 三叶胎盘
  p. tripartita, tripartite p. 三叶胎盘
  p. triplex 三叶胎盘
  p. uterina, uterine p. 子宫胎盘
  velamentous p. 帆状胎盘
  villous p. 绒毛胎盘
  yolk-sac p. 卵黄囊胎盘
  zonary p., zonular p. ① 环状胎盘;② 带状胎盘
placental [pləˈsentəl] ❶ 胎盘的;❷ 胎养动物
Placentalia [ˌplæsənˈteiliə] 有胎盘类

placentation [ˌplæsən'teiʃən] 胎盘形成
placentin [plə'sentin] (牛)干胎盘粉
placentitis [ˌplæsən'taitis] 胎盘炎
placentogenesis [pləˌsentə'dʒenəsis] (*placenta* + *genesis*) 胎盘发生
placentogram [plə'sentəˌgræm] 胎盘造影片
placentography [ˌplæsən'tɔgrəfi] 胎盘造影术
 indirect p. 间接胎盘 X 线造影术
placentoid [plə'sentɔid] 胎盘样的
placentologist [ˌplæsən'tɔlədʒist] 胎盘学家
placentology [ˌplæsən'tɔlədʒi] 胎盘学
 comparative p. 比较胎盘学
placentolysin [ˌplæsən'tɔlisin] 胎盘溶素
placentoma [ˌplæsən'təumə] 胎盘瘤
placentopathy [ˌplæsən'tɔpəθi] 胎盘病
Placido's disk ['plæsidəuz] (Antonio *Placido da Costa*, Portuguese ophthalmologist, 1848-1916) 普拉西多氏盘
Placidyl ['plæsidəl] 普热西地尔：氯乙戊烯炔醇制剂的商品名
placode ['plækəud] (Gr. *plax* plate + *eidos* form) 基板
 auditory p. 听基板
 dorsolateral p's 背侧基板
 epibranchial p's 鳃背基板
 lens p. 晶状体基板
 olfactory p. 嗅基板
 otic p. 听基板
placoid ['plækɔid] 板状的
placuntitis [ˌpleikʌn'taitis] (Gr. *plckous* placenta + *-itis*) 胎盘炎
pladaroma [ˌplædə'rəumə] (Gr. *pladaros* soft) 睑软瘤
plagiocephalic [ˌplædʒiəsə'fælik] 斜头(畸形)的
plagiocephalism [ˌplædʒiə'sefəlizəm] 斜头(畸形)
plagiocephaly [ˌplædʒiə'sefəli] (Gr. *plagios* oblique + *kephalē* head) 斜头(畸形)
plague [pleig] (L. *plaga*, *pestis*; Gr. *plēgē* stroke) 鼠疫
 ambulatory p. 轻鼠疫
 avian p. 家禽疫
 black p. 黑鼠疫
 bubonic p. 腺鼠疫
 canine p. 犬黑舌病
 cat p. 猫疫
 cattle p. 牛疫
 duck p. 鸭疫
 equine p. 马疫
 fowl p. 家禽疫
 glandular p. 腺鼠疫
 hemorrhagic p. 出血性鼠疫
 lung p. 牛胸膜肺炎
 meningeal p. 脑膜炎鼠疫
 Pahvant Valley p. 土拉菌病
 pharyngeal p. 咽鼠疫
 pneumonic p. 肺鼠疫
 pulmonic p. 肺炎鼠疫
 septicemic p. 败血性鼠疫
 siderating p. 败血性鼠疫
 swine p. 猪瘟
 sylvatic p. 野生啮齿动物鼠疫
 white p. 结核(病)
plakins ['plækinz] 血小板溶素
plana ['plænə] (L.) 平面。*planum* 的复数
planarian [plə'nɛəriən] 涡虫
planchet ['plæntʃət] 金属盘
Planck's constant [plɑːnks] (Max Karl Ernst Ludwig *Planck*, German physicist, 1858-1947) 普郎克常数
plane [plein] (L. *planus*) 平面
 Addison's p's 阿狄森氏平面
 Aeby's p. 埃比氏平面
 auricular p. of sacral bone 骶骨耳状面
 auriculoinfraorbital p. 耳眶下平面
 axial p. 轴平面
 axiolabiolingual p. 轴唇舌平面
 axiomesiodistal p. 轴近中远中平面
 Baer's p. 贝尔氏平面
 base p. 基底平面
 biparietal p. 二顶骨平面
 bite p. 牙合平面
 Blumenbach's p. 布鲁门巴厅氏平面
 Bolton-nasion p. 髁鼻平面
 Broadbent-Bolton p. 髁鼻平面
 Broca's p. 布罗卡氏平面
 buccolingual p. 颊舌平面
 coronal p. 冠状平面
 cusp p. 尖平面
 Daubenton's p. 杜智通氏平面
 eye-ear p. 眼耳平面
 facial p. 面部平面

Frankfort horizontal p. 眼耳平面
frontal p. 额平面
frontoparallel p. 额平面平行面
guide p., guiding p. 导面
Hensen's p. 亨森氏平面
Hodge's p's 霍季氏平面
horizontal p. 水平面
interparietal p. of occipital bone 枕平面
interspinal p. 椎间平面
intertubercular p. 结节间平面
labiolingual p. 唇舌平面
Listing's p. 利斯廷氏平面
Ludwig's p. 路德维希氏平面
mean foundation p. 中间基础平面
Meckel's p. 美克耳氏平面
median p. 正中矢状平面
median-raphe p. 头正中矢状面
mesiodistal p. 近中远中平面
midpelvic p. 盆中平面
midsagittal p. 正中矢状平面
Morton's p. 摩顿氏平面
nasion-postcondylare p. 髁鼻平面
nuchal p. 项平面
occipital p. 枕平面
occlusal p., p. of occlusion 牙合平面
orbital p. ① 眶平面；② 视平面
orbital p. of frontal bone 额骨眶面
parasagittal p. 旁矢状平面
pelvic p. 骨盆平面
pelvic p., narrow 骨盆狭窄平面
pelvic p., wide 骨盆扩大平面
pelvic p. of outlet 骨盆下口平面
popliteal p. of femur 股骨腘面
principal p. 主(轴)平面
p's of reference 参考平面
p. of regard 注视平面
sagittal p. 矢状平面
semicircular p. of frontal bone 额骨半圆颞面
semicircular p. of parietal bone 顶骨半圆平面
semicircular p. of squama temporalis 颞骨鳞部半圆平面
spinous p. 棘突平面
sternal p. 胸骨平面
sternoxiphoid p. 胸骨剑突平面
subcostal p. 肋下平面
supracrestal p. 嵴上平面

suprasternal p. 胸骨上平面
temporal p. 颞平面
thoracic p. 胸平面
tooth p. 牙平(剖)面
transpyloric p. 幽门平面
transverse p. 横剖面
umbilical p. 脐平面
vertical p. 垂直面
visual p. 视平面
planification [ˌpleinifiˈkeiʃən] 整平术
planigram [ˈplænigræm] X线断层照片
planigraphy [pləˈnigrəfi] X线断层照相术
planimeter [pləˈnimitə] (L. *planus* plane + Gr. *metron* measure) 面积计
planing [ˈpleiniŋ] 整平法
root p. 牙根整平法
planithorax [ˌplæniˈθɔræks] 胸部平面图
plankton [ˈplɑːŋktən] (Gr. *planktos* wandering) 浮游生物
planocellular [ˌplænəˈseljulə] 扁平细胞的
planoconcave [ˌplænəˈkɔnkeiv] 平凹的
planoconvex [ˌplænəˈkɔnveks] 平凸的
planocyte [ˈplænəsait] (Gr. *planē* wandering + *-cyte*) 游走细胞
planorbid [pləˈnɔːbid] ❶ 扁卷螺；❷ 扁卷螺的
Planorbidae [pləˈnɔːbidi] (L. *planus* flat + *orbis* ring + *-idae*) 扁卷螺科
Planorbis [pləˈnɔːbis] 扁卷螺属
planotopokinesia [ˌpleinəuˌtɔpəkaiˈniziə] 平面定位障碍
planta pedis [ˈplɑːtə ˈpidis] (L.) (NA) 足底
plantaginis semen [plænˈtædʒinis ˈsiːmən] (L.) 车前子
Plantago [plænˈtæɡəu] 车前属
plantalgia [plænˈtældʒiə] (L. *planta* sole + *-algia*) 足底痛
plantar [ˈplæntə] 足底的
plantaris [plænˈtæris] (L.) 足底的
plantation [plænˈteiʃən] (L. *plantare* to plant) 栽植
plantigrade [ˈplæntigreid] (L. *planta* sole + *gradi* to walk) 跖行的
planula [ˈplænjulə] 浮浪幼虫
invaginate p. 原肠胚
planum [ˈplænəm] (pl. *plana*) (L.) 平面

p. interspinale (NA) 椎间平面
p. intertuberculare (NA) 结节间平面
p. nuchale 项平面
p. occipitale (NA) 枕平面
p. orbitale 眶平面
p. popliteum femoris 股骨腘平面
p. semilunatum 半月面
p. sternale 胸骨平面
p. subcostale 肋下平面
p. supracristale (NA) 嵴上平面
p. temporale 颞平面
p. transpyloricum (NA) 幽门平面

planuria [plæˈnjuəriə] (Gr. *planasthai* to wander + *ouron* urine + *-ia*) 异位排尿

plaque [pleik] (Fr.) 斑(块)
argyrophil p's 嗜银斑
attachment p's 附着斑
bacterial p. 菌斑
bacteriophage p. (噬菌体)噬斑
dental p. 牙斑
fibromyelinic p's 纤维髓磷脂斑
fibrous p. 纤维斑
Hollenhorst p's 视网膜粥肿栓塞
Hutchinson's p's 郝奎生氏斑
Lichtheim p's 利什特海姆氏斑
neuritic p's 衰老斑
Peyer's p's 派伊尔氏淋巴集结
Randall's p's 兰道尔氏斑
Redlich-Fisher miliary p's 兰-弗二氏小斑
senile p's 衰老斑
talc p's 滑石斑

Plaquenil [ˈplækwənil] 普拉奎呢尔:羟氯喹硫酸盐制剂的商品名

Plasbumin [plæzˈbjumin] 普拉斯蛋白:人类白蛋白制剂的商品名

-plasia (Gr. *plasis* molding, from plassein to mold) 发育,发展,形成

plasm [ˈplæzəm] 浆
germ p. (*obs.*) 种质

-plasm (Gr. *plasma* anything formed or molded) 细胞的组成物质

plasma [ˈplæzmə] ❶ 血浆;❷ 淋巴浆;❸ 用于制作软膏的淀粉甘油剂;❹ 细胞浆或原生质
antihemophilic human p. 抗血友病性人血浆
blood p. 血浆
citrated p. 枸橼酸钠血浆
normal human p. 正常人血浆
oxalate p. 草酸盐血浆
pooled p. 混合血浆
salt p. 中性盐血浆
seminal p. 精液浆
true p. 真血浆

plasmablast [ˈplæzməblɑːst] (*plasma* + *blast*¹) 成浆细胞

plasmacule [ˈplæzməkjuːl] 血尘

plasmacyte [ˈplæzməsait] (*plasma* + *-cyte*) 浆细胞

plasmacytic [ˌplæzməˈsaitik] 浆细胞的

plasmacytoma [ˌplæzməsaiˈtəumə] (*plasmacyte* + *-oma*) 浆细胞瘤
multiple p. of bone 多发性骨髓瘤

plasmacytosis [ˌplæzməsaiˈtəusis] 浆细胞增多(症)

plasmagel [ˈplæzmədʒel] 原生质凝胶

plasmagene [ˈplæzmədʒiːn] (cyto*plasm* + *gene*) 胞质基因

plasmahaut [ˈplæzməhaut] (Ger.) 胞质膜

plasmal [ˈplæzməl] 体液素

plasmalemma [ˌplæzməˈlimə] (*plasma* + Gr. *lemma* husk) 质膜

plasmalogen [plæzˈmælədʒən] 缩醛磷脂

Plasmanate [ˈplæzməneit] 普拉斯曼莱特:人类血浆蛋白制剂的商品名

plasmapheresis [ˌplæzməfəˈriːsis] (*plasma* + Gr. *aphairesis* removal) 血浆除去法

plasmarrhexis [ˌplæzməˈreksis] (*plasma* + Gr. *rhēxis* rupture) 胞质溶解

plasmasome [ˈplæzməsəum] (*plasma* + Gr. *soma* body) ❶ 真核体,核子体;❷ 线粒体

plasmatherapy [ˌplæzməˈθerəpi] 血浆疗法

plasmatic [plæzˈmætik] 血(或原)浆的

plasmatogamy [ˌplæzməˈtɔgəmi] 胞质融合

plasmatorrhexis [ˌplæzmətəˈreksis] (*plasma* + Gr. *rhēxis* rupture) 胞质破裂

plasmexhidrosis [ˌplæzmekʃiˈdrəusis] (*plasma* + Gr. *ex* out + *hidros* sweat) 血浆渗出

plasmic [ˈplæzmik] ❶ 血(或原)浆的;❷ 富含原生质的

plasmid [ˈplæzmid] (*plasm* + *-id*) 质粒
conjugative p. 接合质粒
F p. 生殖质粒

F'p. 杂合质粒
oligomeric p. 单体质粒
R p. R质粒
resistance p. 抗性质粒
plasmin ['plæzmin] (EC 3.4.21.7) 纤维蛋白溶酶
plasminogen [plæz'minədʒən] 纤维蛋白溶酶原
plasminogen activator [plæz'minədʒən 'ækti,veitə] 纤溶酶原激活剂
plasm(o)- (Gr. *plasma*) 血浆,胞浆
plasmocyte ['plæzməsait] (*plasmo- + -cyte*) 浆细胞
plasmocytoma [,plæzməsai'təumə] ❶ 浆细胞恶液质;❷ 单个浆细胞瘤骨髓瘤
plasmodia [plæz'mədiə] 疟原虫属。*plasmodium* 的复数形式
plasmodial [plæz'mədiəl] 属于疟原虫的
plasmodiblast [plæz'mədiblɑ:st] 合胞体滋养层
plasmodicidal [,plæzmədi'saidəl] (*plasmodia + L. caedere* to kill) 杀疟原虫的
plasmodicide [plæz'mədisaid] 杀疟原虫剂
plasmoditrophoblast [,plæzmədi'trɔfəblɑ:st] 合胞体滋养层
Plasmodium [plæz'mədiəm] (Gr. *plasma* anything formed or molded) 疟原虫属
  P. falciparum 恶性疟原虫
  P. malariae 三日疟原虫
  P. ovale 卵形疟原虫
  P. vivax 间日疟原虫
plasmodium [plæz'mədiəm] (pl. *plasmodia*) (*plasmo- + Gr. eidos* form) ❶ 疟原虫;❷ 原质团
  exoerythrocytic p. 红细胞外型疟原虫
plasmogamy [plæz'mɔgəmi] (*plasmo- + Gr. gamos* marriage) 胞质融合
plasmogen ['plæzmədʒən] (*plasmo- + Gr. gennan* to produce) 生物原浆
plasmoid ['plæzmɔid] 类浆
plasmolysis [plæz'mɔlisis] (*plasmo- + Gr. lysis* dissolution) 胞质皱缩
plasmolytic [,plæzmə'laitik] 胞质皱缩的
plasmolyzability [,plæzmələaizə'biliti] 胞质皱缩性
plasmolyzable [,plæzmə'laizəbəl] 胞质皱缩性的
plasmolyze ['plæzməlaiz] 使胞质皱缩

plasmoma [plæz'məumə] ❶ 浆细胞恶液质;❷ 单个骨髓瘤
plasmon ['plæzmɔn] (*cytoplasm + Gr. -on* neuter ending) 细胞质基因组
plasmophagocytosis [,plæzmə,fægəusai'təusis] 血浆吞噬作用
plasmoptysis [plæz'mɔptisis] (*plasmo- + Gr. ptyein* to spit) 胞质逸出
plasmorrhexis [,plæzmə'reksis] (*plasmo- + Gr. rhēxis* splitting) 红细胞(浆)进出
plasmoschisis [plæz'mɔskisis] (*plasmo- + Gr. schisis* fission) 胞浆分裂
plasmosin ['plæzməsin] 胞浆蛋白
plasmotomy [plæz'mɔtəmi] (*plasmo- + Gr. temnein* to cut) 原浆团分割
plasmotrophoblast [,plæzmə'trɔfəblɑ:st] 合胞体滋养层
plasmotropic [,plæzməu'trɔpik] 原浆破坏的
plasson ['plæsɔn] (Gr. *plassōn* forming) 无核细胞原浆
-plast (Gr. *plastos* formed) 生物体的基本组织单位,如颗粒、细胞器或细胞
plastein ['plæsti:n] 改制蛋白
plaster ['plæstə] (L. *emplastrum*) ❶ 石膏;❷ 硬膏(剂)
  impression p. 印模石膏
  mustard p. 芥子硬膏
  p. of Paris 煅石膏
  salicylic acid p. (USP) 水杨酸硬膏
plaster of Paris ['pæris] (*Paris*, France, site of gypsum deposits from which it was first made in the early 19th century) 煅石膏
plastic ['plæstik] (L. *plasticus*; Gr. *plastikos*) ❶ 成形的;❷ 可塑的;❸ 塑料;❹ 可塑材料
plasticity [plæs'tisiti] 可塑性
  synaptic p. 突触可塑性
plasticizer ['plæstisaizə] 成形剂
plastics ['plæstiks] 成形外科学,整形外科学,整复外科学
plastin ['plæstin] ❶ 核丝;❷ 海绵质
plastochondria [,plæstə'kɔndriə] 粒状线粒体
plastocyte ['plæstəusait] (Gr. *plastos* formed + *kytos* cell) 血小板
plastodynamia [,plæstədai'næmiə] (Gr.

plastos formed + *dynamis* power) 发育力

plastogamy [plæs'tɔgəmi] (Gr. *plastos* formed matter + *gamos* marriage) 胞质融合

plastogel ['plæstədʒel] 塑性凝胶

plastosome ['plæstəsəum] (Gr. *plastos* formed + *sōma* body) 线粒体

plastron ['plæstrən] (Fr. "breast-plate") 胸板

-plasty (Gr. *plassein* to form) 成形术,整形术,整复术

plate [pleit] (Gr. *platē*) ❶ 板；❷ 托基(牙)；❸ 铺平皿；❹ 平皿培养或培养基制备
  alar p. 翼板
  anal p. 肛板
  auditory p. 听板
  axial p. 原条
  basal p. 基板
  base p. 基板(牙)
  bite p. 咬合板
  bone p. 骨板
  cardiogenic p. 生心板
  cell p. 细胞板
  chorionic p. 绒毛板
  clinoid p. 床板
  collecting p. 收集极板
  cortical p. 外板
  cough p. 咳皿
  counting p. 计数板
  p. of cranial bone, inner 颅骨内板
  p. of cranial bone, outer 颅骨外板
  cribriform p. 筛板
  cribriform p. of ethmoid bone 筛骨筛板
  cuticular p. 膜状板
  cutis p. 皮板
  deck p. 顶板
  dental p. 牙板
  dermomyotome p. 皮肌节板
  die p. 成型板
  dorsal p. 顶板
  dorsolateral p. 翼板
  Eggers' p. 埃格尔氏板
  end p. 终板
  epiphyseal p. 骺板
  equatorial p. 赤道板
  ethmovomerine p. 筛梨板

  floor p. 底板
  foot p. 足板
  frontal p. 额板
  frontonasal p. 额鼻板
  growth p. 生长板
  hand p. 手板
  horizontal p. of palatine bone 腭骨水平板
  Ishihara's p.'s 石原板
  jumping the bite p. 金斯雷氏板
  Kingsley p. 金斯雷氏板
  Kühne's terminal p's 屈内氏终板
  Lane p's 累恩氏接骨板
  lateral mesoblastic p. 中胚层侧板
  lawn p. 融合皿
  lingual p. 舌板
  medullary p. 髓板
  mesial p. 中板
  metaphase p. 赤道板
  middle p. 中板
  Moe p. 莫氏板
  motor end p. 终板
  muscle p. 肌(节)板
  nail p. 指(趾)甲板
  nephrotome p. 肾节
  neural p. 神经板
  notochordal p. 头突
  oral p. 口板
  orbital p. of ethmoid bone 筛骨眶板
  orbital p. of frontal bone 额骨眶板
  palatal p. 腭板
  palate p. 腭板
  paper p. 纸板(筛骨)
  parachordal p. 脊索旁板
  parietal p. 壁板
  perpendicular p. of ethmoid bone 腭骨垂直板
  perpendicular p. of palatine bone 筛骨垂直板
  Petri p. 培替氏平皿
  pharyngeal p. 咽膜
  polar p's, pole p's 极板
  pour p. 倾注平皿
  prechordal p., prochordal p. 脊索前板
  pterygoid p., external 翼突外侧板
  pterygoid p., internal 翼突内侧板
  pterygoid p., lateral 翼突外侧板
  pterygoid p., medial 翼突内侧板

quadrigeminal p. 四迭板
reticular p. 网状板
roof p. 顶板
segmental p. 节板
Sherman p. 谢尔曼氏板
spiral p. 螺旋板(骨性)
spring p. 弹性板
Strasburger's cell p. 斯特雷恩伯格氏细胞体
streak p. 划线培养平皿
subgerminal p. 胚下板
tarsal p's 睑板
terminal p. 终板
tympanic p. 鼓板
urethral p. 尿道板
vascular foot p. 血管足板
ventral p. 底板
ventrolateral p. 腹外侧板
vertical p. of palatine bone 腭骨垂直板
wing p. 翼板
plateau [plæˈtəu] 坪
tibial p. 胫骨坪
ventricular p. 心室坪
platelet [ˈpleitlət] 血小板
blood p. 血小板
plateletpheresis [ˌpleitlətfəˈriːsis] (platelet + Gr. (a) phairesis removal) 血小板去除法
plating [ˈpleitiŋ] ❶ 平皿接种；❷ 骨折镶片法
platinic [pləˈtinik] 高价铂的
platinode [ˈplætinəud] (platinum + Gr. hodos way) 铂极
Platinol [ˈplætinɔl] 普雷蒂诺：顺二氯二氨铂制剂的商品名
platinosis [ˌplætiˈnəusis] (platinum + -osis) 铂中毒
platinous [ˈplætinəs] 亚铂的
platinum [ˈplætinəm] (L.) 铂
p. chloride 氯化铂
platy- (Gr. platys broad) 阔或扁平的
platybasia [ˌplætiˈbeisiə] (platy- + Gr. basis base (of the skull) + -ia) 扁颅底
platycelous [ˌplætiˈseləs] (platy- + Gr. koilos hollow) 前凹后凸的
platycephalic [ˌplætisəˈfælik] (platy- + Gr. kephalē head) 扁头的
platycephaly [ˌplætiˈsefəli] 扁头
platycnemia [ˌplætikˈniːmiə] 扁胫骨

platycnemic [ˌplætikˈniːmik] 扁胫骨的
platycoria [ˌplætiˈkɔːriə] (platy- + Gr. korē pupil) 瞳孔开大
platycrania [ˌplætiˈkreiniə] (platy- + Gr. kranion skull + -ia) 扁颅
platycyte [ˈplætisait] (platy- + Gr. kytos cell) 扁平细胞
platyglossal [ˌplætiˈglɔsəl] (platy- + Gr. glōssa tongue) 阔舌的
platyhelminth [ˌplætiˈhelminθ] 扁蠕虫，扁形动物
Platyhelminthes [ˌplætihelˈminθiːz] (platy- + Gr. helmins worm) 扁形动物门
platyhieric [ˌplætihaiˈerik] (platy- + Gr. hieron sacrum) 阔骶(骨)的
platyknemia [ˌplætikˈniːmiə] 扁胫骨
platykurtic [ˌplætiˈkəːtik] (platy- + Gr. kurtos convex) 宽峰的
platymeria [ˌplætiˈmiəriə] 扁股骨
platymeric [ˌplætiˈmerik] (platy- + Gr. mēros thigh) 扁股骨的
platymorphia [ˌplætiˈmɔːfiə] (platy- + Gr. morphē form) ❶ 扁型；❷ 扁型眼，浅型眼
platymorphic [ˌplætiˈmɔːfik] 扁型的，扁型眼的
platymyarial [ˌplætimaiˈɛəriəl] (platy- + Gr. mys muscle) 扁肌型的
platymyarian [ˌplætimaiˈɛəriən] (platy- + Gr. mys muscle) 扁肌型的
platymyoid [ˌplætiˈmaiɔid] (platy-- + Gr. mys muscle + eidos form) 扁肌样的
platyonychia [ˌplætiəˈnikiə] (platy- + Gr. onyx nail + -ia) 扁平指甲
platypellic [ˌplætiˈpelik] (platy- + Gr. pella bowl) 阔骨盆的
platypelloid [ˌplætiˈpelɔid] 阔骨盆的
platyphylline [ˌplætiˈfilin] 阔草狗舌草碱
platypnea [pləˈtipniə] (platy- + Gr. pnoia breath) 斜卧呼吸
platypodia [ˌplætiˈpəudiə] (platy- + Gr. pous foot + -ia) 扁平足
Platyrrhina [ˌplætiˈrainə] (platy- + Gr. rhis nose) 阔鼻科
platyrrhine [ˈplætirain] (platy- + Gr. rhis nose) 阔鼻的
platysma [pləˈtizmə] (Gr.) (NA) (颈)阔肌

platysmal [plə'tizməl] (颈)阔肌的

platyspondylia [ˌplætispɔn'diliə] 扁椎骨

platyspondylisis [ˌplætispɔn'dilisis] (*platy-* + Gr. *spondylos* vertebra) 扁椎骨

Platysporina [ˌplætispə'rainə] (*platy-* + *spore*) 扁孢亚目

platystaphyline [ˌplæti'stæfilin] (*platy-* + Gr. *staphylē* palate) 阔腭的

platystencephalia [ˌplætiˌstensi'feiliə] 扁长头

platystencephalic [ˌplætiˌstensi'fælik] 扁长头的

platystencephalism [ˌplætisten'sefəlizəm] 扁长头

platystencephaly [ˌplætisten'sefəli] (Gr. *platystatos* widest + *enkephalos* brain + *-ia*) 扁长头

platytrope ['plætitrəup] (*platy-* + Gr. *trepein* to turn) 对侧部

plauracin ['plaurəsin] 游金菌素

Plaut's angina [plauts] (Hugo Carl *Plaut*, German physician, 1858-1928) 普劳特氏咽峡炎

plectron ['plektrɔn] (Gr. *plēktron* anything to strike with) 锤型

plectrum ['plektrəm] (L. from Gr. *plēktron* anything to strike with) ❶ 悬雍垂; ❷ 锤骨; ❸ 颞骨茎突

PLED (periodic lateralized epileptiform discharge 的缩写) 同期性一侧性癫痫样放电

pledge [pledʒ] 誓言
    Nightingale p. 南丁格尔誓言

pledget ['pledʒit] 小试子

plegaphonia [ˌplegə'fəuniə] (Gr. *plēgē* stroke + *aphonia*) 叩喉听诊法

-plegia (Gr. *plēgē* a blow, stroke) 麻痹, 瘫痪, 中风

Plegisol ['pledʒisɔl] 普莱济索尔: 一含钠、钾、镁、钙和氯的心脏麻痹溶液的商品名

pleiades ['plaiədiːz] (in Greek mythology, seven daughters of Atlas who were placed by Zeus among the stars and form part of the constellation Taurus) 淋巴结肿块

pleio- 过多, 增多, 多

pleiochromia [ˌplaiəu'krəumiə] (*pleio-* + Gr. *chroma* color) 色素过多(症)

pleiochloruria [ˌplaiəklɔ'ruəriə] 尿氯过多

pleionexia [ˌplaiəu'neksiə] ❶ 贪婪狂; ❷ 贪氧性

pleiotropia [ˌplaiə'trəupiə] ❶ 多向性(亲多种组织); ❷ (基因)多效性

pleiotropic [ˌplaiə'trɔpik] ❶ 多向性的; ❷ (基因)多效性的

pleiotropism [plai'ɔtrəpizəm] ❶ 多向性(亲多种组织); ❷ (基因)多效性

pleiotropy [plai'ɔtrəpi] (*pleio-* + Gr. *tropē* a turning) (基因)多效性

Pleistophora [plais'tɔfərə] (Gr. *pleistos* most, very many) 寄生虫原生动物门的一属

plektron ['plektrɔn] (Gr.) 锤型

Plendil ['plendil] 普仑定尔: 波依定制剂的商品名

pleniloquence [pli'nilɔkwəns] (L. *plemus* full + *loqui* to talk) 多言癖

pleo- (Gr. *pleōn* more) 过多, 增多, 多

pleocaryocyte [ˌpliːə'kæriəsait] 多核细胞

pleochroic [pliə'krɔik] 多(向)色的

pleochroism ['pliəˌkrɔizəm] 多(向)色性, 多色现象

pleochromatic [ˌpliəkrəu'mætik] 多(向)色性的, 多色现象的

pleochromatism [ˌpliə'krɔmətizəm] (*pleo-* + Gr. *chrōma* color) 多(向)色性, 多色现象

pleochromocytoma [ˌpliːəuˌkrəuməusai'təumə] (*pleo-* + Gr. *chroma* color + *kytos* cell + *-oma* tumor) 多色细胞瘤

pleocytosis [ˌpliːəusai'təusis] 脑脊液(淋巴)细胞增多

pleokaryocyte [ˌpliːəu'kæriəsait] 多核细胞

pleomastia [ˌpliːəu'mæstiə] (*pleo-* + Gr. *mastos* breast + *-ia*) 多乳房(畸形)

pleomastic [ˌpliːəu'mæstik] 多乳房的

pleomazia [ˌpliːəu'meiziə] (*pleo-* + Gr. *mazos* breast + *-ia*) 多乳房(畸形)

pleomorphic [ˌpliːəu'mɔːfik] (*pleo-* + Gr. *morphē* form) 多形的

pleomorphism [ˌpliːəu'mɔːfizəm] ❶ 多形性, 多型性; ❷ 多晶形现象

pleomorphous [ˌpliːəu'mɔːfəs] 多形的

pleonasm ['pliːənæzəm] (Gr. *pleonasmos* exaggeration) 赘余畸形

pleonexia [ˌpliːəʊˈneksiə] (Gr. "greediness") ❶ 贪氧性; ❷ 贪婪狂

pleonosteosis [ˌpliːəʊˌnɒstiˈəʊsis] (*pleo-* + Gr. *osteon* bone + *-osis*) 骨化过早,骨化过度
　Léri's p. 累里氏骨化过早

pleonotia [ˌpliːəʊˈnəʊʃiə] (*pleo-* + Gr. *ous* ear) 多耳(畸形)

pleoptics [pliːˈɒptiks] (*pleo-* + Gr. *optikos* of or for sight) 增视法

plerocercoid [ˌpliərəʊˈsɜːkɔid] (Gr. *plēroun* to complete + *kerkos* tail + *eidos* form) 全尾蚴,裂头蚴

plerosis [pliˈrəusis] 补复,修复

Plesch's percussion [ˈpliʃəz] (Johann Plesch, German physician in England, 20th century) 普累旋氏叩诊,肋间叩诊,铅笔叩诊

Plesiomonas [ˌpliːsiəʊˈmɒnəs] (Gr. *plēsios* near + *monas* unit, from *monos* single) 邻单胞菌属
　P. shigelloides 志贺氏邻单胞菌

plesiomorphism [ˌpliːsiəʊˈmɔːfizəm] (Gr. *plesios* near + *morphē* form) 形态相似

plesiomorphous [ˌpliːsiəʊˈmɔːfəs] 形态相似的

plessesthesia [ˌplesesˈθiːziə] (Gr. *plēssein* to strike + *aisthēsis* perception) 触叩诊

plessigraph [ˈplesigrɑːf] (Gr. *plessein* to strike + *graphein* to write) 划界叩诊板

plessimeter [pleˈsimitə] ❶ 叩诊板; ❷ 皮像板,透皮玻片

plessimetric [ˌplesiˈmetrik] ❶ 叩诊板的; ❷ 皮像板的

plessor [ˈplesə] 叩诊槌

plethora [ˈpleθərə] (L.; Gr. *plēthōrē* fullness, satiety) 多血(症)

plethoric [pləˈθɒrik] 多血的

plethysmogram [pliˈθizməgræm] 体积描记图

plethysmograph [pliˈθizməgrɑːf] (Gr. *plēthysmos* increase + *graphein* to write) 体积描记器
　body p. 身体体积描记器
　digital p. 手指体积描记器
　finger p. 手指体积描记器
　jerkin p. 背心型体积描记器

plethysmography [ˌpleθizˈmɒgrəfi] 体积描记法
　air-cuff p. 气套体积描记法
　dynamic venous p. 动力静脉体积描记法
　impedance p. 阻抗体积描记法
　strain-gauge p. 应变计体积描记法
　venous occlusion p. 静脉堵塞体积描记法

pleura [ˈpluərə] (gen. and pl. *pleurae*) (Gr. "rib", "side") (NA) 胸膜
　cervical p. 胸膜顶
　costal p., costalis (NA) 肋胸膜,肋椎部胸膜
　diaphragmatic p., p. diaphragmatica (NA) 膈胸膜,膈部胸膜
　mediastinal p., p. mediastinalis (NA) 纵隔胸膜,纵隔部(胸膜)
　parietal p., p. parietalis (NA) 胸膜壁层
　pericardiac p., p. pericardiaca 心包膜,心包部(胸膜)
　p. pulmonalis (NA) 肺胸膜
　pulmonary p. 肺胸膜
　visceral p., p. visceralis (NA) 胸膜脏层,肺胸膜

pleuracentesis [ˌpluərəsenˈtiːsis] 胸腔穿刺术

pleuracotomy [ˌpluərəˈkɒtəmi] (*pleura* + Gr. *tomē* a cutting) 胸膜切开放液术,胸膜腔切开引流术

pleurae [ˈpluəriː] (L.) 胸膜。*pleura* 的所有格和复数形式

pleuragraphy [ˌpluəˈrægrəfi] 胸膜腔 X 线照相术

pleural [ˈpluərəl] 胸膜的

pleuralgia [pluəˈrældʒiə] (*pleur-* + *-algia*) 胸膜痛

pleuralgic [pluəˈrældʒik] 胸膜痛的

pleuramnion [pluəˈræmniən] 体壁羊膜

pleurapophysis [ˌpluərəˈpɒfisis] (*pleur-* + *apophysis*) 椎骨侧突,椎肋(颈椎或腰椎)

pleurectomy [pluəˈrektəmi] (*pleur-* + *-ectomy*) 胸膜(部分)切除术

pleurisy [ˈpluərisi] (Gr. *pleuritis*) 胸膜炎
　acute p. 急性胸膜炎
　adhesive p. 粘连性胸膜炎
　blocked p. 阻断性胸膜炎

cholesterol p. 胆甾醇性胸膜炎
chronic p. 慢性的胸膜炎
chyliform p., chyloid p. 乳糜样胸膜炎
chylous p. 乳糜性胸膜炎
circumscribed p. 局限性胸膜炎
costal p. 肋胸膜炎
diaphragmatic p. 膈胸膜炎
diffuse p. 弥漫性胸膜炎
double p. 双侧胸膜炎
dry p. 干性胸膜炎
encysted p. 包裹性胸膜炎
exudative p. 渗出性胸膜炎,湿性胸膜炎
fibrinous p. 纤维蛋白性胸膜炎
hemorrhagic p. 出血性胸膜炎
ichorous p. 败液性胸膜炎,稀脓胸
indurative p. 硬结性胸膜炎
interlobular p. 小叶间胸膜炎
latent p. 隐性胸膜炎
mediastinal p. 纵隔胸膜炎
metapneumonic p. 肺炎后胸膜炎
plastic p. 成形性胸膜炎
primary p. 原发性胸膜炎
proliferating p. 增生性胸膜炎,成形性胸膜炎
pulmonary p. 肺胸膜炎,胸膜脏层炎
pulsating p. 搏动性胸膜炎
purulent p. 化脓性胸膜炎,脓胸
sacculated p. 包裹性胸膜炎
secondary p. 继发性胸膜炎
serofibrinous p. 浆液纤维蛋白性胸膜炎
serous p. 浆液性胸膜炎
single p. 单侧胸膜炎
suppurative p. 化脓性胸膜炎,脓胸
typhoid p. 伤寒性胸膜炎
visceral p. 胸膜脏层炎
wet p., p. with effusion 湿性胸膜炎,渗出性胸膜炎

pleuritic [pluə'ritik] 胸膜炎的
pleuritis [pluə'raitis] 胸膜炎
pleuritogenous [ˌpluəri'tɔdʒənəs] 致胸膜炎的
pleur(o)- (Gr. *pleura* rib, side) 与胸膜、肋骨或体侧有关
pleurobronchitis [ˌpluərəubrɔŋ'kaitis] 胸膜支气管炎
pleurocele ['pluərəusi:l] (*pleuro-* + Gr. *kēlē* hernia) 胸膜突出,胸膜疝
pleurocentesis [ˌpluərəusen'ti:sis] (*pleuro-* + *kentēsis* puncture) 胸腔穿刺术
pleurocentrum [ˌpluərəu'sentrəm] (*pleuro-* + Gr. *kentron* center) 单侧椎(骨)体,半侧椎(骨)体
Pleuroceridae [ˌpluərəu'seridi] 肋角螺科
pleurocholecystitis [ˌpluərəuˌkɔulisis'taitis] (*pleuro-* + *cholecystitis*) 胸膜胆囊炎
pleuroclysis [pluə'rɔklisis] (*pleuro-* + Gr. *klysis* washing) 胸膜腔灌洗术
pleurocutaneous [ˌpluərəukju'teiniəs] 胸膜(与)皮肤的
pleurodesis [pluə'rɔdəsis] (*pleuro-* + *desis* binding) 胸膜固定术
pleurodont ['pluərəudɔnt] (*pleuro-* + Gr. *odous* tooth) 连骨牙
pleurodynia [ˌpluərə'diniə] (*pleuro-* + Gr. *odynē* pain) 胸膜痛,胸肌痛
 epidemic p. 流行性胸膜痛,流行性胸肌痛
pleurogenic [ˌpluərəu'dʒenik] 胸膜原(性)的
pleurogenous [pluə'rɔdʒənəs] (*pleuro-* + Gr. *gennan* to produce) 胸膜原(性)的
pleurography [pluə'rɔgrəfi] (*pleuro-* + Gr. *graphein* to write) 胸膜腔X线照相术
pleurohepatitis [ˌpluərəuˌhepə'taitis] (*pleuro-* + Gr. *hēpar* liver + *-itis*) 胸膜肝炎
pleurolith ['pluərəliθ] (*pleuro-* + Gr. *lithos* stone) 胸膜石
pleurolysis [pluə'rɔlisis] (*pleuro-* + Gr. *lysis* dissolution) 胸膜松解术
pleuromelus [ˌpluərəu'mi:ləs] (*pleuro-* + Gr. *melos* limb) 胸部多肢畸胎
pleuroparietopexy [ˌpluərəupə'raiətəuˌpeksi] (*pleuro-* + *parietal* + Gr. *pēxis* fixation) 胸膜胸壁固定术
pleuropericardial [ˌpluərəuˌperi'kɑːdiəl] 胸膜心包的
pleuropericarditis [ˌpluərəuˌperikɑː'daitis] (*pleuro-* + *pericarditis*) 胸膜心包炎
pleuroperitoneal [ˌpluərəuˌperitəu'niəl] 胸膜腹膜的
pleuropneumonia [ˌpluərəunjuː'məuniə] 胸膜肺炎
 contagious bovine p. 牛传染性胸膜肺炎
 contagious caprine p. 山羊传染性胸膜肺炎

pleuropneumonolysis [ˌpluərəuˌnjuːməu-'nɔlisis] (*pleuro-* + Gr. *pneumōn* lung + *lysis* destruction) 胸膜肺松解术

pleuropulmonary [ˌpluərəu'pʌlməˌnəri] 胸膜肺的

pleurorrhea [ˌpluərəu'riːə] (*pleuro-* + Gr. *rhoia* flow) 胸膜腔渗液

pleuroscopy [pluə'rɔskəpi] (*pleuro-* + Gr. *skopein* to examine) 胸膜腔镜检查

pleurosoma [ˌpluərəu'səumə] 体侧露脏畸胎

pleurosomus [ˌpluərəu'səuməs] (*pleuro-* + Gr. *sōma* body) 体侧露脏畸胎

pleurothotonos [ˌpluərəu'θɔtənəs] (Gr. *pleurothen* from the side + *tonos* tension) 侧弓反张

pleurothotonus [ˌpluərəu'θɔtənəs] 侧弓反张

pleurotin [pluə'rəutin] (灰)北风菌素

pleurotome ['pluərətəum] 肺节

pleurotomy [pluə'rɔtəmi] (*pleuro-* + Gr. *tomē* a cutting) 胸膜切开术

pleurotyphoid [ˌpluərəu'taifɔid] 胸膜型伤寒

pleurovisceral [ˌpluərəu'visərəl] 胸膜内脏的

plexal ['pleksəl] 丛的

plexalgia [plek'sældʒiə] (Gr. *plexis* stroke + *algos* pain) 行军痛

plexectomy [plek'sektəmi] (*plexus* + *-ectomy*) 丛切除术

plexiform ['pleksifɔːm] (L. *plexus* plait + *forma* form) 丛状的

pleximeter [plek'simitə] (Gr. *plexis* stroke + *metron* measure) ❶ 叩诊板；❷ 皮像板，透皮玻片

pleximetric [ˌpleksi'metrik] ❶ 叩诊板的；❷ 皮像板的

pleximetry [plek'simitri] ❶ 板叩诊(法)；❷ 皮像板检查

plexitis [plek'saitis] 神经丛炎

plexogenic ['pleksəˌdʒenik] 丛原的

plexometer [plek'sɔmitə] ❶ 叩诊板；❷ 皮像板，透皮玻片

plexopathy [plek'sɔpəθi] 丛病
  brachial p. 臂丛病
  lumbar p. 腰丛病
  lumbosacral p. 腰骶丛病
  sacral p. 骶丛病,骶神经丛病变

plexor ['pleksə] 叩诊槌

plexus ['pleksəs] (pl. *plexus* 或 *plexuses*) (L. "braid") 丛
  annular p. 环状丛
  p. of anterior cerebral artery 大脑前动脉丛
  aortic p., abdominal 腹主动脉丛
  aortic p., thoracic 胸主动脉丛
  p. aorticus 主动脉丛
  p. aorticus abdominalis (NA) 腹主动脉丛
  p. aorticus thoracalis, p. aorticus thoracicus (NA) 胸主动脉丛
  areolar venous p. 乳晕静脉丛
  p. arteriae ovaricae 卵巢动脉丛
  ascending pharyngeal p. 上行咽丛
  Auerbach's p. 奥厄巴赫氏神经丛,肠肌丛(神经)
  auricular p., posterior 耳后丛
  p. autonomicus (NA) 植物神经丛
  basilar p., p. basilaris (NA) 基底丛
  Batson's p. 巴特林氏丛
  biliary p. 胆管丛
  brachial p., p. brachialis (NA) 臂丛
  cardiac p. 心丛
  cardiac p., anterior 心前丛,心浅丛
  cardiac p., deep 心深丛
  cardiac p., great 心深丛
  cardiac p., superficial 心浅丛
  p. cardiacus (NA) 心丛
  p. caroticus communis (NA) 颈总动脉丛
  p. caroticus externus (NA) 颈外的动脉丛
  p. caroticus internus (NA) 颈内动脉丛
  carotid p. 颈动脉丛,颈内动脉丛
  carotid p., common 颈总动脉丛
  carotid p., external 颈外动脉丛
  carotid p., internal 颈内动脉丛
  p. cavernosi concharum (NA) 鼻甲厚海绵丛
  cavernous p. 海绵丛,海绵窦丛
  cavernous p's of conchae 鼻甲海绵丛
  celiac p., p. celiacus ① 腹腔丛；② 腹腔淋巴丛
  cervical p. 颈丛
  cervical p., posterior 颈后丛

p. cervicalis (NA) 颈丛
choroid p. 脉络丛
choroid p., inferior 第四脑室脉络丛
p's of choroid artery 脉络膜动脉丛
choroid p. of fourth ventricle 第四脑室脉络丛
choroid p. of lateral ventricle 侧脑室脉络丛
choroid p. of third ventricle 第三脑室脉络丛
p. choroideus ventriculi lateralis (NA) 侧脑室脉络丛
p. choroideus ventriculi quarti (NA) 第四脑室脉络丛
p. choroideus ventriculi tertii (NA) 第三脑室脉络丛
ciliary ganglionic p. 睫状神经节丛
coccygeal p., p. coccygeus (NA) 尾丛
p. coeliacus ① (NA)腹腔丛;② 腹腔淋巴丛
colic p., left 结肠左丛
colic p., middle 结肠中丛
colic p., right 结肠右丛
coronary p's, gastric ① 胃冠丛;② 胃丛
coronary p. of heart, anterior 心冠前丛
coronary p. of heart, left 心冠后丛
coronary p. of heart, posterior 心冠后丛
coronary p. of heart, right 心冠前丛
coronary p's of stomach, superior 胃冠丛,胃丛
crural p. 股丛
Cruveilhier's p. 克律韦利埃氏丛
cystic p. 胆囊丛
deferential p., p. deferentialis (NA) 输精管丛
dental p., inferior 下(颌)牙丛
dental p., superior 上(颌)牙丛
p. dentalis inferior (NA) 下(颌)牙丛
p. dentalis superior (NA) 上(颌)牙丛
diaphragmatic p. 隔丛(神经)
enteric p., p. entericus (NA)肠丛
epigastric p. 腹腔丛
esophageal p. 食管丛
p. esophagealis 食管丛
p. esophageus 食管丛
Exner's p. 埃克斯内氏丛
facial p., p. of facial artery 面丛
femoral p., p. femoralis (NA) 股丛(神经)
gastric p's 胃丛
gastric p., inferior 胃下丛
gastric p., left 胃上丛
gastric p., superior 胃上丛
p. gastrici (NA) 胃丛
gastroepiploic p., left 胃网膜左丛
Haller's p. 海勒氏丛
hemorrhoidal p. 直肠静脉丛
hemorrhoidal p. middle 直肠中丛
hemorrhoidal p., superior 直肠上丛
hepatic p., p. hepaticus (NA) 肝丛
Hovius' p. 霍费斯氏丛
hypogastric p., p. hypogastricus ① 腹下丛(神经);②腹下丛
p. hypogastricus inferior (NA) 腹下下丛
p. hypogastricus superior (NA) 腹下上丛
ileocolic p. 回结肠丛
iliac p's, p. iliaci (NA) 髂丛
p. iliacus externus 额外丛(淋巴)
incisive p. 切牙丛
infraorbital p. 眶下丛(神经)
inguinal p., p. inguinalis 腹股沟(淋巴)丛
intercavernous p. 海绵间丛
intermesenteric p. 肠系膜间丛
intermesenteric p., lumboaortic 腹主动脉丛
p. intermesentericus (NA) 肠系膜间丛
internal carotid venous p. 颈内静脉丛
interradial p. 辐射间丛
intestinal p., submucous 肠粘膜下丛
intramural p. 壁内丛(膀胱)
intrascleral p. 巩膜内丛
ischiadic p. 坐骨丛
Jacobson's p. 雅各布逊氏丛
jugular p., p. jugularis 颈静脉丛(淋巴)
Leber's p. 利伯氏静脉丛
lienal p. 脾丛
p. lienalis 脾丛
lingual p. 舌丛
p. lumbalis ① (NA)腰丛;② 腰淋巴丛
lumbar p. 腰丛
p. lumbaris 腰丛
lumbosacral p., p. lumbosacralis (NA) 腰骶丛

lymphatic p., p. lymphaticus (NA) 淋巴丛
p. lymphaticus axillaris (NA) 腋淋巴丛
maxillary p. 上颌丛
maxillary p., external 上颌外丛
p. of medial cerebral artery 中脑动脉丛
Meissner's p. 麦斯纳氏丝
meningeal p. 脑膜丛
mesenteric p., inferior 肠系膜下丛
mesenteric p., superior 肠系膜上丛
p. mesentericus inferior (NA) 肠系膜下丛
p. mesentericus superior (NA) 肠系膜上丛
molecular p. 分子丛
myenteric p., p. myentericus (NA) 肠肌丛
nasopalatine p. 鼻腭丛
nerve p. 神经丛
p. nervorum spinalium (NA) 脊神经丛
nervous p. 神经丝
occipital p. 枕丛
p. oesophagealis (NA), p. oesophageus 食管丛
ophthalmic p. 眼丛
ovarian p., p. ovaricus (NA) 卵巢丛
pampiniform p., p. pampiniformis (NA) 蔓状丛
pancreatic p., p. pancreaticus (NA) 胰(腺)丛
Panizza's p's 帕尼扎氏丛
parotid p. of facial nerve, p. parotideus nervi facialis (NA) 面神经腮腺丛
patellar p. 髌丛
pelvic p. 骨盆丛
p. pelvicus 骨盆丛
p. pelvina 腹下下丛
periarterial p., p. periarterialis (NA) 动脉周丛
pericorneal p. 角膜周围丛
pharyngeal p. ①咽丛;②迷走神经咽丛
pharyngeal p., ascending 咽升丛
p. pharyngealis ①咽丛;②迷走神经咽丛
p. pharyngealis nervi vagi (NA) 迷走神经咽丛
p. pharyngeus (NA) 咽丛
p. pharyngeus nervi vagi 迷走神经咽丛

phrenic p. 膈丛
popliteal p. 腘丛
presacral p. 骶前丛
prevertebral p's 椎前丛
primary p. 基质深丛
prostatic p. ①前列腺丛;②前列腺静脉丛
prostaticovesical p. 前列腺膀胱丛
p. prostaticus (NA) 前列腺丛
pterygoid p., p. pterygoideus (NA) 翼丛(静脉)
pudendal p., p. pudendalis 阴部丛
p. pulmonalis, pulmonary p. 肺丛交感神经
pulmonary p., anterior 肺前丛(迷走神经)
pulmonary p., posterior 肺后丛(迷走神经)
p. of Raschkow 腊施科夫氏丛,牙乳头丛
rectal p's, inferior 直肠下丛
rectal p's, middle 直肠中丛
rectal p., superior 直肠上丛
p. rectalis inferior (NA) 直肠下丛
p. rectalis medius (NA) 直肠中丛
p. rectalis superior (NA) 直肠上丛
renal p., p. renalis (NA) 肾丛
sacral p. ①骶丛;②骶静脉丛
sacral p., anterior 骶前丛
sacral lymphatic p. 骶淋巴丛
p. sacralis (NA) 骶丛
p. sacralis anterior 骶前丛
p. sacralis medius 骶中丛(淋巴)
Santorini's p. 桑托里尼氏丛
Sappey's subareolar p. 萨佩氏乳(头)晕下丛
solar p. 腹腔丛
spermatic p. 精索丛
p. of spinal nerves 脊神经丛
splenic p., p. splenicus (NA) 脾丛
Stensen's p.l 斯滕森氏丛
stroma p. 基质丛
subclavian p., p. subclavius (NA) 锁骨下丛
subendocardial terminal p. 心内膜下丛
submucosal p., p. submucosus (NA), submucous p. 粘膜下丛
subsartorial p. 缝匠肌下丛

subserosal p., p. subserosus (NA) 肠丛位于浆膜面下的部分
subtrapezius p. 斜方肌下丛
supraradial p. 辐射上丛
suprarenal p., p. suprarenalis (NA) 肾上腺丛
temporal p., superficial 颞浅丛
testicular p., p. testicularis (NA) 睾丸丛
thyroid p., inferior 甲状腺下丛
thyroid p., superior 甲状腺上丛
thyroid p., unpaired 甲状腺奇(静脉)丛
tonsillar p. 围绕扁桃体的一神经丛
Trolard's p. 特罗拉尔氏丛,舌下神经管(静脉)网
tympanic p., p. tympanicus (NA), p. tympanicus (Jacobsoni) 鼓室丛
ureteric p., uretericus (NA) 输尿管丛
uterine p. 子宫丛
uterovaginal p., p. uterovaginalis (NA) 子宫阴道丛
vaginal p. 阴道丛
vascular p. ① 血管丛;② 血管丛
p. vascularis (NA) 血管丛
p. vasculosus (NA) 血管丛
p. venosus (NA) 静脉丛
p. venosus areolaris (NA) 乳晕静脉丛
p. venosus canalis hypoglossi (NA) 舌下神经管静脉丛
p. venosus caroticus internus (NA) 颈内动脉静脉丛
p. venosus foraminis ovalis (NA) 卵圆孔静脉丛
p. venosus mamillae 乳晕静脉丛
p. venosus prostaticus (NA) 前列腺(静脉)丛
p. venosus pterygoideus 翼静脉丛
p. venosus rectalis (NA) 直肠静脉丛
p. venosus sacralis (NA) 骶静脉丛
p. venosus suboccipitalis (NA) 枕骨下静脉丛
p. venosus uterinus (NA) 子宫静脉丛
p. venosus vaginalis (NA) 阴道静脉丛
p. venosus vertebralis externus anterior (NA) 椎外前静脉丛
p. venosi vertebrales externi (anterior et posterior) 椎内静脉丛
p. venosus vertebralis externus posterior (NA) 椎外后静脉丛
p. venosus vertebralis internus anterior (NA) 椎内前静脉丛
p. venosus vertebralis internus posterior (NA) 椎内后静脉丛
p. venosi vertebrales interni (anterior et posterior) 椎内静脉丛
p. venosus vesicalis (NA) 膀胱静脉丛
venous p. 静脉丛
venous p., areolar 乳晕静脉丛
venous p., hemorrhoidal 直肠静脉丛
venous p., prostatic 前列腺静脉丛
venous p., rectal 直肠静脉丛
venous p., sacral 骶静脉丛
venous p., suboccipital 枕下静脉丛
venous p., uterine 子宫静脉丛
venous p., vaginal 阴道静脉丛
venous p., vesical 膀胱静脉丛
venous p. of foot, dorsal 足背静脉丛
venous p. of foramen ovale 卵圆孔静脉丛
venous p. of hand, dorsal 手背静脉丛
venous p. of hypoglossal canal 舌下神经管静脉丛
vertebral p. 脊椎丛
vertebral p's, external 脊椎外丛
vertebral p's, internal 脊椎内丛
p. vertebralis (NA) 脊椎丛
vesical p. ① 膀胱丛;② 膀胱静脉丛
p. vesicale (NA) 膀胱丛
p. vesicalis ① 膀胱静脉丛;② 膀胱丛
vesicoprostatic p. 膀胱前列腺丛
vidian p. 维杜斯氏丛
visceral p. 内脏(神经)丛
p. visceralis 内脏(神经)丛
-plexy (Gr. *plēxis* a stroke) 发作、中风
plica ['plaikə] (gen. and pl. *plicae*) (L. a fold;) (NA) (皱)襞,褶
plicae alares (NA) 翼状襞
plicae ampullares tubae uterinae 输卵管壶腹襞
p. aryepiglottica (NA) 杓状会厌襞
p. axillaris anterior (NA) 腋前襞
p. axillaris posterior (NA) 腋后襞
plicae caecales (NA) 盲肠襞
p. caecalis vascularis (NA) 血管盲肠襞
plicae cecales 盲肠襞
p. cecalis vascularis 血管盲肠襞

p. chordae tympani (NA) 鼓索襞
plicae ciliares (NA) 睫状襞,小突(睫状)
plicae circulares (NA), plicae circulares (Kerckringi), plicae conniventes 环状襞(肠)
p. cordae uteroinguinalis 子宫腹股沟索襞
p. duodenalis inferior (NA) 十二指肠下襞
p. duodenalis superior (NA) 十二指肠上襞
p. duodenojejunalis 十二指肠空肠襞
p. duodenomesocolica 十二指肠结肠系膜襞
p. epigastrica 腹壁动脉襞
p. epigastrica peritonaei 腹膜上腹襞
epiglottic p. 会厌襞
p. fimbriata 伞襞
plicae gastricae (NA) 胃(皱)襞
p. gastropancreatica (NA) 胃胰襞
p. glosso-epiglottica lateralis (NA) 舌会厌侧襞
p. glosso-epiglottica mediana (NA) 舌会厌正中襞
p. hepatopancreatica (NA) 肝胰腺襞
p. hypogastrica 腹壁外侧襞,脐外侧襞
p. ileocaecalis (NA) 回盲襞
p. ileocecalis 回盲襞
p. incudialis (NA), p. incudis 砧骨襞
infrapatellar p. 髌滑膜襞
p. interarytenoidea (NA) 构状软骨间襞
p. interureterica (NA) 输尿管间襞
plicae iridis (NA) 虹膜(皱)褶
p. lacrimalis (NA), p. lacrimalis (Hasneri) 鼻泪管襞
p. longitudinalis duodeni (NA) 十二指肠纵襞
p. lunata 月状襞
p. mallearis anterior membranae tympani (NA) 鼓膜前锤骨襞
p. mallearis anterior tunicae mucosae cavitatis tympanicae (NA) 鼓室粘膜前锤骨襞
p. mallearis posterior membranae tympani (NA) 鼓膜后锤骨襞
p. mallearis posterior tunicae mucosae cavitatis tympanicae (NA) 鼓室粘膜后锤骨襞

p. malleolaris anterior membranae tympani 鼓膜前锤骨襞
p. malleolaris posterior membranae tympani 鼓膜后锤骨襞
mediopatellar p. 髌中滑膜襞
p. membranae tympani externa anterior 鼓膜前外襞
p. membranae tympani externa posterior 鼓膜后外襞
p. nervi laryngei 喉神经襞
plicae palatinae transversae (NA) 腭横襞
plicae palmatae (NA) 棕榈襞
p. palpebronasalis 睑鼻襞
p. paraduodenalis (NA) 十二指肠旁襞
p. pubovesicalis 耻骨膀胱襞
p. recti 直肠襞
p. recto-uterina (NA), p. recto-uterina (Douglasi) 直肠子宫襞,道格拉斯氏襞
p. salpingopalatina (NA) 耳咽管腭襞
p. salpingopharyngea (NA) 耳咽管咽襞
p. semilunaris (NA) 半月襞
plicae semilunares coli (NA) 结肠半月襞
p. semilunaris conjunctivae (NA) 结膜半月襞
p. sigmoidea coli 结肠半月襞
p. spiralis (NA) 螺旋状襞
p. stapedialis (NA), p. stapedis 镫骨襞
p. sublingualis (NA) 舌下襞
suprapatellar p. 髌上滑膜襞
p. synovialis (NA) 滑膜(皱)襞
p. synovialis infrapatellaris (NA) 髌下滑膜襞
p. synovialis mediopatellaris 髌中滑膜襞
p. synovialis suprapatellaris 髌上滑膜襞
plicae transversales recti (NA) 直肠横襞
p. triangularis (NA) 三角襞
plicae tubales tubae uterinae 输卵管襞
plicae tubariae tubae uterinae (NA) 输卵管襞
plicae tunicae mucosae vesicae biliaris (NA) 胆囊粘膜襞
plicae tunicae mucosae vesicae felleae 胆囊粘膜襞
p. umbilicalis lateralis ① (NA)脐外侧襞;② (NA) 腹壁下动脉襞;③ 脐外侧襞
p. umbilicalis media 脐中襞

p. umbilicalis medialis (NA) 脐外侧襞
p. umbilicalis mediana (NA) 脐中襞
p. urachi 脐尿管襞,脐中襞
p. ureterica 输尿管间襞
plicae vaginae 阴道襞
p. venae cavae sinistrae (NA) 腔静脉左襞
p. ventricularis 室襞,假声带
p. vesicalis transversa (NA) 膀胱横襞
p. vestibularis (NA) 前庭襞
plicae villosae gastris (NA) 胃绒毛襞
plicae villosae ventriculi 胃绒毛襞
p. vocalis (NA) 声带,声襞
plicae ['plaisi:] 襞。plica 的复数和所有格形式
plicamycin [ˌplaikə'maisin] (USP) 光辉霉素,光神霉素
plicate ['plaikeit] (L. plicatus) 有襞的,折襞的
plication [plai'keiʃən] 折术
plicotomy [plai'kɔtəmi] (plica + Gr. tomē a cutting) 鼓膜襞折断术
pli courbe [pli ku:b] (Fr.) 角回
pliers ['plaiəz] 锨,钳
Plimmer's bodies ['plaiməz] (Henry George Plimmer, English zoologist, 1857-1918) 普利默氏体
plint [plint] 运动治疗台
plinth [plinθ] 运动治疗台
-ploid (Gr. -ploos -fold as in diploos twofold + -oid) ❶ ……倍体的;❷ ……倍体
ploidy ['plɔidi] 倍性
plombage [plɔm'ba:ʒ] (Fr. "sealing, stopping") 充填术
plop [plɔp] 扑击音
tumor p. 肿瘤扑击音
plot [plɔt] ❶ 在图上标点;❷ 制图,作图;❸ 图
bull's-eye p. 牛眼图
Eadie-Hofstee p. 伊-霍二氏图
Lineweaver-Burk p. 兰-博二氏图
polar p. 极地图
Scatchard p. 斯盖查德图
plotolysin [ˌplɔtə'laisin] 鲶溶素
plotospasmin [ˌplɔtə'spæzmin] 鲶痉挛素
plototoxin [ˌplɔtə'tɔksin] 鲶毒素
PLT ❶ (primed lymphocyte typing 的缩写)已接触抗原的淋巴细胞分型;❷ (psittacosis-lymphogranuloma venereum-trachoma 的缩写)鹦鹉热-腹股沟淋巴肉芽肿-沙眼(菌群)
plug [plʌg] 填料,塞,栓
copulation p. 阴道塞
Dittrich's p's 迪特里希氏塞
Ecker's p. 埃克尔氏栓(卵黄栓)
epithelial p. 上皮栓
Imlach's fat p. 英拉克氏脂肪块
mucous p. 宫颈粘液塞
Traube's p's 特劳伯氏塞
vaginal p. 阴道塞
yolk p. 卵黄栓
Plugge's test ['plu:gəz] (Pieter Cornelis Plugge, Dutch biochemist, 1847-1897) 普拉季氏试验
plugger ['plʌgə] 充填器
amalgam p. 汞合金充填器
plumbago [pləm'beigəu] 石墨
plumbic ['plʌmbik] (L. plumbicus leaden) 铅的,四价铅的
plumbism ['plʌmbizəm] 铅中毒
plumbotherapy [ˌplʌmbəu'θerəpi] (L. plumbum lead + therapy) 铅疗法
plumbum ['plʌbəm] (gen. plumbi) (L.) 铅
plumericin [ˌplumə'raisin] 鸡蛋花素
Plummer's disease ['pluməz] (Henry Stanley Plummer, American physician, 1874-1936) 普鲁麦氏病
Plummer-Vinson syndrome ['plumə 'vinsən] (H.S. Plummer; Porter Paisley Vinson, American surgeon, 1890-1959) 普-文二氏综合征
plumose ['pluməus] (L. plumosus, Fr. pluma feather) 羽状的
plumper ['plʌmpə] 鼓颊器
plumula ['plʌmjulə] ❶ 胚芽;❷ 细沟
pluri- (L. plus, gen. pluris more) 多数,多
pluriceptor [ˌpluəri'septə] (pluri- + L. capere to take) 多簇受体
pluricordonal [ˌpluəri'kɔ:dənəl] 多突的(细胞)
pluricytopenia [ˌpluəriˌsaitəu'pi:niə] (pluri- + Gr. kytos cell + penia poverty) 多种血细胞减少(再生障碍性贫血)

pluridyscrinia [ˌpluəridis'kriniə] 多种分泌障碍

pluriglandular [ˌpluəri'glændjulə] (*pluri-* + L. *glandula*) 多腺性的

plurigravida [ˌpluəri'grævidə] (*pluri-* + L. *gravida* pregnant) 经产孕妇

plurilocular [ˌpluəri'lɔkjulə] 多腔的,多房的

plurimenorrhea [ˌpluəriˌmenəu'riə] 多次行经

plurinatality [ˌpluərinə'tæliti] 高产率

plurinuclear [ˌpluəri'nju:kliə] (*pluri-* + *nucleus*) 多核的

pluriorificial [ˌpluəriˌɔri'fiʃəl] (*pluri-* + L. *orificium* orifice) 多孔的

pluripara [pluə'ripərə] (*pluri-* + L. *parere* to bear) 多产妇,经产妇

pluriparity [ˌpluəri'pæriti] 经产,多胎产

pluripolar [ˌpluəri'pəulə] 多极的

pluripotent [pluə'ripətənt] 多能的

pluripotential [ˌpluəripəu'tenʃəl] 多能的

pluripotentiality [ˌpluəripəuˌtenʃi'æliti] (*pluri-* + L. *potentia* power) 多种能力

pluriresistant [ˌpluəri'sistənt] 抗多种药物的

pluritissular [ˌpluəri'tisjulə] 多种组织的

plurivisceral [ˌpluəri'visərəl] (L. *pluri-* + *visceralis*, from *viscus* a body organ) 多内脏的

plutomania [ˌplu:təu'meiniə] (Gr. *ploutos* wealth + *mania* madness) 豪富妄想,豪富狂

plutonium [plu:'təuniəm] (named from the planet *Pluto*) 钚

Pm (promethium 的符号) 钷

PMB (polymorphonuclear basophil leukocytes 的缩写) 嗜碱性多形核白细胞

PME (polymorphonuclear eosinophil leukocytes 的缩写) 嗜酸性多形核白细胞

PMI (point of maximal impulse 的缩写) 最强心尖搏动点

P mitrale [pi: mai'treili] 二尖瓣 P 波

PMM (pentamethylmelamine 的缩写) 五甲三聚氰酰胺

PMMA (polymethyl methacrylate 的缩写) 聚甲基丙烯酸甲酯

PMN (polymorphonuclear neutrophil leukocytes 的缩写) 嗜中性多形核白细胞

PMR (proportionate mortality ratio 的缩写) 比例死亡率

PMSG (pregnant mare serum gonadotropin 的缩写) 妊娠马血清促性腺激素

-pnea (Gr. *pnoia* breathe) 与呼吸有关

pneo- (Gr. *pnein* to breath) 与呼吸有关

pneogaster ['ni:əugæstə] (*pneo-* + Gr. *gastēr* the belly) 呼吸道(胚)

pneogram ['ni:əugræm] 呼吸运动描记图

pneograph ['ni:əugrɑ:f] (*pneo-* + *-graph*) 呼吸描记器

pneometer [ni'ɔmitə] (*pneo-* + *-meter*) 呼吸气量测定器

pneoscope ['ni:əskəup] (*pneo-* + *-scope*) 呼吸(运动)描记器

PNET (primitive neuroectodermal tumor 的缩写) 原发性神经外胚层瘤

pneuma- ❶气,气体;❷呼吸

pneumal ['nju:məl] 肺的

pneumarthrogram [nju:'mɑ:θrəgræm] (*pneumo-* + Gr. *arthron* joint + *gramma* that which is written) 关节充气 X 线照片

pneumarthrography [ˌnju:mɑ:'θrɔgrəfi] 关节充气造影术,关节充气照相术

pneumarthrosis [ˌnju:mɑ:'θrəusis] (*pneumo-* + Gr. *arthron* joint + *-osis*) ❶关节积气;❷关节充气术

pneumascope ['nju:məskəup] 呼吸描记器

pneumascos [nju:'mæskəs] (Gr. *pneuma* air + *askos* sac) ❶气腹;❷气腹术

pneumathemia [ˌnju:mə'θi:miə] 气血症

pneumatic [nju:'mætik] (Gr. *pneuma*, gen. *pneumatos*, air, breath) ❶气的; ❷呼吸的

pneumatics [nju:'mætiks] 气体力学

pneumatinuria [ˌnju:məti'njuəriə] 气尿

pneumatism ['nju:mətizəm] (from Gr. *pneuma* air, breath, spirit) 精气论,精气学说

Pneumatist ['nju:mətist] 精气论者

pneumatization [ˌnju:mətai'zeiʃən] 气腔形成

pneumatized ['nju:mətaizd] 充气的,含有气小房的

pneumat(o)- (Gr. *pneuma*, gen. *pneumatos* air) 气,气体,呼吸

pneumatocardia [ˌnju:mətəu'kɑ:diə] (*pneu-*

mato- + *cardia*) 心(腔)积气

pneumatocele [nju:'mætəsi:l] (*pneumato-* + Gr. *kēlē* hernia) ❶ 肺膨出; ❷ 气囊; ❸ 气瘤

  p. cranii, extracranial p. 头皮下气瘤
  intracranial p. 颅腔积气
  parotid p. 腮腺气瘤

pneumatocephalus [ˌnju:mətə'sefələs] 颅腔积气

pneumatodyspnea [ˌnju:mətə'dispni:ə] (*pneumato-* + *dyspnea*) 气肿性呼吸困难

pneumatogram [nju'mætəgræm] 呼吸描记图

pneumatograph [nju'mætəgrɑ:f] 呼吸描记器

pneumatometer [ˌnju:mə'tɔmitə] (*pneumato-* + -meter) 呼吸气量测定器

pneumatometry [ˌnju:mə'tɔmitri] 呼吸气量测定法

pneumatophore [nju'mætəfə:] (*pneumato-* + Gr. *phoros* bearing) 救生氧气袋, 氧气囊

pneumatorachis [nju:mə'tərəkis] (*pneumato* + Gr. *rachis* spine) 椎管积气

pneumatosis [ˌnjumə'təusis] (Gr. *pneumatōsis*) 积气症
  p. cystoides intestinalis, p. cystoides intestinorum 肠壁囊样积气症
  intestinal p., p. intestinalis 肠壁囊样积气症
  p. pulmonum 肺气肿

pneumatotherapy [ˌnju:mətə'θerəpi] (*pneumato-* + *therapy*) 气体疗法

pneumaturia [ˌnju:mə'tjuəriə] (*pneumato-* + Gr. *ouron* urine + -*ia*) 气尿

pneumatype ['nju:mətaip] (*pneuma-* + Gr. *typos* type) 呼气像

pneumectomy [nju:'mektəmi] (Gr. *pneumōn* lung + *ektomē* excision) 肺部分切除术

pneumencephalography [ˌnju:menˌsefə'lɔgrəfi] 气脑造影术

pneum(o)- (Gr. *pneuma* breath) ❶ 呼吸; ❷ 肺; ❸ 气; ❹ 肺炎

pneumoalveolography [ˌnju:məuˌælviəu'lɔgrəfi] 肺泡X线照相术

pneumoamnios [ˌnju:məu'æmniəs] 羊(膜)水气症

pneumoangiography [ˌnju:məuˌændʒi'ɔgrəfi] 肺血管造影术

pneumoarthrography [ˌnju:məuɑ:'θrɔgrəfi] 关节充气造影术

pneumobacillus [ˌnju:məubə'siləs] (*pneumo-* + *bacillus*) 肺炎杆菌
  Friedländer's p. 弗里德兰德氏(肺炎)杆菌, 肺炎杆菌

pneumobilia [ˌnju:mə'biliə] (*pneumo-* + *bile* + -*ia*) 气胆管

pneumobulbar [ˌnju:məu'bʌlbə] 肺(与)延髓的

pneumobulbous [ˌnju:məu'bʌlbəs] 肺(与)延髓的

pneumocardial [ˌnju:məu'kɑ:diəl] 肺心的

pneumocele ['nju:məsi:l] (*pneumo-* + Gr. *kēlē* tumor) 肺膨出, 气瘤

pneumocentesis [ˌnju:məusen'ti:sis] (*pneumo-* + Gr. *kentēsis* puncture) 肺穿刺术

pneumocephalus [ˌnju:məu'sefələs] (Gr. *pneuma* air + *kephalē* head) 颅腔积气

pneumocholecystitis [ˌnju:məuˌkəulisis'taitis] 气肿性胆囊炎

pneumochysis [nju'mɔkisis] 肺水肿

pneumococcal [ˌnju:məu'kɔkəl] 肺炎球菌的

pneumococcemia [ˌnju:məukɔk'si:miə] 肺炎球菌血症

pneumococci [ˌnju:məu'kɔksi] 肺炎球菌。*pneumococcus* 的复数

pneumococcic [ˌnju:məu'kɔksik] 肺炎球菌的

pneumococcidal [ˌnju:məkɔk'saidəl] 杀肺炎球菌的

pneumococcolysis [ˌnju:məukə'kɔlisis] (*pneumococcus* + Gr. *lysis* dissolution) 肺炎球菌溶解

pneumococcosis [ˌnju:məukə'kəusis] 肺炎球菌病

pneumococcosuria [ˌnju:məuˌkɔkə'sjuəriə] 肺炎球菌尿

pneumococcus [ˌnju:məu'kɔkəs] (pl. *pneumococci*) (*pneumo-* + Gr. *kokkos* berry) 肺炎球菌

pneumocolon [ˌnju:məu'kɔlən] (*pneumo-* + *colon*) 结肠积气, 结肠充气术

pneumoconiosis ['nju:məuˌkɔni'əusis] (*pneumo-* + Gr. *konis* dust) 肺尘埃沉着病, 尘肺

bauxite p. 铝土矿尘肺
p. of coal workers 煤矿工尘肺
collagenous p. 胶原性尘肺
noncollagenous p. 非胶原性尘肺
rheumatoid p. 类风湿性尘肺
p. siderotica 肺铁末沉着病,铁尘肺
talc p. 肺滑石沉着病,滑石病

pneumocrania [ˌnjuːməʊˈkreɪnɪə] 颅腔积气

pneumocranium [ˌnjuːməʊˈkreɪnɪəm] 颅腔积气

pneumocystiasis [ˌnjuːməʊsɪsˈtaɪəsɪs] 肺囊虫的

pneumocystic [ˌnjuːməʊˈsɪstɪk] 肺囊虫的

Pneumocystis [ˌnjuːməʊˈsɪstɪs] (*pneumo-* + *cyst*) 肺囊虫
P. carinii 卡氏肺囊虫

pneumocystography [ˌnjuːməʊsɪsˈtɒgrəfɪ] 膀胱充气照相术,膀胱充气造影术

pneumocystosis [ˌnjuːməʊsɪsˈtəʊsɪs] 肺囊虫病

pneumocystotomography [ˌnjuːməʊsɪstəˈtɒmgrəfɪ] 膀胱充气断层照相术,膀胱充气断层造影术

pneumocyte [ˈnjuːməʊsaɪt] 肺细胞

pneumoderma [ˌnjuːməʊˈdɜːmə] (*pneumo-* + Gr. *derma* skin) 皮下气肿

pneumodograph [njuːˈmɒdəgrɑːf] (*pneumo-* + Gr. *hodos* way + *graphein* to write) 鼻呼吸气量描记器

pneumodynamics [ˌnjuːməʊdaɪˈnæmɪks] (*pneumo-* + Gr. *dynamis* force) 呼吸动力学

pneumoempyema [ˌnjuːməʊˌempaɪˈiːmə] 气脓胸

pneumoencephalitis [ˌnjuːməʊenˌsefəˈlaɪtɪs] 肺脑炎,新城病

pneumoencephalocele [ˌnjuːməʊenˈsefələsiːl] (*pneumo-* + *encephalo-* + *cele-²*) 颅腔积气

pneumoencephalogram [ˌnjuːməʊenˈsefələgræm] 气脑造影照片

pnenmoencephalography (PEG) [ˌnjuːməʊenˌsefəˈlɒgrəfɪ] 气脑造影术

pneumoencephalomyelogram [ˌnjuːməʊenˌsefələmaɪˈeləgræm] 气脑脊髓造影图

pneumoencephalomyelography [ˌnjuːməʊenˌsefələʊˌmaɪəˈlɒgrəfɪ] 气脑脊髓造影术

pneumoencephalos [ˌnjuːməʊenˈsefələs] (*pneumo-* + Gr. *enkephalos* brain) 脑积气,气脑

pneumoenteritis [ˌnjuːməʊentəˈraɪtɪs] (*pneumo-* + Gr. *enteron* intestine + *-itis*) 肺肠炎

pneumofasciogram [ˌnjuːməʊˈfæsɪəgræm] 筋膜间隙充气造影照片

pneumogalactocele [ˌnjuːməʊgəˈlæktəsiːl] (*pneumo-* + Gr. *gala* milk + *kēlē* tumor) 气乳瘤

pneumogastric [ˌnjuːməʊˈgæstrɪk] (*pneumo-* + Gr. *gastēr* stomach) 肺(与)胃的

pneumogastrography [ˌnjuːməʊgæsˈtrɒgrəfɪ] (*pneumo-* + *gastrography*) 胃充气造影术

pneumogram [ˈnjuːməgræm] ❶ 呼吸描记图; ❷ 充气照片

pneumograph [ˈnjuːməgrɑːf] (*pneumo-* + Gr. *graphein* to write) 呼吸描记器

pneumography [njuːˈmɒgrəfɪ] (*pneumo-* + Gr. *graphein* to write) ❶ 肺解剖学; ❷ 呼吸描记法; ❸ 充气造影术
cerebral p. 脑室充气造影术
retroperitoneal p. 腹膜后充气造影术

pneumogynogram [ˌnjuːməʊˈgaɪnəgræm] 女性生殖器官充气造影照片

pneumohemia [ˌnjuːməʊˈhiːmɪə] (*pneumo-* + Gr. *haima* blood + *-ia*) 气血症

pneumohemopericardium [ˌnjuːməʊˌhiːməʊˌperɪˈkɑːdɪəm] (*pneumo-* + *hemo-* + *pericardium*) 气血心包

pneumohemothorax [ˌnjuːməʊˌhiːməʊˈθɔːræks] (*pneumo-* + Gr. *haima* blood + *thōrax* chest) 气血胸

pneumohydrometra [ˌnjuːməʊˌhaɪdrəʊˈmiːtrə] (*pneumo-* + Gr. *hydōr* water + *mētra* uterus) 子宫积气水

pneumohydropericardium [ˌnjuːməʊˌhaɪdrəˌperɪˈkɑːdɪəm] (*pneumo-* + *hydro-* + *pericardium*) 气水心包,心包积气水

pneumohydrothorax [ˌnjuːməʊˌhaɪdrəˈθɔːræks] (*pneumo-* + Gr. *hydōr* water + *thōrax* chest) 气水胸

pneumokidney [ˌnjuːməʊˈkɪdnɪ] (*pneumo-* + *kidney*) 肾盂积气

pneumokoniosis [ˌnjuːməʊˌkəʊnɪˈəʊsɪs] 肺尘埃沉着病,尘肺

pneumolith ['nju:məliθ] (*pneumo-* + Gr. *lithos* stone) 肺石
pneumolithiasis [ˌnju:məuli'θaiəsis] 肺石病
pneumology [nju:'mɔlədʒi] (*pneumo-* + *-logy*) 肺病学
pneumolysis [nju:'mɔlisis] (胸膜外)肺松解术
pneumomalacia [ˌnju:məumə'leiʃə] (*pneumo-* + Gr. *malakia* softness) 肺软化
pneumomassage [ˌnju:məumə'sɑ:ʒ] (*pneumo-* + *massage*) (鼓膜)空气按摩法
pneumomediastinogram [ˌnju:məuˌmi:diəs'tinəgræm] 纵隔充气照片
pneumomediastinography [ˌnju:məuˌmi:diəsˌtai'nɔgrəfi] 纵隔充气造影术
pneumomediastinum [nju:məuˌmi:diəs'tainəm] (*pneumo-* + *mediastinum*) 纵隔积气
pneumomelanosis [ˌnju:məuˌmelə'nəusis] (*pneumo-* + *melanosis*) 肺黑变病
pneumometer [nju:'mɔmitə] 呼吸气量测定器
pneumomycosis [ˌnju:məumai'kəusis] (*pneumo-* + *mycosis*) 肺真菌病,肺霉菌病
pneumomyelography [ˌnju:məuˌmaiə'lɔgrəfi] (*pneumo-* + Gr. *myelos* marrow + *graphein* to write) 气脊髓造影术
pneumonectasia [ˌnju:məunek'teiziə] 肺气肿
pneumonectasis [ˌnju:məu'nektəsis] (*pneumo-* + Gr. *ektasis* extension) 肺气肿
pneumonectomy [ˌnju:məu'nektəmi] (*pneumono-* + Gr. *ektomē* excision) 肺切除术
pneumonedema [ˌnju:məuni'di:mə] (*pneumo-* + *edema*) 肺水肿
pneumonemia [ˌnju:məu'ni:miə] (*pneumo-* + Gr. *haima* blood + *-ia*) 肺充血
pneumonere ['nju:məniə] 肺终芽
pneumonia [nju:'məunjə] (Gr. *pneumōnia*) 肺炎
  abortive p. 顿挫性肺炎
  acute p. 急性肺炎
  p. alba 白色肺炎
  alcoholic p. 酒毒性肺炎
  amebic p. 阿米巴性肺炎
  anthrax p. 炭疽性肺炎
  apex p., apical p. 肺尖炎,肺尖部肺炎
  p. apostematosa 化脓性肺炎
  aspiration p. 吸入性肺炎
  atypical p. 非典型性肺炎
  atypical bronchial p. 非典型性支气管肺炎
  bacterial p. 细菌性肺炎
  bilious p. 黄疸性肺炎
  bronchial p. 支气管肺炎
  brooder p. 雏鸡肺炎
  Buhl's desquamative p. 布耳氏脱屑性肺炎
  caseous p. 干酪样肺炎
  cat p. 猫肺炎
  catarrhal p. 卡他性肺炎
  central p. 中央肺炎
  cerebral p. 脑型肺炎
  cheesy p. 干酪样肺炎
  chronic p. 慢性肺炎
  chronic eosinophilic p. 慢性嗜酸性肺炎
  cold agglutinin p. 冷凝集素性肺炎
  contusion p. 挫伤性肺炎
  core p. 中央肺炎
  Corrigan's p. 科里根氏肺炎
  croupous p. 格鲁布肺炎
  deglutition p. 吞吸性肺炎
  dermal p. 皮内注射性肺炎
  desquamative p. 脱屑性肺炎
  desquamative interstitial p. 脱屑性间质性肺炎
  p. dissecans 分离性肺炎
  double p. 双侧肺炎
  Eaton agent p. 支原性肺炎
  embolic p. 栓塞性肺炎
  ephemeral p. 暂时性肺炎
  fibrinous p. 纤维蛋白性肺炎
  fibrous p. 纤维性肺炎
  fibrous p., chronic 慢性纤维性肺炎
  Friedländer's p., Friedländer's bacillus p. 弗里德兰德氏肺炎
  gangrenous p. 坏疽性肺炎,肺坏疽
  giant cell p. 巨细胞肺炎
  Hecht's p. 黑希特肺炎
  hypostatic p. 坠积性肺炎
  indurative p. 硬结性肺炎
  infective p. of goats 山羊传染性肺炎
  influenzal p., influenza virus p. 流感性肺炎
  inhalation p. 吸入性肺炎

p. interlobularis purulenta 化脓性小叶间肺炎
interstitial p. 间质性肺炎
interstitial plasma cell p. 间质性浆细胞性肺炎
intrauterine p. 胎儿肺炎
Kaufman's p. 考夫曼氏肺炎
lipid p., lipoid p. 脂质性肺炎,油吸入性肺炎
lobar p. 大叶性肺炎
lobular p. 小叶性肺炎
Löffler's p. 吕弗勒氏肺炎
Louisiana p. 路易斯安那肺炎
lymphoid interstitial p. 淋巴样间质性肺炎
p. malleosa 鼻疽性肺炎
massive p. 大块性肺炎
metastatic p. 转移性肺炎
migratory p. 移行性肺炎,游走性肺炎
mycoplasmal p. 支原体肺炎
obstructive p. 阻塞性肺炎
oil-aspiration p. 油吸入性肺炎,脂质性肺炎
ovine progressive p. 绵羊进行性肺炎
parenchymatous p. 实质性肺炎
Pittsburgh p. 匹慈堡肺炎
plague p. 鼠疫性肺炎
plasma cell p. 浆细胞性肺炎
pleuritic p. 胸膜肺炎
pleurogenetic p., pleurogenic p. 胸膜原性肺炎
pneumococcal p. 肺炎球菌性肺炎
pneumocystis p., *Pneumocystis carinii p.* 肺孢子虫性肺炎,卡氏肺囊虫性肺炎
primary atypical p. 原发性非典型性肺炎,非典型性肺炎
purulent p. 化脓性肺炎
rheumatic p. 风湿性肺炎
secondary p. 继发性肺炎
septic p. 脓毒性肺炎
staphylococcal p. 葡萄球菌肺炎
streptococcal p. 链球菌性肺炎
superficial p. 表浅性肺炎
suppurative p. 化脓性肺炎
terminal p. 终期肺炎
toxemic p. 毒血症型肺炎
traumatic p. 外伤性肺炎
tuberculous p. 结核性肺炎
tularemic p. 土拉菌性肺炎,兔热性肺炎
typhoid p. 伤寒性肺炎
unresolved p. 未吸收肺炎
vagus p. 迷走神经性肺炎
varicella p. 水痘性肺炎
viral p. 病毒性肺炎
wandering p. 游走性肺炎
white p. 白色肺炎
woolsorter's p. 毛工肺炎,炭疽性肺炎
pneumonic [nju:'mɔnik] (Gr. *pneumonikos*) 肺的,肺炎的
pneumonitis [ˌnju:mə'naitis] (Gr. *pneumōn* lung + *-itis*) 肺炎,局限性肺炎
acute interstitial p. 急性间质性肺炎,原发性非典型性肺炎
aspiration p. 吸入性肺炎
chemical p. 化学性肺炎
cholesterol p. 胆固醇性肺炎
feline p. 猫肺炎
granulomatous p. 肉芽肿性肺炎
hypersensitivity p. 过敏性肺炎
lymphocytic interstitial p. 淋巴细胞性间质性肺炎
malarial p. 疟疾性肺炎
manganese p. 锰性肺炎
mouse p. 鼠肺炎
pneumocystis p. 肺囊虫性肺炎
trimellitic anhydride p. 苯偏三(酸)酐性肺炎
uremic p. 尿毒症性肺炎
pneumon(o)- (Gr. *pneumon* lung) 肺
pneumonocele [nju:'mɔnəsi:l] ❶ 肺膨出; ❷ 气瘤
pneumonocentesis [ˌnju:ˌməunəsen'ti:sis] (*pneumono-* + Gr. *kentesis* puncture) 肺穿刺术
pneumonocirrhosis [nju:'məunəsi'rəusis] (Gr. *pneumōn* lung + *cirrhosis*) 肺硬变
pneumonococcus [ˌnju:məunəu'kɔkəs] 肺炎(双)球菌
pneumonoconiosis [ˌnju:ˌməunəuˌkəuni'əusis] 肺尘埃沉着病,尘肺
pneumonocyte [nju:'mɔnəsait] 肺细胞
granular p. 颗粒性肺细胞,Ⅱ型肺泡细胞
membranous p. 膜性肺细胞,Ⅰ型肺泡细胞
pneumonoenteritis [nju:ˌməunəentə'rai-

tis] 肺肠炎

pneumonograph [nju:'mɔnəgɑ:f] 肺 X 线（照）片

pneumonography [ˌnju:məu'nɔgrəfi] (*pneumono-* + Gr. *graphein* to write) 肺 X 线照相术

pneumonokoniosis [nju:ˌməunəˌkəuni'əusis] 肺尘埃沉着病, 尘肺

pneumonolipoidosis [nju:ˌməunəˌlipɔi'dəusis] (*pneumono-* + Gr. *lipos* fat + *-osis*) 脂质性肺炎

pneumonolysis [ˌnju:mə'nɔlisis] (*pneumono-* + Gr. *lysis* dissolution) (脑膜外) 肺松解术

pneumonomelanosis [ˌnju:məunəˌmelə'nəusis] (*pneumono-* + Gr. *melas* black + *-osis*) 肺黑变病

pneumonometer [ˌnju:məu'nɔmətə] (*pneumono-* + Gr. *metron* measure) 呼吸气量测定器

pneumonomoniliasis [ˌnju:məunəˌməuni'laiəsis] 肺念珠菌病

pneumonomycosis [ˌnju:məunəmai'kəusis] 肺真菌病, 肺霉菌病

pneumonopaludism [ˌnju:məunə'pæljudizəm] 肺型疟疾, 疟性肺尘硬化

pneumonoparesis [ˌnju:mɔnəupə'ri:sis] 肺轻瘫

pneumonopathy [ˌnju:mə'nɔpəθi] (*pneumono-* + Gr. *pathos* disease) 肺脏疾病
eosinophilic p. 嗜曙红细胞性肺病

pneumonopexy [nju'məunəˌpeksi] (*pneumono-* + Gr. *pēxis* fixation) 肺固定术

pneumonophthisis [ˌnju:mɔnəf'θaisis] 肺结核

pneumonopleuritis [nju:məunəpluə'raitis] 肺胸膜炎

pneumonoresection [ˌnju:məunəri'sekʃən] 肺切除（术）

pneumonorrhagia [ˌnju:məunə'reidʒiə] 肺出血

pneumonorrhaphy [ˌnju:məu'nɔrəfi] (*pneumono-* + Gr. *rhaphē* suture) 肺缝术

pneumonosis [ˌnju:məu'nəusis] (*pneumono-* + Gr. *nosos* disease) 肺(脏疾)病

pneumonotherapy [ˌnju:məunə'θerəpi] 肺病疗法

pneumonotomy [ˌnju:məu'nɔtəmi] (*pneumono-* + Gr. *tomē* a cutting) 肺切开术

Pneumonyssoides [ˌnju:məuni'sɔidiz] 类肺刺螨属

Pneumonyssus [ˌnju:məu'naisəs] 肺刺螨属

pneumopaludism [ˌnju:məu'pæljudizəm] (*pneumo-* + L. *palus* swamp) 肺型疟疾, 疟性肺尖硬变

pneumopathy [nju'mɔpəθi] 肺(脏疾)病

pneumopericardium [ˌnju:məuˌperi'kɑ:diəm] (*pneumo-* + *pericardium*) 心包积气, 气心包

pneumoperitoneal [ˌnju:məuˌperitəu'ni:əl] 气腹的

pneumoperitoneum [ˌnju:məuˌperitəu'ni:əm] (*pneumo-* + *peritoneum*) 气腹

pneumoperitonitis [ˌnju:məuˌperitəu'naitis] (*pneumo-* + *peritonitis*) 气性腹膜炎

pneumopexy ['nju:məˌpeksi] 肺固定术

pneumophagia [ˌnju:məu'feidʒiə] (*pneumo-* + Gr. *phagein* to eat + *-ia*) 吞气症

pneumophonia [ˌnju:məu'fəuniə] 肺性发音

pneumopleuritis [ˌnju:məupluə'raitis] 肺胸膜炎

pneumopleuroparietopexy [ˌnju:məuˌpluərəupə'raiətəuˌpeksi] (*pneumo-* + *pleura* + *parietal* + Gr. *pexis* fixation) 肺胸膜壁层固定术

pneumoprecordium [ˌnju:məupri'kɔ:diəm] (*pneumo-* + *precordium*) 心前间隙积气

pneumopreperitoneum [ˌnju:məupriˌperitəu'ni:əm] ❶ 腹膜前腔积气；❷ 腹膜前腔充气术

pneumopyelography [ˌnju:məuˌpaiə'lɔgrəfi] (*pneumo-* + Gr. *pyelos* pelvis + *graphein* to write) 肾盂充气造影术

pneumopyopericardium [ˌnju:məuˌpaiəuˌperi'kɔ:diəm] 气脓心包, 心包积脓气

pneumopyothorax [ˌnju:məuˌpaiəu'θɔræks] (*pneumo-* + Gr. *pyon* pus + *thōrax* thorax) 气脓胸

pneumorachicentesis [ˌnju:məuˌrækisen'ti:sis] (*pneumo-* + *rhachi-* + *-centesis*) 椎管穿刺注气法

pneumorachis [ˌnju:məu'rækis] (*pneumo-* + Gr. *rhachis* spine) ❶ 脊髓积气；❷ 椎管注气法

pneumoradiography [ˌnjuːməuˌrædiˈɔgrəfi] (*pneumo-* + *radiography*) 充气造影术

pneumoresection [ˌnjuːməuriˈsekʃən] 肺部分切除术

pneumoretroperitoneum [ˌnjuːməuˌritrəuˌperitəuˈniːəm] 腹膜后腔积气,腹膜后气肿

pneumorrhagia [ˌnjuːməuˈreidʒiə] (*pneumo-* + Gr. *rhēgnynai* to burst forth) 肺出血

pneumosepticemia [ˌnjuːməuˌseptiˈsiːmiə] 肺炎败血症

pneumoserosa [ˌnjuːməusiːˈrəusə] 关节腔充气法

pneumoserothorax [ˌnjuːməuˌsirəuˈθɔːræks] (*pneumo-* + *serum* + Gr. *thōrax* thorax) 浆液气胸

pneumosilicosis [ˌnjuːməusiliˈkəusis] 矽肺,硅肺

pneumotachograph [ˌnjuːməuˈtækəgrɑːf] 呼吸速度描记器

pneumotachometer [ˌnjuːməutəˈkɔmitə] 呼吸速度计

pneumotachygraph [ˌnjuːməuˈtækigrɑːf] (*pneumo-* + Gr. *tachys* swift + *graphein* to write) 呼吸速度描记器

pneumotaxic [ˌnjuːməuˈtæksik] (*pneumo-* + Gr. *taxis* arrangement) 调节呼吸的

pneumotherapy [ˌnjuːməuˈθerəpi] ❶ 气体疗法;❷ 肺病治疗

pneumothermomassage [ˌnjuːməuˌθeməuməˈsɑːʒ] (*pneumo-* + Gr. *thermē* heat + *massage*) 压缩热气按摩法

pneumothorax [ˌnjuːməuˈθɔːræks] (*pneumo-* + Gr. *thōrax* thorax) 气胸
  artificial p. 人工气胸
  clicking p. 卡嗒音气胸
  closed p. 闭合性气胸
  diagnostic p. 诊断性气胸
  extrapleural p. 胸膜外气胸
  induced p. 诱发性气胸,人工气胸
  open p. 开放性气胸
  pressure p. 压力性气胸
  tension p. 张力性气胸
  therapeutic p. 治疗性气胸
  valvular p. 活瓣性气胸,活塞性气胸

pneumotomography [ˌnjuːməutəˈmɔgrəfi] 充气 X 线断层造影术

pneumotomy [njuːˈmɔtəmi] 肺切除术

pneumotropic [ˌnjuːməuˈtrɔpik] ❶ 亲肺的;❷ 亲肺炎球菌的

pneumotropism [njuːˈmɔtrəpizəm] 亲肺性

pneumotympanum [ˌnjuːməuˈtaimpənəm] 鼓室积气

pneumotyphus [ˌnjuːməuˈtaifəs] 肺炎伤寒

pneumouria [ˌnjuːməuˈjuəriə] 气尿

Pneumovax [ˈnjuːməvæks] 14 肺炎球菌疫苗的商品名
  p. 23 肺炎球菌疫苗 23 的商品名

pneumoventricle [ˌnjuːməuˈventrikəl] (*pneumo-* + *ventricle*) 脑室积气

pneumoventriculi [ˌnjuːməuvenˈtrikjulai] 脑室积气

pneumoventriculography [ˌnjuːməuvənˌtrikjuːˈlɔgrəfi] 脑室充气造影术

Pneumovirus [ˈnjuːməuvaiərəs] (*pneumo-* + *virus*) 呼吸道合胞病毒

pneusis [ˈnjuːsis] (Gr. *pneusis* a blowing) 呼吸

PNH (paroxysmal nocturnal hemoglobinuria 的缩写) 阵发性夜间血红蛋白尿

pnigophobia [ˌnaigəuˈfəubiə] (Gr. *pnigos* choking + *phobos* fear) 窒息恐怖

PO (L. *per os* 的缩写) 口服,经口

Po₂ (*oxygen partial pressure* 或 *tension* 的符号) 氧分压(张力)

Po (*polonium* 的符号) 钋

pO₂, pO₂ (*oxygen partial pressure* 或 *tension* 的符号) 氧分压(张力)

POA (pancreatic oncofetal antigen 的缩写) 胰胎瘤抗原

Pocill. (L. *pocillum* 的缩写) 小杯

pock [pɔk] 痘疱

pocket [ˈpɔkit] 袋,囊
  complex p. 复杂袋
  compound p. 复合袋
  endocardial p's 心内膜袋,心内袋
  gingival p. 龈袋
  infrabony p., intra-alveolar p. 骨下袋,骨内袋,齿槽内袋
  intrabony p. 骨下袋,骨内袋
  pacemaker p. 起搏器袋
  periodontal p. 牙周袋,骨下袋
  Rathke's p. 腊特克氏囊,神经颊囊
  regurgitant p's 回流袋,反流袋

relative p. 相对袋
Seessel's p. 西赛耳氏囊,西赛耳氏鼻室
simple p. 简单袋
subcrestal p. 骨下袋
suprabony p., supracrestal p. 骨上袋,龈上袋
p's of Zahn 粲氏袋

pockmark ['pɔkmɑːk] 痘痕
Pocul. (L. *poculum* 的缩写) 杯
poculum ['pɔkjuləm] (L.) 杯
    p. Diogenes (L. Diogenes' cup)迪奥杰尼斯氏掌杯,手掌凹
podagra [pə'dægrə] (*pod-* + Gr. *agra* seizure)(足)痛风
podagral ['pɔdəgrəl] 足痛风的
podagric [pə'dægrik] 足痛风的
podagrous ['pɔdəgrəs] 足痛风的
podalgia [pə'dældʒiə] (*pod-* + *-algia*) 足痛
podalic [pə'dælik] (Gr. *pous* foot) 足的,脚的
podarthritis [ˌpɔdɑː'θraitis] (*pod-* + *arthritis*) 足关节炎
podarthrum [pə'dɑːθrʌm] (*pod-* + Gr. *arthron* joint) 足关节
podedema [ˌpɔdə'diːmə] 足水肿
podelkoma [ˌpɔdel'kəumə] (*pod-* + Gr. *elkoma* ulcer) 足菌目中
podencephalus [ˌpɔsen'sefələs] (*pod-* + Gr. *enkephalos* brain) 有茎露脑畸胎
podiatric [ˌpɔdi'ætrik] (手)足医的
podiatrist [pə'diətrist] (手)足医
podiatry [pə'daiətri] (Gr. *pous* foot + *iatreia* healing) (手)足医术
pod(o)- (Gr. *pous*, gen. *podos* foot) 足
podobromidrosis [ˌpɔdəuˌbrəumid'rəusis] (*pod-* + Gr. *bromos* stench + *idros* sweat) 足臭汗,足汗分泌过多
podocyte ['pɔdəsait] (*podo-* + Gr. *kytos* hollow vessel) 足细胞
pododerm ['pəudədəːm] (*podo-* + Gr. *derma* skin) 蹄部真皮
pododynamometer [ˌpəudəˌdainə'mɔmitə] 腿肌力计,足力计
pododynia [ˌpəudə'dainiə] (*pod-* + *odynia*) 足痛,足(底)神经痛
podogram ['pəudəgræm] (*podo-* + Gr. *gramma* mark) 足印,足迹
podograph ['pəudəgrɑːf] (*podo-* + Gr. *graphein* to write) 足印器
podology [pə'dɔlədʒi] (*podo-* + *-logy*) (手)足医术
podophyllin [ˌpɔdə'filin] 鬼白(树)脂,普达非伦(树)脂
podophyllotoxin [ˌpɔdəfilə'tɔksin] (*Podophyllum* + *toxin*) 鬼白毒素,普达非伦毒素,足叶草毒素
Podophyllum [ˌpɔdə'failəm] (*podo-* + Gr. *phyllon* leaf) 鬼白属
podophyllum [ˌpɔdə'failəm] (USP) 鬼白(根)
podotrochilitis [ˌpɔdətrɔki'laitis] (*podo-* + Gr. *trochilea* pulley + *-itis*) 马舟骨炎
poe- 同 pe-开头的词
poecil(o)- 异,变,不规则
Poecilia [pi'siliə] 花鳉属
    P. reticulata 网纹鳉
pogoniasis [ˌpɔgə'naiəsis] (Gr. *pōgōn* beard + *-iasis*) ❶ 多须;❷ 妇女生须
pogonion [pə'gəuniən] (Gr., dim. of *pōgōn* beard) 颏点
pOH 氢氧离子(浓度的负)指数
Pohl's test [pəulz] (Julius Heinrich *Pohl*, German pharmacologist, late 19th century) 波耳氏试验
-poiesis (Gr. *poiein* to make) 产生,生,造
poietin [pɔi'etin] 促血细胞生成素
poikilergasia [ˌpɔikilə'geisiə] (*poikilo-* + Gr. *ergasia* work) 精神病体质
poikil(o)- (Gr. *poikilos* spotted, mottled; varied) 异,变,不规则
poikiloblast ['pɔikiləˌblæst] (*poikilo-* + Gr. *blastos* germ) 异形成红细胞
poikilocarynosis [ˌpɔikiləˌkɛəri'nəusis] (*poikilo-* + Gr. *karyon* nucleus + *-osis*) 异形细胞形成
poikilocyte ['pɔikiləˌsait] (*poikilo-* + *-cyte*) 异形红细胞
poikilocythemia [ˌpɔikiləsi'θiːmiə] 异形红细胞症
poikilocytosis [ˌpɔikiləsi'təusis] (*poikilocyte* + *-osis*) 异形红细胞症
poikilodentosis [ˌpɔikiləuden'təusis] (*poikilo-* + L. *dens* tooth) 斑釉(症)
poikiloderma [ˌpɔikilə'dəːmə] 皮肤异色病

p. atrophicans vasculare 血管性萎缩性皮肤异色病
p. of Civatte 西瓦特氏皮肤异色病,西瓦特氏病
p. congenitale 先天性皮肤异色病
p. vasculare atrophicans 血管性萎缩性皮肤异色病
poikiloplastocyte [ˌpɔikiləuˈplæstəusait] 异形血小板
poikiloploid [ˈpɔikiləˌplɔid] (*poikilo-* + *-ploid*) ❶ 异数染色体的;❷ 其细胞染色体数不同的个体
poikiloploidy [ˈpɔikiləˌplɔidi] 异数染色体性
poikilosmosis [ˌpɔikiləzˈməusis] 渗压调节
poikilosmotic [ˌpɔikiləzˈmɔtik] 渗压调节的
poikilostasis [ˌpɔikiləsˈtæsis] (*poikilo-* + Gr. *stasis* standing) 稳态调节
poikilotherm [pɔiˈkiləθəm] (*poikilo-* + Gr. *thermē* heat) 变温动物,冷血动物
poikilothermal [ˌpɔikiləˈθəːməl] ❶ 变温的;❷ 能适应温度变化的
poikilothermic [ˌpɔikiləˈθəːmik] ❶ 变温的;❷ 能适应温度变化的
poikilothermism [ˌpɔikiləˈθəːmizəm] 变温性
poikilothermy [ˌpɔikiləˈθəːmi] (*poikilo-* + Gr. *thermē* heat) 变温性
poikilothrombocyte [pɔiˌkiləˈθrɔmbəsait] (*poikilo-* + *thrombocyte*) 异形血小板
poikilothymia [ˌpɔikiləˈθaimiə] (*poikilo-* + Gr. *thymos* spirit) 心情屡变
point [pɔint] ❶ 点,尖;❷ 出现脓头;❸ 根管探针;❹ 标记,标点;❺ 圆锥
p. A A点,切牙骨下点,下棘点
absorbent p. 吸水(纸)尖
Addison's p. 阿狄森氏点
alveolar p. (上)牙槽中点
apophysiary p. 鼻下点
p. Ar Ar点,下颌关节突点
p. of Arrhigi 阿里基氏点
p. B B点
p. Ba Ba点,颅底点
Barker's p. 巴克氏点
p. Bo Bo点
Boas'p. 博阿斯氏点
boiling p. 沸点

boiling p., normal 正常沸点
Bolton p. 博尔顿氏点,枕骨髁后点
Brewer's p. 布鲁尔氏点
Broadbent registration p. 布罗德本特氏登记点
Cannon's p. 卡农氏点
cardinal p's ① 基点;② 骨盆主点
Chauffard's p. 肖法尔氏点
cold rigor p. 冷僵点
condenser p. 兴头,尖端
conjugate p. 共轭焦点
contact p. 接触点(牙)
convenience p. 便利点
p. of convergence 集合点,辐辏点
corresponding p's 相应点
Cova's p. 科瓦氏点
craniometric p. 测颅点
critical p. 临界点
deaf p. 聋点
de Mussey's p. 德米西氏点
Desjardins' p. 代雅丹氏点
p. of direction 位向点
disparate p's 差异点
p. of dispersion 光线分散点,虚焦点
p. of divergence 光线散开点,辐散点
dorsal p. 背部压痛点
E p. E点
p. of election 选择点
Erb's p. 欧勃氏点
eye p. 眼点
far p. 远点
p. of fixation 固定点
focal p. ① 焦点;② 基点
freezing p. 冰点,凝固点
fusion p. 熔点
glenoid p. 关节盂点
gutta-percha p. 马来乳胶锥,古塔波胶锥
Hallé's p. 阿累氏点,输尿管盆缘点
hinge-axis p. 下颌咬轴点,下颌屈戌关节点
hysteroepileptogenous p., hysterogenic p. 致癫病点
ice p. 冰点
identical p's 对合点,相等点,相应点
p. of incidence 投射点,入射点
isobestic p. 等吸收点
isoelectric p. 等电点

isoionic p. 等离子点
J p. J点
jugal p. 颧点
jugomaxillary p. 颧上颌点
Keen's p. 基恩式点
Kienböck-Adamson p's 金-阿二氏点
Kocher's p. 柯赫尔氏点
Krafft p. 克拉福特氏点
lacrimal p. 泪点
Lanz's . 兰茨点
McBurney's p. 麦克伯尼氏点
McEwen's p. 麦丘恩氏点
Mackenzie's p. 麦肯齐氏点
malar p. 颧突尖，颧点
p. of maximal impulse 最强心尖搏动点
maximum occipital p. 最远枕点
median mandibular p. 下颌骨正中点
Méglin's p. 梅格兰氏点，腭孔点
melting p. (mp) 熔点
mental p. 颏点
metopic p. 额中点
motor p. 运动点
Munro's p. 孟罗氏点
nasal p. 鼻根点，鼻根
near p. 近点
near p., absolute 绝对近点
near p., relative 相对近点
nodal p's 结点
O p. O点
occipital p. 枕点
ossification p. 骨化点
ossification p., primary 初级骨化点
ossification p., secondary 次级骨化点
paper p. 纸尖，吸水(低)尖
Pauly's p. 保利氏点，背部压痛点
phrenic-pressure p. 膈神经压痛点
Piersol's p. 皮尔索耳氏点
p. Po. 外耳门上缘中点
pour p. 倾点，流点
preauricular p. 耳前点
pressure p. ①压觉点；②压迫止血点
pressure-arresting p. 压力制痉挛点
pressure-exciting p. 加压致痉挛点
principal p's 方位基点
p. R R点
Ramond's p. 拉蒙氏点
reflection p. 反射点
refraction p. 折射点

p. of regard 注视点
retromandibular tender p. 颌后压痛点
p. of reversal 逆转点
Robson's p. 罗伯逊氏点
root canal p. 根管探针
p. SE 蝶筛缝
set p. 参见 S
silver p. 银点
p. SO 蝶枕软骨结合
spinal p. 鼻下点
stereoidentical p's 立体对应点
subnasal p. 鼻下点
subtemporal p. 颞下点
supra-auricular p. 耳上点
supraclavicular p. 锁骨(刺激)点
supranasal p. 鼻上点，印堂，眉间中点
supraorbital p. 眶上点
sylvian p. 西耳维厄斯氏点，大脑外侧裂近点
thermal death p. 杀菌温度
trigger p. 扳机点，触发点
triple p. 三态点，三相点
vital p. 生命点；延脑中呼吸中框处的点
Vogt's p., Vogt-Hueter p. 伏格特氏点
Voillemier's p. 瓦尔米埃氏点
p. Z Z点
Ziemssen's motor p. 齐姆森氏运动点
pointer ['pɔintə] 骨隆凸上的挫伤
hip p. 髋骨隆凸挫伤
Poirier's glands [pwɑːri'eiz] (Paul *Poirier*, French surgeon, 1853-1907) 普瓦里埃氏腺
poise [pɔiz] (J. M. *Poiseuille*) 泊
Poiseuille's law [pwɑː'swiːz] (Jean Leonard Marie *Poiseuille*, French physiologist, 1799-1869) 泊瓦泽伊氏定律
poison ['pɔizən] (L. *potio* draft) 毒物，毒，毒药
acrid p. 苛烈性毒，刺激性毒
acronarcotic p., acrosedative p. 刺激麻醉性毒，刺激镇静性毒
arrow p. 箭毒
catalyst p. 催化性毒
corrosive p. 腐蚀毒
fatigue p. 疲劳毒素
fugu p. 河豚毒素
hemotropic p. 亲红细胞毒素
irritant p. 刺激性毒，苛烈性毒

mitotic p. 细胞分裂毒
muscle p. 肌毒
narcotic p's 麻醉毒
puffer p. 河豚毒素
sedative p's 抑制性毒物
shellfish p. 牡蛎毒,蛤贝毒
toot p. 毒空木毒
vascular p. 血管毒
whelk p. 蛾螺毒
poisoning ['pɔizoniŋ] 中毒
　akee p. 阿吉中毒,西非荔枝果中毒
　anticholinergic p. 抗胆碱能中毒
　antimony p. 锑中毒
　arsenic p. 砷中毒
　blood p. 败血症
　bongkrek p. 米醇霉中毒
　broom p. 金雀花中毒
　buckthorn p. 鼠李中毒
　callistin shellfish p. 仙女蛤中毒
　carbon disulfide p. 二硫化碳中毒
　carbon monoxide p. 一氧化碳中毒
　cheese p. 干酪中毒
　corncockle p. 麦仙翁中毒,瞿麦中毒
　cyanide p. 氰化物中毒
　dural p. 铝镁合金中毒
　elasmobranch p. 板鳃类鱼肉中毒
　ergot p. 麦角中毒
　esowasure-gai p. 仙女蛤中毒
　fish p. 鱼肉中毒
　fluoride p., chronic, fluorine p., chronic 慢性氟中毒
　food p. 食物中毒
　forage p. 饲料中毒
　fugu p. 河豚中毒
　gossypol p. 棉子酚中毒,棉子黄素中毒
　gymnothorax p. 齿鳝属鱼肉中毒
　heavy metal p. 重金属中毒
　larkspur p. 飞燕草中毒
　lead p. 铅中毒
　loco p. 洛奇草中毒
　manganese p. 锰中毒
　meat p. 肉中毒
　mercury p. 汞中毒
　milk p. 震颤病(牛羊),乳毒病(人)
　molybdenum p. 钼中毒
　mushroom p. 蕈中毒
　mussel p. 蛤贝中毒
　naphthol p. 萘酚中毒
　nitroaniline p. 硝基苯胺中毒
　nutmeg p. 肉豆蔻中毒
　O_2 p., oxygen p. 氧中毒,换气过度
　paraldehyde p. 副醛中毒
　paralytic shellfish p. 麻痹性蛤贝中毒
　parathyroid p. 甲状旁腺中毒
　phenol p. 酚中毒
　phosphorus p. 磷中毒
　pitch p. 沥青中毒
　puffer p. 河豚中毒
　salmon p. 鲑鱼肉中毒
　salt p. 盐中毒
　saturnine p. 铅中毒
　sausage p. 腊肠中毒
　scombroid p. 鲭鱼肉中毒
　selenium p. 硒中毒
　shellfish p. 蛤贝中毒
　tempeh p. 豆豉中毒
　tetrachlorethane p. 四氯乙烷中毒
　tetraodon p. 河豚中毒
　thallium p. 铊中毒
　T.N.T. p. 三硝基甲苯中毒
　tobacco p. 烟草中毒
　trinitrotoluene p. 三硝基甲苯中毒
　whelk p. 蛾螺中毒
　zinc p. 锌中毒
poison ivy ['pɔizən 'aivi] 毒漆藤
poison oak ['pɔizən 'əuk] 太平洋漆树,栎叶漆树
poisonous ['pɔizənəs] 有毒的
poison sumac ['pɔizən 'sjuːmæk] 美国毒漆树
Poisson distribution [pwɑː'sɔːn] (Siméon Denis *Poisson*, French mathematician, 1781-1840) 泊松分布
poitrinaire [ˌpwatri'nɛə] (Fr.) (慢性)胸肺病患者
pokeroot ['pəukruːt] 商陆,垂序商陆
pokeweed ['pəukwiːd] 商陆,垂序商陆
polacrilin [ˌpɔlə'krilin] 含二乙烯基苯的甲基丙烯酸酯
Poland's syndrome ['pɔləndz] (Alfred *Poland*, British physician, 1820-1872) 波兰氏综合征
polar ['pəulə] (L. *polaris*, pertaining to a pole, from *polus*)❶ 极的,极性的;❷ 有两种相反性质的
Polaramine [pəu'lærəmin] 普莱诺明:右

旋氯苯吡胺马来酸酯制剂的商品名

polarimeter [ˌpəuləˈrimitə] (*polar* + Gr. *metron* measure) 偏振计,旋光计

polarimetry [ˌpəuləˈrimitri] 偏振测定术,旋光测定法

polariscope [ˌpəuˈlæriskəup] (*polar* + Gr. *skopein* to examine) 旋偏光计,偏振光镜

polariscopic [ˌpəuləriˈskɔpik] 偏振镜的,旋光镜的

polariscopy [ˌpəuləˈriskəpi] 偏振光学,偏振镜检查,旋光镜检查

polaristrobometer [ˌpəuˌləristrəˈbɔmitə] 精密偏振计,精密旋光计

polarity [pəuˈlæriti] 极性,极性现象
  dynamic p. 机能极性

polarization [ˌpəulaiˈzeiʃən] ❶ 极性; ❷ 偏振(化); ❸ 极性化; ❹ 极化; ❺ 膜电位
  circular p. 圆偏振
  elliptical p. 椭圆偏振
  linear p. 线偏振,平面偏振
  plane p. 平面偏振,线偏振
  rotatory p. 旋偏振环形或椭圆形的偏振,与平面偏振有别

polarize [ˈpəuləraiz] ❶ 极化; ❷ 偏振(化)

polarizer [ˈpəuləraizə] 偏振器,偏振镜

polarogram [pəuˈlærəgræm] 极谱图

polarographic [ˌpəulərəˈgræfik] 极谱描记术的

polarography [ˌpəuləˈrɔgrəfi] 极谱法

Polaroid [ˈpəulərɔid] (人造)偏振片

poldine methylsulfate [ˈpəuldiːn] 甲磺酸浓尔定

pole [pəul] (L. *polus*; Gr. *polos*) 极
  animal p. 动物性极
  anterior p. of eyeball 眼球前极
  anterior p. of lens 晶体前极
  antigerminal p. 植物性极,卵黄极
  cephalic p. 头极
  frontal p. of hemisphere of cerebrum 大脑半球额极
  germinal p. 生发极,动物性极
  inferior p. of kidney 肾下极
  inferior p. of testis 睾丸下极
  negative p. 负极,阴极
  nutritive p. 营养极,植物性极
  occipital p. of hemisphere of cerebrum 大脑半球枕极
  pelvic p. 骨盆极
  positive p. 正极,阳极
  posterior p. of eyeball 眼球后极
  posterior p. of lens 晶体后极
  temporal p. of hemisphere of cerebrum 大脑半脑颞极
  upper p. of kidney 肾上极
  upper p. of testis 睾丸上极
  vegetal p., vegetative p., vitelline p. 植物性极,卵黄极

poli [ˈpəuli] (L.) (genitive and plural *of polus*) 极。*polus* 的复数和所有格

policapram [ˌpəuliˈkæprəm] 聚乙酰胺

policeman [pəˈliːsmən] 淀带

policlinic [ˌpəuliˈklinik] (Gr. *polis* city + *klinē* bed) ❶ 综合门诊部,分科门诊部; ❷ 市医院门诊部; ❸ 城市医院

poliencephalitis [ˌpəuliənsefəˈlaitis] 脑灰质炎

poliencephalomyelitis [ˌpəuliənˌsefələuˌmaiəˈlaitis] 脑脊髓灰质炎

polio [ˈpəuliəu] 脊髓灰质炎

poli(o)- (Gr. *polios* gray) 神经系统的灰质

poliocidal [ˌpəuliəuˈsaidəl] 杀脊髓灰质炎病毒的

polioclastic [ˌpəuliəuˈklæstik] (*polio-* + Gr. *klastos* breaking) ❶ 破坏神经系统灰质的; ❷ 指脊髓灰质炎病毒,流行性脑炎病毒和狂犬病病毒

poliodystrophia [ˌpəuliəudisˈtrɔfiə] 灰质营养不良,灰质营养障碍
  p. cerebri, p. cerebri progressiva, p. cerebri progressiva infantilis 大脑灰质营养不良

poliodystrophy [ˌpəuliəuˈdistrəfi] (*polio-* + *dystrophy*) 灰质营养不良(大脑),灰质营养障碍(大脑)
  progressive cerebral p., progressive infantile p. 大脑灰质营养不良

polioencephalitis [ˌpəuliəuenˌsefəˈlaitis] (*polio-* + *encephalitis*) ❶ 脑灰质炎; ❷ 脑脊髓灰质炎
  inferior p. 脑下部灰质炎,延髓性麻痹

polioencephalomalacia [ˌpəuliəuenˌsefələməˈleiʃə] 脑脊髓灰质软化病

polioencephalomeningomyelitis [ˌpəuliəuenˌsefələuˌmənɪŋgəuˌmaiə'laitis] 脑脊髓灰质脑脊膜炎

polioencephalomyelitis [ˌpəuliəuenˌsefə-ləuˌmaiə'laitis] 脑脊髓灰质炎

polioencephalopathy [ˌpəuliəuenˌsefə'lɔpə-θi] (*polio-* + Gr. *enkephalos* brain + *pathos* disease) 脑灰质病

polioencephalotropic [ˌpəuliəuenˌsefələ-'trɔpik] 亲脑灰质的,向神经的

polioencephalitis [ˌpəuliəuˌmaiəlin-ˌsefə'laitis] 脑脊髓灰质炎

poliomyeliticidal [ˌpəuliəuˌmaiə'litiˌsai-dəl] 杀脊髓灰质炎病毒的

poliomyelitis [ˌpəuliəumaiə'laitis] (*polio-* + Gr. *myelos* marrow + *-itis*) 脊髓灰质炎

 abortive p. 轻型脊髓灰质炎
 acute anterior p. 急性脊髓前角灰质炎
 acute lateral p. 急性脊髓侧角灰质炎
 anterior p. 脊髓前角灰质炎
 ascending p. 上行性脊髓灰质炎
 bulbar p. 延髓性脊髓灰质炎
 cerebral p. 脑型脊髓灰质炎,脑灰质炎
 endemic p. 地方性脊髓灰质炎
 epidemic p. 流行性脊髓灰质炎
 mouse p., murine p. 鼠脊髓灰质炎
 nonparalytic p. 非麻痹性脊髓灰质炎
 paralytic p. 麻痹性脊髓灰质炎
 porcine p. 猪脊髓灰质炎
 postinoculation p. 接种后脊髓灰质炎
 post-tonsillectomy p. 扁桃体切除后脊髓灰质炎
 postvaccinal p. 接种后脊髓灰质炎
 spinal paralytic p. 麻痹性脊髓灰质炎

poliomyeloencephalitis [ˌpəuliəuˌmaiələu-enˌsefə'laitis] 脑脊髓灰质炎

poliomyelopathy [ˌpəuliəuˌmaiə'lɔpəθi] (*polio-* + Gr. *myelos* marrow + *pathos* disease) 脊髓灰质病

polioneuromere [ˌpəuliəu'njuərəmiə] (*polio-* + Gr. *neuron* nerve + *meros* part) 脊髓灰质原节

polioplasm ['pəliəuplæzəm] (*polio-* + Gr. *plasma* plasm) 网质(细胞内)

poliosis [ˌpəuli'əusis] (Gr. *polios* gray) 白发(症),灰发(症)

poliothrix ['pɔliəuθriks] (*polio-* + Gr. *thrix* hair) 白发,灰发

poliovirus ['pəuliəuˌvaiərəs] (*poliomyelitis* + *virus*) 脊髓灰质炎病毒
 p. murine 鼠脊髓灰质炎病毒

polipropene [ˌpəuli'prəupiːn] 1-丙烯同型聚合物

polishing ['pɔliʃiŋ] ❶ 磨光;❷ 磨下物(用得数)

polisography [ˌpɔli'sɔgrəfi] (Gr. *polys* many + *isos* same + *graphein* to write) 多次(曝光)X线照相术

Politzer's bag ['pɔlitzəz] (Adam *Politzer*, Hungarian-born otologist, in Austria, 1835-1920) 波利泽尔氏咽鼓吹气袋

politzerization [ˌpɔlitzərai'zeiʃən] (Adam *Politzer*) 中耳吹气法,咽鼓管吹气法
 negative p. 中耳吸液法

polkissen [pəul'kisən] (Ger. "pole cushion") 近血管球体,近肾小球的细胞

poll [pəul] 后头

pollakicoprosis [ˌpɔˌlækikɔp'rəusis] (Gr. *pollakis* often + *kopros* faeces) 排粪过频,频便

pollakidipsia [ˌpɔləki'dipsiə] (Gr. *pollakis* often + *dipsa* thirst + *-ia*) 渴觉频现

pollakisuria [ˌpɔləki'sjuəriə] 尿频

pollakiuria [ˌpɔləki'juəriə] (Gr. *pollakis* often + *ouron* urine + *-ia*) 尿频

polled [pəuld] 无角的

pollen [pɔlin] 花粉

pollenogenic [ˌpɔlənə'dʒenik] (*pollen* + Gr. *gennan* to produce) 花粉引起的

pollenosis [ˌpɔlə'nəusis] 花粉的,枯草病

pollex ['pɔliks] (pl. *pollices*) (L.) (NA) 拇指,拇
 p. extensus 拇伸直
 p. flexus 拇变屈
 p. valgus 拇外翻
 p. varus 拇内翻

pollicization [ˌpɔlisai'zeiʃən] (L. *pollex* thumb) 拇指整复

pollination [ˌpɔli'neiʃən] 授粉(作用),传粉(作用)

pollinium [pə'liniəm] 花粉块

pollinosis [ˌpɔli'nəusis] 花粉病,枯草病

pollodic [pə'lɔdik] (Gr. *polloi* many + *hodos* way) 四周放射的,多向传导的(神经)

pollution [pə'luːʃən] (L. *pollutio*) 污染

polocyte ['pəuləsait] (Gr. *polos* pole + *-cyte*) 极体

polonium [pə'ləuniəm] (L. *Polonia* Poland) 钋

poloxalene [pə'lɔksəlin] 聚羟亚烃,轻乙烯羟丙烯聚合体

poloxalkol [pə'lɔksəlkɔl] 聚羟亚烃,羟乙炳丙烯聚合体

poloxamer [pə'lɔksəmə] 聚羟亚烃
  p. **182L** 聚羟亚烃 182L
  p. **188** 聚羟亚烃 188
  p. **331** 聚羟亚烃 331

polster ['pəulstə] 小膨出

poltophagy [pəul'tɔfədʒi] (Gr. *poltos* porridge + *phagein* to eat) 细嚼,嚼烂

polus ['pəuləs] (gen. and pl. *poli*) (L., from Gr. *polos* axis) 极
  p. **anterior bulbi oculi** (NA) 眼球前极
  p. **anterior lentis** (NA) 晶体前极
  p. **frontalis hemispherii cerebri** (NA) 大脑半球额极
  p. **occipitalis hemispherii cerebri** (NA) 大脑半球枕极
  p. **posterior bulbi oculi** (NA) 眼球后极
  p. **posterior lentis** (NA) 晶体后极
  p. **temporalis hemispherii cerebri** (NA) 大脑半球颞极

poly ['pɔli] 多形核白细胞

poly- (Gr. *polys* many) 多

poly A 多(聚)腺苷酸

Polya's operation ['pəuljɑːz] (Jenö (Eugene) *Polya*, Hungarian surgeon, 1876-1944) 波亚氏手术

polyacid [ˌpɔli'æsid] 多(价)酸的,多元酸

polyacrylonitrile [ˌpɔliəˌkrilə'naitrail] 丙烯腈聚合物

polyadenitis [ˌpɔliˌædə'naitis] (*poly-* + Gr. *adēn* gland + *-itis*) 多腺炎

polyadenoma [ˌpɔliˌædə'nəumə] 多腺瘤

polyadenomatosis [ˌpɔliˌædenuəmə'təusis] 多腺瘤病

polyadenopathy [ˌpɔliˌædə'nɔpəθi] 多腺病

polyadenosis [ˌpɔliˌædə'nəusis] 多腺病

polyadenous [ˌpɔli'ædənəs] (*poly-* + Gr. *adēn* gland) 多腺的

polyadenylate [ˌpɔliə'denəleit] (聚)腺苷酸化

polyadenylated [ˌpɔliə'denəˌleitid] 有多腺苷酸尾部的

polyadenylation [ˌpɔliəˌdenə'leiʃən] 聚腺苷酸形成

polyadenylic acid [ˌpɔliˌædə'nilik] 多腺苷酸

polyalcoholism [ˌpɔli'ælkəhɔlizəm] 混合酒精中毒

polyalgesia [ˌpɔliæl'dʒiːsiə] (*poly-* + Gr. *algesis* sense of pain) 多处痛觉

polyamine [ˌpɔli'æmin] 聚胺

polyandry [ˌpɔli'ændri] (*poly-* + Gr. *aner* man) ❶ 一妻多夫配合;❷ (一雌)多雄配合;❸ (一雌)多雄配合

polyangiitis [ˌpɔliˌændʒi'aitis] 多血管或淋巴管炎

poly A polymerase ['pɔli ei pə'liməreis] 聚核苷酸腺苷转移酶

polyarteritis [ˌpɔliˌɑːtə'raitis] (*poly-* + *arteritis*) ❶ 多动脉炎;❷ 结节性多动脉炎

polyarthric [ˌpɔli'ɑːθrik] (*poly-* + Gr. *arthron* joint) 多关节的

polyarthritis [ˌpɔliɑː'θraitis] (*poly-* + Gr. *arthron* joint + *-itis*) 多关节炎
  chronic secondary p. 慢性继发性多关节炎,杰库德氏综合征
  chronic villous p. 慢性多关节滑膜炎
  p. **destruens** 恶风湿性关节炎
  epidemic p. 流行性多关节炎
  peripheral p. 周围性多关节炎
  p. **rheumatica acuta** 急性风湿性多关节炎,风湿热
  tuberculous p. 肺性骨关节病
  vertebral p. 椎骨多关节炎

polyarticular [ˌpɔliɑː'tikjulə] (*poly-* + L. *articulus* joint) 多关节的

polyatomic [ˌpɔliə'tɔmik] (*poly-* + Gr. *atomon* atom) 多原子的

polyauxotroph [ˌpɔli'ɔːksətrɔf] (*poly-* + Gr. *auxein* to increase + *trophē* nourishment) 多养体

polyauxotrophic [ˌpɔliˌɔːksəu'trɔfik] 多营养的

polyavitaminosis [ˌpɔlieiˌvaitəmi'nəusis] (*poly-* + *avitaminosis*) 多种维生素缺乏症

polyaxonic [ˌpɔliæk'sɔnik] 多轴变的

polybasic [ˌpɔli'beisik] (*poly-* + Gr. *basis* base) 多碱(价)的，多元的

polyblast ['pɔliblæst] (*poly-* + Gr. *blastos* germ) 多形噬细胞

polyblennia [ˌpɔli'bleniə] (*poly-* + Gr. *blenna* mucus + *-ia*) 多粘液性

polybutilate [ˌpɔli'bju:tileit] 聚布特雷

polycarbophil [ˌpɔli'kɑ:bəfil] (USP) 聚卡波非

polycardia [ˌpɔli'kɑ:diə] (*poly-* + Gr. *kardia* heart) 心搏过速，心动过速

polycellular [ˌpɔli'seljulə] 多细胞的，多空隙的

polycentric [ˌpɔli'sentrik] 多中心的

polycentricity [ˌpɔlisen'trisiti] 多中心性，多中心的状态

polycheiria [ˌpɔli'kairiə] (*poly-* + Gr. *cheir* hand + *-ia*) 多手

polychemotherapy [ˌpɔliˌkiməu'θerəpi] 综合化学疗法

polychloruria [ˌpɔliklɔ'ruəriə] 多氯尿

polycholia [ˌpɔli'kəuliə] (*poly-* + Gr. *cholē* bile + *-ia*) 胆汁分泌过多

polychondritis [ˌpɔlikɔn'draitis] 多软骨炎
chronic atrophic p., p. chronica atrophicans 慢性萎缩性多软骨炎
relapsing p. 复发性多软骨炎

polychondropathia [ˌpɔliˌkɔndrə'pæθiə] 多软骨病

polychondropathy [ˌpɔlikɔn'drɔpəθi] 多软骨病

polychrest ['pɔlikrest] (*poly-* + Gr. *chrēstos* useful) 万应药

polychromasia [ˌpɔlikrə'meiziə] ❶多染色性；❷多染(色)性细胞增多症

polychromatia [ˌpɔlikrə'meiʃə] ❶ 多染(色)性；❷ 多染(性)细胞增多

polychromatic [ˌpɔlikrə'mætik] (*poly-* + Gr. *chrōma* color) 多色的

polychromatocyte [ˌpɔlikrə'mætəsait] 多染(性)细胞

polychromatocytosis [ˌpɔliˌkrəumətəsai'təusis] 多染(性)细胞增多症

polychromatophil [ˌpɔlikrə'mætəfil] (*poly-* + Gr. *chrōma* color + *philein* to love) 多染(性)细胞

polychromatophilia [ˌpɔliˌkrəumətə'filiə] ❶多染(色)性；❷多(染)细胞

polychromatophilic [ˌpɔliˌkrəumətə'filik] 多染性的

polychromatosis [ˌpɔliˌkrəumə'təusis] 多染(性)细胞增多

polychromemia [ˌpɔlikrəu'mi:miə] (*poly-* + Gr. *chrōma* color + *-emia*) 血色质增多

polychromic [ˌpɔli'krɔmik] 多色的

polychromophil [ˌpɔli'krəuməfil] 多染(性)细胞

polychromophilia [ˌpɔliˌkrəumə'filiə] ❶多染性；❷多染细胞

polychylia [ˌpɔli'kailiə] (*poly-* + Gr. *chylos* chyle + *-ia*) 乳糜过多

Polycillin [ˌpɔli'silin] 普利西林：氨苄青霉素制剂的商品名

polyclinic [ˌpɔli'klinik] (*poly-* + Gr. *klinē* bed) 综合医院，分科医院

polyclonal [ˌpɔli'klɔnəl] 多克隆的

polycoria [ˌpɔli'kɔriə] ❶ (*poly-* + Gr. *korē* pupil + *-ia*) 多瞳，多瞳症；❷ (*poly-* + Gr. *korkos* surfeit + *-ia*) 储备质过多
p. spuria 假多瞳症
p. vera 真多瞳症

polycrotic [ˌpɔli'krɔtik] (*poly-* + Gr. *krotos* beat) 多波(脉)的

polycrotism [pɔ'likrətizəm] 多波脉

polycyclic [ˌpɔli'siklik, ˌpɔli'saiklik] (*poly-* + Gr. *kyklos* ring) 多环的，多频率的

polycycline [ˌpɔli'saiklin] 普利赛克林：四环素制剂的商品名

polycyesis [ˌpɔlisai'i:sis] (*poly-* + Gr. *kyēsis* pregnancy) 多胎妊娠

polycystic [ˌpɔli'sistik] (*poly-* + Gr. *kystis* cyst) 多囊性

polycyte ['pɔlisait] (*poly-* + Gr. *kytos* cell) 多核白细胞

polycythemia [ˌpɔlisai'θi:miə] (*poly-* + Gr. *kytos* cell + *haima* blood + *-ia*) 红细胞增多
absolute p. 绝对红细胞增多
appropriate p. 适当性红细胞增多
benign p. 良性红细胞增多
compensatory p. 代偿性红细胞增多
p. hypertonica 高血压性红细胞增多症
inappropriate p. 不适当性红细胞增多
myelopathic p., primary p. 骨髓病性红细胞增多

relative p. 相对性红细胞增多
p. rubra, p. rubra vera 红细胞增多
secondary p. 继发性红细胞增多
splenomegalic p. 脾大性红细胞增多
spurious p. 假性红细胞增多
stress p. 应激性红细胞增多
p. vera 真性红细胞增多
polydactylia [ˌpɔliˈdækˈtiliə] 多指(趾)
polydactylism [ˌpɔliˈdæktəlizəm] 多指(趾)
polydactyly [ˌpɔliˈdæktəli] (*poly-* + Gr. *daktylos* fingers + *-ia*) 多指(趾)
polydeoxyribonucleotide [ˌpɔlidiˌɔksiˌraibəuˈnjuːkliətaid] 聚脱氧(核糖)核苷酸
polydeoxyribonucleotide synthase (ATP) [ˌpɔlidiˌɔksiˌraibəuˈnjuːkliətaid ˈsinθeis] 聚脱氧核糖核苷酸合成酶
polydipsia [ˌpɔliˈdipsiə] (*poly-* + Gr. *dipsa* thirst + *-ia*) 烦渴
　　psychogenic p. 心理性烦渴
polydispersoid [ˌpɔlidisˈpəːsɔid] 多分散胶体
polydontia [ˌpɔliˈdɔnʃiə] 多齿畸形,多齿
polydysplasia [ˌpɔlidisˈpleiziə] (*poly-* + *dysplasia*) 多种发育障碍
　　hereditary ectodermal p. 遗传性外胚层发育障碍
polydysspondylism [ˌpɔlidisˈpɔndəlizəm] 多脊椎畸形症
polydystrophic [ˌpɔlidisˈtrɔfik] 多营养不良的
polydystrophy [ˌpɔliˈdistrəfi] 多营养不良
　　pseudo-Hurler p. 假胡尔勒多种营养不良
polyelectrolyte [ˌpɔliiˈlektrəlait] 高(分子)电解质
polyembryoma [ˌpɔliˌembriˈəumə] 多胚胎组织瘤
polyembryony [ˌpɔliemˈbraiəni] (*poly-* + *embryo*) 多胚,一卵多胎
polyemia [ˌpɔliˈiːmiə] (*poly-* + Gr. *aema* blood) 多血(症)
polyendocrine [ˌpɔliˈendəukrin] 多(种)内分泌腺的
polyendocrinoma [ˌpɔliˌendəukriˈnəumə] 多(种)内分泌腺腺瘤病
polyendocrinopathy [ˌpɔliˌendəukriˈnɔpəθi] 多(种)内分泌腺病
polyene [pɔˈliiːn] 多烯(烃),聚烯

polyergic [ˌpɔliˈəːdʒik] 多能的,多方面作用的
polyesthesia [ˌpɔliəsˈθiːziə] (*poly-* + Gr. *aisthēsis* perception + *-ia*) 多种感觉,一物多感(症),复觉
polyestradiol phosphate [ˌpɔliˌestrəˈdaiəl] 聚磷酸雌二醇
polyestrous [ˌpɔliˈestrəs] 多次动情(期)的
polyethadene [ˌpɔliˈeθədiːn] 聚乙丁
polyether [ˌpɔliˈiːðə] 聚醚
polyethylene [ˌpɔliˈeθəliːn] 聚乙烯
　　p. glycol (PEG) (NF) 聚乙(烯)二醇
　　p. terephthalate 对酞酸聚乙烯
polyferose [ˌpɔliˈferəus] 多铁螯合物
Polygala [pəˈligələ] (*poly-* + Gr. *gala* milk) 远志属
polygalactia [ˌpɔligəˈlækʃə] (*poly-* + Gr. *gala* milk) 泌乳过多
polygalin [pəˈligəlin] 远志皂甙
polygamous [pəˈligəməs] 多配(合)的
polygamy [pəˈligəmi] (*poly-* + Gr. *gamos* marriage) 多配(合)
polyganglionic [ˌpɔliˌgæŋgliˈɔnik] (*poly-* + Gr. *ganglion* ganglion) ❶多神经节的;❷多淋巴结的
polygastric [ˌpɔliˈgæstrik] (*poly-* + Gr. *gaster* belly) ❶多腹的;❷多胃的
polygeline [ˌpɔliˈdʒeliːn] 多价胶
polygene [ˈpɔlidʒiːn] (*poly-* + *gene*) 多基因
polygenic [ˌpɔliˈdʒenik] 多基因的
polyglactin 910 [ˌpɔliˈglæktin] 保丽格来丁 910
polyglandular [ˌpɔliˈglændjulə] 多腺的
polyglobulia [ˌpɔliˈglɔbjuliə] 红细胞增多(症)
polyglucoside [ˌpɔliˈgluːkəsaid] 多糖苷
polyglycolic acid [ˌpɔliglaiˈkɔlik] 聚乙醇酸
polygnathus [pəˈlignəθəs, ˌpɔligˈnæθəs] (*poly-* + Gr. *gnathos* jaw) 颌部寄生胎
Polygonatum [ˌpɔligəuˈneitəm] (*poly-* + Gr. *gony* knee) 黄精属
polygram [ˈpɔligræm] 多种波动(描记)图
polygraph [ˈpɔligrɑːf] (*poly-* + Gr. *graphein* to write) 多种波动描记器
polygyny [pəˈlidʒini] (*poly-* + Gr. *gynē* woman) ❶(一夫)多妻配合;❷(动物)

多雌配合;❸(一雄)多雌配合
polygyria [ˌpɔli'dʒairiə] 多回脑,脑回过多
polyhedral [ˌpɔli'hiːdrəl] (*poly-* + Gr. *hedra* seat, base) 多面体的
polyhidrosis [ˌpɔlihai'drəusis] (*poly-* + Gr. *hidrōs* sweat + *-osis*) 多汗(症)
polyhistiocytoma [ˌpɔliˌhistiəsai'təumə] 多形组织细胞瘤
polyhybrid [ˌpɔli'haibrid] (*poly-* + *hybrid*) 多亲征杂种
polyhydramnios [ˌpɔlihai'dræmniəs] (*poly-* + Gr. *hydōr* water + *amnion* amnion) 羊水过多
polyhydric [ˌpɔli'haidrik] 多羟(基)的
polyhydruria [ˌpɔlihai'druəriə] (*poly-* + Gr. *hydōr* water + *-uria*) 尿液过淡,淡尿
polyhypermenorrhea [ˌpɔliˌhaipəˌmenə'riːə] (*poly-* + Gr. *hyper* over + *menorrhea*) 月经频数量过多
polyhypomenorrhea [ˌpɔliˌhaipəuˌmenə'riːə] (*poly-* + Gr. *hypo* under + *menorrhea*) 月经频数量过少
polyidrosis [ˌpɔliai'drəusis] 多汗症
polyinfection [ˌpɔliin'fekʃən] (*poly-* + *infection*) 混合感染
polyionic [pɔliai'ɔnik] 多离子的
polyisoprenoid [ˌpɔli'aisəupriˌnɔid] 聚类异戊二烯
polykaryocyte [ˌpɔli'kæriəsait] (*poly-* + Gr. *karyon* nucleus + *-cyte*) 多核细胞
polykinety [ˌpɔli'kainiti] (*poly-* + *kinety*) 多动体列
Polykol ['pɔlikɔl] 普利科尔:聚羟亚烃制剂的商品名
polylactic acid [pɔli'læktik] 聚乳酸
polylecithal [ˌpɔli'lesiθəl] (*poly-* + Gr. *lekithos* yolk) 多卵黄的
polyleptic [pɔli'leptik] (*poly-* + Gr. *lambanein* to seize) 多次复发的
polylogia [ˌpɔli'lɔudʒiə] (*poly-* + Gr. *logos* word) 多言症
polylysine [ˌpɔli'laisiːn] 聚赖氨酸
polymacon [pɔli'meikən] 多美康
polymastia [ˌpɔli'mæstiə] (*poly-* + Gr. *mastos* breast) 多乳房
Polymastigida [ˌpɔliˌmæsti'gaidə] 多鞭毛虫目

polymastigote [ˌpɔli'mæstigəut] 多鞭毛目的动物
polymazia [ˌpɔli'meiziə] 多乳房
polymelia [ˌpɔli'miːliə] (*poly-* + Gr. *melos* limb + *-ia*) 多肢畸形
polymelus [pə'limələs] 多肢畸胎
polymenia [ˌpɔli'miːniə] 月经频繁
polymenorrhea [ˌpɔliˌmenəu'riːə] (*poly-* + *menorrhea*) 月经频繁
polymer ['pɔlimə] (*poly-* + Gr. *meros* part) 聚合物,聚合体
  addition p. 加聚物
  condensation p. 缩聚物
  cross-linked p. 交叉连结多聚体
  polysulfide p. 多硫化物多聚体
polymerase [pə'liməreis] 聚合酶,多聚酶
polymeria [ˌpɔli'miːriə] (*poly-* + Gr. *meros* part + *-ia*) 多肢体畸形,多器官畸形
polymeric [ˌpɔli'merik] 聚合的
polymerization [pəˌliməri'zeiʃən] 聚合(作用)
polymerize [pə'liməraiz] 聚合
polymetacarpia [ˌpɔliˌmetə'kɑːpiə] (*poly-* + *metacarpus* + *-ia*) 多掌骨(畸形)
polymetaphosphate [ˌpɔliˌmetə'fɔsfeit] 聚偏磷酸盐
polymetatarsia [ˌpɔliˌmetə'tɑːsiə] (*poly-* + *metatarsus* + *-ia*) 多跖骨(畸形)
polymethyl [ˌpɔli'meθəl] 聚甲基
polymethylmethacrylate [ˌpɔliˌmeθəlme'θækrəleit] 聚甲基丙烯酸甲酯
polymicrobial [ˌpɔlimai'krɔbiəl] (*poly-* + *microbe*) 多种微生物的
polymicrobic [ˌpɔlimai'krɔbik] 多种微生物的
polymicrogyria [ˌpɔliˌmaikrəu'dʒairiə] (*poly-* + Gr. *mikros* small + *gyros* convolution + *-ia*) 小多脑回
polymicrolipomatosis [ˌpɔliˌmaikrəuˌlipəuməˈtəusis] (*poly-* + Gr. *mikros* small + *lipomatosis*) 多发性(皮下)小脂瘤
polymicrotome [ˌpɔli'maikrətəum] (*poly-* + *microtome*) 多片切片机
Polymnia [pə'limniə] (Gr. one of the nine Muses) 抗苞菊属
polymorph ['pɔlimɔːf] 多形核白细胞
polymorphic [ˌpɔli'mɔːfik] (*poly-* + Gr.

morphē form) 多形的
polymorphism [ˌpɔli'mɔːfizəm]（*poly-* + Gr. *morphē* form）多形(态)，多形变态
　balanced p. 平衡多形态
　genetic p. 遗传多态现象
　restriction fragment length p. (RFLP) 限制断片长度多态体
polymorphocellular [ˌpɔlimɔːfə'seljulə]（*poly-* + Gr. *morphē* form + L. *cellula* cell）多形细胞的
polymorphocyte [ˌpɔli'mɔːfəsait] 多形核细胞
polymorphonuclear [ˌpɔliˌmɔːfə'njuːkliə]（*poly-* + Gr. *morphē* form + *nucleus*）❶多形核的；❷多形核白细胞
　filament p. 丝连多形核白细胞
　nonfilament p. 非丝连多形核白细胞
polymorphous [ˌpɔli'mɔːfəs] 多形的
Polymox ['pɔlimɔks] 普利莫克：羟氨苄青霉素制剂的商品名
polymyalgia [ˌpɔlimai'ældʒiə] 多肌痛
　p. arteritica 动脉性多肌痛，风湿性多肌痛
　p. rheumatica 风湿性多肌痛
polymyarian [ˌpɔlimai'ɛəriən]（*poly-* + Gr. *mys* muscle）多肌型的
polymyoclonus [ˌpɔlimai'ɔklənəs] 多肌阵挛
polymyopathy [ˌpɔlimai'ɔpəθi] 多肌病
polymyositis [ˌpɔliˌmaiəu'saitis]（*poly-* + *myositis*）多肌炎
　trichinous p. 毛线虫性多肌炎，毛线虫病
polymyxin [ˌpɔli'miksin] 多粘菌素
　p. B sulfate (USP) 硫酸多粘菌素B
polynesic [ˌpɔli'niːsik]（*poly-* + Gr. *nēsos* island）多灶性的
polyneural [ˌpɔli'njuərəl]（*poly-* + Gr. *neuron* nerve）多神经性的
polyneuralgia [ˌpɔlinju'rældʒiə] 多神经痛
polyneuric [ˌpɔli'njuərik] 多神经性的
polyneuritic [ˌpɔlinju'ritik] 多神经炎的
polyneuritis [ˌpɔlinju'raitis]（*poly-* + Gr. *neuron* nerve + *-itis*）多神经炎
　acute febrile p., acute idiopathic p. 急性热病性多神经炎，急性特发性多神经炎
　acute infective p., acute postinfectious p. 急性感染性多神经性，急性感染后性多神经炎
　anemic p. 贫血性多神经炎
　cranial p. 头颅多神经炎
　endemic p., p. endemica 地方性多神经炎，脚气病
　p. gallinarum 鸡多神经炎
　Guillain-Barré p. 急性热病性多神经炎
　Jamaica ginger p. 姜酒中毒性多神经炎
　leprous p. 麻风性多神经炎
　postinfectious p. 感染后多神经炎
polyneuromyositis [ˌpɔliˌnjuərəuˌmaiəu'saitis] 多神经肌炎
polyneuropathy [ˌpɔlinju'rɔpəθi]（*poly-* + *neuropathy*）多神经病
　acute postinfectious p. 急性感染后多神经病
　amyloid p. 淀粉样多神经病
　Andrade type familial amyloid p. 安德雷德型家族性淀粉样多神经病
　anemic p. 贫血性多神经病
　arsenic p., arsenical p. 砷性多神经病
　carcinomatous n. 瘤性多神经病
　diphtheritic p. 白喉多神经病
　erythredema p. 红皮木肿性多神经病
　familial amyloid p. 家族性淀粉样多神经病
　Finnish type familial amyloid p. 芬兰型家族性淀粉样多神经病
　Indiana type familial amyloid p. 印第安纳型家族性淀粉样多神经病
　inflammatory demyelinating p. 多神经根神经瘤
　Iowa type familial amyloid p. 依阿华型家族性淀粉样多神经病
　Japanese type familial amyloid p. 日本型家族性淀粉样多神经病
　Maryland type familial amyloid p. 马里兰型家族性淀粉样多神经病
　Meretoja type familial amyloid p. 马利托加型家族性淀粉样多神经病
　nutritional p. 营养性多神经病
　paraneoplastic p. 类肿瘤性多神经病
　porphyric p. 卟啉症性多神经病
　Portuguese type familial amyloid p. 葡萄牙型家族性淀粉样多神经病
　Rukavina type familial amyloid p. 路卡维纳型家族性淀粉样多神经病

uremic p. 尿毒症性多神经病

Van Allen type familial amyloid p. 凡爱伦型家族性淀粉样多神经病

polyneuroradiculitis [ˌpɒliˌnjuərəurəˌdikjuˈlaitis] (*poly-* + *neuro-* + L. *radix* root + *-itis*) 多神经根炎

polynuclear [ˌpɒliˈnjuːkliə] ❶ 多核的; ❷ 多形核的

polynucleate [ˌpɒliˈnjuːklieit] 多核的

polynucleated [ˌpɒliˈnjuːklieitid] 多核的

polynucleolar [ˌpɒliˈnjuːkliələ] 多核的

polynucleosis [ˌpɒliˌnjuːkliˈəusis] 多形核白细胞增多

polynucleotide [ˌpɒliˈnjuːkliəutaid] 多核苷酸

polynucleotide adenylyltransferase [ˌpɒliˈnjuːkliəutaid əˌdenələlˈtrænsfəreis] (EC 2.7.7.19) 多核苷酸腺苷转移酶

polynucleotide phosphorylase [ˌpɒliˈnjuːkliəutaid fɔsˈfɔrəleis] 多核苷酸磷酸化酶

polyodontia [ˌpɒliəuˈdɒnʃiə] (*poly-* + Gr. *odous* tooth) 多牙,额外牙

polyol [ˈpɒliɔl] 多元醇

polyol dehydrogenase [ˈpɒliɔl diˈhaidrəudʒəneis] 多羟基化合物脱氢酶

polyoma [ˌpɒliˈəumə] 多瘤

Polyomavirinae [ˌpɒliˌəuməviˈraini] 多瘤病毒亚科

Polyomavirus [ˌpɒliˈəuməˌvairəs] (*poly-* + *-oma* + *virus*) 多瘤病毒

polyonychia [ˌpɒliəuˈnaikiə] (*poly-* + Gr. *onyx* nail + *-ia*) 多甲(畸形)

polyopia [ˌpɒliˈəupiə] (*poly-* + *-opia*) 视物显多症

binocular p. 双眼视物显多症,双眼复视

p. monophthalmica 单眼视物显多症,单眼复视

polyopsia [ˌpɒliˈɔpsiə] 视物显多症

polyopy [ˈpɒliˌəupi] 视物显多症

polyorchidism [ˌpɒliˈɔːkidizəm] 多睾(畸形)

polyorchis [ˌpɒliˈɔːkis] (*poly-* + Gr. *orchis* testis) 多睾者

polyorchism [ˌpɒliˈɔːkizəm] 多睾(畸形)

polyorrhomeningitis [ˌpɒliˌɔːrəuˌmeninˈdʒaitis] (*poly-* + Gr. *orrhos* serum + *hymen* membrane + *-itis*) 多浆膜炎

polyostotic [ˌpɒliɔsˈtɔtik] (*poly-* + L. *os* bone) 多骨的

polyotia [ˌpɒliˈəufiə] (*poly-* + Gr. *ous* ear) 多耳(畸形)

polyovular [ˌpɒliˈɔvjulə] 多卵的

polyovulatory [ˌpɒliˈɔvjuləˌtəri] 排出多卵的

polyoxyethylene 50 stearate [ˌpɒliˌɔksiˈeθəliːn] 聚氧乙烯 50 硬脂酸酯

polyoxyl [ˌpɒliˈɔksəl] 聚乙二醇

p. 5 oleate 聚乙二醇 5 油酸酯

p. 10 oleyl ether 聚乙二醇 10 油醚

p. 20 celostearyl ether 聚乙二醇 20 鲸蜡醇硬脂酰醚

p. 50 stearate (NF) 聚乙二醇 50 硬脂酸酯

polyp [ˈpɒlip] (Gr. *polypous* a morbid excrescene) 息肉

adenomatous p. 腺瘤性息肉

adenomatous of the colon 结肠腺瘤性息肉

adenomatous p. of the stomach 胃腺瘤性息肉

cardiac p. 心腔内息肉

cervical p. 宫颈息肉

choanal p's 鼻后孔息肉

cystic p. 囊性息肉

endometrial p's 子宫内膜息肉

fibrinous p. 纤维蛋白性息肉

gelatinous p. 胶状息肉,粘液瘤

gum p. 龈炎肉

Hopmann's p. 霍普曼氏息肉

hydatid p. 囊状息肉

hyperplastic p. 增生性息肉

inflammatory p. 炎性息肉

juvenile p's 幼年息肉

p's of larynx 喉息肉

lymphoid p's 淋巴样息肉

nasal p's 鼻息肉

regenerative p. 假性息肉

retention p's 滞留息肉

polypapilloma tropicum [ˌpɒliˌpæpiˈləumə ˈtrɔpikəm] 雅司病

polyparasitism [ˌpɒliˈpærəsaiˌtizəm] 多类寄生虫感染

polyparesis [ˌpɒliˈpærisis] (*poly-* + Gr. *paresis* feebleness) 麻痹性痴呆

polypathia [ˌpɒliˈpæθiə] (*poly-* + Gr.

polypectomy [ˌpɔliˈpektəmi] (*polyp* + Gr. *ektomē* excision) 息肉切除术

polypeptide [ˌpɔliˈpeptaid] (*poly-* + *peptide*) 多肽
    gastric inhibitory p. (GIP) 胃抑制(性)多肽
    glucose-dependent insulinotropic p. (G-IP) 胃抑制(性)多肽
    islet amyloid p. (IAPP) 淀粉经洛质
    pancreatic p. 胰多肽
    parathyroid-like p. 甲状旁腺素多肽
    vasoactive intestinal p. (VIP) 血管活性肠多肽

polypeptidemia [ˌpɔliˌpeptiˈdiːmiə] (*polypeptide* + Gr. *haima* blood + *-ia*) 多肽血症

polypeptidorrhachia [ˌpɔliˌpeptidəuˈrækiə] (*polypeptide* + Gr. *rhachis* spine + *-ia*) 多肽脑脊液症

polyperiostitis [ˌpɔliˌperiɔsˈtaitis] 多骨膜炎
    p. hyperesthetica 感觉过敏性多骨膜炎

polyphagia [ˌpɔliˈfeidʒiə] (*poly-* + Gr. *phagein* to eat) 贪食，暴食

polyphalangia [ˌpɔlifəˈlændʒiə] 多指(趾)骨(畸形)

polyphalangism [ˌpɔlifəˈlændʒizəm] 多指(趾)骨(畸形)

polypharmaceutic [ˌpɔliˌfɑːməˈsjuːtik] 复方的，多味药的

polypharmacy [ˌpɔliˈfɑːməsi] (*poly-* + Gr. *pharmakon* drug) ❶ 复方药剂，多味药剂； ❷ 给药过多

polyphase [ˈpɔlifeiz] (*poly-* + *phase*) ❶ 多相的； ❷ 多型胶体的

polyphasic [ˌpɔliˈfeizik] ❶ 多相的； ❷ 多型胶体的

polyphenic [ˌpɔliˈfenik] ❶ 多向性的； ❷ 多效性的

polyphenol oxidase [ˌpɔliˈfiːnɔl ˈɔksideis] 多酚氧化酶

polyphobia [ˌpɔliˈfəubiə] (*poly-* + *phobia*) 多样恐怖

polyphosphoinositide [ˌpɔliˌfɔsfɔiˈnəusitaid] 多聚磷酸肌醇

polyphyletic [ˌpɔlifaiˈletik] (*poly-* + Gr. *phylē* tribe) 多元的，多源的

polyphyletism [ˌpɔliˈfailətizəm] 多元论

polyphyletist [ˌpɔliˈfailətist] 多元论者

polyphyodont [ˌpɔliˈfaiəudɔnt] (*poly-* + Gr. *phyein* to produce + *odous* tooth) 多套牙的，多次换牙的

polypi [ˈpɔlipai] (L.) 息肉。*polypus* 的复数形式

polypiform [pɔˈlipifɔːm] 息肉状的

polypionia [ˌpɔlipaiˈəuniə] (*poly-* + Gr. *piōn* fat + *-ia*) 肥胖，多脂

polyplastic [ˌpɔliˈplæstik] (*poly-* + Gr. *plastos* molded) ❶ 多种结构的； ❷ 多种变形的

polyplastocytosis [ˌpɔliˌplæstəusaiˈtəusis] 血小板增多症

Polyplax [ˈpɔliplæks] 鳞虱属

polyplegia [ˌpɔliˈpliːdʒiə] (*poly-* + Gr. *plege* stroke) 多肌麻痹

polypleurodiaphragmotomy [ˌpɔliˌpluərəuˌdaiəfrægˈmɔtəmi] (*poly-* + Gr. *plevera* rib + *diaphragm* + *tome* cutting) 多肋切断膈切开术

polyploid [ˈpɔliplɔid] (*poly-* + *haploid*) ❶ 多倍的； ❷ 多倍体

polyploidy [ˈpɔliplɔidi] 多倍性

polypnea [ˌpɔlipˈniːə] (*poly-* + Gr. *pnoia* respiration) 呼吸急促，气促

polypodia [ˌpɔliˈpəudiə] (*poly-* + Gr. *pous* foot) 多足(畸形)

polypoid [ˈpɔlipɔid] (*polyp* + Gr. *eidos* form) 息肉状的

polypoidosis [ˌpɔlipɔiˈdəusis] 息肉状腺瘤病，弥漫性腺瘤

polyporin [pɔˈlipərin] 多孔菌素

polyporous [pɔˈlipərəs] 多孔的

Polyporus [pɔˈlipərəs] (*poly-* + Gr. *poros* pore) 多孔属

polyposia [ˌpɔliˈpəuziə] (*poly-* + Gr. *posis* + *-ia*) 饮水过多，进液过多

polyposis [ˌpɔliˈpəusis] 息肉病
    p. coli 结肠息肉病
    familial p. 家族性肠息肉病
    familial intestinal p. 家族性肠息肉病
    gastric p. 胃息肉病
    intestinal p. 肠息肉病
    multiple familial p. 多发性家族性息肉病

polypotome [pɔˈlipətəum] 息肉刀

polypotrite [pɔ'lipətrait] (*polyp* + L. *terere* to crush) 息肉夹碎器

polypous ['pɔlipəs] 息肉的

polypragmasy [ˌpɔli'prægməsi] (*poly-* + Gr. *pragma* a doing) 复方药剂,多味药剂

polypropylene [ˌpɔli'prəupəˌliːn] 聚丙烯

polyptychial [ˌpɔli'taikiəl] (*poly-* + Gr. *ptychē* fold) 多层的,复层的

polypus ['pɔlipəs] (pl. *polypi*) (L. from Gr. *polypous* from *poly-* + *pous* foot) 息肉
  p. **cysticus** 囊状息肉
  p. **hydatidosus** 囊状息肉

polyradiculitis [ˌpɔliˌrəˌdikju'laitis] (*poly-* + L. *radix* root + *-itis*) 多神经根神经炎

polyradiculoneuritis [ˌpɔliˌrəˌdikjuləunju'raitis] (*poly-* + L. *radix* root + *neuritis*) 多神经根神经炎

polyradiculoneuropathy [ˌpɔliˌrəˌdikjuləunju'rɔpəθi] ❶多神经根神经瘤;❷急性特发性多神经炎
  acute inflammatory demyelinating p. 急性炎症性脱髓鞘性多发性神经根性神经炎
  chronic inflammatory p., chronic inflammatory demyelinating p. 慢性炎症性多发性神经根性神经病,慢性脱髓鞘性特发性多神经炎
  chronic relapsing p. 慢性复发性多发性神经根性神经病
  inflammatory demyelinating p. 炎症性脱髓鞘性多发性神经根性神经病

polyribonucleotide [ˌpɔliˌraibəu'njuːkliəutaid] 多(聚)核糖核苷酸

polyribonucleotide nucleotidyltransferase [ˌpɔliˌraibəu'njuːkliəutaid ˌnjuːkliəu'taidəl'trænsfəreis] (EC 2.7.7.8) 多(聚)核糖核苷酸核苷酸(基)转移酶

polyribosome [ˌpɔli'raibəsəum] 多核糖核蛋白体,多核糖体

polyrrhea [ˌpɔli'riːə] (*poly-* + Gr. *rhoia* flow) 溢液

polysaccharide [ˌpɔli'sækəraid] 多糖
  bacterial p's 细菌多糖
  core p. 多糖核心
  immune p's 免疫多糖
  O-specific p. 特异多糖
  pneumococcus p. 肺炎球菌多糖
  specific p's 特异性多糖

polysarcia [ˌpɔli'saːsiə] (*poly-* + Gr. *sarx* flesh) 多脂,肥胖

polysarcous [ˌpɔli'saːkəs] 多脂的,肥胖的

polyscelia [ˌpɔli'siːliə] (*poly-* + Gr. *skelos* leg + *-ia*) 多腿(畸形)

polyscelus [pə'lisələs] (*poly-* + Gr. *skelos* leg) 多腿畸胎

polyscope ['pɔliskəup] (*poly-* + Gr. *skopein* to examine) 电光透照镜

polysensitivity [ˌpɔliˌsensi'tiviti] 多种敏感性

polysensory [ˌpɔli'sensəri] 多种感觉能的

polyserositis [ˌpɔlisirəu'saitis] (*poly-* + *serositis*) 多浆膜炎
  familial recurrent p. 家族性地中海热
  periodic p. 家族性地中海热
  recurrent p. 家族性地中海热

polysialia [ˌpɔlisai'eiliə] (*poly-* + *sialon* saliva + *-ia*) 多涎,唾液分泌过多

polysiloxane [ˌpɔli'sailəksein] 聚硅氧烷

polysinuitis [ˌpɔli'sinju'aitis] 多窦炎

polysinusectomy [ˌpɔliˌsainə'sektəmi] 多鼻窦切除术

polysinusitis [ˌpɔliˌsainə'saitis] (*poly-* + *sinusitis*) 多窦炎

polysomatic [ˌpɔlisəu'mætik] 体细胞多倍性的

polysomaty [ˌpɔli'sɔməti] (*poly-* + *chromosome*) 多染色质状态

polysome ['pɔlisəum] 多核糖体,多核糖核蛋白体

polysomia [ˌpɔli'səumiə] (*poly-* + Gr. *sōma* body + *-ia*) 多体(畸形)

polysomic [ˌpɔli'sɔmik] 多体(畸形)的

polysomnography [ˌpɔlisɔm'nɔgrəfi] (*polygraph* + L. *somnus* sleep) 多种睡眠(波动)描记法(术)

polysomus [ˌpɔli'səuməs] (*poly-* + Gr. *sōma* body) 多体畸胎

polysomy [ˌpɔli'səumi] (*poly-* + *chromosome*) 多染色体状态

polysorbate [ˌpɔli'sɔːbeit] 聚山梨醇酯

polyspermia [ˌpɔli'spəːmiə] (*poly-* + Gr. *sperma* seed + *-ia*) ❶精液过多;❷多精受精

polyspermism [ˌpɔliˈspəːmizəm] ❶精液过多; ❷多精受精

polyspermy [ˌpɔliˈspəːmi] ❶精液过多; ❷多精受精

   pathological p. 病理性多精受精

   physiological p. 生理性多精受精

polyspike [ˌpɔliˈspaik] 多(波)峰的

polysplenia [ˌpɔlisˈpliːniə] 多脾

polysporous [ˌpɔliˈspɔrəs] 多胞子的,多芽胞的

polystichia [ˌpɔlisˈtikiə] (*poly-* + Gr. *stichos* row + *-ia*) 多列睫

polystyrene [ˌpɔlisˈtairiːn] 聚苯乙烯

polysulfide [ˌpɔliˈsʌlfaid] ❶多硫化物; ❷含多硫化物的

polysuspensoid [ˌpɔlisəsˈpensɔid] 多度悬胶(体)

polysynaptic [ˌpɔlisiˈnæptik] 多突触的

polysyndactyly [ˌpɔlisinˈdæktəli] (*poly-* + *syndctyly*) 多指(趾)

polysynovitis [ˌpɔlisinəuˈvaitis] (*poly-* + *synovitis*) 多滑膜炎

polytef [ˈpɔlitef] 聚四氟乙烯

polytendinitis [ˌpɔlitendiˈnaitis] 多腱炎

polytendinobursitis [ˌpɔlitendinəubəːˈsaitis] 多腱滑囊炎

polytene [ˈpɔlitiːn] (*poly-* + Gr. *tainia* (L. *taenia*) band) 多染色线的

polytenosynovitis [ˌpɔlitenəusinəuˈvaitis] 多腱鞘炎

polyteny [ˌpɔliˈteni] 多线性

polytetrafluoroethylene (PTFE) [ˌpɔlitetrəfluːəurəuˈeθəliːn] 聚四氟乙烯

polythelia [ˌpɔliˈθiːliə] (*poly-* + Gr. *thēlē* nipple + *-ia*) 多乳头(畸形)

polythelism [ˌpɔliˈθiːlizəm] 多乳头(畸形)

polythene [ˈpɔliθiːn] 聚乙烯

polythetic [ˌpɔliˈθetik] (*poly-* + Gr. *thetikos* fit for placing) 多原则的

polythiazide (USP) [ˌpɔliˈθaiəzaid] 多噻嗪

polytocous [pəˈlitəkəs] (*poly-* + Gr. *tokos* birth) 多胎分娩的

polytomogram [ˌpɔliˈtəməgræm] 多 X 线断层照片

polytomographic [ˌpɔlitəməˈgræfik] 多 X 线断层照片的

polytomography [ˌpɔlitəˈmɔgrəfi] 多 X 线断层照相术

polytrauma [ˌpɔliˈtrɔːmə] 多损伤

polytrichia [ˌpɔliˈtrikiə] (*poly-* + Gr. *thrix* hair) 多毛(症)

polytrichosis [ˌpɔlitriˈkəusis] 多毛(症)

Polytrichum [pəˈlitrikəm] (*poly-* + Gr. *thrix* hair) 金发藓属

polytrophia [ˌpɔliˈtrɔfiə] (*poly-* + Gr. *trophē* nourishment) 营养过度

polytrophic [ˌpɔliˈtrɔfik] 营养过度的

polytrophy [pəˈlitrəfi] 营养过度

polytropic [ˌpɔliˈtrɔpik] (*poly-* + Gr. *tropē* a turning) 多嗜的,多亲的

polyunguia [ˌpɔliˈʌŋgwiə] 多甲(畸形)

polyunsaturated [ˌpɔliənˈsætʃəreitid] 多不饱和的

polyurethane [ˌpɔliˈjuərəθein] 聚氨甲酸乙酯

polyuria [ˌpɔliˈjuəriə] (*poly-* + Gr. *ouron* urine + *-ia*) 多尿(症)

polyvalent [ˌpɔliˈveilənt] 多价的

polyvinyl [ˌpɔliˈvainəl] 聚乙烯,乙烯聚合物

   p. acetate 聚乙烯乙酸脂

   p. chloride 聚氯乙烯

polyvinylpyrrolidone [ˌpɔliˌvainəlpiˈrɔlidəun] 聚乙烯吡咯烷酮,聚烯吡酮

pomade [pəuˈmeid] 香膏剂,发膏剂

Pomatiopsis [ˌpəuˌmætiˈɔpsis] 仿мид口螺属

pomatum [pəˈmeitəm] (L. from *pomum* apple) 香膏剂,发膏剂

POMC (pro-opiomelanocortin 的缩写) 丙炔黑色皮质素

POMP 以强地松(prednisone),长春新碱(oncovin vincristine),氨甲蝶呤(methotrexate)和 6-疏基嘌呤(6-mercaptopurine)为一组的癌化疗方案

Pompe's disease [ˈpɔmpəz] (Johann Cassianius *Pompe*, Dutch physician, 20th century) 旁帕氏病

pompholyhemia [ˌpɔmfəuliˈhiːmiə] (*pompholyx* + Gr. *haima* blood + *-ia*) 气泡血病

pompholyx [ˈpɔmfəliks] (Gr. "bubble") 汗疱

pomum [ˈpəuməm] (L.) 喉结

   p. adami ("Adam's apple") 喉结

ponceau 3B [pɔnˈsəu] 猩红,丽春红 3B

Poncet's disease ['pɔnseiz] (Antonin *Poncet*, French surgeon, 1849-1913) 蓬塞氏病

Pond. (L. *pondere* 的缩写) 按重量

ponderable ['pɔndərəbəl] (L. *ponderabilis*; *pondus* weight) 有重量的

ponderal ['pɔndərəl] (L. *pondus* weight) 重量的

Pondimin ['pɔndimi:n] 旁地明：盐酸芬福拉明制剂的商品名

pondostatural [,pɔndə'stætjurəl] 体重与身长的

ponesiatrics [pəu,nizi'ætriks] (Gr. *ponēsis* toil, exertion + *iatrikē* surgery, medicine) 活动训练疗法

Pongidae ['pɔndʒidi:] 猩猩科

pon(o)- (Gr. *ponos* toil, suffering, pain) 疲劳，疼痛

ponograph ['pəunəgra:f] (*pono-* + Gr. *graphein* to write) 痛觉描记器

ponopalmosis [,pɔnəpæl'məusis] (*pono-* + Gr. *palmos* palpitation) 劳力性心悸，神经性循环衰弱

pons [pɔnz] (pl. *pontes*, gen. *pontis*) (L. "bridge") ❶桥；❷脑桥
  p. cerebelli 脑桥
  p. hepatis 肝桥

Ponstel ['pɔnstel] 旁氏特尔：甲灭酸制剂的商品名

pontes ['pɔnti:z] (L.) 桥。*pons* 的复数形式

Pontiac fever ['pɔntiæk] 旁的德热

pontibrachium [,pɔnti'breikiəm] 脑桥臂

pontic ['pɔntik] (L. *pons*, gen. *pontis* bridge) 桥体

ponticular [pɔn'tikjulə] 小桥的，前桥的

ponticulus [pɔn'tikjuləs] (pl. *ponticuli*) (L. dim. of *pons* bridge) 小桥，前桥
  p. auriculae 耳小桥
  p. promonorii 岬小桥

pontile ['pɔntail, 'pɔnti:l] 脑桥的

pontine ['pɔnti:n, 'pɔntain] 脑桥的

pont(o)- (L. *pons*, gen. *pontis*, bridge) 脑桥

pontobulbar [,pɔntəu'bʌlbə] 脑桥延髓的

pontobulbia [,pɔntəu'bʌlbiə] 脑桥延髓空洞症

Pontocaine ['pɔntəukein] 潘妥卡因：丁卡因制剂的商品名

pontocerebellar [,pɔntəu,serə'belə] 脑桥小脑的

pontocerebellum [,pɔntəu,serə'beləm] (*ponto-* + *cerebellum*) 脑桥小脑

pontomedullary [,pɔntəu'medju,ləri] 脑桥延髓的

pontomesencephalic [,pɔntə,mesənsə'fælik] 脑桥中脑的

pontoon [pɔn'tu:n] (Fr. *ponton*; L. *ponto* boat) 小肠袢

pontopeduncular [,pɔntəpə'dʌnkjulə] 脑桥小脑脚的

Pool's phenomenon [pu:lz] (Eugene Hillhouse *Pool*, New York surgeon, 1874-1949) 普尔氏现象

Pool-Schlesinger sign [pu:l' ʃlæziŋə] (E. H. *Pool*; Hermann *Schlesinger*, Austrian physician, 1868-1934) 普-施二征

pool [pu:l] ❶池；❷混合血浆；❸淤滞
  gene p. 基因库
  metabolic p. 代谢库，代谢池

poples ['pɔpli:z] (L. "ham") (NA) 腘

popliteal [pɔp'litiəl] (L. *poples* ham) 腘的

popliteas [,pɔpli'ti:əs] 腘肌

poppy ['pɔpi] 罂粟

population [,pɔpju'leiʃən] (L. *populatio*, from *populus* people) 人口, 总体, 种群
  genetic p. 同类群

POR (problem-oriented record 的缩写) 针对问题的记录

poradenia [,pɔrə'di:niə] ❶淋巴肉芽肿; ❷淋巴结炎

poradenitis [pɔ,rædə'naitis] (*por-¹* + *adenitis*) 淋巴肉芽肿
  p. nostras, subacute inguinal p., p. venerea 性病性淋巴肉芽肿

poradenolymphitis [pɔ,rædənəulim'faitis] (*por-¹* + *adeno-* + *lymphitis*) 性病淋巴肉芽肿

Porak-Durante syndrome [pəu'rɑ:k dju'rɑ:nt] (Charles *Porak*, French physician, 1845-1921; Gustave *Durante*, French physician, 1865-1934) 波-杜二氏综合征

poral ['pɔrəl] 有孔的

porcelain ['pɔ:səlen] ❶瓷；❷牙科材料
  dental p. 牙科材料

porcelaneous [ˌpɔːsəˈleiniəs] 瓷的,瓷样的
porcine [ˈpɔːsain] (L. *porcus* a pig, hog) 猪的
pore [pɔː] (L. *porus*; Gr. *poros*) 孔,门
  acoustic p., osseous, external 骨性外耳门
  acoustic p., osseous, internal 骨性内耳门
  alveolar p's 肺泡孔
  biliary p. 输胆管,胆总管
  birth p. 出生孔,子宫末段
  dilated p. of Winer 温那扩张孔
  Galen's p. 腹股沟管
  gustatory p. 味孔
  interalveolar p's, p's of Kohn 肺泡间孔
  nuclear p's 核孔
  slit p's 裂孔
  sweat p. 汗孔
  taste p. 味孔
porencephalia [ˌpɔrensəˈfeiliə] ❶脑穿通畸形; ❷孔洞脑畸形
porencephalic [ˌpɔrensəˈfælik] ❶脑穿通畸形的; ❷孔洞脑畸形的
porencephalitis [ˌpɔrenˌsefəˈlaitis] 穿通性脑炎,孔洞脑炎
porencephalous [ˌpɔrenˈsefələs] ❶脑穿通畸形的; ❷孔洞脑畸形的
porencephaly [ˌpɔrenˈsefəli] 孔洞脑畸形
  encephaloclastic p. 脑穿通畸形,孔洞脑畸形
  schizencephalic p. 脑穿通畸形,孔洞脑畸形
porfiromycin [ˌpɔːfirəuˈmaisin] 甲基丝裂霉素
pori [ˈpəurai] (L.) 孔,门。*porus* 的复数和所有格形式
Porifera [pəˈrifərə] (L. *porus* pore + *ferre* to bear) 多孔动物门
porin [ˈpɔrin] 玻磷
poriomania [ˌpɔriəuˈmeiniə] (Gr. *poreia* walking + *mania* madness) 漂泊癖,漫游癖
porion [ˈpɔriən] (Gr. *poros* pore + *-on* neuter ending) 外耳门上缘中点
por(o)-^{1} (L. *porus*) 管,通道,开口,孔
por(o)-^{2} (Gr. *pōros* callus, stone) 骨痂,结石
porocephaliasis [ˌpɔrəˌsefəˈlaiəsis] 蛇舌状虫病
Porocephalida [ˌpɔrəsəˈfælidə] 蛇舌状虫目,洞头虫目
Porocephalidae [ˌpɔrəsəˈfælidiː] 蛇舌状虫科
porocephalosis [ˌpɔrəˌsefəˈləusis] 蛇舌状虫病
Porocephalus [ˌpɔrəˈsefələs] (*poro-*^{1} + *kephalē* head) 蛇舌状虫属,洞头虫属
  P. armillatus 腕带蛇舌状虫
  P. constrictus 狭缩蛇舌状虫
  P. denticulatus 锯齿蛇舌状虫
porofocon [ˌpɔrəˈfəukən] 包罗佛康
porokeratosis [ˌpɔrəˌkerəˈtəusis] (*poro-*^{2} + *keratosis*) 汗孔角化症
  disseminated superficial actinic p. 播散性表面光化性汗孔角化症
  p. of Mibelli 汗孔角化症
  p. palmaris et plantaris disseminata 手掌和足跖播散性汗孔角化症
porokeratotic [ˌpɔrəˌkerəˈtɔtik] 汗孔角化病的
poroma [pəˈrəumə] (Gr. *pōrōma* callus) 汗孔硬结
  eccrine p. 汗腺汗孔硬结
poroplastic [ˌpɔrəˈplæstik] 多孔柔韧的
poroscopy [pɔːˈrɔskəpi] (Gr. *poros* pore + *skopein* to view) 汗孔检视法
porosis [pəˈrəusis] ❶(Gr. *pōrōsis* callosity) 骨痂形成; ❷(Gr. *pōros* pore) 空洞形成
  cerebral p. 空洞脑畸形
porosity [pəˈrɔsiti] ❶多孔性; ❷孔
porotic [pəˈrɔtik] 促结缔组织生长的
porotomy [pəˈrɔtəmi] (Gr. *poros* proe + *tomē* a cutting) 尿道口切开术
porous [ˈpɔrəs] 多孔的
porphin [ˈpɔːfin] 卟吩
porphobilinogen [ˌpɔːfəubiˈlinədʒən] 胆色素原
porphobilinogen deaminase [ˌpɔːfəbiˈlinədʒən diˈæmineis] 胆色素原脱氨酶
porphobilinogen synthase [ˌpɔːfəbiˈlinədʒən ˈsinθeis] (EC 4.2.1.24) 胆色素原合成酶
porphobilinogenuria [ˌpɔːfəbiˌlinədʒəˈnjuːəriə] 胆色素原尿
porphyria [pɔːˈfiəriə] (Gr. *porphyra* purple) 卟啉症,紫质症
  acute p. 急性卟啉症

acute intermittent p. (ATP) 急性间歇性卟啉症

congenital erythropoietic p. (CEP) ①先天性细胞生成卟啉症；②牛、猪、猫所发的类似人的疾病的常染色体隐性疾病

congenital photosensitive p. 先天性光敏感性卟啉症

p. cutanea tarda (PCT) 尿粪卟啉症

p. cutanea tarda hereditaria 遗传性原粪卟啉症

p. cutanea tarda symptomatica 尿粪卟啉症

cutaneous hepatic p. 皮肤性肝卟啉症

erythrohepatic p. 红细胞生成性肝卟啉症

erythropoietic p. 红细胞生成性卟啉症

hepatic p. 肝卟啉症

hepatoerythropoietic p. (HEP) 肝红细胞生成性卟啉症

mixed p. 混合性卟啉病

South African genetic p. 南非遗传性卟啉病

Swedish p. 瑞典遗传性卟啉病

symptomatic p. 尿粪卟啉病

p. variegata, variegate p. (VP) 多样性卟啉病

porphyrin ['pɔːfərin] 卟啉

porphyrinemia [ˌpɔːfiri'niːmiə] 卟啉血

porphyrinogen [ˌpɔːfə'rinədʒən] 卟啉原

porphyrinuria [ˌpɔːfəri'njuːəriə] 卟啉尿

porphyrismus [ˌpɔːfi'rismæs] 卟啉病性精神障碍

porphyrization [ˌpɔːfiri'zeifən] 粉碎,研细

porphyroxine [ˌpɔːfi'rɔksin] 鸦片紫碱

porphyruria [ˌpɔːfiə'juːəriə] 卟啉尿

porphyryl ['pɔːfirəl] 初卟啉,去铁血红素

porrigo [pɔ'raigəu] (L.) 头皮病, 头癣

Porro's cesarean section ['pɔːəuz] (Edoardo *Porro*, Italian obstetrician, 1842-1902) 保罗氏剖腹产术

porta [pɔːtə] (pl. *portae*) (L.) 入口,门

p. hepatis (NA) 肝门

p. labyrinthi 圆窗, 蜗窗

p. lienis 脾门

p. of lung 肺门

p. omenti, p. of omentum 网膜孔

p. pulmonis 肺门

p. renis 肾门

p. of spleen 脾门

portacaval [ˌpɔːtə'kævəl] 门(静脉与)腔静脉的

portal ['pɔːtəl] ❶门(户),入口；❷门的,入口的

hepatic p. 肝门

intestinal p., anterior 前肠门

intestinal p., posterior 后肠门

velopharyngeal p. 腭咽门

porte-aiguille [ˌpɔːtei'gwiːl] (Fr.) 持针器

portepolisher [pɔːt'pɔliʃə] 握柄磨光器

Porter ['pɔːtə] 帕特：Rodney Robert, 英国生化学家

Porter's sign ['pɔːtəz] (William Henry *Porter*, Irish physician, 1790-1861) 波特尔式征,气管牵引感

Porter's test ['pɔːtəz] (William Henry *Porter*, American physician, 1853-1933) 波特尔式试验

Porteus maze test ['pɔːtiəs] (Stanley David *Porteus*, Australian born psychologist in United States, 1883-1972) 波特斯氏迷宫试验

Portio ['pɔːfiəu] (pl. *portiones*) (L.) 部, 部分

p. supravaginalis cervicis (NA) 阴道上部子宫颈

p. vaginalis cervicis (NA) 阴道部子宫颈

portiones [ˌpɔːfi'əuniz] (L.) 部, 部分。 *portio* 的复数形式

portiplex ['pɔːtipleks] 室间孔丛

portligature [pɔːt'ligətʃə] (Fr. *porte-ligature*) 深部结扎器,缚线把持器

portoenterostomy [ˌpɔːtəˌentə'rɔstəmi] 门静脉肠造口术

portogram ['pɔːtəgræm] 门静脉造影照片

portography [pɔː'tɔgrəfi] 门静脉造影术

portal p. 门静脉造影术

splenic p. 脾门静脉造影术

portosystemic [ˌpɔːtəsis'temik] 门静脉-全身静脉循环的

portovenogram [ˌpɔːtə'viːnəugræm] 门静脉造影照片

portovenography [ˌpɔːtəvi'nɔgrəfi] 门静脉造影术

porus ['pɔːrəs] (gen. 和 pl. *pori*) (L., from Gr. *poros* passage) 孔；门

p. acusticus externus (NA) 外耳门

p. acusticus externus osseus (NA) 骨性外耳门
p. acusticus internus (NA) 内耳门
p. acusticus internus osseus (NA) 骨性内耳门
p. galeni 腹股沟管
p. gustatorius (NA) 味孔
p. opticus 视神经盘中心动脉孔
p. sudoriferus (NA) 汗孔

Posadas' mycosis [pəˈsɑdɑs] (Alejandro *Posadas*, Argentine pathologist, 1870-1920) 波萨达氏真菌病, 球疱子菌病

Posadas-Wernicke disease [pəˈsɑdɑs ˈvɛə-niki] (A. *Posadas*; Robert *Wernicke*, Argentine pathologist, 1854-1922) 波-凡二氏病, 球疱子菌病

-posia (Gr. *posis* a drink + *-ia*) 饮, 摄入液体

posiomania [ˌpəʊsiəˈmeiniə] (Gr. *posis* drinking + *mania* madness) 间发性酒狂

position [pəˈziʃən] (L. *positio*) ❶位置, 体位; ❷胎位
 Albert's p. 阿耳伯特氏位置
 anatomical p. 解剖位置
 batrachian p. 蛙样位置
 Bonner's p. 邦纳氏位置
 Bozeman's p. 博斯曼氏位置
 Brickner p. 布里克纳氏体位
 Caldwell's p. 卡德威尔氏体位
 Casselberry's p. 卡斯尔伯里氏体位
 centric p. 中心位置
 coiled p. 蜷腿体位
 decubitus p. 卧位
 Depage's p. 德帕季氏体位
 dorsal p. 指卧位, 仰卧位
 dorsal elevated p. 头高背卧位
 dorsal recumbent p. 曲膝背卧位
 dorsal rigid p. 蜷腿背卧位
 dorsosacral p. 背骶卧位
 Duncan's p. 邓肯氏位置
 eccentric p. 离(偏)心位
 Edebohls' p. 埃德博耳氏卧位
 Elliot's p. 埃里奥特氏卧位
 emprosthotonos p. 前弓反张位置
 English p. 左侧偃卧位, 分娩卧位
 Fowler's p. 斜坡卧位
 froglike p. 蛙样位置
 frontal anterior p. 额前位
 frontal posterior p. 额后位
 frontal transverse p. 额横位
 frontoanterior p. 额前位
 frontoposterior p. 额后位
 frontotransverse p. 额横位
 Fuchs p. 法克斯氏位置
 genucubital p. 膝胸卧位
 genufacial p. 膝面卧位
 genupectoral p. 膝胸卧位
 hinge p. 铰链位置
 hinge p., condylar 髁状铰链位置
 hinge p., madibular 下颌铰链位置
 hinge p., terminal 终极铰链位置
 horizonal p. 平仰卧位
 jackknife p. 折刀状卧位
 Jones p. 琼斯氏位置
 knee-chest p. 膝胸卧位
 knee-elbow p. 膝肘位
 kneeling-squatting p. 蹲位
 Kraske p. 克腊斯克氏卧位
 lateral recumbent p. 左侧偃卧位
 lithotomy p. 膀胱切石卧位, 切会阴卧位
 Mayer p. 梅耶氏位置
 mentoanterior p. 颏前位
 mentoposterior p. 颏后位
 mentotransverse p. 颏横位
 mentum anterior p. 颏前位
 mentum posterior p. 颏后位
 mentum transverse p. 颏横位
 Nobel's p. 诺布尔氏位置
 occipitoanterior p. 枕前位
 occipitoposterior p. 枕后位
 occipitosacral p. 正枕后位
 occipitotransverse p. 枕横位
 occiput anterior p. 枕前位
 occiput posterior p. 枕后位
 occiput sacral p. 正枕后位
 occiput transverse p. 枕横位
 occlusal p. 闭合位置
 opisthotonos p. 角弓反张位
 orthopnea p., orthopneic p. 端坐呼吸位置
 orthotonos p. 挺直性痉挛位置
 physiologic rest p. 生理性休息位
 posterior border 后缘位置
 prone p. 俯卧位
 rest p. 休息位
 Robson's p. 罗布逊氏卧位
 Rose's p. 罗斯氏卧位, 垂头仰卧位
 sacroanterior p. 骶前位

sacroposterior p. 骶后位
sacrotransverse p. 骶横位
sacrum anterior p. 骶前位
sacrum posterior p. 骶后位
sacraum transverse p. 骶横位
scapula anterior p. 肩胛前位
scapula posterior p. 肩胛后位
scapuloanterior p. 肩胛前位
scapuloposterior p. 肩胛后位
scorbutic p. 坏血病位
semiaxial p. 半轴位置
semi-Fowler p. 半斜坡卧位
semiprone p. 半伏卧位
semireclining p. 半卧位,半坐位
Simon's p. 西蒙氏卧位
Sims' p. 席姆斯氏卧位
submentovertex p. 颏下顶位
supine p. 仰卧位,背卧位
Titterington's p. 替特灵顿氏位,半轴位置
trans p. 反式结构
Trendelenburg's p. 特伦德伦伯格氏卧位
tripod p. 三角架位
Valentine's p. 瓦伦丁氏卧位
verticosubmental p. 顶颏下位置
Waters' p. 瓦特斯氏位
Waters' p., reverse 逆瓦特斯氏位

positioner [pə'ziʃənə] 限定器,定位器
 tooth p. 齿位

positive ['pɒzitiv] (L. *positivus*) 正的,阳性的

positor ['pɒzitə] 复位器

positrocephalogram [ˌpɒzitrəu'sefələgræm] (*positron* + Gr. *kephalos* head + *gramma* a mark) 正电子脑瘤定位(描记)图

positron ['pɒzitrɒn] (*posi*tive elec*tron*) 阳电子,正电子

Posner's test ['pəuznɛəz] (Carl *Posner*, German urologist, 1854-1929) 波斯讷氏试验

posologic [ˌpəusə'lɒdʒik] 剂量学的

posology [pəu'sɒlədʒi] (Gr. *posos* how much + *-logy*) 剂量学

posseting ['pɒsitiŋ] (婴儿)回奶

Possum ['pɒsəm] (*P*atient-*O*perated *S*elector *M*echanism 的缩写)(病人)呼吸操纵机

post [pəust] ❶柱;❷柱
 abutment p. ①桥基桩;②植入柱

 implant p. 植入柱

post- (L. *post* after) 后

postadolescence [ˌpəustædəu'lesəns] 壮年期

postalbumin [ˌpəust'æl'bjuːmin] 后白蛋白

postapoplectic [ˌpəustəpəu'plektik] 中风后的

postaurale [ˌpəustɔː'reili] 耳廓后点

postauricular [ˌpəustɔː'rikjulə] 耳廓后的

postaxial [pəust'æksiəl] 轴后的

postbrachial [pəust'breikiəl] 臂后部的

postbuccal [pəust'bʌkəl] 颊后的

postbulbar [pəust'bʌlbə] 球后的

postcapillary [pəust'kæpiˌləri] 后毛细血管,毛细静脉

postcardiotomy [ˌpəustkɑːdi'ɒtəmi] 心脏切开术后的

postcatheterization [pəustˌkæθətərai'zeiʃən] 导管插入后

postcava [pəust'keivə] 下腔静脉

postcaval [pəust'keivəl] 下腔静脉的

postcentral [pəust'sentrəl] 中央后的,中枢后的

postcibal [pəust'saibəl] (*post-* + L. *cibum* food) 餐后的

post cibum [pəust 'saibəm] (L.) 餐后,饭后

postclimacteric [ˌpəustklai'mæktərik] ❶绝经后的;❷更年后的

postcommissure [pəust'kɒmisjuə] (大脑)后连合

postcondylare [pəustˌkɒndə'lɛəri] 枕骨髁后点

postcornu [pəust'kɔːnju] 侧脑室后角

postcranial [pəust'kreiniəl] 颅后的,颅下的

postcubital [pəust'kjuːbitəl] 肘后的,前臂弯侧的

postdiastolic [ˌpəustdaiəs'tɒlik] 舒张期后的

postdicrotic [ˌpəustdai'krɒtik] 重波后的

postdormital [pəust'dɔːmitəl] 半醒状态的

postdormitum [pəust'dɔːmitəm] 半醒状态

postdural [pəust'djuːrəl] 硬膜后的

postecdysis [pəust'ekdisis] (*post-* + Gr. *ekdysis* a way out) 蜕皮后期

postembryonic [ˌpəustembri'ɒnik] (*post-* + Gr. *embryon* embryo) 胚后期的

postencephalitis [ˌpəustenˌsefəˈlaitis] 脑炎后遗症

postepileptic [ˌpəustepiˈleptik] 癫痫发作后的

posteriad [pɔsˈtiːriæd] 向体躯后面

posterior [pəusˈtiəriə]（L. "behind"; neut. *posterius*）后的，后面的

postero-（L. *posterus* behind）后部

posteroanterior [ˌpɔstərəuænˈtiəriə] 后前（位）的

posterocclusion [ˌpɔstərəuˈkluːʒən] 后𬌗，远中𬌗

posteroexternal [ˌpɔstərəueksˈtəːnəl] 后外的

posteroinferior [ˌpɔstərəuinˈfiəriə] 后下的

posterointernal [ˌpɔstərəuinˈtəːnəl] 后内的

posterolateral [ˌpɔstərəuˈlætərəl] 后外侧的

posteromedial [ˌpɔstərəuˈmiːdiəl] 后中的

posteromedian [ˌpɔstərəuˈmiːdiən] 后正中的

posteroparietal [ˌpɔstərəupəˈraiətəl] 顶骨后部的

posterosuperior [ˌpɔstərəusuˈpiəriə] 后上的

posterotemporal [ˌpɔstərəuˈtempərəl] 颞骨后部的

posterula [pɔsˈteruləː]（L.）后鼻腔

postethmoid [pəustˈeθmɔid] 筛骨后的

postganglionic [ˌpəustgæŋgliˈɔnik]（神经）节后的

postglenoid [pəustˈglinɔid] 关于盂后的

postglomerular [ˌpəustglɔuˈmerulə] 肾小球后的

posthemiplegic [ˌpəusthemiˈpledʒik] 偏瘫后的

posthetomy [pɔsˈθetəmi]（Gr. *posthē* foreskin + *tomē* a cutting）包皮环切术

posthioplasty [ˈpɔsθiəuˌplæsti]（Gr. *posthē* foreskin + *plastos* formed）包皮成形术

posthitis [pɔsˈθaitis]（Gr. *posthē* foreskin + *-itis*）包皮炎

postholith [ˈpɔsθɔliθ]（Gr. *posthē* foreskin + *lithos* stone）包皮垢石

posthumous [ˈpɔstjuməs]（L. *postumus* coming after）遗腹的

posthyoid [pəustˈhaiɔid] 舌骨后的

posthypnotic [pəuθipˈnɔtik] 催眠后的

posthypophysis [pəusthaiˈpɔfisis] 垂体后的

postictal [pəustˈiktəl]（*post-* + *-ictal*）发作后的

posticus [pɔsˈtaikəs]（L.）后的，后面的

postinfarction [ˌpəustinˈfɑːkʃən] 梗塞后的

postischial [pəustˈiskiəl] 坐骨后的

postligation [ˌpəustliˈgeiʃən] 结扎后的

postmastectomy [ˌpəustmæsˈtektəmi] 乳房切除术后的

postmastoid [pəustˈmæstɔid] 乳突后的

postmature [ˌpəustməˈtʃuə] 过度成熟的

postmaturity [ˌpəustməˈtʃuriti] 过度成熟（现象）

postmediastinal [ˌpəustmidiˈæstinəl] ❶纵隔后的；❷后纵隔的

postmediastinum [ˌpəustmidiəsˈtainəm] 后纵隔

postmeiotic [ˌpəustmaiˈɔtik]（*post-* + Gr. *meioun* to decrease）减数分裂后的

postmenopausal [ˌpəustmenəuˈpɔːzəl] 经绝后的

postmenstrua [pəustˈmenstruə] 经后期

postmesenteric [ˌpəustmesənˈterik] 肠系膜后的

postminimus [pəustˈminiməs]（pl. *postminimi*）（*post-* + L. *minimus* small）副生小指（趾）

postmiotic [ˌpəustmaiˈɔtik] 减数分裂后的

postmitotic [ˌpəustmaiˈtɔtik] 有丝分裂后的

postmortal [pəustˈmɔːtəl] 死后的

postmortem [pəustˈmɔːtəm]（L.）死后的

postmortem [pəustˈmɔːtəm] 死后的

postnares [pəustˈneiriːs] 后鼻孔

postnarial [pəustˈneiriəl] 后鼻孔的

postnasal [pəustˈneizəl]（*post-* + L. *nasus* nose）鼻后的

postnatal [pəustˈneitəl] 生后的

postnecrotic [ˌpəustneˈkrɔtik] 坏死后的

postoperative [pəustˈɔpərətiv] 手术后的

postpalatine [pəustˈpælətiːn] 腭后的

postpallium [pəustˈpæliəm]（大脑）皮质后部

postpartal [pəust'pɑ:təl] 产后
post partum [pəust 'pɑ:təm] (L.) 产后
postpartum [pəust'pɑ:təm] 产后的
postpeduncle [pəust'pidʌŋkl] 小脑后脚
postprandial [pəust'prændiəl] 餐后的
postpuberal [pəust'pju:bərəl] 青春期后的
postpubertal [pəust'pju:bə:təl] 青春期后的
postpuberty [pəust'pju:bəti] 少壮时期
postpubescence [ˌpəustpju'besəns] 少壮时期
postpubescent [ˌpəustpju'besənt] 青春期后的
postrenal [pəust'ri:nəl] 肾后的
postrolandic [ˌpəustrəu'lændik] 中央沟后的
Post sing sed. liq (L. *post singulas sedes liquidas* 的缩写) 每次稀便后
postsinusoidal [ˌpəustsainə'sɔidəl] 窦状小管后的
postsphenoid [pəust'sfi:nɔid] 后蝶骨
postsplenic [pəust'splenik] 脾后的
poststenotic [ˌpəuststə'nɔtik] 狭窄后的
postsylvian [pəust'silviən] 大脑侧裂后的
postsynaptic [ˌpəustsi'næptik] 突触后的
post-term [pəust'tə:m] 过期的
post-traumatic [ˌpəusttrɔ:'mætik] 创伤后的
postulate ['pɔstjuleit] (L. *postulatum* demanded) 假说,要点
  Koch's p's 高克氏点
postural ['pɔstʃərəl] 姿势的,体位的
posture ['pɔstʃuə] (L. *postura*) 姿势,体位
  Drosin's p's 德罗辛姿势
posturography [ˌpɔstʃə'rɔgrəfi] 后尿路造影
postuterine [pəust'ju:tərin] 子宫后的
postvaccinal [pəust'væksinəl] 接种后的
postvaccinial [ˌpəustvæk'siniəl] 种痘后的
postvermis [pəust'və:mis] 小脑下蚓部
postvital [pəust'vaitəl] 死后(染色)的
postzone ['pəustzəun] 后带
postzygotic [ˌpəustzai'gɔtik] 合子后的
Potaba ['pəutəbə] 波他巴:氨基苯甲酸钾制剂的商品名
potable ['pəutəbəl] (L. *potabilis*) 可饮的
pot AGT (potential abnormality of glucose tolerance 的缩写) 葡萄糖耐量潜在异常
Potain's sign [pəu'tæz] (Pierre Carl Edouard *Potain*, French physician, 1825-1901) 波坦氏征
Potamon ['pɔtəmɔn] 溪蟹属,石蟹属
potash ['pɔtæʃ] 碳酸钾,草碱
  caustic p. 苛性钾,氢氧化钾
  sulfurated p. (USP) 含锍钾,硫化钾
potassemia [ˌpɔtə'si:miə] (*potassa* + Gr. *haima* blood + *-ia*) 高钾血(症)
potassic [pəu'tæsik] 含钾的
potassium [pəu'tæsiəm] (L.) 钾
  p. acetate (USP) 醋酸钾
  p. acid phosphate 磷酸盐酸钾
  p. alum 钾明矾
  p. aspartate and magnesium aspartate 天冬氨酸钾和天冬氨酸镁
  p. bicarbonate (USP) 碳酸氢钾
  p. bichromate 重铬酸钾
  p. bitartrate 酒石酸氢钾
  p. bromide 溴化钾
  p. carbonate 碳酸钾
  p. chlorate 氯酸钾
  p. chloride (USP) 氯化钾
  p. citrate (USP) 枸橼酸钾
  p. cyanide 氰化钾
  p. dichromate 重铬酸钾
  p. dihydrogen phosphate 磷酸二氢钾
  p. ferricyanide 铁氰化钾
  p. glucaldrate 葡萄糖酸铝钾
  p. gluconate (USP) 葡萄糖酸钾
  p. glycerophosphate 甘油磷酸钾
  p. guaiacolsulfonate 愈创木酚磺酸钾
  p. hydroxide (NF) 氢氧化钾,苛性钾
  p. iodate 碘酸钾
  p. iodide (USP) 碘化钾
  p. mercuric iodide 碘化汞钾
  p. metaphosphate (NF) 偏磷酸钾
  p. nitrate 硝酸钾
  p. penicillin G 青霉素 G 钾盐
  p. perchlorate 高氯酸钾,过氯酸钾
  p. permanganate (USP) 高猛酸钾,过锰酸钾
  p. phenoxymethyl penicillin 苯氧甲基青霉素钾盐,青霉素 V
  p. phosphate 磷酸氢二钾
  p. phosphate, dibasic (USP) 磷酸氢二钾

p. phosphate, monobasic (NF) 磷酸二氢钾
radioactive p. 放射性钾
p. salicylate 水杨酸盐钾
p. sodium tartrate (USP) 酒石酸钠钾
p. sorbate (NF) 山梨酸钾
p. sulfate 硫酸钾
p. tartrate 酒石酸钾
p. thiocyanate 硫氰酸钾
Potassium Triplex [pəu'tæsiəm 'traipləks] 三联钾：兰德尔溶液的商品名
potency ['pəutənsi] (L. *potentia* power) ❶性交能力；❷效能，效力；❸发育力
prospective p. 发育能力
reactive p. 反应能力
potentia [pəu'tenʃiə] (L.) 力，能力
potential [pəu'tenʃəl] (L. *potentia* power) ❶潜在的，可能的；❷电位，电势
action p. (AP) 动作电位
after-p. 后电位
auditory evoked p. (AEP) 听力激发电位
bioelectric p. 生物电位
biotic p. 生物潜势
bizarre high-frequency p. 不正常的高频电位
brain stem auditory evoked p. (BAEP) 脑干听力激发电位
cochlear p's 蜗电位
compound action p. 复合动作电位
compound muscle action p. (CMAP) 复合肌肉动作电位
compound nerve action p. 复合神经动作电位
compound sensory nerve action p. 复合感觉神经动作电位
demarcation p. 分界电位，损伤电位
electric p., electrical p. 电位，电势
electrode p. 电极电位
end plate p. 终极电位
event-related p. 事件（活动）相关电位
evoked p. (EP) 激发电位
evoked cortical p. 皮层激发电位
excitatory postsynaptic p. 兴奋性突触后电位
fasciculation p. 肌纤维自发性收缩电位
fibrillation p. 纤维性颤动电位
generator p. 发生器电位，发生器电势
inhibitory postsynaptic p. 抑制性突触后电位
injury p. 损伤电位，分界电位
membrane p. 膜电位
morphogenetic p. 形态发生潜势
motor unit p. (MUP), motor unit action p. (MUAP) 运动单位电位，运动单位动作电位
muscle action p. 肌肉动作电位
muscle fiber action p. 肌纤维动作电位
myotonic p. 肌强直功能电位
negative after-p 负后电位
Nernst p. 那恩斯特电位
nerve p., nerve action p. 神经电位，神经动作电位
nerve fiber action p. 神经纤维动作电位
pacemaker p. 起搏点电位
positive after-p. 正后电位
postsynaptic p. 突触后电位
readiness p. 预备电位
receptor p. 感受器电位
redox p. 氧化还原电位
reproductive p. 生殖潜势
resting p. 休止电位
resting membrane p. 休止膜电位
satellite p. 卫星电位
sensory p., sensory nerve action p. (SNAP) 感觉电位，感觉神经动作电位
serrated action p. 锯齿状动作电位
somatosensory evoked p. (SEP) 躯体感觉激发电位
spike p. 峰电位
standard eletrode p., standard reduction p. ($E°$) 标准电极电位，标准还原电位 ($E°$)
transmembrane p. 横膜电位
visual evoked p. (VEP), visual evoked cortical p. 视觉激发电位，视觉皮层激发电位
zero p. 零电位
zeta p. Z电位
potentialization [pəutenʃəli'zeiʃən] 增强，强化
potentiation [pəu,tenʃi'eiʃən] ❶增强，强化；❷强直后的强化
long-term p. 长时间强化
posttetanic p. 强直后的强化
potentiator [pəu'tenʃieitə] 增效剂

potentiometer [pəuˌtenʃi'ɔmitə] 电位计
potification [ˌpəutifi'keiʃən] 饮水淡化法
potocytosis [ˌpəutəusai'təusis] (细胞)饮液作用
potomania [pəutə'meiniə] (Gr. *potos* drinking + *mania* madness) ❶ 酒狂;❷ 震颤性谵妄
Pott's aneurysm [pɔts] (Sir Percivall *Pott*, English surgeon,1714-1788) 波特氏动脉瘤
Pottenger's sign ['pɔtəndʒəːz] (Francis Marion *Pottenger*, American physician, 1869-1961) 波顿格氏征
Potter's syndrome ['pɔtəz] (Edith Louise *Potter*, American physician, born 1901) 波特氏综合征
Potter version ['pɔtə:] (Irving W. *Potter*, American obstetrician, 1868-1956) 波特氏倒转术
Potts operation [pɔts] (Willis John *Potts*, American surgeon,1895-1968) 波特斯氏手术
pouch [pautʃ] (盲)囊,窝,陷凹
  abdominovesical p. 腹壁膀胱陷凹
  anal p. 肛窝
  anterior p. of Tröltsch 特勒耳奇氏前隐窝
  branchial p. 鳃囊
  craniobuccal p., craniopharyngeal p. 颅颊囊,颅咽囊
  p. of Douglas 道格拉斯氏陷凹,直肠子宫陷凹
  enterocoelic p. 肠体囊
  guttural p's 咽鼓管囊
  Hartmann's p. 哈特曼氏囊
  Heidenhain p. 海登海因氏小胃
  ileoanal p. 回肠肛门
  ileocecal p. 回盲隐窝
  Kock p. 科克氏陷凹(窝)
  laryngeal p. 喉室
  Morison's p. 摩里逊氏陷凹
  neurobuccal p. 神经颊囊,颅颊囊
  obturator p. 闭孔囊,膀胱旁窝
  paracystic p. 膀胱旁窝
  pararectal p. 直肠旁窝
  paravesical p. 膀胱旁窝,闭孔囊
  Pavlov p. 巴甫洛夫氏小胃
  perineal p.,deep 深会阴窝
  perineal p.,superficial 浅会阴窝
  pharyngeal p. 咽囊
  Physick's p's 菲西克氏囊
  posterior p. of Tröltsch 特勒耳奇氏后隐窝
  Prussak's p. 普鲁萨克氏间隙
  Rathke's p. 腊特克氏囊,神经颊囊,颅颊囊
  rectouterine p., rectovaginal p. 直肠子宫陷凹,直肠阴道陷凹
  rectovesical p. 直肠膀胱陷凹
  Seessel's p. 西赛尔氏憩室
  uteroabdominal p. 子宫腹壁陷凹
  uterovesical p., vesicouterine p. 膀胱子宫陷凹
  visceral p. 咽囊
  Willis'p. 威利斯氏小囊,小网膜
  Zenker's p. 岑克尔氏憩室
pouchitis [pau'tʃaitis] (pouch + -itis) 囊炎
poudrage [pu'drɑːʒ] (Fr.) 撒粉法,施用粉剂
  pleural p. 胸膜撒粉法
poultice ['paultis] (L. *puls* pap;Gr. *kataplasma*) 泥罨剂,泥敷剂
pound [paund] (L. *pondus* weight; *libra* pound) 磅
Poupart's ligament [pu'pɑːz] (François *Poupart*, French anatomist, 1661-1708) 普帕尔氏韧带
Povan ['pəuvæn] 普完:扑蛲灵制剂的商品名
poverty ['pɔvəti] 贫乏,缺乏
  p. of movement 运动不能,运动缺乏
povidone (USP) ['pəuvidəun] 聚烯吡酮
povidone-iodine (USP) ['pəuvidəun 'aiəudiːn] 聚烯吡酮碘,聚乙烯吡咯酮碘
Powassan encephalitis, virus [pəu'wɑːsən] (*Powassan*, Ontario, Canada where the disease was first observed in 1958) 波华桑病毒性脑炎
powder ['paudə] (L. *pulvis*) 散剂,粉剂
  bleaching p. 漂白粉,含氯石灰
  p. of chalk, aromatic 芳香白垩散
  p. of chalk, aromatic, with opium 含鸦片芳香白垩散
  chalk p., compound 复方白垩散
  clioquinol p., cmopound (USP) 复方氯

碘羟喹散
Dalmatian insect p. 除虫药粉
dusting p. 撒粉,扑粉
dusting p. , absorbable 吸收性扑粉
effervescent p's, compound 复方泡腾散
furazolidone and nifuroxime p. 呋喃唑酮和硝呋甲肼散
glycyrrhiza p. , compound 复方甘草散
Goa p. 柯桠粉
impalpable p. 极细粉
iodochlorhydroxyquin p. , compound 复方碘氯羟喹散
licorice p. , compound p. of liquorice, compound 复方甘草散
methylbenzethonium chloride p.（USP）氯化甲苄乙氧胺散
nystatin topical p.（USP）局部用制霉菌素粉
Persian insect p. 波斯昆虫粉
Seidlitz p's 赛德利茨(矿泉)粉,复方泡腾散
senna p. , compound 复方番泻叶散
sodium bicarbonate and calcium carbonate p. 碳酸氢钠和碳酸钙散
sodium bicarbonate and magnesium oxide p. 碳酸氢钠氧化化镁散
tolnaftate p.（USP）发癣退散,癣退散
triacetin p. 三醋精散,甘油三乙酸酯散
zinc sulfate p. , compound 复方硫酸锌散
power['pauə]（L. *posse* to have power）❶力;❷放大率;❸功率
  candle p. 烛光:发光强度单位
  carbon dioxide-combining p. , CO_2-combining p. 二氧化碳结合力
  defining p. 清晰度
  resolving p. 分辨力
  p. of a test 测试能力,检测能力
pox[pɔks]（variant of *pocks*, from A. S. *pocc* pustule, spot）❶痘;❷梅毒
Poxviridae[pɔks'viridi:] 痘病毒科,痘病毒
poxvirus['pɔksvirəs] 痘病毒
PP（L. *punctum proximum* 的缩写）近点
PP_i（pyrophosphate 的缩写）焦磷酸盐
PPD（purified protein derivative (tuberculin)的缩写）精制蛋白衍化物(结核菌素)
ppg（picopicogram 的缩写）皮可皮可克

PPLO（pleuropneumonia-like organisms 的缩写）菌类胸膜肺炎菌
ppm（parts per million 的缩写）兆比率（百万分之几）
PPR（peste des petits ruminants 的缩写）小形反刍动物的瘟疫
Ppt ❶（Precipitate 的缩写）沉淀物;❷（Prepared 的缩写）制备的,精制的
P pulmonale[pi: 'pʌlməu'neili] 肺性 P 波
PR ❶（prosthion 的缩写）(上)牙槽中点;❷（pulmonic regurgitation 的缩写）肺回流
P.R.（L. *punctum remotum* 的缩写）远点
Pr ❶（presbyopia 的缩写）老视(眼);❷（prism 的缩写）棱镜;❸（*praseodymium* 的符号）镨
PRA（panel-reactive antibody 的缩写）组反应性抗体
practice['præktis]（Gr. *praktikē*）实践,实习
  contract p. 特约治疗
  family p. 家庭医疗
  general p. 综合医疗
  group p. 集体医疗
  panel p. 保险医业
  solo p. 单一行医
practitioner[præk'tiʃənə] 行医者,医师
  nurse p. 从业护士
practolol['præktəlɔl] 心得宁
Prader-Willi syndrome['prɑːdə 'vilə]（Andrea *Prader*, Swiss pediatrician, born 1919; Heinrich *Willi*, Swiss pediatrician, 1900-1971）普-威二氏综合征
prae-（L. "before"）在前
praecox['prikɔks]（L.）早发的
praeputium[pri'pju:ʃiəm]（L.）包皮
pragmatagnosia[,prægmætæg'nəuziə]（Gr. *pragma* object + *agnosia*）物体认识不能,物体失认
pragmatamnesia[,prægmətæm'niziə]（Gr. *pragma* object + *amnesia*）物体记忆不能,物体遗忘
pralidoxime[,præli'dɔksi:m] 解磷定
  p. chloride（USP）氯磷定
pramoxine hydrochloride（USP）[præ'mɔksi:n] 盐酸普丙吗卡因
prandial['prændiəl]（L. *prandium* breakfast）膳食的

pranolium chloride [prei'nəuliəm] 氯萘氧丙铵

Prantal ['præntəl] 普兰特尔：甲硫酸二苯甲呱制剂的商品名

praseodymium [ˌpreiziəu'dimiəm] 镨

p. rat. aetat. (L. *pro ratione aetatis* 的缩写) 与年龄成正比

pratique [prɔ'tiːk] (Fr.) 海港检疫证书

Prausnitz-Küstner reaction ['prausnits 'kiːstnə] (Otto Carl Willy *Prausnitz*, German hygienist, 1876-1963; Heinz *Küstner*, German gynecologist, 1897-1963) 普-屈二氏反应

Praxagoras of Cos [præk'sægəuræs] 科恩的普拉克萨哥拉斯

praxiology [ˌpræksi'ɔlədʒi] (Gr. *praxis* action + *-logy*) 行为学

praxis ['præksis] (Gr. "action") 行为

prazepam (USP) ['præzəpæm] 环丙二氮䓬, 环丙安定

praziquantel [ˌpræzi'kwɔntəl] 环吡异喹酮

prazosin hydrochloride ['preizəusin] 盐酸哌唑嗪

pre- (L. *prae* before) 前, 在前

preadaptation [ˌpriːedæp'teiʃən] 前适应, 预先适应

preadipocyte [priː'ædipəuˌsait] 前脂细胞

preagonal [priː'ægənəl] 濒死前的

prealbumin [ˌpriːæl'bjuːmin] 前白蛋白

preanesthetic [ˌpriːænəs'θetik] 前驱麻醉的

preaortic [ˌpriːei'ɔːtik] 主动脉前的

preataxic [ˌpriːə'tæksik] 共济失调前的

preaurale [ˌpriːɔː'reili] 耳廓前点

preauricular [ˌpriːɔː'rikjulə] 耳前的

preaxial [priː'æksiəl] 轴前的

prebacillary [priː'bæsiˌləri] 细菌感染前的

prebase ['priːbeis] 舌根前部

prebetalipoproteinemia [ˌpriːbeitəˌlipəuˌprəutiː'niːmiə] 前 β-脂蛋白血症

prebiotic [ˌpriːbai'ɔtik] 生物前的

prebladder [priː'blædə] 膀胱口前腔

precancer ['priːkænsə] 初癌, 前期癌

precancerous [priː'kænsərəs] 癌前期的

precapillary [priː'kæpiˌləri] 前毛细血管, 后小动脉

precarcinomatous [priːˌkɑːsi'nɔmətəs] 癌前期的

precardiac [priː'kɑːdiæk] 心前区的

precardium [priː'kɑːdiəm] (*pre-* + Gr. *kardia* heart) 心口, 心窝, 心前区

precartilage [priː'kɑːtilidʒ] 前软骨

precava [priː'keivə] 上腔静脉

precementum [ˌpriːsə'mentəm] 前期牙骨质

precentral [priː'sentrəl] 中央前的, 中枢前的

prechordal [priː'kɔːdəl] 脊索前的

precipitable [priː'sipitəbəl] 可沉淀的

precipitant [priː'sipitənt] 沉淀剂

precipitate [priː'sipiteit] (L. *praecipitare* to cast down) ❶ 使沉淀; ❷ (L. *praecipitaturn*) 沉淀物

immune p. 免疫沉淀物

keratic p's 角膜后沉淀物

keratic p's mutton-fat 羊脂角膜后沉淀物

precipitation [priˌsipi'teiʃən] 沉淀作用

group p. 小组沉淀作用

precipitin [priː'sipitin] 沉淀素

precipitinogen [priːˌsipi'tinədʒən] 沉淀原, 沉淀素原

precipitinoid [priː'sipitinɔid] (*precipitin* + Gr. *eidos* likeness) 类沉淀素

precipitogen [priː'sipitədʒən] 沉淀原, 沉淀素原

precipitum [priː'sipitəm] 沉淀物

precirrhosis [ˌpriːsi'rəusis] 前期肝硬化

precision [priː'siʒən] 精确, 精密

preclinical [priː'klinikəl] 临证前期的, 临床前的

preclotting [priː'klɔtiŋ] 凝血前的, 凝血前期的

precocious [priː'kəuʃəs] 早熟的

precocity [priː'kɔsiti] 早熟

sexual p. 性早熟

precognition [ˌpriːkɔg'niʃən] (*pre-* + *cognition*) 预见

precollagenous [ˌpriːkə'lædʒinəs] (*pre-* + *collagen*) 前胶原的

precoma [priː'kəumə] 前驱昏迷

preconscious [priː'kɔnʃəs] 前意识的

precordia [priː'kɔːdjə] 心口, 心窝, 心前区。*precordium* 的复数形式

precordial 心口的, 心窝的, 心前区的

precordialgia [ˌpriːkɔːdiˈældʒiə] (*precordium* + *-algia*) 心口痛,心前痛
precordium [priˈkɔːdjəm] 心口,心窝,心前区
precostal [priˈkɔstəl] 肋骨前的
precritical [priˈkritikəl] 危象前的
precuneate [priˈkjuːnieit] 楔前叶的
precuneus [priˈkjuːniəs] (*pre-* + L. *cuneus* wedge) 楔前叶
precursor [pr(i)ˈkəːsə] (L. *praecursor* a forerunner) 先质,前体
precystic [priˈsistik] 囊胞期前的
Predate [ˈpredeit] 普莱待特:泼尼松龙制剂的商品名
predation [priˈdeiʃən] 捕食
predator [ˈpredətə] (L. *praedator* a plunderer, pillager) 捕食者
predentin [priˈdentin] 前期牙(本)质,原牙质
prediabetes [ˌpridaiəˈbitiz] 前驱糖尿病
prediastole [ˌpridiˈæstəli] 舒张前期
prediastolic [ˌpridiəˈstɔlik] ❶ 舒张前期的;❷ 舒张前的
predicrotic [ˌprideiˈkrɔtik] 重脉前的
predigestion [ˌprideiˈdʒestʃən] 预消化
Predincen-M [ˈpredinsən] 强的松 M:一种强的松制剂的商品名
predisposing [ˌpridisˈpəuziŋ] 有患病倾向的
predisposition [ˌpridispəˈziʃən] (*pre-* + L. *disponere* to dispose) 因素,素质
prediverticular [priˌdivəˈtikjulə] 憩室前的
prednimustine [ˌpredniˈmʌstin] 松龙苯芥
prednisolone [pridˈnisələun] (USP) 强的松龙
  p. **acetate** (USP) 醋酸强的松龙
  p. **hemisuccinate** (USP) 半琥珀酸强的松龙
  p. **sodium phosphate** (USP) 强的松龙鳞酸钠
  p. **sodium succinate for injection** (NF) 注射用强的松龙琥珀酸钠
  p. **tebutate** (USP) 强的松龙叔丁乙酯
prednisone [ˈprednisəun] 泼尼松
predormital [priˈdɔːmitəl] 睡前的
predormitum [priˈdɔːmitəm] 睡前期,半睡期

preeclampsia [ˌpriiˈklæmpsiə] 子痫前期,惊厥前期
preejection [ˌpriiˈdʒekʃən] 排泄前期
preelacin [priˈelæsin] 前弹力素
preembryo [priˈembriə] 胚胎前期的
preepiglottic [ˌpriepiˈglɔtik] 会厌前的
preeruptive [ˌpriiˈrʌptiv] 发疹前的
preexcitation [priˌeksiˈteiʃən] 预激,预激综合征
preformation [ˌpriːfɔːˈmeiʃən] 先成说
preformationist [ˌpriːfɔːˈmeiʃənist] 先成论者
prefrontal [priˈfrʌntəl] 额叶前部的
prefunctional [priˈfʌŋkʃənəl] 功能前期的
preganglionic [ˌpriːgæŋgliˈɔnik] (神经)节前的
pregeminal [priˈdʒeminəl] 前视叶的
pregeniculatum [ˌpridʒiˈnikjuˈleitəm] 外侧膝状体
pregenital [priˈdʒenitəl] 生殖器发育前的
pregestational [pridʒesˈteiʃənəl] 孕前的
pregnancy [ˈpregnənsi] (L. *praegnans* with child) 妊娠,怀孕
  abdominal p. 腹腔妊娠
  ampullar p. 壶腹妊娠
  bigeminal p. 双胎妊娠
  broad ligament p. 阔韧带妊娠
  cervical p. 宫颈妊娠
  combined p. 联合妊娠
  compound p. 复合妊娠
  cornual p. 子宫角妊娠
  ectopic p. 宫外孕,异位妊娠
  exochorial p. 绒毛膜外妊娠
  extrauterine p. 宫外孕,异位妊娠
  fallopian p. 输卵管妊娠
  false p. 假妊娠
  gemellary p. 双胎妊娠
  heterotopic p. 复合妊娠
  hydatid p. 葡萄胎妊娠
  hysteric p. 臆病性妊娠
  interstitial p. 子宫内输卵管妊娠
  intraligamentary p., intraligamentous p. 阔韧带内妊娠
  intramural p. 子宫内输卵管妊娠
  intraperitoneal p. 腹膜内妊娠
  membranous p. 膜内妊娠
  mesenteric p. 输卵管阔韧带妊娠
  molar p. 葡萄胎妊娠

multiple p. 多胎妊娠
mural p. 子宫内输卵管妊娠
nervous p. 神经性假妊娠
ovarian p. 卵巢妊娠
ovario-abdominal p. 卵巢腹腔妊娠
oviductal p. 输卵管妊娠
parietal p. 子宫内输卵管妊娠
phantom p. 精神性假妊娠
plural p. 多胎妊娠
post-term p. 过期妊娠
prolonged p. 过期妊娠
pseudointraligamentary p. 假性阔韧带妊娠
sarcofetal p. 伴葡萄胎妊娠
sarcohysteric p. 葡萄胎性假妊娠
spurious p. 假妊娠
stump p. 残端妊娠
tubal p. 输卵管妊娠
tuboabdominal p. 输卵管腹腔妊娠
tuboligamentary p. 输卵管阔韧带妊娠
tubo-ovarian p. 输卵管-卵巢妊娠
tubouterine p. 输卵管子宫妊娠
twin p. 双胎妊娠
uteroabdominal p. 子宫腹腔妊娠
uterotubal p. 输卵管子宫妊娠
pregnane ['pregnein] 孕烷
pregnanediol [,pregnein'daiəl] 孕烷二醇
pregnanetriol [,pregnein'traiəl] 孕烷三醇
pregnant ['pregnənt] (L. *praegnans*) 妊娠的
pregnene ['pregniːn] 孕烯
pregneninolone [,pregniːn'ainələun] 孕烯炔醇酮,羟脱水孕酮
pregnenolone [preg'niːnələun] 孕烯醇酮
p. succinate 孕烯醇酮丁二酸酯
pregonium [pre'gəuniəm] 下颌角前凹
pregravidic [pri'grævidik] 妊娠前的
prehallux [pre'hæləks] 前骨
prehensile [pri'hensail] (L. *prehendere* to lay hold of) 抓的
prehension [pri'henʃən] (L. *prehensio*) 抓,逮
prehepaticus [,priːhə'pætikəs] (*pre-* + Gr. *hēpar* liver) 前肝间质
Prehn's sign [preinz] (D. T. *Prehn*, American physician, 20th century) 普雷恩氏征
prehormone [pre'hɔːməun] 激素原,前激素
prehyoid [pri'haiɔid] 舌骨前的
prehypophyseal [,priːhaipə'fiziəl] 垂体前叶的
prehypophysial [,priːhaipə'fiziəl] 垂体前叶的
prehypophysis [,priːhaipə'fisis] 垂体前叶
preictal [pri'iktəl] (*pre-* + L. *ictus* stroke) 发作前的
preimmunization [,priːimjunai'zeiʃən] 幼儿期免疫接种
preinvasive [,priːin'veisiv] 侵袭前的,蔓延前的
Preiser's disease ['praizəz] (Georg Karl Felix *Preiser*, German orthopedic surgeon, 1860-1940) 普赖泽氏病
Preisz-Nocard bacillus [prais nɔ'kɑːd] (Hugo von *Preisz*, Hungarian bacteriologist, 1860-1940; Edmond Isidore Etienne *Nocard*, French veterinarian, 1850-1903 年) 普-诺二氏杆菌,假性结核杆菌
prekallikrein [pri,kæli'krein] 激肽释放酶原
prelacrimal [pri'lækriməl] 泪囊前的
prelacteal [pri'læktiəl] 哺乳前的
preleukemia [prilju'kiːmiə] 脊髓发育不良综合征
preleukemic [prilju'kiːmik] 脊髓发育不良综合征的
prelimbic [pri'limbik] 缘前的
pre-β-lipoprotein [,priːbætə,lipə'prəutiːn] 前β-脂蛋白
preload ['priːləud] 充盈前的,载容前的
prelocalization [,priːləukəlai'zeiʃən] 前定位
prelocomotion [,priːləkə'məuʃən] 行走前运动
Prelone ['priləun] 拨龙:泼尼松龙制剂的商品名
premalignant [,priːmə'lignənt] 恶化前的,癌前的
Premarin ['premərin] 拨玛林:共轭雌激素制剂的商品名
premature [,priːmə'tʃuə] (L. *praematurus* early ripe) ❶ 早熟的;❷ 早产儿
prematurity [,priːmə'tʃuːriti] 早熟,早产儿状态
premaxilla [,priːmæk'silə] 切牙骨,门齿

骨
premaxillary [pri'mæksi,ləri] ❶ 颌骨前的；❷ 切齿骨，门齿骨；❸ 颌骨的，切齿骨的
premedical [pri'medikəl] 医预科的
premedicant [pri'medikənt] 前驱药，术前药
premedication [,pri:medi'keiʃən] 前驱用药法，术前用药法
premeiotic [,pri:mi'ɔtik] (pre- + Gr. meinoun to decrease) 减数分裂前的
premenarchal [,pri:mə'nɑ:kəl] 初经前期的
premenarche [,pri:mə'nɑ:ki] 月经前期
premenarcheal [,pri:mə'nɑ:kiəl] 初经前期的
premenstrua [pri'menstru:ə] (L.) 经前期。premenstruum 的复数形式
premenstrual [pri'menstru:əl] 经前的
premenstruum [pri'menstru:əm] (pl. pre-menstrua) (L.) 经前期
premitotic [,pri:mi'tɔtik] 有丝分裂前的
premolar [pri'məulə] (pre- + L. molaris molar) ❶ 前磨牙，双尖牙；❷ 位于磨牙前面的
premonitory [pri'mɔnitəri] (L. praemoni-torius) 先兆的，预兆的
premonocyte [pri'mɔnəsait] 前单核细胞，幼单核细胞
premorbid [pri'mɔ:bid] 发病前的
premortal [pri'mɔ:təl] 死前的
premunition [,pri:mju:'niʃən] 感染免疫
premunitive [pri'mjunitiv] 感染免疫的
premycosic [primai'kɔsik] 真菌感染前的
premyeloblast [pri'miələ,blæst] 前成髓细胞，原成髓细胞
premyelocyte [pri'miələ,sait] 前髓细胞，早幼粒细胞
prenarcosis [prinɑ:'kəusis] 前驱麻醉
prenares [pri'næriz] 鼻孔
prenasale [,pri:næ'seili] 鼻前点，鼻尖点
prenatal [,pri:'neitəl] (pre- + L. natalis natal) 产前的，出生前的
preneoplastic [,pri:ni:əu'plæstik] 肿瘤（发生）前的
preoperative [pri'ɔpərətiv] (发生在)手术前的
preoptic [pri'ɔptik] 视交叉前的
preopticus [pri'ɔptikəs] 前视叶
preoxygenation [pri,ɔksidʒi'neiʃən] 预冲氧(呼吸)法
preparalytic [,pripærə'litik] 麻痹前的
preparation [,prepə'reiʃən] (L. praepara-tio) ❶ 制备，准备；准备的行动；❷ 制剂；❸ 标本
 biomechanical p. 生物机械制备
 cavity p. 洞制(备)法
 corrosion p. 腐蚀标本
 heart-lung p. 心肺标本
 impression p. 压片标本
preparative [pri'pærətiv] 介体
prepartal [pri'pɑ:təl] (pre- + L. partus labor) 分娩前的
prepatent [pri'pætənt] 显露前的，潜伏的
Pre-Pen ['pripen] 普利潘：苄青霉素多聚赖氨酸的商品名
preperception [,pri:pə'sepʃən] 预觉，预感
preperitoneal [,pri:peritə'niəl] 腹膜前的，腹膜外的
prephthisis [pri'θaisis] 初期肺结核，早期肺结核
preplacental [,pri:plə'sentəl] 胎盘形成前的
preponderance [pri'pɔndərəns] (pre- + L. pondere to weigh) 优势
 ventricular p. 心室优势
prepotential [,pri:pə'tenʃəl] 前电位
preprandial [pri'prændiəl] 食前的
preprohormone [,pri:prə'hɔ:məun] 前激素原
preproinsulin [,pri:prə'insjulin] 前胰岛素原
preproprotein [,pri:prə'prəuti:n] 前蛋白质
preprosthetic [,pri:prɔs'θetik] 修复前的，装假体前的
preprotein [pri'prəuti:n] 前蛋白
prepuberal [pri'pjubərəl] 青春期前的
prepubertal [pri'pjubətəl] 青春期前的
prepuberty [pri'pjubəti] 青春期前
prepubescence [,pri:pju'besəns] 青春前期
prepubescent [,pripju'besənt] 青春前期的
prepuce ['pripju:s] 包皮
 p. of clitoris 阴蒂包皮
 p. of penis 阴茎包皮
 redundant p. 包皮过长
preputial [pri'pʌʃəl] 包皮的

preputiotomy [priˌpʌʃiˈɔtəmi] (*preputium* + Gr. *tomē* a cutting) 包皮切开术
preputium [priˈpʌʃiəm] 包皮
  p. **clitoridis** (NA) 阴蒂包皮
  p. **penis** (NA) 阴茎包皮
prepyloric [ˌpriːpiˈlɔrik] 幽门前的
prerenal [priˈriːnəl] ❶肾前的；❷发生在肾脏作用之前的
Presamine [ˈpresəmiːn] 拨刹明：一种盐酸丙咪嗪制剂的商品名
presby- (Gr. *presbys* old man) 老,老年
presbyacusia [ˌpriːsbiəˈkuːsiə] 老年性聋
presbyatrics [ˌpriːsbiˈætriks] (*presby-* + Gr. *iatrikē* surgery, medicine) 老年学
presbycardia [ˌpriːsbiˈkɑːdiə] (*presby-* + *cardia*) 老年性心脏病
presbycusis [ˌpriːsbiˈkuːsis] (*presby-* + Gr. *akousis* hearing) 老年性聋
presbyesophagus [ˌpriːsbiəˈsɔfəɡəs] 老年性食管
presbyope [ˈprisbiəup] 老视者
presbyophrenia [ˌpriːzbiəuˈfriːniə] (*presby-* + Gr. *phren* mind) 老年精神病态
presbyopia [ˌpriːsbiˈəupiə] (*presby-* + *-opia*) 老视
presbyopic [ˌpriːsbiˈəupik] 老视的
presbysphacelus [ˌpriːzbisˈfæsiləs] 老年坏疽
presbytiatrics [ˌpriːzbitiˈætriks] 老年医学,老年病学
prescapula [priˈskæpjuːlə] 肩胛骨上部
prescapular [priˈskæpjuːlə] ❶肩胛骨前的；❷有关肩胛骨的
presclerotic [ˌpriːsklɔˈrɔtik] 硬化前的
prescribe [priˈskraib] (L. *praescribere* to write before) 开处方
prescription [priˈskripʃən] (L. *praescriptio*) 处方,药方
presenile [priˈsiːnail] 早老的
presenility [ˌpriːsəˈniliti] 早老
presenium [priˈsiːniəm] 老年前期,老化前期
present [priˈzent] (L. *praesentare* to show) 先露
presentation [ˌpriːzenˈteiʃən] (L. *praesentatio*) 先露
  antigen p. 抗原表达
  breech p. 臀先露
  breech p., complete, 完全先露
  breech p., frank 纯臀先露
  breech p., incomplete 不全臀先露
  brow p. 额先露
  cephalic p. 头先露
  compound p. 复合先露
  face p. 面先露
  footling p. 足先露
  funis p. 脐带先露
  parietal p. 顶先露
  pelvic p. 臀先露
  placental p. 前置胎盘
  shoulder p. 肩先露
  torso p. 横产位
  transverse p. 横产位
  trunk p. 横产位
  vertex p. 顶先露
preservative [priˈzəːvətiv] 防腐剂,保存剂
presinusoidal [ˌpriːsinəˈsɔidəl] 窦前的
presomite [priˈsɔmait] (*pre-* + *somite*) 体节前胚胎
prespermatid [priˈspəːmətid] 前精细胞
presphenoid [priˈsfenɔid] 蝶骨前部
prespondylolisthesis [priˌspɔndələlisˈθiːsis] 初期脊椎前移
pressometer [preˈsɔmitə] 压力计,压力测量器
  Jarcho p. 加乔压力测量器
pressor [ˈpresə] 升压剂,增压剂
pressoreceptive [ˌpresəriˈseptiv] 压力感受的
pressoreceptor [ˌpresəriˈseptə] 压力感受器
pressosensitive [ˌpresəˈsensitiv] 压力感受的
pressure [ˈpreʃə] (L. *pressura*) 压力,压迫
  after p. 后压觉
  alveolar p. 肺泡压
  arterial p. 动脉压
  atmospheric p. 大气压
  back p. 反压,回压
  barometric p. 大气压
  biting p. 咬合力,𬌗压
  blood p. 血压
  capillary p. 毛细血管压
  central venous p. (CVP)中心静脉压
  cerebrospinal p. 脑脊髓压

diastolic p. 舒张压
Donders' p. 当德氏压力
end-diastolic p. 舒张末期压力
endocardial p. 心内压
hydrostatic p. 流体静压
intra-abdominal p. 腹内压
intracranial p. (ICP) 颅内压
intraocular p. 眼内压
intrathecal p. 鞘内压
intraventricular p. 心室内压
mean arterial p. (MAP) 平均动脉压
mean circulatory filling p. 平均循环血充盈压
negative p. 负压
occlusal p. 咬合压,殆压
oncotic p. 膨胀压
osmotic p. 渗透压
osmotic p., effective 有效渗透压
partial p. 分压
perfusion p. 灌注压
positive p. 正压
positive end-expiratory p. (PEEP) 正终末呼吸压
pulmonary artery wedge p. (PAWP) 肺动脉契压
pulmonary capillary wedge p. (PCWP) 肺毛细血管契压
pulse p. 脉搏压
selection p. 选择压
solution p. 溶解压
systolic p. 收缩压
transpulmonary p. 肺间压
venous p. 静脉压
wedged hepatic vein p. 肝静脉契压
presubiculum [ˌpriːsuːˈbikjuləm] 海马回钩前部,海马下脚前部
presumptive [priˈzʌmptiv] 推测的,预测的
presuppurative [ˌprisjupəˈreitiv] 化脓前的
presylvian [priˈsilviən] 大脑侧裂前支的
presymptom [priˈsimptəm] 先兆,前驱症状
presymptomatic [ˌprisimptəˈmætik] 先兆的,前驱症状的
presynaptic [ˌprisiˈnæptik] 突触前的
presystole [priˈsistəli] 收缩前期
presystolic [ˌprisisˈtɔlik] ❶ 收缩开始的; ❷ 收缩前期的
pretectal [priˈtektəl] 顶盖前的
pretectum [priˈtektəm] 顶盖前区
prethcamide [ˈpreθkəmaid] 前巴乙酰胺
prethyroideal [ˌpriːθiˈrɔi-diəl] 甲状腺前的
prethyroidean [ˌpriːθirɔiˈdiən] 甲状腺前的
pretuberculosis [ˌpriːtjuːˌbəːkjuːˈləusis] 前期结核病
pretympanic [ˌpritaimˈpænik] 鼓室前的
preurethritis [ˌprijuːriˈθraitis] 前尿道炎
prev AGT (previous abnormality of glucose tolerance 的缩写) 先前出现的葡萄糖耐受性异常
prevalence [ˈprevələns] (L. praevalēre to prevail) 患病率,流行率
prevenception [ˌpriːvenˈsepʃən] 节育,避孕
preventive [priˈventiv] 预防的
preventorium [ˌpriːvenˈtɔːriəm] 防病疗养院
preventriculosis [ˌpriːvenˌtrikjuˈləusis] (pre- + L. ventriculus stomach) 贲门狭窄
preventriculus [ˌpriːvenˈtrikjuːləs] 贲门
prevesical [priˈvesikəl] (pre- + L. vesica bladder) 膀胱前的
previable [priˈvaiəbəl] 不能成活的
previtamin [priˈvaitəmin] 前维生素
Prévost's law [preiˈvəuz] (Jean Louis Prévost, Swiss physician, 1838-1927) 普雷沃氏定律
Preyer's reflex [ˈpraiəz] (Thierry Wilhelm Preyer, German physiologist, 1841-1897) 普赖厄氏反射
prezone [ˈprizəun] 前界,前区
prezygapophysis [ˌpriziɡəˈpɔfisis] 椎骨上关节突
prezygotic [ˌpriziˈɡɔtik] 合子形成前的
PRF (prolactin releasing factor 的缩写) 催乳激素释放因子
priapism [ˈpraiəˌpizəm] (L. priapismus, Gr. priapismos) 阴茎异常勃起
secondary p. 继发性阴茎异常勃起
priapitis [ˌpraiəˈpaitis] 阴茎炎
priapus [praiˈæpəs] 阴茎
Price-Jones curve [praisˈdʒəunz] (Cecil Price-Jones, English physician, 1863-1943) 普赖斯·琼斯氏曲线

prilocaine hydrochloride ['prilǝkein] (USP) 盐酸丙胺卡因

Prilosec ['prilǝsik] 普利乐西克:奥美拉唑制剂的商品名

primaquine phosphate ['primǝkwin] (USP) 磷酸伯胺喹

primary ['praimǝri] (L. *primarius* principal; *primus* first) 初期的,原始的

primate ['praimeit] 灵长类

Primates [prai'meitiz] (L. *primus* first) 灵长目

Primaxin [pri'mæksin] 普利麦克辛:依米盼能和西洛他丁钠制剂的商品名

primed [praimd] 初次激活的

primer ['praimǝ:] 引物,底料,饵
   cavity p. 牙洞底料

primidone ['praimidǝun] (USP) 扑痫酮

primigravid [,pri:mi'grævid] 初孕

primigravida [,pri:mi'grævidǝ] (L. *prima* first + *gravida* pregnant) 初孕妇

primipara [pri'mipǝrǝ] (pl. *primiparae*) (L. *prima* first + *parere* to bring forth, produce) 初产妇

primiparity [,pri:mi'pæriti] 初产

primiparous [pri'mipǝrǝs] 初产的

primitiae [pri'mifii:] (L. pl., "first things") 初羊水,前羊水

primitive ['primitiv] (L. *primitivus*) 初级的,原始的

primordial [prai'mɔ:diǝl] (L. *primordialis*) 原始的

primordium [prai'mɔ:diǝm] (pl. *primordia*) (L. "the beginning") 原基

Prinadol ['prainǝdɔl] 普赖纳多尔:氢溴酸非那佐辛制剂的商品名

princeps ['prinseps] (L.) 主要的,首要的

Principen ['prinsipen] 普林西吩:安比西林制剂的商品名

principle ['prinsipǝl] (L. *principium*) ❶ 成分;❷ 确定药物特性的物质;❸ 执行规律
   active p. 有效成份
   Doppler p. 多普勒氏效应
   Fick p. 菲克氏原理
   immediate p. 中介成份
   Le Chatelier p. 卡特利氏原则
   organic p. 有机成份,中介成份
   pleasure p., pleasure-pain p. 快乐原则,快乐痛原则
   proximate p. 邻近成份,中间成份
   reality p. 现实原则,唯实原则

Pringle's disease ['pringǝlz] (John James Pringle, British dermatologist, 1852-1922) 普林格尔氏病

Prinivil ['prinivil] 赖诺普利:利诺普利制剂的商品名

Prinizide ['prinizaid] 佐得普利:利诺普利与双氧克尿塞混合制剂的商品名

Prinos verticellatus ['prinɔs ,vǝtisǝ'lætǝs] (Gr. *prinos* oak) 冬青植物,圣栎

prion ['praiǝn] 朊病毒

Priscoline hydrochloride ['priskǝli:n] 盐酸妥拉苏林:盐酸妥拉苏林制剂的商品名

prism ['prizǝm] (Gr. *prisma*) 棱镜,棱晶
   adamantine p's, enamel p's 釉柱
   Maddox p. 马德克斯氏棱镜
   Nicol p. 尼科尔氏棱镜
   Risley's p. 瑞利氏棱镜

prisma ['prizmǝ] (pl. *prismata*) (Gr.) 棱镜,棱晶
   prismata adamantina (NA) 釉柱

prismata ['prizmǝtǝ] (Gr.) 棱镜,棱晶。*prisma* 的复数形式

prismatic [priz'mætik] 棱晶形的

prismoid ['prizmɔid] 象棱晶样的

prismoptometer [,prizmɔp'tɔmitǝ] (*prism* + *optometer*) 棱镜视力计

prismosphere ['prizmǝsfiǝ] (*prism* + *sphere*) 棱球镜

prisoptometer [,prizǝup'tɔmitǝ] 棱镜视力计

privates ['praiveits] 私处,阴部,外生殖器

Privine hydrochloride ['privi:n] 普瑞维恩:盐酸萘甲唑啉制剂的商品名

PRL, Prl(prolactin 的缩写)催乳激素

p.r.n. (L. *pro re nata* 的缩写)需要时,必要时

Pro 脯氨酸

pro- (L. 和 Gr. "before") ❶ 前,以前;❷ 前体物

proaccelerin [,pr æk'selǝrin] 五因子

Proactinomyces [,pr æktinǝ'maisiz] 原放线菌属

proactinomycin [prǝ,æktinǝ'maisin] 原放线菌素

proactivator [prəˈæktiˌveitə] 激活剂前体
C3 p. C3PA C3 激活前体

proadifen hydrochloride [prɔˈædifən] 盐酸双苯戊二氨酯

proal [ˈprəuəl] 向前运动的

proamnion [prɔˈæmniən] 前羊膜

pro-antithrombin [ˌprəuæntiˈθrɔmbin] 前抗凝血酶,抗凝血酶原

proarrhythmia [ˌprɔːəˈriθmiə] 药物性心律失常

proarrhythmic [ˌprɔːəˈriθmik] 药物性心律失常的

proatlas [prɔˈætləs] 前寰椎

proazamine chloride [prɔˈæzəmiːn] 氯异丙嗪,氯普拉米近

probability [ˌprɔbəˈbiliti] (*probalilis* probable, from *probare* to test or examine) 概率,几率可能性
significance p. 显著性概率

probacteriophage [ˌprɔbækˈtiəriəˌfeidʒ] 前噬菌体

proband [ˈprɔbænd] (Ger., from L. *probandus* "the one to be tested") 渊源人,先证者

probang [ˈprɔbæŋ] 除鲠器,食管棒

Pro-Banthine [prɔbænˈθain] 普鲁本辛:溴化丙胺太林的商品名

probarbital [prɔˈbɑːbitəl] 异丙巴比妥

probe [prəub] (L. *proba*; *probare* to test) 探针,探测器
Anel p. 阿内尔氏探针
blood flow p. 血流探测器
blunt p. 钝头探测器
Bowman's p. 布罗门氏探针
Brackett's p's 布莱克特氏银探针
bullet p. 子弹探测器
drum p. 发音探测器
electric p. 电子探测器
eyed p. 有眼探测器
fiberoptic p. 纤维光学探测器
lacrimal p. 泪管探测器
oligonucleotide p. 寡核苷酸探测器
periodontal p., pocket p. 牙周探测器,牙窝探测器
root canal p. 根管探测器
scissors p. 探测剪刀
uterine p. 子宫探测器
vertebrated p. 脊型探测器

probenecid [prɔˈbenəsid] (USP) 丙磺舒,羧苯磺胺,对二丙磺胺氨基苯甲酸

probit [ˈprɔbit] (contraction of "probability unit") 概率单位,几率单位

proboscis [prɔˈbɔsis] (*pro-* + Gr. *boskein* to feed, graze) 喙,吻

probucol [ˈprɔbʌkəul] 丙丁酚

procainamide hydrochloride [prɔˈkeinəmaid] (USP) 盐酸普鲁卡因酰胺

procaine [ˈprɔkein] 普鲁卡因
p. amide hydrochloride 盐酸普鲁卡因酰胺
p. hydrochloride (USP) 盐酸普鲁卡因
p. penicillin G 普鲁卡因青霉素 G

procallus [prɔˈkɑːləs] 骨痂前肉芽组织,前驱骨痂

Procan [ˈprɔkæn] 盐酸普努卡因:盐酸普鲁卡因酰胺的商品名

procarbazine hydrochloride [prɔˈkɑːbəziːn] 盐酸甲基苯肼

procarboxypeptidase [ˌprɔkɑːˌbɔksiˈpeptideis] 羧基肽原酶

procarcinogen [ˌprɔkɑːˈsinədʒən] 前致癌物

Procardia [prɔˈkɑːdiə] 利心平,心痛定,硝苯吡啶,硝苯啶

procaryon [prɔˈkæriən] 原核,原核生物

procaryosis [ˌprɔkæriˈəusis] 原核状态

Procaryotae [prɔˌkæriˈəti] (*pro-* + Gr. *karyon* nut, kernel) 原核生物界

procaryote [prɔˈkæriəut] 原核生物

procaryotic [ˌprɔkæriˈɔtik] 原核生物的

procatarctic [ˌprɔkəˈtɑːktik] 素因性的,有倾向性的

procatarxis [ˌprɔkəˈtɑːksis] (Gr. *prokatarxis* a first beginning) ❶ 一种倾向性的原因; ❷ 素质,倾向,易感; ❸ 疾病产生的部分原因是(遗传)素质

procedure [prɔˈsiːdʒə] (L. *procedere*, from *pro* forward + *cedere* move) 操作,手续,步骤
Anderson p. 安德逊氏手术
arterial switch p. 动脉移位手术
endocardial resection p. (ERP) 心内膜切除术
extended endocardial resection p. (EERP) 扩展性心内膜切除术
Fick p. 菲克氏手术

Fontan p. 福沃坦手术
Gomori-Takamatsu p. 果-塔二氏法
Hartmann's p. 哈特曼氏手术
ileoanal pull-through p. 回肛通术
Jannetta p. 雅耐塔氏手术,显微血管压迫术
Kock p. 科克氏手术
push-back p. 推后操作
V-Y p. V-Y 手术
Young-Dees-Leadbetter p. 扬-帝-李三氏手术

procelous [prɔ'si:ləs] (pro- + Gr. koilos hollow) 前凹的
procentriole [prɔ'sentriəl] 原中心粒
procephalic [,prɔsə'fælik] (pro- + Gr. kephalē head) 头前部的
procercoid [prɔ'sə:kɔid] 前尾蚴,原尾蚴
procerus [prɔ'serəs](L.) 细,长
process ['prɔses](L. processus) ❶ 突;❷ 过程,处置方法

A.B.C. A.B.C.法
accessory p. of sacrum, spurious 骶外侧脊
acromial p., acromion p. 肩峰
acute p. of helix 耳轮棘
alar p. of sacrum 骶外侧脊
aliform p. of sphenoid bone 蝶骨上翼
alveolar p. 齿槽突
anconeal p. of ulna 尺骨鹰嘴
angular p. of frontal bone, externl 髂骨颧突
articular p. of axis, anterior 枢椎前关节面
articular p. of coccyx, false 尾骨角
articular p. of sacrum, spurious 骶中间嵴
ascending p's of vertebrae 椎骨上行关节突
axillary p. of mammary gland 乳腺腋突
basilar p. 底部枕骨
p. of Blumenbach 布路门巴赫氏突
calcaneal p. of cuboid bone, calcanean p. of cuboid bone 骰骨跟骨突
capitular p. 小头突
p. of cartilage of nasal septum, posterior 后蝶突
caudate p. 尾状突
ciliary p's 睫状突
Civinini's p. of external pterygoid plate 翼棘突,契维尼尼氏突
clinoid p. 床状突
condyloid p of vertebrae, inferior 椎骨关节下突
condyloid p. of vertebrae, superior 椎骨关节上突
conoid p. 椎状突
coracoid p. 肩胛骨喙突
coronoid p. 尺骨喙突
cubital p. of humerus 肘突
Deiter's p. 轴突,轴索
dendritic p. 树状突
dental p. 牙槽突
dentoid p. of axis 枢椎齿状突
descending p's of vertebrae 降突
ensiform p. of sphenoid bone 蝶骨剑突
ensiform p. of sternum 胸骨剑突
epiphyseal p. 骺
ethmoidal p. of Macalister 筛突
falciform p. of fascia lata 阔筋膜镰状突
falciform p. of fascia pelvis 盆筋膜镰状突
falciform p. of rectus abdominis muscle 腹直肌镰状突
folian p., p. of Folius 锤骨长突
foot p. 足突
frontal p., external 外额突,额骨鼻棘
frontonasal p. 额鼻突
funicular p. 精索突
Gottstein's basal p. 果特斯坦氏基底突
greater p. of ethmoid bone, hamate p. of ethmoid bone 筛骨钩突
hamular p. of lacrimal bone 泪骨钩突
hamular p. of sphenoid bone 蝶骨钩突,翼突钩
hamular p. of unciform bone 钩骨钩
head p. 头突
inframalleolar p. of calcaneus 跟骨下踝突
Ingrassia's p. 蝶骨小翼
intercondylar p. of tibia 胫骨髁间隆起
internal p. of humerus 肱骨髁上突
jugular p. of occipital bone, lateral 枕骨乳突旁突
jugular p. of occipital bone, middle 枕骨颈静脉孔内间突
jugular p. of occipital bone, posterior, of

Krause 枕骨乳突旁突
lacrimal p. 泪突
lateral p. of calcaneus 跟骨外侧突
lateral p. of cartilage of nasal septum 鼻中隔乳骨后突
malar p. 颧突
mamillary p's of sacrum, oblique 骶骨乳突
mamillary p. of temporal bone 颞骨乳头突
mandibular p. 下颌突
marginal p. of malar bone 颧骨缘结节
mastoid p. 乳突
maxillary p. 上颌突
mental p. 颏隆凸，颏突
nasal p., lateral 侧鼻突
nasal p., medial, nasal p., median 中鼻突
nasal p. of frontal bone 额骨鼻突
nasal p. of inferior turbinate bone 下鼻甲泪突
p. of nerve cell, p. of neuron 神经细胞突，神经元细胞突
oblique p. of vertebrae, inferior 脊椎关节下突
oblique p. of vertebrae, superior 脊椎关节上突
occipital p. of occipital bone 枕骨枕突
p. of odontoblast, odontoblastic p. 成牙质细胞突
odontoid p. of axis 枢椎齿突
olecranon p. of ulna 尺骨鹰嘴
palatine p., lateral 外腭突
palatine p., median 内腭突
paracondyloid p. of occipital bone, paroccipital p. of occipital bone 枕骨乳突旁突
petrosal p., anterior 蝶小舌
petrosal p., middle 中床突
petrosal p., posterior superior 后床突
pterygoid p. 翼状突
Rau's p., ravian p. 劳氏突，锤骨前突
schizophrenic p. 进行性精神分裂症
short p. of malleus 椎骨短突
small p. of Soemmering 颧骨缘结节
spinous p. 棘突
spinous p. of sacrum, spurious 骶内侧嵴
spinous p. of tibia ① 髁间隆起；② 内髁间结节

Stieda's p. 施提达氏突，距骨后突
styloid p. of fibula 腓骨尖头
sucker p. 吸盘，吸足
synovial p. 滑膜襞
temporal p. of mandible 下颌骨冠突
Todd's p. 托德氏突
Tomes p. 托姆斯氏突
transverse p. of sacrum 骶外侧嵴
transverse p. of vertebrae, accessory 腰椎副突
trochlear p. of calcaneus 跟骨滑车突
unciform p. scapula 肩胛喙突
uncinate p. of ethmoid bone 筛骨钩突
uncinate p. of lacrimal bone 泪骨钩突
uncinate p. of pancreas 胰腺钩突
uncinate p. of unciform bone 钩骨钩突
uncinate p's of vertebra 椎骨钩突
ungual p. of third phalanx of foot 远节趾骨粗隆
vermiform p. 阑尾突
xiphoid p. of sphenoid bone 蝶骨小翼
zygomatico-orbital p. of maxilla 上颌骨颧突
processus [prɔ'sesəs] (pl. processus) (L.) 突
p. accessorius (NA) 副突
p. accessorii spurii 骶外侧嵴
p. alaris ossis ethmoidalis 鸡冠翼
p. alveolaris maxillae (NA) 上颌骨牙槽突
p. anterior mallei (NA), p. anterior mallei (Folii) 锤骨前突
p. articularis inferior vertebrarum (NA) 椎骨下关节突
p. articularis superior ossis sacri (NA) 骶骨上关节突
p. articularis superior vertebrarum (NA) 椎骨上关节突
p. axillaris glandulae mammariae 乳腺外侧突
p. brevis incudis 砧骨短突
p. brevis mallei 锤骨外侧突
p. calcaneus ossis cuboidei (NA) 骰骨跟突
p. caudatus hepatis (NA) 肝尾状突
p. ciliares (NA) 睫状突
p. clinoideus anterior (NA) 前床突
p. clinoideus medius (NA) 中床突

- p. cilnoideus posterior (NA) 后床突
- p. cochleariformis (NA) 匙突
- p. condylaris mandibulae (NA), p. condyloideus mandibulae 下颌骨髁状突
- p. coracoideus scapulae (NA) 肩胛骨喙突
- p. coronoideus mandibulae (NA) 下颌骨冠突
- p. coronoideus ulnae (NA) 尺骨喙突
- p. costalis vertebrae (NA), p. costarius vertebrae 椎骨肋突
- p. ethmoidalis conchae nasalis inferioris (NA) 下鼻甲筛突
- p. falciformis ligamenti sacrotuberosi (NA) 骶骨节韧带镰突
- p. Ferreini lobuli corticalis renis 费篮氏小叶皮质肾突,辐射性小叶皮质肾部
- p. frontalis maxillae (NA) 上颌骨额突
- p. frontalis ossis zygomatici (NA), p. frontosphenoidalis ossis zygomatici 颧骨额突
- p. gracilis 锤骨前突
- p. of Ingrassia 英格拉西尔氏突,蝶骨小翼
- p. intrajugularis ossis occipitalis (NA) 枕骨颈静脉孔内突
- p. intrajugularis ossis temporalis (NA) 颞骨颈静脉孔内突
- p. jugularis ossis occipitalis (NA) 枕骨颈静脉突
- p. lacrimalis conchae nasalis inferioris (NA) 下鼻甲泪突
- p. lateralis cartilaginis septi nasi (NA) 鼻中隔软骨后突
- p. lateralis glandulae mammariae (NA) 乳腺外侧突
- p. lateralis mallei (NA) 锤骨外侧突
- p. lateralis tali (NA) 距骨外侧突
- p. lateralis tuberis calcanei (NA) 跟结节处侧突
- p. lenticularis incudis (NA) 砧骨豆状突
- p. mamillaris (NA) 乳状突
- p. marginalis ossis zygomatici 颧骨缘突
- p. mastoideus ossis temporalis (NA) 颞骨乳突
- p. maxillaris conchae nasalis inferioris (NA) 下鼻甲上颌突
- p. medialis tuberis calcanei (NA) 跟结节内侧突
- p. muscularis carilaginis arytenoideae (NA) 杓状软骨肌突
- p. orbitalis ossis palatini (NA) 腭骨眶突
- p. palatinus maxillae (NA) 上颌骨腭突
- p. papillaris hepatis (NA) 肝乳头突
- p. paramastoideus ossis occipitalis (NA) 枕骨乳突旁突
- p. posterior cartilaginis septi nasi (NA) 鼻中隔软骨后蝶突
- p. posterior tali (NA) 距骨后突
- p. pterygoideus ossis sphenoidalis (NA) 蝶骨翼突
- p. pterygospinosus (NA), p. pterygospinosus (Civinini) 翼棘突
- p. pyramidalis ossis palatini (NA) 腭骨锥突
- p. retromandibularis glandulae parotidis 腮腺下颌后突
- p. sphenoidalis ossis palatini (NA) 腭骨蝶突
- p. sphenoidalis septi cartilaginei 鼻中隔软骨后蝶突
- p. spinosus vertebrarum (NA) 椎骨棘突
- p. styloideus fibulae 腓骨尖头
- p. styloideus ossis metacarpalis Ⅲ (NA) 第三掌骨茎突
- p. styloideus ossis temporalis (NA) 颞骨茎突
- p. styloideus radii (NA) 桡骨茎突
- p. styloideus ulnae (NA) 尺骨茎突
- p. supracondylaris humeri (NA), p. supracondyloideus humeri 肱骨髁上突
- p. temporalis ossis zygomatici (NA) 颧骨颞突
- p. transversus vertebrarum (NA) 脊椎横突
- p. trochlearis calcanei 跟骨滑车突
- p. uncinatus ossis ethmoidalis (NA) 筛骨钩突
- p. uncinatus pancreatis (NA) 胰钩突
- p. vaginalis ossis sphenoidalis (NA) 蝶骨鞘突
- p. vaginalis peritonei (NA) 腹膜鞘突
- p. vermiformis 阑尾突
- p. vocalis (NA) 声带突

p. xiphoideus (NA) 剑突
p. zygomaticus maxillae (NA) 上颌颧突
p. zygomaticus ossis frontalis (NA) 额骨颧突
p. zygomaticus ossis temporalis (NA) 颞骨颧突

procheilon [prɔˈkailən] (*pro-* + Gr. *cheilon* lip + *-on* neuter ending) 唇尖，唇结

Prochlorophyta [ˌprɔklɔrəˈfaitə] (*pro-* + *chloro-* + Gr. *phyton* plant) 原绿藻门

prochlorpemazine [ˌprɔklə:ˈpi:məzi:n] 甲哌氯丙嗪

prochlorperazine [ˌprɔkləˈpirəzi:n] (USP) 甲哌氯丙嗪
p. edisylate (USP) 甲哌氯丙嗪乙二磺酸盐
p. maleate (USP) 甲哌氯丙嗪顺丁烯二酸盐

prochondral [prɔˈkɔndrəl] 软骨生成前的
prochordal [prɔˈkɔ:dəl] 脊索前的
prochromatin [prɔˈkrəumətin] 前染色质，前核染质
prochromosome [prɔˈkrɔməsəum] 前染色体
prochymosin [prɔˈkaiməsin] 凝乳酶原
procidentia [ˌprɔsiˈdenʃiə] (L.) 脱垂
procinonide [prɔˈsinənaid] 肤轻松丙酯
procoagulant [ˌprɔkəˈægjulənt] ❶ 促凝血的；❷ 前凝血质
procoelia [prɔˈsi:liə] (*pro-* + Gr. *koelia* hollow) 侧脑室
procollagen [prɔˈkɔlədʒən] 原胶原
procollagen C-endopeptidase [prɔˈkɔlədʒən ˌendəˈpeptideis] (EC3.4.24.19) 原胶原 C 内肽酶
procollagen C-proteinase [prɔˈkɔlədʒən ˈprəuti:neis] 原胶原 C 蛋白酶
procollagen galactosyltransferase [prɔˈkɔlədʒən ˈgælæktəuselˈtrænsfəreis] (EC 2.4.1.50) 原胶原半乳糖转移酶
procollagen glucosyltransferase [prɔˈkɔlədʒən ˌglu:kəsəlˈtrænsfəreis] (EC 2.4.1.66) 原胶原葡萄糖基转移酶
procolagen-lysine 5-dioxygenase [prɔˈkɔlədʒən ˈlisi:n daiˈɔksidʒəneis](EC 1.14.11.4) 原胶原赖氨酸 5-加双氧酶
procollagen N-endopeptidase [prɔˈkɔlədʒn ˌendəˈpeptideis] (EC3.4.24.14) 原胶原 N 内肽酶
procollagen N-proteinase [prɔˈkɔlədʒən ˈprəuti:neis] 原胶原内肽酶
procollagen peptidase [prɔˈkɔlədʒən ˈpeptideis] 原胶原肽酶
procollagen-proline dioxygenase [prɔˈkɔlədʒən ˈprɔli:n daiˈɔksədʒəneis] (EC1.14.11.2.) 原胶原脯氨酸加双氧酶
procollagen-proline 3-dioxygenase [prɔˈkɔlədʒən ˈprɔli:n daiˈɔksədʒəneis] (EC1.14.11.7.) 原胶原脯氨酸加双氧酶
proconceptive [ˌprɔkənˈseptiv] ❶ 助孕的；❷ 助孕剂
proconvertin [ˌprɔkənˈvə:tin] 凝血因子Ⅶ
procreation [ˌprɔkriˈeiʃən] (L. *procreatio*) 生殖，生育
procreative [ˈprɔkriˌeitiv] 生殖的，能生殖的
Procrit [ˈprɔkrit] 普罗克瑞：人类红细胞生成素的商品名
proctalgia [prɔkˈtældʒiə] (*proct-* + *-algia*) 肛门痛
p. fugax 痉挛性肛门痛
proctatresia [ˌprɔktəˈtriziə] (*proct-* + *a* neg. + Gr. *trēsis* perforation) 肛门闭锁
proctectasia [ˌprɔktekˈteiziə] (*proct-* + Gr. *ektasis* dilatation + *-ia*) 直肠扩张
proctectomy [prɔkˈtektəmi] (*proct-* + *ectomy*) 直肠切除术
proctencleisis [ˌprɔktənˈklaisis] (*proct-* + Gr. *enkleiein* to shut in) 直肠狭窄
procteurynter [ˈprɔktju:ˌrintə] (*proct-* + Gr. *eurynein* to widen) 直肠扩张器
procteurysis [prɔkˈtju:risis] 直肠扩张术
proctitis [prɔkˈtaitis] (*proct-* + *-itis*) 直肠炎
factitial p. 放射性直肠炎
radiation p. 放射性直肠炎
proct(o)- (Gr. *prōktos* anus) 直肠
proctocele [ˈprɔktəsi:l] (*procto-* + Gr. *kelē* hernia) 直肠膨出
proctoclysis [prɔkˈtɔklisis] (*procto-* + Gr. *klysis* a drenching) 直肠滴注法
proctococcypexy [ˌprɔktəˈkɔksiˌpeksi] (*procto-* + Gr. *kokkyx* coccyx + *pēxis* fixation) 直肠尾骨固定术
proctocolectomy [ˌprɔktəkəˈlektəmi] 直肠

结肠切除术
proctocolitis [ˌprɔktəkəˈlaitis] 直肠结肠炎
proctocolonoscopy [ˌprɔktəˌkɔləˈnɔskəpi] 直肠结肠镜检查
proctocolpoplasty [ˌprɔktəˈkɔlpəˌplæsti] (*procto-* + Gr. *kolpos* vagina + *plassein* to form) 直肠阴道瘘修补术
proctocystoplasty [ˌprɔktəˈsistəˌplæsti] (*procto-* + Gr. *kystis* bladder + *plassein* to form) 直肠膀胱修补术
proctocystotomy [ˌprɔktəsisˈtɔtəmi] (*procto-* + Gr. *kystis* bladder + *tomē* a cutting) 直肠膀胱切开术
proctodaeum [ˌprɔktəˈdiəm] 原肛
proctodeum [ˌprɔktəˈdiəm] (*proct-* + Gr. *hodaios* pertaining to way) 原肛
proctodynia [ˌprɔktəˈdiniə] (*proct-* + Gr. *odynē* pain) 肛痛
Proctofoam-HC [ˈprɔktəfəum] 肛康灵
proctogenic [ˌprɔktəˈdʒenik] (*procto-* + Gr. *gennan* to produce) 直肠性的
proctologic [ˌprɔktəˈlɔdʒik] 直肠病学的
proctologist [prɔkˈtɔlədʒist] 直肠病学家
proctology [prɔkˈtɔlədʒi] (*procto-* + *-logy*) 直肠病学
proctoparalysis [ˌprɔktəpəˈrælisis] (*procto-* + *paralysis*) 直肠麻痹
proctoperineoplasty [ˌprɔktəperiˈniəuˌplæsti] 直肠会阴修补术
proctoperineorrhaphy [ˌprɔktəperiniˈɔrəfi] 直肠会阴修补术
proctopexy [ˈprɔktəˌpeksi] (*procto-* + Gr. *pexis* fixation) 直肠固定术
proctoplasty [ˈprɔktəˌplæsti] (*procto-* + Gr. *plassein* to form) 直肠整形术
proctoplegia [ˌprɔktəˈpliːdʒiə] (*procto-* + Gr. *plēgē* stroke) 直肠麻痹
proctopolypus [ˌprɔktəˈpɔlipəs] 直肠息肉
proctoptosis [ˌprɔktɔpˈtəusis] (*procto-* + Gr. *ptōsis* fall) 直肠脱垂,脱肛
proctorrhagia [ˌprɔktəˈreidʒiə] 直肠出血
proctorrhaphy [prɔkˈtɔrəfi] (*procto-* + Gr. *rhaphē* seam) 直肠修补术
proctorrhea [ˌprɔktəˈriə] (*procto-* + Gr. *rhoia* flow) 肛液溢出
proctoscope [ˈprɔktəˌskəup] (*procto-* + Gr. *skopein* to examine) 直肠镜

Tuttle's p. 塔特尔氏直肠镜
proctoscopy [prɔkˈtɔskəpi] (*procto-* + Gr. *skopein* to examine) 直肠镜检查
proctosigmoid [ˌprɔktəˈsigmɔid] 直肠乙状结肠
proctosigmoidectomy [ˌprɔktəˌsigmɔiˈdektəmi] (*procto-* + *sigmoid* + *ectomy*) 直肠乙状结肠切除术
proctosigmoiditis [ˌprɔktəˌsigmɔiˈdaitis] 直肠乙状结肠炎
proctosigmoidoscope [ˌprɔktəsigˈmɔidəskəup] 直肠乙状结肠镜
proctosigmoidoscopy [ˌprɔktəˌsigmɔiˈdɔskəpi] 直肠乙状结肠镜检查
proctospasm [ˈprɔktəˌspæzm] (*procto-* + *spasm*) 直肠痉挛
proctostasis [prɔkˈtɔstəsis] (*procto-* + Gr. *stasis* stoppage) 直肠积粪
proctostenosis [ˌprɔktəstəˈnəusis] (*procto-* + Gr. *stenōsis* narrowing) 直肠狭窄
proctostomy [prɔkˈtɔstəmi] (*procto-* + Gr. *stomoun* to provide with an opening, or mouth) 直肠造口术
proctotome [ˈprɔktəˌtəum] 直肠刀
proctotomy [prɔkˈtɔtəmi] (*procto-* + *tomē* a cutting) 直肠切开术
 external p. 直肠外切术
 internal p. 直肠内切术
proctotoreusis [ˌprɔktəutəˈruːsis] (*procto-* + Gr. *toreusis* boring) 锁肛穿孔术
proctovalvotomy [ˌprɔktəuvælˈvɔtəmi] 直肠瓣切开术
procumbent [prəˈkʌmbənt] 俯卧的
procursive [prəˈkəːsiv] (L. *procursivus*) 前奔的
procurvation [ˌprɔkəːˈveiʃən] (L. *procurvare* to bend forward) 前弯,前曲
procuticle [prəˈkjuːtikəl] (*pro-* + L. *cuticula*) 前表皮
procyclidine hydrochloride [prəˈsiklidiːn] (USP) 盐酸丙环定
prodolic acid [prəˈdɔlik] 丙哆乙酸
prodroma [prəˈdrɔːumə] (pl. *prodromata*) (Gr. *prodromē* a runing forward) 前驱症状
prodromal [prəˈdrɔːməl] 前驱的
prodromata [prəˈdrɔmətə] (Gr.) 前驱症状。*prodroma* 的复数形式

prodrome ['prɔdrəum] (L. *prodromus*, Gr. *prodromos* forerunning) 前驱

prodromic [prɔ'drɔmik] 前驱的

pro-drug ['prɔdrʌg] (L. *pro-* before + *drug*) 前体药物

product ['prɔdʌkt] 产品,产物
  cleavage p. 分解产物
  contact activation p. 接触性活化产物
  decay p. 衰变产物
  end p. 终产物
  fibrin degradation p's, fibrinogen degradation p's, fibrin split p's 纤维蛋白裂解产物,纤维蛋白原裂解产物
  fibrinolytic split p's 溶纤维蛋白性裂解产物
  fission p. 核裂产物
  ion p. 离子度
  primary gene p. 初级基因产物
  solubility p. 溶解度
  spallation p's 核裂产物
  substitution p. 取代产物

productive [prɔ'dʌktiv] 生产性的,产出性的

proecdysis [prɔ'ekdisis] (*pro-* + Gr. *ekdysis* a way out) 脱皮前期

proemial [prɔ'imiəl] (L. *prooemium* a prelude) 前驱的

proencephalon [,prɔen'sefələn] 前脑

proencephalus [,prɔen'sefələs] (*pro-* + Gr. *enkephalos* brain) 裂额露脑畸胎

proenzyme [prɔ'enzaim] 酶原,前酶

proerythroblast [prɔ'riθrəblæst] 原成红细胞,原始红细胞

proerythrocyte [,prɔə'riθrəsait] 前红细胞,成红细胞

proestrogen [prɔ'estrədʒən] 前雌激素

proestrum [prɔ'estrəm] 动情前期

proestrus [prɔ'estrəs] (*pro-* + L. *oestrus*) 动情前期

Proetz's test ['prəutsəz] (Arthur Walter *Proetz*, American otolaryngologist, 1888-1966) 普雷茨氏检查

profadol hydrochloride ['prɔfədɔl] 盐酸甲丙吡吩

-profen 异丁苯丙酸类(丙酮酸衍生物)抗炎物质

professional [prə'feʃənəl] ❶ 职业的; ❷ 专家,专业人员

allied health p. 辅助卫生人员

Professional Standards Review Organization 专业标准评定组织

profibrinolysin [,prɔfaibri'nɔlisin] 纤维蛋白溶酶原

Profichet's syndrome [,prɔfi'feiz] (Georges Charles *Profichet*, French physician, born 1873) 普罗费歇氏综合征

profile ['prɔufail] ❶ 外形,侧面图; ❷ 图表
  antigenic p. 抗原图
  biophysical p. 生物物理图
  urethral pressure p. 输尿管压力图

profilin [prɔ'failin] 肌动结合蛋白

profilometry [,prɔfi'lɔmitri] 外形测定
  urethral pressure p. 尿道压力测定

proflavine [prɔ'fleivin] 二氨基丫啶黄,普鲁黄

profluvium [prɔ'flu:viəm] (L.) 溢出,流出
  p. seminis 阴道溢精

profondometer [,prɔfɔn'dɔmitə:] 异物定位器

profundaplasty [prɔ'fʌndə,plæsti] 股深动脉再造术

profundoplasty [prɔ'fʌndə,plæsti] 股深动脉再造术

frofundus [prɔ'fʌndəs] (L.) 深的

progamous ['prɔgəməs] (*pro-* + Gr. *gamos* marriage) 受精前的

progaster ['prɔgæstə] (*pro-* + Gr. *gastēr* stomach) 原肠

progastrin [prɔ'gæstrin] 前胃泌素

progenia [prɔ'dʒi:niə] (*pro-* + L. *gena* chin) 凸颌

progenital [prɔ'dʒenitəl] 外阴,生殖器外面的

progenitor [prɔ'dʒenitə] (L.) 祖先,祖代

progeny ['prɔdʒəni] (L. *progignere* to bring forth) 后代,后裔

progeria [prɔ'dʒi:riə] (*pro-* + Gr. *gēras* old age + *ia*) 早老

progestagen [prɔ'dʒestədʒən] 孕激素

progestational [,prɔdʒəs'teiʃənəl] 孕前的,促孕的

progesterone [prɔ'dʒestərəun] 孕酮,黄体酮

progestin [prɔ'dʒestin] 孕激素,孕酮,黄

体酮
progestogen [prɔˈdʒestədʒən] 孕激素
progestomimetic [prɔˌdʒestəmiˈmetik] 类孕酮的
proglossis [prɔˈglɔusis] (Gr. *proglōssis*) 舌尖
proglottid [prɔˈglɔtid] (*pro-* + *glottis*) 节片
proglottis [prɔˈglɔtis] (pl. *proglottides*) 节片
proglumide [prɔˈgluːmaid] 丙谷胺
Proglycem [prɔˈglisəm] 普努格利塞：口服氯甲苯噻的商品名
prognathia [prɔˈneiθiə] 凸颌
prognathic [prɔgˈnæθik] 凸颌的
prognathism [ˈprɔgnəθizəm] (*pro-* + Gr. *gnathos* jaw + *-ism*) 下颌骨异常凸出的状态
prognathometer [ˌprɔgnəˈθɔmitə] (*prognathous* + Gr. *metron* measure) 颌凸测量器
prognathous [ˈprɔgnəθəs] (*pro-* + Gr. *gnathos* jaw) 颌凸的
prognose [prɔgˈnəus] 预测
prognosis [prɔgˈnəusis] (Gr. *prognōsis* foreknowledge) 预后
prognostic [prɔgˈnɔstik] ❶ 预后的；❷ 预后性症状
prognosticate [prɔgˈnɔstikeit] 预测
prognostician [ˌprɔgnɔsˈtiʃən] 预测专家
progonoma [ˌprɔgˈnəumə] (Gr. *pro* before + *gonos* sperm + *-oma*) 突变瘤
  melanotic p. 黑色素突变瘤
progranulocyte [prɔˈgrænjuləˌsait] 前骨髓细胞
progravid [prɔˈgrævid] (*pro-* + L. *gravidus* pregnant) 黄体期的, 孕前的
progression [prɔˈgreʃən] ❶ 前进；❷ 进展
  backward p. 后退, 向后进
  cross-legged p. 交叉步态
  saltatory p. 舞蹈步态
progressive [prɔˈgresiv] 进行性的
proguanil hydrochloride [prɔˈgwɑːnil] 盐酸氯胍, 白乐君
Progynon [prɔˈdʒainɔn] 普罗已农：雌二醇制剂的商品名
ProHIBiT [prɔˈhibit] 普罗西比：流感嗜血杆菌偶合疫苗制剂的商品名

prohormone [prɔˈhɔːməun] 前激素
proinsulin [prɔˈinsjulin] 胰岛素原
proiosystole [ˌprɔuiəuˈsistəli] (Gr. *proi* early + *systole*) 期前收缩, 过早收缩
proiotia [ˌprɔuiˈəuʃiə] 性早熟, 性机能发育过早
projection [prɔˈdʒekʃən] (*pro-* + L. *jacēre* to throw) ❶ 投影；❷ 投射；❸ 突出；❹ 推谂；❺ 影像
  anteroposterior (AP) p. 前后影像
  axial p. 轴影像
  axillary p. 腋窝影像
  brow-down p. 面朝下影像
  brow-up p. 面朝上影像
  Caldwell's p. 考德维尔氏影像
  carpal tunnel p. 腕管影像
  cross-table p. 十字台影像
  Didiée's p. 蒂地伊氏影像
  dorsoplantar p. 背趾影像
  eccentric p. 牵涉性投射
  erroneous p. 错误投射
  frog-leg p. 蛙腿影像
  frontal p. 额部影像
  half-axital p. 半轴性射像
  Heinig's p. 黑尼格氏影像
  Hermodsson's p. 荷默得逊氏影像
  Hughston's p. 休斯敦工影像
  inferosuperior p. 下上方影像
  lateral p. 侧面影像
  Laurin's p. 劳林氏影像
  Merchant's p. 莫强特氏影像
  mortise p. 踝关节影像
  notch p. ①斯特里克氏切迹影像；② 一种放射影像用来检查股骨的髁间切迹
  oblique p. 斜影像
  open-mouth p. 张口影像
  pillar p. 关节弓影像
  posteroanterior (PA) p. 后前影像
  radiographic p. 放射影像图
  semiaxial p. 半轴影像
  Settegast's p. 塞特革思地氏影像
  stress p. 承压影像
  Stryker's notch p. 斯特里克氏切迹影像
  submentovertex p. 颏下头顶影像
  sunrise p. 日出影像, 塞特革思地氏影像
  swimmer's p. 游泳状影像
  tangential p. 正切影像
  thalamocortical p's 丘脑皮质影像

Towne's p. 汤氏影像
tunnel p. 管影像
verticosubmental p. 头顶颏下影像
Waters's 沃特斯氏影像
West Point p. 西点影像
prokaryon [prɔ'kæriən] (*pro-* + Gr. *karyon* nucleus) ❶ 原核；❷ 原核生物
prokaryosis [ˌprɔkæri'əusis] (*pro-* + Gr. *karyon* + *-osis*) 原核状态
Prokaryotae [prɔˌkæri'ɔti:] (*pro-* + Gr. *karyon* nucleus) 原核生物界
prokaryote [prɔ'kæriəut] (*pro-* + Gr. *karyon* nut, kernel) 原核生物
prokaryotic [ˌprɔkæri'ɔtik] 原核的
Proketazine [prɔ'ketəzi:n] 普罗开特林：马来酸丙酰奋乃近的商品名
Prokine ['prɔkain] 普罗开恩：沙拉斯或粒细胞巨噬细胞集落刺激因子制剂的商品名
prolabium [prɔ'libiəm] (*pro-* + L. *labium* lip) 上唇中央隆起
prolactin [prɔ'læktin] (*pro-* + L. *lac* milk) 催乳素
prolactinoma [prɔˌlækti'nəumə] 催乳素瘤
prolamin [prɔ'læmin, 'prɔləmin] 醇溶蛋白
prolan ['prɔlən] 普罗兰
prolapse [prɔ'læps] (L. *prolapsus*, *pro* before + *labi* to fall) ❶ 脱垂，脱出；❷ 脱垂，脱出
  anal p., p. of anus 脱肛
  p. of the cord 脐脱垂
  frank p. 全脱垂
  p. of the iris 虹膜脱垂
  mitral valve p. 二尖瓣脱垂
  Morgagni's p. 莫尔加尼氏脱垂
  rectal p., p. of rectum 直肠脱垂
  p. of uterus 子宫脱垂
prolapsus [prɔ'læpsəs] (L.) 脱垂，脱出
  p. ani 肛脱
  p. recti 直肠脱垂
  p. uteri 子宫脱垂
Prolastin [prɔ'læstin] 普罗莱斯丁：人α蛋白酶抑制剂的商品名
prolepsis [prɔ'lepsis] 提早发作
proleptic [prɔ'leptik] 提早发作的
Proleukin [prɔ'lju:kin] 前白细胞素：爱尔德白细胞素制剂的商品名
proleukocyte [prɔ'lju:kəsait] 前白细胞
prolidase [prɔ'lideis] 氨酰基脯氨酸酶
prolidase deficiency 氨酰基脯氨酸酶缺乏症
proliferate [prɔ'lifəreit] 增生，繁殖
proliferation [prɔˌlifə'reiʃən] (L. *proles* offspring + *ferre* to bear) 增生，繁殖
  fibroplastic p. 纤维增殖性增生
proliferative [prɔ'lifərətiv] 增生的，增殖的
proliferous [prɔ'lifərəs] 增生的，增殖的
prolific [prɔ'lifik] (L. *prolificus*) 繁殖的，多产的
proligerous [prɔ'ligərəs] (L. *proles* offspring + *gerere* to bear) 繁殖的
prolinase ['prɔlineis] 脯肽酶
proline ['prɔli:n] 脯氨酸
proline dehydrogenase ['prɔli:n di'haidrədʒəneis] (EC1.5.99.8.) 脯氨酸脱氢酶
proline dipeptidase ['prɔli:n dai'peptideis] X-脯氨酸二肽酶
prolinemia [ˌprɔli'ni:miə] 脯氨酸血症
proline oxidase ['prɔli:n 'ɔksideis] 脯氨酸氧化酶
proline racemase ['prɔli:n 'ræsəmeis] (EC5.1.1.4) 脯氨酸消旋酶
prolintane hydrochloride [prɔ'lintein] 盐酸苯咯戊烷
Prolixin [prɔ'liksin] 普罗利嗪：盐酸氟非那嗪制剂的商品名
Proloid ['prɔlɔid] 普罗诺德：甲状腺球蛋白制剂的商品名
Proluton [prɔ'lʌtən] 普罗路通：孕酮制剂的商品名
prolyl ['prɔləl] 脯氨酰基
prolyl dipeptidase ['prɔləl dai'peptideis] X-脯氨酸二肽酶
prolyl 3-hydroxylase ['prɔləl hai'drɔksəleis] 脯氨酰基3-羟化酶
prolyl 4-hydroxylase ['prɔləl hai'drɔksəleis] 脯氨酰基4-羟化酶
prolymphocyte [prɔ'limfəsait] 幼淋巴细胞，前淋巴细胞
promanide ['prɔmənaid] 苯糖砜，普罗明
promastigote [prɔ'mæstigəut] (*pro-* + Gr. *mastix* whip) 前体鞭毛

promazine hydrochloride ['prɔməziːn] (USP) 普马嗪

promegakaryocyte [prɔˌmegə'kæriəsait] 前巨核细胞,幼巨核细胞

promegaloblast [prɔ'megələblæst] 原巨幼红细胞,原巨红细胞

prometaphase [prɔ'metəfeis] 前中期

promethazine hydrochloride [prɔ'meθəziːn] (USP) 普鲁米近,异丙嗪

promethestrol dipropionate [prɔ'meθəstrɔl] 二丙酸甲基己雌酚,二丙酸唛卜兰

promethium [prɔ'miːθiəm] 钷

promine ['prɔmiːn] 促细胞素

prominence ['prɔminəns] 隆起,隆凸
  Ammon's scleral p. 阿蒙氏巩膜隆起
  frontonasal p. 额鼻隆凸
  mandibular p. 下颌隆凸
  maxillary p. 上颌隆凸
  nasal p., lateral 侧鼻隆凸
  nasal p., medial, nasal p., median 中鼻隆凸
  tubal p. 咽鼓管圆枕

prominentia [ˌprɔmi'nenʃiə] (gen. and pl. *prominentiae*) (L.) 隆起、隆凸
  p. canalis facialis (NA) 面神经管凸
  p. canalis semicircularis lateralis (NA) 外半规管凸
  p. laryngea (NA) 喉结,喉隆凸
  p. mallearis membranae tympani (NA), p. malleolaris membranae tympani 鼓膜锤骨凸
  p. spiralis (NA) 螺旋凸
  p. styloidea (NA) 茎突凸

prominentiae [ˌprɔmi'nenʃiːː] (L.) 隆突 *prominentia* 的所有格和复数形式

promonocyte [prɔ'mɔnəsait] 前单核细胞,幼单核细胞

promontorium [ˌprɔmɔn'tɔːriəm] (pl. *promontoria*) (L.) 岬
  p. faciei 外鼻
  p. ossis sacri (NA) 骶骨岬,骶岬
  p. tympani (NA) 鼓岬

promontory ['prɔmɔnˌtəri] 隆凸

promoter [prɔ'məutə] ❶ 启动基因;❷ 助催化剂、促催化剂;❸ 辅助致癌剂

promotion [prɔ'məuʃən] 促进作用

promoxolane [prɔ'mɔksəlein] 丙噁烷

promyelocyte [prɔ'maiələsait] 前髓细胞,早幼粒细胞

pronaeus ['prəuneiəs] (L. the first room of temple) 阴道前庭

pronate ['prəneit] 俯位

pronation [prɔ'neiʃən] (L. *pronatio*) 俯卧旋

pronatoflexor [prɔˌnætə'fleksə] 旋前屈肌

pronator [prɔ'neitə] (L.) 旋前肌

prone [prəun] (L. *pronus* inclined forward) 伏的,俯的

pronephron [prɔ'nefrɔn] 前肾

pronephros [prɔ'nefrəs] (pl. *pronephroi*) (*pro-* + Gr. *nephros* kidney) 前肾

Pronestyl [prɔ'nestəl] 普努萘斯地尔:盐酸普鲁卡因酰胺制剂的商品名

pronetalol [prɔ'netəlɔl] 萘心定

pronethalol [prɔ'neθəlɔl] 萘心定

prong [prɔŋ] 尖头

pronograde ['prɔnəgreid] (L. *pronus* bent downward + *gradi* to walk) 俯身步行的

pronometer [prɔ'nɔmitə] 前臂旋转计

pronormoblast [prɔ'nɔːməblæst] 原正幼红细胞,原红细胞

Prontosil ['prɔntəsil] 百浪多息:磺胺嘧啶类药物的前身的商品名

pronucleus [prɔ'njuːkliəs] 原核,前核
  female p. 卵原核,雌原核
  male p. 精原核,雄原核

pro-opiomelanocortin (POMC) [prɔˌəupiəˌmilənə'kɔːtin] (*pro-* + endogenous *opioids* + *melano*cyte stimulating hormone + *corti*cotropin + *-in*) 前阿黑素

pro-otic [prə'ɔtik] (*pro-* + Gr. *ous* ear) 耳前的

Propadrine ['prɔpədriːn] 普罗普春:盐酸苯丙醇胺制剂的商品名

propafenone hydrochloride [ˌprɔpə'fiːnəun] 盐酸普罗帕酮

propagation [ˌprɔpə'geiʃən] 生殖

propagative ['prɔpəˌgeitiv] 生殖的

propancreatitis [prəuˌpæŋkriə'taitis] 脓性胰炎

propane ['prɔpein] 丙烷

propanidid [prɔ'pænidid] 普尔安

propanoic acid [ˌprɔpə'nɔik] 丙酸

propantheline bromide [prɔ'pænθəliːn] (USP) 溴化丙胺太林,普鲁本辛

proparacaine hydrochloride [prɔ'pærə-

kein](USP) 盐酸丙对卡因
propatyl nitrate ['prɔpətəl] 硝二羟甲丁醇
propene ['prəupi:n] 丙烯
2-propenenitrile [ˌprəupi:n'nitrail] 丙烯睛
propenyl [prə'pinil] 丙烯基
propepsin [prə'pepsin] 前胃蛋白酶,胃蛋白酶原
propeptone [prə'peptəun] 前蛋白胨
propeptonuria [prə'peptə'njuəriə] 前蛋白尿
properdin ['prɔpədin] P因子
properitoneal [ˌprɔperitə'niəl] 腹膜外的,腹膜前的
property ['prɔpəti] 性质,性能
   colligative p. 依数性
prophage ['prɔfeidʒ] (*pro-* + *phage*) 前嗜菌体
prophase ['prɔfeiz] 前期
prophenpyridamine [ˌprɔfənpi'ridəmi:n] 非尼腊明,屈米通
prophylactic [ˌprɔfə'læktik] (Gr. *prophylaktikos*) ❶ 预防的;❷ 能预防疾病的药物
prophylactodontics [ˌprɔfiˌlæktəu'dɔntiks] 牙病预防学
prophylaxis [ˌprɔfə'læksis] (Gr. *prophylassein* to keep guard before) 预防
   causal p. 病因预防
   chemical p. 化学预防
   collective p. 集体性预防
   dental p. 牙病预防
   drug p. 药物预防
   gametocidal p. 杀灭配子体预防
   individual p. 个人预防
   mechanical p. 机械性预防
   oral p. 口腔疾病预防
Prophyllin [prə'filin] 普罗啡林:盐酸菲灵铜复合物与丙吡酸纳制剂的商品名
propicillin [ˌprɔpi'silin] 苯丙西林,苯氧丙基青霉素钾
propiolactone [ˌprɔpiə'læktəun] 丙内酯
propiomazine hydrochloride [ˌprɔpiə'mæzin](USP) 盐酸丙酰异丙嗪
propionate ['prɔpiəneit] 丙酸盐
Propionibacteriaceae [ˌprɔpiˌɔnibæk,tiəri'eisii:] 丙酸杆菌科
Propionibacterium [ˌprɔpiˌɔnibæk'tiəriəm] (*pro-* + Gr. *piōn* fat + *baktērion* little rod) 丙酸杆菌属
   P. acnes 痤疮丙酸杆菌
   P. freudenreichii 费氏丙酸杆菌
   P. granulosum 颗粒丙酸杆菌
   P. jensenii 詹氏丙酸杆菌
propionic acid [ˌprɔpi'ɔnik] 丙酸
propionicacidemia [ˌprɔpiˌɔnikˌæsi'di:miə] 丙酸血症
propionitrile [ˌprɔpiə'nitril] 丙腈,乙基氰
propionyl ['prɔpiənil] 丙酰
propionyl-CoA carboxylase ['prɔpiənəl kəu'ei kɑ:'bɔksəleis] 丙酰辅酶A羧化酶
propiram fumarate ['prɔpiræm] 富马酸丙吡胺
proplasmacyte [prə'plæzməsait] 前浆细胞,幼浆细胞
proplasmin [prə'plæzmin] 前纤维蛋白溶酶,纤维蛋白溶酶原
Proplast ['prɔplæst] 普罗成形膜
propofol ['prɔpəfɔl] 普罗泼非
propons ['prəupɔnz] 前桥,小桥
proportion [prə'pɔ:ʃən] (L. *proportio*) 比,比例,比率
   mutant p. 突变比例
propositi [prə'pɔziti] 渊源人,先证人 propositus 为复数形式
propositus [prə'pɔzitəs] (gen. and pl. *propositi*) (L. "the one on display") ❶ 渊源人,先证人;❷ 特别指第一位被确定的先证者(指示病例)
propoxycaine hydrochloride [prə'pɔksikein](USP) 盐酸丙氧卡因
propoxyphene hydrochloride [prə'pɔksifi:n] 丙氧芬
   p. hydrochloride (USP) 盐酸丙氧芬
   p. napsylate (USP) 萘磺酸丙氧芬
propranolol [prə'prænəlɔl] 萘心安,心得安
   p. hydrochloride (USP) 盐酸萘心安,盐酸心得安
proprietary [prə'praiətəri] 专利药,专卖药
proprioception [ˌprɔpriə'sepʃən] 本体感觉
proprioceptive [ˌprɔpriə'septiv] 本体感觉的
proprioceptor [ˌprɔpriə'septə] 本体感受器
propriodentium [ˌprɔpriəu'denʃəm] 牙固有组织

propriospinal [ˌprɔpriə'spainəl] 脊髓固有的

proprotein [prə'prəutiːn] 前蛋白,蛋白原

proptometer [prɔp'tɔmitə] 突眼计

proptosis [prɔp'təusis] 眼凸出,突出,前垂

propulsion [prə'pʌlʃən] ❶ 前倾步态; ❷ 仓促步态

propyl ['prɔpil] 丙基
  p. gallate (NF) 没食子酸丙酯

propylene ['prɔpəliːn] 丙烯
  p. glycol (USP) 丙二醇

propylhexedrine [ˌprɔpəl'heksədriːn] (USP) 六氢脱氧麻黄碱,环己丙甲胺

propyliodone [ˌprɔpi'laiədəun] (USP) 丙碘酮

propylparaben [ˌprɔpəl'pærəbən] (NF) 对羟苯甲酸丙酯,居泊金丙酯

propylthiouracil [ˌprɔpil'θaiə'juərəsil] (USP) 丙基硫氧嘧啶,丙基硫尿嘧啶

proquazone ['prɔkwəzəun] 丙喹酮

pro re nata [prɔ ri 'nætə] (L.) 必要时,需要时

prorenin ['prɔrinin] 原肾素,高血压蛋白原酶原

prorennin [prə'rinin] 前凝乳酶,凝乳酶原

prorenoate potassium [prə'rinəeit] 环丙睾酮丙钾酸

Prorocentrum [ˌprɔrə'sentrəm] (L. *prora* prow + *centrum* center) 原甲藻属

proroxan hydrochloride [prə'rɔksən] 盐酸丙咯恶烷

prorrhaphy ['prɔrəfi] (*pro-* + Gr. *rhaphe* suture) 徙前术

prorsad ['prɔːsəd] (L. *prorsum* forward) 向前地

prorubricyte [prə'ruːbrisait] 早幼红细胞,嗜碱性正成红细胞

Proscar ['prɔskɑː] 普努斯卡:菲纳台德制剂的商品名

proscillaridin [ˌprɔsi'læridin] 前海葱甙原

prosecretin [ˌprɔsi'kriːtin] 前分泌素

prosection [prɔ'sekʃən] 解剖

prosector [prɔ'sektə] (L.) 解剖员

prosectorium [ˌprəusek'tɔriəm] 解剖室,解剖教室

prosencephalon [ˌprɔsen'sefələn] (Gr. *prosō* before + *enkephalos* brain) 前脑

pros(o)- (Gr. *prosō* forward) 前,前部的

proserozyme [prəu'siərəuzaim] 前凝血酶,凝血酶原

prosocele ['prɔsəseil] 前脑腔

prosocoele ['prɔsəseil] (*proso-* + Gr. *koilia* a hollow) 前脑腔

prosodemic [ˌprɔsə'diːmik] (Gr. *prosō* forward + *dēmos* people) 缓渐流行的

prosody ['prɔsədi] (Gr. *prosodos* a solemn procession) 韵律学

prosogaster [ˌprɔsə'gæstə] (*proso-* + Gr. *gastēr* stomach) 前肠

prosopagnosia [ˌprɔsəpæg'nəusiə] (*prosop-* + *agnosia*) 面部失认

prosopagus [ˌprɔsə'pæɡəs] (*prosop-* + *pagynae* to fasten) 面部联胎

prosopalgia [ˌprɔsəu'pældʒiə] (*prosop-* + *algos* pain) 三叉神经痛

prosopantritis [ˌprɔsəpən'traitis] (*prosopo-* + Gr. *antron* cavity + *-itis*) 额窦炎

prosopectasia [ˌprɔsəpek'teiziə] (*prosopo-* + Gr. *ektasis* expansion + *-ia*) 巨大面

prosoplasia [ˌprɔsə'pleiʃiə] (*proso-* + Gr. *plassein* to form) ❶ 分化异常; ❷ 进行性分化

prosop(o)- (Gr. *prosōpon* face) 面部

prosopoanoschisis [ˌprɔsəpəə'nɔskisis] (*prosopo-* + Gr. *ana* up + *schisis* cleft) 面斜裂

prosopodiplegia [ˌprɔsəupəudai'pliːdʒiə] (*prosopo-* + *diplegia*) 两侧面瘫,面部双瘫

prosopodynia [ˌprɔsəupəu'diniə] (*prosopo-* + Gr. *odyne* pain) 面痛

propsopodysmorphia [ˌprɔsəupəudis'mɔːfiə] (*prosopo-* + Gr. *dys* bad + *morphe* form) 单侧面萎缩

prosopolepsy ['prɔsəupəuˌlepsi] (*prosopo-* + Gr. *lambanein* to take) 相面术

prosopopagus [ˌprɔsəpə'pæɡəs] (*prosopo-* + Gr. *pagus* thing fixed) 面部联胎

prosopoplegia [ˌprɔsəpə'pliːdʒiə] (*prosopo-* + Gr. *plēgē* stroke) 面瘫,面部神经麻痹

prosoposchisis [ˌprɔsə'pɔskisis] (*prosopo-* + Gr. *schisis* cleft) 面裂

prosopospasm ['prɔsəpəuspæzm] 面肌痉挛

prosoposternodymus [ˌprɔsəpəˌstəːnə'daiməs] (prosopo- + Gr. sternon sternum + didymos twin) 面胸骨联胎畸形

prosopotocia [ˌprɔsəupəuˈtəusiə] (prosopo- + Gr. tokos birth) 面先露

prospermia [prəˈspəːmiə] (pro- + Gr. sperma sperm) 早泄,射精过早

prosopothoracopagus [ˌprɔsəpəˌθɔrəˈkɔpəgəs] (prosopo- + Gr. thōrax chest + pagos thing fixed) 面胸联胎

prostacyclin [ˌprɔstəˈsaiklin] 前列环素,前列腺环素

prostacyclin synthase [ˌprɔstəˈsiklin ˈsinθeis] 前列腺环素合酶

prostaglandin [ˌprɔstəˈglændin] (prostate gland + -in because they were originally and erroneously believed to originate in the prostate) 前列腺素(类)
  p. D_2(PGD_2) 前列腺素 D_2
  p. E_1(PGE_1) 前列腺素 E_1
  p. E_2(PGE_2) 前列腺素 E_2
  p. $F_{2α}$($PGF_{2α}$) 前列腺素 $F_{2α}$
  p. $F_{2α}$($PGF_{2α}$) **tromethamine** 前列腺素 $F_{2α}$,氨基丁三醇
  p. G_2(PGG_2) 前列腺素 G_2
  p. H_2(PGH_2) 前列腺素 H_2
  p. I_2 (PGI_2) 前列腺素 I_2

prostaglandin-D synthase [ˌprɔstəˈglændin ˈsinθeis] (EC 5.3.99.2.) 前列腺素-D 合酶

prostaglandin endoperoxide synthase [ˌprɔstəˈglændin ˌendəpəˈrɔksaid ˈsinθeis] (EC 1.14.99.1) 前列腺素内过氧化物合酶

prostaglandin-E_2 reductase [ˌprɔstəˈglændin riˈdʌkteis] (EC 1.1.1.189) 前列腺素-E_2 还原酶

prostaglandin-E synthase [ˌprɔstəˈglændin ˈsinθeis] (EC 5.3.99.3.) 前列腺素-E 合酶

prostaglandin-H_2 D-isomerase [ˌprɔstəˈglændin aiˈsɔməreis] 前列腺素 H_2 D-异构酶

prostaglandin-H_2 E-isomerase [ˌprɔstəˈglændin aiˈsɔməreis] 前列腺素 H_2 E-异构酶

prostaglandin-I synthase [ˌprɔstəˈglændin ˈsinθeis] (EC 5.3.99.4.) 前列腺素-I 合酶

prostaglandin synthase [ˌprɔstəˈglændin ˈsinθeis] 前列腺素内过氧化物合酶

prostalene [ˈprɔstəliːn] 前列烯

prostanoid [ˈprɔstənɔid] 前列腺素类

Prostaphlin [prɔsˈtæflin] 普罗斯塔夫林:苯唑青霉素钠制剂的商品名

prostata [ˈprɔstətə] (NA) 前列腺

prostatalgia [ˌprɔstəˈtældʒiə] (prostate + -algia) 前列腺痛

prostatauxe [ˌprɔstəˈtɔːksi] (prostate + Gr. auxē increase) 前列腺肥大

prostate [ˈprɔsteit] (Gr. prostates one who stands before, from pro before + histanai to stand) 前列腺

prostatectomy [ˌprɔstəˈtektəmi] (prostate + -ectomy excision) 前列腺切除术
  perineal p. 经会阴前列腺切除术
  radical p. 辐射型切除前列腺手术
  retropubic prevesical p. 耻骨后膀胱前前列腺切除术
  suprapubic transvesical p. 耻骨上经膀胱前列腺切除术
  transurethral p. 经尿道的前列腺切除术

prostatelcosis [ˌprɔstətelˈkəusis] (prostate + Gr. helkōsis ulceration) 前列腺溃疡

prostateria [ˌprɔstəˈtiəriə] 前列腺病态

prostatic [prɔsˈtætik] 前列腺的

prostaticovesical [prɔsˌtætikəˈvesikəl] 前列腺膀胱的

prostaticovesiculectomy [prɔsˌtætikəveˌsikʌˈlektəmi] 前列腺精囊切除术

prostatism [ˈprɔstətizəm] 前列腺病态
  vesical p. 膀胱性前列腺病态

prostatisme [prɔstəˈtizm] 前列腺病态
  p. sans prostate 非前列腺肥大性前列腺病态

prostatitic [ˌprɔstəˈtaitik] 前列腺炎的

prostatitis [ˌprɔstəˈtaitis] 前列腺炎
  allergic p., eosinophilic p. 过敏性前列腺炎,嗜酸性前列腺炎
  nonspecific granulomatous p. 非特异性肉芽肿性前列腺炎

prostatocystitis [ˌprɔstətɔˌsisˈtaitis] (prostate + Gr. kystis bladder + -itis) 前列腺膀胱炎

prostatocystotomy [ˌprɔstətɔsisˈtɔtəmi] (prostate + Gr. kystis bladder + tomē a cutting) 前列腺膀胱切开术

prostatodynia [ˌprɔstətəˈdainiə] (prostate + Gr. odynē pain) 前列腺痛

prostatography [ˌprɔstə'tɔgrəfi] 前列腺放射照相术

prostatolith [prɔs'tætəliθ] 前列腺石

prostatolithotomy [ˌprɔstətɔli'θɔtəmi] 前列腺石切除术

prostatomegaly [ˌprɔstətə'megəli] (*prostate* + Gr. *megalē* great) 前列腺肥大

prostatometer [ˌprɔstə'tɔmitə] (*prostate* + Gr. *metron* measure) 前列腺测量仪

prostatomy [prɔs'tætəmi] 前列腺切开术

prostatorrhea [ˌprɔstətə'riə] (*prostate* + Gr. *rhoia* flow) 前列腺溢液

prostatotomy [ˌprɔstə'tɔtəmi] (*prostate* + Gr. *tomē* a cutting) 前列腺切开术

prostatovesiculectomy [ˌprɔstətəvəˌsikju:'lektəmi] 前列腺精囊切除术

prostatovesiculitis [ˌprɔstətəvəˌsikju:'laitis] 前列腺精囊炎

prosternation [ˌprɔstə'neiʃən] 躯干前曲症, 驼背

prostheca [prɔs'θi:kə] (pl. *prosthecae*) (Gr. *prosthēkē* appendage) ❶ 菌柄; ❷ 白叶

prostheon ['prɔsθiɔn] (Gr. "running forward") (上) 牙槽中点

prostheses [prɔs'θi:si:z] (Gr.) 修复体, 假体。*prosthesis* 的复数形式

prosthesis [prɔs'θi:sis] (pl. *prostheses*) (Gr. "a putting to") 修复体, 假体
　antireflux p. 抗回流器
　Austin Moore p. 奥斯汀摩尔假体
　Charnley's p. 强雷氏假体
　cleft palate p. 裂腭修复器
　dental p. 口腔假体
　heart valve p. 人造心脏瓣膜
　maxillofacial p. 颌面假体
　ocular p. ①假眼; ②任何有助于视力的辅助物, 如眼镜、遮眼器
　penile p. 阴茎假体
　speech-aid p. 助语器
　Thompson p. 汤普森假体

prosthetic [prɔs'θetik] 假体的, 修复的

prosthetics [prɔs'θetiks] 假体学, 修复学
　dental p., denture p. 假牙修复学
　facial p. 面部修复学
　maxillofacial p. 颌面修复学

prosthetist ['prɔsθətist] (Gr. *prosthetes* one who adds) 修复学家, prosthodontics 美容学家

prosthion (**PR**) ['prɔsθiən] (Gr. *prosthios* foremost) 牙槽中点

prosthodontia [ˌprɔsθə'dɔnʃiə] 假牙修复学, 假牙修复术

prosthodontics [ˌprɔsθə'dɔntiks] (*prosthesis* + Gr. *odous* tooth) 假牙修复学

prosthodontist [ˌprɔsθə'dɔntist] 假牙修复学家

Prosthogonimus [ˌprɔsθə'gɔniməs] 前殖吸虫属
　P. macrorchis 巨睾前殖吸虫

prosthokeratoplasty [ˌprɔsθə'kerətɔˌplæsti] (*prosthesis* + *kerato-* + *-plasty*) 人工角膜移植术

Prostigmin [prɔ'stigmin] 普洛斯的明: 新斯的明制剂的商品名

Prostin E₂ ['prɔstin] 普罗斯丁 E_2: 地诺前列酮制剂的商品名

Prostin F₂ Alpha ['prɔstin] α普罗斯丁 F_2: 地诺前列素缓血酸胺制剂的商品名

Prostin VR ['prɔstin] 普罗斯丁 VR: 前列地尔制剂的商品名

prostration [prɔs'treiʃən] (L. *prostratio*) 衰竭, 虚脱
　heat p. 中暑衰竭, 中暑虚脱
　nervous p. 神经衰弱

protactinium [ˌprɔtæk'tiniəm] 镤

protagon ['prəutəgɔn] (Gr. *protos* first + *agein* lead) 初磷脂

protal ['prɔtəl] 先天的, 第一的

Protalba [prɔ'tælbə] 普罗泰巴: 原藜芦碱甲制剂的商品名

protalbumose [prɔ'tælbju:məus] 原胨, 初胨

protamine ['prɔtəmi:n] (*prot-* + *amine*) 精蛋白, 鱼精蛋白
　p. sulfate (USP) 硫酸精蛋白
　p. sulfate for injection (USP) 硫酸精蛋白注射剂

protan ['prɔtæn] ❶ 红色觉异常的; ❷ 红色感异常者

protandry [prəu'tændri] (Gr. *prot-* + *aner* + *andros* man) 雄性先熟, 雌蕊先熟

protanomal [ˌprɔtə'nɔməl] 红色弱视者

protanomalous [ˌprɔtə'nɔmələs] 红色弱

protanomaly [ˌprɔtə'nɔməli] 红色弱

protanope ['prɔtənəup] 红色盲者

protanopia [ˌprɔtəˈnɔpiə] (*prot-* + *an-* neg. + *-opia*) 红色盲
protanopic [ˌprɔtəˈnɔpik] 红色盲的
protanopsia [ˌprɔtəˈnɔpsiə] 红色盲
Protaphane NPH [ˈprɔtəfein] 普罗特芬 NPH：低精蛋白胰岛素悬液制剂的商品名
Protea [ˈprɔtiə] (L.) 南非山龙眼属
protean [ˈprɔtiən] (Gr. *Prōteus* a many-formed deity) 变形的
protease [ˈprɔtieis] 蛋白酶
protectant [prəˈtektənt] 保护的，防护的
protective [prəˈtektiv] (L. *protegere* to cover over) ❶保护的，防护的，免疫的；❷保护剂，防护剂，免疫剂
protector [prəˈtektə] 阻抑物
　LAST p. LAST 阻抑物
Proteeae [prəˈtiːiː] 变形菌族
protein [ˈprəutiːn] (Gr. *prōtos* first) 蛋白质
　p. A 葡萄球菌蛋白 A
　AA p. 淀粉样 A 蛋白
　acute phase p's 急性期蛋白
　AL p. 淀粉样轻链蛋白
　alcohol-soluble p. 醇溶蛋白
　amyloid A(AA) p. 淀粉样 A 蛋白，AA 蛋白
　amyloid light chain (AL) p. 淀粉样轻链蛋白，AL 蛋白
　bacterial p. 细菌蛋白
　bacterial cellular p. 细菌细胞蛋白
　Bence Jones p. 本斯·琼斯氏蛋白
　binding p. 结合蛋白
　bone Gla p. 骨钙素
　bone morphogenetic p. 成骨蛋白
　p. C 蛋白 C
　CAD p. CAD 蛋白
　carrier p. ①载体蛋白；②结合蛋白
　cationic p's 阳离子蛋白
　C4 binding p. C4 结合蛋白
　coagulated p. 凝固蛋白
　complete p. 完全蛋白
　compound p., conjugated p. 复合蛋白，结合蛋白
　constitutive p's 构成蛋白
　cord p's 脐带蛋白
　C-reactive p. C 反应蛋白
　denatured p. 变性蛋白
　derived p. 衍生蛋白
　encephalitogentic p. 致脑炎蛋白
　fibrillar p. 纤维状蛋白
　floating p. 移动性蛋白，游离蛋白
　G p. G 蛋白
　glial fibrillary acidic p. (GFAP) 胶质纤维酸性蛋白
　globular p. 球状蛋白
　GM activator p. GM 激活蛋白，鞘脂类激活蛋白
　guanyl-nucleotide-binding p. 鸟核苷酸结合蛋白
　heat shock p. 热休克蛋白
　Hektoen, Kretschmer, and Welker p. 黑-克-维三氏蛋白
　HIV p's HIV 蛋白
　p. hydrolysate 蛋白质水解物
　immune p's 免疫蛋白
　incomplete p. 不完全蛋白质
　insoluble p. 不溶蛋白
　iodized p. 碘化蛋白
　iron-sulfur p. 铁-硫蛋白
　leukocyte adhesion p. (LAP) 白细胞粘附蛋白
　M p. ①渗透蛋白；②渗透酶
　maintenance p. 维持蛋白
　myelin basic p. (MBP) 髓磷脂碱性蛋白
　myeloma p. 骨髓瘤蛋白
　native p. 天然蛋白
　partial p. 不完全蛋白
　plasma p's 血浆蛋白
　plasma p. fraction 血浆蛋白组分
　R p. R 蛋白
　racemized p. 消旋蛋白
　retinol binding p. (RBP) 维生素 A 醇结合蛋白
　p. S 蛋白 S
　S p. S 蛋白
　S-100 p. S-100 蛋白
　SAA p. SAA 蛋白、血清淀粉样 A 蛋白
　serum p's 血清蛋白
　serum amyloid A(SAA)p. 血清淀粉样 A 蛋白，SAA 蛋白
　silver p., mild 弱银蛋白
　silver p., strong 强银蛋白
　simple p. 单纯蛋白，简单蛋白
　sphingolipid activator p. (SAP) 鞘脂激活蛋白

staphylococcal p. A 葡萄球菌蛋白 A
synthetic p's 合成蛋白
Tamm-Horsfall p. 塔-霍二氏蛋白
transport p. 运输蛋白,结合蛋白
uncoupling p. 脱偶联蛋白
whole p. 全蛋白
zinc finger p. 锌指蛋白
proteinaceous [ˌprəutiːˈneiʃəs] 蛋白性质的
proteinase [ˈprəutiːneis] 蛋白酶,内肽酶
protein disulfide-isomerase [ˈprəutiːn daiˈsʌlfaidiˈsəmərəis](EC 5.3.4.1.) 蛋白质二硫化物异构酶
proteinemia [ˌprəutiːˈniːmiə] 蛋白血症
 Bence Jones p. 本斯琼斯氏蛋白血症
protein-glutamine γ-glutamyltransferase [ˈprɔtiːnˈgluːtəminˌgluːtəməlˈtrænsfərəis] (EC 2.3.2.13) 蛋白-谷氨酰胺-γ-谷氨酰转移酶
proteinic [prɔˈtiːnik] 蛋白质的
protein kinase [ˈprəutiːn ˈkaineis] (EC 2.7.1.37) 蛋白激酶
 p. k. A 依赖 cAMP 的蛋白激酶
 p. k. C 蛋白激酶 C
proteinochrome [prɔˈtiːnəkrəum] (*protein* + Gr. *chrōma* color) 蛋白色素
proteinogenous [ˌprɔtiːˈnɔdʒənəs] 蛋白原的
proteinology [ˌprɔtiːˈnɔlədʒi] (*protein* + *-logy*) 蛋白质学
proteinosis [ˌprɔtiːˈnəusis] 蛋白沉积
 lipid p. 脂蛋白沉积症
 pulmonary alveolar p. 肺泡蛋白沉积症
 tissue p. 组织蛋白沉积症
protein phosphatase [ˈprəutiːn ˈfɔsfəteis] 磷蛋白磷酸酶
 p. p.1 磷蛋白磷酸酶 1
protein-tyrosine kinase [ˈprəutiːn ˈtairəsiːn ˈkaineis](EC2.7.1.112) 蛋白酪氨酸激酶
protein-tyrosine-phosphatase [ˈprəutiːn tairəsiːn ˈfɔsfəteis](EC3.1.3.48) 蛋白酪氨酸磷酸酶
proteinuria [ˌprɔtiːˈnjuəriə] 蛋白尿
 accidental p. 偶发性尿蛋白
 adventitious p. 偶尔性尿蛋白
 athletic p. 运动性尿蛋白
 Bence Jonse p. 本斯·琼斯蛋白尿

 cardiac p. 心脏性蛋白尿
 colliquative p. 溶化性蛋白尿
 dietetic p., digestive p. 饮食性蛋白尿,消化性蛋白尿
 effort p. 运动性蛋白尿,用力性蛋白尿
 emulsion p. 乳剂性蛋白尿
 enterogenic p. 肠源性蛋白尿
 essential p. 原发性蛋白尿
 false p. 假体蛋白尿
 febrile p. 发热性蛋白尿
 functional p. 功能性蛋白尿
 globular p. 球蛋白尿,红细胞性蛋白尿
 gouty p. 痛风性蛋白尿
 hematogenous p., hemic p. 血源性蛋白尿
 intermittent p. 间歇性蛋白尿,功能性蛋白尿
 intrinsic p. 内源性蛋白尿,真性蛋白尿
 light-chain p. 轻链蛋白尿
 lordotic p. 脊柱前凸性蛋白尿
 mixed p. 混合性尿蛋白
 nephrogenous p. 肾源性蛋白尿
 orthostatic p. 直立性蛋白尿
 overflow p. 溢出性尿蛋白
 palpatory p. 触摸性蛋白尿
 paroxysmal p. 阵发性蛋白尿
 physiologic p. 生理性蛋白尿
 postrenal p. 肾后性蛋白尿
 postural p. 体位性蛋白尿
 p. praetuberculosa 前结核性蛋白尿
 prerenal p. 肾前蛋白尿
 pseudo-p. 假性蛋白尿
 pyogenic p. 脓源性蛋白尿
 regulatory p. 调节性蛋白尿
 renal p. 肾性蛋白尿
 residual p. 残余蛋白尿
 serous p. 血清蛋白尿
 transient p. 一过性蛋白尿
 true p. 真性蛋白尿
proteinuric [ˌprɔtiːˈnjuərik] 蛋白尿的
proteoclastic [ˌprɔtiəˈklæstik] (*protein* + Gr. *klasis* breakage) 分裂蛋白的
proteocrasis [ˌprɔtiˈɔkrəsis] (*protein* + Gr. *krasis* fixing) 蛋白质固定
proteoglycan [ˌprɔtiəˈglaikæn] 蛋白聚糖
Proteoglypha [ˌprɔtiˈɔglifə] 前牙类,沟牙类
proteolysis [ˌprɔtiˈɔlisis] (*protein* + Gr.

lysis dissolution)蛋白水解,蛋白分解
proteolytic [ˌprɔtiə'laitik] ❶ 蛋白的,蛋白分解的;❷ 蛋白水解酶
proteometabolic [ˌprɔtiəˌmetə'bɔlik] 蛋白代谢的
proteometabolism [ˌprɔtiəmə'tæbəlizəm] 蛋白代谢
Proteomyces [ˌprɔtiə'maisiz] 毛孢子菌属
proteopectic [ˌprɔtiə'pektik] 蛋白固定的
proteopepsis [ˌprɔtiə'pepsis] (*protein* + Gr. *pepsis* digestion)蛋白消化
proteopeptic [ˌprɔtiə'peptik] 蛋白消化的
proteopexic [ˌprɔtiə'peksik] 蛋白固定的
proteopexy ['prɔtiəˌpeksi] (*protein* + Gr. *pēxis* fixation)蛋白固定
proteophilic [ˌprəutiəu'filik] 嗜蛋白的(细菌)
proteosuria [ˌprɔtiə'sjuəriə] 胨尿
proter ['prɔtə] (Gr. *proteros* front)前子体
Proteroglypha [ˌprɔtərə'glifə] 前牙类,沟牙类(毒蛇)
proteuria [ˌprɔti'juəriə] 蛋白尿
proteuric [ˌprɔti'juərik] 蛋白尿的
Proteus ['prɔtiəs] (Gr. *Prōteus* a many-formed ocean deity)变形菌属
  P. **hydrophilus** 嗜水变形杆菌
  P. **inconstans** 无恒变形菌
  P. **melanovogenes** 嗜水气单孢菌
  P. **mirabilis** 奇异变形杆菌
  p. **morganii** 摩氏变形杆菌
  P. **myxofaciens** 粘液变形菌
  P. **penneri** 羽状变形菌
  P. **rettgeri** 雷氏变形菌
  p. **vulgaris** 普通变形杆菌
  P. **zenkeri** 佐氏库特氏杆菌
proteus ['prɔtiəs] (pl. *protei*)变形菌
prothallus [prɔ'θæləs] 原叶体
prothipendyl hydrochloride [prɔ'θipəndəl] 盐酸氮丙嗪,盐酸丙胺氮嗪
prothrombin [prɔ'θrɔmbin] (*pro-* + Gr. *thrombos* clot + *-in* chemical suffix)凝血酶原,第二因子
prothrombinase [prɔ'θrɔmbineis] 凝血酶激酶,促凝血酶原激酶
  extrinsic p. 外源性促凝血酶原激酶
  intrinsic p. 内源性促凝血酶原激酶
prothrombinogenic [prɔˌθrɔmbinə'dʒenik] 促凝血酶原的
prothrombinopenia [prɔˌθrɔmbinə'piːniə] 凝血酶原减少
prothymia [prəu'θimiə] (*pro-* + *thymos* mind)精神活泼
prothymocyte [prɔ'θiməsait] 前胸腺细胞
protiodide [prɔ'tiədaid] 低碘化物,亚碘化物
protirelin [prɔ'tairəlin] 促甲状腺素释放激素
protist ['prɔtist] 原生生物
  eukaryotic p. 真核(细胞)原生生物
  higher p. 真核(细胞)原生生物
  lower p. 原核(细胞)原生生物
  prokaryotic p. 原核(细胞)原生生物
Protista [prɔ'tistə] (Gr. *prōtista* the very first, from *prōtos* first)原生生物
protium ['prɔtiəm] 氕
prot(o)- (Gr. *prōtos* first)第一,原,原始
protoalbumose [ˌprɔtə'ælbjuːməus] 原胨,初胨
protoanemonin [ˌprɔtəə'niːmənin] 原白头翁素
protobiology [ˌprɔtəbai'ɔlədʒi] (*proto-* + Gr. *bios* life + *-logy*)嗜菌体学,原生生物学
protoblast ['prɔtəblɑːst] (*proto-* + Gr. *blastos* germ) ❶ 裸细胞,胚细胞;❷ 卵核;❸ 原分裂球
protoblastic [ˌprɔtə'blæstik] ❶ 裸细胞的,胚细胞的;❷ 卵核的,原分裂球的
protobrochal [ˌprɔtə'brɔkəl] (*proto-* + Gr. *brochos* mesh)前网期的
Protocalliphora [ˌprɔtəkə'lifərə] 原丽蝇属
protacaryon [ˌprɔtə'kæriən] (*proto-* + Gr. *karyon* nucleus)原核,初核
protocatechuic acid [ˌprɔtəˌkætə'tʃuːik] 喘炎宁,原儿茶酸
protochloride [ˌprɔtə'klɔraid] 低氯化物,亚氯化物
protochlorophyll [ˌprɔtə'klɔrəfil] 前叶绿素,原叶绿素
protochondral [ˌprɔtə'kɔndrəl] 前软骨的
protochondrium [ˌprɔtə'kɔndriəm] (*proto-* + Gr. *chondros* cartilage)前软骨
Protociliata [ˌprɔtəˌsili'ɑːtə] (*proto-* + *ciliate*)原纤毛亚纲

Protococcidiida [ˌprɔtəˌkɔksi'di:idə] (*proto-* + Gr. *kokkos* berry) 原球孢子菌目

protocol ['prɔtəkəl] ❶ 计划书；❷ 记录
  Balke p., **Balke-Ware p.**, 波尔克氏计划，波瓦二氏计划
  Bruce p. 布鲁斯氏方法
  Ellestad p. 艾丽斯特德氏方法
  modified Bruce p. 布鲁斯新法
  Naughton p. 诺顿方法

protocone ['prɔtəkəun] (*proto-* + Gr. *kōnos* cone) 原尖

protoconid [ˌprɔtə'kɔnid] (*proto-* + Gr. *kōnos* cone + *-id*) 下原尖

protocooperation [ˌprɔtəkɔpə'reiʃən] 原始互助，基本互助

protocoproporphyria [ˌprɔtəˌkɔprəpə'firiə] 原粪卟啉症

protodiastolic [ˌprɔtəˌdaiə'stɔlik] 舒张初期的

protoduodenum [ˌprɔtədju:ə'di:nəm] 前十二指肠，十二指肠头

protoelastose [ˌprɔtəi'læstəus] 原弹性蛋白胨

protofibril [ˌprɔtə'faibril] 初纤维，原纤维

protogaster ['prɔtəˌgæstə] (*proto-* + Gr. *gastēr* stomach) 原肠

protoglobulose [ˌprɔtəglɔbju:ləus] 原球蛋白胨

protogonocyte [ˌprɔtə'gɔnəsait] (*proto-* + *gonocyte*) 原生殖细胞，原性细胞

protogyny [prəu'tɔdʒini] (*proto-* + Gr. *gyne* woman) 雌性先熟，雌蕊先熟

protoheme [ˌprɔtə'hi:m] 血红素

protohemin [ˌprɔtə'himin] 氯化血红素

protoiodide [ˌprɔtə'aiədaid] 低碘化物，亚碘化物

protokylol hydrochloride [ˌprɔtə'kailəl] 盐酸胡椒喘定

Protomastigida [ˌprɔtəmæs'tidʒidə] (*proto-* + Gr. *mastix* whip) 原鞭毛虫目

protometer [prɔ'tɔmitə] 突眼计，眼球突出测量器

Protomonadina [ˌprɔtəˌmɔnə'dainə] (*proto-* + Gr. *monas* unit) 原鞭毛虫目

proton ['prɔtɔn] (Gr. *prōton*, from *prōtos* first) 质子

protonephron [ˌprɔtə'nefrən] 原肾，前肾

protonephros [ˌprɔtə'nefrəs] 原肾，前肾

protonitrate [ˌprɔtə'naitreit] 低硝酸盐，亚硝酸盐

proto-oncogene [ˌprɔtə'ʌŋkədʒi:n] 原癌基因

Protopam ['prɔtəpæm] 普鲁托盼：氯磷定的商品名

protopathic [ˌprɔtə'pæθik] (*proto-* + Gr. *pathos* disease) 原发的，特发的

protopectin [ˌprɔtə'pektin] 原果胶

protophyllin [ˌprɔtə'filin] 原叶绿素

Protophyta [ˌprɔtə'fitə] (*proto-* + Gr. *phyton* plant) 原生植物

protopine ['prɔtəpin] 普罗托平

protoplasia [ˌprɔtə'pleisiə] 初期组织形成

protoplasm ['prɔtəplæzəm] (*proto-* + Gr. *plasma* plasm) 原生质，原浆
  granular p. 颗粒原浆
  superior p. 内质网

protoplasmatic [ˌprɔtəplæz'mætik] 原生质的，原浆的

protoplasmic [ˌprɔtə'plæzmik] 原生质的，原浆的

protoplast ['prɔtəplæst] (*proto-* + *-plast*) 原生质体

protoporphyria [ˌprɔtəpɔ:'firiə] 原卟啉症

protoporphyrin [ˌprɔtə'pɔ:fərin] 原卟啉，初卟啉

protoporphyrinogen [ˌprɔtəˌpɔ:fə'rinədʒən] 原卟啉原

protoporphyrinogen oxidase [ˌprɔtəˌpɔ:fə'rinədʒən 'ɔksideis] (EC 1.3.3.4.) 原卟啉原氧化酶

protoporphyrinuria [ˌprɔtəˌpɔ:fəri'njuəriə] 原卟啉尿

protoproteose [ˌprɔtə'prɔtiəus] 原胨，初胨

protopsis [prəu'tɔpsis] (*pro-* + *ops* eye) 眼球突出

protosalt ['prɔtəsɔ:lt] 低盐，低价金属盐

Protospirura [ˌprɔtəspi'ruərə] 原旋线虫属
  P. gracilis 细原旋线虫

protostoma [ˌprɔtə'stəumə] 胚孔

protostome ['prɔtəstəum] (*proto-* + Gr. *stoma* mouth) 原口动物

Protostomia [ˌprɔtə'stəumiə] 原口动物类

Protostrongylus [ˌprɔtə'strɔndʒələs] 原圆线虫属
  P. rufescens 红色原圆线虫

protosulfate [ˌprɔtəˈsʌlfeit] 低硫酸盐，亚硫酸盐

Prototheca [ˌprɔtəˈθiːkə] (*proto-* + Gr. *thēkē* sheath) 原壁菌属

protothecosis [ˌprɔtəθeˈkəusis] (*proto-* + Gr. *theca* + *-osis*) 原壁菌病

Prototheria [ˌprɔtəˈθiːriə] (*proto-* + Gr. *thērion* beast, animal) 原兽亚纲

prototroph [ˈprɔtətrəuf] (*proto-* + Gr. *trophē* nourishment) 原营养型微生物

prototrophic [ˌprɔtəˈtrɔfik] 原营养型的

prototropy [prɔˈtɔtrəpi] 质子转移(作用)

prototype [ˈprɔtətaip] (*proto-* + Gr. *typos* type) ❶ 原型；❷ 标准型

protoveratrine [ˌprɔtəˈverətriːn] 原藜芦碱

protovertebra [ˌprɔtəˈvəːtibrə] ❶ 节体；❷ 原椎骨

protoxide [prɔˈtɔksaid] 低氧化物，亚氧化物

Protozoa [ˌprɔtəˈzəuə] (*proto-* + Gr. *zoon* animal) 原生动物亚界

protozoa [ˌprɔtəˈzəuə] 原生动物，原虫。*protozoon* 的复数形式

protozoacide [ˌprɔtəˈzəuəsaid] ❶ 杀原虫的；❷ 杀原虫剂

protozoal [ˌprɔtəˈzəuəl] 原虫的，原生动物的

protozoan [ˌprɔtəˈzəuən] ❶ 原虫，原生动物；❷ 原生动物的，原虫的

protozoiasis [ˌprɔtəzəuˈaiəsis] 原虫病，原生动物病

protozoology [ˌprɔtəzuˈɔlədʒi] 原虫学，原生动物学

protozoon [ˌprɔtəˈzuːn] (pl. *protozoa*) (*proto-* + Gr. *zōon* animal) 原虫，原生动物(个体)

protozoophage [ˌprɔtəˈzuəfeidʒ] (*protozoa* + Gr. *phagein* to eat) 嗜原虫细胞

protozoosis [ˌprɔtəzuˈəusis] 原虫病，原生动物病

protraction [prɔˈtrækʃən] (L. *protrahere* to drag forth) ❶ 拉出，变长；❷ 伸展或突出；❸ 前突
　mandibular p. ① 下颌前伸运动；② 下颌前伸
　maxillary p. 上颌前伸

protractor [prɔˈtræktə] (*pro-* + Gr. *trahere* to draw) 钳取器

protransglutaminase [prəˌtrænzgluˈtæmineis] 转谷氨酰胺酶原

protriptyline hydrochloride [prəˈtriptəliːn] (USP) 盐酸普洛替林，盐酸丙氨环庚烯

protrusio [prəˈtruːziə] (L.) 前突
　p. acetabuli 髋臼前突，髋关节内陷

protrusion [prəˈtruːʒən] (L. *protrudere* to push forward) 前突，凸出
　bimaxillary p. 双颌前突
　bimaxillary dentoalveolar p. 双颌牙槽前突
　disk p. 凸出板
　intrapelvic p. 骨盆内前突

protrypsin [prəˈtripsin] 胰蛋白酶原，前胰蛋白酶

protuberance [prəˈtjuːbərəns] (*pro-* + L. *tuber* bulge) 隆突
　p. of chin 颏隆凸
　laryngeal p. 喉结，喉突
　occipital p., transverse 枕骨圆突
　palatine p. 腭隆突，腭圆枕
　tubal p. 咽鼓管隆突，咽鼓管圆枕

protuberantia [prəˌtjuːbəˈrænʃiə] (L.) 隆突
　p. mentalis (NA) 颏隆凸
　p. occipitalis externa (NA) 枕外隆凸
　p. occipitalis interna (NA) 枕内隆凸

pro-UK 尿激酶原，前尿激酶

prourokinase (pro-UK) [ˌprəjuərəˈkineis] 尿激酶原，前尿激酶

Provell [prəˈvel] 普罗维尔：原藜芦碱 A、B 制剂的商品名

Proventil [prəˈventil] 普罗温地尔：沙丁胺醇制剂的商品名

proventriculus [ˌprəvenˈtrikjuləs] (*pro-* + L. *ventriculus*, dim. of *venter* belly) 前胃

Provera [prəˈverə] 甲孕酮，安宫黄体酮：醋酸甲羟孕酮制剂的商品名

provetebra [prəˈvəːtibrə] 体节

Providencia [ˌprəviˈdenʃiə] (*Providence*, Rhode Island) 普罗威斯菌属
　P. alcalifaciens 埃氏普罗威登斯菌
　P. rettgeri 雷氏普罗威登斯菌
　P. stuartii 斯氏普罗威登斯菌

provirus [prəˈvaiərəs] 前病毒，原病毒

provisional [prə'viʒənəl] 暂时的,临时的
provitamin [prə'vaitəmin] 维生素原,前维生素
  p. A 维生素 A 原,前维生素 A
  p. D_2 维生素 D_2 原,前维生素 D_2
  p. D_3 维生素 D_3 原,前维生素 D_3
provocative [prə'vɔkətiv] 激发的
Prowazek's bodies [prɔ'vɑ:tsəks] (Stanislas Joseph Matthias von *Prowazek*, German zoologist, 1875-1915) 普罗瓦泽克氏小体
Prowazek-Greeff bodies [prɔ'vɑ:tsək greif] (S. J. M. von *Prowazek*; Carl Richard *Greef*, German ophthalmologist 1862-1938) 普-格二氏小体,沙眼小体
proxazole ['prɔksəzəul] 胺丙噁二唑
  p. citrate 枸橼酸胺丙噁二唑
Pro-X dipeptidase [dai'pepti,deis] (EC 3.4.1.13.8.) 脯氨酸双肽酶
proxemics [prɔk'semiks] 距离效应学
proximad ['prɔksimæd] 向近侧的,向近端的
proximal ['prɔksiməl] (L. *proximus* next) 接近的,邻近的
proximalis [,prɔksi'mæelis] 接近的
proximate ['prɔksimeit] (L. *proximatus* drawn near) 接近的,邻近的
proximoataxia [,prɔksiməˈtæksiə] 近端共济失调,近端运动失调
proximobuccal [,prɔksiməˈbʌkəl] 邻颊的
proximolabial [,prɔksimə'leibiəl] 邻唇的
proximolingual [,prɔksiməˈliŋgwəl] 邻舌的
Prozac ['prɔzæk] 普罗扎克:盐酸氟西汀制剂的商品名
prozonal ['prɔzənəl] ❶ 附肌带前的;❷ 前界的
prozone ['prɔzəun] (pro- + zone) 前带,前区
PRPP (phosphoribosylpyrophosphate 的缩写) 磷酸核糖焦磷酸
PRU (peripheral resistance unit 的缩写) 外周阻力单位
prual ['pru:əl] 普鲁阿耳
pruinate ['pru:ineit] (L. *pruina* hoarfrost) 霜状的,霜掩状的
Prulet ['pru:lət] 普鲁莱特:双醋酚丁制剂的商品名

Prunella [pruːˈnelə] 夏枯草属
Prunus ['pru:nəs] (L. "plum tree") 李属
  P. amygdalus 扁桃
  P. communis (L.) 扁桃
  P. serotina Ehrh 黑野樱
  P. virginiana (L.) 野樱桃树
pruriginous [pruːˈridʒinəs] 痒疹的
prurigo [pruːˈrigəu] (L. "the itch") 痒疹
  p. agria 重痒疹
  Besnier's p., p. of Besnier 白斯尼尔氏痒疹
  Besnier's p. of pregnancy 白斯尼尔氏妊娠痒疹
  p. chronica multiformis 慢性多形性痒疹
  p. estivalis 夏令痒疹
  p. ferox 重痒疹
  p. gestationis, p. gestationis of Besnier 妊娠痒疹
  p. of Hebra Hebra 痒疹,轻痒疹
  melanotic p. 黑素痒疹
  p. mitis 轻样疹
  nodular p. 结节性痒疹,症状顽固性寻麻疹
  p. simplex 单纯痒疹
  summer p. of Hutchinson ① 夏令痒疹;② 牛痘样水疱病
pruritic [pruːˈritik] 痒的,瘙痒的
pruritogenic [,pruːraitəu'dʒenik] 引起瘙痒的
pruritus [pruːˈraitəs] (L. from *prurire* to itch) ❶ 瘙痒;❷ 瘙痒疹
  p. ani 肛门瘙痒
  p. hiemalis 干燥性瘙痒,冬令性瘙痒
  p. scroti 阴囊瘙痒
  senile p., p. senilis 老年性瘙痒
  uremic p. 尿毒症瘙痒
  p. vulvae 外阴瘙痒
Prussak's fibers ['pru:sɑ:ks] (Alexander *Prussak*, Russian otologist, 1839-1897) 普鲁萨克氏纤维
prussiate ['prʌsieit] 氰化物
prussic acid ['prʌsik] 氰氢酸
PS ❶ (phosphatidylserine 的缩写)磷脂酰丝氨酸);❷ (pulmonary stenosis 的缩写) 肺动脉瓣狭窄
ps (*per second* 的缩写) 每秒
PSA (prostate-specific antigen 的缩写) 前列

腺特异抗原

psalterial [sæl'tiəriəl] 海马联合的,反刍胃的

psalterium [sæl'tiəriəm] (L. Gr. *psaltērion* harp) ❶ 海马联合; ❷ 反刍胃

Psalydolytta [ˌsælidə'litə] 链芫菁属

psamm(o)- (Gr. *psammos* sand) 沙样的, 沙

psammocarcinoma [ˌsæməˌkɑːsi'nəumə] (*psammo-* + *carcinoma*) 沙癌

psammoma [sæ'məumə] (*psamm-* + *-oma*) ❶ 沙样瘤; ❷ 沙样脑膜瘤

psammous ['sæməs] 沙的

psauoscopy [sɔː'wɔskəpi] (Gr. *psauein* to touch + *skopein* to examine) 触摸诊断法

P₄₅₀SCC P₄₅₀胆固醇单氧化酶

pselaphesia [selə'fiːʒiə] (Gr. *psēlaphēsis* touching) 触觉

psellism ['selizəm] (Gr. *psellisma* stammer) 口吃,结巴

pseudacousis [ˌsjuːdə'kuːsis] (*pseud-* + Gr. *akousis* hearing) 听幻觉

pseudacousma [ˌsjuːdə'kuːzmə] (*pseud-* + Gr. *akousma* thing heard) 听幻觉

pseudacromegaly [sjuːˌdækrəu'megəli] 假肢端肥大症

pseudactinomycosis [sjuːˌdæktinɔmi'kəusis] 假放线菌病

pseudagraphia [ˌsjuːdə'græfiə] 假性失写(症)

pseudalbuminuria [ˌsjuːdəlˌbjuːmi'njuəriə] 假蛋白尿

Pseudallescheria [ˌsjuːdæləs'kiəriə] 尾端盘吸虫

P. boydii 一类广泛分布在腐物寄生物

pseudallescheriasis [ˌsjuːdələskə'riəsis] 伪端盘吸虫病

Pseudamphistomum [ˌsjuːdæm'fistəməm] (*pseud-* + *amphi-* + Gr. *stoma* mouth) 伪端盘吸虫属

P. truncatum 截形伪端盘吸虫

pseudangina [ˌsjuːdæn'dʒainə] 假性心绞痛

pseudankylosis [ˌsjuːdæŋkə'ləusis] 假性关节强硬

pseudaphia [sjuː'dæfiə] (*pseud-* + Gr. *haphē* touch + *-ia*) 触幻觉

pseudarrhenia [ˌsjuːdə'riːniə] 女性假两性畸形

pseudarthrosis [ˌsjuːdɑː'θrəusis] (*pseud-* + Gr. *arthrōsis* joint) 假性关节

Pseudechis [sjuː'dekis] (*pseud-* + Gr. *ethis* viper) 拟蝮蛇属

pseudencephalus [ˌsjuːden'sefələs] (*pseud-* + Gr. *enkephalos* brain) 假脑畸胎

pseudesthesia [ˌsjuːdes'θiːʒiə] (*pseud-* + Gr. *aisthēsis* perception) ❶ 联觉; ❷ 幻觉

pseud(o)- (Gr. *pseudēs* false) 假,伪

pseudoacanthosis [ˌsjuːdɔˌækæn'θəusis] (*pseudo-* + *acanthosis*) 假性棘皮病

p. nigricans 假性黑色棘皮病

pseudoacephalus [ˌsjuːdɑː'sefələs] (*pseudo-* + *acephalus*) 假无头畸胎

pseudoactinomycosis [ˌsjuːdɔˌæktinɔmai'kəusis] (*pseudo-* + *actinomycosis*) 假放线菌病

pseudoagglutination [ˌsjuːdɔəˌgluːti'neiʃən] 假凝集

pseudoagraphia [ˌsjuːdɔə'græfiə] 假性失写症

pseudoalbuminuria [ˌsjuːdɔælˌbjuːmi'njuəriə] 假性蛋白尿

pseudoalleles [ˌsjuːdɔə'liːlz] (*pseudo-* + *allele*) 假等位基因

pseudoallelic [ˌsjuːdɔə'lelik] 假等位基因的

pseudoallelism [ˌsjuːdɔ'æləlizəm] 假等位现象

pseudoalveolar [ˌsjuːdɔæl'viələ] 假牙槽的

Pseudoamphistomum [ˌsjuːdɔəm'fistəməm] 伪端盘吸虫属

pseudoanaphylactic [ˌsjuːdɔˌænəfə'læktik] 假过敏性的

pseudoanaphylaxis [ˌsjuːdɔˌænəfə'læksis] (*pseudo-* + *anaphylaxis*) 假过敏反应

pseudoanemia [ˌsjuːdɔə'niːmiə] (*pseudo-* + *anemia*) 假性贫血

p. angiospastica 血管痉挛性贫血

pseudoaneurysm [ˌsjuːdɔ'ænjuərizəm] 假动脉瘤

pseudoangina [ˌsjuːdɔən'dʒainə] (*pseudo-* + *angina*) 假心绞痛

pseudoankylosis [ˌsjuːdɔæŋkə'ləusis] 假性关节强硬

pseudoanodontia [ˌsjuːdɔˌænɔ'dɒnʃiə] (*pseu-*

do- + *anodontia*）假无牙，埋伏牙
pseudoantagonist [ˌsjuːdæn'tægənist] 假拮抗肌
pseudoapoplexy [ˌsjuːdə'æpəuˌpleksi]（*pseudo-* + *apoplexy*）假中风
pseudoappendicitis [ˌsjuːdəəˌpendi'saitis] 假阑尾炎
  p. zooparasitica 寄生虫性假阑尾炎
pseudoarthrosis [ˌsjuːdɑː'θrəusis] 假关节
pseudoasthma [ˌsjuːd'æsmə] 假气喘
pseudoathetosis [ˌsjuːdəˌæθə'təusis] 假性手足徐动症
pseudoatrophoderma colli [ˌsjuːdəˌætrəfə'dəmə 'kɔli] 颈部假性斑皮肤萎缩
pseudobacillus [ˌsjuːdəbə'siləs] 假杆菌
pseudobacterium [ˌsjuːdəbæk'tiəriəm]（*pseudo-* + Gr. *baktērion* little rod）假细菌
pseudobasedow [ˌsjuːdə'bæzədəu] 假性毒性甲状腺肿
pseudobronchiectasis [ˌsjuːdəˌbrɔŋki'ektəsis] 假支气管扩张
pseudobulbar [ˌsjuːdə'bʌlbə] 假延髓病的
pseudocartilage [ˌsjuːdə'kɑːtilidʒ] 假软骨
pseudocartilaginous [ˌsjuːdəˌkɑːti'lædʒinəs] 假软骨的
pseudocast ['sjuːdəkæst] 假管型
pseudocele ['sjuːdəsiːl] 透明隔腔
pseudocephalocele [ˌsjuːdə'sefələsiːl] 假性脑突出
pseudochancre [ˌsjuːdə'ʃæŋkə] 假下疳
  p. redux 复发性假下疳
pseudocholecystitis [ˌsjuːdəˌkɔlesis'taitis] 假性胆囊炎
pseudocholesteatoma [ˌsjuːdəkəˌlestiə'təumə] 假胆脂瘤
pseudocholinesterase (PEC) [ˌsjuːdəˌkɔlin'estəreis] 假性胆脂酶
pseudochorea [ˌsjuːdəkə'riə]（*pseudo-* + *chorea*）假舞蹈病
pseudochromesthesia [ˌsjuːdəˌkrəuməs'θiːʒiə]（*pseudo-* + Gr. *chrōma* color + *esthesia*）假色觉
pseudochromidrosis [ˌsjuːdəuˌkrɔmi'drəusis]（*pseudo-* + *chromidrosis*）假色汗（症）
pseudochromosome [ˌsjuːdəu'krɔməsəum] 假染色体

pseudochylous [ˌsjuːdəu'kiləs] 假乳糜的
pseudoclaudication [ˌsjuːdəˌklɔːdi'keiʃən] 假跛行
pseudoclonus [ˌsjuːdə'klɔnəs] 假阵挛
pseudocoarctation [ˌsjuːdəˌkəuɑːk'teiʃən] ❶ 假缩窄；❷ "纽结主动脉"
  p. of the aorta 主动脉假缩窄
pseudocoele ['sjuːdəsiːl]（*pseudo-* + *cele²*）透明隔腔
pseudocoelom [ˌsjuːdə'siːləm] 假体腔
pseudocoelomate [ˌsjuːdə'siːləmeit] ❶ 有假体腔的；❷ 假体腔动物
pseudocolloid [ˌsjuːdə'kɔlɔid] 假胶体
pseudocoloboma [ˌsjuːdəˌkɔlə'bəumə] 假虹膜缺损
pseudocoma [ˌsjuːdə'kəumə] 假昏迷
pseudocopulation [ˌsjuːdəˌkɔpju'leiʃən] 假(性)抱合
pseudo-corpus luteum [ˌsjuːdə'kɔːpəs ljuː'tiəm] 假黄体
pseudocowpox [ˌsjuːdə'kaupɔks] 假牛痘
pseudocoxalgia [ˌsjuːdəkɔk'sældʒiə] 假(性)髋关节痛
pseudocrisis ['sjuːdəˌkraisis]（*pseudo-* + Gr. *krisis* crisis）假(热度)骤退
pseudocroup [ˌsjuːdə'kruːp] 假格鲁布
pseudocyanin [ˌsjuːdə'siənin] 假异花(青)色苷
pseudocyesis [ˌsjuːdəsi'iːsis]（*pseudo-* + Gr. *kyēsis* pregnancy）假孕
pseudocylindroid [ˌsjuːdəsə'lindrɔid] 假圆柱状体
pseudocyst ['sjuːdəsist]（*pseudo-* + *cyst*）假囊肿
  adrenal p. 肾上腺假囊肿
  p's of lung 肺假囊肿
  pancreatic p. 胰腺假囊肿
  pararenal p. 肾旁假囊肿
  pulmonary p's 肺假囊肿
pseudodementia [ˌsjuːdədi'menʃiə] 假(性)痴呆
  hysterical p. 癔病性假痴呆
pseudodextrocardia [ˌsjuːdəˌdekstrə'kɑːdiə] 假右位心
pseudodiabetes [ˌsjuːdəˌdaiə'biːtiz] 假糖尿病
pseudodiastolic [ˌsjuːdəˌdaiə'stɔlik] 假舒张(期)的

pseudodiphtheria [ˌsjuːdədifˈθiəriə] 假白喉

pseudodominant [ˌsjuːdəˈdɔminənt] 假显性

pseudodysentery [ˌsjuːdəˈdisənˌtəri] 假痢疾

pseudoedema [ˌsjuːdəuəˈdiːmə] 假水肿

pseudoembryonic [ˌsjuːdəˌembriˈɔnik] 假胚的

pseudoemphysema [ˌsjuːdəˌemfiˈziːmə] 假气肿

pseudoencephalomalacia [ˌsjuːdəuənˌsefələməˈleiʃiə] 假脑软化

pseudoendometritis [ˌsjuːdəˌendəməˈtraitis] 假(性)子宫内膜炎

pseudoeosinophil [ˌsjuːdəˌiəˈsinɔfil] 假(性)嗜酸性的

pseudoephedrine [ˌsjuːdəuəˈfedrin] 假麻黄碱
 p. hydrochloride (USP) 盐酸假麻黄碱
 p. sulfate (USP) 硫酸假麻黄碱

pseudoepilepsy [ˌsjuːdəˈepilepsi] 假中风

pseudoepiphysis [ˌsjuːdəuəˈpifəsis] 假骺

pseudoesthesia [ˌsjuːdəuəsˈθiʒiə] 假感觉

pseudoexfoliation [ˌsjuːdəˌeksfəliˈeiʃən] 假鳞片样脱皮

pseudoexophoria [ˌsjuːdəˌeksəˈfɔriə] (*pseudo-* + *exophoria*) 假性外隐斜视

pseudoexstrophy [ˌsjuːdəˈekstrəfi] 假膀胱外翻

pseudofarcy [ˈsjuːdəˌfɑːsi] 假马皮疽

pseudofluctuation [ˌsjuːdəˌflʌktʃuːˈeiʃən] 假波动

pseudofolliculitis [ˌsjuːdəfəˌlikjuːˈlaitis] (*pseudo-* + *folliculitis*) 假毛囊炎

pseudofracture [ˌsjuːdəˈfræktʃə] 假骨折

pseudoganglion [ˌsjuːdəˈgæŋgliən] 假神经节
 Bochdalek's p. 博赫达勒克氏假神经节
 Cloquet's p. 鼻腭神经肿胀
 Valentin's p. 法伦廷氏假神经节

pseudogene [ˌsjuːdədʒiːn] (*pseudo-* + *gene*) 假基因

pseudogestation [ˌsjuːdədʒesˈteiʃən] 假妊娠

pseudogeusesthesia [ˌsjuːdəˌgjuːsesˈθiːʒiə] (*pseudo-* + Gr. *geusis* taste + *esthesia*) 假味觉

pseudogeusia [ˌsjuːdəˈgjuːziə] (*pseudo-* + Gr. *geusis* taste + *-ia*) 味幻觉

pseudoglanders [ˌsjuːdəˈglændəz] 假(马)鼻疽

pseudoglioma [ˌsjuːdəugliˈəumə] 假神经胶质瘤

pseudoglobulin [ˌsjuːdəuˈglɔbjulin] 假球蛋白

pseudoglottic [ˌsjuːdəˈglɔtik] 假声门的

pseudoglottis [ˌsjuːdəˈglɔtis] ❶ 假声门；❷ 新声门

pseudoglucosazone [ˌsjuːdəgluːˈkɔːsəzəum] 假葡萄糖脎

pseudogonorrhea [ˌsjuːdəˌgɔnəˈriːə] 假淋病

pseudogout [ˈsjuːdəgaut] (*pseudo-* + *gout*) 假痛风

pseudographia [ˌsjuːdəˈgræfiə] (*pseudo-* + Gr. *graphein* to write + *-ia*) 假(性)失写

pseudogynecomastia [ˌsjuːdəˌdʒinəkəˈmæstiə] 假性(男子)女性型乳房

pseudohallucination [ˌsjuːdəhəˌluːsiˈneiʃən] 假性幻觉

pseudohaustration [ˌsjuːdəhauˈstreiʃən] 假结肠袋

pseudohelminth [ˌsjuːdəˈhelminθ] (*pseudo-* + Gr. *helmins* worm) 假蠕虫

pseudohemagglutination [ˌsjuːdəˌheməˌgluːtiˈneiʃən] 假性血细胞凝集

pseudohematuria [ˌsjuːdəˌheməˈtjuːəriə] 假血尿

pseudohemophilia [ˌsjuːdəˌheməˈfiliə] 假血友病

pseudohemoptysis [ˌsjuːdəheˈmɔptisis] 假咯血

pseudohereditary [ˌsjuːdəhəˈrediˌtəri] 假遗传

pseudohermaphrodism [ˌsjuːdəhəˈmæfrədizəm] 假两性畸形

pseudohermaphrodite [ˌsjuːdəhəˈmæfrədait] 假两性体
 female p. 女性假两性体
 male p. 男性假两性体

pseudohermaphroditism [ˌsjuːdəhəˈmæfrədaiˌtizəm] 假两性畸形
 female p. 女性假两性畸形
 male p. 男性假两性畸形

pseudohernia [ˌsjuːdəˈhəːniə] 假疝
pseudoheterotopia [ˌsjuːdəˌhitərəˈtɔpiə] 假异位
pseudohydrocephalus [ˌsjuːdəhaidrəˈsefələs] 假脑积水
pseudohydronephrosis [ˌsjuːdəhaidrənəˈfrəusis] 假肾盂积水
pseudohyoscyamine [ˌsjuːdəhaiəˈsiəmin] 假莨菪碱
pseudohyperkalemia [ˌsjuːdəˌhaipəkəˈliːmiə] 假高血钾症
pseudohypertension [ˌsjuːdəhaipəˈtenʃən] 假高血压症
pseudohypertrichosis [ˌsjuːdəˌhaipətriˈkəusis] 假多毛症
pseudohypertriglyceridemia [ˌsjuːdəˌhaipətraiˌglisəriˈdiːmiə] 假高甘油三酯血症
pseudohypertrophic [ˌsjuːdəˌhaipəˈtrɔfik] 假肥大的
pseudohypertrophy [ˌsjuːdəhaiˈpəːtrəfi] 假肥大
    muscular p. 假性肌肥大
pseudohypoaldosteronism [ˌsjuːdəˌhaipəælˈdɔstərənizəm] 假醛固酮减少症
pseudohyponatremia [ˌsjuːdəˌhaipənəˈtriːmiə] 假低钠血(症)
pseudohypoparathyroidism [ˌsjuːdəˌhaipəˌpærəˈθirɔidizəm] 假甲状旁腺机能减退
pseudohypophosphatasia [ˌsjuːdəˌhaipəˌfɔsfəˈteiʒiə] 假低磷酸酶血症
pseudohypothyroidism [ˌsjuːdəhaipəˈθirɔidizəm] 假甲状腺机能减退
pseudoicterus [ˌsjuːdəˈiktərəs] 假黄疸
pseudoinfarction [ˌsjuːdəinˈfɑːkʃən] 假梗死
pseudoion [ˌsjuːdəˈaiən] 假离子
pseudoisochromatic [ˌsjuːdəˌaisəkrəˈmætik] 假同色的
pseudoisocyanin [ˌsjuːdəˌaisəˈsaiənin] 假同花青
pseudojaundice [ˌsjuːdəˈdʒɔːndis] 假黄疸
pseudokeratin [ˌsjuːdəˈkerətin] 假角蛋白
pseudolamellar [ˌsjuːdələˈmilə] 假板层的
pseudoleukemia [ˌsjuːdəljuːˈkiːmiə] 假白血病
pseudolithiasis [ˌsjuːdəliˈθaiəsis] 假结石病
pseudologia [ˌsjuːdəˈlɔdʒiə] (*pseudo-* + Gr. *logos* word + *-ia*) 谎言癖
    p. fantastica 幻想性谎言癖
pseudoluxation [ˌsjuːdələkˈseiʃən] 假脱位
pseudolymphoma [ˌsjuːdəlimˈfəumə] (*pseudo-* + *lymphoma*) 假淋巴瘤
    p. of Spiegler-Fendt 施-芬二氏假淋巴瘤
Pseudolynchia [ˌsjuːdəˈlintʃiə] 鸽虱蝇属
    P. canariensis, P. maurah 卡纳尔鸽虱蝇
pseudomalfunction [ˌsjuːdəmælˈfʌŋkʃən] 假功能异常
pseudomalignancy [ˌsjuːdəˈlignənsi] (*pseudo-* + *malignancy*) 假恶性
pseudomamma [ˌsjuːdəˈmæmə] 假乳房
pseudomania [ˌsjuːdəˈmeiniə] (*pseudo-* + Gr. *mania* madness) ❶ 假躁狂; ❷ 虚构性自罪
pseudomasturbation [ˌsjuːdəmæstəˈbeiʃən] 假手淫
pseudomegacolon [ˌsjuːdəˈmegəˌkɔlən] 假巨结肠
pseudomelanoma [ˌsjuːdəˌmeləˈnəumə] (*pseudo-* + *melanoma*) 假黑瘤
pseudomelanosis [ˌsjuːdəˌmeləˈnəusis] 假黑变病
pseudomelia [ˌsjuːdəˈmiliə] (*pseudo-* + Gr. *melos* limb + *-ia*) 幻肢
pseudomembrane [ˌsjuːdəˈmembrein] 假膜
pseudomembranelle [ˌsjuːdəˈmembrənil] (*pseudo-* + *membranelle*) 假微膜
pseudomembranous [ˌsjuːdəˈmembrənəs] 假膜的
pseudomeningitis [ˌsjuːdəˌmeninˈdʒaitis] 假脑膜炎
pseudomenstruation [ˌsjuːdəˌmenstruːˈeiʃən] 假月经
pseudomethemoglobin [ˌsjuːdəmitˌheməˈglɔbin] 假正铁血红蛋白
pseudomonad [ˌsjuːdəˈmɔnæd] 假单胞菌
Pseudomonadaceae [ˌsjuːdəˌmɔnəˈdæsiː] 假单胞菌族
Pseudomonadales [ˌsjuːdəˌmɔnəˈdæliːz] 假单胞菌目
Pseudomonadineae [ˌsjuːdəˌmɔnəˈdiniː] 假单胞菌亚目
Pseudomonas [ˌsjuːdəˈmɔnəs] (*pseudo-* + Gr. *monas* unit, from *monos* single) 假单胞菌属

P. acidovorans 食酸假单胞菌
P. aeruginosa 铜绿假单胞菌
P. alcaligenes 产碱假单胞菌
P. cepacia 洋葱假单胞菌
P. diminuta 缺陷假单胞菌
P. eisenbergii 艾氏假单胞菌
p. fluorescens 荧光假单胞菌
P. mallei 鼻疽假单胞菌
P. maltophilia 嗜麦芽假单胞菌
P. mendocina 门多萨假单胞菌
P. multivorans 多食假单胞菌
P. paucimobilis 少动假单胞菌
P. pertucinogena 穿孔假单胞菌
P. pickettii 皮氏假单胞菌
P. polycolor 多色假单胞菌
P. pseudoalcaligenes 类产碱假单胞菌
P. pseudomallei 类鼻疽假单胞菌
p. putida 恶臭假单胞菌
P. putrefaciens 腐败假单胞菌
P. pyocyanea 绿脓假单胞菌(绿脓杆菌)
P. pyrrocinia 产吡咯菌素假单胞菌
P. reptilivora 食爬中假单胞菌
P. septica 败血假单胞菌
P. stanieri 斯氏假单胞菌
P. stutzeri 旋氏假单胞菌
P. syncyanea 类蓝假单胞菌
P. testosteroni 睾丸假单胞菌属
P. thomasii 托氏假单胞菌
P. vesicularis 泡囊假单胞菌
Pseudomonilia [ˌsjuːdəˈniliə] 念珠菌属
pseudomorphine [ˌsjuːdəˈmɔːfin] 假吗啡
pseudomotor [ˌsjuːdəˈməutə] 假运动的
pseudomucin [ˌsjuːdəˈmjusin] 假粘蛋白
pseudomucinous [ˌsjuːdəˈmjusinəs] 假粘蛋白的
pseudomyiasis [ˌsjuːdəmaiˈaiəsis] 假蝇蛆病
pseudomyopia [ˌsjuːdəmaiˈəupiə] (*pseudo-* + *myopia*) 假(性)近视
pseudomyxoma [ˌsjuːdəmikˈsəumə] 假粘液瘤
    p. peritonei 腹膜假粘液瘤
pseudonarcotic [ˌsjuːdənɑːˈkɔtik] 假麻醉的
pseudonarcotism [ˌsjuːdəˈnɑːkətizəm] 假麻醉(状态)
pseudoneoplasm [ˌsjuːdəˈniəplæzəm] (*pseudo-* + *neoplasm*) 假瘤

pseudoneuritis [ˌsjuːdənjuˈraitis] (*pseudo-* + *neuritis*) 假视神经炎
pseudoneuroma [ˌsjuːdənjuˈrəumə] 假神经瘤
pseudoneuronophagia [ˌsjuːdənjuˌrɔnəˈfeidʒiə] 假性噬神经细胞现象
Pseudonocardia [ˌsjuːdənəˈkɑːdiə] (Gr. *pseudes* false + *nocardia*) 假诺卡菌属
pseudonucleolus [ˌsjuːdənjuˈkliːələs] (*pseudo* + *nucleolus*) 假核
pseudonystagmus [ˌsjuːdənisˈtægməs] 假眼球震颤
pseudo-obstruction [ˌsjuːdəɔbˈstrʌkʃən] 假梗阻
    intestinal p. 肠梗阻
pseudo-ochronosis [sjuːdəˈkrɔnəusis] 假褐黄病
pseudo-optogram [ˌsjuːdəˈɔptəɡræm] 假视网膜像
pseudo-osteomalacia [ˌsjuːdəˌɔstiəməˈleiʃiə] 假性骨软化的
pseudopapilledema [ˌsjuːdəˌpæpiləˈdiːmə] (*pseudo* + *papilledema*) 假视神经乳头水肿
pseudoparalysis [ˌsjuːdəpəˈrælisis] 假麻痹
    Parrot's p., syphilitic p. 假麻痹
pseudoparaplegia [ˌsjuːdəˌpærəˈpliːdʒiə] 假截瘫
pseudoparasite [ˌsjuːdəˈpærəsait] 假寄生虫
pseudoparesis [ˌsjuːdəpəˈriːsis] 假麻痹症
pseudopelade [ˌsjuːdəˈpeleid] (*pseudo-* + *pelade*) 假斑秃
pseudopellagra [ˌsjuːdəpəˈlæɡrə] 假糙皮病
pseudopeptone [ˌsjuːdəˈpeptəun] 假蛋白胨
pseudopericardial [ˌsjuːdəˌperiˈkɑːdiəl] 假心包的
pseudoperitonitis [ˌsjuːdəˌperitəˈnaitis] 假腹膜炎
pseudoperoxidase [ˌsjuːdəpəˈrɔksideis] 假过氧化物酶
pseudophakia [ˌsjuːdəˈfækiə] 假晶状体
    p. adiposa 脂肪性晶状体
    p. fibrosa 纤维性假晶状体
pseudophotesthesia [ˌsjuːdəˌfɔtesˈθiːʒiə] 光联觉

Pseudophyllidea [ˌsjuːdəfiˈlaidiə] 假叶目
pseudophyllidean [ˌsjuːdəfiˈlaidiən] 假叶目的
pseudoplasm [ˈsjuːdəplæzəm] 假瘤
pseudoplasmodium [ˌsjuːdəplæzˈmoudiəm] (*pseudo-* + *plasmodium*) 假原质体
pseudoplegia [ˌsjuːdəˈpliːdʒiə] (*pseudo-* + Gr. *plēgē* stroke + *-ia*) 假麻痹
pseudopneumonia [ˌsjuːdənjuːˈmouniə] 假肺炎
pseudopodia [ˌsjuːdəˈpoudiə] (L.) 伪足。 *pseudopodium* 的复数形式
pseudopodiospore [ˌsjuːdəˈpɔdiəspɔː] (*pseudopodium* + *spore*) 假孢子虫
pseudopodium [ˌsjuːdəˈpoudiəm] (pl. *pseudopodia*) (*pseudo-* + Gr. *pous* foot) 伪足
pseudopoliomyelitis [ˌsjuːdəˌpɔliəˌmaiəˈlaitis] 假脊髓灰质炎
pseudopolycythemia [ˌsjuːdəˌpɔlesiˈθiːmiə] 假红细胞增多
pseudopolymelia [ˌsjuːdəˌpɔliˈmiːliə] 多处幻觉
　paresthetic p. 多处感觉倒错
pseudopolyp [ˌsjuːdəˈpɔlip] 假息肉
pseudopolyposis [ˌsjuːdəˌpɔliˈpousis] 假息肉病
pseudopregnancy [ˌsjuːdəˈpregnənsi] ❶ 假妊娠；❷ 子宫内膜经前期
pseudoprognathism [ˌsjuːdəˈprɔgnəθizəm] 假凸颌
pseudoproteinuria [ˌsjuːdəˌprəutiˈnjuːəriə] 假蛋白尿(症)
pseudopseudohypoparathyroidism [ˌsjuːdəˌsjuːdəˌhaipəˌpærəˈθairɔidizəm] 假性假甲状旁腺机能减退
pseudopsia [ˌsjuːˈdɔpsiə] (*pseudo-* + Gr. *opsis* vision + *-ia*) 假视觉
pseudopsychosis [ˌsjuːdəsaiˈkousis] 假精神病
pseudopterygium [ˌsjuːdətəˈridʒiəm] 假性翳状胬肉
pseudoptosis [ˌsjuːdəˈtousis] (*pseudo-* + *ptosis*) 假(性)睑下垂
pseudoptyalism [ˌsjuːdəˈtiəlizəm] 假流涎
pseudopuberty [ˌsjuːdəˈpjuːbəti] 假青春期
　precocious p. 假性早熟
pseudorabies [ˌsjuːdəˈræbiːz] 假性狂犬病
　bovine p. 牛假瘙咬病
pseudoreaction [ˌsjuːdəriˈækʃən] 假(性)反应
pseudoreduction [ˌsjuːdəriˈdʌkʃən] 假减数分裂
pseudoretinitis pigmentosa [ˌsjuːdəˌretiˈnaitis ˌpigmənˈtousə] 假性色素性视网膜炎
pseudorheumatism [ˌsjuːdəˈruːmətizəm] 假风湿病
pseudorickets [ˌsjuːdəˈrikits] 假佝偻病
pseudosarcoma [ˌsjuːdəsɑːˈkoumə] (*pseudo-* + *sarcoma*) 假肉瘤
pseudoscarlatina [ˌsjuːdəˌskɑːləˈtinə] 假猩红热
pseudosclerema [ˌsjuːdəsklɜːˈriːmə] 假硬化病
pseudosclerosis [ˌsjuːdəsklɜːˈrousis] (*pseudo-* + Gr. *sklērōsis* hardening) 假多发性硬化
　Strümpell-Westphal p. 施-维二氏假硬化
　Westphal-Strümpell p. 维-施二氏假硬化
pseudoscrotum [ˌsjuːdəˈskroutəm] 假阴囊
pseudoseizure [ˌsjuːdəˈsiːʒə] 假癫痫
pseudosmia [sjuːˈdɔzmiə] (*pseudo-* + Gr. *osmē* odor + *-ia*) 假嗅觉
pseudosolution [ˌsjuːdəsəˈluːʃən] 假溶液
pseudostoma [ˌsjuːdəˈstoumə] (*pseudo-* + Gr. *stoma* mouth) 假孔
pseudostrabismus [ˌsjuːdəstrəˈbismæs] 假斜视
pseudostrophanthin [ˌsjuːdəstrɔˈfænθin] 假毒毛旋花子甙
pseudostructure [ˌsjuːdəˈstrʌktʃə] 网状基质
pseudotabes [ˌsjuːdəˈtæbiːz] (*pseudo-* + L. *tabes* wasting) 假脊髓痨
　diabetic p. 糖尿病性假脊髓痨
　pupillotonic p. 瞳孔紧张性假脊髓痨
pseudotetanus [ˌsjuːdəˈtetənəs] 假破伤风
pseudothrill [ˈsjuːdəθril] 假震颤
pseudotoxin [ˌsjuːdəˈtɔksin] 假毒素
pseudotrachoma [ˌsjuːdətrəˈkoumə] 假沙眼
pseudotrismus [ˌsjuːdəˈtrismæs] 假性牙关紧闭
pseudotropine [sjuːˈdɔtrəpin] 假托品
pseudotruncus arteriosus [ˌsjuːdəˈtrʌŋkəs

α:ti:ri'əusəs] 假性动脉干
pseudotubercle [ˌsju:də'tju:bəkəl] 假结核（结节）
pseudotuberculoma [ˌsju:dətju:bəkju:'ləumə] 假结核瘤
pseudotuberculosis [ˌsju:dətju:bəkju:'ləusis] (*pseudo-* + *tuberculosis*) 假结核病
 p. hominis streptothrica 链丝菌（性假结核）病
pseudotumor [ˌsju:də'tju:mə] 假瘤
 p. cerebri 脑假瘤
 orbital p. 眶假瘤
pseudotyphus [ˌsju:də'taifəs] 假斑疹伤寒
pseudouremia [ˌsju:dəju:'ri:miə] 假尿毒症
pseudouridine [ˌsju:də'ju:ridi:n] 假尿嘧啶核苷
pseudovacuole [ˌsju:də'vækjuəul] 假空泡
pseudoventricle [ˌsju:də'ventrikəl] 透明隔腔
pseudovertigo [ˌsju:də'və:tigəu] 假眩晕
pseudovoice ['sju:dəvɔis] 假喉音
pseudovomiting [ˌsju:də'vɔmitiŋ] 假呕吐
pseudoxanthine [ˌsju:də'zænθi:n] 假黄嘌呤
pseudoxanthoma elasticum [ˌsju:dəzæn'θəumə i'læstikəm] (*pseudo-* + Gr. *xanthos* yellow + *-oma*; Gr. *elastikos* elastic) 假黄瘤
psi (pounds per square inch 的缩写) 每平方英寸磅数
psicofuranine [ˌsikə'fju:rəni:n] 狭霉素
psilocin ['siləsin] 二甲羟色胺
psilocybin [ˌsilə'sibin] 裸盖菇素
psittacine ['sitəsain] (Gr. *psittakos* parrot) 鹦鹉目的
psittacosis [ˌsitə'kəusis] (Gr. *psittakos* parrot + *-osis*) 鹦鹉热
PSM (presystolic murmur 的缩写) 前收缩音
psoas ['səuəs] 腰大肌
psodymus ['sɔdiməs] (Gr. *psoa* muscle of the loin + *didymos* twin) 腰部联胎
psoitis [sə'aitis] (Gr. *psoa* muscle of the loin + *-itis*) 腰大肌炎
psoralen ['sɔrələn] 补骨脂素
Psorcon ['sɔ:kən] 索空：二氟松乙酰乙酸盐的商品名
psorenteritis [ˌsɔˌrentə'raitis] (*psora* + *enteritis*) 疥状肠变化

psoriasiform [ˌsɔri'æsifɔ:m] 牛皮癣样的
psoriasis [sə'raiəsis] (Gr. *psōriasis*) 牛皮癣
 annular p., p. annularis, p. annulata 环状牛皮癣
 arthritic p., p. arthropathica, p. arthopica 关节炎性牛皮癣
 Barbers p. 巴伯氏牛皮癣
 p. buccalis 颊粘膜白斑病
 circinate p., p. circinata 环状牛皮癣
 discoid p., p. discoidea 盘状牛皮癣
 erythrodermic p. 红皮性牛皮癣
 exfoliative p. 剥脱性牛皮癣
 p. figurata figurate p. 图状牛皮癣
 flexural p. 屈侧（的）牛皮癣
 follicular p. 囊泡性牛皮癣
 p. guttata, guttate p. 滴状牛皮癣
 p. gyrata, gyrate p. 回旋状牛皮癣
 inverse p. 皮褶牛皮癣
 p. inveterata 慢性顽固性牛皮癣
 p. linguae 舌白斑病
 nummular p., p. nummularis 钱币形牛皮癣
 p. ostracea, ostraceous p. 蛎壳状牛皮癣
 palmar p. 掌牛皮癣
 p. of palms and soles 掌跖牛皮癣
 pustular p., generalized 全身性脓疱牛皮癣
 pustular p., localized 局限性脓疱牛皮癣
 p. rupioides 蛎壳状牛皮癣
 seborrheic p. 皮褶牛皮癣
 volar p. ① 皮褶牛皮癣；② 掌牛皮癣；③ 掌跖牛皮癣
 von Zumbusch's p. 全身性脓疱性牛皮癣
 p. vulgaris 牛皮癣
 Zumbusch's p. 全身性脓疱性牛皮癣
psoriatic [ˌsɔri'ætik] ❶ 牛皮癣的；❷ 牛皮癣患者
Psorophora [sə'rɔfərə] 鳞蚊属
psorophthalmia [ˌsɔrɔf'θælmiə] (Gr. *psōrophthalmia*) 疥状睑缘炎
Psoroptes [sə'rɔptiz] 痒螨属
 P. bovis 牛痒螨
 P. cuniculi 兔痒螨
 P. equi 马痒螨

P. ovis 羊痒螨
PSP（phenolsulfonphthalein 的缩写）酚磺肽,酚红
PSRO（Professional Standards Review Organization 的缩写）职业标准评审组织
PSVT（paroxysmal supraventricular tachycardia 的缩写）阵发性室上性心动过速
psychalgalia [ˌsaikəl'gæliə] 精神性痛
psychalgia [sai'kældʒiə] ❶ 疼痛；❷ 精神性疼痛
psychalgic [sai'kældʒik] 精神性痛的
psychanopsia [ˌsaikə'nɔpsiə]（psych- + an- + Gr. opsis vision + -ia）精神性盲
psychasthenia [ˌsaikəs'θi:niə]（psych- + Gr. asthenia debility）(obs) 精神衰弱
psychataxia [ˌsaikə'tæksiə] 精神失调
psyche ['saiki]（Gr. psychē the organ of thought and judgment）精神
psychedelic [ˌsaikə'delik]（psyche- + Gr. dēlos manifest, evident）❶ 致幻觉的；❷ 致幻剂
psychiatric [ˌsaiki'ætrik] 精神病学的
psychiatrics [ˌsaiki'ætriks] 精神病学
psychiatrist [sai'kaiətrist] 精神病学家
psychiatry [sai'kaiətri]（psyche- + Gr. iatreia healing）精神病学
    biological p. 生物精神病学
    community p. 社区精神病学
    consultaion liaison p. 联络精神病学
    cross-cultural p. 跨文化精神病学
    cultural p. 文化精神病学
    descriptive p. 描述性精神病学
    dynamic p. 动力精神病学
    existential p. 存在精神病学
    forensic p. 法医精神病学
    industrial p. 工业精神病学
    liaison p. 联络精神病学
    military p. 军队精神病学
    occupational p. 职业精神病学
    organic p. ① 器质性精神病学；② 生物精神病学
    orthomolecular p. 正分子精神病学
    preventive p. 预防精神病学
    social p. 社会精神病学
    transcultural p. 跨文化精神病学
psychic ['saikik]（Gr. psychikos）精神的
psychoacoustics [ˌsaikəuə'ku:stiks] 心理声学

psych(o)-（Gr. psychē the organ of thought and reason）与精神或头脑有关的
psychoactive [ˌsaikə'æktiv] 对精神起作用的
psychoanaleptic [ˌsaikəˌænə'leptik]（psycho- + Gr. analēpis a taking up）精神兴奋的
psychoanalysis [ˌsaikəuə'nælisis] 精神分析
psychoanalyst [ˌsaikə'ænəlist] 精神分析学家
psychoanalytic [ˌsaikəˌænə'laitik] 精神分析的
psychoauditory [ˌsaikə'ɔ:diˌtəri] 精神性听觉的
psychobiological [ˌsaikəˌbaiə'lɔdʒikəl] 精神生物学的
psychobiologist [ˌsaikəbai'ɔlədʒist] 精神生物学家
psychobiology [ˌsaikəbai'ɔlədʒi] 精神生物学
psychocatharsis [ˌsaikəukə'θɑ:sis]（psycho- + Gr. katharsis purging）精神发泄
psychochemistry [ˌsaikə'kemistri] 精神化学
psychochrome ['saikəkrəum]（psycho- + Gr. chrōma color）色幻觉
psychochromesthesia [ˌsaikəˌkrəuməs'θi:ʒiə]（psycho- + Gr. chrōma color + aisthēsis perception + -ia）色联觉
psychocortical [ˌsaikə'kɔ:tikəl] 精神皮层的
psychocutaneous [ˌsaikəkju:'teiniəs] 精神皮肤的
psychodiagnosis [ˌsaikəˌdaiəg'nəusis] 心理诊断术
psychodiagnostics [ˌsaikəˌdaiəg'nɔstiks] 心理诊断术
Psychodidae [sai'kɔudidi:] 毛蠓科
psychodometer [ˌsaikə'dɔmitə] 心理活动测时器
psychodometry [ˌsaikə'dɔmitri]（psycho- + Gr. hodos way + metron measure）心理活动测时法
Psychodopygus [ˌsaikəudə'paigəs]（Gr. psychē bufferfly + pygē rump）蝶蛉毛蠓科的一属白蛉
psychodrama [ˌsaikə'drɑ:mə] 精神表演疗

psychodynamics [ˌsaikədai'næmiks] (*psycho-* + Gr. *dynamis* power) 精神动力学法

psychodysleptic [ˌsaikədis'leptik] (*psycho-* + Gr. *dys-* bad + *lēpsis* a taking hold) 精神性睡眠困难的

psychogalvanometer [ˌsaikəgælvə'nɔmitə] 心理电流计

psychogenesis [ˌsaikə'dʒenəsis] 精神发生

psychogenic [ˌsaikə'dʒenik] 精神性的

psychogeriatrics [ˌsaikədʒiəri'ætriks] 老年精神病学

psychogogic [ˌsaikə'gɔdʒik] 促进精神作用的

psychogram ['saikəugræm] (*psycho-* + Gr. *gramma* a writing) ❶心理记录表;❷心理性视幻象

psychograph ['saikəugræf] (*psycho-* + Gr. *graphein* to write) ❶心理记录表;❷心理记录

psychokinesia [ˌsaikəki'niːʒiə] 精神促(冲)动

psychokinesis [ˌsaikəki'niːsis] (*psycho-* + Gr. *kinēsis* motion) 精神促动,精神冲动

psycholagny ['saikə,lægni] (*psycho-* + Gr. *lagneia* lust) 意淫

psycholepsy ['saikə,lepsi] (*psycho-* + Gr. *lēpsis* a taking hold, a seizure) 心境突变

psycholinguistics [ˌsaikəliŋ'gwistiks] 心理语言学

psychologic [ˌsaikə'lɔdʒik] 心理学的

psychological [ˌsaikə'lɔdʒikəl] 心理学的

psychologist [sai'kɔlədʒist] 心理学家

psychology [sai'kɔlədʒi] (*psycho-* + *-logy*) 心理学

  abnormal p. 病态心理学
  analytic p., analytical p. 心理分析学
  animal p. 动物心理学;对动物心理活动的研究
  behavioristic p. 行为主义心理学
  child p. 儿童心理学
  clinical p. 临床心理学
  cognitive p. 认知心理学
  community p. 社区心理学
  comparative p. 比较心理学
  criminal p. 犯罪心理学
  depth p. 深蕴心理学
  developmental p. 发展心理学
  dynamic p. 动力(机制)心理学
  environmental p. 环境心理学
  experimental p. 实验心理学
  gestalt p. 完形心理学
  individual p. 个体心理学
  physiologic p., physiological p. 生理心理学
  social p. 社会心理学

psychometer [sai'kɔmitə] 精神测定器

psychometrician [ˌsaikəmə'triʃən] 精神测定员

psychometrics [ˌsaikə'metriks] 精神测定学

psychometry [sai'kɔmitri] (*psycho-* + Gr. *metron* measure) 精神测定法

psychomotor [ˌsaikə'məutə] 精神性运动的

psychoneural [ˌsaikə'njuːrəl] 精神神经的

psychoneurosis [ˌsaikənjuː'rəusis] (*psycho-* + Gr. *neuron* nerve + *-osis*) 精神神经(机能)病

psychonomy [sai'kɔnəmi] (*psycho-* + Gr. *nomos* law) 心理规律学

psychopath ['saikəpæθ] 精神变态者

psychopathic [ˌsaikə'pæθik] 精神变态的

psychopathology [ˌsaikəupə'θɔlədʒi] (*psycho-* + *pathology*) 精神病理学

psychopathy [sai'kɔpəθi] (*psycho-* + Gr. *pathos* disease) 心理变态

psychopharmacology [ˌsaikə,fɑːmə'kɔlədʒi] 精神药理学

psychophysical [ˌsaikə'fizikəl] 精神躯体的

psychophysics [ˌsaikə'fiziks] (*psycho-* + Gr. *physikos* natural) 精神物理学

psychophysiologic [ˌsaikə,fiziə'lɔdʒik] (*psycho-* + *physiology*) 心理生理学的

psychophysiology [ˌsaikə,fizi'ɔlədʒi] 心理生理学

psychoplegia [ˌsaikə'pliːdʒiə] (*psycho-* + Gr. *plēgē* stroke + *-ia*) 精神麻痹

psychoplegic [ˌsaikə'pledʒik] 精神抑制药

psychosedation [ˌsaikəsə'deiʃən] 精神镇静

psychosedative [ˌsaikə'sedətiv] 精神镇静药

psychosensorial [ˌsaikəsən'sɔriəl] 精神感觉的

psychosensory [ˌsaikə'sensəri] 精神感觉

的
psychoses [sai'kəsiz] 精神病。*psychosis* 的复数形式
psychosexual [ˌsakə'seksjuəl] 精神性欲的
psychosine ['saikəsi:n] (神经)鞘氨醇半乳糖苷
psychosis [sai'kəusis] (pl. *psychoses*) (*psycho-* + *-osis*) 精神病
  affective p. 情感紊乱
  alcoholic p's 酒毒性精神病
  bipollar p. 双极性躁郁病
  brief reactive p. (DSM-Ⅲ-R) 短暂反应性精神病
  depressive p. 抑郁性精神病
  drug p. 药物性精神病
  functional p. 机能性精神病
  involutional p. 衰老性精神病
  Korsakoff's p. 科尔萨夫氏综合征
  manic p. 躁狂性精神病
  manic-depressive p. 躁狂抑郁性精神病
  organic p. 器质性精神病
  postpartum p. 产后精神病
  prison p. 监狱精神病
  schizoaffective p. 分裂情感性精神病
  senile p. 老年性精神病
  symbiotic p., symbiotic infantile p. 共生性精神病
  toxic p. 中毒性精神病
  unipolar p. 单相性躁郁症
psychosocial [ˌsaikə'səuʃəl] 社会精神的
psychosomatic [ˌsaikəusə'mætik] (*psycho-* + Gr. *sōme* body) 身心的
psychosomimetic [saiˌkɔsəmi'metik] ❶ 拟精神病的; ❷ 拟精神病药
psychostimulant [ˌsaikə'stimjuləənt] ❶ 精神刺激的; ❷ 精神兴奋药
psychosurgery [ˌsaikə'sə:dʒəri] 精神外科
psychosurgical [ˌsaikə'sə:dʒikəl] 精神外科的
psychotechnics [ˌsaikə'tekniks] (*psycho-* + Gr. *technē* art) 工艺心理学
psychotherapeutics [ˌsaikəˌθerə'pju:tiks] 精神疗法
psychotherapy [ˌsaikə'θerəpi] (*psycho-* + Gr. *therapeia* treatment) 精神疗法
  brief p. 简短心理疗法
  existential p. 存在心理疗法
  group p. 群体精神疗法
  personologic p. 人格心理疗法
  supportive p. 支持性精神疗法
psychotic [sai'kɔtik] ❶ 精神病的; ❷ 精神病患者
psychotogenic [saiˌkɔtə'dʒenik] ❶ 致精神病的; ❷ 致精神病药
psychotomimetic [saiˌkɔtəmi'metik] (*psychosis* + Gr. *mimētikos* imitative) ❶ 拟精神病的; ❷ 拟精神病药
psychotropic [ˌsaikə'trɔpik] (*psycho-* + Gr. *tropē* a turning) 促精神的
psychr(o)- (Gr. *psychros* cold) 冷
psychroalgia [ˌsaikrə'ældʒiə] 冷痛
psychroesthesia [ˌsaikrəis'θi:ʒiə] (*psycho-* + Gr. *aisthēsis* perception + *-ia*) 冷觉
psychrometer [sai'krɔmitə] (*psycho-* + Gr. *metron* measure) 空气湿度计
  sling p. 摇动性干湿球湿度计
psychrophile ['saikrəfil] 嗜冷体
psychrophilic [ˌsaikrə'filik] (*psycho-* + Gr. *philein* to love) 嗜冷的
psychrophore ['saikrəfɔ:] (*psycho-* + Gr. *pherein* to bear) 尿道施冷管
psyllium ['siliəm] 欧车前
PT (prothrombin time 的缩写) 凝血酶原时间
Pt (*platinum* 的符号) 铂
PTA (plasma thromboplastin 的缩写) 血浆凝血致活酶前质(凝血因子Ⅺ)
ptarmic ['tɑ:mik] (Gr. *ptarmikos* making to sneeze) 引嚏的
ptarmus ['tɑ:məs] (Gr. *ptarmos*) 痉挛性喷嚏
PTC ❶ (plasma thromboplastin component 的缩写) 血浆凝血致活酶成分(凝血因子Ⅸ); ❷ (phenylthiocarbamide 的缩写) 苯基硫尿
PteGlu (pteroylglutamate 或 pterylglutamic acid 的缩写) 蝶酰谷氨酸(盐)
PTEN (pentaerythritol tetranitrate 的缩写) 四硝酸戊赤藓醇(酯), 四硝酸戊四醇(酯), 长效硝酸甘油
pteridine ['teridi:n] 蝶啶
pterin ['terin] (Gr. *pteron* wing) 蝶呤
pterion ['tiəriən] (Gr. *pteron* wing) (NA) 翼点
pternalgia [tə'nældʒiə] (Gr. *pterna* heel + *algos* pain + *-ia*) 跟痛

pteroic acid [təˈrɔik] 蝶酸
pteroylglutamate [ˈterəlˈgluːtəmeit] 蝶酰谷氨酸
pteroylglutamic acid [ˌterəlgluːˈtæmik] 蝶酰三谷氨酸
pteroylpolyglutamate [ˌterəlˌpɔliˈgluːtəmeit] 蝶酰多谷氨酸
pterygium [təˈridʒiəm] 翼状胬肉
  p. colli 翼状颈皮
  congenital p. 先天性翼状胬肉
pterygoid [ˈterigɔid] (Gr. *pterygōdēs* like a wing) 翼状的
pterygomandibular [ˌterigɔmænˈdibjulə] 翼突下颌的
pterygomaxillary [ˌterigəˈmæksiləri] 翼突上颌的
pterygopalatine [ˌterigəˈpælətin] 翼突腭的
PTFE (polytetrafluoroethylene 的缩写) 聚四氟乙烯
PTH (parathyroid hormone 的缩写) 甲状旁腺激素
Pthirus [ˈθirəs] 阴虱属
ptilosis [tiˈləusis] (Gr. *ptilōsis*) ❶ 睫毛脱落; ❷ 驼鸟毛尘肺
ptomaine [ˈtəmein, təˈmein] (Gr. *ptōma* carcass) 尸碱
ptomainemia [ˌtɔmeiˈniːmiə] (*ptomaine* + *-emia*) 尸碱血症
ptomainotoxism [ˌtɔmeinəˈtɔksizəm] 尸碱中毒
ptomatine [ˈtɔmətin] 尸碱
ptomatopsia [ˌtɔməˈtɔpsiə] (Gr. *ptōma* corpse + *opsis* vision + *-ia*) 尸体剖检
ptomatopsy [ˈtɔməˈtɔpsi] 尸体剖检
ptomatropine [təˈmætrəpin] (*ptomaine* + *atropine*) 尸阿托品
ptosed [təust] 下垂的
ptosis [ˈtəusis] (Gr. *ptōsis* fall) ❶ 器官或某个部分的脱垂; ❷ 上睑下垂
  p. adiposa, false p. 脂肪性上睑下垂
  Horners p. 霍纳氏上睑下垂
  p. lipomatosis 脂瘤性上睑下垂
  morning p. 清晨上睑下垂
  p. sympathetica 交感性上睑下垂
  waking p. 早晨上睑下垂
-ptosis (Gr. *ptōsis* fall) 向下移位
ptotic [ˈtɔtik] 属于下垂的,或出现下垂的

PTT (activated partial thromboplastin time 的缩写) (激活)部分凝血致活酶时间
ptyalagogue [tiˈæləgɔg] (*ptyalo-* + Gr. *agōgos* leading) ❶ 催涎的; ❷ 催涎剂
ptyalectasis [ˌtiəˈlektəsis] (*ptyalo-* + Gr. *ektasis* distention) 涎管扩张
ptyalism [ˈtaiəlizəm] (Gr. *ptyalismos*) 涎分泌过多
ptyalize [ˈtaiəlaiz] 催涎
ptyal(o)- (Gr. *ptyalon* saliva) 与唾液有关的
ptyalocele [taiˈæləsiːl] (*ptyalo-* + Gr. *kēlē* tumor) 涎(液)囊肿
  sublingual p. 舌下涎(液)囊肿
ptyalogenic [ˌtaiəlˈdʒenik] (*ptyalo-* + Gr. *gennan* to produce) 涎原的
ptyalography [ˌtaiəˈlɔgrəfi] (*ptyalo-* + Gr. *graphein* to write) 涎管(X线)造影术
ptyalolithiasis [ˌtaiəlɔliˈθaiəsis] (*ptyalo-* + *lith* + *-iasis*) 涎石病
ptyalolithotomy [ˌtaiəlɔliˈθɔtəmi] 涎石切除术
ptyalorrhea [ˌtaiəlɔˈriːə] (*ptyalo-* + Gr. *rhoia* flow) 流涎
ptyocrinous [taiˈɔkrinəs] (Gr. *ptyon* a winnowing shovel, or fan + *krinein* to separate) 粒性分泌的
Pu (*plutonium* 的符号) 钚
pubarche [pjuˈbaːki] 阴毛初生
puberal [ˈpjuːbərəl] (L. *puber* of marriageable age) 青春期的
pubertal [ˈpjuːbətəl] 青春期的
pubertas [pjuːˈbətis] (L.) 青春期
  p. praecox 性早熟
puberty [ˈpjuːbəti] (L. *pubertas*) 青春期
  precocious p. 性早熟
  precocious p., central 中枢性性早熟
  precocious p., constitutional 全身性性早熟
  precocious p., gonadotropin-dependent 促性腺激素依赖性性早熟
  precocious p., heterosexual 异性性早熟
  precocious p., idiopathic 自发性性早熟
  precocious p., incomplete 不完全性早熟
  precocious p., isosexual 同性性早熟
  precocious p., neurogenic 神经原性性早熟
  precocious p., true 真性性早熟

pubes ['pju:bi:z] (gen. *pubis*) (L.) ❶ 阴毛；❷ 耻骨区

pubescence [pju:'besəns] 青春期(或有毛)状态

pubescent [pju:'besənt] (L. *pubescens* becoming hairy) ❶ 青春期的；❷ 有毛的

pubic ['pju:bik] 耻骨的

pubioplasty ['pju:biəˌplæsti] 耻骨成形术

pubiotomy [pjubi'ɔtəmi] (*pubis* + Gr. *tome* a cutting) 耻骨切开术

pubis ['pju:bis] (L., gen. of *pubes*) 耻骨

pubococcygeal [ˌpju:bəkɔk'sidʒiəl] 耻骨尾骨的

pubofemoral [ˌpju:bə'femərəl] 耻骨股骨的

puboprostatic [ˌpju:bəprɔs'tætik] 耻骨前列腺的

puborectal [ˌpju:bə'rektəl] 耻骨直肠的

pubotibial [ˌpju:bə'tibiəl] 耻骨胫骨的

pubovesical [ˌpju:bə'vesikəl] 耻骨膀胱的

PUBS (percutaneous umbilical blood sampling 的缩写) 经皮脐血抽样

pudenda [pju:'dendə] (L.) 阴部。*pudendum* 的复数形式

pudendal [pju:'dendəl] 阴部的

pudendum [pju:'dendəm] (pl. *pudenda*) (L., from *pudere* to be ashamed) 阴部
 female p. 女阴
 p. femininum (NA) 女阴
 p. muliebre 女阴

pudic ['pju:dik] 阴部的

puerile ['pjuərail] (L. *puerilis*; *puer* child) 儿童的

puerpera [pju:'əpərə] (L. *puer* child + *parere* to bring forth, to bear) 产妇

puerperal [pju:'ə:pərəl] (L. *puerperalis*) 产褥期的

puerperalism [pju:'əpərəlizəm] 产褥病

puerperant [pju:'əpərənt] 产妇

puerperium [pju:ə'piəriəm] (L.) 产褥期

puff [pʌf] (A.S. *pyffan*) ❶ 吹气音；❷ 疏松部
 chromosome p's 染色体疏松部
 veiled p. 微哑吹气音

puffing ['pʌfiŋ] 疏松部

pugil ['pju:dʒil] (L. *pugillus*) 少数

pugillus [pju:'dʒailəs] (L. *pugillus*) 少数

Pulex ['pju:leks] (L. "flea") 蚤属
 p. cheopis 印鼠客蚤，鼠疫蚤
 p. dugesi 长喙蚤
 p. irritans 人蚤
 p. penetrans 穿皮蚤
 p. serraticeps 犬栉头蚤

pulex ['pju:leks] (pl. *pulices*) (L.) 蚤

Pulheems ['pju:hi:mz] 入伍健康登记系统

pulicicide [pju(:)'lisisaid] (L. *pulex* flea + *caedere* to kill) 灭蚤剂

Pulicidae [pju'lisidi:] 蚤科

pull [pul] ❶ 肌肉牵拉；❷ 肌肉牵拉伤

pullulate ['pʌljuleit] 出芽

pullulation [ˌpʌlju'leiʃən] (L. *pullulare* to sprout) 出芽

pulmo ['pu:lmə] (gen. *pulmonis*, pl. *pulmones*) (L.) 肺
 p. dexter (NA) 右肺
 p. sinister (NA) 左肺

pulmo- (L. *pulmo* lung) 与肺有关的

pulmoaortic [ˌpu:lməuə'ɔ:tik] 肺与主动脉的

pulmogram ['pu:lməgræm] 肺部X线照片

pulmolith ['pu:lməliθ] (*pulmo-* + Gr. *lithos* stone) 肺石

pulmometer [pəl'mɔmitə] (*pulmo-* + Gr. *metron* measure) 肺容量计

pulmometry [pəl'mɔmitri] 肺容量测定法

pulmonal ['pu:lmənəl] 肺的

pulmonary ['pu:lmə,nəri] (L. *pulmonarius*) 肺的

pulmonectomy [ˌpu:lmə'nektəmi] 肺切除术

pulmones [pəl'mɔni:s] ❶ (L.) 肺。*pulmo* 的复数形式；❷ (NA) 左右两侧肺

pulmonic [pəl'mɔnik] ❶ 肺的；❷ 肺动脉的

pulmonitis [ˌpu:lmə'naitis] 肺炎

pulmon(o)- (L. *pulmo*, gen. *pulmonis* lung) 与肺有关的

pulmonohepatic [ˌpu:lmənəhə'pætik] 肺肝的

pulmonologist [ˌpu:lmə'nɔlədʒist] 肺脏学家

pulmonology [ˌpu:lmə'nɔlədʒi] 肺脏学

pulmonoperitoneal [ˌpu:lmənəˌperitə'ni:əl] 肺(与)腹膜的

pulmotor ['pu:lməutə] (*pulmo-* + L. *motor* mover) 自动供氧人工呼吸器

pulp [pʌlp] (L. *pulpa* flesh) 髓
  coronal p. 冠髓
  dead p. 坏死性牙髓
  dental p. 牙髓
  devitalized p. 失活髓
  digital p. 指(趾)垫
  enamel p. 釉髓
  exposed p. 露髓
  mummified p. 干尸化牙髓
  necrotic p., **nonvital p.** 坏死性牙髓
  putrescent p. 腐髓
  radicular p. 牙根髓
  red p., **p. of spleen**, **splenic p.** 红髓
  tooth p. 牙髓
  vertebral p. 髓核
  vital p. 活髓
  white p. 白髓
pulpa ['pʌlpə] (gen. and pl. *pulpae*) (L. "flesh") 髓
  p. coronalis (NA) 冠髓
  p. dentis (NA) 牙髓
  p. lienis (NA) 脾髓
  p. radicularis (NA) 牙根髓
  p. splenica (NA) 脾髓
pulpal ['pʌlpəl] 髓的
pulpalgia [pəl'pældʒiə] 牙髓痛
pulpectomy [pəl'pektəmi] (*pulp* + *ectomy*) 牙髓摘除术
pulpitides [pəl'paitidiz] (单 *pulpitis*) 牙髓炎
pulpitis [pəl'paitis] (复 *pulpitides*) (*pulp* + *-itis*) 牙髓炎
  anachoretic p. 细菌性牙髓炎
  closed p. 封闭性牙髓炎
  hyperplastic p. 增生性牙髓炎
  open p. 暴露性牙髓炎
pulpless ['pʌlpləs] 无髓的, 去髓的
pulpotomy [pəl'pɔtəmi] (*pulp* + Gr. *tomē* a cutting) 牙髓切断术
pulpy ['pʌlpi] 软的, 髓样的
pulsate ['pʌlseit] 搏动
pulsatile ['pʌlsətail] 搏动的
pulsation [pəl'seiʃən] (L. *pulsatio*) 搏动
  expansile p. 扩张性搏动
  suprasternal p. 胸骨上搏动
pulsator ['pʌlseitə] 搏动或人工呼吸器
  Bragg-Paul p. 布-保二氏人工呼吸器
pulse [pʌls] (L. *pulsus* stroke) ❶ 搏动;

❷ 脉冲
abdominal p. 腹主动脉搏动
abrupt p. 促脉
allorhythmic p. 不整脉
alternating p. 交替脉
anacrotic p. 升线一波脉
anadicrotic p. 升线二波脉
anatricrotic p. 升线三波脉
atrial liver p. 房肝搏动
atrial venous p., **atriovenous p.** 心房静脉搏
biferious p., **bisferious p.** 双波脉
bigeminal p. 二联脉
cannon ball p. 炮弹状脉
capillary p. 毛细血管搏动
carotid p. 颈动脉搏动
catadicrotic p. 降成二波脉
catatricrotic p. 降成三脉
centripetal venous p. 向心性静脉搏
collapsing p. 陷落脉
Corrigan's p. 科里根氏脉
coupled p. 二联脉
dicrotic p. 二波脉, 重搏脉
dropped-beat p. 脉搏脱漏, 缺脉
elastic p. 弹性脉
entoptic p. 闪光感性心搏
epigastric p. 腹主动脉搏动
equal p. 均脉
febrile p. 热性脉, 热病脉
filiform p. 丝状脉
formicant p. 弱脉
frequent p. 数脉
full p. 洪脉
funic p. 脐带搏动
gate p. 门脉冲
hard p. 硬脉, 刚脉, 以张力极高为特征的脉搏
hepatic p. 肝搏
high-tension p. 高压脉
infrequent p. 稀脉, 缓脉
intermittent p. 间歇脉
irregular p. 不规则脉
jerky p. 急冲脉
jugular p. 颈静脉搏动
Kussmaul's p. 库斯毛耳氏脉, 奇脉
labile p. 不稳定脉, 离变脉
low-tension p. 低压脉
Monneret's p. 蒙讷雷氏脉

monocrotic p. 单波脉
nail p. 甲部搏动
paradoxical p. 奇脉,逆脉
pistol-shot p. 射击脉,净射脉
plateau p. 丘状脉,缘脉
polycrotic p. 多波脉
quadrigeminal p. 四核脉
quick p. ① 短脉;② 促脉
Quincke's p. 昆克氏脉搏,毛细血管脉搏
radial p. 桡动脉脉搏
respiratory p. 呼吸性脉搏
retrosternal p. 胸骨后搏动
Riegel's p. 里格尔氏脉搏
running p. 奔逸脉,颤脉
sharp p. 急冲脉
short p. 短脉
slow p. 稀脉,迟脉
soft p. 柔脉
strong p. 强脉
tense p. 坚脉
thready p. 丝状脉
tricrotic p. 三波脉
trigeminal p. 三联脉
trip-hammer p. 水冲脉
undulating p. 波状脉
unequal p. 不均脉
vagus p. 迷走神经性脉搏
venous p. 静脉搏
vermicular p. 蠕动脉
vibrating p. 急冲脉
water-hammer p. 水冲脉
wiry p. 弦脉
pulsion ['pʌlʃən] 推出,压出
pulsus ['pʌlsəs] (pl. *pulsus*) (L. from *pellere* to beat) 脉搏
  p. abdominalis 腹部(主动脉)搏动
  p. aequalis 均脉
  p. alternans 闪替脉
  p. biferiens, p. bisferiens 双波脉
  p. bigeminus 二联脉
  p. celer 促脉,短脉
  p. differens 不对称脉,不均脉
  p. filiformis 丝状脉
  p. formicans 蚁行状脉
  p. fortis 强脉
  p. frequens 散脉
  p. irregularis perpetuus 乱搏脉
  p. magnus 巨洪脉
  p. magnus et celer 巨洪脉
  p. mollis 柔脉
  p. monocrotus 单波脉
  p. oppressus 推移脉
  p. paradoxus 奇脉,逆脉
  p. parvus 细脉
  p. parvus et tardus 细迟脉
  p. plenus 洪脉
  p. tardus 滞脉
  p. trigeminus 三联脉
  p. undulosus 波状脉
  p. vacuus 虚脉
  p. venosus 静脉搏
pultaceous [pəl'teiʃəs] (L. *pultaceus*) 髓样的,软糊状的
pulv. (L. *pulvis* 的缩写) 散剂,粉剂
pulverization [ˌpʌlvəri'zeiʃən] (L. *pulvis* powder) 粉碎,研磨
pulverulent [pəl'verulənt] (L. *pulverulentus*) 粉状的,粉样的
pulvinar [pəl'vinə] (L. "a cushioned seat") (NA) 枕,丘脑后结节
  p. thalami 丘枕
  p. tunicae internae segmenti arterialis anastomosis arteriovenae glomeriformis (NA) 指动静脉吻合成球的那部分动脉段的内膜壁
pulvinate ['pʌlvineit] (L. *pulvinus* cushion) 枕状的,垫状的
pulvis ['pʌlvis] (L.) 散剂,粉剂
pumex ['pju:meks] 浮石
pumice ['pʌmis] (USP) 浮石
pump [pʌmp] 泵
  air p. 气体泵
  Alvegniat's p. 阿耳范亚氏泵
  blood p. 血液泵
  breast p. 吸奶器
  calcium p. 钙泵
  cardial balloon p. 心脏气囊泵
  centrifugal p. 离心泵
  electrogenic p. 电源泵
  infusion p. 输注泵
  infusion-withdrawal p. 注液吸液泵
  intra-aortic balloon p. (IABP) 主动脉内气囊泵
  Lindbergh p. 林白氏泵
  Na^+-K^+ p. 钠钾泵
  peristaltic p. 蠕动泵

proton p. 质子泵
roller p. 滚轴泵
sodium p., **sodium-potassium p.** 钠泵,钠-钾泵
stomach p. 胃泵
pump-oxygenator [pʌmp ˌɔksidʒi'neitə] 给氧血泵
punch [pʌntʃ] 凿
  biopsy p. 活检凿
  kidney p., **Murphy's kidney p.** 肾脏冲击诊
  pin p. 牙针穿孔器
  plate p. 托板打孔器,穿板器
  rubber dam p. 橡皮障钻孔器
punchdrunk ['pʌntʃdrʌŋk] 拳击手酩酊样状态
punched-out ['pʌntʃtaut] 凿除状
puncta ['pʌŋktə] (L.) 点,尖。*punctum*的复数形式
punctate ['pʌŋkteit] (L. *punctum* point) 点状的
punctiform ['pʌŋkti:fəm] (L. *punctum* point + *forma* shape) ❶ 点状;❷ 在细菌学中,指极小的菌落
punctorgraph ['pʌŋktəgræf] (L. *punctum* point + Gr. *graphein* to write) 异物X线照相定位器
punctuation [ˌpʌŋktju'eiʃən] 点,粒,斑点,彩点
  Schüffner's p. Schüffner's 小点
punctum ['pʌŋktəm] (pl. *puncta*) (L.) 点,尖
  p. caecum 盲点
  P. lacrimale (NA) 泪点
  p. luteum 黄斑
  p. nasale inferius 下鼻点
  p. ossificationis 骨化中心
  p. ossificationis primarium 原发骨化中心
  p. ossificationis secundarium 继发骨化中心
  p. proximum 近点
  p. remotum 远点
  puncta vasculosa 血管点
punctumeter [pʌŋk'tju:mitə] (L. *punctum* point + -*meter*) 眼调节器
puncture ['pʌŋktʃə] (L. *punctura*) ❶ 穿刺;❷ 刺伤

  Bernard's p. 伯纳尔氏穿刺
  cisternal p. 小脑延髓池穿刺
  cranial p. 小脑延髓池穿刺
  diabetic p. 糖尿穿刺
  exploratory p. 试探性穿刺
  heat p. 发热穿刺
  intracisternal p. 小脑延髓池穿刺
  Kronecker's p. 克罗内克氏穿刺
  lumbar p. 腰椎穿刺
  spinal p. 腰椎穿刺
  splenic p. 脾穿刺
  sternal p. 胸骨穿刺
  suboccipital p. 枕下穿刺,小脑延髓池穿刺
  thecal p. 脊椎膜穿刺
  transethmoidal p. 经筛骨穿刺
  ventricular p. 脑室穿刺
pungent ['pʌndʒənt] (L. *pungens* pricking) 刺激味的
Punnett square ['pʌnət] (Reginald Crundall *Punnett*, English geneticist, 1875-1967) 帕奈特方格
Puntius ['pʌntiəs] 须属
  P. javanicus 瓜哇须
PUO (Pyrexia of unknown origin 的缩写) 原因不明的发热,无名热
pupa ['pju:pə] (L. "a doll") 蛹
pupal ['pju:pəl] 蛹的
pupil ['pju:pil] (L. *pupilla* girl) 瞳孔
  Adie's p. 艾迪氏瞳,紧张性瞳孔
  Argyll Robertson p. 阿盖耳.罗伯逊氏瞳孔
  artificial p. 人工瞳孔
  Behr's p. 拜耳氏瞳孔
  bounding p. 弹跃性瞳孔,交替散大和缩小的瞳孔
  Bumke's p. 布姆克氏瞳孔
  cat's-eye p. 猫眼状瞳孔
  cornpicker's p's 摘玉米工瞳孔
  fixed p. 固定性瞳孔
  Hutchinson's p. 赫秦生氏瞳孔
  keyhole p. 钥孔状瞳孔
  Marcus Gunn p. 马卡斯.格恩氏瞳孔
  myotonic p. 肌紧张性瞳孔
  pinhole p. 针孔状瞳孔
  skew p's 斜瞳孔
  stiff p. 强直性瞳孔
  tonic p. 紧张性瞳孔

pupilla [pju:'pilə] (L. "girl") (pl. *pupillae*) (NA) 瞳孔

pupillary ['pju:piləri] 瞳孔的

pupilatonia [ˌpju:pilə'təuniə] 瞳孔反应消失

Pupillidae [pju'pilidi] 蛹螺科

pupill(o)- (L. *pupilla* pupil) 与瞳孔有关的

pupillograph [pju'piləgrɑ:f] (*pupillo-* + *-graph*) 瞳孔图仪

pupillometer [ˌpju:pi'ləmitə] (*pupillo-* + *-meter*) 瞳孔计

pupillometry [ˌpju:pi'ləmitri] 瞳孔测量法

pupillomotor [ˌpju:pilə'məutə] 瞳孔运动的

pupilloplegia [ˌpju:pilə'pli:dʒiə] (*pupillo-* + *-plegia*) 瞳孔反应消失

pupilloscope [pju:'pailəskəup] ❶ 瞳孔反应检查器；❷ 视网膜镜

pupilloscopy [ˌpju:pi'lɔskəpi] (*pupillo-* + *-scopy*) 视网膜镜检查

pupillostatometer [pjuˌpiləstə'tɔmitə] (*pupillo-* + Gr. *statos* placed + *-meter*) 瞳孔距离计

pupillotonia [ˌpju:pilə'təuniə] 瞳孔紧张症

Purdy's test ['pə:diz] (Charles Wesley *Purdy*, American physician, 1849-1901) 帕迪氏试验

pure [pjuə] (L. *purus*) 纯的

purgation [pə:'geiʃən] (L. *purgatio*) 催泻

purgative ['pə:gətiv] (L. *purgativus*) ❶ 催泻的；❷ 泻药

purge ['pə:dʒ] (L. *purgare* to cleanse, to purify) ❶ 催泻；❷ 泻药

puric ['pjuərik] ❶ 脓的；❷ 嘌呤的

purification [ˌpjuərifi'keiʃən] 提纯
  affinity p. 亲和提纯，通过亲和色谱法提纯

puriform ['pjuərifɔ:m] (L. *pus* pus + *forma* form) 脓样的

purine ['pjuərin] (L. *purum* pure + *urine*) 嘌呤
  amino p. 氨基嘌呤
  methyl p's 甲基嘌呤

purinemia [ˌpjuəri'ni:miə] 嘌呤血症

purinemic [ˌpjuəri'nemik] 嘌呤血症的

purine-nucleoside phosphorylase ['pjuərin'nju:kliəsaid fɔs'fɔrəleis] (EC 2.4.2.1) 嘌呤-核等磷酸化酶

Purinethol ['pjuərinθɔl] 乐疾宁：6-巯基嘌呤制剂的商品名

purinolytic [ˌpjuərinə'laitik] (*purine* + Gr. *lytikos* loosing) 分解嘌呤的

purinometer [ˌpjuərin'ɔmitə] (*purine* + *-meter*) 尿嘌呤定量器

Purkinje's cells [pə:'kindʒiz] (Johannes Evangelista *Purkinje*, Czech physiologist 1787-1869) 浦肯野氏细胞

Purkinje-Sanson mirror images [pə:'kindʒi sæn'sɔ:] (J. E. von *Purkinje*; Louis Joseph *Sanson*, French physician, 1790-1841) 浦-桑二氏镜像

purohepatitis [ˌpjuərəuˌhepə'taitis] (*pus* + *hepatitis*) 肝脓肿

puromucous [ˌpjuərə'mju:kəs] 粘液脓性的

puromycin [ˌpjuərə'maisin] 嘌呤霉素，博罗霉素

purple ['pə:pl] ❶ 紫色；❷ 用做染料或指示剂的有此颜色的物质
  bromcresol p. 溴甲酚紫
  visual p. 视紫质，视紫红质

Purpura ['pə:pjuərə] 荔枝螺属

purpura ['pə:pjuərə] (L. "purple") ❶ 紫癜；❷ 指一组出血性疾病
  allergic p., anaphylactoid p. 变态反应性紫癜，过敏性紫癜
  p. annularis telangiectodes 毛细血管扩张性环状紫癜
  brain p. 脑紫癜
  fibrinolytic p., p. fibrinolytica 纤维蛋白溶解性紫癜
  p. fulminans 暴发性紫癜
  p. hemorrhagica 出血性紫癜
  Henoch's p. 亨诺克氏紫癜，神经性紫癜
  Henoch-Schönlein p. 亨-舍二氏紫癜
  idiopathic p. 特发性紫癜
  itching p. 瘙痒性紫癜
  Majocchi's p. 马约基氏紫癜
  malignant p. 恶性紫癜
  p. nervosa 神经性紫癜
  p. of newborn 新生儿紫癜
  nonthrombocytopenic p. 非血小板减少性紫癜
  palpable p. 可触压的紫癜
  psychogenic p. 精神性紫癜

p. rheumatica 风湿性紫癜
Schönlein p. 舍恩莱因氏紫癜
Schönlein-Henoch p. 舍-亨二氏紫癜
p. senilis 老年性紫癜
p. simplex 单纯性紫癜
steroid p. 类固醇紫癜
thrombocytopenic p. 血小板减少性紫癜
thrombocytopenic p., idiopathic 特发性血小板减少性紫癜
thrombocytopenic p., secondary 继发性血小板减少性紫癜
thrombocytopenic p., thrombotic 血栓形成性血小板减少性紫癜
thrombopenic p. 血小板减少性紫癜
purpuric [pəˈpjuərik] 紫癜的
purpuric acid [pəˈpjuərik] 红紫酸
purpurin [ˈpəːpjuərin] ❶ 羟基茜草苏,红紫素,紫色素;❷ 尿紫素;❸ 荔枝螺素
purpurine [ˌpəːpjuəriːn] 荔枝螺毒素
purpurinuria [ˌpəːpjuəriˈnjuəriə] 尿紫素尿
purpurogenous [ˌpəːpjuəˈrɔdʒənəs] (L. *purpura* purple + Gr. *gennan* to produce) 生视紫质(rhodopsin)的
purr [pəː] 猫喘声
purring [ˈpəːriŋ] 猫喘音样的
purshianin [pəːˈʃaiənin] 波希鼠李甙
Purtscher's disease [ˈpəːtʃəz] (Otmar *Purtscher*, German ophthalmologist, 1852-1927) 普尔夏氏病
purulence [ˈpjuəruləns] (L. *purulentia*) 化脓,脓性
purulency [ˈpjuəruːlənsi] 化脓,脓性
purulent [ˈpjuərulənt] (L. *purulentus*) 化脓性,脓性的
puruloid [ˈpjuəruloid] 脓样的
pus [pʌs] (pl. *pura*, gen. *puris*) (L.) 脓
anchovy sauce p. 果色脓
blue p. 蓝脓
burrowing p. 钻穿性脓
cheesy p. 稠脓,干脓
curdy p. 凝乳样脓
green p. 绿脓
laudable p., p. laudandum 黄稠脓,无毒脓
sanious p. 血性臭脓
pustula [ˈpʌstjulə] (pl. *pustulae*) (L.) 脓疱

pustular [ˈpʌstjulə] 脓疱的
pustulation [ˌpʌstjuˈleiʃən] 脓疱形成
pustule [ˈpʌstjuːl] (L. *pustula*) 脓疱
malignant p. 恶性脓疱
multilocular p. 多房脓疱
simple p. 单纯脓疱
spongiform p., spongiform p. of Kogoj 海绵样脓疱
unilocular p. 单腔(房)性脓疱
pustulosis [ˌpʌstjuˈləusis] 脓疱病
p. palmaris et plantaris, palmoplantar p. 掌跖脓疱病
p. vacciniformis acuta, p. varioliformis acuta 急性痘疮样脓疱病
putamen [pjuːˈteimən] (L. "shell") (NA) 壳核
Putnam-Dana syndrome [ˈpjutnəmˈdænə] (James Jackson *Putnam*, American neurologist, 1846-1918; Charles Loomis *Dana*, American neurologist, 1852-1935) 普-达二氏综合征,亚急性脊髓联合变性
putrefaction [ˌpjuːtrəˈfækʃən] (L. *putrefaction*) 腐败,腐化
putrefactive [ˌpjuːtrəˈfæktiv] 腐败的
putrefy [ˈpjuːtrəfai] 腐败
putrescence [pjuːˈtresəns] 腐败,腐化
putrescent [pjuːˈtresənt] (L. *putrescens* decaying) 腐败的,腐化的
putrescine [pjuːˈtresin] 腐胺
putrid [ˈpjuːtrid] (L. *putridus*) 腐败的,恶臭的
Puusepp's reflex [ˈpuːseps] (Lyudvig Martinovich *Puusepp*, Estonian neurosurgeon, 1875-1942) 普塞普氏反射
PUVA (psoralen plus ultraviolet A 的缩写) 补骨脂素加紫外线 A
PVC ❶ (polyvinyl chloride 的缩写) 聚氯乙烯;❷ (postvoiding cystogram 的缩) 排空后膀胱照片;❸ (premature ventricular contraction 的缩写) 室性早搏;❹ (pulmonary venous congestion 的缩写) 肺静脉阻塞
PVP (ployvinylpyrrolidone 的缩写) 聚乙烯吡咯烷酮
PVP-I (povidone-iodine 的缩写) 吡咯烷酮-碘
PWA (person with AIDS 的缩写) 艾滋病患者

PWM (pokeweed mitogen 的缩写) 商陆,有丝分裂原

pyarthrosis ['paiɑː'θrəusis] (Gr. *pyon* pus + *arthron* joint + -*osis*) 急性化脓性关节炎

Pycnanthemum [pik'nænθəməm] (Gr. *pyknos* dense + *anthemon* bloom) 密花薄荷属

pycn(o)- 致密,浓厚,浓缩,快速

pyecchysis [pai'ekisis] (Gr. *pyon* pus + *ek* out + *chein* to pour) 渗脓

pyelectasia [ˌpaiələk'tæʒiə] 肾盂扩张

pyelectasis [ˌpaiə'lektəsis] (*pyel*- + Gr. *ektasis* distention) 肾盂扩张

pyelic [pai'elik] 肾盂的

pyelitic [paiə'litik] 肾盂肾炎的

pyelitis [paiə'laitis] (*pyel*- + -*itis*) 肾盂炎
  calculous p. 结石性肾盂炎
  p. cystica 囊性肾盂炎
  defloration p. 处女膜破裂性肾盂炎
  encrusted p. 溃疡结痂性肾盂炎
  p. glandularis 腺性肾盂炎
  p. granulosa 肉芽性肾盂炎
  p. gravidarum 妊娠期肾盂炎
  hematogenous p. 血源性肾盂炎
  hemorrhagic p. 出血性肾盂炎
  suppurative p. 化脓性肾盂炎
  urogenous p. 尿源性肾盂炎

pyel(o)- (Gr. *pyelos* pelvis) 与肾盂有关的

pyelocaliectasis [ˌpaiələuˌkæli'ektəsis] (*pyelo*- + *calix* + *ektasis* distention) 肾盂肾盏扩张

pyelocystitis [ˌpaiələusis'taitis] (*pyelo*- + Gr. *kystis* bladder + -*itis*) 肾盂膀胱炎

pyelofluoroscopy [ˌpaiələuˌfluə'rɔskəpi] 肾盂X线透视检查

pyelogram ['paiələugræm] (*pyelo*- + Gr. *gramma* mark) 肾盂X线照片
  dragon p. 龙形肾盂X线照片

pyelograph ['paiələgrɑːf] 肾盂X线照片

pyelography ['paiə'lɔgrəfi] (*pyelo*- + Gr. *graphein* to draw) 肾盂造影术
  air p. 肾盂充气照像术
  antegrade p. 经皮肾盂造影术
  ascending p. 上行性(逆行性)肾盂造影术
  p. by elimination 排泄性肾盂造影术
  excretion p. 排泄性肾盂造影术
  intravenous p. 静脉肾盂造影术
  lateral p. 侧位肾盂造影术
  respiration p. 呼吸法肾盂造影术
  retrograde p. 逆行性肾盂造影术
  wash-out p. 冲洗肾盂造影术

pyeloileocutaneous [ˌpaiələˌiliəukju'teiniəs] 肾盂回肠和皮肤的

pyelointerstitial [ˌpaiələˌintə'stiʃəl] 肾盂间质的

pyelolithotomy [ˌpaiələli'θɔtəmi] (*pyelo*- + Gr. *lithos* stone + *tomē* a cutting) 肾盂石切除术

pyelometry [paiə'lɔmitri] (*pyelo*- + Gr. *metron* measure) 肾盂测量

pyelonephritis [ˌpaiələnə'fraitis] (*pyelo*- + Gr. *nephros* kidney + -*itis*) 肾盂肾炎
  acute p. 急性肾盂肾炎
  chronic p. 慢性肾盂肾炎
  p. of pregnancy 妊娠性肾盂肾炎
  xanthogranulomatous p. 黄肉芽肿性肾盂肾炎

pyelonephrosis [ˌpaiələnə'frəusis] (*pyelo*- + Gr. *nephros* kidney + -*osis*) 肾盂肾病

pyelopathy [ˌpaiə'lɔpəθi] (*pyelo*- + Gr. *pathos* disease) 肾盂病

pyelophlebitis [ˌpaiələflə'baitis] (*pyelo*- + Gr. *phleps* vein + -*itis*) 肾盂静脉炎

pyeloplasty ['paiələˌplæsti] (*pyelo*- + Gr. *plassein* to form) 肾盂成形术

pyeloscopy [paiə'lɔskəpi] (*pyelo*- + Gr. *skopein* to examine) 肾盂X线透视检查

pyelostomy [paiə'lɔstəmi] (*pyelo*- + Gr. *stomoun* to provide with an opening, or mouth) 肾盂造口术

pyelotomy [ˌpaiə'lɔtəmi] (*pyelo*- + Gr. *tomē* a cutting) 肾盂切开术

pyeloureterectasis [ˌpaiələjuəˌriːtə'rektəsis] 肾盂输尿管扩张

pyeloureterography [ˌpaiələjuəˌriːtə'rɔgrəfi] 肾盂输尿管造影术

pyeloureterolysis [ˌpaiələjuəˌriːtə'rɔlisis] (*pyelo*- + *ureter* + Gr. *lysis* dissolution) 肾盂输尿管松解术

pyeloureteroplasty [ˌpaiələjuəˌriːtərəuˌplæsti] 肾盂输尿管成形术

pyelovenous [ˌpaiələ'viːnəs] 肾盂肾静脉的

pyemesis [pai'emisis] (Gr. *pyon* pus +

emesis vomiting）吐脓
pyemia [paiˈiːmiə]（Gr. *pyon* pus + *-emia*）脓血症，脓毒症
   arterial p. 动脉性脓毒症
   cryptogenic p. 隐原性脓血症
   otogenous p. 耳原性脓血症
   portal p. 化脓性门静脉炎
pyemic [paiˈemik] 脓血症的
Pyemotes [paiəˈməutiz] 蒲螨属
   P. ventricosus 球膜蒲螨
pyencephalus [ˌpaiənˈsefələs]（*py-* + *enkephalos* brain）脑脓肿
pyesis [paiˈiːsis] 化脓
pygal [ˈpaigəl]（Gr. *pygē* rump）臀的，臀部的
pygalgia [paiˈgældʒiə]（*pygo-* + *-algia*）臀痛
pygmalionism [pigˈmeiliəˌnizəm]（*Pygmalion*, a Greek sculptor who fell in love with a statue he had carved）爱偶像癖，爱雕像癖
pyg(o)-（Gr. *pygē* rump）与臀有关的
pygoamorphus [ˌpaigəuəˈmɔːfəs] 无体形臀部寄生胎
pygodidymus [ˌpaigəuˈdidməs]（*pygo-* + Gr. *didymos* twin）臀部联胎
pygomelus [paiˈgɔmələs]（*pygo-* + Gr. *melos* limb）臀肢畸形
pygopagus [paiˈɔpəgəs]（*pygo-* + Gr. *pagos* thing fixed）臀部联胎
   p. parasiticus 臀部寄生胎
pygopagy [paiˈɔpədʒi] 臀部联胎畸形
pyic [ˈpaiik] 脓的
pyknic [ˈpiknik]（Gr. *pyknos* thick）固缩的，浓缩的，致密的，短小的，粗的
pykn(o)-（Gr. *pyknos* thick, frequent）致密，粗，频数的
pyknocyte [ˈpiknəusait] 固缩红细胞
pyknocytosis [ˌpiknəsaiˈtəusis] 固缩红细胞增多症
pyknodysostosis [ˌpiknəuˌdaisɔsˈtəusis] 骨发育障碍矮小症
pyknoepilepsy [ˌpiknəuˈepiˈlepsi] 癫痫小发作的前称
pyknometer [pikˈnɔmitə]（*pykno-* + *-meter*）比重计
pyknometry [pikˈnɔmitri] 比重测定法
pyknomorphic [ˌpiknəuˈmɔːfik] 致密排列的，密形的
pyknomorphous [ˌpiknəuˈmɔːfəs]（*pykno-* + Gr. *morphē* form）致密排列的，密形的
pyknophrasia [ˌpiknəuˈfreiziə]（*pykno-* + Gr. *phrasis* speech + *-ia*）言语重浊
pyknoplasson [ˌpiknəuˈplæsɔn]（*pukno-* + *plasson*）致密全能原浆
pyknosis [pikˈnəusis]（Gr. *pyknōsis* condensation）固缩
pyknotic [pikˈnɔtik]（Gr. *pyknōtikos*）❶堵塞；❷（核）固缩的
Pyle's disease [pailz]（Edwin *Pyle* American physician, 1891-1961）派尔氏病
pyle-（Gr. *pylē* gate）门静脉
pylephlebectasis [ˌpailifliˈbektəsis]（*pyle-* + Gr. *phleps* vein + *ektasis* dilatation）门静脉扩张
pylephlebitis [ˌpailifliˈbaitis]（*pyle-* + Gr. *phleps* vein + *-itis*）门静脉炎
   adhesive p. 粘连性门静脉炎，血栓性门静脉炎
pylethrombophlebitis [ˌpailiθrɔmbɔfliˈbaitis]（*pyle-* + Gr. *thrombos* clot of blood + *phleps* vein + *-itis*）血栓性门静脉炎
pylethrombosis [ˌpailiθrɔmˈbəusis]（*pyle-* + Gr. *thrombos*）门静脉血栓形成
pylic [ˈpailik]（Gr. *pylē* gate）门静脉的
pylon [ˈpailɔn] 暂用假肢
pyloralgia [ˌpailəuˈrældʒiə]（*pylorus* + Gr. *algos* pain + *-ia*）幽门痛
pylorectomy [ˌpailəˈrektəmi]（*pylorus* + *-ectomy*）幽门切除术
pyloric [paiˈlɔrik] 幽门的
pyloristenosis [paiˌlɔristiˈnəusis]（*pylorus* + Gr. *stenōsis* narrowing）幽门狭窄
pyloritis [ˌpailəˈraitis] 幽门炎
pylor(o)-（L. *pylorus*）幽门
pylorodiosis [paiˌlɔːrəudaiˈəusis]（*pyloro-* + Gr. *diōsis* pushing asunder）幽门扩张术
pyloroduodenitis [paiˌlɔːrəuˌdjuːədiˈnaitis] 幽门十二指肠炎
pylorogastrectomy [paiˌlɔːrəugæsˈtrektəmi] 幽门及部分胃切除术
pyloromyotomy [paiˌlɔːrəumaiˈɔtəmi] 幽门肌切开术
pyloroplasty [paiˈlɔrəuˌplæsti]（*pyloro-* +

Gr. *plassein* to form) 幽门成形术
double p. 双重幽门成形术
Finney p. 芬尼氏幽门成形术
Heineke-Mikulicz p. 海-米二氏幽门成形术
pyloroscopy [ˌpailəˈrɔskəpi] (*pyloro-* + Gr. *skopein* to examine) 幽门检查
pylorospasm [paiˈlɔrəˌspæzəm] (*pyloro-* + Gr. *spasmos* spasm) 幽门痉挛
congenital p. 先天性幽门痉挛
reflex p. 反射性幽门痉挛
pylorostenosis [paiˌlɔːrəustiˈnəusis] 幽门狭窄
pylorostomy [ˌpailəˈrɔstəmi] (*pyloro-* + Gr. *stomoun* to provide with an opening, or mouth) 幽门造口术
pylorotomy [ˌpailəˈrɔtəmi] (*pyloro-* + Gr. *tomē* a cutting) 幽门切开术
pylorus [paiˈlɔrəs] (Gr. *pyloros*, from *pylē* gate + *ouros* guard) 幽门
py(o)- (Gr. *pyon* pus) 与脓有关的
pyoarthrosis [ˌpaiəuˈθrəusis] 急性化脓性关节炎
pyoblennorrhea [ˌpaiəublenəuˈriə] 脓液溢
pyocalix [ˌpaiəuˈkæliks] 肾盏积脓
pyocele [ˈpaiəusiːl] (*pyo-* + Gr. *kēlē* hernia) 脓囊肿
pyocelia [ˌpaiəuˈsiːliə] (*pyo-* + Gr. *koilia* cavity) 腹腔积脓
pyocephalus [ˌpaiəuˈsefələs] (*pyo-* + Gr. *kephalē* head) 脑室积脓,脑脓肿
pyochezia [ˌpaiəuˈkiːziə] (*pyo-* + Gr. *chezein* to defecate + *-ia*) 脓性粪
pyocin [ˈpaiəusin] (*pyo-* + *-cin* from L. *caedere* to kill) 脓菌素
pyococcic [ˌpaiəuˈkɔksik] 化脓球菌的
pyococcus [ˌpaiəuˈkɔkəs] 化脓球菌
pyocolpocele [ˌpaiəuˈkɔlpəsiːl] (*pyo-* + Gr. *kolpos* vagina + *kēlē* tumor) 阴道脓囊肿
pyocolpos [ˌpaiəuˈkɔlpəs] (*pyo-* + Gr. *kolpos* vagina) 阴道积脓
pyocyanic [ˌpaiəusaiˈænik] 绿脓的,绿脓菌的
pyocyanin [ˌpaiəuˈsaiənin] (*pyo-* + Gr. *kyanos* blue + *-in*, a chemical suffix) 绿脓菌素

pyocyanogenic [ˌpaiəuˌsaiənəuˈdʒenik] 产生绿脓菌素的
pyocyanosis [ˌpaiəuˌsaiəˈnəusis] 绿脓菌病
pyocyst [ˈpaiəusist] (*pyo-* + *cyst*) 脓囊肿
pyocystis [ˌpaiəuˈsistis] 膀胱积脓
pyoderma [ˌpaiəuˈdəːmə] (*pyo-* + Gr. *derma* skin) 脓皮病
chancriform p., p. chancriforme faciei 下疳样脓皮病
p. faciale 面部脓皮病
p. gangrenosum 坏疽性脓皮病
malignant p. 恶性脓皮病
p. vegetans 增殖性皮炎
pyodermia [ˌpaiəuˈdəːmiə] 脓皮症
pyofecia [ˌpaiəuˈfiːsiə] 脓性粪
pyogenesis [ˌpaiəuˈdʒenəsis] (*pyo-* + Gr. *genesis* production) 生脓,脓生成
pyogenic [ˌpaiəˈdʒenik] 脓生成的,生脓的
pyogenous [paiˈɔdʒənəs] 生脓的
pyohemia [ˌpaiəuˈhiːmiə] 脓毒症,脓血症
pyohemothorax [ˌpaiəuˌhiːməuˈθɔːræks] (*pyo-* + Gr. *haima* blood + *thōrax* chest) 脓血胸
pyohydronephrosis [ˌpaiəuˌhaidrənəˈfrəusis] 肾盂积脓水,水脓肾
pyoid [ˈpaiɔid] (*pyo-* + Gr. *eidos* form) ❶ 脓样的;❷ 脓样物质
pyometra [ˌpaiəuˈmiːtrə] (*pyo-* + Gr. *mētra* womb) 子宫积脓
pyometritis [ˌpaiəumiˈtraitis] 化脓性子宫炎
pyometrium [ˌpaiəuˈmiːtriəm] 子宫积脓
pyomyoma [ˌpaiəumiˈəumə] 脓肌瘤
pyomyositis [ˌpaiəuˌmaiəˈsaitis] (*pyo-* + *myositis*) 化脓性肌炎
tropical p. 热带化脓性肌炎
pyonephritis [ˌpaiəuniˈfraitis] 化脓性肾炎
pyonephrolithiasis [ˌpaiəuˌnefrəuliˈθaiəsis] (*pyo-* + Gr. *nephros* kidney + *lithos* stone + *-iasis*) 化脓性肾石病
pyonephrosis [ˌpaiəuniˈfrəusis] (*pyo-* + Gr. *nephros* kidney + *-osis*) 肾盂积脓,脓肾
pyonephrotic [ˌpaiəuniˈfrɔtik] 肾盂积脓的
pyo-ovarium [ˌpaiəuˈvɛəriəm] 卵巢脓肿
Pyopen [ˈpiənpən] 二钠羧苄青霉素:二钠羧苄青霉素制剂的商品名

pyopericarditis [ˌpaiəuˌperikɑː'daitis] 化脓性心包炎

pyopericardium [ˌpaiəuˌperi'kɑːdiəm] (*pyo-* + *pericardium*) 心包积脓

pyoperitoneum [ˌpaiəuˌperitə'niəm] (*pyo-* + *peritoneum*) 腹腔积脓

pyoperitonitis [ˌpaiəuˌperitə'naitis] 化脓性腹膜炎

pyophagia [ˌpaiəu'feidʒiə] (*pyo-* + Gr. *phagein* to eat) 吞脓

pyophthalmia [ˌpaiɔf'θælmiə] (*pyo-* + *ophthalmia*) 化脓性眼炎

pyophthalmitis [ˌpaiɔfθəl'maitis] 化脓性眼炎

pyophylactic [ˌpaiəufai'læktik] (*pyo-* + Gr. *phylaktikos* guarding) 防止生脓的

pyophysometra [ˌpaiəufaisəu'miːtrə] (*pyo-* + Gr. *physa* air + *metra* uterus) 子宫积脓气

pyoplania [ˌpaiəu'pleiniə] (*pyo-* + Gr. *planē* wandering) 脓扩散

pyopneumocholecystitis [ˌpaiəuˌnjuːməuˌkəulisis'taitis] (*pyo-* + *pneumo-* + *cholecyst* + *-itis*) 脓气性胆囊炎

pyopneumocyst [ˌpaiəu'njuːməusist] (*pyo-* + *pneumo-* + *cyst*) 脓气囊肿

pyopneumohepatitis [ˌpaiəuˌnjuːməuhepə'taitis] 脓气性肝炎

pyopneumopericardium [ˌpaiəuˌnjuːməuˌperi'kɑːdiəm] (*pyo-* + *pneumo-* + *pericardium*) 脓气性心包炎

pyopneumoperitoneum [ˌpaiəuˌnjuːməuˌperitə'niəm] 脓气腹

pyopneumoperitonitis [ˌpaiəuˌnjuːməuˌperitə'naitis] (*pyo-* + Gr. *pneuma* air + *peritonitis*) 脓气性腹腔炎

pyopneumothorax [ˌpaiəuˌnjuːməu'θɔːræks] (*pyo-* + *pneumo-* + *thorax* chest) 脓气胸

pyopoiesis [ˌpaiəupɔi'iːsis] (*pyo-* + Gr. *poiein* to make) 脓生成, 生脓

pyopoietic [ˌpaiəupɔi'etik] 脓生成的, 生脓的

pyoptysis [pai'ɔptisis] (*pyo-* + Gr. *ptysis* spitting) 咯脓

pyopyelectasis [ˌpaiəupaiə'lektəsis] (*pyo-* + Gr. *pyelos* pelvis + *ektasis* dilatation) 化脓性肾盂扩张

pyorrhea [ˌpaiəu'riə] (*pyo-* + Gr. *rhoia* flow) 牙槽脓溢

p. **alveolaris** 牙槽溢脓

Schmutz p. 垢性牙槽溢脓

pyorrheal [ˌpaiəu'riəl] 脓溢的

pyorubin [ˌpaiəu'ruːbin] 绿脓菌红素

pyosalpingitis [ˌpaiəuˌsælpin'dʒaitis] (*pyo-* + Gr. *salpinx* tube + *-itis*) 脓性输卵管炎

pyosalpingo-oophoritis [ˌpaiəusælˌpiŋɡəuˌfə'raitis] 脓性输卵管卵巢炎

pyosalpingo-oothecitis [ˌpaiəusælˌpiŋɡəuˌəuθi'saitis] 脓性输卵管卵巢炎

pyosalpinx [ˌpaiəu'sælpiŋks] (*pyo-* + Gr. *salpinx* tube) 输卵管积脓

pyosapremia [ˌsaiəusæp'riːmiə] (*pyo-* + Gr. *sapros* rotten + *haima* blood + *-ia*) 脓毒败血症

pyosclerosis [ˌpaiəuskliə'rəusis] 脓性硬化

pyosepticemia [ˌpaiəuˌsepti'siːmiə] 脓毒败血症

pyospermia [ˌpaiəu'spəːmiə] (*pyo-* + Gr. *sperma* seed + *-ia*) 脓性精液症

pyostatic [ˌpaiəu'stætik] (*pyo-* + Gr. *statikos* halting) ❶ 抑制化脓的;❷ 抑制化脓药

pyostomatitis [ˌpaiəˌstəumə'taitis] (*pyo-* + *stomatitis*) 脓性口腔炎

p. **vegetans** 增生性化脓性口腔炎

pyothorax [ˌpaiə'θɔːræks] (*pyo-* + Gr. *thōrax* chest) 脓胸

pyotoxinemia [ˌpaiəuˌtɔksi'niːmiə] (*pyo-* + *toxin* + Gr. *haima* blood + *-ia*) 脓毒素血症

pyoumbilicus [ˌpaiəm'bilikəs] 脓脐

pyourachus [paiə'juərəkəs] 输尿管积脓

pyoureter [ˌpaiəjuə'riːtə] (*pyo-* + *ureter*) 输尿管积脓

pyovesiculosis [ˌpaiəvəˌsikju'ləusis] 精囊积脓

pyoxanthine [ˌpaiə'zænθin] 绿脓黄素

pyoxanthose [ˌpaiə'zænθəus] (*pyo-* + Gr. *xanthos* yellow) 半绿脓青素

pyrabrom ['pirəbrɔm] 新安替根溴茶碱

pyracin ['pairəsin] 吡拉辛

Pyralis ['pirəlis] 螟

p. **farinalis** 紫斑谷螟

pyramid ['pirəmid] (Gr. *pyramis*) 锥体

p. **of cerebellum** 蚓锥体

p. of Ferrein 费蓝氏锥体
p's of kidney 肾锥体
Lalouette's p. 拉路埃特氏锥体
p. of light 光锥
Malacarne's p. 马拉卡内氏锥体
p's of Malpighi 肾锥体
p. of medulla oblongata 延髓锥体
petrous p. 颞骨岩部,岩部
renal p's 肾锥体
p. of temporal bone 颞骨锥部
p. of temporal bone, of Arnold 颞骨乳突部
p. of thyroid 甲状腺锥体叶
p. of tympanum (鼓岬)锥隆起
p. of vermis 蚓锥体
p. of vestibule 前庭锥体
Wistar's p's 威斯塔氏锥体

pyramidal [pi'ræmidəl] (L. *pyramidalis*) 锥体状的,锥体的
pyramidale [pi,ræmi'deili] 三角骨
pyramidalis [pi,ræmi'deilis] (L.) 锥体状的,锥体的
pyramides [pi'ræmidiz] (Gr.) 锥体。*pyramis* 的复数形式
pyramidotomy [,piræmi'dɔtəmi] 锥体束切断术
pyramis ['pirəmis] (Gr.) (pl. *pyramides*) 锥体 (NA)
 pyramides Malpighii 肾锥体
 p. medullae oblongatae (NA) 延髓锥体
 p. ossis temporalis 颞骨锥部,颞骨部
 pyramides renales (NA), pyramides renales (Malpighii) 肾锥体
 p. vermis (NA) 蚓锥体
 p. vestibuli (NA) 前庭锥体
pyran ['paiərən] 吡喃,氧(杂)芑
pyranisamine [,pirə'nisəmin] 吡拉明,新安替根
pyranose ['pirənəus] 吡喃糖
pyranoside [pi'rænəusaid] 吡喃糖基
pyrantel [pi'ræntəl] 抗虫类
 p. pamoate (USP) 双羟萘酸噻吩嘧啶
 p. tartrate 噻吩嘧啶酒石酸盐
pyranyl ['paiərənil] 吡喃萘,氧杂芑萘
pyrathiazine hydrochloride [,pirə'θaiəzin] 盐酸匹拉噻嗪
pyrazinamide [,pirə'zinəmaid] (USP) 吡嗪酰胺

pyrazine ['pirəzin] 吡嗪,对二氮(杂)苯
pyrazolone [pi'ræzələun] 吡唑啉酮
pyrectic [pai'rektik] (Gr. *pyrektikos* feverish) ❶ 致热的;❷ 放热因素
pyrene ['paiərin] 芘,嵌二萘
pyrenoid ['paiərənɔid] (Gr. *pyrēn* fruit stone + *eidos* form) 淀粉核,蛋白核
pyrenolysis [,paiərə'nɔlisis] (Gr. *pyrēn* fruit stone + *lysis* solution) 核二酶体
pyretherapy [,paiərə'θerəpi] (Gr. *pyr* fever + *therapy*) ❶ 发热疗法;❷ 热病治疗法
pyrethrin [paiə'reθrin] 有两种形成的酯类
pyrethron ['paiərəθrɔn] 除虫菊酮
pyrethrum [paiə'riθrəm] (Gr. *pyrethron*) ❶ 除虫菊;❷ (南欧)派利吞草
pyretic [paiə'retik] (Gr. *pyretos* fever) 发热的
pyret(o)- (Gr. *pyretos* fever) 与发热有关的
pyretogen [paiə'retədʒən] 热,放热物
pyretogenesis [,paiərətəu'dʒenəsis] (*pyreto-* + Gr. *genesis* production) 热发生,发热
pyretogenetic [,paiərətəudʒə'netik] 热发生的,发热的
pyretogenic [,paiərətəu'dʒenik] 致热的,引起发热的
pyretogenous [,paiərə'tɔdʒənəs] ❶ 热原的;❷ 致热的
pyretography [,paiərə'tɔgrəfi] (*pyreto-* + Gr. *graphein* to write) 热病论
pyretology [,paiərə'tɔlədʒi] (*pyreto-* + *-logy*) 热病学
pyretolysis [,paiərə'tɔlisis] (*pyreto-* + Gr. *lysis* dissolution) ❶ 退热;❷ 发热松解
pyretotherapy [,paiərətəu'θerəpi] (*pyreto-* + Gr. *therapeia* treatment) ❶ 发热疗法;❷ 发热的治疗
pyretotyphosis [,paiərətautai'fəusis] (*pyreto-* + Gr. *typhōsis* delirium) 热性谵妄
pyrexia [paiə'reksiə] (pl. *pyrexiae*) (Gr. *pyressein* to be feverish) 发热
 Pel-Ebstein p. 佩-埃二氏发热
pyrexial [paiə'reksiəl] 发热的
pyrexiogenic [paiə,reksiəu'dʒenik] 引起发

热的,致热的
Pyribenzamine [ˌpiri'benzəmin] 吡本乍明,去敏灵,扑敏灵:吡苄明制剂的商品名
pyridine ['piridin] 吡啶
Pyridium [paiə'ridiəm] 吡啶姆:盐酸苯氮吡啶制剂的商品名
pyridostigmine bromide [ˌpiridəu'stigmin](USP) 吡啶斯的明
pyridoxal [piri'dɔksəl] 吡哆醛
　p. **phosphate** 磷酸吡哆醛
pyridoxamine [ˌpiri'dɔksəmin] 吡哆胺
pyridoxic acid [ˌpiri'dɔksik] 比哆酸
pyridoxine [ˌpiri'dɔksin] 吡哆醇
　p. **hydrochloride** 盐酸吡哆醇
pyriform ['pirifɔ:m] 梨状的,梨形的
pyrilamine [pi'riləmin] 吡拉明,新安替根
　p. **maleate** (USP) 苹果酸新安替根
　p. **tannate** 鞣酸新安替根
pyrimethamine [ˌpiri'meθəmin] (USP) 乙氨嘧啶,息疟疾
pyrimidine [pə'rimidin] 嘧啶
pyrimidine-nucleoside phosphorylase [pə'rimidin 'nju:kliəuˌsaid fɔs'fɔrileis] (EC 2.4.2.2) 嘧啶-核苷磷酸酶
pyrinoline [pi'rinəulin] 吡环戊烯醇
pyrithiamine [ˌpiri'θaiəmin] 吡啶硫胺
pyr(o)- (Gr. pyr fire) ❶ 火,热;❷ 在化学中,由热产生的;❸ 在无机化学中,二聚酸酐,以焦磷酸
pyroborate [paiərə'bɔreit] 焦硼酸盐
pyroboric acid [ˌpaiərə'bɔrik] 焦硼盐
pyrocatechin [ˌpaiərəu'kætəkin] 焦儿茶酚,邻苯二酚
pyrocatechol [ˌpaiərəu'kætəkɔl] 焦儿茶酚,邻苯二酚
pyrodextrin [ˌpaiərəu'dekstrin] 焦糊精
pyrogallic acid [ˌpaiərəu'gælik] 焦性没食子酚,连苯三酚
pyrogallol [ˌpaiərə'gælɔl] 焦性没食子酚,连苯三酚
pyrogen ['paiərədʒən] (pyro- + Gr. gennan to produce) 热原,致热物
　bacterial p. 细菌性致热原
　endogenous p. 内源性致热原
　exogenous p. 外源性致热原
　leukocytic p. 白细胞致热原
pyrogenetic [ˌpaiərəudʒə'netik] 热发生的,致热的
pyrogenic [ˌpaiərəu'dʒenik] (pyro- + Gr. gennan to produce) 致热的
pyrogenous [ˌpai'rɔdʒənəs] 引起发热的,致热的
pyroglobulin [ˌpaiərəu'glɔbjulin] (pyro- + globulin) 热球蛋白
pyroglobulinemia [ˌpaiərəuˌglɔbjulin'i:miə] 热球蛋白血症
pyroglutamate [ˌpaiərəu'glu:təmeit] 焦谷氨酸盐
pyroglutamic acid [ˌpaiərəuglu'tæmik] 焦谷氨酸
pyroglutamicaciduria [ˌpaiərəugluˌtæmiˌkæsi'djuəriə] 焦谷氨酸尿
pyrolagnia [ˌpaiərəu'lægniə] (pyro- + Gr. lagneia lust) 纵火色情
pyroligneous [ˌpaiərəu'ligniəs] (pyro- + L. lignum wood) 木材干馏的
pyrolysis [pai'rɔlisis] (pyro- + Gr. lysis dissolution) 热解,高温分解
pyromania [ˌpaiərəu'meiniə] (pyro- + Gr. mania madness) (DSM Ⅲ-R) 纵火狂
　erotic p. 纵火色情
pyrometer [pai'rɔmitə] (pyro- + -met) 高温计
pyrone ['paiərəun] 吡喃酮
Pyronil ['paiərənil] 吡咯布他明制剂品名
pyronin ['paiərənin] 派若宁
　p. B 派若宁 B
　p. G 派若宁 G
　p. Y 派若宁 Y
pyronine [ˌpaiərə'ni:n] 派若宁
pyroninophilia [ˌpaiərəuˌninəu'filiə] 嗜派若宁性
pyroninophilic [ˌpaiərəuˌninəu'filik] 嗜派若宁的
pyrophobia [ˌpaiərəu'fəubiə] (pyro- + phobia) 火焰恐怖
pyrophosphatase [ˌpaiərəu'fɔsfəteis] 焦磷酸酶
pyrophosphate [ˌpaiərəu'fɔsfeit] 焦磷酸盐
　stannous p. 焦磷酸亚锡
pyrophosphokinase [ˌpaiərəuˌfɔsfəu'kaineis] 焦磷酸激酶
pyrophosphoric acid [ˌpaiərəuˌfɔs'fɔrik] 焦磷酸

pyrophosphotransferase [ˌpaiərəuˌfɔsfəu-ˈtrænsfəreis] 焦磷转移酶

pyrosis [paiəˈrəusis] (Gr. *pyrōsis* burning) 胃灼热

pyrotic [paiəˈrɔtik] (Gr. *pyrōtikos*) 苛性的,腐蚀的,灼热的

pyrovalerone hydrochloride [ˌpaiərəu-ˈvælərəun] 盐酸吡咯戊酮

pyroxamine maleate [piˈrɔksəmin] 马来酸吡咯戊酮

pyroxylin [paiˈrɔksəlin] (Gr. *pyr* fire + Gr. *xylon* wood) 火棉,二硫化纤维素

pyrrocaine hydrochloride [ˈpirəukein] 盐酸吡咯卡因

pyrrole [ˈpiːrəul] 吡咯

pyrrolidine [piˈrɔlidin] 吡咯烷,氧戊环,四氧化吡

pyrroline [ˈpirəulin] 吡咯啉

1-pyrroline-5-carboxylate dehydrogenase [ˈpirəulin kɑːˈbɔksəleit diˈhaidrədʒəneis] (EC 1.5.1.12) 吡咯啉 5-羧化脱氢酶

pyrroline-5-carboxylate reductase [ˈpirəulin kɑːˈbɔksəleit riˈdʌkteis] (EC 1.5.1.2) 吡咯啉 5-羧化还原酶

pyrroline 5-carboxylate synthase [ˈpirəulin kɑːˈbɔksəleit ˈsinθeis] 吡咯啉 5-羧化合成酶

pyrrolnitrin [ˌpirɔlˈnaitrin] 吡咯菌素,硝吡咯菌素

pyrroloporphyria [ˌpirələpɔːˈfairiə] 急性间发性卟啉症

pyruvate [ˈpairuveit] 丙酮酸

pyruvate carboxylase [ˈpairuveit kɑːˈbɔksəleis] (EC 6.4.1.1) 丙酮酸羧化酶

pyruvate decarboxylase [ˈpairuveit ˌdiːkɑːˈbɔsəleis] (EC 4.1.1.1) 丙酮酸脱羧酶

pyruvate dehydrogenase complex [ˈpairuveit diˈhaidrədʒəneis ˈkɔmpleks] 复合丙酮酸脱氢酶

pyruvate dehydrogenase (lipoamide) [ˈpairuveit diˈhaidrədʒəneis ˌlipəuˈæmaid] (EC 1.2.4.1) 丙酮酸脱氢酶(硫辛酰胺)

(pyruvate dehydrogenase (lipoamide)) kinase [ˈpairuveit diˈhaidrədʒəneis ˌlipəuˈæmaid ˈkaineis] (EC 2.7.1.99) 丙酮酸脱氢酶激酶

(pyruvate dehydrogenase (lipoamide))-phosphatase [ˈpairuveit diˈhaidrədʒəneis ˌlipəuˈæmaid ˈfɔsfəteis] (EC 3.1.3.43) 丙酮酸脱氢酶磷酸酶

pyruvate kinase (PK) [ˈpairuveit ˈkaineis] (EC 2.7.1.40) 丙酮酸激酶

pyruvate kinase (PK) deficiency 红细胞丙酮酸激酶缺乏症

pyruvemia [ˌpairuːˈviːmiə] 丙酮酸血症

pyruvic acid [paiˈruːvik] 丙酮酸

6-pyruvoyltetrahydropterin synthase [paiˌruːvəuəlˌtetrəhaiˈdrɔptərin ˈsinθeis] 6-丙酮酸-四氢喋呤合成酶

pyrvinium pamoate [piəˈviniəm] (USP) 扑蛲灵

Pythiaceae [ˌpiθiˈæsiiː] 腐霉科

pythiosis [ˌpiθiˈəusis] 腐皮病

Pythium [ˈpiθiəm] (Gr. *pythein* to make rot) 腐皮菌属

p. insidiosum 能引起腐皮病的一个属

pythogenesis [ˌpaiθəuˈdʒenəsis] (Gr. *pythein* to rot + *genesis* production) 腐化

pythogenic [ˌpaiθəuˈdʒenik] (Gr. *pythein* to rot + *gennan* to produce) 致腐化的,致腐败的

pythogenous [paiˈθɔdʒənəs] 腐化的,腐败的

pyuria [paiˈjuːəriə] (Gr. *pyon* pus + *ouron* urine + *-ia*) 脓尿

miliary p. 粟粒性脓尿

PZI (protamine zinc insulin 的缩写) 鱼精蛋白锌胰岛素

Q

Q (*ubiquinone* 的符号) 泛醌,辅酶
Q ❶ (electric charge 的符号) 电量; ❷ (heat 的符号) 热量; ❸ (reaction quotient 的符号) 反应系数
Q₁₀ ❶ (temperature coefficient 的符号) 温度系数; ❷ (ubiquinone 的符号) 辅酶 Q
Q̇ (rate of blood flow 的符号) 血液流速
q 染色体长臂
q. (L.) (*quaque* 的缩写) 每
q 电量,辅酶 Q
Q angle (Q for *quadriceps*) 四头(肌)角
q.d. [kju:'fi:və] (L.) (*quaque die* 的缩写) 每天
Q fever [kju:'fi:və] 寇热,Q 热
q.h. (L.) *quaque hora* 的缩写) 每小时
q.i.d. (L.) (*quater in die* 的缩写) 每日四次
q.l. (L.) (*quantum libet* 的缩写) 任意量
QNS (*Queen's Nursing Sister* 的缩写) (女王地区护理学院的)护士
qns *quantity not sufficient* 的缩写) 量不足
q.p. (L.) (*qnantum placeat* 的缩写) 任意量
q.q.h. (L.) (*quaque quarta hora* 的缩写) 每四小时
Qq. hor. (L.) (*quaque hora* 的缩写) 每小时
QS₂(*electromechanical systole* 的缩写) 电机械收缩
q.s. (L.) (*quantum satis* 的缩写) 定量
q. sort q 分类
q. suff. (L. *quantum sufficit* 的缩写) 定量
Quaalude ['kweilu:d] 快噜德:安眠酮制剂的商品名
quack [kwæk] (from *quacksalver*) 江湖医生
quackery ['kwækəri] 江湖医术
quacksalver [kwæk'sælvə] (Dutch "salve peddler") 江湖医生

Quadramoid ['kwɔdrəmɔid] 三磺嘧啶
quadrangle ['kwɔdræŋgl] ❶ 四角形; ❷ 四角器
quadrangular [kwɔ'dræŋjulə] (L. *quadri* four + *angulus* angle) 四角形的
quadrant ['kwɔdrənt] (L. *quadrans* quarter) ❶ 象限; ❷ 四分体
quadrantal [kwɔ'dræntəl] 四分体的,象限的
quadrantanopia [ˌkwɔdrəntə'nəupiə] (*quadrant* + *an-* neg. + *-opia*) 象限盲
quadrantanopsia [ˌkwɔdrən'nɔpsiə] 象限盲
quadrantectomy [ˌkwɔdrən'tektəmi] 四分之一切除术
quadrate ['kwɔdreit] (L. *quadratus* squared) 方的,方形的,四边的
quadratipronator [kwɔˌdreitiprəu'neitə] 旋前方肌
quadratus [kwɔ'dreitəs] (L.) 方形的,四边的
quadri- (L. *quattuor* four; in combination, *quadri-*) 四,四倍
quadribasic [ˌkwɔdri'beisik] 四元的,四碱价的
quadriceps ['kwɔdriseps] (*quadri-* + L. *caput* head) 四头肌的,四头的
quadricepsplasty ['kwɔdrisepsˌplæsti] 股四头肌成形术
quadricuspid [ˌkwɔdri'kʌspid] (*quadri-* + *cuspid*) ❶ 四头的; ❷ 四头牙
quadridentate [ˌkwɔdri'denteit] 四配位体
quadridigitate [ˌkwɔdri'didʒiteit] 四指(趾)(畸形)的
quadrigeminal [ˌkwɔdri'dʒeminəl] (L. *quadrigeminus*) ❶ 四倍的,四联的; ❷ 四叠体的
quadrigeminus [ˌkwɔdri'dʒeminəs] (L.) 四联的,四叠的
quadrigeminy [ˌkwɔdri'dʒemini] (*quadri-*

+ L. *geminus* twin) ❶ 四个一起出现的;❷ 四联脉

quadrilateral [ˌkwɔdri'lætərəl] (*quadri-* + L. *latus* side) ❶ 四边形的;❷ 四边形
Celsus' q. 摄尔赛斯氏四症候

quadrilocular [ˌkwɔdri'lɔkjulə] (*quadri-* + L. *loculus* a small space) 四腔的,四房的,四个细胞的

quadripara [kwɔ'dripərə] (*quadri-* + L. *parere* to bring forth, produce) 四产妇

quadriparous [ˌkwɔdri'pærəs] 四产的

quadripartite [ˌkwɔdri'pɑːtait] 四部分的,四分的,有四个部分的

quadriplegia [ˌkwɔdri'pliːdʒiə] (*quadri-* + Gr. *plēgē* storke) 四肢麻痹,四肢瘫

quadripolar [ˌkwɔdri'pəulə] 四极的

quadrisect ['kwɔdrisekt] (*quadri-* + L. *secare* to cut) 切为四份

quadrisection [ˌkwɔdri'sekʃən] (*quadri-* + L. *sectio* cut) 四分切

quadritubercular [ˌkwɔdritjuː'bəːkjulə] 四结节的;四尖的

quadriurate [ˌkwɔdri'juəreit] 四尿酸盐

quadrivalent [ˌkwɔdri'veilənt] 四价的

quadruped ['kwɔdrʌpt] (*quadri-* + L. *pes* foot) ❶ 四足的;❷ 四足动物

quadrupl. (L.) (*quadruplicato* 的缩写) 四倍

quadruplet [kwɔ'drʌplət] (L. *quadrupulus* fourfold) 四胞胎

Quain's fatty heart [kweinz] (Sir Richard Quain, British physician, 1816-1898) 奎恩氏脂肪心

quale ['kweili] 性状,性质

qualimeter [kwɔ'limitə] (L. *qualis* of what sort + *metrum* measure) 射线硬度计

qualitative [ˌkwɔliˌteitiv] (L. *qualitativus*) 性质的,品质的

qualitive ['kwɔlitiv] (L. *qualitativus*) 性质的,品质的

quality ['kwɔliti] 性质,品质

Quant's sign [kwɔnts] (C. A. J. Quant, Dutch physician, early 20th century) 宽特氏征

quanta ['kwɔntə] (L.) 量子,量。*quantum* 的复数形式

quantal ['kwɔntəl] 量子的,可数性

quantile ['kwɔntail] (L. *quantity* + *-ile*) 分位数,分位点

quantimeter [kwɔn'timitə] (L. *quantus* how much + *-meter*) X 线累计

quantitative ['kwɔntiˌteitiv] (L. *quantitativus*) 定量的,数量的

quantity ['kwɔntiti] 量,分量,数量

quantivalence [ˌkwɔnti'veiləns] (L. *quantus* how much + *vatere* to be worth) 原子价

quantum ['kwɔntəm] (pl. *quanta*) (L. "as much as") 量子
q. of light 光量子

quantum libet ['kwɔntəm 'laibət] (L.) 任意量

quantum satis ['kwɔntəm 'sætis] 适量,足量

quantum sufficit ['kwɔntəm 'sʌfisit] (L.) 适量,足量

quarantine ['kwɔrəntin] (Ital. *quarantina*, from L. *quadraginta* forty) ❶ 疫区限制;❷ 检疫期;❸ 检疫站;❹ 检疫,留验

quart [kwɔːt] (L. *quartus* fourth) 夸脱

quartan ['kwɔːtən] (L. *quartanus*, pertaining to the fourth) 每第四日(复发)的

quarter ['kwɔːtə] 蹄边部
false q. 假蹄边部

quartile ['kwɔːtail] (L. *quartilis* pertaining to a fourth, from *quartus* fourth) 四分值;四分线

quartipara [kwɔː'tipərə] 四产妇

quartisect ['kwɔːtisekt] (L. *quartus* fourth + *secare* to cut) 切成四份

quartisternal [ˌkwɔːti'stəːnəl] (L. *quartus* fourth + *sternum* sternum) 胸骨第四节的

quartz [kwɔːts] 石英,水晶

quasi- (L. *quasi* as if, as though) 类似,准,拟

quasidiploid [ˌkwɔzi'diplɔid] (*quasi-* + *diploid*) 准二倍体

quasidominance [ˌkwɔzi'dɔminəns] (*quasi-* + *dominance*) 似显性,准显性

quasidominant [ˌkwɔzi'dɔminənt] 似显性的,准显性的

quassation [kwɔ'seiʃən] (L. *quassatio*) 压碎,破碎

Quassia ['kwɔʃiə] (after Quassi, 18th century black slave of Surinam who used it) 苦木属

quassia ['kwɔʃiə] 苦木,美洲苦木

quassin ['kwɔʃin] 苦木素

Quat., quat. (L.) (*quattuor* 的缩写) 四,四倍

quater in die ['kwɔtə in dai] (L.) 一天四次

quaternary ['kwɔtə,nəri] (L. *quaternarius*, from *quattuor* four) ❶ 排第四的; ❷ 四元的,四价的,季的

Quatrefages' angle [,kɑtrə'fɔʒəz] (Jean Louis Armand de *Quatrefages* de Bréau, French naturalist, 1810-1892) 卡特尔法日氏角

quazepam ['kwɔzipæm] 四氟硫安定

quazodine ['kweizəudin] 乙二甲氧喹唑啉

Queckenstedt's sign ['kwekən,ʃtests] (Hans Heinrich Georg *Queckenstedt*, German physician, 1876-1918) 奎肯斯提特氏征

Quelicin ['kwelisin] 盐酸琥珀胆碱

quenching ['kwentʃiŋ] 猝,熄,猝灭
  fluorescence q. 荧光猝灭

Quénu-Muret sign [kei'nju: mʌ'rei] (Eduard André Vitor Alfred *Quénu*, French surgeon, 1852-1933; Paul Louis *Muret*, French surgeon, born 1878) 凯-缪二氏征

Quercus ['kwə:kəs] (L.) 槲属,栎属

Questran ['kwestræn] 消胆胺

Quetelet's rule [,ketə'leiz] (Lambert Adolphe Jacques *Quetelet*, Belgian mathematician, 1796-1874) 凯特累氏规则

Queyrat's erythroplasia [kei'rɑz] (Louis Auguste *Queyrat*, French dermatologist, 1856-1933) 凯腊氏增殖性红斑

Quick test [kwik] (Armand James *Quick*, American physician, 1894-1978) 魁克氏试验

quick [kwik] ❶ 快的; ❷ 活的; ❸ 妊娠并能感到胎动的

quickening ['kwikəniŋ] 胎动初感

quicklime ['kwiklaim] 生石灰

quidding ['kwidiŋ] (马) 咀嚼病

Quide [kwaid] 哌乙酰嗪

quillaia [kwi'leijə] 皂树皮

Quillaja [kwi'leijə] (Sp. Am. *quillai*) 皂树

quinacrine hydrochloride ['kwinəkrin] (USP) 盐酸阿的平

Quinaglute ['kwinəglu:t] 奎尼丁葡萄糖

quinalbarbitone [,kwinəl'bɑ:bitəun] 司克巴比妥,速可眠

quinaldic acid [kwi'nældik] 喹哪啶酸,α-喹啉羧酸

quinaldinic acid [,kwinəl'dinik] 喹哪啶酸,α-喹啉羧酸

quinapril hydrochloride ['kwinə,pril] 盐酸喹拉普利

Quincke's edema ['kwiŋkəs] (Heinrich Irenaeus *Quincke*, German physician, 1842-1922) 昆克氏水肿

quinestrol [kwi'nestrəul] 炔雌醚

quinethazone [kwi'neθəzəun] (USP) 喹乙唑酮

quinfamide ['kwinfəmaid] 呋喃喹酯

quingestanol acetate [kwin'dʒestənɔl] 醋酸氢孕雌醚

quingestrone [kwin'dʒestrəun] 孕醚

quinic acid ['kwinik] 奎尼酸,奎宁酸

Quinidex ['kwinideks] 奎尼丁待克斯

quinidine ['kwinidin] 奎尼丁,康奎宁
  q. gluconate (USP) 葡萄糖酸奎尼丁
  q. polygalacturonate 奎尼丁聚半乳糖醛酸盐
  q. sulfate (USP) 硫酸奎尼丁

quinine ['kwinin] (L. *quinina*) 奎宁
  q. and urea hydrochloride 盐酸脲奎宁
  q. dihydrochloride 二盐酸奎宁
  q. ethylcarbonate 碳酸乙酯奎宁,优奎宁
  q. hydrochloride 盐酸奎宁
  q. sulfate (USP) 硫酸奎宁

quininism ['kwini,nizəm] 奎宁中毒,金鸡纳中毒

quinoid ['kwinɔid] 醌型,醌式

quinoline ['kwinəulin] 喹啉

quinone ['kwainəun] 醌

quinonoid ['kwinəunɔid] 类苯醌的,类醌的

Quinora ['kwinəurə] 奎尼诺拉

quinovin [kwi'nəuvin] 奎诺温,金鸡纳(皮)甙

Quinq. (L.) (*quinque* 的缩写) 五

quinquecuspid [,kwinkwə'kʌspid] (L.

quinque five + *cuspid*）❶ 五尖的；❷ 五尖牙

quinquetubercular [ˌkwiŋkwətuˈbəːkjulə] 五结节的，五尖的

quinquevalent [ˌkwiŋkwəˈveilənt] 五价的

quinquina [kinˈkiːnə] 金鸡纳(树)皮

quinsy [ˈkwinzi] Gr. *kynanche* sore throat) 扁桃体周脓肿

  lingual q. 化脓性舌扁桃体炎

Quint. (L. *quintus* 的缩写) 第五的

quintan [ˈkwintæn] (L. *quintanus* of the fifth) 第五天(复发的)

quintessence [kwinˈtesəns] (L. *quintus* fifth + *essentia* essence) 浓度膏，浓缩物

quintile [ˈkwintail] (L. *quintilis* pertaining to a fifth, from *quintus* fifth) 五分值，五分线

quintipara [kwinˈtipərə] (L. *quintus* fifth + *parere* to bring forth, produce) 五产妇

quintisternal [ˌkwintiˈstəːnəl] (L. *quintus* fifth + *sternum*) 胸骨第五节的

Quinton-Scribner shunt [ˈkwintən ˈskribnə] (Wayne E. *Quinton* American nephrologist, 20th century; Belding H. *Scribner*, American nephrologist, born 1921) 昆-史二氏分流

quintuplet [kwinˈtʌplət] (L. *quintuplex* five-fold) 五胎儿(之一)

quisqualic acid [kwisˈkwɔlik] 使君子酸

quittor [ˈkwitə] 马蹄疽

  simple q. 单纯性马蹄疽

  skin q. 皮马蹄疽

  subhorny q. 角质下马蹄疽

  tendinous q. 腱马蹄疽

quoad vitam [ˈkwəuid ˈvaitəm] (L.) 就生命而言

Quotane [ˈkwəutein] 可特因：盐酸异喹卡因制剂的商品名

Quotid. (L.) (*quotidie* 的缩写) 每日

quotidian [kwəuˈtidiən] (L. *quotidianus* daily) 日发的

quotient [ˈkwəuʃənt] 商数，系数

  achievement q. 能力商数，成绩商数

  albumin q. 白蛋白商

  caloric q. 热量商数

  D q. (尿)糖氮化率

  growth q. 生长商数

  intelligence q. 智力商数

  protein q. 蛋白商

  reaction q. 反应系数

  respiratory q. 呼吸商

q.v. ❶ (L. *quantum vis* 的缩写) 适量；❷ (L. *quod vide* 的缩写) 参照，参阅

R

R ❶ (*rate* 的符号) 率; ❷ (*respiratory exchange ratio* 的符号) 呼吸换气率; ❸ (*resistance* 的符号) 电阻, 耐力; ❹ (*respiration* 的符号) 呼吸; ❺ (*rhythm* 的符号) 节律; ❻ (*right* 的符号) 右的; ❼ (*roentgen* 的符号) 伦琴; ❽ (*rough* (*colony*) 的符号) 粗糙型菌落; ❾ (*Rankine scale* 的符号) 伦氏温标; ❿ (*Réaumur scale* 的符号) 列氏温标; ⓫ (*Behnken's unit* 的符号) 本肯单位; ⓬ (an organic *radical* 的化学符号) 有机基团
R. (L. *remotum* 的缩写) 远的
R ❶ (*resistance* 的符号) 电阻; ❷ (*gas constant* 的符号) 气体常数
R- (L. *rectus* right) 右旋的
R (L. *recipe* 的符号) 取
R$_A$, R$_{AW}$ 空气阻力
R$_e$ 雷诺氏数
R$_f$ 比移值, 层离化率
r ❶ (*ring chromosome* 的符号) 环状染色体; ❷ (*drug resistance* 的符号) 药物耐受性; ❸ (*roentgen* 的旧符号) 伦琴。现正式为 R 代替
r ❶ (*correlation coefficient* 的符号) 相关系数; ❷ (*distance* 的符号) 距离; ❸ (*radius* 的符号) 桡骨; ❹ (*drug resistance* 的符号) 药物耐受性
r$_s$ (*Spearman's rank correlation coefficient* 的符号) 斯皮尔曼氏等级相关系数
R ❶ 希腊字母表中的第十七个字母; ❷ (*correlation coefficient* 的符号) (一个总体的) 相关系数; ❸ (*mass density* 的符号) 质量密度; ❹ (*electric charge density* 的符号) 电荷密度
Ra (*radium* 的符号) 镭
Raabe's test ['ræbiz] (Gustav *Raabe*, German physician, early 20th century) 腊伯氏试验
rabbetting ['ræbetiŋ] 骨折断端交锁
rabbit ['ræbit] 兔
 Watanabe heritable hyperlipidemic (WHHL) r. 瓦特内拍氏可遗传高脂血兔
rabbitpox ['ræbitpɔks] 兔痘
rabelaisin [ˌræbi'leiisin] 腊贝来辛
rabic ['ræbik] 狂犬病的
rabid ['ræbid] (L. *rabidus*) 患狂犬病的, 疯的
rabies ['reibi:z] (L. *rabere* to rage) 狂犬病
 dumb r. 早瘫性狂犬病
 furious r. 狂暴性狂犬病
 paralytic r. 麻痹性狂犬病
rabiform ['ræbifɔ:m] 狂犬病样的
race [reis] ❶ 人种; ❷ 属, 类
racemase ['reisəmeis] 消旋酶
racemate ['reisəmeit] 消旋物, 消旋体
racemic [rei'si:mik] 消旋的
racemization [ˌreisəmai'zeiʃən] 消旋作用
racemose ['reisəməus] (L. *racemosus*) 葡萄状的
racephedrine hydrochloride [rei'sefədri:n] 盐酸消旋麻黄碱
racephenicol [ˌreisə'fenikəl] 消旋甲砜霉素
rachial ['reikiəl] 脊柱的
rachialbuminimeter [ˌreikiælˌbju:mi'nimitə] 脑脊液白蛋白定量器
rachialbuminimetry [ˌreikiælˌbju:mi'nimitri] 脑脊液白蛋白定量法
rachialgia [ˌreiki'ældʒiə] 脊柱痛
rachicentesis [ˌreikisen'ti:sis] (*rachi-* + Gr. *kentēsis* puncture) 椎管穿刺
rachidial [rei'kidiəl] 脊柱的
rachidian [rei'kidiən] 脊柱的
rachigraph ['reikigrɑ:f] (*rachi-* + Gr. *graphein* to write) 脊柱描记器
rachilysis [rei'kilisis] (*rachi-* + Gr. *lysis* dissolution) 歪脊矫正术
rachi(o)- (Gr. *rhachis* spine) 脊柱

rachiocampsis [ˌreikiəu'kæmpsis] (*rachio-* + Gr. *kampsis* curve) 脊柱弯曲

rachiocentesis [ˌreikiəusen'ti:sis] (*rachio-* + Gr. *kentēsis* puncture) 椎管穿刺

rachiochysis [ˌreiki'ɔkisis] (*rachio-* + Gr. *chysis* a pouring) 椎管积液

rachiocyphosis [ˌreikiəusai'fəusis] 脊柱后凸，驼背

rachiodynia [ˌreikiəu'diniə] (*rachio-* + Gr. *odynē* pain + *-ia*) 脊柱痛

rachiokyphosis [ˌreikiəukai'fəusis] 脊柱后凸，驼背

rachiometer [ˌreiki'ɔmitə] (*rachio-* + Gr. *metron* measure) 脊柱弯度计

rachiomyelitis [ˌreikiəuˌmaiə'laitis] (*rachio-* + *myelitis*) 脊髓炎

rachiopagus [ˌreiki'ɔpəgəs] (*rachio-* + *pagos* thing fixed) 脊柱联胎

rachioparalysis [ˌreikiəupə'rælisis] 脊肌麻痹

rachiopathy [ˌreiki'ɔpəθi] (*rachio-* + Gr. *pathos* disease) 脊柱病

rachioplegia [ˌreikiəu'pli:dʒiə] (*rachio-* + Gr. *plege* stroke) 脊髓性麻痹

rachioscoliosis [ˌreikiəuˌskɔuli'əusis] 脊柱侧凸

rachiotome ['reikiəutəum] 椎骨刀，脊椎刀

rachiotomy [ˌreiki'ɔtəmi] (*rachio-* + Gr. *tomē* a cutting) 脊柱切开术

rachipagus [rei'kipəgəs] (*rachi-* + Gr. *pagos* thing fixed) 脊柱联胎

rachis ['reikis] (Gr. *rhachis* spine) 脊柱

rachisensibility [ˌreikiˌsensi'biliti] 脊髓麻痹过敏性

rachischisis [rei'kiskaisis] (*rachi-* + Gr. *schisis* cleft) 脊柱裂（畸形）
 r. partialis 脊柱不全裂，部分脊柱裂
 r. posterior 脊柱后裂
 r. totalis 脊柱全裂

rachitic [rei'kitik] 佝偻病的

rachitis [rei'kaitis] (Gr. *rachitis*) ❶佝偻病；❷脊柱炎
 r. fetalis anularis 胎性环状佝偻病
 r. fetalis micromelica 脂性小肢性佝偻病

rachitism ['rækiˌtizəm] 佝偻病体质

rachitogenic [ˌrəkitəu'dʒenik] 佝偻病源的

rachitome ['rækitəum] 椎管刀

rachitomy [rə'kitəmi] 椎管切开术

racial ['reiʃəl] 种族的

raclage [ræ'klɑ:ʒ] (Fr.) 擦除

RAD (right axis deviation 的缩写) 右轴偏离

rad (*radiation absorbed dose* 的缩写) ❶拉德；❷ (*radian* 的缩写) 弧度

rad. (L. *radix*, root 的缩写) 根

radectomy [ræ'dektəmi] (L. *radix* root + Gr. *ektomē* excision) 牙根（部分）切除术

radiability [ˌreidiə'biliti] X线透过性

radiable ['reidiəbəl] X线可透的

radiad ['reidiæd] 向桡侧

radial ['reidiəl] ❶桡侧的，桡骨的；❷辐射的，放射状的

radialis [ˌreidi'eilis] (L. from *radius*) (NA) 桡骨的，桡侧的

radian ['reidiən] (L. from *radius*) 弧度

radiant ['reidiənt] (L. *radians*) ❶放射的；❷辐射的；❸由辐射传播的

radiate ['reidieit] (L. *radiare*, *radiatus*) ❶放射，辐射；❷放射状的

radiathermy [reiˌdaiə'θə:mi] 短波透热法

radiatio [ˌreidi'eiʃiəu] (pl. *radiationes*) (L. from *radiare* to furnish with spokes) 辐射线
 r. acustica (NA) 听辐射线
 r. corporis callosi (NA) 胼胝体辐射线
 r. optica (NA) 视辐射线

radiationes thalamicae anteriores (NA) 前丘脑辐射线

radiationes thalamicae centrales (NA) 中心丘脑辐射线

radiationes thalamicae posteriores (NA) 后丘脑辐射线

radiation [ˌreidi'eiʃən] (L. *radiatio*) ❶放射，辐射；❷辐射线；❸射线
 acoustic r. 听辐射线
 adaptive r. 适应辐射
 alpha r., **α-r.** α辐射
 annihilation r. 湮灭辐射
 auditory r. 听辐射线
 backgronnd r. 本底辐射
 beta r., **β-r.** β辐射
 braking r. 韧致辐射
 Cerenkov r. 切连科夫氏辐射
 r. of corpus callosum 胼胝体辐射线

corpuscular r's 微粒放射,微粒辐射
electromagnetic r. 电磁放射,电磁辐射
gamma r., **γ-r.** ν辐射
r. of Gratiolet. 格腊提奥累氏视辐射线
heterogeneous r. 不均匀放射,复色放射
homogeneous r. 均匀放射,单色放射
interstitial r. 组织内放射
ionizing r. 电离辐射
mitogenetic r., **mitogenic r.** 核分裂放射
monochromatic r. 单色放射
monoenergetic r. 单能放射
occipitothalamic r., **optic r.** 枕叶丘脑辐射线,视辐射线
photochemical r. 光化辐射
pyramidal r. 锥状辐射线
tegmental r. 被盖辐射线
thalamic r's 丘脑辐射线
thalamic r's, anterior 前丘脑辐射线
thalamic r's, central 中心丘脑辐射线
thalamic r's, posterior 后丘脑辐射线
thalamic r's, superior 上丘脑辐射线
thalamostriate r. 丘脑纹状体辐射线
thalamotemporal r. 丘脑颞叶辐射线
r's of thalamus 丘脑辐射线
white r. 连续辐射

radiationes [reidiˌeiʃiˈəuniz] (L.) 辐射线。*radiatio* 的复数形式

radical [ˈrædikəl] (L. *radicalis*) ❶ 根本的,针对原因的;❷ 根,基,原子团
　acid r. 酸根
　alcohol r. 醇基
　color r. 色基
　free r. 自由基,游离基

radices [ˈreidisiz] (L.) 根。*radix* 的复数形式

radiciform [reiˈdisifɔːm] (L. *radix* root + *forma* shape) ❶ 根状的;❷ 束根状的

radicle [ˈrædikl] (L. *radicula*) 小根,细根

radicotomy [ˌrædiˈkɔtəmi] 神经根切断术

radicula [rəˈdikjulə] (L.) 小根,细根

radiculalgia [ˌrədikjuˈlældʒiə] 神经根痛

radicular [rəˈdikjulə] 根的

radiculectomy [rəˌdikjuˈlektəmi] (L. *radicula* radicle + Gr. *ektomē* excision) 神经根切除术

radiculitis [rəˌdikjuˈlaitis] (L. *radicula* radicle + *-itis*) 脊神经根炎

radiculoganglionitis [rəˌdikjuləuˌgæŋgliəuˈnaitis] 脊神经根神经节炎

radiculomedullary [rəˌdikjuləuˈmedjuˌləri] 脊髓脊神经根的

radiculomeningomyelitis [rəˌdikjuləumiˌniŋgəumaiəˈlaitis] 脊髓脊膜脊神经根炎

radiculomyelopathy [rəˌdikjuləuˌmaiəˈlɔpəθi] 脊髓脊神经根病

radiculoneuritis [rəˌdikjuləunjuəˈraitis] 神经根神经炎

radiculoneuropathy [rəˌdikjuləunjuəˈrɔpəθi] 神经根神经病

radiculopathy [rəˌdikjuˈlɔpəθi] 神经根病
　spondylotic caudal r. 脊椎关节强硬性马尾神经根病

radiectomy [ˌreidiˈektəmi] (L. *radix* root + Gr. *ektomē* excision) 牙根切除术

radii [ˈreidii] (L.) ❶ 半径;❷ 辐射线。*radius* 的复数和所有格形式

radio- (L. *radius*) ❶ 桡骨,亦用于指放射能、射线或离子辐射释出的;❷ 附加于化学元素名之前,表示该元素的放射性同位素

radioactinium [ˌreidiəuækˈtiniəm] 放射性锕

radioactive [ˌreidiəuˈæktiv] 放射性的,放射的

radioactivity [ˌreidiəuækˈtiviti] 放射性,放射现象
　artificial r., **induced r.** 人工放射性,人工放射现象

radioallergosorbent [ˌreidiəuˌæləgəuˈsɔːbənt] 放射变应性吸附法

radioautogram [ˌreidiəuˈɔːtəgræm] 放射自显影片,自体放射照片

radioautograph [ˌreidiəuˈɔːtəgræf] 放射自显影片,自体放射照片

radioautography [ˌreidiəuɔˈtɔgrəfi] 放射自显影照相术,自体放射照像术

radiobicipital [ˌreidiəubaiˈsipitəl] 桡骨与肱二头肌的

radiobiological [ˌreidiəuˌbaiəˈlɔdʒikəl] 放射生物学的

radiobiologist [ˌreidiəubaiˈɔlədʒist] 放射生物学家

radiobiology [ˌreidiəubaiˈɔlədʒi] 放射生物学

radiocalcium [ˌreidiəuˈkælsiəm] 放射性

钙

radiocarbon [ˌreidiəu'kɑːbən] 放射性碳

radiocarcinogenesis [ˌreidiəuˌkɑːsinəu'dʒenəsis] 放射性致癌形成

radiocardiogram [ˌreidiəu'kɑːdiəugræm] 心放射图

radiocardiography [ˌreidiəuˌkɑːdi'ɔgrəfi] ❶ 心放射描记法；❷ 放射心电描记法

radiocarpal [ˌreidiəu'kɑːpəl] 桡腕的

radiocarpus [ˌreidiəu'kɑːpəs] 桡侧腕屈肌

radiochemistry [ˌreidiəu'kemistri] 放射化学

radiochemy [ˌreidiəu'kemi] 放射效果

radiochroism [ˌreidiəu'krəuizəm] (radio- + Gr. chroa color) 放射吸收性

radiochromometer [ˌreidiəukrə'mɔmitə] X 射线透射力计

radiocolloids [ˌreidiəu'kɔlɔidz] 放射胶质

radiocurable [ˌreidiəu'kjuərəbl] 可放射治疗的

radiocystitis [ˌreidiəusis'taitis] 放射性膀胱炎

radiode ['reidiəud] 镭插入器

radiodense [ˌreidiəu'dens] 不透 X 线的

radiodensity [ˌreidiəu'densiti] 放射密度

radiodermatitis [ˌreidiəuˌdəːmə'taitis] 放射性皮炎

radiodiagnosis [ˌreidiəuˌdaiəg'nəusis] 放射诊断，X 线诊断

radiodiagnostics [ˌreidiəuˌdaiəg'nɔstiks] 放射诊断术，X 线诊断学

radiodigital [ˌreidiəu'didʒitəl] 桡骨手指的

radiodontics [ˌreidiəu'dɔntiks] 牙放射学

radiodontist [ˌreidiəu'dɔntist] 牙放射学家

radioecology [ˌreidiəui'kɔlədʒi] 放射生态学

radioelectrocardiogram [ˌreidiəuiˌlektrəu'kɑːdiəgræm] 放射心电图

radioelectrocardiograph [ˌreidiəuiˌlektrəu'kɑːdiəugræf] 放射心电描记器

radioelectrocardiography [ˌreidiəuiˌlektrəuˌkɑːdi'ɔgrəfi] 放射心电描记术

radioelement [ˌreidiəu'elimənt] 放射(性)元素

radioencephalogram (REG) [ˌreidiəuen'sefələugræm] 放射脑电图

radioencephalography [ˌreidiəuenˌsefə'lɔgrəfi] 放射脑电图术

radioepidermitis [ˌreidiəuˌepidəː'maitis] 放射性表皮炎

radioepithelitis [ˌreidiəuˌepiθiː'laitis] 放射性上皮炎

radiofrequency [ˌreidiəu'friːkwənsi] 放射频率

radiogen ['reidiəudʒən] 放射物质

radiogenesis [ˌreidiəu'dʒenəsis] 放射发生

radiogenic [ˌreidiəu'dʒenik] (radio- + Gr. gennan to produce) 放射所致的

radiogold ['reidiəugəuld] 放射性金，射金

radiogram ['reidiəugræm] 放射照片

radiograph ['reidiəugræf] 放射照片
  bite-wing r. 咬翼 X 线照片
  cephalometric r. 测颅 X 线照片
  lateral oblique jaw r. 侧斜腭 X 线照片
  lateral ramus r. 侧支 X 线照片
  lateral skull r. 外侧颅 X 线照片
  maxillary sinus r. 上颌窦照片
  panoramic r. 全景 X 线照片
  submental vertex r., submentovertex r. 下颏-头顶 X 线照片
  Waters' projection r., Waters' view r. 华特氏投影 X 线照片

radiographic [ˌreidiəu'græfik] 放射照相的

radiography [ˌreidi'ɔgrəfi] (radio- + Gr. graphein to write) 放射照相术
  body section r. 体层放射照相术
  digital r. 数字式放射照相术
  double-contrast r. 双对比放射照相术
  electron r. 电子放射照相术
  mass r. 群体放射照相术
  miniature r., mass 群体微缩放射照相术
  mucosal relief r. 粘膜浮雕式放射照相术
  neutron r. 中子放射照相术
  panoramic r. 全景放射照相术
  selective r. 选择性放射照相术
  serial r. 系列放射照相术
  spot-film r. 局部瞬时放射照相术

radiohumeral [ˌreidiəu'hjuːmərəl] 桡骨肱骨的

radioimmunity [ˌreidiəui'mjuːniti] 放射免疫

radioimmunoassay [ˌreidiəuˌimjunəu'æsei] 放射免疫测定(法)

radioimmunodetection [ˌreidiəuˌimjunəudi'tekʃən] 放射免疫检测

radioimmunodiffusion [ˌreidiəuˌimjunəudiˈfjuːʒən] 放射免疫扩散

radioimmunoelectrophoresis [ˌreidiəuˌimjunəuiˌlektrəufəˈriːsis] 放射免疫电泳(法)

radioimmunoimaging [ˌreidiəuˌimjunəuˈimidʒiŋ] 免疫闪烁扫描术

radioimmunoprecipitation [ˌreidiəuˌimjunəupriˌsipiˈteiʃən] 放射免疫沉淀(法)

radioimmunoscintigraphy [ˌreidiəuˌimjunəusinˈtigrəfi] 免疫闪烁扫描术

radioimmunosorbent [ˌreidiəuˌimjunəuˈsɔːbənt] 放射免疫吸附(法)的

radioiodine [ˌreidiəuˈaiədin] 放射性碘

radioiron [reidiəuˈaiən] 放射性铁

radioisotope [ˌreidiəuˈaisəutəup] 放射性同位素
  carrier-free r. 无载体放射性同位素

radiokymography [ˌreidiəukaiˈmɔgrəfi] X波动描记法

radiolesion [ˌreidiəuˈliːʒən] 放射性损害

radioligand [ˌreidiəuˈlaigænd] 放射性配体

radiologic [ˌreidiəuˈlɔdʒik] 放射学的

radiological [ˌreiˌreidiəuˈlɔdʒikəl] 放射学的

radiologist [ˌreidiˈɔlədʒist] 放射学家
  dental r. 牙科放射学家

radiology [ˌreidiˈɔlədʒi] (*radio-* + *-logy*) 放射学
  dental r., oral r. 口腔放射学
  interventional r. 介入放射学

radiolucency [ˌreidiəuˈluːsənsi] 放射透射性

radiolucent [ˌreidiəuˈluːsənt] (*radio-* + L. *lucēre* to shine) 射线可透的

radiolus [reiˈdiələs] (L. dim. of *radius* ray) 探子

radiometer [ˌreidiˈɔmitə] 辐射计

radiomicrometer [ˌreidiəumaiˈkrɔmitə] (*radio-* + *micro-* + *-meter*) 显微辐射计,辐射微量计

radiomimetic [ˌreidiəumaiˈmetik] (*radio-* + Gr. *mimētikos* imitative) 类放射的

radiomuscular [ˌreidiəuˈmʌskjulə] 桡动脉(至)肌的,桡神经(至)肌的

radiomutation [ˌreidiəumjuˈteiʃən] 放射性突变

radionecrosis [ˌreidiəuniˈkrəusis] 放射性坏死

radioneuritis [ˌreidiəunjuəˈraitis] 放射性神经炎

radionitrogen [ˌreidiəuˈnaitrədʒən] 放射性氮

radionuclide [ˌreidiəuˈnjuːklaid] 核素

radio-opacity [ˌreidiəuəuˈpæsiti] X线不透性

radiopacity [ˌreidiəuˈpæsiti] X线不透性

radiopaque [ˌreidiəuˈpeik] (*radio-* + L. *opacus* dark, obscure) 不透X线的,不透射线的

radioparency [reidiəuˈpɛərənsi] X线可透性,射线可透性

radioparent [ˌreidiəuˈpɛərənt] X线可透性的,射线可透性的

radiopathology [ˌreidiəupəˈθɔlədʒi] 放射病理学

radiopharmaceutical [ˌreidiəuˌfɑːməˈsjuːtikəl] 放射性药物

radiopharmacy [ˌreidiəuˈfɑːməsi] 放射药剂学

radiophobia [ˌreidiəuˈfəubiə] 放射恐怖,射线恐怖

radiophosphorus [ˌreidiəuˈfɔsfərəs] 放射性磷,射磷

radiophotography [ˌreidiəufəuˈtɔgrəfi] X线照相术

radiophylaxis [ˌreidiəufiˈlæksis] 放射反应防御作用

radiophysics [ˌreidiəuˈfiziks] 放射物理学

radiopotassium [ˌreidiəupəuˈtæsiəm] 放射性钾

radiopotentiation [ˌreidiəupəuˌtenʃiˈeiʃən] 放射增强作用

radiopraxis [ˌreidiəuˈpræksis] (*radio-* + Gr. *praxis* practice) 放射疗法

radiopulmonography [ˌreidiəuˌpʌlməˈnɔgrəfi] 放射肺换气率测定法

radioreaction [ˌreidiəuriˈækʃən] 放射反应

radioreceptor [ˌreidiəuriˈseptə] 放射感受器

radioresistance [ˌreidiəuriˈzistəns] 抗放射性

radioresistant [ˌreidiəuriˈzistənt] 抗放射性的

radioresponsive [ˌreidiəurisˈpɔnsiv] 受射性影响的

radiosclerometer [ˌreidiəuskliəˈrɔmitə] 放射敏感性

radioscopy [ˌreidiˈɔskəpi] (*radio-* + Gr. *skopein* to examine) 放射检查,X 线透视检查,荧光屏检查

radiosensibility [ˌreidiəuˌsensiˈbiliti] 放射敏感性

radiosensitive [ˌreidiəuˈsensitiv] 放射敏感的

radiosensitiveness [ˌreidiəuˈsensitivnis] 放射敏感性

radiosensitivity [ˌreidiəuˌsensiˈtiviti] 放射敏感性

radiosensitizer [ˌreidiəuˈsensiˌtaizə] 放射敏感剂

radiosodium [ˌreidiəuˈsəudiəm] 放射性钠

radiostereoscopy [ˌreidiəuˌsteriˈɔskəpi] (*radio-* + Gr. *stereos* solid + *skopein* to examine) X 线实体透视检查

radiostrontium [ˌreidiəuˈstrɔnʃiəm] 放射性锶,射锶

radiosulfur [ˌreidiəuˈsʌlfə] 放射性硫,射硫

radiosurgery [ˌreidiəuˈsəːdʒəri] 放射外科学

   stereotactic r., stereotaxic r. 定向放射外科学

radiotelemetry [ˌreidiəutəˈlemitri] 无线电遥测术

radiotellurium [ˌreidiəuteˈljuəriəm] 放射性碲,射碲

radiothanatology [ˌreidiəuˌθænəˈtɔlədʒi] (*radio-* + Gr. *thanatos* death + *logos* treatise) 放射死因学

radiotherapeutics [ˌreidiəuˌθerəˈpjuːtiks] ❶ 放射治疗学;❷ 放射疗法,放射治疗

radiotherapist [ˌreidiəuˈθerəpist] 放射治疗学家

radiotherapy [ˌreidiəuˈθerəpi] (*radio-* + Gr. *therapeia* cure) 放射疗法,放射治疗
   interstitial r. 组织内放射疗法
   intracavitary r. 腔内放射疗法

radiothorium [ˌreidiəuˈθɔːriəm] 放射性钍,射钍

radiotomy [ˌreidiˈɔtəmi] (*radio-* + Gr. *tomē* a cutting) 体层 X 线照相术,断层 X 线照相术

radiotoxemia [ˌreidiəutɔkˈsiːmiə] 放射性毒血症

radiotracer [ˌreidiəuˈtreisə] 放射示踪物

radiotransparency [ˌreidiəutrænsˈpεərənsi] X 线可透性,透 X 线性

radiotransparent [ˌreidiəutrænsˈpεərənt] X 线可透的,透 X 线的

radiotropic [ˌreidiəuˈtrɔpik] 放射影响的

radiotropism [ˌreidiˈɔtrəpizəm] 向放射性,向辐射性

radioulnar [ˌreidiəuˈʌlnə] 桡(骨)尺(骨)

radisectomy [ˌreidiˈsektəmi] (L. *radix* root + Gr. *ektome* excision) 根部切除

radium [ˈreidjəm] (so called from its radiant quality) 镭

radius [ˈreidiəs] (gen. 和 pl. *radii*) (L. "spoke"(of a wheel)) ❶ 半径;❷ 桡骨 (NA)
   r. curvus 桡骨弯曲,马德隆氏畸形
   r. fixus 固定半径
   radii of lens, radii lentis (NA) 晶状体辐射线
   radii medullares (NA) 髓质辐射线
   Van der Waals r. 范德瓦尔斯范围

radix [ˈreidiks] (gen. *radicis*, pl. *radices*) (L.) 根
   r. anterior ansae cervicalis (NA) 颈袢前根
   r. anterior nervi spinalis 脊神经前根
   r. arcus vertebrae 椎弓根
   r. clinica (NA) 临床根(牙)
   r. cochlearis nervi vestibulocochlearis 前庭(耳)蜗神经蜗根
   radices craniales nervi accessorii 副神经颅根
   r. dentis (NA) 牙根
   r. dorsalis nervi spinalis 脊神经后根(脊侧根)
   r. facialis 面神经根
   r. inferior ansae cervicalis 颈袢下根
   r. inferior nervi vestibulocochlearis 前庭(耳)蜗神经下根
   r. lateralis nervi mediani (NA) 正中神经外侧根
   r. lateralis tractus optici (NA) 视神经束外侧根

r. linguae (NA) 舌根
r. medialis nervi mediani (NA) 正中神经内侧根
r. medialis tractus optici (NA) 视神经束内侧根
r. mesenterii (NA) 肠系膜根
r. motoria nervi spinalis 脊神经运动支
r. motoria nervi trigemini 三叉神经运动根
r. nasalis 鼻根
r. nasi (NA) 鼻根
r. nasociliaris ganglii ciliaris 睫状神经节鼻睫神经根
r. oculomotoria ganglii ciliaris 睫状神经节动眼神经根
r. parasympathetica ganglii ciliaris (NA), r. parasympathica ganglii ciliaris 睫状神经节副交感神经根
radices parietales venae cavae inferioris 下腔静脉壁根
r. penis (NA) 阴茎根
r. pili (NA) 毛根
radices plexus brachialis 臂丛根
r. posterior ansae cervicalis 颈袢后根
r. posterior nervi spinalis 脊神经后根
r. pulmonis 肺根
r. sensoria ganglii ciliaris 睫状神经节感觉根
r. sensoria nervi spinalis 脊神经感觉根
r. sensoria nervi trigemini (NA) 三叉神经感觉根
r. sensorialia nervorum spinalium 脊神经后根
radices spinales nervi accessorii (NA) 副神经脊髓根
r. superior ansae cervicalis 颈袢(前)上根
r. superior nervi vestibulocochlearis 前庭耳蜗神经上根
r. sympathetica ganglii ciliaris (NA), r. sympathica ganglii ciliaris 睫状神经节交感根
r. unguis 甲根
r. ventralis nervi spinalis 脊神经前根
r. vestibularis nervi vestibulocochlearis 前庭(耳)蜗神经前庭根
radices viscerales venae cavae inferioris 下腔静脉内脏根

radon ['reidən] 氡
Radovici's sign [‚rædəu'visiz] (André Radovici, French physician, 20th century) 腊多维西氏征
RAE (right atrial enlargement 的缩写) 右房扩大
Raeder's syndrome ['reidəz] (Johan George Raeder, Norwegian ophthalmologist, 1889-1956) 瑞德氏综合征
raffinose ['ræfinəus] 棉子糖,蜜三糖
rafoxanide [rə'fɔksənaid] 氯苯碘柳胺
rage ['reidʒ] 激怒,暴怒
　sham r. 假怒
ragocyte ['rægəsait] (Ragg (rheumatoid serum agglutinator) + -cyte) 类风湿细胞
ragwort ['rægwət] 千里光
　tansy r. 千里光,狗舌草
Rahnella [rə'nilə] (Otto Rahn, German-American microbiologist) 雷勒拉菌属
raigan ['reiigæn] 雷丸
Raillietina [‚railie'tinə] 瑞立绦虫属
raillietiniasis [‚railieti'naiəsis] 瑞立绦虫病
Raimiste's sign [rai'miːstəz] (Johann M. Raimiste, German neurologist, early 20th century) 雷米斯特氏征
Rainey's tube ['reiniz] (George Rainey, English anatomist, 1801-1884) 雷尼氏管
raking ['reikiŋ] 耙
　back r. 动物直肠堆积的粪便中的提取物
rale [rɑːl] 罗音
　amphoric r. 空瓮音
　atelectatic r. 肺膨胀不全罗音
　border r. 肺缘罗音
　bronchial r. 支气管罗音
　bubbling r. 沸泡音
　cavernous r. 空洞音
　cellophane r. 捻玻璃纸音
　clicking r. 卡嗒音
　collapse r. 萎陷肺罗音
　consonating r. 谐和罗音
　crackling r. 细捻发音
　crepitant r. 捻发音
　dry r. 干性罗音
　extrathoracic r. 胸外罗音
　gurgling r. 咕噜音

guttural r. 咽喉音
r. index 实变初期罗音
laryngeal r. 喉音
marginal r. 肺缘罗音
metallic r. 金属罗音
moist r. 湿性罗音
mucous r., r. muqueux 粘液性罗音
pleural r. 胸膜罗音,胸膜磨擦音
r. redux, r. de retour 消散期罗音
sibilant r. 飞箭音
sonorous r. 鼾音
subcrepitant r. 细捻发音
tracheal r. 气管罗音
vesicular r. 肺泡罗音
whistling r. 笛音
Ralfe's test [rælfz] (Charles Henry *Ralfe*, English physician, 1842-1896) 腊尔夫氏试验
ramal ['ræməl] 支的,分支
Raman effect ['rɑːmɑːn] (Sir Chandrasekhara Venkata *Raman*, Indian physicist, 1888-1970, winner of the Nobel Prize for physics in 1930) 喇曼氏效应
ramaninjana [ˌræmənin'dʒɑːnə] 痉跳病
RAMC (Royal Army Medical Corps 的缩写) 皇家陆军医疗队
ramenta [rə'mentə] (L. pl. "filings, scrapings") 碎片,屑
rami ['ræmi] (L.) 支。*ramus* 的所有格及复数形式
Ramibacterium [ˌræmiˌbæk'tiəriəm] (L. *ramus* branch + *bacterium*) 分支乳酸杆菌属
ramicotomy [ˌræmi'kɔtəmi] (*ramus* + Gr. *tomē* a cutting) 神经支切断术
ramification [ˌræmifi'keiʃən] (*ramus* + L. *facere* to make) ❶ 支状分布; ❷ 分支; ❸ 支状
ramify ['ræmifai] (*ramus* + L. *facere* to make) ❶ (使)分支,(使)分叉; ❷ 支状横过
ramisection [ˌræmi'sekʃən] (*ramus* + L. *sectio* a cutting) 神经支切断术
ramisectomy [ˌræmi'sektəmi] 神经支切断术
ramitis [ræ'maitis] (*ramus* + *-itis* inflammation) 神经根炎
ramollissement [ˌræməules'mɔŋ] (Fr.) 软化
Ramon's flocculation test [rɑː'mɔrz] (Gaston *Ramon*, French bacteriologist 1886-1963) 腊蒙氏絮状试验
Ramond's sign [rɑː'mɔrz] (Louis *Ramond*, French internist, 1879-1952) 拉蒙氏征
ramose ['reiməs] (L. *ramus* branch) 分支的,有许多支
rampart ['ræmpɑːt] 垒,阜
maxillary r. 上颌阜
Ramsay Hunt syndrome ['ræmsi hʌnt] (James *Ramsay Hunt*, American neurologist, 1872-1937) 腊·亨特氏综合征
Ramsden's eyepiece ['ræmzdənz] (Jesse *Ramsden*, English instrument maker and optician, 1735-1800) 腊姆斯登氏目镜
Ramstedt operation ['ræmʃtet] (Conrad *Ramstedt*, German surgeon, 1867-1963) 腊姆斯提特氏手术
ramulus ['ræmjuləs] (L., dim. of *ramus*) (pl. *ramuli*) 小支,终末支
ramus ['reiməs] (gen. 和 pl. *rami*) ❶ (L.) 支; ❷ (NA) 小支
r. accessorius arteriae meningeae mediae (NA) 脑膜中动脉副支
r. acetabularis arteriae circumflexae femoris medialis (NA) 旋股内动脉髋臼支
r. acetabularis arteriae obturatoriae (NA) 闭孔动脉髋臼支
r. acetabuli arteriae circumflexae femoris medialis 旋股内动脉髋臼支
r. acromialis arteriae suprascapularis (NA) 肩胛上动脉肩峰支
r. acromialis arteriae thoraco-acromialis (NA) 胸肩峰动脉肩峰支
r. acromialis arteriae transversae scapulae 肩胛上动脉肩峰支
r. albus nervi spinalis (NA) 交感神经节白交通支
r. albus trunci sympathetici (NA) 交感神经节白交通支
rami alveolares superiores anteriores nervi infraorbitalis (NA) 眶下神经上牙槽前支
r. alveolaris superior medius nervi infraorbitalis (NA) 眶下神经上牙槽中支

rami alveolares superiores posteriores nervi maxillaris (NA) 颌神经上牙槽后支

r. anastomoticus 血管吻合支

r. anastomoticus arteriae lacrimalis cum arteria meningea media (NA) 泪腺动脉脑膜中动脉吻合支

r. anastomoticus arteriae meningeae mediae cum arteria lacrimali (NA) 脑膜中动脉泪腺动脉吻合支

r. anterior arteriae obturatoriae (NA) 闭孔动脉前支

r. anterior arteriae pancreaticoduodenalis inferioris (NA) 胰十二指肠下动脉前支

r. anterior arteriae recurrentis ulnaris (NA) 尺侧返动脉前支

r. anterior arteriae renalis (NA) 肾动脉前支

r. anterior arteriae thyroideae superioris (NA) 甲状腺上动脉前支

r. anterior ductus hepatici dextri (NA) 右肝管前支

r. anterior nervi auricularis magni (NA) 耳大神经前支

rami anteriores nervorum cervicalium (NA) 颈神经前支

r. anterior nervi coccygei (NA) 尾神经前支

r. anterior nervi cutanei antebrachii medialis (NA) 前臂内侧皮神经前支

rami anteriores nervorum lumbalium (NA) 腰神经前支

r. anterior nervi obturatorii (NA) 闭孔神经前支

rami anteriores nervorum sacralium (NA) 骶神经前支

r. anterior nervi spinalis (NA) 脊神经前支

rami anteriores nervorum thoracicorum (NA) 胸神经前支

r. anterior sulci lateralis cerebri (NA) 大脑外侧沟前支

rami arteriosi interlobulares hepatis 肝叶间动脉支

rami articulares (NA) 关节支

rami articulares arteriae descendentis genicularis (NA) 膝降动脉关节支

rami articulares arteriae genus descendentis 膝降动脉关节支

r. ascendens arteriae circumflexae femoris lateralis (NA) 旋股外侧动脉升支

r. ascendens arteriae circumflexae femoris medialis (NA) 旋股内侧动脉升支

r. ascendens arteriae circumflexae ilium profundae (NA) 旋髂深动脉升支

r. ascendens arteriae transversae colli 颈升动脉升支

r. ascendens ramis superficialis arteriae transversae cervicis (NA) 颈横动脉浅支升支

r. ascendens sulci lateralis cerebri (NA) 大脑外侧沟升支

r. atrialis anastomoticus arteriae coronariae sinistrae (NA) 左冠状动脉心房吻合支

rami atriales arteriae coronariae dextrae (NA) 右冠状动脉心房支

rami atriales arteriae coronariae sinistrae (NA) 左冠状动脉心房支

r. atrialis intermedius arteriae coronariae dextrae (NA) 右冠状动脉房间支

r. atrialis intermedius rami circumflexi arteriae coronariae sinistri (NA) 左冠状动脉回旋支房间支

rami atrioventriculares arteriae coronariae sinistrae (NA) 左冠状动脉房间支

rami auriculares anteriores arteriae temporalis superficialis (NA) 颞浅动脉耳前支

r. auricularis arteriae auricularis posterioris (NA) 耳后动脉耳支

r. auricularis arteriae occipitalis (NA) 枕动脉耳支

r. auricularis nervi vagi (NA) 迷走神经耳支

rami autonomici (NA) 内脏支

r. basalis tentorii arteriae carotidis internae (NA) 颈内动脉基底幕支

rami bronchiales anteriores nervi vagi 迷走神经支气管前支

rami bronchiales aortae thoracicae (NA) 胸主动脉支气管支

rami bronchiales arteriae mammariae internae 乳内动脉支气管支

rami bronchiales arteriae thoracicae in-

ternae (NA) 胸内动脉气管支
rami bronchiales bronchi 支气管细支气管支
r. bronchialis eparterialis 动脉上支气管支
r. bronchiales hyparteriales 动脉下支气管支
rami bronchiales nervi vagi 迷走神经支气管支
rami bronchiales posteriores nervi vagi 迷走神经支气管后支
rami bronchiales pulmonis 肺支气管支
rami bronchiales segmentorum (NA) 肺段支气管支
rami buccales nervi facialis (NA) 面神经颊支
rami calcanei laterales nervi suralis (NA) 腓肠神经根外侧支
rami calcanei mediales arteriae peroneae 腓动脉跟内侧支
rami calcanei mediales nervi tibialis (NA) 胫动脉跟内侧支
rami calcanei ramorum malleolarium lateralium arteriae fibularis (NA) 腓动脉外踝支跟骨骨
rami calcanei ramorum malleolarium lateralium arteriae peroneae (NA) 腓动脉外踝支跟骨支
rami calcanei ramorum malleolarium medialium arteriae tibialis posterioris (NA) 胫后动脉内踝支跟骨支
r. calcarinus arteriae occipitalis medialis (NA) 枕内动脉距支
rami capsulae internae (NA) 内囊支
rami capsulares arteriae renis (NA) 肾动脉囊支
rami cardiaci cervicales inferiores nervi vagi (NA) 迷走神经颈下心支（有时称为颈胸支）
rami cardiaci cervicales superiores nervi vagi (NA) 迷走神经颈上心支
rami cardiaci thoracici (NA) 胸心支
rami cardiaci thoracici nervi vagi 迷走神经胸心支
rami caroticotympanici arteriae carotidis internae 颈内动脉颈鼓支
r. carpalis dorsalis arteriae radialis (NA),
r. carpeus dorsalis arteriae radialis 桡动脉腕背支

r. carpalis dorsalis arteriae ulnaris (NA),
r. carpeus dorsalis ateriae ulnaris 尺动脉腕背支
r. carpalis palmaris arteriae radialis (NA)
r. carpeus palmaris arteriae radialis 桡动脉腕掌支
r. carpalis palmaris arteriae ulnaris (NA),
r. carpeus palmaris arteriae ulnaris 尺动脉腕掌支
rami caudae nuclei caudati (NA) 尾状核尾支
r. caudae nuclei caudati arteriae posterioris (NA) 尾状核后动脉尾支
rami caudati (NA) 尾状叶支
rami celiaci nervi vagi (NA) 迷走神经腹腔支
rami centrales anteromediales arteriae cerebri anterioris (NA) 大脑前动脉中央支
r. chiasmaticus arteriae communicantis posterioris (NA) 后交通动脉视交叉支
rami choroidei mediales arteriae cerebri posterioris (NA) 大脑后动脉脉络膜内侧支
rami choroidei posteriores laterales arteriae cerebri posterioris (NA) 大脑后动脉脉络膜后外侧支
rami choroidei ventriculi lateralis (NA) 侧脑室脉络膜支
r. choroideus ventriculi quarti arteriae inferioris posterioris cerebelli (NA) 大脑后下动脉第四脑室脉络膜支
rami choroidei ventriculi tertii (NA) 第三脑室脉络膜
r. cingularis arteriae callosomarginalis (NA) 胼胝体缘动脉扣带支
r. circumflexus arteriae coronariae sinistrae (NA) 左冠状动脉回旋支
r. circumflexus fibulae arteriae tibialis posterioris 胫后动脉旋腓骨支
r. circumflexus fibularis arteriae tibialis posterioris (NA) 胫后动脉旋腓骨支
r. clavicularis arteriae thoracoacromialis (NA) 胸肩峰动脉锁骨支
r. clivi (NA) 小脑山坡支
rami clunium inferiores (NA) 臀下支
rami clunium mediales (NA) 臀中支

rami clunium superiores（NA）臀上支
r. cochleae arteriae auditivi internae, r. cochlearis arteriae labyrinthi（NA）迷路动脉蜗支
rami coeliaci nervi vagi（NA）迷走神经腹腔支
r. colicus arteriae ileocolicae（NA）回结肠动脉结肠支
r. collateralis arteriarum intercostalium posteriorum（NA）后肋间动脉副支
r. colli nervi facialis（NA）面神经颈支
r. communicans ①（NA）神经交通支；②动脉交通支
r. communicans albus（NA）白交通支
r. communicans albus ganglii sympathetici（NA）交感神经节白交通支
r. communicans arteriae fibularis（NA）腓动脉交通支
r. communicans arteriae peroneae（NA）腓动脉交通支
r. communicans cochlearis（NA）耳蜗交通支
r. communicans fibularis nervi fibularis communis（NA）腓总神经腓神经交通支
r. communicans ganglii otici cum chorda tympani（NA）耳神经节鼓索交通支
r. communicans ganglii otici cum nervo auriculotemporali（NA）耳神经节耳颞神经节交通支
r. communicans ganglii otici cum nervo pterygoideo mediali（NA）耳神经节翼突内神经交通支
r. communicans ganglii otici cum ramo meningeo nervi mandibularis（NA）耳神经节下颌神经脑膜交通支
rami communicantes ganglii submandibularis cum nervo linguali（NA）颌下神经节舌神经交通支
r. communicans griseus（NA）灰交通支
r. communicans griseus ganglii sympathetici（NA）交感神经节灰交通支
rami communicantes nervi auriculotemporalis cum nervo faciali（NA）耳颞神经面神经交通支
r. communicans nervi facialis cum nervo glossopharyngeo（NA）面神经舌咽神经交通支
r. communicans nervi facialis cum plexu tympanico（NA）面神经鼓室丛交通支
r. communicans nervi glossopharyngei cum ramo auriculari nervi vagi（NA）舌咽神经迷走神经耳支交通支
r. communicans nervi intermedii cum nervo vago（NA）中间神经迷走神经交通支
r. communicans nervi intermedii cum plexu tympanico（NA）中间神经鼓室丛交通支
r. communicans nervi lacrimalis cum nervo zygomatico（NA）泪腺神经颧神经交通支
r. communicans nervi laryngei inferioris cum ramo laryngeo interno（NA）喉下神经喉内神经交通支
r. communicans nervi laryngei superioris cum nervo laryngeo inferiore（NA）喉上神经喉下神经交通支
r. communicans nervi lingualis cum chorda tympani（NA）舌神经鼓索交通支
rami communicantes nervi lingualis cum nervo hypoglosso（NA）舌神经舌下神经交通支
r. communicans nervi mediani cum nervo ulnari（NA）正中神经尺神经交通支
r. communicans cum nervo nasociliari, r. communicans nervi nasociliaris cum ganglio ciliari 鼻睫神经交通支
rami communicantes nervorum spinalium（NA）脊神经交通支
r. communicans nervi vagi cum nervo glossopharyngeo（NA）迷走神经舌咽神经交通支
r. communicans peroneus nervi peronei communis 腓总神经腓神经交通支
r. communicans ulnaris nervi radialis（NA）桡神经尺神经交通支
r. coni arteriosi arteriae coronariae dextrae（NA）右冠状动脉圆锥支
r. coni arteriosi arteriae coronariae sinistrae（NA）左冠状动脉圆锥支
rami corporis amygdaloidei（NA）扁桃体支
r. corporis callosi dorsalis arteriae occipitalis medialis（NA）枕内动脉胼胝体背支
rami corporis geniculati lateralis（NA）外

侧膝状体支
r. costalis lateralis arteriae mammariae internae 乳房内动脉肋骨外侧支
r. costalis lateralis arteriae thoracicae internae 胸内动脉肋骨外侧支
r. cricothyroideus arteriae thyroideae superioris (NA) 甲状腺上动脉环甲支
rami cutanei (NA) 前皮支
rami cutanei anteriores nervi femoralis (NA) 骨神经前皮支
r. cutaneus anterior nervi iliohypogastrici (NA) 髂腹下神经前皮支
r. cutaneus anterior (pectoralis/abdominalis) nervi intercostalis (NA) 肋间神经(胸/腹)前皮支
r. cutaneus anterior (pectoralis/abdominalis) rami anterioris nervi thoracici (NA) 胸神经腹支(胸/腹)前皮支
r. cutaneus anterior (pectoralis/abdominalis) rami ventralis nervi thoracici 肋间神经(胸/腹)前皮支
rami cutanei cruris mediales nervi sapheni (NA) 隐神经小腿内侧支
r. cutaneus lateralis arteriarum intercostalium posteriorum (NA) 肋间后动脉外侧皮支
r. cutaneus lateralis nervi iliohypogastrici (NA) 髂腹下神经外侧皮支
r. cutaneus lateralis (pectoralis/abdominalis) nervi intercostalis (NA) 肋间神经(胸/腹)外侧皮支
r. cutaneus lateralis (pectoralis/abdominalis) rami anterioris nervi thoracici (NA) 肋间神经(胸/腹)外侧皮支
r. cutaneus lateralis (pectoralis/abdominalis) rami ventralis nervi thoracici 肋间神经(胸/腹)外侧皮支
r. cutaneus lateralis rami dorsalis arteriarum intercostalium posteriorum (NA) 肋间动脉背支外侧皮支
r. cutaneus lateralis rami dorsalis nervi thoracici 胸神经背支外侧皮支
r. cutaneus lateralis rami posterioris nervi thoracici 胸神经背支外侧皮支
r. cutaneus medialis rami dorsalis arteriarum intercostalium posteriorum (NA) 后肋间动脉背支内侧皮支
r. cutaneus medialis rami dorsalis nervi thoracici 胸神经背支内侧皮支
r. cutaneus medialis rami posterioris nervi thoracici 胸神经背支内侧皮支
r. cutaneus nervi obturatorii (NA) 闭孔神经皮支
r. cutaneus palmaris nervi ulnaris 尺神经掌肌皮支
r. cutaneus posterior rami posterioris nervi thoracici 胸神经背支内侧皮支
r. deltoideus arteriae profundae brachii (NA) 肱深动脉三角肌支
r. deltoideus arteriae thoracoacromialis (NA) 胸肩峰动脉三角肌支
rami dentales arteriae alveolaris inferioris (NA) 下牙槽动脉牙支
rami dentales arteriarum alveolarium superiorum anteriorum (NA) 上牙槽前动脉牙支
rami dentales arteriae alveolaris superioris posterioris (NA) 上牙槽后动脉牙支
rami dentales inferiores plexus dentalis inferioris (NA) 下牙神经丛下牙支
rami dentales superiores plexus dentalis superioris (NA) 上牙神经丛上牙支
r. descendens anterior arteriae coronariae (cordis) sinistrae 左冠状动脉前降支
r. descendens arteriae circumflexae femoris lateralis (NA) 外侧旋股动脉降支
r. descendens arteriae occipitalis (NA) 枕动脉降支
r. descendens posterior arteriae coronariae (cordis) dextrae 右冠状动脉后降支
r. descendens rami superficialis arteriae transversae cervicis (NA) 颈横动脉浅降支
r. dexter arteriae hepaticae propriae (NA) 肝固有动脉右支
r. dexter arteriae pulmonalis 肺动脉右支
r. dexter venae portae hepatis (NA) 肝门静脉右支
r. digastricus nervi facialis (NA) 面神经二腹肌支
r. diploicus arteriae supraorbitalis (NA) 眶上动脉板障分支
r. dorsalis arteriarum intercostailium

posteriorum(NA)后肋间动脉背支
rami dorsales arteriae intercostalis supremae(NA)后肋间动脉背支
r. dorsalis arteriarum lumbalium(NA)腰动脉背支
r. dorsalis arteriae subcostalis(NA)肋下动脉背支
rami dorsales linguae arteriae lingualis(NA)舌动脉舌背支
r. dorsalis manus nervi ulnaris 尺神经手背支
rami dorsales nervorum cervicalium 颈神经背支
r. dorsalis nervi coccygei 尾神经背支
rami dorsales nervorum lumbalium 腰神经背支
rami dorsales nervorum sacralium(NA)骶神经背支
r. dorsalis nervi spinalis(NA)脊神经背支
rami dorsales nervorum thoracicorum(NA)胸神经背支
r. dorsalis nervi ulnaris(NA)尺神经背支
r. dorsalis venarum intercostalium 肋间静脉背支
r. dorsalis venarum intercostalium posteriorum(IV-XI)(NA)(4~11)后肋间静脉背支
rami duodenales arteriae pancreaticoduodenalis superioris anterioris(NA)胰十二指肠前上动脉十二指肠支
rami duodenales arteriae pancreaticoduodenalis superioris posterioris(NA)胰十二指肠后上动脉十二指肠支
rami epididymales arteriae testicularis(NA)睾丸动脉附睾支
rami epiploici arteriae gastroepiploicae dextrae(NA)胃网膜右动脉网膜支
rami epiploici arteriae gastroepiploicae sinistrae(NA)胃网膜左动脉网膜支
rami esophageales nervi laryngei recurrentis 喉返神经食管支
rami esophagei aortae thoracicae 胸主动脉食管支
rami esophagei arteriae gastricae sinistrae 胃左动脉食管支
rami esophagei arteriae thyroideae inferioris(NA)甲状腺下动脉食管支
rami esophagei nervi laryngei recurrentis 喉返神经食管支
r. externus nervi accessorii(NA)副神经外侧支
r. externus nervi laryngei superioris(NA)喉上神经外侧支
rami fauciales nervi lingualis 舌神经咽门支
r. femoralis nervi genitofemoralis(NA)生殖股神经股支
r. frontalis anteromedialis arteriae callosomarginalis(NA)胼胝体缘动脉额支
r. frontalis arteriae meningeae mediae(NA)脑膜中动脉额支
r. frontalis arteriae temporalis superficialis(NA)颞浅动脉额支
r. frontalis posteromedialis arteriae callosomarginalis(NA)胼胝体缘额后中额支
rami ganglionares nervi lingualis(NA)舌神经神经节支
rami ganglionares nervi maxillaris 上颌神经神经节支
rami ganglionici nervi maxillaris(NA)上颌神经神经节支
r. ganglionis trigemini(NA)三叉神经节支
rami gastrici anteriores nervi vagi(NA)迷走神经胃前支
rami gastrici arteriae gastroepiploicae dextrae 胃网膜右动脉胃支
rami gastrici arteriae gastroepiploicae sinistrae 胃网膜左动脉胃支
rami gastrici arteriae gastro-omentalis dextrae(NA)胃网膜右动脉胃支
rami gastrici arteriae gastro-omentalis sinistrae(NA)胃网膜左动脉胃支
rami gastrici nervi vagi 迷走神经胃后支
rami gastrici posteriores nervi vagi(NA)迷走神经胃后支
r. genitalis nervi genitofemoralis(NA)生殖股神经生殖支
rami gingivales inferiores plexus dentalis inferioris(NA)下牙神经丛下齿龈支
rami gingivales nervi mentalis(NA)牙神经牙龈支
rami gingivales superiores plexus dentalis

superioris (NA) 上牙神经丛上齿龈支
r. glandularis anterior arteriae thyreoideae superioris (NA) 甲状腺上动脉前腺支
rami glandulares arteriae facialis (NA), rami glandulares arteriae maxillaris externae 面动脉腺支,颌外动脉腺支
rami glandulares arteriae thyreoideae inferioris 甲状腺下动脉腺支
rami glandulares arteriae thyreoideae superioris (NA) 甲状腺上动脉腺支
rami glandulares ganglii submandibularis (NA) 颌下腺神经节腺支
r. glandularis lateralis arteriae thyreoideae superioris (NA) 甲状腺上动脉外侧腺支
r. glandularis posterior arteriae thyreoideae superioris (NA) 甲状腺上动脉后腺支
rami globi pallidi (NA) 苍白球支
rami gluteales inferiorres 臀下支
rami gluteales mediales 臀中支
rami gluteales superiorres 臀后支
r. griseus nervi spinalis (NA) 灰交通支
r. griseus trunci sympathetici (NA) 交感神经灰交通支
rami helicini arteriae uterinae (NA) 子宫动脉螺旋支
rami hepatici nervi vagi (NA) 迷走神经肝支
r. hyoideus arteriae lingualis 舌动脉舌骨支
r. hyoideus arteriae thyreoideae superioris 甲状腺上动脉舌骨支
r. hypothalamicus arteriae communicantis posterioris (NA) 后交通动脉下丘脑支
r. ilealis arteriae ileocolicae (NA) 回结肠动脉回肠支
r. iliacus arteriae iliolumbalis (NA) 髂腰动脉髂骨支
r. inferior arteriae gluteae superioris (NA) 臀上动脉下支
r. inferior nervi oculomotorii (NA) 动眼神经下支
rami inferiores nervi transversi colli (NA) 颈横神经下支
r. inferior ossis ischii 坐骨下支
r. inferior ossis pubis (NA), inferior r. of pubis 耻骨下支
r. infrahyoideus arteriae thyroideae superioris (NA) 甲状腺上动脉舌骨下支
r. infrapatellaris nervi sapheni (NA) 隐神经髌下支
rami inguinales arteriae femoralis (NA) 股动脉腹股沟支
rami intercostales anteriores arteriae thoracicae internae (NA), rami intercostales arteriae mammariae internae 胸廓内动脉肋间前支,乳房内动脉肋间前支
rami interganglionares (NA) 神经节间支
r. internus nervi accessorii (NA) 副神经内侧支
r. internus nervi laryngei superioris (NA) 喉上神经内侧支
r. interventricularis anterior arteriae coronariae sinistrae (NA) 左冠状动脉前室间支
r. interventricularis posterior arteriae coronariae dextrae (NA) 右冠状动脉后室间支
rami interventriculares septales rami interventricularis anterioris arteriae coronariae sinistrae (NA) 左冠状动脉前室间支室间隔支
rami interventriculares septales rami interventricularis posterioris arteriae coronariae dextrae (NA) 右冠状动脉后室间支室间隔支
ischial r. 坐骨下支
ischiopubic r. 坐骨耻骨支
r. of ischium 坐骨下支
rami isthmi faucium nervi lingualis (NA) 舌神经咽峡支
r. of jaw 颌骨支
rami labiales anteriores arteriae femoralis (NA) 股动脉前阴唇支
rami labiales inferiores nervi mentalis (NA) 颏神经下唇支
rami labiales posteriores arteriae pudendae internae (NA) 内阴动脉后阴唇支
rami labiales superiores nervi infraorbitalis (NA) 眶下神经上唇支
rami laryngopharyngeales ganglii cervicalis superioris (NA), rami laryngopharyngei ganglii cervicalis superioris (NA) 颈上神经节咽喉支

rami laterales arteriarum centralium anterolateralium (NA) 前外侧中央动脉外侧支

r. lateralis ductus hepatici sinistri (NA) 左肝管外侧支

r. lateralis interventricularis anterioris arteriae coronariae sinistrae (NA) 左冠状动脉前室间外侧支

r. lateralis nasi arteriae facialis (NA) 面动脉鼻外侧支

r. lateralis nervi supraorbitalis (NA) 眶上神经外侧支

r. lateralis rami dorsalis nervi cervicalis 颈神经背支外侧支

r. lateralis rami dorsalis nervi lumbalis 腰神经背支外侧支

r. lateralis rami dorsalis nervi sacralis 骶神经背支外侧支

r. lateralis rami posterioris nervi cervicalis (NA) 颈神经后支外侧支

r. lateralis rami posterioris nervi lumbalis (NA) 腰神经后支外侧支

r. lateralis rami posterioris nervi sacralis (NA) 骶神经后支外侧支

rami lienales arteriae lienalis 脾动脉脾支

r. lingualis nervi facialis (NA) 面神经舌支

rami linguales nervi glossopharyngei (NA) 舌咽神经舌支

rami linguales nervi hypoglossi (NA) 舌下神经舌支

rami linguales nervi lingualis (NA) 舌神经舌支

r. lumbalis arteriae iliolumbalis (NA) 髂腰动脉腰支

rami malleolares laterales arteriae fibularis (NA) 腓动脉外踝支

rami malleolares laterales arteriae peroneae 腓动脉外踝支

rami malleolares mediales arteriae tibiales posterioris (NA) 胫后动脉内踝支

rami mammarii arteriae mammariae internae, rami mammarii arteriae thoracicae internae 乳房内动脉乳房支

rami mammarii externi arteriae thoracalis lateralis 胸外动脉乳房外侧支

rami mammarii laterales arteriae thoracicae lateralis (NA) 胸外动脉乳房外侧支

rami mammarii laterales rami cutanei lateralis arteriarum intercostalium posteriorium (NA) 后肋间动脉外侧皮支乳房外侧支

rami mammarii laterales rami cutanei lateralis nervi intercostalis 肋间神经外侧皮支乳房外侧支

rami mammarii laterales rami cutanei lateralis rami anterioris nervi thoraccici (NA) 胸神经前支外侧皮支乳房外侧支（肋间神经）

rami mammarii mediales arteriae thoracicae internae (NA) 胸内动脉乳房内侧支

rami mammarii mediales rami cutanei anterioris nervi intercostalis (NA) 肋间神经前皮支乳房内侧支

rami mammarii mediales rami cutanei anterioris rami anterioris nervi thoracici (NA) 肋间神经前支乳房内侧支

rami mammarii rami cutanei lateralis arteriarum intercostalium posteriorum (NA) 后肋间动脉外侧皮支乳房支

r. of mandible, r. mandibulae (NA) 下颌支

r. marginalis dexter (NA) 左缘支

r. marginalis mandibulae nervi facialis (NA) 面神经下颌缘支

r. marginalis sinister (NA) 左缘支

r. marginalis tentorii arteriae carotidis internae (NA) 颈内动脉幕缘支

rami mastoidei arteriae auricularis posterioris (NA) 耳后动脉乳突支

r. mastoideus arteriae occipitalis (NA) 枕动脏乳突支

r. meatus acustici interni arteriae basilaris 基底动脉内耳道支

rami mediales arteriarum centralium anterolateralium (NA) 前外侧中央动脉内侧支

r. medialis ductus hepatici sinistri (NA) 左肝管中央支

r. medialis nervi supraorbitalis (NA) 眶上神经内侧支

r. medialis rami dorsalis nervi cervicalis (NA) 颈神经背支内侧支

r. medialis rami dorsalis nervi lumbalis

(NA) 腰神经背支内侧支
r. medialis rami dorsalis nervi sacralis (NA) 骶神经背支内侧支
r. medialis rami posterioris nervi cervicalis (NA) 颈神经背支内侧支
r. medialis rami posterioris nervi lumbalis (NA) 腰神经背支内侧支
r. medialis rami posterioris nervi sacralis (NA) 骶神经背支内侧支
rami mediastinales aortae thoracalis, rami mediastinales aortae thoracicae (NA) 胸主动脉纵隔支
rami mediastinales arteriae thoracicae internae (NA) 胸内动脉纵隔支
rami medullares medialis et lateralis arteriae inferioris posterioris cerebelli (NA) 小脑下后动脉延髓内侧和外侧支
r. membranae tympani nervi auriculotemporalis (NA) 耳颞神经鼓膜支
r. meningeus accessorius arteriae meningeae mediae 脑膜中动脉脑膜副支
r. meningeus anterior arteriae ethmoidalis anterioris (NA) 筛前动脉脑膜前支
r. meningeus anterior arteriae vertebralis 椎动脉脑膜前支
r. meningeus arteriae carotidis internae (NA) 颈内动脉脑膜支
r. meningeus arteriae occipitalis (NA) 枕动脉脑膜支
rami meningei arteriae vertebralis (NA) 椎动脉脑膜支
r. meningeus medius nervi maxillaris (NA) 上颌神经脑膜支
r. meningeus nervi mandibularis (NA) 下颌神经脑膜支
r. meningeus nervi ophthalmici 眼神经脑膜支
r. meningeus nervi spinalis (NA) 脊神经脑膜支
r. meningeus nervi vagi (NA) 迷走神经脑膜支
r. meningeus posterior arteriae vertebralis (NA) 椎动脉脑膜支
r. meningeus recurrens arteriae lacrimalis 泪腺动脉脑膜返支
r. mentalis arteriae alveolaris inferioris (NA) 下牙槽动脉颏支

rami mentales nervi mentalis (NA) 颏神经颏支
rami musculares (NA) 肌支
rami musculares arteriae vertebralis (NA) 椎动脉肌支
rami musculares nervi accessorii (NA) 副神经肌支
rami musculares nervi axillaris (NA) 腋神经肌支
rami musculares nervi femoralis (NA) 股神经肌支
rami musculares nervi fibularis profundi (NA) 腓深神经肌支
rami musculares nervi fibularis superficialis (NA) 腓浅神经肌支
rami musculares nervi iliohypogastrici 髂腹下神经肌支
rami musculares nervi ilioinguinalis 髂腹股沟神经肌支
rami musculares nervorum intercostalium 肋间神经肌支
rami musculares nervi ischiadici 坐骨神经肌支
rami musculares nervi mediani (NA) 正中神经肌支
rami musculares nervi musculocutanei (NA) 肌皮神经肌支
rami musculares nervi obturatorii (NA) 闭孔神经肌支
rami musculares nervi peronei profundi 腓深神经肌支
rami musculares nervi peronei superficialis 腓浅神经肌支
rami musculares nervi radialis (NA) 桡神经肌支
rami musculares nervi tibialis (NA) 胫神经肌支
rami musculares nervi ulnaris (NA) 尺神经肌支
rami musculares plexus lumbalis 腰神经丛肌支
r. musculi stylopharyngei nervi glossopharyngei (NA) 舌咽神经茎突咽肌支
r. mylohyoideus arteriae alveolaris inferioris (NA) 下牙槽动脉下颌舌骨肌支
rami nasales anteriores laterales arteriae ethmoidalis anterioris (NA) 筛前动脉

鼻前外侧支
r. nasalis externus nervi ethmoidalis anterioris (NA) 筛前神经鼻外侧支
rami nasales externi nervi infraorbitalis (NA) 眶下神经鼻外侧支
rami nasales interni nervi ethmoidalis anterioris (NA) 筛前神经鼻内侧支
rami nasales interni nervi infraorbitalis (NA) 眶下神经鼻内侧支
rami nasales laterales nervi ethmoidalis anterioris (NA) 筛前神经鼻外侧支
rami nasales mediales nervi ethmoidalis anterioris (NA) 筛前神经鼻内侧支
rami nasales nervi ethmoidalis anterioris 筛前神经鼻支
rami nasales posteriores inferiores (laterales) ganglii pterygopalatini (NA), rami nasales posteriores inferiores (laterales) ganglii sphenopalatini 蝶腭神经节下(外)鼻后支
rami nasales posteriores inferiores nervi palatini (NA) 腭神经鼻后下支
rami nasales posteriores superiores laterales ganglii pterygopalatini (NA), rami nasales posteriores superiores laterales ganglii sphenopalatini 蝶腭神经节内上鼻后支
rami nasales posteriores superiores mediales ganglii pterygopalatini (NA), rami nasales posteriores superiores mediales ganglii sphenopalatini 蝶腭神经节内上鼻后支
r. nasociliaris ganglii ciliaris 睫状神经节鼻睫支
r. nervi oculomotorii arteriae communicantis posterioris (NA) 后交通动脉动眼神经支
r. nodi atrioventricularis arteriae coronariae dextrae (NA) 右冠状动脉房室结支
r. nodi sinuatrialis arteriae coronariae dextrae (NA) 右冠状动脉窦房结支
rami nuclei rubris (NA) 红核支
rami nucleorum hypothalamicorum (NA) 下丘脑核支
r. obturartoius arteriae epigastricae inferioris (NA) 上腹小动脉闭孔支
r. occipitalis arteriae auricularis posterioris (NA) 耳后动脉枕支
rami occipitales arteriae occipitalis (NA) 枕动脉枕支
r. occipitalis nervi auricularis posterioris (NA) 耳后神经枕支
r. occipitotemporalis arteriae occipitalis medialis (NA) 枕内动脉枕颞支
rami oesophageales gangliorum thoracicorum (NA) 胸神经节食道支
rami oesophageales nervi laryngei recurrentis (NA) 喉返神经食道支
rami oesophagei aortae thoracicae (NA) 胸主动脉食道支
rami oesophagei arteriae gastricae sinistrae (NA) 胃左动脉食道支
rami oesophagei arteriae thyroideae inferioris (NA) 甲状腺下动脉食道支
rami oesophagei nervi laryngei recurrentis 喉返神经食道支
rami omentales arteriae gastro-omentalis dextrae (NA) 胃网膜右动脉网膜支
rami omentales arteriae gastro-omentalis sinistrae (NA) 胃网膜左动脉网膜支
r. orbitalis arteriae meningeae mediae (NA) 脑膜中动脉眶支
rami orbitales ganglii pterygopalatini (NA), rami orbitales ganglii sphenopalatini 蝶腭神经节眼眶支
r. orbitofrontalis medialis arteriae cerebri anterioris 大脑前动脉眶前内侧支
r. orbitofrontalis medialis arteriae cerebri mediae 大脑中动脉眶前内侧支
r. ossis ischii (NA) 坐骨支
r. ossis pubis 耻骨支
r. ovaricus arteriae uterinae (NA), r. ovarii arteriae uterinae 子宫动脉卵巢支
r. palmaris nervi mediani (NA) 正中神经掌支
r. palmaris nervi ulnaris (NA) 尺神经掌支
r. palmaris profundus arteriae ulnaris (NA) 尺动脉掌深支
r. palmaris superficialis arteriae radialis (NA) 桡动脉掌浅支
rami palpebrales inferiores nervi infraorbitalis (NA) 眶下神经下睑支
rami palpebrales nervi infratrochlearis

(NA) 滑车下神经下睑支
rami pancreatici arteriae lienalis 脾动脉胰支
rami pancreatici arteriae pancreaticoduodenalis superioris anterioris (NA) 胰十二指肠前上动脉胰支
rami pancreatici arteriae pancreaticoduodenalis superioris posterioris (NA) 胰十二指肠后上动脉胰支
rami pancreatici arteriae splenicae (NA) 脾动脉胰支
rami parietales aortae abdominalis 腹主动脉壁支
rami parietales aortae thoracalis 胸主动脉壁支
rami parietales arteriae hypogastricae 下腹动脉壁支
r. parietalis arteriae meningeae mediae (NA) 脑膜中动脉顶支
r. parietalis arteriae occipitalis medialis (NA) 枕内动脉顶支
r. parietals arteriae temporalis superficialis (NA) 颞浅动脉顶支
r. parieto-occipitalis arteriae cerebri posterioris (NA) 大脑后动脉顶枕支
r. parieto-occipitalis arteriae occipitalis medialis (NA) 枕内动脉顶枕支
r. parotideus arteriae auricularis posterioris (NA) 耳后动脉腮腺支
r. parotideus arteriae temporalis superficialis (NA) 颞浅动脉腮腺支
rami parotidei nervi auriculotemporalis (NA) 耳颞神经腮腺支
rami parotidei venae facialis (NA) 面静脉腮腺支
rami pectorales arteriae thoracoacromialis (NA) 胸肩峰动脉胸支
rami pedunculares arteriae cerebri posterioris (NA) 大脑后动脉脚支
r. perforans arteriae fibularis (NA) 腓动脉穿支
rami perforantes arteriae mammariae internae 乳内动脉穿支
rami perforantes arteriarum metacarpearum palmarium (NA), rami perforantes arteriarum metacarpearum volarium 掌心动脉穿支
rami perforantes arteriarum metatarsearum plantarium (NA) 跖底动脉穿支
r. perforans arteriae peroneae 腓动脉穿支
rami perforantes arteriae thoracicae internae (NA) 胸内动脉穿支
rami pericardiaci aortae thoracalis, rami pericardiaci aortae thoracicae (NA) 胸主动脉心包支
r. pericardiacus nervi phrenici (NA) 膈神经心包支
rami peridentales arteriae alveolaris inferioris (NA) 下牙槽动脉牙周支
rami peridentales arteriae alveolaris superioris posterioris (NA) 上牙槽后动脉牙周支
rami perineales nervi cutanei femoris posterioris (NA) 股后皮神经会阴支
r. petrosus arteriae meningeae mediae (NA), r. petrosus superficialis arteriae meningeae mediae 脑膜中动脉岩浅支
rami pharyngeales nervi glossopharyngei (NA) 舌咽神经咽支
rami pharyngeales nervi laryngealis (NA) 喉神经咽支
r. pharyngealis nervi vagi (NA) 迷走神经咽支
r. pharyngeus arteriae canalis pterygoidei (NA) 翼管动脉咽支
rami pharyngei arteriae pharyngeae ascendentis (NA) 咽升动脉咽支
rami pharyngei arteriae thyroideae inferioris (NA) 甲状腺下动脉咽支
r. pharyngeus ganglii pterygopalatini (NA) 蝶腭神经节咽支
rami pharyngei nervi glossopharyngei 舌咽神经咽支
r. pharyngeus nervi vagi 迷走神经咽支
rami phrenico-abdominales nervi phrenici (NA) 膈神经膈腹支
r. plantaris profundus arteriae dorsalis pedis 足背动脉跖深支
rami ad pontem arteriae basilaris 基底动脉脑桥脑支
r. posterior arteriae obturatoriae (NA) 闭孔动脉后支
r. posterior arteriae pancreaticoduodenalis inferioris (NA) 胰十二指肠下动脉后支

r. posterior arteriae recurrentis ulnaris (NA) 尺返动脉后支

r. posterior arteriae renalis (NA) 肾动脉后支

r. posterior arteriae thyroideae superioris (NA) 甲状腺动脉后支

r. posterior ductus hepatici dextri (NA) 右肝管后支

r. posterior nervi auricularis magni (NA) 耳大神经后支

rami posteriores nervorum cervicalium (NA) 颈神经后支

r. posterior nervi coccygei (NA) 尾神经后支

r. posterior nervi cutanei antebrachii medialis (NA) 前臂内侧皮神经后支

rami posteriores nervorum lumbalium (NA) 腰神经后支

r. posterior nervi obturatorii (NA) 闭孔神经后支

rami posteriores nervorum sacralium (NA) 骶神经后支

r. posterior nervi spinalis (NA) 脊神经后支

rami posteriores nervorum thoracicorum (NA) 胸神经后支

r. posterior sulci lateralis cerebri (NA) 大脑外侧沟后支

r. posterior ventriculi sinistri (NA) 左心室后支

r. posterolateralis dexter 右后外侧支

r. profundus arteriae circumflexae femoris medialis (NA) 内侧旋股动脉深支

r. profundus arteriae gluteae superioris (NA) 臀上动脉深支

r. profundus arteriae plantaris medialis (NA) 足底内侧动脉深支

r. profundus arteriae transversae cervicis (NA), r. profundus arteriae transversae colli 颈横动脉深支

r. profundus nervi plantaris lateralis (NA) 足底外侧神经深支

r. profundus nervi radialis 桡神经深支

r. profundus nervi ulnaris (NA) 尺神经深支

rami prostatici arteriae vesicalis inferioris (NA) 膀胱下动脉前列腺支

rami pterygoidei arteriae maxillaris (NA), rami pterygoidei arteriae maxillaris internae 上颌动脉翼状肌支

r. pubicus arteriae epigastricae inferioris (NA) 上腹下动脉耻骨支

r. pubicus arteriae obturatoriae (NA) 闭孔动脉耻骨支

r. of pubis 耻骨支

r. of pubis, ascending 耻骨升支

r. of pubis, descending 耻骨降支

rami pulmonales plexus pulmonalis (NA) 肺神经丛肺支

rami pulmonales systematis autonomici (NA) 自主性交感神经肺支

rami pulmonales thoracici gangliorum thoracicorum (NA) 胸神经节肺胸支

rami radiculares arteriae vertebralis 椎动脉根支

r. renalis nervi splanchnici minoris 内脏小神经肾支

rami renales nervi vagi (NA), rami renales plexus coeliaci 迷走神经肾支,腹腔丛肾支

rami sacrales laterales arteriae sacralis medianae (NA) 骶中动脉骶外侧支

r. saphenus arteriae descendentis genicularis (NA) 膝最上动脉隐支

r. saphenus arteriae genus descendentis 膝最上动脉隐支

rami scrotales anteriores arteriae femoralis (NA) 股动脉阴囊前支

rami scrotales posteriores arteriae pudendae internae (NA) 阴部内动脉阴囊后支

rami septales anteriores arteriae ethmoidalis anterioris (NA) 筛前动脉前中隔支

rami septales posteriores arteriae sphenopalatinae (NA) 蝶腭动脉后中隔支

r. septi nasi arteriae labialis superioris (NA) 上唇动脉鼻中隔支

r. sinister arteriae hepaticae propriae (NA) 肝固有动脉左支

r. sinister arteriae pulmonalis 肺动脉左支

r. sinister venae portae hepatis (NA) 肝门静脉左支

r. sinus carotici nervi glossopharyngei (NA) 舌咽神经颈动脉窦支

r. sinus cavernosi (NA) 海绵窦支

rami spinales arteriae cervicalis ascendentis (NA) 颈升动脉脊支
r. spinalis arteriae iliolumbalis 髂腰动脉脊支
rami spinales arteriarum intercostalium posteriorum (NA) 后肋间动脉脊支
rami spinales arteriae intercostalis supremae (NA) 肋间最上动脉脊支
r. spinalis arteriarum lumbalium (NA) 腰动脉脊支
rami spinales arteriarum sacralium lateralium (NA) 骶外侧动脉脊支
r. spinalis arteriae subcostalis (NA) 肋下动脉脊支
rami spinales arteriae vertebralis (NA) 椎动脉脊支
r. spinalis rami dorsalis arteriarum intercostalium posteriorum (NA) 肋间后动脉背侧支脊支
r. spinalis rami lumbalis arteriae iliolumbalis (NA) 髂腰动脉腰支脊支
r. spinalis venarum intercostalium, r. spinalis venarum intercostalium posteriorum (IV-XI) 肋间静脉脊支, (4～11) 后肋间静脉脊支
rami splenici arteriae splenicae (NA) 脾动脉脾支
r. stapedius arteriae stylomastoideae (NA) 茎突乳突动脉镫骨支
rami sternales arteriae mammariae internae 乳房内动脉胸骨支
rami sternales arteriae thoracicae internae 胸内动脉胸骨支
rami sternocleidomastoidei arteriae occipitalis (NA) 枕动脉胸锁乳突肌支
r. sternocleidomastoideus arteriae thyroideae superioris (NA) 甲状腺上动脉胸锁乳突肌支
r. stylohyoideus nervi facialis (NA) 面神经茎突舌骨支
rami subendocardiales (NA) 心内膜下支
rami subscapulares arteriae axillaris (NA) 腋动脉肩胛下支
rami substantiae nigrae (NA) 黑质支
rami substantiae perforatae anterioris (NA) 前穿质支
r. superficialis arteriae circumflexae femoris medialis (NA) 旋股内动脉浅支

r. superficialis arteriae gluteae superioris (NA) 臀上动脉浅支
r. superficialis arteriae plantaris medialis (NA) 足底内动脉浅支
r. superficialis arteriae transversae cervicis (NA), r. superficialis arteriae transversae colli 颈横动脉浅支
r. superficialis nervi plantaris lateralis (NA) 足底外侧神经浅支
r. superficialis nervi radialis (NA) 桡神经浅支
r. superficialis nervi ulnaris (NA) 尺神经浅支
r. superior arteriae gluteae superioris (NA) 臀上动脉上支
r. superior nervi oculomotorii (NA) 动眼神经上支
rami superiores nervi transversi colli (NA) 颈横神经上支
r. superior ossis ischii 坐骨上支
r. superior ossis pubis (NA), superior r. of pubis 耻骨上支
r. suprahyoideus arteriae lingualis (NA) 舌动脉舌骨上支
rami suprarenales superiores arteriae phrenicae inferioris 膈下动脉肾上腺上支
r. sympatheticus ganglii ciliaris 睫状神经节
r. sympatheticus ad ganglion submandibulare (NA) 下颌下神经节交感支
r. sympathicus ganglii ciliaris 睫状神经节
r. sympathicus ad ganglion submandibulare 下颌下神经节交感支
rami temporales anteriores arteriae occipitalis lateralis (NA) 枕外动脉颞前支
rami temporales intermedii mediales arteriae occipitalis lateralis (NA) 枕外动脉颞内侧正中支
rami temporales nervi facialis (NA) 面神经颞支
r. temporales posteriores arteriae occipitalis lateralis (NA) 枕外动脉颞后支
rami temporales superficiales nervi auriculotemporalis (NA) 耳颞神经颞浅支
r. tentorii basalis arteriae carotidis internae 颈内动脉基底幕支

r. tentorii marginalis arteriae carotidis internae 颈内动脉幕缘支

r. tentorii nervi ophthalmici (NA) 眼神经脑幕支

rami thalamici arteriae cerebri posterioris (NA) 大脑后动脉丘脑支

r. thalamicus arteriae communicantis posterioris (NA) 后交通动脉丘脑支

rami thymici arteriae thoracicae internae (NA) 胸内动脉胸腺支

r. thyreohyoideus nervi hypoglossi, r. thyrohyoideus ansae cervicalis (NA) 舌下神经甲舌骨肌支，颈神经袢甲舌骨肌支

r. tonsillae cerebelli arteriae inferioris posterioris cerebelli (NA) 小脑后下动脉小脑扁桃体支

r. tonsillaris arteriae facialis (NA), r. tonsillaris arteriae maxillaris externi 面动脉扁桃体支

rami tonsillares nervi glossopharyngei (NA) 舌咽神经扁桃体支

rami tonsillares nervorum palatinorum minorum (NA) 腭小神经扁桃体支

rami tracheales arteriae thyroideae inferioris (NA) 甲状腺下动脉气管支

rami tracheales nervi laryngei recurrentis (NA), rami tracheales nervi recurrentis 喉返神经气管支

rami tractus optici (NA) 视束支

r. transversus arteriae circumflexae femoris lateralis (NA) 旋股外动脉横支

r. transversus arteriae circumflexae femoris medialis (NA) 旋股内动脉横支

rami trigeminales et trochleares (NA) 三叉与滑车支

rami tubales arteriae ovaricae 卵巢动脉输卵管支

r. tubalis arteriae uterinae 子宫动脉输卵管支

r. tubalis plexus tympanici 鼓室丛咽鼓管支

rami tubarii arteriae ovaricae (NA) 卵巢动脉输卵管支

r. tubarius arteriae uterinae (NA) 子宫动脉输卵管支

r. tubarius plexus tympanici (NA) 鼓室丛咽鼓管支

rami tuberis cinerei (NA) 灰结节支

r. ulnaris nervi cutanei antebrachii medialis 前臂内侧皮神经尺侧支

rami ureterici arteriae ductus deferentis (NA) 输精管动脉输尿管支

rami ureterici arteriae ovaricae (NA) 卵巢动脉输尿管支

rami ureterici arteriae renalis (NA) 肾动脉输尿管支

rami ureterici arteriae testicularis (NA) 睾丸动脉输尿管支

rami vaginales arteriae rectalis mediae (NA) 直肠中动脉阴道支

rami vaginales arteriae uterinae (NA) 子宫动脉阴道支

rami ventrales nervorum cervicalium (NA) 颈神经前支

r. ventralis nervi coccygei 尾神经前支

rami ventrales nervorum lumbalium 腰神经前支

rami ventrales nervorum sacralium 骶神经前支

r. ventralis nervi spinalis (NA) 脊神经前支

rami ventrales nervorum thoracicorum 胸神经前支

r. ventriculi sinistri posterior 左室后支

rami vestibulares arteriae auditivae internae 迷路动脉前庭支

rami vestibulares arteriae labyrinthi (NA) 迷路动脉前庭支

rami viscerales 内脏支

rami viscerales aortae abdominalis 腹主动脉内脏支

rami viscerales aortae thoracalis 胸主动脉内脏支

rami viscerales arteriae hypogastricae 下腹动脉内脏支

rami zygomatici nervi facialis (NA) 面神经颧支

r. zygomaticofacialis nervi zygomatici (NA) 颧神经颧面支

r. zygomaticotemporalis nervi zygomatici (NA) 颧神经颧颞支

rancid ['rænsid] (L. *rancidus*) 霉味，腥臭味或臭气的

rancidify [ræn'sidifai] 腐败并伴有脂肪酸释出

rancidity [ræn'siditi] 酸败的程度

Randall's plaques ['rændəlz] (Alexander *Randall*, American urologist, 1883-1951) 伦道尔氏斑

Randolph's test [ræn'dɔlfs] (Nathaniel Archer *Randolph*, American physician, 1858-1887) 伦道夫氏试验

random ['rændəm] (Old French *randon* violence) 任意,任取

randomize ['rændəmaiz] 使随机化

range ['reindʒ] ❶ 范围; ❷ 量程; ❸ 区域
   r. of accommodation 调节幅度
   r. of audibility 可听音域
   r. of motion 移动度
   normal r., r. of normal 正常范围

ranimycin [ræni'maisin] 雷尼霉素

ranine ['reinain] (L. *raninus*; *rana* frog) ❶蛙的; ❷ 舌下囊肿; ❸ 舌下面的; ❹ 舌下静脉的

ranitidine [ræ'nitidi:n] 雷尼替丁

rank [ræŋk] 排列

Ranke's angle ['ræŋkiz] (Hans Rudolph *Ranke*, Dutch anatomist, 1849-1887) 兰克氏角

Ranke's complex ['ræŋkəz] (Karl Ernst von *Ranke*, German internist, 1870-1926) 兰克氏复征

ranula ['rænjulə] (L., *dim.* of *rana* frog) 舌下囊肿
   pancreatic r. 胰管囊肿

ranular ['rænjulə] 舌下囊肿的

Ranunculus [rə'nʌŋkjuləs] 毛茛属

Ranvier's crosses [rænvi'eiz] (Louis Antoine *Ranvier*, French pathologist, 1835-1922) 郎飞氏十字

RAO (right anterior oblique 的缩写)右前斜

Raoult's law [rɑː'uːlz] (François Marie *Raoult*, French physical chemist, 1830-1901) 腊乌耳氏定律

rape [reip] (L. *rapum*) 芸苔,油菜

raphania [rə'feiniə] (L. *raphanus*; Gr. *raphanos* radish) 野萝卜子所致的慢性中毒

raphe ['reifi] (pl. *raphae*) (Gr. *rhaphē*) 缝 (际)
   abdominal r. 腹白线
   amniotic r. 羊膜缝

   r. anococcygea, anococcygeal r. 肛尾缝
   r. corporis callosi 胼胝体缝
   r. of corpus callosum 内、外侧胼胝体缝的总称
   longitudinal r. of tongue 舌纵缝
   median r. of medulla oblongata, r. mediana medullae oblongatae 延髓缝
   median r. of neck, posterior 颈背正中缝
   median r. of perineum 会阴缝
   median r. of pons, r. mediana pontina 脑桥缝
   r. of medulla oblongata, r. medullae oblongatae (NA) 延髓缝
   r. palati (NA), palatine r. 腭缝
   palpebral r., lateral, r. palpebralis lateralis 睑外侧缝
   r. penis (NA) 阴茎缝
   perineal r., r. perinealis (NA), r. perinei, r. of perineum 会阴缝
   r. pharyngis (NA), r. of pharynx 咽缝
   r. of pons, r. pontis (NA) 脑桥缝
   pterygomandibular r., r. pterygomandibularis (NA) 翼突下颌缝
   scrotal r., r. scrotalis, r. of scroti (NA), r. of scrotum 阴囊缝

Rappaport Classification ['ræpəpɔːt] (Henry *Rappaport*, American pathologist, born 1913) 拉巴波特氏分类

rapport [rɑː'pɔː] (Fr.) 关系融洽

raptus ['ræptəs] (L. from *rapere* to seize) 狂暴发作

rarefaction [,reəri'fækʃən] (L. *rarefactio*) 稀疏或疏松状态

raritas ['reritəs] (L. "rarity") 稀疏

rash [ræʃ] 疹
   brown-tail r. 褐尾蟊皮炎
   butterfly r. 蝶形疹
   caterpillar r. 毛虫疹
   diaper r. 尿布疹
   drug r. 药疹
   heat r. 热疹
   hydatid r. 包虫囊疹
   wandering r. 地图样舌

rasion ['reiʒən] (L. *rasio*) 锉刮,锉磨药物

Rasmussen's aneurysm ['rɑːsmusənz] (Fritz Waldemar *Rasmussen*, Danish physician, 1834-1877) 腊斯默森氏动脉瘤

raspatory [ˈrɑːspətəri] (L. *raspatorium*) 外科用的骨锉,骨刮

RAST (radioallergosorbent test 的缩写) 放射变区吸附试验

Rastelli operation [rɑsˈteliː] (Gian Carlo *Rastelli*, Italian cardiovascular surgeon, 1933-1970) 拉斯特利氏手术

rat [ræt] 鼠
  albino r. 白鼠
  BBr. 一种用于I型糖尿病模型的鼠
  black r. 黑鼠
  brown r. 棕鼠
  Egyptian r. 埃及鼠,屋顶鼠
  fa/fa r. fa/fa 纯合鼠
  Fischer 344 r. 费希尔 344 鼠
  Holtzman r. 霍尔兹曼鼠
  Long-Evans r. 朗-伊二氏鼠
  multimammate r. 一种小啮齿动物,是 Lassa 病毒的自然宿主
  roof r. 屋顶鼠
  Sprague-Dawley r. 斯普拉格-杜勒鼠
  white r. 白鼠
  Wistar r. 威斯塔氏鼠
  wood r. 森林鼠
  Zucker r. 佐克氏鼠

rate [reit] (L. *rata*, from *ratus* calculated) 率
  adjusted r. 标准比率
  attack r. 发病率
  basal metabolic r. 基础代谢率
  birth r. 出生率
  case r. 患病率
  case fatality r. 病死率
  circulation r. 循环率
  crude r. 粗率
  cumulative incidence r. 累积发病率
  death r. 死亡率
  DEF r. 乳牙龋齿率
  DMF r. 坏牙率
  dose r. 剂量率
  erythrocyte sedimentation r. (ESR) 红细胞沉降率
  fatality r. 致死率
  fetal death r. 胎儿死亡率
  five-year survival r. 5 年存活率
  glomerular filtration r. (GFR) 肾小球滤过率
  growth r. 生长率
  heart r. 心率
  incidence r. 发病率
  infant mortality r. 婴儿死亡率
  lethality r. 致死率
  maternal mortality r. 孕产妇死亡率
  morbidity r. 患病率
  mortality r. 死亡率
  mutation r. 突变率
  neonatal mortality r. 新生儿死亡率
  oocyst r. 卵囊率
  output exposure r. 输出量接触率
  parasite r. 寄生虫率
  peak expiratory flow r. (PEFR) 呼出气流峰率
  perinatal mortality r., postnatal mortality r. 围产儿死亡率
  prevalence r. 患病率
  puerperal mortality r. 产妇死亡率
  pulse r. 脉搏率
  relative survival r. 相对存活率
  respiration r. 呼吸率
  secondary attack r. 二代发生率
  sedimentation r. 沉降速率,沉降率
  sickness r. 患病率
  slew r. 旋转率
  specific r. 专率
  sporozoite r. 子孢子率
  standardized r. 标准率
  stillbirth r. 死产率
  Westergren sedimentation r. 韦斯特格伦沉降率,同韦斯特格伦法

Rathke's column [ˈrɑːtkiz] (Martin Heinrich *Rathke*, German anatomist, 1793-1860) 腊特克氏柱

raticide [ˈrætisaid] 杀鼠药

ratio [ˈreiʃiəu] (L.) 比,比率,比例
  A-G r., albumin-globulin r. 白蛋白球蛋白比率
  arm r. 臂比
  birth-death r. 出生死亡比率,生命指标
  Blackburne-Peel r. 布-皮二氏率
  body-weight r. 体重率
  cardiothoracic r. 心胸比率
  case fatality r. 疾病死亡比率
  cell color r. 红细胞色素比率
  concentration r. 浓度比率
  conduction r. 传导率
  curative r. 治疗比率

dextrose-nitrogen r., D-N r. 糖氮比率
expiratory exchange r. 呼吸商
extraction r. 提取率
fetal death r. 胎儿死亡率
glucose-nitrogen r., G-N r. 糖氮比率
grid r. 栅(条)比(率)
hand r. 手的长、宽度之比
holdaway r. 点和下切牙与鼻根-颅底点平面关系的表达方法
Insall-Salvati r. 英-撒率
karyoplasmic r. 核质比率
ketogenic-antiketogenic r. 生酮抗生酮比率
lecithin-sphingomyelin r., L/S r. 卵磷脂鞘磷脂比率
mendelian r. 孟德尔比率
nucleocytoplasmic r., nucleoplasmic r. 核质比率
nutritive r. 营养比率
odds r. 比值比率
proportional mortality r. (PMR) 死因构成比率
respiratory exchange r. 呼吸商
sex r. 两性比率,性(别)比率
signal-to-noise r. 信号噪声比,所测信号与噪声之比
standardized morbidity r. (SMR) 标准患病率
standardized mortality r. (SMR) 标准死亡率
stimulation r. (SR) 刺激率
therapeutic r. 治疗比率
urea excretion r. 尿素清除率
ventilation-perfusion r. 通气-灌注比
zeta sedimentation r. (ZSR) zeta 沉降率
ration ['reiʃən] (L. *ratio* proportion) 口粮,定粮
  basal r. 基本口粮
rational ['reiʃənəl] (L. *rationalis* reasonable) 合理的,有理性的
rationale [ˌræʃəˈnɑːl] (L.) 基本原理,理论基础
rationalization [ˌræʃənəlaiˈzeiʃən] 合理化,文饰(作用)
rat-tails ['rætteilz] 鼠尾样肿
Rattus ['rætəs] 鼠属
  R. norvegicus 褐鼠
  R. rattus 黑鼠

R. rattus alexandrinus 埃及鼠,屋顶鼠
Rau's apophysis [rəuz] (Johann J. *Rau* (Ravius), Dutch anatomist, 1668-1719) 劳氏骨突
Rauber's layer ['rəubəz] (August Antinous *Rauber*, German-born anatomist in Estonia, 1841-1917) 劳贝尔氏层
Rauchfuss' triangle ['rauʃfus] (Karl Andreyevich *Rauchfuss*, Russian pediatrician, 1835-1915) 劳赫富斯氏三角
Rau-Sed ['rəused] 罗-塞德:蛇根碱制剂的商品名
rauschbrand ['rauʃbrænd] (Ger.) 牛炭疽
Rauserpa [rɔːˈsəːpə] 罗塞卜:蛇根母制剂的商品名
Rauwiloid ['rɔːwilɔid] 罗威劳德:蛇根混合碱制剂的商品名
Rauwolfia [rɔːˈwɔlfiə] (Leonhard *Rauwolf*, 16th century German botanist) 萝芙木属,萝芙藤属
  R. serpentina (L.) 蛇根木,印度萝芙木
rauwolfia [rɔːˈwɔlfiə] 萝芙木
  r. serpentina (USP) 蛇根木干根,印度萝芙木干根
  r. serpentina, powdered (USP) 蛇根木粉
Rauzide ['rɔːzaid] 罗塞德:含苄氟噻嗪的蛇根木制剂的商品名
RAV (Rous-associated virus 的缩写) 鲁斯氏相伴病毒
Ravius ['reiviəs] 劳氏突
ray [rei] (L. *radius* spoke) 线,射线
  actinic r. 光化射线
  alpha r's, α-r's α 射线
  anode r's 阳极射线
  astral r. 星射线
  beta r's, β-r's β 射线
  cathode r's 阴极射线
  central r. 中央射线
  characteristic r's 标识射线
  characteristic fluorescent r's 标识荧光射线
  chemical r. 光化射线
  convergent r. 会聚射线
  delta r's, δ-r's δ 射线
  digital r. 指(趾)线
  direct r. 直接射线,原射线
  divergent r's 散开射线

dynamic r's 动力性射线,活性射线
fluorescent r's 荧光射线
gamma r's, γ-r's γ射线
glass r's 玻璃射线
grenz r's 境界(射)线
hard r's 硬射线
heat r's 热射线
incident r. 入射线
indirect r's 间接射线
infrared r's 红外线
infra roentgen r's 跨界(射)线,境界(射)线
intermediate r's 居间射线,W 射线
luminous r's 发光射线
medullary r's 髓质射线
necrobiotic r's 生物致死性射线
parallel r's 平行光线
polar r. 极射线,星射线
positive r's 阳极射线
primary r. 原射线
reflected r. 反射线
refracted r. 折射线
roentgen r's X(射)线,伦琴(射)线
Sagnac r's 塞哥纳克射线
scattered r's 散射线
secondary r. 次生射线,次级射线
soft r's 软射线
ultraviolet r's 紫外线
W r's W 射线,居间射线
x-r's X(射)线,伦琴(射)线

Raymond's apoplexy [rei'mɔrz] (Fulgence *Raymond*, French neurologist, 1844-1910) 雷孟氏中风

Raymond-Cestan syndrome [rei'mɔŋ sestɑ:] (F. *Raymond*; Raymond *Cestan*, French neurologist, 1872-1934) 雷-石二氏综合征

Raynaud's disease [rei'nəuz] (Maurice *Raynaud*, French physician, 1834-1881) 雷诺氏病

razoxane [rei'zɔksein] 丙亚胺,哌嗪二酮丙烷

Rb (*rubidium* 的符号) 铷

RBBB (*right bundle branch block* 的缩写) 右束支阻滞

RBC (*red blood cell* 的缩写) 红细胞;(*red blood (cell) count* 的缩写) 红细胞计数

RBC IT (*red blood cell iron turnover* 的缩写) 红细胞铁转运

RBE (*relative biological effectiveness* 的缩写) 相对生物效应

RBP (*retinol binding protein* 的缩写) 维生素 A 结合蛋白

RCA (*right coronary artery* 的缩写) 右冠状动脉

RCM (*Royal College of Midwives* 的缩写) 皇家助产士学会

RCN (*Royal College of Nursing* 的缩写) 皇家护理学会

RCOG (*Royal College of Obstetricians and Gynaecologists* 的缩写) 皇家妇产科学会

RCP (*Royal College of Physicians* 的缩写) 皇家医学会

rcp (*reciprocal translocation* 的缩写)(染色体)相互易位

RCS (*Royal College of Surgeons* 的缩写) 皇家外科学会

RCU (*red cell utilization* 的缩写) 红细胞利用

RCVS (*Royal College of Veterinary Surgeons* 的缩写) 皇家兽医外科学会

RD (*reaction of degeneration* 的缩写) 变性反应

rd (*ratherford* 的缩写) 卢(瑟福)

RDE (*receptor-destroying enzyme* 的缩写) 受体破坏酶

RE ❶ (*radium emanation* 的缩写) 镭射气;❷ (*right eye* 的缩写) 右眼;❸ 维生素 A 替代

Re (*rhenium* 的符号) 铼

re- (L.) 反,回,再,复

reabsorb [,ri:əb'sɔ:b] ❶ 重吸收;❷ 使重吸收;❸ 吸收

reabsorption [,ri:əb'sɔ:pʃən] ❶ 重吸收(作用);❷ 吸收(作用)

react [ri:'ækt] ❶ 应答;❷ 发生反应

reactance [ri:'æktəns] 电抗,有感电阻

reactant [ri:'æktənt] 反应物
  acute phase r. 急性期反应

reaction [ri:'ækʃən] (*re-* + L. *agere* to act) 反应
  acid r. 酸性反应
  acrosome r. 顶体反应
  acute situational r., acute stress r. 急性应激反应
  adjustment r. 调整反应
  alarm r. 紧急反应

alkaline r. 碱性反应
allergic r. 变态反应
allograft r. 同种(异体)移植物反应
alphanaphthol r. α萘酚反应
anamnestic r. 回忆反应
anaphylactic r. 过敏反应
anaphylactoid r. 过敏样反应,假过敏性
anaplerotic r. 修复反应
antigen-antibody r. 抗原抗体反应
antiglobulin r. 抗球蛋白反应
anxiety r. 焦虑反应
Arias-Stella r. 艾-史二氏反应
Arthus r. 阿图斯氏反应
Arthus-type r. 阿图斯氏样反应
associative r. 联想反应
axon r., axonal r. 轴索反应
Bareggi's r. 巴雷季氏反应
Bekhterev's r. 别赫捷列夫氏反应
Bence Jones r. 本斯·琼斯氏反应
Berthelot r. 贝塞洛特反应
Bittorf's r. 比托夫反应
biuret r. 双缩脲反应
Bordet-Gengou r. 博-让二氏反应
cadaveric r. 尸反应
Cannizzaro's r. 康尼扎罗氏反应
capsular r. 荚膜反应
carbamino r. 氨基甲酰反应
Casoni's r. 卡索尼氏反应
chromaffin r. 嗜铬反应
cockade r. 花结状反应
complement fixation r. 补体结合反应
conglutination r. 胶固反应,团集反应,粘合反应
consensual r. ① 交叉反应;② 同感反应
conversion r. 转换反应
cross r. 交叉反应
cutaneous r. 皮肤反应
Dale r. 戴尔氏反应
defense r. 防御反应
r. of degeneration 变性反应
delayed hypersensitivity r., delayed-type hypersensitivity r. 迟发(型)过敏反应
depressive r. 抑郁反应
desmoplastic r. 纤维成形性反应
diazo r. 重氮反应
Dick r. 狄克氏反应
digitonin r. 洋地黄皂甙反应

displacement r. 置换反应
dissociative r. 分裂反应
dopa r. 多巴反应,二羟基苯丙氨酸反应
downgrading r. 降级反应
dysergastic r. 脑控制不良性反区
egg yellow r. 蛋黄反应
Ehrlich's aldehyde r. 欧利希氏乙醛反应
Ehrlich's diazo r. 欧利希氏重氮反应
erythrocyte sedimentation r. 红细胞沉降反应
r. of exhaustion 衰竭反应,虚脱反应
Felix-Weil r. 斐-威二氏反应
Fernandez r. 斐南德兹反应
Feulgen r. 弗尔金反应
fight-or-flight r. 紧急反应
foreign body r. 外生体反应
fuchsinophil r. 嗜品红反应
Gangi's r. 冈奇氏反应
Gmelin's r. 格梅林氏反应
graft-versus-host r. 移植物抗宿主反应
Grignard's r. 格里尼亚氏反应
gross stress r. 严重紧张反应
group r. 类属反应,类属凝集反应
Gruber's r., Gruber-Widal r. 格鲁伯反应
Gubler's r. 吉布氏反应
Gunning r. 冈宁氏反应
hemagglutination-inhibition r. 血凝抑制反应
hemiopic pupillary r. 偏盲性瞳孔反应
Henle's r. 汉勒氏反应
Herxheimer's r. 赫克斯海默氏反应
homograft r. 同种移植物反应
hunting r. 摆动反应
hyperkinetic r. of childhood 儿童的运动机能亢进反应
hypersensitivity r. 超敏反应,超敏感性反应
id r. 附发疹反应
r. of identity 一致性反应,同一性反应
immediate hypersensitivity r. 即现超敏反应
immune r. 免疫反应
indophenol r. 靛酚反应
intracutaneous r. 皮内反应
intradermal r. 皮内反应
involutional psychotic r. 衰老期忧郁症,更年期忧郁症

Jaffé r. 雅费氏反应
Jarisch-Herxheimer r. 雅-赫二氏反应
johnin r. 副结核(杆)菌素反应
Jolly's r. 约利氏反应
Jones-Mote r. 琼-莫二氏反应
Koch's r. 郭霍氏反应
Lange's r. 兰吉氏反应
lengthening r. 伸长反应
lepra r. 牛皮疹样反应
lepromin r. 麻风菌素反应
leukemic r., leukemoid r. 白血病样反应
Lewis' r. 路易士氏反应
Lieben's r. 李本氏反应
Liebermann-Burchard r. 李-本氏反应
Loeb's decidual r. 洛勃氏蜕膜反应
Loewi's r. 勒维氏反应
Lohmann r. 洛曼氏反应
Machado r., Machado-Guerreiro r. 马-格二氏反应,马可多反应
manic-depressive r. 躁狂-抑郁反应
Mantoux r. 芒图氏反应
Marchi's r. 马尔基氏反应
Millon's r. 米龙氏反应
Mitsuda r. 光田氏反应
mixed agglutination r. 混合凝集反应
mixed leukocyte r., mixed lymphocyte r. 混合白细胞反应,混合淋巴细胞反应
Molisch's r. 莫利旋氏反应
Moloney r. 莫洛尼反应
Montenegro r. 蒙特勒哥洛反应
Morelli's r. 莫雷利氏反应
Moritz r. 莫里次氏反应
mouse tail r. 鼠尾反应
myasthenic r. 肌无力性反应
Nadi r. 纳迪反应
Nagler's r. 纳格勒氏反应
near-point r. 近点反应
Neill-Mooser r. 尼-莫二氏反应
Neufeld's r. 诺伊费尔德氏反应
neurotonic r. 神经张力性肌反应
neutral r. 中性反应
Ninhydrin r. (水合)茚三酮反应
r. of nonidentity 非一致性反应,非同一性反应
Nonne-Apelt r. 农-阿二氏反应
nucleal r. 核反应
obsessive-compulsive r. 强迫观念与行为反应

Oestreicher's r. 伊斯特莱歇尔氏反应
orbicularis r. 眼轮匝肌反应
oxidase r. 氧化酶反应
pain r. 疼痛反应
parallergic r. 副变态反应
r. of partial identity 部分一致性反应,部分同一性反应
PAS r. 过碘酸-希夫氏反应
passive cutaneous anaphylaxis r. 被动皮肤过敏反应
Pasteur's r. 巴斯德氏反应
Paul-Bunnell r. 保-邦二氏反应
periodic acid-Schiff r. 过碘酸-希夫氏反应
peroxidase r. 过氧化酶反应
Petri r. 培替氏反应
Petzetaki's r. 佩则塔基氏反应
Pfeiffer's r. 发否氏反应
phobic r. 恐怖反应
photochemical r. 光化学反应
Pirquet r. 披尔奎氏反应
polymerase chain r. (PCR)多聚酶链反应
Porter-Silber r. 波-西二氏反应
Posner's r. 波斯纳氏反应
Prausnitz-Küstner r. 普-屈二氏反应
precipitin r. 沉淀素反应
prozone r. 前界反应,前区反应
pseudoallergic r. 假免疫反应
quellung r. (Ger. "swelling") 荚膜肿胀反应
reversal r. 反向反应
reverse passive Arthus r. 反向被动阿图斯氏反应
reversible r. 可逆反应
Rivalta's r. 里瓦耳塔氏反应
Roger's r. 罗惹氏反应
Russo r. 鲁索氏反应
Schick r. 锡克氏反应
Schultz-Charlton r. 舒-查二氏反应
Schultz-Dale r. 舒-戴二氏反应
second-set r. 二次反应
sedimentation r. 沉降反应,红细胞沉降反应
Selivanoff r., Seliwanow's r. 谢利瓦诺夫氏反应,谢利瓦旺娄氏反应
serological r. 血清学反应
serum r. 血清反应

serum sickness-like r. 血清病样反应
shortening r. 缩短反应
Shwartzman r., generalized 施瓦茨曼氏（全身）反应
Shwartzman r., localized 施瓦茨曼氏（局部）反应
skin r. 皮肤反应
startle r. 惊跳反应
Straus'r. 施特劳斯氏反应
stress r. 应激反应
sympathetic stress r. 紧急反应
Szent-Györgyi r. 曾-克二氏反应
Tanret's r. 唐雷氏反应
tendon r. 腱反应
thyroid function r. 甲状腺功能反应
toxin-antitoxin r. 毒素抗毒素反应
trigger r. 扳机反应,突发反应
tuberculin r. 结核菌素反应
Turnbull's blue r. 特恩布尔氏蓝反应
upgrading r. 逆反应
vestibular pupillary r. 前庭瞳孔反应
Voges-Proskauer r. 伏-普二氏反应
von Pirquet's r. 冯·披尔奎氏反应
Weil-Feilx r. 外-斐二氏反应
Wernicke's r. 韦尼克氏反应
wheal and erythema r., wheal and flare r. 风团潮红反应
white-graft r. 苍白移植物反应
Widal's r. 韦达氏反应,伤寒凝集反应
xanthoproteic r. 黄色蛋白（质）反应
xanthydrol r. 黄嘌呤醇反应
zed r. 饥饿终期反应
reaction-formation [ri:ˈækʃənfɔːˈmeiʃən] 反应结构,心理反应形成
reactivate [ri:ˈæktiveit] 复能,再活化,使再活动
reactivation [ri,ækti'veiʃən] 复能（作用）,再活化（作用）
r. of serum 血清再活化
reactivator [ri'æktiveitə] 再活化物
cholinesterase r. 胆碱脂酶复活物
reactivity [,riːækˈtiviti] 反应性
Reactrol [ri:ˈæktrɔl] 盐酸氯咪唑剂
reading [ˈriːdiŋ] 记录,读
lip r., speech r. 唇读
reagent [ri:ˈeidʒənt] (re- + L. *agere* to act) 试剂,试药
amino-acid r. 氨基酸试剂

arsenic-sulfuric acid r. 砷硫酸试剂
Benedict's r. 本尼迪特氏试剂
Berthelot's r. 贝泰洛特氏试剂
Bial's r. 比阿耳氏试剂
biuret r. 双缩脲试剂
Black's r. 布莱克氏试剂
Bogg's r. 博格氏试剂
Bohme's r. 鲍姆氏试剂
Bonchardat's r. 邦恰达氏试剂
Brücke's r. 布吕克氏试剂
Cramer's 2.5 r. 克拉默氏 2.5 试剂
Cross and Bevan's r. 克-比二氏试剂
diazo r. 重氮试剂
dinitrosalicylic acid r. 二硝基水杨酸试剂
Ehrlich's aldehyde r. 欧利希氏醛试剂
Ehrlich's diazo r. 欧利希氏重氮试剂
formalin-sulfuric acid r. 甲醛硫酸试剂
Fouchet's r. 富歇氏试剂
general r. 类别试剂
Gies' biuret r. 盖斯氏双缩脲试剂
Grignard's r. 格里尼亚氏试剂
Hager's r. 黑格尔试剂
Hahn oxine r. 哈恩氏 8-羟基喹啉试剂
Haines' r. 黑恩斯氏试剂
Ilosvay's r. 伊洛斯维氏试剂
Izar's r. 伊扎氏试剂
Lloyd's r. 劳埃德氏试剂
Mandelin's r. 曼德林氏试剂
Marme's r. 马梅氏试剂
Marquis' r. 马尔基氏试剂
Mayer's r. 迈尔氏试剂
Mecke's r. 梅克氏试剂
Millon's r. 米龙氏试剂
Mörner's r. 梅尔内尔氏试剂
Nadi r. 纳迪试剂
Nakayama r. 中山氏试剂
Nessler's r. 内斯勒氏试剂
Ninhydrin r. 宁海定试剂
Noguchi's r. 野口氏试剂
Obermayer's r. 奥伯迈尔氏试剂
Penzoldt's r. 彭措尔特氏试剂
Rosenthaler's r. 罗森塔勒氏试剂
Schaer's r. 谢尔氏试剂
Scheibler's r. 谢布勒氏试剂
Schiff's r. 希夫氏试剂
Schweitzer's r. 施魏泽尔氏试剂
Scott-Wilson r. 斯-威二氏试剂

selenious-sulfuric acid r. 亚硒酸硫酸试剂
Soldaini's r. 索尔代尼氏试剂
Spiegler's r. 施皮格勒氏溶液
splenic r. 脾试剂
Sumner's r. 萨姆纳氏试剂
Tanret's r. 唐雷氏试剂
Triboulet's r. 特里布雷氏试剂
Uffelmann's r. 乌费尔曼氏试剂
vanadic-sulfuric acid r. 钒硫酸试剂
Wolff's r. 午非氏附试剂
reagin [ˈriːədʒin] (*reag*ent + -*in*) 反应素
  atopic r. 特应性反应素
reaginic [ˌriːəˈdʒinik] 反应素的
realgar [ˌriːælˈgɑː] (Arabic *rahj al-ghar* powder of the mine) 雄黄，二硫化砷
reamer [ˈriːmə] 扩孔钻
reattachment [riːəˈtætʃmənt] ❶ 复置术；❷ 再附着；❸ 牙周韧带再植
Réaumur's scale [reiəuˈmjuːz] (René Antoine Ferschault de *Réaumur*, French naturalist, 1683-1757) 列奥谬尔氏温度计
rebase [riːˈbeis] 更换基托
rebound [ˈriːbaund] 回弹, 反跳, 回缩
  heparin r. 肝素反跳
  REM r. 快速眼动睡眠反跳
recalcification [riːˌkælsifiˈkeiʃən] 再钙化
recall [riːˈkɔːl] ❶ 想起, 忆起；❷ 回忆, 回想
recanalization [riːˌkænəlaiˈzeiʃən] 造管术, 穿通, 成管
recapitulation [ˌriːkəˌpitjuˈleiʃən] 再演, 重演
receiver [riːˈsiːvə] ❶ 收集器；❷ 接受器
receptaculum [ˌriːsepˈtækjuləm] (pl. *receptacula*) (L. from *recipere* to receive) 容器, 受器
  r. chyli 乳糜池
  r. ganglii petrosi 岩（神经节）窝
  r. Pecqueti 乳糜池
receptor [riˈseptə] (L., *recipere* to receive, accept) ❶ 受体；❷ 感受器
  adrenergic r's 肾上腺素能受体
  α-adrenergic r's α 肾上腺素能受体
  β-adrenergic r. β 肾上腺素受体
  alpha r. α 肾上腺素能受体
  γ-aminobutyric acid r's γ 氨基丁酸受体
  B cell antigen r's B 细胞抗原受体
  beta r. β 肾上腺素能受体
  cholinergic r's 胆碱能受体
  cold r. 冷受体
  complement r's 补体受体
  contact r. 触觉感受器
  cutaneous r. 皮肤感受器
  distance r. 距离感受器
  estrogen r. 雌激素受体
  Fc r's Fc 受体
  GABA r's γ 氨基丁酸受体
  gustatory r. 味觉感受器
  H_1, H_2 r's H_1, H_2 受体
  hair follicle r's 发囊受体
  IgE r's IgE 受体
  insulin r's 胰岛素受体
  joint r. 接合受体
  low-density lipoprotein (LDL) r's 低密度脂蛋白
  muscarinic r's 毒蕈碱受体
  muscle r. 肌肉受体
  N_1-r's N_1 受体
  N_2-r's N_2 受体
  nicotinic r's 烟碱受体
  nonadapting r. 非适应性感受器
  olfactory r. 嗅觉感受器
  opiate r., opioid r. 鸦片受体
  paciniform r's 帕西尼氏小体, 环层小体
  pain r. 痛觉感受器
  pressure r. 压觉感受器
  rapidly adapting r. 快感受器
  sensory r. 感觉受体
  slowly adapting r. 慢感受器
  stretch r. 伸张感受器
  tactile r. 触觉感受器
  T cell antigen r. (TCR) T 细胞抗原受体
  thermal r. 温度感受器
  touch r. 触觉感受器
  vibration r. 振动感受器
  visual r. 视觉感受器
  volume r's 容量感受器
  warmth r. 温度感受器
recess [riˈses] 隐窝
  accessory r. of elbow 肘副隐窝
  acetabular r. 髋臼窝
  aorticomediastinal r. 主动脉纵隔隐窝
  azygoesophageal r. 奇食道隐窝
  azygomediastinal r. 奇纵隔隐窝

chiasmatic r. 视隐窝
r. of fourth ventricle, lateral 第四脑室侧隐窝
Hyrtl's r. 希尔特尔氏隐窝
infundibuliform r. 咽隐窝
r. of interpeduncular fossa, anterior 脚间窝前隐窝
r. of interpeduncular fossa, posterior 脚间窝后隐窝
laryngopharyngeal r. 喉咽隐窝
r. of lesser omental cavity 脾陷窝
r. of nasopharynx, lateral 鼻咽后隐窝
paracolic r's 结肠旁隐窝
r. of pelvic mesocolon 骨盆结肠系膜隐窝
pharyngeal r., middle 咽中部隐窝
phrenicohepatic r's 膈肝隐窝
pleural r's 胸膜隐窝
posterior r. of tympanic membrane 鼓膜后隐窝
Reichert's r. 耳蜗隐窝
retroannular r. 环后隐窝
r. of Rosenmüller 咽隐窝
sacciform r. of articulation of elbow 肘关节囊状隐窝
sphenoethmoidal r. 蝶筛隐窝
subhepatic r's 肝下隐窝
subphrenic r's 膈下隐窝
superior r. of tympanic membrane 鼓膜上隐窝
supratonsillar r. 扁桃体上隐窝
Tarini's r. 塔里尼氏隐窝
triangular r. 三角隐窝
r's of Tröltsch 特勒尔奇隐窝
utricular r. 椭圆囊隐窝
r. of vestibule 前庭隐窝

recession [ri'seʃn] (L. *recedere* to draw back or away) 退缩,拉开,回收作用
angle r. 眼前房角退缩
gingival r. 牙龈退缩
r. of ocular muscle 眼肌退缩

recessive [ri'sesiv] ❶ 劣势的,隐基因; ❷ 退缩的

recessus [ri'sesəs] (pl. *recessus*) (L.) 隐窝
r. anterior membranae tympanicae (NA) 鼓膜前隐窝
r. cochlearis vestibuli (NA) 前庭(耳)蜗隐窝
r. costodiaphragmaticus pleurae (NA) 胸膜肋膈隐窝
r. costomediastinalis pleurae (NA) 胸膜肋纵隔隐窝
r. duodenalis inferior (NA) 十二指肠下隐窝
r. duodenalis superior (NA), r. duodenojejunalis 十二指肠上隐窝,十二指肠空肠隐窝
r. ellipticus vestibuli (NA) 前庭椭圆窝
r. epitympanicus (NA) 鼓室上隐窝
r. hepatorenalis (NA) 肝肾隐窝
r. ileocaecalis inferior (NA) 回盲下隐窝
r. ileocaecalis superior (NA) 回盲上隐窝
r. ilecocecalis inferior 回盲下隐窝
r. ileocecalis superior 回盲上隐窝
r. inferior omentalis (NA) 网膜下隐窝
r. infundibuli (NA) 漏斗隐窝
r. intersigmoideus (NA) 乙状结肠间隙窝
r. lateralis ventriculi quarti (NA) 第四脑室侧隐窝
r. lienalis (NA) 脾隐窝
r. membranae tympani anterior (NA) 鼓膜前隐窝
r. membranae tympani posterior (NA) 鼓膜后隐窝
r. membranae tympani superior (NA) 鼓膜上隐窝
r. opticus (NA) 视隐窝
r. paracolici 结肠旁隐窝
r. paraduodenalis (NA) 十二指肠旁隐窝
r. pharyngeus (NA), r. pharyngeus (Rosenmülleri) 咽隐窝
r. phrenicohepatici 膈肝隐窝
r. phrenicomediastinalis (NA) 膈纵隔隐窝
r. phrenicomediastinalis pleurae (NA) 膈纵隔胸膜隐窝
r. pinealis (NA) 松果体隐窝
r. piriformis (NA) 梨状隐窝
r. pleurales (NA) 胸膜隐窝
r. pneumatoentericus 肺肠隐窝

r. posterior membranae tympanicae (NA) 鼓膜后隐窝
r. pro utriculo 前庭椭圆囊隐窝
r. retrocaecalis (NA) 盲肠后隐窝
r. retrocecalis 盲肠后隐窝
r. retroduodenalis (NA) 十二指肠后隐窝
r. sacciformis articulationis cubiti 肘关节囊状窝
r. sacciformis articulationis radioulnaris distalis (NA) 远侧桡尺关节囊状窝
r. spheno-ethmoidalis (NA) 蝶筛隐窝
r. sphericus vestibuli (NA) 前庭球囊隐窝
r. splenicus (NA) 脾隐窝
r. subhepatici (NA) 肝下隐窝
r. subphrenici (NA) 膈下隐窝
r. subpopliteus (NA) 腘下隐窝
r. superior membranae tympanicae (NA) 鼓膜上隐窝
r. superior omentalis (NA) 网膜上隐窝
r. suprapinealis (NA) 松果体上隐窝

recidivation [ri,sidi'veiʃən] ❶ 再犯; ❷ 复发

recidivism [ri'sidivizəm] ❶ 再犯; ❷ 复发

recidivist [ri'sidivist] (Fr. *récidiviste*, from L. *recidere* to fall back) 累犯者, 惯犯

recipe ['resipi] ❶ (L.) 取; ❷ 处方

recipient [ri'sipiənt] 受(血)者, 受体
universal r. 万能受血者, 全适受血者

reciprocation [re,siprə'keiʃən] (L. *reciprocare* to move backward and forward) 交互, 往复, 互换

recirculation [ri:,sə:kju'leiʃən] 再循环

Recklinghausen's canals [,rekliŋ'hauzənz] (Friedrich Daniel von *Recklinghausen* German pathologist, 1833-1910) 雷克林霍曾氏管

Recklinghausen-Applebaum disease ['rekliŋhauzən 'æpəlbaum] (F. D. von *Recklinghausen*; L. *Applebaum*, German physician, 20世纪) 雷-阿二氏病

reclination [,reikli'neiʃən] 内障摘出术

Reclus' disease [ri'klu:z] (Paul *Reclus*, French surgeon, 1847-1914) 雷克吕氏病

recognition [,rekəg'niʃən] ❶ 认出, 认识的状态; ❷ 抗原的识别

recombinant [ri'kɔmbinənt] 重组体
r. DNA DNA 重组体
hGH-r. 生长激素重组体

recombination [,rikɔmbi'neiʃən] 再化合, 再组合, 重组合, 复合, 重组
bacterial r. 细菌重组合

Recombivax HB [ri'kɔmbivæks] 重组乙型肝炎疫苗

recompression [,ri:kəm'preʃən] 压缩复原

reconstitution [,ri:kɔnsti'tju:ʃən] ❶ 再构成, 再组成; ❷ 恢复

reconstruction [,ri:kəns'trʌkʃən] 重建, 改建, 改造
image r. from projections 投影重建

recontour [ri'kɔntuə] 修整外形

record ['rekɔ:d] 记录, 记载
chew-in r., functional 闭口功能性记录
face-bow r. 面弓记录
interocclusal r. 㗁间记录
interocclusal r., centric 正中㗁间记录
interocclusal r., eccentric 离正㗁间记录
interocclusal r., lateral 侧向㗁间记录
interocclusal r., protrusive 前伸㗁间记录
jaw relation r. 㗁间位置关系记录
maxillomandibular r. 上、下颌关系记录
occluding centric relation r. 正中咬合关系记录
problem-oriented r. (POR) 着重问题的记录
profile r. 纵切面记录
protrusive r. 前伸记录
terminal jaw relation r. 颌间关系极限记录

recover [ri'kʌvə] 恢复

recrement ['rekrimənt] (L. *recrementum*) 回吸液, 再吸收物质

recrementitious [,rekrimen'tiʃəs] 回吸液的, 再吸收物质的

recrudescence [,ri:kru:'desəns] (L. *recrudescere* to become sore again) (短期后)复发

recrudescent [,ri:kru:'desənt] (L. *recrudescens*) (短期后)复发的

recruitment [ri'kru:tmənt] ❶ 募集(反应), 募集(现象); ❷ 复聪; ❸ 恢复健康

Rect. (L. *rectificatus* 的缩写) ❶ 精制的, 精馏的; ❷ 矫正的; ❸ 调整的

rectal ['rektəl] 直肠的

rectalgia [rek'tældʒiə] (*rectum* + *-algia*) 直肠痛，肛部痛

rectectomy [rek'tektəmi] (*rectum* + Gr. *ektomē* excision) 直肠切除术

rectification [ˌrektifi'keiʃən] (L. *rectificatio*) ❶ 矫正，纠正，整顿；❷ 精馏，精制；❸ 整流

　spontaneous r. 自发性矫正

rectified ['rektifaid] ❶ 精制的，精馏的；❷ 矫正的；❸ 整流的

rectifier ['rektiˌfaiə] 整流器

　thermionic r. 热电子整流器

rectischiac [rek'tiskiæk] 直肠坐骨的

rectitis [rek'taitis] 直肠炎

rect(o)- (L. *rectum*) 直肠

rectoabdominal [ˌrektəuæb'dɔminəl] 直肠腹(部)的

rectocele ['rektəusi:l] (*recto-* + Gr. *kēlē* hernia) 直肠突出

rectoclysis [rek'tɔklisis] 直肠滴注法

rectococcygeal [ˌrektəukɔk'sidʒiəl] 直肠尾骨的

rectococcypexy [ˌrektəu'kɔksiˌpeksi] 直肠尾骨固定术

rectocolitis [ˌrektəukə'laitis] 直肠结肠炎

rectocutaneous [ˌrektəukju:'teiniəs] 直肠皮肤的

rectocystotomy [ˌrektəusis'tɔtəmi] 直肠膀胱切开术

rectolabial [ˌrektəu'leibjəl] 直肠阴唇的

rectoperineorrhaphy [ˌrektəuˌperini'ɔrəfi] 直肠会阴缝合术

rectopexy ['rektəˌpeksi] 直肠固定术

rectoplasty ['rektəˌplæsti] 直肠成形术

rectoromanoscope [ˌrektəurəu'mænəskəup] 直肠乙状结肠镜

rectoromanoscopy [ˌrektəuˌrəumə'nɔskəpi] (*rectum* + L. *romanum* sigmoid + Gr. *skopein* to examine) 直肠乙状结肠镜检查

rectorrhaphy [rek'tɔrəfi] (*rectum* + Gr. *rhaphē* suture) 直肠缝合术

rectoscope ['rektəskəup] 直肠镜

rectoscopy [rek'tɔskəpi] 直肠镜检查

rectosigmoid [ˌrektəu'sigmɔid] 直肠乙状结肠的

rectosigmoidectomy [ˌrektəuˌsigmɔi'dektə-mi] 直肠乙状结肠切除术

rectostenosis [ˌrektəustə'nəusis] 直肠狭窄

rectostomy [rek'tɔstəmi] 直肠造口术

rectotome ['rektətəum] 直肠刀

rectotomy [rek'tɔtəmi] 直肠切开术

rectourethral [ˌrektəujuə'ri:θrəl] 直肠尿道的

rectouterine [ˌrektəu'ju:tərain] 直肠子宫的

rectovaginal [ˌrektə'vædʒinəl] 直肠阴道的

rectovesical [ˌrektəu'vesikəl] 直肠膀胱的

rectovestibular [ˌrektəuves'tibjulə] 直肠(阴道)前庭的

rectovulvar [ˌrektəu'vʌlvə] 直肠外阴的

Rectules ['rektju:lz] 瑞克吐斯：水合氯醛瑞克通斯制剂的商品名

rectum ['rektəm] (L. "straight") (NA) 直肠

rectus ['rektəs] (L.) ❶ 直的；❷ 直肌 (NA)

recumbent [ri'kʌmbənt] ❶ 躺着的，斜卧的；❷ 休息着的，不活动的

recuperation [riˌkju:pə'reiʃən] (L. *recuperatio*) 复原，恢复

recurrence [ri'kʌrəns] (L. *re-* again + *currere* to run) 再发，复发

recurrent [ri'kʌrənt] (L. *recurrens* returning) ❶ 返的，回归的；❷ 再发的，复发的

recurvation [ˌri:kə:'veiʃən] (L. *recurvatio*) 反屈，反弯

recurrentotherapy [riˌkʌrəntəu'θerəpi] 回归热接种疗法

red [red] (L. *rubrum*) ❶ 红(色)；❷ 红染(色)剂；❸ 红(色)的

　alizarin r. 茜素红

　alizarin r. S, alizarin water-soluble r. 水溶性茜素红

　aniline r. 苯胺红，碱性品红

　basic r. 2 碱性红 2

　basic r. 9 碱性红 9

　bordeaux r. 波多尔红

　bromphenol r. 溴酚红

　carmine r. 卡红，胭脂红

　cerasine r. 樱胶素红

　chlorophenol r. 氯酚红

　Congo r. 刚果红，茶红

cotton r. 棉红
cotton r. B, cotton r.C 棉红 B,棉红 C
cotton r. 4 B 棉红 4 B
cresol r. 甲酚红
dianil r. 4 C, dianin r. 4 B 双苯胺红 4 C,狄宁红 4 B,苯并红紫 4 B
direct r. 直接红
direct r. 4 B 直接红 4 B
fast r. B or P. 坚牢红 B 或 P
indigo r., indoxyl r. 靛红,吲哚酚红
magdala r. 马格达拉红,苏丹红
methyl r. 甲基红
naphthaline r. 萘红,苏丹红
neutral r. 中性红
oil r. 油红
oil r. Ⅳ 油红 Ⅳ
oil r. O 油红 O
phenol r. 酚红,酚磺酞
provisional r. 暂红
scarlet r. 猩红
scarlet r. sulfonate 猩红磺酸盐
senitol r. 森尼妥红
Sudan r. 苏丹红
toluylene r. 二苯乙烯红,中性红
tony r. 黄光油溶红,苏丹Ⅲ
trypan r. 锥虫红,台盼红
vital r. 活染红
redecussate [ˌriːdiˈkʌseit] 再交叉
redfoot [ˈredfut] 红足症
redia [ˈriːdiə] (pl. *rediae*) (named after F. *Redi*, Italian naturalist, 1626-1698) 雷蚴
redifferentiation [ˌriːdifəˌrenʃiˈeiʃən] 再分化
Redig. in pulv. (L. *redigatur in pulverem* 的缩写) 须成为粉末
Red. in pulv. (L. *reductus in pulverem* 的缩写) 成为粉末
redintegration [reˌdintəˈgreiʃən] (L. *redintegratio*) ❶ 复原,恢复;❷ 重整(作用)
redislocation [ˌriːdisləˈkeiʃən] 再脱位
redox [ˈredɔks] 氧化还原(作用)
redressement [ridresˈmɔnt] (Fr.) ❶ 再包扎;❷ 矫正术
red tide [red taid] 红潮,赤潮
reducase [riˈdjuːkeis] 还原酶
reduce [riˈdjuːs] (*re-* + L. *ducere* to lead)
❶ 复位;❷ 还原;❸ 减少,减轻
reduced [riˈdjuːst] ❶ 复位的;❷ 还原的;❸ 改变的
reducible [riˈdjuːsəbl] ❶ 可复位的;❷ 可还原的;❸ 可减少的
reductant [riˈdʌktənt] 还原剂
reductase [riˈdʌkteis] 还原酶
5α-r. 5α-还原酶
reduction [riˈdʌkʃən] (L. *reductio*) ❶ 复位术;❷ 还原(作用);❸ 减少,减数
r. of chromosomes 染色体减数
closed r. 闭合复位术
r. en masse 连囊复位术
open r. 切开复位术
weight r. 体重减轻
reductone [riˈdʌktəun] 蔗糖酸
reduplication [riˌdjuːpliˈkeiʃən] (L. *reduplicatio*) ❶ 加倍;❷ 复发;❸ 复制
reduviid [riˈdjuːviid] 猎蝽
Reduviidae [ˌriːdjuːˈvaiidiː] 猎蝽科
Reduvius [riˈdjuːviəs] 猎蝽属
R. personatus 假装猎蝽
redux [riˈdʌks] 回复的
redwater [ˈredˌwɔːtə] 羊快疫
Reed's cells [ˈriːdz] (Dorothy *Reed*, American pathologist, 1874-1964) 里德细胞
Reed-Hodgkin disease [riːd ˈhɔdʒkin] (D. *Reed*; Thomas *Hodgkin*, English physician, 1798-1866) 里德-何杰金病,淋巴网状细胞瘤
Reed-Sternberg cells [riːd ˈstənbəg] (D. *Reed*; Karl Von *Sternberg*, Australian pathologist, 1872-1935) 里德-斯特恩伯格细胞
reef [riːf] 内折,折迭组织
reentry [riːˈentri] 再进入,折返
anatomical r. 解剖折返
anisotropic r. 双折射折返
atrial r. 心房折返
functional r. 功能性折返
intra-atrial r. 心房内折返
reflected r. 反射性折返
sinus nodal r. 窦房结折返
Rees' test [riːs] (George Owen *Rees*, English physician, 1813-1889) 里斯试验(检白蛋白)
refect [riˈfekt] 使恢复

refection [ri'fekʃən] (L. *reficere* to restore) 恢复

refectious [ri'fekʃəs] (可)恢复的

refine [ri'fain] 精制,精炼

reflected [ri'flektid] 反射的,返回的,折回的

reflected pain [ri'flektid pein] 牵涉痛

reflection [ri'flekʃən] (L. *reflexus* past participle of *reflectere* to bend back) ❶ 返回的,折回;❷ 映像,反映;❸ 反射;❹ 折返

 pericardial r. 心包折返

reflector [ri'flektə] 反射器

 dental r. 口腔镜

reflex [ri'fleks] (L. *reflexus*) ❶ 反射的;❷ 反射动作或活动;❸ 反射或物体的反射映像

 abdominal r's 腹壁反射
 abdominocardiac r. 腹心反射
 Abrams' heart r. 艾布勒姆斯氏心脏反射
 accommodation r. 调节反射
 Achilles tendon r. 跟腱反射,踝反射
 acoustic r. 声音反射
 acquired r. 后天反射,条件反射
 adductor r. of foot 足内收肌反射
 adductor r. of thigh 股内收肌反射
 allied r's 联合反射
 anal r. 肛门反射
 ankle r. 踝反射
 antagonistic r's 对抗反射,拮抗反射
 anticus r. 胫前肌反射
 antigravity r's 抗引力肌反射
 Aschner's r. 阿施内氏反射,眼心反射
 atriopressor r. 心房加压反射
 attention r. of pupil 注意性瞳孔反射
 attitudinal r's 状态反射,姿势反射
 audito-oculogyric r. 听音转眼反射
 auditory r. 听反射
 aural r. 耳反射
 auricle r. 耳廓反射
 auriculocervical nerve r. 耳颈神经反射,耳红反射
 auriculopalpebral r. 耳睑反射
 autonomic r. 自主反射
 axon r. 轴索反射
 Babinski's r. 巴彬斯奇氏反射
 Babkin r. 巴布肯氏反射
 Bainbridge r. 静脉心脏反射
 bar r. 连接反射
 Barkman's r. 巴克曼氏反射
 baroreceptor r. 压力感受器反射
 basal joint r. 基底关节反射
 behavior r. 行为反射,条件反射
 Bekhterev's r. 别赫捷列夫氏反射
 Bekhterev's deep r. 别赫捷列夫氏深反射
 Bekhterev-Mendel r. 别赫捷列夫-孟德尔反射
 Bezold r., Bezold-Jarisch r. 贝措尔反射
 biceps r. 肱二头肌反射
 bladder r. 膀胱反射,尿意反射
 blink r. ① 角膜反射;② 瞬目反射
 brachioradialis r. 肱桡肌反射
 Brain's r. 四足伸直反射
 brain stem r.'s 脑干反射
 bregmocardiac r. 前囟心脏反射
 Brissaud's r. 布里索氏反射
 Brudzinski's r. 布鲁金斯基氏反射(脑膜炎体征)
 bulbocavernosus r. 球海绵体反射,阴茎反射
 bulbomimic r. 眼球颜面反射,颜面反射
 bulbospongiosus r. 球海绵体反射
 carotid sinus r. 颈动脉窦反射
 cat's eye r. 猫眼反射
 cerebral cortex r. 大脑皮质性瞳孔反射
 Chaddock's r. 足外踝反射
 chain r. 链反射,链锁反射
 chin r. 颏反射
 choked r. 不动反射
 ciliary r. 睫状体反射
 ciliospinal r. 睫脊反射
 clasp-knife r. 折刀样反射
 closed loop r. 闭合式环反射
 cochleo-orbicular r., cochleopalpebral r. 耳蜗眼睑反射
 cochleopupillary r. 耳蜗瞳孔反射
 cochleostapedial r. 耳蜗镫骨肌反射
 concealed r. 隐蔽反射
 conditioned r. 条件反射
 conjunctival r. 结膜反射
 consensual r. 同感反射,交叉反射
 consensual light r. 同感性光反射,交叉性光反射
 convergency r. 聚合反射
 convulsive r. 惊厥反射

coordinated r. 协调反射
corneal r. 角膜反射
corneomandibular r., corneopterygoid r. 角膜下颌反射
corneomental r. 角膜颏反射
coronary r. 冠状血管反射
cough r. 咳嗽反射
cranial r. 脑反射
cremasteric r. 提睾反射
crossed r. 交叉反射
crossed adductor r. 交叉内收缩肌反射
crossed extension r. 交叉伸肌反射
cuboidodigital r. 骰趾反射
cutaneous pupillary r. 皮肤瞳孔反射,睫肌反射
dartos r. 阴囊反射
dazzle r. 眩眼反射
deep r. 深层反射
defecation r. 排粪反射
delayed r. 延缓反射
depressor r. 减压反射
digital r. 指反射
direct light r. 直接光反射
diving r. 潜水反射
doll's eye r. 玩偶眼反射
dorsal r. 背反射,腰反射
dorsocuboidal r. 足背反射
elbow r. 肘反射,肱三头肌反射
embrace r. 紧抱反射,婴儿紧抱反射
emergency light r. 紧急光反射,强光反射
enterogastric r. 肠胃反射
epigastric r. 上腹反射
Erben's r. 迷走神经反射
erector spinae r. 骶棘肌反射
Escherich's r. 唇肌反射
esophagosalivary r. 食管唾液反射
external auditory meatus r. 外耳道反射
eyeball compression r., eyeball-heart r. 眼心反射
eyelid closure r. ① 睑闭反射; ② 角膜反射
facial r. 颜面反射,眼球颜面反射
faucial r. 咽门反射
femoral r. 股反射
finger-thumb r. 指拇反射
flexion r. 屈反射
flexor r. paradoxical 倒错性屈肌反射

fontanelle r. 囟门反射
foveal r. 中心凹反射
foveolar r. 中心凹反射(视网膜)
front-tap r. 前敲反射
fundus r. 眼底反射
fusion r. 合像反射
gag r. 呕反射,咽反射
gastrocolic r. 胃结肠反射
gastroileal r. 胃回肠反射
gastropancreatic r. 胃胰反射
Gault's cochleopalpebral r. 耳蜗眼睑反射
Geigel's r. 腹股沟反射
Gifford's r., Gifford-Galassi r. 闭眼瞳孔缩小反射
gluteal r. 臀反射
Gordon's r. 倒错性屈肌反射
grasp r., grasping r. 抓握反射
Grünfelder's r. 囟门反射,格伦费尔德氏趾反射
gustolacrimal r. 味觉泪反射
H-r. H反射
Haab's r. 哈布氏(瞳孔)反射,大脑皮质性瞳孔反射
heart r. 心反射
heel-tap r. 跟敲反射
hepatojugular r. 肝颈反射
Hering-Breuer r. 迷走神经反射
Hirschberg's r. 拇底反射
Hoffmann's r. 霍夫曼反射,指反射
Hughes' r. 休斯反射
hypochondrial r. 季肋(部)反射
hypogastric r. 下腹反射
ileogastric r. 回肠胃反射
inborn r. 非条件反射,先天性反射
indirect r. 间接反射,交叉反射
infraspinatus r. 冈下肌反射
inguinal r. 腹股沟反射
interscapular r. 肩胛间肌反射,肩胛反射
intestinointestinal r. 肠肠反射
inverted radial r. 桡骨倒错反射
iris contraction r. 虹膜收缩反射,瞳孔反射
ischemic r. 缺血性反射
jaw r., jaw jerk r. (下)颌反射
Joffroy's r. 臀肌反射
Juster r. 手掌反射

juvenile r. 幼年性反射,眼底反射
Kehrer's r., Kisch's r. 耳睑反射
knee jerk r. 膝反射
Kocher's r. 睾丸腹肌反射
labyrinthine r. 迷路反射
lacrimal r. 泪反射
Landau r. 兰道反射
laryngeal r. 喉反射
laughter r. 笑反射
let-down r. 射乳反射
lid r. 角膜反射
Liddell and Sherrington r. 牵张反射
light r. ① 光锥反射;② 视网膜光反射; ③ 瞳孔对光反射
lip r. 唇反射
Lovén r. 娄文氏反射
lumbar r. 腰反射,背反射
Lust's r. 足外展反射
McCarthy's r. 眶上反射
McCormac's r. 交叉膝反射
McDowall r. 麦克道沃氏反射
macular r. 斑反射
Magnus and de Kleijn neck r's 马-德二氏颈反射
mandibular r. （下）颌反射
Marinesco-Radovici r. 掌颏反射
mass r. 总体反射
Mayer's r. 拇内收反射
Mendel's r., Mendel's dorsal r. of foot 骰趾反射,足背反射
Mendel-Bekhterev r. 骰趾反射,足背反射
micturition r. 排尿反射
milk ejection r., milk let-down r. 射乳反射
Mondonesi's r. 眼球颜面反射,颜面反射
Morley's peritoneocutaneous r. 莫雷氏腹膜皮肤反射
Moro's r., Moro embrace r. 紧抱反射,婴儿紧抱反射
muscular r. 肌反射
myenteric r. 肠（肌）反射
myopic r. 近视反射
myotatic r. 肌伸张反射,牵张反射
nasal r. 鼻反射
nasolabial r. 鼻唇反射
nasomental r. 鼻颏反射
neck r's 颈反射

neck righting r. 颈翻正反射
nociceptive r's. 伤害反射
nostril r. 鼻孔反射
obliquus r. 腹外斜肌反射
oculoauricular r. 眼耳反射
oculocardiac r. 眼心反射
oculocephalogyric r. 眼头运动反射
oculopharyngeal r. 眼咽反射
oculopupillary r. 瞳孔反射
oculosensory r. 眼感觉反射
oculovagal r. 眼迷走神经反射
open loop r. 开放环反射
Oppenheim's r. 奥本海姆氏反射
opticofacial winking r. 瞬眼反射
orbicularis r. 眼轮匝肌瞳孔反射
orbicularis oculi r. 眼轮匝肌反射
orbicularis pupillary r. 眼轮匝肌瞳孔反射
orienting r. 调整反射,定向反射
palatal r., palatine r. 腭反射
palmar r. 掌反应
palm-chin r. 掌颏反射
palmomental r. 掌颏反射
paradoxical pupillary r. ① 倒错性瞳孔反射;② 倒错性光反射
patellar r. 膝反射
patelloadductor r. 膝内收肌反射
pathologic r. 病理反射
pectoral r. 胸肌反射
penile r., penis r. 阴茎反射
perianal r. 肛周反射,肛门反射
periosteal r. 骨膜反射
peristaltic r. 蠕动反射
peritoneointestinal r. 腹膜肠反射
pharyngeal r. 咽反射,呕反射
phasic r. 主动协调反射
Philippson's r. 交叉性股伸肌反射
pilomotor r. 立毛反射
Piltz's r. 注意性（瞳孔）反射
placing r. 放置反射
plantar r. 跖反射,足底反射
platysmal r. （颈）阔肌瞳孔反射,阔肌反射
postural r. 姿势反射
pressor r. 加压反射
Preyer's r. 听觉耳动反射
proprioceptive r. 本体感受性反射
psychic r. 心理反射

psychocardiac r. 心理心脏反射
psychogalvanic r. 心理电流反射
pulmonocoronary r. 肺冠状动脉反射
pupillary r. ① 瞳孔反射；② 虹膜收缩反射
Puusepp's r. 小趾外展反射
quadriceps r. 股四头肌反射
quadrupedal extensor r. 四足伸直反射
radial r. 桡骨反射
rectal r. 直肠反射
red r. 红反射,视网膜红反射
regional r. 区域反射,分节反射
Remak's r. 股反射
renointestinal r. 肾肠反射
renorenal r. 肾病肾反射
retrobulbar pupillary r. 眼球后瞳孔反射
reversed pupillary r. 倒错性瞳孔反射
Riddoch's mass r. 里多克氏总体反射
righting r. 翻正反射,正位反射
Roger's r. 食管唾液反射
rooting r. 寻找反射
Rossolimo's r. 罗索利莫氏反射
Ruggeri's r. 眼球脉搏反射
Saenger's r. 曾格尔反射
scapular r. 肩胛反射,肩胛间肌反射
scapulohumeral r. 肩胛肱骨反射
Schäffer's r. 舍费尔氏反射
scratch r. 搔反射
scrotal r. 阴囊反射
segmental r. 分节反射,区域反射
senile r. 老年性反射
sexual r. 性反射
shot-silk r. 闪缎反射,闪缎样视网膜
simple r. 简单反射
skin r. 皮肤反射
skin pupillary r. 皮肤瞳孔反射
Snellen's r. 耳红反射
sole r. 足底反射,跖反射
somatointestinal r. 体肠反射
spinal r. 脊(髓)反射
stapedial r. 镫骨反射,听反射
startle r. ① 紧抱反射；② 惊吓反射
static r. 静位反射,直立反射
statotonic r's 静位紧张反射
stepping r. 跨步反射
Stookey's r. 斯图基氏反射
stretch r. 牵张反射,肌伸张反射
Strümpell's r. 股反射

sucking r. 吸吮反射
superficial r. 浅层反射,表层反射
supinator longus r. 肱桡肌反射
supraorbital r. 眶上反射
suprapatellar r. 膝上反射
suprapubic r. 耻骨上反射
supraumbilical r. 脐上(部)反射,上腹反射
swallowing r. 腭反射
tapetal light r. 眼球放光反射
tarsophalangeal r. 趾跗反射
tendon r. 腱反射
testicular compression r. 睾丸腹肌反射
threat r. 恫吓反射
Throckmorton's r. 特罗克摩顿氏反射
tibioadductor r. 胫骨内收肌反射
toe r. 趾反射
tonic r. 紧张性反射
tonic neck r. 紧张性颈反射
trained r. 训练反射,条件反射
triceps r. 肱三头肌反射,肘反射
triceps surae r. 小腿三头肌反射
trigeminus r. 三叉神经反射
ulnar r. 尺骨反射
unconditioned r. 非条件反射,无条件反射
urinary r. 尿意反射
vagus r. 迷走神经反射
vascular r. 血管反射
vasopressor r's. 血管加压反射
vertebra prominens r. 隆椎反射
vesical r. 膀胱反射
vesicointestinal r. 膀胱肠反射
vestibular r's 前庭反射
vestibulo-ocular r. 前庭眼球反射
virile r. ① 球海绵体反射,阴茎反射；② 男性反射
visceral r. 内脏反射
viscerocardiac r. 内脏心(脏)反射
visceromotor r. 内脏腹肌反射
viscerosensory r. 内脏感觉反射
viscerotrophic r. 内脏营养反射
von Mering r. 冯·麦英反射
water-silk r. 水彩样反射,闪缎反射,闪缎样视网膜
Weiss'r. 近视反射
Westphal's pupillary r., Westphal-Piltz r. 韦斯特法尔氏瞳孔反射

withdrawal r. 屈肌反射
zygomatic r. 颧反射,下颌反射
reflexogenic [ri:fleksəu'dʒenik] (*reflex* + Gr. *gennan* to produce) 发生反射的,促反射的
reflexogenous [ˌriflek'sɔdʒəunəs] 发生反射的,促反射的
reflexograph [ri'fleksəugrɑ:f] (*reflex* + Gr. *graphein* to write) 反射描记器
reflexology [ˌri:flek'sɔlədʒi] 反射学
reflexometer [ˌri:flek'sɔmitə] (*reflex* + L. *metrum* measure) 反射计
reflexophil [ri'fleksəufil] (*reflex* + Gr. *philein* to love) 反射性的
reflexotherapy [ri:fleksəu'θerəpi] 反射疗法
reflux ['ri:flʌks] (*re-* + L. *fluxus* flow) 回流,反流
  gastroesophageal r. 胃食管反流
  hepatojugular r. 肝颈反流
  intrarenal r. 肾内反流
  urethrovesiculo-differential r. 尿道精囊差别回流
  vesicoureteral r., vesicoureteric r. 膀胱输尿管反流
refract [ri'frækt] (L. *refringere* to break apart) ❶ 使折射;❷ 验光
refracta dosi [ri'fræktə 'dəusai] (L.) 重复分剂量,分数(剂)量
refractile [ri'fræktil] 折射的,可折射的
refraction [ri'frækʃən] ❶ 验光;❷ 折射
  double r. 双折射
  dynamic r. 活动(眼)折射(正常视调节)
  ocular r. 眼折射,眼屈光
  static r. 静止(眼)折射
refractionist [ri'frækʃənist] 验光师
refractive [ri'fræktiv] ❶ 折射的,屈光的;❷ 有折射力的
refractivity [ri:fræk'tiviti] ❶ 折射性;❷ 折射率差;❸ 折射系数
refractometer [ri:fræk'tɔmitə] (*refraction* + Gr. *metron* measure) ❶ 屈光计;❷ 折射计
refractometry [ri:fræk'tɔmitri] 屈光计检查
refractor [ri:'fræktə] 折射器
refractory [ri'fræktəri] (L. *refractorius*) ❶ 不应的;❷ 难治的,顽固性的

refracture [ri'fræktʃə] 骨再折术
refrangibility [ri:frændʒi'biliti] 折射性,屈光性
refrangible [ri'frændʒibl] 可折射的
refresh [ri'freʃ] ❶ 使清新,使精力恢复; ❷ 使复新
refrigeration [ri:fridʒə'reiʃən] 冷却
refringent [ri'frindʒənt] 折射的,屈光的
Refsum's disease ['refsu:mz] (Sigvald Bernhard *Refsum*, Norwegian physician, born 1907) 雷弗森姆氏病
refusion [ri'fju:ʒən] (L. *refusio*)(血)回输法
REG (radioencephalogram 的缩写) 放射脑电图
regainer [ri'geinə] ❶ 牙间隙矫正牙弓; ❷ 牙间隙维持器
  space r. 牙间隙矫正牙弓
regainer-maintainer [ri'geinəmein'teinə] 矫正维持器
regeneration [ri:dʒenə'reiʃən] (*re-* + L. *generare* to produce, bring to life) 新生,再生
  epimorphic r. 割处再生
  morphallactic r. 变形再生
regimen ['redʒimən] (L. "guidance") 制度,生活制度
regio ['ri:dʒiəu] (pl. *regiones*) (L. "a space enclosed by lines") 区,部(位)
  r. abdominalis 腹部
  regiones abdominales (NA) 腹诸区
  r. acromialis 肩峰区
  r. analis (NA) 肛门区
  r. antebrachialis anterior (NA) 前臂前侧区
  r. antebrachialis posterior (NA) 前臂后侧区
  r. antibrachii radialis 前臂桡侧区
  r. antibrachii ulnaris 前臂尺侧区
  r. antibrachii volaris 前臂掌侧区
  r. auricularis 耳廓区
  r. axillaris (NA) 腋区
  r. brachialis anterior (NA) 臂前区
  r. brachialis posterior (NA) 臂后区
  r. buccalis (NA) 颊区
  r. calcanea (NA) 跟区
  regiones capitis (NA) 头诸区
  r. carpalis anterior (NA) 腕前区

r. carpalis posterior (NA) 腕后区
regiones cervicales (NA) 颈诸区
r. cervicalis anterior (NA) 颈前区
r. cervicalis lateralis (NA) 颈外侧区
r. cervicalis posterior (NA) 颈后区
r. clavicularis 锁骨区
regiones colli 颈诸区
r. colli anterior 颈前区
r. colli lateralis 颈外侧区
r. colli posterior 颈后区
regiones corporis, regiones corporis humani 人体诸区
r. costalis lateralis 肋外侧区
r. coxae 髋区
r. cruralis anterior (NA) 小腿前区
r. cruralis posterior (NA) 小腿后区
r. cubitalis anterior (NA) 肘前区
r. cubitalis posterior (NA) 肘后区
r. deltoidea (NA) 三角肌区
r. dorsalis manus 手背区
r. dorsalis pedis (NA) 足背区
regiones dorsales (NA) 背诸区
r. epigastrica (NA) 腹上区
regiones extremitatis inferioris 下肢诸区
regiones extremitatis superioris 上肢诸区
regiones faciales (NA) 面诸区
r. femoralis anterior (NA) 股前区
r. femoralis posterior (NA) 股后区
r. frontalis (NA) 额区
r. genualis anterior 膝前区
r. genualis posterior 膝后区
r. genus anterior (NA) 膝前区
r. genus posterior (NA) 膝后区
r. glutealis (NA) 臀区
r. hyoidea 舌骨区
r. hypochondriaca (dextra et sinistra) (NA) 季肋区(右和左)
r. hypogastrica 腹下区
r. hypothalamica anterior (NA) 下丘脑前区
r. hypothalamica dorsalis (NA) 下丘脑背区
r. hypothalamica intermedia (NA) 下丘脑中间核
r. hypothalamica lateralis (NA) 下丘脑外侧区
r. hypothalamica posterior (NA) 下丘脑后区

r. infraclavicularis 锁骨下区
r. inframammaria (NA) 乳房下区
r. infraorbitalis (NA) 眶下区
r. infrascapularis (NA) 肩胛下区
r. infratemporalis 颞下区
r. inguinalis (dextra et sinistra) (NA) 腹股沟区(右和左)
r. interscapularis 肩胛间区
r. labialis inferior 下唇区
r. labialis superior 上唇区
r. laryngea 喉区
r. lateralis (dextra / sinistra) (NA) 外侧区(右/左)
r. lumbalis 腰区
r. lumbaris (NA) 腰区
r. malleolaris lateralis 外踝区
r. malleolaris medialis 内踝区
r. mammaria (NA) 乳房区
r. mastoidea 乳突区
r. mediana dorsi 背正中区
regiones membri inferioris (NA) 下肢诸区
regiones membri superioris (NA) 上肢诸区
r. mentalis (NA) 颏区
r. nasalis (NA) 鼻区
r. nuchalis 颈区
r. occipitalis (NA) 枕骨区
r. olecrani 鹰嘴区
r. olfactoria (NA) 嗅区
r. oralis (NA) 口区
r. orbitalis (NA) 眶区
r. palpebralis inferior 下睑区
r. palpebralis superior 上睑区
r. parietalis (NA) 顶骨区
r. parotideomasseterica 腮腺咬肌区
regiones et partes corporis (NA) 人体诸区
r. patellaris 髌区
r. pectoralis (NA) 胸肌区
regiones pectorales (NA) 胸诸区
r. perinealis (NA) 会阴区
regiones plantares digitorum pedis 趾底诸区
r. plantaris pedis 足底区
regiones pleuropulmonales (NA) 胸膜肺区
r. presternalis (NA) 胸骨前区

r. pubica (NA) 耻区
r. pudendalis 外阴区
r. respiratoria (NA) 呼吸区
r. retromalleolaris lateralis 外踝后区
r. retromalleolaris medialis 内踝后区
r. sacralis (NA) 骶区
r. scapularis (NA) 肩胛区
r. sternalis 胸骨区
r. sternocleidomastoidea (NA) 胸锁乳突肌区
r. subhyoidea 舌骨下区
r. submaxillaris 下颌下区
r. supraorbitalis 眶上区
r. suprascapularis 肩胛上区
r. suprasternalis 胸骨上区
r. suralis 腓肠区
regiones talocrurales anterior et posterior (NA) 距骨小腿(骨)前、后区
r. temporalis (NA) 颞区
r. thyreoidea 甲状腺区
r. trochanterica 转子区
r. umbilicalis (NA) 脐区
regiones unguiculares digitorum manus 指甲诸区
regiones unguiculares digitorum pedis 趾甲诸区
r. urogenitalis (NA) 泌尿生殖区
r. vertebralis (NA) 脊椎区
regiones volares digitorum manus 指掌侧区
r. volaris manus 手掌区
r. zygomatica (NA) 颧区
region ['ri:dʒən] 区,部(位)
abdominal r. 腹部
r. of accommodation 调节区,调视范围
AN r. 房室结区
antebrachial r., radial 前臂桡侧区
antebrachial r., ulnar 前臂尺侧区
antebrachial r., volar 前臂掌侧区
anterior r. of neck 颈前区
basilar r. 颅底区,颅底
Broca's r. 布罗卡氏区,左额下回
calcaneal r. 跟区
ciliary r. 睫状体区
constant(c) r. 恒定区
dorsal lip r. 背侧唇区
encephalic r. 脑区
external r. 外侧区

extrapolar r. 极外区
Fab r. Fab 分段
Fc r. Fc 分段
genitourinary r. 生殖泌尿区
hinge r. 绞链区
homogeneously staining r's (HSR) 均一染色区
homology r's 相似区
hypervariable r's 高度可变区
hypogastric r. 腹下区
hypothalamic r., anterior 下丘脑前区
hypothalamic r., intermediate 下丘脑中间区
hypothalamic r., lateral 下丘脑外侧区
hypothalamic r., posterior 下丘脑后区
I r. I 区
iliac r. 髂区
infraclavicular r. 锁骨下区
infratemporal r. 颞下区
infundibulotubular r. 下丘脑中间区
lateral r. of neck 颈外侧区
r's of leg, anterior and posterior 距小腿(踝)前、后区
lumbar r. 腰区
mamillary r. 乳头区
motor r. 运动区
mylohyoid r. 下颌舌骨区
N r. 房室结节区
r. of nape 项区
NH r. 房室结节区
nuchal r. 项区
ocular r. 眼区
opticostriate r. 视纹状体区
plantar r's of toes 趾底诸区
posterior r. of neck 颈后区
precordial r. 心前区
prefrontal r. 额叶前区
preoptic r. ① 视叶前区;② 视交叉腹侧的下丘脑前区
presumptive r. 预定区
pretectal r. 顶盖前区
pterygomaxillary r. 翼突下颌区
rolandic r. 运动区
sensory r. 感觉区
subauricular r. 耳下区
submaxillary r. 下颌下区
supraclavicular r. 锁骨上区
supraoptic r. 眼上区

trabecular r. 蝶小梁区
variable (V) r. 可变区
vestibular r. 前庭区(鼻)
volar r's of fingers 指掌侧区
volar r. of hand 手掌区
regional ['ri:dʒənəl] 区的,部位的
regiones [ri:dʒi'əuni:z] (L.) 区,部位。*regio* 的复数形式
registrant ['redʒistrənt] (值班)登记护士
registrar ['redʒistrɑ:] ❶ 登记员,挂号员; ❷ 专科住院医师
registration [ˌredʒis'treiʃən] 登记,记录
maxillomandibular r. 上下颌间记录
registry ['redʒistri] 登记处
Regitine ['redʒiti:n] 瑞吉通:酚胺唑啉,酚妥拉明制剂的商品名
Reglan ['reglæn] 瑞格兰:灭吐灵制剂的商品名
Regonol ['regənəul] 瑞格诺:溴化吡啶斯的朋制剂的商品名
regression [ri'greʃən] (L. *regressio* a return) ❶ 倒退;❷ 消退;❸ 退化;❹ 退行;❺ 回归
linear r. 线性回归
regressive [ri'gresiv] ❶ 退行的,倒退的,退化的;❷ 消退的;❸ 回归的
Regroton ['regrəutən] 瑞格诺顿:氯噻酮与利血平制剂的商品名
regular ['regjulə] (L. *regularis*; *regula* rule) ❶ 正常的,有规律的;❷ 定期发生的
regulation [ˌregju'leiʃən] (L. *regula* rule) ❶ 校准;❷ 调节,调整
menstrual r. 月经调节
regurgitant [ri'gə:dʒitənt] (*re-* + L. *gurgitare* to flood) 回流的,返流的
regurgitation [ri(:)ˌgə:dʒi'teiʃən] (*re-* + L. *gurgitare* to flood) 回流,返流,逆流
aortic r. (AR) 主动脉(瓣)返流
mitral r. (MR) 二尖瓣反流
pulmonic r. (PR) 肺动脉(瓣)返流
tricuspid r. (TR) 三尖瓣返流
valvular r. 瓣膜返流
vesicoureteral r. 膀胱尿道返流
rehabilitation [ˌri:həˌbili'teiʃən] (L. *rehabilitare* to rehabilitate) 复原,恢复,康复
rehabilitee [ˌrihə:'biliti] 复原者,恢复者

Rehfuss' tube ['reifəs] (Martin Emil *Rehfuss*, American physician, 1887-1964) 雷富斯管(取胃液管)
rehydration [ˌri:hai'dreiʃən] 再水化(作用),再水合(作用)
Reichel's cloacal duct ['raikəlz] (Friedrich paul *Reichel*, German obstetrician, 1858-1934) 赖歇尔氏一穴肛管
Reichert's canal ['raikəts] (Karl Bogislaus *Reichert*, German anatomist, 1811-1883) 赖歇特氏管
Reichstein ['raikstain] Tadeus, 波兰出生的瑞士有机化学家,获 1950 年诺贝尔医学生理学奖
Reid's base line [ri:dz] (Robert William *Reid*, Scottish anatomist, 1851-1939) 里德氏基线
Reifenstein's syndrome ['raifənstainz] (Edward Conrad *Reifenstein* Jr., American endocrinologist, 1908-1975) 莱芬斯坦氏综合征
Reil's band [railz] (Johann Christian *Reil*, German anatomist, 1759-1813) 赖耳氏带
reimplantation [ˌri:implɑ:n'teiʃən] 再植(入)术
reinfection [ˌri:in'fekʃən] 再感染,再传染
reinforcement [ˌri:in'fɔ:smənt] 增力,增强,加强
r. of reflex 反射增加
reinforcer [ˌri:in'fɔ:sə] ❶ 增援者,加强者,加固者;❷ 强化有效的刺激物
reinfusate [ˌri:in'fju:seit] 再输注液,再输入液
reinfusion [ˌri:in'fju:ʒən] 再输注,再输入
Reinke's crystalloids ['rainkiz] (Friedrich Berthold *Reinke*, German anatomist, 1862-1919) 赖因克氏类晶体
reinnervation [ˌri:inə'veiʃən] 神经移植术,神经支配恢复术
reinoculation [ˌri:inɔkju'leiʃən] 再接种
reintegration [ˌri:inti'greiʃən] ❶ 再整合(作用);❷ 重整(作用)
reintubation [ˌri:intju'beiʃən] 再插管(法)
reinversion [ˌri:in'və:ʒən] 复位术,翻回法
reinvocation [ˌri:invəu'keiʃən] 复能(作用),再活化(作用)
Reisseisen's muscles ['raisaisənz] (Franz

Daniel *Reisseisen*, German anatomist, 1773-1828) 赖赛曾肌
Reissner's fiber ['raisnəz] (Ernst *Reissner*, German anatomist, 1824-1878) 赖斯纳纤维
Reiter's syndrome ['raitəz] (Hans *Reiter*, German physician, 1881-1969) 赖特尔氏综合征
reiterature [ri:ˌitərə'tjuəri] (L.) 重复,再配
rejection [ri'dʒekʃən] 排斥
  acute r., **acute cellular r.** 急性排斥,急性细胞排斥
  cellular r. 细胞排斥
  chronic r. 慢性排斥
  first-set r. 初次排斥
  hyperacute r. 超急性排斥
  second-set r. 二次排斥
rejuvenescence [ri:ˌdʒu:vi'nesəns] (*re-* + L. *juvenescere* to become young) 回春,复壮,返老还童
Rela ['relə] 瑞乐:异丙基甲丁双脲制剂的商品名
Relafen ['reləfən] 瑞乐芬:萘丁美酮制剂的商品名
relapse [ri'læps] (L. *relapsus*) 复发,再发
  intercurrent r. 间歇性复发
  rebound r. 反跳式复发
relation [ri'leiʃən] (L. *relatio* a carrying back) 关系,联系
  acentric r. 偏心颌关系
  buccolingual r. 颊舌关系
  centric r., **centric jaw r.** 正中颌关系
  dynamic r's 动力关系
  eccentric r., **eccentric jaw r.** 偏心颌关系
  eccentric jaw r, acquired 获得性(后天性)离正中颌关系
  Frank-Starling r. 富兰克-斯塔林关系
  jaw r. 颌间关系
  lateral occlusal r. 外侧闭合性颌关系
  length-tension r. 长度-张力关系
  maxillomandibular r. 上下颌关系
  median jaw r. 中央颌关系
  median retruded jaw r. 正中后移颌关系
  object r. 对象关系
  occlusal r. 闭合关系
  posterior border jaw r. 后缘颌关系
  protrusive jaw r. 前伸颌关系
  rest jaw r. 休止颌关系
  ridge r. (上下)嵴关系
  static r's 静止关系
  unstrained jaw r. 非紧张性颌关系
relaxant [ri'læksənt] (L. *relaxare* to loosen) ❶ 松弛的,弛缓的,舒张的; ❷ 弛缓药
  muscle r. 肌肉松弛药
relaxation [ˌri:læk'seiʃən] ❶ 松弛,弛缓,舒张;❷ 疼痛减轻
  isometric r. 等长舒张(肌肉)
  isovolumetric r., **isovolumic r.** 等容量舒张
relaxin [ri'læksin] 耻骨松弛激素,松弛肽
reliability [riˌlaiə'biliti] 可靠度
relief [ri'li:f] (L. *relevatio*) ❶ 缓解,减轻,免除;❷ 减压;❸ 浮雕
relieve [ri'li:v] (L. *relevare* to lighten) 缓解,减轻,免除
religiosus [riˌlidʒi'əusis] 眼直上肌
reline [ri:'lain] 重衬,垫底(牙托)
reluxation [ˌri:lʌk'seiʃən] 再脱位
REM (rapid eye movements 的缩写) 快速眼动(睡眠中)
rem [rem] 雷姆,人体伦琴当量
Remak's fibers ['reimɑ:ks] (Robert *Remak*, German neurologist, 1815-1865) 雷马克纤维
Remak's paralysis ['reimɑ:ks] (Ernst Julius *Remak*, German neurologist, 1848-1911) 雷马克麻痹(型)
remedial [ri'mi:diəl] (L. *remedialis*) 治疗的,纠正的,修补的,补救的
remedy ['remidi] (L. *remedium*) 治疗(法),药物
  concordant r's 协调药
  inimic r's 对抗药
  tissue r's 组织药
Remijia [ri'midʒiə] 铜色树属
remineralization [riˌminərəlai'zeiʃən] 补充矿质
remission [ri'miʃən] (L. *remissio*) 缓解,减轻,弛张
remittence [ri'mitəns] 缓解,弛张
remittent [ri'mitənt] (L. *remittere* to send back) 缓解的,弛张的,忽重忽轻的

remnant ['remnənt] ❶ 遗留的,残余的;❷ 遗留物,残余物
  acroblastic r. 原顶体残余
  chylomicron r's 乳糜微粒残体
remodeling [ri'mɔdəliŋ] 重新塑造
  bone r. 骨重新再造
remotivation [ri,məuti'veiʃən] 再促动,再激发
remove [ri'mu:v] 切除
ren [ren] (pl. *renes*, gen. *renis*) (L.) (NA) 肾
  r. mobilis 游走肾
  r. unguliformis 蹄铁形肾
Renacidin [ri'næsidin] 雷纳斯丁:溶肾石酸素制剂的商品名
renal ['ri:nəl] (L. *renalis*) 肾的
Renaut's bodies [ri'nauts] (Joseph Louis *Renaut*, French physician, 1844-1917) 雷诺体
renculus ['renkjuləs] (pl. *renculi*) (L.) 肾小叶
Rendu-Osler-Weber disease [rɔn'dju: 'əuzlə 'wi:bə] (Henri Jules Louis Marie *Rendu*, French physician, 1844-1902; Sir William *Osler*, Candian physician, 1849-1919; Frederick Parkes *Weber*, British physician, 1863-1962) 郎-奥-韦三氏病
renes ['ri:niz] (L.) 肾
Renese [rə'ni:s] 罗尼斯:多噻嗪制剂的商品名
  R.-R 罗尼斯 R
renicapsule [,reni'kæpsju:l] 肾上腺
renicardiac [,reni'kɑːdiæk] 肾与心的
reniculus [ri'nikjuləs] (pl. *reniculi*) (L.) 肾小叶
reniform ['renifɔːm] (*ren-* + L. *forma* form) 肾形的
renin ['ri:nin] (EC 3.4.23.15) 血管紧张肽原酶
  big r. 大分子肾素
reninism ['ri:nin,izəm] 肾素产生过多
renipelvic [,reni'pelvik] 肾盂的
reniportal [,reni'pɔːtəl] (*ren-* + L. *porta* gate) 肾门(静脉系统)的
renipuncture [,reni'pʌŋktʃə] 肾囊穿刺术
renitent ['renitənt] 抵抗压力的
renitis ['renitis] (L. *ren* kidney + *itis*) 肾炎
rennet ['renit] 粗制凝乳酶,干胃膜

rennin ['renin] 凝乳酶
ren(o)- (L. *ren*) 肾
renocortical [,ri:nəu'kɔːtikəl] 肾皮质的
renocutaneous [,ri:nəukju'teiniəs] 肾(脏)皮(肤)的
renocystogram [,ri:nəu'sistəgræm] 肾探测图
renogastric [,ri:nəu'gæstrik] 肾胃的
Renografin [,ri:nəu'græfin] 雷纳格里分:泛影葡胺与泛影钠制剂的商品名
renogram ['ri:nəgræm] 肾探测图
renography [ri'nɔgrəfi] (*ren* + Gr. *graphein* to write) 肾 X 线照相术,肾造影术
renointestinal [,ri:nəuin'testinəl] 肾肠的
renopathy [ri'nɔpəθi] (*ren* + Gr. *pathos* disease) 肾病
renoprival [,ri:nəu'praivəl] 肾功能缺乏的,肾无能的
Renoquid ['renəukwid] 雷纳套德:磺胺乙胞嘧啶制剂的商品名
renotrophic [,ri:nəu'trɔfik] 促肾(营养)的,促肾增大的
renotropic [,ri:nəu'trɔpik] 向肾的
renovascular [,ri:nəu'væskjulə] (*reno-* + *vascular*) 肾血管的
Renovist [,ri:nəu'vist] 雷纳维斯特:泛影葡胺与泛影钠制剂的商品名
Renshaw cells ['renʃɔː] (Bridsey *Renshaw*, American neurophysiologist, 20th century) 李少细胞
renule ['ri:nju:l] 肾段
renunculus [ri'nʌŋkjuləs] 肾小叶
Reoviridae [,ri:əu'vaiəridi:] 呼肠弧类病毒
Reovirus ['ri:əu,vaiərəs] (*r*espiratory *e*nteric *o*rphan + *virus*) 呼肠弧病毒
reovirus ['ri:əu,vaiərəs] (*r*espiratory *a*nd *e*nteric *o*rphan + *virus*) 呼肠弧病毒
reoxidation [ri,ɔksi'deiʃən] 再氧化
reoxygenation [ri,ɔksidʒə'neiʃən] 再氧合(作用),再充氧(作用)
Rep. (L. *repetatur* 的缩写) 重复,再配
rep [rep] (*r*oentgen *e*quivalent *p*hysical 的缩写) 物理伦琴当量
repair [ri'pεə] 修理,修补,恢复,修复
repatency [ri'peitənsi] (*re-* + L. *patens* open) 再开放,再通
repeat [ri'pi:t] 重复性,重现性
  long terminal r's (LTR) 长终端重复
repellent [ri'pelənt] (L. *repellere* to drive

back) ❶ 驱除的,驱散的,消肿的;❷ 驱除药,消肿药
repeller [ri'pelə] 退回器
repercolation [ˌriːpəːkou'leiʃən] (L. *re-* again + *percolare* to filter) 再渗漉
repercussion [ˌriːpə(ː)'kʌʃən] (L. *repercussio* rebound) ❶ 消退法,消肿法;❷ 浮动诊治法
repercussive [ˌriːpə(ː)'kʌsiv] ❶ 消肿的;❷ 消肿药
repetatur [ˌriːpi'teitjuə] (L.) 重复,再配
replacement [ri'pleismənt] 复位,取代,置换,替代
   total joint r. 全关节置换术
replantation [ˌriːplɑːn'teiʃən] 再植(入)术
replenisher [ri'pleniʃə] 显影液再生剂
repletion [ri'pliːʃən] (L. *repletio*) 充实,充满
replicase ['riplikeis] ❶ 一种 RNA 诱导的 RNA 聚合酶;❷ 复制酶
replication [ˌriːpli'keiʃən] (L. *replicatio* a fold backwards) ❶ 折转,折术;❷ 再试验;❸ 复制
   DNA r. DNA 复制
   semiconservative r. 半保留复制
replicon ['replikɔn] 复制子
Repoise [ri'pɔiz] 瑞泡丝:丁酸丁嗪制剂的商品名
repolarization [ˌriːpoulərai'zeiʃən] 再极化,极化恢复
   early r. 早期极化恢复
repositioning [ˌriːpə'ziʃəniŋ] 复位术
   jaw r. 颌复位术
   muscle r. 肌复位
repositor [ri'pɔzitə] 复位器
repository [ri'pɔzitəri] ❶ 贮藏处;❷ 肌肉注射部位
repression [ri'preʃən] ❶ 抑制,压制;❷ 压抑;❸ 基因阻抑
   coordinate r. 并列性抑制
   endproduct r. 酶抑制,终产物性抑制
   enzyme r. 酶抑制
   gene r. 基因阻遏
repressor [ri'presə] (L. "a restrainer") 抑制子,阻抑物,阻遏物
reproduction [ˌriːprə'dʌkʃən] (L. *re-* again + *productio* production) ❶ 生殖,繁殖;❷ 复制,复现(心理)
   asexual r. 无性生殖
   bisexual r. 有性生殖
   cytogenic r. 细胞性生殖
   sexual r. 有性生殖
   somatic r. 分体生殖
   unisexual r. 单性生殖
reproductive [ˌriːprə'dʌktiv] 生殖的;复现的
repromicin [ˌriːprə'maisin] 里泼罗霉素
reproterol hydrochloride [ˌriːprə'tiərəl] 盐酸茶丙喘宁
reptilase ['reptileis] 爬虫酶
reptile ['reptail] 爬虫,爬行动物
Reptilia [rip'tiliə] 爬行纲
repullulation [riˌpʌlju'leiʃən] (L. *re-* back + *pullulare* to sprout out) 再发芽
repulsion [ri'pʌlʃən] (L. *re-* back + *pellere* to drive) 排斥,相斥;斥力
RES (reticuloendothelial system 的缩写) 网状内皮系统
resazurin [riː'sæzjurin] 刃天青
rescinnamine [ri'sinəmin] 桂皮利血胺利新纳明
resect [ri(ː)'sekt] 切除
resectable [ri'sektəbl] 可切除的,能切除的
resection [ri(ː)'sekʃən] (L. *resectio*) 切除术
   gastric r. 部分胃切除术
   Girdlestone r. 股骨头切除术
   root r. (牙)根尖切除术
   submucous r. 粘膜下(鼻中隔)切除术,开窗切除术
   transurethral prostatic r. (TURP) 经尿道前列腺切除术
   wedge r. 楔形切除术
resectoscope [riː'sektəskəup] (经尿道)前列腺切除器
resectoscopy [ˌriːsek'tɔskəpi] (经尿道)前列腺切除术
resene ['resiːn] 氧化树脂
reserpine [ri'səːpiːn] 利血平
Reserpoid ['resəpɔid] 利血波:利血平制剂的商品名
reserve [ri'zəːv] ❶ 储备,保留;❷ 储备(力),储量
   alkaki r., alkaline r. 碱储量
   cardiac r. 心脏储备力
   contractile r. 收缩力储备
reservoir ['rezəvwɑː] (Fr. *réservoir*, from

réserver to reserve) ❶ 贮器；❷ 池；❸ 贮主
  chromatin r. 染色质核仁,核粒
  continent ileal r. 回肠节制腔
  ileoanal r. 回肠肛门腔
  r. of infection 传染贮主,传染贮源
  Ommaya r. 欧马亚贮器
  Pecquet's r. 乳糜池
reshaping [riˈʃeipiŋ] 改形,矫形
resident [ˈrezidənt] 住院医师
residua [riˈzidjuə] (L.) 残余,剩余,残渣。*residuum* 的复数形式
residual [riˈzidjuəl] (L. *residuus*) 剩余的,残余的,残数的
residue [ˈrezidjuː] (L. *residuum*, from *re* back + *sidere* to sit) ❶ 残余物；❷ 残基
  day r. 后昼残留印象
residuum [riˈzidjuəm] (pl. *residua*) (L.) ❶ 残余,剩余；❷ 残渣
  gastric r. 胃残渣
resilience [riˈziliəns] (L. *resilire* to leap back) ❶ 回弹,弹性；❷ 复原力
resiliency [riˈziliənsi] ❶ 回弹,弹性；❷ 回弹能
resilient [riˈziliənt] (L. *resiliens*) 回弹的
resin [ˈrezin] (L. *resina*) 树脂
  acrylic r's 丙烯酸树脂
  activated r. 自凝树脂
  anion exchange r. 阴离子交换树脂
  autopolymer r. 自凝树脂
  azure A carbacrylic r. 天青A羧丙烯酸树脂
  carbacrylamine r's 羧丙烯胺树脂
  cation exchange r. 阴离子交换树脂
  cholestyramine r. (USP) 消胆胺
  cold-curing r. 冷凝树脂
  composite r. 复合树脂
  copolymer r. 异分子聚合树脂
  direct filling r. 直接充填树脂
  epoxy r. 环氧树脂
  heat-curing r. 热凝树脂
  ion exchange r. 离子交换树脂
  podophyllum r. (USP) 鬼白树脂,普达非伦树脂
  polyamine-methylene r. 聚胺甲烯树脂
  quick cure r. 快凝树脂
  self-curing r. 自凝树脂
  styrene r. 苯乙烯树脂
  synthetic r. 合成树脂
  thermoset r., thermosetting r. 热固树脂
  vinyl r. 乙烯树脂
Resinat [ˈrezinæt] 瑞热纳特：聚胺甲烯树脂制剂的商品名
resinoid [ˈrezinɔid] ❶ 似树脂的；❷ 类树脂；❸ 热固性树脂
resinous [ˈrezinəs] (L. *resinosus*) 树脂性的
resistance [riˈzistəns] (L. *resistentia*) ❶ 抵抗力；❷ 阻抗；❸ 耐受力；❹ 电阻；❺ 血管阻力；❻ 气道阻力
  airway r. 气道阻力
  drug r. 抗药性
  electrical r. 电阻
  environmental r. 环境阻力
  insulin r. 胰岛素抵抗
  internal r. 内(电)阻
  multidrug r., multiple drug r. 多种抗药性
  peripheral vascular r. 外周血管阻力
  pulmonary vascular r. 肺血管阻力
  total peripheral r. 总外周阻力,总末稍阻力
  total pulmonary r. 总肺循环阻力
  vascular r. 血管阻力
resite [ˈresait] 丙阶酚醛树脂,不溶酚醛树脂
resole [ˈresəul] 甲阶酚醛树脂,可溶酚醛树脂
resolution [ˌrezəˈljuːʃən] (L. *resolutum* from *resolvere* to unbind) ❶ 消退；❷ 感知
resolve [riˈzɔlv] (L. *resolvere*) ❶ 消退；❷ 分解
resolvent [riˈzɔlvənt] (L. *resolvens* dissolving) ❶ 使溶解的,消散的；❷ 溶解剂,消散剂
resonance [ˈrezənəns] (L. *resonantia*) ❶ 共振,共鸣；❷ 语音；❸ 中介(现象),稳(缓)变异构(现象)
  amphoric r. 空瓮音
  bandbox r. 空匣音
  cough r. 咳嗽音
  cracked-pot r. 破壶音
  electron spin r. 电子自旋共振
  hydatid r. 棘球(包球)囊叩响
  nuclear magnetic r. 核磁共振
  osteal r. 骨性叩响
  skodaic r. 斯叩达氏叩响
  tympanic r. 鼓音

tympanitic r. 鼓音
vesicular r. 肺泡性叩响
vesiculotympanic r. 肺泡鼓音叩响
vocal r. (VR) 语音
whispering r. 耳语音
wooden r. 木性叩音
resonant ['rezənənt] 叩响的,反响的
resonator ['rezə‚neitə] 共振器,共鸣器
resorb [ri'sɔːb] 再吸收,重吸收,消溶
resorcin [ri'sɔːsin] 雷锁辛,间苯二酚
resorcinism [ri'sɔːsin‚izəm] 雷琐辛中毒,间苯二酚中毒
resorcinol [ri'sɔːsinɔl] (USP) 雷琐辛,间苯二酚
 r. monoacetate (USP) 单乙酸雷琐辛
resorcinolphthalein [ri‚sɔːsinɔl'θæliːn] 间苯二酚酞,荧光素
resorption [ri'sɔːpʃən] (L. *resorbere* to swallow again) ❶ 吸收(作用),吸回(作用),吸除(作用);❷ 液体的吸除或吸回
 bone r. 骨吸收
 idiopathic r. 特发性吸收,自发性吸收
 root r. 牙根吸收
 tooth r., external 牙外吸收
 tooth r., internal 牙内吸收
 tubular r. 肾小管吸收
respirable [ris'paiərəbl] 可呼吸的,适于呼吸的
respiration [‚respə'reiʃən] (L. *respiratio*) 呼吸(作用)
 abdominal r. 腹式呼吸
 absent r. 呼吸音消失
 accelerated r. 呼吸加速
 aerobic r. 需氧呼吸
 amphoric r. 空瓮呼吸音
 anaerobic r. 绝氧呼吸
 artificial r. 人工呼吸
 asthmoid r. 哮喘样呼吸
 Austin Flint r. 奥斯汀·弗林特氏呼吸音,空洞呼吸音
 Biot's r. 比奥氏呼吸,脑膜炎性呼吸
 Bouchut's r. 布许氏呼吸
 bronchial r. 支气管呼吸音
 bronchocavernous r. 支气管空洞呼吸音
 bronchovesicular r. 支气管肺泡呼吸音
 cavernous r. 空洞呼吸音
 cell r. 细胞呼吸
 cerebral r. 大脑性呼吸
 Cheyne-Stokes r. 陈-施二氏呼吸,潮式呼吸
 cogwheel r. 齿轮状呼吸
 collateral r. 侧支呼吸
 controlled diaphragmatic r. 控制性膈呼吸
 Corrigan's r. 科里根氏呼吸,大脑性呼吸
 costal r. 肋式呼吸
 diaphragmatic r. 膈式呼吸
 divided r. 分割式呼吸
 electrophrenic r. 膈神经电刺激性呼吸
 external r. 外呼吸
 fetal r. 胎儿呼吸
 forced r. 强制性呼吸,强力呼吸
 granular r. 颗粒状呼吸音
 harsh r. 粗糙呼吸音
 indefinite r. 不确定性呼吸音
 internal r. 内呼吸
 interrupted r. 间断性呼吸
 jerky r. 痉挛性呼吸
 Kussmaul's r., Kussmaul-Kien r. 库斯毛耳氏呼吸,库-金二氏呼吸
 labored r. 劳力性呼吸
 meningitic r. 脑膜炎性呼吸
 metamorphosing r. 变形性呼吸音
 nervous r. 神经质呼吸
 paradoxical r. 反常呼吸
 periodic r. 周期性呼吸
 puerile r. 小儿样呼吸
 rude r. 粗糙呼吸音
 Seitz's metamorphosing r. 赛茨氏变形性呼吸音
 slow r. 缓慢呼吸
 stertorous r. 鼾声呼吸
 supplementary r. 代偿性呼吸
 suppressed r. 呼吸音消失
 thoracic r. 胸式呼吸
 tissue r. 组织呼吸
 transitional r. 过渡性呼吸
 tubular r. 管性呼吸音
 vesiculocavernous r. 肺泡空洞呼吸音
 vicarious r. 代偿性呼吸
 wavy r. 波浪状呼吸
respirator ['respə‚reitə] 呼吸机
 cabinet r. 柜式呼吸机,箱式呼吸机
 cuirass r. 胸甲式呼吸机
 Drinker r. 德林克氏人工呼吸器
 Engström r. 恩格斯特欧姆呼吸器
respiratory [ris'paiərətəri] (re- + L. *spirare*

to breathe) 呼吸的
respirometer [ˌrispi'rəmitə] 呼吸(运动)计
response [ris'pɔns] (L. *respondere* to answer, reply) 反应,应答,响应
　acute phase r. 急性反应期
　anamnestic r. 回忆应答
　autoimmune r. 自身免疫应答
　blink r's 眨眼反应
　booster r. 加强应答
　cold r., paradoxical 反常寒冷反应
　conditioned r. 条件反应
　decremental r., decrementing r. 递减反应(应答)
　F r. F波(心电图)
　galvanic skin r. 皮肤电流反应
　immune r. 免疫应答
　incremental r. 增量反应
　orienting r. 使适应反应,调整反应
　primary immune r. 初次免疫应答
　relaxation r. 迟缓反应
　reticulocyte r. 网状细胞反应
　secondary immune r. 继发性免疫应答,二次免疫应答
　triple r. (of Lewis)(路易斯)三重应答
　unconditioned r. 非条件应答
rest [rest] ❶ 休息;❷ 剩余,胎性剩余;❸ 支托,靠
　aberrant r. 迷芽瘤
　adrenal r. 肾上腺剩余
　bed r. 卧床休息
　carbon r. 碳剩余
　cingulum r. 舌支托
　embryonic r., epithelial r., fetal r. 胚胎剩余,上皮剩余,胎儿剩余
　incisal r. 切支托
　lingual r. 舌支托
　Malassez r. 马拉色氏上皮剩余
　occlusal r. 𬌗支托
　precision r. 固定支托
　recessed r. 隐蔽支托
　semiprecision r. 半固定支托
　suprarenal r. 肾上腺剩余
　surface r. (牙)面支托
　Walthard's cell r's 瓦尔塔德氏细胞残余(卵巢上皮小岛)
restbite ['restbait] 休止𬌗,休止咬合
restenosis [ˌristi'nəusis] 再狭窄
　false r. 假性再狭窄
　true r. 真性再狭窄
restibrachium [ˌresti'breikiəm] (L. *restis* + rope + *brachium* arm) 绳状体
restiform ['restifɔrm] (L. *restis* rope + *forma* form) 绳状的
resting ['restiŋ] 静止的
restitution [ˌresti'tjuːʃən] (L. *restitutio*) ❶ 整复,恢复;❷ 重新排列
restoration [ˌrestə'reiʃən] (L. *restaurare* to review, rebuild) ❶ 修复;❷ 康复;❸ 修复;❹ 重塑牙齿
　buccal r. 颊面修复
　cusp r. 牙尖修复
　facial r. 面修复
　prosthetic r. ① 假体修复;② 用于修复的构件
Restoril ['restəril] 雷斯托里拉:替马安定制剂的商品名
restraint [ris'treint] 抑制,约束
restriction [ris'trikʃən] 限制,限定
　intrauterine growth r. 子宫内肿瘤的发育阻滞
　MHC r. 主要组织相容性抗原复合物限制
restringent [ri'strindʒənt] (L. *restringere* to restrain) 收敛的
restropic [ri'strɔpik] 亲网状内皮的
restropin [ri'strɔpin] 亲网状内皮素
resublimed [ˌrisə'blaimd] 再升华的
resultant [ri'zʌltənt] 生成物,(反应)产物
resupination [ˌriːsjuːpi'neiʃən] (L. *resupinare* to turn on the back) 反转,颠倒,仰卧位
resuscitation [riˌsʌsi'teiʃən] (L. *resuscitare* to revive) 复苏(术),回生
　cardiopulmonary r. (CPR) 心肺复苏
resuscitator [ri'sʌsiteitə] 复苏器
　cardiopulmonary r. 心肺复苏器
resuture [ri'sjuːtʃə] 再缝术,二期缝术
retainer [ri'teinə] 保持器,保留器,固位体(牙)
　continuous bar r. 连续连接杆固位体
　direct r. 直接固位体
　Hawley r. 霍利固位体
　indirect r. 间接固位器
　matrix r. 型片(牙)固位体,基质固位体
　space r. 间隙固位体
retardate [ri'tɑːdeit] 智力迟钝者

retardation [ˌriːtɑːˈdeiʃən] (L. *retardare* to slow down, impede) 迟缓,妨碍,发育迟缓
 intrauterine growth r. (IUGR) 子宫内生长发育迟缓
 mental r. (DSM-Ⅲ-R) 脑力发育迟缓
 psychomotor r. 精神运动性迟缓
retardin [riˈtɑːdin] 迟延素
retching [ˈretʃiŋ] 恶心,干呕
rete [ˈriːtiː] (pl. *retia*) (L. "net") 网
 acromial r., r. acromiale (NA) 肩峰网
 r. arteriosum (NA) 动脉网
 articular r. 关节血管网
 articular cubital r., articular r. of elbow 肘关节(动脉)网
 articular r. of knee 膝关节(动脉)网
 r. articulare cubiti (NA) 肘关节(动脉)网
 r. articulare genus (NA) 膝关节(动脉)网
 calcaneal r., r. calcaneum (NA) 跟网
 r. canalis hypoglossi 舌下神经管网
 carpal r., dorsal r. 腕背网
 r. carpale dorsale (NA), **r. carpi dorsale** 腕骨网
 r. cutaneum 皮肤网
 dorsal venous r. of foot 足背静脉网
 dorsal venous r. of hand 手背静脉网
 r. dorsale pedis 足背网
 r. foraminis ovalis 卵圆孔网
 r. of Haller, r. Halleri 哈勒氏网,睾丸网
 r. lymphocapillare (NA) 淋巴毛细管网
 malleolar r., lateral 外踝网
 malleolar r., medial 内踝网
 r. malleolare laterale (NA) 外踝网
 r. malleolare mediale (NA) 内踝网
 malpighian r. 表皮生发层
 r. mirabile 奇网
 r. nasi 鼻(静脉)网
 r. olecrani 鹰嘴网
 r. ovarii 卵巢网
 r. of patella, r. patellae, patellar r. 髌网
 r. patellare (NA) 髌网
 plantar r., plantar venous r. 跖静脉网,足底静脉网
 r. subpapillare 乳头下网
 r. testis (NA), **r. testis** (Halleri) 睾丸网
 r. vasculosum articulare (NA) 关节血管网
 r. venosum (NA) 静脉网
 r. vensoum dorsale manus (NA) 手背静脉网
 r. venosum dorsale pedis (NA) 足背静脉网
 r. venosum plantare (NA) 足底静脉网
 retia venosa vertebrarum 椎静脉网
retention [riˈtenʃən] (L. *retentio* from *retentare* to hold firmly back) ❶ 保持,保留,拥有; ❷ 潴留,停滞; ❸ 固定(作用); ❹ 固位期
 denture r. 义齿固位
 direct r. 直接固位
 indirect r. 间接固位
 surgical r. 外科手术固位
 r. of urine 尿潴留
retethelioma [ˌriːtiθiliˈəumə] 网状内皮瘤
retia [ˈriːtiə] (L.) 网。rete 的复数形式
retial [ˈriːtiəl] 网的
reticula [riˈtikjulə] (L.) 网(尤指细胞原生质网),网状组织
reticular [riˈtikjulə] (L. *reticularis*) 网状的
reticulated [riˈtikjuleitid] 网状的
reticulation [riˌtikjuˈleiʃən] (L. *reticulum* a net) 网状形成
 dust r. 尘网
reticulin [riˈtikjulin] 网硬蛋白,网霉素,羟基链霉素
 r. M 网硬蛋白 M
reticulitis [riˌtikjuˈlaitis] 蜂窝胃炎
reticul(o)- (L. *reticulum* dim. of *rete* net) 网状结构,网
reticulocyte [riˈtikjuləˌsait] (*reticulo-* + *-cyte*) 网状细胞,网状红细胞
reticulocytogenic [riˌtikjuləˌsaitəˈdʒenik] 网状细胞生成的
reticulocytopenia [riˌtikjuləˌsaitəˈpiːniə] 网状细胞减少
reticulocytosis [riˌtikjuləsaiˈtəusis] 网状细胞增多
reticuloendothelial [riˌtikjuləˌendəˈθiːliəl] 网状内皮的
reticuloendotheliosis [riˌtikjuləˌendəuθiːliˈəusis] 网状内皮组织增殖
 leukemic r. 白血病性网状内皮细胞增殖
reticuloendothelium [riˌtikjuləˌendəuˈθiːljəm] 网状内皮组织
reticulohistiocytary [riˌtikjuləˌhistiəˈsaitəri] 网状(内皮系统)组织细胞的

reticulohistiocytoma [ri‚tikjuləu‚histiəsai-'təumə] (*reticulo-* + *histiocytoma*) 网状(内皮系统)组织细胞瘤

reticulohistiocytosis [ri‚tikjuləu‚histiəsai-'təusis] 网状(内皮系统)组织细胞瘤病

reticuloid [ri'tikjuləid] 网状细胞增多(症)样的,类网状细胞增多症

 actinic r. 光化性类网状细胞增多症

reticulopenia [ri‚tikjuləu'pi:niə] 网状细胞减少

reticuloperithelium [ri‚tikjuləu‚peri'θi:ljəm] 网周上皮

reticuloplasmocytoma [ri‚tikjuləu‚plæsməu-sai'təumə] 网浆细胞瘤

reticulopituicyte [ri‚tikjuləupi'tju:isait] 垂体网状细胞

reticulopodia [ri‚tikjuləu'pəudiə] 网状假足。*reticulopodium* 的复数形式

reticulopodium [ri‚tikjuləu'pəudiəm] (*reticulo-* + Gr. *pous* foot) 网状假足

reticulosis [ri‚tikju'ləusis] (*reticul-* + *-osis*) 网状细胞增多

 familial hemophagocytic r. 家族性嗜血细胞性网状细胞增多

 familial histiocytic r. 家族性组织细胞性网状细胞增多

 histiocytic medullary r. 髓性组织细胞性网状细胞增多

 histiocytic medullary r. 髓性组织细胞性网状细胞增多

 lipomelanic r. 脂肪黑变性网状细胞增多

 malignant midline r. 多形网状细胞增多(症)

 midline malignant r. 多形网状细胞增多(症)

 pagetoid r. 类变形性骨炎网状细胞(症)

 polymorphic r. 多形网状细胞增多(症)

reticulothelium [ri‚tikjuləu'θi:ljəm] 网织上皮

reticulum [ri'tikjuləm] (pl. *reticula*) (L., dim. of *rete* net) ❶ 网;❷ 网状组织;❸ 蜂窝胃

 agranular r. 无颗粒内质网,滑面内质网

 Chiari's r. 希阿里氏网

 Ebner's r. 埃伯内氏网

 endoplasmic r. 内质网

 granular r. 颗粒内质网

 reticula lienis 脾小梁

 sarcoplasmic r. 肌质网

 stellate r. 星状网

 r. trabeculare (NA) 虹膜角膜小梁网

retiform ['riti:fɔ:m, 'retifɔ:m] (L. *rete* net + *forma* form) 网状的

Retin-A ['retinei] 瑞丁安

retina ['retinə] (L.) (NA) 视网膜

 coarctate r. 紧压性视网膜,漏斗状视网膜

 detached r., detachment of r. 视网膜脱离

 leopard r. 豹纹状视网膜

 shot-silk r. 闪缎样视网膜

 tessellated r., tigroid r. 豹纹状视网膜

 watered-silk r. 闪缎样视网膜

retinaculum [‚reti'nækjuləm] (pl. *retinacula*) (L. "a rope, cable") ❶ 支持带,系带;❷ 外科中用来牵拉组织的器械或装置

 r. of arcuate ligament 弓状韧带支持带

 r. capsulae articularis coxae 髋关节囊支持带

 caudal r., r. caudale (NA) 尾骨支持带

 r. costae ultimae 腰肋韧带

 retinacula cutis (NA) 皮肤支持带

 extensor r. of foot, inferior 足伸肌下支持带

 extensor r. of foot superior 足伸肌上支持带

 extensor r. of hand 手伸肌支持带

 r. extensorum manus (NA) 手伸肌支持带

 flexor r. of foot 足屈肌支持带

 flexor r. of hand 手屈肌支持带

 r. flexorum manus (NA) 手屈肌支持带

 r. ligamenti arcuati 弓状韧带支持带

 r. musculorum extensorum pedis inferius (NA) 足伸肌下支持带

 r. musculorum extensorum pedis superius (NA) 足伸肌上支持带

 r. musculorum fibularium inferius 腓骨肌下支持带

 r. musculorum fibularium superius 腓骨肌上支持带

 r. musculorum flexorum pedis (NA) 足屈肌支持带

 r. musculorum peronaeorum inferius 腓骨肌下支持带

r. musculorum peronaeorum superius 腓骨肌上支持带
r. musculorum peroneorum inferius (NA) 腓骨肌下支持带
r. musculorum peroneorum superius (NA) 腓骨肌上支持带
r. patellae laterale (NA) 髌外侧支持带
r. patellae mediale (NA) 髌内侧支持带
patellar r., lateral 髌外侧支持带
patellar r., medial 髌内侧支持带
peroneal r., inferior 腓骨肌下支持带
peroneal r., superior 腓骨肌上支持带
r. tendinum 腱支持带
r. tendinum musculorum extensorum 手伸肌支持带
r. tendinum musculorum extensorum inferius 足伸肌下支持带
r. tendinum musculorum extensorum superius 足伸肌上支持带
r. tendinum musculorum flexorum 手屈肌支持带
retinacula unguis (NA) 甲支持带
Weitbrecht's r. 魏特布雷希特氏支持带
retinal ['retinəl] ❶ 视网膜的；❷ 视黄醛,维生素 A 醛
11-*cis* r. 11 顺式视黄醛
all-trans r. 全反式视黄醛
retinal isomerase ['retinəl ai'sɔməreis] (EC 5.2.1.3) 视黄醛异构酶
retinal reductase ['retinəl ri'dʌkteis] 视黄醛还原酶
retine ['reti:n] 抑细胞素
retinene ['retini:n] 维生素 A 醛
retinitis [ˌreti'naitis] 视网膜炎
actinic r. 光化性视网膜炎
r. albuminurica 蛋白尿性视网膜炎
apoplectic r. 猝出血性视网膜炎
azotemic r. 氮血症性视网膜炎
central angiospastic 浆液性中心性视网膜炎
r. circinata, circinate r. 环形视网膜炎
Coats' r. 寇茨氏病
cytomegalovirus r. 巨细胞病毒性视网膜炎
diabetic r. 糖尿病性视网膜炎
disciform r. 盘形视网膜炎
exudative r. 渗出性视网膜炎
gravidic r. 妊娠性视网膜炎
hypertensive r. 高血压性视网膜炎

Jacobson's r. 雅各布逊氏视网膜炎,梅毒性视网膜炎
Jensen's r. 晏森氏视网膜炎
leukemic r. 白血病性视网膜炎
metastatic r. 转移性视网膜炎
nephritic r. 肾炎性视网膜炎
r. pigmentosa 色素性视网膜炎
r. pigmentosa sine pigmento 无色素性视网膜色素变性
r. proliferans, proliferating r. 增殖性视网膜炎
r. punctata albescens 白点状视网膜炎
renal r. 肾性视网膜炎
r. sclopetaria 射伤性视网膜炎
serous r. 浆液性视网膜炎
solar r. 日光性视网膜炎
r. stellata 星状视网膜炎
striate r. 纹状视网膜炎
suppurative r. 脓性视网膜炎
syphilitic r., r. syphilitica 梅毒性视网膜炎
uremic r. 尿毒性视网膜炎
retinoblastoma [ˌretinəublæs'təumə] (*retina* + *blastoma*) 成视网膜细胞瘤,视网膜神经胶质瘤
endophytic r., r. endophytum 内向性视网膜胶质瘤
exophytic r., r. exophytum 外向性视网膜胶质瘤
retinochoroid [ˌretinəu'kɔ:rɔid] 视网膜脉络膜的
retinochoroiditis [ˌretinəukɔ:rɔi'daitis] 视网膜脉络膜炎
r. juxtapapillaris 近视乳头性视网膜脉络膜炎
toxoplasmic r. 弓形体性视网膜脉络膜炎
retinocytoma [ˌretinəusai'təumə] 视网膜细胞瘤
retinodialysis [ˌretinəudai'ælisis] (*retina* + *dialysis*) 视网膜分离
retinograph ['retinəugrɑ:f] 视网膜照片
retinography [ˌreti'nɔgrəfi] 视网膜照相术
retinoic acid [ˌreti'nɔik] 视黄酸,视网膜酸,维生素 A 酸
retinoid ['retinɔid] ❶ 视网膜样的；❷ 视黄醛衍生物；❸ (Gr. *rhētinē* resin + *eidos* form) 树脂样的

retinol ['retinɔl] 视黄醇,维生素 A 醇

retinol dehydrogenase ['retinɔl di'haidrədʒəneis] 视黄醇脱氢酶

retinol O-fatty-acyltransferase ['retinɔl 'fætiˌæsil'trænsfəreis] 视黄醇 O 脂肪酰基转移酶

retinoma [ˌreti'nəumə] 视网膜细胞瘤

retinomalacia [ˌretinəumə'leiʃiə] 视网膜软化

retinopapillitis [ˌretinəuˌpæpi'laitis] 视网膜视乳头炎

retinopathy [ˌreti'nɔpəθi] (retina + -pathy) ❶ 视网膜炎;❷ 视网膜变性
   arteriosclerotic r. 动脉硬化性视网膜病
   central angiospastic r. 血管痉挛性视网膜病
   central disk-shaped r. 中心性盘状视网膜病
   central serous r. 中心性浆液性视网膜病
   circinate r. 环形视网膜病
   diabetic r. 糖尿病性视网膜病
   exudative r. 渗出性视网膜病
   hemorrhagic r. 出血性视网膜病
   hypertensive r. 高血压性视网膜病
   leukemic r. 白血病性视网膜病
   r. of prematurity 早产儿视网膜病
   pigmentary r. 色素性视网膜病
   proliferative r. 增殖性视网膜病
   Purtscher's angiopathic r. 普尔夏氏外伤性血管性视网膜病
   renal r. 肾性视网膜病
   stellate r. 星状视网膜病,星芒状视网膜病

retinoschisis [ˌreti'nɔskisis] (retina + Gr. schisis division) 视网膜剥离症

retinoscope ['retinəskəup] 视网膜镜

retinoscopy [ˌreti'nɔskəpi] (retina + -scopy) 视网膜镜检查,视网膜检影法

retinosis [ˌreti'nəusis] (retina + -osis) 视网膜变性

retinotopic [ˌretinəu'tɔpik] 视局部的

retinotoxic [ˌretinəu'tɔksik] 毒害视网膜的

retinyl ['retinil] 视黄醇的,视黄醇衍化而来的

retinyl-palmitate esterase ['retinil'pælmiteit 'estəreis] (EC 3.1.1.21) 视黄醇棕榈酸盐酯酶

retisolution [ˌretisə'luːʃən] (L. rete net + solution) 高尔基氏体溶解

retispersion [ˌreti'spəːʃən] 高尔基氏体移位

retoperithelium [ˌriːtəuˌperi'θiːliəm] (L. rete net + Gr. peri around + thēlē papilla) 网周上皮

Retortamonadida [ˌriˌtɔːtəməu'nædidə] 曲滴虫目

Retortamonas [ˌriːtə'tæmənəs] (L. retortus bent back + Gr. monas unit, from monos single) 曲滴虫属

retothel ['riːtəθəl] 网状内皮的

retothelial [ˌriːtəu'θiːliəl] ❶ 网织上皮的;❷ 含网织细胞的

retothelium [ˌriːtəu'θiːliəm] (L. rete net + Gr. thēlē papilla) 网织上皮

retractile [ri'træktail] (L. retractilis) 可缩回的,可退缩的

retraction [ri'trækʃən] (L. retrahere to draw back) 退缩,后缩,缩回
   clot r. 血块凝缩
   gingival r. 龈后缩
   mandibular r. 下颌后缩

retractor [ri'træktə] ❶ 牵开器;❷ 缩肌
   Emmet's r. 艾默特氏牵开器
   Moorehead's r. 莫尔海德氏牵开器

retrad ['riːtræd] 向后

retrenchment [ri'trentʃmənt] 多余组织切除法

retrieval [ri'triːvəl] ❶ 随意再现;❷ 可收回,可恢复;❸ 检索

retr(o)- (retro - backward) 向后,在后

retroaction [ˌretrəu'ækʃən] 反作用,逆作用

retroauricular [ˌretrəuɔː'rikjulə] 耳后的

retrobronchial [ˌretrəu'brɔŋkiəl] 支气管后的

retrobuccal [ˌretrəu'bʌkəl] 颊后的,口后的

retrobulbar [ˌretrəu'bʌlbə] ❶ 脑桥后的;❷ 眼球后的

retrocalcaneobursitis [ˌretrəukælˌkeiniəubə'saitis] 跟腱(粘液)囊炎

retrocardiac [ˌretrəu'kɑːdiæk] 心后的

retrocatheterism [ˌretrəu'kæθətərizəm] 从后导尿法

retrocecal [ˌretrəu'siːkəl] 盲肠后的

retrocervical [ˌretrəu'sə:vikəl] 子宫颈后的

retroclavicular [ˌretrəu'klævikjulə] 锁骨后的

retroclusion [ˌretrəu'klu:ʒən] (retro + L. claudere to close) 针压止血法

retrocession [ˌretrəu'seʃən] (L. retrocessio) 后退, 后移

retrocochlear [ˌretrəu'kɔkliə] ❶ 耳蜗后的; ❷ 与耳蜗相对的小脑脑桥角和第Ⅷ颅神经

retrocolic [ˌretrəu'kɔlik] 结肠后的

retrocollic [ˌretrəu'kɔlik] 项的, 颈后的

retrocollis [ˌretrəu'kɔlis] (retro- + L. collum neck) 颈后倾

retrocrural [ˌretrəu'kruərəl] 腿后的

retrocursive [ˌretrəu'kə:siv] (retro- + L. currere to run) 退走的, 退奔的

retrodeviation [ˌretrəuˌdi:vi'eiʃən] 后偏

retrodisplacement [ˌretrəudis'pleismənt] 后移位

retroduodenal [ˌretrəudjuə'dinəl] 十二指肠后的

retroesophageal [ˌretrəuiˌsɔfədʒiəl] 食管后的

retrofilling [ˌretrəu'filiŋ] 下充填(法)

retroflexed ['retrəuflekst] (retro- + L. flexus bent) 后屈的

retroflexion [ˌretrəu'flekʃən] (L. retroflexio) 后屈

retrogasserian [ˌretrəugæ'siəriən] 半月神经节后根的

retrognathia [ˌretrəu'næθiə] (retro- + Gr. gnath- + -ia) 缩颌, 颌退缩

retrognathic [ˌretrəu'næθik] 缩颌的, 颌退缩的

retrognathism [ˌretrəu'næθizəm] 缩颌, 颌退缩

retrograde ['retrəugreid] (retro- + L. gradi to step) ❶ 退行性的, 逆行的; ❷ 退化的, 衰退的, 异化的

retrography [ri'trɔgrəfi] (retro- + Gr. graphein to write) 反写

retrogression [ˌretrəu'greʃən] (retro- + L. gressus course) ❶ 退化, 变性; ❷ 退行

retro-illumination [ˌretrəuiˌlju:mi'neiʃən] 从后照射法

retroinfection [ˌretrəuin'fekʃən] 逆传染

retroinsular [ˌretrəu'insjulə] 岛后的

retrojection [ˌretrəu'dʒekʃən] (retro- + L. jacere to throw) 腔洞灌洗法

retrolabyrinthine [ˌretrəuˌlæbi'rinθi:n] 迷路后的

retrolaryngeal [ˌretrəulə'rindʒiəl] 喉后的

retrolingual [ˌretrəu'liŋgwəl] 舌后的

retrolisthesis [ˌretrəu'lisθisis] (retr- + Gr. olisthanein to slip) 骶骨前移

retromammary [ˌretrəu'mæməri] 乳房后的

retromandibular [ˌretrəu'mændibjulə] 下颌后的

retromesenteric [ˌretrəu'mesən'terik] 肠系膜后的

retromorphosis [ˌretrəu'mɔfəsis] (retro- + Gr. morphē form) 退行性变性

retronasal [ˌretrəu'neizəl] 鼻后的

retro-ocular [ˌretrəu'ɔkjulə] 眼后的

retropatellar [ˌretrəu'pætələ] 髌后的

retroperistalsis [ˌretrəuˌperi'stælsis] 逆蠕动

retroperitoneal [ˌretrəuˌperitəu'ni:əl] 腹膜后的

retroperitoneum [ˌretrəuˌperitəu'ni:əm] 腹膜后腔

retroperitonitis [ˌretrəuˌperitəu'naitis] 腹膜后腔炎

retropharyngitis [ˌretrəuˌfærin'dʒaitis] 咽后炎

retropharynx [ˌretrəu'færiŋks] 咽后部

retroplacental [ˌretrəuplə'sentəl] 胎盘后的

retroplasia [ˌretrəu'pleiziə] (retro- + Gr. plasis formation + -ia) 退行性化生

retropleural [ˌretrəu'plurəl] 胸膜后的

retroposed ['retrəupəuzd] (retro- + L. positus placed) 后移的

retroposition [ˌretrəupə'ziʃən] ❶ 后位, 后移; ❷ 复位, 回复

retropulsion [ˌretrəu'pʌlʃən] (retro- + L. pellere to drive) ❶ 推回; ❷ 后退, 反步症; ❸ 后退步态, 后冲步态

retrorectal [ˌretrəu'rektəl] 直肠后的

retrorsine ['retrəsin] 倒千里光碱

retrosigmoidal [ˌretrəusig'mɔidəl] 乙状窦后的

retrosinus [ˌretrəu'sainəs] 后窦
retrospondylolisthesis [ˌretrəuˌspɒndiləu'lisθisis] 骶骨前移
retrostalsis [ˌretrəu'stælsis] 逆蠕动
retrosternal [ˌretrəu'stə:nəl] (*retro-* + *sternum*) 胸后骨的
retrosymphysial [ˌretrəusim'fiziəl] 耻骨联合后的
retrotarsal [ˌretrəu'tɑ:səl] 睑板后的
retrouterine [ˌretrəu'ju:tərain] (*retro-* + *uterus*) 子宫后的
retrovaccination [ˌretrəuˌvæksi'neiʃən] 还原接种法
retroversioflexion [ˌretrəuˌvəsiəu'flekʃən] 后倾后屈
retroversion [ˌretrəu'və:ʒən] (L. *retroversio*; *retro-* back + *versio* turning) 后倾
   r. of uterus 子宫后倾
retroverted [ˌretrəu'və:tid] 后倾的
retrovesical [ˌretrəu'vesikəl] 膀胱后的
Retroviridae [ˌretrəu'vəiəridi:] 逆病毒
retrovirus ['retrəuˌvaiərəs] 逆病毒
retrusion [ri'tru:ʒən] (L. *re-* back + *trudere* to shove) ❶ 被置于正常位置之后的状态；❷ 下颌的位置后移；❸ 将牙齿向后压的动作或过程
Rett syndrome [ret] (Andreas *Rett*, Austrian physician, 20th century) 瑞特氏综合征
Retzius' fibers ['retziəs] (Anders Adolf, *Retzius*, Swedish anatomist, 1796-1860) 雷济厄斯氏纤维
Retzius' foramen ['retziəs] (Magnus Gustav *Retzius*, Swedish anatomist, 1842-1919) 雷济厄斯氏孔
reunient [ri'ju:niənt] (L. *re* again + *unire* to unite) 再连合的
Reuss' color charts ['rɔis] (August Ritter von *Reuss*, Austrian ophthalmologist, 1841-1924) 罗伊斯氏比色图
revaccination [ˌri:væksi'neiʃən] 再接种
revascularization [riˌvæskjulərai'zeiʃən] 再血管化
revellent [ri'velənt] (L. *re* back + *vellere* to drow) 诱导的
reverberation [riˌvə:bə'reiʃən] (L. *reverberare* to cause to rebound) 反射
Reverdin's graft [revə:'dænz] (Jacques Louis *Reverdin*, Swiss surgeon, 1842-1929) 雷维尔丹氏移植物(表皮移植片)
reversal [ri'və:səl] ❶ 颠倒，逆转；❷ 反向，相反，反面
   r. of gradient 梯度颠倒，粪便逆行
reverse transcriptase [ri'və:s træns'kripteis] 逆转录酶
reversible [ri'və:səbl] 可逆的
reversion [ri'və:ʒən] (L. *re* back + *versio* turning) ❶ 逆转；❷ 返祖(现象)，隔代遗传
   antigenic r. 抗原性逆转
   true r. 真隔代遗传
revertose [ri'və:təus] 逆化糖
Revilliod's sign [reivi'jəuz] (Jean Léonard Adolphe *Revilliod*, Swiss physician, 1835-1919) 腊维约氏征
revivescence [ˌri:vai'vesəns] (L. *revivescere* to revive) 复苏，回生
revivification [ri(:)ˌvivifi'keiʃən] (L. *re-* again + *vivus* alive + *facere* to make) ❶ 恢复；❷ 复新，复活
revolute ['revəljurt] 后卷的，绕转的
revulsion [ri'vʌlʃən] (L. *revulsio*; from *re-* back + *vellere* to draw) 诱导法
Reye's syndrome [raiz] (Ralph Douglas Kenneth *Reye*, Australian physician, 20th century) 雷氏综合征
Reye-Johnson syndrome [ri 'dʒɔnsən] (R. D. K. *Reye*; George Magnus *Johnson*, American physician, born 1935) 雷约二氏综合征
Reynolds' test ['reinəldz] (James Emerson *Reynolds*, British chemist, 1844-1920) 雷诺尔德氏试验(检丙酮)
RF (rheumatoid factor 的缩写) 类风湿因子
Rf (*rutherfordium* 的符号) 铲
RFA (right frontoanterior 的缩写) 额右前(胎位)
RFLP (restriction fragment length polymorphism 的缩写) 片断限制长度多态性
RFP (right frontoposterior 的缩写) 额右后(胎位)
RFPS (Glasgow) (Royal Faculty of Physicians and Surgeons of Glasgow 的缩写) 格拉斯哥皇家内科及外科医师学院
RFT (right frontotransverse 的缩写) 额右

横(胎位)

RGN (Registered General Nurse (Scotland) 的缩写)(苏格兰)普通注册护士

Rh (*rhodium* 的符号) 铑

Rh$_{null}$ 无 Rh 因子血型

Rh antibody (from *Rhesus* monkeys, whose blood was found to contain the factor in 1940) Rh 抗体

Rhabdiasoidea [ˌræbdiə'sɔidiə] 棒线(虫)总科

rhabditic [ræb'ditik] 小杆线虫的

rhabditiform [ræb'ditifɔːm] 杆状的

Rhabditis [ræb'daitis] (Gr. *rhabdos* rod) 小杆线虫属

rhabditoid ['ræbditɔid] 杆状的

Rhabditoidea [ˌræbdi'tɔidiə] 小杆总科

rhabd(o)- (Gr. *rhabdos* rod) 杆状的,杆

rhabdocyte ['ræbdəusait] (*rhabdo-* + Gr. *kytos* cell) 杆状核白血球

rhabdoid ['ræbdɔid] (Gr. *rhabdo-eides* like a rod, striped looking) 杆状的

rhabdomyoblast [ˌræbdəu'maiəblæst] (*rhabdo-* + *myoblast*) 成横纹肌细胞

rhabdomyoblastic [ˌræbdəuˌmaiə'blæstik] 成横纹肌细胞的

rhabdomyoblastoma [ˌræbdəuˌmaiəublæs'təumə] (*rhabdo-* + Gr. *mys* muscle + *blastos* germ + *-oma*) 成横纹肌细胞瘤

rhabdomyochondroma [ˌræbdəuˌmaiəukɔn'drəumə] 横纹肌软骨瘤

rhabdomyolysis [ˌræbdəumai'ɔlisis] (*rhabdo-* + Gr. *mys* muscle + *lysis* dissolution) 横纹肌溶解

   exertional r. 劳累性横纹肌溶解

rhabdomyoma [ˌræbdəumai'əumə] (*rhabdo-* + *myoma*) 横纹肌瘤

rhabdomyomyxoma [ˌræbdəuˌmaiəumik'səumə] (*rhabdo-* + *myo-* + *myxoma*) 横纹肌粘液瘤

rhabdomyosarcoma [ˌræbdəuˌmaiəusɑː'kəumə] (*rhabdo-* + *myo-* + *sarcoma*) 横纹肌肉瘤

   alveolar r. 小泡型横纹肌肉瘤
   botryoid r. 葡萄样横纹肌肉瘤
   embryonal r. 胚胎型横纹肌肉瘤
   orbital r. 眶区横纹肌肉瘤
   paratesticular r. 副睾丸横纹肌肉瘤
   pleomorphic r. 多形型横纹肌肉瘤
   r. of prostate 前列腺横纹肌肉瘤

Rhabdonema [ˌræbdəu'niːmə] 小杆线虫属

rhabdos ['ræbdɔs] (Gr. "rod") 一种有壁的直胞咽器

rhabdosarcoma [ˌræbdəusɑː'kəumə] 横纹肌肉瘤

rhabdosphincter [ˌræbdəu'sfiŋktə] (*rhabdo-* + *sphincter*) 横纹括约肌

Rhabdoviridae [ˌræbdə'viridiː] 棒状病毒(总称)

rhabdovirus ['ræbdəuˌvaiərəs] (*rhabdo-* + *virus*) 棒状病毒

rhachi- 脊柱

rhachialgia [ˌræki'ældʒiə] 脊柱痛

rhachiocentesis [ˌrækiəusen'tiːsis] 椎管穿刺法

rhachischisis [rə'kiskisis] 裂脊柱

rhachitis [rə'kaitis] 佝偻病

rhacoma [rei'kəumə] (Gr. *rhakōma* rags) ❶ 皮肤表皮脱落；❷ 阴囊下垂

rhaebocrania [ˌriːbəu'kreiniə] (Gr. *rhaibos* crooked + *kranion* skull + *-ia*) 斜颈

rhaeboscelia [ˌriːbə'siːliə] (Gr. *rhaibos* crooked + *skelos* leg + *-ia*) ❶ 膝内翻(弓形腿)；❷ 膝外翻

rhaebosis [riː'bəusis] (Gr. *rhaibos* crooked + *-osis*) 弯曲

rhagades ['rægədiz] (pl. of Gr. *rhagas* rent) 破裂

rhagadiform [rei'gædifɔːm] (Gr. *rhagas* rent + L. *forma* shape) 破裂状的

rhagiocrine ['rædʒiəkrain] (Gr. *rhax* grape + *krinein* to separate) 含胶体的(空泡)

rhagionid ['rædʒi'ɔnid] 鹬虻

Rhagionidae [ˌrædʒi'ɔnidiː] 鹬虻科

rhamnose ['ræmnəus] 鼠李糖

rhamnoside ['ræmnəusaid] 鼠李糖甙

Rhamnus ['ræmnəs] (L.; Gr. *rhamnos* a kind of prickly shrub) 鼠李属

rhaphania [rə'feiniə] 野萝卜子中毒

rhaphe ['reifi] (Gr. *rhaphē*) 缝(际)

Rhazes ['reizes] (Ar. Abu Bakr Mohammad Ibn Zakariya *Razi*, c. 845 to 930) 波斯内科医师

rhe [riː] (Gr. *rheos* current) 涞,流值

rheboscelia [ˌriːbəu'siːliə] 弓形腿

rhegma ['regmə] (Gr. *rhēgma* rent) ❶

破裂,裂损;❷ 骨折
rhegmatogenous [ˌregməˈtɔdʒinəs] 裂(孔)源性
rhenium [ˈriːniəm] 铼
rheo- (Gr. *rheos* current) 电流,流
rheobase [ˈriːəubeis] (*rheo-* + Gr. *basis* step) 基强度
rheology [riːˈɔlədʒi] 流变学,液流学
rheometer [riːˈɔmitə] (*rheo-* + *-meter*) ❶ 电流计;❷ 血流速度计
rheonome [ˈriːənəum] (*rheo-* + Gr. *nemein* to distribute) ❶ 神经反应测定器;❷ 电流调节器
rheoscope [ˈriːəuskəup] (*rheo-* + *-scope*) 检电器,验电器
rheostat [ˈriːəustæt] (*rheo-* + Gr. *histanai* to place) 变阻器
rheostosis [ˌriːɔsˈtəusis] (*rheo-* + *ostosis*) 条纹状骨肥厚
rheotachygraphy [ˌriːəutəˈkigrəfi] (*rheo-* + Gr. *tachys* swift + *graphein* to write) 肌电波描记法
rheotaxis [ˌriːəˈtæksis] 向流性
  negative r. 负向流性
  positive r. 正向流性
rheotropism [riːˈɔtrəpizəm] 向流性
rhestocythemia [ˌrestəusaiˈθiːmiə] (Gr. *rh aeein* to break, ruin + *kytos* cell + *haema* blood) 破碎红血球症
Rheum [ˈriːəm] 大黄属
rheum [ruːm] (Gr. *rheu-ma* flux) 稀粘液
rheuma [ˈruːmə] (Gr. *rheuma* flux) 稀粘液
rheumarthritis [ˌruːmɑːˈθraitis] 关节风湿病
rheumatalgia [ˌruːməˈtældʒiə] 风湿痛
rheumatic [ru(ː)ˈmætik] (Gr. *rheumatikos*) 风湿病的,风湿性的
rheumatocelis [ˌruːmətəuˈkiːlis] (*rheumatic* + Gr. *kelis* spot) 风湿性紫癜病
rheumatid [ˈruːmətid] 风湿疹
rheumatism [ˈruːmətizəm] (L. *rheumatismus*; Gr. *rheumatismos*) 风湿病
  apoplectic r. 中风性风湿病
  articular r., acute 急性关节风湿病
  articular r., chronic 慢性关节风湿病
  Besnier's r. 贝尼埃氏风湿病
  cerebral r. 大脑风湿病
  desert r. 球孢子菌病
  gonorrheal r. 淋病性风湿病
  r. of the heart 心脏风湿病
  Heberden's r. 希伯登氏风湿病
  inflammatory r. 炎性风湿病
  lumbar r. 腰风湿病
  Macleod's capsular r. 麦克劳德氏(渗出性)关节囊风湿病
  muscular r. 肌风湿病
  nodose r. ① 结节性风湿病;② 类风湿性关节炎
  osseous r. 骨风湿病,类风湿性关节炎
  palindromic r. 复发性风湿病
  Poncet's r. 结核性风湿病
  subacute r. 亚急性风湿病
  tuberculous r. 结核性风湿病
  visceral r. 内脏风湿病
rheumatismal [ˌruːməˈtizməl] 风湿病的,风湿性的
rheumatogenic [ˌruːmətəuˈdʒenik] (*rheumatism* + Gr. *gennan* to produce) 发生风湿的,致风湿病的
rheumatoid [ˈruːmətɔid] (Gr. *rheuma* flux + *eidos* form) ❶ 风湿病样的;❷ 类风湿性关节炎的
rheumatologist [ˌruːməˈtɔlədʒist] 风湿病学家
rheumatology [ˌruːməˈtɔlədʒi] 风湿病学
rheumatosis [ˌruːməˈtəusis] 风湿病
rheumic [ˈruːmik] 稀粘液的
rheumodontalgia [ˌruːməudɔnˈtældʒiə] (Gr. *rheuma* flux + *odontalgia*) 风湿性牙痛
rheumoparotitis [ˌruːməuˌpærəuˈtaitis] 风湿性腮腺炎
rheumophthalmia [ˌruːməufˈθælmiə] 风湿性眼炎
rhexis [ˈreksis] (Gr. *rhēxis* a breaking forth, bursting) 破裂
rhigosis [riˈɡəusis] (Gr. *rhigōsis* a shivering) 寒觉,冷觉
rhigotic [riˈɡɔtik] 寒觉的,冷觉的
rhinaeus [ˈrainiəs] (L.) 压鼻孔肌
rhinal [ˈrainəl] (Gr. *rhis* nose) 鼻的
rhinalgia [raiˈnældʒiə] (*rhin-* + *-algia*) 鼻痛
rhinallergosis [ˌrainælˈɡəusis] (*rhin-* + *allergy* + *-osis*) 变应性鼻炎,过敏性鼻炎

rhinenchysis [ˌraiˈneŋkisis] (*rhino-* + Gr. *enchysis* a pouring in) 鼻内注入法

rhinedema [ˌrainiˈdiːmə] (*rhin-* + *edema*) 鼻水肿

rhinencephalia [ˌrainensiˈfeiliə] 喙状鼻（畸形）

rhinencephalon [ˌrainenˈsefələn] (*rhin-* + Gr. *enkephalos* brain) 嗅脑

rhinencephalus [ˌrainenˈsefələs] 喙状鼻畸胎

rhinesthesia [ˌrinesˈθiziə] 嗅觉

rhineurynter [ˌrinjuəˈrintə] (*rhino-* + Gr. *eurymein* to widen) 鼻孔扩张器

rhinion [ˈriniən] (Gr., dim. of *rhis*) 鼻缝点，下鼻点

rhinism [ˈrainizəm] 鼻音

rhinitis [raiˈnaitis] (*rhin-* + *-itis*) 鼻炎
   acute catarrhal r. 急性卡他性鼻炎
   allergic r., anaphylactic r. 变应性鼻炎，过敏性鼻炎
   atopic r. 特应性鼻炎
   atrophic r. 萎缩性鼻炎
   atrophic r. of swine 猪萎缩性鼻炎
   r. caseosa 干酪性鼻炎
   croupous r. 格鲁布性鼻炎，纤维蛋白性鼻炎
   dyscrinic r. 内分泌失调性鼻炎
   fibrinous r. 纤维层白性鼻炎
   gangrenous r. 坏疽性鼻炎
   hypertrophic r. 肥厚性鼻炎
   inclusion body r. 包涵体鼻炎
   membranous r. 膜性鼻炎
   nonseasonal allergic r. 非季节性变应性鼻炎
   perennial r. 全年性鼻炎
   porcine inclusion body r. 猪包涵体鼻炎
   pseudomembranous r. 假膜性鼻炎
   purulent r. 脓性鼻炎
   scrofulous r. 腺病性鼻炎，结核性鼻炎
   r. sicca 干性鼻炎
   syphilitic r. 梅毒性鼻炎
   tuberculous r. 结核性鼻炎
   vasomotor r. 血管舒缩性鼻炎

rhin(o)- (Gr. *rhis*, gen *rhinos* nose) 鼻，鼻样结构

rhinoantritis [ˌrainəuænˈtraitis] (*rhino-* + *antrum* + *-itis*) 鼻上颌窦炎

rhinobyon [raiˈnəubiən] (*rhino-* + Gr. *byein* to plug) 鼻塞（子）

rhinocanthectomy [ˌrainəukænˈθektəmi] 内眦切除术

rhinocaul [ˈrainəukɔːl] (*rhino-* + Gr. *kaulos* stalk) 嗅脑蒂

rhinocele [ˈrainəsiːl] 嗅叶腔

rhinocephalus [ˌrainəuˈsefələs] 喙状鼻畸胎

Rhinocephalus annulatus [ˌrainəuˈsefələs ˌænjuːˈleitəs] 具环方头蚺

rhinocephaly [ˌrainəuˈsefəli] (*rhino-* + Gr. *kephalē* head + *-ia*) 喙状鼻（畸形）

rhinocheiloplasty [ˌrainəuˈkailəˌplæsti] (*rhino-* + Gr. *cheilos* lip + *plassein* to form) 鼻唇成形术

rhinocleisis [ˌrainəuˈklaisis] (*rhino-* + Gr. *kleisis* closure) 鼻塞，鼻堵

rhinocoele [ˈrainəsiːl] (*rhino-* + Gr. *koilia* hollow) 嗅叶腔

rhinodacryolith [ˌrainəuˈdækriəliθ] (*rhino-* + Gr. *dakryon* tear + *lithos* stone) 鼻泪管石

rhinoderma [ˌrainəuˈdəːmə] (*rhino-* + Gr. *aerma* skin) 毛角化病

rhiodynia [ˌrainəuˈdiniə] (*rhino-* + Gr. *odynē* pain + *-ia*) 鼻痛

rhinoentomophthoromycosis [ˌrainəuˌentəˌmɔfθərəumaiˈkəusis] 鼻藻菌病

Rhinoestrus [raiˈniːstrəs] 鼻狂蝇属

rhinogenous [raiˈnɔdʒinəs] (*rhino-* + Gr. *gennan* to produce) 鼻原的，鼻性的

rhinokyphectomy [ˌrainəukaiˈfektəmi] (Gr. *kyphos* hump + *ektome* excision) 驼背鼻切除术

rhinokyphosis [ˌrainəukaiˈfəusis] (*rhino-* + Gr. *kyphos* hump) 鼻后凸

rhinolalia [ˌrainəuˈleiliə] (*rhino-* + Gr. *lalia* speech) 鼻音，鼻语
   r. aperta 开放性鼻音
   r. clausa 闭合性鼻音
   open r. 开放性鼻音

rhinolaryngitis [ˌrainəuˌlærinˈdʒaitis] 鼻喉炎

rhinolaryngology [ˌrainəuˌlæriŋˈɡɔlədʒi] (*rhino-* + Gr. *larynx* larynx + *-logy*) 鼻喉科学

rhinolith [ˈrainəliθ] (*rhino-* + Gr. *lithos* stone) 鼻石

rhinolithiasis [ˌraɪnəuliˈθaɪəsɪs] 鼻石症
rhinologist [raɪˈnɔlədʒɪst] 鼻科学家
rhinology [raɪˈnɔlədʒɪ] (*rhino-* + *-logy*) 鼻科学
rhinomanometer [ˌraɪnəumæˈnɔmɪtə] (*rhino-* + *manometer*) 鼻塞测压计
rhinomanometry [ˌraɪnəuməˈnɔmɪtrɪ] 鼻塞测压(法)
rhinometer [raɪˈnɔmɪtə] (*rhino-* + Gr. *metron* measure) 鼻腔计,量鼻器
rhinomiosis [ˌraɪnəumaɪˈəusɪs] (Gr. *meiosis* diminution) 鼻缩小术
rhinommectomy [ˌraɪnɔˈmektəmɪ] (*rhin-* + Gr. *omma* eye + *ectomy*) 内眦切除术
rhinomycosis [ˌraɪnəumaɪˈkəusɪs] 鼻霉菌病
rhinonecrosis [ˌraɪnəunɪˈkrəusɪs] 鼻(骨)坏死
rhinonemmeter [ˌraɪnəuˈnemɪtə] 鼻气流计
rhinoneurosis [ˌraɪnəunjuəˈrəusɪs] 鼻神经机能病
rhinopathia [ˌraɪnəuˈpæθɪə] 鼻病
  r. vasomotoria 血管舒缩性鼻病
rhinopathy [raɪˈnɔpəθɪ] (*rhino-* + *-pathy*) 鼻病
rhinopharyngeal [ˌraɪnəufəˈrɪndʒɪəl] 鼻咽的
rhinopharyngitis [ˌraɪnəuˌfærɪnˈdʒaɪtɪs] 鼻咽炎
  r. mutilans 毁形性鼻咽炎
rhinopharyngocele [ˌraɪnəufəˈrɪŋɡəsiːl] 鼻咽(气)瘤,鼻咽(气)囊肿
rhinopharyngolith [ˌraɪnəufəˈrɪŋɡəlɪθ] (*rhino-* + Gr. *pharynx* pharynx + *lithos* stone) 鼻咽石
rhinopharynx [ˌraɪnəuˈfærɪŋks] 鼻咽
rhinophonia [ˌraɪnəuˈfəunɪə] (*rhino-* + Gr. *phōnē* voice) 鼻音
rhinophycomycosis [ˌraɪnəuˌfaɪkəumaɪˈkəusɪs] 鼻藻菌病
rhinophyma [ˌraɪnəuˈfaɪmə] (*rhino-* + Gr. *phyma* growth) 肥大性酒渣鼻,鼻赘
rhinoplastic [ˌraɪnəuˈplæstɪk] 鼻成形术的
rhinoplasty [ˈraɪnəuˌplæstɪ] (*rhino-* + *-plasty*) 鼻成形术
  Carpue's r. 卡普氏鼻成形术,额部皮瓣性鼻成形术
  English r. 英式鼻成形术
  Indian r. 印度式鼻成形术,额部皮瓣性鼻成形术
  Joseph r. 约瑟夫氏鼻成形术
  Italian r. 意大利式鼻成形术
  tagliacotian r. 臂部皮瓣性鼻成形术
rhinopneumonitis [ˌraɪnəuˌnjuːməuˈnaɪtɪs] (*rhino-* + Gr. *pneumōn* lung + *-itis*) 鼻肺炎
  equine viral r. 病毒性马鼻肺炎
rhinopolypus [ˌraɪnəuˈpɔlɪpəs] 鼻息肉
rhinoptia [raɪˈnɔpʃɪə] (*rhino-* + Gr. *opsis* vision) 内斜视
rhinorrhagia [ˌraɪnəuˈreɪdʒɪə] (*rhino-* + Gr. *rhēgnynai* to burst forth) 鼻衄,鼻出血,衄血
rhinorrhaphy [raɪˈnɔrəfɪ] (*rhino-* + Gr. *rhaphē* suture) 鼻缝术
rhinorrhea [ˌraɪnəuˈriːə] (*rhino-* + Gr. *rhoia* flow) 鼻(液)溢
  cerebrospinal fluid r. 脑脊液鼻溢
rhinosalpingitis [ˌraɪnəusælpɪnˈdʒaɪtɪs] (*rhino-* + Gr. *salpinx* tube + *-itis*) 鼻咽鼓管炎
rhinoscleroma [ˌraɪnəuskliəˈrəumə] (*rhino-* + Gr. *sklērōma* a hard swelling) 鼻硬结症
rhinoscope [ˈraɪnəskəup] (*rhino-* + Gr. *skopein* to examine) 鼻镜,鼻窥器
rhinoscopic [ˌraɪnəˈskɔpɪk] 鼻镜检查的
rhinoscopy [raɪˈnɔskəpɪ] 鼻镜检查,鼻窥器检查
  median r. 中鼻镜检查
rhinosinusitis [ˌraɪnəˌsaɪnəˈsaɪtɪs] (*rhino-* + *sinus* + *-itis*) 鼻窦炎,鼻旁窦炎
rhinosporidiosis [ˌraɪnəuspɔrɪdɪˈəusɪs] (*rhino-* + Gr. *sporidion* dim. of *sporos* seed) 鼻孢子虫病
Rhinosporidium seeberi [ˌreɪnəuspɔˈrɪdʒəm ˈsiːbərɪ] 西伯氏鼻孢子虫
rhinostegnosis [ˌraɪnəustegˈnəusɪs] (*rhino-* + Gr. *stegnōsis* obstruction) 鼻塞,鼻堵
rhinostenosis [ˌraɪnəustɪˈnəusɪs] 鼻道狭窄
rhinotomy [raɪˈnɔtəmɪ] (*rhino-* + Gr. *tomē* a cutting) 鼻切术
rhinotracheitis [ˌraɪnəutreɪkɪˈaɪtɪs] (*rhino-* + L. *trachea* + *-itis*) 鼻气管炎
  feline r., feline viral r. 猫鼻气管炎,病

毒性猫鼻气管炎
  infectious r., infectious bovine r. 牛传染性鼻气管炎
rhinovaccination [ˌrainəuˌvæksi'neiʃen] 鼻粘膜接种法
rhinoviral [ˌrainəu'vaiərəl] 鼻病毒的
Rhinovirus [ˌrainəu'vaiərəs] (*rhino-* + *virus*) 鼻病毒
rhinovirus [ˌrainəu'vaiərəs] 鼻病毒
Rhipicentor [raipi'sentə] (Gr. *rhipis* fan + *kentein* to prick or stab) 扇革蜱属
Rhipicephalus [ˌraipi'sefələs] (Gr. *rhipis* fan + *kephalē* head) 扇头蜱属
  R. **appendiculatus** 具尾扇头蜱
  R. **bursa** 囊状扇头蜱
  R. **capensis** 好望角扇头蜱
  R. **decoloratus** 脱色扇头蜱
  R. **evertsi** 外翻扇头蜱
  R. **sanguineus** 血红扇头蜱
  R. **simus** 拟态扇头蜱
rhitid- 皱纹
rhiz(o)- (Gr. *rhiza* root) 根
rhizoblast ['rizəublæst] (*rhizo-* + Gr. *blastos* germ) 根丝体
rhizodontropy [ˌraizəu'dontrəpi] (*rhizo-* + *odont-* + *tropos* a turning) ❶ 牙根转动术；❷ 牙根固定术
rhizodontrypy [ˌraizəu'dontripi] (*rhizo-* + *odont-* + Gr. *trephination*) 牙根钻孔术
Rhizoglyphus [rai'zoglifəs] 根嗜螨属
rhizoid ['raizoid] (*rhiz-* + *-oid*) ❶ 根样的；❷ 假根
rhizoidal [ri'zoidəl] 根样的
rhizolysis [ri'zolisis] 射频神经切断术
Rhizomastigida [ˌraizəumæs'tidʒidə] (*rhizo-* + Gr. *mastix* whip) 变形鞭毛目
rhizome ['raizəum] (Gr. *rhizōma* root stem) 根茎
rhizomelic [ˌraizəu'melik] (*rhizo-* + Gr. *melos* limb) 肢根的
rhizomeningomyelitis [ˌraizəumeˌniŋgəumaiə'laitis] 脊髓脊膜脊神经根炎
Rhizomucor [ˌraizəu'mjukə] (*rhizo-* + L. *mucor* bread mold) 寄生根粘菌属
  R. **pusillus** 根粘脓菌属
rhizoplast ['raizəuplæst] (*rhizo-* + Gr. *plastos* formed) 根丝体

Rhizopoda [rai'zopədə] (*rhizo-* + Gr. *pous* foot) ❶ 根足总纲；❷ 肉足亚门
rhizopodium [ˌraizəu'pəudiəm] (pl. *rhizopodia*) (*rhizo-* + Gr. *pous* foot) 根状假足
Rhizopus ['raizəupəs] (*rhizo-* + Gr. *pous* foot) 根霉菌属，酒曲菌属
  R. **arrhizus** 少根根霉
  R. **oryzae** 米根霉
  R. **rhizopodoformis** 根足亚纲型霉菌
rhizotomy [rai'zotəmi] (*rhizo-* + Gr. *tomē* a cutting) 脊神经根切断术
  anterior r. 脊神经前根切断术
  chemical r. 药物脊神经根切断术
  dorsal r. 脊神经背(后)根切断术
  glycerol r. 甘油神经根切断术
  percutaneous r. 经皮神经根切断术
  percutaneous radiofrequency r. 经皮射频神经根切断术
  posterior r. 脊神经后根切断术
  retrogasserian 半月神经节后根切断术
  trigeminal r. 三叉神经根切断术
rho [rəu] (Ρ,ρ)希腊文第17个字母
  Spearman's r. 斯比亚门氏级相关系数
rhodamine [ˈrəudəmiːn] (Gr. *rhodon* rose + *amine*) 若丹明
  r. **B** 碱性蕊香红 B, 蓝光碱性蕊香红
rhodanate ['rəudəneit] 硫氰酸盐
rhodanic acid [rəu'dænik] ❶ 硫氰酸；❷ 硫氧酸
rhodanine ['rəudəniːn] 硫氧酸
rhodium ['rəudjəm] (Gr. *rhodon* rose) 铑
Rhodnius prolixus ['rodniəs prə'liksəs] 长红猎蝽
rhod(o)- (Gr. *rhodon* rose) 红, 蔷薇, 玫瑰
Rhodococcus [ˌrəudəu'kokəs] (*rhodo-* + *coccus*) 红球菌属
  R. **bronchialis** 支气管红球菌
  R. **equi** 马红球菌
rhodogenesis [ˌrəudəu'dʒenəsis] (*rhodo-* + Gr. *genesis* production) 视紫质生成
rhodolactic [ˌrəudəufai'læktik] 保护视紫质的
rhodophylaxis [ˌrəudəufai'læksis] (*rhodo-* + *phylaxis*) 视紫质保护性
rhodopsin [rəu'dopsin] (*rhodo-* + Gr. *opsis* vision) 视紫质, 视紫红(质), 视紫素

rhodopsin kinase [rəu'dɔpsin 'kineis] 视紫质激酶
Rhodotorula [ˌrəudə'tɔrulə] 红酵母属,蔷薇色圆酵母属
 R. glutinis 红酵母
 R. rubra 深红酵母
rhodotoxin [ˌrəudəu'tɔksin] 杜鹃毒素
rhombencephalon [ˌrɔumbən'sefələn] (Gr. *rhombos* rhomb + *enkephalos* brain) 菱脑
rhombocoele ['rɔmbəsi:l] 脊髓终室
rhomboid ['rɔmbɔid] (Gr. *rhombos* rhomb + *eidos* form) ❶ 菱形的；❷ 菱形,菱形体
 Michaelis's r. 米夏利斯氏菱形区(骶菱窝,腰窝)
rhombomere ['rɔmbəumiə] 菱脑原节
rhonchal ['rɔŋkəl] 干罗音的,鼾音的
rhonchus ['rɔŋkəs] (pl. *rhonchi*) (L. from Gr. *rhonchos* a snoring sound) 干罗音,鼾音
Rhopalopsyllus cavicola [ˌrəupələu'siləs kə'vikələ] 洞蚤
rhoptry ['rəuptri] (Gr. *rhopalon* club) 棒节细胞器
rhubarb ['ru:bɑ:b] 大黄
r-HuEPO 再组合人红细胞生成素
Rhus [rʌs] (L., gen. *rhois*) 漆树属
rhythm ['riðəm] (L. *rhythmus*; Gr. *rhythmos*) 节律
 accelerated atrioventricular (AV) junctional r. 房室节律增高
 accelerated idioventricular r. 特发性心室节律增高
 alpha r. α 节律
 atrial escape r. 心房逸律
 atrioventricular (AV) junctional r. 房室节律
 atrioventricular (AV) junctional escape r. 房室脱逸节律
 atrioventricular (AV) nodal r. 房室脱逸节律
 Berger r. 贝格尔氏节律
 beta r. β 节律(脑电波)
 biological r. 生物节律
 circadian r. 24 小时节律,昼夜节律
 circus r. 环转节律
 coupled r. 二联律
 delta r. δ 节律
 ectopic r. 异位节律
 escape r. 脱逸节律
 gallop r. 奔马律
 gamma r. γ 节律
 idioventricular r. 心室自身节律
 infradian r. 超 24 小时节律,超昼夜节律
 isochronal r. 等时节律
 junctional r. 房室节律
 junctional escape r. 房室脱逸节律
 metachronal r. 异时节律
 mu r. μ 节律
 nodal r. 结性节律
 nyctohemeral r. 昼夜性节律
 pendulum r. 钟摆状节律
 quadruple r. 四音律
 reciprocal r. 逆节律
 reciprocating r. 交互节律
 reentrant r. 折返节律
 sinoatrial r. 窦性节律
 sinus r. 窦性节律
 supraventricular r. 心室上节律
 theta r. σ 节律
 triple r. 三音律
 ultradian r. 亚 24 小时节律,亚昼夜节律
 ventricular r. ① 心室自身节律；② 室性节律
rhythmeur [rið'mə] 火花线圈
rhythmical ['riðmikəl] 节律的
rhythmicity [rið'misiti] 节律性
rhytidectomy [ˌriti'dektəmi] 皱纹切除术
rhytidoplasty ['ritidəˌplæsti] 皱纹成型术
rhytidosis [ˌriti'dəusis] (Gr. *rhytidōsis*; *rhytis* wrinkle) 角膜皱纹
rib [rib] 肋(骨)
 cervical r. 颈肋
 false r's 假肋
 floating r's 浮肋,浮动弓肋
 slipping r. 滑动肋
 spurious r's 赝肋,假肋,浮动弓肋
 sternal r's 胸骨肋,真肋,附着弓肋
 Stiller's r. 斯提勒尔氏浮肋
 true r's 真肋
 vertebral r's 椎肋
 vertebrocostal r's 椎弓肋
 vertebrosternal r's 椎胸肋
 Zahn's r's 綮氏线
ribaminol [ri'bæminəul] 二乙氨乙醇核苷

酸

ribavirin [ˌribə'virin] 三唑核苷，三氮唑核苷，病毒唑

Ribbert's theory ['ribəts] (Moritz Wilhelm Hugo *Ribbert*, German pathologist, 1855-1920) 罗伯特氏学说

ribbon ['ribən] 带，系带
   r. of Reil 雷尔带
   synaptic r. 突触带

Ribes' ganglion [ri:bz] (Francois *Ribes*, French surgeon, 1765-1845) 里伯氏神经节

ribitol ['raibitəl] 核(糖)醇

riboflavin [ˌraibəu'fleivin] 核黄素
   r. 5-phosphate 核黄素 5-磷酸
   r. 5-phosphate sodium (USP) 核黄素 5-磷酸钠

riboflavin kinase [ˌraibəu'fleivin 'kaineis] (EC 2.7.1.26) 核黄素激酶

ribonuclease [ˌraibəu'nju:klieis] (EC 3.1) 核糖核酸酶
   r. I 胰糖核酸酶
   pancreatic r. (EC 3.1.27.5) 胰核糖核酸酶

ribonucleic acid [ˌraibəu'nju:kliik] 核糖核酸

ribonucleoprotein [ˌraibəu'nju:kliəu'prəuti:n] 核糖核蛋白
   small nuclear r. (snRNP) 小核核糖核蛋白

ribonucleoside [ˌraibəu'nju:kliəsaid] 核(糖核)苷

ribonucleoside diphosphate reductase [ˌraibəu'nju:kliəsaid di'fɔsfeit ri'dʌkteis] (EC 1.17.4.1) 核(糖核)苷双磷酸还原酶

ribonucleotide [ˌraibəu'nju:kliətaid] 核(糖核)苷酸

ribonucleotide reductase [ˌraibəu'nju:kliətaid ri'dʌkteis] 核(糖核)苷酸还原酶

ribopyranose [ˌraibəu'paiərənəus] 吡喃核糖

ribose ['raibəus] 核糖
   r. 5-phosphate 核糖 5-磷酸

ribose-5-phosphate isomerase ['raibəus 'fɔsfeit ai'sɔməreis] (EC 5.3.1.6) 核糖-5-磷酸异构酶

ribose-phosphate pyrophosphokinase ['raibəus'fɔsfeit ˌpairəuˌfɔsfə'kaineis] (EC 2.7.6.1) 核糖磷酸焦磷酸激酶

riboside ['raibəsaid] 核酸糖苷

ribosome ['raibəsəum] 核(糖核)蛋白体，核糖体

ribosyl ['raibəsil] 核糖基

5-ribosyluracil [ˌraibəusi'lju:risil] 5-核糖基尿苷

ribothymidine [ˌraibəu'θaimidi:n] 胸腺嘧啶核糖苷，胸苷

ribovirus ['raibəuˌvaiərəs] RNA 病毒

ribulose ['raibjuləus] 核酮糖

ribulose-phosphate 3-epimerase ['raibjuləus'fɔsfeit i'pimereis] (EC 5.1.3.1) 核酮糖-磷酸 3-异构酶

RIC (Royal Institute of Chemistry 的缩写) 皇家化学学会

rice [rais] 稻，米，饭
   r. polishings 米糠

Richards ['ritʃɑ:dz] 理查兹：Dickinson Woodruff, Jr. 美国医师，1895~1973；获 1956 年诺贝尔医学生理学奖

Richards-Rundle syndrome ['ritʃɑdz 'rʌndəl] (B. W. *Richards*, British physician, 20th century; A. T. *Rundle*, British physician, 20th century) 里-龙二氏综合征

Richet [ri'ʃei] 理彻：Charles Robert, 法国生理学家，1850~1935；获 1913 年诺贝尔医学生理学奖

Richet's aneurysm [ri'ʃeiz] (Didier Dominique Alfred *Richet*, French surgeon, 1816-1891) 里歇氏动脉瘤

Richner-Hanhart syndrome ['riknə 'hænhɑ:t] (Hermann *Richner*, Swiss physician, born 1908; Ernest *Hanhart*, Swiss physician, 1891-1973) 里-汉二氏综合征

Richter's hernia ['riktəz] (August Gottlieb *Richter*, German surgeon, 1742-1812) 里希特氏疝

Richter's syndrome ['riktəz] (Maurice Nathaniel *Richter*, American pathologist, born 1897) 里希特氏综合征

Richter-Monro line ['riktə mən'rəu] (A. G. *Richter*; Alexander *Monro* (Secundus), Scottish anatomist and surgeon, 1733-1817) 里-门二氏线

ricin ['raisin] 蓖麻(子)蛋白

ricinism ['raisinizəm] 蓖麻子中毒

ricinoleic acid [ˌraisinəu'liːik] 蓖麻油酸
Ricinus ['risinəs] 蓖麻属
rickets ['rikits] 佝偻病
  adult r. 急性佝偻病
  anticonvulsant r. 抗抽搐佝偻病
  familial hypophosphatemic r. 家族性低磷酸盐血佝偻病
  fetal r. 胎性佝偻病
  hepatic r. 肝病性佝偻病
  hereditary hypophosphatatemic r. with hypercalciuria 遗传性低磷酸盐血佝偻病伴高钙尿症
  hypophosphatemic r. 低磷酸盐血佝偻病
  oncogenous r. 瘤原性佝偻病
  pseudodeficiency r. (维生素D)假缺乏性佝偻病
  pseudovitamin D-deficiency r. 维生素D假缺乏性佝偻病
  refractory r. 难治性佝偻病
  renal r. 肾病性佝偻病
  scurvy r. 坏血病性佝偻病
  vitamin D-dependent r., type Ⅰ 维生素D依赖性佝偻病Ⅰ型
  vitamin D-dependent r., type Ⅱ 维生素D依赖性佝偻病Ⅱ型
  vitamin D-refractory r. 维生素D难治性佝偻病
  vitamin D-resistant r. 抗维生素D佝偻病
rickettsemia [ˌriket'siːmiə] 立克次体血症
Rickettsia [ri'ketsiə] (Howard Taylor *Ricketts*, American pathologist, 1871-1910) 立克次体属
  R. akamushi 恙虫病立克次体
  R. akari 螨立克次体, 小蛛立克次体
  R. australis 澳州立克次体
  R. burnetii 伯纳特立克次体
  R. canis 犬立克次体
  R. conorii 康诺尔立克次体
  R. diaporica 伯纳特立克次体
  R. mooseri 莫塞尔立克次体
  R. muricola 鼠型立克次体
  R. nipponica, R. orientalis 东方立克次体
  R. pediculi 体虱型立克次体
  R. prowazekii 普氏立克次体
  R. quintana 五日热立克次体
  R. rickttsii 立氏立克次体
  R. sennetsu 森纳特立克次体
  R. sibirica 西伯利亚立克次体
  R. tsutsugamushi 恙虫热立克次体, 沙螨立克次体
  R. typhi 地方性斑疹伤寒立克次体
  R. typhi (mooseri) 地方性斑疹伤寒克次体
  R. wolhynica 伏尔希尼地方立克次体
rickettsia [ri'ketsiə] (pl. *rickettsiae*) 立克次体
Rickettsiaceae [riˌketsi'eisi:] 立克次体科
Rickettsiae [ri'ketsi:] 立克次体
rickettsiae [ri'ketsi:] 立克立体
rickettsial [ri'ketsiəl] 立克次体的
Rickettsiales [riˌketsi'eiliːz] 立克次体目
rickettsialpox [ri'ketsiəlpɔks] 立克次体痘
rickettsicidal [riˌketsi'saidəl] 杀立克次体的
Rickettsieae [ˌriket'saiiː] 立克次体族
rickettsiosis [riˌketsi'əusis] 立克次体病
  canine r. 犬立克次体病
rickettsiostatic [riˌketsiəu'stætik] 抑制立克次体的
Ricolesia [ˌraikəu'liziə] (*Rickettsia* + J. D. W. A. *Coles*) 立柯体属
rictal ['riktəl] 裂的
rictus ['riktəs] (L.) ❶ 裂, 裂口; ❷ 呵欠
RID (radial immunodiffusion 的缩写) 放射免疫扩散(法)
Riddoch's mass reflex ['ridɔks] (George *Riddoch*, British neurologist, 1888-1947) 里多克氏总体反射
Rideal-Walker coefficient ['ridiəl 'wɔːkə] (Samuel *Rideal*, English chemist, 1863-1929; J. T. Ainslie *Walker*, English chemist, 1868-1930) 里-沃二氏系数
ridge [ridʒ] 嵴, 背
  alveolar r. 牙槽嵴
  alveolar r., residual 牙槽残嵴
  basal r. 舌面嵴
  bicipital r., anterior 肱二头肌前嵴
  bicipital r., external 肱二头肌外侧嵴
  bicipital r., internal 肱二头肌内侧嵴
  bicipital r., outer, bicipital r., posterior 肱二头肌后嵴
  buccocervical r., buccogingival r. 颊颈嵴, 颊龈嵴

bulbar r's 心球嵴
cerebral r's of cranial bones 颅骨大脑嵴
deltoid r. 三角肌嵴
dental r. 牙嵴
dermal r's 皮嵴
edentulous r. 无牙嵴
epicondylic r., lateral 外上髁嵴
epicondylic r., medial 内上髁嵴
epipericardial r. 心包上间质嵴
gastrocnemial r. 腓肠肌嵴
genital r. 生殖嵴
germ r. 生殖嵴
gluteal r. of femur 股骨臀肌嵴
healing r. 愈合嵴
r. of humerus 肱骨嵴
incisal r. 切缘嵴
interarticular r. of head of rib 肋骨头关节间嵴
interosseous r. of fibula 腓骨骨间嵴
interosseous r. of radius 桡骨骨间嵴
interosseous r. of tibia 胫骨骨间嵴
interosseous r. of ulna 尺骨骨间嵴
intertrochanteric r. 粗隆间嵴
interureteric r. 输尿管间嵴
linguocervical r., linguogingival r. 舌颈嵴,舌龈嵴
longitudinal r. of hard palate 硬腭纵嵴
Mall's r. 马耳氏嵴,肺嵴
mammary r. 乳腺嵴
r. of mandibular neck 下颌颈嵴
marginal r. 边缘嵴
mesonephric r. 中肾嵴
middle r. of femur 股骨中嵴
milk r. 乳腺嵴
mylohyoid r. 颌舌嵴
r. of neck of rib 肋颈嵴
r. of nose 鼻嵴
oblique r. ① 斜嵴;② 咬肌粗隆
oblique r's of scapula 肩胛斜嵴
palatine r's, transverse 腭横嵴
Passavant's r. 帕萨凡特氏嵴
pectoral r. 胸肌嵴
pharyngeal r. 咽嵴
pterygoid r. 翼嵴
pulmonary r. 肺嵴
radial r. of wrist 腕桡嵴
residual r. 牙槽残嵴
rete r's 网嵴
rough r. of femur 股骨粗嵴
semicircular r. of parietal bone, inferior 顶骨下半圆嵴
semicircular r. of parietal bone, superior 顶骨上半圆嵴
skin r's 皮嵴
sphenoid r. 蝶骨嵴
sublingual r. 舌下嵴
superciliary r. 眉嵴
supinator r. 旋后肌嵴
supplemental r. 附嵴
supracondylar r. of humerus, lateral 肱骨外上髁嵴
supracondylar r. of humerus, medial 肱骨内上髁嵴
supraorbital r. 眶上嵴
suprarenal r. 肾上腺嵴
synaptic r. 突触嵴
taste r's 味觉嵴
tentorial r. 小脑幕嵴
transverse r. 横嵴
transverse r's of sacrum 骶骨横嵴
transverse r's of vaginal wall 阴道壁横嵴
trapezoid r. 斜方韧带嵴
triangular r. 三角嵴
tubercular r. of sacrum 骶骨结节状嵴
ulnar r. of wrist 腕尺嵴
urethral r. 尿道嵴
urogenital r. 尿生殖嵴
wolffian r. 中肾嵴

ridgel ['ridʒəl] 单睾丸动物
ridging ['ridʒiŋ] 嵴皱
ridgling ['ridʒliŋ] 单睾丸动物
Ridley's sinus ['ridliz] (Humphrey *Ridley*, English anatomist, 1653-1708) 里德利氏窦,环状窦
Riechert-Mundinger apparatus ['ri:kət 'mundiŋgə] (T. *Riechert*, German neurosurgeon, 20th century; F. *Mundinger*, German neurosurgeon, born 1924) 里-明二氏仪器
Riedel's lobe ['ri:dəlz] (Bernhard Moritz Carl Ludwig *Riedel*, German surgeon, 1846-1916) 里德耳氏叶
Rieder's cell leukemia ['ri:dəz] (Hermann *Rieder*, German roentgenologist, 1858-1932) 里德尔氏细胞白血病
Riegel's pulse ['ri:gəlz] (Franz *Riegel*,

German physician, 1843-1904) 耳格耳氏脉搏

Rieger's anomaly ['riːgəz] (Herwigh *Rieger*, German ophthalmologist, 1898-1986) 里格氏反常

Riegler's test ['riːglәz] (Emanuel *Riegler*, German chemist, 1854-1929) 里格勒氏试验

Riehl's melanosis [riːlz] (Gustav *Riehl*, Austrian dermatologist, 1855-1943) 里耳氏黑变病

Riesman's sign ['riːsmәnz] (David *Riesman*, American physician 1867-1940) 里斯曼氏征

Rieux's hernia [ri'jәz] (Léon *Rieux*, French surgeon, 19th century) 里厄氏疝

RIF (right iliac fossa 的缩写) 右髂窝

Rifadin ['rifәdin] 利福丁

Rifamate ['rifәmeit] 利福美特

rifamide ['rifәmaid] 利福酰胺,利福霉素

rifampicin ['rifәmpisin] 利福平

rifampin ['rifәmpin] (USP) 利福平,甲哌力复霉素

rifamycin [ˌrifә'maisin] 利福霉素

Rift Valley fever [rift'væli] (*Rift Valley*, Kenya, where it was first described in 1931) 裂谷热

Riga-Fede disease ['rigә 'feidei] (Antonio *Riga*, Italian physician, 1832-1919; Francesco *Fede*, Italian pediatrician, 1832-1913) 里-费二氏病(小儿舌系带肉芽肿)

Riggs' disease [rigz] (John Mankey *Riggs*, American dentist, 1810-1885) 里格斯氏病

right-handed [rait'hændid] 右利手的

rigidity [ri'dʒiditi] (L. *rigiditas*; *rigidus* stiff) 强直,僵硬
  cadaveric r. 死后僵直,尸僵
  clasp-knife r. 折刀状强直
  cogwheel r. 齿轮样强直
  decerebrate r. 去大脑强直,大脑切除后僵硬
  hemiplegic r. 偏瘫性强直
  lead-pipe r. 铅管样强直
  mydriatic r. 散瞳强直
  paratonic r. 伸展过度性强直
  postmortem r. 死后僵直,尸僵

rigor ['rigә] ❶ 寒战,发冷;❷ 强直,僵硬
  acid r. 酸僵,酸性肌强直
  calcium r. 钙僵
  heat r. 热僵,热性肌强直
  r. mortis 尸僵,死后强直
  water r. 水僵,水性肌强直

Riley-Day syndrome ['rili dei] (Conrad Milton *Riley*, American pediatrician, born 1913; Richard Lawrence *Day*, American pediatrician, born 1905) 里-代二氏综合征

Riley-Smith syndrome ['rili smiθ] (Harris Dewitt *Riley*, Jr., American pediatrician, born 1925; William Robert *Smith*, American physician, born 1931) 里-史二氏综合征

rim [rim] 边,缘
  bite r. 殆堤,殆缘
  occlusion r., record r. 殆堤,记录缘

rima ['raimә] (pl. *rimae*) (L.) 裂缝
  r. glottidis (NA) 声门裂
  r. glottidis cartilaginea 声门软骨裂
  r. glottidis membranacea 声门膜裂
  intercartilaginous r. 软骨间裂,呼吸裂
  intermembranous r. 膜间裂,声带裂
  r. oris (NA) 口裂
  r. palpebrarum (NA) 睑裂
  r. pudendi (NA) 外阴裂
  r. respiratoria 呼吸裂
  r. vestibuli (NA) 前庭裂
  r. vocalis 声带裂
  r. vulvae 外阴裂

Rimactane [ri'mæktein] 利美克通

rimae ['raimi:] (L.) 裂。*rima* 的复数形式

rimal ['raimәl] 裂的

rimantadine hydrochloride [ri'mæntәdi:n] 盐酸金刚乙胺

Rimifon ['rimifәn] 雷米封

rimiterol hydrobromide [ˌrimi'tiәrәul] 氢溴酸哌喘定

rimose ['raimәus] (L. *rima* crack) 有皲裂的

rimula ['rimjulә] (pl. *rimulae*) (L.) 小裂

RIND (reversible ischemic neurologic deficit 的缩写) 可逆局部缺血神经性短缺

rinderpest ['rindәpest] (Ger. *Rinder* cat-

tle + *pest* plague) 牛疫,牛瘟
Rindfleisch's folds ['rintflaiʃəz] (Georg Eduard *Rindfleisch*, German physician, 1836-1908) 林德弗莱施氏褶
ring [riŋ] (L. *annulus* 或 *anulus*, *circulus*, *orbiculus*) ❶ 环,圈,环状物;❷ (化学) 环
abdominal r., deep 腹深环
abdominal r., external 腹外环
abdominal r., internal 腹内环
abdominal r., superficial 腹浅环
Albl's r. 阿耳布耳氏环
amnion r. 羊膜环
annular r's 环状阴影,胸膜环
aortic r., aortic valve r. 主动脉瓣环
apical r. 顶环
atrial r. 心房环
atrioventricular r's, atrioventricular valve r's 房室环
Balbiani's r's 保比亚尼氏环
Bandl's r. 班都氏环
benzene r. 苯环
Bickel's r. 比克耳氏环,瓦耳代尔氏扁桃体环,淋巴性咽环
Cabot's r's 卡伯特氏环
Cannon's r. 坎农氏环
carbocyclic r. 碳环
cardiac lymphatic 心淋巴管环
Carpentier r. 卡蓬提尔氏环
casting r. 铸(型)圈
ciliary r. 睫状环
conjunctival r. 结膜环
constriction r. 子宫收缩环
contact r. 接触环
contraction r. 子宫收缩环
coronary r. 冠状环
crural r. 股环
Döllinger's tendinous r. 窦林格氏环(后弹性层环)
Duran r. 杜兰氏环
esophageal r. 食管环
femoral r. 股环
fibrocartilaginous r. of tympanic membrane 鼓膜纤维软骨环
fibrous r., interpublic 耻骨间纤维环
fibrous r's of heart 心纤维环
fibrous r. of intervertebral disk 椎间盘纤维环
Fleischer r. 弗莱舍尔氏环
Fleischer-Strümpell r. 弗-施二氏环
germ r. 胚环
glaucomatous r. 青光眼环
heterocyclic r. 杂环
homocyclic r. ① 同素环;② 碳环
inguinal r., deep 腹股沟深环
inguinal r., external 腹股沟外环
inguinal r., internal 腹股沟内环
inguinal r., superficial 腹股沟浅环
r. of iris, greater 虹膜大环
r. of iris, lesser 虹膜小环
isocyclic r. 同素环
Kayser-Fleischer r. 凯-弗二氏环
Landolt's r's 朗多尔氏环
Liesegang r's 利泽甘氏环
Löwe's r. 勒韦氏环(视野环)
lower's r's 类厄氏环(心纤维环)
lymphoid r. 淋巴性咽环
Maxwell's r. 麦克斯韦尔氏环
mitral r., mitral valve r. 僧帽主动脉口环
neonatal r. 新生环
Ochsner's r. 奥克斯纳氏环
periosteal bone r. 骨周骨环
pleural r's 胸膜环
polar r. 极环
pulmonary r., pulmonary valve r. 肺动脉口环
retraction r. 子宫收缩环
Schatzki's r. 萨兹凯氏环
Schwalbe's r., Schwalbe's anterior border r. 施瓦耳贝氏前缘环
scleral r. 巩膜环
sewing r. 缝纫环
signet r. 环状体(疟原虫)
Soemmering's r. 塞梅林氏环
tendinous r., common 总腱环
tracheal r's 气管环
tricuspid r., tricuspid valve r. 三尖瓣环
tympanic r. 鼓膜环
umbilical r. 脐环
vascular r. 血管环
r. of Vieussens 维厄桑氏环
Vossius' r. 沃祖斯氏环
Waldeyer's tonsillar r. 瓦耳代尔氏扁桃体环
Zinn's r. 秦氏环

ring-bone ['riŋbəun] 环状骨(骨赘)
  low r. 低位骨赘
Ringer's injection ['riŋəz] (Sydney *Ringer*, English physiologist, 1835-1910) 林格氏注射液
ringworm ['riŋwə:m] 癣,癣菌病
  r. of the beard 须癣
  black-dot r. 黑点癣
  r. of the body 体癣
  r. of the face 面癣
  r. of the feet 足癣
  gray-patch r. 灰斑癣
  r. of the groin 腹股沟癣
  r. of the hand 手癣
  honeycomb r. 蜂窝癣
  r. of the nails 甲癣
  r. of the scalp 发癣
Rinne's test ['rinəz] (Heinrich Adolf *Rinne*, German otologist, 1819-1868) 林内氏(音叉)试验(检音传导障碍)
rinolite ['rainəlait] 鼻石
Riolan's anastomosis [,riə'lɑːnz] (Jean *Riolan*, French physician and physiologist, 1580-1657) 里奥朗氏吻合
ripa ['raipə] (L. "bank") 缘线
Ripault's sign [ri'pəuts] (Louis Henry Antoine *Ripault*, French physician, 1807-1856) 里波耳氏征
ripazepam [ri'pæzəpəm] 乙吡二氮䓬
RIPHH (Royal Institute of Public Health and Hygiene 的缩写)(英国)皇家公共卫生与卫生学会
risk [risk] (Fr. *risque*, from L. *resecare* to cut off) ❶ 危险,风险; ❷ 危险率
  atributable r. 归因危险率
  empiric r. 经验危险率
  genetic r. 遗传危险率
  population-attributable r. 可归因人口危险率
  relative r. 相对危险率
Risley's prism ['rizliz] (Samuel Doty *Risley*, American ophthalmologist, 1845-1920) 里斯利氏棱镜
risocaine ['raizəkein] 利索卡因,对氨基苯甲酸丙酯
risorios [rə'sɔːriəs] (L.) 笑肌
Risser jacket ['risə] (Joseph C. *Risser*, American orthopedic surgeon, 1892-1920) 瑞色背心
RIST (radioimmunosorbent test 的缩写) 放射免疫吸附试验
Ristella melaninogenica [ris'telə ,melenin əu'dʒenikə] 黑素拟杆菌
ristocetin [,ristə'siːtin] 瑞斯托菌素
risus ['raisəs] (L.) 笑,大笑
  r. caninus 痉笑
  r. sardonicus 痉笑
Ritalin ['ritəlin] 利他林
Ritgen maneuver ['ritgən] (Ferdinand August Marie Franz von *Ritgen*, German gynecologist, 1787-1867) 里特根氏(娩出)手法
ritodrine hydrochloride ['ritədrin] (USP) 羟苄羟麻黄碱
Ritter's disease ['ritəz] (Gottfried *Ritter* von Rittershain, German physician, 1820-1883) 里特尔氏病,婴儿剥脱性皮炎
ritual ['ritjuəl] 仪式
rivalry ['raivəlri] 拮抗,竞争
  binocular r., retinal r. 双眼拮抗,视网膜拮抗
  sibling r. 同胞竞争
Rivalta's reaction [ri'ræltəz] (Fabio *Rivalta*, Italian pathologist, late 19th century) 里瓦耳塔氏反应
Riva-Rocci sphygmomanometer [,rivə'rəutʃi] (Scipione *Riva-Rocci*, Italian physician, 1863-1937) 里瓦·罗契氏血压计,水银血压计
Riviere's sign ['riviɛəz] (Clive *Riviere*, British physician, 1873-1929) 里维尔氏征
rivinian [ri'viniən] 里维纳斯氏的
Rivinus ducts [ri'vinəs] (Augustus Quirinus *Rivinus*, German anatomist and botanist, 1652-1723) 里维纳斯管
rivus ['raivəs] (pl. *rivi*) (L.) 河
rivulose ['raivələus] (L. *rivus* brook)波纹状的
  r. lacrimalis (NA) 泪溪
riziform ['rizifɔːm] 米粒形的
RKY (roentgenkymography 的缩写) X 线记波照相术,X 线记波(纹)法
RLF (retrolental fibroplasia 的缩写)晶状体后纤维组织形成
RLL (right lower lobe (of lungs) 的缩写)

右下叶(肺)
RMA (right mentoanterior (position of the fetus) 的缩写) 右颏前(胎位)
RML (right middle lobe (of lungs) 的缩写) 右中叶(肺)
RMP (right mentoposterior (position of the fetus) 的缩写) 右颏后(胎位)
RMT (right mentotransverse (position of the fetus) 的缩写) 右颏横(胎位)
RN (Registered Nurse 的缩写) 注册护士
Rn (radon 的符号) 氡
RNA (ribonucleic acid 的缩写) 核糖核酸
    ambisense RNA 双意义核糖核酸
    complementary RNA (**cRNA**) 互补核糖核酸
    heterogeneous nuclear RNA (**hnRNA**) 异质核糖核酸
    messenger RNA (**mRNA**) 信使核糖核酸
    negative-sense RNA 负意义核糖核酸
    positive-sense RNA 正意义核糖核酸
    ribosomal RNA (**rRNA**) 核糖体核糖核酸
    small nuclear RNA (**snRNA**) 小核核糖核酸
    transfer RNA (**tRNA**) 转移核糖核酸
RNA-directed DNA polymerase [di'rektid pə'liməreis] (EC 2.7.7.49) RNA 指导的 DNA 聚合酶
RNA-directed RNA polymerase [di'rektid pə'liməreis] (EC 2.7.7.48) RNA 指导的 RNA 聚合酶
RNA nucleotidyltransferase [ˌnjuːkliəu'taidil'trænsfəreis] RNA 核苷酸(基)转移酶
RNA polymerase [pə'liməreis] RNA 聚合酶
RNA replicase ['replikeis] RNA 复制酶
RNase 核糖核酸酶
    R. I 胰核糖核酸酶
    R. A 胰核糖核酸酶
RNP (ribonucleoprotein 的缩写) 核糖核酸蛋白质
ROA (right occipitoanterior 的缩写) 右枕前(胎位)
roach [rəutʃ] 蟑螂, 油虫
roaring ['rɔːriŋ] 喘鸣症
Robbins ['rɔbinz] 罗宾斯: Federick Chapman, 美国儿科医师, 获 1954 年诺贝尔医学生理学奖
robenidine hydrochloride [rəu'benidin] 盐酸双氯苄氨胍
Robert's ligament [rɔ'beəz] (César Alphonse Robert, French surgeon, 1801-1862) 罗伯氏韧带, 外侧半月板韧带
Robert's pelvis ['rɔbəts] (Heinrich Ludwig Ferdinand Robert, German gynecologist, 1814-1874) 罗伯特氏骨盆(横斜径狭窄骨盆)
Roberts' syndrome ['rɔbəts] (John Bingham Roberts, American Surgeon, 1852-1924) 罗伯茨氏综合征
Roberts ['rɔbəts] 罗伯兹: Richard J., 美国生化学家, 获 1993 年诺贝尔医学生理学奖
Roberts' test ['rɔbəts] (Sir William Roberts, English physician, 1830-1899) 罗伯茨氏试验
Robertson's sign ['rɔbətsənz] (William Egbert Robertson, American physician, 1869-1956) 罗伯逊氏征
Robin's anomalad [rəu'bæz] (Pierre Robin, French pediatrician, 1867-1950) 罗班氏综合征
robin ['rəubin] 刺槐毒素
Robinow's syndrome ['rɔbinauz] (Meinhard Robinow, American physician, born 1909) 罗毕诺氏综合征
Robinson's circle ['rɔbinsənz] (Frederick Byron Robinson, American anatomist, 1857-1910) 罗宾森氏动脉环
Robison ester ['rɔbisən] (Robert Robison, British chemist, 1884-1941) 罗比逊氏酯 (6-磷酸葡萄糖)
Robles' disease ['rɔbleis] (Rudolfo V. Robles, Guatemalan dermatologist, 1878-1939) 罗伯莱氏病
Robson's line ['rɔbsənz] (Sir Arthur William Mayo Robson, London surgeon, 1853-1933) 罗伯逊氏线
robust [rəu'bʌst] 粗程序
Rocaltrol ['rəukəltrəul] 罗克拉托拉
Rocephin [rɔ'sefin] 罗塞芬
Rochalimaea [ˌrəukəli'miːə] (H. da Rocha-Lima) 罗克利马体属
    R. quintana 五日热克利马体
Rocher's sign [rɔ'ʃeəz] (Henri Gaston

Louis *Rocher*, French surgeon, born 1876) 罗竭氏征

Rochon-Duvigneaud's syndrome [rəu'ʃɔn du:vi'njɑz] (André *Rochon-Duvigneaud*, French ophthalmologist, late 19th century) 罗尚·杜温诺德氏综合征

rod [rɔd] ❶ 杆,柱;❷ 视网膜杆
  Auer r's 奥尔氏杆
  Corti's r's 柯替氏杆
  Cotrel-Dubousser r. 考-杜二氏杆
  enamel r's 釉质杆,釉棱柱
  Harrington r. 哈林顿氏杆
  r's of Heidenhain 海登海因氏杆状细胞
  König's r's 柯尼格氏(音)杆
  Luque r. 路克氏杆
  Maddox r's 马德克斯氏杆
  Meckel's r. 美克耳氏软骨(第一腮弓软骨)
  muscle r. 肌原纤维
  olfactory r. 嗅杆
  retinal r. 视网膜杆

rodonalgia [ˌrəudəu'nældʒiə] (Gr. *rodon* rose + *algos* pain) 肢端红痛病

rodent ['rəudənt] (L. *rodere* to gnaw) 啮齿动物

rodenticide [rəu'dentisaid] ❶ 杀啮齿类的;❷ 杀啮齿类剂,灭鼠剂

rodentine [rəu'dentain] 啮齿动物的

roentgen ['rentgən] (Wilhelm Konrad *Röntgen*) 伦琴

roentgen rays ['rentgən] (Wihelm Konrad *Röntgen*, German physician, 1845-1923, who discovered the rays in 1895 and won the Nobel prize in physics in 1901) X(射)线,伦琴(射)线

roentgenograph ['rentgənəgrɑ:f] ❶ X 线(照征);❷ 作 X 线照相

roentgenographic [ˌrentgənə'græfik] X 线照相的

roentgenography [ˌrentgə'nɔgrəfi] (*roentgen* + Gr. *graphein* to write) X 线照相术

roentgenologist [ˌrentgə'nɔlədʒist] X 线学家,X 线科医师

roentgenology [ˌrentgə'nɔlədʒi] X 线学

roentgenoscope [rent'genəskəup] X 线荧光屏,X 线透视屏

roentgenoscopy [ˌrentgə'nɔskəpi] X 线透视(法),X 线检查

Roferon-A [rəu'fərən] 罗佛拉纳

Roger's disease [rɔ-'ʒeəz] (Henri Louis *Roger*, French physician, 1809-1891) 罗惹氏病

Roger's reflex [rɔ'ʒeəz] (Georges Henri *Roger*, French physiologist, 1860-1946) 罗惹氏反射,食管唾液反射

Rogers' sphygmomanometer ['rɔdʒəz] (Oscar Harrison *Rogers*, American physician, 1857-1941) 罗杰氏血压计

Röhl's marginal corpuscles [rə:lz] (Wilhelm *Röhl*, German physician, 1881-1929) 娄耳氏边缘小体

Rokitansky's diverticulum [ˌrɔki'tɑ:nskiz] (Karl Freiherr von *Rokitansky*, Czech pathologist in Austria, 1804-1878) 罗基坦斯基氏憩室

Rokitansky-Cushing ulcer [ˌrɔki'tɑ:nski 'kuʃiŋ] (K. F. von *Rokitansky*; Harvey Williams *Cushing*, American surgeon, 1869-1939) 罗-库二氏溃疡

Rokitansky-Küster-Hauser syndrome [rɔks-'tɑ:nski 'kustə 'hauzə] (K. F. von *Rokitansky*; Hermann *Küster*, German gynecologist, early 20th century; G. A. *Hauser*, Swiss physician, 20th century) 罗-屈-豪三氏综合征

rolandic [rəu'lændik] 罗朗多的

Rolando's angle [rəu'lændəuz] (Luigi *Rolando*, Italian anatomist, 1773-1831) 罗朗多氏角

role [rəul] 作用,功用
  gender r. 性别作用

roletamide [rɔ'letəmaid] 甲氧吡苯酮

rolitetracycline [ˌrəuliˌtetrə'saiklain] (USP) 吡咯烷甲四环素,吡甲四环素
  r. nitrate 硝酸吡甲四环素

roll [rəul] 卷
  iliac r. 髂卷
  scleral r. 巩膜回转缘,巩膜卷

Roller's nucleus ['rɔləz] (Christian Friedrich Wihelm *Roller*, German neurologist, 1802-1878) 罗勒氏核

roller ['rəulə] 棉卷,纱布卷

Rolleston's rule ['rəuləstənz] (Sir Humphrey Davy *Rolleston*, English physician, 1862-1944) 罗耳斯顿氏规律

Rollet's stroma ['rɔləts] (Alexander *Rollet*, Austrian physiologist, 1834-1903) 罗累特氏基质

Rollet's syndrome [rɔ'leiz] (J. *Rollet*, French physician, 20th century) 罗累氏综合征

Rollier's radiation [rɔ'ljeəz] (Auguste *Rollier*, Swiss physician, 1874-1954) 罗利尔氏辐射

Romaña's sign [rəu'mɑːnjəz] (Cecilio *Romanã*, Argentine physician in Brazil, born 1899) 罗曼尼亚氏征

Romano-Ward syndrome [rəu'mɑːnəu wɔːd] (C. *Romano*, Italian physician, born 1923; O. C. *Ward*, Irish physician, 20th century) 罗-沃二氏综合征

romanoscope [rəu'mænəskəup] (L. *romanum* the sigmoid + Gr. *skopein* to examine) 乙状结肠镜

Romanovsky's (Romanowsky's) stain [,rɔmə'nɔfskiz] (Dimitri Leonidovich *Romanovsky*, Russian physician, 1861-1921) 罗曼诺夫斯基氏染色

Romberg's disease ['rɔmbəːgz] (Moritz Heinrich *Romberg*, German physician, 1795-1873) 罗姆伯格氏病

rombergism ['rɔmbəːgizəm] (M. H. *Romberg*) 闭目难立征,罗姆伯格氏征

Romilar ['rɔumilə] 罗米乐

Rommelaere's sign [,rɔmə'leəz] (Guillaume *Rommelaere*, Belgian physician, 1836-1916) 罗梅拉尔氏征(癌性恶病质的一种体征)

Rondomycin [,rɔndə'maisin] 罗道麦森

rongeur [rɔŋ'ʒɜː] (Fr. "gnawing, biting") 咬骨钳,修骨钳

ronidazole [rɔ'nidəzəul] 洛硝哒唑

Rönne's nasal step ['renəz] (Henning Kristian Trappaud *Rönne*, Danish ophthalmologist 1878-1947) 吕恩内氏鼻侧阶梯

ronnel ['rɔnəl] 皮蝇磷

Rood method [ruːd] (Margaret *Rood*, American physical therapist, 20th century) 路德法

roof [ruːf] 顶,盖
  r. of fourth ventricle 第四脑室顶
  r. of lateral ventricle 侧脑室顶
  r. of orbit 眶顶
  r. of skull 颅顶
  r. of third ventricle 第三脑室顶
  r. of tympanum 鼓室盖

room [ruːm] 室,房间
  anechoic r. 测听室
  delivery r. 产房,分娩室
  intensive therapy r. 加强治疗室
  labor r. 待产室
  operating r. 手术室
  postdelivery r. 产后室
  predelivery r. 待产室
  recovery r. 复原室

rooming-in ['ruːmiŋ in] 新生儿母婴同室

root [ruːt] 根
  anatomical r. 解剖根
  anterior r. of spinal nerve 脊神经前根
  r's of ansa cervicalis 颈袢根
  anterior r. of ansa cervicalis 颈袢前根
  r. of aorta 主动脉根
  r. of arch of vertebra 椎弓根
  belladonna r. 颠茄根
  bitter r. 龙胆
  r. of brachial plexus 臂丛支
  clinical r. 临床根
  r. of clitoris 阴蒂脚
  cranial r's of accessory nerve 副神经颅根
  deadly nightshade r. 颠茄根
  dorsal r. of spinal nerve 脊神经后根
  facial r., r. of facial nerve 面神经根
  r. of hair 毛根
  inferior r. of ansa cervicalis 颈袢下根
  licorice r. 甘草
  lingual r. 舌侧根
  long r. of ciliary ganglion 睫状神经节长根
  r. of lung 肺根
  mandrake r. 毒参茄,北美鬼臼根,普达非伦根
  motor r. of ciliary ganglion 睫状神经节运动根
  motor r. of mandibular nerve 下颌神经节运动根
  motor r. of spinal verve 脊神经运动根
  motor r's of submandibular ganglion 下颌下神经节运动根
  r. of nail 甲根
  nasociliary r. of ciliary ganglion 睫状神

经节鼻睫根
nerve r's 神经根
nerve r., motor 神经运动根
nerve r., sensory 神经感觉根
r. of nose 鼻根
oculomotor r. of ciliary ganglion 睫状神经节动眼根
r. of optic tract, lateral 视束外侧根
r. of optic tract, medial 视束内侧根
orizaba jalap r. 药薯(根)
r. of otic ganglion 耳神经节根
palatine r. 腭侧根
parasympathetic r. of ciliary ganglion 睫状神经节副交感根
physiological r. 生理根
posterior r. of ansa cervicalis 颈袢后根
posterior r. of spinal nerve 脊神经后根
puccoon r., red r. 紫草根,血根
retained r. 残留根
sensory r. of ciliary ganglion 睫状神经节感觉根
sensory r. of mandibular nerve 下颌神经感觉根
sensory r. of spinal nerve 脊神经感觉根
short r. of ciliary ganglion 睫状神经节短根
spinal r's 脊(神经)根
spinal r's of accessory nerve 副神经脊髓根
r's of spinal nerves 脊神经根
superior r. of ansa cervicalis 颈袢上根
sympathetic r. of ciliary ganglion 睫状神经节交感根
r. of tongue 舌根
r. of tooth 牙根
ventral r. of spinal nerve 脊神经腹侧根
r. of vestibulocochlear nerve, inferior 前庭蜗神经下根
r. of vestibulocochlear nerve, superior 前庭蜗神经上根
rootlet ['ruːtlit] 小根,支根
flagellar r. 鞭毛小根
ROP (right occipitoposterior 的缩写) 右枕后(胎位)
ropizine ['rəupizain] 苯吡氨哌嗪
ropy ['rəupi] 粘稠的
Rorschach test ['rɔːʃɑːk] (Hermann Rorschach, Swiss psychiatrist, 1884-1922) 罗沙赫氏试验
rosacea [rəu'zeiʃiə] 酒渣鼻,红斑狼疮
granulomatous r. 肉芽肿性酒渣鼻
lupoid r. 狼疮状酒渣鼻
papular r. 丘疹性酒渣鼻
rosacic acid [rɔ'zæsik] 尿红质
rosamicin [ˌrɔuzə'maisin] 蔷薇霉素
rosaniline [rəu'zænili:n] 玫瑰苯胺,蔷薇苯胺,一甲基品红
rosary ['rəuzəri] 串珠形构造,串珠
rachitic r. 佝偻病性串珠
Rose's position ['rəuziz] (Frank Atcherly Rose, British surgeon, 1873-1935) 罗斯氏卧位
rose [rəuz] (L. rosa) 蔷薇,玫瑰
r. bengal 孟加拉玫红
rosein ['rəuzin] 品红,复红
Rosenbach's sign ['rɔzənbɑːks] (Ottomar Rosenbach, German physician, 1851-1907) 罗森巴赫氏征
Rosenberg-Bergstrom syndrome ['rəuzənbəɡ 'bəːgstrɔm] (Alan L. Rosenberg, American physician, 20th century; Lavonne Bergstrom, American physician, 20th century) 罗-伯二氏综合征
Rosenberg-Chutorian syndrome ['rəuzənbəːg tʃuː'tɔriən] (Roger N. Rosenberg, American physician, 20th century; Abe Milton Chutorian, American physician, born 1929) 罗-丘二氏综合征
Rosenmüller's organ ['rɔzən,milə z] (Johann Christian Rosenmüller, German anatomist, 1771-1820) 罗森苗勒氏器,卵巢冠
Rosenthal's canal ['rɔzəntɑːlz] (Isidor Rosenthal, German physiologist, 1836-1915) 罗森塔尔氏管,蜗螺旋管
Rosenthal syndrome ['rɔzəntɑːl] (Robert Louis Rosenthal, American hematologist, born 1923) 罗森塔尔氏综合征
Rosenthal's test ['rɔzəntɑːlz] (Sanford Morris Rosenthal, American physician, born 1897) 罗森塔尔氏试验
Rosenthal's vein ['rɔzəntɑːlz] (Friedrich Christian Rosenthal, German anatomist, 1779-1829) 罗森塔耳氏静脉
roseola [rəu'ziːiə] (L.) ❶蔷薇疹,玫瑰疹;❷幼儿急疹,猝发疹

r. infantum 幼儿急疹,猝发疹

syphilitic r. 梅毒疹

Roser's sign ['rɔzəz] (Wilhelm *Roser*, German surgeon, 1817-1888) 罗泽尔氏征

Roser-Braun sign ['rɔzə; braun] (Wilhelm *Roser*; Heinrich *Braun*, German surgeon, 1847-1911) 罗-布二氏征

rosette [rəu'zet] (Fr. "little rose") ❶ 玫瑰花结;❷ 丝球,染色质纽

　　E r. 玫瑰花结

　　EAC r. EAC 玫瑰花结

　　Flexner-Wintersteiner r. 弗-温二氏玫瑰花结

　　Homer Wright r. 侯默·怀特玫瑰花结

Rosin's test ['rɔzinz] (Heinrich *Rosin*, German physician, born 1863) 罗辛氏试验

rosin ['rɔzin] 松香

Rosmarinus [ˌrɔsmə'rainəs] 迷迭香属

rosoxacin [rəu'sɔksəsin] 吡乙喹酸

Ross [rɔs] 罗斯:英国医师和原虫动物学家,1857~1932,获 1902 年诺贝尔医学生,理学奖

Ross' black spores ['rɔsiz] (Sir Ronald *Ross*) 罗斯氏黑孢子

Ross' bodies ['rɔsiz] (Edward Halford *Ross*, English pathologist, 1875-1928) 罗斯氏体,梅毒白细胞虫

Rossbach's disease ['rɔsbɑːks] (Michael Josef *Rossbach*, German physician, 1842-1894) 罗斯巴赫氏病

Rossolimo's reflex [ˌrɔsə'liːməuz] (Gregorij lvanovich *Rossolimo*, Russian neurologist, 1860-1928) 罗索利莫氏反射

Rostan's asthma [rɔs'tɑːrz] (Louis Léon *Rostan*, Paris physician, 1790-1866) 罗斯汤氏气喘,心病性气喘

rostellum [rɔs'teləm] (pl. *rostella*) (L. "little beak") 顶突

rostrad ['rɔstræd] ❶ 向嘴侧;❷ 向头侧

rostral ['rɔstrəl] (L. *rostralis*, from *rostrum* beak) ❶ 嘴的,似嘴的;❷ 嘴侧的

rostralis [rɔs'treilis] (L., from *rostrum*, beak) (NA) ❶ 嘴的,似嘴的;❷ 嘴侧的

rostrate ['rɔstreit] (L. *rostratus* beaked) 有嘴的,有喙的

rostriform ['rɔstrifɔːm] (L. *rostrum* beak + *forma* form) 嘴状的,喙状的

rostrum ['rɔstrəm] (pl. *rostrums* 或 *rostra*) (L. "beak") 嘴,喙

　　r. corporis callosi (NA), r. of corpus callosum 胼胝体嘴

　　sphenoidal r., r. sphenoidale (NA) 蝶嘴

ROT (right occipitotransverse 的缩写) 右枕横(胎位)

rot [rɔt] ❶ 腐败;❷ 肝(双盘)吸虫病

　　Barcoo r. 沙漠疮,热带溃疡

　　foot r. 蹄坏疽病

　　liver r. 肝(双盘)吸虫病

　　pizzle r. 地方性兽病龟头包皮炎

　　sheath r. 地方性兽病龟头包皮炎

rotameter [rəu'tæmitə] 转子流量计

rotary ['rəutəri] 旋转的,转动的,轮转的

rotate [rəu'teit] (使)转动,(使)旋转,使扭转

rotation [rəu'teiʃən] (L. *rotare* to turn) 旋转,转动

　　molecular r. 分子旋光度

　　optical r. 旋光度

　　van Ness r. 凡·耐斯转动

　　wheel r. 扭转度

rotatory [ˌrəutə'tɔri] (使)旋转的,(使)转动的

Rotavirus ['rəutəˌvaiərəs] (L. *rota* wheel + *virus*) 轮状病毒

rotavirus ['rəutəˌvaiərəs] (L. *rota* wheel + *virus*) 轮状病毒

Rotch's sign ['rəutʃəs] (Thomas Morgan *Rotch*, American physician, 1849-1914) 罗奇氏征

rotenone ['rəutənəun] 鱼藤酮

rotexed [ˌrəutekst] 转屈的

rotexion [rəu'tekʃən] 转屈

Roth's disease ['rəuts] (Vladimir Karlovich *Roth*, Russian neurologist, 1848-1916) 罗特氏病

Roth's spots ['rəuts] (Moritz *Roth*, Swiss physician, 1839-1915) 罗特氏斑

Roth-Bernhardt disease [rɔt 'bənhɑːt] (V. K. *Roth*; Martin *Bernhardt*, German neurologist, 1844-1915) 罗-伯二氏病

Rothera's test ['rɔθərəz] (Arthur Cecil Hamel *Rothera*, Australian biochemist, 1880-1915) 罗瑟雷氏试验

Rothia ['rəʊθɪə] (Genevieve D. *Roth* American bacteriologist, 20th century) 罗氏菌属

R. dentocariosa 龋齿罗氏菌

Rothmann-Makai syndrome ['rɒtmæn 'mɑːkaɪ] (Max *Rothmann* German pathologist, 1868-1915; Endre *Makai*, Hungarian surgeon, 20th century) 罗-马二氏综合征

Rothmund-Thomson syndrome ['rɒtmʊnd 'tɒmsən] (August von *Rothmund*, German physician, 1830-1906; Mathew Sidney *Thomson*, English dermatologist, 1894-1969) 罗-汤二氏综合征

Rothschild's sign [rəʊt'tʃaɪldz] (Henri Jacques Nathaniel Charles de *Rothschild*, French physician, 1872-1923) 罗思查尔德氏征

Rotor's syndrome [rə'tɔː] (Arturo B. *Rotor*, Filipino physician, 20th century) 罗特尔氏综合征

rotoxamine [rə'tɒksəmin] 左氯苯吡醇胺

r. tartrate 酒石酸左氯苯吡醇胺

Rotter's test ['rɒtəz] (Heinrich *Rotter*, Hungarian physician, 20th century) 罗特尔氏试验

rottlerin ['rɒtlərɪn] 精榶柴毒,卡马拉素

rotula ['rɒtjʊlə] (L. dim. of *rota* wheel) ❶膝盖骨;❷盘状突;❸糖锭

rouge [ruːʒ] 铁丹,红铁粉

Rouget's bulb [ruːˈʒeɪz] (Antoine D. *Rouget*, French physiologist, 19th century) 鲁惹氏球

Rouget's cell [ruːˈʒeɪz] (Charles Marie Benjamin *Rouget*, French physiologist and anatomist, 1824-1904) 鲁惹氏细胞

rouget du porc [ruːˈʒeɪ duˈpɔːk] (Fr.) 荨麻疹猪丹毒

rough [rʌf] 粗糙的,不光滑的

roughage ['rʌfɪdʒ] 粗糙食物

Rougnon-Heberden disease [ruːˈnjɔː ŋˈhebədən] (Nicholas Francois *Rougnon* de Magny, French physician, 1727-1799; William *Heberden*, Sr., English physician, 1710-1801) 鲁-希二氏病

rouleau [ruːˈləʊ] (pl. *rouleaux*) (Fr. "roll") 红细胞钱串

roundworm ['raʊndwɜːm] 蛔虫,线虫

Rous [raʊs] 罗斯:美国病理学家,1879~1970,获得1966年诺贝尔医学生理学奖

Rous sarcoma [raʊs] (Francis Peyton *Rous*) 鲁斯氏肉瘤

Roussy-Dejerine syndrome [ruːˈsi deʒəˈriːn] (Gustave *Roussy*, French pathologist, 1874-1948; Joseph Jules *Dejerine*, French neurologist, 1849-1917) 罗-代二氏综合征

Roussy-Lévy syndrome [ruːˈsi leɪˈvi] (Gustave *Roussy*; Gabriella *Lévy*, French neurologist, 1886-195) 罗-雷二氏综合征

Rouvière's node [ruːˈvjɛəz] (Henri *Rouvière*, French anatomist and embryologist, 1876-1952) 罗维累氏结

Rowx-en-Y [ruː en waɪ] (César *Roux*, Swiss surgeon, 1857-1926) 罗克逊-Y形吻合术

Rovighi's sign [rəˈviːgiz] (Alberto *Rovighi*, Italian physician, 1856-1919) 罗维季氏征

Rovsing's sign ['rɒvsɪŋz] (Nie-ls Thorkild *Rovsing*, Danish surgeon, 1862-1927) 罗符辛氏征

Rowntree-Geraghty test ['raʊntriː 'gerəti] (Leonard George *Rowntree*, American physician, 1883-1959; John Tismothy *Geraghty*, American physician, 1876-1924) 朗-杰二氏试验,酚磺酞试验

Roxanol ['rɒksənɒl] 罗克瑟纳

Roxicodone [rɒksəˈkəʊdən] 罗克瑟克特

RPF (renal plasma flow 的缩写) 肾血浆流量

R Ph (Regisered Pharmacist 的缩写) 注册药师

rpm (revolutions per minute 的缩写) 每分钟绕转

RPS (renal pressor substance 的缩写) 肾加压物质

RQ (respiratory quotient 的缩写) 呼吸商

RRA (Registered Record Administrator 的缩写) 注册档案馆馆员

-rrhage (Gr. *rhegnynai* to burst forth) 出血,流血

-rrhagia (Gr. *rhegnynai* to burst forth) 出血,流血

-rrhaphy (Gr. *rhaphē* suture) 缝术,修复术

-rrhea (Gr. *rhoia* flow) 流出,溢出

-rrhexis (Gr. *rhēxis* from *rhegnynai* to

burst) 破裂,折裂
rRNA (ribosomal RNA 的缩写) 核糖体核糖核酸
RSA (right sacroanterior 的缩写) 右骶前(胎位)
RScA (right scapuloanterior 的缩写) 右肩前(胎位)
RSCN (Registered Sick Children's Nurse 的缩写) 注册儿科护士,正式儿科护士
RScP (right Scapuloposterior 的缩写) 右肩后(胎位)
RSM (Royal Society of Medicine 的缩写) 皇家医学会
RSNA (Radiological Society of North America 的缩写) 北美放射学会
RSP (right sacroposterior 的缩写) 右骶后(胎位)
RST (right sacrotransverse 的缩写) 右骶横(胎位)
RSTMH (Royal Society of Tropical Medicine and Hygiene 的缩写) 皇家热带医药卫生学会
RSV ❶ (Rous sarcoma virus 的缩写) 鲁斯肉瘤病毒; ❷ (respiratory syncytial virus 的缩写) 呼吸合胞体病毒
RTF (resistance transfer factor 的缩写) 抵抗力转移因子
RU (rat unit 的缩写) 鼠单位
Ru (*ruthenium* 的符号) 钌
rub [rʌb] ❶ 摩擦; ❷ 摩擦音
　frition r. 摩擦音
　pericardial r., pericardial friction r., 心包摩擦音
　pleural r., pleuritic r. 胸膜摩擦音
rubber dam [ˌrʌbə dæm] 橡皮障
rubbing ['rʌbiŋ] 按摩
rubefacient [ˌruːbiˈfeiʃənt] (L. *ruber* red + *facere* to make) ❶ 使(皮肤等)发红的; ❷ 发红药
rubella [ruːˈbelə] 风疹
rubeola [ruːˈbiələ] (dim. of h. *rubeus* red) ❶ 麻疹; ❷ 风疹
rubeosis [ˌruːbiˈəusis] 发红,潮红
　r. iridis 虹膜发红
　r. retinae, 视网膜发红
ruber ['rʌbə] (L.) 红的
rubescent [ruːˈbesənt] (L. *rubescere* to become red) 变红的,发红的

Rubex ['ruːbeks] 罗拜克斯
rubidium [ruːˈbidjəm] (L. *rubidus* red) 铷
　r. and ammonium bromide 溴化铷铵
rubidomycin [ruːˈbidəˌmaisin] 柔红霉素,柔毛霉素,红必霉素(抗肿瘤药)
rubiginous [ruː(ː)ˈbidʒinəs] (L. *rubigo* rust) 锈色的,赤褐色的
Rubin's test ['ruːbinz] (Isidor Clinton *Rubin*, American physician, 1883-1958) 鲁宾氏试验
rubin ['ruːbin] 品红,复红
Rubinstein's syndrome ['rubinstainz] (Jack Herbert *Rubinstein*, American pediatrician, born 1925) 鲁宾斯泰恩综合征
Rubinstein-Taybi syndrome ['rubinstain 'teibi] (J. H. *Rubinstein*; Hooshang *Taybi*, American radiologist, born 1919) 鲁-泰二氏综合征
Rubivirus ['ruːbiˌvaiərəs] (L. *rubeus* red + *virus*) 风疹病毒
Rubner's law ['ruːbnəz] (Max *Rubner*, German physiologist, 1854-1932) 鲁宾内氏定律
rubor ['ruːbə] (L.) 红,发红
Rubratope-57 ['ruːbrətəup] 罗巴托-57
rubriblast ['ruːbriblæst] 原正成红细胞,原(始红细胞)
rubric ['ruːbrik] 红的,红核
rubricyte ['ruːbrisait] (L. *rubrum* red + Gr. *kytos* cell) 多染性正成红细胞,中幼红细胞
rubrospinal [ˌruːbrəˈspainəl] 红核脊髓的
rubrothalamic [ˌruːbrəθəˈlæmik] 红核丘脑
Rubus ['ruːbəs] (L.) 悬钩子属
ructus ['rʌktəs] (L.) 嗳气
Rud's syndrome [rudz] (Einar *Rud*, Danish physician, born 1892) 罗得氏综合征
rudiment ['ruːdimənt] ❶ 原基,始基; ❷ 残遗器官,痕迹器官,遗迹
　lens r. 晶状体原基
　r. of vaginal process 鞘突遗迹
rudimentary [ˌruːdiˈmentəri] ❶ 原基的; ❷ 未成熟的; ❸ 残遗的,已退化的
rudimentum [ˌruːdiˈmentəm] (pl. *rudimenta*) (L. "a first beginning") ❶ (NA) 原基,始基; ❷ 残遗器官,痕迹器官,遗

r. processus vaginalis 鞘突遗迹
Rudimicrosporea [ˌrudiˌmaikrə'spɔriə] (*rudiment* + *micro* + *spore*) 二型孢子纲
rue [ruː] (L. *Ruta*) 芸香
Rufen ['ruːfən] 鲁酚
Ruffini's corpuscle [ruː'finiz] (Angelo *Ruffini*, Italian anatomist, 1864-1929) 鲁菲尼氏小体
rufous ['ruːfəs] (L. *rufus* red) ❶ 暗红色的；❷ 赤发赤脸的
ruga ['ruːɡə] (pl. *rugae*) (L.) 皱褶病毒属
    rugae gastricae 胃皱褶
    rugae palatinae, palatine rugae 腭皱褶
    rugae of stomach 胃皱褶
    rugae of vagina, rugae vaginales (NA) 阴道皱褶
rugae ['ruːdʒiː] (L.) 皱褶病毒属。*ruga* 的复数形式
Ruggeri's reflex [ruˈdʒeəriz] (Ruggero *Ruggeri*, Italian physician, 1823-1905) 鲁杰里氏反射
rugine [ruˈʒiːn] 骨锉，骨刮
rugitus ['ruːdʒitəs] (L. "roaring") 肠鸣
rugose ['ruːɡəus] (L. *rugosus*) 皱褶的，皱的
rugosity [ruːˈɡɔsiti] (L. *rugositas*) ❶ 皱褶状态；❷ 皱褶
rugous ['ruːɡəs] (L. *rugosus*) 皱褶的，皱的
Rukavina type familial amyloid polyneuropathy [rukəˈvinɑː] (John G. *Rukavina*, American physician, 20th century) 库克维纳家族型淀粉样多神经病
RUL (right upper lobe of a lung 的缩写) (肺)右上叶
rule [ruːl] (L. *regula*) 规律，规则，条例
    Allen's r. 埃林氏规律
    Arey's r. 艾里氏规律
    Bartholomews'r. of fourths 巴托劳米欧氏 1/4 规律
    Bastedos r. 巴斯特道氏规律
    Bergmann's r. 伯格麦恩氏规律
    Budin's r. 布丹氏(喂养)规则
    Cahn-Ingold-Prelog sequence r's 卡-英-帕氏次序规律
    Clark's r. 克拉克氏小儿药量计算规则
    Cowling's r. 克林氏规则
    delivery date r. 分娩日期规律
    dermatomal r. 皮区规律
    Fried's r. 弗里埃德氏规律
    Gibson's r. 吉布逊氏规律
    Goodsall's r. 哥德塞尔氏规律
    Haase's r. 哈斯氏规律
    Hardy-Weinberg r. 哈-韦二氏规律
    Hudson's lactore r. 赫德逊氏内酯规律
    Jackson's r. 杰克逊氏规律
    Liebermeister's r. 李伯麦斯特氏规律
    Lossen's r. 洛森氏规律
    McDonald's r. 麦克唐纳德氏规律
    M'Naghten r. 米克诺滕氏条例
    Nägele's r. 内格累氏规律
    r. of nines 九倍数规则
    octet r. 八隅规则
    phase r. 相律
    Pitres' r. 皮特里斯规律
    Quetelet's r. 凯特累氏规律
    Rolleston's r. 罗耳斯顿规律
    van't Hoff's r. 范特霍夫氏规律
    Weinberg's r. 威恩伯格氏规律
    Young's r. 扬氏规则
rumen ['ruːmən] 瘤胃
rumenitis [ˌruːməˈnaitis] 瘤胃炎
rumenotomy [ˌruːməˈnɔtəmi] (*rumen* + Gr. *tomē* a cutting) 瘤胃切开术
ruminant ['ruːminənt] ❶ 反刍的；❷ 反刍动物
rumination [ˌruːmiˈneiʃən] (L. *ruminatio*) ❶ 反刍，反嚼；❷ 沉思
    obsessive r. 强迫性沉思，强迫观念
ruminative [ˌruːmiˈneitiv] 沉思的，持续思考的
Ruminococcus [ˌruːminəˈkɔkəs] (L. *ruminalis* of the urine + Gr. *kokkos* berry) 瘤胃球菌属
rump [rʌmp] 臀部，臀
Rumpel-Leede phenomenon ['rumpəl liːd] (Theodor *Rumpel*, German physician, 1862-1923; Carl Stockbridge *Leede*, American physician, 1882-1964) 鲁-雷二氏现象
Rundles-Falls syndrome ['rʌndəlz fɔːlz] (Ralph Wayne *Rundles*, American internist, born 1911; Harold Francis *Falls*, American ophthalmologist and geneticist,

born 1909)鲁-福氏综合征

Runeberg's formula ['ruːnəbəːgs](Johan Wilhelm *Runeberg*, Finnish physician, 1843-1918)鲁内伯格氏公式

Runyon classification ['rʌnjən] (Ernest H. *Runyon*, American microbiologist, 20th century)鲁尼恩氏分类

rupia ['ruːpiə] (Gr. *rhypos* filth)蛎壳疮,蛎壳疹

rupial ['ruːpiəl] 蛎壳疮的,蛎壳疹的

rupioid ['ruːpiɔid] 蛎壳疮样的

rupture ['rʌptʃə] ❶ 破裂;❷ 疝
 defense r. 防御(力)崩溃

Rusconi's anus [ruˈskɔniz] (Mauro *Rusconi*, Italian biologist, 1776-1849)鲁斯科尼氏肛门

rush [rʌʃ] 蠕动波

Russell's bodies ['rʌsəlz] (William *Russell*, Scottish physician, 1852-1940)鲁塞尔氏体

Russell's dwarf ['rʌsəlz] (Alexander *Russell*, British peditrician, 20th century)鲁塞尔氏侏儒

Russell effect ['rʌsəl] (William James *Russell*, English chemist, 1830-1909)鲁塞尔氏效应

Russell traction ['rʌsəl] (R. Hamilton *Russell*, Australian surgeon, 1860-1933)鲁塞尔氏牵引

Russell's viper ['rʌsəlz] (Patrick *Russell*, English physician in Syria, 1727-1805)鲁塞尔氏蝰蛇

Russell-Siver syndrome ['rʌsəl 'silvə] (A. *Russell*; Henry K. *Silver*, American pediatrician, born 1918)鲁-西二氏综合征

Russo's reaction ['rusəuz] (Mario *Russo*, Italian physician, late 19th century)鲁索氏反应

Rust's disease [rʌsts] (Johann Nepomuk *Rust*, Austrian surgeon, 1775-1840)鲁斯特氏病

rust [rʌst] ❶ 铁锈;❷ 锈病

rut [rʌt] (L. *rugitus* roaring) ❶ 雄性(动物)动情期;❷ 动情期

ruthenium [ruːˈθiːniəm] 钌

rutherford ['rʌθəfəːd] (Sir Ernest *Rutherford*, British physicist, 1871-1937)卢瑟福

rutherfordium [ˌrʌðəˈfɔːdiəm] 𬬻

rutidosis [ˌruːtiˈdəusis] 角膜皱缩

rutin ['ruːtin] 芸香苷,芦丁

Ruvalcaba's syndrome [ˌruvɑːlˈkɑːbɑːz] (R. H. *Ruvalcaba*, American physician born 1934)鲁佛尔凯伯氏综合征

Ruysch's glomeruli ['ruiʃəz] (Fredesic *Ruysch*, Dutch anatomist, 1638-1731)鲁伊施小球

ruyschian membrane ['ruiʃiən] (Frederic *Ruysch*)鲁伊施氏膜

RV (residual volume 的缩写)残余量

RVA ❶ (rabies vaccine 的缩写)狂犬疫苗;❷ (adsorbed 的缩写)吸附

RVAD (right ventricular assist device 的缩写)右心室助搏器

RVH (right ventricular hypertrophy 的缩写)右心室肥大

Rye classification [rai] (*Rye*, New York, where a conference in 1965 adopted the classification)赖分类法

rye [rai] 黑麦
 spurred r. 麦角

Ryle's tube [railz] (John Alfred *Ryle*, British physician, 1889-1950)赖耳氏管

S

S ❶ (*sulfur* 的符号)硫；❷ (*sacral vertebrae* (S1 through S5)的符号)骶椎；❸ (*siemens* 的符号)西门子；❹ (*smooth* 的符号)光滑(菌落)；❺ (*spherical lens* 的符号)球面镜片；❻ (*substrate* 的符号)酶解物,底质；❼ (*Svedberg unit* 的符号)斯瓦特博尔沉降系数单位
S. (L. *signa* 的缩写)处方标记
S (*entropy* 的符号)熵
S- (L. *sinister* left) 左的
S₁ 第一心音
S₂ 第二心音
S₃ 第三心音
S₄ 第四心音
S_f 斯瓦特博尔(Svedberg)浮集单位
s (*second* 的符号)秒
s. ❶ (L. *sinister* (left) 的缩写)左；❷ (*semis* (half) 的缩写)半
s̄ (L. *sine* 的缩写)没有
s (*sample standard deviation* 的符号)样品标准偏差
s⁻¹ (*reciprocal second* 的符号)交互秒
Σ ❶ 希腊字母 sigma 的大写；❷ 数学中表示总和的符号
σ ❶ 希腊字母 sigma 的小写；❷ (*standard deviation* 的符号)标准差
SA (*sinoatrial* 的缩写)窦房的
S.A. (L. *secundum artem* 的缩写)按技术,人工地
Saathoff's test ['sɑːtɔfs] (Lübhard *Saathoff*, German physician, 1877-1929) 萨托夫氏试验
saber-legged ['seibəlegd] 军刀状腿
sabershin ['sæbəʃin] 军刀状胫,军刀状小腿
Sabin's vaccine ['sæbinz] (Albert Bruce *Sabin*, Russian-born American virologist, 1906-1993) 塞宾氏疫苗
Sabin-Feldman syndrome ['seibin feldmən] (Albert Bruce *Sabin*; Henry Alfred *Feldman*, American epidemiologist, born 1914) 塞-福二氏综合征
sabinism ['sæbinizəm] 沙比桧中毒
sabinol ['sæbinɔl] 桧醇
Sabouraud's dextrose agar [sɑːbuːˈrəuz] (Raymond Jacques Adrien *Sabouraud*, French dermatologist, 1864-1938) 萨布罗氏甘露醇琼脂
Sabouraudia [ˌsæbuˈrəudiə] 发癣菌属
Sabouraudites [ˌsæburəuˈdaitiz] 小孢子菌属
sabulous ['sæbjuləs] (L. *sabulosus*; *sabulum* sand) 沙样的,有沙的
sabulum ['sæbjuləm] (L. fine sand) 脑沙
saburra [səˈbəːrə] (L.) 口臭
saburral [səˈbəːrəl] (L. *saburra* sand) 口臭的
sac [sæk] (L. *saccus*; Gr. *sakkos*) ❶ 囊；❷ 袋状器或结构
  abdominal s. 腹囊
  air s's 肺泡
  allantoic s. 尿膜囊
  alveolar s's 肺泡小囊
  amniotic s. 羊膜囊,羊膜
  aneurysmal s. 动脉瘤囊
  aortic s. 动脉球囊
  chorionic s. 绒毛膜囊
  conjunctival s. 结膜囊
  dental s. 牙囊
  embryonic s. 胚囊
  enamel s. 釉器囊
  endolymphatic s. 内淋巴囊
  epiploic s. 网膜囊
  gestation s. 妊娠囊
  greater s. of peritoneum 腹膜大囊
  heart s. 心包
  hernial s. 疝囊
  Hilton's s. 希尔斯氏囊,喉室
  lacrimal s. 泪囊

    laryngeal s. 喉室
    lesser s. of peritoneal cavity 腹膜小囊，网膜囊
    Lower's s's 娄厄氏囊，颈静脉上球
    omental s. 网膜囊
    pericardial s. 心包
    pleural s. 胸膜腔
    serous s. 浆膜囊
    splenic s. 脾囊，脾隐窝
    tear s. 泪囊
    vitelline s. 卵黄囊
    yolk s. 卵黄囊
sacbrood ['sækbrud] 幼蜂皱萎病
saccade [sə'keid] (Fr. "jerking") 跳阅，扫视
saccadic [sə'kædik] 跳阅的，扫视的
saccate ['sækeit] ❶ 囊状的；❷ 有囊的
saccharascope ['sækərəskəup] (Gr. *sakcharon* sugar + *skopein* to examine) 检糖镜
saccharase ['sækəreis] (Gr. *sacharum* sugar + *-ase*) 蔗糖酶
saccharate ['sækəreit] 糖质酸盐，糖合物
saccharephidrosis [ˌsækəˌrefi'drəusis] (*sacchar-* + Gr. *ephidrōsis* sweating) 糖汗症，皮肤糖溢
saccharic acid [sə'kærik] ❶ 葡糖二酸；❷ 糖酸
saccharide ['sækəraid] 糖，糖类
sacchariferous [ˌsækə'rifərəs] (L. *saccharum* sugar + *ferre* to bear) 含糖的
saccharification [səˌkærifi'keiʃən] (*sacchar-* + L. *facere* to make) 糖化作用
saccharimeter [ˌsækə'rimitə] (*sacchar-* + *-meter*) 糖定量器，糖量计
    fermentation s. 发酵检糖器
saccharin ['sækərin] (NF) 糖精，邻磺酰苯甲酰亚胺
    s. calcium (USP) 糖精钙
    s. sodium (USP) 糖精钠
saccharine ['sækərain] (Gr. *sakcharon* sugar) 似糖的，甜味的
saccharinol [sə'kærinɔl] 糖精，邻磺酰苯甲酰亚胺
saccharinum [ˌsækə'rinəm] 糖精，邻磺酰苯甲酰亚胺
racchar(o)- (L. *saccharum*, from Gr. *sakcharon* sugar) 糖
saccharobacillus [ˌsækərəbə'siləs] 糖杆菌，巴斯德杆菌
saccharocoria [ˌsækərə'kɔːriə] 厌糖（现象）
saccharogalactorrhea [ˌsækərəgəˌlæktəu-'riə] (Gr. *saccharum* sugar + *gala* milk + *rhoia* flow) 糖乳漏
saccharolytic [ˌsækərə'litik] (*saccharo-* + *lysis*) 糖分解的
saccharometabolic [ˌsækərəˌmetə'bɔlik] 糖代谢的
saccharometabolism [ˌsækərəmə'tæbəlizəm] (*saccharo-* + *metabolism*) 糖代谢
saccharometer [sækə'rɔmitə] 糖定量器，糖量计
Saccharomyces [ˌsækərə'maisiz] (*saccharo-* + Gr. *mykēs* fungus) 酵母属
    S. albicans 白色酵母，白色念珠菌
    S. anginae 咽峡酵母
    S. apiculatus 尖顶酵母菌
    S. bayanus 贝酵母
    S. cantliei 坎氏酵母
    S. capillitii 脱发酵母
    S. carlsbergensis 卡尔酵母
    S. cerevisiae 酿酒酵母
    S. dairensis 乳品酵母
    S. ellipsoideus 椭圆酵母
    S. exiguus 少孢酵母
    S. galacticolus 乳品酵母
    S. glutinis 胶酵母
    S. granulomatosus 肉芽肿酵母
    S. guttulatus 点滴酵母
    S. hansenii 汉森酵母
    S. hominis 人体酵母
    S. lemonnieri 列氏酵母
    S. lithogenes 石原酵母
    S. mesentericus 肠系膜酵母
    S. mycoderma 生膜酵母
    S. neoformans 新型酵母，新型隐球菌
    S. pastorianus 巴斯德酵母
    S. rubrum 深红酵母
    S. subcutaneus tumefaciens 皮下瘤酵母
    S. tumefaciens albus 白色瘤酵母
saccharomyces [ˌsækərə'maisiz] (pl. *saccharomycetes*) 酵母，酵母菌
    Busse's s. 希塞氏酵母，新型隐球菌
Saccharomycetaceae [ˌsækərəˌmaisə'teisiː] 酵母科
saccharomycetes [ˌsækərəmai'sitiz] 酵母。

saccharomyces 的复数形式
saccharomycetic [ˌsækərəmai'setik] 酵母的,酵母菌所致的
saccharomycetolysis [ˌsækərəˌmaisi'tɔlisis] 酵母溶解(现象)
Saccharomycopsis [ˌsækərəmai'kəupsis] 复膜孢酵母属
  S. guttulatus 点滴复膜酵母
saccharomycosis [ˌsækərəmai'kəusis] 酵母菌病
saccharopine ['sækərəpin] 酵母氨酸
saccharopine dehydrogenase ['sækərəpin di'haidrədʒəneis](EC 1.5.1.9)酵母氨酸脱氢酶
saccharopine dehydrogenase ['sækərəpin di'haidrəneis](EC 1.5.1.8)酵母氨酸脱氢酶
saccharopinemia [ˌsækərəpi'niːmiə] 血酵母氨酸过高
saccharopinuria [ˌsækərəpi'njuːriə] 酵母氨酸尿
saccharorrhea [ˌsækərə'riːə] (Gr. *saccharum* sugar + *rhoia* flow) ❶ 糖尿; ❷ 糖尿病
Saccharum ['sækərəm] (*S. officianrum* L.) 甘蔗属
saccharuria [ˌsækə'rjuriə] (*saccharum* + Gr. *uron* urine) 糖尿
sacciform ['sæksifɔːm] (L. *saccus* sac + *forma* form) 囊形的
saccular ['sækjulə] 囊状的
sacculated ['sækjuleitid] (L. *sacculatus*) 成囊的,有小囊的
sacculation [ˌsækju'leiʃən] ❶ 小囊,袋; ❷ 成囊
  s's of colon 结肠袋
  s's of larynx 喉小囊,喉室腔
saccule ['sækjuːl] (L. *sacculus*) 小囊,球囊
  air s's, alveolar s's 肺泡(小)囊
  laryngeal s., s. of larynx 喉小囊
  vestibular s. 前庭囊,球囊
sacculi ['sækjuːlai] (L.) ❶ 小囊; ❷ 球囊。*sacclus* 的复数和所有格形式
sacculocochlear [ˌsækjuləu'kɔkliə] 球囊耳蜗的
sacculotomy ['sækjuˈlɔtəmi] 镫骨底穿刺
sacculus ['sækjuləs] (gen. 和 pl. *sacculi*) (L., dim. of *saccus*) ❶ 小囊; ❷ (NA) 球囊
  sacculi alveolares (NA) 肺泡(小)囊
  s. dentis 牙囊
  s. laryngis (NA)喉小囊
  s. ventricularis 喉室
saccus ['sækəs] (pl. *sacci*) (L.; Gr. *sakkos*) 囊
  s. conjunctivalis (NA) 结膜囊
  s. endolymphaticus (NA) 内淋巴囊
  s. lacrimalis (NA) 泪囊
Sachs' disease [sæks] (Bernard Parney *Sachs*, American neurologist, 1858-1944) 萨克斯氏病
Sachs-Georgi test [sæks 'dʒɔːdʒi] (Hans *Sachs*, German immunologist, 1877-1945; Walter *Georgi*, German bacteriologist, 1889-1920)萨-乔二氏试验
Sachsse's test ['zɑːksiz] (Georg Robert *Sachsse*, German chemist, 1840-1895) 萨克塞氏试验
sacrad ['seikræd] 向骶骨,向骶侧
sacral ['seikrəl] (L. *sacralis*) 骶骨的
sacralgia [seiˈkrældʒiə] (*sacrum* + *-algia*) 骶骨痛
sacralization [ˌseikrəlai'zeiʃən] 骶骨融合,骶骨化
sacrarthrogenic [ˌseikrɑːθrəu'dʒenik] (*sacrum* + Gr. *arthron* joint + *gennan* to produce) 骶关节病的
sacrectomy [sei'krektəmi] (*sacrum* + Gr. *ektomē* excision) 骶骨切除术
sacriplex ['seikripleks] 骶丛
sacr(o)- (L. *sacrum*)骶骨
sacroanterior [ˌseikrəuæn'tiəriə] 骶前位
sacrococcygeal [ˌseikrəukɔk'sidʒiəl] 骶尾的
sacrococcyx [ˌseikrəu'kɔksiks] 骶尾骨
sacrocoxalgia [ˌseikrəu'kɔksældʒiə] 骶尾骨痛
sacrocoxitis [ˌseikrəukɔk'saitis] (*sacro-* + L. *coxa* hip + *-itis*) 骶髋关节炎
sacrodynia [ˌseikrəu'diniə] (*sacro-* + Gr. *odynē* pain) 骶(部)痛
sacroiliac [ˌseikrəu'iliæk] 骶髂的
sacroiliitis [ˌseikrəuˌili'aitis] 骶髂关节炎
sacrolisthesis [ˌseikrəulis'θisis] 骶骨前移
sacrolumbar [ˌseikrəu'lʌmbə] (*sacro-* +

L. *lumbus* loin) 骶腰的
sacroperineal [ˌseikrəuˌperiˈniːəl] 骶骨会阴的
sacroposterior [ˌseikrəupɔsˈtiəriə] 骶后位
sacropromontory [ˌseikrəuˈprɔməntəri] 骶骨岬
sacrosciatic [ˌseikrəusaiˈætik] 骶骨坐骨的
sacrospinal [ˌseikrəuˈspainəl] (*sacro-* + L. *spina* spine) 骶棘的,骶脊的
sacrotomy [seiˈkrɔtəmi] (*sacro-* + Gr. *temnein* to cut) 骶骨(下部)切开术
sacrotransverse [ˌseikrəutrænsˈvəːs] 骶横位
sacrouterine [ˌseikrəuˈjuːtərain] 骶骨子宫的
sacrovertebral [ˌseikrəuˈvəːtibrəl] 骶骨椎骨的
sacrum [ˈseikrəm] (L. "sacred") 骶骨
   assimilation s. 同化骶骨
   scimitar s. 先天骶骨变形
   tilted s. 骶骨倾斜
sactosalpinx [ˌsæktəuˈsælpiŋks] (Gr. *saktos* stuffed + *salpinx* tube) 输卵管积液
saddle [ˈsædl] ❶ 支撑物;❷ 鞍形架,鞍状物;❸ 假牙牙托
   denture base s. 假牙牙托
   s. back 鞍背
   s. joint 鞍状关节
   s. nose 鞍状鼻
   s. Turkish 蝶鞍
sadism [ˈsædizəm] (Comte Donatien Alphonse Francois, Marquis de *Sade*, French novelist, 1740-1814) 施虐狂,施欲,施虐色情
   anal s. 肛式施虐淫
   oral s. 口式施虐淫
sadist [ˈsædist] 施虐者,施虐狂者,施虐色情者
sadistic [sæˈdistik] 施虐狂的,施虐欲的,施虐色情的
sadomasochism [ˌsædəuˈmæsəkizəm] 施虐受虐狂
sadomasochistic [ˌsædəuˌmæsəuˈkistik] 施虐受虐狂的
Saemisch's operation [ˈsemiʃəz] (Edwin Theodor *Saemisch*, German ophthalmologist, 1833-1909) 塞米施氏手术

Saenger's macula [ˈzeingəz] (Max *Maenger*, German obstetrician in Prague, 1853-1903) 曾格尔氏斑
Saenger's sign [ˈzeingəz] (Alfred *Saenger*, German neurologist, 1861-1921) 曾格尔征
Saethre-Chotzen syndrome [ˈseitrə ˈkɔtzən] (Haakon *Saethre*, Norwegian psychiatrist, 20th century; F. *Chotzen*, German psychiatrist, 20th century) 塞-乔二氏综合征
Saff [sæf] 散福:红花油制剂的商品名
Safflor [ˈsæflə] 散福乐:红花油制剂的商品名
safranin O [ˈsæfrənin] 番红 O
safranophil [sæfˈrænəfil] (*safranine* + Gr. *philein* to love) ❶ 嗜番红的;❷ 亲番红细胞
safrole [ˈsæfrɔl] 黄樟脑,黄樟素
safrosin [ˈsæfrəsin] 蓝曙红
sagittal [ˈsædʒitəl] (L. *sagittalis*; *sagitta* arrow) ❶ 矢状的;❷ 前后向的
sagittalis [ˌsædʒiˈtælis] 矢状的,前后向的
Sahli's method [ˈzɑːliz] (Herman *Sahli*, Swiss physician, 1856-1933) 萨利氏法
Saint's triad [seints] (Charles Frederick Morris *Saint*, South African radiologist, 20th century) 圣氏三征
Sakati-Nyhan syndrome [ˈsɑːkɑːti ˈnaihæn] (Nadia *Sakati*, American pediatrician, 20th century; William Leo *Nyhan*, American pediatrician, born 1926) 塞-奈二氏综合征
Sakmann [ˈzɑːkmæn] 萨克曼:Bert,德国细胞生理学家
Saksenaea [ˈsæksəˈniə] 毛霉菌
Saksenaeaceae [ˌsæksəniˈeisiː] 毛霉菌
S.A.L. (L. *secundum artis leges* 的缩写) 按技术规定
sal [sæl] (L.) 盐
   s. ammoniac 硇砂,氯化铵
   s. diureticum 醋酸钾
   s. soda 纯碱,碳酸钠
   s. volatile 碳酸铵
Sala's cells [ˈsɑːlɑːz] (Luigi *Sala*, Italian zoologist, 1863-1930) 萨拉氏细胞
salamander [sæləˈmændə] (Gr. *salamandra* a kind of lizard) 蝾螈
salamanderin [ˌsæləˈmændərin] 蝾螈毒素
salantel [ˈsæləntəl] 氯碘柳苯胺

salazosulfapyridine [ˌsæləzəuˌsʌlfə'piridin] 水杨酰偶氮磺胺吡啶

salbutamol [sæl'bʌtəmɔl] 舒喘宁,羟甲叔丁肾上腺素,嗽心妥,柳丁氨醇

salcolex ['sælkɔleks] 水杨酸胆碱硫酸镁

salethamide maleate [sæ'leθəmaid] 二乙氨乙柳胺

salicin ['sælisin] (L. *salix* willow) 柳素,水杨素

salicylamide [ˌsælisi'læmaid] 水杨酰胺

salicylanilide [ˌsælisi'lænilaid] 水杨酰苯胺

salicylase [sə'lisileis] (*salicylic acid* + -*ase*) 柳酸酶

salicylate ['sæliˌsileit] 水杨酸盐,水杨酸酯
   s. **meglumine** 水杨酸葡胺,水杨酸甲基葡胺

salicylated ['sælisileitid] 含水杨酸的,浸水杨酸的

salicylazosulfapyridine [ˌsæliˌsiləzəuˌsʌlfə'piridin] 水杨酰偶氮磺胺吡啶

salicylemia [ˌsælisi'liːmiə] (*salicylate* + -*emia*) 水杨酸盐血

salicylic [ˌsæli'silik] 水杨酰的,水杨酸基的

salicylic acid [sæli'silik] (USP) 水杨酸

salicylism ['sælisilizəm] 水杨酸中毒

salicylsalicylic acid [ˌsælisəlˌsæli'silik] 水杨基水杨酸

salicylsulfonic acid [ˌsælisəlsʌl'fɔnik] 磺基水杨酸

salicyltherapy [ˌsælisil'θerəpi] 柳酸疗法

salicyluric acid [ˌsælisil'jurik] 水杨尿酸,水杨酸甘氨酸

salifiable ['sælifaiəbl] (L. *sal* salt + *fieri* to become) 可成盐的,可与酸成盐的

salify ['sælifai] 成盐

saligenin [ˌsælə'genin] (*salinin* + Gr. *genan* to produce) 柳醇

salimeter [sə'limitə] (L. *sal* salt + *metrum* measure) 盐液浓度计,盐液比重计

saline ['seilain] (L. *salinus*; *sal* salt) ❶ (含)盐的; ❷ 盐水
   physiological s. 生理盐水

salinometer [ˌsæli'nɔmitə] 盐液密度计

saliva [sə'laivə] (L.) 涎,唾液

artificial s. 人造涎
chorda s. 鼓索性涎,颌下腺涎
ganglionic s. 神经节性涎,颌下腺涎
lingual s. 舌腺涎
parotid s. 腮腺涎
ropy s. 粘性涎
sublingual s. 舌下腺涎
submaxillary s. 颌下腺涎
sympathetic s. 交感神经性涎

salivant ['sælivənt] ❶ 催涎的; ❷ 催涎药

salivaria [ˌsæli'vɛəriə] 唾窦锥虫

salivarian [ˌsæli'vɛəriən] 唾窦锥虫的

salivary ['sælivəri] (L. *salivarius*) 涎的,唾液的

salivate ['sæliveit] 使流涎,流涎

salivation [ˌsæli'veiʃən] (L. *salivatio*) ❶ 流涎; ❷ 多涎

salivator ['sæliˌveitə] 催涎药

salivatory ['sæliveitəri] 催涎的

salivolithiasis [sə'laivɔli'θaiəsis] (*saliva* + Gr. *lithos* stone) 涎石病

Salk vaccine [sɔːlk] (Jonas Edward *Salk*, American physician and virologist, born 1914) 索耳克氏疫苗

Salkowski's test [sɑːl'kɔfskiz] (Ernst Leopold *Salkowski*, German physiologic chemist, 1844-1923) 萨尔科夫斯基氏试验

salmin ['sælmin] 鲑精蛋白

Salmonella [ˌsælmə'nelə] (Daniel Elmer *Salmon*, American pathologist, 1850-1914) 沙门氏菌属
   S. **abortus equi** 马流产沙门氏菌
   S. **abortus ovis** 羊流产沙门氏菌
   S. **agona** 阿哥拉沙门氏菌
   S. **arizonae** 亚利桑那沙门氏菌
   S. **bongor** 波哥沙门氏菌
   S. **choleraesuis** 猪霍乱沙门氏菌
   S. **choleraesuis** var. **kuzendorf** 猪霍乱沙门氏菌库氏变种
   S. **choleraesuis** var. **typhisuis** 猪霍乱沙门氏菌猪伤寒变种
   S. **enteritidis** 肠炎沙门氏菌
   S. **enteritidis** serotype **abortus equi** 肠炎沙门氏菌马流产血清型
   S. **enteritidis** serotype **abortus ovis** 肠类沙门氏菌羊流产血清型
   S. **enteritidis** serotype **agona** 肠炎沙门氏

菌阿哥拉血清型
S. enteritidis serotype **gallinarum** 肠炎沙门氏菌鸡血清型
S. enteritidis serotype **heidelberg** 肠类沙门氏菌海德尔堡血清型
S. enteritidis serotype **hirschfeldii** 肠炎沙门氏菌赫希费尔德血清型
S. enteritidis serotype **infantis** 肠炎沙门氏菌婴儿血清型
S. enteritidis serotype **newport** 肠炎沙门氏菌新港血清型
S. enteritidis serotype **paratyphi A** 肠炎沙门氏菌甲型副伤寒血清型
S. enteritidis serotype **pullorum** 肠炎沙门氏菌鸡瘟血清型
S. enteritidis serotype **schottmuelleri** 肠炎沙门氏菌肖特苗勒血清型
S. enteritidis serotype **sendai** 肠炎沙门氏菌仙台血清型
S. enteritidis serotype **typhimurium** 肠炎沙门氏菌鼠伤寒血清型
S. **gallinarum** 鸡沙门氏菌
S. **heidelberg** 海德尔堡沙门氏菌
S. **hirschfeldii** 赫希费耳德氏沙门氏菌
S. **houtenae** 豪顿沙门氏菌
S. **infantis** 婴儿沙门氏菌
S. **morgani** 摩氏沙门氏菌,摩氏变形杆菌
S. **newport** 新港沙门氏菌
S. **paratyphi** 副伤寒沙门氏菌
S. **paratyphi A** 甲型副伤寒沙门氏菌
S. **paratyphi B** 乙型副伤寒沙门氏菌
S. **paratyphi C** 丙型副伤寒沙门氏菌,丙型副伤寒杆菌
S. **pullorum** 鸡瘟沙门氏菌
S. **salamae** 萨拉姆沙门氏菌
S. **schottmuelleri** 肖特苗勒沙门氏菌
S. **sendai** 仙台沙门氏菌
S. **suipestifer** 猪霍乱沙门氏菌
S. **typhi** 伤寒沙门氏菌,伤寒杆菌
S. **typhimurium** 鼠伤寒沙门氏菌
S. **typhisuis** 猪霍乱沙门氏菌
S. **typhosa** 伤寒沙门氏菌,伤寒杆菌
salmonella [ˌsælmə'nelə] (pl. *salmonellae*) 沙门氏菌
salmonellal [ˌsælmə'neləl] 沙门氏菌引起的
Salmonelleae [ˌsælmə'neli:] 沙门氏菌族

salmonellosis [ˌsælmənə'ləusis] 沙门氏菌病
salocoll ['sæləkɔl] 萨罗可,水杨酸非诺可
salol ['seilɔl] 萨罗,水杨酸苯酯
Salomon's test ['sæləmɔnz] (Hugo *Salomon*, German physician, 1872-1954) 萨洛门氏试验
salpingectomy [ˌsælpin'dʒektəmi] (*salpingo-* + Gr. *ektomē* excision) 输卵管切除术
salpingemphraxis [ˌsælpindʒem'fræksis] (*salpingo-* + Gr. *emphraxis* stoppage) 咽鼓管阻塞
salpingian [sæl'pindʒiən] ❶ 输卵管的; ❷ 咽鼓管的
salpingion [sæl'pindʒiən] 咽鼓管点
salpingitic [ˌsælpin'dʒitik] ❶ 输卵管炎的; ❷ 咽鼓管炎的
salpingitis [ˌsælpin'dʒaitis] (*salpingo-* + *-itis* inflammation) ❶ 输卵管炎; ❷ 咽鼓管炎
  chronic interstitial s. 慢性输卵管间质炎,慢性间质性输卵管炎
  eustachian s. 咽鼓管炎
  hemorrhagic s. 出血性输卵管炎
  hypertrophic s. 增殖性输卵管炎,肥厚性输卵管炎
  s. isthmica nodosa 结节性输卵管峡炎
  mural s. 实质性输卵管炎,肥厚性输卵管炎
  nodular s. 结节性输卵管炎
  parenchymatous s. 实质性输卵管炎,肥厚性输卵管炎
  s. profluens 溢流性输卵管炎
  pseudofollicular s. 假囊性输卵管炎
  purulent s. 脓性输卵管炎
  tuberculous s. 结核性输卵管炎
salping(o)- (Gr. *salpinx* tube) 管
salpingocele [sæl'piŋɡəsi:l] (*salpingo-* + Gr. *kēlē* hernia) 输卵管疝
salpingocyesis [sælˌpiŋɡəsai'i:sis] (*salpinx* + Gr. *kyesis* pregnancy) 输卵管妊娠
salpingography [ˌsælpiŋ'ɡɔɡrəfi] (*salpingo-* + Gr. *graphein* to write) 输卵管造影术
salpingolithiasis [sælˌpiŋɡəuli'θaiəsis] 输卵管石病
salpingolysis [ˌsælpiŋ'ɡɔlisis] 输卵管粘连

分离术
salpingo-oophorectomy [sæl͵piŋgəuəuɔfə'rektəmi] 输卵管卵巢切除术
salpingo-ovaritis [sæl͵piŋgəu͵əuvəu'raitis] 输卵管卵巢炎
salpingo-oophoritis [sæl͵piŋgəu͵əuɔfə'raitis] 输卵管卵巢炎
salpingo-oophorocele [sæl͵piŋgəuəu'ɔfərəsi:l] 输卵管卵巢疝
salpingo-oothecitis [sæl͵piŋgəu͵əuθi'saitis] (*salpingo-* + Gr. *ōon* egg + *thēkē* case + *-itis*) 输卵管卵巢炎
salpingo-oothecocele [sæl͵piŋgəu͵əuə'θi:kəsi:l] (*salpingo-* + Gr. *ōon* egg + *thēkē* case + *kēlē* hernia) 输卵管卵巢疝
salpingo-ovariectomy [sæl͵piŋgəu͵əuvəri'ektəmi] 输卵管卵巢切除术
salpingo-ovariotomy [sæl͵piŋgəu͵'əuvəri'ɔtəmi] 输卵管卵巢切除术
salpingoperitonitis [sæl͵piŋgəu͵peritəu'naitis] 输卵管腹膜炎
salpingopexy [sæl͵piŋgəu'peksi] (*salpingo-* + Gr. *pēxis* fixation) 输卵管固定术
salpingopharyngeal [sæl͵piŋgəufə'rindʒi:əl] 咽鼓管咽的
salpingoplasty [sæl'piŋgə͵plæsti] (*salpingo-* + Gr. *plassein* to form) 输卵管成形术
salpingorrhaphy [͵sælpiŋ'gɔrəfi] (*salpingo-* + *-rrhaphy*) 输卵管缝术
salpingoscopy [͵sælpiŋ'gɔskəpi] 咽鼓管镜检查
salpingostaphyline [sæl͵piŋgəu'stæfilin] 咽鼓管悬雍垂的
salpingostomatomy [sæl͵piŋgəustəu'mætəmi] (*salpingo-* + Gr. *stoma* mouth + *tomē* a cutting) 输卵管部分切除造口术
salpingostomatoplasty [sæl͵piŋgəustəu'mætə͵plæsti] 输卵管部分切除造口术
salpingostomy [͵sælpiŋ'gɔstəmi] (*salpingo-* + Gr. *stomoun* to provide with an opening or mouth) ❶ 输卵管造口(引流)术; ❷ 输卵管复通术
salpingotomy [͵sælpiŋ'gɔtəmi] (*salpingo-* + Gr. *tomē* a cutting) 输卵管切开术
salpingysterocyesis [͵sælpin͵dʒistərəsai'i:sis] (*salpinx* + Gr. *hystera* uterus + *kyesis* pregnancy) 输卵管子宫妊娠

salpinx ['sælpiŋks] (Gr.) 管
s. auditiva 咽鼓管,欧氏管
s. uterina 输卵管
salsalate ['sælsəleit] 水杨酰水杨酸
salt [sɔ:lt] (L. *sal*; Gr. *hals*) ❶ 氯化钠, 盐; ❷ 盐类; ❸ (复数)泻盐
acid s. 酸性盐
basic s. 碱性盐
bile s's 胆汁(酸)盐
bone s's 骨盐
buffer s. 缓冲盐
Carlsbad s. 卡尔斯巴德泉盐
common s. 食盐
compound s. 复盐
diuretic s. 利尿盐,醋酸钾
double s. 复盐
Epsom s. 泻盐,硫酸镁
Glauber's s. 格劳伯氏盐,芒硝,硫酸钠
halide s., haloid s. 卤盐
neutral s., normal s. 中性盐,正盐
Preston's s., Rochelle s., Seignette's s. 酒石酸钾钠
smelling s's 嗅盐
Wurster's s's 武斯特氏盐
saltation [sæl'teiʃən] (L. *saltatio* from *saltare* to jump) ❶ 跳跃; ❷ 舞蹈病跳跃; ❸ 突变,种群突变
saltatorial [͵sæltə'tɔ:riəl] ❶ 跳跃的,舞蹈的; ❷ 突变的
saltatoric [͵sæltə'tɔ:rik] ❶ 跳跃的,舞蹈的; ❷ 突变的
saltatory ['sæltətəri] ❶ 舞蹈的,跳跃的; ❷ 突变的
Salter's lines ['sɔ:ltəz] (Sir Samuel James A. *Salter*, English dentist, 1825-1897) 索尔特氏线
salting in ['sɔ:ltiŋ in] 盐解蛋白
salting out ['sɔ:ltiŋ aut] 盐析,加盐分离
saltpeter [sɔ:lt'pi:tə] (L. *salpetra* or *sal petrae*) 硝石,硝酸钾
Chile s. 智利硝石,硝酸钠
salubrious [sə'lju:briəs] (L. *salubris*) 增进健康的,适于卫生的
salubrity [sə'lu:briti] 增进健康,益体
saluresis [͵sælju'ri:sis] (L. *sal* salt + Gr. *ourēsis* a making water) 尿食盐排泄
saluretic [͵sælju'retik] ❶ (促)尿食盐排泄的; ❷ 促尿食盐排泄药

Saluron ['sæljurən] 散流罗:氢氟噻嗪制剂的商品名

salutarium [ˌsælju:'tɛəriəm] 疗养院

salutary ['sæljutəri] (L. *salutaris*) 适于健康的

Salutensin [ˌsælju'tensin] 散流特斯:双氢氟噻嗪和利血平商品名

salvage ['sælvidʒ] (Fr.) 抢救

salvarsan ['sælvəsən] 洒尔佛散,胂凡钠明,六 O 六

salve [sɑ:v] 软膏,油膏

Salvia ['sælviə] (L.) 鼠尾草属

Salyrgan ['sælərɡən] 撒利汞:汞撒利制剂的商品名

Salzer's operation ['sælzəz] (Fritz Adolf *Salzer*, Dutch surgeon, born in 1858) 萨耳泽氏手术

Salzmann's nodular corneal dystrophy ['sæltsmænz] (Maximilian *Salzmann*, Austrian-born ophthalmologist in Germany, 1862-1954) 扎尔茨曼结节性角膜营养不良

samandaridine [ˌsæmən'dæridin] 火蛇皮碱

samandarine [sə'mændəri:n] 火蛇皮毒碱

samarium [sə'mɛəriəm] 钐:稀有金属元素

sample ['sæmpl] (L. *exemplum* example) 样品,标本
 random s. 随机样品
 stratified s. 分层样品

sampling ['sæmpliŋ] 取样,抽样
 chorionic villus s. (CVS) 绒膜绒毛取样
 percutaneous umbilical blood s. (PUBS) 脐穿刺取样

Sampson's cyst ['sæmpsənz] (John Albertson *Sampson*, American gynecologist, 1873-1946) 桑普森囊肿,巧克力样囊肿

Samuelsson ['sæmjuəlsən] 塞缪尔森:Bengt Ingemar,瑞典生物化学家

sanative ['sænətiv] (L. *sanare* to heal) 治愈的,可愈的

sanatorium [ˌsænə'tɔ:riəm] (L. *sanatorius* confering health, from *sanare* to cure) ❶ 疗养院(所);❷ 疗养站

sanatory ['sænətəri] (L. *sanatorius*) 促进健康的

Sanctorius [sæŋk'tɔriəs] (It. Santorio Santorio, 1561-1636) 萨克托里尔斯:意大利内科医生

sanctuary ['sæŋktʃuəri] 药聚区

sand [sænd] 沙,沙土
 brain s. 脑沙,松果体石

sandalwood ['sændəlwud] (L. *santalum*) ❶ 檀木,檀香;❷ 紫檀

sand crack [sænd kræk] 蹄裂病

Sanders' disease ['sændəz] (Murray *Sand-ers*, American bacteriologist, born 1910) 山德氏病,流行性角膜结膜炎

sandfly ['sændflai] 蠓,蚋,白蛉

Sandhoff disease ['sændhɔf] (K. *sandhoff*, German biochemist, 20th century) 萨得豪夫病

Sandifer's syndrome ['sændifəz] (Paul *Sandifer*, British radiologist, 20th century) 萨迪夫尔氏综合征

Sandimmune ['sændimju:n] 山地明:环孢霉素的商品名

Sandoglobulin [ˌsændəu'ɡlɔbjulin] 三多球蛋白:免疫球蛋白商品名

Sandostatin [ˌsændəu'stætin] 善得定:醋酸生长抑素八肽的商品名

Sandril ['sændril] 三得里尔:利血平商品名

Sandström's bodies ['zɑ:nststrəmz] (Ivar Victor *Sandström*, Swedish anatomist 1852-1889) 山德斯特勒姆氏体

Sandwith's bald tongue ['sændwiðz] (Fleming Mant *Sandwith*, British physician, 1853-1918) 山德韦思氏秃舌

sane [sein] (L. *sanus*) 神志正常的,精神健全的

Sanfilippo's syndrome [sænfi'lipəz] (Sylvester J. *Sanfilippo*, American pediatrician, 20th century) 桑菲利波综合征

Sanger ['sæŋɡə] 散格:Frederick,英国生物化学家

sangui- (L. *sanguis* blood) 血

sanguicolous [sæŋ'ɡwikələs] (*sangui-* + L. *colere* to dwell) 住血的,生活在血中的

sanguifacient [ˌsæŋɡwi'feiʃənt] (*sangui-* + L. *facere* to make) 造血的,生血的

sanguiferous [sæŋ'ɡwifərəs] (*sangui-* + L. *ferre* to bear) 运血的,含血的

sanguification [ˌsæŋɡwifi'keiʃən] (*sangui-*

+ L. *facere* to make) 血液生成,血液化

sanguimotor [sæŋgwi'məutə] (*sangui-* + L. *motor* mover) 血液循环的

sanguimotory [sæŋgwi'məutəri] (*sangui-* + L. *motor* mover) 血液循环的

sanguinaria [ˌsæŋgwi'nɛəriə] 血根

sanguinarine [ˌsæŋgwi'nɛərin] 血根碱

sanguine [sæŋgwin] (L. *sanguineus*; *sanguis* blood) 多血的,热情的

sanguineous [sæŋ'gwiniəs] 多血的,血液的

sanguinolent [sæŋ'gwinələnt] (L. *sanguinolentus*) 含血的,血色的

sanguinopoietic [ˌsæŋgwinəupɔi'etik] 生血的,造血的

sanguinopurulent [ˌsæŋgwinnəu'pjuərulənt] 脓血的

sanguinous ['sæŋgwinəs] 多血的,血液的

sanguirenal [sæŋgwi'riːnəl] (*sangui-* + L. *ren* kidney) 血(与)肾的

sanguis ['sæŋgwis] (L.) 血,血液

sanguisuction [sæŋgwi'sʌkʃən] 血液吸除法,吸血法

sanguivorous [sæŋ'gwivərəs] (*sangui-* + L. *vorare* to eat) 食血的,吸血的

sanies ['seiniiz] (L.) 腐液,腐脓液

saniopurulent [ˌseiniəu'pjuərulənt] 腐脓性的

sanioserous [ˌseiniəu'siərəs] 腐浆液性的

sanious ['seiniəs] (L. *saniosus*) 腐液的,腐脓液的

sanipractic [ˌsæni'præktik] 保健医学

sanitarian [ˌsæni'tɛəriən] 公共卫生学家,保健专家

sanitarium [ˌsæni'tɛəriəm] (L.) 疗养院,疗养所

sanitary ['sænitəri] (L. *sanitarius*) 卫生的,保健的

sanitation [ˌsæni'teiʃən] (L. *sanitas* health) 环境卫生

sanitization [ˌsænitai'zeiʃən] 卫生处理

sanitize ['sænitaiz] 卫生处理

sanity ['sæniti] (L. *sanitas* soundness) 神志正常,精神健全

Sanorex ['sænəreks] 三诺雷克斯:氯苯咪唑吲哚商品名

Sansert ['sænsəːt] 三沙特:马来酸二甲麦角新碱商品名

Sansom's sign ['sænsəmz] (Arthur Ernest *Sansom*, English physician, 1838-1907) 桑塞姆征

Sanson's images [sæn'sɔnz] (Louis Joseph *Sanson*, French physician, 1790-1841) 桑松氏图像

santalum ['sæntələm] 檀香,檀木
  s. rubrum 紫檀

Santavuori's syndrome [ˌsɑːntɑː'vəriz] (Pirkko *Santavuori*, Finnish physician, 20th century) 萨特弗里氏综合征

Santavuori-Haltia syndrome [ˌsɑːntɑː'vɔri 'hæltiə] (P. *Santavuori*; M. *Halti*, Finnish physician, 20th century) 桑-哈氏综合征

santonica [sæn'tɔnikə] (L.) 山道年花

santonin ['sæntənin] 山道年

Santorini's cartilage [ˌsɑːntəu'riːniz] (Giovanni Domenico *Santorini*, Italian anatomist, 1681-1737) 桑托里尼氏软骨,小角状软骨

sap [sæp] 液,汁
  cell s. 透明质
  nuclear s. 核液,核淋巴

saphena [sə'fiːnə] (L.; Gr. *saphēnēs* manifest) 隐静脉

saphenectomy [ˌsæfi'nektəmi] (*saphena* + Gr. *ektomē* excision) 隐静脉切除术

saphenous [sə'fiːnəs] 隐静脉的,与隐静脉相关的

sapid ['sæpid] (L. *sapidus*) 美味的,有趣的

sapidity [sə'piditi] 有味,味

sapin ['seipin] 沙平:一种无毒的胺,为尸胺,脑胺的异构体

sapo ['seipəu] (L. "soap") 肥皂,皂
  s. mollis 软皂,药用软皂
  s. mollis medicinalis 绿皂,药用软皂
  s. viridis 绿皂,软皂

sapogenin [sə'pɔdʒənin] 皂甙配基,皂甙配质

saponaceous [ˌsæpəu'neiʃəs] (L. *sapo* soap) 肥皂性的,肥皂般的

Saponaria [ˌsæpəu'nɛəriə] 肥皂草属

saponatus [ˌsæpəu'neitəs] (L., from *sapo* soap) 含皂的

saponification [sə,pɔnifi'keiʃən] (L. *sapo* soap + *facere* to make) 皂化(作用)

saponify [sə'pɒnifai] 皂化,化为肥皂
saponin ['sæpənin] 皂甙,皂角甙
   cholan s's 胆烷皂甙
   triterpenoid s's 三萜皂甙
sapophore ['sæpəfɔ] (L. *sapor* taste + Gr. *phoros* bearing) 生咪基,生咪团
sapotalene ['sæpə,tælin] 山榄烯
sapotoxin [,sæpə'tɒksin] 皂毒甙
Sappey's fibers [sɑ:'peiz] (Marie Philibert Constant *Sappey*, French anatomist, 1810-1896) 萨佩氏纤维
sapphism ['sæfizəm] (*Sappho*, Greek poetess, about 600 B.C.) 女子同性恋
sapremia [sə'pri:miə] (Gr. *sapros* rotten + *-emia*) 腐血症
saprin ['sæprin] (Gr. *sapros* rotten) 腐尸碱
sapr(o)- (Gr. *sapros* rotten) 腐败,腐烂
saprobe ['sæprəub] (*sapro-* + Gr. *bios* life) 污水生物
saprobic [sə'prəubik] 污水生物的,污水生的
Saprolegnia [,sæprəu'legniə] (*sapro-* + Gr. *legnon* border) 水霉属
Saprolegniales [,sæprə,legni'eiliz] 水霉目
sapronosis [,sæprə'nəusis] 环境菌病
saprophilous [sə'prɒfiləs] (*sapro-* + Gr. *philein* to love) 嗜腐的
saprophyte ['sæprəfait] (*sapro-* + Gr. *phyton* plant) 腐(物寄)生物,死物寄生菌
saprophytic [,sæprəu'fitik] ❶ 腐物寄生的,死物寄生的;❷ 食腐的
saprophytism ['sæprəfaitizəm] 腐物寄生,死物寄生
Saprospira [,sæprəu'spairə] (Gr. *sapros* putrid + *speira* coil) 腐败螺旋菌属
saprostomous [,sæprəu'stəuməs] (Gr. *sapros* putrid + *stoma* mouth) 口臭的
saprozoic [,sæprəu'zəuik] (*sapro-* + Gr. *zōon* animal) 腐物寄生的,食腐的
saprozoite [,sæprəu'zəuait] 死物寄生虫,腐物寄生虫
saralasin acetate [sə'ræləsin] 醋酸肌丙抗增压素
sarapus ['særəpəs] (Gr. *sarein* to sweep + *pous* foot) 扁平足者
Sarbó's sign ['sɑ:bəuz] (Arthur von *Sarbó*, Hungarian neurologist, late 19th century) 萨尔博氏征
Sarcina ['sɑ:sinə] (L. "package", "bundle") 八迭球菌属
sarcina [,sɑ:sinə] (pl. *sarcinae*) 八迭球菌
sarc(o)- (Gr. *sarx*, *sarkos* flesh) 肉,肌
sarco-adenoma [,sɑ:kəu,ædi'nəumə] 腺肉瘤
sarcoblast ['sɑ:kəblæst] (*sarco-* + Gr. *blastos* germ) 成肌细胞
sarcocarcinoma [,sɑ:kə,kɑ:si'nəumə] 癌肉瘤
sarcocele ['sɑ:kəsi:l] (*sarco-* + Gr. *kēlē* tumor) 睾丸肉样肿
sarcocyst ['sɑ:kəsist] (*sarco-* + *cyst*) ❶ 肉孢子虫;❷ 肉包子虫囊
sarcocystin [,sɑ:kə'sistin] 肉孢子虫毒素
Sarcocystis [,sɑ:kə'sistis] (*sarco-* + Gr. *kystis* bladder) 肉孢子虫属
   S. bovihominis 牛 - 人肉孢子虫
   S. hominis 人肉孢子虫
   S. lindemanni 林氏肉孢子虫
   S. suihominis 猪 - 人肉孢子虫
sarcocystosis [,sɑ:kəsi'stəusis] 肉孢子虫病
sarcocyte ['sɑ:kəsait] (*sarco-* + Gr. *kytos* cell) 肉栅(原虫外胞浆的中层)
sarcode ['sɑ:kəud] (*sarco-* + Gr. *eidos* form) 原浆,原生质动物
Sarcodina [,sɑ:kə'dainə] (Gr. *sarkōdēs* fleshlike) 肉足纲
sarcodine ['sɑ:kədin] ❶ 肉足亚门的;❷ 肉足(亚门)原虫
sarcodinian [,sɑ:kə'diniən] 肉足(亚门)原虫
sarcoenchondroma [,sɑ:kə,enkən'drəumə] 软骨肉瘤
sarcogenic [,sɑ:kə'dʒenik] (*sarco-* + *gennan* to produce) 生肌的
sarcohydrocele [,sɑ:kə'haidrəsi:l] 水囊肿性睾丸肉样肿
sarcoid ['sɑ:kɔid] (*sarc-* + *-oid*) ❶ 肉样的;❷ 肉样瘤,类肉瘤
   Boeck's s., s. of Boeck 伯克氏肉样瘤
   Darier-Roussy s. 达-罗二氏肉样瘤
   Schaumann's s. 绍曼氏肉样瘤
   Spiegler-Fendt s. 施-芬二氏肉样瘤
sarcoidosis [,sɑ:kɔi'dəusis] (*sarcoid* + *-osis*) 肉样瘤病

cardiac s. 心脏结节病
muscular s. 肌肉结节病
sarcolactate [ˌsɑːkəˈlækteit] 肉乳酸盐
sarcolemma [ˌsɑːkəˈlemə] (*sarco-* + Gr. *lemma* husk) 肌纤维膜,肉膜
sarcolemmic [ˌsɑːkəˈlemik] 肌纤维膜的,肉膜的
sarcolemmous [ˌsɑːkəˈleməs] 肌纤维膜的,肉膜的
sarcology [sɑːˈkɔlədʒi] (*sarco-* + Gr. *-logos*) ❶ 软组织解剖学;❷ 肌学
L-sarcolysin [ˌsɑːkəuˈlaisin] 苯丙氨酸氮芥
sarcolysis [sɑːˈkɔlisis] (*sarco-* + Gr. *lysis* dissolution) 肌肉分解,软组织溶解
sartolyte [ˈsɑːkəlait] 肌肉分解细胞,解肌细胞
sarcolytic [sɑːkəuˈlitik] 肌肉分解的,软组织分解的
sarcoma [sɑːˈkəumə] (pl. *sarcomas*, *sarcomata*) (*sarc-* + *-oma*) 肉瘤
  adipose s. 脂肉瘤
  alveolar soft part s. 软组织蜂窝状肉瘤
  ameloblastic s. 成釉细胞肉瘤
  botryoid s., **s. botryoides** 葡萄状肉瘤
  chicken s. 鸡肉瘤
  chloromatous s. 绿色肉瘤
  chondroblastic s. 软骨母细胞肉瘤
  clear cell s. of kidney 肾明细胞肉瘤
  embryonal s. 胚胎性癌肉瘤
  endometrial stromal s. 子宫肉膜间质肉瘤
  epithelioid s. 上皮样肉瘤
  Ewing's s. 尤因氏肉瘤
  fascial s. 筋膜肉瘤
  fibroblastic s. 成纤维细胞肉瘤
  fowl s. 鸡肉瘤
  giant cell s. 巨细胞肉瘤
  granulocytic s. 绿色肉瘤
  hemangioendothelial s. 成血管内皮细胞肉瘤
  Hodgkin's s. 何杰金氏肉瘤
  idiopathic multiple pigmented hemorrhagic s. 皮肤特发性多发性色素沉着出血性肉瘤
  immunoblastic s. of B cells B 细胞免疫母细胞肉瘤
  immunoblastic s. of T cells T 细胞免疫母细胞肉瘤
  Jensen's s. 延森氏肉瘤
  Kaposi's s. 卡波济氏肉瘤(皮肤多发性出血性肉瘤)
  Kupffer cell s. 枯否氏细胞肉瘤,成人肝脏的血管肉瘤
  leukocytic s. 白血病性肉瘤
  lymphatic s. 淋巴肉瘤
  melanotic s. 黑(素)肉瘤,恶性黑瘤
  mixed cell s. 混合细胞肉瘤,多形细胞肉瘤
  multiple idiopathic hemorrhagic s. 多发性特发性出血性肉瘤
  multipotential primary s. of bone 多潜在性骨原性肉瘤
  osteoblastic s. 成骨细胞肉瘤
  osteogenic s. 骨原性肉瘤
  parosteal s. 骨膜外肉瘤
  polymorphous s. 多形细胞肉瘤,恶性间叶瘤
  pseudo-Kaposi s. 伪卡波济氏肉瘤
  reticulum cell s. 网状细胞肉瘤
  reticulum cell s. of the brain 网状脑细胞肉瘤
  Rous s. 鲁斯氏肉瘤
  soft tissue s. 软组织肉瘤
  spindle cell s. ① 棱形细胞肉瘤;② 软组织肉瘤
  synovial s. 滑膜肉瘤
  telangiectatic s. 毛细血管扩张性肉瘤
sarcomagenesis [ˌsɑːkəuməˈdʒenisis] (*sarcoma* + Gr. *genesis* production) 肉瘤生成,肉瘤发生
sarcomagenic [ˌsɑːkəuməˈdʒenik] 致肉瘤的
Sarcomastigophora [ˌsɑːkəˌmæstiˈgɔfərə] (*sarco-* + Gr. *mastix* whip + *phoros* bearing) 肉鞭虫门
sarcomata [sɑːˈkɔmətə] 肉瘤。*sarcoma* 的复数形式
sarcomatoid [sɑːˈkɔmətɔid] 肉瘤样的
sarcomatosis [ˌsɑːkəməˈtəusis] 肉瘤病
sarcomatous [sɑːˈkɔmətəs] 肉瘤的
sarcomalanin [ˌsɑːkəˈmælənin] (*sarco-* + Gr. *melus* black) 肉瘤黑色素
sarcomere [ˈsɑːkəmiə] (*sarco-* + Gr. *meros* part) 肌(原纤维)节,肌小节
sarconeme [ˈsɑːkəniːm] (*sarco-* + Gr.

nēma thread) 厚线藻

Sarcophaga [sɑːˈkɔfəgə] (*sarco-* + Gr. *phagein* to eat) 麻蝇属

Sarcophagidae [ˌsɑːkəuˈfædʒidiː] 麻蝇科

sarcoplasm [ˈsɑːkəplæzəm] (*sarco-* + Gr. *plasma* anything formed or molded) 肌质,肌浆

sarcoplasmic [ˌsɑːkəˈplæzmik] 肌质的,肌浆的

sarcoplast [ˈsɑːkəplæst] (*sarco-* + Gr. *plastos* formed) 肌间质细胞

sarcopoietic [ˌsɑːkəupɔiˈetik] (*sarco-* + Gr. *poiein* to make) 生肌的

Sarcopsylla [ˌsɑːkəupˈsailə] 肉蚤属
S. penetrans 穿皮肉蚤

Sarcoptes [sɑːˈkɔptiz] (*sarco-* + Gr. *koptein* to cut) 疥螨属

sarcoptic [sɑːˈkɔptik] 疥螨的

sarcoptidosis [sɑˌkɔptiˈdəusis] 疥,疥螨病

sarcosine [ˈsɑːkəsiːn] 肌氨酸,N-甲基甘氨酸

sarcosine dehydrogenase [ˈsɑːkəsiːn diˈhaidrədʒəneis] (EC 1.5.99.1) 肌氨酸脱氢酶

sarcosinemia [ˌsɑːkəsəˈnimiə] 肌氨酸血症

sarcosinuria [ˌsɑːkəsiˈnjuriə] 肌氨酸尿

sarcosis [sɑːˈkəusis] (*sarco-* + *-osis*) 肉瘤病,肉过多

sarcosome [ˈsɑːkəsəum] (*sarco-* + Gr. *sōma* body) 肌粒,肉粒

Sarcosporidia [ˌsɑːkəuspəˈridiə] 肉孢子虫目

sarcosporidiasis [ˌsɑːkəuˌspɔːriˈdaiəsis] 肉孢子虫病

sarcosporidiosis [ˌsɑːkəuspəˌridiˈəusis] 肉孢子虫病

sarcostosis [ˌsɑːkəsˈtəusis] (*sarco-* + Gr. *osteon* bone) 肌骨化

sarcostyle [ˈsɑːkəstail] (*sarco-* + Gr. *stylos* column) ❶ 肌原纤维; ❷ 肌原纤维束

sarcotherapy [ˌsɑːkəuˈθerəpi] 肉汁疗法,动物组织浸出物疗法

sarcotic [sɑːˈkɔtik] (Gr. *sarkōtikos*) 生肉的

sarcotome [ˈsɑːkəutəum] (*sarco-* + Gr. *tomē* a cut) 软组织刀

sarcotubules [ˌsɑːkəuˈtjuːbjuːlz] 肌浆小管

sarcous [ˈsɑːkəs] 肉的,肌(肉组织)的

sardonic [sɑːˈdɔnik] (Gr. *sardonios* Sardinian, substituted for *sardanios* bitter because of the facial distortion supposedly caused by eating a poisonous Sardinian herb) 痉笑的

sargramostim [sɑːˈgræməstim] 粒细胞-巨噬细胞激活因子

Sarothamnus [ˌsærəˈθæmnəs] (Gr. *saron* broom + *thamnos* shrub) 金雀花属

sarpicillin [ˌsɑːpiˈsilin] 苯咪青霉素酯,缩酮氨苄青霉素酯,苯咪青霉素甲氨甲酯

Sarracenia [ˌsærəˈsiːniə] (Michel *Sarrazin*, Canadian physician and naturalis, 1659-1734) 瓶子草属

sarsa [ˈsɑːsə] (L.; Sp. *zarza* briar) 菝葜

sarsaparilla [ˌsɑːsəpəˈrilə] (L.; Sp. "briar vine") 菝葜

sarsasapogenin [ˌsɑːsəˌsæpəˈdʒenin] 萨洒皂草配基

Sassafras [ˈsæsəfræs] (L.) 檫木属,黄樟属

satellite [ˈsætəlait] (L. *satelles* companion) ❶ 伴行静脉; ❷ 卫星病灶; ❸ 随体; ❹ 卫星现象; ❺ 簇出后胞
bacterial s. 卫星菌,陪菌
centriolar s. 中心粒随体
chromosomal s. 染色质随体
nucleolar s. 核仁随体

satellitism [ˈsætəlitizəm] 卫星现象

satellitosis [ˌsætəlaiˈtəusis] 卫星状态

satiety [səˈtaiəti] (L. *satis* sufficient + *-ety* state or condition of) 饱满感,厌腻

Satterthwaite's method [ˈsætəθweits] (Thomas Edward *Satterthwaite*, American physician, 1843-1934) 萨特思韦特法

Sattler's layer [ˈsætləz] (Hubert *Sattler*, Austrian ophthalmologist, 1844-1928) 萨特勒氏层

saturate [ˈsætjureit] (L. *saturare*, to fill) 饱和,浸润

saturated [ˈsætʃəreitid] 饱和的

saturation [ˌsætʃəˈreiʃən] (L. *saturatio*) ❶ 饱和,饱和作用; ❷ 饱和剂量
oxygen s. 氧饱和度

saturnine [ˈsætənain] (L. *saturninus*; *saturnus* lead) ❶ 铅的; ❷ 忧郁的

saturnism [ˈsætənizəm] (L. *saturnus*

lead) 铅中毒
saturnotherapy [ˌsætəːnəuˈθerəpi] (L. *saturnus* lead + *therapy*) 铅剂疗法
satyriasis [ˌsætiˈraiəsis] (Gr. *satyros* satyr) 男子色情狂,求雌狂
satyromania [sætirəˈmeiniə] (Gr. *satyros* satyr + *mania* madness) 男子色情狂,求雌狂
saucer [ˈsɔːsə] 碟,圆形浅窝,碟形凹陷
  auditory s. 听窝
saucerization [ˌsɔːsəraiˈzeiʃən] ❶ 碟形手术; ❷ 碟形凹陷
Sauer's vaccine [sauəz] (Louis W. *Sauer*, American pediatrician, born 1885) 邵厄氏菌苗,百日咳菌苗
Sauerbruch's cabinet [ˈzəu-əbruks] (Ernst Ferdinand *Sauerbruch*, German surgeon, 1875-1951) 索尔布鲁赫氏气压调节室
Saundby's test [ˈsaundbiz] (Robert *Saundby*, English physician, 1849-1918) 桑德比氏试验
Saunders' disease [ˈsɔːndəz] (Edward Watt *Saunders*, American physician, 1854-1927) 桑德氏病
sauriasis [sɔːˈraiəsis] (Gr. *sauros* lizard) 鱼鳞癣,蜥蜴癣
sauroid [ˈsɔːrɔid] (Gr. *sauros* lizard + *eidos* form) 蜥蜴状的
sausarism [ˈsɔːsərizm] ❶ 舌麻痹; ❷ 舌干燥
Saussure's hygrometer [sɔːˈsuəz] (Horace Bénédict de *Sanssure*, Swiss physicist, 1740-1799) 索苏尔湿度计,毛发湿度计
Sauvineau's ophthalmoplegia [ˈsɔvinəz] (Charles *Sauvineau*, French ophthalmologist, born 1862) 邵维努氏眼肌麻痹
Savill's disease [ˈsævilz] (Thomas Dixon *Savill*, British physician, 1856-1910) 塞维耳氏病
savin [ˈsævin] (L. *sabina*) 沙芬,新疆圆柏,沙比桧
saw [sɔː] 锯
  Adams' s. 亚当斯氏长柄小锯(切骨用)
  amputating s. 切断锯
  bayonet s. 刺刀状锯
  Butcher's s. 布彻氏锯
  chain s. 链锯
  crown s. 冠形锯
  Farabeuf's s. 法腊布夫氏锯
  Gigli's wire s. 季格利氏线锯(钢丝锯)
  Hey's s. 黑氏锯(骨口扩大锯)
  hole s. 钻锯,环锯
  separating s. 分离锯
  Shrady's s., subcutaneous s. 希雷迪氏锯,皮下骨锯
saxitoxin [ˌsæksiˈtɔksin] 蛤蚌毒素
Sayre's apparatus [ˈseiəz] (Lewis Albert *Sayre*, American surgeon, 1820-1900) 塞尔氏吊架
SB (sinus bradycardia 的缩写)窦性心搏徐缓
Sb (L. *stibium* 的缩写)锑
SBE (subacute bacterial endocarditis 的缩写)亚急性细菌性心内膜炎
SC ❶ (secretory component 的缩写)分泌成分; ❷ (closure of semilunar valves 的缩写)半月瓣闭合
Sc (*scandium* 的缩写)钪
scab [skæb] ❶ 痂; ❷ 结痂
  foot s. 羊痂
  head s. 头痂
  sheep s. 羊痂
scabetic [skəˈbetik] 疥疮的
scabicide [ˈskeibisaid] ❶ 杀疥螨的; ❷ 杀疥螨药
scabies [ˈskeibiz] (L., from *scabere* scratch) 疥疮,疥螨病
  crusted s. 结痂性疥疮
  Norwegian s. 结痂性疥疮
scabietic [ˌskeibiˈetik] 疥疮的
scabieticide [ˌskeibiˈetisaid] 杀疥螨药
scabiophobia [ˌskeibiəˈfəubiə] 疥疮恐怖
SCAD deficiency (short-chain acyl-CoA dehydrogenase deficiency 的缩写)短链酰(基)-辅酶 A 脱氢酶缺乏
scala [ˈskeilə] (pl. *scalae*) (L. "staircase") 阶,阶梯
  s. of Löwenberg, s. media 中阶,蜗管
  s. tympani (NA) 鼓阶
  s. vestibuli (NA) 前庭阶
scalar [ˈskeilə] (L. *scalaris* pertaining to a ladder or staircase) ❶ 数量,标量,无向量; ❷ 数量的,标量的,无向量的
scalariform [skəˈlærifɔːm] (L. *scalaris* like a ladder + *forma* shape) 梯级形的,

梯纹形的
scald [skɔːld] 烫伤
scale [skeil] (Old Fr. *escale* shell, husk) ❶ 鳞屑；❷ 牙垢；❸ 除垢；❹ (L. *scala*, usually pl. *scalae* a series of steps) 标,标度,刻度
 absolute s., absolute temperature s. ① 绝对温标,绝对温度；② 开耳芬氏温标
 adhesive s. 粘性鳞屑
 Apgar s. 艾帕格氏标度
 Baumé's s. 博梅氏比重标
 binary s. 两分法标
 Brazelton behavioral s. 布拉兹尔顿氏行为表
 Cattell Infant Intelligence S. 卡太耳氏婴儿智力表
 Celsius s. 摄氏温标
 centigrade s. ① 百分温标；② 摄氏温标
 Charrière s. 夏里埃尔氏标度
 Clark's s. 克拉克氏标度
 Columbia Mental Maturity S. 哥仑比亚智力成熟表
 dichotomous s. 两分标
 Dunfermline s. 登弗姆林营养指标
 Fahrenheit s. 华氏温标
 French s. 法兰西标度
 Gaffky s. 加夫基氏表
 Glasgow Coma S. 格拉斯哥昏迷标度
 Glasgow Outcome S. 格拉斯哥结果标度
 Global Assessment S. 格洛勃尔估计标度
 gray s. 灰标(度)
 homigrade s. 霍米格兰德氏标度
 hydrometer s. 液体比重计标度
 interval s. 间隔标度
 Karnofsky s. 卡诺夫斯基氏标度
 Kelvin s. 开耳温氏温标
 nominal s. 名义尺度
 nonlinear s. 非线性标度
 ordinal s. 顺序标度
 Rankine s. 兰金氏温标
 ratio s. 比率尺度
 Réaumur s. 列(奥缪尔)氏温标
 temperature s. 温度标度
 Wechsler Adult Intelligence S. (WAIS) 成人智力表
 Wechsler Intelligence S. for Children (WISC) 儿童智力表

scalene [ˈskeiliːn] (Gr. *skalēnos* uneven) ❶ 不等边三角形的,偏三角的；❷ 斜角肌的
scalenectomy [ˌskeiliˈnektəmi] (*scalenus* + *-ectomy*) 斜角肌切除术
scalenotomy [ˌskeiliˈnɔtəmi] (*scalenus* + *-tomy*) 斜角肌切开术
scalenus [skeiˈliːnəs] (L.; Gr. *skalēnos*) 斜角肌
scaler [ˈskeilə] ❶ 刮器；❷ 计数器
 chisel s. 牙周膜凿刮器
 deep s. 深刮器
 double-ended s. 两端刮器
 hoe s. 牙锄刮器
 sickle s. 镰状刮器
 superficial s. 浅层刮器
 ultrasonic s. 超声刮器
scaling [ˈskeiliŋ] 刮牙术,刮治术
 deep s. 深刮术
 root s. 根茎刮牙术
 subgingival s. 龈下刮除术
 ultrasonic s. 超声刮牙术
scalp [skælp] 头皮
 gyrate s. 头皮松垂,回状头皮
scalpel [ˈskælpəl] (L. *scalpellum*) 解剖刀,手术刀
sclapriform [ˈskælprifɔːm] 凿形的
scalprum [ˈskælprəm] (L. knife) 骨锉,骨刀
scaly [ˈskeili] (L. *squamosus*) ❶ 鳞状的；❷ 有鳞屑的
scammonia [skəˈməuniə] 司格蒙旋花,药旋花(根)
scammony [ˈskæməni] (L. *scammonium*, *scammonia*) 司格蒙旋花,药旋花(根)
 Mexican s. 墨西哥司格蒙旋花,药薯(根)
scan [skæn] ❶ 闪烁扫描,扫描；❷ 回声探测显示法
 A-s. A型超声扫描
 B-s. B型超声扫描
 bone s. 骨扫描
 CAT s., CT s. (Computerized axial tomography 的缩写) 计算机断层扫描
 Meckel s. 美克耳氏扫描
 M-mode s. 运动式扫描
 ventilation-perfusion s., V/Q s. 换气灌注扫描

scandium ['skændiəm] 钪
scanner ['skænə] 扫描仪,扫描器,闪烁计数器
 EMI s. 电磁干扰扫描仪
 scintillation s. 闪烁扫描器
scanning ['skæniŋ] ❶ 扫描术；❷ 断续言语
 infarct avid s. 梗塞扫描
 multiple gated acquisition (MUGA) s. 多倍用门控制探测扫描
 radioisotope s. 放射性同位素扫描
 thallium s. 铊元素扫描
scanography [skæ'nɒgrəfi] 扫描照相术
scansion ['skænʒən] 断续言语
Scanzoni's maneuver [skɑːn'zəuniz] (Friedrich Wilhelm *Scanzoni*, German obstetrician, 1821-1891) 斯坎佐尼氏手法
scapha ['skeifə] (L. "a skiff") (NA) 耳舟,舟状窝
scaphion ['skeifiən] (Gr. *skaphion* a small bowl or basin) 颅底外面
scaph(o)- (Gr. *skaphē* skiff or light boat) 船,舟
scaphocephalia [ˌskæfəsi'feiliə] 舟状头(畸形)
scaphocephalic [ˌskæfəse'felik] 舟状头的
scaphocephalism [ˌskæfə'sefəlizəm] 舟状头
scaphocephalous [ˌskæfə'sefələs] 舟状头的
scaphocephaly [ˌskæfə'sefəli] (Gr. *skaphē* skiff + *kephalē* head) 舟状头
scaphohydrocephalus [ˌskæfəˌhaidrəu'sefələs] 舟状头脑积水
scaphohydrocephaly [ˌskæfəˌhaidrəu'sefəli] 舟状头脑积水
scaphoid ['skæfɔid] (Gr. *skaphē* skiff + *eidos* form) 舟状的
scaphoideum [skæfɔi'diːəm] (L.) 舟骨,舟状骨
scaphoiditis [ˌskæfɔi'daitis] 舟骨炎
 tarsal s. 跗骨舟骨炎
scapholunate [ˌskæfə'ljuneit] 舟状及月骨
Scaptocosa [ˌskæptə'kəusə] 狼蛛属
 S. raptoria 一种狼蛛
scapula ['skæpjulə] (pl. *scapulae*) (L.) (NA) 肩胛骨
 alar s., s. alata 翼状肩胛
 elevated s. 高位肩胛
 Graves' s. 舟状肩胛
 scaphoid s. 舟状肩胛
 winged s. 翼状肩胛
scapulalgia [ˌskæpju'lældʒiə] 肩胛痛
scapular ['skæpjulə] 肩胛(骨)的
scapulary ['skæpjuləri] 肩悬带
scapulectomy [ˌskæpju'lektəmi] (*scapula* + Gr. *ektomē* excision) 肩胛切除术
scapuloanterior [ˌskæpjuləæn'tiəriə] 肩前位
scapuloclavicular [ˌskæpjuləuklə'vikjulə] 肩胛锁骨的
scapulodynia [ˌskæpjuləu'diniə] (*scapula* + Gr. *odynē* pain + *-ia*) 肩胛痛
scapulohumeral [ˌskæpjulə'hjumərəl] 肩胛肱骨的
scapuloperoneal [ˌskæpjuləˌperə'niəl] 肩胛腓骨或外腓肠的
scapulopexy ['skæpjulə,peksi] (*scapula* + Gr. *pēxis* fixation) 肩胛固定术
scapuloposterior [ˌskæpjuləupɒs'tiəriə] 肩后位(横产胎位之一)
scapulothoracic [ˌskæpjuˌləθə'ræsik] 肩胛与胸的
scapulovertebral [ˌskæpjulə'vəːtəbrəl] 肩胛与椎骨的
scapus ['skeipəs] (pl. *scapi*) (L.) 干,体,柄
 s. penis 阴茎干,阴茎体
 s. pili (NA) 毛干
scar [skɑː] (Gr. *eschara* the scab or eschar on a wound caused by burning) 伤疤,瘢痕
 hypertrophic s. 肥大性瘢
 Reichert's s. 理查特氏体
 white s. of ovary 白体
scarification [ˌskɛərifi'keiʃən] (L. *sarificatio*, Gr. *skariphismos* a scratching up) 划破,划痕
scarificator ['skɛərifiˌkeitə] 划痕器
scarifier ['skɛərifaiə] 划痕器
scarlatina [ˌskɑːlə'tiːnə] (L. "scarlet") 猩红热
 s. anginosa 咽峡炎猩红热
 puerperal s. 产褥性猩红热

scarlatinal [ˌskɑːˈlætinəl] 猩红热的
scarlatinella [ˌskɑːˌlætiˈnelə] 轻型猩红热
scarlatiniform [ˌskɑːləˈtinifɔːm] 猩红热样的
scarlatinoid [skɑːˈlætinɔid] 猩红热样的
scarlationosis [ˌskɑːləˌtiˈnəusis] 猩红热毒血症
scarlet [ˈskɑːlit] ❶ 猩红色; ❷ 猩红染料
　Biebrich s., **water-soluble** 水溶性比布里希猩红
　s. G 黄光油溶红,苏丹Ⅲ
　s. R 猩红
Scarpa's fascia [ˈskɑːpəz] (Antonio *Scarpa*, Italian anatomist and surgeon, 1747-1832) 斯卡帕氏筋膜
SCAT (sheep cell agglutination test 的缩写) 绵羊细胞凝集试验
scatacratia [ˌskætəˈkreiʃiə] (Gr. *skor* dung + *akratia* inability) 大便失禁
scatemia [skəˈtimiə] (Gr. *skor* dung + *haima* blood) 粪血症
scat(o)- (Gr. *skōr*, *skatos* dung) 粪,粪质
scatol [ˈskeitɔl] 粪臭素,甲基吲哚
scatologic [ˌskætəˈlɔdʒik] 粪便学的
scatology [skəˈtɔlədʒi] (scato- + -logy) ❶ 粪便学; ❷ 专司粪便污物
scatoma [skəˈtəumə] (scato- + -oma) 粪结,粪瘤
scatophagy [skəˈtɔfədʒi] (scato- + Gr. *phagein* to eat) 食粪癖
scatoscopy [skəˈtɔskəpi] (scato- + Gr. *skopein* to examine) 粪便检视法
scatter [ˈskætə] 散射
scattergram [ˈskætəgræm] 点图
scattering [ˈskætəriŋ] 散射
　Compton s. 康普顿氏散射
　Thomson s. 汤姆逊氏散射
scatterplot [ˈskætəplɔt] 点图
scatula [ˈskætjulə] (L. "parallelepiped") 盒,纸盒
scavenger [ˈskævindʒə] 清洁剂,净化剂
ScD (Doctor of Science 的缩写) 理学博士
ScDA (L. *scapulodextra anterior* 的缩写) 肩右前(胎位)
ScDP (L. *scapulodextra posterior* 的缩写) 肩左后(胎位)
Scedosporium [siːdəˈspɔːriəm] 足放线病菌属

scelalgia [skiˈlældʒiə] (Gr. *skelos* leg + *algos* pain + -ia) 小腿痛
scelotyrbe [seləˈtəːbi] (Gr. *skelos* leg + *tyrbē* disorder) 小腿痉瘫
schacher's ganglion [ˈsɑːkəz] (Polycarp Gottlieb *Schacher*, German physician, 1674-1737) 夏歇氏神经节,睫状节
Schachowa's spiral tubes [ʃɑːˈkɔvəz] (Seraphina *Schachowa*, Russian histologist in Switzerland, 19th century) 沙霍娃氏螺旋管,肾小管
Schafer's method [ˈʃeifəz] (Sir Edward Albert Sharpey-*Schafer*, English physiologist, 1850-1935) 谢弗氏法
Schäfer's syndrome [ˈʃeifəz] (Erich *Schäfer*, German physician, born 1897) 舍弗氏综合征
Schäffer's reflex [ˈʃeifəz] (Max *Schäffer*, German neurologist, 1852-1923) 舍费尔反射
Schally [ˈʃeili] 谢利: Andrew Victor, 美国生物化学家
Schamberg's disease [ˈʃæm-bəːgz] (Jay Frank *Schamberg*, American dermatologist, 1870-1934) 山伯格氏病
Schanz's disease [ˈʃɑːntsəz] (Alfred *Schanz*, German orthopedist, 1868-1931) 山茨氏病
Schapiro's sign [ˈʃæpərəuz] (Heinrich *Schapiro*, Russian physician, 1852-1901) 夏比罗氏征
Schardinger's enzyme [ˈʃɑːdiŋəz] (Franz *Schardinger*, Austrian chemist, 19th century) 夏丁格尔氏酶
scharlach R [ˈʃɑːlək] 猩红
Schatzki's ring [ˈʃɑːtskiz] (Richard *Schatzki*, German-born American radiologist, 1901-1992) 谢茨基氏环
Schaudinn's fluid [ˈʃɔːdinz] (Fritz Richard *Schandinn*, German bacteriologist, 1871-1906) 绍丁氏液
Schaumann's bodies [ˈʃɔːmænz] (Jörgen *Schaumann*, Swedish dermatologist, 1879-1953) 绍曼氏体
Schauta's operation [ˈʃɔːtəz] (Friedrich *Schauta*, Austrian gynecologist, 1849-1919) 绍塔氏手术
SChE (serum cholinesterase 的缩写) 血清

胆碱酯酶

schedule [ˈʃedjuːl, ˈskedʒu(ː)l] 一览表,程序表,时间表

Gesell developmental s. 盖塞尔氏发育表

Scheibe's deafness [ˈʃaibəz] (A. *Scheibe*, American physician, born 1875) 夏尔伯氏聋

Scheie's syndrome [ʃeiz] (Harold Glendon *Scheie*, American ophthalmologist, 1909-1990) 沙伊综合征

Scheiner's experiment [ˈʃainəz] (Christoph *Scheiner*, German astronomer, 1575-1650) 沙伊纳实验

schema [ˈskiːmə] (Gr. *schēma* form, shape) 计划,纲要,方案

Hamberger's s. 哈姆伯格氏概略

schematic [skiˈmætik] 图解的,样式的

Schenck's disease [ʃeŋks] (Benjamin R. *Schenck*, American surgeon, 1842-1920) 申克氏病

Schepelmann's sign [ˈʃeipəlmænz] (Emil *Schepelmann*, German physician, 20th century) 沙帕耳门氏征

Scherer's test [ˈʃerəz] (Johann Joseph von *Scherer*, German physician, 1814-1869) 舍雷尔试验

scheroma [skiˈrəumə] 干眼病,眼干燥

Scheuermann's disease [ˈʃɔiəmənz] (Holger Werfel *Scheuermann*, Danish surgeon, 1877-1960) 绍厄尔曼氏病

Schick's sign [ʃiks] (Béla *Schick*, Hungarian pediatrician in the United States, 1877-1967) 锡克征

Schiefferdecker's symbiosis [ˈʃiːfədekəz] (Paul *Schiefferdecker*, German anatomist, 1849-1931) 席费尔德克尔共生

Schiff's biliary cycle [ʃifs] (Moritz *Schiff*, German physiologist, 1823-1896) 席夫胆汁循环

Schiff's reagent [ʃifs] (Hugo (Ugo) *Schiff*, German chemist in Italy, 1834-1915) 席夫试剂(检醛)

Schilder's disease [ˈʃildəz] (Paul Ferdinand *Schilder*, Austrian neurologist in the United states, 1886-1940) 席尔德病

Schiller's test [ˈʃiləz] (Walter *Schiller*, Austrian pathologist in the United States, 1887-1990) 席勒试验(检子宫颈癌)

Schilling's leukemia [ˈʃiliŋz] (Victor Theodor Adolf Georg *Schilling*, German hematologist, 1883-1960) 席林氏白血病,急性单核细胞性白血病

Schilling test [ˈʃiliŋ] (Robert Frederik *Schilling*, American hematologist, born 1919) 希林试验

Schimmelbusch's disease [ˈʃiməlˈbuʃəz] (Curt *Schimmelbusch*, German surgeon, 1860-1895) 席梅尔布施病

schindylesis [ˌskindiˈlisis] (Gr. *schindylēsis* a splintering) 夹合连接,沟缝

Schiøtz's tonometer [ʃiˈetsəz] (Hjalmar *Schiøtz*, Norwegian physician, 1850-1927) 希厄茨眼压计

Schirmer's syndrome [ˈʃəːməz] (Rudolf *Schirmer*, German ophthalmologist, 1831-1896) 施尔默氏综合征

schistasis [ˈskistəsis] 裂,分裂

schist(o)- (Gr. *schistos* split) 裂,分裂

schistocelia [ˌʃistəˈsiːliə, ˌskistəˈsiːliə] 先天性腹裂(畸形)

schistocephalus [ˌʃistəˈsefələs] (*schisto-* + Gr. *kephalē* head) 头裂畸胎

schistocoelia [ˌʃistəˈsiːliə] (*schisto-* + Gr. *koilia* belly) 先天性腹裂(畸形)

schistocormia [ˌʃistəˈkɔːmiə] (*schisto-* + Gr. *kormos* trunk + *-ia*) 躯裂畸形

schistocornus [ˌʃistəˈkɔːməs] 躯裂畸胎

schistocystis [ˌʃistəˈsistis] (*schisto-* + Gr. *kystis* bladder) 膀胱裂

schistocyte [ˈʃistəsait] 裂细胞,裂红细胞

schistocytosis [ˌʃistəsaiˈtəusis] 裂细胞症

schistoglassia [ˌskistəˈɡlɔsiə] (*schizo-* + Gr. *glōssa* tongue) 裂舌,裂舌畸形

schistomelia [ˌʃistəˈmiːliə] (*schisto-* + Gr. *melos* limb + *-ia*) 肢裂

schistomelus [ʃisˈtɔmiləs] 肢裂畸胎

schistoprosopia [ˌʃistəprəˈsəupiə] (*schisto-* + Gr. *prosōpon* face + *-ia*) 面裂

schistoprosopus [ˌʃistəˈprɔsəpəs] 面裂畸胎

schistorachis [ʃisˈtɔrəkis] (*schisto-* + Gr. *rachis* spine) 脊柱裂

schistosis [ʃisˈtəusis] (*Schist* a form of slate + *-osis*) 肺石板屑沉着病

Schistosoma [ˌʃistəˈsəumə] (*schisto-* + Gr. *sōma* body) 裂体吸虫属,血吸虫属

S. bovis 牛裂体吸虫,牛血吸虫
S. haematobium 埃及裂体吸虫,埃及血吸虫
S. indicum 印度裂体吸虫,印度血吸虫
S. intercalatum 间插裂体吸虫,间插血吸虫
S. japonicum 日本裂体吸虫,日本血吸虫
S. mansoni 曼氏裂体吸虫,曼氏血吸虫
S. mattheei 羊裂体吸虫,羊血吸虫
S. mekongi 湄公河裂体吸虫,湄公河血吸虫
S. spindale 梭形裂体吸虫,梭形血吸虫

schistosomacidal [ˌʃɪstəˈsəʊməˈsaɪdəl] 杀血吸虫的

schistosomacide [ˌʃɪstəˈsəʊməsaɪd] 杀血吸虫药

schistosomal [ˌʃɪstəˈsəʊməl] 血吸虫的

Schistosomatium [ˌʃɪstəsəʊˈmeɪtɪəm] 小裂体吸虫属

schistosome [ˈʃɪstəsəʊm] 裂体吸虫,血吸虫

schistosomia [ˌʃɪstəˈsəʊmɪə] (schisto- + Gr. soma body + -ia) 体裂(下肢缺损)畸形

schistosomiasis [ˌʃɪstəsəʊˈmaɪəsɪs] 血吸虫病
  cutaneous s. 血吸虫皮炎,游泳癣
  eastern s. 日本血吸虫病
  genitourinary s. 泌尿生殖血吸虫病
  s. haematobia 埃及血吸虫病,尿路血吸虫病
  hepatic s. 肝血吸虫病
  s. intercalatum 间插血吸虫病
  intestinal s. 肠血吸虫病
  s. japonica 日本血吸虫病
  Manson's s., s. mansoni 曼氏血吸虫病
  Oriental s. 日本血吸虫病
  pulmonary s. 肺血吸虫病
  urinary s., vesical s. 尿路血吸虫病,膀胱血吸虫病
  visceral s. 内脏血吸虫病,肠血吸虫病

schistosomicidal [ˌʃɪstəˌsəʊmɪˈsaɪdəl] 杀血吸虫的

schistosomicide [ˌʃɪstəˈsəʊmɪsaɪd] 杀血吸虫药

Schistosomum [ˌʃɪstəˈsəʊməm] 裂体吸虫属,血吸虫属

schistosomus [ˌʃɪstəˈsəʊməs] 体裂(下肢缺损)畸胎

schistosternia [ˌʃɪstəˈstɜːnɪə] (schisto- + stenmum) 胸裂(畸形)

schistothorax [ˌʃɪstəˈθɔːræks] (schisto- + Gr. thōrax chest) 胸裂(畸形)

schistotrachelus [ˌʃɪstətrəˈkiːləs] (schisto- + trachēlos neck) 颈裂畸胎

schizamnion [skɪəˈæmnɪən] (Gr. schizein to divide + amnion) 裂隙羊膜

schizaxon [skɪˈzæksɒn] 轴索裂支

schizencephalic [ˌskɪzɛnsɪˈfælɪk] 脑裂(畸形)的,脑裂性孔洞脑(畸形)的

schizencephaly [ˌskɪzɛnˈsɛfəlɪ] (Gr. schizein to divide + enkephalos brain) 脑裂(畸形),脑裂性孔洞脑(畸形)

schiz(o)- (Gr. schizein to divide) 裂,分裂

schizoaffective [ˌskɪzəʊəˈfɛktɪv] 情感性分裂的

Schizoblastosporion [ˌskɪzəʊˌblæstəʊˈspɔːrɪən] 裂芽酵母孢子菌属

schizoblepharia [ˌskɪzəʊbləˈfɛrɪə] (schizo- + Gr. blepharon eyelid) 裂睑,裂睑畸形

schizocephalia [ˌskɪzəʊsɛˈfeɪlɪə] 头裂(畸形)

schizocyte [ˈskɪzəʊsaɪt] 裂细胞,裂红细胞

schizocytosis [ˌskɪzəʊsaɪˈtəʊsɪs] 裂细胞症

schizogenesis [ˌskɪzəʊˈdʒɛnɪsɪs] (schizo- + Gr. genesis production) 裂殖生殖

schizogenous [skɪˈzɒdʒɪnəs] 裂殖生殖的

schizogony [skɪˈzɒɡənɪ] (schizo- + Gr. gonē seed) 裂殖生殖

schizogyria [ˌskɪzəʊˈdʒaɪərɪə] 脑回裂(畸形)

schizoid [ˈskɪzɔɪd] ❶ 精神分裂样的,类精神分裂症的; ❷ 精神分裂样特性

schizokinesis [skɪzəʊkaɪˈniːsɪs] 反应分裂

schizomycete [ˌskɪzəʊmaɪˈsiːt] 裂殖菌

Schizomycetes [ˌskɪzəʊmaɪˈsiːtiːz] (schizo- + Gr. mykēs fungus) 裂殖菌纲

schizomycetic [ˌskɪzəʊmaɪˈsɛtɪk] 裂殖菌的

schizomycosis [ˌskɪzəʊmaɪˈkəʊsɪs] 裂殖菌病

schizont [ˈskɪzɒnt] (schizo- + Gr. ōn, ontos being) 裂殖体

schizonticide [skɪˈzɒntɪsaɪd] 杀裂殖体药

schizonychia [ˌskɪzənˈnɪkɪə] (schizo- +

Gr. *onyx* nail + *-ia*) 甲裂

schizophasia [ˌskizəu'feiziə] 言语杂乱,分裂性言语

schizophrenia [ˌskizəu'fri:niə] (*schizo-* + Gr. *phrēn* mind + *-ia*) (DSM-Ⅲ-R) 精神分裂症

  acute s. 急性型精神分裂症,急性精神分裂症发作

  ambulatory s. 逍遥型精神分裂症

  borderline s. 边缘型精神分裂症

  catatonic s. (DSM-Ⅲ-R) 紧张型精神分裂症

  childhood s. 儿童期精神分裂症

  disorganized s. (DSM-Ⅲ-R) 错乱型精神分裂症,青春型精神分裂症

  hebephrenic s. 青春型精神分裂症

  latent s. 潜隐型精神分裂症

  nuclear s. 核心型精神分裂症

  paranoid s. (DSM-Ⅲ-R) 类偏执狂型精神分裂症,妄想型精神分裂症

  paraphrenic s. 妄想痴呆型精神分裂症

  prepsychotic s. 潜隐型精神分裂症

  process s. 进行型精神分裂症,核心型精神分裂症

  pseudoneurotic s. 假神经症型精神分裂症

  pseudopsychopathic s. 假病态人格型精神分裂症

  reactive s. 反应性精神分裂症

  residual s. (DSM-Ⅲ-R) 残余型精神分裂症

  schizoaffective s. (分裂)情感型精神分裂症

  simple s. 单纯型精神分裂症

  undifferentiated s. (DSM-Ⅲ-R) 混合型精神分裂症

schizophrenic [ˌskizəu'frenik] ❶ 精神分裂症样的; ❷ 精神分裂症患者

schizophreniform [ˌskizəu'frenifɔ:m] 精神分裂症样的

Schizophyceae [ˌskizəu'faisi:i] (*schizo-* + Gr. *phykos* seaweed) 裂殖藻纲

schizoprosopia [ˌskizəuprə'səupiə] 成裂(畸形)

Schizopyrenida [ˌskizəupi'renidə] (*schizo-* + Gr. *pyrēn* fruit stone) 裂黄目

schizothorax [ˌskizəu'θɔ:ræks] 胸裂(畸胎)

sohizothymic [ˌskizəu'θaimik] (*schizo-* + Gr. *thyme* mind) 精神分裂病的

schizotonia [ˌskizəu'təuniə] (*schizo-* + Gr. *tonos* tension + *-ia*) 肌紧张分裂

schizotrichia [ˌskizəu'trikiə] (*schizo-* + Gr. *thrix* hair) 毛发端分裂

schizotropic [ˌskizəu'trɔpik] (*schizo-* + Gr. *trope* a turning) 亲裂体虫的

Schizotrypanum [ˌskizəu'tripənəm] (*schizo-* + Gr. *trypanon* borer) 锥体虫属

schizotypal [skizə'taipəl] 偏僻的

schizozoite [ˌskizəu'zəuait] (*schizo-* + Gr. *zōon* animal) 裂殖子,裂体性孢子

Schlange's sign ['ʃlæŋgəz] (Hans *Schlange*, German Surgeon, 1856-1922) 许兰格氏征

Schlatter's disease ['ʃlætəz] (Carl *Schlatter*, Swiss surgeon, 1864-1934) 施莱特氏病

Schlatter-Osgood disease ['ʃlætə 'ɔzgud] (Carl *Schlatter*; Robert Bayley *Osgood*, American orthopedist, 1873-1956) 施-奥二氏病,旋莱特氏病

Schlemm's canal [ʃlemz] (Fried-rich S. *Schlemm*, German anatomist, 1795-1858) 施累姆氏管

Schlepper [ʃepə] (Ger. *Schlepper*, hauler, tractor, tugboat) 载体

Schlesinger's sign ['ʃlæsiŋəz] (Hermann *Schlesinger*, Austrian physician, 1866-1934) 施勒辛格尔征

Schlichter test ['ʃliktə] (Jakub G. *Schlichter*, American internist, born 1912) 施立彻特氏试验

Schlösser's treatment ['ʃlesəz] (Karl *Schlösser*, German ophthalmologist, 1857-1925) 施勒塞尔疗法

Schlusskoagulum [ˌʃluskəu'ægjuləm] (Ger.) 封锁凝块

Schmidt's diet [ʃmits] (Adolf *Schmidt*, German physician, 1865-1918) 施密特氏饮食

Schmidt's syndrome [ʃmits] (Martin Benno *Schmidt*, German pathologist, 1863-1949) 施密特氏综合征

Schmidt-Lanterman incisures ['ʃmit 'læntəmæn] (Henry D. *Schmidt*, American anatomist, 1823-1888; A. J. *Lanterman*, American anatomist at Strasbourg, late 19th century) 施-兰二氏切迹

Schmincke tumor [ˈʃmiŋkə] (Alexander *Schmincke*, German pathologist, 1877-1953) 施明克氏瘤（鼻咽部淋巴上皮瘤）

Schmitz bacillus [ˈʃmits] (Karl Eitel Friedrich *Schmitz*, German physician, born 1889) 施米茨氏痢疾杆菌，不定志贺氏菌

Schmorl's body [ʃmɔlz] (Christian Georg *Schmorl*, German pathologist, 1861-1932) 施莫耳氏体

Schnabel's caverns [ˈʃnɑːbəlz] (Isidor *Schnabel*, Austrian ophthalmologist, 1842-1908) 施纳贝耳氏腔

schnauzkrampf [ˈʃnauzkrəmpf] (Ger.) 噘嘴痉挛

Schneider's carmine [ˈʃnaidəz] (Franz Coelestin *Schneider*, German chemist, 1813-1897) 施奈德氏卡红，施奈德氏乙酸卡红染剂

schneiderian membrane [ʃniˈdiəriən] (Conrad Victor *Schneider*, German physician, 1614-1680) 施奈德氏膜,鼻粘膜

Schoemaker's line [ˈʃuːmækəz] (Jan *Schoemaker*, Dutch surgeon, 1871-1940) 舍马克氏线

Scholz's disease [ˈʃəultsəz] (Willibald Oscar *Scholz*, German neurologist, born 1889) 休耳兹氏病

Schön's theory [ʃənz] (Wilhelm *Schön*, German ophthalmologist, 1848-1917) 舍恩氏学说

Schönbein's reaction [ˈʃənbainz] (Christian Friedrich *Schönbein*, German chemist, 1799-1868) 舍恩拜因氏反应

Schönlein's purpura [ˈʃənlainz] (Johann Lukas *Schönlein*, German physician, 1793-1864) 舍恩莱因氏紫癜

Schönlein-Henoch purpura [ˈʃənlain ˈhenauk] (J. L. *Schönlein*; Eduard Heinrich *Henoch*, German pediatrician, 1820-1910) 舍-亨二氏紫癜

Schottmüller's disease [ˈʃɔtmilə] (Hugo *Schottmüller*, German physician, 1867-1936) 肖特苗勒氏病

schradan [ˈʃrædæn] 八甲磷，八甲基焦磷酰胺（杀虫剂）

Schreger's lines [ˈʃrægəz] (Christian Heinrich Theodor *Schreger*, Danish anatomist, 1768-1833) 施雷格尔氏线

Schreiber's maneuver [ˈʃribəz] (Julius *Schreiber*, German physician, 1849-1932) 施赖贝尔氏手法

Schroeder's disease [ˈʃrəːdəz] (Robert *Schroeder*, German gynecologist, 1884-1959) 施勒德氏病

Schroeder's test [ˈʃrəːdəz] (Woldemar von *Schroeder*, German physician, 1850-1898) 施勒德氏试验

Schroeder van der Kolk's law [ˈʃrəːdə vɑːn dɛə kɔlks] (Jacob Ludwig Conrad *Schroeder van der Kolk*, Dutch physiologist, 1797-1862) 施尔德·范德·科耳氏定律

Schrön's granule [ʃrənz] (Otto von *Schrön*, German pathologist in Italy, 1837-1917) 施伦氏粒（卵核）

Schrön-Much granules [ʃrən ˈmuːk] (Otto von *Schrön*; Hans Christian *Much*, German physician, 1880-1932) 施伦-穆赫粒

Schuchardt's incision [ˈʃuːkɑːts] (Karl August *Schuchardt*, German surgeon, 1856-1901) 舒夏特氏切口

Schüffner's dots [ˈʃiːfnəz] (Wilhelm August Paul *Schüffner*, German pathologist, 1867-1949) 薛夫讷氏小点

Schüller's disease [ˈʃiːləz] (Artur *Schüller*, Austrian neurologist, 1874-1958) 许累尔氏病

Schüller's method [ˈʃiːləz] (Karl Heinrich Anton Ludwig Max *Schüller*, German surgeon, 1843-1907) 许累尔氏法

Schüller-Christian disease [ˈʃiːlə ˈkristʃən] (Artur *Schüller*; Henry A. *Christian*, American physician, 1876-1951) 许-克二氏病

Schultz's angina [ˈʃuːltsəz] (Werner *Schultz*, German internist, 1878-1947) 舒尔茨氏咽峡炎

Schultz-Charlton reaction [ʃuːlts ˈkɑːltən] (Werner *Schultz*; Willy *Charlton*, German physician, born 1889) 舒-查二氏反应

Schultz-Dale reaction [ʃuːlts deil] (Werner *Schultz*, German internist, 1878-1947; Sir Henry Hallett *Dale*, English physiologist and pharmacologist, 1875-1968) 舒-戴二氏反应

Schultze's fold [ˈfuːltsəz] (Bernhard Sigismund *Schultze*, German gynecologist, 1827-1919) 舒尔策氏褶(羊毛褶)

Schultze's sign [ˈʃuːltsəz] (Friedrch *Schultze*, German physician, 1848-1934) 舒尔策氏征

Schultze's tract [ˈʃuːltsəz] (Max Johann Sigismund *Schultze*, German biologist, 1825-1874) 舒尔策氏束,束间束

Schultze-Chvostek sign [ˈʃuːltsə ˈkvɔstek] (Friedrich *Schultze*; Franz *Chvostek*, Austrian surgeon, 1835-1884) 舒-沃二氏征,沃斯特克氏征

Schumm's test [ʃuːmz] (Otto *Schumm*, German chemist, early 20th century) 舒姆氏试验

Schütz's fasciculus [ˈʃiːtsəz] (Hugo *Schütz*, German neurologist, early 20th century) 舒茨氏束

Schwabach's test [ˈʃvɑːbɑːks] (Dagobert *Schwabach*, German otologist, 1846-1920) 施瓦巴赫氏试验

Schwalbe's corpuscles [ˈʃvɑːlbəz] (Gustav Albert *Schwalbe*, German anatomist, 1844-1917) 施瓦尔贝氏小体(味蕾)

Schwann's cell [ʃvɑːnz] (Theodor *Schwann*, German anatomist and physiologist, 1810-1882) 许旺氏细胞

schwannitis [ʃvɑːˈnaitis] 神经鞘炎

schwannoglioma [ˌʃvɑːnɔglaiˈəumə] 神经鞘瘤

schwannoma [ʃvɑːˈnəumə] 神经鞘瘤
  acoustic s. 听觉神经鞘瘤
  granular cell s. 颗粒细胞神经鞘瘤

schwannosis [ʃvɑːˈnəusis] 神经鞘肥厚病

Schwartz-Jampel syndrome [ʃvɔts ˈdʒæmpəl] (Oscar *Schwartz*, American pediatrician, born 1919; Robert Steven *Jampel*, American ophthalmologist, born 1926) 施-詹二氏综合征

Schwartz-Jampel-Aberfeld syndrome [ʃvɔts ˈdʒæmpəl ˈæbəfeld] (O. *Schwartz*; R. S. *Jampel*; D. C. *Aberfeld*, British physician, 20th century) 施-詹-艾三氏综合征

Schwarz activator [ʃɑːtz] (Arthur Martin *Schwarz*, Austrian orthodontist, born 1887) 施瓦茨氏激活质

Schwediauer [ˈʃveidiauə] 施韦道尔氏病

Schweigger-Seidel sheath [ˈʃvaigə saidəl] (Franz *Schweigger-Seidel*, German physiologist, 1834-1871) 施赛鞘

schweitzer's reagent [ˈʃvaitsəz] (Matthias Eduard *Schweitzer*, German chemist, 1818-1860) 施魏泽尔氏试剂(检纤维素)

Schweninger-Buzzi anetoderma [ˈʃveningə ˈbuːtsi] (Ernst *Schweninger*, German physician, 1850-1924; Fausto *Buzzi*, German dermatologist, late 19th century) 施-布二氏皮肤松垂

scia- 影

sciatic [saiˈætik] (L. *sciaticus*; Gr. *ischiadikos*) ❶ 坐骨的; ❷ 坐骨神经的

sciatica [saiˈætikə] (L.) 坐骨神经痛

SCID (severe combined immunodeficiency 的缩写) 严重联合免疫缺陷病

science [ˈsaiəns] (L. *scientia* knowledge) ❶ 科学; ❷ 科学知识
  applied s. 应用科学
  behavioral s. 行为科学
  pure s. 纯粹科学

scientist [ˈsaiəntist] 科学家

scieropia [saiəˈrəupiə] (Gr. *skieros* shady + *-opia*) 雾视(症)

scilla [ˈsilə] (L.) 绵枣儿属

scillabiose [siləˈbaiəus] 绵枣儿二糖

scillaren [ˈsilərən] 海葱甙

scilliroside [ˈsilirɔsaid] 红海葱甙

scillism [ˈsilizəm] 海葱中毒

scillitic [siˈlitik] 海葱的

scimitar [ˈsimitɑː] (Persian *shimshir*) (阿拉伯人的)单刃短弯刀,偃月刀,半月形镰刀

Scintadren [ˈsintədrən] 斯特得罗:硒甲基降胆甾醇商品名

scintigram [ˈsintəgræm] 闪烁图

scintigraphic [ˌsintiˈgræfik] 闪烁法

scintigraphy [sintiˈgrɑfi] 闪烁法
  acute infarct s. 急性梗塞闪烁法
  exercise thallium s. 运动量铊闪烁法

gated blood pool s. 平衡放射性核素心血管造影术
infarct avid s. 心肌梗塞闪烁法
myocardial perfusion s. 心肌灌注闪光法
technetium TC 99m pyrophosphate s. 焦磷酸锝闪烁法
thallium-201 myocardial perfusion s. 铊-201 心肌灌注闪烁法
thyroidal lymph node s. 甲状腺淋巴结闪烁法, 放射性同位素甲状腺淋巴系造影术

scintillation [sinti'leiʃən] (L. *scintillatio*) ❶ 发出火花, 闪光; ❷ 闪烁(现象); ❸ 闪烁粒

scintiphotograph [sinti'fəutəgrɑːf] 闪烁(照)片
scintiphotography [ˌsintifəu'tɔgrəfi] 闪烁照相术
scintiscan ['sintiskæn] 闪烁扫描
scintiscanner [sinti'skænə] 闪烁扫描器
sciopody [skai'ɔpədi] 巨足, 大足
scirrh(o)- (Gr. *skirrhos* hard) 硬, 硬癌
scirrhoid ['skirɔid] (*scirrho-* + Gr. *eidos* form) 硬癌样的
scirrhoma [ski'rəumə] (*scirrho-* + *-oma*) 硬癌
scirrhophthalmia [ˌskirɔf'θælmiə] (*scirrho-* + Gr. *ophthalmos* eye + *-ia*) 眼硬癌
scirrhous ['skirəs] (L. *scirrhosus*) 硬癌的
scirrhus ['skirəs] (Gr. *skirrhos*) 硬癌
scission ['siʒən] (L. *scindere* to split) 分裂
scissors ['sizəz] 剪(刀)
　canalicular s. 泪管剪
　cannula s. 开管剪
　craniotomy s. 颅骨剪, 胎儿穿颅剪
　Fox s. 福克斯氏剪
　Liston's s. 利斯顿氏剪
　Smellie's 斯梅利氏剪
scissors-bite ['sizəzbait] 剪刀反𬌗
ScLA (L. *scapulolaeva anterior* 的缩写) 左肩前(胎位)
Sclavo's serum ['sklævəuz] (Achille *Sclavo*, Italian physician, 1861-1930) 斯克拉沃氏血清
SCLC (small cell lung carcinoma 的缩写) 小细胞肺癌

sclera ['skliərə] (gen. and pl. *sclerae*) (L.; Gr. *skleros* hard) (NA) 巩膜
　blue s. 蓝巩膜
scleradenitis [ˌskliərædi'naitis] (*sclero-* + Gr. *adēn* gland + *-itis*) 硬化性腺炎
scleral ['skliərəl] 巩膜的
scleratitis [ˌskliərə'taitis] 巩膜炎
scleratogenous [ˌskliərə'tɔdʒənəs] 致硬化的
sclerectasia [ˌskliərek'teiziə] (*scler-* + *ectasia*) 巩膜膨胀
sclerectasis [skliə'rektəsis] 巩膜膨胀
sclerectoiridectomy [skliəˌrektəuˌiri'dekəmi] (*sclerectomy* + *iridectomy*) 巩膜虹膜切除术
sclerectoiridodialysis [skliəˌrektəuˌiridədai'ælisis] 巩膜切除虹膜分离术
sclerectome [skliə'rektəum] 巩膜刀
sclerectomy [skliə'rektəmi] (*sclero-* + *ectomy*) 巩膜切除术
scleredema [ˌskliəri'diːmə] (*scler-* + *edema*) 硬化病
　s. adultorum, Buschke's s. 成人硬化病
　s. neonatorum 新生儿硬化病
sclerema [skliə'riːmə] (*scler-* + (ed)*ema*) 硬化病
　s. adiposum 新生儿硬化病
　s. adultorum 成人硬化病, 硬皮病
　s. neonatorum 新生儿硬化病
sclerencephalia [ˌskliərənsə'feiliə] 脑硬化
sclerencephaly [ˌskliərən'sefəli] (*sclero-* + Gr. *enkephalos*) 脑硬化
scleriasis [skliə'raiəsis] (Gr. *sklēriasis*) 睑硬结
scleriritomy [skliəri'ritəmi] (*sclera* + *iris* + *-tomy*) 巩膜虹膜切开术
scleritis [skliə'raitis] (*sclera* + *-itis*) 巩膜炎
　annular s. 环状巩膜炎
　anterior s. 前巩膜炎
　brawny s. 角膜缘性巩膜炎
　s. necroticans, necrotizing s. 坏死性巩膜炎, 巩膜软化
　nodular s. 结节状巩膜炎
　posterior s. 后巩膜炎
scler(o)- (Gr. *sklēros* hard) 硬化
scleroadipose [skliərə'ædipəus] 纤维组织

与脂肪的

scleroblastema [ˌskliərəblæs'ti:mə] (*sclero-* + *blastema*) 成骨胚组织,生骨胚组织

scleroblastemic [ˌskliərəblæs'ti:mik] 成骨胚组织的,生骨胚组织的

sclerocataract [ˌskliərəuˌkætə'rækt] 硬性内障

sclerochoroiditis [ˌskliərəkɔːrɔi'daitis] 巩膜脉络膜炎
   s. **anterior** 前巩膜脉络膜炎
   s. **posterior** 后巩膜脉络膜炎

scleroconjunctival [ˌskliərəˌkɔndʒʌŋk'tivəl] 巩膜结膜的

scleroconjunctivitis [ˌskliərəˌkɔndʒʌŋkti'vaitis] 巩膜结膜炎

sclerocornea [ˌskliərə'kɔ:niə] 巩角膜

sclerocorneal [ˌskliərə'kɔ:niəl] 巩(膜)角膜的

sclerodactylia [ˌskliərədæk'tiliə] 指(趾)硬皮病

sclerodactyly [ˌskliərə'dæktili] (*sclero-* + Gr. *daktylos* finger) 指(趾)硬皮病

scleroderma [ˌskliərəu'də:mə] (*sclero-* + *derma*) 硬皮病
   circumscribed s. ① 局限性硬皮病;② 硬斑病
   diffuse s. 弥漫性硬皮病
   generalized s. 全身性硬皮病
   linear s. 线状硬皮病
   localized s. ① 局限性硬皮病;② 硬斑病
   systemic s. 全身性硬皮病

sclerodermatous [ˌskliərə'də:mətəs] 硬皮病的

sclerodesmia [ˌskliərəu'desmiə] (*sclero-* + Gr. *desmos* ligament + *-ia*) 韧带硬化

sclerogenic [ˌskliərə'dʒenik] 致硬化的

sclerogenous [skliə'rɔdʒinəs] (*sclero-* + Gr. *gennan* to produce) 致硬化的

sclerogummatous [ˌskliərəu'gʌmətəs] 纤维组织与梅毒肿的

scleroid ['skliərɔid] (*sclero-* + Gr. *eidos* form) 硬质的,硬性的

scleroiritis [ˌskliərəuai'raitis] 巩膜虹膜炎

sclerokeratitis [ˌskliərəˌkerə'taitis] ❶ 巩膜角膜炎; ❷ 硬化性角膜炎

sclerokeratoiritis [ˌskliərəˌkerətɔai'raitis] 巩膜角膜虹膜炎

sclerokeratosis [ˌskliərəˌkerə'təusis] ❶ 巩膜角膜炎; ❷ 硬化性角膜炎

scleroma [skliə'rəumə] (Gr. *sklērōma* induration) 硬结
   s. **respiratorium** 呼吸道硬结(病),鼻硬结症

scleromalacia [ˌskliərəmə'leiʃiə] (*sclero-* + *malacia*) ❶ 巩膜软化; ❷ 变形性骨炎

scleromeninx [ˌskliərəu'mi:niŋks] (*sclero-* + Gr. *mēninx* membrane) 硬脑,硬脊膜

scleromere ['skliərəmiə] (*sclero-* + Gr. *meros* part) ❶ 骨节; ❷ 生骨板

sclerometer [skliə'rɔmitə] (*sclero-* + Gr. *metron* measure) 硬度计

scleromucin [ˌskliərə'mju:sin] 麦角粘液质,麦角粘蛋白

scleromyxedema [ˌskliərəuˌmiksi'di:mə] (*sclero-* + *myxedema*) ❶ 苔藓性粘液水肿; ❷ 硬化性粘液水肿

scleronychia [ˌskliərə'nikiə] (*sclero-* + Gr. *onyx* nail + *-ia*) 指(趾)甲硬化

scleronyxis [ˌskliərə'niksis] (*sclero-* + *nyxis*) 巩膜穿刺术

sclero-oophoritis [ˌskliərəuˌu:fɔ'raitis] 硬化性卵巢炎

sclero-oothecitis [ˌskliərəuˌu:θi'saitis] 硬化性卵巢炎

sclerophthalmia [ˌskliərəf'θælmiə] (*sclero-* + *-ophthalmia*) 巩膜化角膜,巩膜眼症

scleroplasty [ˌskliərəu'plæsti] (Gr. *plastos* formed) 巩膜成形术

scleroprotein [ˌskliərə'prəuti:n] (*sclero-* + *protein*) 硬蛋白

sclerosal [skliə'rəusəl] 硬的,硬化的

sclerosant [skliə'rəusənt] 组织硬化剂

sclerosarcoma [ˌskliərəusa:'kəumə] 硬肉瘤

scleroscope ['skliərəuskəup] (*sclero-* + *-scope*) 硬度计,测硬器

sclerose [skliə'rəus] 变硬,硬化

sclerosed [skliə'rəust] 硬化的

sclérose en plaques [sklei'rəuz ɑːn plɑːk] (Fr.) 多发性硬化

sclerosing [skliə'rəusiŋ] 致硬化的,发生硬化的

sclerosis [sklɪə'rəusis] (Gr. *sklērōsis* hardness) 硬化(症)
  amyotrophic lateral s. 肌萎缩性(脊髓)侧索硬化
  anterolateral s. 脊髓前侧索硬化
  arterial s., arteriocapillary s. 动脉硬化
  arteriolar s. 小动脉硬化
  bone s. 骨硬化,骨质象牙化
  combined s. 合并性硬化
  concentric s. 同心性硬化,巴洛氏综合征
  dentinal s. 牙质硬化
  diaphyseal s. 骨干硬化,骨干发育异常
  diffuse s. (脑脊髓)弥漫性硬化
  diffuse cerebral s. 弥漫性脑(多发性)硬化
  diffuse systemic s. 全身性硬皮病
  disseminated s. 多发性硬化
  endocardial s. 心内膜硬化
  Erb's s. 欧勃氏硬化,原发性脊髓侧索硬化
  familial centrolobar s. 家族性脑中叶硬化
  focal s. 多发性硬化
  focal glomerular s. 肾小球灶性硬化
  gastric s. 胃硬化,皮革样胃
  hyperplastic s. 增生性硬化
  insular s. 岛屿状硬化,多发性硬化
  lateral s. (脊髓)侧索硬化
  lobar s. 脑叶硬化
  miliary s. 粟粒性硬化
  Mönckeberg's s. 门克伯格氏动脉硬化(动脉中层钙化)
  multiple s. (MS) 多发性硬化
  Pelizaeus-Merzbacher s. 佩-梅二氏病,家族性脑中叶硬化
  posterior s., posterior spinal s. 脊髓后索硬化,脊髓痨
  posterolateral s. 脊髓后侧索硬化
  primary lateral s. 原发性脊髓侧索硬化
  progressive systemic s. 全身性硬皮病
  renal arteriolar s. 肾小动脉硬化
  subendocardial s. 心内膜下硬化,心内膜弹性组织增生症
  systemic s. 全身性硬皮病
  tuberous s. 结节性(脑)硬化
  unicellular s. 细胞间硬化,细胞间纤维组织增生
  valvular s. 瓣膜硬化
  vascular s. 血管硬化,动脉硬化
  venous s. 静脉硬化
  ventrolateral s. 脊髓前侧索硬化

scleroskeleton [ˌsklɪərə'skelitən] (*sclero-* + *skeleton*) 硬化骨骼
sclerostenosis [ˌsklɪərəsti'nəusis] (Gr. *sklērōs* hard + *stenōsis* narrowing) 硬化性狭窄,硬缩
Sclerostoma [sklə'rɒstəmə] 硬口虫属
  S. duodenale 十二指肠钩(口线)虫
  S. syngamus 气管比翼线虫
sclerostomy [sklɪə'rɒstəmi] (*sclero-* + *-stomy*) 巩膜造口术
sclerotherapy [ˌsklɪərə'θerəpi] 硬化疗法
sclerothrix ['sklɪərəθriks] (*sclero-* + Gr. *thrix* hair) 毛发干硬
sclerotia [sklɪə'rəʃiə] 麦角菌硬粒。*sclerotium* 的复数形式
sclerotic [sklɪə'rɒtik] ❶ 硬的,硬化的; ❷ 巩膜
sclerotica [sklɪə'rɒtikə] (L. *scleroticus*; Gr. *sklēros* hard) 巩膜
sclerotic acid [sklɪə'rɒtik] 麦角硬酸
scleroticectomy [ˌsklɪəˌrɒti'sektəmi] (*sclerotica* + Gr. *ektomē* excision) 巩膜切除术
scleroticochoroiditis [sklɪəˌrɒtikəˌkɔːrɔi'daitis] 巩膜脉络膜炎
scleroticopuncture [sklɪəˌrɒtikə'pʌŋktʃə] 巩膜穿刺法
scleroticotomy [sklɪəˌrɒti'kɒtəmi] (*sclerotica* + Gr. *tome* a cutting) 巩膜切开术
Sclerotinia [ˌsklɪərəu'tiniə] 核盘菌属
Sclerotiniaceae [ˌsklɪərətini'eisiː] 核盘菌科
sclerotinic acid [ˌsklɪərə'tinik] 麦角硬酸
sclerotitis [ˌsklɪərə'taitis] 巩膜炎
sclerotium [sklɪə'rəutiəm] (L. *sclerotica* hard) ❶ 菌核; ❷ 硬化体
sclerotome ['sklɪərətəum] (*sclero-* + *-tome*) ❶ 巩膜刀; ❷ 由单一脊髓段支配的骨区域; ❸ 生骨节
sclerotomy [sklɪə'rɒtəmi] (*sclero-* + *-tomy*) 巩膜切开术
  anterior s. 前巩膜切开术
  posterior s. 后巩膜切开术
sclerous ['sklɪərəs] 硬的,硬化的
sclerozone ['sklɪərəzəun] (*sclero-* + Gr. *zōnē* zone) 附肌带,附着带

ScLP (L. *scapulolaeva posterior* 的缩写) 左肩后(胎位)

SCM (State Certified Midwife 的缩写) 国家注册的助产士

scoleces ['skɔləsiːz] 头节。*scolex* 的复数形式

scoleciasis [ˌskɔli'saiəsis] (*scoleco-* + *-iasis*) 蠋病

scoleciform [skɔ'liːsifɔːm] 头节样的

scoleco- (Gr. *skōléx* worm) ❶ 蠋虫；❷ 头节

scolecoid ['skɔlikɔid] (Gr. *skōlekoeidēs* vermiform) ❶ 蠋虫样的；❷ 头节样的

scolecology [ˌskɔuli'kɔlədʒi] (*scoleco-* + *-logy*) 蠋虫学

scolex ['skɔuleks] (pl. *scoleces*, *scolices*) (Gr. *skōléx* worm) 头节

scolices ['skɔlisiːz] 头节。*scolex* 的复数形式

scolio- (Gr. *skolios* twisted) 弯曲

scoliokyphosis [ˌskɔuliɔkai'fəusis] (*scolio-* + *kyphosis*) 脊柱后侧凸

scoliorachitic [ˌskɔuliərə'kitik] 脊柱侧突(与)佝偻病性的

scoliosiometry [ˌskɔuliəsi'ɔmitri] (*scoliosis* + Gr. *metron* measure) 脊柱凸度测量法

scoliosis [ˌskɔuli'əusis] (Gr. *skoliōsis* curvation) 脊柱侧凸
  Brissaud's s. 布里索氏脊柱侧凸,坐骨神经痛性脊柱侧凸
  cicatricial s. 瘢痕性脊柱侧凸
  coxitic s. 髋关节炎性脊柱侧凸
  empyematic s. 脓胸性脊柱侧凸
  habit s. 习惯性脊柱侧凸
  inflammatory s. 炎性脊柱侧凸
  ischiatic s. 坐骨病性脊柱侧凸
  myopathic s. 肌病性脊柱侧凸
  ocular s., ophthalmic s. 眼病性脊柱侧凸
  osteopathic s. 骨病性脊柱侧凸
  paralytic s. 麻痹性脊柱侧凸
  rachitic s. 佝偻病性脊柱侧凸
  rheumatic s. 风湿性脊柱侧凸
  sciatic s. 坐骨神经痛性脊柱侧凸
  static s. 静止性脊柱侧凸

scoliosometer [ˌskɔuliə'sɔmitə] 脊柱侧凸测量计

scoliotic [ˌskɔuli'ɔtik] (Gr. *skoliōtos* looking askew) 脊柱侧凸的

scoliotone ['skɔliətəun] 脊柱侧凸矫正器

Scolopendra [ˌskɔulə'pendrə] (Gr. *skolops* anything pointed) 蜈蚣属

Scolopsia [skɔ'lɔpsiə] (Gr. *skolops* anything pointed) 可动骨缝

scombroid ['skɔmbrɔid] ❶ 鲭亚目的；❷ 鲭

Scombroidea [skɔm'brɔidiə] 鲭亚目

scombrotoxic [ˌskɔmbrɔ'tɔksik] 鲭鱼中毒的

scombrotoxin [ˌskɔmbrɔ'tɔksin] 鲭毒素

scoop [skuːp] 匙,杓
  Mules's s. 谬耳斯氏眼刮匙

scopafungin [ˌskəupə'fʌndʒin] 吸水真菌素

scoparin [skɔ'pɛərin] 金雀花素

scoparius [skɔ'pɛəriəs] 金雀花

-scope (Gr. *skopein* to view, examine) 检查或观察用的镜

scopola [skɔ'pəulə] 莨菪

scopolagnia [ˌskəupə'lægniə] (Gr. *skopein* to view + *lagneia* lust) ❶ 窥视色情癖,窥淫癖；❷ 露阴癖

scopolamine [skɔ'pɔləmin] 东莨菪碱,莨菪胺
  s. hydrobromide (USP) 氢溴酸东莨菪碱
  s. methylbromide 溴甲东莨菪碱,溴化甲基东莨菪碱

Scopolia [skɔ'pəuliə] (Johann-Antoni *Scopoli*, Italian physician, 1723-1788) 东莨菪属

scopometer [skɔ'pɔmitə] (Gr. *skopein* to examine + *metron* measure) 浊度计,视测浊度计

scopometry [skɔ'pɔmitri] 浊量法,视测浊度测定法

scopomorphinism [ˌskəupəu'mɔːfinizm] 莨菪碱吗啡瘾

scopophilia [skɔpə'filiə] (Gr. *skopein* to view + *philein* to love) ❶ 窥淫癖；❷ 露阴癖,露阴狂

scopophobia [ˌskɔpə'fəubiə] (Gr. *skopein* to view + *phobia*) 被窥视恐怖

scoptophilia [ˌskɔptə'filiə] ❶ 窥淫癖；❷ 露阴癖

scoptophobia [ˌskɔptə'fəubiə] 被窥视恐怖

scopula [ˈskɔpjulə] (L. "small brush") 毛丛

Scopulariopsis [ˌskɔpjuˌlɛəriˈɔpsis] 帚霉属

scopulariopsosis [ˌskɔpjuˌlɛəriɔpˈsəusis] 帚霉病

-scopy (Gr. *skopein* to examine) 检查

scorbutic [skɔːˈbjuːtik] (L. *scorbuticus*) 坏血病的

scorbutigenic [skɔːˌbjuːtiˈdʒenik] 致坏血病的

scorbutus [skɔːˈbjutəs] (L.) 坏血病

scordinema [skɔːdiˈniːmə] (Gr. *skordinēma*) 呵欠,欠伸

score [skɔː] 得分,评分,分数
  Apgar s. 阿普伽新生儿评分
  Bishop s. 毕晓普评分
  lod s. 对数评分
  recovery s. 新生儿后期评分
  stroke s. 中风评分

scorings [ˈskɔːriŋs] (骨)生长残痕

scorpion [ˈskɔːpiən] 蝎

scorpionism [ˈskɔːpiənizəm] 蝎螫中毒

scot(o)- (Gr. *skotos* darkness) 暗,盲

Scotobacteria [ˌskɔtəbækˈtiəriə] (*scoto-* + *bacteria*) 暗菌纲

scotobacterium [ˌskɔtəbækˈtiəriəm] 暗菌

scotochromogen [ˌskɔtəuˈkrəumədʒən] (*scoto-* + Gr. *chrōma* color + *gennan* to produce) 黑暗产色菌类

scotochromogenic [ˌskɔtəuˌkrəuməˈdʒenik] 黑暗产色性的

scotochromogenicity [ˌskɔtəuˌkrəumədʒeˈnisiti] 黑暗产色性

scotodinia [ˌskɔtəˈdiniə] (Gr. *skotos* darkness + *dinos* whirl) 暗点性眩晕

scotoma [skəˈtəumə] (pl. *scotomata*) (Gr. *skotōma*) ❶ 暗点,盲点; ❷ 精神盲点
  absolute s. 绝对暗点
  annular s. 环状暗点
  arcuate s. 弓形盲点
  aural s., s. auris 音定向不能
  Bjerrum's s. 布耶鲁姆氏暗点(内障症状)
  cecocentral s. 哑铃形暗点
  central s. 中心暗点
  centrocecal s. 哑铃形暗点
  color s. 色盲暗点
  flittering s. 闪光暗点
  hemianopic s. 偏盲暗点
  mental s. 精神盲点
  motile s's 能动暗点
  negative s. 负性暗点
  paracentral s. 中心旁暗点
  peripapillary s. 乳头外周暗点
  peripheral s. 外周暗点
  physiologic s. 生理暗点
  positive s. 正性暗点
  relative s. 相对暗点
  ring s. 环状暗点
  scintillating s. 闪光暗点
  Seidel's s. 赛德耳氏暗点(青光眼早期征)

scotomagraph [skəˈtɔməgrɑːf] (*scotoma* + *-graph*) 暗点描记器

scotomata [skəˈtɔmətə] 暗点,盲点。*scotoma* 的复数形式

scotomatous [skəˈtɔmətəs] 暗点的,盲点的

scotometer [skəˈtɔmitə] (*scotoma* + *-meter*) 暗点计
  Bjerrum's s. 布耶鱼姆氏暗点计,描绘视野计

scotometry [skəˈtɔmitri] 暗点测量法

scotomization [ˌskɔtəmaiˈzeiʃən] (*scotoma* + Gr. *-izein* to make into) 暗点发生

scotophilia [ˌskɔtəˈfiliə] (*scoto-* + *-philia*) 黑暗癖

scotophobia [ˌskɔtəˈfəubiə] (*scoto-* + *phobia*) 黑暗恐怖,恐暗症

scotophobin [ˌskɔtəˈfəubin] (*scoto-* + Gr. *phobein* to be affrighted by) 恐暗素

scotopia [skəˈtəupiə] (*scot-* + *-opia*) 暗视,暗适应

scotopic [skəˈtɔpik] 暗视的,暗适应的

scotopsin [skəˈtɔpsin] 视暗蛋白

scotoscopy [skəˈtɔskəpi] (*scoto-* + *scopy*) ❶ X线透视检查; ❷ 视网膜镜检查

scototherapy [ˌskɔtəuˈθerəpi] (*skotos* darkness + *therapy* treatment) 暗光疗法,遮光疗法

scours [ˈskauəz] 家畜腹泻病
  black s. 黑泻病,牛秋季腹泻病
  bloody s. 血泻病
  calf s. 牛泻病
  weanling pig s. 刚断奶幼猪腹泻病

peat s. 泥炭泻病
white s. 白泻病,幼畜腹泻病
winter s. 冬季泻病

scr (scruple) 英分:1 英分=1.296 克

scrapie ['skræpi] 瘙痒病

scratch [skrætʃ] ❶(用爪、指甲、锐器)搔,抓来止痒; ❷ 微伤; ❸ 抓伤; ❹ 发出刮擦声
Means-Lerman s. 收缩摩擦音

scratches ['skrætʃiz] 葡萄疮

screen [skri:n] 筛,滤网,屏(幕)
Bjerrum s. 布耶鲁姆氏屏
fluorescent s. 荧光屏,荧光板
intensifying s. 增感屏
oral s. 口腔保护剂
skin s. 皮肤保护剂
solar s., sun s. 防晒剂
tangent s. 正切暗点计屏,正面视野计屏
vestibular s. 口前庭屏

screening ['skri:niŋ] ❶ 筛选,筛分; ❷ 荧光屏检查(英国用语)
antibody s. 抗体筛选
mass s. 群体筛选检查
multiphasic s., multiple s. 多种方法检诊,多项性集体检诊
prescriptive s. 健康筛选,指定性筛选

screw [skru:] 螺(丝)钉,螺旋
pedicle s. 椎弓根螺钉

screwworm ['skru:wə:m] 螺丝虫

Scribner shunt ['skribnə] (Belding H. Scribner, American nephrologist, born 1921) 斯克瑞布纳氏分流术

scribomania [skribə'meiniə] 书写狂

scrobiculate [skrəu'bikjulit] (L. scrobiculatus) 小窝形的,有小凹的

scrobiculus [skrə'bikjuləs] (L. "little trench","pit") 小窝,小凹
s. cordis 心窝

scrofula ['skrɔfjulə] (L. "brood sow") 瘰疬

scrofuloderma [ˌskrɔfjulə'də:mə] (scrofula + Gr. derma skin) 皮肤结核,皮肤瘰疬

scrotal ['skrəutəl] 阴囊的

scrotectomy [skrə'tektəmi] (scrotum + Gr. ektomē excision) 阴囊切除术

scrotitis [skrɔ'taitis] 阴囊炎

scrotocele ['skrəutəsi:l] (scrotum + Gr. kēlē hernia) 阴囊腹股沟疝

scrotoplasty ['skrəutəplæsti] (scrotum + Gr. plassein to form) 阴囊成形术

scrotum ['skrəutəm] (L. "bag") (NA) 阴囊
s. lapillosum 阴囊钙化粉瘤
lymph s. 阴囊淋巴管扩张
watering-can s. 阴囊多发性尿瘘

scruple ['skru:pəl] (L. scrupulus, dim. of scrupus a sharp stone, a worry or anxiety) 英分:等于 1.296 克,缩写为 scr.

scrupulosity [ˌskru:pju'lɔsiti] 顾虑过度

scultetus [skʌl'tetəs] (named for Johann Schultes (Scultetus), German surgeon, 1595-1645) 舒耳特兹氏绷带

scu-PA (single chain urokinase-type plasminogen activator 的缩写)单链尿激酶型纤维蛋白溶酶原激活质

scurvy ['skə:vi] (L. scorbutus) 坏血病
hemorrhagic s. 出血性坏血病
infantile s. 婴儿坏血病

scute [skju:t] (L. scutum shield) ❶ 鳞; ❷ 鼓室盾板
tympanic s. 鼓室盾板

scutiform ['skju:tifɔ:m] (L. scutum shield + forma form) 盾形的

scutular ['skjutjulə] 黄癣痂的

scutulum ['skju:tjuləm] (pl. scutula) (L.) 黄癣痂

scutum ['skju:təm] (L. "shield") ❶ 鼓室盾板; ❷ 甲状软骨; ❸ 盾片
s. pectoris 胸骨

scybala ['sibələ] (Gr.) 硬粪块。scybalum 的复数形式

scybalous ['sibələs] 硬粪块的

scybalum ['sibələm] (pl. scybala) (Gr. skybalon) 硬粪块

scyphoid ['saifɔid] (Gr. skyphos cup + -oid) 杯状的

scythropasmus [ˌsaiθrə'pæzməs] (Gr. skythrōpasmos; skythōpazein to look sullen) 面容憔悴

scytoblastema [ˌsaitəblæs'ti:mə] (Gr. skytos skin + blastēma sprout) 皮基,皮胚

SD ❶ (skin dose 的缩写) 皮肤量; ❷ (standard deviation 的缩写)标准差

SDA ❶ (L. sacrodextra anterior 的缩写)右骶前(胎位); ❷ (specific dynamic ac-

tion 的缩写）特殊动力作用
SDE（specific dynamic effect 的缩写）特殊动力作用
SDP（L. *sacrodextra posterior* 的缩写）右骶后(胎位)
SDS（sodium dodecyl sulfate 的缩写）十二烷基硫酸钠
SDS-PAGE（SDS-polyacrylamide gel electrophoresis 的缩写）十二烷基硫酸钠-聚炳烯酰胺凝胶电泳
SDT（L. *sacrodextra transversa* 的缩写）右骶横(胎位)
SE ❶（standard error 的缩写）标准误差；❷（sphenoethmoidal suture 定义 2 的缩写）蝶筛(骨)缝
Se（selenium 的符号）硒
seal [si:l] ❶ 封蜡；❷ 熔封,封闭；❸ 密封剂
  border s. 周边封闭
  double s. 双层密封
  posterior palatal s. 腭后封闭
  velopharyngeal s. 咽帆封闭
sealant ['si:lənt] 封闭剂
  dental s. 牙科封闭剂
  fissure s. 沟封闭剂
  pit and fissure s. 沟凹封闭剂
sealer ['si:lə] 封闭剂
  endodontic s. 牙髓病封闭剂
  root canal s. 根管封闭剂
seam [si:m] 缝,接缝,骨缝
  osteoid s. 骨接缝
  pigment s. 色素缘
searcher ['sə:tʃə] 膀胱石探杆
seat [si:t] 座,座位
  basal s. 基座
  rest s. 支托座
seatworm ['si:twə:m] 蛲虫
seaweed ['si:wi:d] 海藻
sebaceous [si'beiʃəs]（L. *sebaceus*）❶ 皮脂的,脂肪的；❷ 泌脂的
sebiferous [si'bifərəs]（L. *sebiferus*, from *sebum* suet + *ferre* to bear）生皮脂的
Sebileau's hollow [ˌsebi'ləuz]（Pierre *Sebileau*, French surgeon, 1860-1953）赛比洛氏凹（舌下凹）
sebiparous [si'bipərəs]（L. *sebiparus*; *sebum* suet + *parere* to produce）生皮脂的
selbocystomatosis [ˌsi:bəuˌsistəmə'təusis]（*sebum* + *cystoma*）皮脂囊瘤病
sebolith ['sebəliθ]（*sebum* + Gr. *lithos* stone）皮脂石
seborrhea [ˌsebə'ri:ə]（L. *sebum* suet + Gr. *rhoia* flow）❶ 皮脂溢；❷ 脂溢性皮炎
  s. adiposa, 油性皮脂溢
  s. oleosa 油性皮脂溢
  s. sicca 干性皮脂溢
seborrheal [ˌsebə'ri:əl] 皮脂溢的
seborrheic [ˌsebə'reiik] ❶ 皮脂溢的；❷ 皮脂丰富区的
seborrhiasis [ˌsebə'raiəsis] 反向牛皮癣,反向银屑病
sebotropic [ˌsebə'trɔpik] 亲皮脂的
sebum ['si:bəm]（L. "suet"）❶ 皮脂；❷ 牛羊脂,羊脂
  cutaneous s., s. cutaneum 皮脂
  s. palpebrale 睑皮脂
Secale [si'keili]（L. "rye"）黑麦属
Sechenoff's centers ['setʃinɔfs] 谢切夫氏中枢
Seckel's bird-headed dwarf ['sekəlz]（Helmut Paul George *Seckel*, American physician, 1900-1960）赛克尔氏鸟头侏儒
seclazone ['seklə.zəun] 氯唑恶酮
secobarbital [ˌsi:kə'bɑ:bitəl]（USP）西可巴比妥,速可眠
  s. sodium（USP）西可巴比妥钠,速可眠钠
secodont ['si:kədɔnt]（L. *secare* to cut + Gr. *odous* tooth）切牙型
Seconal ['sekənəl] 舍可那：西可巴比妥的商品名
second ['sekənd] 秒
secondary ['sekəndəri]（L. *secundarius*; *secundus* second）第二的,次级的,继发的
second intention ['sekənd in'tenʃən] 二期愈合
secreta [si'kri:tə]（L. pl.）分泌物
secretagogue [si'kri:təgɔg]（*secretion* + Gr. *agōgos* drawing）❶ 促分泌的；❷ 促分泌剂
secrete [si'kri:t]（L. *secernere, secretum* to separate）分泌
secretin [si'kri:tin] 促胰液素,肠促胰液肽

secretion [siˈkriːʃən] (L. *secretio*, from *secernere* to secrete) ❶ 分泌,分泌作用; ❷ 分泌物
  antilytic s. 非麻痹性分泌
  external s. 外分泌
  internal s. 内分泌
  paralytic s. 麻痹性分泌

secretogogue [siˈkriːtəgɔg] ❶ 促分泌的; ❷ 促分泌素

secretoinhibitory [siˌkriːtəinˈhibiˌtəri] 抑制分泌的,抗分泌的

secretomotor [siˌkriːtəˈməutə] 刺激分泌的

secretomotory [siˌkriːtəˈməutəri] 刺激分泌的

secretor [siˈkriːtə] ❶ 分泌者; ❷ 分泌者基因

secretory [siˈkriːtəri] 分泌的,分泌作用的

sectile [ˈsektail] (L. *sectilis*, from *secare* to cut) ❶ 可割的,可切的; ❷ 段,分段

sectio [ˈsekʃiəu] (pl. *sectiones*) (L., from *secare* to cut) ❶ 切开术; ❷ 切断面,切片,截面 (NA)
  sectiones cerebellares (NA), **sectiones cerebelli** 小脑切(断)面
  sectiones epithalami, sectiones epithalamicae (NA) 上丘脑切面
  sectiones hypothalami, sectiones hypothalamicae (NA) 下丘脑切面
  sectiones medullae oblongatae (NA) 延髓切面
  sectiones medullae spinalis (NA) 脊髓切面
  sectiones mesencephali, sectiones mesencephalicae (NA) 中脑切面
  sectiones pontis (NA) 桥脑切面
  sectiones telencephali, sectiones telencephalicae (NA) 端脑切面
  sectiones thalami et metathalami, sectiones thalamicae et metathalamicae (NA) 丘脑和丘脑后部切面

section [ˈsekʃən] (L. *sectio*) ❶ 切开(术); ❷ 切(断)面; ❸ 节; ❹ 派,亚属
  abdominal s. 剖腹术
  celloidin s. 火棉胶切片
  cesarean s. 剖腹产术
  cesarean s., cervical 子宫下段剖腹产术
  cesarean s., classic, cesarean s., corporeal 古典式剖腹产术,子宫体切开剖腹产术
  cesarean s., extraperitoneal 腹膜外剖腹产术
  cesarean s., Latzko's 拉兹科氏剖腹产术
  cesarean s., lower segment 子宫下段剖腹产术
  cesarean s., low vertical 子宫下段垂直切面剖腹产术
  cesarean s., Munro Kerr 孟罗凯尔剖腹产术
  cesarean s., Porro 保尔若奥剖腹产术
  cesarean s., transperitoneal 经腹膜剖腹产术
  cesarean s., transverse 横切面剖腹产术
  coronal s. 冠状缝切面
  frontal s. 额切面
  frozen s. 冰冻切片
  paraffin s. 石蜡切片
  perineal s. 尿道外切开术,会阴部尿道切开术
  Pitres's s. 皮特尔氏脑横切面
  Saemisch's s. 塞米施氏手术
  sagittal s. 矢状切面
  serial s. 连续切片
  transverse s. 横切面,横切片

sectiones [ˌsekʃiˈɔniz] (L.) 切开术,切断面,切片。*sectio* 的复数形式

sector [ˈsektə] (L. "cutter") ❶ 弧三角形,扇形,扇面; ❷ 区域,部分,成分; ❸ 使分成扇形或区域

sectorial [sekˈtɔriəl] (L. *sector* cutter) ❶ 弧三角形的,扇形的; ❷ 区域嵌合体的; ❸ 切割的

Sectral [ˈsektrəl] 塞克特罗尔:醋丁酰心安商品名

secundigravida [ˌsekəndiˈgrævidə] (L. *secundus* second + *gravida* pregnant) 第二次孕妇

secundina [ˌsekənˈdinə] (pl. *secundinae*) (L., from *secundus* following) 产后物,胞衣,陪件
  s. uteri 绒(毛)膜

secundinae [ˌsekənˈdiniː] (L.) 产后物,胞衣,陪件。*secundina* 的复数

secundines [siˈkʌndinz] (L. *secundinae*) 产后物,胞衣,陪件

secundipara [ˌsekənˈdipərə] (L. *secundus*

secundiparity [seˌkəndiˈpæriti] 二产
secundiparous [ˌsekənˈdipərəs] 二产的
secundum artem [siˈkʌndəm ˈɑːtəm] (L. "according to the art") 按技术,人工地
SED (skin erythema dose 的缩写) 皮肤红斑量
sedation [siˈdeiʃən] (L. *sedatio*) 镇静(作用),镇静状态
sedative [ˈsedətiv] (L. *sedativus*) ❶ 镇静的; ❷ 镇静剂
  cardiac s. 心镇静剂,心抑制剂
  cerebral s. 大脑镇静剂
  gastric s. 胃镇静剂
  general s. 全身镇静剂
  intestinal s. 肠镇静剂
  nerve trunk s. 神经干镇静剂
  nervous s. 神经镇静剂,神经抑制剂
  respiratory s. 呼吸镇静剂
  spinal s. 脊髓镇静剂
  vascular s. 血管镇静剂
sedentary [ˈsedəntəri] (L. *sedentarius*) ❶ 静坐的; ❷ 坐式的
Sédillot's operation [seidiˈjɔː] (Charles Emmanuel *Sédillot*, French surgeon, 1804-1883) 塞迪约氏手术(胃切除术)
sediment [ˈsedimənt] (L. *sedēre* to settle) 沉淀,沉淀物
  urinary s. 尿沉淀
sedimentable [ˌsediˈmentəbəl] 可沉淀的
sedimentation [ˌsedimenˈteiʃən] 沉淀作用,沉积,沉降
  erythrocyte s. 红细胞沉淀,血沉
  formalin-ether s. (Ritchie) 福尔马林-醚沉淀作用
sedimentator [ˌsedimenˈteitə] 沉淀器
sedoheptulose [ˌsidəuˈheptjuləus] 景天庚醛糖
seed [siːd] ❶ 种子,籽; ❷ 精液; ❸ 种子形小管; ❹ 接种
  cardamom s. 豆蔻籽
  larkspur s. 飞燕草籽
  plantago s. (USP), **psyllium s.** 车前子
  radiogold (^{198}Au) **s.** 放射性金^{198}籽
  radon s. 氡籽,氡小管
Seeligmüller's sign [ˈsæligmiləz] (Otto Ludwig Gustav Adolf *Seeligmüller*, German neurologist, 1837-1912) 泽利希苗勒氏征
Seessel's pouch [ˈsiːselz] (Albert *Seessel*, American embryologist and neurologist, 1850-1910) 西塞耳氏憩室
segment [ˈsegmənt] (L. *segmentum* a piece cut off) 节,段,节片
  arterial s. of glomeriform arteriovenous anastomosis 小球形动静脉吻合的动脉段
  bronchopulmonary s. 支气管肺段
  cranial s's 颅节
  frontal s. 额节
  hepatic s's 肝段
  initial s. 始节
  interannular s. 结间节
  internodal s. 结间节
  s's of kidney 肾结
  s's of liver 肝段
  medullary s. 髓稍节
  mesoblastic s., mesodermal s. 体节
  neural s. 神经管节,髓管节
  occipital s. 枕节
  parietal s. 顶节
  P-R s. P-R 间期
  primitive s., protovertebral s. 体节
  pubic s. of the pelvis 骨盆耻骨段
  Ranvier's s. 郎飞氏结
  renal s's 肾节
  rivinian s., s. of Rivinus 鼓切迹
  sacral s. 骶节
  Schmidt-Lanterman s. 施-兰二氏节
  spinal s's, s's of spinal cord 脊髓节段
  ST s. ST 节段(心电图)
  Ta s. Ta 波段
  thin s. 细管段
  uterine s. 子宫分段
  venous s. of glomeriform arteriovenous anastomosis 小球形动静脉吻合的静脉段
segmenta [segˈmentə] (L.) 节,段。*segmentum* 的复数
segmental [segˈmentəl] 节的,段的,分节的
segmentation [ˌsegmenˈteiʃən] ❶ 分节,分段; ❷ 分裂
  haustral s. 结肠袋分节运动
segmenter [ˈsegmentə] 裂殖体

Segmentina [ˌsegmən'tinə] 隔扁螺属
segmentum [seg'mentəm] (pl. *segmenta*) 节,段,节片
  s. arteriale anastomosis arteriovenosae glomeriformis (NA) 小球形动静吻合的动脉段
  segmenta bronchopulmonalia (NA) 支气管肺段
  segmenta hepatis (NA) 肝段
  segmenta lumbalia 腰椎神经节段
  segmenta medullae spinalis (NA) 脊髓节段
    segmenta cervicalia (1—8)(NA) 颈髓节段(1~8)(NA)
    segmenta thoracica (1—12)(NA) 胸脊髓节段(1~12)(NA)
    segmenta lumbaria (1—5)(NA) 腰脊髓节段(1~5)(NA)
    segmenta sacralia (1—5)(NA) 骶脊髓节段(1~5)(NA)
    segmenta coccygea 尾神经段(1段或多段)(1~3)
  segmenta renalia (NA) 肾段
  s. venosum anastomosis arteriovenae glomeriformis 小球形动静脉吻合的静脉段
segregation [ˌsegri'geiʃən] (L. *segregatio* separation) ❶ 分离;❷ 分居,隔离,分隔;❸ 分离,分异
segregator ['segri'geitə] 分隔采尿器
Séguin's signal symptom [sei'ɡeiz] (Edouard *Séguin*, French psychiatrist, 1812-1880) 塞甘氏先兆症状
Sehrt's clamp [zə:ts] (Ernst *Sehrt*, German surgeon, 20th century) 塞尔特氏夹
Seidel's scotoma ['saidəlz] (Erich *Seidel*, German ophthalmologist, 1882-1946) 塞德尔氏暗点
Seidlitz powder ['zaidlitz] (以捷克共和国(Ger. *Sedlitz*)的塞德利茨矿泉命名) 塞德利茨(矿泉)粉
Seignette's salt ['seinjets] (Pierre *Seignette*, French pharmacist, 1660-1719) 赛涅特氏盐(酒石酸钾钠)
seisesthesia [ˌsaizes'θi:ziə] (Gr. *seisis* concussion + *esthesis* perception) 震动感
seismocardiography [ˌsaizməuˌkɑ:di'ɔgrəfi] 心动描记法
seismotherapy [ˌsaizməu'θerəpi] (Gr. *seismos* shake + *therapy*) 振动疗法
Seitelberger's disease ['saitəlbəɡəz] (Franz *Seitelberger*, Austrian physician, born 1916) 赛特尔伯格氏病
Seitz's sign ['saitsəz] (Eugen *Seitz*, German physician, 1817-1899) 赛茨氏征
seizure ['si:ʒə] ❶ 发作;❷ 癫痫发作
  absence s. 癫痫小发作
  adversive s. 扭转性癫痫
  astatic s. 弛缓性癫痫发作
  atonic s. 张力缺乏性癫痫发作
  automatic s. 自发性癫痫发作
  centrencephalic s. 全身强直性阵挛性癫痫发作
  clonic s. 阵挛性癫痫发作
  complex partial s. 复杂性局部癫痫发作
  febrile s's 热性癫痫发作
  focal s. 病灶性癫痫发作
  focal motor s. 病灶运动(肌)癫痫发作
  generalizd tonic-clonic s. 全身强直性阵挛性癫痫发作
  hysterical s. 歇斯底里性癫痫发作
  jackknife s's 折刀状发作
  partial s. 不完全癫痫发作
  psychogenic s. 精神性癫痫发作
  reflex s. 反射性癫痫发作
  salaam s's 点头状发作
  sensory s. 感觉性癫痫发作
  serial s's 断续癫痫发作
  simple partial s. 单一局限性癫痫发作
  tonic s. 强直性癫痫发作
  tonic-clonic s. 强直(性)阵发性癫痫发作
  uncinate s. 钩状回性癫痫发作
sejunction [si'dʒʌŋkʃən] 联想阻隔,联想中断
sekisanine [se'kisəni:n] 二氢石蒜碱:自石蒜提取的生物碱
selachian [si'leikiən] 板鳃类鱼,软骨鱼
Seldane ['seldein] 塞尔岱:特芬纳啶的商品名
Seldinger technique ['seldiŋə] (Sven Ivar *Seldinger*, Swedish radiologist, born 1921) 赛尔丁格氏技术
selectin [si'lektin] 选择素
selection [si'lekʃən] (L. *selectio* choice) 选择,淘汰
  artificial s. 人工选择

directional s. 趋向性选择

disruptive s., diversifying s. 分裂性选择,多样性选择

natural s. 自然选择,自然淘汰

progeny s. 子代选择

sexual s. 性选择

stabilizing s. 稳定性选择

truncate s. 切断选择

selective [si'lektiv] 选择的,有选择力的

selectivity [ˌsilek'tiviti] 选择性

selegiline hydrochloride [se'ledʒiliːn] 盐酸塞利吉林:抗震颤麻痹药

selene [si'liːni] (L.; Gr. *selēnē* moon) 月形

s. unguium 甲弧影

selenide ['selənaid] 硒化物

selenium [si'liːniəm] (Gr. *selēnē* moon) 硒

s. sulfide (USP) 硫化硒

selenodont [si'liːnədont] (Gr. *selēnē* moon + *odous* tooth) 月牙型的

selenomethionine [seˌliːnəme'θaieniːn] 硒蛋氨酸

selenomethylnorcholesterol [seˌliːnəmeθilˌnɔkə'lestərəl] 硒甲(基)降胆甾醇

Selenomonas [ˌseliːnə'məunəs] (Gr. *selēnē* moon + *monas* unit, from *monos* single) 月形单胞菌属

selenosis [ˌsiːliːl'nəusis] 硒中毒

self [self] 自我,自身,自己

self-antigen [self'æntidʒən] 自体抗原

self-differentiation [ˌselfdifəˌrenʃi'eiʃən] 自主分化

self-digestion [ˌselfdi'dʒestʃən] 自体消化,自体溶解

self-fermentation [ˌselffəːmen'teiʃən] 自体溶解,自体消化,自体发酵

self-fertilization [ˌselffəːtilai'zeiʃən] 自体受精

self-hypnosis [ˌselfhip'nəusis] 自我催眠

self-inductance [ˌselfin'dʌktəns] 自感(电)

self-infection [ˌselfin'fekʃən] 自体传染,自体感染,自身传染

selfing ['selfiŋ] 自体受精

self-limited [self'limitid] 自限的,自限性的

self-suspension [ˌselfsəs'penʃən] 自体悬吊法

self-tolerance [self'tɔlərəns] 自体耐受性,自身耐受性

selfwise ['selfwaiz] 自向的

Selivanoff's (**Seliwanow's**) **test** [ˌseli'vɑːnɔfs] (Feodor Fedorowich *Selivanoff*, Russian chemist, late 19th century) 谢利瓦诺夫氏试验

sella ['selə] (pl. *sellae*) (L.) 鞍

empty s. 空鞍

s. turcica (NA) 蝶鞍

sellar ['selə] 蝶鞍的

Sellick maneuver ['selik] (Brian A. *Sellick*, British anesthetist, 20th century) 塞里克操作法

Selsun ['selsən] 塞尔瑟:硫化硒的商品名

S. Blue 塞尔瑟蓝:硫化硒的商品名

Selter's disease ['seltəz] (Paul *Selter*, German pediatrician, 1866-1941) 塞耳特氏病,红皮水肿性多神经病

Selye syndrome ['səliə] (Hans Hugo *Selye*, Austrian physician in Canada, 1907-1982) 塞莱氏综合征

semantic [si'mæntik] 语义的,语义学的

semantics [si'mæntiks] (Gr. *sēmantikos* significant, from *sēma* a sign) 语义学

semasiology [siˌmeisi'ɔlədʒi] 语义学

semeiography [ˌsiːmai'ɔgrəfi] (Gr. *sēmeion* sign + *graphein* to write) 症状记录

semeiology [ˌsiːmai'ɔlədʒi] (Gr. *sēmeion* sign + *-logy*) 症状学

semeiotic [ˌsiːmai'ɔtik] (Gr. *semeiōtikos*) ❶症状的;❷特殊病征的

semeiotics [ˌsiːmai'ɔtiks] 症状学

semelincident [ˌsemel'insidənt] (L. *semel* once + *incidens* falling upon) 终身侵犯一次的

semel in d. (L. *semel in die*, once a day 的缩写) 一日一次。也可写为 *s.i.d.*

semelparity [ˌsemel'pæriti] (L. *semel* once + *parere* to bear) 终身一胎现象

semelparous [se'melpərəs] 终身一胎的

semen ['siːmən] (Gen. *seminis*) (L. "seed") ❶种子;❷精液

semenologist [ˌsiːmə'nɔlədʒist] 精液学家

semenology [ˌsiːmə'nɔlədʒi] 精液学

semenuria [ˌsiːmi'njuriə] 精液尿

semi- (L. *semis* half) 一半
semialdehyde [ˌsemi'ældihaid] 半醛
semiantigen [ˌsemi'æntidʒən] 半抗原
semiapochromat [ˌsemi'æpə'krəumət] (*semi-* + *apo-* + *chromatic* aberration) 半复消色差物镜
semiapochromatic [ˌsemiˌæpəkrəu'mætik] 半复消色差的
semiaxial [ˌsemi'æksiəl] 半轴的
semicanal [ˌsemikə'næl] 半规管
  s. of auditory tube 咽鼓管半规管
  s. of humerus 肱骨结节间沟
  s. of tensor tympani muscle 鼓膜张肌半规管
semicanales [ˌsemikə'neiliz] (L.) 半管, 半规管。semicanalis 的复数形式
semicanalis [ˌsemikə'neilis] (pl. *semicanales*) (L.) 半管, 半规管
  s. musculi tensoris tympani (NA) 鼓膜张肌半规管
  s. tubae auditivae (NA) 咽鼓管半管
  s. tubae auditoriae (NA) 咽鼓管半管
semicartilaginous [ˌsemiˌkɑ:ti'lædʒinəs] 半软骨的
semicoma [ˌsemi'kəumə] 轻昏迷, 半昏迷
semicomatose [ˌsemi'kəumətəus] 轻昏迷的, 半昏迷的
semicrista [ˌsemi'kristə] (pl. *semicristae*) (L.) 小嵴
  s. incisiva 鼻嵴
semidecussation [ˌsemiˌdi:kə'seiʃən] ❶ 半交叉(神经纤维); ❷ 锥体交叉
semidiagrammatic [ˌsemiˌdaiəɡrə'mætik] 半图式的
semidominance [ˌsemi'dɔminəns] 半优势
semiflexion [ˌsemi'flekʃən] ❶ 半屈位; ❷ 半屈
semifluctuating [ˌsemi'flʌktjuˌeitiŋ] 半波动的
Semih. (L. *semihora* 的缩写) 半小时
Semikon ['semikɔn] 塞米孔, 麦沙吡立伦: 噻吡二胺的商品名
semilunar [ˌsemi'lju:nə] (L. *semilunaris*; *semi-* half + *luna* moon) 半月形的, 月牙形的
semilunare [ˌsemilju'nɛəri] (L.) 月骨
semiluxation [ˌsemilʌk'seiʃən] 半脱位, 轻脱位

semimalignant [ˌsemimə'liɡnənt] 半恶性的
semimembranous [ˌsemi'membrənəs] 半膜的
seminal ['seminəl] (L. *seminalis*) ❶ 种子的; ❷ 精液的
seminarcosis [ˌseminɑ:'kəusis] 半麻醉, 朦睡
semination [ˌsemi'neiʃən] (L. *seminatio*) 授精
seminiferous [ˌsemi'nifərəs] (L. *semen* seed + *ferre* to bear) 生精子的, 输精子的
seminologist [ˌsemi'nɔlədʒist] 精液学家
seminology [ˌsemi'nɔlədʒi] 精液学
seminoma [ˌsi:mi'nəumə] (*semen* + *-oma*) 精原细胞瘤
  anaplastic s. 退行发育型精原细胞瘤
  classical s. 典型型精原细胞瘤
  ovarian s. 卵巢精原细胞瘤
  spermatocytic s. 精母细胞型精原细胞瘤
seminormal [ˌsemi'nɔ:məl] 半当量浓度的
seminose ['seminəus] 甘露糖
seminuria [ˌsi:mi'njuriə] (L. *semen* seed + Gr. *ouron* urine + *-ia*) 精液尿
semiography [ˌsemi'ɔɡrəfi] 症状记录
semiology [ˌsemi'ɔlədʒi] 症状学
semiorbicular [ˌsemi'ɔ:bikjulə] 半圆形的, 半环形的
semiotic [ˌsemi'ɔtik] ❶ 症状的; ❷ 特殊(病征)的
semiparasite [ˌsemi'pærəsait] 半寄生物
semipenniform [ˌsemi'penifɔ:m] 半羽状的
semipermeable [ˌsemi'pə:miəbl] 半(可)透的, 半渗透性的
semiplegia [ˌsemi'pli:dʒiə] 偏瘫, 半身不遂
semipronation [ˌsemiprə'neiʃən] ❶ 半旋前; ❷ 半俯卧位的
semiprone [ˌsemi'prəun] (L. *semis* half + *pronus* prone) 半俯卧位的
semiquantitative [ˌsemi'kwɔntitətiv] 半定量的
semiquinone [ˌsemi'kwinəun] 半醌
semirecumbent [ˌsemiri'kʌmbənt] 半卧的
semis ['semis] (L.) 半。缩写形式为 ss
semisulcus [ˌsemi'sʌlkəs] (L. *semis* half + *sulcus* furrow) 半沟

semisupination [ˌsemiˌsjuːpiˈneiʃən] ❶ 半旋后；❷ 半仰卧位

semisupine [ˌsemiˈsjuːpain] 半仰卧位的

semisynthetic [ˌsemisinˈθetik] 半合成的

Semitard [ˈsemitɑːd] 噻咪特得：速效胰岛素锌悬液商品名

semitendinous [ˌsemiˈtendinəs] 半腱的

semitransparent [ˌsemitræˈspærənt] 半透明的

semivalent [ˌsemiˈveilənt] 半价的

Semliki Forest encephalitis [semˈliki] (*Semliki Forest* in western Uganda, where mosquitoes transmit the virus) 赛姆利基森林脑炎

Semmelweis [ˈseməlvais] (Ignaz Philipp 1818-1865, A Hungarian physician) 塞梅耳维斯：1847～1849, 产科学家

Semon's law [ˈsemɔnz] (Sir Felix *Semon*, German-born laryngologist in London, 1849-1921) 塞蒙氏定律

Semoxydrine [seˈmɔksidrin] 噻莫克斯德琳：盐酸去氧麻黄碱的商品名

semustine [seˈmʌstin] 赛氮芥, 甲环亚硝脲, 甲基罗氮芥, 氯乙甲基环己亚硝脲

Senear-Usher syndrome [siˈniə ˈʌʃə] (Francis Eugene *Senear*, American dermatologist, 1889-1958; Barney *Usher*, Canadian dermatologist, born 1899) 塞-阿二氏综合征, 红斑性天疱疮

Senecio [səˈneʃiəu] (L. "old man") 千里光属

S. jacobea (L.) 火草, 美狗舌草

senega [ˈsenəgə] (L.) 美远志

senegenin [ˌseniˈdʒenin] 美远志皂甙元

senescence [siˈnesəns] (L. *senescere* to grow old) 衰老, 变老

dental s. 齿衰

senescent [siˈnesənt] 衰老的, 变老的

Sengstaken-Blakemore tube [ˈseŋstɑkən ˈbleikmɔː] (Robert William *Sengstaken*, American neurosurgeon, born 1923; Arthur H. *Blakemore*, American surgeon, 1897-1970) 森-布二氏管

senile [ˈsenail] (L. *senilis*) 老年的, 衰老的

senilism [ˈsinilizəm] 早老, 早衰

senility [siˈniliti] (L. *senilitas*) 衰老, 年老

senium [ˈsiːniəm] (L. "the weakness of old age") 年老, 衰老, 老年

senna [ˈsenə] (USP) 番泻叶

sennoside [ˈsenəusaid] 番泻甙

sennosides [ˈsenəusaidz] (USP) 番泻甙合剂

senograph [ˈsinəugrɑːf] ❶ 低电压 X 线摄影器；❷ 低电压 X 线摄片

senography [siˈnɔgrəfi] 低电压 X 线摄影术

Senokot [ˈsinəukɔt] 斯诺高特：番泻叶的商品名

senopia [siˈnəupiə] (L. *senex* old man + *opia*) 老年期视力回春

sensation [senˈseiʃən] (L. *sensatio*) 感觉, 知觉

cincture s. 束带状感觉

cutaneous s. 皮肤感觉

delayed s. 延缓感觉

general s. 全身感觉

girdle s. 束带状感觉

light s. 光觉

objective s. 客观感觉

pin s. ① 针刺感；② 皮肤上有针刺感能

primary s. 原发性感觉

referred s., reflex s. 牵涉性感觉, 反射性感觉

secondary s. 联觉, 牵连感觉, 共同感觉

subjective s. 主观感觉

transferred s. 牵涉性感觉

vascular s. 血管感觉

sense [sens] (L. *sensus*, from *sentire* to perceive, feel) ❶ 觉, 感觉；❷ 意义, 有意义

body s. 躯体觉

chemical s. 化学觉

color s. 色觉

s. of equilibrium 平衡觉, 静位觉

form s. 形觉, 立体觉

internal s. 内部感觉

joint s. 关节感觉

kinesthetic s. ① 运动觉；② 肌觉

labyrinthine s. 迷路觉, 静位觉

light s. 光觉

motion s. 运动觉

movement s. 运动觉

muscle s., muscular s. 肌觉

pain s. 痛觉

position s. 位觉
posture s. 姿势觉
pressure s. 压觉
proprioceptive s. 本体感觉
seventh s. 第七感觉
sixth s. 第六感觉
somatic s's 躯体感觉,体觉
space s. 空间觉
special s's 特种感觉,五官觉
static s. 静位觉,平衡觉
stereognostic s. 实体觉
tactile s. 触觉
temperature s. 温度觉
time s. 时觉
tone s. 音调感觉
vestibular s. 静位觉,平衡觉
vibration s. 振动觉
visceral s. 内脏感觉
Sensibamine [sen'sibəmin] 森西巴明:麦角胺和麦角异胺的等量分子混合物的商品名
sensibilitiy [ˌsensi'biliti] (L. *sensibilitas*) 感觉性,感受性,感觉,感觉能力
bone s. 骨振觉,振动觉
common s. 普通感觉
deep s. 深部感觉
electromuscular s. 肌电感觉
epicritic s. 精细感觉
joint s. 关节感觉
mesoblastic s. 深部感觉
pallesthetic s., palmesthetic s. 振动感觉
proprioceptive s. 本体感觉
protopathic s. 粗感觉
splanchnesthetic s. 内脏感觉
vibratory s. 振动感觉
sensibilization [ˌsensiˌbilai'zeiʃən] ❶ 增敏(作用); ❷ 致敏(作用)
sensible ['sensibəl] (L. *sensibilis*) 能感觉到的
sensiferous [sen'sifərəs] (L. *sensus* sense + *ferre* to carry) 传导感觉的
sensigenous [sen'sidʒənəs] (L. *sensus* sense + Gr. *gennan* to produce) 产生感觉的
sensimeter [sen'simitə] 感觉计
sensitinogen [ˌsensi'tinədʒən] 致敏原,过敏原
sensitive ['sensitiv] (L. *sensitivus*) 能感受的,敏感的
sensitivity [ˌsensi'tiviti] ❶ 感受性,敏感性; ❷ 分析敏感性; ❸ 诊断敏感性
proportional s. 相应敏感性
sensitization [ˌsensitai'zeiʃən] 致敏作用
autoerythrocyte s. 自体红细胞致敏
photodynamic s. 光力致敏
Rh s. 恒河猴因子致敏作用
sensitized ['sensitaizd] 致敏的
sensitizer ['sensitaizə] 致敏物质,敏化物
sensitizin [ˌsensi'taizin] 过敏原
sensitometer [ˌsensi'tɔmitə] (照相)感光计
sensomobile [ˌsensə'məubail] 感觉移动的
sensomobility [ˌsensəmə'biliti] 感觉移动性
sensomotor [ˌsensə'məutə] 感觉运动的
sensoparalysis [ˌsensəpə'rælisis] 感觉神经麻痹
sensor ['sensə] 传感器,感受器,有感觉的物体
Sensorcaine [sensə'kein] 噻瑟卡因:盐酸丁哌卡因商品名
sensorial [sen'sɔːriəl] (L. *sensorialis*) ❶ 感觉中枢的; ❷ 皮质感觉中枢的
sensoriglandular [ˌsensəri'glændjulə] 感觉性分泌的
sensorimotor [ˌsensəri'məutə] 感觉运动的
sensorimuscular [ˌsensəri'mʌskjulə] 感觉性肌肉活动的
sensorineural [ˌsensəri'njuərəl] 感觉神经的
sensorium [sen'sɔːriəm] (L. *sentire* to experience, to feel the force of) ❶ 感觉神经中枢; ❷ 皮质感觉中枢; ❸ 神志,知觉
s. commune 皮质感觉中枢
sensorivascular [ˌsensəri'væskjulə] 感觉性血管(运动)的
sensorivasomotor [ˌsensəriˌvæsəu'məutə] 感觉性血管(运动)的
sensory ['sensəri] (L. *sensorius*) 感觉的
sensualism ['sensjuəlizəm] (L. *sensus* sense) 肉欲主义,享乐主义
sentient ['senʃənt] (L. *sentiens*) 能感觉到的,敏感的,有知觉的,有感觉的
sentisection [ˌsenti'sekʃən] (L. *sentive* to

perceive + *sectio* a section) 活体解剖
SEP (somatosensory evoked potential 的缩写) 身体感觉诱发电位
separation [ˌsepəˈreiʃən] ❶ 分离,分开; ❷ 分牙
　shoulder s. 肩分离
separator [ˈsepəreitə] ❶ 分离器; ❷ 分牙器
sepazonium chloride [sepəˈzəuniəm] 氯化三苯唑
sepedogenesis [ˌsepidəuˈdʒenisis] (*sepedon* + Gr. *genesis* production) 腐化,腐败
seperidol hydrochloride [səˈperidəl] 盐酸氯氟哌醇
Sephadex [ˈsefədeks] 交联葡聚糖
sepia [ˈsiːpiə] (L., from Gr. *sēpia* cuttlefish) 乌贼墨汁
sepium [ˈsiːpiəm] (L.; Gr. *sēpia* cuttlefish) 乌贼骨,海螵蛸
sepsin [ˈsepsin] (Gr. *sēpsis* decay) 腐败素,腐败毒
sepsis [ˈsepsis] (Gr. *sēpsis* decay) 脓毒病,脓毒症
　s. agranulocytica 粒细胞缺乏性脓毒病,粒细胞缺乏症
　catheter s. 导管脓毒症
　incarcerated s. 潜伏性脓毒病,箝闭性脓毒病
　s. intestinalis 肠性脓毒病
　s. lenta 慢性脓毒病
　mouse s., murine s. 鼠脓毒病
　oral s. 口脓毒病
　puerperal s. 产后脓毒病
Sepsis violacea [ˈsepsis vaiəˈleiʃiə] 马粪蝇
sepsometer [sepˈsɔmitə] (Gr. *sepsis* putrefaction + *metron* measure) 空气污度计
Sept. (L. *septem* 的缩写) 七
septa [ˈseptə] (L.) (*septum* 的复数) 中隔,间隔,隔(膜)
septal [ˈseptəl] 中隔的,间隔的
septan [ˈseptən] (L. *septem* seven) 七日热
septanose [ˈseptənəus] 塞丹糖,(氧)七环糖
septate [ˈsepteit] 有隔的,分隔的
septation [sepˈteiʃən] 分隔
septatome [ˈseptətəum] 鼻中隔刀
septavalent [ˌseptəˈveilənt] 七价的

septectomy [sepˈtektəmi] (*septum* + *-ectomy*) 鼻中隔部分切除术
　atrial s. (心)房间隔膜缺损再造
septemia [sepˈtiːmiə] 败血病,败血症
septic [ˈseptik] (L. *septicus*; Gr. *sēptikos*) 脓毒性的
septicemia [ˌseptiˈsiːmiə] (*septic* + Gr. *haima* blood + *-ia*) 败血病
　cryptogenic s. 隐原性败血病
　hemorrhagic s., s. hemorrhagica 出血性败血病,巴斯德氏菌病
　s. hemorrhagica bovum 牛出血性败血病
　s. hemorrhagica bubalorum 水牛出血性败血病,水牛巴斯德氏菌病
　s. hemorrhagica ovum 羊出血性败血病
　metastasizing s. 转移性败血病
　morphine injector's s. (人)类鼻疽病
　mouse s. 鼠败血病
　phlebitic s. 静脉炎性败血病
　plague s. 鼠疫败血病
　puerperal s. 产后败血病
　rabbit s. 兔败血病
　sputum s. 痰菌性败血病
septicemic [septiˈsiːmik] 败血病的
septicine [ˈseptisin] 腐鱼尸碱
septicogenic [ˌseptikəuˈdʒenik] (*septic* + Gr. *gennan* to produce) 引起腐败的,生腐的
septicophlebitis [ˌseptikəufliˈbaitis] (*septic* + *phlebitis*) 脓毒性静脉炎,败血性静脉炎
septicopyemia [ˌseptiˌkɔpaiˈiːmiə] 脓毒败血病,脓毒败血症
　cryptogenic s. 隐原性脓毒败血病
　metastatic s. 转移性脓毒败血病
　spontaneous s. 隐原性脓毒败血病,自发性脓毒败血病
septicopyemic [ˌseptiˌkɔpaiˈiːmik] 脓毒败血病的
septiferous [ˌseptiˈferəs] (*sepsis* + L. *ferre* to carry) 传布脓毒的
septigravida [ˌseptiˈgrævidə] (L. *septem* seven + *gravida* pregnant) 七孕妇
septile [ˈseptail] 隔的
septimetritis [ˌseptimiˈtraitis] (*septic* + *metritis*) 脓毒性子宫炎
septineuritis [ˌseptinjuˈraitis] 脓毒性神经炎

Nicolau's s. 尼科劳氏脓毒性神经炎
septipara [sep'tipərə] (L. *septem* seven + *parere* to bring forth, produce) 七产妇
septivalent [ˌsepti'veilənt] (L. *septem* seven + *valens* able) 七价的
sept(o)- (L *septum*) 隔
septomarginal [ˌseptə'mɑːdʒinəl] 隔缘的
septonasal [ˌseptə'neizəl] 鼻中隔的
septoplasty [ˌseptə'plæsti] (*septum* + Gr. *plassein* to form or mold) 鼻中隔形成术
septostomy [sep'tɔstəmi] (*spetum* + Gr. *stomoum* to provide with an opening) 隔膜造口术
　balloon atrial s., Rashkind balloon atrial s. 气囊房间隔造口术
septotome ['septətəum] 鼻中隔刀
septotomy [sep'tɔtəmi] (*septum* + Gr. *tomē* a cutting) 鼻中隔切开术
septula ['septjulə] (L.) 小隔。*septulum* 的复数形式
septulum ['septjuləm] (pl. *septula*) (L., dim. of *septum*) 小隔
　septula testis (NA) 睾丸小隔
septum ['septəm] (pl. *septa*) (L.) 中隔,间隔,隔(膜)
　s. alveoli 牙槽间隔,牙槽中隔
　atrial s. 房中隔,房间隔
　atrioventricular s. of heart, s. atrioventriculare cordis (NA) (心脏)房室(中)隔
　s. of auditory tube 肌咽鼓管隔
　Bigelow's s. 比吉洛氏隔
　bony s. of eustachian canal 肌咽鼓管隔
　bony s. of nose 鼻中隔骨部
　bronchial s., s. bronchiale 支气管隔,气管隆嵴
　bulbar s. 心球隔
　s. bulbi urethrae 尿道球中隔
　s. canalis musculotubarii (NA) 肌咽鼓管隔
　s. cartilagineum nasi 鼻中隔软骨部
　cervical s., intermediate, s. cervicale intermedium (NA) 颈部中间隔
　cloacal s. 泄殖腔隔,尿直肠隔
　s. of Cloquet 克洛凯氏隔,股环隔
　s. corporum cavernosorum clitoridis (NA) 阴蒂海绵体隔
　crural s. 股环隔

　Douglas' s. 道格拉斯氏隔,直肠隔
　enamel s. 釉质隔,釉索
　femoral s., s. femorale (NA), s. femorale (Cloqueti) 股环隔
　s. of frontal sinuses 额窦中隔
　gingival s. 龈中隔
　s. glandis penis (NA), s. of glans penis 阴茎头隔
　gum s. 龈中隔
　hemal s. 腹侧中隔
　interalveolar s. ① 牙槽间隔,牙槽中隔; ② 肺泡隔
　septa interalveolaria mandibulae (NA) 下颌骨牙槽隔
　septa interalveolaria maxillae (NA) 上颌骨牙槽隔
　interatrial s. of heart, s. interatriale cordis (NA) 房中隔,房间隔
　interdental s. 牙间隔,牙中隔,牙槽间隔
　intermuscular s. of arm, external 臂外侧肌间隔
　intermuscular s. of arm, internal 臂内侧肌间隔
　intermuscular s. of arm, lateral 臂外侧肌间隔
　intermuscular s. of arm, medial 臂内侧肌间隔
　intermuscular s., crural, anterior 腓骨前肌间隔
　intermuscular s., crural, posterior 腓骨后肌间隔
　intermuscular s. of leg, anterior 腓骨前肌间隔
　intermuscular s. of leg, posterior 腓骨后肌间隔
　intermuscular s. of thigh, external 股外侧肌间隔
　intermuscular s. of thigh, lateral 股外侧肌间隔
　intermuscular s. of thigh, medial 股内侧肌间隔
　s. intermusculare anterius cruris 腓骨前肌间隔
　s. intermusculare brachii laterale (NA) 臂外侧肌间隔
　s. intermusculare brachii mediale (NA) 臂内侧肌间隔
　s. intermusculare cruris anterius (NA)

腓骨前肌间隔
s. intermusculare cruris posterius (NA) 腓骨后肌间隔
s. intermusculare femoris laterale (NA) 股外侧肌间隔
s. intermusculare femoris mediale (NA) 股内侧肌间隔
s. intermusculare humeri laterale 臂外侧肌间隔
s. intermusculare humeri mediale 臂内侧肌间隔
s. intermusculare posterius cruris 腓骨后肌间隔
septa interradicularia mandibulae (NA) 下颌骨根间隔
septa interradicularia maxillae (NA) 上颌骨根间隔
s. intersinuale frontale (NA) 额窦中隔
s. intersinuale sphenoidale (NA) 蝶窦中隔
interventricular s. of heart, s. interventriculare cordis (NA) （心）室中隔,室间隔
s. linguae 舌中隔
s. linguale (NA) 舌中隔
s. lucidum 透明隔
median s., dorsal, median s., posterior 背中隔
s. medianum dorsale 背中隔
s. medianum posterius (NA) 后正中隔
mediastinal s., s. mediastinale 纵隔
s. membranaceum nasi 鼻中隔膜部
membranous s. of nose 鼻中隔膜部
s. mobile nasi, mobile s. of nose 鼻中隔皮部
s. of musculotubal canal 肌咽鼓管隔
s. nasale 鼻中隔
nasal s. 鼻中隔
s. nasi (NA) 鼻中隔
s. nasi osseum (NA) 鼻中隔骨部
neural s. 髓管隔
s. of nose 鼻中隔
orbital s., s. orbitale (NA) 眶隔
osseous s. of nose 鼻中隔骨部
s. pectiniforme 梳状中隔
pellucid s., s. pellucidum (NA) 透明隔
s. penis (NA) 阴茎隔
pharyngeal s. 咽隔

placental s. 胎盘隔
precommissural s., s. precommissurale (NA) 联合前隔
s. primum 原中隔,第一中隔
rectovaginal s., s. rectovaginale (NA) 直肠阴道隔
rectovesical s., s. rectovesicale (NA) 直肠膀胱隔
s. renis 肾隔,肾柱
scrotal s., s. scrotale, s. scroti (NA) 阴囊隔
s. secundum 第二中隔
s. sinuum frontalium 额窦中隔
s. sinuum sphenoidalium, sphenoidal s., s. of sphenoidal sinuses 蝶窦中隔
spurious s., s. spurium 假隔
subarachnoidal s. 蛛网膜下隔,后隔
septa of testis 睾丸小隔
s. of tongue 舌中隔
tracheoesophageal s. 气管食管隔
transverse s. of ampulla 壶腹横隔
s. tubae 咽鼓管隔,耳管中隔
urorectal s. (泌)尿(道)直肠中隔,泄殖腔隔
s. of ventricles of heart, ventricular s. 心室中隔
s. verum 联合前隔

septuplet [sep'tjuplit] (L. *septuplum* a group of seven) 七胎儿

seq. luce (L. *sequenti luce* 的缩写) 第二天

sequel ['siːkwəl] 后遗症

sequela [si'kwiːlə] (pl. *sequelae*) (L.) 后遗症

postpolio s., postpoliomyelitis. 脊髓灰质炎后的后遗症

sequence ['siːkwəns] (L. *sequi* to follow) ❶ 连续,顺序,后果；❷ 系列畸形；❸ 核苷酸连

amniotic band s. 羊膜索系列畸型
consensus s. 同感序列
flanking s. 侧翼顺序
gene s. 基因顺序
intervening s. 间插顺序
leader s. 顶枝顺序
nearest neighbor s. 最近邻顺序
pulse s. 脉冲顺序
signal s. 信号顺序

sequester [si'kwestə] (L.; Fr. *sequestrer* to shut up illegally) ❶ 隔绝,分离; ❷ 螯合

sequestra [si'kwestrə] (L.) 死骨片。*sequestrum* 的复数形式

sequestral [si'kwestrəl] 死骨的

sequestrant [si'kwestrənt] 多价螯合剂

sequestration [ˌsiːkwes'treiʃən] (L. *sequestratio*) ❶ 死骨形成; ❷ 病人隔离; ❸ 血管内血量净增
  disk s. 分隔盘
  pulmonary s. 肺隔离

sequestrectomy [ˌsiːkwes'trektəmi] (*sequestrum* + Gr. *ektomē* excision) 死骨切除术

sequestrotomy [ˌsiːkwes'trɔtəmi] (*sequestrum* + Gr. *tomē* a cutting) 死骨切除术

sequestrum [si'kwestrəm] (pl. *sequestra*) (L.) 死骨片
  primary s. 第一级死骨片
  secondary s. 第二级死骨片
  tertiary s. 第三级死骨片

sequoiosis [ˌsikwɔi'əusis] 过敏性肺泡炎

Ser (serine 的缩写) 丝氨酸

sera [serə] (L.) (*serum* 的复数) ❶ 血清; ❷ 浆液

seractide acetate [se'ræktaid] 39 肽促皮质素醋酯

seral ['siərəl] (生态学中)演替系列的

seralbumin [ˌsiərəl'bjuːmin] 血清白蛋白

serangitis [ˌsiərən'dʒaitis] (Gr. *sēranx* cavern + *-itis*) 海绵体炎

Ser-Ap-Es [sə'æpəs] 舒埃普俄斯:含盐酸肼苯哒嗪及双氢克尿塞和利血平商品名

serapheresis [ˌsirəfə'resis] (*serum* + Gr. *aphairesis* removal) 血清分离

Serapion of Alexandria (c. 280 B.C.) [sə'ræpiən] 瑟莱平:希腊内科医生,据认为是医学经验学派的奠基人之一

Serax [sə'ræks] 舒宁:去甲羟安定的商品名

sere [siə] (生态学中的)演替系列

Serenium [si'riniəm] 色瑞基尔姆:盐酸乙氧二氨偶氮苯制剂的商品名

Serentil [se'rentil] 舒若特:苯磺酸甲砜哒嗪的商品名

Serfin ['səːfin] 蛇根碱:利血平商品名

Sergent's white adrenal line [sei'ʒɔːz] (Emile *Sergent*, French physician, 1867-1943) 塞尔让氏肾上腺性白腺

serglobulin [səː'glɔbjulin] 血清球蛋白

serial ['siəriəl] 连续的

serialograph [ˌsiəri'æləgraːf] 连续(X线)照相器

sericin ['serisin] 丝胶(蛋白)

sericite ['siərisait] 绢云母

Sericopelma [ˌsiərikə'pelmə] 捕鸟蛛科的巨形多毛蜘蛛属
  S. communis 普通蜘蛛

series ['siəriːz] (L. "row") ❶ 组,连续,系列,族,型; ❷ 串联; ❸ 分类
  basophil s., basophilic s. 嗜碱性细胞族
  eosinophil s., eosinophilic s. 嗜酸性细胞族
  erythrocyte s., erythrocytic s. 红细胞系
  granulocyte s., granulocytic s. 粒细胞系
  Hofmeister s. 霍夫迈斯特氏序列,离子促变序列
  homologous s. 同系,同族
  leukocytic s. 白细胞系
  lymphocyte s., lymphocytic s. 淋巴细胞系
  lyotropic s. 离子促变序列,感交离子序
  monocyte s., monocytic s. 单核细胞系
  myeloid s., myelocytic s. 髓细胞系
  neutrophil s., neutrophilic s. 中性粒细胞系
  plasmacyte s., plasmacytic s. 浆细胞系
  thrombocyte s., thrombocytic s. 血小板系

seriflux ['serifl∧ks] (L. *serum* whey + *fluxus* flow) 浆液

serine ['siərin] 丝氨酸,羟基丙氨酸

L-serine dehydratase [siəriːn de'haidrəteis] L-丝氨酸脱水酶

serine endopeptidase ['siərin ˌendə'peptideis] (EC 3.4.21) 丝氨酸肽链内断酶

serine hydroxymethyltransferase ['siəriːn hai,drɔksi,meθil'trænsfəreis] 丝氨酸羟甲基转移酶

serine proteinase ['siəriːn 'prəutineis] 丝氨酸蛋白水酶

serine-type carboxypeptidase ['siəriːntaip kaːˌbɔksi'peptaideis] 丝氨酸型羧肽酶

serioscopy [ˌsiəriˈɔskəpi] 连续(实体)照片投影检查

seriscission [ˌseriˈsiʒən] (L. *sericum* silk + *scindere* to cut) 线切术

seroalbuminous [ˌsiərælˈbjuːminəs] 血清白蛋白的

seroalbuminuria [ˌsiərælˌbjumiˈnjuriə] 血清白蛋白尿

serocolitis [ˌsiərəkəˈlaitis] 结肠浆膜炎

seroconversion [ˌsiərəkənˈvəːʃən] 血清转化(现象)

seroconvert [ˌsiərəkənˈvət] 血清转化

seroculture [ˈsiərəkʌltʃə] 血清培养(物)

serocystic [ˌsiərəˈsistik] 浆液性囊肿的

serodermatosis [ˌsiərəˌdəːməˈtəusis] 浆液渗出皮肤病

serodiagnosis [ˌsiərəˌdaiəgˈnəusis] 血清诊断学

serodiagnostic [ˌsiərəˌdaiəgˈnɔstik] 血清学诊断的

seroenteritis [ˌsiərəˌentəˈraitis] 肠浆膜炎

seroenzyme [ˌsiərəenˈzaim] 血清酶

sero-fast [ˈsiərəfɑːst] 耐血清的

serofibrinous [ˌsiərəˈfaibrinəs] 浆液纤维蛋白性的

serofibrous [ˌsiərəˈfaibrəs] 浆液纤维性的

seroflocculation [ˌsiərəˌflɔkjuˈleiʃən] 血清絮凝(作用), 血清絮状反应

serofluid [ˈsiərəfluid] 浆液

serogastria [ˌsiərəˈɡæstriə] 胃内积血清

serogenesis [ˌsiərəˈdʒenisis] (*serum* + Gr. *genesis* production) 血清生成

seroglobulin [ˌsiərəˈɡlɔbjulin] 血清球蛋白

seroglycoid [ˌsiərəˈɡlaikɔid] 血清糖蛋白

serogroup [ˈsiərəɡruːp] ❶ 血清群; ❷ 一群抗原关系密切的病毒

serohepatitis [ˌsiərəˌhepəˈtaitis] (*serous* + *hepatitis*) 肝脏浆膜炎

serolipase [ˌsiərəuˈlaipeis] 血清脂肪酶

serologic [ˌsiərəˈlɔdʒik] 血清学的

serological [ˌsiərəˈlɔdʒikəl] 血清学的

serologist [siəˈrɔlədʒist] 血清学家, 血清学工作者

serology [siəˈrɔlədʒi] (*serum* + -*logy*) 血清学

    diagnostic s. 血清诊断学

serolysin [siəˈrɔlisin] 血清溶素

seroma [siəˈrəumə] 血清肿

seromembranous [ˌsiərəˈmembrəniəs] 浆液膜性的, 浆膜的

seromucoid [ˌsiərəˈmjuːkɔid] 浆液粘液性的

seromucous [ˌsiərəˈmjuːkəs] 浆液粘液性的

seromucus [ˌsiərəˈmjuːkəs] 浆液粘液(混合分泌)

seromuscular [ˌsiərəˈmʌskjulə] 浆膜肌膜的

Seromycin [ˈsiərəˌmaisin] 斯尔诺霉素: 环丝氨酸的商品名

seronegative [ˌsiərəˈneɡətiv] 血清反应阴性的

seronegativity [ˌsiərəˌneɡəˈtiviti] 血清阴性

seroperitoneum [ˌsiərəˌperitəˈniːəm] 腹腔积液, 腹水

serophilic [ˌsiərəˈfilik] 嗜血清的

serophysiology [ˌsiərəˌfiziˈɔlədʒi] 血清生理学

seroplastic [ˌsiərəˈplæstik] 浆液纤维蛋白性的

seropneumothorax [ˌsiərəˌnjuːməˈθɔːræks] 浆液气胸

seropositive [ˌsiərəˈpɔzitiv] 血清反应阳性的

seropositivity [ˌsiərəˌpɔziˈtiviti] 血清阳性

seroprevention [ˌsiərəpriˈvenʃən] 血清预防法

seroprognosis [ˌsiərəprɔɡˈnəusis] 血清预后

seroprophylaxis [ˌsiərəˌprɔfiˈlæksis] 血清预防法

seropurulent [ˌsiərəˈpjurulənt] 浆液脓性的

seropus [ˈsiərəpʌs] 浆液性脓

seroreaction [ˌsiərəriˈækʃən] 血清反应

serorelapse [ˌsiərəriˈlæps] 血清效价回升

seroresistant [ˌsiərəriˈzistənt] 血清不应性的

seroresistance [ˌsiərəriˈzistəns] 血清不应性

seroreversal [ˌsiərəriˈvəːsəl] 血清逆转

serosa [siəˈrəuzə] ❶ 浆膜, 粘膜; ❷ 浆膜; ❸ 绒(毛)膜

serosal [siəˈrəusəl] 浆膜的

serosamucin [siəˌrəusəˈmjuːsin] 浆膜粘蛋

白
serosanguineous [ˌsiərəsæŋ'gwiniəs] 血清血液的
seroscope ['siərəuskəup] (*serum* + Gr. *skopein* to examin) 血清检视法
serose ['siərəus] 血清(蛋白)胨
seroserous [ˌsiərə'siərəs] 浆膜与浆膜的
serositis [ˌsiərə'saitis] (pl. *serositides*) (*serous membrane* + *-itis*) 浆膜炎
  infectious avian s. 传染性家禽浆膜炎
  multiple s. 多浆膜炎
serosity [siə'rɔsiti] 浆液性
serosurvey [ˌsiərə'sɔːvei] 血清学调查
serosynovial [ˌsiərəsi'nəviəl] 浆液滑液性的
serosynovitis [ˌsiərəˌsinə'vaitis] 浆液性滑膜炎
serotaxis [ˌsiərəu'tæksis] (*serum* + Gr. *taxis* arrangement) 血清诱导法
serotherapy [ˌsiərə'θerəpi] (*serum* + Gr. *therapy*) 血清疗法
serothorax [ˌsiərə'θɔːræks] 水胸,浆液胸
serotonergic [ˌsiərətə'nədʒik] 血清素能性的
serotonin [ˌserə'təunin] 血色素,5-羟色胺
serotoninergic [ˌsiərəˌtəuni'nədʒik] 血清素源性的,含血清素的,血清素能性的
serotype ['siərətaip] 血清型
  heterologous s. 异种血清型
  homologous s. 同种血清型
serous ['siərəs] (L. *serosus*) ❶ 血清的; ❷ 浆液的
serovaccination [ˌsiərəˌvæksi'neiʃən] 血清菌苗免疫法
serovar ['siərəvɑː] 血清型
Serpasil ['səːpəsil] 色巴息:利血平的商品名
Serpentes ['səːpentiz] 蛇类
serpiginous [səː'pidʒinəs] (L. *serpere* to creep) 匐行的,匐行性的
serrated ['sereitid] (L. *serratus* from *serra* saw) 锯齿状的
Serratia [sə'reiʃiə] (Serafino *Serrati*, Italian physicist of the 18th century) 沙雷氏菌属
  S. liquefaciens 无色沙雷菌
  S. marcescens 粘质沙雷氏菌
  S. odorifera 臭味沙雷氏菌
  S. plymuthica 朴立茅次沙雷氏菌
  S. proteamaculans 无色沙雷菌
  S. rubidaea 深红沙雷氏菌
serration [sə'reiʃən] (L. *serratio*) ❶ 锯齿形,锯齿构造; ❷ 锯齿状; ❸ 锯状波
serratus [se'reitəs] (L.) ❶ 锯肌; ❷ 锯齿状的
serrefine ['serifain] (Fr.) 小弹簧镊
Serres' angle [sɛəz] (Antoine Etienne Reynaud Augustin *Serres*, French physiologist, 1786-1868) 塞尔氏角
serrulate ['seruleit] (L. *serrulatus*) 细锯齿状的
Sertoli's cell [sɜː'tɔliz] (Enrico *Sertoli*, Italian histologist, 1842-1910) 塞尔托利氏细胞
sertraline hydrochloride ['səːtrəlin] 盐酸瑟特灵
serum ['siərəm] (pl. *serums* 或 *sera*) (L. "whey") ❶ 浆液; ❷ 血清; ❸ 免疫血清
  active s. 活性血清
  anticomplementary s. 抗补体血清
  antilymphocyte s. (ALS) 抗淋巴细胞血清
  antipneumococcus s. 抗肺炎球菌血清
  antirabies s. (USP) 抗狂犬病血清
  antitetanic s. (A.T.S.) 抗破伤风血清,破伤风抗毒素
  antitoxic s. 抗毒素血清
  articular s. 滑液
  bacteriolytic s. 溶菌性血清
  blood s. 血清
  blood grouping s's (USP) 血型鉴定血清
  convalescence s., convalescent s., convalescents' s. 恢复期血清
  despeciated s. (去)无种特异性血清
  foreign s. 异种血清
  heterologous s. 异种血清
  homologous s. 同种血清
  hyperimmune s. 超免疫血清
  immune s. 免疫血清
  inactivated s. 灭活血清
  leukocyte typing s. (USP) 白细胞分型(类)血清
  Löffler's s. 吕弗勒氏血清
  lymphatolytic s. 溶淋巴组织性血清
  monovalent s. 单价血清

normal s. 正常血清
pericardial s. 心包液
polyvalent s. 多价血清
pooled s. 混合血清
pregnancy s. 妊娠血清
Sclavo's s. 斯克拉沃血清
specific s. 特异性血清
truth s. "说真话"血清
serumal [siə'ru:məl] 血清的,浆液的
serum-fast ['siərəmfɑːst] 抗血清的
serumuria [ˌsiərə'mjuriə] 蛋白尿
Serv. (L. *serva* 的缩写) 保留,保存
Servetus [sə'viːtəs] 瑟维特斯: Michael (1511-1553) 西班牙神学家,其著作涉及地理、天文、医药
servomechanism [ˌsəːvəu'mekənizəm] 伺服机构
seryl ['siəril, seril] 丝氨酰(基)
sesame ['sesəmi] (L. *sesamum*; Gr. *sēsamon*) 芝麻,胡麻,脂麻
sesamoid ['sesəmɔid] (L. *sesamoides*; Gr. *sēsamon* sesame + *eidos* form) ❶ 籽样的,种子样的; ❷ 籽骨
sesamoiditis [ˌsesəmɔi'daitis] 籽骨炎
sesqui- (L. *sesqui* a half more) 倍半,一个半
sesquih. (L. *sesquihora*, an hour and a half 的缩写) 一小时半
sesquihora [ˌseskwi'hɔrə] (L.) 一小时半
sesquioxide [ˌseskwi'ɔksaid] 倍半氧化物,三氧化物
sesquisulfate [ˌseskwi'sʌlfeit] 倍半硫酸盐,三硫酸盐
sesquisulfide [ˌseskwi'sʌlfaid] 倍半硫化物,三硫化物
sessile ['sesil] (L. *sessilis*) 无柄的,无蒂的,固定的
Sessinia [se'siniə] 大西洋岛屿带疱甲虫,椰毛甲虫类
set [set] ❶ 复位; ❷ 定向
 phalangeal s. (趾)骨固定
seta ['siːtə] (L.) (pl. *setae*) ❶ 鬃,刚毛; ❷ 刚毛样结构物
setaceous [sə'teiʃəs] (L. *setaceus*; *seta* bristle) 刚毛状的,象刚毛样刚硬的
Setaria [si'tɛəriə] 鬃线虫属
 S. cervi, S. cervina 唇突鬃丝虫
 S. equina 马鬃丝虫
 S. labiatopapillosa 唇突鬃丝虫
setiferous [si'tifərəs] (L. *seta* bristle + *ferre* to bear) 有刚毛的,生刚毛的
setigerous [si'tidʒərəs] (L. *seta* bristle + *gerere* to carry) 有刚毛的
seton ['siːtən] (Fr. *seton*; L. *seta* bristle) 泄液线
set-point ['setpɔint] 调定点
setup ['setʌp] ❶ 机构,方案; ❷ 在试用基托装排
 diagnostic s. 诊断性装假牙
Sever's disease ['sevəːs] (James Warren Sever, American orthopedic surgeon, 1878-1964) 塞佛氏病
sewage ['sjuːidʒ] 污水,污物
 activated s. 活化污水
 domestic s. 生活污水,家庭污水
 septic s. 腐败性污水
sewer [sjuə] 阴沟,暗渠
sex [seks] (L. *sexus*) 性别,性
 chromosomal s. 染色体性别
 endocrinologic s. 内分泌性别
 genetic s. 染色体性别
 gonadal s. 生殖腺性别
 morphological s. 外形性别
 nuclear s. 核性别
 psychological s. 心理性别
 social s. 社会性别
sex-conditioned [ˌsekskən'diʃənd] 从性的
sexdigitate [seks'didʒiteit] (L. *sex* six + *digitus* digit) 六指(趾)的
sexduction [seks'dʌkʃən] 性导
sexinfluenced [seks'influənst] 从性的
sexivalent [sek'sivələnt] 六价的
sex-limited [seks'limitid] 限性的,限于一性的(指遗传性状)
sex-linked [seks'liŋkt] 伴性的,性联的,性联锁的
sexology [sek'sɔlədʒi] 性学
sexopathy [seks'ɔpəθi] 性欲异常
sextan ['sekstən] (L. *sextanus* of the sixth) 六日周期的
sextigravida [ˌseksti'grævidə] (L. *sextus* sixth + *gravida* pregnant) 六孕妇
sextipara [seks'tipərə] (L. *sextus* sixth + *parere* to bring forth, produce) 六产妇
sextuplet [seks'tjuplit] (L. *sextus* sixth) 六胎儿

sexual ['seksjuəl] (L. *sexualis*) ❶ 性的; ❷ 性欲的

sexuality [,seksju'æliti] ❶ 性别; ❷ 性欲
  infantile s. 幼稚性欲

Seyderhelm's solution [,sidə:'helmz] (Richard *Seyderhelm*, German physician, 1888-1940) 赛德里尔姆氏液

Sézary cell ['seizæ:ri] (Albert *Sézary*, French dermatologist, 1880-1956) 赛泽瑞细胞

SFEMG（single fiber electromyography 的缩写）单纤维肌电描记法

SGOT（serum glutamic-oxalacetic transaminase 的缩写）血清谷草转氨酶

SGPT（serum glutamate pyruvate transaminase 的缩写）血清谷丙转氨酶

SH（serum hepatitis 的缩写）血清性肝炎

shadow ['ʃædəu] ❶ 影; ❷ 阴影,影像
  bat's wing s. 蝙蝠翼影
  heart s. 心影,心脏阴影
  Purkinje's s. 蒲肯耶氏影

shadow-casting [,ʃædəu'ka:stiŋ] 定影法, 阴影定型

shadowgram ['ʃædəugræm] X 光射线照片

shaft [ʃa:ft] 干,体,柄
  s. of femur 股骨干
  s. of fibula 腓骨干
  hair s. 毛干
  s. of humerus 肱骨干
  s. of metacarpal bone 掌骨体
  s. of metatarsal bone 跖骨体
  s. of penis 阴茎体
  s. of phalanx of fingers 指骨体
  s. of phalanx of toes 趾骨体
  s. of radius 桡骨体
  s. of rib 肋骨体
  s. of tibia 胫骨体
  s. of ulna 尺骨体

shagreen [ʃæ'gri:n] ❶ 表面呈粒状的皮革; ❷ 鲨皮; ❸ 人皮的损伤

shakes [ʃeiks] 寒战
  hatter's s. 毛皮帽工寒战
  kwaski s. 克瓦斯基寒战
  spelter s. 黄铜铸工寒战
  Teflon s. 聚四氯乙烯寒战

shaking palsy ['ʃeikiŋ 'pɔ:lsi] 震颤麻痹

sham-feeding [ʃæm'fi:diŋ] 假饲

shank ['ʃæŋk] 小腿,类似小腿的部位

shaping ['ʃeipiŋ] 矫正

Sharp [ʃa:p] 夏普：Phillip A., 英国生物化学家

Sharpey's fibers ['ʃa:piz] (William *Sharpey*, Scottish anatomist and physiologist, 1802-1880) 夏皮氏纤维（骨纤维）

Shear's test [ʃiəz] (Murray Jacob *Shear*, American chemist, born 1899) 希尔氏试验（检维生素 D）

shear [ʃiə] 剪,切,切力,切应力

sheath [ʃi:θ] (L. *vagina*; Gr. *thēkē*) 鞘
  arachnoid s. 蛛网膜鞘
  bulbar s. 眼球筋膜
  carotid s. 颈动脉鞘
  candal s. 尾鞘
  chordal s. 有索鞘
  common s. of tendons of peroneal muscles 腓骨肌总腱鞘
  common s. of testis and spermatic cord 睾丸及精索总鞘膜
  crural s. 股鞘
  dentinal s. 牙质小管鞘
  dural s. 硬脑膜鞘
  enamel prism s., enamel rod s. 釉柱鞘
  external s. of optic nerve 视神经外鞘
  s. of eyeball 眼球筋膜
  fascial s. of prostate 前列腺被膜
  female s. 阴道
  femoral s. 股鞘
  fibrous s's of fingers 指纤维鞘
  fibrous s. of optic nerve 视神经纤维鞘
  fibrous s. of spermatozoon 精子纤维鞘
  fibrous s. of tendon 腱纤维鞘
  fibrous s's of toes 趾纤维鞘
  s. of Henle 神经内膜
  Hertwig s., s. of Hertwig 赫特维希鞘
  internal s. of optic nerve 视神经内鞘
  s. of Key and Retzius 凯-雷二氏鞘
  lamellar s. 神经束膜,神经束衣
  masculine s. 前列腺小囊
  Mauthner's s. 毛特讷鞘,轴索膜
  medullary s. 髓鞘
  mitochondrial s. 螺旋鞘,线粒体鞘
  mucous s's 粘液鞘
  mucous s. intertubercular 结节间粘液鞘
  mucous s. of tendon 腱粘液鞘
  mucous s's of tendons of fingers 指腱粘液鞘

mucous s's of tendons of toes 趾腱粘液鞘
myelin s. 髓鞘
Neumann s., s. of Neumann 牙小管周与小管间结构的界面区
neurilemmal s. 神经鞘
notochordal s. 脊索鞘
s's of optic nerve 视神经鞘
periarterial lymphatic s., periarterial lymphoid s. (PALS) 动脉周围淋巴鞘
perinephric s. 肾筋膜
perivascular s. 血管周围鞘
pial s. 软膜鞘
s. of plantar tendon of long peroneal muscle 腓骨长肌足底腱鞘
prism s. 釉柱鞘
s. of rectus abdominis muscle 腹直肌鞘
rod s. 釉柱鞘
root s. 根鞘
Scarpa's s. 斯卡帕氏鞘,提睾肌筋膜
Schwalbe's s. 施瓦耳贝氏鞘(弹性纤维鞘)
s. of Schwann 许旺神经鞘
Schweigger-Seidel s. 施-赛二氏鞘
spiral s. 螺旋鞘,精子鞘
s. of styloid process 茎突鞘
synovial s. of bicipital groove 结节间滑液鞘
synovial s. of intertubercular groove 结节间滑液鞘
synovial s. of tendon 腱滑液鞘
synovial s. of tendons of foot 足腱滑液鞘
tendinous s's of flexor muscles of fingers 指屈肌腱鞘
tendinous s's of flexor muscles of toes 趾屈肌腱鞘
tendinous s. of leg 小腿筋膜
tendinous s. of long peroneal muscle, plantar 腓骨长肌足底腱鞘
tendon s. of anterior tibial muscle 胫骨前肌腱鞘
tendon s's of long extensor muscles of toes 趾伸长肌腱鞘
tendon s's of long flexor muscles of toes 趾长屈肌腱鞘
tendon s. of posterior tibial muscle 胫骨后肌滑液腱鞘
Sheehan's syndrome ['ʃiənz] (Harold Leeming Sheehan, English pathologist, born 1900) 席汉氏综合征
sheep-pox ['ʃiːppɒks] 羊天花
sheet [ʃiːt] ❶ 床单; ❷ 表,图,纸张
β s., beta s., β pleated s., beta pleated s. 折叠片
draw s. 衬单,抽单
drip s. 湿裹单
pleated s. 折叠片
secretory s. 分泌层
shelf [ʃelf] 架,棚
buccal s. 颊棚
dental s. 釉棚,牙棚
mesocolic s. 结肠系膜架
palatine s. 腭突
shell [ʃel] 壳,硬壳,甲壳
shellac [ʃəˈlæk] 虫胶,片胶
Shenton's line [ˈʃentənz] (Edward Warren Hine Shenton, English radiologist, 1872-1955) 兴顿氏线
Shepherd's fracture [ˈʃepədz] (Francis John Shepherd, Canadian surgeon, 1851-1929) 谢泼德氏骨折
Sherman plate [ˈʃəːmən] (Harry Mitchell O'Neill Sherman, American surgeon, 1854-1921) 薛尔曼氏板
Sherman unit [ˈʃəːmən] (Henry Clapp Sherman, American biochemist, 1875-1955) 薛尔曼氏单位
Sherman-Bourquin unit [ˈʃəːmən ˈbuəkwin] (Henry C. Sherman; Ann Bourquin, American nutritionist, born 1897) 薛-布二氏单位
Sherman-Munsell unit [ˈʃəːmən ˈmjunsel] (Henry C. Sherman; Hazel E. Munsell, American nutritionist, born 1891) 薛-芒二氏单位
Sherrington [ˈʃeriŋtən] 谢灵顿: Sir Charles Scott, 英国生理学家
Sherrington's law [ˈʃeriŋtənz] (Sir Charles Scott Sherrington) 谢灵顿氏定律
Shibley's sign [ˈʃibliz] (Gerald Spencer Shibley, American physician, 1890-1981) 西伯莱氏征
shield [ʃiːld] 防护物
Buller's s. 布尔勒氏罩
embryonic s. 胚盾
eye s. 眼罩
lead s. 铅遮板,铅屏

nipple s. 乳头罩
oral s. 口保护罩
shift [ʃift] 替换,转移,移位
chloride s. 氯离子转移
Doppler s. 多普勒移位
s. to the left 核左移
Purkinje s. 浦肯野氏转移
regenerative blood s. 再生性血转移
s. to the right 核右移
Shiga's bacillus [ˈʃigəz] (Kiyoshi *Shiga*, Japanese physician, 1870-1957) 志贺氏菌
Shigella [ʃiˈgelə] (Kiyoshi *Shiga*) 志贺氏(杆)菌属
S. ambigua 不定志贺菌
S. arabinotarda type A 甲型阿糖迟酵志贺菌
S. arabinotarda type B 乙型阿糖迟酵志贺菌
S. boydii 波伊德氏志贺菌,丙群痢疾杆菌
S. dysenteriae 志贺痢疾杆菌
S. etousae 伊杜沙志贺菌
S. flexneri 弗氏志贺菌
S. newcastle 新城志贺菌
S. paradysenteriae 副痢疾志贺菌
S. parashigae 副志贺菌
S. schmitzii 施米茨痢志贺菌
S. shigae 志贺痢疾杆菌
S. sonnei 宋内志贺菌
shigella [ʃiˈgelə] (pl. *shigellae*) 志贺菌属细菌
shigellosis [ˌʃigeˈləusis] 志贺菌病,志贺菌痢
shikimene [ˈʃikimiːn] 莽草素
shin [ʃin] ❶ 胫; ❷ 胫部
bucked s's 掌(跖)骨骨膜炎(马)
cucumber s. 黄瓜状胫
saber s. 军刀状胫
sore s's 掌骨骨膜炎
shingles [ˈʃiŋglz] (L. *cingulus*) 带状疱疹
shiver [ˈʃivə] ❶ 战栗; ❷ 寒战
shivering [ˈʃivəriŋ] 颤抖
shock [ʃɔk] ❶ 晕厥; ❷ 休克
anaphylactic s. 变应性休克,过敏样休克
anaphylactoid s. 类过敏性休克,过敏样休克
burn s. 烧伤性休克
cardiac s. 心原性休克
cardiogenic s. 心原性休克
deferred s., delayed s. 迟延性休克
diastolic s. 舒张期震荡
electric s. 电休克
endotoxic s., endotoxin s. 内毒素性休克
hematogenic s. 血原性休克
hemorrhagic s. 出血性休克
histamine s. 组织胺休克
hypoglycemic s. ① 胰岛素休克；② 低血糖性休克
hypovolemic s. 低血容量休克
insulin s. 胰岛素休克
irreversible s. 不可逆性休克
neurogenic s. 神经原性休克
oligemic s. 低血容量性休克
osmotic s. 渗透压休克
pleural s. 胸膜性休克
postoperative s. 手术后休克
secondary s. 继发性休克
septic s. 败血症性休克
serum s. 血清性休克
shell s. 炮弹休克,爆炸性精神异常
spinal s. 脊髓休克
surgical s. 外科休克
testicular s. 睾丸性休克
traumatic s. 外伤性休克
vasogenic s. 血管原性休克
shoe [ʃuː] 鞋
Charlier's s. 夏利尔氏马掌
Shope papilloma [ʃəup] (Richard Edwin *Shope*, American pathologist, 1902-1966) 休普乳头(状)瘤
shortsightedness [ˌʃɔːtˈsaitidnis] 近视
shortcompressor [ʃɔːtkəmˈpresə] 缝线珠镊
shotty [ˈʃɔti] 像弹丸的
shoulder [ˈʃəuldə] 肩
bull's-eye s. 牛眼肩
drop s. 肩下垂,肩垂病
frozen s. 冻结肩
knocked-down s. 敲落肩
loose s. 松弛肩
stubbed s. 肩扭伤
shoulder-blade [ˈʃəuldəbleid] 肩胛骨
shoulder slip [ˈʃəuldə slip] 肩肌腱炎
show [ʃəu] 现红,见红,血先露
shower [ˈʃauə] 骤发,骤现

uric acid s. 尿酸骤增

Shprintzen syndrome ['ʃprintzen] (Robert J. *Shprintzen*, American geneticist, 20th century) 施帕伦茨恩综合征

Shrady's saw ['ʃrediz] (George Frederick *Shrady*, American surgeon, 1837-1907) 希雷迪氏锯

Shrapnell's membrane ['ʃræpnelz] (Henry Jones *Shrapnell*, English anatomist and Army surgeon, 1761-1841) 希拉普内耳松弛膜

shrinkage ['ʃriŋkidʒ] 皱缩,皱缩度
    casting s. 铸法,熔铸法
    polymerization s. 聚合

shudder ['ʃʌdə] 战栗,发抖

Shulman's syndrome ['ʃuːlmənz] (Lawrence Edward *Shulman*, American rheumatologist, born 1917) 舒尔曼氏综合征

shunt [ʃʌnt] ❶ 分路,旁路；❷ 分流；❸ 吻合
    arteriovenous (A-V) s. ① 动静脉短路,动静脉分流；② 动静脉桥
    Blalock-Taussig s. 布-陶二氏分流术
    Buselmeier s. 布塞梅尔氏分流术
    cardiovascular s. 心肺分流
    Denver s. 登佛氏分流术
    Glenn s. 格伦氏分流术
    hexose monophosphate s. 磷酸己糖支路,戊糖磷酸途径
    left-to-right s. 左向右分流
    LeVeen peritoneovenous s. 莱温腹腔静脉分流术
    Linton s. 脾肾吻合术
    mesocaval s. 肠系膜上静脉和下腔静脉吻合术
    pentose s. 戊糖旁路
    peritoneovenous s. 腹腔静脉分流术
    portacaval s., postcaval s. 门腔静脉分流术
    Potts s. 波茨氏分流术
    reversed s. 反向分流
    right-to-left s. 右向左分流
    Scribner s. 史克雷伯纳氏分流术
    splenorenal s. 脾肾分流术
    splenorenal s., distal 远端脾肾分流术
    Thomas s. 托马斯氏分流术
    Torkildsen's s. 多克尔登斯分流术
    ventriculoatrial s. 脑室心房分流术
    ventriculoperitoneal s. 脑室腹膜分流术
    ventriculovenous s. 脑室颈静脉分流术
    Warren s. 远端脾肾分流术
    Waterston s. 沃特斯顿分流术

shuttle ['ʃʌtl] (A. S. *scytel* a dart) 往返机制,穿梭机制
    glycerol phosphate s. 磷酸甘油穿梭作用
    malate-aspartate s. 苹果酸-天冬氨酸穿梭作用

Shwachman syndrome ['ʃwɔkmən] (Harry *Shwachman*, American pediatrician, 1910-1986) 施瓦科曼氏综合征

Shwachman-Diamond syndrome ['ʃwɔkmən 'daiəmənd] (Harry *Shwachman*; Louis Klein *Diamond*, American pediatrician, born 1902) 施-达综合征

Shwartzman reaction ['ʃwɔtsmən] (Gregory *Shwartzman*, Russian bacteriologist in the United States, 1896-1965) 施瓦茨曼氏反应

Shy-Drager syndrome [ʃiː 'drægə] (George Milton *Shy*, American neurologist, 1919-1967; Glenn A. *Drager*, American neurologist, born 1917) 施-德腊哥综合征

Shy-Magee syndrome [ʃiː mɑː'giː] (G. M. *Shy*; Kenneth Raymond *Magee*, American physician, born 1926) 施-玛吉综合征

SI ❶ 国际单位制,国际制单位；❷ (stimulation index 的缩写) 刺激指数

Si (*silicon* 的符号) 硅

SIADH (syndrome of inappropriate antidiuretic hormone 的缩写) 抗利尿激素分泌异常综合征

siagantritis [ˌsaiægæn'traitis] (Gr. *siagon* jaw bone + *antron* cavity + *-itis*) 上颌窦炎

siagonagra [ˌsaiægə'nægrə] (Gr. *siagon* jaw bone + *agra* seizure) 上颌痛

sialaden [sai'ælədən] (Gr. *sial-* + Gr. *adēn* gland) 涎腺,唾液腺

sialadenectomy [ˌsaiæliədə'nektəmi] 涎腺切除术

sialadenitis [ˌsaiælədə'naitis] 涎腺炎
    chronic nonspecific s. 慢性非特异性涎腺炎

sialadenography [ˌsaiælæden'ɔgrəfi] 涎腺

涎管造影术
sialadenoma [ˌsaiəlædi'nəumə] 涎腺良性瘤
  s. papilliferum 唾液腺良性乳头状瘤
sialadenopathy [ˌsaiəlˌædə'nɔpəθi] (*sial-* + *adeno-* + *-pathy*) 涎腺增大
  benign lymphoepithelial s. 良性淋巴上皮瘤
sialadenosis [ˌsaiəlædə'nəusis] (*sial-* + *adenosis*) 涎腺病
sialadenotomy [ˌsaiəlædə'nɔtəmi] 涎腺切开术
sialagogic [ˌsaiəlæ'gɔdʒik] 催涎的
sialagogue [sai'æləgɔg] (*sial-* + Gr. *agōgos* leading) 催涎药
sialate ['saiəleit] 唾液酸盐
sialectasia [ˌsaiəlek'tɑːziə] 涎管扩张
sialemesis [ˌsaiə'lemisis] (Gr. *sial-* + Gr. *emesis* vomiting) 呕涎
sialic [sai'ælik] (Gr. *sialikos*) ❶ 涎的,唾液的; ❷ 唾液酸的
sialic acid [sai'ælik] 唾液酸
sialidase [sai'ælideis] ❶ 唾液酸水解酶; ❷ 特异性唾液酶神经节甙脂裂解酶
sialidosis [saiˌæli'dəusis] 唾液酸缺乏病
sialine ['saiəlain] (L. *sialinus*) 涎的
sialism ['saiəlizəm] (Gr. *sialismos*) 流涎, 多涎
sialismus ['saiəlizəm] (Gr. *sialismos*) 流涎, 多涎
sialitis [ˌsaiə'laitis] 涎腺炎, 涎管炎
sial(o)- (Gr. *sialon* saliva) ❶ 涎, 涎腺; ❷ 唾液酸
sialoadenectomy [ˌsaiəlɔˌædi'nektəmi] (*sialo-* + Gr. *adēn* gland + *ektomē* excision) 涎腺切除术
sialoadenitis [ˌsaiəlɔˌædi'naitis] 涎腺炎
sialoadenotomy [ˌsaiəlɔˌædi'nɔtəmi] (*sialo-* + Gr. *adēn* gland + *tomē* a cutting) 涎腺切开引流术
sialoaerophagia [ˌsaiəlɔˌeərɔ'feidʒiə] (*sialo-* + Gr. *aēr* air + *phagein* to eat + *-ia*) 咽气涎癖
sialoangiectasis [ˌsaiəlɔˌændʒi'ektəsis] (*sialo-* + Gr. *angeion* vessel + *ektasis* distention) 涎管扩张
sialoangiitis [ˌsaiəlɔˌændʒi'aitis] 涎管炎
sialoangiography [ˌsaiəlɔˌændʒi'ɔgrəfi] 涎管造影术
sialoangitis [ˌsaiəlɔæn'dʒaitis] 涎管炎
sialocele ['saiəlɔsiːl] (*sialo-* + Gr. *kēlē* tumor) 涎囊肿
sialodochitis [ˌsaiəlɔdə'kaitis] (*sialo-* + Gr. *dochos* receptacle + *-itis*) 涎管炎
sialodochoplasty [ˌsaiəlɔ'dɔkəˌplæsti] (*sialo-* + Gr. *dochos* receptacle + *plassein* to form) 涎管成形术
sialoductitis [ˌsaiəlɔdʌk'taitis] 涎管炎
sialogastrone [ˌsaiəlɔ'gæstrəun] 涎抑胃素
sialogenous [saiə'lɔgənəs] (*sialo-* + Gr. *gennan* to produce) 生涎的
sialoglycoconjugate [ˌsaiəlɔˌglikɔkən'dʒuːgeit] 唾液糖共轭物
sialogogic [ˌsaiəlɔ'gɔdʒik] 催涎的
sialogogue [sai'æləgɔg] 催涎药
sialogram [sai'æləgræm] (*sialo-* + Gr. *-gram*) 涎管 X 线片
sialograph [sai'æləgrɑːf] 涎管 X 线片
sialography [saiə'lɔgrəfi] (*sialo-* + Gr. *-graphy*) 涎管(X 线)造影术
sialolith [sai'æləliθ] (*sialo-* + Gr. *lithos* stone) 涎石
sialolithiasis [ˌsaiəlɔli'θaiəsis] (*sialo-* + *lithiasis*) 涎石病
sialolithotomy [ˌsaiəlɔli'θɔtəmi] (*sialolith* + Gr. *tomē* a cutting) 涎石切除术
sialology [ˌsaiə'lɔlədʒi] 涎学
sialoma [ˌsaiə'ləumə] 涎瘤
sialometaplasia [ˌsaiəlɔˌmetə'pleiziə] 涎腺化生
  necrotizing s. 坏死性涎腺化生
sialomucin [ˌsaiəlɔ'mjuːsin] 涎粘蛋白
sialophagia [ˌsaiəlɔ'feidʒiə] (*sialo-* + Gr. *phagein* to eat) 吞涎症
sialorrhea [ˌsaiəlɔ'riːə] (*sialo-* + Gr. *rhoia* flow) 流涎, 多涎
sialoschesis [ˌsaiə'lɔskisis] 涎液分泌抑制
sialosemeiology [ˌsaiəlɔsiˌmai'ɔlədʒi] 涎液诊断学
sialosis [saiə'ləusis] (*sial-* + *-osis*) ❶ 流涎; ❷ 多涎
sialostenosis [ˌsaiəlɔstə'nəusis] (*sialo-* + Gr. *stenos* narrow) 涎液管腔窄
sialosyrinx [ˌsaiələ'siriŋks] (*sialo-* + Gr. *syrinx* pipe) ❶ 涎腺瘘; ❷ 涎管(清洗)注射器

sialyloligosaccharide [sai,æli,lɔligə'sækəraid] 唾液酸寡糖

sialyltransferase [,saiəlil'trænsfəreis] 唾液酸转移酶

sib [sib] (Anglo-Saxon *sib* kin) ❶ 血亲,后裔; ❷ 同胞兄弟,姊妹

sibilant ['sibilənt] (L. *sibilans* hissing) 嘶音的

sibilus ['sibiləs] (L.) 嘶音,飞箭音

sibling ['sibliŋ] (Anglo-Saxon *sib* kin + *ling* a diminutive) 同胞

sibship ['sibʃip] ❶ 血缘关系; ❷ 血族关系; ❸ 同胞群

Sibson's aponeurosis ['sibsənz] (Francis *Sibson*, English physician, 1814-1876) 西布逊氏腱膜

Sicard's syndrome [si'kɑːz] (Jean Athanase *Sicard*, Paris neurologist, 1872-1929) 西卡尔氏综合征

siccant ['sikənt] (L. *siccare* to dry) 干燥的

siccolabile [,sikə'leibail] 不耐干燥的

siccostabile [,sikə'steibail] 耐干燥的

siccus ['sikəs] (L.) 干燥的

sick [sik] ❶ 不舒服的,患病的; ❷ 恶心的

sick bay ['sik bei] 军舰上的或驻地的医院和卫生所

sicklemia [sik'liːmiə] 镰状细胞性贫血

sicklemic [sik'lemik] 镰状细胞贫血的

sickling ['sikliŋ] 镰状形成

sickness ['siknis] 疾病
 aerial s. 航空病,航空晕
 African horse s. 非洲马病
 African sleeping s. 非洲昏睡病
 air s. 航空晕,晕机
 altitude s. 高空病
 athletes' s. 运动员病
 aviation s. 晕机
 balloon s. 气球病,高空病
 bay s. 海湾渔民病
 Borna s. 马类脑炎
 bush s. 丛林病
 caisson s. 潜水员病,减压病
 car s. 晕车病
 compressed-air s. 压缩空气病,减压病
 decompression s. 减压病
 gall s. 牛胆病
 Gambian horse s. 冈比亚马锥虫病
 Gambian sleeping s. 冈比亚昏睡病
 grass s. 青草病
 green s. 萎黄病,绿色贫血
 green tobacco s. 烟草萎黄病
 high-altitude s. 高空病
 Jamaican vomiting s. 牙买加呕吐病
 lambing s. 母羊产乳热
 langhing s. 笑病,假性延髓麻痹
 milk s. ① 乳(毒)病; ② 震颤
 morning s. 孕妇晨吐
 mountain s. 高山病
 radiation s. 放射病
 railroad s. 铁路病
 Rhodesian sleeping s. 罗德西亚昏睡病
 salt s. 丛林病
 sea s. 晕船病
 serum s. 血清病,血清中毒
 sleeping s. 昏睡病
 space s. 空间病,宇宙病
 stiff s. 强直病
 sweating s. 汗246病,流行性粟粒疹热
 tree-days s. 三日热病
 veld s., veldt s. 南非草原病,牛羊水胸病
 vomiting s. 呕吐病
 x-ray s. 放射病

s.i.d. (L. *semel in die* 的缩写) 每日一次。也写做 *semel in d*

side [said] 侧,边,面
 balancing s. 平衡侧
 functioning s. 功能侧
 nonfunctioning s. 非功能侧
 working s. 工作侧

side-bone ['saidbəun] 环骨肿

side effect ['said i,fekt] 副作用

siderinuria [,saidəri'njuriə] (Gr. *sidēros* iron + *uria*) 铁尿

sider(o)- (Gr. *sidēros* iron) 铁

sideroblast ['sidərə,blɑːst] 成高铁红细胞,铁粒幼红细胞
 ringed s. 环状铁粒幼细胞

siderocyte ['sidərə,sait] 高铁红细胞

sideroderma [,sidərə'dəːmə] 铁色皮(症)

siderofibrosis [,sidərəfai'brəusis] 铁末沉着性纤维变性

siderogenous [,sidərəu'dʒiːnəs] 产铁的,成铁的

sideromycin [ˌsɪdərəˈmaɪsiːn] 含铁抗生素
sideropenia [ˌsɪdərəˈpiːniə] (*sidero-* + Gr. *peria* poverty) 铁(质)的缺乏
sideropenic [ˌsɪdərəˈpiːnɪk] 铁缺乏的
siderophage [ˈsɪdərəfeɪdʒ] 噬铁细胞
siderophil [ˈsɪdərəfɪl] ❶ 嗜铁的；❷ 嗜铁组织，嗜铁体
siderophilin [ˌsɪdəˈrɒfɪlɪn] 转铁蛋白，铁传递蛋白
siderophilous [ˌsɪdəˈrɒfɪləs] (*sidero-* + Gr. *philein* to love) 嗜铁的
siderophobia [ˌsɪdərəʊˈfəʊbɪə] (Gr. *sideros* iron + *phobos* fear) 铁道恐怖，火车恐怖
siderophone [ˈsɪdərəfəʊn] (*sidero-* + Gr. *phōnē* voice) 铁屑检查听音器
siderophore [ˈsɪdərəfɔː] (*sidero-* + Gr. *phoros* bearing) ❶ 结合铁的物质；❷ 含铁血黄素巨噬细胞；❸ 铁螯合物
sideroscope [ˈsɪdərəskəʊp] (*sidero-* + *-scope*) 铁屑检测器
siderosilicosis [ˌsɪdərəˌsɪlɪˈkəʊsɪs] 铁硅末沉着(病)，铁硅尘肺
siderosis [ˌsɪdəˈrəʊsɪs] ❶ 肺铁末沉着病，铁质沉着；❷ 高铁血；❸ 组织内铁质沉着
  Bantu s. 班图病
  s. bulbi 眼球铁质沉着
  s. conjunctivae 结膜铁质沉着
  hepatic s. 肝铁质沉着
  nutritional s. 营养性血铁过多，营养性高铁血
  pulmonary s. 肺铁末沉着病，铁尘肺
  urinary s. 尿铁(色素)沉着，含铁血黄素尿
siderotic [ˌsɪdəˈrɒtɪk] 铁质沉着的
siderous [ˈsɪdərəs] 含铁的
SIDS (sudden infant death syndrome 的缩写)婴儿猝死综合征
Siebold's operation [ˈsiːbɒldz] (Karl Kaspar von *Siebold*, German surgeon, 1736-1807) 齐波耳氏手术，耻骨切开术
Siegert's sign [ˈziːɡərts] (Ferdinand *Siegert*, German pediatrician, 1865-1964) 西格特氏征
Siegle's otoscope [ˈziːɡlz] (Emil *Siegle*, German otologist, 1833-1900) 谢格耳氏耳镜
siemens [ˈsiːmənz] 西门子：导电率的国际单位
Siemerling's nucleus [ˈziːməlɪŋz] (Ernst *Siemerling*, German neurologist and psychiatrist, 1857-1931) 西默林氏核
sieve [sɪv] 筛，滤网
  molecular s. 分子筛
sievert [ˈsiːvət] 西沃特：放射吸收剂量当量的国际单位
Sig. (L. *singetur* 的缩写)标记
sigh [saɪ] (L. *suspirium*) 叹息
sight [saɪt] (A.S. *sihth*) 视力
  day s. 夜盲(症)，昼视症
  far s., long s. 远视
  near s. 近视
  night s. 昼盲(症)，夜视(症)
  old s. 老视
  second s. 视力再生，老年期视力回春
  short s. 近视
sigmasism [ˈsɪɡməsɪzəm] 发 S 音困难，滥用 S 音
sigmatism [ˈsɪɡmətɪzəm] 发 S 音困难，滥用 S 音
sigmoid [ˈsɪɡmɔɪd] (Gr. *sigmoeidēs*, from the letter *sigma* + *eidos* form) ❶ 似"S"或"C"形的；❷ 乙状结肠
sigmoidectomy [ˌsɪɡmɔɪˈdektəmɪ] 乙状结肠切除术
sigmoiditis [ˌsɪɡmɔɪˈdaɪtɪs] 乙状结肠炎
sigmoidopexy [sɪɡˈmɔɪdəˌpeksɪ] (*sigmoid* + Gr. *pēxis* fixation) 乙状结肠固定术
sigmoidoproctostomy [sɪɡˌmɔɪdəprɒkˈtɒstəmɪ] 乙状结肠直肠吻合术
sigmoidorectostomy [sɪɡˌmɔɪdərekˈtɒstəmɪ] 乙状结肠直肠吻合术
sigmoidoscope [sɪɡˈmɔɪdəskəʊp] (*sigmoid* + Gr. *skopein* to examine) 乙状结肠镜
sigmoidoscopy [ˌsɪɡmɔɪˈdɒskəpɪ] 乙状结肠镜检查
sigmoidosigmoidostomy [sɪɡˌmɔɪdəsɪɡmɔɪˈdɒstəmɪ] 乙状结肠乙状结肠吻合术
sigmoidostomy [ˌsɪɡmɔɪˈdɒstəmɪ] (*sigmoid* + Gr. *stomoun* to provide with a mouth, or opening) 乙状结肠造口术
sigmoidotomy [ˌsɪɡmɔɪˈdɒtəmɪ] 乙状结肠切开术
sigmoidovesical [sɪɡˌmɔɪdəˈvesɪkəl] 乙状结肠膀胱的
sigmoscope [ˈsɪɡməʊskəʊp] 乙状结肠镜

Sigmund's glands [zig'məudz] (Karl Ludwig *Sigmund*, Austrian physician, 1810-1883) 西格蒙德氏腺

sign [sain] (L. *signum*) 征兆
  Aaron's s. 阿隆氏征
  Abadie's s. 阿巴迪氏征
  Abrahams' s. 亚伯拉罕氏征
  accessory s. 副征
  air-cushion s. 气垫征
  Allis' s. 艾利斯氏征
  Amoss' s. 阿莫斯氏征
  Andral's s. 昂德腊耳氏征
  Andrē Thomas s. 安德鲁-托马斯氏征
  Anghelescu's s. 安杰利斯库氏征
  antecedent s. 前驱征，先兆症
  anterior tibial s. 胫前肌征
  anticus s. 胫前肌反射
  Argyll Robertson pupil s. 阿盖尔·罗伯逊氏瞳孔征
  Arroyo's s. 阿罗约氏征
  assident s. 副征
  Auenbrugger's s. 奥恩布鲁格氏征
  Aufrecht's s. 奥夫雷希特氏征
  Babinski's s. 巴彬斯奇氏征
  Babinski's toe s. 巴彬斯奇氏趾征
  Baccelli's s. 巴切利氏征
  Baillarger's s. 贝亚尔惹氏征
  Ballance's s. 巴兰斯氏征
  Ballet's s. 巴累氏征
  Bamberger's s. 班伯格氏征
  banana s. 香蕉状弯曲征
  Bárány's s. 巴腊尼氏征
  Bard's s. 巴尔氏征
  Barré's s. 巴雷氏征
  Barré's pyramidal s. 巴雷氏锥体征
  Bastian-Bruns' s. 巴-布二氏征
  Battle's s. 巴特尔氏征
  Becker's s. 贝克氏征
  Béclard's s. 贝克拉尔氏征
  Beevor's s. 比佛氏征
  Bekhterev's s. 贝克蒂沃夫氏征
  Bell's s. 贝尔氏征
  Berger's s. 贝格尔氏征
  Bergman's s. 贝格曼氏征
  Bethea's s. 比塞氏征
  Bezold's s. 贝佐耳德氏征
  Biederman's s. 比德曼氏征
  Biermer's s. 比尔默氏征
  Biernacki's s. 别尔纳斯基氏征
  Biot's s. 比奥氏征
  Bird's s. 伯尔德征
  Bjerrum's s. 布耶鲁姆氏征
  Blatin's s. 布拉坦氏征
  Blumberg's s. 布隆堡氏征
  Bonnet's s. 邦内氏征
  Bordier-Fränkel s. 邦-弗二氏征
  Borsieri's s. 博西埃里氏征
  Boston's s. 波士顿氏征
  Bouillaud's s. 布尤氏征
  bowler hat s. 圆顶礼帽征
  Boyce's s. 博斯氏征
  Bozzolo's s. 博佐洛氏征
  Bragard's s. 博雷格德氏征
  Branham's s. 布兰汉氏征
  Braunwald s. 布劳伍德氏征
  Braxton Hicks' s. 布希二氏征
  Broadbent's s. 布罗德本特氏征
  Broadbent's inverted s. 布罗德本特氏倒置征
  Brockenbrough's s. 布罗肯布氏征
  Brodie's s. 布罗迪氏征
  Brown-Séquard's s. 布-斯二氏征
  Brudzinski's s. 布鲁金斯基氏征
  Brunati's s. 布鲁纳迪氏征
  Bruns' s. 布伦斯氏征
  Bryant's s. 布莱恩特氏征
  Burger's s. 布格尔氏征
  Burghart's s. 布格哈特氏征
  Burton's s. 伯顿氏征
  Cantelli's s. 康塔里氏征
  Carabelli's s. 卡腊贝利氏征
  Cardarelli's s. 卡达雷利氏征
  cardinal s's (炎症) 主征
  cardiorespiratory s. 心搏呼吸征
  Carman's s., Carman-Kirklin s., Carman-Kirklin meniscus s. 卡尔曼氏征
  Carnett's s. 卡纳特氏征
  Carvallo's s. 卡威劳氏征
  Castellino's s. 卡斯太里奥氏征
  Cegka's s. 赛格卡氏征
  Chaddock's s. 查多克氏征
  Chadwick's s. 查德韦克氏征
  Charcot's s. 夏克氏征
  Cheyne-Stokes s. 陈-施二氏征
  Chilaiditi's s. 智拉衣迪蒂氏征
  Chvostek's s., Chvostek-Weiss s. 沃斯特

克氏征,沃-威二氏征
Claude's hyperkinesis s. 克洛德氏运动增强征
clavicular s. 锁骨征
Cleeman's s. 克累曼氏征
Codman's s. 科德曼氏征
cogwheel s. 齿轮征
coiled spring s. 螺旋弹簧征
Cole's s. 柯尔氏征
colon cutoff s. 结肠截断征
commemorative s. 后遗征
Comolli's s. 科莫利氏征
complementary opposition s. 对应性反抗征
contralateral s. 对侧征
Coopernail's s. 库柏内耳氏征
Cope's s. 考柏氏征
Corrigan's s. 科里根氏征
coughing s. 咳嗽征
Courvoisier's s. 库瓦济埃氏征
Cowen's s. 考温氏征
crescent s. 新月征
Crichton-Browne's s. 克赖顿-布郎二氏征
Cruveilhier's s. 克律韦利埃氏征
Cullen's s. 卡伦氏征
Dalrymple's s. 达尔林普尔氏征
D'Amato's s. 达马陶氏征
Damoiseau's s. 达莫瓦索氏征
Darier's s. 达里埃氏征
Davidsohn's s. 达维逊氏征
Dawbarn's s. 道巴恩氏征
Dejerine's s. 代热林氏征
de la Camp's s. 坎普征
Delbet's s. 德耳贝氏征
Delmege's s. 德耳迈格氏征
Demarquay's s. 德马凯氏征
Demianoff's s. 迪米亚诺夫氏征
de Musset's s. 穆塞征
de Mussey's s. 谬斯征
Dennie's s. 丹尼尔氏征
Desault's s. 戴佐氏征
d'Espine's s. 德斯平氏征
Dew's s. 迪尤氏征
Dixon Mann's s. 迪克逊·曼氏征
doll's eye s. 洋娃娃眼征
Dorendorf's s. 多伦道夫氏征
double bubble s. 双泡征

Drummond's s. 德拉蒙德氏征
DTP s. (*distal tingling on percussion* 的缩写) 提内耳氏征
Dubois' s. 杜布瓦氏征
Duchenne's s. 杜兴氏征
Duckworth's s. 达克沃恩氏征
Dugas' s. 杜加斯氏征
Duncan-Bird s. 邓肯-布德二氏征
Dupuytren's s. 杜普伊特伦氏征
Duroziez's s. 杜罗济埃氏征
E s. 倒三征
echo s. 回声征
Elliot's s. 埃利奥特氏征
Ellis' s. 艾利斯氏征
Ely's s. 伊利氏征
Enroth's s. 恩罗特氏征
Erben's s. 埃尔本氏征
Erichsen's s. 埃里克森氏征
Erni's s. 埃尔尼氏征
Escherich's s. 埃舍利希氏征
Eustace Smith's s. 埃尤斯坦斯-史密斯二氏征
Ewart's s. 尤尔特氏征
Ewing s. 尤因氏征
external malleolar s. 足外踝征
fabere s. 屈展旋伸征
facial s. 面征
Fajersztajn's crossed sciatic s. 法捷尔斯坦氏坐骨神经痛交叉征
fan s. 扇形征,开趾征
fat pad s. 脂肪垫征
Federici's s. 费德里契氏征
figure three s. 图形三征
Filipovitch's s. 费利波维奇氏征
flag s. 旗帜征
floating tooth s. 漂浮牙征
flush-tank s. 水槽征
forearm s. 前臂征
formication s. 蚁走感征
Fränkel's s. 弗伦克尔氏征
Friedreich's s. 弗里德莱希氏征
Froment's paper s. 弗罗芒氏纸征
Fürbringer's s. 菲布林格氏征
Gaenslen's s. 根斯伦氏征
Galeazzi s. 加莱阿齐氏征
Garel's s. 加雷尔氏征
Gerhardt's s. 格哈特氏征
Gianelli's s. 加奈里氏征

Gifford's s. 吉福德氏征
Gilbert's s. 吉伯氏征
Glasgow's s. 格拉斯哥氏征
Goggia's s. 果吉亚氏征
Goldstein's s. 戈耳茨坦氏征
Goldthwait's s. 戈德韦特氏征
Goodell's s. 古德尔氏征
Gordon's s. 戈登氏征
Gorlin's s. 戈林氏征
Gottron's s. 格特隆氏征
Gowers' s. 高尔斯氏征
Graefe's s. 格雷费氏征
Grancher's s. 格朗歇氏征
Granger's s. 格兰哲氏征
Grasset's s., Grasset-Bychowski s. 格腊塞氏征,格-白二氏征
Grasset-Gaussel-Hoover s. 格-高-胡三氏征
Greene's s. 格林氏征
Grey Turner's s. 格雷特纳氏征
Griesinger's s. 格里辛格氏征
Griffith's s. 格里菲史氏征
Grisolle's s. 格里佐耳氏征
Grocco's s. 格罗科氏征
Grossman's s. 格罗斯曼氏征
Gubler's s. 古布罗氏征
Guilland's s. 古衣兰德氏征
Gunn's s. ① 冈恩氏交叉征；② 马卡斯·冈恩氏瞳孔现象；③ 冈恩氏综合征（上睑与下颌的联合运动）
Gunn's crossing s. 冈恩氏交叉征
Gunn's pupillary s. 冈恩氏瞳孔征
Guyon's s. 居永氏征
Hahn's s. 哈恩氏征
Hall's s. 霍尔氏征
halo s. 晕轮征
Hamman's s. 黑曼氏征
harlequin s. 丑角征
Hatchcock's s. 汉赤卡克氏征
Haudek's s. 豪德克氏征
Heberden's s. 希伯登氏征
Hefke-Turner s. 海-特二氏征
Hegar's s. 黑加氏征
Heilbronner's s. 海耳布伦内氏征
Heim-Kreysig s. 海-克二氏征
Helbing's s. 海尔宾氏征
Hennings' s. 亨内氏征
Heryng's s. 赫令氏征

Higouménaki's s. 希高梅那奇氏征
Hill's s. 黑尔氏征
Hirschberg's s. 赫希伯格氏征
Hochsinger's s. 霍克辛格氏征
Hoehne's s. 霍内氏征
Hoffmann's s. 霍夫曼氏征
Holmes' s. 霍姆斯氏征
Homans' s. 霍曼斯氏征
Hoover's s. 胡佛氏征
Hope's s. 候普氏征
Horn's s. 霍恩氏征
Horner's s. 霍纳氏征
Horsley's s. 霍斯利氏征
Howship-Romberg s. 豪-罗二氏征
Hoyne's s. 奥耶氏征
Huchard's s. 尤夏氏征
Hueter's s. 许特氏征
Huntington's s. 亨廷顿氏征
Hutchinson's s. 郝秦生氏征
hyperkinesis s. 运动过度征
interossei s. 骨间肌征
Itard-Cholewa s. 伊-科二氏征
Jaccoud's s. 雅库氏征
Jackson's s. 杰克逊氏征
Jellinek's s. 耶利内克氏征
Jendrassik's s. 晏德腊西克氏征
Joffroy's s. 若夫鲁瓦氏征
jugular s. 颈静脉征
Jürgensen's s. 琼震森氏征
Kanavel's s. 卡纳佛耳氏征
Kantor's s. 卡特氏征
Karplus' s. 卡普拉斯征
Keen's s. 基恩氏征
Kehr's s. 克尔氏征
Kellock's s. 凯洛克氏征
Kelly's s. 凯利氏征
Kerandel's s. 克兰德尔氏征
Kergaradec's s. 克格瑞德克氏征
Kernig's s. 克尼格氏征
Kerr's s. 克尔氏征
Kestenbaum's s. 凯斯顿布姆氏征
Kleist's s. 克勒斯特氏征
Klemm's s. 克累姆氏征
Klippel-Weil s. 克-威二氏征
Knies' s. 克尼氏征
Kocher's s. 柯赫尔氏征
Koplik's s. 科泼力克氏征
Korányi's s. 科兰伊氏征

Kreysig's s. 克来济希氏征
Krisovski's (Krisowski's) s. 克列苏夫斯基氏征
Kussmaul's s. 库斯毛耳氏征
Küstner's s. 屈斯特氏征
Laënnec's s. 拉埃奈克氏征
Lafora's s. 拉福拉氏征
Langoria's s. 兰哥瑞氏征
Lasègue's s. 拉塞格氏征
Laugier's s. 洛日埃氏征
leg s. 腿征
Leichtenstern's s. 来希敦斯坦氏征
lemon s. 柠檬征
Lennhoff's s. 伦霍夫氏征
Léri's s. 累里氏征
Leser-Trélat s. 累-特二氏
Lhermitte's s. 莱尔米特氏征
Libman's s. 利伯曼氏征
Lichtheim's s. 利什特海姆氏征
ligature s. 结扎症
Linder's s. 林德氏征
Litten's s. 利滕氏征
Livierato's s. 利韦拉托氏征
Lloyd's s. 劳德氏征
Lombardi's s. 伦巴迪氏征
Lucas' s. 卢卡斯氏征
Ludloff's s. 鲁德劳夫氏征
Lust's s. 拉斯特氏征
McBurney's s. 麦克伯尼氏征
Macewen's s. 麦邱恩氏征
McGinn-White s. 麦-瓦二氏征
McMurray s. 麦克莫拉恩氏征
Magendie's s., Magendie-Hertwig s. 马让迪氏征,马-赫二氏征
Magnan's s. 马尼安氏征
Mahler's s. 马勒氏征
Maisonneuve's s. 梅宗讷夫氏征
Mann's s. 曼氏征
Mannkopf's s. 曼科夫氏征
Marcus Gunn's pupillary s. 马卡斯·冈恩氏瞳孔征
Marfan's s. 马凡氏征
Marie's s. 马里氏征
Marie-Foix s. 马-福二氏征
Marinesco's s. 马里内斯科氏征
Mean's s. 敏氏征
Meltzer's s. 梅耳泽氏征
Mendel-Bekhterev s. 孟-拜二氏征

meniscus s. 半月征
Mennell's s. 孟纳尔氏征
Mercedes-Benz s. 孟-本二氏征
Mexican hat s. 墨西哥帽征
Minor's s. 米诺尔氏征
Mirchamp's s. 米尔尚氏征
Möbius' s. 默比厄斯氏征
Moebius' s. 莫比欧氏征
Morquio's s. 莫尔基奥氏征
Moschcowitz's s. 莫斯科维茨氏征
Mosler's s. 莫斯勒氏征
moulage s. 蜡模征
Müller's s. 苗勒氏征
Munson's s. 蒙逊氏征
Murat's s. 谬腊氏征
Murphy's s. 墨菲氏征
Musset's s. 谬塞氏征
Myerson's s. 迈尔逊氏征
neck s. 颈征
Negro's s. 内格罗氏征
Neri's s. 内里氏征
niche s. 龛影征
Nicoladoni's s. 尼科莱德尼氏征
Nikolsky's s. 尼科耳斯基氏征
Ober's s. 奥伯氏征
objective s. 他觉征,体征,物理征
obturator s. 闭孔征
Oliver's s. 奥利佛氏征
Oppenheim's s. 奥本海姆氏征
orbicularis s. 眼轮匝肌征
Ortolani's s. 奥托拉尼氏征
Osler's s. 奥斯勒氏征
palmoplantar s. 掌跖征
Parkinson's s. 帕金森氏征
Parrot's s. 帕罗氏征
Pastia's s. 帕斯蒂阿氏征
patent bronchus s. 开放性支气管征
Patrick's s. 帕特里克氏征
Pende's s. 潘德氏征
Perez's s. 佩雷兹氏征
peroneal s. 腓骨征
Pfuhl's s. 富耳氏征
Pfuhl-Jaffé s. 富-雅二氏征
physical s. 体征,他觉征
Piltz's s. 皮尔茨氏征
Pins' s. 平斯氏征
Piotrowski's s. 皮奥特罗夫斯基氏征
Piskacek's s. 皮斯卡切克氏征

Pitres' s. 皮特尔氏征
placental s. 胎盘征
plumb-line s. 垂直线征
Plummer's s. 普鲁麦氏征
Pool-Schlesinger s. 普-施二氏征
Porter's s. 波特尔氏征
Potain's s. 波坦氏征
Pottenger's s. 波顿格氏征
Prehn's s. 普莱恩氏征
Prévost's s. 普雷沃氏征
pronation s. 旋前征
pseudo-Babinski's s. 假巴彬斯奇氏征
pseudo-Graefe's s. 假格雷费氏征
psoas s. 腰大肌征
puddle s. 水坑征
pyramid s., pyramidal s. 锥体束征
Quant's s. 奎因特氏征
Queckenstedt's s. 奎肯斯提特氏征
Quénu-Muret s. 凯-姆二氏征
Quincke's s. 昆克氏征
radialis s. 桡神经征
Radovici's s. 腊多维西氏征
Raimiste's s. 雷米斯特氏征
Ramond's s. 拉蒙德氏征
Rasin's s. 拉森氏征
Raynaud's s. 雷诺氏征
Remak's s. 拉马克氏征
reservoir s. 贮水征
reversed three s. 倒三征
Revilliod's s. 腊维约氏征
Riesman's s. 里斯曼氏征
Ritter-Rollet s. 里-罗二氏征
Riviere's s. 里维尔氏征
Robertson's s. 罗伯逊氏征
Rocher's s. 罗舍氏征
Romaña's s. 罗曼尼亚氏征
Romberg's s. 罗姆伯格氏征
Rommelaere's s. 罗梅拉尔氏征
rope s. 绞索征
Rosenbach's s. 罗森巴赫氏征
Roser's s., Roser-Braun s. 罗塞尔氏征
Rossolimo's s. 罗索利莫氏征
Rotch's s. 罗奇氏征
Rothschild's s. 罗特其尔德氏征
Rovighi's s. 罗维季氏征
Rovsing's s. 罗符辛氏征
Ruggeri's s. 鲁格雷氏征
Rumpel-Leede s. 鲁-雷二氏征

Rust's s. 鲁斯特氏征
Saenger's s. 曾格尔氏征
Sansom's s. 桑塞姆氏征
Sarbó's s. 萨尔博氏征
Saunders' s. 桑德斯氏征
Schepelmann's s. 谢尔曼尼氏征
Schick's s. 锡克氏征
Schlesinger's s. 施勒津格氏征
Schultze's s. 舒尔策氏征
Schultze-Chvostek s. 沃斯特克氏征
scimitar s. 斯米代氏征
Seeligmüller's s. 泽利希苗勒氏征
Séguin's s. 塞奎恩氏征
Seidel's s. 赛德尔氏征
Seitz's s. 赛茨氏征
Semon's s. 塞蒙氏征
setting-sun s. 日落征
Shibley's s. 希伯利氏征
Siegert's s. 西格特氏征
Silex's s. 西勒克斯氏征
Simon's s. 西蒙氏征
Sisto's s. 西斯托氏征
Skoda's s. 斯哥达氏征
Smith's s. 史密斯氏征
Snellen's s. 斯内伦氏征
Soto-Hall s. 索-哈二氏征
Souques' s. 苏克氏征
Spalding's s. 斯伯丁氏征
spinal s. 脊肌征
spine s. 脊柱征
square root s. 平方根征
stairs s. 梯级征
Stellwag's s. 施特耳瓦格氏征
Sternberg's s. 施特恩伯格氏征
Stewart-Holmes s. 施-霍二氏征
Stierlin's s. 施提尔林氏征
Strauss' s. 施特劳斯氏征
string s. 拉丝征
string of beads s. 串珠征
Strümpell's s. 施特吕姆佩耳氏征
Strunsky's s. 斯特兰斯基氏征
Suker's s. 苏克氏征
Sumner's s. 萨姆纳氏征
swinging flashlight s. 摆动电筒征
Tay's s. 泰氏征
Theimich's lip s. 泰默氏唇征
Thomas' s. 托马氏征
Thomson's s. 汤姆森氏征

Thornton's s. 桑顿氏征
three s. 图形三征
Throckmorton's s. 特罗克摩顿氏征
tibialis s. 胫肌征
Tinel's s. 提内耳氏征
toe s. 足趾征
Tournay's s. 图尔内氏征
Traube's s. 特劳伯氏征
Trendelenburg's s. 特伦德伦伯格氏征
trepidation s. 震颤征
Tresilian's s. 特雷西里安氏征
Trimadeau's s. 特雷梅登氏征
Troisier's s. 特鲁瓦西埃氏征
Trömner's s. 特勒姆内氏征
Trousseau's s. 特鲁索氏征
Turner's s. 特纳氏征
Turyn's s. 图林氏征
Unschuld's s. 翁舒耳德氏征
Vanzetti's s. 旺泽蒂氏征
Vedder's s. 维德氏征,脚气病体征
vein s. 静脉征
vital s's 生命体征
Voltolini's s. 伏耳托利尼氏征
von Graefe's s. 格雷费氏征
Wartenberg's s. 华滕伯格氏征
Weber's s. 韦伯氏征
Wegner's s. 韦格内氏征
Weill's s. 韦耳氏征
Weiss' s. 魏斯氏征
Wernicke's s. 韦尼克氏征
Westermark's s. 韦斯特马克氏征
Westphal's s. 韦斯特法尔氏征
Widowitz's s. 韦德维茨氏征
Wilder's s. 魏耳德氏征
Williams' s. 威廉斯氏征
Williamson's s. 威廉逊氏征
Wimberger's s. 韦姆伯格氏征
Winterbottom's s. 温特博特姆氏征
Wintrich's s. 文特里希氏征
Wood's s. 伍德氏征
Zaufal's s. 曹发尔氏征
signa [ˈsignə] (L.) 标记,用法签
signture [ˈsignitʃə] (L. *signature*) ❶ 标记; ❷ 药效形象
signe [siːn] (Fr.) 征
significant [sigˈnifikənt] 有意义的
signing [ˈsainiŋ] 手语
Sig. n. pro. (L. *signa nomine proprio* 的缩写) 标记药名
siguatera [ˌsigwəˈtɛərə] (Sp.) 鱼肉中毒
sikimi [ˈsikimi] (Japanese) 莽草,毒八角
sikimin [ˈsikimin] 莽草素
sikimitoxin [siˌkimiˈtɔksin] 莽草毒素
silafilcon A [ˌsiləːˈfilkən] 硅菲康:亲水性隐形眼镜材料
silafocon A [ˌsiləːˈfɔkən] 硅佛康:疏水性隐形眼镜材料
Silain [ˈsailein] 消泡净:二甲硅油的商品名
silandrone [siˈlændrəun] 硅雄酮
Silastic [siˈlæstik] 硅化橡胶
silence [ˈsailəns] (L. *silēre* to be quiet) 静止
　electrical s. 电静止
　electrocerebral s. (ECS) 脑电静止
silent [ˈsailənt] 不引起可见的体征或症状的,无声的
Silex's sign [ˈsileks] (Paul *Silex*, German ophthalmologist, 1858-1929) 西勒克斯氏征
silex [ˈsaileks] (L. "flint") 硅石,二氧化硅
Silfverskiöld's syndrome [ˈsilfvəskiəuldz] (Nils G. *Silfverskiöld*, Swedish orthopedist, 1888-1957) 西尔佛俄斯克奥兹氏综合征
silhouette [ˌsiləˈwet] (Fr.) 廓影,侧影
　cardiac s. 心脏廓影
　cardiopericardial s. 心心包廓影
　cardiovascular s. 心血管廓影
silhouttograph [silˈwetəgrɑːf] X线侧面影像
silica [ˈsilikə] (L. *silex* flint) 硅石,二氧化硅
silicate [ˈsilikeit] (L. *silicus*) 硅酸盐
silicatosis [ˌsilikəˈtəusis] 肺尘埃沉着病
silicea [ˈsilisiː] 硅剂
siliceous [ˈsiliʃəs] 含硅的,硅质的
silicious [ˈsiliʃəs] 含硅的,硅质的
silicic acid [siˈlikik] 硅酸
silicide [ˈsilisaid] 硅化物
silicoanthracosis [ˌsilikəˌænθrəˈkəusis] 石末沉着病
silicofluoride [ˌsilikəˈfluəraid] 硅氟化物
silicon [ˈsilikən] (L. *silex* flint) 硅
　s. carbide 碳化硅

s. dioxide 二氧化硅
s. dioxide, colloidal (NF) 二氧化硅(胶体)
s. fluoride 氟化硅
silicone ['silikəun] 聚硅氧
silicoproteinosis [ˌsilikəˌprəuti:'nəusis] 硅肺蛋白沉积症
silicosiderosis [ˌsilikəˌsidə'rəusis] 硅铁末沉着病
silicosis [ˌsili'kəusis] (L. *silex* flint) 石末沉着病
  infective s. 感染性硅肺,硅肺结核
Silicote ['silikəut] 西雷考特:二甲聚硅氧烷商品名
silicotic [ˌsili'kɔtik] 硅肺的,矽肺的
silicotuberculosis [ˌsilikəutju:bə:kju'ləusis] 硅肺结核
siliqua ['silikwə] (L.) 长角果,长壳
  s. olivae 橄榄体壳
siliquose ['silikwəus] 长角状的,长壳状的
siloxane [si'lɔksein] 组二氧化硅多聚体
Silvadene ['silvədi:n] 塞俄定:磺胺嘧啶银商标名
silvatic [sil'vætik] (L. *silva* a wood or woods) 关于或源于森林的
Silver's syndrome ['silvəz] (Henry K. *Silver*, American pediatrician, born 1918) 西尔维氏综合征
Silver-Russell syndrome ['silvə 'rʌsəl] (H. K. *Silver*; Alexander *Russell*, British pediatrician, 20th century) 西-鲁二氏综合征
silver ['silvə] (L. *argentum*) 银
  s. chloride 氯化银
  colloidal s. 胶体银
  s. iodide, colloidal 胶体碘化银
  methenamine s. 银乌洛托品
  s. nitrate (USP) 硝酸银
  s. nitrate, fused, s. nitrate, molded 硝酸银棒
  s. nitrate toughened (USP) 硝酸银棒
  s. protein, mild 弱蛋白银
  s. protein, strong 强蛋白银
  s. sulfadiazine 磺胺嘧啶银
Silverman's needle ['silvə:mənz] (Irving *Silverman*, Americian surgeon, born 1904) 西尔维曼氏针
Silvester's method [sil'vestəz] (Henry Robert *Silvester*, English physician, 1829-1908) 薛耳威斯特氏法
Silvestrini-Corda syndrome [silves'trini 'kɔ:də] (R. *Silvestrini*, Italian physician, 20th century; L. *Corda*, Italian physician, 20th century) 西-科二氏综合征
Silvius ['silviəs] 斑虹属
Simaruba [ˌsimə'ru:bə] 苦樗属
simarubidin [ˌsimə:'rubidin] 苦樗素
simethicone [si'meθikəun] (USP) 消泡净
similia similibus curantur [si'miliə si'milibəs kju'ræntə] (L. "likes are cured by likes") 顺势疗法的一种理论
simillimum [si'milimem] (L. "likest") 顺势疗法药物
Simmonds' disease ['siməndz] (Morris *Simmonds*, German physician, 1855-1925) 西蒙兹氏病
Simon's operation ['simənz] (Gustav *Simon*, German surgeon, 1824-1876) 西蒙氏手术
Simon's septic factor ['simənz] (Charles Edmund *Simon*, American physician, 1866-1927) 西蒙氏败血因子
Simon's sign ['simənz] (Sir John *Simon*, English surgeon, 1816-1904) 西蒙氏征
Simonart's thread [ˌsimə'nɑ:z] (Pierre Joseph Cécilien *Simonart*, Belgian obstetrician, 1817-1947) 西莫纳尔氏线
Simonea folliculorum [si'məniə fəˌlikju'lɔrəm] 毛囊脂螨
simonelli's test [ˌsimou'neliz] (Francesco *Simonelli*, contemporary Italian physician) 西莫内利氏试验
Simons' disease ['simənz] (Arthur *Simons*, German physician, 20th century) 西蒙斯氏病
simple ['simpl] (L. *simplex*) ❶ 既非化合物又非混合物,简单的; ❷ 药草
Simplexvirus ['simpleksˌvairəs] (herpes *simplex* + *virus*) 单纯疱疹病毒
Simpson's forceps ['simpsənz] (Sir James Young *Simpson*, Scottish obstetrician, 1811-1970) 辛普森氏钳
Sims' position [simz] (James Marion *Sims*, American gynecologist, 1813-1983) 席姆斯氏卧位
simul ['siməl] (L.) 同时
simulation [ˌsimju'leiʃən] (L. *simulatio*)

❶ 摹拟或装病；❷ 模仿行为；❸ 由另一疾病模拟的
Monte Carlo s. 蒙特·卡罗氏模拟行为
simulator ['simjuleitə] 模拟装置
Simuliidae [ˌsimju'liidi:] 蚋科
Simulium [si'mjuliəm] 蚋属
simultagnosia [ˌsimjultæg'nəusiə] 画片中动作失认
simultanagnosia [ˌsimjuˌtænəg'nəusiə] 画片中动作失认
SIMV (synchronized intermittent mandatory ventilation 的缩写) 周期性同步强制式通气
simvastatin [ˌsimvə'steitin] 抗高脂剂
sinal ['sinəl] 窦的
Sinaxar ['sinəksə] 西那克色：氨甲酸羟苯乙酯商品名
sincalide ['siŋkəlaid] 辛卡利胆
sincipital [siŋ'sipitəl] 前顶的，和前顶有关的
sinciput ['sinsipət] (L.) (NA) 前头，前顶
sinefungin [ˌsinə'fʌndʒin] 西尼霉素
Sinequan [ˌsinəkwein] 辛虑平
sinew ['sinju:] 腱
　weeping s. 腱鞘囊肿
sing. (L. singulorum 的缩写) 各(个)
single blind ['siŋgl blaind] 单盲法的
Singoserp ['siŋgəusəp] 血压果平：乙酯利血平商品名
singulation [ˌsiŋgəl'leiʃən] 呃逆
singultous [siŋ'gʌltəs] 呃逆的
singultus [siŋ'gʌltəs] (L.) 呃逆
sinigrin ['sinigrin] 黑芥子甙
sinister ['sinistə] 左侧的
sinistrad [si'nistrəd] 左向，向左
sinistral ['sinistrəl] (L. sinistralis) ❶ 左侧的；❷ 左利者
sinistrality [ˌsinis'træliti] 左利
sinistraural [ˌsinis'traurəl] (L. sinister + auris ear) 左利耳的
sinistr(o)- (L. sinister left) 左，左侧
sinistrocardia [ˌsinistrə'kɑːdiə] (sinistro + Gr. kardia heart) 左位心
sinistrocerebral [ˌsinistrə'særibrəl] 左侧大脑半球的
sinistrocular [ˌsini'strɔkjulə] (sinistro + L. oculus eye) 左眼的，左利眼的
sinistrocularity [ˌsinisˌtrɔkju'læriti] 左眼
sinistrogyration [ˌsinistrədʒai'reiʃən] (sinistro- + gyration) 左旋
sinistromanual [ˌsinistrə'mænjuəl] (sinistro- + L. manus hand) 左利手的
sinistropedal [ˌsinistrə'pedəl] (sinistro- + L. pes foot) 左利脚的，喜用左脚的
sinistrorse ['sinistrɔːs] 左旋的，左转的
sinistrotorsion [ˌsinistrə'tɔːʃən] (sinistro- + torsion) 左旋
Sinkler's phenomenon ['siŋkləz] (Wharton Sinkler, American neurologist, 1847-1910) 辛克勒氏现象
sino- ['sainəu] (L. sinus sinus) 窦
sinoatrial [ˌsinə'ætriəl] 窦房的
sinobronchitis [ˌsinəbrɔŋ'kaitis] (sino- + Gr. bronchos bronchus + -itis) 鼻旁窦支气管炎
sinography [si'nɔgrəfi] (sinus + Gr. graphein to write) 窦腔 X 线照相术
sinomenine [si'nɔmənin] 青藤碱，汉防己甲素
Si non val. (L. si non valeat 的缩写) 如不够
sinopulmonary [ˌsinə'pʌlmənəri] 窦肺的
sinospiral [ˌsinə'spaiərəl] 窦螺旋的
sinoventricular [ˌsinəven'trikjulə] 窦室的
sinter ['sintə] ❶ 矿泉结石；❷ (Ger.) 熔结
Sintrom ['sintrəm] 新抗凝片：新抗凝商品名
sinuate ['sinjueit] 波状的，有波状缘的
sinuatrial [ˌsinju'ætriəl] 窦房的
sinuous ['sinjuəs] (L. sinuosus) 弯曲的，蜿蜒的
sinuosity [ˌsinju'ɔsiti] (L. sinuare to bend) 弯曲，曲折
sinuotomy [ˌsinju'ɔtəmi] 窦切开术
sinus ['sainəs] (pl. sinus or sinuses) (L. "a hollow") ❶ 窦；❷ 窦道
　accessory s's of the nose 鼻旁窦，鼻窦
　air s. 含气窦
　anal s's, s. anales (NA) 肛窦，直肠窦
　anteriors 's, s. anteriores (NA) 前筛窦
　s. of anterior chamber 眼前房窦
　s. aortae (NA) 主动脉窦
　Arlt's s. 阿尔特氏窦，泪窦隐窝
　articular s. of atlas 寰椎关节凹

articular s. of atlas, superior 寰椎上关节凹
articular s. of axis, anterior 枢椎前关节面
articular s. of vertebrae, inferior 脊椎下关节面
s. of atlas, anterior 寰椎前凹
basilar s. 基底(静脉)丛
s. of Bochdalek 胸(膜)膜裂孔
branchial s. 鳃窦
Breschet's s. 蝶顶窦
s. caroticus (NA), carotid s. 颈动脉窦
s. cavernosus (NA), cavernous s. 海绵窦
cervical s. 颈窦
circular s., s. circularis 环状窦
s. circularis iridis 巩膜静脉窦
coccygeal s. 骶尾瘘
s. cochleae 蜗窦,蜗小管静脉
s. condylorum femoris 股骨髁间窝
s. coronarius (NA), coronary s. 冠状窦
cortical s's 皮质窦
costal s's of sternum 胸骨肋切迹
costodiaphragmatic s. 肋膈窦,胸膜肋膈隐窝
costomediastinal s. of pleura, s. costomediastinalis pleurae 肋纵隔窦,胸膜肋纵隔隐窝
costophrenic s. 肋膈窦,胸膜肋膈隐窝
cranial s's 硬脑膜窦
Cuvier's s's 古维叶氏管(胚)
dermal s. 皮窦,皮洞
s's of dura mater, s. durae matris (NA) 硬脑膜窦
dural s's 硬脑膜窦
s. epididymidis (NA), s. of epididymis 附睾窦
Eternod's s. 埃特诺氏窦
ethmoidal s., s. ethmoidalis (NA) 筛窦
Forssell's s. 福赛耳氏窦
frontal s. 额窦
frontal s., bony 骨性额窦
s. frontalis (NA) 额窦
s. frontalis osseus (NA) 骨性额窦
Guérin's s. 盖兰氏窦
Huguier's s. 于吉埃氏窦
s. interarcualis 扁桃体窝
s. intercavernosi (NA) 海绵间窦

s. intercavernosus anterior 前海绵间窦
s. intercavernosus posterior 后海绵间窦
intercavernous s's 海绵间窦
intermediate s's 皮质窦
s. of internal jugular vein, inferior 颈内静脉下球,颈静脉下球
s. of internal jugular vein, superior 颈内静脉上球,颈静脉上球
s. of kidney 肾窦
lacteal s's, s. lacteus, s. lactiferi (NA), lactiferous s's 输乳窦
laryngeal s., s. of largnx 喉室
lateral s. 横窦
s. lienis (NA) 脾窦
longitudinal s., inferior 下矢状窦
longitudinal s., superior 上矢状窦
lunate s. of radius 桡骨尺切迹
lunate s. of ulna 尺骨桡切迹
lymph s's, lymphatic s's 淋巴窦
s. of Maier 迈尔氏窦
marginal s's ① 缘湖；② 弓形淋巴窦；③ 缘窦
s. marginalis (NA) 缘窦
mastoid s. 乳突窦
s. maxillaris (NA), s. maxillaris (Highmori) 上颌窦,海默尔氏窦
s. maxillaris osseus (NA) 骨性上颌窦
maxillary s. 上颌窦
maxillary s., bony 骨性上颌窦
s. mediae 中筛窦
s. medii (NA) 中筛窦
medullary s's 髓窦
Meyer's s., s. Meyeri 麦耶氏窦,外耳道凹
middle s's 中筛窦
middle s. of atlas 寰椎齿突凹
s. of Morgagni 莫尔加尼氏窦：① 直肠窦；② 主动脉窦；③ 喉室
mucous s's of male urethra 男性尿道陷窝
oblique s. of pericardium, s. obliquus pericardii (NA) 心包斜窦
occipital s., s. occipitalis (NA) 枕窦
oral s. 口道
paranasal s's, s. paranasales (NA) 鼻窦,鼻旁窦
parasinoidal s's 鼻旁窦
pericardial s. 围心窦
s. pericardii 心包横窦

peroneal s. of tibia 胫骨腓切迹
Petit's s. 培提特氏窦
petrosal s., inferior 岩下窦
petrosal s., superior 岩上窦
petrosquamous s. 岩鳞窦
s. petrosus inferior (NA) 岩下窦
s. petrosus superior (NA) 岩上窦
phrenicocostal s., s. phrenicocostalis 膈肋窦,胸膜肋隔隐窝
pilonidal s. 藏毛窦,骶尾窦
piriform s. 梨状隐窝
s. pleurae, pleural s. 胸膜窦
pleuroperitoneal s. 胸(膜)腹裂孔
s. pocularis 前列腺囊
posterior s's, s. posteriores (NA) 后筛窦
s. posterior cavi tympani (NA) 鼓室后窦
s. precervicalis 颈前窦
prostatic s., s. protaticus (NA) 前列腺窦,前列腺囊
s. of pulmonary trunk 肺动脉窦
pyriform s. 梨状隐窝
rectal s's, s. rectales 直肠窝,肛窦
s. rectus (NA) 直窦
renal s., s. renalis (NA) 肾窦
s. reuniens 连合窦
rhomboid s. of Henle 亨勒氏菱形窝
Ridley's s. 里德利氏窦,环状窦
Rokitansky-Aschoff s's 罗-阿二氏窦,胆囊粘膜窦
sacrococcygeal s. 骶尾窦
sagittal s., inferior 下矢状窦
sagittal s., superior 上矢状窦
s. sagittalis inferior (NA) 下矢状窦
s. sagittalis superior (NA) 上矢状窦
semilunar s. of tibia 胫骨腓切迹
sigmoid s., s. sigmoideus (NA) 乙状窦
**sphenoidal s., 蝶窦
sphenoidal s. bony 骨性蝶骨窦
s. sphenoidalis (NA) 蝶突
s. sphenoidalis osseus (NA) 骨性蝶窦
sphenoparietal s., s. sphenoparietalis (NA) 蝶顶窦
s. of spleen, splenic s., s. splenicus (NA) 脾窦
straight s. 直窦
subarachnoidal s's 蛛网膜池

subcapsular s's 囊下窦,被膜下窦
tarsal s., s. tarsi (NA) 跗骨窦
tentorial s. 直窦
terminal s. 终窦
tonsillar s., s. tonsillaris 扁桃体窦
transverse s. of dura mater 硬脑膜横窦
transverse s. of pericardium 心包横窦
s. transversus durae matris (NA) 硬脑膜横窦
s. transversus pericardii (NA) 心包横窦
traumatic s. 创伤性窦道
s. trunci pulmonalis (NA) 肺动脉窦
s. tympani (NA), **tympanic s.** 鼓窦
s. of tympanic cavity, posterior 鼓室后窦
s. unguis (NA) 甲窦
urogenital s, s. urogenitalis (NA) 尿生殖窦
uterine s's 子宫静脉窦
s. of Valsalva 主动脉窦
s. of venae cavae, s. venarum cavarum (NA) 腔静脉窦
s. venosus ① 静脉窦(NA); ② 腔静脉窦
s. venosi durales 硬脑膜窦
s. venosus sclerae (NA) 巩膜静脉窦
venous s. ① 大静脉道; ② 静脉窦
venous s's of dura mater 硬脑膜静脉窦
venous s. of sclera 巩膜静脉窦
s. ventriculi 胃窦

sinusal ['sainjusəl] 窦的
sinusitis [ˌsainə'saitis] 窦炎
 infectious s. of turkeys 传染性火鸡窦炎
sinusoid ['sainəsɔid] (*sinus* + Gr. *eidos* form) ❶ 窦状的; ❷ 窦状隙
sinusoidal [ˌsainə'sɔidəl] ❶ 正弦样的; ❷ 正弦波样的
sinusology [ˌsainə'sɔlədʒi] (*sinus* + Gr. -*logos*)窦学
sinusotomy [ˌsainə'sɔtəmi] (*sinus* + Gr. *tomē* a cutting) 窦切开术
sinuspiral [ˌsainə'spaiərəl] 窦螺旋的
sinuventricular [ˌsainəven'trikjulə] 窦室的
Si op. sit (L. *si opus sit* 的缩写) 必要时
siphon ['saifən] (Gr. *siphōn* tube) 虹吸管
 carotid s. 颈动脉窦
siphonage ['saifənidʒ] 虹吸法

Siphona irritans [ˌsaiˈfɔnə ˈiritəns] 扰血蝇

Siphonaptera [ˌsaifənˈæptərə] (Gr. *siphon* tube + *apteros* wingless) 蚤目

Siphunculata [siˌfʌnkjuˈleitə] 虱目

Siphunculina [siˌfʌnkjuˈlainə] 小蝇属
S. funicola 眼蝇

Sipple's syndrome [ˈsiplz] (John H. Sipple, American physician, born 1930) 西皮氏综合征

Sippy diet [ˈsipi] (Bertram Welton Sippy, American physician, 1866-1924) 西皮氏饮食(疗法)

siqua [ˈsikwə] (L. *sidentis altitudinis quadratio*) 坐高平方

siren [ˈsairən] (Gr. *seirēn*) 并肢畸胎

sireniform [ˈsairənifɔːm] (Gr. *seirēn* siren + L. *forma* form) 并肢畸形的

sirenomelia [ˌsaiənəˈmiːliə] (Gr. *seirēn* siren + *melos* limb) (无足)并腿畸形

sirenomelus [ˌsairəˈnɔmələs] (Gr. *seirēn* siren + *melos* limb) (无足)并腿畸形

siriasis [siˈraiəsis] (Gr. *seiriasis* a disease produced by the heat of the sun) 日射病, 中暑

sirup [ˈsirəp] 糖浆剂

-sis (Gr. suffix of action) 状态, 病态, 病。常见的形式为: -asis, -esis, -iasis 和 -osis

SISI (short increment sensitivity index 的缩写) 短期敏感性增加指数

sisomicin [ˌsisəˈmaisin] 西梭霉素, 紫苏霉素
s. sulfate (USP) 硫酸西梭霉素

sissorexia [ˌsisəˈreksiə] 脾内血细胞蓄积

sister [ˈsistə] 病房护士长：英国用的名称

Sisto's sign [ˈsistəz] (Genaro Sisto, Argentine pediatrician, 1870-1923) 西斯托氏征

Sistrunk operation [ˈsistrʌŋk] (Walter Sistrunk, American surgeon, 1880-1933) 西斯初科氏手术

Sistrurus [sisˈtruərəs] 小响尾蛇属

site [sait] 位置, 部位, 地点
active s. 活性部位
allosteric s. 变构部位
antigen-binding s., antigen-combining s. 抗原结合部位
binding s. 结合部位
catalytic s. 催化部位
combining s. 结合部位
immunologically privileged s's 免疫特殊部位
operator s. 操纵基因部位
restriction s. 限制部位
splice s. 缝接部位

sitiergia [ˌsitiˈədʒiə] (Gr. *sition* food + *ergein* to shut out) 拒食症

sitiology [ˌsitiˈɔlədʒi] 饮食学, 营养学

sitiomania [ˌsitiəˈmeiniə] 贪食狂, 间发性善饥

sit(o)- (Gr. *sitos* food) 食物

sitology [saiˈtɔlədʒi] 饮食学, 营养学

sitomania [ˌsaitəˈmeiniə] (*sito-* + Gr. *mania* madness) ❶ 贪食狂, 病态性嗜食; ❷ 间发性善饥

sitophobia [ˌsaitəˈfəubiə] (*sito-* + *phobia*) 惧食症

sitosterol [saiˈtɔstərəul] 谷甾醇

sitosterolemia [saiˌtɔstərəˈliːmiə] 谷甾醇血症

sitotaxis [ˌsaitəˈtæksis] 趋食性

sitotherapy [ˌsaitəˈθerəpi] (*sito-* + Gr. *therapeia* treatment) 饮食疗法

sitotoxin [ˌsaitəˈtɔksin] 食物毒素

sitotoxism [ˌsaitəˈtɔksizəm] (*sito-* + Gr. *toxikon* poison) 食物中毒, 食品中毒

sitotropism [saiˈtɔtrəpizəm] (*sito* + Gr. *tropos* turning) 向食性, 趋食性

situation [sitjuˈeiʃən] 情境, 位置, 处境, 形势

situs [ˈsaitəs] (pl. *situs*)(L.) 位置, 部位, 位点
s. inversus viscerum 内脏转位, 内脏左右易位
s. perversus 内脏错位, 内脏异位
s. solitus 内脏正位
s. transversus 内脏转位, 内脏左右易位

SIV (simian immunodeficiency virus 的缩写) 类人猿免疫缺陷病毒

Si vir. perm. (L. *si vires permittant* 的缩写) 如果力量许可

Sjögren's syndrome [ˈʃəːgrinz] (Henrik Samuel Conrad Sjögren, Swedish ophthalmologist, born 1899) 斯耶格伦氏综合征

Sjögren-Larsson syndrome [ˈʃəːgrinz ˈlɑːsən] (Karl Gustaf Torsten Sjögren,

Swedish physician, born 1896; Tage Konrad Leopold *Larsson*, Swedish physician, born 1905) 斯-拉二氏综合征

Sjöqvist's method ['ʃəkvists] (John August *Sjöqvist*, Swedish physician, 1863-1934) 斯耶克维斯特氏法

SK (streptokinase 的缩写) 链球菌激酶

skatole ['skætəul] (Gr. *skōr*, *skatos* dung) 甲基吲哚，类臭素

skatoxyl [skə'tɔksil] 粪臭基，羟甲基吲哚

skein [skein] 染色质纽，丝球
  Holmgren's s's, test s's 霍姆格伦氏彩线，试验彩线，检色盲彩线

skelalgia [ski:'læld ʒiə] (Gr. *skelos* leg + *algos* pain + -*ia*) 腿痛

skelasthenia [ski:ləs'θi:niə] (Gr. *skelos* leg + *a* neg. + *sthenos* strength + -*ia*) 腿无力

Skelaxin [skə'læksin] 斯克来克森：苯氧甲脒酮商品名

skeletal ['skelitəl] 骨骼的

skeletin ['skelitin] 骨骼蛋白，骨骼胶

skeletization [ˌskelətai'zeiʃən] ❶ 极度消瘦；❷ 骨骼剥制法

skeletogenous [ˌskeli'tɔdʒənəs] 成骨骼的

skeletogeny [ˌskele'tɔdʒəni] 骨骼形成

skeletography [ˌskele'tɔɡrəfi] (*skeleton* + Gr. *graphein* to write) 骨骼论

skeletology [ˌskeli'tɔlədʒi] (*skeleton* + -*logy*) 骨骼学

skeleton ['skelitən] (Gr. "a dried body, mummy") 骨骼
  appendiculars s., s. appendiculare (NA) 四肢骨骼
  axial s., s. axiale 中轴骨
  cardiac s. 心骨骼，心脏架
  fibrous s. of heart 心骨骼，心脏架
  s. of heart 心骨骼，心脏架
  s. membri inferioris liberi 自由下肢骨骼
  s. membri superioris liberi 自由上肢骨骼
  thoracic s., s. thoracicus, s. of thorax 胸廓
  visceral s. 内脏骨骼

skeletopia [ˌskele'taupiə] (*skeleton* + Gr. *topos* place) 骨骼关联

skeletopy ['skelətaupi] (*skeleton* + Gr. *topos* place) 骨骼关联

Skene's glands [ski:nz] (Alexander Johnston Chalmers *Skene*, American gynecologist, 1838-1900) 斯基恩氏腺

skenitis [ski:'naitis] 尿道旁腺炎

skenoscope ['ski:nəuskəup] (*Skene's* glands + Gr. *skopein* to examine) 尿道旁腺镜

skeocytosis [ˌski:əusai'təusis] (Gr. *skaios* left + *kytos* cell) 幼稚白细胞症

skepticism ['skeptisizm] 多疑癖

skeptophylaxis [ˌskeptəufi'læksis] (*skepto* to support + *phylaxis* guard) 辅助免疫性，辅助免疫法

skew [skju:] ❶ 偏的，斜的；❷ 不对称的；❸ 概率分布的

skewfoot ['skju:fut] 内收内翻跖

skewness ['skju:nis] 非对称，偏斜

skia- (Gr. *skia* shadow) 阴影

skiagram ['skaiəɡræm] (*skia-* + Gr. *gramma* a writing) X线(照)片

skiagraph ['skaiəɡrɑ:f] X线(照)片

skiagraphy [skai'ɔɡrəfi] X线照相术

skialytic [ˌskai'litik] (Gr. *skia* shadow + *lytikos* destroying) 消影的

skiametry [skai'æmitri] 视网膜镜检查

skiascope ['skaiəskəup] 视网膜镜

skiascopy [skai'æskəpi] (*skia* + -*scopy*) 视网膜镜检查

Skillern's fracture ['skilənz] (Penn Gaskell *Skillern*, American surgeon, born 1882) 斯基勒伦氏骨折

skimming ['skimiŋ] 撇去，撇清
  plasma s. 血浆撇清

skin [skin] 皮肤
  alligator s. 鳄皮状鳞癣
  bronzed s. 青铜皮病
  collodion s. 火棉胶皮
  crocodile s. 鳄皮状鳞癣
  elastic s. 橡皮病
  farmers' s. 慢性光化性皮炎
  fish s. (鱼)鳞癣
  glossy s. 亮滑皮，滑泽皮
  India rubber s. 橡皮病
  lax s., loose s. 皮肤松垂
  marble s. 大理石色皮
  parchment s. 皮肤干缩，皮肤萎缩
  piebald s. 皮肤白斑，斑驳病
  porcupine s. 高起鱼鳞癣

sailors' s. 慢性光化性皮炎
shagreen s. 糙皮病,绿皮病
skinfold ['skinfəuld] 皮褶
Skinner box ['skinə] (Burrhus Frederic *Skinner*, American psychologist, 1904-1990) 斯基纳氏盒
Skinner classification ['skinə] (C. N. *Skinner*, American dentist, early 20th century) 斯基纳分类法
Skiodan ['skaiəudæn] 斯基奥丹:碘甲磺酸钠商品名
skler(o)- 巩膜,硬化
Sklowsky's symptom ['sləuvskiz] (E. L. *Sklowsky*, German physician, 20th century) 斯克洛夫斯基综合征
Skoda's sign ['skɔdɑz] (Josef *Skoda*, Czech-born physician in Austria, 1805-1881) 斯叩达氏征
skodaic [skəu'deiik] 斯叩达氏的
skopometer [skəu'pɔmitə] 液体色彩浊度计
skot(o)- 暗,盲
skotogram ['skəutəgræm] X 线照片
SKSD (streptokinase-streptodornase 的缩写) 链激酶-链道酶
skull [skʌl] 颅骨
  cloverleaf s. 分页状颅
  hot cross bun s. 臀状头
  lacuna s. 颅骨骨内面凹陷,蜂窝状颅
  maplike s. 地图样颅骨
  natiform s. 臀状头
  steeple s., tower s. 尖头(畸形)
  West's lacuna s., West-Engstler's s. 韦斯特氏蜂窝状颅,韦-英二氏颅
sl (*slyke* 的缩写) 斯莱克(缓冲值单位)
SLA (L. *sacrolaeva anterior* 的缩写) 左骶前
slant [slɑ:nt] ❶ 斜面; ❷ 斜面培养(物)
SLE (systemic lupus erythematosus 的缩写) 系统性红斑狼疮
sleep [sli:p] 睡眠
  active s. 主动睡眠
  D s. D 睡眠
  deep s. 深睡眠
  desynchronized s. 非同步睡眠
  dreaming s. 梦眠
  electric s. 电睡眠
  electrotherapeutic s. 电疗性睡眠

fast wave s. 快波睡眠
non-rapid eye movement s. 非快动眼睡眠(缩写为 NREM s.)
NREM s. 非快动眼睡眠
orthodox s. 正统睡眠
paradoxical s. 反常睡眠
paroxysmal s. 发作性睡眠
prolonged s. 延时睡眠,持续睡眠
quiet s. 安静睡眠
rapid eye movement s. 快动眼睡眠
REM s. 快动眼睡眠
S s. 慢睡眠
slow wave s. 慢波睡眠
synchronized s. 同步睡眠
twilight s. 朦胧睡眠,朦胧麻醉,半麻醉
sleeptalking ['sli:pto:kiŋ] 梦呓
sleepwalking ['sli:pwɔ:kiŋ] 梦游
slice [slais] 横切面
slide [slaid] 载玻片
sling [sliŋ] 悬带
  Glisson's s. 格利森氏悬带
  mandibular s. 下颌悬带
  pterygomasseteric s. 翼咬系带
  pulmonary artery s. 肺动脉系带
  suburethral s. 尿道下悬带
slit [slit] ❶ 狭长开(切)口; ❷ 做狭长开(切)口
  filtration s's 过滤孔
  gill s. 鳃裂
slobbering ['slɔbəriŋ] 垂涎,流涎
slope [sləup] ❶ 斜面,斜坡; ❷ 倾斜; ❸ 斜率
  lower ridge s. 下嵴斜面
  mandibular anteroposterior ridge s. 下颌前后嵴斜面
slough [slʌf] ❶ 腐肉,腐痂; ❷ 脱落,抛弃
sloughing ['slʌfiŋ] 腐肉(痂)形成,腐肉分离
Slow-Fe ['sləu'fi:] 斯娄铁:硫酸亚铁的商品名
Slow-K ['sləu'kei] 斯娄钾:氯化钾的商品名
Slow-Mag ['sləu'mæg] 斯娄镁:氯化镁的商品名
SLP (L. *sacrolaeva posterior* 的缩写) 左骶后
SLT (L. *sacrolaeva transversa* 的缩写) 左

骶横

Sluder's method ['sluːdəz] (Greenfield *Sluder*, American laryngologist, 1865-1925) 斯路德氏法

sludge [slʌdʒ] 污泥,浮渣
　activated s. 活性污泥

sludging ['slʌdʒiŋ] 淤积,沉积
　s. of blood 血液沉积

slug [slʌg] 蛞蝓,蛞蝓类软体动物

slurry ['sləːri] 泥浆,浆

Sly syndrome [slai] (William S. *Sly*, American physician, born 1932) 史莱尔氏综合征

slyke [slaik] 斯莱克:缓冲值单位

Sm (*samarium* 的符号) 钐

SMA 6/60 (Sequential Multiple Analyzer 的缩写) 6/60 顺序多项分析仪

SMA 12/60 (Sequential Multiple Analyzer 的缩写) 12/60 顺序多项分析仪

SMAF (specific macrophage arming factor 的缩写) 特异性巨噬细胞武装因子

smallpox ['smɔːlpɔks] (compared to "great pox" (syphilis)) 天花,痘疮
　equine s. 马痘
　flat s. 平坦天花
　fulminant s. 暴发性天花
　hemorrhagic s. 出血性天花
　malignant s. 恶性天花
　modified s. 轻天花,变形天花
　ordinary s. 普通天花
　ovine s. 羊痘

SMC (selenomethylnorcholesterol 的缩写) 硒甲基胆固醇

smear [smiə] 涂片
　Paps s., Papanicolaou s. 派普斯涂片

smegma ['smegmə] (Gr. *smēgma* soap) 阴垢,包皮垢
　s. embryonum 胎脂,胎垢

smegmatic [smeg'mætik] 阴垢的

smegmalith ['smegməliθ] (*smegma* + *-lith*) 包皮垢石

smegmatic [smeg'mætik] 阴垢的,阴垢组成的

smell [smel] ❶ 嗅,嗅觉;❷ 气味

smell-brain ['smelbrein] 嗅脑

Smellie's method ['smeliz] (William *Smellie*, British obstetrician, 1697-1763) 斯梅利氏法

smilacin ['smailəsin] (Gr. *smilakinos* pertaining to smilax) 菝葜皂甙

smilagenin [,smailə'dʒiːnin] 异菝葜皂甙元

Smilax ['smailæks] (L., Gr. "bindweed") 菝葜属

Smith [smiθ] 史密斯, Hamilton Othanel 美国微生物学家

Smith's dislocation [smiθs] (Robert William *Smith*, Irish surgeon, 1807-1873) 史密斯氏脱位

Smith's operation [smiθs] (Henry *Smith*, English surgeon in India, 1862-1948) 史密斯氏手术

Smith's sign [smiθs] (Eustace *Smith*, English physician, 1835-1914) 史密斯氏征

Smith's test [smiθs] (Walter George *Smith*, Irish physician, 1844-1932) 史密斯氏试验

Smith-Lemli-Opitz syndrome [smiθ 'lemli 'əupits] (David W. *Smith*, American pediatrician, 1926-1981; Luc *Lemli*, American physician, 20th century; John Marius *Opitz*, American pediatrician, born 1935) 史-勒-欧三氏综合征

Smith-Strang disease [smiθ stræŋ] (Allan J. *Smith*, British physician, 20th century; Leonard Birnie *Strang*, British physician, born 1925) 史-施二氏病

Smith-Petersen nail [smiθ 'piːtəsen] (Marius Nygaard *Smith-Petersen*, American orthopedic surgeon, 1886-1953) 史-彼氏钉

smog [smɔg] 烟雾

smoke [sməuk] 烟

SMON (subacute myelo-opticoneuropathy 的缩写) 亚急性脊髓-视神经病变

SMR (standard mortality ratio 或 standard morbidity ratio 的缩写) 标准致死率,标准发病率

smudging ['smʌdʒiŋ] 辅音不清

smut [smʌt] 黑穗病
　corn s. 玉蜀黍黑穗病
　rye s. 麦角

S.N. (L. *secundum naturam* 的缩写) 根据性质

Sn (L. *stannum* 的符号) 锡

sn- (*s*tereospecific *n*umbering 的缩写) 甘油衍生物的立体异构体

snail [sneil] 蜗牛
snake [sneik] 蛇
　brown s. 褐蛇
　cabbage s. 甘兰蛇
　colubrid s. 游蛇，黄颌蛇
　coral s. 珊瑚蛇
　crotalid s. 响尾蛇
　elapid s. 眼镜蛇
　hair s. 毛蛇
　harlequin s. 花斑眼镜蛇
　poisonous s. 毒蛇
　sea s. 海蛇
　tiger s. 虎蛇
　venomous s. 毒蛇
　viperine s. 蝰蛇
SNAP (sensory nerve action potential 的缩写) 感觉神经动作电位
snap [snæp] 劈啪声，弹响
　mitral opening s. 二尖瓣开瓣锐声
　opening s. 开瓣锐声
　tricuspid opening s. 三尖瓣开瓣锐声
snare [snɛə] 勒除器
Sneddon-Wilkinson disease ['snedən 'wilkinsən] (Ian Bruce Sneddon, English dermatologist, born 1915; Darrell Sheldon Wilkinson, English dermatologist, 20th century) 施-威二氏病
sneeze [sniz] ❶ 打喷嚏; ❷ 喷嚏
Snell [snel] 施耐尔: George Davis, 美国遗传学家
Snell's law [snelz] (Willebrord Van Roijen Snell, Dutch astronomer and mathematician, 1591-1626) 施耐尔氏定律
Snellen's chart ['snelənz] (Hermann Snellen, Dutch ophthalmologist, 1834-1908) 斯内伦氏视力表
Snider match test ['snaidə] (Thomas H. Snider, American physician, born 1925) 斯内得匹配试验
SNM (Society of Nuclear Medicine 的缩写) 核医学学会
snore [snɔː] ❶ 鼾; ❷ 打鼾
snow [snəu] 雪
　carbon dioxide s. 干冰
snowblindness ['snəublaindnis] 雪盲
snRNA (small nuclear RNA 的缩写) 小核核糖核酸
snRNP (small nuclear ribonucleoprotein 的缩写) 小核核糖核蛋白
SNS (sympathetic nervous system 的缩写) 交感神经系统
snuff [snʌf] 鼻吸剂，嗅剂
　anatomist's s.-box 鼻烟窝(拇指背面的凹)
snuffles ['snʌflz] 婴儿鼻塞
SO (the spheno-occipital synchondrosis 的缩写) 蝶枕软骨结合
SOAP SOAP 护理计划
soap [səup] (L. *sapo*) 肥皂, 皂
　carbolic s. 酚皂
　curd s. 酪状皂
　green s. (USP) 绿皂，钾皂，药用软皂
　hexachlorophene liquid s. (USP) 六氯苯酚液皂
　medicinal soft s. 药用软皂
　potash s. 钾皂
　soft s. ① 软皂; ② 绿皂
　superfatted s. 多脂皂
　zinc s. 锌皂
SOB (shortness of breath 的缩写) 呼吸短促
socia ['səuʃiə] (L. "a comrade, associate") 副器官
　s. parotidis 副腮腺
socialization [ˌsəuʃəlaiˈzeiʃən] 社会化，社会活动
socioacusis [ˌsəusiəˈækjusis] 社会性失听
sociobiologic [ˌsəusiəˌbaiəˈlɔdʒik] 社会生物学的
sociobiological [ˌsəusiəˌbaiəˈlɔdʒikəl] 社会生物学的
sociobiologist [ˌsəusiəbaiˈɔlədʒist] 社会生物学家
sociobiology [ˌsəusiəbaiˈɔlədʒi] 社会生物学
sociogenic [ˌsəusiəˈdʒenik] 社会引起的
sociologist [ˌsəusiˈɔlədʒist] 社会学家
sociology [ˌsəusiˈɔlədʒi] (L. *socius* fellow + *-logy*) 社会学
sociometry [ˌsəusiˈɔmitri] (L. *socius* fellow + *metrum* a measure) 社会测量学
sociopath ['səusiəpæθ] 反社会者
sociopathic [ˌsəusiəˈpæθik] 反社会行为的，反社会人格的
sociopathy [ˌsəusiˈɔpəθi] 反社会病态人格病

sociotherapy [ˌsəusiə'θerəpi] 社会疗法
socket ['sɔkit] 槽,臼,窝
　dry s. 干槽症
　eye s. 眼窝
　tooth s's 牙槽
soda ['səudə] 苏打,碳酸钠
　baking s., bicarbonate of s. 小苏打,碳酸氢钠
　caustic s. 苛性钠
　chlorinated s. 含氯苏打
　s. lime (NF) 碱石灰
　washing s. 洗涤碱,碳酸氢钠
sodemia [səu'di:miə] (*sodium* + Gr. *emia* blood) 钠血症
sodic ['səudik] 钠的
sodiocitrate [səudiə'saitreit] 枸橼酸钠盐
sodiotartrate [ˌsəudiə'tɑ:treit] 酒石酸钠盐
sodium ['səudjəm] (gen. *sodii*) (L. *natrium*, gen. *natrii*) 钠
　s. acetate (USP) 醋酸钠
　s. acid phosphate 酸性磷酸钠,磷酸二氢钠
　s. alginate (NF) 藻朊酸钠
　s. alizarinsulfonate 茜素磺酸钠
　s. antimonyltartrate 酒石酸锑钠
　s. arsenate 砷酸钠
　s. ascorbate 抗坏血酸钠
　s. aurothiomalate 金硫基丁二酸钠
　s. aurothiosulfate 硫代硫酸金钠
　s. benzoate (NF) 苯甲酸钠
　s. bicarbonate (USP) 碳酸氢钠,重碳酸钠
　s. biphosphate 磷酸二氢钠
　s. bisulfite 亚硫酸氢钠
　s. borate (NF) 硼酸钠,硼砂
　s. bromide 溴化钠
　s. calcium edetate, s. calciumedetate 依地酸钠钙
　s. caprylate 辛酸钠
　s. carbonate (NF) 碳酸钠
　s. caseinate 酪蛋白酸钠
　s. cellulose phosphate 磷酸纤维素钠
　s. chloride 氯化钠,食盐
　s. chloride injection (USP) 氯化钠注射液
　s. chromate 铬酸钠
　s. chromate Cr 51 铬 51 酸钠
　s. citrate (USP) 枸橼酸钠
　s. dodecyl sulfate (SDS) 硫酸月桂脂钠
　s. fluoride (USP) 氟化钠
　s. fluosilicate 氟硅酸钠
　s. folate 叶酸钠
　s. glutamate 谷氨酸钠
　s. glycocholate 甘氨胆酸钠
　s. gold thiosulfate 硫代硫酸金钠
　s. hydrate 氢氧化钠
　s. hydroxide (NF) 氢氧化钠,苛性碱
　s. hypochlorite 次氯酸钠
　s. hyposulfite 硫代硫酸钠
　s. iodide (USP) 碘化钠
　s. ipodate 胺碘苯丙酸钠
　s. lactate (USP) 乳酸钠
　s. lauryl sulfate (NF) 硫酸月桂酯钠
　s. metabisulfite (NF) 焦亚硫酸钠
　s. monofluorophosphate (USP) 氟磷酸钠
　s. nitrate 硝酸钠
　s. nitrite (USP) 亚硝酸钠
　s. nitroferricyanide 亚硝基铁氰化钠,硝普钠
　s. nitroprusside (USP) 硝普钠
　s. para-aminosalicylate 对氨基水杨酸钠
　s. perborate 过硼酸钠
　s. pertechnetate Tc 99m injection (USP) 锝^{99}过锝酸钠肌肉注射液
　s. phosphate, dibasic (USP) 二元磷酸钠
　s. phosphate, dried 干燥磷酸钠
　s. phosphate, effervescent 泡腾磷酸钠
　s. phosphate, exsiccated 干燥磷酸钠
　s. phytate 植酸钠,肌醇六磷酸钠
　s. polyphosphate 偏聚磷酸钠
　s. polystyrene sulfonate (USP) 聚丙乙烯磺酸钠
potassium s. tartrate 酒石酸钠钾
　s. propionate (NF) 丙酸钠
　s. pyroborate 焦硼酸钠
　s. pyrophosphate 焦磷酸钠
radioactive s. 放射性钠
　s. salicylate (USP) 水杨酸钠
　s. silicofluoride 硅氟化钠
　s. stearate (NF) 硬脂酸钠
　s. stibocaptate (INN) 二巯琥珀酸锑钠
　s. succinate 丁二酸钠,琥珀酸钠
　s. sulfate (USP) 硫酸钠
　s. sulfite, anhydrous 无水亚硫酸钠

s. **sulfite, exsiccated** 干燥亚硫酸钠
s. **tetraborate** 四硼酸钠
s. **tetradecyl sulfate** 十四羟基硫酸钠
s. **thiamylal** 梳戊巴比妥钠
s. **thiosulfate** (USP) 硫代硫酸钠
s. **trimetaphosphate** 三偏磷酸钠
sodokosis [ˌsəudəu'kəusis] 鼠吸热
sodoku ['sɔːdəku] (Japanese *so* rat + *doku* poison) 鼠咬热
sodomy ['sɔdəmi] (以 *Sodom* 城而得名) 鸡奸,兽奸
Soemmering's spot ['səmərinɡ] (Samuel Thomas von *Soemmering*, German anatomist, 1755-1830) 塞梅林氏斑,黄斑
softening ['sɔːfeniŋ] 软化
  s. of the brain 脑软化
  colliquative s. 液化性软化
  greens s. 绿色软化
  hemorrhagic s. 出血性软化
  mucoid s. 粘液样软化
  pyriform s. 梨状软化
  red s. ① 出血性梗死；② 出血性软化
  s. of the stomach 胃软化
  white s. 白色软化
  yellow s. 黄色软化
Sohval-Soffer syndrome ['səuvɑːl 'sɔfə] (Arthur R. *Sohval*, American internist, 1904-1985; Louis J. *Soffer*, American internist, born 1904) 施-索二氏综合征
Sol. (*solution* 的缩写) 溶液
sol [sɔl] ❶ 溶液,液胶； ❷ (*solution* 的缩写) 溶液
Solanaceae [ˌsəuləˈneisiːi] 茄科
solanaceous [ˌsəuləˈneiʃəs] 茄科的
solandrine [səuˈlændrin] 去甲莨菪碱
solanine [ˈsəuləniːn] 茄碱,龙葵碱
solanism [ˈsəulənizm] 马铃薯中毒
solanoid [ˈsəulənɔid] (L. *solanum* potato + Gr. *eidos* form) 马铃薯状的,结构象生马铃薯的
Solanum [səuˈleinəm] (L. "nightshade") 茄属植物
  S. carolinense L. 美洲野茄
solapsone [səˈlæpsəun] 苯丙矾
solar [ˈsəulə] (L. *solaris*) ❶ 太阳的； ❷ 太阳神经丛的
solarium [səuˈlɛəriəm] (L.) 日光浴室
solarization [ˌsəulərai'zeiʃən] 日光浴疗法,日晒

solasulfone [ˌsəuləˈsʌlfəun] 苯丙矾
Solatene [ˈsəulətiːn] 叟乐挺:一种 β-葫萝卜素的商品名
solation [səˈleiʃən] 溶胶化(作用),溶胶(作用)
Soldaini's test [ˌsɔldɑːˈiːniz] (Arturo *Soldaini*, Italian chemist, late 19th century) 索耳代尼氏试验
solder [ˈsɔldə] (L. *solidatio* making solid, fastening) ❶ 焊料,焊锡； ❷ 焊,焊接
sole [səul] (L. *solea*; *planta*) 脚底
solen(o)- (Gr. *sōlēn* a channel, gutter, pipe) ❶ 管,沟； ❷ 管(槽)形的
Solenoglypha [ˌsəuləˈnɔɡlifə] (*soleno-* + Gr. *glyphein* to cut out with a knife) 管牙毒蛇类
solenoid [ˈsəulənɔid] (Gr. *sōlēnoeidēs* pipe-shaped, from *sōlēn* pipe) ❶ 线圈； ❷ 螺线管
solenonychia [ˌsəulənəuˈnikiə] (*soleno-* + Gr. *onyx*, *onychos* nail + *-ia*) 管状甲,中裂甲
Solenopotes [ˌsɔlənəˈpəutiːz] (*soleno-* + Gr. *pōtēs* a drinker) 盲虱
  S. capillatus 水牛盲虱
Solenopsis [ˌsɔləˈnɔpsis] 水蚁属
solferino [ˌsɔlfəˈriːnəu] 品红,复红
Solganal [ˈsɔlɡəˌnæl] 硫代葡萄糖金:金硫葡萄糖制剂的商品名
solid [ˈsɔlid] (L. *solidus*) ❶ 固体的； ❷ 实心的； ❸ 固体
  color s. 色立体
Solidago [ˌsɔliˈdeiɡəu] (L.) 一枝黄花属
solidism [ˈsɔlidizəm] 固体病理学说
solipsism [ˈsɔlipsizəm] (L. *solus* alone + *ipse* one's self) 唯我论,唯我主义
solipsistic [ˌsəulipˈsistik] 唯我论的,唯我主义的
sol-lunar [sɔˈljuːnə] (L. *sol* sun + *luna* moon) 日月的,日月所致的
solpugid [sɔlˈpjudʒid] 避日虫
Solpugida [ˌsɔlpjuˈdʒidə] 避日虫目
solubility [ˌsɔljuːˈbiliti] 可溶性,溶解度
soluble [ˈsɔljuːbl] (L. *solubilis*) 易溶解的,可溶的
Solu-Cortef [ˌsɔljuːˈkɔːtif] 苏路考帝夫:琥珀酸钠氢化考的松的商品名

solum ['səuləm] (pl. *sola*) (L.) (NA) 底,最下部
  s. tympani 鼓室底
Solurex ['sɔljuːˌreks] 苏路来克斯:地塞米松商品名
solute ['sɔljuːt] 溶质,溶液
solutio [sə'luːʃiəu] (L., from *solvĕre* to dissolve) 溶液
solution [sə'luːʃən] (L. *solutio*) ❶ 溶液; ❷ 溶解,溶解过程; ❸ 松解,分解
  acetic acid otic s. (USP) 醋酸洗耳液
  Albright's s. 奥尔布赖特氏液
  alcoholic s. 醇溶液
  aluminum acetate topical s. (USP) 醋酸铝外用液
  aluminum subacetate topical s. (USP) 碱式醋酸铝溶液,次醋酸铝外用液
  amaranth s. 苋紫溶液
  amaranth s., compound 复合苋紫溶液
  aminoacetic acid sterile s. 氨基乙酸消毒液
  ammonia s., dilute 稀氨溶液
  ammonia s., strong (NF) 浓氨溶液
  ammonium acetate s. 醋酸铵溶液
  ammonium citrate s., alkaline 碱性枸橼酸铵溶液
  ammonium hydroxide s., diluted 稀氢氧化铵溶液
  ammonium hydroxide s., stronger 浓氢氧化铵溶液,浓氨溶液
  anisotonic s. 不等渗溶液
  anticoagulant citrate dextrose s. (USP) 枸橼酸葡萄糖抗凝液
  anticoagulant citrate phosphate dextrose s. (USP) 抗凝枸橼酸磷酸葡萄溶液
  anticoagulant citrate phosphate dextrose adenine s. (USP) 抗凝枸橼酸磷酸葡萄糖腺嘌呤液
  anticoagulant heparin s. (USP) 肝素抗凝液
  anticoagulant sodium citrate s. (USP) 抗凝枸橼酸钠溶液
  antipyrine and benzocaine otic s. (USP) 安替比林苯卓卡因洗耳液
  antipyrine, benzocaine, and phenylephrine hydrochloride otic s. (USP) 安替比林、苯佐卡因和盐酸苯肾上腺素滴耳液
  aqueous s. 水溶液
  arsenical s. 亚砷酸钾溶液
  arsenious acid s. 亚砷酸溶液
  Benedict's s. 本尼迪特氏溶液
  Bouin's s. 布安氏液
  buffer s. 缓冲液
  Burow's s. 布罗英氏溶液
  calciferol s. 骨化醇溶液
  calcium hydroxide topical s. (USP) 氢氧化钙外用液
  carbamide peroxide topical s. (USP) 过氧化脲外用液
  carbol-fuchsin topical s. (USP) 石碳酸品红外用液,卡斯太拉尼氏涂剂
  cardioplegic s. 心脏停搏液
  carmine s. 卡红溶液
  Carnoy's s. 卡诺依氏溶液
  centinormal s. 百分之一当量溶液
  cochineal s. 胭脂虫粉溶液
  Cohn's s. 孔恩氏溶液
  colloid s., colloidal s. 胶体溶液
  contrast s. 造影剂
  CPD s. (anticoagulant citrate phosphate dextrose s. 的缩写) 抗凝枸橼酸磷酸葡萄糖液
  CPDA-1 s., CPD-adenine s. (anticoagulant citrate phosphate dextrose adenine s. 的缩写) 抗凝枸橼酸磷酸葡萄糖腺苷溶液
  cresol s., compound 复方甲酚溶液
  cresol s., saponated 甲酚皂溶液
  crystal violet s. 结晶紫溶液
  Czapek-Dox s. 察-多二氏溶液
  Dakin's s., Dakin's s., modified 改良达金氏溶液,稀次氯酸钠溶液
  decimolar s. 十分之一摩尔溶液
  decinormal s. 十分之一当量溶液
  desonide and acetic acid otic s. 丙缩羟强龙醋酸洗耳液
  dexamethasone sodium phosphate ophthalmic s. (USP) 地塞米松磷酸钠滴眼液
  diatrizoate sodium s. (USP) 泛影钠溶液
  disclosing s. 显示液
  double-normal s. 两倍当量溶液
  Drabkin's s. 德莱伯金氏溶液
  dl-ephedrine hydrochloride s. 盐酸消旋麻黄素溶液
  Farrant's s. 法伦特氏溶液

Fehling's s. 费林氏溶液
ferric subsulfate s. 亚硫酸铁溶液
fiftieth-normal s. 1/50 当量溶液
fixative s. 固定液
Flemming's s. 弗莱明氏溶液
Fonio's s. 福尼奥氏溶液
formaldehyde s. (USP) 甲醛水溶液
formol-Zenker s. 福尔马林-岑可尔氏溶液
Fowler's s. 福勒氏溶液,亚砷酸钾溶液
gelatin s., special intravenous 静脉注射用明胶溶液
gentian violet topical s. (USP) 龙胆紫外用液
Gilson's s. 吉尔逊氏溶液
glycerin oral s. (USP) 甘油口服液
gold s. 金溶液
gold ^{198}Au s. 1%金溶液
Gowers's. 噶俄尔斯氏溶液
Gram's s. 革兰氏溶液
gram molecular s. 克分子溶液
half-normal s. 1/2 当量溶液
Hamdi's s. 哈姆迪氏溶液
Hayem's s. 阿扬氏溶液
heparin lock flush s. (USP) 肝素固定冲洗液
hundredth-normal s. 1% 当量溶液
hydrogen dioxide s. 过氧化氢外用液
hydrogen peroxide topical s. (USP) 过氧化氢外用液
hydroxypropyl methylcellulose ophthalmic s. (USP) 羟丙基甲基纤维素滴眼液
hyperbaric s. 高比重溶液
hypobaric s. 轻比重溶液
iodine s., compound 复方碘溶液,溶碘溶液
iodine s., strong (USP) 浓碘溶液
iodine topical s. (USP) 外用碘溶液
isobaric s. 等比重溶液
Kaiserling s. 凯泽林氏溶液
Labarraque's s. 拉巴腊克氏溶液
Lang's s. 兰格氏液
Lange's s. 兰吉氏液
lime s., sulfurated 含硫石灰溶液
liver s. 肝溶液
Locke's s. 洛克氏溶液
Locke's s., citrated 柠檬酸盐洛克氏溶液

Locke-Ringer's s. 洛-林二氏溶液
Lugol's s. 卢戈尔氏溶液
Magendie's s. 麦根代尔氏溶液
magnesium citrate oral s. (USP) 柠檬酸镁口服液
methoxsalen topical s. (USP) 甲氧补骨脂素外用液
methylcellulose ophthalmic s. (USP) 甲基纤维素滴眼液
methylrosaniline chloride s. 氯化甲基玫瑰苯胺龙胆紫溶液,甲紫溶液
molal s. 重量克分子溶液
molar s. 容积克分子溶液
molecular disperse s. 分子分散溶液
Monsel's s. 蒙塞尔氏溶液,亚硫酸铁溶液
Nessler's s. 内斯勒氏溶液
normal s. 当量溶液
normal saline s., normal salt s. 生理盐水溶液
normobaric s. 等比重溶液
ophthalmic s. 滴眼液
Orth's s. 奥尔特氏液
Perenyi's s. 佩雷尼氏溶液
physiological salt s., physiological sodium chloride s. 生理盐溶液,氯化钠生理溶液
pituitary s., pituitary s., posterior 垂体后叶注射液
potassium arsenite s. 亚砷酸钾溶液
potassium citrate and citric acid oral s. (USP) 枸橼酸钾枸橼酸口服液
povidone-iodine topical s. (USP) 聚烯吡酮-碘溶液
racephedrine hydrochloride s. 盐酸消旋麻黄碱溶液
radiogold s. 放射性金溶液
Randall's s. 兰德尔氏溶液
Rees-Ecker s. 里-埃克尔氏溶液
Ringer's s. 林格氏液
Ringer's s., lactated 乳酸林格氏溶液
Ruge's s. 鲁格氏溶液
saline s., salt s. 盐溶液
saturated s. 饱和溶液
Schällibaum's s. 舍利博姆氏溶液
sclerosing s. 硬化溶液
seminormal s. 半当量溶液
Seyderhelm's s. 赛德黑尔姆氏溶液

Shohl's s. 肖耳氏溶液

silver nitrate s., ammoniacal 氨硝酸银溶液

sodium chloride s. 氯化钠溶液

sodium chromate Cr 51 sterile s. Cr^{51}铬酸钠灭菌溶液

sodium fluoride and orthophosphoric acid s. 正磷酸氟化钠溶液

sodium hypochlorite s. (USP) 次氯酸钠溶液

sodium hypochlorite s., diluted 稀次氯酸钠溶液

sodium iodide I 125 s. (USP) (^{125}I)碘化钠溶液

sodium iodide I 131 s. (USP) (^{131}I)碘化钠溶液

sodium pertechnetate Tc 99m s. Tc^{99}过锝酸钠溶液

sodium phosphate P 32 s. (USP) P^{32}磷酸钠溶液

sodium radioiodide s. 放射性碘化钠溶液

solid s. 固溶液

sorbitol s. (USP) 山梨醇溶液

standard s. 标准溶液

sulfurated lime topical s. (USP) 含硫石灰溶液

supersaturated s. 过饱和溶液

surgical s. of chlorinated soda 外科用氯化苏打溶液

susa s. 苏萨溶液

TAC s. TAC 溶液

tenth-normal s. 1/10 当量溶液

test s's 试液

thousandth-normal s. 1/1000 当量溶液

Toison's s. 图瓦宋氏溶液

Tyrode's s. 合罗德氏溶液

Vleminckx's s. 弗累明克斯氏溶液

volumetric s. 滴定(用)溶液,定量溶液

Zenker's s. 岑克尔氏溶液

Ziehl's s. 齐耳氏溶液

solv. (L. *solve* 的缩写) 溶解

solvable ['sɔlvəbl] 可溶解的

solvate ['sɔlveit] 溶合物,溶化物

solvation [sɔl'veiʃən] 溶合(作用),溶化(作用)

solvent ['sɔlvənt] (L. *solvens*) ❶ 溶解的,溶化的; ❷ 溶剂,溶媒

solventia ['sɔlvenʃiə] (L.) (pl. of *solvens* solvent) 化痰药,溶解性化痰药

solvolysis [sɔl'vɔlisis] 溶剂分解(作用),媒解(作用)

Soma ['sɔmə] 异内安宁:肌安宁商品名

soma ['sɔmə] (Gr. *sōma* body) ❶ 体,躯体; ❷ 机体组织; ❸ 细胞体

somacule ['sɔməkju:l] (Gr. *soma* body) 原浆小粒,原浆小体

somal ['sɔməl] 躯体的,体的

somalin ['sɔməlin] 索马林:提自夹竹桃属植物的强心甙

somaplasm ['sɔməplæzəm] 体浆,躯质

somasthenia [ˌsɔməs'θi:niə] (*soma* + a neg. + Gr. *sthenos* strength + *-ia*) 体无力,疲惫

somatalgia [ˌsɔumə'tældʒiə] (*somato-* + Gr. *algos* pain + *-ia*) 躯体痛

somatasthenia [ˌsɔumətəs'θi:niə] 体无力,疲惫

somatesthesia [ˌsɔumətæs'θi:ziə] (*somato-* + *esthesia*) ❶ 躯体感觉; ❷ 体觉

somatesthetic [ˌsɔumətæs'θetik] 躯体感觉的

somatic [sɔu'mætik] (Gr. *sōmatikos*) ❶ 躯体的; ❷ 体壁的

somaticosplanchnic [sɔuˌmætikəus'plɑ:nknik] 躯体内脏的

somaticovisceral [sɔuˌmætikəu'visərəl] 躯体内脏的

somatist ['sɔumətist] 躯体论者

somatization [ˌsɔumətai'zeiʃən] 躯体化

somat(o)- (Gr. *sōma*, gen. *sōmatos* body) 体,躯体

somatoblast [sɔu'mætəublɑ:st] (*somato-* + Gr. *blastos* germ) 原体细胞

somatoceptor [sɔu'mætəuˌseptə] 躯体感受器

somatochrome [sɔu'mætəkrəum] (*somato-* + Gr. *chrōma* color) 体染色细胞

somatoderm [sɔu'mætədə:m] (*somato-* + Gr. *derma* skin) 体壁中胚层

somatodidymus [ˌsɔumətə'daidiməs] 单躯联胎

somatodymia [ˌsɔumətə'dimiə] (*somato-* + Gr. *didymos* twin + *-ia*) 单体联胎畸形,躯干联胎畸形

somatoform [sɔu'mætəfɔ:m] 躯体型(症状)

somatogenesis [ˌsəumətə'dʒenəsis] (*somato-* + Gr. *genesis* production) 躯型发生,体质形成

somatogenetic [səuˌmætədʒə'netik] ❶ 躯型发生的; ❷ 躯体原的

somatogenic [ˌsəumətə'dʒenik] (*somato-* + Gr. *gennan* to produce) 躯体原的

somatognosis [ˌsəumətəg'nəusis] (*somato-* + Gr. *gnōsis* perception) 躯体感觉

somatogram [səu'mætəgræm] (*somato-* + Gr. *gramma* a writing) 躯体X线摄片

somatology [ˌsəumə'tɔlədʒi] (*somato-* + *-logy*) 躯体学, 身体学

somatomammotropin [ˌsəumətəˌmæmə'trəupin] 生长催乳激素

chorionic s. 绒毛膜催乳生长激素

somatome ['səumətəum] ❶ 胎体刀; ❷ 体节

somatomedin [ˌsəumətə'mi:din] 生长素介质

somatomegaly [ˌsəumətə'megəli] (*somato-* + Gr. *megaleios* stately + *-ia*) 巨大畸形, 巨大发育

somatometry [ˌsəumə'tɔmitri] (*somato-* + Gr. *metron* measure) 人体测量术

somatopagus [ˌsəumə'tɔpəgəs] (*somato-* + Gr. *pagos* thing fixed) 单体联胎, 躯干联胎

somatopathic [ˌsəumətə'pæθik] (*somato-* + Gr. *pathos* disease) 躯体病的

somatopathy [ˌsəumə'tɔpəθi] 躯体疾病

somatophrenia [ˌsəumətə'fri:niə] (*somato-* + Gr. *phrēn* mind + *-ia*) 躯体病幻想

somatoplasm [səu'mætəplæzəm] (*somato-* + Gr. *plasma* anything formed or molded) 体浆躯质

somatopleural [ˌsəumətə'pluərəl] 胚体壁的

somatopleure [səu'mætəpluə] (*somato-* + Gr. *pleura* side) 胚体壁

somatopsychic [ˌsəumətə'saikik] (*somato-* + Gr. *psychē* soul) 身心的

somatoschisis [ˌsəumə'tɔskisis] (*somato-* + Gr. *schisis* fissure) 躯体裂

somatoscopy [ˌsəumə'tɔskəpi] (*somato-* + Gr. *skopein* to examine) 体格检查, 身体观察

somatosensory [ˌsəumətə'sensəri] 躯体感觉的

somatosexual [ˌsəumətə'seksjuəl] (*somato-* + L. *sexus* sex) 体征与性征的

somatosplanchnopleuric [ˌsəumətəˌsplænknə'pluərik] 体层(与)脏层的

somatostatin (SRIF, SS) [ˌsəumətəs'tætin] 生长激素释放抑制因子

somatostatinoma [ˌsəmətəˌstæti'nəumə] 生长激素释放抑制因子瘤

somatotherapy [ˌsəumətə'θerəpi] (*somato-* + Gr. *therapeia* treatment) 躯体疗法

somatotomy [ˌsəumə'tɔtəmi] (Gr. *temnein* to cut) 躯体解剖学, 躯体解剖术

somatotonia [ˌsəumə'təuniə] (*somato-* + *ton-* + *-ia*) 躯体紧张型

somatotopagnosia [ˌsəumətəˌtɔpæg'nəuziə] (*somato-* + *top-* + *agnosia*) 躯体感觉缺失症

somatotopic [ˌsəumətə'tɔpik] 躯体定位的

somatotridymus [ˌsəumətə'traidiməs] (*somato-* + Gr. *tri-* three + *didymos* twin) 三躯体联胎

somatotrope [səu'mætətrəup] 亲躯体细胞

somatotroph [səu'mætətrɔf] 亲躯体细胞

somatotrophic [ˌsəumətə'trɔfik] (*somato-* + Gr. *trophē* nourishment) 促生长的

somatotrophin [ˌsəumətə'trɔfin] 生长激素

somatotropic [ˌsəumətə'trɔpik] (*somato-* + Gr. *tropos* a turning) ❶ 亲躯体或躯体细胞的; ❷ 营养和生长刺激作用的; ❸ 有生长激素特性的

somatotropin [ˌsəumətə'trɔpin] 生长激素

somatotype [səu'mætətaip] (*somato-* + *type*) 体型, 体式

somatotyping [səu'mætəˌtaipiŋ] 体型测定法

somatotypy [səu'mætəˌtaipi] 体型决定(法)

somatropin [səu'mætrəupin] 生长激素

-some (Gr. *soma* body) 体, 躯体

somesthesia [ˌsəumes'θi:ziə] 躯体感觉

somesthetic [ˌsəumes'θetik] 躯体感觉的

SOMI (sternal-occipital-mandibular immobilizer 的缩写) 胸-枕-颌固定器

somite ['səumait] 体节

somnambulance [sɔm'næmbjulæns] 梦行(症)

somnambulation [sɔmˌnæmbju'leiʃən] 梦

行(症)
somnambulism [sɔm'næmbjulizəm] (L. *somnus* sleep + *ambulare* to walk)梦行(症),梦游症
somnambulist [sɔm'næmbjulist] 梦行者
somnarium [sɔm'nεəriəm] (L. *somnus* sleep)睡眠疗养院
somn(i)- (L. *somnus* sleep) 睡眠
somnifacient [ˌsɔmni'feiʃənt] (*somni-* + L. *facere* to make) ❶催眠的；❷催眠药,安眠药
somniferous [sɔm'nifərəs] (*somni-* + L. *ferre* to bring) 催眠的
somnific [sɔm'nifik] 催眠的
somniloquence [sɔm'niləkwəns] 梦呓,梦语
somniloquism [sɔm'niləukwizəm] (*somni-* + L. *loqui* to speak)梦呓,梦语
somniloquist [sɔm'niləukwist] 梦呓者,梦语者
somniloquy [sɔm'niləukwi] 梦呓,梦语
somnocinematograph [ˌsɔmnəˌsinə'mætəugrɑːf] (*somnus* + *cinematograph*) 睡眠运动记录器
somnolence ['sɔmnələns] (L. *somnolentia* sleepiness) ❶瞌睡,欲睡；❷嗜眠
somnolent ['sɔmnələnt] (L. *somnolentus*) 嗜睡的,嗑睡的
somnolentia [ˌsɔmnə'lenʃiə] (L.) ❶瞌睡,欲睡,困钝；❷醉梦状态
somnolism ['sɔmnəlizm] 催眠状态
somnopathist [sɔm'nɔpəθist] 催眠性迷睡者
somnopathy [sɔm'nɔpəθi] ❶催眠性迷睡；❷睡眠障碍
somnovigil [sɔm'nɔvidʒil] 醒状昏迷
Somnos ['sɔmnɔs] 苏姆那斯:水合氯醛商品名
Somogyi effect ['sɔmədʒi] (Michael *Somogyi*, American biochemist, 1883-1971) 索莫吉氏效应
sonarography [ˌsɔnə'rɔgrəfi] 超声描记术
sonde [sɔnd] (Fr.) 探子
    s. coudé [kuː'dei] (Fr. "bent sound") 弯探子,弯探杆
sone [səun] 唡:响度单位
sonicate ['sɔnikeit] ❶超声波降解；❷(超)声波降解物

sonication [ˌsɔni'keiʃən] (超)声波降解
sonifer ['sɔnifə] (L. *sonus* sound + *ferre* to carry)助听器
sonitus ['sɔnitəs] (L. "sound") 耳鸣
Sonne dysentery ['sɔnə] (Carl Olaf *Sonne*, Danish bacteriologist, 1882-1948) 宋内氏菌痢
sonogram ['sɔnəgræm] 超声图
sonographic [ˌsɔnə'græfik] 超声描记的
sonography [sə'nɔgrəfi] 超声图
sonolucency [ˌsɔnə'luːsənsi] 超声透过性
sonolucent [ˌsɔnə'luːsənt] 透过超声的
sonometer [səu'nɔmitə] (L. *sonus* sound + *mertum* measure) ❶听力计；❷测音器
sonorous [sə'nɔrəs, 'sɔnərəs] (L. *sonorus*) 回声的,作响的
sophistication [səˌfisti'keiʃən] (Gr. *sophistikos* deceitful) 掺杂,掺假
sophomania [ˌsɔfə'meiniə] (Gr. *sophos* wise + *mania* madness) 大智妄想
Sophora [sə'fɔrə] (Arabic *sofara*) 槐属
sopor ['səupə] (L.) 沉睡,酣睡,迷睡
soporiferous [ˌsəupə'rifərəs] (L. *sopor* deep sleep + *ferre* to bring) 引起迷睡的,催眠的
soporific [ˌsəupə'rifik] (L. *soporificus*) ❶催眠的,引起沉睡的；❷催眠药,安眠药
soporous ['səupərəs] (L. *soporus*) 迷睡的
S. op. s. (L. *si opus sit* 的缩写)必要时
Soranus of Ephesus [sə'rænəs] (2nd century A.D.) 索兰纳斯:希腊医师
sorb [sɔːb] 吸收,吸附
sorbefacient [ˌsɔːbi'feiʃənt] (L. *sorbere* to suck + *facere* to make) ❶促吸的；❷吸收促进剂
sorbent ['sɔːbənt] 吸着剂
sorbic acid ['sɔːbik] 山梨酸
sorbitan ['sɔːbitæn] 脱水山梨糖醇
sorbitol ['sɔːbitɔl] 山梨糖醇
sorbitol dehydrogenase ['sɔːbitɔl diːˈhaidrədʒəneis] 山梨醇脱氢酶
Sorbitrate ['sɔːbitreit] 消心痛:异山梨醇二硝酸酯商品名
Sordariaceae [ˌsɔːdəri'eisiːiː] 粪壳科
sordes ['sɔːdiz] (L. "filth") 尘,垢,口垢
    s. gastricae 胃垢

sore [sɔː] ❶ 疮,溃疡; ❷ 痛的
　bed s. 褥疮
　canker s. 口疮,口溃疡
　chrome s. 铬毒性溃疡
　cold s. 感冒疮,唇泡疹
　desert s. 沙漠疮,热带溃疡
　hard s. 下疳,硬下疳
　mixed s. 混合溃疡
　pressure s. 褥疮
　soft s. 软下疳
　summer s's 夏疮(马),皮肤丽线虫蚴病
　veldt s. 沙漠疮,热带溃疡
　venereal s. 下疳
Soret band [səu'rei] (Charles *Soret*, French physicist, 1854-1904) 索瑞光谱带
sore throat [sɔːθrəut] 咽喉痛
　clergyman's s. t. 慢性喉炎性发音困难
　epidemic streptococcal s. t. 链球菌性扁桃体炎
　hospital s. t. 医院咽喉炎
　putrid s. t. 坏疽性咽炎
　septic s. t. 链球菌性扁桃体炎,脓毒性咽喉炎
　spotted s. t. 滤泡性扁桃体炎
　streptococcal s. t. 链球菌性扁桃体炎,化脓性咽喉炎
　ulcerated s. t. 坏疽性咽炎
sori ['sɔrai] 孢子囊群,孢子堆,孢子团。*sorus* 的复数形式
sorption ['sɔːpʃən] (L. *sorbere* to suck in) 吸收,吸附,吸着
Sorsby's syndrome ['sɔːzbiːz] (Arnold *Sorsby*, British ophthalmologist, 1900-1980) 索斯比氏综合征
sorter ['sɔːtə] 分类器,分类装置
　fluorescence-activated cell s. (FACS) 荧光活化细胞分检器
sorus ['sɔːrəs] (pl. *sori*) (Gr. *sōros* heap) 孢子堆,孢子团,孢子囊群
S.O.S. (L. *si opus sit* 的缩写) 必要时
Sotacor ['sɔutiːkɔː] 苏体高:盐酸甲磺胺心定商品名
sotalol hydrochloride ['sɔutəlɔl] 盐酸甲碘胺心定,盐酸心得慢
soterenol hydrochloride [sə'terənəl] 盐酸甲磺异丙碘喘宁,盐酸异丙碘喘宁,盐酸甲磺异丙肾上腺素

Soto-Hall sign [ˌsɔtəu 'hɔːl] (Ralph *Soto-Hall*, American Surgeon, 20th century) 索-霍二氏征
Soto's syndrome ['sɔtəuz] (Juan Fernandez *Sotos*, American pediatrician, born 1927) 索托斯氏综合征
souffle ['suːfl] (Fr. "a puff"; L. *sufflare* to blow) 杂音,吹气音
　cardiac s. 心脏杂音
　funic s., funicular s. 脐带杂音
　mammary s. 乳房杂音
　placental s. 胎盘杂音
　splenic s. 脾杂音
　umbilical s. 脐带杂音
　uterine s. 子宫杂音
sound [saund] (L. *sonus*) ❶ 音,声; ❷ 声;❸ 探子;❹ 噪音
　aortic ejection s. 主动脉(瓣)喷射音
　aortic second s. 主动脉区第二音
　atrial s. 心房音,第四心音
　auscultatory s. 听诊音
　bandbox s. 纸箱样音
　Beatty-Bright friction s. 比-布二氏摩擦音,胸膜炎性摩擦音
　bell s. 钟音,金属音
　bellows s. 风箱音
　bottle s. 空瓮性罗音
　cardiac s's 心音
　coin s. 钱币音,金属音
　cracked-pot s. 破壶音
　cranial, cracked-pot s. 颅破壶音
　ejection s's 喷射音
　entotic s's 耳内音
　esophageal s. 食管探子
　first s., first heart s. 第一心音
　flapping s. 拍击音
　fourth s., fourth heart s. 第四心音
　friction s. 摩擦音
　heart s's 心音
　hippocratic s. 希波克拉底振荡音
　Korotkoff s's 科罗特科夫音
　lacrimal s. 泪管探子
　LeFort s. 勒福特探子
　metallic s. 金属音
　muscle s. 肌音
　peacock s. 孔雀音
　percussion s. 叩击音
　pericardial friction s. 心包摩擦音

physiological s's 生理性声音
pistol-shot s. 枪击音
pulmonic ejection s. 肺动脉瓣喷射音
pulmonic second s. 肺动脉瓣第二音
respiratory s. 呼吸音
second s., second heart s. 第二心音
S_3 gallop s. 第三心音奔马律
S_4 gallop s. 第四心音奔马律
shaking s. 振荡音
subjective s. 自觉音,音幻觉
succussion s's 振荡音
systolic ejection s's 收缩期喷射音
third s., third heart s. 第三心音
tick-tack s's 滴答音
to-and-fro s. 风箱音
urethral s. 尿道探子
valvular ejection s. 瓣膜喷射音
vascular ejection s. 脉管喷射音
vesicular breath s's 肺泡音
water-wheel s. 水车音
white s. 白声
Winternitz's s. 温特尼茨氏探子
xiphisternal crunching s. 剑突摩擦音
Souques's phenomenon [suːˈkeiz] (Alexandre Achille *Souques*, French neurologist,1860-1944) 苏克氏现象
sowdah [ˈsəudɑː] (Ar. "black") 黑皮病
Soxhlet's apparatus [ˈsɔkslits] (Franz Ritter von *Soxhlet*, German chemist, 1848-1926) 索克斯累特氏回流器
soya [ˈsɔijə] 大豆
soybean [ˈsɔibiːn] 大豆
sp. (L. *spiritus* 的缩写) 酒精,酊剂
space [speis] ❶ 区,区域; ❷ 腔隙,间隙,隙; ❸ 宇宙,太空
anatomical dead s. 解剖死腔
apical s. 根尖隙
axillary s. 腋窝
Blessig's s's 布累西格氏间隙
Bogros's s. 博格罗氏腔
Bowman's s. 鲍曼氏腔
bregmatic s. 前囟
Burns's. 伯恩斯氏间隙,颈静脉窝
capsular s. (肾)囊腔
carotid s., carotid bundle s. 颈动脉隙
cartilage s's 软骨隙
cathodal dark s. 阴极暗区
cell s's 细胞间隙
chyle s's 乳糜隙
circumlental s. 晶状体间隙
Colles's 科勒斯氏间隙,会阴筋膜下隙
complemental s. 补充隙,胸膜窦
corneal s's 角膜间隙
Cotunnius' s. 科图尼约氏间隙,膜迷路间隙,内淋巴囊
Crookes s. 克鲁克斯氏暗区,阴极暗区
cupular s. 顶隙,鼓室上隐窝顶部
Czermak's s's 捷尔马克氏间隙,球间隙
danger s. 危险间隙
dead s. ① 死腔,死隙; ② 呼吸道死腔: (a)解剖死腔;(b)生理死腔
s's in dentin (齿质的)球间隙
Disse's s's 迪塞氏间隙
Douglas' s. 道格拉斯氏腔,直肠子宫陷窝
epicerebral s. 脑外腔,脑上隙
epidural s. 硬膜外腔
episcleral s. 巩膜上隙
epispinal s. 脊髓外腔
epitympanic s. 鼓室上隐窝
escapement s's 浅漏隙
extraperitoneal s. 腹膜外腔
s's of Fontana 丰塔纳氏间隙,巩膜角间隙
freeway s. 休止殆间隙
globular s's of Czermak 捷尔马克间隙,球间隙
H. s. 霍尔茨克内希特氏间隙
haversian s. 哈佛逊氏腔
Henke's s. 汉克氏间隙,咽后间隙
His' perivascular s's 希斯氏血管周隙
Holzknecht's s. 霍氏茨克内希特氏间隙,椎前间隙
iliocostal s. 肋髂间隙
interarytenoid s. 杓状软骨间隙
intercostal s. 肋间隙
intercristal s. 嵴间隙
intercrural s. (脑)脚间隙,(脑)脚间窝
interdental s. 牙间隙
interfascial s. 巩膜外间隙
interglobular s's (of Owen) 欧文氏球间隙
interlamellar s's 层板间隙(角膜)
interocclusal s. 休止殆间隙
interosseous s's of metacarpus 掌骨间隙
interosseous s's of metatarsus 跖骨间隙

interpeduncular s. (脑)脚间窝
interpleural s. 胸膜间腔,纵隔
interproximal s., interproximate s. 邻面间隙
interradicular s. 根尖隙
interseptal s. 隔间隙
intervaginal s. 巩膜外间隙
intervaginal s's of optic nerve 视神经鞘间隙
intervillous s. 绒毛间隙
s's of iridocorneal angle 虹膜角间隙
Kiernan's s's 凯尔南氏间隙,肝小叶间淋巴隙
Kiesselbach's s. 基塞耳巴赫氏区
Kretschmann's s. 克雷奇曼氏间隙
Larrey's s's 拉雷氏间隙,胸肋三角
lateral pharyngeal s. 咽外侧间隙
leeway s. 余地间隙
Lesshaft's s. 勒斯哈夫特氏间隙,腰上三角
lymph s. 淋巴隙
Magendie's s's 马让迪氏隙
Marie's quadrilateral s. 马里氏四边腔
marrow s. 骨髓腔
masticator s. 咀嚼间隙
Meckel's s. 美克耳氏隙,美克耳氏腔
mediastinal s. 纵隔腔,纵隔
medullary s. 髓腔
midpalmar s. 掌中间隙
mitochondrial membrane s. 线粒体膜间隙
Mohrenheim's s. 莫伦海姆氏间隙,锁骨下窝
Nance's leeway s. 南斯氏余地间隙
Nuel's s's 纽耳氏间隙,耳蜗指细胞间隙
palmar s. 掌间隙
paraglottic s. 声门旁间隙
parapharyngeal s. 咽旁间隙
parasinoidal s's 窦旁间隙
Parona's s. 帕罗纳氏间隙
parotid s. 腮腺间隙
perforated s., anterior 前穿质
perforated s., posterior 后穿质
periaxial s. 轴周围间隙
perichorioidal s., perichoroidal s. 脉络膜周隙
perilymphatic s. 外淋巴管间隙
perineal s., deep 会阴深隙

perineal s., superficial 会阴浅隙
perineuronal s. 神经元周隙
perinuclear s. 核周间隙
peripharyngeal s. 咽后隙
periplasmic s. 原生质周围隙
perisinusoidal s's 窦状隙周围隙
peritonsillar s. 扁桃体周围隙
perivascular s's 血管周隙
perivitelline s. 卵黄间隙
pharyngeal mucosal s. 咽粘膜腔
pharyngomaxillary s. 咽上颌间隙
phrenocostal s. 膈肋间隙
physiologic dead s. 生理死腔
pneumatic s. 含气腔(鼻旁窦)
Poiseuille's s. 普瓦泽伊氏间隙
popliteal s. 腘窝
pre-epiglottic s. 会厌前间隙
preperitoneal s. 腹膜前间隙
preputial s. 包皮间隙
prevertebral s. ①椎前间隙;②危险间隙;③霍尔茨克内希特氏间隙
prevesical s. 膀胱前间隙
prezonular s. 小带前间隙
proximal s., proximate s. 邻面间隙
Prussak's s. 普鲁萨克氏间隙
quadrilateral s. of Marie 马里氏四边形间隙
relief s. 松弛间隙
retrobulbar s. 眼球后间隙
retrocardiac s. 心后间隙
retroinguinal s. 腹股沟后间隙
retromylohyoid s. 下颌舌骨后间隙
retro-ocular s. 眼球后间隙
retroperitoneal s. 腹膜后间隙
retropharyngeal s. 咽后隙
retropubic s. 耻骨后隙
retrovisceral s. 脏后隙
Retzius s. 雷济厄斯氏间隙
Robin's s's 罗班氏隙
Schwalbe's s's 施瓦尔贝氏间隙
semilunar s. 半月状隙
septal s. 隔隙
subarachnoid s. 蛛网膜下腔
subchorial s. 绒毛膜下腔
subdural s. 硬膜下腔
subepicranial s. 颅顶下腔
subgingival s. 龈下隙
sublingual s. 舌下隙

submandibular s. 颌下隙
submaxillary s. 上颌下隙
submental s. 颏下间隙
subphrenic s. 膈下隙
subumbilical s. 脐下隙
suprasternal s. 胸骨上间隙,颈静脉窝
Tarin's s. 塔兰氏区,后穿质
Tenon's s. 特农氏隙,眼球筋膜隙
thenar s. 鱼际间隙
thiocyanate s. 硫氰酸盐隙
thyrohyal s. 甲状舌骨间隙
Traube's semilunar s. 特劳伯氏半月状隙
Tröltsch's s's 特勒耳奇氏隙
Virchow-Robin s's 魏-罗二氏隙,血管周隙
visceral s. 内脏间隙
visceral vascular s. 脏血管间隙
Westberg's s. 韦斯特伯格氏隙
yolk s. 卵黄间隙
Zang's s. 赞格氏腔
zonular s's 小带间隙
Spalding's sign ['spɔːldiŋz] (Alfred Baker Spalding, American obstetrician and gynecologist, 1874-1942) 斯波尔丁氏征
Spallanzani's law [ˌspɑːlɑnˈzɑːniz] (Lazaro Spallanzani, Italian anatomist, 1729-1799) 斯帕朗扎尼氏定律
spallation [spɔˈleiʃən] 分裂,散裂,碎裂
span [spæn] ❶ 跨度; ❷ 指距,一拃; ❸ 一庹
Spaniopsis [ˌspæniˈɔpsis] 鹬虻科吸血蝇之一属
Spanish windlass ['spæniʃ 'windləs] 西班牙胶带,勒绞式止血带
span(o)- (Gr. spanos scarce) 贫乏的,不足的
spanogyny ['spænəuˌdʒini] (Gr. spanos scarce + gyne woman) 女性缺乏
spanomenorrhea [ˌspænəuˌmenəˈriːə] (Gr. spanos scarce + menorrhea) 月经减少,月经过少
spanopnea [ˌspænɔpˈniːə] (Gr. spanos scanty + pnoia breath) 呼吸减少,呼吸稀少
spar [spɑː] 晶石
 Iceland s. 冰洲石
sparganosis [ˌspɑːɡəˈnəusis] 裂头蚴病
sparganum ['spɑːɡənəm] (pl. spargana) (Gr. sparganon swaddling clothes) 裂头蚴属
Sparine ['spɑːriːn] 司派林,普马嗪:盐酸异丙嗪的商品名
sparteine ['spɑːtiːn] (L. spartium broom) 鹰爪豆碱,金雀花碱
 s. sulfate 硫酸鹰爪豆碱
spartium ['spɑːʃiəm] (Gr. sparton) 金雀花
spasm [spæzəm] (L. spasmus; Gr. spasmos) 痉挛
 s. of accommodation 调节痉挛,调视痉挛
 athetoid s. 手足徐动样痉挛
 Bell's s. 贝尔氏痉挛
 bronchial s. 支气管痉挛
 cadaveric s. 尸体痉挛
 canine s. 痉笑
 carpopedal s. 手足痉挛
 clonic s. 阵挛性痉挛
 cynic s. 痉笑
 dancing s. 舞蹈性痉挛
 diffuse esophageal s. 弥漫性食道痉挛
 esophageal s. 食道痉挛
 facial s. 面痉挛
 fixed s. 持久性痉挛
 glottic s. 喉痉挛
 habit s. 习惯性痉挛
 hemifacial s. 单侧面痉挛
 histrionic s. 面肌抽搐,表情样痉挛
 infantile s's, infantile massive s's 婴儿全身性抽搐
 inspiratory s. 吸气肌痉挛
 intention s. 意向性痉挛
 jackknife s's 婴儿全身性抽搐
 lock s. 固定性痉挛,手指强直性痉挛
 malleatory s. 锤击状痉挛,手肌急促颤搐
 massive s. 广泛病挛
 mixed s. 混合痉挛
 mobile s. 移动性痉挛,痉挛性偏瘫,偏瘫后舞蹈病
 myopathic s. 肌病性痉挛
 nictitating s. 瞬目痉挛
 nodding s. 点头状痉挛
 phonatory s. 发音痉挛
 progressive torsion s. 进行性扭转痉挛,变形性肌张力障碍

respiratory s. 呼吸痉挛,痉挛性呼吸困难
retrocollic s's 颈后屈痉挛
Romberg's s. 罗姆伯格氏痉挛,嚼肌痉挛
rotatory s. 旋头痉挛,转头痉挛
salaam s's 婴儿全身性抽搐
saltatory s. 痉跳病
tetanic s., **tonic s.** 破伤风痉挛,强直性痉挛
tonoclonic s. 强直阵挛性痉挛
torsion s. 扭转痉挛
toxic s. 中毒性抽搐
winking s. 瞬目痉挛
writers' s. 书写痉挛
spasm(o)- (Gr. *spasmos* spasm) 痉挛
spasmodic [spæz'mɔdik] (Gr. *spasmōdēs*) 痉挛的
spasmodism ['spæzmədizm] (Gr. *spasmos* spasm) 延髓性痉挛
spasmogen ['spæzmədʒən] (*spasmo-* + Gr. *gennan* to produce) 致痉物
spasmogenic [ˌspæzmə'dʒenik] 致痉的
spasmolygmus [ˌspæzmə'ligməs] (*spasmo-* + Gr. *lygmos* hiccup) 痉挛性呃逆
spasmolysant [spæz'mɔlizənt] ❶ 解痉的,止痉的; ❷ 解痉剂,镇痉剂
spasmolysis [spæz'mɔlisis] 解痉(作用)
spasmolytic [ˌspæzmə'litik] ❶ 解痉的; ❷ 解痉剂,镇痉剂
spasmophile ['spæzməfail] 痉挛素质的
spasmophilic [ˌspæzmə'filik] 痉挛素质的
spasmotin ['spæzmətin] 生痉素
spasmotoxin [ˌspæzmou'tɔksin] 破伤风毒素
spasmus ['spæzməs] (L.) 痉挛的
s. nutans 点头状痉挛
spastic ['spæstik] (Gr. *spastikos*) ❶ 痉挛性的; ❷ 僵硬的,强直的
spasticity [spæs'tisiti] 痉挛状态,强直(状态)
clasp-knife s. 折刀或强直
spatia ['speiʃiə] (L.) 隙,间隙,腔。*spatium* 的复数
spatial ['speiʃəl] ❶ 空间的,立体的; ❷ 间隙的,腔的
spatium ['speiʃiəm] (pl. *spatia*) (L.) ❶ 区域,空间; ❷ (NA) 隙,腔,间隙

spatia anguli iridis (Fontanae), **spatia anguli iridocornealis** (NA) 虹膜角间隙,丰塔纳氏间隙
s. epidurale (NA) 硬膜外间隙
s. episclerale (NA) 巩膜外间隙
s. extraperitoneale (NA) 腹膜外间隙
s. intercostale (NA) 肋间隙
s. interfasciale (Tenoni) 筋膜间隙,环球间隙,特农尼氏腔
spatia interglobularia (NA) 球间隙
spatia interossea metacarpi (NA) 掌骨间隙
spatia interossea metatarsi (NA) 跖骨间隙
s. intervaginale 鞘间隙
spatia intervaginalia nervi optici (NA) 视神经鞘间隙
s. perichorioideale, **s. perichoroideale** (NA) 脉络膜间隙
s. peridurale 硬膜外间隙
s. perilymphaticum (NA) 外淋巴间隙
s. perinei profundum (NA) 会阴深隙
s. perinei superficiale (NA) 会阴浅隙
s. retroperitoneale (NA) 腹膜后间隙,腹膜外间隙
s. retropubicum (NA) 耻骨后隙
s. subarachnoideum (NA) 蛛网膜下腔
s. subdurale (NA) 硬膜下间隙
spatia zonularia (NA) 小带间隙
spatula ['spætjuələ] (L.) ❶ 药刀,软膏刀; ❷ 药刀状器械
s. mallei 锤骨杓
spatular ['spætjuələ] 药刀状的
spatulate ['spætjuəleit] ❶ 药刀状的; ❷ 用药刀刮抹或调拌; ❸ 使……成药刀状
spatulation [ˌspætjuə'leiʃən] 调拌
spavin ['spævin] 关节内肿
blood s. 关节内血肿
bog s. 软湿关节内肿
bone s. 骨性关节内肿
Jack s. 杰克关节内肿
spavined ['spævind] 患关节内肿的
spay [spei] 切除卵巢
SPCA (serum prothrombin conversion accelerator 的缩写) 血清凝血酶原转变加速因子(凝血因子Ⅶ)
Spearman's rank correlation coefficient (rho) ['spə:mənz] (Charles Edward

Spearman, British psychologist, 1863-1945）斯比尔曼氏等级相关系数
spearmint ['spiəmint] 留兰香,绿薄荷
specialism ['speʃiəlizəm] 特长,专长
specialist ['speʃiəlist] 专家,专门医师
 clinical nurse s., **nurse s.** 护理专家,专门护士
specialization [ˌspeʃiəlai'zeiʃəl] 专业化,专科化
specialty ['speʃəlti] 专业,特长,专长
speciation [ˌspiːʃi'eiʃən] 物种形成(过程)
species ['spiːʃiːz, 'spiːsiːz] (L.) 种
 concordant s. 接合种
 diovulatory s. 二卵种
 discordant s. 非接合种
 fugative s. 易逝种
 monovulatory s. 单卵种
 polyovulatory s. 多卵种
 type s. 典型种
species-specific [spisiːzspi'sifik] 种特异性的
specific [spi'sifik] (L. *specificus*) ❶ 种的; ❷ 特种的,特定的; ❸ 特异的; ❹ 特效药; ❺ 特异性的
specificity [ˌspesi'fisiti] ❶ 特异性,特殊性; ❷ 诊断特异性
 neuronal s. 神经元特异性
specimen ['spesimən] ❶ 样品; ❷ 标本
 corrosion s. 腐蚀标本
SPECT (single photon emission computed tomography 的缩写) 单光子发射计算机断层检查
spectacles ['spektəklz] (L. *spectacula*; *spectare* to see) 眼镜
 compound s. 复合眼镜
 decentered s. 移中心眼镜,偏心眼镜
 divided s. 双焦点眼镜
 industrial s. 工业防护镜
 Masselon's s. 马塞龙氏镜,睑垂镜
 mica s. 云母眼镜
 pantoscopic s. 双焦点眼镜
 periscopic s. 周视眼镜
 prismatic s. 三棱眼镜
 protective s. 护目镜,防护镜
 pulpit s. 半片阅读镜
 safety s. 安全镜
 stenopeic s. 小孔镜
 tinted s. 有色眼镜
 wire frame s. 镍网眼镜
spectinomycin [ˌspektinəu'maisin] 壮观霉素,奇放线菌素
 s. hydrochloride 盐酸壮观霉素
spectra ['spektrə] 光谱,波谱,谱。*spectrum* 的复数形式
spectral ['spektrəl] 光谱的,谱的,通过光谱进行的
spectrin ['spektrin] 红细胞定形素
Spectrobid ['spektrəˌbid] 斯派克卓比得：盐酸巴卡西林的商品名
spectrocolorimeter [ˌspektrəuˌkʌlə'rimitə] (*spectrum* + *colorimeter*) 单色盲分光镜
spectrofluorometer [ˌspektrəuˌfluə'rɒmitə] 荧光分光光度计
spectrograph ['spekrəugrɑːf] 摄谱仪
spectrometer [spek'trɒmitə] (*spectrum* + *-meter*) ❶ 分光计; ❷ 光谱计
 mass s. 质谱计
 Mossbauer s. 穆斯堡尔分光计
spectrometry [spek'trɒmitri] 光谱测定法
 infrared s. 红外光谱测定法
spectrophobia [ˌspektrəu'fəubiə] (L. *spectrum* image + Gr. *phobos* fear) 窥镜恐怖,照影恐怖
spectrophotofluorometer [ˌspektrəˌfəutəuˌfluə'rɒmitə] 荧光分光光度计
spectrophotometer [ˌspektrəfəu'tɒmitə] (*spectrum* + *photometer*) 分光光度计
 absorption s. 吸收分光计
spectrophotometry [ˌspektrəfəu'tɒmitri] 分光光度测定法
spectropolarimeter [ˌspektrəˌpəulə'rimitə] 分光偏振计
spectroscope ['spektrəskəup] (*spectrum* + Gr. *skopein* to examine) 分光镜
spectroscopic [ˌspektrə'skɒpik] 分光镜的,分光检查的
spectroscopy [spek'trɒskəpi] 分光术,分光镜检法
spectrum ['spektrəm] (pl. *spectra*) (L. "image") ❶ 光谱; ❷ (引伸义)谱
 absorption s. 吸收谱
 action s. 作用谱
 broad-s. 广谱
 chemical s. 化学光谱
 chromatic s. 有色光谱,可见光谱
 color s. 有色光谱

    continuous s. 连续光谱
    continuous x-ray s. 连续 X 射线谱
    diffraction s. 衍射光谱
    electromagnetic s. 电磁波谱
    fortification s. 闪光暗点
    gaseous s. 气体光谱
    invisible s. 不可见光谱
    ocular s. 后像
    prismatic s. 棱镜光谱
    solar s. 太阳光谱
    visible s. 可见光谱
    x-ray s. x 射线谱
speculum ['spekjuləm] (pl. *specula*) (L. "mirror") 窥器,张开器
    Bozeman's s. 博斯曼氏窥器
    Brinkerhoff's s. 布林克霍夫氏窥器
    Cook's s. 库克氏窥器,三叉直肠窥器
    duck-billed s. 鸭嘴式窥器
    eye s. 开睑器
    Fergusson's s. 福格逊氏窥器
    Fränkel's s. 弗伦克耳氏鼻窥器
    Graves' s. 格里夫氏窥器
    Gruber's s. 格鲁伯氏耳窥器
    Hartmann's s. 哈特曼氏鼻窥器
    Kelly's s. 凯利氏窥器
    Martin's s., Martin and Davy s. 马丁氏直肠窥器,马-戴二氏直肠窥器
    Mathews' s. 马修斯氏窥器
    Politzer's s. 波利泽尔氏耳窥器
    Sims' s. 席姆斯氏窥器
    stop s. 固定开睑器
Spee's curve [speiz] (Ferdinand Graf von *Spee*, German embryologist, 1855-1937) 施佩氏曲线
speech [spi:tʃ] 言语,语言
    alaryngeal s. 无喉语言
    clipped s. 中断语言
    echo s. 模仿语言
    esophageal s. 食管语言
    explosive s. 爆炸式语言
    mirror s. 倒语,音节颠倒
    plateau s. 单音调言语
    pressured s. 强制言语,多言症
    scamping s. 中断语言
    scanning s. 断续语言
    slurred s. 中断语言,言语不清
    staccato s. 断音言语
    telegraphic s. 电报语言

Spemann ['speimæn] 施佩曼：Hans,德国动物学家
Spemann's induction ['speimæŋz] (Hans *Spemann*) 施佩曼氏诱导
Spengler's fragments ['spenɡləz] (Carl *Spengler*, Swiss physician, 1860-1937) 斯彭格勒氏碎片
Spens' syndrome [spenz] (Thomas *Spens*, Scottish physician, 1769-1842) 斯彭斯氏综合征
sperm [spə:m] (Gr. *sperma* seed) ❶ 精液； ❷ 精子
    muzzled s. 迟钝精子
sperma ['spə:mə] ❶ 精液； ❷ 精子
spermaceti [ˌspə:mə'seti] (Gr. *sperma* seed + *kētos* whale) 鲸蜡,鲸脑油
    synthetic s. 合成鲸蜡
spermacrasia [ˌspə:mə'kreiziə] (Gr. *sperma* seed + *akrasia* ill mixture) 精子缺乏
spermagglutination [ˌspə:məˌglu:ti'neiʃən] 精子凝集
spermateliosis [ˌspə:məˌti:li'əusis] 精子形成
spermatemphraxis [ˌspə:mætem'fræksis] (Gr. *sperma* seed + *emphraxis* stoppage) 排精受阻
spermatic [spə:'mætik] (L. *spermaticus*; Gr. *spermatikos*) ❶ 精液的； ❷ 精子的
spermaticide [spə:'mætisaid] 杀精子剂
spermatid ['spə:mətid] 精细胞
spermatin ['spə:mətin] 精液蛋白
spermatism ['spə:mətizəm] (Gr. *spermatismos*) ❶ 精液生成； ❷ 射精
spermatitis [ˌspə:mə'taitis] ❶ 输精管炎； ❷ 精索炎
spermatize ['spə:mətaiz] 射精
spermat(o)- (Gr. *sperma*, gen. *spermatos* seed) ❶ 精液,精子； ❷ 种子
spermatoblast ['spə:mətəuˌblæst] (*spermato-* + Gr. *blastos* germ) 精细胞
spermatocele ['spə:mətəuˌsi:l] (*spermato-* + Gr. *kēlē* tumor) 精子囊肿
spermatocelectomy [ˌspə:mətəusi'lektəmi] (*spermatocele* + Gr. *ektomē* excision) 精子囊肿切除术
spermatocidal [ˌspə:mətəu'saidəl] 杀精子的
spermatocyst ['spə:mətəuˌsist] (*spermato-*

+ Gr. *kystis* sac, bladder) ❶ 精囊；❷ 精子囊肿

spermatocystectomy [ˌspəːmətəusis'tektəmi] (*spermatocyst* + Gr. *ektomē* excision) 精囊切除术

spermatocystitis [ˌspəːmətəusis'taitis] 精囊炎

spermatocystotomy [ˌspəːmətəusis'tɔtəmi] (*spermatocyst* + Gr. *tomē* a cutting) 精囊切除术

spermatocytal [ˌspəːmətəu'saitəl] 精母细胞的

spermatocyte ['spəːmətəuˌsait] (*spermato-* + *-cyte*) 精母细胞
 primary s. 初级精母细胞
 secondary s. 次级精母细胞

spermatocytogenesis [ˌspəːmətəuˌsaitəu'dʒenəsis] 精母细胞发生

spermatocytoma [ˌspəːmətəusai'təumə] 精原细胞瘤

spermatogenesis [ˌspəːmətəu'dʒenəsis] (*spermato-* + Gr. *genesis* production) 精子发生

spermatogenic [ˌspəːmətəu'dʒenik] (*spermato-* + Gr. *gennan* to produce) 精子发生的,生成精子的

spermatogenous [ˌspəːmə'tɔdʒinəs] 精子发生的,生成精子的

spermatogeny [ˌspəːmə'tɔdʒini] 精子发生

spermatogone ['spəːmətəuˌgəun] 精原细胞

spermatogonia [ˌspəːmətəu'gəuniə] 精原细胞。*spermatogonium* 的复数形式

spermatogonium [ˌspəːmətəu'gəuniəm] (pl. *spermatogonia*) (*spermato-* + Gr. *gonē* generation) 精原细胞

spermatoid ['spəːmətɔid] (*spermato-* + Gr. *eidos* form) 精子样的

spermatology [ˌspəːmə'tɔlədʒi] (*spermato-* + *-logy*) 精液学

spermatolysin [ˌspəːmə'tɔlisin] ❶ 溶精子素；❷ 精子毒素

spermatolysis [ˌspəːmə'tɔlisis] (*spermato-* + Gr. *lysis* dissolution) 精子破坏,精子溶解

spermatolytic [ˌspəːmətəu'litik] 溶解精子的

spermatomere ['spəːmətəuˌmiə] (*spermato-* + Gr. *meros* part) 精核颗粒

spermatopathia [ˌspəːmətəu'pæθiə] (*spermato-* + Gr. *pathos* affection) 精液病

spermatopathy [ˌspəːmə'tɔpəθi] 精液病

spermatophore ['spəːmətəufɔː] (*spermato-* + Gr. *phorein* to carry) ❶ 精子包囊；❷ 精原细胞

spermatopoietic [ˌspəːmətəupɔi'etik] (*spermato-* + Gr. *poiētikos* creative, productive) ❶ 促精液分泌的；❷ 生精子的

spermatorrhea [ˌspəːmətə'riːə] (*spermato-* + Gr. *rhoia* flow) 遗精

spermatoschesis [ˌspəːmə'tɔskəsis] (*spermato-* + Gr. *schesis* check) 精液分泌抑制

spermatosome [spə'mætəusəum] 精子

spermatospore [spəː'mætəspɔː] (*spermato-* + Gr. *sporos* spore) 精原细胞

spermatotoxin [ˌspəːmətəu'tɔksin] 精子毒素

spermatovum [ˌspəːmə'təuvəm] (L. *ovum* egg) 授精卵

spermatoxin [ˌspəːmə'tɔksin] 精子毒素

spermatozoa [ˌspəːmətəu'zəuə] (Gr.) 精子。*spermatozoon* 的复数形式

spermatozoal [ˌspəːmətəu'zəuəl] 精子的

spermatozoicide [ˌspəːmətəu'zəuisaid] 杀精子剂

spermatozoid ['spəːmətəuˌzɔid] (*spermatozoon* + Gr. *eidos* form) ❶ 精子；❷ 雄性植物生殖细胞

spermatozoon [ˌspəːmətəu'zuːn] (pl. *spermatozoa*) (*spermato-* + Gr. *zōon* animal) 精子

spermaturia [ˌspəːmə'tjuriə] (*spermato-* + Gr. *ouron* urine + *-ia*) 精液尿

spermectomy [spəː'mektəmi] 精索部分切除术

spermiation [ˌspəːmi'eiʃən] 精子释出

spermicidal [ˌspəːmi'saidəl] (*sperm* + L. *caedere* to kill) 杀精子的

spermicide ['spəːmisaid] 杀精子剂

spermid ['spəːmid] 精细胞

spermidine ['spəːmidiːn] 亚精胺

spermiduct ['spəːmidʌkt] (*sperm* + L. *ductus* duct) 精管

spermine ['spəːmin] 精胺

sperminum ['spəːminəm] ❶ 精液素,精

素；❷ 精子
spermiocyte ['spə:miəsait] (*spermia* + *-cyte*) 初级精母细胞
spermiogenesis [ˌspə:miəu'dʒenəsis] 精子发生
spermiogonium [ˌspə:miəu'gəuniəm] 精原细胞
spermiogram ['spə:miəgræm] 精子发生图
spermioteleosis [ˌspə:miəuˌti:li'əusis] (*spermio-* + Gr. *teleiōsis* perfection, completion) 精子成熟过程
spermioteleotic [ˌspə:miəuˌti:li'ɔtik] (*spermio-* + Gr. *teleiōtikos* perfective) 精子成熟的
sperm(o)- 精子, 种子
spermoblast ['spə:məblæst] (*spermo-* + Gr. *blastos* germ) 精细胞
spermoculture ['spə:mərˌkʌltʃə] 精子培养
spermocytoma [ˌspə:məusai'təumə] 精原细胞瘤
spermolith ['spə:məliθ] (*spermo-* + Gr. *lithos* stone) 精管石
spermoloropexis [ˌspə:məuˌlɔ:rəu'peksis] (*spermo-* + Gr. *loron* thong + *pexis* fixation) 精索固定术
spermolysin [spə:'mɔlisin] 溶精子素
spermolysis [spə:'mɔlisis] 精子溶解
spermolytic [ˌspə:məu'litik] 溶解精子的
spermoneuralgia [ˌspə:məunjuə'rældʒiə] (*spermo-* + Gr. *neuron* nerve + *-algia*) 精索神经痛
Spermophilus [spə:'mɔfiləs] 掘地小粟鼠属
spermophlebectasia [ˌspə:məuˌflibek'teiziə] (*spermo-* + Gr. *phleps* vein + *ektasis* distention + *-ia*) 精索静脉曲张
spermoplasm ['spə:məplæzəm] (*spermo-* + Gr. *plasma* plasm) 精质
spermosphere ['spə:məsfiə] (*spermo-* + Gr. *sphaira* sphere) 精细胞球
spermospore ['spə:məspɔ:] 精原细胞
spermotoxic [ˌspə:məu'tɔksik] 精子毒素的
spermotoxin [ˌspə:məu'tɔksin] 精子毒素
Sperry [spə'ri:] 斯伯里: Sperry Roger Wolcott, 美国心理学家
SPF (specific-pathogen free 的缩写) 无特异病原体的

sp gr (specific gravity 的缩写) 比重
sph (spherical or spherical lens 的缩写) ❶ 球面的；❷ 球面透镜
sphacelate ['sfæsileit] 使坏疽, 坏疽化
sphacelation [ˌsfæsi'leiʃən] 坏疽形成, 坏疽化
sphacelism ['sfæsilizəm] (Gr. *sphakelismos*) 坏疽形成, 腐肉形成
sphaceloderma [ˌsfæsilou'də:mə] (*sphacelus* + Gr. *derma* skin) 皮肤坏疽, 由皮肤坏疽引起的溃疡
sphaceloid ['sfæsilɔid] (Gr. *sphakelos* gangrene + *eidos* form) 坏疽状的
sphacelous ['sfæsiləs] 患坏疽的, 腐肉形成的
sphacelus ['sfæsiləs] (L.; Gr. *sphakelos*) 坏死物, 腐肉
Sphaeria ['sfiəriə] 球果菌属
  S. sinensis 中华球果菌
Sphaeriales [ˌsfiəri'eiliz] 球壳菌目
sphaer(o)- 球, 球体
sphaeroma [sfiə'rəumə] 球状瘤
Sphaeroides maculatus [ˌsfiərɔidiz mækju'leitəs] 斑点圆鲀
Sphaerophorus [sfiə'rɔufərəs] 丝杆菌属
  S. necrophorus 坏死厌氧丝杆菌
Sphaerotilus [sfiə'rɔutiləs] (Gr. *sphaira* sphere + *tilos* anything shredded) 球衣细菌属
sphagiasmus [ˌsfeidʒi'æzməs] (Gr. *sphagiasmos* a slaying, sacrificing) 颈肌痉挛
sphagitis [sfə'dʒaitis] (Gr. *sphagē* throat + *-itis*) 咽喉炎
sphenethmoid [sfə'neθmɔid] 蝶筛(骨)的
sphenion ['sfi:niən] (pl. *sphenia*) (Gr. *sphēn* wedge + *on* neuter ending) 蝶点
sphen(o)- (Gr. *sphēn* wedge) 蝶骨, 楔形物, 楔形的
sphenobasilar [ˌsfi:nəu'beisilə] 蝶骨枕底部的
sphenoccipital [ˌsfi:nɔk'sipitəl] 蝶枕(骨)的
sphenocephalus [ˌsfi:nəu'sefələs] 楔形头畸胎
sphenocephaly [ˌsfi:nəu'sefəli] (*spheno-* + Gr. *kephalē* head) 楔形头畸形
sphenoethmoid [ˌsfi:nəu'eθmɔid] 蝶筛(骨)的

sphenofrontal [ˌsfiːnəu'frʌntəl] 蝶额(骨)的

sphenoid ['sfiːnɔid] (spheno- + Gr. *eidos* form) 楔形的

sphenoidal [sfiː'nɔidəl] 蝶骨的

sphenoiditis [ˌsfiːnɔi'daitis] 蝶窦炎

sphenoidostomy [ˌsfiːnɔi'dɔstəmi] (sphenoid + Gr. *stomoun* to provide with an opening, or mouth) 蝶窦开放术

sphenoidotomy [ˌsfiːnɔi'dɔtəmi] 蝶窦切开术

sphenomalar [ˌsfiːnəu'meilə] 蝶颧骨的

sphenomaxillary [ˌsfiːnəu'mæksiˌləri] 蝶上颌骨的

spheno-occipital [ˌsfiːnəuɔk'sipitəl] 蝶枕骨的

sphenopagus [ˌsfiː'nɔpəgəs] (spheno- + Gr. *pagos* a thing fixed) 蝶骨联胎

sphenopalatine [ˌsfiːnəu'pælətain] 蝶腭骨的

sphenoparietal [ˌsfiːnəupə'raiitəl] 蝶顶骨的

sphenopetrosal [ˌsfiːnəupi'trəusəl] 蝶骨岩部的

sphenorbital [sfiː'nɔːbitəl] 蝶骨眶部的

sphenosquamosal [ˌsfiːnəuskwei'məusəl] 蝶骨鳞部的

sphenotemporal [ˌsfiːnəu'tempərəl] 蝶颞骨的

sphenotic [sfiː'nɔtik] (spheno- + Gr. *ous* ear) 蝶耳骨

sphenoturbinal [ˌsfiːnəu'təːbinəl] 蝶鼻甲的

sphenovomerine [ˌsfiːnəu'vəumərin] 蝶梨骨的

sphenozygomatic [ˌsfiːnəuzaigə'mætik] 蝶颧骨的

sphere [sfiə] (Gr. *sphaira* sphere) 球,圆体
  attraction s. 吸引球
  embryotic s. 桑葚球
  segmentation s. ①桑葚球;②卵裂球
  vitelline s., yolk s. 桑葚球,卵黄球

spheresthesia [ˌsfiəris'θiziə] (Gr. *sphaira* sphere + *aisthēsis* perception + -ia) 癔病球

spherical ['sferikəl] (Gr. *sphairikos*) 球体的,球状的

spher(o)- (Gr. *sphaira* a ball or globe) 圆的,球状的

spherobacteria [ˌsfiərəubæk'tiəriə] 球杆菌

spherocylinder [ˌsfiərəu'silində] 球柱透镜

spherocyte ['sfiərəsait] (sphero- + Gr. *kytos* cell) 球形红细胞

spherocytic [ˌsfiərəu'satik] 球形红细胞的

spherocytosis [sfiərəusai'təusis] 球形红细胞增多症
  hereditary s. 遗传性球形红细胞增多症

spheroid ['sfiərɔid] (sphero- + Gr. *eidos* form) 球形体

spheroidal [sfiə'rɔidəl] 球形的

spheroidin [sfiə'rɔidin] (Sphaeroides a genus of puffer fish) 河豚精蛋白

spherolith ['sfiərəliθ] (sphero- + Gr. *lithos* stone) 球状石

spheroma [sfiə'rəumə] (Gr. *sphaera* sphere + -oma tumor) 球状瘤,球形瘤

spherometer [sfiə'rɔmitə] (sphero- + Gr. *metron* measure) 球径计

spherophakia [ˌsfiərə'fækiə] (sphero- + phak- + -ia) 球形晶状体

Spherophorous [sfiə'ɔfərəs] 丝杆菌属

spheroplast ['sfiərəplæst] 原生质球形体

spherospermia [ˌsfiərə'spəːmiə] (sphero- + Gr. *sperma* seed) 球形精子

spherule ['sfiəruːl] (L. *sphaerula* little ball) ❶小球;❷小球体
  s's of Fulci 弗尔斯氏小球
  rod s. 杆状小球

spherulin ['sferulin] 粗球孢子菌原

sphincter ['sfiŋktə] (L.; Gr. *sphinktēr* that which binds tight) 括约肌
  s. ani 肛门括约肌
  s. of Boyden 波伊登括约肌,胆总管括约肌
  cardiac s., cardioesophageal s. 贲门括约肌
  cornual s. 输卵管括约肌
  gastroesophageal s. 胃食管括约肌
  Giordano's s. 吉奥丹诺氏括约肌
  Henle's s. 亨勒氏括约肌
  hepatic s. 肝静脉括约肌
  s. of hepatopancreatic ampulla 肝胰管壶腹括约肌
  Hyrtl's s. 海特氏括约肌

inguinal s. 腹股沟管括约肌
s. iridis 瞳孔括约肌
Lütkens' s. 绿特肯氏括约肌
Nélaton's s. 内勒顿氏括约肌
O'Beirne's s. 奥贝恩氏括约肌
s. oculi 眼轮匝肌
Oddi's s. 奥迪氏括约肌
s. oris 口轮匝肌
palatopharyngeal s. 腭咽括约肌
pharyngoesophageal s. 食管咽括约肌
precapillary s. 前毛细血管括约肌
prepyloric s. 幽门前括约肌
s. pupillae 瞳孔括约肌
pyloric s. 幽门括约肌
rectal s. 直肠括约肌
tubal s. 输卵管括约肌
s. urethrae 尿道括约肌
s. vaginae 阴道括约肌
s. vesicae 膀胱括约肌

sphincteral ['sfiŋktərəl] 括约肌的
sphincteralgia [ˌsfiŋktə'rældʒiə] (*sphincter* + Gr. *algos* pain + *-ia*) (肛门)括约肌痛
sphincterectomy [ˌsfiŋktə'rektəmi] (*sphincter* + Gr. *etomē* excision) 括约肌切除术
sphincteric [sfiŋk'terik] 括约肌的
sphincterismus [ˌsfiŋktə'rizməs] 肛门括约肌痉挛
sphincteritis [ˌsfiŋktə'raitis] 括约肌炎
sphincterolysis [ˌsfiŋktə'rɔlisis] (*sphincter* + *lysis*) 虹膜角膜分离术
sphincteroplasty ['sfiŋktərəuˌplæsti] (*sphincter* + Gr. *plassein* to mold) 括约肌成形术
sphincteroscope ['sfiŋktərəuˌskəup] (*sphincter* + Gr. *skopein* to examine) 肛门括约肌镜
Kelly's s. 凯利氏肛门括约肌镜
sphincteroscopy [ˌsfiŋktə'rɔskəpi] 肛门括约肌镜检查
sphincterotome ['sfiŋktərəuˌtəum] 括约肌切开器
sphincterotomy [ˌsfiŋktə'rɔtəmi] (*sphincter* + Gr. *tomē* a cutting) 括约肌切开术
internal s. 肛门内括约肌切开术
sphinganine ['sfiŋgəniːn] 二羟神经鞘氨醇
sphingo- (Gr. *sphingein* to bind fast) 神经鞘氨醇，神经鞘脂类
sphingogalactoside [ˌsfiŋgəu'læktəsaid] 神经鞘半乳糖苷
sphingoin ['sfiŋgəuin] 神经鞘氨脂
sphingol ['sfiŋgɔl] 神经鞘氨醇
sphingolipid [ˌsfiŋgəu'laipid] 鞘脂类
sphingolipidosis [ˌsfiŋgəuˌlipi'dəusis] (*sphingolipid* + *-osis*) ❶ 鞘脂沉积病；❷ 鞘脂代谢障碍
cerebral s. 黑蒙性家族性白痴
sphingolipodystrophy [ˌsfiŋgəuˌlipə'distrəfi] 鞘脂代谢障碍
sphingomyelin [ˌsfiŋgə'maiəlin] 神经鞘髓磷脂
sphingomyelinase [ˌsfiŋgə'maiəlineis] 神经鞘髓磷脂酶
sphingomyelinosis [ˌsfiŋgəuˌmaiəli'nəusis] 神经鞘髓磷脂沉积病
sphingomyelin phosphodiesterase [ˌsfiŋgə'maiəlin ˌfɔsfədai'estəreis] (EC 3.1.4.12) 神经鞘髓磷脂磷酸二酯酶
sphingophospholipid [ˌsfiŋgəuˌfɔsfə'laipid] 神经鞘磷脂
sphingosine ['sfiŋgəusin] 神经鞘氨醇
sphingosine N-acyltransferase ['sfiŋgəusin enˌæsil'trænsfəreis] (EC 2.3.1.24) 神经鞘氨醇 N-酰基转移酶
sphygmic ['sfigmik] (Gr. *sphygmikos*) 脉的
sphygm(o)- (Gr. *sphygmos* pulse) 脉搏
sphygmobologram [ˌsfigməu'bəuləgræm] 脉力波，脉力计曲线
sphygmobolometer [ˌsfigməubə'lɔmitə] (*sphygmo-* + Gr. *bolos* mass + *metron* measure) 脉力计
sphygmocardiogram [ˌsfigməu'kɑːdiəugræm] (*sphygmo-* + Gr. *kardia* heart + *gramma* mark) 脉搏心动波
sphygmocardiography [ˌsfigməuˌkɑːdiəu'grɑːf] (Gr. *graphein* to write) 脉搏心动描记器
sphygmochronograph [ˌsfigməu'krəunəˌgrɑːf] (*sphygmo-* + *chronos-* + *-graph*) 脉搏自动描记器
sphygmodynamometer ['sfigməuˌdainə'mɔmitə] (*sphygmo-* + *dynamo-* + *-meter*) 脉力计
sphygmogram ['sfigməgræm] (*sphygmo-* + *gram*) 脉搏图
sphygmograph ['sfigməgrɑːf] (*sphygmo-*

sphygmographic [ˌsfɪgmoʊˈgræfɪk] 脉搏描记的
+ *graph*) 脉搏描记器
sphygmography [sfɪgˈmɒgrəfɪ] 脉搏描记法
sphygmoid [ˈsfɪgmɔɪd] (*sphygmo-* + Gr. *eidos* form) 脉搏样的
sphygmology [sfɪgˈmɒlədʒɪ] (*sphygmo-* + *-logy*) 脉搏学
sphygmomanometer [ˌsfɪgmoʊməˈnɒmɪtə] 血压计
sphygmometer [sfɪgˈmɒmɪtə] (*sphygmo-* + Gr. *metron* measure) 脉搏计
sphygmometrograph [ˌsfɪgmoʊˈmetrəgrɑːf] 血压描记器
sphygmometroscope [ˌsfɪgmoʊˈmetrəskoʊp] 听脉血压计
sphygmo-oscillometer [ˌsfɪgmoʊˌɒsɪˈlɒmɪtə] 示波血压计
sphygmopalpation [ˌsfɪgmoʊpælˈpeɪʃən] 切脉
sphygmophone [ˈsfɪgməfoʊn] 脉音听诊器
sphygmoplethysmograph [ˌsfɪgmoʊplɪˈθɪzməgrɑːf] 脉容描记器
sphygmoscope [ˈsfɪgməskoʊp] (*sphygmo-* + Gr. *skopein* to examine) 脉搏检视器
  Bishop's s. 贝少坡氏脉搏检视器
sphygmoscopy [sfɪgˈmɒskəpɪ] 脉搏检查
sphygmosystole [ˌsfɪgmoʊˈsɪstəlɪ] (*sphygmo-* + *systole*) 收缩期脉搏曲线
sphygmotonometer [ˌsfɪgmoʊtəˈnɒmɪtə] (*sphygmo-* + Gr. *tonos* tension + *metron* measure) 动脉管弹性计
sphygmoviscosimetry [ˌsfɪgmoʊˌvɪskəʊˈsɪmɪtrɪ] (*sphygmo-* + *viscosity* + Gr. *metron* measure) 血压血粘度测量法
spica [ˈspaɪkə] (L. "ear of wheat") 8字形绷带
spicular [ˈspaɪkjʊlə] 针的, 刺的
spicule [ˈspaɪkjuːl] (L. *spiculum*) 针,刺
spiculum [ˈspaɪkjʊləm] (pl. *spicula*) (L.) 针,刺
spider [ˈspaɪdə] ❶ 蜘蛛；❷ 蜘蛛痣
  arterial s. 蜘蛛痣
  banana s. 疾行异足蛛
  black widow s. 黑寡妇毒蛛
  brown recluse s. 棕色隐士蛛
  cat-headed s. 猫头蛛
  comb-footed s. 栉足蛛
  European wolf s. 欧洲狼蛛
  funnel-web s. 漏斗网蜘蛛
  jointed s. 骨节蛛
  lynx s. 山猫蛛
  tree funnel-web s. 树状漏斗网蜘蛛
  vascular s. 蜘蛛痣
  wandering s. 游动蜘蛛
spiderburst [ˈspaɪdəbɜːst] 蜘蛛痣
Spieghel's line [ˈspiːgəlz] (Adriaan van der *Spieghel* (L. *Spigelius*), Flemish anatomist, 1578-1625) 斯贝哥氏线
Spiegler's test [ˈspiːglɜː] (Eduard *Spiegler*, Austrian dermatologist, 1860-1908) 斯贝哥勒氏试验
Spiegler-Fendt sarcoid [ˈspiːglə fent] (E. *Spiegler*; Heinrich *Fendt*, Austrain dermatologist, 1860-1908) 斯-芬二氏肉样瘤,皮肤淋巴细胞瘤
Spielmeyer-Vogt disease [ˈspiːlmɪə vɒkt] (Walter *Spielmeyer*, German physician, 1879-1935; Heinrich *Vogt*, German physician, early 20th century) 斯-佛二氏病,黑蒙性白痴
spigelian [spaɪˈdʒiːlɪən] 斯贝哥尔的;以Adriaan van der *Spieghel* 命名的
spignet [ˈspaɪgnet] 三七,土当归
spike [spaɪk] 波峰
  end-plate s's 终板电位的双相波峰
spikenard [ˈspaɪknɑːd] (L. *nardus*, or *spica nardi*) 甘松
  American s. 美国甘松
Spilanthes [spaɪˈlænθɪz] (Gr. *spilos* spot + Gr. *anthos* flower) 千日菊属
spillway [ˈspɪlweɪ] 楔状隙
spiloma [spaɪˈloʊmə] (Gr. "spot") 痣,斑痣
spin [spɪn] 旋转
spina [ˈspaɪnə] (pl. *spinae*) (L.) 棘,脊柱
  s. angularis 蝶骨骨棘
  s. bifida 脊柱裂
  s. bifida anterior 脊柱前裂
  s. bifida aperta 开口性脊柱裂
  s. bifida cystica 囊肿性脊柱裂
  s. bifida manifesta 囊肿性脊柱裂
  s. bifida occulta 隐性脊柱裂
  s. bifida posterior 脊柱后裂
  s. frontalis 额棘

s. helicis (NA) 耳轮棘
s. iliaca anterior inferior (NA) 髂前下棘
s. iliaca anterior superior (NA) 髂前上棘
s. iliaca posterior inferior (NA) 髂后下棘
s. iliaca posterior superior (NA) 髂后上棘
s. intercondyloidea 髁间隆起
s. ischiadica (NA) 坐骨棘
s. ischialis 坐骨棘
s. meatus 耳道棘
s. mentalis (NA) 颏棘
s. nasalis anterior maxillae (NA) 上颌骨前鼻棘
s. nasalis ossis frontalis (NA) 额骨鼻棘
s. nasalis ossis palatini (NA), s. nasalis posterior ossis palatini 腭骨后鼻棘
s. ossis sphenoidalis (NA) 蝶骨棘
spinae palatinae (NA) 腭棘
s. scapulae (NA) 肩胛冈
s. suprameatalis 道上棘
s. suprameatica (NA) 道上棘
s. tibiae 胫骨粗隆
s. trochlearis (NA) 滑车棘
s. tympanica major (NA) 鼓室大棘
s. tympanica minor (NA) 鼓室小棘
s. ventosa 真性指(趾)炎

spinal [ˈspainəl] (L. *spinalis*) ❶ 脊柱的, 棘的; ❷ 脊髓功能的

spinalgia [spaiˈnældʒiə] (*spine* + Gr. *algos* pain) 背痛

spinalis [spaiˈneilis] (L.) 棘的,脊柱的

spinant [ˈspainənt] 脊髓兴奋剂

spinate [ˈspaineit] (L. *spinatus*) 有棘的, 棘状的

spindle [ˈspindəl] ❶ 纺锤体; ❷ 梭形波; ❸ 肌梭
aortic s. 主动脉梭
Axenfeld-Krukenberg s. 阿-库二氏梭
Bütschli's nuclear s. 贝奇利氏核纺锤体
central s. 中心纺锤体
cleavage s. 卵裂纺锤体
enamel s's 釉质梭
His' s. 希斯氏梭
Krukenberg's s. 库肯勃格氏梭
mitotic s. 有丝分裂纺锤体
muscle s. 肌梭
neuromuscular s. 神经肌梭
neurotendinous s. 神经腱梭
nuclear s. 核纺锤体
sleep s's 睡眠波
tendon s. 腱梭
urine s's 尿纺锤体

spine [spain] ❶ 棘,突; ❷ 脊柱; ❸ 马蹄嵴
alar s., angular s. 角棘,蝶骨棘
bamboo s. 竹节样脊柱
basilar s. 基底棘(咽结节)
Civinini's s. 柴卫尼尼氏棘
cleft s. 脊柱裂
dendritic s. 树状棘
dorsal s. 脊柱
ethmoidal s. of Macalister 麦卡里斯特筛骨棘(蝶嵴)
frontal s., external 额骨外棘(鼻棘)
s. of greater tubercle of humerus 肱骨大结节嵴
s. of helix 耳轮棘
hemal s. 腹侧棘
s. of Henle 亨勒棘
iliopectineal s. 髂耻隆起
intercondyloid s. 髁间隆起
ischial s., s. of ischium 坐骨棘
jugular s. 颈棘(颈静脉结节)
kissing s's 棘突接触
s. of lesser tubercle of humerus 肱骨小结节嵴
s. of maxilla 上颌骨棘
meatal s. 耳道棘
mental s., external 颏外隆凸
nasal s., anterior 鼻前棘
nasal s. of frontal bone 额骨鼻棘
nasal s. of palatine bone 腭骨鼻棘
nasal s., posterior 鼻后棘
neural s. 椎骨棘突
obturator s. 闭孔棘
occipital s., external 枕外隆凸
occipital s., internal 枕内隆凸
peroneal s. of os calcis 跟骨腓骨棘
pharyngeal s. 咽结节
poker s. 脊柱强直
s. of pubic bone, s. of pubis 耻骨结节
railway s. 铁道脊柱
rigid s. 强直性脊柱

sciatic s. 坐骨棘
s. of sphenoid bone, sphenoidal s. 蝶骨棘
suprameatal s. 道上棘
s. of tibia, tibial s. 胫骨粗隆
trochanteric s., greater 大转子嵴(臀肌粗隆)
trochanteric s., lesser 小转子嵴(耻骨肌线)
tympanic s., anterior, tympanic s., greater 鼓室前棘
tympanic s., lesser, tympanic s., posterior 鼓室后棘
typhoid s. 伤寒性脊柱病
s. of vertebra 椎骨棘突
Spinelli's operation [spi'neliz] (Pier Giuseppe *Spinelli*, Italian gynecologist, 1862-1929) 斯平内利氏手术
spinifugal [spai'nifjugəl] (L. *spina* spine + *fugere* to flee) 离脊髓的,脊髓传出的
spinipetal [spai'nipitəl] (L. *spina* spine + *petere* to seek) 向脊髓的
Spinitectus gracilis [ˌspaini'tektəs 'græsilis] 薄脊四叠线虫
spinitis [spai'naitis] 脊髓炎
spinnbarkeit ['spinbɑːkait] (Ger.) 子宫颈粘液成丝现象
spinobulbar [ˌspainəu'bʌlbə] 脊髓延髓的
spinocellular [ˌspainəu'seljulə] 棘细胞的
spinocerebellar [ˌspainəuˌseri'belə] 脊髓小脑的
spinocerebellum [ˌspainəuˌseri'beləm] (*spino-* + *cerebellum*) 脊髓小脑
spinocortical [ˌspainəu'kɔːtikəl] 脊髓皮质的
spinocostalis [ˌspainəukɔs'teilis] 棘肋肌
spinogalvanization [ˌspainəuˌɡælvənai'zeiʃən] 脊髓直流电疗法
spinoglenoid [ˌspainəu'gliːnɔid] 肩胛骨关节盂的
spinogram ['spainəugræm] ❶ 脊柱X线照片;❷ 脊髓造影照片
spinomuscular [ˌspainəu'mʌskjulə] 脊髓与肌的
spinoneural [ˌspainəu'njuːrəl] 脊髓与神经的
spinoperipheral [ˌspainəupə'rifərəl] 脊髓与末梢的
spinopetal [spai'nɔpitəl] 向脊髓的
spinose ['spainəus] 棘的,棘状的,棘突的
spinotectal [ˌspainəu'tektəl] 脊髓顶盖的
spinothalamic [ˌspainəu'θeləmik] 脊髓丘脑的
spinous ['spainəs] (L. *spinosus*) ❶ 棘状的;❷ 棘的,棘突的
spintherism ['spinθərizəm] (Gr. *spinthērizein* to emit sparks) 闪光幻视
spintherometer [ˌspinθə'rɔmitə] (Gr. *spinthēr* spark + *metron* measure) X线透度计
spintheropia [ˌspinθə'rəupiə] (Gr. *spinthēr* spark + *ōpē* sight + *-ia*) 闪光幻视
spintometer [spin'tɔmitə] X线透度计
spiperone ['spaipərəun] 螺环哌丁苯
spir. (L. *spiritus*, spirit 的缩写) 酒精
spiracle ['spairəkəl] (L. *spirare* to breathe) 气孔
spiradenitis [spaiˌrædi'naitis] (Gr. *speira* coil + *aden* gland + *-itis*) 汗腺炎
spiradenoma [spairədi'nəumə] (*spir-* + *adenoma*) 汗腺腺瘤
eccrine s. 小汗腺腺瘤
spiral ['spairəl] (L. *spiralis* from *spira*; Gr. *speira*) ❶ 螺旋状的;❷ 螺旋
Curschmann's s's 库施曼氏螺旋
Herxheimer's s's 赫克斯海默氏螺旋
Perroncito's s's 佩朗契托氏螺旋
spiramycin [ˌspairə'maisin] 螺旋霉素
spireme ['spairiːm] (Gr. *speirēma* coil) 染色质纽,丝línea
spirilla [spaiə'rilə] (L.) 螺菌。*spirillum* 的复数形式
Spirillaceae [ˌspaiəri'leisiː] 螺菌科
spirillemia [ˌspaiəri'liːmiə] (*spirilla* + Gr. *haima* blood + *-ia*) 螺菌血症
spirillicidal [spaiəˌrili'saidəl] 杀螺菌的
spirillicide [spaiə'rilisaid] (*spirilla* + L. *caedere* to kill) ❶ 杀螺菌的;❷ 杀螺菌药
spirillolysis [ˌspaiəri'lɔlisis] (*spirilla* + Gr. *lysis* dissolution) 螺菌溶解
spirillosis [ˌspaiəri'ləusis] 螺菌病
spirillotropic [ˌspaiərilə'trɔpik] 亲螺菌的
spirillotropism [ˌspaiəri'lɔtrəpizəm] (*spirilla* + Gr. *tropos* a turning) 亲螺菌性

Spirillum [spaiə'riləm] (Gr. *speira* spiral) 螺菌属
  S. minus 小螺菌
spirillum [spaiə'riləm] (*pl. spirilla*) (L., dim. of *spira* coil) 螺菌
  s. of Finkler and Prior 芬克勒和坡阿尔螺菌
  s. of Vincent 奋森螺菌
spirit ['spirit] (L. *spiritus*) ❶ 酒精；❷ 酊剂
  ammonia s., aromatic (USP), s. of ammonia, aromatic 芳香氨酊
  benzaldehyde s. 苯甲醛酊
  camphor s. (USP) 樟脑酊
  ether s. 醚酊
  ether s., compound 复方醚酊
  orange s., compound 复方橙皮酊
  peppermint s. (USP) 欧薄荷酊
  proof s. 规定酒清
  s's of turpentine 松节油
spirituous ['spiritjuəs] 酒精的，含酒精的
spiritus ['spiritəs] (L. *spirit*) ❶ 酒精剂；❷ 酒精
spir(o)-¹ (Gr. *speira* coil) 螺旋
spir(o)-² (L. *spirare* to breathe) 呼吸
Spiro's test ['spi:rəuz] (Karl Spiro, German chemist, 1867-1932) 斯彼诺氏试验
spirobacteria [ˌspaiərəuˌbæk'tiəriə] 螺杆菌，螺状杆菌
Spirocerca sanguinolenta [ˌspaiərə'sə:kə ˌsæŋgwinə'lentə] 血红旋尾线虫
Spirochaeta [ˌspaiərə'ki:tə] (Gr. *speira* coil + *chaitē* hair) 螺旋体属
Spirochaetaceae [ˌspaiərəki:'teisii:] 螺旋体科
Spirochaetales [ˌspaiərəki:'teiliz] 螺旋体目
spirochetal [ˌspaiərə'ki:təl] 螺旋体的
spirochete ['spaiərəki:t] (*spiro-¹* + Gr. *chaitē* hair) ❶ 螺旋菌；❷ 螺旋体
  Dutton's s. 中非洲回归热螺旋体
spirochetemia [ˌspaiərəki:'ti:miə] (*spirochete* + Gr. *haima* blood + *-ia*) 螺旋体血症
spircheticidal [ˌspaiərəki:ti'saidəl] (*spirochete* + L. *caedere* to kill) 杀螺旋体的
spirocheticide [spaiərə'ki:tisaid] 杀螺旋体剂
spirochetogenous [ˌspaiərəki:'tɔdʒinəs] 螺旋体原(性)的
spirochetolysin [ˌspaiərəki:'tɔlisin] 溶螺旋体素
spirochetolysis [ˌspaiərəki:'tɔlisis] (*spirochete* + Gr. *lysis* dissolution) 螺旋体溶解
spirochetolytic [ˌspaiərəki:tə'litik] 螺旋体溶解的
spirochetosis [ˌspaiərəki:'təusis] 螺旋体病
  s. arthritica 关节螺旋体病
  bronchopulmonary s. 支气管肺螺旋体病
  fowl s. 鸡螺旋体病
spirochetotic [ˌspaiərəki:'tɔtik] 螺旋体病的
spirocheturia [ˌspaiərəki:'tjuriə] (*spirochete* + Gr. *ouron* urine + *-ia*) 螺旋体尿
spirogram ['spaiərəgræm] (L. *spirare* to breathe + Gr. *gramma* a writing) 呼吸描记图
spirograph ['spaiərəgrɑ:f] (L. *spirare* to breathe + Gr. *graphein* to write) 呼吸描记器
spirography [spaiə'rɔgrəfi] 呼吸描记法
spiroid ['spaiərɔid] 螺旋体样的
spiro-index [ˌspaiərə'indeks] (L. *spirare* to breathe + *index*) 呼吸指数
spirolactone [ˌspaiərə'læktəun] 螺甾内酯，螺旋内酯固醇
spiroma [spaiə'rəumə] 汗腺瘤
spirometer [spaiə'rɔmitə] (L. *spirare* to breathe + *metrum* measure) 肺量计
Spirometra [ˌspaiə'rɔmitrə] (*spiro-¹* + Gr. *metra* womb, uterus) 迭宫绦虫属
  S. erinaceieuropaei 刺猬绦虫
  S. mansonoides 拟曼森氏迭宫绦虫
spirometric [ˌspaiərə'metrik] 肺量计的
spirometry [spaiə'rɔmitri] 肺量测量法
  bronchoscopic s. 支气管肺量测定法
Spiromonas [spairə'mɔnəs] (Gr. *speira* coil + *monas* a unit) 单螺菌属
Spironema [ˌspaiərə'ni:mə] (Gr. *speira* coil + *nēma* thread) 线螺旋体属
spironolactone [ˌspaiərənə'læktəun] (USP) 螺内酯，安体舒通
spirophore ['spaiərəfɔ:] (L. *spirare* to breathe + Gr. *phorein* to bear) 人工呼吸器
Spiroptera neoplastica [spai'rəuptərə ˌniəu'plæstikə] 致鼠癌线虫

Spiroschaudinnia [ˌspairəʃau'dainiə] 肯定氏螺旋体属

spiroscope ['spairəskəup] (L. *spirare* to breathe + Gr. *skopein* to examine) 呼吸量检视器

spiroscopy [spaiə'rɔskəpi] 呼吸量检视法

Spirosoma ['spairəsəumə] (Gr. *speira* coil + *soma* body) ❶ 无毛螺旋体属；❷ 螺旋体属

Spiruroidea [ˌspairu:'rɔidiə] 旋尾超科

spissated ['spiseitid] (L. *spissatus*) 蒸浓的,浓缩的

spissitude ['spisitjud] (L. *spissitudo*) 蒸浓,浓缩

Spitz nevus [spits] (Sophie *Spitz*, American pathologist, born 1910) 斯皮茨痣

Spitzka's nucleus ['spitskəz] (Edward Charles *Spitzka*, New York neuro-logist, 1852-1914) 斯皮茨卡氏核

Spitzka-Lissauer tract ['spitzkə 'lisauə] (E. C. *Spitzka*; Heinrich *Lissauer*, German neurologist, 1861-1891) 斯-利二氏束

splanchn- [splæŋkn] (Gr. *splanchnon* viscus) 内脏,脏腑

splanchnapophyseal [ˌsplæŋknæpə'fiziəl] 内脏骨突的

splanchnapophysis [ˌsplæŋknə'pɔfisis] (*splanchno-* + *apophysis*) 内脏骨突

splanchnectopia [ˌsplæŋknek'təupiə] (*splanchno-* + Gr. *ektopos* out of place + *-ia*) 内脏异位

splanchnemphraxis [ˌsplæŋknem'fræksis] (*splanchn-* + Gr. *emphraxis* stoppage) 内脏阻塞

splanchnesthesia [ˌsplæŋknis'θi:ziə] (*splanchno-* + Gr. *aisthēsis* perception + *-ia*) 内脏感觉

splanchnesthetic [ˌsplæŋknis'θetik] 内脏感觉的

splanchnic ['splæŋknik] (Gr. *splanchnikos*; L. *splanchnicus*) 内脏的

splanchnicectomy [ˌsplæŋkni'sektəmi] (*splanchnic* + *-ectomy*) 内脏神经切除术

splanchnicotomy [ˌsplæŋkni'kɔtəmi] (*splanchnic* + *-otomy*) 内脏神经切除术

splanchn(o)- (Gr. *splanchnos* viscus) ❶ 内脏；❷ 内脏神经

splanchnoblast ['splæŋknəblæst] (*splanchno-* + Gr. *blastos* germ) 内脏始基,内脏原基

splanchnocele ['splæŋknəsi:l] (*splanchno-* + Gr. *kēlē* hernia) 内脏疝,内脏突出

splanchnocoele ['splæŋknəsi:l] (*splanchno-* + Gr. *koilos* hollow) 体腔,胸腹腔

splanchnocranium [ˌsplæŋknə'kreiniəm] 脏颅

splanchnoderm ['splæŋknədəm] 脏层

splanchnodiastasis [ˌsplæŋknədai'æstəsis] (*splanchno-* + Gr. *diastasis* separation) 内脏分离,内脏移位

splanchnodynia [ˌsplæŋknə'diniə] (Gr. *o-dyne* pain) 内脏痛

splanchnography [splæŋk'nɔgrəfi] (*splanchno-* + Gr. *graphein* to write) 内脏解剖论

splanchnolith ['splæŋknəliθ] (*splanchno-* + Gr. *lithos* stone) 内脏石,脏石

splanchnologia [ˌsplæŋknə'lɔdʒiə] 内脏学

splanchnology [splæŋk'nɔlədʒi] (*splanchno-* + Gr. *logos* treatise) 内脏学

splanchnomegalia [ˌsplæŋknəmi'geiliə] 内脏巨大

splanchnomegaly [ˌsplæŋknə'megəli] (*splanchno-* + Gr. *megas* large) 内脏巨大

splanchnomicria [ˌsplæŋknə'maikriə] (*splanchno-* + Gr. *mikros* small) 内脏过小

splanchnopathy [splæŋk'nɔpəθi] (*splanchno-* + Gr. *pathos* disease) 内脏疾病

splanchnopleural [ˌsplæŋknə'pluərəl] 脏层的

splanchnopleure ['splæŋknəpluə] (*splanchno-* + Gr. *pleura* side) 脏层,胚脏壁

splanchnoptosis [ˌsplæŋknəp'təusis] (Gr. *ptosis* falling) 内脏下垂

splanchnosclerosis [ˌsplæŋknəskliə'rəusis] (*splanchno-* + Gr. *sklērōsis* hardening) 内脏硬化

splanchnoscopy [splæŋk'nɔskəpi] (*splanchno-* + Gr. *skopein* to examine) 内窥镜检查

splanchnoskeleton [ˌsplæŋknə'skelitən] (*splanchno-* + Gr. *skeleton* a dried body, mummy) 内脏骨骼

splanchnosomatic [ˌsplæŋknəsəu'mætik] (*splanchno-* + Gr. *sōmatikos* of or for the body) 内脏躯体的

splanchnostaxis [ˌsplæŋknə'stæksis] (Gr.

staxis dripping) 内脏渗血
splanchnotomy [splæŋk'nɔtəmi] (*splanchno-* + Gr. *tomē* a cutting) 内脏解剖学
splanchnotribe ['splæŋknətraib] (*splanchno-* + Gr. *tribein* to crush) 夹肠器
splash [splæʃ] 击水声,击水音
S-plasty S 形成形术
splayfoot ['spleifut] 扁平足,外翻足
spleen [spli:n] (Gr. *splēn*; L. *splen*) 脾
  accessory s. 副脾
  bacon s. 火腿脾,淀粉样脾
  cyanotic s. 绀色脾
  diffuse waxy s. 弥漫性蜡样脾
  enlarged s. 脾肿大
  flecked s. of Feitis 斑点状脾
  floating s. 游走脾
  Gandy-Gamna s. 铁质沉着性脾大
  lardaceous s. 蜡样脾
  movable s. 游走脾
  porphyry s. 斑岩脾
  sago s. 西米脾
  speckled s. 斑点状脾
  wandering s. 游走脾
  waxy s. 蜡样脾
splen [splen] (Gr. *splēn*) (NA) 脾
  s. accessorius (NA) 副脾
splen- [splin] (Gr. *splen* spleen) 脾
splenadenoma [ˌspliˌnædi'nəumə] (*splen-* + *adenoma*) 脾腺瘤
splenaemia [spli'ni:miə] ❶ 脾性白血病; ❷ 脾充血
splenalgia [spli'nældʒiə] (*splen-* + Gr. *algos* pain + *-ia*) 脾(神经)痛
splenatrophy [spli'nætrəfi] 脾萎缩
splenauxe [spli'nɔ:ksi] (*splen-* + Gr. *auxē* increase) 脾大
splenceratosis [ˌsplinserə'təusis] 脾硬化
splenculus ['spleŋkjuləs] (L. "little spleen") 副脾,小脾
splenectasis [spli'nektəsis] (*splen-* + Gr. *ektasis* enlargement) 脾增大,脾大
splenectomize [spli'nektəmaiz] 脾切除
splenectomy [spli'nektəmi] (*splen-* + Gr. *ektomē* excision) 脾切除术
splenectopia [ˌsplinek'təupiə] (*splen-* + Gr. *ek* out + *topos* place + *-ia*) 脾移位,游走脾
splenectopy [spli'nektəpi] 脾移位,游走脾

splenelcosis [ˌspli'nel'kəusis] (*splen-* + Gr. *helkōsis* ulceration) 脾溃疡
splenemia [spli'ni:miə] (*splen-* + Gr. *haima* blood + *-ia*) 脾充血
splenemphraxis [ˌspli:nəm'fræksis] (*splen-* + Gr. *emphraxis* stoppage) 脾充血
spleneolus [spli'ni:ələs] 副脾
splenepatitis [ˌsplinhepə'taitis] (*splen-* + Gr. *epar* or *hepar* liver + *-itis* inflammation) 脾肝炎
splenial ['spli:niəl] ❶ 绷带的,压带的; ❷ 夹肌的
splenic ['splenik] (Gr. *splēnikos*; L. *splenicus*) 脾的
splenicterus [sple'niktərəs] (*splen-* + Gr. *ikteros* jaundice) 脾炎黄疸
splenification [ˌsplenifi'keiʃən] 脾样变
spleniform ['splenifɔ:m] 脾样的
spleniserrate [ˌspleni'sereit] 夹锯肌的
splenitis [spli'naitis] (*splen-* + *-itis*) 脾炎
  spodogenous s. 废质性脾炎
splenium ['spli:niəm] (L.; Gr. *splēnion*) ❶ 带状结构; ❷ 绷带,压布; ❸ 胼胝体压部
  s. corporis callosi (NA) 胼胝体压部
splenization [ˌspli:nai'zeiʃən] 脾样变
  hypostatic s. 坠积性脾样变
splen(o)- (Gr. *splēn* spleen) 脾
splenoblast ['spli:nəblæst] 成脾细胞
splenocele ['spli:nəsi:l] (*spleno-* + Gr. *kēlē* hernia) 脾疝
splenoceratosis [ˌspli:nəˌserə'təusis] 脾硬化
splenocleisis [ˌspli:nə'klaisis] (*spleno-* + Gr. *kleisis* closure) 脾表面刺激法
splenocolic [ˌspli:nə'kɔlik] (*spleno-* + Gr. *kolon* colon) 脾结肠的
splenocyte ['spli:nəsait] 脾细胞
splenodynia [ˌspli:nə'diniə] (*spleno-* + Gr. *odynē* pain + *-ia*) 脾痛
splenogenous [spli'nɔdʒinəs] 脾原性的
splenogram ['spli:nəgræm] ❶ 脾 X 线照片; ❷ 脾细胞分类像
splenography [spli'nɔgrəfi] (*spleno-* + Gr. *graphein* to write) ❶ 脾 X 线照相术; ❷ 脾脏论
splenohepatomegalia [ˌspli:nəˌhepətəumi'geiliə] 肝脾肿大

splenohepatomegaly [ˌspliːnəˌhepətəuˈmegəli] (*spleno-* + Gr. *hēpar* liver + *megas* large) 肝脾肿大

splenoid [ˈspliːnɔid] (*spleno-* + Gr. *eidos* form) 脾样的

splenokeratosis [ˌspliːnəˌkerəˈtəusis] (*spleno-* + Gr. *keras* horn + *-osis*) 脾硬化

splenolaparotomy [ˌspliːnəˌlæpəˈrɔtəri] 剖腹脾切开术

splenology [spliˈnɔlədʒi] (*spleno-* + *-logy*) 脾脏学

splenolymphatic [ˌspliːnəlimˈfætik] 脾淋巴结的

splenolysin [spliˈnɔlisin] (*spleno-* + Gr. *lyein* to dissolve) 溶脾素

splenolysis [spliˈnɔlisis] 脾溶解

splenoma [spliˈnəumə] (pl. *splenomas* 或 *splenomata*) (*spleno-* + *-oma*) 脾肿瘤

splenomalacia [spliːnəməˈleiʃiə] (*spleno-* + Gr. *malakia* softness) 脾软化

splenomedullary [ˌsplinəˈmedjuləri] 脾骨髓的

splenomegalia [ˌsplinəməˈɡeiliə] 脾大

splenomegaly [spliːnəˈmeɡəli] (*spleno-* + Gr. *megas* large) 脾大
   congestive s. 充血性脾大
   Egyptian s. 埃及巨脾病
   Gaucher's s. 高歇氏脾大
   hemolytic s. 溶血性脾大
   infective s., infectious s. 感染性脾大
   myelophthisic s. 骨髓痨性脾大
   siderotic s. 铁质沉着性脾大
   spodogenous s. 废质性脾大
   thrombophlebitic s. 血栓静脉炎性脾大
   tropical s. ① 内脏利什曼病；② 疟疾高反应性脾脏综合征

splenometry [spliˈnɔmitri] 脾测定法

splenomyelogenous [ˌspliːnəˌmaiəˈlɔdʒinəs] 脾骨髓性的

splenomyelomalacia [ˌspliːnəˌmaiələumə'leiʃiə] (*spleno-* + Gr. *myelos* marrow + *malakia* softening) 脾骨髓软化

splenoncus [spliˈnɔŋkəs] 脾瘤

splenonephric [ˌspliːnəˈnefrik] 脾肾的

splenonephroptosis [ˌspliːnəˌnefrɔpˈtəusis] (*spleno-* + Gr. *nephros* kidney + *ptōsis* falling) 脾肾下垂

splenopancreatic [ˌspliːnəˌpæŋkriˈætik] 脾胰的

splenoparectasis [ˌspliːnəpəˈrektəsis] (*spleno-* + Gr. *parektasis* extension) 脾过大

splenopathy [spliˈnɔpəθi] (*spleno-* + Gr. *pathos* disease) 脾病

splenopexy [ˈspliːnəˌpeksi] (*spleno-* + Gr. *pexis* fixation) 脾固定术

splenophrenic [spliːnəˈfrenik] (*spleno-* + Gr. *phrēn* diaphragm) 脾膈的

splenopneumonia [ˌspliːnənjuːˈməunjə] 脾样变性肺炎

splenoportography [ˌspliːnəpɔːˈtɔɡrəfi] 脾门静脉 X 线造影术

splenoptosia [ˌspliːnɔpˈtəusiə] 脾下垂

splenoptosis [ˌspliːnɔpˈtəusis] (*spleno-* + Gr. *ptōsis* falling) 脾下垂

splenorenal [spliːnəˈriːnəl] 脾肾的

splenorrhagia [ˌspliːnəˈreidʒiə] (*spleno-* + Gr. *rhēgnynai* to burst forth) 脾出血

splenorrhaphy [spliˈnɔrəfi] (*spleno-* + Gr. *rhaphē* suture) 脾缝合术

splenosis [spliˈnəusis] 脾组织种植

splenotomy [spliˈnɔtəmi] (*spleno-* + Gr. *tomē* a cutting) 脾切开术

splenotoxin [ˌspliːnəˈtɔksin] 脾毒素

splenulus [ˈsplenjuləs] (pl. *splenuli*) (L.) 小脾，副脾

splenunculus [spliˈnʌŋkjuləs] 副脾

splicing [ˈsplaisiŋ] (Middle Dutch *splissen*) ❶ 拼接；❷ RNA 拼接
   alternative s. 选择性拼接
   RNA s. RNA 拼接

splint [splint] ❶ 夹板；❷ 打夹板
   abutment s. 基牙夹
   airplane s. 飞机式夹
   anchor s. 锚状夹
   Anderson s. 安德森夹
   Angle's s. 安格氏夹
   anti-boutonnière s. 钮孔状夹
   anti-swan neck s. 天鹅颈夹
   anti-ulnar deviation s. 尺骨偏离夹
   Asch s. 阿希夹
   Balkan s. 巴尔干式夹
   banjo traction s. 手指牵引夹
   boutonnière s. 钮孔状夹
   cap s. 帽状夹

coaptation s's 接合夹
Cramer's s. 克拉默氏夹板
Denis Browne s. 丹尼斯布朗夹
dynamic s. 动力夹,功能夹
Essig-type s. 艾斯格型夹
fracture s. 骨折夹
Frejka pillow s. 弗莱卡枕形夹
functional s. 功能夹
Gilmer's s. 吉尔默氏夹
Gunning's s. 冈宁氏夹
Hodgen s. 霍金夹
interdental s. 齿间夹
Keller-Blake s. 凯-布二氏夹
Kingsley s. 金斯莱夹
Kirschner wire s. 基施纳钢丝夹
knuckle bender s. 指节弯曲动力夹
labial s. 唇侧夹
lingual s. 舌侧夹
Liston's s. 利斯顿氏夹
lively s. 活动夹,动力夹
opponens s. 对向肌夹
plaster s. 石膏夹板
plastic s. 整形夹
resting s. 静止夹,制动夹
Roger Anderson s. 罗格安德森夹
shin s's 外胫夹
Stader s. 斯丹德夹
static s. 制动夹
swan neck s. 天鹅颈夹板
Taylor s. 泰勒夹
therapeutic s. 治疗夹
Thomas s. 托马斯夹
Toronto s. 托伦特夹
ulnar deviation s. 尺骨偏离夹
wrist cock-up s. 竖腕夹

splintage ['splinteidʒ] 夹板固定法,夹板应用法
splinter ['splintə] ❶ 碎片; ❷ 使成碎片
splinting ['splintiŋ] ❶ 夹板用法,夹板疗法; ❷ 齿固定法; ❸ 肌僵直
splints [splints] 骨赘
splitting ['splitiŋ] ❶ 分裂,分解; ❷ 人格分裂
 fixed s. of S_2 第二心音固定性分裂
 s. of heart sounds 心音分裂
 reversed s. of S_2 第二心音反向分裂
 sagittal s. of mandible 下颌骨矢状切开术
 wide s. of S_2 第二心音宽分裂

spodiomyelitis [ˌspəudiəuˌmaiə'laitis] (Gr. *spodios* ashcolored + *myelitis*) 脊髓灰质炎
spod(o)- (Gr. *spodos* ashes) 废物
spodogenous [spə'dɔdʒinəs] (*spodo-* + Gr. *gennan* to produce) 废质性的
spondee ['spɔndiː] 同音单词
spondylalgia [ˌspɔndi'lældʒiə] 脊椎痛
spondylarthritis [ˌspɔndilɑː'θraitis] (*spondyl-* + Gr. *arthron* joint + *-itis*) (脊)椎关节炎
 s. ankylopoietica 关节强直性椎关节炎
spondylarthrocace [ˌspɔndilɑː'θrɔkəsi] (*spondyl-* + Gr. *arthron* joint + *kakē* badness) 脊椎结核
spondylexarthrosis [ˌspɔndiˌleksɑː'θrəusis] (*spondyl-* + Gr. *exarthrōsis* dislocation) 脊椎脱位
spondylitic [ˌspɔndi'litik] 脊椎炎的
spondylitis [ˌspɔndi'laitis] 脊椎炎
 s. ankylopoietica, s. ankylosans 关节强直性脊椎炎
 ankylosing s. 关节强直性脊椎炎
 Bekhterev's s., s. deformans 关节强直性脊椎炎
 hypertrophic s. 肥大性脊椎炎
 s. infectiosa 感染性脊椎炎
 Kümmell's s. 库买尔氏脊椎炎
 Marie-Strümpell s. 玛-施二氏脊椎炎
 muscular s. 肌性脊椎炎
 post-traumatic s. 创伤后脊椎炎
 rheumatoid s., rhizomelic s. 类风湿性脊椎炎,关节强直性脊椎炎
 traumatic s. 创伤性脊椎炎
 s. tuberculosa, tuberculous s. 脊椎结核
 s. typhosa 伤寒性脊椎炎
spondylizema [ˌspɔndili'ziːmə] (*spondyl-* + Gr. *izēmia* depression) 脊椎下移
spondyl(o)- (Gr. *spondylos* vertebra) 脊椎,脊柱
spondyloarthropathy [ˌspɔndiləuəˈθrɔpəθi] 椎关节病
spondylocace [ˌspɔndi'lɔkəsi] (*spondylo-* + Gr. *kakē* badness) 脊椎结核
spondylodesis [ˌspɔndi'lɔdesis] (Gr. *desis* binding) 脊椎接合术
spondylodiagnosis [ˌspɔndiləˌdaiəg'nəusis] 脊椎诊断法
spondylodidymia [ˌspɔndilədai'dimiə] (*spo-*

ndylo- + Gr. *didymos* twin + *-ia*) 脊柱联胎畸形

spondylodymus [ˌspɒndiˈlɔdiməs] 脊柱联胎

spondylodynia [ˌspɒndiləˈdiniə] (*spondyl-* + Gr. *odynē* pain + *-ia*) 脊椎痛

spondylolisthesis [ˌspɒndiləlisˈθisis] (*spondyl-* + Gr. *olisthanein* to slip) 脊椎前移

 congenital s. 先天性脊椎前移
 degenerative s. 退行性脊椎前移
 dysplastic s. 发育不良性脊椎前移
 isthmic s. 狭窄性脊椎前移
 pathological s. 病理性脊椎前移
 traumatic s. 创伤性脊椎前移

spondylolisthetic [ˌspɒndiləlisˈθetik] 脊椎前移的

spondylolysis [ˌspɒndiˈlɔlisis] (*spondylo-* + Gr. *lysis* dissolution) 椎骨脱离

spondylomalacia [ˌspɒndiləməˈleiʃiə] 脊椎软化

 s. traumatica 创伤性脊椎软化

spondylopathy [ˌspɒndiˈlɔpəθi] (*spondylo-* + Gr. *pathos* disease) 脊椎病

 traumatic s. 创伤性脊椎病

spondyloptosis [ˌspɒndilɔpˈtəusis] 脊椎前移

spondylopyosis [ˌspɒndiləpaiˈəusis] (*spondylo-* + Gr. *pyōsis* suppuration) 脊椎化脓

spondyloschisis [ˌspɒndiˈlɔskisis] (*spondylo-* + Gr. *schisis* fissure) 椎弓裂

spondylosis [ˌspɒndiˈləusis] ❶ 脊椎关节强硬；❷ 骨关节炎性退行变

 cervical s. 颈椎关节强硬
 s. chronica ankylopoietica 慢性椎关节强硬
 lumbar s. 腰椎关节强硬
 rhizomelic s. 关节强硬性脊椎炎
 s. uncovertebralis 侵犯脊椎钩突的颈椎关节强硬

spondylosyndesis [ˌspɒndələsinˈdisis] (*spondylo-* + Gr. *syndesis* a binding together) 脊柱融合

spondylotherapy [ˌspɒndiləˈθerəpi] 背部疗法

spondylotic [ˌspɒndiˈlɔtik] 椎关节强硬的

spondylotomy [ˌspɒndiˈlɔtəmi] (*spondylo-* + Gr. *temnein* to cut) 脊椎切开术

spondylous [ˈspɒndiləs] 脊椎的，椎骨的

sponge [spʌndʒ] (L., Gr. *spongia*) ❶ 海绵；❷ 海绵球，海绵纱布

 Bernays' s. 波尼斯氏海绵
 fibrin s. 纤维蛋白海绵
 gelatin s. 明胶海绵
 gelatin s., absorbable (USP) 可吸收性明胶海绵

spongeitis [ˌspɒndʒiˈaitis] 阴茎海绵体炎

spongiform [ˈspʌndʒifɔːm] (L. *spongia* sponge + *forma* shape) 海绵状的

spongiitis [ˌspɒndʒiˈaitis] 阴茎海绵体炎，尿道周围炎

spongin [ˈspʌndʒin] 海绵蛋白

spongi(o)- (L., *spongia* sponge) 海绵状的，海绵的

spongioblast [ˈspɒndʒiəˌblæst] (*spongio-* + *blast* (def.1)) ❶ 成胶质细胞；❷ 无轴索细胞

spongioblastoma [ˌspɒndʒiəblæsˈtəumə] 成胶质细胞瘤

 s. multiforme 多型性成胶质细胞瘤
 polar s., s. polare 极性成胶质细胞瘤
 unipolar s., s. unipolare 单极性成胶质细胞瘤

spongiocyte [ˈspɒndʒiəsait] ❶ 神经胶质细胞；❷ 肾上腺皮质海绵状细胞

spongiocytoma [ˌspɒndʒiəsaiˈtəumə] 成胶质细胞瘤

spongioid [ˈspɒndʒiɔid] (*spongio-* + Gr. *eidos* form) 海绵样的

spongioplasm [ˈspɒndʒiəplæzəm] (*spongio-* + Gr. *plasma* anything formed or molded) 海绵质

spongiosa [ˌspɒndʒiˈəusə] (L.) 松质

spongiosaplasty [ˌspɒndʒiˈəusəˌplæsti] 松质骨成形术

spongiosis [ˌspɒndʒiˈəusis] 皮肤海绵层细胞间水肿

spongiositis [ˌspɒndʒiəˈsaitis] 阴茎海绵体炎

spongiotic [ˌspɒndʒiˈɔtik] 皮肤棘细胞层水肿的

spongy [ˈspʌndʒi] 海绵状的

spontaneous [spɒnˈteinjəs] (L. *spontaneus*) ❶ 自发的，本能的；❷ 自生的，特发的

Spontin [ˈspɒntin] 斯帮丁：瑞斯托菌素冻

干剂的商品名
spool [spu:l] 卷轴
spoon [spu:n] ❶ 匙；❷ 匙形挖器
　Daviel's s. 戴维尔氏匙
　sharp s. 锐匙
　Volkmann's s. 沃克曼氏匙
sporadic [spə'rædik] (Gr. *sporadikos* scattered; L. *sporadicus*) 散在的,散发的
sporadin ['spɔrədin] ❶ 配子体；❷ 滋养体
sporangia [spə'rændʒiə] 孢子囊。*sporangium* 的复数形式
sporangial [spə'rændʒiəl] 孢子囊的
sporangiophore [spə'rændʒiəfə:] (*sporangium* + Gr. *phoros* bearing) 孢子囊柄
sporangiospore [spə'rændʒiəspɔ:] 孢囊孢子
sporangium [spə'rændʒiəm] (pl. *sporangia*) (*spore* + Gr. *angeion* vessel) 孢子囊
sporation [spə'reiʃən] 孢子形成
spore [spɔ:] (L. *spora*, Gr. *spora* seed) ❶ 芽胞；❷ 孢子
　asexual s. 无性孢子
　bacterial s. 细菌芽胞
　black s's of Ross 黑孢子
　swarm s. 游动孢子
sporetia [spəu'ri:ʃiə] 核外染色素
sporicidal [ˌspɔ:ri'saidəl] (*spore* + L. *caedere* to kill) 杀孢子的
sporicide ['spɔ:risaid] 杀孢子剂
sporidesmin [ˌspɔ:ri'desmin] 甚孢菌素
sporidiosis [spəˌridi'əusis] 胞子菌病
sporidium [spə'ridiəm] (L.) (Gr. *spore* + *idian* a diminutive) 孢子菌,芽胞菌
sporiferous [spɔ:'rifərəs] (*spore* + L. *ferre* to bear) 产孢子的,产芽胞的
sporiparous [spɔ:'ripərəs] (*spore* + L. *parere* to produce) 产孢子的,产芽胞的
spor(o)- (Gr. *sporos* seed) 孢子,芽胞
sporoagglutination [ˌspɔ:rəuəgluːti'neiʃən] 孢子凝集作用
sporoblast ['spɔ:rəblæst] (*sporo-* + Gr. *blastos* germ) ❶ 未成熟的球状孢子囊；❷ 成孢子细胞团
sporocyst ['spɔ:rəsist] (*sporo-* + *cyst*) ❶ 孢子囊；❷ 包蚴；❸ 子孢子发育

sporoduct ['spɔ:rədʌkt] (*sporo-* + *duct*) 孢子管
sporogenesis [ˌspɔ:rə'dʒenəsis] (*sporo-* + Gr. *genesis* production) 孢子发生,孢子形成
sporogenic [ˌspɔ:rə'dʒenik] 能产孢子的,孢子能形成的
sporogenous [spɔ'rɔdʒinəs] (*sporo-* + Gr. *gennan* to produce) 孢子发生的
sporogeny [spɔ'rɔdʒini] (*sporo-* + Gr. *gennan* to produce) 孢子形成
sporogony [spɔ'rɔgəni] (*sporo-* + Gr. *goneia* generation) 孢子生殖,孢子发生
sporomycosis [ˌspɔ:rəmai'kəusis] (*sporo-* + Gr. *mykes* fungus) 芽胞病,胞子病
sporont ['spɔ:rɔnt] (*sporo-* + Gr. *ōn, ontos* being) 母孢子
sporophore ['spɔ:rəfə:] (*sporo-* + Gr. *phorein* to bear) 孢梗
sporophyte ['spɔ:rəfait] (*sporo-* + Gr. *phyton* plant) 孢子体
sporoplasm ['spɔ:rəplæzəm] (*sporo-* + Gr. *plasma* anything formed or molded) ❶ 孢子质；❷ 假孢子虫感染宿主
sporoplasmic [ˌspɔ:rə'plæzmik] 孢子质的
Sporothrix ['spɔ:rəθriks] 孢子丝菌属
sporotrichin [spə'rɔtrikin] 孢子丝菌素
sporotrichosis [ˌspɔ:rətrai'kəusis] (*sporo-* + Gr. *thrix* hair + *-osis*) 孢子丝菌病
sporotrichotic [ˌspɔ:rətrai'kɔtik] ❶ 孢子丝菌属的；❷ 孢子丝菌病的
Sporotrichum [spə'rɔtrikəm] (*sporo-* + Gr. *thrix* hair) 孢子丝菌属,分支孢菌属
Sporozoa [ˌspɔ:rə'zəuə] (*sporo-* + Gr. *zōon* animal) ❶ 孢子虫纲；❷ 孢子虫亚门；❸ 顶复门
sporozoa [ˌspɔ:rə'zəuə] 孢子虫。*sporozoon* 的复数形式
sporozoan [ˌspɔ:rə'zəuən] (*sporo-* + Gr. *zōon* animal) ❶ 孢子虫；❷ 孢子虫的
Sporozoea [ˌspɔirə'zəuiə] 孢子虫纲
sporozoite [ˌspɔ:rə'zəuait] (*sporo-* + Gr. *zōon* animal) 子孢子
sporozooid [ˌspɔ:rə'zəuɔid] (*sporozoon* + Gr. *eidos* form) 孢子虫样的
sporozoon [ˌspɔ:rə'zəuən] (pl. *sporozoa*) (*sporo-* + Gr. *zōon* animal) 孢子虫

sporozoosis [ˌspɔːrəʊˈəʊsis] 孢子虫病
sport [spɔːt] ❶ 突变；❷ 先天畸形
sporular [ˈspɔːrjʊlə] 孢子的，芽胞的
sporulation [ˌspɔːrjʊˈleɪʃən] 孢子形成，孢子释出
sporule [ˈspɔːrjuːl] 小孢子
spot [spɔt] 点，斑
  acoustic s's 听斑，位觉斑
  Bitot's s's 比托特氏斑
  blind s. 盲点
  blind s., mental 精神盲点
  blue s. ① 青斑；② 胎斑
  Brushfield's s's 布鲁斯费尔德氏斑
  café au lait s's 咖啡与牛奶斑(法)
  Carleton's s's 卡尔顿氏斑
  Cayenne pepper s's 辣椒斑
  cherry-red s. 樱桃红点
  Christopher's s's 克里斯托芬氏点
  chromatin s. 染色质
  cold s. ① 冰点；② 冷点
  cotton-wool s's 棉絮状渗出点
  cribriform s's 筛状斑
  deaf s. 聋点
  De Morgan's s's 德莫根氏斑，樱桃色血管瘤
  embryonic s. 胚斑
  epigastric s. 上腹压痛点
  eye s. ① 胚胎期眼的原基；② 眼点；③ 滤泡小斑
  flame s's 火焰状出血点
  focal s. 焦点
  Fordyce's s's 福代斯氏斑
  Forschheimer s's 福斯海默氏斑
  germinal s. 胚斑
  hot s. ① 热点；② 神经瘤敏感区；③ 深点
  hypnogenetic s. 催眠点
  Koplik's s's 科泼力克氏斑
  light s. 光锥，光点
  liver s. 雀斑
  Mariotte's s. 马里奥特氏盲点
  Maurer's s's 毛雷尔氏点
  Maxwell's s. 斑点，视网膜
  milk s's ① 乳白斑；② 乳状斑
  milky s's 乳色斑
  mongolian s. 胎斑，骶斑
  pain s's 痛点
  pelvic s's 骨盆点
  rose s's 玫瑰疹
  Roth's s's 罗特氏斑
  sacral s. 骶斑
  shin s's 胫斑
  Soemmering's s. 赛莫令氏斑
  soldier's s's 军人斑
  spongy s. 海绵状斑
  Stephen's s's 史帝芬氏点
  Tardieu's s's 塔迪厄氏点
  Tay's s. 泰氏点
  temperature s's 温度点
  tendinous s's 腱样斑
  Trousseau's s. 特鲁索氏点
  typhoid s's 伤寒斑
  warm s's 热点
  yellow s. 视网膜黄斑
sprain [sprein] 扭伤，挫伤
  rider's s. 骑士扭伤
  Schlatter's s. 施莱特氏扭伤
spray [sprei] 喷雾剂
  needle s. 针孔喷雾剂
  tyrothricin s. 短杆菌素喷雾剂
spreader [ˈspredə] 摊开器，涂布器
  root canal filling s. 根管填充摊开器
Sprengel's deformity [ˈsprɛŋɡəlz] (Otto Gerhard Karl *Sprengel*, German surgeon, 1852-1915) 施普伦格氏畸形
sprew [spruː] 热带口疮
spring [sprɪŋ] ❶ 弹簧；❷ 弹性金属丝
  auxiliary s. 辅助簧
  bow s. 弓形簧
  closed s. 闭合型弹簧
  coil s. 螺旋弹簧
  finger s. 指形簧
  Kesling s. 开斯令弹簧
  loop s. 环形弹簧
  open s. 开放型弹簧
  paddle s. 桨状弹簧
  separating s. 分隔弹簧
  uprighting s. 竖直弹簧
  Z s. Z形弹簧
Sprinz-Dubin syndrome [sprɪnz ˈduːbɪn] (Helmuth *Sprinz*, German-born American pathologist, born 1911; Isidore Nathan *Dubin*, American pathologist, born 1913) 斯-杜二氏综合征
Sprinz-Nelson syndrome [sprɪnz ˈnɛlsən] (H. *Sprinz*; R. S. *Nelson*, American

physician, 20th century) 斯-乃二氏综合征

sprue [spru:] ❶ 斯泼卢,口炎性腹泻; ❷ 铸道
  celiac s. 腹型斯泼卢
  collagenous s. 胶原性口炎性腹泻
  non-tropical s. 非热带型斯泼卢
  refractory s. ① 无反应性斯泼卢; ② 反应递减性腹型斯泼卢
  tropical s. 热带型斯泼卢
  unclassified s. 未分类型斯泼卢

Spt. (L. *spiritus*, spirit 的缩写) 酒精

Spumavirinae [ˌspju:məvaiˈrini:] 泡沫状病毒亚科

Spumavirus [ˈspjuməˌvaiərəs] (L. *spuma* foam + *virus*) 泡沫状病毒属

spumavirus [ˈspju:məˌvaiərəs] ❶ 泡沫状病毒亚科病毒; ❷ 泡沫状病毒属病毒

spur [spə:] ❶ 骨刺; ❷ 金属突出片
  calcaneal s. 跟骨刺
  Morand's s. 莫朗氏距
  occipital s. 枕骨刺
  olecranon s. 鹰嘴刺
  scleral s. 巩膜刺

spurious [ˈspjuəriəs] (L. *spurius*) 假的,模拟的

Spurway's syndrome [ˈspə:weiz] (John Spurway, English physician, late 19th century) 斯波威氏综合征

sputum [ˈspju:təm] (L.) 痰
  s. aeroginosum 绿色痰
  albuminoid s. 蛋白样痰
  s. cruentum 血痰
  globular s. 球形痰
  green s. 绿色痰
  icteric s. 黄疸性痰
  moss-agate s. 圆苔状痰
  nummular s. 钱币状痰
  prune juice s. 梅汁样痰
  rusty s. 铁锈色痰

SQ 皮下的

squalane [ˈskwælein] (NF) 饱和性角鲨烯

squalene [ˈskwæli:n] (first isolated from *Squalus*, a genus of sharks) 角鲨烯

squama [ˈskweimə] (pl. *squamae*) (L.) 鳞
  s. alveolaris 肺泡鳞

  frontal s., s. of frontal bone, s. frontalis (NA) 额鳞
  mental s., external 颏外鳞
  occipital s. 枕鳞
  occipital s., superior 枕上鳞,顶间骨
  s. occipitalis (NA) 枕鳞
  perpendicular s. 垂直鳞,额鳞
  temporal s., s. of temporal bone, s. temporalis 颞骨鳞部

squamate [ˈskweimeit] (L. *squamatus*, from *squama* scale) 有鳞的,鳞状的

squamatization [ˌskweimətaiˈzeiʃən] 鳞状细胞化生

squame [skweim] (L. *squama*) 鳞,鲜状物

squamocellular [ˌskweiməˈseljulə] (L. *squama* scale + *cellula* cell) 鳞状细胞的

squamofrontal [ˌskweiməˈfrʌntəl] 额鳞的

squamomastoid [ˌskweiməˈmæstɔid] (颞)鳞乳突的

squamo-occipital [ˌskweiməuɔkˈsipitəl] 枕鳞的

squamoparietal [ˌskweiməpəˈraiitəl] (颞)鳞部顶骨的

squamopetrosal [ˌskweiməpiˈtrəusəl] (颞)鳞岩的

squamosa [skweiˈməusə] (L.) 鳞状的;鳞部

squamosal [skweiˈməusəl] 鳞部的,鳞的

squamosoparietal [ˌskweiməˌsəupəˈraiitəl] (颞)鳞部顶骨的

squamosphenoid [ˌskweiməˈsfi:nɔid] 颞鳞蝶骨的

squamotemporal [skweiməˈtempərəl] 颞鳞的

squamous [ˈskweiməs] (L. *squamosus* scaly) 鳞状的

squamozygomatic [ˌskweiməˌzaigəˈmætik] 颞鳞颧部的

square [skwɛə] 正方形
  Punnett s. 棋盘

squatting [ˈskwɔtiŋ] 蹲

squeeze [skwi:z] 压迫,压缩
  tussive s. 咳嗽性肺压缩

squill [skwil] (L. *scilla*; Gr. *skilla*) 海葱

squillitic [skwiˈlitik] (L. *scilliticus*; Gr. *skillitikos*) 海葱的,含海葱的

squint [skwint] 斜视

accommodative s. 调节性斜视
comitant s., **concomitant s.** 共同性斜视
convergent s. 会聚性斜视
divergent s. 散开性斜视
upward and downward s. 上下斜视
Squire's sign [skwaiəz] (Truman Hoffman *Squire*, American surgeon, 1823-1899) 斯夸尔氏征
SR (stimulation ratio 的缩写) 刺激率
Sr (strontium 的符号) 锶
sr (*steradian* 的缩写) 立体弧度, 球面度
SRBC (sheep red blood cell 的缩写) 羊红细胞
SRF (skin reactive factor 的缩写) 皮肤反应因子
SRH (somatotropin-releasing hormone 的缩写) 生长激素释放激素
SRN (State Registered Nurse 的缩写) 国家注册护士, 合格护士(英格兰和威尔士)
SRS-A (slow reacting substance of anaphylaxis 的缩写) 过敏反应的慢反应物质
ss. (L. *semis*, one half 的缩写) 一半
Ssabanejew-Frank operation [sə'bɑːneje fræŋk] (Ivan *Ssabanejew*, Russian surgeon, late 19th century; Rudolf *Frank*, Vienna surgeon, 1862-1913) 萨-弗手术
SSD (source-skin distance 的缩写) 源皮间距
ssDNA (single-stranded DNA 的缩写) 单链 DNA
SSPE (subacute sclerosing panencephalitis 的缩写) 亚急性硬化性全脑炎
ssRNA (single-stranded RNA 的缩写) 单链 RNA
SSS ❶ (sick sinus syndrome 的缩写) 病窦综合征; ❷ (specific soluble substance 的缩写) 特异性可溶物质
s.s.s. (L. *stratum super stratum*, layer upon layer 的缩写) 层上层
S.S.V. (L. *sub signo veneni*, under a poison label 的缩写) 毒药标记
ST (sinus tachycardia 的缩写) 窦性心动过速
S.T.37 斯提37: 已雷琐卒商品名
St. (L. *stet* 的缩写; 或 *stent* 的缩写) 放置, 立置
stabilate ['steibileit] 稳定生物
stabile ['steibail] (L. *stabilis* stable, abiding) 稳定的, 不动的
heat s. 对热稳定的
stability [stə'biliti] 稳定性, 稳度
dimensional s. 稳形性
stabilization [ˌsteibilai'zeiʃən] 稳定
stable ['steibl] 不动的, 稳定的, 固定的
staccato [stə'kɑːtəu] (Ital. "detached") 断音的, 断断续续的
stactometer [ˌstæk'tɔmitə] (Gr. *staktos* oozing out in drops + *-meter*) 测滴计, 滴量计
Stader splint ['steidə] (Otto *Stader*, American veterinary surgeon, 20th century) 斯塔德夹
Staderini's nucleus [ˌstɑːdəˌriːniz] (Rutilio *Staderini*, Italian anatomist, late 19th century) 斯塔德里尼氏核, 闰核
stadium ['steidjəm] (pl. *stadia*) (L.; Gr. *stadion* course) 病期
s. acmes 极期
s. augmenti 增进期
s. caloris 发热期
s. decrementi 减退期, 热退期
s. defervescentiae 减退期, 热退期
s. fluorescentiae 发疹期
s. frigoris 间歇热的发冷期
s. incrementi 增进期, 发热期
s. invasionis 潜伏期
s. sudoris 发汗期
staff [stɑːf] ❶ 杆, 棒; ❷ 探针; ❸ 医务人员; ❹ 杆状细胞
s. of Aesculapius 医杖
attending s. 内外科主治医师
consulting s. 会诊医师
house s. 住院医师
s. of Wrisberg 威斯伯格杆
stage [steidʒ] ❶ 期; ❷ 载物台
algid s. 厥冷期
amphibolic s. 动摇期
anal s. 肛门期
Carnegie s. 卡内格期
cold s. 发冷期
defervescent s. 减退期, 热退期
eruptive s. 出疹期
expulsive s. 排出期, 第二产期
s. of fervescence 发热期
first s. 第一产程
fourth s. 第四产程

genital s. 生殖期
hot s. 发热期
incubative s. 潜伏期
knäuel s. 染色质纽期,丝球期
latency s. ① 潜伏期；② 静止期；③ 相对静止期
mechanical s. 机械台
oral s. 口腔期
phallic s. 阴茎期
placental s. 第三产程,胎盘娩出期
preeruptive s. ① 出疹前期；② 牙发育期
premenstrual s. 行经前期
prodromal s. 前驱期
progestational s. 分泌期,黄体期
proliferative s. 增殖期
pyretogenic s., pyrogenetic s. 发热期
Ranke's s's 兰克氏结核病分期
resting s. 静止期
ring s. 环形期
second s. 第二产程
seral s. 演替系列期
s's of sleep 睡眠相
stepladder s. 阶梯状热期
sweating s. 出汗期
third s. 第三产程
transitional pulp s. 过渡髓期
ugly duckling s. 丑小鸭期
vegetative s. 静止期
staggers ['stægəz] ❶ 蹒跚病；❷ 减压眩晕
blind s. ① 蹒跚病；② 急性硒中毒
grass s. 牧草中毒,路苘草中毒
sleepy s., stomach s. 嗜睡性蹒跚病,胃蹒跚病
staging ['steidʒiŋ] ❶ 分期；❷ 肿瘤分类
TNM s. 原发肿瘤局部淋巴结-转移分期
Stahr's gland [stɑːz] (Hermann *Stahr*, German anatomist and pathologist, 1868-1947) 斯达尔氏腺
stain [stein] ❶ 染剂,染料；❷ 着色斑,色素斑
acid s. 酸性染剂
basic s. 碱性染剂
contrast s. 对比染剂
counter s. 复染剂
differential s. 鉴别染剂
electron s's 电子染剂

heavy-metal s. 重金属染剂
lipoid s. 类脂染剂
metachromatic s. 异染性染剂
neutral s. 中性染剂
nuclear s. 核染剂
plasmatic s., plasmic s. 胞质染剂
port-wine s. 葡萄酒色痣,焰色痣
protoplasmic s. 原生质染剂
selective s. 选择性染剂
tumor s. 肿瘤显染
staining [steiniŋ] ❶ 染色法；❷ 染色
bipolar s. 两极染色法
differential s. 鉴别染色法
double s. 双重染色法
fluorescent s. 荧光染色法
intravital s. 活体染色法
multiple s. 多色染色法
negative s. 背景染色法
polar s. 端极染色法
postvital s. 死后活体染色法
preagonal s. 活体染色法
relief s. 对比染色法
simple s. 简单染色法
substantive s. 直接染色法
supravital s. 体外活体染色法
telomeric s., terminal s. 终聚体染色法,终极染色法
triple s. 三重染色法
vital s. 活体染色法
stalagmometer [ˌstæləɡ'mɔmitə] (Gr. *stalagmos* dropping + *-meter*) 表面张力计,滴数计
stalagmon [stə'læɡmɔn] 胶体质
stalk [stɔːk] 茎,柄,蒂
allantoic s. 尿囊蒂
body s. 体蒂
cerebellar s. 小脑脚
connecting s. 连接蒂
hypophysial s. 下丘脑漏斗
infundibular s. ① 下丘脑漏斗；②茎,柄
neural s. 垂体柄
optic s. 眼茎
pineal s. 松果体柄
pituitary s. 垂体柄
s's of thalamus 丘脑脚
yolk s. 卵黄蒂
stallimycin hydrochloride [ˌstæli'maisin] 盐酸偏端菌素

stamen ['stæmən] 雄蕊
stamina ['stæminə] (L.) 精力,耐力
stammering ['stæməriŋ] 口吃,讷吃
Stamnosoma [,stæmnə'səumə] (Gr. *stamnos* jar + *sōma* body) 壶吸虫属
stance [stæns] 姿态,姿势
standard ['stændəd] 标准,规格
standardization [,stændədai'zeiʃən] ❶ 标准化；❷ 规格化
standardize ['stændədaiz] 使标准化,规范化,确定标准
standstill ['stændstil] 停止,停顿
   atrial s. 心房停顿
   cardiac s. 心脏停顿
   respiratory s. 呼吸停顿
   sinus s. 窦性停顿
   ventricular s. 心室停顿
Stanford-Binet test ['stænfəd bi'neit] (*Stanford* University, where test was revised for use in the U.S.; Alfred *Binet*, French physiologist and psychologist, 1857-1911) 斯坦福-贝内实验
Stanley ['stænli] 斯坦利：Wendell Meredith, 美国生化学家, 1904～1971
Stanley bacillus ['stænli] (*Stanley*, England, where it was first isolated) 斯坦利杆菌
stannic ['stænik] 锡的,四价锡的
   s. chloride 氯化锡,四氯化锡
stanniferous [stæ'nifərəs] (L. *stannum* tin + *ferre* to bear) 含锡的
Stannius ligature ['stæniəs] (Hermann Friedrich *Stannius*, German biologist, 1808-1883) 史丹纽氏扎法
stannosis [stæ'nəusis] 锡尘肺
stannous ['stænəs] 亚锡的,二价锡的
stannum ['stænəm] (L.) 锡
stanolone ['stænələun] 二氢睾酮
stanozolol [stæ'nəuzə,lɔl] (USP) 康力龙：雄激素性合成类固醇
stapedectomy [,steipi'dektəmi] (L. *stapes* stirrup + Gr. *ektomē* excision) 镫骨切除术
stapedial [stə'pi:diəl] 镫骨的
stapediolysis [stə,pi:di'ɔlisis] 镫骨松动术
stapedioplasty [stə,pi:diə'plæsti] 镫骨成形术
stapediotenotomy [stə,pi:diəti'nɔtəmi] 镫骨肌腱切断术
stapediovestibular [stə,pi:diəves'tibjulə] 镫骨前庭的
stapedotomy [,steipi'dɔtəmi] 镫骨脚盘切断术
stapes ['steipi:z] (L. "stirrup") (NA) 镫骨
Staphcillin [stæf'silin] 斯达福西林；二甲氧苯青霉素钠的商品名
staphisagria [,stæfi'seigriə] (Gr. *staphis* raisin + *agrios* wild) 虱草子
staphisagrine [,stæfi'seigrin] 虱草子碱
staphylagra [,stæfi'leigrə] (*staphyl*- + Gr. *agra* a way of catching) 悬雍垂钳
staphyledema [,stæfili'di:mə] (*staphyl*- + Gr. *oidēma* swelling) 悬雍垂水肿
staphyline ['stæfilain] ❶ 葡萄状的；❷ 悬雍垂
staphylinid [,stæfi'linid] ❶ 甲虫的,甲虫性的；❷ 甲虫
Staphylinidae [,stæfi'linidi:] 甲科
staphylinus [,stæfi'lainəs] (L.) 悬雍垂的
staphylion [stə'filiən] (Gr. "little grape") 悬雍垂穴
staphylitis [,stæfi'laitis] 悬雍垂炎
staphyl(o)- (Gr. *staphylē* a bunch of grape) 葡萄,悬雍垂
staphyloangina [,stæfiləæn'dʒainə] 悬雍垂咽峡炎
staphylococcal [,stæfilə'kɔkəl] 葡萄球菌(性)的
staphylococcemia [,stæfiləkɔk'si:miə] (*staphylococcus* + Gr. *haima* blood + *-ia*) 葡萄球菌血症
staphylococci [,stæfilə'kɔksai] 葡萄球菌。*staphylococcus* 的复数形式
staphylococcic [,stæfilə'kɔksik] 葡萄球菌(性)的
staphylococcide [,stæfilə'kɔksaid] 杀葡萄球菌的
staphylococcin [,stæfilə'kɔksin] 葡萄球菌素
staphylococcosis [,stæfiləkɔ'kəusis] 葡萄球菌病
Staphylococcus [,stæfilə'kɔkəs] (Gr. *staphylē* bunch of grapes + *kokkos* berry) 葡萄球菌属
   S. albus 白色葡萄球菌
   S. aureus 金黄色葡萄球菌
   S. epidermidis 表皮葡萄球菌

S. **haemolyticus** 溶血性葡萄球菌
S. **hominis** 溶血性葡萄球菌
S. **pyogenes** 酿脓葡萄球菌
S. **saprophyticus** 腐生葡萄球菌
S. **simulans** 溶血性葡萄球菌
staphylococcus [ˌstæfiləˈkɔkəs] (pl. *staphylococci*) 葡萄球菌
staphyloderma [ˌstæfiləˈdəːmə] 葡萄球菌性皮肤化脓
staphylodermatitis [ˌstæfiləˌdəːməˈtaitis] (*staphylococcus* + Gr. *derma* skin) 葡萄球菌性皮炎
staphylodialysis [ˌstæfilədaiˈælisis] (*staphylo-* + Gr. *dialysis* loosing) 悬雍垂松弛
staphyloedema [ˌstæfiləiˈdiːmə] 悬雍垂水肿
staphylokinase [ˌstæfiləˈkaineis] 葡萄球菌激酶
staphylolysin [ˌstæfiˈlɔlisin] 葡萄球菌溶血素
α s., alpha s. α-葡萄球菌溶血素
β s., beta s. β-葡萄球菌溶血素
δ s., delta s. δ-葡萄球菌溶血素
ε s., epsilon s. ε-葡萄球菌溶血素
γ s., gamma s. γ-葡萄球菌溶血素
staphyloma [ˌstæfiˈləumə] (Gr. *staphylōma* a defect in the eye inside the cornea) 葡萄肿
annular s. 环形葡萄肿
anterior s. 前葡萄肿
ciliary s. 睫状体葡萄肿
s. **corneae, corneal s.** 角膜葡萄肿
s. **corneae racemosum** 蔓状角膜葡萄肿
equatorial s. 赤道葡萄肿, 中纬线葡萄肿
intercalary s. 间介葡萄肿
posterior s., s. posticum 后葡萄肿
projecting s. 突出性葡萄肿
retinal s. 视网膜葡萄肿
Scarpa's s. 斯卡帕氏葡萄肿, 后葡萄肿
scleral s. 巩膜葡萄肿
uveal s. 眼色素层葡萄肿
staphylomatous [ˌstæfiˈlɔmətəs] 葡萄肿的, 葡萄肿样的
staphylomycosis [ˌstæfiləumaiˈkɔsis] (Gr. *mykes* fungus) 葡萄球菌病
staphyloncus [ˌstæfiˈlɔŋkəs] (*staphylo-* + Gr. *onkos* mass) 悬雍垂瘤, 悬雍垂肿
staphylopharyngorrhaphy [ˌstæfiləˌfærinˈɡɔːrəfi] (*staphylo-* + Gr. *pharynx* the throat + *rhaphē* suture) 腭咽缝术
staphyloplasty [ˈstæfiləˌplæsti] (*staphylo-* + Gr. *plassein* to mold) 悬雍垂成形术
staphyloptosia [ˌstæfiləpˈtəusiə] (*staphylo-* + Gr. *ptōsis* falling + *-ia*) 悬雍垂下垂
staphyloptosis [ˌstæfiləpˈtəusis] 悬雍垂下垂
staphylorrhaphy [ˌstæfiˈlɔrəfi] (*staphylo-* + Gr. *rhaphē* suture) 软腭缝术
staphyloschisis [ˌstæfiˈlɔskisis] (*staphylo-* + Gr. *schisis* splitting) 悬雍垂裂
staphylotome [ˈstæfilətəum] (Gr. *staphylotomon*) 悬雍垂刀
staphylotomy [ˌstæfiˈlɔtəmi] (*staphylo-* + *-tomy*) ❶悬雍垂切除术；❷葡萄肿切除术
staphylotoxin [ˌstæfiləˈtɔksin] 葡萄球菌素
staphylotropic [ˌstæfiləˈtrɔpik] 亲葡萄球菌的
stapling [ˈstæpliŋ] 纤维包扎
gastric s. 胃分隔
star [stɑː] ❶ 星；❷ 星形体
daughter s. 子星体, 双星体
dental s. 牙星
lens s's 晶状体星线
mother s. 母星体, 单星体
polar s's 极星线
s's of Verheyen 韦海恩氏星, 肾星形静脉
Winslow's s's 温斯娄氏毛细血管涡
starch [stɑːtʃ] (A.S. *stercan* to stiffen) 淀粉
s. **glycerite** (NF) 淀粉甘油剂
pregelatinized s. (NF) 预凝胶淀粉
soluble s. 可溶淀粉
starch phosphorylase [stɑːtʃ fɔsˈfɔrəleis] 淀粉磷酸化酶
Stargardt's disease (macular degeneration) [ˈstɑːɡɑːts] (Karl Bruno *Stargardt*, German ophthalmologist, 1875-1927) 斯达加特氏病（黄斑变性）
Starling's hypothesis [ˈstɑːliŋz] (Ernest Henry *Starling*, English physiologist, 1866-1927) 斯大林氏假说
Starr-Edwards value [stɑː ˈedwədz] (Albert *Starr*, American surgeon, born 1926; M. L. *Edwards*, American physician, born

1906)斯-爱氏值
starter ['stɑːtə] 引酵物,保酵物
stasimorphia [ˌstæsi'mɔːfiə] 发育停顿性畸形
stasimorphy [ˌstæsi'mɔːfi] (Gr. *stasis* standing + *morphē* form) 发育停顿性畸形
stasiphobia [ˌstæsi'fəubiə] (Gr. *stasis* standing + *phobos* fear) 起立恐怖
stasis ['steisis; 'stæsis] (Gr. "a standing still") ❶ 停顿,郁滞; ❷ 对抗力量之间的平衡状态
 ileal s. 回肠停滞
 intestinal s. 肠停滞
 papillary s. 视乳头淤血
 pressure s. 压迫性停滞
 urinary s. 尿停滞
-stasis (Gr. "a standing still") 保持恒定,阻止增多或增殖
stat. (L. *statim* 的缩写) 立即,即刻
-stat (Gr. *-states* one who causes to stand, from *histanai* to cause to stand) 抑制剂(非杀灭剂),维持稳定的装置
state [steit] (L. *status*) ❶ 状态,情况,体质; ❷ 危相,临界期
 acute confusional s. 谵妄
 alpha s. α 状态
 anelectrotonic s. 阳极电紧张状态
 anxiety s. 焦虑状态
 borderline s. 临界状态
 carrier s. 带菌状态
 catelectrotonic s. 阴极电紧张状态
 central excitatory s. 中枢兴奋状态
 correlated s. 协调状态,动态平衡
 de-efferented s. 传出阻滞综合征
 dreamy s. 睡梦状态
 excited s. 激发态
 ground s. 基态
 hypercoagulable s. 超凝状态
 hypnagogic s. 半睡状态,入眠前状态
 hypnoid s. 催眠状态
 hypnopompic s. 半醒状态,醒前状态
 inotropic s. 心脏收缩力
 local excitatory s. 局部刺激状态
 metastable s. 相对稳定状态
 oxidation s. 氧化状态
 persistent vegetative s. 持续性植物状态
 plastic s., pluripotent s. 可塑状态
 refractory s. 不应状态
 resting s. 休眠状态
 steady s. 动态平衡状态
 triplet s. 三联状态
 twilight s. 朦胧状态
stathmokinesis [ˌstæθməkai'niːsis] 细胞分裂完全抑制
static ['stætik] (Gr. *statikos* causing to stand, from *histanai* to cause to stand) ❶ 静止的,平衡的,不动的; ❷ 安静的
-static (Gr. *statikos* causing to stand, from *histanai* to cause to stand) 抑制的,抑制剂的,保持常态的
statics ['stætiks] 静力学
statim ['steitim] (L.) 立即。缩写为 *stat*.
station ['steiʃən] (L. *statio*, from *stare* to stand still) ❶ 姿势,位置; ❷ 产位; ❸ 先露位; ❹ 救护站,救护所
 anterior s. 前肠
 posterior s. 后肠
stationary ['steiʃənəri] (L. *stationarius*) 停滞的,静止的
statistic [stə'tistik] (back formation from *statistics*) 统计值,典型统计量
statistics [stə'tistiks] (Ger. *Statistik* originally "political of state affairs," from L. *status* state) ❶ 统计; ❷ 统计学
 bayesian s. 贝斯氏统计
 nonparametric s. 非参数统计学
 vital s. 生命统计
statoacoustic [ˌstætə'kuːstik] 平衡听觉的
statoconia [ˌstætə'kəuniə] (Gr. *statos* standing + *konos* dust) (NA) 耳石,耳沙
statoconium [ˌstætə'kəuniəm] (pl. *statoconxia*) 耳石,耳沙
statocyst ['stætəsist] (Gr. *statos* standing + *kystis* sac, bladder) 耳(迷路)囊
statolith ['stætəliθ] ❶ 耳沙; ❷ 耳石
statolon ['stætələn] 匍枝青霉素
statometer [stə'tɔmitə] 眼球突出计
statural ['stætʃərəl] 身材的,身高的
stature ['stætʃə] (L. *statura*) 身材,身高
status ['steitəs] (L.) 状态,情况,体质
 absence s. 失神状态
 s. asthmaticus 哮喘持续状态,气喘危象
 s. calcifames 缺钙状态,钙饥饿
 s. choreicus 舞蹈病持续状态
 complex partial s. 复杂部分发作

convulsive s. epilepticus, s. convulsivus 惊厥持续状态,癫痫持续状态
s. cribalis, s. cribrosus 筛状脑
s. criticus 危象持续状态
s. dysmyelinatus, s. dysmyelinisatus 髓鞘脱失状态,哈勒伏登-斯帕茨氏综合征
s. dysraphicus 神经管闭合不全状态
s. epilepticus ① 癫痫持续状态; ② 丧失意识状态
s. hemicranicus 偏头痛持续状态
s. lacunaris, s. lacunosus (脑)陷凹状态,腔隙状态
s. lymphaticus 淋巴体质
s. marmoratus 大理石样状态
s. migrainosus 偏头痛持续状态
nonconvulsive s. epilepticus 癫痫非持续状态
petit mal s. (癫痫)小发作状态
s. praesens 现在状态,检查时的情况
psychomotor s. 精神运动性发作
s. raptus 销魂状态
simple partial s. 单一部分发作
s. spongiosus 海绵状脑
s. thymicolymphaticus 胸腺淋巴体质
s. thymicus 胸腺体质
tonic-clonic s. epilepticus 紧张阵挛性癫痫状态
s. verrucosus 疣状脑
s. vertiginosus 眩晕持续状态

Staub-Traugott effect [stɔub 'trɔugɔt] (Hans *Staub*, Swiss internist, 1890-1967; Carl *Traugott*, German internist, born 1885) 施-特二氏效应

staurion ['stɔːriən] (Gr., dim. of *stauros* cross) 腭十字点

stauroplegia [ˌstɔːrə'pliːdʒiə] (Gr. *stauros* cross + *plēgē* stroke) 交叉性偏瘫

stavesacre [steiv'zeikə] 虱草子

staxis ['stæksis] (Gr. "a dripping") 渗血,滴血

stay [stei] 支持,支柱
s. of white line 白线支座

STD (sexually transmitted disease 的缩写) 性传播疾病,性病

steal [stiːl] 侧支分流
subclavian s. 锁骨下侧支循环

stearaldehyde [ˌstiːə'rældəhaid] 硬脂醛

stearate ['stiːəreit] 硬脂盐,硬脂酸阴离子形式

stearic acid [stiː'ærik] (Gr. *stear* fat + *-ic*) ❶ (NF) 硬脂酸;❷ (NF) 硬脂酸制剂
purified s.a. (NF) 提纯硬脂酸制剂

steariform [stiː'ærifɔːm] 脂肪样的

stearin ['stiərin] 三硬脂酸甘油酯

stear(o)- (Gr. *stear*, gen. *steatos* fat) 脂,脂肪

stearodermia [ˌstiərə'dəmiə] (Gr. *stear* fat + *derma* skin) 皮脂腺病

stearopten [ˌstiːə'rɔptən] (*stearo-* + Gr. *ptēnos* volatile) 硬脂,轻油脑

stearoyl ['stiərəuəl] 硬脂酰基

stearoyl CoA desaturase [stiː'ærəuəl kəu'ei diː'sætʃureis] (EC 1.14.99.5) 硬脂酰基辅酶 A 脱氢酶

stearrhea [ˌstiːə'riːə] (*stearo-* + Gr. *rhoia* flow) 腹泻

steatite ['stiːətait] 滑石

steatitis [ˌstiːə'taitis] (*stearo-* + *-itis*) 脂肪(组)织炎

steat(o)- 脂,脂肪

steatocele [sti'ætəsiːl] (*steato-* + Gr. *kēlē* tumor) 阴囊脂肿

steatocystoma [ˌstiːətəsis'təumə] 皮脂腺囊肿
s. multiplex 皮脂腺囊肿病

steatogenous [ˌstiːə'tɔdʒənəs] 产生脂肪的

steatolysis [ˌstiːə'tɔlisis] (*steato-* + *-lysis*) 脂肪水解,脂肪分解

steatoma [ˌstiːə'təumə] (pl. *steatomata* or *steatomas*) (*steat-* + *-oma*) ❶ 脂瘤;❷ 皮脂囊肿,粉瘤

steatomatosis [ˌstiːətəmə'təusis] 脂瘤病

steatomery [ˌstiːə'tɔməri] (*steato-* + Gr. *mēros* thigh) 股臀脂肪沉积

steatonecrosis [ˌstiːətəni'krəusis] 脂肪坏死

steatopygia [ˌstiːətə'pidʒiə] (*steato-* + Gr. *pygē* buttock + *-ia*) 臀脂过多,女臀过肥

steatopygous [ˌstiːə'tɔpigəs] 臀脂过多的,女臀过肥的

steatorrhea [ˌstiːətə'riːə] (*steato-* + Gr. *rhoia* a flow) 脂漏,脂肪痢
idiopathic s. 特发性腹泻,非热带性口炎性腹泻

steatosis [ˌstiːəˈtəusis] 脂肪变性
  s. cardiaca 心肌脂肪变性
stechiology [ˌstekiˈɔlədʒi] 细胞生理学
stechiometry [ˌstekiˈɔmitri] 化学计算学，化学计量学
Steclin [ˈsteklin] 斯代克林：四环素的商品名
Steele-Richardson-Olszewski syndrome [stiːl ˈritʃədsən ɔlˈʃevski]（John C. *Steele*, Canadian physician, 20th century; John Clifford *Richardson*, Canadian neurologist, born 1909; Jerzy *Olszewski*, Polish-born Canadian neurologist, 1913-1966）斯-里-奥三氏综合征
Steell's murmur [stiːlz]（Graham *Steell*, English physician, 1851-1942）斯蒂尔氏杂音
Steenbock unit [ˈstiːnbɔk]（Harry *Steenbock*, American biochemist, 1888-1967）斯廷博克氏单位
steffimycin [stefiˈmaisin] 司替霉素
stegnosis [stegˈnəusis]（Gr. *stegōsis* obstruction）缩窄，狭窄
stegnotic [stegˈnɔtik] 缩窄的, 狭窄的
Stegomyia [ˌstegəˈmaijə]（Gr. *stegos* roof + *myia* fly）覆蚊亚属
Stein's test [stainz]（Stanislav Aleksandr Fyodorovich von *Stein*, Russian otologist, late 19th century）斯坦因氏试验
Stein-Leventhal syndrome [stain ˈlevənθəl]（Irving Freiler *Stein*, Sr., American gynecologist, born 1887; Michael Leo *Leventhal*, American obstetrician and gynecologist, 1901-1971）斯-利二氏综合征
Steinbroker's syndrome [ˈstainbrəukəz]（Otto *Steinbrocker*, American physician, 20th century）斯坦布洛克氏综合征, 肩手综合征
Steindler operation [ˈstaindlə]（Arthur *Steindler*, American orthopedic surgeon, 1878-1959）斯坦德勒氏手术
Steiner's syndrome [ˈstainəz]（L. *Steiner*, German physician, early 20th century）斯坦内尔氏综合征
Steiner's tumors [ˈstainəz]（Ludwig *Steiner*, German neurologist, early 20th century）斯坦内尔氏瘤
Steinert's disease [ˈstainətz]（Hans *Steinert*, German physician, 20th century）斯坦内特氏病
Steinmann pin [ˈstainmən]（Fritz *Steinmann*, Swiss surgeon, 1872-1932）斯坦曼氏导钉
Steinstrasse [ˈstainstræsə]（Ger. "stone street"）余石性尿路阻塞
Stelazine [ˈstelæziːn] 斯代尔乐热：盐酸三氟拉嗪的商品名
stella [ˈstelə]（L.）(pl. *stellae*) 星
  s. lentis hyaloidea 晶状体后极
  s. lentis iridica 晶状体前极
stellate [ˈsteleit]（L. *stellatus*) 星状的
stellectomy [steˈlektəmi] 星状神经节切除术
Stellite [ˈstelait] 钴铬合金
stellula [ˈsteljulə]（pl. *stellulae*）(L., dim. of *stella*) 小星
  stellulae of Verheyen 肾星形静脉
  stellulae verheyenii 肾星形静脉
Stellwag's sign [ˈstelvægz]（Carl von Carion *Stellwag*, Austrian ophthalmolgist, 1823-1904）斯特尔瓦格氏征
stem [stem] 茎, 干(枝)类
  brain s. 脑干
  infundibular s. 垂体柄
stem bromelain [stem ˈbrəumələin]（EC 3.4.22.32）茎菠萝蛋白酶
Stendér dish [stendə]（Wilhelm P. *Stender*, German manufacturer, 19th century）施腾德氏皿
Stenediol [ˈstendiəl] 斯坦帝尔：甲雄烯二醇的商品名
stenion [ˈsteniːɔn]（pl. *stenia*）(Gr. *stenos* narrow + *-on* neuter ending) 横狭点
sten(o)- (Gr. *stenos* narrow) 缩窄, 狭小
stenobregmatic [ˌstenəbregˈmætik]（*steno-* + Gr. *bregma* the front part of the head) 前顶狭窄的, 狭囟的
stenocephalia [ˌstenəsiˈfeiliə] 头狭窄, 狭头
stenocephalous [ˌstenəˈsefələs] 头狭窄的
stenocephaly [ˌstenəˈsefəli]（*steno-* + Gr. *kephalē* head）头狭窄, 狭头
stenochoria [ˌstenəˈkɔriə]（*steno-* + Gr. *chōros* space）缩窄或狭窄
stenocoriasis [ˌstenəkəˈriəsis]（*steno-* +

Gr. *korē* pupil) 瞳孔狭小
stenocrotaphia [ˌstenəkrəˈteifiə] (*steno-* + Gr. *krotaphos* temple + *-ia*) 颞部狭窄
stenocrotaphy [ˌstenəˈkrɔtəfi] 颞部狭窄
stenopeic [ˌstenəˈpiːik] (*sten-* + Gr. *opē* opening) 狭隙的,裂隙的,小孔的
stenosal [stəˈnəusəl] 狭窄的,异常狭窄的
stenosed [stəˈnəuzd] 狭窄的,缩窄的
stenosis [stəˈnəusis] (*stenōsis*) 狭窄
 aortic s. (**AS**) 主动脉(瓣)狭窄
 buttonhole mitral s. 二尖瓣口钮孔状狭窄
 caroticovertebral s. 椎动脉颈段狭窄
 cicatricial s. 瘢痕性狭窄
 fishmouth mitral s. 鱼口样尖瓣狭窄
 granulation s. 肉芽肿性狭窄
 hypertrophic pyloric s. 肥厚性幽门狭窄
 idiopathic hypertrophic subaortic s. 特发性肥厚性主动脉瓣下狭窄
 infantile hypertrophic gastric s. 婴儿肥大性胃狭窄
 infundibular s. 漏斗状狭窄
 mitral s. 二尖瓣狭窄
 muscular subaortic s. 肌性主动脉瓣下狭窄
 postdiphtheritic s. 白喉后狭窄
 pulmonary s. (**PS**) 肺动脉瓣狭窄
 pyloric s. 幽门狭窄
 spinal s. 脊狭窄
 subaortic s. 主动脉瓣下狭窄,瓣膜下狭窄
 subpulmonic infundibular s. 肺动脉下漏斗状狭窄
 subvalvular aortic s. 主动脉瓣膜下狭窄
 supravalvular aortic s. 主动脉瓣上狭窄
 tricuspid s. (**TS**) 三尖瓣狭窄
 valvular s. 瓣膜狭窄
stenostegnosis [ˌstenəˌstegˈnəusis] (*Steno's duct* + *stegnosis*) 腮腺管疼窄
stenostenosis [ˌstenəstiˈnəusis] (*Steno's duct* + *stenosis*) 腮腺管狭窄
stenothermal [ˌstenəˈθəːməl] 狭温的
stenothermic [ˌstenəˈθəːmik] (*steno-* + Gr. *thermē* heat) 狭温的
stenothorax [ˌstenəˈθɔːræks] (*steno-* + Gr. *thōrax* chest) 胸狭窄
stenotic [stəˈnɔtik] (Gr. *stenotēs* narrowness) 狭窄的,异常狭窄的

Stensen's canal [ˈstensənz] (Niels *Stensen* (Nicolaus Steno), Danish physician, anatomist in Italy, 1638-1686) 斯坦森氏道
stent [stent] (from Charles R. *Stent*, English dentist, died 1901) ❶移植片固定模;❷皮肤固定模;❸管状结构固定模
step [step] 阶梯,步级,梯级
 Rönne's nasal s. 鼻侧阶梯
stephanial [stəˈfeiniəl] 冠颞点的
stephanion [stəˈfeiniən] (Gr. *stephanos* crown + *-on* neuter ending) 冠颞点
Stephanofilaria [ˌstefənɔfiˈlɛəriə] 冠丝虫属
 S. stilesi 斯氏冠丝虫
stephanofilariasis [ˌstefənəˌfiləˈriəsis] 冠丝虫病
Stephanurus [ˌstefəˈnjuərəs] 冠丝虫属
 S. dentatus 齿状冠线虫
steradian [stəˈreidiən] (Fr. *ster-* solid + *radian*) 球面(角)度
Sterane [ˈsterein] 斯代瑞:强的松龙的商品名
Sterapred [ˈsterəˌpred] 斯代若普瑞得:强的松龙的商品名
sterc(o)- (L. *stercus* dung) 粪
stercobilin [ˌstəːkəˈbailin] (*sterco-* + *bilin*) 粪胆素
stercobilinogen [ˌstəːkəbaiˈlinədʒən] 粪胆原
stercolith [ˈstəːkəliθ] (*sterco-* + Gr. *lithos* stone) 粪石
stercoraceous [ˌstəːkəˈreifəs] (L. *stercoraceus*) 粪的,含粪的
stercoral [ˈstəːkərəl] 粪的,含粪的
stercoraria [ˌstəːkəˈrɛəriə] 粪锥虫
stercorarian [ˌstəːkəˈrɛəriən] 粪锥虫的
stercorolith [ˈstəːkərəliθ] 粪石
stercoroma [ˌstəːkəˈrəumə] 粪结,粪瘤
stercorous [ˈstəːkərəs] (L. *stercorosus*) 粪性的,含粪的
Sterculia [stəːˈkjuːliə] 苹婆属,梧桐属
stercus [ˈstəːkəs] (pl. *stercora*) (L.) 粪,粪便
stere [stiə] (Gr. *stereos* solid) 立方米
stereo- (Gr. *stereos* solid) 立体,三维的,固体,实体
stereoagnosis [ˌsteriægˈnəusis] 实体觉缺

失

stereoanesthesia [ˌsteriəˌænisˈθiːziə] 实体觉缺失

stereoarthrolysis [ˌsteriəːˈθrɔlisis] (stereo- + Gr. *arthron* joint + *lysis* dissolution) 关节松解术

stereoauscultation [ˌsteriəˌɔskʌlˈteiʃən] 实体听诊法

stereoblastula [ˌsteriəˈblæstjulə] 实囊胚

stereocampimeter [ˌsteriəkæmˈpimitə] (stereo- + *campimeter*) 立体视野计

stereochemical [ˌsteriəˈkemikəl] 立体化学的

stereochemistry [ˌsteriəˈkemistri] 立体化学

stereocilium [ˌsteriəˈsiliəm] (pl. *stereocilia*) (stereo- + *cilium*) 静纤毛

stereocinefluorography [ˌsteriəˌsinəfluːˈrɔgrəfi] 立体荧光电影照相技术

stereocognosy [ˌsteriəˈkɔgnəsi] 实体觉,立体感觉

stereoencephalotome [ˌsteriəenˈsefələˌtəum] 脑定点切开器

stereoencephalotomy [ˌsteriəenˌsefəˈlɔtəmi] (stereo- + Gr. *enkephalos* brain + *tomē* cutting) 脑定点切开术,立体脑切开术

stereofluoroscopy [ˌsteriəfluːˈrɔskəpi] 立体(实体)荧光屏透视检查

stereognosis [ˌsteriəgˈnəusis] (stereo- + Gr. *gnōsis* knowledge) 实体觉,立体感觉

stereognostic [ˌsteriəgˈnɔstik] 实体觉的,立体感觉的

stereogram [ˈsteriəgræm] ❶立体X线(照片); ❷实体镜画

stereograph [ˈsteriəgræf] ❶立体X线(照片); ❷实体镜画

stereoisomer [ˌsteriəˈaisəmə] 立体异构体

stereoisomeric [ˌsteriəˌaisəˈmerik] 立体异构的

stereoisomerism [ˌsteriəaiˈsɔmərizəm] (stereo- + *isomerism*) 立体异构

stereology [ˌsteriˈɔlədʒi] 立体学

stereometer [ˌsteriˈɔmitə] (stereo- + *-meter*) 体积计

stereometry [ˌsteriˈɔmitri] 体积测定法

stereo-ophthalmoscope [ˌsteriəɔfˈθælməskəup] 立体检眼镜,双目检眼镜

Stereo-orthopter [ˌsteriɔːˈθɔptə] 视轴校正实体镜

stereophorometer [ˌsteriəfəˈrɔmitə] (stereo- + *phorometer*) 立体(隐)斜视校正器

stereophoroscope [ˌsteriəˈfɔrəskəup] (stereo- + Gr. *phoros* movement, range + *-scope*) 活动影片检视器

stereophotomicrograph [ˌsteriəˌfəutəˈmaikrəgrɑːf] 立体显微照相术

stereoplasm [ˈsteriəplæzəm] (stereo- + Gr. *plasma* anything formed or molded) 固浆,固质

stereopsis [ˌsteriˈɔpsis] (stereo- + Gr. *opsis* vision) 实(立)体视觉

stereoradiography [ˌsteriəˌreidiˈɔgrəfi] 立体X线照相术

stereoradiometry [ˌsteriəˌreidiˈɔmitri] 立体X线测量法

stereosalpingography [ˌsteriəˌsælpiŋˈgɔgrəfi] 输卵管立体造影术

stereoscope [ˈsteriəskəup] (stereo- + *-scope*) 实体镜,体视镜

stereoscopic [ˌsteriəˈskɔpik] 实体镜的,立体镜的

stereoskiagraphy [ˌsteriəskiːˈægrəfi] 立体X线照相术

stereospecific [ˌsteriəspəˈsifik] 立体特异性的

stereotactic [ˌsteriəˈtæktik] (stereo- + L. *tactus* touch) ❶脑功能区定位的; ❷立体确定手术的位置; ❸趋向性

stereotaxic [ˌsteriəˈtæksik] ❶脑功能区定位的; ❷趋向性的

stereotaxis [ˌsteriəˈtæksis] ❶脑立体定位手术; ❷趋向性

stereotaxy [ˌsteriəˈtæksi] 脑立体定位手术

stereotropic [ˌsteriəˈtrɔpik] 向异体的,向实体的,趋向性的

stereotropism [ˌsteriəˈtrɔpizəm] (stereo- + Gr. *typos* a turning) 向实(异)体性,亲实(异)体性

stereotypy [ˈsteriəˌtaipi] (stereo- + Gr. *typos* type) 刻极症

Stereum [ˈsteriəm] 韧革菌属

steric [ˈsterik] 空间中原子排列的; 立体化学的

sterigma [stiˈrigmə] (pl. *sterigmata*) (Gr. *sterigma* support) ❶担子柄; ❷梗

基(真菌), 叶座(种子植物)
Sterigmatocystis [ˌstiːˌrigmətəˈsistis] 拟曲霉属
Sterigmocytis [ˌstiˌrigməˈsistis] 拟曲霉属
sterilant [ˈsterilənt] 杀菌剂
sterile [ˈsteril] (L. *sterilis*) ❶不育的; ❷无菌的, 消毒的
sterility [stəˈriliti] (L. *sterilitas*) ❶不育, 不孕; ❷无菌
  absolute s. 绝对性不育
  female s. 女性不育
  male s. 男性不育
  one-child s. 一孩性不育症
  primary s. 原发性不育
  relative s. 相对性不育
  secondary s. 继发性不育
  two-child s. 两孩性不育
sterilization [ˌsterilaiˈzeiʃən] ❶灭菌, 消毒; ❷绝育
sterilize [ˈsterilaiz] ❶灭菌, 消毒; ❷绝育
sterilizer [ˈsteriˌlaizə] 灭菌器, 消毒器
Sterisil [ˈsterisil] 斯代瑞色:海克替丁的商品名
sternad [ˈstəːnəd] 向胸骨, 向胸骨面
sternal [ˈstəːnəl] (L. *sternalis*) 胸骨的
sternalgia [stəːˈnældʒiə] (stern- + -algia) ❶胸骨痛; ❷心绞痛
Sternberg's disease [ˈstəːnbəgz] (Carl von *Sternberg*, Australian pathologist, 1872-1935) 斯坦伯格氏病
Sternberg-Reed cells [ˈstəːnbəg riːd] (Carl von *Sternberg*; Dorothy *Reed*, American pathologist, 1874-1864) 斯-里二氏细胞
sternebra [ˈstəːnibrə] (pl. *sternbrae*) (sternum + vertebrae) 胸骨节
Sterneedle [ˈstəːniːdəl] 胸骨针
sternen [ˈstəːnən] 胸骨的
stern(o)- (L. *sternum*) 胸骨
sternoclavicular [ˌstəːnəkləˈvikjuːlə] 胸锁的
sternoclavicularis [ˌstəːnəkləˌvikjuːˈlæris] (L.) 胸锁的
sternocleidal [ˌstəːnəˈklaidəl] (sterno- + Gr. *kleis* key) 胸锁的
sternocleidomastoid [ˌstəːnəˌklaidəˈmæstɔid] 胸锁乳突的
sternocostal [ˌstəːnəˈkɔstəl] (sterno- + L. *costa* rib) 胸(骨)肋(骨)的

sternodymia [ˌstəːnəˈdimiə] 胸骨联胎畸形
sternodymus [stəːˈnɔdiməs] (sterno- + Gr. *didymos* twin) 胸骨联胎
sternodynia [ˌstəːnəˈdiniə] 胸骨痛
sternoglossal [ˌstəːnəˈglɔsəl] 胸骨与舌的
sternogoniometer [ˌstəːnəˌgəuniˈɔmitə] 胸骨测角器
sternohyoid [ˌstəːnəˈhaiɔid] 胸骨舌骨的
sternoid [ˈstəːnɔid] 胸骨样的
sternomastoid [ˌstəːnəˈmæstɔid] 胸骨乳突的
sternopagia [ˌstəːnəˈpeidʒiə] 胸骨联胎畸形
sternopagus [stəːˈnɔpəgəs] (Gr. *sternon* sternum + *pagos* thing fixed) 胸骨联胎
sternopericardial [ˌstəːnəˌperiˈkɑːdiəl] 胸骨心包的
sternoscapular [ˌstəːnəˈskæpjuːlə] 胸骨肩胛的
sternoschisis [stəːˈnɔskisis] (sterno- + Gr. *schisis* cleft) 胸骨裂(畸形)
sternothyreoideus [ˌstəːnəˌθiriˈɔidiəs] (L.) 胸骨甲状腺的, 胸骨甲状软骨的
sternothyroid [ˌstəːnəˈθairɔid] 胸骨甲状软骨的, 胸骨甲状腺的
sternotomy [stəːˈnɔtəmi] (sterno- + Gr. *tomē* a cutting) 胸骨切开术
sternotracheal [ˌstəːnəˈtreikiəl] (sterno- + trachea) 胸骨气管的
sternotrypesis [ˌstəːnətraiˈpiːsis] (sterno- + Gr. *trypēsis* trephination) 胸骨穿孔术
sternovertebral [ˌstəːnəˈvəːtəbrəl] 胸骨椎骨的
sternoxiphopagus [ˌstəːnəzaiˈfɔpəgəs] (sterno- + xiphoid process + Gr. *pagus* thing fixed) 胸骨剑突联胎
sternum [ˈstəːnəm] (L.; Gr. *sternon*) (NA) 胸骨
  cleft s. 纵向裂的胸骨
sternutation [ˌstəːnjuːˈteiʃən] (L. *sternutatio*) 喷嚏
sternutator [ˈstəːnjuːˌteitə] 催嚏剂, 催嚏物
sternutatory [stəːˈnjuːtətɔri] (L. *sternutatorius*) ❶催嚏的; ❷催嚏剂
sternzellen [ˈstəːnzelən] (Ger. "star cells") 星状细胞
steroid [ˈsterɔid] 甾(类), 甾族(化合物),

类固醇
anabolic a. 促蛋白合成类固醇
steroid 11 β-monooxygenase ['sterɔid ˌmɔnə'ɔksəɡədʒeis] (EC 1.14.15.4) 类固醇 11 β-单加氧酶
steroid 17 α-monooxygenase ['sterɔid ˌmɔnə'ɔksədʒəneis] (EC 1.14.99.9) 类固醇 17α-单加氧酶
steroid 21-monooxygenase ['sterɔid ˌmɔnə'ɔksədʒəneis] (EC 1.14.99.10) 类固醇 21-单加氧酶
steroidogenesis [stəˌrɔidə'dʒenəsis] 类固醇生成
steroidogenic [stə'rɔidə'dʒenik] 生成类固醇的,提高类固醇的作用
steroid sulfatase ['sterɔid 'sʌlfəteis] 硫酸脂酶类固醇
sterol ['sterɔl] (Gr. *stereos* solid + *-ol*) 甾醇,固醇
sterol O-acyltransferase ['sterɔl ˌeisəl'trænsfəreis] (EC 1.3.2.16) 胆固醇 O-乙酰基转移酶
sterol esterase [sterɔl 'estəreis] (EC 3.1.1.13) 脂酶
stertor ['stɔːtə] (L.) 鼾息,鼾声
stertorous ['stɔːtərəs] 鼾息样的,鼾的
steryl-sulfatase ['sterɔl'sʌlfəteis] (EC 3.1.6.2) 类固醇硫酸脂酶
steth- [steθ] 胸,胸部
stethacoustic [ˌsteθə'kuːstik] 听诊可闻的
stethalgia [ste'θældʒiə] 胸痛,胸壁痛
stetharteritis [ˌsteθɑːti'raitis] (Gr. *steth-* chest + *arteritis*) 胸部动脉炎
stethemia [ste'θiːmiə] (*steth-* + Gr. *haima* blood + *-ia*) 肺充血
stethendoscope [steθ'endəskəup] (*steth-* + Gr. *endon* within + *skopein* examine) 胸 X 线透视器
steth(o)- (*stēthos-* chest) 胸
stethocyrtograph [ˌsteθə'sɜːtəɡrɑːf] 胸廓曲度描计器
stethogoniometer [ˌsteθəˌɡəuni'ɔmitə] (*stetho-* + Gr. *gōnia-* angle + *metron* measure) 胸廓曲度计
stethograph ['steθəɡrɑːf] (*stetho-* + Gr. *graphein* to write) 胸动描记器
stethography [ste'θɔɡrəfi] (*stetho-* + *graphy*) 胸动描计法
stethokyrtograph [ˌsteθə'kɜːtəɡrɑːf] (*stetho-* + Gr. *kyrtes* bent + *graphein* to write) 胸廓曲度描计器
stethometer [ste'θɔmitə] 胸围计
Stethomyia [ˌsteθə'maijə] 按蚊的一个亚属
stethomyitis [ˌsteθəmai'aitis] 胸肌炎
stethomyositis [ˌsteθəˌmaiə'saitis] 胸肌炎
stethoparalysis [ˌsteθəpə'rælisis] 胸肌麻痹
stethophone ['steθəfəun] (*stetho-* + Gr. *phōnē* voice) ❶胸传音听诊器;❷听诊器
stethophonometer [ˌsteθəfə'nɔmitə] (*stetho-* + Gr. *phōnē* voice + *metron* measure) 胸音计,听诊测音器
stethopolyscope [ˌsteθə'pɔliskəup] (*stetho-* + Gr. *polys* many + *skopein* to examine) 多管听诊器
stethoscope ['steθəskəup] 听诊器
 binaural s. 双耳听诊器
 Cammann's s. 加曼氏听诊器
 DeLee-Hillis obstetric s. 产科听诊器
 differential s. 鉴别听诊器
 electronic s. 电子听诊器
 esophageal s. 食管听诊器
 Leff s. 莱福听诊器
stethoscopic [ˌsteθə'skɔpik] 听诊器的,用听诊器听的
stethoscopy [ste'θɔskəpi] 听诊器检查
stethospasm ['steθəspæzəm] 胸肌痉挛
Stevens-Johnson syndrome ['stiːvənz dʒɔnsən] (Albert Mason *Stevens*, American pediatrician, 1884-1945; Frank Chambliss *Johnson*, American pediatrician, 1894-1934) 史-约二氏征
Stewart-Holmes sign ['stjuːət həumz] (Purves *Steward*, English physician, 1869-1949; Eric Gordon *Holms*, English neurologist, 1876-1965) 斯-霍二氏征,回弹或回缩现象
Stewart-Treves syndrome ['stjuːət triːvz] (Fred Waldorf *Stewart*, American physician, born 1894; Norman *Treves*, American physician, 20th century) 斯-特二氏综合征
sthenia ['sθiːniə] (Gr. *sthenos* + *-ia*) 强壮,壮健,有力和活动
sthenic ['sθiːnik] 强壮的,有力的

sthen(o)- (Gr. *sthenos* strength) 强壮的

sthenometry [sθe'nɔmitri] (*stheno-* + Gr. *metron* measure) 体力测量法

STI (systolic time intervals 的缩写) 收缩间期

stibialism ['stibiəlizəm] (L. *stibium* antimony) 锑中毒

stibiated ['stibi,eitid] 含锑的

stibium ['stibiəm] (L.) 锑

stibocaptate [,stibə'kæpteit] (BAN) 二巯基琥珀酸锑钠

stibophen ['stibəfən] 葡萄糖酸锑钠

Sticker's disease ['stikəz] (George *Sticker*, German hygienist, 1860-1960) 施迪克氏病

Stieda's disease ['sti:dəz] (Alfred *Stieda*, German hygienist, 1860-1960) 施提达氏病

Stieda's process ['sti:dəz] (Ludwig *Stieda*, German anatomist, 1837-1918) 施提达氏突, 距骨后突

Stierlin's sign ['stiəlinz] (Eduard *Stierlin*, German surgeon, 1878-1919) 施提尔林氏征

stiffness ['stifnis] 坚硬性, 抗扰性, 稳定性
  chamber s. 心室硬化

stifle ['staifl] 后膝髌

stigma ['stigmə] (pl. *stigmas* or *stigmata*) (Gr. "mark") ❶特征; ❷小斑; ❸出血病灶; ❹柱头; ❺眼点
  follicular s. 卵泡斑
  Giuffrida-Ruggieri s. 朱-鲁二氏特征
  malpighians s's 马耳皮基氏小孔

stigmal ['stigməl] 特征的, 小斑的

stigmasterol [stig'mæstərɔl] 豆甾醇, 豆固醇

stigmata ['stigmətə] (Gr.) 特征, 小斑, 出血病灶, 柱头, 眼点。*stigma* 的复数形式

stigmatic [stig'mætik] ❶特征的; ❷小斑的; ❸病灶的; ❹柱头的; ❺眼点的

stigmatism ['stigmətizəm] ❶有小斑状态; ❷折光正常, 正视

stigmatodermia [,stigmətə'də:miə] (Gr. *stigma* mark + *derma* skin) 棘细胞层病

stigmatometer [,stigmə'tɔmitə] (Gr. *stigma* point + *-meter*) 视网膜检眼镜, 检视器

stilalgin [sti'lældʒin] 甲酚甘油醚, 甲奈丙纯, 口麦酚生

Stilbaceae [stil'beisii:] 束梗孢目的半知真菌的一个科

stilbazium iodide [stil'bæziəm] 司替己碘, 驱螨灵

stilbene ['stilbi:n] 二苯乙烯, 芪

stilbestrol [stil'bestrɔl] 乙烯雌酚

stilet [sti'let] (Fr. *stilette*) 细探子

stilette [sti'let] (Fr.) 空心针

Still's disease ['stilz] (Sir George Frederick *Still*, English physician, 1868-1941) 斯提耳氏病

Still-Chauffard syndrome [stil ʃəu'fɑ:] (Sir G. F. *Still*; Anatole Marie Emile *Chauffard*, French physician, 1855-1932) 斯-肖二氏综合征

stillbirth ['stilbə:θ] 死产

stillborn ['stilbɔ:n] 死产的

Stiller's rib ['stiləz] (Berthold *Stiller*, Hungarian physician, 1837-1922) 斯提勒尔氏肋骨

stillicidium [,stili'sidiəm] (L. *stilla* drop + *cadere* to fall) 滴流或泪溢
  s. narium 鼻漏, 鼻卡他
  s. urinae 尿意窘迫, 痛性尿淋沥

Stilling's canal ['stiliŋz kə'næl] (Benedict *Stilling*, German anatomist, 1810-1879) 施提林氏管

Stilling's syndrome ['stiliŋz] (Jacob *Stilling*, German ophthalmologist, 1810-1879) 施提林氏综合征

Stilling-Türk-Duane syndrome ['stiliŋ tə:k dwein] (J. *Stilling*; Siegmund *Türk*, Swiss ophthalmologist, late 19th century; Alexander *Duane*, American ophthalmologist, 1858-1926) 斯-提-杜三氏综合征

Stilphostrol [stil'fɔstrɔl] 斯代弗丝卓: 二磷酸乙烯雌粉之商品名

stilus ['stiləs] (pl. *stili*) (L.) 细探子

Stimate ['stimeit] 斯代米特: 醋酸去氨加压素的商品名

Stimson's method ['stimsənz] (Lewis A. *Stimson*, American surgeon, 1844-1917) 史汀森氏法

stimulant ['stimju:lənt] (L. *stimulans*) ❶引起兴奋的, 刺激的; ❷兴奋剂, 刺激

剂
   central s. 中枢兴奋剂
   cerebral s. 大脑兴奋剂
   diffusible s. 迷散性兴奋剂
   general s. 全身兴奋剂
   local s. 局部兴奋剂
   nervous s. 神经兴奋剂
   spinal s. 脊髓兴奋剂
   topical s. 局部兴奋剂
   uterine s. 子宫兴奋剂
   vascular s., vasomotor s. 血管兴奋剂, 血管运动兴奋剂
stimulate ['stimju:leit] 兴奋, 刺激, 激发功能活动
stimulation [ˌstimjuːˈleiʃən] (L. *stimulatio*, from *stimulare* to goad) 兴奋, 刺激(作用), 受刺激的情况
   areal s. 大面积刺激
   audio-visual-tactile s. 听视触觉刺激
   functional electrical s. (FES) 功能电刺激
   nonspecific s. 非特异刺激
   paradoxical s. 反常刺激
   paraspecific s. 非特异刺激
   punctual s. 单点刺激
   repetitive nerve s. 重复神经刺激
   transcutaneous electrical nerve s. (TENS), **transcutaneous nerve s.** (TNS) 经皮肤电神经刺激
stimulator ['stimju:leitə] ❶ 刺激质; ❷ 刺激器
   Bimler s. 毕姆勒氏刺激器
   electronic s. 电刺激器
   human thyroid adenylate cyclase s's (HTA-CS) 促甲状腺免疫球蛋白
   long-acting thyroid s. (LATS) 长效甲状腺刺激素
stimuli ['stimjulai] 刺激物, 刺激。*stimulus* 的复数
stimulon ['stimjulɔn] 促病毒(繁殖)素
stimulus ['stimjuləs] (pl. *stimuli*) (L. "goad") 刺激物, 刺激
   adequate s. 适宜刺激物
   aversive s. 后抑刺激
   chemical s. 化学刺激物
   conditioned s. 条件刺激物
   discriminative s. 识别性刺激
   electric s. 电刺激物
   eliciting s. 诱发刺激
   heterologous s. 异种刺激物
   heterotopic s. 异位刺激物
   homologous s. 同种刺激物
   liminal s. 阈刺激物
   maximal s. 近阈刺激物
   mechanical s. 机械刺激物
   nomotopic s. 正位刺激物
   patterned s. 刺激范型
   reinforcing s. 加强刺激
   subliminal s. 阈下刺激物
   subthreshold s. 阈下刺激物
   supraliminal s. 阈上刺激物
   supramaximal s. 超阈刺激物
   suprathreshold s. 阈上刺激物
   threshold s. 阈刺激物
   unconditioned s. 非条件刺激物
sting [stiŋ] 蜇伤
   Irukandji s. 艾如凯依蜇伤
Stipa viridula ['stipə viridjulə] 粗状针茅, 催眠草
stippling ['stipliŋ] (Dutch *stippelen* to keep spotting) 点彩
   epiphyseal s. 骺点彩
   gingival s. 牙龈点彩
   malarial s. 疟点彩
   Maurer's s. 穆瑞点彩
   Schüffner's s. 舒夫那点彩
stirofos ['stirəfəs] 可替灭磷
stirpicultural [ˌstəːpiˈkʌltʃərəl] 优生法的, 优生繁殖的
stirpiculture ['stəːpiˌkʌltʃə] (L. *stirps* stock + *culture*) 优生法, 优生繁殖
stirrup ['stirəp] ❶ 镫; ❷ 镫骨
   Finochietto's s. 牵引镫
stitch [stitʃ] ❶ 缝; ❷ 缝一针; ❸ 刺痛
stochastic [stəˈkæstik] (Gr. *stochastikos* conjecturing) 属于随机过程
stoechiology [ˌstekiˈɔlədʒi] 细胞生理学
Stoerk's blennorrhea [stəːks] (Carl *Stoerk*, Austrian laryngologist, 1832-1899) 施特尔克氏脓溢
stoichiology [ˌstɔikiˈɔlədʒi] (Gr. *stoicheion* element + *-logy*) 细胞生理学
stoichiometry [ˌstɔikiˈɔmitri] (Gr. *stoicheion* element + *-metry*) 化学计算学, 化学计量学
stoke [stəuk] 沱: 运动粘度单位

Stokes' amputation [stəuks] (Sir William *Stokes*, Irish surgeon, 1839-1900) 斯托克斯氏切断术

Stokes' collar [stəuks] (William *Stokes*, Irish physician, 1804-1878) 斯托克斯氏颈圈

Stokes-Adams attack [stəuks 'ædəmz] (William *Stokes*; Robert *Adams*, Irish physician, 1791-1875) 斯-亚二氏发作

Stokvis' test ['stɔkvis] (Barend Joseph E. *Stokvis*, Dutch physician, 1834-1902) 斯托克维斯氏试验

Stokvis-Talma syndrome ['stɔkvis 'tælmə] (B. J. E. *Stokvis*; Sape *Talma*, Dutch physician, 1847-1918) 斯-塔二氏综合征

stolon ['stɔlɔn] (L. *stolon*, gen. *stolonis* shoot) 发

stoma ['stəumə] (pl. *stomas* or *stomata*) (Gr. "mouth") ❶口；❷腹壁口

stomacace [stə'mækəsi] (Gr. *stoma* mouth + *kakē* badness) 溃疡性口炎

stomach ['stʌmək] (L. *stomchus*; Gr. *stomachos*) ❶胃；❷无脊椎动物的中肠
  aberrant umbilical s. 脐部胃迷离
  bilocular s. 葫芦胃，沙漏胃
  cardiac s. 胃贲门部
  cascade s. 瀑布形胃
  cup-and-spill s. 杯溢胃
  dumping s. 胃倾倒症
  hourglass s. 葫芦胃
  leather bottle s. 皮革状胃
  miniature s. 微型胃
  Pavlov's s. 巴甫洛夫(小)胃
  sclerotic s. 硬化胃，皮革状胃
  thoracic s. 胸位胃
  trifid s. 三腔胃
  upside-down s. 高位胃，胸位胃
  waterfall s. 瀑布形胃

stomachal ['stʌməkəl] 胃的

stomachalgia [ˌstʌmə'kældʒiə] 胃痛

stomachic [stə'mækik] (L. *stomachicus*; Gr. *stomachikos*) ❶胃痛；❷胃痛药

stomachodynia [ˌstʌməkə'diniə] (*stomach* + Gr. *odynē* pain + -*ia*) 胃痛

stomadeum [ˌstəumə'di:əm] 口道，口凹

stomal ['stəuməl] 口的, 小孔的

stomalgia [stə'mældʒiə] 口腔痛

stomata ['stəumətə] (Gr.) ❶口；❷腹壁口。*stoma* 的复数形式

stomatal ['stəumətəl] 小孔的

stomatalgia [ˌstəumə'tældʒiə] 口腔痛

stomatic [stə'mætik] 口的

stomatitides [ˌstəumə'taitidiz] 口炎。*stomatitis* 的复数形式

stomatitis [ˌstəumə'taitis] (pl. *stomatitides*) (*stomato-* + -*itis*) 口炎
  allergic s. 变应性口炎
  angular s. 口角炎
  aphthobullous s. 口疮大疱性炎，口蹄疫
  s. aphthosa, aphthous s. 口疮性口炎，疱疹性口炎
  s. arsenicalis 砷毒性口炎
  bismuth s. 铋毒性口炎
  bovine papular s. 痘病畜口疫
  catarrhal s. 卡他性口炎
  contact s. 接触性口炎
  denture s. 托牙口炎
  epidemic s. epizootic s.，流行性口炎，兽疫性口炎
  erythematopultaceous s. 红斑软烂性口炎
  s. exanthematica 疹性口炎
  fusospirochetal s. 梭状螺旋菌口炎，溃疡坏死性口炎
  gangrenous s. 坏疽性口炎，走马疳
  gonococcal s. 淋菌性口炎
  gonorrheal s. 淋菌性口炎
  herpetic s. 疱疹性口炎，口溃疡
  infectious s. 传染性口炎
  s. intertropica 热带性口炎
  lead s. 铅毒性口炎
  s. medicamentosa 药物性口炎
  membranous s. 膜性口炎
  mercurial s. 汞毒性口炎
  mycotic s. 鹅口疮，霉菌性口炎
  s. nicotina 烟碱口炎
  nonspecific s. 非特异性口炎
  recurrent aphthous s. 复发口腔性口炎
  s. scarlatina 腥红热口炎
  s. scorbutica 坏血病口炎
  syphilitic s. 梅毒性口炎
  tropical s. 热带性口炎，口炎性腹泻
  ulcerative s. 溃疡性口炎
  ulcerative s. of sheep 溃疡性口炎
  uremic s. 尿毒症口炎
  s. venenata 毒性口炎

vesicular s. ①水疱性口炎,疱疹性口炎; ②兽疱疹性口炎

Vincent's s. 急性溃疡坏死性口炎

stomat(o)- (Gr. *stoma*, gen. *stomatos* mouth) 口,口腔

stomatocace [ˌstəumə'tɔkəsi] (*stomato-* + Gr. *kakē* badness) 溃疡性口炎

stomatocyte ['stəumətəsait] 裂红细胞

stomatocytosis [ˌstəumətəsai'təusis] 裂红细胞症

stomatodynia [ˌstəumətə'diniə] (*stomato-* + Gr. *odynē* pain) 口腔痛,口痛

stomatodysodia [ˌstəumətədi'sodiə] (*stomato-* + Gr. *dysōdia* stench) 口臭

stomatogenesis [ˌstəumətə'dʒenəsis] (*stomato-* + Gr. *genna* to produce) 口腔形成

stomatoglossitis [ˌstəumətəglɔ'saitis] 口舌炎

stomatognathic [ˌstəumətɔg'næθik] (*stomato-* + Gr. *gnathos* jaw) 口颌的

stomatography [ˌstəumə'tɔgrəfi] (*stomato-* + Gr. *graphein* to write) 口腔论

stomatolalia [ˌstəumətə'leiliə] 鼻塞语音

stomatological [ˌstəumətə'lɔdʒikəl] 口腔的

stomatologist [ˌstəumə'tɔlədʒist] 口腔学家

stomatology [ˌstəumə'tɔlədʒi] (*stomato-* + *-logy*) 口腔学

stomatomalacia [ˌstəumətəmə'leiʃiə] (*stomato-* + Gr. *malakia* softness) 口腔软化

stomatomenia [ˌstəumətə'mi:niə] (*stomato-* + Gr. *mēniaia* menses) 月经期口腔出血

stomatomy [stə'mætəmi] (*stoma-* + Gr. *tomē* a cutting) 子宫口切开术

stomatomycosis [ˌstəumətəmai'kəusis] (*stomato-* + Gr. *mykēs* fungus) 口霉菌病

stomatopathy [ˌstəumə'tɔpəθi] (*stomato-* + Gr. *pathos* suffering) 口(腔)病

stomatoplastic [ˌstəumətə'plæstik] 口腔成形的,子宫成形的

stomatoplasty ['stəumətəˌplæsti] (*stomato-* + Gr. *plassein* to mold) 口腔或子宫成形术

stomatorrhagia [ˌstəumətə'reidʒiə] (*stomato-* + Gr. *rhēgnynai* to burst forth) 口腔出血

s. gingivarum 牙龈出血

stomatoschisis [ˌstəumə'tɔskisis] (*stomato-* + Gr. *schisis* split) 口裂,唇裂

stomatoscope [stəu'mætəskəup] 口腔镜

stomatotomy [ˌstəumə'tɔtəmi] 子宫口切开术

stomencephalus [ˌstəumen'sefələs] 头颌不全长嘴畸胎

stomenrrhagia [ˌstəumen'reidʒiə] (Gr. *stoma* mouth + *rhegnynae* to burst forth) 口出血

stomion ['stəumiən] (Gr. *stomion*, dim. of *stoma* mouth) 口点

stom(o)- 口,子宫颈外口

stomocephalus [ˌstəumə'sefələs] (*stomo-* + Gr. *kephalē* head) 头颌不全长嘴畸胎

stomodeal [ˌstəumə'di:əl] 口道的,口凹的

stomodeum [ˌstəumə'di:əm] 口道,口凹

stomoschisis [stəu'mɔskisis] (*stomo-* + Gr. *schsis a* splitting) 口裂

Stomoxys [stɔ'mɔksis] 螫蝇属

S. bouffardi 鲍氏螫蝇

S. calcitrans 厩螫蝇

-stomy (Gr. *stoma* mouth) 造口术,吻合术

stone [stəun] ❶石,结石;❷石:英制重量单位;❸磨石

bladder s. 膀胱石

blue s. 胆矾

chalk s. 痛风石,关节石

dental s. 人造石

kidney s. 肾石

lung s. 肺石

metabolic s. 代谢性结石,胆甾醇石

pulp s. 髓石

salivary s. 涎石

s. -searcher 结石探杆

skin s's 皮肤结石

staghorn s. 鹿角形石

struvite s. 鸟粪石(硫酸铵镁结石)

tear s. 泪(腺)石

vein s. 静脉石

womb s. 子宫石

Stookey's reflex [stu:kiz] (Byron Polk *Stookey*, American neurologic surgeon, 1887-1966) 斯图基氏反射

stool [stu:l] 粪

bilious s. 胆汁粪

caddy s. 黑色泥状粪

fatty s. 脂粪
lienteric s. 不消化粪
mucous s. 粘液粪
pea soup 豌豆汤样粪
pipe-stem s. 烟管状粪
ribbon s. 带状粪
rice-water s's 米泔汁样粪
sago-grain s. 西米样粪
silver s. 银色粪
spinach s. 菠菜绿粪
stop [stɔp] ❶停止,终止;❷中止,阻止,中断;❸阻止前进或进展的方法和装置
  centric s. 牙邻接面
  occlusal s. 休止颌,休止咬合
storax ['stɔːræks] (L. *storax*, *styrax* from Gr. *styrax*) (USP) 苏合香
storiform ['stɔːrifɔːm] (L. *storea*, *storia* a rush mat + *form*) 席纹状
storm [stɔːm] 暴发,发作
  thyroid s., thyrotoxic s. 甲状腺危象
Storm van Leeuwen chamber [stɔːm væn 'leivən] (William *Storm van Leeuwen*, Dutch pharmacologist, 1882-1933) 斯托姆·范·勒文氏室
Stoxil ['stɔksil] 疱疹净
STP (standard temperature and pressure 的缩写) ❶标准温度和压力;❷二甲氧基苯异丙胺
strabismal [strə'bizməl] 斜视的,斜眼的
strabismic [strə'bizmik] 斜视的,斜眼的
strabismology [ˌstrəbiz'mɔlədʒi] 斜视学
strabismometer [strəbiz'mɔmitə] (*strabismus* + *-meter*) 斜视计
strabismometry [ˌstrəbiz'mɔmitri] 斜视测量术
strabismus [strə'bizməs] (Gr. *strabismus* a squinting) 斜视,斜眼
  absolute s. 绝对性斜视
  accommodative s. 调节性斜视
  alternating s., bilateral s., binocular s. 交替性斜视,两侧斜视
  comitant s., concomitant s. 共同性斜视
  constant s. 恒定斜视
  convergent s. 会聚性斜视,内斜视
  cyclic s. 周期性斜视,间歇性斜视
  s. deorsum vergens 下斜视
  divergent s. 散开性斜视,外斜视
  external s. 外斜视
  incomitant s. 非共同性斜视
  intermittent s. 间歇性斜视
  internal s. 内斜视
  kinetic s. 运动过强性斜视
  latent s. 潜伏性斜视,隐斜视
  manifest s. 显斜视
  mechanical s. 机械性斜视
  monocular s., monolateral s. 单眼斜视,单侧斜视
  muscular s. 肌性斜视,共同性斜视
  noncomitant s., nonconcomitant s. 非共同性斜视
  nonparalytic s. 非麻痹性斜视
  paralytic s. 麻痹性斜视
  s. sursum vergens 上斜视
  unilateral s., uniocular s. 单侧斜视,单眼斜视
  vertical s. 垂直(向)斜视
strabometer [strə'bɔmitə] 斜视计
strabometry ['stræbəmitri] 斜视测量术
strabotome ['stræbətəum] 斜视刀
strabotomy [strə'bɔtəmi] (Gr. *strabos* squinting + *-tomy*) 斜视手术
Strachan's syndrome [strɔːnz] (William Henry Williams *Strachan*, British physician, 1857-1921) 斯特朗氏综合征
Strachan-Scott syndrome [strɔːn skɔt] (W. H. W. *Strachan*; Sir Henry Harold *Scott*, British physician, 1874-1956) 斯-司二氏综合征
stranhlen ['strælən] (Ger. "streaming", "ray") 浆虫亚纲原虫
strain [strein] ❶劳损,过劳;❷过度用力或运动过度;❸肌牵过度,肌用力过度;❹滤过;❺加压变形;❻株,特种
  cell s. 细胞株
  heterologous s. 异株
  high-jumper's s. 跳高劳损
  homologous s. 同株
  reference s. 参照株
  resistant s. 抵抗株
  R s. 粗糙株
  S s. 平滑株
  Vi s. 毒性菌株
  wild-type s. 野生型菌株
strainer ['streinə] 滤过器
strait [streit] 窄口
  pelvic s., inferior 骨盆下口,骨盆出口

pelvic s., superior 骨盆上口,骨盆入口
straitjacket [streit'dʒækit] 约束衣
stramonium [strə'məniəm] 曼陀萝
strand [strænd] 丝条,线或纤维
  Billroth's s's 脾小梁
  lateral enamel s. 侧外丝条,外侧牙板
strangalesthesia [,stræŋgələs'θizɪə] (Gr. *strangalizein* to choke + *aisthēsis* perception + *-ia*) 束带状感觉,束勒感
strangle ['stræŋgl] (L. *strangulare*) 绞窄,使窒息
strangles ['stræŋglz] ❶传染性卡他;❷腺疫
strangulated ['stræŋgju'leitid] (L. *strangulatus*) 绞窄的
strangulation [,stræŋgju'leiʃən] (L. *strangulatio*) ❶勒颈,勒颈窒息;❷绞窄
stranguria [stræŋ'gjuriə] 痛性尿淋沥
strangury ['stræŋgjuri] (Gr. *stranx* drop + *ouron* urine) 痛性尿淋沥
strap [stræp] ❶带,条;❷绑扎紧
  crib s. 马颈护带
  Montgomery s's 蒙哥马利氏带
strapping ['stræpiŋ] 绑扎法
  Gibney's s. 吉布内氏绑扎法
Strasburger's cell plate ['stræzbə:gəz] (Eduard Adlof *Strasburger*, German botanist, 1844-1912) 施特腊斯堡格氏细胞板
Strassburg's test ['stræsbə:gz] (Gustav Adolf *Strassburg*, German physiologist, 19th century) 施特腊斯堡氏试验
strata ['streitə] (L.) 层。*stratum* 的复数形式
stratification [,strætifi'keiʃən] (L. *stratum* layer + *facere* to make) 分层
stratified ['strætifaid] 分层
stratiform ['strætifɔ:m] (L. *startum* lay + Gr. *forma* form) 层状的
stratigram ['strætigræm] 局部 X 射线照片
stratigraphy [strə'tigrəfi] (L. *stratum* layer + Gr. *graphein* to make) 体层 X 光照相术,断层 X 光照相术
stratum [streitəm] (pl. *strata*) (L.) (NA) 层
  s. adamantinum 釉质层
  s. basale 基底层

  s. basale epidermidis (NA) 表皮基底层
cerebral s. of retina, s. cerebrale retinae 视网膜神经层
  s. cinereum 小脑灰质层
  s. circulare gastris (NA) 胃环层肌
  s. circulare membranae tympani 鼓膜环层
  s. circulare tunicae muscularis coli (NA) 结肠肌织膜环层
  s. circulare tunicae muscularis intestini tenuis (NA) 小肠肌织膜环层
  s. circulare tunicae muscularis recti (NA) 直肠肌织膜环层
  s. clrculare tunicae muscularis ventriculi (NA) 胃肌织膜环层
  s. circulare ventriculi 胃环层肌
strata colliculi rostralis 上丘层
strata colliculi superioris 上丘层
  s. compactum 致密层
  s. corneum epidermidis (NA) 表皮角质层
  s. corneum unguis (NA) 甲角质层
  s. cutaneum membranae tympani (NA) 鼓膜皮肤层
  s. cylindricum epidermidis 表皮圆柱细胞层
  s. eboris 象牙质,牙(本)质
  s. externum tunicae muscularis ductus deferentis 输精管肌织膜外层
  s. externum tunicae muscularis vesicae urinariae 膀胱肌织膜外层
  s. fibrosum capsulae articularis (NA) 关节囊纤维层,关节囊纤维膜
  s. fibrosum vaginae tendinis (NA) 腱鞘纤维层
  s. functionale 机能层
  s. ganglionare nervi optici 视神经节细胞层
  s. ganglionare retinae 视网膜节细胞层
ganglionic s. of optic nerve 视神经节细胞层
ganglionic s. of retina 视网膜节细胞层
  s. germinativum, s. germinativum epidermidis (Malpighii) 表皮生发层
  s. germinativum unguis (NA) 甲生发层
  s. granulosum cerebelli (NA) 小脑颗粒层
  s. granulosum epidermidis (NA) 表皮粒

细胞层
s. granulosum folliculi oophori vesiculosi 泡状软泡粒层,卵巢滤泡滤层
strata grisea et alba colliculi cranialis 上丘层
strata (grisea et alba) colliculi rostralis 上丘层,上丘灰质和白质层
strata (grisea et alba) colliculi superioris (NA)上丘层,上丘灰质和白质层
s. intermedium 中间层
s. lacunosum 腔隙层
s. lemnisci 丘系层,橄榄间丘系层
s. longitudinale gastris (NA) 胃肌织膜纵层
s. longitudinale tunicae muscularis coli (NA) 结肠肌织膜纵层
s. longitudinale tunicae muscularis intestini tenuis (NA) 小肠肌织膜纵层
s. longitudinale tunicae muscularis recti (NA) 直肠肌织膜纵层
s. longitudinale muscularis ventriculi (NA) 胃肌织膜纵层
s. longitudinale ventriculi (NA) 胃纵层
s. lucidum epidermidis (NA) 表皮透明层
s. lucidum hippocampi 海马透明层
s. malpighii 生发层
s. medium tunicae muscularis ductus deferentis 输精管肌织膜中层
s. medium tunicae muscularis ureteris 子宫肌织膜中层
s. medium tunicae muscularis vesicae urin-ariae 膀胱肌织膜中层
s. moleculare cerebelli (NA) 小脑分子层
s. moleculare hippocampi 海马分子层
s. mucosum membranae tympani 鼓膜粘膜层
neuroepitelia s. of retina, s. neuroepitheliale retinae 视网膜神经上皮层
s. neuronorum piriformium (NA) 裂状神经元层
s. opticum 视层
s. oriens 起层
s. papillare corii, s. papillare cutis 真皮乳头层
pigmented s. of ciliary body 睫状体色素层

pigmented s. of iris 虹膜色素层
pigmented s. of retina 视网膜色素层
s. pigmenti bulbi oculi 眼球色素层
s. pigmenti corporis ciliaris 睫状体色素层
s. pigmenti iridis 虹膜色素层
s. pigmenti retinae 视网膜色素层
s. plexiforme cerebelli 小脑丛状层,小脑分子层
s. Purkinje 裂状神经元层
s. pyramidale 锥体(细胞)层
s. radiatum hippocampi 海马放线层
s. radiatum membranae tympani 鼓膜辐射层
s. reticulare corii (NA) 真皮网状层
s. reticulare cutis 真皮网状层
s. reticulare dermidis (NA) 真皮网状层
s. spinosum epidermidis (NA) 真皮棘层,表皮生发层
s. spongiosum 子宫海绵层
s. submucosum 粘膜下层,血管下层
submucous s. of bladder 膀胱粘膜下层
submucous s. of colon 结肠粘膜下层
submucous s. of rectum 直肠粘膜下层
submucous s. of small intestine 小肠粘膜下层
submucons s. of stomach 胃粘膜下层
s. subserosum 浆膜下层
s. subvasculare 血管下层,粘膜下层
s. supravasculare 血管上层,粘膜上层
s. synoviale capsulae articularis (NA) 关节囊滑膜层
s. synoviale vaginae tendinis (NA) 腱鞘滑膜层
s. vasculare 血管层
white s. of quadrigeminal body, deep 四叠体深白层
s. zonale 带状层
s. zonale thalami (NA) 丘脑带状层
Straus' reaction [straus] (Isidore *Straus*, French physician, 1845-1896) 斯特劳斯反应
Strauss' sign [straus] (Hermann *Strauss*, German physician, 1868-1944) 斯特劳斯征
streak [stri:k] 线,纹,条,划痕
angioid s's 血管样纹
fatty s. 脂肪纹

germinal s. 胚线,原条
Knapp's s's 蔡普氏线
medullary s. 脊髓沟,神经沟
meninigitic s. 脑膜炎划痕
Moore's lightning s's 穆尔氏亮线
primitive s. 原条,原线

stream [striːm] 流(水流,气流)
axial s. 轴流
blood s. 血流
electron s. 电子流
hair s's 毛浪,毛流

streaming ['striːmiŋ] 流
cytoplasmic s., protoplasmic s. 胞质流

streblomicrodactyly [ˌstreblǝˌmaikrǝ'dæktǝli] (Gr. *streblos* twisted + *mikros* small + *daktylos* finger) 小指弯曲

strength [streŋθ] ❶ 强度; ❷ 韧力
electric field s. 电场强度
ionic s. 离子强度
muscle s. 肌力
yield s. 变形力

strephenopodia [ˌstrefǝnǝ'pǝudiǝ] (*streph-* + Gr. *en* in + *pous* foot) 足内翻

strephexopodia [ˌstrefeksǝ'pǝudiǝ] (*streph-* + Gr. *exō* out + *pous* foot) 足外翻

streph(o)- (Gr. *strephein* to twist) 扭转, 倒转

strephopodia [ˌstrefǝ'pǝudiǝ] 马蹄足

strephosymbolia [ˌstrefǝsim'bɔliǝ] ❶ 视像倒反; ❷ 读字倒反

strephotome ['strefǝtǝum] (Gr. *strephein* to wrist + *temmein* to cut) 螺钻形刀

strepitus ['strepitǝs] 杂音,噪音(听诊音)

strepogenin [ˌstrepǝ'dʒenin] 蛋白促生长肽

streptamine ['streptǝˌmiːn] 链霉胺

Streptase ['strepteis] 链酶

streptavidin [strep'tævidin] 细菌蛋白

strepticemia [ˌstrepti'siːmiǝ] 链霉菌菌血症

streptidine ['streptidain] 链霉胍

strept(o)- (Gr. *streptos* twisted) ❶扭转; ❷链球菌

streptoangina [ˌstreptæn'dʒainǝ] 链球菌性咽峡炎

streptobacilli [ˌstreptǝbǝ'sili] 链杆菌。 streptobacillus 的复数形式

Streptobacillus [ˌstreptǝbǝ'silǝs] (*strepto-* + *bacillus*) 链杆菌属
S. **moniliformis** 念珠状链杆菌

streptobacillus [ˌstreptǝbǝ'silǝs] (pl. *streptobacilli*) 链杆菌

streptobiosamine [ˌstreptǝbai'ɔsǝmiːn] 链霉二糖胺

streptocerciasis [ˌstreptǝsǝ'kaiǝsis] 链尾线虫病

Streptococcaceae [ˌstreptǝkɔ'keisiiː] 链球菌族

streptococcal [ˌstreptǝ'kɔkǝl] 链球菌的

streptococcemia [ˌstreptǝkɔk'siːmiǝ] (*streptococcus* + Gr. *haima* blood + *-ia*) 链球菌菌血症

streptococci [ˌstreptǝ'kɔksai] 链球菌。 streptococcus 的复数形式

streptococcic [ˌstreptǝ'kɔksik] 链球菌的

streptococcicide [ˌstreptǝ'kɔksisaid] 杀链球菌药

streptococcolysin [ˌstreptǝkǝ'kɔlisin] 链球菌溶血素

streptococcosis [ˌstreptǝkǝ'kǝusis] 链球菌病

Streptococcus [ˌstreptǝ'kɔkǝs] (*strepto-* + Gr. *kokkos* berry) 链球菌属
S. **acidominimus** 少酸链球菌
S. **agalactiae** 无乳链球菌
S. **anaerobius** 厌氧链球菌
S. **anginosus** 咽峡炎链球菌
S. **avium** 鸟链球菌
S. **bovis** 牛链球菌
S. **cremoris** 乳脂链球菌
S. **epidemicus** 流行病链球菌
S. **equi** 马链球菌
S. **equinus** 马肠链球菌
S. **equisimilis** 似马链球菌
S. **erysipelatis** 丹毒链球菌
S. **faecalis** 粪链球菌
S. **faecium** 粪链球菌
S. **foetidus** 恶臭链球菌
S. **hemolyticus** 溶血性链球菌
S. **lacticus**, S. **lactis** 乳链球菌
S. **lanceloatus** 矛形链球菌
S. **mastitidis** 无乳链球菌
S. **micros** 小链球菌
S. **mitis** 缓症链球菌
S. **mutans** 突变链球菌
S. **pneumoniae** 肺炎链球菌

S. pyogenes 化脓链球菌
S. salivarius 唾液链球菌
S. sanguis 血链球菌
S. scarlatinae 猩红热链球菌
S. thermophilus 嗜热链球菌
S. uberis 乳房链球菌
S. viridans 草绿色链球菌
S. zooepidemicus 兽疫链球菌

streptococcus [ˌstreptəˈkɔkəs] (pl. *streptococci*) 链球菌
  alpha s. 甲型链球菌
  anhemolytic s. 非溶血性链球菌
  beta s. 乙型链球菌,溶血性链球菌
  gamma s. 丙型链球菌
  group A, B, C streptococci A,B,C 族链球菌
  hemolytic s. 溶血性链球菌
  indifferent s. 非溶血性链球菌
  s. MG MG 链球菌
  nonhemolytic s. 非溶血性链球菌
  viridans s. 草绿色链球菌

streptodornase [ˌstreptəˈdɔːneis] (*streptococcus* + *deoxyribon*uclease) 链球菌脱氧核糖核酸酶,链脱氢酶

stretoduocin [ˌstreptəˈdjuːəsin] 双链霉素

streptogenin [ˌstreptəˈdʒenin] 蛋白促生长肽

streptohemolysin [ˌstreptəhiˈmɔlisin] 链球菌溶血素

streptokinase [ˌstreptəˈkaineis] (*streptococcus* + *kinase*) 链球菌激酶,链激酶
  s.-streptodornase (SKSD) 双链酶,链激酶,链脱氢酶

streptolysin [strepˈtɔlisin] (*strepto* coccus + hemo*lysin*) 链球菌溶血素
  s. O 不耐氧链球菌溶血素,链球菌溶血素 O
  s. S 耐氧链球菌溶血素,链球菌溶血素 S

streptomicrodactyly [ˌstreptəˌmaikrəˈdæktili] (*strepto-* + Gr. *mikros* small + *daktylos* finger) 小指弯曲

Streptomyces [ˌstreptəˈmaisiz] (*strepto-* + Gr. *mykēs* fungus) 链霉菌属
  S. ambofaciens 产生链霉素,含氮霉素,重氮霉素和螺旋霉素的链球菌
  S. antibioticus 抗菌素链霉菌
  S. aureofaciens 金霉素链霉菌
  s. griseus 灰色链霉菌
  s. kanamyceticus 卡那霉素链霉素
  S. paraguayensis 巴拉圭链霉菌
  S. rimosus 土霉素链霉菌,龟裂链霉菌
  S. somaliensis 索马里链霉菌
  S. vinaceus 葡萄色链霉菌

Streptomycetaceae [ˌstreptəˌmaisiˈteisiiː] 链霉菌科

streptomycin [ˌstreptəˈmaisin] 链霉素
  s. sulfate (USP) 硫酸链霉素

streptomycosis [ˌstreptəmaiˈkəusis] 链霉菌病

streptosepticemia [ˌstreptəˌseptiˈsiːmiə] 链球菌败血症

streptothricin [ˌstreptəˈθrisin] 链丝菌素,紫放线菌素

Streptothrix [ˈstreptəθriks] (*strepto-* + Gr. *thrix* hair) 软发菌属
  S. bovis 牛链丝菌
  S. farcini 鼻诺卡氏菌
  S. nocardii 鼻疽诺卡氏菌

streptozocin [ˌstreptəˈzəusin] 链脲菌素

streptozotocin [ˌstreptəzəˈtəusin] 链脲菌素

stress [stres] ❶压力,强有力地施加影响; ❷单位面积承受的力; ❸牙间应力; ❹应激反应,紧张状态; ❺引起应激反应的刺激

stress-breaker [ˈstresbreikə] 压力减除器

stretcher [ˈstretʃə] 担架

stria [ˈstriə] (pl. *striae*) (L. "a furrow, groove") ❶线,条纹; ❷纹
  acoustic striae 听纹,听髓纹,第四脑室髓纹
  striae albicantes 白纹,萎缩纹
  striae of Amici Z 带
  striae atrophicae 萎缩纹,白纹
  auditory striae 听纹,听髓纹,第四脑室髓纹
  striae of Baillarger 白拉格纹
  striae ciliares 睫状纹
  s. diagonalis (NA), s. diagnolis (Broca) 布罗卡斜纹
  striae distensae 萎缩纹
  s. of Gennari 楔叶皮质外白带
  striae gravidarum 妊娠纹
  Kaes s., Kaes-Bekhterev s. 凯斯氏纹
  Knapp's striae 蔡普氏纹

s. laminae granularis externa corticis cerebri (NA) 大脑皮质外颗粒层纹
s. laminae granularis interna corticis cerebri (NA) 大脑皮质内颗粒层纹
s. laminae molecularis corticis cerebri (NA) 大脑皮质分子层纹
s. laminae plexiformis corticis cerebri (NA) 大脑皮质分子丛状层纹
s. laminae pyramidalis interna corticis cerebri (NA) 大脑皮质内锥体层纹
s. of Lanci 兰西氏纹,胼胝体内侧纵纹
Langhan's s. 朗罕氏纹,细胞滋养层
Liesegang's striae 利泽甘氏纹
longitudinal s. of corpus callosum, lateral 胼胝体外侧纵纹
longitudinal s. of corpus callosum, medial 胼胝体内侧纵纹
s. longitudinalis lateralis corporis callosi (NA) 胼胝体外侧纵纹
s. longitudinalis medialis corporis callosi (NA) 胼胝体内侧纵纹
mallear s. of tympanic membrane, s. mallearis membranae tympani (NA), s. malleolaris membranae tympani 鼓膜锤纹
striae medullares acusticae, striae medullares fossae rhomboideae 听髓纹,菱形窝髓纹,第四脑室髓纹
s. medullaris thalami (NA) 丘脑髓纹
striae medullares ventriculi quarti (NA) 第四脑室髓纹
medullary s. of corpus striatum, lateral 外纹状体髓纹
medullary s. of corpus striatum, medial 内纹状体髓纹
medullary striae of fourth ventricle, medullary striae of rhomboid fossa 第四脑室髓纹,菱形窝髓纹
medulllary s. of thalamus ①丘脑髓纹; ②丘脑髓板
meningitic s. 脑膜炎划痕,脑(病)性划痕
Nitabuch's s. 尼塔巴什氏纹
striae olfactoriae, olfactory striae 嗅纹
striae olfactofiae medialis et lateralis (NA) 内侧和外侧嗅纹
olfactory s., intermediate 中间嗅纹
Retzius' parallel striae 雷济尼斯氏平行线,生长线
Rohr's s. 罗尔氏纹
Schreger's striae 施雷格尔氏纹
s. terminalis (NA) 终纹
transverse striae of corpus callosum 胼胝体横纹
s. vascularis ductus cochlearis (NA) 耳蜗管血管纹
Wickham's striae 威克汉姆氏纹
striae ['strəii:] (L.) 纹,条纹。stria 的复数形式
striatal [strəi'aitəl] 纹状体的
striate ['strəiait] 纹状的
striated ['strəiaitid] (L. striatus) 纹状的
striation [strai'eiʃən] ❶纹,条纹状态; ❷线,抓痕
tabby cat s., tigroid s. 虎斑纹
striatonigral [ˌstraiətə'naigrəl] 纹黑突,纹黑突的
Striatran ['strəiətrən] 斯特兰;氨甲酸叔己酯的商品名
striatum [strəi'eitəm] (L. neuter of striatus striped) ❶有纹的,有沟的; ❷纹状体; ❸新纹状体
stricture ['striktʃə] (L. strictura) 狭窄
annular s. 环形狭窄
bridle s. 横带狭窄
cicatricial s. 瘢痕性狭窄
contractile s. 收缩性狭窄
false s., functional s. 假性狭窄,机能性狭窄,痉挛性狭窄
Hunner's s. 杭纳氏狭窄,输尿管炎症性狭窄
impassable s., impermeable s. 不(可)通性狭窄
irritable s. 敏感性狭窄
organic s. 器质性狭窄
permanent s. 永久性狭窄,器质性狭窄
recurrent s. 再发性狭窄,收缩性狭窄
spasmodic s., spastic s. 痉挛性狭窄
temporary s. 一时性狭窄
strictureplasty ['striktʃəˌplæsti] 狭窄整形术
stricturization [ˌstriktʃərai'zeiʃən] 狭窄化
stricturoplasty ['striktʃərəˌplæsti] 狭窄整形术
stricturotome ['striktʃərəˌtəum] 狭窄切开刀

stricturotomy [ˌstriktʃə'rɒtəmi] 狭窄切开术

strident ['straidənt] 喘鸣性的

stridor ['straidə] (L.) 喘鸣
　congenital laryngeal s. 先天性喉喘鸣
　laryngeal s. 喉喘鸣
　s. serraticus 锉锯状喘鸣

stridulous ['stridju:ləs] (L. *stridulus*) 喘鸣性的,粗糙性的

string-halt ['striŋhɔ:lt] 跛行症

striocellular [ˌstraiəu'selju:lə] (L. *stria* streak + *cellular*) 横纹肌细胞的

striocerebellar [ˌstraiəˌserə'belə] 纹状体小脑的

striomotor [ˌstraiə'məutə] 横纹肌运动的

striomuscular [ˌstaiə'mʌskjulə] 横纹肌的

strionigral [ˌstraiə'naigrəl] 纹黑突,纹黑突的

strip [strip] ❶带,条；❷挤通,通管；❸剥离,剥脱；❹磨光
　abrasive s. 研磨带
　linen s. 亚麻带

stripe [straip] 纹,条纹
　s's of Baillarger 贝亚尔惹氏纹,大脑皮质内粒层纹
　s. of Gennari 金纳利氏纹
　Hensen's s. 亨森氏纹
　inner s. 内纹
　Mees's s's 米斯氏条纹
　outer s. 外纹
　s's of Retzius 雷济厄斯氏纹
　Vicq d'Azyr's s. 维克达济尔氏纹

stripper ['stripə] 剥除器

strobila [strə'bailə] (pl. *strobilae*) (L.; Gr. *strobilos* anything twisted up) ❶链体；❷孢叶球

strobile ['strəubail] ❶(绦虫)链体；❷孢叶球

strobiloid ['strəubilɔid] (绦虫)链体样的

strobilus [strəu'bailəs] (L.; Gr. *strabilos* anything twisted up) ❶绦虫；❷孢叶球

stroboscope ['strəubəskəup] 动态镜

stroboscopic [ˌstrəubə'skɔpik] 动态镜的

stroke [strəuk] ❶突然而严重的发作；❷发作综合征；❸搏动
　apoplectic s. 卒中发作
　back s. 反冲
　completed s. 完成性发作

　developing s. 渐进性发作
　effective s. 有效摆动
　embolic s. 栓塞发作
　s. in evolution 渐进性发作
　heat s. 中暑,热射病
　ischemic s. 局部缺血性发作
　light s. 光射病
　lightning s. 电击
　paralytic s. 瘫痪发作
　recovery s. 恢复性摆动
　sun s. 日射病,中暑
　thrombotic s. 栓塞性发作

stroma ['strəumə] (pl. *stromata*) (Gr. *strōma* anything laid out for lying or sitting upon) ❶间质；❷红细胞基质
　s. of cornea 角膜固有质
　s. ganglii (NA) 神经节胶质
　s. ganglionicum 神经节胶质
　s. glandulae thyreoideae, s. glandulae thyroideae (NA) 甲状腺间质
　s. iridis (NA), **s. of iris** 虹膜间质
　s. ovarii (NA), **s. of ovary** 卵巢间质
　Rollet's s. 罗勒氏基质,红细胞基质
　s. of thyroid gland 甲状腺间质
　vitreous s., **s. vitreum** (NA) 晶状体基质

stromal ['strəuməl] 间质的,间质状的

stromatic [strə'mætik] 间质的,间质状的

stromatin ['strɔmətin] 间质蛋白

stromatogenous [ˌstrəumə'tɔdʒənəs] (*stroma* + Gr. *gennan* to produce) 间质(原)性的

stromatolysis [ˌstrəumə'tɔlisis] (*stroma* + Gr. *lysis* dissolution) 基质溶解

stromatosis [ˌstrəumə'təusis] 间质性子宫内膜异位

Stromeyer's cephalhematocele ['strəumaiəz] (Georg Friedrich Ludwig *Stromeyer*, German surgeon, 1804-1876) 斯特罗迈耶氏头血囊肿

stromuhr ['strəumuə] (Ger. "stream clock") 路德维希氏血流速度计

Strong's bacillus [strɒŋz] (Richard Pearson *Strong*, American physician, 1872-1948) 斯特朗杆菌

strongyli ['strɔndʒili] 圆线虫。*stronglus* 的复数形式

strongyliasis ['strɔndʒi'laiəsis] 圆线虫病

strongylid ['strɔndʒilid] ❶圆线虫的；❷圆线虫
Strongylidae [ˌstrɔn'dʒailidi:] 原线虫科
Strongyloidea [ˌstrɔndʒi'lɔidiə] 类圆线虫亚目
Strongyloides [ˌstrɔndʒi'lɔidiz] 类圆线虫属
　S. **intestinalis** 肠类圆线虫，粪类圆线虫
　S. **papillosus** 乳头类圆线虫
　S. **ransomi** 猪类圆线虫
　S. **ratti** 鼠类圆线虫
　S. **stercoralis** 粪类圆线虫
strongyloidiasis [ˌstrɔndʒilɔi'daiəsis] 类圆线虫病
strongyloidosis [ˌstrɔndʒilɔi'dəusis] 类圆线虫病
strongylosis [ˌstrɔndʒi'ləusis] 圆线虫病
Strongylus [ˌstrɔndʒiləs] (Gr. *strongylos* round) 圆线虫属
　S. **edentatus** 无齿圆线虫
　S. **equinus** 马圆线虫
　S. **filaria** 丝圆线虫
　S. **gibsoni** 吉氏圆线虫，指型长刺线虫
　S. **gigas** 肾膨结线虫
　S. **longevaginatus** 长鞘圆线虫
　S. **micrurus** 小圆线虫
　S. **paradoxus** 逆圆线虫，猪圆线虫
　S. **renalis** 肾圆线虫，肾膨结线虫
　S. **subtilis** 不定毛圆线虫
　S. **vulgaris** 寻常圆线虫
strongylus ['strɔndʒiləs] (pl. *strongyli*) 圆线虫
strontium ['strɔnʃiəm] (*Strontian*, Scotland) 锶
　radioactive s. 放射性锶
strontiuresis [ˌstrɔnʃiju'risis] 尿排锶作用
strontiuretic [ˌstrɔnʃiju'retik] 尿排锶作用的，以尿排锶作用为特征的，促进尿排锶作用的
strophanthidin [strə'fænθidin] 毒毛旋花子苷原
strophanthin [strə'fænθin] 毒毛旋花子苷
　G-s., s.-G 苦毒毛旋花子苷
Strophanthus [strə'fænθəs] (Gr. *strophos* a twisted band + *anthos* flower) 毒毛旋花属
strophocephalus [ˌstrɔfə'sefələs] 扭头畸胎
strophocephaly [ˌstrɔfə'sefəli] (Gr. *strophos* a twisted band + *kephalē* head) 扭头(畸形)
strophosomus [ˌstrɔfə'səuməs] (Gr. *strophos* a twisted band + *sōma* body) 扭体露脏畸胎
strophulus ['strɔfjuləs] (L.) 婴儿苔藓，丘疹性荨麻疹
struck [strʌk] (传染性)羊肠毒血病
structural ['strʌktʃərəl] 结构的，影响结构的
structure ['strʌktʃə] (L. *struere* to build) 结构
　antigenic s. (微生物的)抗原结构
　β s. β折叠结构
　covalent s. 共价结构，一级结构
　denture-supporting s's 托牙支持结构
　fine s. 超微结构
　primary s. 一级结构
　quaternary s. 四级结构
　secondarty s. 二级结构
　tertiary s. 三级结构
struma ['stru:mə] (L.) 甲状腺肿
　s. **aberrata** 甲状旁腺肿，异位甲状腺肿
　s. **calulosa** 钙化甲状腺肿
　cast iron s. 铸铁样甲状腺肿，里德尔氏甲状腺肿
　s. **colloides** 胶性甲状腺肿
　s. **endothoracica** 胸内甲状腺肿，纵隔甲状腺肿
　s. **fibrosa** 纤维性甲状腺肿
　s. **follicularis** 滤泡性甲状腺肿，实质性甲状腺肿
　s. **gelatinosa** 胶性甲状腺肿
　Hashimoto's s. 桥本氏甲状腺肿
　ligneous s. 胸骨后甲状腺肿
　s. **lymphatica** 淋巴体质
　s. **lymphomatosa** 淋巴瘤性甲状腺瘤
　s. **maligna** 恶性甲状腺肿
　s. **nodosa** 结节性甲状腺肿
　s. **ovaril** 卵巢甲状腺肿
　s. **parenchymatosa** 实质性甲状腺肿
　Riedel's s. 胸骨后甲状腺
　thymus s. 胸腺肿(大)
　s. **vasculosa** 血管性甲状腺肿
strumectomy [stru:'mektəmi] (L. *struma* goiter + Gr. *ektomē* excision) 甲状腺肿切除术

median s. 甲状腺切除术

strumitis [stru:'maitis] 甲状腺炎

Strümpell's disease ['stri:mpəlz] (Adolf von *Strümpell*, German physician, 1853-1925) 施特吕姆佩耳氏病

Strümpell-Leichtenstern encephalitis disease ['stri:mpəl laiktənstə:n] (A. von *Strümpell*; *Otto Leichtenstem*, German physician, 1845-1900) 斯-里二氏脑炎病

Strümpell-Marie disease ['stri:mpəl mæri] (A. von *Strümpell*; *Pierre Marie*, French physician, 1853-1940) 斯-玛二氏病

Strümpell-Westphal pseudosclerosis ['stri:mpəl 'vestfəl] (A. von *Strümpell*; *Carl Friedrich Otto Westphal*, German neurologist, 1833-1890) 斯-韦二氏假硬化

Strunsky's sign ['strʌnskiz] (Max *Strunsky*, American orthopedic surgeon, 1873-1957) 斯特兰斯基氏征

Struthers' ligament ['struθəs] (Sir John *Struthers*, Scottish anatomist, 1823-1899) 施图瑟斯氏韧带

Struve's test ['stru:vəz] (Heinrich *Struve*, Russian physician, late 19th cengtury) 施特鲁佛氏试验

struvite ['stru:vait] 鸟粪石(磷酸铵镁结石)

strychnine ['striknain] 士的宁,番目鳖碱

strychninism ['strikninizəm] 士的宁中毒

strychninomania [ˌstrikninə'meiniə] (*strychnine* + Gr. *mania* madness) 士的宁狂

strychnism ['striknizəm] 士的宁中毒

Strychnos ['striknəs] (Gr. "nightshade") 马钱属

STS ❶ (serologic test for syphilis 的缩写) 梅毒血清试验; ❷ (Society of Thoracic Surgeons 的缩写)胸外科医师学会

Student's t-test ['stju:dənts] ("*Student*," pseudonym of William Sealy Gossett, British mathematician, 1876-1937) 斯笛登特氏 t-检验

study ['stʌdi] 研究,研究项目
　barium s. 钡研究
　cardiac electronphysiologic s. 心电生理研究
　case-control s. 病例对照研究,回顾性研究
　cohort s. 前瞻性研究
　nerve conduction s's 神经传导研究
　prospective s. 前瞻性研究
　retrospective s. 回顾性研究

stump [stʌmp] 残肢
　conical s. 圆锥型残肢

stun [stʌn] 打昏,震晕

stunning ['stʌniŋ] 失去功能
　myocardial s. 暂时性的心肌障碍

stunt [stʌnt] 发育障碍

stupe [stju:p] (L. *stupa* tow) 热敷布

stupefacient [ˌstju:pə'feiʃənt] (L. *stupefacere* to make senseless) ❶致木僵的,麻醉的; ❷致木僵药,麻醉剂

stupefactive [ˌstju:pə'fæktiv] 致木僵的,致麻醉的

stupor ['stju:pə] (L.) ❶木僵,昏呆; ❷应答性降低的疾患
　anergic s. 无力性木僵
　benign s. 良性木僵
　epileptic s. 癫痫性木僵,惊厥后木僵
　postconvulsive s. 惊厥后木僵

stuporous ['stju:pərəs] 木僵的

stupp [stʌp] 汞烟尘,粗汞华

sturdy ['stə:di] 羊晕倒病,羊蹒跚病

Sturge's syndrome ['stə:dʒəz] (William Allen *Sturge*; British physician, 1850-1919) 斯特奇氏综合征

Sturge-Kalischer-Weber syndrome [stə:dʒ-'kæliʃə 'webə] (W. A. *Sturge*; Siegfried *Kalischer*, German physician, late 19th century; Frederick Parkes *Weber*, British physician, 1863-1962) 斯-卡-韦三氏综合征

Sturge-Weber syndrome [stə:dʒ 'webə] (W. A. *Sturge*; F. P. *Weber*) 斯-韦二氏综合征

Sturm's conoid [stuəmz] (Johann Christoph *Sturm*, Germanmathematician and physician, 1635-1703) 斯图姆氏类圆椎体

stuttering ['stʌtəriŋ] 口吃,讷吃
　urinary s. 断续排尿

sty [stai] (pl. *sties*) 睑腺炎,麦粒肿

stycosis [stai'kəusis] 石膏沉着

stye [stai] (pl. *styes*) (L. *hordeolum*) 睑腺炎,麦粒肿
　meibomian s. 睑腺炎,睑板腺炎,麦粒肿
　zeisian s. 蔡塞氏睑腺炎,外睑腺炎

style [stail] ❶通管丝,管心针; ❷细探针;

❸锥刺；❹花柱(植物)

stylet ['stailit] (L. *stilus*; Gr. *stylos* pillar) ❶通管丝,管心针 ❷细探针

styliform ['stailifɔːm] (L. *stilus* stake, pole + *forma* shape) 针状的,茎(柱)状的

styliscus [stai'liskəs] (L., from Gr. *styliskos* rod) 细柱形塞条

styl(o)- (L. *stilus* a stake, pole) 茎突,茎状杆

stylohyal [ˌstailə'haiəl] 茎突舌骨的

stylohyoid [ˌstailə'haiɔid] 茎突颞骨和茎突舌骨的

styloid ['stailɔid] (Gr. *stylos* pillar + *eidos* form) 针状的,茎(柱)状的

styloiditis [ˌstailɔi'daitis] 茎突炎

stylomandibular [ˌstailəmæn'dibjuːlə] 茎突颞骨和茎突下颌的

stylomastoid [ˌstailə'mæstɔid] 茎突乳突的

stylomaxillary [ˌstailə'mæksiləri] 茎突上颌的

stylomyloid [ˌstailə'mailɔid] (*stylo* + Gr. *mylē* mill + *eidos* form) 茎突磨牙部的

stylopodium [ˌstailə'pəudiəm] 柱骨

stylostaphyline [ˌstailə'stæfəlin] 茎突颞骨与茎突腭帆的

stylosteophyte [stai'lɔstiəfait] 茎状骨赘

stylostixis [ˌstailə'stiksis] (*stylo-* + Gr. *stixis* pricking) 针术

stylus ['stailəs] (L. *stilus*) ❶ 通管丝,管心针,细探针,锥刺; ❷ 药笔剂

stymatosis [ˌstaimə'təusis] (Gr. *styma* priapism) 出血性阴茎异常勃起

stypsis ['stipsis] (Gr. *stypsis* contraction) ❶ 收敛(作用); ❷ 用收敛剂治疗

styptic ['stiptik] (Gr. *styptikos*) ❶ 收敛的,止血的; ❷ 收敛止血剂
   chemical s. 化学止血剂
   mechanical s. 机械性止血物
   vascular s. 血管收缩性止血剂

Stypven ['stipvən] 斯代普文:蝰蛇毒液商品名

styramate ['stirəmeit] 氨甲酸羟苯乙酯

Styrax ['stairæks] 安息香属

styrax ['stairæks] 苏合香

styrene ['stairiːn] 苯乙烯

styrol ['stairɔl] 苯乙烯,桂皮烯

styrolene ['stairəliːn] 苯乙烯

su. (L. *sumat* 的缩写)使服务

sub- (L. *sub* under) ❶在下,接近,不足,不全; ❷次,亚

subabdominal [ˌsʌbæb'dɔminəl] 腹下的

subabdominoperitoneal [ˌsʌbæbˌdɔminəˌperitə'niːəl] 腹腔腹膜下的,腹膜下的

subacetabular [ˌsʌbæsə'tæbjuːlə] 髋臼下的

subacetate [səb'æsəteit] 次醋酸盐,碱式醋酸盐

subacid [səb'æsid] 微醋(性)的

subacidity [ˌsʌbə'siditi] 酸不足,酸过少

subacromial [ˌsʌbə'krəumiəl] 肩峰下的

subacute [ˌsʌbə'kjuːt] 亚急性的

subalimentation [ˌsʌbælimən'teiʃən] 营养不足

subanal [sə'beinəl] 肛下的

subapical [səb'æpikəl] 根尖下的

subaponeurotic [ˌsʌbæpənjuː'rɔtik] 腱膜下的

subarachnoid [ˌsʌbə'ræknɔid] 蛛网膜下的

subarcuate [səb'ɑːkjueit] (*sub-* + L. *arcuatus* arched) 微弯的

subareolar [ˌsʌbə'riːələ] 乳晕下的

subastragalar [ˌsʌbæs'trægələ] 距骨下的

subastringent [ˌsʌbə'strindʒənt] 中度收敛的

subatloidean [ˌsʌbæt'lɔidiən] 寰椎下的

subatomic [ˌsʌbə'tɔmik] 亚原子的

subaural [səb'ɔːrəl] 耳下的

subaurale [ˌsʌbɔː'reili] 耳下点

subauricular [ˌsʌbɔː'rikjuːlə] 耳廓下的

subaxial [səb'æksiəl] 轴下的

subaxillary [səb'æksiləri] 腋下的

subbasal [səb'beisəl] 基底下的

subbrachial [səb'breikiəl] (脑)臂下的

subbrachycephalic [ˌsʌbbreikisə'fælik] 亚短头型的

subcalcareous [ˌsʌbkæl'kεəriəs] 微石灰性的

subcalcarine [səb'kælkərain] 距状裂下的

subcapsular [seb'kæpsjuːlə] 囊下的,被膜下的

subcapsuloperiosteal [səbˌkæpsjuːləˌperi'ɔstiəl] 关节囊(与)骨膜下的

subcarbonate [səb'kɑːbəneit] 次碳酸盐,亚碳酸盐

subcartilaginous [ˌsʌbkɑːtiˈlɑːdʒinəs] ❶软骨下的；❷部分软骨的
subcentral [səbˈsentrəl] 中央裂下的
subception [səbˈsepʃən] 下意识，潜意识，意识水平下的知觉
subchloride [səbˈklɔːraid] 次氯化物，亚氯化物
subchondral [səbˈkɔndrəl] 软骨下的
subchordal [səbˈkɔːdəl] 脊索下的或声带下的
subchorionic [ˌsʌbkɔːriˈɔnik] 绒毛膜下的
subchoroidal [ˌsʌbkəˈrɔidəl] 脉络膜下的
subchronic [sʌbˈkrɔnik] 亚慢性的
subclass [ˈsʌbklɑːs] 亚纲
subclavian [səbˈkleiviən] 锁骨下的
subclavicular [ˌsʌbkləˈvikjulə] 锁骨下的
subclinical [səbˈklinikəl] 临床症状不明显的，亚临床的
subclone [ˈsʌbkləun] ❶亚克隆；❷亚种群克隆
subconjunctival [ˌsʌbkəndʒʌŋkˈtaivəl] 结膜下的
subconscious [səbˈkɔnʃəs] ❶下意识的，潜意识的；❷无意识
subconsciousness [səbˈkɔnʃəsnis] 下意识，潜意识
subcoracoid [səbˈkɔːrəkɔid] 喙突下的
subcortex [səbˈkɔːtəks] 皮质下，皮质下部
subcortical [səbˈkɔːtikəl] 皮质下，皮层下的
subcostal [səbˈkɔstəl] 肋骨下的
subcostalgia [ˌsʌbkɔsˈtældʒiə] 肋下神经痛
subcostalis [ˌsʌbkɔsˈteilis] 肋骨下的
subcranial [səbˈkreiniəl] 颅下的
subcrepitant [səbˈkrepitənt] 亚捻发音的
subcrepitation [ˌsubkrepiˈteiʃən] 亚捻发音的
subculture [ˈsʌbkʌltʃə] ❶次代培养物，次培养物；❷从培养物制备新鲜培养物的操作
subcutaneous [ˌsʌbkjuːˈteiniəs] 皮下的。缩写 SQ
subcuticular [ˌsʌbkjuˈtikjulə] 表皮下的
subcutis [səbˈkjuːtis] (sub- + L. cutis skin) 皮下组织
subdelirium [ˌsʌbdəˈliəriəm] 轻谵妄
subdeltoid [səbˈdeltɔid] 三角肌下的
subdental [səbˈdentəl] (sub- + L. dens tooth) 牙下的
subdiaphragmatic [ˌsʌbdaiəfrægˈmætik] 膈下的
subdivision [ˈsubdiviʒən] 亚门
subdorsal [səbˈdɔːsəl] 背下部的
subduct [səbˈdʌkt] (L. subducere to lead down) 下转
subduction [səbˈdʌkʃən] 下转，眼球下转
subdural [səbˈdjuːrəl] 硬膜下的
subendocardial [ˌsʌbəndəˈkɑːdiəl] 心内膜下的
subendothelial [ˌsubəndəˈθiːliəl] 内皮膜下的
subendothelium [ˌsʌbəndəˈθiːliəm] 内皮下膜
subependymal [ˌsʌbepˈendiməl] 室管膜下的
subependymoma [ˌsʌbepˌendiˈməumə] 星状细胞增生性室管膜瘤
subepicardial [ˌsʌbepiˈkɑːdiəl] 心内膜，心包层下
subepidermal [ˌsʌbepiˈdəːməl] 表皮下的
subepidermic [ˌsubepiˈdəmik] 表皮下的
subepiglottic [ˌsʌbepiˈglɔtik] 会厌下的
subepithelial [ˌsʌbepiˈθiːliəl] 上皮下的
suberitin [sjuːˈberitin] (Suberites, a marine sponge (from L. suber cork) + chemical suffix -in) 皮海绵毒质
suberosis [sjuːbəˈrəusis] (L. suber cork + -osis) 软木尘肺
subfamily [səbˈfæmili] 亚科
subfascial [səbˈfæʃəl] 筋膜下的
subfertile [səbˈfəːtil] 低生育力的
subfertility [ˌsʌbfəˈtailiti] 低生育力
Sub fin. coct. (L. sub finem coctionis 的缩写) 直到煮沸而止
subflavous [səbˈfleivəs] (sub- + L. flavus yellow) 淡黄(色)的
subfoliar [səbˈfəuliə] 小脑小叶的
subfolium [səbˈfəuliəm] (sub- + L. folium leaf) 小脑小叶
subfrontal [sʌbˈfrʌntəl] 额叶下的
subgaleal [səbˈgeiliəl] 帽状腱膜下的
subgallate [səbˈgæleit] 次没食子酸盐，次棓酸盐，碱式没食子酸盐
subgemmal [səbˈdʒeməl] (sub- + L. gemma bud) 味蕾下的，芽下的
subgenus [səbˈdʒiːnəs] 亚属

subgerminal [sʌb'dʒəːminəl] 胚下的
subgingival [sʌb'dʒindʒivəl] 龈下的
subglenoid [sʌb'gliːnɔid] 关节盂下的
subglossal [sʌb'glɔsəl] 舌下的
subglossitis [ˌsʌbglɔ'saitis] (sub- + L. *glossa* tongue + -itis) 舌下炎
subglottic [sʌb'glɔtik] 声门下的
subgluteal [sʌb'gluːtiəl] 臀肌下的
subgranular [sʌb'grænjulə] 亚粒状的
subgrondation [ˌsʌbgrɔn'deiʃən] (Fr.) 骨嵌凹
subgyrus [sʌb'dʒaiərəs] 隐回
subhepatic [ˌsʌbhə'pætik] 肝下的
subhumeral [sʌb'hjuːmərəl] 肱骨下的
subhyaloid [sʌb'haiəlɔid] 玻璃体膜下的
subhyoid [sʌb'haiɔid] 舌骨下的
subhyoidean [ˌsʌbhai'ɔidiən] 舌骨下的
subicteric [ˌsʌbik'terik] 轻黄疸的
subicular [sə'bikjulə] 下脚的,钩回的
subiculum [sə'bikjuləm] (L., from *subicere* to raise, lift) 脑下脚
　s. cornu ammonis, s. hippocampi 海马旁回
　s. promontorii cavi tympani (NA), s. of promontory of tympanic cavity 鼓室岬嵴,岬下脚
subiliac [sʌb'iliæk] 髂骨下的
subilium [sʌb'iliəm] 髂骨下部
subinflammation [ˌsʌbinflə'meiʃən] 轻微的炎症,轻(度)炎症
subinflammatory [ˌsʌbin'flæməˌtəri] 轻(度)炎症的
subinguinal [ˌsʌbin'gwinəl] 腹股沟管下的
subintimal [sʌb'intiməl] (血管)内膜下的
subintrance [sʌb'intrəns] 提前发作
subintrant [sʌb'intrənt] (L. *subintrans* entering by stealth) ❶提前发作的; ❷复发间隔缩短的
subinvolution [ˌsʌbinvɔ'luːʃən] 复旧不全
　chronic s. of uterus 慢性子宫复旧不全
subiodide [sʌb'aiədaid] 低碘化物
subjacent [səb'dʒeisənt] (sub- + *jacere* to lie) 在下的,下邻的
subject[1] [sʌb'dʒekt] (L. *subjetare* to throw under) 遭受,忍受,从属
subject[2] ['sʌbdʒekt] (L. *subjectus* cast under) 受治疗者,受验者,被实验者

subjective [səb'dʒektiv] (L. *subjectivus*) 主观的,自觉的
subjectoscope [səb'dʒektəskəup] (*subjective* + -scope) 视觉检查器
subjugal [səb'dʒuːgəl] 颧骨下的
sublatio [səb'leiʃiəu] (L.) 分离,脱离
　s. retinae 视网膜脱离
sublation [səb'leiʃən] (L. *sublatio*) 分离,脱离
sublesional [səb'liːʒənəl] 病灶下的
sublethal [səb'liːθəl] 亚致死的
subleukemia [ˌsʌblju'kiːmiə] 亚白血病
sublimate ['sʌblimeit] (L. *sublimatum*) ❶升华物; ❷升华
　corrosive s. 升汞,二氯化汞
sublimation [ˌsʌbli'meiʃən] (L. *sublimatio*) 升华(作用)
Sublimaze ['sʌblimeiz] 沙比勒梅兹:枸橼酸芬太尼商品名
sublime [səb'laim] (L. *sublimare*) 升华
subliminal [səb'liminəl] (sub- + L. *limen* threshold) 阈下的,限下的
sublimis [səb'laimis] (L.) 浅表的,表面的
sublingual [sʌb'liŋgwəl] 舌下的
sublinguitis [ˌsʌbliŋ'gwaitis] 舌下腺炎
sublobe ['sʌbləub] 小叶
sublobular [səb'lɔbjulə] 小叶下的
sublumbar [səb'lʌmbə] 腰部下的
subluxate [səb'lʌkseit] 不全脱位,半脱位,部分脱位
subluxation [ˌsʌblʌk'seiʃən] (sub- + L. *luxatio* dislocation) 不全脱位,半脱位
　atlantoaxial s. 寰椎不全脱位
　s. of lens 晶状体不全脱位
　Volkmann's s. 不全脱位
sublymphemia [ˌsʌblim'fiːmiə] 血(内)淋巴细胞减少
submammary [səb'mæməri] 乳腺下的
submandibular [ˌsʌbmæn'dibjulə] 下颌的
submania [sʌb'meiniə] 轻躁狂
submarginal [səb'mɑːdʒinəl] 缘下的
submaxilla [ˌsʌbmæk'silə] (sub- + L. *maxilla* jaw) 下颌,下颌骨
submaxillaritis [səb,mæksilə'raitis] 颌下腺炎
submaxillary [ˌsʌbmæk'siləri] 上颌下的

submedial [səb'miːdiəl] 中线下的,近中线的

submedian [səb'miːdiən] 中线下的,近中线的

submembranous [səb'membrənəs] 部分膜性的

submental [səb'mentəl] (*sub-* + *mentum* chin) 颏下的

submersion [səb'məːʃən] (*sub-* + L. *mergere* to dip) 浸没,浸入

submetacentric [ˌsʌbmetə'sentrik] 具近中间着丝粒的

submicroscopic [səbˌmaikrə'skɔpik] 亚微观的,亚微的

submicroscopical [ˌsʌbmaikrə'skɔpikəl] 亚微观的,亚微的

submorphous [səb'mɔːfəs] 亚晶形的

submucosa [ˌsʌbmjuː'kəusə] 粘膜下层

submucosal [ˌsʌbmjuː'kəusəl] 粘膜下层的或粘膜下的

submucous [səb'mjuːkəs] 粘膜下的

subnarcotic [ˌsʌbnɑː'kɔtik] 中度麻醉的

subnasal [səb'neizəl] 鼻下的

subnasale [ˌsʌbnei'seili] 鼻中隔下点,唇鼻中隔相会点

subnasion [səb'neizən] 鼻中隔下点,唇鼻中隔相会点

subnatant [səb'neitənt] ❶(位于)某物下的,底层;❷下层清液

subneural [səb'njurəl] 神经下的

subnitrate [səb'naitreit] 次硝酸盐

subnormal [səb'nɔːməl] 低常的,正常下的

subnormality [ˌsʌbnɔː'mæliti] 低常状态 **mental s.** 精神低常状态

subnotochordal [ˌsʌbnɔtə'kɔːdəl] 脊索下的

subnucleus [səb'njuːkliəs] 亚核

subnutrition [ˌsʌbnjuː'triʃən] 营养不足

suboccipital [ˌsʌbɔk'sipitəl] 枕骨下的

suborbital [səb'ɔːbitəl] 眶下的

suborder [sʌb'ɔːdə] 亚目

suboxide [səb'ɔksaid] 低氧化物

subpapillary [səb'pæpiləri] 乳头层下的

subpapular [səb'pæpjuːlə] 亚丘疹性的

subparalytic [ˌsʌbpærə'litik] 轻瘫的,不全麻痹的

subparietal [ˌsʌbpə'raiətəl] 顶下的

subpatellar [ˌsʌbpə'telə] 髌下的

subpectoral [səb'pektərəl] 胸肌下的

subpelviperitoneal [səbˌpelviˌperitə'niːəl] 盆腔腹膜下的

subpericardial [ˌsʌbpəri'kɑːdiəl] 心包下的

subperiosteal [ˌsʌbpəri'ɔstiəl] 骨膜下的

subperiosteocapsular [ˌsʌbpəriˌɔstiə'kæpsjulə] 关节囊(与)骨膜下的

subperitoneal [ˌsʌbperitə'niːəl] 腹膜下的

subperitoneoabdominal [ˌsʌbperitəˌniːæb'dɔminəl] 腹膜下的

subperitoneopelvic [ˌsʌbperitəˌniːə'pelvik] 盆腔腹膜下的

subpharyngeal [ˌsʌbfæ'rindʒiːəl] 咽下的

subphrenic [səb'frenik] 膈下的

subphylum [səb'failəm] (pl. *subphyla*) 亚门

subpial [səb'paiəl] 软膜下的

subplacenta [ˌsʌbplə'sentə] 基蜕膜

subpleural [ˌsʌb'pluːrəl] 胸膜下的

subplexal [sʌb'pleksəl] 神经丛下的

subpreputial [ˌsʌbpri'pjuːʃəl] 包皮下的

subpubic [sʌb'pjuːbik] 耻骨下的

subpulmonary [səb'pʌlməˌnəri] 肺下的

subpulpal [səb'pʌlpəl] 牙髓下的

subpyramidal [ˌsʌbpi'ræmidəl] 锥体下的

subrectal [səb'rektəl] 直肠下的

subretinal [səb'retinəl] 视网膜下的

subscaphocephaly [ˌsʌbskæfə'sefəli] 中度舟状头(畸形)

subscapular [səb'skæpjuːlə] 肩胛下的

subscleral [səb'skliərəl] 巩膜下的

subsclerotic [ˌsʌbskliə'rɔtik] ❶巩膜下的; ❷部分硬化的

subscription [səb'skripʃən] 调配法,下标(处方)

subserosa [ˌsʌbsiː'rəusə] 浆膜下层

subserous [səb'siərəs] 浆膜下的

subsibilant [səb'sibilənt] 轻嘶音的

subsonic [səb'sɔnik] 听域下的

subspecialty [səb'speʃəlti] 分科,亚专科

subspecies [ˈsʌbspiːsiːz] 亚种

subspinale [ˌsʌbspai'neili] 切牙骨下点,下棘点

subspinous [səb'spainəs] 棘下的,棘突下的

subsplenial [səb'spliːniəl] 胼胝体压部下的

substage ['sʌbsteidʒ] 镜台下部
substance ['sʌbstəns] (L. *substantia*) ❶质,物质; ❷作用于神经的
  adamantine s. of tooth 牙釉质
  α-s., alpha s. α物质,网状物质(红细胞内)
  arborescent white s. of cerebellum 小脑树状白质,小脑活树
  β-s. beta s. β物质,海因兹-埃利希氏体
  black s. 黑质
  blood group s's 血型物质
  blood group specific s's A, B, and AB (USP) 血型特异性物质A,B和AB
  cement s., cementing s. 结合质,粘合质
  chromidial s. 核外染色质,颗粒状内质网
  chromophil s. 尼斯尔氏体,虎斑小体
  colloid s. 胶质
  compact s. of bones 骨密质
  controlled s. 管制药,受控药
  cortical s. of bone 骨皮质
  cortical s. of cerebellum 小脑皮质
  cortical s. of kidney 肾皮质
  coritcal s. of lens 晶状体皮质
  cortical s. of lymph nodes 淋巴腺皮质
  cortical s. of suprarenal gland 肾上腺皮质
  depressor s. 降压物质
  external s. of suprarenal gland 肾上腺皮质
  gelatinous s. of spinal cord 脊髓胶质,胶质
  gray s. 灰质
  gray s. of cerebrum, central 大脑中央灰质
  gray s. of spinal cord 脊髓灰质
  ground s. 基质
  H s. H物质
  I s. I物质
  interfibrillar s. of Flemming, interfilar s. 透明质,胞基质
  intermediate gray s. of spinal cord, central 脊髓中央间质
  intermediate gray s. of spinal cord, lateral 脊髓外侧间质
  intermediate s. of suprarenal gland, internal s. of suprarenal gland 肾上腺中间质,肾上腺髓质
  interprismatic s. 釉柱间质,釉柱结合质
  interspongioplastic s. 细胞浆,透明浆
  interstitial s. 间质,基质
  intertubular s. of tooth, ivory s. of tooth 小管间质,牙(本)质
  s. of lens 晶状体质
  medullary s. 髓质
  medullary s. of bone 骨髓
  medullary s. of bone red 红骨髓
  medullary s. of bone yellow 黄骨髓
  medullary s. of kidney 肾髓质
  medullary s. of suparenal gland 肾上腺髓质
  metachromatic s. 异染色物质
  müllerian inhibiting s. 抑制物质
  Nissl's s. 尼斯尔氏体,虎斑小体
  no-threshold s's 无阈质
  onychogenic s. 生甲物质
  organ-forming s's 器官形成物质
  s. P P物质
  pellagra-preventing s. 糙皮病预防物质
  perforated s., anterior 前穿质
  perforated s., interpeduncular (脑)脚间穿质
  perforated s., posterior 后穿质
  perforated s., rostral 前穿质
  periaqueductal gray s., periventricular gray s. 室周灰质
  prelipid s. 前脂质
  pressor s. 加压物质
  proper s. of tooth 牙骨质,牙(本)质
  psychoactive s. 作用于神经的物质
  red s. of spleen 脾髓质
  Reichert's s. 赖歇特氏质
  reticular s. ①网状物质;②网状结构
  reticular s., white, of Arnold 桥脑网状结构
  reticular s. of mesencephalon 中脑网状结构
  Rolando's gelatinous s. 胶状质
  Rollett's secondary s. 罗累特氏第二物质
  sarcous s. 肌质
  slow-reacting s. of anaphylaxis (SRS-A) 过敏性慢反应物质
  specific soluble s. (SSS) 特异性可溶性物质
  spongy s. of bone 骨松质,骨海绵质
  threshold s's (有)阈质

thromboplastic s. 凝血(酶)致活酶,凝血激酶

tigroid s. 虎斑质

trabecular s. of bone 骨小梁物质,骨松质

transmitter s. 神经递质

white s. 白质

white s. of spinal cord 脊髓白质

zymoplastic s. 凝血(酶)致活酶,凝血激酶

substantia [səb'stænʃiə] (pl. *substantiae*) (L.)质,物质

  s. adamantina dentis 牙釉质

  s. alba (NA)白质

  s. alba medullae spinalis (NA)脊髓白质

  s. cinerea 灰质

  s. compacta ossium (NA)骨密质

  s. corticalis glandulae suprarenalis 肾上腺皮质

  s. corticalis lentis 晶状体皮质

  s. corticalis lymphoglandulae 淋巴腺皮质

  s. corticalis ossium (NA)骨皮质

  s. corticalis renis 肾皮质

  s. eburnea dentis 象牙质,牙(本)质

  s. ferruginea 锈质,兰斑

  s. gelatinosa (NA)脊髓胶状质

  s. gelatinosa centralis (NA)中央胶状质

  s. gelatinosa Rolandi 脊髓胶状质

  s. glandulari prostatae s. (NA)前列腺腺质

  s. grisea (NA)灰质

  s. grisea centralis cerebri (NA)大脑中央灰质

  s. grisea intermedia centralis medullae spinalis 脊髓中央中间灰质

  s. grisea intermedia lateralis medullae spinalis 脊髓外侧中间灰质

  s. grisea medullae spinalis (NA)脊髓灰质

  s. grisea peri-aqueductalis (NA)大脑水管周(围)灰质

  s. hyalina 透明质

  s. innominata 无名质

  s. innominata of Reichert, s. innominata of Reil 无名质

  s. intermedia centralis medullae spinalis (NA)脊髓中央中间质

  s. intermedia lateralis medullae spinalis (NA)脊髓外侧中间质

  s. intertubularis dentis 牙骨质,牙(本)质,牙中间管质

  s. lentis (NA)晶状体质

  s. medullaris glandulae suprarenalis 肾上腺髓质

  s. medullaris lymphoglandulae 淋巴腺髓质

  s. medullaris renis 肾髓质

  s. muscularis prostatae (NA)前列腺肌质

  s. nigra (NA)黑质

  s. opaca 暗质

  s. ossea dentis 牙骨质

  s. perforata anterior (NA)前穿质

  s. perforata interpeduncularis (NA)(脑)脚间穿质

  s. perforata posterior 后穿质

  s. perforata rostralis 前穿质

  s. propria corneae (NA)角膜固有质

  s. propria sclerae (NA)巩膜固有质

  s. reticularis medullae oblongatae 延髓网状结构

  s. reticularis mesencephali 中脑网状结构

  s. reticulofilamentosa ①网状基质(红细胞); ②网状结构(神经)

  s. spongiosa ossium (NA)骨松质

  s. trabecularis ossium 骨松质

  s. visceralis secundaria (NA)次内脏质

substernal [səb'stɜːnəl] 胸骨下的

substernomastoid [ˌsʌbstɜːnə'mæstɔɪd] 胸锁乳突肌下的

substituent [səb'stɪtjuənt] ❶取代物; ❷取代原子,置换原子的; ❸取代基的,置换基的或取代基团的

substitute ['sʌbstɪtjuːt] 取代物,置换物

  blood s., plasma s. 血液代用品,血浆代用品

  saliva s. 唾液取代物

substitution [ˌsʌbstɪ'tjuːʃən] (L. *substitutio*, from *sub* under + *statuere* to place) ❶取代,置换; ❷代替,替换

  creeping s. of bone 匍匐性骨置换

substitutive [ˌsʌbstɪ'tjuːtɪv] 取代的,置换的

substrate ['sʌbstreit] ❶酶作用物,酶解物,底物;❷中性物质
　　renin s. 肾素酶解物
substratum [səb'streitəm] (L.) ❶酶作用物,酶解物,底物;❷下层,基层,底层
substructure ['sʌbstrʌktʃə] ❶基础;❷下部结构;❸植入性下部结构,植入性构架组织
　　implant s. 植入性下部结构,植入性构架组织
subsulcus [səb'sʌlkəs] 隐沟
subsulfate [səb'sʌlfeit] 次硫酸盐
subsylvian [səb'silviən] 大脑侧裂下的
subtalar [səb'teilə] (sub- + L. talus ankle) 距下的
subtarsal [səb'tɑːsəl] 跗骨下的
subtelocentric [səb,telə'sentrik] 亚端着丝点的
subtemporal [səb'tempərəl] 颞下的
subtenial [səb'tiːniəl] 带下的
subtentorial [səb'tentəriəl] 幕下的
subterminal [səb'təːminəl] 近末端的
subtetanic [,sʌbtə'tænik] 轻度强直的
subthalamic [,sʌbθə'læmik] ❶丘脑下的;❷丘脑底部的
subthalamus [səb'θæləməs] (NA) 丘脑底部
subthyroidism [sʌb'θairɔidizm] 甲状腺功能低下
subtile ['sʌtəl] (L. subtilis) 敏锐的
subtilin ['sʌbtilin] 枯草(杆)菌素
subtilisin [səb'tilisin] 枯草(杆)菌蛋白酶
subtle ['sʌtəl] (L. subtilis) ❶精细的;❷敏锐的
subtrapezial [,sʌbtrə'piːziəl] 斜方肌下的
subtribe ['sʌbtraib] 亚族
subtrochanteric [,sʌbtrɔkæn'terik] 转子下的
subtrochlear [səb'trɔkliə] 滑车下的
subtuberal [səb'tjuːbərəl] 结节下的
subtympanic [,sʌbtim'pænik] ❶鼓室下的;❷轻鼓音的
subumbilical [,sʌbəm'bilikəl] 脐下的
subungual [səb'ʌŋgwəl] (sub- + L. unguis nail) 指(趾)甲下的
suburethral [,sʌbju'riːθrəl] 尿道下的
subvaginal [səb'vædʒinəl] ❶鞘下的;❷阴道下的

subvertebral [səb'vəːtəbrəl] 脊柱前的
subvitrinal [səb'vitrinəl] 玻璃(状)体下的
subvolution [,sʌbvə'luːʃən] (sub- + L. volvere to turn) 翻转术
subwaking [səb'weikiŋ] 半醒的
subzonal [səb'zəunəl] 带下的
subzygomatic [,sʌbzigə'mætik] 颧下的
succagogue ['sʌkəgɔg] (L. succus juice + Gr. agōgos leading) ❶促分泌的;❷促分泌剂
succedaneous [,sʌksə'deiniəs] 替代的,代用的
succedaneum [,sʌksə'deiniəm] (L. succedaneus taking another's place) 替代品,代用药
succenturiate [,sʌksən'tjuːrieit] (L. succenturiare to substitute) 副的,替代的
succimer ['sʌksimə] 螯合剂
succinate ['sʌksineit] 丁二酸盐,琥珀酸盐
　　s. semialdehyde 半缩醛琥珀酸盐
succinate-CoA ligase (GDP-forming) ['sʌksineitkəu'ei 'ligeis] (EC 6.2.1.4) 琥珀酸-辅酶A连接酶
succinate dehydrogenase ['sʌksineit diː'haidrədʒəneis] (EC 1.3.99.1) 琥珀酸脱氢酶
succinate dehydrogenases (ubiquinone) ['sʌksineit diːhaidrədʒəneisis] (EC 1.3.5.1) 琥珀酸脱氢酶(辅酶Q)
succinate-semialdehyde dehydrogenase ['sʌksineit,semi'ældəhaid diː'haidrədʒəneis] (EC 1.2.1.24) 琥珀酸半缩醛脱氢酶
succinic acid [sək'sinik] 丁二酸,琥珀酸
succinic semialdehyde dehydrogenase deficiency [sʌk'sinik, semi'ældəhaid diː'haidrədʒəneis] 琥珀酸半缩醛脱氢酶缺乏
succinimide [sək'sinimaid] 琥珀酰胺
Succinimonas [,sʌksini'məunəs] (L. acidum succinicum succinic acid + Gr. monas unit from monos single) 琥珀酸单胞菌属
succinin ['sʌksinin] (L. succinum amber) 琥珀脂
Succinivibrio [,sʌksini'vaibriəu] (L. acidum succinicum succinic acid + vibrio) 琥珀酸弧菌属
succinous ['sʌksinəs] 琥珀的
succinyl ['sʌksinəl] 琥珀酰,丁二酰

succinylacetoacetate [ˌsʌksinələˌsiːtəˈæsəteit] 琥珀酰乙酰乙酸

succinylacetone [ˌsʌksinəlˈæsətəun] 琥珀酰乙酮

succinylcholine chloride [ˌsʌksinəˈkəuliːn ˈklɔːraid] (USP) 氯化琥珀酰碱

succinyl CoA [ˈsʌksinəl kəuˈei] 琥珀酰辅酶A

succinyl CoA synthetase [ˈsʌksinəl kəuˈei ˈsinθəteis] 琥珀酰辅酶A合成酶

succinyl coenzyme A [ˌsʌksinəl kəuˈenzaim] 琥珀酰辅酶A

succinyldihydrolipoamide [ˌsʌksinəldaiˈhaidrəˌlipəˈæmaid] 琥珀酰二氢脂胺

succinylsulfathiazole [ˌsʌksinəlˌsʌlfəˈθaiəzəul] 琥珀酰磺胺噻唑

succorrhea [ˌsʌkəuˈriːə] (L. *succus* juice + Gr. *rhoia* flow) 分泌液溢,分泌过多

succus [ˈsʌkəs] (pl. *succi*)(L.) 汁,液
  s. **cerasi** 樱桃汁
  s. **entericus** 肠液
  s. **gastricus** 胃液
  s. **pancreaticus** 胰液
  s. **prostaticus** 前列腺液
  s. **rubiidaei** 红莓汁

succussion [səˈkʌʃən] (L. *succussio* a shaking from beneath, earthquake) 振荡(法)
  hippocratic s. 希波克拉氏振荡声

suckle [ˈsʌkl] 哺乳,哺育

Sucostrin [səˈkɔstrin] 琥珀酰胆碱:氯琥珀酰胆碱商品名

Sucquet-Hoyer anastomosis (canal) [sjuːˈkei ˈhɔiə] (J. P. *Sucquet*, French anatomist, 1840-1870; Henrich Friedrich *Hoyer*, Polish anatomist, 1834-1907) 苏-奥二氏吻合术

sucralfate [sjuːˈkrælfeit] 硫糖铝

sucrase [ˈsjuːkreis] 蔗糖酶,转化酶

sucrase-isomaltase deficiency [ˈsjuːkreis aisəˈmɔːlteis] 双糖酶缺乏

sucrate [ˈsjuːkreit] 糖合物

sucroclastic [ˌsjuːkrəˈklæstik] (Fr. *sucre* sugar + Gr. *klastos* broken) 糖分解的,解糖的

sucrose [ˈsjuːkrəus] (Fr. *sucre* sugar) ❶ 蔗糖;❷(NF) 甜味剂
  s. **octaacetate** (NF) 蔗糖八乙酸酯

sucrose α-glucosidase [ˈsjuːkrəus ɑːlfɑːgluːˈkɔsideis] 蔗糖α-葡糖苷酶

sucrosemia [ˌsjuːkrəuˈsiːmiə] 蔗糖血(症)

sucrosuria [ˌsjuːkrəuˈsjuəriə] 蔗糖尿(症)

suction [ˈsʌkʃən] (L. *sugere* to suck) 吸,吸取,抽吸
  post-tussive s. 咳后回吸音
  Wangensteen s. 旺根斯腾氏吸引

suctorial [səkˈtɔːriəl] 吸吮的

Sudafed [ˈsjuːdəfed] 苏得发得:盐酸假麻黄碱的商品名

sudamen [sjuːˈdeimən] (pl. *sudamina*)(L., from *sudae* to sweat) 粟疹,痱子,汗疹

sudaminal [suːˈdæminəl] 粟疹的,痱子的,汗疹的,汗疹状的

Sudan [suːˈdæn] 苏丹
  S. Ⅰ 苏丹Ⅰ
  S. Ⅱ 苏丹Ⅱ
  S. Ⅲ 苏丹Ⅲ
  S. Ⅳ 苏丹Ⅳ
  S. **black B** 苏丹黑B
  S. **G** 苏丹G
  S. **yellow G** 苏丹黄G

sudanophil [suːˈdænəfil] 染苏丹体,嗜苏丹体

sudanophilia [suːˌdænəˈfiliə] (*sudan* + Gr. *philein* to love) 染苏丹的,嗜苏丹的

sudanophilic [suːˌdænəˈfilik] 染苏丹的,嗜苏丹的

sudanophilous [ˌsuːdəˈnɔfiləs] 染苏丹的,嗜苏丹的

sudation [sjuːˈdeiʃən] (L. *sudatio*) 发汗,出汗,剧汗

Sudeck's atrophy [ˈsjudeks] (Paul Hermann Martin *Sudeck*, German surgeon, 1866-1938) 祖德克氏萎缩

Sudeck-Leriche syndrome [sjudek ləˈreʃ] (P. H. M. *Sudeck*; René *Leriche*, French surgeon, 1879-1955) 祖-莱二氏综合征

sudogram [ˈsjuːdəgræm] (L. *sudor* sweat + Gr. *gramma* a writing) (全身)泌汗分布图

sudokeratosis [ˌsjuːdəˌkerəˈtəusis] (L. *sudor* sweat + *keratosis*) 汗管角化病

sudomotor [ˌsjuːdəˈməutə] (L. *sudor* sweat + *motor* move) 催汗的,促汗的

sudoresis [ˌsjuːdəˈriːsis] 多汗
sudoriferous [ˌsjuːdəˈrifərəs] (L. *sudor* sweat + *ferre* to bear) ❶ 输汗的；❷ 生汗的，出汗剂
sudorific [ˌsjuːdəˈrifik] (L. *sudorificus*) ❶发汗的；❷生汗药
sudoriparous [ˌsjuːdəˈripərəs] (L. *sudor* sweat + *parere* to produce) 生汗的，出汗的
sudoxicam [suːˈdɔksikəm] 苏多西卡：一种消炎药
SUDS (sudden unexplained death syndrome 的缩写)无法解释的猝死综合征
suet [ˈsjuːət] (L. *sevum*) 兽脂，牛羊脂
Sufenta [sjuːˈfentə] 苏芬他：噻呱苯的商品名
sufentanil citrate [sjuːˈfentənil] 噻呱苯胺
suffocant [ˈsʌfəkənt] 窒息剂
suffocation [ˌsʌfəˈkeiʃən] (L. *suffocatio*) 窒息
suffusion [səˈfjuːʒən] (L. *suffusio*) ❶充满，弥漫；❷涨红；❸溢血
sugar [ˈʃuːɡə] 糖
    s. alcohol 乙醇
    amino s. 氨基糖
    anhydrous s. 脱水糖，去水糖
    beet s. 甜菜糖
    blood s. 血糖
    burnt s. 焦糖
    compressible s. (NF) 可压缩糖
    confectioner's s. (NF) 糖果剂的糖
    deoxy s. 脱氧糖
    diabetic s. 糖尿病糖
    invert s. 转化糖
    reducing s. 还原糖
    simple s. 单糖
    threshold s. 肾糖阈(值)
suggestibility [səˌdʒestiˈbiliti] 易(受)暗示性，暗示感受性
suggestible [səˈdʒestibl] 易暗示的
suggestion [səˈdʒestʃən] (L. *suggestio*) ❶暗示；❷建议
    hypnotic s. 催眠暗示
    posthypnotic s. 催眠后暗示
suggestionist [səˈdʒestʃənist] 暗示治疗者
suggillation [ˌsʌdʒiˈleiʃən] (L. *suggillatio*) ❶紫斑，瘀斑；❷尸斑
suicide [ˈsjuːisaid] (L. *sui* of himself + *caedere* to kill) 自杀
psychic s. 精神自杀
suicidology [ˌsjuːisaiˈdɔlədʒi] (*suicide* + *-logy*) 自杀学
suid [ˈsjuːid] 猪的
suint [swint] 羊毛粗脂
suipestifer [sjuːiˈpestifə] 猪疫菌类
Suipoxvirus [ˈsjuːiˌpɔksˈvaiərəs] (L. *sus*, gen. *suis* pig + *poxvirus*) 猪天花病毒
suit [sjuːt] (一套)衣服
Suker's sign [ˈsjuːkəz] (George Franklin Suker, American ophthalmologist, 20th century) 苏克氏征
Sulamyd [ˈsʌləmid] 沙梅得：磺醋酰胺的商品名
sulazepam [səˈleizəpæm] 硫代安定
sulbactam [səlˈbæktəm] 青霉烷砜
    s. sodium 青霉烷砜钠
sulbenox [səlˈbenɔks] 氧苯噻脲
sulcate [ˈsʌlkeit] (L. *sulcatus*) 有沟的
sulcation [səlˈkeiʃən] 沟的形成
sulci [ˈsʌlsai] (L.) 沟。*sulcus* 的复数
sulciform [ˈsʌlsifɔːm] 沟状的
sulconazole nitrate [səlˈkɔnəzəul] 氯苄硫咪唑硝酸盐
sulculus [ˈsʌlkjuːləs] (pl. *sulci*) (L.) 小沟
sulcus [ˈsʌlkəs] (pl. *sulci*) (L.) ❶ 沟；❷ 牙槽
    alveolabial s. 牙槽唇沟
    alveolingual s. 牙槽舌沟
    s. ampullaris (NA), **ampullary s.** 壶腹沟
    angular s. 角沟，角切迹
    anterolateral s. of medulla oblongata 延髓前外侧沟
    anterolateral s. of spinal cord 脊髓前外侧沟
    s. anterolateralis medullae oblongatae (NA) 延髓前外侧沟
    s. anterolateralis medullae spinalis (NA) 脊髓前外侧沟
    s. anthelicis transversus 对耳轮横沟
    aortic s., **s. aorticus** 主动脉沟
    s. arteriae meningeae mediae (NA) 脑膜中动脉沟
    s. arteriae occipitalis (NA) 枕动脉沟
    s. arteriae subclaviae (NA) 锁骨下动脉

沟
s. arteriae temporalis mediae (NA) 颞中动脉沟
s. arteriae vertebralis atlantis (NA) 寰椎动脉沟
sulci arteriales (NA), sulci arteriosi 动脉沟
atrioventricular s. 房室沟,心冠状沟
s. of auditory tube 咽鼓管沟
s. of auricle, posterior, s. auriculae posterior. 耳廓后沟
s. of auricular branch of vagus nerve 迷走神经耳廓支沟
s. auricularis posterior (NA) 后耳轮沟
basilar s. of occipital bone 枕骨基底沟
basilar s. of pons, s. basilaris pontis (NA) 脑桥基底沟
bicipital s., lateral 肱二头肌外侧沟
bicipital s., medial 肱二头肌内侧沟
bicipital s., radial 肱二头肌外侧沟
bicipital s., ulnar 肱二头肌内侧沟
s. bicipitalis lateralis (NA) 肱二头肌外侧沟
s. bicipitalis medialis (NA) 肱二头肌内侧沟
s. bicipitalis radialis, NA 肱二头肌外侧沟
s. bicipitalis ulnaris, NA 肱二头肌内侧沟
bulbopontine s., s. bulbopontinus (NA) 延髓脑桥沟
calcaneal s., s. calcanei (NA) 跟骨沟
calcarine s., s. calcarinus (NA) 距状沟
callosal s. 胼胝体沟
callosomarginal s. 胼胝体额上回沟
s. canaliculi mastoidei 乳突小管沟
s. canalis innominatus 无名小管沟
s. caroticus ossis sphenoidalis (NA), carotid s. 蝶骨颈动脉沟
carpal s., s. carpi (NA) 腕骨沟
central s. of cerebrum 大脑中央沟
s. centralis cerebri (NA) 大脑中央沟
s. centralis insulae (NA) 脑岛中央沟
cerebral s., lateral 大脑外侧沟
sulci cerebrales (NA) 大脑沟
sulci cerebri, sulci of cerebrum 大脑侧副沟
chiasmatic s., s. chiasmatis 交叉沟

cingulate s. 扣带沟
cingulatus 扣带沟
s. cinguli (NA), s. of cingulum 扣带沟
circular s. of insula, s. circularis insulae (NA) 脑岛环状沟
collateral s., s. collateralis (NA) 侧副沟
s. colli mandibulae 下颌颈沟
s. coronarius cordis (NA), coronary s. of heart 心冠状沟
s. corporis callosi (NA), s. of corpus callosum 胼胝体沟
s. costae (NA), costal s. 肋沟
costal s., inferior 肋下沟
s. cruris helicis (NA), s. of crus of helix 耳轮脚沟
cuboid s. 骰状沟
sulci cutis (NA) 皮沟
dorsolateral s. medulla oblongata 延髓后外侧沟
dorsolateral s. of spinal cord 脊髓后外侧沟
s. dorsolateralis medullae oblongtae 延髓背外侧沟
s. dorsolateralis medullae spinalis 脊髓延髓背外侧沟
ethmoidal s. of Gegenbaur 格根包尔氏筛骨沟
ethmoidal s. of nasal bone, s. ethmoidalis ossis nasolis (NA) 鼻骨筛骨沟
s. of eustachian tube 咽鼓管沟
fimbriodentate s. 牙伴伞状突起沟
frontal s., inferior 额下沟
frontal s., superior 额上沟
s. frontalis inferior (NA) 额下沟
s. frontalis superior (NA) 额上沟
gingival s., s. gingivalis 龈沟
gluteal s., s. glutealis (NA) 臀沟
greater palatine s. of maxilla 上颌骨大腭沟
greater palatine of palatine bone 腭骨大腭沟
s. of greater petrosal nerve 岩大神经沟
s. of habenula, s. habenulae (NA), habenular s. 缰沟
s. habenularis 缰沟
s. hamuli pterygoidei (NA) 翼钩沟

Harrisons s. 哈利逊氏沟
hippocampal s. 海马沟
s. hippocampalis 海马沟
s. hippocampi (NA) 海马沟
horizontal s. of cerebellum 小脑水平沟
hypothalamic s., s. hypothalamicus (NA), **s. hypothalamicus** (Monroi) 下丘脑沟
s. of inferior petrosal sinus of occipital bone 枕骨岩下窦沟
s. of inferior petrosal sinus of temporal bone 颞骨岩下窦沟
infraorbital s. of maxilla, s. infraorbitalis maxillae (NA) 上颌骨眶下沟
infrapalpebral s., s. infrapalpebralis (NA) 睑下沟
s. of innominate canal 无名小管沟
interarticular s. of calcaneus 跟骨沟
interarticular s. of talus 距骨沟
sulci interlobares (NA) 叶间沟
intermediate s. of spinal cord, dorsal 脊髓后中间沟
intermediate s. of spinal cord, posterior 脊髓延髓后中间沟
s. intermedius gastricus 胃中间沟
s. intermedius posterior medullae spinalis (NA) 脊髓后中间沟
interparietal s. 顶间沟
intertubercular s. of humerus, s. intertubercularis humeri (NA) 肱骨结节间沟
interventricular s., anterior 前室间沟
interventricular s., inferior 后室间沟
interventricular s., posterior 后室间沟
interventricular s., of heart 心脏的室间沟
s. interventricularis anterior (NA) 前室间沟
s. interventricularis inferior 后室间沟
s. interventricularis posterior 后室间沟
intraparietal s., s. intraparietalis (NA) 顶内沟
Jacobsons s. 雅各布逊氏沟
labiodental s. 唇齿沟
lacrimal s. of lacrimal bone 泪骨泪沟
lacrimal s. of maxilla 上颌骨泪沟
s. lacrimalis maxillae (NA) 上颌骨泪沟
s. lacrimalis ossis lacrimalis (NA) 泪骨泪沟
lateral s. of crus cerebri 大脑脚外侧沟
s. lateralis cerebri (NA) 大脑侧沟
lateral s. for lateral sinus of occipital bone 枕骨横窦沟
lateral s. for lateral sinus of parietal bone 顶骨乙状窦沟
lateral s. of medulla oblongata, anterior 延髓前外侧沟
lateral s. of medulla oblongata, posterior 延髓后外侧沟
lateral s. of mesencephalon 中脑外侧沟
lateral s. for sigmoidal part of lateral sinus 乙状沟
lateral s. of spinal cord, anterior 脊髓前外侧沟
lateral s. of spinal cord, posterior 延髓后外侧沟
s. lateralis pedunculi cerebri 大脑脚外侧沟
s. of lesser petrosal nerve 岩小神经沟
s. limitans (NA) 脑室界沟
s. limitans fossae rhomboideae (NA) 菱形窝界沟
s. limitans of insula 脑岛界沟
s. limitans ventriculorum cerebi 脑室界沟
longitudinal s. of heart, anterior 心脏前纵沟
longitudinal s. of heart, posterior 心脏后纵沟
lunate s., s. lunatus (NA) 月状沟
mallear s. of temporal bone 颞骨锤骨沟
malleolar s. of fibula, s. mallleolaris fibulae (NA) 腓骨踝沟,外踝沟
malleolar s. of temporal bone 颞骨锤骨沟
malleolar s. of tibia, s. malleolaris tibiae (NA) 胫骨踝沟,内踝沟
mandibular s. 下颌(颈)沟
s. matricis unguis (NA), **s. of matrix of nail** 甲(床)沟
medial s. of crus cerebri, medial s. of mesencephalon 动眼神经沟
s. medialis cruris cerebri 大脑脚内侧沟
median s. of fourth ventricle 第四脑室正中沟
median s. of medulla oblongata, dorsal 延髓背侧正中沟
median s. of medulla oblongata, posterior 延髓后正中沟

median s. of spinal cord, dorsal 脊髓后正中沟

median s. of spinal cord, posterior 脊髓后正中沟

s. medianus linguae (NA) 舌正中沟

s. medianus posterior medullae oblongat-ae (NA) 延髓背侧正中沟

s. medianus posterior medullae spinalis (NA) 脊髓背侧正中沟

s. medianus ventriculi quarti (NA) 第四脑室正中沟

meningeal sulci 脑膜沟

mentolabial s., s. mentolabialis (NA) 颏唇沟

s. of middle temporal artery 颞中动脉沟

s. of Monro 丘脑下沟

muscular s. of tympanic cavity 鼓室肌沟

s. musculi flexoris hallucis longi calcanei 跟骨足拇长屈肌腱沟

s. musculi flexoris hallucis logi tali 距骨足拇长屈肌腱沟

s. musculi peronaei ossis cuboidei 骰腓骨肌腱沟

s. musculi subclavii (NA) 锁骨下肌沟

mylohyoid s. of mandible, s. mylohy-oidus mandibulae (NA) 下颌舌骨沟

nasal s., posterior 后鼻沟

s. of nasal process of maxilla 上颌骨鼻突沟

nasolabial s., s. nasolabialis 鼻唇沟

s. nervi petrosi majoris (NA) 岩大神经沟

s. nervi petrosi minoris (NA) 岩小神经沟

s. nervi petrosi superficialis majoris 岩大神经沟

s. nervi petrosi superficialis minoris 岩小神经沟

s. nervi radialis (NA) 桡神经沟

s. nervi spinalis (NA) 脊神经沟

s. nervi ulnaris (NA) 尺神经沟

nymphocaruncular s., nymphohymeneal s. 小阴唇处女膜间沟

obturator s. of pubis, s. obturatorius os-siss pubis (NA) 耻骨闭孔沟

occipital s., anterior 枕前沟

occipital sulci, lateral 枕外侧沟

occipital sulci, superior 枕上沟

occipital s. transverse 枕横沟

s. of occipital artery 枕动脉沟

s. occipitalis anterior 枕前沟

sulci occipitales laterales 枕外侧沟

sulci occipitales superiores 枕上沟

s. occipitalis transversus (NA) 枕横沟

occipitotemporal s., s. occipitotemporalis (NA) 枕颞沟

s. oculomotorius (NA) 动眼神经沟

s. of oculomotor nerve 动眼神经沟

s. olfactorius lobi frontalis (NA) 额叶嗅沟

s. olfactorius nasi (NA) 鼻腔嗅沟

olfactory s. of frontal lobe 额叶嗅沟

olfactory s. of nose 鼻腔嗅沟

optic s. 视沟

orbital sulci of frontal lobe, sulci or-bitales lobi frontalis (NA) 额叶眶沟

palatine sulci of maxilla, sulci palatini maxillae (NA) 上颌骨腭沟

palatinovaginal s., s. palatinovaginalis (NA) 腭鞘(突)沟

s. palatinus major maxillae (NA) 上颌骨腭大沟

s. palatinus major ossis palatini (NA) 腭骨腭大沟

paracolic sulci, sulci paracolici (NA) 结肠旁沟

paraglenoid sulci of hip bone, sulci para-glenoidales ossis coxae 髋骨关节盂旁沟

parieto-occipital s., s. parieto-occipitalis (NA) 顶枕沟

parolfactory s., anterior 前旁嗅沟

parolfactory s., posterior 后旁嗅沟

petrobasilar s. 岩(部颅)底沟

petrosal s. of occipital bone, inferior 枕骨岩下沟

petrosal s. of temporal bone, inferior 颞骨岩下沟

petrosal s. of temporal bone, posterior 颞骨岩后沟

petrosal s. of temporal bone, superior 颞骨岩上沟

s. petrosus inferior ossis occipitalis 枕骨岩下沟

s. petrosus inferior ossis temporalis 颞骨岩下沟

s. petrosus superior ossis temporalis 颞骨岩上沟
polar s. 极沟
pontobulbar s. 脑桥延髓沟
pontopeduncular s. 脑桥大脑脚沟
s. popliteus femoris (NA) 股骨腘沟
postcentral s., s. postcentralis (NA) 中央后沟
postclival s. 斜坡后沟
posterointermediate s. of spinal cord 脊髓后中间沟
posterolateral s. of medulla oblongata 延髓后外侧沟
posterolateral s. of spinal cord 脊髓后外侧沟
s. posterolateralis medullae oblongatae (NA) 延髓后外侧沟
s. posterolateralis medullae spinalis (NA) 延髓后外侧沟
postnodular s. 小结节后沟
postpyramidal s. 锥体后沟
precentral s., s. precentralis (NA), s. prechiasmatis 中央前沟
prechiasmatic s., s. prechiasmaticus (NA), s. prechiasmatis 前交叉沟
preclival s. 斜坡前沟
prepyramidal s. 蚓锥前沟
prerolandic s. 中央前沟
s. promontorii cavi tympani (NA) 鼓室岬沟
s. of pterygoid hamulus 翼(突)钩沟
pterygoid s. of pterygoid process 翼突翼腭沟
pterygopalatine s. of palatine bone 翼突翼腭骨沟
pterygopalatine s. of pterygoid process 翼突翼腭突起沟
s. pterygopalatinus ossis palatini 腭骨翼腭沟
s. pterygopalatinus processus pterygoidei (NA) 翼突翼腭沟
s. pulmonalis thoracis (NA), pulmonary s. of thorax 胸廓肺沟
radial s. of humerus, s. of radial nerve 肱骨桡神经沟，桡神经沟
Reil's s. 赖尔氏沟
rhinal s., s. rhinalis (NA) 嗅沟
sagittal s. 矢状沟

s. sclerae (NA), scleral s., sclerocorneal s. 巩膜沟
s. of semicanal of humerus 肱骨结节间沟
s. of semicanal of vidian nerve 翼管神经半管沟
semilunar s. of radius 桡骨半月沟(尺切连)
sigmoid s., s. of sigmoid sinus 乙状窦沟
s. of sigmoid sinus of occipital bone 枕骨乙状窦沟
s. of sigmoid sinus of parietal bone 顶骨乙状窦沟
s. of sigmoid sinus of temporal bone 颞骨乙状窦沟
s. sigmoideus ossis temporalis 颞骨乙状窦沟
s. sinus petrosi inferioris ossis occipitalis (NA) 枕骨岩下窦沟
s. sinus petrosi inferioris ossis temporalis (NA) 颞骨岩下窦沟
s. sinus petrosi superioris (NA) 岩上窦沟
s. sinus sagittalis superioris (NA) 上矢状窦沟
s. sinus sigmoidei (NA) 乙状窦沟
s. sinus sigmoidei ossis occipitalis (NA) 枕骨乙状窦沟
s. sinus sigmoidei ossis parietalis (NA) 顶骨乙状窦沟
s. sinus sigmoidei ossis temporalis 颞骨乙状窦沟
s. sinus transversi (NA) 横窦沟
sulci of skin 皮沟
s. of spinal nerve 脊神经沟
spiral s. ①螺旋沟；②桡神经沟
spiral s., external 外螺旋沟
spiral s., internal 内螺旋沟
spiral s., of humerus 肱骨螺旋沟
s. spiralis ①螺旋沟；②桡神经沟
s. spiralis externus (NA) 外螺旋沟
s. spiralis internus (NA) 内螺旋沟
s. subclaviae 锁骨下动脉沟
subclavian s. 锁骨下动脉沟
s. of subclavian artery 锁骨下动脉沟
subclavian s. of lung 肺锁骨下动脉沟
s. for subclavian muscle 锁骨下肌沟
s. of subclavian vein 锁骨下静脉沟

s. subclavius 锁骨下动脉沟
s. subclavius pulmonis 肺锁骨下动脉沟
subparietal s., s. subparietalis (NA) 顶下沟
s. of superior petrosal sinus 岩上窦沟
supra-acetabular s., s. supra-acetabularis (NA) 髋臼上沟
supraorbital s. 眶上沟
supraplenial s. 顶下沟
s. Sylvii 斯尔维氏沟
s. tali (NA), s. of talus 距骨沟
temporal s., inferior, temporal s., middle 颞下沟,颞中沟
temporal s., superior 颞上沟
temporal sulci, transverse 颞横沟
s. temporalis inferior (NA) 颞下沟
s. temporalis superior (NA) 颞上沟
sulci temporales transversi (NA) 颞横沟
s. tendinis musculi fibularis longi (NA) 腓骨上肌腱沟
s. tendinis musculi flexoris hallucis longi calcanei (NA) 跟骨足拇长屈肌腱沟
s. tendinis musculi flexoris hallucis longi tali (NA) 距骨拇长屈肌腱沟
s. tendinis musculi peronei longi (NA) 腓骨上肌腱沟
s. tendinum musculorum fibularium calcanei 跟骨腓骨肌腱沟
s. tendinum musculorum peroneorum calcanei (NA) 跟骨腓骨肌腱沟
s. of tendon of flexor hallucis longus muscle of calcaneus 跟骨拇长屈肌腱沟
s. of tendon of flexor hallucis longus muscle of talus 距骨拇长屈肌腱沟
s. of tendon of peroneus longus muscle 腓骨长肌腱沟
s. of tendons of peroneus muscles 腓骨肌腱沟
terminal s. of right atrium 右房界沟
terminal s. of tongue 舌界沟
s. terminalis atrii dextri (NA) 右房界沟
s. terminalis linguae (NA) 舌界沟
s. of tongue 舌沟
transverse s. of anthelix 对耳轮横沟
transverse s. of occipital bone 枕骨横沟
transverse s. of parietal bone 顶骨横沟
s. of transverse sinus 横窦沟
transverse s. of temporal bone 颞骨横沟
s. transversus ossis occipitalis 枕骨横沟
s. transversus ossis parietalis 顶骨横沟
s. tubae auditivae 咽鼓管沟
s. tubae auditoriae (NA) 咽鼓管沟
Turner's s. 特纳氏沟
tympanic s. of temporal bone, s. tympanicus ossis temporalis (NA) 颞骨鼓沟
s. of ulnar nerve 尺神经沟
s. of umbilical vein 脐静脉沟
s. valleculae 会厌谷沟
sulci for veins 静脉沟
s. of vena cava, s. venae cavae (NA) 腔静脉沟
s. venae subclaviae (NA) 锁骨下静脉沟
s. venae umbilicalis (NA) 脐静脉沟
sulci venosi (NA), venous sulci 静脉沟
ventral s. of spinal cord 脊髓前正中裂沟
s. ventralis medullae spinalis 脊髓前正中沟
ventrolateral s. of medulla oblongata 延髓腹外侧沟
ventrolateral s. of spinal cord 脊髓腹外侧沟
s. ventrolaterlis medullae oblongatae 延髓腹外侧沟
s. ventrolateralis medullae spinalis 脊髓腹外侧沟
vermicular s. 蚓部沟
s. of vertebral artery of atlas 寰椎动脉沟
vertical s. 中央前沟
vomeral s., s. vomeris (NA),犁骨沟
vomerovaginal s., s. vomerovaginalis (NA) 犁鞘突沟
Waldeyer's s. 温耳代尔氏沟
s. of wrist 腕沟
sulfabenzamide [ˌsʌlfə'benzəmaid] 苯甲酰磺胺
sulfacetamide [ˌsʌlfə'setəmaid] 磺乙酰胺,磺醋酰胺,磺胺醋酰
  s. sodium (USP) 磺胺醋酰钠
sulfacid [sʌl'fæsid] 硫磺酸
sulfacytine [ˌsʌlfə'saiti:n] 磺胺乙胞嘧啶
sulfadiazine [ˌsʌlfə'daiəzi:n] (USP) 磺胺嘧啶 (SD)
  s. silver 磺胺嘧啶银

s. sodium (USP) 磺胺嘧啶钠
sulfadimethoxine [ˌsʌlfəˌdaiməˈθɔksiːn] 磺胺二甲氧嘧啶 (SDM)
sulfadimetine [ˌsʌlfəˈdaimətiːn] 磺胺二甲嘧啶
sulfadimidine [ˌsʌlfəˈdaimidiːn] 磺胺二甲嘧啶
sulfadoxine [ˌsʌlfəˈdɔksiːn] 周效磺胺,磺胺邻二甲氧嘧啶
sulfaethidole [ˌsʌlfəˈeθidəul] 碘胺乙基噻二唑
sulfafurazole [ˌsʌlfəˈfjuːrəzəul] 磺胺异噁唑
sulfaguanidine [ˌsʌlfəˈgwænidiːn] 磺胺胍,磺胺脒 (SG)
sulfalene [ˈsʌlfəliːn] 长效磺胺 B,磺胺甲氧吡嗪
sulfamerazine [ˌsʌlfəˈmerəziːn] (USP) 磺胺甲基嘧啶
sulfameter [ˈsʌlfəmiːtə] 磺胺-5-甲氧嘧啶
sulfamethazine [ˌsʌlfəˈmeθəziːn] (USP) 磺胺二甲嘧啶
sulfamethizole [ˌsʌlfəˈmeθizəul] (USP) 磺胺甲噻二唑
sulfamethoxazole [ˌsʌlfəməˈθɔksəzəul] (USP) 磺胺甲基异噁唑 (SMZ),新诺明
sulfamethoxypyridazine [ˌsʌlfəməˌθɔksipaiˈridəziːn] 长效磺胺,磺胺甲氧嗪 (SMP)
sulfamethyldiazin [ˌsʌlfəˌmeθəlˈdaiəziːn] 磺胺甲嘧啶
sulfamethylthiadiazole [ˌsʌlfəˌmeθəlˌθaiəˈdaiəzəul] 新诺明
Sulfamezathine [ˌsʌlfəˈmezəθiːn] 磺胺哒嗪:磺胺二甲嘧啶商品名
sulfamido [səlˈfæmidəu] 磺胺类
sulfamidochrysoidine [səlˌfæmidəukriˈsɔidiːn] 偶氮磺胺,磺酰胺基盐酸二氮基偶氮苯
sulfamine [səlˈfæmin] 氨磺酰基,磺酰胺基
sulfamonomethoxine [ˌsʌlfəˌmɔnəməˈθɔksiːn] 磺胺-6-甲氧嘧啶,磺胺间甲氧嘧啶
sulfamoxole [ˌsʌlfəˈmɔksəul] 磺胺二甲噁唑
Sulfamylon [ˌsʌlfəˈmailɔn] 苏弗莫朗:磺胺米隆商品名

sulfanilamide [ˌsʌlfəˈniləmaid] 氨苯磺胺,磺胺
sulfanilate [səlˈfænileit] 磺胺酸盐,对氨基苯磺酸盐
sulfanilic acid [ˌsʌlfəˈnilik] 对氨基苯磺酸
sulfanitran [ˌsʌlfəˈnaitrən] 乙酰磺胺硝苯
sulfanuria [ˌsʌlfəˈnjuriə] 磺胺剂性无尿
sulfapyridine [ˌsʌlfəˈpiridiːn] 磺胺吡啶
sulfaquinoxaline [ˌsʌlfəkwinˈɔksəliːn] 磺胺喹噁啉
sulfasalazine [ˌsʌlfəˈsæləziːn] 柳氮磺胺吡啶
Sulfasuxidine [ˌsʌlfəˈsʌksidiːn] 苏弗沙克林丁:琥珀酰磺胺噻商品名
sulfatase [ˈsʌlfəteis] ❶硫酸酯酶;❷芳基硫酸酯酶
  multiple s. deficiency 多种硫酸酯酶缺乏
sulfate [ˈsʌlfeit] (L. *sulphas*) 硫酸盐,硫酸酯
  acid s. 酸性硫酸盐
  basic s. 碱性硫酸盐
  conjugated s's 结合硫酸酯
  cupric s. (USP) 硫酸高铜
  ethereal s's 硫酸乙酯
  mineral s's 无机硫酸盐
  neutral s., normal s. 中性硫酸盐,正硫酸盐
  preformed s's 无机硫酸盐
sulfatemia [ˌsʌlfəˈtiːmiə] 硫酸盐血症
Sulfathalidine [ˌsʌlfəˈθælidiːn] 苏佛散力丁:酞磺胺噻唑的商品名
sulfathiazole [ˌsʌlfəˈθaiəzəul] 磺胺噻唑
sulfatide [ˈsʌlfətaid] 硫酸脑苷酯,脑硫脂
sulfazamet [səlˈfæzəmit] 磺胺甲苯吡唑
sulfhemoglobin [ˌsʌlfhiːməˈglɔbin] 硫血红蛋白,硫高铁血红蛋白
sulfhemoglobinemia [ˌsʌlfhiːmɔˌglɔbiˈniːmiə] 硫血红蛋白血症
sulfhemoglobinuria [ˌsʌlfˌhiːməuglɔubiˈnjuriə] 硫血红蛋白尿症
sulfhydrate [səlfˈhaidreit] 氢硫化物
sulfhydryl [səlfˈhaidrəl] 硫基,硫氢基
sulfide [ˈsʌlfaid] 硫化物
sulfinic acid [səlˈfinik] 亚磺酸
sulfinpyrazone [ˌsʌlfinˈpairəzəun] (USP) 磺吡唑酮,苯磺唑酮
sulfinyl [ˈsʌlfinəl] 亚硫酰基,亚磺酰基

sulfisomidine [səlfiˈsɔmidiːn] 磺胺异二甲嘧啶

sulfisoxazole [ˌsʌlfəˈsɔksəzəul] 磺胺二甲异噁唑
   s. acetyl (USP) 磺胺乙酰异噁唑
   s. diolamine (USP) 磺胺异噁唑二乙醇胺

sulfite [ˈsʌlfait] (L. *sulfis*) 亚硫酸盐

sulfite oxidase [ˈsʌlfait ˈɔksideis] (EC 1.8.3.1) 亚硫酸盐氧化酶

sulfmethemoglobin [ˌsʌlfmətˌhiːməˈgləbin] 硫血红蛋白,硫高铁血红蛋白

sulf(o)- 硫(代),磺基

sulfoacid [ˌsʌlfəˈæsid] 磺酸,硫代酸

sulfobromophthalein [ˌsʌlfəˌbrəuməˈθæliːn] 磺溴酞

sulfoconjugation [ˌsʌlfəˌkɔndʒəˈgeiʃən] 硫酸结合(作用)

sulfocyanate [ˌsʌlfəˈsaiəneit] 硫氰酸盐

sulfocyanic acid [ˌsʌlfəsaiˈænik] 磺酸

sulfogel [ˈsʌlfədʒəl] 硫酸凝胶

***N*-sulfoglucosamine sulfohydrolase** [ˌsʌlfəgluˈkɔsəmiːn ˌsʌlfəˈhaidrəleis] (EC 3.10.1.1) N-磺基葡萄糖胺磺基水解酶

sulfohydrate [ˌsʌlfəˈhaidreit] 氢硫化物

sulfolipid [ˌsʌlfəˈlipid] 硫脂(类)

sulfolithocholylglycine [ˌsʌlfəˌliθəˌkəuləlˈglaisiːn] 硫石胆酸甘氨酸

sulfolithocholyltaurine [ˌsʌlfəˌliθəˌkəuləlˈtɔːriːn] 硫石胆牛磺酸

sulfolysis [səlˈfɔlisis] 硫酸(双分)解

sulfomucin [ˌsʌlfəˈmjuːsin] 硫粘蛋白

sulfonamide [səlˈfɔnəmaid] 磺胺

sulfonamidemia [ˌsʌlfəˌnæmiˈdiːmiə] 磺胺血

sulfonamidotherapy [ˌsʌlfəˌnæmidəˈθerpi] 磺胺剂疗法

sulfonamiduria [ˌsʌlfəuˌnæmiˈdjuriə] 磺胺尿

sulfonate [ˈsʌlfəneit] 磺酸盐

sulfone [ˈsʌlfəun] ❶磺基;❷砜

sulfonethylmethane [ˌsʌlfəunˌeθəlˈmeθein] 丁烷

sulfonic [səlˈfɔnik] 磺基的

sulfonic acid [səlˈfɔnik] 磺酸

Sulfonsol [səlˈfɔnsəl] 三磺嘧啶复合剂

sulfonterol hydrochloride [səlˈfɔntərəl] 盐酸磺丁喘宁,盐酸甲磺酰叔丁肾上腺素

sulfonyl [ˈsʌlfəunəl] 磺酰基,硫酰基

sulfonylurea [ˌsʌlfəˈniljuˈriːə] 磺脲

sulfophenol [ˌsʌlfəˈfiːnəl] 酚磺酸

sulfoprotein [ˌsʌlfəˈprəutiːn] 硫蛋白

sulfopyretotherapy [ˌsʌlfəpaiˌretəuˈθerəpi] 硫剂发热疗法

sulfosalicylate [ˌsʌlfəsəˈlisileit] 磺基水杨酸的盐(脂)

sulfosalicylic acid [ˌsʌlfəˌsæliˈsilik] 磺基水杨酸

sulfosalt [ˈsʌlfəsɔːlt] 磺酸盐

Sulfose [ˈsʌlfəus] 三磺嘧啶(磺胺嘧啶-磺胺甲基嘧啶-磺胺二甲嘧啶)合剂

sulfosol [ˈsʌlfəsəl] 硫酸溶胶

sulfotransferase [ˌsʌlfəˈtrænsfəreis] (EC 2.8.2) 转磺酶,磺基转移酶

sulfoxidation [səlˌfəksiˈdeiʃən] 硫化物氧化作用

sulfoxide [səlˈfɔksaid] ❶硫氧化物;❷亚砜

sulfoxism [səlˈfɔksizəm] 硫酸中毒

sulfoxone sodium [səlˈfɔksəun] (USP) 氨苯砜二甲亚磺酸钠,亚磺氨苯砜钠

sulfur [ˈsʌlfə] (gen. *sulfuris*) (L.) 硫
   colloidal s. 胶态硫
   s. dioxide (NF) 二氧化硫
   flowers of s. 升华硫,硫华
   s. hydride 硫化氢
   s. lotum 洗制硫,精制硫
   s. monochloride 一氯化硫
   precipitated s. (USP) 沉淀硫
   radioactive s. 放射性硫
   roll s. 压铸硫,硫磺溶条
   sublimed s. (USP) 升华硫
   washed s. 洗制硫,精制硫

sulfurated [ˈsʌlfjureitid] 含硫的

sulfurator [ˈsʌlfjuˌreitə] 硫磺熏蒸器

sulfureted [ˈsʌlfjuretid] 含硫的

sulfuric acid [səlˈfjuːrik] 硫酸

sulfurize [ˈsʌlfjuraiz] 硫化

sulfurous acid [səlˈfjuːrəs] 亚硫酸

sulfurtransferase [ˌsʌlfəˈtrænsfəreis] (EC 2.8.1) 转硫酶,硫基转移酶

sulfuryl [ˈsʌlfjurəl] 硫酰酶,二氧硫基

sulfydryl [səlˈfaidrəl] 硫基,硫氢基

sulindac [səˈlindæk] (USP) 苏灵大

sulisobenzone [ˌsʌlisəˈbenzəun] 磺异苯酮

Sulla ['sʌlə] 沙拉：磺胺-5-甲氧嘧啶的商品名

sullage ['sʌleidʒ] 污水，污物

Sullivan's test ['sʌlivənz] (Michael Xavier *Sullivan*, American physician, 1875-1963) 沙利文氏试验

sulnidazole [səl'nidəzoul] 硫乙硝唑，硫硝咪唑

suloctidil [səl'ɔktidil] 硫辛苄醇，舒洛地尔

suloxifen oxalate [səl'ɔksifən] 草酸胺苯磺亚胺

sulph- 硫，磺基

sulpiride ['sʌlpiraid] 舒宁，止呕灵，硫苯酰胺

sulprostone [səl'prɔstəun] 前列磺酮

Sul-Spansion [səl'spænʃən] 色斯伯深：磺胺乙基噻二唑的商品名

sulthiame [səl'θaieim] 硫噻嗪

Sulzberger-Garbe syndrome [,sʌlzbəgə'ga:bi] (Marion Baldur *Sulzberger*, American dermatologist, born 1895; William *Garbe*, Canadian dermatologist, born 1908) 祖-格二氏综合征

sum. [sʌm] (L. *sumat* (*sumendum*) 的缩写) 令服用，使服用

sumac ['sju:mæk] 漆树
　poison s., swamp s. 有毒漆树，沼泽漆树

sumatriptan succinate [,sju:mə'triptən] 琥珀酸苏回坦：治疗偏头痛药物

summation [sə'meiʃən] (L. *summa* total) 总和，总合
　central s. 中枢(性)总和

summit [sʌmit] (L. *summus*, superlative of *superus*) 顶
　s. of bladder 膀胱尖
　s. of nose 鼻根

Sumner ['sʌmnə] 萨姆那：James Batcheller，因分离和结晶脲酶并证明其为一种蛋白质，于1946年获诺贝尔化学奖

Sumner's method ['sʌmnəz] (J. B. *Sumner*) 萨姆纳氏法

Sumner's sign ['sʌmnəz] (Franklin W. *Sumner*, British surgeon, 20th century) 萨姆纳氏征

Sumycin [sju'maisin] 苏霉素：盐酸四环素的商品名

sunburn ['sʌnbə:n] 晒斑，晒伤

suncillin sodium [sən'silin] 磺氨苄青霉素钠

SunDare ['sʌndeə] 甲氧桂酸乙氧乙酯：甲氧桂乙酯的商品名

sunscreen ['sʌnskri:n] 防日晒霜

sunstroke ['sʌnstrəuk] 中暑

super- (L. *super* above) 在上面，超过正常

superabduction [,sju:pərəb'dʌkʃən] 外展过度

superacid [,sju:pə'ræsid] 过酸的

superacidity [,sju:pərə'siditi] 酸过多

superacromial [,sju:pərə'krəumiəl] 肩峰上的

superactivity [,sju:pəræk'tiviti] 活动过强

superacute [,sju:pərə'kju:t] 超急性的

superalimentation [,sju:pə,rælimən'teiʃən] 超量营养法，强饲法，管饲法

superalkalinity [,sju:pə,rælkə'liniti] 碱性过度

superaurale [,sju:pərɔ:'reili] 耳上点

supercarbonate [,sju:pə'ka:bəneit] 重碳酸盐，碳酸氢盐

supercentral [,sju:pə'sentrəl] 超中心的

supercilia [,sju:pə'siliə] (L.) (NA) 眉毛。*supercilium* 的复数形式

superciliary [,sju:pə'siləri] 眼眉的

supercilium [,sju:pə'siliəm] (pl. *supercilia*) (L.) (NA) 眉

superclass ['sju:pəkla:s] 总纲

supercoil ['sju:pəkɔil] 超螺旋

superdistention [,sju:pədis'tenʃən] 膨胀过度

superduct [,sju:pə'dʌkt] (*super-* + L. *ducerre* to draw) 上转，上举

superduction [,sju:pə'dʌkʃən] 上转，眼上转

superego [,sju:pə'i:gə] (*super-* + *ego*) 超我，超自我

superexcitation [,sju:pə,eksai'teiʃən] (*super-* + L. *excitatio* excitement) 兴奋过度

superextended [,sju:pəik'stendid] 伸展过度的

superextension [,sju:pəik'stenʃən] 伸展过度

superfamily [,sju:pə'fæmili] 总科

superfecundation [,sju:pə,fi:kən'deiʃən] (*super-* + L. *fecundare* to fertilize) 同期

复孕
superfetation [ˌsjuːpəfiˈteiʃən] (super- + fetus) 异期复孕
superficial [ˌsjuːpəˈfiʃəl] (L. superficialis) 浅的，表面的
superficialis [ˌsjuːpəˌfiʃiˈælis] 浅的，表面的
superficies [ˌsjuːpəˈfiʃiːz] 表面
superflexion [ˌsjuːpəˈflekʃən] 屈曲过度
superfunction [ˌsjuːpəˈfʌŋkʃən] 功能过旺
supergenual [ˌsjuːpəˈdʒenjuəl] 膝上的
supergroup [ˈsjuːpəgruːp] 超级族
superhelix [ˌsjuːpəˈheliks] 超螺旋
  negative s. 负超螺旋
  positive s. 正超螺旋
superimpregnation [ˌsjuːpəˌimpregˈneiʃən] (super- + impregnation) 复孕
superinduce [ˌsjuːpəinˈdjuːs] 重复诱导
superinfection [ˌsjuːpəinˈfekʃən] 重复感染，重复传染
superinvolution [ˌsjuːpəˌinvəˈluːʃən] 复旧过度
superior [sjuːˈpiəriə] (L. "upper"; neut. superius) 上的
superjacent [ˌsjuːpəˈdʒeisənt] 盖在上面的，压在上面的
superlactation [ˌsjuːpəlækˈteiʃən] 泌乳过多
superlattice [ˈsjuːpəˌlætis] 超点阵，超晶格
superlethal [ˌsjuːpəˈliːθəl] 超致死量的
supermaxilla [ˌsjuːpəmækˈsilə] 上颌
supermedial [ˌsjuːpəˈmiːdiəl] 中部上的
supermotility [ˌsjuːpəməˈtiliti] 运动过度
supernatant [ˌsjuːpəˈneitənt] (super- + L. nature to swim) ❶浮于上层的，浮于表层的；❷上层清液
supernate [ˈsjuːpəneit] 上层清液
supernormal [ˌsjuːpəˈnɔːməl] 超常的，逾常的
supernumerary [ˌsjuːpəˈnjuːmərəri] (L. supernumerarius) 多余的，额外的
supernutrition [ˌsjuːpənjuːˈtriʃən] 营养过度
superoccipital [ˌsjuːpərɔkˈsipitəl] 枕骨上部的，头后上的
superolateral [ˌsjuːpərəˈlætərəl] 上外侧的
superomedial [ˌsjuːpərəˈmiːdiəl] 中部上的
superovulation [ˌsjuːpəˌrɔvjuːˈleiʃən] 排卵过度

superoxide [ˌsjuːpəˈrɔksaid] 过氧化物，超氧化物
superoxide dismutase [ˌsjuːpəˈrɔksaid disˈmjuːteis] (EC 1.5.1.1) 过氧化物歧化酶
superparasite [ˌsjuːpəˈpærəsait] ❶涉及重寄生现象的寄生物；❷重寄生物
superparasitism [ˌsjuːpəˈpærəˌsitizəm] ❶重寄生(现象)；❷重寄生的
superphosphate [ˌsjuːpəˈfɔsfeit] 过磷酸盐
superpigmentation [ˌsjuːpəˌpigmənˈteiʃən] 着色过度
superregeneration [ˌsjuːpəriːˌdʒenəˈreiʃən] 再生过度
supersalt [ˈsjuːpəsɔːlt] 过酸盐
supersaturate [ˌsjuːpəˈsætʃəreit] 使过饱和
superscription [ˌsjuːpəˈskripʃən] (L. superscriptio) 处方标记
supersecretion [ˌsjuːpəsiˈkriːʃən] 分泌过多
supersensitivity [ˌsjuːpəˌsensiˈtiviti] 过敏
  disuse s. 废用性过敏
supersensitization [ˌsjuːpəˌsensitaiˈzeiʃən] 促过敏作用
supersoft [ˌsjuːpəˈsɔft] 超软的
supersonic [ˌsjuːpəˈsɔnik] (super- + L. sonus sound) ❶超声的，超音速的；❷超声波的
supersonics [ˌsjuːpəˈsɔniks] 超声学
supersphenoid [ˌsjuːpəˈsfiːnɔid] 蝶骨上的
superstructure [ˌsjuːpəˈstrʌktʃə] ❶上部结构；❷结构上方；❸嵌在上部的结构
  implant s. 植入物的上部结构
supervascularization [ˌsjuːpəˌvæskjulərai ˈzeiʃən] 血管形成过度
supervenosity [ˌsjuːpəviˈnɔsiti] (血液)静脉性过度
supervention [ˌsjuːpəˈvenʃən] 附加，并发
superversion [ˌsjuːpəˈvəːʒən] 上转
supervisor [ˈsjuːpəvaizə] 护监，管理人
supervitaminosis [ˌsjuːpəˌvaitəmiˈnəusis] 维生素过多症
supervolatge [ˌsjuːpəˈvɔltidʒ] 超电压，高电压
supinate [ˈsjuːpineit] ❶仰卧；❷旋后(上、下肢)
supination [ˌsjuːpiˈneiʃən] (L. supinatio)

❶ 仰卧；❷ 旋后
supinator ['sju:pineitə] ❶参与旋后运动的肌肉；❷旋后肌
supine ['sju:pain] (L. *supinus* lying on the back, face upward) 仰卧的；旋后的
support [sə'pɔ:t] ❶ 支柱，支持器，托；❷支持支撑
suppository [sə'pɔzitəri] (L. *suppositorium*) 栓剂
   glycerin s. (NF) 甘油栓
Supprelin [sə'prelin] 色普来林：醋酸盐的商品名
suppressant [sə'presənt] ❶使抑制；❷抑制药
suppression [sə'preʃən] (L. *suppressus*, past participle of *supprimere* to hold back) ❶抑制，制止；❷使突然停止；❸压抑；❹掩盖或抑制突变的表型的表达；❺抑制红细胞外型疟原虫；❻皮质抑制
   overdrive s. 超律法
suppurant ['sʌpju:rənt] (L. *suppurans*) ❶化脓的；❷催脓剂
suppuration [ˌsʌpju'reiʃən] (L. *sub* under + *puris* pus) 化脓
   alveodental s. 牙槽化脓，牙槽脓溢
suppurative ['sʌpju:ˌreitiv] 化脓的，产生脓的，与化脓有联系的
supra- (L. "above") 在上，上
supra-acromial [ˌsju:prəə'krəumiəl] 肩峰上的
supra-anal [ˌsju:prə'ænəl] 肛门上的
supra-auricular [ˌsju:prəɔ:'rikjulə] 耳上的
supra-axillary [ˌsju:prə'æksiləri] 腋上的
suprabuccal [ˌsju:prə'bʌkəl] 颊上的
suprabulge ['sju:prəˌbəldʒ] 上膨出
supracerebellar [ˌsju:prəseri'belə] 小脑上部
suprachoroid [ˌsju:prə'kɔ:rɔid] 脉络膜上的
suprachoroidea [ˌsju:prəkə'rɔidiə] 脉络膜上层
supraciliary [ˌsju:prə'siliəri] 眉的，眉部的
supraclavicular [ˌsju:prəklə'vikjulə] 锁骨上的
supraclavicularis [ˌsju:prəklə,vikju'læris] (L.) 锁骨上肌

supraclusion [ˌsju:prə'klu:ʒən] 超龄合，超咬合
supracondylar [ˌsju:prə'kɔndələ] 髁上的
supracondyloid [ˌsju:prə'kɔndəlɔid] 髁上的
supracostal [ˌsju:prə'kɔstəl] 肋上的，肋外的
supracotyloid [ˌsju:prə'kɔtələid] 髋臼上的
supracranial [ˌsju:prə'kreiniəl] 颅上的
supradiaphragmatic [ˌsju:prəˌdaiəfræg'mætik] 膈上的
supraduction [ˌsju:prə'dʌkʃən] (*supra-* + L. *ductio*) 上转，眼上转
supraepicondylar [ˌsju:prəˌepi'kɔndələ] 上髁上的
supraepitrochlear [ˌsju:prəˌepi'trɔkliə] 肱骨内上髁上的
supraglenoid [ˌsju:prə'gli:nɔid] 关节盂上的
supraglottic [ˌsju:prə'glɔtik] 声门上的
suprahepatic [ˌsju:prəhə'pætik] 肝上的
suprahyoid [ˌsju:prə'haiɔid] 舌骨上的
suprainguinal [ˌsju:prə'iŋgwinəl] 腹股沟上的
supraintestinal [ˌsju:prəin'testinəl] 肠上的
supraliminal [ˌsju:prə'liminəl] 阈上的
supralumbar [ˌsju:prə'lʌmbə] 腰上的
supramalleolar [ˌsju:prəmə'li:ələ] 踝上的
supramammary [ˌsju:prə'mæməri] 乳房上的，乳腺上的
supramandibular [ˌsju:prəmæn'dibjulə] 下颌上的
supramarginal [ˌsju:prə'mɑ:dʒinəl] 缘上的，位置高于缘的
supramastoid [ˌsju:prə'mæstɔid] 乳突上的
supramaxillary [ˌsju:prə'mæksiləri] 上颌上的
supramaximal [ˌsju:prə'mæksiməl] 超大的，最大限度以上的
suprameatal [ˌsju:prəmi:'eitəl] 道上的，口上的或位置高于开口的
supramental [ˌsju:prə'mentəl] (*supra-* + L. *metum* chin) 颏上的
supramentale [ˌsju:prəmen'tæli] B 点
supranasal [ˌsju:prə'neisəl] 鼻上的
Suprane ['sju:prein] 苏普林：去氟剂的商品名

supranormal [ˌsjuːprəˈnɔːməl] 超常的
supranuclear [ˌsjuːprəˈnjuːkliə] 核上的
supraoccipital [ˌsjuːprəɔkˈsipitəl] 枕骨上的
supraocclusion [ˌsjuːprəɔˈkluːʒən] 超殆，超咬合
supraocular [ˌsjuːprəˈɔkjuːlə] 眼球上的
supraomohyoid [ˌsjuːprəˌəuməˈhaiɔid] 肩胛肌上的
supraoptimal [ˌsjuːprəˈɔptiməl] 超最适的，最适度以上的
supraoptimum [ˌsjuːprəˈɔptiməm] 超最适的
supraorbital [ˌsjuːprəˈɔːbitəl] 眶上的
suprapatellar [ˌsjuːprəpəˈtelə] 髌上的
suprapelvic [ˌsjuːprəˈpelvik] 骨盆上的
suprapharmacologic [ˌsjuːprəˌfɑːməkəˈlɔdʒik] 超药理学的
suprapontine [ˌsjuːprəˈpɔntain] 脑桥上的，脑桥上部的
suprapubic [ˌsjuːprəˈpjuːbik] 耻骨弓上的
suprarenal [ˌsjuːprəˈriːnəl] (*supra-* + L. *ren* kidney) ❶肾上的；❷肾上腺的
suprarenalectomy [ˌsjuːprəˌriːnəˈlektəmi] (*suprarenal* + Gr. *ektomē* excision) 肾上腺切除术
suprarenalism [ˌsjuːprəˈriːnəlizəm] 肾上腺机能障碍
suprarenalopathy [ˌsjuːprəˌriːnəˈlɔpəθi] (*suprarenal* + Gr. *pathos* disease) 肾上腺(机能障碍)病
Suprarenin [ˌsjuːprəˈrenin] 休普若来宁：肾上腺素商品名
suprarenogenic [ˌsjuːprəˌriːnəˈdʒenik] 肾上腺原的
suprarenoma [ˌsjuːprəriːˈnəumə] 肾上腺瘤
suprarenopathy [ˌsjuːprəriːˈnɔpəθi] 肾上腺(机能障碍)病
suprarenotropic [ˌsjuːprəˌriːnəˈtrɔpik] 促肾上腺的
suprascapular [ˌsjuːprəˈskæpjuːlə] 肩胛上的
suprascleral [ˌsjuːprəˈskliərəl] 巩膜外的
suprasellar [ˌsjuːprəˈselə] 蝶鞍上的
supraseptal [ˌsjuːprəˈseptəl] 隔上的
supraspinal [ˌsjuːprəˈspainəl] 棘上的；脊柱上的
supraspinous [ˌsjuːprəˈspainəs] 棘上的或棘突上的
suprastapedial [ˌsjuːprəstəˈpediəl] 镫骨上的
suprasternal [ˌsjuːprəˈstəːnəl] 胸骨上的
suprasylvian [ˌsjuːprəˈsilviən] 裂上的，大脑侧裂上的
supratemporal [ˌsjuːprəˈtempərəl] 颞上的
supratentorial [ˌsjuːprətenˈtɔːriəl] 幕上的
suprathoracic [ˌsjuːprəθɔːˈræsik] 胸廓上的
supratonsillar [ˌsjuːprəˈtɔnsilə] 扁桃体上的
supratrochlear [ˌsjuːprəˈtrɔkliə] 滑车上的
supratympanic [ˌsjuːprətimˈpænik] 鼓室上的
supraumbilical [ˌsjuːprəʌmˈbilikəl] 脐上的
supravaginal [ˌsjuːprəˈvædʒinəl] 鞘上的，阴道外的
supravalvar [ˌsjuːprəˈvælvə] 瓣膜上的
supraventricular [ˌsjuːprəvenˈtrikjuːlə] 室上的
supravergence [ˌsjuːprəˈvəːdʒəns] (*supra-* + *vergence*) 上转，眼上转
supraversion [ˌsjuːprəˈvəːʒən] (*supra-* + *versio* a turning) ❶超错位；❷上转，眼上转
supravital [ˌsjuːprəˈvaitəl] 活体外的
Suprax [ˈsjuːpræks] 休普瑞克斯：三代头孢霉素的商品名
supraxiphoid [ˌsjuːprəˈzaifɔid] 剑突上的
suprofen [sjuːˈprəufən] 噻丙吩
sura [sjuːrə] (L.)(NA) 腓肠，小腿肚
Suragina [ˌsjuːrəˈdʒainə] 双翅昆虫(蝇类)
sural [ˈsjuːrəl] 腓肠的
suralimentation [ˌsjuːræliːmənˈteiʃən] 超量营养法，强饲法
suramin sodium [ˈsjuərəmin] 苏拉明钠，苏拉灭
surcingle [ˈsəːsiŋgl] (L. *super* over + *cingulus* belt) 上扣带，纹状体尾
surexcitation [ˌsəːreksaiˈteiʃən] (L. *super* over + *excitation*) 兴奋过度
surface [ˈsəːfis] 面，表面
  alveolar s. of maxilla 上颌骨牙槽面
  anterior s. 前面
  anterior s. of manubrium and gladiolus 胸骨体与柄的前面

anterior s. of sacral bone 骶骨前面
anterior s. of scapula 肩胛(骨)前面
anterior s. of stomach 胃前面
approximal s. 邻面
articular s. 关节面
articular s. of acetabulum 髋臼关节面
articular s. of sacral bone, lateral 骶骨外侧关节面
auricular s. of sacrum 骶骨耳状面
axial s. 轴面
basal s. 基底面
buccal s. 颊面
condyloid s. of tibia 胫骨髁状面
contact s. 接触面
costal s. of scapula 肩胛(骨)肋面
diaphragmatic s. 膈面
distal s. 远中面
dorsal s. 背面
dorsal s. of scapula 肩胛(骨)背面
extensor s. 伸面,伸肌面
facial s. 颜面
flexor s. 屈面,屈肌面
foundation s. 基底面
impression s. 印模面
incisal s. 切(牙)面
inferior s. 下面
infratemporal s. of maxilla 上颌骨的颞下面
labial s. 唇面
lateral s. ①侧面,外侧面；②离切牙或犬牙弓中线最远的邻面
left s. of heart 心脏的左面
lingual s. 舌面
masticatory s. ①𬌗面；②咬合面
medial s. ①同侧面；②近中面
mesial s. 近中面
morsal s's 𬌗面,咬合面
occlusal s., working 咀嚼咬合面
occlusal s. of teeth 切(牙)面,咀嚼咬合面
oral s. 口面
palatal s. 腭面
polished s. 磨光面
posterior s. 后面
posterior s. of sacral bone 骶骨后面
posterior s. of scapula 肩胛(骨)后面
posterior s. of stomach 胃后壁
proximal s., proximate s. 邻面

right s. of heart 心室的右侧缘
sacropelvic s. of the ilium 髂骨骶盆面
sternocostal s. of heart 心室的胸(骨)肋面
subocclusal s. 不全𬌗面,不全咬合面
superior s. 上面
superior articular s. of atlas 寰椎上关节面
tentorial s. 幕面
ventral s. 腹侧面
ventral s. of scapula 肩胛腹侧面
vestibular s. 前庭面
surfactant [səːˈfæktənt] ❶ 表面活性剂,表面活化剂；❷ 肺泡表面活性剂
Surfak [ˈsəːfæk] 色沛克：杜可沙钙的商品名
surgeon [ˈsəːdʒən] (L. *chirurgio*; Fr. *chirurgien*) ❶ 外科医师；❷ 军队医官
acting assistant s. 代理外科医师
barber s. 医疗理发师
contract s. 合同军医
s. general ① 军医总监；② 美国公共卫生局或国立卫生机构的首席医官
house s. 外科住院医师
post s. 兵站外科军医
surgery [ˈsəːdʒəri] (L. *chirurgia*, from Gr. *cheir* hand + *ergon* work) ❶ 外科学；❷ 外科；❸ (英)诊所；❹ 外科手术
abdominal s. 腹部外科
antiseptic s. 抗菌外科
aseptic s. 无菌外科
aural s. 耳外科
bench s. 离体外科
cardiac s. 心脏外科
cineplastic s. 成形外科,整形外科,整复外科
clinical s. 临床外科
conservative s. 保守外科
cosmetic s. 整容外科
cytoreductive s. 细胞减少外科
dental s. 牙外科
dentofacial s. 颌面外科
general s. 普通外科
major s. 大外科
maxillofacial s. 颌面外科
minor s. 小外科
Mohs' s. 莫氏手术

open heart s. 心外科
operative s. 外科手术学
oral s. 口腔外科
oral and maxillofacial s. 口腔及颌面外科
orthopedic s. 矫形外科
plastic s. 成形外科,整形外科,整复外科
psychiatric s. 精神外科
radical s. 根治外科手术
reconstructive s. 成形外科,整形外科,整复外科
sonic s. 超声外科
stereotactic s., stereotaxic s. 趋实体性外科,立体定位(向)性外科
structural s. 结构外科
veterinary s. 动物处科
surgical['sə:dʒikəl] 外科的
Surgicel['sə:dʒisel] 氧化纤维素
Surital['sə:ritəl] 瑟里特:硫戊巴比妥钠的商品名
Surmontil['sə:məntil] 塞蒙特:马来酸三甲丙咪嗪的商品名
surra['suərə] (Indic (Marathi) *sūra* wheezing) 苏拉病,伊(凡)斯氏锥虫病
surrogate['sʌrəgeit] (L. *surrogatus* substituted) ❶ 替代物,替代品;❷ 替代者,替身
sursumduction[,sə:sʌm'dʌkʃən] 上转,眼上转
sursumvergence[,sə:sʌm'və:dʒəns] 上转,眼上转
sursumversion[,sə:səm'və:ʃən] (L. *sursum* upward + *version*) 上转,眼上转
surveillance[sə:'veiləns] ❶ 监护,监督;❷ 传染病监督
epidemiologic s. 流行病学监督
immune s., immunological s. 免疫监督,免疫学监督
susceptibility[sə,septə'biliti] 易感性,感受性
differential s. 不同感受性
susceptible[sə'septəbl] ❶ 易感的,易受影响的;❷ 缺乏免疫力的
suspenopsia[,sʌspe'nɒpsiə] (L. *suspensio* wavering + *opsia*) 视觉暂停
suspensiometer[səs,pensi'ɒmitə] 混悬度测定器
suspension[səs'penʃən] (L. *suspensio*) ❶ 暂停;❷ (混)悬液;❸ 悬吊(术)
colloid s. 胶体悬液
corticotropin zinc hydroxide s., sterile (USP) 促皮质素氢氧化锌灭菌混悬液
dexamethasone ophthalmic s. (USP) 眼用地塞米松悬液
propyliodone s., sterile 注射用丙碘酮
propyliodone oil s., sterile (USP) 无菌丙碘酮油悬液
protamine zinc insulin s. (USP) 鱼精蛋白锌胰岛素注射液
selenium sulfide detergent s., 硫化硒去污剂混悬液
trisulfapyrimidines oral s. (USP) 三磺嘧啶口服混悬液
suspensoid[səs'pensɔid] 悬胶
suspensorius[,səspen'sɒriəs] (L.) ❶ 悬的;❷ 悬带
suspensory[səs'pensəri] (L. *suspensorius*) ❶ 悬的,提举的;❷ 悬吊物,悬带
Sus-Phrine['sʌsfrin] 沙浮林:肾上腺素的商品名
sustentacular[,səsten'tækjulə] (L. *sustentare* to support) 支柱的,支持的
sustentaculum[,səsten'tækjuləm] (pl. *sustentacula*) (L.) 支柱,支持物
s. lienis 脾悬韧带
s. tali (NA), **s. of talus** 载距突
susto['sju:stəu] (Sp. "fright, shock") 亚急性惊恐症
Sutherland['sʌðələnd] 萨瑟兰:Earl Wilbur, Jr.,美国药理学家
sutika['sju:tikə] 孕妇贫血病
sutilains['sju:tileins] 枯草菌酶蛋白分解酶
Sutton's disease['sʌtənz] 萨顿氏病:❶ (Richard Lightburn *Sutton*, American dermatologist, 1878-1952) 复发性粘膜坏死性腺周围炎;❷ (Richard L. *Sutton*, Jr., American dermatologist, born 1908) 裂口肉芽肿
Sutton's nevus['sʌtənz] (R. L. *Sutton*) 萨顿氏痣
sutura[sju:'tjuərə] (pl. *suturae*) (L. "a seam") (NA) 缝,骨缝
s. coronalis (NA) 冠状缝
suturae craniales 颅缝
suturae cranii (NA) 颅缝

s. dentata 齿状缝
s. ethmoidolacrimalis (NA) 筛泪缝
s. ethmoidomaxillaris (NA) 筛颌缝
s. frontalis (NA) 额缝
s. frontalis metopica (NA) 额缝
s. fronto-ethmoidalis (NA) 额筛缝
s. frontolacrimalis (NA) 额泪缝
s. frontomaxillaris (NA) 额颌缝
s. frontonasalis (NA) 额鼻缝
s. frontozygomatica (NA) 额颧缝
s. harmonia 直缝
s. incisiva (NA) 切牙缝,门齿缝
s. infraorbitalis (NA) 眶下缝
s. intermaxillaris (NA) 上颌间缝
s. internasalis (NA) 鼻骨间缝
s. lacrimoconchalis (NA) 泪甲缝
s. lacrimomaxillaris (NA) 泪颌缝
s. lambdoidea (NA) 人字缝
s. limbosa 骨交锁缝
s. nasofrontalis 鼻额缝
s. nasomaxillaris (NA) 鼻颌缝
s. occipitomastoidea (NA) 枕乳(突)缝
s. palatina mediana (NA) 腭正中缝
s. palatina transversa (NA) 腭横缝
s. palato-ethmoidalis (NA) 腭筛缝
s. palatomaxillaris (NA) 腭颌缝
s. parietomastoidea (NA) 顶乳(突)缝
s. plana (NA) 直缝
s. sagittalis (NA) 矢状缝
s. serrata (NA) 锯状缝
s. spheno-ethmoidalis (NA) 蝶筛缝
s. sphenofrontalis (NA) 蝶额缝
s. sphenomaxillaris (NA) 蝶颌缝
s. spheno-orbitalis (NA) 蝶眶缝
s. sphenoparietalis (NA) 蝶顶缝
s. sphenosquamosa (NA) 蝶鳞缝
s. sphenovomeriana (NA) 蝶犁缝
s. sphenozygomatica (NA) 蝶颧缝
s. squamosa (NA) 鳞缝
s. squamosa cranii (NA) 颅骨鳞缝
s. squamosomastoidea (NA) 鳞乳缝
s. stemporozygomatica (NA) 颞颧缝
s. vera 真缝,真骨缝
s. zygomaticofrontalis 颧额缝
s. zygomaticomaxillaris (NA) 颧颌缝
s. zygomaticotemporalis 颧颞缝
sutural[ˈsjuːtʃərəl]缝的,骨缝的
suturation[ˌsjuːtʃəˈreɪʃən]缝合

suture[ˈsjuːtʃə](L. *sutura* a seam) ❶ 缝,骨缝; ❷ 缝线; ❸ 缝合术; ❹ 缝合
absorbable s. 吸收性缝线
absorbable surgical s. (USP)吸收性外科缝线
Albert's s. 阿耳伯特氏肠缝合术
Appolito's s. 阿波利托氏连续缝合术
apposition s. 对合缝术
approximation s. 接近缝合术
arcuate s. 弓形缝,冠状缝
atraumatic s. 无损伤缝线
basilar s. 基底缝
bastard s. 假缝
Bell's s. 贝耳氏缝合术
biparietal s. 矢状缝
bolster s. 枕垫(减张力)缝合术
bony s. 骨缝
bregmatomastoid s. 前卤乳突缝
Bunnell's s. 邦内尔氏缝合术
buried s. 埋藏缝合术
button s. 钮扣形缝合术
catgut s. 肠(缝)线
chain s. 锁链缝合术
circular s. 环状缝合术
coaptation s. 对合缝术
cobblers' s. 鞋匠缝术
Connell's s. 康奈尔氏肠缝合术
continuous s. 连续缝合术
coronal s. 冠状缝
cranial s's 颅缝
Cushing s. 库兴氏缝合术
cutaneous s. of palate 腭缝
Czerny's s. 策尔尼氏缝合术
Czerny-Lembert s. 策-郎二氏缝合术
dentate s. 齿状缝
double-button s. 双钮扣缝合术
Dupuytren's s. 杜普伊特伦氏缝术
ethmoidomaxillary s. 筛颌缝
everting s. 外翻缝术
false s. 假缝
figure-of-eight s. 8字形缝术
flat s. 平缝
frontal s. 额缝
frontoethmoidal s. 额筛缝
frontolacrimal s. 额泪缝
frontomalar s. 额颧缝
frontomaxillary s. 额颌缝
frontonasal s. 额鼻缝

frontoparietal s. 额顶缝,冠状缝
frontosphenoid s. 额蝶缝
frontozygomatic s. 额颧缝
furrier's s. 毛皮衣裁缝缝术
Gaillard-Arlt s. 盖-阿二氏缝术
Gély's s. 惹利氏缝术
glover's s. 手套式缝术,连锁缝术
s. of Goethe 切牙缝,门齿缝
Gussenbauer's s. 古森包厄氏缝术
Halsted s. 霍尔斯特德氏缝术
harelip s. 唇裂缝术
hemostatic s's 止血缝术
incisive s. 切牙缝,门齿缝
infraorbital s. 眶下缝
interendognathic s. 腭正中缝
intermaxillary s. 上颌间缝
internasal s. 鼻骨间缝
interparietal s. 矢状缝
interrupted s. 间断缝术
intradermic s. 皮内缝术
inverting s. 内翻缝术
jugal s. 矢状缝
lacrimoconchal s. 泪甲缝
lacrimoethmoidal s. 泪筛缝
lacrimomaxillary s. 泪颌缝
lacrimoturbinal s. 泪甲缝
lambdoid s. 人字缝
Le Dentu's s. 勒当屠氏缝术
Le Fort's s. 勒福尔氏缝术
Lembert s. 郎贝尔氏缝术
lock-stitch s. 连锁缝术
longitudinal s. 纵缝,矢状缝
longitudinal s. of palate 腭纵缝,腭中缝
loop s. 间断缝术
malomaxillary s. 颧颌缝
mamillary s., mastoid s. 乳突缝
mattress s., horizontal 水平褥式缝术
mattress s., right-angle 垂直褥式缝术
mattress s., vertical 垂直褥式缝术
metopic s. 额缝
nasal s. 鼻骨间缝
nasofrontal s. 鼻额缝
nasomaxillary s. 鼻颌缝
nerve s. 神经缝术
nonabsorbable s. 不吸收性缝线
nonabsorbable surgical s. (USP) 不吸收性外科缝线
occipital s. 人字缝

occipitomastoid s. 枕乳缝
occipitoparietal s. 枕顶缝,人字缝
occipitosphenoidal s. 蝶枕裂
over-and-over s. 等缘缝术
overlapping s. 重叠缝
palatine s., anterior 腭前缝
palatine s., median, palatine s., middle 腭正中缝
palatine s., posterior, palatine s., transverse 腭后缝,腭横缝
palatoethmoidal s. 腭筛缝
palatomaxillary s. 腭颌缝
Pancoast's s. 潘科斯特氏缝术
Paré's s. 巴累氏缝术
parietal s. 顶缝,矢状缝
parietomastoid s. 顶乳缝
parietooccipital s. 人字缝
petrobasilar s., petrosphenobasilar s. 岩枕结合
petrosphenooccipital s. of Gruber 格鲁伯氏岩枕裂
petrosquamous s. 岩鳞裂
plastic s. 成形缝术,整形缝术
premaxillary s. 颌前缝
presection s. 剖前缝术
primary s. 一期缝术
purse-string s. 荷包口缝术
quilt s., quilted s. 连续褥式缝术
relaxation s. 减张缝术
retention s. 保持缝术
rhabdoid s. 矢状缝
sagittal s. 矢状缝
scaly s. 鳞缝
secondary s. ① 二期缝术；② 第二次缝合
seroserous s. 浆膜间缝术
serrated s. 锯状缝
shotted s. 弹丸缝术
Sims's. 席姆斯氏钳夹缝术
s's of skull 颅缝
sphenoethmoidal s. 蝶筛缝
sphenofrontal s. 蝶额缝
sphenomalar s. 蝶颧缝
sphenomaxillary s. 蝶颌缝
sphenooccipital s. 蝶枕裂
sphenoorbital s. 蝶眶缝
sphenoparietal s. 蝶顶缝
sphenopetrosal s. 蝶岩缝

sphenosquamous s., sphenotemporal s. 蝶鳞缝,蝶颞缝
sphenovomerine s. 蝶犁缝
sphenozygomatic s. 蝶颧缝
squamosomastoid s. 鳞乳缝
squamosoparietal s. 鳞(顶)缝
squamososphenoid s. 鳞蝶缝
squamous s. 鳞缝
squamous s. of cranium 颅骨鳞缝
subcuticular s. 皮内缝术
superficial s. 浅缝术
temporal s. 颞缝
temporomalar s., temporozygomatic s. 颞颧缝
tongue-and-groove s. 成形缝术,整形缝术
transverse s. of Krause 克罗斯氏横缝,眶下缝
true s. 真缝,真骨缝
uninterrupted s. 连续缝术
zygomaticofrontal s. 颧额缝
zygomaticomaxillary s. 颧颌缝
zygomaticotemporal s. 颧颞缝

suxamethonium chloride [ˌsʌksəmeˈθɔːniəm] 氯化琥珀胆碱

Sux-Cert [ˈsʌksət] 沙克塞:氯化琥珀胆碱的商品名

suxemerid sulfate [səkˈsemərid] 硫酸琥甲哌酯

Suzanne's gland [suːˈzænz] (Jean Georges *Suzanne*, French physician, late 19th century) 苏赞氏腺

SV ❶ (stroke volume 的缩写)心搏量; ❷ (sinus venosus 的缩写)静脉窦; ❸ (simian virus 的缩写)猴病毒

SV40 (simian virus 40 的缩写)猴病毒40

Sv (sievert 的缩写)希(沃特):放射吸收剂量当量的国际单位

SVC (superior vena cava 的缩写)上腔静脉

svedberg [ˈsvedbəːg] 斯维德伯格单位

Svedberg unit [ˈsvedbəːg] (Theodor *Svedberg*, Swedish chemist, 1884-1971, inventor of the ultracentrifuge and winner of the Nobel prize for chemistry in 1926 for his work on disperse systems) 斯维德伯格单位

SVT (supraventricular tachycardia 的缩写)室上性心动过速

swab [swɔb] 拭子
swaddler [ˈswʌdlə] 襁褓
  silver s. 银白色襁褓
swage [sweidʒ] ❶ 压模; ❷ 将缝线材料熔合在针头上; ❸ 陷型模,铁模
swager [ˈsweidʒə] 压模器
swallowing [ˈswɔləuiŋ] 吞咽
swarming [ˈswɔːmiŋ] 丛集的
swayback [ˈsweibæk] ❶ 马背凹陷; ❷ 脊柱前凸; ❸ 地方性家畜运动失调症
sweat [swet] 汗
  bloody s. 血汗(症)
  blue s. 青汗(症)
  fetid s. 臭汗
  green s. 绿汗(症)
  night s. 盗汗
  phosphorescent s. 磷光性汗

Swediaur's disease [ˈsveidiauə] (Francois Xavier *Swediaur*, Austrian physician, 1748-1824)斯韦迪奥尔氏病

sweeny [ˈswiːni] (马)肩肌萎缩

Sweet's syndrome [swiːts] (Robert Douglas *Sweet*, English dermatologist, 20th century) 斯威特氏综合征

swellhead [ˈswelhed] ❶ (羊)植物中毒热; ❷ 火鸡肺肠炎

swelling [ˈsweliŋ] ❶ 肿胀,膨胀; ❷ 隆起,隆凸
  arytenoid s. 披裂突
  blennorrhagic s. 淋病性肿胀
  Calabar s's 卡拉巴丝虫肿,罗阿丝虫性肿,移动性水肿
  capsular s. 荚膜肿胀(反应)
  cloudy s. 混浊肿胀
  fugitive s. 暂时性肿胀
  genital s. 生殖突
  glassy s. 淀粉样变性
  hunger s. 饥饿性水肿
  Kamerun s's 卡拉巴丝虫肿
  labial s. 阴唇突
  labioscrotal s. 阴唇阴囊突
  scrotal s. 阴囊突
  Soemmering's crystalline s. 塞梅林氏晶状体囊水肿
  tropical s's 热带肿
  tympanic s. 鼓室隆起

Swift's disease [swifts] (H. *Swift*, Australian physician, 1858-1937)斯维夫特

氏病
Swift-Feer disease [swift fiə] (H. *Swift*; Emil *Feer*-Sulzer, Swiss pediatrician, 1864-1955) 斯-费二氏病
swinepox [swainpɔks] 猪痘
switch [switʃ] ❶ 转换,转变,改变; ❷ 闸,电键,开关
    class s. 类转变
    isotype s. 同型转变
swoon [swu:n] 昏厥,晕厥
Swyer-James syndrome ['swiə dʒeimz] (Paul R. *Swyer*, English physician in Canada, born 1921; G. C. W. *James*, American physician, 20th century) 斯-詹二氏综合征
sycephalus [sai'sefələs] 并头联胎
sychnosphygmia [ˌsiknəu'sfigmiə] (Gr. *syehnos* frequent + *sphygmos* pulse) 心动快速,心博过速
sychnuria [sik'njuriə] (Gr. *sychnos* frequent + *ouron* urine + *-ia*) 尿频
sycosiform [sai'kəusifɔm] 须疮样的
sycosis [sai'kəusis] (Gr. *sykōsis*, from *sykon* fig) ❶ 须疮; ❷ 睑疮
    s. barbae 须疮
    lupoid s. 狼疮样须疮
    s. nuchae 瘢痕疙瘩性毛囊炎
    s. tarsi 睑疮,睑炎
    s. vulgaris 寻常须疮
Sydenham's chorea ['sidənhæmz] (Thomas *Sydenham*, English physician, sometimes called "the English Hippocrates", 1624-1689) 西登哈姆氏舞蹈病,小舞蹈病,舞蹈病
sylvatic [sil'vætik] ❶ 森林的; ❷ 从属于、位于、或生活于森林中的
Sylvest's disease [sil'vests] (Ejnar *Sylvest*, Norwegian physician, 1880-1931) 西耳威斯特氏病
sylvian ['silviən] 西耳维厄斯氏的: ❶ 由 Franciscus *Sylvius* (Francois de la Böe) 描述的或用其名命名的; ❷ 由 Jacobus *Sylvius* 描述的或用其名命名的
Sylvius ['silviəs] (Jacobus *Sylvius*, French physician, 1478-1555) 西耳维厄斯: 以 Jacobus Sylvius 命名(尤指中脑水管以及有关的术语)
Sylvius' angle ['silviəs] (Franciscus *Sylvius* (Francois de la Böe), Dutch physician, anatomist, and physiologist, 1614-1672) 西耳维厄斯氏角
Symadine ['simədin] 西莫汀: 盐酸金刚烷胺的商品名
symballophone [sim'bæləfəun] (Gr. *syn* together + *ballein* to throw + *phōnē* sound) 定向听诊器
symbiology [ˌsimbai'ɔlədʒi] 共生生物学
symbion ['simbaiən] 共生生物
symbionic [ˌsimbai'ɔnik] 共生的
symbiont ['simbiənt] (Gr. *syn* together + *bioun* to live) 共生生物
symbiosis [ˌsimbai'əusis] (Gr. *symbiōsis*) ❶ 共生关系; ❷ 依赖关系
    antagonistic s., antipathetic s. 拮抗性共生
    conjunctive s. 连接共生
    constructive s. 积极共生
    disjunctive s. 分离共生
symbiote ['simbiəut] 共生生物
symbiotic [ˌsimbi'ɔtik] 共生的
symblepharon [sim'blefərən] (Gr. *syn* together + *blepharon* eyelid) 睑球粘连
    anterior s. 睑球前粘连
    posterior s. 睑球后粘连
    total s. 睑球全粘连
symblepharopterygium [simˌblefərɔti'ridʒiəm] 翼状睑球粘连
symbol ['simbəl] (Gr. *symbolon*, from *symballein* to interpret) 标记,符号,象征
    phallic s. 阳具象征
symbolia [sim'bouliə] 形体感觉
symbolism ['simbəlizəm] ❶ 象征癖; ❷ 象征思维
symbolization [ˌsimbəlai'zeiʃən] 象征化,象征作用
symbrachydactylia [simˌbrækidæk'tiliə] 蹼指(趾)畸形,指(趾)短粘连畸形
symbrachydactylism [simˌbræki'dæktilizəm] 指(趾)蹼畸形,指(趾)短粘连畸形
symbrachydactyly [simˌbræki'dæktili] (Gr. *syn* together + *brachys* short + *daktylos* finger) 指(趾)蹼畸形,指(趾)短粘连畸形
symclosene ['simkləsi:n] 三氯异氰尿酸
sym-dichloromethyl ether [ˌsimdaiˌklɔrə'meθil 'i:θə] 对称二氯甲醚
Syme's amputation [saimz] (James *Syme*, Scottish surgeon, 1799-1870) 赛姆氏切

断术

symelus ['siniləs] 并腿畸胎

Symington's body ['saimiŋtənz] (Jonhnson *Symington*, Scottish anatomist, 1851-1924) 薛明顿氏体

symmelia [si'mi:liə] (Gr. *syn* together + *melos* limb + *-ia*) 并腿畸形

symmelus ['siniləs] 并腿畸胎

Symmers' disease ['siməz] (Douglas *Symmers*, American physician, 1879-1952) 西默斯氏病

Symmetrel ['simitrel] 塞咪特尔：盐酸金刚烷胺的商品名

symmetrical [si'metrikəl] (Gr. *symmetrikos*) 对称的，均称的

symmetry ['simitri] (Gr. *symmetria*; *syn* with + *metron* measure) 对称，均称
　bilateral s. 两侧对称
　helical s. 螺旋对称
　icosahedral s. 二十面体对称
　inverse s. 反(面)对称
　radial s. 辐射对称

sympathectomize [ˌsimpə'θektəmaiz] 切除交感神经

sympathectomy [ˌsimpə'θektəmi] (*sympathetic* + Gr. *ektomē* excision) 交感神经切除术
　chemical s. 化学性交感神经阻断术

sympatheoneuritis [simˌpæθiəunjuə'raitis] 交感神经炎

sympathetectomy [ˌsimpəθi'tektəmi] 交感神经切除术

sympathetic [ˌsimpə'θetik] (Gr. *sympathētikōs*) ❶ 同情的；❷ 交感神经的，交感神经系统的

sympatheticomimetic [ˌsimpəˌθetikəmi'metik] (*sympathetic* + Gr. *mimētikos* imitative) ❶ 拟交感(神经)的, 类交感(神经)的；❷ 拟交感神经的药

sympatheticotonia [ˌsimpəˌθetikə'təuniə] 交感神经过敏，交感神经紧张

sympathetoblast [ˌsimpə'θetəblæst] 成交感神经细胞

sympathic [sim'pæθik] ❶ 交感神经的；❷ 同情的

sympathicectomy [simˌpæθi'sektəmi] 交感神经切除术

sympathicoblast [sim'pæθikəˌblæst] 成交感神经细胞

sympathicoblastoma [simˌpæθikəblæs'təumə] 成交感神经细胞瘤

sympathicogonioma [simˌpæθikəˌgəuni'əumə] 交感神经原细胞瘤

sympathicolytic [simˌpæθikə'litik] ❶ 抗交感(神经)的，交感神经阻滞的；❷ 抗交感神经药，交感神经阻滞药

sympathicomimetic [simˌpæθikəmi'metik] ❶ 拟交感(神经)的, 类交感(神经)的；❷ 拟交感神经药

sympathicopathy [simˌpæθi'kɔpəsi] 交感神经系统病

sympathicotherapy [simˌpæθikə'θerəpi] 交感神经刺激疗法

sympathicotonia [simˌpæθikə'təuniə] 交感神经过敏，交感神经紧张(症)

sympathicotonic [simˌpæθikə'tɔunik] 交感神经过敏的

sympathicotripsy [simˌpæθikə'tripsi] (*sympathetic ganglion* + Gr. *tribein* to crush) 交感神经压轧术

sympathicotrope [sim'pæθikətrəup] 向交感神经药，趋交感神经药

sympathicotropic [simˌpæθikə'trɔpik] (*sympathetic* + Gr. *tropikos* turning) ❶ 向交感神经的，趋交感神经的；❷ 向交感神经药，趋交感神经药

sympathism ['simpəθizəm] 易感性

sympathizer ['simpəθaizə] 共感眼，交感眼

sympathoadrenal [ˌsimpəθəuə'dri:nəl] ❶ 交感肾上腺的；❷ 交感肾上腺性的

sympathoblast [sim'pæθəˌblæst] (*sympathetic* + *-blast*) 成交感神经细胞

sympathoblastoma [ˌsimpəθəblæs'təumə] 成交感神经细胞瘤

sympathogone ['simpəθəgəun] 交感神经原细胞

sympathogonia [ˌsimpəθə'gəuniə] (pl., *sympathetic* + Gr. *gonē* seed) 交感神经原细胞

sympathogonioma [ˌsimpəθəˌgəuni'əumə] 交感神经原细胞瘤

sympathogonium [ˌsimpəθə'gəuniəm] (pl. *sympathogonia*) 交感神经原细胞

sympatholytic [ˌsimpəθə'litik] (*sympathetic* + Gr. *lytikos* dissolving) ❶ 抗交感(神经)的，交感神经阻滞的；❷ 抗交感

神经药,交感神经阻滞药

sympathomimetic [ˌsimpəθəmiˈmetik] (*sympathetic* + Gr. *mimētikos* imitative) ❶ 拟交感(神经)的,类交感(神经)的; ❷ 拟交感神经药

sympathy [ˈsimpəθi] (Gr. *sympatheia*) ❶ 同情,同情心; ❷ 感应; ❸ 共感; ❹ 同感(作用)

sympectothiene [simˌpektəˈθaiiːn] 硫组氨酸甲基内盐,麦硫因

sympectothion [simˌpektəˈθaiən] (Gr. *syn* together + *pexis* fixation + *theion* sulfur) 硫组氨酸甲基内盐,麦硫因

sympexion [simˈpeksiən] (pl. *sympexia*) (Gr. *sympēxis* condensation, coagulation + *-on* neuter ending) 凝结物

symphalangia [ˌsimfəˈlændʒiə] (Gr. *syn* together + *phalanges* + *-ia*) 指(趾)关节粘连

symphalangism [simˈfæləndʒizəm] 指(趾)关节粘连

symphoricarpus [ˌsimfəriˈkɑːpəs] (Gr. *symphorein* to bear together + *karpos* fruit) 雪莓

Symphoromyia [ˌsimfərəˈmaiːə] 北美鹬虻属

symphyocephalus [ˌsimfiəˈsefələs] (Gr. *syn* together + *phyein* to grow + *kephalē* head) 并头联胎

symphyseal [simˈfiziəl] 联合的

symphyseorrhaphy [simˌfiziˈɔrəfi] 耻骨联合缝合

symphyses [ˈsimfisiz] (Gr.) 联合。*symphysis* 的复数形式

symphysial [simˈfiziəl] 联合的

symphysic [simˈfizik] 联合的,融合的

symphysiolysis [simˌfiziˈɔlisis] (*symphysis* + Gr. *lysis* dissolution) 耻骨联合松解术

symphysiorrhaphy [simˌfiziˈɔrəfi] (*symphysis* + Gr. *rhaphē* suture) 耻骨联合缝术

symphysiotome [simˈfiziətəum] 耻骨联合刀

symphysiotomy [simˌfiziˈɔtəmi] (*symphysis* + Gr. *tomē* a cutting) 耻骨联合切开术

symphysis [ˈsimfisis] (pl. *symphyses*) (Gr. "a growing together, natural junction") (NA) 联合

intervertebral s., s. intervertebralis (NA) 椎(骨)间联合

s. mandibulae (NA) 下颌联合

manubriosternal s., s. manubriosternalis (NA) 柄胸联合

s. mentalis 下颌联合

s. menti 下颌联合

s. ossium pubis, pubic s. 耻骨联合

s. pubica (NA), **s. pubis** 耻骨联合

s. sacrococcygea, sacrococcygeal s. 骶尾联合

sacroiliac s. 骶髂联合

symphysodactyly [ˌsimfisəuˈdæktili] (Gr. *symphysis* a growing together + *daktylos* finger) 并指(趾)畸形

Symphytum [ˈsimfitəm] (L.; Gr. *symphyton*) 西门肺草属

symphytum [ˈsimfitəm] 西门肺草

symplasm [ˈsimplæzəm] 共质体,共浆体

symplasmatic [ˌsimplæzˈmætik] 共质的,共浆的

symplast [ˈsimplæst] 共质体,共浆体

symplex [ˈsimpleks] 松合物,疏合物

sympodia [simˈpəudiə] (Gr. *syn* together + *pous* foot + *-ia*) (无足)并腿畸形

symport [ˈsimpɔːt] 同向转运

symptom [ˈsimptəm] (L. *symptoma*; Gr. *symptōma* anything that has befallen one) 症状

abstinence s's 脱瘾症状,断除症状

accessory s. 副症状

Anton's s 安通氏症状

assident s. 副症状

Bárány's s. 巴腊尼氏症状: ① 前庭器平衡失调; ② 冷热水试验

Bonhoeffer's s. 博恩霍弗尔氏症状

Brauch-Romberg s. 布-罗二氏症状

Buerger's s. 伯格氏症状

Burghart's s. 布格哈特氏症状

cardinal s. ① 主要症状; ② (pl.) 基本症状

Castellani-Low s. 卡-劳二氏症状

characteristic s. 特征性症状,特殊症状

Colliver's s. 科利佛氏症状

concomitant s. 伴发症状

constitutional s. 全身症状

crossbar s. of Fraenkel 弗雷恩克尔氏横杆症状
deficiency s. （内分泌）缺乏症状
delayed s. 迟发症状
direct s. 直接症状
dissociation s. （感觉）分离症状
Epstein's s. 爱泼斯坦氏症状
equivocal s. 非特征性症状,不明确症状
factitious s. 人为症状
general s. 全身症状
guiding s. 特征性症状
Haenel s. 黑内尔氏症状
halo s. 晕轮症状,彩虹轮症状
Huchard's s. 于夏氏症状
incarceration s. 箝闭症状
indirect s. 间接症状
induced s. 诱发症状
labyrinthine s's 迷路症状
Liebreich's s. 利希赖希氏症状
local s. 局部症状
localizing s's 定位症状,示位症状
Magendie's s. 马让迪氏症状,（眼球）反侧偏斜
Magnan's s. 马尼安氏症状
nostril s. 鼻孔症状
objective s. 客观症状
Oehler's. 厄勒氏症状
pathognomonic s. 示病性症状,判病性症状
precursory s., premonitory s. 前驱症状,先兆症状
presenting s. 主要症状,主诉
rainbow s. 晕轮症状,彩虹轮症状
rational s. 自觉症状,主观症状
reflex s. 反射症状
Remak's s. 雷马克氏症状
Roger's s. 罗惹氏症状
Séguin's signal s. 塞甘氏先兆症状
signal s. 先兆症状
Sklowsky's s. 斯克洛夫斯基氏症状
static s. 静态症状
subjective s. 自觉症状,主观症状
sympathetic s. 交感症状,同感症状
Tar's s. 塔尔氏症状
Trendelenburg's s. 特伦德伦伯格氏症状
Wartenberg's s. 华腾伯格氏症状
Wernicke's s. 韦尼克氏症状
withdrawal s's 断除症状,脱瘾症状

symptomatic [ˌsimptəˈmætik]（Gr. *symptōmatikos*）❶ 症状的；❷ 提示的,表明的；❸ 征候的,征兆的；❹ 针对症状的
symptomatology [ˌsimptəuməˈtɔlədʒi] ❶ 症状学；❷ 疾病的复合症状
symptomatolytic [ˌsimptəuˌmætəˈlitik]（*symptom* + Gr. *lytikos* dissolving）消除症状的,使症状消除的
symptome [simpˈtəum]（Fr.）症状
symptomolytic [ˌsimptəuməˈlitik] 消除症状的
symptosis [simpˈtəusis]（Gr. *syn* together + *ptōsis* fall）消瘦,消耗
sympus [ˈsimpəs]（Gr. *syn* together + *pous* foot）并腿畸胎
　s. apus 无足并腿畸胎
　s. dipus 双足并腿畸胎
　s. monopus 单足并腿畸胎
Syms' tractor [simz]（Parker *Syms*, American surgeon, 1860-1933）西姆斯氏前列腺牵引器
syn-（Gr. *syn* with, together）联连,合,共
Synacort [ˈsinəˌkɔt] 西那可：氢化可的松的商品名
synadelphus [ˌsinəˈdelfəs]（*syn-* + Gr. *adelphos* brother）头躯联胎
synaesthesia [ˌsinesˈθiːziə] 连带感觉,共同感觉
synaetion [siˈniːtiən]（Gr. *synaitios* being a joint cause）副（病）因
Synalar [ˈsinələ] 肤轻松：醋酸肤轻松的商品名
synalbumin [ˌsinəlˈbjuːmin] 抗胰岛素
synalgia [sinˈældʒiə]（*syn-* + *-algia*）牵涉痛
synalgic [sinˈældʒik] 牵涉痛的
synanamorph [sinˈænəˌmɔːf]（*syn-* + *anamorph*）同形态
synanastomosis [ˌsinəˌnæstəuˈməusis]（*syn-* + *anastomosis*）多数血管吻合
synanche [siˈnæŋki] 锁喉,咽峡炎
synanthrin [siˈnænθrin] 菊糖,菊粉
synaphymenitis [sinˌæfiməˈnaitis] 结膜炎
synapse [ˈsinəps]（Gr. *synapsis* a conjunction, connection）突触
　axoaxonic s. 轴-轴突触
　axodendritic s. 轴-树突触
　axodendrosomatic s. 轴-树-体突触

axosomatic s. 轴-体突触
chemical s. 化学突触
dendrodendritic s. 树-树突触
electrical s. 电突触
electrotonic s. 电(紧)张性突触
en passant s. 过往性突触
loop s. 环状突触
synapsis [si'næpsis] (Gr. "conjunction") (染色体)联会,接合
synaptene [si'næpti:n] 偶线期
synaptic [si'næptik] ❶ 突触的；❷ (染色体)联会的
synaptology [,sinæp'tɔlədʒi] 突触学
synaptosome [si'næptəsəum] 突触体(粒)
Synarel ['sinərəl] 辛那罗：醋酸促性腺激素释放激素商品名
synarthrodia [,sinɑ:'θrəudiə] (syn- + Gr. arthrōdia joint) 不动关节
synarthrodial [,sinɑ:'θrəudiəl] 不动关节的
synarthrophysis [,sinɑ:θrəu'faisis] (syn- + Gr. arthron joint + physis growth) 关节粘连
synarthroses [,sinɑ:'θrəusiz] (Gr.) 不动关节。synarthrosis 的复数形式
synarthrosis [,sinɑ:'θrəusis] (pl. synarthroses) (syn- + Gr. arthrōsis joint) 不动关节
synathresis [,sinæ'θri:sis] (局部)充血
synathroisis [,sinæ'θrɔisis] (syn- + Gr. athroisis collection) (局部)充血
syncanthus [siŋ'kænθəs] (syn- + Gr. kanthos canthus) 眶球粘连
syncaryon [siŋ'kæriən] (syn- + Gr. karyon nucleus) 受精核,合核
syncelom [sin'si:ləm] 体腔
syncephalus [sin'sefələs] (syn- + Gr. kephalē head) 并头联胎
synchesis ['siŋkisis] 玻璃体液化
synchilia [sin'kailiə] (syn- + Gr. cheilos lip + -ia) 并唇(畸形)
synchiria [siŋ'kairiə] (syn- + Gr. cheir hand + -ia) 两侧错觉
syncholia [siŋ'kəuliə] (syn- + Gr. cholē bile + -ia) 胆汁内异质分泌
synchondrectomy [,siŋkɔn'drektəmi] (synchondrosis + Gr. ektomē excision) 软骨结合切除术
synchondroseotomy [,siŋkɔŋdrəusi'ɔtəmi] (synchondrosis + Gr. tomē a cutting) 软骨结合切开术
synchondrosis [,siŋkɔn'drəusis] (pl. synchondrōses) (Gr. synchondrōsis a growing into one cartilage) (NA)软骨结合
　s. arycorniculata 杓状小角软骨结合
　costoclavicular s. 肋锁软骨结合
　synchondroses craniales 颅软骨结合
　synchondroses cranii (NA), **synchondroses of cranium** 颅软骨结合
　intersphenoidal s., **s. intersphenoidalis** 蝶间软骨结合
　intraoccipital s., anterior 枕骨前软骨结合
　intraoccipital s., posterior 枕内后软骨结合
　s. intra-occipitalis anterior (NA) 枕内前软骨结合
　s. intra-occipitalis posterior (NA) 枕内后软骨结合
　manubriosternal s., s. manubriosternalis (NA) 柄胸软骨结合
　neurocentral s. 椎体弓软骨结合
　petro-occipital s., s. petro-occipitalis 岩枕软骨结合
　pubic s., s. pubis 耻骨软骨结合
　sacrococcygeal s. 骶尾软骨结合
　sphenobasilar s. 蝶枕基底部软骨结合
　sphenoethmoidal s., s. sphenoethmoidalis (NA) 蝶筛软骨结合
　spheno-occipital s. ① 蝶枕软骨结合；② 蝶枕结合点
　s. spheno-occipitalis (NA) 蝶枕软骨结合
　s. sphenopetrosa (NA), **sphenopetrosal s.** 蝶岩软骨结合
　sternal s., s. sternalis (NA) 胸骨软骨结合
　s. sternocostalis costae primae (NA) 第一肋骨胸肋软骨结合
　synchondroses of skull 颅软骨结合
synchondrotomy [,siŋkɔn'drɔtəmi] (synchondrosis + Gr. tomē a cutting) 软骨结合切开术
synchorial [sin'kɔriəl] 共同绒(毛)膜的,共同胎盘的(多胎)
synchronia [siŋ'krəniə] ❶ 同时性,同步现象；❷ 准时发生

synchronism ['siŋkrənizəm] 同时性,同步现象

synchronous [siŋ'krɔnəs] (syn- + Gr. *chronos* time)同时的,同步的

synchrony ['siŋkrəni] ❶ 同时发生,同步性；❷ 同时性,同步现象
　atrioventricular (AV) s. 房室同步
　bilateral s. 双侧同步

synchrotron ['siŋkrətrɔn] 同步加速器

synchysis ['siŋkisis] (Gr. "a mixing together")玻璃体液化
　s. scintillans 闪光性玻璃体液化

syncinesis [,sinsi'ni:sis] 联带运动

synciput ['sinsipət] 前顶,前头

synclinal [sin'klainəl] (Gr. *synklinein* to lean together)互倾的,向倾的

synclitic [sin'klaitik] 胎头倾势的,头盆倾度均匀的

synclitism ['siŋklitizəm] (Gr. *synklinein* to lean together)❶ 胎头倾势,头盆倾度均匀；❷ 同时成熟

syncliticism [siŋ'klitisizəm] ❶ 胎头倾势,头盆倾度均匀；❷ 同时成熟

synclonus ['siŋklənəs] (syn- + Gr. *klonos* turmoil)❶ 共同阵挛；❷ 共同阵挛病
　s. beriberica 脚气病性震颤

syncopal ['siŋkəpəl] 晕厥的

syncope ['siŋkəpi] (Gr. *synkopē*)晕厥
　Adams-Stokes s. 亚-斯二氏晕厥
　cardiac s. 心脏性晕厥
　carotid sinus s. 颈动脉窦性晕厥
　convulsive s. 抽搐性晕厥
　cough s. 剧咳后晕厥
　digital s. 指晕厥
　laryngeal s. 喉性晕厥
　micturition s. 排尿晕厥
　postural s. 体位性晕厥
　Stokes-Adams s. 斯-亚二氏晕厥
　stretching s. 伸展性晕厥
　swallow s. 吞咽晕厥
　tussive s. 剧咳后晕厥
　vasodepressor s. 血管减压神经性晕厥
　vasovagal s. 血管迷走神经性晕厥

syncopic [siŋ'kɔpik] 晕厥的

syncretio [siŋ'kriʃiəu] (L.) 粘连

Syncurine ['siŋkjurin] 辛澳林:溴化十烃季铵的商品名

syncytial [siŋ'siʃəl] 合胞体的

syncytiolysin [,sinsiti'ɔlisin] 溶合胞体素

syncytioma [sin,siti'əumə] 合胞体瘤
　s. malignum 恶性合胞体瘤

syncytiotoxin [sin,sitiə'tɔksin] 合胞体毒素

syncytiotrophoblast [sin,sitiə'trɔfəblæst] 合胞体滋养层

syncytium [sin'sitiəm] 合胞体

syncytoid ['sinsitɔid] 合胞体样的

syndactylia [,sindæk'tiliə] 并指(趾)

syndactylism [sin'dæktilizəm] 并指(趾)

syndactylous [sin'dæktiləs] 并指(趾)的

syndactylus [sin'dæktiləs] 并指(趾)者

syndactyly [sin'dæktili] (syn- + *daktylos* finger) 并指(趾)
　complete s. 完全并指趾
　complicated s. 复杂并指趾
　double s. 两蹼并指(趾)
　partial s. 部分并指(趾)
　simple s. 简单并指(趾)
　single s. 单蹼并指(趾)
　triple s. 三蹼并指(趾)

syndectomy [sin'dektəmi] 球结膜环切术

syndelphus [sin'delfəs] 头躯联胎

syndesis ['sindisis, si'di:sis] (syn- + Gr. *desis* binding) ❶ 关节固定术；❷ (染色体)联会,接合

syndesmectomy [,sindes'mektəmi] (syndesmo- + Gr. *ektomē* excision) 韧带切除术

syndesmectopia [,sindesmek'təupiə] (syndesmo- + Gr. *ektopos* out of place + -*ia*) 韧带异位

syndesmitis [,sindes'maitis] (syndesmo- + -*itis*) ❶ 韧带炎；❷ 结膜炎
　s. metatarsea 跖韧带炎

syndesm(o)- (Gr. *syndesmos* band or ligament) 结缔组织,韧带

syndesmochorial [,sindesmə'kɔriəl] 韧带绒(毛)膜的

syndesmography [,sindes'mɔgrəfi] (syndesmo- + Gr. *graphein* to write) 韧带论

syndesmologia [,sindesmə'lɔdʒiə] 韧带学

syndesmology [,sindes'mɔlədʒi] (syndesmo- + Gr. *logos* treatise) 韧带学

syndesmoma [sindes'məumə] (Gr. *syndesmos* band + *oma* tumor) 韧带瘤

syndesmo-odontoid [sin,desmə'dɔntɔid]

齿突韧带联合

syndesmopexy [sin'desmə‚peksi] (*syndesmo-* + Gr. *pēxis* fixation) 韧带固定术

syndesmophyte [sin'desməfait] (*syndesmo-* + Gr. *phyton* plant) 韧带骨赘

syndesmoplasty [sin'desmə‚plæsti] (*syndesmo-* + Gr. *plassein* to form) 韧带成形术

syndesmorrhaphy [‚sindes'mɔrəfi] (*syndesmo-* + Gr. *rhaphē* suture) 韧带缝术

syndesmosis [‚sindes'məusis] (pl. *syndesmoses*) (Gr. *syndesmos* band) (NA) 韧带联合

  radioulnar s., s. radio-ulnaris (NA) 桡尺韧带联合

  tibiofibular s., s. tibiofibularis (NA) 胫腓韧带联合

  s. tympanostapedialis (NA), **tympanostapedial s.** 鼓镫韧带联合

syndesmotomy [‚sindes'mɔtəmi] (*syndesmo-* + Gr. *tomē* a cutting) 韧带切开术

syndrome ['sindrəum] (Gr. *syndromē* concurrence) 综合征,征群

  Aarskog s., Aarskog-Scott s. 艾斯科格氏综合征,艾-斯二氏综合征

  Aase s. 艾斯氏综合征

  abstinence s. 脱瘾综合征

  achalasia-addisonian s. 弛缓不能-阿狄森氏综合征

  Achard s. 阿查德氏综合征

  Achard-Thiers s. 阿-提二氏综合征

  acquired immune deficiency s., acquired immunodeficiency s. (AIDS) 获得性免疫缺陷综合征(艾滋病)

  acute brain s. 急性脑综合征

  acute organic mental. 急性器质性脑综合征

  acute radiation s. 急性放射性综合征

  acute retinal necrosis s. 急性视网膜坏死综合征

  Adair Dighton's s. 阿达尔·迪顿氏综合征

  Adams-Stokes s. 亚-斯二氏综合征

  addisonian s. 阿狄森氏综合征

  addisonian-achalasia s. 阿狄森氏-弛缓不能综合征

  Adie's s. 艾迪氏综合征

  adiposogenital s. 肥胖性生殖器退化综合征

  adrenogenital s. 肾上腺(性)性征综合征,肾上腺(性)性征异常(征)

  adult respiratory distress s. (ARDS) 成人呼吸窘迫综合征

  AEC s. (ankyloblepharon-ectodermal dysplasiaclefting s. 的缩写)睑缘粘连-外胚层发育不良-唇(腭)裂综合征

  afferent loop s. 输入性肠袢梗阻综合征

  aglossia-adactylia s. 无舌无指(趾)综合征

  Ahumada-del Castillo s. 阿-戴二氏综合征

  Aicardi's s. 艾卡迪氏综合征

  akinetic-rigid s. 运动不能-强直综合征

  Alagille s. 阿拉杰尔氏综合征

  Alajouanine's s. 阿拉米安尼氏综合征

  Albright's s., Albright-McCune-Sternberg s. 奥尔布赖特氏综合征,奥-麦-斯三氏综合征

  Aldrich's s. 奥尔德里奇氏综合征

  Alezzandrini's s. 阿勒让德尼氏综合征

  "Alice in Wonderland" s. "艾丽丝漫游奇境记"式综合征

  Allemann's s. 阿拉曼氏综合征

  Allgrove's s. 阿尔格拉夫氏综合征

  Alport's s. 阿尔帕特氏综合征

  Alström s. 奥斯托姆氏综合征

  amnesic s. 遗忘综合征

  amnestic s. (DSM-Ⅲ-R) 遗忘综合征

  amnestic-confabulatory s. 遗忘-虚谈综合征

  amniotic band s. 羊膜索综合征

  amniotic infection s. of Blane 布莱恩氏羊水感染综合征

  amyostatic s. 肌震颤性综合征,肝豆状核变性

  Andersen's s. 安德森氏综合征

  Andrade's s. 安德雷德氏综合征

  Angelman's s. 安吉尔曼氏综合征

  Angelucci s. 昂杰路契氏综合征

  angular gyrus s. 角回综合征

  ankyloblepharon-ectodermal dysplasia-clefting s. 睑缘粘连-外胚层发育不良-唇(腭)裂综合征

  anorexia-cachexia s. 厌食-恶病质综合征

  anterior abdominal wall s. 前腹壁综合征

anterior chamber cleavage s. 前房裂综合征

anterior cord s. 脊髓前索综合征

anterior cornual s. 脊髓前角综合征

anterior interosseous s. 前骨间综合征

anterior spinal artery s. 脊髓前动脉综合征

anterior tibial compartment s. 胫前区综合征

anticholinergic s. 抗胆碱能综合征

Anton's s. 安通氏综合征

Anton-Babinski s. 安-巴二氏综合征

anxiety s. 焦虑综合征

aortic arch s. 主动脉弓综合征

Apert's s. 阿佩尔氏综合征

argentaffinoma s. 嗜银细胞瘤综合征

Arnold-Chiari s. 阿-希二氏综合征

Arnold's nerve reflex cough s. 阿诺德氏神经反射性咳嗽综合征

arthropathy-camptodactyly s. 关节病-屈曲指综合征

Ascher s. 阿斯切尔氏综合征

Asherman's s. 阿瑟曼氏综合征

Asherson's s. 阿瑟森氏综合征

Asperger's s. 阿斯珀格氏综合征

asplenia s. 无脾综合征

ataxia-telangiectasia s. 共济失调-毛细血管扩张综合征

auriculotemporal s. 耳颞神经综合征

autoerythrocyte sensitization s. 自体红细胞致敏综合征

autoimmune polyendocrine-candidiasis s. 自体免疫性多种内分泌-念珠菌病综合征

Avellis's 阿费利斯综合征

Axenfeld's s. 阿克森费尔德氏综合征

Ayerza's s. 阿耶萨氏综合征

Baastrup's s. 巴阿斯塔普氏综合征

Babinski's s. 巴彬斯基氏综合征

Babinski-Fröhlich s. 巴-弗二氏综合征

Babinski-Nageotte s. 巴-纳二氏综合征

Babinski-Vaquez s. 巴-瓦二氏综合征

bacterial overgrowth s. 细菌过度繁殖综合征

BADS s. (*b*lack locks, oculocutaneous *a*lbinism 和 *d*eafness of the *s*ensorineural type 的缩略词) 黑头发-眼皮白化病-感觉神经性耳聋综合征

Bäfverstedt's s. 贝沃斯泰德氏综合征

Balint's s. 巴林特氏综合征

Baller-Gerold s. 贝-惹二氏综合征

ballooning mitral valve s., ballooning posterior leaflet s. 二尖瓣膨出综合征,后瓣叶膨出综合征

Bannwarth's s. 班沃斯氏综合征

Banti's s. 班替综合征

Bardet-Biedl s. 巴-比二氏综合征

Barlow's s. 巴洛氏综合征

Barraquer-Simons's 巴-斯二氏综合征

Barré-Guillain s. 巴-格二氏综合征

Barrett's 巴雷特氏综合征

Bart's s. 巴特氏综合征

Bartter's s. 巴特尔氏综合征

basal cell nevus s. 基底细胞痣综合征

basilar artery s. 基底动脉综合征

Bassen-Kornzweig s. 巴-科二氏综合征

battered-child s. 受虐儿童综合征

Bazex's s. 贝赞克斯氏综合征

Beals's. 比尔斯氏综合征

Bearn-Kunkel s., Bearn-Kunkel-Slater s. 毕-康二氏综合征,毕-康-斯三氏综合征

Beckwith's s. 贝克维斯氏综合征

Beckwith-Wiedemann s. 贝-威二氏综合征

Behcet's s. 贝切特氏综合征

Benedikt's s. 本尼迪特氏综合征

Bernard's s., Bernard-Horner s. 伯纳尔氏综合征,伯-霍二氏综合征

Bernard-Sergent s. 伯-塞二氏综合征

Bernard-Soulier s. (BSS) 伯-索二氏综合征

Bernheim's s. 伯恩海姆氏综合征

Bertolotti's s. 贝托洛蒂氏综合征

Biemond s., Ⅱ 比蒙德氏Ⅱ型综合征

billowing mitral valve s., billowing posterior leaflet s. 浪涛样二尖瓣综合征,波浪样后瓣叶综合征

Bing-Neel s. 宾-尼二氏综合征

Birt-Hogg-Dubé s. 伯-霍-杜三氏综合征

Björnstad's s. 比约斯泰德氏综合征

Blackfan-Diamond s. 布-戴二氏综合征

Blatin's s. 布拉坦氏综合征

blind loop s. 盲袢综合征

Bloch-Sulzberger s. 布-苏二氏综合征

Bloom s. 布卢姆氏综合征

blue diaper s. 蓝色尿布综合征
blue rubber bleb nevus s. 蓝色硬血管痣综合征
blue toe s. 蓝趾综合征
body of Luys s. 吕伊斯氏体综合征
Boerhaave's s. 布厄海夫氏综合征
Böök's s. 布克氏综合征
Börjeson's s., Börjeson-Forssman-Lehmann s. 布耶森氏综合征,布-弗-勒三氏综合征
Bouillaud's s. 布优劳德氏综合征
Bourneville-Pringle s. 布-普二氏综合征
Bouveret's s. 布佛雷氏综合征
bowel bypass s. 肠旁路综合征
brachial s. 臂丛综合征
Brachmann-de Lange s. 布-德二氏综合征
Bradbury-Eggleston s. 布-埃二氏综合征
bradycardia-tachycardia s. 心搏徐缓-心搏过速综合征
brady-tachy s. 心搏徐缓-心搏过速综合征
Brennemann's s. 布伦尼曼氏综合征
Briquet's s. 布里凯氏综合征
Brissaud-Marie s. 布-马二氏综合征
Brissaud-Sicard s. 布-西二氏综合征
Bristowe's s. 布里斯透氏综合征
brittle bones s. 脆骨综合征
brittle cornea s. 角膜脆弱综合征
Brock's s. 布罗克氏综合征
Brown's vertical retraction s. 布朗氏垂直性眼球退缩综合征
Brown-Séquard's s. 布朗-塞卡尔氏综合征
Brown-Vialetto-van Laere s. 布-维-范三氏综合征
Brueghel's s. 布鲁埃尔综合征
Bruns' s. 布伦斯氏综合征
Brunsting's s. 布朗斯廷氏综合征
Brushfield-Wyatt s. 布-瓦二氏综合征
Buckley's s. 巴克雷氏综合征
Budd-Chiari s. 巴-奇二氏综合征
bulbar s. 延髓综合征
Bürger-Grütz s. 比-戈二氏综合征
Burnett's s. 伯内特氏综合征
burning feet s. 灼热足综合征
Buschke-Ollendorff s. 布-奥二氏综合征
Bywaters' s. 拜沃特斯氏综合征

Caffey's s., Caffey-Silverman s. 凯非氏综合征,凯-西二氏综合征
camptomelic s. 肢体屈曲综合征
Canada-Cronkhite s. 坎-克二氏综合征
Capgras' s. 卡普格腊斯氏综合征
capillary leak s. 毛细血管渗漏综合征
Caplan's s. 卡普兰氏综合征
carcinoid s. 类癌综合征
carotid sinus s. 劲动脉窦综合征
carpal tunnel s. 腕管综合征
Carpenter's s. 卡彭特氏综合征
cat's cry s. 猫叫综合征
cat-eye s., cat's eye s. 猫眼综合征
cauda equina s. 马尾综合征
caudal dysplasia s., caudal regression s. 尾部发育不全综合征,尾部退化综合征
cavernous sinus s. 海绵窦综合征
celiac s. 乳糜泻综合征
central cord s. 脊髓中央损伤综合征
centroposterior s. 脊髓后中央灰质综合征
cerebellar s. 小脑综合征
cerebellopontine angle s. 小脑脑桥角综合征
cerebrocardiac s. 脑心综合征
cerebrocostomandibular s. 脑肋骨下颌骨综合征
cerebrohepatorenal s. 脑肝肾综合征
cervical s., cervical disk s. 颈神经(根)综合征,颈椎间盘综合征
cervical rib s. 颈肋综合征
cervicobrachial s. 颈臂综合征
Cestan's s., Cestan-Chenais s. 塞斯汤氏综合征,塞-舍二氏综合征
Cestan-Raymond s. 塞-雷二氏综合征
chancriform s. 下疳样综合征
Charcot's s. 夏科氏综合征:①肌萎缩性(脊髓)侧索硬化;②间歇性跛行;③肝病性间歇热
Charcot-Marie s. 夏-马二氏综合征
Charcot-Weiss-Baker s. 夏-魏-巴三氏综合征
CHARGE s. CHARGE 综合征
Charlin's s. 查林氏综合征(眼鼻区综合征)
Chauffard's s., Chauffard-Still s. 肖法尔氏综合征,肖-斯二氏综合征

Chédiak-Higashi s. 切-希二氏综合征
Chiari's s. 希阿里氏综合征
Chiari-Arnold s. 希-阿二氏综合征
Chiari-Frommel s. 希-弗二氏综合征
chiasma s., chiasmatic s. 初交叉综合征
Chilaiditi s. 蔡雷蒂堤氏综合征：① 肝与膈之间置有结肠；② 肝下垂
CHILD s. (*c*ongenital *h*emidysplasia with *i*chthyosiform erythroderma and *l*imb *d*efects 的缩写) 先天性偏侧发育不良伴鱼鳞癣样红皮病和肢体缺损综合征
Chinese restaurant s. (CRS) 中国餐馆综合征
Chotzen's s. 乔森氏综合征
Christian's s. 克里斯琴氏综合征
Christ-Siemens-Touraine s. 克-西-图三氏综合征
chronic fatigue s. 慢性疲劳综合征
chronic organic mental s. 慢性器质性精神综合征
chylomicronemia s. 乳糜微粒血综合征
Citelli's s. 契太利氏综合征
Clarke-Hadfield s. 克-哈二氏综合征
Claude's s. 克洛德氏综合征
Claude Bernard-Horner s. 伯-霍二氏综合征
click s., click-murmur s. 喀喇音综合征
closed head s. 闭合性颅脑(损伤)综合征
Clough and Richter's s. 克-里二氏综合征
Clouston's s. 克洛斯顿氏综合征
cloverleaf skull s. 三叶草形头颅综合征
Cockayne's s. 科凯尼氏综合征
Coffin-Lowry s. 科-洛二氏综合征
Coffin-Siris s. 科-西二氏综合征
Cogan's s. 科根氏综合征：① 非梅毒性角膜炎伴有前庭听觉症状；② 科根氏眼球运动性失用
cold agglutinin s. 冷凝集素综合征
Collet's s., Collet-Sicard s. 科累氏综合征，科-西二氏综合征
combined immunodeficiency s. 联合免疫缺陷综合征
compartmental s. 腔隙综合征
compression s. (肢体)压迫综合征
concussion s. (脑)震荡综合征
congenital rubella s. 先天性风疹综合征

Conn's s. 康尼氏综合征
Conradi's s. 康雷迪氏综合征
Conradi-Hünermann s. 康-休二氏综合征
contiguous gene s. 相邻基因综合征
continuous muscle activity s., continuous muscle fiber activity s. 连续性肌活动综合征，连续性肌纤维活动综合征
Cornelia de Lange's s. 科妮利亚·德·兰吉氏综合征
s. of corpus striatum 纹状体综合征
Costen's s. 柯斯顿氏综合征
costoclavicular s. 肋锁综合征
Cotard's s. 科塔尔氏综合征
Courvoisier-Terrier s. 库-太二氏综合征
couvade s. 库伐德综合征
Cowden s. 考登氏综合征
craniosynostosis-radial aplasia s. 颅缝早闭桡骨发育不良综合征
CREST s. CREST 综合征
cricopharyngeal achalasia s. 环咽弛缓不能综合征
cri du chat s. 猫叫综合征
Crigler-Najjar s. 克-内二氏综合征
s. of crocodile tears 鳄泪综合征
Cronkhite-Canada s. 克-坎二氏综合征
Cross s., Cross-Mckusick-Breen s. 克罗斯氏综合征，克-麦-布三氏综合征
Crow-Fukase s. 克-福二氏综合征
CRST s. CRST 综合征
crush s. 挤压综合征
Cruveilhier-Baumgarten s. 克-包二氏综合征
cryptophthalmos s. 隐眼(畸形)综合征
cubital tunnel s. 肘管综合征
culture-specific s. 文化特异综合征
Curshmann-Batten-Steinert s. 柯-巴-斯三氏综合征
Curtius's. 柯蒂斯氏综合征
Cushing's s. 库兴氏综合征
Cushing's s., iatrogenic 医原性库兴氏综合征
Cushing's s. medicamentosus 药物性库兴性综合征
Cyriax's s. 西里阿克斯综合征
Da Costa's s. 达科斯塔氏综合征
Danbolt-Closs s. 当-克二氏综合征
Dandy-Walker s. 当-沃二氏综合征
Danlos's. 当洛斯氏综合征

Debré-Sémélaigne s. 德-塞二氏综合征
defibrination s. 去纤维蛋白综合征
Degos's 德格斯氏综合征
Dejean's s. 德吉恩氏综合征
Dejerine's s. 代热林氏综合征；①神经根炎的各种症状；②延髓综合征；③脊髓痨样多神经病
Dejerine-Klumpke s. 代-克二氏综合征
Dejerine-Roussy s. 代-罗二氏综合征
Dejerine-Thomas s. 代-托二氏综合征
de Lange's s. 德兰吉氏综合征
del Castillo's s. 戴尔卡斯特罗氏综合征
de Morsier's s. 德莫塞尔氏综合征
dengue shock s. 登革热休克综合征
Dennie-Marfan s. 丹-马二氏综合征
Denny-Brown's s. 丹-布二氏综合征
depersonalization s. 人格解体综合征
depressive s. 抑郁综合征
De Sanctis-Cacchione s. 德-凯二氏综合征
de Toni-Fanconi s. 德-范二氏综合征
dialysis dysequilibrium s. 透析性平衡失调综合征
Diamond-Blackfan s. 戴-布二氏综合征
diarrheogenic s. 水泻综合征
diencephalic s. 间脑综合征
DiGeorge s. 戴乔治综合征
Di Guglielmo's s. 德加戈里尔莫氏综合征：①红细胞增多性骨髓组织增生；②红白血病
disconnection s. 离断综合征
Donohue's s. 多诺霍氏综合征，矮妖精貌综合征
DOOR s. (syndrome of congenital *d*eafness, *o*nycho-*o*steodystrophy, and mental *r*etardtion 的缩写)先天失听-指甲及骨发育不良-智力迟缓综合征
Down s. 道氏综合征
Drash s. 德拉斯氏综合征
Dresbach's s. 德雷斯巴赫氏综合征
Dressler's s. 德雷斯勒氏综合征
Duane's s. 杜安氏综合征
Dubin-Johnson s. 杜-约二氏综合征
Dubin-Sprinz s. 杜-斯二氏综合征
Dubreuil-Chambardel's s. 杜-尚二氏综合征
Duchenne's s. 杜兴氏综合征
Duchenne-Erb s. 杜-欧二氏综合征

dumping s. 倾倒综合征
Duncan's s. 邓肯氏综合征
Dyke-Davidoff-Masson s. 黛-戴-马三氏综合征
dyscontrol s. 控制障碍综合征
dysmaturity s. 成熟障碍综合征
dysmnesic s. 记忆障碍综合征
dysplasia oculodentodigitalis s. 眼-牙-指发育异常综合征
dysplastic nevus s. 发育异常痣综合征
Eagle-Barrett s. 伊-巴二氏综合征
Eaton-Lambert s. 伊-兰二氏综合征
ectopic ACTH s. 异源性ACTH综合征
ectopic-hypercalcemia s. 异源性血钙增高综合征
ectrodactyly-ectodermal dysplasia-clefting s. 缺指(趾)-外胚层发育异常-唇(腭)裂综合征
Eddowes's s. 埃窦斯氏综合征
Edwards's. 爱德华斯氏综合征
EEC s. 缺指(趾)-外胚层发育异常-唇(腭)裂综合征
effort s. 用力综合征，疲劳综合征
egg-white s. 卵白综合征
Ehlers-Danlos s. 埃-当二氏综合征
Eisenmenger's s. 艾森门格氏综合征
Ekbom s. 埃克珀姆氏综合征
Ekman's s., Ekman-Lobstein s. 埃科曼氏综合征，埃-洛二氏综合征
elfin facies s. 小精灵综合征
Ellis-van Creveld s. 艾-范二氏综合征
embryonic testicular regression s. 胚胎性睾丸退化综合征
EMG s. EMG综合征，脐疝-巨舌-巨大发育综合征
empty-sella s. 空蝶鞍综合征
encephalotrigeminal vascular s. 脑三叉神经血管综合征
eosinophilia-myalgia s. 嗜曙红细胞增多-肌痛综合征
epiphyseal s. 松果体综合征
Epstein's s. 爱泼斯坦氏综合征
erythrocyte autosensitization s. 自体红细胞致敏综合征
Escobar s. 埃斯库柏氏综合征
euthyroid sick s. 甲状腺机能正常病综合征
Evans's s. 埃文斯氏综合征

excited skin s. 激发性皮肤综合征
exomphalos-macroglossia-gigantism s. 脐疝-巨舌-巨大发育综合征
extrapyramidal s. 锥体外系综合征
Faber's s. 法伯尔氏综合征
faciodigitogenital s. 面-指(趾)-生殖器综合征
Fanconi's s. 范可尼氏综合征
Farber s., Farber-Uzman s. 法柏氏综合征,法-厄二氏综合征
Favre-Racouchot s. 法-雷二氏综合征
Felty's s. 费尔提氏综合征
feminizing testes s. 女性化睾丸综合征
fertile eunuch s. 能生育的无睾综合征
fetal alcohol s. 胎儿乙醇综合征
fetal face s. 胎儿面容综合征
fetal hydantoin s. 胎儿乙内酰脲综合征
Feuerstein-Mims s. 费-米二氏综合征
Fèvre-Languepin s. 费-兰二氏综合征
FG s. FG 综合征
Fiessinger-Leroy-Reiter s. 费-利-雷三氏综合征
first arch s. 第一(鳃)弓综合征
Fisher s. 费希尔氏综合征：① 急性特发性多神经炎；② 一个半综合征
Fitz-Hugh-Curtis s. 菲-休-库三氏综合征
floppy infant s. 婴儿松弛综合征
floppy valve s. 瓣膜弛综合征
Flynn-Aird s. 弗-艾二氏综合征
Foix s. 福克斯氏综合征
Foix-Alajouanine s. 福-阿二氏综合征
Forbes-Albright s. 福-阿二氏综合征
Forsius-Eriksson s. 福-埃二氏综合征
Förster's s., Förster's atonic-astatic s. 弗斯特氏综合征,弗斯特氏弛缓性综合征
Foster Kennedy s. 福斯特·肯尼迪氏综合征
four-day s. 四天综合征
Foville's s. 福维耳氏综合征
fragile X s. 脆性 X(染色体)综合征
Franceschetti s. 弗朗西斯契提氏综合征
Franceschetti-Jadassohn s. 弗-雅二氏综合征
Francois's. 弗朗索瓦氏综合征
Fraser's s. 弗拉塞氏综合征
Freeman-Sheldon s. 费-谢二氏综合征
Frey's s. 弗莱氏综合征,耳颞综合征

Friderichsen-Waterhouse s. 弗-华二氏综合征
Friedmann's vasomotor s. 弗里德曼氏血管舒缩综合征
Fröhlich's s. 弗勒利希氏综合征
Froin's s. 弗鲁安氏综合征
Frommel-Chiari s. 弗-希二氏综合征
Fuchs' s. 富克斯氏综合征
Fukuhara s. 福原氏综合征
Fukuyama's s. 福山氏综合征
functional prepubertal castrate s. 青春前期机能性阉综合征
G s. G 综合征
Gailliard's s. 盖亚尔氏综合征
Gaisböck's s. 盖斯伯克氏综合征
galactorrhea-amenorrhea s. 乳溢-经闭综合征
Ganser s. 甘塞氏综合征
Garcin's s. 加森氏综合征
Gardner's s. 加德纳氏综合征：① (E. J. Gardner)家族性结肠息肉病；② (W. J. Gardner) 双侧视神经瘤
Gardner-Diamond s. 加-戴二氏综合征
Gasser's s. 加塞氏综合征
gay bowel s. 同性恋者肠综合征
Gee-Herter-Heubner s. 季-赫-霍三氏综合征
Gélineau's s. 惹利诺氏综合征
gender dysphoria s. 性焦虑综合征
general adaptation s. 全身适应综合征
genital ulcer s. 生殖器溃疡综合征
Gerhardt's s. 格哈特氏综合征
Gerstmann's s. 格斯特曼氏综合征
Gianotti-Crosti s. 贾-克二氏综合征
giant platelet s. 巨血小板综合征
Gilbert s. 吉耳伯氏综合征
Gilles de la Tourette's s. 图雷特氏综合征
Gillespie's s. 吉列斯帕氏综合征
glioma-polyposis s. 神经胶质瘤-息肉病综合征
glucagonoma s. 高血糖素瘤综合征
Goldberg's s. 戈尔德伯格氏综合征
Goldenhar's s. 戈尔登哈尔氏综合征
Goltz's s., Goltz-Gorlin s. 果耳茨氏综合征,果-戈二氏综合征
Good's s. 古德氏综合征
Goodman s. 古德曼氏综合征

Goodpasture's s. 古德帕斯彻氏综合征
Gopalan's s. 果帕兰氏综合征
Gorlin's s., Gorlin-Goltz s. 戈林氏综合征,戈-果二氏综合征
Gougerot-Blum s. 高-布二氏综合征
Gougerot-Carteaud s. 高-卡二氏综合征
Gougerot-Nulock-Houwer s. 高-努-霍三氏综合征
Gowers's s. 高尔斯氏综合征:① 血管迷走神经性发作;② 晚期远端遗传性肌病
Gradenigo's s. 格拉代亇尼果氏综合征
Graham Little s. 格雷厄姆·利特尔氏综合征
gray s. 灰婴综合征
Greig's s. 格雷格氏综合征
Griscelli s. 格里斯塞利氏综合征
Grönblad-Strandberg s. 格-斯二氏综合征
Gruber's s. 格鲁伯氏综合征
Guillain-Barré s. 格-巴二氏综合征
Gunn's s. 格恩氏综合征
gustatory sweating s. 味觉出汗综合征
Hadfield-Clark s. 哈-克二氏综合征
Hakim's s., Hakim-Adams s. 哈基姆氏综合征,哈-亚二氏综合征
half base s. 一侧颅底综合征
Hallermann-Streiff s., Hallermann-Streiff-Fransois s. 哈-斯二氏综合征,哈-斯-富三氏综合征
Hamman's s. 黑曼氏综合征
Hamman-Rich s. 黑-里二氏综合征
Hand-Schüller-Christian s. 汉-许-克三氏综合征
hand-foot-and-mouth s. 手-足-口综合征
hand-foot-uterus s. 手-足-子宫综合征
hand-shoulder s. 肩-手综合征
Hanhart's s. 汉哈特氏综合征
Hanot-Chauffard s. 阿-肖二氏综合征
happy puppet s. "快乐木偶"综合征
Harada s. 原田氏综合征
HARD s. HARD 综合征
Hare's s. 黑尔氏综合征
Harris's. 哈里斯氏综合征
Hartnup s. 哈特纳普氏综合征
Hay-Wells s. 海-威二氏综合征
Hayem-Widal s. 阿-肥二氏综合征
heart-hand s. 心-手综合征

Heerfordt's s. 黑福特氏综合征
Heidenhain's s. 海登海因氏综合征
HELLP s. HELLP综合征,溶血-肝酶升高-血小板降低综合征
Helweg-Larsen's s. 黑-拉二氏综合征
hemangioma-thrombocytopenia s. 血管瘤-血小板减少综合征
hemohistioblastic s. 成血细胞综合征
hemolytic-uremic s. 溶血性尿毒症综合征
hemopleuropneumonic s. 血胸肺炎综合征
Hench-Rosenberg s. 汉-罗二氏综合征
Henoch-Schönlein s. 亨-舍二氏综合征
hepatorenal. 肝肾综合征
hereditary benign intraepithelial dyskeratosis s. 遗传性良性上皮内角化不良综合征
Hermansky-Pudlak s. 海-普二氏综合征
Herrmann's s. 赫尔曼氏综合征
HHH S. 三高综合征,高鸟尿酸血高氨血并高瓜氨酸尿综合征
Hick's s. 希克氏综合征
Hines-Bannick s. 海-班二氏综合征
Hoffman-Werdnig s. 霍-韦二氏综合征
holiday heart s. 假期心脏综合征
Holmes-Adie s. 霍-艾二氏综合征
Holt-Oram s. 霍-奥二氏综合征
Homén's. 霍门氏综合征
Horner's s., Horner-Bernard s. 霍纳氏综合征,霍-伯二氏综合征
Horton's s. 霍顿氏综合征:① 丛集性头痛;② 巨细胞动脉炎
Howel-Evans's. 豪韦尔-埃文思氏综合征
Hughes-Stovin s. 休-斯二氏综合征
Hunt's s. 亨特氏综合征
Hunter's. 亨特尔氏综合征
Hurler's s. 胡尔勒氏综合征
Hurler-Scheie s. 胡-沙二氏综合征
Hutchinson's. 郝秦生综合征
Hutchinson-Gilford s. 郝-吉二氏综合征
Hutchison s. 郝奇生氏综合征
hyaline membrane s. 透明膜综合征
17-hydroxylase deficiency s. 17-羟化酶缺乏综合征
hyperabduction s. 外展过度综合征
hyperactive child s. 儿童多动症
hypercalcemia s. 高钙血综合征

hyperimmunoglobulinemia E s. 高免疫球蛋白E血症综合征
hyperkinetic 多动综合征
hyperkinetic heart s. 心脏运动过度综合征
hyperlucent lung s. 肺透亮过度综合征
hyperornithinemia-hyperammonemia-homocitrullinu-ria s. 高鸟尿酸血-高氨血-高瓜氨酸尿综合征
hypersomnia-bulimia s. 睡眠过度-食欲过盛综合征
hypertelorism-hypospadias s. 两眼分距过远-尿道下裂综合征
hyperventilation s. 换气过度综合征
hyperviscosity s. 粘滞性过高综合征
hypoglossia-hypodactyly s. 缺舌-缺指(趾)综合征
hypoplastic left heart s. (HLHS) 左心发育不全综合征
idiopathic postprandial s. 特发性食后综合征
Imerslund s., Imerslund-Graesback s. 伊莫斯兰德氏综合征,伊-格二氏综合征
immotile cilia s. 纤毛不能移动综合征
immunodeficiency s. 免疫缺乏综合征
impingement s. 冲击综合征
s. of inappropriate antidiuretic hormone (SIADH) 抗利尿激素分泌不足综合征
inferior s. of red nucleus 红核下综合征
inhibitory s. 抑制综合征
inspissated bile s. 浓缩胆汁综合征
intrauterine parabiotic s. 子宫内联体生活综合征
irritable bowel s., irritable colon s. 过敏性大肠综合征,应激性结肠综合征
Isaacs's., Isaacs-Mertens s. 艾萨克氏综合征,艾-梅二氏综合征
Ivemark's s. 艾夫马克氏综合征
Jaccoud's s. 雅库氏综合征
Jackson's s. 杰克逊氏综合征
Jacod's s. 雅各德氏综合征
Jadassohn-Lewandowsky s. 雅-勒二氏综合征
Jaffe-Lichtenstein s. 雅-利二氏综合征
Jahnke's s. 贾克氏综合征
Jarcho-Levin s. 贾-勒二氏综合征
jaw-winking s. 颌动瞬目综合征

Jefferson's s. 杰裴逊氏综合征
jejunal s. 空肠综合征
Jervell and Lange-Nielsen s. 杰韦尔和兰吉-奈尔森氏综合征
Jeune's s. 朱恩氏综合征
Job's s. 乔布氏综合征
Joubert's s. 朱伯特氏综合征
jugular foramen s. 颈静脉孔综合征
Kabuki make-up s. 歌舞伎扮相综合征
Kallmann's s. 凯尔曼氏综合征
Kanner's s. 卡纳氏综合征
Kartagener's s. 卡塔格内氏综合征
Kasabach-Merritt s. 卡-梅二氏综合征
Kast's s. 卡斯特氏综合征
Kaufman-McKusick s. 考-麦二氏综合征
Kawasaki s. 川崎综合征
Kearns-Sayre s. 克-塞二氏综合征
Kennedy's s. 肯尼迪氏综合征
keratitis-ichthyosis-deafness (KID) s. 角膜炎-鱼鳞病-耳聋综合征
KID s. (keratitis-ichthyosis-deafness s.的缩写) KID综合征,角膜炎-鱼鳞病-耳聋综合征
Kiloh-Nevin s. 基-内二氏综合征
Kimmelstiel-Wilson s. 基-威二氏综合征
King s. 金氏综合征
kinky-hair s. 头发纽结综合征
Kinsbourne s. 金斯布恩氏综合征
kleeblattschädel s. 三叶草形头颅综合征
Klein-Waardenburg s. 克-维二氏综合征
Kleine-Levin s. 克-列二氏综合征
Klinefelter's s. 克来恩费尔特氏综合征
Klippel-Feil s. 克-费二氏综合征
Klippel-Trénaunary s., Klippel-Trénaunary-Weber s. 克-特二氏综合征或克-特-威三氏综合征
Klumpke-Dejerine s. 克-代二氏综合征
Klüver-Bucy s. 克-布二氏综合征
Kocher-Debré-Sémélaigne s. 克-德-塞三氏综合征
Koerber-Salus-Elschnig s. 克-萨-埃三氏综合征
König's s. 克尼格氏综合征
Korsakoff's s. 科尔萨科夫氏综合征
Kostmann's s. 克斯特曼氏综合征
Krause's s. 克劳斯氏综合征
Kugelberg-Welander s. 库-威二氏综合征
Kunkel's s. 孔格尔氏综合征

Ladd's s. 兰斯综合征
LAMB s. 着色斑-前房粘液瘤-蓝痣综合征
Lambert-Eaton s. 兰-伊二氏综合征
Landau-Kleffner s. 兰-克二氏综合征
Landrey's s. 兰德里氏综合征
Langer-Giedion s. 兰-吉二氏综合征
Lannois-Gradenigo s. 兰-格二氏综合征
Larsen's s. 拉森氏综合征
lateral medullary s. 外侧髓状综合征
Laubry-Soulle s. 劳-索二氏综合征
Launois' s. 洛努瓦氏综合征
Laurence-Moon s. 劳-穆二氏综合征
Läwen-Roth s. 累-罗二氏综合征
Lawford's s. 累弗德氏综合征
Lawrence-Seip s. 累-斯二氏综合征
lazy leukocyte s. 懒惰白细胞综合征
Legg-Calvé-Perthes s. 勒-卡-帕三氏综合征
Lemieux-Neemeh s. 莱-尼二氏综合征
Lennox s., Lennox-Gastaut s. 雷诺克斯综合征, 雷-盖二氏综合征
Lenz's s. 雷滋氏综合征
LEOPARD s. 豹斑综合征
Leredde's s. 勒赖德氏综合征
Leriche's s. 勒里施氏综合征
Lermoyez's s. 莱尔马耶氏综合征
Lesch-Nyhan s. 累-耐二氏综合征
lethal multiple pterygium s. 致死性多发性翼状胬肉综合征
levator s. 提肌综合征
Lévy-Roussy s. 雷-罗二氏综合症
Leyden-Möbius s. 雷-莫二氏综合征
Li-Fraumeni s. 里-费综合征
Lichtheim's s. 利什特海姆氏综合征
Lightwood's s. 来特伍滋综合征
Lignac's s., Lignac-Fanconi s. 里格那滋氏综合症, 里-法二氏综合征
linear sebaceous nevus s. 线形皮脂腺痣综合征
liver-kidney s. 肝肾综合征
Lobstein's s. 劳布斯特因氏综合征
locked-in s. 被关锁综合征
loculation s. 分室综合征
Löffler's s. 吕弗勒氏综合征
long QT s. 长 QT 间期综合征
Looser-Milkman s. 鲁-米二氏综合征
Louis-Bar's s. 鲁-巴二氏综合征

low cardiac output s. 低心输出量综合征
Lowe s., Lowe-Terry-Maclachlan s. 鲁氏综合征, 鲁-特-马三氏综合征
lower radicular s. 低位神经根综合征
Lown-Ganong-Levine s. 鲁-盖-利三氏综合征
Lucey-Driscoll s. 鲁-德综合征
lupus-like s. 狼疮样综合征
Lutembacher's s. 鲁藤巴赫氏综合征
Lyell's s. 利尔氏综合征
lymphadenopathy s. 淋巴结病综合征
lymphoproliferative s's 淋巴细胞增生综合征
lymphoreticular s's 淋巴网状内皮细胞综合征
McCune-Albright s. 麦-阿二氏综合征
Mackenzie's s. 麦肯齐氏综合征
McKusick-Kaufman s. 麦-考二氏综合征
Macleod's s. 麦克里亚德氏综合症
Maffucci's s. 马富西氏综合征
malabsorption s. 吸收障碍综合征
malarial hyperreactive spleen s. 疟疾反应过度脾综合征
Malin's s. 马林氏综合征
Mallory-Weiss s. 马-威二氏综合征
manic s. 躁狂综合征
Marchesani's s. 马切萨尼氏综合症
Marchiafava-Micheli s. 马-米二氏综合征
Marcus Gunn's s. 马卡思·格恩氏综合征
Marfan s. 马凡氏综合征
Marie-Bamberger s. 马-班二氏综合征
Marinesco-Sjögren s. 马-斯二氏综合征
Maroteaux-Lamy s. 马-拉二氏综合征
Martorell's s. 马他拉尔氏综合征
mastocytosis s. 肥大细胞病综合征
maternal deprivation s. 丧母综合征
Mauriac s. 毛里亚克氏综合征
May-White s. 梅-怀二氏综合征
Mayer-Rokitansky-Küster-Hauser s. 梅-罗-库-霍四氏综合征
Meckel's s., Meckel-Gruber s. 麦克尔氏综合征, 麦-格二氏综合征
meconium aspiration s. 胎类吸入综合征
meconium plug s. 胎粪栓塞综合征
median cleft facial s. 中位面裂综合征
megacystis-megaureter s. 巨膀胱-巨输尿管综合征

megacystis-microcolon-intestinal hypoperistalsis s. （MMIHS）巨膀胱-小结肠-肠蠕动迟缓综合征
Meige's s. 梅格氏综合征
Meigs's. 梅格斯氏综合征
MELAS s. (*m*itochondrial *e*ncepnalopathy, *l*actic *a*cidosis and *s*troke-like episodes 的缩写）线粒体脑病-乳酸中毒-中风样体征综合征
Melkersson's s., Melkersson-Rosenthal s. 麦尔克森氏综合征, 麦-罗氏综合征
Mendelson's s. 梅德尔森氏综合征
Mengert's shock s. 梅格特氏休克综合征
Meniere 's s. 梅尼埃尔氏综合征
Menkes' s. 梅克斯氏综合征
Meretoja's s. 梅里他亚氏综合征
MERRF s. (*m*yoclonus with *e*pilepsy and with *r*agged *r*ed *f*ibers 的缩写）伴有癫痫和粗糙红纤维的肌痉挛综合征
metameric s. 脊髓节段综合征
methionine malabsorption s. 蛋氨酸吸收异常综合症
Meyer-Schwickerath and Weyers s. 梅-斯二氏, 威耶斯氏综合征
middle lobe s. 中叶综合征
midsystolic click-late systolic murmur s. 收缩中期卡嗒音-收缩后期杂音综合征
Mikulicz's s. 米库里滋氏综合征
milk-alkali s. 乳-碱综合征
Milkman's s. 米耳克曼氏综合征
Millard-Gubler s. 米-古二氏综合征
Miller s. 米勒氏综合征
Miller Fisher s. 米勒·费史尔氏综合征
Minkowski-Chauffard s. 明-肖二氏综合征
Minot-von Willebrand s. 米那特-冯·威勒布来德氏综合征
mitral valve prolapse (MVP) s. 二尖瓣脱垂综合征
Möbius' s. 默比厄斯氏综合征
Mohr s. 莫尔氏综合征
Monakow's s. 莫纳科夫氏综合征
Moore's s. 穆尔氏综合征
Morel's s. 莫雷耳氏综合征
Morgagni-Adams-Stokes s. 莫-艾-斯三氏综合征
morning glory s. 早晨光轮综合征
Morquio's s. 莫尔基奥氏综合征
Morton's s. 摩顿氏综合征
Morvan's s. 莫旺氏综合征
Mosse's s. 莫斯氏综合征
Mount's s. 蒙特氏综合征
Mount-Reback s. 蒙-雷二氏综合征
Moynahan s. 莫依那罕氏综合征
Muckle-Wells s. 幕-威二氏综合征
mucocutaneous lymph node s. （MLNS）粘膜皮肤淋巴结综合征
mucosal neuroma s. 粘膜神经瘤综合征
Muir-Torre s. 默-特二氏综合征
multiple glandular deficiency s. 多种腺体缺乏综合征
multiple hamartoma s. 多发性错构瘤综合征
multiple lentigines s. 多发性着色斑综合征
multiple pterygium s. 多发性翼状胬肉综合征
Munchausen s. 蒙肖森氏综合征
Munchausen s. by proxy 由他人代替的蒙肖森氏综合征
myasthenic s. 肌无力综合征
myelodysplastic s. 脊髓发育不良综合征
myelofibrosis-osteosclerosis s. 骨硬化性骨髓纤维化综合征
myeloproliferative s's 骨髓增生综合征
Naegeli s. 尼格里氏综合征
Naffziger's s. 纳夫济格氏综合征
Nager's s. 纳格氏综合征
Nager-de Reynier s. 纳格-(德)·雷尼尔氏综合征
nail-patella s. 甲-髌骨综合征
NAME s. (*n*evi, *a*trial *m*yxoma, and neurofibroma *e*phelides 的缩写）痣-前房粘液瘤-神经性纤维瘤雀斑综合征
Nélaton's s. 尼勒顿氏综合征
neck-tongue s. 颈舌综合征
Negri-Jacod s. 尼-杰二氏综合征
Nelson's s. 尼尔森氏综合征
nephrotic s. 肾病综合征
nerve compression s. 神经压迫综合征
Netherton's s. 尼特纳顿氏综合征
neurocutaneous s. 神经皮肤综合征
neuroleptic malignant s. 抗精神病药恶性综合征
nevoid basal cell carcinoma s., nevoid

basalioma s. 痣样基底细胞癌综合征
Nezelof s. 尼滋拉夫氏综合征
Noack's s. 努克氏综合征
Nonne-Milroy-Meige s. 农-米-迈三氏综合征
nonsense s. 急性幻觉性躁狂综合征
Noonan's s. 农南氏综合征
Nothnagel's s. 诺特纳格耳氏综合征
Nyssen-van Bogaert s. 尼-万二氏综合征
OAV s. 眼耳脊椎发育不良综合征
obstructive sleep apnea s. (OSAS)障碍性睡眠呼吸暂停综合征
occipital horn s. 枕骨角综合征
oculocerebral-hypopigmentation s. 眼-脑-色素沉着过少综合征
oculocerebrorenal s. 眼-脑-肾综合征
oculodento-osseous s. 眼-牙-骨综合征
oculomandibulodycephaly-hypotrichosis s. 眼-下颌-头面畸形-毛发稀少综合征
oculomandibulofacial s. 眼-下颌-面部综合征
oculopharyngeal s. 眼-咽综合征
ODD (oculodentodigital) s. 眼-牙-指(趾)综合征
OFD s. (oral-facial-digital s. 的缩写)眼-面-指(趾)综合征
Ogilvie's s. 奥吉耳维氏综合征
Oldfield's s. 奥尔德费尔德氏综合征
Omenn's s. 奥门氏综合征
OMM s. (ophthalmomandibulomelic dysplasia 的缩写)眼-下颌骨发育不良综合征
one-and-a-half s. 一个半综合征
Opitz s., Opitz-Frias s. 奥佩齐氏综合征或奥-弗二氏综合征
oral-facial-digital (OFD) s., type Ⅰ Ⅰ型口-面-指(趾)综合征
oral-facial digital (OFD) s., type Ⅱ Ⅱ型口-面-指(趾)综合征
oral-facial digital (OFD) s., type Ⅲ Ⅲ型口-面-指(趾)综合征
orbital floor s. 眶底综合征
orbital apex s. 眶尖综合征
organic anxiety s. (DSM Ⅲ-R)器质性焦虑综合征(DSM Ⅲ-R)
organic brain s. 器质性脑综合征
organic delusional s. (DSM-Ⅲ-R)器质性妄想综合征(DSM-Ⅲ-R)

organic mental s. (DSM-Ⅲ-R)器质性精神综合征
organic mood s. [DSM-Ⅲ-R]器质性心境综合征(DSM-Ⅲ-R)
organic personality s. (DSM-Ⅲ-R)器质性人格综合征(DSM-Ⅲ-R)
orofaciodigital (OFD) s., type Ⅰ Ⅰ型口-面-指(趾)综合征
orofaciodigital (OFD) s., type Ⅱ Ⅱ型口-面-指(趾)综合征
orofaciodigital s., type Ⅲ Ⅲ型口-面-指(趾)综合征
Ortner's s. 奥特纳尔氏综合征
Ostrum-Furst s. 奥-佛二氏综合征
outlet s. 臂丛综合征
ovarian-remnant s. 卵巢残留综合征
ovarian vein s. 卵巢静脉综合征
overlap s. 重迭综合征
overwear s. 过度疲劳综合征
pacemaker s. 起搏器综合征
pacemaker twiddler's s. 起搏器捻弄者综合征
Paget-Schroetter s., Paget-von Schroetter s. 佩-施二氏综合征,佩格特-(冯)施克罗特氏综合征
pain dysfunction s. 疼痛性机能障碍综合征
painful arc s. 疼痛弧综合征
painful bruising s. 疼痛性青肿综合征
paleostriatal s. 旧纹状体综合征
pallidal s. 苍白球综合征
Pancoast's s. 潘科斯特氏综合征:① 臂部神经炎性疼痛; ② 骨质溶解
pancreatic cholera s. 胰霍乱综合征
pancreaticohepatic s. 胰肝综合征
pancytopenia-dysmelia s. 全血细胞减少肢畸形综合征
Papillon-Lefèvre s. 派-莱二氏综合征
paraneoplastic s. 瘤外综合征
paratrigeminal s. 三叉神经交感神经综合征
Parinaud's s. 帕里诺氏综合征
Parinaud's oculoglandular s. 帕里诺氏眼-腺综合征
Parkinsonian s. 帕金森氏综合征
Parry-Romberg s. 帕-罗二氏综合征
Patau's s. 派陶氏综合征
Paterson's s., Paterson-Brown Kelly s.,

Paterson-Kelly s. 派特逊综合征, 派-凯二氏综合征
Pellegrini-Stieda s. 佩-斯二氏综合征
Pellizzi's s. 佩里奇氏综合征
Pendred's s. 佩德里得综合征
PEP s. (*p*lasma cell dyscrasia, *e*ndocrinopathy, *p*olyneuropathy 的缩写) 浆细胞恶液质-内分泌病-多神经病综合征
Pepper s. 佩珀氏综合征
pericolic membrane s. 结肠周膜综合征
persistent müllerian duct s. 永久性副中肾管综合征
pertussis. 百日咳综合征
pertussis-like s. 百日咳样综合征
petrosphenoid s. 岩蝶综合征
Peutz-Jeghers s. 普-杰二氏综合症
Pfeiffer's s. 普费佛氏综合征
pharyngeal pouch s. 咽囊综合征
PHC s. (premolar aplasia, hyperhidrosis, premature canities 的缩写) 前磨牙发育不全-多汗-早年灰发综合征
Picchini's s. 皮基尼氏综合征
pickwickian s. 皮克威克氏综合征
Pierre Robin s. 匹尔·罗滨氏综合征
pineal. 松果体综合征
placental dysfunction s. 胎盘功能不全综合征
placental transfusion s. 胎盘输血综合征
plica s. 襞综合征
Plummer-Vinson s. 普-文二氏综合征
POEMS s. (*p*olyneuropathy *o*rganomegaly, *e*ndoc-rinopathy, *M* protein and *s*kin changes 的缩写) POEMS 综合征, 多神经病-巨器官-内分泌病-最小蛋白量-皮肤变化综合征
Poland's s. 波兰氏综合征
Polhemus-Schafer-Ivemark s. 波-斯-伊三氏综合征
polyangiitis overlap. 多脉管炎重迭综合征
polycystic ovary s. 多囊卵巢综合征
polysplenia s. 多脾综合征
pontine s. 脑桥综合征
popliteal pterygium s. 腘翼状胬肉综合征
popliteal web s. 腘蹼综合征
Porak-Durante s. 波-杜二氏综合征
post-cardiac injury. 心脏损伤后综合征

postcardiotomy s. 开心术后综合征
postcardiotomy psychosis s. 开心术后精神综合征
postcholecystectomy s. 胆囊切除术后综合征
postcommissurotomy s. 连合部切开术综合征
postconcussional s. 脑震荡后综合征
posterior column s., posterior cord s. 脊髓后柱综合征
poterior inferior cerebellar artery s. 小脑后下动脉综合征
postgastrectomy s. 胃切除术后综合征
postirradiation s. 照射后综合征
post-lumbar puncture s. 腰椎穿刺后综合征
postmaturity s. 过度成熟综合征
post-myocardial infarction. 心肌梗塞后综合征
postperfusion s. 灌注后综合征
postpericardiotomy s. 心包切开术后综合征
postphlebitic s. 静脉炎后综合征
post-thrombotic. 血栓形成后综合征
post-transfusion s. 输血后综合征
post-traumatic s., post-traumatic brain s. 外伤后综合征, 脑外伤后综合征
Potter's s. 波特氏综合征
Prader-Willi s. 普-威二氏综合征
preexcitation s. 预激综合征
premenstrual s. 经前期综合征
premotor. 皮质运动前区综合征
Profichet's s. 普罗菲歇氏综合征
prolonged QT interval s. QT 间期延长综合征
pronator s., pronator teres s. 旋前肌综合征, 旋前圆肌综合征
prune-belly s. 干梅状腹部综合征
pseudoclaudication s. 假跛行综合征
pulmonary acid aspiration s. 肺部酸吸入综合征
pulmonary dysmaturity s. 肺成熟障碍综合征
Putnam-Dana s. 普-达二氏综合征
Raeder's s., Raeder's paratrigeminal s. 理德氏综合征, 理德氏三神经交感神经综合征
Ramsay Hunt s. 拉姆斯·亨特氏综合征;

①带状疱疹累及面神经和听神经；②幼年型震颤麻痹；③进行性小脑协同失调
Raymond-Cestan s. 雷-塞二氏综合征
Reichel's s. 赖希尔氏综合征
Reichmann's s. 赖希曼氏综合征
Reifenstein's s. 雷芬斯丁氏综合征
Reiter's s. 莱特尔氏综合征
Rendu-Osler-Weber s. 雷-奥-威三氏综合征
respiratory distress s. of newborn 新生儿呼吸窘迫综合征
restless legs s. 多动腿综合征
retraction s. 眼球后缩综合征
s. of retroparotid space 腮腺后间隙综合征
Rett s. 里特氏综合征
Reye's s. 雷因氏综合征
Reye-Johnson s. 雷-约二氏综合征
Rh -null s. Rh因子缺乏综合征
Richards-Rundle s. 理-鲁二氏综合征
Richner-Hanhart s. 理-汉二氏综合征
Richter's s. 理特氏综合征
Rieger's s. 理格氏综合征
Riley-Day s. 理-德二氏综合征
Riley-smith s. 理-史二氏综合征
Roberts' s. 罗勃特氏综合征
Robin s. 罗滨氏综合征
Robinow's s. 罗滨努氏综合征
Rochon-Duvigneaud's s. 罗-多二氏综合征
Roger's s. 罗惹氏综合征
Rokitansky-Küster-Hauser s. 罗-库-赫三氏综合征
rolandic vein s. 脑静脉综合征
Rollet's s. 罗来特氏综合征
Romano-Ward s. 罗-沃二氏综合征
Rosenberg-Bergstrom s. 罗-波二氏综合征
Rosenberg-Chutorian s. 罗-舒二氏综合征
Rosenthal s. 罗森特尔氏综合征
Rosenthal-Kloepfer s. 罗-科二氏综合征
Rosewater's s. 罗森华特氏综合征
Rot's s. , Rot-Bernhardt s. 罗特氏综合征,罗-本二氏综合征
Rothmann-Makai s. 罗-马二氏综合征
Rothmund-Thomson s. 罗-特二氏综合征

Rotor's s. 罗特尔氏综合征
Roussy-Dejerine s. 罗-德二氏综合征
Roussy-Lévy s. 罗-雷二氏综合征
Rovsing s. 罗弗斯格综合征
rubella s. 风疹综合征
Rubinstein's s. , Rubinstein-Taybi s. 鲁本斯特氏综合征,鲁-泰二氏综合征
rubrospinal cerebellar peduncle s. 红核脊髓小脑脚综合征
Rud's s. 拉德氏综合征
rudimentary testis s. 睾丸退化综合征
Rukavina's s. 拉卡威那氏综合征
Rundles-Falls s. 拉-法二氏综合征
runting s. 发育障碍综合征
Russell's s. , Russell-Silver s. 鲁斯尔氏综合征,鲁-西二氏综合征
Rust's s. 鲁斯特氏综合征
Ruvalcaba's s. 鲁瓦卡巴氏综合征
Sabin-Feldman s. 沙-费二氏综合征
Saethre-Chotzen s. 塞-潇二氏综合征
Sakati-Nyhan s. 沙-南二氏综合征
salt-depletion s. 缺盐综合征
salt-losing s. 失盐综合征
Sandifer's s. 桑蒂法尔氏综合征
Sanfilippo's s. 桑菲列浦氏综合征
Santavuori's s. , Santavuori-Haltia s. 桑他弗里氏综合征,桑-哈二氏综合征
scalded skin s. , nonstaphylococcal 非葡萄球菌性烫伤样皮肤综合征
scalded skin s. , staphylococcal 葡萄球菌性烫伤样皮肤综合征
scalenus s. , scalenus anterior s. , scalenus anticus. 斜角肌综合征,前斜角肌综合征
scapulocostal s. 肩肋综合征
Schäfer's s. 沙发尔氏综合征
Schanz's s. 山茨氏综合征
Schaumann's s. 绍曼氏综合征
Scheie's s. 沙伊氏综合征
Schirmer's s. 施莫尔氏综合征
Schmidt's s. 施密特氏综合征:①(A. 施密特氏)疑核与副神经核病损;②(M.B. 施密特氏)一种以上内分泌腺机能减退
Schönlein-Henoch s. 舍-亨二氏综合征
Schüller's s. , Schüller-Christian s. 许累尔氏综合征,许-克二氏综合征
Schultz s. 舒尔茨氏综合征

Schwartz-Jampel s., Schwartz-Jampel-Aberfeld s. 斯-杰二氏综合征，斯-杰-阿三氏综合征
scimitar s. 弯刀综合征
s. of sea-blue histiocyte 海蓝色组织细胞综合征
Seabright-bantam s. 西-班二氏综合征
Seckel's s. 希科尔氏综合征
Segmentary s. 脊髓节段综合征
Selye s. 塞莱氏综合征
Senear-Usher s. 塞-阿二氏综合征
s. of sensory dissociation with brachial amyotrophy 感觉分离伴臂肌萎缩综合征
Senter s. 森特氏综合征
Sertoli-cell-only s. 单纯塞尔托利氏细胞综合征
serum sickness-like s. 血清病样综合征
Sézary s. 希塞里氏综合征
Sheehan's s. 席汉氏综合征
short-bowel s., short-gut s. 短肠综合征
shoulder-hand s. 肩-手综合征
Shprintzen's s. 史普林森氏综合征
Shulman's s. 舒尔曼氏综合征
Shwachman s., Shwachman-Diamond s. 史沃克曼氏综合征，史-代二氏综合征
Shy-Drager s. 史-德二氏综合征
Shy-Magee s. 史-马二氏综合征
Sicard's s. 西卡尔氏综合征
sicca s. 干燥综合征
sick sinus s. 病窦综合征
Silfverskiöld's s. 西耳弗斯基厄耳德氏综合征
Silver's s., Silver-Russell s. 西耳弗氏综合征，西-拉二氏综合征
Silvestrini-Corda s. 西-科二氏综合征
Simmonds' s. 西蒙兹氏综合征
Sipple's s. 西彼尔氏综合征
Sjögren's s. 斯耶格伦氏综合征
sleep apnea s. 睡眠呼吸暂停综合征
SLE-like s. 系统性红斑狼疮样综合征
Sluder's s. 斯路德氏综合征
Sly's s. 斯里氏综合征
Smith-Lemli-Opitz s. 史-里-奥三氏综合征
SO s. SO 综合征，眶尖综合征
social breakdown s. 社交能力衰退综合征
Sohval-Soffer s. 索-索二氏综合征
somnolence s. 嗜眠综合征
Sorsby's s. 索贝氏综合征
Sotos' s., Sotos' s. of cerebral gigantism 索特综合征，索特巨脑畸形综合征
space adaptation s. 太空适应综合征
Spens' s. 斯彭斯氏综合征
sphenoidal fissure-optic canal s. 眶上裂-视神经管综合征
spherophakia-brachymorphia s. 球形晶状体-短身材综合征
splenic flexure s. 脾曲综合征
split-brain s. 裂脑综合征
Sprinz-Dubin s., Sprinz-Nelson s. 斯-杜二氏综合征，斯-耐二氏综合征
Spurway's s. 斯帕尔威氏综合征
stagnant loop s. 停滞环综合征
stasis s. 停滞综合征
Steele-Richardson-Olszewski s. 斯-里-奥三氏综合征
steely-hair s. 硬质毛发综合征
Stein-Leventhal s. 斯-莱二氏综合征
Steinbrocker's s. 斯滕布郎克尔氏综合征
Steiner's s. 斯滕尔氏综合征
Stevens-Johnson s. 斯-约二氏综合征
Stewart-Treves s. 斯-特二氏综合征
stiff heart s. 心脏僵硬综合征
stiff-man s. 僵体综合征
Still-Chauffard s. 斯-肖二氏综合征
Stilling's s., Stilling-Türk-Duane s. 斯迪林氏综合征，斯-特-杜三氏综合征
Stokes' s., Sokes-Adams s. 斯托克斯氏综合征，斯-亚二氏综合征
Stokvis-Talma s. 斯-塔二氏综合征
stomatitis-pneumoenteritis s. 口炎-肺肠炎综合征
Strachan's s. 斯特拉肯氏综合征
Strachan-Scott s. 斯-斯二氏综合征
straight back s. 直背综合征
stroke s. 中风综合征
Sturge's s., Sturge-Kalischer-Weber s. 斯特季氏综合征，斯-卡-威三氏综合征
Sturge-Weber s. 斯特季氏综合征
subclavian steal s. 锁骨下动脉分流综合征
sudden infant death s. 婴儿猝死综合征

sudden unexplained death s. 无法解释的猝死综合征
Sudeck-Leriche s. 祖-勒二氏综合征
Sulzberger-Garbe s. 萨-加二氏综合征
superior mesenteric artery s. 肠系膜上动脉综合征
superior orbital fissure s. 眶上裂综合征
superior sulcus tumor s. 肺上沟肿瘤综合征
superior vena cava s. 上腔静脉综合征
supraspinatus s. 冈上肌综合征
supravalvular aortic stenosis s. 瓣上主动脉狭窄综合征
sweat retention s. 汗潴留综合征：① 汗腺管闭塞；② 热带汗闭性衰弱
Sweet's s. 斯威特氏综合征
Swyer-James s. 斯-杰二氏综合征
sylvian s., sylvian aqueduct s. 西耳维厄氏综合征,西耳维厄氏水管综合征
syringomyelic s. 脊髓空洞综合征
systolic click-murmur s. 收缩期咔嗒杂音综合征
Takayasu's s. 塔卡亚苏氏综合征
Tapia's s. 塔皮阿氏综合征
tarsal tunnel s. 跗骨小管综合征
Taussig-Bing s. 陶-宾二氏综合征
tegmental s. 中脑被盖综合征
temporomandibular dysfunction s., temporomandibular joint s. 颞下颌关节机能障碍综合征,颞下颌并节综合征
Terry's s. 特里尔氏综合征
Terson's s. 特尔森氏综合征
testicular feminization s. 有睾女性化综合征
tethered cord s. 脊髓栓系综合征
thalamic s. 丘脑综合征
thalamic pain s. 丘脑痛综合征
Thévenard's s. 太劳纳德氏综合征
Thibierge-Weissenbach s. 提-魏二氏综合征
Thiele s. 锡尔氏综合征
Thiemann's s. 提尔曼氏综合征
thoracic outlet s. 胸腔出口综合征
Thorn's s. 特恩氏综合征
thrombocylopenia-absent radius (TAR) s. 血小板减少-桡骨缺损综合征
thromboembolic s. 血栓栓塞综合征
Tietze's s. 提策氏综合征：① 自发性痛性非化脓性肋软骨肿胀；② 白化病
tired housewife s. 主妇疲劳综合征
Tolosa-Hunt s. 托-亨二氏综合征
Tommaselli's s. 托马塞利氏综合征
TORCH s. (*t*oxoplasmosis, *o*ther agents, *r*ubella, *c*ytomegalovirus, *h*erpes simplex 的缩写)弓形体病-其它病因-风疹-巨细胞病毒-单纯性疱疹综合征
Torre's s. 特里氏综合征
Touraine-Solente-Golé s. 托-索-格三氏综合征
Tourette's s. 特雷特氏综合征
Townes' s. 汤耐斯氏综合征
toxic fat s. 脂肪中毒综合征
toxic shock s. 中毒性休克综合征
transfusion s. 输血综合征
translocation Down s. 易位性道氏综合征
Treacher Collins s., Treacher Collins-Franceschetti s. 特-柯二氏综合征,特-柯-弗三氏综合征
trichorhinophalangeal s. 毛发-鼻-指（趾）综合征
triparanol s. 三苯乙醇综合征
triple-A s. (*a*lacrima-*a*chalasia-addisonian 的缩写)三A综合征(无泪-弛缓不能-肾上腺皮质机能不全综合征)
trismus-pseudocamptodactyly s. 牙关紧闭-假屈曲指综合征
trisomy 8 s. 8(号染色体)三体型综合征
trisomy 11q s. 11q(号染色体)三体型综合征
trisomy 13 s. 13(号染色体)三体型综合征
trisomy 18 s. 18(号染色体)三体型综合征
trisomy 21 s. 21(号染色体)三体型综合征
trisomy 22 s. 22(号染色体)三体型综合征
trisomy C s. C三体型综合征
trisomy D s. D三体型综合征
trisomy E s. E三体型综合征
Troisier's s. 特鲁瓦西埃氏综合征
tropical splenomegaly s. 热带巨脾综合征
Trousseau's s. 特劳斯奥氏综合征
tumor lysis s. 肿瘤溶解综合征

Turcot's s. 特考特氏综合征
Turner's s. 特纳氏综合症
Turner's s., male 男性特纳氏综合征
twiddler's s. 捻弄者综合征
Ullrich-Feichtiger s. 乌-沸二氏综合征
Ullrich-Turner s. 乌-特二氏综合征
unilateral nevoid telangiectasia s. 单侧痣样毛细管扩张综合征
Unna-Thost s. 乌-托二氏综合征
urethral s. 尿道综合征
Usher's s. 阿史尔氏综合征
vagoaccessory s. 迷走与副神经综合征
Van Allen's s. 范·阿伦氏综合征
Van Bogaert-Nyssen s., van Bogaert-Nyssen-Peiffer s. 范·波-尼二氏综合征,范·波-尼-皮三氏综合征
van Buchem's s. 范·布什姆氏综合征
van der Hoeve's s. 范·德·赫夫氏综合征
Van der Woude's s. 范·德·胡德氏综合征
vanishing testes s. 睾丸遗失综合征
vascular s. 血管综合征
velocardiofacial s. 腭颅面综合征
Verner-Morrison s. 威-毛二氏综合征
Vernet's s. 韦内特氏综合征
vertebrobasilar s. 脊椎底综合征
Villaret's s. 维拉雷氏综合征
Vinson's s. 闻森氏综合征
Vogt's s. 伏格特氏综合征
Vogt-Koyanagi s. 伏-小柳二氏综合征
Vogt-Koyanagi-Harada s. 伏-克-赫三氏综合征
Vohwinkel's s. 福文克尔氏综合征
Volkmann's s. 福尔克曼氏综合征
Waardenburg's s. 沃登伯格氏综合征
WAGR s. (Wilm's tumor, aniridia, genitourinary abnormilities or gonadoblastoma, and mental retardation 的缩写) 威尔姆氏肿瘤-无虹膜-泌尿生殖系统异常（或性腺细胞瘤）智力迟钝综合征
Walker-Warburg s. 沃-瓦二氏综合征
Wallenberg's s. 瓦伦伯格氏综合征
Warburg's s. 瓦尔伯格氏综合征
Ward-Romano s. 瓦-罗二氏综合征
Waterhouse-Friderichsen s. 华-弗二氏综合征
WDHA s. (water diarrhea, hypokalemia, achorhydria 的缩写) 水泻-低血钾-胃酸缺乏综合征
WDHH s. (watery diarrhea, hypokalemia, hypo-chlorhydria 的缩写) 水泻-低血钾-胃酸缺乏综合征
Weber's s. 韦伯氏综合征
Weber-Christian s. 韦-科二氏综合征
Weber-Cockayne s. 弗-克二氏综合征
Weber-Gubler s. 韦-哥二氏综合征
Weber-Leyden s. 韦-里二氏综合征
Wegener's s. 韦哥纳氏综合征
Weil's s. 威尔氏综合征
Weill-Marchesani s. 威-马二氏综合征
Weingarten's s. 威因加滕氏综合征
Welander's s. 威兰德氏综合征
Wermer's s. 维尔马氏综合征
Werner's s. 维尔纳氏综合征
Wernicke's s. 维尼科氏综合征
Wernick-Korsakoff s. 维-科二氏综合征
West's s. 威斯特氏综合征
Weyers's oligodactyly s. 威尔氏少指（趾）畸形缩合征
whiplash shake s. 头部振摇综合征
whistling face s., whistling face-windmill vane hand s. 吹口哨面综合征,吹口哨面-风车翼手综合征
Widal s. 肥达氏综合征
Willebrand's s. 威勒布兰德氏综合征
William s. 威廉姆氏综合征
Williams-Campbell s. 威-卡二氏综合征
Wilson's s. 威尔逊氏综合征
Wilson-Mikity s. 威-米二氏综合征
Winter's s. 温特氏综合征
Wiskott-Aldrich s. 威-阿二氏综合征
withdrawal s. 戒除综合征
Wohlfart-Kugelberg-Welander s. 午-库-威三氏综合征
Wolf-Hirschhorn s. 午-黑二氏综合征
Wolff-Parkinson-White (WPW) s. 午-帕-怀三氏综合征
Wolfram s. 沃尔弗拉姆氏综合征
Woringer-Kolopp s. 沃-科二氏综合征
WPW s. (Wolff-Parkinson-White s. 的缩写) 午-帕-怀三氏综合征
Wright's s. 赖特氏综合征：① 臂过度外展性的神经血管征； ② 多灶区纤维性骨炎,斑片状皮肤色素沉着及早熟征

Wyburn-Mason's s. 威-麦二氏综合征
s. X X综合征
X-linked lymphoproliferative s. X-连锁性淋巴细胞增殖综合征
XXY s. XXY染色体综合征
yellow nail s. 黄甲综合征
Young's s. 扬氏综合征
Zellweger s. 左尔威格氏综合征
Zieve s. 滋威氏综合征
Zinsser-Cole-Engman s. 滋-克-埃三氏综合征
Zollinger-Ellison s. 左-埃二氏综合征
syndromic [sin'drɔmik] 综合征的
syndromology [ˌsindrɔ'mɔlədʒi] 综合征学
synechia [si'ni:kiə] (pl. *synechiae*) (Gr. *synecheia* continuity) 粘连
  annular s. 虹膜环状粘连
  anterior s. 虹膜前粘连
  circular s. 虹膜环状粘连
  s. pericardii 心包腔粘连
  posterior s. 虹膜后粘连
  total anterior s. 虹膜前全粘连
  total posterior s. 虹膜后全粘连
  s. vulvae 外阴粘连(外阴融合)
synechotome [si'nekətəum] 虹膜粘连切开刀
synechotomy [ˌsini'kɔtəmi] (*synechia* + *-tomy*) 虹膜粘连切开术
synechtenterotomy [ˌsinek ˌtentə'rɔtəmi] (Gr. *synechēs* joined together + *enteron* bowel + *-tomy*) 肠粘连切开术
synecology [ˌsini'kɔlədʒi] 生物群生态学
Synemol ['sinəmɔl] 斯纳莫拉:氟去炎舒松的商品名
synencephalocele [ˌsinen'sefələˌsi:l] (*syn-* + *encephalo-* + *-cele*) 粘连性脑突出
synencephalus [ˌsinen'sefələs] 并头联胎
synencephaly [ˌsinen'sefəli] (*syn-* + Gr. *enkephalos* brain) 并头联胎畸型
syneresis [si'nerisis] (Gr. *synairesis* a taking or drawing together) (胶体)凝缩(作用)
synergenesis [ˌsinə'dʒenəsis] 胞质传递说
synergetic [ˌsinə'dʒetik] 协同的,协作的
synergia ['sinədʒiə] 协同,协作
synergic [si'nə:dʒik] 协同的,协作的
synergism ['sinədʒizəm] 协同,协作
synergist ['sinədʒist] ❶ 协作剂; ❷ 协作器官
synergistic [ˌsinə'dʒistik] ❶ 协同作用的; ❷ 增进另一药剂的作用的
synergy ['sinədʒi] (L. *synergia*; Gr. *syn* together + *ergon* work) 协同,协作
synesthesia [ˌsines'θi:ziə] (*syn-* + *esthesia*) ❶ 联觉; ❷ 牵连感觉; ❸ 共同感觉
  s. algica 痛联觉
synesthesialgia [ˌsinesˌθi:zi'ældʒiə] 痛联觉,痛性牵联感觉
synezesis [ˌsini'zi:sis] 闭合,合质期
Syngamidae [sin'gæmidi] 比翼科
syngamous ['siŋgəməs] (*syn-* + Gr. *gamos* marriage) ❶ 有性生殖; ❷ 配子配合的
Syngamus ['siŋgəməs] 比翼(线虫)属
  S. trachea 气管比翼线虫
syngamy ['siŋgəmi] (*syn-* + Gr. *gamos* marriage) ❶ 有性生殖; ❷ 配子配合
syngeneic [ˌsindʒə'ni:ik] (*syn-* + Gr. *gennan* to produce) 同源的,同基因的
syngenesioplastic [ˌsindʒəˌni:ziə'plæstik] (*syn-* + Gr. *genesis* origin + *plassein* to form)同血统移殖的
syngenesiotransplantation [ˌsindʒəˌni:ziə-trænsˌplæn'teiʃən] 同血统移殖术
syngenesis [sin'dʒenəsis] ❶ 有性生殖; ❷ 共生,同生
syngnathia [si'næθiə] (*syn-* + *gnath-* + *-ia*) 连颌畸形
syngonic [si'gɔunik] (*syn-* + Gr. *gonē* seed) 受精时决定性别的
syngraft ['siŋgrɑ:ft] 同种同基因移植
synizesis [ˌsini'zi:sis] (Gr. *synizēsis*) ❶ 闭合; ❷ 合质期,聚质期
  s. pupillae 瞳孔闭合
synkaryon [sin'kæriɔn] (*syn-* + Gr. *karyon* nucleus) 融合核,合核
Synkayvite ['sinkeivait] 思凯瓦特:磷纳甲萘醌的商品名
synkinesia [ˌsiŋki'ni:ziə] 联带运动
synkinesis [ˌsiŋki'ni:sis] (*syn-* + Gr. *kinēsis* movement) 联带运动
  imitative s. 模仿性联带运动
  mouth-and-hand s. 口手联带运动
  spasmodic s. 痉挛性联带运动
synkinetic [ˌsiŋki'netik] 联带运动的
synnecrosis [ˌsinə'krəusis] (*syn-* + Gr.

nekrōsis a state of death) 共亡现象
synneurosis [ˌsinjuəˈrəusis] (Gr. *synneurosis* union by sinews) 韧带联合
synonychia [ˌsinəuˈnikiə] (*syn-* + Gr. *onyx* nail + *-ia*) 并甲
synophridia [siˈnɔfridiə] 连眉，一字眉
synophrys [siˈnɔfris] (Gr. "with meeting eyebrows") 连眉，一字眉
synophthalmia [ˌsinɔfˈθælmiə] (*syn-* + Gr. *ophthalmos* eye + *-ia*) 并眼（畸形），独眼（畸形）
synophthalmus [ˌsinɔfˈθælməs] 并眼畸胎，独眼畸胎
Synophylate [sinəˈfileit] 辛诺菲拉特：甘氨酸钠茶碱的商品名
synoptophore [siˈnɔptəfɔː] (*syn-* + *opto-* + Gr. *phora* movement, range) 同视机，斜视诊疗器
synorchidism [sinˈɔːkidizəm] 睾丸粘连
synorchism [siˈnɔːkizəm] (*syn-* + Gr. *orchis* testicle) 睾丸粘连
synoscheos [siˈnɔskiəs] (*syn-* + Gr. *oscheon* scrotum) 阴囊阴茎粘连
synosteology [ˌsinɔstiˈɔlədʒi] (*syn-* + Gr. *osteon* bone + *-logy*) 关节学，关节解剖学
synosteosis [ˌsinɔstiˈəusis] ❶ 骨性连接；❷ 骨结合
synosteotic [ˌsinɔstiˈɔtik] ❶ 骨性连接的；❷ 骨结合的
synosteotomy [ˌsinɔstiˈɔtəmi] (*syn-* + Gr. *osteon* bone + *tomē* a cutting) 关节切开术
synostosis [ˌsinɔsˈtəusis] (pl. *synostoses*) (*syn-* + Gr. *osteon* bone) ❶ 骨性连结；❷ 骨结合
 radioulnar s. 桡尺骨骨性结合
 sagittal s. 矢状缝间骨性结合
 tarsal s. 跗骨间骨性结合
 tribasilar s. 三颅底骨骨性结合
synostotic [ˌsinɔsˈtɔtik] ❶ 骨性连接的；❷ 骨结合的
synotia [saiˈnəuʃiə] (*syn-* + Gr. *ous* ear) 并耳畸形
synotus [saiˈnəutəs] (*syn-* + Gr. *ous* ear) 并耳畸胎
synovectomy [ˌsinɔˈvektəmi] (*synovia* + Gr. *ektomē* excision) 滑膜切开术

 radiosotope s. 放射性同位素滑膜切除术
synovia [siˈnəuviə] (L.; Gr. *syn* with + *ōon* egg) (NA) 滑液
synovial [siˈnəuviəl] (L. *synovialis*) 滑液的
synovialis [siˈnəuviəlis] (L.) 滑液的
synovialoma [siˌnəuviəˈləumə] 滑膜瘤
synovianalysis [siˌnəuviəˈnælisis] 滑液分析
synovin [ˈsinəvin] 滑液蛋白
synovi(o)- (L. *synovia*, q.v.) 滑液或滑膜的
synovioblast [siˈnəuviɔblæst] 成滑膜细胞
synoviocyte [siˈnəuviɔsait] 滑膜细胞
synvioma [siˌnəuviˈəumə] (*synovi-* + *-oma*) 滑膜瘤
 benign s. 良性滑膜瘤
 malignant s. 恶性滑膜瘤
synoviorthèse [siˌnəuviɔˈtiz] (Fr.) 放射性骨膜切除术
synoviorthesis [siˌnəuviɔrˈθiːsis] (*synovi-* + Gr. *orthos* straight) 放射滑膜切除术
synoviosarcoma [siˌnəuviɔsɑːˈkəumə] (*synovio-* + *sarcoma*) 滑膜肉瘤
synoviparous [ˌsinəˈvipərəs] (*synovia* + L. *parere* to produce) 产生滑液的
synovitis [ˌsinəˈvaitis] 滑膜炎
 bursal s. 滑囊炎，粘液囊炎
 dendritic s. 绒毛状滑膜炎
 dry s. 干性滑膜炎
 fungous s. 霉菌性滑膜炎
 localized nodular s. 局部结节性滑膜炎
 pigmented villonodular s. 色素绒毛结节性滑膜炎
 purulent s. 脓性滑膜炎
 serous s. 浆液性滑膜炎
 s. sicca 干性滑膜炎
 simple s. 单纯性滑膜炎
 tendinous s. 腱鞘炎
 vaginal s. 腱鞘炎
 vibration s. 振动性滑膜炎
 villonodular s. 绒毛结节性滑膜炎
synphalangism [sinˈfæləndʒizəm] 指关节粘连
synpneumonic [ˌsinjuˈmɔnik] 伴同肺炎（发生）的
synreflexia [ˌsinriˈfleksiə] 联带反射，联合反射

syntactic [sin'tæktik] 句法的

syntaxis [sin'tæksis] (Gr. "a putting together in order") 关节

syntectic [sin'tektik] 消瘦的

syntenic [sin'tenik] 结合的, 连接的

syntenosis [ˌsinti'nəusis] (*syn-* + Gr. *tenōn* tendon) 腱性联连

synteny ['sintəni] (*syn-* + Gr. *tainia* ribbon) 共线性

synteresis [ˌsintə'riːsis] (*syn-* + Gr. *tērein* to water over) 预防

synteretic [ˌsintə'riːtik] 预防的

syntexis [sin'teksis] (Gr. *syntēxis* colliquation) 消瘦

synthase ['sinθeis] 合酶

synthermal [sin'θəːməl] (*syn-* + Gr. *therm* heat) 同温的, 等温的

synthescope ['sinθəskəup] (Gr. *synthesis* placing together + *skopein* to examine) 液体接合检查镜

synthesis ['sinθisis] (Gr. "a putting together, composition") ❶ 合成; ❷ 综合
  s. of continuity 连续性结合
  morphologic s. 组织形态生成, 组织发生

synthesize ['sinθəsaiz] 合成, 综合

synthetase ['sinθəteis] 合成酶

synthetic [sin'θetik] (L. *syntheticus*; Gr. *synthetikos*) ❶ 综合(性)的; ❷ 人造的, 合成的

synthorax [sin'θɔːræks] 胸部联胎

Synthroid ['sinθrɔid] 思特罗德: 左旋甲状腺素钠的商品名

Syntocinon [sin'təusinɔn] 思托思诺: 合成催产素的商品名

syntone ['sintəun] (Gr. *syn-* + *tonos* tone) 精神和谐者, 精神完整者

syntonin ['sintənin] 酸白蛋白

syntopie ['sintəpi] (*syn-* + Gr. *topos* place) 邻接关系, 毗连关系

syntopy ['sintəpi] (*syn-* + Gr. *topos* place) 邻接关系, 毗连关系

syntripsis [sin'tripsis] (*syn-* + Gr. *tribein* to rub) 粉碎性骨折

Syntropan ['sintrəpæn] 辛托潘: 磷酸安颇托品的商品名

syntrophism ['sintrəufizəm] (*syn-* + Gr. *trophē* nourishment) 共同生长

syntrophoblast [sin'trɔfəblæst] 合胞体滋养层

syntrophus ['sintrəfəs] (Gr. *syntrophos* congenital, from *syn* together, *trophos* a conren) 先天病

syntropic [sin'trɔpik] (*syn-* + Gr. *trepein* to turn) ❶ 同向的; ❷ 同调的

syntropy ['sintrəpi] (*syn-* + Gr. *tropos* a turning) ❶ 同向; ❷ 同调

synulosis [sinju'ləusis] (Gr. *synoulōsis*) 结瘢, 瘢痕形成

synulotic [sinju'lɔtik] (Gr. *synoulōtikos*) ❶ 结瘢的, 瘢痕形成的; ❷ 结瘢药

Synura [si'njurə] (*syn-* + Gr. *oura* tail) 合尾滴虫属

synxenic [sin'zenik] (*syn-* + Gr. *xenos* a guest-friend, stranger) 定菌(从)的, 既知菌(从)的

Syphacia [si'feisiə] 管状线虫属
  S. obvelata 鼠管状线虫

syphilid ['saifilid] 梅毒疹

syphilide ['saifilaid] (pl. *syphilides*) (Fr.) 梅毒疹

syphilidologist [ˌsifili'dɔlədʒist] 梅毒专家

syphilimetry [ˌsifili'metri] (*syphilis* + Gr. *metrein* to measure) 梅毒感染度测算法

syphilionthus [ˌsifili'ɔnθəs] (*syphilis* + Gr. *ionthos* eruption) 梅毒紫疹

syphiliphobia [ˌsifili'fəubiə] (*syphilis* + Gr. *phobos* fear) 梅毒恐怖

syphilis ['saifilis] 梅毒
  cardiovascular s. 心血管梅毒
  cerebrospinal s. 脑脊髓梅毒
  congenital s. 先天梅毒
  early s. 早期梅毒
  early latent s. 早期潜伏期梅毒
  endemic s. 地方性梅毒
  equine s. 马梅毒, 马类性病
  gummatous s. 梅毒瘤
  horse s. 马梅毒, 马类性病
  late s. 后期梅毒
  late benign s. 后期良性梅毒
  late latent s. 后期潜伏梅毒
  latent s. 潜伏梅毒
  meningovascular s. 脑膜血管性梅毒
  nonvenereal s. 非性病梅毒
  parenchymatous s. 实质性梅毒
  primary s. 一期梅毒
  rabbit s. 兔梅毒

secondary s. 二期梅毒
spinal s. 脊柱梅毒
tertiary s. 三期梅毒
syphilitic [sifi'litik] (L. *syphiliticus*) 梅毒的
syphiloderm [ˌsifi'ləudə:m] (*syphilis* + Gr. *derma* skin) 梅毒疹
syphilogenesis [ˌsifilɔu'dʒenəsis] (*syphilis* + Gr. *genesis* production) 梅毒发生,梅毒生成
syphiloid ['sifilɔid] (*syphilis* + Gr. *eidos* form) ❶梅毒状的;❷类梅毒
syphilology [ˌsifi'lɔlədʒi] (*syphilis* + *-logos*) 梅毒学
syphiloma [ˌsifi'ləumə] 梅毒瘤
syphilomania [ˌsifiləu'meiniə] (*syphilis* + Gr. *mania* madness) 梅毒恐怖
syphilophobia ['sifiləu'fəubiə] (*syphilis* + Gr. *phobein* to be affrighted by) ❶梅毒恐怖;❷梅毒妄想
syphilotropic [ˌsifiləu'trɔpik] (*syphilis* + Gr. *trope* a turning) 亲梅毒的
syphilous ['sifiləs] 梅毒的
Syr. (L. *syrupus*, syrup 的缩写) 糖浆
syrigmophonia [ˌsirigmə'fəuniə] (Gr. *syrigmos* a shrill piping sound + *phōnē* voice + *-ia*) 笛声
syrigmus [si'rigməs] (Gr. *syrigmos* a shrill piping sound) 耳鸣
syringadenoma [siˌriŋædi'nəumə] 汗腺腺瘤
s. papilliferum 乳头汗腺腺瘤
syringe ['sirindʒ] (L. *syrinxe*; Gr. *syrinx*) 注射器
air s. 空气注射器,气枪
Anel's s. 阿内耳氏注射品
chip s. 吹干器
dental s. 牙科注射器
fountain s. 自流注射器
hypodermic s. 皮下注射器
Luer's s., Luer-Lok s. 路厄氏注射器,路-劳二氏注射器
probe s. 探察注射器
water s. 水注射器,水枪
syringeal [sirin'dʒiəl] (Gr. *syrinx* tube) ❶瘘管;❷耳咽管的
syringectomy [ˌsirin'dʒektəmi] (*syringo* + Gr. *ektomē* excision) 瘘管切除术

syringitis [ˌsirin'dʒaitis] 咽鼓管炎
syring(o)- (Gr. *syrinx* pipe, tube, fistula) 瘘管,管
syringoacanthoma [siˌriŋəuˌækæn'θəumə] (*syringo-* + *acanthoma*) 瘘管棘皮瘤
syringoadenoma [si'riŋəuˌædi'nəumə] 汗腺腺瘤
syringobulbia [si'riŋəu'bʌlbiə] (*syringo-* + Gr. *bolbos* bulb + *-ia*) 延髓空洞症
syringocarcinoma [siˌriŋəu'ka:si'nəumə] 汗腺癌
syringocele [si'riŋəsi:l] 空洞性脊髓突出
syringocoele [si'riŋəsi:l] (*syringo-* + Gr. *koilia* hollow) 脊髓中央管
syringocystadenoma [siˌriŋəuˌsistædi'nəumə] 汗腺腺瘤
s. papilliferum 乳头状汗腺腺瘤
syringocystoma [siˌriŋəsis'təumə] (*syringo-* + *cystoma*) 汗腺囊瘤
syringoencephalia [siˌriŋəuˌensə'feiliə] (*syringo-* + Gr. *enkephalos* brain + *-ia*) 脑空洞症
syringoencephalomyelia [siˌriŋəuenˌsefə-ləumai'i:liə] (*syringo-* + Gr. *enkephalos* brain + *myelos* marrow + *-ia*) 脑脊髓空洞症
syringohydromyelia [siˌriŋəuˌhaidrəmai'i:liə] 脊髓积水空洞症
syringoid [si'riŋɔid] (L. *syringoides*, from Gr. *syrinx* pipe + *eidos* form) 管样的,瘘管样的
syringoma [ˌsirin'gəumə] (*syring-* + *-oma*) 汗腺腺瘤
chondroid s. 软骨样汗腺腺瘤
syringomyelia [siˌriŋəumai'i:liə] (*syringo-* + *myel-* + *-ia*) 脊髓空洞症
traumatic s. 外伤性脊髓空洞症
syringomyelitis [siˌriŋəumaiə'laitis] (Gr. *syrinx* tube + *mylos* marrow + *-itis* inflammation) 空洞性脊髓炎
syringomyelus [siˌriŋəu'maiələs] 脊髓中央管扩张
Syringospora [ˌsirin'gɔspərə] 念珠菌属
syringotome [si'riŋətəum] 瘘管刀
syringotomy [ˌsirin'gɔtəmi] (*syringo-* + Gr. *tomē* a cutting) 瘘管切开术
syrinx ['siriŋks] (Gr. "a pipe") ❶管;❷瘘管;❸鸣管

syrosingopine [sairəu'siŋɡəupain] 血压果平

Syrphidae ['sə:fidi:] 蚜蝇科

syrup ['sirəp] (L. *syrupus*; Arabic *sharāb*) 糖浆(剂)
  acacia s. 阿拉伯胶糖浆
  cacao s. 可可糖浆
  cherry s. 樱桃糖浆
  citric acid s. 枸橼酸糖浆
  cocoa s. 可可糖浆
  eriodictyon s., aromatic 芳香圣草糖浆
  ipecac s. (USP) 吐根糖浆
  lactulose s. (USP) 乳果糖浆
  medicated s. 含药糖浆
  orange s. 橙皮糖浆
  raspberry s. 红莓糖浆
  simple s. 单糖浆
  s. of tolu 吐鲁糖浆
  tolu balsam s. (NF) 吐鲁香脂糖浆
  white pine s. compound 复方白松糖浆
  white pine s., compound, with codeine 复方白松可待因糖浆
  wild cherry s. 野樱桃糖浆
  yerba santa s. aromatic 芳香圣草糖浆

syssarcosic [ˌsisɑː'kəusik] 肌性骨联接的

syssarcosis [ˌsisɑː'kəusis] (Gr. *syn* together + *sarkōsis* fleshy growth) 肌性骨联接

syssarcotic [ˌsisɑː'kəutik] 肌性骨联接的

syssomus [si'səuməs] (Gr. *syn* with + *sōma* body) 并躯联胎

systaltic [si'stɔːltik] (Gr. *systaltikos* drawing together) 舒缩交替的

systatic [sis'tætik] 有几种感觉的

system ['sistəm] (Gr. *systēma* a complex or organized whole) ❶ 系统,系；❷ 学派,派
  accessory portal s. of Sappey 萨佩氏副门静脉系统
  adipose s. 脂肪(组织)系统
  alimentary s. 消化系统
  arc guidance s. 弧导系统
  association s. 联合系统
  auditory s. 听音系统
  autonomic nervous s. 自主神经系统
  biological s. 生物系统
  blood group s. 血型分类法
  blood-vascular s. 血管系统
  brain-cooling s. 脑冷却系统
  buffer s. 缓冲系统
  cardiovascular s. 心血管系统
  case s. 病案教学制
  CD s. (*c*luster *d*esignation 的缩写) 群簇命名体系
  centimeter-gram-second s. 厘-克-秒制
  central nervous s. (CNS) 中枢神经系统
  centrencephalic s. 中央脑系
  chemoreceptor s. 化学感受器系统
  chromaffin s. 嗜铬系统
  circulatory s. 循环系统
  complement s. 补体系统
  conducting s. of heart, conduction s. of heart 心脏传导系统
  coordinate s. 座标系
  dentinal s. 牙质管系统
  dermal s., dermoid s. 皮肤系统
  digestive s. 消化系统
  dioptric s. 屈光系
  disperse s., dispersion s. 分散系
  dosimetric s. 剂量制
  ecological s. 生态系
  endocrine s. 内分泌系统
  endothelial s. 内皮系统
  enteric nervous s. 肠神经系统
  exteroceptive nervous s. 外感受神经系统
  extracorticospinal s. 皮质脊髓外系统
  extrapyramidal s. 锥体外系统
  genitourinary s. 生殖泌尿系统
  Frank lead s. 弗兰克氏导联体系
  glandular s. 腺系统
  glycine cleavage s. 氨基乙酸分裂系统
  haversian s. 哈弗氏系统
  hematopoietic s. 造血系统
  heterogeneous s. 非均匀系,多相系
  hexaxial reference s. 六轴参照系
  His-Purkinje s. 希-浦二氏系统
  homogeneous s. 均匀系
  humoral amplification s's 体液放大系统
  hypophyseoportal s. 垂体门脉系统
  hypophysioportal s., hypothalamo-hypophysial portal s. 垂体门脉系统,下丘脑-垂体门脉系统
  immune s. 免疫系统
  International S. of Units 国际单位制
  interoceptive nervous s. 内感受神经系统
  interrenal s. 肾上腺皮质系统
  interstitial s. 间质系统

involuntary nervous s. 不随意神经系统
kallikrein s. 血管舒缓素系统,激肽释放酶系统
kearatinizing s. 角(质)化系统
kinety s. 动体(列)系,动胞器列系统
kinin s. 激肽系统
labyrinthine s. 迷路系统
limbic s. 边缘系统
locomotor s. 运动系统
lymphatic s. 淋巴系统
lymphoid s. 淋巴样系统,淋巴组织样系统
lymphoreticular s. 淋巴网状系统
macrophage s. 巨噬细胞系统
malpighian s. 角(质)化系统
masticatory s. 咀嚼系统
mastigont s. 鞭毛器系统
melanocyte s. 黑素细胞系
meter-kilogram-second s. 米-公斤-秒制
metric s. 米制,公制
mononuclear phagocyte s. (MPS)单核吞噬细胞系
muscular s. 肌肉系统
nervous s. 神经系统
orthogonal lead s. 正交导联系统
parasympathetic nervous s. 副交感神经系统
peripheral nervous s. 外周神经系统
periventricular s. 室周系统
pigmentary s. 色素系统
pituitary portal s. 垂体门脉系统
plenum s. 流入式通风系统
portal s. 门静脉系
properdin s. 备解素(裂解素)系统
proprioceptive nervous s. 本体感受神经系统,自感神经系统
Purkinje s. 浦肯野氏系统
pyramidal s. 锥体系统
renin-angiotensin-aldosterone s. 肾素-血管紧张素-醛固酮系统
resonating s. 共振系统
respiratory s. 呼吸系统
reticular activating s. 网状激活系统
reticuloendothelial s. (RES)网状内皮系统
sensory storage s. 感觉贮存系统
SI s. 国际单位制
skeletal s. 骨骼系统

somatic nervous s. 躯体神经系统,体干神经系统
stereotactic s. 超实体系统
stomatognathic s. 口颌系统
sympathetic nervous s. (SNS) ① 交感神经系统; ② 自主神经系统的原称
T s. 横管系统
triad s. 三联管(三联体)系统
triaxial reference s. 三轴参比系统
urinary s. 泌尿系统
urogenital s. 泌尿生殖系统
vascular s. 血管系统
vegetative nervous s. 植物神经系统
vestibular s. 前庭系统
visceral nervous s. 内脏神经系统
visual s. 视觉系统
Waring's s. 华林氏(污水处理)系统
systema [sis'ti:mə] (Gr. *systēma* a complex or organized whole) 系统
 s. cardiovasculare (NA) 心血管系统
 s. conducens cordis (NA) 心脏传导系统
 s. digestorium 消化系统
 s. lymphaticum (NA) 淋巴系统
 s. nervosum (NA) 神经系统
 s. nervosum autonomicum 自主神经系统
 s. nervosum centrale 中枢神经系统
 s. nervosum periphericum 外周神经系统
 s. respiratorium 呼吸系统
 s. skeletale (NA) 骨骼系统
 s. urogenitale 泌尿生殖系统
 s. vasorum 脉管系统
systematic [ˌsisti'mætik] (Gr. *systēmatikos*) 系统的,系的
systematization [ˌsistimətai'zeiʃən] 系统化
systematology [ˌsistimə'tɔlədʒi] (Gr. *systēma* system + -*logy*) 体系论,组织系统学说
système sécant [sis'tem sei'kɑːn] (Fr. "cuttng system") 交割系统
systemic [sis'temik] 系统的
systemoid ['sistəmɔid] (Gr. *systēma* system + *eidos* form) ❶ 系统样的; ❷ 多种组织的
systole ['sistəli] (Gr. *systolē* a drawing together, contraction) 收缩(期)

  aborted s. 顿挫性收缩
  atrial s. 心房收缩
  electromechanical s. 电机械收缩
  extra s. 期外收缩,期前收缩
  premature s. 过早收缩,期前收缩
  total electromechanical s. 整个电机械收缩
  ventricular s. 心室收缩
systolic [sis'tɔlik] 收缩(期)的
systremma [sis'tremə] (Gr. "anything twisted up together") 腓肠痉挛,小腿肚痉挛
Systobex ['sitəbeks] 塞特贝克斯:维生素 B_{12} (氰钴胺)的商品名
syzygial [si'zidʒiəl] (器官)融合的
syzygiology [si͵zidʒi'ɔlədʒi] (Gr. *syzygia* yoke + -*logy*) 整体关系学
Syzygium [si'zidʒiəm] (L., from Gr. *syzygia* a joing together) 蒲桃属
  S. aromaticum 芳草族蒲桃属
syzygium [si'zidʒiəm] (器官)融合
syzygy ['sizidʒi] (Gr. *syzygia* a union of branches with the trunk) 融合
Szabo's test [sæ'bəuz] (Dionys *Szabo*, Hungarian physician, 1856-1918) 萨博氏试验
Szent-Györgyi ['seintdʒɔːdʒi] Albert. 曾特·吉厄尔吉:匈牙利出生美藉医生及生物化学家
Szent-Györgyi reaction ['seint dʒɔːdʒi] (Albert *Szent-Györgyi*) 曾特·吉厄尔吉氏反应

T

T ① 忒斯拉；② 垓（千京，兆兆）；③ 胸腺嘧啶，胸腺嘧啶核甙；④ 胸椎（T1～T12）；⑤ 三角号码；⑥ 眼内压
2,4,5-T 2,4,5-三氯苯氧乙酸
T-1824 伊凡斯兰
T 绝对温度；透射比，透光度
$T_{1/2}$ ① 半衰期 ② 半存留期
T_1 三尖瓣关闭
T_3 三碘甲状腺氨酸
T_4 甲状腺素
T_m ① 熔化温度；② 肾小管最大排泄量
t（*translocation* 的符号）遗传学易位
t 时间和温度
$t_{1/2}$ ①（*half-life* 的符号）半衰期，半寿期；②（*half-time* 的符号）半存留期
τ ① 希腊语第 19 个字母；② 代表转矩和平均寿命
TA. ①（*alkaline tuberculin* 的缩写）碱性结核菌素；②（*toxin-antitoxin* 的缩写）毒素-抗毒素
Ta（*tantalum* 的缩写）钽
T.A.B.vaccine 伤寒甲乙型副伤寒菌苗
tabacin [ˈtæbəsin] 烟草素
tabacism [ˈtæbəsizəm] ① 烟草中毒；② 烟末沉着病，烟尘肺
tabacosis [ˌtæbəˈkəusis] ① 烟草中毒 ② 烟末沉着病，烟尘肺
tabacum [ˈtæbəkəm]（L. from Amerindian）烟，烟草
tabagism [ˈtæbədʒizəm] 烟草中毒
tabanid [ˈtæbənid] 虻
Tabanus [təˈbænəs]（L. "gadfly"）虻属
　T. atratus 北美黑虻（黑色马蝇）
　T. bovinus 牛虻
　T. ditaeniatus, T. fasciatus, T. gratus 二带虻
tabardillo [ˌtæbəˈdiːjɔ]（Sp.）鼠型斑疹伤寒
tabatière anatomique [tɑːbɑːtiˈeə ɑːnɑːtɔˈmiːk]（Fr. "anatomical snuffbox"）鼻烟窝
tabefaction [ˌtæbiˈfækʃən]（L. *tabefactio* to melt）消瘦
tabella [təˈbelə]（pl. *tabellae*）(L.) 片剂，锭剂，糖锭剂
tabernanthine [ˌtæbəˈnænθiːn] 由夹竹桃科植物根部分离到的一种生物碱
tabes [ˈteibiːz]（L. "wasting away, decay, melting"）① 消瘦；② 脊髓痨，运动性共济失调
　diabetic t. 糖尿病性（假）脊髓痨
　t. dorsalis 脊髓痨
　t. ergotica 麦角性脊髓痨
　Friedreich's t. 弗里德赖希氏共济失调
　t. infantum 婴儿脊髓痨
　t. mesenterica, t. mesaraica 肠系膜痨，肠系膜淋巴结结核
　t. spinalis 脊髓痨
tabescent [təˈbesənt]（L. *tabescere* to waste away）① 消瘦的；② 干瘪的
tabetic [təˈbetik] 脊髓痨的
tabetiform [təˈbetifɔːm] 脊髓痨样的
tabic [ˈtæbik] 脊髓痨的
tabid [ˈtæbid]（L. *tabidus* melting, dissolving）① 脊髓痨的；② 消瘦的
tabification [ˌtæbifiˈkeiʃən]（L. *tabes* wasting away + *facere* to make）消瘦
tablature [ˈtæblətʃə] 颅骨分层
table [teibl]（L. *tabula*）① 表面；② 项目表，表格
　Aub-Dubois t. 欧-杜二氏表
　cohort life t. 列队寿命表
　contingency t. 列联表
　demographic life t. 人口寿命表
　Gaffky t. 加夫基氏表
　inner t. of frontal bone 额骨内板
　inner t. of skull 颅骨内板
　life t. 寿命表
　Mendeléev's t. 门捷列夫周期表
　mortality t. 死亡表

outer t. of frontal bone 额骨外板
outer t. of skull 颅骨外板
periodic t. 周期表
Reuss' t's 罗伊斯氏图表
tilt t. 倾斜面
vitreous t. 颅骨内板
water t. 地下水位
tablespoon ['teiblspu:n] 大汤匙
tablet ['tæblit] 片剂
 buccal t. 口腔片
 dispensing t. 调剂片
 enteric-coated t. 肠溶片
 hypodermic t. 皮下注射片
 sublingual t. 舌下片
 t. triturate 模印片
taboo [tə'bu:] 禁忌,忌讳
taboparalysis [ˌteibəpə'rælisis] 脊髓痨(性)麻痹性痴呆
taboparesis [ˌteibəpə'ri:sis] 脊髓痨(性)麻痹性痴呆
tabophobia [ˌteibəu'fəubiə] (*tabes* + Gr. *phobos* fear) 脊髓痨恐怖
tabula ['tæbjulə] (pl. *tabulae*) (L.) (骨)板
 t. externa ossis cranii 颅骨外板
 t. interna ossis cranii, t. vitrea 颅骨内板
tabular ['tæbjulə] (L. *tabula* a board or table) 板状的
TAC 丁卡因、肾上腺素和可卡因
Tacaryl ['tækəril] 泰克锐:甲吡咯嗪制剂的商品名
TACE [teis] 泰斯:三对甲氧苯氯乙烯制剂的商品名
tache [tɑ:ʃ] (Fr.) 斑(点)
 t. blanche (Fr. "white spots") 白斑
 t's bleuâtres (Fr. "bluish spots") 青斑
 t. cérébrale (Fr. "cerebral spot") 脑(病)性划痕
 t's laiteuses (Fr. "milky spots") 乳状斑
 t. méningéale (Fr. "meningeal spot") 脑膜(病)性划痕
 t. motrice (Fr. "black spot") 运动(末)端
 t. noire (Fr. "black spot") 黑斑
 t. spinale (Fr. "spinal spot") 脊髓病性斑
tacheometer [ˌtæki'ɔmitə] 血流速度计

tachistoscope [tə'kistəskəup] (Gr. *tachistos* swiftest + *-scope*) 速转实体镜
tach(o)- (Gr. *tachos* speed) 速度
tachogram ['tækəgræm] (*tacho-* + Gr. *gramma* mark) 血流速度(描记)图
tachography [tæ'kɔgrəfi] (*tacho-* + Gr. *graphein* to write) 血流速度描记法
tacheometer [ˌtə'kɔmitə] (Gr. *tachos* speed + *metron* measure) 血流速度计
tachy- (Gr. *tachys* swift) 速,快速的
tachyalimentation [ˌtækiˌælimen'teiʃən] (*tachy-* + *alimentation*) 食物进肠过速
tachyarrhythmia [ˌtækiə'riθmiə] (*tachy-* + *arrhythmia*) 快速型心律紊乱
tachyauxesis [ˌtækiɔ:k'zi:sis] (*tachy-* + Gr. *auxēsis* growth) 生长过速
tachycardia [ˌtæki'kɑ:diə] (*tachy-* + *cardia*) 心动过速,心搏过速
 antidromic atrioventricular (AV) reciprocating t. 逆向房室互动性心动过速
 atrial t. 房性心动过速
 atrioventricular (AV) junctional t., atrioventricular (AV) nodal t. 交界性心动过速
 atrioventricular nodal reentrant t. 房室结性折返性心动过速
 atrioventricular reciprocating t. (AVRT) 房室交互性心动过速
 chaotic atrial t. 多灶性房性心动过速
 circus movement t. 折返性心动过速
 double t. 双重心动过速
 ectopic t. 异位性心动过速
 endless loop t. 永久性环形心动过速
 junctional t. 交界性心动过速
 multifocal atrial t. (MAT) 紊乱性房性心动过速
 nodal t. 结性心动过速
 nonparoxysmal junctional t. 非阵发性交界性心动过速
 orthodromic atrioventricular (AV) reciprocating t. 顺向房室交互性心动过速
 orthostatic t. 直立性心动过速
 pacemaker-mediated t. 与起搏器有关的心动过速
 paroxysmal t. 阵发性心动过速
 paroxysmal supraventricular t. (PSVT) 阵发性室上性心动过速
 permanent junctional reciprocating t. (PJRT)

永久性交界性交互性心动过速
reciprocating t. 交互性心动过速
reentrant t. 折返性心动过速
reflex t. 反射性心动过速
sinus t. (ST) 窦性心动过速
sinus reentrant t. 窦性折返性心动过速
t. strumosa exophthalmica 突眼性甲状腺肿心动过速
supraventricular t. (SVT) 室上性心动过速
ventricular t. 室性心动过速
tachycardiac [ˌtæki'kɑːdiæk] ❶ 心动过速的; ❷ 心搏加速用药
tachycardic [ˌtæki'kɑːdik] 心动过速的
tachydysrhythmia [ˌtækidis'riðmiə] (tachy- + dysrhythmia) 快速性心律紊乱
tachygastria [ˌtæki'gæstriə] 胃窦电活动亢进
tachygenesis [ˌtæki'dʒenəsis] (tachy- + Gr. genesis production) 快速发生
tachykinin [ˌtæki'kainin] 快速激肽
tachylalia [ˌtæki'leiliə] (tachy- + Gr. lalein to speak) 言语快速,急语
tachymeter [tə'kimitə] (tachy- + -meter) 速动测量器
tachyphagia [ˌtæki'feidʒiə] (tachy- + Gr. phagein to eat + -ia) 速食癖
tachyphasia [ˌtæki'feiziə] (tachy- + Gr. phasis speech) 言语快速
tachyphrenia [ˌtæki'friːniə] (tachy- + Gr. phren mind) 思想快速
tachyphylaxis [ˌtækifi'læksis] (tachy- + Gr. phylaxis protection) ❶ 快速免疫; ❷ 快速减敏
tachypnea [ˌtækip'niːə] (tachy- + Gr. pnoia breath) 呼吸急促
tachypragia [ˌtæki'prægiə] (tachy- + Gr. pragein to act) 动作快速,动作急促
tachypsychia [ˌtæki'saikiə] (tachy- + Gr. psyche mind) 思维过程快速,思想快速
tachyrhythmia [ˌtæki'riðmiə] (tachy- + Gr. rhythmos rhythm + -ia) 心动过速
tachysterol [tæ'kistərɔl] 速甾醇
tachysynthesis [ˌtæki'sinθəsis] ❶ 急速免疫法; ❷ 急速反应性,应急性
tachysystole [ˌtæki'sistəli] ①心收缩过速; ②期外收缩
tachytrophism [ˌtæki'trɔfizəm] (tachy- + Gr. trophē nutrition) 代谢亢进
tachyzoite [ˌtæki'zəuait] (tachy- + Gr. zōōn) 速殖子
taclamine hydrochloride [ˈtæklæmiːn] 盐酸泰拉明
tactic ['tæktik] ❶ 顺序排列的; ❷ 趋向性的,有趋向性的
tacticity [tæk'tisiti] 顺序性
tactile ['tæktail] (L. tactilis) 触觉的
taction ['tækʃən] (L. tactio) 触觉
tactometer [tæk'tɔmitə] (L. tactus touch + metrum measure) 触觉测量器
tactor ['tæktə] 触器,触觉终器
tactual ['tæktjuəl] (L. tactus touch) ❶ 触觉的; ❷ 触觉产生的
Taenia granulosa 水胞绦虫,胞虫
T. hominis 人绦虫
T. krabbei 见于美国北部、加拿大及阿拉斯加猫、狗、狼的绦虫
T. madagascariensis 马达加斯加绦虫
T. marginata 现于狗的一种小绦虫
T. mediocanellata; T. saginata 无钩绦虫;牛肉绦虫
T. ovis 羊绦虫
T. philippina 菲律宾绦虫
T. pisiformis 豌豆状绦虫
T. saginata 无钩绦虫,牛肉绦虫
T. serrata 锯齿状绦虫
TAD (6-thioguanine, ara-C (cytarabine), and daunomycin 的缩写) TAD 配方
Taenia ['tiːniə] (L. "a flat band", "bandage", "tape") 绦虫属,带绦虫属
T. africana 非洲绦虫
T. antarctica 南极绦虫
T. balaniceps 美国内华达州和新墨西哥州的狗和红猫的寄生绦虫
T. brachysoma 短体多头绦虫
T. bremneri 混杂绦虫
T. cervi 獐绦虫
T. confusa 混杂绦虫
T. crassiceps 肥头绦虫
T. crassicollis 巨颈绦虫
T. cucurbitina 牛肉绦虫
T. demarariensis 地美拉瑞列绦虫
T. echinococcus 细粒棘球绦虫
T. elliptica 犬复殖绦虫,犬复孔绦虫
T. hydatigena 水泡绦虫,有缘绦虫
T. krabbei 美国北部、加拿大、阿拉斯加

和冰岛的红猫、狗及狼的寄生绦虫
T. madagascariensis 马达加斯瑞立绦虫
T. marginata 有缘绦虫
T. mediocanellata 牛肉绦虫,无钩绦虫
T. nana 短膜壳绦虫,微小膜壳绦虫
T. ovis 羊绦虫
T. philippina 菲律宾绦虫
T. pisformis 豆状绦虫
T. saginata 牛肉绦虫,无钩绦虫
T. solium 猪肉绦虫
T. taeniaeformis 巨颈绦虫

taenia ['tiːniə] (pl. *taeniae*) (L. "a flat band", "bandage", "tape") ❶ 带;❷ 绦虫

taeniae acusticae 髓纹(第四脑室)
  t. choroidea (NA) 脉络带
  taeniae coli (NA) 结肠带
  t. fornicis (NA), t. of fornix 穹窿带
  t. of fourth ventricle 第四脑室带
  t. libera (NA) 独立带
  medullary t. of thalamus 丘脑髓纹
  t. mesocolica (NA) 结肠系膜带
  t. omentalis (NA) 网膜带
  t. pontis 脑桥髓纹
  taeniae pylori 幽门带
  t. telae (脉络)组织带
  t. terminalis 界嵴
  t. thalami (NA), t. of thalamus 丘脑髓纹
  t. of third ventricle 第三脑室带
  t. tubae 输卵管带
  taeniae of Valsalva 结肠带
  t. ventriculi quarti (NA) 第四脑室带

taenia- (L. *taenia* tape) 绦虫
taeniacide ['tiːniəˌsaid] (L. *taenia* tapeworm + *caedere* to kill) ❶ 杀绦虫的;❷ 杀绦虫剂
taeniae ['tiːniː] 绦虫。*taenia* 的复数形式
taeniafugal [ˌtiːniə'fjuɡl] 驱绦虫的
taeniafuge ['tiːniəˌfjuːdʒ] (*taenia* + L. *fugare* to put to flight) 驱绦虫剂
taenial ['tiːnil] ❶ 绦虫的;❷ 带的
taeniasis [tiːˈnaiəsis] 绦虫病
taeniform ['tiːnifɔːm] (*taenia* + L. *forma* shape) 绦虫状的,带状的
Taeniidae [tiːˈnaiidiː] 带科
taeniola [tiːˈnaiələ] (L. dim of *taenia*) 小带

  t. corporis callosi of Reil 胼胝体嘴板

T.A.F. ❶ (Ger. Tuberculin Albumose Frei 或 albumose- free tuberculin 的缩写) 脱脂结核菌素;❷ (toxoid-antitoxin flocs-cules 的缩写) 类毒素抗毒素絮状物

tag [tæɡ] ❶ 小附件,小瓣片,小息肉;❷ 标签
  auricular t's 耳赘,副耳
  cutaneous t. 皮赘
  radioactive t. 放射性标记
  skin t. 皮赘

Tagamet ['tæɡəmet] 泰格米特:甲腈咪胍制剂的商品名
tagliacotian [ˌtæliə'kəuʃən] 达利阿果齐氏的
tail [teil] (L. *cauda*; Gr. *oura*) 尾
  axillary t. 腋尾
  t. of caudate nucleus 尾状核尾
  t. of dentate gyrus 齿状回尾部
  t. of epididymis 附睾尾
  occult t. 隐尾
  t. of pancreas 胰腺尾
  polyadenylate (poly A) t. 多(聚)腺苷酸
  t. of Spence 斯潘斯氏尾
  t. of spermatozoon 精子尾
  t. of spleen 脾尾

tailgut ['teilɡʌt] 尾肠
Taillefer's valve [ˌtaijə'feiz] (Louis Auguste Horace Sydney Timeléon *Taillefer*, French physician, 1802-1868) 泰来福氏瓣
taint [teint] ❶ 污斑;❷ 污染;❸ 感染;❹ 色,染色
Taka-diastase ['tɑːkə daiəsteis] (Jokichi *Takamine*, Japanese chemist in New York, 1854-1922) 高峰淀粉酶
Takahara's disease [ˌtɑːkɑː'hɑːrɑːz] (Shigeo *Takahara*, Japanese otolaryngologist, 20th century) 高原氏病
Takayasu's arteritis [tɑːkɑːˈjɑːsuːz] (Mikito *Takayasu*, Japa-nese surgeon, 1860-1938) 高安氏动脉炎
Tal. (L. *talis* 的缩写) 这样的
Talacen ['tæləsen] 泰来森:一种盐酸镇痛新(pentazocine hydrochloride)和扑热息痛制剂的商品名
talalgia [tæ'lældʒiə] 足跟痛,踝部痛
talampicillin hydrochloride [tæˌlæmpi'silin] 盐酸酞氨苄青霉素

talantropia [ˌtælən'trəupiə] (Gr. *talanton* balance + *tropos* a turning + *-ia*) 眼球震颤

talar ['teilə] 距骨的

talbutal ['tælbjutl] (USP) 塔耳布妥

talc [tælk] (USP) 滑石,滑石粉

talcosis [tæl'kəusis] 滑石病,滑石沉着
  pulmonary t. 肺滑石沉着病,滑石肺

talcum ['tælkəm] (L.) 滑石,滑石粉

taleranol [tə'lerənɔl] 左环十四酮粉

tali ['teili] 距骨。*talus* 的所有格和复数形式

taliacotian [ˌtæliə'kəuʃən] 达利阿果齐氏的

taliped ['tæliped] ❶ 畸形足的; ❷ 畸形足者

talipedic [ˌtæli'pedik] 畸形足的

talipes ['tælipiːz] (L. "clubfoot") 畸形足
  t. calcaneocavus 仰趾弓形足
  t. calcaneovalgus 仰趾外翻足
  t. calcaneovarus 仰趾内翻足
  t. calcaneus 仰趾足,足呈背屈畸形
  t. cavovalgus 弓形外翻足
  t. cavovarus 空凹内翻足
  t. cavus 弓形足,爪形足
  t. equinovarus 马蹄内翻足
  t. equinus 马蹄足
  t. planovalgus 外翻平跖足,外翻扁平足
  t. valgus 外翻足
  t. varus 内翻足

talipomanus [ˌtæli'pomənəs] (L. *talipes* clubfoot + *manus* hand) 畸形手

Talma's disease ['tælmæz] (Sape *Talma*, Dutch physician, 1847-1918) 塔尔玛氏病

talocalcaneal [ˌteiləukæl'keiniəl] 距(骨)跟(骨)的

talocalcanean [ˌteiləukæl'keiniən] 距(骨)跟(骨)的

talocrural [ˌteiləu'kruːrəl] (L. *talus* ankle + *crus* leg) 距(骨)腿(骨)的

talofibular [ˌteiləu'fibjulə] 距(骨)腓(骨)的

talon ['tælən] (L. "bird's claw") ❶ 鸟或其它食肉动物的爪; ❷ 爪样结构或部分
  t. noir (F. "black claw") 乌爪

talonavicular [ˌteiləunə'vikjulə] 距(骨)舟(骨)的

talopram hydrochloride ['teiləpræm] 盐酸甲苯酞胺

taloscaphoid [ˌteiləu'skæfɔid] 距(骨)舟(骨)的

talose ['teiləus] 太罗糖

talotibial [ˌteiləu'tibiəl] 距(骨)胫(骨)的

talus ['teiləs] (L. "ankle") 距骨

Talwin ['tælwin] 镇痛新:戊唑星制剂的商品名

T.A.M. (toxoid-antitoxin-mixture 的缩写) 类毒素抗毒素合剂

Tambocor ['tæmbəkɔː] 泰布考:一种醋酸氧卡胺制剂的商品名

tambour [tæm'buə] (Fr. "drum") (记纹) 气鼓

Tamm-Horsfall mucoprotein ['tæm 'hɔːsfɔːl] (Igor *Tamm*, American virologist, born 1922; Frank Lappin *Horsfall*, Jr., American virologist, 1906-1971) 泰-霍二氏粘蛋白

tamoxifen citrate [təmɔksifən] 枸橼酸三苯氧胺,枸橼酸它莫西芬

tampan ['tæmpæn] 波斯锐缘蜱

tamping ['tæmpiŋ] 填塞法,填压法

tampon ['tæmpɔn] (Fr. "stopper, plug") 塞子,塞

tamponade [ˌtæmpə'neid] (Fr. *tamponner* to stop up) 填塞,压塞
  balloon t. 气囊填塞
  cardiac t. (急性)心压塞
  chronic t. 慢性心压塞
  esophagogastric t. 食管胃压塞
  heart t. (急性)心压塞
  pericardial t. 心包压塞

tamponage [tæmpə'nɑːʒ] 填塞,压塞

tamponing ['tæmpəniŋ] 填塞,压塞

tamponment [tæm'pɔnment] 填塞,压塞

Tamus ['teiməs] (L.) 浆果薯蓣属

tan [tæn] 晒黑,晒成褐色

tanapox ['tænəˌpɔks] (*Tana* River, Kenya) 他纳河水痘

tandamine hydrochloride ['tændəmiːn] 盐酸甲噻吲胺

Tandearil [tæn'diəril] 泰迪锐:羟基保泰松制剂的商品名

tangentiality [ˌtændʒenʃi'æliti] 言不及义

tanghin [tæn'giːn] 马达加斯加海芒果

Tangier disease [tæn'dʒiə] (*Tarnier* Island, in Chesapeake Bay, ahere the dBease was first discolored) 丹吉尔病

tangle ['tæŋgl] 结,缠结

neurofibrillary t's 神经纤维缠结
tank [tæŋk] 槽,池,桶
  activated sludge t. 活化污泥池
  digestion t. 消化池
  Dortmund t. 多尔特门德沉淀池（辐射沉淀池）
  Emsher t. 消化池
  Imhoff t. 消化池
  septic t. 化粪池,加水分解池
  settling t. 沉淀池
tannase ['tæneis] 鞣酸酶
tannate ['tæneit] (L. *tannas*) 鞣酸盐
tannic acid ['tænik] (USP) 鞣酸
tannin ['tænin] 鞣酸
Tanret's reagent [tæn-'reiz] (Charles *Tanret*, French chemist 1847-1917) 唐累氏试剂
tantalum ['tæntələm] 钽
tantrum ['tæntrəm] 暴怒,发脾气
tanycyte ['tænisait] (Gr. *tanyein* to stretch + -*cyte*) 脑室膜细胞
TAO ['teiəu] 迪欧：三乙酰竹桃霉素制剂的商品名
tap [tæp] ❶ 轻叩；❷ 穿刺放液
  bloody t. 血性腰椎穿刺
  front t. 胫前轻叩
  heel t. 足跟轻叩
  spinal t. 腰椎穿刺
Tapazole ['tæpəzol] 泰帕唑：甲巯咪唑制剂的商品名
tape [teip] 带
  adhesive t. (USP) 粘(合)带,粘(合)条
  adhesive t., sterile 灭菌粘(合)带,灭菌粘(合)条
  flurandrenolide t. (USP) 氟氢缩松带
  Montgomery's t's 蒙哥马利氏带
tapeinocephalic [ˌtæpinəuse'fælik] 矮型头的,低型头的
tapeinocephaly [ˌtæpinəu'sefəli] (Gr. *tapeinos* low-lying + *kephalē* head) 矮型头,低型头
tapetal [tə'piːtəl] 毯的
tapetoretinal [ˌtæpətə'retinəl] (*tapetum* + *retinal*) 视网膜色素层的,视网膜的
tapetum [tə'piːtəm] (*pl. tapeta*) (L., from Gr. *tapētion*, dim. of *tapēs* a carpet, rug) ❶毯：覆盖结构或细胞层；❷胼胝体毯
  t. cellulosum 细胞毯
  t. choroideae 脉络膜毯,明毯
  t. corporis callosi (NA) 胼胝体毯
  t. fibrosum 纤维毯
  t. lucidum 脉络膜毯,明毯
  t. nigrum, t. oculi 黑毯,视网膜色素层
tapeworm ['teipwəːm] 绦虫
  African t. 非洲绦虫
  armed t. 有钩绦虫,猪肉绦虫
  beef t. 牛肉绦虫,无钩绦虫
  broad t. 阔节裂头绦虫
  dog t. 犬绦虫：①细粒棘球绦虫；②犬复孔绦虫
  double-pored dog t. 犬复殖绦虫,犬复孔绦虫
  dwarf t. 短小绦虫,短膜壳绦虫
  fish t. 鱼绦虫,阔节裂头绦虫
  fringed t. 放射状隧体绦虫
  heart-headed t. 心形裂头绦虫
  hydatid t. 细粒棘球绦虫
  Madagascar t. 马达加斯加瑞立绦虫
  Manson's larval t. 曼森氏裂头绦虫
  measly t. 有钩绦虫,猪肉绦虫
  pork t. 猪肉绦虫
  rat t. 鼠绦虫,长膜壳绦虫,缩小膜壳绦虫
  Swiss t. 瑞士绦虫,阔节裂头绦虫
  unarmed t. 无钩绦虫,牛肉绦虫
taphephobia [ˌtæfi'fəubiə] (Gr. *taphos* grave + *phobia*) 活埋恐怖
Tapia's syndrome ['tæpiəz] (Antonio García *Tapia*, Spanish otolaryngologist, 1875-1950) 塔皮亚氏综合征
tapinocephalic [ˌtæpinəuse'fælik] 矮型头的,低型头的
tapinocephaly [ˌtæpinəu'sefəli] 矮型头,低型头
tapiroid ['tæpirɔid] 貘嘴样的
tapotage [ˌtæpəu'taːʒ] 叩诊咳
tapotement [tə'pəutmənt] (Fr.) 叩抚法
Tar's symptom [taz] (Aloys *Tar*, Hungarian physician, born 1886) 塔尔氏症状
tar [taː] 焦油
  coal t. (USP) 煤焦油
  gas t. 煤（气）焦油
  juniper t. (USP) 杜松焦油
  pine t. 松焦油,木溜油
Taractan [tə'ræktən] 泰尔登：氯丙硫蒽制剂的商品名

tarantula [tə'ræntjulə] 狼蛛
　American t. 美洲狼蛛
　black t. 黑狼蛛
　European t. 欧洲狼蛛
taraxigen [tə'ræksidʒən] 过敏素原
taraxin [tə'ræksin] 过敏素
taraxy [tə'ræksi] (Gr. *taraxis* disturbance) 过敏性
tarbadillo [ˌtɑːbəˈdiːljəu] (Sp.) 鼠型斑疹伤寒
tarbagan ['tɑːbəgən] 土拨鼠
Tardieu's spots [tɑː'djuz] (Auguste Ambroise *Tardieu*, French physician, 1818-1879) 塔迪厄氏点
tardive ['tɑːdiv] (Fr. "tardy, late") 迟发的, 延迟的
tare [tɛə] ❶ 毛重; ❷ 皮重
target ['tɑːgit] ❶ 靶; ❷ 屏极
tarichatoxin [ˌtærikə'tɔksin] 蝾螈毒素
Tarin's (Tarini's, Tarinus') fascia [tæ'rænz, tæ'reniz, tə'rinəs] (Pierre *Tarin*, French anatomist, 1725-1761) 塔兰氏(塔里尼氏, 塔里纳氏)筋膜
Tarlov's cyst [tɑː'lɔvz] (Isadore Max *Tarlov*, American surgeon, 1905-1977) 塔洛夫氏囊肿
Tarnier's forceps [ˌtɑːni'ɛəz] (Etienne Stéphane *Tarnier*, French obstetrician, 1828-1897) 塔尼埃氏钳
tarsadenitis [ˌtɑːsædi'naitis] 睑板腺炎
tarsal ['tɑːsəl] (L. *tarsalis*) ❶ 睑板的, 足弓的; ❷ 跗骨的
tarsalgia [tɑː'sældʒiə] 跗骨痛
tarsalia [tɑː'sæliə] 跗骨
tarsalis [tɑː'sælis] (L.) ❶ 睑板的, 足弓的; ❷ 跗骨的
tarsectomy [tɑː'sektəmi] (*tarso-* + Gr. *ektomē* excision) ❶ 跗骨切除术; ❷ 睑板切除术
tarsectopia [ˌtɑːsek'təupiə] (*tarso-* + Gr. *ektopos* out of place + -*ia*) 跗骨脱位
tarsitis [tɑː'saitis] 睑板炎, 睑缘炎
tars(o)- (Gr. *tarsos* a broad flat surface) ❶ 睑缘; ❷ 足弓
tarsocheiloplasty [ˌtɑːsəu'kailəˌplæsti] (*tarso-* + *cheilo-* + -*plasty*) 睑缘成形术
tarsoclasis [tɑː'sɔklɔsis] (*tarso-* + Gr. *klasis* breaking) 跗骨折骨术

tarsomalacia [ˌtɑːsəuməˈleiʃiə] (*tarso-* + *malacia*) 睑板软化
tarsomegaly [ˌtɑːsəu'megəli] 巨跟骨
tarsometatarsal [ˌtɑːsəuˌmetə'tɑːsəl] 跗(骨)跖(骨)的
tarso-orbital [ˌtɑːsəu'ɔːbitəl] 睑板眶壁的
tarsophalangeal [ˌtɑːsəufə'lændʒiəl] 跗(骨)趾(骨)的
tarsophyma [ˌtɑːsəu'faimə] (*tarso-* + Gr. *phyma* growth) 睑板瘤
tarsoplasia [ˌtɑːsəu'pleiziə] 睑成形术
tarsoplasty ['tɑːsəuˌplæsti] (*tarso-* + Gr. *plassein* to form) 睑成形术
tarsoptosis [ˌtɑːsɔp'təusis] (*tarso-* + Gr. *ptōsis* falling) 扁平足, 平足
tarsorrhaphy [tɑː'sɔːrəfi] (*tarso-* + -*raphy*) 睑缝术
tarsotarsal [ˌtɑːsəu'tɑːsəl] 跗骨间的
tarsotibial [ˌtɑːsəu'tibiəl] 跗(骨)胫(骨)的
tarsotomy [tɑː'sɔtəmi] (*tarso-* + -*tomy*) 跗骨切开术; 睑板切开术
tarsus ['tɑːsəs] (L., from Gr. *tarsos* a frame of wickerwork; any broad flat surface) ❶ (NA)跗, 跗骨; ❷ 睑板
　bony t. 跗骨
　t. osseus (NA) 跗骨
　t. superior/inferior palpebrae (NA) 上睑板/下睑板
tartar ['tɑːtə] (L. *tartarum*; Gr. *tartaron*) ❶ 酒石; ❷ 牙垢, 牙石
　borated t. 硼酸酒石
　cream of t. 酒石, 酒石酸氢钾
tartarated ['tɑːtəˌreitid] 加酒石酸的
tartaric acid [tɑː'tærik] 酒石酸
tartarized ['tɑːtəraizd] 加酒石酸的
tartrate ['tɑːtreit] (L. *tartras*) 酒石酸盐
　acid t. 酸性酒石酸盐
　ferric ammonium t. 酒石酸铁铵
　normal t. 正酒石酸盐
tartrated ['tɑːtreitid] (L. *tartratus*) 含酒石的, 酒石酸的
Tarui disease ['tɑːruːi] (Seiichiro *Tarui*, Japanese physician, 20th century) 樽井疾病
tasikinesia [ˌtæsikai'niziə] (Gr. *tasis* as training + *kinesis* motion) 行动癖, 静坐不能
tastant ['teistənt] 促味剂

taste [teist] (L. *gustus*) ❶ 味觉,味;❷ 品尝
  color t. 尝味觉色,色味(联觉)
  franklinic t. 静电刺激性味觉
taste-blindness [teist'blaindnis] 味觉缺失,味盲
taster ['teistə] 尝味者
TAT ❶ (Thematic Apperception Test 的缩写) 主题统觉测验;❷ (toxin-antitoxin 的缩写) 毒素抗毒素
Tatlockia micdadei [tæt'lɔkiə mik'dædi] 塔特洛基亚肺炎病原体
tattooing [tæ'tu:iŋ] 纹身(法)
  t. of the cornea 角膜墨针术,角膜染色术
Tatum ['tætəm] 塔杜姆:美国生化学家
Tatumella [ˌtætə'melə] (Harvey *Tatum*, American bacteriologist) 塔特姆菌属
tau [tɔ:] (T, τ) 希腊字母表中第 19 个字母
  Kendall's t. 肯道尔氏 T
taurine ['tɔ:ri:n] 牛磺酸,氨基乙磺酸,牛胆素
taur(o)- (L. *taurus* bull) 牛,牛磺酸
taurochenodeoxycholate [ˌtɔ:rəˌki:nəudiˌɔksi'kəuleit] 鹅脱氧胆酰牛磺酸
taurochenodeoxycholic acid [ˌtɔ:rəˌki:nəudiˌɔksi'kəulik] 鹅脱氧胆酰牛磺酸
taurocholaneresis [ˌtɔ:rəˌkəulə'nerisis] (*taurocholic* acid + Gr. *hairesis* a taking) 牛磺胆酸排出过多
taurocholanopoiesis [ˌtɔ:rəkəuˌlænəupɔi'i:sis] (*taurocholic* acid + *poiesis*) 牛磺胆酸生成
taurocholate [ˌtɔ:rə'kəuleit] 牛磺胆酸盐
taurocholemia [ˌtɔ:rəkə'li:miə] (*taurocholic* acid + *-emia*) 牛磺胆酸血
taurocholic acid [ˌtɔ:rə'kəulik] 牛磺胆酸
taurodontism [ˌtɔ:rə'dɔntizəm] (Gr. *tauros* bull + *odont-* + *-ism*) 牛牙(症)
Taussig-Bing syndrome ['tɔsig 'biŋ] (Helen Brooke *Taussig*, American pediatrician, 1898-1986; Richard J. *Bing*, American cardiac physiologist, born 1909) 托-宾二氏综合征
taut(o)- (Gr. *tautos* from *to auto* the same) 相同
tautomenial [ˌtɔ:tə'mi:niəl] (*tauto-* + Gr. *mēniaia* menses) 同经期的
tautomer ['tɔ:təmə] 互变异构体
tautomeral [tɔ:'tɔmərəl] (*tauto-* + Gr. *meros* part) 同侧的
tautomerase [tɔ:'tɔməreis] (EC 5.3.2) 互变异构酶
tautomeric [ˌtɔ:tə'merik] 互变异构的
tautomerism [tɔ:'tɔmərizm] (*tauto-* + Gr. *meros* part) 互变异构(现象)
  keto-enol t. 酮基-烯醇互变异构
  proton t. 质子互变异构
  ring-chain t. 环-链互变异构
Tavist ['tævist] 泰威斯特:富马酸氯马斯丁制剂的商品名
Tavist-D ['tævistdi:] 泰威斯特-D:富马酸氯马斯丁与盐酸去甲麻黄碱的合成制剂的商品名
Tawara's node [tə'wɑ:rəz] (K. Sunao *Tawara*, Japanese pathologist, 1873-1952) 田原氏结
taxa ['tæksə] (生物的)门类,分类。*taxon* 的复数
taxine ['tæksi:n] 紫杉碱
taxis ['tæksis] (Gr. "a drawing up in rank and file") ❶ 趋性;❷ 整复(法)
Taxol ['tæksɔl] 他克唑:紫杉醇制剂的商品名
taxology [tæk'sɔlədʒi] 分类学
taxon ['tæksɔn] (*pl. taxa*) (Gr. *taxis* a drawing up in rank and file + *on* neuter ending) (生物的)门类,分类
taxonomic [ˌtæksə'nɔmik] 分类学的
taxonomist [tæk'sɔnəmist] 分类学家
taxonomy [tæk'sɔnəmi] (L. *taxinomia*; Gr. *taxis* a drawing up in rank and file + *nomos* law) 分类学
  numerical t. 数值分类法
Taxus ['tæksəs] (L.) 紫杉属
  T. brevifolia 短叶紫杉
Tay's choroiditis [teiz] (Warren *Tay*, English physician, 1843-1927) 泰氏脉络膜炎
Tay-Sachs disease ['tei 'sæks] (Warren *Tay*; Bernard Parney *Sachs*, New York neurologist, 1858-1944) 泰-萨二氏病
Taylor brace ['teilə] (Charles Fayette *Taylor*, American orthopedic surgeon, 1827-1899) 泰勒氏梏具

tazettine ['teizetin] 多花水仙碱,水仙花碱

Tazicef ['tæzisef] 他齐西:头孢噻甲羧肟制剂的商品名

Tazidime ['tæzidaim] 他齐宝:头孢噻甲羧肟制剂的商品名

tazolol hydrochloride ['tæzəlɔl] 盐酸噻唑心安

TB 结核菌素

Tb (*terbium* 的符号) 铽

T-bandage [ti:'bændidʒ] 丁形绷带

T-bar 丁形杆

TBG (thyroxine-binding globulin 的缩写) 甲状腺素结合球蛋白

TBII (TSH-binding inhibitory immunoglobulins 的缩写) 促甲状腺激素结合(的)抑制性免疫球蛋白

TBN (*bacillus emulsion* 的缩写) 杆菌乳剂

TBP 硫双二氯酚,别丁

TC (transcobalamin 的缩写) ❶ 转钴胺素; ❷ (*tuberculin* 的缩写) 结核菌素

Tc (*technetium* 的符号) 锝

TCD₅₀ (median tissue culture dose 的缩写) 半数组织培养剂量

TCDD (2,3,7,8-tetrachlorodibenzo-*p*-dioxin 的缩写) 四氯二苯并对二噁英

TCID₅₀ (*median tissue culture infective dose* 的缩写) 半数组织培养感染剂量

TCMI (T cell-mediated immunity 的缩写) T细胞介导免疫

TCR (T cell antigen receptor 的缩写) T细胞抗原受体

TD₅₀ (median toxic dose 的缩写) 半数中毒剂量

Td (tetanus and diphtheria toxoids 的缩写) 破伤风及白喉类毒素(成人型)

TDA (TSH-displacing antibody 的缩写) 促甲状腺激素置换抗体

TDE (tetrachlorodiphenylethane 的缩写) 四氯二苯乙烷

TDI (toluene diisocyanate 的缩写) 甲苯二异氰酸盐

t.d.s. (L. *ter die sumendum* 的缩写) 一日服三次

TdT (terminal deoxynucleotidyl transferase 的缩写) 末端脱氧核苷酰转移酶

Te (*tellurium* 的符号) 碲

TEA (tetraethylammonium 的缩写) 四乙铵

TEAC (tetraethylammonium chloride 的缩写) 氯化四乙铵

tea [ti:] (L. *thea*) ❶ 茶; ❷ 煎剂,浸剂

Teale's amputation [ti:lz] (Thomas Pridgin Teale, Sr., English surgeon, 1801-1868) 蒂尔氏切断术

tear [tεə] ❶ 撕开,撕碎; ❷ 裂伤,损伤; ❸ 撕裂,划破

　cemental t., cementum t. 牙骨质撕裂

tears [tiəz] (L. *lacrimae*; Gr. *dakrya*) ❶ 眼泪; ❷ 滴,珠

　crocodile t. 鳄泪

teart [tiət] ❶ 高钼土壤,高钼植物; ❷ (慢性)钼中毒

tease [ti:z] 拨,挑

teaspoon ['ti:spu:n] 茶匙

teat [ti:t] (乳房)乳头

TeBG (testosterone-estradiol-binding globulin 的缩写) 睾酮雌二醇结合球蛋白

tebutate ['tebjuteit] (USAN 对 tertiary butyl acetate 缩写) 醋酸特丁酯

technetium [tek'ni:ʃiəm] 锝

　t. 99m 锝 99m

　t. Tc 99m albumin aggregated (USP) 锝 Tc 99m 聚集白蛋白

　t. Tc 99m DTPA 锝 Tc99m 二乙撑三胺五乙酸

　t. Tc 99m etidronate 锝 Tc 99m 羟乙二膦酸

　t. Tc 99m hexakis 2-methoxyisobutyl isonitrile 锝 Tc99m 己 2-甲氧基异丁基异腈

　t. Tc 99m MDP 锝 Tc 99m 亚甲基二磷酸盐

　t. Tc 99m methylene diphosphonate 锝 Tc 99m 亚甲基二磷酸盐

　t. Tc 99m pentetate (USP) 锝 Tc 99m 戊酸盐

　t. -99m pertechnetate 99m 过锝酸盐

　t. Tc 99m pyrophosphate (injection) (USP) 锝 Tc 99m 焦磷酸盐(注射)

　t. Tc 99m sestamibi 锝 Tc 99m 甲氧基异丁基异腈

　t. Tc 99m teboroxime 锝 Tc 99m 特波罗西姆

technic ['teknik] 术,技术,操作(法)

technical ['teknikəl] 技术的,工艺的;专业的

technician [tek'niʃən] 技术人员

technique [tek'ni:k] (Fr.) 术,技术,操作(法)
  Amplatz t. 安普莱茨法
  Begg t. 贝格正牙术
  Brown-Roberts-Wells t. 布-罗-威三氏法
  clamp t. 钳法
  dilution-filtration t. 稀释-过滤技术
  dot blot t. 点吸取法
  dye dilution t. 染剂稀释法
  Enzyme-Multiplied Immunoassay T. 多元酶免疫测定法
  fluorescent antibody t. 荧光抗体技术
  hanging drop t. 悬滴法
  immunoperoxidase t. 免疫过氧(化)物酶技术
  indicator dilution t. 指示剂稀释法
  isolation-perfusion t. 分离-灌注法
  Jerne plaque t. 热尔内斑(块)技术
  Judkins t. 贾金斯法
  Kleinschmidt t. 克莱因斯密特法
  Laurell t. 劳雷尔法
  Leboyer t. 勒博耶分娩法
  Leksell t. 莱克塞尔法
  Mohs' t. 莫斯氏手术
  Northern blot t. 北部吸取法
  Oakley-Fulthorpe t. 奥-富二氏技术
  Orr t. 奥尔法
  Ouchterlony t. 奥克特洛尼法
  Oudin t. 乌丹技术
  peroxidase-antiperoxidase (PAP) t. 过氧(化)物酶-抗过氧(化)物酶技术
  push-back t. 推后技术
  Rebuck skin window t. 雷布克氏皮窗技术
  Riechert-Mundinger t. 里-蒙二氏法
  scintillation counting t. 闪烁计数法
  Seldinger t. 塞尔丁格氏法
  Sones t. 桑斯氏法
  Southern blot t. 南部吸取法
  Southwestern blot t. 西南部吸取法
  squash t. 压片法
  stereotactic t. 趋实体法
  thermal dilution t., thermodilution t. 热稀释法
  Todd-Wells t. 托-威二氏法
  transfixion t. 贯穿法
  Trueta t. 特鲁塔氏法
  Western blot t. 西部吸取法

technocausis [ˌteknəu'kɔ:sis] (Gr. *technē* art + *kausis* burning) 烙(铁)术
technologist [tek'nɔlədʒist] 技术人员
technology [tek'nɔlədʒi] (Gr. *technē* art + *-logos* treatise) 技术学,工艺学
teclozan ['teklɔzæn] 对二甲苯氯醋胺
tectocephalic [ˌtektəuse'fælik] 舟状头(畸形)的
tectocephaly [ˌtektəu'sefəli] (L. *tectum* roof + Gr. *kephalē* head) 舟状头(畸形)
tectology [tek'tɔlədʒi] (Gr. *tektōn* builder + *-logy*) 组织构造学
tectorial [tek'tɔ:riəl] (L. *tectum* roof) 覆膜的,顶盖的
tectorium [tek'tɔ:riəm] (pl. *tectoria*) (L. "roof") 覆膜,耳蜗覆膜
tectospinal [ˌtektəu'spainəl] 顶盖脊髓的
tectum ['tektəm] 顶盖
  t. mesencephali 中脑顶盖
  t. mesencephalicum (NA), **t. of mesencephalon** 中脑顶盖
TED (threshold erythema dose 的缩写) 红斑阈量
TEE (transesophageal echocardiography 的缩写) 经食道超声波心电描记(法)
teeth [ti:θ] 牙
teething ['ti:ðiŋ] 出牙,生牙
Teflon ['teflɔn] 塔夫纶:聚四氟乙烯制剂的商品名
tegafur ['tegəfə:] 喃氟啶
Tegison ['tegisən] 替基松:依维甲酯制剂的商品名
tegmen ['tegmən] (pl. *tegmina*) (L. "cover") 盖
  t. mastoideotympanicum 乳突鼓室盖
  t. mastoideum 乳突盖
  t. tympani ① 鼓室盖;② 鼓室盖壁
  t. ventriculi quarti (NA) 第四脑室盖
tegmental [teg'mentəl] 盖的
tegmentum [teg'mentəm] (pl. *tegmenta*) (L.) ❶盖,被盖;❷中脑盖;❸大脑脚盖
  hypothalamic t. 下丘脑盖
  t. mesencephali 中脑盖
  t. mesencephalicum (NA) 中脑盖
  t. of mesencephalon 中脑盖
  t. of pons 桥脑盖
  t. pontis 桥脑盖

t. rhombencephali, t. of rhombencephalon 菱脑盖

subthalamic t. 下丘脑盖

Tegopen ['tegɔpen] 替格奔：邻氯青霉素钠制剂的商品名

Tegretol ['tegrətɔl] 替格里托：氨甲酰苯䓬制剂的商品名

tegument ['tegjumənt] (L. *tegumentum*,) 体被，皮肤

Teichmann's crystals ['taiʃmənz] (Lud-wig Carl *Teichmann*-Stawiarski, German histologist, 1823-1895) 泰奇曼氏结晶

teichoic acid [tai'kɔik] 磷壁(酸)质，胞壁酸

teichopsia [tai'kɔpsiə] (Gr. *teichos* wall + *-opsia*) 闪光暗点

teicoplanin [ˌtaikɔp'lænin] 替考拉宁

teinodynia [ˌtainɔ'diniə] 腱痛

teknocyte ['teknəsait] (Gr. *teknon* that which is born + *kytos* cell) 幼稚白细胞

tela ['ti:lə] (pl. *telae*) (L. "something woven", "web") 组织
  t. cellulosa 结缔组织
  t. choroidea of fourth ventricle 第四脑室脉络组织
  t. choroidea of lateral ventricle 侧脑室脉络组织
  t. choroidea of third ventricle 第三脑室脉络组织
  t. choroidea ventriculi lateralis 侧脑室脉络组织
  t. choroidea ventriculi quarti (NA) 第四脑室脉络组织
  t. choroidea ventriculi tertii (NA) 第三脑室脉络组织
  t. conjunctiva (NA) 结缔组织
  t. elastica (NA) 弹性组织
  t. subcutanea (NA) 皮下组织
  t. submucosa (NA) 粘膜下组织
  t. submucosa bronchiorum (NA) 支气管粘膜下组织
  t. submucosa coli (NA) 结肠粘膜下组织
  t. submucosa esophagi 食管粘膜下组织
  t. submucosa gastris (NA) 胃粘膜下组织
  t. submucosa intestini tenuis (NA) 小肠粘膜下组织
  t. submucosa oesophagi (NA) 食管粘膜下组织
  t. submucosa pharyngis (NA) 咽粘膜下组织
  t. submucosa recti (NA) 直肠粘膜下组织
  t. submucosa tracheae (NA) 气管粘膜下组织
  t. submucosa tubae uterinae 输卵管粘膜下组织
  t. submucosa ventriculi 胃粘膜下组织
  t. submucosa vesicae urinariae (NA) 膀胱粘膜下组织
  t. subserosa (NA) 浆膜下组织
  t. subserosa coli (NA) 结肠浆膜下组织
  t. subserosa gastris (NA) 胃浆膜下组织
  t. subserosa hepatis (NA) 肝浆膜下组织
  t. subserosa intestini tenuis (NA) 小肠浆膜下组织
  t. subserosa peritonei (NA) 腹膜浆膜下组织
  t. subserosa tubae uterinae (NA) 输卵管浆膜下组织
  t. subserosa uteri (NA) 子宫浆膜下组织
  t. subserosa ventriculi 胃浆膜下组织
  t. subserosa vesicae biliaris (NA) 胆囊浆膜下组织
  t. subserosa vesicae felleae 胆囊浆膜下组织
  t. subserosa vesicae urinariae (NA) 膀胱浆膜下组织

telae ['ti:li:] (L.) 组织。tela 的所有格及复数形式

telalgia [te'lældʒiə] 牵涉性痛

telangiectasia [teˌlændʒiek'teiziə] (*tele-*[1] + *angi-* + *ectasia*) 毛细(血)管扩张
  generalized essential t. 广泛性特发性毛细管扩张
  hereditary hemorrhagic t. 遗传出血性毛细管扩张
  t. lymphatica 毛细淋巴管扩张
  t. macularis eruptiva perstans 持久斑疹性毛细管扩张
  spider t. 蜘蛛痣
  unilateral nevoid t. 单侧痣样毛细管扩张

telangiectasis [teˌlændʒi'ektəsis] (pl. *telangiectases*) (*tele-¹* + *angi-* + *ectasis*) 毛细(血)管扩张(症)
  spider t. 蛛状痣
telangiectatic [teˌlændʒiek'tætik] 毛细(血)管扩张的
telangiectodes [teˌlændʒiek'təudiːz] 毛细(血)管扩张的
telangiectoma [teˌlændʒiek'təumə] 毛细管瘤
telangiitis [teˌlændʒi'aitis] (*tele-¹* + Gr. *angeion* vessel + *-itis*) 毛细(血)管炎
telangion [te'lændʒiən] (*tele-¹* + Gr. *angeion* vessel) 终动脉
telangiosis [teˌlændʒi'əusis] (*tele-¹* + Gr. *angeion* vessel + *-osis*) 毛细(血)管病
telar ['tiːlə] 组织的,组织样的
telarche [tiː'lɑːki] 乳房初长
Teldrin ['teldrin] 扑尔敏:马来酸氯苯吡胺制剂的商品名
tele-¹ (Gr. *telos* end) 终,末
tele-² (Gr. *tēle* far off, at a distance) 远距离操作,远距
telebinocular [ˌtelibai'nɔkjulə] 矫视三棱镜,遥测双目镜
telecanthus [ˌteli'kænθəs] (*tele-²* + Gr. *kanthos* canthus) 眦距过远
telecardiogram [ˌteli'kɑːdiəɡræm] (*tele-²* + *cardio-* + *-gram*) 远距心电图,遥测心电图
telecardiography [ˌteliˌkɑːdi'ɔɡrəfi] (*tele-²* + *cardio-* + *-graphy*) 远距心电描记法,心电遥测法
telecardiophone [ˌteli'kɑːdiəfəun] (*tele-²* + *cardio-* + Gr. *phonē* sound) 远距心音听诊器
teleceptive ['teliˌseptiv] 距离感受性的
teleceptor ['teliˌseptə] (*tele-²* + *receptor*) 距离感受器
telecord ['telikɔːd] 心动周期X线照相自动操纵装置
telecurietherapy [ˌteliˌkjuəri'θerəpi] (*tele-²* + *curie therapy*) 远距居里治疗,远距放疗
teledendrite [ˌteli'dendrait] 终树突
teledendron [ˌteli'dendrɔn] 终树突
telediagnosis [ˌteliˌdaiəɡ'nəusis] (*tele-²* + *diagnosis*) 远距诊断
telefluoroscopy [ˌteliflu(ː)ə'rɔskəpi] (*tele-²* + *fluoroscopy*) 远距荧光屏检查
telegony [te'leɡəni] (Gr. *tele* far off + *gone* offspring) 前父遗传
telekinesis [ˌtelikai'niːsis] (*tele-²* + Gr. *kinēsis* movement) 远距运动,感应运动
telekinetic [ˌteliki'netik] 远距运动的,感应运动的
telelectrocardiogram [ˌteliˌlektrəu'kɑːdiəɡræm] 远距心电图,遥测心电图
telelectrocardiograph [ˌteliˌlektrəu'kɑːdiəɡrɑːf] (*tele-²* + *electrocardiograph*) 远距心电图机,心电遥测仪
telemedicine [ˌteli'medisin] (*tele-²* + *medicine*) 远距医学,远距会诊
telemetry [ti'lemitri] (*tele-²* + *-metry*) 远距测定法,遥测术
telemnemonike [ˌtelini'mɔniki] (*tele-²* + Gr. *mnēmonikos* pertaining to memory) 隔体记忆
telencephalic [ˌtelense'fælik] 端脑的,终脑的
telencephalization [ˌtelenˌsefəlai'zeiʃən] 端脑分化,终脑分化
telencephalon [ˌtelen'sefəlɔn] (*tele-²* + Gr. *enkephalos* brain) 端脑,终脑
teleneurite [ˌteli'njuərait] 终轴突
teleneuron [ˌteli'njuərɔn] (*tele-¹* + Gr. *neuron* nerve) 神经末端,神经末梢
telenzepine [ti'lenzəpiːn] 替伦折平:抗毒蕈碱剂
teleological [ˌteliə'lɔdʒikəl] ❶ 目的论的; ❷ 符合发展中最终目标的
teleology [ˌteli'ɔlədʒi] (*tele-¹* + Gr. *logos* treatise) 目的论
teleomitosis [ˌteliəumai'təusis] (*tele-¹* + *mitosis*) 终期分裂
teleomorph ['teliəumɔːf] (Gr. *teleos* complete + *-morph*) 远距形态
teleonomic [ˌteliəu'nɔmik] 存在价值论的
teleonomy [ˌteli'ɔnəmi] (*teleo-* + Gr. *nomos* law) 存在价值论
teleopsia [teli'ɔpsiə] (*tele-²* + *-opsia*) 视物显远症
teleorganic [ˌteliɔː'ɡænik] 生命必需的
teleost ['teliɔst] 硬骨鱼
Telepaque ['telipeik] 碘番酸:三碘氨苯乙

基丙酸（iopanoic acid）制剂的商品名　液

telepathist [ti'lepəθist] 传心术士

telepathize [ti'lepəθaiz] 心灵感应，思想交通

telepathology [ˌtelipə'θɔlədʒi] (tele-² + pathology) 远距病理学

telepathy [ti'lepəθi] (tele-² + Gr. pathos feeling) 心灵感应，思想交通，传心

telephase ['telifeis] (Gr. tele far + phase) 核分裂的终期

teleradiogram [ˌteli'reidiəugræm] 远距 X 线照片

teleradiography [ˌteliˌreidi'ɔgrəfi] 远距 X 线照相术

teleradium [ˌteli'reidiəm] (tele-² + radium) 远距镭照射

telereceptor [ˌteliri'septə] 距离感受器

telergic [ti'lədʒik] 远距作用的

telergy ['telədʒi] (tele-² + Gr. ergon work) ❶自动(症)；❷心灵影响

teleroentgenogram [ˌteliˌrɔnt'genəgræm] 远距 X 射线照片

teleroentgentherapy [ˌteliˌrɔntgen'θerəpi] 远距 X 线治疗

telesthesia [ˌtelis'θiziə] (tele-² + Gr. aisthēsis perception + -ia) 心灵感应，思想交通，传心

telestethoscope [ˌteli'steθəskəup] (tele-² + Gr. aisthēsis perception + skopein to examine) 远距听诊器，遥测听诊器

telesystolic [ˌtelisis'tɔlik] (Gr. telos end + systole) 心收缩终期的，心收缩末期的

teletactor [ˌteli'tæktə] (tele-² + L. tangere to touch) 触觉(式)助听器

teletherapy [ˌteli'θerəpi] (tele-² + Gr. therapeia treatment) 远距(放射)疗法

telethermometer [ˌteliθə'mɔmitə] 远距温度计，遥测温度计

tellurate ['teljureit] 碲酸盐

telluric [ti'ljuərik] ❶地球的，陆生的，土生土长的；❷碲(化)的

tellurism ['teljurizəm] (L. tellus earth) 水土致病，地气质病

tellurium [te'ljuəriəm] (L. tellus earth) 碲

Tellyesniczky's fluid [ˌteljets-'nitskiz] (Kálmár Tellyesniczky, Hungarian anatomist, 1868-1932) 捷列斯尼茨基氏液

tel(o)- (Gr. telos end) 末，终，端

teloblast ['teləblæst] (Gr. telos end + blastos germ) 终胚，端细胞

telobiosis [ˌteləubai'əusis] (telo- + Gr. biōsis way of life) 对端并生

telocentric [ˌteləu'sentrik] 端着丝点的

telocinesia [ˌteləusai'niziə] 末期，终期

telocinesis [ˌteləusai'nisis] 末期，终期

telocoele ['teləsiːl] (telo- + Gr. koilia cavity) 端脑腔

telodendrion [ˌteləu'dendriɔn] 终树突

telodendron [ˌteləu'dendriɔn] (telo- + Gr. dendron tree) (pl. telodendra) 终树突

telogen ['telədʒən] (毛发生长)末期

teloglia [te'lɔgliə] 末胶膜，神经胶质被膜

telognosis [ˌteləg'nəusis] (contracted from telephonic diagnosis) 远距诊断，电讯诊断

telokinesis [ˌteləukai'nisis] (telo- + Gr. kinēsis motion) 末期，终期(有丝分裂第四期)

tololecithal [ˌteləu'lesiθəl] (telo- + Gr. lekithos yolk) 端黄(卵)的

tolelemma [ˌteləu'lemə] (Gr. telos end + lemma rind) 终膜

telomere ['teləmiə] (telo- + Gr. meros part) (染色体)端粒

telophase ['teləfeiz] (telo- + Gr. phasis phase) 末期，终期(有丝分裂第四期)

telophragma [ˌteləu'frægmə] (telo- + Gr. phragmos a fencing in) 中间盘，肌间隔

teloreceptor [ˌteləuri,septə] 距离感受器

telorism ['telərizəm] (Gr. tele far + orizo to separate) ❶距离过远；❷两眼距离过远

telosynapsis [ˌteləusi'næpsis] (telo- + Gr. synapsis conjunction) (染色体)衔接联会

telotaxis [ˌteləu'tæksis] 趋端性

telotism ['telətizəm] ❶机能完整；❷阴茎完全勃起

telson ['telsən] (昆虫)尾节

Temaril ['teməril] 特美力：三甲泼拉嗪酒石酸盐制剂的商品名

temazepam [ti'mæzipæm] 羟基安定

temefos ['temifɔs] 硫甲双磷

Temin ['temin] 霍华德·马丁·特明：美国生物学家(1934～1994)

temodox ['temədɔks] 羟乙喹酯
Temovate ['temə,veit] 特美肤：丙酸氯氟美松（clobetasol propionate）制剂的商品名
temp. dext. (L. *tempori dextro* 的缩写) 在右颞部
temperament ['tempərəmənt] (L. *temperamentum* mixture) 气质，禀赋
  choleric t. 胆汁质
  melancholic t. 忧郁质
  phlegmatic t. 粘液质，淋巴质
  sanguine t. 多血质
temperature ['tempəritʃə] (L. *temperatura*, from *temperare*, to regulate) 温度
  absolute t. 绝对温度
  body t. 体温
  body t., basal 基础体温
  critical t. 临界温度
  fusion t. 熔化温度
  maximum t. 最高温度
  melting t. (T_m) 熔融温度
  minimum t. 最低温度
  normal t. 正常体温
  optimum t. 最适温度
  room t. 室温
  subnormal t. 正常下温度，亚正常温度
template ['templit] (Old Fr. *templet* a weaver's bar) 模板，样板
  surgical t. 手术模板
temple ['templ] (L. *tempula*, dim. of *tempora*, *tempus* 的复数) 颞颥，颞部
tempolabile [,tempəu'leibail] (L. *tempus* time + *labilis* unstable) 与时具变的
tempora ['tempərə] (L., *tempus* 的复数) (NA) 颞颥，颞部
temporal ['tempərəl] (L. *temporalis*) ❶ 颞的；❷ 暂时的
temporalis [,tempə'reilis] (L.) 颞肌
temporization [,tempərai'zeiʃən] (L. *tempus* time) 暂时疗法，期待疗法
temporo- ['tempərə] (L. *temporalis* temporal) 颞，颞骨
temporoauricular [,tempərɔːˈrikjulə] 颞耳(部)的
temporofacial [,tempərə'feiʃəl] 颞面的
temporofrontal [,tempərə'frʌntəl] 颞额的，颞额束的
temporohyoid [,tempərə'haiɔid] 颞舌骨的
temporomalar [,tempərəu'mælə] 颞颧的
temporomandibular [,tempərəumæn'dibjulə] 颞下颌的
temporomaxillary [,tempərəu'mæksi,ləri] 颞上颌的
temporo-occipital [,tempərəuɔk'sipitəl] 颞枕的
temporoparietal [,tempərəupə'raiətəl] 颞顶的
temporopontile [,tempərəu'pɔntail] 颞叶脑桥的
temporospatial [,tempərəu'speiʃəl] (L. *tempus* time + *spatium* space) 时空的
temporosphenoid [,tempərəu'sfiːnɔid] 颞蝶的
temporozygomatic [,tempərəu,zaigə'mætik] 颞颧的
tempostabile [,tempəu'steibail] (L. *tempus* time + *stabilis* stable) 非与时具变的
temp. sinist. (L. *tempori sinistro* 的缩写) 在左颞部
tenacious [ti'neiʃəs] (L. *tenax*) ❶ 坚韧的；❷ 粘(着)性的
tenacity [ti'næsiti] 韧性，韧度
  cellular t. 细胞韧性
tenaculum [ti'nækjuləm] (L.) ❶ 持钩；❷ 支持带
  t. tendinum 腱纽，腱支持带
tenalgia [ti'nældʒiə] (Gr. *tenōn* tendon + *-algia*) 腱痛
tenascin ['tenəsin] 替拿素
Tenckhoff catheter ['tenkɔf] (H. Tenckhoff, American nephrologist, 20th century) 坦克霍夫导管
tenderness ['tendənis] 触痛，压痛
  pencil t. 铅笔头触痛
  rebound t. 反跳触痛
tendines ['tendiniz] 腱。*tendo* 的复数形式
tendinitis [,tendi'naitis] 腱炎
  calcific t. 钙化性肌腱炎
  t. of horse 骑兵屈腱炎
  t. ossificans traumatica 外伤骨化性腱炎
  t. stenosans, stenosing t. 狭窄性腱鞘炎
tendinoplasty ['tendinəu,plæsti] (L. *tendo* tendon + Gr. *plassein* to mold) 腱成形术

tendiniosuture [ˌtendinəu'sju:tʃə] (L. *tendo* tendon + *sutura* sewing) 腱缝术

tendinous ['tendinəs] (L. *tendinosus*) 腱的,腱性的

tendo ['tendəu] (pl. *tendines*) (L.) (NA) 腱
　t. **Achillis** 阿基里斯腱
　t. **calcaneus** (NA) 跟腱
　t. **conjunctivus** 腹股沟镰
　t. **cordiformis** 中心腱(膈)
　t. **crico-oesophageus** (NA) 环食管腱
　t. **infundibuli** (NA) 动脉圆锥腱
　t. **oculi, t. palpebrarum** 睑内侧韧带

tendolysis [ten'dɔlisis] (L. *tendo* tendon + Gr. *lysis* dissolution) 腱粘连松解术

tendomucin [ˌtendəu'mju:sin] 腱粘蛋白

tendon ['tendən] (L. *tendo*; Gr. *tenōn*) 腱,肌腱
　Achilles t. 阿基里斯腱
　calcaneal t. 跟腱
　central t. of diaphragm (膈)中心腱
　central t. of perineum 会阴中心腱
　common t. 总腱
　conjoined t. 联合腱,腹股沟镰
　t. **of conus** 动脉圆锥腱
　cordiform t. of diaphragm 膈中心腱
　coronary t's 冠状腱
　crico-esophageal t. 环食管腱
　hamstring t. 腘腱
　t. **of Hector, heel t.** 赫克托耳腱,跟腱
　t. **of infundibulum** 动脉圆锥腱
　intermediate t. of diaphragm 膈中心腱
　membranaceous t. 腱膜
　patellar t., anterior, patellar t., inferior 前髌韧带,下髌韧带
　pulled t. 腱撕裂
　riders' t. 骑士腱病
　slipped t. 滑动腱(病)
　t. **of Todaro** 托达罗腱
　trefoil t. 膈中心腱
　t. **of Zinn** 津恩腱,津恩睫

tendonitis [ˌtendə'naitis] 腱炎

tendoplasty ['tendəˌplæsti] (L. *tendo* tendon + Gr. *plassein* to mold) 腱成形术

tendosynovitis [ˌtendəuˌsinə'vaitis] 腱鞘炎

tendotome ['tendətəum] 腱刀

tendotomy [ten'dɔtəmi] 腱切断术

tendovaginal [ˌtendəuvə'dʒainəl] (L. *tendo* tendon + *vagina* sheath) 腱鞘的

tendovaginitis [ˌtendəuˌvædʒi'naitis] 腱鞘炎

tenectomy [ti'nektəmi] (Gr. *tenōn* tendon + *ektomē* excision) 肌腱(病变)切除术,腱鞘切除术

Tenericutes [ˌtenə'rikjutiz] (L. *tener* soft + *cutis* skin) 软皮菌类

tenesmic [ti'nezmik] 里急后重的,下坠的

tenesmus [ti'nezməs] (L., from Gr. *teinesmos*) 里急后重,下坠
　rectal t. (直肠)里急后重
　vesical t. 排尿里急后重

Tenex ['teniks] 替尼克:盐酸胍法新制剂的商品名

ten Horn 滕霍恩

tenia ['ti:niə] (pl. *teniae*) (L. *taenia*) ❶ 带; ❷ 绦虫

teniacide ['ti:niəˌsaid] 杀绦虫剂,杀绦虫的

teniae ['ti:ni:i] ❶ 绦虫; ❷ 带

teniafugal [ˌti:niə'fjugəl] 驱绦虫的

teniafuge ['ti:niəˌfju:dʒ] 驱绦虫剂

tenial ['ti:niəl] ❶ 带的; ❷ 绦虫的

teniamyotomy [ˌtiniəmai'ɔtəmi] 结肠带切开术

teniasis [ti'naiəsis] 绦虫病

tenicide ['tenisaid] 杀绦虫剂,杀绦虫的

teniform ['tenifɔ:m] 绦虫状的,带状的

tenifugal [ti'nifjugəl] 驱绦虫的

tenifuge ['tenifju:dʒ] 驱绦虫剂

tenioid ['ti:niɔid] 绦虫状的,带状的

teniotoxin [ˌti:niəu'tɔksin] 绦虫毒素

teniposide [teni'pɔsaid] 替尼泊甙

ten(o)- (Gr. *tenōn*, gen. *tenontos* tendon, from *teinein* to stretch) 腱

tenodesis [ti'nɔdisis] (*teno-* + Gr. *desis* a binding together) 腱固定术

tenodynia [ˌtenəu'diniə] (*teno-* + Gr. *odynē* pain) 腱痛

tenofibril ['tenəuˌfaibril] 张力原纤维

tenolysis [te'nɔlisis] (*teno-* + Gr. *lysis* dissolution) 腱粘连松解术

tenomyoplasty [ˌtenəu'maiəˌplæsti] (*teno-* + Gr. *mys* muscle + *plassein* to form) 腱肌成形术

tenomyotomy [ˌtenəumai'ɔtəmi] (*teno-* +

Gr. *mys* muscle + *tomē* a cutting)（部分）腱肌切除术

Tenon's capsule (fascia, membrane), space [təˈnɒnz]（Jacques René *Tenon*, French surgeon, 1724-1816）特农氏囊（筋膜,膜）,特农氏间隙

tenonectomy [ˌtenəʊˈnektəmi]（*teno-* + Gr. *ektomē* excision）腱切除术

tenonitis [ˌtenəˈnaitis] ❶ 腱炎；❷ 特农氏（*Tenon's*）囊炎（眼球囊炎）

tenonometer [ˌtenəˈnɒmitə] 眼压计

tenonostosis [ˌtenənɒsˈtəusis] 腱骨化

tenontagra [ˌtenənˈtægrə]（*tenonto-* + Gr. *agra* seizure）腱痛风

tenont(o)- 腱

tenontodynia [ˌtenəntəʊˈdiniə]（*tenonto-* + Gr. *odynē* pain + *-ia*）腱痛

tenontography [ˌtenənˈtɒgrəfi]（*tenonto-* + Gr. *graphein* to write）腱论

tenontolemmitis [teˌnəntəʊleˈmaitis]（*tenonto-* + Gr. *lemma* rind + *-itis*）腱鞘炎

tenontology [ˌtenənˈtɒlədʒi] 腱学

tenontomyoplasty [tiˌnɒntəʊˈmaiəʊˌplæsti] 腱肌成形术

tenontomyotomy [tiˌnɒntəʊmaiˈɒtəmi]（部分）腱肌切除术

tenontophyma [tiˌnɒntəʊˈfaimə]（*tenonto-* + Gr. *phyma* growth）腱瘤

tenontoplasty [tiˈnɒntəʊˌplæsti] 腱成形术

tenontothecitis [tiˌnɒntəʊθiˈsaitis]（*tenonto-* + Gr. *thēkē* sheath + *-itis*）腱鞘炎

tenontotomy [ˌtenənˈtɒtəmi] 腱切断术

tenophyte [ˈtenəfait]（*teno-* + Gr. *phyton* growth）腱赘

tenoplastic [ˌtenəʊˈplæstik] 腱成形术的

tenoplasty [ˈtenəˌplæsti]（*teno-* + Gr. *plassein* to shape）腱成形术

tenoreceptor [ˈtenəriˌseptə]（*teno-* + *receptor*）腱感受器

Tenormin [ˌtenəmin] 天诺敏：氨酰心安制剂的商品名

tenorrhaphy [tiˈnɔrəfi]（*teno-* + Gr. *rhaphē* suture）腱缝术

tenositis [ˌtenəʊˈsaitis] 腱炎

tenostosis [ˌtenɒsˈtəusis]（*teno-* + Gr. *osteon* bone + *-osis*）腱骨化

tenosuture [ˌtenəʊˈsjuːtʃə]（*teno-* + L. *sutura* suture）腱缝术

tenosynitis [ˌtenəʊsaiˈnaitis] 腱鞘炎

tenosynovectomy [ˌtenəʊˌsinəˈvektəmi] 腱鞘切除术

tenosynovitis [ˌtenəʊˌsinəˈvaitis] 腱鞘炎

  t. acuta purulenta 急性化脓性腱鞘炎

  adhesive t. 粘着性腱鞘炎

  t. crepitans 咿轧音腱鞘炎

  gonococcic t., gonorrheal t. 淋病性腱鞘炎

  t. granulosa 肉芽性腱鞘炎

  t. hypertrophica 肥厚性腱鞘炎

  infectious t. 传染性腱鞘炎

  nodular t. 结节性腱鞘炎

  t. serosa chronica 慢性浆液性腱鞘炎

  t. stenosans 狭窄性腱鞘炎

  tuberculous t. 结核性腱鞘炎

  villonodular t. 绒毛结节性腱鞘炎

  villous t. 绒毛状腱鞘炎

tenotome [ˈtenətəʊm] 腱刀

tenotomy [tiˈnɒtəmi]（*teno-* + *-tomy*）腱切断术

  curb t. 眼肌后徙术

tenovaginitis [ˌtenəʊˌvædʒiˈnaitis] 腱鞘炎

TENS（transcutaneous electrical nerve stimulation 的缩写）经皮神经电刺激

tense [tens] ❶ 拉紧的,绷紧的；❷ 紧张的

Tensilon [ˈtensilɒn] 腾喜隆：氯化乙基二甲铵制剂的商品名

tensio-active [ˌtensiəʊˈæktiv] 表面张力活性的

tensiometer [ˌtensiˈɒmitə]（*tension* + *-meter*）表面张力计

tension [ˈtenʃən]（L. *tensio*; Gr. *tonos*）❶ 紧张,绷紧,拉紧；❷ 张力；❸ 电压；❹ 分压

  arterial t. 动脉张力,动脉压

  electric t. 电动势,电压

  interfacial surface t. 界面张力,面际（表面）张力

  intraocular t. 眼球内压,眼压

  intravenous t. 静脉张力,静脉压

  muscular t. 肌紧张,肌张力

  oxygen t. 氧张力

  surface t. 表面张力

  tissue t. 组织张力

  wall t. 管壁张力

tensometer [ten'sɔmitə] 张力计,拉力计

tensor ['tensə] (L., "stretcher," "puller") 张肌

tent [tent] (L. *tenta*, from *tendere* to stretch) ❶ 帷幕；❷ 塞条
 oxygen t. 氧幕
 sponge t. 海绵塞条
 steam t. 蒸气帷

tentacle ['tentəkl] 触角,触须

tentative ['tentətiv] (L. *tentare* to prove, try) 试验性定的,暂定的

tentoria [ten'tɔriə] 幕。*tentorium* 的复数形式

tentorial [ten'tɔriəl] (小脑)幕的

tentorium [ten'tɔriəm] (pl. *tentoria*) (L. "tent") 幕
 t. cerebelli (NA), **t. of cerebellum** 小脑幕
 t. of hypophysis 鞍隔

Tenuate ['tenjueit] 替纽艾特：盐酸二乙胺苯丙酮制剂的商品名

Tepanil ['tepənil] 替波尼：盐酸二乙胺苯丙酮制剂的商品名

tephromalacia [,tefrəuməˈleiʃiə] (Gr. *tephros* gray + *malakos* soft) 灰质软化

tephromyelitis [,tefrəu,maiəˈlaitis] (Gr. *tephros* gray + *myelos* marrow + *itis* inflammation) 脊髓灰质炎

tephrylometer [,tefriˈlɔmitə] (Gr. *tephra* ashes + *yle* matter + *metron* measure) 脑灰质厚度计

tepidarium [,tepiˈdɛəriəm] (L. from *tepidus*, lukewarm) ❶ 温水浴池；❷ 温水浴

teprotide ['teprətaid] 壬肽抗压素

ter- (L. *ter* thrice) 三,三倍

tera- (Gr. *teras* monster) 垓,千京,兆兆 (10^{12})

teratic [təˈrætik] (Gr. *teratikos*) 畸形的

teratism ['terətizəm] (Gr. *teratisma*) (畸胎)畸形

terat(o)- (Gr. *teras*, gen. *teratos* monster) 畸胎,畸形

teratoblastoma [,terətəublæsˈtəumə] 畸胎样瘤

teratocarcinogenesis [,terətəu,kɑːsinəuˈdʒenəsis] (恶性)畸胎瘤发生

teratocarcinoma [,terətəu,kɑːsiˈnəumə] 恶性畸胎瘤,畸胎癌

teratogen ['terətədʒən] 致畸物,致畸药

teratogenesis [,terətəuˈdʒenəsis] (*terato-* + Gr. *genesis* production) 畸形形成,畸形发生

teratogenetic [,terətəudʒiˈnetik] 畸形形成的,畸形发生的

teratogenic [,terətəuˈdʒenik] 畸形形成的,(畸胎)畸形的

teratogenous [,terətəuˈdʒinəs] 畸形性的

teratogeny [,terəˈtɔdʒini] 畸形形成,畸形发生

teratoid ['terətɔid] (*terato-* + Gr. *eidos* form) 畸胎样的

teratologic [,terətəˈlɔdʒik] 畸形学的

teratological [,terətəˈlɔdʒikəl] 畸形学的

teratology [,terəˈtɔlədʒi] 畸形学,畸胎学

teratoma [,terəˈtəumə] (pl. *teratomas* 或 *teratomata*) (*terat-* + *-oma*) 畸胎瘤
 benign cystic t. 良性囊肿性畸胎瘤,囊肿性畸胎瘤
 immature t. 幼稚型畸胎瘤,非成熟型畸胎瘤
 malignant t. ① 恶性畸胎瘤；② 畸胎癌
 mature t. 成熟型畸胎瘤
 sacrococcygeal t. 骶尾畸胎瘤
 solid t. 实体畸胎瘤

teratomata [,terəˈtɔmətə] 畸胎瘤。*teratoma* 的复数

teratomatous [,terəˈtɔmətəs] 畸胎瘤的

teratophobia [,terətəuˈfəubiə] (Gr. *teras* monster + *phobos* fear) 畸胎恐怖

teratosis [,terəˈtəusis] (Gr. *teras* monster + *-osis*) (畸胎)畸形

teratospermia [,terətəuˈspəːmiə] 畸形精子(症)

Terazol ['terəzɔl] 特拉唑：酮康唑制剂的商品名

terazosin hydrochloride [tiˈræzəsin] 盐酸特拉唑嗪

terbium ['təːbiəm] 铽

terbutaline sulfate [təˈbjuːtəliːn] (USP) 硫酸叔丁喘宁

terchloride [təːˈklɔːraid] 三氯化物

terconazole [təːˈkɔnəzəul] 酮康唑

tere ['tiəri] 研磨

terebene ['teribiːn] (L. *terebenum*, from *terebinthus* turpentine) 松节油萜,芸香烯,特惹烯

terebenthene [ˌterəˈbenθiːn] 松节油

terebinthinate [ˌterəˈbinθineit] 含松油脂的,似松油脂的

terebinthinism [ˌterəˈbinθinizəm] (L. *terebinthina* turpentine) 松节油中毒

terebrachesis [ˌteribreiˈkiːsis] (Gt. *teres* round + Gr. *brachys* short) 圆韧带缩短术

terebrant [ˈterəbrənt] (L. *terebrans* boring) 钻刺性的

terebrating [ˈte-rəˌbreitiŋ] (L. *terebrans* boring) 钻刺性的

terebration [ˌterəˈbreiʃən] (L. *terebratio*) 环钻术;锥痛

teres [ˈtiəriz] (L.) ❶ 长而圆的; ❷ 圆肌

teretipronator [ˌtiəritiprəˈneitə] (L. *teres* round + *pronator*) 旋前圆肌

terfenadine [təˈfenədiːn] 特非那定

Terfonyl [ˈtəːfɔnil] 三磺嘧啶复合剂:磺胺二甲嘧啶、磺胺嘧啶和磺胺甲基嘧啶制剂的商品名

tergal [ˈtəːgəl] (L. *tergum* back) 背的,背面的

ter in die [təː in ˈdiːei] (L.) 一日三次

term [təːm] (L. *terminus*, from Gr. *terma*) ❶ (专门)名词,术语; ❷ 界,范围; ❸ 足月

    ontogenetic t's 胚胎学名词

terma [ˈtəːmə] (Gr. "limit") 终板

terminad [ˈtəːmined] (L. *terminus* limit + *ad* to) 向末端

terminal [ˈtəːminəl] (L. *terminalis*) ❶ 终末的; ❷ 末端,端

    C t. C(末)端,羧基(末)端

    central t. of Wilson 威尔逊中心末端

    N t. N(末)端,氨基(末)端

terminal addition enzyme [ˈtəːminəl əˈdiʃən ˈenzaim] 末端添加酶

terminal deoxynucleotidyl transferase (TdT) [ˈtəːminəl diˌɔksiˌnjukliəˈtaidilˈtrænsfəreis] 末端脱氧核苷酰转移酶

terminatio [ˌtəːmiˈnæʃiu] (pl. *terminationes*) (L. "a limiting, bounding") ❶ 末端,端; ❷ 终止

    terminatio nervorum libera (NA) 游离神经末梢

termination [ˌtəːmiˈneiʃən] (L. *terminatio*) ❶ 末端,端; ❷ 终止,休止

terminationes [ˌtəːmiˌneiʃiˈəuniz] (L.) 末端,端;终止。*terminatio* 的复数形式

termini [ˈtəːminai] ❶ (L.) 末端; ❷ (专门)名词,术语。*terminus* 的复数

terminology [ˌtəːmiˈnɔlədʒi] (L. *terminus* term + *-logy*) ❶ 名词学; ❷ 命名法

terminus [ˈtəːminəs] (pl. *termini*) (L. "boundary") ❶ (专门)名词,术语; ❷ 末端,末梢

termini ad extremitates spectantes 四肢有关名词

termini ad membra spectantes 四肢有关名词

    termini generales 一般(解剖)名词,普通(解剖)名词

termini ontogenetici (NA) 胚胎学名词

termini situm et directionem partium corporis indicantes 身体各部位置和方向的(解剖)名词

termolecular [ˌtəːmɔˈlekjulə] 三分子的

ternary [ˈtəːnəri] (L. *ternarius*) ❶ 第三的; ❷ 三元的

Ternidens [ˈtəːnidənz] 三齿线虫属

    T. diminutus 缩小三齿线虫

ternitrate [təːˈnaitreit] 三硝酸盐

terodiline hydrochloride [ˌteəˈdailiːn] 盐酸双苯丁胺

teroxide [təˈrɔksaid] (L. *ter* three + *oxide*) 三氧化物

terpene [ˈtəːpiːn] 萜(烯),萜(烃)

terpenism [ˈtəːpənizəm] 萜中毒

terpin [ˈtəːpin] (L. *terpinum*) 萜二醇

    t. hydrate (USP) 水合萜二醇

Terpinol [ˈtəːpinɔl] 双缩松油醇:水合萜二醇的商品名

terra [ˈterə] (L.) 土,土地

    t. alba 白土,白陶土

    t. silicea purificata 精制硅藻土

Terramycin [ˌterəˈmaisin] 土霉素:氧四环素制剂的商品名

territoriality [ˌteriˌtɔːriˈæliti] 地区性,地域性

terror [ˈterə] 惊吓,惊悸

    day t's 昼惊

    night t's 夜惊,梦惊

Terry's syndrome [ˈteriz] (Theodore Lasater *Terry*, American ophthalmologist, 1899-1964) 特里氏综合征

Terson's syndrome [tə:'sɔ:rz] (Albert Terson, French ophthalmologist, 1867-1935) 特尔松氏综合征

tersulfide [tə:'sʌlfaid] 三硫化物

tertian ['tə:ʃən] (*L. tertianus*) 每三日(复发)的,间日(复发)的

tertiarism ['tə:ʃiərizəm] 第三期梅毒,三期梅毒

tertiary ['tə:ʃəri] (*L. tertiarius*) 第三期的,第三的

tertigravida [,tə:ʃi'grævidə] (*L. tertius* third + *gravida* pregnant) (第)三胎孕妇

tertipara [tə:'ʃipərə] (*L. tertius* third + *parere* to bring forth, produce) 三产妇

tesicam ['tesikæm] 氧喹苯胺

tesimide ['tesimaid] 苄叉异喹酮

tesla ['teslə] 泰斯拉

Teslac ['teslæk] 替斯拉:睾内酯制剂的商品名

Tessalon ['tesəlɔn] 退嗽露:退嗽制剂的商品名

tessellated ['tesilei,tid] (*L. tessellatus*; *tessella* a square) 棋盘格状的,分成方格的

test[1] [test] (*L. testum* crucible) ❶ 试验,测验; ❷ 重要的化学反应; ❸ 试剂

test[2] [test] (*L. testa* shell) 壳,甲壳,介壳

testa ['testə] (*L. "shell"*) ❶ 种皮(植物); ❷ 壳,甲壳,介壳

Testacea [tes'teisiə] (*L. testa* shell) 有壳目

Testacealobosia [tes,tæʃələ'bæʃə] (Gr. *testa* shell + L. *lobus* lobe) 壳叶亚纲

testacean [tes'teiʃən] ❶ 壳叶(原)虫; ❷ 壳叶(原)虫的

testaceous [tes'teiʃəs] (*L. testa* shell) 壳的,有壳的

testalgia [tes'tældʒiə] (*testis* + -*algia*) 睾丸痛

Tes-Tape ['testeip] 尿糖试纸

test card [test kɑ:d] 视力卡
  stigmometric t. c. 文盲视力卡,弗里登贝格(Fridenberg)视力卡

testectomy [tes'tektəmi] (*testis* + Gr. *ektomē* excision) 睾丸切除术

testes ['testi:z] (*L.*) 睾丸。*testis* 的复数

testibrachium [,testi'breikiəm] (*L. testis* testicle + *brachium* arm) 小脑上脚,结合臂

testicle ['testikl] (*L. testiculus*) 睾丸

testicond ['testikɔnd] (*testis* + L. *condere* to hide) 隐睾,睾丸未降的

testicular [tes'tikjulə] 睾丸的

testiculi [tes'tikjulai] (*L.*) 睾丸。*testiculus* 的所有格和复数形式

testiculoma [tes,tikju'ləumə] 男性细胞瘤,男胚瘤
  t. ovarii 男性细胞瘤(卵巢)

testiculus [tes'tikjuləs] (gen. 和 pl. *testiculi*) (L., dim. of *testis*) 睾丸

testis ['testis] (pl. *testes*) (*L.*) (NA) 睾丸
  Cooper's irritable t. 库柏氏睾丸过敏
  ectopic t. 睾丸异位
  inverted t. 睾丸反向
  t. muliebris 卵巢
  obstructed t. 睾丸受阻
  t. redux 睾丸上升
  retained t. 睾丸未降,隐睾
  retractile t. 可退缩的睾丸
  undescended t. 睾丸未降,隐睾

testitis [tes'taitis] 睾丸炎

Testivin's sign [testi'væz] (G. *Testivin*, French chemist and physician, early 20th century) 特斯替文氏征

test letter [test 'letə] ❶ 视力(试)标型; ❷ 视力表

test meal [test mi:l] 试验餐
  motor t. m. 动力性试验餐

testoid ['testɔid] 睾丸激素(类)

testolactone [,testəu'læktəun] (USP) 睾内脂

testopathy [tes'tɔpəθi] (*testes* + Gr. *pathos* disease) 睾丸病

testosterone [tes'tɔstərəun] 睾酮,睾丸素
  t. cyclopentyl propionate 环戊丙酸睾酮,睾酮环戊丙酸酯
  t. cypionate (USP) 环戊酸睾酮,睾酮环戊酸酯
  t. enanthate (USP) 庚酸睾酮,睾酮庚酸酯
  ethinyl t. 乙炔睾酮,妊娠素
  t. heptanoate 庚酸睾酮
  t. ketolaurate 癸酸乙酸睾酮
  methyl t. 甲基睾酮
  t. phenylacetate 苯乙酸睾酮
  t. propionate 丙酸睾酮

testosterone 17β-dehydrogenase（NADP⁺）[tes'tɔstərəun di'haidrɔdʒineis]（EC 1.1.1.64）睾酮17β-脱氢酶

Testryl ['testrəl] 睾酮醇

test type [test taip] 视力（试）标型（视力表）
  Jaeger's t. t. 耶格尔氏近距视力标型
  Landolt's t. t. 朗多氏视力标型
  Snellen's t. t. 斯内伦氏视力标型

TET（treadmill exercise test 的缩写）脚踏车运动试验

tetanal ['tetənəl] 破伤风的

tetanase ['tetəneiz]（*tetanus toxin* + *-ase* ferment）破伤风毒酶

tetanic [ti'tænik]（Gr. *tetanikos*）❶ 破伤风的,强直性的; ❷ 致（肌）强直的

tetaniform [ti'tænifɔːm]（*tetanus* + L. *forma* shape）❶ 破伤风样的; ❷ 强直样的

tetanigenous [,tetə'nidʒinəs]（*tetanus* + Gr. *gennan* to produce）致破伤风的,致强直的

tetanilla [,tetə'nilə]（*tetanus* + Gr. *nillae*）❶ 类肢搐病,类强痉病; ❷ 多发性肌阵挛病

tetanine ['tetənin] 破伤风菌素

tetanism ['tetənizəm] 破伤风样病

tetanization [,tetənai'zeiʃən] 促强直作用,致强直作用

tetanize ['tetənaiz] 促强直,致强直

tetanocannabin [,tetənə'kænəbin] 大麻强直素

tetanode ['tetənəud] 手足搐搦静止期

tetanoid ['tetənɔid]（*tetanus* + Gr. *eidos* form）❶ 破伤风样的; ❷ 强直样的

tetanolysin [,tetə'nɔlisin]（*tetanus* + *lysin*）破伤风菌溶血素

tetanometer [,tetə'nɔmitə]（*tetanus* + Gr. *metron* measure）强直测验器

tetanomotor [,tetənə'məutə]（*tetanus* + L. *motor* mover）肌肉强直促成器

tetanospasmin [,tetənəu'spæzmin]（*tetanus* + L. *spasmus* spasm + *-in* chemical suffix）破伤风菌痉挛毒素

tetanotoxin [,tetənə'tɔksin] 破伤风菌毒素

tetanus ['tetənəs]（Gr. *tetanos*, from *teinein* to stretch）❶ 破伤风; ❷ 生理性（肌）强直
  cephalic t., cerebral t. 脑破伤风
  cryptogenic t. 隐原性破伤风
  neonatal t., t. neonatorum 新生儿破伤风
  physiological t. 生理性肌强直

tetany ['tetəni] 手足搐搦
  duration t. 通电期间强直
  gastric t. 胃病性手足搐搦
  grass t. 饲草性肢体搐搦
  hyperventilation t. 过度呼吸性手足搐搦
  lactation t. 哺乳性肢体搐搦,饲草性肢体搐搦
  latent t. 潜在性手足搐搦
  neonatal t., t. of newborn 新生儿手足搐搦
  parathyroid t., parathyroprival t. 甲状旁腺缺乏性手足搐搦
  transit t., transport t. 迁徙性肢体搐搦症

tetarcone ['tetɑːkəun] 上白齿后内尖

tetartanope [te'tɑːtənəup] 象限盲者;蓝黄色盲者,第四型色盲者

tetartanopia [,tetɑːtə'nəupiə]（Gr. *tetartos* fourth + *an* neg. + *-opia*）❶ 象限盲,四分之一盲; ❷ 蓝黄色盲,第四型色盲

tetartanopic [,tetɑːtə'nɔpik] ❶ 象限盲的,具有象限盲特点的; ❷ 蓝黄色盲的,具有蓝黄色盲特点的

tetartanopsia [,tetɑːtə'nɔpsiə] ❶ 象限盲,四分之一盲; ❷ 蓝黄色盲,第四型色盲

tethelin ['teθilin]（Gr. *tethelos* flourishing）重体繁荣素,繁荣素

tetiothalein sodium [,tiːfiə'θæliːn] 四碘酚酞钠

tetra-（Gr. *tetra-* a combining form meaning four）四

tetrabasic [,tetrə'beisik]（*tetra-* + Gr. *basis* base）四碱价的,四元的

tetrablastic [,tetrə'blæstik] 四胚层的

tetraboric acid [,tetrə'bɔːrik] 四硼酸,焦硼酸

tetrabrachius [,tetrə'breikiəs]（*tetra-* + Gr. *brachiōn* arm）四臂畸胎

tetrabromofluorescein [,tetrə,brɔməu'fluə'resin] 四溴荧光素,伊红

tetrabromophenolphthalein [,tetrə,brɔməu,fiːnɔl'θæliːn] 四溴酚酞

tetrabromophthalein sodium [,tetrə,brɔməu'θæli:n] 四溴酚酞钠

tetracaine ['tetrəkein] (USP) 地卡因,丁卡因

  t. hydrochloride (USP) 盐酸地卡因

tetracetate [te'træsiteit] (*tetra-* + *acetate*) 四乙酸盐

tetrachirus [ˌtetrə'kaiərəs] (*tetra-* + Gr. *cheir* hand) 四手畸胎

tetrachlorethane [ˌtetrəklɔ:'reθein] 四氯乙烷

tetrachloride [ˌtetrə'klɔ:raid] 四氯化物

tetrachlormethane [ˌtetrəklɔ:'meθein] 四氯甲烷

2, 3, 7, 8-tetrachlorodibenzo-*p*-dioxin (TCDD) [ˌtetrəˌklɔ:rədaiˌbenzo dai'ɔksin] 2,3,7,8-四氯二苯-对-二氧六环

tetrachloroethane [ˌtetrəˌklɔ:rə'eθein] 四氯乙烷

tetrachloroethylene [ˌtetrəˌklɔ:rə'eθili:n] 四氯乙烯

tetrachlorphenoxide [ˌtetrəklɔ:fi'nɔksaid] 四氯苯酚

tetrachromic [ˌtetrə'krɔmik] (*tetra-* + Gr. *chrōma* color) ❶ 四色的,显示四色的; ❷ 四色视的

tetracid ['tetræsid] 四(价)酸,四(价)酸的

tetracosanoic acid [ˌtetrəˌkəusə'nəuik] 二十四烷酸,木焦油酸,木蜡酸

tetracrotic [ˌtetrə'krɔtik] (*tetra-* + Gr. *krotos* beat) 四波(脉)的

tetracyclic [ˌtetrə'saiklik] 四环的

tetracycline [ˌtetrə'saikli:n] ❶ 四环素(类); ❷ 四环素 (USP)

  t. hydrochloride (USP) 盐酸四环素

  t. phosphate complex (USP) 磷酸四环素复合剂

Tetracyn ['tetrəsin] 四环素欣:四环素制剂的商品名

tetrad ['tetræd] (Gr. *tetra-* four) 四联体

  Fallot's t. 法洛氏四联症

tetradactylous [ˌtetrə'dæktiləs] 四指(趾)的,有四指(趾)特点的

tetradactyly [ˌtetrə'dæktili] (*tetra-* + Gr. *daktylos* finger) 四指(趾)

tetradecanoyl phorbol acetate [ˌtetrə'dekənɔil 'fɔbəl 'æsiteit] 十四(烷)酰佛波醇醋酸盐(酯)

-tetraene 四烯化物

tetraerythrin [ˌtetrə'eriθrin] 四红素,甲壳红素

tetraethylammonium [ˌtetrəˌeθilə'məuniəm] 四乙铵

tetraethylthiuram disulfide [ˌtetrəˌeθil'θaijuəˌræm] 二硫化四乙基秋兰姆,戒酒硫,双硫醒

tetrafilcon A [ˌtetrə'filkən] 四喜康

tetragenic [ˌtetrə'dʒenik] 四联球菌性的

tetragenous [ˌtetrə'dʒi:nəs] (*tetra* + Gr. *gennan* to produce) 四联的,发生四联体的,分裂为四的

tetragonum [ˌtetrə'gəunəm] (L.; Gr. *tetragōnon*) ❶ 方形,四边形; ❷ 四边形间隙

  t. lumbale 腰四边形(间隙)

tetragonus [ˌtetrə'gəunəs] 颈阔肌

tetrahydric [ˌtetrə'haidrik] 四氢的

tetrahydrobiopterin [ˌtetrəˌhaidrəubai'optərin] 四氢生物蝶呤

tetrahydrocannabinol [ˌtetrəˌhaidrəukə'næbinɔl] 四氢大麻酚

tetrahydrofolate (THF) [ˌtetrəˌhaidrə'fɔleit] 四氢叶酸酯

tetrahydrofolic acid [ˌtetrəˌhaidrə'fɔlik] 四氢叶酸

tetrahydropalmatine [ˌtetrəˌhaidrəu'pælmətin] 延胡索乙素,四氢巴马汀

tetrahydropteroylglutamate methyltransferase [ˌtetrəˌhaidrəuˌterɔil'glutəmeit ˌmeθil'trænsfəreis] 四氢蝶酰谷氨酸转甲基酶,四氢叶酸转甲(基)酶

tetrahydropteroylglutamic acid [ˌtetrəˌhaidrəuˌterɔilglu:'tæmik] 四氢叶酸

tetrahydrozoline hydrochloride [ˌtetrəhai'drɔzəli:n] (USP) 盐酸四氢萘唑啉

Tetrahymena [ˌtetrə'haimenə] (*tetra-* Gr. *hymēn* membrane) 四膜虫属

Tetrahymenina [ˌtetrəˌhaimə'nainə] 四膜虫亚目

tetraiodophenolphthalein [ˌtetrəˌaiədəuˌfi:nɔl'θæli:n] 四碘酚酞

tetraiodophthalein sodium [ˌtetrəˌaiədəu'θæli:n] 四碘酚酞钠

tetraiodothyronine [ˌtetrəˌaiədəu'θaiərəni:n] 四碘甲腺原氨酸

tetralogy [te'trælədʒi] 四联症

t. of Eisenmenger 艾森门格尔氏四联症
t. of Fallot 法洛氏四联症
tetramastia [ˌtetrəˈmæstiə] (*tetra* + Gr. *mastos* breast) 四乳房畸形, 四乳畸形
tetramastigote [ˌtetrəˈmæstigəut] (*tetra-* + Gr. *mastix* lash) ❶ 四鞭毛的; ❷ 四鞭毛体
tetramazia [ˌtetrəˈmeiziə] (*tetra-* + Gr. *mazos* breast + *-ia*) 四乳(畸形)
Tetrameres [teˈtræməriz] 四棱线虫属
T. americana 美洲四棱线虫
tetrameric [ˌtetrəˈmerik] 四部(分)的, 四聚体的
tetramethyl [ˌtetrəˈmeθil] 四甲基
tetramethylammonium hydroxide [ˌtetrəˌmeθiləˈməuniəm haiˈdrɔksaid] 羟化四甲铵
tetramethylbenzidine [ˌtetrəˌmeθilˈbenzidiːn] 四甲联苯胺
tetramethylenediamine [ˌtetrəˌmeθiliːnˈdaiəmin] 四甲烯二胺, 腐胺
tetramethylputrescine [ˌtetrəˌmeθilpjuˈtresin] 四甲基腐胺, 四甲基烯四甲基二胺
tetramine [ˈtetrəmiːn] 羟化四甲胺
tetramisole hydrochloride [teˈtræmisəul] 盐酸四咪唑, 驱虫净
tetramitiasis [ˌtetrəmiˈtaiəsis] 唇鞭虫病
Tetramitus mesnili [teˈtræmitəs mesˈnaili] 迈氏唇鞭毛虫
tetranitrol [ˌtetrəˈnaitrɔl] 四硝赤醇, 赤藓醇(四)硝酸酯
tetranophthalmos [ˌtetrənɔfˈθælməs] (*tetra-* + Gr. *ophthalmos* eye) 四眼畸胎
tetranopsia [ˌtetrəˈnɔpsiə] 象限盲
Tetranychus [teˈtrænikəs] (*tetra-* + Gr. *onyx* nail) 叶螨属
T. autumnalis 秋收恙螨
T. molestissimus 剧扰四爪螨
T. telarius 红叶螨
Tetraodontoidea [ˌtetrəɔdɔnˈtɔidiə] 河豚亚目, 鲀亚目
tetraodontoxin [ˌtetrəɔdɔnˈtɔksin] (*Tetraodon*, from Gr. *tetra* four + *odous* tooth, a puffer fish + *toxikon* poison) 河豚毒素
tetraodontoxism [ˌtetrəɔdɔnˈtɔksizəm] 河豚中毒
tetraotus [ˌtetrəˈəutəs] (Gr. *tetraōtos* four-eared) 四耳畸胎
tetraparesis [ˌtetrəpəˈriːsis] 四肢轻瘫
tetrapeptide [ˌtetrəˈpeptid] 四肽
tetraplegia [ˌtetrəˈpliːdʒiə] (*tetra-* + Gr. *plēgē* stroke + *-ia*) 四肢麻痹, 四肢瘫
tetraploid [ˈtetrəplɔid] ❶ 四倍的, 有四倍性特点的; ❷ 四倍体
tetraploidy [ˈtetrəplɔidi] 四倍性
tetrapodisis [ˌtetrəpəˈdaisis] (*tetra* + Gr. *pous* foor) 四脚行动, 爬走
tetrapus [ˈtetrəpəs] (*tetra-* + Gr. *pous* foot) 四足畸胎(人胎)
tetrapyrrole [ˈtetrəpiˌrəul] 四吡咯
tetrasaccharide [ˌtetrəˈsækəraid] 四糖
tetrascelus [teˈtræsiləs] (*tetra-* + Gr. *skelos* leg) 四腿畸胎(人胎)
tetrasomic [ˌtetrəˈsɔmik] 二倍加二的, 四(染色)体的
tetrasomy [ˈtetrəsəumi] (*tetra-* + Gr. *sōma* body) 四体性
tetraspore [ˈtetrəspɔː] 四分孢子
tetraster [teˈtræstə] (*tetra-* + Gr. *astēr* star) 四星体
tetrastichiasis [ˌtetrəstiˈkaiəsis] (*tetra-* + Gr. *stichos* row + *-iasis*) 四列睫, 四行睫
tetratomic [ˌtetrəˈtɔmik] ❶ 四原子的; ❷ 有四羟基的
Tetratrichomonas buccalis [ˌtetrətriˈkɔmənəs bəˈkælis] 口腔(四)毛滴虫
tetravaccine [ˌtetrəˈvæksin] 四价疫苗
tetravalent [teˈtrævələnt] 四价的
tetrodonic acid [ˌtetrəˈdɔnik] 河豚酸
tetrodotoxin [ˌtetrədəˈtɔksin] 河肠毒素
tetrodotoxism [ˌtetrədəˈtɔksizəm] (*Tetraodon*, from Gr. *tetra* four + *odous* tooth, a puffer fish + *toxikon* poison) 河豚中毒
tetronal [ˈtetrənəl] 特妥那, 四乙眠砜
tetrophthalmos [ˌtetrɔfˈθælməs] (*tetra-* + Gr. *ophthalmos* eye) 四眼畸胎
tetrose [ˈtetrəus] 丁糖, 赤藓醛糖
tetrotus [teˈtrɔtəs] 四耳畸胎
tetroxide [teˈtrɔksaid] 四氧化物
tetrulose [ˈtetruːləus] 酮丁糖
tetrydamine [teˈtridəmiːn] 四氢甲吲胺
tetryl [ˈtetril] 三硝基苯甲硝胺, 甲基四硝基苯胺
tetter [ˈtetə] ❶ 皮肤病; ❷ 动物痒症
milky t. 乳痂, 婴儿头皮脂溢

textiform ['tekstifɔːm] (L. *textum* any material put together + *forma* form) 网状的, 组织状的

textoblastic [ˌtekstəu'blæstik] (L. *textum* any material put together + Gr. *blastos* germ) 生成新组织的, 再生的(指细胞)

textoma [teks'təumə] (L. *textum* tissue + *oma* tumor) 组织瘤

textometer [ˌtekstəu'miːtə] (Gr. *meter* mother) 原浆

textural ['tekstʃərəl] ❶ 结构的, 构造的; ❷ 组织的

texture ['tekstʃə] (L. *textura*) ❶ 结构, 构造, 质地; ❷ 组织

textus ['tekstəs] (gen. 和 pl. *textus*) (L., from *texere* to weave) 组织

TF ❶ (transfer factor 的缩写) 转移因子; ❷ (tuberculin filtrate 的缩写) 结核菌素滤液

T-group (training group 的缩写) 训练组

6-TG (6-thioguanine 的缩写) 6-硫代鸟嘌呤

TGF (transforming growth factor 的缩写) 转变生长因子

TGT (thromboplastin generation test 的缩写) 凝血致活酶生成试验

Th (*thorium* 的符号) 钍

thalamectomy [ˌθælə'mektəmi] (*thalamus* + Gr. *tomē* a cutting) 丘脑破坏法

thalamencephalic [ˌθæləmensi'fælik] 丘脑的

thalamencephalon [ˌθæləmen'sefələn] 丘脑

thalami ['θæləmai] (L.) 丘脑。*thalamus* 的所有格和复数形式

thalamic [θə'læmik] 丘脑的

thalamocele ['θæləməˌsiːl] (Gr. *thalamos* chamber + *koelia* hollow) 丘脑室, 第三脑室

thalamocortical [ˌθæləməu'kɔːtikəl] 丘脑和大脑皮质的

thalamolenticular [ˌθæləməulen'tikjulə] 丘脑豆状核的

thalamomammillary [ˌθæləmə'mæmiləri] 丘脑乳头体的

thalamotegmental [ˌθæləməuteg'mentəl] 丘脑被盖的

thalamotomy [ˌθælə'mɔtəmi] (*thalamus* + Gr. *-otomy*) 丘脑切开术

anterior t. 丘脑前核切开术

dorsomedial t. 丘脑背内侧核切开术

thalamus ['θæləməs] (pl. *thalami*) (L.; Gr. *thalamos* inner chamber) (NA) 丘脑

dorsal t., t. dorsalis (NA) 丘脑背部

optic t. 视丘脑

t. ventralis (NA) 丘脑腹侧

thalassanemia [θəˌlæsə'niːmiə] 地中海贫血

thalassemia [ˌθælə'siːmiə] (Gr. *thalassa* sea (because it was observed originally in persons of Mediterranean stock) + *haima* blood + *-ia*) 地中海贫血

α-t. α-地中海贫血

β-t. β-地中海贫血

δ-t. δ-地中海贫血

δβ-t. δβ-地中海贫血

hemoglobin C-t. 血红蛋白 C 地中海贫血

hemoglobin E-t. 血红蛋白 E 地中海贫血

hemoglobin S-t. 血红蛋白 S 地中海贫血

t. intermedia 中间型地中海贫血

t. major 重型地中海贫血

t. minor 轻型地中海贫血

sickle cell-t. 镰状细胞性地中海贫血

thalassin [θə'læsin] 海葵素

thalassophobia [θəˌlæsəu'fəubiə] (Gr. *thalassa* sea + *phobos* fear) 海洋恐怖

thalassoposia [θəˌlæsəu'pəuziə] (Gr. *thalassa* sea + *posis* drinking + *-ia*) 饮海水

thalassotherapy [θəˌlæsəu'θerəpi] (Gr. *thalassa* sea + *therapeia* treatment) 海滨疗法

thalidomide [θə'lidəmaid] 酞胺哌啶酮, 反应停

Thalitone ['θælitəun] 赛力酮: 氯噻酮 (chlorthalidone) 制剂的商品名

thalleioquin [θə'laiəkwin] 奎宁绿脂

thallitoxicosis [ˌθæliˌtɔksi'kəusis] 铊中毒

thallium ['θæliəm] (Gr. *thallos* green shoot) 铊

t.-201 铊-201

thall(o)- (Gr. *thallos* green shoot) ❶ 芽; ❷ 枝; ❸ 铊

Thallobacteria [ˌθæləubæk'tiəriə] (*thallo-* + *bacteria*) 芽菌

Thallophyta [θə'lɔfitə] (*thallo-* + Gr. *phyton* plant) 菌藻植物类, 叶状植物类

thallophyte ['θæləfait] (*thallo-* + Gr. *phyton* plant) 菌藻植物,叶状植物

thallospore ['θæləspɔː] (*thallo-* + *spore*) 叶状孢子

thallotoxicosis [ˌθæləuˌtɔksi'kəusis] 铊中毒

thallus ['θæləs] ❶ 叶状体;❷ 叶状植物

thalposis [θæl'pəusis] (Gr. *thalpos* warmth) 温觉

thalpotic [θæl'pɔtik] 温觉的

THAM (tromethamine 的缩写) 三羟甲基氨基甲烷,氨基丁三醇,缓血酸胺

thamuria [θæ'mjuəriə] (Gr. *thamys* often + *ouron* urine + *-ia*) 尿频

thanat(o)- (Gr. *thanatos* death) 死

thanatobiologic [ˌθænətəuˌbaiə'lɔdʒik] (*thanato-* + Gr. *bios* life + *-logy*) 死与生的

thanatognomonic [ˌθænətənəu'mɔnik] (*thanato-* + Gr. *gnōmonikos* decisive) 死征的,濒死的

thanatoid ['θænətɔid] (*thanato-* + Gr. *eidos* from) 似死的,假死的

thanatology [ˌθænə'tɔlədʒi] 死亡学

thanatometer [ˌθænə'tɔmitə] (*thanato-* + Gr. *metron* measure) 检尸温度计

thanatophidia [ˌθænətə'fidiə] (*thanato-* + Gr. *ophis* snake) 毒蛇(总称)

thanatophidial [ˌθænətə'fidiəl] 毒蛇的

thanatophobia [ˌθænətə'fəubiə] (*thanato-* + *phobia*) 死亡恐惧

thanatophoric [ˌθænətə'fɔrik] (*thanato-* + Gr. *pherein* to bear) 致死的

thanatopsia [ˌθænə'tɔpsiə] (*thanato-* + Gr. *opsis* view) 尸体剖检

thanatopsy ['θænəˌtɔpsi] (*thanato-* + Gr. *opsis* view) 尸体剖检

thanatosis [ˌθænə'təusis] 坏死;坏疽

Thane's method [θeinz] (Sir George Dancer *Thane*, British anatomist, 1850-1930) 塞因氏法,(大脑)中央沟定位法

thaumatropy [θɔː'mætrəpi] (Gr. *thauma* wonder + *tropos* a turning) 器官转化,结构转化

Thaysen's disease ['θaisənz] (Thornwald E-inar Hess *Thaysen*, Danish physician, 1883-1936) 泰森氏病

THC (tetrahydrocannabinol 的缩写) 四氢大麻酚

theaism ['θiːəizəm] (L. *thea* tea) 茶中毒

thebaic [θi'beiik] (L. *Thebaicus* Theban, named for Thebes, where opium was once prepared) 鸦片的,阿片的

thebaine [θi'beiin] 蒂巴因,二甲基吗啡

thebesian [θi'biːziən] 特贝西乌斯氏的

theca ['θiːkə] (pl. *thecae*) (L.;Gr. *thēkē*) 膜,鞘

 t. externa 外膜,卵泡外膜
 t. of follicle 卵泡膜
 t. of follicle of von Baer 卵泡外膜
 t. folliculi (NA) 卵泡膜
 t. interna 内膜
 t. medullare spinalis 硬脊膜
 t. vertebralis 硬脊膜

thecae ['θiːsiː] (L.) 膜,鞘。*theca* 的所有格和复数形式

thecal ['θiːkəl] 膜的,鞘的

thecitis [θi'saitis] 腱鞘炎

thecodont ['θiːkədɔnt] (Gr. *thēkē* sheath + *odous* tooth) 牙槽包牙的

thecoma [θi'kəumə] 泡膜细胞瘤

thecomatosis [ˌθiːkəumə'təusis] 卵巢基质弥漫性增生

thecostegnosis [ˌθiːkɔusteg'nəusis] (Gr. *thēkē* sheath + *stegnōsis* narrowing) 腱鞘窄狭

Theelin ['θiːlin] 西林:雌酮制剂的商品名

Theile's canal ['tailəz] (Friedrich Wilhelm *Theile*, German anatomist, 1801-1879) 泰勒氏管

Theiler ['tailə] 泰累尔:南非生的美国医师和微生物学家,1899~1972

Theiler's disease ['θailəz] (Max *Theiler*) 泰累尔氏病(鼠脑脊髓炎)

Theileria [θai'liəriə] (Sir Arnold *Theiler*, Swiss microbiologist, 1867-1936) 泰累尔梨浆虫属

 T. annulata 环状泰累尔梨浆虫
 T. dispar 偏形泰累尔梨浆虫
 T. hirci 羊泰累尔梨浆虫
 T. lawrencei 劳氏泰累尔梨浆虫
 T. mutans 突变泰累尔梨浆虫
 T. ovis 卵形泰累尔梨浆虫
 T. parva 小泰累尔梨浆虫

theileriasis [ˌθailə'raiəsis] 泰累尔梨浆虫病

 bovine t. 牛泰累尔梨浆虫病

tropical t. 热带泰累尔梨浆虫病
theileriosis [θaiˌleriˈəusis] 泰累尔梨浆虫病
Theimich's lip sign [ˈtaimiks] (Martin *Theimich*, German pediatrician, late 19th century) 泰米奇氏唇征
theine [ˈθiːin] 茶生物碱
theinism [ˈθiːinizəm] 茶中毒
thelalgia [θiːˈlældʒiə] (*thel-* + *-algia*) 乳头痛
thelarche [θiːˈlɑːki] (*thel-* + Gr. *archē* beginning) 乳房初长
Thelazia [θiːˈleiziə] 吸吮线虫属
thelaziasis [ˌθeləˈzaiəsis] 吸吮线虫病
thele- (Gr. *thēlē* nipple) 乳头的,乳头样结构的
theleplasty [ˈθiːliˌplæsti] (*thele-* + *-plasty*) 乳头成形术
thelerethism [θiːˈleriθizəm] (*thēle-* nipple + *erethisma* a stirring up) 乳头膨起
theliolymphocyte [ˌθiːliəˈlimfəsait] 上皮内淋巴细胞
thelitis [θiːˈlaitis] (*thel-* + *-itis*) 乳头炎
thelium [ˈθiːliəm] (pl. thelia) (L.)乳头
thel(o)- 乳头,乳头样结构
Thelohania [ˌθiːləˈheiniə] 单孢子虫属
thelorrhagia [ˌθiːləˈreidʒiə] (*thelo-* + *-rrhagia*) 乳头出血
thelothism [ˈθiːləθizəm] 乳头膨起
thelotism [ˈθiːlətizəm] 乳头膨起
thelyblast [ˈθeliblæst] (Gr. *thēlys* female + *blastos* germ) 雌性原核
thelyblastic [ˌθeliˈblæstik] 雌性原核的,雌性原核性质的
thelygenic [ˌθeːliˈdʒenik] (Gr. *thēlys* female + *gennan* to produce) 产雌的
thelykinin [ˌθeːliˈkainin] (Gr. *thēlys* female + *kinein* to move) 女性激素
thelyplasty [ˈθeliˌplæsti] (Gr. *thēlys* female + *plassein* to form) 乳头造形术
thelytocia [ˌθeliˈtəuʃiə] (Gr. *thēlys* female + *tokos* birth) 产雌单性生殖
thelytocous [θiːˈlitəkəs] 产雌的,有产雌特点的
thelytoky [θiːˈlitəki] 产雌单性生殖
Themison [ˈθemisən] 泰米顺
thenad [ˈθiːnæd] 向鱼际,向掌
thenal [ˈθiːnəl] 掌的,鱼际的

thenar [ˈθiːnɑː] (Gr.) ❶ (NA) 鱼际; ❷ 掌
thenium closylate [ˈθeniəm ˈkləsileit] 氯苯磺酸噻苯氧铵
thenyldiamine hydrochloride [ˌθenilˈdaiəmiːn] 盐酸噻吩甲基二胺
Thenylene [ˈθeniliːn] 森尼林
thenylpyramine [ˌθenilˈpirəmiːn] 噻吩甲吡胺
Theobaldia [ˌθiəˈbɔːldiə] (Frederic Vincent *Theobald*, British zoologist, 1868-1930) 赛保蚊属,塞蚊属,脉毛蚊属
Theobroma [ˌθiəˈbrəumə] (Gr. *theos* god + *brōma* food) 可可属
theobromine [ˌθiəˈbrəumiːn] 可可(豆)碱
Theoglycinate [ˌθiəˈglaisineit] 西格来内:甘氨酸钠茶碱制剂的商品名
theolin [ˈθiəlin] 庚烷
theophylline [θiːˈɔfilin] (USP) 茶碱
　t. aminoisobutanol 氨异丁醇茶碱
　t. calcium salicylate 水杨酸钙茶碱
　t. cholinate 胆茶碱,茶碱胆酸盐
　t. sodium 茶叶碱钠
　t. sodium glycinate (USP) 甘氨酸钠茶碱
Theorell [ˌθiəˈrel] 特奥雷尔:瑞典生化学家
theorem [ˈθiərəm] (Gr. *theorēma* a principle arrived at by speculation) 定理
　Bayes' t. 贝斯氏定理
　central limit t. 中心极限定理
　Gibbs' t. 吉布斯氏定理
theory [ˈθiəri] (Gr. *theōria* speculation as opposed to practice) ❶ 理论; ❷ 学说,臆想
　aging t. of atherosclerosis 动脉粥样硬化的高龄说
　Altmann's t. 阿尔特曼氏学说
　apposition t. 外积(生长)学说
　Arrhenius' t. 阿列纽斯氏学说
　atomic t. 原子学说
　avalanche t. 雪崩学说
　Bolk's retardation t. 博尔克氏发育停滞学说
　Buergi's t. 比尔吉氏学说
　Cannon's t., Cannon-Bard t. 坎农氏学说,坎-巴二氏学说
　cell t. 细胞学说

cellular immunity t. 细胞免疫学说
clonal deletion t. 克隆缺失理论
clonal-selection t. 克隆选择学说
closed circulation t. 封闭循环学说
closed-open circulation t. 封闭和开放循环学说
Cohnheim's t. 科恩海姆氏学说
contractile ring t. 收缩环学说
convergence-projection t. 会聚投射学说
core conductor t. 中心导体学说
darwinian t. 达尔文学说
dimer t. 二牙合一学说
dualistic t. 二元论,二元学说
Ehrlich's t., Ehrlich's side-chain t. 埃尔利希氏学说,埃尔利希氏侧链学说
electron t. 电子学说
emergency t. 应急学说
encrustation t. 包壳学说
equilibrium t. 平衡学说
expanding surface t. 表面扩张学说
fast circulation t. 快速循环学说
frequency t. 频率学说
gate t., gate-control t. 闸门学说,闸门控制学说
germ t. 菌原学说
germ layer t. 胚层学说
gestalt t. 格式塔学说
Golgi's t. 高尔吉氏学说
Goltz's t. 戈尔茨氏学说
Helmholtz t. 黑尔姆霍尔茨氏学说
Hering's t. 赫林氏学说
hit t. 靶子学说,击中学说
humoral t. 体液学说
incasement t. 先成学说,预成学说
information t. 信息学说
instructive t. 指令学说
ionic t. 离子学说
Kern plasma relation t. 科恩质核关系学说
Ladd-Franklin t. 拉-弗二氏色觉学说
Lamarck's t. 拉马克氏学说
Liebig's t. 利比希氏学说
local circuit t. 局部电路学说
membrane ionic t. 膜离子学说
mendelian t. 孟德尔学说
metabolic t. of atherosclerosis 动脉粥样硬化的代射发病学说
Metchnikoff's (Mechnikov's) cellular immunity t. 梅奇尼科夫氏细胞免疫学说
monophyletic t. 一元论
myogenic t. 肌原学说
natural selection t. 自然选择学说
neuron t. 神经元学说
open circulation t. 开放性循环学说
open-closed circulation t. 开放和封闭循环学说
opponent colors t. 对抗色学说
overflow t. 溢流学说
overproduction t. 过度产生学说
Pasteur's t. 巴斯德氏学说
phlogiston t. 燃素学说
pithecoid t. 猿祖学说
place t. 部位学说
Planck's t. 普朗克氏学说,量子论
polarization-membrane t. 极化膜学说
polyphyletic t. 多元论,多元学说
P.O.U. t. 胎盘卵巢子宫内分泌学说
preformation t. 预成学说
quantum t. 量子学说
recapitulation t. 重演学说
recombinational germline t. 重组种系学说
resonance t. ① 共鸣学说;② 特异性学说
Ribbert's t. 里贝特氏学说
Schiefferdecker's symbiosis t. 希弗德克尔氏共生学说
Schön's t. 舍恩氏学说
side-chain t. 侧链学说
single hit t. 单击学说
sliding filament t. 肌丝滑行学说
slow circulation t. 徐缓循环学说
spindle elongation t. 纺锤体伸长学说
Spitzer's t. 施皮策氏学说
target t. 靶子学说
template t. 模板学说
thermostat t. 恒温器学说
Traube's resonance t. 特劳贝氏共鸣学说
trialistic t. 三元论
underfilling t. 未充满学说
undulatory t. 波动学说
unitarian t. 一元论
wave t. 波动学说
Weismann's t. 魏斯曼氏学说
Woods-Fildes t. 伍-法二氏学说

Young-Helmholtz t. 扬-黑二氏学说
theotherapy [ˌθiːɔˈθerəpi] (Gr. *theos* god + *therapy*) 宗教疗法
Thephorin [ˈθefərin] 抗敏胺,瑟福林:酒石酸苯茚胺制剂的商品名
theque [tek] (Fr. a "box or small chest") 痣细胞团
therapeusis [ˌθerəˈpjuːsis] 治疗,疗法
therapeutic [ˌθerəˈpjuːtik] (Gr. *therapeutikos* inclined to serve) ❶ 治疗学的; ❷ 治疗的
therapeutics [ˌθerəˈpjuːtiks] ❶ 治疗学; ❷ 疗法,治疗
therapeutist [ˌθerəˈpjuːtist] 治疗家,治疗学家
Theraphosidae [ˌθerəˈfəusidiː] 捕鸟蛛科
therapia [ˌθerəˈpiə] (L., from Gr.) 疗法,治疗
    t. sterilisans magna 大量灭菌疗法
therapist [ˈθerəpist] (Gr. *therapeutēs* one who attends to the sick) 治疗学家
    physical t. 理疗师,理疗学家
    respiratory t. 呼吸治疗学家
    speech t. 语言治疗师
therapy [ˈθerəpi] (Gr. *therapeia* service done to the sick) 治疗,疗法
    ablation t. 烧蚀疗法
    aerosol t. 喷雾疗法
    anticoagulant t. 抗凝疗法
    antiplatelet t. 抗(血)小板疗法
    autoserum t. 自体血清疗法
    beam t. 光束疗法
    behavior t. 行为疗法
    biological t. 生物制品疗法
    buffer t. 缓冲疗法
    carbon dioxide t. 二氧化碳休克疗法
    Chaoul t. 沙乌耳氏(X线)疗法
    cognitive behavior t., cognitive t. 识别行为疗法
    combined modality t. 联合顺势疗法
    conditioning t. 调整疗法
    convulsive t. 惊厥疗法
    corrective t. 矫正疗法
    deep roentgen-ray t. 深部X线疗法
    deleading t. 除铅疗法
    diathermic t. 透热疗法
    diet t. 饮食疗法
    electric convulsive t. (ECT), electric shock t. (EST) 电惊厥疗法
    electroconvulsive t. (ECT) 电惊厥疗法
    electroshock t. (EST) 电休克疗法
    endocrine t. 内分泌疗法
    family t. 家庭疗法
    fever t. 发热疗法
    fibrinolytic t. 溶解纤维蛋白疗法
    grid t. (X线)筛板疗法
    group t. 集体治疗
    heterovaccine t. 异种菌苗疗法
    high-voltage roentgen t. 高压X线疗法,深部X线疗法
    hormonal t., hormone t. 激素疗法
    humidification t. 增湿疗法
    immunization t. 免疫疗法
    immunosuppressive t. 免疫抑制疗法
    Indoklon convulsive t. 三氟乙醚惊厥疗法
    inhalation t. 吸入疗法
    insulin coma t. (ICT), insulin shock t. (IST) 胰岛素昏迷疗法,胰岛素休克疗法
    intraosseous t. 骨髓内注射疗法
    intravenous t. 静脉注射疗法
    light t. 光疗法
    metatrophic t. 食物辅佐疗法
    Metrazol shock t. 戊四氮休克疗法
    milieu t. 环境疗法
    Morita t. 禅宗疗法
    myofunctional t. 肌机能疗法
    narcosis t. 麻醉疗法
    occupational t. 职业疗法
    orthomolecular t. 分子矫治疗法
    oxygen t. 氧气疗法
    pharmacological convulsive t. 药物性惊厥疗法
    photodynamic t. 光动力疗法
    physical t. 物理疗法
    play t. 游戏疗法
    primal t. 根本疗法
    protective t. 保护疗法
    pulp canal t. 根管治疗
    PUVA t. (*p*soralen + *u*ltra *v*iolet A) 补骨脂素紫外线A疗法
    radium t. 镭疗
    radium beam t. 镭射线治疗
    reflex t. 反射疗法
    renal replacement t. 肾替代疗法

replacement t. 替代疗法
root canal t. 根管治疗
rotation t. 旋转(放射)疗法
serum t. 血清疗法
shock t. 休克疗法
short wave t. 短波透热疗法
sleep t. 睡眠疗法
solar. t. 日光疗法,日光浴
sparing t. 保护疗法
specific t. 特异疗法,特效(药)疗法
speech t. 语言矫治
subcoma insulin t. 胰岛素亚昏迷疗法
substitution t. 替代疗法
substitutive t. 药物取代疗法
suggestion t. 暗示疗法
thrombolytic t. 血栓溶解疗法
vaccine t. 菌苗疗法,疫苗疗法

Theria [ˈθiəriə] (Gr. *thērion* beast, animal) 兽亚纲

theriaca [θiˈraiəkə] (Gr. *thēriaka* antidotes to the poison of wild animals, from *thērion* wild animal) 解毒糖剂

theriatrics [ˌθiəriˈætriks] (Gr. *therion* beast + *iatrikos* curative) 兽医学

Theridiidae [ˌθeriˈdaiidiː] 球腹蛛科

theriogenologic [ˌθiəriouˌdʒenəˈlɔdʒik] 动物生殖学的

theriogenological [ˌθiəriouˌdʒenəˈlɔdʒikəl] ❶ 动物生殖学的; ❷ 动物生殖过程的

theriogenologist [ˌθiəriouˌdʒenˈɔlədʒist] 动物生殖学家

theriogenology [ˌθiəriouˌdʒenˈɔlədʒi] (Gr. *thērion* beast + *gennan* to produce + *-logy*) 动物生殖学

theriomimicry [ˌθiəriouˈmimikri] (Gr. *therion* beast + *mimiory*) 动物模型

theriotherapy [ˌθiəriouˈθerəpi] 动物病治疗法

theriotomy [ˌθiəriˈɔtəmi] (Gr. *therion* beast + *temnein* to cut) 动物解剖术,兽体解剖学

therm [θəːm] (Gr. *thermē* heat) 克卡

thermacogenesis [ˌθəːməkəuˈdʒenəsis] (Gr. *thermē* heat + *genesis* production) 体温上升作用

thermaerotherapy [ˌθəːmɛərəuˈθerəpi] (Gr. *therme* heat + *aer* air + *thenpeia* cure) 热气疗法

thermaesthesia [ˌθəːmænesˈθiziə] 温度觉,冷热觉

thermal [ˈθəːməl] 热的

thermalgesia [ˌθəːmælˈdʒiziə] (*therm-* Gr. *algēsis* sense of pain + *-ia*) 热性痛觉

thermalgia [θəːˈmældʒiə] 灼痛

thermanalgesia [ˌθəːmænælˈdʒiziə] 热性痛觉缺失

thermanesthesia [ˌθəːmænisˈθiziə] 温度觉缺失

thermatology [ˌθəːməˈtɔlədʒi] 热疗学

thermelometer [ˌθəːmeˈlɔmitə] 热电温度计

thermesthesia [ˌθəːmisˈθiziə] (*therm-* + *esthesia*) 温度觉

thermesthesiometer [ˌθəːmisˌθiziˈɔmitə] (*thermesthesia* + *metron* measure) 温度觉测量器

thermhyperesthesia [ˌθəːmhaipərisˈθiziə] 温度觉过敏

thermhypesthesia [ˌθəːmhaipisˈθiziə] 温度觉迟钝

thermic [ˈθəːmik] 热的

thermion [ˈθəːmiən] 热离子

thermionics [ˌθəːmiˈɔniks] 热离子学

thermistor [θəːˈmistə] 热敏电阻器,热变电阻器

therm(o)- (Gr. *thermē* heat) 热

Thermoactinomyces [ˌθəːməuˌæktinəuˈmaisiːz] (*thermo-* + Gr. *aktis*, *aktinos* a ray + *mykēs* fungus) 高温放线菌属
  T. vulgaris 普通高温放线菌

thermoalgesia [ˌθəːməuælˈdʒiziə] 热性痛觉

thermoanalgesia [ˌθəːməuˌænælˈdʒiziə] 热性痛觉消失

thermoanesthesia [ˌθəːməuˌænisˈθiziə] (*thermo-* + *anesthesia*) 温度觉缺失

thermobiosis [ˌθəːməubaiˈəusis] (*thermo-* + Gr. *bios* life) 高温生活

thermocauterectomy [ˌθəːməuˌkɔːtəˈrektəmi] (*thermo cautery* + Gr. *ektomē* exision) 烙除术

thermocautery [ˌθəːməuˈkɔːtəri] 热烙术

thermochemistry [ˌθəːməuˈkemistri] 热化学

thermochroic [ˌθəːməuˈkrəuik] (*thermo-* + Gr. *chroa* color) 反射热线的,吸收或

传导热线的

thermochroism [ˌθəːˈmə-kraizəm] 反射热线作用,选吸热线作用

thermochrosis [ˌθəːməuˈkrəusis] 反射热线作用,选吸热线作用

thermocoagulation [ˌθəːməukəuˌægjuˈleiʃən] 热凝固术

 radiofrequency t. 射频治疗术

thermocouple [ˈθəːməuˌkʌpl] 温差电偶,热电偶

thermocurrent [ˌθəːməuˈkʌrənt] 热电流

thermodiffusion [ˌθəːməudiˈfjuːʒən] 热扩散

thermodilution [ˌθəːməudaiˈljuːʃən] 热稀释法

thermoduric [ˌθəːməuˈdjuərik] (thermo- + L. durus enduring) 耐热的

thermodynamics [ˌθəːməudaiˈnæmiks] (thermo- + Gr. dynamis power) 热力学

 equilibrium t. 平衡热力学

 laws of t. 热力学定律

 nonequilibrium t. 非平衡热力学

thermoelectric [ˌθəːməuiˈlektrik] 温差电的,热电的

thermoelectricity [ˌθəːməuilekˈtrisiti] 温差电,热电

thermoesthesia [ˌθəːməuisˈθiːziə] (thermo- + esthesia) 温度觉

thermoesthesiometer [ˌθəːməuisˌθiːziˈɔmitə] 温度觉测量器

thermoexcitory [ˌθəːməuikˈsaitəri] 刺激生热的

thermogenesis [ˌθəːməuˈdʒenəsis] (thermo- + Gr. genesis production) 热产生

 nonshivering t. 非寒颤性生热

 shivering t. 寒颤性生热

thermogenetic [ˌθəːməudʒiˈnetik] 热产生的

thermogenic [ˌθəːməuˈdʒenik] 生热的

thermogenics [ˌθəːməuˈdʒeniks] 生热学

thermogenin [θəˈmɔdʒənin] 解偶联蛋白

thermogenous [θəːˈmɔdʒinəs] 生热的

thermogram [ˈθəːməgræm] 温度记录图

thermograph [ˈθəːməgrɑːf] 温度记录器,自记式温度计

 continuous scan t. 连续扫描温度记录器

thermographic [ˌθəːməuˈgræfik] 温度记录器的,温度记录图的

thermography [θəːˈmɔgrəfi] (thermo- + Gr. graphein to write) 温度记录法,发热记录法

 infrared tympanic t. 红外线鼓室温度记录法

thermogravimeter [ˌθəːməugrəˈvimitə] 热解重量分析器

thermohyperalgesia [ˌθəːməuˌhaipərælˈdʒiːzjə] 热性痛觉过敏

thermohyperesthesia [ˌθəːməuˌhaipərisˈθiːzjə] 温度觉过敏

thermohypesthesia [ˌθəːməuˌhaipisˈθiːziə] (thermo- + hyp- + esthesia) 温度觉迟钝

thermohypoesthesia [ˌθəːməuˌhaipəuisˈθiːziə] 温度觉迟钝

thermoinactivation [ˌθəːməuinˌæktiˈveiʃən] 热灭活法

thermoinhibitory [ˌθəːməuinˈhibitəri] 抑制生热的

thermointegrator [ˌθəːməuˈintigreitə] 体表温度测量器

thermolabile [ˌθəːməuˈleibail] 不耐热的

thermolaryngoscopy [ˌθəːməuləˈriŋgəskəupi] 温喉镜

thermology [θəˈmɔlədʒi] (thermo- + -logy) 热学

thermoluminescence [ˌθəːməuˌljuːmiˈnesəns] 热致发光

thermolysis [θəˈmɔlisis] (thermo- + Gr. lysis dissolution) ❶ 热分解;❷ 散热

thermolytic [ˌθəːməuˈlitik] (thermo- + Gr. lytikos dissolving) ❶ 热分解的;❷ 散热的

thermomassage [ˌθəːməuməˈsɑːʒ] 热按摩法

thermomastography [ˌθəːməumæsˈtɔgrəfi] 乳房温度记录法

thermometer [θəˈmɔmitə] (thermo- + Gr. metron measure) 温度计

 air t. 空气温度计

 alcohol t. 酒精温度计,乙醇温度计

 axilla t. 腋窝温度计

 Beckmann t. 贝克曼温度计

 bimetal t. 双金属温度计

 Celsius t. 摄氏温度计

 centigrade t. 百分温度计

 clinical t. 临床温度计

 depth t. 深部温度计

differential t. 差示温度计
Fahrenheit t. 华氏温度计
fever t. 热度计
gas t. 气体温度计
half-minute t. 半分钟温度计
infrared tympanic t. 红外线鼓室温度计
kata t. 卡他温度计
Kelvin t. 开氏温度计
liquid-in-glass t. 液测温度计
maximum t. 最高温度计
mercurial t. 水银温度计
metallic t. 金属温度计
metastatic t. 易位温度计
minimum t. 最低温度计
oral t. 口腔温度计
Rankine t. 兰金氏温度计
Réaumur t. 列(奥谬尔)氏温度计
recording t. 记录温度计
rectal t. 直肠温度计
resistance t. 电阻温度计
self-registering t. 自录温度计
surface t. 表面温度计
thermocouple t. 温度电偶温度计,热电偶温度计
tympanic t. 红外线鼓室温度计

thermometric [ˌθəːməuˈmetrik] ❶ 温度计的；❷ 温度测量的

thermometry [θəːˈmɔmitri] 温度测量法

thermopalpation [ˌθəːməupælˈpeiʃən] 温度差别按诊法

thermopenetration [ˌθəːməuˌpeniˈtreiʃən] 医用透热疗法

thermophile [ˈθəːməfil] ❶ 嗜热的；❷ 嗜热菌

thermophilic [ˌθəːməˈfilik] (*thermo-* + Gr. *philein* to love) 嗜热的

thermophobia [ˌθəːməuˈfəubiə] (*thermo-* + Gr. *phobos* fear) 暑热恐怖

thermophore [ˈθəːməfɔː] (*thermo-* + Gr. *pherein* to bear) 保热器

thermopile [ˈθəːməpail] (*thermo-* + L. *pila* pillar, pile) 温差电堆,热电堆

thermoplacentography [ˌθəːməuˌplæsənˈtɔgrəfi] 胎盘温度记录法

thermoplastic [ˌθəːməuˈplæstik] 热塑性的

thermoplegia [ˌθəːməuˈpliːdʒiə] (*thermo-* + Gr. *plēgē* stroke + *-ia*) 热射病,中暑

thermopolypnea [ˌθəːməuˌpɔlipˈniːə] (*thermo-* + Gr. *polys* many + *pnoia* breath) 高热性气促

thermopolypneic [ˌθəːməuˌpɔlipˈniːik] 高热性气促的

thermoprecipitation [ˌθəːməupriˌsipiˈteiʃən] 热沉淀

thermoradiotherapy [ˌθəːməuˌreidiəuˈθerəpi] 透热 X 线疗法

thermoreceptor [ˌθəːməuriˈseptə] 温度感受器

thermoregulation [ˌθəːməuˌregjuˈleiʃən] 温度调节

thermoregulator [ˌθəːməuˈregjuleitə] ❶ 温度调节器；❷ 恒温器

thermoresistance [ˌθəːməuriˈzistəns] 抗热性

thermoresistant [ˌθəːməuriˈzistənt] 抗热的;耐热的

thermoscope [ˈθəːməskəup] (*thermo-* + Gr. *skopein* to examine) 检温器

thermoset [ˈθəːməset] 热凝性

thermosetting [ˌθəːməuˈsetiŋ] 热固的

thermostabile [ˌθəːməuˈsteibail] 耐热的

thermostability [ˌθəːməustəˈbiliti] 耐热性

thermostasis [ˌθəːməuˈsteisis] (*thermo-* + Gr. *stasis* a. placing, setting) 体温恒定,恒温性

thermostat [ˈθəːməstæt] (*thermo-* + Gr. *histanai* to halt) 恒温器
hypothalamic t. 下丘脑恒温器

thermosteresis [ˌθəːməustiˈriːsis] (*thermo-* + Gr. *sterēsis* deprivation) 热损耗,热损失

thermostromuhr [ˌθəːməuˈstrəuməː] 电热血液流量计

thermosystaltic [ˌθəːməusisˈtæltik] (*thermo-* + Gr. *systellein* to contract) 温度性收缩的

thermosystaltism [ˌθəːməuˈsistəltizəm] (*thermo-* + Gr. *systellein* to contract) 温度性收缩

thermotactic [ˌθəːməuˈtæktik] ❶ 趋温的；❷ 体温调节的

thermotaxic [ˌθəːməuˈtæksik] ❶ 趋温的；❷ 体温调节的

thermotaxis [ˌθəːməuˈtæksis] (*thermo-* + Gr. *taxis* arrangement) ❶ 体温调节；❷ 趋温性

thermotherapy [ˌθəːməuˈθerəpi] (*thermo-* + Gr. *therapeia* treatment) 温热疗法
thermotics [θəˈmɔtiks] 热学
thermotolerant [ˌθəːməuˈtɔlərənt] 耐热的
thermotonometer [ˌθəːməutəuˈnɔmitə] (*thermo-* + Gr. *tonos* tension + *metron* measure) 热性肌张力计
thermotoxin [ˌθəːməuˈtɔksin] 热毒素,煮沸毒素
thermotracheotomy [ˌθəːməuˌtrækiˈɔtəmi] 热烙气管切开术
thermotropic [ˌθəːməuˈtrɔpik] 向温性的
thermotropism [θəˈmɔtrəpizəm] (*thermo-* + Gr. *tropē* turn) 向温性
theromorph [ˈθiərəmɔːf] (Gr. *thēr* wild beast + *morphē* form) 兽形部分,兽形结构
theromorphism [ˌθiərəuˈmɔːfizəm] 兽样畸形
Theromyzon [θiəˈrɔmizɔn] 颚蛭科 水蛭
theront [ˈθiərɔnt] (Gr. *thēr* wild beast + *on, ontos* being) 来自藻煤的某些纤毛原虫生活周期中的自由游动期或自游体
thesaurosis [ˌθiːsɔːˈrəusis] (Gr. *thesauros* treasure) 贮积病
Thessalus of Cos [ˈθesələs] 泰斯勒斯:公元前四世纪,希腊医师
Thessalus of Tralles [ˈθesələs] 泰斯勒斯:公元后一世纪,希腊方法医学派医师
theta [ˈθeitə] (θ, ϑ) 希腊语的第八个字母
Thévenard's syndrome [ˌθiːvəˈnɑːz] (André *Thévenard*, French physician, 20th century) 泰维纳尔氏综合征
THF 四氢叶酸,四氢叶酸酯
thiabendazole [ˌθaiəˈbendəzəul] (USP) 噻苯咪唑,噻苯达唑
thiacetazone [θaiəˈsetəzəun] 胺苯硫脲,氨硫脲,结核安
thiadiazide [ˌθaiəˈdaiəzaid] 噻嗪化物,噻嗪类
thiadiazine [ˌθaiəˈdaiəzin] 噻嗪化物,噻嗪类
thiamazole [θaiˈæməzəul] 甲巯咪唑
thiamin [ˈθaiəmiːn] 硫胺
thiamin pyridinylase [ˈθaiəmiːn ˌpiriˈdiniˌleis] 硫胺吡啶酶
thiaminase [θaiˈæmineis] (EC 3.5.99.2) 硫胺素酶

t.I 硫胺比啶酶
t.II 硫胺素酶
thiamine [ˈθaiəmiːn] 硫胺
  t. hydrochloride (USP) 盐酸硫胺
  t. mononitrate (USP) 一硝酸硫胺
  t. pyrophosphate (TPP) 磷酸化硫胺,焦磷酸硫胺
thiamphenicol [ˌθaiæmˈfenikɔl] 甲砜(氯)霉素
thiamylal sodium [θaiˈæmiləl] 硫戊巴比妥钠
Thiara [θaiˈærə] 疾行螺属
thiasine [ˈθaiəsin] 巯基组氨酸三甲内盐,麦角硫因
thiazide [ˈθaiəzaid] 噻嗪化物,噻嗪类
-thiazide 噻嗪利尿剂
thiazole [ˈθaiəzəul] 噻唑
Thibierge-Weissenbach syndrome [tibiˈəʒ ˈvaisənbɑːk] (Georges *Thibierge*, French physician, 1856-1926; Raymond Joseph Emil *Weissenbach*, French physician, 1885-1963) 蒂-魏二氏综合征
thickness [ˈθiknis] 厚度
  triceps skinfold (TSF) t. 三头肌皮肤对折试验
Thiele's syndrome [θiːlz] (George Henry *Thiele*, American proctologist, born 1896) 锡尔氏综合征
Thiemann's disease [ˈθiːmænz] (H. *Thiemann*, German physician, early 20th century) 蒂曼氏疾病
thiemia [θaiˈiːmiə] (Gr. *theion* sulfur + *-emia*) 硫血症
thienamycin [θaiˌenəˈmaisin] 噻吩霉素
Thiersch's graft [ˈtiːəfiz] (Karl *Thiersch*, German surgeon, 1822-1895) 蒂尔施移植
thigh [θai] 股,大腿
  cricket t. 板球股
  drivers' t. 司机股
  Heilbronner's t. 海耳布伦内氏股
thigmesthesia [ˌθigmisˈθiːziə] (Gr. *thigma* touch + *esthesia*) 触觉
thigm(o)- (Gr. *thigma* touch) 触,机体接触的
thigmotactic [ˌθigməˈtæktik] 趋触性的
thigmotaxis [ˌθigməˈtæksis] (*thigmo-* + *taxis*) 趋触性
thigmotropic [ˌθigməˈtrɔpik] 向触的

thigmotropism [θigˈmɔtrəpizəm] (*thigmo-* + *tropism*) 向触性

thihexinol methylbromide [θaiˈheksinɔl] 溴甲噻环己醇，溴甲噻吩环己甲醇

thimble [ˈθimbl] ❶ 壳筒；❷ 套筒

thimerosal [θaiˈmerəsəl] (USP) 硫柳汞，硫汞柳酸钠，邻乙汞硫基苯酸钠

thimethaphan camphorsulfonate [θaiˈmeθəfən͵kæmfəˈsʌlfəneit] 樟脑磺酸替奥芬，咪噻芬

thinking [ˈθiŋkiŋ] 思想
   autistic t. 幻想，空想
   dereistic t. 空想

thi(o)- (Gr. *theion* sulfur) 硫

thio acid [ˈθaiəu] 硫代酸

thioalcohol [͵θaiəuˈælkəhɔl] 硫醇

thioarsenite [͵θaiəuˈɑːsinait] 硫亚砷酸盐

thiobarbital [͵θaiəuˈbɑːbitəl] 硫巴比妥，二乙硫巴比土酸

thiobarbiturate [͵θaiəubɑːˈbitjuəreit] 硫巴比妥(酸)盐或衍生物

thiobarbituric acid [͵θaiəu͵bɑːbiˈtjuərik] 硫巴比妥酸

thiocarbamide [͵θaiəuˈkɑːbəmaid] 硫脲

thiocyanate [͵θaiəuˈsaiəneit] ❶ 硫氰酸根，硫氰酸盐；❷ 硫氰酸酯

thiocyanic acid [͵θaiəusaiˈænik] 硫氰酸

thiocyanide [͵θaiəuˈsaiənaid] 硫氰酸根，硫氰酸盐

thiodiphenylamine [͵θaiəudai͵feniˈlæmiːn] 硫代二苯胺，酚噻嗪

thiodotherapy [͵θaiəudəuˈθerəpi] (*thio-* + *iodine* + *therapy*) 硫碘疗法

thioester [͵θaiəuˈistə] 硫醚

thioether [͵θaiəuˈiːðə] 硫醚

thioethylamine [͵θaiəu͵eθiˈlæmiːn] 硫乙胺，氨基乙硫醇

thioflavine [͵θaiəuˈfleiviːn] (*thio-* + *flavine*) 硫黄素

thioglucose [͵θaiəuˈgluːkəus] 硫葡萄糖

thioguanine [͵θaiəuˈgwæniːn] 硫鸟嘌呤，6-巯鸟嘌呤

thiokinase [͵θaiəuˈkineis] 硫激酶

thiol [ˈθaiɔl] ❶ 巯基，硫氢基；❷ 巯基化合物

Thiola [ˈθaiəulə] 塞欧拉：硫普罗宇制剂的商品名

thiolase [ˈθaiəleis] 硫解酶

thiol endopeptidase [ˈθaiɔl ͵endəuˈpepti-deis] 半胱氨酸肽链内切酶

thiolhistidine [͵θaiɔlˈhistidiːn] 巯基组氨酸

thiomersalate [͵θaiəuˈməːsəleit] 硫柳汞

thioneine [͵θaiəuˈniːin] (Gr. *theion* sulfur + *neos* new) 硫因，麦硫因，硫组氨酸甲基内盐

thionin [ˈθaiənin] 硫堇

thionyl [ˈθaiənil] 亚硫酰

thiopanic acid [͵θaiəuˈpænik] 泛磺酸

thiopental sodium [͵θaiəuˈpentəl] (USP) 硫喷妥钠

thiopentone [͵θaiəuˈpentəun] 硫喷妥钠

thiopropazate hydrochloride [͵θaiəuˈprəupəzeit] 盐酸奋B静醋酯，盐酸乙酰哌非钠嗪

thioridazine [͵θaiəuˈridəziːn] (USP) 硫利达嗪，甲硫哒嗪
   t. hydrochloride (USP) 盐酸甲硫达嗪，盐酸硫醚嗪

thiosulfate [͵θaiəuˈsʌlfeit] 硫代硫酸离子，硫代硫酸盐(酯)

thiosulfate sulfurtransferase [͵θaiəuˈsʌlfeit ͵sʌlfəˈtrænsfəreis] (EC2.8.1.1) 硫代硫酸盐转硫酶

Thiosulfil [͵θaiəuˈsʌlfil] 赛欧赛福：磺胺甲噻二唑制剂的商品名

thiosulfuric acid [͵θaiəusʌlˈfjurik] 硫代硫酸

thiotepa [͵θaiəuˈtiːpə] (USP) 噻替派，硫替派，三胺硫磷

thiothixene [͵θaiəuˈθiksiːn] (USP) 氨砜噻吨，甲哌硫丙硫蒽
   t. hydrochloride (USP) 盐酸氨砜噻吨

thiouracil [͵θaiəuˈjuərəsil] 硫尿嘧啶，硫氧嘧啶

thiourea [͵θaiəuˈjuərjə] 硫脲

thioxanthene [͵θaiəukˈzænθiːn] 噻吨，硫蒽

thiozine [͵θaiəˈziːn] 硫因，麦硫因，硫基氨酸甲基内盐

thiphenamil hydrochloride [θaiˈfenəmil] 盐酸双苯乙硫酯

thiram [ˈθairəm] 二硫四甲秋兰姆

thirst [θəːst] (L. *sitis*, Gr. *dipsa*) 渴感
   insensible t. 不显性渴感
   real t. 实际渴感

subliminal t. 阈下渴感
true t. 实际渴感
twilight t. 朦胧渴感
Thiry's fistula ['tiri:z] (Ludwig *Thiry*, Au-strian physiologist, 1817-1897) 锡里氏瘘
thixolabile [,θiksə'leibail] ❶ 易触变的; ❷ 不耐触的
thixotropic [,θiksə'trɔpik] 触变的,摇溶的
thixotropism [θik'sɔtrəpizəm] 触变性,摇溶性
thixotropy [θik'sɔtrəpi] (Gr. *thixis* a touch + *tropos* a turning) 触变性,摇溶性
thlipsencephalus [,θlipsen'sefələs] (Gr. *thlipsis* pressure + *enkephalos* brain) 颅不全畸胎
Thoma's ampulla ['tɔmæz] (Richard *Thoma*, German histologist, 1847-1923) 托马氏壶腹
Thoma-Zeiss counting chamber ['tɔ-mə tsais] (Richard *Thoma*; Carl *Zeiss*, German opticians, 1816-1888) 托-蔡二氏计数池
Thomas [tɔ'mæs] 托马斯,美国血液学家
Thomas shunt ['tɔmæs] (G. I. *Thomas*, American nephrologist, 20th century) 托马斯分流
Thomas' sign [tɔ'mæs] (André Antoine Henri *Thomas*, French neurologist, 1867-1963) 汤姆森氏征
Thomas' test ['tɔmæs] (Hugh Owen *Thomas*, English orthopedic surgeon, 1834-1891) 托马斯氏试验
Thompson arthroplasty ['tɔmp-sən] (Frederick Roeck *Thompson*, American orthopedic surgeon, 1907-1983) 汤姆森关节成形术
Thomsen's disease ['tɔmsənz] (Asmus Julius Thomas *Thomsen*, Danish physician, 1815-1896) 汤姆森氏疾病
Thomson's disease ['tɔmsənz] (Mathew Sidney *Thomson*, English dermatologist, 1894-1969) 汤姆森氏疾病
Thomson scattering ['tɔmsən] (Sir Joseph John *Thomson*, English physicist, 1856-1940) 汤姆森散射
Thomson's sign ['tɔmsənz] (Frederick Holland *Thomson*, British physician, 1867-1938) 汤姆森氏征
thonzonium bromide [θɔn'zəunjəm] 溴化十六基啶二胺
thonzylamine hydrochloride [θɔn'ziləmi:n] 盐酸嘧啶胺
thoracal ['θɔ:rəkəl] 胸的,胸廓的
thoracalgia [,θɔ:rə'kældʒiə] 胸痛
thoracectomy [,θɔ:rə'sektəmi] (*thoraco-* + Gr. *ektomē* excision) 胸廓部分切除术
thoracentesis [,θɔ:rəsen'ti:sis] (*thoraco-* + Gr. *kentēsis* puncture) 胸腔穿刺术
thoraces ['θɔrəsiz] 胸,胸廓。*thorax* 的复数形式
thoracic [θɔ:'ræsik] (L. *thoracicus*; Gr. *thōrakikos*) 胸的,胸廓的
thoracicoabdominal [θɔ:,ræsikəuæb'dɔminəl] 胸腹的
thoracicohumeral [θɔ:,ræsikəu'hju:mərəl] 胸肱的
thoracispinal [θɔ:,ræsi'spainəl] 脊柱胸段的
thorac(o)- (Gr. *thōrax*, gen. *thōrakos* chest) 胸
thoracoabdominal [,θɔ:rækəuəb'dɔminəl] 胸腹的
thoracoacromial [,θɔ:rəkəuə'krəumiəl] 胸肩峰的
thoracoceloschisis [,θɔ:rəkəusi'lɔskisis] (*thoraco-* + Gr. *koilia* belly + *schisis* fissure) 胸腹裂畸形
thoracocentesis [,θɔ:rəkəusen'ti:sis] 胸腔穿刺术
thoracocyllosis [,θɔ:rəkəusai'ləusis] (*thoraco-* + Gr. *kyllōsis* crippling) 胸畸形
thoracocyrtosis [,θɔ:rəkəusiə'təusis] (*thoraco-* + Gr. *kyrtōsis* a being humpbacked) 胸变曲
thoracodelphus [,θɔ:rəkəu'delfəs] (*thoraco-* + Gr. *adelphos* brother) 脐上胸联胎
thoracodidymus [,θɔ:rəkəu'didiməs] (*thoraco-* + Gr. *didymos* twin) 胸部联胎
thoracodynia [,θɔ:rəkəu'diniə] (*thoraco-* + Gr. *odynē* pain) 胸痛
thoracogastrodidymus [,θɔ:rəkəu,gæstrəu'didiməs] (*thoraco-* + Gr. *gastēr* belly + *didymos* twin) 胸腹联胎
thoracogastroschisis [,θɔ:rəkəugæs'trɔskisis] (*thoraco-* + Gr. *gastēr* belly + *schisis* fissure) 胸腹裂(畸形)
thoracograph [θɔ:'rækəgrɑ:f] (*thoraco-* +

Gr. *graphein* to write) 胸腔呼吸描记器,胸动描记器

thoracolaparotomy [ˌθɔːrəkəuˌlæpəˈrɔtəmi] (*thoraco*- + Gr. *lapara* loin + *tomē* a cutting) 胸腹切开术

thoracolumbar [ˌθɔːrəkəuˈlʌmbə] 胸腰的,脊柱胸腰段的

thoracolysis [ˌθɔːrəˈkɔlisis] (*thoraco*- + Gr. *lysis* dissolution) 胸壁粘连松解术

thoracomelus [ˌθɔːrəˈkɔmiləs] (*thoraco*- + Gr. *melos* limb) 胸部赘生肢畸胎

thoracometer [ˌθɔːrəˈkɔmitə] (*thoraco*- + Gr. *metron* measure) 胸围计,胸廓张度计

thoracometry [ˌθɔːrəˈkɔmitri] 胸廓测量法

thoracomyodynia [ˌθɔːrəkəuˌmaiəuˈdiniə] (*thoraco*- + Gr. *mys* muscle + *odynē* pain) 胸肌痛

thoracoomphalopagus [ˌθɔːrəkəuˌɔmfəˈlɔpə-gəs] 胸脐联胎

thoracopagus [ˌθɔːrəˈkɔpəgəs] (*thoraco*- + Gr. *paos* thing fixed) 胸部联胎
　t. epigastricus 上腹寄生胎
　t. parasiticus 胸部寄生胎

thoracoparacephalus [ˌθɔːrəkəuˌpærəˈse-fələs] (*thoraco*- + Gr. *para* beside + *kephalē* head) 头不全胸部寄生胎

thoracopathy [ˌθɔːrəˈkɔpəθi] (*thoraco*- + Gr. *pathos* disease) 胸部疾病

thoracoplasty [ˌθɔːrəkəuˈplæsti] (*thoraco*- + Gr. *plassein* to mold) 胸廓成形术
　costoversion t. 肋倒转胸廓成形术

thoracopneumograph [ˌθɔːrəkəuˈnjuːməgrɑːf] (*thoraco*- + Gr. *pneuma* breath + *graphein* to write) 胸肺描记器

thoracoschisis [ˌθɔːrəˈkɔskisis] (*thoraco*- + Gr. *schisis* fissure) 胸裂(畸形)

thoracoscope [θɔːˈrækəskəup] 胸腔镜

thoracoscopy [ˌθɔːrəˈkɔskəpi] (*thoraco*- + Gr. *skopein* to examine) 胸腔镜检查

thoracostenosis [ˌθɔːrəkəustiˈnəusis] (*thoraco*- + Gr. *stenōsis* contraction) 胸廓狭窄

thoracostomy [ˌθɔːrəˈkɔstəmi] (*thoraco*- + Gr. *stomoun* to provide with an opening, or mouth) 胸廓造口术
　tube t. 胸腔穿刺术

thoracotomy [ˌθɔːrəˈkɔtəmi] (*thoraco*- + Gr. *tomē* a cutting) 胸廓切开术

thoradelphus [ˌθɔːrəˈdelfəs] 脐上胸联胎

thorax [ˈθɔːræks] (pl. *thoraces*) (Gr. *thōrax*)(NA) 胸,胸廓
　amazon t. 单乳胸
　barrel-shaped t. 桶状胸
　cholesterol t. 胆固醇性胸腔积液
　Peyrot's t. 佩罗氏胸
　pyriform t. 梨形胸

Thorazine [ˈθɔrəzin] 赛诺金:盐酸氯丙嗪制剂的商品名

Thorel's bundle [ˈtɔːrəlz] (Christen *Thorel*, German physician, 1868-1935) 托雷尔氏束

thoriagram [ˈθɔːriəgræm] 钍相片,钍照相

thorium [ˈθɔːriəm] (*Thor*, A Norse deity) 钍
　t. dioxide 二氧化钍
　radioactive t. 放射性钍
　sodium t. tartrate 酒石酸钠钍

Thormählen's test [ˈθɔːmeilənz] (Johann *Thormählen*, German physician, late 19th century) 托尔梅伦氏试验

Thorn's syndrome [θɔːnz] (George Widmer *Thorn*, American physician, born 1906) 托恩氏综合征

Thornton's sign [ˈθɔːntənz] (Knowsley *Thornton*, British physician, 1845-1904) 桑顿氏征

thoroughpin [ˈθʌrəpin] 滑膜鞘肿胀

thought broadcasting [ˈθɔːt ˈbrɔːdkɑːstiŋ] 思想外播

thought insertion [ˈθɔːt inˈsəːʃən] 思想插入

thought withdrawal [ˈθɔːt wiðˈdrɔːəl] 思想抽除

thozalinone [θɔˈzælinəun] 胺苯恶唑酮

Thr 苏氨酸

thread [θred] 线
　Simonart's t. 西莫纳尔线(带)

threadworm [ˈθredwəːm] 线虫

threonine [ˈθriəniːn] 苏氨酸

threonine dehydratase [ˈθriəniːn diːˈhaidreteis] 苏氨酸脱水酶

threonyl [ˈθriːəuniːl] 苏氨酸的酰基

threose [ˈθriːəus] 苏阿糖

threpsis [ˈθrepsis] (Gr. "nutrition") 营养

threpsology [θrepˈsɔlədʒi] (Gr. *threpsis* nutrition + *logos* treatise) 营养学

threptic [ˈθreptik] ❶营养的；❷抚育
threshold [ˈθreʃhəuld] 阈，界限
  absolute t. 绝对阈，刺激阈
  achromatic t. 感色阈，无色阈
  arousal t. 唤醒阈
  auditory t. 听阈
  t. of consciousness 感觉阈
  convulsant t. 惊厥阈，最低惊厥剂量
  differential t. 差阈，分辨阈
  displacement t. 变位阈
  double point t. 两点阈
  erythema t. 红斑阈
  flicker fusion t. 闪变熔阈
  neuron t. 神经元兴奋阈
  t. of nose 鼻阈
  pacing t. 起搏阈
  relational t. 比阈
  renal t. 肾阈
  renal t. for glucose 肾(葡萄)糖阈
  resolution t. (最小)辨距阈
  sensing t. 感觉阈
  sensitivity t., stimulus t. 感受阈，刺激阈
  swallowing t. 吞咽阈
  t. of visual sensation 视觉阈
thrill [θril] 震颤
  aneurysmal t. 动脉瘤震颤
  aortic t. 主动脉瓣震颤
  diastolic t. 舒张期震颤
  fat t. 脂肪性震颤
  hydatid t. 棘球蚴震颤
  presystolic t. 收缩期前震颤
  purring t. 猫鸣状震颤
  systolic t. 收缩期震颤
thrix [θriks] (Gr.) 毛，发
throat [θrəut] ❶咽，咽喉，喉；❷咽门；❸颈前部
  sore t. 咽喉痛
throb [θrɔb] 搏动
throbbing [ˈθrɔbiŋ] 搏动的
Throckmorton's reflex [ˈθrɔkmɔː-tənz] (Thomas Bentley *Throckmorton*, American neurologist, 1885-1961) 思罗克莫顿氏反射
throe [θrəu] 剧痛
thromballosis [ˌθrɔmbæˈləusis] 静脉血凝固
thrombapheresis [ˌθrɔmbəfəˈriːsis] 血小板提取法
thrombase [ˈθrɔmbeis] 凝血酶
thrombasthenia [ˌθrɔmbæsˈθiːniə] (*thrombocyte* + Gr. *astheneia* weakness) 血小板机能不全
  Glanzmann's t. 格兰茨曼血小板机能不全
thrombectomy [θrɔmˈbektəmi] (Gr. *thrombos* clot + *ektomē* excision) 血栓切除术
thrombembolia [ˌθrɔmbemˈbəuliə] 血栓栓塞
thrombi [ˈθrɔmbai] 血栓。*thrombus* 的复数形式
thrombin [ˈθrɔmbin] ❶凝血酶；❷(USP)外用凝血酶
thrombinogen [θrɔmˈbinədʒən] 凝血酶原，前凝血酶
thromb(o)- (Gr. *thrombos* clot) 血栓
thromboagglutinin [ˌθrɔmbəuəˈgluːtinin] 血小板凝集素
thromboangiitis [ˌθrɔmbəuændʒiˈaitis] (*thrombo-* + Gr. *angeion* vessel + *-itis*) 血栓性脉管炎，血栓性血管炎
  t. obliterans 闭塞性血栓性脉管炎，血栓闭塞性脉管炎
thromboarteritis [ˌθrɔmbəuɑːtəˈraitis] 血栓性动脉炎
  t. purulenta 脓性血栓性动脉炎
thromboasthenia [ˌθrɔmbəuæsˈθiːniə] 血小板机能不全
thromboblast [ˈθrɔmbəblæst] (*thrombo-* + Gr. *blastos* germ) 母血小板，凝血母细胞
thrombocinase [ˌθrɔmbəuˈkaineis] 凝血激素，激酶
thromboclasis [θrɔmˈbɔkləsis] 血栓碎裂，血栓溶解
thromboclastic [ˌθrɔmbəuˈklæstik] 血栓碎裂的，血栓溶解的
thrombocyst [ˈθrɔmbəusist] (*thrombo-* + Gr. *kystis* cyst) 血栓囊
thrombocystis [ˌθrɔmbəuˈsistis] 血栓囊
thrombocytapheresis [ˌθrɔmbəsaitəfəˈriːsis] (*thrombocyte* + Gr. *aphairesis* removal) 血小板提取法
thrombocyte [ˈθrɔmbəusait] (*thrombo-* + Gr. *kytos* hollow vessel) 血小板
thrombocythemia [ˌθrɔmbəusaiˈθiːmiə]

(*thrombocyte* + Gr. *haima* blood + *-ia*) 血小板增多

essential t. 特发性血小板增多

hemorrhagic t. 出血性血小板增多

idiopathic t., primary t. 自发性血小板增多,原发性血小板增多

thrombocytic [ˌθrɔmbəuˈsaitik] ❶ 血小板的; ❷ 血小板系的

thrombocytocrit [ˌθrɔmbəuˈsaitəkrit] (*thrombocyte* + Gr. *krinein* to separate) ❶ 血小板比容,血小板压积; ❷ 血小板比容计

thrombocytolysis [ˌθrɔmbəusaiˈtɔlisis] 血小板溶解

thrombocytopathia [ˌθrɔmbəuˌsaitəuˈpæθiə] 血小板病

thrombocytopathic [ˌθrɔmbəuˌsaitəuˈpæθik] 血小板病的

thrombocytopathy [ˌθrɔmbəusaiˈtɔpəθi] 血小板病

constitutional t. 体质性血小板病

thrombocytopenia [ˌθrɔmbəuˌsaitəuˈpiːniə] (*thrombocyte* + Gr. *penia* poverty) 血小板减少

essential t. 特发性血小板减少

immune t. 免疫性血小板减少

thrombocytopoiesis [ˌθrɔmbəuˌsaitəupɔiˈiːsis] (*thrombocyte* + Gr. *poiēsis* a making, creation) 血小板生成

thrombocytopoietic [ˌθrɔmbəuˌsaitəupɔiˈetik] 血小板生成的

thrombocytosis [ˌθrɔmbəusaiˈtəusis] 血小板增多

thromboelastogram [ˌθrɔmbəuiˈlæstəɡræm] 凝血弹性描记图

thromboelastograph [ˌθrɔmbəuiˈlæstəɡrɑːf] 凝血弹性描记器

thromboelastography [ˌθrɔmbəuiːlæsˈtɔɡrəfi] 凝血弹性描记法

thromboembolia [ˌθrɔmbəuemˈbəuliə] 血栓栓塞

thromboembolism [ˌθrɔmbəuˈembəlizəm] 血栓栓塞

thromboendarterectomy [ˌθrɔmbəuˌendɑːtəˈrektəmi] (*thrombo-* + Gr. *endon* within + *artēria* artery + *ektomē* excision) 血栓动脉内膜切除术

thromboendarteritis [ˌθrɔmbəuendɑːtəˈraitis] 血栓性动脉内膜炎,血栓性动脉炎

thromboendocarditis [ˌθrɔmbəuˌendəukɑːˈdaitis] (*thrombo-* + *endocarditis*) 血栓性心内膜炎

thrombogenesis [ˌθrɔmbəuˈdʒenəsis] 血栓形成

thrombogenic [ˌθrɔmbəuˈdʒenik] (*thrombo-* + Gr. *gennan* to produce) 血栓形成的

β-thromboglobulin [ˌθrɔmbəuˈɡlɔbjulin] β-血栓性球蛋白

thromboid [ˈθrɔmbɔid] (Gr. *thromboeidēs*) 血栓样的

thrombokinase [ˌθrɔmbəuˈkaineis] 凝血(酶)致活酶,凝血激酶

thrombokinesis [ˌθrɔmbəukaiˈniːsis] (*thrombo-* + Gr. *kinēsis* motion) 血栓形成;血液凝固

thrombokinetics [ˌθrɔmbəukiˈnetiks] 血凝动力学

thrombolymphangitis [ˌθrɔmbəuˌlimfænˈdʒaitis] 血栓性淋巴管炎

Thrombolysin [θrɔmˈbɔlisin] 溶血栓素:纤维蛋白溶酶制剂的商品名

thrombolysis [θrɔmˈbɔlisis] (*thrombo-* + Gr. *lysis* dissolution) 血栓溶解

intracoronary t. 冠状动脉内溶栓术

thrombolytic [ˌθrɔmbəuˈlaitik] ❶ 血栓溶解的; ❷ 血栓溶解剂

thrombomodulin [ˌθrɔmbəˈmɔdjulin] 血栓调节素

thrombon [ˈθrɔmbɔn] (*thrombo-* + Gr. *on* neuter ending) 血小板系

thrombopathia [ˌθrɔmbəuˈpæθiə] 血小板紊乱

thrombopathy [θrɔmˈbɔpəθi] 血小板紊乱

thrombopenia [ˌθrɔmbəuˈpiːniə] 血小板减少症

essential t. 特发性血小板减少症

thrombopeny [ˈθrɔmbəˌpiːni] 血小板减少症

thrombophilia [ˌθrɔmbəuˈfiliə] (*thrombo-* + Gr. *philein* to love) 血栓形成倾向

thrombophlebitis [ˌθrɔmbəufliˈbaitis] (*throm-bo-* + Gr. *phleps* vein + *-itis*) 血栓性静脉炎

iliofemoral t., postpartum 产后髂股血

栓静脉炎
intracranial t. 颅内血栓静脉炎
t. migrans 移动性血栓静脉炎
t. purulenta 脓性血栓静脉炎
thrombophthisis [ˌθrɔmbəuˈθaisis] (Gr. *phthisis* wasting) 血小板痨
thromboplastic [ˌθrɔmbəuˈplæstik] (*thrombo-* + Gr. *plassein* to form) ❶ 血栓形成的;❷ 促血凝的
thromboplastid [ˌθrɔmbəuˈplæstid] 血小板
thromboplastin [ˌθrɔmbəuˈplæstin] ❶ 凝血(酶)致活酶;❷ 凝血激酶;❸ (促)凝血酶原激酶
  extrinsic t. 外源性凝血酶原活化剂
  intrinsic t. 内源性凝血酶原活化剂
  tissue t. 组织凝血致活酶
thromboplastinogen [ˌθrɔmbəuplæsˈtinədʒən] 凝血(酶)致活酶原,凝血激酶原
thrombopoiesis [ˌθrɔmbɔipɔiˈiːsis] ❶ 血栓生成;❷ 血小板生成
thrombopoietic [ˌθrɔmbəupɔiˈetik] 血栓形成的或血小板形成的
thrombopoietin [ˌθrɔmbəuˈpɔiətin] 血小板生成素
thrombosed [ˈθrɔmbəust] 形成血栓的
thrombosin [θrɔmˈbəusin] 凝血酵素
thrombosinusitis [ˌθrɔmbəuˌsainəˈsaitis] 血栓性硬膜窦炎
thrombosis [θrɔmˈbəusis] (Gr. *thrombōsis*) 血栓形成
  atrophic t. 衰弱性血栓形成
  cardiac t. 心内血栓形成
  cavernous sinus t. 海绵窦血栓形成
  cerebral t. 脑血栓形成
  coronary t. 冠状动脉血栓形成
  creeping t. 匍行性血栓形成
  dilatation t. 静脉扩张性血栓形成
  effort t. 努力性血栓形成
  infective t. 传染性血栓形成
  intracranial t., intracranial sinus t. 颅内血栓形成
  marantic t., marasmic t. 衰弱性血栓形成
  mesenteric arterial t. 肠系膜动脉血栓形成
  mesenteric venous t. 肠系膜静脉血栓形成
  placental t. 胎盘血栓形成
  plate t., platelet t. 血小板性血栓形成
  propagating t. 蔓延性血栓形成
  puerperal t. 产后血栓形成
  sinus t. 静脉窦血栓形成
  traumatic t. 外伤性血栓形成
  venous t. 静脉血栓形成
thrombostasis [θrɔmˈbɔstəsis] 血栓性郁血
thrombosthenin [ˌθrɔmbəuˈsθiːnin] (*thrombo-* + Gr. *sthenos* strength + *-in* chemical suffix) 血小板收缩蛋白,血块紧缩素
thrombotest [ˈθrɔmbətest] 凝血试验
thrombotic [θrɔmˈbɔtik] 血栓形成的
thromboxane [θrɔmˈbɔksein] (*thrombocyte* + *oxane* ring) 血栓烷
thromboxane-A synthase [θrɔmˌbɔkseinˈsinθeis] (EC 5.3.99.5) 血栓烷 A 合成酶
thrombus [ˈθrɔmbəs] (pl. *thrombi*)(Gr. *thrombos* clot) 血栓
  agonal t., agony t. 濒死期血栓
  annular t. 环状血栓
  antemortem t. 死前血栓
  ball t. 球形血栓
  bile t. 胆栓
  blood plate t., blood platelet t. 血小板性血栓
  calcified t. 钙化血栓
  coral t. 珊瑚状血栓
  currant jelly t. 果酱状血栓
  fibrin t. 纤维蛋白血栓
  hyaline t. 透明血栓
  infective t. 传染性血栓
  laminated t. 分层血栓
  lateral t. 侧壁血栓
  marantic t., marasmic t. 衰弱性血栓
  milk. t 乳栓
  mixed t. 混合血栓
  mural t. 附壁血栓
  obstructive t. 阻塞性血栓
  occluding t., occlusive t. 闭塞性血栓
  organized t. 机化血栓
  pale t. 苍白血栓
  parasitic t. 疟原虫栓
  parietal t. 附壁血栓
  plate t., platelet t. 血小板性血栓
  postmortem t. 死后血栓
  primary t. 原发性血栓,原位血栓
  propagated t. 蔓延性血栓

red t. 红血栓
stratified t. 分层血栓
traumatic t. 外伤性血栓
white t. 白血栓
thrush [θrʌʃ] ❶ 鹅口疮,真菌性口炎; ❷ 马蹄病
thrust [θrʌst] 猛推
paraspinal t. 脊旁猛推法
spinal t. 脊柱猛推法
tongue t. 挺舌
thrypsis ['θripsis] (Gr. "a breaking in small pieces") 粉碎骨折
Thudichum's test ['tjudikumz] (John Lewis William *Thudichum*, German-born physician in England, 1829-1901) 土迪休姆试验
Thuja ['θjuːdʒə] (L.; Gr. *thyia*) 金钟柏属,岩柏属
thuja ['θjuːdʒə] 金钟柏,侧柏
thujone ['θjuːdʒoun] 侧柏酮
thulium ['θjuːliəm] 铥
thumb [θʌm] (L. *pollex*, *pollux*) 拇指,拇
bifid t. 拇裂
tennis t. 网球员拇病
thumb printing ['θʌm printiŋ] 拇纹征
thump ['θʌmp] ❶ 捶打,重击; ❷ 击
precordial t. 心悸
thumps ['θʌmps] ❶ 猪肺蛔虫病; ❷ 马呃喧
thumpversion [θʌmp'vəːʃən] 拳击复律
thyme [taim] (L. *thymus*; Gr *thymos*) 百里香,麝香草
creeping t., wild t. 匐枝百里香,野麝香草
thymectomize [θai'mektəmaiz] 切除胸腺
thymectomy [θai'mektəmi] (Gr. *thymos* thymus + *ekiomē* excision) 胸腺切除术
thymelcosis [θai'melkəusis] (Gr. *thymos* thymus + *helkōsis* ulceration) 胸腺溃疡
thymergasia [ˌθaimə'geisiə] (Gr. *thymos* mind + *ergon* work) 情感性精神病
-thymia (Gr. *thymos* mind + *-ia*) 情感,情境
thymic ['θaimik] (L. *thymicus*) ❶ 胸腺的; ❷ 百里香的
thymicolymphatic [ˌθaimikəlim'fætik] 胸腺淋巴结的
thymidine ['θaimidiːn] 胸腺嘧啶脱氧核苷,胸苷
t. monophosphate 胸腺嘧啶脱氧磷酸化核苷
thymidine kinase ['θaimidiːn kineis] (EC 2.7.1.21) 胸腺嘧啶脱氧核苷酸激酶
thymidylate [θaimi'daileit] ❶ 脱氧胸苷酸; ❷ 胸苷酸的解离形式
thymidylate synthase [θaimi'daileit 'sinθeis] (EC 2.1.1.45) 胸苷酸合成酶
thymidylic acid [ˌθaimi'dilik] 胸(腺嘧啶脱氧核)苷酸
thymidylyl [θaimi'diləl] 胸苷基
thymin ['θaimin] 胸腺激素,胸腺生成素
thymine ['θaimiːn] 胸腺嘧啶
thymine-uraciluria [ˌθaimiːnˌjuərəsil'juəriə] 胸腺尿嘧啶
thyminic acid [θi'minik] 胸腺嘧啶酸
thymion ['θimiən] (Gr.) 皮肤疣
thymitis [θai'maitis] 胸腺炎
thym(o)- ❶ (Gr. *thymos* thymus) 胸腺; ❷ (Gr. *thymos* mind, spirit) 情感,精神
thymocrescin [ˌθaiməu'kresin] (*thymus* + L. *crescere* to grow) 胸腺发育素
thymocyte ['θaiməsait] (*thymo-*¹ + *-cyte*) 胸腺细胞
thymohydroquinone [ˌθaiməˌhaidrəkwi'nəun] 麝香氢
thymokesis [ˌθaimə'kiːsis] 胸腺滞留
thymokinetic [ˌθaiməki'netik] 刺激胸腺的
thymol ['θaiməl] (NF) 麝香草脑,麝香草酚,百里酚
t. phthalein 麝香草脑酞
thymoleptic [ˌθaimə'leptik] (*thymo-*² + Gr. *lēpsis* a taking hold) 抗抑郁剂
thymolphthalein [ˌθaiməl'θæliːn] 麝香草脑酞
thymolysis [θai'məlisis] (*thymo-*¹ + Gr. *lysis* dissolution) 胸腺溶解,胸腺破坏
thymelytic [ˌθaimə'litik] 溶胸腺的,胸腺破坏的
thymoma [θai'məumə] (*thymo-*¹ + *-oma*) 胸腺瘤
thymopathic [ˌθaiməu'pæθik] 胸腺病的
thymopathy [θai'məpəθi] 胸腺病
thymopentin [ˌθaiməu'pentin] 胸腺肽
thymopoietin [ˌθaiməu'pɔiətin] 促胸腺生

成素
thymoprivic [ˌθaiməu'privik] 胸缺乏的
thymoprivous [θai'mɔprivəs] (*thymo-*[1] + L. *privus* without) 胸腺缺乏的
thympopsyche [ˌθaiməu'saiki] (Gr. *thymos* mind + *psyche* soul) 情感作用
thymosin ['θaiməsin] 胸腺素,胸腺激素
thymotoxic [ˌθaiməu'tɔksik] 胸腺毒素的
thymotoxin [ˌθaiməu'tɔksin] 胸腺毒素
thymotrope ['θaimətrəup] (*thymus* + Gr. *tropte* turn) 胸腺体质者
thymotrophic [ˌθaiməu'trɔfik] 促胸腺的
thymotropism [θai'mɔtrəpizəm] (*thymus* + Gr. *trope* turn) 胸腺质,胸腺体质
Thymus ['θaiməs] 百里香属
thymus ['θaiməs] (L. from Gr. *thymos*) (NA) 胸腺
  accessory t. 副胸腺
  persistent t., t. persistens hyperplastica 久存性胸腺
thymus-dependent [ˌθaiməsdi'pendənt] 胸腺依赖性
thymusectomy [ˌθaimə'sektəmi] (*thymus* + Gr. *ektomē* excision) 胸腺切除术
thymus-independent [ˌθaiməs indi'pendənt] 非胸腺依赖性
Thyrar ['θairə:] 赛诺尔:甲状腺制剂的商品名
thyrasthenia [ˌθairæs'θi:niə] (*thyroid* + Gr. *astheneia* weakness) 甲状腺性神经衰弱
thyratron ['θairətrɔn] 闸流管
thyre(o)- 甲状腺,甲状
thyr(o)- 甲状腺,甲状
thyroactive [ˌθairəu'æktiv] ❶ 具甲状腺激素代谢作用的;❷ 甲状腺活性的
thyroadenitis [ˌθairəuˌædi'naitis] (*thyro-* + Gr. *adēn* gland + *-itis*) 甲状腺炎
thyroaplasia [ˌθairəuə'pleiziə] (*thyro-* + *a-* neg. + Gr. *plasis* molding + *-ia*) 甲状腺发育不全
thyroarytenoid [ˌθairəuˌæri'ti:nɔid] 甲杓(软骨)的
thyrocalcitonin [ˌθairəuˌkælsi'təunin] 甲状腺降钙素,降钙素
thyrocardiac [ˌθairəu'kɑ:diæk] 甲状腺与心脏的
thyrocele ['θairəsi:l] (*thyro-* + Gr. *kēlē* tumor) 甲状腺肿
thyrochondrotomy [ˌθairəukɔn'drɔtəmi] (*thyro-* + Gr. *chondros* cartilage + *tomē* a cutting) 甲状软骨切开术
thyrocolloid [ˌθairəu'kɔlɔid] 甲状腺胶质
thyrocricotomy [ˌθairəukrai'kɔtəmi] 环甲膜切开术
thyroepiglottic [ˌθairəuˌepi'glɔtik] 甲状会厌的
thyrofissure [ˌθairəu'fiʃə] 甲状软骨裂开术
thyrogenic [ˌθairəu'dʒenik] 甲状腺原的,甲状腺性的
thyrogenous [θai'rɔdʒinəs] (*thyro-* + Gr. *gennan* to produce) 甲状腺原的,甲状腺性的
thyroglobulin [ˌθairəu'glɔbjulin] 甲状腺球蛋白
thyroglossal [ˌθairəu'glɔsəl] 甲状腺与舌的,甲状舌管的
thyrohyal [ˌθairəu'haiəl] ❶ 甲状舌骨的;❷ 舌骨大角
thyrohyoid [ˌθairəu'haiɔid] 甲状舌骨的
thyrohyoideus [ˌθairəuhai'ɔidiəs] (L.) 甲状舌骨肌
thyroid ['θairɔid] (Gr. *thyreoeidēs*; *thyreos* shield + *eidos* form) ❶ 甲状的;❷ 甲状腺;❸ (USP) 甲状腺干粉
  aberrant t. 异位甲状腺
  accessory t. 副甲状腺
  ectopic t. 异位甲状腺
  intrathoracic t. 胸内甲状腺
  lingual t. 舌甲状腺
  retrosternal t., substernal t. 胸骨后甲状腺,胸骨下甲状腺
thyroidea [θai'rɔidiə] (L.) 甲状腺
  t. accessoria 副甲状腺,最下甲状腺
thyroidectomize [ˌθairɔi'dektəmaiz] 切除甲状腺
thyroidectomy [ˌθairɔi'dektəmi] (*thyroid* + Gr. *ektomē* excision) 甲状腺切除术
  medical t. ① 药物甲状腺切除术;② 甲状腺抑制疗法
thyroiditis [ˌθairɔi'daitis] 甲状腺炎
  acute t. 急性甲状腺炎
thyroidism ['θairɔidizəm] ❶ 甲状腺剂中毒;❷ 甲状腺功能过旺症;❸ 甲状腺缺乏症

autoimmune t. 自体免疫甲状腺炎

chronic t., chronic fibrous t. 慢性甲状腺炎,慢性纤维性甲状腺炎

chronic lymphadenoid t., chronic lymphocytic t. 慢性淋巴性甲状腺炎

de Quervain's t. 奎尔万氏甲状腺炎

giant cell t., giant follicular t. 巨细胞性甲状腺炎,巨滤泡性甲状腺炎

granulomatous t. 亚急性肉芽肿性甲状腺炎

Hashimoto's t. 桥本氏甲状腺炎

invasive t., iron-hand t., ligneous t. 侵袭性甲状腺炎,板样性甲状腺炎

lymphocytic t., lymphoid t. 淋巴细胞性甲状腺炎,淋巴性甲状腺炎

pseudotuberculous t. 假结核性甲状腺炎

Riedel's t. 里德尔氏甲状腺炎

subacute granulomatous t. 亚急性肉芽肿性甲状腺炎

subacute lymphocytic t. 亚急性淋巴细胞性甲状腺炎

woody t. 板样甲状腺炎

thyroidization [ˌθairɔidaiˈzeiʃən] ❶ 甲状腺制剂疗法;❷ 组织形似甲状腺

thyroidomania [ˌθairɔidəˈmeiniə] (thyroid + Gr. mania madness) 甲状腺狂,甲状腺性精神错乱

thyroidotherapy [ˌθairɔidəuˈθerəpi] 甲状腺制剂疗法

thyroidotomy [ˌθairɔiˈdɔtəmi] (thyroid + Gr. tomē a cutting) 甲状腺切开术

thyroidotoxin [ˌθairɔidəuˈtɔksin] 甲状腺毒素

thyroid peroxidase [ˈθairɔid pəˈrɔksideis] 甲状腺过氧化酶

thyrointoxication [ˌθairəuinˌtɔksiˈkeiʃən] 甲状腺毒症,甲状腺中毒

Thyrolar [ˈθairələ] 赛爱乐:三碘合剂制剂的商品名

thyrolysin [θaiˈrɔlisin] 溶甲状腺素

thyrolytic [ˌθairəuˈlitik] (thyroid + Gr. lysis dissolution) 溶甲状腺的,破坏甲状腺的

thyroma [θaiˈrəumə] (thyroid + Gr. oma tumor) 甲状腺瘤

thyromegaly [ˌθairəuˈmegəli] (thyro- + Gr. megaleia bigness) 甲状腺肿大

thyromimetic [ˌθairəumiˈmetik] 拟甲状腺的

thryoncus [θaiˈrɔŋkəs] (thyroid + Gr. onkos tumor, goitre) 甲状腺肿

thyroparathyroidectomy [ˌθairəuˌpærəˌθairɔiˈdektəmi] (thyroid + parathyroid + Gr. ektomē excision) 甲状腺甲状旁腺切除术

thyroparathyroprivic [ˌθairəuˌpærəˌθairəuˈprivik] 甲状腺甲状旁腺缺乏的

thyropathy [θaiˈrɔpəθi] (thyroid + Gr. pathos disease) 甲状腺病

thyropenia [ˌθairəuˈpiːniə] (thyroid + Gr. penia poverty) 甲状腺官能不足

thyrophyma [ˌθairəuˈfaimə] (thyroid + Gr. phyma growth, tumor) 甲状腺肿瘤

thyroprival [ˌθairəuˈpraivəl] (thyroid + L. privus without) 甲状腺缺乏的,甲状腺切除后的

thyroprivia [ˌθairəuˈpriviə] (thyroid + L. privus without) 甲状腺缺失

thyroprivic [ˌθairəuˈprivik] 甲状腺缺乏的,甲状腺切除后的

thyroprivous [θaiˈrɔprivəs] 甲状腺缺乏的,甲状腺切除后的

thyroprotein [ˌθairəuˈprəutiːn] 甲状腺蛋白质

thyroptosis [ˌθairəuˈptəusis] (thyroid + Gr. ptōsis fall) 甲状腺下移,低位甲状腺

thyrosis [θaiˈrəusis] 甲状腺官能病

thyrotherapy [ˌθairəuˈθerəpi] 甲状腺剂疗法

thyrotome [ˈθairətəum] 甲状软骨刀

thyrotomy [θaiˈrɔtəmi] (thyroid + Gr. tomē a cutting) ❶ 甲状软骨切开术;❷ 甲状腺切开术;❸ 甲状腺活组织检查

thyrotoxemia [ˌθairəutɔkˈsiːmiə] 甲状腺毒症

thyrotoxia [ˌθairəuˈtɔksiə] 甲状腺中毒症,甲状腺毒症

thyrotoxic [ˌθairəuˈtɔksik] ❶ 与甲状腺激素过剩作用有关的;❷ 描述甲状腺毒症患者的

thyrotoxicosis [ˌθairəuˌtɔksiˈkəusis] 甲状腺毒症

t. factitia 人为甲状腺剂中毒

thyrotoxin [ˌθairəuˈtɔksin] 甲状腺毒素

thyrotrope [ˈθairətrəup] 促甲状腺细胞

thyrotroph [ˈθairətrəuf] 促甲状腺细胞

thyrotrophic [ˌθairəu'trɒfik] 促甲状腺的
thyrotrophin [θairəu'trəfin] 促甲状腺激素
thyrotropic [ˌθairəu'trɒpik] 促甲状腺的
thyrotropin [θai'rɒtrəpin] 促甲状腺激素
thyrotropism [θai'rɒtrəpizəm] (*thyroid* + Gr. *trope* a turning) ❶甲状腺体质；❷亲甲状腺性,趋甲状腺性
thyroxin [θai'rɒksin] 甲状腺素
thyroxine [θai'rɒksi(ː)n] 甲状腺素
thyroxinemia [θaiˌrɒksi'niːmiə] (*thyroxin* + Gr. *aema* blood) 甲状腺素血症
　levo t. 左旋甲状腺素
thyroxinic [ˌθairɒk'sinik] 甲状腺素的
Thysanosoma [ˌθisənə'səumə] 继体绦虫属
　T. actinioides 放射状继体绦虫
Thytropar ['θaitrɒpɑː] 赛得派:促甲状腺激素制剂的商品名
Ti (*titanium* 的符号) 钛
TIA (*transient ischemic attack* 的缩写) 短暂性缺血性发作
tiamenidine hydrochloride [ˌtiə'menidiːn] 盐酸噻胺咪啉
tiazuril [ti'æzəril] 家禽抑球虫剂
tibia ['tibiə] (L. "a pipe, flute") (NA) 胫骨
　saber t., saber-shaped t. 军刀状胫骨
　t. valga 胫骨外翻
　t. vara 胫骨内翻,弓形腿
tibiad ['tibiæd] 向胫侧
tibial ['tibiəl] (L. *tibialis*) 胫骨的
tibiale [ˌtibi'eili] 胫侧骨
　t. externum, t. posticum 外胫侧籽骨,后胫侧籽骨
tibialgia [ˌtibi'ældʒiə] 胫骨痛
tibialis [ˌtibi'eilis] 胫骨的；(NA) 与胫骨有关的术语
tibiocalcanean [ˌtibiəukæl'keiniən] 胫(骨)跟(骨)的
tibiofemoral [ˌtibiəu'femərəl] 胫(骨)股(骨)的
tibiofibular [ˌtibiəu'fibjulə] 胫(骨)腓(骨)的
tibionavicular [ˌtibiəunə'vikjulə] 胫(骨)舟(骨)的
tibioperoneal [ˌtibiəuˌperə'niːəl] 胫(骨)腓(骨)的
tibioscaphoid [ˌtibiəu'skæfɔid] 胫(骨)舟(骨)的
tibiotarsal [ˌtibiəu'tɑːsəl] 胫(骨)跗(骨)的
tibolone ['tibəlʌun] 7-甲异炔诺酮
tibric acid ['tibrik] 降血脂药
tic [tik] (Fr.) 抽搐
　convulsive t. 面肌抽搐
　diaphragmatic t. 膈抽搐
　t. douloureux 三叉神经痛
　facial t. 面肌抽搐
　t. de Guinon 吉农抽搐
　habit t. 习惯性抽搐
　local t. 局部抽搐
　mimic t. 面肌抽搐
　t. de pensée 思想暴露癖抽搐
　rotatory t. 旋转性抽搐
　saltatory t. 跳跃性抽搐
　t. de sommeil 睡眠抽搐
Ticar ['tikə] 铁卡:羧噻吩青霉素制剂的商品名
ticarbodine [ti'kɑːbədiːn] 氟哌硫酰胺
ticarcillin [ˌtikɑː'silin] 羧噻吩青霉素,铁卡青霉素
　t. cresyl sodium 羧噻吩青霉素甲苯钠
　t. disodium (USP), t. sodium 羧噻吩青霉素(二)钠
tick [tik] 蜱,壁虱
　adobe t. 波斯锐缘蜱
　American dog t. 美洲犬蜱
　bandicoot t. 袋鼠蜱,硕鼠血蜱
　beady-legged winter horse t. 珠足冬季马蜱
　black pitted t. 黑凹蜱
　bont t. 希伯来钝眼蜱
　British dog t. 英国犬蜱
　brown dog t. 褐色犬蜱
　castor bean t. 蓖子硬蜱
　cattle t. 具环牛蜱
　dog t. 犬蜱
　ear t. 耳残喙蜱
　Gulf Coast t. 海湾蜱
　hard t., hard-bodied t. 硬蜱,硬体蜱
　Kenya t. 肯尼亚蜱,血红扇头蜱
　Lone Star t. 孤星蜱
　miana t. 波斯锐缘蜱
　Pacific coast dog t. 西海岸革蜱
　pajaroello t. 皮革钝缘蜱
　pigeon t. 鸽锐缘蜱
　rabbit t. 野兔血蜱

Rocky Mountain wood t. 落矶山林蜱,安氏革蜱
russet t. 朽叶色蜱,多毛硬蜱
scrub t. 灌木丛蜱,全环硬蜱
seed t. 幼虫期蜱
sheep t. 羊蜱蝇
soft t., soft-bodied t. 软蜱,软体蜱
spinous ear t. 耳残喙蜱
taiga t. 全沟硬蜱
tampan t. ① 非洲钝缘蜱;② 全沟硬蜱
winter t. 白纹革蜱
wood t. 安氏革蜱

tickling ['tikliŋ] 搔痒
ticlatone ['tiklətəun] 氯苯异噻唑酮
ticlopidine hydrochloride [ti'klɔpidi:n] 血小板抑制剂
ticpolonga [,tikpə'lɔŋgə] 锡兰大蒲蛇
t. i. d. (L. *ter in die* 的缩写) 一日三次
tide [taid] 潮,变异
  acid t. 酸潮
  alkaline t. 碱潮
  fat t. 脂潮
Tidy's test ['taidiz] (Charles Meymott Tidy, English physician, 1843-1892) 泰迪试验
Tiedemann's nerve ['ti:dəmənz] (Friedrich Tiedemann, German anatomist, 1781-1861) 蒂德曼氏神经
Tietze's syndrome ['ti:tsəz] (Alexander Tietze, German surgeon, 1864-1927) 蒂策氏综合征
Tigan ['ti:gən] 帝根:盐酸三甲氧苯酰胺制剂的商品名
tigestol [ti'dʒestəl] 替孕醇
tiglic acid ['tiglik] 顺芷酸,α-甲基巴豆酸
tiglium ['tigljəm] 巴豆
tigroid ['taigrɔid] (Gr. *tigroeidēs* tiger-spotted) 虎斑状的
tigrolysis [tai'grɔlisis] 虎斑溶解
tilidine hydrochloride ['tilidi:n] 盐酸痛立定,盐酸胺苯环已乙酯
Tillaux's disease [ti:'jɔz] (Paul Jules Tillaux, French physician, 1834-1904) 蒂约氏病(结节性乳腺炎)
Tilletia [ti'li:ʃiə] 腥黑粉菌属
Tilletiaceae [ti,li:ʃi'eisii:] 腥黑粉菌科
tilmus ['tilməs] (Gr. *tilmos* a plucking) 摸空,捉空摸床

tilorone ['tilərəun] 泰洛伦,乙氨芴酮
  t. hydrochloride 盐酸泰洛伦
tiltometer [til'tɔmitə] 倾斜测定仪
timbre ['timbə] (Fr.) 音色,音品
  t. métallique 金属音
time [taim] (Gr. *chronos*; L. *tempus*) 时间,期
  activated partial thromboplastin t. (APTT, aPTT, PTT) 激活部分凝血酶原时间
  apex t. 高峰时间
  bleeding t. 出血时间
  bleeding t., secondary 继发性出血时间,二次出血时间
  chromoscopy t. 胃液染色时间
  circulation t. 循环时间
  clot retraction t. 血块退缩时间
  clotting t. 凝固时间
  coagulation t. 凝固时间
  conduction t. 潜伏期
  decimal reduction t. 十进还原时间
  dextrinizing t. 糊精化时间
  doubling t. (对数期细胞)培增时间
  generation t. 传代时间
  inertia t. 惰性时间
  isovolumic relaxation t. (IVRT) 等容舒张期
  left ventricular ejection t. (LVET) 左室射血期
  longitudinal relaxation t. (心脏)T字型舒张的时间
  one-stage prothrombin t. 一级凝血酶原时间
  partial thromboplastin t. (PTT) 部分凝血酶原时间
  prothrombin t. (PT) 前凝血酶原时间
  reaction t. 反应时间
  recalcification t. 复钙时间,再钙化时间
  relaxation t. 松弛期弛张期
  rise t. 升时
  sedimentation t. 血沉时间
  spin-lattice relaxation t. 自旋-晶格弛豫时间
  spin-spin relaxation t. 自旋-自旋弛豫时间
  stimulus-response t. 刺激反应时间
  thermal death t. 热死时间,热灭菌时间
  thermal relaxation t. 热松弛期
  transverse relaxation t. 横向松弛期

T1 relaxation t. T1弛张期
T2 relaxation t. T2弛张期
utilization t. 激活潜伏期
timer ['taimə] 定时器,限时器
Timofeew's corpuscles [timəu'fi:wz] (Dmitri Aleksandrovich *Timofeew*, Russian anatomist, late 19th century) 季莫费耶夫氏小体
timolol maleate ['timələul] 马来酸噻吗心安
tin [tin] (L. *stannum*) 锡
　t. oxide 氧化锡
Tinactin [ti'næktin] 立乐克丁:发癣退托萘酯制剂的商品名
Tinbegen ['tinbəːgən] 廷贝亨:荷兰动物学家
tinct. (*tincture* 或 *tinctura* 的缩写)酊,酊剂
tinctable ['tiŋktəbl] 可染的
tinction ['tiŋkʃən] (L. *tingere* to dye) 染色,着色
tinctorial [tiŋk'tɔːriəl] 染色的
tinctura [tiŋk'tjuːrə] (L.) 酊,酊剂
tincturation [ˌtiŋktjuˈreiʃən] 酊剂制备
tincture ['tiŋktʃə] (L. *tingere* to wet, to moisten) 酊,酊剂
　belladonna t. (USP) 颠茄酊
　benzoin t., compound (USP) 复方安息香酊
　cardamom t., compound 复方豆蔻酊
　ferric citrochloride t. 柠檬酸氯化铁酊
　green soap t. (USP) 绿肥皂酊,软脂皂搽剂
　iodine t. (USP) 碘酊
　iodine t., strong 浓碘酊
　opium t. (USP) 鸦片酊
　opium t., camphorated 樟脑鸦片酊
　opium t., deodorized 除臭鸦片酊
　rhubarb t., aromatic 芳香大黄酊
　sweet orange peel t. (USP) 甜橙皮酊
　thimerosal t. (USP) 硫柳汞酊
　vanilla t. (NF) 香草酊
Tindal ['tindəl] 汀得:乙酰奋乃静制剂的商品名
tinea ['tiniə] (L. "grub", "moth larva", "worm") 癣
　t. amiantacea, asbestos-like t. 石绵状头癣,石绵样癣
　t. axillaris 腋癣

　t. barbae 须癣
　t. capitis 头癣
　t. ciliorum 睫癣
　t. circinata 圆癣
　t. corporis 体癣,圆癣,钱癣
　t. cruris 股癣
　t. faciei 面癣
　t. favosa 黄癣
　t. galli 禽冠黄癣
　t. glabrosa 钱癣,圆癣,体癣
　t. imbricata 叠瓦癣
　t. manus, t. manuum 手癣
　t. nigra 黑色小孢子菌病,黑糠疹
　t. nodosa 发结节病
　t. pedis 脚癣,皮癣菌病
　t. profunda 深癣
　t. sycosis 触染性须疮,须癣
　t. tarsi 睑缘癣
　t. tonsurans 头癣
　t. unguium 甲癣
　t. versicolor 花斑癣
Tinel's sign [ti'nelz] (Jules *Tinel*, French neurologist, 1895-1952) 提内耳氏征
tinfoil ['tinfɔil] 锡箔
tingibility [ˌtindʒi'biliti] 可染性
tingible ['tindʒibl] (L. *tingere* to stain) 可染的
tingling ['tiŋgliŋ] 麻刺感
　distal t. on percussion 叩诊肢端麻刺感
tinidazole [tai'nidəzəul] 磺甲硝咪唑,甲酰咪唑
tinkle ['tiŋkl] 叮当音
　metallic t. 金属叮当音
tinnitus [ti'naitəs] (L. "a ringing") 耳鸣
　t. aurium 耳鸣
　t. cerebri 脑性耳鸣
　clicking t. 撞击性耳鸣
　Leudet's t. 勒代氏耳鸣
　nonvibratory t. 非振动性耳鸣
　objective t. 客观耳鸣,他觉耳鸣
　pulsatile t. 脉动性耳鸣
　subject t. 主观性耳鸣
　vibratory t. 振动性耳鸣
tintometer [tin'tɔmitə] (*tint* + -*meter*) 液体比色计,色调计
tintometric [ˌtintə'metrik] 液体比色的
tintometry [tin'tɔmitri] 液体比色法
tioconazole [ˌtiə'kɔnəzəul] (USP) 噻康唑

tiodonium chloride [ˌtiəˈdɔniəm] 氯化氯苯噻碘
tioperidone hydrochloride [ˌtiəˈperidəun] 盐酸硫哌唑酮
tiopinac [tiˈɔpinæk] 硫平酸
tiopronin [tiˈɔprənin] 硫普罗宇
tioxidazole [ˌtiəkˈsidəzəul] 噻昔达唑
tip [tip] 尖,端
   t. of nose 鼻尖
   t. of sacral bone 骶尖
   t. of tongue 舌尖
   Woolner's t. 耳轮氏顶端,耳轮尖
tipping [ˈtipiŋ] ❶ 翻动；❷ 牙尖复位
tiprenolol hydrochloride [tiˈprenəlɔl] 盐酸甲硫心安
tiqueur [tiˈkə:] (Fr.) 抽搐者
tiquinamide hydrochloride [tiˈkwinəmaid] 盐酸硫喹酰胺
tiring [ˈtaiəriŋ] ❶ 轮箍术；❷ 环扎术
Tiselius apparatus [tiˈseiliəs] (Arne Wilhelm Kaurin *Tiselius*, Swedish biochemist, 1902-1971, winner of the Nobel prize for chemistry in 1948) 提塞留斯电泳仪
tisis [ˈtisis] ❶ 痨病；❷ 肺痨
tissue [ˈtisju:] (Fr. *tissu*) 组织
   accidental t. 偶发组织
   adenoid t. 腺样组织
   adipose t. 脂肪组织
   adipose t., brown 褐脂组织
   adipose t., white, adipose t., yellow 白脂组织,黄脂组织
   adrenogenic t. 雄激素带
   analogous t. 相似组织
   areolar t. 蜂窝组织
   areolar connective t. 蜂窝结缔组织
   basement t. 基膜组织
   bony t. 骨组织,骨样组织
   brown fat t. 褐脂组织
   bursa-equivalent t., bursal equivalent t. 腔上囊对等组织
   cancellous t. 海绵骨组织,骨松质
   cartilaginous t. 软骨组织
   cavernous t. 勃起组织
   cellular t. 蜂窝组织
   chondroid t. 软骨样组织
   chordal t. 脊索组织
   chromaffin t. 嗜铬组织
   cicatricial t. 瘢痕组织
   compact t. 骨密质
   connective t. 结缔组织
   cribriform t. 蜂窝组织
   dartoid t. 肉膜样组织
   elastic t., elastic t., yellow 弹性组织
   endothelial t. 内皮组织
   episcleral t. 巩膜上组织
   epithelial t. 上皮组织
   epivaginal connective t. 鞘化结缔组织
   erectile t. 勃起组织
   extracellular t. 细胞外组织
   extraperitoneal t. 腹膜外组织
   fatty t. 脂肪组织
   fibrohyaline t. 软骨样组织
   fibrous t. 纤维组织
   fibrous t., white 白纤维组织
   Gamgee T. 盖姆吉敷料
   gelatiginous t. 明胶组织
   gelatinous t. 粘液样组织
   glandular t. 腺组织
   granulation t. 肉芽组织
   gut-associated lymphoid t. (GALT) 肠淋巴组织
   hematopoietic t. 造血组织
   heterologous t. 异种组织
   heterotopic t. 异位组织
   homologous t. 同种组织
   hyperplastic t. 增生组织
   indifferent t. 未分化组织
   interrenal t. 肾上腺皮质组织
   interstitial t. 间质组织
   junctional t. 结合组织
   Kuhnt's intermediary t. 库恩氏中间组织
   lardaceous t. 豚脂样组织,腊样组织
   loose connective t. 疏松结缔组织
   lymphadenoid t. 淋巴腺样组织
   lymphatic t. 淋巴组织
   lymphoid t. 淋巴组织
   mesenchymal t. 间叶组织
   metanephrogenic t. 生后肾组织
   mucous t. 粘液组织
   muscle t., muscular t. 肌组织
   myeloid t. 骨髓组织
   nephrogenic t. 生肾组织
   nerve t., nervous t. 神经组织
   nodal t. 结组织
   osseous t. 骨组织
   osteogenic t. 生骨组织

osteoid t. 骨样组织
parenchymatous t. 实质组织,主质组织
protochondral t. 软骨组织
reticular t., reticulated t. 网状组织
rubber t. 橡皮片,橡片单
scar t. 瘢痕组织
sclerous t's 硬组织
shock t. 休克组织
skeletal t. 骨胳组织
splenic t. 脾髓
subcutaneous t. 皮下组织
subcutaneous fatty t. 皮下脂肪组织
sustentacular t. 支持组织
symplastic t. 共质组织,共质体,共浆体
target t. 靶组织
tuberculosis granulation t. 结核性肉芽组织
vesicular supporting t. 小泡性支柱细胞
tissular ['tisjuːlə] 组织的
titanium [tai'teinjəm] (L. from Gr. *Titan* a child of Uranus and Gaia) 钛
  t. dioxide (USP) 二氧化钛
titer ['taitə] (Fr. *titre* standard) 效价,滴度,价
  agglutination t. 凝集价
  bacteriophage t. 噬菌体效价
  whole complement t. 补体总效价
titillation [ˌtiti'leiʃən] (L. *titillatio*) 搔痒,撩痒
titillomania [ˌtitilə'meiniə] (L. *titillare* to tickle + Gr. *mania* madness) 搔痒狂,搔痒癖
titrant ['taitrənt] 滴定剂,滴定用标准液
titrate ['taitreit] 滴定
titration [tai'treiʃən] (Fr. *titre* standard) 滴定(法)
  colorimetric t. 比色滴定法
  complexometric t. 络合滴合法
  coulometric t. 电量滴定法
  Dean and Webb t. 戴安-韦布滴定法
  formol t. 甲醛滴定法
  potentiometric t. 电位滴定法
titre ['taitə] (Fr.) 效价,滴度,值
titrimetric [ˌtitri'metrik] 滴定分析的
titrimetry [tai'trimitri] (*titration* + *-metry*) 滴定分析法
titubant ['titjubənt] 步态蹒跚者
titubation [ˌtitju'beiʃən] (L. *titubatio*) 步态蹒跚
  lingual t. 口吃,讷吃
Tityus serrulatus ['titiəs ˌseru'leitəs] 巴西钳蝎
Tizzoni's test [ti'dzəuniz] (Guido *Tizzoni*, Italian physician, 1853-1932) 蒂佐尼氏试验
Tl (*thallium* 的符号) 铊
TK (thymidine kinase 的缩写) 胸苷激酶
TKD (tokodynamometer 的缩写) 分娩力计
TKG (tokodynagraph 的缩写) 分娩力(描记)图
TLC (total lung capactity 的缩写) 肺总气量
TLSO (thoracolumbosacral orthosis 的缩写) 胸腰骶整直法
Tm (*thulium* 的符号) 铥
TMA (trimellitic anhydride 的缩写) 三苯六羧酐
TMI (transmandibular implant 的缩写) 经下颌骨移入物
TMST (treadmill stress test 的缩写) 踏平运动实验
TMV (tobacco mosaic virus 的缩写) 烟草花叶病病毒
Tn 正常眼压
TNF (tumor necrosis factor 的缩写) 肿瘤坏死因子
TNM 肿瘤 TNM 分期法
TNS (transcutaneous nerve stimulation 的缩写) 经皮神经刺激
TNT (trinitrotoluene 的缩写) 三硝基甲苯
TO (*tinctura opii* 的缩写) 鸦片酊,阿片酊
toadskin ['təudskin] 蟾皮病
toadstool ['təudstuːl] 伞菌
tobacco [tə'bækəu] (L. *tabacum*) 烟草
  mountain t. 山金车(花)
tobaccoism [tə'bækəuizəm] 烟草中毒
tobramycin [ˌtɔbrə'maisin] (USP) 妥布霉素,托普霉素
  t. sulfate (USP) 硫酸妥布霉素
Tobrex ['tɔbreks] 妥来克西:妥药霉素药物制剂的商品名
tocainide hydrochloride [tə'keinaid] (USP) 盐酸室安卡因
tocamphyl [tə'kæmfəl] 托莰非
Toclase ['tɔkleis] 咳必清,托克拉斯:枸环戊酯制剂的商品名
toc(o)- (Gr. *tokos* childbirth) 分娩,产,生

育

tocodynagraph [ˌtəukəu'dainəgrɑːf] 分娩力(描记)图

tocodynamometer [ˌtəukəuˌdainə'mɔmitə] 分娩力计

tocograph ['tɔkəgrɑːf] 分娩力描记器

tocography [tə'kɔgrəfi] (*toco-* + Gr. *graphein* to write) 分娩力描记法

tocol ['tɔkəl] 母生育酚

tocolysis [təu'kɔlisis] (*toco-* + *lysis*) 子宫收缩的抑制剂

tocometer [təu'kɔmitə] (*toco-* + Gr. *metron* measure) 分娩力计

tocopherol [tə'kɔfərəl] (*toco-* + Gr. *pherein* to carry + *-ol*) 生育酚
α-t. , alpha t. α-生育酚
α-t. , acetate 醋酸维生素 E(生育酚)

tocopheryl [tə'kɔfəril] 生育酚(维生素 E)的酰基根

tocophobia [ˌtəukə'fəubiə] (*toco-* + Gr. *phobein* to be affrighted by) 分娩恐怖

tocotrienol [ˌtəukə'trienɔl] 生育三烯酚

Todaro's tendon [tə'dærəuz] (Francesco *Todaro*, Italian physician, 1839-1918) 托达罗氏腱

Todd bodies [tɔd] (John Launcelot *Todd*, Canadian physician, 1876-1949) 托德体

Todd's cirrhosis [tɔdz] (Robert Bentley *Todd*, British physician, 1809-1860) 托德氏肝硬化

Todd-Wells apparatus [tɔd-welz] (Edwin M. *Todd*, American neurosurgeon, 20th century; T. H. *Wells*, Jr., American neurosurgeon, 20th century) 托德-韦尔斯器

Toddalia [təu'dæliə] 勒钩属, 飞龙掌血属

toe [təu] 趾
claw t. 爪形趾
curly t's 卷爪病
great t. 距跟趾, 踇
hammer t. 锤状趾
little t. 小趾
mallet t. 槌状趾
Morton's t. 摩顿氏趾
pigeon t. 鸽趾
seedy t. 裂蹄
tennis t. 网球趾
webbed t's 蹼趾

toenail ['təuneil] 趾甲

ingrowing t., ingrown t. 嵌甲

tofenacin hydrochloride [təu'fenəsin] 盐酸二苯甲氧胺

Tofranil [tə'freinil] 托法尼: 盐酸丙咪嗪制剂的商品名

Togaviridae [ˌtəugə'vairidiː] 外衣病毒

togavirus ['təugəˌvaiərəs] 外衣病毒, 囊膜病毒

toilet ['tɔilit] ❶ 卫生间; ❷ 清洗创口

Toison's solution [twaː'zɔŋz] (J. *Toison*, French histologist, 1858-1900) 图瓦宗溶液

tokelau [ˌtəukə'lau] (*Tokelau*, a South Pacific atoll) 叠瓦癣

tok(o)- (Gr. *tokos* childbirth) 分娩, 产, 生育

tokodynagraph [ˌtəukəu'dainəgrɑːf] (Gr. *tokos* childbirth + *graphein* to write) 分娩力(描记)图

tokodynamometer [ˌtəukəuˌdainə'mɔmitə] (Gr. *tokos* childbirth + *dynamis* power + *metron* measure) 分娩力计

tolamolol [tə'leiməlɔl] 胺甲苯心安

tolazamide [tə'læzəmaid] (USP) 甲磺氮草脲, 甲磺吖庚脲

tolazoline hydrochloride [tə'læzəliːn] (USP) 盐酸托拉佐林, 盐酸苄唑啉

tolbutamide [tɔl'bjuːtəmaid] (USP) 甲苯磺丁脲, 甲糖宁
t. sodium, sterile (USP) 甲苯磺丁脲钠, 甲糖宁钠

tolciclate [tɔl'saikleit] 托西拉酯

Tolectin ['tɔlektin] 痛灭定: 甲苯酰吡咯乙酸钠制剂的商品名

tolerance ['tɔlərəns] (L. *tolerantia*) 耐量, 耐受性, 耐力
acquired t. 后天耐受性, 获得性耐受
adoptive t. 继承性耐受
alkali t. 碱耐受性
crossed t. 交叉耐受性
drug t. 药物耐受性, 耐药性
glucose t. 葡萄糖耐量
high-dose t. , high zone t. 大剂量耐受性, 高区带耐受性
immunologic t. 免疫耐受性
impaired glucose t. (IGT) 葡萄糖耐量不良
low-dose t. , low-zone t. 小剂量耐受性,

低区带耐受性
self t. 自身耐受性
split t. 分裂耐受性
tolerant ['tɔlərənt] 能耐受的
toleration [,tɔlə'reiʃən] 耐受
tolerogen ['tɔlərədʒən] 耐受原
tolerogenesis [,tɔlərə'dʒenəsis] 致耐受性,耐受性形成
tolerogenic [,tɔlərə'dʒenik] 致耐受性的,耐受原的
o-tolidine ['tɔlidi:n] o-联甲苯胺
Tolinase ['tɔlineis] 托立耐西:甲磺氮䓬脲制剂的商品名
tolindate [tɔ'lindeit] 苯硫茚酯
toliodium chloride [tɔ'liəudiəm] 氯化双甲苯碘
tolmetin sodium ['tɔlmetin] (USP) 甲苯酰吡咯乙酸钠
tolnaftate [tɔl'næfteit] (USP) 发癣退,癣退
tolonium chloride [tə'ləuniəm] 氯化胺甲酚噻嗪,氯化妥龙
Tolosa-Hunt syndrome [tɔ'lɔsɑ: hʌnt] (Eduardo S. *Tolosa*, Spanish neurosurgeon, 20th century; William Edward *Hunt*, American neurosurgeon, born 1921) 托-亨二氏综合征
Tolserol ['tɔlsərəl] 托赛罗:甲苯丙醇制剂的商品名
toluene ['tɔljui:n] 甲苯
t. diisocyanate (TDI) 甲苯-2 异氰酸酯
toluidine [tɔl'ju:idin] 甲苯胺,氨基甲苯
t. blue O 甲苯胺蓝 O
o-**t.** 正-甲苯胺的异构体
tolyl ['tɔli] 甲苯基
t. hydroxide 甲酚,煤酚
tomaculous [tə'mækjuləs] (L. *tomaculum* sausage) 香肠状的
tomatine [tə'meitin] 番茄素
-tome (Gr. *tomē* a cutting) ❶ 刀;❷ 片,节
tomentum [təu'mentəm] 大脑绒被
Tomes' layer ['təumz] (Sir John *Tomes*, English anatomist and dentist, 1815-1895) 托马斯粒层
Tomes' process ['təumz] (Charles Sissmore *Tomes*, English amatomist and dentist, 1846-1928) 托马斯突
Tommaselli's disease [,tɔmə'seliz] (Sal-vatore *Tommaselli*, Italian physician, 1834-1906) 托马塞利氏病
tom(o)- (Gr. *tomē* a cutting) 片,节,层
tomogram ['tɔməgræm] X 线体层照片,X 线断层照片
tomograph ['tɔməgrɑ:f] X 线断层照相机,X 线体层照相机
tomography [tə'mɔgrəfi] (*tomo-* + Gr. *graphein* to write) X 线断层照相术,X 线体层照相术
computed t. (CT) 计算机 X 线断层扫描术
computerized axial t. (CAT,CT) 计算机(横)轴向(X线)断层(扫描)术
high-resolution computed t. (HRCT) 高分辨计算机 X 线断层扫描术
hypocycloidal t. 低密度体层摄影
positron emission t. (PET) 正电子发射断层扫描术
single-photon emission computed t. (SPECT) 单光子发射计算机 X 线断层扫描
ultrasonic t. 超声显像术,超声断层扫描术
tomomania [,təumə'meiniə] (Gr. *tome* cut + *mania* madness) ❶ 手术癖,开刀癖;❷ 接受手术狂
tomotocia [,təumə'təuʃiə] (Gr. *tome* cut + *tokos* birth) 剖腹生产,剖腹分娩
-tomy (Gr. *tomē* a cutting) 切开术,切除术
tonaphasia [,tɔnə'feiziə] (Gr. *tonos* tone + *aphasia*) 音乐性失语
tone [təun] (Gr. *tonos*; L. *tonus*) ❶ 紧张性;❷ 音,音调;❸ 色彩处理,调色
feeling t. 情调
jecoral t. 肝浊音
William's tracheal t. 威廉姆氏气管音
Tonegawa [təunə'gɑ:wɑ:] 托恩·盖瓦苏苏术:美国日裔免疫学家,生于 1939 年
tongs [tɔŋz] 钳
skull t. 颅骨钳
tongue [tʌŋ] (L. *lingua*, Gr. *glössa*) ❶ 舌;❷ 舌形物
adherent t. 粘连舌
amyloid t. 舌淀粉样变性
antibiotic t. 抗生素舌
baked t. 干烘舌
bald t. 光舌,秃舌
beefy t. 牛肉样舌

bifid t. 舌裂
black t., black hairy t. 黑舌,黑毛舌
blue t. 蓝舌(病)
burning t. 灼痛舌
cardinal t. 鲜红舌
cerebriform t. 脑状舌
cleft t. 舌裂
coated t. 舌苔
cobble-stone t. 圆石子样舌
crocodile t. 裂缝舌
dotted t. 点彩舌
double t. 舌裂
earthy t. 土样舌
encrusted t. 厚苔舌
fern leaf t. 叶脉舌
filmy t. 对称白斑舌
fissured t. 裂缝舌
flat t. 平舌
furred t. 毛皮样舌
furrowed t. 沟舌
geographic t. 地图样舌
grooved t. 沟舌
hairy t. 毛舌
lobulated t. 分叶舌
magenta t. 洋红舌
mappy t. 地图样舌
parrot t. 鹦鹉舌
plicated t. 沟舌,裂缝舌
raspberry t. 草莓舌
Sandwith's bald t. 桑德韦思秃舌
scrotal t. 沟舌,裂缝舌
smokers' t. 吸烟舌
t. of sphenoid bone 蝶骨小舌
split t. 舌裂
stippled t. 点彩舌
strawberry t., red 草莓舌
strawberry t., white 草莓舌
sulcated t. 沟舌,裂缝舌
timber t. 木样舌
white t. 白舌
wooden t. 木样舌
wrinkled t. 皱裂舌,皱缩舌
tongue-tie ['tʌŋtai] 结舌
tonic ['tɔnik] (Gr. *tonikos*) ❶ 恢复紧张的,紧张性的; ❷ 连续性紧张的,强直的; ❸ 强壮剂,补药
bitter t. 苦补药
cardiac t. 强心剂

digestive t. 助消化药
intestinal t. 健肠剂
stomachic t. 健胃药
vascular t. 血管强壮剂
tonic-clonic ['tɔnik'klɔnik] 强直阵挛性的
tonicity [tə'nisiti] ❶ 紧张性,紧张; ❷ 渗透性
tonicoclonic [ˌtɔnikə'klɔnik] 强直阵挛性的
tonka bean ['tɔŋkə biːn] 零陵香豆
ton(o)- (Gr. *tonos* tension) 紧张,张力,强直
Tonocard ['tɔnəkɑːd] 托纳卡得:盐酸妥卡胺制剂的商品名
tonoclonic [ˌtəunə'klɔnik] 强直阵挛性的
tonofibril ['tɔnəˌfaibril] 张力原纤维
tonofilament [ˌtəunə'filəmənt] 张力丝
tonogram ['təunəgræm] 张力图
tonograph ['təunəgrɑːf] (*tono-* + *-graph*) 张力描记器
tonography [təu'nɔgrəfi] (*tono-* + *-graphy*) 张力描记法
  carotid compression t. 颈动脉加压张力描记法
tonometer [təu'nɔmitə] (*tono-* + *-metry*) 张力计,压力计
  air-puff t. 气压眼压计
  applanation t. 压平眼压计
  electronic t. 电子眼压计
  Gärtner's t. 格特内氏血压计
  Goldmann's applanation t. 戈德曼氏压平眼压计
  impression t., indentation t. 压陷眼压计
  MacKay-Marg electronic t. 麦凯-马尔格电子眼压计
  McLean t. 麦克莱恩眼压计
  Recklinghausen's t. 雷克林霍曾氏血压计
  Schiøtz t. 希厄茨眼压计
tonometry [təu'nɔmitri] (*tono-* + *-metry*) ❶ 张力测量法; ❷ 眼压测量法
  digital t. 指诊眼压测量法
tonoplast ['tɔnəplæst] (*tono-* + Gr. *plassein* to from) 液泡形成体
tonoscillograph [ˌtəunə'nɔsiləgrɑːf] (Gr. *tonos* tension + L. *oscillare* to swing + Gr. *graphein* to write) 动脉紧张搏动描

tonoscope ['tɔnəskəup] (Gr. *tonos* tone + *skopein* to view) ❶ 音振动显形器；❷ 张力计，压力计
tonotopic [ˌtəuneu'tɔpik] 纯音区域的
tonotopicity [ˌtɔnəutə'pisiti] 纯音区域
tonsil ['tɔnsil] 扁桃体
 adenoid t. 腺体增殖体
 buried t. 埋入性扁桃体
 t. of cerebellum 小脑扁桃体
 eustachian t. 咽鼓管淋巴小结
 faucial t. 腭扁桃体
 Gerlach's t. 格拉赫氏扁桃体，咽鼓管淋巴小结
 intestinal t. 小肠淋巴集结
 lingual t. 舌扁桃体
 Luschka's t. 咽扁桃体
 palatine t. 腭扁桃体
 pharyngeal t. 咽扁桃体
 submerged t. 埋入性扁桃体
 third t. 咽扁桃体
 t. of torus tubarius 咽鼓管扁桃体
 tubal t's 咽鼓管淋巴小结
tonsilla [tɔn'silə] (pl. *tonsillae*) (L.) 扁桃体
 t. adenoidea 腺样增殖体
 t. cerebelli (NA), t. of cerebellum 小脑扁桃体
 t. intestinalis 小肠淋巴集结
 t. lingualis (NA) 舌扁桃体
 t. palatina (NA) 腭扁桃体
 t. pharyngealis (NA) 咽扁桃体
 t. tubaria (NA) 咽鼓管扁桃体
tonsillar ['tɔnsilə] (L. *tonsillaris*) 扁桃体的
tonsillectome [ˌtɔnsi'lektəum] 扁桃体切除器
tonsillectomy [ˌtɔnsi'lektəmi] (L. *tonsilla* tonsil + Gr. *ektomē* excision) 扁桃体切除术
tonsillith ['tɔnsiliθ] 扁桃体石
tonsillitic [ˌtɔnsi'litik] 扁桃体炎的
tonsillitis [ˌtɔnsi'laitis] (L. *tonsilla* tonsil + *-itis*) 扁桃体炎
 caseous t. 干酪样扁桃体炎，陷窝性扁桃体炎
 diphtherial t. 扁桃体白喉
 follicular t. 滤泡性扁桃体炎
 herpetic t. 疱疹性扁桃体炎
 lacunar t. 陷窝性扁桃体炎
 t. lenta 迁延性扁桃体炎
 lingual t. 舌扁桃体炎
 mycotic t. 霉菌性扁桃体炎
 parenchymatous t., acute 急性主质性扁桃体炎
 preglottic t. 舌扁桃体炎
 pustular t. 脓疱性扁桃体炎
 streptococcal t. 链球菌性扁桃体炎
 superficial t. 浅表性扁桃体炎
 suppurative t. 化脓性扁桃体炎
 Vincent's t. 奋森特氏扁桃体炎
tonsill(o)- (L. *tonsilla*) 扁桃体
tonsilloadenoidectomy [ˌtɔnsiləuˌædinɔi'dektəmi] 扁桃体腺样增殖体切除术
tonsillohemisporosis [ˌtɔnsiləuˌhemispə'rəusis] 扁桃体半孢子菌病
tonsillolith [tɔn'silɔliθ] (*tonsil* + Gr. *lithos* stone) 扁桃体石
tonsillomoniliasis [ˌtɔnsiləuˌmɔni'laiəsis] 扁桃体念珠菌病
tonsillomycosis [tɔnˌsiləumai'kəusis] 扁桃体霉菌病
tonsillopathy [ˌtɔnsi'lɔpəθi] (*tonsil* + Gr. *pathos* disease) 扁桃体病
tonsilloscope [tɔn'silɔskəup] (*tonsil* + Gr. *skopein* to view) 扁桃体镜
tonsillotome [tɔn'silətəum] 扁桃体刀
tonsillotomy [ˌtɔnsi'lɔtəmi] (L. *tonsilla* tonsil + Gr. *tomē* a cutting) 扁桃体切开术
tonsillotyphoid [ˌtɔnsiləu'taifɔid] 咽型伤寒
tonsilsector [ˌtɔnsil'sektə] 环形扁桃体刀
tonsolith ['tɔnsəliθ] 扁桃体石
tonus ['təunəs] (L.; Gr *tonos*) 紧张
Tooth's disease [tu:θs] (Howard Henry Tooth, English physician, 1856-1925) 图思氏病
tooth [tu:θ] (pl. *teeth*) (L. *dens*; Gr. *odous*) 牙
 abutment t. 桥基牙
 accessional teeth 恒磨牙
 anatomic teeth 解剖式牙
 ankylosed t. 固连牙
 anterior teeth 前牙
 artificial t. 假牙，义牙

auditory teeth of Huschke 胡施壳听牙
t. of axis 轴牙
baby teeth 乳牙
bicuspid teeth 双尖牙,前磨牙
buccal teeth 颊牙,后牙
canine teeth 尖牙,犬牙
cheek teeth 后牙,颊牙
conical t. 锥形牙
connate t. 双生牙
corner t. 角牙
cross-bite teeth 反殆牙
cross-pin teeth 横针牙
cuspid teeth 尖牙,犬牙
cuspless t. 无尖牙
deciduous teeth 乳牙
diatoric teeth 带孔假牙
drifting t. 移动牙
embedded t. 埋藏牙
t. of epistropheus 牙轴
eye t. 眼牙
Fournier teeth 梅毒性第一磨牙
fused teeth 联牙,熔牙
geminate t. 双生牙,双连牙
Goslee t. 戈斯利氏牙
hag teeth 前牙间隙
Horner's teeth 霍纳氏牙
Hutchinson's teeth 胡施克氏牙
impacted t. 阻生牙
incisor teeth 切牙,门牙
labial teeth 前牙
malacotic teeth 软质牙
malposed t. 异位牙
mandibular teeth 下颌牙
maxillary teeth 上颌牙
metal insert t. 金属嵌入牙
milk t. 乳牙
molar teeth (L. *molaris* pertaining to grinding) 磨牙,白齿
Moon's teeth 穆恩氏磨牙
morsal teeth (L. *morsus* a seizing) 后牙
mottled teeth 斑釉牙
mulberry t. 桑葚状牙
natal t. 早生乳牙
neonatal t. 新生牙
nonanatomic teeth 非解剖形牙
peg t., peg-shaped t. 楔形牙,钉形牙
permanent teeth 恒牙
pink t. of Mummery 粉红牙

pinless teeth 无针假牙
posterior teeth 后牙
predeciduous t. 乳牙前期牙
premature teeth 早萌牙,出生过早
premolar teeth 前磨牙,前白牙
primary teeth 乳牙
pulpless t. 无髓牙
rake teeth 耙形牙
rootless teeth 无根牙
sclerotic teeth 硬化牙
screwdriver teeth 旋凿状牙
shell t. 薄壳牙
snaggle t. 歪牙,凸牙
stomach t. 胃牙
straight-pin teeth 直针牙
submerged t. 埋没牙
succedaneous teeth, successional teeth 恒牙,继承牙
superior teeth 上牙
supernumerary teeth, supplemental teeth 额外牙
temporary teeth 乳牙,暂牙
tube teeth 有管牙
Turner's t. 特纳氏牙
unerupted t. 未萌出牙
vital teeth 活髓牙,生机牙
wandering t. 移走牙,移位牙
wisdom t. 智齿,智牙
wolf t. 狼牙
zero degree teeth 零度牙
toothache ['tu:θeik] 牙痛
tooth-borne ['tu:θbɔːn] 牙支持的
topagnosia [ˌtɔpəɡ'nəuziə] (G. *topos* place + *a-* neg. + *gnōsis* recognition) ❶ 位置感觉缺失;❷ 环境认识不能
topagnosis [ˌtɔpəɡ'nəusis] 位置觉缺失
topalgia [tə'pældʒiə] (*top-* + *alg-* + *-ia*) 局部痛
topectomy [tə'pektəmi] (*top-* + *-ectomy*) 额叶皮质局部切除术
topesthesia [ˌtɔpis'θiziə] (Gr. *topos* place + *aisthēsis* perception + *-ia*) 位置觉
tophaceous [tə'feiʃəs] (L. *tophaceus*: *tophus* porous stone) 砂砾性的
tophi ['təufai] ❶ 痛风石;❷ 松石。*tophus* 的复数形式
topholipoma [ˌtɔfɔli'pəumə] 松石脂瘤
tophus ['təufəs] (pl. *tophi*) (L. "porous

stone") ❶ 痛风石；❷ 松石
   auricular t. 耳痛风石
   dental t. 牙石
   t. syphiliticus 梅毒性结节
tophyperidrosis [ˌtəufiˌperiˈdrəusis] (Gr. *topos* place + *hyperidrosis*) 局部剧汗
topica [ˈtɔpikə] (L.) 局部药
topical [ˈtɔpikəl] (Gr. *topikos*) 局部的
Topicort [ˈtɔpikət] 托皮可特：去氧米松制剂的商品名
Topicycline [ˌtɔpiˈsiːkliːn] 托皮西可林：盐酸四环素制剂的商品名
Topinard's angle [ˈtɔpiˈnɑːz] (Paul *Topinard*, French physician and anthropologist, 1830-1911) 托皮纳尔氏角
top(o)- (Gr. *topos* place) 局部
topoalgia [ˌtɔpəuˈældʒiə] 局部痛
topoanesthesia [ˌtɔpəuˌænisˈθiːziə] 位置感觉缺失
topochemistry [ˌtɔpəuˈkemistri] 局部化学
topodysesthesia [ˌtɔpəuˌdisesˈθiːziə] (*topo-* + Gr. *dys* difficult + *aesthesis* feeling) 局部感觉迟钝
topognosis [ˌtɔpəgˈnəusis] (*topo-* + Gr. *gnōsis* recognition) 位觉
topographic [ˌtɔpəuˈɡræfik] 局部解剖的，局部记载的
topographical [ˌtɔpəuˈɡræfikəl] 局部解剖的，局部记载的
topography [təˈpɔɡrəfi] (*topo-* + Gr. *graphein* to write) 局部解剖，局部记载
topoisomer [ˌtɔpəuˈaisəmə] 拓扑异构体
topoisomerase [ˌtɔpəuiˈsɔməreis] 拓扑异构体酶
   type Ⅰ t. 拓扑异构体酶Ⅰ型
   type Ⅱ t. 拓扑异构体酶Ⅱ型
topological [ˌtɔpəuˈlɔdʒikəl] 解剖学的
topology [təˈpɔlədʒi] (*topo-* + *-logy*) ❶ 胎位产道关系；❷ 局部解剖学；❸ 拓扑
toponarcosis [ˌtɔpəunɑːˈkəusis] 局部麻醉法
toponeurosis [ˌtɔpəunjuəˈrəusis] 局部神经官能症
toponym [ˈtɔpənim] 部位名称
toponymy [təˈpɔnimi] (*topo-* + Gr. *onoma* name) 部位命名法
topoparesthesia [ˌtɔpəuˌpæresˈθiːziə] 局部感觉异常

topothermesthesiometer [ˌtɔpəuˌθəːmisˈθiːziˈɔmitə] (*topo-* + Gr. *thermē* heat + *aisthēsis* perception + *metron* measure) 局部温度感觉测定器
topterone [ˈtɔptərəun] 托普雄酮
TOPV (poliovirus vaccine live oral trivalent 的缩写) 脊髓灰质炎病毒活性疫苗
Toradol [ˈtɔrədɔl] 托诺多：酮洛酸制剂的商品名
torcular [ˈtɔːkjulə](L. "wine-press") 中空膨胀区
   t. Herophili 窦汇
Torecan [ˈtɔrikein] 吐来抗：硫乙拉嗪制剂的商品名
Torek operation [ˈtɔrek] (Franz J. A. *Torek*, American surgeon, 1861-1938) 托雷克氏手术
toremifene citrate [ˈtɔrəmiˌfiːn] 枸橼酸托若米芬
tori [ˈtɔːrai](L.) 隆凸，圆枕，花托。*torus* 的复数形式
toric [ˈtɔːrik] 隆凸的，圆枕的
Torkildsen's shunt [ˈtɔːkildsenz] (Arne *Torkildsen*, Norwegian neurosurgeon, born 1899) 托基尔德森氏分流术
tormina [ˈtɔːminə] (L.) 绞痛
torminal [ˈtɔːminəl] 绞痛的
Torwaldt's (Thornwaldt's) disease [ˈtɔːnvɑːlts](Gustav ludwig *Tornwaldt*, German physician, 1843-1910) 托伦瓦耳特氏病
torose [ˈtɔːrəus] (L. *torosus* muscular, brawny) 隆凸的，多结的
torous [ˈtɔːrəs] 隆凸的，多结的
Toroviridae [ˌtɔrɔˈvaridiː] 托拉病毒
torovirus [ˈtɔrɔˌvaiərəs] 托拉病毒的
torpent [ˈtɔːpənt] (L. *torpere* to be sluggish) ❶ 迟钝的；❷ 缓和刺激剂
torpid [ˈtɔːpid] (L. *torpidus* numb, sluggish) 迟缓的
torpidity [tɔːˈpiditi] 迟钝，不活泼
torpor [ˈtɔːpə] (L.) 迟钝，不活泼
   t. retinae 视网膜迟钝
torque [tɔːk](L. *torquēre* to twist) 旋力，扭力
torquing [ˈtɔːkiŋ] 扭转
torr [tɔː] (after Evangelista *Torricelli*, Italian mathematician and physicist, 1608-

1647)托耳,托

Torre's syndrome ['tɔːreiz] (Douglas Paul *Torre*, American dermatologist, born 1919) 托尔综合征

torrefaction [,tɔri'fækʃən] (L. *torrefactio*) 烘干,焙干

torrefy ['tɔrifai] (L. *torrefacere*) 烘干,焙干

torricellian [,tɔri'tʃelian] 托里切利氏

torsades de pointes [tɔː'seid də point] (Fr. "fringe of pointed tips") 尖端扭转性室性心动过速

torsiometer [,tɔːsi'ɔmitə] (*torsion* + L. *metrum* measure) 扭转度计

torsion ['tɔːʃən] (L. *torsio*, from *torquēre* to twist) 扭转
   negative t. 反扭转
   positive t. 顺扭转

torsionometer [,tɔːʃə'nɔmitə] (*torsion* + Gr. *metron* measure) 脊柱扭转测量器

torsive ['tɔːsiv] 扭转的

torsiversion [,tɔːsi'vəːʃən] (L. *torquere* to twist + *vertere* to turn) 扭转位牙

torso ['tɔːsəu] 躯干

torticollar [,tɔːti'kɔlə] 斜颈的,捩颈的

torticollis [,tɔːti'kɔlis] (L. *tortus* twisted + *collum* neck) 斜颈
   congenital t. 先天性斜颈
   dermatogenic t. 皮性斜颈
   fixed t. 固定性斜颈
   hysteric t., hysterical t. 癔病性斜颈
   intermittent t. 间歇性斜颈
   labyrinthine t. 迷路性斜颈
   mental t. 精神性斜颈
   myogenic t. 肌性斜颈
   neurogenic t. 神经性斜颈
   ocular t. 眼性斜颈
   reflex t. 反射性斜颈
   rheumatoid t. 风湿性斜颈
   spasmodic t. 痉挛性斜颈
   spurious t. 假性斜颈
   symptomatic t. 症状性斜颈

tortipelvis [,tɔːti'pelvis] 骨盆扭转,变形性肌张力障碍

tortuous ['tɔːtjuəs] 扭曲的,弯曲的

torulai ['tɔrulai] (L.) 隆凸,小圆凸。*torulus* 的复数形式

Torulopsis [,tɔru'lɔpsis] 球拟酵母属

   T. glabrata 光滑球拟酵母
   T. histolytica 溶组织球拟酵母
   T. pintolopesii 平氏球拟酵母

torulopsosis [,tɔruː'lɔpsəsis] 球拟酵母病

torulosis [,tɔru'ləusis] (L. *Torula*, former name for *Cryptococcus*) 隐球菌病

torulus ['tɔruləs] (pl. *toruli*) (L. dim of *torus*) 隆凸,小圆凸
   toruli tactiles(NA) 触觉隆凸

torus ['tɔːrəs] (pl. *tori*) (L. "a round swelling," "protuberance") ❶ 隆起,圆枕;❷ 炸面包圈样几何图形
   t. aorticus 主动脉隆起
   t. frontalis 额隆凸
   t. levatorius (NA) 腭帆提肌隆凸
   t. mandibularis (NA) 下颌隆凸
   t. occipitalis 枕骨圆枕
   t. palatinus (NA) 腭圆枕,腭隆凸
   t. tubarius (NA) 咽鼓管圆枕
   t. uretericus 输尿管隆凸

tosifen ['tɔsifen] 双苯磺脲

tosylate ['tɔsileit] (USAN 对 *p*-toluenesulfonate 的缩写) 甲苯磺酸盐

Totacillin [,tɔtə'silin] 托特西林:氨苄青霉素的商品名

Toti's operation ['təutiz] (Addeo *Toti*, Italian ophthalmologist, early 20th century) 托蒂氏手术

totipotency [,tɔti'pəutənsi] (L. *totus* all + *potentia* power) 全能性

totipotent [təu'tipətənt] 全能的

totipotential [,təutipəu'tenʃəl] (L. *totus* all + *potentia* power) 全能的

totipotentiality [,təutipəu,tenʃi'æliti] 全能性

touch [tʌtʃ] (L. *tactus* from old Fr. *touchier*) ❶ 触觉;❷ 触诊,指诊
   abdominal t. 腹部触诊
   double t. 双指触诊
   rectal t. 直肠指诊
   royal t. 帝王按抚疗法
   vaginal t. 阴道指诊
   vesical t. 膀胱指诊

Touraine-Solente-Golé syndrome [tuː'reinsə'lɔnt ɡɔ'lei] (Albert *Touraine*, French dermatologist, 1883-1961; G. *Solente*, French physician, 20th century; L. *Golé*, French physician, 20th century) 图-索-戈三氏综

合征,厚皮性骨膜病
Tournay's sign [tuːˈneiz] (Auguste *Tournay*, French ophthalmologist, 1878-1969) 图尔内氏征
tourniquet [ˈtuənikei] (Fr.) 止血带
  automatic rotating t. 自动轮换止血带
  Esmarch's t. 埃斯马赫氏止血带
  garrote t. 勒绞式止血带
  pneumatic t. 充气止血带
  scalp t. 头皮止血带
  Spanish t, torcular t. 西班牙止血带,西班牙绞ణ
Touton giant cell [ˈtuːtɔn] (Karl *Touton*, German dermatologist, 1858-1934) 托通氏巨细胞
Towne's projection [taunz] (Edward Bancroft *Towne*, American physician, 1883-1957) 汤氏投影
Townes syndrome [taunz] (Philip Leonard *Townes*, American pediatrician, born 1927) 汤斯氏综合征
Townsend ionization [ˈtaunzənd] (John *Townsend*, Irish physicist, 1868-1957) 雪崩氏电离
toxanemia [ˌtɔksəˈniːmiə] 中毒性贫血
toxaphene [ˈtɔksəfiːn] 毒杀芬
Toxascaris [tɔkˈsæskəris] 弓蛔线虫属
  T. leonina 狮弓蛔线虫
toxemia [tɔkˈsiːmiə] (*toxin* + Gr. *haima* blood + *-ia*) 毒血症
  eclamptic t., eclamptogenic t. 子痫性毒血症
  hydatid t. 棘球蚴性毒血症
  pregnancy t. in ewes 牡羊妊娠毒血症
toxemic [tɔkˈsiːmik] 毒血症的
toxenzyme [tɔksˈenzaim] 毒酶
toxi- 毒
toxic [ˈtɔksik] ❶ 毒物的,毒素的;❷ 中毒的
toxicant [ˈtɔksikənt] (L. *toxicans* poisoning) ❶ 毒的;❷ 毒物
toxication [ˌtɔksiˈkeiʃən] 中毒
toxicemia [ˌtɔksiˈsiːmiə] 毒血症
toxicide [ˈtɔksisaid] (*toxin* + L. *caedere* to kill) 解毒剂,解毒药
toxicity [tɔkˈsisiti] 毒力,毒性
  O₂ t., oxygen t. 氧毒性
toxic(o)- 毒,毒的

toxicodendrol [ˌtɔksikəuˈdendrɔl] 野葛油,毒葛油
Toxicodendron [ˌtɔksikəuˈdendrən] (*toxico-* + Gr. *dendron* tree) 野葛叶,毒葛叶
toxicoderma [ˌtɔksikəˈdəːmə] (Gr. *toxikon* poison + *derma* skin) 中毒性皮病
toxicodermatitis [ˌtɔksikəuˌdəːməˈtaitis] 中毒性皮炎
toxicodermatosis [ˌtɔksikəuˌdəːməˈtəusis] 中毒性皮病
toxicogenic [ˌtɔksikəuˈdʒenik] (*toxico-* + Gr. *gennan* to produce) 产毒的
toxicohemia [ˌtɔksikəuˈhiːmiə] 毒血症
toxicoid [ˈtɔksikɔid] (*toxico-* + Gr. *eidos* form) 毒物样的
toxicologic [ˌtɔksikəuˈlɔdʒik] 毒理学的,毒物学的
toxicologist [ˌtɔksiˈkɔlədʒist] 毒理学家,毒物学家
toxicology [ˌtɔksiˈkɔlədʒi] 毒理学,毒物学
toxicomania [ˌtɔksikəuˈmeiniə] (Gr. *toxikon* poison + *mania* madness) 毒物瘾,嗜毒瘾
toxicomucin [ˌtɔksikəuˈmjuːsin] (Gr. *toxikon* poison + *mucin*) 毒黏液素
toxicopathic [ˌtɔksikəuˈpæθik] 中毒性病的
toxicopathy [ˌtɔksiˈkɔpəθi] (*toxico-* + Gr. *pathos* disease) 中毒性病
toxicopectic [ˌtɔksikəuˈpektik] 中和毒物的
toxicopexic [ˌtɔksikəuˈpeksik] 中和毒物的
toxicopexis [ˌtɔksikəuˈpeksis] (*toxico-* + Gr. *pēxis* fixation) 毒物中和
toxicopexy [ˈtɔksikəuˌpeksi] 毒物中和
toxicophidia [ˌtɔksikəuˈfidiə] (*toxico-* + Gr. *ophis* snake) 毒蛇
toxicophobia [ˌtɔksikəuˈfəubjə] (*toxico-* + *phobia*) 毒物恐怖
toxicophylaxin [ˌtɔksikəfiˈlæksin] (Gr. *toxikon* poison + *phylain*) 菌素防御素
toxicosis [ˌtɔksiˈkəusis] (Gr. *toxikon* poison + *-osis*) 中毒
  exogenic t. 外因性中毒
  gestational t. 妊娠中毒
  hemorrhagic capillary t. 出血性毛细血

管中毒
proteinogenous t. 蛋白原性中毒
retention t. 潴留性中毒
toxicyst ['tɔksisist] (*toxi-* + *cyst*) 毒胞,毒囊
toxidermitis [,tɔksidə'maitis] 中毒性皮炎
toxiferous [tɔk'sifərəs] (*toxin* + L. *ferre* to bear) 有毒的,产毒的
toxigenic [,tɔksi'dʒenik] 产毒的,产生毒素的
toxigenicity [,tɔksidʒi'nisiti] 产毒性
toxignomic [,tɔksig'nɔmik] (*toxin* + Gr. *gnōmē* a means of knowing) 示毒的
toximucin [,tɔksi'mju:sin] 毒黏液素
toxin ['tɔksin] (Gr. *toxikon* arrow poison, from Gr. *toxikos* of or for a bow) 毒素
  Amanita t. 蝇蕈毒素
  animal t. 动物毒素
  anthrax t. 炭疽毒素
  bacterial t's 细菌毒素
  botulinal t., botulinum t., botulinus t. 肉毒杆菌毒素
  cholera t. 霍乱毒素
  clostridial t. 梭菌毒素
  Dick t. 狄克氏毒素
  diphtheria t. 白喉毒素
  diphtheria t., diagnostic 诊断用白喉毒素
  diphtheria t., inactivated diagnostic 诊断用灭活白喉毒素
  diptheria t. for Schick test (USP) 锡克氏试验用白喉毒素
  dysentery t. 痢疾毒素
  erythrogenic t. 红疹毒素
  extracellular t. 细胞外毒素
  fatigue t. 疲劳毒素
  fugu t. 河豚毒素
  fusarial t. 镰刀菌毒素
  gas gangrene t. 气性坏疽毒素
  intracellular t. 细胞内毒素
  plague t. 鼠疫毒素
  plant t. 植物毒素
  pseudomonal t. 假单胞菌毒素
  Shiga t. 志贺菌毒素
  soluble t. 可溶性毒素
  staphylococcal t. 葡萄球菌毒素
  streptococcal t. 链球菌毒素
  tetanus t. 破伤风毒素
  whooping cough t. 百日咳毒素
toxin-antitoxin (TA) [,tɔksin'ænti,tɔksin] 毒素抗毒素合剂
toxinemia [,tɔksi'ni:miə] (*toxin* + *-emia*) 毒血症
toxinicide [tɔk'sinisaid] 解毒素的,中和毒素的
toxinology [,tɔksi'nɔlədʒi] 毒素学
toxinosis [,tɔksi'nəusis] 毒素病
toxinotherapy [,tɔksinə'θerəpi] 毒素疗法
toxipathy [tɔk'sipəθi] 中毒性病
toxiphobia [,tɔksi'fəubiə] 毒物恐怖
toxiphrenia [,tɔksi'fri:niə] (*toxin* + Gr. *phren* mind) 中毒性精神分裂症
toxiresin [,tɔksi'rezin] 毒树脂
toxis ['tɔksis] (Gr. *toxikon* poison) 中毒病,中毒
toxisterol [tɔk'sistərɔl] (*toxin* + *sterol*) 毒甾醇,毒固醇
tox(o)- ❶ 毒,毒素,毒物;❷ 弓形
Toxocara [,tɔksə'kærə] 弓蛔虫属
  T. canis 犬弓蛔虫
  T. cati 猫弓蛔虫
  T. mystax 猫弓蛔虫
toxocaral [,tɔksə'kærəl] 弓蛔虫的
toxocariasis [,tɔksəkə'raiəsis] 弓蛔虫病
  human t. 人弓蛔虫病
toxogen ['tɔksədʒen] 毒素原
toxoglobulin [,tɔksə'glɔbjulin] 毒球蛋白
toxoid ['tɔksɔid] (*toxo-* + Gr. *eidos* form) 类毒素
  Clostridium perfringens t. 产气荚膜梭菌毒素
  diphtheria t. 白喉类毒素
  tetanus t. 破伤风类毒素
toxoid-antitoxin [,tɔksɔid'ænti,tɔksɔid] 类毒素与抗类毒素合剂
toxolecithid [,tɔksə'lesiθid] 毒卵磷脂
toxolecithin [,tɔksə'lesiθin] 毒卵磷脂
toxolysin [tɔk'sɔlisin] 抗毒素
toxoneme ['tɔksəni:m] 棒节细胞器
toxonosis [,tɔksə'nəusis] 中毒
toxopexic [,tɔksə'peksik] (*toxo-* + Gr. *pēxis* fixation) 中和毒素的
toxophil [,tɔksə'fil] (*toxo-* + Gr. *philein* to love) 亲毒的,易感毒素的
toxophilic [,tɔksə'filik] (*toxo-* + Gr. *philein* to love) 亲毒的,易感毒素的

toxophilous [tɔk'sɔfiləs] 亲毒的,易感毒素的

toxophore ['tɔksəfɔː] (*toxin* + Gr. *phoros* bearing) 毒簇

toxophorous [tɔk'sɔfərəs] 毒簇的,带毒素的

Toxoplasma [ˌtɔksə'plæzmə] (*toxo-* + *plasma*) 弓形体属,弓浆虫属
   T. cuniculi 兔弓形体
   T. gondii 鼠弓形体

toxoplasmosis [ˌtɔksɔplæz'məusis] (*toxo-* + *plasma-* + *osis*) 弓形体病
   ocular t. 眼弓形体病

toxoprotein [ˌtɔksə'prəutin] 毒蛋白

toxuria [tɔk'sjuəriə] 尿毒症

Toynbee's corpuscles ['tɔinbiz] (Joseph Toynbee, English otologist, 1815-1866) 托因比氏小体

TPA, t-PA (tissue plasminogen activator 的缩写) 组织纤维蛋白溶酶原激活剂

TPHA (Treponema pallidum hemagglutination assay 的缩写) 梅毒螺旋体血凝测定

t-plasminogen activator(t-PA, TPA) [plæz-'minədʒən 'æktiveitə](EC 3. 4. 21. 68) 组织纤维蛋白溶酶原激活剂

TPN ❶ (total parenteral nutrition 的缩写) 胃肠道外全面营养; ❷ (triphosphopyridine nucleotide 的缩写) 三磷酸吡啶核苷酸

TPP (thiamine pyrophosphate 的缩写) 焦磷酸硫胺

TR (tricuspid regurgitation 的缩写) 结核菌素沉渣

trabecula [trə'bekjulə] (pl. *trabeculae*) (L. dim. of *trabs*) 小梁,柱
   arachnoid trabeculae 蛛网膜小梁
   trabeculae of bone 骨小梁
   trabeculae carneae cordis (NA) 心肉柱
   trabeculae cordis 心肉柱
   trabeculae of corpora cavernosa of penis, trabeculae corporum cavernosorum penis(NA) 阴茎海绵体小梁
   trabeculae of corpus spongiosum of penis, trabeculae corporis spongiosi penis (NA) 阴茎海绵体小梁
   trabeculae cranii 颅小梁
   fleshy trabeculae of heart 心肉柱
   trabeculae lienis 脾小梁
   Rathke's trabeculae 拉特克氏小梁,颅小梁
   septomarginal t., t. septomarginalis (NA) 隔缘小梁
   trabeculae of spleen, trabeculae splenicae (NA) 脾小梁

trabeculae [trə'bekjuliː] (L.) 小梁。*trabecula* 的复数形式

trabecular [trə'bekjulə] 小梁的,柱的

trabecularism [trə'bekjulərizəm] 小梁结构

trabeculate [trə'bekjuleit] (L. *trabecula* a small beam or bar) 有小梁的

trabeculation [trəˌbekju'leiʃən] 小梁形成

trabeculectomy [trəˌbekju'lektəmi] (*trabecula* + *-ectomy*) 小梁切除术

trabeculoplasty [trə'bekjuləˌplæsti] 小梁修补术
   laser t. 激光小梁修补术

trace [treis] ❶ 微量; ❷ 痕迹
   memory t. 印象

tracer ['treisə] ❶ 分离器; ❷ 示踪器,描记器; ❸ 示踪物
   arrow-point t. 箭头描记器
   needle-point t. 针尖描记器
   radioactive t. 放射性示踪物
   stylus t. 探针描记器

trachea ['treikiə] (pl. *tracheae*)(L. from Gr. *tracheia artēria*)(NA) ❶ 气管; ❷ 小气管
   scabbard t. 剑鞘形气管

tracheae [trə'kiːiː] (L.) 气管。*trachea* 的复数形式

tracheaectasy [ˌtreikiə'ektəsi] 气管扩张

tracheal ['trəki(ː)əl] (L. *trahcealis*) 气管的

trachealgia [ˌtreiki'ældʒiə] (*trachea* + Gr. *algos* pain + *-ia*) 气管痛

tracheitis [ˌtreiki'aitis] 气管炎

trachelagra [ˌtreiki'lægrə] (Gr. *trachelos* neck) 颈痛

trachelectomy [ˌtræki'lektəmi] (Gr. *trachēlos* neck + *ektomē* excision) 子宫颈切除术

trachelematoma [ˌtrækiˌlemə'təumə] 胸锁乳突肌血肿

trachelism ['trækilizəm] (Gr. *trachēlismos*) 颈肌痉挛

trachelismus ['trækilizməs] 颈肌痉挛
trachelitis [,træki'laitis] 子宫颈炎
trachel(o)- (Gr. *trachēlos* neck) 颈, 项
trachelocele ['trækiləsi:l] 气管粘膜疝样突出
trachelocyllosis [,trækiləsi'ləusis] (*trachelo-* + Gr. *kyllōsis* crooking) 斜颈, 捩颈
trachelocyrtosis [,trækiləsiə'təusis] (*trachelo-* + Gr. *kyrtos* curved + *-osis*) 颈椎后凸
trachelocystitis [,trækiləsis'taitis] (*trachelo-* + Gr. *kystis* bladder + *-itis*) 膀胱颈炎
trachelodynia [,trækilə'diniə] (*trachelo-* + Gr. *odynē* pain + *-ia*) 颈痛
trachelokyphosis [,tækiləkai'fəusis] 颈椎后凸
trachelologist [,træki'lɔlədʒist] 颈病学家
trachelology [,træki'lɔlədʒi] (*trachelo-* + *-logy*) 颈病学
trachelomastoid [,trækiləu'mæstɔid] 颈乳突肌
trachelopexy ['trækilə,peksi] (*trachelo-* + Gr. *pēxis* fixation) 子宫颈固定术
tracheloplasty ['trækilə,plæsti] (*trachelo-* + Gr. *plassein* to mold) 子宫颈成形术
trachelorrhaphy [,træki'lɔrəfi] (*trachelo-* + Gr. *rhaphē* suture) 子宫颈缝合术
tracheloschisis [,træki'lɔskisis] (*trachelo-* + Gr. *schisis* fissure) 颈裂畸形
trachelosyringorrhaphy [,trækiləsiriŋ'gɔrəfi] (*trachelo-* + Gr. *syrinx* pipe + *rhaphē* suture) 阴道矮子宫颈缝合术
trachelotomy [,træki'lɔtəmi] (*trachelo-* + Gr. *tomē* a cutting) 子宫颈切开术
trache(o)- 气管
tracheoaerocele [,treikiə'ɛərəsi:l] (*tracheo-* + Gr. *aēr* air + *kēlē* hernia) 气管气疝
tracheobronchial [,treikiə'brɔŋkjəl] 气管支气管的
tracheobronchitis [,treikiəbrɔŋ'kaitis] 气管支气管炎
tracheobronchomegaly [,treikiə,brɔŋkə'megəli] 气管支气管扩大
tracheobronchoscopy [,treikiəbrɔŋ'kɔskəpi] 气管支气管镜检查术

tracheocele ['treikiə,si:l] (*tracheo-* + Gr. *kēlē* hernia) 气管粘膜疝样突出
tracheoesophageal [,treikiəi'sɔfədʒiəl] 气管食管的
tracheofistulization [,treikiəu,fistjulai'zeiʃən] 气管造口术
tracheogenic [,treikiə'dʒenik] 气管原的
tracheolaryngeal [,treikiələ'rindʒiəl] 气管喉的
tracheole ['treikiəul] 小气管
tracheomalacia [,treikiəmə'leiʃiə] 气管软化
tracheopathia [,treikiə'pæθiə] (*tracheo-* + Gr. *pathos* disease) 气管病
t. osteoplastica 骨质沉着性气管病
tracheopathy [,treiki'ɔpəθi] 气管病
tracheopharyngeal [,treikiəfə'rindʒiəl] 气管咽的
Tracheophilus cymbius [,treiki,ɔfiləs' simbiəs] 鸭气管吸虫
tracheophony [,treiki'ɔfəni] (*tracheo-* + Gr. *phōnō* voice) 气管音
tracheoplasty ['treikiə,plæsti] (*tracheo-* + Gr. *plassein* to mold) 气管成形术
tracheopyosis [,treikiəpai'əusis] (*tracheo-* + Gr. *pyon* pus) 气管化脓
tracheorrhagia [,treikiə'reidʒiə] (*tracheo-* + Gr. *rhēgnynai* to burst forth) 气管出血
tracheorrhaphy [,treiki'ɔrəri] (*tracheo-* + Gr. *rhaphē* suture) 气管缝合术
tracheoschisis [,treiki'ɔskisis] (*tracheo-* + Gr. *schisis* fissure) 气管裂
tracheoscopic [,treikiə'skɔpik] 气管镜检查的
tracheoscopy [,treiki'ɔskəpi] (*tracheo-* + Gr. *skopein* to exmine) 气管镜检查术
tracheostenosis [,treikiəsti'nəusis] (*tracheo-* + Gr. *stenōsis* narrowing) 气管狭窄
tracheostoma [,treiki'ɔstəmə] (*tracheo-* + Gr. *stoma* mouth) 气管造口
tracheostomize [,treiki'ɔstəmaiz] 气管造口
tracheostomy [,treiki'ɔstəmi] (*tracheo-* + Gr. *stomoun* to furnish with an opening or mouth) 气管造口术
tracheotome ['treikiətəum] 气管刀

tracheotomize [ˌtreikiˈɔtəmaiz] 切开气管
tracheotomy [ˌtreikiˈɔtəmi] (*tracheo-* + Gr. *tomē* a cutting) 气管切开术
  inferior t. 下位式气管切开术
  superior t. 上位式气管切开术
trachitis [trəˈkaitis] 气管炎
trachoma [trəˈkəumə] (pl. *trachomata*) (Gr. *trachōma* roughness) 沙眼
  Arlt's t. 阿耳特氏沙眼
  Türck's t. 提尔克氏干皱
  t. of vocal bands 结节性声带炎
trachomata [trəˈkɔmətə] (Gr.) 沙眼。*trachoma* 的复数形式
trachomatous [trəˈkɔmətəs] 沙眼的
Trachybdella bistriata [ˌtreikiˈbdelə ˌbistriˈɑːtə] 巴西水蛭
trachychromatic [ˌtreikikrəˈmætik] (Gr. *trachys* rough + *chrōma* color) 深染的,着色浓重的
trachyonychia [ˌtreikiɔˈnikiə] (Gr. *trachys* rough + Gr. *onyx* nail + *-ia*) 指甲粗糙脆裂
trachyphonia [ˌtreikiˈfəuniə] (Gr. *trachys* rough + *phōnē* voice + *-ia*) 声嘶
tracing [ˈtreisiŋ] ❶ 下颌关节运动描记图;❷ 测颅描记
  arrow-point t. 箭头描记法
  cephalometric t. 测颅描记法
  extraoral t. 口外描记法
  Gothic arch t. 哥特式拱门描记法
  intraoral t. 口内描记法
  needle-point t. 针尖描记法
  stylus t. 探针描记法
track [træk] 径迹
  ionization t. 游离径
Tracrium [ˈtrækriəm] 特库瑞;阿曲库铵苯磺酸盐制剂的商品名
tract [trækt] (L. *tractus*) ❶ 束;❷ 神经束;❸ 道
  alimentary t. 消化道
  ascending t. 上行束
  atriohisian t's 房希斯束
  Bekhterev's t. 别赫捷列夫氏束,丘脑橄榄束
  biliary t. 胆道
  Bruce's t., t. of Bruce and Muir 布鲁斯氏束,隔缘束
  bulbar t. 延髓束
  Burdach's t. 希尔达赫束
  central t. of auditory nerve 听神经中枢束
  cerebellorubrospinal t. 小脑红核脊髓束
  cerebellospinal t. 前庭脊髓束
  cerebellotegmental t's of bulb 小脑被盖束
  cerebellothalamic t. 小脑丘脑束,齿状核丘脑束
  comma t. of Schultze 舒尔茨束间束
  conariohypophyseal t. 松果垂体束
  corticobulbar t. 皮质延髓束
  corticopontine t. 皮质脑桥束
  corticorubral t. 皮质红核束
  corticospinal t., anterior 皮质脊髓束
  corticospinal t., crossed 皮质脊髓交叉束
  corticospinal t., direct 皮质脊髓束
  corticospinal t. of medulla oblongata 延髓皮质脊髓束
  corticospinal t's of spinal cord 皮质脊髓束
  corticotectal t., external 外侧皮质顶盖束
  corticotectal t., internal 内侧皮质顶盖束
  cuneocerebellar t. 楔小脑束
  Deiters' t. 代特氏束,前庭脊髓束
  descending t. 下行束
  digestive t. 消化道
  extracorticospinal t., extrapyramidal t. 锥体外系
  fastigiobulbar t's 顶核延髓束
  fiber t's of spinal cord 脊髓纤维束
  Flechsig's t. 费累西格氏束,脊髓小脑后束
  flow t. of the heart 心脏血流途径
  frontopontine t. 额叶桥脑径
  gastrointestinal t. 胃肠道
  geniculocalcarine t., geniculostriate t. 膝距束,脊髓小脑后束
  genitourinary t. 生殖泌尿道,尿生殖道
  Goll's t. 果耳氏束,脊髓薄束
  Gowers' t. 高尔斯氏束,脊髓小脑前束
  habenulopeduncular t. 缰核脚间束
  Helweg's t. 黑耳维西氏束,橄榄脊髓束
  hypothalamicohypophysial t. 下丘脑垂体束
  intermediolateral t. 中间外侧束

internodal t's 结间束
internuncial t. 核间束
intersegmental t's of spinal cord, anterior 脊髓前固有束
intersegmental t's of spinal cord, dorsal 脊髓后固有束
intersegmental t's of spinal cord, lateral 脊髓外侧固有束
intersegmental t's of spinal cord, posterior 脊髓后固有束
intersegmental t's of spinal cord, ventral 脊髓前固有束
interstitiospinal t. 间质脊髓束
intestinal t. 肠道
Lissauer's t. 利骚厄氏束, 背外侧束
Löwenthal's t. 勒文塔耳氏束, 顶盖脊髓束
Maissiat's t. 梅希雅氏带, 髂胫束
mamillopeduncular t. 乳头脑脚束
mamillotegmental t. 乳头被盖束
mamillothalamic t. 乳头丘脑束
Marchi's t. 马尔基氏束, 顶盖脊髓束
mesencephalic t. of trigeminal nerve 三叉神经中脑束
Meynert's t. 迈内特氏束
Monakow's t. 莫纳科夫氏束, 红核脊髓束
motor t. 运动束
nigrostriate t. 黑质纹状体束
occipitopontile t., occipitopontine t. 枕桥束
paraventriculohypophysial t. 脑室旁垂体束
parietopontine t. 顶桥束
peduncular t., transverse 脑脚横束
t. of Philippe-Gombault 贡-菲二氏三角
pyramidal t. ① 锥体束; ② 皮质脊髓束
pyramidal t., anterior 锥体前束
pyramidal t., crossed 锥体交叉束, 皮质脊髓侧束
pyramidal t., direct 锥体直束, 皮质脊髓前束
pyramidal t., lateral 锥体侧束, 皮质脊髓侧束
pyramidal t. of medulla oblongata 锥体束
pyramidal t's of spinal cord 脊髓锥体束
respiratory t. 呼吸道
reticulospinal t., reticulospinal t., anterior, reticulospinal t., ventral 网状脊髓束
rubrobulbar t. 红核延髓束
rubroreticular t. 红核网状束
Schultze's t., semilunar t. 舒尔策氏束, 半月束
Schütz's t. 舒茨氏束
sensory t. 感觉束
septomarginal t. 隔缘束
spinal t. of trigeminal nerve 三叉神经束
spinocerebellar t., anterior 脊髓小脑前束
spinocerebellar t., direct 脊髓小脑直束, 脊髓小脑后束
spinocervical t. 颈脊束
spinocervicothalamic t. 颈髓丘脑束
spinothalamic t. 脊髓丘脑束
spinothalamic t., anterior 脊髓丘脑前束
spinothalamic t., lateral 脊髓丘脑侧束
spinothalamic t., ventral 脊髓丘脑前束
Spitzka's t., Spitzka-Lissauer t. 斯皮茨卡氏束, 背外侧束
strionigral t. 纹状体黑质束
sulcomarginal t. 沟缘束
tectobulbar t. 顶盖延髓束
tectocerebellar t. 顶盖小脑束
tegmental t. 被盖束
tegmentospinal t. 被盖脊髓束
temporopontine t. 颞桥束
testobulbar t. 顶盖延髓束
thalamo-olivary t. 丘脑橄榄核
triangular t. 三角束, 橄榄脊髓束
triangular t. of Philippe-Gombault 贡-菲二氏三角束
trigeminothalamic t. 三叉神经丘脑束
tuberohyophysial t., tuberoinfundibular t. 视上垂体束
urinary t. 泌尿道
uveal t. 葡萄膜
ventral amygdalofugal t. 腹侧离杏仁束
vestibulocerebellar t. 前庭小脑束
t. of Vicq d'Azyr 乳头丘脑束

tractellum [træk'teləm] (pl. *tractella*) (L.) 前鞭毛

traction ['trækʃən] (L. *tractio*) 牵引
axis t. 轴牵引

Bryant's t. 布莱恩特氏牵引
cervical t. 颈牵引
elastic t. 弹性牵引
external t. 外牵引
halo-pelvic t. 头圈骨盆牵引
intermaxillary t. 颌间牵引
internal t. 内牵引
lumbar t. 腰牵引
maxillomandibular t. 上下颌牵引
Russell t. 鲁塞尔氏牵引
skeletal t. 骨骼牵引
skin t. 皮肤牵引
tongue t. 舌牵引

tractor ['træktə] (L. "drawer") 牵引器
prostatic t. 前列腺牵引器
Syms't 西姆斯氏牵引器,前列腺牵引器
urethral t. 尿道牵引器

tractotomy [træk'tɔtəmi] 神经束切断术
medullary t. 骨髓神经束切断术
mesencephalic t. 中脑神经束切断术
stereotactic t. 定位切断术

tractus ['træktəs] (pl. *tractus*) (L. "track, trail") 束 ❶ 区域；❷ (NA)指起止相同和功能相同的神经纤维集结成束
t. bulboreticulospinalis(NA) 延髓网状脊髓束
t. centralis thymi 胸腺中央束
t. cerebellorubralis (NA) 小脑红核束
t. cerebellothalamicus 小脑丘脑束
t. corticohypothalamicus(NA) 皮质下丘脑束
t. corticonuclearis (NA) 皮质核束,皮质延髓束
t. corticospinalis anterior (NA) 皮质脊髓前束
t. corticospinalis lateralis (NA) 皮质脊髓侧束
t. corticospinalis ventralis (NA) 皮质脊髓前束
t. dentatothalamicus(NA) 齿状核丘脑束
t. dorsolateralis (NA) 背外侧束
t. habenulo-interpeduncularis (NA) 缰核脚间束
t. hypothalamohypophysialis (NA) 下丘脑垂体束
t. iliopubicus 髂耻束
t. iliotibialis (NA), t. iliotibialis (Maissiati) 髂胫束
t. mesencephalicus nervi trigeminalis (N-A), t. mesencephalicus nervi trigemini 三叉神经中脑束
t. mesencephalicus trigeminalis 三叉神经中脑束
t. olfactorius (NA) 嗅束
t. olivocerebellaris (NA) 橄榄小脑束
t. olivocochlearis (NA) 橄榄耳蜗束
t. olivospinalis (NA) 橄榄脊髓束
t. opticus (NA) 视束
t. paraventriculohypophysialis (NA) 脑室旁垂体束
t. pontoreticulospinalis (NA) 脑桥网状脊髓束
t. pyramidalis ① 锥体束；② 任一皮质脊髓束
t. pyramidalis anterior 锥体前束
t. pyramidalis lateralis 锥体侧束
t. pyramidalis ventralis 锥体前束
t. reticulospinalis (NA), t. reticulospinalis anterior, t. reticulospinalis ventralis 网状脊髓束
t. rubrospinalis (NA) 红核脊髓束
t. solitarius medullae oblongatae (NA) 延髓孤束
t. spinalis nervi trigeminsalis (NA), t. spinalis nervi trigemini 三叉神经脊束
t. spinocerebllaris anterior (NA) 脊髓小脑前束
t. spinocerebellaris dorsalis 脊髓小脑后束
t. spinocerebellaris posterior (NA) 脊髓小脑后束
t. spinocerebellaris ventralis 脊髓小脑前束
t. spino-olivaris (NA) 脊髓橄榄束
t. spinoreticularis (NA) 脊髓网状束
t. spinotectalis (NA) 脊髓顶盖束
t. spinothalamicus (NA) 脊髓丘脑束
t. spinothalamicus anterior (NA) 脊髓丘脑前束
t. spinothalamicus lateralis 脊髓丘脑外侧束
t. spinothalamicus ventralis 脊髓丘脑前束
t. spiralis foraminosus (NA) 螺旋孔束
t. subarcuatus 弓下束

- **t. supraopticohypophysialis**（NA）视上垂体束
- **t. tectospinalis**（NA）顶盖脊髓束
- **t. tegmentalis centralis**（NA）中央被盖束
- **t. triangularis** 三角束，橄榄脊髓束
- **t. trigeminothalamicus** 三叉神经丘脑束
- **t. vestibulospinalis**（NA）前庭脊髓束

tragacanth ['trægəkænθ]（NF）西黄蓍胶
tragal ['treigəl] 耳屏的，耳珠的
tragi ['treidʒai]（L. pl. of *tragus*）（NA）耳毛
Tragia ['treidʒiə] 刺痒藤属
tragion ['trædʒiən] 耳屏点
tragomaschalia [ˌtrægəmæs'keiliə]（Gr. *tragos* goat + *maschalē* the armpit）腋臭
tragophonia [ˌtrægə'fəuniə] 羊音
tragophony [trə'gɔfəni]（Gr. *tragos* goat + *phōnē* voice）羊音
tragopodia [ˌtrægə'pəudiə]（Gr. *tragos* goat + *pous* foot）膝外翻
tragus ['treigəs]（pl. *tragi*）（L., Gr. *tragos* goat）（NA）耳屏，耳珠
trainable ['treinəbl] 可训练的
training ['treiniŋ] 训练
- **assertiveness t.** 表达训练
- **bladder t.** 膀胱训练
- **bowel t.** 肠训练
- **expressive t.** 表达训练

trait [treit] ❶ 由遗传决定的特征；❷ 性状；❸ 特征，特性
- **sickle cell t.** 镰状细胞特性

trajector [trə'dʒektə] 检弹探子
Tral [træl] 泰尔：六环硫酸二甲酸制剂的商品名
tralonide ['trælənaid] 曲拉缩松
tramadol hydrochloride ['træmədɔl] 盐酸曲马多
tramazoline hydrochloride [trə'mæzəli:n] 盐酸萘胺唑啉
tramitis [trə'maitis]（L. *trama* woof + *-itis*）肺结核条痕
trance [trɑ:ns] 迷睡，恍惚
- **hypnotic t.** 催眠性迷睡

Trancopal ['træŋkɔpəl] 芬那露：氯苯甲酮制剂的商品名
Trandate ['trændeit] 柳胺苄心定：拉贝洛尔制剂的商品名

tranexamic acid [trænik'sæmik] 凝血酸
tranquilizer [ˌtræŋkwi'laizə]（L. *tranquillus* quiet, calm + *-ize* verb ending meaning to make + *-er* agent）镇静剂，安定剂
- **major t.** 强安定药
- **minor t.** 弱安定药

trans [trænz]（L., through）反式
trans- 经由，横过，超越
transabdominal [ˌtrænsæb'dɔminəl] 经腹的
transacetylase [ˌtrænsə'setileis] 转乙酰酶
transacetylation [ˌtræns‚æsiti'leiʃən] 乙酰基转移
transacylase [træns'æsileis] 转酰酶
transacylation [træns‚æsi'leiʃən] 转酰作用
transaldolase [træns'ældəleis]（EC 2.2.1.2）转醛醇酶，醛醇基转移酶
transamidinase [træns'æmidineis] 转脒酶
transaminase [træns'æmineis]（EC 2.6.1）转氨酶
transamination [ˌtrænsæmi'neiʃən] 氨基转移
transanimation [træns‚æni'meiʃən]（*trans-* + L. *anima* breath）新生儿复苏法
transantral [træns'æntrəl] 经窦的
transaortic [ˌtrænsei'ɔ:tik] 经主动脉的
transatrial [træns'eitriəl] 经心房的
transaudient [træns'ɔ:diənt] 透声的
transaxial [træns'æksiəl] 经轴的
transbasal [træns'beisəl] 经基底的
transcalent [træns'keilənt]（*trans-* + L. *calere* to be hot）透热的
transcallosal [ˌtrænskə'ləusəl] 经胼胝体的
transcalvarial [ˌtrænskæl'vɛəriəl] 经颅盖的
transcarbamoylase [ˌtrænskɑ:'bæmɔileis] 氨甲酰基转移酶
transcarboxylase [ˌtrænskɑ:'bɔksileis] 转羧酶
transcatheter [træns'kæθitə] 经导管的
transcervical [træns'sə:vikəl] 经子宫颈的
transclomiphene [træns'klɔmifi:n] 反式克罗密芬
transcobalamin [ˌtrænskəu'bæləmin] 转钴胺素
- **t. Ⅰ(TCⅠ)** 转钴胺素Ⅰ

t. Ⅱ(TCⅡ) 转钴胺素Ⅱ
t. Ⅲ(TCⅢ) 转钴胺素Ⅲ
transcondyloid [træns'kɔndilɔid] 经髁的
transcortical [træns'kɔːtikəl] 经皮质的
transcortin [træns'kɔːtin] 皮质激素传递蛋白
transcranial [træns'kreinjəl] 经颅的
transcricothyroid [ˌtrænsˌkraikə'θairɔid] 经环甲软骨膜的
transcript ['trænskript] 转录体
　primary t. 原始转录体
transcriptase [træns'kripteis] 转录酶
　reverse t. 逆转录酶
transcription [træns'kripʃən] (L. *transcriptio* transfer, copy) 转录
transcutaneous [ˌtrænskju'teinjəs] 经皮的
transdermal [træns'dəːməl] 经皮的
transdermic [træns'dəːmik] (*trans-* + Gr. *derma* skin) 经皮的, 由皮的
Transderm-Nitro ['trænsdəːm'naitrəu] 三硝酸甘油酯: 硝酸甘油的商品名
Transderm-Scōp ['trænsdəːm'skəup] 使保定: 东莨菪碱贴膏制剂的商品名
transducer [træns'djuːsə] 换能器
　neuroendocrine t. 神经内分泌换能器
transducin [træns'djuːsin] 转导蛋白
transduction [træns'dʌkʃən] (L. *transducere* to lead across) ❶ 转导; ❷ 换能
　sensory t. 感觉转导
　visual t. 视觉传导
transdural [træns'djuərəl] 经硬膜的
transection [træn'sekʃən] (*trans-* + L. *sectio* a cut) 横切, 横断
transepidermal [ˌtrænsepi'dəːməl] 经表皮的
transethmoidal [trænseθ'mɔidəl] 经筛骨的
transfaunation [ˌtrænsfɔː'neiʃən] 宿主转变
transfection [træns'fekʃən] 转变感染
transfectoma [ˌtrænsfek'təumə] 转染瘤
transfer ['trænsfəː] (*trans-* + L. *ferre* to carry) 转移
　linear energy t. (LET) 线能转移
　passive t. 被动转移
　tendon t. 腱转移
transferase ['trænsfəreis] (EC 2) 转移酶
transference [træns'fərəns] 转移
　counter t. 反向转移
transferrin [træns'ferin] (*trans-* + L. *ferrum* iron + *-in* chemical suffix) 转铁球蛋白
transfix [træns'fiks] (*trans-* + L. *figere* to fix) 贯穿, 刺通
transfixion [træns'fikʃən] 贯穿术
transforator ['trænsfəˌreitə] ❶ 穿破器; ❷ 穿颅器
transformation [ˌtrænsfə'meiʃən] (*trans-* + L. *formatio* formation) 变形, 转化, 转变
　asbestos t. 石棉变形
　bacterial t. 细菌转化
　lymphocyte t. 淋巴细胞转化
　nodular t. of the liver 肝结节转化
transfrontal [træns'frʌntəl] 经额的
transfuse [træns'fjuːz] (*trans-* + L. *fundere* to pour) 转输, 输血
transfusion [træns'fjuːʒən] (L. *transfusio*) 输血, 输液, 输入
　autologous t. 自体输血
　direct t. 直接输血
　exchange t. 交换输血
　exsanguination t. 交换输血
　fetomaternal t. 胎儿母体输血
　immediate t. 直接输血
　indirect t. 间接输血
　intraperitoneal t. 腹膜腔内输血
　intrauterine t. 子宫内输血
　mediate t. 间接输血, 中介输血
　placental t. 胎盘输血
　replacement t., substitution t. 换血输血
　twin-to-twin t. 孪生输血
transgastric [træns'gæstrik] 经胃的
transgenation [ˌtrænsdʒe'neiʃən] 突变, 骤变
transgenic [træns'dʒenik] (*trans-* + *genic*) 转基因的
transglucosylase [ˌtrænsgluː'kɔsileis] 葡萄糖基转移酶
transglutaminase [ˌtrænsgluː'tæmineis] 谷氨酰胺转移酶, 转谷氨酰胺酶
transglycosidation [ˌtrænsglaiˌkɔsi'deiʃən] 转苷作用, 苷基转移作用
transglycosylase [ˌtrænsglai'kɔsileis] 转葡萄糖基酶, 葡萄糖基转移酶
transhiatal [ˌtrænshai'eitəl] 经裂孔的

transient ['trænziənt] (L. *transiens* present participle of *transire* to go across) 短暂的,瞬时的

transiliac [træns'iliæk] 经髂骨的,髂骨的

transilient [træn'siliənt] (*trans-* + L. *salire* to leap) 跳跃的,跃过的

transillumination [ˌtrænsiˌljuːmi'neiʃən] 透照法

transinsular [træns'insjulə] 经岛的

transischiac [træns'iskiæk] 坐骨间的

transisthmian [træns'ismiən] 经峡的

transistor [træn'zistə] 晶体管

transition [træn'ziʃən] (L. *transitio* crossing over) 转变,变迁
  glass t. 玻璃样变

transitivism ['trænsitiˌvizəm] 互易感觉

transketolase [træns'kiːtəleis] (EC 2.2.1.1) 转酮醇酶,酮醇基转移酶

translateral [træns'lætərəl] 经两侧的

translation [træns'leiʃən] (L. *translatio* transfer) 转移,转译
  nick t. 切口转移

translocase [træns'ləukeis] 载体

translocation [ˌtrænsləu'keiʃən] (*trans-* + L. *locus* place) 易位
  balanced t. 平衡易位
  reciprocal t. 相互易位
  robertsonian t. 罗伯逊易位,端点着丝粒易位

translucent [træns'ljuːsənt] (*trans-* + L. *lucens* shining) 半透明的

translumination [ˌtrænsljuːmi'neiʃən] 透照,透照法

transmembrane [træns'membrein] 透膜的

transmethylase [træns'meθileis] 转甲基酶,甲基转移酶

transmethylation [ˌtrænsmeθi'leiʃən] 甲基转移作用

transmigration [ˌtrænsmai'greiʃən] (*trans-* + L. *migratio* migration) ❶ 移行,移走; ❷ 血细胞渗出
  external t. 外移行
  internal t. 内移行

transmissible [træns'misəbl] 可传播的,可传染的,可传递的

transmission [træns'miʃən] (*trans-* + L. *missio* a sending) 传播,传递
  duplex t. 两向传导
  ephaptic t. 假突触传递
  horizontal t. 水平传播
  neurochemical t. 神经化学传递
  neurohumoral t. 神经液性传递
  neuromuscular t. 神经肌肉传递
  synaptic t. 突触传导
  vertical t. 纵向传播

transmittance [træns'mitəns] 透光度,透射比

transmitter [træns'mitə] 介质,传递质

transmural [træns'mjuərəl] (*trans-* + L. *muralis*, from *murus* wall) 透壁的

transmutation [ˌtrænsmjuː'teiʃən] ❶ 衍变; ❷ 蜕变

transocular [træns'ɔkjulə] 经眼的

transonance ['trænsənəns] (*trans-* + L. *sonans* sounding) 传响

transovarial [ˌtrænsə'veəriəl] 经卵巢的

transovarian [ˌtrænsə'veəriən] 经卵巢的

transpalatal [træns'pælətəl] 经腭的,经口底的

transparent [træns'peərənt] (*trans-* + L. *parere* to appear) 透明的

transparietal [ˌtrænspə'raiitəl] (*trans-* + L. *paries* wall) 顶骨间的,穿过体壁的

transperitoneal [ˌtrænsperitə'niːəl] 经腹膜的

transphosphorylation [trænsˌfɔsfəri'leiʃən] 转磷酸作用

transpiration [ˌtrænspi'reiʃən] (*trans-* + *spiratio* exhalation) 蒸散,蒸腾,不显性出汗
  pulmonary t. 肺蒸散,肺蒸发

transplacental [ˌtrænsplə'sentəl] 经胎盘的

transplant [træns'plɑːnt] ❶ 移植; ❷ 移植物,移植片
  Gallie t. 加利移植物

transplantar [træns'plɑːntə] (*trans-* + L. *planta* sole) 经足底的,经跖的

transplantation [ˌtrænsplɑːn'teiʃən] (*trans-* + L. *plantare* to plant) 移植术
  allogeneic t. 同种移植术
  bone marrow t. 骨髓移植术
  heterotopic t. 异位移植术
  homotopic t. 同位移植术

orthotopic t. 同位移植术，正位移植术
syngeneic t. 同基因移植术
syngenesioplastic t. 同血统移植术
tendon t. 腱移植术
tooth t. 牙移植
transpleural [træns'pluərəl] 经胸膜的
transport ['trænspɔːt] (L. *transportare* to carry across) 转移，转运
active t. 主动转运
bulk t. 总体运转
reverse cholesterol t. 胆固醇逆转转运
passive t. 被动转运
slow axonal t. 慢轴突转运
transposition [ˌtrænspə'ziʃən] (*trans-* + L. *positio* placement) ❶ 错位，反位；❷ 移位术；❸ 换位，移位
corrected t. of great vessels 大血管合理错位
t. of great vessels 大血管错位
partial t. of great vessels 大血管部分错位
transposon [trænz'pɒzən] 转座子，转位子
transpubic [træns'pjuːbik] 经耻骨的
transsacral [træns'seikrəl] 经骶骨的
transsection [træn'sekʃən] 横切，横断
transsegmental [ˌtrænsseg'mentəl] 经肢节的
transseptal [træns'septəl] 经中隔的
transsexual [træns'sekʃuəl] ❶ 异性转化欲者；❷ 外部解剖变为异性的人
transsexualism [træns'sekʃuəlizəm] 异性转化欲，易性癖
transsphenoidal [ˌtrænssfiː'nɔidəl] 经蝶骨的
transsternal [træn'stɜːnəl] 经胸骨的
transsuccinylase [ˌtrænsək'sinəleis] 转琥珀酰基酶
transtemporal [træns'tempərəl] 经颞叶的
transthalamic [ˌtrænsθə'læmik] 经丘脑的
transthoracic [ˌtrænsθɔː'ræsik] 经胸廓的，经胸腔的
transthyretin [ˌtrænsθi'retin] 转甲状腺素蛋白
transtracheal [træns'træki(ː)əl] 经气管的
transtympanic [ˌtrænstim'pænik] 经鼓膜的经中耳腔的
transudate ['trænsjudeit] (*trans-* + L. *sudare* to sweat) 漏出液
transudation [ˌtrænsju'deiʃən] ❶ 漏出；❷ 漏出液
transuranium [ˌtrænsjuə'reinjəm] 超铀的，超铀元素
transureteroureterostomy [ˌtrænsjuəˌriːtərəujuəˌriːtə'rɒstəmi] 输尿管，输尿管吻合术
transurethral [ˌtrænsjuə'riːθrəl] 经尿道的
transvaginal [ˌtrænsvə'dʒainəl] 经阴道的
transvaterian [ˌtrænsvə'tiəriən] 经十二指肠乳头的
transvector [træns'vektə] 带毒体，传毒者
transvenous [træns'viːnəs] 经静脉的
transventricular [ˌtrænsven'trikjulə] 经心室的
transversalis [ˌtrænsvɜː'sælis] (*trans-* + L. *vertere*, *versum* to turn) 横的
transverse ['trænsvɜːs] (L. *transversus*) 横的
transversectomy [ˌtrænsvɜː'sektəmi] (*transverse* + Gr. *ektomē* excision) 椎骨横突切除术
transversion [træns'vɜːʒən] (L. *transvertere* to turn away) 易位
transversocostal [ˌtrænsˌvɜːsɔː'kɔstəl] 肋椎横突的
transversotomy [ˌtrænsvɜː'sɔtəmi] (*transverse* + Gr. *tomē* a cutting) 椎骨横突切除术
transversourethralis [trænsˌvɜːsəuˌjuəri'θræːlis] 尿道横肌
transversus [træns'vɜːsəs] 横的
transvesical [træns'vesikɔl] 经膀胱的
transvestism [træns'vestizəm] (*trans-* + L. *vestitus* clothed) ❶ 易装癖；❷ 易物癖
transvestite [træns'vestait] 易装癖者
transvestitism [træns'vestitizəm] 易装癖
Trantas' dots ['træntəs] (Alexios Trantas, Greek ophthalmologist, 1867-1960) 特兰塔斯氏小点
Tranxene ['trænziːn] 特兰辛：氯氮草二钾制剂的商品名
tranylcypromine sulfate [ˌtrænil'saiprəmin] 硫酸反苯环丙胺
trapezial [trə'piːziəl] 斜方形的，大多角骨的

trapeziform [trə'pezifɔ:m] 斜方形的

trapeziometacarpal [trəˌpiziəˌmetə'kɑ:pəl] 大多角骨掌骨的

trapezium [trə'pizjəm] (L.; Gr. *trapezion*) ❶ 斜方形；❷ 大多角骨

trapezoid ['træpizɔid] (L. *trapezoides*; Gr. *trapezoeidēs* table shaped) ❶ 斜方形的；❷ 小多角骨

Trapp's formula [træps] (Ju-lius *Trapp*, Russian pharmacist, 1815-1908) 特腊普氏公式

Trasentine ['træsentin] 阿迪芬宁：盐酸解痉素制剂的商品名

Trasylol ['træsilɔl] 特拉西罗：抑肽酶制剂的商品名

Traube's membrane ['trau-bəz] (Ludwig *Traube*, German physician, 1818-1876) 特劳伯氏膜

Traube-Hering waves ['traubə 'heriŋ] (Ludwig *Traube*; Edwald *Hering*, German physiologist, 1834-1918) 特-赫二氏波

trauma ['trɔ:mə] (pl. *traumas* 或 *traumata*) (L.; Gr.) 创伤, 外伤
  birth t. 产伤
  occlusal t. 殆创伤
  potential t. 潜在伤
  psychic t. 心理创伤

traumasthenia [ˌtrɔ:mæs'θi:niə] (Gr. *trauma* wound + *astheneia* weakness) 外伤性神经衰弱

traumata ['trɔ:mətə] (Gr.) 创伤, 外伤。 *trauma* 的复数形式

traumatherapy [ˌtrɔ:mə'θerəpi] (*trauma* + Gr. *therapeia* treatment) 创伤治疗学

traumatic [trɔ:'mætik] (Gr. *traumatikos*) 创伤的, 外伤的

traumatism ['trɔ:mətizəm] (Gr. *traumatismos*) ❶ 创伤病, 外伤病；❷ 伤口

traumat(o)- (Gr. *trauma*, gen. *traumatos* wound) 外伤, 创伤

traumatogenic [ˌtrɔ:mətə'dʒenik] (*traumato-* + Gr. *gennan* to produce) ❶ 创伤的；❷ 致伤的

traumatologist [ˌtrɔ:mə'tɔlədʒist] 创伤学家

traumatology [ˌtrɔ:mə'tɔlədʒi] (*traumato-* + *-logy*) 创伤学

traumatonesis [ˌtrɔ:mə'tɔnisis] (Gr. *trauma* wound + *nesis* suture) 创伤缝合术

traumatopathy [ˌtrɔ:mə'tɔpəθi] (*traumato-* + Gr. *pathos* disease) 创伤病, 外伤病

traumatophilia [ˌtrɔ:mətə'filiə] (*traumato-* + *-philia*) 嗜创伤癖

traumatopnea [ˌtrɔ:mə'tɔpni:ə] (*traumato-* + Gr. *pnoia* breath) 创伤性气急

traumatopyra [ˌtrɔ:mətə'paiərə] (Gr. *trauma* wound + *pyr* fever) 外伤热, 外伤后热

traumatosis [ˌtrɔ:mə'təusis] 创伤病, 外伤病

traumatotherapy [ˌtrɔ:mətə'θerəpi] 创伤治疗法

traumatropism [trɔ:'mætrəpizəm] (*trauma* + Gr. *tropos* a turning) 向创伤性

Travasol ['trævəsɔl] 泰福索：静脉注射用结晶氨基酸溶液制剂的商品名

tray [trei] 托盘
  acrylic resin t. 丙烯酸树脂盘
  impression t. 印模托盘

trazodone hydrochloride ['træzədɔn] 盐酸氯哌三唑酮

Treacher Collins syndrome ['tretʃə 'kɔlinz] (Edward *Treacher Collins*, British surgeon, 1862-1932) 特·柯氏综合征

Treacher Collins-Franceschetti syndrome ['tretʃə'kɔlinz'frɑ:nsis'kiti] (E. *Treacher Collins*; Adolphe *Franceschetti*, Swiss ophthalmologist, 1896-1968) 柯-福二氏综合征

tread [tred] 践踏伤

treatment ['tri:tmənt] 治疗, 疗法
  active t. 直接疗法, 积极疗法
  Bouchardat's t. 布夏达氏疗法
  Brehmer's t. 布雷默氏疗法
  Brown-Séquard t. 布朗·塞卡尔氏疗法
  carbon dioxide t. 二氧化碳疗法
  Carrel's t., Carrel-Dakin t. 卡莱尔氏疗法
  causal t. 病因疗法
  conservative t. 保守疗法
  curative t. 根治疗法
  drug t. 药物疗法
  electroconvulsive t., electroshock t. 电惊厥疗法
  empiric t. 经验疗法
  eventration t. 露脏 X 线治疗
  expectant t. 期待疗法

fever t. 发热疗法
Frenkel's t. 弗兰克耳氏疗法
Goeckerman t. 盖克曼疗法
Hartel's t. 哈德耳氏疗法
hygienic t. 卫生疗法
insulin coma t., insulin shock t. 胰岛素昏迷疗法,胰岛素休克疗法
Kenny t. 肯尼氏疗法
Klapp's creeping t. 克拉普氏爬行疗法
Koga t. 科加氏疗法
Lerich's t. 累里希氏疗法
light t. 光线疗法
McPheeter's t. 麦克菲特氏疗法
Matas' t. 马塔斯氏疗法
medicinal t. 药物疗法
Nordach t. 诺达赫疗法
Orr t. 奥尔疗法
palliative t. 姑息疗法
Potter t. 波特氏疗法
preventive t., prophylactic t. 预防疗法
rational t. 合理疗法
Rollier t. 罗利尔氏疗法
salicyl t. 水杨酸盐疗法
Schlösser's t. 施勒塞氏疗法
sewage t. 污水处理法
shock t. 休克疗法
slush t. 雪泥疗法
specific t. 特异疗法
Stoker's t. 斯托克氏疗法
subcoma insulin t. 亚昏迷性胰岛素疗法
supporting t. 支持疗法
surgical t. 外科疗法
symptomatic t. 症状疗法
teleradium t. 远距镭疗法
Trueta t. 图埃塔疗法
venous heart t. 静脉曲张溃疡疗法
trebenzomine hydrochloride [tre'benzəmin] 盐酸曲苯佐明
tree [tri:] 树
  bronchial t. 支气管树
  dendritic t. 树枝状树
  tracheobronchial t. 气管支气管树
α,α-trehalase [tri'heileis] (EC 3.2.1.28) α茧蜜糖酶
trehalose [tri'heiləus] 茧蜜糖,海藻糖
Treitz's arch [traitsəz] (Wenzel *Treitz*, Czech physician, 1819-1872) 特赖茨弓
treloxinate [trə'lɔksineit] 曲洛酯

Trematoda [,tremə'təudə] (Gr. *trēmatōdēs* pierced) 吸虫纲
trematode ['treməteud] 吸虫
trematodiasis [,tremətəu'daiəsis] 吸虫病
trembles ['tremblz] 震颤病
tremelloid ['treməloid] 胶冻状的
tremellose ['tremə-ləus] 胶冻状的
tremetol ['tremətɔl] 佩兰毒素
tremetone ['tremətəun] 佩兰毒素,白蛇根毒素
Tremin ['tremin] 安坦:盐酸苯海索类制剂的商品名
tremogram ['tri:məgræm] (*tremor* + Gr. *gramma* mark) 震颤描记图
tremograph ['tri:məgrɑ:f] (*tremor* + Gr. *graphein* to write) 震颤描记器
tremor ['tremə] (L., from *tremere* to shake) 震颤
  action t. 动作性震颤
  arsenic t. 砷毒性震颤
  coarse t. 粗大震颤
  continuous t. 连续震颤
  darkness t. 暗光震颤
  enhanced physiologic t. 增加性生理震颤
  epidemic t. 流行性震颤
  essential t. 特发性震颤
  familial t. 家族性震颤
  fine t. 频细震颤
  flapping t. 扑翼性震颤
  hereditary essential t. 遗传性特发性震颤
  heredofamilial t. 家族遗传性震颤
  intention t. 意向震颤
  kinetic t. 动作性震颤
  t. linguae 舌震颤
  t. mercurialis 汞毒性震颤
  metallic t. 金属中毒性震颤
  t. opiophagorum 鸦片毒性震颤
  parkinsonian t. 震颤性麻痹
  passive t. 被动性震颤
  persistent t. 持久性震颤
  physiologic t. 生理性震颤
  pill-rolling t. 捏丸样震颤
  postural t. 姿势震颤
  t. potatorum ("trembling of drinkers") 酒精性震颤
  purring t. 猫喘样震颤
  rest t., resting t. 休息性震颤

senile t. 老年震颤
static t. 静止性震颤
striocerebellar t. 纹状体小脑性震颤
toxic t. 中毒性震颤
trombone t. of tongue 舌喇叭震颤
volitional t. 意向性震颤

tremorgram ['treməgræm] 震颤描记图

tremulous ['tremjuləs] (L. *tremulus*) 震颤的

Trendelenburg operation, ['trendelənbɔg] (Friedrich *Trendelenburg*, German surgeon, 1844-1924) 特伦德伦伯格手术

trendscriber ['trendskraibə] 心电动向描记器

trendscription ['trendskripʃən] 心电动向描记术

Trental ['trentəl] 乙酮可可碱:乙酮可可豆碱制剂的商品名

trepan [tri'pæn] (Gr. *trypanon* auger) ❶ 环钻,圆锯；❷ 环钻

trepanation [,trepə'neiʃən] (L. *trepanatio*) 环钻术,环锯术

trepanner [tre'pænə] 环钻者

trephination [,trefi'neiʃən] 环钻术,环锯术

corneoscleral t. 角巩膜环钻术
dental t. 牙环钻术

trephine [tri'fi:n, tri'fain] (L. *trephina*) 环钻,环锯

trephinement [tri'fainmənt] 环钻

trephiner [tri'fainə] 环钻者

trephocyte ['trefəsait] (Gr. *trephein* to feed + *kytos* cell) 滋养细胞

trephone ['trefəun] (Gr. *trephein* to nourish) 滋养素

trepidant ['trepidənt] 震颤性的

trepidatio [,trepi'deiʃiəu] (L.) 震颤,悸惧
t. cordis 心悸

trepidation [,trepi'deiʃən] (L. *trepidatio*) ❶ 震颤；❷ 悸惧

trepo- (Gr. *trepein* to turn) 旋转,转动

Trepomonas [,trepə'mɔnəs] (*trepo-* + Gr. *monas* unit, from *monos* single) 双滴虫目,双滴虫亚目

Treponema [,trepə'ni:mə] (*trepo-* + Gr. *nēma* thread) 密螺旋体属
T. buccale 口颊密螺旋体
T. calligyrum 阴部密螺旋体,湿疣密螺旋体
T. carateum 品他病密螺旋体
T. cuniculi 家兔密螺旋体,家兔螺旋体
T. denticola 齿垢密螺旋体
T. genitalis 生殖器密螺旋体
T. herrejoni 赫雷云氏密螺旋体
T. hyodysenteriae 猪痢密螺旋体
T. macrodentium 大齿密螺旋体
T. microdentium 小齿密螺旋本
T. mucosum 粘膜密螺旋体
T. pallidum 梅毒螺旋体,苍白密螺旋体
T. pallidum subsp. **pertenue** 梅毒密螺旋体极细密螺旋体亚种
T. paraluiscuniculi 兔梅毒密螺旋体
T. pertenue 极细密螺旋体
T. phagedenis 蚀疮溃疡密螺旋体
T. refringens 屈曲密螺旋体
T. reiteri 瑞氏密螺旋体
T. vincentii 文氏密螺旋体

treponema [,trepə'ni:mə] 密螺旋体

treponemal [,trepə'ni:məl] 密螺旋体的

Treponemataceae [,trepə,ni:mə'teisii:] 密螺旋体科

treponematosis [,trepə,ni:mə'təusis] 密螺旋体病

treponeme ['trepəni:m] 密螺旋体

treponemiasis [,trepəni'maiəsis] 密螺旋体病,梅毒

treponemicidal [,trepə,ni:mi'saidəl] 杀密螺旋体的

trepopnea [,trepɔp'ni:ə] (Gr. *trepein* to turn + *pnoia* breath) 转卧呼吸

treppe ['trepə] (Ger. "staircase") 阶梯现象

Tresilian's sign [tre'siliənz] (Frederick James *Tresilian*, English physician, 1862-1926) 特雷西里安氏征

tresis ['tri:sis] (Gr. "perforation") 刺伤；创伤
t. causis 灼伤,火伤
t. vulnus 创伤

Trest [trest] 特恩特:甲哌噻吨制剂的商品名

tretinoin ['tretinɔin] (USP) 全反维生素 A 酸,甲酸

Treves' fold [tri:vz] (Sir Frederick *Treves*, English surgeon, 1853-1923) 特里维斯氏褶

Trevor's disease ['trevəz] (David *Trevor*, British orthopedic surgeon, 1906-1988) 特雷弗氏病

Trexan ['treksæn] 泰克散:盐酸纳曲酮制剂的商品名

TRH (thyrotropin-releasing hormone 的缩写) 促甲状腺素释放激素

tri- (Gr. *treis*; L. *tres* three) 三,三次

triacetate [trai'æsiteit] 三乙酸盐,三醋酸盐

triacetin [trai'æsitin] (USP) 三乙酸甘油酯

triacetyloleandomycin [trai,æsiti,lǝuli,ændə'maisin] 三乙酰夹竹桃霉素

triacid [trai'æsid] ❶ 三酸价的; ❷ 三元酸

triacylglycerol [trai,æsil'glisərol] 三酰基甘油

triacylglycerollipase [trai,æsil'glisǝrǝl'lipeis] (EC 3.1.1.3) 三酰基甘油脂酶,甘油三酯脂酶

triad ['traiəd] (L. *trias*; Gr. *trias* group of three) ❶ 三价元素; ❷ 三征,三联
  acute compression t. 急性心脏受压三联征
  adrenomedullary t. 肾上腺髓质三联征
  Andersen's t. 安德森氏三联征
  Beck's t. 贝克氏三征
  Bezold's t. 白佐德氏三征
  Charcot's t. 夏科氏三征
  Currarino's t. 柯锐诺尔氏三征
  Dieulafoy's t. 迪厄拉富瓦氏三征
  Grancher's t. 格朗歇氏三征
  hepatic t's 肝三联征
  Hutchinson's t. 哈钦森氏三征
  Jacod's t. 雅各特氏三征
  Kartagener's t. 卡塔格内氏三征
  t. of Luciani 路恰尼氏三征
  omoclavicular t. 肩锁三联
  Osler's t. 奥斯勒氏三征
  portal t's 门脉三征
  t. of retinal cone 视网膜锥三联征
  Saint's t. 圣氏三征
  t. of Schultz 舒耳茨氏三征
  t. of skeletal muscle 横纹肌三联征
  Whipple's t. 惠普尔氏三征

triaditis [,traiə'daitis] 三体炎
  portal t. 门三体炎

triafungin [,traiə'fʌndʒin] 苄吡三嗪

triage [tri'ɑːʒ] (Fr. "sorting") 伤员拣别分类

trial ['traiəl] 试验,实验
  Bernoulli t's 贝努利试验
  clinical t. 临床试验
  crossover t. 交叉试验
  phase I t. 一期试验
  phase II t. 二期试验
  phase III t. 三期试验

trialism ['traiəlizəm] 三元论

triallylamine [,traiəli'læmin] 三烯丙胺

triamcinolone [,traiæm'sinələun] (USP) 去炎松,氟羟强的松龙
  t. acetonide (USP) 丙酮缩去炎松,去炎松缩酮
  t. diacetate (USP) 双醋去炎松
  t. hexacetonide (USP) 丙酮缩去炎松醋酸酯

triamine [trai'æmin] 三胺

triamterene [trai'æmtəriːn] (USP) 氨苯喋啶,三氨喋呤

triangle ['traiæŋgl] (L. *triangulum*; *tres* three + *angulus* angle) 三角
  Alsberg's t. 阿尔斯伯格氏三角
  Asseźat's t. 阿希扎氏三角,面三角
  auricular t. 耳廓三角
  t. of auscultation 听诊三角
  axillary t. 腋三角
  Béclard's t. 贝克拉尔氏三角
  Bolton t. 博尔顿三角
  Bonwill t. 邦威耳三角
  brachial t. 腋三角
  Bryant's t. 布赖恩特氏三角
  Burger's scalene t. 伯格氏不等边三角
  Calot's t. 卡洛氏三角
  cardiohepatic t. 心肝三角
  carotid t. 颈动脉三角
  carotid t., inferior 颈动脉下三角
  carotid t., superior 颈动脉上三角
  cephalic t. 头三角
  cervical t. 颈三角
  cervical t., anterior 颈前三角
  cervical t., posterior 颈后三角
  clavipectoral t. 胸锁三角
  Codman's t. 科德曼氏三角
  color t. 色三角
  crural t. 腿三角

cystohepatic t. 胆囊肝三角
digastric t. 二腹肌三角,下颌三角
Dunham's t's 登纳姆氏三角
Einthoven's t. 艾因托文氏三角
t. of elbow 肘三角,肘窝
extravesical t. 膀胱外三角
facial t. 面三角
Farabeuf's t. 法腊布夫氏三角
femoral t. 股三角
fetal t. 胎儿三角
frontal t. 额三角
Garland's t. 加兰德氏三角
Gerhardt's t. 格哈特氏三角
Gombault-Philippe t. 贡-菲二氏三角
Grocco's t. 格罗科氏三角
Grynfeltt's t., t. of Grynfelt and Lesshaft 格林费耳特氏三角,格-勒二氏三角
Henke's t. 汉克氏三角,腹股沟三角
Hesselbach's t. 黑塞耳巴赫氏三角,腹股沟三角
hypoglossohyoid t. 舌下舌骨三角
iliofemoral t. 髂股三角
infraclavicular t. 锁骨下三角
inguinal t. ① 腹股沟三角;② 股三角
Jackson's safety t. 杰克逊氏安全三角
Kanavel's t. 卡纳弗耳氏三角,掌心三角
t. of Koch 郭霍三角
Korányi-Grocco t. 科-格二氏三角
Labbé's t. 拉贝氏三角,胃三角
Langenbeck's t. 兰根贝克氏三角,股骨颈三角
Lesser's t. 累塞尔氏三角
Lesshaft's t. 勒斯哈夫特氏三角
Lieutaud's t. 吕托氏三角,膀胱三角
Livingston's t. 利文斯顿氏三角,髂耻脐三角
lumbocostoabdominal t 腰肋腹三角
lymphoid t. 淋巴三角
Macewen's t. 麦克恩氏三角
Malgaigne's t. 马耳盖尼氏三角,颈动脉三角
mesenteric t. 肠系膜三角
Minor's t. 米诺尔氏三角
Mohrenheim's t. 莫伦海姆氏三角,锁骨下窝
muscular t. 肌三角
t's of neck 颈三角
occipital t. 枕三角
occipital t., inferior 枕下三角
omoclavicular t. 肩锁三角
omotracheal t. 肩气管三角,肌三角
palatal t. 腭三角
paravertebral t. 脊柱旁三角
Pawlik's t. 帕弗利克氏三角,阴道三角
Petit's t. 波替氏三角,腰三角
Pinaud's t., Pirogoff's t. 皮瑙德氏三角,皮罗果夫氏三角
popliteal t. of femur 股腘三角
pubourethral t. 耻骨尿道三角
Rauchfuss' t. 劳赫富斯氏三角
Reil's t. 赖耳氏三角,丘系三角
retromandibular t. 下颌后三角
retromolar t. 磨牙后三角
sacral t. 骶骨三角
t. of safety 安全三角
Scarpa's t. 斯卡帕氏三角,肌三角
sternocostal t. 胸肋三角
subclavian t. 锁骨下三角,肩胛锁三角
subinguinal t. 腹股沟下三角
submandibular t., submaxillary t. 颌下三角
submental t. 颏下三角
suboccipital t. 枕下三角
supraclavicular t. 锁骨上三角
suprameatal t. 外耳道上三角
surgical t. 外科三角
Trautmann's t. 特劳特曼氏三角
Tweed t. 特威德三角
umbilicomammillary t. 脐乳三角
urogenital t. 尿生殖三角
vaginal t. 阴道三角
vesical t. 膀胱三角
von Weber's t. 冯·韦伯氏三角,足底三角
Ward's t. 沃德氏三角
Wernicke's t. 韦尼克氏三角
triangular [traiˈæŋgjulə] (L. *triangularis*) 三角的,三角形的
triangularis [traiˌæŋgjuˈlɛəris] (L.) 三角的
triantebrachia [ˌtraiænti'breikiə] (*tri-* + *antebrachium* + *-ia*) 三前臂畸形
Triatoma [traiˈætəmə] 锥蝽属
  T. megista 大锥蝽
  T. sanguisuga 吸血锥蝽
triatomic [ˌtraiəˈtɔmik] 三原子的

triazene ['traiəzi:n] 三氮烯

triazolam [trai'æzəlæm] (USP) 三唑苯二氮䓬

tribadism ['tribədizəm] (Gr. *tribein* to rub) 女性同性恋

tribasic [trai'beisik] (*tri-* + L. *basis* base) 三碱(价)的

tribe [traib] 族

tribenoside [trai'benəsaid] 三苄糖苷

Tribolium [trai'bɔljəm] 拟谷盗属

tribology [trai'bɔlədʒi] (Gr. *tribē* a rubbing + *-logy*) 关节磨损学

triboluminescence [ˌtraiəuˌlu:mi'nesəns] (Gr. *tribein* to rub + *luminescence*) 磨擦发光

tribrachia [trai'breikiə] (*tri-* + *brachion* arm + *-ia*) 三臂(畸形)

tribrachius [trai'breikiəs] ❶ 三臂畸胎; ❷ 三臂联胎

tribromide [trai'brɔmaid] 三溴化物

tribromsalan [trai'brɔmsələn] 三溴水杨酰苯胺

tribulosis [ˌtribju'ləusis] 蒺藜中毒

Triburon ['tribju:rɔn] 创必龙: 氯化三环双季铵制剂的商品名

tributyrin [trai'bju:tərin] 三丁酸甘油酯

TRIC (*trachoma inclusion conjunctivitis* 的首字母缩略词) 沙眼包涵体结膜炎

tricalcic [trai'kælsik] 三钙的

tricellular [trai'seljulə] 三细胞的

tricephalus [trai'sefələs] (*tri-* + Gr. *kephalē* head) 三头畸形

triceps ['traiseps] (L., from *tri-* + *caput* head) 三头肌, 三头的
  t. surae 小腿三头肌

triceptor [trai'septə] 三簇介体

trichalgia [tri'kældʒiə] (Gr. *thrix* hair + *alogs* pain) 毛发痛

trichangiectasis [ˌtrikændʒi'ektəsis] (Gr. *thrix* hair + *angeion* vessel + *ektasis* dilatation) 毛细管扩张

trichatrophia [ˌtrikə'trəufiə] (Gr. *thrix* hair + *atrophia* atrophy) 毛发萎缩

tricheiria [trai'kairiə] (*tri-* + Gr. *cheir* hand + *-ia*) 三手畸形

trichesthesia [ˌtrikəs'θiziə] 毛发感觉

trichiasis [trai'kaiəsis] (Gr.) ❶ 倒睫, 倒毛; ❷ 毛尿症

trichilemmoma [ˌtrikailəm'əumə] 毛膜瘤

Trichina [trai'kinə] 毛线虫属

trichina [trai'kinə] (pl. *trichinae*) 毛线虫

Trichinella [ˌtriki'nelə] (Gr. *trichinas* of hair) 毛线虫属
  T. spiralis 旋毛线虫, 旋毛虫

trichinelliasis [ˌtrikine'laiəsis] 旋毛虫病, 毛线虫病

trichinellosis [ˌtrikine'ləusis] 旋毛虫病, 毛线虫病

trichiniasis [ˌtriki'naiəsis] 旋毛虫病, 毛线虫病

trichiniferous [ˌtriki'nifərəs] (*trichina* + L. *ferre* to bear) 含旋毛虫的

trichinization [ˌtrikinai'zeiʃən] 旋毛虫感染

trichinoscope [tri'kinəskəup] (*trichina* + Gr. *skopein* to view) 旋毛虫镜

trichinosis [ˌtriki'nəusis] 旋毛虫病, 毛线虫病

trichinous ['trikinəs] 有旋毛虫的

trichion ['trikiɔn] (pl. *trichia*) (Gr.) 发际中点

trichite ['traikait] (Gr. *thrix* hair) ❶ 丝泡, 线泡; ❷ 线虫; ❸ 针形质体

trichitis [trai'kaitis] (Gr. *thrix* hair + *-itis* inflammation) 毛囊炎

trichlorfon [trai'klɔ:fɔn] 敌百虫

trichloride [trai'klɔ:raid] 三氯化物

trichlormethiazide [traiˌklɔ:mə'θaiəzaid] (USP) 三氯甲噻嗪

trichloroacetaldehyde [traiˌklɔ:rəuˌæsi'tældihaid] 三氯乙醛, 氯醛

trichloroacetic acid [traiˌklɔ:rəuə'si:tik] (USP) 三氯乙酸, 三氯醋酸

trichloroethylene [ˌtraiklɔ:rə'eθili:n] 三氯乙烯

trichloromethylchloroformate [traiˌklɔ:rəmeθilˌklɔ:rə'fɔ:meit] 氯甲酸三氯甲酯

trichloromonofluoromethane [traiˌklɔ:rəˌmɔnə'flu:rəˌmeθein] (NF) 三氯一氟甲烷

trichlorophenol [ˌtraiklɔ:rəu'fi:nɔl] 三氯苯酚

2,4,5-trichlorophenoxyacetic acid [traiˌklɔ:rəfənˌɔksiə'setik] 2,4,5-三氯苯乙酸

trichlorotrivinylarsine [ˌtraiˌklɔːroutraiˌvaini'lɑːsin] 三氯三乙烯砷

trichlorphon [tri'klɔːfən] 敌百虫

trich(o)- (Gr. *thrix*, gen *trichos*, hair) 毛，发

trichoadenoma [ˌtrikəˌædi'nəumə] (*tricho-* + *adenoma*) 毛囊腺瘤

trichoaesthesia [ˌtrikæs'θiziə] 毛发感觉

trichoanesthesia [ˌtrikəˌænəs'θiziə] 毛发感觉缺失

trichobacteria [ˌtrikəbæk'tiəriə] (*tricho-* + Gr. *baktērion* rod) ❶ 毛菌；❷ 丝状菌

trichobezoar [ˌtrikə'bizɔː] (*tricho-* + *bezoar*) 毛团，毛粪石

Trichobilharzia [ˌtrikəbil'hɑːziə] 毛血吸虫属

T. **ocellata** 鸭毛血吸虫

trichocardia [ˌtrikə'kɑːdiə] (*tricho-* + Gr. *kardia* heart) 绒毛心

trichocephaliasis [ˌtrikəˌsefə'laiəsis] 鞭虫病

trichocephalosis [ˌtrikəˌsefə'ləusis] 鞭虫病

Trichocephalus [ˌtrikə'sefələs] (*tricho-* + Gr. *kephalē* head) 鞭虫属

trichoclasia [ˌtrikə'kleiziə] 结节性脆发症，发结节病

trichoclasis [tri'kɔkləsis] (*tricho-* + Gr. *klasis* fracture) 结节性脆发症，发结节病

Trichocomaceae [ˌtrikəkə'meisiːiː] (Gr. *trichokomos* hair-dresser) 发菌科

trichocryptosis [ˌtrikəukrip'təusis] (*tricho-* + Gr. *kryptos* concealed) 毛囊病

trichocyst ['trikəsist] (*tricho-* + Gr. *kystis* bladder) 丝泡，线泡

Trichodectes [ˌtrikə'dektiːz] (*tricho-* + Gr. *dēktēs* biter) 啮毛虱属，啮虱属

T. **canis** 犬啮毛虱

T. **climax** 山羊啮毛虱

T. **equi** 马啮毛虱

T. **hermsi** 赫氏啮毛虱

T. **latus** 犬啮毛虱

T. **pilosus** 欧洲马啮毛虱

T. **retusis** 貂啮毛虱

T. **sphaerocephalus** 红头啮毛虱

Trichoderma [ˌtrikə'dəːmə] (*tricho-* + *derma* skin) 木霉属

trichodiscoma [ˌtrikədis'kəumə] (*tricho-* + *disc-* + *-oma*) 毛盘瘤

trichoepithelioma [ˌtrikəˌepiθiːli'əumə] (*tricho-* + *epithelioma*) 毛发上皮瘤

desmoplastic t. 结缔组织增生性毛发上皮瘤

t. **papillosum multiplex** 多发性乳头状毛发上皮瘤

trichoesthesia [ˌtrikæs'θiziə] (*tricho-* + Gr. *aisthēsis* perception + *-ia*) 毛发感觉

trichoesthesiometer [ˌtrikæsˌθizi'ɔmitə] (*tricho-* + Gr. *asithēsis* perception + *metron* measure) 毛发感觉测量器

trichofibroacanthoma [ˌtrikəuˌfaibrəuˌækən'θəumə] 毛发纤维棘皮瘤

trichofolliculoma [ˌtrikəˌfɔlikju'ləumə] (*tricho-* + *folliculus* + *-oma*) 毛囊瘤

trichogen ['trikədʒən] 生毛药，生发药

trichoglossia [ˌtrikə'glɔsiə] (*tricho-* + *gloss-* + *-ia*) 毛舌

trichographism [trai'kɔgrəfizəm] 立毛反射

trichohyalin [ˌtrikə'haiəlin] (*tricho-* + *hyalin*) 毛透明蛋白

trichoid ['trikɔid] (*tricho-* + Gr. *eidos* form) 毛发状的

tricholeukocyte [ˌtrikə'ljuːkəsait] 毛细胞

tricholith ['trikəliθ] (*tricho-* + *lithos* stone) 毛石，毛球，毛粪石

trichologia [ˌtrikə'ləudʒiə] (*tricho-* + Gr. *legein* to pick out + *-ia*) 拔毛发癖，拔毛发狂

trichology [trai'kɔlədʒi] 毛发学

trichoma [trai'kəumə] 睑内翻

trichomania [ˌtrikə'meiniə] 拔毛发癖，拔毛发狂

trichomatous [trai'kɔmətəs] 睑内翻的

trichome ['trikəum] (Gr. *trichōma* a growth of hair, hair generally) ❶ 毛状体，毛状物；❷ 藻丝

trichomegaly [ˌtrikə'megəli] (*tricho-* + Gr. *megalē* large) 多毛病

trichomonacidal [ˌtrikəˌməunə'saidəl] 杀毛滴虫的

trichomonacide [ˌtrikə'mɔnəsaid] 杀毛滴虫剂

trichomonad [ˌtrikə'mɔnæd] (*tricho-* +

Gr. *monas* unit, from *monas* single) 毛滴虫

Trichomonadida [ˌtrikəməˈnædidə] 毛滴虫目

trichomonal [ˌtrikəˈmɔnəl] 毛滴虫的

Trichomonas [ˌtrikəˈmɔnəs] (*tricho-* + Gr. *monas* unit, from *monas* single) 毛滴虫属
  T. **buccalis** 口腔毛滴虫
  T. **foetus** 牛毛滴虫
  T. **gallinae** 鸟毛滴虫
  T. **gallinarum** 鹑鸡毛滴虫
  T. **hominis** 人毛滴虫
  T. **tenax** 口腔毛滴虫
  T. **vaginalis** 阴道毛滴虫

trichomoniasis [ˌtrikəməˈnaiəsis] 毛滴虫病,滴虫病
  avian t. 鸟毛滴虫病
  bovine t. 牛毛滴虫病
  t. **vaginalis** 阴道毛滴虫病

Trichomycetes [ˌtrikəmaiˈsi:tiz] (*tricho-* + Gr. *mykēs* fungus) 毛丝菌纲

trichomycosis [ˌtrikəmaiˈkəusis] (*tricho-* + Gr. *mykēs* fungus) 毛发菌病
  t. **axillaris** 腋毛发菌病

trichon [ˈtrikɔn] 发癣菌类

trichonodosis [ˌtrikənəˈdəusis] 发结节病,结节性脆发病

trichonosis [ˌtrikəuˈnəusis] (Gr. *thrix* hair + *nosoos* disease) 毛发病,发病
  t. **furfuracea** 糠状发病,发癣
  t. **versicolor** 斑色发病,环节状发

trichopathic [ˌtrikəˈpæθik] 毛发病的

trichopathy [traiˈkɔpəθi] (*tricho-* + Gr. *pathos* disease) 毛发病

trichophagia [ˌtrikəˈfædʒiə] (*tricho-* + Gr. *phagein* to eat) 食毛癖

trichophagy [traiˈkɔfədʒi] 食毛癖

trichophytic [ˌtrikəˈfitik] 发癣菌病的

trichophytid [traiˈkɔfitid] (*Trichophyton* + *-id*) 发癣菌疹

trichophytin [traiˈkɔfitin] 发癣菌素

trichophytobezoar [ˌtrikəˌfaitəuˈbizɔ:] (*tricho-* + Gr. *phyton* plant + *bezoar*) 植物毛粪石

Trichophyton [triˈkɔfitən] (*tricho-* + Gr. *phyton* plant) 发癣菌属,毛癣菌属

trichophytosis [ˌtrikəfaiˈtəusis] 发癣菌病,毛癣菌病

trichopoliosis [ˌtrikəˌpɔliˈəusis] (Gr. *thrix* hair + *poliosis* grayness) 灰发,斑发

Trichoptera [traiˈkɔptərə] (*tricho-* + Gr. *pteron* wing) 毛翅目

trichoptilosis [ˌtrikɔtiˈləusis] (*tricho-* + Gr. *ptilon* feather + *-osis*) 羽样脆发病

trichorrhexis [ˌtrikəˈreksis] (*tricho-* + Gr. *rhēxis* fracture) 脆发症
  t. **nodosa** 结节性脆发病,发结节病

trichoschisis [triˈkɔskisis] (*tricho-* + Gr. *schisis* fissure) 裂发症

trichoscopy [traiˈkɔskəpi] (*tricho-* + Gr. *skopein* to examine) 毛发检查

trichosiderin [ˌtrikəˈsidərin] (*tricho-* + Gr. *sidēros* iron) 毛发铁色素

trichosis [traiˈkəusis] (Gr. *trichōsis*) 毛发病,毛发生长异常
  t. **carunculae** 泪阜生毛症

Trichosoma [ˌtrikəˈsəumə] (*tricho-* + Gr. *sōma* body) 毛细线虫属
  T. **contortum** 扭转毛体线虫

Trichosomoides [ˌtrikəsəuˈmɔidiz] 拟毛体线虫属
  T. **crassicauda** 粗尾拟毛体线虫

Trichosporon [triˈkɔspərɔn] (*tricho-* + Gr. *sporos* seed) 毛孢子菌属
  T. **beigelii** 白色毛孢子菌
  T. **cutaneum** 皮肤毛孢子菌
  T. **giganteum** 巨毛孢子菌
  T. **pedrosianum** 着色毛孢子菌

trichosporosis [ˌtrikəspəˈrəusis] 毛孢子菌病

Trichosporum [triˈkɔspərəm] 毛孢子菌属

trichostasis spinulosa [traiˈkɔstəsis ˌspinjuˈləusə] (*tricho-* + Gr. *stasis* a standing + L. *spinulosus* thorny) 毛囊多毳角栓病,毛根黑点病

Trichostomatida [ˌtrikɔstəˈmætidə] (*tricho-* + Gr. *stoma* mouth) 毛口目

Trichostomatina [ˌtrikəˌstəuməˈtinə] 毛口亚目

trichostrongyliasis [ˌtrikəˌstrɔndʒiˈlaiəsis] 毛圆线虫病

Trichostrongylidae [ˌtrikəstrɔnˈdʒilidi:] 毛圆线虫总科

trichostrongylosis [ˌtrikəˌstrɔndʒiˈləusis]

毛圆线虫病

Trichostrongylus [ˌtrikəˈstrɔndʒiləs] 毛圆线虫属
- T. **capricola** 山羊毛圆线虫
- T. **colubriformis** 蛇形毛圆线虫
- T. **instabilis** 不定毛圆线虫
- T. **orientalis** 东方毛圆线虫
- T. **probolurus** 突尾毛圆线虫
- T. **vitrinus** 透明毛圆线虫

Trichothecium [ˌtrikəˈθiːsiəm] (tricho- + Gr. thēkē case) 单端孢属
- T. **roseum** 粉红单端孢

trichothiodystrophy [ˌtrikəˌθiəuˈdistrəfi] 毛发硫营养不良

trichotillomania [ˌtrikəˌtiləˈmeinjə] (tricho- + Gr. tillein to pull + mania madness) 拔毛发癖,拔毛发狂

trichotomous [traiˈkɔtəməs] (Gr. tricha three-fold + tomē a cutting) 三分法的,分三部的

trichotoxin [ˌtrikəˈtɔksin] 纤毛上皮毒素

trichotrophy [traiˈkɔtrəfi] (Gr. thrix hair + trophe nutrition) 毛发营养

trichoxerosis [ˌtrikəuziˈrəusis] (Gr. thrix hair + xeros dry) 毛发干燥,发干燥

trichroic [traiˈkrəuik] 三色(现象)的

trichroism [ˈtraikrəizəm] (tri- + Gr. chroa color) 三色(现象)

trichromasy [traiˈkrɔməsi] (tri- + Gr. chrōma color) ❶ 三色视;❷ 正常色觉
anomalous t. 色弱

trichromat [ˈtraikrəmæt] 三色视者,色觉正常者

trichromatic [ˌtrikrəˈmætik] 三色的,三色视的

trichromatism [traiˈkrəmətizəm] 三色(现象)
anomalous t. 色弱

trichromatopsia [ˌtrikrəuməˈtɔpsiə] 三色视

trichromic [traiˈkrɔmik] (tri- + Gr. chrōma color) ❶ 三色的;❷ 三色视的

trichterbrust [ˈtritʃtəbruːst] (Ger.) 漏斗状胸

trichuriasis [ˌtrikjuˈraiəsis] 鞭虫病

Trichuris [triˈkjuəris] (tricho- + Gr. oura a tail) 鞭虫属
- T. **trichiura** 毛首鞭虫

Trichuroidea [ˌtrikjuˈrɔidiə] 鞭尾总科

tricipital [traiˈsipitəl] (L. tricipitis) ❶ 三头肌的;❷ 三头的

triclobisonium chloride [ˌtraiklǝubajˈsǝuniǝm] 创必龙,氯化三环双季铵

triclocarban [ˌtriklɔˈkɑːbən] 三氯二苯脲

triclofenol piperazine [triˈklɔfənəl] 三氯酚哌嗪

triclofos sodium [ˈtriklɔfəus] 三氯乙磷酸钠,磷酸三氯乙酯

triclonide [triˈklɔnaid] 三氯氟松

Triclos [ˈtriklɔs] 三氯施:三氯乙磷酸钠制剂的商品名

triclosan [triˈklɔsæn] 三氯生

Tricofuron [ˌtrikǝˈfjuərɔn] 痢特灵:呋喃唑酮制剂的商品名

Tricoloid [ˈtrikəlɔid] 氯甲卡马特灵:氯甲环苯咯丙醇制剂的商品名

tricorn [ˈtraikɔːn] (tri- + L. cornu horn) 侧脑室

tricornute [traiˈkɔːnjuːt] (tri- + L. cornutus horned) 三角的,三突的

tricresol [traiˈkriːsɔl] 三甲酚,三煤酚

tricrotic [traiˈkrɔtik] (Gr. trikrotos rowed with a triple stroke; triple beating) 三波脉的

tricrotism [ˈtraikrətizəm] 三波脉(现象)

tricuspid [traiˈkʌspid] (tri- + L. cuspis point) ❶ 三尖的;❷ 三尖瓣的

tricyclamol chloride [traiˈsaikləmɔl] 氯甲环苯咯丙醇,氯甲卡马特灵

tricyclic [traiˈsaiklik] 三环的

Trid. (L. triduum,的缩写) 三天

tridactylism [traiˈdæktəlizəm] (tri- + Gr. daktylos finger) 三指(趾)畸形

tridactylous [traiˈdæktələs] 三指(趾)的

trident [ˈtraidənt] 三叉的,三尖的

tridentate [traiˈdenteit] 三叉的,三尖的

tridermic [traiˈdəːmik] (tri- + Gr. derma skin) 三胚层的

tridermogenesis [ˌtraidəːməuˈdʒenəsis] (tri- + Gr. derma skin + genesis production) 三胚层形成

tridermoma [ˌtraidəːˈməumə] (tri- + Gr. derma skin + -oma) 三胚层瘤

Tridesilon [triˈdesilən] 丙缩羟强龙:羟泼尼缩松制剂的商品名

tridihexethyl chloride [ˌtraidaihekˈseθil]

(USP) 氯化三乙己苯胺
Tridione [trai'daiəun] 三甲双酮: 三甲噁唑烷双酮制剂的商品名
tridymite ['tridimait] 鳞石英
triencephalus [ˌtraien'sefələs] (*tri-* + Gr. *enkephalos* brain) 三缺畸胎
-triene 三烯
triester ['traiestə] 三酯
triethanolamine [ˌtraieθə'nɔləmi:n] 三乙醇胺
triethylamine [ˌtraieθi'læmi:n] 三乙胺
triethylenethiophosphoramide [traiˌeθili:nˌθaiəfɔs'fɔrəmaid] 三乙烯硫代磷酰胺, 噻替哌
trifacial [trai'feiʃəl] (L. *trifacialis*) 三叉神经的
trifid ['traifid] (L. *trifidus*, from *tres* three + *findere* to split) 三裂的
triflocin [trai'flɔsin] 三氯洛辛
triflumidate [trai'flu:mideit] 三氟氨酯
trifluoperazine hydrochloride [ˌtraifluə'perəzi:n] (USP) 盐酸三氟拉嗪
trifluperidol [ˌtraiflu:'peridɔl] 三氟哌啶醇, 三氟哌啶丁苯
triflupromazine [ˌtraiflu:'prɔməzi:n] (USP) 三氟丙嗪
 t. hydrochloride (USP) 盐酸三氟丙嗪
trifluridine [tri'flu:ridi:n] 三氟胸苷
trifluromethylthiazide [traiˌflu:rəmeθil'θaiəzaid] 氟噻嗪, 三氟甲噻嗪
triflutate ['triflu:teit] (uSAN 对 trifluoroacetate 缩写) 三氟醋酸盐
trifoliosis [ˌtraifəli'əusis] 香草木棒中毒, 三叶草病
trifurcation [ˌtraifə'keiʃən] (*tri-* + L. *furca* fork) 三叉分枝, 三杈
trigastric [trai'gæstrik] (*tri-* + Gr. *gaster* belly) 三腹的
trigeminal [trai'dʒeminəl] (*tri-* + L. *geminus* twin) ❶ 三联的; ❷ 三叉神经的
trigeminus [trai'dʒeminəs] (L.) 三叉神经
trigeminy [trai'dʒemini] (*tri-* + L. *geminus* twin) ❶ 三发性; ❷ 三联脉
 ventricular t. 室性三联脉
triglyceride [trai'glisəraid] 甘油三酯
triglyceride lipase [trai'glisəraid 'lipeis] 甘油三酯脂酶
trigocephalus [ˌtraigə'sefələs] 三角头畸形
trigona [trai'gəunə] (L.) 三角, 三角区。*trigonum* 的复数形式
trigonal ['traigənəl] 三角的
trigone ['traigəun] ❶ 三角, 三角区; ❷ 三尖
 t. of bladder 膀胱三角
 carotid t. 颈动脉三角
 cerebral t. 大脑穹窿
 collateral t. of fourth ventricle 第四脑室侧副三角, 灰翼
 collateral t. of lateral ventricle 外脑室侧副三角
 fibrous t. of heart, left 左心纤维三角
 fibrous t. of heart, right 右心纤维三角
 t. of habenula, habenular t. 缰三角
 Henke's t. 亨克氏三角, 腹股沟三角
 hypoglossal t. 舌下神经三角
 iliopectineal t. 髂耻三角
 interpeduncular t. 脚间窝
 Pawlik's t. 帕弗利克氏三角
 t. of Reil 赖耳氏三角
 urogenital t. 尿生殖三角
 vagal t. 迷走神经三角
 vesical t. 膀胱三角
trigonectomy [ˌtraigəu'nektəmi] (*trigone* + Gr. *ektomē* excision) 三角切除术
trigonelline [ˌtrigə'nelin] 胡芦巴碱, N-甲烟酸内盐
trigonid [trai'gɔnid] 下三尖
trigonitis [ˌtrigə'naitis] (*trigone* + *-itis*) 膀胱三角炎
trigonocephalia [ˌtrigənəusi'fæliə] 三角头(畸形)
trigonocephalic [ˌtrigənəusi'fælik] 三角头(畸形)的
trigonocephalus [ˌtrigənəu'sefələs] 三角头畸胎
trigonocephaly [ˌtraigəunəu'sefəli] (Gr. *trigonos* triangular + *kephalē* head) 三角头(畸形)
trigonum [trai'gəunəm] (pl. *trigona*) (L.; Gr. *trigōnon* triangle) 三角, 三角区
 t. caroticum (NA) 颈动脉三角
 t. cervicale 颈三角
 t. cervicale anterius 颈前三角
 t. cervicale posterius 颈后三角

- t. clavipectorale (NA) 胸锁三角
- t. collaterale ventriculi lateralis (NA) 侧脑室侧副三角
- t. colli laterale 颈外侧区
- t. coracoacromiale 喙肩三角
- t. deltoideopectorale 三角肌胸大肌三角
- t. femorale (NA) 股三角
- t. fibrosum dextrum cordis (NA) 右心纤维三角
- t. fibrosum sinistrum cordis (NA) 左心纤维三角
- t. habenulae (NA) 缰三角
- t. habenularis 缰三角
- t. hypoglossale 舌下神经三角
- t. inguinale (NA) 腹股沟三角
- t. lemnisci (NA) 丘系三角,蹄系三角
- t. lumbare (NA), t. lumbare (Petiti) 腰三角
- t. lumbocostale 腰肋三角
- t. musculare (NA) 肌三角
- t. nervi hypoglossi (NA) 舌下神经三角
- t. nervi vagi (NA) 迷走神经三角
- t. olfactorium (NA) 嗅三角
- t. omoclaviculare (NA) 肩锁三角
- t. omotracheale 肩气管三角
- t. pontocerebellare (NA) 脑桥小脑三角
- t. sternocostale 胸肋三角
- t. submandibulare (NA) 下颌下三角,下颌下区
- t. submentale (NA) 颏下三角
- t. urogenitale 尿生殖三角,尿生殖膈
- t. vagale 迷走神经三角
- t. vesicae (NA), t. vesicae (Lieutaudi) 膀胱三角

trihexosylceramide [trai‚heksəsəl'serəmaid] 酰基鞘氨醇己三糖苷

trihexyphenidyl hydrochloride [trai‚heksi-'fenidəl] (USP) 安坦,盐酸苯海索

trihybrid [trai'haibrid] (tri- + hybrid) 三对基因杂种

trihydrate [trai'haidreit] 三羟化物

trihydric [trai'haidrik] 三氢的

trihydrol [trai'haidrɔl] 三分子水

trihydroxide [‚traihai'drɔksaid] 三羟化物

trihydroxy [‚traihai'drɔksi] 三羟基

trihydroxyestrin [‚traihai‚drɔksi'i:strin] 雌三醇

tri-iniodymus [‚traiini'ɔdiməs] (tri- + Gr. inion nape of the neck + didymos twin) 枕部三关联胎

triiodide [trai'aiədaid] 三碘化物

triiodoethionic acid [trai‚aiədəueθi'ɔnik] 三碘乙丙酸

triiodomethane [trai‚aiədəu'meθein] 三碘甲烷,碘仿

triiodothyronine [trai‚aiədəu'θairəni:n] 三碘甲腺原氨酸
- reverse t. (rT₃) 逆三碘甲腺原氨酸

triketohydrindene hydrate [trai‚ki:təuhai-'drindi:n] 水合茚三酮,水合苯并戊三酮

triketopurine [‚traiketə'pjuərin] 三酮嘌呤,尿酸

trilabe ['traileib] (tri- + Gr. labē a handle) 三叉取石钳

Trilafon ['trailəfɔn] 奋乃静:佩吩嗪制剂的商品名

trilaminar [trai'læminə] 三层的

trilateral [trai'lætərəl] (tri- + L. latus side) 三边的

trilaurin [trai'lɔ:rin] 三月桂精,三月桂酸甘油酯

trilinolein [‚traili'nɔliin] 三亚油精,甘油三亚油酸酯

Trilisate ['triliseit] 曲利塞特:三柳酸镁胆碱的商品名

trilobate [trai'ləubeit] (tri- + L. lobus lobe) 三叶的

trilobed ['trailəubd] 三叶的

trilocular [trai'lɔkjulə] (tri- + L. loculus cell) 三室的

trilogy ['trailədʒ] 三联,三联症
- t. of Fallot 法乐氏三联症

trilostane ['trailɔstein] 曲洛司坦,腈环氧雄烷

trimastigote [trai'mæstigəut] ❶ 三鞭毛的; ❷ 三鞭毛细胞

trimazosin hydrochloride [trai'mæzɔsin] 盐酸三甲氧唑啉

trimedoxine [‚trimə'dɔksi:m] 双解磷

trimensual [trai'mensjuəl] 每三月(一发)的

trimeprazine tartrate [trai'mepræzi:n] (USP) 酒石酸异丁嗪

trimer ['traimə] ❶ 三聚物,三聚体; ❷ 三壳粒

trimercuric [ˌtraimə'kjuərik] 三汞的，三高汞的

Trimeresurus [ˌtriməə'sjurəs] 竹叶青属

trimeric ['traimərik] 三聚物的，三聚体的

trimester [trai'mestə] 三个月，三月期

trimethadione [ˌtraiməθə'daiəun] (USP) 三甲双酮，三甲噁唑烷二酮

trimethaphan camsylate [trai'meθəfən] (USP) 咪噻吩，阿方那特

trimethidinium methosulfate [triˌmeθi'dijm] 三甲啶，环辛季铵

trimethobenzamide hydrochloride [triˌmeθə'benzəmaid] (USP) 盐酸三甲氧苯酰胺

trimethoprim [trai'meθəprim] 甲氧苄氨嘧啶

trimethylene [trai'meθili:n] 三甲烯

trimethylxanthine [traiˌmeθil'zænθin] 咖啡碱，1,3,7-三甲黄嘌呤

trimetozine [tri'metəuzi:n] 三甲氧苯酰吗啉

trimetrexate [ˌtraimə'trekseit] 曲美沙特，三甲喋呤

trimipramine [trai'miprəmi:n] 三甲丙咪嗪

t. maleate 马来酸三甲丙咪嗪

trimopam maleate ['traiməpæm] 马来酸三甲氧苯氮䓬

trimorphous [trai'mɔ:fəs] (*tri-* + Gr. *merphē* form) 三形的

Trimox ['traimɔks] 曲莫克施：羟氨苄青霉素制剂的商品名

trinegative [trai'negətiv] 三价阴根的

trinitrate [trai'naitreit] 三硝酸盐

trinitrin [trai'naitrin] 三硝酸甘油

trinitrocellulose [ˌtrainaitrəu'seljuləz] 三硝基纤维素，火棉

trinitroglycerin [traiˌnaitrəu'glisərin] 三硝酸甘油

trinitroglycerol [traiˌnaitrəu'glisərɔl] 三硝酸甘油

trinitrophenol [ˌtrainaitrəu'fi:nɔl] 三硝基酚

trinitrotoluene [ˌtrainaitrəu'tɔljui:n] 三硝基甲苯

trinomial [trai'nəumjəl] (*tri-* + L. *nomen* name) 三名的

trinucleate [trai'nju:kliit] 三核的

trinucleotide [trai'nju:kliətaid] 三核苷酸

triocephalus [ˌtraiəu'sefələs] (*tri-* + Gr. *kephalē* head) 三缺畸胎

Triodontophorus diminutus [ˌtraiədɔn'tɔfərəs dimi'nju:təs] 缩小三齿线虫

triokinase [ˌtraiə'kineis] (EC 2.7.1.28) 丙糖激酶

triolein [trai'əuli:n] 三油酸酯，三油酸甘油酯

triolism ['traiəlizəm] 三性欲，三性行为

triophthalmos [ˌtraiɔf'θælmɔs] (*tri-* + Gr. *ophthalmos* eye) 三眼畸胎

triopodymus [ˌtraiəu'pɔdiməs] (*tri-* + Gr. *ops* face + *didymos* twin) 三面畸胎

triorchid [trai'ɔ:kid] (*tri-* + Gr. *orchis* testis) 三睾（畸形）者

triorchidism [trai'ɔ:kidizəm] 三睾畸形

triorchis [trai'ɔ:kis] 三睾（畸形）者

triorchism [trai'ɔ:kizəm] 三睾畸形

triose ['traiəus] 丙糖，三碳糖

t. phosphate 磷酸丙糖

triose kinase ['traiəus 'kaineis] 丙糖激酶

triose phosphate dehydrogenase ['traiəus 'fɔsfeit di'haidrədʒəneis] 磷酸丙糖脱氢酶

triose phosphate isomerase ['traiəus 'fɔsfeit ai'sɔməreis] (EC 5.3.1.1) 磷酸丙糖异构酶，磷酸甘油醛异构酶

triotus [trai'əutəs] (*tri-* + Gr. *ous* ear) 三耳畸胎

trioxide [trai'ɔksaid] 三氧化物

trioxsalen [trai'ɔksələn] (USP) 三甲呋豆素，三甲呋苯吡喃酮

trioxypurine [ˌtraiɔksi'pjuərin] 三氧嘌呤

tripalmitin [trai'pælmitin] 三棕榈酸甘油酯

tripara ['tripərə] (*tri-* + L. *parere* to bring forth, produce) 三产妇

tripartite [trai'pɑ:tait] 三部分的

Tripedia [trai'pi:diə] 白百破三联疫苗

tripelennamine [ˌtraipə'lenəmi:n] 苄吡二胺

t. citrate (USP) 枸酸苄吡二胺

t. hydrochloride (USP) 盐酸苄吡二胺

tripeptide [trai'peptaid] 三肽

tripeptidyl-peptidase [traiˌpeptidəl'peptideis] (EC 3.4.14) 三肽基肽酶

Triperidol [trai'peridɔl] 三哌醇：三氟哌啶醇制剂的商品名

triphalangeal [ˌtraifəˈlændʒiəl] （拇指）三指节畸形的

triphalangia [ˌtraifəˈlændʒiə] （拇指）三指节畸形

triphalangism [traiˈfæləndʒizəm] （拇指）三指节畸形

triphasic [traiˈfeizik] (*tri-* + Gr. *phasis* phase) 三相的

Triphasil [triˈfæzəl] 丙二甲硅油:左旋18-甲基炔诺酮和乙炔雌二酮混合制剂的商品名

triphenylethylene [traiˌfenəlˈeθəliːn] 三苯乙烯

triphenylmethane [traiˌfenəlˈmeθein] 三苯甲烷,玫瑰苯胺

triphosphate [traiˈfɔsfeit] 三磷酸盐

triphosphopyridine nucleotide [traiˌfɔsfəˈpiridiːn ˈnjuːkliətid] 三磷酸吡啶核苷酸

Tripier's amputation [ˌtripiˈɛəz] (Léon Tripier, French surgeon, 1942-1891) 特里皮埃截肢术

triple-angle [ˈtripl æŋgl] 三角器

triple blind [ˈtripl blaind] 三盲的

triplegia [traiˈpliːdʒiə] (*tri-* + Gr. *plēgē* stroke) 三肢麻痹,三瘫

triplet [ˈtriplit] ❶三胞胎;❷ 三联组;❸ 密码子;❹三联放电

triplex [ˈtripleks] (Gr. *triploos* triple) 三倍的,三联的

triploblastic [ˌtraiplouˈblæstik] (Gr. *triploos* triple + *blastos* germ) 三胚层的

triploid [ˈtriplɔid] ❶三倍的;❷ 三倍体

triploidy [ˈtriplɔidi] 三倍体,三倍性

triplokoria [ˌtriplouˈkɔriə] (Gr. *triploos* triple + *korē* pupil + *-ia*) 三瞳畸形

triplopia [tripˈləupiə] (Gr. *triploos* triple + *-opia*) 三重复视

tripod [ˈtraipɔd] (Gr. *treis* three + *pous* foot) 三脚架,三脚台
  Haller's t. 哈勒氏三脚架
  t. of life, vital t. 生命三支柱

tripodia [traiˈpəudiə] (Gr. *treis* three + *pous* foot) 三足（畸形）

tripoding [ˈtripɔdiŋ] 三足支撑

tripoli [ˈtripəli] (*Tripoli*, Libya) 硅藻岩

tripositive [traiˈpɔzətiv] 三价阳根的

triprolidine hydrochloride [traiˈprɔlidiːn] (USP) 盐酸吡咯吡胺,盐酸苯丙烯啶

triprosopus [ˌtraiprəˈsəupəs] (Gr. *treis* three + *prosōpon* face) 三面畸胎

tripsis [ˈtripsis] (Gr. *tripsis* rubbing) ❶ 研磨,研碎;❷ 按摩

-tripsy (Gr. *tripsis* a rubbing, friction) 压轧术

triptokoria [ˌtriptəuˈkɔriə] 三瞳（畸形）

triptorelin [ˌtriptəˈrelin] 三多利灵

tripus [ˈtraipəs] (Gr. *treis* three + *pous* foot) ❶ 三足物;❷ 三足畸胎
  t. halleri 腹腔干,腹腔动脉

triquetrous [traiˈkwiːtrəs] (L. *triguetrus*) 三角形的,三角的

triquetrum [traiˈkwiːtrəm] (L.) 三角的;三角骨

triradial [traiˈreidiəl] (*tri-* + L. *radiatus* rayed) ❶ 三射线的;❷ 三向辐射的

triradiate [traiˈreidieit] (*tri-* + L. *radiatus* rayed) ❶ 三射线的;❷ 三向辐射的

triradiation [ˌtraireidiˈeiʃən] 三向辐射

TRIS (tris (hydroxymethyl) aminomethane 的缩写) 缓血酸胺,三羟甲基氨基甲烷

tris [tris] ❶ 缓血酸胺;❷ 磷酸二溴丙酯

trisaccharide [traiˈsækəraid] 三糖

tris(2, 3-dibromopropyl) phosphate [ˌtrais diˌbroməˈprɔpəl ˈfɔsfeit] 反-(2,3-二溴丙基)磷酸盐

tris(hydroxymethyl) aminomethane [ˌtris haiˌdrɔksiˌmeθiləˈminəuˈmeθein] 三羟甲基氨基甲烷,缓血酸胺

trismic [ˈtrizmik] 牙关紧闭的

trismus [ˈtrizməs] (Gr. *trismos* grating, grinding) 牙关紧闭

trisodium phosphonoformate [triˈsɔdiəm ˌfɔsfənəˈfɔːmeit] 膦酰基甲酸三钠

trisomia [traiˈsɔmiə] 三体性

trisomic [traiˈsɔmik] 三体性的

trisomy [ˈtraisəmi] (*tri-* + Gr. *sōma* body) 三体性

Trisoralen [traiˈsɔrələn] 三甲呋豆素;三甲呋茶吡喃酮制剂的商品名

trisplanchnic [traiˈsplæŋknik] (Gr. *treis* three + *splanchna* viscera) 三大体腔的

tristearin [traiˈstiərin] 三硬脂酸甘油酯,硬脂

tristichia [traiˈstikiə] (Gr. *treis* three + *stichos* row) 三列睫

trisubstituted [traiˌsʌbstiˌtjuːtid] 三代的,三元取代的
trisulcate [traiˈsʌlkeit] 有三沟的
trisulfapyrimidines [triˌsʌlfəpiˈrimidiːnz] 三磺嘧啶合剂
trisulfate [traiˈsʌlfeit] 三硫酸盐
trisulfide [traiˈsʌlfaid] 三硫化物
Trit. (L. *tritura* 的缩写) 研制,研磨
tritan [ˈtraitən] ❶ 蓝色弱的,蓝色盲的; ❷ 蓝色弱者,蓝色盲者
tritanomal [ˌtraitəˌnɔməl] 蓝色弱者
tritanomalous [ˌtraitəˈnɔmələs] 蓝色弱的
tritanomaly [ˌtraitəˈnɔməli] (Gr. *tritos* third + *anomaly*) 蓝色弱
tritanope [ˈtraitənəup] 蓝色盲者
tritanopia [ˌtraitəˈnəupiə] (Gr. *tritos* third + *an-* neg. + *-opia*) 蓝色盲
tritanopic [ˌtraitəˈnɔpik] 蓝色盲的
tritanopsia [ˌtraitəˈnɔpsiə] 蓝色盲
triterpene [traiˈtəːpiːn] 三萜烯
tritiate [ˈtritieit] 氚化
triticeous [traiˈtiʃəs] (L. *triticeus*) 麦粒样的
triticeum [traiˈtisiəm] (L.) 麦粒软骨
tritium [ˈtritiəm] (Gr. *tritos* third) 氚
Tritrichomonas [traiˌtrikəˈməunəs] (*tri-* + *tricho* Gr. *monas* unit, from *monos* single) 三毛滴虫属
triturate [ˈtritjureit] ❶ 研磨,研制; ❷ 齐化; ❸ 研磨剂
trituration [ˌtritjuːˈreiʃən] (L. *tritura* the treading out of corn) ❶ 研磨(法),研制(法); ❷ 研制剂; ❸ 齐化
triturator [ˌtritjuˈreitə] 研制器,研磨器
trivalence [triˈvæləns] 三价
trivalent [triˈvælənt] (*tri-* + L. *valens* powerful) 三价的
trivalve [ˈtraivɑːlv] 三瓣的,三叶的
trizonal [ˈtraizənəl] 三带的,三区域的
tRNA (transfer RNA 的缩写) 转移核糖核酸
Trobicin [trɔˈbisin] 托丙素:二盐酸放线壮观素(二盐酸奇放线菌素)制剂的商品名
trocar [ˈtrəkɑː] (Fr. *trois quarts* three guarters) 套针
troch. 锭剂,糖锭
trochanter [trəuˈkæntə] (L.; Gr. *trochan-*

tēr) 转子
greater t. 大转子
lesser t. 小转子
t. major (NA) 大转子
t. minor (NA) 小转子
rudimentary t. 第三转子
small t. 小转子
t. tertius (NA), **third t.** 第三转子
trochanterian [ˌtrəukənˈtiəriən] 转子的
trochanteric [ˌtrəukənˈterik] 转子的
trochanterplasty [trəuˈkæntəˌplæsti] 转子成形术
trochantin [trəuˈkæntin] 小转子
trochantinian [ˌtrəukənˈtiniən] 小转子的
troche [ˈtrəuki] (Gr. *trochos* a round cake) 锭剂,糖锭
trochiscus [trəuˈkiskəs] (pl. *trochischi*) (L., from Gr. *trochiskos*, dim of *trochos*, a small wheel or disk) 锭剂,糖锭
trochiter [ˈtrɔkitə] ❶ 大转子; ❷ 肱骨大结节
trochiterian [ˌtrɔkiˈtiəriən] 大转子的,肱骨大结节的
trochlea [ˈtrɔkliə] (pl. *trochleae*) (L.; Gr. *trochilia* pulley) 滑车
t. fibularis calcanei 腓跟滑车
t. humeri (NA), **t. of humerus** 肱骨滑车
t. labyrinthi 耳蜗
muscular t., **t. muscularis** (NA) 肌滑车
t. musculi obliqui superioris bulbi (NA), **t. musculi obliqui superioris oculi** 眼上斜肌滑车
peroneal t. of calcaneus, **t. peronealis calcanei** (NA) 腓跟滑车
t. phalangis digitorum manus 指骨滑车
t. phalangis digitorum pedis 趾骨滑车
t. of superior oblique muscle 眼上斜肌滑车
t. tali (NA), **t. of talus** 距骨滑车
trochlear [ˈtrɔkliə] (L. *trochlearis*) ❶ 滑车的; ❷ 滑车神经的
trochleariform [ˌtrɔkliˈærifɔːm] 滑车形的
trochlearis [ˌtrɔkliˈæris] (L.) 滑车的,滑车神经的
trochocephalia [ˌtrəukəusəˈfeiliə] 轮状头(畸形),圆头(畸形)
trochocephaly [ˌtrəukəuˈsefəli] (Gr. *tro-*

chos wheel + *kephalē* head) 轮状头(畸形),圆头(畸形)

trochoid ['troukɔid] (Gr. *trochos* wheel + *eidos* form) 车轴状的,滑车状的

trochoides [trou'kɔidi:z] (Gr. *trochoeidēs*, from *trochos* wheel + *eidos* form) 车轴关节

Trocinate ['trɔsineit] 双苯乙硫酯:盐酸双苯乙硫酯制剂的商品名

Troglotrema [ˌtrɔglə'tri:mə] 隐孔吸虫属
T. **salmincola** 鲑隐孔吸虫

troilism ['trɔilizəm] (Fr. *trois* three) 三性欲,三性行为

Troisier's node [trwɑzi-'ɛz] (Charles Emile *Troisier*, French physician, 1844-1919) 特鲁瓦西埃氏淋巴结

trolamine ['trɔləmi:n] ❶烷胺混合物;❷USAN 对 triethanolamine 的缩写

troland ['trɔlənd] (for Leonard Thompson *Troland*, American psychologist and physicist, 1889-1932) 托兰,见光度

Trolard's plexus [trə'lɑz] (Paulin *Trolard*, French anatomist, 1842-1910) 特罗拉尔氏丛

troleandomycin [ˌtrɔliændou'maisin] (USP) 三乙酰竹桃霉素

trolnitrate phosphate [trɔl'naitreit] 磷酸三硝乙醇胺

Tröltsch's corpuscles ['treltfiz] (Anton Friedrich von *Tröltsch*, German otologist, 1829-1890) 特勒耳奇氏小体

Trombicula [trɔm'bikjulə] 恙螨属
T. **akamushi** 红恙螨
T. **alfreddugèsi** 阿氏真恙螨
T. **autumnalis** 秋恙螨
T. **deliensis** 地里恙螨
T. **fletcheri** 弗氏恙螨
T. **holosericeum** 欧洲恙螨
T. **intermedia** 居中恙螨
T. **irritans** 致痒恙螨
T. **muscae domesticae** 家蝇恙螨
T. **muscarum** 家蝇恙螨
T. **pallida** 苍白恙螨
T. **scutellaris** 小板恙螨
T. **tsalsahuatl** 恙螨

trombiculiasis [trɔmˌbikju'laiəsis] 恙螨病
Trombiculidae [trɔm'bikjuˌlidi:] 恙螨科
trombidiiasis [trɔmˌbidi'aiəsis] 恙螨病

trombidiosis [trɔmˌbidi'əusis] 恙螨病
Trombidium [trɔm'bidjəm] 恙螨属
tromethamine [trə'meθəmi:n] (USP) 氨基丁三醇,缓血酸胺

Trommer's test ['trɔməz] (Karl August *Trommer*, German chemist, 1806-1879) 特罗默尔试验

Trömner's sign ['tremnəz] (Ernest L. O. *Trömner*, 1868-1949) 特勒姆内氏征

tromophonia [ˌtrɔmə'fəuniə] 颤音

tronchado [trɔun'tʃɑ:də] (Sp. "chopped off") 牛瘫痪病

Tronothane [trɔ'nəθein] 丙吗卡因:盐酸丙吗制剂的商品名

tropate ['trɔpeit] 托品酸盐

tropesis [trou'pi:sis] (Gr. *trope* a turning) 倾向,趋向

trophectoderm [trə'fektədə:m] (*tropho-* + *ectoderm*) 滋养外胚层

trophedema [ˌtrɔfi'di:mə] 营养性水肿
congenital t., **hereditary t.** 先天性营养性水肿

trophena [trɔu'fi:mə] (*trophe-* + Gr. *haima* blood) 滋养血

trophesy ['trɔfisi] (Gr. *trophe* nourishment) 神经性营养障碍,营养性神经官能障碍

trophic ['trɔfik] (Gr. *trophikos*) 营养的
-trophic (Gr. *trophikos* nourishing) 营养的

trophicity [trə'fisiti] 营养机能
-trophin 营养
trophism ['trɔfizəm] 营养作用,营养性
troph(o)- (Gr. *trophē* nutrition) 营养,食物

trophoblast ['trɔfəblæst] (*tropho-* + Gr. *blastos* germ) 滋养层
trophoblastic [ˌtrɔfəu'blæstik] 滋养层的
trophoblastoma [ˌtrɔfəublæs'təumə] 滋养叶瘤
trophochromatin [ˌtrɔfəu'krəumətin] 营养染色质,核外滋养染色粒
trophocyte ['trɔfəsait] 滋养细胞
trophoderm ['trɔfədə:m] (*tropho-* + Gr. *derma* skin) 滋养层
trophodermatoneurosis [ˌtrɔfəuˌdə:mətəunjuə'rəusis] 皮肤营养神经病
trophodynamics [ˌtrɔfəudai'næmiks] 营养

动力学
trophoedema [ˌtrɔfəuˈdiːmə] 营养性水肿
tropholecithal [ˌtrɔfəuˈlesiθəl] 营养卵黄的
tropholecithus [ˌtrɔfəuˈlesiθəs] (*tropho-* + Gr. *lekithos* yolk) 营养卵黄
trophology [trɔˈfɔlədʒi] 营养学
trophoneurosis [ˌtrɔfəunjuəˈrəusis] 营养(神经)机能病
    facial t. 面部营养(神经)机能病
    lingual t. 舌营养(神经)机能病
    t. of Romberg 罗姆伯格氏营养(神经)机能病
trophoneurotic [ˌtrɔfəunjuəˈrɔtik] 营养(神经)机能病的
trophonosis [ˌtrɔfəuˈnəusis] (*tropho-* + Gr. *nosos* disease) 营养病
trophont [ˈtrɔfənt] (*troph-* + Gr. *on, ontos* being) 营养体
trophonucleus [ˌtrɔfəuˈnjuːkliəs] 滋养核
trophopathia [ˌtrɔfəuˈpæθiə] 营养病
trophopathy [trəˈfɔpəθi] (*tropho-* + Gr. *pathos* disease) 营养病
trophoplast [ˈtrɔfəplæst] (*tropho-* + *plastos* formed) 质体,原生质体
trophospongia [ˌtrɔfəuˈspɔndʒiə] ❶胞管系；❷滋养海绵层。*trophospongium* 的复数形式
trophospongium [ˌtrɔfəuˈspɔndʒiəm] (pl. *trophospongia*) (*tropho-* + Gr. *spongion* sponge) ❶胞管系；❷(pl.)滋养海绵层
trophotaxis [ˌtrɔfəuˈtæksis] (*tropho-* + *taxis*) 趋营养性
trophotherapy [ˌtrɔfəuˈθerəpi] 营养疗法
trophotropism [ˌtrɔfəuˈtrɔpizəm] (*tropho-* + *tropism*) 向营养性
trophozoite [ˌtrɔfəuˈzəuait] (*tropho-* + Gr. *zōon* animal) 滋养体
-trophy (Gr. *trophē* nutrition) 食物,营养
tropia [ˈtrəupiə] (Gr. *tropē* a turning) 斜视,斜眼
-tropic (Gr. *tropikos* turning) 向……的,亲……的
tropic acid [ˈtrɔpik] 莨菪酸,托品酸
tropical [ˈtrɔpikəl] (Gr. *tropikos* turning) 热带的
tropicamide [trəuˈpikəmaid] (USP) 托品酰胺

tropidine [ˈtrɔpidin] 脱水托品
-tropin (Gr. *tropos* a turning) 亲,促
tropine [ˈtrɔpiːn] 托品
tropism [ˈtrɔpizəm] (Gr. *tropē* a turn, turning) 向性,趋化性
tropochrome [ˈtrɔpəˌkrəum] (*tropo-* + Gr. *chrōma* color) 拒染性的
tropocollagen [ˌtrəupəuˈkɔlədʒən] (Gr. *tropē* a turning + *collagen*) 胶原单位,原胶原
tropoelastin [ˌtrɔpəuiˈlæstin] 弹性蛋白原
tropometer [trəˈpɔmitə] (Gr. *tropē* a turning + *-meter*) 旋转计
tropomyosin [ˌtrɔpəuˈmaiəsin] 原肌球蛋白,原肌凝蛋白
    t. A 原肌球蛋白 A,副肌球蛋白
troponin [ˈtrɔpənin] 肌钙蛋白
trough [trɔf] 沟,槽
    synaptic t. 突触裂隙
Trousseau's phenomenon [truːˈsəuz] (Armand *Trousseau*, French physician, 1801-1867) 特鲁索氏现象
troxidone [ˈtrɔksidəun] 三甲双酮
troy [trɔi] 金衡制
Trp (tryptophan 的缩写) 色氨酸
TRU (turbidity reducing unit 的缩写) 浊度减低单位
Trueta treatment [truːˈeitə] (José *Trueta*, Spanish surgeon in England, 1897-1977) 图埃塔氏疗法
truncal [ˈtrʌŋkəl] 躯干的,干的
truncate [ˈtrʌŋkeit] (L. *truncatus*) 切状的,截状的
truncus [ˈtrʌŋkəs] (pl. *trunci*) (L. "trunk") 躯干,干
    t. arteriosus 动脉干
    t. arteriosus, persistent 永久动脉主干
    t. brachiocephalicus (NA) 头臂(动脉)干,无名动脉
    t. bronchomediastinalis dexter/sinister (NA) 左,右支气管纵隔(淋巴)干
    t. coeliacus (NA) 腹腔动脉,腹腔干
    t. corporis callosi (NA) 胼胝体干
    t. costocervicalis (NA) 肋颈干
    t. encephali (NA), **t. encephalicus** 脑干
    t. fasciculi atrioventricularis (NA) 房室束干
    t. inferior plexus brachialis (NA) 臂丛

下干
  trunci intestinales (NA) 肠(淋巴)干
  t. jugularis dexter/ sinister (NA) 左右颈淋巴干
  t. linguofacialis (NA) 舌面干
  trunci lumbales 腰(淋巴)干
  t. lumbaris dexter/ sinister (NA) 左右腰(淋巴)干
  t. lumbosacralis (NA) 腰骶干
  trunci lymphatici (NA) 淋巴干
  t. medius plexus brachialis (NA) 臂丛中干
  t. nervi accessorii (NA) 副神经干
  t. nervi spinalis (NA) 脊神经干
  trunci plexus brachialis (NA) 臂丛干
  t. pulmonalis (NA) 肺动脉干
  t. subclavius dexter/ sinister (NA) 左右锁骨下(淋巴)干
  t. superior plexus brachialis (NA) 臂丛上干
  t. sympatheticus (NA), t. sympathicus 交感神经干
  t. thyreocervicalis, t. thyrocervicalis (NA) 甲状颈干
  t. vagalis anterior (NA) 迷走神经前干
  t. vagalis posterior (NA) 迷走神经后干
trunk [trʌŋk] (L. *truncus* the stem or trunk of a tree) ❶ 躯干;❷ 干
  t. of atrioventricular bundle 房室束干
  basilar t. 基底动脉
  t's of brachial plexus 臂丛干
  bronchomediastinal t. 支气管纵隔(淋巴)干
  t. of bundle of His 希氏束干,房室束
  celiac t. 腹腔干,腹腔动脉
  t. of corpus callosum 胼胝体干
  intestinal t's 肠(淋巴)干
  jugular t. 颈(淋巴)干
  lumbar t. 腰干
  lymphatic t's 淋巴干
  middle t. of brachial plexus 臂丛中干
  pulmonary t. 肺动脉干
  subclavian t. 锁下(淋巴)干
  sympathetic t. 交感神经干
truss [trʌs] 疝带
  nasal t. 鼻夹
try-in ['traiin] 试戴
trypanid ['tripənid] 锥虫病疹

trypanocidal [ˌtripənəu'saidəl] 杀锥虫的
trypanocide [tri'pænəsaid] ❶ 杀锥虫的;❷ 杀锥虫剂
trypanolysis [ˌtripə'nɔlisis] 溶锥虫(作用)
trypanolytic [ˌtripənəu'litik] 溶锥虫的
Trypanosoma [triˌpənəu'səumə] (Gr. *trypanon* borer + *sōma* body) 锥虫属
  T. brucei 布氏锥虫
  T. brucei brucei 布氏布氏锥虫
  T. brucei gambiense 冈比亚布氏锥虫
  T. brucei rhodesiense 罗德西亚布氏锥虫
  T. congolense 刚果锥虫
  T. cruzi 克氏锥虫
  T. dimorphon 二形锥虫
  T. equinum 马锥虫
  T. equiperdum 马媾疫锥虫,马类性病锥虫
  T. evansi 伊氏锥虫
  T. gambiense 冈比亚锥虫
  T. hippicum 马锥虫
  T. hominis 人体锥虫
  T. lewisi 路氏锥虫
  T. melophagium 蜱蝇锥虫
  T. nanum 短小锥虫
  T. neotomae 林鼠锥虫
  T. rangeli 让氏锥虫
  T. rhodesiense 罗德西亚锥虫
  T. rotatorium 旋转锥虫
  T. rougeti 马媾疫锥虫
  T. simiae 猿猴锥虫
  T. theileri 提氏锥虫
  T. theodori 山羊锥虫
  T. triatomae 锥蝽锥虫
  T. ugandense 乌干达锥虫
  T. uniforme 类活动锥虫
  T. vivax 活动锥虫
trypanosomal [triˌpænə'səuməl] ❶ 锥虫的;❷ 锥虫样鞭毛型
trypanosomatid [triˌpænə'sɔmətid] ❶ 锥虫;❷ 锥虫的
Trypanosomatina [triˌpænəˌsəumə'tinə] 锥虫亚目
trypanosomatotropic [triˌpænəˌsɔmətəu'trɔpik] 向锥虫的
trypanosome [tri'pænəsəum] ❶ 锥虫;❷ 锥虫型的
trypanosomiasis [triˌpænəsəu'maiəsis] 锥

虫病
African t. 非洲锥虫病
American t. 美洲锥虫病
East African t. 东非锥虫病
Gambian t. 冈比亚锥虫病
Rhodesian t. 罗德西亚锥虫病
South American t. 南美锥虫病
West African t. 西非锥虫病
trypanosomicidal [tri͵pænəˌsomiˈsaidəl] 杀锥虫的
trypanosomicide [tri͵pænəˈsɔmisaid] (*trypanosome* + *L. caedere* to kill) ❶ 杀锥虫的;❷ 杀锥虫剂
trypanosomid [triˈpænəsɔmid] 锥虫病疹
Trypanozoon [tri͵pænəˈzəuən] (Gr. *trypanon* borer + *zoon* animal) 涎传锥虫亚属
tryparosan [traiˈpærəsən] 台盼罗散
tryparsamide [triˈpɑːsəmaid] 锥虫肿胺
trypesis [traiˈpiːsis] (Gr. *trypēsis*) 环钻术,环锯术
trypomastigote [͵traipəˈmæstigəut] (Gr. *trypanon* borer + *mastix* whip) 锥虫样鞭毛型
tryponarsyl [͵traipɔˈnɑːsəl] 锥虫肿胺
trypotan [ˈtripɔtæn] 锥虫肿胺
trypsin [ˈtripsin] (EC 3.4.21.4) 胰蛋白酶
　　crystallized t. (USP) 结晶胰蛋白酶
trypsinogen [tripˈsinədʒən] 胰蛋白酶原
tryptamine [ˈtriptəmiːn] 色胺,3-氨乙基吲哚
Tryptar [ˈtriptɑː] 胰蛋白酶:结晶胰蛋白酶制剂的商品名
tryptic [ˈtriptik] 胰蛋白酶的
tryptone [ˈtriptəun] 胰胨,胰蛋白胨
tryptophan [ˈtriptəfæn] 色氨酸
tryptophan 2,3-dioxygenase [ˈtriptəfæn daiˈɔksidʒeneis] (EC 1.13.11.11) 色氨酸2,3-加氧酶
tryptophan 5-monooxygenase [ˈtriptəfæn ͵mɔnəuˈɔksidʒəneis] (EC 1.14.16.4) 色氨酸5-单加氧酶
tryptophan hydroxylase [ˈtriptəfæn haiˈdrɔksileis] 色氨酸羟化酶
tryptophan pyrrolase [ˈtriptəfæn piˈrəuleis] 色氨酸吡咯酶
tryptophanuria [͵triptəufəˈnjuəriə] 色氨酸尿
tryptophyl [ˈtriptəfəl] 色氨酰
TS (test solution 的缩写) ❶ 试液;❷ (tricuspid stenosis 的缩写) 三尖瓣狭窄
TSA (tumor-specific antigen 的缩写) 肿瘤特异性抗原
tsetse [ˈtsetsi] 采采蝇
TSF (triceps skinfold 的缩写) 三头肌皮襞
TSH (thyroid-stimulating hormone 的缩写) 促甲状腺激素
TSTA (tumor-specific transplantation antigen 的缩写) 肿瘤特异性移植抗原
Tsuga [ˈtsuːgə] 铁杉属
　　T. canadensis (L.) 加拿大铁杉
TT (thrombin time 的缩写) 凝血酶时间
TU (tuberculin unit 的缩写) 结核菌素单位
Tuamine [ˈtjuæmin] 2-庚胺:1-甲基乙胺制剂的商品名
tuaminoheptane [tjuəˌminəuˈheptein] (USP) 2-庚胺,1-甲基乙胺
　　t. sulfate 硫酸-1-甲基乙胺
tuba [ˈtjuːbə] (pl. *bubae*) (L. "trumpet") 管
　　t. acustica 咽鼓管
　　t. auditiva 咽鼓管
　　t. auditoria (NA) 咽鼓管
　　t. uterina (NA), **t. uterina** (Falloppii) 输卵管
Tubadil [ˈtjuːbədil] 筒箭毒碱:氯化筒箭毒碱制剂的商品名
tubae [ˈtjuːbiː] 管。*tuba* 的复数形式
tubal [ˈtjuːbəl] 管的
Tubarine [ˈtjuːbərin] 筒箭毒碱:氯化筒箭毒碱制剂的商品名
tubatorsion [ˌtjuːbəˈtɔːʒən] 输卵管扭转
tube [tjuːb] (L. *tubus*) 管
　　Abbott-Miller t. 艾二氏-米勒管
　　Abbott-Rawson t. 艾-罗二氏管
　　air t. 呼吸管,气道
　　auditory t. 咽鼓管
　　Bouchut's t's 布许氏(喉)插管
　　Bowman's t's 鲍曼氏管
　　buccal t. 颊管
　　Cantor t. 坎特尔管
　　cathode-ray t. 阴极(射)线管
　　Celestin's t. 塞莱斯坦氏管
　　cerebromedullary t. 神经管
　　Chaoul t. 沙乌耳管

collecting t's 收集管,集合管
Coolidge t. 库里吉管
corneal t's 角膜板层管
Craigies t. 克雷吉斯管(将活动细菌与不活动细菌分离开)
digestive t. 消化管
discharge t. 放电管
drainage t. 引流管
Durham's t. 达拉姆氏管
empyema t. 脓胸导管
end t. 终管
endobronchial t. 支气管导管
endotracheal t. 气管导管
esophageal t. 食管导管
eustachian t. 欧氏管,咽鼓管
Ewald t. 埃瓦耳特管
fallopian t. 输卵管
feeding t. 饲管
fermentation t. 发酵管
Ferrein's t's 费蓝氏管,肾曲尿管
fusion t's 融合视力测练管
Harris t. 哈里斯管
horizontal t. 横管
hot-cathode t. 热阴极管
Kobelt's t's 科贝耳特氏管
Levin t. 列文管
medullary t. 神经管
Mett's t's 梅特氏管
Miescher's t. ①肉孢子虫;②肉子孢虫囊
Miller-Abbott t. 米-艾二氏管
nasogastric t. 鼻胃管
nephrostomy t. 肾盂引流管
neural t. 神经管
Olshevsky t. 奥耳舍夫斯基管
otopharyngeal t. 耳咽管,咽鼓管
ovarian t's 卵巢管
Paul-Mixter t. 保-米二氏管
Pflüger's t's 弗吕格氏管
pharyngotympanic t. 咽鼓管
photomultiplier t. 光电倍增管
polar t. 极管
pus t. 输卵管积脓
Rainey's t. 雷尼氏管
Rehfuss' t. 雷富斯氏管
Roida's t. 罗伊达氏管
roll t. 旋转管
Ruysch's t. 鲁伊施氏管

Ryle's t. 赖耳氏管
Schachowa's spiral t's 肾小管
Sengstaken-Blakemore t. 森-布二氏管
Shiner's t. 希纳氏管
sputum t. 痰管
stomach t. 胃管
T t. T形管
tampon t. 填塞管
test t. 试管
thoracostomy t. 胸腔插管
tracheostomy t. 气管切开插管
tympanostomy t. 鼓室插管
uterine t. 输卵管
vacuum t. 真空管
valve t. 真空整流管
Veillon t. 韦永管
ventilation t. 换气管
vertical t. 垂直管
Wangensteen t. 旺根斯膝管
x-ray t. X线管

tubectomy [tju:'bektəmi] 输卵管部分切除术

tuber ['tju:bə] (pl. *tubers* 或 *tubera*)(L.) 结节
t. calcanei (NA) 跟结节
t. cinereum ①(NA)灰结节;②三叉神经结节
t. cochleae 鼓室岬
eustachian t. 欧氏结节,鼓室结节
external t. of Henle 汉勒氏外结节
frontal t., t. frontale (NA) 额结节
iliopubic t. 髂耻结节
t. ischiadicum (NA) 坐骨结节
t. ischiale 坐骨结节
t. maxillae (NA), t. maxillare, maxillary t. 上颌结节
mental t. 颏结节
t. omentale hepatis (NA) 肝网膜结节
t. omentale pancreatis (NA) 胰网膜结节
omental t. of liver 肝网膜结节
omental t. of pancreas 胰网膜结节
papillary t. of liver 肝乳头样结节
parietal t., t. parietale (NA) 顶结节
t. radii, t. of radius 桡骨结节
sciatic t. 坐骨结节
t. vermis (NA) 蚓结节
t. zygomaticum 颧结节,颧骨关节结节

tubera ['tjuːbərə] (L.)结节。*tuber* 的复数形式

tubercle ['tjuːbəkəl] ❶ 结核结节；❷ 结节

acoustic t. 听结节
adductor t. of femur 股骨内收肌结节
anatomical t. 剖尸疣,尸毒性疣
t. of anterior scalene muscle 前斜角肌结节
articular t. of temporal bone 颞骨关节结节
t. of atlas, anterior 寰椎前结节
t. of atlas, posterior 寰椎后结节
auditory t. 听结节
auricular t. 耳廓结节
Babès' t's 巴贝斯结节
brachial t. of humerus 肱骨髁上突
calcaneal t. 跟骨结节
Carabelli t. 卡腊贝利结节
caseous t. 干酪样结核结节
caudal t. of liver 肝尾状突
cervical t's 颈结节
t. of cervical vertebrae, anterior 颈椎前结节
t. of cervical vertebrae, posterior 颈椎后结节
Chassaignac's t. 夏桑亚克氏结
condyloid t. 髁状结节
conglomerate t. 集合结节
conoid t. 锥状结节
corniculate t. 小角结节
t. of cuneate nucleus 楔束结节
cuneiform t. 楔状结节
darwinian t. 达尔文结节
deltoid t. 三角肌粗隆
dental t. ① 牙冠结节；② 牙冠隆起
dorsal t. of radius 桡骨背结节
epiglottic t. 会厌结节
Farre's t's 法尔氏结节
fibrous t. 纤维性结节
t. of fibula, posterior 腓骨小头尖
genial t. 颏结节,颏棘
genital t. 生殖结节
Ghon t. 冈氏结节
gracile t. 薄束核结节
gray t. ① 三叉神经结节；② 灰结节
greater t. of calcaneus 跟骨大结节
t. of greater multangular bone 大多角骨结节
hard t. 硬结节
His' t. 希斯氏结节
t. of humerus 肱骨头
t. of humerus, anterior, of Meckel 肱骨大结节
t. of humerus, anterior, of Weber 肱骨小结节
t. of humerus, external 肱骨大结节
t. of humerus, greater 肱骨大结节
t. of humerus, internal 肱骨小结节
t. of humerus, lesser 肱骨小结节
t. of humerus, posterior 肱骨大结节
iliac t. 髂粗隆
iliopectineal t., iliopubic t. 髂耻隆起
inferior t. of Humphrey 腰椎副突
infraglenoid t. 盂下粗隆
intercolumnar t. 柱间结节
intercondylar t. 髁间结节
intercondylar t., lateral 外侧髁间结节
intercondylar t., medial 内侧髁间结节
intervenous t. 静脉间结节
intravascular t. 血管内结节
jugular t. of occipital bone 枕骨颈静脉结节
labial t. 唇结节,唇尖
lacrimal t. 泪结节
lateral orbital t. 眶外侧结节
lateral palpebral t. 睑外侧结节
lesser t. of calcaneus 跟结节外侧突
Lisfranc's t. 利斯弗朗氏结节
Lister's t. 李斯特氏结节,桡骨背结节
Lower's t. 娄氏结节,静脉间结节
Luschka's t. 路施卡氏结节,阴道尿隆凸
mamillary t. (腰椎)乳头突
mamillary t. of hypothalamus 下丘脑乳头状结节,乳头体
marginal t. of zygomatic bone 颧骨缘结节(突)
mental t. 颏结节
mental t., external 颏外结节,颏隆突
mental t. of mandible 颏结节
miliary t. 粟粒性结核结节
Montgomery's t's 蒙哥马利氏结节
Morgagni's t. 莫尔加尼氏结节:① 嗅球；② 乳晕表面的小结节
Müller's t. 苗勒氏结节
muscular t. of atlas 寰椎前结节

t. of navicular bone 舟骨结节
nuchal t. 项结节
t. of nucleus cuneatus 楔束核结节
t. of nucleus gracilis 薄束核结节,棒状体
obturator t., anterior 闭孔前结节
obturator t., posterior 闭孔后结节
papillary t. 乳头状结节
pharyngeal t. 咽结节
plantar t. 第一跖骨粗隆
t. of posterior process of talus, lateral 距骨后突外侧结节
t. of posterior process of talus, medial 距骨后突内侧结节
pterygoid t. 翼肌粗隆
pubic t. of pubic bone 耻骨结节
quadrate t. of femur 股骨方结节
rabic t's 狂犬病结节
t. of rib 肋结节
t. of Rolando 三叉神经结节
t. of root of zygoma 颞骨关节结节
t. of Santorini 小角结节
scalene t. 前斜角肌结节
t. of scaphoid bone 舟骨结节
t. of sella turcica 蝶鞍结节
t. of sixth cervical vertebra, anterior, t. of sixth cervical vertebra, carotid 第6颈椎前结节,第6颈椎颈动脉结节
t. of sixth cervical vertebra, posterior 第6颈椎后结节
superior t. of Henle 亨勒氏上结节,闭孔后结节
superior t. of Humphrey 汉弗莱氏上结节,乳突
supraglenoid t. 盂上结节
supratragic t. 耳屏上结节
t. of thalamus, anterior 丘脑前结节
t. of thalamus, posterior 丘脑后结节
thyroid t., inferior 甲状下结节
thyroid t., superior 甲状上结节
t. of tibia 胫骨结节
transverse t. of fourth tarsal bone 骰骨粗隆
t. of trapezium 大多角骨结节
trigeminal t. 三叉神经结节
trochlear t. 滑车棘
t. of ulna 尺骨结节
t. of upper lip 上唇结节

t's of vertebra 椎骨副突
Whitnall's t. 怀特纳耳氏结节
Wrisberg's t. 里斯伯格氏结节,楔状结节
zygomatic t., t. of zygomatic arch 颧结节,颧骨关节结节
tubercula [tjuː'bəːkjulə] (L.)结节。*tuberculum* 的复数形式
tubercular [tjuː'bəːkjulə] 结节的,结节状的
Tuberculariaceae [tjuːˌbəːkjuˌlæri'æsiː] 瘤座孢科
tuberculate [tjuː'bəːkjuleit] ❶ 有结节的; ❷ 有结核结节的
tuberculated [tjuː'bəːkjuˌleitid] ❶ 有结节的; ❷ 有结核结节的
tuberculation [tjuːˌbəːkju'leiʃən] ❶ 结节形成,形成结节; ❷ 结核结节形成
tuberculid [tjuː'bəːkjulid] 结核疹
micronodular t. 微结节性结核疹
papulonecrotic t. 丘疹坏死性皮结核
rosacea-like t. 酒渣鼻样结核疹
tuberculin [tjuː'bəːkjulin] (USP)结核菌素
Koch's t. 郭霍结核菌素
Old t. (O.T.) 旧结核菌素
purified protein derivative (PPD) t. 纯蛋白衍化物结核菌素
Seibert's t. 塞伯特氏结核菌素
tuberculitis [ˌtjuːbəːkjuˈlaitis] (*tubercle* + *-itis*) 结核结节炎
tuberculization [tjuːˌbəːkjulaiˈzeiʃən] 结核结节形成
tuberculocele [tjuːˈbəːkjuləuˌsiːl] (*tubercle* + Gr. *kēlē* tumor) 睾丸结核
tuberculocidal [tjuːˌbəːkjuləuˈsaidəl] 杀结核菌的
tuberculoderma [tjuːˌbəːkjuləuˈdəːmə] (*tuberculo-* + Gr. *derma* skin) 皮肤结核
tuberculoid [tjuːˈbəːkjulɔid] 结核结节样的,结核病的
tuberculoma [tjuːˌbəːkjuˈləumə] 结核瘤
t. en plaque 斑样结核瘤
tuberculosilicosis [tjuːˌbəːkjuləuˌsiliˈkəusis] 矽肺结核
tuberculosis [tjuːˌbəːkjuˈləusis] 结核(病)
adult t. 成人结核
aerogenic t. 吸入性肺结核

anthracotic t. 炭肺结核
atypical t. 非典型结核,分支杆菌病
avian t. 鸟结核,禽结核
basal t. 肺底结核,肺底痨
t. of bones and joints 骨关节结核
bovine t. 牛结核
cerebral t. 结核性脑膜炎
cestodic t. 绦虫性(假)结核
chicken t. 鸡结核
childhood t. 儿童结核,原发结核
t. colliquativa, t. colliquativa cutis ① 皮肤瘰疬; ② 结核性肉芽肿
t. cutis 皮肤结核
t. cutis indurativa 硬化性皮肤结核
t. cutis lichenoides 苔藓样皮肤结核,瘰疬性苔藓
t. cutis miliaris disseminata 播散性粟粒性皮肤结核
t. cutis orificialis 皮肤腔口结核
disseminated t. 播散性结核
exudative t. 渗出性结核
genital t. 生殖结核
genitourinary t. 泌尿生殖系结核
hematogenous t. 血源性结核
hilus t. 肺门结核
t. indurativa 硬化性皮肤结核
inhalation t. 吸入性肺结核
t. of intestines 肠结核
t. of larynx 喉结核
t. lichenoides 瘰疬性苔癣
t. of lungs 肺结核
t. miliaris disseminata 播散性粟粒性(皮肤)结核
miliary t. 粟粒性结核
open t. 开放性结核
oral t. 口腔结核
orificial t. 腔口结核
papulonecrotic t. 丘疹坏死性皮结核
postprimary t. 原发后结核
primary t. 原发性结核
primary inoculation t. 原发接种性结核
productive t. 增生性结核
pulmonary t. 肺结核
reinfection t. 再感染性结核
t. of serous membranes 浆膜结核
t. of skin 皮肤结核
spinal t., t. of spine 脊柱结核
surgical t. 外科结核

tracheobronchial t. 气管支气管结核
t. ulcerosa 溃疡结核
t. verrucosa cutis 皮肤疣状结核
warty t. (皮肤)疣状结核
tuberculostatic [tjuːˌbəːkjuləˈstætik] 抑制结核菌的
tuberculotic [tjuːˌbəːkjuˈlɔtik] 结核病的,患结核病的
tuberculous [tjuːˈbəːkjuləs] 结核性的,患结核病的
tuberculum [tjuːˈbəːkjuləm] (pl. *tubercula*)(L., dim of *tuber*) 结节
t. adductorium femoris (NA) 股收肌结节
t. anterius atlantis (NA) 寰椎前结节
t. anterius thalami (NA) 丘脑前结节
t. anterius vertebrae cervicalis sextae (NA) 第六颈椎前结节
t. anterius vertebrarum cervicalium 颈椎前结节
t. arthriticum 痛风结节
t. articulare ossis temporalis (NA) 颞骨关节结节
t. auriculae, t. auriculare (NA) 耳廓结节,达尔文结节
t. calcanei (NA) 跟骨结节
t. caroticum vertebrae cervicalis sextae 第六颈椎颈动脉结节
t. cinereum ① 三叉神经结节; ② 灰结节
t. conoideum (NA) 锥状结节
t. corniculatum (NA), t. corniculatum (Santorini) 小角结节
t. coronae 牙冠结节
t. costae (NA) 肋结节
t. cuneatum (NA) 楔束结节
t. cuneiforme (NA), t. cuneiforme (Wrisbergi) 楔状结节
t. dentale (NA) 牙冠结节
t. dolorosum 痛性结节
t. epiglotticum (NA) 会厌结节
t. geniale 颏结节
t. gracile (NA) 薄束核结节,棒状体
t. iliacum (NA) 髂骨结节
t. impar 奇结节,单结节
t. infraglenoidale (NA) 盂下粗隆
t. intercondylare laterale (NA) 外侧髁间结节

- t. **intercondylare mediale**（NA）内侧髁间结节
- t. **intercondyloideum** 髁间隆起
- t. **intercondyloideum laterale** 外侧髁间结节
- t. **intercondyloideum mediale** 内侧髁间结节
- t. **jugulare ossis occipitalis**（NA）枕骨颈静脉结节
- t. **labii superioris**（NA）上唇结节
- t. **laterale processus posterioris tali**（NA）距骨后突外侧结节
- t. **majus humeri**（NA）肱骨大结节
- t. **marginale ossis zygomatici**（NA）颧骨缘结节，颧骨缘突
- t. **mediale processus posterioris tali**（NA）距骨后突内侧结节
- t. **mentale mandibulae**（NA）颏结节
- t. **minus humeri**（NA）肱骨小结节
- t. **musculi scaleni anterioris**（NA）前斜角肌结节
- t. **nuclei cuneati** 楔束核结节
- t. **nuclei gracilis, t. of nucleus gracilis** 薄束核结节，棒状体
- t. **obturatorium anterius**（NA）闭孔前结节
- t. **obturatorium posterius**（NA）闭孔后结节
- t. **ossis multanguli majoris** 大多角骨结节
- t. **ossis navicularis** 舟骨结节
- t. **ossis scaphoidei**（NA）舟骨结节
- t. **ossis trapezii**（NA）大多角骨结节
- t. **pharyngeum**（NA）咽结节
- t. **posterius atlantis**（NA）寰椎后结节
- t. **posterius vertebrae cervicalis sextae**（NA）第六颈椎后结节
- t. **posterius vertebrarum cervicalium** 颈椎后结节
- t. **pubicum ossis pubis**（NA）耻骨结节
- t. **quadratum femoris**（NA）股方肌结节
- t. **retrolobare** 耳后结节，希斯氏结节
- t. **Santorini** 桑托里尼氏结节，小角结节
- t. **scaleni**（Lisfranci）前斜角肌结节
- t. **sellae ossis sphenoidalis** 蝶骨鞍结节
- t. **sellae turcicae**（NA）蝶骨鞍结节
- t. **septi** 鼻中隔结节
- t. **supraglenoidale**（NA）盂上结节
- t. **supratragicum**（NA）耳屏上结节
- t. **thyreoideum inferius** 甲状下结节
- t. **thyreoideum superius** 甲状上结节
- t. **thyroideum inferius**（NA）甲状下结节
- t. **thyroideum superius**（NA）甲状上结节
- t. **trigeminale**（NA）三叉神经结节

tuberosis [ˌtjuːbəˈrəusis] 结节形成

tuberositas [ˌtjuːbəˈrɔsitəs]（pl. *tuberositates*）（L.）粗隆
- t. **coracoidea** 喙突粗隆
- t. **costae** Ⅱ 第二肋骨粗隆
- t. **costalis claviculae** 锁骨肋粗隆，肋锁韧带压迹
- t. **deltoidea humeri** 肱骨三角肌粗隆
- t. **femoris externa** 股骨外上髁
- t. **femoris interna** 股骨内上髁
- t. **glutea femoris**（NA）股骨臀肌粗隆
- t. **iliaca**（NA）髂粗隆
- t. **infraglenoidalis** 盂下粗隆
- t. **ligamenti coracoclavicularis**（NA）喙锁韧带粗隆
- t. **masseterica**（NA）咬肌粗隆
- t. **musculi serrati anterioris**（NA）前锯肌粗隆
- t. **ossis cuboidei**（NA）骰骨粗隆
- t. **ossis metatarsalis primi**（NA）第一跖骨粗隆
- t. **ossis metatarsalis quinti**（NA）第五跖骨粗隆
- t. **ossis navicularis**（NA）舟骨粗隆
- t. **patellaris** 胫骨粗隆
- t. **phalangis distalis manus**（NA）远节指骨粗隆
- t. **pronatoria**（NA）旋前肌粗隆
- t. **pteygoidea mandibulae**（NA）下颌翼肌粗隆
- t. **radii**（NA）桡骨粗隆
- t. **sacralis**（NA）骶骨粗隆
- t. **supraglenoidalis scapulae** 盂上粗隆
- t. **tibiae**（NA）胫骨粗隆
- t. **tibiae externa** 胫外粗隆
- t. **tibiae interna** 胫内粗隆
- t. **ulnae** 尺骨粗隆
- t. **unguicularis manus** 指甲粗隆
- t. **unguicularis pedis** 趾甲粗隆

tuberositates [ˌtjuːbəˌrɔsiˈtætis]（L.）粗

隆。*tuberositas* 的复数形式
tuberosity [ˌtjuːbəˈrɔsiti] 粗隆
  t. for anterior serratus muscle 前锯肌粗隆
  bicipital t. 桡骨粗隆
  t. of calcaneus 跟结节
  t. of clavicle 锁骨粗隆
  coracoid t. 喙突粗隆
  costal t. of clavicle 锁骨肋粗隆
  t. of cuboid bone 骰骨粗隆
  deltoid t. of humerus 肱骨三角肌粗隆
  distal t. of fingers 指骨远端粗隆,指端粗隆,指甲粗隆
  distal t. of toes 趾骨远端粗隆,趾端粗隆,趾甲粗隆
  t. of femur, external 股骨外侧粗隆
  t. of femur, internal 股骨内侧粗隆
  t. of femur, lateral 股骨外侧粗隆
  t. of femur, medial 股骨内侧粗隆
  t. of fifth metatarsal 第五趾骨粗隆
  t. of first carpal bone 第一腕骨粗隆
  t. of first metatarsal 第一趾骨粗隆
  t. of fourth tarsal bone 第四跗骨粗隆
  gluteal t. of femur 股骨臀肌粗隆
  greater t. of humerus 肱骨大结节
  t. of greater multangular bone 大多角骨结节
  t's of humerus 肱骨(诸)结节,肱骨上的三隆起
  iliac t. 髂粗隆
  infraglenoid t. 盂下粗隆
  ischial t., t. of ischium 坐骨结节
  lesser t. of humerus 肱骨小结节
  malar t. 颧粗隆,颧骨隆凸
  masseteric t. 咬肌粗隆
  t. of maxilla 上颌粗隆
  t. of navicular bone 舟骨结节
  patellar t. 胫骨粗隆
  pronator t. 旋前肌粗隆
  pterygoid t. of mandible 下颌翼肌粗隆
  t. of pubic bone 耻骨结节
  pyramidal t. of palatine bone 腭骨锥突
  radial t., t. of radius 桡骨粗隆
  sacral t. 骶骨粗隆
  t. of scaphoid bone ① 舟骨结节;② 舟骨粗隆
  scapular t. of Henle 肩胛骨喙突
  t. of second rib, t. for serratus anterior muscle 第二肋骨前锯肌粗隆
  supraglenoid t. 盂上粗隆
  t. of tibia 胫骨粗隆
  t. of tibia, external 胫骨外髁
  t. of tibia, internal 胫骨内髁
  t. of trapezium 大多角骨结节
  t. of ulna 尺骨粗隆
  ungual t., unguicular t. 甲粗隆
tuberous [ˈtjuːbərəs] ❶ 有结节的,结节状的,隆凸的; ❷ 有块茎的,块茎状的
tubi [ˈtjuːbai] (L.) 管;管的。*tubus* 的复数形式
Tubifera [tjuˈbifərə] 果蝇属
tubiferous [tjuˈbifərəs] (L. *tuber* + *ferre* to bear) ❶ 有结节的; ❷ 有块茎的
tuboabdominal [ˌtjuːbəuæbˈdɔminəl] 输卵管腹腔的
tuboadnexopexy [ˌtjuːbəuædˈneksəˌpeksi] 子宫附件固定术
tubocurarine [ˌtjuːbəukjuˈrɑːrin] 筒箭毒碱
  t. chloride (USP) 氯化筒箭毒碱
  dimethyl t. iodide 碘化二甲筒箭毒碱,碘甲筒箭毒碱
tuboligamentous [ˌtjuːbəuˌligəˈmentəs] 输卵管阔韧带的
tubo-ovarian [ˌtjuːbəuəuˈvɛəriən] 输卵管(和)卵巢的
tubo-ovariotomy [ˌtjuːbəuəuˌvɛəriˈɔtəmi] 输卵管卵巢切除术
tubo-ovaritis [ˌtjuːbəuəuvəˈraitis] 输卵管卵巢炎
tuboperitoneal [ˌtjuːbəuˌperitəuˈniːəl] 输卵管和腹膜的
tuboplasty [ˈtjuːbəuˌplæsti] 管成形术
tubotympanum [ˌtjubəuˈtimpənəm] 咽鼓管鼓室
tubouterine [ˌtjubəuˈjuːtərin] 输卵管子宫的
tubovaginal [ˌtjubəuˈvædʒinəl] 输卵管阴道的
tubular [ˈtjuːbjulə] (L. *tubularis*) 小管的,管状的
tubule [ˈtjuːbjul] 小管,细管
  Albarrán's t's 阿耳巴兰氏小管,前列腺小管
  arcuate renal t. 弓形集合小管,肾远曲小管

attenuated t. 集合管
Bellini's t. 肾直小管
biliferous t. 胆小管
caroticotympanic t's 颈(动脉)鼓(室)管
collecting t. (肾)集合小管
connecting t. 接合小管
convoluted t. 肾曲小管
convoluted t., distal 远端(肾)曲小管
convoluted t., proximal 近端(肾)曲小管
cortical collecting t. 皮质肾小管
dental t's, dentinal t's 牙质小管
discharging t's 排泄小管
Ferrein's t's 费蓝氏小管
galactophorous t's 输乳小管
Henle's t. 汉勒氏小管
junctional t. 集合管
Kobelt's t's ① 卵巢冠小管；② 旁睾小管
lactiferous t's 输乳小管
malpighian t. 毛样排泄器官或小管
medullary collecting t. 髓质肾小管
mesonephric t's 中肾小管
metanephric t's 后肾小管
Miescher's t. 鼠肉孢子虫的孢子囊
paraurethral t's 尿道旁小管
pronephric t's 前肾小管
Rainey's t. 雷尼斯小管
renal t's 肾小管
renal collecting t. 肾集合管
segmental t's 中肾小管
seminiferous t's 细精管
seminiferous t., convoluted 曲细精管
seminiferous t., straight 直细精管
Skene's t's 斯肯尼氏管
spiral t. 螺旋小管,近端肾曲管
straight t. 肾直小管
straight t., distal 远端肾直管
straight t., proximal 近端肾直管
straight collecting t. 肾直集合管
subtracheal t. 甲状舌管
T t's T 管
thin t. 肾小管细段
tracheal t. 小气管
transverse t. 横行小管
uriniferous t., uriniparous t. 肾小管
vertical t's 卵巢冠小管
tubuli ['tjuːbjulai] (L.)小管,细管。tubulus 的复数形式

tubulin ['tjuːbjulin] 微管蛋白
Tubulina [ˌtjuːbjuˈlinə] (L. tubulus, dim. of tubus tube) 管足亚目
tubulization [ˌtjuːbjulaiˈzeiʃən] 神经套管术
tubuloacinar [ˌtjuːbjuləuˈæsinə] 管状腺泡的
tubulocyst ['tjuːbjuləsist] 管囊肿
tubulointerstitial [ˌtjuːbjuləuˌintəˈstiʃəl] 小管间质的
tubuloracemose [ˌtjuːbjuləuˈræsiməus] 管状葡萄状的
tubulorrhexis [ˌtjuːbjuləuˈreksis] (tubule + Gr. rhēxis a breaking) 肾小管破裂
tubulosaccular [ˌtjuːbjuləuˈsækjulə] 管状囊状的
tubulovesicle [ˌtjuːbjuləuˈvesikəl] 管状囊(泡)
tubulovesicular [ˌtjuːbjuləuveˈsikjulə] 管状囊(泡)的
tubulus ['tjuːbjuləs] (pl. tubuli) (L. dim of tubus) 小管,细管
　t. attenuatus (NA) 肾小管细段
　t. biliferus 胆小管
　t. colligens rectus (NA) 集合管直部
　t. contortus distalis (NA) 远曲小管
　t. contortus proximalis (NA) 近曲小管
　t. rectus distalis (NA) 远直小管
　t. rectus proximalis (NA) 近直小管
　t. renalis (NA) 肾小管
　t. renalis arcuatus (NA) 肾远曲小管
　t. renalis colligens (NA) 肾集合管
　t. seminifer convolutus (NA) 曲细小管
　t. seminifer rectus (NA) 直细精管
　tubuli seminiferi contorti (NA) 曲细精管
　tubuli seminiferi recti (NA) 直细精管
tubus ['tjuːbəs] (gen. 和 pl. tubi) (L.) 管
　t. digestorius 消化管
Tuerck [tiək] 蒂尔克氏：奥地利神经学家和喉科学家,1810-1868
Tuffier's test [tjufiˈeiz] (Marin Théodore Tuffier, French surgeon, 1857-1929) 杜菲埃氏试验
tuft [tʌft] 丛；螺旋
　enamel t's 釉丛
　hair t's 毛丛

synovial t's 滑膜绒毛
tuftsin ['tʌftsin] (*Tufts* University + *-in*) 吞噬刺激素
tugging ['tʌgiŋ] 牵引感
 tracheal t. 气管牵引感
tularemia [ˌtjuləˈriːmiə] 土拉菌病，兔热病
 gastrointestinal t. 胃肠土拉菌病
 glandular t. 腺型土拉菌病
 oculoglandular t. 眼腺型土拉菌病
 oropharyngeal t. 口咽型土拉菌病
 pulmonary t., pulmonic t. 肺土拉菌病
 typhoidal t. 伤寒性土拉菌病
 ulceroglandular t. 溃疡淋巴腺型土拉菌病
tulle gras [tuːl ˈgrɑː] (Fr. "fatty tulle") 润肤细布，敷伤巾
Tullio's phenomenon ['tjuːliəz] (Pietro *Tullio*, Italian physician, 20th ceatury) 杜利尔现象
Tulpius' valve ['tʌlpiəs] (Nicolas *Tulpius* (Nicolaas *Tulp*), Dutch physician, 1593-1647) 回盲瓣
tumefacient [ˌtjuːmiˈfeiʃənt] (L. *tumefaciens*) 致肿胀的
tumefaction [ˌtjuːmiˈfækʃən] (L. *tumefactio*) 肿胀，肿大
tumentia [tjuːˈmenʃiə] (L.) 肿胀
 vasomotor t. 血管舒缩性肿胀
tumeur [tjuːˈməː] (Fr.) 肿瘤
 t. perlée [pəːˈlei] 胆脂瘤
 t. pileuse [piˈluːz] 毛团，毛粪石
tumid ['tjuːmid] (L. *tumidus*) 肿胀的
tumor ['tjuːmə] (L., from *tumere* to swell) ❶ (肿) 瘤; ❷ 肿胀，肿块
 Abrikosov's (Abrikossoff's) t. 粒细胞瘤
 acinar cell t., acinic cell t. 腺泡癌
 acoustic nerve t. 听神经瘤
 acute splenic t. 急性脾肿胀
 adenoid t. 腺瘤
 adenomatoid t. 腺瘤样瘤
 adenomatoid odontogenic t. 腺样成 (造) 釉细胞瘤
 adipose t. 脂 (肪) 瘤
 adrenal rest t. 肾上腺剩余 (组织) 瘤
 aldosterone-producing t., aldosterone-secreting t. 醛固酮瘤
 alveolar cell t. 细支气管肺泡瘤
 ameloblastic adenomatoid t. 腺样成釉细胞瘤
 aniline t. 苯胺瘤
 Askin's t. 阿斯金代瘤
 benign t. 良性瘤
 benign epithelial odontogenic t. 鳞状成釉细胞瘤
 Brenner t. 希伦纳氏瘤
 bronchial carcinoid t. 支气管类癌
 Brooke's t. 布鲁克氏瘤，囊状腺样上皮瘤
 brown t. 棕色瘤
 Burkitt's t. 伯基特氏瘤
 Buschke-Löwenstein t. 布－洛二氏瘤
 calcifying epithelial odontogenic t. 牙源性钙化上皮瘤
 carcinoid t. 类癌瘤
 carcinoid t. of bronchus 支气管类癌样瘤
 carcinoma ex mixed t. 癌除外混合性肿瘤
 carotid body t. 颈动脉体瘤
 cartilaginous t. 软骨瘤
 cavernous t. 海绵状 (血管) 瘤
 cellular t. 细胞 (性) 瘤
 chromaffin-cell t. 嗜铬细胞瘤
 Codman's t. 科德曼氏瘤
 colloid t. 粘液瘤
 connective tissue t. 结缔组织肿瘤
 craniopharyngeal duct t. 颅咽管瘤
 cystic t. 囊性瘤
 dermal duct t. 真皮管肿瘤
 dermoid t. 皮样瘤
 desmoid t. 硬纤维瘤
 diarrheogenic t. 致腹泻肿瘤
 dumbbell t. 哑铃状瘤，葫芦状瘤
 embryonal t., embryoplastic t. 胚 (组织) 瘤，胚性组织瘤
 endodermal sinus t. 内胚窦瘤
 epidermoid t. 表皮样瘤
 erectile t. 勃起组织瘤，海绵状血管瘤
 Ewing's t. 尤因斯氏瘤，内皮细胞性骨髓瘤
 false t. 假性瘤
 familial bilateral giant cell t. 双侧性巨细胞肿瘤
 fatty t. 脂 (肪) 瘤
 fecal t. 粪瘤，粪结

ferminizing t. 女性化瘤
fibrocellular t. 纤维瘤
fibrohistiocytic t. 纤维组织细胞肿瘤
fibroid t. ① 纤维瘤;② 平滑肌瘤
fibroplastic t. 成纤维组织瘤
t. of follicular infundibulum 滤泡样漏斗状肿瘤
functional t., functioning t. 功能性肿瘤
gelatinous t. 胶样瘤,粘液瘤
germ cell t. 生殖细胞瘤
giant cell t. of bone 骨巨细胞瘤
giant cell t. of tendon sheath 腱鞘巨细胞瘤
glomus t. ① 血管球瘤,血管神经肌瘤;② 化学感受器瘤
glomus jugulare t. 颈静脉球瘤
gonadal stromal t. 性腺基质肿瘤
granular cell t. 粒细胞瘤
granulation t. 肉芽肿,肉芽瘤
granulosa t., granulosa cell t. 粒层细胞瘤
granulosa-thecal cell t. 粒层-泡膜细胞瘤
Grawitz's t. 格拉维茨氏瘤
Gubler's t. 居布莱氏腕背癌
gummy t. 梅毒瘤,树胶种
heterologous t. 异种性瘤
heterotypic t. 异型性瘤,异种性瘤
hilar cell t. 门细胞瘤
histioid t. 类组织瘤
homoiotypic t., homologous t. 同型性瘤,同种性瘤
Hortega cell t. 奥尔特加瘤,小(神经)胶质细胞瘤
hourglass t. 葫芦状瘤,哑铃状瘤
Hürthle cell t. 许特尔特细胞瘤
innocent t. 良性瘤
interstitial cell t. 细胞瘤,睾丸间质细胞瘤
islet cell t. 胰岛细胞瘤
ivory-like t. 象牙样瘤,密质骨瘤
Jensen's t. 詹森氏瘤
juxtaglomerular t., juxtaglomerular cell t. 近肾小球肿瘤
Klatskin's t. 克洛斯基氏瘤
Koenen's t. 克嫩氏瘤
Krukenberg's t. 克鲁肯贝格氏瘤,粘液细胞瘤
Leydig cell t. 莱迪格细胞瘤,睾丸间质细胞瘤
t. lienis 脾肥,脾盈
Lindau's t. 林道氏瘤
lipoid cell t. of overy 卵巢脂细胞瘤
luteinized granulosa-theca cell t. 黄体化粒层-泡膜细胞瘤
malignant t. 恶性瘤
march t. 行军瘤,跖韧带炎
margaroid t. 胆脂瘤
mast cell t. 肥大细胞瘤
melanotic neuroectodermal t. 黑素沉着性神经外胚层瘤
Merkel cell t. 梅克尔细胞瘤
mesodermal mixed t. 副中肾管(穆勒氏管)混合瘤
mixed t. 混合瘤
mixed t. of skin 皮肤软骨汗腺瘤
mixed t., benign 良性多形性腺瘤
mixed t., malignant 恶性多形性肿瘤
mucoepidermoid t. 粘液表皮样瘤
mucous t. 粘液瘤
müllerian mixed t. 苗勒氏混合瘤
muscular t. 肌瘤
Nélaton's t. 内拉东氏瘤
nerve sheath t. 神经鞘瘤
neuroectodermal t. of infancy 婴儿神经外胚层瘤
neuroendocrine t., neuroendocrine cell t. 神经内分泌瘤,神经内分泌细胞瘤
neuroepithelial t. 神经上皮瘤
nonfunctional t., nonfunctioning t. 无功能性肿瘤
odontogenic t. 牙源性肿瘤
organoid t. 器官样瘤
oxyphil cell t. 嗜酸细胞瘤
Pancoast's t. 潘科斯特氏瘤
papillary t. 乳头(状)瘤
pearl t., pearly t. 珠光瘤
Pepper t. 佩伯氏肿瘤
peripheral neuroectodermal t. 周围神经外胚层瘤
phyllodes t. 分叶状瘤
Pindborg t. 牙源性钙化上皮瘤
plasma cell t. 浆细胞瘤
potato t. 马铃薯样瘤
Pott's puffy t. 波特氏头皮肿胀
pregnancy t. 妊期瘤
premalignant fibroepithelial t. 恶变前纤

维上皮瘤
primitive neuroectodermal t. (PNET)原始神经外胚层肿瘤
primitive neuroepithelial t. 原始神经上皮瘤
prolactin-secreting t. 泌乳素瘤
proliferating trichilemmal t. 增殖性毛囊肿瘤
pulmonary sulcus t. 肺沟瘤
Rathke's t., Rathke's pouch t. 拉特克氏瘤
Recklinghausen's t. 雷克林豪森氏瘤
recurring digital fibrous t's of childhood 儿童复发性指(趾)纤维瘤病
Regaud's t. 勒戈氏瘤,淋巴上皮瘤
retinal anlage t. 视网膜原基病
rhabdoid t. of the kidney 肾脏棒状肿瘤
sand t. 沙瘤
Schmincke's t. 施明克氏瘤
Schwann cell t. 施万细胞瘤
Sertoli cell t. 塞尔托利细胞瘤
Sertoli-Leydig cell t. (卵巢)男性细胞瘤
sex cord-stromal t's 生殖细胞索基质瘤
sheath t. 神经鞘瘤
squamous odontogenic t. 鳞状牙源性肿瘤
Steiner's t's 施泰纳氏瘤
stercoral t. 粪瘤,粪结
stromal t's 生殖细胞索基质瘤
superior sulcus t. 肺沟瘤
teratoid t. 畸胎瘤
testicular t. 男性细胞瘤
theca cell t. 泡膜细胞瘤
thyrotrope t., thyrotroph t. 甲状腺机能性肿瘤,促甲状腺细胞肿瘤
tomato t. 腺样囊性瘤
tridermic t. 三胚层瘤
turban t. 头巾样瘤
vascular t. ①血管瘤;②血液供养丰厚的肿瘤
villous t. 绒毛(状)瘤
virilizing t. 男性化瘤
Warthin's t. 瓦尔廷氏瘤
white t. 白肿,白色肿胀
Wilms' t. 维姆氏瘤
yolk sac t. 卵黄囊瘤
tumoraffin [ˌtjuːməˈræfin] (*tumor* + L. *affinis* related) 亲瘤的,嗜瘤的

tumoricidal [ˌtjuːməriˈsaidəl] 破坏癌细胞的
tumorigenesis [ˌtjuːməriˈdʒenəsis] 肿瘤发生
tumorigenic [ˌtjuːməriˈdʒenik] 肿瘤发生的
tumorlet [ˈtjuːməlit] 微小肿瘤
tumorous [ˈtjuːmərəs] 肿瘤性的
tumour [ˈtjuːmə] 瘤,肿瘤
tumultus [tjuˈmʌltəs] (L.) 骚乱,骚动
Tunga [ˈtʌŋgə] 潜蚤属
 T. penetrans 穿皮潜蚤
tungiasis [tʌŋˈgaiəsis] 潜蚤病
tungsten [ˈtʌŋstən] (Swed. "heavy stone") 钨
tunic [ˈtjuːnik] 膜,被膜
 Bichat's t. 比沙氏膜,血管肉膜
 Brücke's t. 布鲁克氏膜
 fibrous t. of eyeball 眼球纤维膜
 fibrous t. of liver 肝纤维膜
 pharyngeal t., pharyngobasilar t. 咽腱膜,咽颅底板
 Ruysch's t. 勒伊斯氏膜
 t's of spermatic cord 精索膜
tunica [ˈtjuːnikə] (pl. *tunicae*) 膜,被膜
 t. abdominalis 腹腱膜
 t. adnata oculi 结膜;球结膜
 t. adnata testis 睾丸鞘膜壁层
 t. adventitia (NA) 外膜
 t. adventitia ductus deferentis (NA) 输精管外膜
 t. adventitia esophagi 食管外膜
 t. adventitia oesophagi 食管外膜
 t. adventitia tubae uterinae 输卵管外膜
 t. adventitia ureteris (NA) 输尿管外膜
 t. adventitia vasorum 血管外膜
 t. adventitia vesiculae seminalis (NA) 精囊外膜
 t. albuginea (NA) 白膜
 t. albuginea corporis spongiosi (NA) 海绵体白膜
 t. albuginea corporum cavernosorum (NA) 阴茎海绵体白膜
 t. albuginea ovarii (NA) 卵巢白膜
 t. albuginea testis (NA) 睾丸白膜
 t. conjunctiva (NA) 结膜
 t. conjunctiva bulbaris (NA), t. conjunctiva bulbi 球结膜

- t. conjunctiva palpebralis (NA) 睑结膜
- t. dartos ① 肉膜；② 肌肉膜
- t. decidua 蜕膜
- t. elastica interna 内弹性膜
- t. externa thecae folliculi (NA) 卵泡膜外层
- t. externa vasorum (NA), t. externa vasorum (adventitia) 血管外膜
- t. fibrosa (NA) 纤维膜,纤维层
- t. fibrosa bulbi (NA) 眼球纤维膜
- t. fibrosa hepatis (NA) 肝纤维膜
- t. fibrosa lienis 脾纤维膜
- t. fibrosa oculi 眼球外膜
- t. fibrosa renis 肾纤维膜
- t. fibrosa splenis (NA) 脾纤维膜
- tunicae funiculi spermatici (NA) 精索膜
- t. interna bulbi (NA) 眼球内膜
- t. interna thecae folliculi (NA) 卵泡膜内层
- t. intima vasorum (NA) 血管内膜
- t. media vasorum (NA) 血管中膜
- t. mucosa (NA) 粘膜
- t. mucosa bronchiorum (NA) 支气管粘膜
- t. mucosa cavitatis tympanicae (NA) 鼓室粘膜
- t. mucosa coli (NA) 结肠粘膜
- t. mucosa ductus deferentis (NA) 输精管粘膜
- t. mucosa esophagi 食管粘膜
- t. mucosa gastris (NA) 胃粘膜
- t. mucosa intestini recti 直肠粘膜
- t. mucosa intestini tenuis (NA) 小肠粘膜
- t. mucosa laryngis (NA) 喉粘膜
- t. mucosa linguae (NA) 舌粘膜
- t. mucosa nasi (NA) 鼻粘膜
- t. mucosa oesophagi (NA) 食管粘膜
- t. mucosa oris (NA) 口腔粘膜
- t. mucosa pharyngis (NA) 咽粘膜
- t. mucosa recti (NA) 直肠粘膜
- t. mucosa tracheae (NA) 气管粘膜
- t. mucosa tubae auditivae (NA) 咽鼓管粘膜
- t. mucosa tubae uterinae 输卵管粘膜
- t. mucosa tympanica 鼓室粘膜
- t. mucosa ureteris (NA) 输尿管粘膜
- t. mucosa urethrae femininae (NA), t. mucosa urethrae muliebris 女性尿道粘膜
- t. mucosa uteri (NA) 子宫粘膜
- t. mucosa vaginae (NA) 阴道粘膜
- t. mucosa ventriculi 胃粘膜
- t. mucosa vesicae biliaris (NA) 胆囊粘膜
- t. mucosa vesicae felleae 胆囊粘膜
- t. mucosa vesicae urinariae (NA) 膀胱粘膜
- t. mucosa vesiculae seminalis (NA) 精囊粘膜
- t. musclaris (NA) 肌层,肌膜
- t. muscularis bronchiorum (NA) 支气管肌层
- t. muscularis coli (NA) 结肠肌层
- t. muscularis ductus deferentis (NA) 输精管肌层
- t. muscularis esophagi 食管肌层
- t. muscularis gastris (NA) 胃肌层
- t. muscularis intestini tenuis (NA) 小肠肌层
- t. muscularis oesophagi (NA) 食管肌层
- t. muscularis pharyngis (NA) 咽肌层
- t. muscularis recti (NA) 直肠肌层
- t. muscularis tracheae (NA) 气管肌层
- t. muscularis tubae uterinae (NA) 输卵管肌层
- t. muscularis ureteris (NA) 输尿管肌层
- t. muscularis urethrae femininae (NA), t. muscularis urethrae muliebris 女性尿道肌层
- t. muscularis uteri (NA) 子宫肌层
- t. muscularis vaginae (NA) 阴道肌层
- t. muscularis ventriculi 胃肌层
- t. muscularis vesicae biliaris (NA) 胆囊肌层
- t. muscularis vesicae felleae 胆囊肌层
- t. muscularis vesicae urinariae (NA) 膀胱(平滑)肌层
- t. muscularis vesiulae seminalis (NA) 精囊肌层
- t. nervea of Brücke 布鲁克神经膜
- t. propria (NA) 固有层,固有膜
- t. propria corii 真皮网层
- t. propria tubuli testis 精细管固有膜
- t. ruyschiana 脉络膜毛细管层
- t. sensoria bulbi 眼球感觉层

t. serosa (NA) 浆膜
t. serosa coli (NA) 结肠浆膜
t. serosa gastris (NA) 胃浆膜
t. serosa hepatis (NA) 肝浆膜
t. serosa intestini tenuis (NA) 小肠浆膜
t. serosa lienis 脾浆膜
t. serosa peritonei (NA) 腹膜浆膜层
t. serosa splenis (NA) 脾浆膜
t. serosa testis 睾丸浆膜
t. serosa tubae uterinae (NA) 输卵管浆膜
t. serosa uteri (NA) 子宫浆膜
t. serosa ventriculi 胃浆膜
t. serosa vesicae biliaris (NA) 胆囊浆膜层
t. serosa vesicae felleae 胆囊浆膜层
t. serosa vesicae urinariae (NA) 膀胱浆膜
t. spongiosa urethrae femininae (NA) 女性尿道海绵层
t. spongiosa vaginae (NA) 阴道海绵层
t. submucosa urethrae muliebris 女性尿道粘膜下层
tunicae testis (NA) 睾丸膜
t. uvea 眼色素膜,葡萄膜,眼球血管膜
t. vaginalis testis (NA) 睾丸鞘膜
t. vasculosa 血管膜
t. vasculosa bulbi (NA) 眼球血管膜
t. vasculosa lentis 晶状体血管膜
t. vasculosa oculi 眼球血管膜
tunicary [ˌtjuni'kɛəri] 有膜的,有包膜的
Tunicata [ˌtjuni'keitə] 被囊类(动物)
tunicate ['tjuːnikeit] 被囊动物
tunicin ['tjuːnisin] 动物纤维素
tuning fork ['tjuːniŋ 'fɔːk] 音叉
tunnel ['tʌnl] 隧道,管
 aortico-left ventricular t. 主动脉-左室隧道
 carpal t. 腕管
 cervical t's 子宫颈隧道
 Corti's t. 科蒂氏隧道,螺旋器隧道,螺旋管
 cubital t. 肘管
 flexor t. 屈肌管
 inner t. 内隧道
 outer t. 外隧道,努埃尔(Nuel)间隙
 tarsal t. 跗管
turanose ['tjuːrənəus] 松二糖

turban ['təːbən] 包头巾
 ice t. 冰巾
Turbatrix [təː'bætriks] 醋线虫属
 T. aceti 醋线虫
turbid ['təːbid] (L. turba a tumult) 混浊的
turbidimeter [ˌtəːbi'dimitə] 比浊计,浊度计
turbidimetric [ˌtəːbidi'metrik] 比浊的,浊度计的
turbidimetry [ˌtəːbi'dimitri] 比浊法,测浊法
turbidity [təː'biditi] 混浊,浊度
turbinal ['təːbinəl] (L. turbinalis, from turbo a child's top) ❶ 甲介形的; ❷ 鼻甲,鼻甲的
turbinate ['təːbineit] (L. turbineus) ❶ 甲介形的; ❷ 鼻甲,鼻甲的
turbinated ['təːbineitid] 甲介形的
turbinectomy [ˌtəːbi'nektəmi] 鼻甲切除术
turbinotome [təː'binətəum] 鼻甲刀
turbinotomy [ˌtəːbi'nɔtəmi] 鼻甲切开术
Türck's bundle etc. [təks] (Ludwig Türck, Austrian neurologist and laryngologist, 1810-1868) 蒂尔克氏束
Turck's zone [təːks] (Fenton Benedict Turck, New York physician, 1857-1932) 特克氏带
Turcot's syndrome [təː'kɔz] (Jacques Turcot, Canadian physician, born 1914) 特科特氏综合征
turgescence [təː'dʒesəns] (L. turgescens swelling) 肿胀,肿大
turgescent [təː'dʒesənt] (L. turgescens) 肿胀的,肿大的
turgid ['təːdʒid] (L. turgidus) 充满的,胀满的
turgidization [ˌtəːdʒidai'zeiʃən] 充满法,胀满法
turgometer [təː'gɔmitə] (L. turgor swelling + metrum measure) 肿度测定器
turgor ['təːgə] (L.) 充盈,充满,胀满
 t. vitalis 生理性充盈
turista [tjuː'ristɑː] (Sp.) (墨西哥对旅游者)腹泻的称呼
Türk's cell [tiəks] (Willhelm Türk, Austrian physician, 1871-1916) 提尔克氏细胞

turmeric ['təːmərik] 姜黄

turmschädel ['tjuːmʃɑːdəl] (Ger.) 颅骨高圆畸形

Turner's sign ['təːnəz] (George Grey Turner, English surgeon, 1877-1951) 特纳尔氏征

Turner's sulcus ['təːnəz] (Sir William Turner, English anatomist, 1832-1916) 特纳尔氏沟

Turner's syndrome ['təːnəz] (Henry Hubert Turner, American endocrinologist, 1892-1970) 特纳尔氏综合征

Turner tooth ['təːnə] (Joseph George Turner, British dentist, died in 1955) 特纳尔牙

turnera ['təːnərə] 特纳草叶

turnover ['təːnəuvə] 更新,周转(量)
　erythrocyte iron t. (EIT) 红细胞铁周转率
　plasma iron t. (PIT) 血浆铁周转率
　red blood cell iron t. (RBC IT) 红细胞铁周转率

turnsick [təːnsik] 蹒跚病

turnsickness [təːnsiknis] 蹒跚病

TURP (transurethral prostatic resection 的缩写) 经尿道前列腺切除术

turpentine ['təːpəntain] (L. terebinthina) 松脂,松脂油

turricephaly [ˌtəriˈsefəli] 尖头畸形

turunda [tjuˈrʌndə] (L.) ❶ 塞条;❷ 栓剂,塞药

Turyn's sign ['tjuːrinz] (Felix Turyn, Polish physician, born 1899) 图林氏征

tus. (L. tussis 的缩写) 咳嗽

tussal ['tʌsəl] (L. tussis cough) 咳嗽的

tussicula [tʌˈsikjulə] (L., dim of tussis cough) 轻咳

tussicular [tʌˈsikjulə] (L. tussicula) 咳嗽的

tussiculation [tʌˌsikjuˈleiʃən] 短程剧烈干咳

tussigenic [ˌtʌsiˈdʒenik] (L. tussis cough + Gr. gennan to produce) 致咳的

tussis ['tʌsis] (L.) 咳嗽

tussive ['tʌsiv] 咳嗽的

tutamen [tjuˈteimən] (pl. tutamina) (L.) 保护器,防御物
　tutamina oculi 眼保护物

Tuttle's proctoscope ['tʌtlz] (James Percival Tuttle, American Surgeon, 1857-1912) 塔特尔氏直肠镜

Tween [twiːn] 吐温:聚山梨酸脂制剂的商品名

twig [twig] 小支,细支

twin [twin] 双胎,孪生
　acardiac t. 无心双胎,无心畸胎
　allantoidoangiopagous t's 脐血管联胎
　binovular t's 双卵性双胎
　conjoined t's 联胎
　conjoined t's, asymmetrical 不对称联胎
　conjoined t's, equal 对等联胎
　conjoined t's, symmetrical 对称性联胎
　conjoined t's, unequal 非对等联胎
　dichorial t's, dichorionic t's 双卵性双胎
　dissimilar t's 双卵性双胎
　dizygotic t's 双卵性双胎
　enzygotic t's 单卵性双胎
　false t's 双卵性双胎
　fraternal t's 双卵性双胎
　heterologous t's 双卵性双胎
　hetero-ovular t's 双卵双胎
　identical t's 单卵性双胎
　impacted t's 阻生双胎
　monoamniotic t's 单羊膜双胎
　monochorial t's, monochorionic t's 单卵性双胎
　mono-ovular t's, monovular t's 单卵性双胎
　monozygotic t's 单卵性双胎
　omphaloangiopagous t's 脐血管联胎
　one-egg t's 单卵性双胎
　Siamese t's 联胎
　similar t's 单卵性双胎
　true t's 单卵性双胎
　two-egg t's 双卵性双胎
　uniovular t's 单卵性双胎
　unlike t's 双卵性双胎

twinge [twindʒ] 刺痛

twinning ['twiniŋ] ❶ 对裂,成对;❷ 孪生
　experimental t. 实验性孪生
　spontaneous t. 自发性孪生

twinship ['twinʃip] 双生关系、身份或状态

Twinston ['twinstən] 吐斯乐:酒石酸左氯苯吡醇胺制剂的商品名

twitch [twitʃ] ❶ 颤搐；❷ 压板
  fast t. 快速颤搐
  slow t. 慢速颤搐
twitching ['twitʃiŋ] 颤搐
  fascicular t. 肌束颤搐
  fibrillar t. 原纤维性颤搐
  Trousseau's t. 特鲁斯氏颤搐
Twort-d'Herelle phenomenon ['twɔt də'rel] (Frederick William *Twort*, English bacteriologist, 1877-1950; Felix Hubert *d'Herell*, Canadian bacteriologist in France, 1873-1949) 图-代二氏现象
TWZ 三角工作带
TXA$_2$ 血栓烷 A$_2$
TXB$_2$ 血栓烷 B$_2$
tybamate ['taibəmeit] 羟戊丁氨脂
tychastics [tai'kæstiks] (Gr. *tyche* chance, accident) 工伤学
tylectomy [tai'lektəmi] (Gr. *tylos* knot + *ektomē* excision) 肿块切除术
Tylenol ['tilənɔl] 扑热息痛：醋氨酚制剂的商品名
tylion ['tiliən] (Gr. *tyleion* cushion) 交叉沟中点
tyloma [tai'ləumə] (Gr. *tylōma*) 胼胝
tylosis [tai'ləusis] (Gr. *tylōs* a knob or callus) 胼胝形成
  t. ciliaris 眼睑胼胝形成
  t. palmaris et plantaris 掌跖角化病
tylotic [tai'lɔtik] 胼胝的
Tylox ['tailɔks] 泰乐可：羟氢可待酮与扑热息痛合剂的商品名
tyloxapol [tai'lɔksəpɔl] (USP) 泰洛沙泊，四丁酚醛
Tympagesic [,timpə'dʒesik] 体特舒：安替比林、苯佐卡因和点耳用盐酸脱羟肾上腺素制剂的商品名
tympanal ['timpənəl] 鼓室的，鼓膜的
tympanectomy [,timpə'nektəmi] (*tympanum* + Gr. *ektomē* excision) 鼓膜切除术
tympania [tim'pæniə] 气鼓，膨胀
tympanic [tim'pænik] (L. *tympanicus*) ❶ 鼓室的，鼓膜的；❷ 鼓响的
tympanicity [,timpə'nisiti] 鼓响性
tympanism ['timpənizəm] (Gr. *tympanon* drum) 气鼓，鼓胀
tympanites [,timpə'naitiːz] (Gr. *tympanitēs*, from *tympanon* drum) 气鼓，鼓胀

uterine t. 子宫气肿
tympanitic [,timpə'nitik] ❶ 气鼓的；❷ 鼓响的
tympan(o)- (Gr. *tympanon* drum) 鼓室，鼓腹
tympanocentesis [,timpənəusen'tiːsis] 鼓膜穿刺放液术
tympanoeustachian [,timpənəujuːs'teikjən] 鼓室咽鼓管的
tympanogenic [,timpənəu'dʒenik] (*tympanum* + Gr. *gennan* to produce) 鼓室原的
tympanogram [tim'pænəu,græm] (*tympanum* + Gr. *metron* measure) 鼓室压图，声顺图
tympanohyal [,timpənəu'haiəl] ❶ 鼓室舌骨弓的；❷ 鼓舌骨
tympanolabyrinthopexy [,timpənəu,læbi-'rinθə,peksi] 鼓室迷路固定术
tympanomalleal [,timpənəu'mæliəl] 鼓室锤骨的
tympanomastoiditis [,timpənəu,mæstɔi'daitis] 鼓室乳突炎
tympanometric [,timpənəu'metrik] 鼓室测压的
tympanometry [,timpə'nɔmitri] 鼓室测压法，鼓室压测量法
tympanoplastic [,timpənəu'plæstik] 鼓室成形术的
tympanoplasty [,timpənəu'plæsti] (*tympanum* + Gr. *plassein* to form) 鼓室成形术
tympanosclerosis [,timpənəuskliə'rəusis] 鼓室硬化
tympanosclerotic [,timpənəuskliə'rɔtik] 鼓室硬化的
tympanosquamosal [,timpənəuskwei'məusəl] 鼓室鳞部的，鼓室与颞骨鳞部的
tympanostapedial [,timpənəustə'piːdiəl] 鼓室镫骨的
tympanosympathectomy [,timpənəu,simpə-'θektəmi] 鼓室交感神经切除术
tympanotemporal [,timpənəu'tempərəl] 鼓室颞骨的
tympanotomy [,timpə'nɔtəmi] (*tympanum* + Gr. *tomē* a cutting) ❶ 鼓膜切开术；❷ 鼓室探查术；❸ 鼓室穿刺术
tympanous ['timpənəs] 气鼓的，鼓胀的

tympanum ['timpənəm] (L., from Gr. *tympanon* drum) ❶ 鼓膜；❷ 鼓室
tympany ['timpəni] (Gr. *tympanias*) ❶ 气鼓，气胀；❷ 鼓响(叩诊音)
  bell t. 钟样鼓响
  Skoda's t., skodaic t. 什科达氏鼓响
  t. of the stomach 胃气胀
Tyndall light ['tin-dəl] (John *Tyndall*, British physicist, 1820-1893) 廷德尔氏光
tyndallization [ˌtindəlai'zeiʃən] (John *Tyndall*) 分馏灭菌(法)，分段灭菌(法)，间歇灭菌(法)
type [taip] (L. *typus*; Gr. *typos* mark) 型，类型，式
  asthenic t. 无力体型，衰弱体型
  athletic t. 运动员体型，强壮体型
  blood t's 血型
  body t. 体型
  buffalo t. 水牛体型
  constitutional t. 体型
  dysplastic t. 发育不良体型
  Lorain t. 洛兰氏型
  mating t. 交配型
  phage t. 噬菌体型
  pyknic t. 矮阔体型
  sympatheticotonic t. 交感神经过敏体型
  test t. 视力(试)标型(视力表)
typhemia [tai'fi:miə] (*typhoid* bacillus + Gr. *aema* blood) 伤寒菌血症
typhlectasis [tif'lektəsis] (Gr. *typhlon* cecum + *ektasis* distention) 盲肠膨胀
typhlectomy [tif'lektəmi] 盲肠切除术
typhl(o)- ❶ (Gr. *typhlon* cecum) 盲肠；❷ (Gr. *typhlos* blind) 盲
Typhlocoelum [ˌtiflə'si:ləm] 盲腔(吸虫)属
  T. cucumerinum 巴西鸡吸虫
typhlodicliditis [ˌtifləuˌdikli'daitis] (*typhlo-¹* + Gr. *diklis* door + *-itis*) 回盲瓣炎
typhlology [tif'lɔlədʒi] (*typhlo-²* + *-logy*) 盲学
typhlopexy ['tifləuˌpeksi] (*typhlo-¹* + Gr. *pēxis* fixation) 盲肠固定术
typhlosis [tif'ləusis] (Gr. *typhlōsis* a making blind) 盲
typhlostomy [tif'lɔstəmi] (*typhlo-¹* + Gr. *stomoun* to provide with a opening, or mouth) 盲肠造口术
typhlotomy [tif'lɔtəmi] (*typhlo-¹* + Gr. *tomē* a cutting) 盲肠切开术
typho- 伤寒
typhobacterin [ˌtaifəu'bæktərin] 伤寒菌苗
typhodiphtheria [ˌtaifəudif'θiəriə] (*typhoid* + *diphtheria*) 伤寒白喉
typhoid ['taifɔid] (Gr. *typhōdes* like smoke; delirious) ❶ 斑疹伤寒样的；❷ 伤寒，❸ 伤寒的
  fowl t. 鸡伤寒
  provocation t. 激发性伤寒
typhoidal [tai'fɔidəl] 伤寒的，伤寒样的
typhohemia [ˌtaifəu'hi:miə] (*typhoid* + Gr. *aema* blood) ❶ 伤寒菌血症；❷ 腐血症
typhomania [ˌtaifəu'meiniə] (*typhoid* + Gr. *mania* madness) 伤寒狂，伤寒性精神错乱
Typhonium trilobatum [tai'fəunjəm ˌtrailə'bætəm] 裂叶犁头草
typhopneumonia [ˌtaifəunju'məuniə] ❶ 伤寒状肺炎；❷ 伤寒肺炎
typhoprotein [ˌtaifəu'prəuti:n] 伤寒菌蛋白质
typhosepsis [ˌtaifəu'sepsis] (*typhoid* + *sepsis*) 伤寒败血症
typhotoxin [ˌtaifəu'tɔksin] 伤寒菌毒素
typhous ['taifəs] 斑疹伤寒的，斑疹伤寒样的
typhus ['taifəs] 斑疹伤寒
  Australian tick t. 澳大利亚蜱传斑疹伤寒
  canine t. 无黄疸型钩端螺旋体病
  classic t. 流行性斑疹伤寒
  endemic t. ① 地方性斑疹伤寒；② 鼠型斑疹伤寒
  epidemic t. 流行性斑疹伤寒
  European t. 欧洲斑疹伤寒
  exanthematic t. of São Paulo 洛矶山斑疹热
  t. exanthematique, exanthematous t. 流行性斑疹伤寒
  flea-borne t. 蚤传斑疹伤寒
  Gubler-Robin t. 居-罗二氏伤寒
  Indian tick t. 印度蜱传斑疹伤寒
  Kenya tick t. 肯尼亚蜱传斑疹伤寒

latent t. 潜伏斑疹伤寒
louse-borne t. 虱传斑疹伤寒
Manchurian t. 满州斑疹伤寒
Mexican t. 墨西哥斑疹伤寒
mite-borne t. 螨传斑疹伤寒
Moscow t. 莫斯科斑疹伤寒
murine t. 鼠型斑疹伤寒,地方性斑疹伤寒
North Asian tick t. 北亚蜱传斑疹伤寒
North Queensland tick t. 北昆士兰蜱传斑疹伤寒
Queensland tick t. 昆士兰蜱传斑疹伤寒
recrudescent t. 再发性斑疹伤寒
São Paulo t. 圣保罗斑疹伤寒
scrub t. 丛林斑疹伤寒,恙虫病
shop t. 城市斑疹伤寒
Siberian tick t. 西伯利亚蜱传斑疹伤寒
tick t., tickborne t. 蜱传斑疹伤寒
Toulon t. 土伦斑疹伤寒,鼠型斑疹伤寒
tropical t. 热带斑疹伤寒
urban t. 城市斑疹伤寒

typical ['tipikəl] (Gr. *typikos*) 典型的

typing ['taipiŋ] 分型,分类
t. of blood 血型分类
HLA t. 组织相容抗原分型
phage t. 噬菌体分型
primed lymphocyte t. (PLT) 已接触抗原的淋巴细胞分型试验
tissue t. 组织相容抗原分型

typodont ['taipədɔnt] 模式牙
typology [tai'pɔlədʒ] ❶ 类型学;❷ 血型学
typoscope ['taipəskəup] (Gr. *typos* type + -*scope*) 弱视矫正器,助视器
typus ['taipəs] (L.) 型,类型,式
t. degenerativus amstelodamensis 德朗氏综合征

Tyr 酪氨酸 (tyrosine 的缩写)
tyramine ['taiərəmi:n] 酪胺,酥胺
tyrannism ['tirənizəm] (Gr. *tyrrhanos* tyrant) 虐待狂
tyresin [tai'ri:sin] 解蛇毒素
tyr(o)- (Gr. *tyros* cheese) 干酪,酪
tyrocidin [ˌtaiərəu'sidin] 短杆菌酪肽
tyrocidine [ˌtaiərəu'sidin] 短杆菌酪肽
Tyrode's solution ['tairəudʒ] (Maurice Vejux *Tyrode*, American pharmacologist, 1878-1930) 泰洛氏溶液

tyrogenous [taiə'rɔdʒinəs] (*tyro-* + Gr. *gennan* to produce) 干酪原的
Tyroglyphus [tai'rɔglifəs] (*tyro-* + Gr. *glyphein* to carve) 粉螨属
T. castellani 卡氏粉螨
T. farinae 粗脚粉螨
T. longior 长粉螨
T. siro 粗脚粉螨

tyroid ['taiərɔid] (*tyro-* + Gr. *eidos* form) 干酪样的
tyromatosis [ˌtaiərəumə'təusis] 干酪变化,干酪化
tyropanoate sodium [ˌtairəpə'nəueit] 丁碘苯,丁酸纳
Tyrophagus [taiə'rɔfəgəs] 食酪螨属
T. castellani 卡氏食酪螨
T. farinae 粗脚食酪螨
T. longior 长食酪螨
T. siro 粗脚食酪螨

tyrosamine [taiə'rəusəmi:n] 酪胺
tyrosinase [taiə'rəusineis] 酪氨酸酶
tyrosine ['taiərəsin] 酪氨酸
tyrosine aminotransferase ['taiərəsi:n ˌæminəu'trænsfəreis] 酪氨酸转氨酶
tyrosine hydroxylase ['taiərəsi:n hai'drɔksileis] 酪氨酸羟化酶
tyrosine kinase ['taiərəsi:n 'kaineis] 酪氨酸激酶
tyrosinemia [ˌtaiərəsi'ni:miə] 高酪氨酸血症
hepatorenal t. 肝肾型高酪氨酸血症
hereditary t. 遗传性高酪氨酸血症
neonatal t. 新生儿期高酪氨酸血症

tyrosine 3-monooxygenase ['taiərəsi:n ˌmɔnəu'ɔksidʒi:neis] 酪氨酸-3-单加氧酶
tyrosine transaminase ['taiərəsi:n træn'sæmineis] 酪氨酸氨基转移酶
tyrosinosis [ˌtaiərəsi'nəusis] ❶ 酪氨酸代谢(紊乱)症;❷ Ⅰ型酪氨酸血症
tyrosinuria [ˌtaiərəsi'njuəriə] 酪氨酸尿
tyrosis [taiə'rəusis] 干酪变性
tyrosyl ['tairəsil] 酪氨酰(基)
tyrosyluria [ˌtaiərəsi'ljuəriə] 酪氨酰基尿
tyrothricin [ˌtaiərə'θraisin] 短杆菌素
tyrotoxicon [ˌtaiərə'tɔksikɔn] 干酪毒碱
tyrtoxicosis [ˌtaiərəˌtɔksi'kəusis] 干酪中毒
tyrotoxism [ˌtaiərə'tɔksizəm] 干酪中毒

Tyrrell's fascia [ˈtirəlz] (Frederick *Tyrrell*, English anatomist, 1793-1843) 蒂勒尔氏筋膜

Tyson's crypts [ˈtaisənz] (Edward *Tyson*, English physician and anatomist, 1650-1708) 泰森氏隐窝

tysonian [taiˈsoniən] 泰森氏的

tysonitis [ˌtaisəˈnaitis] 包皮腺炎

tyvelose [ˈtaivələus] 太威糖,3,6-二去氧-D-甘露糖

Tyzine [ˈtaiziːn] 泰乐:四氢苯唑啉)制剂的商品名

Tyzzeria [taiˈziːəriə] 真球虫目艾美球虫亚目中的一属

Tzanck cell [tsæŋk] (Arnault *Tzanck*, Russian dermatologist in Paris, 1886-1954) 赞克细胞

Tzaneen disease [tsɑːˈniːn] (*Tzaneen*, South Africa, where the disease was first reported) 察嫩病

tzetze [ˈtsetsi] 采采蝇;舌蝇属

U

U ❶ (*uranium* 的符号)铀;❷ (*uracil* 的符号)尿嘧啶;❸ (*uridine* 的符号)尿苷;❹ (*international unit of enzyme activity* 的符号)国际单位(酶活性);❺ (*unit* 的符号)单位

u (*atomic mass unit* 的符号)原子质量单位

uarthritis [ˌjuːɑːˈθraitis] 痛风,尿酸性关节炎

uaterium [juəˈtriəm] (Gr *ous*, ear) 耳药,耳剂

uberis apex [ˈjubəris] (L.) 乳房尖,乳头

uberous [ˈjuːbərəs] 多育的,繁殖的

uberty [ˈjuːbəti] (L. *ubertas* fruitfulness) 生育力,繁殖力

ubiquinol [juˈbikwinəl] 泛醇

ubiquinol-cytochrome-*c* reductase [juˈbikwinəl ˈsaitəkrəum riˈdʌkteis] (EC 1.10.2.2) 泛醇细胞

ubiquinol dehydrogenase [juˈbikwinəl diˈhaidrədʒəneis] 泛醇脱氢酶

ubiquinone [juˈbikwinəun] 泛醌

udder [ˈʌdə] 乳房

UDP (*urine diphosphate* 的缩写) 尿苷二磷酸

UDP-N-acetylgalactosamine [ˌæsitilˌɡəlækˈtəusəmin] 尿苷二磷酸-N-乙酰半乳糖胺

UDP-N-acetylglucosamine [ˌæsəˌtilɡluːˈkɔsəmin] 尿苷二磷酸-N-乙酰葡(萄)糖胺

UDP-N-acetylglucosamine 4-epimerase [ˌæsəˌtilɡluːˈkɔsəmin iˈpiməreis] 尿苷二磷酸-N-乙酰葡(萄)糖胺 4-表异构酶

UDP-N-acetylglucosamine-lysosomal-enzyme N-acetylglucosaminephosphotransferase [ˌæsəˌtilɡluːˈkɔsəmin ˌlaisəˈsəuməl ˈenzaim ˌæsəˌtilɡluːkɔsəminˌfɔsfəuˈtrænsfəreis] (EC 2.7.8.17) 尿苷二磷酸-N-乙酰氨基葡萄糖-溶酶体酶,N-乙酰氨基葡萄糖磷酸转移酶

UDP-N-acetylglucosamine pyrophosphorylase [ˌæsəˌtilɡluːˈkɔsəmin ˌpairəuˌfɔsˈfɔreleis] 尿苷二磷酸-N-乙酰半乳糖胺焦磷酸基转移酶

UDPgalactose [ɡəˈlæktəus] 尿苷二磷酸半乳糖

UDPgalactose 4-epimerase [ɡəˈlæktəusi ˈpiməreis] 尿苷二磷酸半乳糖 4-表异构酶。

UDPglucose [ˈɡluːkəus] 尿苷二磷酸葡萄糖

UDPglucose 6-dehydrogenase [ˈɡluːkəus di ˈhaidrədʒəneis] 尿苷二磷酸葡萄糖-6-脱氢酶

UDPglucose 4-epimerase [ˈɡluːkəusi ˈpiməreis] (EC 5.1.3.2) 尿苷二磷酸葡萄糖 4-表异构酶

UDPglucos-hexose-1-phosphate uridylyltransferase [ˈɡluːkəus ˈheksəus ˈfɔsfeit juəriˌdilil ˈtrænsfəreis] (EC 2.7.7.12) 尿苷二磷酸葡萄糖-乙糖-1-磷酸转尿苷酰酶

UDPglucose pyrophosphorylase [ˈɡluːkəus ˌpaiərəuˌfɔsˈfɔrileis] 尿苷二磷酸葡萄糖焦磷酸化酶

UDPglucuronate [ɡluːˈkjurɔneit] 尿苷二磷酸葡萄糖醛酸盐

UDPglucuronate-bilirubin-glucuronosyltransferase [ɡluːˈkjurɔneit ˌbiliˈruːbin ˌɡluːkjuˌrɔnəsil ˈtrænsfəreis] 尿苷二磷酸葡糖醛-胆红素-转葡萄糖醛基酶。

UDPglucuronate decarboxylase [ˌɡlukjuˈrɔneit ˌdiːkɑːˈbɔksileis] 尿苷二磷酸葡萄糖醛酸盐脱羧酶

UDPhexose 尿苷二磷酸异乙酮

UDPiduronate [ˌidjuˈrɔneit] 尿苷二磷酸艾杜糖醛酸

UDPxylose [ˈzailəus] 尿苷二磷酸木糖

Udránszky's test [uːˈdrʌnskeiz] (László *Udránszky*, Hungarian physiologist, 1862-1914) 乌德兰茨基试验(检胆汁酸或酪

氨酸)
Uffelmann's test ['u:fəlmænz] (Jules Uffelmann, German physician, 1837-1894) 乌费尔曼试验(检胃容纳物中盐酸和乳酸)
UK (urokinase 的缩写) 尿激酶
ulaganactesis [ju:ˌlægənæk'tisis] *anganaktēsis* irritation) 龈刺激,龈痒
ulalgia [ju:'læld3iə] 龈痛
ulatrophy [ju:'lætrəfi] 龈萎缩
 afunctional u. 缺失性龈萎缩
 atrophic u. 营养不良性龈萎缩
 calcic u. 涎石性龈萎缩
 ischemic u. 缺血性龈萎缩
 traumatic u. 创伤性龈萎缩
ulcer ['ʌlsə] (L. *ulcus*; Gr. *helkōsis*) 溃疡
 Aden u. 亚丁溃疡,东方疖
 amebic u. 阿米巴性溃疡
 amputating u. 切断性溃疡
 anastomotic u. 吻合处溃疡
 aphthous u. 口疮性溃疡
 atheromatous u. 粥样化性溃疡
 atonic u. 无力性溃疡
 Barrett's u. 巴雷特氏溃疡
 burrowing phagedenic u. 进行性协同性坏疽
 Buruli u. (Buruli,乌干达地区名) 布路里溃疡
 catarrhal corneal u. 卡他性角膜溃疡
 chicle u., chiclero u. 糖胶树胶工人溃疡
 chrome u. 铬毒性溃疡
 concealed u. 隐蔽性溃疡
 Cruveihier's u. 克吕韦耶氏溃疡
 Cushing's u. 库欣氏溃疡
 Cushing-Rokitansky u. 库欣-罗基坦斯基溃疡
 decubital u., decubitus. 褥疮性溃疡,褥疮
 dendriform u., dendritic u. 树状(角膜)溃疡
 diabetic u. 糖尿病性溃疡
 Dieulafoy's u. 迪厄拉富瓦氏溃疡
 diphtheritic u. 白喉性溃疡
 duodenal u. 十二指肠溃疡
 elusive u. 闪避性溃疡,全(膀胱)壁纤维变性
 Fenwick-Hunner u. 芬威克-亨纳溃疡
 fistulous u. 瘘口溃疡
 flask u. 瓶状溃疡,阿米巴痢疾性溃疡
 follicular u. 滤泡性溃疡
 gastric u. 胃溃疡
 giant peptic u's 巨型消化性溃疡
 girdle u. 环状溃疡
 gouty u. 痛风性溃疡
 gummatous u. 树胶肿性溃疡
 Hunner's u. 亨纳氏溃疡,全(膀胱)壁纤维变性
 hypertensive ischemic u. 高血压性局部缺血性溃疡
 hypopyon u. 前房积脓性角膜溃疡,匐行性角膜溃疡
 Jacob's u. 雅各布氏溃疡
 jejunal u. 空肠溃疡
 kissing u's 相对面溃疡
 Kocher's dilatation u. 科赫尔氏扩张性溃疡
 Lipschütz u. 利普许茨氏溃疡
 lupoid u. 狼疮样溃疡
 Mann-Williamson u. 曼-威二氏溃疡
 marginal u. 边缘性溃疡,吻合口溃疡
 Marjolin's u. 马若兰氏溃疡,疣状溃疡
 Meleney's u., Meleney's chronic undermining. 梅勒尼氏溃疡,梅勒尼慢性侵蚀性溃疡
 Mooren's u. 莫尔恩氏溃疡
 neurogenic u., neurotrophic u. 神经性溃疡
 penetrating u. 穿透性溃疡
 penetrating u. of foot 足部穿透性溃疡
 peptic u. 消化性溃疡
 perambulating u. 崩蚀性溃疡
 perforating u. 穿孔性溃疡,穿通性溃疡
 plantar u. 足底溃疡
 pneumococcus u. 肺炎球菌性角膜溃疡
 pudendal u. 外阴溃疡
 ring u. 环形膜溃疡
 rodent u. 侵蚀性溃疡
 Rokitansky-Cushing u's 罗基坦斯基-库欣溃疡
 round u. 圆型溃疡,胃消化性溃疡
 Saemisch's u. 塞米施氏溃疡
 sea anemone u. 海葵样溃疡
 secondary jejunal u. 继发性空肠溃疡
 serpiginous corneal u. 匐行性角膜溃疡
 simple u. 单纯性溃疡
 sloughing u. 腐蚀性溃疡

soft u. 软溃疡
stasis u. 瘀积性溃疡
stercoraceous u. 粪性溃疡
stercoral u. 粪便性溃疡
stoma u. , stomal u. 吻合口溃疡
stress u. 应激性溃疡
sublingual u. 舌下溃疡
submucous u. 粘膜下溃疡
symptomatic u. 症状性溃疡
tanner's u. 制革者溃疡
trophic u. 营养不良性溃疡
trophoneurotic u. 营养神经性溃疡
tropical u. ①热带溃疡；②热带性崩蚀性溃疡
tropical phagedenic u. 热常性崩蚀性溃疡,热带性腐离性溃疡
undermining burrowing u. 洞穴崩蚀性溃疡
varicose u. 静脉曲张性溃疡
venereal u. 生殖器溃疡
ulcera ['ʌlsərə] (L.)溃疡。ulcus 的复数形式
ulcerate ['ʌlsəreit] (L. ulcerare, ulceratus)成为溃疡,溃烂
ulceration [,ʌlsə'reiʃən] (L. ulceratio)❶ 溃疡形成；❷ 溃疡
   u. of Daguet. (达盖)溃疡(形成)
ulcerative ['ʌlsərətiv] 溃疡的,溃疡性的
ulcerogangrenous [,ʌlsərəu'gæŋgrinəs] 溃疡坏疽性的
ulcerogenic [,ʌlsərəu'dʒenik] 溃疡生成的,致溃疡的
ulcerogranuloma [,ʌlsərəu,grænju'ləumə] 溃疡肉芽肿
ulceromembranous [,ʌlsərəu'membrənəs] 溃疡膜性的
ulcerous ['ʌlsərəs] (L. ulcerosus) 溃疡的,溃疡性的
ulcus ['ʌlkəs] (pl. ulcera) (L.)溃疡
   u. ambulans 崩蚀性溃疡
   u. interdigitale 指(趾)间溃疡
   u. penetrans 穿透性溃疡
   u. serpens corneae 匐行性角膜溃疡,前房积脓性角膜溃疡
   u. simplex vesicae 单纯性膀胱溃疡
   u. ventriculi 胃溃疡
   u. vulvae acutum 急性外阴溃疡
uldazepam [əl'dæzəpæm] 一种安定药

ule- ❶ 瘢痕；❷ 龈
ulectomy [ju:'lektəmi] (ul-(1) + ectomy) ❶ 瘢痕切除术；❷ (ul-(2) + ectomy) 龈切除术
ulegyria [,ju:li'dʒaiəriə] (Gr. oulē scar + gyrus + -ia) 瘢痕性脑回
ulemorrhagia [,ju:leməu'reidʒiə] (ul-(2) + rrhagia) 龈出血
ulerythema [,ju:leri'θi:mə] (Gr. oulē scar + erythema redness) 瘢痕性红斑
   u. ophryogenes 眉部瘢痕性红斑
uletic [ju'letik] (Gr. oulon gum) 龈的
uliginous [ju:'lidʒinəs] (L. uliginosus moist) 多泥的,泥泞的,粘滑的
ulitis [ju:'laitis] (Gr. oulon gum + itis) 龈炎
Ullmann's line ['u:lmænz] (Emerich Ullmann, Hungarian surgeon, 1861-1937) 乌尔曼氏线
Ullrich-Feichtiger syndrome ['u:lrik 'faiktigə] (Otto Ullrich, German pediatrician, 1894-1957) 乌-法二氏综合征
Ullrich-Turner syndrome ['ʌlrik 'tə:nə] (O. Ullrich; Henry Hubert Turner, American endocrinologist, 1892-1970) 乌-特二氏综合征
Ulmus ['ʌlməs] (L. "elm") 榆属
   U. fulva Michx 赤榆
ulna ['ʌlnə] (pl. ulnae) (L. "the arm")(NA) 尺骨
ulnad ['ʌlnæd] 向尺骨,向尺侧
ulnar ['ʌlnə] (L. ulnaris) 尺骨的,尺侧的
ulnare [ʌl'nɛəri] (L.)三角骨
ulnaris [ʌl'nɛəris] (L. from ulna,) 尺骨的,尺侧的
ulnen ['ʌlnən] 尺骨的
ulnocarpal [,ʌlnəu'kɑ:pəl] 尺腕的
ulnoradial [,ʌlnəu'reidiəl] 尺桡的
ULO 敌退咳
ul(o)- (Gr. oulē scar) ❶ 瘢痕；❷ (Gr. oulon gum) 龈
ulocace [ju:'lɔkəsi] (ulo-² + Gr. kakē badness) 龈溃疡
ulocarcinoma [,ju:ləu,kɑ:si'nəumə] (ulo-² + carcinoma) 龈癌
ulodermatitis [,ju:ləu,də:mə'taitis] (Gr. oule scar + dermatitis) 成瘢性皮炎
uloglossitis [,ju:ləuglɔ'saitis] (ulo-² + Gr.

glōssa tongue + *-itis*) 龈舌炎

ulorrhagia [ˌjuːləuˈreidʒiə] (*ulo-²* + Gr. *rhe-gnynai* to burst forth) 龈出血

ulorrhea [ˌjuːləuˈriə] (*ulo-²* + Gr. *rhoia* flow) 龈渗血

-ulose 酮糖

ulosis [juːˈləusis] (Gr. *oule*, scar) 瘢痕形成,结瘢

ulotic [juːˈlɔtik] 瘢痕的,结瘢的

ulotomy [juːˈlɔtəmi] ❶ (*ulo-²* + *-tomy*) 瘢痕切开术；❷ (*ulo-²* + *-tomy*) 龈切开术

ulotripsis [ˌjuːləuˈtripsis] (*ulo-²* + Gr. *tripsis* rubbing) 龈按摩

ultimate [ˈʌltimit] (L. *ultimus* last) 最后的,终结的

ultimisternal [ˌʌltimiˈstəːnəl] 剑突的

ultimum moriens [ˈʌltiməm ˈmɔriənz] (L. "last to die") 最后死亡部(右心房)

ult. praes. (L. *ultimum praescriptus*, last prescribed 的缩写) 最后处方

ultra- (L. "beyond") 过度,超,限外

ultrabrachycephalic [ˌʌltrəˌbrækisiˈfælik] 超短头的

ultracentrifugation [ˌʌltrəsenˌtrifjuˈgeiʃən] 超速离心法,超速离心

ultracentrifuge [ˌʌltrəˈsentrifjuːdʒ] 超速离心机

ultradian [ʌlˈtrədiən] (*ultra-* + L. *dies* day) 超日

ultradolicocephalic [ˌʌltrəˌdɔlikəusəˈfælik] 超长头的

ultrafilter [ˌʌltrəˈfiltə] 超滤器,超滤膜

ultrafiltrate [ˌʌltrəˈfiltreit] 超滤液

ultrafiltration [ˌʌltrəfilˈtreiʃən] 超滤,滤法

ultramicrochemistry [ˌʌltrəˌmaikrəuˈkemistri] 超微量化学

ultramicron [ˌʌltrəˈmaikrɔn] 超微粒

ultramicropipet [ˌʌltrəˌmaikrəupaiˈpet] 超微量吸管,超微滴管

ultramicroscope [ˌʌltrəˈmaikrəskəup] 超(高倍)显微镜

ultramicroscopic [ˌʌltrəˌmaikrəˈskɔpik] ❶ 超(高倍)显微镜的；❷ 超微的

ultramicroscopy [ˌʌltrəˈmaikrəskəpi] 超(高倍)显微镜检查,超微检查术

ultramicrotome [ˌʌltrəˈmaikrətəum] 超薄切片机

Ultran [ˈʌltræn] 亚川：氯苯丁醇制剂的商品名

ultraphagocytosis [ˌʌltrəˌfægəsaiˈtəusis] 超吞噬作用

ultraprophylaxis [ˌʌltrəˌprɔfiˈlæksis] 超(前)预防

ultrasonic [ˌʌltrəˈsɔnik] (*ultra-* + L. *sonus* sound) 超声(波)的

ultrasonics [ˌʌltrəˈsɔniks] 超声(波)学

ultrasonogram [ˌʌltrəˈsɔnəgræm] 超声(波)图

ultrasonographic [ˌʌltrəˌsɔnəˈgræfik] 超声(波)检查的

ultrasonography [ˌʌltrəsəˈnɔgrəfi] 超声(波)检查(法)

　continuous wave Doppler u. 连续式多普勒超声检查

　Doppler u. 多普勒超声(波)检查(法)

　endoscopic u. 内窥镜超声(波)检查(法)

　gray-scale u. 灰阶超声(波)检查(法)

　pulsed wave Doppler u. 脉冲式多普勒超声检查法

ultrasonometry [ˌʌltrəsəˈnɔmitri] 超声(波)测量

ultrasound [ˈʌltrəsaund] ❶ 超声；❷ 超声波检查法

ultrasterile [ˌʌltrəˈsteril] 超无菌的

ultrastructure [ˌʌltrəˈstrʌktʃə] 超微结构

ultraviolet [ˌʌltrəˈvaiəlit] 紫外线

　u. A(UVA) 长波紫外线

　u. C(UVC) 短波紫外线

　far u. 远紫外线

　near u. 近紫外线

ultravirus [ˌʌltrəˈvairəs] 超病毒

ultravisible [ˌʌltrəˈvizəbl] 超视的

ultromotivity [ˌʌltrəməuˈtivti] 自动力,自动性

Ultzmann's test [ˈuːltsmænz] (Robert *Ultzmann*, German urologist, 1842-1889) 乌尔茨曼试验(检胆色素)

umbauzonen [ˈʌmbəuˈzɔnən] (Ger., "rebuilding zones") (洛塞)变形区

umbelliferone [ˌʌmbeˈlifərəun] 伞形酮, 7-羟(基)香豆素

Umber's test [ˈuːmbəz] (Friedrich *Umber*, German physician, 1871-1946) 乌姆贝尔试验(检猩红热)

umber ['ʌmbə] 棕土,赭土
umbilical [əm'bilikəl] (L. *umbilicalis*) 脐的
umbilicate [ʌm'bilikeit] (L. *umbilicatus*) 脐形的
umbilicated [ʌm'bili‚keitid] 脐形凹陷的
umbilication [ʌm‚bili'keiʃən] 脐样凹陷
umbilicus [ʌm'bilikəs] (L.)(NA)脐
 amniotic u. 羊膜脐
 decidual u. 蜕膜脐
umbo ['ʌmbəu] (gen. *umbōnis* pl. *umbones*) (L. "a boss") 突,圆头
 u. membranae tympani (NA), **u. of tympanic membrane** 鼓膜凸
umbonate ['ʌmbəneit] (L. *umbo* a knob) 凸型的,钮型的,有钮样的微突
umbones [ʌm'bəuniz] (L.)突,圆头。*umbo* 的复数形式
umbra ['ʌmbrə] (L. "shadow") 全影
umbrascopy [ʌm'bræskəpi] ❶ X线透视检查;❷ 视网膜镜检查
UMP (uridine monophosphate 的缩写) 尿苷(一磷)酸
UMP synthase ['sinθeis] 尿苷酸合酶
UMP synthase deficiency 尿苷酸合成酶缺乏
unazotized [ʌ'næzətaizd] 不含氮的
unbalance [ʌn'bæləns] 不平衡
uncal ['ʌŋkəl] 钩的,带钩的
Uncaria [ʌn'kɛəriə] (L.) 钩藤属
 U. gambier, **U. gambir** 黑儿茶
uncarthrosis [‚ʌŋkɑː'θrəusis] 钩骨病
unci ['ʌnsi] (L.)钩。*uncus* 的复数和所有格形式
uncia ['ʌnsiə] (pl. *unciae*) (L.) ❶ 英两,盎司;❷ 英寸
unciform ['ʌnsifɔːm] 钩形的,钩状的
unciforme [‚ʌnsi'fɔːmi] (L.) 钩骨
uncinal ['ʌnsinəl] 钩状的,有钩的,钩回的
Uncinaria [‚ʌnsi'nɛəriə] (L. *uncus* hook) 钩虫属
 U. americana 美洲钩虫
 U. duodenalis 十二肠钩虫
 U. stenocephala 窄头钩虫
uncinariasis [‚ʌnsinə'raiəsis] 钩虫病
uncinariatic [‚ʌnsi‚nəri'ætik] 钩虫病的
uncinate ['ʌnsineit] ❶ 钩状的,有钩的;

❷ 钩回的
uncinatum [‚ʌnsi'neitəm] (L.)钩骨
uncipressure ['ʌnsi‚preʃə] (L. *uncus* hook + *pressura* pressure) 钩压(止血)法
uncomplemented [ʌn'kɔmpli‚mentid] 未补体化的
unconscious [ʌn'kɔnʃəs] ❶ 不省人事的,意识丧失的;❷ 无意识的,潜意识的
 collective u. 集体无(潜)意识
unco-ossified [‚ʌnkəu'ɔsifaid] 未共同骨化的
uncotomy [ʌŋ'kɔtəmi] (*uncus* + Gr. *tomē* a cutting) 海马回钩切开术
uncovertebral [‚ʌnkəu'vətibrəl] 椎骨钩突的
unction ['ʌŋkʃən] (L. *unctio*) ❶ 油膏;❷ 涂油膏,涂药膏
unctuous ['ʌŋktʃuəs] 油滑的,油样的
uncus ['ʌŋkəs] (L. "hook") ❶ 钩;❷ 海马回钩(NA)
 u. corporis (NA) 椎体钩
 u. of hamate bone 钩骨钩
undecalcified [‚ʌndi'kælisəfaid] 不脱钙的
undecenoic acid [ʌn‚desi'nəuik] 十一烯酸
undecylenic acid [‚ʌndesi'lenik] 十一烯酸
undercut ['ʌndəkʌt] 倒凹
underhorn ['ʌndəhɔːn] 下角
underhung ['ʌndə'hʌŋ] 下颌凸出的
undernutrition [‚ʌndənju'triʃən] 营养不足,营养不良
undersensing ['ʌndə‚sensiŋ] 失敏
understain ['ʌndəstein] 浅染,染色不足
undertoe ['ʌndətəu] 踐底趾
Underwood's disease ['ʌndəwudz] (Michael Underwood, English obstetrician and pediatrician, 1737-1820)安德伍德氏疾病,新生儿硬化病
undifferentiated [ən‚difə'renʃieitid] 未分化
undifferentiation [‚ʌndifə‚renʃi'eiʃən] 未分化(作用)
undine ['ʌndain] (L. *unda* wave, water) 洗眼壶
undinism ['ʌndinizəm] (*Undine* a water nymph, from L. *unda* wave) 弄水色情,(排)尿色情

undulant [ˈʌndjulənt] (L. *unda* wave) 波动的,波状的

undulate [ˈʌndjuleit] (L. *undulatus*, from *unda* wave) 波动的

undulation [ˌʌndjuˈleiʃən] (L. *undulatio*) 波动,搏动
 jugular u. 颈静脉波,静脉搏
 respiratory u. 呼吸性血压波

ung. (L. *unguentum* 的缩写) 软膏,油膏

ungual [ˈʌŋgwəl] (L. *unguis* nail) 指(趾)甲的

unguent [ˈʌŋgwənt] (L. *unguentum*) 软膏,油膏

unguentum [ʌŋˈgwentəm] (gen. *unguenti*, pl. *unguenta*) (L.) 软膏

ungues [ˈʌŋgwiːz] 指(趾)甲,爪样结构。(L.) *unguis* 的复数形式

unguiculate [ʌŋˈgwikjulit] 有爪(甲)的,爪样的

unguiculus [ʌŋˈgwikjuləs] (L. dim of *unguis*) 小(指)甲,小爪

unguinal [ˈʌŋgwənl] (L. *unguis*, nail) 甲的,爪甲的,甲状的

unguis [ˈʌŋgwis] (pl. *ungues*) (L.) ❶ (NA)指(趾)甲;❷ 眼前房积脓;❸ 爪样部分,爪样结构
 u. incarnatus 嵌甲
 u. ventriculi lateralis cerebri 禽距

ungula [ˈʌŋgjulə] (L. "hoof," "claw," "talon") 蹄

ungulate [ˈʌŋgjuleit] (L. *ungula* hoof) 有蹄动物,有蹄的

unguligrade [ˈʌŋgjuliɡreid] (L. *ungula* hoof + *gradi* to walk) ❶ 蹄行的;❷ 有蹄动物

unhealthy [ʌnˈhelθi] ❶ 不健康的;❷ 不适于健康

unhygienic [ʌnhaiˈdʒiːnik] ❶ 不合卫生的;❷ 不适于健康的

uni- (L. *unus* one) 一,单

uniarticular [ˌjuːniɑːˈtikjulə] (*uni-* + L. *articulus* joint) 单关节的

uniaural [ˌjuːniˈɔːrəl] 单耳的

uniaxial [ˌjuːniˈæksiəl] ❶ 单轴的;❷ 单轴向的

unibasal [ˌjuːniˈbeisəl] (*uni-* + L. *basis* base) 单底的

unicameral [ˌjuːniˈkæmərəl] (*uni-* + L. *camera* chamber) 单腔的

unicellular [ˌjuːniˈseljulə] (*uni-* + L. *cellula* cell) 单细胞的

unicentral [ˌjuːniˈsentrəl] (*uni-* + L. *centrum* center) 单中心的

unicentric [ˌjuːniˈsentrik] 单中心的

uniceps [ˈjuːniseps] (*uni-* + L. *caput* head) 单头的(肌)

uniceptor [ˈjuːniˌseptə] 单受体,共同受体

unicollis [juːniˈkɔlis] (L. from *uni-* + *collum* neck) 单颈的

unicornous [juːniˈkɔːnəs] (L. *unicornis*) 单角的,独角的

unicuspid [ˌjuːniˈkʌspid] 单尖牙,单尖的

unicuspidate [ˌjuːniˈkʌspideit] 单尖的

unidirectional [ˌjuːnidiˈrekʃənəl] 单向的

uniflagellate [ˌjuːniˈflædʒəleit] 单鞭毛的

unifocal [ˌjuːniˈfəukəl] 单灶的,单病灶的

uniforate [ˌjuːniˈfɔːreit] (*uni-* + L. *foratus* pierced) 单孔的

unigeminal [ˌjuːniˈdʒeminəl] (*uni-* + L. *geminus* twin) 双胎之一的

unigerminal [ˌjuːniˈdʒəːminəl] ❶ 单胚的;❷ 单合子的

uniglandular [ˌjuːniˈglændjulə] 单腺的

unigravida [ˌjuːniˈgrævidə] 初孕妇

unilaminar [ˌjuːniˈlæminə] 单层的

unilateral [ˌjuːniˈlætərəl] 单侧的,一侧的

unilobar [ˌjuːniˈləubə] 单叶的

unilocular [ˌjuːniˈlɔkjulə] (*uni-* + L. *loculus* cell) 单房的

unimodal [ˌjuːniˈməudəl] 单式的

uninuclear [ˌjuːniˈnjuːkliə] 单核的,单核细胞

uninucleated [ˌjuːniˈnjuːklieitid] 单核的

uniocular [ˌjuːniˈɔkjulə] 单眼的

union [ˈjuːnjən] (L. *unio*) ❶ 愈合;❷ 连接,联合
 faulty u. 连接不良
 primary u. 第一期愈合
 vicious u. 连接不正

uniovular [ˌjuːniˈɔvjulə] (*uni-* + L. *ovum* egg) 单卵的

unipara [juːˈnipərə] 初产妇

uniparental [ˌjuːnipəˈrentəl] 单亲的

uniparous [juːˈnipərəs] (*uni-* + L. *parere* to bring forth, produce) ❶ 产一子的;❷ 初产的

Unipen [ˈjuːnipən] 尤尼快：乙氧萘青霉素钠制剂的商品名

unipolar [ˌjuːniˈpoulə] (*uni-* + L. *polus* pole) ❶ 单极的；❷ 单电极的

unipotency [ˌjuːniˈpəutənsi] (L. *unus* one + *potentia* power) 单能性

unipotent [juːˈnipətent] 单能性的

unipotential [ˌjuːnipəuˈtenʃəl] (*uni-* + L. *potens* able) 单能性的

unirritable [ʌnˈiritəbl] 无应激性的, 不能受刺激的

uniseptate [ˌjuːniˈsepteit] 单(中)隔的

unisexual [ˌjuːniˈsekʃuəl] (*uni-* + L. *sexus* sex)单性的

unit [ˈjuːnit] (L. *unus* one) ❶ 单元；❷ 单位；❸ 遗传单位；❹ 设备, 装置；❺ 符号 U

 Allen-Doisy u. 艾伦-杜瓦西单位
 amboceptor u. 介体单位
 Angström u. 埃单位
 Ansbacher u. 安斯巴舍尔单位
 antigen u. 抗原单位
 antitoxic u. 抗毒素单位
 atomic mass u. 原子质量单位
 atomic weight u. 原子量单位
 Behnken's u. 本肯氏单位
 Bethesda u. 贝特斯达单位
 Bodansky u. 博丹斯基单位
 British thermal u. 英制热量单位
 CGS u. CGS 单位, 厘米·克·秒制单位
 clinical u. 临床单位
 Collip u. 科利普单位
 colony-forming u. 集落形成单位
 complement u. 补体单位
 Corner-Allen u. 康纳尔-爱伦单位
 coronary care u. 冠脉监护单位
 dental u. ① 牙单位；② 牙科综合治疗装置
 electromagnetic u's 电磁单位
 electrostatic u's 静电单位
 enzyme u. 酶单位
 Felton's u. 费尔顿氏单位
 Hampson u. 汉普森单位
 hemolytic u. 溶血单位
 hemorrhagin u. 出血毒素单位
 Hounsfield u. 霍恩斯菲尔德单位
 intensive care u. 特别监护室
 International u. (IU) 国际单位
 international u. of enzyme activity 酶活性的国际单位
 international u. of estrogenic activity 雌激素活性的国际单位
 international u. of gonadotrophic activity 促性腺活性的国际单位
 international insulin u. 胰岛素国际单位
 international u. of penicillin 青霉素国际单位
 international u. of vitamin A 维生素 A 的国际单位
 international u. of vitamin D 维生素 D 的国际单位
 international u. of vitamin E 维生素 E 的国际单位
 Karmen u. 卡尔曼单位
 Kienböck u. 基恩鲍克单位
 King u., King-Armstrong u. 金氏单位, 金氏-阿姆斯特朗单位
 Lf u. Lf 单位
 map u. (染色体)图单位
 mouse u. 小鼠单位
 Noon pollen u. 努恩花粉单位
 pepsin u. 胃蛋白酶单位
 peripheral resistance u. (PRU) 外周阻力单位(PRU)
 pilosebaceous u. 毛囊皮脂腺单位
 plaque-forming u. 斑块形成单位
 quantum u. 量子单位
 rat u. 大鼠单位
 SI u. 国际单位制单位
 Somogyi u. 索莫吉单位
 sudanophobic u. 拒苏丹单位
 Svedberg u. 斯维德伯格单位
 Svedberg flotation u. 斯维德伯格浮集单位
 terminal respiratory u. 终末呼吸单位
 toxic u., toxin u. 毒素单位
 tuberculin u. (TU) 结核菌素单位
 turbidity reducing u. (TRU) 浊度减低单位
 USP u. 美国药典单位
 vitamin A u. (USP) 维生素 A 单位
 vitamin D u. 维生素 D 单位
 Wood's u. 伍德氏单位
 x-ray u. X 射线单位

unitage [ˈjuːnitidʒ] 单位量

unitary [ˈjuːnitəri] (L. *unitas* oneness)单

位的,单元的,一元的

United States Pharmacopeia 美国药典

Unitensen [ˌjuːniˈtensən] 绿藜安:醋酸绿藜安或鞣酸藜安制剂的商品名

uniterminal [ˌjuːniˈtəːminəl] 单极的

univalence [ˌjuːniˈveiləns] 单价,一价

univalent [ˌjuːniˈveilənt] ❶ 单价的,一价的;❷ 单价体

universal [ˌjuːniˈvəːsəl] 普遍的,全体的,全的,总的
    u. clamp 普用夹
    u. donor 全合给血者,全合输血者

univitelline [ˌjuːniˈvaiˈtelin] 单卵的,单卵黄的

unmedullated [ʌnˈmedəˌleitid] 无髓的,无髓鞘的

unmyelinated [ʌnˈmaiəlineitid] 无髓鞘的

Unna's paste boot [ˈuːnɑz] (Paul Gerson Unna, German dermatologist, 1850-1929) 乌纳糊靴

Unna-Pappenheim stain [ˈuːnɑː ˈpɑːpənhaim] (Paul Gerson Unna; Artur Pappenheim, German physician, 1870-1916) 乌纳-帕彭海姆染剂

Unna-Thost syndrome [ˈuːnɑː tɔst] (P. G. Unna; Arthur Thost, German physician, late 19th century) 乌纳-托斯特综合征

unnerving [ʌnˈnəːviŋ] 除神经法

unorganized [ʌnˈɔːɡənaizd] 无结构的,无器官的

unorientation [ˌʌnɔːrienˈteiʃən] 定向力缺失

unphysiologic [ˌʌnfiziəˈlɔdʒik] 非生理性的

unpigmented [ʌnˈpigməntid] 不着色的,无色素的

unpolarized [ʌnˈpəulərаizd] 不偏极的,不旋光的

unreduced [ˌʌnriˈdjuːst] 未回腹的,未腹位的

unresolved [ˌʌnriˈzɔlvd] 未消散的

unrest [ʌnˈrest] 不安
    peristaltic u. 蠕动紊乱

unsaturated [ʌnˈsætʃəˌreitid] 不饱和的

Unschuld's sign [ˈuːnfuldz] (Paul Unschuld, German internist,) 翁舒尔德氏征(糖尿病初期腓肠肌痉挛)

unsex [ʌnˈseks] 去势,阉

unspecific monooxygenase [ˌʌnspeˈsifik ˌmɔnəuˈɔksidʒiˌneis] 非特异性单氧酶

unstained preparation [ˈʌnsteind] 不染色标本

unstriated [ʌnˈstraieitid] 无横纹的,平滑的

Unverricht's disease [ˈuːnferikts] (Heinrich Unverricht, German physician, 1853-1912) 翁韦里希特氏病

Unverricht-Lundborg disease [ˈuːnferikt ˈlundbəɡ] (H. Unverricht; Herman Bernhard Lundborg, Swedish physician, 1868-1943) 翁韦里希特-伦德堡病

u-plasminogen activator [plæzˈminəˌdʒən ˈæktiveitə] 非纤维蛋白酶原激活剂

uprighting [ˈʌpraitiŋ] 正牙

upsiloid [ˈʌpsiloid] (Gr. v + eidos form) V形,倒人字形

upsilon [ˈʌpsailən] (γ,ν)希腊字母表中第20个字母

upstream [ˈʌpstriːm] 上游

uptake [ˈʌpteik] 摄取

urachal [ˈjuərəkəl] 脐尿管的

urachovesical [ˌjuərəkəˈvesikəl] 脐尿管膀胱的

urachus [ˈjuərəks] (Gr. ourachos) (NA) 脐尿管

uracil [ˈjuərəsil] 尿嘧啶,二氧嘧啶

uracrasia [ˌjuərəˈkreiʒiə] (ur- + Gr. akrasia bad mixture) 尿性质不良

uracratia [ˌjuərəˈkreiʃiə] (ur- + Gr. akrateia lack of self control) 遗尿,尿失禁

uragogue [ˈjuərəɡɔɡ] (ur- + Gr. agōgos leading) ❶ 利尿的;❷ 利尿剂

uranisc(o)- (Gr. ouraniskos, the roof of the mouth) 腭

uraniscochasma [ˌjuərəˌniskəuˈkæzmə] (uranisco- + Gr. chasma cleft) 腭裂

uraniscolalia [ˌjuərəˌniskəuˈleiliə] (uranisco- + Gr. lalia talking) 腭裂语音

uranisconitis [ˌjuərəˌniskəuˈnaitis] (Gr. ouraniskos palate + itis) 腭炎

uraniscoplasty [ˌjuərəˈniskəˌplæsti] 腭成形术

uraniscorrhaphy [ˌjuərənisˈkɔrəfi] (uranisco- + Gr. rhaphē suture) 腭裂缝术,腭修补术

uraniscus [ˌjuərəˈniskəs] (Gr. ouraniskos, dim. of ouranos) 腭

uranism ['juərənizm] (Gr. *ourania* patron of homosexuals) 男性互恋,男子同性恋爱

uranist ['juərənist] 男性互恋者,男子同性恋爱者

uranium [juə'reinjəm] (L. *Uranus* a planet) 铀

uran(o)- (Gr. *ouranos* the sky, the vault of heaven or of a ceiling, the roof of the mouth or palate) ❶ 上颌,腭; ❷ 天空

uranopagus [,juərə'pægəs] (Gr. *ouranos* palate + *pagas* fixed) 上颌寄生胎

uranophobia [,juərə'fəubiə] (Gr. *ouranos* heaven + *phobos* fear) 天空恐怖

uranoplastic [,juərə'plæstik] 腭造形的

uranoplasty [,juərənə'plæsti] (*urano-* + Gr. *plassein* to mold) 腭成形术

uranoplegia [,juərənəu'pli:dʒiə] (*urano-* + Gr. *plēge* stroke + *-ia*) 腭麻痹

uranorrhaphy [,juərə'nɔrəfi] (*urano-* + Gr. *rhaphē* suture) 腭裂缝术,腭修补术

uranoschisis [,juərə'nɔskisis] (*urano-* + Gr. *schisis* fissure) 腭裂

uranoschism [,juərə'nɔskizəm] (*urano-* + Gr. *schisma* cleft) 腭裂

urnostaphyloplasty [,juərənəu'stæfiləu,plæsti] 软硬腭成形术

uranostaphylorrhaphy [,juərənəu,stæfi'lɔrəfi] (*urano-* + Gr. *staphylē* uvula + *rhaphē* suture) 软硬腭缝术

uranostaphyloschisis [,juərənəu,stæfi'lɔskisis] 软硬腭裂

Uranotaenia [,juərənəu'ti:niə] 蓝带蚊属
  U. sapparinus 美国东部的一种蓝带蚊

uranyl ['juərənil] 双氧铀(根),铀酰

urapostema [,juərəpɔs'ti:mə] (*ur-* + Gr. *apostēma* abscess) 含尿脓肿

urarthritis [,juərɑː'θraitis] 痛风性关节炎

urate ['juəreit] 尿酸的阴离子或盐类

urate oxidase ['juəreit 'ɔksideis] (EC 1. 7. 3. 3) 尿酸氧化酶

uratemia [,juərə'ti:miə] 尿酸盐血

uratic [juə'rætik] 尿酸盐的,痛风的

uratohistechia [,juərətəuhis'tekiə] (组织) 尿酸盐沉着症

uratolysis [,juərə'tɔlisis] (*urate* + Gr. *lysis* dissolution) 尿酸盐分解

uratolytic [,juərə'tɔlitik] 分解尿酸盐的

uratoma [,juərə'təumə] 痛风石,尿酸盐结石

uratosis [,juərə'təusis] (组织)尿酸盐沉着

uraturia [,juərə'tjuəriə] 尿酸(盐)尿,结石尿

urazin ['juərəzin] 尿嗪,双尿,环二脲

urazine ['juərəzin] 尿嗪,双尿,环二脲

Urbach-Wiethe disease ['uːbæk 'viːti] (Erich *Urbach*, American dermatologist, 1893-1946, Camillo *Wiethe*, Austrian otologist, 1888-1949) 乌-维二氏病

urceiform [ə'si:ifɔːm] (L. *urceus* pitcher + *forma* shape) 壶形的

urceolate [ə'si:əleit] 壶形的

urea [juə'riə] 脲,尿素
  u. nitrogen 脲氮,尿素氮

ureaclastic [,juriə'klæstik] (*urea* + Gr. *klastos* breaken) 分解尿素的

ureagenetic [,juəriədʒi'netik] (*urea* + Gr. *gennan* to produce) 尿生成的,尿素生成的

ureal ['juəriəl] 脲的,尿素的

ureameter [,juəri'æmitə] (*urea* + L. *metrum* measure) 尿素计

ureametry [,juəri'æmitri] 脲测定法,尿素测定法

Ureaphil [ju'riəfil] 尤若非:一种尿素制剂的商品名

Ureaplasma [,juriə'plæzmə] 尿素原体

ureapoiesis [,juəriəpɔi'iːsis] (*urea* + Gr. *poiein* to make) 脲生成,尿素生成

urease ['juəreis] (EC 3. 5. 1. 5) 脲酶,尿素酶

urecchysis [juə'rekisis] (*uro-* + Gr. *ekchysis* a pouring out) 尿浸润

Urechites [juə'rekitiz] 黄龙葵(一种植物)
  U. suberecta 黄龙葵(夹竹桃科植物)

urechitin [juə'rekitin] 黄龙葵苷

urechitoxin [juə,reki'tɔksin] 黄龙葵毒素

Urecholine [,juəri'kɔlin] 乌拉坦碱:氯化氨甲酰甲胆碱制剂商品名

uredema [juə'diːmə] 尿液性水肿

uredofos [ju'ridɔfəs] 磺脲磷

ureide ['juəriid] 酰脲

urein [juər'ri:in] 尿毒油

urelcosis [,juərəl'kɔusis] (*uro-* + Gr. *helkōsis* ulceration) 尿路溃疡

uremia [juə'ri:miə] (Gr. *ouron* urine +

haima blood + *-ia*) 尿毒症
uremic [juəˈriːmik] 尿毒症的
uremide [ˈjuərimaid] (*uremia* + *-ide*) 尿毒症疹,尿毒疹
uremigenic [juəˌrimiˈdʒenik] ❶ 尿毒症性的; ❷ 致尿毒症的
ure(o)- 脲,尿素
ureolysis [ˌjuəriˈɔlisis] (*urea* + Gr. *lysis* a loosing, setting free) 尿素分解
ureolytic [ˌjuəriəˈlitik] 尿素分解的
ureometry [ˌjuəriˈɔmitri] 脲测定法,尿素测定法
ureosecretory [ˌjuriəˈsekritəri] 分泌尿素的
ureotelic [ˌjuəriəˈtelik] (*urea* + Gr. *telikos* belonging to the completion, or end) 排尿素(氮)代谢的
uresiesthesis [juəˌriːsiəsˈθiːsis] (*uresis* + Gr. *aisthēsis* perception + *-ia*) 排尿感觉
uresis [juəˈriːsis] (Gr. *ourēsis*) 排尿
uretal [juəˈriːtəl] 输尿管的
ureter [juəˈriːtə] (Gr. *ourētēr*) (NA) 输尿管
  circumcaval u. 环腔静脉输尿管
  ectopic u. 异位性输尿管
  postcaval u. 腔静脉后输尿管
  retrocaval u. 腔静脉后输尿管
  retroiliac u. 髂后输尿管
ureteral [juəˈriːtərəl] 输尿管的
ureteralgia [juəˌriːtəˈrældʒiə] 输尿管痛
ureterectasia [juəˌriːtərekˈteiʒiə] 输尿管扩张
ureterectasis [juəˌriːtəˈrektəsis] (*ureter* + Gr. *ektasis* distention) 输尿管扩张
ureterectomy [juəˌriːtəˈrektəmi] (*ureter* + Gr. *ektomē* excision) 输尿管切除术
ureteric [ˌjuəreˈterik] 输尿管的
ureteritis [ˌjuəriːtəˈraitis] 输尿管炎
  u. cystica 囊性输尿管炎
  u. glandularis 腺性输尿管炎
ureter(o)- 输尿管
ureterocele [juˈriːtərəsiːl] 输尿管疝
  ectopic u. 异位输尿管疝
ureterocelectomy [juəˌriːtərəusiːˈlektəmi] 切尿管疝切除术
ureterocervical [juəˌriːtərəuˈsəːvikəl] 输尿管子宫颈的
ureterocolostomy [juəˌriːtərəukəˈlɔstəmi]

(*uretero-* + Gr. *kōlon* colon + *stomoun* to provide with an opening, or mouth) 输尿管结肠吻合术
ureterocutaneostomy [juəˌriːtərəukjuˌteiniˈɔstəmi] 输尿管皮肤造口术
ureterocystanastomosis [juəˌriːtərəuˌsistəˌnæstəˈməusis] 输尿管膀胱吻合术
ureterocystoneostomy [juəˌriːtərəuˌsistəniˈɔstəmi] (*uretero-* + Gr. *kystis* bladder + *neos* new + *stomoun* to provide with an opening, or mouth) 输尿管膀胱吻合处
ureterocystoscope [juəˌriːtərəuˈsistəskəup] 输尿管膀胱镜
ureterocystostomy [juəˌriːtərəusisˈtɔstəmi] 输尿管膀胱吻合术
ureterodialysis [juəˌriːtərəudaiˈælisis] (*uretero-* + Gr. *dialysis* separation) 输尿管破裂
ureteroduodenal [juəˌriːtərəuˌdjuəuˈdiːnəl] 输尿管十二指肠的
ureteroenteric [juəˌriːtərəuenˈterik] 输尿管肠的
ureteroenteroanastomosis [juəˌriːtərəuˌentərəuˌænæstəˈməusis] 输尿管肠吻合术
ureteroenterostomy [juəˌriːtərəuˌentəˈrɔstəmi] (*uretero-* + Gr. *enteron* bowel + *stomoun* to provide with an opening, or mouth) 输尿管肠吻合术
ureterogram [juəˈriːtərəgræm] 输尿管造影照片
ureterography [juəˌriːtəˈrɔgrəfi] (*uretero* + Gr. *graphein* to write) 输尿管造影术
ureteroileostomy [juəˌriːtərəuˌiliˈɔstəmi] 输尿管回肠吻合术
ureterointestinal [juəˌriːtərəuinˈtestinəl] 输尿管肠的
ureterolith [juəˈriːtərəliθ] (*uretero* + Gr. *lithos* stone) 输尿管石
ureterolithiasis [juəˌriːtərəuliˈθaiəsis] 输尿管石病
ureterolithotomy [juəˌriːtərəliˈθɔtəmi] 输尿管石切除术
ureterolysis [juəˌriːtəˈrɔlisis] (*uretero-* + Gr. *lysis* dissolution) ❶ 输尿管破裂; ❷ 输尿管麻痹; ❸ 输尿管松解术
ureteromeatotomy [juəˌriːtərəuˌmiːəˈtɔtəmi] 输尿管口切开术
ureteroneocystostomy [juəˌriːtərəˌniəsisˈtɔs-

təmi] (*uretero-* + Gr. *neos* new + *kystis* bladder + *stomoun* to provide with an opening, or mouth) 输尿管膀胱吻合术

ureteroneopyelostomy [juə‚riːtərəu‚niəpaiə-'lɔstəmi] (*uretero-* + Gr. *neos* new + *pyelos* pelvis + *stomoun* to provide with anopening, or mouth) 输尿管肾盂吻合术

ureteronephrectomy [juə‚riːtərəune'frektəmi] (*uretero-* + Gr. *nephros* kidney + *ektomē* excision) 输尿管肾切除术

ureteropathy [juə‚riː'rɔpəθi] (*uretero-* + Gr. *pathos* disease) 输尿管病

ureteropelvic [juə‚riːtərəu'pelvik] 输尿管肾盂的

ureteropelvioneostomy [juə‚riːtərəu‚pelviəni'ɔstəmi] 输尿管肾盂吻合术

ureteropelvioplasty [juə‚riːtərəu'pelviə‚plæsti] 输尿管肾盂成形术

 Culp-DeWeerd u. 卡-德二氏输尿管肾盂成形术

 Foley Y-V u. 福莱 Y-V 输尿管肾盂成形术

 Scardino-Prince u. 斯-普二氏输尿管肾盂成形术

ureterophlegma [juə‚riːtərəu'flegmə] (*uretero-* + Gr. *phlegma* phlegm) 输尿管粘液蓄积

ureteroplasty [juə'riːtərə‚plæsti] (*uretero-* + Gr. *plassein* to form) 输尿管成形术

ureteroproctostomy [juə‚riːtərəuprɔk'tɔstəmi] (*uretero-* + Gr. *prōktos* anus + *stomoun* to provide with an opening, or mouth) 输尿管直肠吻合术

ureteropyelitis [juə‚riːtərəupaii'laitis] (*uretero-* + Gr. *pyelos* pelvis) 输尿管肾盂炎

ureteropyelography [juə‚riːtərəupaii'lɔgrəfi] 输尿管肾盂造影术

ureteropyeloneostomy [juə‚riːtərəu‚paiiləuni-'ɔstəmi] (*uretero-* + Gr. *pyelos* pelvis + *neos* new + *stomoun* to provide with an opening, or mouth) 输尿管肾盂吻合术

ureteropyelonephritis [juə‚riːtərəu‚paiiləune-'fraitis] (*uretero-* + Gr. *pyelos* pelvis + *nephros* kidney + *-itis*) 输尿管肾盂肾炎

ureteropyelonephrostomy [juə‚riːtərəu-‚paiiləune'frɔstəmi] 输尿管肾盂吻合术

ureteropyeloplasty [juə‚riːtərəu'paiiləplæsti] 输尿管肾盂成形术

ureteropyelostomy [juə‚riːtərəu‚paii'lɔstəmi] 输尿管肾盂吻合术

ureteropyosis [juə‚riːtərəupai'əusis] (*uretero-* + Gr. *pyon* pus + *-osis*) 输尿管化脓

ureterorectal [juə‚riːtərəu'rektl] 输尿管直肠的

ureterorectoneostomy [juə‚riːtərəu‚rektəuni'ɔstəmi] 输尿管直肠吻合术

ureterorectostomy [juə‚riːtərəurek'tɔstəmi] 输尿管直肠吻合术

ureterorenoscope [juə‚riːtərəu'renəuskɔp] 输尿管肾镜

ureterorenoscopy [juə‚riːtərəurenəus'kəpi] 输尿管肾镜检查

ureterorrhagia [juə‚riːtərəu'reidʒiə] (*retero-* + Gr. *rhēgnynai* to burst forth) 输尿管出血

ureterorrhaphy [juə‚riːtərə'rɔrəfi] (*uretero-* + Gr. *rhaphē* suture) 输尿管缝合术

ureteroscope [juə'retərə‚skəup] 输尿管镜

ureteroscopy [juə‚retə'rɔskəpi] 输尿管镜检查

ureterosigmoidostomy [juə‚riːtərəu‚sigmɔi'dɔstəmi] 输尿管乙状结肠吻合术

ureterostegnosis [juə‚riːtərəusteg'nəusis] (*uretero-* + Gr. *stegnōsis contraction*) 输尿管狭窄

ureterostenoma [juə‚riːtərəusti'nəumə] (*uretero-* + Gr. *stenōma* stricture) 输尿管狭窄

ureterostenosis [juə‚riːtərəusti'nəusis] (*uretero-* + Gr. *stenōsis* narrowing) 输尿管狭窄

ureterostoma [juə‚riːtə'rɔstəumə] (*uretero-* + Gr. *stoma* mouth) ❶输尿管口；❷输尿管瘘

ureterostomy [‚juə‚riːtə'rɔstəmi] (*uretero-* + Gr. *stomoun* to provide with an opening, or mouth) 输尿管造口术

 cutaneous u. 皮肤输尿管造口术

ureterotomy [juə‚riːtə'rɔtəmi] (*uretero-* + Gr. *tomē* a cutting) 输尿管切开术

ureterotrigonoenterostomy [juə‚riːtərəu‚trai‚gənəu‚entə'rɔstəmi] 输尿管膀胱三角肠吻合术

ureterotrigonosigmoidostomy [juə‚riːtə‚rəutrai‚gənəu‚sigmɔi'dɔstəmi] 输尿管膀胱三角乙状结肠吻合术

ureteroureteral [juəˌriːtərəujuəˈriːtərəl] 输尿管输尿管的

ureteroureterostomy [juəˌriːtərəujuəˌriːtəˈrɔstəmi] 输尿管输尿管吻合术

ureterouterine [juəˌriːtərəuˈjuːtərain] 输尿管子宫的

ureterovaginal [juəˌriːtərəuvəˈdʒainl] 输尿管阴道的

ureterovesical [juəˌriːtərəuˈvesikəl] 输尿管膀胱的

ureterovesicoplasty [juəˌriːtərəuˈvesikəuˌplæsti] 输尿管膀胱成形术

ureterovesicostomy [juəˌriːtərəuˌvesiˈkɔstəmi] 输尿管膀胱吻合术

urethra [juəˈriːθrə] (Gr. *ourē*) 尿道
  anterior u. 前尿道
  double u. 双尿道
  female u., u. feminina (NA) 女性尿道
  male u., u. masculina (NA) 男性尿道
  u. muliebris 女性尿道
  posterior u. 后尿道
  u. virilis 男性尿道

urethral [juəˈriːθrəl] 尿道的

urethralgia [ˌjuəriːˈθrældʒiə] 尿道痛

urethrascope [juəˈriːθrəskəup] 尿道镜

urethratresia [juəˌriːθrəˈtriːʒiə] 尿道闭锁

urethrectomy [ˌjuərəˈθrektəmi] (*urethra* + Gr. *ektomē* excision) 尿道切除术

urethremphraxis [ˌjuəriːθremˈfræksis] (*urethra* + Gr. *emphraxis* stoppage) 尿道梗阻

urethreurynter [juəˌriːθruˈrintə] (*urethra* + Gr. *eurynein* to make wide) 尿道扩张器

urethrism [ˈjuəriːθrizəm] (L. *urethrismus*) 尿道痉挛

urethritis [ˌjuərəˈθraitis] 尿道炎
  u. cystica 囊性尿道炎
  u. glandularis 腺性尿道炎
  gonococcal u., gonorrheal u. 淋病性尿道炎
  gouty u. 痛风性尿道炎
  u. granulosa 肉芽性尿道炎
  nongonococcal u., nonspecific u. 非淋球菌性尿道炎,非特异性尿道炎
  u. orificii externi 尿道外口炎
  u. petrificans 钙化性尿道炎
  prophylactic u. 预防性尿道炎
  simple u. 单纯性尿道炎
  specific u. 特异性尿道炎,淋病性尿道炎
  u. venerea 性病尿道炎,淋病

urethr(o)- 尿道

urethroblennorrhea [juəˌriːθrəuˌbleˈriːə] 尿道脓溢

urethrobulbar [juəˌriːθrəuˈbʌlbə] 尿道球的

urethrocele [juəˈriːθrəsiːl] (*urethro-* + Gr. *kēlē* tumor) ❶尿道突出;❷尿道憩室

urethrocystitis [juəˌriːθrəusisˈtaitis] 尿道膀胱炎

urethrocystogram [juəˌriːθrəuˈsistəgræm] 尿道膀胱X线(照)片

urethrocystography [juəˌriːθrəusisˈtɔgrəfi] (*urethro-* + Gr. *kystis* bladder + *graphein* to write) 尿道膀胱X线照相术

urethrocystopexy [juəˌriːθrəuˈsistəˌpeksi] (*urethro-* + Gr. *kystis* bladder + *pēxis* fixation) 尿道膀胱固定术

urethrodynia [juəˌriːθrəuˈdiniə] (*urethro-* + Gr. *odynē* pain) 尿道痛

urethrograph [juəˈriːθrəgrɑːf] 尿道内径描记器

urethrography [ˌjuərəˈθrɔgrəfi] 尿道X线照相术

urethrometer [ˌjuərəˈθrɔmitə] (*urethro-* + Gr. *metron* measure) 尿道测量器

urethrometry [ˌjuərəˈθrɔmitri] ❶尿道阻力测定法;❷尿道测量法

urethropenile [juəˌriːθrəuˈpiːnail] 尿道阴茎的

urethroperineal [juəˌriːθrəuˌperiˈniːəl] 尿道会阴的

urethroperineoscrotal [juəˌriːθrəuˌperiˌniːəuˈskrəutl] 尿道会阴阴囊的

urethropexy [juəˈriːθrəˌpeksi] (*urethro-* + Gr. *pēxis* fixation) 尿道固定术

urethrophraxis [juəˌriːθrəuˈfræksis] (*urethro-* + Gr. *phrassein* to stop up) 尿道梗阻

urethrophyma [juəˌriːθrəuˈfaimə] (*urethro-* + Gr. *phyma* growth) 尿道瘤

urethroplasty [juəˈriːθrəˌplæsti] (*urethro-* + Gr. *plassein* to form) 尿道成形术

urethroprostatic [juəˌriːθrəuprɔsˈtætik] 尿道前列腺的

urethrorectal [juəˌriːθrəuˈrektl] 尿道直肠

的

urethrorrhagia [juə,ri:θrəu'reidʒiə] (*urethro-* + Gr. *rhēgnynai* to burst forth) 尿道出血

urethrorrhaphy [,juərə'rɔrəfi] (*urethro-* + Gr. *rhaphē* seam) 尿道缝术

urethrorrhea [juə,ri:θrəu'riə] (*urethro-* + Gr. *rhoia* flow) 尿道液溢

urethroscope [juə'ri:θrəskəup] (*urethro-* + Gr. *skopein* to examine) 尿道镜

urethroscopic [juə,ri:θrə'skɔpik] 尿道镜的

urethroscopy [,juərə'θrɔskəpi] (*urethro-* + Gr. *skopein* to examine) 尿道镜检查

urethroscrotal [juə,ri:θrəu'skrəutl] 尿道阴囊的

urethrospasm [juə'ri:θrəspæzəm] (*urethro-* + Gr. *spasmos* spasm) 尿道痉挛

urethrostaxis [juə,ri:θrəu'stæksis] (*urethro-* + Gr. *staxis* dropping) 尿道渗血

urethrostenosis [juə,ri:θrəusti'nəusis] (*urethro-* + Gr. *stenōsis* stricture) 尿道狭窄

urethrostomy [,juəri'θrɔstəmi] (*urethro-* + Gr. *stomoun* to provide with an opening, or mouth) 尿道造口术

urethrotome [juə'ri:θrətəum] 尿道刀
   Maisonneuve's u. 迈松纳夫氏尿道刀

urethrotomy [,juərə'θrɔtəmi] (*urethro-* + Gr. *tomē* a cutting) 尿道切开术
   external u. 尿道外切开术
   internal u. 尿道内切开术

urethrotrigonitis [juə,ri:θrəu,traigə'naitis] 尿道膀胱三角炎

urethrovaginal [juə,reθrəuvə'dʒainəl] 尿道阴道的

urethrovesical [juə,ri:θrəu'vesikəl] 尿道膀胱的

uretic [juə'retik] (L. *ureticus*; Gr. *ourētikos*) ❶ 尿的; ❷ 利尿剂

Urex ['juəreks] 速尿：马尿酸乌洛托品制剂的商品名

urgency ['ə:dʒənsi] 尿急

Urginea [ə:'dʒiniə] (L.) 海葱属

urhidrosis [,ə:hi'drəusis] (*ur-* + Gr. *hidrōs* sweat) 尿汗症
   u. crystallina 结晶尿汗症

-uria (Gr. *ouron* urine + *-ia* state) 尿

urian ['juəriən] 尿色素, 尿色肽

uric ['juərik] (Gr. *ourikos*) 尿的

uric acid ['juərik] 尿酸

uricacidemia [,juərik,æsi'di:miə] 尿酸血症

uricaciduria [,juərik,æsi'djuəriə] 尿酸尿

uricase ['juərikeis] 尿酸酶

uricemia [,juəri'si:miə] 尿酸血症

uric(o)- (Gr. *ouron* urine) 尿, 尿的或尿酸的

uricocarboxylase [,juərəkəka:'bɔksəleis] 尿酸脱羧酶

uricocholia [,juərikəu'kəuliə] (*uric* acid + Gr. *cholē* bile) 尿酸胆汁症

uricolysis [,juəri'kɔlisis] (*uric* acid + Gr. *lysis* dissolution) 尿酸分解(作用)

uricolytic [,juərikəu'litik] 尿酸分解的

uricometer [,juəri'kɔmitə] (*uric* acid + *-meter*) 尿酸计, 尿酸定量器
   Ruhemann's u. 鲁赫曼氏尿酸定量器

uricopoiesis [,juərikəupɔi'i:sis] 尿酸生成

uricosidase [,juərə'kɔsaideis] 尿酸氧化酶

uricosuria [,juərikəu'sjuəriə] 尿酸尿

uricosuric [,juərikəu'sjuərik] ❶ 尿酸尿的; ❷ 促尿酸尿药

uricotelic [,juərikəu'telik] (*uric* acid + Gr. *telikos* belonging to the completion, or end) 排尿酸的

uricotelism [,juərikəu'telizəm] 排尿酸(氮)代谢

Uricult [juə'rikəlt] 尿克特

uridine ['juəridi:n] 尿核苷, 尿嘧啶核苷
   u. diphosphate (UDP) 尿核苷二磷酸
   u. monophosphate (UMP) 尿核苷一磷酸
   u. triphosphate (UTP) 尿核苷三磷酸

uridrosis [,juəri'drəusis] 尿汗症

uridylate [,juəri'daileit] 尿(嘧啶核)苷酸

uridylic acid [,juəri'dailik] 尿(嘧啶核)苷酸

uridyl transferase [,juəridəl'trænsfəreis] 尿苷酰转移酶

uridylyl ['juəridailail] 尿苷酰基

uriesthesis [,juəri'esθisis] 排尿感觉

urinable ['juərinəbl] 可尿出的

urinaccelerator [,juərinæk'seləreitə] 球海绵体肌

urinacidometer [,juərin,æsi'dɔmitə] 尿pH计, 尿氢离子浓度测定器

urinaemia [,juəri'ni:miə] 尿毒症

urinal ['juərinl] (L. *urinalis* urinary) 尿壶，贮尿器

urinalysis [ˌjuəri'næləsis] 尿分析(法)

urinary ['juəriˌnəri] 尿的，含尿的，泌尿的

urinate ['juərineit] 排尿

urination [ˌjuəri'neiʃən] 排尿
 precipitant u. 急迫排尿，尿意逼迫
 stuttering u. 间歇性排尿

urinative ['juəriˌnætiv] ❶ 利尿的；❷ 利尿剂

urine ['juərin] (L. *urina*; Gr. *ouron*) 尿
 Bence Jones u. 本斯·琼斯(白蛋白)尿
 black u. 黑尿
 chylous u. 乳糜尿
 cloudy u. 混浊尿
 crude u. 淡尿
 diabetic u. 糖尿
 dyspeptic u. 消化不良性尿
 febrile u. 热病性尿
 gouty u. 痛风尿
 milky u. 乳状尿
 nebulous u. 混浊尿
 residual u. 残余尿

urinemia [ˌjuəri'ni:miə] (*urine* + Gr. *haima* blood + -*ia*) 尿毒症

urinidrosis [ˌjuərini'drəusis] 尿汗症

uriniferous [ˌjuəri'nifərəs] (*urine* + L. *ferre* to bear) 输尿的

urinific [ˌjuəri'nifik] 产尿的，泌尿的

uriniparous [ˌjuəri'nipərəs] (*urine* + L. *parere* to produce) 产尿的，泌尿的

urin(o)- (L. *urina*) 尿

urinocryoscopy [juəˌrinəukrai'ɔskəpi] 尿冰点测定法

urinogenital [ˌjuərinəu'dʒenitl] 泌尿生殖的

urinogenous [ˌjuəri'nɔdʒinəs] 尿源的

urinoglucosometer [ˌjuərinəuˌglu:kəu'sɔmitə] 尿糖定量器，尿糖计

urinologist [ˌjuəri'nɔlədʒist] 泌尿科学家，泌尿科医师

urinology [ˌjuəri'nɔlədʒi] 泌尿科学

urinoma [juəri'nəumə] (*urine* + -*oma*) 尿性囊肿

urinometer [ˌjuəri'nɔmitə] (*urino-* + -*meter*) 尿比重计

urinometry [ˌjuəri'nɔmitri] 尿比重测量法

urinophilous [ˌjuəri'nɔfiləs] (*urino-* + Gr. *philein* to love) 嗜尿的

urinoscopy [ˌjuəri'nɔskəupi] 尿检查，检尿法

urinosexual [ˌjuərinəu'sekʃuəl] 泌尿生殖的

urinous ['juərinəs] 尿的，尿质的

uriposia [ˌjuəri'pəuziə] (*urine* + Gr. *posis* drinking + -*ia*) 饮尿

Urispas ['juərispæz] 乌利派斯：黄酮派酯的商品名

Uritone ['juəritəun] 乌利托：乌洛托品制剂的商品名

urninde ['uənində] (Germ. "female homosexualist") 女性互恋者，女子同性恋爱者

urning ['uəniŋ] 男性互恋者，男子同性恋爱者

ur(o)- (Gr. *ouron* urine) 尿，尿道，排尿

uroacidimeter [ˌjuərəuˌæsi'dimitə] 尿酸度测定器

uroammoniac [ˌjuərəuə'məuniæk] (含)尿酸与氨的

uroanthelone [ˌjuərəu'ænθəluən] 尿抗溃疡素，尿抑胃素，尿抑肠素

uroazotometer [ˌjuərəuˌæzə'tɔmitə] 尿氮定量器，尿氮计

Urobacillus [ˌjuərəbə'siləs] (L.) 尿杆菌属

urobenzoic acid [ˌjuərəuben'zəuik] 马尿酸

urobilin [ˌjuərəu'bailin] (*uro-* + L. *bilis* bile) 尿胆素

urobilinemia [ˌjuərəubili'ni:miə] (*urobilin* + Gr. *haima* blood + -*ia*) 尿胆素血

urobilinogen [ˌjuərəubai'linədʒən] (*urobilin* + Gr. *gennan* to produce) 尿胆素原

urobilinogenemia [ˌjuərəubaiˌlinədʒi'ni:miə] 尿胆素原血

urobilinogenuria [ˌjuərəubaiˌlinədʒi'njuəriə] 尿胆素原尿

urobilinoid [ˌjuərəu'bilinɔid] 尿胆素样

urobilinoiden [ˌjuərəubili'nɔidən] 类尿胆素

urobilinuria [ˌjuərəuˌbili'njuəriə] (*urobilin* + Gr. *ouron* urine + -*ia*) 尿胆素尿

urocanase [ˌjuərəu'kæneis] 尿犬酶

urocanase deficiency 尿犬酶缺乏
urocanate [ˌjuərəu'kæneit] 尿犬酯
urocanate hydratase [ˌjuərəu'kæneit'haidrəteis] (EC 4.2.1.4 9) 尿犬水合酶
urocanic acid [ˌjuərəu'kænik] 尿犬酸
urocele ['juərəsiːl] (*uro-* + Gr. *kēlē* hernia) 阴囊积尿
urocheras [juə'rɔkərəs](*uro-* + Gr. *cheras* gravel) 尿沙
urochesis [ˌjuərəu'kiːsis] (*uro-* + Gr. *chezein* to defecate) 肛门泄尿,肛尿症
urochezia [ˌjuərəu'kiziə] (*uro-* + Gr. *chezein* to defecate + *-ia*) 肛门排尿
Urochordata [ˌjuərəukɔ'deitə] (Gr. *oura* tail + L. *chorda* string) 尾索亚门
urochordate [juərəu'kɔdeit] 尾索动物
urochrome ['juərəkrəum] (*uro-* + Gr. *chrōma* color) 尿色素,尿色肽
urochromogen [ˌjuərəu'krəumədʒin] 尿色素原,尿色肽原
urocinetic [ˌjuərəusai'netik] 泌尿器反射性的
uroclepsia [ˌjuərəu'klepsiə] (*uro-* + Gr. *kleptein* to steal) 遗尿,尿失禁
urocrisia [ˌjuərəu'kriziə] (*uro-* + Gr. *krinein* to judge) 检尿诊病法
urocriterion [ˌjuərəukrai'tiəriən] (*uro-* + Gr. *kritērion* test) 检尿判病(指征)
urocyst ['juərəusist](*our-* + Gr. *kystiis* bladder) 膀胱
urocystic [ˌjuərəu'sistik]膀胱的
Urocystis [ˌjuərəu'sistis] 黑粉菌
  U. tritici 小麦杆黑粉菌
urocystitis [ˌjuərəusis'taitis] 膀胱炎
urodialysis [ˌjuərəudai'ælisis] (*uro-* + Gr. *dialysis* cessation) 尿闭
urodochium [ˌjuərəu'dəukiəm] (*uro-* + Gr. *docheion* holder) 尿壶,贮尿器
urodynamic [ˌjuərəudai'næmik]尿动力学的
urodynamics [ˌjuərəudai'næmiks]尿动力学
urodynia [ˌjuərəu'diniə] (*uro-* + Gr. *odynē* pain + *-ia*) 排尿痛
uroedema [ˌjuərəui'diːmə] 尿液性水肿
uroenterone [ˌjuərəu'entərəun]尿抗溃疡素,尿抑胃素,尿抑肠素
uroerythrin [ˌjuərəu'raiθrin] (*uro-* + Gr. *erythros* red) 尿红质
uroflavin [ˌjuərəu'flævin] 尿黄素
uroflometer [ˌjuərəui'fləumətə] 尿流计
uroflowmeter[ˌjuərəui'fləumətə] 尿流计
urofuscin [ˌjuərəu'fʌsin] (*uro-* + L. *fuscus* tawny) 尿(紫)褐质
urofuscohematin [ˌjuərəuˌfʌskəu'hemətin] 尿紫褐血红质
urogaster [ˌjuərəu'gæstə] (*uro-* + Gr. *gastēr* stomach) 尿肠
urogastrone [ˌjuərəu'gæstrəun] 尿抗溃疡素,尿抑胃素,尿抑肠素
urogenital [ˌjuərəu'dʒenitl] 泌尿生殖(器)的
urogenous [juə'rɔdʒinəs] (*uro-* + Gr. *gennan* to produce) 尿原的,生尿的
Urografin ['juərəgræfin] 泛影葡胺
urogram ['juərəgræm] 尿路(造影)照片
urography [juə'rɔgrəfi] 尿路照影术
  ascending u. 逆行性尿路照影术
  cystoscopic u. 逆行性尿路造影术,膀胱镜检查尿路造影术
  descending u, excretion u., excretory u., intravenous u. 下行性尿路造影术,静脉尿路造影术
  oral u. 口服法尿路造影术
  retrograde u. 逆行性尿路造影术
urogravimeter [ˌjuərəugrə'vimitə] (*uro-* + L. *gravis* heavy + *-meter*) 尿比重计
urohematin [ˌjuərəu'hemətin] 尿血质,尿血红质
urohematonephrosis [ˌjuərəuˌhemətəuni'frəusis] 肾积尿血
urohematoporphyrin [ˌjuərəuˌhemətəu'pɔːfirin] 尿血卟啉
urokinase (UK) [ˌjuərəu'kaineis] 尿激酶
urokinetic [ˌjuərəukai'netik] (*uro-* + Gr. *kinēsis* movement) 泌尿器官反射性的
urokymography [ˌjuərəukai'mɔgrəfi] 泌尿(生殖)系统记波照相术
urolagnia [ˌjuərəu'lægniə] (*uro-* + Gr. *lagneia* lust) 尿色情
urolith ['juərəliθ] (*uro-* + Gr. *lithos* stone) 尿石
urolithiasis [ˌjuərəuli'θaiəsis] ❶ 尿石形成;❷ 尿石病
urolithic [ˌjuərəu'liθik] 尿石的
urolithology [ˌjuərəuli'θɔlədʒi] 尿石学

urologic [ˌjuərəu'lɔdʒik] 泌尿学的
urological [ˌjuərəu'lɔdʒikəl] 泌尿学的
urologist [juə'rɔlədʒist] 泌尿科医师, 泌尿学家
urology [juə'rɔlədʒi] 泌尿学
urolutein [ˌjuərəu'lu:ti:n] (*uro* + L. *luteus* yellow) 尿黄色素
uromancy ['juərəˌmænsi] (*uro-* + Gr. *manteia* a divination) 检尿预后
uromelanin [ˌjuərəu'melənin] (*uro-* + Gr. *melas* black) 尿黑素
uromelus [juə'rɔmiləs] (Gr. *oura* tail + *melos* limb) 单足并腿畸胎
urometer [juə'rɔmitə] (*uro-* + *-meter*) 尿比重计
urometric [ˌjuərəu'metrik] 尿压测定的
urometry [ju'rəumətri] 尿压测定法
uronate ['juərəuneit] 醛糖
uroncus [juə'rɔŋkəs] (*uro-* + Gr. *onkos* mass) 尿肿
uronephrosis [ˌjuərəuni'frəusis] 肾盂积尿
uron(o)- 尿
uronology [ˌjuərə'nɔlədʒi] 泌尿学
urononcometry [ˌjuərəuɔŋ'kɔmitri] (*urono-* + Gr. *onkos* mass + *metron* measure) 一日尿量测定法
uronophile [juə'rɔnəfil] (Gr. *ouron* urine + *philein* to love) 嗜尿的, 繁殖于尿液内的
uronoscopy [ˌjuərə'nɔskəpi] 尿检视法, 检尿法
uropathogen [ˌjuərə'pæθədʒin] 尿路病原体
uropathy [juə'rɔpəθi] (*uro-* + Gr. *pathos* disease) 尿路病
  obstructive u. 梗阻性尿路病
uropenia [ˌjuərəu'pi:niə] (*uro-* + Gr. *penia* poverty) 尿过少
uropepsinogen [ˌjuərəupep'sinədʒən] 尿胃蛋白酶原
urophanic [ˌjuərəu'fænik] (*uro-* + Gr. *phainein* to show) 尿返物的
urophein [ˌjuərə'fi:in] (*uro-* + Gr. *phaios* gray) 尿灰质
urophilia [ˌjuərə'filiə] (*uro-* + *-philia*) 涉尿性欲倒错
urophobia [ˌjuərə'fəubiə] 排尿恐怖
urophosphometer [ˌjuərəufɔs'fɔmitə] 尿磷定量器

uropittin [ˌjuərəu'pitin] (*uro-* + Gr. *pitta* pitch) 尿焦质
uroplania [ˌjuərəu'pleiniə] 异位排尿
uropod ['juərəupɔd] (Gr. *oura* tail + *pous* foot) 尾足
uropoiesis [ˌjuərəupɔi'i:sis] (*uro-* + Gr. *poiein* to make) 尿生成
uropoietic [ˌjuərəupɔi'etik] 尿生成的
uroporphyria [ˌjuərəupɔ:'firiə] 尿卟啉症, 尿紫质症
  erythropoietic u. 红细胞生成性尿卟啉(过多)症
uroporphyrin [ˌjuərə'pɔ:firin] 尿卟啉
uroporphyrinogen [ˌjuərəupɔfi'rinədʒən] 尿卟啉原, 尿紫质原
uroporphyrinogen Ⅲ cosynthase [ˌjuərəupɔfi'rinədʒən kəu'sinθeis] 尿卟啉原Ⅲ合酶
uroporphyrinogen decarboxylase [ˌjuərəupɔfi'rinədʒən dikɑ:'bɔksəleis] (EC 4.1.1.37) 尿卟啉原脱羧酶
uroporphyrinogen Ⅰ synthase [ˌjuərəupɔfi'rinədʒən sin'θeis] 尿卟啉原Ⅰ合酶
uroporphyrinogen-Ⅲ synthase [ˌjuərəupɔfi'rinədʒənsin'θeis] (EC 4.2.1.75) 尿卟啉原Ⅲ合酶
uropsammus [ˌjuərəu'sæməs] (*uro-* + Gr. *psammos* sand) 尿沙
uropterin [juə'rɔptərin] 尿喋呤
uroptysis [juə'rɔptisis] (*our-* + Gr. *ptysis* splitting) 唾尿, 咳尿
uropyonephrosis [ˌjuərəuˌpaiəni'frəusis] 肾盂积脓尿
uropyoureter [ˌjuərəuˌpaiəjuə'ri:tə] (*uro-* + Gr. *pyon* pus + *oureter* ureter) 输尿管积脓尿
uroradiology [ˌjuərəuˌrædiə'ɔlədʒi] 尿路放射学
uroreaction [ˌjuərəuri'ækʃən] 尿反应
urorhythmography [ˌjuərəuriθ'mɔgrəfi] (*uro-* + Gr. *rhythmos* rhythm + *graphein* to write) 输尿管口喷尿描记法
urorosein [ˌjuərəu'rəuziin] 尿绯质, 尿蔷薇红素
uroroseinogen [ˌjuərəuˌrəusi'inədʒən] 尿绯质原, 尿蔷薇红素原
urorrhagia [juərəu'reidʒiə] (*uro-* + Gr. *rhagia* breaking forth) 多尿
urorrhodin [ˌjuərəu'rəudin] (*uro-* + Gr.

urorrhodinogen [ˌjuərəuərəu'dinədʒən] (*ur-orrhodin* + Gr. *gennan* to produce) 尿蔷薇红素原,尿绯质原

urorubin [ˌjuərə'ru:bin] (*uro-* + L. *ruber* red) 尿红质

urorubinogen [ˌjuərəuru'binədʒən] 尿红质原

urosaccharometry [ˌjuərəuˌsækə'rɔmitri] 尿糖测定法

urosacin [juə'rəuseisin] 尿蔷薇红素,尿绯质

uroscheocele [juə'rɔskiəˌsi:l] (*uro-* + Gr. *oscheon* scrotum + *kēlē* tumor) 阴囊积尿

uroschesis [juə'rɔskisis] (*uro-* + Gr. *schesis* holding) 尿潴留

uroscopic [ˌjuərə'skɔpik] 尿检查的

uroscopy [juə'rɔskəpi] (*uro-* + *-scopy*) 尿检查

urosemiology [ˌjuərəuˌsimi'ɔlədʒi] 尿诊断学

urosepsis [ˌjuərəu'sepsis] (*uro-* + Gr. *sēpsis* decay) 尿脓毒病,尿脓毒症

uroseptic [ˌjuərəu'septik] 尿脓毒病的,尿脓毒症的

urosis [juə'rəusis] 尿路病

urospectrin [ˌjuərəu'spektrin] (*uro-* + L. *spectrum* image) 尿分光色素

urostalagmometry [ˌjuərəuˌstæləg'mɔmitri] 尿表面张力检查,尿滴数检查

urostealith [ˌjuərəu'stiəliθ] (*uro-* + Gr. *stear* fat + *lithos* stone) 尿脂石

urothelial [ˌjuərəu'θeliəl] 膀胱上皮的

urothelium [ˌjuərəu'θeliəm] (*uro-* + Gr. *thēlē* nipple) 膀胱上皮

urotoxia [ˌjuərəu'tɔksiə] (*uro-* + Gr. *toxikon* poison) ❶ 尿毒性;❷ 尿毒质

urotoxic [ˌjuərə'tɔksik] 尿毒素的

urotoxicity [ˌjuərəutɔk'sisiti] 尿毒性

urotoxin [ˌjuərəu'tɔksin] 尿毒素

urotoxy ['juərəuˌtɔksi] ❶尿毒性;❷ 尿毒质;❸ 尿毒单位

Urotropin [juə'rɔtrəpin] 乌洛托品:环六亚甲基四胺制剂的商品名

uroureter [ˌjuərəujuə'ri:tə] 输尿管积尿

uroxanthin [ˌjuərəu'zænθin] (*uro-* + Gr. *xanthos* yellow) 尿黄质

uroxin [juə'rɔksin] 双四氧(嘧啶)

rhodon rose) 尿蔷薇红素,尿绯质

urrhodin [juə'rəudin] 尿绯质,尿蔷薇红素

ursodeoxycholate [ˌjuəsədeˌəuksi'kəuleit] 乌索脱氧胆酸盐

ursodeoxycholic acid [ˌjuəsədeˌəukse'kəu-lik] 乌索脱氧胆酸

ursodeoxycholylglycine [ˌjuəsədeˌəukse-ˌkəuləl'glisin] 乌索脱氧胆基甘氨酸

ursodiol [ˌjuəsə'diəul] 抗胆石药,乌索脱氧胆酸之药物制剂

Urtica ['ə:tikə] (L.)荨麻属
 U. dioica 大荨麻

urticant ['ə:tikənt] 刺痒的或引起风团的

urticaria [ˌə:ti'kæriə] (L. *urtica* stinging nettle + *-ia*) 荨麻疹
 acute u. 急性荨麻疹
 aquagenic u. 水源性荨麻疹
 u. bullosa, bullous u. 大疱性荨麻疹,水泡性荨麻疹
 cholinergic u. 胆碱能荨麻疹
 chronic u. 慢性荨麻疹
 cold u. 寒冷性荨麻疹
 contact u. 接触性荨麻疹
 giant u. 巨大荨麻疹
 heat u. 热性荨麻疹
 light u. 日光性荨麻疹
 u. medicamentosa 药物性荨麻疹
 u. multiformis endemica 地方性、多形性荨麻疹,白蛉皮炎
 u. pigmentosa 色素性荨麻疹,类黄瘤
 pressure u. 压迫性荨麻疹
 solar u., u. solaris 日光性荨麻疹

urticarial [ˌə:ti'kɑ:riəl] 荨麻疹的

urticariogenic [ˌə:tiˌkæriə'dʒenik] 致荨麻疹的

urticarious [ˌə:ti'kæriəs] 荨麻疹的

urticate ['ə:tikeit] ❶ 有风团的;❷ 产生荨麻疹的

urtication [ˌə:ti'keiʃən] (L. *urtica* a stinging nettle) ❶ 荨麻疹形成;❷ 刺

urushiol [ə'ruʃiəul] 漆酚

US (*ultrasound* 的缩写)超声

USAN (*United States Adopted Names* 的缩写)美国选定药名

USDA (*United States Department of Agriculture* 的缩写) 美国农业部

Usher's syndrome [ə'fəz] (Charles Howard *Usher*, British ophthalmologist,

1865-1942）厄舍综合征

Usnea barbata [ˈʌsniə bɑːˈbeitə] 大松萝

usnein [ˈʌsniːn] 地衣酸

usnic acid [ˈʌsnik] 地衣酸

USP（the United States Pharmacopeia 的缩写）美国药典

USPHS（United States Public Health Service 的缩写）美国公共卫生署

Ustilaginaceae [ˌstilˌædʒiˈnæsiːi] 黑粉菌科

Ustilaginales [ˌʌstiˌlædʒiˈneiliːz] 黑粉菌目

ustilaginism [ˌʌstiˈlædʒinizm] 黑粉菌中毒

Ustilago [ˌʌstiˈleigəu]（L.）黑粉菌属
U. maydis 玉蜀黍黑粉菌

ustion [ˈʌstʃən]（L. *ustio*）烙

ustulation [ˈʌstjuˈleiʃən]（L. *ustulare* to scorch）焙干，煅

ustus [ˈʌstəs]（L. burned or calcined）煅制的

ususstatus [juːˈsjuːsteitəs]（L. *usus* use + *status* position）站立姿势

uta [ˈuːtə]（from Peruvian Indian name for the disease）皮肤利什曼病

Ut dict.（L. *ut dictum* 的缩写）接照指示

Utend.（L. *utendus* 的缩写）用于，用

uteralgia [juːtəˈrældʒiə] 子宫痛

uteri [ˈjuːtərai]（L.）子宫的，子宫。uterus 的所有格和复数形式

uterine [ˈjuːtərain]（L. *uterinus*）子宫的

uter(o)-（L. *uterus*）子宫

uteroabdominal [ˌjuːtərəuæbˈdɔminl] 子宫腹的

uterocele [ˈjuːtərəsiːl]（*uterus* + Gr. *kele* hernia）子宫突出

uterocervical [ˌjuːtərəuˈsəːvikəl] 子宫子宫颈的

uterocystostomy [ˌjuːtərəsisˈtɔstəmi]（*uterus*; Gr. *kysis*, bladder; *stoma*, mouth）子宫颈膀胱造口吻合术

uterodynia [ˌjuːtərəuˈdiniə] 子宫痛

uterofixation [ˌjuːtərəufikˈseiʃn] 子宫固定术

uterogenic [ˌjuːtərəuˈdʒenik] 子宫原的，子宫性的

uterogestation [ˌjuːtərəudʒesˈteiʃən]（*uterus* + L. *gestatio* a carring）❶子宫妊娠；❷足月妊娠

uteroglobulin [ˈjuːtərəuˈglɔbjulin] 子宫球蛋白，胚泡激肽

uterography [ˌjuːtəˈrɔgrəfi] 子宫 X 线造影术

uterolith [ˈjuːtərəliθ]（*uterus* + Gr. *lithos* stone）子宫石

uterologist [ˌjuːtəˈrɔlədʒist] 妇产科医生，子宫科专家

uterology [ˌjuːtəˈrɔlədʒi]（*uterus* + Gr. *logos* treatise）妇产科学，子宫科学

uterometer [ˌjuːtəˈrɔmitə] 子宫测量器

uterometry [ˌjuːtəˈrɔmitri] 子宫测量法

utero-ovarian [ˌjuːtərəuəˈværiən] 子宫卵巢的

uteroparietal [ˌjuːtərəpəˈraiətl] 子宫与腹壁的

uteropelvic [ˌjuːtərəˈpelvik] 子宫与骨盆的

uteropexy [ˈjuːtərəˌpeksi] 子宫固定术

uterophotography [ˌjuːtərəfəˈtɔgəfi] 子宫摄影术

uteroplacental [ˌjuːtərəupləˈsentl] 子宫胎盘的

uteroplasty [ˈjuːtərəˌplæsti] 子宫成形术

uterorectal [ˌjuːtərəuˈrektl] 子宫与直肠的

uterosacral [ˌjuːtərəuˈsæikrəl] 子宫与骶骨的

uterosalpingography [ˌjuːtərəusælpiŋˈgɔgrəfi] 子宫输卵管照相术，子宫输卵管 X 线造影术

uterosclerosis [ˌjuːtərəuskləˈrəusis] 子宫硬化

uteroscope [ˈjuːtərəˌskəup]（*uterus* + Gr. *skopein* to examine）子宫镜

uterothermometry [ˌjuːtərəuθəˈmɔmitri] 子宫温度测量法

uterotomy [ˌjuːtəˈrɔtəmi] 子宫切开术

uterotonic [ˌjuːtərəuˈtɔnik] ❶子宫收缩的；❷子宫收缩剂

uterotractor [ˌjuːtərəˈtræktə] 子宫牵引钳

uterotropic [ˌjuːtərəuˈtrɔpik] 向子宫的，亲子宫的

uterotubal [ˌjuːtərəuˈtjuːbəl] 子宫输卵管的

uterotubography [ˌjuːtərəutjuːˈbɔgrəfi] 子宫输卵管照相术，子宫输卵管 X 线造影术

uterovaginal [ˌjuːtərəuvəˈdʒainl] 子宫阴道的

uteroventral [ˌjuːtərəu'ventrəl] 子宫腹腔的

uterovesical [ˌjuːtərəu'vesikəl] 子宫膀胱的

uterus ['juːtərəs] (pl. *uteri*) (L.; Gr. *hystera*) 子宫
  u. arcuatus 弓形子宫
  u. bicameratus vetularum 老年期双房子宫
  u. bicornis 双角子宫
  u. bicornis bicollis 双颈双角子宫
  u. bicornis unicollis 单颈双角子宫
  u. biforis 双口子宫
  u. bilocularis 双房子宫
  u. bipartitus 双房子宫
  cochleate u. 蜗状子宫
  u. cordiformis 心形子宫
  Couvelaire u. 库佛莱尔氏子宫
  u. didelphys 双子宫
  duplex u., u. duplex 双子宫
  fetal u. 胎型子宫
  gravid u. 妊娠子宫
  u. incudiformis 砧形子宫
  infantile u. 幼稚型子宫
  u. masculinus 前列腺囊
  u. parvicollis 小颈子宫
  u. planifundalis 砧形子宫
  pubescent u. 青春期子宫,幼稚型子宫
  ribbon u. 带状子宫
  u. rudimentarius 未成熟子宫
  saddle-shaped u. 马鞍形子宫
  u. septus 有隔子宫,双房子宫
  u. simplex 单子宫
  u. subseptus 不全中隔子宫
  u. triangularis 三角形子宫
  u. unicornis 单角子宫

Uticort ['ətikət] 沃提考:倍他米松苯甲酸盐制剂的商品名

utilization [ˌjuːtilaiˈzeiʃən] 利用
  red cell u. (RCU) 红细胞应用

UTP (uridine triphosphate 的缩写) 尿苷三磷酸

UTP-glucose-1-phosphate uridylyltransferase ['gluːkəus 'fɔsfeit juəri'delil'trænsfəreis] (EC 2.7.7.9) 尿苷三磷酸-葡萄糖-1-磷酸尿苷酰转移酶

UTP-hexose-1-phosphate uridylyltransferase ['heksəus 'fɔsfeit juəri'delil'trænsfəreis] (EC 2.7.7.10) 尿苷三磷酸-己糖-1-磷酸尿苷酰转移酶

utricle ['juːtrikl] (L. *utriculus*) ❶ 小囊; ❷ 椭圆囊
  prostatic u., urethral u 前列腺囊

utricular [juːˈtrikjulə] ❶囊状的;❷ 膀胱样的

utriculi [juːˈtrikjuli] (L.) 小囊,椭圆囊

utriculitis [juːˌtrikjuˈlaitis] ❶ 前列腺囊炎; ❷ 椭圆囊炎

utriculoplasty [juːˈtrikjuləˌplæsti] (L. *utriculus* dim. of *uterus*; + Gr. *plassein* to form) 子宫缩小术

utriculosaccular [juːˌtrikjuləuˈsækjulə] 椭圆囊球囊的

utriculus [juːˈtrikjuləs] (pl. *utriculi*) (L. dim. of *uter*) ❶小囊;❷(NA) 椭圆囊
  u. masculinus 前列腺囊
  u. prostaticus (NA) 前列腺囊
  u. vestibuli 椭圆囊

utriform ['juːtrifɔːm] 囊状的,瓶状的

UVA (ultraviolet A 的缩写) 紫外线 A

uva ['juːvə] (pl. *uvae*)(L. "grape") 葡萄干

Uval ['juːvæl] 尤外:磺异苯酮制剂的商品名

UVB (ultraviolet B 的缩写) 紫外线 B

UVC (ultraviolet C 的缩写) 紫外线 C

uvea ['juːviə] 眼色素层,葡萄膜

uveal ['juːviəl] 色素层的,葡萄膜的

uveitic [ˌjuːviˈitik] 色素层炎的,葡萄膜炎的

uveitis [ˌjuːviˈaitis] (*uvea* + *-itis*) 色素层炎,葡萄膜炎
  anterior u. 前眼色素层炎,前葡萄膜炎
  Förster's u. 韦斯特氏眼色素层炎
  granulomatous u. 肉芽肿性色素层炎,肉芽肿性葡萄膜炎
  heterochromic u. 异色性色素层炎,异色性葡萄膜炎
  lens-induced u. 晶状体诱发性色素层炎,晶状体诱发性葡萄膜炎
  nongranulomatous u. 非肉芽肿性色素层炎,非肉芽肿性葡萄膜炎
  phacoantigenic u. 晶状体抗原性色素层炎,晶状体抗原性葡萄膜炎
  phacotoxic u. 晶状体中毒性眼色素层(葡萄膜)炎
  posterior u. 后色素层(葡萄膜)炎
  sympathetic u. 交感性色素层(葡萄膜)炎
  toxoplasmic u. 弓形体性色素层(葡萄膜)

炎

tuberculous u. 结核性色素层(葡萄膜)炎

uveomeningitis [ˌjuːviəuˌmenin'dʒaitis] 眼色素层脑膜炎

uveoparotid [ˌjuːviəupə'rɔtid] 眼色素层腮腺的

uveoparotitis [ˌjuːviəuˌpærəu'taitis] 眼色素层腮腺炎

uveoplasty ['juːviəuˌplæsti] (*uvea* + Gr. *plassein* to form) 眼色素层成形术

uveoscleritis [ˌjuːviəusklə'raitis] 色素层巩膜炎,葡萄膜巩膜炎

uviform ['juːvifɔːm] (L *uva* grape + *forma* form) 葡萄形的

uvula ['juːvjulə] (pl. *uvulae*) (L. "little grape") 悬雍垂

  bifid u. 悬雍垂裂

  u. of bladder 膀胱悬雍垂

  u. cerebelli, u. of cerebellum 小脑悬雍垂,蚓垂

  cleft u. 悬雍垂裂

  u. fissa, forked u. 悬雍垂裂

  Lieutaud's u. 吕托氏膀胱悬雍垂

  u. palatina (NA), **palatine u.** 悬雍垂

  split u. 悬雍垂裂

  u. vermis (NA) 小脑悬雍垂,蚓垂

  u. vesicae (NA) 膀胱悬雍垂

uvular ['juːvjulə] 悬雍垂的

uvularis [ˌjuːvjuˈlɛəris] (L., from *uvula*) 悬雍垂的

uvulectomy [ˌjuːvjuˈlektəmi] (*uvula* + Gr. *ektomē* excision) 悬雍垂切除术

uvulitis [ˌjuːvjuˈlaitis] (*uvula* + *-itis*) 悬雍垂炎

uvuloptosis [ˌjuːvjuləp'təusis] (*uvula* + Gr. *ptōsis* falling) 悬雍垂下垂

uvulotome ['juːvjuləutəum] 悬雍垂刀

uvulotomy [ˌjuːvjuˈlɔtəmi] (*uvula* + Gr. *tomē* a cutting) 悬雍垂切开术,悬雍垂(部分)切除术

V ❶ (*vanadium* 的符号)钒; ❷ (*volt* 的符号)伏特; ❸ (*volume* 的符号)容积, 容量; ❹ (*vision* 的符号)视觉,视力
V ❶ (voltage 的符号)电压; ❷ (volume 的符号)容量
V$_{max}$ (maximum velocity of an enzyme-catalyzed reaction 的符号)酶催化反应的最大速度
V$_T$ (*tidal volume* 的符号)潮气量(肺换气时)
v. (L, *vena* 的缩写)静脉
v ❶ (*velocity* 的符号)速度; ❷ (*voltage* 的符号)电压
VA ❶ (visual acuity 的缩写)视敏度; ❷ (Veterans Administration 的缩写)老兵管理局(今指退役军人事务部 (DVA))
VAC 一种癌化疗的方案
vaccenic acid [væk'senik] 异油酸
vaccigenous [væk'sidʒənəs] 产生菌苗的
vaccina [væk'sainə] 牛痘
vaccinable [væk'sinəbl] 可接种的
vaccinal ['væksinəl] (L. *vaccinus*) ❶ 牛痘的,菌苗的,疫苗的,接种的; ❷ 有预防力的
vaccinate ['væksineit] 接种
vaccination [ˌvæksi'neiʃən] (L. *vacca* cow) 接种,种痘
vaccinator ['væksiˌneitə] ❶ 接种员; ❷ 接种器
vaccine [væk'siːn] (L. *vaccinus* pertaining to cows, from *vacca* cow) 菌苗,疫苗
  acellular v. 非细胞菌苗
  anthrax v. 炭疽菌苗
  anthrax spore v. 炭疽芽胞菌苗
  attenuated v. 减毒疫苗
  autogenous v. 自体疫苗
  avian encephalomyelitis v. 禽脑脊髓炎疫苗
  bacterial v. 菌苗
  BCG v. (bacille Calmette-Guérin) (USP) 卡介苗
  bluetongue v. 蓝舌疫苗
  bovine rhinotracheitis v. 牛鼻气管炎疫苗
  bovine virus diarrhea v. 牛病毒性腹泻疫苗
  bronchitis v. 支气管炎疫苗
  Brucella abortus v. 流产布鲁氏菌菌苗
  bursal disease v. 粘液囊病疫苗
  Calmette's v. 卡介苗
  canine distemper v. 犬温热病疫苗
  cholera v. (USP) 霍乱菌苗
  coccidiosis v. 球虫病疫苗
  distemper v. -mink 水貂温热病疫苗
  duck embryo v. 鸭胚疫苗
  duck virus enteritis v. 鸭病毒性肠炎疫苗
  duck virus hepatitis v. 鸭病毒性肝炎疫苗
  encephalomyelitis v. 脑脊髓炎疫苗
  equine influenza v. 马流感疫苗
  equine rhinopneumonitis v. 马鼻肺炎疫苗
  Erysipelothrix rhusiopathiae v. 猪红斑丹毒丝菌疫苗
  feline panleukopenia v. 猫传染性粒细胞缺乏症疫苗
  feline pneumonitis v. 猫肺炎疫苗
  feline rhinotracheitis v. 猫鼻气管炎疫苗
  fowl laryngotracheitis v. 鸡喉气管炎疫苗
  fowl pox v. 鸡痘疫苗
  Haemophilus influenzae b conjugate v. (Hb-CV) 流感嗜血杆菌 b 结合病毒疫苗
  Haemophilus influenzae b polysaccharide v. (HbPV) 流感嗜血杆菌 b 多糖病毒疫苗无菌胶囊
  hepatitis B v. 乙型肝炎疫苗
  hepatitis B v. (recombinant) 乙型肝炎(化合物)疫苗

heterologous v. 异种疫苗
heterotypic v. 异种疫苗
human diploid cell v. (HDCV) 狂犬病疫苗
influenza virus v. (USP) 流感病毒疫苗
live v. 活疫苗
Marek's disease v. 马莱克氏病疫苗
measles v. 麻疹疫苗
measles v. live 麻疹病毒活疫苗
meningococcal polysaccharide v. 脑膜炎双球菌多糖菌苗
mink enteritis v. 水貂肠炎疫苗
mixed v. 混合疫苗,多价疫苗
mumps virus v. live 腮腺炎病毒活疫苗
Newcastle disease v. 新城病疫苗
ovine ecthyma v. 羊痘疮疫苗
Pasteurella multocida v. 出血败血性巴斯德菌苗
pertussis v. 百日咳菌苗
pertussis v., acellular 非细胞百日咳疫苗
pigeon pox v. 鸽痘疫苗
plague v. (USP) 鼠疫菌苗
pneumococcal polysaccharide v. 肺炎球菌多糖疫苗
poliomyelitis v. 脊髓灰质炎疫苗
poliovirus v. inactivated (IPV) (USP) 灭活脊髓灰质炎病毒疫苗
poliovirus v. live oral (OPV) (USP), poliovirus v. live oral trivalent (TOPV) 口服脊髓灰质炎疫苗,三价口服脊髓灰质炎活疫苗
polyvalent v. 多价疫苗
pseudorabies v. 假狂犬病疫苗
rabies v. (USP) 狂犬病疫苗
rabies v. adsorbed (RVA) 狂犬病吸附疫苗
reo-corona viral calf diarrhea v. 牛呼肠、冠状病毒疫苗
replicative v. 复制性疫苗
Rocky Mountain spotted fever v. 落矶山斑疹热疫苗
rubella virus v. live 风疹病毒活疫苗
Sabin v. 口服脊髓灰质炎活疫苗
Salk v. 灭活脊髓灰质炎疫苗
smallpox v. (USP) 牛痘疫苗,天花疫苗
split-virus v. 裂解病毒疫苗
streptococcus group E v. 链球菌E型菌苗
subunit v. 亚单位疫苗
subvirion v 亚病毒粒子疫苗
tenosynovitis v. 腱鞘炎疫苗
transmissible gastroenteritis v. 传播性胃肠炎疫苗
tuberculosis v. 结核菌苗,卡介苗
typhoid v. (USP) 伤寒菌苗
typhus v. 斑疹伤寒疫苗
yellow fever v. 黄热病疫苗

vaccinia [væk'siniə] (L. from *vacca* cow) 牛痘
  fetal v. 胎儿牛痘
  v. gangrenosa 坏疽性牛痘
  generalized v. 扩散性牛痘
  progressive v. 进行性牛痘,坏疽性牛痘
vaccinial [væk'siniəl] 牛痘的
vacciniform [væk'sinifɔːm] 牛痘样的
vaccinization [ˌvæksini'zeiʃən] 连续接种法
vaccinogen [væk'sinədʒən] 菌苗源,疫苗源
vaccinogenous [ˌvæksi'nɔdʒinəs] 产生菌苗的
vaccinostyle [væk'sinəstail] 种痘刀
vaccinotherapy [ˌvæksinəu'θerəpi] 疫苗疗法
VACTERL (*v*ertebral, *a*nal, *c*ardiac, *t*racheal, *e*sophageal, *r*enal, *l*imb 的首字母缩略词) 脊椎的,肛门的,心的,气管的,食管的,肾的,肢体的
vacuolar [ˌvækju'əulə] 空泡的
vacuolate ['vækjuəˌleit] 形成空泡
vacuolated ['vækjuəˌleitid] 有空泡的
vacuolation [ˌvækjuə'leiʃən] 空泡形成
vacuole ['vækjuəl] (L. *vacuus* empty + -*ole* diminutive ending) 空泡,液泡
  autophagic v. 自食泡
  condensing v's 浓缩泡
  contractile v. 伸缩泡
  digestive v. 消化泡
  food v. 食物泡
  heterophagic v. 异吞噬泡
  plasmocrine v. 含晶体性空泡
  rhagiocrine v. 含胶体性空泡
  water v. 水泡
vacuolization [ˌvækjuəlai'zeiʃən] 空泡形成

vacuome [ˈvækjuəm] 中性红小泡系
vacuum [ˈvækjuəm] (L.) 真空
  high v. 高度真空
  torricellian v. 托里切利氏真空
VAD (ventricular assist device 的缩写) 室辅助装置
vadum [ˈveidəm] (L. "a shallow") 浅滩, 沟滩
vagal [ˈveigəl] 迷走神经的
vagectomy [vəˈdʒektəmi] 迷走神经切除术
vagi [ˈveidʒai] (L.) 迷走神经
vagina [vəˈdʒainə] (pl. *vaginae*) (L.) ❶ 鞘,鞘样结构;❷ 阴道
  v. bulbi (NA) 眼球筋膜,眼球囊
  v. carotica fasciae cervicalis (NA) 颈动脉鞘
  v. communis musculorum flexorum (NA) 共同屈肌
  v. externa nervi optici (NA) 视神经外鞘
  v. femoris 股鞘,阔筋膜
vaginae fibrosae digitorum manus (NA) 指纤维鞘
vaginae fibrosae digitorum pedis (NA) 趾纤维鞘
  v. fibrosa tendinis (NA) 腱纤维鞘
  v. interna nervi optici (NA) 视神经内鞘
  v. masculina 前列腺囊
vaginae mucosae 粘液鞘,滑液鞘
  v. mucosa tendinis 腱粘液鞘腱滑液鞘
  v. muliebris 阴道
  v. musculorum fibularium communis 腓骨肌总肌鞘
  v. musculorum peroneorum communis (NA) 腓骨肌总肌鞘
  v. musculi recti abdominis (NA) 腹直肌鞘
vaginae nervi optici 视神经鞘
  v. oculi 眼球囊
  v. processus styloidei 茎突鞘
vaginae synoviales (NA) 滑膜鞘
  v. synovialis communis musculorum flexorum 屈指肌总滑膜鞘
vaginae synoviales digitorum manus (NA) 指滑液鞘
vaginae synoviales digitorum pedis (NA) 趾滑液鞘
  v. synovialis intertubercularis (NA) 结节间滑膜鞘
  v. synovialis musculorum fibularium communis 腓骨肌总滑膜鞘
  v. synovialis musculi obliqui superioris 上斜肌滑膜鞘
  v. synovialis musculorum peroneorum communis 腓骨肌总滑膜鞘
  v. synovialis tendinis (NA) 腱滑膜鞘
vaginae synoviales tendinum digitorum manus 手指腱滑膜鞘
vaginae synoviales tendinum digitorum pedis 足趾腱滑膜鞘
  v. synovialis tendinis musculi flexoris carpi radialis 桡侧腕屈肌腱滑膜鞘
  v. synovialis tendinis musculi flexoris hallucis longi 踇长屈肌腱鞘
  v. synovialis tendinis musculi tibialis posterioris 胫骨后肌腱鞘
  v. tendinis 腱鞘
vaginae tendinum digitorum manus (NA) 手指腱鞘,指滑腱鞘
vaginae tendinum digitorum pedis (NA) 足趾腱鞘
  v. tendinum musculorum abductoris longi et extensoris brevis pollicis (NA) 拇长展肌及拇短伸肌腱鞘
  v. tendinum musculorum extensorum carpi radialium (NA) 桡侧腕伸肌腱鞘
  v. tendinis musculi extensoris carpi ulnaris (NA) 尺侧腕伸肌腱鞘
  v. tendinum musculorum extensoris digitorum communis et extensoris indicis 指总伸肌及示指伸肌腱鞘
  v. tendinum musculorum extensoris digitorum et extensoris indicis (NA) 指伸肌及示指伸肌腱鞘
  v. tendinis musculi extensoris digiti minimi (NA) 小指伸肌腱鞘
vaginae tendinum musculi extensoris digitorum pedis longi (NA) 趾长伸肌腱鞘
  v. tendinis musculi extensoris hallucis longi (NA) 踇长伸肌腱鞘
  v. tendinis musculi extensoris pollicis longi (NA) 拇长伸肌腱鞘
  v. tendinis musculi fibularis longi plantaris (NA) 腓骨长肌跖侧腱鞘

v. tendinis musculi flexoris carpi radialis (NA) 桡侧腕屈肌腱鞘

vaginae tendinum musculi flexoris digitorum pedis longi (NA) 趾长屈肌腱鞘

v. tendinis musculi flexoris hallucis longi (NA) 跨长屈肌腱鞘

v. tendinis musculi flexoris pollicis longi (NA) 拇长屈肌腱鞘

v. tendinis musculi obliqui superioris (NA) 上斜肌腱鞘

v. tendinis musculi peronei longi plantaris (NA) 腓骨长肌跖侧腱鞘,起于骰骨的腓骨沟

v. tendinis musculi tibialis anterioris (NA) 胫骨前肌腱鞘

v. tendinis musculi tibialis posterioris (NA) 胫骨后肌腱鞘

v. vasorum (NA) 血管鞘

vaginae [və'dʒaini:] ❶ 鞘;❷ 阴道

vaginal [və'dʒainəl] ❶ 鞘的;❷ 阴道的;❸ 睾丸鞘膜的

vaginalectomy [ˌvædʒinə'lektəmi] ❶ 睾丸鞘膜切除术;❷ 阴道切除术

vaginalitis [ˌvædʒinə'laitis] 睾丸鞘膜炎
  plastic v. 肥厚性睾丸鞘膜炎

vaginapexy [ˌvædʒinə'peksi] 阴道固定术

vaginate ['vædʒineit] (L. *vaginatus* sheathed) 有鞘的

vaginectomy [ˌvædʒi'nektəmi] ❶ 睾丸鞘膜切除术;❷ 阴道切除术

vaginicoline [ˌvædʒə'nikəlin] 阴道寄生的

vaginiglutaeus [ˌvædʒənə'glutiəs] (L.) 阔筋膜张肌

vaginiperineotomy [ˌvædʒiniˌperini'ɔtəmi] 阴道会阴切开术

vaginismus [ˌvædʒi'nizməs] (L.) 阴道痉挛

vaginitis [ˌvædʒi'naitis] ❶ 阴道炎;❷ 鞘炎
  v. adhaesiva, adhesive v. 粘连性阴道炎
  atrophic v. 萎缩性阴道炎
  desquamative inflammatory v. 脱屑性阴道炎
  diphtheritic v. 白喉性阴道炎
  v. emphysematosa, emphysematous v. 气肿性阴道炎
  senile v. 老年性阴道炎
  v. testis 睾丸鞘膜炎
  trichomonas v. 滴虫性阴道炎

vaginoabdominal [ˌvædʒinəuæb'dɔminəl] 阴道腹的

vaginocele ['vædʒinəˌsi:l] (L. *vagina* sheath + Gr. *kēlē* tumor) ❶ 阴道疝;❷ 阴道脱垂

vaginocutaneous [ˌvædʒinəukju(:)'teiniəs] 阴道皮肤的

vaginodynia [ˌvædʒinəu'diniə] (L. *vagina* sheath + Gr. *odynē* pain + *-ia*) 阴道痛

vaginofixation [ˌvædʒinəufik'seiʃən]

vaginogenic [ˌvædʒənə'dʒenik] 阴道原的,阴道性的

vaginogram ['vædʒinəgræm] 阴道 X 线(照)片

vaginography [ˌvædʒi'nɔgrəfi] 阴道 X 线照相术

vaginolabial [ˌvædʒinəu'leibiəl] 阴道阴唇的

maginometer [ˌvædʒi'nɔmitə] (*vagina* + Gr. *metron* measure) 阴道测量器

vaginomycosis [ˌvædʒinəumai'kəusis] (*vagina* + Gr. *mykēs* fungus) 阴道霉菌病

vaginopathy [ˌvædʒi'nɔpəθi] (*vagina* + Gr. *pathos* disease) 阴道病

vaginoperineal [ˌvædʒinəuperi'ni:əl] 阴道会阴的

vaginoperineoplasty [ˌvædʒinəuˌperi'niəˌplæsti] (*vagino-* + *perineoplasty*) 阴道、会阴成形术

vaginoperineorrhaphy [ˌvædʒinəuˌperini'ɔrəfi] 阴道会阴缝术

vaginoperineotomy [ˌvædʒinəuˌperini'ɔtəmi] 阴道会阴切开术

vaginoperitoneal [ˌvædʒinəuˌperitəu'ni:əl] 阴道腹膜的

vaginopexy ['vædʒinəˌpeksi] (*vagina* + Gr. *pēxis* fixation) 阴道固定术

vaginoplasty ['vədʒainəˌplæsti] (*vagina* + Gr. *plassein* to form) 阴道成形术

vaginoscope ['vædʒinəˌskəup] (*vagina* + Gr. *skopein* to examine) 阴道镜,阴道窥器

vaginoscopy [ˌvædʒi'nɔskəpi] (*vagina* + Gr. *skopein* to examine) 阴道镜检查,阴道窥器检查

vaginosis [ˌvædʒi'nəusis] 阴道病
  bacterial v. 细菌性阴道病

vaginotome [ˈvədʒaiˈnətəum] 阴道刀
vaginotomy [ˌvædʒiˈnɔtəmi] (*vagina* + Gr. *tomē* a cutting) 阴道切开术
vaginovesical [ˌvædʒinəuˈvesikəl] 阴道膀胱的
vaginovulvar [ˌvædʒinəuˈvʌlvə] 外阴阴道的
Vagistat [ˈvædʒiˌstæt] 快治特：噻苯乙咪唑,的康唑制剂的商品名
vagitis [vəˈgaitis] 迷走神经炎
vagitus [vəˈdʒaitəs] (L.) 胎儿哭
 v. uterinus 子宫内胎儿哭
 v. vaginalis 阴道内胎儿哭
vagoaccessorius [ˌveigəuˌæksəˈsɔːriəs] (L.) 迷走神经
vagoglossopharyngeal [ˌveigəuˌglɔsəufəˈrindʒiːəl] 迷走(与)舌咽神经的
vagogram [ˈvægəgræm] (*vagus* + Gr. *gramma* mark) 迷走神经电流图
vagolysis [veiˈgɔlisis] (*vagus* + Gr. *lysis* dissolution) 迷走神经撕脱术
vagolytic [ˌveigəuˈlitik] 消除迷走神经作用的
vagomimetic [ˌveigəumiˈmetik] 类迷走神经的,拟迷走神经的
vagosplanchnic [ˌveigəuˈsplæŋknik] 迷走内脏神经的,迷走交感神经的
vagosympathetic [ˌveigəuˌsimpəˈθetik] 迷走交感神经的
vagotomy [veiˈgɔtəmi] (*vagus* + Gr. *tomē* a cutting) 迷走神经切断术
 bilateral v. 双侧迷走神经切断术
 highly selective v. 高选择性迷走神经的切断术
 medical v. 迷走神经药物切断术
 parietal cell v. 胃壁细胞迷走神经切断术
 selective v. 选择性迷走神经切断术
 surgical v. 外科迷走神经切断术
 truncal v. 迷走神经干切断术
vagotonia [ˌveigəuˈtəuniə] (*vagus* + Gr. *tonos* tension + *-ia*) 迷走神经过敏,迷走神经紧张
vagotonic [ˌveigəuˈtɔnik] 迷走神经过敏的
vagotony [veiˈgɔtəni] 迷走神经过敏,迷走神经紧张
vagotropic [ˌveigəuˈtrɔpik] 向迷走(神经)的

vagotropism [veiˈgɔtrəpizəm] (*vagus* + Gr. *tropos* a turning) 向迷走(神经)性,新迷走(神经)性
vagovagal [ˌveigəuˈveigəl] 经迷走神经反射的
vagrant [ˈveigrənt] (L. *vagrans*, from *vagare* to wander) 游动的
vagus [ˈveigəs] (pl. *vagi*) (L. wandering) 迷走神经
Vahlkampfia [vɑːlˈkæmpfiɑː] 瓦变形虫属
Val 缬氨酸
valence [ˈveiləns] (l. *valēre* to be strong) ❶ 化合价,原子价；❷ 效价
valency [ˈveilənsi] (L. *valentia*) ❶ 效价；❷ 价(化合价,原子价)
Valentin's corpuscles [ˈveiləntinz] (Gabriel Gustav *Valentin*, German physiologist, 1810-1883) 法伦廷小体
Valentine's position [ˈveiləntainz] (Ferdinand C. *Valentine*, American surgeon, 1851-1909) 法伦廷卧位
valerian [vəˈliəriən] (L. *valeriana*) 缬草属植物
 Greek v. 花葱
valethamate bromide [vəˈleθəmeit] 溴化戊乙脂
valetudinarian [ˌvæliˌtjuːdiˈnɛəriən] (L. *valetudinarius* sickly) 虚弱者,伤残者
valetudinarianism [ˌvæliˌtjuːdiˈnɛəriənizim] 虚弱、久病衰弱
valgoid [ˈvælgɔid] 外翻足状的
valgus [ˈvælgəs] (L.) 外翻的,外偏的
validity [vəˈliditi] ❶ 有效性,确实性；❷ 准确度,精确
valine [ˈveiliːn] 缬氨酸
valinemia [ˌvæliˈniːmiə] 缬氨酸血症
valine transaminase [ˈveiliːn trænˈsæmineis] 缬氨酸转氨酶
Valisone [ˈvælisəun] 维利松
Valium [ˈvæliəm] 维利目
vallate [ˈvæleit] (L. *vallatus* walled) 轮廓形的；杯状的
vallecula [vəˈlekjulə] (pl. *valleculae* (dim. of L. *valles* a hollow) 谷
 v. cerebelli (NA) 小脑谷
 v. epiglottica 会厌谷
 v. ovata 胆囊窝

v. for petrosal ganglion 岩(小)窝
v. Sylvii 大脑侧窝
v. unguis 甲床沟
vallecular [vəˈlekjulə] 谷的
Vallestril [vəˈlestril] 维乐斯冲:甲氧萘二甲戊酸制剂的商品名
vallicepobufagin [ˌvæliːsepəuˈbʌfədʒin] 坦头蟾蜍精,蟾酥
vallum [ˈvæləm] (gen *valli*, pl. *valli*) (L. "rampart") 冈,壁
v. unguis (NA) 指(趾)甲廓
Valmid [ˈvælmid] 瓦尔米:炔乙脲胺制剂的商品名
Valnac [ˈvælnæk] 维尔耐克:倍他米松制剂的商品名
valnoctamide [veilˈnɔktəmaid] 乙甲戊酰胺
Valpin [ˈveilpin] 维尔品:溴甲辛托品制剂的商品名
valproate sodium [vælˈprəueit] 丙戊酸钠
valproic acid [vælˈprəuik] (USP) 丙戊酸
Valsalva's ligaments [vælˈsælvəz] (Antonio Maria *Valsalva*, Italian anatomist, 1666-1723) 瓦尔萨瓦氏韧带
value [ˈvælju] 价值,价,值
  acetyl v. 乙酰价,乙酰值
  acid v. 酸值
  buffer v. 缓冲值
  cryocrit v. 冷沉(淀)比容值
  D v. D 值
  expected v. 期望值
  fuel v. 热量值
  Hehner's v. 黑纳氏值
  liminal v. 阈值
  mean clinical v. 平均临床价值,平均治疗效果
  negative predictive 阴性预测值
  normal v's 正常值
  P v. P 值
  positive predictive v. 阳性预测值
  predictive v. 预测值
  reference v's 参考值
  saponification v. 皂化值
  threshold v. 阈值
  valence v. 效价值
valva [ˈvælvə] (pl. *valvae*) (sing. of L. *valvae* folding doors) (NA) 瓣,瓣膜
  v. aortae (NA),主动脉瓣

v. atrioventricularis dextra (NA) 右房室瓣
v. atrioventricularis sinistra (NA) 左房室瓣
v. ilealis ❶ 回盲瓣;❷ 乳头状回盲瓣
v. ileocaecalis (NA) 回盲瓣,结肠瓣
v. mitralis 左房室瓣
v. pulmonaria 肺动肺瓣
v. tricuspidalis 右房室瓣
v. trunci pulmonalis (NA) 肺动脉瓣
valval [ˈvælvəl] 瓣膜的
valvar [ˈvælvə] 瓣膜的
valvate [ˈvælveit] 有瓣的
valve [vɑːlv] 瓣,瓣膜
  anal v's 肛瓣
  v. of aorta, aortic v. 主动脉瓣
  artificial cardiac v. 人造瓣膜
  atrioventricular v., left 左房室瓣
  atrioventricular v., right 右房室瓣
  Ball's v's 巴尔氏瓣,肛瓣,直肠瓣
  Bauhin's v. 鲍欣氏瓣,回盲瓣
  Béraud's v. 贝罗氏瓣,泪囊襞
  Bianchi's v. 比安基氏瓣,鼻泪管壁
  bileaflet v. 双叶瓣
  bioprosthetic v. 生物修补瓣
  Björk-Shiley v. 比-雪二氏瓣
  Bochdalek's v. 布克达莱克氏瓣,泪点襞
  caged-ball v. 笼罩球瓣
  cardiac v's 心瓣膜
  Carpentier-Edwards v. 卡-爱二氏瓣
  caval v. 下腔静脉瓣
  Cooley-Cutter v. 库-卡二氏瓣
  coronary v., v. of coronary sinus 冠状窦瓣
  eustachian v. 下腔静脉瓣
  fallopian v. 回盲瓣
  flail mitral v. 连枷状心房瓣
  Foltz's v. 福尔茨瓣,泪小管壁
  v. of foramen ovale ① 卵圆孔瓣;② 胎儿心脏原始中隔
  Gerlach's 格拉克氏瓣
  Guérin's v. 格林氏瓣,舟状窝壁
  Hancock v. 汉考克瓣
  Hasner's v. 海斯内尔氏瓣,鼻泪管壁
  heart v's 心瓣膜
  Heister's v. 海斯特氏瓣,螺旋瓣
  Hoboken's v's 霍博肯瓣,脐动脉壁
  Houston's v's 体斯敦氏瓣

Huschke's v. 胡施克氏瓣,鼻泪管壁
hymenal v. of male urethra 舟状窝壁
ileocecal v. , ileocolic v. 回盲瓣
v. of inferior vena cava 下腔静脉瓣
Ionescu-Shiley v. 约-雪二氏瓣
Kerckring's v's 克尔克林氏瓣,环状皱襞
Kohlrausch's v's 科尔劳施氏瓣,直肠横壁
Krause's v. 克劳斯氏瓣,泪囊壁
Lillehei-Kaster v. 利-卡聚二氏瓣
lymphatic v. 淋巴管瓣
Medtronic-Hall v. 梅-霍二氏瓣
v. of Macalister 麦卡利斯特瓣
Mercier's v. 梅西耶氏瓣,输尿管壁
mitral v. 二尖瓣
Morgagni's v's 莫尔加尼瓣,肛瓣
nasal v. external 鼻缘
nasal v. internal 鼻阈
v. of navicular fossa 舟状窝壁
O'Beirne's v. 直肠结肠壁
Omnicarbon v. 全碳瓣
Omniscience v. 全科瓣
porcine v. 猪瓣
pulmonary v. , v. of pulmonary trunk 肺动脉瓣
pyloric v. 幽门瓣
Rosenmüller's v. 罗森米勒瓣,鼻泪管襞
St. Jude Medical v. 圣·瑞德医学瓣
semilunar v. 半月瓣
semilunar v's of colon 结肠半月瓣
semilunar v's of Morgagni 莫尔加尼半月瓣,肛窦
sigmoid v's of colon 结肠半月瓣
Smeloff-Cutter v. 斯-卡二氏瓣
spiral v. of cystic duct, spiral v. of Heister 海斯特瓣,螺旋状瓣
Starr-Edward's v. 斯-爱二氏瓣
v. of Sylvius 下腔静脉瓣
Taillefer's v. 塔耶费氏瓣
Tarinus'v 塔里诺夫瓣,后髓帆
thebesian v. 冠状窦瓣
tilting-disk v. 倾斜盘形瓣
tricuspid v. 三尖瓣
v. of Tulpius 图尔派斯瓣,回盲瓣
ureteral v. 输尿管壁
v. of Varolius 瓦罗利斯瓣,回盲瓣
v. of veins 静脉瓣
v. of vermiform appendix 阑尾瓣

v. of Vieussens, Willis' v. 维厄桑斯瓣,维利斯瓣,前髓帆
valved ['vælvd] 有瓣的,瓣口的
valveless ['vælvlis] 无瓣的
valviform ['vælvifɔm] (L. *valva* valve + *forma* shape) 瓣状的
valvotome ['vælvətəum] 瓣膜刀
valvotomy [væl'vɔtəmi] (L. *valva* valve + *-tomy*) 瓣膜切开术
  mitral v. 二尖瓣切开术
  pulmonary v. 肺动脉瓣切开术
  transventricular closed v. 经室封闭式瓣膜切开术
valvula ['vælvjulə] (pl. *valvulae*) (L., dim of *valva*) 瓣,瓣膜
valvulae anales (NA) 肛瓣,直肠瓣
valvulae conniventes (L. "closing valves") 环状壁
v. foramnis ovalis (NA) 卵圆孔瓣
v. fossae navicularis (NA) 舟状窝壁
v. ileocolica 回盲瓣
v. lymphaticum (NA) 淋巴管瓣
v. processus vermiformis 阑尾瓣
v. pylori 幽门瓣
v. semilunaris 半月瓣
v. semilunaris anterior trunci pulmonalis (NA) 肺动脉前半月瓣
v. semilunaris dextra aortae (NA) 主动脉右半月瓣
v. semilunaris dextra trunci pulmonalis (NA) 肺动脉右半月瓣
v. semilunaris posterior aortae (NA) 主动脉后半月瓣
v. semilunaris sinistra aortae (NA) 主动脉左半月瓣
v. semilunaris sinistra trunci pulmonalis (NA) 肺动脉左半月瓣
v. sinus coronarii (NA) 冠状窦瓣
v. spiralis (Heisteri) 螺旋瓣,海斯特瓣
v. venae cavae inferioris (NA) 下腔静脉瓣
v. venosa (NA) 静脉瓣
v. vestibuli 前庭瓣
valvulae ['vælvjuli:] (L.) 瓣,瓣膜。*valvula* 的所有格和复数形式
valvular ['vælvjulə] 瓣的
valvule ['vælvju:l] (L. *valvula*) 小瓣,小瓣膜

valvulitis [ˌvælvjuˈlaitis] 瓣膜炎
　rheumatic v. 风湿性心瓣膜炎
valvuloplasty [ˈvælvjuləˌplæsti] 瓣膜成形术
　balloon v. 气囊瓣膜成形术
valvulotome [ˈvælvjuləˌtəum] 瓣膜刀
valvulotomy [ˌvælvjuˈlɔtəmi] 瓣膜切开术
valyl [ˈvælil] 异戊酰胺，缬氨酰
VAMP 癌的一种联合化疗方案
vampire [ˈvæmpaiə] 吸血蝙蝠
vanadate [ˈvænədeit] 钒酸盐
vanadic acid [vəˈnædik] 钒酸
vanadium [vəˈneidiəm] (*Vanadis*, a Norse deity) 钒
vanadiumism [vəˈneidiəmizəm] 钒中毒
Van Allen type familial amyloid polyneuropathy [væn ˈælən] (Maurice Wright *Van Allen*, American physician, born 1918) 范·阿朗型家族性淀粉样多神经病
van Bogaert's encephalitis [væn ˈbɔgeəts] (Ludo *van Bogaert*, Belgian neuropathologist, born 1897) 范·博盖尔特氏脑炎
van Bogaert-Nyssen syndrom [vɑːn ˈbəugeiət ˈnisən] (L. *van Bogaert*; René *Nyssen*, Belgian neurologist, 20th century) 博-尼二氏综合征
van Bogaert-Nyssen-Peiffer syndrome [vɑːn ˈbəugeiət ˈnisən ˈpifə] (L. *van Bogaert*; R. *Nyssen*, Jürgen *Peiffer*, German physician, born 1922) 博-尼-费三氏综合征
van Buchem's syndrome [vɑːn ˈbuːkimz] (Francis steven Peter *van Buchem*, Dutch physician, born 1897) 范·布赫姆综合征
van Buren's disease [vɑːn ˈburənz] (William Holme *van Buren*, American surgeon, 1819-1883) 布伦氏病
Vancenase [ˈvænsəˌneiz] 维色纳丝：二丙酸氯地米松酯制剂的商品名
Vanceril [ˈvænsəˌril] 万斯瑞尔：二丙酸氯地米松制剂的商品名
Vancocin [ˈvænkɔsin] 维克森：盐酸万古霉素制剂的商品名
vancomycin hydrochloride [ˈvænkəˌmaisin] (USP) 盐酸万古霉素

Van de Graaff machine [væn də ɡrɑːf] (Robert Jemison *Van de Graaff*, American physicist, 1901-1967) 范·格拉夫机
van den Bergh's disease [vɑːn dən ˈbəɡz] (A. A Hymans *van den Bergh*, Dutch physician 1869-1943) 范登贝赫病
van der Hoeve's syndrome [vɑːn dei ˈhuːvəz] (Jan *van der Hoeve*, Dutch ophthalmologist, 1878-1952) 范德赫韦氏综合征
van der Kolk's law [vɑːn dei kɔlks] (Jacob Ludwig Conrad Schroeder *van der Kolk*, Dutch physiologist, 1797-1862) 范德科尔克氏法
van der Velden's test [vɑːn dei ˈveldənz] (Reinhardt *van der Velden*, German physician, 1851-1903) 范德费尔登试验
van der Waals forces [vɑːn də ˈvælz] (Johannes Diderik *van der Waals*, Dutch physicist, 1837-1923) 范德瓦尔力
Van der Woude's syndrome [væn deə ˈwɔdəz] (Anne *Van der Woude*, American physician, 20th century) 范德旺德氏综合征
Vane [vein] 韦恩：John Robert, 英国药理学家
van Gehuchten's method [vɑːn ɡæˈhuːktenz] (Arthur *van Gehuchten*, Belgian anatomist, 1861-1914) 范盖胡克登氏方法
van Gieson's stain [væn ˈɡesənz] (Ira *van Gieson*, American neuropathologist, 1865-1913) 范杰森色素
van Hook's operation [væn ˈhuːks] (Weller *van Hook*, American surgeon, 1862-1933) 范胡克手术，输尿管输尿管吻合术
van Hoorne's canal [vɑːn ˈhɔːrnz] (Jan *van Hoorne*, Dutch anatomist, 1621-1670) 范霍恩管，胸导管
Vanilla [vəˈnilə] (L.) 香草属
vanilla [vəˈnilə] (NA) 香草，香子兰，香草香精
vanillal [vəˈniləl] 乙基香草醛，乙基香子兰醛
vanillic acid [vəˈnilik] 香草酸
　v. a. diethylamide 香草酰二乙胺
vanillin [væˈnilin, ˈvənilin] (NF) 香草醛
　ethyl v. (NF) 乙基香草醛
vanillism [vəˈnilizəm] 香草中毒

vanillylmandelic acid [vəˌnililmænˈdelik] 香草扁桃酸

vanilmandelic acid [ˌvænilmænˈdelik] 香草扁桃酸

Vansil [ˈvænsil] 维色:羟氨喹制剂的商品名

Van Slyke's formula [vænˈslaiks] (Donald Dexter *van Slyke*, American biochemist, 1883-1971) 范斯吕克公式

van't Hoff's law [væntˈhɔfs] (Jacobus Hendricus *van't Hoff*, Dutch chemist, 1825-1911; winner of the Nobel Prize for chemistry in 1901) 范托夫定律

Vanzetti's sign [vɑnˈtsetiz] (Tito *Vanzetti*, Italian surgeon, 1809-1888) 旺泽蒂氏征

vapocauterization [ˌveipəuˌkɔːtəraiˈzeiʃn] 蒸汽烙法,汽烙法

vapor [ˈveipə] (pl. *vapores*, *vapors*) (L.) 蒸汽,气,呼气

vaporization [ˌvæpəriˈzeiʃən] 汽化

vaporize [ˈveipəraiz] (使)汽化

vaporizer [ˌveipəˈraizə] 汽化器,喷雾器

vaporometer [ˌveipəˈrɔmitə] 汽压计,蒸汽压力计

vapors [ˈveipəz] (hypochondriasis 或 hysterical depression 的旧称)疑病(症)或癔病性忧郁

vapotherapy [ˌveipəuˈθerəpi] 蒸汽治疗

Vaquez's disease [væˈkeiz] (Louis Henri *Vaquez*, French physician, 1860-1936) 瓦凯病

var. (variety 的缩写)变种(生物)

variability [ˌvɛəriəˈbiliti] 变异性

variable [ˈvɛəriəbl] (L. *variare* to change) ❶ 可变的; ❷ 变量
  continuous v. 连续变量
  dependent v. 因变量
  discrete v. 离散变量,不连续变量
  independent v. 自变量
  random v. 随机(无规)变量

variance [ˈvɛəriəns] 均方差
  population v. 人口变量

variant [ˈvɛəriənt] ❶ 变异体,变形,变种; ❷ 变异的
  L-phase v. L 相变种
  migraine v. 偏头痛变种
  petit mal v. 小发作(癫痫)变种

variate [ˈvɛərieit] 变量,随机变量

variation [ˌvɛəriˈeiʃən] 变异
  allotypic v. 同种异型变异
  antigenic v. 抗原性变异
  contingent negative v.(CNV) 应急负变化
  continuous v. 连续变异
  discontinuous v. 不连续变异
  idiotypic v. 个体基因型变异
  impressed v. 激发变异
  inborn v. 先天变异
  isotypic v. 同型变异
  meristic v. 部分变异
  microbial v. 微生物变异
  phenotypic v. 表型变异
  quasicontinuous v. 半连续变异
  saltatory v. 突然变异
  smooth-rough (S-R) v. 平滑-粗糙变异

varication [ˌværiˈkeiʃən] ❶ 静脉曲张形成; ❷ 静脉曲张

variceal [ˌværiˈsiəl] 静脉曲张的

varicella [ˌværiˈselə] (L.) 水痘
  v. gangrenosa 坏疽性水痘

varicellation [ˌværiseˈleiʃən] 水痘接种法

Varicellavirus [ˌværiˈseləˌvaiərəs] (*varicella* + *virus*) 水痘病毒

varicelliform [ˌværiˈselifɔːm] 水痘样的

varicelloid [ˌværiˈseloid] (*varicella* + Gr. *eidos* form) 水痘样的

varices [ˈværisiːz] (L.) 脉管曲张。*varix* 的复数

variciform [væˈrisifɔːm] (*varix* + L. *forma* form) ❶ 静脉曲张样; ❷ (静脉)曲张的

varic(o)- (L. *varis* a varicose vein) 静脉曲张

varicoblepharon [ˌværikəuˈblefərɔn] (*varico-* + Gr. *blepharon* eyelid) 睑静脉曲张

varicocele [ˈværikəˌsiːl] (*varico-* + Gr. *kēlē* tumor) 精索静脉曲张
  ovarian v., pelvic v. 卵巢静脉曲张,骨盆静脉曲张
  utero-ovarian v. 子宫卵巢静脉曲张,输卵管静脉曲张

varicocelectomy [ˌværikəusiˈlektəmi] (*varicocele* + Gr. *ektomē* excision) 曲张精索静脉切除术

varicography [ˌværiˈkɔɡrəfi] (*varico-* + *-graphy*) 曲张静脉照相术,曲张静脉造

影术

varicoid ['værikɔid] (*varico-* + Gr. *eidos* form)静脉曲张样的

varicole ['værikəul] 精索静脉曲张

varicomphalus [,væri'kɔmfələs] (*varico-* + Gr. *omphalos* navel) 脐静脉曲张

varicophlebitis [,værikəufli'baitis] 曲张静脉炎

varicose ['værikəus] (L. *varicosus*) 曲张的

varicosis [,væri'kəusis] (L.) 静脉曲张病

varicosity [,væri'kɔsiti] ❶静脉曲张状态；❷静脉曲张

varicotomy [,væri'kɔtəmi] (*varico-* + Gr. *tomē* a cutting) 曲张静脉切除术

varicula [və'rikjulə] (L.) 结膜静脉曲张

Varidase ['værideis] 伐里德酶：链激酶-链道酶制剂的商品名

variety [və'raiəti] 变种

variola [və'raiələ] (L.) 天花
  v. **caprina** 山羊痘疮，山羊天花
  v. **haemorhagica** 出血性天花
  v. **major** 重型天花
  v. **minor** 轻型天花
  v. **ovina** 羊痘
  v. **sine eruptione** 无痘天花

variolar [və'riələ] 天花的，痘的

Variolaria amara [,veəriə'leəriə ə'meirə] 苦地衣

variolate ['veəriəleit] ❶天花样的；❷接种天花病毒

variolation [,veəriə'leiʃən] 人痘接种，天花接种，引痘

variolic [,væri'ɔlik] 天花的，痘的

varioliform [,veəri'ɔlifɔ:m] 天花样的

variolization [,veəriəulai'zeiʃən] 人痘接种，天花接种，引痘

varioloid [veə'riəlɔid] ❶减毒天花；❷天花样的

variolous [və'riələs] 天花的，痘的

varistor [və'ristə] 变阻器

varix ['væriks] (pl. *varices*) (L.) 血管曲张
  anastomotic v. 吻合性静脉曲张
  aneurysmal v., **aneurysmoid v.** 动静脉瘤性静脉曲张
  arterial v. 曲张状动脉瘤，动脉曲张
  cirsoid v. 曲张状动脉瘤，蜿蜒动脉瘤

esophageal v. 食道静脉曲张
lymph v., **v. lymphaticus** 淋巴管曲张，淋巴管扩张

Varnus ['væməs] 瓦尔穆斯：Harold Eliot, 美国微生物学家

varnish ['vɑ:niʃ] ❶涂剂；❷洞护剂
  cavity v. 洞护剂，洞衬剂

varolian [və'rəuliən] ❶科斯坦佐·瓦罗利尔斯的；❷桥的，脑桥的

Varolius' bridge [və'rəuliəs] (Costanzo Varolius (Varoli, Varolio), Italian anatomist, 1543-1575) 瓦罗利尔斯桥

varus ['vɛərəs] (L. "knock-kneed") 内翻的

vas [væs] (pl. *vasa*) (L.) 管，脉管
  v. **aberrans** 迷管
  v. **aberrans of Roth** 鲁斯迷管
  vasa aberrantis hepatis 肝迷管
  v. **afferens glomeruli** 入球小动脉
  vasa afferentia 输入管
  vasa afferentia lymphoglandulae 淋巴结输入管
  vasa afferentia nodi lymphatici (NA) 淋巴结输入管
  v. **anastomoticum** (NA) 吻合管
  vasa auris internae (NA) 内耳血管
  vasa brevia 短管
  v. **capillare** (NA) 毛细管
  v. **collaterale** (NA) 并行管，侧副管
  v. **deferens** 输精管
  v. **efferens glomeruli** 出球小动脉
  vasa efferentia 输出管
  vasa efferentia lymphoglandulae 淋巴结输出管
  vasa efferentia nodi lymphatici (NA) 淋巴结输出管
  v. **epididymidis** 附睾管
  vasa intestini tenuis 小肠血管
  vasa lymphatica (NA) 淋巴管
  v. **lymphaticum profundum** (NA) 深淋巴管
  v. **lymphaticum superficiale** (NA) 浅淋巴管
  v. **lymphocapillare** (NA) 毛细淋巴管
  vasa nervorum 神经滋养管
  vasa nutritia 血管滋养管
  vasa praevia 前置血管
  v. **prominens ductus cochlearis** (NA) 蜗管隆凸血管

vasa propria of Jungbluth 容布卢特固有血管

vasa recta (L. "straight vessels")真(小)管

vasa sanguinea integumenti communis 皮肤血管

vasa sanguinea retinae (NA) 视网膜血管

v. sinusoideum (NA) 窦状小管

v. spirale (NA) 螺旋血管

vasa vasorum (NA) 血管滋养管

vasa vorticosa 涡静脉

vasa ['væsə] (L.)管,脉管。*vas* 的复数

Vasal ['væsəl] 维索:盐酸罂粟碱制剂商品名

vasal ['væsəl] 管的,脉管的

vasalgia [və'sældʒiə] 脉管痛

vasalium [və'seiliəm] 脉管组织

Vascoray ['væskərei] 外克锐:碘酞葡胺和磺酞钠制剂的商品名

vascular ['væskjulə] 血管的,脉管的

vascularity [,væskju'læriti] 多血管(状态),血管供应

vascularization [,væskjulərai'zeiʃən] 血管形成,血管化

vascularize ['væskjuləraiz] 形成血管,血管化

vasculature ['væskjulitʃə] 脉管系统

vasculitic [,væskju'litik] 脉管炎的,血管炎的

vasculitis [,væskju'laitis] (L. *vasculum* vessel + *-itis*)脉管炎,血管炎

allergic v. 变应性脉管炎

Churg-Strauss v. 许-斯二氏脉管炎,变应性肉芽肿脉管炎

hypersensitivity v. 过敏性脉管炎

leukocytoclastic v. 白细胞破裂性脉管炎

livedo v. 青斑脉管炎

necrotizing v. 坏死性脉管炎,多动脉炎

nodular v. 结节性脉管炎

overlap v. 多脉管炎重叠综合征

segmented hyalinizing v. 青斑脉管炎

vasculogenesis [,væskjulou'dʒenəsis] (L. *vasculum* vessel + Gr. *genesis* production) 血管发生

vasculogenic [,væskjulə'dʒenik]血管源性的,形成血管的

vasculolymphatic [,væskjuləulim'fætik]血管淋巴管的

vasculomotor [,væskjuləu'məutə] 血管运动的,血管舒缩的

vasculopathy [,væskju'lɔpəθi] 血管病

vasculotoxic [,væskjuləu'tɔksik] 血管毒性的

vasculum ['væskjuləm] (gen. *vasculi*, pl. *vascula*) (L. dim of *vas*) 小管

v. aberrans 迷管

vasectomized [və'sektəmaizd] 切除输精管的

vasectomy [və'sektəmi] (*vas* + Gr. *ektomē* excision) 输精管切除术

cross-over v. 交叉输精管切除术

Vaseretic [væsi'retik] 维塞罗蒂克

vasifactive [,væsi'fæktiv] (*vas* + L. *facere* to make) 血管形成的

vasiform ['væsifɔːm] (*vas* + L. *forma* form) 脉管状的

vasitis [və'saitis] 输精管炎

vas(o)- (L. *vas* vessel)血管,管

vasoactive [,veizəu'æktiv] 血管作用的,作用于血管的

vasoconstriction [,veizəukən'strikʃən] 血管收缩

vasoconstrictive [,veizəukən'striktiv] 血管收缩的

vasoconstrictor [,veizəukən'striktə] ❶血管收缩的;❷血管收缩药

vasocorona [,veizəukə'rəunə] (*vaso-* + L. *corona* crown) 动脉冠

vasodepression [,veizəudi'preʃən] 血管减压

vasodepressor [,veizəudi'presə] ❶血管减压的;❷血管减压药

Vasodilan [,væzəu'dilæn] 维若的来:苯氧丙酚盐氢氧化物制剂的商品名

vasodilatation [,væzəudilə'teiʃən] 血管舒张

vasodilation [,veizəudi'leiʃən] 血管舒张

reflex v. 反射性血管舒张

vasodilative [,veizəudi'leitiv] 血管舒张的

vasodilator [,veizəudi'leitə] ❶血管舒张的;❷血管舒张药

vasoepididymography [,væzəuepidaidi'mɔgrəfi] 输精管附睾照相术,输精管附睾造影术

vasoepididymostomy [,veizəu,epidaidi'mɔstəmi] 输精管附睾吻合术

vasofactive [ˌveizəuˈfæktiv] 血管形成
vasoformative [ˌveizəuˈfɔːmətiv] 血管形成的
vasoganglion [ˌveizəuˈgæŋgliən] 血管网
vasography [vəˈzɔgrəfi] (*vaso-* + Gr. *graphein* to write) 血管照相术,血管造影术
vasohypertonic [ˌveizəuˌhaipəːˈtɔnik] 血管增压的
vasohypotonic [ˌveizəuˌhaipəuˈtɔnik] 血管减压的
vasoinert [ˌveizəuiˈnəːt] 不影响血管舒缩的,无血管舒缩作用的
vasoinhibitor [ˌveizəuinˈhibitə] 血管抑制药
vasoinhibitory [ˌveizəuinˈhibitəri] 血管抑制的
vasoligation [ˌveizəulaiˈgeiʃən] 输精管结扎术
vasomotion [ˌveizəuˈməuʃən] (*vaso-* + L. *motio* movement) 血管舒缩
vasomotor [ˌveizəuˈməutə] (*vaso-* + L. *motor* mover) ❶ 血管舒缩的;❷ 血管舒缩药
vasomotoricity [ˌveizəuˌməutəˈrisiti] 血管舒缩能力
vasomotorium [ˌvæsəuməˈtɔːriəm] (L.) 血管收缩系统
vasomotory [ˌveizəuˈməutəri] 血管舒缩的
vasoneuropathy [ˌveizəuˌnjuəˈrɔpəθi] 血管神经病
vasoneurosis [ˌveizəuˌnjuəˈrəusis] 血管神经病
vaso-orchidostomy [ˌveizəuˌɔkiˈdɔstəmi] 输精管睾丸吻合术
vasoparesis [ˌveizəupəˈriːsis] (*vaso-* + Gr. *paresis* relaxation) 血管轻瘫
vasopermeability [ˌveizəuˌpəmiəˈbiliti] 血管渗透性
vasopressin [ˌveizəuˈpresin] (后叶)加压素
    arginine v. (AVP) 精氨酸加压素
    lysine v. 赖氨酸加压素
    v. tannate 鞣酸盐加压素
vasopressor [ˌveizəuˈpresə] ❶ 血管加压的;❷ 血管加压药
vasopuncture [ˌveizəuˈpʌŋktʃə] 输精管穿刺术

vasoreflex [ˌveizəuˈriːfleks] 血管反射
vasorelaxation [ˌveizəuriːlækˈseiʃən] 血管舒张
vasoresection [ˌvæzəuriˈsekʃən] 输精管切除术
vasorrhaphy [væˈsɔrəfi] 输精管缝合术
vasosection [ˌveizəuˈsekʃən] (*vaso-* + L. *sectio* a cutting) 输精管切断术
vasosensory [ˌveizəuˈsensəri] 血管感觉的
vasospasm [ˈveizəuˌspæzəm] 血管痉挛
vasospasmolytic [ˌveizəuˌspæzməˈlitik] 解除血管痉挛的
vasospastic [ˌveizəuˈspæstik] 血管痉挛的
vasostimulant [ˌveizəuˈstimjulənt] 促血管舒缩的,刺激血管的
vasostomy [vəˈzɔstəmi] (*vas* deferens + Gr. *stomoun* to provide with an opening, or mouth) 输精管造口术
Vasotec [ˈveisətek] 沃热泰克:双氧克尿塞顺丁烯二酸盐制剂的商品名
vasothrombin [ˌvæsəuˈθrɔmbin] (L. *vas* vessel + *thrombin*) 血管凝血酶
vasotocin [ˌveizəˈtɔsin] 管催产素 8-精催产素
vasotomy [vəˈzɔtəmi] (*vaso-* + *-tomy*) 输精管切开术
vasotonia [ˌveizəuˈtəuniə] (*vaso-* + Gr. *tonos* tone + *-ia*) 血管紧张
vasotonic [ˌveizəuˈtɔnik] 血管紧张的
vasotribe [ˈveizəutraib] 血管压轧钳,血管压轧器
vasotripsy [ˌveizəuˈtripsi] 血管压轧术
vasotrophic [ˌveizəuˈtrɔfik] (*vaso-* + Gr. *trophe* nutrition) 血管营养的
vasotropic [ˌveizəuˈtrɔpik] 促血管的,向血管的
vasovagal [ˌveizəuˈveigəl] 血管迷走神经的
vasovasostomy [ˌveizəuvəˈzɔstəmi] 输精管吻合术
vasovesiculectomy [ˌveizəuviˌsikjuˈlektəmi] 输精管精囊切除术
vasovesiculitis [ˌveizəuviˌsikjuˈlaitis] 输精管精囊炎
vastus [ˈvæstəs] (L.) 股肌
VATER (*v*ertebral defects, *i*mperforate *a*nus, *t*racheoesophageal fistula, 和 *r*adial and *re*nal dysplasia 的词首缩略词) 一种先天性缺

Vater's ampulla [ˈfeitəz] (Abraham *Vater*, German anatomist, 1684-1751) 维特壶腹

Vater-Pacini corpuscles [ˌfeitə pɑːˈtʃini] (Abraham *Vater*; Filippo *Pacini*, Italian anatomist, 1812-1883) 维-帕二氏小体

vault [vɔːlt] 穹窿
  v. of pharynx 咽穹窿

VC (vital capacity 的缩写)肺活量

VCG (vectorcardiogram 的缩写)心电向量图

V-Cillin [viːˈsilin] 青霉素 V 钾

VD (venereal disease 的缩写) 性病

VDEL (Venereal Disease Experimental Laboratory 的缩写) 性病实验研究室

VDH (valvular disease of the heart 的缩写) 心瓣膜病

VDRL (Venereal Disease Research Laboratories 的缩写) 性病研究所

vecordia [viˈkɔːdiə] (L. *vecors* without reason) 癫狂,狂

vection [ˈvekʃən] (L. *vectio* a carrying) 媒介过程

vector [ˈvektə] (L. "one who carries", from *vehere* to carry) ❶ 媒介物; ❷ 载体; ❸ 向量,矢量
  biological v. 生物性媒介物
  cloning v. 无性繁殖载体
  mechanical v. 机械性媒介物
  recombinant v. 重组体载体
  shuttle v. 穿梭载体
  spatial v. 空间向量

vector-borne [ˈvektəˌbɔːn] 媒介传播的

vectorcardiogram (**VCG**) [ˌvektəˈkɑːdiəɡræm] 心电向量图

vectorcardiograph [ˌvektəˈkɑːdiəɡrɑːf] 心电向量描记器

vectorcardiography [ˌvektəˌkɑːdiˈɔɡrəfi] 心电向量描记法
  spatial v. 空间心电向量描记法

vectorial [vekˈtɔːriəl] ❶ 媒介物的; ❷ 向量的,矢量的

Vectrin [ˈvektrin] 维克清:盐酸二甲胺四环素制剂的商品名

vecuronium bromide [ˌvekəˈrəuniəm] 维系溴铵

Vedder's signs [ˈvedəz] (Col. Edward Bright *Vedder*, U.S. Army Surgeon, 1878-1952) 维德氏征

VEE (Venezuelan equine encephalomyelitis 的缩写) 委内瑞拉马脑脊髓炎

Veetids [ˈviːtidz] 维替斯:青霉素 V 钾制剂的商品名

vegan [ˈvedʒən, ˈveɡən] 绝对素食者

veganism [ˈvedʒənizəm] 绝对素食主义

vegetable [ˈvedʒitəbl] (L. *vegetabilis* quickening) ❶ 植物的,源于植物的; ❷ 植物,蔬菜

vegetable protein [ˈvedʒitəbl ˈprəutiːn] 植物蛋白质

vegetal [ˈvedʒitəl] ❶ 植物的; ❷ 蔬菜的

vegetality [ˌvedʒiˈtæliti] 植物性

vegetarian [ˌvedʒəˈtɛəriən] 素食者

vegetarianism [ˌvedʒəˈtɛəriənizəm] 素食主义

vegetation [ˌvedʒiˈteiʃən] (L. *vegetatio*) ❶ 赘生物,赘疣; ❷ 增殖体
  adenoid v. 腺样增殖体
  bacterial v's 细菌性赘生物
  dendritic v. ❶ 树枝状赘疣; ❷ 蛛网膜丛及胸膜或其他浆膜上的绒毛样赘生物
  marantic v's 衰弱性赘生物
  verrucous v's 疣状赘生物

vegetative [ˈvedʒiˌtətiv] ❶ 生长的,营养的; ❷ 本能的,无意识的; ❸ 静止的; ❹ 植物的,植物性的; ❺ 无性生殖的

vegetoanimal [ˌvedʒitəuˈæniməl] 动植物的,动植物共有的

vehicle [ˈviːikəl] (L. *vehiculum*) 赋形剂

veil [veil] ❶ 帆,幕,帕; ❷ 胎膜,羊膜
  Fick's v. 菲克氏盖膜
  Jackson's v. 杰克逊氏(粘连)帆
  Sattler's v. 萨物勒氏幕(角膜雾)

Veillon tube [veiˈjɔː] (Adrien *Veillon*, Paris bacteriologist, 1864-1931) 韦永管

Veillonella [ˌveiəˈnelə] (Adrien *Veillon*) 韦永球菌属

Veillonellaceae [ˌveiənəˈleisiː] 韦永球菌科

vein [vein] (L. *vena*) 静脉
  accompanying v. 并行静脉,伴行静脉
  accompanying v. of hypoglossal nerve 舌下神经并行静脉
  adrenal v's 肾上腺静脉
  afferent v's 输入静脉
  allantoic v's 尿囊静脉,脐静脉

anastomotic v., inferior 下吻合静脉
anastomotic v., superior 上吻合静脉
angular v. 内眦静脉
antebrachial v., median 前臂正中静脉
anterior v's of heart 心前静脉
anterior v's of right ventricle 右室前静脉
appendicular v. 阑尾静脉
v. of aqueduct of cochlea 蜗水管静脉
v. of aqueduct of vestibule 前庭水管静脉
aqueous v's 房水静脉
arciform v's, arcuate v's of kidney（肾）弓状静脉
arterial v. 肺静脉
arterial v. of Soemmering 门静脉
articular v's 关节静脉
ascending v's of Rosenthal 大脑下静脉
atrial v's of heart, left 左心房静脉
atrial v's of heart, right 右心房静脉
atrial v., lateral 心房外侧静脉
atrial v., medial 心房内侧静脉
atrioventricular v's of heart 心房室静脉
auditory v's, internal 迷路静脉
auricular v's anterior 耳前静脉
auricular v., posterior 耳后静脉
axillary v. 腋静脉
azygos v. 奇静脉
azygos v., left 半奇静脉
azygos v., lesser superior 副半奇静脉
basal v. 基底静脉
basilic v. 贵要正中静脉
basilic v., median 贵要正中静脉
basivertebral v's 椎体静脉
brachial v's 肱静脉
brachiocephalic v's 头臂静脉
Breschet's v's 板障静脉
bronchial v's 支气管静脉
Browning's v. 布朗宁氏静脉
v. of bulb of penis 尿道球静脉
v. of bulb of vestibule 前庭球静脉
Burow's v. 布罗夫氏静脉
v. of canaliculus of cochlea 蜗小管静脉
cardiac v's 心静脉
cardiac v's, anterior 心前静脉
cardiac v., great 心大静脉
cardiac v., middle 心中静脉
cardiac v., small 心小静脉
cardiac v's, smallest 心最小静脉
cardinal v's 主静脉
cardinal v's, anterior 前主静脉
cardinal v's, common 总主静脉
cardinal v's, posterior 后主静脉
carotid v., external 下颌后静脉
v's of caudate nucleus 尾状核静脉
cavernous v's of penis 阴茎海绵体静脉
central v. 中央静脉
central v's of hepatic lobules, central v's of liver 肝小叶中央静脉,肝中央静脉
central v. of retina 视网膜中央静脉
central v. of suprarenal gland 肾上腺中央静脉
cephalic v. 头静脉
cephalic v., accessory 副头静脉
cephalic v., median 头正中静脉
cerebellar v's 小脑静脉
cerebellar v's, inferior 小脑下静脉
cerebellar v's, superior 小脑上静脉
cerebral v's 大脑静脉
cerebral v's, anterior 大脑前静脉
cerebral v's, deep 大脑深静脉
cerebral v., great 大脑大静脉
cerebral v's, inferior 大脑下静脉
cerebral v's, internal 大脑内静脉
cerebral v., middle, deep 大脑中深静脉
cerebral v., middle, superficial 大脑中浅静脉
cerebral v's, superficial 大脑浅静脉
cerebral v's, superior 大脑上静脉
cervical v., deep 颈深静脉
cervical v's transverse 颈横静脉
choroid v., inferior 脉络膜下静脉
choroid v., superior 脉络膜上静脉
ciliary v's 睫状静脉
ciliary v's, anterior 睫状前静脉
ciliary v's, posterior 睫状后静脉
circumflex femoral v's, lateral 旋股外侧静脉
circumflex femoral v's, medial 旋股内侧静脉
circumflex iliac v., deep 旋髂深静脉
circumflex iliac v., superficial 旋髂浅静脉
v. of cochlear canaliculus 蜗小管静脉
colic v., left 左结肠静脉
colic v., middle 中结肠静脉
colic v., right 右结肠静脉

common cardinal v's 总主静脉
communicating v's 穿静脉
conjunctival v's 结膜静脉
coronary v., left 心大静脉,左冠状静脉
coronary v., right 右冠状静脉
v. of corpus callosum, dorsal 胼胝体背静脉
v. of corpus callosum, posterior 胼胝体背后静脉
costoaxillary v's 肋腋静脉
cubital v., median 肘正中静脉
cutaneous v. 皮静脉
cutaneous v., ulnar 尺皮静脉,贵要静脉
cystic v. 胆囊静脉
deep v. 深静脉
deep v's of clitoris 阴蒂深静脉
deep v's of lower limb 下肢深静脉
deep v's of penis 阴茎深静脉
deep v. of thigh 股深静脉
deep v. of tongue 舌深静脉
deep v's of upper limb 上肢深静脉
digital v's, palmar 指掌侧静脉
digital v's, plantar 趾跖侧静脉
digital v's of foot, common 趾总静脉
digital v's of foot, dorsal 趾背静脉
diploic v's 板障静脉
diploic v., frontal 额板障静脉
diploic v., occipital 枕板障静脉
diploic v., temporal, anterior 颞前板障静脉
diploic v., temporal, posterior 颞后板障静脉
dorsal v. of clitoris, deep 阴蒂背深静脉
dorsal v's of clitoris, superficial 阴蒂背浅静脉
dorsal v. of penis, deep 阴茎背深静脉
dorsal v's of penis, superficial 阴茎背浅静脉
dorsal v's of tongue 舌背静脉
dorsispinal v's 脊背静脉
emissary v. 导静脉
emissary v., condylar 髁导静脉
emissary v., mastoid 乳突导静脉
emissary v., occipital 枕骨导静脉
emissary v., parietal 顶骨导静脉
emulgent v. 泄出静脉
v's of encephalic trunk 脑干静脉
epigastric v., inferior 腹壁下静脉

epigastric v., superficial 腹壁浅静脉
epigastric v's, superior 腹壁上静脉
epiploic v., left 胃网膜左静脉
epiploic v., right 胃网膜右静脉
episcleral v's 巩膜外静脉
esophageal v's 食道静脉
ethmoidal v's 筛静脉
facial v. 面静脉
facial v., anterior, facial v., common 面前静脉,面总静脉
facial v., deep 面深静脉
facial v., posterior 下颌后静脉
facial v., transverse 面横静脉
femoral v. 股静脉
femoral v., deep 股深静脉
femoropopliteal v. 股腘静脉
fibular v's 腓静脉
frontal v's ①额静脉;②滑车上静脉
Galen's v's ①大脑内静脉;②大脑大静脉
gastric v., left 胃左静脉
gastric v., right 胃右静脉
gastric v's, short 胃短静脉
gastroepiploic v., left 胃网膜左静脉
gastroepiploic v., rigth 胃网膜右静脉
gastro-omental v., left 胃网膜左静脉
gastro-omental v., right 胃网膜右静脉
genicular v's 膝静脉
gluteal v's, inferior 臀下静脉
gluteal v's, superior 臀上静脉
hemiazygos v. 半奇静脉
hemiazygos v., accessory 副半奇静脉
hemorrhoidal v's, inferior 直肠下静脉
hemorrhoidal v's, middle 直肠中静脉
hemorrhoidal v., superior 直肠上静脉
hepatic v's 肝静脉
hepatic v's, intermediate 肝中间静脉
hepatic v's, middle 肝中间静脉
hypogastric v. 髂内静脉
hypophyseoportal v's 垂体门静脉
ileal v's 回肠静脉
ileocolic v. 回结肠静脉
iliac v., common 髂总静脉
iliac v., external 髂外静脉
iliac v., internal 髂内静脉
iliolumbar v. 髂腰静脉
inferior v's of cerebellum 小脑下静脉
infralobar v. 叶下静脉

infrasegmental v. 段下静脉
innominate v's 无名静脉,头臂静脉
insular v's 岛静脉
intercapitular v's of foot 足小头间静脉
intercapitular v's of hand 手小头间静脉
intercostal v's, anterior 肋间前静脉
intercostal v., highest 最上肋间静脉
intercostal v's, posterior 肋间后静脉
intercostal v., superior, left 左肋间上静脉
intercostal v., superior, right 右肋间上静脉
interlobar v's of kidney 肾叶间静脉
interlobular v's of kidney 肾小叶间静脉
interlobular v's of liver 肝小叶间静脉
intermediate colic v. 结肠中静脉
interosseous v's, anterior 骨间前静脉
interosseous v's, posterior 骨间后静脉
interosseous v's of foot, dorsal 跖背静脉
interosseous metacarpal v's, dorsal 掌背静脉
intersegmental v. ①段间静脉;②叶间静脉
interventricular v., anterior 前室间静脉
interventricular v., posterior 后室间静脉
intervertebral v. 椎间静脉
jejunal v's 空肠静脉
jugular v., anterior 颈前静脉
jugular v., anterior horizontal 颈前水平静脉,颈静脉弓
jugular v., external 颈外静脉
jugular v., internal 颈内静脉
v's of kidney 肾静脉
Kohlrausch v's 科尔劳斯静脉
Krukenberg's v's 克鲁肯贝格氏静脉,肝中央静脉
Kuhnt's postcentral v. 库恩特氏中央后静脉
Labbé's v. 拉贝氏静脉
labial v's, anterior 阴唇前静脉
labial v's, inferior 阴唇下静脉
labial v's, posterior 阴唇后静脉
labial v., superior 阴唇上静脉
v's of labyrinth, labyrinthine v's 迷路静脉
lacrimal v. 泪腺静脉
laryngeal v., inferior 喉下静脉
laryngeal v., superior 喉上静脉

lateral direct v's 外直静脉
v. of lateral recess of fourth ventricle 第四脑室外侧隐窝静脉
v. of lateral ventricle, lateral 侧脑室外侧静脉
v. of lateral ventricle, medial 侧脑室内侧静脉
lingual v. 舌静脉
lingual v., deep 舌深静脉
lingual v's, dorsal 舌背静脉
v's of lower limb 下肢静脉
lumbar v's 腰静脉
lumbar v., ascending 腰升静脉
mammary v's, external 乳外静脉,肋腋静脉
mammary v., internal 乳内静脉
marginal v., left 左缘静脉
marginal v., right 右缘静脉
v. of Marshall, Marshall's oblique v. 左房斜静脉
masseteric v's 咬肌静脉
maxillary v's 上颌静脉
median v. of elbow 肘正中静脉
median v. of forearm 前臂正中静脉
median v. of neck 颈正中静脉
mediastinal v's 纵隔静脉
v's of medulla oblongata 延髓静脉
meningeal v's 脑膜静脉
meningeal v's, middle 脑膜中静脉
mesencephalic v's 脑干静脉
mesenteric v., inferior 肠系膜下静脉
mesenteric v., superior 肠系膜上静脉
metacarpal v's, dorsal 掌背静脉
metacarpal v's, palmar 掌心静脉
metatarsal v's, dorsal 跖背静脉
metatarsal v's, plantar 跖底静脉
muscular v's 肌静脉
nasal v's, external 鼻外静脉
nasofrontal v. 鼻额静脉
oblique v. of left atrium 左房斜静脉
obturator v's 闭孔静脉
obturator v., accessory 副闭孔静脉
occipital v. 枕静脉
occipital v's 枕静脉
oesophageal v's 食管静脉
v. of olfactory gyrus 嗅回静脉
omphalomesenteric v's 脐肠系膜静脉,卵黄静脉

ophthalmic v., inferior 眼下静脉
ophthalmic v., superior 眼上静脉
ophthalmomeningeal v. 眼脑膜静脉
v's of orbit 眶静脉
ovarian v., left 左卵巢静脉
ovarian v., right 右卵巢静脉
palatine v., palatine v., external 腭(外)静脉
palpebral v's 睑静脉
palpebral v's, inferior 下睑静脉
palpebral v's, superior 上睑静脉
pancreatic v's 胰静脉
pancreaticoduodenal v's 胰十二指肠静脉
paraumbilical v's 附脐静脉
parietal v's 顶叶静脉
parietal v. of Santorini 顶静脉,顶导静脉
parotid v's 腮腺静脉
parotid v's, anterior 腮腺前静脉
parotid v's, posterior 腮腺后静脉
parumbilical v's 附脐静脉
peduncular v's 大脑脚静脉
perforating v's 穿脉静
pericardiac v's 心包静脉
pericardiacophrenic v's 心包膈静脉
peroneal v's 腓静脉
petrosal v. 岩静脉
pharyngeal v's 咽静脉
phrenic v's, inferior 膈下静脉
phrenic v's, superior 心包膈静脉
v's of pons 脑桥静脉
pontomesencephalic v., anterior 脑桥中脑前静脉
popliteal v. 腘静脉
portal v., portal v. of liver 门静脉,肝门静脉
postcardinal v's 后主静脉
posterior v. of left ventricle 左室后静脉
precardinal v's 前主静脉
precentral v. of cerebellum 小脑中央前静脉
prefrontal v's 额叶前静脉
prepyloric v. 幽门前静脉
primary head v's 原头静脉
v. of pterygoid canal 翼管静脉
pudendal v's, external 阴部外静脉
pudendal v., internal 阴部内静脉
pulmonary v's 肺静脉

pulmonary v., left inferior 左肺下静脉
pulmonary v., right inferior 右肺下静脉
pulmonary v., left superior 左肺上静脉
pulmonary v., right superior 右肺上静脉
pulp v's 脾髓静脉
radial v's 桡静脉
radial v., external, of Soemmering 副头静脉
ranine v. 舌下静脉
rectal v's, inferior 直肠下静脉
rectal v's, middle 直肠中静脉
rectal v., superior 直肠上静脉
renal v's 肾静脉
retromandibular v. 下颌后静脉
Retzius's v's 雷济厄斯氏静脉
Rosenthal's v. 罗森塔尔氏静脉,基底静脉
Ruysch's v's 涡静脉
sacral v's, lateral 骶外侧静脉
sacral v., middle 骶中静脉
salvatella v. 小指背静脉
saphenous v., accessory 副隐静脉
saphenous v., great 大隐静脉
saphenous v., small 小隐静脉
v's of Sappey 萨佩氏静脉,附脐静脉
scleral v's 巩膜静脉
scrotal v's, anterior 阴囊前静脉
scrotal v's, posterior 阴囊后静脉
v. of septum pellucidum, anterior 透明隔前静脉
v. of septum pellucidum, posterior 透明隔后静脉
sigmoid v's 乙状结肠静脉
small v. of heart 心小静脉
spermatic v. 精索静脉
spinal v's, anterior 脊髓前静脉
spinal v's, posterior 脊髓后静脉
spiral v. of modiolus 蜗轴螺旋静脉
splenic v. 脾静脉
stellate v's of kidney 肾星状小静脉
Stensen's v's 斯坦森氏静脉,涡静脉
sternocleidomastoid v. 胸锁乳突肌静脉
striate v's 丘纹下静脉
stylomastoid v. 茎乳静脉
subcardinal v's 下主静脉
subclavian v. 锁骨下静脉
subcostal v. 肋下静脉

subcutaneous v's of abdomen 腹皮下静脉
sublingual v. 舌下静脉
sublobular v's 小叶下静脉
submental v. 颏下静脉
superficial v. 浅静脉
superficial v's of lower limb 下肢浅静脉
superficial v's of upper limb 上肢浅静脉
superior v's of cerebellum 小脑上静脉
supracardinal v's 上主静脉
supraorbital v. 眶上静脉
suprarenal v., left 左肾上腺静脉
suprarenal v., right 右肾上腺静脉
suprascapular v. 肩胛上静脉
supratrochlear v's 滑车上静脉
sural v's 腓肠静脉
sylvian v., v. of sylvian fossa 大脑中浅静脉
temporal v's, deep 颞深静脉
temporal v., middle 颞中静脉
temporal v's, superficial 颞浅静脉
temporomandibular articular v's 颞下颌关节静脉
terminal v. 丘纹上静脉,终静脉
testicular v., left 左睾丸静脉
testicular v., right 右睾丸静脉
thalamostriate v's, inferior 丘纹下静脉
thalamostriate v., superior 丘纹上静脉
thebesian v's, v's of Thebesius 特贝西乌斯氏静脉,心最小静脉
thoracic v's, internal 胸廓内静脉
thoracic v., lateral 胸外侧静脉
thoracoacromial v. 胸肩峰静脉
thoracoepigastric v's 胸腹壁静脉
thymic v's 胸腺静脉
thyroid v's, inferior 甲状腺下静脉
thyroid v's, middle 甲状腺中静脉
thyroid v., superior 甲状腺上静脉
tibial v's, anterior 胫前静脉
tibial v's, posterior 胫后静脉
trabecular v's 脾小梁静脉
tracheal v's 气管静脉
transverse v. of face 面横静脉
transverse v's of neck 颈横静脉
Trolard's v. 托兰氏静脉,上吻合静脉
tympanic v's 鼓室静脉
ulnar v's 尺静脉
umbilical v. 脐静脉
umbilical v., left 左脐静脉

v. of uncus 钩静脉
v's of upper limb 上肢静脉
uterine v's 子宫静脉
varicose v. 曲张静脉
ventricular v's of heart 心室静脉
ventricular v., inferior 心室下静脉
v. of vermis, inferior 下蚓部静脉
v. of vermis, superior 上蚓部静脉
vertebral v. 椎静脉
vertebral v., accessory 副椎静脉
vertebral v., anterior 椎前静脉
vertebral v's, superficial, v's of vertebral column, external 椎浅静脉,脊柱外静脉
v's of vertebral column 脊柱静脉
vesalian v. 韦萨留斯氏静脉
vesical v's 膀胱静脉
vestibular v's 前庭静脉
vidian v's 翼管静脉
v's of Vieussens 心前静脉
vitelline v's 卵黄静脉
vorticose v's 涡静脉
vela ['vi:lə] (L.) 帆。velum 的复数
Velacycline [ˌvelə'saikli:n] 土霉素:吡甲四环素制剂的商品名
velamen [vi'leimən] (pl. velamina) (L. "a covering") 膜,帆,脑(脊)膜(体被)
velamenta [ˌvelə'mentə] (L.) 帆,膜。velamen 的复数
velamentous [ˌvelə'mentəs] (L. velamen veil) ❶ 膜状的; ❷ 帆状的
velamentum [ˌvelə'mentəm] (pl. velamenta) (L.) 帆,膜
velamenta cerebri 脑膜
velar ['vi:lə] 膜的
Velban ['velbən] 威本:硫酸长春碱制剂的商品名
veliform ['velifɔ:m] ❶ 帆状的; ❷ 膜状的
Vella's fistula ['vi:ləz] (Luigi Vella, Italian physiologist, 1825-1886) 维拉瘘
vellicate ['velikeit] 搐动,抽动(动词)
vellication [ˌveli'keiʃən] 抽搐,抽动
vellosine [ve'ləusin] 中美毒葛藤碱
vellus ['veləs] (L. "fleece") ❶ 毫毛; ❷ 细毛结构
v. olivae 橄榄体围带
velocimetry [ˌvelə'simətri] 速度测量法

laser-Doppler v. 激光-多普勒测速法

velocity [vi'lɔsiti] (L. *velox* swift) 速度, 速率

nerve conduction v. 神经传导速度

velonoskiascopy [ˌviːlənəskai'æskəpi] 针动检影器

velopharyngeal [ˌviːləufə'rindʒiəl] 腭咽的,腭帆与咽的

Velosef ['veləsef] 头孢雷定:头孢菌素制剂的商品名

Velosulin [və'lɔsjulin] 万乐胰岛素:常规胰岛素制剂的商品名

Velpeau's bandage [vel'pəuz] (Alfred Armand Louis Marie *Velpeau*, French surgeon, 1795-1867) 维尔波绷带

velum ['viːləm] (pl. *vela*) (L.) 覆盖(物),套,罩

   artificial v. 人造腭帆

   Baker's v. 贝克氏帆

   v. interpositum cerebri 大脑中帆,第三脑室脉络组织

   v. medullare anterius 前髓帆

   v. medullare caudale 尾髓帆

   v. medullare craniale 颅髓帆

   v. medullare inferius (NA), v. medullare posterius 后髓帆

   v. medullare rostralis, v. medullare superius (NA) 前髓帆

   medullary vela 髓帆

   v. palati 腭帆

   v. palatinum 腭帆

   v. of Tarinus 后髓帆

   v. transversum 横帆

vena ['viːnə] (pl. *venae*) (L.)(NA) 静脉

venacavogram [ˌviːnə'keivɔgræm] 腔静脉照片

venacavography [ˌviːnəkei'vɔgrəfi] 腔静脉照相术

venae ['viːniː] (L.) 静脉。vena 的所有格和复数

   venae articulares (NA) 关节静脉

   venae articulares temporomandibulae 颞下颌关节静脉

   venae atriales dextrae (NA) 右房静脉

   venae atriales sinistrae (NA) 左房静脉

   v. atrii lateralis 心房外侧静脉

   v. atrii medialis 心房内侧静脉

   venae atrioventriculares cordis (NA) 心房室静脉

   venae auditivae internae 迷路静脉

   venae auriculares anteriores (NA) 耳前静脉

   v. auricularis posterior (NA) 耳后静脉

   v. axillaris (NA) 腋静脉

   v. azygos (NA) 奇静脉

   v. basalis (NA) 基底静脉

   v. basalis (Rosenthali) 基底静脉

   v. basilica (NA) 贵要静脉

   venae basivertebrales (NA) 椎体静脉

   venae brachiales (NA) 肱静脉

   venae brachiocephalicae (dextra / sinistra) (NA) (右/左) 头臂静脉, 无名静脉

   venae bronchiales (NA) 支气管静脉

   venae bronchiales anteriores, venae bronchiales posteriores 支气管前静脉, 支气管后静脉

   v. bulbi penis (NA) 尿道球静脉

   v. bulbi vestibuli (NA) 前庭球静脉

   v. canaliculi cochleae 蜗小管静脉

   v. canalis pterygoidei (NA) 翼管静脉

   v. canalis pterygoidei (Vidii) 翼管静脉

   venae cardiacae anteriores 心前静脉

   v. cardiaca magna 心大静脉

   v. cardiaca media 心中静脉

   venae cardiacae minimae 心最小静脉

   v. cardiaca parva 心小静脉

   venae cavae 腔静脉

   v. cava inferior (NA) 下腔静脉

   v. cava superior (NA) 上腔静脉

   venae cavernosae penis (NA) 阴茎海绵体静脉

   v. centralis glandulae suprarenalis (NA) 肾上腺中央静脉

   venae centrales hepatis (NA) 肝中央静脉

   v. centralis retinae (NA) 视网膜中央静脉

   v. cephalica (NA) 头静脉

   v. cephalica accessoria (NA) 副头静脉

   venae cerebelli (NA) 小脑静脉

   venae cerebri (NA) 大脑静脉

   venae cerebri anteriores 大脑前静脉

   venae cerebri inferiores 大脑下静脉

   venae cerebri internae 大脑内静脉

   v. cerebri magna 大脑大静脉

v. cerebri media profunda 大脑中深静脉
v. cerebri media superficialis 大脑中浅静脉
venae cerebri profundae 大脑深静脉
venae cerebri superficiales 大脑浅静脉
venae cerebri superiores 大脑上静脉
v. cervicalis profunda (NA) 颈深静脉
v. choroidea inferior (NA) 脉络膜下静脉
venae choroideae oculi 眼脉络膜静脉
v. choroidea superior (NA) 脉络膜上静脉
venae ciliares (NA) 睫状静脉
venae circumflexae femoris laterales 旋股外侧静脉
venae circumflexe femoris mediales 旋股内侧静脉
v. circumflexa iliaca profunda (NA) 旋髂深静脉
v. circumflexa iliaca superficialis (NA) 旋髂浅静脉
v. circumflexa ilium profunda 旋髂深静脉
v. circumflexa ilium superficialis 旋髂浅静脉
venae circumflexae laterales femoris (NA) 旋股外侧静脉
venae circumflexae mediales femoris (NA) 旋股内侧静脉
v. circumflexa superficialis ilium 旋髂浅静脉
v. colica dextra (NA) 右结肠静脉
v. colica intermedia 中结肠静脉
v. colica media (NA) 中结肠静脉
v. colica sinistra (NA) 左结肠静脉
venae columnae vertebralis (NA) 脊椎静脉
v. comitans (NA) 并行静脉，伴行静脉
venae comitantes arteriae femoralis 股动脉并行静脉
v. comitans nervi hypoglossi (NA) 舌下神经并行静脉
venae conjunctivales (NA) 结膜静脉
venae cordis (NA) 心静脉
venae cordis anteriores 心前静脉
v. cordis magna 心大静脉
v. cordis media 心中静脉
venae cordis minimae 心最小静脉

v. cordis parva 心小静脉
v. coronaria dextra (NA) 右冠状静脉
v. coronaria sinistra (NA) 左冠状静脉
venae costoaxillares 肋腋静脉
v. cutanea (NA) 皮静脉
v. cystica (NA) 胆囊静脉
venae digitales communes pedis 趾总静脉
venae digitales dorsales pedis (NA) 趾背静脉
venae digitales palmares (NA) 指掌侧静脉
venae digitales pedis dorsales 趾背静脉
venae digitales plantares (NA) 趾底静脉
venae digitales volares communes 指掌侧总静脉
venae digitales volares propriae 指掌侧固有静脉
venae diploicae (NA) 板障静脉
v. diploica frontalis (NA) 额板障静脉
v. diploica occipitalis (NA) 枕板障静脉
v. diploica temporalis anterior (NA) 颞前板障静脉
v. diploica temporalis posterior (NA) 颞后板障静脉
venae directae laterales (NA) 外直静脉
v. dorsalis clitoridis profunda 阴蒂背深静脉
venae dorsales clitoridis superficiales 阴蒂背浅静脉
v. dorsalis corporis callosi (NA) 胼胝体背静脉
venae dorsales linguae (NA) 舌背静脉
v. dorsalis penis profunda 阴茎背深静脉
venae dorsales penis superficiales 阴茎背浅静脉
v. dorsalis profunda clitoridis (NA) 阴蒂背深静脉
v. dorsalis profunda penis (NA) 阴茎背深静脉
venae dorsales superficiales clitoridis (NA) 阴蒂背浅静脉
venae dorsales superficiales penis (NA) 阴茎背浅静脉
v. emissaria (NA) 导静脉
v. emissaria condylaris (NA), v. emissaria condyloidea 髁导静脉
v. emissaria mastoidea (NA) 乳突导静

脉
v. emissaria occipitalis (NA) 枕骨导静脉
v. emissaria parietalis (NA) 顶骨导静脉
v. epigastrica inferior (NA) 腹壁下静脉
v. epigastrica superficialis (NA) 腹壁浅静脉
venae epigastricae superiores (NA) 腹壁上静脉
v. epiploica dextra 胃网膜右静脉
v. epiploica sinistra 胃网膜左静脉
venae episclerales (NA) 巩膜外静脉
venae esophageae 食道静脉
venae esophageales 食道静脉
venae ethmoidales (NA) 筛静脉
v. ethmoidalis anterior, v. ethmoidalis posterior 筛前静脉,筛后静脉
v. facialis (NA) 面静脉
v. facialis anterior, v. facialis communis 面前静脉,面总静脉
v. facialis posterior 面后静脉,下颌后静脉
v. faciei profunda 面深静脉
v. femoralis (NA) 股静脉
v. femoropoplitea 股腘静脉
venae fibulares (NA) 腓静脉
venae frontales ① 额静脉; ② 滑车上静脉
venae gastricae breves (NA) 胃短静脉
v. gastrica dextra (NA) 胃右静脉
v. gastrica sinistra (NA) 胃左静脉
v. gastroepiploica destra 胃网膜右静脉
v. gastroepiploica sinistra 胃网膜左静脉
v. gastro-omentalis dextra (NA) 胃网膜右静脉
v. gastro-omentalis sinistra (NA) 胃网膜左静脉
venae geniculares (NA), venae genus 膝静脉
venae gluteae inferiores (NA) 臀下静脉
venae gluteae superiores (NA) 臀上静脉
v. gyri olfactorii (NA) 嗅回静脉
venae haemorrhoidales inferiores 直肠下静脉
v. haemorrhoidalis media 直肠中静脉
v. haemorrhoidalis superior 直肠上静脉
v. hemiazygos (NA) 半奇静脉
v. hemiazygos accessoria (NA) 副半奇静脉
venae hepaticae (NA) 肝静脉
venae hepaticae dextrae (NA) 肝右静脉
venae hepaticae intermediae (NA) 肝中静脉
venae hepaticae mediae 肝中静脉
venae hepaticae sinistrae (NA) 肝左静脉
v. hypogastrica 髂内静脉
venae ileales (NA) 回肠静脉
v. ileocolica (NA) 回结肠静脉
v. iliaca communis (NA) 髂总静脉
v. iliaca externa (NA) 髂外静脉
v. iliaca interna (NA) 髂内静脉
v. iliolumbalis (NA) 髂腰静脉
inferior v. cava 下腔静脉
venae inferiores cerebri (NA) 大脑下静脉
venae inferiores hemispherii cerebelli (NA) 小脑下静脉
v. inferior vermis (NA) 蚓下静脉
venae insulares (NA) 岛静脉
venae intercapitales 小头间静脉
venae intercapitales manus 手小头间静脉
venae intercapitulares manus (NA) 手小头间静脉
venae intercapitulares pedis 足小间静脉
venae intercostales 肋间静脉
venae intercostales anteriores (NA) 肋间前静脉
venae intercostales posteriores (NA) 肋间后静脉
v. intercostalis superior dextra (NA) 右肋间上静脉
v. intercostalis superior sinistra (NA) 左肋间上静脉
v. intercostalis suprema (NA) 最上肋间静脉
venae interlobares renis (NA) 肾叶间静脉
venae interlobulares hepatis (NA) 肝小叶间静脉
venae interlobulares renis (NA) 肾小叶间静脉
v. intermedia antebrachii (NA) 前臂正中静脉
v. intermedia basilica (NA) 贵要正中静

脉
v. intermedia cephalica (NA) 头正中静脉
v. intermedia cubiti (NA) 肘正中静脉
venae internae cerebri (NA) 大脑内静脉
venae interosseae anteriores (NA) 骨间前静脉
venae interosseae posteriores (NA) 骨间后静脉
v. interventricularis anterior (NA) 前室间静脉
v. interventricularis posterior (NA) 后室间静脉
vena intervertebralis (NA) 椎间静脉
venae jejunales (NA) 空肠静脉
v. jugularis anterior (NA) 颈前静脉
v. jugularis externa (NA) 颈外静脉
v. jugularis interna (NA) 颈内静脉
venae labiales anteriores (NA) 阴唇前静脉
venae labiales inferiores (NA) 下唇静脉
venae labiales posteriores (NA) 阴唇后静脉
v. labialis superior (NA) 上唇静脉
venae labyrinthi, venae labyrinthinae (NA) 迷路静脉
v. lacrimalis (NA) 泪腺静脉
v. laryngea inferior (NA) 喉下静脉
v. laryngea superior (NA) 喉上静脉
v. lateralis atrii (NA) 侧脑室外侧静脉
v. lienalis 脾静脉
v. lingualis (NA) 舌静脉
venae lumbales (NA) 腰静脉
v. lumbalis ascendens (NA) 腰升静脉
v. magna cerebri (NA) 大脑大静脉
v. mammaria interna 胸廓内静脉
v. marginalis dextra (NA) 右缘静脉
venae massetericae 咬肌静脉
venae maxillares (NA) 上颌静脉
v. medialis atrii (NA) 侧脑室内侧静脉
v. mediana antebrachii 前臂正中静脉
v. mediana basilica 贵要正中静脉
v. mediana cephalica 头正中静脉
v. mediana colli 颈正中静脉
v. mediana cubiti 肘正中静脉
v. media profunda cerebri (NA) 大脑中深静脉
v. mediae superficiales cerebri (NA) 大脑中浅静脉
venae mediastinales (NA) 纵隔静脉
venae mediastinales anteriores 纵隔前静脉
venae medullae oblongatae (NA) 延髓静脉
venae membri inferioris (NA) 下肢静脉
venae membri superioris (NA) 上肢静脉
venae meningeae (NA) 脑膜静脉
venae meningeae mediae (NA) 脑膜中静脉
venae mesencephalicae 中脑静脉
v. mesenterica inferior (NA) 肠系膜下静脉
v. mesenterica superior (NA) 肠系膜上静脉
venae metacarpales dorsales (NA) 掌背静脉
venae metacarpales palmares (NA) 掌心静脉
venae metacarpeae dorsales 掌背静脉
venae metacarpeae palmares 掌心静脉
venae metatarsales dorsales (NA) 跖背静脉
venae metatarsales plantares (NA) 足心静脉
venae metatarseae dorsales 跖背静脉
venae metatarseae plantares 足心静脉
venae musculares 肌静脉
venae musculophrenicae (NA) 肌膈静脉
venae nasales externae (NA) 鼻外静脉
v. nasofrontalis (NA) 鼻额静脉
venae nuclei caudati (NA) 尾状核静脉
v. obliqua atrii sinistri (NA) 左房斜静脉
venae obturatoriae (NA) 闭孔静脉
v. obturatoria accessoria 副闭孔静脉
venae occipitales (NA) 枕静脉
v. occipitalis 枕静脉
venae oesophageales (NA) 食道静脉
v. ophthalmica inferior (NA) 眼下静脉
v. ophthalmica superior (NA) 眼上静脉
v. ophthalmomeningea 眼脑膜静脉
venae orbitae (NA) 眶静脉
v. ovarica 卵巢静脉
v. ovarica dextra (NA) 右卵巢静脉
v. ovarica sinistra (NA) 左卵巢静脉
v. palatina 腭静脉

v. palatina externa (NA) 腭外静脉
venae palpebrales (NA) 睑静脉
venae palpebrales inferiores (NA) 下睑静脉
venae palpebrales superiores (NA) 上睑静脉
venae pancreaticae (NA) 胰静脉
venae pancreaticoduodenales (NA) 胰十二指肠静脉
venae para-umbilicales (NA) 附脐静脉
venae parietales (NA) 顶叶静脉
venae parotideae (NA) 腮腺静脉
venae parotideae anteriores 腮前静脉
venae parotideae posteriores 腮后静脉
venae parumbilicales (Sappeyi) 附脐静脉
venae pectorales (NA) 胸肌静脉
venae pedunculares (NA) 大脑脚静脉
venae perforantes (NA) 穿静脉
venae pericardiacae 心包静脉
venae pericardiacophrenicae (NA) 心包膈静脉
venae pericardiales (NA) 心包静脉
venae peroneae 腓骨静脉
v. petrosa (NA) 岩部静脉
venae pharyngeae 咽静脉
venae pharyngeales (NA) 咽静脉
venae phrenicae inferiores (NA) 膈下静脉
venae phrenicae superiores 心包膈静脉
venae pontis (NA) 脑桥静脉
v. pontomesencephalica anterior (NA) 脑桥中脑前静脉
v. poplitea (NA) 腘静脉
v. portae hepatis (NA), **v. portalis hepatis** 门静脉
venae portales hypophysiales (NA) 垂体门静脉
v. posterior corporis callosi (NA) 胼胝体后静脉
v. posterior septi pellucidi (NA) 透明隔后静脉
v. posterior ventriculi sinistri cordis 左室后静脉
v. precentralis cerebelli (NA) 小脑中央前静脉
venae prefrontales (NA) 额叶前静脉
v. prepylorica (NA) 幽门前静脉
vena profunda (NA) 深静脉

venae profundae cerebri (NA) 大脑深静脉
venae profundae clitoridis (NA) 阴蒂深静脉
v. profunda facialis 面深静脉
v. profunda faciei (NA) 面深静脉
v. profunda femoris (NA) 股深静脉
v. profunda linguae (NA) 舌深静脉
venae profundae membri inferioris (NA) 下肢深静脉
venae profundae membri superioris (NA) 上肢深静脉
venae profundae penis (NA) 阴茎深静脉
venae pudendae externae (NA) 阴部外静脉
v. pudenda interna (NA) 阴部内静脉
venae pulmonales (NA) 肺静脉
v. pulmonalis dextra inferior (NA) 右肺下静脉
v. pulmonalis dextra superior (NA) 右肺上静脉
v. pulmonalis inferior dextra 右肺下静脉
v. pulmonalis inferior sinistra 左肺下静脉
v. pulmonalis sinistra inferior (NA) 左肺下静脉
v. pulmonalis sinistra superior (NA) 左肺上静脉
v. pulmonalis superior dextra 右肺上静脉
v. pulmonalis superior sinistra 左肺上静脉
venae radiales (NA) 桡静脉
v. recessus lateralis ventriculi quarti (NA) 第四脑室外侧隐窝静脉
venae rectales inferiores (NA) 直肠下静脉
venae rectales mediae (NA) 直肠中静脉
v. rectalis superior (NA) 直肠上静脉
venae renales (NA) 肾静脉(肾内)
venae renis 肾静脉
v. retromandibularis (NA) 下颌后静脉
venae revehentes (肝)导出静脉
venae sacrales laterales (NA) 骶外侧静脉
v. sacralis media 骶中静脉
v. sacralis mediana (NA) 骶中静脉

v. saphena accessoria (NA) 副隐静脉
v. saphena magna (NA) 大隐静脉
v. saphena parva (NA) 小隐静脉
v. scapularis dorsalis (NA) 肩胛背静脉
venae sclerales (NA) 巩膜静脉
venae scrotales anteriores (NA) 阴囊前静脉
venae scrotales posteriores (NA) 阴囊后静脉
v. septi pellucidi anterior 透明隔前静脉
v. sepit pellucidi posterior 透明隔后静脉
venae sigmoideae (NA) 乙状结肠静脉
v. spermatica 精索静脉
venae spinales anteriores (NA) 脊髓前静脉
venae spinales externae anteriores 脊髓前外静脉
venae spinales externae posteriores 脊髓后外静脉
venae spinales internae 脊髓内静脉
venae spinales posteriores (NA) 脊髓后静脉
v. spiralis modioli (NA) 蜗轴螺旋静脉
v. splenica (NA) 脾静脉
venae stellatae renis 肾星形静脉
v. sternocleidomastoidea (NA) 胸锁乳突肌静脉
venae striatae 纹状体静脉, 丘纹下静脉
v. stylomastoidea (NA) 茎乳静脉
v. subclavia (NA) 锁骨下静脉
v. subcostalis (NA) 肋下静脉
venae subcutaneae abdominis (NA) 腹皮下静脉
v. sublingualis (NA) 舌下静脉
v. submentalis (NA) 颏下静脉
v. superficialis (NA) 浅静脉
venae superficiales cerebri (NA) 大脑浅静脉
venae superficiales membri inferioris (NA) 下肢浅静脉
venae superficiales membri superioris (NA) 上肢浅静脉
superior v. cava 上腔静脉
superior v. cava, persisitent left 左侧上腔静脉
venae superiores cerebri (NA) 大脑上静脉

venae superiores cerebrlli (NA) 小脑上静脉
v. superior vermis (NA) 蚓上静脉
v. supraorbitalis (NA) 眶上静脉
v. suprarenalis dextra (NA) 右肾上腺静脉
v. suprarenalis sinistra (NA) 左肾上腺静脉
v. suprascapularis (NA) 肩胛上静脉
venae supratrochleares (NA) 滑车上静脉
venae surales (NA) 腓肠静脉
v. temporalis media (NA) 颞中静脉
venae temporales profundae (NA) 颞深静脉
venae temporales superificiales (NA) 颞浅静脉
v. terminalis 终静脉, 丘纹上静脉
v. testicularis 睾丸静脉
v. testicularis dextra (NA) 右睾丸静脉
v. testicularis sinistra (NA) 左睾丸静脉
venae thalamostriatae inferiores (NA) 丘纹下静脉
v. thalamostriata superior (NA) 丘纹上静脉
v. thoracalis lateralis 胸外侧静脉
venae thoracicae internae (NA) 胸廓内静脉
v. thoracica lateralis (NA) 胸外侧静脉
v. thoraco-acromialis (NA) 胸肩峰静脉
venae thoraco-epigastricae (NA) 胸腹壁静脉
venae thymicae (NA) 胸腺静脉
v. thyreoidea ima 甲状腺最下静脉
venae thyreoideae inferiores 甲状腺下静脉
venae thyreoideae superiores 甲状腺上静脉; ❷引流甲状腺上部血液, 注入面后静脉
venae thyroideae inferiores (NA) 甲状腺下静脉
venae thyroideae mediae (NA) 甲状腺中静脉
v. thyroidea superior (NA) 甲状腺上静脉
venae tibiales anteriores (NA) 胫前静脉
venae tracheales (NA) 气管静脉
venae transversae cervicis (NA) 颈横静

脉
venae transversae colli 颈横静脉
v. transversa facialis 面横静脉
v. transversa faciei (NA) 面横静脉
v. transversa scapulae 肩胛上静脉
venae trunci encephalici (NA) 脑干静脉
venae tympanicae (NA) 鼓室静脉
venae ulnares (NA) 尺静脉
v. umbilicalis 脐静脉
v. umbilicalis sinistra (NA) 左脐静脉
v. unci (NA) 钩回静脉
venae uterinae (NA) 子宫静脉
venae vasorum 脉管静脉
venae ventriculares cordis (NA) 心室静脉
v. ventricularis inferior (NA) 侧脑室下静脉
venae ventriculi dextri anteriores (NA) 右室前静脉
v. ventriculi lateralis lateralis 侧脑室外侧静脉
v. ventriculi lateralis medialis 侧脑室内侧静脉
v. ventriculi sinistri posterior (NA) 左室后静脉
v. vermis inferior 蚓下静脉
v. vermis superior 蚓上静脉
v. vertebralis (NA) 椎静脉
v. vertebralis accessoria (NA) 副椎静脉
v. vertebralis anterior (NA) 椎前静脉
venae vesicales (NA) 膀胱静脉
venae vestibulares (NA) 前庭静脉
venae vorticosae (NA) 涡静脉
Vena medinensis [ˈviːnə ˌmediˈnensis] 麦地那龙线虫
venation [viːˈneiʃən] (L. *vena* vein) 静脉分布,脉序
venectasia [ˌviːnekˈteiziə] ❶静脉扩张；❷静脉曲张
venectomy [viːˈnektəmi] 静脉切除术
veneer [viˈniə] 覆盖,镶盖
　　full v. 全冠
venenation [ˌveniˈneiʃən] (L. *venenum* poison) 中毒
venenatus [vəˈnenətəs] 毒的,有毒的
veneniferous [ˌveniˈnifərəs] (L. *venenum* poison + *ferre* to bear) 带毒的
venenific [ˌveniˈnifik] (L. *venenum* poison + *facere* to make) 生毒物的
venenosa [ˌvenəˈnəusə] (L. *venosus* poisonous) 毒蛇类
venenosalivary [ˌveninəuˈsælivəri] 毒涎的,毒唾液的
venenosity [ˌveniˈnɔsiti] 毒性
venenous [ˈveninəs] (L. *venenosus*) 有毒的,毒性的
venepuncture [ˈveniˌpʌŋktʃə] (L. *vena* + puncture) 静脉穿刺术
venereal [viˈniəriəl] (L. *venereus*) 性交的,性病的
venereologist [viːˌniəriˈɔlədʒist] 性病学家
venereology [viːˌniəriˈɔlədʒi] 性病学
venery [ˈvenəri] (L. *venereus* pertaining to Venus) 性交,交媾
venesection [ˌveniˈsekʃən] (L. *vena* vein + *sectio* cutting) 静脉切开(放血)术
venesuture [ˌveniˈsjuːtʃə] 静脉缝术
venipuncture [ˈveniˌpʌŋktʃə] 静脉穿刺术
venisection [ˌveniˈsekʃən] 静脉切开(放血)术
venisuture [ˌveniˈsjuːtʃə] (L. *vena* vein + *sutura* stitch) 静脉缝术
ven(o)- (L. *vena* vein) 静脉
venoatrial [ˌviːnəuˈeitriəl] 腔静脉和右心房的
venoclysis [viːˈnɔklisis] (*vena* + Gr. *klysis* injection) 静脉输注
venofibrosis [ˌviːnəufaiˈbrəusis] 静脉纤维化,静脉(中层)纤维变性
venogen [ˈviːnəudʒin] (*venene* + Gr. *gennan* to produce) 毒蛇素原
Venoglobulin-1 [ˌvenəˈɡləubulin] 冷冻干燥聚乙烯乙二醇处理人免疫球蛋白：免疫球蛋白制剂的品名
venogram [ˈviːnəɡræm] ❶静脉造影照片；❷静脉搏(描记)波
venography [viːˈnɔɡrəfi] 静脉照影术,静脉搏描记法
　　intraosseous v. 骨内静脉照影术
　　portal v. 门静脉造影术
　　splenic v. 脾(门)静脉造影术
venom [ˈvenəm] (L. *venenum* poison) 毒(物),毒液
　　Russell's viper v. 鲁塞尔氏蝰蛇毒
　　snake v. 蛇毒
　　spider v. 蜘蛛毒

venomosalivary [ˌvenəməu'sæliˌvəri] 毒涎的

venomotor [ˌviːnəu'məutə] 静脉舒缩的

venomous ['venəməs] 分泌毒液的,有毒的

veno-occlusive [ˌviːnəuə'kluːsiv] 静脉闭塞的

venoperitoneostomy [ˌviːnəuˌperiˌtəuni'ɔstəmi] (*veno-* + *peritoneum* + Gr. *stomoun* to provide with an opening, or mouth) 隐静脉腹膜造口(引流)术

venopressor [viːnə'presə] ❶ 静脉血压的; ❷ 静脉收缩药

venosclerosis [ˌviːnəusklɪə'rəusis] 静脉硬化

venose ['viːnəus] 有静脉的

venosinal [ˌviːnəu'sainəl] 腔静脉与右心房的

venosity [viː'nɔsiti] ❶ 静脉血过多; ❷ 静脉血性充血

venostasis [ˌviːnɔ'stæsis] (*veno-* + Gr. *stasis* stopping) 静脉郁滞

venotomy [viː'nɔtəmi] 静脉切开(放血)术

venous ['viːnəs] (L. *venosus*) 静脉的

venovenostomy [ˌviːnəuviː'nɔstəmi] 静脉静脉吻合术

vent [vent] (Fr. *fente* slit) ❶ 孔,口; ❷ 排脓口; ❸ 泄殖腔口
  pulmonic alveolar v's 肺泡孔

Ventaire ['venteiə] 万待尔:盐酸胡椒喘定制剂的商品名

venter ['ventə] (pl. *ventres* L. "belly") ❶ 肌腹; ❷ 腹,胃; ❸ 凹,腔
  v. anterior musculi digastrici (NA) 二腹肌前肌腹
  v. frontalis musculi occipitofrontalis (NA) 枕额肌额肌腹
  v. ilii 髂凹
  v. imus 腹腔
  v. inferior musculi omohyoidei (NA) 肩胛舌骨肌下腹
  v. medius 胸腔
  v. musculi (NA) 肌腹
  v. occipitalis musculi occipitofrontalis (NA) 枕额肌枕腹
  v. posterior musculi digastrici (NA) 二腹肌后腹
  v. propendens 悬垂腹
  v. scapulae 肩胛下窝
  v. superior musculi omohyoidei (NA) 肩胛舌骨肌上腹
  v. supremus 颅腔

ventilation [ˌventi'leiʃən] (L. *ventilatio*) ❶ 通风; ❷ 换气; ❸ 言语冗长
  alveolar v. 肺泡换气
  assist/control mode v. 辅助/控制式换气
  control-mode v. 控制式换气
  downward v. 向下通风
  exhausting v. 抽气通风
  expired air v. 呼气通风
  intermittent mandatory v. (IMV) 间歇性强制换气
  mechanical v. 机械换气
  minute v. 每分钟换气量
  natural v. 自然通风
  plenum v. 吹风机通风
  positive pressure v. 正压换气
  pulmonary v. 肺换气量
  synchronized intermittent mandatory v. (SIMV) 同步间歇性强制换气
  total v. 总换气量
  upward v. 向上通风
  vacuum v. 真空通风

ventilator [ˌventi'leitə] 呼吸器,通风机

Ventolin ['ventəlin] 沙丁胺醇:阿布特罗制剂的商品名

ventouse [vən'tuːz] (Fr.) 吸杯(用于杯吸术)

ventrad ['ventræd] (L. *venter* belly + *ad* to) 向腹侧,向前

ventral ['ventrəl] (L. *ventralis*) ❶ 腹的; ❷ 腹面的

ventralis [ven'treilis] 腹的,腹面的

ventralward ['ventrəlwəd] 向腹侧,向前

ventri- 腹,腹侧,前侧

ventricle ['ventrikl] 室
  v. of Arantius 菱形窝
  auxiliary v. 辅助心室
  v.'s of the brain 脑室
  double-inlet v. 心室双入口
  double-outlet left v. 左心室双出口
  double-outlet right v. 右心室双出口
  Duncan's v., fifth v. 邓肯氏室,第五脑室
  first v. of cerebrum 第一脑室

fourth v. of cerebrum 第四脑室
Galen's v. 盖伦氏室,喉室
v. of heart 心室
v. of larynx 喉室
lateral v. of cerebrum 侧脑室
left v. of heart 左心室
Morgagni's v. 莫尔加尼氏室,喉室
pineal v. 松果体室,松果体隐窝
right v. of heart 右心室
second v. of cerebrum 第二脑室,侧脑室
single v. 单心室
sixth v. 第六脑室
v. of Sylvius 西尔维厄斯氏室,透明隔腔
terminal v. of spinal cord 脊髓终室
third v. of cerebrum 第三脑室
Verga's v. 韦尔加氏室,第六脑室
Vieussens's v. 透明隔腔

ventricornu [ˌventriˈkɔːnju] (L. *venter* belly + *cornu* horn) 脊髓前角,前角

ventricornual [ˌventriˈkɔːnjuəl] 脊髓前角的

ventricose [ˈventrikəus] 一侧膨出的

ventricular [venˈtrikjulə] 室的

ventriculi [venˈtrikjulai] (L.) ❶ 室; ❷ 胃。*ventriculus* 的所有格和复数形式

ventriculitis [venˌtrikjuˈlaitis] 室炎

ventricul(o)- (L. *ventriculus*, dim of *venter* belly) 室(心室,脑室)的

ventriculoatriostomy [venˌtrikjuləuˌeitriˈɔstəmi] 脑室心房造口(引流)术

ventriculocisternostomy [venˌtrikjuləuˌsistəˈnɔstəmi] 脑室脑池造口(引流)术

ventriculocordectomy [venˌtrikjuləukɔːˈdektəmi] 喉室声带切除术

ventriculogram [venˈtrikjuləgræm] 脑室造影照片,心室造影照片

ventriculography [venˌtrikjuˈlɔgrəfi] (*ventriculo-* + *-graphy*) ❶ 脑室造影术; ❷ 心室造影术
first pass v. 首通心室造影术
gated blood pool v. 门控血池心室造影术
left v. 左心室造影术
radionuclide v. 放射性核素心室造影术

ventriculometry [venˌtrikjuˈlɔmitri] (*ventriculo* + Gr. *metron* measure) 脑室压测量法

ventriculomyotomy [venˌtrikjuləumaiˈɔtəmi] 心室肌切开术

ventriculonector [venˌtrikjuləuˈnektə] (*ventriculo-* + L. *nector* joiner) 房室束,希斯束

ventriculopuncture [venˈtrikjuləˌpʌŋktʃə] 脑室穿刺术

ventriculoscope [venˈtrikjuləskəup] 脑室镜

ventriculoscopy [venˌtrikjuˈlɔskəpi] (*ventriculo-* + Gr. *skopein* to examine) 脑室镜检查

ventriculostium [venˌtrikjuˈlɔstiəm] (*ventriculo-* + L. *ostium* mouth) 脑室瘘

ventriculostomy [venˌtrikjuˈlɔstəmi] (*ventriculo-* + Gr. *stomoun* to provide with an opening, or mouth) 脑室造口(引流)术

ventriculosubarachnoid [venˌtrikjuləuˌsʌbəˈræknɔid] 脑室(与)蛛网膜下腔的

ventriculotomy [venˌtrikjuˈlɔtəmi] (*ventriculo-* + *-tomy*) 心室切开术,脑室切开术
partial encircling endocardial v. 心内膜部分环型切开术

ventriculovenostomy [venˌtrikjuləuviˈnɔstəmi] 脑室静脉造口(引流)术

ventriculus [venˈtrikjuləs] (pl. *ventriculi*, L., dim. of *venter* belly) ❶ (NA) 胃; ❷ 室; ❸ 中肠
v. dexter/sinister cordis (NA) 右/左心室
v. dexter cerebri 右侧脑室
v. dexter cordis (NA) 右心室
v. laryngis (NA), v. laryngis (Morgagnii) 喉室
v. lateralis cerebri (NA) 侧脑室
v. quartus cerebri (NA) 第四脑室
v. sinister cerebri 左侧脑室
v. sinister cordis (NA) 左心室
v. terminalis medullae spinalis (NA) 脊髓终室
v. tertius cerebri (NA) 第三脑室

ventricumbent [ˌventriˈkʌmbənt] (*ventri-* + L. *cumbere* to lie) 俯卧的,腹卧位的

ventriduct [ˈventridʌkt] (*ventri-* + L. *ducere* to draw) 引向腹侧

ventriduction [ˌventriˈdʌkʃən] 向腹侧,向前

ventriflexion [ˌventriˈflekʃən] (*ventri-* +

flexion) 前屈

ventrimesal [ˌventriˈmiːsəl] 腹中线的

ventrimeson [vənˈtrimisən] (*ventri-* + Gr. *meson* middle) 腹中线

ventr(o)- (L. *venter* belly or abdomen) 腹，腹侧，前

ventrocystorrhaphy [ˌventrəusisˈtɔrəfi] 膀胱腹壁缝术

ventrodorsad [ˌventrəuˈdɔːsæd] 向腹痛

ventrodorsal [ˌventrəuˈdɔːsəl] 腹背(侧)的

ventrofixation [ˌventrəufikˈseiʃən] (*ventro-* + L. *fixare* to fix) 子宫悬吊术

ventrohysteropexy [ˌventrəuˈhistərəˌpeksi] 腹壁子宫固定术

ventroinguinal [ˌventrəuˈiŋgwinəl] 腹腹股沟的

ventrolateral [ˌventrəuˈlætərəl] 腹外侧的

ventromedian [ˌventrəuˈmiːdiən] 腹侧正中的

ventroposterior [ˌventrəupɔsˈtiəriə] 腹侧(与)后(尾)部的

ventroptosia [ˌventrɔpˈtəusiə] (*ventro-* + Gr. *ptōsis* falling + *-ia*) 胃下垂

ventroptosis [ˌventrɔpˈtəusis] 胃下垂

ventroscopy [venˈtrɔskəpi] (*ventro-* + Gr. *skopein* to examine) 腹腔镜检查

ventrose [ˈventrəus] (L. *ventrosus*) 腹状膨凸的

ventrosuspension [ˌventrəusəsˈpenʃən] 子宫悬吊术

ventrotomy [venˈtrɔtəmi] (*ventro-* + Gr. *tomē* a cutting) 剖腹术

ventrovesicofixation [ˌventrəuˌvesikəufikˈseiʃən] 膀胱子宫腹壁固定术

venturimeter [ˌventjuəˈrimitə] (G. B. Venturi (Italian physicist, 1746-1822) + Gr. *metron* measure) 文丘里流量计

venula [ˈvenjulə] (pl. *venulae*, L., dim. of *vena*) (NA) 小静脉

v. **macularis inferior** (NA) 黄斑下小静脉

v. **macularis superior** (NA) 黄斑上小静脉

v. **medialis retinae** (NA) 视网膜内侧小静脉

v. **nasalis retinae inferior** (NA) 视网膜鼻侧下小静脉

v. **nasalis retinae superior** (NA) 视网膜鼻侧上小静脉

venulae rectae renis (NA) 肾直小静脉

v. **retinae medialis** 视网膜内侧静脉

venulae stellatae renis (NA) 肾星状小静脉

v. **temporalis retinae inferior** (NA) 视网膜颞侧下小静脉

v. **temporalis retinae superior** (NA) 视网膜颞侧上小静脉

venulae [ˈvenjuliː] (L.) 小静脉。*venula* 的所有格和复数形式

venular [ˈvenjulə] 小静脉的

venule [ˈvenjuːl] 小静脉

high endothelial v's 高内皮小静脉，后毛细管小静脉

postcapillary v's ❶ 静脉毛细管；❷ 后毛细管小静脉，高内皮小静脉

stellate v's of kidney 肾星状小静脉

straight v's of kidney 肾直小静脉

venulitis [ˌvenjuˈlaitis] 小静脉炎

cutaneous necrotizing v. 变应性血管炎

VEP(visual evoked potential 的缩写) 视觉激发性电位

VePesid [ˈvepəsid] 维哌赛特：依托赛特制剂的商品名

Veracillin [ˌverəˈsilin] 双氯苯甲异噁唑青霉素钠；双氯青霉素钠制剂的商品名

verapamil hydrochloride [vəˈræpəmil] 异搏定，戊脉定

Veratrum [vəˈreitrəm] (L.) 藜芦属

verbal [ˈvəːbəl] (L. *verbum*) 言语的，口述的

verbenone [vəˈbiːnəun] 马鞭草烯酮

verbigeration [vəˌbidʒəˈreiʃən] (L. *verbigerare* to chatter) 重复言语

verbomania [ˌvəːbəˈmeiniə] (L. *verba* word + Gr. *mania* madness) 多语狂，饶舌癖

Vercyte [ˈvəːsait] 弗赛特：溴丙派嗪制剂的商品名

verdohemin [ˌvəːdəˈhiːmin] 氯铁胆绿素

verdohemochromogen [ˌvəːdəuˌhiːməuˈkrəuməzən] 血绿原，胆绿血色原

verdohemoglobin [ˌvəːdəuˌhiːməuˈgləubin] 胆绿蛋白，胆琜蛋白

verdoperoxidase [ˌvəːdəupəˈrɔksideis] 绿过氧化物酶，髓过氧化物酶

verdunization [ˌvəːdənaiˈzeiʃən] (*Ver-*

dun, a French city) 凡尔登消毒法(加微量氯及过锰酸钾,以行消毒)

vermilion [və'miljən] (L. *vermilium* cinnabar) 银汞,银珠,硫化汞

Verga's lacrimal groove ['vəɡəz] (Andrea *Verga*, Italian neurologist, 1811-1895) 韦尔加氏泪沟

verge [və:dʒ] 环,圆周

anal v. 痔环

vergence ['və:dʒəns] (L. *vergere* to bend) ❶ (光)聚散度;❷ (眼)转向

vergency ['və:dʒənsi] ❶ (光)聚散度;❷ (眼)转向

Verheyen's stars [və'haiənz] (Philippe *Verheyen*, Flemish anatoist, 1684-1710) 肾星状小静脉

Verhoeff's stain ['və:hefz] (Frederick Herman *Verhoeff*, American ophthalmologist, 1874-1968) 维尔赫夫氏染剂

Veriloid ['verilɔid] 绿藜芦碱:藜芦碱制剂的商品名

vermes ['və:mi:z] (L.) ❶ 蠕虫,蠕虫样结构; ❷ 小脑蚓部。*vermis* 的复数形式

vermetoid ['bicmtoid] 蠕虫样的

vermian ['və:miən] 小脑蚓部的

Vermicella [,vəmi'selə] (L.) 线蛇属

vermicidal [,və:mi'saidəl] 杀蠕虫的

vermicide ['və:misaid] (*vermis* + L. *caedere* to kill) 杀蠕虫药

vermicular [və:'mikjulə] (L. *vermicularis*, from *vermis* worm) 蠕虫样的

vermiculation [və,mikju'leiʃən] (L. *vermiculatio*, from *vermis* worm) 蠕动

vermicule ['və:mikju:l] 小蠕虫,虫样体

vermiculose [və'mikjuləus] ❶ 蠕虫状的;❷ 感染蠕虫的

vermiculous [və'mikjuləs] ❶ 蠕虫状的;❷ 感染蠕虫的

vermiform ['və:mifɔ:m] (L. *vermiformis*, from *vermis* worm + *forma* shape) 蠕虫状的

vermifugal [və'mifju:ɡəl] (*vermis* + L. *fugare* to put to flight) 驱蠕虫的,驱肠寄生虫的

vermifuge ['və:mifju:dʒ] 驱蠕虫药,驱肠寄生虫药

vermilion [və'miljən] (L. *vermilium* cinnabar) 银汞,银珠,硫化汞

vermilionectomy [və,miljə'nektəmi] 唇红缘切除术

vermin ['və:min] (L. *vermis* worm) 虫, 体外寄生虫

verminal ['və:minəl] ❶ 蠕虫的;❷ 体外寄生虫的

vermination [,və:mi'neiʃən] (L. *verminatio*) ❶ 蠕虫病;❷ 虫病

verminosis [,və:mi'nəusis] ❶ 蠕虫病;❷ 虫病

verminotic [,və:mi'nɔtik] ❶ 蠕虫病的; ❷ 体外寄生虫病的

verminous ['və:minəs] (L. *verminosus*) ❶ 蠕虫的;❷ 体外寄生虫的

vermis ['və:mis] (L.) ❶ 蠕虫或蠕虫样结构; ❷ 小脑蚓部

v. cerebelli (NA) 小脑蚓部

vermix ['və:miks] 阑尾

vermography [və:'mɔɡrəfi] 阑尾(X线)造影术

Vermox ['və:mɔks] 威乐治:甲苯哒唑制剂的商品名

vernal ['və:nəl] (L. *vernalis* of the spring) 春季的,春天的

Verner-Morrison Syndrome ['və:nə 'mɔrisən] (John Victor *Verner*, American physician, born 1927; Ashton Byrom *Morrison*, American physician, born 1922) 费-摩二氏综合征

Vernet's syndrome [və'neiz] (Maurice *Vernet*, French neurologist, born 1887) 韦内氏综合征

Verneuil's canals [və:'nwiz] (Aristide August Stanislaus *Verneuil*, French surgeon, 1823-1895) 韦尔讷伊氏管

vernier ['və:niə] (Pierre *Vernier*) 游标, 游标尺

Vernier acuity [və:'njə] (Pierre *Vernier*, French physicist, 1580-1637) 弗尼微变敏度,变位阈

vernix ['və:niks] (L. "sandarac" (resin), from Gr. *Berenikē* (now *Benghazi*) where first made) ❶ 清漆,护漆;❷ 涂剂

v. caseosa ("cheesy varnish") 胎脂,胎垢

Vernonia anthelmintica Willd. [və'nəuniə ˌænθəl'mintikə] 驱虫斑鸠菊

Verocay bodies ['verəkei] (José *Verocay*, Czechoslovakian pathologist, 1876-1927) 维

罗凯氏体
Veronicella [və‚rɔni'selə] 小维罗尼卡属
　V. **leydigi** 雷氏小维罗尼卡蛞蝓
verruca [və'ru:kə] (gen. 和 pl. *verrucae*, L.) ❶ 疣,瘊;❷ 疣样表皮增生
　v. **acuminata** 尖锐湿疣
　v. **digitata** 指状疣
　v. **filiformis** 丝状疣
　v. **necrogenica** 尸毒性疣
　v. **peruana**, v. **peruviana** 秘鲁疣
　v. **plana**, v. **plana juvenilis** 扁平疣,青年扁平疣
　v. **plantaris** 足底疣
　v. **seborrheica** 脂溢性角化病
　v. **vulgaris** 寻常疣
verrucae [ve'ru:si:] (L.) 疣,瘊
verruciform [ve'ru:sifɔ:m] (L. *verruca* wart + *forma* form) 疣状的
verrucose ['veru:kəus] (L. *verrucosus*) 有疣的,疣的
verrucosis [‚veru:'kəusis] 疣病
verrucous ['verukəs] 有疣的,疣的
verruga [ve'ru:gɑ] (Sp.) 疣,瘊
　v. **peruana** 秘鲁疣
Versapen ['və:səpən] 弗色番:海他西林制剂的商品名
Versed [və:'sed] 弗塞得:咪哒唑仑制剂的商品名
versicolor [‚və:si'kʌlə] (L. *vertere* to turn + *color* color) ❶ 杂色的,多色的,花斑的;❷ 变色的
version ['və:ʒən] (L. *versio* turning) ❶ 转动;❷ 器官转位;❸ 子宫倾侧失常;❹ 胎位倒转术;❺ 共轭旋转
　abdominal v. 外倒转术
　bimanual v. 内外倒转术,双手转向术
　bipolar v. 两极倒转术
　Braxton Hicks v. 布莱克斯顿·希克斯倒转术
　cephalic v. 胎头倒转术
　combined v. 内外倒转术
　Denman's spontaneous v. 丹曼氏自然倒转术
　external v. 外倒转术
　Hicks v. 希克斯倒转术
　internal v. 内倒转术
　pelvic v. 胎臀倒转术
　podalic v. 胎足倒转术
　Potter v. 波特尔倒转术
　spontaneous v. 自动倒转
　Wigand's v. 维甘德氏倒转术
vertebra ['və:tibrə] (gen. 和 pl. *vertebrae*) (L.) 椎骨,脊椎
　abdominal vertebrae 腰椎
　basilar v. 基椎,末腰椎
　caudal vertebrae, caudate vertebrae 尾椎
　cervical vertebrae, vertebrae cervicales (NA) 颈椎
　vertebrae coccygeae (NA), **coccygeal vertebrae** 尾椎
　vertebrae colli 颈椎
　cranial v. 颅椎
　v. **dentata** 枢椎
　dorsal vertebrae 胸椎
　false vertebrae 假柱
　vertebrae lumbales (NA), **lumbar vertebrae** 腰椎
　v. **magnum** 骶骨
　odontoid v. 枢椎
　v. **plana** 扁平椎,椎体扁平症
　v. **prominens** (NA), **prominent** v. 隆椎
　sacral vertebrae, vertebrae sacrales (NA) 骶椎
　sternal v. 胸骨节,胸杠
　terminal v, **great** 骶骨
　vertebrae thoracales, thoracic vertebrae 胸椎
　vertebrae thoracicae (NA) 胸椎
　tricuspid v. 三尖椎
　true vertebrae 真椎
vertebrae ['və:tibri:] (L.) 椎骨、脊椎。*vertebra* 的所有格和复数
vertebral ['və:tibrəl] (L. *vertebralis*) 椎骨的
vertebrarium [‚və:ti'breiriəm] (L.) 脊椎
vertebrarterial [‚və:ti'brɑ:'tiəriəl] 椎动脉的
Vertebrata [‚və:ti'breitə] 脊椎动物门
vertebrate ['və:tibreit] (L. *vertebratus*) ❶ 有脊椎的;❷ 脊椎动物
vertebrate collagenase ['və:tibreit 'kɔlədʒineis] 脊椎动物胶原酶
vertebrated [‚və:ti'breitid] 脊椎状的,有脊椎的
vertebrectomy [‚və:ti'brektəmi] (*vertebro-* + Gr. *ektomē* exision) 椎骨切除术

vertebr(o)- (L. *vertebra*) 椎骨,脊椎
vertebroarterial [ˌvəːtibrəuɑːˈtiəriəl] 椎动脉的
vertebrobasilar [ˌvətibrəuˈbeisilə] 脊椎基底动脉的
vertebrochondral [ˌvəːtibrəuˈkɔndrəl] 椎骨肋软骨
vertebrocostal [ˌvəːtibrəuˈkɔstəl] (*vertebro-* + L. *costa* rib) 椎骨肋骨的
vertebrodidymus [ˌvəːtibrəuˈdidiməs] (*vertebro-* + Gr. *didymos* twin) 脊柱联胎
vertebrodymus [ˌvəːtiˈbrɔdiməs] 脊柱联胎
vertebrofemoral [ˌvəːtibrəuˈfemərəl] 椎骨的
vertebrogenic [ˌvəːtibrəuˈdʒenik] 脊柱所致的
vertebroiliac [ˌvəːtibrəuˈiliæk] 椎髂的
vertebromammary [ˌvəːtibrəuˈmæməri] 椎骨乳房的
vertebrosacral [ˌvəːtibrəuˈseikrəl] 椎骶的
vertebrosternal [ˌvəːtibrəuˈstəːnəl] 椎骨胸骨的
vertex [ˈvəːteks] (pl. *vertices*) (L.) ❶ 顶,头顶;❷ (NA) 头顶,头冠
  v. of bony cranium 颅骨顶
  v. of cornea, v. corneae (NA) 角膜顶
  v. cranii 颅顶
  v. cranii ossei 颅骨顶
vertical [ˈvəːtikəl] ❶ 垂直的;❷ 顶的,头顶的。
verticalis [ˌvəːtiˈkeilis] ❶ 垂直的;❷ (NA)直立的
verticillate [vəːˈtisilit] (L. *vertex* a whorl) 轮生的,环生的
Verticillium [ˌvəːtiˈsiliəm] 轮枝孢菌属
  V. graphii 耳炎轮枝孢菌
verticomental [ˌvəːtikəuˈmentəl] 顶颏的
vertiginous [vəːˈtidʒinəs] (L. *vertiginosus*) 眩晕的
vertigo [ˈvəːtigəu] (L. *vertigo*) 眩晕
  alternobaric v. 变压性眩晕
  angiopathic v. 动脉硬化性眩晕
  apoplectic v. 卒中性眩晕,暗点性眩晕
  arteriosclerotic v. 动脉硬化性眩晕
  benign paroxysmal v. of childhood 儿童良性阵发眩晕
  benign paroxysmal positional v., benign paroxysmal postural v., benign positional v. 良性阵发性体位性眩晕
  benign positional v., benign postural v. 良性阵发性体位性眩晕
  central v. 中枢性眩晕
  cerebral v. 大脑性眩晕
  cervical v. 颈椎性眩晕
  disabling positional v. 体位性失能眩晕
  encephalic v. 脑旋眩晕
  endemic paralytic v. 地方性麻痹性眩晕
  epidemic v. 流行性眩晕
  epileptic v. 癫痫性眩晕
  essential v. 特发性眩晕
  gastric v. 胃病性眩晕
  height v. 高处俯视性眩晕
  horizontal v. 水平位眩晕
  labyrinthine v. 迷路性眩晕
  laryngeal v. 喉性眩晕,剧咳后晕厥
  lateral v. 侧面性眩晕
  mechanical v. 机械性眩晕,身体长时间连续旋转或摆动,如晕动病
  nocturnal v. 夜发性眩晕
  objective v. 物体(旋转)性眩晕
  ocular v. 眼(病)性眩晕
  organic v. 器质性眩晕
  paralytic v., paralyzing v. 麻痹性眩晕
  paroxysmal v. 良性阵发性体位性眩晕
  peripheral v. 外周性眩晕
  pilot's v. 飞行员眩晕
  positional v. 体位性眩晕
  posttraumatic v. 外伤性眩晕
  postural v. 体位性眩晕
  pressure v. 变压性眩晕
  primary v. 原发性眩晕
  residual v. ① 残余性眩晕;② 与运动有关的眩晕
  riders' v. 晕车
  rotary v., rotatory v. 旋转性眩晕
  sham movement v. 环转眩晕
  stomachal v. 胃病性眩晕
  v. ab stomacho laeso 胃病性眩晕
  subjective v. 主观眩晕
  systematic v. 主观眩晕
  tenebric v. 暗点性眩晕
  toxemic v., toxic v. 中毒性眩晕
  vertical v. ① 晕高;② 人处于直立位置时产生的体位性眩晕
  vestibular v. 前庭性眩晕
vertigophobia [ˌvəːtigəuˈfəubiə] (*vertigo*

\+ Gr. *phobos* fear) 眩晕恐怖

vertigraphy [vəˈtigrəfi] (L. *vertigo* a whirling + Gr. *graphein* to write) 体层X线照相术,断层X线照相术

verumontanitis [ˌviːruːˌmɔntəˈnaitis] 精阜炎

verumontanum [ˌviːruːmɔnˈteinəm] (L. "mountain ridge") 精阜

vesalianum [viˌseiliˈeinəm] (Andreas *Vesalius*) 韦萨留斯氏骨

Vesalius [viˈseiliəs] 韦萨留斯

Vesalius' foramen [viˈseiliəs] (A. *Vesalius*) 韦萨留斯氏孔

Vesic. (L. *vesicula*, *vesicatorium* 的缩写) ❶ 囊,泡;❷ (小)水疱

vesica [vəˈsikə] (gen. 和 pl. *vesicae*)(L.) 囊,泡
　v. biliaris (NA) 胆囊
　v. fellea 胆囊
　v. prostatica 前列腺囊
　v. urinaria (NA) 膀胱

vesicae [veˈsisiː] (L.) ❶ 囊,泡;❷ 膀胱。*vesica* 的所有格和复数

vesical [ˈvesikəl] ❶ 膀胱的;❷ 囊的,泡的

vesicant [ˈvesikənt](L. *vesica* blister) ❶ 起泡的,发泡的;❷ 起泡剂

vesicantia [ˌvesəˈkænʃiə] (L. pl. of *versicans blistering*) 发疱药

vesicate [ˈvesikeit] 发疱,起疱(动词)

vesication [vesiˈkeiʃən] ❶ 起疱,发疱;❷ 疱

vesicatory [ˌvesikəˈtəri] (L. *vesicare* to blister) ❶ 起疱的,发疱的;❷ 起疱剂

vesicle [ˈvesikl] (L. *vesicula*, dim. of *vesica* bladder) ❶ 小囊泡;❷ (小)水疱;❸ 顶囊
　acoustic v. 听泡,听囊
　acrosomal v. 精子顶囊
　allantoic v. 尿囊
　amniocardiac v's 羊膜心泡(囊)
　archoplasmic v. 初浆泡
　auditory v. 听泡、听囊
　blastodermic v. 胚泡
　brain v's 脑泡
　brain v's, primary 原脑泡
　brain v's, secondary 第二脑泡
　cephalic v's, cerebral v's 脑泡
　cervical v. 颈泡
　chorionic v. 绒毛膜
　concentrating v's 浓缩囊泡
　encephalic v's 脑泡
　germinal v. 胚泡
　graafian v's 格雷夫氏滤泡
　intermediate v's 中间泡,转移泡
　lens v. 晶状体泡
　Malpighi's v's 马耳皮基氏包,肺泡
　matrix v's 基质小泡
　ocular v. 眼泡
　olfactory v. ❶ 嗅泡;❷ 嗅细胞小泡
　ophthalmic v., optic v. 眼泡
　otic v. 听泡,听囊
　phagocytotic v. 吞噬体,吞噬泡
　pinocytotic v. 胞饮泡
　pituitary v. 垂体泡
　plasmalemmal v. 外胞浆膜泡
　prostatic v. 前列腺囊
　Purkinje's v. 浦肯野氏泡
　secretory v's 分泌囊,浓缩泡
　seminal v. 精囊
　sense v. 感觉泡
　spermatic v., false 前列腺囊,假精囊
　synaptic v's 突触泡
　transfer v's, transistional v's, transport v's 转移泡,中间泡
　umbilical v. 脐囊
　water expulsion v. 排水泡,伸缩泡

vesic(o)- (L. *vesica* bladder) ❶ 膀胱;❷ 囊,泡;❸ 水疱

vesicoabdominal [ˌvesikəuəbˈdɔminəl] ❶ 膀胱腹的;❷ 膀胱与腹腔内脏相通的

vesicocavernous [ˌvesikəuˈkævənəs] 肺泡空洞性的

vesicocele [ˈvesikəsiːl] (*vesico* + Gr. *kēlē* hernia) 膀胱膨出

vesicocervical [ˌvesikəuˈsəːvikəl] (*vesico* + L. *cervix* neck) ❶ 膀胱子宫颈的;❷ 膀胱与子宫颈管相通的

vesicoclysis [ˌvesiˈkɔklisis] (*vesico* + Gr. *klysis* washing) 膀胱灌洗术

vesicocolic [ˌvesikəˈkɔlik] 膀胱结肠的

vesicocolonic [ˌvesikəukəˈlɔnik] ❶ 膀胱结肠的;❷ 膀胱结肠相通的

vesicoenteric [ˌvesikəuenˈterik] 膀胱肠的

vesicofixation [ˌvesikəfikˈseiʃən] 膀胱固定术

vesicointestinal [ˌvesikəuinˈtestinəl] ❶ 膀胱

肠的；❷ 膀胱与肠相通的
vesicoperineal [ˌvesikəuˌperi'ni:əl] ❶ 膀胱会阴的；❷ 膀胱会阴相通的
vesicoprostatic [ˌvesikəuprɔs'tætik] 膀胱前列腺的
vesicopubic [ˌvesikəu'pjubik] 膀胱耻骨的
vesicopustule [ˌvesikəu'pʌstju:l] 水脓疱，脓性水疱
vesicorectal [ˌvesikəu'rektəl] 膀胱直肠的
vesicorenal [ˌvesikəu'ri:nəl] 膀胱肾的
vesicosigmoid [ˌvesikəu'sigmɔid] 膀胱乙状结肠的
vesicosigmoidostomy [ˌvesikəuˌsigmɔi'dɔstəmi] (L. *vesica* bladder + *sigmoid* + Gr. *stomoun* to provide with an opening, or mouth) 膀胱乙状结肠吻合术
vesicospinal [ˌvesikəu'spainəl] 膀胱脊椎的
vesicostomy [ˌvesi'kɔstəmi] 膀胱造口术
 cutaneous v. 膀胱皮肤吻合造口术
vesicotomy [ˌvesi'kɔtəmi] 膀胱切开术
vesicoumbilical [ˌvesikəuʌm'bilikəl] 膀胱脐的
vesicourachal [ˌvesikəu'juərəkəl] 膀胱脐尿管的
vesicoureteral [ˌvesikəujuə'retərəl] ❶ 膀胱输尿管的；❷ 膀胱输尿管相通的
vesicoureteric [ˌvesikəuˌjuərə'terik] ❶ 膀胱输尿管的；❷ 膀胱输尿管相通的
vesicourethral [ˌvesikəujuə'ri:θrəl] ❶ 膀胱尿道的；❷ 膀胱尿道相通的
vesicouterine [ˌvesikəu'ju:tərain] ❶ 膀胱子宫的；❷ 膀胱与子宫相通的
vesicouterovaginal [ˌvesikəuˌju:tərəu'vædʒinəl] ❶ 膀胱子宫阴道的；❷ 膀胱子宫阴道相通的
vesicovaginal [ˌvesikəu'vædʒinəl] ❶ 膀胱阴道的；❷ 膀胱与阴道相通的
vesicovaginorectal [ˌvesikəuˌvædʒinəu'rektəl] ❶ 膀胱阴道直肠的；❷ 膀胱阴道直肠相通的
vesicula [ve'sikjulə] (pl. *vesiculae*) (L. dim. of *vesica*) ❶ 囊，泡；❷ (小)水疱
 v. bilis, v. fellea 胆囊
 v. germinativa 生发泡
 vesiculae graafianae 成熟卵泡，泡状卵泡
 vesiculae nabothi 纳博特氏滤泡(腺)，子宫颈腺囊肿

 v. **ophthalmica** (NA) 眼泡
 v. **prostatica** 前列腺囊
 v. **seminalis** (NA) 精囊
 v. **serosa** 假羊膜
vesiculae [vi'sikjuli:] (L.) ❶ 囊，泡；❷ (小)水疱。vesicula 的所有格和复数
vesicular [vi'sikjulə] (L. *vesicula* a little bladder) ❶ 囊状的，泡状的；❷ 水疱的
vesiculated [vi'sikjuˌleitid] 起疱的，成疱的
vesiculation [viˌsikju'leiʃən] 水泡形成，起疱
vesiculectomy [viˌsikju'lektəmi] (*vesicle* + Gr. *ektomē* excision) 囊切除术
vesiculiform [vi'sikjuliˌfɔ:m] (*vesicle* + L. *forma* form)囊状的，泡状的
vesiculitis [ˌvisikju'laitis] 囊炎
vesiculobronchial [viˌsikjuləu'brɔŋkiəl] 肺泡支气管性的
vesiculocavernous [viˌsikjuləu'kævənəs] 肺泡空洞性的
vesiculogram [vi'sikjuləˌgræm] 精囊造影照片
vesiculography [viˌsikju'lɔgrəfi] 精囊(X线)造影术
vesiculopapular [viˌsikjuləu'pæpjulə] 水疱丘疹的
vesiculopustular [viˌsikjuləu'pʌstjulə] ❶ 水疱与脓疱组成的；❷ 水疱脓疱的
vesiculotomy [viˌsikju'lɔtəmi] (*vesicle* + Gr. *tomē* a cutting) 囊切开术
vesiculotubular [viˌsikjuləu'tju:bjulə] ❶ 肺泡支气管性的；❷ 听诊时的肺泡支气管音
vesiculotympanic [viˌsikjuləutim'pænik] ❶ 肺泡彭性的；❷ 指叩诊音质
Vesiculovirus [vi'sikjuləuˌvaiərəs] (L. *vesicula* vesicle + *virus*)水疱性口炎病毒
vesperal ['vespərəl] (L. *vespera* evening) ❶ 黄昏的，傍晚的；❷ 发生在黄昏的
Vesprin ['vesprin] 威斯普林：三氧丙嗪制剂的商品名
vessel ['vesəl] 管，脉管
 absorbent v's 淋巴管
 afferent v. of glomerulus 肾小球输入管
 afferent v's of lymph node 淋巴结输入管
 anastomotic v. 吻合管
 arterioluminal v's 小动脉心腔小管

arteriosinusoidal v's 小动脉血窦小管
bile v. 胆管
blood v. 血管
chyliferous v. 乳糜管
collateral v. ❶ 并行管;❷ 侧副管
efferent v. of glomerulus 肾小球输出管
efferent v's of lymph node 淋巴结输出管
great v's 大血管
hemorrhoidal v's 痔血管
Jungbluth's v's 荣格布路特氏血管(早期胚胎羊膜下滋养血管)
lacteal v. 乳糜管
lymphatic v. 淋巴管
lymphatic v., deep 深淋巴管
lymphatic v. superficial 浅淋巴管
lymphocapillary v. 毛细淋巴管
nutrient v's 营养血管,滋养管
sinusoidal v. 窦状小管

vessicnon ['vesiknɔŋ] (Fr.) 马后腘滑膜瘤
vessignon ['vesiɲɔŋ] (Fr). 马后腘滑膜瘤
vestibula [ves'tibjulə] (L.) (*vestibulum* 的复数)前庭
vestibular [ves'tibjulə:] (L. *vestibularis*) ❶ 前庭的,指向前庭的;❷ 牙科解剖学指向口前庭的齿面
vestibule ['vestibju:l] 前庭
  v. of aorta 主动脉前庭
  buccal v. 颊前庭
  v. of ear 耳前庭
  labial v. 唇前庭
  v. of larynx 喉前庭
  v. of mouth 口腔前庭
  nasal v., v. of nose 鼻前庭
  v. of omental bursa 网膜囊前庭
  v. of pharynx ❶ 咽门;❷ 咽口部
  Sibson's v. 西布逊氏前庭,主动脉前庭
  v. of vagina, v. of vulva 阴道前庭
Vestibuliferia [vəs,tibjuli'feriə] (*vestibul-* + Gr. *phŏros* bearing) 前庭亚纲
vestibulitis [ves,tibju'laitis] 前庭炎
vestibulocerebellum [vəs,tibjuləu,serə'beləm] (*vestibulo* + *cerebellum*) 前庭小脑,古小脑
vestibulogenic [vəs,tibjulə'dʒenik] 前庭形成的,源于前庭的
vestibulo-ocular [vəs,tibjulə'əukjulə] 前庭眼的

vestibuloplasty [ves'tibjuləplæsti] 口腔前庭成形术
vestibulotomy [ves,tibju'lɔtəmi] (*vestibule* + Gr. *tomē* a cutting) 耳前庭切开术
vestibulourethral [ves,tibjuləujuə'ri:θrəl] 前庭尿道的
vestibulum [ves'tibjuləm] (pl. *vestibula*) (L.) ❶ 前庭;❷ 凹,窝,房,腔
  v. auris (NA) 耳前庭
  v. bursae omentalis (NA) 网膜囊前庭
  v. glottidis 喉前庭
  v. laryngis (NA) 喉前庭
  v. nasale 鼻前庭
  v. nasi (NA) 鼻前庭
  v. oris (NA) 口腔前庭
  v. vaginae (NA) 阴道前庭
vestige ['vestidʒ] 遗迹,剩件,剩余
  coccygeal v. 神经管尾端遗迹
  v. of vaginal process 鞘突遗迹
vestigia [ves'tidʒiə] (L.) 遗迹,剩件,剩余。*vestigium* 的复数
vestigial [ves'tidʒiəl] ❶ 有遗迹,痕迹,遗物性质的;❷ 遗迹的
vestigium [ves'tidʒiəm] (pl. *vestigia*) (L. "trace") 遗迹
vesuvine [vi'sju:vin] 苯胺棕
veta ['veitə] 高山病
veterinarian [,vetəri'nɛəriən] 兽医
veterinary ['vetərinəri] (L. *veterinarius*) 兽医的
VF (vocal fremitus 的缩写)语音震颤
vf (visual field 的缩写)视野
VFib (ventricular fibrillation 的缩写)心室纤维性颤动
VFl (ventricular flutter 的缩写)心室扑动
VHDL (very-high-density lipoprotein 的缩写)高密度脂蛋白
VIA (virus inactivating agent 的缩写)病毒灭活剂
viability [,vaiə'biliti] (生)活(能)力,生机
viable ['vaiəbəl] 有活力的,有生机的
vial ['vaiəl] (Gr. *phialē*) 小瓶
vibesate ['vaibəseit] 塑料喷护膜
vibex ['vaibeks] (pl. *vibices*) (L.) (vibix mark of a blow) ❶ 线痕;❷ 瘀线
vibices [vi'baisiz] (pl. of *vibex*) ❶ 线痕;❷ 瘀线
Vibramycin [vaibrə'maisin] 韦布莫森;盐

酸强力霉素制剂的商品名

vibratile ['vaibreitail] (L. vibratilis) 振动的,震动的

vibration [vai'breiʃən] (L. vibratio, from vibrare to shake) ❶ 振动,震动;❷ 振动按摩法

vibrative ['vaibrətiv] ❶ 振动的,震动的; ❷ 振动音,震颤音

vibrator ['vaibreitə] 振动器

vibratory ['vaibrətəri] (L. vibratorius) 振动的,震动的

Vibrazole ['vibrəzəul] 韦布诺

Vibrio ['vibriəu] (L. vibrare to move rapidly, vibrate) 弧菌属
　V. **alginolyticus** 溶藻弧菌
　V. **anguillarum** 鳗弧菌
　V. **cholerae** 霍乱弧菌
　V. **cholerae** biotype **albensis** 霍乱弧菌易北河型
　V. **cholerae** biotype **cholerae** 霍乱弧型霍乱型
　V. **cholerae** biotype **eltor** 霍乱弧菌埃尔托型
　V. **cholerae** biotype **proteus** 霍乱弧菌变形型
　V. **coli** 空肠弧菌
　V. **comma** 逗号弧菌
　V. **damsela** 弧菌
　V. **danubicus** 多瑙河弧菌,麦苛尼科夫氏弧菌
　V. **eltor** 爱尔托弧菌
　V. **fetus** 胎弧菌
　V. **fluvialis** 河流弧菌
　V. **ghinda** 京达弧菌
　V. **harveyi** 哈氏弧菌
　V. **hollisae** 霍氏弧菌
　V. **jejuni** 空肠弧菌
　V. **massauah** 马骚阿氏弧菌(假弧菌)
　V. **metschnikovii** 马奇尼科夫氏弧菌
　V. **mimicus** 模拟弧菌
　V. **parahaemolyticus** 副溶血性弧菌
　V. **phosphorescens** 磷光弧菌
　V. **piscium** 鱼弧菌
　V. **proteus** 变形弧菌
　V. **septicus** 败血型弧菌
　V. **succinogenes** 琥珀弧菌
　V. **vulnificus** 一种嗜盐弧菌

vibrio ['vibriəu] (pl. vibrios or vibriones) 弧菌
　Celebes v. 西里伯斯弧菌
　cholera v. 霍乱弧菌
　El Tor v. 爱尔托弧菌
　v. **group EF-6**, v. **group F** EF-6组、F组弧菌
　NAG v's, **nonagglutinating** v's 不凝集弧菌
　noncholera v's (**NCVs**) 副霍乱弧菌
　paracholera v's 副霍乱弧菌

vibriocidal [,vibriəu'saidəl] 杀弧菌药

vibrion [,vi:bri'ɔn] (Fr.) 弧菌

Vibrionaceae [,vibriəu'næsi:] 弧菌科

vibriones [,vibri'əuni:z] 弧菌 vibrio 的复数

vibriosis [,vibri'əusis] 弧菌病
　bovine genital v. 牛生殖道弧菌病
　ovine genital v. 羊生殖道弧菌病

vibrissa [vai'brisə] (pl. vibrissae) (L.) ❶ 触须;❷ 鼻毛(人的)

vibrissae [vai'brisi:] (L.) (NA) 触须,鼻毛

vibroacoustic [,vaibrəuə'kustik] 振动声学的

vibrocardiogram [,vaibəu'ka:diəugræm] 心音振动描记法

vibromassage [,vibrəumæ'sa:ʒ] 振动按摩法

vibromasseur [vibrəumæ'sə:] (Fr.) 振动按摩器

vibrotherapeutics [,vəibrəuˌθerə'pju:tiks] 振动疗法

Viburnum [vai'bə:nəm] (L.) 荚蒾属
　V. **opulus** 雪球荚蒾
　V. **prunifolium** L. 樱叶荚蒾

vicarious [vai'kɛəriəs] (L. vicarius) 替代的,错位的

Vicia ['viʃiə] 蚕豆属
　V. **faba** (**fava**) 蚕豆

vicianose ['vaisiənəus] 巢芸莱糖

vicilin ['vaisilin] 巢芸莱球蛋白,豌豆球蛋白

vicine ['vaisin] 巢莱核甙

Vicq d'Azyr's band [vi:k də'ziæz] (Félix Vicq d'Azyr, French anatomist, 1948-1794) 维克达尔氏带

Vicryl ['vikrəl] 伟克合:一种可吸收的缝合材料的商品名

vidarabine [vi'dærəbi:n] (USP) 阿糖腺苷

videodensitometry [ˌvidiəˌdensiˈtɔmitri] 电视密度计

videofluoroscopy [ˌvidiəflueˈrɔskəpi] 电视荧光屏检查

videognosis [ˌvidiəgˈnəusis] (*video-*, from L. *videre* to see + *diagnosis*) X线(照)片电视诊断

videolaseroscopy [ˌvidiəleizəˈrɔskəpi] (*video* + *laser* + *-scopy*) 电视激光检查

videomicroscopy [ˌvidiəumaiˈkrɔskəpi] 电视显微镜检查

vidian artery [ˈvidiən] (Guido Guidi) (L. *Vidius*) (Italian anatomist, 1500-1569) 维杜斯氏动脉

Vieussens' ansa [viəˈsænz] (Raymond de Vieussens, French anotomist, 1641-1715) 维厄桑斯祥

view [ˈvjuː] 突出

VIG (vaccinia immune globulin 的缩写) 牛痘免疫球蛋白

vigilambulism [ˌvidʒiˈlæmbjulizəm] 醒性梦行症

vigilance [ˈvidʒiləns] (L. *vigilantia*) 不眠症, 警醒症

vigintinormal [vaiˌdʒintiˈnɔːməl] (L. *viginti* twenty + *norma* rule) 二十分之一当量的

Vignal's cells [viˈnjælz] (Guillaume Vignal, French physiologist, 1852-1893) 维尼阿耳氏细胞(胚)

vigor [ˈvigə] (L. *vigere* to flourish) 精力, 活力, 元气

hybrid v. 杂种优势

Villaret's syndrome [vijəˈreiz] (Maurice Villaret, French neurologist, 1877-1946) 维拉雷氏综合征, 腮腺后隙综合征

villi [ˈvilai] (L.) 绒毛。*villus* 的所有格和复数形式

villiferous [viˈlifərəs] 有绒毛的

villikinin [ˌviliˈkinin] (*villi* + Gr. *kinein* to move) 缩长绒毛素

villitis [viˈlaitis] (*villi* + *-itis*) 马蹄绒毛组织炎

villoma [viˈləumə] (*villus* + *-oma*) 绒毛瘤

villonodular [ˌviləˈnɔdjulə] 绒毛结节状的

villose [ˈviləus] (L. *villosus*) 绒毛状的, 有绒毛的

villositis [ˌviləˈsaitis] 胎盘绒毛炎

villosity [viˈlɔsiti] ❶ 绒毛状态; ❷ 绒毛

villous [ˈviləs] 绒毛状的

villus [ˈviləs] (pl. *villi*) (L. "tuft of hair") 绒毛

  amniotic v. 羊膜绒毛
  anchoring v. 固着绒毛
  arachnoid villi ❶ 蛛网膜粒
  branch v. 支绒毛
  chorionic v. 绒膜绒毛
  free v. 游离绒毛
  intestinal villi, villi intestinales (NA) 肠绒毛
  lingual villi 舌绒毛
  pleural villi, villi pleurales 胸膜绒毛
  primary v. 初级绒毛
  secondary v. 次级绒毛
  villi of small intestine 小肠绒毛
  stem v. 三级绒毛
  synovial villi, villi synoviales (NA) 滑膜绒毛
  tertiary v. 三级绒毛

villusectomy [ˌviləˈsektəmi] 滑膜切除术

viloxazine hydrochloride [viˈlɔksəziːn] 盐酸乙氧苯氧甲吗啉

vinbarbital [vinˈbɑːbitəl] 戊烯巴比妥

  sodium v. 戊烯巴比妥钠

vinblastine sulfate [vinˈblæstiːn] (USP) 硫酸长春花碱

Vinca [ˈvinkə] (L. *pervinca periwinkle*) 长春花属

vincamine [ˈvinkəmiːn] 长春胺

Vincent's angina [væˈsɔz] (Henri Vincent, French physician, 1862-1950) 奋森氏咽峡炎

vincofos [ˈvinkəufəs] 磷氯烯酯, 乙烯福尼

vincristine sulfate [vinˈkristiːn] (UPS) 硫酸长春新碱

vinculin [ˈvinkəlin] 温卡林

vinculum [ˈviŋkjuləm] (pl. *vincula*) (L.) 纽, 系带

  v. breve (NA) 短纽(腱纽)
  v. linguae 舌系带
  vincula lingulae cerebelli 小脑舌纽
  v. longum (NA) 长纽(腱纽)
  vincula tendinum digitorum manus (NA) 指腱纽
  vincula tendinum digitorum pedis (NA) 趾腱纽

vincula of tendons of fingers 指腱纽
vincula of tendons of toes 趾腱纽
vindesine sulfate ['vindəsi:n] 长春花碱酰胺
Vineberg operation ['vinbəg] (Arthur M. *Vineberg*, Canadian surgeon, born 1903) 威尼伯格手术
vinegar ['vinigə] (Fr. *vinaigre* sour wine) ❶ 醋；❷ 醋剂
vinegaroon [,vinigə'ru:n] 醋蝎
vinometer [vai'nɔmitə] (L. *vinum* wine + *metrum* measure) 酒类醇量计，酒精比重计
Vinson's syndrome ['vinsənz] (Porter Paisley *Vinson*, American surgeon, 1890-1959) 文森氏综合征
vinyle ['vainil] 乙烯基
  v. acetate 醋酸乙烯酯
  v. chloride 氯乙烯，氯化乙烯
  v. cyanide 氰化乙烯
Viocin ['vaiəsin]慰尔森：硫酸紫霉素制剂的商品名
Vioform ['vaiəfɔ:m]慰欧仿：氯碘喹啉制剂的商品名
Viokase ['viəkeis]慰尔克斯：胰酶制剂的商品名
violacein [,vaiə'leisi:n] 紫色杆菌素，青紫色素杆菌素
violaceous [,viə'læsiəs] 紫色的
violescent [,vaiə'lesənt] 淡紫色的
violet ['vaiəlit] ❶ 紫色；❷ 紫色染料
  amethyst v. 水晶紫色
  ammonium oxalate crystal v. 草酸铵结晶紫
  v. 7 B or C 龙胆紫，氯化甲基玫瑰苯铵
  cresyl v. acetate 甲酚紫醋酸盐
  cresyl v., cresylecht v. 甲酚紫
  crystal v. 结晶紫，龙胆紫
  v. G 结晶紫，龙胆紫
  gentian v. 龙胆紫
  hexamethyl v. 六甲基紫，龙胆紫
  Hofmann's v., iodine v. 霍夫曼氏紫，碘紫，大丽紫
  iris v. 水晶紫
  Lauth's v. 劳斯氏紫，硫堇
  methyl v. 甲紫，龙胆紫
  methylene v. 亚甲紫，甲烯紫
  neutral v. 中性紫
  Paris v., pentamethyl v. 巴黎紫，五甲紫，龙胆紫
viomycin sulfate ['vaiə,maisin] 硫酸紫霉素
viosterol [vai'ɔstərəl] 麦角骨化醇，维生素 D_2
VIP (vasoactive intestinal polypeptide 的缩写)肠血管活性肽
viper ['vaipə] 蝰蛇
  European v. 欧洲蝰
  Gaboon v. 加蓬蝰
  nose-horned v. 鼻角蝰，沙蝰
  palm v. 掌蝰
  pit v. 颊窝毒蛇
  rhinoceros v. 犀角蛙
  Russell's v. 鲁塞尔氏蝰蛇
  sand v. 沙蝰
  true v. 真蝰蛇
Vipera ['vaipərə] 蝰属
viperid ['vaipərid] ❶ 蝰的；❷ 蝰
Viperidae [vai'peridi:] 蝰科
viperine ['vaipərin] ❶ 蝰；❷ 蝰的，蝰蛇科的
vipoma, VIPoma [vi'pəumə] (*v*asoactive *i*ntestinal *p*olypeptide + *-oma*)胰腺瘤
Vira-A ['virəei] 威乐埃：阿糖腺苷制剂的商品名
viraginity [,vairə'dʒiniti] (L. *virago* a manlike woman) 女子男征
viral ['vaiərəl] 病毒的，病毒所致的
virales [vai'reliz] 病毒目
Virchow ['fəːkɔ] 魏尔啸：Rudolf Ludwing Karl,1821~1902,法国解剖学家
Virchow's angle ['fəkɔz] (R. L. K. *virchow*) 魏尔啸氏角
Virchow-Robin spaces ['fəkɔ rɔ'bin] (R. L. K. *Virchow*; Charles Philippe *Robin*, French anatomist, 1821-1885) 魏-罗二氏隙
viremia [vai'ri:miə] 病毒血(症)
virgin ['və:dʒin] (L. *virgo*) ❶ 处女；❷ 未交配过的雌性动物
virginal ['və:dʒinəl] 处女的
virginiamycin [,və:dʒinjə'maisən] 维及霉素，威里霉素
virginity [və:'dʒiniti] (L. *virginitas*)童贞，纯洁
viricidal [,viri'saidəl] 杀病毒的

viricide ['virisaid] 杀病毒剂
viridin [vai'ridin] 绿色木霉素
viridobufagin [ˌviridə'bjuːfədʒin] 绿蟾蜍精
virile ['virail] (L. *virilis*) ❶ 男性的;❷ 有男性征的
virilescence [ˌviri'lesəns] 男性化(指女子)
virilia [vai'riliə] (L.) 男性生殖器
viriligenic [ˌvirəlai'dʒenik] (L. *virilis* masculine + Gr. *gennan* to produce) 促进男证的
virilism ['virilizəm] (L. *virilis* masculine) 男性化(指女子)
　　adrenal V. 肾上腺性男性化
virility [ˌvai'riliti] (L. *virilitas*, form *vir* man) ❶ 有男性征;❷ 男性
virilization [ˌvirilai'zeiʃən] 男性化(指女子)
virilizing ['virilaizin] 引起男性化的
virion ['vaiəriɔn] 病毒体,病毒颗粒
virogene ['vaiərədʒiːn] (*virus + gene*) 病毒基因
virogenetic [ˌvaiərəudʒi'netik] ❶ 病毒原的;❷ 病毒所致的
viroid ['vaiərɔid] 预防(用)菌苗
virolactia [ˌvirəu'lækʃə] 乳汁病毒
virologist [ˌvaiə'rɔlədʒist] 病毒学家
virology [ˌvaiə'rɔlədʒi] 病毒学
viromicrosome [ˌvaiərəu'maikrəsəum] 不完全病毒颗粒
viropexis [ˌvaiərəu'peksis] (*virus* + Gr. *pēxis* fixation) 病毒固定
viroplasm ['vaiərəplæzəm] 病毒粒质
virosis [ˌvaiə'rəusis] (pl. *viroses*) 病毒病
virucidal [ˌvaiərə'saidəl] 杀病毒的
virucide ['vaiərəsaid] 杀病毒剂
virulence ['virjuləns] (L. *virulentia*, form *virus* poison) 毒力,毒性
virulent ['virjulənt] (L. *virulentus*, form *virus* poison) ❶ 有毒力的,毒性的;❷ 高度致病的,有毒的,有害的
virulicidal [ˌvirju'lisidəl] 灭毒性的
viruliferous [ˌvirju'lifərəs] (L. *virus* poison + *ferre* to bear) 带病毒的,产毒的
viruria [vaiə'ruəriə] 病毒尿
virus ['vaiərəs] (L.) 病毒
　　acute laryngotracheobronchitis v. 急性喉气管支气管炎病毒
　　adeno-associated v. 腺(病毒)伴随病毒
　　African horse fever v. 非洲马疫病毒
　　African swine fever v. 非洲猪瘟病毒
　　Aleutian mink disease v. 水貂阿留申病病毒
　　animal v's 动物病毒
　　Argentine hemorrhagic fever v. 阿根廷出血热病毒
　　attenuated v. 减毒病毒
　　Australian X disease v. 澳大利亚X病毒,墨累山各脑炎病毒
　　avian leukosis v's 禽白血病病毒
　　B v. B病毒
　　bacterial v. 细菌病毒
　　Berne v. 伯恩病毒
　　Bittner v. 比特内病毒,小鼠乳腺瘤病毒
　　BK v. (BKV) 铬病毒
　　bluetongue v. 蓝舌病毒
　　Bolivian hemorrhagic fever v. 玻利维亚出血热病毒
　　bovine leukemia v. 牛白血病病毒
　　bovine papillomatosis v. 牛乳头状瘤病毒
　　bovine papular stomatitis v. 牛丘疹性口炎病毒
　　bovine viral diarrhea v. 牛病毒性腹泻病毒
　　Breda v. 布雷达病毒
　　Brunhilde v. 布伦希尔得病毒
　　Bunyamwera v. 布尼安维拉病毒
　　Bwamba v. 布汪巴病毒
　　C v. (*coxsackievirus* 的缩写) 柯萨奇病毒
　　CA v. (*croup-associated* 的缩写) 副流感病毒
　　California encephalitis v. 加利福尼亚脑炎病毒
　　camelpox v. 骆驼痘病毒
　　cancer-inducing v. 致癌病毒
　　canine distemper v. 犬瘟热病毒
　　caprine arthritis-encephalitis v. 羊关节炎性脑炎病毒
　　Catu v. 卡蒂病毒
　　CELO (*chicken-embyro-lethal orphan* 的缩写) **v.** 鸡胚致死性孤儿病毒
　　Central European encephalitis v. 中欧脑炎病毒
　　Chagres v. 查革雷斯病毒

chikungunya v. 基孔贡亚病毒,屈曲病毒
Coe v. 科埃病毒
Colorado tick fever v. 科罗拉多蜱热病毒
Columbia SK (Col SK) v. 哥伦比亚SK病毒
common cold v's 伤风病毒
coryza v. 鼻病毒
cowpox v. 牛痘病毒
Coxsackie v. 柯萨奇病毒
Crimean-Congo hemorrhagic fever v. 克里米亚-刚果出血热病毒
croup-associated v. 致哮吼病毒,副流感病毒
cytomegalic inclusion disease v. 巨细胞包涵体病病毒
defective v. 缺陷病毒,缺损病毒
dengue v. 登革热病毒
DNA v. 脱氧核糖核酸
eastern equine encephalomyelitis (EEE) v. 东方型马脑脊髓炎病毒
EB v. (Epstein-Barr v. 的缩写)EB病毒
Ebola v. 欧鲍拉病毒
EEE v. (eastern equine encephalomyelitis v. 的缩写)东方型马脑脊髓炎病毒
EMC v. (encephalomyocarditis v. 的缩写)脑心肌炎病毒
encephalomyocarditis v. 脑心肌炎病毒
enteric v's 肠道病毒
enteric orphan v's 肠道孤儿病毒
enveloped v. 包膜病毒
epidemic keratoconjunctivitis v. 流行性角膜结膜炎病毒
Epstein-Barr v. (EBv、EBV) 爱伯斯坦-巴尔病毒,EB病毒
equine arteritis v. 马脑动脉炎病毒
equine encephalomyelitis v. 马脑脊髓炎病毒
equine infectious anemia v. 马脑感染性贫血病毒
exanthematous disease v. 疹病病毒
FA v. FA病毒
feline immunodeficiency v. 猫免疫缺乏病毒
feline panleukopenia v. 猫传染性粒细胞缺乏症病毒,猫肠炎病毒,猫瘟病毒
filterable v., filtrable v. 滤过性病毒

v. fixé, fixed v. (狂犬病)固定病毒
foamy v's ① 泡沫病毒亚科;② 泡沫病毒
fowlpox v. 鸟痘病毒
Friend v. 弗氏病毒
Germisten v. 格米斯坦病毒
goatpox v. 羊痘
Graffi v. 格雷弗病毒
Gross v. 格罗斯病毒
Guama v. 刮马病毒
Guaroa v. 刮柔病毒
Hantaan v. 汉坦病毒
helper v. 辅助病毒
hemadsorption v., type 1 (HA1) 血细胞吸附病毒1型
hemadsorption v., type 2 (HA2) 血细胞吸附病毒2型
hepatitis A v. (HAV) 甲型肝炎病毒
hepatitis B v. (HBV) 乙型肝炎病毒
hepatitis B-like v's 类乙型肝炎病毒
hepatitis C v. 丙型肝炎病毒
hepatitis D v. (HDV) 丁型肝炎病毒
hepatitis delta v. δ型肝炎病毒
hepatitis E v. 戊型肝炎病毒
herpangina v. 疱疹性咽峡炎病毒
herpes v. 疱疹病毒
herpes simplex v. (HSV) 疱疹性复合物病毒
HIV-like v's 人免疫缺陷病毒
hog cholera v's 猪霍乱病毒
human immunodeficiency v. (HIV) 人免疫缺陷病毒
human T-cell leukemia v. 人T细胞白血病病毒
human T-cell leukemia/lymphoma v., human T-cell lymphotrophic V. (HTLV) 人T细胞白血病/淋巴瘤病毒,嗜人T淋巴细胞病毒(HTLV)
human T-cell lymphotropic v. type I (HTLV-I) 嗜人T淋巴细胞病毒类型I
human T-cell lymphotropic v. type II (HTLV-II) 嗜人T淋巴细胞病毒类型II
igbo-ora v. 伊克卜-奥拉病毒
Ilheus v. 伊列乌斯病毒
infectious bursal disease v. 传染性粘液囊病病毒
infectious ectromelia v. 传染性缺肢畸形

病毒,鼠痘病毒
infections pancreatic necrosis v. 传染性胰坏死病毒
infectious porcine encephalomyelitis v. 传染性猪脑脊髓炎病毒
infectious wart v. 传染性疣病毒
influenza v. 流行性感冒病毒
insect v's 昆虫病毒
iridescent v. 虹彩病毒
Jamestown Canyon v. 詹姆斯城病毒
Japanese encephalitis v. 流行性脑炎病毒,日本脑炎病毒
JC v. (JCV) JC 病毒
Junin v. 胡宁病毒
K v. K 病毒
Kemerovo v. 克麦罗沃城病毒
Korean hemorrhagic fever v. 朝鲜出血热病毒
Kumba v. 古波病毒
Kyasanur Forest disease v. 科萨努尔森林热病毒
La Crosse v. 拉·克罗斯病毒
Lansing v. 兰辛病毒
Lassa v. 拉沙病毒
latent v. 潜伏病毒
LCM v. 淋巴细胞性脉络丛脑膜炎病毒
Leon v. 利昂病毒
louping ill v. 羊跳跃病病毒
lumpy skin disease v. 肿皮病病毒
lymphadenopathy-associated v. (LAV) 淋巴结相关病毒;人免疫缺陷病毒
lymphocystis v's 淋巴瘤病毒
lymphocyte-associated v. 淋巴瘤相关病毒
lymphocytic choriomeningitis (LCM) v. 淋巴细胞脉络丛脑膜炎病毒
lytic v. 裂解病毒
M-25 v. M-25 病毒
Machupo v. 马休波病毒
maedi/visna v. 绵羊脱髓鞘性脑白质炎病毒
Makonde v. 马孔德人(族)的病毒
mammary tumor v. 乳腺肿瘤病毒
Marburg v. 马堡病毒
Marek's disease v. 马雷克氏病病毒
masked v. 隐性病毒,潜伏性病毒
Mayaro v. 马雅罗病毒
measles v. 麻疹病毒

measles-like v's 类麻疹病毒
Mengo v. 门哥病毒
milker's node v. 副牛痘(疹)病毒
mink enteritis v. 貂肠炎病毒
MM v. MM 病毒
molluscum contagiosum v. 传染性软疣病毒
Moloney v. 莫洛尼病毒
monkeypox v. 猴痘病毒
mouse mammary tumor v. 小鼠乳腺瘤病毒
mucosal disease v. 粘膜病病毒
mumps v. 腮腺炎病毒
murine leukemia v. 鼠白血病病毒
Murray Valley encephalitis v. 墨累山谷脑炎病毒
Nairobi sheep disease v. 内罗毕羊病病毒
naked v. 裸病毒
Nakiwogo v. 南鬼乌果病毒
neurotropic v. 亲神经性病毒
newborn pneumonitis v. 新生儿肺炎病毒
Newcastle disease v. 新城疫病毒
non-A, non B-hepatitis v. 非甲非乙肝炎病毒
nonenveloped v. 裸病毒
non-oncogenic v. 非致癌病毒
Norwalk v. 诺沃克病毒
Omsk hemorrhagic fever v. 鄂木斯克出血热病毒
oncogenic v's 致癌病毒
o'nyong-nyong v. 奥恩思恶病毒
orf v. 接触性深脓疱皮炎病毒
Oropouche v. 奥罗波赤病毒
orphan v's 孤儿病毒
Orungo v. 奥让革病毒
papilloma v. 乳头瘤病毒
pappataci fever v. 白蛉热病毒
parainfluenza v. 副流行性感冒病毒
paravaccinia v. 副痘苗病毒
pharyngoconjunctival fever v. 咽结膜热病毒
Pichinde v. 彼琴德病毒
Piry v. 皮里病毒
plant v's 植物病毒
poliomyelitis v. 脊髓灰质炎病毒
polyoma v. 多瘤病毒
Pongola v. 朋г拉病毒

Powassan v. 波瓦桑黄病毒
pox v. 痘病毒
pseudocowpox v. 假牛痘病毒
pseudorabies v. 假狂犬病病毒
Puumala v. 普马拉病毒
Quaranfil v. 虫媒病毒
rabbit fibroma v. 兔纤维瘤病毒
rabbit myxoma v. 兔粘液瘤病毒
rabies v. 狂犬病病毒
rabies-like v's 类狂犬病病毒
Rauscher v. 劳舍尔病毒
respiratory v's 呼吸道病毒
respiratory syncytial v. (RSV) 呼吸道合胞病毒
Rift Valley fever v. 裂谷热病毒
rinderpest v. 牛瘟病毒
RNA v. 核糖核酸病毒
RNA tumor v's 核糖核酸瘤病毒
Rocio v. 罗西奥病毒
Ross Rriver v. 罗斯河病毒
Rous-associated v. (RAV) 鲁斯氏相关病毒(RAV)
Rous sarcoma v. (RSV) 鲁斯氏肉瘤病毒
RS v. 呼吸道合胞病毒
rubella v. 风疹病毒
Russian spring-summer encephalitis v. 苏联春夏脑炎病毒
SA v. SA 病毒
St. Louis encephalitis v. 圣路易斯脑炎病毒
salivary gland v. 唾液腺病毒
sandfly fever v's 白蛉热病毒
sandfly fever-Naples v. 白蛉热-那普勒斯病毒
sandfly fever-Sicilian v. 白蛉热-西西里病毒
satellite v. 卫星病毒
Schwartz leukemia v. 施瓦茨白血病病毒
Semliki Forest v. 西门利克森林病毒
Semunya v. 塞门亚病毒
Sendai v. 仙台病毒
Seoul v. 西奥尔病毒
sheep-pox v. 羊痘病毒
sigma v. 西格马病毒
Simbu v. 西姆布病毒
simian v's 猿猴病毒
simian v.40 (SV40) 猿猴病毒 40
simian immunodeficiency v. (SIV) 猿猴免疫缺陷病毒
Sindbis v. 辛德华斯病毒
slow v. 慢病毒
Spondweni v. 斯庞德温尼病毒
street v. 街上病毒
swine influenza v. 猪感冒病毒
swinepox v. 猪痘病毒
Tacaribe v. 塔卡布病毒
Tahyna v. 塔西纳病毒
Tamiami v. 塔米亚米病毒
tanapox v. 艾菊痘病毒
temperate v. 温和噬菌体病毒
Teschen v. 捷申病毒
Theiler's v. 泰来病毒
tickborne v's 蜱传病毒
Toscana v. 托斯卡纳病毒
tumor v. 肿瘤病毒
U v. u 病毒
Uganda S v. 乌干达 S 病毒
Uppsala v. 乌普萨拉病毒
vaccinia v. 牛痘病毒
varicella-zoster v. 水痘带状疱疹病毒
variola v. 天花病毒
Venezuelan equine encephalomyelitis (VEE) v. 委内瑞拉型马脑脊髓炎病毒
vesicular exanthema of swine v. 猪水疱性疱疹病毒
vesicular stomatitis v. 水疱性口炎病毒
vesicular stomatitis-like v's 类水疱性口炎病毒
wart v. 疣病毒
Wesselsbron v. 韦塞尔斯布朗病毒
western equine encephalomyelitis (WEE) v. 西方型马脑脊髓炎病毒
West Nile v. 西尼罗病毒
Wyeomyia v. 库蚊病毒
yabapox v. 亚巴痘病毒
Yale SK v. 耶尔 SK 病毒
yellow fever v. 黄热病病毒
Zika v. 滋卡病毒

virusemia [ˌvairəˈsiːmiə] 病毒血症
virustatic [ˌvairəˈstætik] (*virus* + Gr. *statikos* bringing to a standstill) 抑制病毒的
viscera [ˈvisərə] (L.) 内脏。*viscus* 的复数
viscerad [ˈvisəræd] 向内脏
visceral [ˈvisərəl] (L. *visceralis*, from *viscus* a viscus) 内脏的

visceralgia [ˌvisəˈrældʒiə] (L. *viscus* viscus + Gr. *algos* pain + *-ia*) 内脏痛

visceralism [ˈvisərəlizəm] 内脏病源说

viscerimotor [ˌvisəriˈməutə] 内脏运动的

visceripericardial [ˌvisəperiˈkɑːdiəl] 内脏与心包的

viscer(o)- (L. *viscus*, gen. *visceris*) 内脏

viscerocranium [ˌvisərəuˈkreiniəm] (*viscero* + *cranium*) (NA) 面颅
  cartilaginous v. 软骨的脏颅
  membranous v. 膜脏颅

viscerography [ˌvisəˈrɔgrəfi] 脏器 (X 线) 照像术

visceroinhibitory [ˌvisərəuinˈhibitəri] 抑制内脏的

visceromegaly [ˌvisərəuˈmegəli] (*viscero* + Gr. *megas* large) 内脏巨大的

visceromotor [ˌvisərəuˈməutə] (*viscero-* + *motor*) 内脏运动的

visceroparietal [ˌvisərəupəˈraiətəl] 内脏腹壁的

visceroperitoneal [ˌvisərəuˌperitəuˈniəl] 内脏腹膜的

visceropleural [ˌvisərəuˈpluərəl] 内脏胸膜的

visceroptosis [ˌvisərɔpˈtəusis] (*viscero-* + Gr. *ptosis* fall) 内脏下垂

viscerosensory [ˌvisərəuˈsensəri] 内脏感觉的

visceroskeletal [ˌvisərəuˈskelitəl] 内脏骨胳的

viscerosomatic [ˌvisərəsəuˈmætik] 内脏躯体的

viscerotome [ˈvisərətəum] ❶肝组织刺取器;❷脏节,脏区

viscerotomy [ˌvisəˈrɔtəmi] (*viscero-* + Gr. *tomē* a cutting) 肝组织刺取术(尸体)

viscerotonia [ˌvisərəuˈtəuniə] (*viscero-* + *ton-* + *-ia*) 内脏强健型性格

viscerotrophic [ˌvisərəuˈtrɔfik] 内脏营养的

viscerotropic [ˌvisərəuˈtrɔpik] (*viscero-* + Gr. *tropos* a turning) 亲内脏的

viscid [ˈvisid] (L. *viscidus*) 粘的

viscidity [viˈsiditi] 粘性

viscoelastic [ˌviskəiˈlæstik] 粘的弹性的

viscogel [ˈviskədʒel] 粘凝胶

viscometer [visˈkɔmitə] 粘度计

viscometry [visˈkɔmitri] (血)粘度测量法

viscose [ˈviskəus] ❶粘的;❷粘胶,粘胶丝

viscosimeter [ˌviskəuˈsimitə] 粘度计
  Ostwald v. 奥斯特华德氏粘度计
  Stormer v. 斯道摩粘度计

viscosimetry [ˌviskəuˈsimitri] (血)粘度测量法

viscosity [visˈkɔsiti] 粘(滞)度,粘(滞)性
  absolute v. 绝对粘度
  dynamic v. 动力学粘度
  kinematic v. 动力粘度

viscous [ˈviskəs] (L. *viscosus*) 粘的

viscus [ˈviskəs] (pl. *viscera*) (L.) 内脏

visibility [ˌviziˈbiliti] (L. *visibilitas*) 可视性,可见性

visible [ˈvizibl] 可视的,可见的

visile [ˈvizail] ❶ 视觉的;❷ 最易理解或回想所见过的

Visine [viˈziːn] 威银:盐酸四氢萘唑啉制剂的商品名

vision [ˈviʒən] (L. *visio*, from *vidēre* to see) ❶ 视觉;❷ 视;❸ 幻视;❹ 视力
  achromatic v. 全色盲
  binocular v. 双眼视觉
  central v. 中央视觉
  chromatic v. 色觉
  color v. ①色觉;②色视症
  day v. 白昼视觉,明视觉
  dichromatic v. 二色视,二色性色盲
  direct v. 直接视,中央视觉
  double v. 复视
  facial v. 面部(感觉)测距能力
  foveal v. 中央视觉
  halo v. 虹(彩)视
  haploscopic v. 实体视觉
  indirect v. 间接视,周边视觉
  low v. 低视力
  monocular v. 单眼视觉
  multiple v. 视物显多症
  night v. 夜间视觉,暗视觉
  v. null 阴性盲点,不自觉盲点
  v. obscure 阳性盲点(自觉盲点)
  oscillating v. 振动幻觉
  peripheral v. 周边视觉,间接视
  photopic v. 白昼视觉,明视觉
  Pick's v. 皮克氏视觉(视物变形症)
  pseudoscopic v. 虚性视觉,非实体视觉

rainbow v. 虹(彩)视
rod v. 杆视觉
scotopic v. 暗视觉
solid v., stereoscopic v. 实体视觉
triple v. 三重复视(视一物为三)
tubular v. 诈病视觉
tunnel v. ① 视野收缩；② 管状视
twilight v. 暗视觉
violet v. 紫视症,紫幻视
yellow v. 黄视症,视物显黄症
Visken ['visken] 威斯肯：吸哚洛尔制剂的商品名
visna ['visnə] (Icelandic "wasting") 绵羊脱髓鞘性脑白质炎
Vistaril ['vistəril] 威斯特瑞：羟嗪制剂的商品名
visual ['viʒuəl] (L. *visualis*, from *videre* to see) ❶ 视觉的,视力的；❷ 视觉性记忆优势者
visualization [ˌviʒuəlai'zeiʃən] ❶ 使显形,造影(术)；❷ 想象
   double contrast v. 双衬造影术,双对比造影术
visualize ['viʒuəlaiz] ❶ 完全可见；❷ 可见的
visual-spatial [ˌviʒuə'speiʃəl] 视觉空间的
visuoauditory [ˌviʒuəu'ɔːditəri] 视听觉的
visuognosis [ˌviʒuəg'nəusis] (L. *visus* sight + Gr. *gnōsis* knowledge) 视觉辨认辨视力
visuomotor [ˌviʒuəu'məutə] 视觉动运的
visuopsychic [ˌviʒuə'saikik] 精神视觉的
visuosensory [ˌviʒuə'sensəri] 视觉的
visuospatial [ˌviʒuə'speiʃəl] 视觉空间的
vitagonist [vai'tægənist] ❶ 维生素拮抗物；❷ 引起某一特定的维生素缺乏的物质
vital ['vaitəl] (L. *vitalis*, from *vita* life) ❶ 生命的,生活的；❷ (生活上)维持生活所必需的；紧要的
Vitali's test [vi'tæliz] (Dioscoride *Vitali*, Italian physician, 1832-1917)。维塔利氏试验(检生物碱,胆色素,脓尿等)
vitalism ['vaitəlizəm] (L. *vita* life) 生机论,生活力说
Vitallium [vai'tæliəm] 活合金(钴铬钼合金)：钴铬合金的商品名
vitamer ['vaitəmə] 同效维生素

vitamin ['vaitəmin] 维生素
vitanition [ˌvaitə'niʃən] 维生素缺乏性营养障碍
vitellarium [ˌvitə'lɛəriəm] 卵黄腺
vitellary ['vitəˌləri] 卵黄的
vitellicle [vai'telikl] (L. *vitellus* yolk) 卵黄囊
vitellin [vai'telin] 卵黄磷蛋白
vitelline [vai'telin] (L. *vitellus* yolk) 卵黄的
vitello-intestinal ['vaitələuin'testinəl] 卵黄与肠的
vitellogenesis [ˌvaitələu'dʒenisis] 卵黄生成(作用)
vitellolutein [ˌvaitələu'ljuːtiːn] (L. *vitellus* yolk + *luteus* yellow) 卵黄黄素,卵黄黄质
vitellomesenteric [ˌvaitələumesən'terik] 卵黄管与肠系膜的
vitellorubin [ˌvaitələu'ruːbin] (L. *vitellus* yolk + *ruber* red) ❶ 卵黄红素,卵黄红质；❷ 甲壳红素
vitellose [vai'teləus] 卵磷(蛋白)胨,卵黄(蛋白)胨
vitellus [vai'teləs] (L.) 卵黄
vitiatin [vi'taiətin] 维提阿丁
vitiation [ˌviʃi'eiʃən] (L. *vitiatio*) ❶ 效率减退；❷ 使失效,使出错
vitiligines [ˌviti'lidʒiniz] 白斑
vitiliginous [ˌviti'lidʒinəs] 白斑的
vitiligo [ˌviti'laigəu] (L.) 白斑
   v. iridis 虹膜退色
vitiligoid [ˌvitə'laigɔid] 白斑病状的,白癜风状的
vitiligoidea [ˌvitəlai'gɔidiə] 黄色瘤,黄疣
Vitis ['vaitis] (L.) 葡萄属
   V. vinifera 葡萄
vitium ['viʃiəm] (pl. *vitia*) (L.) 缺陷,缺损,错误,异常,病
   v. conformationis 畸形
   v. primae formationis 先天(性)畸形
vit. ov. sol. (L. *vitello ovisolutus* 的缩写) 溶于卵黄内
vitrectomy [vi'trektəmi] (*vitreum* + *ectomy*) 玻璃体摘出术
vitreocapsulitis [ˌvitriəuˌkæpsju'laitis] (L. *vitreus* glassy + *capsula* capsule + *-itis*) ❶ 玻璃体炎；❷ 玻璃体囊炎
vitreoretinal [ˌvitriəu'retinəl] 玻璃体视

网膜的
vitreous ['vitriəs] ❶ 玻璃状的,透明的; ❷ 玻璃体
　　detached v. 玻璃体脱离
　　primary v. 原玻璃体
　　primary persistent hyperplastic v. 原发持续增生性玻璃体
　　secondary v. 第二玻璃体
　　tertiary v. 第三玻璃体
vitreum ['vitriəm] 玻璃体
vitrification [,vitrifi'keiʃən] (L. *vitrum* glass)玻璃化
vitriol ['vitriəl] (L. *vitriolum*)矾,硫酸盐晶体
　　blue v. 胆矾,蓝矾,硫酸铜
vitriolated [,vitriəu'leitid] ❶ 含矾的;❷ 含硫酸
vitronectin [,vitrə'nektin] 一种血浆糖蛋白
vitropression [,vitrə'preʃən] (L. *vitrum* glass + *pression*)玻片压迫法(用玻片使皮肤褪色,以检皮疹)
Vivactil [vi'væktil] 威外克丁:盐酸普鲁替林制剂的商品名
vivi- (L. *vivus* alive) 活,生命
vividialysis [,vividai'ælisis] 活(体)膜透析
vividiffusion [,vividi'fjuʒən] 活体扩散法
vivification [,vivifi'keiʃən] (L. *vivus* living + *facere* to make) 化为活组织,活化
viviparity [,vivi'pæriti] 胎生
viviparous [vai'vipərəs] (*vivi-* + L. *parere* to bring forth, produce)胎生的
Viviparus [vai'vipərəs] 田螺属
　　V. javanicus 爪哇田螺
vivipation [,vivi'peiʃən] 胎生
viviperception [,vivipə:'sepʃən] 活体检察法
vivisect [vivə'sekt] (L. *vivus* living + *secare* to cut) 活体解剖
vivisection [,vivi'sekʃən] 活体解剖(动物)
vivisectionist [,vivi'sekʃənist] 活体解剖者(指动物实验)
vivisector [,vivə'sektə] 活体解剖器
vivosphere [,vai'vəsfiə] (L. *vivus* alive + *atmosphere*) 生物区
VLA(very late activation (antigen)的缩写)最迟激活作用
Vladimiroff's operation [vlædi'mi:rəfs] (Alexander A. Vladimiroff, Russian surgeon, 1837-1903)弗拉迪米罗夫手术
Vladimiroff-Mikulicz amputation [,vlædi'mi:rə fmikulitʃ] (Alexander A. *Vladimiroff*, Johann von *Mikulicz*-Radecki, Polish surgeon in Germany, 1850-1905)弗-米二氏切断术
VLBW(very low birth weight 的缩写)低体重儿
VLDL(very-low-density lipoprotein 的缩写)极低密度脂蛋白
　　β-VLDL, beta VLDL β-极低密度脂蛋白
　　pre-β-VLDL 前 β-极低密度脂蛋白
VM-26 鬼白霉素的半合成衍生物抗肿瘤药
VMA(vanillylmandelic acid 的缩写)香草基杏仁酸盐
VMD(L. Veterinariae Medicinae Doctor 的缩写)兽医博士
vocal ['vəukəl] (L. *vocalis*, from *vox* voice) 嗓音的,发音的
vocalis [vəu'keilis] (L.)声带肌
vocalization [,vaukəli'zeiʃən] 发声,发声作用
Voges-Proskauer test ['vɔgəs 'prɔskauə] (Daniel Wilhelm Otto *Voges*, German physician, early 20th century; Bernhard *Proskauer*, German hygienist, 1851-1915)福格斯-普罗斯考尔试验
Vogt's angle [fəukts] (Karl *Vogt*, German naturalist and physiologist 1817-1895)伏格特氏角
Vogt's point [fəukts] (Paul Frederick Emmanuel *Vogt*, German surgeon, 1844-1885)伏格特氏点
Vogt's syndrome [vəukts] (Cécile *Vogt*, French physician in Germany, 1875-1962, Oskar *Vogt*, German neurologist 1870-1959),伏格特氏综合征
Vogt-Hueter point [fəukt 'hi:tə] (P. F. E. Vogt; Karl Hueter, German surgeon, 1838-1882)伏-许二氏点
Vogt-Koyanagi syndrome [fəukt kəujɑ:'nɑ:gi] (Alfred *Vogt*, Swiss ophthalmologist, 1879-1943; Yoshizo *Koyanagi*, Japanese ophthalmologist, 1880-1954)伏-小柳二氏综合征
Vogt-Koyanagi-Harada syndrome [vəukt kɔjɑ:'nɑ:gi hæ'rædə] (Alfred *Vogt*; Y.

Koyanagi; Einosuke *Harada*, Japanese surgeon,1892-1947)伏-小柳-原田三氏综合征

Vogt-Spielmeyer disease [fəugt 'ʃpiːlmaiə] (Heinrich *Vogt*, German physician, born 1875; Walter *Spielmeyer*, German physician,1879-1935)黑矇性白痴

Vohwinkel's syndrome [fəu'vingkelz] (Karl Hermann *Vohwinkel*, German dermatologist,20th century)福温克尔氏综合征

voice [vɔis] (L. *vox* voiec)语音,语声
  amphoric v. 空瓮语音,空洞语音
  cavernous v. 空调语音
  double v. 复音,双音
  eunuchoid v. 类无睾者语音
  whispered v. 耳语音,低语音

void [vɔid] 排泄

Voigt's lines [fɔits] (Christian August *Voigt*, Austrian anatomist,1908-1890)伏伊特氏界线(周围神经分布界线)

Voillemier's point [ˌvwɑːlmi'eiz] (Léon Clémont *Voillemier*, French urologist,1809-1878)瓦尔米埃氏点(膀胱穿刺)

Voit's nucleus [fɔits] (Karl von *Voit*, German physiologist, 1831-1908)伏伊特氏核(小脑内副齿状核)

voix [vwɑː] (Fr.)语音,语声
  v. de polichinelle (Fr. "voice of Punch") 笨拙音,傀儡音

vola ['vəulə] (gen.和 pl. *volae*)(L.)掌,跖
  v. manus 手掌,掌
  v. pedis 足跖,跖

volar [vəulə] ❶ 掌的;❷ 跖的;❸ 掌侧的
volardorsal [ˌvəulə'dɔːsəl] 掌背的,跖背的
volaris [vəu'lɛəris] ❶ 掌的,跖的,掌侧的;❷ 手掌的或足底的(NA)
volatile ['vɔlətail] (L. *volatilis*, form *volare* to fly)挥发性的
volatility[ˌvɔlə'tiliti] 挥发性,挥散性
volatilization [ˌvɔlətilai'zeiʃən] 挥发作用
volatilize [vɔ'lætilaiz] 挥发
volatilizer ['vɔlətiˌlaizə] 挥发器
vole [vəul] 野鼠,田鼠
volition [vəu'liʃən] (L. *velle* to will)意志,决心
volitional [vəu'liʃənəl] 意志的,决心的

Volkmann's canal ['fɔlkmənz] (Alfred Wilhelm *Volkmann*, German physiologist, 1800-1877)福耳克曼氏管

Volkmann's contracture ['fɔlkmən] (Richard von *Volkmann*, German surgeon,1830-1889)福耳克曼氏挛缩

volley ['vɔli] (Fr. *volée* flight)冲动排,一列冲动
  antidromic v. 逆行冲动排

volsella [vɔl'selə] (L.)双爪钳

volt [vəult] (Alessandro *Volta*, Italian physiologist and physicist, 1745-1827) 伏(特)
  electron v.(eV, ev) 电子伏特

voltage ['vəultidʒ] 电压
voltaic [vɔl'teiik] ❶伏打电的;❷(直)流电的
voltammeter [vəul'tæmitə] ❶伏安计;❷电压电量计
voltampere [vəult'æmpɛə] 伏(特)安(培)
Voltaren ['vəultərən] 扶他林:二氯胺苯乙酸钠制剂的商品名
voltmeter ['vəultmiːtə] 伏特计,电压计
Voltolini's disease [ˌvɔltə'liniz] (Friedrich Edward Rudolf *Voltolini*, German otorhinolaryngologist,1819-1889) 伏耳托利尼氏病

volume ['vɔljum] 容量,容积,体积
  atomic v. 原子体积
  blood v. 血量、血容量
  circulation v., v. of circulation 循环血量
  v. of distribution 分布容量
  end-diastolic v.(EDV) 终末舒张血量
  end-systolic v.(ESV) 终末收缩血量
  expiratory reserve v. 呼气储备量缩写为ERV
  forced expiratory v. 用力呼气容量
  inspiratory reserve v. 吸气储备容量
  mean corpuscular v. 红细胞平均容量
  minute v. 分钟容量
  packed-cell v.(PCV), volume of packed red cells (VPRC) 红细胞压积
  plasma v. 血浆容量
  red cell v. 红细胞容量
  residual v. 余气量
  stroke v. 心搏(排血)量
  tidal v. 潮流气量

volumenometer [ˌvɔljuːmiˈnɔmitə] 容积计

volumetric [ˌvɔljuˈmetrik] (*volume* + *metric*) 容量的,容积的

volumette [ˌvɔljuˈmet] 重复定量滴管

volumometer [ˌvɔljuˈmɔmitə] (*volume* + *-meter*) 容积计

voluntary [ˈvɔləntəri] (L. *voluntas* will) 随意的

voluntomotory [ˌvɔləntəuˈməutəri] (L. *voluntas* will + *motor* mover) 随意运动的

volute [vəˈljuːt] ❶ 涡旋的,涡卷的; ❷ 涡螺

volutin [vəˈljuːtin] 异染质,纤回体

volvulate [ˈvɔlvjuleit] (L. *volvere* to twist round) 使扭转

volvulosis [ˌvɔlvjuˈləusis] 盘尾丝虫病

volvulus [ˈvɔlvjuləs] (L. *volvere* to twist round) 肠扭转
  v. neonatorum 新生儿肠扭转

vomer [ˈvəumə] (L. "plowshare") (NA) 犁骨

vomerine [ˈvəumərin] 犁骨的

vomerobasilar [ˌvəumərəuˈbæsilə] 犁骨颅底的

vomeronasal [ˌvəumərəuˈneisəl] 犁骨鼻骨的

vomicose [ˈvɔməkəus] (L. *vomica* ulcer) 脓洞的,溃疡的

vomit [ˈvɔmit] (L. *vomitare*) ❶ 呕吐; ❷ 呕吐物
  Barcoo v. 巴尔库呕吐
  bilious v. 胆汁性呕吐物
  black v. 黑色呕吐物
  coffee-ground v. 咖啡渣状呕吐物

vomiting [ˈvɔmitiŋ] 呕吐
  cerebral v. 脑性呕吐
  cyclic v. 周期性呕吐
  dry v. 干呕
  fecal v. 呕粪,吐粪
  hysterical v. 癔病性呕吐、歇斯底里性呕吐
  periodic v. 周期性呕吐
  pernicious v. 恶性孕吐
  v. of pregnancy 妊娠呕吐
  projectile v. 喷射性呕吐
  recurrent v. 周期性呕吐
  stercoraceous v. 吐粪,粪便性呕吐

vomitive [ˈvɔmitiv] 吐吐的,催吐的

vomitory [ˈvɔmitəri] 吐剂

vomiturition [ˌvɔmitjuəˈriʃən] 干呕

vomitus [ˈvɔmitəs] (L.) ❶ 呕吐; ❷ 呕吐物
  v. cruentus 血性呕吐物,呕血
  v. matutinus 晨吐

v-onc (*viral oncogene*) 病毒性肿瘤基因

Vontrol [vɔnˈtrəul] 旺苗:二苯哌啶丁醇制剂的商品名

Voranil [ˈvɔrənil] 威若尼:盐酸邻氯苯丁胺制剂的商品名

vortex [ˈvɔːteks] (pl. *vortices*) (L. "whirl") 涡
  coccygeal v., v. coccygeus 尾毛涡
  v. cordis (NA), v. of heart 心涡
  Fleischer's v. 弗莱舍尔氏涡
  v. lentis 晶状体涡
  vortices pilorum (NA) 毛涡

vortices [ˈvɔːtisiːz] (L.) (*vortex* 的复数) 涡

v. o. s. (L. *vitello ovi solutus* 的缩写) 溶于卵黄的

Vossius' ring [ˈfɔsiəs] (Adolf *Vossius*, German ophthalmologist, 1855-1925) 沃祖斯氏环

vox [vɔks] (gen. *vocis*, pl. *voces*) (L.) 嗓音,语音,语声
  v. cholerica 霍乱嘶哑声

voxel [ˈvɔksel] (*volume el*ement, by analogy with *pixel*) 音位

voyeur [vɔiˈjuə] 窥淫癖者

voyeurism [vɔiˈjəːrizəm] (DSM-III-R) 窥阴癖,窥阴部色情

VP (*variegate porphyria* 的缩写) 杂色卟淋症,斑驳紫质症

VP-16 鬼臼乙叉苷,表鬼臼毒吡喃葡糖苷

VPB (*ventricular premature beat* 的缩写) 心室的过早搏动

VPC (*ventricular premature complex* 的缩写) 心室早搏复合波

VPD (*ventricular premature depolarization* 的缩写) 心室过早去极化

VPRC (*volume of packed red cells* 的缩写) 红细胞压积

VR (*vocal resonance* 的缩写) 语响

Vrolik's disease [ˈvrɔliks] (Willem *Vrolik*, Dutch anatomist, 1801-1863) 弗罗里克氏

病

VS(volumetric solution 的缩写)滴定(用)溶液,定量溶液

VSG(variable surface glycoprotein 的缩写)可变性表面糖蛋白

VSV(Veiculovirus 的缩写)水泡病毒

VT(ventricular tachycardia 的缩写)室性心动过速

vuerometer [ˌvjuːəˈrɔmitə] (Fr. *vue* sight + *-meter*)眼距测量器

vulcanize [ˈvʌlkənaiz]使橡皮硫化

vulgaris [vʌlˈgeris] (L.)寻常的,普通的

vulnerability [ˌvʌlnərəˈbiliti]易伤性

vulnerant [ˈvʌlnərənt] ❶致创伤的;❷致伤物

vulnerary [ˈvʌlnərəri] (L. *vulnerarius*, from *vulnus* wound)❶治创伤的;❷创伤药

vulnerate [ˈvʌlnəreit] (L. *vulnerare*)致伤,创成创伤

vulnus [ˈvʌlnəs] (pl. *vulnera*)(L.)创伤,伤口

Vulpians atrophy [vʌlˈpiənz] (Edme Felix Alfred *Vulpian*, French physician, 1826-1887)维尔皮安氏萎缩

vulsella [vʌlˈselə] (L.)双爪钳

vulsellum [vʌlˈseləm] (L.)双爪钳

vulva [ˈvʌlvə] (L.)女阴,外阴
  fused v. 外阴闭锁

vulval [ˈvʌlvəl]女阴的,外阴的

vular [ˈvʌlvə]女阴的,外阴的

vulvectomy [vʌlˈvektəmi]外阴切除术

vulvismus [vʌlˈvizməs]阴道痉挛

vulvitis [vʌlˈvaitis] (*vulva* + *-itis*)外阴炎
  atrophic v. 萎缩性外阴炎
  diabetic v. 糖尿病性女阴炎
  eczematiform v. 湿疹型女阴炎
  erosive v. 腐蚀性外阴炎
  leukoplakic v. 白斑病外阴炎,外阴干皱
  phlegmonous v. 蜂窝织炎性外阴炎,腐蚀性外阴炎
  plasma cell v., v. plasmocellularis 浆细胞性外阴炎
  pseudoleukoplakic v. 假白斑病外阴炎
  ulcerative v. 溃疡性外阴炎

vulvocrural [ˌvʌlvəˈkruərəl]外阴股的

vulvopathy [vʌlˈvɔpəθi] (*vulva* + Gr. *pathos* disease)外阴病

vulvorectal [ˌvʌlvəˈrektəl]外阴直肠的

vulvouterine [ˌvʌlvəˈjuːtərain]外阴子宫的

vulvovaginal [ˌvʌlvəˈvædʒinəl]外阴阴道的

vulvovaginitis [ˌvʌlvəˌvædʒiˈnaitis]外阴阴道炎
  infectious pustular v. 感染性脓疱性外阴阴道炎
  senile v. 老年性外阴阴道炎

Vumon [ˈvʌmən]唯门:鬼白霉素制剂的商品名

vv. (L. *venae*的缩写)静脉

v/v (溶质)容量/(溶媒)溶量

VW (vessel wall 的缩写)血管壁

V-Y plasty V-Y 成形术

VZIG(varicella-zoster immune globulin 的缩写)水痘-带状疱疹免疫球蛋白

W

W ❶ (*tungsten* (Ger. *Wolfram*) 的符号) 钨; ❷ (*watt* 的符号) 瓦特
W (*work* 的符号) 功
Waardenburg's syndrome ['vɑːdenbəɡz] (Petrus Johannes *Waardenberg*, Dutch ophthalmologist, 1886-1979) 沃尔登白格氏综合征
Wachendorf's membrane ['vɑːkəndɔːfs] (Eberhard Jacob *Wachendorf*, Dutch physician, 1703-1758) 瓦肯多夫氏膜
Wada's test ['wɑdəz] (Juhn Atsushi *Wada*, Japanese-born Canadian neurosurgeon, born 1924) 韦达氏试验
wadding ['wɔdiŋ] ❶ 填塞; ❷ 填料,填塞物,棉塞
wadding gait ['wɔdiŋ geit] 鸭步式,摇摆步式
wafer ['weifə] 糯米纸囊剂
Wagstaffe's fracture ['wægstɑːfs] (William Warwick *Wagstaffe*, English surgeon, 1843-1910) 瓦格斯塔夫氏骨折
WAIS (Wechsler Adult Intelligence Scale 的缩写) 葳斯勒氏成人智力等级
waist [weist] 腰
waiting-room ['weitingruːm] 候诊室,待诊室
wakefulness ['weikfəlnis] ❶ 失眠症; ❷ 失眠; ❸ 清醒,唤起
Waksman ['wæksmən] 瓦克斯曼: Selman Abraham, 俄裔美国微生物学家, 1888-1973
Wald [wɑːld] 沃尔德: George, 美国生物学家, 生于 1906 年
Waldenburg's apparatus ['vɑːldənbəːɡz] (Louis *Waldenburg*, German physician, 1837-1881) 瓦尔登伯格氏器
Waldenström's disease ['vɑːldənstremz] (Johan Henning *Waldenström*, Swedish orthopedic surgeon, 1877-1972) 瓦尔登斯特伦氏病
Waldenström's macroglobulinemia ['vɑːldənstremz] (Jan Gosta *Waldenström*, Swedish physician, born 1906) 瓦尔登斯特伦氏巨球蛋白血症
Waldeyer's fluid ['vɑːldaiəz] (Heinrich Wilhelm Gottfried von *Waldeyer*, German anatomist, 1836-1921) 瓦耳代尔氏液
walk ['wɔːk] ❶ 步行; ❷ 步态
walker ['wɔːkə] 扶车
Walker's lissencephaly ['wɔːkəz] (Arthur Earl *Walker*, American surgeon, born 1907) 沃尔克氏无脑回(畸形)
Walker-Warburg syndrome ['wɔːkə 'vɑːbəːɡ] (A. E. *Walker*; Mette *Warburg*, Danish ophthalmologist, 20th century) 沃-沃二氏综合征
walking ['wɔːkiŋ] ❶ 步行; ❷ 步态
　chromosome w. 染色体移行
　heel w. 脚跟步
　sleep w. 梦行(症)
wall [wɔːl] 壁
　axial w. 轴壁
　cavity w. 洞壁
　cell w. 细胞壁
　germ w. 胚壁
　gingival w. 龈侧壁
　nail w. 甲廓
　parietal w. 胚体壁
　periotic w. 听泡壁
　pulpal w. 髓壁
　splanchnic w. 脏壁,脏层
　subpulpal w. 髓底壁
Wallenberg's syndrome ['vɑːlənbəːɡz] (Adolf *Wallenberg*, German physician, 1862-1949) 瓦伦贝格氏综合征
wallerian degeneration [wɔˈliriən] (Augustus Volney *Waller*, English physiologist, 1816-1870) 华勒氏变性
walleye ['wɔːlai] ❶ 角膜白斑; ❷ 散开性斜视,外斜视
Walthard's islets ['vɑːltɑːdz] (Max *Walth-*

ard, Swiss gynecologist, 1867-1933) 瓦尔塔德氏小岛

Walther's ducts ['vɑːltəz] (August Friedrich *Walther*, German anatomist, 1688-1746) 沃尔西氏管

wandering ['wɔndəriŋ] ❶ 游动的; ❷ 异常游动的; ❸ 游动
   pathologic tooth w. 病理性牙游动

Wang's test [wæŋz] (*Wang Chung Tik*, Chinese physician, 1888-1931) 王氏试验

Wangensteen drainage ['wæŋgənstiːn] (Owen Harding *Wangensteen*, American surgeon, 1898-1981) 旺根斯腾氏引流

warbles ['wɔːblz] ❶ (牛)皮瘤; ❷ 皮蝇
   ox w. 牛皮蝇

Warburg's syndrome ['vɑːbəːgz] (Mette *Warburg*, Danish ophthalmologist, 20th century) 沃尔伯格氏综合征

Ward-Romano syndrome [wɔːd rəʊˈmɑːnəʊ] (O.C. *Ward*, Irish physician, 20th century; C. *Romano*, Italian physician, born 1923) 沃-罗二氏综合征

ward [wɔːd] 病房

warfarin ['wɔːfərin] (named for *Wisconsin Alumni Research Foundation*) 丙酮苄羟香豆素, 华法令
   w. potassium 丙酮苄羟香豆素钾, 华法令钾
   w. sodium (USP) 丙酮苄羟香豆素钠, 华法令钠

Waring's method ['wɛəriŋz] (George Edwin *Waring*, Jr., American sanitary engineer, 1833-1898) 华林氏法

warm-blooded [wɔːmˈblʌdid] 温血的

warming chamber ['wɔːmiŋ 'tʃeimbə(r)] 暖匣, 暖箱

Warren's incision [ˈwɔrənz] (John Collins *Warren*, American surgeon, 1778-1856) 华伦氏切口

Warren shunt ['wɔrən] (W. Dean *Warren*, American surgeon, 1924-1989) 华伦氏分流术

wart [wɔːt] (L. *verruca*) 疣, 内赘
   acuminate w. 尖形疣
   anatomical w. 疣状皮结核
   cattle w. 牛疣
   common w. 普通疣, 单纯疣
   digitate w. 指疣
   filiform w. 丝状疣
   flat w. 扁平疣
   fugitive w. 暂时性疣
   genital w. 外阴疣, 性病湿疣
   Hassall-Henle w's 哈-汉二氏疣
   juvenile w. 青年疣
   moist w. 湿疣, 尖锐湿疣
   mosaic w. 马赛克样疣, 镶嵌状疣
   necrogenic w. 疣状皮结核
   peruvian w. 秘鲁疣
   pitch w's 沥青疣
   plane w. 平疣
   plantar w. 足底疣, 跖疣
   pointed w. 尖形疣, 尖锐湿疣
   postmortem w., prosector's w. 剖尸疣, 尸毒性疣
   seborrheic w. 皮脂溢性疣
   seed w. 子疣, 普通疣
   soot w. 煤烟疣, 煤灰癌
   telangiectatic w. 血管扩张性疣
   tuberculous w. 结核疣
   venereal w. 性病湿疣, 尖锐湿疣

Wartenberg's disease ['wɔːtənbəːgz] (Robert *Wartenberg*, American neurologist, 1887-1956) 华腾伯格氏病

Warthin's tumor ['wɔːθinz] (Aldred Scott *Warthin*, American pathologist, 1866-1931) 瓦尔信氏瘤

wash [wɔʃ] 洗剂, 洗液
   eye w. 洗眼剂
   mouth w. 漱口剂(药)

wasp [wɔsp] (L. *vespa*) 胡蜂, 黄蜂

wasserhelle ['vɑsəˌheli] (Ger. "water-clear") 水样透明的(细胞)

Wassermann test ['vɑsəmən] (August Paul von *Wassermann*, German bacteriologist, 1866-1925) 华色曼氏试验(梅验)

Wassermann-fast ['vɑsəmənˌfɑːst] 抗驱梅毒疗法的, 华氏反应固定的

waste [weist] ❶ 消耗; ❷ 排泄物; ❸ 消瘦
   phonetic w. of the breath 环杓侧肌麻痹性呼气过速

water ['wɔːtə] ❶ 水; ❷ 芳香水; ❸ 净化水
   ammonia w. 氨水
   ammonia w., stronger 浓氨水, 浓氨溶液
   aromatic w. 芳香水
   bound w. 结合水
   capillary w. 毛细管水

chlorine w. 氯水
cinnamon w. 桂皮水
w. of combustion 燃烧水,代谢水
w. of crystallization 结晶水
distilled w. 蒸馏水
egg w. 蛋水,卵水
free w. 游离水
Goulard's w. 古拉尔氏水
ground w. 地下水
hamamelis w. 北美金缕梅水
hard w. 硬水:含有钙盐和镁盐的水
heavy w. 重水
w. for injection (USP) 注射用水
w. for injection, bacteriostatic (USP) 抑菌性注射用水
w. for injection, sterile (USP) 灭菌注射用水
lead w. 铅水
lime w. 石灰水
metabolic w. 代谢水
mineral w. 矿泉水,矿物水
orange flower w. 桔花水
peppermint w. (NF) 薄荷水
potable w. 饮用水
purified w. (USP) 净化水
rose w. 玫瑰水
rose w., stronger (NF) 浓玫瑰水
saline w. 盐水
soft w. 软水
witch-hazel w. 金缕梅皮止痛水

water-borne ['wɔːtəˌbɔːn] 水传播的,水媒的

water brash ['wɔːtə bræʃ] 胃灼热,反酸

water-glass ['wɔːtəglɑːs] ❶水玻璃 ❷滴漏,水漏计

Waterhouse-Friderichsen syndrome ['wɔːtəhaus ˌfridə'riksən] (Rupert *Waterhouse*, British physician, 1873-1958; Carl *Friderichsen*, Danish pediatrician, 20th century) 华-弗二氏综合征

Waters' position ['wɔːtəz] (Charles Alexander *Waters*, American radiologist, 1888-1961) 沃特斯氏卧位

waters ['wɔːtəz] 羊水(俗称)

watershed ['wɔːtəʃed] 分水界,分水岭
abdominal w's 腹腔分水岭

water-soluble ['wɔːtəˈsɔljubl] 水溶性的

Waterston operation ['wɔːtəstən] (David J. *Waterston*, British thoracic and pediatric surgeon, b. 1910) 沃特斯顿氏手术

water-supply ['wɔːtəsəˈplai] 给水,水之供给

Watkins' operation ['wɔtkinz] (Thomas James *Watkins*, American gynecologist, 1863-1925) 沃特金斯氏手术

Watson ['wɔtsən] 沃森:James Dewey,美国生化学家,生于1928年

Watson-Crick helix ['wɔtsən krik] (James Dewey *Watson*; Francis Harry Compton *Crick*, British biologist, co-winner of Nobel prize in medicine and physiology in 1962) 沃-克二氏双螺旋(螺旋结构形)

Watson-Schwartz test ['wɔtsən ʃwɔːts] (Cecil James *Watson*, American physician, born 1901; Samuel *Schwartz*, American physician, 1916-1983) 沃-施二氏试验

Watsonius watsoni [wɔt'səuniəs wɔt'səunai] Malcolm *Watson*, British physician, 1873-1955) 瓦生氏瓦生吸虫

watt [wɔt] (after James *Watt*, 1736-1819) 瓦,瓦特

wattage ['wɔtidʒ] 瓦数,瓦特数

watt-hour ['wɔtauə] 瓦时,瓦特小时

wattmeter ['wɔtmiːtə] 瓦特计,电(力)表

wave [weiv] 波
A w. A波
a w. a波
alpha w's α波
axon w. 轴突波
b w. b波
beta w's β波
brain w's 脑电波
c w. c波
cannon a w's 加浓a波
catacrotic w., catadicrotic w. 降线一波,降线二波
contraction w. 收缩波
d w. d波
delta w. 丁波,σ波
delta w's σ波
dicrotic w. ❶(降线)重脉波
E w. E波:一偶发的负向波
electroencephalographic w's 脑电波
electromagnetic w's 电磁波
excitation w. 兴奋波
expectancy w. 期待波

F w's f 波
f w's F 波
fibrillary w's 纤维性颤动波
flutter w's 扑动波
giant a w's 巨大 a 波
H w. H 波
J w. J 波
lambda w's 人字缝尖波,λ 波
Liesegang's w's 利泽甘氏波
light w's 光波
longitudinal w. 纵波
M w. M 波
Mayer w's 迈尔波
Osborne w. 奥斯博恩波
P w. P 波
papillary w., percussion w. 脉首波,乳头状波
phrenic w. 膈波
positive sharp w. 正向锐波
pulse w. 脉波
Q. w. Q 波
R w. R 波
R_1 w. R_1 波
R_2 w. R_2 波
radio w's 无线电波
random w's 任意波
rapid filling w. 快速充盈波
recoil w. 回位波,反冲波
S w. S 波
sharp w. 锐波
short w. 短波
sine w. 正弦波
sinusoidal w. 正弦波
slow filling w. 慢速充盈波
sonic w's 声波
stimulus w. 刺激波
T w. T 波
Ta w. Ta 波
theta w's θ 波
tidal w. 潮波
transverse w. 横波
Traube-Hering w's 特-赫二氏波
tricrotic w. 三波脉波
U w. U 波
ultrashort w. 超短波,微波
ultrasonic w's 超声波
v w. v 波
ventricular w. 心室波
x w. x 波
y w. y 波

waveform ['weivfɔːm] 波形
  sinusoidal w. 正弦波
wavelength ['weivleŋθ] 波
  effective w., equivalent w. 有效波长,等效波长
  minimum w. 最小波长
wax [wæks] (L. *cera*) 蜡
  baseplate w. 基板蜡
  blockout w. 平整蜡
  bone w. 骨蜡
  boxing w. 围模蜡
  candelilla w. 小烛树蜡
  carding w. 板纹蜡
  carnauba w. (NF) 巴西棕榈蜡
  casting w. 铸造蜡
  cetyl esters w. (NF) 十六烷基脂蜡
  dental w. 牙蜡
  dental inlay casting w. 牙镶铸蜡
  ear w. 耵聍,耳垢
  emulsifying w. (NF) 乳化蜡
  grave w. 尸蜡
  Horsley's w. 霍斯利氏蜡
  inlay casting w., inlay pattern w. 牙镶铸蜡
  palm w. 棕榈蜡
  set-up w. 校准蜡
  try-in w. 基板蜡
  tubercle bacillus w. 结核杆菌蜡质
  utility w. 多用蜡
  vegetable w. 植物蜡
  white w. (NF) 白蜡
  yellow w. (NF) 黄蜡
waxing ['wæksiŋ] 上蜡,蜡模形成
waxing up ['wæksiŋ ʌp] 上蜡,蜡模形成
waxy [wæksi] 蜡状,蜡样
Wb (weber 的缩写) 韦伯,库仑(电量单位)
WBC ❶ (white blood cell 的缩写) 白细胞; ❷ (white blood (cell) count 的缩写) 白细胞计数
wean [wiːn] 断奶
weanling ['wiːnliŋ] ❶ 刚断奶的; ❷ 刚断奶的婴儿或动物
weariness ['wiərinis] 疲倦,疲劳
web [web] 蛛网状组织,蹼
  esophageal w. 食管蹼
  laryngeal w. 喉蹼

subsynaptic w. 突触下蛛网状组织
terminal w. 终端蛛网状组织
webbed [webd] 有蹼的
Weber's corpuscle ['veibəz] (Moritz Ignatz *Weber*, German anatomist, 1795-1875) 韦伯氏小体
Weber's disease ['wi:bəz] (Frederick Parkes *Weber*, English physician, 1863-1962) 韦伯氏病
Weber's paradox ['veibəz] (Ernest Heinrich *Weber*, German anatomist and physiologist, 1795-1878) 韦伯氏奇异现象
Weber's syndrome ['wi:bəz] (Sir Hermann David *Weber*, English physician, 1823-1918) 韦伯氏综合征
Weber's test ['veibəz] (Friedrich Eugen *Weber*, German otologist, 1832-1891) 韦伯氏试验
Weber-Christian disease ['wi:bə 'kristʃən] (F. P. *Weber*; Henry Asbury *Christian*, American physician, 1876-1951) 韦-克二氏病
Weber-Cockayne syndrome ['wi:bə 'kɔkein] (F. P. *Weber*; Edward Alfred *Cockayne*, English physician, 1880-1956) 韦-科二氏综合征
Weber-Gubler syndrome ['wi:bə gublə] (Sir H. D. *Weber*; Adolphe Marie *Gubler*, French physician, 1821-1879) 韦-古二氏综合征
Weber-Leyden syndrome ['wi:bə 'laidən] (Sir H. D. *Weber*; Ernst Victor von *Leyden*, German physician, 1832-1910) 韦-莱二氏综合征
weber ['webə] 韦伯
Webster's operation ['webstəz] (John Clarence *Webster*, American gynecologist, 1863-1950) 韦伯斯特氏手术
Wedensky facilitation [və'denski] (Nikolai Yevgenyevich *Wedensky*, Russian neurologist, 1852-1922) 维金斯基氏易化
wedge [wedʒ] (A. S. *wecg*) 楔
step w. 楔形梯级式透度计
WEE (western equine encephalomyelitis 的缩写) 西方马脑脊髓炎
Weeks' bacillus [wi:ks] (John Elmer *Weeks*, New York ophthalmologist, 1853-1949) 威克斯氏杆菌,结膜炎嗜血杆菌

weep [wi:p] ❶ 流泪;❷ 渗出浆液
Wegener's granulomatosis ['vegənæz] (Friedrich *Wegener*, German pathologist, born 1907) 韦格内氏肉芽肿病
Wegner's disease ['vegnæz] (Friedrich Georg *Wegner*, German pathologist, 1843-1917) 韦格内氏病
Weichbrodt's reaction ['vaikbrɔts] (Raphael *Weichbrodt*, German neurologist, 20th century) 魏希布罗特氏反应
Weidel's test ['vaidəlz] (Hugo *Weidel*, Austrian chemist, 1849-1899) 魏德耳氏试验
Weigert's law ['vaigəts] (Karl *Weigert*, German pathologist, 1845-1904) 魏格特氏定律
weight [weit] ❶ 重量;❷ 权
apothecaries' w. 药用衡量
atomic 原子量
avoirdupois w. 常衡制(英制)
combining w. 化合量,结合量
equivalent w. 当量
gram molecular w. 克分子量
molecular w. 分子量
Weil's basal layer [vailz] (Ludwig A. *Weil*, German dentist, 1849-1895) 威尔氏基底层
Weil's stain [wailz] (Arthur *Weil*, American neuropathologist, 1887-1969) 威尔氏染剂
Weil's syndrome [vailz] (Adolf *Weil*, German physician, 1848-1916) 威尔氏综合征
Weil-Felix reaction [vail 'feiliks] (Edmund *Weil*, Austrian physician in Czechoslovakia, 1880-1922; Arthur *Felix*, Polish-born bacteriologist in England, 1887-1956) 威-斐二氏反应(试验)
Weill's sign [vailz] (Edmond *Weill*, French pediatrician, 1858-1924) 威尔氏征
Weill-Marchesani syndrome [vail mɑ:ki'sɑ:ni] (Georges *Weill*, French ophthalmologist, 1866-1952; Oswald *Marchesani*, German ophthalmologist, 1900-1952) 威-马二氏综合征
Weingarten's syndrome ['waingɑ:tənz] (R. J. *Weingarten*, American physician, 20th century) 魏因哥腾氏综合征
Weis' test [vais] (Moriz *Weis*, Austrian physician, 20th century) 魏斯氏试验
Weisbach's angle ['vaisbɑ:ks] (Albin *Weis-*

bach, Austrian anthropologist, 1837-1914)魏斯巴赫氏角

Weismann's theory ['vaismənz] (August Friedrich Leopold *Weismann*, German biologist, 1834-1914)魏斯曼氏学说

weismannism ['waismənizəm] (August *Weismann*) 魏斯曼氏主义,魏斯曼氏学说

Weiss' reflex [vais] (Leopold *Weiss*, German oculist, 1848-1901) 魏斯氏反射

Weiss' sign [vais] (Nathan *Weiss*, Austrian physician, 1851-1883) 魏斯氏征

Weitbrecht's cord ['vaitbrekts] (Josias *Weitbrecht*, German anatomist in Russia, 1702-1747)魏特布雷希特氏索

Welander's distal myopathy ['veilɑːndəz] (Lisa *Welander*, Swedish neurologist, born 1909) 威兰德氏远端肌病

Welch's bacillus ['weltʃiz] (Wililiam Henry *Welch*, American pathologist, 1850-1934)魏尔希氏杆菌

Welcker's angle ['velkəz] (Hermann *Welcker*, Austrian physician, 1822-1897) 魏尔克氏角

Weller ['welə] 韦勒: Thomas Huckle, 美国医师兼寄生虫学家,生于1915年

welt [welt] 风团,风块

wen [wen] ❶表皮囊肿;❷ 皮脂腺囊肿,粉瘤

Wenckebach's period ['venkəbɑːks] (Karel Frederik *Wenckebach*, Dutch internist in Austria, 1864-1940) 温克巴赫氏期

Wender's test ['vendəz] (Neumann *Wender*, Austrian chemist, 19th century) 温德尔氏试验

Wenzell's test ['wenzəlz] (William Theodore *Wenzell*, American physician, 1829-1913) 温策尔氏试验

Werdnig-Hoffmann atrophy spinal muscular ['vəːdnig 'hɔfmən] (Guido *Werdnig*, Austrian neurologist, 1844-1919; Johann *Hoffmann*, German neurologist, 1857-1919) 韦-霍二氏家族脊髓性肌萎缩

Werlhof's disease ['vəːlhɔfs] (Paul Gottlieb *Werlhof*, German physician, 1699-1767) 韦耳霍夫氏病

Wermer's syndrome ['wəːməz] (Paul *Wermer*, American internist, 1898-1975) 韦黑氏综合征

Werner's syndrome ['vəːnəz] (C. W. Otto *Werner*, German physician, 1879-1936) 维纳氏综合征

Werner-His disease ['vəːnə his] (Heinrich *Werner*, German physician, 1874-1947; Wilhelm *His*, Jr., German physician, 1863-1934) 维-希二氏病,战壕热

Werner Schultz disease ['vəːnə ʃultz] (*Werner Schultz*, German internist, 1878-1947) 维纳·舒尔兹氏病,粒细胞

Wernicke's encephalopathy ['vəːnikiz] (Karl *Wernicke*, German neurologist, 1848-1905) 韦尼克氏脑病

Wernicke-Korsakoff syndrome ['vəːnikə 'kɔːsəkɔf] (Karl *Wernicke*; Sergei Sergeivich *Korsakoff*, Russian neurologist, 1854-1900) 韦-科二氏综合征

Wernicke-Mann hemiplegia ['vəːnikə mɑːn] (Karl *Wernicke*; Ludwig *Mann*, German neurologist, 1866-1936) 韦-曼二氏偏瘫

Wertheim's operation ['vəːthaimz] (Ernst *Wertheim*, German gynecologist, 1864-1920) 韦太姆氏手术

West's syndrome [wests] (Charles *West*, British physician, 1816-1898) 韦斯特氏综合征

Westberg's space ['vestbəːgz] (Friedrich *Westberg*, German physician, late 19th century) 韦斯特伯格氏隙

Westergren method ['vestəgren] (Alf *Westergren*, Swedish physician, born 1891) 韦斯特格伦氏法

Westermark's sign ['vestəmɑːks] (Neil *Westermark*, German radiologist, born 1904) 韦斯特马克氏征

West Nile encephalitis [west nail] (*West Nile* River vally and region in northern Uganda, where the disease was first observed in 1937) 西尼罗河脑炎

Weston Hurst disease ['westən həːst] (Edward *Weston Hurst*, Australian physician, 20th century) 韦斯顿·赫斯特氏病

Westphal's nucleus ['vestfɑːlz] (Carl Friedrich Otto *Westphal*, German neurologist, 1933-1890) 韦斯特法尔氏核

Westphal's phenomenon ['vestfɑːlz] (Alexander Karl Otto *Westphal*, German neurologist,1863-1941) 韦斯特法尔氏现

象

Westphal-Piltz phenomenon ['vestfɑːl pilts] (A. K. O. *Westphal*; Jan *Piltz*, Austrian neurologist, 1870-1930) 韦-皮二氏现象

Westphal-Strümpell disease ['vestfɑːl 'strimpəl] (C. F. O. *Westphal*; Ernest Adolf Gustav Giottfried von *Strümpell*, German physician, 1853-1925) 韦-施二氏病

wet [wet] 湿的
  w. brain 脑水肿
  w. cupping 放血术
  w. dream 梦遗
  w. pack 湿布裹法
  w. scald 羊癣
  w. tetter 湿疹

wet-nurse ['wetnəs] 奶妈

wetpox ['wetpɒks] 湿痘

Wetzel's grid ['wetselz] (Norman Carl *Wetzel*, American pediatrician, 1897-1984) 韦策耳试验

Weyers' oligodactyly syndrome ['vaiæz] (Helmut *Weyers*, German pediatrician, 20th century) 魏耶乐氏少指(趾)畸形综合征

Weyl's test [vailz] (Theodor *Weyl*, German chemist, 1851-1913) 魏耳氏试验

WHA (weak histocompatibility antigen 的缩写) 弱组织相容性抗原

Wharton's duct ['hwɑːtənz] (Thomas *Wharton*, English physician and anatomist, 1614-1673) 华顿氏管

Whartonitis [ˌwɔːtəˈnaitis] 华顿氏管炎(下颌腺管炎)

wheal [hwiːl] 风团, 风块

wheel [hwiːl] (A. S. *hwēol*) 轮
  rag w. 碎布轮

wheeze [hwiz] 喘鸣
  asthmatoid w. 气喘样喘鸣

whelp [hwelp] ❶生育;❷小狗, 幼兽

whey [hwei] 乳清

WHHL (Watanabe heritable hyperlipidemic 的缩写) 渡边遗传性高脂血过多症的, 渡边遗传性高脂血症的

whip [hwip] ❶急移, 突然行动;❷鞭打
  catheter w. 导管伪压

whiplash ['hwiplæʃ] ❶鞭打;❷鞭打式损伤

Whipple ['hwipl] 惠普耳: George Hoyt, 美国病理学家, 1878~1976

Whipple's disease ['hwiplz] (George Hoyt *Whipple*) 惠普耳氏病

Whipple's operation ['hwiplz] (Allen O. *Whipple*, American surgeon, 1881-1936) 惠普耳氏手术

whipworm ['hwipwəːm] 毛首鞭虫

Whirlbone ['wəːlbəun] ❶髌;❷股骨头

whisper ['hwispə] 低语, 耳语

White ['hwait] 怀特: Charles, 1728-1813, 英国外科医师及产科医师

White's operation ['hwaits] (J. William *White*, American surgeon, 1850-1916) 怀特氏手术

white ['hwait] (A. S. *hwit*) 白色
  visual w. 视白质

whitecomb ['hwaitkəum] 白冠病, 鸡冠癣病

Whitehead's operation ['hwaithedz] (Walter *Whitehead*, English surgeon, 1840-1913) 怀特赫德氏手术

whitehead ['hwaithed] ❶粟后疹, 粟粒疹;❷黑头粉刺

whiteleg ['hwaitleg] 股白肿

whitepox ['hwaitpɒks] 乳白痘, 类天花

Whitfield's ointment ['hwitfiːldz] (Arthur *Whitfield*, British dermatologist, 1868-1947) 怀特菲耳德氏软膏

whitlow ['hwitləu] 瘭疽
  herpetic w. 疱疹性瘭疽
  melanotic w. 黑变性瘭疽
  thecal w. 腱鞘瘭疽

Whitman's operation ['hwitmənz] (Royal *Whitman*, American orthopedic surgeon, 1857-1946) 惠特曼氏手术

Whitmore's bacillus ['hwitmɔːz] (Major Alfred *Whitmore*, English surgeon in India, 1876-1946) 惠特莫尔氏杆菌

Whitnall's tubercle ['hwitnɔlz] (Samuel Ernest *Whitnall*, English anatomist, 1876-1950) 惠特纳耳氏结节

WHO (World Health Organization 的缩写) 世界卫生组织

whoop [huːp] 哮咳, 吼声

whooping cough ['huːpiŋ kɔːf] 百日咳

whorl ['hwəːl] ❶螺环;❷轮生体(植物);❸涡
  bone w. 内生骨疣

Whytt's disease ['hwits] (Robert *Whytt*,

Scottish physician, 1714-1766) 怀特氏病
Wichmann's asthma ['vikmənz] (Johann Ernst *Wichmann*, German physician, 1740-1802) 维希曼氏哮喘
Wickersheimer's fluid ['vikəz͵haiməz] (J. *Wickersheimer*, German anatomist, 1832-1896) 维克海默氏液
Wickham's striae ['wikəmz] (Louis-Frédéric *Wickham*, Paris dermatologist, 1861-1913) 威克姆氏纹
Widal's syndrome [vi'dɑːlz] (Georges Fernand Isidore *Widal*, French physician, 1862-1929) 韦达氏综合征
Widowitz's sign ['vidəuvitsəz] (Jannak *Widowitz*, Polish physician, 20th century) 韦德韦兹氏征
width [widθ] 宽度
  window w. 窗宽
Wiesel ['vizel] 威赛尔: Torsten Nils, 瑞典医师, 生于 1924 年
Wigand's version ['viːgənts] (Justus Heinrich *Wigand*, German gynecologist, 1766-1817) 维甘德氏倒转术
Wiggers diagram ['wigəz] (Carl John *Wiggers*, American surgeon, 1883-1963) 维哥斯氏图
Wilcoxon's rank sum test [wil'kɔksənz] (Frank *Wilcoxon*, American chemist and statistician, 1892-1926) 威耳康松氏秩和检验
wild [waild] 野生的
Wilde's cord [waildz] (Sir William Robert Wills *Wilde*, Irish surgeon, 1815-1867) 怀耳特氏索(胼胝体之横纹)
Wilder's sign ['waildəz] (William Hamlin *Wilder*, American ophthalmologist, 1860-1935) 魏耳德氏征
Wildermuth's ear ['vildəmuts] (Hermann A. *Wildermuth*, German neurologist, 1852-1907) 维耳达穆特氏耳
Wilkins ['wilkinz] 威尔金斯: Maurice Hugh Frederick, 英国生化学家, 生于 1916 年
Willebrand disease ['vilibrænt] (Erik Adolf von *Willebrand*, Finnish physician, 1870-1949) 维勒布兰德氏病
Willett forceps ['wilit] (John Abernethy *Willett*, English obstetrician, 1872-1932) 威勒特氏钳
Willia ['wiliə] 威立氏酵母属
Williams' sign ['wiljəmz] (Charles J. B. *Williams*, English physician, 1805-1889) 威廉斯氏征
Williams syndrome ['wiljəmz] (J. C. P. *Williams*, New Zealand cardiologist, 20th century) 威廉斯氏综合征
Williams-Campbell syndrome ['wiljəmz 'kæmbəl] (Howard *Williams*, Australian physician, 20th century; Peter E. *Campbell*, Australian physician, 20th century) 威坎二氏综合征
Williamson's blood test ['wiljəmsənz] (Richard *Williamson*, English physician, 1862-1937) 威廉逊氏血液试验
Williamson's sign ['wiljəmsənz] (Oliver K. *Williamson*, English physician, 1866-1941) 威廉逊氏征
Willis' antrum ['wilis] (Thomas *Willis*, English anatomist and physician, 1621-1675) 韦利斯氏窦
Wilms' tumor [vilmz] (Max *Wilms*, German surgeon, 1867-1918) 维耳姆斯氏瘤
Wilson's disease ['wilsnz] (Samuel Alexander Kinnier *Wilson*, English neurologist, 1877-1937) 威尔逊氏病
Wilson's muscle ['wilsənz] (James *Wilson*, English surgeon, 1765-1821) 威尔迪氏肌
Wilson-Mikity syndrome ['wilsən 'mikiti] (Miriam Geisendorfer *Wilson*, American pediatrician, born 1922; Victor G. *Mikity*, American radiologist, born 1919) 威-米二氏综合征
Wimberger's sign ['vimbəɡəz] (Heinrich *Wimberger*, German radiologist, 20th century) 韦柏格氏征
Wimshurst machine ['wimzhəːst] (James *Wimshurst*, English engineer, 1832-1903) 维姆斯赫斯特氏起电机
Winckel's disease ['viŋkəlz] (Franz Karl Ludwig Wilhelm von *Winckel*, German gynecologist, 1837-1911) 文克耳氏病
windburn ['windbəːn] 吹风性皮肤伤
windchill ['windtʃil] 风力降温, 吹风冷却
windgall ['windɡɔːl] 后胭滑膜瘤
windigo ['windigəu] (Ojibwa) ❶巨神温第高; ❷巨神温第高病

windlass ['windləs] 卷扬机,绞车
windlass, Spanish ['windləs] 西班牙纹带
window ['windəu] ❶窗,窗口;❷窗口(技术)
   aortic w. 主动脉窗
   aorticopulmonary w. 主动脉肺窗
   oval w. 卵圆窗,前庭窗
   round w. 圆窗
   skin w. 皮窗
windpipe ['windpaip] 气管
windpuff ['windpʌf] 球节下肿
windstroke ['windstrəuk] 马中风
windsucking ['windsʌkiŋ] 咬槽摄气癖
wing [wiŋ] (L. *ala*) ❶翼;❷鸟翼样的结构或部位
   great w. of sphenoid bone, greater w. of sphenoid bone 蝶骨大翼
   w. of ilium 髂翼
   w's of Ingrassias 蝶骨小翼
   lateral w. of sacrum 骶骨外侧翼
   lateral w. of sphenoid bone 蝶骨外侧翼
   lesser w. of sphenoid bone 蝶骨小翼
   major w. of sphenoid bone 蝶骨大翼
   minor w. of sphenoid bone 蝶骨小翼
   w. of nose 鼻翼
   orbital w. of sphenoid bone, small w. of sphenoid bone 蝶骨小翼
   w's of sphenoid bone 蝶骨翼
   superior w. of sphenoid bone 蝶骨小翼
   temporal w. of sphenoid bone 蝶骨大翼
   w. of vomer 犁骨翼
WinGel ['windʒəl] 氢氧化镁铝:氧化铝和氧化镁制剂的商品名
Winiwarter-Buerger disease ['viniˌvɑːtə 'bəːɡə] (Felix von *Winiwarter*, German physician, 1848-1917; Leo *Buerger*, American physician, 1879-1943) 文-伯二氏病
winking ['wiŋkiŋ] (A.S. *wincian*) 瞬目
   jaw w. 颌动瞬目
Winkler's disease ['vinklɛz] (Max *Winkler*, Swiss physician, 1875-1952) 温克勒氏病
Winslow's foramen ['winzləuz] (Jacob Benignus *Winslow*, Danish anatomist in Paris, 1669-1760) 温斯娄氏孔
Winstrol ['winstrəul] 康力龙:羟甲雄烷吡唑制剂的商品名
Winter's syndrome ['wintɛz] (Jeremy Stephen Drummond *Winter*, Canadian physician, born 1937) 温特氏综合征
Winterbottom's sign ['wintəˌbɒtəmz] (Thomas Masterman *Winterbottom*, English physician, 1765-1859) 温特博特姆氏征
wintergreen ['wintəgriːn] 冬绿(树)
Winternitz's sound ['vintəˌnitsæz] (Wilhelm *Winternitz*, German physician in Austria, 1835-1917) 温特尼茨氏探子(双腔导管)
Wintrich's sign ['vintriks] (Anton *Wintrich*, German physician, 1812-1882) 文特里希氏征
Wintrobe hematocrit ['wintrəub] (Maxwell Myer *Wintrobe*, American hematologist, 1901-1986) 温特罗布氏比容管
wire [waiə] ❶丝,金属线;❷插金属丝于
   arch w. 弓丝
   arch w., ideal 如意弓丝
   Kirschner w. 基尔石讷氏钢丝
   ligature w. 结扎丝
   orthodontic w. 弓丝
   separating w. 分离丝
   twin w. 李丝
wireworm ['waiəwəːm] 捻转血矛线虫
wiring ['waiəriŋ] ❶栓结术,线缝术;❷架线缝法
   circumferential w. 环绕栓结术
   continuous loop w. 连续环状栓结术
   craniofacial suspension w. 颅面悬吊栓结术
   Gilmer w. 吉耳默栓结术
   Ivy loop w. 艾维环状栓结术
   perialveolar w. 牙槽周栓结术
   piriform aperture w. 梨状孔栓结术
   Stout w. 斯托特氏栓结
Wirsung's canal ['viəsuːŋz] (Johann Georg *Wirsung*, German physician in Italy, 1600-1643) 维尔松氏管
WISC (Wechsler Intelligence Scale for Children 的缩写) 威斯勒氏儿童智力等级
Wiskott-Aldrich syndrome ['viskɔt 'ɔːldrik] (Alfred *Wiskott*, German pediatrician, 1898-1978; Robert Anderson *Aldrich*, American pediatrician, born 1917) 威-奥二氏综合征
withdrawal [wið'drɔːəl] ❶病理性退隐;❷(DSM-III-R)脱瘾性脑综合征
withers ['wiðəz] 马肩隆
   fistulous w. 马肩隆瘘
witigo [wi'tiɡəu] 巨神温第高

witkop ['witkɔp] (Afrikaans "whitehead") 头皮白痂病

Witzel gastrostomy ['vitsel] (Friedrich Oskar *Witzel*, German surgeon, 1856-1925) 维策耳氏胃造口术

witzelsucht ['vitselzu:kt] (Ger.) 诙谐癖

WMA (World Medical Association 的缩写) 世界医学协会

wobble ['wɔbl] 摇摆

wobbles ['wɔblz] 马摇摆病

Wohlfart-Kugelberg-Welander syndrome ['vɔːlfɑːt 'kuglbəːg 'veləndə] (Karl Gunnar Vilhelm *Wohlfart*, Swedish neurologist, 1910-1961; Eric Klas Henrik *Kugelberg*, Swedish neurologist, born 1913; Lisa *Welander*, Swedish neurologist, bron 1909) 沃-库-韦三氏综合征

Wohlfahrtia [vɔːl'fɑːtiə] (Peter *Wohlfahrt*, German medical writer, 1675-1726) 污蝇属
W. **magnifica** 壮丽污蝇
W. **opaca** 阴污蝇
W. **vigil** 迈(根)氏污蝇,醒污蝇

Woldman's test ['wɔldmənz] (Edward Elbert *Woldman*, American physician, 20th century) 沃耳德曼氏试验

Wolf-Hirschhorn syndrome [vɔl fhəːʃhɔrn] (Ulrich *Wolf*, German physician, born 1933; Kurt *Hirschhorn*, American physician, born 1926) 沃-希二氏综合征

Wolfe's graft [wulfs] (John Reissberg *Wolfe*, Scottish ophthalmologist, 1824-1904) 沃尔夫氏移植片

Wolfe-Krause graft [wulf kraus] (J.R. *Wolfe*; Fedor *Krause*, German surgeon, 1857-1794) 午-非二氏管

Wolff's duct [vɔlfs] (Kaspar Friedrich *Wolff*, German anatomist and physiologist, 1733-1794) 午非氏管

Wolff's law [vɔlfs] (Julius *Wolff*, German anatomist, 1836-1902) 午非氏定律

Wolff-Parkinson-White syndrome [wulf 'pɑːkinsənh wait] (Louis *Wolff*, American cardiologist, born 1898; Sir John *Parkinson*, English physician, 1885-1976; Paul Dudley *White*, American cardiologist, 1886-1973) 午-帕-怀三氏综合征

wolffian ['wulfiən] 午非的

Wölfler's operation ['velflæz] (Anton *Wölfler*, Austrian surgeon, 1850-1917) 佛耳夫勒氏手术

Wolfram syndrome ['wulfrəm] (D.J. *Wolfram*, American physician, 20th century) 沃耳夫雷姆氏综合征

wolfram ['wulfræm] 钨

Wolfring's glands ['vɔlfriŋz] (Emilij Franzevic von *Wolfring*, Polish ophthalmologist, 1832-1906) 沃耳弗林氏腺

wolfsbane ['wulfsbein] ❶ 山金车花;❷ 欧乌头

Wolinella [ˌwɔli'nelə] (M.J. *Wolin*, American bacteriologist) 沃林氏属
W. **recta** 直沃林氏属
W. **succinogenes** 琥珀原沃林氏属

Wollaston's doublet ['wulæstənz] (William Hyde *Wollaston*, English physician, 1766-1828) 沃拉斯顿氏双合透镜

Wolman disease ['wɔlmən] (Moshe *Wolman*, Israeli neuropathologist, born 1914) 沃耳曼氏病

womb [wuːm] 子宫

Wood's light [wudz] (Robert Williams *Wood*, American physicist, 1868-1955) 伍德氏光

Wood's sign [wudz] (Horatio Charles *Wood*, American physician and pharmacologist, 1874-1958) 伍德氏症

wool [wul] (L. *lana*) ❶ 羊毛 ❷ 绒毛
lumpy w. 羊潜蚤病

Woolner's tip ['wulnəz] (Thomas *Woolner*, English sculptor and poet, 1825-1892) 伍尔纳氏尖,耳廓结节

word salad [wəːd 'sæləd] 言语杂乱

Woringer-Kolopp disease [ˌvɔrin'ʒei kɔ'lɔp] (Frédéric *Woringer*, French dermatologist, 1903-1964; P. *Kolopp*, French dermatologist, 20th century) 沃-科二氏病

work [wəːk] 功(物理)

work-up ['wəːkʌp] 身体检查,病情检查

World Health Organization(WHO) 世界卫生组织

worm [wəːm] (L. *vermis*) ❶ 虫,蠕虫;❷ 蚓部
bilharzia w. 裂体吸虫,血吸虫
bladder w. 囊虫,囊尾蚴
case w. 棘球绦虫
cayor w. 噬人瘤蝇的幼体

dragon w. 麦地那龙线虫
eel w. 线虫,蛔虫
eye w. 眼丝虫,罗阿丝虫
flat w. 扁形动物,扁虫
fluke w. 吸虫
guinea w. 麦地那龙线虫
heart w. 犬恶丝虫
horsehair w. 铁线虫
kidney w. 肾膨结线虫
lung w. 肺蠕虫
maw w. 蛔虫
meal w. 粉虫
Medina w. 麦地那龙线虫
palisade w. 马圆线虫
pork w. 旋毛线虫,旋毛虫
screw w. 螺旋虫
serpent w. 麦地那龙线虫
spinyheaded w. 棘头虫
stomach w. 捻转血矛线虫
thorny-headed w. 棘头虫
tongue w. 舌形虫
trichina w. 旋毛虫
wormian bones ['wəmiən] (Olaus *Worm*, Danish anatomist, 1588-1654)沃姆氏骨
Wormley's test ['wəmliz] (Theodore George *Wormley*, American chemist, 1826-1897)沃姆利氏试验
Worm-Müller's test [vəm 'miləz] (Jacob *Worm-Müller*, Norwegian physician, 1834-1889)沃-苗二氏试验
wormseed ['wəmsi:d] ❶ 山道年草; ❷ 土荆芥
wormwood ['wə:mwud] 苦艾
Woulfe's bottle [wulfs] (Peter *Woulfe*, English chemist, 1727-1803)沃夫氏瓶
wound [wu:nd] (L. *vulnus*)创伤,伤口
 aseptic w. 无菌创伤
 blowing w. 开放性气胸
 contused w. 挫伤
 incised w. 刀伤,割伤
 lacerated w. 裂伤,撕裂伤
 nonpenetrating w. 非贯通创伤,闭合性创伤
 open w. 开放性创伤
 penetrating w. 贯通创伤
 perforating w. 穿破创伤,穿创伤
 puncture w. 刺伤
 septic w. 染毒创伤,有菌创伤
 seton w. 串线创伤
 subcutaneous w. 皮下创伤
 sucking w. 吸气性创伤
 tangential w. 切线创伤
 traumatopneic w. 吸气性创伤
W-plasty W形整形术
wrapping [ræpiŋ] 包装
 fundic w. 胃底折术
Wright's stain [raitz] (James Homer *Wright*, American pathologist, 1869-1928)赖特氏染剂
Wright's syndrome [raitz] (Irving Sherwood *Wright*, American physician, born 1901)赖特氏综合征
Wrisberg's cartilage ['risbəgz] (Heinrich August *Wrisberg*, German anatomist, 1739-1808)里斯伯格氏软骨
wrist [rist] ❶ 腕; ❷ 桡腕关节
 tennis w. 网球腕
wristdrop ['ristdrɔp] 腕下垂,手垂症
writing ['raitiŋ] 书写
 mirror w. 左右倒写,反写
wryneck ['rainek] 斜颈,捩颈
wt(weight 的缩写)❶ 重,重量,衡量; ❷ 权
Wuchereria [,vukə'ri:riə] (Otto *Wucherer*, German physician in Brazil, 1820-1873)吴策线虫属
 W. bancrofti 班克罗夫特氏吴策线虫,班克罗夫特氏线虫
 W. malayi 马来吴策线虫,马来丝虫
wuchereriasis [vu,kəri'raiəsis] 吴策线虫病
Wunderlich's curve ['vundəliks] (Carl Reinhold August *Wunderlich*, German physician, 1815-1877)温德利希氏曲线
Wundt's tetanus [wʌndts] (Wilhelm, Germa physiologist 1832-1920) 冯特氏强直(蛙肌肉持续强直收缩)
wurai [wu'rai]箭毒
Wurster's test ['vuəstəz] (Casimir *Wurster*, German physiologist, 1856-1913)武斯特氏试验
w/v(weight/volumn 的缩写)重/容
Wyamine ['waiəmin] 恢压敏;甲苯丁胺制剂的商品名
Wyburn-Mason's syndrome ['waibən 'mæsənz] (Roger *Wyburn-Mason*, British physician, 20th century)怀-梅二氏综合征

X

X ❶ (*Kienbock's unit* 的符号) 金伯克氏X线剂量单位；❷ (*xanthine* 或 *xanthosine* 的符号) 黄嘌呤或黄嘌呤核苷

Xanax ['zænæks] 甲基三唑安定

xanchromatic [ˌzænkrəu'mætik] 黄色的

xanoxate sodium [zə'nɔkseit] 异丙氧蒽酸钠

xanthaematin [zæn'θemətin] 黄色血基质

xanthein ['zænθiin] 植物黄素

xanthelasma [ˌzænθə'læzmə] (*xanth-* + Gr. *elasma* plate) 黄斑瘤

xanthelasmatosis [ˌzænθəˌlæzməˈtəusis] 黄瘤病

xanthelasmoidea [ˌzænθelæz'mɔidiə] (*xanthelasma* + Gr. *edios* form) 类黄斑瘤，着色性荨麻疹

xanthematin [zæn'θemətin] 血黄素，黄色正铁血红素

xanthemia [zæn'θiːmiə] (Gr. *xanthos* yellow + *aema* blood) 黄色素血症，植物黄质血症

xanthene ['zænθiːn] 咕吨，氧杂蒽

xanthic ['zænθik] ❶ 黄色的；❷ 黄嘌呤的

xanthin ['zænθin] 植物黄质

xanthine ['zænθin] (Gr. *xanthos* yellow: named from the yellow color of its nitrate) 黄嘌呤 缩写为X

xanthine dehydrogenase ['zænθiːn diˈhaidrədʒəneis] (EC1.1.1.204) 黄嘌呤脱氢酶

xanthine oxidase ['zænθiːn 'ɔksideis] (EC 1.1.3.22) 黄嘌呤氧化酶

xanthinuria [ˌzænθi'njuəriə] ❶ 黄嘌呤尿；❷ 尿内黄嘌呤分泌物

xanthinuric [ˌzænθi'njuərik] 黄嘌呤尿的

xanthism ['zænθizəm] (Gr. *xanthos* auburn) 红色白化病

xanthiuria [ˌzænθi'juəriə] 黄嘌呤尿

xanth(o)- (Gr. *xanthos* yellow) 黄色

xanthochroia [ˌzænθəu'krɔiə] (*xantho-* + Gr. *cnroia* skin) 皮肤变黄，黄肤症

xanthochromatic [ˌzænθəukrəu'mætik] 黄色的，黄变的

xanthochromia [ˌzænθəu'krəumiə] (*xantho-* + Gr. *chroma* color + *-ia*) 黄变，颜色变黄

  x. striata palmaris 掌纹变黄(症)

xanthochromic [ˌzænθəu'krəumik] 黄色的，黄变的

xanthocyanopsia [ˌzænθəuˌsaiə'nɔpsiə] (*xantho-* + Gr. *kyanos* blue + *opsis* vision + *-ia*) 红绿色盲

xanthocyte ['zænθəsait] 黄色细胞

xanthoderma [ˌzænθəu'dəːmə] (*xantho-* + *derma*) 黄肤，皮肤变黄

xanthodontous [ˌzænθəu'dɔntəs] (*xantho-* + Gr. *odous* tooth) 有黄齿的，黄牙的

xanthoerythrodermia [ˌzænθəiˌriθrəu'dəːmiə] 黄红皮肤

  x. perstans 小斑块状类牛皮癣

xanthogranuloma [ˌzænθəˌgrænjuˈləumə] (*xanthoma* + granuloma) 黄肉芽肿

  juvenile w. 幼年黄肉芽肿

xanthokyanopy [ˌzænθəukai'ænəpi] 红绿色盲

xanthoma [zæn'θəumə] (*xanth-* + *-oma*) 黄瘤

  craniohypophyseal x. 颅垂体部黄瘤

  diabetic x., x. diabeticorum 糖尿病黄瘤

  disseminated x., x. disseminatum 播散性黄瘤

  eruptive x., x. eruptivum 出疹性黄瘤

  fibrous x. 纤维性黄瘤，良性纤维组织细胞瘤

  x. multiplex 多发性黄瘤

  x. palpebrarum 黄斑瘤

  planar x., plane x., x. planum 扁平黄瘤

  x. striatum palmare 掌纹黄瘤

  tendonous x., x. tendinosum 腱黄瘤

  tuberoeruptive x. 结节性出疹性黄瘤

  x. tuberosum, x. tuberosum multiplex, tuberous x. 结节性黄瘤，多发(数)性结节性黄瘤

verruciform x. 疣状黄瘤
xanthomatosis [ˌzænθəuməˈtəusis] 黄瘤病,黄脂增生病
  biliary hypercholesterolemic x. 胆汁性高胆固醇血症性黄瘤病
  cerebrotendinous x. 脑腱性黄瘤病
  chronic idiopathic x. 慢性特发性黄瘤病
  x. corneae 角膜黄瘤病,角膜脂肪性营养不良脂变
  x. generalisata ossium 全身性骨黄瘤病
  x. iridis 虹膜黄瘤病
  primary familial x. 原发性家族性黄瘤病
  Wolman x. 沃尔曼黄瘤病
xanthomatous [zænˈθɔmətəs] 黄瘤的
Xanthomonas [ˌzænθəuˈməunəs] (Gr. *xanthos* yellow + Gr. *monas* unit, from *monos* single) 黄(单胞)杆菌属
xanthomyeloma [ˌzæθəuˌmaiəˈləumə] 黄髓瘤(即黄肉瘤)
xanthone [ˈzænθəun] 咕吨酮,氧杂蒽酮
xanthophore [ˈzænθəfɔː] (*xantho-* + Gr. *phoros* bearing) 黄色素细胞
xanthophose [ˈzænθəfəuz] (*xantho-* + Gr. *phōs* light) 黄色幻视
xanthophyll [ˈzænθəfil] (*xantho-* + Gr. *phyllon* leaf) 叶黄素
xanthopia [zænˈθɔpiə] 黄视症
xanthoproteic [ˌzænθəuprəuˈtiːik] 黄蛋白(质)的
xanthoproteic acid [ˌzænθəuprəuˈtiːik] 黄蛋白(质)酸
xanthoprotein [ˌzænθəuˈprəutiːn] 黄蛋白(质)
xanthopsia [zænˈθɔpsiə] (*xantho-* + Gr. *opsis* vision + *-ia*) 黄视症
xanthopsin [zænˈθɔpsin] (*xantho-* + Gr. *opsis* vision) 视黄质
xanthopsis [zænˈθɔpsis] 变黄,变黄症
xanthopsydracid [zænθɔpsiˈdreisid] 黄脓疱形成
xanthopterin [zænˈθɔptərin] (*xantho-* + Gr. *pteron* wing) 黄蝶呤
xanthosarcoma [ˌzænθəusaːˈkəumə] 黄肉瘤,黄髓瘤
xanthosine [ˈzænθəsain] 黄嘌呤核苷。符号为 X
  x. monophosphate (XMP) 黄苷酸
xanthosis [zænˈθəusis] 黄皮症,黄变症
  x. of septum nasi 鼻中隔黄变症
xanthous [ˈzænθəs] 黄的,黄色的
xanthurenic acid [ˌzænθjuˈrenik] 黄尿酸
xanthuria [zænˈθjuəriə] 黄嘌呤尿
xanthyl [ˈzænθil] 咕基,氧(杂)蒽基
xanthylic acid [zænˈθilik] 黄苷酸
X-bite 反𬌗,反咬合
Xe (*xenon* 的符号) 氙
xenia [ˈziːniə] (Gr. "a friendly relation between two foreigners") 种子直感,异粉性
xen(o)- (Gr. *xenos* strange, foreign) ❶ 外;❷ 异物
xenoantigen [ˌzenəˈæntidʒen] 异抗原
xenobiotic [ˌzenəbaiˈɔtik] 异生化合
xenocytophilic [ˌzenəˌsaitəˈfilik] (*xeno-* + *cyto-* + *-philic*) 嗜异种细胞的
xenodiagnosis [ˌzenədaiəgˈnəusis] (*xeno-* + *diagnosis*) 宿主诊断法,异体接种诊断法
xenodiagnostic [ˌzenədaiəgˈnəustik] 异体接种诊断,宿主诊断的
xenogeneic [ˌzenədʒəˈneiik] (*xeno-* + *gennan* to produce) 异种的,异种基因的
xenogenesis [ˌzenəˈdʒenisis] ❶ 世代交替,异配生殖;❷ 亲子异型
xenogenous [zeˈnɔdʒinəs] (*xeno-* + Gr. *gennan* to produce) ❶ 异体的;❷ 体外性的
xenograft [ˈzenəgraːft] ❶ 异种移植;❷ 异种移植物
  Carpentier-Edwards porcine x. 卡-爱二氏猪异种植物
  concordant x. 一致性(谐性)异种移植
  discordant x. 不一致性(相异性)异种移植
  Hancock porcine x. 汉考克猪异种移植物
  Ionescu-Shiley pericardial x. 艾-雪二氏心包异种植物
xenology [zeˈnɔlədʒi] 宿主学
xenomenia [ˌzinəˈminiə] (*xeno-* + Gr. *mēniaia* menses) 代偿性月经,异位月经
xenon [ˈzenɔn] (Gr. *xenos* stranger) 氙
  x. Xe 133 (USP) 氙

xenoparasite [ˌzenə'pærəsait] 异常寄生虫

xenophobia [ˌzenə'fəubiə] (*xeno-* + *phobia*)生客恐怖

xenophonia [ˌzenə'fəuniə] (*xeno-* + Gr. *phōnē* voice + *-ia*)音调变异

xenophthalmia [ˌzenɔf'θælmiə] (*xeno-* + Gr. *ophthalmia* ophthalmia)异物性眼炎

Xenopsylla [ˌzenɔp'silə] (*xeno-* + Gr. *psylla* flea)客蚤属
  X. **astia** 亚洲客蚤
  X. **brasiliensis** 巴西客蚤
  X. **cheopis** 印鼠客蚤,开皇客蚤
  X. **hawaiiensis** 夏威夷客蚤
  X. **vexabilis** 夏威夷客蚤

Xenopus ['zenəpəs] 非洲蟾蜍属
  X. **laevis** 有爪蟾蜍

xenorexia [ˌzenə'reksiə] (*xeno-* + *orexis* appetite + *-ia*) 异食癖

xenotropic [ˌzenə'trɔpik] (*xeno-* + *-tropic*)异亲的,异向性的

xenotype [ˌzenəu'taip] 异型(种)

xenyl ['zenil] 联苯基

xenylamine [ze'niləmi:n] 联苯基胺

xerasia [ziə'reiziə](Gr. *xeros* dry)干发病

xer(o)- (Gr. *xēros* dry) 干燥

xerocollyrium [ˌziərəukə'liriəm] (*xero-* + Gr. *kollyrion* collyrium) 干眼膏

xeroderma [ˌziərəu'də:mə] (*xero-* + Gr. *derma* skin)干皮病,皮肤干燥病
  x. **pigmentosum** 着色性干皮病,着色性皮萎缩

xerodermatic [ˌziərəudə'mætik] 干皮病的,皮肤干燥病的

xerodermia [ˌziərəu'də:miə] 干皮病,皮肤干燥病

xerodermoid [ˌziərəu'də:mɔid] (*xeroderma* + *-oid*)干皮样病
  pigmented x. 着色性干皮样病

xerogel ['ziərədʒel] 干凝胶

xerography [ziə'rɔgrəfi] 干板X线照相术

xeroma [ziə'rəumə] 结膜干燥,干眼病

xeromammography [ˌziərəumæ'mɔgrəfi] 乳房干板X线照相术

xeromenia [ˌziərəu'mi:niə] (*xero-* + Gr. *mēniaia* menses)干经,干性月经

xeromycteria [ˌziərəumik'tiəriə] (*xero-* + Gr. *myktēr* nose)鼻干燥

xerophobia [ˌziərəu'fəubiə] 干恐症,恐惧干症

xerophthalmia [ˌziərɔf'θælmiə] (*xero-* + Gr. *ophthalmós* eye + *-ia*)眼干燥,干眼病

xerophthalmus [ˌziərɔf'θælməs] 眼干燥,干眼病

xeroradiography [ˌziərəureidi'ɔgrəfi] 干板X线照相术

xerosialography [ˌziərəusaiə'lɔgrəfi] 干板涎管X线造影术

xerosis [ziə'rəusis] (Gr. *xērosis*)干燥(病)
  x. **conjunctivae, conjunctival x.** 结膜干燥,眼干燥
  x. **corneae, corneal x.** 角膜干燥
  x. **cutis** 皮肤干燥,皮肤皮脂缺乏(症),干燥性湿疹
  x. **parenchymatosa** 实质性结膜干燥
  x. **superficialis** 眼球表面干燥

xerostomia [ˌziərəu'stəumiə] (*xero-* + Gr. *stoma* mouth + *-ia*)口腔干燥

xerotic [ziə'rɔutik] 干燥(病)的

xerotomography [ˌziərəutə'mɔgrəfi] 干板X线断层照相术

xerotripsis [ˌziərəu'tripsis] (*xero-* + Gr. *tripsis* friction)干擦

X-His dipeptidase [dai'pepti‚deis] (EC 3. 4. 13. 3)X-希斯二肽酶

xilobam ['ziləubæm] 甲吡二甲苯脲

xipamide ['zipəmaid] 利多速尿

xiphi- 剑,剑突

xiphisternal [ˌzifi'stə:nəl] 剑突的

xiphisternum [ˌzifi'stə:nəm] (*xiphi-* + Gr. *sternon* sternum)剑突

xiph(o)- (Gr. *xiphos* sword)剑,剑突

xiphocostal [ˌzifəu'kɔstəl] (*xipho-* + L. *costa* rib)剑突肋骨的

xiphodidymus [ˌzifəu'didiməs] (*xipho-* + Gr. *didymos* twin)剑突联胎

xiphodymus [zi'fɔdiməs] 剑突联胎

xiphodynia [ˌzifəu'diniə] (*xipho-* + *-odynia*)剑突痛

xiphoid ['zifɔid] (*xipho-* + Gr. *eidos* form)❶剑状的;❷剑突

xiphoiditis [ˌzifɔi'daitis] 剑突炎

xiphoomphaloischiopagus [ˌzifəu‚ɔmfə‚lɔiski'ɔpəgəs] (*xipho-* + *omphalo-* + *ischio-* + *-pagus*)剑突脐坐骨联胎

xiphopagus [zai'fɔpəgəs] (*xipho-* + Gr. *pagos* thing fixed) 剑突联胎

X-linked ['ekslɪŋkt] 伴性的,伴 X(染色体)的

XMP (xanthosine monophosphate 的缩写) 黄苷-磷酸,黄苷酸

XOAN(X-linked(Nettleship)ocular albinism 的缩写)半性(内特耳希普)眼白化病

X-Prep ['eksprep] 希普莱普: 番泻叶制剂的商品名

X-Pro dipeptidase [dai'peptideis] (EC3. 4. 13. 9) X-普罗二肽酶

x-ray [eks'rei] X 线, X 射线, 伦琴线

xylan ['zailən] 木聚糖,木糖胶

xylazine hydrochloride ['zailəziːn] 盐酸甲苯噻嗪

xylem ['zailem] (Gr. *xylon* wood)木质部

xylene ['zailiːn] ❶ 二甲苯; ❷ 一组苯系烃

xylenobacillin [zaiˌliːnəubəˌsilin] 经核菌二甲苯浸质(用二甲苯从结核菌浸取获的)

xylidine ['zailidiːn] 二甲苯胺

xylitol ['zailitɔl] 木糖醇

xylitol dehydrogenase ['zailitəl di'haidrədʒəneis] 木糖醇脱氢酶

xyl(o)- (Gr. *xylon* wood)木

Xylocaine ['zailəkein] 赛鲁卡因:利多卡因制剂的商品名

xylol ['zailɔl] (Gr. *xylon* wood)二甲苯

xylometazoline hydrochloride [ˌzailəuˌmetə'zəuliːn] (UPS) 盐酸木甲唑啉

xylopyranose [ˌzailəu'pairənəus] 吡喃木糖,木糖

xylose ['zailəus] 木糖,吡喃木糖

xyloside ['zailəsaid] 木糖苷

xylulose ['zailjuləus] 木酮糖

L-xylulose reductase ['zailjuləus ri'dʌkteis] (EC1. 1. 1. 10) 左旋木酮糖还原酶

L-xylulosuria [ˌzailjulə'sjuəriə] 左旋木酮糖尿

xylyl ['zailil] 二甲苯基

xyphoid ['zaifɔid] ❶ 剑状的; ❷ 剑突

xysma ['zismə] (Gr. "that which is scraped or shaved off")絮片,假膜片

xyster ['zistə] (Gr. *xystēr* a scraper)刮骨刀,刮器,骨刮

Y

Y (*yttrium* 的符号) 钇

yabapox [ˈjæbəpɒks] (Yaba, Nigeria, where the disease was first recognized in a rhesus monkey colony) 亚巴痘

Yalow [ˈjæləu] 耶鲁: Rosalyn Sussman, 美国医学物理学家

Yatapoxvirus [ˈjætəˌpɒksˌvaiərəs] (*ya*bapox + *ta*napox + *virus*) 亚特痘病毒

yaw [jɔː] 雅司疹
  guinea corn y. 玉米粒状雅司疹
  mother y. 初发雅司疹,雅司母疹
  ringworm y. 环状雅司疹

yawning [ˈjɔːniŋ] 呵欠

yaws [jɔːz] (from Caribbean Indian name for the disease) 雅司病
  crab y. 角化过度性雅司病
  forest y. 皮肤利什曼病

Yb (*ytterbium* 的符号) 镱

Y bacillus [wai bəˈsiləs] Y 型杆菌(副痢疾杆菌之一型)

Y cartilage [wai ˈkɑːtilidʒ] 三叉形软骨,Y 软骨

yd (*yard* 的缩写) 码

yeast [jiːst] 酵母(菌),酿母(菌)
  bakers' y., brewers' y. 啤酒酵母,药用酵母
  dried y. 干酵母
  imperfect y. 半知酵母
  perfect y. 完全酵母

yellow [ˈjeləu] ❶ 黄色; ❷ 黄
  acid y. 酸性黄,坚牢黄
  alizarin y. 茜素黄
  brilliant y. 煌黄
  butter y. 黄油黄,甲基黄,对－二甲氨基偶氮苯
  corallin y. 玫红酸黄,玫红酸钠
  fast y. 坚牢黄,酸性黄
  imperial y. 金橙黄
  Manchester y., Martius y. 马休黄,萘酚黄
  metanil y., metaniline y. (extra) (酸性) 间(苯) 胺黄,酸性黄 O
  methyl y. 甲基黄,对－二甲氨基偶氮苯
  naphthol y. 萘酚黄
  Philadelphia y. 费城黄,膦黄

yellows [ˈjeləuz] ❶ 钩端螺旋体性黄疸; ❷ 羊霍乱

Yeo's treatment [ˈjiəuz] (Isaac Burney Yeo, London physician, 1835-1914) 伊奥氏疗法

yerba santa [ˈjɜːbə ˈsæntə] (Sp. "sacred herb") 散塔草,北美圣草

Yerkes discrimination box [ˈjɜːkiz] (Robert M. *Yerkes*, American psychobiologist, 1876-1956) 伊基斯氏识别箱

Yersinia [jɜːˈsiniə] (A. J. E. *Yersin*, Swiss bacteriologist in Paris, 1863-1943) 耶尔森氏菌属
  Y. enterocolitica 小肠结肠炎耶尔林氏菌
  Y. frederiksenii 费氏耶尔森氏菌
  Y. intermedia 中间耶尔林氏菌
  Y. kristensenii 克氏耶尔森氏菌
  Y. pestis 鼠疫耶尔森氏菌
  Y. pseudotuberculosis 假结核耶尔森氏菌
  Y. ruckeri 红色耶尔森氏菌

Yersinieae [jɜːˈsiniː] 耶尔森氏菌科

-yl (Gr. *hylē*, matter, substance) 基,一价烃基

-ylene 二价烃基

Y-ligament [wai ˈligəmənt] 三叉形韧带,髂股韧带

Yodoxin [jəuˈdɒksin] 育多辛: 双磺喹啉制剂的商品名

yohimbine [jəuˈhimbiːn] 育亨宾碱

yoke [jəuk] 轭,隆突
  alveolar y's of mandible 下颌骨齿槽联嵴
  alveolar y's of maxilla 上颌骨齿槽嵴
  sphenoidal y. 蝶骨联嵴

yolk [jəuk] (L. *vitellus*) ❶ 卵黄; ❷ 羊毛脂
  accessory y. 副卵黄

egg y. 卵黄,蛋黄
formative y. 成胚卵黄
nutritive y. 营养卵黄
Yomesan [ˈjɔmisən] 灭绦灵:氯硝柳胺制剂的商品名
Young's operation [jʌŋz] (Hugh Hampton *Young*, American urologist, 1870-1945) 杨氏手术
Young's rule [jʌŋz] (Thomas *Young*, English physician, physicist, and philologist, 1773-1829, the "father of physiologic optics") 杨氏规则
Young-Helmholtz theory [jʌŋ ˈhelmhɔːlts] (Thomas *Young*; Herman Ludwig Ferdinand von *Helmholtz*, German physiologist, 1821-1894) 杨-黑二氏学说
yperite [ˈiːpərait] 芥子气,二氯二乙硫醚
ypsiliform [ipˈsilifɔːm] 倒人字形的,V字形的
ypsiloid [ˈipsilɔid] 倒人字形的,V字形的
ytterbium [iˈtəːbiəm] (from *Ytterby*, in Sweden) 镱
yttrium [ˈitriəm] (from *Ytterby*, in Sweden) 钇
⁹⁰**y.** 钇 90
Yvon's test [ˈiːvɔnz] (Paul *Yvon*, French Physician 1848-1913) 伊逢氏试验

Z

Z ❶ (*atomic number* 的符号)原子序数; ❷ (*impedance* 的符号)阻抗

Zactane ['zæktein] 氢氯草乙酯: 柠檬酸爱庚嗪制剂的商品名

Zagari's disease ['zægəriz] (Giuseppe *Zagari*, Italian physician, 1863-1946) 扎加里氏病,口腔干燥

Zahn's lines [tsɑ:nz] (Friedrich Wilhelm *Zahn*, German-born pathologist in Switzerland, 1845-1904) 察恩氏线

Zahorsky's disease [zə'hɔ:skiz] (John *Zahorsky*, Hungarian-born American physician, 1871-1963) 察霍尔斯基氏病

Zambesi ulcer ['zæmbesi] 山贝溃疡(因蝇蛆穿入寄生于皮内所致)

zanaloin [zæ'næloin] 山齐巴芦荟素

Zang's space [tsæŋz] (Christoph Bonifacius *Zang*, German-born surgeon in Austria, 1772-1835) 赞格氏腔

Zanosar ['zænəusə] 链佐星: 链脲霉素制剂的商品名

Zantac ['zætæk] 盐酸雷尼替丁: 雷尼司啶制剂的商品名

zanthine ['zænθain] 黄嘌呤

Zappert's chamber ['tsæpəts] (Julius *Zappert*, Czechoslovakian physician in Austria, 1867-1942) 扎佩特氏计数池

zaranthan [zə'rænθən] 乳房硬化

Zarontin [zə'rɔntin] 扎荣廷: 乙琥胺制剂的商品名

Zaroxolyn [zə'rɔksəlin] 美托拉宗: 甲苯喹唑磺胺制剂的商品名

Zaufal's sign ['tsaufɑ:lz] (Emanuel *Zaufal*, Czechoslovakian rhinologist, 1833-1910) 曹发耳氏征

Z-DNA Z型脱氧核糖核酸

zed reaction [zed] 终期反应,最后反应

zedoary ['zedəu,əri] (L. *zedoaria*) 蓬莪术

Zeeman effect ['tsi:mən] (Pieter *Zeeman*, Dutch physicist, 1865-1943) 济曼氏效应

zein ['zi:in] 玉米蛋白,玉米醇溶蛋白

zeinolysis [,zi:i'nɔlisis] (Gr.) 玉蜀黍蛋白分解

zeinolytic [,zi:i'nɔlitik] 分解玉蜀黍蛋白的

zeiosis [zai'əusis] (Gr. *zeiein* to boil, seethe + -*osis*) 起泡作用

Zeis' glands [tsais] (Eduard *Zeis*, German ophthalmologist, 1807-1868) 蔡司氏腺

zeisian stye ['zaisiən] (Eduard *Zeis*) 蔡司氏睑缘腺炎

zeism ['zi:izəm] (L. *zea* maize, corn) 玉米中毒,玉米红斑

zeismus [zi'isməs] 玉米中毒,玉米红斑

Zellweger syndrome ['zelwegə] (Hans Ulrich *Zellweger*, American pediatrician, born 1909) 策耳韦格氏综合征

zelotypia [,zi:ləu'tipiə] (Gr. *zelos* zeal + *typtein* to strike) ❶热衷癖; ❷嫉妒癖

Zenker's crystals ['tsenkəz] (Friedrich Albert *Zenker*, German pathologist, 1825-1898) 岑克尔氏晶体(气喘晶体)

  z. leiomyoma 岑克氏原平滑肌瘤(恶性肌瘤)

  z. myomalacia cordis 岑克尔氏心肌软化

  z. paralysis 岑克尔氏麻痹(腓总神经麻痹)

Zenker's degeneration ['tseŋkəz] (Friedrich Albertvon *Zenker*, German pathologist, 1825-1898) 岑克尔氏变性

Zenker's fixative ['tseŋkəz] (Konrad *Zenker*, German histologist, died 1894) 岑克尔氏固定

zenkerism ['zeŋkərizəm] (F. A. von *Zenker*) 岑克尔氏变性

zenkerize ['zeŋkəraiz] (K. *Zenker*) 岑克尔氏固定

zeolite ['zi:əlait] 沸石

zeoscope ['zi:əskəup] (Gr. *zeein* to boil,

seethe + -*scope*)沸点检醇器(仪)

Zephiran Chloride [ˈzefirən] 洁尔灭：氯化苯甲烃铵制剂的商品名

zeranol [ˈzerənɔl] 玉米赤霉醇

zero [ˈziərəu] (Ital. "naught") 零,零度
  absolute z. 绝对零度
  limes z. 无毒界量,不致死界
  physiologic z. 生理零度

Zestoretic [ˌzestɔˈretik] 捷赐托利：利诺普利和双氢氯噻嗪制剂的商品名

Zestril [ˈzestril] 捷赐瑞：利诺普利制剂的商品名

zetacrit [ˈzætəkrit] 浓集红细胞压积

Zetar [ˈzetɑː] 来苏：煤酚皂制剂的商品名

zeugopodium [ˌzjuːgəˈpəudiəm] 接合骨

zidometacin [ˌzidəˈmetəsin] 叠氮吲酸

zidovudine [ziˈdɔvədiːn] 叠氮胸苷

Ziegler's operation [ˈziːglɔː] (Samuel Louis *Ziegler*, American ophthalmologist, 1861-1926) 济格勒氏手术

Ziehen-Oppenheim disease [ˈtsiːhən ˈɔpənhaim] (Georg Theodor *Ziehen*, German neurologist, 1862-1950; Herman *Oppenheim*, German neurologist, 1858-1919) 齐-奥二氏病,变形性肌张力障碍

Ziehl-Neelsen stain [tsiːl ˈniːlsən] (Franz *Ziehl*, German bacteriologist, 1857-1926; Friedrich Karl Adolf *Neelsen*, German pathologist, 1854-1894) 齐-尼二氏染剂,耐酸染剂

Zielke instrumentation [ˈtsiːlkə] (K. *Zielke*, German orthopedic surgeon, 20th century) 齐耳克氏器械操作法

Ziemssen's motor points [ˈtsiːmsənz] (Hugo Wilhelm von *Ziemssen*, German physician, 1829-1902) 齐姆森氏运动点

Zieve syndrome [ziːv] (Leslie *Zieve*, American physician, born 1915) 齐伍氏综合征

zigzagplasty [ˈzigzægˌplæsti] Z 字型整形术

zilantel [ziˈlæntəl] 磷硫苄脂

zimelidine hydrochloride [ziˈmelidiːn] 盐酸苯吡烯胺

Zimmerlin's atrophy [ˈtsimələrlinz] (Franz *Zimmerlin*, Swiss physician, 1858-1932) 济默林氏萎缩

Zimmermann's arch [ˈtsiməmənz] (Karl Wilhelm *Zimmermann*, German histologist, 1861-1935) 济默曼氏弓

Zimmermann's pericyte [ˈtsiməmənz] (Karl Wilhelm Bruno *Zimmermann*, Swiss anatomist, born 1900) 济默曼氏外膜细胞

Zinacef [ˈzinəsef] 西力欣：头孢呋辛酸钠制剂的商品名

zinc [ziŋk] (h. *zincum*) 锌
  z. acetate (USP) 醋酸锌
  z. carbonate 碳酸锌
  z. chloride (USP) 氯化锌
  z. gluconate (USP) 葡萄糖酸锌
  z. hydroxide 氢氧化锌
  z. oxide (USP) 氧化锌
  z. peroxide 过氧化锌
  z. peroxide, medicinal 医用过氧化锌
  z. pyrithione 吡硫酮
  z. salicylate 柳酸锌,水杨酸锌
  z. stearate (USP) 硬脂酸锌
  z. sulfanilate 氨基苯磺酸锌
  z. sulfate (USP) 硫酸锌
  z. undecylenate (USP) 十一烯酸锌
  white z. 锌白,氧化锌

zincalism [ˈziŋkəlizəm] 慢性锌中毒

zinciferous [ziŋˈkifərəs] 含锌的

zincoid [ˈziŋkɔid] (L. *zincum* + Gr. *eidos* form) 锌的,似锌的

Zinn's artery [tsinz] (Johann Gottfried *Zinn*, German anatomist, 1727-1759) 秦氏动脉,视网膜中央动脉

Zinsser-Cole-Engman syndrome [ˈtsinsə kəul ˈeŋmən] (Ferdinand *Zinsser*, German dermatologist, 1865-1952; Harold Newton *Cole*, American dermatologist, 1884-1966; Martin Feeney *Engman*, American dermatologist, 1869-1953) 津-科-恩三氏综合征

zinterol hydrochloride [ˈzintərəl] 盐酸苄甲磺喘宁,盐酸苯丁磺喘宁

zipp [zip] 锡普糊,氧化锌碘仿糊

zirbus [ˈzəːbəs] 网膜

zirconia [zəˈkəuniə] 氧化铅

zirconium [zəːˈkəunjəm] 锆

zisp [zisp] 锡斯普糊

Zn (zinc 的符号) 锌

zoacanthosis [ˌzəuækənˈθəusis] 动物残体性皮炎

zoanthropic [ˌzəuænˈθrɔpik] 变兽妄想的

zoanthropy [zəuˈænθrəpi] (Gr. *zōon* ani-

mal + *anthrōpos* man) 变兽妄想
Zocor ['zɔkə] 西伐他停：西瓦停制剂的商品名
Zofran ['zɔfræn] 枢复宁：盐酸蒽丹色创制剂的商品名
zoic ['zəuik] (Gr. *zōikos* of or proper to animals)动物的,动物生活的
Zoladex ['zɔlədeks] 果丝瑞宁：醋酸高锡林制剂的商品名
Zollinger-Ellison syndrome ['zɔlindʒə 'elisn] (Robert Milton *Zollinger*, American surgeon, 1903-1992; Edwin H. *Ellison*, American surgeon, 1918-1970)卓-艾二氏综合征
Zöllner's lines ['tselnəz] (Johann Karl Friedrich *Zöllner*, German physicist, 1834-1882)泽耳纳氏线
Zoloft ['zɔlɔft] 佐勒弗：盐酸舍曲林制剂的商品名
zometapine [zəu'metəpi:n] 氯苯吡
zona ['zəunə] (gen. and pl. *zonae*) (L. "a girdle") ❶ 区,带; ❷ 带状疱疹
  z. arcuata 弓状带
  z. cartilaginea 软骨带：蜗螺旋嵴
  z. ciliaris 睫状带
  z. denticulata 齿状带
  z. dermatica 皮肤带
  z. epithelioserosa 真皮膜状组织带
  z. fasciculata 束状带
  z. glomerulosa 丝球带,小球带
  z. granulosa (戴)卵丘
  z. hemorrhoidalis 痔带,肛静脉丛
  z. incerta (NA) 未定区
  z. ophthalmica 眼带状疱疹
  z. orbicularis articulationis coxae (NA) 髋关节轮匝带
  z. pectinata 梳状带
  z. pellucida ❶ 透明带; ❷ 透明区
  z. perforata 穿孔带
  z. radiata 辐射带
  z. reticularis 网状带
  z. rolandica 罗朗多区
  z. striata 透明带
  z. tecta 弓状带
  z. transformans 变性带,变形带
  z. Valsalvae 瓦尔萨尔瓦氏区：蜗管基底层
  z. vasculosa 血管带
  z. Weberi 髋关节轮匝带
zonae ['zəuni:] (L.)带,区
zonal ['zəunl] (L. *zonalis*)带的,区的
zonary ['zəunəri] 带的,区的
zone [zəun] (Gr. *zōnē* a belt, girdle) 带,区
  abdominal z's 腹区
  active z. 活性区
  androgenic z. 雄激素带(胚)
  anelectrotonic z. 阳极紧张区
  z. of antibody excess 抗体过剩带
  z. of antigen excess 抗原过剩带
  apical z. 根尖区
  arcuate z. 弓状带
  biokinetic z. 生物活动带
  border z. 缘带
  cervical z. 牙颈区
  ciliary z. 睫状区
  comfort z. 舒适带(温度)
  contact area z. 接触区
  cornuradicular z. 角根区
  coronal z. 牙冠区
  denticulate z. 齿状带
  dentofacial z. 牙面区
  z's of discontinuity 断层区
  dolorogenic z. 发痛区
  dorsal z. of His 希斯氏背带
  entry z. 进入区
  ependymal z. 室管膜带
  epigastric z. 上腹区
  epileptogenic z. 致癫痫区
  z. of equivalence 平衡带
  erogenous z., erotogenic z. 性欲发生区
  z. of exclusion 排斥区
  extravisual z's 视觉外区
  fascicular z. 束状区
  Flechsig's primordial z's 弗累西格氏原基区
  glomerular z. 丝球带,小球带
  Golgi z. 高尔基区
  Head's z's 海德氏带
  hemorrhoidal z. 痔区
  His' z's 希斯氏区
  z's of hyperalgesia 痛觉过敏带
  hyperesthetic z. 感觉过敏区
  hypogastric z. 下腹区
  hysterogenic z., hysterogenous z. 癔病源区,歇斯底里源区
  inner z. of renal medulla 肾髓质内带

interpalpebral z. 睑裂区
Kambin's triangular working z. 卡姆宾氏三角工作区(操作区)
keratogenous z. 角质增生区
language z. 语言区
lateral z. of hypothalamus 下丘脑外侧区
Lissauer's marginal z. 利骚厄氏缘区,利骚厄氏背外侧束
Looser's transformation z's 路塞氏变形区
mantle z. 外套层
marginal z. ❶缘带；❷缘层
medial z. of hypothalamus 下丘脑内侧区
mesogastric z. 中腹区
motor z. 运动区
nephrogenic z. 生肾带
neutral z. 中性区
neutral z. of His 希斯氏中性区
Nitabuch z. 尼塔布赫氏带,纤维透明质
nuclear z. 晶状体涡,核区
occlusal z. 𬌗合区,咬合区
z. of optimal proportions 最佳比例带
orbicular z. of hip joint 髋关节轮匝区
outer z. of renal medulla 肾髓质外带
z. of oval nuclei 卵圆核区
z. of partial preservation 局部保留区
pectinate z. 梳状区
pellucid z. 透明带
peripolar z. 极周区
periventricular z. 周室区
placental z. 胎盘(附着)区
polar z. 电极区
pupillary z. 瞳孔区
reticular z. 网状区
Rolando's z. 罗朗多氏区
root z. 神经根带
z. of round nuclei 圆核区
rugae z. 皱褶区
z's of Schreger 旋雷格尔氏带,齿廓带
segmental z. 分节区
subcostal z. 肋下区
sudanophobic z. 嫌苏丹(染色)区
tendinous z's of heart 心纤维环
thymus-dependent z. 胸腺依赖区
thymus-independent z. 胸腺不依赖区
transformation z. 变性带
transition z., transitional z. 移行区
transitional and respiratory z. 移行呼吸区

triangular working z. (TWZ) 三角工作区
trigger z. 发痛区
Turck's z. 特克氏带,变性带
umbau z's (Ger.) 变形区
Valsalva's z. 瓦耳萨耳瓦氏区
vascular z. 血管区
visual z. 视区
Weber's z. 韦伯氏带
Weil's basal z. 外耳氏基底层
Wernicke's z. 韦尼克氏带,语言中枢
Westphal's z. 韦斯特法尔氏带
X z. X带
z. of Zinn 秦氏小带,(眼)睫状小带
zonesthesia [ˌzəunis'θizjə] (Gr. *zōnē* girdle + *aisthēsis* perception + *-ia*) 束勒感,束带感
zonifugal [zəu'nifjugəl] (L. *zona* zone + *fugere* to flee from) 离区的,远区的
zoning ['zəuniŋ] 带现象
zonipetal [zəu'nipitəl] (L. *zona* zone + *petere* to seek) 向区的
zonoskeleton [ˌzəunə'skelitən] 肢带骨
zonula ['zəunjulə] (pl. *zonulae*) (L., dim of zona) 小带
　z. adherens 粘着小带
　z. ciliaris (NA), z. ciliaris (Zinnii) 睫状小带,秦氏小带,晶状体悬器
　z. occludens 咬合小带,闭锁小带
zonulae ['zəunjuli:] (L.) 小带。*zonula* 的所有格和复数形式
zonular ['zəunjulə] 小带的,带状的
zonule ['zəunju:l] 小带
　ciliary z. 睫状小带
　lens z. 睫状小带,晶状体悬器
　z. of Zinn 秦氏小带
zonulitis [ˌzəunju'laitis] 睫状小带炎
zonulolysis [ˌzɔnju'lɔlisis] (*zonule* + *lysis*) 睫状小带松解法
zonulotomy [ˌzɔnju'lɔtəmi] (*zonule* + *-tomy*) 睫状小带切开术
zonulysis [ˌzɔnju'laisis] 睫状小带松解法
zo(o)- (Gr. *zōon* animal) 动物
zooagglutinin [ˌzəuə'glu:tinin] 动物凝集素
zooamylon [ˌzəuə'æmilən] (Gr. *zoo* + *amylon*) 动物糖原
zoobiology [ˌzəuəbai'ɔlədʒi] (*zoo-* + Gr.

bios life + -*logy*) 动物生物学
zoobiotism [ˌzəuˈbaiətizəm] 生命学
zooblast [ˈzəuəblæst] (*zoo-* + Gr. *blastos* germ) 动物细胞
zoochemical [ˌzəuəˈkemikəl] 动物化学的
zoochemistry [ˌzəuəˈkemistri] 动物化学
zooderminc [ˌzəuəˈdə:mik] (*zoo-* + Gr. *derma* skin) 动物皮肤的
zoodetritus [ˌzəuəuˈdi:traitəs] 动物碎屑
zoodynamic [ˌzəuəudaiˈnæmik] 动物动力学的,动物生理学的
zoodynamics [ˌzəuəudaiˈnæmiks] (*zoo-* + Gr. *dynamis* power) 动物动力学,动物生理学
zooerastia [ˌzəuəuiˈræstiə] (*zoo-* + Gr. *erastēs* lover) 兽奸
zooflagellate [ˌzəuəuˈflædʒileit] (*zoo-* + L. *flagellum* whip) 鞭毛动物
zoofulvin [ˌzəuəuˈfʌlvin] 鸟羽黄色素
zoogamete [ˈzəuəgəˌmi:t] (Gr. *zoo* + *gamete*) 游动配子(藻类)
zoogamy [zəuˈɔgəmi] (Gr. *zoo* + *gamos*) 两性生殖,有性生殖
zoogenesis [ˌzəuəuˈdʒenəsis] 动物发生,动物进化
zoogenous [zəuˈɔdʒinəs] ❶ 动物原的; ❷ 胎生的
zoogeny [zəuˈɔdʒini] (*zoo-* + Gr. *gennan* to produce) 动物发生,动物进化
zoogeography [ˌzəuəudʒiˈɔgrəfi] 动物地理学
zooglea [ˌzəuəuˈgli:ə] (pl. *zoogleae*) (*zoo-* + Gr. *gloios* gum) 菌胶团
zoogleal [zəuəuˈgli:əl] 菌胶团的,菌胶团性的
Zoogloea [ˌzəuəuˈgli:ə] 胶团菌属
zoogloea [ˌzəuəuˈgli:ə] 菌胶团
zoogonous [zəuˈɔgənəs] 胎生的
zoogony [zəuˈɔgəni] (*zoo-* + Gr. *gonē* offspring) 胎生
zoografting [ˈzəuəugrɑ:ftiŋ] 动物组织移植术
zoography [zəuˈɔgrəfi] (*zoo-* + Gr. *graphein* to write) 动物志
zoohormone [ˌzəuəuˈhɔ:muən] 动物激素
zooid [ˈzəuɔid] (*zoo-* + Gr. *eidos* form) ❶ 动物样的; ❷ 动物样体; ❸ 个体
zookinase [ˌzəuəuˈkineis] (Gr. *zoo* + *kinein*) 动物激酶
zoolagnia [ˌzəuəuˈlægniə] (*zoo-* + Gr. *lagneia* lust) 恋兽欲
zoology [zəuˈɔlədʒi] (*zoo-* + Gr. *logos* treatise) 动物学
experimental z. 实验动物学
zoomania [ˌzəuəuˈmeiniə] (*zoo-* + Gr. *mania* madness) 恋兽癖,嗜兽癖
Zoomastigophora [ˌzəuəuˌmæstiˈgɔfərə] 动鞭毛亚纲
Zoomastigophorea [ˌzəuəuˌmæstigəˈfɔriə] (*zoo-* + Gr. *mastix* whip + *phōros* bearing) 动鞭纲
zoomastigophorean [ˌzəuəuˌmæstigəˈfɔriən] 动鞭毛虫
zoomylus [zəuˈɔmiləs] 皮样囊肿
Zoon's erythroplasia [zəunz] (Johannes Jacobus *Zoon*, Dutch dermatologist, born 1920) 棕色增殖性红斑
zoonerythrin [ˌzəuəuˈeriθrin] (*zoo-* + Gr. *erythros* red) 动物红素,甲壳红素
zoonite [ˈzəuənait] 脑脊髓节
zoonomy [zəuˈɔnəmi] (*zoo-* + Gr. *nomos* law) 动物生物学
zoonoses [ˌzəuəuˈnəusiz] 动物传染病
zoonosis [zəuˈɔnəsis] (pl. *zoonoses*) (*zoo-* + Gr. *nosos* disease) 动物传染病
zoonosology [ˌzəuəuənəˈsɔlədʒi] (*zoo-* + Gr. *nosos* disease + *logos* treatise) 动物疾病分类学
zoonotic [ˌzəuəuˈnɔtik] 动物传染病的
zooparasite [ˌzəuəuˈpærəsait] 寄生动物
zooparasitic [ˌzəuəuˌpærəˈsitik] 寄生动物的
zoopathology [ˌzəuəupəˈθɔlədʒi] 动物病理学
zooperal [zəuˈɔpərəl] 动物实验的
zoopery [zəuˈɔpəri] (*zoo-* + Gr. *peiran* to experiment) 动物实验
zoophagous [zəuˈɔfəgəs] (*zoo-* + Gr. *phagein* to eat) 食动物的,食肉的
zoopharmacology [ˌzəuəuˌfɑ:məˈkɔlədʒi] 动物药理学,兽医药理学
zoopharmacy [ˌzəuəuˈfɑ:məsi] 动物药剂学,兽医药剂学
zoophile [ˈzəuəufail] (*zoo-* + Gr. *philein* to love) ❶ 嗜动物(血)的(指蚊); ❷ 嗜动物癖者,反对(动物)活体解剖者

zoophilia [ˌzəuəu'fi:liə] 嗜动物癖, 动物爱好

zoophilic [ˌzəuəu'filik] 嗜动物(血)的

zoophilism [zəu'ɔfilizəm] ❶ 动物偏爱 ❷ 嗜动物癖

    erotic z. 动物色情狂

zoophilous [zəu'ɔfiləs] 嗜动物(血)的

zoophobia [ˌzəuəu'fəubiə] (*zoo-* + *phobia*) 动物恐怖

zoophysiology [ˌzəuəuˌfizi'ɔlədʒi] 动物生理学

zoophyte ['zəuəufait] (*zoo-* + Gr. *phyton* plant) 植虫, 植物样动物

zooplankton [ˌzəuəu'plæŋktən] (*zoo-* + Gr. *planktos* wandering) 浮游动物

zooplasty ['zəuəuplæsti] (*zoo-* + Gr. *plassein* to form) 动物组织成形术, 动物组织移植术

zooprecipitin [ˌzəuəupri'sipitin] 动物沉淀素

zooprophylaxis [ˌzəuəuprɔfi'læksis] ❶ 动物病预防法; ❷ 动物疫苗预防法; ❸ 动物诱蚊预防法

zoopsia [zəu'ɔpsiə] (*zoo-* + Gr. *opsis* vision + *-ia*) 动物幻视

zoopsychology [ˌzəuəusai'kɔlədʒi] 动物心理学

zoosadism [ˌzəuəu'sædizəm] 动物虐待(色情)狂, 动物施虐癖

zoosis [zəu'əusis] (*zoo-* + *-osis*) 动物性病, 动物原病

zoosmosis [ˌzəus'məusis] (Gr. *zoo* + *osmosis*) 原浆渗透(作用)

zoosperm ['zəuəuspə:m] (*zoo-* + Gr. *sperma* seed) 精子

zoospermia [ˌzəuəu'spə:miə] 活精

zoosporangia [ˌzəuəuspə'rændʒiə] 游动孢子囊

zoosporangium [ˌzəuəuspə'rændʒiəm] (pl. *zoosporangia*) (*zoo-* + Gr. *angeion* vessel) 游动孢子囊

zoospore ['zəuəuspɔ:] (*zoo-* + *spore*) 游动孢子

zoosteroid [ˌzəuəu'steriɔd] 动物甾类

zoosterol [zəu'ɔsterɔl] 动物甾醇

zootechnics [ˌzəuəu'tekniks] (*zoo-* + Gr. *technē* art) 动物驯养术

zootic [zəu'ɔtik] 低等动物的

zootomist [zəu'ɔtəmist] 比较解剖学家

zootomy [zəu'ɔtəmi] (*zoo-* + Gr. *tomē* a cutting) ❶ 动物解剖; ❷ 动物解剖学, 比较解剖学

zootoxin [ˌzəuəu'tɔksin] (*zoo-* + Gr. *toxikon* poison) 动物毒素

zootrophic [ˌzəuəu'trɔfik] (*zoo-* + Gr. *trophē* nutrition) 动物营养的

zootrophotoxism [ˌzəuəuˌtrɔfəu'tɔksizəm] (*zoo-* + Gr. *trophē* nutrition + *toxikon* poison) 动物性食物中毒, 兽肉中毒

Zopfius ['zɔpfiəs] 佐普夫氏杆菌属

zorbamycin [ˌzɔ:bə'maisin] 佐尔博霉素

zorubicin hydrochloride [zəu'rubisin] 盐酸柔红霉素苯腙, 盐酸苯甲酰腙柔红霉素, 盐酸佐柔比星

zoster ['zɔstə] (Gr. *zōstēr* a girdle) 带状疱疹

    z. sine eruptione, z. sine herpete 无疹性带状疱疹

    ophthalmic z. 眼带状疱疹

zosteriform [zɔs'terifɔ:m] 带状疱疹样的

zosteroid ['zɔstərɔid] 带状疱疹样的

Zostrix ['zɔstriks] 佐斯托利

Zovirax ['zɔviræks] 阿昔洛韦, 舒维疗: 无环鸟苷制剂的商品名

Zr (*zirconium* 的符号) 锆

Zsigmondy's gold number method [tsig'mɔndiz] (Richard Adolf *Zsigmondy*, German chemist, 1865-1929; winner of the Nobel prize in chemistry for 1925, for his work on colloids) 希格蒙迪氏金值法

ZSR (zeta sedimentation rate 的缩写) S 沉淀速度

Zuberella [ˌzubə'relə] 佐勃杆菌属

zuckergussdarm ['tsukəˌgusdɑ:m] (Ger. "sugar-icing intestine") 糖衣肠, 慢性纤维包围性腹膜炎

zuckergussleber ['tsukəˌgusleibə] (Ger. "sugar-icing liver") 糖衣肝, 慢性增生性肝周炎

Zuckerkandl's body ['tsukəˌkʌndlz] (Emil *Zuckerkandl*, Hungarian-born anatomist in Germany and Austria, 1849-1910) 祖克德耳氏体

    z. convolution 祖克坎德耳氏回(胼胝下回)

    z. fascia 祖克坎德耳氏筋膜(肾后筋膜)

z. organs 祖克坎德耳氏器官(主动脉旁体)

z. vein 祖克坎德耳氏静脉,脑鼻间静脉

zuclomiphene [zu'klɔmifi:n] 珠氯米芬

Zumbusch's psoriasis ['tsumbuʃs] (Leo von *Zumbusch*, German dermatologist, 1874-1940)苏姆布茨氏银屑病

Zuntz's theory ['tsuntzis] (Nathan *Zuntz*, German physician, 1847-1920)宗茨氏理论

zwitterion ['tsvitəˌriən] 两性离子

zygal ['zaigəl] (Gr. *zygon* yoke) 轭状的

zygapophyseal [ˌzaigəpə'fiziəl] 椎骨关节突的

zygapophysis [ˌzaigə'pɔfisis] (pl. *zygapophyses*) 椎骨关节突

zygia ['zidʒiə] 轭点

zygion ['zidʒiən] (pl. *zygia*)(Gr.) 轭点

zyg(o)- (Gr. *zygon* yoke) 轭,结合

zygocotyle lunatum [ˌzaigə'kɔtililu'nætəm] 镰形轭吸虫

Zygodactyly [ˌzaigə'dæktili] (*zygo*- + Gr. *daktylos* finger) 并指(趾)(畸形)

zygoite ['zaigəait] 合子

zygolabialis [ˌzaigulə'baiəlis] 颧小肌

zygoma [zai'gəumə] (Gr. *zygōma* bolt or bar) ❶ 颧突;❷ 颧弓;❸ 颧骨

zygomatic [ˌzaigə'mætik] 颧的,颧骨(弓,突)的

zygomatico-auricularis [ˌzaigəu'mætikə- ɔri'kjulæris] (L.) 耳前肌

zygomaticofacial [ˌzaigəuˌmætikəu'feiʃəl] 颧面的

zygomaticofrontal [ˌzaigəuˌmætikəu'frʌntəl] 颧额的

zygomaticomaxillary [ˌzaigəuˌmætikəu-'mæksiləri] 颧上颌的

zygomatico-orbital [ˌzaigəumætikəu'ɔ:bitəl] 颧眶的

zygomaticosphenoid [ˌzaigəuˌmætikəu'sfi:nɔid] 颧蝶的

zygomaticotemporal [ˌzaigəumætikəu'tempərəl] 颧颞的

zygomaticus [ˌzaigəu'mætikəs] (L.) 颧肌

zygomaxillare [ˌzaigəu'mæksiˌləri] (L.) 颧颌点

zygomaxillary [ˌzaigəu'mæksiləri] 颧上颌的

Zygomycetes [ˌzaigəumai'si:tiz] (*zygo*- + Gr. *mykēs* fungus)接合菌亚纲

zygomycosis [ˌzaigəumai'kəusis] 结合菌病
rhinofacial z. 鼻结合菌病,鼻藻菌病
subcutaneous z. 皮下结合菌病,皮下藻菌病

Zygomycota [ˌzaigəumai'kɔtə] 接合菌类

Zygomycotina [ˌzaigəuˌmaikəu'tinə] 接合菌类

zygon ['zaigɔn] (Gr. "bar" or "yoke") 接合嵴

zygoneure ['zaigənjuə](Gr. *zygon* + *neuron*) 接合(神经)细胞

zygoplast ['zaigəplæst] (Gr. *zygon* + *plassein*) 根丝体(原虫体内与核联接的小体)

zygopodium [ˌzaigəu'pəudiəm] 肢干,接合骨

zygosis [zai'gəusis] (Gr. *zygōsis* a balancing) 接合

zygosity [zai'gɔsiti](Gr. *zygon* yoke + *-ity* state or condition) 接合性

zygosperm ['zaigəspə:m] 接合孢子

zygosphere ['zaigəsfiə] 接合配子

zygospore ['zaigəspɔ:] 接合孢子

zygostyle ['zaigəstail] (终)末尾椎

zygote ['zaigəut] (Gr. *zygōtos* yoked together) 合子
duplex z. 复式合子,双显性组合合子
multiplex z. 多式合子,无显性组合合子
simplex z. 单式合子,单显性组合合子

zygotene ['zaigəti:n] (Gr. *zygōtos* yoked together) 偶线(期)

zygotic [zai'gɔtik] 合子的

zygotoblast [zai'gəutəblɑ:st] 子孢子

zygotomere [zai'gəutəmiə] 成孢子细胞

Zyloprim ['zailəuprim] 别嘌呤醇;别嘌醇制剂的商品名

zymad ['zaimæd] 传染病原,病菌

zymase ['zaimeis] ❶ 酶;❷ 酿酶,酒化酶;❸ 微胶粒

zyme [zaim] (Gr. *zymē* ferment) ❶ 酶;❷ 病菌;

zymetololgy [ˌzaimi'tɔlədʒi] 发酵学

zymic ['zaimik] 酶的

zymin ['zaimin] ❶ 胰提出物;❷ 酶

zym(o)- (Gr. *zymē* leaven) 酶,发酵

Zymobacterium [ˌzaiməubæk'tiəriəm] 发酵菌属

zymochemistry [ˌzaiməu'kemistri] 酶化学
zymocyte ['zaiməusait] 发酵菌
zymogen ['zaimədʒən] 酶原
zymogenic [ˌzaiməu'dʒenik] ❶ 发酵的；❷ 引起发酵的
zymogenous [zai'mɔdʒinəs] ❶ 发酵的；❷ 引起发酵的
zymohexase [ˌzaiməu'hekseis] 发酵已糖酶
zymohexose [ˌzaiməu'heksəus] 发酵已糖
zymohydrolysis [ˌzaiməuhai'drɔlisis] 酶分解，酶解(作用)
zymoid ['zaimɔid] ❶ 类酶；❷ 腐组织毒；❸ 酶样的
zymolite ['zaiməlait] 酶作用物，基质
zymologic [zai'mɔlədʒik] 酶学的
zymologist [zai'mɔlədʒist] 酶学家
zymology [zai'mɔlədʒi] 酶学
zymolysis [zai'mɔlisis] 酶分解，酶解(作用)
zymolyte ['zaiməlait] 酶作用物，基质，底质
zymolytic [ˌzaiməu'litik] 酶分解的，酶解的
zymome ['zaiməum] 微胶粒

zymometer [mai'mɔmitə] 发酵检验器
Zymomonas [ˌzaimə'məunəs] (*zyme* + Gr. *monas* unit, from *monos* single) 酵单胞菌属
zymonematosis [ˌzaiməuˌnemə'təusis] 酵丝菌病，芽生菌病
Zymophore ['zaiməfɔː] 酶活性簇
zymophosphate [zaiməu'fɔsfeit] 酵母已糖磷酸
zymophyte ['zaiməfait] 发酵菌
zymoprotein [ˌzaiməu'prəutin] 酶活性蛋白，酶蛋白
zymosan ['zaiməsən] 酵母多糖
zymoscope ['zaiməskəup] 发酵测定器
zymose ['zaiməus] 转化酶
zymosimeter [ˌzaiməu'simitə] 发酵检验器
zymosis [zai'məusis] ❶ 发酵；❷ 发酵病；❸ 传染病
zymosterol [zai'mɔstərəl] 酵母甾醇，霉菌甾醇
zymotic [zai'məutik] ❶ 发酵的；❷ 发酵病的；❸ 传染病的
Zz. (L. *zingiber* 的缩写)姜

Appendices 附录

1. Selected Abbreviations Used in Medicine 医学常用缩写词
2. Anatomical Appendix 解剖学附录
   Arteries 动脉
   Bones (Listed by Regions of the Boby) 骨骼(按人体部位排列)
   Bones 骨骼
   Muscles 肌肉
   Nerves 神经
   Veins 静脉
3. Celsius and Fahrenheit Temperature Equivalents 摄氏和华氏温度对应表
4. Multiples and Submultiples of Metric System 公制倍数和约数
5. Table of Weights and Measures 重量和计量表
6. Tables of Metric Doses with Approximate Apothecary Equivalents 公制与药衡计量近似对应表
7. Reference Values for the Interpretation of Laboratory Tests 实验室检查参考值

Appendix 1 附录一

Selected Abbreviations Used in Medicine 医学常用缩写词

缩写	英汉意思
A	accommodation 适应,调节
	adenine 腺嘌呤
	adenosine 腺苷
	alveolar gas (as subscript) 肺泡气
	ampere 安培
	anode 阳极
	anterior 先前的
AI	first auditory area 第一听区
AII	second auditory area 第二听区
A	absorbance 吸收率
	activity 活性,效能
	admittance 允许,进入
	area 区域,面积
	mass number 总数
A_2	aortic second sound 主动脉第二音
Å	angstrom 埃(波长单位)
a	accommodation 适应,调节
	arterial blood (as subscript) 动脉血
a.	L. arteria(artery)动脉
a	specific absorptivity 特异吸收力
	acceleration 加速
	activity 活性,效能
α	the α chain of hemoglobin 血红蛋白 α 链
	Bunsen coefficient 贝氏系数
	the heavy chain of IgA IgA 重链
AA	achievement age 智力成就年龄
	amino acid 氨基酸
	aminoacyl 氨酰(基)
aa.	L. arteriae(arteries)动脉
AAV	adeno-associated virus 腺相关病毒
Ab	antibody 抗体
ABC	aspiration biopsy cytology 抽吸活组织细胞学
ABE	acute bacterial endocarditis 急性细菌性心内膜炎
ABG	arterial blood gases 动脉血气
ABP	arterial blood pressure 动脉血压

abst	abstract 摘要
abstr	abstract 摘要
AC	air conduction 空气传导
	alternating current 交流电
	aortic closure 动脉闭锁
	anodal closure 阳极通电
	axiocervical 轴颈的(口腔)
	acromioclavicular 肩峰锁骨的
ACAT	acyl CoA:cholesterol acyltransferase 胆固醇酰基转移酶
Acc	accommodation 适应,调节
ACCl	anodal closure clonus 阳极通电阵挛
ACD	acid citrate dextrose 枸橼酸葡萄糖
ACE	angiotensin converting enzyme 血管紧张素转化酶
	adrenocortical extract 肾上腺皮质提取物
ACG	angiocardiography 心血管造影术
AcG	accelerator globulin 加速凝球蛋白(凝血因子 V)
ACh	acetylcholine 乙酰胆碱
AChE	acetylcholinesterase 乙酰胆碱脂酶
ACP	acid phosphatase 碱性磷酸酶
ACTH	adrenocorticotropic hormone 促肾上腺皮质激素
AD	alcohol dehydrogenase 乙醇脱氢酶
	anodal duraion 阳极持续时间
A.D.	L. auris dextra(right ear) 右耳
ADA	adenosine deaminase 腺苷脱氢酶
ADCC	antibody-dependent cell-mediated cytotoxicity 抗体依赖性细胞介导细胞毒性
ADH	alcohol dehydrogenase 乙醇脱氢酶
	antidiuretic hormone 抗利尿激素
ADP	adenosine diphosphate 二磷酸腺苷
AEP	auditory evoked potential 听觉诱发电位
AFO	ankle-foot orthosis 踝-足矫形法
AFP	alpha-fetoprotein 甲胎蛋白
AFX	atypical fibroxanthoma 非典型性纤维黄瘤
AG	atrial gallop 心房奔马律
AGEPC	acetyl glyceryl ether phosphoryl choline 乙酰甘油醚磷酸胆碱
AGT	antiglobulin test 抗球蛋白试验
AGTH	adrenoglomerulotropin 促醛甾酮激素
AGV	aniline gentian violet 苯胺龙胆紫
ah	hyperopic astigmatism 远视散光
AHF	antihemophilic factor(blood coagulation Factor Ⅷ) 抗血友病因子(凝血因子Ⅷ)
AHG	antihemophilic globulin (blood coagulation Factor Ⅷ) 抗血友病因子(凝血因子Ⅷ)
AI	anaphylatoxin inhibitor 过敏毒素抑制剂
	aortic incompetence 主动脉瓣关闭不全
	aortic insufficiency 主动脉瓣功能不全
	apical impulse 心尖搏动
	artificial insemination 人工授精

AICD	automatic implantable cardioverterdefibrillator 适于植入的自动心律转变去纤颤器
AID	donor insemination 供者人工授精
AIDS	acquired immunodeficiency syndrome 获得性免疫缺陷综合征
AIH	homologous insemination 同配(人工)授精
AIHA	autoimmune hemolytic anemia 自体免疫溶血性贫血
AILD	angioimmunoblastic lymphadenopathy with dysproteinemia 血管免疫母细胞性淋巴腺病伴血蛋白异常
ALA	α-aminolevulinic acid α-氨基酮戊酸
Ala	alanine 丙氨酸
ALG	antilymphocyte globulin 抗淋巴细胞球蛋白
ALP	alkaline phosphatase 碱性磷酸酶
ALS	antilymphocyte serum 抗淋巴细胞血清
Am	americium 镅
	allotype 异类
am	myopic astigmatism 近视散光
	meterangle 公尺角,米角
	ametropia 屈光不正
Amh	mixed astigmatism with myopia predominating over hyperopia 近视为主的混合性散光
AMI	acute myocardial infarction 急性心肌梗死
AMP	adenosine monophosphate 磷酸腺苷
3'5'-AMP	cyclic adenosine monophosphate 环磷酸腺苷
	cyclic AMP 环磷酸腺苷
amp	ampere 安培
amu	atomic mass unit 原子质量单位
An	anode 阳极
	anodal 阳极的
ANA	antinuclear antibodies 抗核抗体
anat.	anatomy 解剖
	anatomical 解剖的
ANF	antinuclear factor 抗凝因子
ANOVA	analysis of variance 方差分析
ANS	anterior nasal spine 鼻前棘
	autonomic nervous system 植物神经系统
ant.	anterior 前(的)
ANUG	acute necrotizing ulcerative gingivitis 急性坏死性龈舌溃疡
AO	anodal opening 阳极断电(开放)
	opening of the atrioventricular valves 房室瓣开口
AOS	anodal opening sound 阳极断电音
AP	action potential 动作电位
	angina pectoris 心绞痛
	anterior pituitary 脑垂体前叶
	anteroposterior 前后的
	arterial pressure 动脉压
APB	atrial premature beat 房性过早搏动
APC	atrial premature complex 房性早搏复征
APD	atrial premature depolarization 房性早搏去极

APE	anterior pituitary extract 垂体前叶提取物
APTT, aPTT	activated partial thromboplastin time 活性部分凝血激酶时间
AQ	achievement quotient 成绩商数
AR	alarm reaction 应激反应
	aortic regurgitation 主动脉回流
	artificial respiration 人工呼吸
ARC	anomalous retinal correspondence 视网膜异常
	AIDS-related complex 艾滋病相关复合体
ARD	acute respiratory disease 急性呼吸道疾病
Arg	arginine 精氨酸
AROA	autosomal recessive ocular albinism 常染色体隐性眼白化病
ART	automated reagin test 自动反应素试验
AS	aortic stenosis 主动脉狭窄
	arteriosclerosis 动脉硬化
A.S.	L. auris sinistra (left ear) 左耳
As	astigmatism 散光
ASA	acetylsalicylic acid 乙酰水杨酸
	argininosuccinic acid 精氨基琥珀酸
ASAT	aspartate aminotransferase 天门冬氨酸转移酶
ASCVD	arteriosclerotic cardiovascular disease 动脉粥样硬化性心血管病
ASH	asymmetrical septal hypertrophy 不对称膈膜肥大
ASHD	arteriosclerotic heart disease 动脉硬化性心脏病
ASL	antistreptolysin 抗链球菌溶血素
Asn	asparagine 天门冬素
ASO	arteriosclerosis obliterans 闭塞性动脉硬化
Asp	aspartic acid 天(门)冬氨酸
ASS	anterior superior spine 前上棘
Ast	astigmatism 散光
Asth	asthenopia 视力衰弱
AT	atrial tachycardia 房性心动过速
ATA	alimentary toxic aleukia 饮食中毒性白细胞减少症
ATCC	American Type Culture Collection 美国型文化综合征
ATG	antithymocyte globulin 抗胸腺细胞球蛋白
ATL	adult T-cell leukemialymphoma 成人T细胞白血病
atm	atmosphere 大气,大气压
ATN	tyrosinase-negative oculocutaneous albinism 负性酪氨酸酶眼(与)皮白化病
ATP	adenosine triphosphate 三磷酸腺苷
ATPase	adenosinetriphosphatase 三磷酸腺苷酶
ATS	antitetanic serum 抗破伤风血清
at vol	atomic volume 原子体积
At wt	atomic weight 原子量
Au	gold (L. aurum) 金
	Australian antigen 澳大利亚抗原
AV, A-V	atrioventricular 房室性的
	arteriovenous 动静脉的
AVN	atrioventricular node 房室结
AVP	arginine vasopressin 精氨酸加压素

AVRT	atrioventricular reciprocating tachycardia 房室交互性心动过速	
awu	atomic weight unit 原子量单位	
ax.	axis 轴(线)	
AZQ	diaziquone 二嗪农	
B	bel 贝,贝尔	
	boron 硼	
B	magnetic flux density 磁运动密度	
b	born 出生于	
	base (nucleic acids) 碱基(核酸)	
β	the β chain of hemoglobin 血红蛋白的β链	
BAEP	brainstem auditory evoked potential 脑干听觉激发电位	
BAL	dimercaprol 二巯基丙醇	
BBB	blood-brain barrier 血-脑屏障	
	bundle branch block 束支传导阻滞	
BBBB	bilateral bundle branch block 双束支传导阻滞	
BBT	basal body temperature 基础体温	
BCAA	branched chain amino acid 支链氨基酸	
BCDF	B cell differentiation factors B细胞分化因子	
BCF	basophil chemotactic factor 嗜碱性趋化因子	
BCG	bacille Calmette-Guérin 卡介苗	
	bicolor guaiac test 双色愈创木脂试验	
BCGF	B cell growth factors B细胞生长因子	
BEI	butanol-extractable iodine 碘丁醇提取液	
BF	blastogenic factor 母细胞生成因子	
BFP	biologic false-positive 生物学假阳性	
BHA	butylated hydroxyanisole 丁酸羟茴香醚	
BHT	butylated hydroxytoluence 二叔丁对甲酚	
bid	twice a day(L. bis in die) 每日两次	
BKV	BK virus BK病毒	
BMI	body mass index 体质指数	
BMR	basal metabolic rate 基础代谢率	
BP	blood pressure 血压	
	British Pharmacopoeia 英国药典	
bp	base pair 碱基对	
	boiling point 沸点	
B Ph	British Pharmacopoeia 英国药典	
BPIG	bacterial polysaccharide immune globulin 细菌多糖免疫球蛋白	
Bq	becquerel 白克瑞尔(法国物理学家)	
BS	blood sugar 血糖	
	breath sounds 呼吸音	
BSA	body surface area 体表面积	
BSP	Bromsulphalein 磺溴酞钠	
BTU	British thermal unit 英国热量单位	
BUDR	5-bromodeoxyuridine 5-溴脱氧尿核苷	
BUN	blood urea nitrogen 血尿素氮	
BVAD	biventricular assist device 双室支撑装置	
C	canine(tooth) 犬牙	
	carbon 碳	

	cathode 阴极	
	cathodal 阴极的	
	cervical vertebrae(C1—C7) 颈椎	
	clonus 阵挛	
	closure 关闭	
	color sense 色觉	
	complement (C1—C9) 补体	
	compliance 顺应性(下标表结构)	
	contraction 收缩	
	coulomb 库仑	
	cylinder 量筒,圆柱体	
	cylindrical lens 圆柱形透镜	
	cytidine 胞嘧啶核苷	
	cytosine 胞嘧啶	
C	capacitance 电容	
	clearance 清洁度(下标表物质)	
	heat capacity 热容量	
℃	degree Celsius 摄氏温度	
c	contact 接触者,连接器	
c	molar concentration 摩尔浓度	
	specific heat capacity 特殊热容量	
	velocity of light in a vacuum 真空中光速	
CA	cardiac arrest 心脏停搏	
	coronary artery 冠状动脉	
	chronological age 实足年龄	
	croup-associated (virus) 格鲁布相关病毒	
CABG	coronary artery bypass graft 冠状动脉旁路移植	
CAD	coronary artery disease 冠心病	
cal	calorie 卡	
CALLA	common acute lymphoblastic leukemia antigen 普通急性成淋巴细胞白血病抗原	
CAM	cell adhesion molecules 细胞粘连因子	
cAMP	cyclic adenosine monophosphate 环磷酸腺苷	
CAPD	continuous ambulatory peritoneal dialysis 连续性不卧床腹透	
CAT	computerized axial tomography 计算机体层X线照相术	
CAVB	complete atrioventricular block 完全性房室传导阻滞	
cbc	complete blood count 全血细胞计数	
CBF	cerebral blood flow 脑血流量	
CBG	corticosteroid-binding globulin 皮质类固醇结合球蛋白	
Cbl	cobalamin 钴胺	
CBS	chronic brain syndrome 慢性脑综合征	
CC	chief complaint 主诉	
CCA	congenital contractural arachnodactyly 先天蜘蛛脚样指(趾)	
CCAT	conglutinating complement absorption test 胶固补体吸水试验	
CCF	crystal-induced chemotactic factor 晶体诱导缩胆囊素因子	
CCK	cholecystokinin 缩胆囊素	
CCNU	lomustine 环己亚硝脲	
CCU	critical care unit 重症监护病房	

CD	L. conjugata diagonalis (diagonal conjugate diameter of the pelvic inlet) 骨盆入口对角径
	curative dose 有效量,治疗量
	cluster designation (for antigens) (抗原)丛名
cd	candela 烛光
CDC	Centers for Disease Control and Prevention 疾病预防控制中心
cdf	cumulative distribution function 累积分布功能
cDNA	complementary DNA 补偿 DNA
	copy DNA 复制 DNA
CDP	cytidine diphosphate 二磷酸胞苷
CEA	carcinoembryonic antigen 癌胚抗原
ces	central excitatory state 中枢神经兴奋状态
CESD	cholesteryl ester storage disease 胆固醇酯贮存疾病
CF	carbolfuchsin 石炭酸品红液
	cardiac failure 心衰
	Christmas factor 抗血友病因子 B, 克里斯马斯因子(凝血因子Ⅸ)
	citrovorum factor 甲酰四氢叶酸
cff	critical fusion frequency 临界融和频率
CFT	complement-fixation test 补体结合试验
CFU	colony-forming unit 集落形成单位
CGD	chronic granulomatous disease 慢性肉芽肿病
cGMP	cyclic guanosine monophosphate 环磷酸鸟苷
cGy	centigray 中央灰质
CH	crown-heel (length of fetus) 冠踵长度(测量婴儿长度)
CHD	congenital heart disease 先天性心脏病
	coronary heart disease 冠心病
ChE	cholinesterase 胆碱脂酶
CHF	congestive heart failure 充血性心力衰竭
CHO	Chinese hamster ovary (cell) 中国仓鼠样卵巢
CI	color index 血色指数
	Colour Index 血色指数
Ci	curie 居里
CIE	counterimmunoelectrophoresis 对流免疫电泳
CIF	clonal inhibitory factor 集落抑制因子
Ci-hr	curie-hour 居里小时
CIN	cervical intraepithelial neoplasia 颈上皮内肿瘤形成
CK	creatine kinase 肌酸激酶
CLIP	corticotropin-like intermediate lobe peptide 促肾上腺皮质激素样中叶肽
CMAP	compound muscle action potential 复合肌肉动作电位
CMD	cerebromacular degeneration 脑斑点样变性
CMHC	community mental health center 公共精神卫生中心
CMI	cell-mediated immunity 细胞介导免疫
CML	cell-mediated lympholysis 细胞介导淋巴溶解
CMP	cytidine monophosphate 胞苷酸
CMR	cerebral metabolic rate 脑代谢率
CMV	cytomegalovirus 巨细胞病毒
CN-Cbl	cyanocobalamin 维生素 B_{12}

CNS	central nervous system 中枢神经系统
CNV	contingent negative variation 偶然负变异
Co	cobalt 钴
CoA	coenzyme A 辅酶 A
CoA-SH	coenzyme A 辅酶 A
COC	calcifying odontogenic cyst 钙化的牙源性囊肿
ConA	concanavalin A 伴刀豆球蛋白 A
COPD	chronic obstructive pulmonary disease 慢性阻塞性肺病
cp	centipoise 厘泊(运动粘度单位)
	chemically pure 化学纯
CPC	clinicopathological conference 临床病历讨论会
CPD	citrate phosphate dextrose 磷酸枸橼酸盐葡萄糖
CPDA-1	citrate phosphate dextrose adenine 磷酸腺嘌呤枸橼酸盐葡萄糖
CPDD	calcium pyrophosphate deposition disease 钙焦磷酸酶沉积病
CPK	creatine phosphokinase 肌酸磷酸激酶
CPS	carbamoyl phosphate synthetase 磷酸甲氨酰合成酶
CPR	cardiopulmonary resuscitation 心肺复苏
CPS II	carbamoyl phosphate synthetase II 氨甲酰磷酸合成酶 II
CR	conditioned response 条件反应
	complement receptor 补体受体
CREG	cross-reactive group (of HLA antigens) 交叉反应体
CRH	corticotropin-releasing hormone 促皮质激素释放激素
CRM	cross-reacting material 交叉反应物
CRP	C-reactive protein C 反应蛋白
CRS	Chinese restaurant syndrome 中国餐馆综合征
CS	cesarean section 剖腹产术
	conditioned stimulus 条件刺激
	coronary sinus 冠状窦
CSF	cerebrospinal fluid 脑脊液
	colony-stimulating factor 集落刺激因子
CSF-1	macrophage colony-stimulating factor 巨噬细胞集落刺激因子
CSM	cerebrospinal meningitis 脑膜炎
CST	contraction stress test 收缩压迫试验
CT	computerized tomography 计算机 X 线断层照片术
CTL	cytotoxic lymphocytes 细胞毒性淋巴细胞
CTP	cytidine triphosphate 三磷酸胞苷
CV	cardiovascular 心血管的
	coefficient of variation 变异系数
CVA	cardiovascular accident 心血管意外
	cerebrovascular accident 脑血管意外
	costovertebral angle 椎肋角
CVP	central venous pressure 中心静脉压
CVS	cardiovascular system 心血管系统
	chorionic villus sampling 慢性绒毛采样
CX	circumflex artery 环绕动脉
Cx	cervix(子宫)颈
	convex 凸面,凸状
Cy	cyanogen 氰

CYC	cyclophosphamide 环磷酰胺
cyl	cylinder 圆柱体
	cylindrical lens 柱状透镜
Cys	cysteine 半胱氨酸
Cys-Cys	cystine 胱氨酸
D	dalton 道尔顿
	deciduous (teeth) 脱落性的(牙)，暂时的(牙)
	decimal reduction timedeuterium 十进位降低的重氢
	died 死的
	diffusing capacity 扩散容积
	diopter 屈光度
	distal 远心的
	dorsal vertebrae (D_1—D_{12})腰椎
	dose 剂量
	dwarf (colony)侏儒
D_L	diffusing capacity of the lung 肺扩散容积
d	day 天
	deoxyribose 去氧核糖
δ	the δ chain of hemoglobin 血红蛋白 δ 链
	the heavy chain of IgD IgD 重链
DA	developmental age 发育年龄
	diphenylchlorarsine 二苯氯砷(毒气)
Da	dalton 道尔顿
DAD	delayed afterdepolarization 延迟后去极化
DADDS	diacetyl diaminodiphenylsulfone 二乙酰氨苯砜
dADP	deoxyadenosine diphosphate 二磷酸脱氧腺苷
dAMP	deoxyadenosine monophosphate 脱氧磷酸腺苷
D and C	dilation and curettage 扩张法和刮除法
dATP	deoxyadenosine triphosphate 三磷酸脱氧腺苷
dB, db	decibel 分贝
DBA	dibenzanthracene 二苯蒽
DC	direct current 直流电
D&C	dilation and curettage 扩张法和刮除法
dC	deoxycytidine 脱氧胞苷
DCA	desoxycorticosterone acetate 醋酸去氧皮质酮
DCc	double concave 双凹面的
dCDP	deoxycytidine diphosphate 二磷酸脱氧胞苷
DCF	direct centrifugal flotation 直接离心浮选法
DCI	dichloroisoproterenol 二氯异丙肾上腺素
dCMP	deoxycytidine monophosphate 磷酸脱氧胞苷
dCTP	deoxycytidine triphosphate 三磷酸脱氧胞苷
DCx	double convex 双凸镜
Deg	degeneration 变性，变质
	degree 度
DES	diethylstilbestrol 乙烯雌酚
DET	diethyltryptamine 二乙基色胺
DEV	duck embryo rabies vaccine 鸭胚狂犬病疫苗
DFP	diisopropyl flurophosphate 二异丙氟磷(眼科,胆碱脂酶抑制剂)

dG	deoxyguanosine 脱氧鸟苷
dGDP	deoxyguanosine diphosphate 二磷酸脱氧鸟苷
dGMP	deoxyguanosine monophosphate 磷酸脱氧鸟苷
dGTP	deoxyguanosine triphosphate 三磷酸脱氧鸟苷
DH	delayed hypersensitivity 迟发型超敏反应
DHEA	dehydroepiandrosterone 脱氢表雄甾酮
DHT	dihydrotestosterone 双氢睾酮
DIC	disseminated intravascular coagulation 弥散性血管内凝血
DLE	discoid lupus erythematosus 盘状红斑狼疮
DM	diabetes mellitus 糖尿病
DMAPN	dimethylaminopropionitrile 二甲基氨基丙腈
DMBA	7,12-dimethylbenz[a]anthracene 二甲基苯蒽
DMPE	3,4-dimethoxyphenylethylamine 二甲氧苯乙胺
DMSO	dimethyl sulfoxide 二甲亚砜
DMT	dimethyltryptamine 二甲色胺
DN	dibucaine number 地布卡因数量
DNA	deoxyribonucleic acid 脱氧核糖核酸
DNase	deoxyribonuclease 脱氧核糖核酸酶
DNB	dinitrobenzene 二硝基苯
DNCB	dinitrochlorobenzene 二硝基氯苯
DNFB	dinitrofluorobenzene 二硝基氟苯
DNOC	dinitro-o-cresol 二硝基甲酚
DNR	do not resuscitate 不复苏
DOA	dead on arrival 到达时已死亡
DOC	11-deoxycorticosterone 去氧皮质酮
DOM	2,5-dimethoxy-4-methylamphetamine 二甲氧甲基苯丙胺
DPN	diphosphopyridine nucleotide 二磷酸吡啶核苷酸
DPT	diphtheria-pertussis-tetanus(vaccine) 白喉-百日咳-破伤风混合制剂疫苗
DR	reaction of degeneration 变性反应
DRG	diagnosis-related group 诊断相关组
dsDNA	double-stranded DNA 双股脱氧核糖核酸
dsRNA	double-stranded RNA 双股核糖核酸
Dt	duration tetany 强直时间
dT	deoxythymidine 去氧胸腺嘧啶核苷
DTaP	diphtheria and tetanus toxoids and acellular pertussis vaccine 白喉、破伤风和百日咳疫苗
dTDP	deoxythymidine diphosphate 二磷酸脱氧胸苷
DTH	delayed type hypersensitivity 迟发型超敏反应
DTIC, Dtic	dacarbazine 氮烯咪胺
dTMP	deoxythymidine monophosphate 磷酸脱氧胸苷
DTPA	pentetic acid 三胺五乙酸
dTTP	deoxythymidine triphosphate 三磷酸脱氧胸苷
dU	deoxyuridine 去氧尿苷
dUMP	deoxyuridine monophosphate 磷酸脱氧尿苷
dUTP	deoxyuridine triphosphate 三磷酸脱氧尿苷
Dy	dysprosium 镝
E	emmetropia 屈光正常

	enzyme 酶	
E_1	estrone 雌酮	
E_2	estradiol 雌二醇	
E_3	estriol 雌三醇	
E_4	estetrol 雌四醇	
$E°$	standard reduction potential 标准诱导电位	
e^-	electron 电子	
e^+	positron 正电子	
e	elementary unit 基本单位	
η	absolute viscosity 绝对粘度	
EAC	erythrocyte antibody and complement 红细胞抗体和补体	
EACA	epsilon-aminocaproic acid 氨基己酸	
EAD	early afterdepolarization 早后去极化	
EAE	experimental allergic encephalomyelitis 实验性变态反应性脑脊髓炎	
EAP	epiallopregnanolone 表异孕烷醇酮	
EB	elementary body 基体	
EBV	Epstein-Barr virus EB 病毒	
EC	Enzyme Commission 酶学委员会	
ECF	extracellular fluid 细胞外液	
	eosinophil chemotactic factor 嗜酸性粒细胞趋化因子	
ECF-A	eosinophil chemotactic factor of anaphylaxis 过敏性嗜酸性粒细胞趋化因子	
ECG	electrocardiogram 心电图	
ECI	electrocerebral inactivity 脑电异常活动	
ECM	extracellular matrix 细胞外基质	
ECMO	extracorporeal membrane oxygenation 体外循环膜氧合	
ECS	electrocerebral silence 脑电静止	
ECT	electroconvulsive therapy 电休克治疗	
ED	effective dose 有效剂量	
	erythema dose X 线红斑剂量	
EDR	effective direct radiation 有效直接放射	
	electrodermal response 皮肤电反应	
EDRF	endothelium-derived relaxing factor 内皮诱导舒张因子	
EDTA	ethylenediaminetetraacetic acid 乙二胺四乙酸	
EDV	end-diastolic volume 舒张末期容积	
EEE	eastern equine encephalomyelitis 东方型马脑炎	
EEG	electroencephalogram 脑电图	
EENT	eye-ear-nose-throat 眼-耳-鼻-喉	
EERP	extended endocardial resection procedure 扩展心内膜切除步骤	
EFA	essential fatty acids 必需脂肪酸	
EGD	esophagogastroduodenoscopy 食道胃十二指肠镜	
EHBF	estimated hepatic blood flow 估量的肝血流量	
EIA	enzyme immunoassay 酶免疫测定法	
EIT	erythrocyte iron turnover 红细胞铁更新	
EKG	electrocardiogram 心电图	
EKY	electrokymogram 电记纹图	
Em	emmetropia 屈光正常	

EMC	encephalomyocarditis (virus) 脑心肌炎(病毒)
EMF	electromotive force 电动势
	erythrocyte maturation factor 红细胞成熟因子
EMG	electromyogram 肌电图
ENA	extractable nuclear antigens 可提取的核抗原
ENG	electronystagmography 眼震电流描记法
ENT	ear, nose, and throat 耳,鼻和喉
EOG	electro-olfactogram 眼电图
EP	evoked potential 诱发电位
EPR	electrophrenic respiration 电膈呼吸
EPSP	excitatory postsynaptic potential 兴奋性突触后电位
ER, er	endoplasmic reticulum 内质网
ERBF	effective renal blood flow 有效肾血流
ERCP	endoscopic retrograde 内镜逆行
	cholangiopancreatography 内窥镜逆行胆囊胰腺造影术
ERG	electroretinogram 视网膜电图
ERP	endocardial resection procedure 心内膜切除步骤
ERPF	effective renal plasma flow 有效肾血浆流量
ERV	expiratory reserve volume 呼吸储备量
ESF	erythropoietic stimulating factor 红细胞生成刺激因子
ESP	extrasensory perception 感官外知觉
ESR	erythrocyte sedimentation rate 红细胞沉降率
ESRD	end-stage renal disease 终末期肾病
EST	electric shock therapy 电休克治疗
	electroshock therapy 电休克治疗
esu	electrostatic unit 静电单位
ESV	end-systolic volume 舒张末期容量
Et	ethyl group 乙基
ETF	electron transfer flavoprotein 电子转移黄素蛋白
ET-NANB	enterically transmitted non-A, non-B hepatitis 肠传播的非甲非乙型肝炎
eV, ev	electron volt 电子伏特
ext	extract 浸出(物)
F	farad 法拉(电容单位)
	fertility 生育力
	fluorine 氟
	formula 处方,公式
	French (scale) 法标尺
	visual field 视野
°F	degree Fahrenheit 华氏温度
F	faraday 法拉弟
	force 力量
	gilbert 吉伯(磁动势单位)
F_1	first filial generation 第一子代
F_2	second filial generation 第二子代
f	focal length 局部长度
f	frequency 频率
FA	fatty acid 脂肪酸

	fluorescent antibody 荧光抗体	
FACS	fluorescence-activated cell sorter 荧光激活细胞分类器	
FAD	flavin adenine dinucleotide 黄素腺嘌呤二核苷酸	
fasc.	L. fasciculus (bundle) 束	
fCi	femtocurie 尘居里	
FDP	fibrin degradation products 纤维蛋白降解产物	
	fibrinogen degradation products 纤维蛋白原降解产物	
F-dUMP	5-fluorodeoxyuridine monophosphate 5-氟磷酸脱氧尿苷	
FES	functional electrical stimulation 功能性电刺激	
FEV	forced expiratory volume 用力呼气量	
FFA	free fatty acids 游离脂肪酸	
FFT	flicker fusion threshold 闪光融合阈	
FIA	fluoroimmunoassay 氟免疫测定	
FIGLU	formiminoglutamic acid 亚胺甲基谷氨酸	
FITC	fluorescein isothiocyanate 异硫氰酸荧光素	
fld	fluid 液体	
fl dr	fluid dram 液量英钱	
fl oz	fluidounce 液盎司	
FMN	flavin mononucleotide (riboflavin 5′-phosphate) 黄素核苷酸	
FNH	focal nodular hyperplasia 局部小叶增生	
FNTC	fine needle transhepatic cholangiography 细针经肝胆管造影术	
FRC	functional residual capacity 功能残气量	
FSH	follicle-stimulating hormone 卵泡刺激素	
FSH/LH-RH	follicle-stimulating hormone and luteinizing hormone releasing hormone 卵泡刺激素和黄体生成素释放激素	
FSH-RH	follicle-stimulating hormone releasing hormone 卵泡刺激素释放激素	
5-FU	5-fluorouracil 5-氟脲嘧啶	
FUDR, FUdR	5-fluorouracil deoxyribonucleoside 5-氟脲嘧啶脱氧核苷	
FUO	fever of undetermined origin 不明原因发热	
FVC	forced vital capacity 用力肺活量	
G	gauss 高斯(磁场强度单位)	
	gravida 孕妇	
	guanine 鸟嘌呤	
	guanosine 鸟苷	
G	conductance 电导	
	G force G力	
	Gibbs free energy 吉布氏自由能量	
	gravitational constant 重力常数	
g	gram 克	
g	standard gravity 标准重力	
γ	the γ chains of fetal hemoglobin 婴儿血红蛋白 γ 链	
	the heavy chain of IgG IgG 重链	
GABA	γ-aminobutyric acid γ-氨酪酸	
GAG	glycosaminoglycan 氨基葡萄糖	
GalNAc	N-acetylgalactosamine N-乙酰半乳糖胺	
GALT	gut-associated lymphoid tissue 与肠有关的淋巴样组织	
GAPD	glyceraldehyde-3-phosphate dehydrogenase 磷酸甘油醛脱氢酶	
GBG	glycine-rich gamma glycoprotein 富含甘氨酸的 γ 糖蛋白	

GBGase	glycine-rich gamma glycoproteinase	富含甘氨酸的 γ 糖蛋白酶
GBM	glomerular basement membrane	肾小球基底膜
GC	gas chromatography	气相色谱仪
G-CSF	granulocyte colony-stimulating factor	粒细胞集落刺激因子
GDP	guanosine diphosphate	二磷酸鸟苷
GFAP	glial fibrillary acidic protein	神经胶质的原纤维酸蛋白
GFR	glomerular filtration rate	肾小球滤过率
GGT	γ-glutamyltransferase	γ-谷酰基转移酶
GH	growth hormone	生长激素
GH-RH	growth hormone releasing hormone	生长激素释放激素
GI	gastrointestinal	胃肠的
GIP	gastric inhibitory polypeptide	胃分泌抑制多肽
gl.	L. glandula (gland)	腺体
GLC	gas-liquid chromatography	气液色谱仪
GlcNAc	N-acetylglucosamine	N-乙酰基葡萄糖胺
GLI	glucagon-like immunoreactivity	高血糖素样免疫反应性
Glu	glutamic acid	谷氨酸
Gly	glycine	甘氨酸
GM-CSF	granulocyte-macrophage colony-stimulating factor	粒细胞巨噬细胞集落刺激因子
GMP	guanosine monophosphate	磷酸鸟苷
3′,5′-GMP	cyclic guanosine monophosphate	环磷酸鸟苷
Gn-RH	gonadotropin-releasing hormone	促性腺激素释放激素
GP	general practitioner	普通开业医生(杂志),非专业医生
	general paresis	全轻瘫
G6PD	glucose-6-phosphate dehydrogenase	6-磷酸葡萄糖脱氢酶
GPI	general paralysis of the insane	麻痹痴呆
GPT	glutamic-pyruvic transaminase	谷丙转氨酶
gr	grain	格令(英重量单位)
GRH	growth hormone releasing hormone	生长激素释放激素
GSC	gas-solid chromatography	气体固体色谱法
GSH	reduced glutathione	还原谷胱甘肽
GSSG	oxidized glutathione	氧化谷胱甘肽
GTH	gonadotropic hormone	促性腺激素
GTP	guanosine triphosphate	三磷酸鸟苷
GU	genitourinary	生殖泌尿道
GVH	graft-versus-host (disease or reaction)	移植物抗宿主(病或反应)
GXT	graded exercise test	等级运动实验
Gy	gray	灰质
H	henry	亨利(电感单位)
	Holzknecht unit	侯茨内希特单位(X线剂量单位)
	horizontal	水平的
	Hounsfield unit	豪斯费尔德单位
	hydrogen	氢
	hypermetropia	远视
	hyperopia	远视
H	enthalpy	热函,焓
	magnetic field strength	磁场强度

H_0	null hypothesis 零假设
H_1	alternate hypothesis 备择假设
h	hour 小时
h	Planck's constant 普拉克常数
	height 高度
HA	hemadsorbent 红细胞吸附的
HAA	hepatitis-associated antigen 肝炎相关抗原
HAI	hemagglutination inhibition 血细胞凝集抑制
H and E	hematoxylin and eosin 苏木素和伊红(染剂)
HANE	hereditary angioneurotic edema 遗传性血管神经性水肿
HAT	hypoxanthine-aminopterin-thymidine (medium) 次黄嘌呤-氨基喋呤-胸苷组织培养基
HAV	hepatitis A virus 甲肝病毒
HB	hepatitis B 乙肝病毒
HBc	hepatitis B core (antigen) 乙肝核心抗原
HBe	hepatitis B e (antigen) 乙肝 e 抗原
HBs	hepatitis B surface (antigen) 乙肝表面抗原
Hb	hemoglobin 血红蛋白
HBcAg	hepatitis B core antigen 乙肝核心抗原
HBeAg	hepatitis B e antigen 乙肝 e 抗原
HBsAg	hepatitis B surface antigen 乙肝表面抗原
HbCV	*Haemophilus influenzae* b conjugate vaccine 流感嗜血杆菌 B 轭合疫苗
HbO_2	oxyhemoglobin 氧合血红蛋白
HbPV	*Haemophilus influenzae* b polysaccharide vaccine 流感嗜血杆菌 b 多糖疫苗
HBV	hepatitis B virus 乙肝病毒
HC	hospital corps 医疗队
HCG, hCG	human chorionic gonadotropin 人绒毛膜促性腺激素
HCM	hypertrophic cardiomyopathy 肥大性心肌病
HCT	hematocrit 红细胞比容
HDCV	human diploid cell rabies vaccine 人二倍体细胞疫苗
HDL	high-density lipoprotein 高密度脂蛋白
HDL_1	Lp(a) lipoprotein 脂蛋白
HDN	hemolytic disease of the newborn 新生儿溶血性疾病
H&E	hematoxylin and eosin 苏木素和伊红
HEK	human embryo kidney (cell culture) 人胚肾(细胞培养)
HEL	human embryo lung (cell culture) 人胚肺(细胞培养)
HETE	hydroxyeicosatetaraenoic acid 羟基二十碳四烯酸
HF	Hageman factor (coagulation Factor XII) 海格曼因子(凝血因子 12)
	high frequency 高频
Hgb	hemoglobin 血红蛋白
HGF	hyperglycemic-glycogenolytic factor (glucagon) 高血糖性糖原分解因子(高血糖)
HGG	human gamma globulin 人丙种球蛋白
HGH, hGH	human growth hormone 人体生长激素
hGHr	growth hormone recombinant 生长激素再生剂
HGPRT	hypoxanthine-guanine phosphoribosyltransferase 次黄嘌呤-鸟嘌呤磷酸

		核糖转移酶
HHT	hydroxyheptadecatrienoic acid	羟十七碳三烯酸
HI	hemagglutination inhibition	血细胞凝集抑制
5-HIAA	5-hydroxyindoleacetic acid	5-羟基吲哚乙酸
His	histidine	组氨酸
HIV	human immunodeficiency virus	人类免疫缺陷病毒
HKAFO	hip-knee-ankle-foot orthosis	臀-膝-踝-足矫形法
Hl	latent hyperopia	隐性远视
HLHS	hypoplastic left heart syndrome	左心发育不全综合征
Hm	manifest hyperopia	显性远视
HMM	hexamethylmelamine	六羟甲基胺
HMO	health maintenance organization	卫生维护组织
HMSN	hereditary motor and sensory neuropathy	遗传性运动和感觉神经病
HMW-NCF	high-molecular-weight neutrophil chemotactic factor	高分子量中性白细胞趋化因子
HOCM	hypertrophic obstructive cardiomyopathy	肥大性阻塞性心肌病
HOP	high oxygen pressure	高压氧
HP	house physician	内科住院医师
Hp	haptoglobin	结合珠蛋白
HPETE	hydroperoxyeicosatetraenoic acid	氧过氧化廿碳四烯酸
HPF	high-power field	高倍视野
HPL, hPL	human placental lactogen	人胎盘催乳素
HPLC	high-performance liquid chromatography	高性能液相色层析法
HPRT	hypoxanthine phosphoribosyltransferase	次黄嘌呤磷酸核糖转移酶
HPV	human papillomavirus	人乳头状瘤病毒
HRCT	high-resolution computed tomography	高分辨计算机 X 线断层照相术
HRF	histamine releasing factor	组胺释放因子
HRIG	human rabies immune globulin	人狂犬病免疫球蛋白
HRP	horseradish peroxidase	辣根过氧化物酶
HS	house surgeon	外科住院医师
HSA	human serum albumin	人血白蛋白
HSAN	hereditary sensory and autonomic neuropathy	遗传性感觉和自主神经病
HSF	hydrazine-sensitive factor	组胺致敏因子
HSR	homogeneously staining regions	同源染色区
5-HT	5-hydroxytryptamine (serotonin)	5-羟色胺
Ht	total hyperopia	总远视
HTACS	human thyroid adenylatecyclase stimulators	人体甲状腺嘌呤基环刺激点
HTC	homozygous typing cells	同类细胞
HTLV	human T-cell leukemia/lymphoma virus	人体 T 细胞白血病病毒
HuIFN	human interferon	人体干扰素
HVA	homovanillic acid	高香草酸
HVL	half-value layer	半价层
Hz	hertz	赫兹
I	incisor	切牙
	inosine	肌苷
	iodine	碘

I	electric current 电流
	intensity (of radiant energy) 强度（放射能量）
	ionic strength 离子浓度
IAB	intra-aortic balloon 主动脉内球囊
IABP	intra-aortic balloon pump 主动脉内球囊泵
IAHA	immune adherence hemagglutination assay 免疫粘连血凝试验
IB	inclusion body 包涵体
IBF	immunoglobulin-binding factor 免疫球蛋白结合因子
IC	inspiratory capacity 深吸气量
	irritable colon 结肠过敏
ICAM-1	intercellular adhesion molecule 1 细胞内粘连分子1
ICAM-2	intercellular adhesion molecule 2 细胞内粘连分子2
ICD	International Classification of Diseases 国际疾病分类
	intrauterine contraceptive device 宫内避孕器
ICP	intracranial pressure 颅内压
ICSH	interstitial cell-stimulating hormone 间质细胞刺激激素
ICT	insulin coma therapy 胰岛素昏迷治疗
ICU	intensive care unit 重症监护病房
ID	inside diameter 内径
	intradermal 皮内的
ID_{50}	median infective dose 半数感染量
IDD	insulin-dependent diabetes 胰岛素依赖性糖尿病
IDL	intermediate-density lipoprotein 中等密度脂蛋白
IDU	idoxuridine 碘苷
IEP	immunoelectrophoresis 免疫电泳
IF	intrinsic factor 内因子
IFN	interferon 干扰素
Ig	immunoglobulin 免疫球蛋白
IGF	insulin-like growth factor 胰岛素样生长因子
IGT	impaired glucose tolerance 葡萄糖损伤耐受性
IH	infectious hepatitis 传染性肝炎
IHD	ischemic heart disease 缺血性心脏病
IL	interleukin 间白细胞素,白介素
Ile	isoleucine 异亮氨酸
IM	intramuscularly 肌内注射
ImD_{50}	median immunizing dose 半数免疫剂量
IMPA	incisal mandibular plane angle 下颌面切角
IMV	intermittent mandatory ventilation 间歇性强迫换气
$InsP_3$	inositol 1,4,5-triphosphate 1,4,5-三磷酸肌醇
IOP	intraocular pressure 眼内压
IP	intraperitoneally 腹内膜的
	isoelectric point 等电离点
IP_3	inositol 1,4,5-triphosphate 1,4,5-三磷酸肌醇
IPD	intermittent peritoneal dialysis 间歇性腹膜透析
IPPB	intermittent positive pressure breathing 间歇性正压呼吸
IPSP	inhibitory postsynaptic potential 抑制性突触后电位
IPV	poliovirus vaccine inactivated 灭活脊髓灰质炎疫苗
IQ	intelligence quotient 智商

IRC	inspiratory reserve capacity 吸气贮气量
IRV	inspiratory reserve volume 吸气贮备量
IS	intercostal space 肋间隙
ISA	intrinsic sympathomimetic activity 内在的拟交感神经活性
ITP	idiopathic thrombocytopenic purpura 特发性血小板减少性紫癜
IU	immunizing unit 免疫单位
	international unit 国际单位
IUD	intrauterine contraceptive device 宫内避孕器
IUGR	intrauterine growth retardation 子宫内生长迟缓
IV	intravenously 静脉内(注射)的
IVC	inferior vena cava 下腔静脉
IVP	intravenous pyelogram 静脉肾盂造影
	intravenous pyelography 静脉肾盂造影术
IVRT	isovolumic relaxation time 等容积释放时间
IVS	interventricular septum 室间隔
J	joule 焦耳
JCV	JC virus JC病毒
K	potassium(L, kalium) 钾
	kelvin 开尔芬(电单位)
K	equilibrium constant 平衡常数
K_a	acid dissociation constant 酸解离常数
K_b	base dissociation constant 碱解离常数
K_d	dissociation constant 电离常数
K_{eq}	equilibrium constant 平衡常数
K_M, K_m	Michaelis constant 米夏埃利斯氏常数
K_p	solubility product constant 可溶性物质常数
K_w	ion product of water 水的离子产物
k	Boltzmann's constant 博茨曼氏常数
	rate constant 比率常数
k	one of the two types of immunoglobulin light chains 两种免疫球蛋白轻链之一
KAF	conglutinogen activating factor(factor I) 胶固素原活化因子
KAFO	knee-ankle-foot orthosis 膝-踝-足矫形法
kb	kilobase (1000 base pairs) 千对碱基
kCi	kilocurie 千居里(放射单位)
kg	kilogram 千克
kj	knee jerk 膝反射
K_m	Michaelis constant 米夏埃利斯氏常数
KP	keratitic precipitates 角膜后沉着物
KUB	kidney, ureter, and bladder 肾,输尿管和膀胱
kV	kilovolt 千伏
kVp	kilovolts peak 千伏峰
kW	kilowatt 千瓦
kW-hr	kilowatt-hour 千瓦小时
L	lambert 郎伯(亮度单位)
	left 左
	light chain 轻链

	liter 升
	lumbar vertebra (L1—L5) 腰椎
	lung 肺
L	self-inductance 自电感
	luminance 光线强度
L_0	limes null 无毒界量
L+, L_+	limes tod 致死界量
l	liter 升
l.	L. ligamentum (ligament) 韧带
L0	limes null 无毒界量
L&A	light and accommodation (reaction of pupils) 瞳孔对光和调节反射
LAD	left anterior descending (coronary artery) 左前降支
	left axis deviation (心电)轴左偏
LAE	left atrial enlargement 左心房扩大
LAH	left anterior hemiblock 左前分支阻滞
LAO	left anterior oblique 左前斜位
LAP	leukocyte adhesion protein 白细胞粘连蛋白
LATS	long-acting thyroid stimulator 长效甲状腺刺激素
LATS-p	LATS protector 长效甲状腺刺激素保护因子
LAV	lymphadenopathy-associated virus 淋巴结病协同病毒
LBBB	left bundle branch block 左束支传导阻滞
LBW	low birth weight 低出生体重
LCA	left coronary artery 左冠状动脉
LCAT	lecithin-cholesterol acyltransferase 卵磷脂胆固醇酰基转移酶
LD	lethal dose 致死量
	light difference 光差
LD_{50}	median lethal dose 半数致死量
LDH	lactate dehydrogenase 乳酸脱氢酶
LDL	low-density lipoproteins 低密度脂蛋白
LE	left eye 左眼
	lupus erythematosus 红斑狼疮
les	local excitatory state 局部兴奋状态
LET	linear energy transfer 线性能量传递
Leu	leucine 亮氨酸
Lf	limit of flocculation 絮凝极限
LFA-1	leukocyte function-associated antigen 1 白细胞功能协同抗原 1
LFA-2	leukocyte function-associated antigen 2 白细胞功能协同抗原 2
LFA-3	leukocyte function-associated antigen 3 白细胞功能协同抗原 3
LH	luteinizing hormone 黄体生成素
LH-RH	luteinizing hormone-releasing hormone 黄体生成素释放激素
LIA	leukemia-associated inhibitory activity 白血病协同抑制活性
LIF	left iliac fossa 左髂窝
	leukocyte inhibitory factor 白细胞抑制因子
lig.	L. ligamentum (ligament) 韧带
ligg.	L. ligamenta (ligaments) 韧带
LLL	left lower lobe (of the lung) 左下叶
LM	light minimum 最小明视光度
	linguomesial 舌侧近中的

LMF	lymphocyte mitogenic factor 淋巴细胞致有丝分裂因子
LNPF	lymph node permeability factor 淋巴结通透性因子
LPF	low-power field 低倍视野
LPH	left posterior hemiblock 左后半阻滞
LPN	licensed practical nurse 有执照的行医护士
LPS	lipopolysaccharide 脂多糖
LPV	lymphotropic papovavirus 亲淋巴潘婆瓦病毒
LRF	luteinizing hormone releasing factor 黄体生成素释放因子
LSD	lysergic acid diethylamide 麦角酸二乙酰胺
LSO	lumbosacral orthosis 腰骶椎矫形法
LT	lymphotoxin 淋巴毒素
LTF	lymphocyte transforming factor 淋巴细胞转化因子
LTH	luteotropic hormone 促黄体激素
LTR	long terminal repeat 长末端重复
LUL	left upper lobe (of lungs) 左上叶
LVAD	left ventricular assist device 左室支撑装置
LVEDP	left ventricular end-diastolic pressure 左室舒张末压
LVEDV	left ventricular end-diastolic volume 左室舒张末容积
LVET	left ventricular ejection time 左室射血时间
LVH	left ventricular hypertrophy 左室肥大
LVN	licensed vocational nurse 有执照的职业护士
Lys	lysine 赖氨酸
M	molar 容积克分子
	morgan 摩根
	mucoid 粘液
	myopia 近视
M	molar 容积克分子
	molar mass 容积克分子量
	mutual inductance 相互电感
M_1	mitral valve closure 二尖瓣关闭
M_r	relative molecular mass 相对分子量
m	median 正中的,中位数
	meter 米
m.	L. musculus (muscle) 肌肉
m	mass 块
	molal 克分子的
μ	electrophoretic mobility 电泳动度
	the heavy chain of IgM IgM 之重链
	linear attenuation coefficient 线性衰减系数
	micron 小,细,微
	population mean 人口平均
MA	mental age 智力年龄
	meter angle 米角
μA	microampere 微安
mA	milliampere 毫安
MAC	membrane attack complex 膜损伤体
	minimal alveolar concentration 最小气泡浓度
MAC INH	membrane attack complex inhibitor 膜损伤阻滞

MADD	multiple acyl CoA dehydrogenation deficiency 营养缺乏症	
MAF	macrophage activating factor 巨噬细胞活化因子	
MAO	monoamine oxidase 单胺氧化酶	
MAOI	monoamine oxidase inhibitor 单胺氧化酶抑制剂	
MAP	mean arterial pressure 平均动脉压	
masc	mass concentration 质量浓度	
MAST	military or medical anti-shock trousers 军队或医疗用抗休克裤	
MAT	multifocal atrial tachycardia 多病灶房性早搏	
MBP	myelin basic protein 髓磷脂碱性蛋白	
MCA	3-methylcholanthrene 甲基胆蒽	
MCD	mean of consecutive differences 连接差均值	
MCF	macrophage chemotactic factor 巨噬细胞趋化因子	
mCi-hr	millicurie-hour 毫居里小时	
M-CSF	macrophage colony-stimulating factor 巨噬细胞集落刺激因子	
MCT	mean circulation time 平均循环时间	
MDA	methylenedioxyamphetamine 甲烯二羟苯丙胺	
MDP	methylene diphosphonate 二磷酸亚甲基	
Me	methyl 甲基	
MeCbl	methylcobalamin 甲基钴胺	
MED	minimal effective dose 最小有效剂量	
	minimal erythema dose 最小红斑剂量	
MEN	multiple endocrine neoplasia 多发性内分泌腺瘤	
mEq, meq	milliequivalent 毫当量	
Met	methionine 蛋氨酸	
mg	milligram 毫克	
μg	microgram 微克	
MHA-TP	microhemagglutination assay-*Treponema pallidum* 梅毒螺旋体抗体微量血细胞凝集试验	
MHC	major histocompatibility complex 主要组织相容性复合体	
MHD	minimum hemolytic dose 最小溶血剂量	
MI	myocardial infarction 心肌梗塞	
MID	minimum infective dose 最小感染剂量	
MIF	migration inhibiting factor 游走抑制因子	
MIO	minimal identifiable odor 最小可辨气味	
MIT	monoiodotyrosine 碘酪氨酸	
MK	monkey lung (cell culture) 猴肺(细胞培养)	
ml	milliliter 毫升	
μl	microliter 微升	
MLBW	moderately low birth weight 相对出生重量低下	
MLC	mixed lymphocyte culture 混合淋巴细胞培养	
MLD	median lethal dose 半数致死量	
	minimum lethal dose 最小致死量	
MLNS	mucocutaneous lymph node syndrome 粘膜淋巴结综合征	
MLR	mixed lymphocyte reaction 混合淋巴细胞反应	
MM	mucous membranes 粘膜	
mM	millimolar 毫克分子	
mm	millimeter 毫米	
μM	micromolar 毫克分子	

MMIHS	megacystis-microcolon-intestinal hypoperistalsis syndrome 巨膀胱-小结肠-肠蠕动迟缓综合征
MMR	measles-mumps-rubella (vaccine) 麻疹-腮腺炎-风疹(三联疫苗)
MODY	maturity-onset diabetes of youth 青年成熟起始期糖尿病
molc	molar concentration 克分子浓度
Mol wt	molecular weight 分子量
mOsm	milliosmol 毫渗量
MOTT	mycobacteria other than tubercle bacilli 不同于结核杆菌的霉菌
6-MP	6-mercaptopurine 6-巯基嘌呤
mp	melting point 熔点
MPD	maximum permissible dose 最大容许制量
MPO	myeloperoxidase 脊髓过氧化物酶
MPS	mononuclear phagocyte system 单核吞噬细胞系统
	mucopolysaccharidosis 粘多糖
MR	mitral regurgitation 二尖瓣回流
MRD	minimum reacting dose 最小反应量
MRDM	malnutrition-related diabetes mellitus 恶性营养相关性糖尿病
mrem	millirem 毫雷姆
MRI	magnetic resonance imaging 核磁共振
mRNA	messenger RNA 信使核糖核酸
MS	multiple sclerosis 多发性硬化症
MSH	melanocyte-stimulating hormone 黑素细胞刺激激素
MSL	midsternal line 胸骨中线
MT	L. membrana tympani (tympanic membrane) 鼓膜
mtDNA	mitochondrial DNA 线粒体脱氧核糖核酸
MTU	methylthiouracil 甲基硫氧嘧啶
MTX	methotrexate 氨甲喋呤
MUAP	motor unit action potential 运动单位动作电位
MUP	motor unit potential 运动单位电位
MVP	mitral valve prolapse 二尖瓣脱垂
MW	molecular weight 分子量
My	myopia 远视
N	newton 牛顿
	nitrogen 氮
N	normal (solution) 当量浓度
	neutron number 中子数
	number 数字
	population size 人口数量
N_A	Avogadro's number 阿佛加德罗常数
n	refractive index 折射指数
	neutron 中子
n.	L. nervus (nerve) 神经
n	(haploid) chromosome number 染色体数
	refractive index 折射指数
	sample size 样本大小
n_D	refractive index 折射指数
v	degrees of freedom 自由度
	frequency 频率

	neutrino	中微子
	kinematic viscosity	动力学速度
NA	Nomina Anatomica	解剖学名词
	numerical aperture	数值孔径
NAD	nicotinamide-adenine dinucleotide	烟酰胺腺嘌呤二核苷酸
	no appreciable disease	无明显疾患
NAD^+	the oxidized form of NAD	氧化辅酶 I
NADH	the reduced form of NAD	还原辅酶 I
NADP	nicotinamide-adenine dinucleotide phosphate	辅酶 II
$NADP^+$	the oxidized form of NADP	氧化辅酶 II
NADPH	the reduced form of NADP	还原辅酶 II
NAN	N-acetylneuraminic acid	N-乙酰神经氨酸
NAP	nasion	鼻根点
	pogonion	颏点
	point A	A点
NBT	nitroblue tetrazolium	四唑氮蓝
NBTE	nonbacterial thrombotic endocarditis	非细菌性血栓形成性心内膜炎
NCF	neutrophil chemotactic factor	嗜中性白细胞趋化因子
NCV	nerve conduction velocity	神经传导速度
nDNA	nuclear DNA	核 DNA
NDV	Newcastle disease virus	新城堡疾病病毒
Nd:YAG	neodymium: yttrium-aluminum-garnet(laster)	钕:钇-铝-石榴石(激光)
NED	no evidence of disease	无疾病证据
NEFA	nonesterified fatty acids	非酯型脂肪酸,游离脂肪酸
ng	nanogram	毫微克
NGF	nerve growth factor	神经生长因子
NIDD	non-insulin-dependent diabetes	非胰岛素依赖性糖尿病
nm	nanometer	毫微米
NMN	nicotinamide mononucleotide	烟酰胺单核苷酸
NMR	nuclear magnetic resonance	核磁共振
NMS	neuroleptic malignant syndrome	恶性精神抑制综合征
nn.	L. nervi (nerves)	神经
NPN	nonprotein nitrogen	非蛋白氮
NPO	L. nil per os (nothing by mouth)	禁食
NRC	normal retinal correspondence	正常视网膜对应
NREM	non-rapid eye movement	非快动眼(睡眠期)
NSAIA	nonsteroidal anti-inflammatory analgesic	非类固醇性镇痛药
NSAID	nonsteroidal anti-inflammatory drug	非类固醇性抗炎药
NSR	normal sinus rhythm	正常窦性节律
NST	nonstress test	非应激试验
NTP	normal temperature and pressure	正常体温和血压
nU	nanounit	毫微单位
NUG	necrotizing ulcerative gingivitis	坏死性溃疡性龈炎
NYD	not yet diagnosed	未确诊的
O	oxygen	氧
O.	oculus	眼
Ω	ohm	欧姆(电阻单位)
OA	ocular albinism	眼白化病

OAF	osteoclast activating factor 破骨细胞活化因子	
OAT	ornithine aminotransferase 鸟尿酸转氨酸	
OB	obstetrics 产科学	
OCA	oculocutaneous albinism 眼皮白化病	
OCT	ornithine carbamoyltransferase 鸟氨酸氨基甲酰转移酶	
	oxytocin challenge test 催产素激发试验	
OD	L. oculus dexter (right eye) 右眼	
	optical density 光密度	
	outside diameter 外径	
	overdose 过量	
	orotidine 5-phosphate decarboxylase 鸟氨酸-5-磷酸脱羧酶	
ODC	oral-facial-digital (syndrome) 口-面-指(趾)(综合征)	
OFD	hydroxocobalamin 维生素 B_{12}	
OH-Cbl	osteogenesis imperfecta 成骨不全	
OI	osteogenesis imperfecta congenita 先天性成骨不全	
OIC	orthoiodohippurate 邻碘马尿酸	
OIH	L. oculus laevus (left eye) 左眼	
OL	octamethyl pyrophosphoramide 八甲焦磷酸酰胺	
OMPA	orotate phosphoribosyltransferase 乳清酸磷酸核转移酶	
OPRT	poliovirus vaccine live oral 口服脊髓灰质炎病毒活疫苗	
OPV	operating room 手术室	
OR	ornithine 鸟氨酸	
Orn	L. oculus sinister (left eye) 左眼	
OS	obstructive sleep apnea syndrome 阻塞性睡眠呼吸暂停综合征	
OSAS	old term (anatomy) 旧术语	
OT	Old tuberculin 旧结核菌素	
	ornithine transcarbamoylase 鸟氨酸甲酰基转移酶	
OTC	over the counter 非经医生开的药物	
	organ tolerance dose 器官耐受剂量(X线)	
OTD	occlusal vertical dimension 咬合垂直尺度	
OVD	para 对,旁	
P	phosphate group 磷酸盐	
	phosphorus 磷	
	poise 泊(粘度单位)	
	posterior 后(位)的	
	premolar 前磨牙	
	pupil 瞳孔	
P	power 粉剂	
	pressure 压力	
	probability 概率	
P_1	parental generation 父代	
P_2	pulmonic second sound 肺动脉区第二心音	
P_i	orthophosphate 正磷酸盐	
p	proton 质子	
	short arm of a chromosome 染色体短臂	
PA	posteroanterior 后前的,背腹方向的	
	physician assistant 内科助理医生	
Pa	protactinium 镤	

	pascal	帕斯卡(压力单位)
PAB, PABA	para-aminobenzoic acid	对氨基甲苯酸
PAF	platelet activating factor	血小板活化因子
PAGE	polyacrylamide gel electrophoresis	聚丙烯酰胺凝脉电泳
PAH, PAHA	para-aminohippuric acid	对氨基马尿酸
PAI	plasminogen activator inhibitor	纤维蛋白溶酶原激活抑制剂
PALS	periarterial lymphoid sheath	动脉周围淋巴鞘
PAN	polyarteritis nodosa	结节性动脉周炎
PAP	peroxidase-antiperoxidase	过氧化物酶抗过氧化酶
PAS	para-aminosalicylic acid	对氨基水杨酸
PASG	pneumatic antishock garment	呼吸抗休克大衣
PAT	paroxysmal atrial tachycardia	阵发性房性心动过速
PAWP	pulmonary artery wedge pressure	肺动脉楔压
PBG	porphobilinogen	卟吩胆色素原
PBI	protein-bound iodine	蛋白结合碘
PC	phosphocreatine choline	磷酸肌酸胆碱
PCA	passive cutaneous anaphylaxis	被动皮肤过敏反应
PCB	polychlorinated biphenyl	多氯化联苯
PCG	phonocardiogram	心音图
pCi	picocurie	微微居里
PCP	phencyclidine hydrochloride	苯环氢氯化物
	Pneumocystis carinii pneumonia	卡氏肺囊虫肺炎
PCR	polymerase chain reaction	聚合酶链反应
PCV	packed cell volume	血细胞压积
PCWP	pulmonary capillary wedge pressure	肺毛细血管楔压
PD	interpupillary distance	瞳孔间距
	prism diopter	棱镜屈光度
PDA	patent ductus arteriosus	动脉导管未闭
	posterior descending (coronary) artery	冠脉后降支
PE	phosphatidylethanolamine	乙醇胺磷脂
PEEP	positive end-expiratory pressure	正性终末呼吸压
PEFR	peak expiratory flow rate	最大呼气流量
PEG	pneumoencephalography	气脑造影图片
	polyethylene glycol	聚乙二醇
PEP	phosphoenolpyruvate	磷酸烯醇式丙酮酸
PET	positron emission tomography	阳电子发射断层摄影术
PG	prostaglandin	前列腺素
pg	picogram	微微克
Ph	Pharmacopeia	药典
PHA	phytohemagglutinin	植物血凝素
phar, pharm	pharmacy	药学,药房
	pharmaceutical	药物的
	pharmacopeia	药典
PhB	British Pharmacopoeia	英国药典
Phe	phenylalanine	苯丙氨酸
PHPPA	*p*-hydroxyphenylpyruvic acid	对羟苯丙酮酸
PI	phosphatidylinositol	磷脂酰肌醇
PID	pelvic inflammatory disease	盆腔炎性疾病

PIE	pulmonary interstitial emphysema 间质性肺气肿
PIF	prolactin inhibiting factor 催乳激素抑制因子
	proliferation inhibitory factor 增生抑制因子
PIP	phosphatidylinositol 4-phosphate 磷脂酰基肌醇-4-磷酸盐
PIP_2	phosphatidylinositol 4,5-biphosphate 磷脂酰基肌醇-4,5-复合磷酸盐
PIT	plasma iron turnover 血浆铁周转量
PJRT	permanent junctional reciprocating tachycardia 持续性交界性交互心动过速
PJT	paroxysmal junctional tachycardia 阵发性交界性心动过速
PK	pyruvate kinase 丙酮酸激酶
PKU	phenylketonuria 苯丙酮尿
PLED	periodic lateralized epileptiform discharge 周期单侧癫痫发作
	primed lymphocyte typing 灌注淋巴细胞配型
PLT	psittacosis-lymphogranuloma venereum-trachoma (group of organisms) 鹦鹉热淋巴肉芽增生性砂眼
PMB	polymorphonuclear basophil leukocytes 嗜碱性多形核白细胞
PME	polymorphonuclear eosinophil leukocytes 嗜酸性多形核白细胞
PMI	point of maximal impulse 最强心尖搏动点
PMM	pentamethylmelamine 聚甲基丙烯酸甲脂
PMMA	polymethyl methacrylate 聚甲基丙烯酸脂
PMN	polymorphonuclear neutrophil leukocytes 嗜中性多形核白细胞
PMR	proportionate mortality ratio 均衡发病率
PMSG	pregnant mare serum gonadotropin 孕马血清促性腺激素
PNET	peripheral neuroectodermal tumor 外周神经胚层肿瘤
PNH	paroxysmal nocturnal hemoglobinuria 阵发性夜间血红蛋白尿
PO	L. per os (by mouth, orally) 口服
POA	pancreatic oncofetal antigen 胰癌胚抗原
poly A	polyadenylate 聚腺苷酸
	polyadenylic acid 聚腺苷酸
POR	problem-oriented record 问题调整记录
pot AGT	potential abnormality of glucose tolerance 潜在性糖耐量异常
PP	L. punctum proximum (near point of accommodation) 调节近点
PP_i	pyrophosphate 焦磷酸盐
PPD	purified protein derivative (tuberculin) 纯蛋白衍化物
PPLO	pleuropneumonia-like organisims 类胸膜肺炎微生物
ppm	parts per million 百万分之几
Ppt	precipitate 沉淀作用
	prepared 已准备的
PR	prosthion 牙槽中点
	pulmonic regurgitation 肺反流
PR	L. punctum remotum (far point of accommodation) 调节远点
Pr	presbyopia 老视
	prism 棱镜
prev AGT	previous abnormality of glucose tolerance 糖耐量的早期异常
PRF	prolactin releasing gactor 催乳激素释放因子
PRL, Prl	prolactin 催乳激素
prn	L. pro re nata (according as circumstances may require) 偶尔,必要时
Pro	proline 脯氨酸

pro-UK	prourokinase 原尿激酶	
PRPP	phosphoribosylpyrophosphate 磷酸核糖焦磷酸盐(酯)	
PRU	peripheral resistance unit 周围阻力单位	
PS	phosphatidylserine 磷脂酰丝氨酸	
	pulmonary stenosis 肺动脉瓣狭窄	
PSA	prostate-specific antigen 前列腺特别抗原	
PSM	presystolic murmur 收缩前杂音	
PSP	phenolsulfonphthalein 酚红	
PSVT	paroxysmal supraventricular tachycardia 阵发性室上性心动过速	
PT	prothrombin time 凝血酶原时间	
PTA	plasma thromboplastin antecedent (blood coagulation Factor XI) 血浆凝血激酶前体(凝血因子XI)	
PTC	plasma thromboplastin component (blood coagulation Factor IX) 血浆凝血激酶成分(凝血因子IX)	
	phenylthiocarbamide 苯基硫脲	
PTEN	pentaerythritol tetranitrate 四硝酸赤藓醇	
PTFE	polytetrafluoroethylene (polytef) 四氟乙烯	
PTH	parathyroid hormone 甲状旁腺激素	
PTT	partial thromboplastin time 部分凝血激酶时间	
PUO	pyrexia of unknown origin 原因不明的发热	
PUVA	psoralen plus ultraviolet A 补骨脂素加紫外线A	
PVC	polyvinyl chloride 聚氯乙烯	
	postvoiding cystogram 排泄后膀胱造影	
	premature ventricular contraction 室性早搏	
	pulmonary venous congestion 肺动脉充血	
PVP	polyvinylpyrrolidone 聚烯吡酮	
PVP-I	povidone-iodine 聚烯吡酮碘	
PWM	pokeweed mitogen 商陆分裂素	
PZI	protamine zinc insulin 鱼精蛋白锌胰岛素	
Q	ubiquinone 泛醌	
Q	electric charge 电荷	
	heat 热量	
	reaction quotient 反应商	
Q_{10}	temperature coefficient 温度系数	
	ubiquinone	
$\dot{Q}$	rate of blood flow 血流率	
q	long arm of a chromosome 染色体长臂	
q	electric charge 电荷	
qid	four times a day (L. quater in die) 每天四次	
QS_2	electromechanical systole 电力学收缩	
R	Behnken's unit 奔氏单位	
	organic radical 有机基	
	Rankine scale 兰金标度	
	rate 率	
	Réaumur scale 列氏温标	
	respiratory exchange ratio 呼吸交换率	
	resistance 阻力	
	respiration 呼吸	

	rhythm 节律
	right 右
	roentgen 伦琴
	rough (colony) 粗糙的
R	resistance 阻力
	gas constant 气体常数
℞	L. recipe (take) 取
R_A, R_{AW}	airway resistance 气道阻力
R_e	Reynold's number 瑞氏常数
r	drug resistance 药物阻力
	ring chromosome 环状染色体
r	correlation coefficient 相关系数
	distance radius 半径距离
	drug resistance 药物阻力
r_s	Spearman's rank correlation coefficient 施氏系列相关系数
ρ	correlation coefficient 相关系数
	electric charge density 电负荷密度
	mass density 质量密度
RAD	right axis deviation 轴右偏
rad	radian 弧度
	radiation absorbed dose 辐射吸收剂量
rad.	L. radix (root) 根
RAE	right atrial enlargement 右心房扩大
RAO	right anterior oblique 右前斜位
RAST	radioallergosorbent test 放射变应吸附试验
RBBB	right bundle branch block 右束支传导阻滞
RBC	red blood cell 红细胞
	red blood (cell) count 红细胞计数
BRC IT	red blood cell iron turnover 红细胞铁周转
RBE	relative biological effectiveness 相对生物效能
RBP	retinol binding protein 维生素 A 醇结合蛋白
RCA	right coronary artery 右冠状动脉
rcp	reciprocal translocation 相互易位
RCU	red cell utilization 红细胞利用
RD	reaction of degeneration 变性反应
rd	rutherford 卢(放射物衰变单位)
RDE	receptor-destroying enzyme 受体破坏酶
RE	retinol equivalent 维生素 A 醇当量
	right eye 右眼
REG	radioencephalogram 脑放射摄影
REM	rapid eye movements 快速动眼(瞳眠期)
RES	reticuloendothelial system 网状内皮系统
RF	rheumatoid factor 类风湿因子
RFLP	restriction fragment length polymorphism 限制片段长度多形核白细胞
Rh	rhodium 铑
r-HuEPO	recombinant human erythropoietin 重组人体红细胞生成素
RID	radial immunodiffusion 放射免疫弥散
RIF	right iliac fossa 右髂窝

RIND	reversible ischemic neurologic deficit 可逆的局部缺血神经障碍
RIST	radioimmunosorbent test 放射免疫吸附剂试验
RLF	retrolental fibroplasia 晶体后纤维组织增生
RLL	right lower lobe 右下叶
RML	right middle lobe 右中叶
RNA	ribonucleic acid 核糖核酸
RNP	ribonucleoprotein 核糖核酸蛋白
RPF	renal plasma flow 肾血浆流量
RPS	renal pressor substance 肾加压物质
RQ	respiratory quotient 呼吸商
rRNA	ribosomal RNA 核糖体 RNA
RSV	Rous sarcoma virus 鲁斯氏肉瘤病毒
RTF	resistance transfer factor 抵抗力转移因子
RU	rat unit 大鼠单位
RUL	right upper lobe 右上叶
RV	residual volume 残气量
RVA	rabies vaccine adsorbed 狂犬病疫苗吸附
RVAD	right ventricular assist device 右室辅助装置
RVH	right ventricular hypertrophy 右室肥大
S	sacral vertebrae (S1—S5) 骶椎
	siemens 西门斯
	smooth (colony) 光滑的
	spherical lens 球面透镜
	substrate 底物
	sulfur 硫
	Svedberg unit 沉降单位, 斯维德伯格单位(10^{-13}秒)
S	entropy 熵(热力学上的函数)
S_1	first heart sound 第一心音
S_2	second heart sound 第二心音
S_3	thrid heart sound 第三心音
S_4	fourth heart sound 第四心音
s	second 秒
s.	L. sinister (left) 左
$\bar{s}$	L. sine (without) 无
s	sample standard deviation 样本标准差
s^-	reciprocal second 交互秒
σ	standard deviation 标准差
SA	sinoatrial 窦房的
SB	sinus bradycardia 窦性心动过速
SBE	subacute bacterial endocarditis 亚急性细菌性心内膜炎
SC	secretory component 分泌成分
SC	closure of the semilunar valves 半月瓣半闭
SCAT	sheep cell agglutination test 绵羊血细胞凝集试验
SCID	severe combined immunodeficiency 严重联合免疫缺陷病
scu-PA	single chain urokinase-type plasminogen activator 单链尿激酶纤维蛋白溶酶原激活剂
SD	skin dose 皮肤剂量

	standard deviation 标准差	
SDE	specific dynamic effect 特殊动力作用	
SDS	sodium dodecyl sulfate 十二烷基硫酸钠	
SDS-PAGE	SDS-polyacrylamide gel electrophoresis 聚丙烯酰胺凝胶电泳	
SE	standard error 标准误差	
	sphenoethmoidal suture 蝶筛缝	
SED	skin erythema dose 皮肤红斑剂量	
SEP	somatosensory evoked potential 躯体感觉引起的电位	
Ser	serine 丝氨酸	
SFEMG	single fiber electromyography 单纤维电肌动描记器	
SGOT	serum glutamic-oxaloacetic transaminase 血清谷氨酸草酰酸转氨酶	
SGPT	serum glutamate pyruvate transaminase 血清谷氨酸丙酮酸转氨酶	
SH	serum hepatitis 血清性肝炎	
SI	stimulation index 刺激指数	
	Système International d'Unités (International System of Units) 国际单位	
SIADH	syndrome of inappropriate antidiuretic hormone 抗利尿激素分泌异常综合征	
sid	once a day (L. semel in die) 每日一次	
SIDS	sudden infant death syndrome 婴儿猝死综合征	
SIMV	synchronized intermittent mandatory ventilation 同步间断强迫通气	
SISI	short increment sensitivity index 短期敏感增加指数	
SLE	systemic lupus erythematosus 系统性红斑狼疮	
SMAF	specific macrophage arming factor 特异性巨噬细胞武装因子	
SMON	subacute myelo-opticoneuropathy 亚急性脊髓视神经病	
SMR	standard mortality (or morbidity) ratio 标准死亡率	
SNAP	sensory nerve action potential 感觉神经动作电位	
snRNA	small nuclear RNA 小核 RNA	
snRNP	small nuclear ribonucleoprotein 小核核糖核蛋白	
SNS	sympathetic nervous system 交感神经系统	
SO	spheno-occipital (synchondrosis) 蝶枕骨的	
SOB	shortness of breath 呼吸急促,气短	
Sol	solution 溶液	
SOMI	sternal-occipital-mandibular immobilizer 胸骨-枕骨-下颌骨固定器	
SPCA	serum prothrombin conversion accelerator (blood coagulation factor VII) 血清凝血酶原转化加速因子(凝血因子 VII)	
SPECT	single photon emission computed tomography 单光子发射 X 线体层照相术	
sp gr	specific gravity 比重	
sph	spherical or spherical lens 球形的或球面透镜	
SQ	subcutaneous 皮下	
SR	stimulation ratio 刺激率	
sr	steradian 球面度(立体角单位)	
SRBC	sheep red blood cell 绵羊红细胞	
SRF	skin reactive factor 皮肤反应因子	
SRH	somatotropin-releasing hormone 生长激素释放激素	
sRNA	soluble ribonucleic acid 可溶性核糖核酸	
SRS-A	slow-reacting substance of anaphylaxis 过敏性慢反应物质	

SS	somatostatin 生长激素
SSD	source-skin distance 射线源到皮肤距离
ssDNA	single-stranded DNA 单股 DNA
SSPE	subacute sclerosing panencephalitis 亚急性硬化性全脑炎
ssRNA	single-stranded RNA 单股 RNA
SSS	sick sinus syndrome 病态窦房结综合征
	specific soluble substance 特异性可溶性物质
ST	sinus tachycardia 窦性心动过速
STD	sexually transmitted disease 性传播疾病
STI	systolic time intervals 心室收缩时间间期
STP	standard temperature and pressure (0℃ 和 760 mm Hg) 标准温度和压力
STS	serologic test for syphilis 梅毒血清试验
SUDS	sudden unexplained death syndrome 突然意外死亡综合征
SV	simian virus 猿病毒
	sinus venosus 静脉窦
	stroke volume 搏出量
Sv	sievert 西沃特
SVC	superior vena cava 上腔静脉
T	intraocular tension 眼压
	tesla 泰斯拉
	thoracic vertebrae (T1—T12) 胸椎
	thymine 胸腺嘧啶
	thymidine 胸苷
	transmittance 透光度
$T\frac{1}{2}$	half-life 半寿期
	half-time 半衰期
T_1	tricuspid valve closure 三尖瓣关闭
T_3	triiodothyronine 三碘甲状腺氨酸
T_4	thyroxine 甲状腺素
T_m	melting temperature 溶解温度
	tubular maximum 管形最大值
t	translocation 易位
t	temperature 温度,体温
	time 时间
$t\frac{1}{2}$	half-life 半寿期
	half-time 半衰期
θ	angle 角
$\overline{T}$	mean life 平均寿命
	torque 转矩,扭力
TA	toxin-antitoxin 毒素-抗毒素
TAC	tetracaine, epinephrine, and cocaine 丁卡因、肾上腺素和可卡因
TAT	thematic apperception test 主题感知测验
	toxin-antitoxin 毒素-抗毒素
TBG	thyroxine-binding globulin 甲状腺氨酸结合球蛋白
TBII	TSH-binding inhibitory immunoglobulins TSH 连接抑制免疫球蛋白
TC	transcobalamin 转钴胺素

TCD$_{50}$	median tissue culture dose 半数组织培养量
TCID$_{50}$	median tissue culture infective dose 半数组织培养感染量
TCMI	T cell-mediated immunity T细胞介导免疫
TCR	T cell antigen receptor T细胞抗原受体
Td	tetanus and diphtheria toxoids, adult type 破伤风和白喉素毒,成人型
TD$_{50}$	median toxic dose 半数中毒剂量
TDA	TSH-displacing antibody TSH替代抗原
TDI	toluene diisocyanate 甲苯双异氰酸盐
TdT	terminal deoxynucleotidyl transferase 末端脱氧核苷酸转移酶
TEA	tetraethylammonium 四乙铵
TeBG	testosterone-estradiol-binding globulin 睾酮-雌二酮结合球蛋白
TED	threshold erythema dose 红斑阈值剂量
TEE	transesophageal echocardiography 经食道回声心动描记器
TENS	transcutaneous electrical nerve stimulation 经皮肤神经刺激
TET	treadmill exercise test 踏旋器运动试验
TF	transfer factor 转移因子
TGF	transforming growth factor 变形生长因子
TGT	thromboplastin generation test 凝血激酶生成试验
THC	tetrahydrocannabinol 四氢麻酚
Thr	threonine 苏氨酸
TIA	transient ischemic attack 短暂性缺血发作
tid	three times a day (L. ter in die) 每日三次
TK	thymidine kinase 胸腺嘧啶核苷激酶
TKD	tokodynamometer 分娩力计
TKG	tokodynagraph 分娩力描图
TLC	thin-layer chromatography 薄层色谱法
	total lung capacity 肺总量
TLSO	thoracolumbosacral orthosis 脊柱胸腰骶矫形法
TMA	trimellitic anhydride 三苯六酐
TMI	transmandibular implant 经下颌植入片
TMST	treadmill stress test 踏旋器压力试验
TMV	tobacco mosaic virus 烟草花叶病毒
TNF	tumor necrosis factor 肿瘤坏死因子
TNS	transcutaneous nerve stimulation 经皮神经刺激
TNT	trinitrotoluene 三硝基甲苯
TOPV	poliovirus vaccine live oral trivalent 三价口服脊髓灰质炎病毒疫苗
t-PA, TPA	tissue plasminogen activator 组织纤维蛋白酶溶酶原活化剂
TPHA	*Treponema pallidum* hemagglutination assay 梅毒螺旋体血细胞凝集反应试验
TPN	total parenteral nutrition 胃肠外营养总量
TR	tricuspid regurgitation 三尖瓣返流
TRH	thyrotropin-releasing hormone 促甲状腺素释放激素
tRNA	transfer RNA 转移RNA
Trp	tryptophan 色氨酸
TRU	turbidity reducing unit 浊度降低单位
TS	test solution 试验液
TSA	tumor-specific antigen 肿瘤特殊抗原
TSF	triceps skinfold 三头肌皮皱褶

TSH	thyroid-stimulating hormone 促甲状腺激素	
TSTA	tumor-specific transplantation antigen 肿瘤特别移植抗原	
TT	thrombin time 凝血酶原时间	
TU	tuberculin unit 结核菌素单位	
TURP	transurethral prostatic resection 经尿道前列腺切除	
TWZ	triangular working zone 三角工作区	
TXA$_2$, TXB$_2$	thromboxanes A$_2$ and B$_2$ 血栓烷 A$_2$ 和 B$_2$	
Tyr	tyrosine 酪氨酸	
U	international unit of enzyme activity 酶活性国际单位	
	unit 单位	
	uracil 尿嘧啶	
	uranium 铀	
	uridine 尿苷	
u	atomic mass unit 原子质量单位	
UDP	uridine diphosphate 二磷酸尿苷	
UK	urokinase 尿激酶	
UMP	uridine monophosphate 磷酸尿苷	
US	ultrasound 超声	
UTP	uridine triphosphate 三磷酸尿苷	
UVA	ultraviolet A 紫外线 A	
UVB	ultraviolet B 紫外线 B	
UVC	ultraviolet C 紫外线 C	
V	vanadium 钒	
	volt 伏特	
V	voltage 电压	
	volume 体积	
V$_{max}$	maximum velocity of an enzyme-catalyzed reaction 酶促反应最大速度	
V$_T$	tidal volume 潮气量	
v.	L. vena (vein) 静脉	
v	velocity 速度	
	voltage 电压量,伏特数	
VA	visual acuity 视力	
VAD	ventricular assist device 心室辅助装置	
Val	valine 缬氨酸	
var.	variety 变种	
VC	vital capacity 肺活量	
VCG	vectorcardiogram 心向量图	
VD	venereal disease 性病	
VDH	valvular disease of the heart 心瓣膜病	
VEE	Venezuelan equine encephalomyelitis 委内瑞拉马脑脊髓炎	
VEP	visual evoked potential 视觉诱发电位	
VF	vocal fremitus 声震颤	
vf	visual field 视野	
VFib	ventricular fibrillation 心室纤颤	
VFl	ventricular flutter 室扑	
VIG	vaccinia immune globulin 牛痘免疫球蛋白	
VIP	vasoactive intestinal polypeptide 血管活性肠多肽	
VLA	very late activation (antigen) 极晚激活(抗原)	

VLBW	very lowbirth weight 极低出生体重
VLDL	very low-density lipoprotein 极低密度脂蛋白
VMA	vanillylmandelic acid 香草基苯乙醇酸
VPB	ventricular premature beat 室性早搏
VPC	ventricular premature complex 室性早搏复合波
VPD	ventricular premature depolarization 室性早搏去极化
VPRC	volume of packed red cells 红细胞容积
VR	vocal resonance 语响
VS	volumetric solution 滴定(用)液
VSG	variable surface glycoprotein 可变表面糖蛋白
VT	ventricular tachycardia 室性心动过速
vv.	L. venae (veins) 静脉
v/v	volume (of solute) per volume (of solvent) 容积百分率
VW	vessel wall 管壁
VZIG	varicella-zoster immune globulin 水痘带状疱疹免疫球蛋白
W	tungsten (Ger. Wolfram) 钨
	watt 瓦特(电力单位)
W	work 工作
Wb	weber 魏伯(库仑的旧名)
WBC	white blood cell 白细胞
	white blood (cell) count 白细胞计数
WEE	western equine encephalomyelitis 西部马脑炎
wt	weight 重量
w/v	weight (of solute) per volume (of solvent) 容积重量比
X	Kienbock's unit 金鲍克氏单位(X线剂量单位)
	xanthine 黄嘌呤
	xanthosine 黄嘌呤核苷
$\bar{X}$	sample mean 样本平均数
X	reactance 电抗
x	abscissa 横坐标
XMP	xanthosine monophosphate 磷酸黄嘌呤核苷
XOAN	X-linked (Nettleship) ocular albinism 伴性遗传性眼白化病
Y	yttrium 钇
y	ordinate 纵坐标
Z	atomic number and impedance 原子序数的符号和阻抗
ZSR	zeta sedimentation rate Z沉降率

Appendix 2
附录二
Anatomical Appendix 解剖学附录

Arteries 动脉

英文名	中文名	起 始	分 支	供 应
accompanying a. of sciatic nerve. *See* sciatic a.	坐骨神经伴行动脉（参见 sciatic a.）			
acromiothoracic a. *See* thoracoacromial a.	胸肩峰动脉（参见 thoracoacrominal a.）			
a.'s of Adamkiewicz	阿达姆基维支动脉	椎动脉横支		脊髓、脊膜、椎体、椎间盘
alveolar a.'s, anterior superior	前上牙槽动脉	眶下动脉	牙支	切齿、尖牙区、上颌窦
alveolar a., inferior	下牙槽动脉	上颌动脉	牙支、牙周支、颊舌骨肌支	下颌、下唇、颊
alveolar a., posterior superior	后上牙槽动脉	上颌动脉	牙支、牙周支	上颌磨牙、前磨牙区、上颌窦、颊肌
angular a.	内眦动脉	面动脉		泪囊、下睑、鼻

英文名	中文名	起 始	分 支	供 应
aorta abdominal aorta	主动脉 腹主动脉	左心室 降主动脉下部 从膈主动脉裂孔至髂总动脉分叉处	膈下动脉、腰动脉、骶正中动脉、肠系膜上、下动脉、肾上腺、肾中动脉、肾动脉、腹腔干、头臂动脉、左颈总动脉、左锁骨下动脉	
arch of aorta	主动脉弓	升主动脉延续	气管支、食管支、心包支、纵隔支、膈上动脉、肋间后动脉（Ⅲ-Ⅺ）、肋下动脉	
ascending aorta	升主动脉	起源于左心室的近侧部分		
descending aorta. See thoracic aorta; abdominal aorta	降主动脉 见胸主动脉和腹主动脉	主动脉弓延续至髂总动脉分叉		
thoracic aorta	胸主动脉	降主动脉近侧段，主动脉弓至膈主动脉裂孔		

英文名	中文名	起始	分支	供应
appendicular a.	阑尾动脉	回结肠动脉		阑尾
arcuate a. of foot	足背动脉弓	足背动脉	足底深支、趾背支	足、趾
arcuate a.'s of kidney	肾弓状动脉	叶间动脉	叶间动脉、肾直小动脉	肾实质
auditory a., internal. See a. of labyrinth	内听动脉（参见 a. of labyrinth）			
auricular a., deep	耳深动脉	上颌动脉		外耳道皮肤、鼓膜、下颌关节
auricular a., posterior	耳后动脉	颈外动脉	耳支、枕支、茎乳动脉	中耳、乳突小房、耳廓、腮腺、二腹肌
axillary a.	腋动脉	锁骨下动脉延续	肩胛下支、胸最上动脉、胸肩峰动脉、胸外侧动脉、肩胛下动脉、旋肱前、后动脉	上肢、腋区、胸、肩
basilar a.	基底动脉	左、右椎动脉结合处	脑桥支、小脑下前动脉、迷路动脉、小脑上动脉、大脑后动脉	脑干、内耳、小脑、大脑后部

英文名	中文名	起始	分支	供应
brachial a.	肱动脉	腋动脉延续	肱浅、深动脉，滋养动脉，尺侧上、下副动脉，桡动脉，尺动脉	肩、臂、前臂、手
brachial a., deep	肱深动脉	肱动脉	滋养动脉，三角肌支，中间桡侧副动脉	肱骨，臂部肌和皮肤
brachial a., superficial	肱浅动脉	肱动脉变异，走行表浅	见肱动脉	见肱动脉
brachiocephalic trunk	头臂干	主动脉弓	右颈总动脉，右锁骨下动脉	头颈部右侧，右臂
buccal a.	颊动脉	上颌动脉		颊肌，口腔粘膜
a. of bulb of penis	阴茎球动脉	阴部内动脉		尿道球腺，阴茎球
a. of bulb of urethra. See a. of bulb of penis	尿道球动脉（参见 a. of bulb of penis）			
a. of bulb of vestibule of vagina	阴道前庭球动脉	阴部内动脉		阴道前庭球，前庭大腺
callosomarginal a.	扣带缘上回动脉	大脑前动脉	前内额叶支，中间内侧额叶支，后内额叶支，扣带回支	大脑半球内侧、上外侧面
capsular a.'s	被囊动脉	肾动脉		肾被囊

英文名	中文名	起始	分支	供应
caroticotympanic a.'s	颈鼓动脉			鼓室
carotid a., common	颈总动脉	头臂干(右),主动脉弓(左)	颈内、外动脉	见颈内、外动脉
carotid a., external	颈外动脉	颈总动脉	甲状腺上动脉,咽升动脉,舌动脉,面动脉,胸锁乳突肌动脉,枕动脉,耳后动脉,颞浅动脉,上颌动脉	颈部、面部、颅
carotid a., internal	颈内动脉	颈总动脉	颈鼓动脉,眼动脉,后交通动脉,脉络膜前动脉,大脑前、中动脉	中耳、脑、垂体、眶、脉络丛
caudal a. See sacral a., median	尾动脉(参见 sacral a., median)			
cecal a., anterior	盲肠前动脉	回结肠动脉		盲肠
cecal a., inferior	盲肠下动脉	回结肠动脉		盲肠
celiac trunk	腹腔干	腹主动脉	胃左动脉,肝总动脉,脾动脉	食管、胃、十二指肠、脾、胰腺、肝、胆囊
central a.'s, anterolateral	前外侧中央动脉	大脑中动脉	内、外侧支	豆状核、尾状核、内囊

英文名	中文名	起始	分支	供应
central a.'s, anteromedial	前内侧中央动脉	大脑前动脉		纹状体前内侧
central a.'s, posterolateral	后外侧中央动脉	大脑后动脉		大脑脚、后丘脑、四叠体、松果体、内侧膝状体、第三脑室前丘脑、苍白球
central a.'s, posteromedial	后内侧中央动脉	大脑后动脉		外侧壁、苍白球
central a., long	中央长动脉	大脑前动脉		
central a. of retina	视网膜中央动脉	眼动脉		视网膜
central a., short	中央短动脉	大脑前动脉		
cerebellar a., anterior, inferior	小脑下前动脉	基底动脉	脊髓后动脉、迷路动脉	小脑后下部、脑桥下外、延髓上部
cerebellar a., posterior inferior	小脑下后动脉	椎动脉		小脑下部、延髓、第四脑室脉络丛
cerebellar a., superior	小脑上动脉	基底动脉		小脑上部、中脑、松果体、第三脑室脉络丛
cerebral a.'s	大脑动脉	颈内动脉、基底动脉		大脑半球
cerebral a., anterior	大脑前动脉	颈内动脉	交通支前部；前内侧中央动脉、前外侧中央动脉、前交通动脉；交通支后部；内侧额上回动脉、扣带缘动脉、旁中央动脉、楔前动脉、顶枕动脉	眶部、额叶、顶叶、同皮质、胼胝体、内囊、尾状核、纹状体、侧脑室脉络丛

英文名	中文名	起始	分支	供应
cerebral a., middle	大脑中动脉	颈内动脉	蝶骨部：前外侧中央动脉；岛叶部：岛叶、外侧额下动脉、颞叶动脉；终末部：沟动脉，顶叶动脉，角回动脉	眶、颞、顶叶、额叶、内皮质、纹状体、内囊
cerebral a., posterior	大脑后动脉	基底动脉	交通支前部：后内侧中央动脉；交通支后部：后外侧中央动脉，丘动脉，脉络膜前后动脉，脚支；终末部：枕叶动脉，枕内、外动脉	枕、颞叶、基底节、侧脑室脉络丛、丘脑、中脑
cervical a., ascending	颈升动脉	甲状腺下动脉		颈肌群、椎骨、椎管
cervical a., deep	颈深动脉	肋颈干		颈深肌群
cervical a., transverse	颈横动脉	锁骨下动脉	浅支、深支	颈根部、肩胛肌、大脑、侧脑室脉络丛
ciliary a's, anterior	睫状前动脉	眼动脉，泪腺动脉	巩膜动脉，结膜前动脉	虹膜、结膜
ciliary a's, posterior, long	睫状后长动脉	眼动脉		虹膜、睫状突
ciliary a's, posterior, short	睫状后短动脉	眼动脉		眼脉络膜

英文名	中文名	起始	分支	供应
circumflex a.	(左)旋动脉	左冠状动脉	心房支,吻合支,房室支,左缘支,间隔支,左室后支	左心室,左心房
circumflex femoral a., lateral	旋股外侧动脉	股深动脉	升支,降支,横支	髋关节,股肌群
circumflex femoral a., medial	旋股内侧动脉	股深动脉,升支,横支,髋白支	髋白支,深支,升支	髋关节,股肌群
circumflex humeral a., anterior	旋肱前动脉	腋动脉		肩关节,肱骨头,二头肌长头腱,胸大肌腱
circumflex humeral a., posterior	旋肱后动脉	腋动脉		三角肌,肩关节,小圆肌,三头肌
circumflex iliac a., deep	旋髂深动脉	髂外动脉	升支	髋骨区,股沟区
circumflex iliac a., superficial	旋髂浅动脉	股动脉		腹股沟区,腹壁
circumflex a. of scapula	旋肩胛下动脉	肩胛下动脉		肩胛下外肌群
coccygeal a. See sacral a., median	尾动脉(参见 sacrala., median)			
colic a., left	左结肠动脉	肠系膜下动脉		降结肠
colic a., middle	中结肠动脉	肠系膜上动脉		横结肠

英文名	中文名	起始	分支	供应
colic a., right	右结肠动脉	肠系膜上动脉		升结肠
colic a., right, inferior. See ileocolic a.	右下结肠动脉（参见 ileocolic a.）			
colic a., superior accessory. See colic a., middle	上副结肠动脉（参见 colic a., middle）			
collateral a., inferior ulnar	尺侧下副动脉	肱动脉		肘后臂肌
collateral a., middle	中间副动脉	肱深动脉		肱三头肌,肘关节
collateral a., radial	桡侧副动脉	肱深动脉		肱桡肌,肱肌
collateral a., superior ulnar	尺侧上副动脉	肱动脉		肘关节,肱三头肌
communicating a., anterior	前交通动脉	大脑前动脉		大脑前动脉交通支
communicating a., posterior	后交通动脉	颈内动脉与大脑后动脉交通支	至视交叉,动眼神经,丘脑,下丘脑,尾状核	
conjunctival a's, anterior	结膜前动脉	睫状前动脉		眼结膜
conjunctival a's, posterior	结膜后动脉	睑内侧动脉		泪阜,结膜
coronary a., left anterior descending	左冠状动脉前降支	左冠状动脉	圆锥动脉支,室间隔支	心室,室间隔
coronary a., posterior descending	后降支	右冠状动脉	室间隔支	心室膈面,室间隔

英文名	中文名	起 始	分 支	供 应
coronary a. of heart, left	左冠状动脉	左主动脉窦	前室间支,旋支,心房支	左心室,左心房
coronary a. of heart, right	右冠状动脉	右主动脉窦	圆锥动脉,房室结支,房间支,隔间支,后室间支,右缘支,结支	右心室,右心房
coronary a. of stomach, left	胃左动脉	腹腔干	食管支	食管,胃小弯
coronary a. of stomach, right	胃右动脉	肝总动脉		
costocervical trunk	肋颈干	锁骨下动脉	颈深动脉,肋间最上动脉	颈深肌群,第1,2肋间隙,脊柱,背肌
cremasteric a.	睾提肌动脉	腹壁下动脉		睾提肌,精索被膜
cystic a.	胆囊动脉	肝固有动脉右支		胆囊
deep brachial a. *See* brachial a., deep	肱深动脉(参见 brachial a., deep)			
deep femoral a. *See* femoral a., deep	股深动脉(参见 femoral a., deep)			
deep lingual a. *See* profunda linguae a.	舌深动脉(参见 profunda linguae a.)			
deep a. of clitoris	阴蒂深动脉	阴部内动脉		阴蒂

英文名	中文名	起始	分支	供应
deep a. of penis	阴茎深动脉	阴部内动脉		阴茎海绵体
deferential a. *See* a. of ductus deferens	输精管动脉（参见 a. of ductus deferens)			
deltoid a.	三角肌动脉	肱深动脉		肱骨，三角肌
dental a's. *See* alveolar a's	齿动脉（参见 alveolar a's)			
diaphragmatic a's. *See* phrenic a's	膈动脉（参见 phrenic a's)			
digital a's, collateral. *See* digital a's, palmar, proper	指副动脉（参见 digital a's, palmar, proper)			
digital a's of foot, common. *See* metatarsal a's, plantar	趾总动脉（参见 metatarsal a's.)			
digital a's of foot, dorsal	趾背动脉	跖背动脉		趾背
digital a's of hand, dorsal	指背动脉	掌背动脉		指背
digital a's, palmar, common	指掌侧总动脉	掌浅弓		手指
digital a's, palmar, proper	指掌侧固有动脉	指掌侧总动脉		手指
digital a's, plantar, common	趾底总动脉	跖足底动脉	跖底固有动脉	足趾
digital a's, plantar, proper	趾底固有动脉	趾底总动脉		足趾

英文名	中文名	起始	分支	供应
dorsal a. of clitoris	阴蒂背动脉	阴部内动脉		阴蒂
dorsal a. of foot. *See* dorsalis pedis a.	足背动脉（参见 dorsalis pedis a.)			
dorsal a. of nose	鼻背动脉	眼动脉	泪腺支	鼻背
dorsal a. of penis	阴茎背动脉	阴部内动脉		阴茎头,冠,包皮
dorsalis pedis a.	足背动脉	胫前动脉	跗骨内、外侧动脉,足底深动脉,弓状动脉	足,足趾
a. of ductus deferens	输精管动脉	脐动脉	输尿管动脉	输尿管,输精管,精囊,睾丸
duodenal a's. *See* pancreaticoduodenal a's, inferior	十二指肠动脉（参见 pancreaticoduodenal a's, inferior)			
epigastric a., external. *See* circumflex iliac a., deep	腹壁外动脉（参见 circumflex iliac a., deep)			
epigastric a., inferior	腹壁下动脉	髂外动脉	耻骨支,睾提肌动脉,子宫圆韧带动脉	腹壁
epigastric a., superficial	腹壁浅动脉	股动脉		腹壁,腹股沟区
epigastric a., superior	腹壁上动脉	胸廓内动脉		腹壁,膈
episcleral a's	巩膜上动脉	睫状前动脉		虹膜,睫状突

英文名	中文名	起始	分支	供应
ethmoidal a., anterior	筛前动脉	眼动脉	脑膜前支,前间隔支,鼻前外侧支	硬脑膜,鼻,额窦,筛窦前群
ethmoidal a., posterior	筛后动脉	眼动脉		硬脑膜,鼻,筛窦中群
facial a.	面动脉	颈外动脉	腭升支,颏下支,上、下唇支,鼻外侧支,中隔支,鼻外侧支,内眦动脉,扁桃体和腭体支	面部,扁桃体,腭,颌下腺
facial a., deep. See maxillary a.	面深动脉(参见 maxillary a.)			
facial a., transverse	面横动脉	颞浅动脉		腮腺区
fallopian a. See uterine a.	子宫动脉(参见 uterine a.)			
femoral a.	股动脉	髂外动脉	腹壁浅动脉,旋髂浅动脉,阴部外动脉,股深动脉,膝降动脉	下腹壁,外生殖器,下肢
femoral a., deep	股深动脉	股动脉	旋股内、外侧动脉,穿动脉	股部肌群,髋关节,臀肌,股骨
fibular a. See peroneal a.	腓动脉(参见 peroneal a.)			
frontal a. See supratrochlear a.	额动脉(参见 supratrochlear a.)			

英文名	中文名	起始	分支	供应
frontobasal a., lateral	额下外侧动脉	大脑中动脉		额叶皮质
frontobasal a., medial	额下内侧动脉	大脑前动脉		额叶皮质
funicular a. See testicular a.	精索动脉（参见 testicular a.)			
gastric a., left	胃左动脉	腹腔干	食管支	食管,胃小弯
gastric a., posterior	胃后动脉	脾动脉		胃后壁
gastric a., right	胃右动脉	肝总动脉		胃小弯
gastric a.'s, short	胃短动脉	脾动脉		胃底
gastroduodenal a.	胃十二指肠动脉	肝总动脉	胰十二指肠上动脉,胃网膜右动脉	胃,十二指肠,胰,大网膜
gastroepiploic a., left. See gastro-omental a., left	胃网膜左动脉（参见 gastro-omental a., left)			
gastroepiploic a., right. See gastro-omental a., right	胃网膜右动脉（参见 gastro-omental a., right)			
gastro-omental a., left	胃网膜左动脉	脾动脉	胃支,网膜支	胃,大网膜
gastro-omental a., right	胃网膜右动脉	胃十二指肠动脉	胃支,网膜支	胃,大网膜
genicular a., descending	膝降动脉	股动脉	隐静脉伴行支,关节支	膝关节,下肢上部,内侧
genicular a., lateral inferior	膝外下动脉	腘动脉		膝关节
genicular a., lateral superior	膝外上动脉	腘动脉		膝关节,股骨,邻近肌

英文名	中文名	起始	分支	供应
genicular a., medial inferior	膝内下动脉	腘动脉		膝关节
genicular a., medial superior	膝内上动脉	腘动脉		膝关节,股骨,膑骨,邻近肌
genicular a. middle	膝中动脉	腘动脉		膝关节,交叉韧带,滑液囊,翼状襞
gluteal a., inferior	臀下动脉	髂内动脉	坐骨动脉	臀部,股后部
gluteal a., superior	臀上动脉	髂内动脉	浅、深支	臀部
helicine a's	螺旋动脉	阴茎深、背动脉	浅、深支	阴茎勃起组织
hemorrhoidal a's. *See* rectal a's	痔动脉(参见 rectal a's)			
hepatic a., common	肝总动脉	腹腔干	胃右动脉,胃十二指肠动脉,肝固有动脉	胃,胰,十二指肠,肝,胆囊
hepatic a., proper	肝固有动脉	肝总动脉	左、右支	肝,胆囊
hyaloid a.	玻璃体动脉	胚胎眼动脉		胚胎晶状体(生后消失)
hypogastric a. *See* iliac a., internal	髂内动脉(参见 iliac a., internal)			
hypophyseal a., inferior	垂体下动脉	颈内动脉		脑垂体
hypophyseal a., superior	垂体上动脉	颈内动脉		脑垂体
iliac a., common	髂总动脉	腹主动脉	髂内动脉,髂外动脉	盆腔,腹壁,下肢

英文名	中文名	起始	分支	供应
iliac a., external	髂外动脉	髂总动脉	腹壁下动脉,旋髂深动脉	腹壁,外生殖器,下肢
iliac a., internal	髂内动脉	髂总动脉	髂腰动脉,闭孔动脉,臀上、下动脉,脐动脉,膀胱下动脉,子宫动脉,直肠中动脉,阴部内动脉	盆壁,盆腔脏器,臀部,生殖器,股内侧
ileal a's	回肠动脉	肠系膜上动脉		回肠
ileocolic a.	回结肠动脉	肠系膜上动脉	盲肠前、后动脉,阑尾动脉,升结肠支,回肠支	回肠,盲肠,阑尾升结肠
iliolumbar a.	髂腰动脉	髂内动脉	髂腰支,骶外侧动脉	盆腔骨髂,第五腰椎,骶骨
infraorbital a.	眶下动脉	上颌动脉	前上牙槽动脉	上颌骨,上颌窦,上颌齿,下睑,颊,鼻
innominate a. See brachiocephalic trunk	无名动脉(参见 brachiocephalic trunk)			
insular a's	岛叶动脉	大脑动脉		岛叶皮质
intercostal a., highest	肋间最上动脉	肋颈干	I,II肋间后动脉	上部胸壁
intercostal a's, posterior, I and II	I,II肋间后动脉	肋间最上动脉	背支,脊髓支	上部胸壁

英文名	中文名	起 始	分 支	供 应
intercostal a's, posterior, Ⅲ—Ⅺ	Ⅲ—Ⅺ肋间后动脉	胸主动脉	背支,脊髓支,内、外皮支,乳腺外侧弓状动脉	胸壁
interlobar a's of kidney	肾叶间动脉	段动脉下支		肾实质
interlobular a's of kidney	肾小叶间动脉	弓状动脉		肾小球
interlobular a's of liver	肝小叶间动脉	肝固有动脉	肝叶间支	
interosseous a., anterior	骨间前动脉	骨间后或骨间总动脉	正中动脉	前臂前侧深部
interosseous a., common	骨间总动脉	尺动脉	骨间前、后动脉	肘前窝
interosseous a., posterior	骨间后动脉	骨间总动脉	骨间返动脉	前臂背侧深部
interosseous a., recurrent	骨间返动脉	骨间后或骨间总动脉		肘关节后区
intestinal a's	小肠动脉	起于肠系膜上动脉,供应小肠;包括胰十二指肠动脉、空、回肠动脉,结肠动脉		
jejunal a.	空肠动脉	肠系膜上动脉		空肠
labial a., inferior	下唇动脉	面动脉		下唇
labial a., superior	上唇动脉	面动脉	隔支,翼支,鼻支	上唇,鼻
a. of labyrinth	迷路动脉	基底动脉或小脑下前动脉	前庭支,蜗支	内耳

英文名	中文名	起始	分支	供应
lacrimal a.	泪腺动脉	眼动脉	睑外侧动脉	泪腺,睑,结膜
laryngeal a., inferior	喉下动脉	甲状腺下动脉		喉、气管、食管
laryngeal a., superior	喉上动脉	甲状腺上动脉		喉
lingual a.	舌动脉	颈外动脉	舌骨上支,舌下支,舌背支,舌底支	舌,舌下腺,扁桃体,会厌
lingual a., deep. *See* profunda linguae a.	舌深动脉(参见 profunda linguae a.)			
lumbar a's	腰动脉	腹主动脉	背支,脊髓支	腹后壁,肾囊
lumbar a., lowest	腰最下动脉	骶正中动脉		骶骨,臀大肌
mammary a., external. *See* thoracic a., lateral	乳腺外动脉(参见 thoracic a., lateral)			
mammary a., internal. *See* throacic a., internal	乳腺内动脉(参见 thoracic a., internal)			
mandibular a. *See* alveolar a., inferior	下颌动脉(参见 alveolar a., inferior)			
marginal a. of colon	结肠边缘动脉	肠系膜上、下动脉	沿结肠内缘行走,发出直小动脉至肠壁	
marginal a. of Drummond. *See* marginal a. of colon.	德拉蒙边缘动脉(参见 marginal a. of colon)			
masseteric a.	咬肌动脉	上颌动脉		咬肌

英文名	中文名	起始	分支	供应
maxillary a.	上颌动脉	颈外动脉	翼肌支,耳深动脉,鼓室前动脉,下牙槽动脉,脑膜中动脉,咬肌动脉,颞深动脉,颊动脉,后上牙槽动脉,眶下动脉,蝶腭动脉,降腭动脉,翼管动脉	双侧颌骨,牙齿,咀嚼肌,耳,脑膜,鼻,鼻旁窦,腭
maxillary a., external. *See* facial a.	上颌外侧动脉(参见 facial a.)			
maxillary a., internal. *See* maxillary a.	上颌内侧动脉(参见 maxillary a.)			
median a.	正中动脉	骨间前动脉		正中神经,前臂前群肌
meningeal a., middle	脑膜中动脉	上颌动脉	额支,顶支,泪腺支,吻合支,副部支,鼓室上动脉,岩动脉	颅骨,硬脑膜
meningeal a., posterior	脑膜后动脉	咽升动脉		颅后窝,硬脑膜
mesencephalic a's	中脑动脉	基底动脉		大脑脚
mesenteric a., inferior	肠系膜下动脉	腹主动脉	左结肠动脉,乙状结肠动脉,直肠上动脉	降结肠,直肠

英文名	中文名	起始	分支	供应
mesenteric a., superior	肠系膜上动脉	腹主动脉	胰十二指肠下动脉,空、回肠动脉,回结肠动脉,右结肠动脉	小肠,结肠近侧半
metacarpal a.'s, dorsal	掌背动脉	手背动脉网,桡动脉	指背动脉	指背
metacarpal a.'s, palmar	掌心动脉	掌深弓		手掌深部
metatarsal a.'s, dorsal	跖背动脉	足弓形动脉	趾背动脉	足,趾背
metatarsal a.'s, plantar	跖底动脉	跖动脉弓	穿支,跖底总,跖底固有动脉	趾跖面
musculophrenic a.	肌膈动脉	胸廓内动脉		膈,胸,腹壁
nasal a.'s, posterior lateral	鼻后外动脉	蝶腭动脉		额窦,上颌窦,蝶窦
nutrient a.'s of femur	股骨滋养动脉	第三穿动脉		股骨
nutrient a.'s of fibula	腓骨滋养动脉	腓动脉		腓骨
nutrient a.'s of humerus	肱骨滋养动脉	肱动脉,肱深动脉		肱骨
nutrient a.'s of tibia	胫骨滋养动脉	胫后动脉		胫骨

英文名	中文名	起 始	分 支	供 应
obturator a.	闭孔动脉	髂内动脉	耻骨支,髂支,前、后支	骨盆肌,髋关节
obturator a., accessory	副闭孔动脉	变异闭孔动脉,起于腹壁下动脉		
occipital a.	枕动脉	颈外动脉	耳支,脑膜支,降支,乳突支,枕支,胸锁乳突肌支	颈肩肌,脑膜,乳突小房
occipital a., lateral	枕外动脉	大脑后动脉	颞前,颞中间,颞后支	颞叶前、中间、后部
occipital a., middle	枕中动脉	大脑后动脉	胼胝体背,顶支,距状回支,枕支,枕颞支	胼胝体背,楔前叶,楔叶,舌回,枕叶外后面
ophthalmic a.	眼动脉	颈内动脉	泪腺动脉,眶上动脉,视网中央动脉,筛前动脉,脸动脉,滑车上动脉,鼻背动脉	眼、眶、邻近面部结构
ovarian a.	卵巢动脉	腹主动脉	输尿管、输卵管支	输尿管,卵巢,输卵管
palatine a., ascending	腭升动脉	面动脉		软腭,咽壁,扁桃体,外耳道
palatine a., descending	腭降动脉	上颌动脉	腭大、小动脉	软、硬腭,扁桃体

英文名	中文名	起始	分支	供应
palatine a., greater	腭大动脉	腭降动脉		硬腭
palatine a's, lesser	腭小动脉	腭降动脉		软腭,扁桃体
palpebral a's, lateral	睑外侧动脉	泪腺动脉		睑,结膜
palpebral a's, medial	睑内侧动脉	眼动脉	结膜后动脉	眼睑
pancreaticoduodenal a., anterior superior	胰十二指肠前上动脉	胃十二指肠动脉	胰腺支,十二指肠支	胰腺,十二指肠
pancreaticoduodenal a's, inferior	胰十二指肠下动脉	肠系膜上动脉	前支,后支	胰腺,十二指肠
pancreaticoduodenal a., posterior superior	胰十二指肠后上动脉	胃十二指肠动脉	胰腺支,十二指肠支	胰腺,十二指肠
paracentral a.	旁中央动脉	大脑前动脉		大脑皮质,内侧中央沟
parietal a's, anterior and superior	前上顶叶动脉	大脑中动脉	前支,后支	顶前叶,颞后叶
parieto-occipital a.	顶枕动脉	大脑前动脉		顶叶,枕叶
perforating a's	穿动脉	股深动脉	滋养动脉	内收肌群,腘绳肌,臀肌,股骨
pericardiacophrenic a.	心包膈动脉	胸廓内动脉		心包,膈,胸膜

英文名	中文名	起始	分支	供应
perineal a.	会阴动脉	阴部内动脉		会阴,外生殖器皮肤
peroneal a.	腓动脉	胫后动脉	穿支,交通支,跟支,踝内、外支,跟骨动脉支	踝外侧和后部,腓肠肌深部
pharyngeal a., ascending	咽升动脉	颈外动脉	脑膜后支,咽支,鼓室下支	咽,软腭,耳,脑膜
phrenic a's, great. See phrenic a's, inferior	膈大动脉(参见 phrenic a's, inferior)			
phrenic a's, inferior	膈下动脉	腹主动脉	肾上腺上动脉	膈,肾上腺
phrenic a's, superior	膈上动脉	胸主动脉		膈椎骨部上面
plantar a., lateral	足底外侧动脉	胫后动脉	足底弓,跖足底动脉	足底,趾
plantar a., medial	足底内侧动脉	胫后动脉	深支,浅支	足底,趾
pontine a's	脑桥动脉	基底动脉		脑桥,邻近脑区
popliteal a.	腘动脉	股动脉	膝内上、外上动脉,膝中动脉,膝内下、膝外下动脉,胫后动脉,膝关节网,腓动脉网	膝部,腓肠肌

英文名	中文名	起 始	分 支	供 应
precuneal a.	楔前动脉	大脑前动脉		楔前叶下部
prepancreatic a.	胰腺前动脉	脾动脉,胰十二指肠前上动脉		胰颈与钩突之同
princeps pollicis a.	拇主要动脉	桡动脉	示指桡侧动脉	拇指掌面及侧面
principal a. of thumb. See princeps pollicis a.	拇主要动脉(参见 princeps pollicis a.)			
profunda linguae a.	舌深动脉	舌动脉		舌
a. of pterygoid canal	翼管动脉	上颌动脉	翼肌支	咽顶,耳道
pudendal a's, external	阴部外动脉	股动脉	阴囊或阴唇前支,腹股沟支	外生殖器,腹部上内侧
pudendal a., internal	阴部内动脉	髂内动脉	阴囊或阴唇后支,会阴动脉,直肠下动脉,尿道动脉,阴茎或阴蒂背动脉,阴茎或阴蒂深动脉,阴茎或阴蒂前庭球深动脉	外生殖器,直肠,会阴
pulmonary a., left	左肺动脉	肺动脉干	肺段动脉	左肺
pulmonary a. right	右肺动脉	肺动脉干	肺段动脉	右肺

英文名	中文名	起 始	分 支	供 应
pulmonary trunk	肺动脉干	右心室	左、右肺动脉	输送静脉血至肺
radial a.	桡动脉	肱动脉	腕掌浅支,掌浅支,腕背支,桡动脉,拇主要动脉,掌深弓	前臂,腕,手
radial a., collateral. See collateral a., radial	桡侧副动脉(参见 collateral a. radial)			
radial a. of index finger. See radialis indicis a.	示指桡侧动脉(参见 radialis indicis a.)			
radialis indicis a.	示指桡侧动脉	拇主要动脉		示指
radiate a's of kidney. See interlobular a's of kidney	肾辐射动脉(见 interlobular a's of kidney)			
ranine a. See profunda linguae a.	舌下动脉(参见 profunda linguae a.)			
rectal a., inferior	直肠下动脉	阴部内动脉		直肠,肛管
rectal a., middle	直肠中动脉	髂内动脉		直肠,前列腺,精囊腺,阴道
rectal a., superior	直肠上动脉	肠系膜下动脉		直肠
recurrent a. radial	桡侧返动脉	桡动脉		肱桡肌,肱肌,肘

英文名	中文名	起始	分支	供应
recurrent a., tibial, anterior	胫前返动脉	胫前动脉		胫骨前肌,跨长伸肌,膝关节
recurrent a., tibial, posterior	胫后返动脉	胫前动脉		膝关节
recurrent a., ulnar	尺侧返动脉	尺动脉	前支,后支	肘区
renal a.	肾动脉	腹主动脉	输尿管支,肾上腺下动脉	肾,肾上腺,输尿管
renal a.'s. See arcuate, interlobar, and interlobular a.'s of kidney, and straight arterioles of kidney	肾动脉(参见 arcuate, interlobar, 和 interlobular a.'s of kidney, 和 straight arterioles of kidney)			
a. of round ligament of uterus	子宫圆韧带动脉	腹壁下动脉		子宫圆韧带
sacral a.'s, lateral	骶外侧动脉	髂腰动脉	脊髓支	骶尾骨
sacral a., median	骶正中动脉	腹主动脉	腰最下动脉	骶,尾骨,直肠
scapular a., dorsal	肩胛背动脉	颈横动脉		菱形肌,背阔肌,斜方肌
scapular a., transverse. See suprascapular a.	肩胛横动脉(见 suprascapular a.)			
sciatic a.	坐骨动脉	臀下动脉		坐骨神经伴行
septal a.'s, anterior	前间隔动脉	左冠状动脉		室间隔前部
septal a.'s, posterior	后间隔动脉	右冠状动脉		室间隔后部

英文名	中文名	起 始	分 支	供 应
sigmoid a's	乙状结肠动脉	肠系膜下动脉		乙状结肠
spermatic a., external. See cremasteric a.	精索外动脉（参见 cremasteric a.）			
sphenopalatine a.	蝶腭动脉	上颌动脉	鼻后外动脉，鼻中隔后支	鼻腔，鼻咽部
spinal a., anterior	脊髓前动脉	椎动脉		脊髓
spinal a., posterior	脊髓后动脉	椎动脉		脊髓
splenic a.	脾动脉	腹腔干	胰，脾，胰前动脉，胃网膜左动脉，胃短动脉	脾，胰，胃，大网膜
straight arterioles of kidney	肾直小动脉	肾弓状动脉		肾实质
stylomastoid a.	茎乳动脉	耳后动脉	乳突支，镫骨支，鼓室后支	中耳壁，乳突小房，镫骨
subclavian a.	锁骨下动脉	头臂干（右），主动脉弓（左）	椎动脉，胸廓内动脉，甲状颈干，肋颈干	颈部，胸部，脊髓，大脑，脑膜，上肢
subcoastal a.	肋下动脉	胸主动脉	背支，脊髓支	腹后壁上部
sublingual a.	舌下动脉	舌动脉		舌下腺
submental a.	颏下动脉	面动脉		颏区

英文名	中文名	起始	分支	供应
subscapular a.	肩胛下动脉	腋动脉	胸背动脉，旋肩胛动脉	肩胛骨，肩区
a. of central sulcus	中央沟动脉	大脑中动脉		双侧中央沟皮质
a. of postcentral sulcus	中央后沟动脉	大脑中动脉		中央后沟皮质
a. of precentral sulcus	中央前沟动脉	大脑中动脉		中央前沟皮质
supraduodenal a.	十二指肠上动脉	胃十二指肠动脉	十二指肠支	十二指肠上部
supraorbital a.	眶上动脉	眼动脉	板障浅、深支	额前，眶上肌，上睑，额窦
suprarenal a., inferior	肾上腺下动脉	肾动脉		肾上腺
suprarenal a., middle	肾上腺中动脉	腹主动脉		肾上腺
suprarenal a.'s, superior	肾上腺上动脉	膈下动脉		肾上腺
suprascapular a.	肩胛上动脉	甲状颈干	肩峰支	锁骨，肩胛区，三角肌
supratrochlear a.	滑车上动脉	眼动脉		头皮前区
sural a.'s	腓肠动脉	腘动脉		腘窝，腓肠肌
sylvian a. See cerebral a., middle.	西尔维动脉（参见 cerebral a., middle）			

英文名	中文名	起始	分支	供应
tarsal a., lateral	跗骨外侧动脉	足背动脉		跗骨
tarsal a's, medial	跗骨内侧动脉	足背动脉		足内侧
temporal a., anterior	颞前动脉	大脑中动脉		颞前叶皮质
temporal a., anterior deep	颞前深动脉	上颌动脉	至颞骨,蝶骨大翼	颞肌
temporal a's, deep	颞深动脉	上颌动脉		颞区深部
temporal a., middle	颞中动脉	1. 颞浅动脉 2. 大脑中动脉		1. 颞区 2. 颞叶皮质
temporal a., posterior	颞后动脉	大脑中动脉		颞后叶皮质
temporal a., posterior deep	颞后深动脉	上颌动脉		颞肌
temporal a., superficial	颞浅动脉	颈外动脉	腮腺支,面横动脉,颧眶支,耳支,枕支,颞中动脉,颞中动脉,颞中动脉	腮腺,颞区
testicular a.	睾丸动脉	腹主动脉	输尿管,附睾支	输尿管,附睾,睾丸
thoracic a., highest	胸最上动脉	腋动脉		胸壁外侧
thoracic a., internal	胸廓内动脉	锁骨下动脉	纵隔支,胸腺支,气管支,胸骨支,支气管穿动脉,乳腺内动脉,心包支,肌膈动脉,腹壁上动脉	胸前壁,纵隔,膈

英文名	中文名	起始	分支	供应
thoracic a., lateral	胸外侧动脉	腋动脉	乳腺支	胸肌,乳腺
thoracoacromial a.	胸肩峰动脉	腋动脉	锁骨支,胸肌支,三角肌支,肩峰支	三角肌,锁骨
thoracodorsal a.	胸背动脉	肩胛下动脉		肩胛下肌,大、小圆肌
thyrocervical trunk	甲状颈干	锁骨下动脉	甲状腺下动脉,肩胛上动脉,颈横动脉	颈深部,甲状腺,肩胛区
thyroid a., inferior	甲状腺下动脉	甲状颈干	咽支,食管支,气管支,喉下动脉,颈深下动脉	甲状腺,邻近结构
thyroid a., lowest. See thyroidea ima a.	甲状腺最下动脉(参见 thyroidea ima a.)			
thyroid a., superior	甲状腺上动脉	颈外动脉	舌骨支,胸锁乳突肌支,喉上支,环甲支	甲状腺,邻近结构
thyroidea ima a.	甲状腺最下动脉	主动脉弓		甲状腺
tibial a., anterior	胫前动脉	腘动脉	胫前、后返动脉,踝内、外侧前动脉,踝网	下肢,踝关节,足
tibial a., posterior	胫后动脉	腘动脉	腓骨旋支,腓动脉,足底内、外侧动脉	下肢,足
transverse a. of face. See facial a., transverse	面横动脉(参见 facial a., transverse)			

英文名	中文名	起始	分支	供应
transverse a. of neck. See cervical a., transverse	颈横动脉（参见 cervical a., transverse）			
transverse a. of scapula. See suprascapular a.	肩胛横动脉（参见 suprascapular a.）			
tympanic a., anterior	鼓室前动脉	上颌动脉		鼓室
tympanic a., inferior	鼓室下动脉	咽升动脉		鼓室
tympanic a., posterior	鼓室后动脉	茎乳动脉		鼓室
tympanic a., superior	鼓室上动脉	脑膜中动脉		鼓室
ulnar a.	尺动脉	肱动脉	腕掌支，腕背支，掌深支，尺侧返动脉，骨间总动脉，掌浅弓	前臂，腕，手
ulnar a., collateral. See collateral a., inferior ulnar, and collateral a., superior ulnar	尺侧副动脉（参见 collateral a., inferior ulnar, 和 collateral a., superior ulnar.）			
umbilical a.	脐内动脉	髂内动脉	输精管动脉，膀胱上动脉	输精管，精囊腺，睾丸，膀胱，尿道
urethral a.	尿道动脉	阴部内动脉		尿道
uterine a.	子宫动脉	髂内动脉	卵巢，输卵管支，阴道动脉	子宫，阴道，子宫圆韧带，输卵管，卵巢

英文名	中文名	起始	分支	供应
vaginal a.	阴道动脉	子宫动脉		阴道,膀胱底
vertebral a.	椎动脉	锁骨下动脉	横部;脊髓支,肌支。颅内内:脊髓前、后动脉	颈肌,椎骨,脊髓,小脑,大脑下部
vesical a., inferior	膀胱下动脉	髂内动脉	前列腺支	膀胱,前列腺,精囊腺,输尿管下部
vesical a.'s, superior	膀胱上动脉	脐动脉		膀胱,脐尿管,输尿管
zygomatico-orbital a.	颧眶动脉	颞浅动脉		眶侧壁

Bones (Listed by Regions of the Body)
骨骼（按人体部位排列）

部位	英文名	中文名	总数
头颅	Skull	颅	23
	(eight paired—16)	（成对骨 16）	
	inferior nasal concha	下鼻甲	
	lacrimal	泪骨	
	maxilla	上颌骨	
	nasal	鼻骨	
	palatine	腭骨	
	parietal	顶骨	
	temporal	颞骨	
	zygomatic	颧骨	
	(five unpaired—5)	（单一骨 5）	
	ethmoid	筛骨	
	frontal	额骨	
	occipital	枕骨	
	sphenoid	蝶骨	
	vomer	犁骨	

部 位	英文名	中文名	总 数
	Ossicles of each ear	听小骨	6
	incus	砧骨	
	malleus	锤骨	
	stapes	镫骨	
	Lower jaw	下颌	1
	mandible	下颌骨	
	Neck	颈部	1
	hyoid	舌骨	
躯干	Vertebral column	骨椎	26
	cervical vertebrae (7)	颈椎 (7)	
	(atlas)	(寰椎)	
	(axis)	(枢椎)	
	thoracic vertebrae (12)	胸椎 (12)	
	lumbar vertebrae (5)	腰椎 (5)	
	sacrum (5 fused)	骶椎 (5块融合)	
	coccyx (4~5 fused)	(4~5块融合)	
	Chest	胸廓	
	sternum	胸骨	1
	ribs	肋骨 (12对)	24

部 位	英文名	中文名	总 数
上肢骨(×2)	Upper limb (×2)		64
肩部	Shoulder { scapula / clavicle	肩胛骨 / 锁骨	
上臂	Upper arm humerus	肱骨	
前臂	Lower arm { radius / ulna	桡骨 / 尺骨	
腕部	carpal(8) { (capitate) (hamate) (lunate) (pisiform) (scaphoid) (trapezium) (trapezoid) (triquetral) }	腕骨(8) { (头状骨) (钩骨) (月骨) (豌豆骨) (舟骨) (大多角骨) (小多角骨) (三角骨) }	
手	Hand Metacarpal (5)	掌骨(5)	
指	Fingers Phalanges (14)	指骨(14)	
下肢骨(×2)	Lower limb (×2)		62
骨盆	Pelvis { Hip bone(1) (ilium) (ischium) (pubis) }	髋骨(1) { (髂骨) (坐骨) (耻骨) }	

部 位	英文名	中文名	总 数
大腿	Thigh femur	股骨	
膝	Knee patella	髌骨	
小腿	leg { tibia / fibula	{ 胫骨 / 腓骨	
踝部	tarsal(7) { (calcaneus) / (cuboid) / (cuneiform, medial) / (cuneiform, intermediate) / (cuneiform, lateral) / (navicular) / (talus)	跗骨(7) { (跟骨) / (骰骨) / (内侧楔骨) / (中间楔骨) / (外侧楔骨) / (舟状骨) / (距骨)	
足	Foot Metatarsal (5)	跖骨(5)	
趾	Toes Phalanges (14)	趾骨(14)	

Bones 骨骼

英文名	中文名	部位	描述	关节
astragalus. See talus	距骨（参见 talus）			
atlas	寰椎	颈部	第一颈椎，环形，支撑颅骨	与枕骨和枢椎相关节
axis	枢椎	颈部	第二颈椎，有一个相大出鉴	与寰椎及第三颈椎相关节
calcaneus	跟骨	足	不规则方形骨，最大的跗骨	
capitate b.	头状骨	腕	与2、3、4掌骨，头状骨、月骨、舟骨和小多角骨相邻	
carpal b's	腕骨	腕	总称，分别见各腕骨	
clavicle	锁骨	肩	长弯骨，水平位于颈根和胸廓上部	第一肋骨，胸骨，肩胛骨
coccyx	尾骨	背下方	由4块尾椎融合而成	骶骨
concha, inferior nasal	下鼻甲	颅	扁平骨片，一侧连于鼻腔侧壁，另一侧游离	筛骨，泪骨，腭骨，上颌骨
cuboid b.	骰骨	足	锥形，足外侧，跟骨前方	跟骨，外侧楔骨，4、5跖骨
cuneiform b., intermediate	中间楔骨	足	最小，位于内、外侧楔骨之间	舟状骨，内、外侧楔骨，第2跖骨
cuneiform b., lateral	外侧楔骨	足	位于足外侧，中等大小	骰骨，舟状骨，中间楔骨，2、3、4跖骨
cuneiform b., medial	内侧楔骨	足	最大，位于足内侧	舟状骨，中间楔骨，1、2跖骨

英文名	中文名	部位	描述	关节
epistropheus. See axis	枢椎(参见 axis)			
ethmoid b.	筛骨	颅	单一,蝶骨前方,额骨下方,构成鼻中隔和上,中鼻甲	蝶骨,额骨,犁骨,泪骨,鼻骨,腭骨,上颌骨,下鼻甲
fabella	腓肠豆	膝	胫骨前肌外侧头的籽骨	股骨
femur	股骨	大腿	粗大长骨,人体最重的	髋骨,髌骨,胫骨
fibula	腓骨	小腿	小腿外侧细长骨	胫骨(两端),距骨
frontal b.	额骨	颅	颅前部单一骨	筛骨,蝶骨,顶骨,鼻骨,泪骨,颧骨,上颌骨
hamate b.	钩骨	腕	腕骨远侧列最内侧	4,5掌骨,月骨,头骨,三角骨
hip b.	髋骨	骨盆	由三块骨在髋臼处融合而成;翼状,位于最上方·最上方为髂骨,后下方/坐骨,前下方为耻骨,分为体上支和下支	股骨,骶骨和耻骨联合
humerus	肱骨	臂部	上臂长骨	肩胛骨,尺,桡骨
hyoid b.	舌骨		下颌骨与喉之间,舌下方的U形骨	借韧带与所有骨和喉相连接
ilium	髂骨	骨盆	见髋骨	
incus	砧骨	耳	中耳听骨链的中间	锤骨,镫骨
innominate b. See hip b.	无名骨	见髋骨		
ischium	坐骨	骨盆	见髋骨	
lacrimal b.	泪骨	颅	位眶内壁前缘处的不规则骨	筛骨,额骨,下鼻甲,上颌骨

英文名	中文名	部位	描述	关节
lunate b.	月骨	腕	腕骨近侧列桡侧第2	桡骨,头状骨,钩骨,舟骨,三角骨
malleus	锤骨	耳	中耳听骨链最外侧	砧骨,鼓膜
mandible	下颌骨	下颌	马蹄形,容纳下颌牙齿	颞骨
maxilla	上颌骨	颌	成对,位于眶下,鼻腔两侧	筛骨,额骨,犁骨,下鼻甲,泪骨,鼻骨,腭骨,颧骨
maxilla, inferior. See mandible	下颌骨(参见mandible)			
maxilla, superior. See maxilla	上颌骨(参见maxilla)			
metacarpal b's	掌骨	手	5个小型长骨,微凹向掌面	第1掌骨——大多角骨,拇指近侧指骨;第2掌骨——小多角骨,头状骨,第3掌骨,示指近侧指骨;第3掌骨——第2和第4掌骨,头状骨,中指近端指骨;第4掌骨——第3和5掌骨,钩骨,第4指近侧指骨;第5掌骨——第4掌骨,钩骨,小指近侧指骨
metatarsal b's	跖骨	足	足底小型长骨(5块),微凸向背面	第1跖骨——内侧楔骨,踇趾近端趾骨;第2跖骨——3块楔骨,2跖骨端趾骨;第3跖骨——外侧楔骨,第2和4跖骨,第3近侧趾骨;第4跖骨——外侧楔骨,第3和4跖骨,第4近侧趾骨;第5跖骨——骰骨,第4跖骨,第5近侧趾骨

英文名	中文名	部位	描述	关节
multiangulum majus. *See* trapezium; trapezoid b.	大多角骨(参见 trapezium 和 trapezoid)			
nasal b.	鼻骨	颅	成对,双侧在中线连接形成鼻梁	额骨,筛骨,上颌骨
navicular b.	舟状骨	足	位于距骨内侧,距骨与楔骨之间	距骨,3块楔骨
occipital b.	枕骨	颅	单一,构成颅后部和部分颅底	蝶骨,寰椎,颞骨,顶骨
os magnum. *See* capitate b.	头状骨(参见 capitate b.)			
palatine b.	腭骨	颅	成对,构成硬腭后部	筛骨,犁骨,蝶骨,下鼻甲,上颌骨
parietal b.	顶骨	颅	成对,额骨与枕骨之间	额骨,枕骨,蝶骨,颞骨
patella	髌骨	膝	膝前不规则矩形籽骨	股骨
phalanges (proximal, middle, and distal phalanges)	指骨	指、趾	小型长骨,拇(踇)指2节,其余3节	近侧指(趾)骨与掌(跖)骨相连、中节与近侧和远侧指骨相连
pisiform b.	豌豆骨	腕	腕骨近侧列尺侧	三角骨
public b.	耻骨	骨盆,见髋骨		
radius	桡骨	前臂	前臂外侧	肱、尺骨,舟骨,月骨
ribs	肋骨	胸部	12对细长弯骨	胸椎骨,胸骨(上7对,真肋)下2对又称浮肋

英文名	中文名	部 位	描 述	关 节
sacrum	骶骨	背下方	5块骶椎融合而成构成骨盆后壁	第5腰椎,尾骨,髂骨
scaphoid	舟骨	腕	腕骨近侧列最外侧	桡骨,大、小多角骨,头骨,月骨
scapula	肩胛骨	肩	三角形,平第2~7肋骨	锁骨,肱骨
sesamoid b's	籽骨	手,足	小,圆骨位于关节周围	
sphenoid b.	蝶骨	颅底	单一,不规则骨,参与构成颅底和侧壁	额骨,枕骨,筛骨,犁骨,顶骨,颧骨,腭骨,颞骨
stapes	镫骨	耳	中耳听骨链最内侧	砧骨,与前庭窗相连
sternum	胸骨	胸部	长扁骨,分为三部分:胸骨柄、胸骨体和剑突	锁骨,上7对肋骨
talus	距骨	踝	第2大跗骨	胫骨,腓骨,跟骨,舟骨
tarsal b's	跗骨	踝,足	分别见各个跗骨	
temporal b.	颞骨	颅	不规则骨,形成颅底和侧壁,内含中耳和内耳	
tibia	胫骨	小腿	下肢内侧长骨	股骨,腓骨,距骨
trapezium	大多角骨	腕	腕骨远侧列最外侧	第1,2掌骨,小多角骨,舟骨
trapezoid b.	小多角骨	腕	腕骨远侧桡侧第二	第2掌骨,头骨,大多角骨,舟骨
triquetral b.	三角骨	腕	腕骨近列桡侧第三	钩骨,月骨,豌豆骨,关节盘

英文名	中文名	部位	描述	关节
turbinate b., inferior. See concha, inferior nasal	下鼻甲(参见 concha, inferior nasal)			
ulna	尺骨	前臂	前臂内侧长骨	肱骨,桡骨,关节盘
vertebrae {cervical, thoracic [dorsal], lumbar, sacral, and coccygeal}	椎骨(颈,胸,腰,骶,尾椎)	背部	33块,上24块分离,可活动,5块骶椎融合为骶骨,4块尾椎融为尾骨	第1颈椎与枕骨和枢椎,第5腰椎与第4腰椎和骶骨,其余相邻椎骨互相连接,胸椎与肋后端相关节
vomer	犁骨	颅	形成鼻中隔后下部	筛骨,蝶骨,上颌骨,腭骨
zygomatic b.	颧骨	颅	形成眶外缘	额骨,蝶骨,上颌骨,颞骨

Muscles 肌肉

英文名	中文名	起点	止点	神经支配	作用
abductor m. of great toe	跨展肌	跟骨内侧结节,跖筋膜	跨趾近端内侧	足底内侧神经	展屈跨趾
abductor m. of little finger	小指展肌	豌豆骨,尺侧腕屈肌腱	小指近端内侧	尺神经	展小指
abductor m. of little toe	小趾展肌	跟骨内、外结节,跖筋膜	小趾近端外侧	足底外侧神经	展小趾
abductor m. of thumb, long	拇长展肌	尺、桡骨后面	第1掌骨,大多角骨外侧	骨间后神经	展、伸拇指
abductor m. of thumb, short	拇短展肌	舟骨结节,大多角骨,屈肌支持带	拇指近端外侧	正中神经	展拇指
adductor m. great	大收肌	深部:耻骨下支,坐骨支;浅部:坐骨结节	深部:股骨粗浅;浅部:收肌结节	深部:闭孔神经浅部:坐骨神经	深部:收大腿浅部:伸大腿
adductor m. of great toe	跨收肌	斜头:足底长韧带;横头:足底韧带	跨趾近端外侧	足底外侧神经	屈、收跨趾
adductor m. , long	长收肌	耻骨体	股骨粗线	闭孔神经	屈、收、旋大腿
adductor m. , short	短收肌	耻骨体、下支	股骨粗线上部	闭孔神经	屈、收、旋大腿
adductor m. , smallest	最小收肌	属大收肌前部	坐骨、耻骨体、支	阴部、坐骨神经	收大腿
adductor m. of thumb	拇收肌	斜头:第2掌骨、头骨、小多角骨;横头:第3掌骨前面	拇指近端内侧	尺神经	收拇指,拇指对掌
anconeus m.	肘肌	肱骨外侧髁	尺骨鹰嘴、后面	桡神经	伸前臂
antitragus m.	对耳屏肌	对耳屏外	耳轮尾突,对耳轮	面神经耳支	
arrector m's of hair	立毛肌	皮肤	毛囊	交感神经	竖毛发

英文名	中文名	起 点	止 点	神经支配	作 用
articular m. of elbow	肘关节肌	属三头肌深层纤维,连于肘关节后韧带和滑膜		桡神经	
articular m. of knee	膝关节肌	股骨下端前面	膝关节囊上部	股神经	提膝关节囊
aryepiglottic m.	杓会厌肌	属于从杓状软骨至会厌外缘的杓斜肌纤维			
arytenoid m., oblique	杓斜肌	杓状软骨肌突	对侧杓状软骨尖	喉返神经	关闭喉口
arytenoid m., transverse	杓横肌	杓状软骨内面	对侧杓状软骨内面	喉返神经	拉近杓状软骨
auricular m., anterior	耳前肌	颞浅筋膜	耳软骨	面神经	前拉耳
auricular m., oblique	耳斜肌	耳甲隆凸面	耳甲上方	耳后神经,颞神经	
auricular m., posterior	耳后肌	乳突	耳软骨	面神经	后拉耳
auricular m., superior	耳上肌	帽状腱膜	耳软骨	面神经	提耳
biceps m. of arm	肱二头肌	长头:盂上结节;短头:喙突顶	桡骨粗隆,尺骨,前臂筋膜	肌皮神经	屈前臂,前臂旋后
biceps m. of thigh	股二头肌	长头:坐骨结节;短头,股骨粗线	腓骨头,胫骨外侧髁	长头:胫神经,短头:腓神经、腓总神经	屈小腿并旋外,伸大腿
brachial m.	肱肌	肱骨前面	尺骨喙突	肌皮神经,桡神经	屈前臂
brachioradial m.	肱桡肌	肱骨外上髁嵴	桡骨下端外面	桡神经	屈前臂
bronchoesophageal m.	支气管食管肌	起于左支气管壁的肌纤维,增强食管肌结构			
buccinator m.	颊肌	下颌骨,上颌牙槽突,翼下颌韧带	口轮匝肌	面神经颊支	缩面颊和口角

英文名	中文名	起 点	止 点	神经支配	作 用
bulbocavernous m.	球海绵体肌	会阴中心腱,球缝	阴茎,阴蒂筋膜	阴部神经	缩男性尿道,女性阴道
canine m. See levator m. of angle of mouth	尖牙肌(参见 levator m. of angle of mouth)				
ceratocricoid m.	环甲肌	环状软骨至甲状软骨下角的肌纤维			
chin m.	颏肌	下颌切牙窝	颏部皮肤	面神经	颏部皱纹
chondroglossus m.	舌软骨肌	舌骨体,小角	舌质	舌下神经	下压,缩舌
ciliary m.	睫状肌	纵行纤维:巩膜角膜缘 环行纤维:睫状体括约肌	脉络膜和睫状突	睫状短神经	
coccygeus m.	尾骨肌	坐骨嵴	骶骨下外缘	第Ⅲ、Ⅳ骶神经	提尾骨
constrictor m. of pharynx, inferior	咽下缩肌	环状软骨下面,甲状软骨	咽后壁中缝	舌咽神经,咽丛,喉上神经,喉返神经	收缩咽肌
constrictor m. of pharynx, middle	咽中缩肌	舌骨角,茎突舌骨韧带	咽后壁中缝	迷走神经咽丛,舌下神经	收缩咽
constrictor m. of pharynx, superior	咽上缩肌	翼板,翼下颌缝,下颌骨舌肌线,口底粘膜	咽后壁中缝	迷走神经咽丛	收缩咽
coracobrachial m.	喙肱肌	肩胛骨喙突	肱骨干内面	肌皮神经	屈,收上臂
corrugator m., superciliary	皱眉肌	眉弓内端	眉毛处皮肤	面神经	皱眉
cremaster m.	睾提肌	腹内斜肌下缘	耻骨结节	生殖股神经	提睾丸

英文名	中文名	起 点	止 点	神经支配	作 用
cricoarytenoid m., lateral	环杓侧肌	环状软骨侧面	杓状软骨肌突	喉返神经	缩小声门
cricoarytenoid m., posterior	环杓后肌	环状软骨板后面	杓状软骨肌突	喉返神经	开大声门
cricothyroid m.	环甲肌	环状软骨前、侧面	甲状软骨板和下角	喉上神经外支	紧张声带
deltoid m.	三角肌	锁骨，肩峰，肩胛骨	肱骨三角肌粗隆	腋神经	展、屈、伸上臂
depressor m. of angle of mouth	口角降肌	下颌骨侧缘	口角	面神经	降口角
depressor m. of lower lip	下唇降肌	下颌下缘前面	口轮匝肌、下唇皮肤	面神经	下拉下唇
depressor m. of septum of nose	鼻中隔降肌	上颌切牙窝	鼻翼，鼻中隔	面神经	缩鼻孔，下拉鼻翼
depressor m., superciliary	降眉肌	眼轮匝肌中的部分肌纤维，作用为降眉毛			
detrusor m. of bladder	逼尿肌	膀胱壁纵行和环行肌束，收缩时助排尿			
detrusor urinae. See detrusor m. of bladder	逼尿肌(参见 detrusor m. of bladder				
diaphragm	膈	剑突后方，下位6对肋软骨和4对肋骨，内、外弓状韧带，上位腰椎体	膈中心腱	膈神经	吸气时增加胸容量

英文名	中文名	起 点	止 点	神经支配	作 用
digastric m.	二腹肌	前腹：下颌二腹肌窝 后腹：颞骨乳突切迹	舌骨中间腱	前腹：下牙槽神经，下颌舌骨肌支；后腹：面神经二腹肌支	上拉舌骨，下拉下颌
dilator m. of pupil	瞳孔开大肌	瞳孔括约肌至睫状缘的辐射纤维		交感神经	扩瞳
epicranial m.	头皮肌	头皮肌层，包括枕额肌、颞顶肌和帽状腱膜			
erector m. of spine	竖脊肌	起自骶骨，腰椎，第11、12胸椎和髂嵴，肌纤维构成髂肋肌，最长肌和棘肌，组成背部深层肌			
extensor m. of fingers	指伸肌	肱骨外上髁	内侧四指背面	骨间后神经	伸腕，伸指
extensor m. of great toe, long	跨长伸肌	腓骨，骨间膜	远节跨趾背骨	腓深神经	伸跨趾，背屈踝关节
extensor m. of great toe, short	跨短伸肌	参与跨趾后伸作用的短肌纤维			
extensor m. of index finger	示指伸肌	尺骨后面，骨间膜	示指背面	骨间后神经	伸示指
extensor m. of little finger	小指伸肌	肱骨外上髁	小指背侧腱膜	桡神经深支	伸小指
extensor m. of thumb, long	拇长伸肌	尺骨后面，骨间膜	拇指远节背面	骨间后神经	拇指内收、后伸
extensor m. of thumb, short	拇短伸肌	桡骨后面	拇指近节背面	骨间后神经	伸拇指
extensor m. of toes, long	趾长伸肌	腓骨前面，胫骨外侧髁、骨间膜	外侧四趾背面	腓深神经	伸趾

英文名	中文名	起 点	止 点	神经支配	作 用
extensor m. of toes, short	趾短伸肌	跟骨上面	第 1～4 趾伸肌腱	腓深神经	伸趾
extensor m. of wrist, radial, long	桡侧腕长伸肌	肱骨外上髁	第 2 掌骨底面	桡神经	伸、外展腕关节
extensor m. of wrist, radial, short	桡侧腕短伸肌	肱骨外上髁	第 2、3 掌骨底面	桡神经	伸、外展腕关节
extensor m. of wrist, ulnar	尺侧腕伸肌	肱骨头：肱骨外上髁；尺骨头：尺骨后缘	第 5 掌骨底	桡神经深支	伸、外展腕关节
fibular m. *See* peroneal m.	腓骨肌（参见 peroneal m.）				
flexor m. of fingers, deep	指深屈肌	尺骨干，冠突，骨间膜	尺侧 4 指远节指骨底	骨间前神经，尺神经	屈指
flexor m. of fingers, superficial	指浅屈肌	肱尺骨头：肱骨内上髁，冠突；桡骨头：桡骨前缘	尺侧 4 指中节两侧	正中神经	屈指
flexor m. of great toe, long	踇长屈肌	腓骨后面	踇趾远节趾骨底	胫神经	屈踇趾
flexor m. of great toe, short	踇短屈肌	骰骨，外侧楔骨下面	踇趾近节趾骨两侧	足底内侧神经	屈踇趾
flexor m. of little finger, short	小指短屈肌	钩骨，腕横韧带	小指近节指骨内侧	尺神经	屈小指

英文名	中文名	起 点	止 点	神经支配	作 用
flexor m. of little toe, short	小趾短屈肌	腓骨长肌鞘	小趾近节趾骨底外面	足底外侧神经	屈小趾
flexor m. of thumb, long	拇长屈肌	桡骨前面,肱骨内上髁,尺骨冠突	拇指远节指骨底	骨间前神经	屈拇指
flexor m. of thumb, short	拇短屈肌	大多角骨,屈肌支持带	拇指近节指骨底外侧	正中神经,尺神经	屈、内收拇指
flexor m. of toes, long	趾长屈肌	胫骨干后面	腓侧4趾远节趾骨	胫神经	屈趾,伸足
flexor m. of toes, short	跨短屈肌	跟骨内侧结节,足底筋膜	腓侧4趾中节趾骨	足底内侧神经	屈趾
flexor m. of wrist, radial	桡侧腕屈肌	肱骨内上髁	第2、3掌骨底	正中神经	屈、外展腕关节
flexor m. of wrist, ulnar	尺侧腕屈肌	肱骨头:肱骨内上髁 尺骨头:尺骨鹰嘴和后缘	豌豆骨,钩骨,第5掌骨底	尺神经	屈、内收腕关节
gastrocnemius m.	腓肠肌	内侧头:腘平面,内侧髁,膝关节囊 外侧头:外侧髁,膝关节囊	跟腱,足底腱膜	胫神经	屈小腿,足跖屈
gemellus m., inferior	下孖肌	坐骨结节	闭孔内肌腱	至股四头肌神经	外旋大腿
gemellus m., superior	上孖肌	坐骨棘	闭孔内肌腱	至闭孔内肌神经	外旋大腿
genioglossus m.	颏舌肌	颏上结节	舌骨,舌底	舌下神经	伸舌,下拉舌

英文名	中文名	起 点	止 点	神经支配	作 用
geniohyoid m.	颏舌骨肌	颏下结节	舌骨体	第1颈神经分支	前拉舌骨
glossopalatine m. See palatoglossus m.	舌腭肌	参见腭舌肌			
gluteus maximus m. (gluteal m., greatest)	臀大肌	髂骨背面,骶骨背面,尾骨,骶结节韧带	髂胫束,臀肌结节	臀下神经	伸、外展、外旋大腿
gluteus medius m. (gluteal m., middle)	臀中肌	髂骨臀肌线前后方	股骨大转子	臀上神经	外展、内旋大腿
gluteus minimus m. (gluteal m., least)	臀小肌	髂骨臀肌线前后方	大转子	臀上神经	外展、内旋大腿
gracilis m.	股薄肌	耻骨体,下支	胫骨干内面	闭孔神经	收大腿,屈膝
m. of helix, greater	大耳轮肌	耳轮棘	耳轮前缘	耳颞神经,耳后神经	紧张耳道皮肤
m. of helix, smaller	小耳轮肌	耳轮前缘	耳甲	颞神经,耳后神经	
hyoglossus m.	舌骨舌肌	舌骨体,大角	舌侧缘	舌下神经	下拉舌,缩舌
iliac m.	髂肌	髂窝,骶骨翼	腰大肌腱,小转子	股神经	屈大腿
iliococcygeus m.	髂尾肌	肛提肌后部纤维,起于闭膜管,止于尾骨和肛尾韧带			
iliocostal m.	髂肋骨	竖脊肌外侧部纤维			

英文名	中文名	起点	止点	神经支配	作用
iliocostal m. of loins	腰髂肋肌	髂嵴	第6,7肋角	胸神经,腰神经	腰后伸
iliocostal m. of neck	颈髂肋肌	第3～6肋角	第4～6颈椎横突	颈神经	颈后伸
iliocostal m. of thorax	胸髂肋肌	下6肋角上缘	上位肋角,第7颈椎横突	胸神经	保持胸椎直
iliopsoas m.	髂腰肌	髂肌和腰大肌的合称			
incisive m's of inferior lip	下唇切牙肌	下颌切牙窝	口角	面神经	使口腔前庭变浅
incisive m's of superior lip	上唇切牙肌	上颌切牙窝	口角	面神经	使口腔前庭变浅
m. of incisure of helix	耳轮切迹肌	从耳屏肌至耳道软骨耵迹的肌纤维			
infraspinous m.	冈下肌	肩胛骨冈下窝	肱骨大结节	肩胛上神经	外旋上臂
intercostal m's	肋间肌	经肋间神经和血管与肋间内肌相隔			
intercostal m's, external	肋间外肌	肋下缘	下位肋上缘	肋间神经	提肋吸气
intercostal m's internal	肋间内肌	肋下缘,肋软骨	下位肋上缘和肋软骨	肋间神经	助呼气
interosseous m's of foot, dorsal	足骨间背侧肌	相邻跖骨侧面	第2～4趾近节趾骨底	足底外侧神经	屈,外展足趾

英文名	中文名	起 点	止 点	神经支配	作 用
interosseous m's of hand, dorsal	手骨间背侧肌	各掌骨相对缘	第2~4指伸肌腱	尺神经	屈、展指近节指骨,伸中节指骨
interosseous m's, palmar	骨间掌侧肌	第1,2,4,5掌骨侧面	第1,2,4,5指伸肌腱	尺神经	收、屈指近节指骨,伸中节指骨
interosseous m's, plantar	骨间足底肌	第3~5跖骨内侧	第1,4,5近节趾骨底内侧	足底外侧神经	屈、外展足趾
interspinal m's	棘突间肌	相邻椎骨棘突间短肌		脊神经	伸脊柱
interspinal m's of loins	腰部棘突间肌	相邻腰椎棘突间		脊神经	伸脊柱
interspinal m's of head	头颈棘突间肌	相邻颈椎棘突间		脊神经	伸脊柱
interspinal m's of thorax	胸棘突间肌	相邻胸椎棘突间		脊神经	伸脊柱
intertransverse m's	横突间肌	相邻椎骨横突间短肌		脊神经	脊柱侧弯
ischiocavernous m.	坐骨海绵体肌	坐骨支	阴茎或阴蒂脚	阴部神经会阴支	阴茎、阴蒂勃起
latissimus dorsi m.	背阔肌	腰椎、下部胸椎棘突,腰背筋膜,髂嵴、下位肋,肩胛下角	肱骨结节间沟	胸背神经	内收、内旋、后伸肱骨
levator m. of angle of mouth	口角提肌	上颌骨尖牙窝	口轮匝肌,口角皮肤	面神经	上提口角

英文名	中文名	起 点	止 点	神经支配	作 用
levator ani m.	肛提肌	盆膈诸肌之合称,耻骨体向后至尾骨,包括耻骨尾骨肌(男性:前列腺提肌,女性:耻骨阴道肌),耻骨直肠肌,髂尾骨肌		Ⅲ、Ⅳ 骶神经	支持盆腔脏器,对抗腹压
levator m. of palatine velum	腭帆张肌	颞骨岩部,耳道软骨	软腭腱膜	咽丛	提、拉软腭
levator m. of prostate	前列腺提肌	耻骨尾骨肌前部纤维,止于前列腺		骶神经,阴部神经	支撑、收缩前列腺,助排尿
levator m's of ribs	提肋肌	第7颈椎横突、前11胸椎横突	肋角内侧下方	肋间神经	提肋,助呼吸
levator m. of scapula	肩胛提肌	1～4颈椎横突	肩胛骨内缘	Ⅲ,Ⅳ颈神经	上提肩胛骨
levator m. of thyroid gland	甲状腺提肌	甲状腺峡或锥状叶	舌骨体	喉上神经外支	
levator m. of upper eyelid	提上睑肌	蝶骨	皮肤,睑板	动眼神经	提上睑
levator m. of upper lip	上唇提肌	眶下缘	上唇褶肌	面神经	提上唇
levator m. of upper lip and ala of nose	提上唇和鼻翼肌	上颌骨额突	皮肤,鼻软骨,上唇	面神经眶下支	提上唇,扩鼻孔
long m. of head	头长肌	第3～6颈椎横突	枕骨基底部	颈神经	头前屈
long m. of neck	颈长肌	上斜部:第1～5颈椎横突;下斜部:第1～3胸椎体;垂直部:上3和下3颈椎体	上斜部:寰椎前弓结节;下斜部:5、6颈椎横突;垂直部:2～4颈椎体	颈前神经	颈椎前屈

英文名	中文名	起 点	止 点	神经支配	作 用
longissimus m. of head	头最长肌	上 4,5 胸椎横突,下 3,4 颈椎关节突	颞骨乳突	颈神经	头后昂,转头
longissimus m. of neck	颈最长肌	上 4,5 胸椎横突	2～6 颈椎横突	下部颈神经,上部胸神经	颈椎后伸
loingissimus m. of thorax	胸最长肌	腰椎横突,关节突,胸腰筋膜	胸椎横突,9 以下肋骨	腰神经,胸神经	胸椎后伸
longitudinal m. of tongue, inferior	舌下纵肌	舌底下面	舌尖	舌下神经	助咀嚼,吞咽
longitudinal m. of tongue, superior	舌上纵肌	舌中隔,粘膜下层	舌周缘	舌下神经	助咀嚼,吞咽
lumbrical m's of foot	足蚓状肌	趾长屈肌腱	外 4 趾近节趾骨底内侧	足底内、外侧神经	屈防趾关节,伸远节趾骨
lumbrical m's of hand	手蚓状肌	指深屈肌腱	外 4 指伸肌腱	正中神经 尺神经	屈掌指关节,伸中、远节指骨
masseter m.	咬肌	浅部:上颌骨颧突,颧弓下内缘 深部:颧弓下内缘	浅部:下颌角,下颌支 深部:下颌支,冠突	三叉神经下颌支	提下颌骨,闭口
multifidus m's	多裂肌	骶骨,骶髂韧带,腰椎乳突,胸椎横突,颈椎关节突	椎骨棘突	脊神经	脊椎后伸,旋转

英文名	中文名	起点	止点	神经支配	作用
mylohyoid m.	下颌舌骨肌	下颌骨下颌舌骨肌线	舌骨体,正中缝	下牙槽神经下颌舌骨肌支	上提舌骨,支持口腔底
nasal m.	鼻肌	上颌骨	翼部:鼻翼;横部:对侧同名腱膜	面神经	翼部:扩张鼻孔横部:下拉鼻软骨
oblique m. of abdomen, external	腹外斜肌	下8对肋软骨	髂嵴,白线	下位胸神经	屈,旋脊柱,收缩腹壁
oblique m. of abdomen, internal	腹内斜肌	胸腰筋膜,髂嵴,腹股沟韧带	下3对肋软骨,白线,联合腱至耻骨	下位胸神经	屈,旋脊柱,收缩腹壁
oblique m. of eyeball, inferior	眼球下斜肌	上颌骨眶面	巩膜	动眼神经	眼球向外,上
oblique m. of eyeball, superior	眼球上斜肌	蝶骨小翼	巩膜	滑车神经	眼球向外,下
oblique m. of head, inferior	头下斜肌	枢椎棘突	寰椎横突	脊神经	旋转寰椎,转头
oblique m. of head, superior	头上斜肌	寰椎横突	枕骨	脊神经	头后昂,侧屈
obturator m., external	闭孔外肌	耻骨,坐骨,闭孔膜外面	股骨转子窝	闭孔神经	外旋大腿
obturator m., internal	闭孔内肌	髋骨盆面,闭孔膜,闭膜缘	股骨大转子	第5腰神经,第1,2骶神经	外旋大腿

英文名	中文名	起 点	止 点	神经支配	作 用
occipitofrontal m.	枕额肌	额腹:帽状腱膜 枕腹:枕骨上项线	额腹:眉部皮肤,鼻顶 枕腹:帽状腱膜	额腹:面神经额支 枕腹:面神经耳后支	额腹:提眉 枕腹:后拉头皮
omohyoid m.	肩胛舌骨肌	肩胛骨上缘	舌骨体	上部颈神经	下拉舌骨
opposing m. of little finger	小指对掌肌	钩骨	第5掌骨前面	第Ⅷ颈神经	展指,屈,旋第5掌骨
opposing m. of thumb	拇指对掌肌	大多角骨,屈肌支持带	第1掌骨外侧	正中神经	屈拇指,拇指对掌
orbicular m. of eye	眼环肌	眶部:眶内缘,上颌骨额突,睑部 睑部内侧韧带;泪腺部:泪腺嵴后方	眶部:起点附近;睑部:颧骨睑结节;泪腺部:泪缝外侧	面神经	闭眼,皱额,缩泪囊
orbicular m. of mouth	口环肌	口周括约肌,由两部分组成;唇部:与上下唇相连系的肌纤维;边缘部:与周围肌肉相连		面神经	关闭,前伸口唇
orbital m.	眶肌	眶下组织	眶下筋膜	交感神经	凸眼
palatoglossus m.	腭舌肌	软腭下面	舌侧缘	咽丛	提舌,关闭咽峡
palatopharyngeal m.	腭咽肌	硬腭后缘,腭骨,腱膜	甲状软骨后缘,咽、食管两侧	咽丛	缩咽,助吞咽

英文名	中文名	起 点	止 点	神经支配	作 用
palmar m., long	掌长肌	肱骨内上髁	屈肌支持带,掌腱膜	正中神经	紧张掌腱膜
plamar m., short	掌短肌	掌腱膜	手内缘皮肤	尺神经	助握拳
papillary m.'s	乳头肌	心室壁圆锥形肌,借腱索连于室瓣尖			防止瓣膜反转
pectinate m.'s	梳状肌	右心耳界嵴的小肌束			
pectineal m.	耻骨肌	耻骨肌线(耻骨)	股骨耻骨肌线	股神经,闭孔神经	屈、收大腿
pectoral m., greater	胸大肌	锁骨、胸骨、上位肋软骨、腹外斜肌腱膜	肱骨大结节嵴	胸外、内侧神经	屈、收、内旋上臂
pectoral m., smaller	胸小肌	2～5 肋	肩胛骨喙突	胸内、外侧神经	拉肩胛骨向前下,提3～5肋,助吸气
peroneal m., long	腓骨长肌	胫骨外侧髁,腓骨头,腓骨外面	内侧楔骨、第 1 跖骨	腓浅神经	足跖屈,外翻,屈膝
perneal m., short	腓骨短肌	腓骨外面	第 5 跖骨结节	腓浅神经	足外翻,外展,跖屈
peroneal m., third	第 3 腓骨肌	腓骨前面,骨间膜	第 5 跖骨底,筋膜	腓深神经	足外翻,背屈
piriform m.	梨状肌	骶骨,2～4 骶椎	股骨大转子	第I,II骶神经	外旋大腿

英文名	中文名	起 点	止 点	神经支配	作 用
plantar m.	跖肌	股骨腘平面	跟腱或跟骨后方	胫神经	足跖屈,屈小腿
platysma	颈阔肌	颈部筋膜至下颌骨和口周皮肤的阔肌		面神经颈支	皱颈部皮肤,下拉下颌
pleuroesophageal m.	胸膜食管肌	食管至左纵隔胸膜的平滑肌			
popliteal m.	腘肌	股骨外侧髁,外侧半月板	胫骨后面	胫神经	屈小腿,小腿内旋
procerus m.	眉间降肌	鼻骨上筋膜	额部皮肤	面神经	拉眉内角向下
pronator m., quadrate	旋前方肌	尺骨干前面	桡骨干前面	骨间前神经	前臂旋前
pronator m., round	旋前圆肌	肱骨头——肱骨内上髁,尺骨头——尺骨冠突	桡骨干外侧	正中神经	前臂旋前,屈前臂
psoas m., greater	腰大肌	腰椎	股骨小转子	第Ⅱ、Ⅲ腰神经	屈大腿
psoas m., smaller	腰小肌	第12胸椎,第1腰椎	髂骨弓状线	第Ⅰ腰神经	辅助腰大肌作用
pterygoid m., lateral (external)	翼外肌	上头:蝶骨大翼颞下面,颞下嵴 下头:翼外板外面	下颌颈,下颌关节囊	下颌神经	前伸下颌骨,侧移
pterygoid m., medial (internal)	翼内肌	翼外板内面,上颌结节	下颌支,下颌角内面	下颌神经	闭口

英文名	中文名	起 点	止 点	神经支配	作 用
pubococcygeus m.	耻骨尾骨肌	属肛提肌前部,起于闭膜管前方	止于肛尾韧带和尾骨	第Ⅲ、Ⅳ骶神经	支持盆腔器官,对抗腹压
puboprostatic m.	耻骨前列腺肌	指位于前列腺与耻骨同的耻骨前列腺韧带内的平滑肌纤维			
puborectal m.	耻骨直肠肌	属肛提肌前部纤维,起于耻骨外缘,正于对侧同名肌		第Ⅲ、Ⅳ骶神经	支持盆腔器官,对抗腹压
pubovaginal m.	耻骨阴道肌	耻骨尾骨肌前部纤维,止于尿道和阴道		骶神经,阴部神经	助排尿
pubovesical m.	耻骨膀胱肌	膀胱颈至耻骨的平滑肌			
pyloric sphincter m.	幽门括约肌	胃环形平滑肌在幽门处增厚形成			
pyramidial m.	锥状肌	耻骨体	腹白线	Ⅻ胸神经	紧张腹壁
pyramidial m. of auricle	耳屏状肌	属耳屏肌长纤维至耳轮嵴			
quadrate m. of loins	腰方肌	髂嵴,胸腰筋膜	12肋,腰椎横突	第Ⅰ、Ⅱ腰神经,Ⅻ胸神经	脊柱侧屈
quadrate m. of lower lip. *See* depressor m. of lower lip	下唇方肌(参见 depressor m. of lower lip)				
quadrate m. of sole	跖方肌	跟骨,足底筋膜	趾长屈肌腱	足底外侧神经	助屈趾

英文名	中文名	起 点	止 点	神经支配	作 用
quadrate m. of thigh	股方肌	坐骨结节	股骨转子间嵴	第Ⅳ、Ⅴ腰神经，第Ⅰ骶神经	内收、外旋大腿
quadrate m. of upper lip. See levator m. of upper lip	上唇方肌（参见 levator m. of upper lip)				
quadriceps m. of thigh	股四头肌	股直肌，股内侧肌，股外侧肌和股中间肌的总称，通过一个包绕髌骨的总腱止于胫骨粗隆		股神经	伸小腿
rectococcygeus m.	直肠尾骨肌	起于第2、3尾椎前，止于直肠后面的平滑肌纤维		自主神经	收缩和上提直肠
recto-urethral m.	直肠尿道肌	在男性，由直肠会阴曲延伸至尿道膜部的平滑肌纤维束			
recto-uterine m.	直肠子宫肌	位于女性直肠子宫皱襞内，连于子宫颈和直肠之间的肌纤维带			
rectovesical m.	直肠膀胱肌	在男性，连于直肠纵行肌和膀胱外层肌之间的肌纤维带			
rectus m. of abdomen	腹直肌	耻骨嵴和耻骨联合	胸骨剑突和第5、6、7肋软骨	下位胸神经	使脊柱前屈，支持腹部
rectus m. of eyeball, inferior	眼下直肌	总腱环	巩膜下部	动眼神经	使眼球内收（旋）和向下旋转
rectus m. of eyeball, lateral	眼外直肌	总腱环	巩膜外侧部	外展神经	使眼球外展（旋）

英文名	中文名	起 点	止 点	神经支配	作 用
rectus m. of eyeball, medial	眼内直肌	总腱环	巩膜内侧部	动眼神经	使眼球内收(旋)
rectus m. of eyeball, superior	眼上直肌	总腱环	巩膜上部	动眼神经	使眼球内收(旋)和向内上旋转
rectus m. of head, anterior	头前直肌	环椎侧块	枕骨基底部	第1,2颈神经	使头前屈,支持头部
rectus m. of head, lateral	头外侧直肌	环椎横突	枕骨颈静脉突	第1,2颈神经	使头前屈,支持头部
rectus m. of head, posterior, greater	头后大直肌	环椎棘突	枕骨	枕下神经,枕大神经	使头后伸(后仰)
rectus m. of head, posterior, smaller	头后小直肌	环椎后结节	枕骨	枕下神经,枕大神经	使头后伸(后仰)
rectus m. of thigh	股直肌	髂前下棘和髋臼白缘	髌骨底,胫骨粗隆	股神经	伸小腿,屈大腿
rhomboid m., greater	大菱形肌	第2~5胸椎棘突	肩胛骨脊椎缘(肩胛骨)	肩胛背神经	回收和固定肩胛骨
rhomboid m., smaller	小菱形肌	第7颈椎和第1胸椎棘突,项韧带下部	肩胛骨脊柱缘的肩胛冈根部	肩胛背神经	回收和固定肩胛骨
risorius m.	笑肌	咬肌筋膜	口角皮肤	面神经颊支	拉口角向外

英文名	中文名	起 点	止 点	神经支配	作 用
rotator m's	回旋肌	位于椎骨棘突和横突之间沟内的一系列小肌肉的总称		脊神经	使脊柱后伸和向对侧旋转
sacrococcygeal m., dorsal (posterior)	骶尾后肌	从骶骨的背面到尾骨的一条索状肌肉			
sacrococcygeal m., ventral (anterior)	骶尾前肌	从下位骶椎前面到尾骨的一肌性腱膜			
sacrospinal m. See erector m. of spine	骶棘肌（参见 erector m. of spine）				
salpingopharyngeal m.	咽鼓管咽肌	咽鼓管软骨	腭咽肌后部	咽丛	使咽上提
sartorius m.	缝匠肌	髂前上棘	胫骨前内侧面上部	股神经	屈大、小腿
scalene m. anterior	前斜角肌	第3~6颈椎横突	第1肋斜角肌结节	第2~7颈神经	上提第1肋，使颈椎侧屈
scalene m., middle	中斜角肌	第1~7颈椎棘突	第1肋上面	第2~7颈神经	上提第1肋，使颈椎侧屈
scalene m. of pleura. See scalene m., smallest	胸膜斜角肌（参见 scalene m. smallest）				

英文名	中文名	起 点	止 点	神经支配	作 用
scalene m., posterior	后斜角肌	第4~6颈椎横突	第2肋	第2~7颈神经	上提第1、2肋,使颈椎侧屈
scalene m., smallest	小斜角肌	在前、中斜角肌之间偶见的一块肌肉			
semimembranous m.	半膜肌	坐骨结节	股骨内侧髁、胫骨内侧髁及前缘	坐骨神经	屈小腿,伸大腿
semispinal m. of head	头半棘肌	下位颈椎和上位胸椎的横突	枕骨	枕下神经、枕大神经、颈神经的分支	使头后伸(后仰)
semispinal m. of neck	颈半棘肌	上位胸椎横突	第2~5(或2~4)颈椎和上位胸椎棘突	颈神经分支	使脊柱后伸和旋转
semispinal m. of thorax	胸半棘肌	下位胸椎横突	下位颈椎和上位胸椎棘突	脊神经	使脊柱后伸和旋转
semitendinous m.	半腱肌	坐骨结节	胫骨内侧面上部	坐骨神经	伸大腿,屈小腿,使小腿内旋
serratus m., anterior	前锯肌	上八个肋骨	肩胛骨脊柱缘	胸长神经	拉肩胛骨向前;上臂外展时,使肩胛骨旋转以提肩

英文名	中文名	起 点	止 点	神经支配	作 用
serratus m., posterior, inferior	下后锯肌	下位胸椎和上位腰椎棘突	下4肋	第9～12(或11)胸神经	呼气时使肋骨下降
serratus m., posterior, superior	上后锯肌	项韧带,上位胸椎棘突	第2～5肋	上四对胸神经	吸气时上提肋骨
soleus m.	比目鱼肌	胫、腓骨及其腱弓	以Achilles腱(跟腱)止于跟骨	胫神经	使足跖屈
sphincter m. of anus, external	肛门外括约肌	尾骨尖,肛尾韧带	会阴中心腱	直肠下神经,第4骶神经的会阴支	关闭肛门
sphincter m. of anus, internal	肛门内括约肌	直肠末端环形肌层增厚形成的结构			
sphincter m. of bile duct	胆总管括约肌	在十二指肠壁内,包绕胆总管的环形肌纤维鞘			
sphincter m. of hepatopancreatic ampulla	肝胰壶腹括约肌	包绕肝胰壶腹的环形肌层			
sphincter m. of pupil	瞳孔括约肌	虹膜内的环形肌纤维层		睫状神经的副交感神经	缩小瞳孔
sphincter m. of pylorus	幽门括约肌	环绕在胃幽门口处的一层增厚的环形肌			
sphincter m. of urethra	尿道括约肌	耻骨下支	尿道下方和前方的中缝	会阴神经	收缩尿道膜部

英文名	中文名	起 点	止 点	神经支配	作 用
sphincter m. of urinary bladder	膀胱括约肌	围绕在尿道内口的环形肌纤维层		膀胱神经	关闭尿道内口
spinal m. of head	头棘肌	上位胸椎和下位颈椎棘突	枕骨	脊神经	使头后伸（后仰）
spinal m. of neck	颈棘肌	第7颈椎棘突，项韧带	枢椎棘突	颈神经分支	使脊柱后伸
spinal m. of thorax	胸棘肌	上腰椎和下位胸椎棘突	上位胸椎棘突	脊神经分支	使脊柱后伸
splenius m. of head	头夹肌	项韧带的下半部，第7颈椎和上位胸椎棘突	颞骨乳突部，枕骨	颈神经	使头后伸和旋转
splenius m. of neck	颈夹肌	上位胸椎棘突	上位颈椎横突	颈神经	使头、颈后伸、颈旋转
stapedius m.	镫骨肌	鼓室的锥隆起内	镫骨颈	面神经	减弱镫骨的运动
sternal m.	胸骨肌	位于胸大肌的胸肋起点表面，与胸骨平行，为一偶见的肌肉			
sternocleidomastoid m.	胸锁乳突肌	胸骨头起于胸骨柄，锁骨头起于锁骨内三分之一	乳突，枕骨上项线	副神经，颈丛神经	使脊柱向同侧屈，头转向对侧
sternocostal m. See transverse m. of thorax	胸肋肌（参见 transverse m. of thorax)				

英文名	中文名	起 点	止 点	神经支配	作 用
sternohyoid m.	胸骨舌骨肌	胸骨柄和或锁骨	舌骨体	颈袢	拉舌骨和喉下降
sternothyroid m.	胸骨甲状肌	胸骨柄	甲状软骨板	颈袢	拉甲状软骨向下
styloglossus m.	茎突舌肌	茎突	舌缘	舌下神经	使舌上提和回缩
stylohyoid m.	茎突舌骨肌	茎突	舌骨体	面神经	拉舌骨和舌向上,向后
stylopharyngeus m.	茎突咽肌	茎突	甲状软骨,咽侧壁	舌咽神经,咽丛	上提咽,扩张咽腔
subclavius m.	锁骨下肌	第1肋及其肋软骨	锁骨下面	锁骨下神经	拉锁骨外侧端向下
subcostal m's	肋下肌	各肋的下缘	其下位第2,3肋骨的上缘	肋间神经	吸气时上提肋骨
subscapular m.	肩胛下肌	肩胛下窝	肱骨小结节	肩胛下神经	使上臂内旋
supinator m.	旋后肌	肱骨外上髁,肘部韧带	桡骨	桡神经深支	使前臂旋后
supraspinous m.	岗上肌	肩胛骨岗上窝	肱骨大结节	肩胛上神经	使臂外展
suspensory m.	十二指肠悬肌	为一扁平的平滑肌纤维带,起于左右膈脚,干十二指肠空肠交界处和十二指肠的肌层相延续			
tarsal m., inferior	下睑板肌	眼球下直肌	下眼睑板	交感神经	扩大眼裂

英文名	中文名	起 点	止 点	神经支配	作 用
tarsal m., superior	上睑板肌	上睑提肌	上眼睑睑板	交感神经	扩大眼裂
temporal m.	颞肌	颞窝和筋膜	下颌骨冠突	下颌神经	闭口
temporoparietal m.	颞顶肌	耳上方的颅肌筋膜	帽状腱膜	面神经颞支	绷紧头皮
tensor m. of fascia lata	阔筋膜张肌	髂嵴	阔筋膜的髂胫束	臀上神经	使大腿前屈和内旋
tensor m. of palatine velum	腭帆张肌	蝶骨舟状窝和蝶棘	软腭腱膜,咽鼓管壁	下颌神经	张开软腭,开放咽鼓管
tensor m. of tympanum	鼓膜张肌	咽鼓管软骨部	锤骨柄	下颌神经	紧张鼓膜
teres major m.	大圆肌	肩胛下角	肱骨小结节嵴	肩胛下神经	使上臂内收、内旋、后伸
teres minor m.	小圆肌	肩胛骨外侧缘	肱骨大结节	腋神经	使上臂外旋
thyroarytenoid m.	甲杓肌	甲状软骨板内侧面	杓状软骨肌突	喉返神经	松弛和缩短声襞
thyroepiglottic m.	甲状会厌肌	甲状软骨板	会厌	喉返神经	关闭喉口
thyrohyoid m.	甲状舌骨肌	甲状软骨板	舌骨大角	颈袢	使咽上提,改变咽腔形态
tibial m., anterior	胫骨前肌	胫骨外侧髁、胫骨表面和骨间膜	内侧楔骨、第1跖骨底	腓深神经	使足背屈、内翻

英文名	中文名	起 点	止 点	神经支配	作 用
tibial m., posterior	胫骨后肌	胫骨,腓骨,骨间膜	第2～4跖骨底,除距骨外的其它跗骨	胫神经	使足跖屈,内翻
tracheal m.	气管肌	填充于每个气管软骨环背侧缺口处的横行平滑肌纤维		自主神经	缩小气管口径
m. of tragus	耳屏肌	位于耳屏外侧面的一束短而扁平的纵行肌纤维带,由耳颞神经和耳后神经支配			
transverse m. of abdomen	腹横肌	下6位肋软骨,胸腰筋膜,髂嵴	经过腹直肌鞘止于腹白线;以联合腱止于耻骨	下位胸神经	增加腹压(挤压腹腔脏器)
transverse m. of auricle	耳廓横肌	耳廓的颅侧面	耳廓的周围	面神经耳后支	后缩耳轮
transverse m. of chin	颏横肌	降口角肌的浅部纤维,转向内并越至对侧			
transverse m. of nape	项横肌	是一块不常见的小肌肉,从枕隆突到耳后肌;可能出现于斜方肌的浅面或深面			
transverse m. of perineum, deep	会阴深横肌	坐骨支	会阴中心腱	会阴神经	固定会阴中心腱
transverse m. of perineum, superficial	会阴浅横肌	坐骨支	会阴中心腱	会阴神经	固定会阴中心腱

英文名	中文名	起 点	止 点	神经支配	作 用
transverse m. of thorax	胸横肌	胸骨体和剑突的后面	第2~6肋软骨	肋间神经	可能收缩胸腔
transverse m. of tongue	舌横肌	舌中隔	舌的背面和外侧缘	舌下神经	咀嚼和吞咽时,改变舌的形态
transversospinal m.	横突棘肌	半棘肌,多裂肌和回旋肌的总称			
trapezius m.	斜方肌	枕骨、项韧带,第7颈椎和所有胸椎棘突	锁骨,肩峰,肩胛冈	副神经,颈丛	耸肩;当臂外展时旋转肩胛骨以抬肩;拉肩胛骨向后
triangular m. See depressor m. of angle of mouth	三角肌(参见 depressor m. of angle of mouth)				
triceps m. of arm (triceps brachii m.)	肱三头肌	长头起于肩胛骨盂下结节;外侧头起于肱骨后面,桡神经沟下方	尺骨鹰嘴	桡神经	使前臂后伸,臂长头可使肩部内收,后伸
triceps m. of calf (triceps surae m.)	小腿三头肌	腓肠肌和比目鱼肌的总称			
m. of uvula	腭垂肌	腭骨的鼻后棘和软腭腱膜	腭垂	咽丛	上提腭垂
vastus m., intermediate	股中间肌	股骨前外侧面	髌骨,股四头肌总腱	股神经	伸小腿

英文名	中文名	起点	止点	神经支配	作用
vastus m., lateral	股外侧肌	股骨外侧面	髌骨,股四头肌总腱	股神经	伸小腿
vastus m., medial	股内侧肌	股骨内侧面	髌骨,股四头肌总腱	股神经	伸小腿
vertical m. of tongue	舌垂直肌	舌的背侧筋膜	舌的两侧和基底	舌下神经	咀嚼和吞咽时改变舌的形状
vocal m.	声带肌	甲状软骨板夹角	杓状软骨的声带突	喉返神经	声带紧张中,导致局部改变
zygomatic m., greater	颧大肌	颧骨	口角	面神经	拉口角向上,向后
zygomatic m., smaller	颧小肌	颧骨	口轮匝肌,上唇提肌	面神经	拉上唇向上,向外

Nerves 神经

英文名	中文名	起源	分支	分布
abducent n. (6th cranial) [motor]	展神经(第六对脑神经)(躯体运动)	起于脑桥内,第四脑室底紧面的一个核团		眼球外直肌
accessory n. (11th cranial) [parasympathetic, motor]	副神经(第十一对脑神经)(副交感,躯体运动)	起于延髓侧方的脑根和脊髓的脊髓根		内支进入迷走神经,分布及胸腭器官;外支支配胸锁乳突肌和斜方肌
acoustic n. See vestibulocochlear n.	听神经(参见 vestibulocochlear n.)			
alveolar n., inferior [motor, general sensory]	下牙槽神经(躯体运动,一般感觉)	下颌神经	下牙神经,颏神经和下牙龈神经;下颌舌骨肌神经	下颌牙齿,牙根,颏部和下唇皮肤;下颌舌骨肌和二腹肌前腹
alveolar n's, superior	上牙槽神经	上牙槽神经(前、中、后)起于眶下神经和上颌神经的分支;并形成上牙丛		分布及上颌上的牙齿
ampullary n., anterior	前壶腹神经	第八对脑神经(前庭蜗神经)的前庭神经的分支,分布于壶腹前半规管的壶腹嵴周围。		
ampullary n., inferior. See ampullary n., posterior	下壶腹神经(参见 ampullary n., posterior)			

英文名	中文名	起源	分支	分布
ampullary n., lateral	外壶腹神经	前庭神经的分支,终止于外半规管的壶腹的毛细胞周围。		
ampullary n., posterior	后壶腹神经	第八对脑神经(前庭蜗神经)的前庭神经的分支,终止于后半规管的壶腹的毛细胞周围。		
ampullary n., superior. See ampullary n., anterior	上壶腹神经(参见 ampullary n., anterior)			
anal n's, inferior. See rectal n's, inferior	肛门下神经(参见 rectal n's, inferior)			
anococcygeal n. [general sensory]	肛尾神经(一般感觉)	尾丛		骶尾连接,尾骨及其表面的皮肤
auditory n. See vestibulocochlear n.	听神经(参见 vesfibulocochlear n.)			
auricular n's, anterior [general sensory]	耳前神经(一般感觉)	耳颞神经		外耳前上部的皮肤
auricular n., posterior [motor, general sensory]	耳后神经(躯体运动,一般感觉)	颈丛 $C_{2\sim3}$	前支和后支	腮腺、乳突表面的皮肤,耳的前后面皮肤
auriculotemporal n. [general sensory]	耳颞神经	面神经	枕支	耳后肌和枕额肌,外耳道皮肤

英文名	中文名	起源	分支	分布
auricular n., great [general sensory]	耳大神经(一般感觉)	以两根起于下颌神经	耳前神经,外耳道神经,腮腺支,鼓膜支,面神经交通支,至头皮的颞浅神经的末支	腮腺,颞区头皮,鼓膜及耳前神经和外耳道神经的分布区
axillary n. [motor, general sensory]	腋神经(躯体运动,一般感觉)	臂丛后束 ($C_{5\sim6}$)	臂外侧上皮神经,肌支	三角肌,小圆肌,臂背侧皮肤
buccal n. [general sensory]	颊神经(一般感觉)	下颌神经		颊部皮肤和粘膜,牙龈;还可能至前两个磨牙前磨牙
cardiac n., cervical, inferior [sympathetic (accelerator), visceral afferent (chiefly pain)]	颈下心神经(交感神经加快心跳;内脏传入主要为痛觉)	颈胸神经节		通过心丛到达心脏
cardiac n., cervical, middle [sympathetic (accelerator), visceral afferent (chiefly pain)]	颈中心神经(交感神经加快心跳;内脏传入主要为痛觉)	颈中节		心脏
cardiac n., cervical, superior [sympathetic (accelerator)]	颈上心神经(交感神经加快心跳)	颈上节		心脏
cardiac n., inferior. See cardiac n., cervical inferior	心下神经(参见 cardiac n., cervical inferior)			
cardiac n., middle, See cardiac n., cervical, middle	心中神经(参见 cardiac n., cervical middle)			
cardiac n., superior. See cardiac n., cervical, superior	心上神经(参见 cardiac n., cervical superior)			

英文名	中文名	起源	分支	分布
cardiac n's, thoracic [sympathetic (accelerator), visceral afferent (chiefly pain)]	胸心神经(交感神经可加快心跳;内脏传入主要为痛觉)	交感干上第2~4或第2~5颈交感神经节	与数室神经一起形成数室丛	心脏
caroticotympanic n's [sympathetic]	颈鼓神经(交感神经)	颈内A丛	参与形成鼓室丛	鼓部,腮腺
caroticotympanic n's, inferior and superior [sympathetic]	颈鼓上、下神经(交感神经)	颈内A丛	与数室神经一起形成数室丛	鼓部,腮腺
carotid n's, external [sympathetic]	颈外动脉神经(交感神经)	颈上神经节		通过颈外动脉丛分布于头部血管和腺体
carotid n., internal [sympathetic]	颈内动脉神经(交感神经)	颈上神经节		通过颈内动脉丛分布于头部血管和腺体
cavernous n's of clitoris [parasympathetic, sympathetic, visceral afferent]	阴蒂海绵体神经(交感神经、副交感神经、内脏传入)	子宫阴道丛		阴蒂勃起组织
cavernous n's of penis [sympathetic, parasympathetic, visceral afferent]	阴茎海绵体神经(交感神经、副交感神经、内脏传入)	前列腺丛		阴茎勃起组织
cerebral n's. *See cranial n's*	脑神经(参见 *cranial n's*)			
cervical n's	颈神经	共八对,由脊髓颈段发出,除第一对外,其余均由相应序数椎骨的上方离开脊柱;在每一侧,上四对颈神经前支形成颈丛,下四对颈神经前支和第一胸神经前支形成臂丛		

英文名	中文名	起 源	分 支	分 布
cervical n., transverse [general sensory]	颈横神经(一般感觉)	颈丛 $C_{2\sim3}$	上支、下支	颈部两侧和前面的皮肤
ciliary n's, long [sympathetic, general sensory]	睫状长神经(交感神经,一般感觉)	由眼神经的鼻睫神经发出		瞳孔开大肌,眼色素膜,角膜
ciliary n's, short [parasympathetic, sympathetic, general sensory]	睫状短神经(副交感神经,一般感觉)	睫状神经节		眼的平滑肌和眼球壁
clunial n's, inferior [general sensory]	臀下皮神经(一般感觉)	股后皮神经		臀下部皮肤
clunial n's, middle [general sensory]	臀中皮神经(一般感觉)	在骶骨后面的骶神经丛发出的外侧皮支	由上四对骶神经的后支发出该神经	骶骨的韧带和臀后面的皮肤
clunial n's, superior [general sensory]	臀上皮神经(一般感觉)	上位腰神经后支的外侧		臀上部皮肤
coccygeal n.	尾神经	起于脊髓尾节的一对神经		
cochlear n.	蜗神经	前庭蜗神经中与听觉有关的部分,由螺旋神经节中双极细胞的纤维组成,其感受器位于耳蜗的螺旋器中		
cranial n's	脑神经	与脑相连的12对神经,包括嗅神经(Ⅰ)、视神经(Ⅱ)、动眼神经(Ⅲ)、滑车神经(Ⅳ)、三叉神经(Ⅴ)、外展神经(Ⅵ)、面神经(Ⅶ)、前庭蜗神经(Ⅷ)、舌咽神经(Ⅸ)、迷走神经(Ⅹ)、副神经(Ⅺ)、和舌下神经(Ⅻ)		

英文名	中文名	起源	分支	分布
cubital n. See ulnar n.	尺神经(参见 ulnar n.)			
cutaneous n. of arm, lateral, inferior [general sensory]	臂外侧下皮神经(一般感觉)	桡神经		臂下部外侧面皮肤
cutaneous n. of arm, lateral, superior [general sensory]	臂外侧上皮神经(一般感觉)	腋神经		臂背侧面皮肤
cutaneous n. of arm, medial [general sensory]	臂内侧皮神经(一般感觉)	臂丛内侧束 (T_1)		臂内侧和后面的皮肤
cutaneous n. of arm, posterior [general sensory]	臂后皮神经(一般感觉)	腋窝内起于桡神经		臂背侧面皮肤
cutaneous n. of calf, lateral [general sensory]	腓肠外侧皮神经(一般感觉)	腓总神经		小腿背外侧部皮肤,偶见延续为腓肠神经
cutaneous n. of calf, medial[general sensory]	腓肠内侧皮神经(一般感觉)	胫神经(通常和腓总神经连支交通形成腓肠神经)		可能延续为腓肠神经
cutaneous n., dorsal, intermediate [general sensory]	足背中间皮神经(一般感觉)	腓浅神经	趾背神经	小腿下三分之一外侧面和足背皮肤,踝,第3~4趾,4~5趾相邻缘的皮肤和关节

英文名	中文名	起源	分支	分布
cutaneous n., dorsal, lateral [general sensory]	足背外侧皮神经（一般感觉）	腓肠神经的延续		足外侧缘和第5趾的皮肤和关节
cutaneous n. dorsal, medial [general sensory]	足背内侧皮神经（一般感觉）	腓浅神经		足内侧缘的皮肤和关节；第2~3趾相邻缘的皮肤
cutaneous n. of forearm, lateral [general sensory]	前臂外侧皮神经（一般感觉）	肌皮神经的延续		前臂桡侧面皮肤，有时可至手背皮肤的某个区
cutaneous n. of forearm, medial [general sensory]	前臂内侧皮神经（一般感觉）	臂丛内侧束（C_8–T_1）	前支和尺侧支	臂前面、内面和后内侧面的皮肤
cutaneous n. of forearm, posterior [general sensory]	前臂后皮神经（一般感觉）	桡神经		前臂背侧皮肤
cutaneous n. of neck, anterior. See cutaneous n. of neck, transverse	颈前皮神经（参见 cutaneous n. of neck, transverse）			
cutaneous n. of neck, transverse [general sensory]	颈横皮神经（一般感觉）	颈丛（C_{2-3}）	上支和下支	颈前和两侧的皮肤
cutaneous n. of thigh, lateral [general sensory]	股外侧皮神经（一般感觉）	腰丛（L_{2-3}）		大腿外侧面和前面的皮肤
cutaneous n. of thigh, posterior [general sensory]	股后皮神经（一般感觉）	骶丛（S_{1-3}）	臀下皮神经、会阴支	臀部皮肤，外生殖器，大腿背侧
digital n's, dorsal, radial. See digital n's of radial n., dorsal	桡侧指背神经（参见 digital n's of radial n., dorsal）			

英文名	中文名	起源	分支	分布
digital n's, dorsal, ulnar. See digital n's of ulnar n., dorsal	尺侧指背神经(参见 digital n's of ulnar n., dorsal)			
digital n's of foot, dorsal [general sensory]	趾背神经(一般感觉)	足背中间皮神经		第3~4,4~5趾相邻缘的皮肤和关节
digital n's of lateral plantar n., plantar, common [general sensory]	足底外侧神经的趾足底总神经(一般感觉)	足底外侧神经浅支	内侧神经发出2支趾足底固有神经	外侧的一支到小趾短屈肌和小趾外侧缘的皮肤和关节;内侧支到第4,5趾的相邻缘
digital n's of lateral plantar n., plantar, proper [motor, general sensory]	足底外侧神经的趾足底固有神经(躯体运动,一般感觉)	趾足总神经		小趾短屈肌,足底小趾外侧缘的皮肤和关节;第4,5趾相邻缘的皮肤和关节
digital n's of lateral surface of great toe and medial surface of second toe, dorsal [general sensory]	踇趾外侧面和第二趾内侧面的趾背神经(一般感觉)	腓深神经的内侧终末支		第1,2趾相邻缘的皮肤和关节
digital n's of medial plantar n., plantar, common [motor, general sensory]	足底内侧神经的趾足底总神经(躯体运动,一般感觉)	足底内侧神经	肌支和趾足底固有神经	踇短屈肌和第1蚓状肌,足内侧缘第1~2,2~3,3~4相邻缘的皮肤和相邻的皮肤和关节

英文名	中文名	起源	分支	分布
digital n's of medial plantar n., plantar, proper [general sensory]	足底内侧神经的趾足底固有神经（一般感觉）	趾足底总神经		第1趾，第1~2、2~3、3~4趾相邻缘的皮肤和关节，这些神经背侧支还可延伸到足背以支配趾尖和甲床
digital n's of median n., palmar, common [motor, general sensory]	正中神经的指掌侧总神经（躯体运动、一般感觉）	正中神经的外侧和内侧支	指掌侧固有神经	大拇指、示指、中指和环指的第1、2蚓状肌
digital n's of median n., palmar, proper [motor, general sensory]	正中神经的指掌侧固有神经（躯体运动、一般感觉）	指掌侧总神经		第1、2蚓状肌，中指拇指、示指、中指两侧及环指桡侧面，环指桡侧以上各指末节背面的皮肤和关节
digital n's of radial n., dorsal [general sensory]	桡神经的指背神经（一般感觉）	桡神经浅支		拇指、示指背面及中指背面的部分皮肤和关节，可远达末节指背
digital n's of ulnar n., dorsal [general sensory]	尺神经的指背神经（一般感觉）	尺神经手背支		小指内侧，环指与中指相邻侧背面的皮肤和关节
digital n's of ulnar n., palmar, common [general sensory]	尺神经的指掌侧总神经（一般感觉）	尺神经浅支	指掌侧固有神经	小指和环指

英文名	中文名	起源	分支	分布
digital n.'s of ulnar n., palmar, proper [general sensory]	尺神经的指掌侧固有神经（一般感觉）	由尺神经浅支发出的外侧一支指总神经		第4、5指相邻侧的皮肤和关节
dorsal n. of clitoris [general sensory, motor]	阴蒂背神经（一般感觉，躯体运动）	阴部神经		会阴深横肌，尿道括约肌，阴蒂海绵体及皮肤、阴蒂包皮和腺体
dorsal n. of penis [general sensory, motor]	阴茎背神经（一般感觉，躯体运动）	阴部神经		会阴深横肌，尿道括约肌，阴茎海绵体及皮肤、阴茎包皮和腺体
dorsal scapular n. [motor]	肩胛背神经（躯体运动）	臂丛（C₅前支）		菱形肌，偶见到肩胛提肌
ethmoidal n., anterior [general sensory]	筛前神经（一般感觉）	是鼻睫神经的鼻内延续	鼻内支、鼻外支、鼻内侧支、鼻外侧支	鼻中隔前部和上部，鼻腔外侧壁的粘膜；鼻背下部和鼻尖部的皮肤
ethmoidal n., posterior [general sensory]	筛后神经（一般感觉）	来自鼻眼神经的鼻睫神经		筛后小房及蝶窦的粘膜
n. of external acoustic meatus [general sensory]	外耳道神经（一般感觉）	耳颞神经		外耳道皮肤及鼓膜

英文名	中文名	起源	分支	分布
facial n. (7th cranial) [motor, parasympathetic, general sensory, special sensory]. See also intermediate n.	面神经（第七对脑神经）（躯体运动，副交感，一般感觉，特殊感觉）。（参见 intermediate n.）	脑桥下缘，橄榄与小脑下脚之间	镫骨肌神经，耳后神经，腮腺丛，二腹肌支，颞支，颧支，颊支，下颌缘支和颈支；与鼓室丛的交通支	面部及头的各种结构；颈部（见此表中所列的独立分支）
femoral n. [general sensory, motor]	股神经（一般感觉，躯体运动）	腰丛（L_2～4），腹股沟韧带后方下降进入股三角	隐神经，肌支和前皮支	大腿、小腿的皮肤；大腿前面的肌肉，膝关节，髋关节（见此表中所列独立分支）
fibular n., common [general sensory, motor]	腓总神经（一般感觉，躯体运动）	在大腿下部起于坐骨神经	供应腓肠肌短头，在小腿发出腓肠外侧皮神经和交通支以支配膝关节，腓肠上支和腓深肌支可分成腓浅和腓深神经	小腿前面的皮肤；小腿前面的肌肉，膝关节，髋关节（见此表中所列独立分支）
fibular n., deep [general sensory, motor]	腓深神经（一般感觉，躯体运动）	腓总神经	绕过腓骨颈，在小腿骨间膜前方下降至踝，跨长屈肌，趾长屈肌及第三腓骨肌，肌支配趾短屈肌和附骨关节末支分成一个外侧支；内侧终末支或拇趾支配两个趾骨神经支配第1,2趾相邻缘的皮肤和关节	
fibular n., superficial common [general sensory, motor]	腓浅神经（一般感觉，躯体运动）	腓总神经	在腓骨前方下降，在小腿下部，分出肌支，足背内侧皮神经	

英文名	中文名	起源	分支	分布
frontal n. [general sensory]	额神经（一般感觉）	三叉神经的眼神经，通过眶上裂进入眼眶	眶上神经和滑车上神经	主要到额和头皮（见此表中所列独立分支）
Galen's n.	盖仑斯神经	使喉上神经内支和喉下神经相连接的交通支		
genitofemoral n. [general sensory, motor]	生殖股神经（一般感觉，躯体运动）	腰丛（L$_{1\sim2}$）	生殖支，股支	提睾肌，阴囊或大阴唇皮肤，大腿和股三角邻近区域的皮肤
glossopharyngeal n. (9th cranial) [motor, parasympathetic, general sensory, special sensory, visceral sensory]	舌咽神经（第九对脑神经）（躯体运动，副交感，一般感觉，特殊感觉，内脏感觉）	以若干神经干根丝起于延髓上部外侧面，位于小脑下脚与橄榄之间	鼓室神经，咽支，茎突咽肌支，扁桃体支和舌支，颈动脉窦支和迷走神经耳支的交通支	有两个膨大（上神经节和下神经节），支配舌咽和腮腺神经（见此表中所列独立分支）
gluteal n., inferior [motor]	臀下神经（躯体运动）	骶丛（L$_5\sim$S$_2$）		臀大肌
gluteal n., superior [motor, general sensory]	臀上神经（躯体运动，一般感觉）	骶丛（L$_4\sim$S$_1$）		臀中、小肌，阔筋膜张肌和髋关节
hemorrhoidal n's, inferior. See rectal n's, inferior	痔下神经（参见 rectal n's inferior）			
hypogastric n.	腹下神经	是位于左、右双侧，连接腹上丛和腹下丛的一个神经干		

英文名	中文名	起源	分支	分布
hypoglossal n. (12th cranial)[motor]	舌下神经(第十二对脑神经)(躯体运动)	延髓锥体和橄榄之间的前外侧沟的若干神经根组成神经干,通过舌下神经管到舌	舌支	茎突舌肌、舌骨舌肌、颏舌肌、舌内肌
iliohypogastric n. [motor, general sensory]	髂腹下神经(躯体运动,一般感觉)	腰丛(L_1)(有时起于T_{12})	外侧皮支和前支	耻骨上方及臀外侧部的皮肤及偶见的锥状肌
ilioinguinal n. [general sensory]	髂腹股沟神经(一般感觉)	腰丛(L_1)(有时起于T_{12},伴随精索穿过腹股沟管)	阴囊前神经或阴唇前神经	阴囊或大阴唇皮肤及大腿邻近区域的皮肤
infraoccipital n. See suboccipital n.	·枕下神经(参见 suboccipital)			
infraorbital n. [general sensory]	眶下神经(一般感觉)	上颌神经的延续,通过眶下裂进入眼眶,连续穿行于眶下沟、眶下管和眶下孔	上牙槽中、上牙槽前支、鼻内支、鼻外支、上唇支	上颌的切牙、尖牙和前磨牙,下睑的皮肤、鼻中隔及鼻两侧的皮肤,口腔粘膜、上唇皮肤
infratrochlear n. [general sensory]	滑车下神经(一般感觉)	眼神经的鼻睫神经	睑支	鼻背上部和鼻根的皮肤,下睑皮肤、结膜和泪道

英文名	中文名	起 源	分 支	分 布
intercostobrachial n. [general sensory]	肋间臂神经(一般感觉)	第2、3肋间神经		臂背侧和内侧面的皮肤
intermediate n. [parasympathetic, special sensory]	中间神经(副交感,特殊感觉)	面神经的较小主根,位于主根和前庭蜗神经之间	岩大神经,鼓索	泪腺,鼻腺,腭腺,下颌下腺,舌下腺,舌前三分之二粘膜
intermediofacial n. See facial n. and intermediate n.	中间面神经(参见 facial n. 和 intermediate n.)			
interosseous n. of forearm, anterior [motor, general sensory]	前臂骨间前神经(躯体运动,一般感觉)	正中神经		拇长屈肌,指深屈肌,旋前方肌,腕关节
interosseous n. of forearm, posterior [motor, general sensory]	前臂骨间后神经(躯体运动,一般感觉)	桡神经深支的延续		拇长展肌,拇长伸肌,示指伸肌,腕关节
interosseous n. of leg [general sensory]	小腿骨间神经(一般感觉)	胫神经		骨间膜和胫腓联结
ischiadic n. See sciatic n.	坐骨神经(参见 sciatic n.)			
ischiadic n. See sciatic n. jugular n.	颈静脉神经	与舌咽神经和迷走神经相交通的颈上神经节的一个分支		
labial n's, anterior [general sensory]	阴唇前神经(一般感觉)	髂腹股沟神经		大阴唇前部及邻近大腿部的皮肤
labial n's, posterior [general sensory]	阴唇后神经(一般感觉)	阴部神经		大阴唇

英文名	中文名	起源	分支	分布
lacrimal n. [general sensory]	泪腺神经（一般感觉）	三叉神经的眼神经，通过眶上裂入眶		泪腺、结膜、眼外侧连合、上睑皮肤
laryngeal n., external [motor]	喉外神经（喉上神经外支）（躯体运动）	喉上神经		环甲肌、咽下缩肌
laryngeal n., inferior [motor]	喉下神经（躯体运动）	喉返神经，恃指其终末部分		除与喉外神经有关的环甲肌以外的喉内肌
laryngeal n., internal [general sensory]	喉内神经（喉上神经内支）（一般感觉）	喉上神经		会厌粘膜、舌根和喉粘膜
laryngeal n., recurrent [parasympathetic, visceral afferent, motor]	喉返神经（副交感、内脏传入、躯体运动）	迷走神经（主要是副神经的脑部）	喉下神经，气管支、食管支、下支	气管粘膜、食管、心丛（见此表所列独立分支）
laryngeal n., superior [motor, general sensory, visceral afferent, parasympathetic]	喉上神经（躯体运动，一般感觉，内脏传入，副交感神经）	迷走神经的下神经节	外支、内支、交通支	环甲肌、咽下缩肌、舌背侧面和喉的粘膜
lingual n. [general sensory]	舌神经（一般感觉）	下颌神经，下降至舌，先位于下颌骨内侧，后至口腔粘膜深面	舌底神经、舌支、咽峡支、舌下神经交通支、鼓索	舌前三分之二、口底近邻区域、牙龈、咽峡和喉的粘膜
lumbar n's	腰神经	共五对，起于脊髓腰节，每一对下方离开脊柱，其前支参与腰、骶丛的组成		

英文名	中文名	起源	分支	分布
mandibular n. (third division of trigeminal n.) [general sensory, motor]	下颌神经(三叉神经第三支)(一般感觉,躯体运动)	三叉神经节	脑膜支,咬肌神经,颞深神经,翼外肌神经,翼内肌神经,耳颞神经,颊神经,舌神经和下牙槽神经	延伸分布到咀嚼肌,面部皮肤,口腔粘膜和牙(见此表所列独立分支)
masseteric n. [motor, general sensory]	咬肌神经(躯体运动,一般感觉)	三叉神经的下颌神经		咬肌,颞下颌关节
maxillary n. (second division of trigeminal n.) [general sensory]	上颌神经(三叉神经第二支)(一般感觉)	三叉神经节	脑膜支,颧神经,上牙槽后支,翼腭神经,翼腭神经节的分支	面和颅顶皮肤,上颌窦粘膜,鼻腔,牙齿
median n. [motor, general sensory]	正中神经(躯体运动,一般感觉)	臂丛的内、外侧束(C_6~T_1)	前臂骨间前神经,指掌侧总神经,肌支,掌支,与尺神经交通支	最终至手掌外侧部皮肤,前臂前部大部分屈肌,拇指大部分短肌,肘关节和手的诸关节
mental n. [general sensory]	颏神经(一般感觉)	下牙槽神经	颏支,牙龈支,下唇支	下颌,下唇皮肤
musculocutaneous n. [general sensory, motor]	肌皮神经(一般感觉,躯体运动)	臂丛外侧束(C_{5-7})	前臂外侧皮神经,肌支	喙肱肌,肱肌,肱二头肌,肘关节,前臂桡侧皮肤
musculocutaneous n. of foot. See fibular n., superficial	足的肌皮神经(参见 fibular n., superficial)			

英文名	中文名	起源	分支	分布
musculocutaneous n. of leg. See fibular n., deep	小腿的肌皮神经(参见 fibular n., superficial)			
mylohyoid n. [motor]	下颌舌骨肌神经(躯体运动)	下牙槽神经		下颌舌骨肌，二腹肌前腹
nasociliary n. [general sensory]	鼻睫神经(一般感觉)	三叉神经的眼神经	睫状长神经，筛后神经，筛前神经，滑车下神经，与睫状神经节的交通支	见此表所列独立分支
nasopalatine n. [parasympathetic, general sensory]	鼻腭神经(副交感，一般感觉)	翼腭神经节		鼻中隔的大部分粘膜和腺体，硬腭前部的粘膜和腺体
obturator n. [general sensory, motor]	闭孔神经(一般感觉，躯体运动)	腰丛(L_{2-4})	前支，后支，肌支	股薄肌，各收肌，大腿内侧面皮肤，髋关节
obturator n., accessory [general sensory, motor]	副闭孔神经(躯体运动，一般感觉)	L_{3-4}神经前支的腹侧支		耻骨肌，髋关节，闭孔神经
obturator n., internal [general sensory, motor]	闭孔内肌神经(一般感觉，躯体运动)	L_5, S_{1-2}神经前支的腹侧支		后上孖肌，闭孔内肌
occipital n., greater [general sensory, motor]	枕大神经(一般感觉，躯体运动)	C_2神经后支的内侧支		头半棘肌，头部直达顶颅的皮肤

英文名	中文名	起 源	分 支	分 布
occipital n., lesser [general sensory]	枕小神经（一般感觉）	颈丛浅部 (C_{2-3})		在耳后上升以支配头侧面的部分皮肤及耳后面（颅侧面）的皮肤
occipital n., third [general sensory]	第三枕神经（一般感觉）	C_3神经后支的内侧支		颈背面（项部）上部及头部的皮肤
oculomotor n. (3rd cranial) [motor, parasympathetic]	动眼神经（第三对脑神经）（躯体运动，副交感）	起于脑干，由大脑脚内侧面穿出，经海绵窦前行	上支，下支	由眶上裂入眶，其分支支配上睑提肌和除外直肌，上斜肌以外的所有眼外肌；副交感纤维支配睫状肌和瞳孔括约肌
olfactory n's (1st cranial) [special sensory]	嗅神经（第一对脑神经）（特殊感觉）	由大约20束左右的嗅神经束构成，起源于嗅上皮，穿过筛板到达嗅球		
ophthalmic n. (first division of trigeminal n.) [general sensory]	眼神经（三叉神经第一支）（一般感觉）	三叉神经节	小脑幕支，额支，泪腺神经，鼻睫神经	眼球和结膜，泪囊和泪腺，鼻粘膜，额窦，外鼻，眼睑，前额和颅顶（见此处所列独立分支）

英文名	中文名	起源	分支	分布
optic n. (2nd cranial) [special sensory]	视神经(第二对脑神经)(特殊感觉)	为视觉神经,主要由视网膜节细胞层细胞的轴突组成,由眼眶穿入神经管入颅,对侧并延伸为视束交叉,其内侧部纤维交叉到对侧视束		
palatine n., anterior. See palatine n., greater	腭前神经(参见 palatine n., greater)			
palentine n., greater [parasympathetic, sympathetic, general sensory]	腭大神经(副交感,交感,一般感觉)	翼腭神经节	鼻后下支(外侧支)	由腭大孔穿出,支配硬腭
palatine n's, lesser [parasympathetic, sympathetic, general sensory]	腭小神经(副交感,交感,一般感觉)	翼腭神经节		由腭小孔穿出,支配软腭和扁桃体
perineal n's [motor, general sensory]	会阴神经(躯体运动,一般感觉)	在阴部管内,由阴部神经发出	肌支,阴囊后神经或阴唇后神经	肌支支配球海绵体肌,坐骨海绵体肌,会阴浅横肌,尿道球,部分肛门外括约肌和肛提肌;阴囊神经或阴唇后神经支配阴囊或大阴唇
peroneal n's. See entries under fibular n.	腓神经(参见 fibular n. 的全部内容)			
petrosal n., deep [sympathetic]	岩深神经(交感)	颈内动脉丛		加入岩大神经形成翼管神经,通过蝶腭神经节及其分支支配泪腺,鼻腺和腭腺

英文名	中文名	起 源	分 支	分 布
petrosal n., greater [parasympathetic, general sensory]	岩大神经(副交感,一般感觉)	通过膝状神经节中间神经		由膝状神经节前行,加入岩管内的岩深神经再通过翼腭神经节及其分支到达泪腺、鼻腺、腭腺和鼻咽部
petrosal n., lesser [parasympathetic]	岩小神经(副交感)	鼓室丛		通过耳神经节和耳颞神经分配腮腺
phrenic n. [motor, general sensory]	膈神经(躯体运动,一般感觉)	颈丛(C₄₋₅)	心包支、膈腹支	胸膜、心包、膈、腹膜、交感丛
phrenic n's, accessory	副膈神经	是第5颈神经加入膈神经的一个不恒定分支;如果存在,它们将分别经行至颈根部或进入胸腔,然后与膈神经汇合		
piriform n. [general sensory, motor]	梨状肌神经(一般感觉,躯体运动)	S₁₋₂ 神经前支的背侧支		前梨状肌
plantar n., lateral [general sensory, motor]	足底外侧神经(一般感觉,躯体运动)	胫神经的较小的终末支	肌支、浅支、深支	位于足底第1~2层足底之间,支配足底方肌,小趾展肌,踇收肌,小趾短屈肌和第2,3,4蚓状肌;浅支发出皮支和细小的关节支到足底外侧缘和第4,5趾(见此表所列分支)

英文名	中文名	起源	分支	分布
plantar n., medial [general sensory, motor]	足底内侧神经（一般感觉，躯体运动）	胫神经的较大的终末支	趾足底总神经和肌支	蹈展肌，趾短屈肌，蹈蹬短屈肌，第1蚓状肌；皮支到足底内侧缘和第1～4趾（见此表所列分支）
pneumogastric n. *See* vagus n.	肺胃神经（参见 vagus n.）			
popliteal n., external. *See* fibular n., common	腘外侧神经（参见 fibular n., common）			
popliteal n., lateral. *See* fibular n., common	腘外侧神经（参见 fibular n., common）			
pterygoid n., lateral [motor]	翼外肌神经（躯体运动）	下颌神经		翼外肌，鼓膜张肌，腭帆张肌
pterygoid n., medial [motor]	翼内肌神经（躯体运动）	下颌神经		翼内肌
n. of pterygoid canal [parasympathetic, sympathetic]	翼管神经（副交感，交感）	岩大神经和岩深神经的连合		翼腭神经节及其分支
pterygopalatine n's [general sensory]	翼腭神经（一般感觉）	连接上颌神经和翼腭神经的两支神经，是该节的感觉根		
pudendal n. [general sensory, motor, parasympathetic]	阴部神经（一般感觉，躯体运动，副交感）	骶丛（S_{2-4}）	进入阴部管发出直肠下神经，然后分成会阴神经和阴茎背神经（或阴蒂背神经）	会阴的肌肉，皮肤和勃起组织（见此表所列分支）

英文名	中文名	起源	分支	分布
n. of quadrate muscle of thigh [sensory, motor]	股四头肌神经(躯体运动,感觉)	$L_{4\sim5}$ 神经前支的腹侧支		下孖肌,股四头肌,髋关节
radial n. [general sensory, motor]	桡神经(躯体运动,一般感觉)	臂丛($C_{6\sim8}$)后束,有时来自 C_5 和 T_1	臂后皮神经,臂外侧下行,最终臂前皮支,前臂后皮神经,浅支和后支	在臂和前臂背侧下行,最终臂分布到手的背侧皮肤;臂和前臂前面的肌,肘关节和手的许多关节
rectal n's, inferior [general sensory, motor]	直肠下神经(一般感觉,躯体运动)	阴部神经或骶丛单独发出		肛门外括约肌,肛门周围皮肤,肛管内面直到齿状线
recurrent n. *See* laryngeal n., recurrent	返神经(参见 Laryngeal n., recurrent)			
saccular n.	球囊神经	第八对脑神经前庭神经部的一个分支,分布于球囊斑		
sacral n's	骶神经	起于骶节脊髓,前四对的前支参与组成骶丛		
saphenous n. [general sensory]	隐神经(一般感觉)	股神经的终末支	髌下支,小腿内侧皮支	膝关节,缝匠肌下丛和骶丛,小腿,足内侧面的皮肤
sciatic n. [general sensory, motor]	坐骨神经(一般感觉,躯体运动)	骶丛($L_4 \sim S_3$),由坐骨大孔出盆	通常在大腿下1/3分成腓总神经和胫神经	见此表所列分支

英文名	中文名	起源	分支	分布
scrotal n's, anterior [general sensory]	阴囊前神经（一般感觉）	髂腹股沟神经		阴囊前部皮肤
scrotal n's, posterior [general sensory]	阴囊后神经（一般感觉）	会阴神经		阴囊皮肤
sphenopalatine n's. See pterygopalatine n's	蝶腭神经（参见 pterygopalatine n's）			
spinal n's	脊神经	共31对，由脊髓发出，包括8对颈神经，12对胸神经，5对腰神经，5对骶神经和1对尾神经		
splanchnic n., greater [preganglionic sympathetic, visceral afferent]	内脏大神经（交感神经节前纤维，内脏传入）	胸交感干及其胸第5～10对胸交感节		穿过膈肌或主动脉裂孔下降，终止于腹腔神经节和肾节，通常和腹腔神经丛，以靠近膈肌的一个内脏神经节而终止
splanchnic n., lesser [preganglionic sympathetic, visceral afferent]	内脏小神经（交感神经节前纤维，内脏传入）	第9,10胸交感节及交感干	肾支	穿过膈肌，进入主动脉肾丛和腹腔丛，和肾丛，肠系膜上丛相交通
splanchnic n., lowest [sympathetic, visceral afferent]	内脏最下神经（交感神经，内脏传入）	交感干的最后一个或胸小交感节		主动脉肾节和邻近的神经丛

英文名	中文名	起源	分支	分布
splanchnic n's, lumbar [preganglionic sympathetic, visceral afferent]	腰内脏神经(交感神经节前纤维,内脏传入)	腰交感节或交感干		上部神经进入腹腔丛及其邻近丛;中部神经进入肠系膜丛及其邻近丛;下部神经降至上腹下丛
splanchnic n's, pelvic [preganglionic sympathetic, visceral afferent]	盆内脏神经(交感神经节前纤维,内脏传入)	骶丛(S_{3-4})		离开骶丛,进入下腹下丛,支配盆腔器官
splanchnic n's, sacral [preganglionic sympathetic, visceral afferent]	骶内脏神经(交感神经节前纤维,内脏传入)	交感干骶部		通过下腹下丛支配盆腔器官和血管
stapedius n. [motor]	镫骨肌神经(躯体运动)	面神经		镫骨肌
subclavian n. [motor, general sensory]	锁骨下神经(躯体运动,一般感觉)	臂丛上干(C_5)		锁骨下肌,胸锁关节
subcostal n. [general sensory, motor]	肋下神经(一般感觉,躯体运动)	T_{12}神经的前支		腹壁下部和臀外侧部皮肤,腹横肌,腹外内斜肌,腹直肌之一部分,还常支配锥状肌及邻近腹膜
sublingual n. [parasympathetic, general sensory]	舌底神经(副交感神经,一般感觉)	舌神经		舌下腺及其表面的粘膜

英文名	中文名	起源	分支	分布
suboccipital n. [motor]	枕下神经（躯体运动）	C_1 神经的后支		环椎后弓上方穿出，支配枕下三角的肌肉及头半棘肌
subscapular n. [motor]	肩胛下神经（躯体运动）	臂丛后束 (C_5)		通常为二支或更多的分支，上部和下部分支，支配肩胛下肌和大圆肌
supraclavicular n's, anterior. See supraclavicular n's, medial	锁骨上神经前支（参见 supraclavicular n's, medial）			
supraclavicular n's, intermediate [general sensory]	锁骨上神经中间支（一般感觉）	颈丛 ($C_{3\sim4}$)		在颈后三角内下降，越过锁骨，支配胸肌区和三角肌区表面的皮肤
supraclavicular n's, lateral [general sensory]	锁骨上神经外侧支（一般感觉）	颈丛 ($C_{3\sim4}$)		在颈后三角内下降，越过锁骨，支配肩上部和后部的皮肤
supraclavicular n's, medial [general sensory]	锁骨上神经内侧支（一般感觉）	颈丛 ($C_{3\sim4}$)		颈后三角内下降，越过锁骨，支配锁骨下区内侧部的皮肤

英文名	中文名	起 源	分 支	分 布
supraclavicular n.'s, middle. See supraclavicular n's, intermediate	锁骨上神经中间支（参见 supraclavicular n's, intermediate）			
supraclavicular n's, posterior. See supraclavicular n's lateral	锁骨上神经后支（参见 supraclavicular n's lateral）			
supraorbital n. [general sensory]	眶上神经（一般感觉）	眼神经发出的额神经的延续	外侧支，内侧支	穿过眶上切迹或眶上孔出眶，分配上睑、前额、顶部前部的皮肤（至头顶）、额窦粘膜
suprascapular n. [motor, general sensory]	肩胛上神经（躯体运动，一般感觉）	臂丛（C_{5-6}）		穿过肩胛上切迹和肩胛冈下降支配肩锁关节、肩关节，冈上肌、冈下肌
supratrochlear n. [general sensory]	滑车上神经（一般感觉）	眼神经发出的额神经		在眶上缘内侧端出眶，支配前额和上眼睑
sural n. [general sensory]	腓肠神经（一般感觉）	腓肠内侧神经和腓总神经的交通支	足背外侧皮神经	小腿后面的皮肤、足和足跟外侧部的皮肤和关节
temporal n's, deep [motor]	颞深神经（躯体运动）	下颌神经		颞肌

英文名	中文名	起源	分支	分布
n. of tensor tympani muscle [motor]	鼓膜张肌神经(躯体运动)	经由翼内肌神经和耳神经节起于下颌神经		鼓膜张肌
n. of tensor veli palatini muscle [motor]	腭帆张肌神经(躯体运动)	经由翼内肌神经和耳神经节起于下颌神经		腭帆张肌
tentorial n. [general sensory]	小脑幕神经(一般感觉)	眼神经		小脑幕上的硬脑膜
thoracic n's	胸神经	由脊髓胸段发出的12对脊神经,每一对由相应序数的椎骨下方离开脊柱		胸部和上腹部的体壁
thoracic n., long [motor]	胸长神经(躯体运动)	臂丛 ($C_{5\sim7}$) 的前支		在臂丛后方下降到达前锯肌
thoracic splanchnic n., greater. See splanchnic n., greater.	胸内脏大神经(参见 splanchnic n., greater)			
thoracic splanchnic n., lesser. See splanchnic n., lesser	胸内脏小神经(参见 splanchnic n., lesser)			
thoracic splanchnic n., lowest. See splanchnic n., lowest	胸内脏最下神经(参见 splanchnic n., lowest)			
thoracodorsal n. [motor]	胸背神经(躯体运动)	臂丛后束 ($C_{7\sim8}$)		背阔肌

英文名	中文名	起源	分支	分布
tibial n. [general sensory, motor]	胫神经(一般感觉,躯体运动)	于大腿下部发自坐骨神经	小腿骨间内侧神经,腓肠内侧皮神经,腓肠肌神经,足底内侧和外侧支,肌支和跟内侧支	当在坐骨神经内仍未分支时,支配半腱肌、股二头肌长头、大收肌,当在腘窝肉下降时继续供应膝关节;进入小腿时支配小腿后面、足底、趾的皮肤和肌肉(见此表所列分支)
trigeminal n. (5th cranial) [general sensory, motor]	三叉神经(第五对脑神经)(一般感觉,躯体运动)	以一个运动根和一个感觉根由脑桥外侧面穿出,后者延伸入三叉神经节,由此发出三叉神经(见下颌神经,上颌神经和眼神经)	面部、牙齿、口、鼻腔,咀嚼肌
trochlear n. (4th cranial) [motor]	滑车神经(第四对脑神经)(躯体运动)	(每侧一支),每一神经的纤维交叉越过正中平面,从脑干背侧、下丘下方穿出	沿海绵窦外侧壁向前,通过眶上裂,支配眼球上斜肌
tympanic n. [general sensory, parasympathetic]	鼓室神经(一般感觉,副交感)	舌咽神经的下神经节	参与形成鼓室丛	鼓室、乳突小房、咽鼓管的粘膜,并通过岩小神经和耳神经节支配腮腺

英文名	中文名	起源	分支	分布
ulnar n. [general sensory, motor]	尺神经（一般感觉，躯体运动）	臂丛内侧束 ($C_7 \sim T_1$)	肌支，手背支，掌支，浅支和深支	最终支配手前面和内侧手部的皮肤，前臂前面手上某些短屈肌，肘的许多手节的关节
utricular n.	椭圆囊神经	前庭神经的分支，分布到椭圆囊斑		
utriculoampullary n.	椭圆囊壶腹神经	是由前庭神经周围部发出的一个神经，支配椭圆囊和半规管壶腹		
vaginal n.'s [sympathetic, parasympathetic]	阴道神经（交感，副交感）	子宫阴道丛		阴道
vagus n. (10th cranial) [parasympathetic, visceral afferent, motor, general sensory]	迷走神经（第十对脑神经）（副交感，内脏传入，躯体运动，一般感觉）	以许多根丝起于延髓外侧面和小脑下脚和橄榄体之间的沟内	喉上神经，喉返神经，咽膜支，咽支，耳支，咽支，气管支，支气管支，心支，胃支，肝支，腹腔支，肺支，肾支；咽丛，食管丛，食管前、后干	穿过颈静脉孔下降，出现一个上下神经节和一个下神经节，继续穿过颈部和胸部进入腹部；发出咽喉、食管至咽、喉、食管；发出副交感纤维和内脏传入胸、腹纤维到器官达（见此表所列之分支）

英文名	中文名	起源	分支	分布
vertebral n. [sympathetic]	椎动脉神经（交感神经）	起于颈胸神经节和椎神经节		伴随椎动脉上升并发出纤维到脊髓被膜、颈神经和颅后窝
vestibular n.	前庭神经	前庭蜗神经的后部，由前庭神经节内双极细胞发出的纤维组成，其感受器分头侧和尾侧部；其感受器为半规管的壶腹、椭圆囊和球囊		
vestibulocochlear n. (8th cranial)	前庭蜗神经（第八对脑神经）	由脑桥和延髓之间桥小脑角处出脑，位于面神经后方，在内耳道外侧端附近分成功能截然不同的两个部分：前庭神经根和蜗神经根（前庭神经根与脑相连）		
vidian n. See n. of pterygoid canal	Vidian 神经（参见 n. of pterygoid canal）			
vidian n., deep. See petrosal n., deep	岩深神经（参见 petrosal n., deep）			
zygomatic n. [general sensory]	颧神经（一般感觉）	上颌神经，通过眶下裂入眼眶	颧面支，颧颞支	和泪腺神经相交通，支配颞部和邻近面部的皮肤

Veins 静脉

英文名	中文名	位置	收纳	注入
accompanying v. of hypoglossal nerve	舌下神经伴行静脉	与舌下神经伴行	舌深静脉和舌下静脉	面静脉、舌静脉或颈内静脉
adrenal v's. See suprarenal v., left and right.	肾上腺静脉（参见 suprarenal v., left and right）			
anastomotic v., inferior	下吻合静脉	连接大脑浅中静脉和横窦		向下延续为面静脉
anastomotic v., superior	上吻合静脉	连接大脑浅上静脉和上矢状窦		
angular v.	内眦静脉	起于眼与鼻根之间	滑车上静脉和眶上静脉	头静脉和/或贵要静脉或附正中静脉
antebrachial v., median	前臂正中静脉	前臂前面，头静脉与贵要静脉之间	手掌静脉丛	
anterior v's of right ventricle	右室前静脉	右室腹侧面		右心房
appendicular v.	阑尾静脉	伴随阑尾动脉		加入回肠前或回肠后静脉形成回结肠静脉
v. of aqueduct of cochlea	蜗水管静脉	沿蜗导水管	耳蜗	颈内静脉上球
v. of aqueduct of vestibule	前庭水管静脉	穿经前庭水管	内耳	岩上窦

英文名	中文名	位置	收容	注入
arcuate v's of kidney	肾弓状静脉	是跨过肾锥体基底的小静脉弓,由小叶间静脉联合形成	一系列完整的肾和肾小叶间静脉	叶间静脉
articular v's	颞下颌关节静脉		颞下颌关节周围静脉丛	下颌后静脉
atrial v., lateral	侧脑室外侧静脉	穿过侧脑室外侧壁	颞叶和顶叶	丘纹上静脉
atrial v., medial	侧脑室内侧静脉	穿过侧脑室内侧壁	顶叶和枕叶	大脑内静脉或大脑大静脉
auditory v's, internal. See labyrinthine v's	内听道静脉(参见 labyrinthine v's)			
auricular v's, anterior	耳前静脉	耳的前部		颞浅静脉
auricular v., posterior	耳后静脉	耳后方下降	头侧面的静脉丛	加入下颌后静脉,以形成颈外静脉
axillary v.	腋静脉	上肢	在大圆肌下缘由贵要静脉和肱静脉汇合而成	于第一肋外缘续为锁骨下静脉
azygos v.	奇静脉	是右侧肋间静脉注入的一个静脉干,又是上、下腔静脉的交通支;在椎体的前方及右侧上行	腰升静脉,半奇静脉,右肋间静脉	上腔静脉

英文名	中文名	位置	收容	注入
azygos v., left. See hemiazygos v.	左奇静脉（参见 hemiazygos v.）			
azygos v., lesser superior. See hemiazygos v., accessory	上小奇静脉（参见 hemiazygos v., accessory）			
basal v.	基底静脉	由前穿质向后，绕过大脑脚	前穿质	大脑内静脉以形加入脉静脉成脑静脉
basilic v.	贵要静脉	前臂浅层	手背静脉网尺侧	贵要静脉
basilic v., median	贵要正中静脉	有时以前臂正中静脉的内侧支的形式出现		贵要静脉
basivertebral v's	椎体静脉	是椎体网眼状组织中的静脉窦，与椎前静脉丛、椎外及椎内静脉丛相交通		
brachial v's	肱静脉	伴随肱动脉		与贵要静脉汇合形成腋静脉
brachiocephalic v's	头臂静脉	胸腔	头部、颈部和上肢的静脉；在颈根部由同侧的颈内静脉和锁骨下静脉汇合而成	双侧者汇合形成上腔静脉

英文名	中文名	位 置	收 答	注 入
bronchial v's	支气管静脉		支气管的大分支	右侧入奇静脉，左侧者入半奇静脉和上部的肋间静脉
v. of bulb of penis	尿道球（阴茎球）静脉		阴茎球（尿道球）	阴部内静脉
v. of bulb of vestibule	前庭球静脉		阴道前庭球	阴部内静脉
cardiac v's, anterior	心前静脉		右室前壁	右心房或心小静脉
cardiac v., great	心大静脉		心室前壁	冠状窦
cardiac v., middle	心中静脉		心室膈面	冠状窦
cardiac v., small	心小静脉		右心房和右心室	冠状窦
cardiac v's, smallest	心最小静脉	是起于心肌层的许多小静脉，直接注入心腔，多见于心房		
carotid v., external. See retromandibular v.	颈外静脉（参见 retromandibular v.）			
cavernous v's of penis	阴茎海绵体静脉		阴茎海绵体	阴茎深静脉和阴茎背静脉
central v's of liver	肝中央静脉	在肝小叶中央	肝实质	肝静脉
central v. of retina	视网膜中央静脉	眼球	视网膜静脉	眼上静脉

英文名	中文名	位 置	收 容	注 入
central v. of suprarenal gland	肾上腺中央静脉	肾上腺实质内,许多静脉汇入的一个大的单一的静脉,在腺体门处延续为肾上腺静脉		
cephalic v.	头静脉	由手背转向前并沿肱桡肌前缘上行,肘窝以上沿肱二头肌外缘和三角肌上行	手背桡侧	腋静脉
cephalic v., accessory	副头静脉	前臂	手背静脉网	在肘窝上方加入头静脉
cephalic v's, median	头正中静脉	有时以前臂正中静脉分支形式出现		头静脉
cerebellar v's, inferior	小脑下静脉		小脑下面	横窦、乙状窦和岩下窦或枕窦
cerebellar v's, superior	小脑上静脉		小脑上面	直窦和小脑大静脉或横窦和岩上窦
cerebral v's, anterior	大脑前静脉	伴随大脑前动脉		基底静脉
cerebral v., great	大脑大静脉	绕胼胝体压部弯行	由二条大脑内静脉合成	延续或注入到直窦

英文名	中文名	位置	收 容	注 入
cerebral v.'s, inferior	大脑下静脉	位于大脑的基底和外侧面分支成网的静脉。其额叶下面的静脉注入下矢状窦和海绵窦;颞叶的静脉注入上矢状窦和横窦;枕叶的静脉注入直窦		
cerebral v's, internal (2)	大脑内静脉(二支)	由室间孔穿过脉络组织	由丘纹静脉和脉络丛静脉汇合形成,收容基底神经节的静脉血	在胼胝体压部汇合形成大脑大静脉
cerebral v., middle, deep	大脑中深静脉	在大脑外侧裂底部伴随大脑中动脉		基底静脉
cerebral v., middle, superficial	大脑中浅静脉	沿大脑外侧裂经行	大脑外侧面	海绵窦
cerebral v's, superior	大脑上静脉	位于大脑上外侧面和内侧面的大约12条静脉,流向大脑纵裂		上矢状窦
cervical v., deep	颈深静脉	伴随颈深动脉峰人颈部	枕下三角的一个静脉丛	椎静脉或头臂静脉
cervical v's, transverse	颈横静脉	伴颈横动脉		锁骨下静脉
choroid v., inferior	脉络膜下静脉	穿行脉络丛全长	脉络膜下静脉丛	基底静脉
choroid v., superior	脉络膜上静脉		脉络丛、海马、穹隆、胼胝体	与丘纹上静脉合成大脑内静脉

英文名	中文名	位置	收容	注入
ciliary v's	睫状静脉	前部者沿睫状前动脉,后部者沿睫状后动脉	起于眼球内睫状肌内的静脉分支;睫状前静脉还收集巩膜外静脉窦和球结膜静脉的分支	眼上静脉;睫状后静脉还流入眼下静脉
circumflex femoral v's, lateral	旋股外侧静脉	伴旋股外侧动脉		股静脉或股深静脉
circumflex femoral v's, medial	旋股内侧静脉	伴旋股内侧动脉		股静脉或股深静脉
circumflex iliac v., deep	旋髂深静脉	由伴随旋髂深动脉的数支静脉形成的一个静脉总干		髂外静脉
circumflex iliac v., superficial	旋髂浅静脉	伴旋髂浅动脉		大隐静脉
v. of cochlear canal. See v. of aqueduct of cochlea.	蜗管静脉 (参见 v. of aqueduct of cochlea)			
colic v., left	左结肠静脉	伴左结肠动脉		肠系膜下静脉
colic v., middle	中结肠静脉	伴中结肠动脉		肠系膜上静脉
colic v., right	右结肠静脉	伴右结肠动脉		肠系膜上静脉
conjunctival v's	结膜静脉		结膜	眼上静脉

英文名	中文名	位 置	收 容	注 入
coronary v., left	左冠状静脉	位于冠状沟内,心大静脉的位置	前室间静脉	冠状窦
coronary v., right	右冠状静脉		后室间静脉	冠状窦
v. of corpus callosum, posterior	胼胝体后静脉		胼胝体的后面	大脑大静脉
cubital v., median	肘正中静脉	向上斜升,越过肘窝的一个大的交通静脉	头静脉下段	贵要静脉
cutaneous v.	皮静脉	起于皮肤毛细血管,形成毛细血管下静脉丛,并开口于皮下静脉的许多小静脉之一		
cystic v.	胆囊静脉	肝实质内	胆囊	门静脉右支
deep v.'s of clitoris	阴蒂深静脉		阴蒂	膀胱静脉丛
deep v.'s of penis	阴茎深静脉	伴阴茎深动脉	阴茎	阴茎背静脉
digital v.'s of foot, dorsal	趾背静脉	趾背侧面		在趾叉处形成蹠背静脉
digital v.'s, palmar	指掌侧静脉	伴指背动脉固有掌侧和指掌侧总动脉		掌浅静脉弓

英文名	中文名	位 置	收 容	注 入
digital v's, plantar	趾足底静脉	趾跖面(足底面)		趾叉处形成的足心静脉
diploic v., frontal	额板障静脉		额骨	向外注入眶上静脉或向内注入上矢状窦
diploic v., occipital	枕板障静脉		枕骨	枕静脉或横窦
diploic v., temporal, anterior	颞前板障静脉		额骨外侧部、顶骨前部	向内到蝶顶窦，向外到颞深静脉
diploic v., temporal, posterior	颞后板障静脉		顶骨	横窦
direct v's, lateral	外侧直静脉		侧脑室	大脑大静脉
dorsal v. of clitoris, deep	阴蒂背深静脉	伴阴蒂背动脉		膀胱静脉丛
dorsal v's of clitoris, superficial	阴蒂背浅静脉		阴蒂、皮下	阴部外静脉
dorsal v. of corpus callosum	胼胝体背静脉		胼胝体上面	大脑大静脉
dorsal v. of penis, deep	阴茎背深静脉	位于阴茎皮下，阴茎背动脉之间的一个单一静脉，正中静脉，它以阴茎头向近侧的许多小静脉起始，当静脉周围经行时，又接受阴茎深静脉的注入，并在耻骨弓和会阴横韧带之间经行，在此分成左、右静脉并加入前列腺静脉丛		

英文名	中文名	位 置	收 容	注 入
dorsal v's of penis, superficial	阴茎背浅静脉		阴茎皮下	阴部外静脉
dorsal v's, of tongue. See lingual v's, dorsal	舌背静脉(参见 lingual v's, dorsal)			
emissary v.	导静脉	颅骨孔裂	硬脑膜静脉窦	头皮静脉,颅底下方的深部静脉
emissary v., condylar	髁导静脉	穿过颅骨髁管的一个小静脉,连接乙状窦和椎静脉或颈内静脉		
emissary v., mastoid	乳突导静脉	穿过颅骨乳突孔的一个小静脉,连接乙状窦和枕静脉或耳后静脉		
emissary v., occipital	枕导静脉	穿过颅骨枕隆起内小孔的一条少见的小静脉,连接窦汇和枕浅静脉		
emissary v., parietal	顶导静脉	穿过颅骨顶孔的一个小静脉,连接上矢状窦和颞浅静脉		
epigastric v., inferior	腹壁下静脉	伴腹壁下动脉		髂外静脉
epigastric v., superficial	腹壁浅静脉	伴腹壁浅动脉		大隐静脉或股静脉
epigastric v's, superior	腹壁上静脉	伴腹壁上动脉		胸内静脉
episcleral v's	巩膜外静脉	角膜四周		涡静脉和睫状静脉

英文名	中文名	位置	收容	注入
esophageal v's	食管静脉		食管	半奇静脉和奇静脉或左头臂静脉
ethmoidal v's	筛静脉	伴筛前、筛后动脉穿过筛孔		眼上静脉
facial v.	面静脉	以内眦静脉起于眼内角的静脉在面动脉后方下降,通常终止于颈内静脉,有时与面后静脉汇合形成总干(面总静脉)		
facial v., deep	面深静脉		翼丛	面静脉
facial v., posterior. See retromandibular v.	面后静脉(参见 retromandibular v.)			
facial v., transverse	面横静脉	在颧弓下方伴面横动脉向后		下颌后静脉
femoral v.	股静脉	在大腿近侧三分之二伴随股动脉	腘静脉的延续	
femoral v., deep	股深静脉	伴股深动脉		在腹股沟韧带深面移行为髂外静脉
fibular v's. See peroneal v's.	腓静脉(参见 peroneal v's.)			股静脉
frontal v's	额静脉	位于额叶皮质的大脑上浅静脉		
gastric v., left	胃左静脉	伴胃左动脉		门静脉
gastric v., right	胃右静脉	伴胃右动脉		门静脉
gastric v's, short	胃短静脉		胃大弯的左部	脾静脉

英文名	中文名	位置	收容	注入
gastroepiploic v., left. See gastro-omental v., left	胃网膜左静脉(参见 gastro-omental v. left)			
gastroepiploic v., right. See gastro-omental v., right	胃网膜右静脉(参见 gastro-omental v. right)			
gastro-omental v., left	胃网膜左静脉	伴胃网膜左动脉		脾静脉
gastro-omental v., right	胃网膜右静脉	伴胃网膜右动脉		肠系膜上静脉
genicular v's	膝静脉	伴随膝动脉		腘静脉
gluteal v's, inferior	臀下静脉	伴臀下动脉，当穿过坐骨大孔后合成一个单一的静脉	大腿背面的皮下组织，臀部的肌肉	髂内静脉
gluteal v's, superior	臀上静脉	伴臀上动脉，并穿过坐骨大孔	臀部肌肉	髂内静脉
hemiazygos v.	半奇静脉	接收下部左肋的同一静脉干，在脊柱左侧上行达第8胸椎高度，接收副半奇静脉的支，然后跨过脊柱向右	左腰升静脉	奇静脉

英文名	中文名	位 置	收 容	注 入
hemiazygos v., accessory	副半奇静脉	一条接收左上部(常从第 4～第 8)肋同名静脉的静脉干,位于脊柱左侧,下降至第 8 胸椎过脊柱到右侧,加入半奇静脉或奇静脉;在上部,它可能和左上肋间静脉相交通		
hemorrhoidal v's. See entries under rectal v's	痔静脉(参见 entries under rectal v's)			
hepatic v's	肝静脉	上有 2 或 3 条大静脉, 下组有 6～20 条小静脉,进而形成较大的静脉	肝中央静脉	位于肝后面的下腔静脉
hypogastric v. See iliac v., internal.	腹壁下静脉(参见 iliac v., internal)			
ileal v's	回肠静脉		回肠	肠系膜上静脉
ileocolic v.	回结肠静脉	伴回结肠动脉		肠系膜上静脉
iliac v., common	髂总静脉	上升至第 5 腰椎右侧	起于骶髂关节,由髂内和髂外静脉合成	和对侧同名静脉汇合形成下腔静脉
iliac v., external	髂外静脉	从腹股沟韧带深面延伸至骶髂关节	股静脉的延续	与髂内静脉汇合形成髂总静脉

英文名	中文名	位置	收容	注入
iliac v., internal	髂内静脉	从坐骨大切迹延伸至骨盆边缘	由许多壁支组成	汇合髂外静脉形成髂总静脉
iliolumbar v.	髂腰静脉	伴髂腰动脉		髂内静脉或髂总静脉
innominate v's. See brachiocephalic v's)	无名静脉（参见 brachiocephalic v's）			
insular v's	岛静脉		脑岛（岛叶）	大脑中深静脉
intercapital v's	掌骨头间静脉	指缝（手指分叉处）的静脉，在掌骨头之间经行，并在掌和手背静脉系之间形成交通		
intercostal v's, anterior (12 pairs)	肋间前静脉（12 对）	伴胸前动脉		胸廓内动脉
intercostal v., highest	肋间最上静脉	双侧的越过肺尖的第一肋间后静脉		头臂静脉、椎静脉或肋间上静脉
intercostal v's, posterior	肋间后静脉	伴肋间后动脉	肋间隙	奇静脉（右侧）；半奇或副半奇静脉（左侧）
intercostal v., superior, left	左侧肋间上静脉	跨过主动脉弓	由第 2、3，有时亦有第 4 肋间后静脉组成	左头臂静脉
intercostal v., superior, right	右侧肋间上静脉		由第 2、3，有时亦有第 4 肋间后静脉联合组成	奇静脉

英文名	中文名	位置	收容	注入
interlobar v's of kidney	肾叶间静脉	在肾锥体间下降	肾弓状静脉	互相汇合形成肾静脉
interlobular v's of kidney	肾小叶间静脉		肾皮质的毛细血管网	肾弓状静脉
interlobular v's of liver	肝小叶间静脉	肝小叶间起始	门静脉	肝中央静脉
interosseous v's, anterior	骨间前静脉	伴骨间前动脉		尺静脉
interosseous v's, posterior	骨间后静脉	伴骨间后动脉		尺静脉
interosseous v's of foot, dorsal. See metatarsal v's, dorsal	足背骨间侧静脉（参见）			
interventricular v., anterior	前室间静脉	位于心大静脉的位置，在前室间沟内上升		左冠状静脉
interventricular v., posterior	后室间静脉	位于心中静脉的位置，在后室间沟内上升		右冠状静脉
intervertebral v.	椎间静脉	脊柱	椎静脉丛	在颈部入椎静脉，胸部入肋间静脉，腹部入腰静脉，盆部入骶外侧静脉
jejunal v's	空肠静脉		空肠	肠系膜上静脉

英文名	中文名	位置	收容	注入
jugular v., anterior	颈前静脉	下颌下方起始,降至颈部		颈外静脉或锁骨下静脉或颈静脉弓
jugular v., external	颈外静脉	下颌角后方起于腮腺,并降至颈部	下颌后静脉和耳后静脉合成	锁骨下静脉,颈内静脉或颈静脉
jugular v., internal	颈内静脉	起于颈静脉窝,在颈部伴颈内动脉,后伴颈总动脉下降	以颈内静脉上球起始,收集头颈部大部分静脉血液	与锁骨下静脉汇合形成头臂静脉
labial v's, anterior	阴唇前静脉		女性大阴唇的前部	阴部外静脉
labial v's, inferior	下唇静脉		下唇部	面静脉
labial v's, posterior	阴唇后静脉		女性大阴唇	膀胱静脉丛
labial v., superior	上唇静脉		上唇部	面静脉
labyrinthine v's	迷路静脉	穿过内耳道	耳蜗	岩下窦或横窦
lacrimal v.	泪腺静脉		泪腺	眼上静脉
laryngeal v., inferior	喉下静脉		喉部	甲状腺下静脉
laryngeal v., superior	喉上静脉		喉	甲状腺上静脉

英文名	中文名	位置	收 答	注 入
lingual v.	舌静脉	位于舌动脉分布区域的一条深静脉		颈内静脉
lingual v., deep	舌深静脉		舌的深部	与舌下静脉汇合形成舌下神经的伴行静脉
lingual v's, dorsal	舌背静脉	是一支和舌动脉相伴的静脉，并加入到主要的舌静脉干		
lumbar v's	腰静脉	双侧，4～5 条与相应的腰动脉相伴行的静脉；收集腰椎椎管脊髓及其被膜的静脉血，前四对通常终止于下腔静脉，第五对有可能髂总静脉的一个属支		
lumbar v., ascending	腰升静脉	双侧，收集腰静脉血液的一支上升静脉，起于骶外侧部，然后上行至第二腰椎高度，在此与肋间静脉汇合，右侧者改名为半奇静脉，左侧者移行为奇静脉		
marginal v., right	心右缘静脉	沿心右缘上行	右室	右房，心前静脉
maxillary v's	上颌静脉	通常由翼丛形成的一条单一的静脉短干		腮腺内与颞浅静脉汇合形成下颌后静脉

英文名	中文名	位 置	收 容	注 入
mediastinal v's	纵隔静脉	前纵隔		头臂静脉、奇静脉或上腔静脉
v's of medulla oblongata	延髓静脉		延髓	脊髓静脉、硬脑膜静脉窦、舌下窦、颈内静脉上球
meningeal v's	脑脊膜静脉	伴随脑脊膜动脉	硬膜（也和外侧陷窝相交通）	局部静脉窦和静脉
meningeal v's, middle	脑膜中静脉	伴脑膜中动脉		翼静脉丛
mesenteric v., inferior	肠系膜下静脉	位于肠系膜下动脉分布区		脾静脉
mesenteric v., superior	肠系膜上静脉	位于肠系膜上动脉分布区		与脾静脉汇合形成门静脉
metacarpal v's, dorsal	掌背静脉	由相邻手指背侧静脉汇合形成的静脉，向近侧行进并参与手背静脉网的形成		掌深静脉弓
metacarpal v's, palmar	掌心静脉	伴掌心动脉		
metatarsal v's, dorsal	跖背静脉		在趾分叉处起于趾背静脉	足背静脉弓
metatarsal v's, plantar	足心静脉	足的深静脉	在趾分叉处起于趾足底静脉	足底静脉弓

英文名	中文名	位 置	收 容	注 入
musculophrenic v's	肌膈静脉	伴膈肌动脉	部分膈与胸腹壁的静脉	胸廓内静脉
nasal v's, external	鼻外静脉	由鼻上升的小静脉支		内眦静脉,面静脉
nasofrontal v.	鼻额静脉		眶上静脉	眼上静脉
oblique v. of left atrium	左房斜静脉	左心房		冠状窦
obturator v's	闭孔静脉	穿入闭膜管进入盆腔	髋关节和邻近肌肉	髂内静脉和/或腹壁下静脉
occipital v.	枕静脉	在头皮,位于枕动脉分布区		在斜方肌深面注入枕下静脉丛或伴枕动脉、颈内静脉
ophthalmic v., inferior	眼下静脉	是一个由肌支和睫状静脉分支汇合形成的静脉,向后海绵窦进入眼上静脉或通过眶下裂进入翼静脉丛。	出一交通支直接汇入海绵窦,并发	
ophthalmic v., superior	眼上静脉	是一支起于眼内角,并在此与额静脉区,眶上静脉和内眦静脉相交通的静脉血管;在注入海绵窦前,位于眼的分布区	上裂处收容眼下静脉的注入。	
ovarian v., left	左卵巢静脉		左侧阔韧带的蔓状静脉丛	左肾静脉

英文名	中文名	位 置	收 容	注 入
ovarian v., right	右卵巢静脉			下腔静脉
palatine v., external	腭外静脉		扁桃体及软腭	面静脉
palpebral v's	睑静脉	起于眼睑的小静脉支		眼上静脉
palpebral v's, inferior	下睑静脉		下眼睑	面静脉
palpebral v's, superior	上睑静脉		上眼睑	内眦静脉
pancreatic v's,	胰静脉		胰腺	脾静脉,肠系膜上静脉
pancreaticoduodenal v's	胰十二指肠静脉	包括四条伴随胰十二指动脉,收集胰和十二指肠静脉血液的静脉;分别起于前静脉弓和后静脉弓的胰下静脉;胰前上和胰前下静脉,胰十二指肠前网膜;胰后上和胰后下静脉,前上静脉注入门静脉,后上静脉加入空肠最上静脉或肠系膜上静脉,有时作为一个静脉干加入空肠最上静脉或肠系膜上静脉。		
paraumbilical v's	附脐静脉	二条;上端与门静脉相交通,另一端下降至腹前壁与腹壁上、下静脉和脐区的膀胱上静脉相吻合;当发生门静脉阻塞时,它们形成门静脉侧支循环的一个重要组成部分。		

英文名	中文名	位 置	收 容	注 入
parotid v's	腮腺静脉		腮腺	颞浅静脉
perforating v's	穿静脉	引导血液入股静脉之同（下部）及股深静脉和臀下静脉（上部）之间建立吻合。		
pericardiac v's	心包静脉		心包	头臂静脉，甲状腺下静脉和奇静脉，上腔静脉
pericardiacophrenic v's	心包膈静脉		心包和膈	左头臂静脉
peroneal v's	腓静脉	伴腓动脉		胫后静脉
pharyngeal v's	咽静脉		咽静脉丛	颈内静脉
phrenic v's, inferior	膈下静脉	伴膈下动脉		右侧进入下腔静脉，左侧进入左肾上腺静脉或左肾静脉；或下腔静脉
phrenic v's, superior. *See* pericardiacophrenic v's	膈上静脉（参见 pericardiacophrenic v's）			
v's of pons	脑桥静脉		脑桥	基底静脉，小脑静脉，岩部静脉窦，或卵圆孔静脉丛

英文名	中文名	位置	收 容	注 入
popliteal v.	腘静脉	伴腘动脉	由胫前、胫后静脉合成	在收肌腱裂孔处变为股静脉
portal v.	门静脉	由肠系膜上静脉和脾静脉在胰颈后方汇合形成的一条短而粗的静脉干,然后上升至肝门分成两个延续的小支,伴随肝动脉分支呈树状弥散于整个肝实质内		
posterior v. of left ventricle	左室后静脉		左室后壁	冠状窦
prepyloric v.	幽门前静脉	伴幽门前动脉,越过幽门和十二指肠连接处的前面而上行		胃右静脉
profunda femoris v. See femoral v., deep.	股深静脉(参见 femoral v., deep)			
profunda linguae v. See lingual v., deep.	舌深静脉(参见 Lingual v., deep)			
v. of pterygoid canal	翼管静脉	穿过翼管		翼丛
pudendal v's, external	阴部外静脉	位于阴部外动脉分布区		大隐静脉
pudendal v., internal	阴部内静脉	伴随阴部内动脉		髂内静脉

英文名	中文名	位 置	收 容	注 入
pulmonary v., inferior, left	左下肺静脉		左肺下叶	左心房
pulmonary v., inferior, right	右下肺静脉		右肺下叶	左心房
pulmonary v., superior, left	左上肺静脉		左肺上叶	左心房
pulmonary v., superior, right	右上肺静脉		右肺上、中叶	左心房
pyloric v. See gastric v., right	幽门静脉（参见 gastric v., right）			
radial v's	桡静脉	伴桡动脉		肱静脉
ranine v. See sublingual v.	舌下静脉（参见 sublingual v.)			
rectal v's, inferior	直肠下静脉		直肠静脉丛	阴部内静脉
rectal v's, middle	直肠中静脉		直肠静脉丛	髂内静脉和直肠上静脉
rectal v., superior	直肠上静脉	门静脉和腔静脉系之间的连合支	直肠静脉丛上部	肠系膜下静脉
retromandibular v.	下颌后静脉	在腮腺上部，下颌颈后方由上颌静脉和颞浅静脉合成，向下穿过腮腺和下颌后静脉汇合形成颈外静脉		

英文名	中文名	位置	收容	注入
sacral v's, lateral	骶外侧静脉	伴骶外侧动脉		参与形成骶外侧静脉丛,运送血液入髂内静脉或臀上静脉
sacral v., median	骶正中静脉	伴骶正中动脉		髂总静脉
saphenous v., accesory	副隐静脉		当存在时,收集大腿内侧和后面浅层的静脉血	大隐静脉
saphenous v., great	大隐静脉	从足背延伸到腹股沟韧带下方		股静脉
saphenous v., small	小隐静脉	从外踝后方,经小腿背侧上行至膝部		腘静脉
scleral v's	巩膜静脉		巩膜	睫状前静脉
scrotal v's, anterior	阴囊前静脉	阴囊	阴囊前部	阴部外静脉
scrotal v's, posterior	阴囊后静脉			膀胱静脉丛
v. of septum pellucidum, anterior	透明隔前静脉		透明隔前部	丘纹上静脉
v. of septum pellucidum, posterior	透明隔后静脉		透明隔	丘纹上静脉
sigmoid v's	乙状结肠静脉		乙状结肠	肠系膜下静脉

英文名	中文名	位 置	收 容	注 入
spinal v's, anterior and posterior	脊髓前、后静脉		是引导脊髓及其软膜的静脉血进入椎内静脉丛的许多小静脉的吻合网	
spiral v. of modiolus	蜗轴螺旋静脉	蜗轴		迷路静脉
splenic v.	脾静脉	从胰左端到胰颈右侧	在脾门处由许多静脉支组织	与肠系膜上静脉结合形成静脉
stellate v's of kidney	肾星状小静脉		肾皮质浅部	肾小叶间静脉
sternocleidomastoid v.	胸锁乳突肌静脉	沿胸锁乳突肌动脉的经行		颈内静脉
striate v's	纹体静脉			
stylomastoid v.	茎乳静脉	伴茎乳动脉		下颌后静脉
subclavian v.	锁骨下静脉	伴锁骨下动脉	移行为上肢主要的静脉干一腋静脉	加入颈内静脉以形成头臂静脉
subcostal v.	肋下静脉	伴肋下动脉		加入腰升静脉,在右侧形成奇静脉,左侧形成半奇静脉
subcutaneous v's of abdomen	腹部皮下静脉	腹壁浅层		
sublingual v.	舌下静脉	伴舌下动脉		舌静脉
submental v.	颏下静脉	伴颏下动脉		面静脉

英文名	中文名	位置	收容	注入
supraorbital v.	眶上静脉	在滑车上静脉外侧降至前额		在鼻根部加入滑车上静脉形成内眦静脉
suprarenal v., left	左肾上腺静脉		左肾上腺	左肾静脉
suprarenal v., right	右肾上腺静脉		右肾上腺	下腔静脉
suprascapular v.	肩胛上静脉	伴肩胛上动脉(有时由二支静脉合成)		通常注入颈外静脉,偶尔进入锁骨下静脉
supratrochlear v's (2)	滑车上静脉(二条)		前额上部静脉丛	在鼻根部与眶上静脉结合形成内眦静脉
sural v's	腓肠静脉	伴腓肠动脉	腓肠肌	腘静脉
temporal v., deep	颞深静脉		颞肌深部	翼丛
temporal v., middle	颞中静脉	在筋膜深面下降至颧弓	在颞肌内起始	加入颞浅静脉
temporal v's, superficial	颞浅静脉	收集头颅顶区外侧部皮血液的静脉,其分支在耳前,颞弓上方形成单一的颞静脉;这一下降的颞静脉与颞中静脉和上颌静脉汇合形成下颌后静脉		
testicular v., left	左睾丸静脉		左蔓状静脉丛	左肾静脉

英文名	中文名	位 置	收 容	注 入
testicular v., right	右睾丸静脉		右蔓状静脉丛	下腔静脉
thalamostriate v's, inferior	丘纹下静脉		脑的前穿质	加入大脑中深静脉和大脑前静脉形成基底静脉
thalamostriate v., superior	丘纹上静脉		纹状体和丘脑	加入脉络膜静脉以形成大脑内静脉
thoracic v's, internal	胸廓内静脉	由双侧胸廓内动脉的伴行二支静脉,每一侧的上行并注入头臂静脉		沿动脉继续组
thoracic v., lateral	胸外侧静脉	伴胸外侧动脉		腋静脉
thoracoacromial v.	胸肩峰静脉	沿胸肩峰动脉的位置		锁骨下静脉
thoracoepigastric v's	胸腹壁静脉	位于躯干前外侧皮下组织中的一些长而浅的静脉		向上进入胸外侧静脉,向下进入股静脉
thymic v's	胸腺静脉		胸腺	
thyroid v's, inferior	甲状腺下静脉	引导甲状腺静脉丛的血液进入左、右头臂静脉的左右两条静脉;偶尔可能汇合成一个总静脉干,一般情况下总是引导血液人左头臂静脉		左头臂静脉

英文名	中文名	位置	收 容	注 入
thyroid v's, middle	甲状腺中静脉		甲状腺	颈内静脉
thyroid v., superior	甲状腺上静脉	由甲状腺上部的侧面起始	甲状腺	颈内静脉;偶尔和面静脉共同进入颈内静脉
tibial v's, anterior	胫前静脉	伴胫前动脉		与胫后静脉汇合形成腘静脉
tibial v's, posterior	胫后静脉	伴胫后动脉		与胫前静脉汇合形成腘静脉
tracheal v's	气管静脉		气管	头臂静脉
tympanic v's	鼓室静脉	起于中耳的一些小静脉,它们穿过岩鳞裂进入颞下颌关节周围的静脉丛		
ulnar v's	尺静脉	伴尺动脉		在肘窝处与桡静脉汇合形成肱静脉
umbilical v.	脐静脉	胚胎早期,携带血液从绒毛膜到静脉窦和心脏的成对静脉;随后,它们融合变成为胎儿的左脐静脉。		
umbilical v. of fetus, left	胎儿左脐静脉	由萎缩的右脐静脉和携带全部血液从胎盘到静脉导管的左脐静脉融合形成的静脉		

英文名	中文名	位 置	收 容	注 入
v. of uncus	(海马回)钩静脉		海马回钩	同侧的大脑下静脉
uterine v.'s	子宫静脉		子宫静脉丛	髂内静脉
vena cava, inferior	下腔静脉	是收集双下肢、盆部和腹部器官静脉血的一个静脉高度,起于第五腰椎椎体前双侧髂总静脉合并于主动脉右侧上行		右心房
vena cava, superior	上腔静脉	汇集头、颈、上肢和胸部血液的静脉干,由两侧头臂静脉汇合而起始,然后直接下降		右心房
ventricular v., inferior	侧脑室下静脉		颞叶	基底静脉
vertebral v., anterior	椎前静脉	伴颈升动脉		椎静脉
v. of vermis, inferior	(小脑)蚓下静脉		小脑下面	直窦或一侧的乙状窦
v.'s of Vieussens	心前静脉(维厄桑氏静脉)	通过房室沟右侧部上升	右室前壁	右房,心小静脉

Appendix 3　附录三

Celsius and Fahrenheit Temperature Equivalents
摄氏和华氏温度对应表

Celsius- Fahrenheit 摄氏		华氏			
℃	°F	℃	°F	℃	°F
−40	−40.0	9	48.2	58	136.4
−39	−38.2	10	50.0	59	138.2
−38	−36.4	11	51.8	60	140.0
−37	−34.6	12	53.6	61	141.8
−36	−32.8	13	55.4	62	143.6
−35	−31.0	14	57.2	63	145.4
−34	−29.2	15	59.0	64	147.2
−33	−27.4	16	60.8	65	149.0
−32	−25.6	17	62.6	66	150.8
−31	−23.8	18	64.4	67	152.6
−30	−22.0	19	66.2	68	154.4
−29	−20.2	20	68.0	69	156.2
−28	−18.4	21	69.8	70	158.0
−27	−16.6	22	71.6	71	159.8
−26	−14.8	23	73.4	72	161.6
−25	−13.0	24	75.2	73	163.4
−24	−11.2	25	77.0	74	165.2
−23	−9.4	26	78.8	75	167.0
−22	−7.6	27	80.6	76	168.8
−21	−5.8	28	82.4	77	170.6
−20	−4.0	29	84.2	78	172.4
−19	−2.2	30	86.0	79	174.2
−18	−0.4	31	87.8	80	176.0
−17	+1.4	32	89.6	81	177.8
−16	3.2	33	91.4	82	179.6
−15	5.0	34	93.2	83	181.4
−14	6.8	35	95.0	84	183.2
−13	8.6	36	96.8	85	185.0
−12	10.4	37	98.6	86	186.8
−11	12.2	38	100.4	87	188.6
−10	14.0	39	102.2	88	190.4

℃	°F	℃	°F	℃	°F
−40	−40.0	9	48.2	58	136.4
−9	15.8	40	104.0	89	192.2
−8	17.6	41	105.8	90	194.0
−7	19.4	42	107.6	91	195.8
−6	21.2	43	109.4	92	197.6
−5	23.0	44	111.2	93	199.4
−4	24.8	45	113.0	94	201.2
−3	26.6	46	114.8	95	203.0
−2	28.4	47	116.6	96	204.8
−1	30.2	48	118.4	97	206.6
0	32.0	49	120.2	98	208.4
+1	33.8	50	122.0	99	210.2
2	35.6	51	123.8	100	212.0
3	37.4	52	125.6	101	213.8
4	39.2	53	127.4	102	215.6
5	41.0	54	129.2	103	217.4
6	42.8	55	131.0	104	219.2
7	44.6	56	132.8	105	221.0
8	46.4	57	134.6	106	222.8
−40	−40	55	12.7	146	63.3
−39	−39.4	60	15.5	147	63.8
−38	−38.9	65	18.3	148	64.4
−37	−38.3	70	21.1	149	65.0
−36	−37.8	75	23.8	150	65.5
−35	−37.2	80	26.6	151	66.1
−34	−36.7	85	29.4	152	66.6
−33	−36.1	86	30.0	153	67.2
−32	−35.6	87	30.5	154	67.7
−31	−35.0	88	31.0	155	68.3
−30	−34.4	89	31.6	156	68.8
−29	−33.9	90	32.2	157	69.4
−28	−33.3	91	32.7	158	70.0
−27	−32.8	92	33.3	159	70.5
−26	−32.2	93	33.8	160	71.1
−25	−31.7	94	34.4	161	71.6
−24	−31.1	95	35.0	162	72.2
−23	−30.6	96	35.5	163	72.7

℃	℉	℃	℉	℃	℉
−22	−30.0	97	36.1	164	73.3
−21	−29.4	98	36.6	165	73.8
−20	−28.9	98.6	37.0	166	74.4
−19	−28.3	99	37.2	167	75.0
−18	−27.8	100	37.7	168	75.5
−17	−27.2	101	38.3	169	76.1
−16	−26.7	102	38.8	170	76.6
−15	−26.1	103	39.4	171	77.2
−14	−25.6	104	40.0	172	77.7
−13	−25.0	105	40.5	173	78.3
−12	−24.4	106	41.1	174	78.8
−11	−23.9	107	41.6	175	79.4
−10	−23.3	108	42.2	176	80.0
−9	−22.8	109	42.7	177	80.5
−8	−22.2	110	43.3	178	81.1
−7	−21.7	111	43.8	179	81.6
−6	−21.1	112	44.4	180	82.2
−5	−20.6	113	45.0	181	82.7
−4	−20.0	114	45.5	182	83.3
−3	−19.4	115	46.1	183	83.8
−2	−18.9	116	46.6	184	84.4
−1	−18.3	117	47.2	185	85.0
0	−17.8	118	47.7	186	85.5
+1	−17.2	119	48.3	187	86.1
5	−15.0	120	48.8	188	86.6
10	−12.2	121	49.4	189	87.2
15	−9.4	122	50.0	190	87.7
20	−6.6	123	50.5	191	88.3
25	−3.8	124	51.1	192	88.8
30	−1.1	125	51.6	193	89.4
31	−0.5	126	52.2	194	90.0
32	0	127	52.7	195	90.5
33	+0.5	128	53.3	196	91.1
34	1.1	129	53.8	197	91.6
35	1.6	130	54.4	198	92.2
36	2.2	131	55.0	199	92.7
37	2.7	132	55.5	200	93.3
38	3.3	133	56.1	201	93.8

℃	°F	℃	°F	℃	°F
39	3.8	134	56.6	202	94.4
40	4.4	135	57.2	203	95.0
41	5.0	136	57.7	204	95.5
42	5.5	137	58.3	205	96.1
43	6.1	138	58.8	206	96.6
44	6.6	139	59.4	207	97.2
45	7.2	140	60.0	208	97.7
46	7.7	141	60.5	209	98.3
47	8.3	142	61.1	210	98.8
48	8.8	143	61.6	211	99.4
49	9.4	144	62.2	212	100.0
50	10.0	145	62.7	213	100.5

Appendix 4　附录四
Multiples and Submultiples of Metric System
公制倍数和约数

Multiples and Submultiples 倍数和约数		Prefix 前　缀	Symbol 符　号
1,000,000,000,000	(10^{12})	tera-万亿	T
1,000,000,000	(10^{9})	giga-十亿	G
1,000,000	(10^{6})	mega-百万	M
1,000	(10^{3})	kilo-千	k
100	(10^{2})	hecto-百	h
10	(10)	deka-十	da
0.1	(10^{-1})	deci-十分之一	d
0.01	(10^{-2})	centi-百分之一	c
0.001	(10^{-3})	milli-毫	m
0.000 001	(10^{-6})	micro-微	μ
0.000 000 001	(10^{-9})	nano-纤	n
0.000 000 000 001	(10^{-12})	pico-微微	p
0.000 000 000 000 001	(10^{-15})	femto-尘	f
0.000 000 000 000 000 001	(10^{-18})	atto-微微微	a

Appendix 5 附录五
Tables of Weights and Measures
重量和计量表

Measures of Mass 物质度量

Avoirdupois Weight 常衡重量

Grains 谷	Drams 英钱	Ounces 盎司	Pounds 磅	Metric Equivalents (grams) 公制相应量（克）
1	0.0366	0.0023	0.00014	0.0647989
27.34	1	0.0625	0.0039	1.772
437.5	16	1	0.0625	20.350
7000	256	16	1	453.5924277

Apothecaries' Weight 药用重量单位

Grains 谷	Scruples (ə) 吩	Drams (з) 英钱	Ounces (ξ) 盎司	Pounds (lb) 磅	Metric Equivalents (grams) 公制相应量（克）
1	0.05	0.0167	0.0021	0.00017	0.0647989
20	1	0.333	0.042	0.0035	1.296
60	3	1	0.125	0.0104	3.888
480	24	8	1	0.0833	31.103
5760	288	96	12	1	373.24177

Metric Weight 公制重量

Micro-gram $1/10^6$ gram 克	Milli-gram $1/10^3$ gram 克	Centi-gram $1/10^2$ gram 克	Deci-gram $1/10$ gram 克	Gram 克	Deca-gram 十 gram 克	Hecto-gram 百 gram 克	Kilo-gram 千 gram 克	Metric Ton 公制 吨	Equivalents 对应值 Avoirdupois 常衡制	Apothecaries' 药衡制
1	—	—	—	—	—	—	—	—	0.000015 gr	
10^3	1	—	—	—	—	—	—	—	0.015432 gr	
10^4	10	1	—	—	—	—	—	—	0.154323 gr	
10^5	100	10	1	—	—	—	—	—	1.543235 gr	
10^6	1000	100	10	1	—	—	—	—	15.432356 gr	
10^7	10^4	1000	100	10	1	—	—	—	5.6438dr	7.7162scr
10^8	10^5	10^4	1000	100	10	1	—	—	3.527 oz	3.215 oz
10^9	10^6	10^5	10^4	1000	100	10	1	—	2.2046lb	2.6792lb
10^{12}	10^9	10^8	10^7	10^6	10^5	10^4	1000	1	2204.6223lb	2679.2285lb

Troy Weight 金衡制重量

Grains 谷	Pennyweights 英钱	Ounces 盎司	Pounds 磅	Metric Equivalents (grams) 公制相应量(克)
1	0.042	0.002	0.00017	1.0647989
24	1	0.05	0.0042	1.555
480	20	1	0.083	31.103
5760	240	12	1	373.24177

Measures of Capacity 体积度量

Apothecaries' (Wine) Measure 药衡制

Minims 量滴	Fluid Drams 液体打兰	Fluid Ounces 液体盎司	Gills 及耳	Pints 品脱	Quarts 弯脱	Gallons 加仑	Cubic Inches 立方英寸	Equivalents 对应值 Milliliters 毫升	Cubic Centimeters 立方厘米
1	0.0166	0.002	0.0005	0.00013	—	—	0.00376	0.06161	0.06161
60	1	0.125	0.0312	0.0078	0.0039	—	0.22558	3.6937	3.6937
480	8	1	0.25	0.0625	0.0312	0.0078	1.80468	29.5737	29.5737
1920	32	4	1	0.25	0.125	0.0312	7.21875	118.2948	118.2948
7680	128	16	4	1	0.5	0.125	28.875	473.179	473.179
15360	256	32	8	2	1	0.25	57.75	946.358	946.358
61440	1024	128	32	8	4	1	231	3785.434	3785.434

Metric Measure 公制

Micro-liter 微升	Milli-liter 毫升	Centi-liter 1/10² 升	Deci-liter 1/10 升	Liter 升	Deka-liter 十升	Hecto-liter 百升	Kilo-liter 千升	Mega-liter 兆升	Equivalents (Apothecaries' Fluid) 对应值（药衡制）
1	0.001	10^{-4}	—	—	—	—	—	—	0.01623108 min 分
10^3	1	—	—	—	—	—	—	—	16.23 min 分
10^4	10	1	—	—	—	—	—	—	2.7 fl dr 英钱
10^5	100	10	1	—	—	—	—	—	3.38 fl oz 液体盎司
10^6	10^3	100	10	1	—	—	—	—	2.11 pts 品脱
10^7	10^4	10^3	100	10	1	—	—	—	2.64 gals 加仑
10^8	10^5	10^4	10^3	100	10	1	—	—	26.418 gals 加仑

微升 Micrometer	毫升	1/10² 升	1/10 升	升	十升	百升	千升	兆升	对应值(药衡制)
10^9	10^6	10^5	10^4	10^3	100	10	1	—	264.18 gals 加仑
10^{12}	10^9	10^8	10^7	10^6	10^5	10^4	10^3	1	26418 gals 加仑

1 liter = 2.1133363738 pints (Apothecaries)　1 升 = 2.1133363738 品脱(药衡制)

Measures of Length 长度度量

Metric Measure 公制

Micrometer 微米	Millimeter 毫米	Centimeter 厘米	Decimeter 分米	Meter 米	Dekameter 十米	Hectometer 百米	Kilometer 千米	Megameter 兆米	Equivalents 对应值
1	—	—	—	—	—	—	—	—	0.000039 inch 英寸
10^3	1	—	—	—	—	—	—	—	0.03937 inch 英寸
10^4	10	1	—	—	—	—	—	—	0.3937 inch 英寸
10^5	100	10	1	—	—	—	—	—	3.937 inches 英寸
10^6	1000	100	10	1	—	—	—	—	39.37 inches 英寸
10^7	10^4	1000	100	10	1	—	—	—	10.9361 yards 码
10^8	10^5	10^4	1000	100	10	1	—	—	109.3612 yards 码
10^9	10^6	10^5	10^4	1000	100	10	1	—	1093.6121 yards 码
10^{10}	10^7	10^6	10^5	10^4	1000	100	10	1	6.2137 miles 英里
10^{12}	10^9	10^8	10^7	10^6	10^5	10^4	1000	10	621.370 miles 英里

Conversion Tables 换算表

Avoirdupois-Metric Weights 药衡制-公制

Ounces 盎司	Grams 克	Ounces 盎司	Grams 克	Pounds 磅	Grams 克	Kilograms 千克
1/16	1.772	7	198.447	1(16 oz)(16 盎司)	453.59	
1/8	3.554	8	226.796	2	907.18	
1/4	7.088	9	255.146	3	1360.78	1.36
1/2	14.175	10	283.495	4	1814.37	1.81
1	28.350	11	311.845	5	2267.96	2.27
2	56.699	12	340.194	6	2721.55	2.72
3	85.049	13	368.544	7	3571.15	3.18
4	113.398	14	396.893	8	3628.74	3.63
5	141.748	15	425.243	9	4082.33	4.08
6	170.097	16(1 lb)(磅)	453.59	10	4535.92	4.54

Metric-Avoirdupois Weight 公制-常衡制

Grams 克	Ounces 盎司	Grams 克	Ounces 盎司	Grams 克	Pounds 磅
0.001(1 mg)	0.000035274	1	0.035274	1000(1 kg)	2.2046

Conversion Tables, Continued 换算表（接上表）

Avoirdupois-Metric Weights 药衡制-公制

Grains 谷	Grams 克	Grains 谷	Grams 克	Scruples 吩	Grams 克
1/150	0.0004	2/5	0.03	1	1.296(1.3)
1/120	0.0005	1.2	0.032	2	2.592(2.6)
1/100	0.0006	3/5	0.04	3	3.888(3.9)
1/90	0.0007	2/3	0.043	**Drams 打兰**	**Grams 克**
1/80	0.0008	3/4	0.05	1	3.888
1/64	0.001	7/8	0.057	2	7.776
1/60	0.0011	1	0.065	3	11.664
1/50	0.0013	1 1/2	0.097(0.1)	4	15.552
1/48	0.0014	2	0.12	5	19.440
1/40	0.0016	3	0.20	6	23.328
1/36	0.0018	4	0.24	7	27.216
1/32	0.002	5	0.30	8	31.103
1/30	0.0022	6	0.40	**Ounces 盎司**	**Grams 克**
1/25	0.0026	7	0.45	1	31.103
1/20	0.003	8	0.50	2	62.207
1/16	0.004	9	0.60	3	93.310
1/12	0.005	10	0.65	4	124.414
1/10	0.006	15	1.00	5	155.517
1/9	0.007	20(1)	1.30	6	186.621
1/8	0.008	30	2.00	7	217.724
1/7	0.009			8	248.828
1/6	0.01			9	279.931
1/5	0.013			10	311.035
1/4	0.016			11	342.138
1/3	0.02			12	373.242

Metric-Apothecaries' Weight 公制-药衡制

Milligrams 毫克	Grains 谷	Grams 克	Grains 谷	Grams 克	Equivalents 对应值
1	0.015432	0.1	1.5432	10	2.572 drams 打兰
2	0.030864	0.2	3.0864	15	3.858 "
3	0.046296	0.3	4.6296	20	5.144 "
4	0.061728	0.4	6.1728	25	6.430 "
5	0.077160	0.5	7.7160	30	7.716 "
6	0.092592	0.6	9.2592	40	1.286 oz 盎司
7	0.108024	0.7	10.8024	45	1.447 "
8	0.123456	0.8	12.3456	50	1.607 "
9	0.138888	0.9	13.8888	100	3.215 "
10	0.154320	1.0	15.4320	200	6.430 "
15	0.231480	1.5	23.1480	300	9.644 "
20	0.308640	2.0	30.8640	400	12.859 "
25	0.385800	2.5	38.5800	500	1.34 lb 磅
30	0.462960	3.0	46.2960	600	1.61 "
35	0.540120	3.5	54.0120	700	1.88 "
40	0.617280	4.0	61.728	800	2.14 "
45	0.694440	4.5	69.444	900	2.41 "
50	0.771600	5.0	77.162	1000	2.68 "
100	1.543240	10.0	154.324		

Conversion Tables, Continued 换算表（接上表）

Apothecaries'-Metric Liquid Measure 药衡制-公制液体度量

Minims 量滴	Milliliters 毫升	Fluid Drams 液体打兰	Milliliters 毫升	Fluid Ounces 液体盎司	Milliliters 毫升
1	0.06	1	3.70	1	29.57
2	0.12	2	7.39	2	59.15
3	0.19	3	11.09	3	88.72
4	0.25	4	14.79	4	118.29
5	0.31	5	18.48	5	147.87
10	0.62	6	22.18	6	177.44
15	0.92	7	25.88	7	207.01
20	1.23	8 (1 fl oz)	29.57	8	236.58
25	1.54			9	266.16
30	1.85			10	295.73
35	2.16			11	325.30
40	2.46			12	354.88
45	2.77			13	384.45
50	3.08			14	414.02
55	3.39			15	443.59
60 (1 fl dr)	3.70			16 (1 pt)	473.17
				32 (1 qt)	946.33
				128 (1 gal)	3785.32

Metric-Apothecaries' Liquid Measure 公制-药衡制液体数量

Milliliters 毫升	Minims 量滴	Milliliters 毫升	Fluid Drams 液体打兰	Milliliters 毫升	Fluid Drams 液体打兰
1	16.231	5	1.35	30	1.01
2	32.5	10	2.71	40	1.35
3	48.7	15	4.06	50	1.69
4	64.9	20	5.4	500	16.91
5	81.1	25	6.76	1000(1 L)	33.815
		30	7.1		

U.S. and British-Metric Length 美国和英国-公制长度

Inches 英寸	Millimeters 毫米	Centimeters 厘米	Meters 米
1/25	1.00	0.1	0.001
1/8	3.18	0.318	0.00318
1/4	6.35	0.635	0.00635
1/2	12.70	1.27	0.00127
1	25.40	2.54	0.0254
12 (1 foot) (1 英尺)	304.80	30.48	0.3048

Appendix 6 附录六

Tables of Metric Doses with Approximate Apothecary Equivalents
公制与药衡计量近似对应表

这些近似的剂量代表着在同等条件下,无论是公制,还是药衡制,药师们所使用的剂量,在公制和药衡制中标明的剂量,如果相近似,那么近似值在括号内标明。

如果配制量,如片、囊、丸等,是公制,药师可根据药衡制表中相应的剂量配药,反之亦然,如下表所示。

在变换药学公式时,特殊剂量的换算,必须使用对应值。在复合处方中,对应值应计算到小数点后三位数。

Liquid Measure 液体度量

Metric 公制	Approximate Apothecary Equivalents 药衡制近似值	Metric 公制	Approximate Apothecary Equivalents 药衡制近似值
1000 ml	1 quart 夸脱	3 ml	45 minims 量滴
750 ml	1 ½ pints 品脱	2 ml	30 minims 量滴
500 ml	1 pint 品脱	1 ml	15 minims 量滴
250 ml	8 fluid ounces 液体盎司	0.75 ml	12 minims 量滴
200 ml	7 fluid ounces 液体盎司	0.6 ml	10 minims 量滴
100 ml	3 ½ fluid ounces 液体盎司	0.5 ml	8 minims 量滴
50 ml	1 ¾ fluid ounces 液体盎司	0.3 ml	5 minims 量滴
30 ml	1 fluid ounce 液体盎司	0.25 ml	4 minims 量滴

Liquid Measure 液体度量

Metric 公制	Approximate Apothecary Equivalents 药衡制近似值
15 ml	4 fluid drams 液体打兰

Metric 公制	Approximate Apothecary Equivalents 药衡制近似值
10 ml	2 ½ fluid drams 液体打兰
8 ml	2 fluid drams 液体打兰
5 ml	1 ¼ fluid drams 液体打兰
4 ml	1 fluid dram 液体打兰

Metric 公制	Approximate Apothecary Equivalents 药衡制近似值
0.2 ml	3 minims 量滴

Metric 公制	Approximate Apothecary Equivalents 药衡制近似值
0.1 ml	1 ½ minims 量滴
0.06 ml	1 minims 量滴
0.05 ml	¾ minim 量滴
0.03 ml	½ minim 量滴

Liquid Measure 液体度量

Metric 公制	Approximate Apothecary Equivalents 药衡制近似值
30 g	1 ounce 盎司
15 g	4 drams 打兰
10 g	2 ½ drams 打兰
7.5 g	2 drams 打兰
6 g	90 grains 谷
5 g	75 grains 谷
4 g	60 grains(1 dram) 谷(1打兰)
3 g	45 grains 谷

Metric 公制	Approximate Apothecary Equivalents 药衡制近似值
30 mg	½ grain 谷
25 mg	3/8 grain 谷
20 mg	1/3 grain 谷
15 mg	1/4 grain 谷
12 mg	1/5 grain 谷
10 mg	1/6 grain 谷
8 mg	1/8 grain 谷
6 mg	1/10 gran 谷

Liquid Measure 液体度量

Metric 公制		Approximate Apothecary Equivalents 药衡制近似值		Metric 公制		Approximate Apothecary Equivalents 药衡制近似值	
2	g	30	grains(1/2dram) 谷(1/2 打兰)	5	mg	1/12	grain 谷
1.5	g	22	grains 谷	4	mg	1/15	grain 谷
1	g	15	grains 谷	3	mg	1/20	grain 谷
750	mg	12	grains 谷	2	mg	1/30	grain 谷
600	mg	10	grains 谷	1.5	mg	1/40	grain 谷
500	mg	7 ½	grains 谷	1.2	mg	1/50	grain 谷
400	mg	6	grains 谷	1	mg	1/60	grain 谷
300	mg	5	grains 谷	800	µg	1/80	grain 谷
250	mg	4	grains 谷	600	µg	1/100	grain 谷
200	mg	3	grains 谷	500	µg	1/120	grain 谷
150	mg	2 ½	grains 谷	400	µg	1/150	grain 谷
125	mg	2	grains 谷	300	µg	1/200	grain 谷
100	mg	1 ½	grains 谷	250	µg	1/250	grain 谷
75	mg	1 ¼	grains 谷	200	µg	1/300	grain 谷
60	mg	1	grain 谷	150	µg	1/400	grain 谷
50	mg	3/4	grain 谷	120	µg	1/500	grain 谷
40	mg	2/3	grain 谷	100	µg	1/600	grain 谷

上述近似剂量已被美国药典及国家配方所采用,并获 FDA 的认可。

Appendix 7 附录七

Reference Values for the Interpretation of Laboratory Tests *

实验室检查参考值

Reference Values for Hematology 血液参考值		
	Conventional Units 常规单位	SI Units 国际单位
Acid hemolysis (Ham test) 酸溶血试验(哈姆氏试验)	No hemolysis 无溶血	No hemolysis 无溶血
Alkaline phosphatase, leukocyte 碱性磷酸酶,白细胞	Total score, 14~100 总数 14~100	Total score, 14~100 总数 14~100
Cell counts 细胞计数		
Erythrocytes 红细胞		
Males 男	4.6~6.2 million/mm^3	4.6~6.2×10^{12}/L
Females 女	4.2~5.4 million/mm^3	4.2~5.4×10^{12}/L
Children (varies with age) 儿童(随年龄变化)	4.5~5.1 million/mm^3	4.5~5.1×10^{12}/L
Leukocytes, total 白细胞,总数	4500~11,000/mm^3	4.5~11.0×10^9/L
Leukocytes, differential[+] 白细胞,分类[+]		
Myelocytes 中幼粒细胞	0%	0/L
Band neutrophils 杆状粒细胞	3~5%	150~400×10^6/L

	Conventional Units 常规单位	SI Units 国际单位
Segmented neutrophils 分叶核粒细胞	54~62%	3000~5800×10^6/L
Lymphocytes 淋巴细胞	25~33%	1500~3000×10^6/L
Monocytes 单核细胞	3~7%	300~500×10^6/L
Eosinophils 嗜酸性粒细胞	1~3%	50~250×10^6/L
Basophils 嗜碱性粒细胞	0~1%	15~50×10^6/L
Platelets 血小板	150,000~350,000/mm^3	150~350×10^9/L
Reticulocytes 网织红细胞	(0.5~1.5% of erythrocytes) (红细胞的 0.5~1.5%) 25,000~75,000/mm^3	25~75×10^9/L
Coagulation tests 凝血试验		
Bleeding time (template) 出血时间 (玻板法)	2.75~8.0 min	2.75~8.0 min
Coagulation time (glass tube) 凝血时间 (玻璃试管)	5~15 min	5~15 min
Factor VIII and other coagulation factors 因子VIII和其他凝血因子	50~150% of normal 正常的 50~150%	0.5~1.5 of normal 正常的 0.5~1.5
Fibrin split products (Thrombo~Wellco test) 纤维蛋白降解产物	<10 μg/ml	<10 mg/L
Fibrinogen 纤维蛋白原	200~400mg/dl	2.0~4.0 gm/L
Partial thromboplastin time(PTT) 部分凝血活酶时间(PTT)	20~35 s	20~35 s

	Conventional Units 常规单位	SI Units 国际单位
Prothrombin time(PT) 凝血酶原时间(PT)	12.0~14.0 s	12.0~14.0 s
Coombs' test 抗球蛋白试验		
Direct 直接法	Negative 阴性	Negative 阴性
Indirect 间接法	Negative 阴性	Negative 阴性
Corpuscular values of erythrocytes 红血球数值		
Mean corpuscular hemoglobin(MCH) 平均红细胞血红蛋白含量(MCH)	26~34 pg/细胞	26~34 pg/细胞
Mean corpuscular volume(MCV) 平均红细胞体积(MCV)	80~96 μm³	80~96 fL
Mean corpuscular hemoglobin concentration(MCHC) 平均红细胞血红蛋白浓度(MCHC)	32~36 gm/dl	320~360 gm/L
Haptoglobin 触珠蛋白	20~165 mg/dl	0.20~1.65 gm/L
Hematocrit 红细胞比积		
Males 男	40~54 ml/dl	0.40~0.54
Females 女	37~47 ml/dl	0.37~0.47
Newborns 新生儿	49~54 ml/dl	0.49~0.54
Children (varies With age) 儿童(随年龄变化)	35~49 ml/dl	0.35~0.49
Hemoglobin 血红蛋白		
Males 男	13.0~18.0 gm/dl	8.1~11.2 mmol/L
Females 女	12.0~16.0 gm/dl	7.4~9.9 mmol/L

	Conventional Units 常规单位	SI Units 国际单位
Newborns 新生儿	16.5~19.5 gm/dl	10.2~12.1 mmol/L
Children (varies with age) 儿童（随年龄变化）	11.2~16.5 gm/dl	7.0~10.2 mmol/L
Hemoglobin, fetal 血红蛋白，胎儿	<1.0% of total 小于总数的1.0%	<0.01 of total 小于总数的0.01
Hemoglobin A_{1c} 血红蛋白 A_{1c}	3~5% of total 总数的3~5%	0.03~0.05 of total 总数的0.03~0.05
Hemoglobin A_2 血红蛋白 A_2	1.5~3.0% of total 总数的1.5~3.0%	0.015~0.03 of total 总数的0.015~0.03
Hemoglobin, plasma 血红蛋白，血浆	0.0~5.0 mg/dl	0~3.2 μmol/L
Methemoglobin 正铁血红蛋白	30~130 mg/dl	19~80 μmol/L
Sedimentation rate (ESR) 血沉 (ESR)		
Wintrobe 潘氏法		
Males 男	0~5 mm/h	0~5 mm/h
Females 女	0~15 mm/h	0~15 mm/h
Westergren 韦斯特格伦法		
Males 男	0~15 mm/h	0~15 mm/h
Females 女	0~20 mm/h	0~20 mm/h

* 本附录选自威廉·Z·勃诺的《实验室参考值》一书。该书由费城 W.B.Saunders 公司1994年出版。表中有些值已被宾州费城州费城托马斯·查福迹大学医学院证实。未在别处发表。其他数据来源于所注明的出处。这些数据仅为信息收集和教学所用。提供此数据表的目的是为了完善和求取更多的数据，包括一些医学史上和体检中曾使用过的数据。使用本表时，数据需进行具体分析判断。

+ 常规单位为百分比，国际单位为绝对值。

Reference Values* for Clinical Chemistry (Blood, Serum, and Plasma) 临床化学参考值*（血，血清和血浆）		
	Conventional Units 常规单位	SI Units 国际单位
Acetoacetate plus acetone 乙酰乙酸盐加丙酮		
Qualitative 定性	Negative	Negative
Quantitative 定量	0.3~2.0 mg/dl	30~200 μmol/L
Acid phosphatase 酸性磷酸酶	(Thymolphthalein monophosphate substrate), serum	0.1~0.6 U/L
ACTH (see corticotropin) 促肾上腺皮质激素（见皮质醇）		
Alanine aminotransferase (ALT, SGPT), serum 血清丙氨酸转氨酶 (ALT, SGPT)	1~45 U/L	1~45 U/L
Albumin, serum 白蛋白, 血清	3.3~5.2 gm/dl	33~52 gm/L
Aldolase, serum 醛缩酶, 血清	0.0~7.0 U/L	0.0~7.0 U/L
Aldosterone, plasma 醛固酮, 血浆		
Standing 直立的	5~30 ng/dl	140~830 pmol/L
Recumbent 斜位的	3~10 gm/dl	80~275 pmol/L
Alkaline phosphatase (ALP), serum 碱性磷酸酶 (ALP), 血清		
Adult 成人	35~150 U/L	35~150 U/L

Reference Values* for Clinical Chemistry (Blood, Serum, and Plasma) 临床化学参考值*（血、血清和血浆）

	Conventional Units 常规单位	SI Units 国际单位
Adolescent 青年人	100~500 U/L	100~500 U/L

	Conventional Units 常规单位	SI Units 国际单位
Children 儿童	100~350 U/L	100~350 U/L
Ammonia nitrogen, plasma 氨氮，血清	10~50μmol/L	10~50μmol/L
Amylase, serum 淀粉酶，血清	25~125 U/L	25~125 U/L
Anion gap, serum, calculated 阴离子同隙，血清，计算后的	3~16 mEq/L	8~16 mmol/L
Ascorbic acid, blood 抗坏血酸，血	0.4~1.5 mg/dl	23~85μmol/L
Aspartate aminotransferase (AST, SGOT), serum 天门冬转氨酶，血清	1~36 U/L	1~36 U/L
Base excess, arterial blood, calculated 碱剩余，动脉血，计算后的	0±2 mEq/L	0±2 mmol/L
Bicarbonate 碳酸氢盐		
Venous plasma 静脉血浆	23~29 mEq/L	23~29 mmol/L
Arterial blood 动脉血	21~27 mEq/L	21~27 mmol/L
Bile acids, serum 胆酸，血清	0.3~3.0 mg/dl	0.8~7.6μmol/L
Bilirubin, serum 胆红素，血清		

	Conventional Units 常规单位	SI Units 国际单位
Conjugated 结合的	0.1~0.4 mg/dl	1.7~6.8 μmol/L
Total 总的	0.3~1.1 mg/dl	5.1~19 μmol/L
Calcium, serum 钙,血清	8.4~10.6 mg/dl	2.10~2.65 mmol/L
Calcium, ionized, serum 钙,离子,血清	4.25~5.25 mg/dl	1.05~1.30 mmol/L
Carbon dioxide, total, serum or plasma 二氧化碳,总的,血清或血浆	24~31 mEq/L	24~31 mmol/L
Carbon dioxide tension (PCO$_2$), blood 二氧化碳压力,血	35~45 mmHg	35~45 mmHg
Beta-carotene, serum β胡萝卜素,血清	60~260 μg/dl	1.1~8.6 μmol/L
Ceruloplasmin, serum 血浆酮蓝蛋白,血清	23~44 mg/dl	230~440 mg/L
Chloride, serum or plasma 氯,血清或血浆	96~106 mEq/L	96~106 mmol/L
Cholesterol, serum or EDTA plasma 胆固醇,血清或 EDTA 血浆		
Desirable range 正常序列	<200 mg/dl	<5.20 mmol/L
Low-density lipoprotein cholesterol 低密度脂蛋白胆固醇	60~180 mg/dl	1.55~4.65 mmol/L
High-density lipoprotein cholesterol 高密度脂蛋白胆固醇	30~80 mg/dl	0.80~2.05 mmol/L
Copper 铜	70~140 μg/dl	11~22 μmol/L
Corticotropin, plasma (ACTH), 8 A.M. 皮质醇,血浆(ACTH), 8 A.M.	10~80 pg/ml	2~18 pmol/L

	Conventional Units 常规单位	SI Units 国际单位
Cortisol, plasma 可的松,血浆		
8:00A.M.	6~23μg/dl	170~630 nmol/L
4:00P.M.	3~15μg/dl	80~410 nmol/L
10:00P.M.	<50% of 8:00 A.M. value 小于上午8时值之50%	<50% of 8:00 A.M. value 同前
Creatine, serum 肌酸,血清		
Males 男	0.2~0.5 mg/dl	15~40μmol/L
Females 女	0.3~0.9 mg/dl	25~70μmol/L
Creatine kinase (CK,CPK), serum 肌酸激酶(CK,CPK),血清		
Males 男	55~170 U/L	55~170 U/L
Females 女	30~135 U/L	30~135 U/L
Creatine kinase MB isoenzyme, serum 肌酸激酶MB同工酶,血清	<5% of total CK activity 小于CK总活性之5% <5.0 ng/ml by immunoassay 免疫鉴定<5 ng/ml	
Creatinine, serum 肌苷,血清	0.6~1.2 mg/dl	50~110μmol/L
Ferritin, serum 铁蛋白,血清	20~200 ng/ml	20~200μg/L
Fibrinogen, plasma 纤维蛋白原,血浆	200~400 mg/ml	2.0~4.0 gm/L
Folate 叶酸盐		
Serum 血清	2.0~9.0 ng/ml	4.5~20.4 nmol/L

	Conventional Units 常规单位	SI Units 国际单位
Erythrocytes 红细胞	170~700 ng/ml	385~1590 nmol/L
Follicle-stimulating hormone (FSH), plasma 卵泡刺激激素 (FSH), 血浆		
Males 男	4~25 mU/ml	4~25 U/L
Females, premenopausal 女, 经前的	4~30 mU/ml	4~30 U/L
Females, postmenopausal 女, 经后的	40~250 mU/ml	40~250 U/L
Gamma-glutamyltransferase (GGT), serum γ-谷氨酰转肽酶 (GGT), 血清	5~40 U/L	5~40 U/L
Gastrin, fasting, serum 促胃液素, 禁食的, 血清	0~110 pg/ml	0~110 mg/L
Glucose, fasting, plasma or serum 血糖, 禁食的, 血浆或血清	70~113 mg/dl	3.0~6.4 nmol/L
Growth hormone (hGH) plasma, adult, fasting 生长激素 (hGH), 血浆, 成人的, 禁食的	0~6 ng/ml	0~6 μg/L
Haptoglobin, serum 触珠蛋白, 血清	20~165 mg/dl	0.20~1.65 gm/L
Immunoglobulins, serum (see Immunologic Procedures) 免疫球蛋白, 血清 (见免疫步骤)		
Insulin, fasting, plasma 胰岛素, 禁食的, 血浆	5~25 μU/ml	36~179 pmol/L
Iron, serum 血清铁	75~175 μg/dl	13~31 μmol/L

Reference Values* for Clinical Chemistry (Blood, Serum, and Plasma) Continued 临床化学参考值*（血，血清和血浆）接前

	Conventional Units 常规单位	SI Units 国际单位
Iron-binding capacity, serum 血清铁结合力		
Total 总的	250~410 μg/dl	45~73 μmol/L
Saturaion 饱和度	20~55%	0.20~0.55
Lactate 乳酸盐		
Venous blood 静脉血	5.0~20.0 mg/dl	0.6~2.2 mmol/L
Arterial blood 动脉血	5.0~15.0 mg/dl	0.6~1.7 mmol/L
Lactate dehydrogenase (LD, LDH), serum 乳酸脱氢酶 (LD, LDH)，血清	110~220 U/L	110~220 U/L
Lipase, serum 脂酶，血清	10~14~U/L 1	0~140 U/L
Lutropin, serum (LH) 黄体生成素，血清 (LH)		
Males 男	1~9 IU/L	1~9 U/L
Females 女		
Follicular 卵泡期	2~10 IU/L	2~10 U/L
Midcycle 中期	15~65 U/L	15~65 U/L
Luteal 黄体期	1~12 U/L	1~12 U/L
Postmenopausal 经后	12~65 U/L	12~65 U/L
Magnesium, serum 镁，血清	1.3~2.1 mg/dl	0.65~1.05 mmol/L
Osmolality 渗透浓度	275~295 mOsm/kg H_2O	275~295 mOsm/kg H_2O

	Conventional Units 常规单位	SI Units 国际单位
Oxygen, blood, arterial, room air 氧,动脉血		
Partial pressure (PaO₂) 动脉血氧分压(PaO₂)	80~100 mmHg	80~100 mmHg
Saturation 血氧饱和度 (SaO₂)(SaO₂)	95~98%	95~98%
pH, arterial blood 动脉血 pH.	7.35~7.45	7.35~7.45
Phosphate, inorganic, serum 磷酸盐,无机的,血清		
Adult 成人	3.0~4.5 mg/dl	1.0~1.5 mmol/L
Child 儿童	4.0~7.0 mg/dl	1.3~2.3 mmol/L
Potassium 钾		
Serum 血清	3.5~5.0 mEq/L	3.5~5.0 mmol/L
Plasma 血浆	3.5~4.5 mEq/L	3.5~4.5 mmol/L
Progesterone, serum, adult 孕酮,血清,成人		
Males 男	0.0~0.4 ng/ml	0.0~1.3 mml/L
Females 女		
Follicular phase 卵泡阶段	0.1~1.5 ng/ml	0.3~4.8 mmol/L
Luteal phase 黄体阶段	2.5~28.0 ng/ml	8.0~89.0 mmol/L
Prolactin, serum 催乳激素,血清		
Males 男	1.0~15.0 ng/ml	1.0~15.0 μg/L
Females 女	1.0~20.0 ng/ml	1.0~20.0 μg/L

	Conventional Units 常规单位	SI Units 国际单位
Protein, serum, electrophoresis 蛋白，血清，电泳		
Total 总的	6.0~8.0 gm/dl	60~80 gm/L
Albumin 白蛋白	3.5~5.5 gm/dl	35~55 gm/L
Globulins 球蛋白		
Alpha$_1$ α$_1$蛋白	0.2~0.4 gm/dl	2~4 gm/L
Alpha$_2$ α$_2$蛋白	0.5~0.9 gm/dl	5~9 gm/L
Beta β蛋白	0.6~1.1 gm/dl	6.11 gm/L
Gamma γ蛋白	0.7~1.7 gm/dl	7~17 gm/L
Pyruvate, blood 丙酮酸盐，血	0.3~0.9 gm/dl	0.03~0.10 mmol/L
Rheumatoid factor 风湿因子	0.0~30 IU/ml	0.0~30.0 kIU/L
Sodium, serum or plasma 钠, 血清或血浆	135~145 mEq/L	135~145 mmol/L
Testosterone, plasma 睾丸酮, 血浆		
Males, adult 男, 成人	300~1200 ng/dl	10.4~41.6 nmol/L
Females, adult 女, 成人	20~75 ng/dl	0.7~2.6 nmol/L
Pregnant females 孕妇	40~200 ng/dl	1.4~6.9 nmol/L
Thyroglobulin 甲状腺球蛋白	3~42 ng/ml	3~42 μg/L
Thyrotropin (hTSH), serum 促甲状腺激素(hTSH), 血清	0.4~4.8μIU/ml	0.4~4.8 mIU/L

	Conventional Units 常规单位	SI Units 国际单位
Thyrotropin releasing hormone 促甲状腺激素释放激素 (TRH) (TRH)	5~60 pg/ml	5~60 ng/L
Thyroxine, free (FT₄), serum 游离甲状腺激素 (FT₄), 血清	0.9~2.1 ng/dl	12~27 pmol/L
Thyroxine (T₄), serum 甲状腺激素 (T₄), 血清	4.5~12.0 μg/dl	58~154 nmol/L
Thyroxin-binding globulin (TBG) 甲状腺素结合球蛋白 (TBG)	15.0~34.0 μg/ml	15.0~34.0 mg/L
Transferrin 转铁蛋白	250~430 mg/dl	2.5~4.3 gm/L
Triglycerides, serum, 12~h fast 甘油三酸脂, 血清, 12小时禁食	40~150 mg/dl	0.4~15.0 mg/L
Triiodothyronine (T₃), serum 三碘甲状腺氨酸	70~190 ng/dl	1.1~2.9 nmol/L
Triiodothyronine uptake, resin (T₃RU) 三碘甲状腺氨酸吸升高, 树脂 (T₃RU)	25~38%	0.25~0.38
Urate 尿酸盐		
Males 男	2.5~8.0 mg/dl	150~480 μmol/L
Females 女	2.2~7.0 mg/dl	130~420 μmol/L
Urea, serum or plasma 尿素, 血清或血浆	24~49 mg/dl	4.0~8.2 nmol/L
Urea nitrogen, serum or plasma 尿素氮, 血清或血浆	11~23 mg/dl	8.0~16.4 nmol/L
Viscosity, serum 粘度, 血清	1.4~1.8×水	1.4~1.8×水
Vitamin A, serum 维生素 A, 血清	20~80 μ/dl	0.70~2.80 μmol/L
Vitamin B₁₂, serum 维生素 B₁₂, 血清	180~900 ph/ml	133~664 pmol/L

* 可能依实验方法和样本来源的不同而有变化。

Reference Values for Therapeutic Drug Monitoring (Serum) 治疗药物指导参考值(血清)			
	Therapeutic Range 治疗范围	Toxic Concentrations 毒性浓度	Proprietary Names 英语专用名
Analgesics 止痛剂			
Acetaminophem 醋氨酚	10~20μg/ml	>250μg/ml	Tylenol
			Datril
Salicylate 水杨酸脂	100~250μg/ml	>300μg/ml	Aspirin
			Ascriptin
			Bufferin
Antibiotics 抗生素类			
Amikacin 丁胺卡那霉素	25~30μg/ml	Peak>35μgml	Amikin
		Trough>10μg/ml	
Chloramphenicol 氯霉素	10~20μg/ml	>25μg/ml	Chloromycetin
Gentamicin 庆大霉素	5~10μg/ml	Peak>10μg/ml	Garamycin
		Through>2μg/ml	
Tobramycin 托布拉霉素	5~10μg/ml	Peak>10μg/ml	Nebcin
		Through>2μg/ml	
Vancomycin 万古霉素	5~10μg/ml	Peak>40μg/ml	Vancocin
		Through>10μg.ml	
Anticonvulsants 抗惊厥药			
Carbamazepine 卡马西平	5~12μg.ml	>15μg.ml	Tegretol
Ethosuximide 乙琥胺	40~100μg/ml	>150μg/ml	Zarontin
Phenobarbital 苯巴比妥	15~40μg/ml	40~100ng/ml(varies widely)	
Phenytoin 苯妥因	10~20μg/ml	>20μg/ml	Dilantin
Primidone 普鲁米酮	5~12μg/ml	>15μgml	Mysoline

	Therapeutic Range 治疗范围	Toxic Concentrations 毒性浓度	Proprietary Names 英语专用名
Valproic acid 丙戊酸	50~100μg/ml	>100μg/ml	Depakene
Antineoplastics and Immunosuppressives 抗肿瘤和免疫抑制剂			
Cyclosporine A 环孢霉素 A	50~400ng/ml	>400ng/ml	Sandimmune
Methotrexate (high dose, 48 h) 甲氨蝶呤(高剂量, 48小时)	变量	>1μmol/L 48小时剂量后	Mexate Folex
Bronchodilators and Respiratory Stimulants 支气管扩张剂和呼吸兴奋剂			
Caffeine 咖啡因	3~15ng/ml	>30ng/ml	Accurbron
Theophylline (Aminophylline) 茶碱(氨茶碱)	10~20μg/ml	>20μg/ml	Elixophyllin Quibron Theobid
Cardiovascular Drugs 心血管药			
Amiodarone* 胺碘酮	1.0~2.0μg/ml	>2.0μg/ml	Cordarone
Digitoxin+ 洋地黄毒甙	15~25ng/ml	>35 ng/ml	Crystodigin
Digoxin++ 地高辛	0.8~2.0 ng/ml	>2.4 ng/ml	Lanoxin
Disopyramide 丙吡胺	2~5μg/ml	>7μg/ml	Norpace
Flecainide 氟卡胺	0.2~1.0 ng/ml	>1 ng/ml	Tambocor

	Therapeutic Range 治疗范围	Toxic Concentrations 毒性浓度	Proprietary Names 英语专用名
Lidocaine 利多卡因	1.5～5.0μg/ml	>6μg/ml	Xylocaine
Mexiletine 美西律	0.7～2.0 ng/ml	>2 ng/ml	Mexitil
Procainamide 普鲁卡因酰胺	4～10μg/ml	>12μg/ml	Pronestyl
Procainamide plus NAPA 普鲁卡因酰胺加 NAPA	8～30μg/ml	>30μg/ml	
Propranolol 心得安	50～100ng/ml	变量	Inderal
Quinidine 奎尼丁	2～5μg/ml	>6μg/ml	Cardioquin Quinaglute
Tocainide 妥卡胺	4～10 ng/ml	>10 ng/ml	Tonocard
Psychopharmacologic Drugs 精神药理学药物			
Amitriptyline 阿米替林	120～150 ng/ml	>500ng/ml	Amitril Elavil Triavil
Bupropion 丁氨苯丙酮	25～100ng/ml	不适用	Wellbutrin
Desipramine 地昔帕明	150～300 ng/ml	>500 ng/ml	Norpramin Pertofrane
Imipramine 丙咪嗪	125～250 ng/ml	>400 ng/ml	Tofranil
Lithium § 锂	0.6～1.5 meq/L	>1.5 mEq/L	Lithobid
Nortriptyline 去甲替林	50～150 ng/ml	>500 ng/ml	Aventyl Pamelor

* 须在服药 8 小时后取血样。 + 须在服药 12～14 小时内取血样。 ++ 须在服药 6 小时后取血样。 ζ 须在服药 12 小时取血样。

Reference Values* for Clinical Chemistry (Urine) 临床化学参考值*(尿)	Conventional Units 常规单位	SI Units 国际单位
Acetone and acetoacetate, qualitative 丙酮和乙酰乙酸盐,定性的	Negative 阴性	Negative 阴性
Albumin 白蛋白		
Qualitative 定性	Negative 阴性	Negative·阴性
Quantitative 定量	10~100 mg/24 小时	0.15~1.5μmol/天
Aldosterone 醛固酮	3~20μg/24 小时	8.3~55 nmol/天
δ-Aminolevulinic acid (δ~ALA) δ-氨基酮戊酸(δ~ALA)	1.3~7.0 mg/24 小时	10~53μmol/天
Amylase 淀粉酶	<17 U/小时	<17 U/小时
Amylase/creatinine clearance ratio 淀粉酶/肌肝清除率	0.01~0.04	0.01~0.04
Bilirubin, qualitative 胆红素,定性的	Negative	
Calcium (regular diet) 钙(普食)	<250 mg/24 小时	<6.3 nmol/天
Catecholamines 儿茶酚胺		
Epinephrine 肾上腺素	<10μg/24 小时	<55 nmol/天
Norepinephrine 去甲肾上腺素	<100μg/24 小时	<590 nmol/天
Total free catecholamines 总的游离的儿茶酚胺	4~126μg/24 小时	24~745 nmol/天
Total metanephrines 总 3-甲基肾上腺素	0.1~1.6 mg/24 小时	0.5~8.1μmol/天
Chloride (varies with intake) 氯(随膳食入量而变化)	110~250 mEq/24 小时	110~250 nmol/天
Copper 铜	0~50μg/24 小时	0~0.80μmol/天
Cortisol, free 皮质醇,游离的	10~100μg/24 小时	27.6~276 nmol/天
Creatine 肌酸		
Males 男	0~40 mg/24 小时	0~0.30 mmol/天

	Conventional Units 常规单位	SI Units 国际单位
Females 女	0~80 mg/24 小时	0~0.60 mmol/天
Creatinine 肌酐	15~25 mg/kg/24 小时	0.13~0.22 mmol/kg/天
Creatinine clearance (endogenous) 肌酐清除率（内源性的）		
Males 男	110~150 ml/min/1.73m²	110~150ml/min/1.73m²
Females 女	105~132 ml/min/1.73m²	105~132 ml/min/1.73m²
Cystine or cysteine 胱氨酸或半胱氨酸	Negative 阴性	Negative 阴性
Dehydroepiandrosterone 脱氢表雄甾酮		
Males 男	0.2~2.0 mg/24 小时	0.7~6.9 μmol/天
Females 女	0.2~1.8 mg/24 小时	0.7~6.2 μmol/天
Estrogens, total 雌激素，总的		
Males 男	4~25 μg/24 小时	14~90 nmol/天
Females 女	5~100 μg/24 小时	18~360 nmol/天
Glucose (as reducing substance) 尿糖（作为诱导物）	<250 mg/24 小时	<250 mg/天
Hemoglobin and myoglobin, qualitative 球蛋白和肌红蛋白，定性的	Negative 阴性	Negative 阴性
Homogentisic acid, qualitative 尿黑酸，定性的	Negative 阴性	Negative 阴性
17~Ketogenic steroids 17~生酮类固醇		
Males 男	5~23 mg/24 小时	17~80 μmol/天
Females 女	3~15 mg/24 小时	10~52 μmol/天

	Conventional Units 常规单位	SI Units 国际单位
17-Hydroxycorticosteroids 17-羟皮质类固醇		
Males 男	3~9 mg/24 小时	8.3~25μmol/天
Females 女	2~8 mg/24 小时	5.5~22μmol/天
5-Hydroxyindoleacetic acid 5-羟吲哚醋酸		
Qualitative 定性	Negative 阴性	Negative 阴性
Quantitative 定量	2~6 mg/24 小时	10~31μmol/天
17-Ketosteroids 17-酮类固醇		
Males 男	8~22 mg/24 小时	28~76μmol/天
Females 女	6~15 mg/24 小时	21~52μmol/天
Magnesium 镁	6~10 mEq/24 小时	3~5 mmol/天
Metanephrines 3-甲氧基肾上腺素	0.05~1.2 ng/mg 肌酸酐	0.03~0.70 mmol/mmol 肌酸酐
Osmolality	38~1400 mOsm/dg H$_2$O	30~1400mOsm/kgH$_2$O
pH	4.6~8.0	4.6~8.0
Phenylpyruvic acid, qualitative 苯丙酮酸, 定性的	Negative 阴性	Negative 阴性
Phosphate 磷酸盐	0.4~1.3 g/24 小时	13~42 mmol/day
Porphobilinogen 卟吩胆色素原		
Qualitative 定性	Negative 阴性	Negative 阴性
Quantitative 定量	<2 mg/24 小时	<9μmol/day
Porphyrins 卟啉		
Coproporphyrin 粪卟啉	50~250μg/24 小时	77~380 nmol/天
Uroporphyrin 尿卟啉	10~30μg/24 小时	12~36 nmol/天
Potassium 钾	25~125 mEq/24 小时	25~125 mmol/天

	Conventional Units 常规单位	SI Units 国际单位
Pregnanediol 孕烷二醇		
Males 男	0~1.9 mg/24 小时	0~6.0μmol/天
Females 女		
Proliferative phase 增生阶段	0~2.6 mg/24 小时	0~8.0μmol/天
Luteal phase 黄体阶段	2.6~10.6 mg/24 小时	8~33μmol/天
Postmenopausal 经后	0.2~1.0 mg/24 小时	0.6~3.1μmol/天
Pregnanetriol 孕烷三醇	0~2.5 mg/24 小时	0~7.4μmol/天
Protein, total 蛋白,总的		
Qualitative 定性	Negative 阴性	Negative 阴性
Quantitative 定量	10~150 mg/24 小时	10~150 mg/天
Protein/creatinine ratio 蛋白/肌酐清除率	<0.2	<0.2
Sodium (regular diet) 钠(普食)	60~260 mEq/24 小时	1.5~4.4mmol/天
Specific gravity 比重		
Random specimen 随意样本	1.003~1.030	1.003~1.030
24~hour collection 24 小时收集	1.015~1.025	1.015~1.025
Urate (regular diet) 尿酸盐(普食)	250~750 mg/24 小时	1.5~4.4 mmol/天
Urobilinogen 尿胆素原	0.5~4.0 mg/24 小时	0.6~6.8μmol/天
Vanillylmandelic acid (VMA) 3-甲基-4-羟苦杏仁酸(VMA)	1~8 mg/24 小时	5~40μmol/天

* 可能随所用方法的不同而有变化。

Reference Values for Toxic Substances 毒物参照值

	Conventional Units 常规单位	SI Units 国际单位
Arsenic, urine 砷,尿	<130 μg/24 h	<1.7 μmol/d
Bromides, serum, inorganic 溴,血清,无机的	<100 mg/dl	<10 mmol/L
Toxic symptoms 中毒症状	140~100 mg/dl	14~100 mmol/L
Carboxyhemoglobin, blood 碳氧血红蛋白,血		
Urban environment 城区环境	<5% (% saturation)	<0.05 (saturation)
	<5% (% 饱和)	<0.05 (饱和)
Smokers 吸烟者	<12% (% saturation)	<0.12 (saturation)
	<12% (% 饱和)	<0.12 (饱和)
Symptoms 症状		
Headache 头痛	>15%	>0.15
Nausea and vomiting 恶心和呕吐	>25%	>0.25
Potentially lethal 潜在致死的	>50%	>0.50
Ethanol, blood 酒精,血	<0.05 mg/dl (<0.005%)	<1.0 mmol/L
Intoxication 中毒	>100 mg/dl (>0.1%)	>22 mmol/L
Marked intoxication 明显中毒	300~400 mg/dl (0.3~0.4%)	65~87 mmol/L
Alcoholic stupor 酒精性木置	400~500 mg/dl (0.4~0.5%)	87~109 mmol/L
Coma 昏迷	>500 mg/dl (>0.5%)	>109 mmol/L
Lead, blood 铅,血		
Adults 成人	<25 μg/dl	1.2 μmol/L
Children 儿童	<15 μg/dl	<0.7 μmol/L
Lead, urine 铅,尿	<80 μg/24 h	<0.4 μmol/d
Mercury, urine 汞,尿	<30 μg/24 h	<150 nmol/d

	Conventional Units 常规单位	SI Units 国际单位
Cells 细胞	<5/mm³, all mononuclear <5/mm³, 均为单核	$<5\times10^6$/L, all mononuclear $<5\times10^6$/L, 均为单核
Electrophoresis 电泳	Predominantly albumin 白蛋白为主	Predominantly albumin 白蛋白为主
Glucose 糖	50~75 mdl(20 mg/dl less than in serum) (血清中少于20mg/dl)	2.8~4.2 mmol/L (1.1 mmol/L less than in serum) (血清中少于1.1mmol/L)
IgG		
Children under 14 14岁以下儿童	<8% of total protein 小于总蛋白的8%	<0.08 of total protein 小于总蛋白的0.08
Adults 成人	<14% of total protein 小于总蛋白的14%	<0.14 of total protein 小于总蛋白的0.14
IgG index ($\frac{\text{CSF/serum IgG ratio}}{\text{CSF/serum albumin ratio}}$) IgG 指数($\frac{\text{CSF/血清 IgG 率}}{\text{CSF/血清白蛋白率}}$)	0.3~0.6	0.3~0.6
Oligoclonal banding on electrophoresis 缺少克隆带	Absent 无	Absent 无
Pressure 压力	70~160mmH₂O	70~80mmH₂O
Protein, total 总蛋白	15~45 mg/dl	150~450 mg/L

Reference Values for Tests of Gastrointestinal Function 胃肠功能试验参照值

	Conventional Units 常规单位
Bentiromide test 苯替酪胺试验	6～h urinary arylamine excretion greater than 57% rules out pancreatic insufficiency 6小时尿芳基胺分泌大于57%可排除胰液分泌不足
Beta-carotene, serum β胡萝卜素,血清	60～260μg/dl
Fecal fat estimation 粪便脂肪测定	
Qualitative 定性	No fat globules seen on high-power microscopy 高倍视野下未见脂肪球
Quantitative 定量	<6 mg/24 h (>95% coefficient of fat absorption) (脂肪吸收系数大于95%)
Gastric acid output 胃酸分泌量	
Basal 基础的	
Males 男性	0～10.5 mmol/h
Females 女性	0～5.6 mmol/h
Maximum (after histamine or pentagastrin) 最大值(组织胺和五肽胃泌素后)	
Males 男性	9～48 mmol/h
Females 女性	6～13 mmol/h
Ratio basal:maximum 基础率:最大值	
Males 男性	0～0.31
Females 女性	0～0.29
Secretin test, pancreatic fluid 胰液分泌素试验	

	Conventional Units 常规单位	
Volume 容量	>1.8 ml/kg/h	
Bicarbonatd 碳酸氢盐	>80 mEq/L	
D~Xylose absorption test, urine	More than 20% of ingested dose excreted in 5h	
D-木糖吸收试验,尿	5小时内分泌量大于摄入剂量的20%	

Reference Values for Immunologic Procedures 免疫步骤参考值

	Conventional Units 常规单位	SI Units 国际单位
Complement, Serum 补体,血清		
C3	85~175 mg/dl	0.85~1.75 gm/L
C4	15~45 mg/dl	150~450 mg/L
Total hemolytic (CH_{50})	150~250 U/ml	150~250 mg/L
总补体活性 (CH_{50})		
Immunoglobulins, Serum, Adult		
补体球蛋白,血清,成人		
IgG	640~1350 mg/dl	6.4~13.5 gm/L
IgA	70~310 mg/dl	0.70~3.1 gm/L
IgM	90~350 mg/dl	0.90~3.5 gm/L

Reference Values for Immunologic Procedures 免疫步骤参考值

	Conventional Units 常规单位	SI Units 国际单位
IgD	0~6.0 mg/dl	0~60 gm/L
IgE	0~430 ng/dl	0~430 μg/L

Antigen 抗原			

Lymphocyte subsets, Whole Blood, Heparinized

Cell Type 细胞类型		Percentage 百分率	Absolute 绝对值
白细胞类,全血,肝素化			
CD3	Total T cells	56~77%	860~1880
	T 细胞总数		
CD19	Total B cells	7~17%	140~370
	B 细胞总数		
CD3 and CD4	Helper-induced cells	32~54%	550~1190
CD3 和 CD4	辅助诱导细胞		
CD3 and CD8	Suppressor-cytotoxic cells	24~37%	430~1060
CD3 和 CD8	抑制细胞毒细胞		

Antigen 抗原	Cell Type 细胞类型	Percentage 百分率	Absolute 绝对值
CD3 and DR CD3 和 DR	Activated T cells 活化 T 细胞	5~14%	70~310
CD2	E rosette T cells 玫瑰花环 T 细胞	73~87%	1040~2160
CD16 and CD56 CD16 和 CD56	Natural killer (NK) cells 自然杀伤细胞	8~22%	130~500

Helper: suppressor ratio: 0.8~1.8.
提示: 抑制率: 0.8~1.8.

Reference Values for Semen Analysis 精液分析参考值

	Conventional Units 常规单位	SI Units 国际单位
Volume 量	2~5 ml	2~5 ml
Liquefaction 液化作用	Complete in 15 min 15 分钟内完全液化	Complete in 15 min 15 分钟内完全液化
pH	7.2~8.0	7.2~8.0
Leukocytes 白细胞	Occasional or absent 偶尔或缺如	Occasional or absent 偶尔或缺如
Spermatozoa 精子		
Count 计数	$60~150 \times 10^6$/ml	$60~150 \times 10^6$/ml
Morphology 活动度	>80% motile 活动型大于 80%	>0.80% motile 运动型大于 0.80